DR. HEID & PARTNER
RECHTSANWÄLTE · VEREID. BUCHPRÜFER
36043 FULDA, FRANZOSENWÄLDCHEN 2
TEL. (0661) 2 50 61-0, FAX 2 50 61-11

Rowedder/Schmidt-Leithoff

Gesetz betreffend die Gesellschaften mit beschränkter Haftung
(GmbHG)

Zitiervorschlag:
Rowedder/Schmidt-Leithoff/*Bearbeiter* GmbHG § ... Rn. ...

ISBN 3 8006 2769 8

© 2002 Verlag Franz Vahlen GmbH
Wilhelmstraße 9, 80801 München
Druck: Druckerei C. H. Beck Nördlingen
(Adresse wie Verlag)

Gedruckt auf säurefreiem, alterungsbeständigem Papier
(hergestellt aus chlorfrei gebleichtem Zellstoff)

Gesetz betreffend die Gesellschaften mit beschränkter Haftung (GmbHG)

Kommentar

begründet von

Prof. Heinz Rowedder
Rechtsanwalt in Mannheim

herausgegeben von

Prof. Dr. Christian Schmidt-Leithoff
Technische Universität Dresden
Rechtsanwalt und Fachanwalt für Steuerrecht in Stuttgart

4. Auflage

Verlag Franz Vahlen München 2002

Die Bearbeiter

Dr. *Alfred Bergmann*
Rechtsanwalt beim Bundesgerichtshof, Ettlingen

Dr. *Manfred Kessler*
Rechtsanwalt und Steuerberater in Stuttgart

Dr. *Hans Georg Koppensteiner*
Professor an der Universität Salzburg

Dr. *Andreas Pentz*
Rechtsanwalt in Mannheim

Dr. *Henning Rasner*
Rechtsanwalt in Köln

Hans-Jürgen Schaal
Richter am Bundesgerichtshof in Karlsruhe

Dr. *Christian Schmidt-Leithoff*
Professor an der Technischen Universität Dresden
Rechtsanwalt und Fachanwalt für Steuerrecht in Stuttgart

Dr. *Susanne Tiedchen*
Richterin am Finanzgericht des Landes Brandenburg

Dr. *Klaus Zimmermann*
Rechtsanwalt und Fachanwalt für Steuerrecht in Mannheim

Im Einzelnen haben bearbeitet:

Einleitung	Schmidt-Leithoff
§§ 1–12	Schmidt-Leithoff
§§ 13, 14	Pentz
§ 15	Rowedder/Bergmann
§§ 16–33	Pentz
§ 34	Rowedder/Bergmann
§§ 35–40	Koppensteiner
§§ 41–42 a	Tiedchen
Anhang I nach § 42 a	Kessler
Anhang II nach § 42 a	Kessler
§§ 43–52	Koppensteiner
Anhang nach § 52	Koppensteiner
§§ 53–59	Zimmermann
§ 60	Rasner
Anhang nach § 60	Rasner
§§ 61, 62	Rasner
§§ 63, 64	Schmidt-Leithoff
§§ 65–74	Rasner
§§ 75–77	Zimmermann
Anhang nach § 77	Zimmermann
§§ 78, 79	Zimmermann
§§ 82–85	Schaal
§ 86	Schmidt-Leithoff
Sachverzeichnis	Tiefel/Russ

Vorwort zur 4. Auflage

Die Neuauflage berücksichtigt Gesetzgebung, Rechtsprechung und Literatur mit dem Stand vom 1. 1. 2002. Gegenüber der 3. Auflage waren ca. 40 neue Gesetze einzuarbeiten. Hierbei stellen das Handelsrechtsreformgesetz, das Gesetz zur Namensaktie, das KonTraG und das Kapitalaufnahmeerleichterungsgesetz, die Insolvenzordnung, die Vielzahl der Steuerreformgesetze und schließlich die weit verästelten Gesetze zur Einführung des Euro wichtige Teilgebiete dar. Auch das in aller Eile durch das Gesetzgebungsverfahren gebrachte Schuldrechtsmodernisierungsgesetz nebst seinen Übergangsvorschriften wurde in seinen Auswirkungen auf die GmbH berücksichtigt, wie auch ferner in den Anhängen I und II zu § 42 die neuesten Entwicklungen bei den Rechnungslegungsvorschriften (IAS) eingefügt wurden.

Durch den Übergang auf Fußnoten erhoffen sich Verlag und Verfasser eine bessere Lesbarkeit des Kommentars bei gleichzeitiger Erweiterung der Nachweismöglichkeiten. Auf die Einfügung von Textpassagen anderer Gesetze, auf die Bezug genommen wird, wurde trotz des angewachsenen Umfangs des Werkes nicht verzichtet. Das wesentlich erweiterte Sachverzeichnis soll ebenfalls die Benutzerfreundlichkeit erhöhen.

Mit Herrn Rowedder ist der Erstherausgeber, Namensgeber und einer der „Gründungsväter" dieses Kommentars ausgeschieden. Herr Schmidt-Leithoff hat dessen Herausgeberfunktion und auch die Kommentierung der bisher von Herrn Rowedder betreuten §§ 63 und 64 übernommen und um die Darstellung des neuen Insolvenzrechts erweitert. Die Kommentierung des zweiten Abschnitts besorgen nunmehr Herr Pentz (§§ 13, 14, 16 bis 33) und Herr Bergmann (§§ 15 und 34). Mit Herrn Wiedmann ist ein weiterer der Autoren der 3. Auflage ausgeschieden. Seinen Beitrag haben Frau Tiedchen (§§ 41 bis 42a) und Herr Kessler (Anhänge I und II zu § 42a) übernommen. Herr Schaal hat wie bereits in der 3. Auflage die ursprünglich von Herrn Fuhrmann besorgte Kommentierung des GmbH-Strafrechts fortgeführt. Dank des engen Kontakts mit ihren Vorgängern hoffen die neuen Autoren, die Kontinuität des Werkes bei gleichzeitig aktualisierender Fortentwicklung zu gewährleisten. Den ausgeschiedenen vorbildprägenden Autoren sei auch an dieser Stelle für ihre Gründungs- und Aufbauleistung und ihren unerschütterlichen Willen zum tatkräftigen Zusammenwirken gedankt, wie dieser auch den vielen ungenannten Mitarbeitern und Helfern bei der Vollendung dieses Werkes gilt.

Im Januar 2002 *Die Verfasser*

Aus dem Vorwort der 1. Auflage

Die Idee zu diesem Kommentar kam aus der Praxis. Nach der GmbH-Novelle von 1980 mangelte es ihr noch mehr als zuvor an einem Handkommentar, einem Werk zwischen den beiden – damals schon zum Teil erschienenen, inzwischen abgeschlossenen – mehrbändigen Kommentaren einerseits und den Kurzkommentaren andererseits. Um diese Lücke zu schließen, entwickelten die Verfasser eine neuartige Konzeption für ein Erläuterungswerk, das sich an jeden wendet, der mit dem GmbH-Recht arbeitet, nicht nur an juristische Praxis und Wissenschaft, sondern auch an Kaufleute, Betriebswirte und Techniker in den Geschäftsleitungen der GmbH. Dementsprechend bemühen sich die Verfasser um besonders klare, leicht verständliche Erläuterungen und eine übersichtliche Druckanordnung. Nichtsdestoweniger streben sie danach, alle in der Praxis auftretenden Fragen auf wissenschaftlicher Grundlage und möglichst mit eigenen, wenn auch regelmäßig nur knappen, Stellungnahmen zu beantworten. Rechtsprechung und Literatur sind nach dem Prinzip der praktischen Vollständigkeit eingearbeitet.

Als Kurzbezeichnung für den Kommentar empfehlen die Verfasser den Namen **„Rowedder"**, für das Zitieren ergänzt durch den – am Fuß jeder Textseite angegebenen – Namen des Bearbeiters, also z. B. **„Rowedder-Fuhrmann"**. Indem sie dafür denjenigen unter ihnen benennen, von dem die Initiative zu diesem Werk ausging, möchten sie dem Benutzer zugleich umständliche und lästige Zitierweisen ersparen.

Auch an dieser Stelle danken die Verfasser allen denjenigen, die ihnen bei der Arbeit geholfen haben, herzlich für ihren Beitrag zum Gelingen des Werkes.

Im Juli 1985 *Die Verfasser*

Inhaltsverzeichnis

Abkürzungsverzeichnis XIII

GmbHG

Gesetzestext 1

Einleitung 35

Kommentar 175
Erster Abschnitt. Errichtung der Gesellschaft 175
Vorbemerkung 175
§ 1 Zweck 178
§ 2 Form des Gesellschaftsvertrags 194
§ 3 Inhalt des Gesellschaftsvertrags 221
§ 4 Firma 234
§ 4a Sitz der Gesellschaft 260
§ 5 Stammkapital; Stammeinlage 268
§ 6 Geschäftsführer 290
§ 7 Anmeldung 302
§ 8 Inhalt der Anmeldung 312
§ 9 Geldeinlage statt Sacheinlage 324
§ 9a Ersatzansprüche der Gesellschaft 328
§ 9b Verzicht auf Ersatzansprüche 337
§ 9c Ablehnung der Eintragung 340
§ 10 Eintragung in das Handelsregister 353
§ 11 Rechtszustand vor der Eintragung 361
§ 12 (aufgehoben) 413

Zweiter Abschnitt. Rechtsverhältnisse der Gesellschaft und der Gesellschafter 438

§ 13 Juristische Person; Handelsgesellschaft 438
§ 14 Geschäftsanteil 502
§ 15 Übertragung von Geschäftsanteilen 517
§ 16 Rechtsstellung von Veräußerer und Erwerber 581
§ 17 Veräußerung von Teilen eines Geschäftsanteils 594
§ 18 Mitberechtigung am Geschäftsanteil 610
§ 19 Einzahlungen auf die Stammeinlage 619
§ 20 Verzugszinsen 679
§ 21 Kaduzierung 688
§ 22 Haftung der Rechtsvorgänger 704
§ 23 Versteigerung des Geschäftsanteils 713
§ 24 Aufbringung von Fehlbeiträgen 724

Inhaltsverzeichnis

§ 25	Zwingende Vorschriften	734
§ 26	Nachschußpflicht	735
§ 27	Unbeschränkte Nachschußpflicht	744
§ 28	Beschränkte Nachschußpflicht	756
§ 29	Gewinnverwendung	760
§ 30	Rückzahlungen	810
§ 31	Erstattung von verbotenen Rückzahlungen	839
§ 32	Rückzahlung von Gewinn	866
§ 32a	Rückgewähr von Darlehen	870
§ 32b	Haftung für zurückgezahlte Darlehen	961
§ 33	Erwerb eigener Geschäftsanteile	967
§ 34	Einziehung (Amortisation)	990

Dritter Abschnitt. Vertretung und Geschäftsführung 1036

§ 35	Vertretung durch Geschäftsführer	1036
§ 35a	Angaben auf Geschäftsbriefen	1084
§ 36	Wirkung der Vertretung	1089
§ 37	Beschränkung der Vertretungsbefugnis	1090
§ 38	Widerruf der Bestellung	1112
§ 39	Anmeldung der Geschäftsführer	1138
§ 40	Liste der Gesellschafter	1143
§ 41	Buchführung	1146
§ 42	Bilanz	1204
§ 42a	Vorlage des Jahresabschlusses und des Lageberichts	1212
Anhang I nach § 42a: Rechnungslegung der GmbH		1262
Anhang II nach § 42a: Konzernrechnungslegung		1393
§ 43	Haftung der Geschäftsführer	1497
§ 43a	Kredit aus Gesellschaftsvermögen	1543
§ 44	Stellvertreter von Geschäftsführern	1548
§ 45	Rechte der Gesellschafter im allgemeinen	1549
§ 46	Aufgabenkreis der Gesellschafter	1559
§ 47	Abstimmung	1578
§ 48	Gesellschafterversammlung	1654
§ 49	Einberufung der Versammlung	1665
§ 50	Minderheitsrechte	1671
§ 51	Form der Einberufung	1677
§ 51a	Auskunfts- und Einsichtsrecht	1684
§ 51b	Gerichtliche Entscheidung über das Auskunfts- und Einsichtsrecht	1699
§ 52	Aufsichtsrat	1704
Anhang nach § 52: Konzernrecht		1732

Vierter Abschnitt. Abänderungen des Gesellschaftsvertrages 1792

§ 53	Form der Satzungsänderung	1792
§ 54	Anmeldung und Eintragung	1827
§ 55	Erhöhung des Stammkapitals	1840
§ 56	Kapitalerhöhung mit Sacheinlagen	1868
§ 56a	Leistungen auf das neue Stammkapital	1879
§ 57	Anmeldung der Erhöhung	1885
§ 57a	Ablehnung der Eintragung	1898

Inhaltsverzeichnis

§ 57 b	Bekanntmachung der Eintragung der Kapitalerhöhung	1902
§ 57 c	Kapitalerhöhung aus Gesellschaftsmitteln	1903
§ 57 d	Ausweisung von Kapital- und Gewinnrücklagen	1912
§ 57 e	Zugrundelegung der letzten Jahresbilanz; Prüfung	1916
§ 57 f	Anforderungen an die Bilanz	1916
§ 57 g	Vorherige Bekanntgabe des Jahresabschlusses	1916
§ 57 h	Arten der Kapitalerhöhung	1921
§ 57 i	Anmeldung des Erhöhungsbeschlusses; Registergericht	1924
§ 57 j	Verteilung der Geschäftsanteile	1928
§ 57 k	Teilrechte; Ausübung der Rechte	1930
§ 57 l	Teilnahme an Erhöhung des Stammkapitals	1931
§ 57 m	Verhältnis der Rechte; Beziehungen zu Dritten	1933
§ 57 n	Gewinnbeteiligung der neuen Geschäftsanteile	1936
§ 57 o	Anschaffungskosten	1938
§ 58	Herabsetzung des Stammkapitals	1939
§ 58 a	Vereinfachte Kapitalherabsetzung	1956
§ 58 b	Beträge aus Rücklagenauflösung und Kapitalherabsetzung	1967
§ 58 c	Nichteintritt angenommener Verluste	1971
§ 58 d	Gewinnausschüttung	1973
§ 58 e	Beschluß über Kapitalherabsetzung	1977
§ 58 f	Kapitalherabsetzung bei gleichzeitiger Erhöhung des Stammkapitals	1980
§ 59	Zweigniederlassung	1983

Fünfter Abschnitt. Auflösung und Nichtigkeit der Gesellschaft 1984

§ 60	Auflösungsgründe	1984
Anhang nach § 60: Früheres Gesetz über die Aufhebung und Löschung von Gesellschaften und Genossenschaften (LöschG)		2028
§ 61	Auflösung durch Urteil	2030
§ 62	Auflösung durch Verwaltungsbehörde	2042
§ 63	(aufgehoben)	2049
§ 64	Insolvenzantragspflicht	2099
§ 65	Anmeldung der Auflösung	2118
§ 66	Liquidatoren	2124
§ 67	Anmeldung der Liquidatoren	2139
§ 68	Zeichnung der Liquidatoren	2143
§ 69	Rechtsverhältnisse von Gesellschaft und Gesellschaftern	2148
§ 70	Aufgaben der Liquidatoren	2157
§ 71	Bilanz; Rechte und Pflichten	2167
§ 72	Vermögensverteilung	2180
§ 73	Sperrjahr	2187
§ 74	Schluß der Liquidation	2203
§ 75	Nichtigkeitsklage	2217
§ 76	Mängelheilung durch Gesellschafterbeschluß	2230
§ 77	Wirkung der Nichtigkeit	2232
Anhang nach § 77: Umwandlung		2234

Sechster Abschnitt. Schlußbestimmungen 2488

§ 78	Anmeldungspflichtige	2488
§ 79	Zwangsgelder	2493

Inhaltsverzeichnis

§§ 80–81a (aufgehoben)		2497
Vorbemerkung vor §§ 82–85		2497
§ 82	Falsche Angaben	2528
§ 83	(aufgehoben)	2582
§ 84	Pflichtverletzung bei Verlust, Zahlungsunfähigkeit oder Überschuldung	2582
§ 85	Verletzung der Geheimhaltungspflicht	2612
§ 86	Umstellung auf Euro	2628
Sachverzeichnis		2643

Abkürzungsverzeichnis

Zeitschriften werden, soweit nicht anders angegeben, nach Jahrgang und Seite zitiert.

aA	anderer Ansicht
aaO	am angegebenen Ort
Abg.	Abgeordneter
Abh.	Abhandlung(en)
abl.	ablehnend
ABl.	Amtsblatt
ABl. EG	Amtsblatt der Europäischen Gemeinschaften
Abs.	Absatz
Abschn.	Abschnitt
Abt.	Abteilung
abw.	abweichend
AbzG	Abzahlungsgesetz v. 16. 4. 1894 (RGBl. S. 450), mit dem 31. 12. 1990 außer Kraft getreten
A. C.	Law Reports, Appeal Cases
AcP	Archiv für die civilistische Praxis (Zeitschrift; zitiert nach Band und Seite)
ADHGB	Allgemeines Deutsches Handelsgesetzbuch von 1861
Adler/Düring/Schmaltz	Adler/Düring/Schmaltz, Rechnungslegung und Prüfung der Unternehmen, Komm. z. HGB, AktG, GmbHG, PublG nach den Vorschr. d. BilRiLiG, Band 1, Rechnungslegung; Band 2, Prüfung/Feststellung/Rechtsbehelfe, 5. Aufl. 1987–1992, 6. Aufl. 1997
aE	am Ende
aF	alte(r) Fassung
AFG	Arbeitsförderungsgesetz vom 25. 6. 1969 (BGBl. I S. 582); mit Wirkung vom 1. 1. 1998 aufgehoben, s. jetzt: SGB III
AFG-LeistungsVO	siehe LeistungsVO
AG	Die Aktiengesellschaft (Zeitschrift); Aktiengesellschaft; Amtsgericht (mit Ortsnamen)
AGB	Allgemeine Geschäftsbedingungen
AGBG	Gesetz zur Regelung des Rechts der Allgemeinen Geschäftsbedingungen vom 9. 12. 1976 (BGBl. I S. 3317); aufgehoben mit Wirkung vom 1. 1. 2002
AGBGB	Ausführungsgesetz zum BGB
AHK	Alliierte Hohe Kommission
ähnl.	ähnlich
AkDR	Akademie für Deutsches Recht
AKG	Gesetz zur allgemeinen Regelung durch den Krieg und den Zusammenbruch des Deutschen Reiches entstandener Schäden (Allgemeines Kriegsfolgengesetz) v. 5. 11. 1957 (BGBl. I S. 1747)
AktG	Aktiengesetz v. 6. 9. 1965 (BGBl. I S. 1089)
allg.	allgemein
allgM	allgemeine Meinung
ALR	Allgemeines Landesrecht für die Preußischen Staaten von 1794 (zitiert nach §, Teil und Titel)
Alt.	Alternative
aM	anderer Meinung
Ammon/Burkert/Görlitz	Ammon/Burkert/Görlitz, Die GmbH, 2. Aufl. 1995
Amtl. Begr.	Amtliche Begründung
ÄndG	Gesetz zur Änderung ...; s. auch GmbHÄndG
AnfG	Gesetz betr. die Anfechtung von Rechtshandlungen eines Schuldners außerhalb des Konkursverfahrens idF v. 20. 5. 1898 (RGBl. S. 709)

Abkürzungen

AngKSchG	Gesetz über die Fristen für die Kündigung von Angestellten v. 9. 7. 1926 (RGBl. I S. 399), aufgehoben durch KündigungsfristenG v. 7. 10. 1993 (BGBl. I S. 1668)
Anh.	Anhang
Anm.	Anmerkung
Ann.	Annalen des (bis 1918: Königlich) Sächsischen Oberlandesgerichts zu Dresden (Band u. Seite)
AnwBl.	Anwaltsblatt (Zeitschrift)
AO	Abgabenordnung (AO 1977) idF v. 16. 3. 1976 (BGBl. I S. 613), ber. (BGBl. 1997 I S. 269)
AöR	Archiv des öffentlichen Rechts (Zeitschrift, zitiert nach Band und Seite)
AP	Arbeitsrechtliche Praxis (Nachschlagewerk des Bundesarbeitsgerichts)
ApothG	Gesetz über das Apothekenwesen idF v. 15. 10. 1980 (BGBl. I S. 1993)
Arbeitskreis GmbH-Reform I	Arbeitskreis GmbH-Reform: Thesen und Vorschläge zur GmbH-Reform, Bd. 1. Die Handelsgesellschaft auf Einlagen – Eine Alternative zur GmbH & Co. KG, 1971
Arbeitskreis GmbH-Reform II	Arbeitskreis GmbH-Reform: Thesen und Vorschläge zur GmbH-Reform, Bd. 2. Kapital- und Haftungsfragen. Gründung von Einmann-Gesellschaften. Konzernrecht. Arbeitnehmerbeteiligung, 1971
ArbG	Arbeitsgericht (mit Ortsnamen)
ArbGeb.	Der Arbeitgeber (Zeitschrift)
ArbGG	Arbeitsgerichtsgesetz idF v. 2. 7. 1979 (BGBl. I S. 853)
AR-Blattei	Arbeitsrecht-Blattei, Handbuch für die Praxis, begr. v. Sitzler, hrsg. v. Oehmann u. Dietrich
ArbMin.	Arbeitsministerium
ArbnErfG	Gesetz über Arbeitnehmererfindungen v. 25. 7. 1957 (BGBl. I S. 756)
ArbPlSchG	Arbeitsplatzschutzgesetz idF v. 14. 4. 1980 (BGBl. I S. 425)
1. ArbRBerG	Erstes Arbeitsrechtsbereinigungsgesetz v. 14. 8. 1969 (BGBl. I S. 1106)
ArbRspr.	Die Rechtsprechung in Arbeitssachen
ArbSG	Arbeitssicherstellungsgesetz v. 9. 7. 1968 (BGBl. I S. 787)
ArbuR	Arbeit und Recht (Zeitschrift für die Arbeitsrechtspraxis)
ArbVG	(österreichisches) Arbeitsverfassungsgesetz 1974 v. 14. 12. 1973 (öBGBl. 1974/22)
ArbZG	Arbeitszeitgesetz v. 6. 6. 1994 (BGBl. I S. 1170)
ArbZRG	Gesetz zur Vereinheitlichung und Flexibilisierung des Arbeitszeitrechts (Arbeitszeitrechtsgesetz) v. 6. 6. 1994 (BGBl. I S. 1170), dessen Art. 1 das ArbZG bildet
Arch.	Archiv
ArchBürgR	Archiv für Bürgerliches Recht (Zeitschrift)
ArchRWPhil.	Archiv für Rechts- und Wirtschaftsphilosophie (Zeitschrift)
ArchSozG	Archiv für soziale Gesetzgebung und Statistik (Zeitschrift)
ArchSozWiss.	Archiv für Sozialwissenschaft und Sozialpolitik (Zeitschrift)
ArchVR	Archiv für Völkerrecht (Zeitschrift)
arg.	argumentum
ARS	Arbeitsrechts-Sammlung. Entscheidungen des Reichsarbeitsgerichts und der Landesarbeitsgerichte (1928–1944)
ARSP	Archiv für Rechts- und Sozialphilosophie (Zeitschrift; zitiert nach Band und Seite)
ARSt.	Arbeitsrecht in Stichworten (Entscheidungssammlung)
Art.	Artikel
ArVNG	Gesetz zur Neuregelung des Rechts der Rentenversicherung der Arbeiter (Arbeiterrentenversicherungs-Neuregelungsgesetz) v. 18. 12. 1989 (BGBl. I S. 2378), ersetzt durch SGB VI
ASp.	Arbeit und Sozialpolitik (Zeitschrift)
AT	Allgemeiner Teil
AtG	Atomgesetz idF v. 15. 7. 1985 (BGBl. I S. 1565)
AUB	Allgemeine Unfallversicherungs-Bedingungen
Aufl.	Auflage
AÜG	Arbeitnehmerüberlassungsgesetz idF d. Bek. v. 3. 2. 1995 (BGBl. I S. 158)

Abkürzungen

AuR	Arbeit und Recht, Zeitschrift für die Arbeitsrechtspraxis
AusfG	Ausführungsgesetz
AuslG	Ausländergesetz v. 9. 7. 1990 (BGBl. I S. 1354)
AuslInvestmG	Gesetz über den Vertrieb ausländischer Investmentanteile und über die Besteuerung der Erträge aus ausländischen Investmentanteilen v. 28. 7. 1969 (BGBl. I S. 986)
AuslinvG	Gesetz über steuerliche Maßnahmen bei Auslandsinvestitionen der deutschen Wirtschaft v. 18. 8. 1969 (BGBl. I S. 1211, 1214)
Ausschussbericht	Beschlussempfehlung und Bericht des Rechtsausschusses zu dem RegE des ÄndG betreffend die GmbH, BT-Drucks. 8/3908 v. 16. 4. 1980
AVB	Allgemeine Versicherungsbedingungen; Allgemeine Vertragsbestimmungen
AVG	Angestelltenversicherungsgesetz idF v. 18. 12. 1989 (RGBl. S. 2261), ersetzt durch SGB VI
AVO	Ausführungsverordnung
AVV	Allgemeine Verwaltungsvorschrift
AWD	Außenwirtschaftsdienst des Betriebsberaters (Zeitschrift) – seit 1975 RIW –
AWG	Außenwirtschaftsgesetz v. 28. 4. 1961 (BGBl. I S. 481)
AWV	Außenwirtschaftsverordnung idF v. 22. 11. 1993 (BGBl. I S. 1937)
AZO	Arbeitszeitordnung idF v. 30. 4. 1938 (RGBl. S. 447) aufgehoben durch ArbZRG zum 30. 6. 1994
B	Bundes-
BABl.	Bundesarbeitsblatt (Zeitschrift)
BadNotZ	Badische Notar-Zeitschrift
BadRpr.	Badische Rechtspraxis
Bad.-Württ.	Baden-Württemberg
bad.-württ.	baden-württembergisch
BAföG	Bundesgesetz über individuelle Förderung der Ausbildung (Bundesausbildungsförderungsgesetz) idF v. 6. 6. 1983 (BGBl. I S. 646)
BAG	Bundesarbeitsgericht
BAGE	Entscheidungen des Bundesarbeitsgerichts
Ballerstedt	Ballerstedt, Kapital, Gewinn und Ausschüttung bei Kapitalgesellschaften, 1949
Balser/Bokelmann/Piorreck	Balser/Bokelmann/Piorreck, Die GmbH, 12. Aufl. 2000
BankR-HdB/*Bearbeiter*	Bankrechtshandbuch, 3 Bände, hrsg. v. Schimansky/Bunte/Lwowski, 2. Aufl. 2001
BAnz.	Bundesanzeiger
Bärmann FGG	Bärmann, Freiwillige Gerichtsbarkeit und Notarrecht, 1968
Bartholomeyczik/Schlüter	Bartholomeyczik, Erbrecht, Kurzlehrbuch, 12. Aufl. 1986, neubearb. v. Schlüter
BarwertVO	Verordnung zur Ermittlung des Barwerts einer auszugleichenden Versorgung nach § 1587a Abs. 3 Nr. 2, Abs. 4 des Bürgerlichen Gesetzbuchs (Barwert-Verordnung) v. 24. 6. 1977 (BGBl. I S. 1014), geänd. durch BarwÄndVO v. 22. 5. 1984 (BGBl. I S. 692) u. RentenreformG v. 18. 12. 1989 (BGBl. I S. 2261)
Bassenge/Herbst	Bassenge/Herbst, Gesetz über die Angelegenheiten der freiwilligen Gerichtsbarkeit, Rechtspflegergesetz, Kommentar, 8. Aufl. 1999
Baumbach/Lauterbach/ Bearbeiter ZPO	Baumbach/Lauterbach/Albers/Hartmann, Zivilprozessordnung, Kommentar, 59. Aufl. 2001
Baumbach/Hopt	Baumbach/Hopt, Handelsgesetzbuch, Kurzkommentar, 30. Aufl. 2000
Baumbach/Hefermehl	Baumbach/Hefermehl, Wechsel- und Scheckgesetz, 21. Aufl. 1999
Baumbach/Hueck	Baumbach/Hueck, GmbH-Gesetz, Kommentar, 17. Aufl. 2000
Baumbach/Hueck AktG	Baumbach/Hueck, Aktiengesetz, Kurzkommentar, 13. Aufl. 1968
Baur/Stürner	Baur/Stürner, Lehrbuch des Sachenrechts, 17. Aufl. 1999
BauR	Baurecht
BauspkG	Gesetz über Bausparkassen idF v. 15. 2. 1991 (BGBl. I S. 454)
Bay., bay.	Bayern, bayerisch
BayJMBl.	Bayerisches Justizministerialblatt

Abkürzungen

BayNotZ	Bayerische Notariats-Zeitung und Zeitschrift für die freiwillige Rechtspflege der Gerichte in Bayern
BayObLG	Bayerisches Oberstes Landesgericht
BayObLGSt.	Amtliche Sammlung von Entscheidungen des Bayerischen Obersten Landesgerichts in Strafsachen
BayObLGZ	Amtliche Sammlung von Entscheidungen des Bayerischen Obersten Landesgerichts in Zivilsachen
BayVBl.	Bayerische Verwaltungsblätter (Zeitschrift)
BayVerfG	Bayerischer Verfassungsgerichtshof
BayVerfGE	Sammlung von Entscheidungen des Bayerischen Verfassungsgerichtshofes
BayZ	Zeitschrift für Rechtspflege in Bayern
BB	Der Betriebs-Berater (Zeitschrift)
BBankG	Gesetz über die Deutsche Bundesbank idF v. 22. 10. 1992 (BGBl. I S. 1782)
BBergG	Bundesberggesetz v. 13. 8. 1980 (BGBl. I S. 1310)
BBesG	Bundesbesoldungsgesetz idF v. 22. 2. 1996 (BGBl. I S. 262)
BBG	Bundesbeamtengesetz idF v. 27. 2. 1985 (BGBl. I S. 479)
BBiG	Berufsbildungsgesetz v. 14. 8. 1969 (BGBl. I S. 1112)
Bd. (Bde.)	Band (Bände)
BDA	Bundesvereinigung der Deutschen Arbeitgeberverbände
BDSG	Bundesdatenschutzgesetz v. 20. 12. 1990 (BGBl. I S. 2954)
BeamtVG	Gesetz über die Versorgung der Beamten und Richter in Bund und Ländern (Beamtenversorgungsgesetz) idF v. 16. 12. 1994 (BGBl. I S. 3858
Bearb., bearb.	Bearbeitung/Bearbeiter, bearbeitet
BeckBilKomm.	Handels- und Steuerrecht, 4. Aufl. 1999, bearb. v. Budde, Celmm, Ellrott, Förschle, Hoyos
Beck'sches HdB GmbH/ Bearbeiter	Beck'sches Handbuch der GmbH, Gesellschaftsrecht, Steuerrecht, hrsg. v. W. Müller, Hense, 3. Aufl. 2002
Beck'sches HdB Rechnungslegung/Bearbeiter	Beck'sches Handbuch der Rechnungslegung, hrsg. v. Castan, Heymann, Müller u. a., Loseblatt-Ausgabe, Stand Mai 2001
BEG	Bundesentschädigungsgesetz idF v. 29. 6. 1956 (BGBl. I S. 559, 562)
Begr.	Begründung
Begr. RegE	Begründung zum Regierungsentwurf
Beih.	Beiheft
Beil.	Beilage
Bek.	Bekanntmachung
Bem.	Bemerkung
ber.	berichtigt
BerDGesVölkR	Berichte der Deutschen Gesellschaft für Völkerrecht
bes.	besonders
Beschl.	Beschluss
bestr.	bestritten
1./2. BesVNG	Erstes/Zweites Gesetz zur Vereinheitlichung und Neuregelung des Besoldungsrechts in Bund und Ländern; 1. v. 18. 3. 1971 (BGBl. I S. 208); 2. v. 23. 5. 1975 (BGBl. I S. 1173)
betr.	betreffend, betreffs
BetrAV	Betriebliche Altersversorgung, Mitteilungsblatt der Arbeitsgemeinschaft für betriebliche Altersversorgung
BetrAVG	Gesetz zur Verbesserung der betrieblichen Altersversorgung v. 19. 12. 1974 – Betriebsrentengesetz – (BGBl. I S. 3610)
BetrR	Der Betriebsrat (Zeitschrift)
BetrVerf-RefG	Gesetz zur Reform des Betriebsverfassungsgesetzes v. 23. 7. 2001 (BGBl. I S. 1852)
BetrVG	Betriebsverfassungsgesetz idF v. 23. 12. 1988 (BGBl. 1989 I S. 1)
BeurkG	Beurkundungsgesetz v. 28. 8. 1969 (BGBl. I S. 1513)
BewG	Bewertungsgesetz idF v. 1. 2. 1991 (BGBl. I S. 230)
BfA	Bundesversicherungsanstalt für Angestellte
BFH	Bundesfinanzhof

Abkürzungen

BFHE	Sammlung der Entscheidungen und Gutachten des Bundesfinanzhofs
BFuP	Betriebswirtschaftliche Forschung und Praxis (Zeitschrift)
BGB	Bürgerliches Gesetzbuch v. 18. 8. 1896 (RGBl. S. 195)
BGBl.	Bundesgesetzblatt
BGE	Entscheidungen des Schweizerischen Bundesgerichts
BGH	Bundesgerichtshof
BGHR	BGH-Rechtsprechung (in Zivilsachen und in Strafsachen)
BGHSt.	Entscheidungen des Bundesgerichtshofs in Strafsachen
BGHWarn.	Rechtsprechung des Bundesgerichtshofs in Zivilsachen – in der Amtlichen Sammlung nicht enthaltene Entscheidungen (als Fortsetzung von WarnR)
BGHZ	Entscheidungen des Bundesgerichtshofs in Zivilsachen
Biener	Biener, AG, KGaA, GmbH, Konzerne, Rechnungslegung, Prüfung und Publizität nach den Richtlinien der EG, 1979
BImSchG	Bundesimmissionsschutzgesetz idF v. 14. 5. 1990 (BGBl. I S. 880)
Binz	Binz, GmbH & Co, begr. v. Hennekes, 8. Aufl. 1992
BiRiLiG	Bilanzrichtlinien-Gesetz v. 19. 12. 1985 (BGBl. I S. 2355)
BJagdG	Bundesjagdgesetz idF v. 29. 9. 1976 (BGBl. I S. 2849)
BKartA	Bundeskartellamt
BKGG	Bundeskindergeldgesetz idF v. 4. 1. 2000 (BGBl. I S. 4)
BLG	Bundesleistungsgesetz idF v. 27. 9. 1961 (BGBl. I S. 1769)
BlfG	Blätter für Genossenschaftswesen (Zeitschrift)
BlStSozArbR	Blätter für Steuerrecht, Sozialversicherung und Arbeitsrecht (Zeitschrift)
Bln.	Berlin
Blümich/Klein/Steinbring/ Stutz	Blümich/Klein/Steinbring/Stutz, Körperschaftsteuergesetz, Kommentar, Loseblatt, Stand 1999
BMF	Bundesminister(ium) der Finanzen
BMI	Bundesminister(ium) des Innern
BMJ	Bundesminister(ium) der Justiz
BNotO	Bundesnotarordnung idF v. 24. 2. 1961 (BGBl. I S. 98)
Böhmer/Coester	Böhmer/Coester, Das gesamte Familienrecht, Bd. 1. Das innerstaatliche Recht der Bundesrepublik Deutschland, Loseblatt-Kommentar, Stand 1998
BöhmsZ	Zeitschrift für internationales Privat- und Strafrecht (ab 12. 1903: für internationales Privat- und Öffentliches Recht) begr. v. Böhm
Bokelmann	Bokelmann, Das Recht der Firmen- und Geschäftsbezeichnung, 5. Aufl. 2000
Boldt MitbestG	Boldt, Mitbestimmungsgesetz Eisen und Kohle, Kommentar, 1952
Boldt MitbestErgG	Boldt, Mitbestimmungs-Ergänzungsgesetz, Kommentar, 1957
BörsG	Börsengesetz idF v. 27. 5. 1908 (RGBl. S. 215)
Bonner Handbuch	Bonner Handbuch GmbH siehe Brandmüller/Küffner
BORA	Berufsordnung für Rechtsanwälte
BPatA	Bundespatentamt
BPatG	Bundespatentgericht
BPersVG	Bundespersonalvertretungsgesetz v. 15. 3. 1974 (BGBl. I S. 693)
BPolBG	Bundespolizeibeamtengesetz idF v. 3. 6. 1976 (BGBl. I S. 1357)
BRAGO	Bundesrechtsanwaltsgebührenordnung v. 26. 7. 1957 (BGBl. I S. 861, 907)
BRAK-Mitt.	Mitteilungen der Bundesrechtsanwaltskammer (Zeitschrift)
Brandmüller	Brandmüller, Der GmbH-Geschäftsführer im Gesellschaftsrecht, Steuerrecht und Sozialversicherungsrecht, 12. Aufl. 2000
Brandmüller/Küffner	Brandmüller/Küffner, Bonner Handbuch GmbH, Loseblatt, Stand 1995
BRAO	Bundesrechtsanwaltsordnung v. 1. 8. 1959 (BGBl. I S. 565)
BR	Bundesrat
BR-Drucks.	Drucksache des Deutschen Bundesrates
BReg.	Bundesregierung
Brem., brem.	Bremen, bremisch
Brodmann AktG	Brodmann, Kommentar zum AktG, 1928
Brodmann	Brodmann, Gesetz betreffend die Gesellschaften mit beschränkter Haftung, Kommentar, 2. Aufl. 1930

Abkürzungen

Brönner/Rux/Wagner	Brönner/Rux/Wagner, GmbH & Co. KG in Recht und Praxis, 7. Aufl. 1996
Brox ErbR	Brox, Erbrecht, 18. Aufl. 2000
Brox SchR I/II	Brox, Allgemeines Schuldrecht, 25. Aufl. 1998 (= SchR I); Besonderes Schuldrecht, 24. Aufl. 1999 (= SchR II)
BR-Prot.	Protokoll des Deutschen Bundesrates
BRRG	Beamtenrechtsrahmengesetz idF v. 27. 2. 1985 (BGBl. I S. 462)
BrZ	Britische Zone
BSG	Bundessozialgericht
BSGE	Entscheidungen des Bundessozialgerichts
BSHG	Bundessozialhilfegesetz idF v. 23. 3. 1994 (BGBl. I S. 646)
BStBl.	Bundessteuerblatt
BT	Besonderer Teil; Bundestag
BT-Drucks.	Drucksache des Deutschen Bundestages
BT-Prot.	Protokoll des Deutschen Bundestages
BtG	Betreuungsgesetz v. 12. 9. 1990 (BGBl. I S. 2002)
Buchst.	Buchstabe
Budde/Förschle Sonderbilanzen	Budde/Förschle, Sonderbilanzen, 2. Aufl. 1999
Bumiller/Winkler	Bumiller/Winkler, Freiwillige Gerichtsbarkeit, 7. Aufl. 1999
BürgA	Archiv für Bürgerliches Recht (Zeitschrift)
BUrlG	Mindesturlaubsgesetz für Arbeitnehmer (Bundesurlaubsgesetz) v. 8. 1. 1963 (BGBl. I S. 2)
Büro	Das Büro (Zeitschrift)
BUV	Betriebs- und Unternehmensverfassung (Zeitschrift)
BuW	Betrieb und Wirtschaft (Zeitschrift)
II. BV	Verordnung über wohnungswirtschaftliche Berechnungen (zweite Berechnungsverordnung) idF v. 12. 10. 1990 (BGBl. I S. 2179)
BVerfG	Bundesverfassungsgericht
BVerfGE	Entscheidungen des Bundesverfassungsgerichts
BVerfGG	Gesetz über das Bundesverfassungsgericht idF v. 11. 8. 1993 (BGBl. I S. 1473)
BVerwG	Bundesverwaltungsgericht
BVerwGE	Entscheidungen des Bundesverwaltungsgerichts
BVFG	Gesetz über die Angelegenheiten der Vertriebenen und Flüchtlinge (Bundesvertriebenengesetz) idF v. 2. 6. 1993 (BGBl. I S. 829)
BVG	Gesetz über die Versorgung der Opfer des Krieges (Bundesversorgungsgesetz) idF v. 22. 1. 1982 (BGBl. I S. 21)
BWNotZ	Mitteilungen aus der Praxis, Zeitschrift für das Notariat in Baden-Württemberg (früher WürttNotV)
BZRG	Gesetz über das Zentralregister und das Erziehungsregister (Bundeszentralregistergesetz) idF v. 21. 9. 1984 (BGBl. I S. 1229, ber. 1985 I S. 195)
bzgl.	bezüglich
bzw.	beziehungsweise
Canaris	Canaris, Handelsrecht, begr. v. Capelle, 23. Aufl. 2000
c.c.	Code civil
c. i. c.	culpa in contrahendo
Cod.	Codex
CR	Computer und Recht (Zeitschrift)
Crueger	Crueger, Die Gesellschaft mit beschränkter Haftung, 1912
DangVers.	Die Angestelltenversicherung (Zeitschrift)
DanwV	Deutscher Anwaltverein
das.	daselbst
Das neue GmbH-Recht ...	Das neue GmbH-Recht in der Diskussion, Bericht über die Centrale-Arbeitstagung in Köln am 8. 9. 1980, 1981
DB	Der Betrieb (Zeitschrift)
DBW	Die Betriebswirtschaft (Zeitschrift)
DDR	Deutsche Demokratische Republik
DepotG	Gesetz über die Verwahrung und Anschaffung von Wertpapieren idF v. 11. 1. 1995 (BGBl. I S. 34)

Abkürzungen

ders.	derselbe
Deutler	Deutler, Das neue GmbH-Recht in der Diskussion, 1981
DFG	Deutsche Freiwillige Gerichtsbarkeit (Zeitschrift, 1 1936–9. 1944)
DGB	Deutscher Gewerkschaftsbund
dgl.	desgleichen, dergleichen
DGVZ	Deutsche Gerichtsvollzieher-Zeitung
DGWR	Deutsches Gemein- und Wirtschaftsrecht (Zeitschrift, 1. 1935–7. 1942)
d. h.	das heißt
dies.	dieselbe/n
Dietz	Dietz, Erbrecht, 1949
Dig.	Digesten
DIHT	Deutscher Industrie- und Handelstag
DiskE	Diskussionsentwurf
Diss.	Dissertation
DJ	Deutsche Justiz (Zeitschrift)
DJT	Deutscher Juristentag
DJZ	Deutsche Juristenzeitung (Zeitschrift)
DMBilG	Gesetz über die Eröffnungsbilanz in Deutscher Mark und die Kapitalneufestsetzung (D-Markbilanzgesetz) idF v. 28. 7. 1994 (BGBl. I S. 1842)
DNotV	Zeitschrift des Deutschen Notarvereins
DNotZ	Deutsche Notar-Zeitung (Zeitschrift)
DÖD	Der öffentliche Dienst (Zeitschrift)
Dölle	Dölle, Familienrecht, Darstellung des deutschen Familienrechts mit rechtsvergleichenden Hinweisen Bd. I 1964, Bd. II 1965
Dötsch/Eversberg/Jost/Witt	Dötsch/Eversberg/Jost/Witt, Die Körperschaftsteuer (Loseblatt), Stand 1995
DONot.	Dienstordnung für Notare – Bundeseinheitliche Verwaltungsvorschrift der Landesjustizverwaltungen
DÖV	Die öffentliche Verwaltung (Zeitschrift)
DR	Deutsches Recht (Zeitschrift)
DRdA	Das Recht der Arbeit (österreichische Zeitschrift)
Dreher	Dreher, Die Gesellschaft mit beschränkter Haftung, 1931
DRiG	Deutsches Richtergesetz idF v. 19. 4. 1972 (BGBl. I S. 713)
DRiZ	Deutsche Richterzeitung (Zeitschrift)
DRspr.	Deutsche Rechtsprechung, Entscheidungssammlung und Aufsatzhinweise
DRV	Deutsche Rentenversicherung (Zeitschrift)
DRZ	Deutsche Rechts-Zeitschrift (1. 1946–5.1950)
DStJG	Veröffentlichung der Deutschen Steuerjuristischen Gesellschaft e. V.
DStR	Deutsches Steuerrecht (Zeitschrift)
DStRE	Deutsches Steuerrecht (Zeitschrift) – Entscheidungsdienst
DStZ/A	Deutsche Steuerzeitung Ausgabe A (Zeitschrift)
dt., Dt.	deutsch
DtZ	Deutsch-Deutsche Rechts-Zeitschrift
DuR	Demokratie und Recht (Zeitschrift)
DurchfG	Durchführungsgesetz
Düringer/Hachenburg/Bearbeiter	Düringer/Hachenburg, Das Handelsgesetzbuch, 3. Aufl. 1930–1935
DVBl.	Deutsches Verwaltungsblatt
DVO	Durchführungsverordnung
DZWir; DZWIR	Deutsche Zeitschrift für Wirtschaftsrecht; ab 1999: Deutsche Zeitschrift für Wirtschafts- und Insolvenzrecht
E	Entwurf, Entscheidung (in der amtlichen Sammlung)
EBE	Eildienst: Bundesgerichtliche Entscheidungen (Zeitschrift)
EBAO	Bundeseinheitliche Einforderungs- und Beitreibungsordnung (bay. Justizministerialblatt 1974, S. 396)
ebd.	ebenda
Ebenroth/Boujong/Joost/Bearbeiter	Ebenroth/Boujong/Joost, HGB, Kommentar, 2001
EFG	Entscheidungen der Finanzgerichte

Abkürzungen

EG	Einführungsgesetz; Europäische Gemeinschaft
EGAktG	Einführungsgesetz zum Aktiengesetz v. 6. 9. 1965 (BGBl. I S. 1185)
EGBGB	Einführungsgesetz zum Bürgerlichen Gesetzbuch v. 18. 8. 1896 (RGBl. S. 604) idF der Bek. v. 21. 9. 1994 (BGBl. I S. 2494)
EGHGB	Einführungsgesetz zum Handelsgesetzbuch v. 10. 5. 1897 (RGBl. S. 437)
EGInsO	Einführungsgesetz zur Insolvenzordnung v. 5. 10. 1994 (BGBl. I S. 2911)
EGInsOÄndG	Gesetz zur Änderung des Einführungsgesetzes zur Insolvenzordnung und anderer Gesetze v. 19. 12. 1998 (BGBl. I S. 3836)
EGKS	Europäische Gemeinschaft für Kohle und Stahl
EGKSV	Vertrag über die Gründung der Europäischen Gemeinschaft für Kohle und Stahl v. 15. 4. 1951
EGR	Entscheidungssammlung Gewerblicher Rechtsschutz v. 25. 3. 1957
EGV	Vertrag zur Gründung der Europäischen Gemeinschaft v. 7. 2. 1992
EheG	Ehegesetz v. 20. 2. 1946 (= KRG Nr. 16; ABl. KR S. 77)
1. EheRG	1. Gesetz zur Reform des Ehe- und Familienrechts vom 14. 6. 1976 (BGBl. I S. 1421)
Einf.	Einführung
eingetr.	eingetragen(e)
einhM	einhellige Meinung
EinigungsV	Vertrag über die Herstellung der Einheit Deutschlands v. 31. 8. 1990 (BGBl. II S. 889 = GBl. DDR I S. 1629)
Einl.	Einleitung
einschl.	einschließlich
Eisenberg	Eisenberg, Kriminologie, 5. Aufl. 2000
Eisenhardt	Eisenhardt, Gesellschaftsrecht, Grundriss, 8. Aufl. 1999
EK (56–04)	Eigenkapital mit jeweiliger Körperschaftsteuerbelastung
EKV	Europäische Kooperationsvereinigung
Emmerich/Sonnenschein	Emmerich/Sonnenschein, Konzernrecht, 7. Aufl. 2001
Enneccerus/	Enneccerus/Kipp/Wolf, Lehrbuch des Bürgerlichen Rechts
/Coing	V. Bd. Erbrecht, 13. Aufl. 1978
/Kipp	IV. Bd. Familienrecht (Teil II und III), 7. Aufl. 1931
/Lehman	II. Bd. Recht der Schuldverhältnisse, 15. Aufl. 1958
/Nipperdey	I. Bd. AT des Bürgerlichen Rechts, 1. Halbbd. 15. Aufl. 1959; 2. Halbbd. 15. Aufl. 1960
/Wolff	III. Bd. Sachenrecht, 9. Aufl. 1932
/Wolff FamR	IV. Bd. Familienrecht (Teil I), 7. Aufl. 1931
/Wolff/Raiser	III. Bd. Sachenrecht, 10. Aufl. 1957
entspr.	entsprechend
Entw.	Entwurf
Entw. I	Entwurf eines Gesetzes, betreffend die Gesellschaften mit beschränkter Haftung nebst Begründung und Anlage, Amtliche Ausgabe, Berlin 1891
Entw. II	Entwurf eines Gesetzes, betreffend die Gesellschaften mit beschränkter Haftung, vorgelegt dem Reichstag am 11. 2. 1892 (RT-Drucks., 8. Leg.Per., I. Sess. 1890/92 Nr. 660)
EntwLStG	Gesetz über steuerliche Maßnahmen zur Förderung von privaten Kapitalanlagen in Entwicklungsländern idF v. 21. 5. 1979 (BGBl. I S. 564)
EO	Executionsordnung (Österreich) v. 27. 5. 1896 (RGBl. Nr. 79)
Erbs/Kohlhaas/Bearbeiter	Erbs/Kohlhaas, Strafrechtliche Nebengesetze, Kommentar, Loseblatt 1994, bearb. von Ambs u. a.
ErbStG	Erbschaftsteuer- und Schenkungsteuergesetz idF v. 27. 2. 1997 (BGBl. I S. 378)
ErbStR	Erbschaftsteuer-Richtlinie vom 21. 12. 1998 (BStBl. I Sondernummer 2 S. 2)
Erg.	Ergänzung
erhebl.	erheblich
Erl.	Erlass, Erläuterung
Erman/Bearbeiter	Erman, Handkommentar zum Bürgerlichen Gesetzbuch, Band I und II, 9. Aufl. 1993

Abkürzungen

Esser/Schmidt AT	Esser, Schuldrecht, Allgemeiner Teil, Teilbd. 1, 8. Aufl. 1995, Teilbd. 2, 7. Aufl. 1993, bearbeitet v. Schmidt
Esser/Weyers BT	Esser, Schuldrecht, Besonderer Teil, 7. Aufl. 1991 bearbeitet von Weyers
ESt	Einkommensteuer
EStDV 1990	Einkommensteuer-Durchführungsverordnung 1990 idF v. 28. 7. 1992 (BGBl. I S. 1418)
EStG 1990	Einkommensteuergesetz 1990 idF v. 7. 9. 1990 (BGBl. I S. 1898, ber. 1991 I S. 808)
EStG 1997	Einkommensteuergesetz 1997 idF v. 16. 4. 1997 (BGBl. I S. 821)
EStR 1993	Einkommensteuerrichtlinien 1993 v. 18. 5. 1994 (BStBl. I Sondernr. 1)
EStR 1996	Einkommensteuerrichtlinien 1996 v. 27. 2. 1997 (BStBl. I Sondernummer 1)
EStR 1998	Einkommensteuerrichtlinien 1998 v. 15. 12. 1998 (BStBl. I S. 1518, 1528)
EuGH	Gerichtshof der Europäischen Gemeinschaften
EuGHE	Entscheidungen des Gerichtshofes der Europäischen Gemeinschaften
EuGRZ	Europäische Grundrechte-Zeitschrift
EuR	Europarecht (Zeitschrift)
EuroBilG	Gesetz zur Anpassung bilanzrechtlicher Bestimmungen an die Einführung des Euro, zur Erleichterung der Publizität für Zweigniederlassungen ausländischer Unternehmen sowie zur Einführung einer Qualitätskontrolle für genossenschaftliche Prüfungsverbände – Euro-Bilanzgesetz v. 11. 10. 2001 (BGBl. I S. 3414)
EuroEG	Euro-Einführungsgesetz v. 9. 6. 1998 (BGBl. I S. 1242)
12. EuroEG	Gesetz zur Änderung von Verbrauchssteuergesetzen und des Finanzverwaltungsgesetzes sowie zur Umrechnung zoll- und verbrauchssteuerrechtlicher Euro-Beträge (Zwölftes Euro-Einführungsgesetz – 12. EuroEG), v. 16. 8. 2001 (BGBl. I S. 2081)
1. Euro-JuBeG	1. Euro-Justiz-Begleitgesetz (Österreich) vom 14. 8. 1998 (ÖBGBl. 1998 I Nr. 125/1998)
EuZW	Europäische Zeitschrift für Wirtschaftsrecht
e. V.	eingetragener Verein
EvBl.	Evidenzblatt der Rechtsmittelentscheidungen (Beilage zur ÖJZ)
evtl.	eventuell
EWG	Europäische Wirtschaftsgemeinschaft
EWGV	Vertrag zur Gründung der Europäischen Wirtschaftsgemeinschaft v. 25. 3. 1957
EWiR	Entscheidungen zum Wirtschaftsrecht (Zeitschrift)
EWS	Europäisches Wirtschafts- und Steuerrecht (Zeitschrift)
EZ	Erhebungszeitraum
f., ff.	folgend(e)
Fabricius	Gemeinschaftskommentar zum Mitbestimmungsgesetz, Loseblatt, Stand 1978, bearb. v. Fabricius, Matthes, Naendrup, Uwe H. Schneider
FamG	Familiengericht
FamRÄndG	Familienrechtsänderungsgesetz v. 11. 8. 1961 (BGBl. I S. 1221)
FamRZ	Ehe und Familie im privaten und öffentlichen Recht (Zeitschrift)
FBG	(Österreichisches) Firmenbuchgesetz 1991 (idF ÖBGBl. 1993, 458 u. 694)
Feil/Igerz	Feil/Igerz, Die Gesellschaft mit beschränkter Haftung im österreichischen Handels-, Bilanz- und Steuerrecht in der ab 1. 1. 1981 geltenden Fassung, 1980
Feine	Feine, in: Handbuch des gesamten Handelsrechts, hrsg. v. Ehrenberg, Band III, 3. Abteilung 1929
Ferid/Firsching	Ferid/Firsching, Internationales Erbrecht Bd. I, II, 1955 ff. (Loseblatt-Ausgabe)
FS 100 Jahre GmbHG	s. Lutter/Ulmer/Zöllner
FG	Finanzgericht
FGB	Familiengesetzbuch v. 20. 12. 1965 (DDR) (GBl. 1966 I S. 1)
FGG	Gesetz über die Angelegenheiten der freiwilligen Gerichtsbarkeit v. 17. 5. 1898 (RGBl. S. 189) idF v. 20. 5. 1898 (RGBl. S. 771)

Abkürzungen

FGO	Finanzgerichtsordnung v. 6. 10. 1965 (BGBl. I S. 1477)
FGPrax	Praxis der Freiwilligen Gerichtsbarkeit (Zeitschrift)
FidKomAuflG	Gesetz zur Vereinheitlichung der Fideikommissauflösung v. 26. 6. 1935 (RGBl. I S. 785)
Fikentscher	Fikentscher, Schuldrecht, 9. Aufl. 1997
FinG	Finanzgericht
FinMin.	Finanzministerium
Firsching	Firsching, Familienrecht und andere Rechtsgebiete in der freiwilligen Gerichtsbarkeit, 5. Aufl. 1992
C. Fischer	C. Fischer, Die Gesellschaft mit beschränkter Haftung, 1948
Fitting/Kaiser/Heither/ Engels	Fitting/Kaiser/Heither/Engels, Betriebsverfassungsgesetz, Handkommentar 20. Aufl. 2000
Fitting/Wlotzke/Wißmann MitbestG	Fitting/Wlotzke/Wißmann, Mitbestimmungsgesetz, Kommentar, 3. Aufl. 1995
FK-InsO/*Bearbeiter*	Frankfurter Kommentar zur Insolvenzordnung, hrsg. Wimmer, 3. Aufl. 2001
Flume	Flume, Allgemeiner Teil des Bürgerlichen Rechts, 1. Band,
Personengesellschaft	1. Teil: Die Personengesellschaft, 1977;
Juristische Person	2. Teil: Die juristische Person, 1983;
Rechtsgeschäft	2. Band: Das Rechtsgeschäft, 4. Aufl. 1992
Fn.	Fußnote
Foertsch	Foertsch, Gesetz betreffend die Gesellschaften mit beschränkter Haftung vom 20. 4. 1892, 1892
Formkomm.	Formular-Kommentar, Band 2, Handels- und Wirtschaftsrecht II, 21. Aufl. 1982, Aktienrecht, 22. Aufl. 1988
FR	Finanz-Rundschau (Zeitschrift)
Fränkel	Fränkel, Die Gesellschaft mit beschränkter Haftung, 1915
FrankfRdsch.	Rundschau, Sammlung von Entscheidungen in Rechts- und Verwaltungssachen aus dem Bezirke des OLG Frankfurt a. M. (ab 1914: Frankfurter Rundschau)
Freymuth 1911–1916	Freymuth, Die GmbH in der Rechtsprechung der deutschen Gerichte von 1911 bis 1916, 1919
Freymuth 1916–1924	Freymuth, Die GmbH in der Rechtsprechung der deutschen Gerichte von 1916–1924, 1925
FrzZ	Französische Besatzungszone
FS	Festschrift
G	Gesetz
GA	Goltdammers Archiv für Strafrecht (Zeitschrift) – bis 1952 zitiert nach Band und Seite, ab 1953 zitiert nach Jahr und Seite
Ganske	Ganske, RegE des Gesetzes zur Bereinigung des Umwandlungsrechts und des Gesetzes zur Änderung des Umwandlungssteuerrechts, Texte mit amtlichen Begründungen, 2. Aufl. 1995
GaststättenG	Gaststättengesetz v. 5. 5. 1970 (BGBl. I S. 465, ber. S. 1298)
GBl.	Gesetzblatt
GBl. DDR	Gesetzblatt Deutsche Demokratische Republik
GBO	Grundbuchordnung idF v. 26. 5. 1994 (BGBl. I S. 1114)
GbR	Gesellschaft des bürgerlichen Rechts
GebrMG	Gebrauchsmustergesetz idF v. 2. 1. 1968 (BGBl. I S. 24)
GBV	Verordnung zur Durchführung d. Grundordnung (Grundbuchverfügung), Neufassung (der GBVfg) v. 24. 1. 1995 (BGBl. I S. 114)
GBVfg.	Allgemeine Verfügung über die Einrichtung und Führung des Grundbuchs (Grundbuchverfügung) v. 8. 8. 1935 (RMBl. S. 637)
Geigel HaftpflProz.	Reinhart und Robert Geigel, Der Haftpflichtprozess mit Einschluss des materiellen Haftpflichtrechts, 22. Aufl. 1997
Geilen	Geilen, Zöllner, Aktienstrafrecht, Erläuterungen zu den §§ 399 bis 405, 408 AktG (Sonderausgabe aus Kölner Kommentar zum Aktiengesetz), 1984
Gellis	Gellis, Kommentar zum (österreichischen) GmbH-Gesetz, 4. Aufl. 2000
gem.	gemäß

Abkürzungen

GenG	Gesetz betreffend die Erwerbs- und Wirtschaftsgenossenschaften idF v. 19. 8. 1994 (BGBl. I S. 2202)
Gernhuber	Gernhuber, Lehrbuch des Familienrechts, 4. Aufl. 1994
Gersch/Herget/Marsch/ Stützle	Gersch/Herget/Marsch/Stützle, GmbH-Reform 1980, 1980
GeschäftsO	Geschäftsordnung
GeschmMG	Gesetz über das Urheberrecht an Mustern und Modellen (Geschmacksmustergesetz), v. 11. 1. 1876 (RGBl. S. 11)
GesR	Gesellschaftsrecht
GesRZ	Der Gesellschafter (österreichische Zeitschrift)
Ges., ges.	Gesetz, gesetzlich
Geßler/Hefermehl/ Eckardt/Kropff	Geßler/Hefermehl/Eckardt/Kropff, Aktiengesetz, Kommentar, 1973–1994
GewA	Gewerbe-Archiv (Zeitschrift)
GewO	Gewerbeordnung idF v. 1. 1. 1987 (BGBl. I S. 425)
GewStG	Gewerbesteuergesetz idF v. 21. 3. 1991 (BGBl. I S. 814)
GewStG 1999	Gewerbesteuergesetz idF v. 19. 5. 1999 (BGBl. I S. 1010), ber. (BGBl. I 1491)
GewStR	Gewerbesteuerrichtlinien idF v. 21. 8. 1990 (BStBl. I Sondernr. 2)
GewStR 1998	Gewerbesteuerrichtlinien idF v. 21. 12. 1998 (BStBl. I Sondernummer 2 S. 91)
GG	Grundgesetz für die Bundesrepublik Deutschland v. 23. 5. 1949 (BGBl. I S. 1)
ggf.	gegebenenfalls
GI	Gerling Informationen für wirtschaftsprüfende, rechts- und steuerberatende Berufe
Gierke	O. v. Gierke, Deutsches Privatrecht, Bd. I 1895, Bd. II 1905, Bd. III 1917
Gierke/Sandrock	J. v. Gierke/Sandrock, Handels- und Wirtschaftsrecht, 9. Aufl., 1. Band 1975
GK	Gemeinschaftskommentar
GKG	Gerichtskostengesetz idF v. 15. 12. 1975 (BGBl. I S. 3047)
gl. Ans.	gleiche Ansicht
GleichberG	Gleichberechtigungsgesetz v. 18. 6. 1957 (BGBl. I S. 609)
GmbH	Gesellschaft mit beschränkter Haftung
GmbHÄndG (auch ÄndG)	Gesetz zur Änderung des Gesetzes betreffend die Gesellschaften mit beschränkter Haftung und anderer handelsrechtlicher Vorschriften v. 4. 7. 1980 (BGBl. I S. 836)
GmbHG	Gesetz betreffend die Gesellschaften mit beschränkter Haftung idF v. 20. 5. 1898 (RGBl. S. 846)
GmbHG-E	Entwurf zum GmbHG für GmbH-Reform (BT-Drucksache 6/3088; 7/253)
GmbH-Handbuch	GmbH-Handbuch, Loseblatt, bearb. v. Brand, Fuhrmann, Heuser, Kallmeyer, Moll, Tillmann, hrsg. v. Centrale für GmbH, Stand 2000
GmbH-Konzern	Der GmbH-Konzern, Bericht über die Arbeitstagung der Centrale für GmbH Dr. Otto Schmidt in Bonn vom 11. 12. bis 12. 12. 1975, mit Referaten v. Emmerich u. a. sowie Diskussionen, 1976
GmbH-Novelle	Gesetz zur Änderung des Gesetzes betreffend die Gesellschaften mit beschränkter Haftung und anderer handelsrechtlicher Vorschriften v. 4. 7. 1980
GmbHR	GmbH-Rundschau (Zeitschrift)
GmbH-Reform	Barz/Forster/Knur/Limbach/Rehbinder/Teichmann, GmbH-Reform, 1970
GmbHRspr.	Die GmbH in der Rechtsprechung der deutschen Gerichte (Zeitschrift bis 1942)
GmbH-StB	GmbH-Steuerberater (Zeitschrift)
GmS-OGB	Gemeinsamer Senat der obersten Gerichte des Bundes
GoA	Geschäftsführung ohne Auftrag
GoB	Grundsätze ordnungsmäßiger Buchführung
v. Godin/Wilhelmi	v. Godin/Wilhelmi, Aktiengesetz, Kommentar, Bd. I u. II, 4. Aufl. 1971

Abkürzungen

Goette	Goette, Die GmbH nach der BGH-Rechtsprechung, 1997
GoI	Grundsätze ordnungsgemäßer Inventur
GoS	Grundsätze ordnungsgemäßer Speicherführung
Gottwald Insolvenzrechts-HdB	Gottwald (Hrsg.), Insolvenzrechtshandbuch, 2. Aufl. 2001
Goutier/Seidel	Goutier/Seidel, Handkommentar zum GmbH-Gesetz und zur GmbH-Novelle, 1990
grds.	grundsätzlich
GrdstVG	Gesetz über Maßnahmen zur Verbesserung der Agrarstruktur und zur Sicherung land- und forstwirtschaftlicher Betriebe (Grundstücksverkehrsgesetz) v. 28. 7. 1961 (BGBl. I S. 1091, ber. S. 1652 u. 2000)
GrEStG	Grunderwerbsteuergesetz v. 17. 12. 1982 (BGBl. I S. 1777) idF 26. 2. 1997 (BGBl. I S. 418), ber. (BGBl. I S. 1804)
Großfeld	Großfeld, Internationales und Europäisches Unternehmensrecht, 2. Aufl. 1995
GroßkommAktG/*Bearbeiter*	Gadow/Heinichen, Aktiengesetz, Großkommentar der Praxis, bearb. v. Barz u. a., 3. Aufl. 1970–1975, 4. Aufl. 1992 ff., hrsg. v. Hopt u. Wiedemann
Grossmann/Doerth	Grossmann/Doerth, Reform des Gesetzes betreffend die Gesellschaft mit beschränkter Haftung, 1931
GruchB	Beiträge zur Erläuterung des (bis 15 1871: preußischen) Deutschen Rechts, begründet von Gruchot (1. 1857–73. 1933)
GrundE	Das Grundeigentum (Zeitschrift)
GrünhutsZ	Zeitschrift für das Privat- und öffentliche Recht der Gegenwart, begr. v. Grünhut
GRUR	Gewerblicher Rechtsschutz und Urheberrecht (Zeitschrift)
GRURInt.	Gewerblicher Rechtsschutz und Urheberrecht, internationaler Teil (Zeitschrift)
GS	Großer Senat; Der Gerichtssaal (Zeitschrift)
GüKG	Güterkraftverkehrsgesetz idF v. 3. 11. 1993 (BGBl. I S. 1839, ber. 1992)
GVBl.	Gesetz- und Verordnungsblatt
GVG	Gerichtsverfassungsgesetz idF v. 9. 5. 1975 (BGBl. I S. 1077)
GvKostG	Gesetz über Kosten der Gerichtsvollzieher v. 26. 7. 1957 (BGBl. I S. 887, ber. BGBl. I 1959, S. 155)
GWB	Gesetz gegen Wettbewerbsbeschränkungen idF v. 20. 2. 1990 (BGBl. I S. 235)
HaagAbk.	Haager Abkommen
Habersack GesR	Habersack, Europäisches Gesellschaftsrecht, 1999
Habscheid FG	Habscheid, Freiwillige Gerichtsbarkeit, 7. Aufl. 1983
Hachenburg/Bearbeiter	Hachenburg, Gesetz betreffend die Gesellschaften mit beschränkter Haftung (GmbHG), Großkommentar, bearb. v. Behrens u. a., 7. Aufl. 1975–1984; 7^{II}. Aufl.: Ergänzungsband 1985; 8. Aufl. 1992 ff.
Haegele/Schöner/Stöber	Haegele, Grundbuchrecht, 11. Aufl. 1997, bearb. v. Schöner und Stöber
Haegele/Winkler	Haegele, Der Testamentsvollstrecker nach Bürgerlichem, Handels- und Steuerrecht, 14. Aufl. 1996 bearb. v. Winkler
HAG	Heimarbeitsgesetz v. 14. 3. 1951 (BGBl. I S. 191)
Halbbd.	Halbband
Halbs.	Halbsatz
Hamb., hamb.	Hamburg, hamburgisch
Hanau/Ulmer	Hanau/Ulmer, Mitbestimmungsgesetz, Kommentar, 1981
HansGZ	Hanseatische Gerichtszeitung
HansOLG	Hanseatisches Oberlandesgericht
HansRGZ	Hanseatische Rechts- und Gerichtszeitschrift
HansRZ	Hanseatische Rechtszeitschrift für Handel, Schifffahrt und Versicherung, Kolonial- und Auslandsbeziehungen
Happ	Happ, Die GmbH im Prozess, 1997
Harmonisierung des Gesellschaftsrechts	Harmonisierung des Gesellschaftsrechts und des Steuerrechts der GmbH in Europa, Bericht über den VII. internationalen GmbH-Kongress in Köln 24.–26. 4. 1962, 1962

Abkürzungen

Haupt/Reinhardt	Haupt, Gesellschaftsrecht, 4. Aufl. 1952, neubearbeitet von Reinhardt, siehe ferner unter Reinhardt
HAuslG	Gesetz über die Rechtsstellung heimatloser Ausländer im Bundesgebiet v. 25. 4. 1951 (BGBl. I S. 269)
HausratsVO	Verordnung über die Behandlung der Ehewohnung und des Hausrats nach der Scheidung v. 21. 10. 1944 (RGBl. S. 256)
HdB	Handbuch
HdB d. AG	s. Nirk/Reuter/Bächle
HdB d. GmbH	Eder/Tillmann, GmbH-Handbuch, Loseblatt, Stand November 2001
HdB Personengesellschaften	Handbuch der Personengesellschaften v. H. Westermann/Scherpf/Siegloch u. a., Loseblatt, Stand 1994
HdU	Handbuch der Unternehmensbesteuerungen, 2. Aufl. 1990, hrsg. v. H. Becker
Heim	Heim, Handbuch des Aktienrechts, 1978
Henze Handbuch zum GmbH-Recht	Henze, Handbuch zum GmbH-Recht, 2. Aufl. 1997
Henze Höchstrichterliche Rspr. ...	Henze, Höchstrichterliche Rechtsprechung zum Recht der GmbH, 2. Aufl. 1997
Henze/Triller	Henze/Triller, Die GmbH & Co., 11. Aufl. 1973
Herrmann/Heuer/Raupach ..	Herrmann/Heuer/Raupach, Einkommensteuer und Körperschaftsteuer mit Nebengesetzen, Kommentar, Loseblatt, Stand 1999
Hess., hess.	Hessen, hessisch
Hess/Weis/Wienberg	Hess/Weis/Wienberg; Kommentar zur Insolvenzordnung; 2. Aufl. 2001
HessFG	Hessisches Finanzgericht
HessRspr.	Hessische Rechtsprechung
Heymann/Bearbeiter	Heymann, Handelsgesetzbuch, Kommentar, 2. Aufl. 1995 ff.
Heymann/Kötter	Heymann/Kötter, Handelsgesetzbuch, Kommentar, 21. Aufl. 1971
HEZ	Höchstrichterliche Entscheidungen (Entscheidungssammlung)
HFA IDW	Hauptfachausschuss des IDW
HFR	Höchstrichterliche Finanzrechtsprechung
HGB	Handelsgesetzbuch v. 10. 5. 1897 (RGBl. S. 219)
hins.	hinsichtlich
HintO	Hinterlegungsordnung v. 10. 3. 1937 (RGBl. S. 285)
HK-GmbHR/*Bearbeiter*	Heidelberger Kommentar zum GmbH-Recht, v. Bartl/Fichtelmann/Henkes/Schlarb/Schulze, 4. Aufl. 1998
HK-InsO/Bearbeiter	Heidelberger Kommentar zur Insolvenzordnung, v. Eickmann/Flessner/Irschlinger, 2001
hL	herrschende Lehre
hM	herrschende Meinung
HOAI	Verordnung ü. d. Honorare f. Leistungen d. Architekten u. d. Ingenieure (Honorarordnung für Architekten und Ingenieure) idF v. 4. 3. 1991 (BGBl. I S. 533)
Hoffmann/Lehmann/ Weinmann	Hoffmann/Lehmann/Weinmann, Mitbestimmungsgesetz, Kommentar, 1978
Hoffmann/Liebs	Hoffmann/Liebs, Der GmbH-Geschäftsführer, 2. Aufl. 2000
Hoffmann/Preu	Hoffmann/Preu, Der Aufsichtsrat. Ein Leitfaden für Aufsichtsräte, 4. Aufl. 1999
HöfeO	Höfeordnung idF v. 26. 7. 1976 (BGBl. I S. 1933)
Holdheims Manuskript	Monatszeitschrift für Handelsrecht und Bankenwesen, begr. v. Holdheim
Hommelhoff	Hommelhoff, Die Konzernleitungspflicht, 1982
Horber/Demharter	Horber/Demharter, Grundbuchordnung, Kurzkommentar, 22. Aufl. 1997
HPflG	Haftpflichtgesetz idF v. 4. 1. 1978 (BGBl. I S. 145)
HRefG	Handelsrechtsreformgesetz v. 22. 6. 1998 (BGBl. I S. 1474)
HReg	Handelsregister
HRegV	s. HRV
HRegVfg.	Handelsregisterverfügung
HRG	Hochschulrahmengesetz v. 9. 4. 1987 (BGBl. I S. 1170)

Abkürzungen

HRR	Höchstrichterliche Rechtsprechung (Zeitschrift)
Hrsg., hrsg.	Herausgeber, herausgegeben
HRV	Ausführungsverordnung über die Errichtung und Führung des Handelsregisters (Handelsregisterverfügung) v. 12. 8. 1937 (RMBl. S. 515)
HS	Handelsrechtliche Entscheidungen, begr. v. Stanzl, hrsg. v. Steiner (Österreich)
Hüffer	Hüffer, Aktiengesetz, 4. Aufl. 1999
HURB	Handwörterbuch unbestimmter Rechtsbegriffe im Bilanzrecht des HGB, hrsg. v. Leffson, Rückle, Großfeld, 1986
HuW	Haus und Wohnung (Zeitschrift)
HWB	Handwörterbuch
HWBdSozW	Handwörterbuch der Sozialwissenschaften, 1956 ff.
HWBRWiss.	Handwörterbuch der Rechtswissenschaft, hrsg. v. Stier-Somlo und Elster (Band u. Seite), 1926–1937
HwO	Handwerksordnung idF v. 24. 9. 1998 (BGBl. I. S. 3074)
HWR	Handwörterbuch des Rechnungswesens, hrsg. v. Kosiol, Chmielewicz, Schweitzer, 2. Aufl. 1981
HypBG	Hypothekenbankgesetz idF v. 19. 10. 1990 (BGBl. I S. 2898)
iA	im Allgemeinen
idF (v.)	in der Fassung (vom)
idR	in der Regel
IDW	Institut der Wirtschaftsprüfer in Deutschland e. V.
iE	im Einzelnen
IECL	International Enzyclopedia of Comparative Law, hrsg. v. David u. a., ab 1974
iErg.	im Ergebnis
ieS	im engeren Sinne
i. G.	in Gründung
Ihde	Ihde, Der faktische GmbH-Konzern, 1974
IHK	Industrie- und Handelskammer
IKS	Internes Kontrollsystem
ILO	International Labour Organization
Immenga	Immenga, Die personalistische Kapitalgesellschaft, 1970
Immenga/Mestmäcker	Immenga/Mestmäcker, Gesetz gegen Wettbewerbsbeschränkungen, Kommentar, 2. Aufl. 1992
INF	Die Information über Steuer und Wirtschaft (Zeitschrift)
insbes.	insbesondere
InsO	Insolvenzordnung v. 5. 10. 1994 (BGBl. I S. 2866)
InVO	Insolvenz und Vollstreckung (Zeitschrift)
IPG	Gutachten zum internationalen und ausländischen Privatrecht
IPR	Internationales Privatrecht
IPRax	Praxis des Internationalen Privat- und Verfahrensrechts (Zeitschrift)
IPRG	(österreichisches) Bundesgesetz v. 15. 6. 1978 über das internationale Privatrecht (IPR-Gesetz) (ÖBGBl. Nr. 304)
IPRspr.	Makarov/Gamillscheg/Müller/Dierk/Kropholler, Die deutsche Rechtsprechung auf dem Gebiet des internationalen Privatrechts, 1952 ff.
iS	im Sinne
iSd.	im Sinne des (der)
iÜ	im Übrigen
iVm.	in Verbindung mit
iwS	im weiteren Sinne
iZw.	im Zweifel
JA	Juristische Arbeitsblätter (Zeitschrift)
Jaeger/Henckel	Jaeger/Henckel, Konkursordnung, 9. Aufl. 1977 ff.
Jansen FGG	Jansen FGG (Kommentar), Band I 1969, Band II 1970, Band III 1971 (2. Aufl.)
JArbSchG	Jugendarbeitsschutzgesetz v. 12. 4. 1976 (BGBl. I S. 965)
Jb.	Jahrbuch
JbeitrO	Justizbeitreibungsordnung v. 11. 3. 1937 (RGBl. I S. 298)
JbFfSt.	Jahrbuch der Fachanwälte für Steuerrecht (1967 ff.)

Abkürzungen

JbIntR	Jahrbuch für internationales Recht
JBl.	Juristische Blätter (österreichische Zeitschrift)
J. B. L.	Journal of Business Law (Zeitschrift)
JBlSaar	Justizblatt des Saarlandes
JFG	Jahrbuch für Entscheidungen in Angelegenheiten der freiwilligen Gerichtsbarkeit und des Grundbuchrechts, begr. v. Ring (1. 1924–23. 1943)
Jg.	Jahrgang
JGG	Jugendgerichtsgesetz idF v. 11. 12. 1974 (BGBl. I S. 3427)
Jh.	Jahrhundert
JherJb.	Jherings Jahrbuch für die Dogmatik des bürgerlichen Rechts (Zeitschrift, Band u. Seite)
JM	Justizministerium
JMBl.	Justizministerialblatt
JöR	Jahrbuch des öffentlichen Rechts der Gegenwart
jP	juristische Person
JR	Juristische Rundschau (Zeitschrift)
JRfPrV	Juristische Rundschau für die Privatversicherung (Zeitschrift)
JStErgG 1996	Gesetz zur Ergänzung des Jahressteuergesetzes 1996 und zur Änderung anderer Gesetze v. 18. 12. 1995 BGBl. I S. 1959
JStG 1996	Jahressteuergesetz 1996 v. 11. 10. 1995 (BGBl. I S. 1250)
JurA	Juristische Analysen (Zeitschrift)
Jura	Juristische Ausbildung (Zeitschrift)
JurBüro	Das juristische Büro (Zeitschrift)
JurJb.	Juristen-Jahrbuch
JuS	Juristische Schulung (Zeitschrift)
Justiz	Die Justiz (Zeitschrift)
JVBl.	Justizverwaltungsblatt (Zeitschrift)
JW	Juristische Wochenschrift (Zeitschrift)
JWG	Jugendwohlfahrtsgesetz idF v. 25. 4. 1977 (BGBl. I S. 633) aufgeh. durch KJHG idF v. 26. 6. 1990 (BGBl. I S. 1163) idF v. 3. 5. 1993 (BGBl. I S. 637)
JZ	Juristenzeitung (Zeitschrift)
KAGG	Gesetz über Kapitalanlagegesellschaften idF v. 9. 9. 1998 (BGBl. I S. 2726)
Kap.	Kapital
KapAEG	Kapitalaufnahmeerleichterungsgesetz v. 2. 4. 1998 (BGBl. I S. 707)
KapCoRiLiG	Kapitalgesellschaften- und Co-Richtlinie-Gesetz v. 24. 2. 2000 (BGBl. I S. 154)
KapErhG	Gesetz über die Kapitalerhöhung aus Gesellschaftsmitteln und über die Verschmelzung von Gesellschaften mit beschränkter Haftung v. 23. 12. 1959 (BGBl. I S. 789), aufgehoben mit Wirkung v. 1. 1. 1995 durch UmwBerG v. 28. 10. 1994 (BGBl. I S. 3210, 3268)
KapErhStG	Gesetz über steuerrechtliche Maßnahmen bei Erhöhung des Nennkapitals aus Gesellschaftsmitteln idF v. 10. 10. 1967 (BGBl. I S. 977)
KapESt	Kapitalertragsteuer
KapGes.	Kapitalgesellschaft
KapGesR	Kapitalgesellschaftsrecht
KartG	Kartellgericht
KartG	Sammlung v. Entscheidungen des KartG (11. 924–14. 1938)
KartRdsch.	Kartell-Rundschau (Schriftenreihe)
Kegel/Schurig	Kegel/Schurig, Internationales Privatrecht, 8. Aufl. 2000
Keidel/Winkler	Keidel/Winkler, Beurkundungsgesetz, Kommentar, 14. Aufl. 1999
Kfz.	Kraftfahrzeug
KG	Kammergericht (Berlin); Kommanditgesellschaft
KGaA	Kommanditgesellschaft auf Aktien
KGBl.	Blätter für Rechtspflege im Bereich des Kammergerichts in Sachen der freiwilligen Gerichtsbarkeit in Kosten-, Stempel- und Strafsachen (Zeitschrift)
KGJ	Jahrbuch für Entscheidungen des Kammergerichts in Sachen der freiwilligen Gerichtsbarkeit, in Kosten-, Stempel- und Strafsachen (bis

Abkürzungen

	19. 1899: in Sachen der nichtstreitigen Gerichtsbarkeit), 11. 881–53. 1922
Kilger/K. Schmidt	Kilger/K. Schmidt, Insolvenzgesetze, Kommentar, 17. Aufl. 1997
Kissel	Kissel, Ehe und Ehescheidung, 1977
KiStG	Kirchensteuergesetz (Landesrecht)
KJHG	Kinder- u. Jugendhilfegesetz v. 26. 6. 1990 (BGBl. I S. 1163) idF v. 3. 5. 1993 (BGBl. I S. 637)
Klausing I	Klausing, Die Neuordnung der Gesellschaft mit beschränkter Haftung. 1. Arbeitsbericht zur Reform der GmbH. Arbeitsberichte der Akademie für Deutsches Recht, Heft 5, 1938
Klausing II	Klausing, Die Neuordnung der Gesellschaft mit beschränkter Haftung. 2. Arbeitsbericht des Ausschusses für Gesellschaft mit beschränkter Haftung der Akademie für Deutsches Recht, Arbeitsberichte der Akademie für Deutsches Recht, Nr. 13, 1940
Klauss/Birle GmbH	Klauss/Birle, Die GmbH, 5. Aufl. 1992
Klauss/Birle GmbH & Co. KG	Klauss/Birle, Die GmbH & Co. KG, 7. Aufl. 1988
KK/Bearbeiter	Karlsruher Kommentar zur Strafprozeßordnung und zum Gerichtsverfassungsgesetz mit Einführungsgesetz, hrsg. v. Pfeiffer, 4. Aufl. 1999
KK OWiG/Bearbeiter	Karlsruher Kommentar zum Gesetz über Ordnungswidrigkeiten, 2. Aufl. 2000
Kleinknecht/Meyer-Goßner	Kleinknecht/Meyer-Goßner, Strafprozessordnung, 44. Aufl. 1999
Klunzinger	Klunzinger, Grundzüge des Gesellschaftsrechts, 11. Aufl. 1999
Knobbe-Keuk	Knobbe-Keuk, Bilanz- und Unternehmenssteuerrecht, 9. Aufl. 1993
KO	Konkursordnung idF v. 20. 5. 1898 (RGBl. S. 612); aufgehoben mit Wirkung vom 1. 1. 1999
Koller/Roth/Morck	Koller/Roth/Morck, Handelsgesetzbuch, Kommentar, 2. Aufl. 1999
Kölner KommAktG/Bearbeiter	Kölner Kommentar zum Aktiengesetz, hrsg. von W. Zöllner, bearb. v. Claussen, Geilen, Kirchner, Koppensteiner u. a., 2. Aufl. 1988 ff.
Komm.	Kommentar
KommBer	Beschlüsse der XXV Kommission des Reichstages (RT-Drucks., 8. Leg. Per., I. Sess. 1890/92, Nr. 744)
KonsG	Konsulargesetz v. 11. 9. 1974 (BGBl. I S. 2317)
KonTraG	Gesetz zur Kontrolle und Transparenz im Unternehmensbereich v. 27. 4. 1998 (BGBl. I S. 786)
Konv.	Konvention
KoordG	Gesetz zur Durchführung der Ersten Richtlinie des Rates der Europäischen Gemeinschaften zur Koordinierung des Gesellschaftsrechts v. 15. 8. 1969 (BGBl. I 1146)
Koppensteiner	Koppensteiner, GmbH-Gesetz (Österr.), Kommentar, 2. Aufl. 1999
Korintenberg/Bearbeiter	Korintenberg/Lappe/Bengel, Kostenordnung, Kommentar, 14. Aufl. 1999
KÖSDI	Kölner Steuerdialog
KostO	Gesetz über die Kosten in Angelegenheiten der freiwilligen Gerichtsbarkeit (Kostenordnung) idF v. 26. 7. 1957 (BGBl. I S. 960)
KostREuroUG	Gesetz zur Umstellung des Kostenrechts und der Steuerberatergebührenverordnung v. 27. 4. 2001, BGBl. I S. 751
Kötter Mitbestimmungsrecht	Kötter, Mitbestimmungsrecht, Kommentar, 1952
Kötter Mitbestimmungs-ErgG	Kötter, Mitbestimmungs-Ergänzungsgesetz, Kommentar, 1958
KR	Kontrollrat
Kraft/Kreutz	Kraft/Kreutz, Gesellschaftsrecht, 11. Aufl. 2000
KRG	Kontrollratsgesetz
KrG	Kreisgericht (DDR)
Krieger/Lenz	Krieger/Lenz, Firma und Handelsregister, 1938
KriegswaffG	Ausführungsgesetz zu Artikel 26 Abs. 2 des Grundgesetzes (Gesetz über die Kontrolle von Kriegswaffen) idF v. 22. 11. 1990 (BGBl. I S. 2506)
krit.	kritisch

Abkürzungen

KritJ	Kritische Justiz (Zeitschrift)
KrW-/AbfG	Gesetz zur Förderung der Kreislaufwirtschaft und Sicherung der umweltverträglichen Beseitigung von Abfällen (Kreislaufwirtschaft- und Abfallgesetz) v. 27. 9. 1994 (BGBl. I S. 2705)
KSchG	Kündigungsschutzgesetz idF v. 25. 8. 1969 (BGBl. I S. 1317)
KSt	Körperschaftsteuer
KStDV	Körperschaftsteuer-Durchführungsverordnung
KStG 1991	Körperschaftsteuergesetz 1991 idF v. 11. 3. 1991 (BGBl. I S. 638)
KStG 1999	Körperschaftsteuergesetz 1999 idF v. 22. 4. 1999 (BGBl. I S. 817)
KStR 1995	Körperschaftsteuer-Richtlinien 1995 idF v. 15. 12. 1995 (BStBl. 1996 I Sondernummer 1)
KTS	Zeitschrift für Konkurs-, Treuhand- und Schiedsgerichtswesen; ab 1989 Zeitschrift für Insolvenzrecht – Konkurs, Treuhand, Sanierung
Kübler	Kübler, Gesellschaftsrecht, 5. Aufl. 1998
Kübler/Prütting	Kübler/Prütting, Kommentar zur Insolvenzordnung, Loseblatt, Stand 1999
Kübler/Prütting/Noack GesR	Kübler/Prütting/Noack, Kommentar zur Insolvenzordnung, Sonderband I Gesellschaftsrecht, 1999
KUG	Gesetz betreffend das Urheberrecht an Werken der bildenden Künste und der Photographie v. 9. 1. 1907 (RGBl. 7) aufgehoben durch § 141 Nr. 5 des Urheberrechtsgesetzes v. 9. 9. 1965 (BGBl. I S. 1273) soweit es nicht den Schutz von Bildnissen betrifft
KuT	Konkurs- und Treuhandwesen (Zeitschrift) ab 1989 ersetzt durch: KTS
Küting/Weber Konzernrechnungslegung	Küting/Weber, Handbuch der Konzern – Rechnungslegung, 2. Aufl. 1998
Küting/Weber Rechnungslegung	Küting/Weber, Handbuch der Rechnungslegung, 3. Aufl. 1990, Band 1 a, 4. Aufl. 1995
KVStDV	Kapitalverkehrsteuer-Durchführungsverordnung idF v. 20. 4. 1960 (BGBl. I S. 243) aufgehoben durch FinanzmarktförderungsG v. 22. 2. 1990 (BGBl. I S. 266, 282)
KVStG	Kapitalverkehrsteuergesetz idF v. 17. 11. 1972 (BGBl. I S. 2129), aufgehoben durch FinanzmarktförderungsG v. 22. 2. 1990 (BGBl. I S. 266, 281 f.)
KWG	Gesetz über das Kreditwesen idF v. 22. 1. 1996 (BGBl. I S. 64, ber. 519)
L	Landes-
Lackner/Kühl	Lackner/Kühl, Strafgesetzbuch, Kommentar, 23. Aufl. 1999
LAG	Landesarbeitsgericht (mit Ortsnamen); Lastenausgleichsgesetz idF v. 2. 6. 1993 (BGBl. I S. 845)
Landmann/Rohmer/Bearbeiter	Landmann/Rohmer/Bearbeiter, Gewerbeordnung, Bd. I/II, bearb. v. Bender u. a., 14. Aufl. Stand 1994
Lange/Kuchinke ErbR	Lange/Kuchinke, Lehrbuch des Erbrechts, 4. Aufl. 1995
Langen/Bunte GWB	Langen/Bunte, Kommentar zum deutschen und europäischen Kartellrecht, 9. Aufl. 2001
Larenz/Wolf AT	Larenz/Wolf, Allgemeiner Teil des deutschen bürgerlichen Rechts, 8. Aufl. 1997
Larenz I	Larenz, Lehrbuch des Schuldrechts, Band 1, 14. Aufl. 1987
Larenz II	Larenz, Lehrbuch des Schuldrechts, Band 2, 1. Teilband 13. Aufl. 1986, 2. Teilband 13. Aufl. 1994
Larenz Methodenlehre	Larenz, Methodenlehre der Rechtswissenschaft, 6. Aufl. 1991
LBG	Landesbeamtengesetz
Lehmann/Dietz	Lehmann, Gesellschaftsrecht, 3. Aufl. 1970, neubearb. von Dietz
LeistungsVO	Verordnung über die Leistungssätze des Unterhaltsgeldes, des Arbeitslosengeldes, des Altersübergangsgeldes, der Arbeitslosenhilfe, des Kurzarbeitergeldes und des Winterausfallgeldes für das Jahr ... (zuletzt 1997 – AFG-LeistungsVO 1996 –) v. 20. 12. 1996 (BGBl. I 2161)
LG	Landgericht
Liebel	Liebel, Die wirtschaftliche Struktur der Gesellschaft mit beschränkter Haftung, 1931

Abkürzungen

Liebmann/Saenger	Liebmann/Saenger, Kommentar zum Gesetz betreffend die Gesellschaften mit beschränkter Haftung, 7. Aufl. 1927
Limbach	Limbach, Theorie und Wirklichkeit der GmbH, 1966
Lit.	Literatur
LK/*Bearbeiter*	Leipziger Kommentar zum StGB, hrsg. v. Jescheck/Ruß/Willms, 10. Aufl. 1978 ff., 11. Aufl. 1992 ff.
LM	Lindenmaier/Möhring, Nachschlagewerk des Bundesgerichtshofs
LöschG	Gesetz über die Auflösung und Löschung von Gesellschaften und Genossenschaften v. 9. 10. 1934 (RGBl. I S. 914), aufgehoben mit Wirkung vom 1. 1. 1999
Losebl.	Loseblatt(ausgabe)
LS	Leitsatz
LSG	Landessozialgericht
LStDV	Lohnsteuerdurchführungsverordnung idF v. 10. 10. 1989 (BGBl. I S. 1848)
LStR 1999	Lohnsteuerrichtlinien 1999 idF v. 1. 10. 1999 (BStBl. I Sondernummer 1/1998)
LStR 2000	Lohnsteuerrichtlinien 2000 idF v. 29. 10. 1999 (BAnz. Nr. 211 a; BStBl. I Sondernummer 1)
v. Lübtow	v. Lübtow, Erbrecht, Band I und II, 1971
LuftVG	Luftverkehrsgesetz idF v. 14. 1. 1981 (BGBl. I S. 61)
Lutter Companies	Limited Liability Companies and Private Companies, in Intern. Encyclopedia of Comperative Law Bd. XIII. 1998
Lutter Holding-Handbuch	Lutter, Holding-Handbuch, 3. Aufl. 1998
Lutter/Hommelhoff	Lutter/Hommelhoff, begr. v. R. Fischer, GmbH-Gesetz, 15. Aufl. 2000
Lutter Information	Lutter, Information und Vertraulichkeit im Aufsichtsrat 2. Aufl. 1984
Lutter Kapital	Lutter, Kapital, Sicherung der Kapitalaufbringung und Kapitalerhaltung in den Aktien- u. GmbH-Rechten der EWG, 1964
Lutter/Krieger	Lutter/Krieger, Rechte und Pflichten des Aufsichtsrates, 3. Aufl. 1993
Lutter/Scheffler/ U. H. Schneider	Lutter/Scheffler/U. H. Schneider, Handbuch der Konzernfinanzierung, 1998
Lutter/Ulmer/Zöllner	Lutter/Ulmer/Zöllner (Hrsg.) 100-Jahre-GmbH-Gesetz, 1992 = FS 100 Jahre GmbHG
Lutter UmwG	Lutter, Umwandlungsgesetz, Kommentar, 2. Aufl. 2000, bearb. von Bayer u. a.
Lutter Unternehmensrecht	Lutter, Europäisches Unternehmensrecht, 4. Aufl. 1996
LVA	Landesversicherungsanstalt
LZ	Leipziger Zeitschrift für Deutsches Recht
m. abl. Anm.	mit ablehnender Anmerkung
Maiberg	Maiberg, Gesellschaftsrecht, 7. Aufl. 1990
m. Änd.	mit Änderung(en)
MarkenG	Markengesetz v. 25. 10. 1994 (BGBl. I S. 3082)
Massfeller/Böhmer	s. Böhmer/Siehr
Maunz/Dürig	Maunz/Dürig/Herzog/Scholz u. a., Grundgesetz, Loseblatt-Kommentar, Stand. Okt. 1999
max.	maximal
MBl.	Ministerialblatt
MDR	Monatsschrift für Deutsches Recht (Zeitschrift)
mE	meines Erachtens
MecklZ	Mecklenburgische Zeitschrift für Rechtspflege, Rechtswissenschaft, Verwaltung (Band und Seite)
MedR	Medizinrecht (Zeitschrift)
Meikel	Meikel, Grundbuchrecht, Kommentar zur Grundbuchordnung, bearb. v. Böhringer, Lichtenberger, Simmerding, 7. Aufl. 1986–1995
Merzbacher	Merzbacher, Reichsgesetz betreffend die Gesellschaften mit beschränkter Haftung, 9. Aufl. 1928
Meyer-Landrut/Miller/ Niehus	Meyer-Landrut/Miller/Niehus, Kommentar zum GmbH-Gesetz, 1987
Mio.	Million(en)

Abkürzungen

MitbestG	Gesetz über die Mitbestimmung der Arbeitnehmer v. 4. 5. 1976 (BGBl. I S. 1153)
MitbestBeiG	Mitbestimmungs-Beibehaltungsgesetz v. 23. 8. 1994 (BGBl. I 2228)
Mitt.	Mitteilung(en)
MittBayNot.	Mitteilungen des Bayerischen Notarvereins (Zeitschrift)
MittRhNotK	Mitteilungen der Rheinischen Notarkammer (Zeitschrift)
m. krit. Anm.	mit kritischer Anmerkung
Möhring	Möhring/v. Selzam, Vermögensverwaltung in Vormundschafts- und Nachlaßsachen, 7. Aufl. 1992
Molitor	Molitor, Die ausländische Regelung der GmbH und die deutsche Reform, 1927
mon.	monatlich
Montan-MitbestErgG	Gesetz zur Ergänzung des Gesetzes über die Mitbestimmung der Arbeitnehmer in den Aufsichtsräten und Vorständen des Bergbaus und der Eisen und Stahl erzeugenden Industrie vom 7. 8. 1956 (BGBl. I S. 707)
Montan-MitbestG	Gesetz über die Mitbestimmung der Arbeitnehmer in den Aufsichtsräten und Vorständen der Unternehmen des Bergbaus und der Eisen und Stahl erzeugenden Industrie v. 21. 5. 1951 (BGBl. I S. 347) idF des Gesetzes v. 7. 8. 1956 (BGBl. I S. 70) und des Einführungsgesetzes zum Aktiengesetz v. 6. 9. 1965 (BGBl. I S. 1185)
Mot. I–V	Motive zu dem Entwurf eines Bürgerlichen Gesetzbuches für das Deutsche Reich (Bd. I Allgemeiner Teil; Bd. II Recht der Schuldverhältnisse; Bd. III Sachenrecht; Bd. IV Familienrecht; Bd. V Erbrecht)
Mrd.	Milliarde
MRG	Gesetz der Militärregierung Deutschland (1945–1949)
Mugdan	Die gesamten Materialien zum Bürgerlichen Gesetzbuch für das deutsche Reich, hrsg. v. Mugdan, Band I–V, 1899
Müller-Gugenberger	Müller-Gugenberger, Wirtschaftsstrafrecht Handbuch des Wirtschaftsstraf- und ordnungswidrigkeitenrechts, hrsg. v. Christian Müller-Gu-genberger und Klaus Bieneck, 3. Aufl. 2000
H. J. Müller/Jegutidse	H.J. Müller/Jegutidse, Der GmbH-Geschäftsführer. Rechte, Pflichten, Vermeidung von Haftungsrisiken, 2. Aufl. 1995
Klaus Müller Genossenschaftsgesetz	Klaus Müller, Genossenschaftsgesetz, Kommentar, 1976/1980; 2. Aufl. 1991 ff.
MünchArbR/*Bearbeiter*	Münchner Handbuch des Arbeitsrechts, Band 3: Kollektives Arbeitsrecht, 1993, hrsg. v. Richardi, Wlotzke
MünchHdB GesR/ *Bearbeiter*	Band 1: BGB-Gesellschaft, OHG, PartG, EWiV, 1995. hrsg. v. Riegger, Weipert; Band 2: Kommanditgesellschaft, stille Gesellschaft, 1991, hrsg. v. Riegger, Weipert; Band 3: Gesellschaft mit beschränkter Haftung, 1996, hrsg. v. Priester, Mayer; Band 4: Aktiengesellschaft, 2. Aufl. 1999, hrsg. v. Hoffmann-Becking
Münchener VertragsHdB	Münchener Vertragshandbuch, Band 1: Gesellschaftsrecht, hrsg. v. Heidenhain, Rieger, 5. Aufl. 2000
MüKo AktG/*Bearbeiter*	Münchener Kommentar zum Aktienrecht, hrsg. v. Kropff/Semler, 2. Aufl. 2000
MüKo BGB/*Bearbeiter*	Münchener Kommentar zum Bürgerlichen Gesetzbuch, hrsg. v. Rebmann/Säcker/Rixecker, 2. Aufl. 1984 ff.; 3. Aufl. 1992 ff., 4. Aufl. 2000 ff.
MüKo HGB/*Bearbeiter*	Münchener Kommentar zum Handelsgesetzbuch, hrsg. v. K. Schmidt, 1996 ff.
MüKo ZPO/*Bearbeiter*	Münchener Kommentar zur Zivilprozessordnung, hrsg. v. Lüke/Wax, 2. Aufl. 2001
mwN	mit weiteren Nachweisen
mWv.	mit Wirkung vom
m. zahlr. Nachw.	mit zahlreichen Nachweisen
m. zust. Anm.	mit zustimmender Anmerkung
nachf.	nachfolgend
NachhBG	Nachhaftungsbegrenzungsgesetz v. 18. 3. 1994 (BGBl. I S. 560)
Nachw.	Nachweis

Abkürzungen

NaStraG	Gesetz zur Namensaktie und zur Erleichterung der Stimmrechtsausübung v. 18. 1. 2001 (BGBl. I S. 123)
NB	Neue Betriebswirtschaft (Zeitschrift)
Nds., nds.	Niedersachsen, niedersächsisch
NdsRpfl.	Niedersächsische Rechtspflege (Zeitschrift)
NehelG	Gesetz über die rechtliche Stellung der nichtehelichen Kinder v. 19. 8. 1969 (BGBl. I S. 1243)
Nerlich/Römermann	Nerlich/Römermann, Insolvenzordnung, Kommentar, 1999
NF	Neue Folge
nF	neue Fassung
Nirk/Reuter/Bächle	Handbuch der Aktiengesellschaft, begr. v. Möhring, 3. Aufl. 1996
NJ	Neue Justiz (DDR-Zeitschrift)
NJW	Neue Juristische Wochenschrift (Zeitschrift)
NJW-RR	Neue Juristische Wochenschrift Rechtsprechungs-Report Zivilrecht (Zeitschrift)
norddt.	norddeutsch
NotBZ	Zeitschrift für notarielle Beratungs- und Beurkundungspraxis
NotVORPräs.	Notverordnung des Reichspräsidenten
Nov.	Novelle
Nr.	Nummer(n)
NRW	Nordrhein-Westfalen
NStZ	Neue Zeitschrift für Strafrecht
NvWR	Neues vom Wirtschaftsrecht (Zeitschrift; Rundschreiben des BDI)
NWB	Neue Wirtschaftsbriefe (Loseblatt-Sammlung)
NZ	Notariatszeitung (Österreich)
NZA	Neue Zeitschrift für Arbeits- und Sozialrecht
NZG	Neue Zeitschrift für Gesellschaftsrecht ab 1998
NZI	Neue Zeitschrift für Insolvenz und Sanierung
o.	oben
o. a.	oben angegeben
oÄ	oder Ähnliches
ÖAktG	Österreichisches Aktiengesetz v. 31. 5. 1965 (ÖBGBl. S. 98)
öBankArch.	Österreichisches Bank-Archiv (Zeitschrift)
ÖBGBl.	Österreichisches Bundesgesetzblatt
ÖBl.	Österreichische Blätter für gewerblichen Rechtsschutz und Urheberrecht (Zeitschrift)
Odersky	Odersky, Nichtehelichengesetz, Handkommentar, 4. Aufl. 1978
OECD	Organization of Economic Cooperation and Development
Oertmann	Oertmann, Kommentar zum Bürgerlichen Gesetzbuch und seinen Nebengesetzen, Bd. I Allgemeiner Teil, 3. Aufl. 1927; Bd. II Recht der Schuldverhältnisse, 5. Aufl. 1928/29; Bd. III Sachenrecht, 3. Aufl. 1914; Bd. IV Familienrecht, 1906; Bd. V Erbrecht, 2. Aufl. 1912
OFD	Oberfinanzdirektion
OFH	Oberster Finanzgerichtshof
OG	Oberster Gerichtshof (der DDR)
OGH	Oberster Gerichtshof (Österreich)
OGH-BrZ	Oberster Gerichtshof für die Britische Zone
OGHSt.	Entscheidungen des Obersten Gerichtshofes für die Britische Zone in Strafsachen (Band u. Seite)
OGHSZ	Entscheidungen des Obersten Gerichtshofes in Zivil- und Justizverwaltungssachen (Österreich)
OGHZ	Entscheidungen des Obersten Gerichtshofes für die Britische Zone in Zivilsachen (Band u. Seite)
ÖGmbHG	Österreichisches Gesetz über Gesellschaften mit beschränkter Haftung v. 6. 3. 1906 (RGBl. Nr. 58)
OHG	offene Handelsgesellschaft
ÖHGB	Österreichisches Handelsgesetzbuch v. 10. 5. 1897 (Deutsches RGBl. S. 219) mit den Ergänzungen der 4. Verordnung zur Einführung handelsrechtlicher Vorschriften im Lande Österreich v. 24. 12. 1938 (Deutsches RGBl. I S. 1999)
ÖHypBkG	Österreichisches Hypothekenbankgesetz

Abkürzungen

oJ	ohne Jahrgang
ÖJZ	Österreichische Juristenzeitung (Zeitschrift)
OLG	Oberlandesgericht
	Die Rechtsprechung der Oberlandesgerichte auf dem Gebiete des Zivilrechts, hrsg. v. Mugdan und Falkmann (1. 1900–46. 1928)
OLGE	Die Rechtsprechung der Oberlandesgerichte auf dem Gebiete des Zivilrechts, hrsg. v. Mugdan und Falkmann (1. 1900–46. 1928)
OLGZ	Rechtsprechung der Oberlandesgerichte in Zivilsachen, Amtliche Entscheidungssammlung
OlSchVO	Verordnung über Orderlagerscheine v. 16. 12. 1931 (RGBl. I S. 763)
OR	Schweizerisches Obligationenrecht v. 30. 3. 1911/18. 12. 1936
ORDO	ORDO, Jahrbuch für die Ordnung von Wirtschaft und Gesellschaft
österr.	österreichisch
ÖStZ	Österreichische Steuer-Zeitung
oV	ohne Verfasser
OVG	Oberverwaltungsgericht
OWiG	Gesetz über Ordnungswidrigkeiten idF v. 19. 2. 1987 (BGBl. I S. 602)
ÖZW	Österreichische Zeitschrift für Wirtschaftsrecht
ÖZöffR	Österreichische Zeitschrift für öffentliches Recht (Zeitschrift, zitiert nach Band und Seite)
Palandt/Bearbeiter	Palandt, Bürgerliches Gesetzbuch, Kommentar, 60. Aufl. 2001
Parisius/Crueger	Parisius/Crueger, Das Reichsgesetz betreffend die Gesellschaften mit beschränkter Haftung, 18. Aufl. 1929
ParteiG	Gesetz über die politischen Parteien (Parteiengesetz) idF v. 31. 1. 1994 (BGBl. I S. 149)
PartGG	Partnerschaftsgesellschaftsgesetz v. 25. 7. 1994 (BGBl. I S. 1744)
PatG	Patentgesetz idF v. 16. 12. 1980 (BGBl. 1981 I S. 1)
PBefG	Personenbeförderungsgesetz v. 8. 8. 1990 (BGBl. I S. 1690)
Peter/Crezelius	Peter/Crezelius, Neuzeitliche Gesellschaftsverträge und Unternehmensformen, 6. Aufl. 1994
Pikart/Henn	Pikart/Henn, Lehrbuch der freiwilligen Gerichtsbarkeit, 1963
PISTB	Praxis Internationale Steuerberatung (Zeitschrift)
Planck	Planck's Kommentar zum BGB nebst Einführungsgesetz, 5 Bde. Bd. 4/2, 6: 3. Aufl. 1905/06; Bd. 1, 2, 4/1, 5: 4. Aufl. 1913–30; Bd. 3: 5. Aufl. 1933–38
PresseG	Reichsgesetz über die Presse v. 7. 5. 1874 (RGBl. S. 65); durch Landespressegesetze zum 1. 7. 1966 endgültig außer Kraft getreten
Probleme der GmbH-Reform	Bericht über die Arbeitstagung „GmbH-Reform", 1970
Pro GmbH	Pro GmbH, Analysen und Perspektiven des Gesellschafts- und Steuerrechts der GmbH, 1980
Prot.	Protokolle der Kommission für die zweite Lesung des Entwurfs des BGB (Bd. I und IV 1897; Bd. II 1898; Bd. III und V 1899)
ProtRA	Protokolle des Rechtsausschusses
PrOVG	Preußisches Oberverwaltungsgericht
PStG	Personenstandsgesetz idF v. 8. 8. 1957 (BGBl. I S. 1125)
PStV	Verordnung zur Ausführung des Personenstandsgesetzes idF v. 25. 2. 1977 (BGBl. I S. 377)
PSV	Pensionssicherungsverein
PSVaG	Pensionssicherungsverein auf Gegenseitigkeit
PublG	Gesetz über die Rechnungslegung von bestimmten Unternehmen und Konzernen v. 15. 8. 1969 (BGBl. I S. 1189, ber. 1970 I S. 1113)
RA	Rechtsausschuss, Rechtsanwalt
RabelsZ	Zeitschrift für ausländisches und internationales Privatrecht (Band u. Seite)
RabG	Rabattgesetz v. 25. 11. 1933 (RGBl. S. 1011), aufgehoben mit Wirkung v. 1. 8. 2001
RAG	Reichsarbeitsgericht, zugleich amtliche Sammlung der Entscheidungen (Band u. Seite)
RAGebO	Gebührenordnung für Rechtsanwälte v. 7. 7. 1879 idF v. 5. 7. 1927 (RGBl. I S. 162); aufgehoben durch G v. 26. 7. 1957 (BGBl. I S. 861, 937)

Abkürzungen

Th. Raiser Kapitalges.	Thomas Raiser, Recht der Kapitalgesellschaften, 3. Aufl. 2001
Th. Raiser MitbestG	Thomas Raiser, Mitbestimmungsgesetz, Kommentar, 3. Aufl. 1998
RanwO	Reichsrechtsanwaltsordnung idF v. 21. 2. 1936 (RGBl. I S. 107), ersetzt durch BRAO
RAnz.	Deutscher Reichs-Anzeiger
RAO	Reichsabgabenordnung v. 13. 12. 1919 (RGBl. S. 1993) idF v. 22. 5. 1931 (RGBl. I S. 161), aufgehoben durch EGAO v. 14. 12. 1976 (BGBl. I S. 3341)
RBerG	Rechtsberatungsgesetz v. 13. 12. 1935 (RGBl. S. 1478)
rd.	rund
RdA	Recht der Arbeit (Zeitschrift)
RdErl.	Runderlass
RdL	Recht der Landwirtschaft (Zeitschrift)
Rn.	Randnummer(n)
RdSchr.	Rundschreiben
RdW	Recht der Wirtschaft (österreichische Zeitschrift)
Recht	Das Recht (Zeitschrift)
Rechtstheorie	Rechtstheorie (Zeitschrift)
rechtsw.	rechtswidrig
RefE	Referentenentwurf
Reg.	Regierung
RegBez.	Regierungsbezirk
RegBl.	Regierungsblatt
RegE	Regierungsentwurf
RegG	Registergericht
RegR	Registerrichter
Reich-Rohrwig	Reich-Rohrwig, Das österreichische GmbH-Recht in systematischer Darstellung, Band 1, 2. Aufl. 1997
Reidnitz	Reidnitz, Die GmbH in der Rechtsprechung der deutschen Gerichte seit 1892, 1919
Reinhardt	Reinhardt, Gesellschaftsrecht, 1981, 2. Aufl. bearb. v. Schultz
F. Reinhardt	F. Reinhardt, Die Gesellschaften mit beschränkter Haftung, 3. Aufl. 1927
RFH	Reichsfinanzhof, zugleich amtliche Sammlung der Entscheidungen (Band u. Seite)
RG	Reichsgericht
RGBl.	Reichsgesetzblatt
RG-Praxis	Die Reichsgerichtspraxis im deutschen Rechtsleben, Festgabe der jur. Fakultäten zum 50jährigen Bestehen des Reichsgerichts, 1929
RGRK/*Bearbeiter*	Das Bürgerliche Gesetzbuch, Kommentar, hrsg. von Mitgliedern des Bundesgerichtshofs, 11. Aufl. 1959–1970, 12. Aufl. 1974 ff.
RGSt.	Amtliche Sammlung v. Entscheidungen des Reichsgerichts in Strafsachen
RGZ	Amtliche Sammlung v. Entscheidungen des Reichsgerichts in Zivilsachen
RheinZ	Rheinische Zeitschrift für Zivil- und Prozessrecht
Rh.-Pf., rh-pf.	Rheinland-Pfalz, rheinland-pfälzisch
RiA	Recht im Amt (Zeitschrift)
Richtl.	Richtlinien
Rittner Werdende jP	Rittner, Die werdende juristische Person, 1973
Rittner Wettbewerbsrecht...	Rittner, Wettbewerbs- und Kartellrecht, 6. Aufl. 1999
Rittner Wirtschaftsrecht	Rittner, Wirtschaftsrecht, 2. Aufl. 1987
RIW	Recht der internationalen Wirtschaft (Zeitschrift)
RJA	Entscheidungen in Angelegenheiten der freiwilligen Gerichtsbarkeit und des Grundbuchrechts, zusammengestellt im Reichsjustizamt (1. 1900–17. 1922)
RJM	Reichsminister der Justiz
RKG	Reichsknappschaftsgesetz idF v. 1. 7. 1926 (RGBl. I S. 369)
RKW	Rationalisierungs-Kuratorium der deutschen Wirtschaft
RMBl.	Reichsministerialblatt
ROHG	Reichsoberhandelsgericht, auch Entscheidungssammlung (Band und Seite)

Abkürzungen

Röhricht/v. Westphalen	Röhricht/v. Westphalen, HGB-Kommentar, 1998
Roth/Altmeppen	Roth/Altmeppen, Gesetz betreffend die Gesellschaften mit beschränkter Haftung (GmbHG), Kommentar, 3. Aufl. 1997
ROW	Recht in Ost und West (Zeitschrift)
Rpfleger	Der deutsche Rechtspfleger (Zeitschrift)
RPflG	Rechtspflegergesetz v. 5. 11. 1969 (BGBl. I S. 2065)
RSiedlG	Reichssiedlungsgesetz v. 11. 8. 1919 (RGBl. S. 1429)
Rspr.	Rechtsprechung
RStBl.	Reichssteuerblatt
RT	Reichstag
Ruland/Tiemann	Ruland/Tiemann, Der Versorgungsausgleich, 1977 (Nachtrag 1979)
RuStAG	Reichs- und Staatsangehörigkeitsgesetz v. 22. 7. 1913 (RGBl. S. 583), wesentlich neu gefasst mit Wirkung v. 1. 1. 2000
RuW	Recht und Wirtschaft (Zeitschrift)
RV	Reichsverfassung
RvglHWB	Rechtsvergleichendes Handwörterbuch für das Zivil- und Handelsrecht des In- und Auslandes (Band u. Seite), 1929 ff.
RVO	Reichsversicherungsordnung idF v. 15. 12. 1924 (RGBl. I S. 779)
RWiG	Reichswirtschaftsgericht
RWP	Rechts- und Wirtschaftspraxis (Loseblatt-Ausgabe)
RZ	(österreichische) Richterzeitung
RzW	Rechtsprechung zum Wiedergutmachungsrecht (Zeitschrift)
S	Schilling(e)
S.	Seite, Satz
s.	siehe
Saarl.	Saarland
SaBl.	Sammelblatt für Rechtsvorschriften des Bundes und der Länder
SächsArch.	Sächsisches Archiv für Rechtspflege (Zeitschrift)
SAE	Sammlung arbeitsrechtlicher Entscheidungen (Zeitschrift)
SAG	Die schweizerische Aktiengesellschaft (Zeitschrift)
Schaub	Schaub, Arbeitsrechts-Handbuch, 9. Aufl. 2000
ScheckG	Scheckgesetz v. 14. 8. 1933 (RGBl. S. 597)
SchiffsBG	Gesetz über Schiffspfandbriefbanken (Schiffsbankgesetz) idF v. 8. 5. 1963 (BGBl. I S. 301)
Schlegelberger/Bearbeiter	Schlegelberger, Handelsgesetzbuch, Kommentar von Geßler, Hefermehl, Hildebrandt und Schröder, 5. Aufl. 1973 ff.
Schlegelberger/Quassowski	Schlegelberger/Quassowski, Aktiengesetz, Kommentar, 3. Aufl. 1939
SchlH	Schleswig-Holstein
SchlHA	Schleswig-Holsteinische Anzeigen (NF 1. 1837 ff. Zeitschrift)
K. Schmidt Zur Stellung der OHG	K. Schmidt, Zur Stellung der OHG im System der Handelsgesellschaften, 1972
K. Schmidt GesR	K. Schmidt, Gesellschaftsrecht, 3. Aufl. 1997
K. Schmidt HR	K. Schmidt, Handelsrecht, 5. Aufl. 1999
K. Schmidt/Uhlenbruck	K. Schmidt/Uhlenbruck, Die GmbH in Krise, Sanierung und Insolvenz, 2. Aufl. 1999
L. Schmidt EStG	L. Schmidt, Einkommensteuergesetz, 20. Aufl. 2001
Schmitt/Hörtnagl/Stratz	Schmitt, Hörtnagl, Stratz, Umwandlungsgesetz, Umwandlungssteuergesetz, Kommentar, begr. v. Dehmer, 3. Aufl. 2001
Scholz	Scholz, Kommentar zum GmbH-Gesetz, 4. Aufl. 1960
Scholz/Bearbeiter	Scholz, Kommentar zum GmbH-Gesetz, 7. Aufl. bearbeitet von Emmerich u. a., 1986–1989; 8. Aufl. 1993/95 ff.; 9. Aufl. 2000
Scholz/Fischer	Scholz/Fischer, GmbH-Gesetz, Kleinkommentar, 8. Aufl. 1977
Schönke/Schröder/Bearbeiter	Schönke/Schröder, Strafgesetzbuch, Kommentar, 26. Aufl. 2001
Schubert	Schubert, Entwurf des Reichsjustizministeriums zu einem Gesetz über Gesellschaften mit beschränkter Haftung von 1939, 1985
SchuldRModG	Gesetz zur Modernisierung des Schuldrechts v. 26. 11. 2001 (BGBl. I S. 3138)
SchwerbehG	Schwerbehindertengesetz idF v. 8. 10. 1979 (BGBl. I S. 1649)
Schw.Jb. Int. R.	Schweizerisches Jahrbuch für Internationales Recht
SchweizJZ	Schweizerische Juristenzeitung

Abkürzungen

SchwZStrafR	Schweizerische Zeitschrift für Strafrecht
Sect.	Section
SeuffA	Seufferts Archiv für Entscheidungen der obersten Gerichte in den deutschen Staaten (Zeitschrift, zitiert nach Band u. Nr.)
SeuffBl.	Seufferts Blätter für Rechtsanwendung (Zeitschrift, zitiert nach Band u. Seite)
SG	Sozialgericht
SGB	Sozialgesetzbuch – 1. Buch, Allgemeiner Teil v. 11. 12. 1975 (BGBl. I S. 3015); 3. Buch, Arbeitsförderung v. 18. 6. 1997 (BGBl. I S. 1430; 4. Buch, Gemeinsame Vorschriften für die Sozialversicherung v. 23. 12. 1976 (BGBl. I S. 3845); 6. Buch, Gesetzliche Rentenversicherung v. 18. 12. 1989 (BGBl. I S. 2261, ber. 1990 I S. 1337)
SGb.	Die Sozialgerichtsbarkeit (Zeitschrift)
SGG	Sozialgerichtsgesetz idF v. 23. 9. 1975 (BGBl. I S. 2535)
SGVNW	Sammlung des bereinigten Gesetz- und Verordnungsblattes für das Land Nordrhein-Westfalen, 1962 ff., Loseblatt-Sammlung
SJZ	Süddeutsche Juristenzeitung (Zeitschrift)
SK-StGB/*Bearbeiter*	Rudolphi/Horn/Samson/Günther/Hoyer, Systematischer Kommentar zum Strafgesetzbuch, Bd. 1, Allgemeiner Teil, 7. Aufl. 32. Lfg. 2000, Bd. 2–4, Besonderer Teil, 5. bzw. 6. Aufl. 50. Lfg. 2000 (Loseblattausgabe)
Smid	Insolvenzordnung (InsO) mit insolvenzrechtlicher Vergütungsverordnung (InsVV), Kommentar, hrsg. v. Stefan Smid, 1999
s. o.	siehe oben
Soergel/Bearbeiter	Bürgerliches Gesetzbuch mit Einführungsgesetz und Nebengesetzen, begr. v. Soergel, 10. Aufl. 1967 ff., 11. Aufl. 1978 ff.; 12. Aufl. 1987 ff.
SoergRspr.	Soergel(s) Rechtsprechung zum gesamten Zivil-, Handels- und Prozessrecht (Jahr, § und Nr.)
sog.	sogenannt
SoldG	Soldatengesetz idF v. 19. 8. 1975 (BGBl. I S. 2273)
SolZ	Solidaritätszuschlag
SolZG	Solidaritätszuschlagsgesetz 1995 v. 23. 6. 1993 (BGBl. I S. 975) geänd. durch das Missbrauchsbekämpfungs- und Steuerbereinigungsgesetz v. 21. 12. 1993 (BGBl. I S. 2310, 2314)
SozR	Sozialrecht, Rechtsprechung und Schrifttum, bearb. v. den Richtern des Bundessozialgerichts
SozVers.	Die Sozialversicherung (Zeitschrift)
SozW	Sozialwissenschaft(en)
Sp.	Spalte
st.	ständig(e)
Staat	Der Staat. Zeitschrift für Staatslehre, öffentliches Recht und Verfassungsgeschichte (Band u. Seite)
StabG	Gesetz zur Förderung der Stabilität und des Wachstums der Wirtschaft v. 8. 6. 1967 (BGBl. I S. 582)
StAngRegG	Gesetz zur Regelung von Fragen der Staatsangehörigkeit: 1. v. 22. 2. 1955 (BGBl. I S. 65); 2. v. 17. 5. 1956 (BGBl. I S. 431)
StAnpG	Steueranpassungsgesetz v. 16. 10. 1934 (RGBl. I S. 925), aufgehoben durch EG AO v. 14. 12. 1976 (BGBl. I S. 3341); vgl. nunmehr § 42 AO
StatJb.	Statistisches Jahrbuch für die Bundesrepublik Deutschland, hrsg. v. Statistischen Bundesamt (Jahr und Seite)
StbJb.	Steuerberater-Jahrbuch
Staub/Bearbeiter	Staub, Großkommentar zum Handelsgesetzbuch und seinen Nebengesetzen, 3. Aufl. 1967–1982 bearb. v. Brüggenmann u. a., 4. Aufl. 1983 ff., hrsg. v. Canaris, Schilling, Ulmer
Staudinger/Großfeld Int. GesR	Kommentar zum EGBGB, Internat. Gesellschaftsrecht, begr. v. Staudinger, erläutert v. Großfeld, 13. Aufl. 1998
Staudinger/Bearbeiter	Kommentar zum Bürgerlichen Gesetzbuch, 10./11. Aufl. und 12. Aufl. 1978 ff., 13. Aufl. 1993 ff.
StBereinG 1999	Steuerbereinigungsgesetz 1999 v. 22. 12. 1999 (BGBl. I S. 2601)
StBerG	Steuerberatungsgesetz idF v. 4. 11. 1975 (BGBl. I S. 2735)
StBp.	Die steuerliche Betriebsprüfung (Zeitschrift)

Abkürzungen

StÄndG 2001	Steueränderungsgesetz 2001 v. 20. 12. 2001 (BGBl. I S. 3794)
StÄndG 1998	Steueränderungsgesetz v. 19. 12. 1998 (BGBl. I S. 3816)
H. Stehle/A. Stehle	H. Stehle/A. Stehle, Die Gesellschaften, 4. Aufl. 1977
Stein/Jonas/Bearbeiter	Stein/Jonas, Zivilprozessordnung, Kommentar, bearb. v. Pohle, Grunsky, Leipold, Münzberg, Schlosser u. Schumann, 20. Aufl. 1977; 21. Aufl. 1993 ff.
StEK	Steuererlasse in Karteiform, bearbeitet v. Felix, 1962 ff.
Sten. Prot.	Stenographisches Protokoll
StEntlG 1999	Steuerentlastungsgesetz v. 19. 12. 1998 (BGBl. I S. 3779)
StEntlG 1999/2000/2002	Steuerentlastungsgesetz v. 24. 3. 1999 (BGBl. I S. 402)
StEuglG	Gesetz zur Umrechnung und Glättung steuerlicher Euro-Beträge (Steuer-Euroglättungsgesetz – StEuglG), v. 19. 12. 2000 (BGBl. I S 1790)
StGB	Strafgesetzbuch idF v. 13. 11. 1998 (BGBl. I S. 3322)
StGH	Staatsgerichtshof
StiftG	Stiftungsgesetz
StPO	Strafprozessordnung idF v. 7. 4. 1987 (BGBl. I S. 1074, ber. S. 1319)
str.	streitig
Streck	Streck, Körperschaftsteuergesetz, Kommentar begr. v. Felix, 5. Aufl. 1997
StRK	Steuerrechtsprechung in Karteiform. Höchstgerichtliche Entscheidungen in Steuersachen (Loseblattsammlung; 1922–1944; 1951 ff.)
st. Rspr.	ständige Rechtsprechung
StSenkG	Gesetz zur Senkung der Steuersätze und zur Reform der Unternehmensbesteuerung v. 23. 10. 2000 (BGBl. I S. 1433)
StSenkErgG	Gesetz zur Ergänzung des Steuersenkungsgesetzes v. 19. 12. 2000 (BGBl. I S. 1812)
StückAG	Stückaktiengesetz v. 25. 3. 1998 (BGBl. I S. 590)
StuB	Steuer- und Bilanzpraxis (Zeitschrift)
StuR	Staat und Recht (Zeitschrift)
StuW	Steuer und Wirtschaft (Zeitschrift)
StV	Strafverteidiger (Zeitschrift)
StVG	Straßenverkehrsgesetz v. 19. 12. 1952 (BGBl. I S. 837)
s. u.	siehe unten
Sudhoff GmbH	Sudhoff, Der Gesellschaftsvertrag der GmbH, 8. Aufl. 1992
Sudhoff/Bearbeiter GmbH & Co. KG	Sudhoff (Hrsg.), GmbH & Co. KG, 5. Aufl. 2000
SWZ	Schweizerische Zeitschrift für Wirtschaftsrecht
SZ	Entscheidungen des OGH in Zivilsachen
teilw.	teilweise
TestG	Testamentsgesetz v. 31. 7. 1938 (RGBl. I S. 973)
Thomas/Putzo	Thomas/Putzo, Zivilprozessordnung mit Gerichtsverfassungsgesetz und den Einführungsgesetzen, 23. Aufl.
Tiedemann Insolvenz	Tiedemann, Insolvenz-Strafrecht, 2. Aufl. 1996
Tiedemann Wirtschaftsbetrug	Tiedemann, Wirtschaftsbetrug, 1999
Tillmann/Mohr	Tillmann/Mohr, GmbH-Geschäftsführer-Praktikum, 7. Aufl. 1999
Tipke/Lang	Tipke/Lang, Steuerrecht, 16. Aufl. 1998
Tipke/Kruse	Tipke/Kruse, Abgabenordnung/Finanzgerichtsordnung, Loseblatt, Stand 1999
TreuhG	Gesetz zur Privatisierung und Reorganisation des volkseigenen Vermögens (Treuhandgesetz) v. 17. 6. 1990 (GBl. DDR I S. 300) geändert durch Gesetz v. 22. 3. 1991 (BGBl. I S. 766)
Tröndle/Fischer	Tröndle/Fischer, Strafgesetzbuch und Nebengesetze, Kommentar, 50. Aufl. 2001
v. Tuhr	v. Tuhr, Der Allgemeine Teil des Deutschen Bürgerlichen Rechts, Bd. I 1910, Bd. II 1. Halbbd. 1914, 2. Halbbd. 1918
TVG	Tarifvertragsgesetz idF v. 25. 8. 1969 (BGBl. I S. 1323)
u.	und, unten, unter
u. a.	unter anderem, und andere
UA	Untersuchungsausschuss
uÄ	und Ähnliche(s)

Abkürzungen

u. (v.) a. m.	und (vieles) andere(s) mehr
UBBG	Gesetz über Unternehmensbeteiligungsgesellschaften idF v. 9. 7. 1998 (BGBl. I S. 2765)
überwM	überwiegende Meinung
uE	unseres Erachtens
UFITA	Archiv für Urheber-, Film-, Funk- und Theaterrecht (Zeitschrift, zitiert nach Band und Seite)
UKlaG	Gesetz über Unterlassungsklagen bei Verbraucherrechts- und anderen Verstößen (Unterlassungsklagengesetz), verkündet als Art. 3 des Gesetzes zur Modernisierung des Schuldrechts v. 26. 11. 2001 (BGBl. I S. 3138)
UmstG	Drittes Gesetz zur Neuordnung des Geldwesens (Umstellungsgesetz) in Kraft seit 27. 6. 1948 (WiGBl. Beil. 5 S. 13)
UmwBerG	Gesetz zur Bereinigung des Umwandlungsrechts v. 28. 10. 1994 (BGBl. I S. 3210)
UmwG	Umwandlungsgesetz idF v. 28. 10. 1994 (BGBl. I S. 3210)
UmwÄndG	Gesetz zur Änderung des Umwandlungsgesetzes, des Partnerschaftsgesellschaftsgesetzes und anderer Gesetze v. 22. 7. 1998 (BGBl. I 1878)
UmwR	Umwandlungsrecht
UmwStErl.	Umwandlungssteuererlass 1998 v. 25. 3. 1998 (BGBl. I S. 268, BMF-Schreiben)
UmwStG 1995	Gesetz zur Änderung des Umwandlungssteuerrechts v. 28. 10. 1994 (BGBl. I S. 3267, ber. 1995 I S. 428)
UmwVO	Verordnung zur Umwandlung von volkseigenen Kombinaten, Betrieben und Einrichtungen in Kapitalgesellschaften v. 1. 3. 1990 (GBl. DDR I S. 107)
UNCTAD	United Nations Congress of Trade and Development
UNO	United Nations Organization
unstr.	unstreitig
Unternehmensrechtskommission-Bericht	Bericht über die Verhandlungen der Unternehmensrechtskommission, hrsg. v. Bundesministerium der Justiz, 1980
UntStFG	Unternehmenssteuerfortentwicklungsgesetz v. 20. 12. 2001 (BGBl. I S. 3858)
UR	Umsatzsteuer-Rundschau (Zeitschrift); auch UStR
UrhG	Gesetz über Urheberrecht und verwandte Schutzrechte (Urheberrechtsgesetz) v. 9. 9. 1965 (BGBl. I S. 1273)
Urt.	Urteil
UStG 1993	Umsatzsteuergesetz 1993 idF v. 27. 4. 1993 (BGBl. I S. 565, ber. S. 1160)
USt	Umsatzsteuer
UStR	Umsatzsteuerrichtlinien; Umsatzsteuer-Rundschau (Zeitschrift)
usw.	und so weiter
uU	unter Umständen
UVR	Umsatzsteuer- und Verkehrsteuer-Recht (Zeitschrift)
UWG	Gesetz gegen den unlauteren Wettbewerb v. 7. 6. 1909 (RGBl. S. 499)
v.	vom, von
vAw.	von Amts wegen
VA	Vermittlungsausschuss
VAG	Gesetz über die Beaufsichtigung der Versicherungsunternehmen (Versicherungsaufsichtsgesetz) idF v. 17. 12. 1992 (BGBl. I 1993 S. 2)
VerBAV	Veröffentlichungen des Bundesaufsichtsamtes f. das Versicherungs- und Bausparwesen (Zeitschrift)
VerbrKrG	Verbraucherkreditgesetz v. 17. 12. 1990 (BGBl. I S. 2840)
VereinfNov.	Gesetz zur Vereinfachung und Beschleunigung gerichtlicher Verfahren (Vereinfachungsnovelle) v. 3. 12. 1976 (BGBl. I S. 3281)
VereinsG	Vereinsgesetz v. 5. 8. 1964 (BGBl. I S. 593)
Verf.	Verfassung
VerglO	Vergleichsordnung v. 26. 2. 1935 (RGBl. S. 321, ber. S. 356)
Verh.	Verhandlung(en)
VerkBl.	Verkehrsblatt, Amtsblatt des Bundesministers für Verkehr

Abkürzungen

VerkMitt.	Verkehrsrechtliche Mitteilungen (Zeitschrift)
VerkRdsch.	Verkehrsrechtliche Rundschau (Zeitschrift)
VerlG	Gesetz über das Verlagsrecht v. 19. 6. 1901 (RGBl. S. 217)
Veröff.	Veröffentlichung
VerschG	Verschollenheitsgesetz idF v. 15. 1. 1951 (BGBl. I S. 63)
VerschmG	Verschmelzungsgesetz
VerschmRiLiG	Gesetz zur Durchführung der Dritten Richtlinie des Rates der Europäischen Gemeinschaft zur Koordinierung des Gesellschaftsrechts v. 25. 10. 1982 (BGBl. I S. 1425) (Verschmelzungsrichtlinie-Gesetz)
VersR	Versicherungsrecht, Juristische Rundschau für die Individualversicherung (Zeitschrift)
VersRdsch.	Versicherungsrundschau (österreichische Zeitschrift)
VersW	Versicherungswirtschaft (Zeitschrift)
Verw.	Verwaltung
VerwA	Verwaltungsarchiv (Zeitschrift)
VerwG	Verwaltungsgericht
VerwGH	Verwaltungsgerichtshof
VerwR	Verwaltungsrecht
VerwRspr.	Verwaltungsrechtsprechung in Deutschland (Band u. Seite)
Vfg.	Verfügung
VGA	Verdeckte Gewinnausschüttung
	Verdeckte Vorteilsgewährung
VGH	Verfassungsgerichtshof
vgl.	vergleiche
VGR	Gesellschaftsrechtliche Vereinigung
vH	von (vom) Hundert
VO	Verordnung
VOBl.	Verordnungsblatt
Vogel	Vogel, GmbH-Gesetz, Kommentar, 2. Aufl. 1956
Vol.	Volume (= Band)
VolljG	Gesetz zur Neuregelung des Volljährigkeitsalters v. 31. 7. 1974 (BGBl. I S. 1713)
Voraufl.	Vorauflage
Vorb.	Vorbemerkung
VormG	Vormundschaftsgericht
VRS	Verkehrsrechts-Sammlung (Zeitschrift; Band u. Seite)
VStG	Vermögensteuergesetz idF v. 14. 11. 1990 (BGBl. I S. 2467)
VStR	Vermögensteuer-Richtlinien für die Vermögensteuer-Hauptveranlagung 1995 idF v. 17. 1. 1995 (BStBl. 1995 II Sondernummer 2)
VVaG	Versicherungsverein auf Gegenseitigkeit
VVDStRL	Veröffentlichungen der Vereinigung Deutscher Staatsrechtslehrer
VVG	Gesetz über den Versicherungsvertrag v. 30. 5. 1908 (RGBl. S. 263)
VW	Versicherungswirtschaft (Zeitschrift)
VwGO	Verwaltungsgerichtsordnung idF v. 19. 3. 1991 (BGBl. I S. 686)
VwKostG	Verwaltungskostengesetz v. 23. 6. 1970 (BGBl. I S. 821)
VwVfG	Verwaltungsverfahrensgesetz v. 25. 5. 1976 (BGBl. I S. 1253)
VwZG	Verwaltungszustellungsgesetz v. 3. 7. 1952 (BGBl. I S. 379)
VZ	Veranlagungszeitraum
VZS	Vereinigte Zivilsenate
Wagner	Wagner, Gesellschaftsrecht, 1970
WährG	Währungsgesetz v. 20. 6. 1948 (Gesetz Nr. 61 der amerikanischen und der britischen Militärregierung) (WiGBl. Beil. 5 S. 1)
WarnR	Rechtsprechung des Reichsgerichts, herausgegeben von Warneyer (Band u. Nr.), ab 1961: Rechtsprechung des Bundesgerichtshofs in Zivilsachen
WBl.	Wirtschaftsrechtliche Blätter (österreichische Zeitschrift)
WBG	Gesetz zur Bereinigung des Wertpapierwesens (Wertpapierbereinigungsgesetz) v. 19. 8. 1949 (WiGBl. S. 295)
WehrpflG	Wehrpflichtgesetz idF v. 15. 12. 1995 (BGBl. I S. 1756)
weit.	weitere(-r, -n)
WG	Wechselgesetz v. 21. 6. 1933 (RGBl. S. 399)

Abkürzungen

WGG	Gesetz über die Gemeinnützigkeit im Wohnungswesen v. 29. 2. 1940 (RGBl. I S. 437)
WGGDV	Verordnung zur Durchführung des Wohnungsgemeinnützigkeitsgesetzes v. 24. 11. 1969 (BGBl. I S. 2141)
WHG	Wasserhaushaltsgesetz idF v. 23. 9. 1986 (BGBl. I S. 1529, 1654)
WiB	Wirtschaftsrechtliche Beratung (Zeitschrift) bis zum 31. 12. 1997; ab 1. 1. 1998 ersetzt durch NZG
Widmann/Mayer	Widmann/Mayer, Umwandlungsrecht, Kommentar, Loseblatt, Stand 2000
Wiedemann	Wiedemann, Gesellschaftsrecht, Bd. I, 1980
Wiefels	Wiefels, Gesellschaftsrecht, Grundriss, 117.–120. Tausend, 1976
Wieland	Wieland, Handelsrecht, 2. Band 1931
WiGBl.	Gesetzblatt der Verwaltung des Vereinigten Wirtschaftsgebiets
Winter	Winter, Treuebindungen im GmbH-Recht, 1988
Winnefeld Bilanz-HdB	Winnefeld, Bilanz-Handbuch, 2. Aufl. 2000
WiR	Wirtschaftsrat, Wirtschaftsrecht
WiSta	Wirtschaft und Statistik (herausgegeben vom Statistischen Bundesamt; Zeitschrift)
WiStG	Gesetz zur weiteren Vereinfachung des Wirtschaftsstrafrechts (Wirtschaftsstrafgesetz) idF v. 3. 6. 1975 (BGBl. I S. 1313)
wistra	Zeitschrift für Wirtschaft, Steuer und Strafrecht
WiuStat.	Wirtschaft und Statistik (1. 1921–24. 1944, N. F. 1. 1949 ff.)
WM	Wertpapiermitteilungen (Zeitschrift)
wN	weitere Nachweise
WoM	Wohnungswirtschaft und Mietrecht (Zeitschrift)
WP	Wahlperiode
WPg	Die Wirtschaftsprüfung (Zeitschrift)
WP-HdB	Wirtschaftsprüfer-Handbuch, hrsg. v. Institut der Wirtschaftsprüfer in Deutschland, Bd. 1 12. Aufl. 2000, Bd. 2 11. Aufl. 1998
WpHG	Gesetz über den Wertpapierhandel (Wertpapierhandelsgesetz) v. 26. 7. 1994 (BGBl. I S. 1749)
WPO	Wirtschaftsprüferordnung idF v. 5. 11. 1975 (BGBl. I S. 2803)
WRP	Wettbewerb in Recht und Praxis (Zeitschrift)
WRV	Weimarer Reichsverfassung v. 11. 8. 1919 (RGBl. S. 1383)
WuB	Entscheidungssammlung zum Wirtschafts- und Bankrecht (Zeitschrift)
WuR	Die Wirtschaft und das Recht (Zeitschrift)
WoM	Wohnungswirtschaft und Mietrecht (Zeitschrift)
Würdinger Aktienrecht	Würdinger, Aktienrecht und das Recht der verbundenen Unternehmen, 4. Aufl. 1981
Würdinger Kapitalgesellschaften	Würdinger, Gesellschaften, 2. Teil, Recht der Kapitalgesellschaften, 1943
Wünsch	Wünsch, Kommentar zum GmbHG (Österreich), 1988
WuW	Wirtschaft und Wettbewerb (Zeitschrift)
WuW/E	WuW, Entscheidungssammlung zum Kartellrecht (Loseblattsammlung 1957 ff.)
WZG	Warenzeichengesetz idF v. 2. 1. 1968 (BGBl. I S. 29), aufgehoben durch Markenrechtsreformgesetz v. 25. 10. 1994 (BGBl. I S. 3082, 3124)
z.	zu(m)
ZAkDR	Zeitschrift der Akademie f. Deutsches Recht
ZaöRV	Zeitschrift für ausländisches öffentliches Recht und Völkerrecht (Zeitschrift, zitiert nach Band u. Seite)
ZAP	Zeitschrift für Anwaltspraxis
ZAS	Zeitschrift für Arbeits- und Sozialrecht (österreichische Zeitschrift)
zB	zum Beispiel
ZBB	Zeitschrift für Bankrecht und Bankwirtschaft
ZBergR	Zeitschrift für Bergrecht
ZBernJV	Zeitschrift des Bernischen Justizvereins

Abkürzungen

ZblFG	Zentralblatt für freiwillige Gerichtsbarkeit und Notariat (ab 12. 1911/12: für freiwillige Gerichtsbarkeit, Notariat und Zwangsversteigerung) 1. 1900/01–22 1921/22
ZBlHR	Zentralblatt für Handelsrecht
ZblSozVers.	Zentralblatt für Sozialversicherung und -versorgung
ZfA	Zeitschrift für Arbeitsrecht
ZfB	Zeitschrift für Betriebswirtschaft
ZfbF	Schmalenbachs Zeitschrift für betriebswirtschaftliche Forschung
ZfSozW	Zeitschrift für Sozialwissenschaft
ZG	Zeitschrift für Gesetzgebung
ZGB	Schweizerisches Zivilgesetzbuch v. 10. 12. 1907
ZGBDDR	Zivilgesetzbuch der Deutschen Demokratischen Republik v. 19. 6. 1975 (GBl. DDR I S. 465)
ZgesGenW	Zeitschrift für das gesamte Genossenschaftswesen
ZgesKredW	Zeitschrift für das gesamte Kreditwesen
ZgesStaatsW	Zeitschrift für die gesamte Staatswissenschaft
ZgesStrafW	Zeitschrift für die gesamte Strafrechtswissenschaft
ZGR	Zeitschrift für Unternehmens- und Gesellschaftsrecht
ZHR	Zeitschrift für das gesamte Handels- und Wirtschaftsrecht (bis 1960: Zeitschrift für das gesamte Handelsrecht und Konkursrecht)
ZInsO	Zeitschrift für das gesamte Insolvenzrecht
ZIP	Zeitschrift für Wirtschaftsrecht und Insolvenzpraxis
ZLR	Zeitschrift für Lebensmittelrecht
ZLW	Zeitschrift für Luftrecht und Weltraumrechtsfragen
ZMR	Zeitschrift für Miet- und Raumrecht
ZNotP	Zeitschrift für die Notarpraxis
ZöffR	Zeitschrift für öffentliches Recht
Zöller/Bearbeiter ZPO	Zöller, Zivilprozessordnung, Kommentar, 22. Aufl. 2001
ZPO	Zivilprozessordnung idF v. 12. 9. 1950 (BGBl. I S. 533)
ZPO-RG	Gesetz zur Reform des Zivilprozesses (Zivilprozessreformgesetz – ZPO-RG) v. 27. 7. 2001 (BGBl. I S. 1887)
ZRG	Zeitschrift der Savigny-Stiftung für Rechtsgeschichte (germ. Abt. = germanistische Abteilung; rom. Abt. = romanistische Abteilung; kanon. Abt. = kanonistische Abteilung)
ZRP	Zeitschrift für Rechtspolitik
ZRvgl.	Zeitschrift für Rechtsvergleichung
ZSR	Zeitschrift für schweizerisches Recht
ZStrW	Zeitschrift für die gesamte Strafrechtswissenschaft (Band u. Seite)
zT	zum Teil
ZugabeVO	Verordnung des Reichspräsidenten zum Schutze der Wirtschaft v. 9. 3. 1932 (RGBl. I S. 121)
zust.	zustimmend
ZustErgG	Gesetz zur Ergänzung von Zuständigkeiten auf den Gebieten des Bürgerlichen Rechts, des Handelsrechts und des Strafrechts (Zuständigkeitsergänzungsgesetz) v. 7. 8. 1952 (BGBl. I S. 407)
zutr.	zutreffend
ZversWiss.	Zeitschrift für die gesamte Versicherungswissenschaft (1. 1901–43. 1943; 49, 1960 ff.)
ZVG	Gesetz über die Zwangsversteigerung und Zwangsverwaltung idF der Bek. v. 20. 5. 1898 (RGBl. S. 713)
ZvglRWiss.	Zeitschrift für vergleichende Rechtswissenschaft
ZVölkR	Zeitschrift für Völkerrecht
zZ	zur Zeit
ZZP	Zeitschrift für Zivilprozess (Band u. Seite)

Gesetzestext

Gesetz betreffend die Gesellschaften mit beschränkter Haftung

Vom 20. April 1892 (RGBl. S. 477)

in der Fassung der Bekanntmachung vom 20. Mai 1898 (RGBl. S. 846), zuletzt geändert durch Gesetz vom 13. 7. 2001 (BGBl. I S. 1542)

Erster Abschnitt. Errichtung der Gesellschaft

§ 1 [Zweck]

Gesellschaften mit beschränkter Haftung können nach Maßgabe der Bestimmungen dieses Gesetzes zu jedem gesetzlich zulässigen Zweck durch eine oder mehrere Personen errichtet werden.

§ 2 [Form des Gesellschaftsvertrags]

(1) ¹Der Gesellschaftsvertrag bedarf notarieller Form. ²Er ist von sämtlichen Gesellschaftern zu unterzeichnen.

(2) Die Unterzeichnung durch Bevollmächtigte ist nur auf Grund einer notariell errichteten oder beglaubigten Vollmacht zulässig.

§ 3 [Inhalt des Gesellschaftsvertrags]

(1) Der Gesellschaftsvertrag muß enthalten:
1. die Firma und den Sitz der Gesellschaft,
2. den Gegenstand des Unternehmens,
3. den Betrag des Stammkapitals,
4. den Betrag der von jedem Gesellschafter auf das Stammkapital zu leistenden Einlage (Stammeinlage).

(2) Soll das Unternehmen auf eine gewisse Zeit beschränkt sein oder sollen den Gesellschaftern außer der Leistung von Kapitaleinlagen noch andere Verpflichtungen gegenüber der Gesellschaft auferlegt werden, so bedürfen auch diese Bestimmungen der Aufnahme in den Gesellschaftsvertrag.

§ 4 [Firma]

Die Firma der Gesellschaft muß, auch wenn sie nach § 22 des Handelsgesetzbuchs oder nach anderen gesetzlichen Vorschriften fortgeführt wird, die Bezeichnung „Gesellschaft mit beschränkter Haftung" oder eine allgemein verständliche Abkürzung dieser Bezeichnung enthalten.

Text

§ 4a [Sitz der Gesellschaft]

(1) Sitz der Gesellschaft ist der Ort, den der Gesellschaftsvertrag bestimmt.

(2) Als Sitz der Gesellschaft hat der Gesellschaftsvertrag in der Regel den Ort, an dem die Gesellschaft einen Betrieb hat, oder den Ort zu bestimmen, an dem sich die Geschäftsleitung befindet oder die Verwaltung geführt wird.

§ 5 [Stammkapital; Stammeinlage]

(1) Das Stammkapital der Gesellschaft muß mindestens fünfundzwanzigtausend Euro, die Stammeinlage jedes Gesellschafters muß mindestens hundert Euro betragen.

(2) Kein Gesellschafter kann bei Errichtung der Gesellschaft mehrere Stammeinlagen übernehmen.

(3) ¹Der Betrag der Stammeinlage kann für die einzelnen Gesellschafter verschieden bestimmt werden. ²Er muß in Euro durch fünfzig teilbar sein. ³Der Gesamtbetrag der Stammeinlagen muß mit dem Stammkapital übereinstimmen.

(4) ¹Sollen Sacheinlagen geleistet werden, so müssen der Gegenstand der Sacheinlage und der Betrag der Stammeinlage, auf die sich die Sacheinlage bezieht, im Gesellschaftsvertrag festgesetzt werden. ²Die Gesellschafter haben in einem Sachgründungsbericht die für die Angemessenheit der Leistungen für Sacheinlagen wesentlichen Umstände darzulegen und beim Übergang eines Unternehmens auf die Gesellschaft die Jahresergebnisse der beiden letzten Geschäftsjahre anzugeben.

§ 6 [Geschäftsführer]

(1) Die Gesellschaft muß einen oder mehrere Geschäftsführer haben.

(2) ¹Geschäftsführer kann nur eine natürliche, unbeschränkt geschäftsfähige Person sein. ²Ein Betreuter, der bei der Besorgung seiner Vermögensangelegenheiten ganz oder teilweise einem Einwilligungsvorbehalt (§ 1903 des Bürgerlichen Gesetzbuchs) unterliegt, kann nicht Geschäftsführer sein. ³Wer wegen einer Straftat nach den §§ 283 bis 283d des Strafgesetzbuchs verurteilt worden ist, kann auf die Dauer von fünf Jahren seit der Rechtskraft des Urteils nicht Geschäftsführer sein; in die Frist wird die Zeit nicht eingerechnet, in welcher der Täter auf behördliche Anordnung in einer Anstalt verwahrt worden ist. ⁴Wem durch gerichtliches Urteil oder durch vollziehbare Entscheidung einer Verwaltungsbehörde die Ausübung eines Berufs, Berufszweiges, Gewerbes oder Gewerbezweiges untersagt worden ist, kann für die Zeit, für welche das Verbot wirksam ist, bei einer Gesellschaft, deren Unternehmensgegenstand ganz oder teilweise mit dem Gegenstand des Verbots übereinstimmt, nicht Geschäftsführer sein.

(3) ¹Zu Geschäftsführern können Gesellschafter oder andere Personen bestellt werden. ²Die Bestellung erfolgt entweder im Gesellschaftsvertrag oder nach Maßgabe der Bestimmungen des dritten Abschnitts.

(4) Ist im Gesellschaftsvertrag bestimmt, daß sämtliche Gesellschafter zur Geschäftsführung berechtigt sein sollen, so gelten nur die der Gesellschaft bei Festsetzung dieser Bestimmung angehörenden Personen als die bestellten Geschäftsführer.

§ 7 [Anmeldung]

(1) Die Gesellschaft ist bei dem Gericht, in dessen Bezirk sie ihren Sitz hat, zur Eintragung in das Handelsregister anzumelden.

1. Abschnitt. Errichtung der Gesellschaft

(2) ¹Die Anmeldung darf erst erfolgen, wenn auf jede Stammeinlage, soweit nicht Sacheinlagen vereinbart sind, ein Viertel eingezahlt ist. ²Insgesamt muß auf das Stammkapital mindestens soviel eingezahlt sein, daß der Gesamtbetrag der eingezahlten Geldeinlagen zuzüglich des Gesamtbetrags der Stammeinlagen, für die Sacheinlagen zu leisten sind, die Hälfte des Mindeststammkapitals gemäß § 5 Abs. 1 erreicht. ³Wird die Gesellschaft nur durch eine Person errichtet, so darf die Anmeldung erst erfolgen, wenn mindestens die nach den Sätzen 1 und 2 vorgeschriebenen Einzahlungen geleistet sind und der Gesellschafter für den übrigen Teil der Geldeinlage eine Sicherung bestellt hat.

(3) Die Sacheinlagen sind vor der Anmeldung der Gesellschaft zur Eintragung in das Handelsregister so an die Gesellschaft zu bewirken, daß sie endgültig zur freien Verfügung der Geschäftsführer stehen.

§ 8 [Inhalt der Anmeldung]

(1) Der Anmeldung müssen beigefügt sein:

1. der Gesellschaftsvertrag und im Fall des § 2 Abs. 2 die Vollmachten der Vertreter, welche den Gesellschaftsvertrag unterzeichnet haben, oder eine beglaubigte Abschrift dieser Urkunden,
2. die Legitimation der Geschäftsführer, sofern dieselben nicht im Gesellschaftsvertrag bestellt sind,
3. eine von den Anmeldenden unterschriebene Liste der Gesellschafter, aus welcher Name, Vorname, Geburtsdatum und Wohnort der letzteren sowie der Betrag der von einem jeden derselben übernommenen Stammeinlage ersichtlich ist,
4. im Fall des § 5 Abs. 4 die Verträge, die den Festsetzungen zugrunde liegen oder zu ihrer Ausführung geschlossen worden sind, und der Sachgründungsbericht,
5. wenn Sacheinlagen vereinbart sind, Unterlagen darüber, daß der Wert der Sacheinlagen den Betrag der dafür übernommenen Stammeinlagen erreicht,
6. in dem Fall, daß der Gegenstand des Unternehmens der staatlichen Genehmigung bedarf, die Genehmigungsurkunde.

(2) ¹In der Anmeldung ist die Versicherung abzugeben, daß die in § 7 Abs. 2 und 3 bezeichneten Leistungen auf die Stammeinlagen bewirkt sind und daß der Gegenstand der Leistungen sich endgültig in der freien Verfügung der Geschäftsführer befindet. ²Wird die Gesellschaft nur durch eine Person errichtet und die Geldeinlage nicht voll eingezahlt, so ist auch zu versichern, daß die nach § 7 Abs. 2 Satz 3 erforderliche Sicherung bestellt ist.

(3) ¹In der Anmeldung haben die Geschäftsführer zu versichern, daß keine Umstände vorliegen, die ihrer Bestellung nach § 6 Abs. 2 Satz 3 und 4 entgegenstehen, und daß sie über ihre unbeschränkte Auskunftspflicht gegenüber dem Gericht belehrt worden sind. ²Die Belehrung nach *§ 51 Abs. 2 des Gesetzes über das Zentralregister und das Erziehungsregister in der Fassung der Bekanntmachung vom 22. Juli 1976 (BGBl. I S. 2005)* kann auch durch einen Notar vorgenommen werden.

(4) In der Anmeldung ist ferner anzugeben, welche Vertretungsbefugnis die Geschäftsführer haben.

(5) Die Geschäftsführer haben ihre Unterschrift zur Aufbewahrung bei dem Gericht zu zeichnen.

Text   1. Abschnitt. Errichtung der Gesellschaft

§ 9 [Geldeinlage statt Sacheinlage]

(1) Erreicht der Wert einer Sacheinlage im Zeitpunkt der Anmeldung der Gesellschaft zur Eintragung in das Handelsregister nicht den Betrag der dafür übernommenen Stammeinlage, hat der Gesellschafter in Höhe des Fehlbetrags eine Einlage in Geld zu leisten.

(2) Der Anspruch der Gesellschaft verjährt in fünf Jahren seit der Eintragung der Gesellschaft in das Handelsregister.

§ 9a [Ersatzansprüche der Gesellschaft]

(1) Werden zum Zweck der Errichtung der Gesellschaft falsche Angaben gemacht, so haben die Gesellschafter und Geschäftsführer der Gesellschaft als Gesamtschuldner fehlende Einzahlungen zu leisten, eine Vergütung, die nicht unter den Gründungsaufwand aufgenommen ist, zu ersetzen und für den sonst entstehenden Schaden Ersatz zu leisten.

(2) Wird die Gesellschaft von Gesellschaftern durch Einlagen oder Gründungsaufwand vorsätzlich oder aus grober Fahrlässigkeit geschädigt, so sind ihr alle Gesellschafter als Gesamtschuldner zum Ersatz verpflichtet.

(3) Von diesen Verpflichtungen ist ein Gesellschafter oder ein Geschäftsführer befreit, wenn er die die Ersatzpflicht begründenden Tatsachen weder kannte noch bei Anwendung der Sorgfalt eines ordentlichen Geschäftsmannes kennen mußte.

(4) [1]Neben den Gesellschaftern sind in gleicher Weise Personen verantwortlich, für deren Rechnung die Gesellschafter Stammeinlagen übernommen haben. [2]Sie können sich auf ihre eigene Unkenntnis nicht wegen solcher Umstände berufen, die ein für ihre Rechnung handelnder Gesellschafter kannte oder bei Anwendung der Sorgfalt eines ordentlichen Geschäftsmannes kennen mußte.

§ 9b [Verzicht auf Ersatzansprüche]

(1) [1]Ein Verzicht der Gesellschaft auf Ersatzansprüche nach § 9a oder ein Vergleich der Gesellschaft über diese Ansprüche ist unwirksam, soweit der Ersatz zur Befriedigung der Gläubiger der Gesellschaft erforderlich ist. [2]Dies gilt nicht, wenn der Ersatzpflichtige zahlungsunfähig ist und sich zur Abwendung des Insolvenzverfahrens mit seinen Gläubigern vergleicht oder wenn die Ersatzpflicht in einem Insolvenzplan geregelt wird.

(2) [1]Ersatzansprüche der Gesellschaft nach § 9a verjähren in fünf Jahren. [2]Die Verjährung beginnt mit der Eintragung der Gesellschaft in das Handelsregister oder, wenn die zum Ersatz verpflichtende Handlung später begangen worden ist, mit der Vornahme der Handlung.

§ 9c [Ablehnung der Eintragung]

(1) [1]Ist die Gesellschaft nicht ordnungsgemäß errichtet und angemeldet, so hat das Gericht die Eintragung abzulehnen. [2]Dies gilt auch, wenn Sacheinlagen überbewertet worden sind.

(2) Wegen einer mangelhaften, fehlenden oder nichtigen Bestimmung des Gesellschaftsvertrages darf das Gericht die Eintragung nach Absatz 1 nur ablehnen, soweit diese Bestimmung, ihr Fehlen oder ihre Nichtigkeit

1. Tatsachen oder Rechtsverhältnisse betrifft, die nach § 3 Abs. 1 oder auf Grund anderer zwingender gesetzlicher Vorschriften in dem Gesellschaftsvertrag bestimmt sein müssen oder die in das Handelsregister einzutragen oder von dem Gericht bekanntzumachen sind,
2. Vorschriften verletzt, die ausschließlich oder überwiegend zum Schutze der Gläubiger der Gesellschaft oder sonst im öffentlichen Interesse gegeben sind, oder
3. die Nichtigkeit des Gesellschaftsvertrages zur Folge hat.

§ 10 [Eintragung in das Handelsregister]

(1) ¹Bei der Eintragung in das Handelsregister sind die Firma und der Sitz der Gesellschaft, der Gegenstand des Unternehmens, die Höhe des Stammkapitals, der Tag des Abschlusses des Gesellschaftsvertrages und die Personen der Geschäftsführer anzugeben. ²Ferner ist einzutragen, welche Vertretungsbefugnis die Geschäftsführer haben.

(2) Enthält der Gesellschaftsvertrag eine Bestimmung über die Zeitdauer der Gesellschaft, so ist auch diese Bestimmung einzutragen.

(3) In die Veröffentlichung, durch welche die Eintragung bekanntgemacht wird, sind außer dem Inhalt der Eintragung die nach § 5 Abs. 4 Satz 1 getroffenen Festsetzungen und, sofern der Gesellschaftsvertrag besondere Bestimmungen über die Form enthält, in welcher öffentliche Bekanntmachungen der Gesellschaft erlassen werden, auch diese Bestimmungen aufzunehmen.

§ 11 [Rechtszustand vor der Eintragung]

(1) Vor der Eintragung in das Handelsregister des Sitzes der Gesellschaft besteht die Gesellschaft mit beschränkter Haftung als solche nicht.

(2) Ist vor der Eintragung im Namen der Gesellschaft gehandelt worden, so haften die Handelnden persönlich und solidarisch.

§ 12 *(aufgehoben)*

Zweiter Abschnitt. Rechtsverhältnisse der Gesellschaft und der Gesellschafter

§ 13 [Juristische Person; Handelsgesellschaft]

(1) Die Gesellschaft mit beschränkter Haftung als solche hat selbständig ihre Rechte und Pflichten; sie kann Eigentum und andere dingliche Rechte an Grundstücken erwerben, vor Gericht klagen und verklagt werden.

(2) Für die Verbindlichkeiten der Gesellschaft haftet den Gläubigern derselben nur das Gesellschaftsvermögen.

(3) Die Gesellschaft gilt als Handelsgesellschaft im Sinne des Handelsgesetzbuchs.

§ 14 [Geschäftsanteil]

Der Geschäftsanteil jedes Gesellschafters bestimmt sich nach dem Betrage der von ihm übernommenen Stammeinlage.

Text 2. Abschnitt. Rechtsverhältnisse der Gesellschaft und der Gesellschafter

§ 15 [Übertragung von Geschäftsanteilen]

(1) Die Geschäftsanteile sind veräußerlich und vererblich.

(2) Erwirbt ein Gesellschafter zu seinem ursprünglichen Geschäftsanteil weitere Geschäftsanteile, so behalten dieselben ihre Selbständigkeit.

(3) Zur Abtretung von Geschäftsanteilen durch Gesellschafter bedarf es eines in notarieller Form geschlossenen Vertrages.

(4) ¹Der notariellen Form bedarf auch eine Vereinbarung, durch welche die Verpflichtung eines Gesellschafters zur Abtretung eines Geschäftsanteils begründet wird. ²Eine ohne diese Form getroffene Vereinbarung wird jedoch durch den nach Maßgabe des vorigen Absatzes geschlossenen Abtretungsvertrag gültig.

(5) Durch den Gesellschaftsvertrag kann die Abtretung der Geschäftsanteile an weitere Voraussetzungen geknüpft, insbesondere von der Genehmigung der Gesellschaft abhängig gemacht werden.

§ 16 [Rechtsstellung von Veräußerer und Erwerber]

(1) Der Gesellschaft gegenüber gilt im Fall der Veräußerung des Geschäftsanteils nur derjenige als Erwerber, dessen Erwerb unter Nachweis des Übergangs bei der Gesellschaft angemeldet ist.

(2) Die vor der Anmeldung von der Gesellschaft gegenüber dem Veräußerer oder von dem letzteren gegenüber der Gesellschaft in bezug auf das Gesellschaftsverhältnis vorgenommenen Rechtshandlungen muß der Erwerber gegen sich gelten lassen.

(3) Für die zur Zeit der Anmeldung auf den Geschäftsanteil rückständigen Leistungen ist der Erwerber neben dem Veräußerer verhaftet.

§ 17 [Veräußerung von Teilen eines Geschäftsanteils]

(1) Die Veräußerung von Teilen eines Geschäftsanteils kann nur mit Genehmigung der Gesellschaft stattfinden.

(2) Die Genehmigung bedarf der schriftlichen Form; sie muß die Person des Erwerbers und den Betrag bezeichnen, welcher von der Stammeinlage des ungeteilten Geschäftsanteils auf jeden der durch die Teilung entstehenden Geschäftsanteile entfällt.

(3) Im Gesellschaftsvertrag kann bestimmt werden, daß für die Veräußerung von Teilen eines Geschäftsanteils an andere Gesellschafter, sowie für die Teilung von Geschäftsanteilen verstorbener Gesellschafter unter deren Erben eine Genehmigung der Gesellschaft nicht erforderlich ist.

(4) Die Bestimmungen in § 5 Abs. 1 und 3 über den Betrag der Stammeinlagen finden bei der Teilung von Geschäftsanteilen entsprechende Anwendung.

(5) Eine gleichzeitige Übertragung mehrerer Teile von Geschäftsanteilen eines Gesellschafters an denselben Erwerber ist unzulässig.

(6) ¹Außer dem Fall der Veräußerung und Vererbung findet eine Teilung von Geschäftsanteilen nicht statt. ²Sie kann im Gesellschaftsvertrag auch für diese Fälle ausgeschlossen werden.

§ 18 [Mitberechtigung am Geschäftsanteil]

(1) Steht ein Geschäftsanteil mehreren Mitberechtigten ungeteilt zu, so können sie die Rechte aus demselben nur gemeinschaftlich ausüben.

2. Abschnitt. Rechtsverhältnisse der Gesellschaft und der Gesellschafter **Text**

(2) Für die auf den Geschäftsanteil zu bewirkenden Leistungen haften sie der Gesellschaft solidarisch.

(3) ¹Rechtshandlungen, welche die Gesellschaft gegenüber dem Inhaber des Anteils vorzunehmen hat, sind, sofern nicht ein gemeinsamer Vertreter der Mitberechtigten vorhanden ist, wirksam, wenn sie auch nur gegenüber einem Mitberechtigten vorgenommen werden. ²Gegenüber mehreren Erben eines Gesellschafters findet diese Bestimmung nur in bezug auf Rechtshandlungen Anwendung, welche nach Ablauf eines Monats seit dem Anfall der Erbschaft vorgenommen werden.

§ 19 [Einzahlungen auf die Stammeinlage]

(1) Die Einzahlungen auf die Stammeinlagen sind nach dem Verhältnis der Geldeinlagen zu leisten.

(2) ¹Von der Verpflichtung zur Leistung der Einlagen können die Gesellschafter nicht befreit werden. ²Gegen den Anspruch der Gesellschaft ist die Aufrechnung nicht zulässig. ³An dem Gegenstand einer Sacheinlage kann wegen Forderungen, welche sich nicht auf den Gegenstand beziehen, kein Zurückbehaltungsrecht geltend gemacht werden.

(3) Durch eine Kapitalherabsetzung können die Gesellschafter von der Verpflichtung zur Leistung von Einlagen höchstens in Höhe des Betrags befreit werden, um den das Stammkapital herabgesetzt worden ist.

(4) Vereinigen sich innerhalb von drei Jahren nach der Eintragung der Gesellschaft in das Handelsregister alle Geschäftsanteile in der Hand eines Gesellschafters oder daneben in der Hand der Gesellschaft, so hat der Gesellschafter innerhalb von drei Monaten seit der Vereinigung der Geschäftsanteile alle Geldeinlagen voll einzuzahlen oder der Gesellschaft für die Zahlung der noch ausstehenden Beträge eine Sicherung zu bestellen oder einen Teil der Geschäftsanteile an einen Dritten zu übertragen.

(5) Eine Leistung auf die Stammeinlage, welche nicht in Geld besteht oder welche durch Aufrechnung einer für die Überlassung von Vermögensgegenständen zu gewährenden Vergütung bewirkt wird, befreit den Gesellschafter von seiner Verpflichtung nur, soweit sie in Ausführung einer nach § 5 Abs. 4 Satz 1 getroffenen Bestimmung erfolgt.

§ 20 [Verzugszinsen]

Ein Gesellschafter, welcher den auf die Stammeinlage eingeforderten Betrag nicht zur rechten Zeit einzahlt, ist zur Entrichtung von Verzugszinsen von Rechts wegen verpflichtet.

§ 21 [Kaduzierung]

(1) ¹Im Fall verzögerter Einzahlung kann an den säumigen Gesellschafter eine erneute Aufforderung zur Zahlung binnen einer zu bestimmenden Nachfrist unter Androhung seines Ausschlusses mit dem Geschäftsanteil, auf welchen die Zahlung zu erfolgen hat, erlassen werden. ²Die Aufforderung erfolgt mittels eingeschriebenen Briefes. ³Die Nachfrist muß mindestens einen Monat betragen.

(2) ¹Nach fruchtlosem Ablauf der Frist ist der säumige Gesellschafter seines Geschäftsanteils und der geleisteten Teilzahlungen zugunsten der Gesellschaft verlustig zu erklären. ²Die Erklärung erfolgt mittels eingeschriebenen Briefes.

(3) Wegen des Ausfalls, welchen die Gesellschaft an dem rückständigen Betrag oder den später auf den Geschäftsanteil eingeforderten Beträgen der Stammeinlage erleidet, bleibt ihr der ausgeschlossene Gesellschafter verhaftet.

§ 22 [Haftung der Rechtsvorgänger]

(1) Wegen des von dem ausgeschlossenen Gesellschafter nicht bezahlten Betrages der Stammeinlage ist der Gesellschaft der letzte und jeder frühere, bei der Gesellschaft angemeldete Rechtsvorgänger des Ausgeschlossenen verhaftet.

(2) Ein früherer Rechtsvorgänger haftet nur, soweit die Zahlung von dessen Rechtsnachfolger nicht zu erlangen ist; dies ist bis zum Beweis des Gegenteils anzunehmen, wenn der letztere die Zahlung nicht bis zum Ablauf eines Monats geleistet hat, nachdem an ihn die Zahlungsaufforderung und an den Rechtsvorgänger die Benachrichtigung von derselben erfolgt ist.

(3) ¹Die Haftpflicht des Rechtsvorgängers ist auf die innerhalb der Frist von fünf Jahren auf die Stammeinlage eingeforderten Einzahlungen beschränkt. ²Die Frist beginnt mit dem Tage, an welchem der Übergang des Geschäftsanteils auf den Rechtsnachfolger ordnungsmäßig angemeldet ist.

(4) Der Rechtsvorgänger erwirbt gegen Zahlung des rückständigen Betrages den Geschäftsanteil des ausgeschlossenen Gesellschafters.

§ 23 [Versteigerung des Geschäftsanteils]

¹Ist die Zahlung des rückständigen Betrages von Rechtsvorgängern nicht zu erlangen, so kann die Gesellschaft den Geschäftsanteil im Wege öffentlicher Versteigerung verkaufen lassen. ²Eine andere Art des Verkaufs ist nur mit Zustimmung des ausgeschlossenen Gesellschafters zulässig.

§ 24 [Aufbringung von Fehlbeträgen]

¹Soweit eine Stammeinlage weder von den Zahlungspflichtigen eingezogen, noch durch Verkauf des Geschäftsanteils gedeckt werden kann, haben die übrigen Gesellschafter den Fehlbetrag nach Verhältnis ihrer Geschäftsanteile aufzubringen. ²Beiträge, welche von einzelnen Gesellschaftern nicht zu erlangen sind, werden nach dem bezeichneten Verhältnis auf die übrigen verteilt.

§ 25 [Zwingende Vorschriften]

Von den in den §§ 21 bis 24 bezeichneten Rechtsfolgen können die Gesellschafter nicht befreit werden.

§ 26 [Nachschußpflicht]

(1) Im Gesellschaftsvertrag kann bestimmt werden, daß die Gesellschafter über den Betrag der Stammeinlagen hinaus die Einforderung von weiteren Einzahlungen (Nachschüssen) beschließen können.

(2) Die Einzahlung der Nachschüsse hat nach Verhältnis der Geschäftsanteile zu erfolgen.

(3) Die Nachschußpflicht kann im Gesellschaftsvertrag auf einen bestimmten, nach Verhältnis der Geschäftsanteile festzusetzenden Betrag beschränkt werden.

§ 27 [Unbeschränkte Nachschußpflicht]

(1) ¹Ist die Nachschußpflicht nicht auf einen bestimmten Betrag beschränkt, so hat jeder Gesellschafter, falls er die Stammeinlage vollständig eingezahlt hat, das Recht, sich von der Zahlung des auf den Geschäftsanteil eingeforderten Nachschusses dadurch zu befreien, daß er innerhalb eines Monats nach der Aufforderung zur Einzahlung den Geschäftsanteil der Gesellschaft zur Befriedigung aus demselben zur Verfügung stellt. ²Ebenso kann die Gesellschaft, wenn der Gesellschafter binnen der angegebenen Frist weder von der bezeichneten Befugnis Gebrauch macht, noch die Einzahlung leistet, demselben mittels eingeschriebenen Briefes erklären, daß sie den Geschäftsanteil als zur Verfügung gestellt betrachte.

(2) ¹Die Gesellschaft hat den Geschäftsanteil innerhalb eines Monats nach der Erklärung des Gesellschafters oder der Gesellschaft im Wege öffentlicher Versteigerung verkaufen zu lassen. ²Eine andere Art des Verkaufs ist nur mit Zustimmung des Gesellschafters zulässig. ³Ein nach Deckung der Verkaufskosten und des rückständigen Nachschusses verbleibender Überschuß gebührt dem Gesellschafter.

(3) ¹Ist die Befriedigung der Gesellschaft durch den Verkauf nicht zu erlangen, so fällt der Geschäftsanteil der Gesellschaft zu. ²Dieselbe ist befugt, den Anteil für eigene Rechnung zu veräußern.

(4) Im Gesellschaftsvertrag kann die Anwendung der vorstehenden Bestimmungen auf den Fall beschränkt werden, daß die auf den Geschäftsanteil eingeforderten Nachschüsse einen bestimmten Betrag überschreiten.

§ 28 [Beschränkte Nachschußpflicht]

(1) ¹Ist die Nachschußpflicht auf einen bestimmten Betrag beschränkt, so finden, wenn im Gesellschaftsvertrag nicht ein anderes festgesetzt ist, im Fall verzögerter Einzahlung von Nachschüssen die auf die Einzahlung der Stammeinlagen bezüglichen Vorschriften der §§ 21 bis 23 entsprechende Anwendung. ²Das gleiche gilt im Fall des § 27 Abs. 4 auch bei unbeschränkter Nachschußpflicht, soweit die Nachschüsse den im Gesellschaftsvertrag festgesetzten Betrag nicht überschreiten.

(2) Im Gesellschaftsvertrag kann bestimmt werden, daß die Einforderung von Nachschüssen, auf deren Zahlung die Vorschriften der §§ 21 bis 23 Anwendung finden, schon vor vollständiger Einforderung der Stammeinlagen zulässig ist.

§ 29 [Gewinnverwendung]

(1) ¹Die Gesellschafter haben Anspruch auf den Jahresüberschuß zuzüglich eines Gewinnvortrags und abzüglich eines Verlustvortrags, soweit der sich ergebende Betrag nicht nach Gesetz oder Gesellschaftsvertrag, durch Beschluß nach Absatz 2 oder als zusätzlicher Aufwand auf Grund des Beschlusses über die Verwendung des Ergebnisses von der Verteilung unter die Gesellschafter ausgeschlossen ist. ²Wird die Bilanz unter Berücksichtigung der teilweisen Ergebnisverwendung aufgestellt oder werden Rücklagen aufgelöst, so haben die Gesellschafter abweichend von Satz 1 Anspruch auf den Bilanzgewinn.

(2) Im Beschluß über die Verwendung des Ergebnisses können die Gesellschafter, wenn der Gesellschaftsvertrag nichts anderes bestimmt, Beträge in Gewinnrücklagen einstellen oder als Gewinn vortragen.

(3) ¹Die Verteilung erfolgt nach Verhältnis der Geschäftsanteile. ²Im Gesellschaftsvertrag kann ein anderer Maßstab der Verteilung festgesetzt werden.

(4) ¹Unbeschadet der Absätze 1 und 2 und abweichender Gewinnverteilungsabreden nach Absatz 3 Satz 2 können die Geschäftsführer mit Zustimmung des Aufsichtsrats oder der Gesellschafter den Eigenkapitalanteil von Wertaufholungen bei Vermögensgegenständen des Anlage- und Umlaufvermögens und von bei der steuerrechtlichen Gewinnermittlung gebildeten Passivposten, die nicht im Sonderposten mit Rücklageanteil ausgewiesen werden dürfen, in andere Gewinnrücklagen einstellen. ²Der Betrag dieser Rücklagen ist entweder in der Bilanz gesondert auszuweisen oder im Anhang anzugeben.

§ 30 [Rückzahlungen]

(1) Das zur Erhaltung des Stammkapitals erforderliche Vermögen der Gesellschaft darf an die Gesellschafter nicht ausgezahlt werden.

(2) ¹Eingezahlte Nachschüsse können, soweit sie nicht zur Deckung eines Verlustes am Stammkapital erforderlich sind, an die Gesellschafter zurückgezahlt werden. ²Die Zurückzahlung darf nicht vor Ablauf von drei Monaten erfolgen, nachdem der Rückzahlungsbeschluß durch die im Gesellschaftsvertrag für die Bekanntmachungen der Gesellschaft bestimmten öffentlichen Blätter und in Ermangelung solcher durch die für die Bekanntmachungen aus dem Handelsregister bestimmten öffentlichen Blätter bekanntgemacht ist. ³Im Fall des § 28 Abs. 2 ist die Zurückzahlung von Nachschüssen vor der Volleinzahlung des Stammkapitals unzulässig. ⁴Zurückgezahlte Nachschüsse gelten als nicht eingezogen.

§ 31 [Erstattung von verbotenen Rückzahlungen]

(1) Zahlungen, welche den Vorschriften des § 30 zuwider geleistet sind, müssen der Gesellschaft erstattet werden.

(2) War der Empfänger in gutem Glauben, so kann die Erstattung nur insoweit verlangt werden, als sie zur Befriedigung der Gesellschaftsgläubiger erforderlich ist.

(3) ¹Ist die Erstattung von dem Empfänger nicht zu erlangen, so haften für den zu erstattenden Betrag, soweit er zur Befriedigung der Gesellschaftsgläubiger erforderlich ist, die übrigen Gesellschafter nach Verhältnis ihrer Geschäftsanteile. ²Beiträge, welche von einzelnen Gesellschaftern nicht zu erlangen sind, werden nach dem bezeichneten Verhältnis auf die übrigen verteilt.

(4) Zahlungen, welche auf Grund der vorstehenden Bestimmungen zu leisten sind, können den Verpflichteten nicht erlassen werden.

(5) ¹Die Ansprüche der Gesellschaft verjähren in fünf Jahren; die Verjährung beginnt mit dem Ablauf des Tages, an welchem die Zahlung, deren Erstattung beansprucht wird, geleistet ist. ²Fällt dem Verpflichteten eine bösliche Handlungsweise zur Last, so findet die Bestimmung keine Anwendung.

(6) Für die in den Fällen des Absatzes 3 geleistete Erstattung einer Zahlung sind den Gesellschaftern die Geschäftsführer, welchen in betreff der geleisteten Zahlung ein Verschulden zur Last fällt, solidarisch zum Ersatz verpflichtet.

2. Abschnitt. Rechtsverhältnisse der Gesellschaft und der Gesellschafter **Text**

§ 32 [Rückzahlung von Gewinn]

Liegt die in § 31 Abs. 1 bezeichnete Voraussetzung nicht vor, so sind die Gesellschafter in keinem Fall verpflichtet, Beträge, welche sie in gutem Glauben als Gewinnanteile bezogen haben, zurückzuzahlen.

§ 32a [Rückgewähr von Darlehen]

(1) Hat ein Gesellschafter der Gesellschaft in einem Zeitpunkt, in dem ihr die Gesellschafter als ordentliche Kaufleute Eigenkapital zugeführt hätten (Krise der Gesellschaft), statt dessen ein Darlehen gewährt, so kann er den Anspruch auf Rückgewähr des Darlehens im Insolvenzverfahren über das Vermögen der Gesellschaft nur als nachrangiger Insolvenzgläubiger geltend machen.

(2) Hat ein Dritter der Gesellschaft in einem Zeitpunkt, in dem ihr die Gesellschafter als ordentliche Kaufleute Eigenkapital zugeführt hätten, statt dessen ein Darlehen gewährt und hat ihm ein Gesellschafter für die Rückgewähr des Darlehens eine Sicherung bestellt oder hat er sich dafür verbürgt, so kann der Dritte im Insolvenzverfahren über das Vermögen der Gesellschaft nur für den Betrag verhältnismäßige Befriedigung verlangen, mit dem er bei der Inanspruchnahme der Sicherung oder des Bürgen ausgefallen ist.

(3) [1] Diese Vorschriften gelten sinngemäß für andere Rechtshandlungen eines Gesellschafters oder eines Dritten, die der Darlehensgewährung nach Absatz 1 oder 2 wirtschaftlich entsprechen. [2] Die Regeln über den Eigenkapitalersatz gelten nicht für den nicht geschäftsführenden Gesellschafter, der mit zehn vom Hundert oder weniger am Stammkapital beteiligt ist. [3] Erwirbt ein Darlehensgeber in der Krise der Gesellschaft Geschäftsanteile zum Zweck der Überwindung der Krise, führt dies für seine bestehenden oder neugewährten Kredite nicht zur Anwendung der Regeln über den Eigenkapitalersatz.

§ 32b [Haftung für zurückgezahlte Darlehen]

[1] Hat die Gesellschaft im Fall des § 32a Abs. 2, 3 das Darlehen im letzten Jahr vor dem Antrag auf Eröffnung des Insolvenzverfahrens oder nach diesem Antrag zurückgezahlt, so hat der Gesellschafter, der die Sicherung bestellt hatte oder als Bürge haftete, der Gesellschaft den zurückgezahlten Betrag zu erstatten; § 146 der Insolvenzordnung gilt entsprechend. [2] Die Verpflichtung besteht nur bis zur Höhe des Betrags, mit dem der Gesellschafter als Bürge haftete oder der dem Wert der von ihm bestellten Sicherung im Zeitpunkt der Rückzahlung des Darlehens entspricht. [3] Der Gesellschafter wird von der Verpflichtung frei, wenn er die Gegenstände, die dem Gläubiger als Sicherung gedient hatten, der Gesellschaft zu ihrer Befriedigung zur Verfügung stellt. [4] Diese Vorschriften gelten sinngemäß für andere Rechtshandlungen, die der Darlehensgewährung wirtschaftlich entsprechen.

§ 33 [Erwerb eigener Geschäftsanteile]

(1) Die Gesellschaft kann eigene Geschäftsanteile, auf welche die Einlagen noch nicht vollständig geleistet sind, nicht erwerben oder als Pfand nehmen.

(2) [1] Eigene Geschäftsanteile, auf welche die Einlagen vollständig geleistet sind, darf sie nur erwerben, sofern der Erwerb aus dem über den Betrag des Stammkapitals

hinaus vorhandenen Vermögen geschehen und die Gesellschaft die nach § 272 Abs. 4 des Handelsgesetzbuchs vorgeschriebene Rücklage für eigene Anteile bilden kann, ohne das Stammkapital oder eine nach dem Gesellschaftsvertrag zu bildende Rücklage zu mindern, die nicht zu Zahlungen an die Gesellschafter verwandt werden darf. ²Als Pfand nehmen darf sie solche Geschäftsanteile nur, soweit der Gesamtbetrag der durch Inpfandnahme eigener Geschäftsanteile gesicherten Forderungen oder, wenn der Wert der als Pfand genommenen Geschäftsanteile niedriger ist, dieser Betrag nicht höher ist als das über das Stammkapital hinaus vorhandene Vermögen. ³Ein Verstoß gegen die Sätze 1 und 2 macht den Erwerb oder die Inpfandnahme der Geschäftsanteile nicht unwirksam; jedoch ist das schuldrechtliche Geschäft über einen verbotswidrigen Erwerb oder eine verbotswidrige Inpfandnahme nichtig.

(3) Der Erwerb eigener Geschäftsanteile ist ferner zulässig zur Abfindung von Gesellschaftern nach § 29 Abs. 1, § 125 Satz 1 in Verbindung mit § 29 Abs. 1, § 207 Abs. 1 Satz 1 des Umwandlungsgesetzes, sofern der Erwerb binnen sechs Monaten nach dem Wirksamwerden der Umwandlung oder nach der Rechtskraft der gerichtlichen Entscheidung erfolgt und die Gesellschaft die nach § 272 Abs. 4 des Handelsgesetzbuchs vorgeschriebene Rücklage für eigene Anteile bilden kann, ohne das Stammkapital oder eine nach dem Gesellschaftsvertrag zu bildende Rücklage zu mindern, die nicht zu Zahlungen an die Gesellschafter verwandt werden darf.

§ 34 [Einziehung (Amortisation)]

(1) Die Einziehung (Amortisation) von Geschäftsanteilen darf nur erfolgen, soweit sie im Gesellschaftsvertrag zugelassen ist.

(2) Ohne die Zustimmung des Anteilsberechtigten findet die Einziehung nur statt, wenn die Voraussetzungen derselben vor dem Zeitpunkt, in welchem der Berechtigte den Geschäftsanteil erworben hat, im Gesellschaftsvertrag festgesetzt waren.

(3) Die Bestimmung in § 30 Abs. 1 bleibt unberührt.

Dritter Abschnitt. Vertretung und Geschäftsführung

§ 35 [Vertretung durch Geschäftsführer]

(1) Die Gesellschaft wird durch die Geschäftsführer gerichtlich und außergerichtlich vertreten.

(2) ¹Dieselben haben in der durch den Gesellschaftsvertrag bestimmten Form ihre Willenserklärungen kundzugeben und für die Gesellschaft zu zeichnen. ²Ist nichts darüber bestimmt, so muß die Erklärung und Zeichnung durch sämtliche Geschäftsführer erfolgen. ³Ist der Gesellschaft gegenüber eine Willenserklärung abzugeben, so genügt es, wenn dieselbe an einen der Geschäftsführer erfolgt.

(3) Die Zeichnung geschieht in der Weise, daß die Zeichnenden zu der Firma der Gesellschaft ihre Namensunterschrift beifügen.

(4) ¹Befinden sich alle Geschäftsanteile der Gesellschaft in der Hand eines Gesellschafters oder daneben in der Hand der Gesellschaft und ist er zugleich deren alleiniger Geschäftsführer, so ist auf seine Rechtsgeschäfte mit der Gesellschaft § 181 des Bürgerlichen Gesetzbuchs anzuwenden. ²Rechtsgeschäfte zwischen ihm und der von ihm vertretenen Gesellschaft sind, auch wenn er nicht alleiniger Geschäftsführer ist, unverzüglich nach ihrer Vornahme in eine Niederschrift aufzunehmen.

3. Abschnitt. Vertretung und Geschäftsführung

§ 35a [Angaben auf Geschäftsbriefen]

(1) ¹Auf allen Geschäftsbriefen, die an einen bestimmten Empfänger gerichtet werden, müssen die Rechtsform und der Sitz der Gesellschaft, das Registergericht des Sitzes der Gesellschaft und die Nummer, unter der die Gesellschaft in das Handelsregister eingetragen ist, sowie alle Geschäftsführer und, sofern die Gesellschaft einen Aufsichtsrat gebildet und dieser einen Vorsitzenden hat, der Vorsitzende des Aufsichtsrats mit dem Familiennamen und mindestens einem ausgeschriebenen Vornamen angegeben werden. ²Werden Angaben über das Kapital der Gesellschaft gemacht, so müssen in jedem Falle das Stammkapital sowie, wenn nicht alle in Geld zu leistenden Einlagen eingezahlt sind, der Gesamtbetrag der ausstehenden Einlagen angegeben werden.

(2) Der Angaben nach Absatz 1 Satz 1 bedarf es nicht bei Mitteilungen oder Berichten, die im Rahmen einer bestehenden Geschäftsverbindung ergehen und für die üblicherweise Vordrucke verwendet werden, in denen lediglich die im Einzelfall erforderlichen besonderen Angaben eingefügt zu werden brauchen.

(3) ¹Bestellscheine gelten als Geschäftsbriefe im Sinne des Absatzes 1. ²Absatz 2 ist auf sie nicht anzuwenden.

(4) ¹Auf allen Geschäftsbriefen und Bestellscheinen, die von einer Zweigniederlassung einer Gesellschaft mit beschränkter Haftung mit Sitz im Ausland verwendet werden, müssen das Register, bei dem die Zweigniederlassung geführt wird, und die Nummer des Registereintrags angegeben werden; im übrigen gelten die Vorschriften der Absätze 1 bis 3, soweit nicht das ausländische Recht Abweichungen nötig macht. ²Befindet sich die ausländische Gesellschaft in Liquidation, so sind auch diese Tatsache sowie alle Liquidatoren anzugeben.

§ 36 [Wirkung der Vertretung]

Die Gesellschaft wird durch die in ihrem Namen von den Geschäftsführern vorgenommenen Rechtsgeschäfte berechtigt und verpflichtet; es ist gleichgültig, ob das Geschäft ausdrücklich im Namen der Gesellschaft vorgenommen worden ist, oder ob die Umstände ergeben, daß es nach dem Willen der Beteiligten für die Gesellschaft vorgenommen werden sollte.

§ 37 [Beschränkung der Vertretungsbefugnis]

(1) Die Geschäftsführer sind der Gesellschaft gegenüber verpflichtet, die Beschränkungen einzuhalten, welche für den Umfang ihrer Befugnis, die Gesellschaft zu vertreten, durch den Gesellschaftsvertrag oder, soweit dieser nicht ein anderes bestimmt, durch die Beschlüsse der Gesellschafter festgesetzt sind.

(2) ¹Gegen dritte Personen hat eine Beschränkung der Befugnis der Geschäftsführer, die Gesellschaft zu vertreten, keine rechtliche Wirkung. ²Dies gilt insbesondere für den Fall, daß die Vertretung sich nur auf gewisse Geschäfte oder Arten von Geschäften erstrecken oder nur unter gewissen Umständen oder für eine gewisse Zeit oder an einzelnen Orten stattfinden soll, oder daß die Zustimmung der Gesellschafter oder eines Organs der Gesellschaft für einzelne Geschäfte erforderlich ist.

§ 38 [Widerruf der Bestellung]

(1) Die Bestellung der Geschäftsführer ist zu jeder Zeit widerruflich, unbeschadet der Entschädigungsansprüche aus bestehenden Verträgen.

(2) ¹Im Gesellschaftsvertrag kann die Zulässigkeit des Widerrufs auf den Fall beschränkt werden, daß wichtige Gründe denselben notwendig machen. ²Als solche Gründe sind insbesondere grobe Pflichtverletzung oder Unfähigkeit zur ordnungsmäßigen Geschäftsführung anzusehen.

§ 39 [Anmeldung der Geschäftsführer]

(1) Jede Änderung in den Personen der Geschäftsführer sowie die Beendigung der Vertretungsbefugnis eines Geschäftsführers ist zur Eintragung in das Handelsregister anzumelden.

(2) Der Anmeldung sind die Urkunden über die Bestellung der Geschäftsführer oder über die Beendigung der Vertretungsbefugnis in Urschrift oder öffentlich beglaubigter Abschrift für das Gericht des Sitzes der Gesellschaft beizufügen.

(3) ¹Die neuen Geschäftsführer haben in der Anmeldung zu versichern, daß keine Umstände vorliegen, die ihrer Bestellung nach § 6 Abs. 2 Satz 3 und 4 entgegenstehen und daß sie über ihre unbeschränkte Auskunftspflicht gegenüber dem Gericht belehrt worden sind. ²§ 8 Abs. 3 Satz 2 ist anzuwenden.

(4) Die Geschäftsführer haben ihre Unterschrift zur Aufbewahrung bei dem Gericht zu zeichnen.

§ 40 [Liste der Gesellschafter]

(1) ¹Die Geschäftsführer haben nach jeder Veränderung in den Personen der Gesellschafter oder des Umfangs ihrer Beteiligung unverzüglich eine von ihnen unterschriebene Liste der Gesellschafter, aus welcher Name, Vorname, Geburtsdatum und Wohnort der letzteren sowie ihre Stammeinlagen zu entnehmen sind, zum Handelsregister einzureichen. ²Hat ein Notar einen Vertrag über die Abtretung eines Geschäftsanteils nach § 15 Abs. 3 beurkundet, so hat er diese Abtretung unverzüglich dem Registergericht anzuzeigen.

(2) Geschäftsführer, welche die ihnen nach Absatz 1 obliegende Pflicht verletzen, haften den Gläubigern der Gesellschaft für den daraus entstandenen Schaden als Gesamtschuldner.

§ 41 [Buchführung]

(1) Die Geschäftsführer sind verpflichtet, für die ordnungsmäßige Buchführung der Gesellschaft zu sorgen.

(2)–(4) *(aufgehoben)*

§ 42 [Bilanz]

(1) In der Bilanz des nach den §§ 242, 264 des Handelsgesetzbuchs aufzustellenden Jahresabschlusses ist das Stammkapital als gezeichnetes Kapital auszuweisen.

(2) ¹Das Recht der Gesellschaft zur Einziehung von Nachschüssen der Gesellschafter ist in der Bilanz insoweit zu aktivieren, als die Einziehung bereits beschlossen ist und den Gesellschaftern ein Recht, durch Verweisung auf den Geschäftsanteil sich von der Zahlung der Nachschüsse zu befreien, nicht zusteht. ²Der nachzuschießende Betrag ist

3. Abschnitt. Vertretung und Geschäftsführung

auf der Aktivseite unter den Forderungen gesondert unter der Bezeichnung „Eingeforderte Nachschüsse" auszuweisen, soweit mit der Zahlung gerechnet werden kann. ³Ein dem Aktivposten entsprechender Betrag ist auf der Passivseite in dem Posten „Kapitalrücklage" gesondert auszuweisen.

(3) Ausleihungen, Forderungen und Verbindlichkeiten gegenüber Gesellschaftern sind in der Regel als solche jeweils gesondert auszuweisen oder im Anhang anzugeben; werden sie unter anderen Posten ausgewiesen, so muß diese Eigenschaft vermerkt werden.

§ 42a [Vorlage des Jahresabschlusses und des Lageberichts]

(1) ¹Die Geschäftsführer haben den Jahresabschluß und den Lagebericht unverzüglich nach der Aufstellung den Gesellschaftern zum Zwecke der Feststellung des Jahresabschlusses vorzulegen. ²Ist der Jahresabschluß durch einen Abschlußprüfer zu prüfen, so haben die Geschäftsführer ihn zusammen mit dem Lagebericht und dem Prüfungsbericht des Abschlußprüfers unverzüglich nach Eingang des Prüfungsberichts vorzulegen. ³Hat die Gesellschaft einen Aufsichtsrat, so ist dessen Bericht über das Ergebnis seiner Prüfung ebenfalls unverzüglich vorzulegen.

(2) ¹Die Gesellschafter haben spätestens bis zum Ablauf der ersten acht Monate oder, wenn es sich um eine kleine Gesellschaft handelt (§ 267 Abs. 1 des Handelsgesetzbuchs), bis zum Ablauf der ersten elf Monate des Geschäftsjahrs über die Feststellung des Jahresabschlusses und über die Ergebnisverwendung zu beschließen. ²Der Gesellschaftsvertrag kann die Frist nicht verlängern. ³Auf den Jahresabschluß sind bei der Feststellung die für seine Aufstellung geltenden Vorschriften anzuwenden.

(3) Hat ein Abschlußprüfer den Jahresabschluß geprüft, so hat er auf Verlangen eines Gesellschafters an den Verhandlungen über die Feststellung des Jahresabschlusses teilzunehmen.

(4) Ist die Gesellschaft zur Aufstellung eines Konzernabschlusses und eines Konzernlageberichts verpflichtet, so ist Absatz 1 mit der Maßgabe anzuwenden, daß es der Feststellung des Konzernabschlusses nicht bedarf.

§ 43 [Haftung der Geschäftsführer]

(1) Die Geschäftsführer haben in den Angelegenheiten der Gesellschaft die Sorgfalt eines ordentlichen Geschäftsmannes anzuwenden.

(2) Geschäftsführer, welche ihre Obliegenheiten verletzen, haften der Gesellschaft solidarisch für den entstandenen Schaden.

(3) ¹Insbesondere sind sie zum Ersatze verpflichtet, wenn den Bestimmungen des § 30 zuwider Zahlungen aus dem zur Erhaltung des Stammkapitals erforderlichen Vermögen der Gesellschaft gemacht oder den Bestimmungen des § 33 zuwider eigene Geschäftsanteile der Gesellschaft erworben worden sind. ²Auf den Ersatzanspruch finden die Bestimmungen in § 9b Abs. 1 entsprechende Anwendung. ³Soweit der Ersatz zur Befriedigung der Gläubiger der Gesellschaft erforderlich ist, wird die Verpflichtung der Geschäftsführer dadurch nicht aufgehoben, daß dieselben in Befolgung eines Beschlusses der Gesellschafter gehandelt haben.

(4) Die Ansprüche auf Grund der vorstehenden Bestimmungen verjähren in fünf Jahren.

§ 43a [Kredit aus Gesellschaftsvermögen]

¹Den Geschäftsführern, anderen gesetzlichen Vertretern, Prokuristen oder zum gesamten Geschäftsbetrieb ermächtigten Handlungsbevollmächtigten darf Kredit nicht aus dem zur Erhaltung des Stammkapitals erforderlichen Vermögen der Gesellschaft gewährt werden. ²Ein entgegen Satz 1 gewährter Kredit ist ohne Rücksicht auf entgegenstehende Vereinbarungen sofort zurückzugewähren.

§ 44 [Stellvertreter von Geschäftsführern]

Die für die Geschäftsführer gegebenen Vorschriften gelten auch für Stellvertreter von Geschäftsführern.

§ 45 [Rechte der Gesellschafter im allgemeinen]

(1) Die Rechte, welche den Gesellschaftern in den Angelegenheiten der Gesellschaft, insbesondere in bezug auf die Führung der Geschäfte zustehen, sowie die Ausübung derselben bestimmen sich, soweit nicht gesetzliche Vorschriften entgegenstehen, nach dem Gesellschaftsvertrag.

(2) In Ermangelung besonderer Bestimmungen des Gesellschaftsvertrages finden die Vorschriften der §§ 46 bis 51 Anwendung.

§ 46 [Aufgabenkreis der Gesellschafter]

Der Bestimmung der Gesellschafter unterliegen:
1. die Feststellung des Jahresabschlusses und die Verwendung des Ergebnisses;
2. die Einforderung von Einzahlungen auf die Stammeinlagen;
3. die Rückzahlung von Nachschüssen;
4. die Teilung sowie die Einziehung von Geschäftsanteilen;
5. die Bestellung und die Abberufung von Geschäftsführern sowie die Entlastung derselben;
6. die Maßregeln zur Prüfung und Überwachung der Geschäftsführung;
7. die Bestellung von Prokuristen und von Handlungsbevollmächtigten zum gesamten Geschäftsbetrieb;
8. die Geltendmachung von Ersatzansprüchen, welche der Gesellschaft aus der Gründung oder Geschäftsführung gegen Geschäftsführer oder Gesellschafter zustehen, sowie die Vertretung der Gesellschaft in Prozessen, welche sie gegen die Geschäftsführer zu führen hat.

§ 47 [Abstimmung]

(1) Die von den Gesellschaftern in den Angelegenheiten der Gesellschaft zu treffenden Bestimmungen erfolgen durch Beschlußfassung nach der Mehrheit der abgegebenen Stimmen.

(2) Jede fünfzig Euro eines Geschäftsanteils gewähren eine Stimme.

(3) Vollmachten bedürfen zu ihrer Gültigkeit der Textform.

(4) ¹Ein Gesellschafter, welcher durch die Beschlußfassung entlastet oder von einer Verbindlichkeit befreit werden soll, hat hierbei kein Stimmrecht und darf ein solches auch nicht für andere ausüben. ²Dasselbe gilt von einer Beschlußfassung, welche die

3. Abschnitt. Vertretung und Geschäftsführung

Vornahme eines Rechtsgeschäfts oder die Einleitung oder Erledigung eines Rechtsstreites gegenüber einem Gesellschafter betrifft.

§ 48 [Gesellschafterversammlung]

(1) Die Beschlüsse der Gesellschafter werden in Versammlungen gefaßt.

(2) Der Abhaltung einer Versammlung bedarf es nicht, wenn sämtliche Gesellschafter in Textform mit der zu treffenden Bestimmung oder mit der schriftlichen Abgabe der Stimmen sich einverstanden erklären.

(3) Befinden sich alle Geschäftsanteile der Gesellschaft in der Hand eines Gesellschafters oder daneben in der Hand der Gesellschaft, so hat er unverzüglich nach der Beschlußfassung eine Niederschrift aufzunehmen und zu unterschreiben.

§ 49 [Einberufung der Versammlung]

(1) Die Versammlung der Gesellschafter wird durch die Geschäftsführer berufen.

(2) Sie ist außer den ausdrücklich bestimmten Fällen zu berufen, wenn es im Interesse der Gesellschaft erforderlich erscheint.

(3) Insbesondere muß die Versammlung unverzüglich berufen werden, wenn aus der Jahresbilanz oder aus einer im Laufe des Geschäftsjahres aufgestellten Bilanz sich ergibt, daß die Hälfte des Stammkapitals verloren ist.

§ 50 [Minderheitsrechte]

(1) Gesellschafter, deren Geschäftsanteile zusammen mindestens dem zehnten Teil des Stammkapitals entsprechen, sind berechtigt, unter Angabe des Zwecks und der Gründe die Berufung der Versammlung zu verlangen.

(2) In gleicher Weise haben die Gesellschafter das Recht zu verlangen, daß Gegenstände zur Beschlußfassung der Versammlung angekündigt werden.

(3) ¹Wird dem Verlangen nicht entsprochen oder sind Personen, an welche dasselbe zu richten wäre, nicht vorhanden, so können die in Absatz 1 bezeichneten Gesellschafter unter Mitteilung des Sachverhältnisses die Berufung oder Ankündigung selbst bewirken. ²Die Versammlung beschließt, ob die entstandenen Kosten von der Gesellschaft zu tragen sind.

§ 51 [Form der Einberufung]

(1) ¹Die Berufung der Versammlung erfolgt durch Einladung der Gesellschafter mittels eingeschriebener Briefe. ²Sie ist mit einer Frist von mindestens einer Woche zu bewirken.

(2) Der Zweck der Versammlung soll jederzeit bei der Berufung angekündigt werden.

(3) Ist die Versammlung nicht ordnungsmäßig berufen, so können Beschlüsse nur gefaßt werden, wenn sämtliche Gesellschafter anwesend sind.

(4) Das gleiche gilt in bezug auf Beschlüsse über Gegenstände, welche nicht wenigstens drei Tage vor der Versammlung in der für die Berufung vorgeschriebenen Weise angekündigt worden sind.

§ 51a [Auskunfts- und Einsichtsrecht]

(1) Die Geschäftsführer haben jedem Gesellschafter auf Verlangen unverzüglich Auskunft über die Angelegenheiten der Gesellschaft zu geben und die Einsicht der Bücher und Schriften zu gestatten.

(2) ¹Die Geschäftsführer dürfen die Auskunft und die Einsicht verweigern, wenn zu besorgen ist, daß der Gesellschafter sie zu gesellschaftsfremden Zwecken verwenden und dadurch der Gesellschaft oder einem verbundenen Unternehmen einen nicht unerheblichen Nachteil zufügen wird. ²Die Verweigerung bedarf eines Beschlusses der Gesellschafter.

(3) Von diesen Vorschriften kann im Gesellschaftsvertrag nicht abgewichen werden.

§ 51b [Gerichtliche Entscheidung über das Auskunfts- und Einsichtsrecht]

¹Für die gerichtliche Entscheidung über das Auskunfts- und Einsichtsrecht findet § 132 Abs. 1, 3 bis 5 des Aktiengesetzes entsprechende Anwendung. ²Antragsberechtigt ist jeder Gesellschafter, dem die verlangte Auskunft nicht gegeben oder die verlangte Einsicht nicht gestattet worden ist.

§ 52 [Aufsichtsrat]

(1) Ist nach dem Gesellschaftsvertrag ein Aufsichtsrat zu bestellen, so sind § 90 Abs. 3, 4, 5 Satz 1 und 2, § 95 Satz 1, § 100 Abs. 1 und 2 Nr. 2, § 101 Abs. 1 Satz 1, § 103 Abs. 1 Satz 1 und 2, §§ 105, 110 bis 114, 116 des Aktiengesetzes in Verbindung mit § 93 Abs. 1 und 2 des Aktiengesetzes, §§ 170, 171, 337 des Aktiengesetzes entsprechend anzuwenden, soweit nicht im Gesellschaftsvertrag ein anderes bestimmt ist.

(2) ¹Werden die Mitglieder des Aufsichtsrats vor der Eintragung der Gesellschaft in das Handelsregister bestellt, gelten § 37 Abs. 4 Nr. 3, § 40 Abs. 1 Nr. 4 des Aktiengesetzes entsprechend. ²Jede spätere Bestellung sowie jeden Wechsel von Aufsichtsratsmitgliedern haben die Geschäftsführer unverzüglich durch den Bundesanzeiger und die im Gesellschaftsvertrag für die Bekanntmachungen der Gesellschaft bestimmten anderen öffentlichen Blätter bekanntzumachen und die Bekanntmachung zum Handelsregister einzureichen.

(3) Schadensersatzansprüche gegen die Mitglieder des Aufsichtsrats wegen Verletzung ihrer Obliegenheiten verjähren in fünf Jahren.

Vierter Abschnitt. Abänderungen des Gesellschaftsvertrages

§ 53 [Form der Satzungsänderung]

(1) Eine Abänderung des Gesellschaftsvertrages kann nur durch Beschluß der Gesellschafter erfolgen.

(2) ¹Der Beschluß muß notariell beurkundet werden, derselbe bedarf einer Mehrheit von drei Vierteilen der abgegebenen Stimmen. ²Der Gesellschaftsvertrag kann noch andere Erfordernisse aufstellen.

4. Abschnitt. Abänderungen des Gesellschaftsvertrages **Text**

(3) Eine Vermehrung der den Gesellschaftern nach dem Gesellschaftsvertrag obliegenden Leistungen kann nur mit Zustimmung sämtlicher beteiligter Gesellschafter beschlossen werden.

§ 54 [Anmeldung und Eintragung]

(1) ¹Die Abänderung des Gesellschaftsvertrages ist zur Eintragung in das Handelsregister anzumelden. ²Der Anmeldung ist der vollständige Wortlaut des Gesellschaftsvertrags beizufügen; er muß mit der Bescheinigung eines Notars versehen sein, daß die geänderten Bestimmungen des Gesellschaftsvertrags mit dem Beschluß über die Änderung des Gesellschaftsvertrags und die unveränderten Bestimmungen mit dem zuletzt zum Handelsregister eingereichten vollständigen Wortlaut des Gesellschaftsvertrags übereinstimmen.

(2) ¹Bei der Eintragung genügt, sofern nicht die Abänderung die in § 10 Abs. 1 und 2 bezeichneten Angaben betrifft, die Bezugnahme auf die bei dem Gericht eingereichten Urkunden über die Abänderung. ²Die öffentliche Bekanntmachung findet in betreff aller Bestimmungen statt, auf welche sich die in § 10 Abs. 3 und in § 13b Abs. 4 des Handelsgesetzbuchs vorgeschriebenen Veröffentlichungen beziehen.

(3) Die Abänderung hat keine rechtliche Wirkung, bevor sie in das Handelsregister des Sitzes der Gesellschaft eingetragen ist.

§ 55 [Erhöhung des Stammkapitals]

(1) Wird eine Erhöhung des Stammkapitals beschlossen, so bedarf es zur Übernahme jeder auf das erhöhte Kapital zu leistenden Stammeinlage einer notariell aufgenommenen oder beglaubigten Erklärung des Übernehmers.

(2) ¹Zur Übernahme einer Stammeinlage können von der Gesellschaft die bisherigen Gesellschafter oder andere Personen, welche durch die Übernahme ihren Beitritt zu der Gesellschaft erklären, zugelassen werden. ²Im letzteren Falle sind außer dem Betrage der Stammeinlage auch sonstige Leistungen, zu welchen der Beitretende nach dem Gesellschaftsvertrage verpflichtet sein soll, in der in Absatz 1 bezeichneten Urkunde ersichtlich zu machen.

(3) Wird von einem der Gesellschaft bereits angehörenden Gesellschafter eine Stammeinlage auf das erhöhte Kapital übernommen, so erwirbt derselbe einen weiteren Geschäftsanteil.

(4) Die Bestimmungen in § 5 Abs. 1 und 3 über den Betrag der Stammeinlagen sowie die Bestimmung in § 5 Abs. 2 über die Unzulässigkeit der Übernahme mehrerer Stammeinlagen finden auch hinsichtlich der auf das erhöhte Kapital zu leistenden Stammeinlagen Anwendung.

§ 56 [Kapitalerhöhung mit Sacheinlagen]

(1) ¹Sollen Sacheinlagen geleistet werden, so müssen ihr Gegenstand und der Betrag der Stammeinlage, auf die sich die Sacheinlage bezieht, im Beschluß über die Erhöhung des Stammkapitals festgesetzt werden. ²Die Festsetzung ist in die in § 55 Abs. 1 bezeichnete Erklärung des Übernehmers aufzunehmen.

(2) Die §§ 9 und 19 Abs. 5 finden entsprechende Anwendung.

Text 4. Abschnitt. Abänderungen des Gesellschaftsvertrages

§ 56a [Leistungen auf das neue Stammkapital]

Für die Leistungen der Einlagen auf das neue Stammkapital und die Bestellung einer Sicherung findet § 7 Abs. 2 Satz 1 und 3, Abs. 3 entsprechende Anwendung.

§ 57 [Anmeldung der Erhöhung]

(1) Die beschlossene Erhöhung des Stammkapitals ist zur Eintragung in das Handelsregister anzumelden, nachdem das erhöhte Kapital durch Übernahme von Stammeinlagen gedeckt ist.

(2) ¹ In der Anmeldung ist die Versicherung abzugeben, daß die Einlagen auf das neue Stammkapital nach § 7 Abs. 2 Satz 1 und 3, Abs. 3 bewirkt sind und daß der Gegenstand der Leistungen sich endgültig in der freien Verfügung der Geschäftsführer befindet. ² Für die Anmeldung findet im übrigen § 8 Abs. 2 Satz 2 entsprechende Anwendung.

(3) Der Anmeldung sind beizufügen:
1. die in § 55 Abs. 1 bezeichneten Erklärungen oder eine beglaubigte Abschrift derselben;
2. eine von den Anmeldenden unterschriebene Liste der Personen, welche die neuen Stammeinlagen übernommen haben; aus der Liste muß der Betrag der von jedem übernommenen Einlage ersichtlich sein;
3. bei einer Kapitalerhöhung mit Sacheinlagen die Verträge, die den Festsetzungen nach § 56 zugrunde liegen oder zu ihrer Ausführung geschlossen worden sind.

(4) Für die Verantwortlichkeit der Geschäftsführer, welche die Kapitalerhöhung zur Eintragung in das Handelsregister angemeldet haben, finden § 9a Abs. 1 und 3, § 9b entsprechende Anwendung.

§ 57a [Ablehnung der Eintragung]

Für die Ablehnung der Eintragung durch das Gericht findet § 9c Abs. 1 entsprechende Anwendung.

§ 57b [Bekanntmachung der Eintragung der Kapitalerhöhung]

¹ In die Bekanntmachung der Eintragung der Kapitalerhöhung sind außer deren Inhalt die bei einer Kapitalerhöhung mit Sacheinlagen vorgesehenen Festsetzungen aufzunehmen. ² Bei der Bekanntmachung dieser Festsetzungen genügt die Bezugnahme auf die beim Gericht eingereichten Urkunden.

§ 57c [Kapitalerhöhung aus Gesellschaftsmitteln]

(1) Das Stammkapital kann durch Umwandlung von Rücklagen in Stammkapital erhöht werden (Kapitalerhöhung aus Gesellschaftsmitteln).

(2) Die Erhöhung des Stammkapitals kann erst beschlossen werden, nachdem der Jahresabschluß für das letzte vor der Beschlußfassung über die Kapitalerhöhung abgelaufene Geschäftsjahr (letzter Jahresabschluß) festgestellt und über die Ergebnisverwendung Beschluß gefaßt worden ist.

(3) Dem Beschluß über die Erhöhung des Stammkapitals ist eine Bilanz zugrunde zu legen.

4. Abschnitt. Abänderungen des Gesellschaftsvertrages

(4) Neben den §§ 53 und 54 über die Abänderung des Gesellschaftsvertrags gelten die §§ 57 d bis 57 o.

§ 57 d [Ausweisung von Kapital- und Gewinnrücklagen]

(1) Die Kapital- und Gewinnrücklagen, die in Stammkapital umgewandelt werden sollen, müssen in der letzten Jahresbilanz und, wenn dem Beschluß eine andere Bilanz zugrunde gelegt wird, auch in dieser Bilanz unter „Kapitalrücklage" oder „Gewinnrücklagen" oder im letzten Beschluß über die Verwendung des Jahresergebnisses als Zuführung zu diesen Rücklagen ausgewiesen sein.

(2) Die Rücklagen können nicht umgewandelt werden, soweit in der zugrunde gelegten Bilanz ein Verlust, einschließlich eines Verlustvortrags, ausgewiesen ist.

(3) Andere Gewinnrücklagen, die einem bestimmten Zweck zu dienen bestimmt sind, dürfen nur umgewandelt werden, soweit dies mit ihrer Zweckbestimmung vereinbar ist.

§ 57 e [Zugrundelegung der letzten Jahresbilanz; Prüfung]

(1) Dem Beschluß kann die letzte Jahresbilanz zugrunde gelegt werden, wenn die Jahresbilanz geprüft und die festgestellte Jahresbilanz mit dem uneingeschränkten Bestätigungsvermerk der Abschlußprüfer versehen ist und wenn ihr Stichtag höchstens acht Monate vor der Anmeldung des Beschlusses zur Eintragung in das Handelsregister liegt.

(2) Bei Gesellschaften, die nicht große im Sinne des § 267 Abs. 3 des Handelsgesetzbuchs sind, kann die Prüfung auch durch vereidigte Buchprüfer erfolgen; die Abschlußprüfer müssen von der Versammlung der Gesellschafter gewählt sein.

§ 57 f [Anforderungen an die Bilanz]

(1) [1] Wird dem Beschluß nicht die letzte Jahresbilanz zugrunde gelegt, so muß die Bilanz den Vorschriften über die Gliederung der Jahresbilanz und über die Wertansätze in der Jahresbilanz entsprechen. [2] Der Stichtag der Bilanz darf höchstens acht Monate vor der Anmeldung des Beschlusses zur Eintragung in das Handelsregister liegen.

(2) [1] Die Bilanz ist, bevor über die Erhöhung des Stammkapitals Beschluß gefaßt wird, durch einen oder mehrere Prüfer darauf zu prüfen, ob sie dem Absatz 1 entspricht. [2] Sind nach dem abschließenden Ergebnis der Prüfung keine Einwendungen zu erheben, so haben die Prüfer dies durch einen Vermerk zu bestätigen. [3] Die Erhöhung des Stammkapitals kann nicht ohne diese Bestätigung der Prüfer beschlossen werden.

(3) [1] Die Prüfer werden von den Gesellschaftern gewählt; falls nicht andere Prüfer gewählt werden, gelten die Prüfer als gewählt, die für die Prüfung des letzten Jahresabschlusses von den Gesellschaftern gewählt oder vom Gericht bestellt worden sind. [2] Im übrigen sind, soweit sich aus der Besonderheit des Prüfungsauftrags nichts anderes ergibt, § 318 Abs. 1 Satz 2, § 319 Abs. 1 bis 3, § 320 Abs. 1 Satz 2, Abs. 2 und die §§ 321 und 323 des Handelsgesetzbuchs anzuwenden. [3] Bei Gesellschaften, die nicht große im Sinne des § 267 Abs. 3 des Handelsgesetzbuchs sind, können auch vereidigte Buchprüfer zu Prüfern bestellt werden.

Text 4. Abschnitt. Abänderungen des Gesellschaftsvertrages

§ 57 g [Vorherige Bekanntgabe des Jahresabschlusses]

Die Bestimmungen des Gesellschaftsvertrags über die vorherige Bekanntgabe des Jahresabschlusses an die Gesellschafter sind in den Fällen des § 57 f entsprechend anzuwenden.

§ 57 h [Arten der Kapitalerhöhung]

(1) ¹Die Kapitalerhöhung kann vorbehaltlich des § 57 l Abs. 2 durch Bildung neuer Geschäftsanteile oder durch Erhöhung des Nennbetrags der Geschäftsanteile ausgeführt werden. ²Die neuen Geschäftsanteile und die Geschäftsanteile, deren Nennbetrag erhöht wird, können auf jeden durch zehn teilbaren Betrag, müssen jedoch auf mindestens fünfzig Euro gestellt werden.

(2) ¹Der Beschluß über die Erhöhung des Stammkapitals muß die Art der Erhöhung angeben. ²Soweit die Kapitalerhöhung durch Erhöhung des Nennbetrags der Geschäftsanteile ausgeführt werden soll, ist sie so zu bemessen, daß durch sie auf keinen Geschäftsanteil, dessen Nennbetrag erhöht wird, Beträge entfallen, die durch die Erhöhung des Nennbetrags des Geschäftsanteils nicht gedeckt werden können.

§ 57 i [Anmeldung des Erhöhungsbeschlusses; Registergericht]

(1) ¹Der Anmeldung des Beschlusses über die Erhöhung des Stammkapitals zur Eintragung in das Handelsregister ist die der Kapitalerhöhung zugrunde gelegte, mit dem Bestätigungsvermerk der Prüfer versehene Bilanz, in den Fällen des § 57 f außerdem die letzte Jahresbilanz, sofern sie noch nicht eingereicht ist, beizufügen. ²Die Anmeldenden haben dem Registergericht gegenüber zu erklären, daß nach ihrer Kenntnis seit dem Stichtag der zugrunde gelegten Bilanz bis zum Tag der Anmeldung keine Vermögensminderung eingetreten ist, die der Kapitalerhöhung entgegenstünde, wenn sie am Tag der Anmeldung beschlossen worden wäre.

(2) Das Registergericht darf den Beschluß nur eintragen, wenn die der Kapitalerhöhung zugrunde gelegte Bilanz für einen höchstens acht Monate vor der Anmeldung liegenden Zeitpunkt aufgestellt und eine Erklärung nach Absatz 1 Satz 2 abgegeben worden ist.

(3) Zu der Prüfung, ob die Bilanzen den gesetzlichen Vorschriften entsprechen, ist das Gericht nicht verpflichtet.

(4) Bei der Eintragung des Beschlusses ist anzugeben, daß es sich um eine Kapitalerhöhung aus Gesellschaftsmitteln handelt.

§ 57 j [Verteilung der Geschäftsanteile]

¹Die neuen Geschäftsanteile stehen den Gesellschaftern im Verhältnis ihrer bisherigen Geschäftsanteile zu. ²Ein entgegenstehender Beschluß der Gesellschafter ist nichtig.

§ 57 k [Teilrechte; Ausübung der Rechte]

(1) Führt die Kapitalerhöhung dazu, daß auf einen Geschäftsanteil nur ein Teil eines neuen Geschäftsanteils entfällt, so ist dieses Teilrecht selbständig veräußerlich und vererblich.

4. Abschnitt. Abänderungen des Gesellschaftsvertrages **Text**

(2) Die Rechte aus einem neuen Geschäftsanteil, einschließlich des Anspruchs auf Ausstellung einer Urkunde über den neuen Geschäftsanteil, können nur ausgeübt werden, wenn Teilrechte, die zusammen einen vollen Geschäftsanteil ergeben, in einer Hand vereinigt sind oder wenn sich mehrere Berechtigte, deren Teilrechte zusammen einen vollen Geschäftsanteil ergeben, zur Ausübung der Rechte (§ 18) zusammenschließen.

§ 57 l [Teilnahme an Erhöhung des Stammkapitals]

(1) Eigene Geschäftsanteile nehmen an der Erhöhung des Stammkapitals teil.

(2) ¹Teileingezahlte Geschäftsanteile nehmen entsprechend ihrem Nennbetrag an der Erhöhung des Stammkapitals teil. ²Bei ihnen kann die Kapitalerhöhung nur durch Erhöhung des Nennbetrags der Geschäftsanteile ausgeführt werden. ³Sind neben teileingezahlten Geschäftsanteilen vollständig eingezahlte Geschäftsanteile vorhanden, so kann bei diesen die Kapitalerhöhung durch Erhöhung des Nennbetrags der Geschäftsanteile und durch Bildung neuer Geschäftsanteile ausgeführt werden. ⁴Die Geschäftsanteile, deren Nennbetrag erhöht wird, können auf jeden durch fünf teilbaren Betrag gestellt werden.

§ 57 m [Verhältnis der Rechte; Beziehungen zu Dritten]

(1) Das Verhältnis der mit den Geschäftsanteilen verbundenen Rechte zueinander wird durch die Kapitalerhöhung nicht berührt.

(2) ¹Soweit sich einzelne Rechte teileingezahlter Geschäftsanteile, insbesondere die Beteiligung am Gewinn oder das Stimmrecht, nach der je Geschäftsanteil geleisteten Einlage bestimmen, stehen diese Rechte den Gesellschaftern bis zur Leistung der noch ausstehenden Einlagen nur nach der Höhe der geleisteten Einlage, erhöht um den auf den Nennbetrag des Stammkapitals berechneten Hundertsatz der Erhöhung des Stammkapitals, zu. ²Werden weitere Einzahlungen geleistet, so erweitern sich diese Rechte entsprechend.

(3) Der wirtschaftliche Inhalt vertraglicher Beziehungen der Gesellschaft zu Dritten, die von der Gewinnausschüttung der Gesellschaft, dem Nennbetrag oder Wert ihrer Geschäftsanteile oder ihres Stammkapitals oder in sonstiger Weise von den bisherigen Kapital- oder Gewinnverhältnissen abhängen, wird durch die Kapitalerhöhung nicht berührt.

§ 57 n [Gewinnbeteiligung der neuen Geschäftsanteile]

(1) Die neuen Geschäftsanteile nehmen, wenn nichts anderes bestimmt ist, am Gewinn des ganzen Geschäftsjahres teil, in dem die Erhöhung des Stammkapitals beschlossen worden ist.

(2) ¹Im Beschluß über die Erhöhung des Stammkapitals kann bestimmt werden, daß die neuen Geschäftsanteile bereits am Gewinn des letzten vor der Beschlußfassung über die Kapitalerhöhung abgelaufenen Geschäftsjahrs teilnehmen. ²In diesem Fall ist die Erhöhung des Stammkapitals abweichend von § 57 c Abs. 2 zu beschließen, bevor über die Ergebnisverwendung für das letzte vor der Beschlußfassung abgelaufene Geschäftsjahr Beschluß gefaßt worden ist. ³Der Beschluß über die Ergebnisverwendung für das letzte vor der Beschlußfassung über die Kapitalerhöhung abgelaufene Geschäftsjahr wird erst wirksam, wenn das Stammkapital erhöht worden ist. ⁴Der Beschluß über die

Text 4. Abschnitt. Abänderungen des Gesellschaftsvertrages

Erhöhung des Stammkapitals und der Beschluß über die Ergebnisverwendung für das letzte vor der Beschlußfassung über die Kapitalerhöhung abgelaufene Geschäftsjahr sind nichtig, wenn der Beschluß über die Kapitalerhöhung nicht binnen drei Monaten nach der Beschlußfassung in das Handelsregister eingetragen worden ist; der Lauf der Frist ist gehemmt, solange eine Anfechtungs- oder Nichtigkeitsklage rechtshängig ist oder eine zur Kapitalerhöhung beantragte staatliche Genehmigung noch nicht erteilt worden ist.

§ 57 o [Anschaffungskosten]

[1] Als Anschaffungskosten der vor der Erhöhung des Stammkapitals erworbenen Geschäftsanteile und der auf sie entfallenden neuen Geschäftsanteile gelten die Beträge, die sich für die einzelnen Geschäftsanteile ergeben, wenn die Anschaffungskosten der vor der Erhöhung des Stammkapitals erworbenen Geschäftsanteile auf diese und auf die auf sie entfallenden neuen Geschäftsanteile nach dem Verhältnis der Nennbeträge verteilt werden. [2] Der Zuwachs an Geschäftsanteilen ist nicht als Zugang auszuweisen.

§ 58 [Herabsetzung des Stammkapitals]

(1) Eine Herabsetzung des Stammkapitals kann nur unter Beobachtung der nachstehenden Bestimmungen erfolgen:
1. der Beschluß auf Herabsetzung des Stammkapitals muß von den Geschäftsführern zu drei verschiedenen Malen durch die in § 30 Abs. 2 bezeichneten Blätter bekanntgemacht werden; in diesen Bekanntmachungen sind zugleich die Gläubiger der Gesellschaft aufzufordern, sich bei derselben zu melden; die aus den Handelsbüchern der Gesellschaft ersichtlichen oder in anderer Weise bekannten Gläubiger sind durch besondere Mitteilung zur Anmeldung aufzufordern;
2. die Gläubiger, welche sich bei der Gesellschaft melden und der Herabsetzung nicht zustimmen, sind wegen der erhobenen Ansprüche zu befriedigen oder sicherzustellen;
3. die Anmeldung des Herabsetzungsbeschlusses zur Eintragung in das Handelsregister erfolgt nicht vor Ablauf eines Jahres seit dem Tage, an welchem die Aufforderung der Gläubiger in den öffentlichen Blättern zum dritten Mal stattgefunden hat;
4. mit der Anmeldung sind die Bekanntmachungen des Beschlusses einzureichen; zugleich haben die Geschäftsführer die Versicherung abzugeben, daß die Gläubiger, welche sich bei der Gesellschaft gemeldet und der Herabsetzung nicht zugestimmt haben, befriedigt oder sichergestellt sind.

(2) [1] Die Bestimmung in § 5 Abs. 1 über den Mindestbetrag des Stammkapitals bleibt unberührt. [2] Erfolgt die Herabsetzung zum Zweck der Zurückzahlung von Stammeinlagen oder zum Zweck des Erlasses der auf diese geschuldeten Einzahlungen, so darf der verbleibende Betrag der Stammeinlagen nicht unter den in § 5 Abs. 1 und 3 bezeichneten Betrag herabgehen.

§ 58 a [Vereinfachte Kapitalherabsetzung]

(1) Eine Herabsetzung des Stammkapitals, die dazu dienen soll, Wertminderungen auszugleichen oder sonstige Verluste zu decken, kann als vereinfachte Kapitalherabsetzung vorgenommen werden.

4. Abschnitt. Abänderungen des Gesellschaftsvertrages **Text**

(2) ¹Die vereinfachte Kapitalherabsetzung ist nur zulässig, nachdem der Teil der Kapital- und Gewinnrücklagen, der zusammen über zehn vom Hundert des nach der Herabsetzung verbleibenden Stammkapitals hinausgeht, vorweg aufgelöst ist. ²Sie ist nicht zulässig, solange ein Gewinnvortrag vorhanden ist.

(3) ¹Im Beschluß über die vereinfachte Kapitalherabsetzung sind die Nennbeträge der Geschäftsanteile dem herabgesetzten Stammkapital anzupassen. ²Die Geschäftsanteile können auf jeden durch zehn teilbaren Betrag, müssen jedoch auf mindestens fünfzig Euro gestellt werden. ³Geschäftsanteile, deren Nennbetrag durch die Herabsetzung unter fünfzig Euro sinken würde, sind von den Geschäftsführern zu gemeinschaftlichen Geschäftsanteilen zu vereinigen, wenn die Einlagen auf die Geschäftsanteile voll geleistet, die Geschäftsanteile nicht mit einer Nachschußpflicht oder mit Rechten Dritter belastet und nach dem Gesellschaftsvertrag nicht mit verschiedenen Rechten und Pflichten ausgestattet sind. ⁴Die Erklärung über die Vereinigung der Geschäftsanteile bedarf der notariellen Beurkundung. ⁵Die Vereinigung wird mit der Eintragung des Beschlusses über die Kapitalherabsetzung in das Handelsregister wirksam.

(4) ¹Das Stammkapital kann unter den in § 5 Abs. 1 bestimmten Mindestnennbetrag herabgesetzt werden, wenn dieser durch eine Kapitalerhöhung wieder erreicht wird, die zugleich mit der Kapitalherabsetzung beschlossen ist und bei der Sacheinlagen nicht festgesetzt sind. ²Die Beschlüsse sind nichtig, wenn sie nicht binnen drei Monaten nach der Beschlußfassung in das Handelsregister eingetragen worden sind. ³Der Lauf der Frist ist gehemmt, solange eine Anfechtungs- oder Nichtigkeitsklage rechtshängig ist oder eine zur Kapitalherabsetzung oder Kapitalerhöhung beantragte staatliche Genehmigung noch nicht erteilt ist. ⁴Die Beschlüsse sollen nur zusammen in das Handelsregister eingetragen werden.

(5) Neben den §§ 53 und 54 über die Abänderung des Gesellschaftsvertrags gelten die §§ 58b bis 58f.

§ 58b [Beträge aus Rücklagenauflösung und Kapitalherabsetzung]

(1) Die Beträge, die aus der Auflösung der Kapital- oder Gewinnrücklagen und aus der Kapitalherabsetzung gewonnen werden, dürfen nur verwandt werden, um Wertminderungen auszugleichen und sonstige Verluste zu decken.

(2) ¹Daneben dürfen die gewonnenen Beträge in die Kapitalrücklage eingestellt werden, soweit diese zehn vom Hundert des Stammkapitals nicht übersteigt. ²Als Stammkapital gilt dabei der Nennbetrag, der sich durch die Herabsetzung ergibt, mindestens aber der nach § 5 Abs. 1 zulässige Mindestnennbetrag.

(3) Ein Betrag, der auf Grund des Absatzes 2 in die Kapitalrücklage eingestellt worden ist, darf vor Ablauf des fünften nach der Beschlußfassung über die Kapitalherabsetzung beginnenden Geschäftsjahrs nur verwandt werden

1. zum Ausgleich eines Jahresfehlbetrags, soweit er nicht durch einen Gewinnvortrag aus dem Vorjahr gedeckt ist und nicht durch Auflösung von Gewinnrücklagen ausgeglichen werden kann;

2. zum Ausgleich eines Verlustvortrags aus dem Vorjahr, soweit er nicht durch einen Jahresüberschuß gedeckt ist und nicht durch Auflösung von Gewinnrücklagen ausgeglichen werden kann;

3. zur Kapitalerhöhung aus Gesellschaftsmitteln.

25

Text 4. Abschnitt. Abänderungen des Gesellschaftsvertrages

§ 58 c [Nichteintritt angenommener Verluste]

[1] Ergibt sich bei Aufstellung der Jahresbilanz für das Geschäftsjahr, in dem der Beschluß über die Kapitalherabsetzung gefaßt wurde, oder für eines der beiden folgenden Geschäftsjahre, daß Wertminderungen und sonstige Verluste in der bei der Beschlußfassung angenommenen Höhe tatsächlich nicht eingetreten oder ausgeglichen waren, so ist der Unterschiedsbetrag in die Kapitalrücklage einzustellen. [2] Für einen nach Satz 1 in die Kapitalrücklage eingestellten Betrag gilt § 58 b Abs. 3 sinngemäß.

§ 58 d [Gewinnausschüttung]

(1) [1] Gewinn darf vor Ablauf des fünften nach der Beschlußfassung über die Kapitalherabsetzung beginnenden Geschäftsjahrs nur ausgeschüttet werden, wenn die Kapital- und Gewinnrücklagen zusammen zehn vom Hundert des Stammkapitals erreichen. [2] Als Stammkapital gilt dabei der Nennbetrag, der sich durch die Herabsetzung ergibt, mindestens aber der nach § 5 Abs. 1 zulässige Mindestnennbetrag.

(2) [1] Die Zahlung eines Gewinnanteils von mehr als vier vom Hundert ist erst für ein Geschäftsjahr zulässig, das später als zwei Jahre nach der Beschlußfassung über die Kapitalherabsetzung beginnt. [2] Dies gilt nicht, wenn die Gläubiger, deren Forderungen vor der Bekanntmachung der Eintragung des Beschlusses begründet worden waren, befriedigt oder sichergestellt sind, soweit sie sich binnen sechs Monaten nach der Bekanntmachung des Jahresabschlusses, auf Grund dessen die Gewinnverteilung beschlossen ist, zu diesem Zweck gemeldet haben. [3] Einer Sicherstellung der Gläubiger bedarf es nicht, die im Fall des Insolvenzverfahrens ein Recht auf vorzugsweise Befriedigung aus einer Deckungsmasse haben, die nach gesetzlicher Vorschrift zu ihrem Schutz errichtet und staatlich überwacht ist. [4] Die Gläubiger sind in der Bekanntmachung nach § 325 Abs. 1 Satz 2 oder Abs. 2 Satz 1 des Handelsgesetzbuchs auf die Befriedigung oder Sicherstellung hinzuweisen.

§ 58 e [Beschluß über Kapitalherabsetzung]

(1) [1] Im Jahresabschluß für das letzte vor der Beschlußfassung über die Kapitalherabsetzung abgelaufene Geschäftsjahr können das Stammkapital sowie die Kapital- und Gewinnrücklagen in der Höhe ausgewiesen werden, in der sie nach der Kapitalherabsetzung bestehen sollen. [2] Dies gilt nicht, wenn der Jahresabschluß anders als durch Beschluß der Gesellschafter festgestellt wird.

(2) Der Beschluß über die Feststellung des Jahresabschlusses soll zugleich mit dem Beschluß über die Kapitalherabsetzung gefaßt werden.

(3) [1] Die Beschlüsse sind nichtig, wenn der Beschluß über die Kapitalherabsetzung nicht binnen drei Monaten nach der Beschlußfassung in das Handelsregister eingetragen worden ist. [2] Der Lauf der Frist ist gehemmt, solange eine Anfechtungs- oder Nichtigkeitsklage rechtshängig ist oder eine zur Kapitalherabsetzung beantragte staatliche Genehmigung noch nicht erteilt ist.

(4) Der Jahresabschluß darf nach § 325 des Handelsgesetzbuchs erst nach Eintragung des Beschlusses über die Kapitalherabsetzung offengelegt werden.

5. Abschnitt. Auflösung und Nichtigkeit der Gesellschaft **Text**

§ 58 f [Kapitalherabsetzung bei gleichzeitiger Erhöhung des Stammkapitals]

(1) ¹Wird im Fall des § 58 e zugleich mit der Kapitalherabsetzung eine Erhöhung des Stammkapitals beschlossen, so kann auch die Kapitalerhöhung in dem Jahresabschluß als vollzogen berücksichtigt werden. ²Die Beschlußfassung ist nur zulässig, wenn die neuen Stammeinlagen übernommen, keine Sacheinlagen festgesetzt sind und wenn auf jede neue Stammeinlage die Einzahlung geleistet ist, die nach § 56a zur Zeit der Anmeldung der Kapitalerhöhung bewirkt sein muß. ³Die Übernahme und die Einzahlung sind dem Notar nachzuweisen, der den Beschluß über die Erhöhung des Stammkapitals beurkundet.

(2) ¹Sämtliche Beschlüsse sind nichtig, wenn die Beschlüsse über die Kapitalherabsetzung und die Kapitalerhöhung nicht binnen drei Monaten nach der Beschlußfassung in das Handelsregister eingetragen worden sind. ²Der Lauf der Frist ist gehemmt, solange eine Anfechtungs- oder Nichtigkeitsklage rechtshängig ist oder eine zur Kapitalherabsetzung oder Kapitalerhöhung beantragte staatliche Genehmigung noch nicht erteilt worden ist. ³Die Beschlüsse sollen nur zusammen in das Handelsregister eingetragen werden.

(3) Der Jahresabschluß darf nach § 325 des Handelsgesetzbuchs erst offengelegt werden, nachdem die Beschlüsse über die Kapitalherabsetzung und Kapitalerhöhung eingetragen worden sind.

§ 59 [Zweigniederlassung]

¹Die Versicherung nach § 57 Abs. 2 ist nur gegenüber dem Gericht des Sitzes der Gesellschaft abzugeben. ²Die Urkunden nach § 57 Abs. 3 Nr. 1 und § 58 Abs. 1 Nr. 4 sind nur bei dem Gericht des Sitzes der Gesellschaft einzureichen.

Fünfter Abschnitt. Auflösung und Nichtigkeit der Gesellschaft

§ 60 [Auflösungsgründe]

(1) Die Gesellschaft mit beschränkter Haftung wird aufgelöst:
1. durch Ablauf der im Gesellschaftsvertrag bestimmten Zeit;
2. durch Beschluß der Gesellschafter; derselbe bedarf, sofern im Gesellschaftsvertrag nicht ein anderes bestimmt ist, einer Mehrheit von drei Vierteilen der abgegebenen Stimmen;
3. durch gerichtliches Urteil oder durch Entscheidung des Verwaltungsgerichts oder der Verwaltungsbehörde in den Fällen der §§ 61 und 62;
4. durch die Eröffnung des Insolvenzverfahrens; wird das Verfahren auf Antrag des Schuldners eingestellt oder nach der Bestätigung eines Insolvenzplans, der den Fortbestand der Gesellschaft vorsieht, aufgehoben, so können die Gesellschafter die Fortsetzung der Gesellschaft beschließen;
5. mit der Rechtskraft des Beschlusses, durch den die Eröffnung des Insolvenzverfahrens mangels Masse abgelehnt worden ist;
6. mit der Rechtskraft einer Verfügung des Registergerichts, durch welche nach den §§ 144a, 144b des Gesetzes über die Angelegenheiten der freiwilligen Gerichtsbar-

keit ein Mangel des Gesellschaftsvertrags oder die Nichteinhaltung der Verpflichtungen nach § 19 Abs. 4 dieses Gesetzes festgestellt worden ist;

7. durch die Löschung der Gesellschaft wegen Vermögenslosigkeit nach § 141a des Gesetzes über die Angelegenheiten der freiwilligen Gerichtsbarkeit.

(2) Im Gesellschaftsvertrag können weitere Auflösungsgründe festgesetzt werden.

§ 61 [Auflösung durch Urteil]

(1) Die Gesellschaft kann durch gerichtliches Urteil aufgelöst werden, wenn die Erreichung des Gesellschaftszweckes unmöglich wird, oder wenn andere, in den Verhältnissen der Gesellschaft liegende, wichtige Gründe für die Auflösung vorhanden sind.

(2) ¹Die Auflösungsklage ist gegen die Gesellschaft zu richten. ²Sie kann nur von Gesellschaftern erhoben werden, deren Geschäftsanteile zusammen mindestens dem zehnten Teil des Stammkapitals entsprechen.

(3) Für die Klage ist das Landgericht ausschließlich zuständig, in dessen Bezirk die Gesellschaft ihren Sitz hat.

§ 62 [Auflösung durch Verwaltungsbehörde]

(1) Wenn eine Gesellschaft das Gemeinwohl dadurch gefährdet, daß die Gesellschafter gesetzwidrige Beschlüsse fassen oder gesetzwidrige Handlungen der Geschäftsführer wissentlich geschehen lassen, so kann sie aufgelöst werden, ohne daß deshalb ein Anspruch auf Entschädigung stattfindet.

(2) Das Verfahren und die Zuständigkeit der Behörden richtet sich nach den für streitige Verwaltungssachen *landesgesetzlich* geltenden Vorschriften.

§ 63 *[aufgehoben]*

(1) Über das Vermögen der Gesellschaft findet das Konkursverfahren außer dem Fall der Zahlungsunfähigkeit auch in dem Fall der Überschuldung statt.

(2) Die auf das Konkursverfahren über das Vermögen einer Aktiengesellschaft bezüglichen Vorschriften in § 207 Abs. 2, § 208 der Konkursordnung finden auf die Gesellschaft mit beschränkter Haftung entsprechende Anwendung.

§ 64 [Insolvenzantragspflicht]

(1) ¹Wird die Gesellschaft zahlungsunfähig, so haben die Geschäftsführer ohne schuldhaftes Zögern, spätestens aber drei Wochen nach Eintritt der Zahlungsunfähigkeit, die Eröffnung des Insolvenzverfahrens zu beantragen. ²Dies gilt sinngemäß, wenn sich eine Überschuldung der Gesellschaft ergibt.

(2) ¹Die Geschäftsführer sind der Gesellschaft zum Ersatz von Zahlungen verpflichtet, die nach Eintritt der Zahlungsunfähigkeit der Gesellschaft oder nach Feststellung ihrer Überschuldung geleistet werden. ²Dies gilt nicht von Zahlungen, die auch nach diesem Zeitpunkt mit der Sorgfalt eines ordentlichen Geschäftsmanns vereinbar sind. ³Auf den Ersatzanspruch finden die Bestimmungen in § 43 Abs. 3 und 4 entsprechende Anwendung.

5. Abschnitt. Auflösung und Nichtigkeit der Gesellschaft **Text**

§ 65 [Anmeldung der Auflösung]

(1) ¹Die Auflösung der Gesellschaft ist zur Eintragung in das Handelsregister anzumelden. ²Dies gilt nicht in den Fällen der Eröffnung oder der Ablehnung der Eröffnung des Insolvenzverfahrens und der gerichtlichen Feststellung eines Mangels des Gesellschaftsvertrags oder der Nichteinhaltung der Verpflichtungen nach § 19 Abs. 4. ³In diesen Fällen hat das Gericht die Auflösung und ihren Grund von Amts wegen einzutragen. ⁴Im Falle der Löschung der Gesellschaft (§ 60 Abs. 1 Nr. 7) entfällt die Eintragung der Auflösung.

(2) ¹Die Auflösung ist von den Liquidatoren zu drei verschiedenen Malen durch die in § 30 Abs. 2 bezeichneten öffentlichen Blätter bekanntzumachen. ²Durch die Bekanntmachung sind zugleich die Gläubiger der Gesellschaft aufzufordern, sich bei derselben zu melden.

§ 66 [Liquidatoren]

(1) In den Fällen der Auflösung außer dem Fall des Insolvenzverfahrens erfolgt die Liquidation durch die Geschäftsführer, wenn nicht dieselbe durch den Gesellschaftsvertrag oder durch Beschluß der Gesellschafter anderen Personen übertragen wird.

(2) Auf Antrag von Gesellschaftern, deren Geschäftsanteile zusammen mindestens dem zehnten Teil des Stammkapitals entsprechen, kann aus wichtigen Gründen die Bestellung von Liquidatoren durch das Gericht (§ 7 Abs. 1) erfolgen.

(3) ¹Die Abberufung von Liquidatoren kann durch das Gericht unter derselben Voraussetzung wie die Bestellung stattfinden. ²Liquidatoren, welche nicht vom Gericht ernannt sind, können auch durch Beschluß der Gesellschafter vor Ablauf des Zeitraums, für welchen sie bestellt sind, abberufen werden.

(4) Für die Auswahl der Liquidatoren findet § 6 Abs. 2 Satz 3 und 4 entsprechende Anwendung.

(5) ¹Ist die Gesellschaft durch Löschung wegen Vermögenslosigkeit aufgelöst, so findet eine Liquidation nur statt, wenn sich nach der Löschung herausstellt, daß Vermögen vorhanden ist, das der Verteilung unterliegt. ²Die Liquidatoren sind auf Antrag eines Beteiligten durch das Gericht zu ernennen.

§ 67 [Anmeldung der Liquidatoren]

(1) Die ersten Liquidatoren sowie ihre Vertretungsbefugnis sind durch die Geschäftsführer, jeder Wechsel der Liquidatoren und jede Änderung ihrer Vertretungsbefugnis sind durch die Liquidatoren zur Eintragung in das Handelsregister anzumelden.

(2) Der Anmeldung sind die Urkunden über die Bestellung der Liquidatoren oder über die Änderung in den Personen derselben in Urschrift oder öffentlich beglaubigter Abschrift für das Gericht des Sitzes der Gesellschaft beizufügen.

(3) ¹In der Anmeldung haben die Liquidatoren zu versichern, daß keine Umstände vorliegen, die ihrer Bestellung nach § 66 Abs. 4 entgegenstehen, und daß sie über ihre unbeschränkte Auskunftspflicht gegenüber dem Gericht belehrt worden sind. ²§ 8 Abs. 3 Satz 2 ist anzuwenden.

(4) Die Eintragung der gerichtlichen Ernennung oder Abberufung der Liquidatoren geschieht von Amts wegen.

(5) Die Liquidatoren haben ihre Unterschrift zur Aufbewahrung bei dem Gericht zu zeichnen.

Text 5. Abschnitt. Auflösung und Nichtigkeit der Gesellschaft

§ 68 [Zeichnung der Liquidatoren]

(1) ¹Die Liquidatoren haben in der bei ihrer Bestellung bestimmten Form ihre Willenserklärungen kundzugeben und für die Gesellschaft zu zeichnen. ²Ist nichts darüber bestimmt, so muß die Erklärung und Zeichnung durch sämtliche Liquidatoren erfolgen.

(2) Die Zeichnungen geschehen in der Weise, daß die Liquidatoren der bisherigen, nunmehr als Liquidationsfirma zu bezeichnenden Firma ihre Namensunterschrift beifügen.

§ 69 [Rechtsverhältnisse von Gesellschaft und Gesellschaftern]

(1) Bis zur Beendigung der Liquidation kommen ungeachtet der Auflösung der Gesellschaft in bezug auf die Rechtsverhältnisse derselben und der Gesellschafter die Vorschriften des zweiten und dritten Abschnitts zur Anwendung, soweit sich aus den Bestimmungen des gegenwärtigen Abschnitts und aus dem Wesen der Liquidation nicht ein anderes ergibt.

(2) Der Gerichtsstand, welchen die Gesellschaft zur Zeit ihrer Auflösung hatte, bleibt bis zur vollzogenen Verteilung des Vermögens bestehen.

§ 70 [Aufgaben der Liquidatoren]

¹Die Liquidatoren haben die laufenden Geschäfte zu beendigen, die Verpflichtungen der aufgelösten Gesellschaft zu erfüllen, die Forderungen derselben einzuziehen und das Vermögen der Gesellschaft in Geld umzusetzen; sie haben die Gesellschaft gerichtlich und außergerichtlich zu vertreten. ²Zur Beendigung schwebender Geschäfte können die Liquidatoren auch neue Geschäfte eingehen.

§ 71 [Bilanz; Rechte und Pflichten]

(1) Die Liquidatoren haben für den Beginn der Liquidation eine Bilanz (Eröffnungsbilanz) und einen die Eröffnungsbilanz erläuternden Bericht sowie für den Schluß eines jeden Jahres einen Jahresabschluß und einen Lagebericht aufzustellen.

(2) ¹Die Gesellschafter beschließen über die Feststellung der Eröffnungsbilanz und des Jahresabschlusses sowie über die Entlastung der Liquidatoren. ²Auf die Eröffnungsbilanz und den erläuternden Bericht sind die Vorschriften über den Jahresabschluß entsprechend anzuwenden. ³Vermögensgegenstände des Anlagevermögens sind jedoch wie Umlaufvermögen zu bewerten, soweit ihre Veräußerung innerhalb eines übersehbaren Zeitraums beabsichtigt ist oder diese Vermögensgegenstände nicht mehr dem Geschäftsbetrieb dienen; dies gilt auch für den Jahresabschluß.

(3) ¹Das Gericht kann von der Prüfung des Jahresabschlusses und des Lageberichts durch einen Abschlußprüfer befreien, wenn die Verhältnisse der Gesellschaft so überschaubar sind, daß eine Prüfung im Interesse der Gläubiger und der Gesellschafter nicht geboten erscheint. ²Gegen die Entscheidung ist die sofortige Beschwerde zulässig.

(4) Im übrigen haben sie die aus §§ 36, 37, 41 Abs. 1, § 43 Abs. 1, 2 und 4, § 49 Abs. 1 und 2, § 64 sich ergebenden Rechte und Pflichten der Geschäftsführer.

(5) ¹Auf allen Geschäftsbriefen, die an einen bestimmten Empfänger gerichtet werden, müssen die Rechtsform und der Sitz der Gesellschaft, die Tatsache, daß die Ge-

5. Abschnitt. Auflösung und Nichtigkeit der Gesellschaft **Text**

sellschaft sich in Liquidation befindet, das Registergericht des Sitzes der Gesellschaft und die Nummer, unter der die Gesellschaft in das Handelsregister eingetragen ist, sowie alle Liquidatoren und, sofern die Gesellschaft einen Aufsichtsrat gebildet und dieser einen Vorsitzenden hat, der Vorsitzende des Aufsichtsrats mit dem Familiennamen und mindestens einem ausgeschriebenen Vornamen angegeben werden. ²Werden Angaben über das Kapital der Gesellschaft gemacht, so müssen in jedem Falle das Stammkapital sowie, wenn nicht alle in Geld zu leistenden Einlagen eingezahlt sind, der Gesamtbetrag der ausstehenden Einlagen angegeben werden. ³Der Angaben nach Satz 1 bedarf es nicht bei Mitteilungen oder Berichten, die im Rahmen einer bestehenden Geschäftsverbindung ergehen und für die üblicherweise Vordrucke verwendet werden, in denen lediglich die im Einzelfall erforderlichen besonderen Angaben eingefügt zu werden brauchen. ⁴Bestellscheine gelten als Geschäftsbriefe im Sinne des Satzes 1; Satz 3 ist auf sie nicht anzuwenden.

§ 72 [Vermögensverteilung]

¹Das Vermögen der Gesellschaft wird unter die Gesellschafter nach Verhältnis ihrer Geschäftsanteile verteilt. ²Durch den Gesellschaftsvertrag kann ein anderes Verhältnis für die Verteilung bestimmt werden.

§ 73 [Sperrjahr]

(1) Die Verteilung darf nicht vor Tilgung oder Sicherstellung der Schulden der Gesellschaft und nicht vor Ablauf eines Jahres seit dem Tage vorgenommen werden, an welchem die Aufforderung an die Gläubiger (§ 65 Abs. 2) in den öffentlichen Blättern zum dritten Male erfolgt ist.

(2) ¹Meldet sich ein bekannter Gläubiger nicht, so ist der geschuldete Betrag, wenn die Berechtigung zur Hinterlegung vorhanden ist, für den Gläubiger zu hinterlegen. ²Ist die Berichtigung einer Verbindlichkeit zur Zeit nicht ausführbar oder ist eine Verbindlichkeit streitig, so darf die Verteilung des Vermögens nur erfolgen, wenn dem Gläubiger Sicherheit geleistet ist.

(3) ¹Liquidatoren, welche diesen Vorschriften zuwiderhandeln, sind zum Ersatz der verteilten Beträge solidarisch verpflichtet. ²Auf den Ersatzanspruch finden die Bestimmungen in § 43 Abs. 3 und 4 entsprechende Anwendung.

§ 74 [Schluß der Liquidation]

(1) ¹Ist die Liquidation beendet und die Schlußrechnung gelegt, so haben die Liquidatoren den Schluß der Liquidation zur Eintragung in das Handelsregister anzumelden. ²Die Gesellschaft ist zu löschen.

(2) ¹Nach Beendigung der Liquidation sind die Bücher und Schriften der Gesellschaft für die Dauer von zehn Jahren einem der Gesellschafter oder einem Dritten in Verwahrung zu geben. ²Der Gesellschafter oder der Dritte wird in Ermangelung einer Bestimmung des Gesellschaftsvertrags oder eines Beschlusses der Gesellschafter durch das Gericht (§ 7 Abs. 1) bestimmt.

(3) ¹Die Gesellschafter und deren Rechtsnachfolger sind zur Einsicht der Bücher und Schriften berechtigt. ²Gläubiger der Gesellschaft können von dem Gericht (§ 7 Abs. 1) zur Einsicht ermächtigt werden.

§ 75 [Nichtigkeitsklage]

(1) Enthält der Gesellschaftsvertrag keine Bestimmungen über die Höhe des Stammkapitals oder über den Gegenstand des Unternehmens oder sind die Bestimmungen des Gesellschaftsvertrags über den Gegenstand des Unternehmens nichtig, so kann jeder Gesellschafter, jeder Geschäftsführer und, wenn ein Aufsichtsrat bestellt ist, jedes Mitglied des Aufsichtsrats im Wege der Klage beantragen, daß die Gesellschaft für nichtig erklärt werde.

(2) Die Vorschriften der *§§ 272, 273 des Handelsgesetzbuchs* finden entsprechende Anwendung.

§ 76 [Mängelheilung durch Gesellschafterbeschluß]

Ein Mangel, der die Bestimmungen über den Gegenstand des Unternehmens betrifft, kann durch einstimmigen Beschluß der Gesellschafter geheilt werden.

§ 77 [Wirkung der Nichtigkeit]

(1) Ist die Nichtigkeit einer Gesellschaft in das Handelsregister eingetragen, so finden zum Zwecke der Abwicklung ihrer Verhältnisse die für den Fall der Auflösung geltenden Vorschriften entsprechende Anwendung.

(2) Die Wirksamkeit der im Namen der Gesellschaft mit Dritten vorgenommenen Rechtsgeschäfte wird durch die Nichtigkeit nicht berührt.

(3) Die Gesellschafter haben die versprochenen Einzahlungen zu leisten, soweit es zur Erfüllung der eingegangenen Verbindlichkeiten erforderlich ist.

Sechster Abschnitt. Schlußbestimmungen

§ 78 [Anmeldungspflichtige]

Die in diesem Gesetz vorgesehenen Anmeldungen zum Handelsregister sind durch die Geschäftsführer oder die Liquidatoren, die in § 7 Abs. 1, § 57 Abs. 1, § 57i Abs. 1, § 58 Abs. 1 Nr. 3 vorgesehenen Anmeldungen sind durch sämtliche Geschäftsführer zu bewirken.

§ 79 [Zwangsgelder]

(1) [1] Geschäftsführer oder Liquidatoren, die §§ 35a, 71 Abs. 5 nicht befolgen, sind hierzu vom Registergericht durch Festsetzung von Zwangsgeld anzuhalten; § 14 des Handelsgesetzbuchs bleibt unberührt. [2] Das einzelne Zwangsgeld darf den Betrag von fünftausend Euro nicht übersteigen.

(2) In Ansehung der in §§ 7, 54, 57 Abs. 1, § 58 Abs. 1 Nr. 3 bezeichneten Anmeldungen zum Handelsregister findet, soweit es sich um die Anmeldung zum Handelsregister des Sitzes der Gesellschaft handelt, eine Festsetzung von Zwangsgeld nach § 14 des Handelsgesetzbuchs nicht statt.

§§ 80–81a *(aufgehoben)*

6. Abschnitt. Schlußbestimmungen

§ 82 [Falsche Angaben]

(1) Mit Freiheitsstrafe bis zu drei Jahren oder mit Geldstrafe wird bestraft, wer
1. als Gesellschafter oder als Geschäftsführer zum Zweck der Eintragung der Gesellschaft über die Übernahme der Stammeinlagen, die Leistung der Einlagen, die Verwendung eingezahlter Beträge, über Sondervorteile, Gründungsaufwand, Sacheinlagen und Sicherungen für nicht voll eingezahlte Geldeinlagen,
2. als Gesellschafter im Sachgründungsbericht,
3. als Geschäftsführer zum Zweck der Eintragung einer Erhöhung des Stammkapitals über die Zeichnung oder Einbringung des neuen Kapitals oder über Sacheinlagen,
4. als Geschäftsführer in der in § 57i Abs. 1 Satz 2 vorgeschriebenen Erklärung oder
5. als Geschäftsführer in der nach § 8 Abs. 3 Satz 1 oder § 39 Abs. 3 Satz 1 abzugebenden Versicherung oder als Liquidator in der nach § 67 Abs. 3 Satz 1 abzugebenden Versicherung

falsche Angaben macht.

(2) Ebenso wird bestraft, wer
1. als Geschäftsführer zum Zweck der Herabsetzung des Stammkapitals über die Befriedigung oder Sicherstellung der Gläubiger eine unwahre Versicherung abgibt oder
2. als Geschäftsführer, Liquidator, Mitglied eines Aufsichtsrats oder ähnlichen Organs in einer öffentlichen Mitteilung die Vermögenslage der Gesellschaft unwahr darstellt oder verschleiert, wenn die Tat nicht in § 331 Nr. 1 des Handelsgesetzbuchs mit Strafe bedroht ist.

§ 83 *(aufgehoben)*

§ 84 [Pflichtverletzung bei Verlust, Zahlungsunfähigkeit oder Überschuldung]

(1) Mit Freiheitsstrafe bis zu drei Jahren oder mit Geldstrafe wird bestraft, wer es
1. als Geschäftsführer unterläßt, den Gesellschaftern einen Verlust in Höhe der Hälfte des Stammkapitals anzuzeigen, oder
2. als Geschäftsführer entgegen § 64 Abs. 1 oder als Liquidator entgegen § 71 Abs. 4 unterläßt, bei Zahlungsunfähigkeit oder Überschuldung die Eröffnung des Insolvenzverfahrens zu beantragen.

(2) Handelt der Täter fahrlässig, so ist die Strafe Freiheitsstrafe bis zu einem Jahr oder Geldstrafe.

§ 85 [Verletzung der Geheimhaltungspflicht]

(1) Mit Freiheitsstrafe bis zu einem Jahr oder mit Geldstrafe wird bestraft, wer ein Geheimnis der Gesellschaft, namentlich ein Betriebs- oder Geschäftsgeheimnis, das ihm in seiner Eigenschaft als Geschäftsführer, Mitglied des Aufsichtsrats oder Liquidator bekanntgeworden ist, unbefugt offenbart.

(2) ¹Handelt der Täter gegen Entgelt oder in der Absicht, sich oder einen anderen zu bereichern oder einen anderen zu schädigen, so ist die Strafe Freiheitsstrafe bis zu zwei Jahren oder Geldstrafe. ²Ebenso wird bestraft, wer ein Geheimnis der in Absatz 1

bezeichneten Art, namentlich ein Betriebs- oder Geschäftsgeheimnis, das ihm unter den Voraussetzungen des Absatzes 1 bekanntgeworden ist, unbefugt verwertet.

(3) ¹Die Tat wird nur auf Antrag der Gesellschaft verfolgt. ²Hat ein Geschäftsführer oder ein Liquidator die Tat begangen, so sind der Aufsichtsrat und, wenn kein Aufsichtsrat vorhanden ist, von den Gesellschaftern bestellte besondere Vertreter antragsberechtigt. ³Hat ein Mitglied des Aufsichtsrats die Tat begangen, so sind die Geschäftsführer oder die Liquidatoren antragsberechtigt.

§ 86 [Umstellung auf Euro]

(1) ¹Gesellschaften, die vor dem 1. Januar 1999 in das Handelsregister eingetragen worden sind, dürfen ihr auf Deutsche Mark lautendes Stammkapital beibehalten; entsprechendes gilt für Gesellschaften, die vor dem 1. Januar 1999 zur Eintragung in das Handelsregister angemeldet, aber erst danach bis zum 31. Dezember 2001 eingetragen werden. ²Für Mindestbetrag und Teilbarkeit von Kapital, Einlagen und Geschäftsanteilen sowie für den Umfang des Stimmrechts bleiben bis zu einer Kapitaländerung nach Satz 4 die bis dahin gültigen Beträge weiter maßgeblich. ³Dies gilt auch, wenn die Gesellschaft ihr Kapital auf Euro umgestellt hat; das Verhältnis der mit den Geschäftsanteilen verbundenen Rechte zueinander wird durch Umrechnung zwischen Deutscher Mark und Euro nicht berührt. ⁴Eine Änderung des Stammkapitals darf nach dem 31. Dezember 2001 nur eingetragen werden, wenn das Kapital auf Euro umgestellt und die in Euro berechneten Nennbeträge der Geschäftsanteile auf einen durch zehn teilbaren Betrag, mindestens jedoch auf fünfzig Euro gestellt werden.

(2) ¹Bei Gesellschaften, die zwischen dem 1. Januar 1999 und dem 31. Dezember 2001 zum Handelsregister angemeldet und in das Register eingetragen werden, dürfen Stammkapital und Stammeinlagen auch auf Deutsche Mark lauten. ²Für Mindestbetrag und Teilbarkeit von Kapital, Einlagen und Geschäftsanteilen sowie für den Umfang des Stimmrechts gelten die zu dem vom Rat der Europäischen Union gemäß Artikel 109 l Abs. 4 Satz 1 des EG-Vertrages unwiderruflich festgelegten Umrechnungskurs in Deutsche Mark umzurechnenden Beträge des Gesetzes in der ab dem 1. Januar 1999 geltenden Fassung.

(3) ¹Die Umstellung des Stammkapitals und der Geschäftsanteile sowie weiterer satzungsmäßiger Betragsangaben auf Euro zu dem gemäß Artikel 109 l Abs. 4 Satz 1 des EG-Vertrages unwiderruflich festgelegten Umrechnungskurs erfolgt durch Beschluß der Gesellschafter mit einfacher Stimmenmehrheit nach § 47; § 53 Abs. 2 Satz 1 findet keine Anwendung. ²Auf die Anmeldung und Eintragung der Umstellung in das Handelsregister ist § 54 Abs. 1 Satz 2 und Abs. 2 Satz 2 nicht anzuwenden. ³Werden mit der Umstellung weitere Maßnahmen verbunden, insbesondere das Kapital verändert, bleiben die hierfür geltenden Vorschriften unberührt; auf eine Herabsetzung des Stammkapitals, mit der die Nennbeträge der Geschäftsanteile auf einen Betrag nach Absatz 1 Satz 4 gestellt werden, findet jedoch § 58 Abs. 1 keine Anwendung, wenn zugleich eine Erhöhung des Stammkapitals gegen Bareinlagen beschlossen und diese in voller Höhe vor der Anmeldung zum Handelsregister geleistet werden.

Einleitung

Übersicht

	Rn.		Rn.
A. Entstehung und Reformen des Gesetzes		3. Merkmale	43–46
I. Entstehung und Änderungen	1–20	a) Juristische Person	44
1. Entstehung	1–3	b) Körperschaft mit personengesellschaftsrechtlichen Eigenschaften	45
a) Völlig neues Institut	1	c) Kapitalgesellschaft	46
b) Mittellösung zwischen Kapital- und Personengesellschaft	2	**B. Auslegung und Anwendung des Gesetzes**	
c) Praxis	3	**I. Auslegungsgrundsätze**	47–49
2. Änderungen	4, 5	1. Gleiche Auslegungsgrundsätze	47
a) Keine tiefgreifenden Reformen	4	2. Möglichkeiten und Grenzen dispositiver Regelungen	48
b) Österreichische Rechtsentwicklung	5	3. Analoge Anwendung	49
3. Die GmbH-Novelle 1980	6–14	**II. Die richterliche Rechtsfortbildung**	50–59
a) Deutschland	6–13	1. Umfang richterlicher Rechtsfortbildung	50–53
b) Österreich	14	a) Ergänzung durch Aktienrecht und Personengesellschaftsrecht	51
4. Weitere Reformen und Änderungen	15–20	b) Allgemeines Privatrecht	52
a) KapAEG u. KonTraG	16	c) Vereinsrecht oder BGB-Gesellschaftsrecht	53
b) EuroEG	17	2. Ergebnisse der richterlichen Rechtsfortbildung	54
c) HRefG	18	3. Voraussetzungen und Grenzen der Anwendbarkeit des Aktienrechts	55
d) InsO, EGInsO	19	4. Heranziehung des Personengesellschaftsrechts	58
e) NaStraG	20	5. Treuepflicht und konzernrechtliche Probleme	59
II. Verhältnis zu anderen Gesetzen	21–28	**III. Rechtsanwendung und Lückenausfüllung im Einzelfall**	60–62
1. Das GmbHG als Bundesrecht	21	1. Gesellschaftsvertrag	60
2. Gesetzliche Ergänzungen	22–26	2. Lücken im Gesellschaftsvertrag	61
a) Handelsrecht	23	3. Schematische Typisierung	62
b) Abgrenzungsfragen	24	**C. Steuerrechtliche Fragen**	
c) Ausdrückliche Regelungen	25	**I. Allgemeines**	63
d) Mitbestimmung	26	**II. Körperschaftsteuer der GmbH sowie Einkommensteuer der Gesellschafter**	64–87
3. Gesetzliche Beschränkungen und Privilegierungen	27, 28	1. Die Entwicklung bis 1977	64, 65
III. Reformfragen	29–40	2. Das Körperschaftsteuergesetz 1999	66–79 a
1. Die „Große GmbH-Reform"	29, 30	a) Unbeschränkte Steuerpflicht bei Sitz im Inland	66–70
a) Rechtsgeschichtliches	29	b) Bemessungsgrundlage	71
b) Grenzen aller Reformbestrebungen	30	c) Beginn der Steuerpflicht	72
2. EG-Richtlinien	31–37	d) Bezüge der Geschäftsführer als Betriebsausgaben	73–75
a) Harmonisierung	31	e) Steuersatz	76
b) Bilanzrichtliniengesetz	32	f) Steuersatz und Rechtsformwahl	77–79 a
c) Kapitalgesellschaften- u. Co. Richtlinien-Gesetz	33		
d) Weitere EG-Richtlinien	34		
e) Weitere Richtlinienvorschläge	35–37		
3. Unternehmensrechtsreform	38–40		
a) Einheitliches Unternehmensrecht	38, 39		
b) Reformen zur Belebung der Kapitalmärkte	40		
IV. Definition und Charakteristik der GmbH	41–46		
1. Definition	41		
2. Universalinstrument	42		

	Rn.		Rn.
3. Besteuerung des Gesellschafters	80–87	**II. Arten der GmbH & Co. KG**	139–144
a) Halbeinkünfteverfahren	80–83	1. Reguläre GmbH & Co. KG	140
b) Anrechnungsverfahren	84	2. Einpersonen-GmbH & Co. KG	141
c) Kapitalertragsteuer	85	3. Einheitsgesellschaft	142
d) Berechnung	86, 87	4. Doppelstöckige GmbH & Co. KG	143
III. Vermögensteuer	88–91	5. Publikums- oder Anlagegesellschaften	144
1. Steuerart	88, 89		
2. Anwendungssperre	90–91	**III. Zur gesetzlichen Regelung**	145–147
IV. Gesellschaftsteuer	92–95	1. Keine spezielle gesetzliche Regelung	145
1. Gegenstand der Steuer	92	2. GmbH-Novelle 1980 und HRefG	146
2. Steuersatz	93	3. KapCoRiLiG	147
3. Wegfall seit dem 1. 1. 1992	94	**IV. GmbH & Still.**	148
4. Börsenumsatzsteuer	95		
V. Sonstige Steuern der Gesellschaft	96–105	**F. Die Mitbestimmung von Arbeitnehmervertretern**	
1. Gewerbesteuer	96–98	**I. Allgemeines**	149–204
a) Gewerbeertragsteuer	96	1. Das geltende Mitbestimmungsrecht	149–163
b) Steuergläubiger	97	a) Entwicklung	149, 150
c) Betriebsausgaben	98	b) Die gesetzlichen Regelungen	151–160
2. Umsatzsteuer	99–101	c) Anwendungsbereich	161, 162
a) Voraussetzungen der Umsatzsteuerpflicht	99, 100	d) Terminologie	163
		2. Verfassungsrechtliche Fragen	164–176
b) Steuerschuldner	101	a) Institutionelle Funktionsweise der Gesellschaft	164
3. Grunderwerbsteuer	102–105		
a) Bundesrechtliche Regelung	102	b) Montanmitbestimmung und Grundgesetz	165–167
b) Gegenstand	103		
c) Gesellschaftsrechtliche Vorgänge	104, 105	c) MitbestG 1976 und Grundgesetz	168–170
VI. Steuerklauseln	106–108	d) Offene Fragen	171–173
1. Anwendungsgebiete	106	e) Bedeutung des Urteils	174–176
2. Steuerliche Anerkennung	107	3. GmbH-Recht und Mitbestimmungsrecht	177–191
3. Regelung in Satzung oder Einzelgeschäft	108	a) Rechtsformspezifische Anwendung der Mitbestimmungsgesetze	177–179
D. Praktische Verwendung und Vertragsgestaltung		b) Verhältnis Gesellschaftsrecht – Mitbestimmungsrecht	180, 181
I. Die Verbreitung der GmbH	109–114		
1. Die quantitative Entwicklung	109–111	c) Grundsatzentscheidungen des BGH	182–186
a) Steigende Zahl	109		
b) „Flucht in die GmbH"	110	d) Urteilsanalyse	187–191
c) Vertrauen in die GmbH	111	4. Abweichende Mitbestimmungsregelungen?	192–200
2. Die Verteilung nach Größenklassen und Wirtschaftszweigen	112–114	a) Zwingendes Recht	192, 193
		b) „Aufstockung"	194
II. Die wichtigsten Verwendungen der GmbH	115–131	c) Regelung in Satzung	195–199
		d) Tarifvertrag, Betriebsvereinbarung	200
1. Die GmbH als selbständiger Unternehmensträger	117–124	5. Reformfragen	201–204
		a) Vereinheitlichung des Mitbestimmungsrechts	201, 202
2. Die GmbH bei grundtypvermischten Unternehmensträgern	125–128	b) Gesellschaftsrecht statt Gesellschaftsrecht	203
3. Die GmbH als Instrument des Konzern- und Kartellrechts	129, 130		
		c) Montanmitbestimmung	204
4. Die GmbH mit nichtwirtschaftlichen Zwecken	131	**II. Das Mitbestimmungsgesetz 1976**	205–265
		1. Anwendungsbereich	205–215
III. Zur Vertragsgestaltung	132, 133	a) Inländische GmbH mit mehr als 2000 Arbeitnehmern	205, 206
E. Die GmbH & Co. KG und Verwandtes		b) Konzernunternehmen	207, 208
I. Die GmbH & Co. KG als Gesellschaftsform	134–138	c) GmbH & Co. KG	209–213
1. Entwicklung	134–136	d) Ausnahmen	214, 215
2. Motive für den Einsatz der GmbH & Co. KG	137, 138	2. Bildung und Zusammensetzung des Aufsichtsrats	216–230
		a) Zwingendes Recht	216

Übersicht

	Rn.
b) Zusammensetzung	217–219
c) Erstmalige Bildung	220–224
d) Änderung der Zusammensetzung	225–228
e) Auflösung der Gesellschaft	229
f) Übergangsregelung bei Umwandlung	230
3. Die Bestellung und Abberufung der Aufsichtsratsmitglieder	231–243
a) Bestellung nach aktienrechtlichen Vorschriften	231–234
b) Aufsichtsratsmitglieder der Anteilseigner	235–237
c) Aufsichtsratsmitglieder der Arbeitnehmer	238–243
4. Der mitbestimmte Aufsichtsrat	244–258
a) Rechtsgrundlage	244
b) Vorsitzender und Stellvertreter	245–249
c) Sitzungen und Beschlüsse	250–252
d) Aufgaben und Zuständigkeiten	253, 254
e) Rechtsverhältnis zur Gesellschaft	255, 256
f) Haftung	257, 258
5. Die Geschäftsführer (einschl. Arbeitsdirektor)	259–265
a) Rechtsgrundlage	259
b) Bestellung und Widerruf	260, 261
c) Amtszeit	262, 263
d) Arbeitsdirektor	264
e) Vertretungsmacht	265

III. Die Mitbestimmung nach § 77 BetrVG 1952 ... 266–293

1. Anwendungsbereich	266–268
a) Inländische GmbH mit mehr als 500 Arbeitnehmern	266
b) Konzernunternehmen	267
c) Ausnahmen	268
2. Bildung und Zusammensetzung des Aufsichtsrats	269–277
a) Zwingendes Recht	269
b) Zusammensetzung	270, 271
c) Erstmalige Bildung	272, 273
d) Änderung	274–277
3. Die Bestellung und Abberufung der Aufsichtsratsmitglieder	278–283
a) Rechtsgrundlage	278–280
b) Aufsichtsratsmitglieder der Gesellschafter	281, 282
c) Aufsichtsratsmitglieder der Arbeitnehmer	283
4. Der mitbestimmte Aufsichtsrat	284–292
a) Rechtsgrundlage	284, 285
b) Innere Ordnung	286
c) Sitzungen und Beschlüsse	287
d) Aufgaben und Zuständigkeiten	288–290
e) Rechtsverhältnis zur Gesellschaft	291
f) Haftung	292
5. Die Geschäftsführer	293

IV. Österreichisches Recht ... 294–297

G. Internationales Privatrecht und Fremdenrecht

	Rn.
I. Allgemeines	298–300
1. Internationales Privatrecht	298, 299
2. Fremdenrecht	300
II. Internationales Privatrecht	301–344
1. Anknüpfung	301–317
a) Einheitstheorie	301, 302
b) Sitztheorie	303–316
c) Gründungstheorie	317
2. Regelungsbereich	318–320
a) Einheitliche Anknüpfung	318
b) Anerkennung ausländischer Gesellschaften	319, 320
3. Einzelfragen	321–341
a) Gründungsvorgänge	321–323
b) Rechtsfähigkeit	324
c) Partei- und Prozessfähigkeit	325
d) Deliktsfähigkeit	326
e) Name, Firma	327
f) Rechtsstellung der Gesellschafter	328, 329
g) Organisationsrecht	330
h) Mitbestimmungsgesetze	331, 332
i) Internationales Konzernrecht	333
k) Internationale Sitzverlegung	334–338
l) Innerdeutsche Sitzverlegung	339, 340
m) Auflösung und Liquidation	341
4. Ordre public	342, 343
5. Österreichisches Recht	344
III. Fremdenrecht	345–358
1. Allgemeines	345, 346
a) Gegenstand	345
b) Fremden-(Ausländer-)Eigenschaft	346
2. Grundrechtsschutz	347–349
3. Niederlassungsrecht	350–355
a) Rechtsgrundlagen	350, 351
b) Tochtergesellschaften	352
c) Zweigniederlassungen	353–355
4. Diplomatischer Schutz	356, 357
5. Österreichisches Recht	358, 359

H. Rechtsvergleichung und Rechtsangleichung

I. Rechtsvergleichung	360–381
1. Allgemeines	360
2. Die GmbH in der ehemaligen DDR	361, 362
3. Die GmbH in fremden Rechten	363, 364
4. Vergleichbare Gesellschaften in fremden Rechten	365–381
a) Die GmbH in der Schweiz	365–378
b) Anglo-amerikanischer Rechtskreis	379–381
II. Rechtsangleichung	382–387
1. Allgemeines	382
2. Europäische Gesellschaft (SE)	383
3. Rechtsangleichung innerhalb der EG	384–387
a) Rechtsgrundlagen	384
b) EG-Programm	385
c) Richtlinien	386
d) Übereinkommen über die gegenseitige Anerkennung	387

Einl. Einleitung

Anhang I: Unternehmensmitbestimmung der Arbeitnehmer .... S. 152
Anhang II: Konkordanzliste Österreich S. 156
Anhang III: Konkordanzliste Schweiz ... S. 158

A. Entstehung und Reformen des Gesetzes

I. Entstehung und Änderungen

1. Entstehung

Literatur: *Ballerstedt* 75 Jahre GmbH-Gesetz, GmbHR 1967, 66; *Feine* S. 11; *Fränkel* S. 5–30; *Koberg* Die Entstehung der GmbH in Deutschland und Frankreich, 1992; *Limbach* S. 12 ff.; *Schubert* in: *Lutter/Ulmer/Zöllner* S. 1 ff.; *Wieland* S. 264–271; *Zöllner* 100 Jahre GmbH, JZ 1992, 381.

1 **a) Völlig neues Institut.** Anders als die übrigen Gesellschaftsformen des deutschen Rechts ist die GmbH nicht aus einer langen, zT jahrhundertlangen Entwicklung im praktischen Rechtsleben hervorgegangen. Sie wurde vielmehr 1892 vom deutschen Gesetzgeber nach gründlichen Diskussionen, aber rascher parlamentarischer Beratung als völlig neues Institut geschaffen. Das „Gesetz betreffend die Gesellschaften mit beschränkter Haftung", am 20. April 1892 verkündet,[1] trat am 10. Mai 1892 in Kraft. Die verbreitete Angabe des 19. Mai als Tag des In-Kraft-Tretens scheint auf einem Überlieferungsfehler der Literatur zu beruhen, entspricht jedenfalls nicht der Rechtslage nach Art. 2 S. 3 RV; das betr. Reichsgesetzblatt wurde am 26. April in Berlin ausgegeben.[2]

2 **b) Mittellösung zwischen Kapital- und Personengesellschaft.** Die neue Rechtsform sollte zwischen der AG und den Personengesellschaften (OHG, KG) liegen und Vorzüge beider miteinander verbinden. Die Anstöße dazu gab die Entwicklung des Aktienrechts und des Aktienwesens nach 1870. In diesem Jahr war das Konzessionssystem für die AG durch das System der Normativbestimmungen ersetzt worden. D. h. die einzelne AG entsteht seitdem nicht mehr durch eine besondere staatliche Genehmigung; vielmehr normiert das Gesetz selbst die Voraussetzungen für das Entstehen der Gesellschaft, und der Handelsregisterrichter prüft lediglich vor der Eintragung der Gesellschaft, ob die Voraussetzungen erfüllt sind. Diese im einzelnen vielleicht etwas unbedacht vorgenommene Liberalisierung des Gründungsrechts löste eine Vielzahl von Schwindelgründungen aus („Gründerjahre"). Der Gesetzgeber reagierte hierauf mit einer Novelle zum Aktienrecht (1884). Da die Novelle eine Reihe strenger Regelungen, vorwiegend im Hinblick auf die börsennotierten Gesellschaften, einführte, erschwerte sie kleinen und mittleren Unternehmen den Zugang zu dieser damals einzigen Gesellschaftsform, die eine persönliche Haftung der Gesellschafter für Gesellschaftsschulden nicht vorsah und dennoch für alle gesetzlich zulässigen Zwecke gegründet werden konnte. Um die Möglichkeit der Haftungsbeschränkung besonders für diese Unternehmen, aber auch für andere personalistisch organisierte Gesellschaften zu erhalten, bedurfte es einer Kombination aktienrechtlicher und personengesellschaftsrechtlicher Elemente. Ob die Regelung sich mehr nach der einen oder der anderen Seite richten sollte, war zunächst streitig. Der Gesetzgeber entschied sich für eine **Mittellösung,** die jedoch von der kapitalgesellschaftlichen Grundlage ausgeht: Die GmbH ist einerseits wie die AG eine jP mit einer gesetzlich bestimmten (Mindest-)

---

[1] RGBl. S. 477.
[2] Zutr. noch *Makower* HGB, 12. Aufl. 1900, Bd. III S. 339.

Verfassung und einem Nominalkapital, deren Gläubiger grds. ihre Ansprüche nicht gegen die Gesellschafter geltend machen können. Sie ist andererseits, wie die Personengesellschaften, auf Dauerbeteiligung angelegt, ihr Recht ist ebenfalls kurz und bündig geregelt und erlaubt weitgehende Abweichungen von dem gesetzlichen Normalstatut. Sie kennt nur zwei notwendige Organe, die Gesellschafter und die Geschäftsführer, dazu den Aufsichtsrat als grds. nur fakultatives Organ.

c) Praxis. Die GmbH hat sich alsbald in der Praxis durchgesetzt, und zwar zu überaus vielfältigen Zwecken. Nach dem Zweiten Weltkrieg hat sie in der Bundesrepublik Deutschland alle übrigen Rechtsformen an Zahl überflügelt (vgl. dazu Rn. 109 ff.). Viele andere Rechtsordnungen haben sie übernommen, so bes. das österr. GmbHG vom 6. März 1906,[3] das im Wesentlichen dem deutschen folgt (vgl. dazu Rn. 5). In der ehemaligen DDR galt das GmbHG in der Fassung vor der GmbH-Novelle 1980 fort (vgl. Rn. 361).

2. Änderungen

Literatur: *Geßler* Die GmbH in der gesellschaftsrechtlichen Gesetzgebung, in: Pro GmbH, S. 91.

a) Keine tiefgreifenden Reformen. Obwohl sich mit der Zeit auch einige größere Mängel des Gesetzes zeigten, so vor allem was die Gründungsvorschriften und Fragen des Innenrechts angeht, blieb das Gesetz bis heute von tiefgreifenden Reformen verschont; vgl. Rn. 29 ff. Jahrzehntelang beschränkte sich der Gesetzgeber fast ganz auf Änderungen, die durch anderweitige Gesetzesänderungen bedingt waren. Erst die GmbH-Novelle v. 4. Juli 1980,[4] in Kraft getreten am 1. Januar 1981, brachte einige Neuerungen, ohne aber Struktur und Funktionsweise der GmbH zu verändern. Seitdem wurde das Gesetz mehrmals geändert; einmal zur Umsetzung von EG-Richtlinien (vgl. Rn. 386), aber auch durch nationale Gesetze. Im Wesentlichen handelt es sich um: • das 2. Gesetz zur Bekämpfung der Wirtschaftskriminalität v. 15. Mai 1986;[5] • das Betreuungsgesetz (BtG) v. 12. 9. 1990,[6] vgl. § 6 Rn. 2, 10 u. § 8 Rn. 1; • das Gesetz zur Änderung des D-Markbilanzgesetzes v. 25. 7. 1994,[7] • Änderungen im Rahmen der Insolvenzrechtsreform (EGInsO v. 5. 10. 1994),[8] vgl. § 60 Rn. 1; Anh. nach § 60 Rn. 2 sowie § 63 Rn. 1, § 64 Rn. 2; • der Reform des Umwandlungsrechts – bei gleichzeitiger Umsetzung der 6. (Spaltungs-)Richtlinie – (UmwBerG v. 28. 10. 1994),[9] vgl. § 57c Rn. 6 u. Anh. nach § 77 Rn. 1; • im Jahr 1998 durch das Kapitalaufnahmeerleichterungsgesetz (KapAEG) v. 20. 4. 1998,[10] • das Gesetz zur Kontrolle und Transparenz im Unternehmensbereich (KonTraG) v. 27. 4. 1998,[11] • das Gesetz zur Einführung des Euro (EuroEG) v. 9. 6. 1998,[12] vgl. § 86 Rn. 1 ff.; • im Rahmen des Gesetzes zur Neuregelung des Kaufmanns- und Firmenrechts und zur Änderung anderer handels- und gesellschaftsrechtlicher Vorschriften (HRefG) v. 22. 6. 1998[13] und zuletzt

---

[3] RGBl. 1906 S. 58.
[4] BGBl. I S. 836.
[5] BGBl. I S. 721.
[6] BGBl. I S. 2002.
[7] BGBl. I S. 1682.
[8] BGBl. I S. 2911.
[9] BGBl. I S. 3210.
[10] BGBl. I S. 707.
[11] BGBl. I S. 786.
[12] BGBl. I S. 1242.
[13] BGBl. I S. 1474.

Einl.

durch • das Gesetz zur Namensaktie und zur Erleichterung der Stimmrechtsausübung vom 18. 1. 2001[14] (NaStraG); vgl. iE Rn. 6ff.

5   b) Österreichische Rechtsentwicklung. Die österr. Rechtsentwicklung verlief sehr ähnlich. Auch die Novelle v. 2. Juli 1980[15] stimmt in manchen Teilen inhaltlich mit der deutschen Novelle überein, vgl. Rn. 14; sie ist ebenfalls am 1. Januar 1981 in Kraft getreten. Hervorzuheben sind die weiteren Änderungen durch die Novelle zum KWG[16] das Rechnungslegungsgesetz (RLG) v. 28. 6. 1990,[17] das Firmenbuchgesetz (FBG)[18] und das Spaltungsgesetz (SpaltG Art. I GesRÄG 1993).[19] Durch das EU-Gesellschaftsrechtsänderungsgesetz (EU-GesRÄG 1996) wurde uA in Umsetzung der 12. Richtlinie[20] des Rates der EU die Gründung von Einpersonen-GmbH zugelassen.[21] Darüber hinaus waren tiefgreifende Änderungen des Rechts unternehmerischer Reorganisation (Verschmelzung, Umwandlung, Spaltung) und die Modernisierung der Vorschriften über Zweigniederlassungen ausländischer GmbHs zu verzeichnen. Vgl. auch die Konkordanzliste §§ 1 ff. GmbHG – §§ 1 ff. ÖGmbHG Anhang II.

3. Die GmbH-Novelle 1980

Materialien: Regierungsentwurf BT-Drucks. 8/1347; Beschlussempfehlung und Bericht des Rechtsausschusses BT-Drucks. 8/3908.
Literatur: Zur deutschen Novelle: *Bartl* 4 Jahre GmbH-Novelle, BB 1984, 2154; *Deutler* Das neue GmbH-Recht, 2. Aufl. 1981; *ders.* Änderungen des GmbH-Gesetzes und anderer handelsrechtlicher Vorschriften durch die GmbH-Novelle 1980, GmbHR 1980, 145; *Gersch/Herget/Marsch/Stützle* GmbH-Reform 1980, 1980; *Geßler* Die GmbH-Novelle, BB 1980, 1385; *Hahn* GmbH-Ratgeber für die Praxis, 1980; *Kreuzer* Die allgemeinen Gläubigerschutzbestimmungen der GmbH-Novelle, ZIP 1980, 597; *ders.* Die Gläubigerschutzbestimmungen der GmbH-Novelle für die Einmann-GmbH und für die GmbH & Co. KG, ZIP 1980, 722; *Lutter* Die GmbH-Novelle und ihre Bedeutung für die GmbH, die GmbH & Co. KG und die Aktiengesellschaft, DB 1980, 1317; *Lutter/Ulmer/Zöllner* (Hrsg.) 100 Jahre GmbH-Gesetz 1992; *W. Müller* Änderungen des GmbH und anderer handelsrechtlicher Vorschriften zum 1. Januar 1981, WPg 1980, 369; *Priester* Die GmbH-Novelle – Überblick und Schwerpunkt aus notarieller Sicht, DNotZ 1980, 515; *Th. Raiser* Die neuen Gründungs- und Kapitalerhöhungsvorschriften für die GmbH in: Das neue GmbH-Recht; *Rittner* Die deutsche GmbH nach der Reform von 1980, ZSR 101 (1982), 171; *Roth* (Hrsg.) Die Zukunft der GmbH vor dem Hintergrund der deutschen und österr. Novellen vom 1. 1. 1981, Wien 1983; *Rutkowsky/Lukowsky/Risse* Das neue GmbH-Recht für Geschäftsführer, Gesellschafter und Berater, 1980; *K. Schmidt* Grundzüge der GmbH-Novelle, NJW 1980, 1769 ff.; *Tillmann* GmbH-Gesetz '81, 1980; *P. Ulmer* Die Einmanngründung der GmbH – ein Danaergeschenk?, BB 1980, 1001; *Winter* Gründungs- und Satzungsprobleme bei der Einmann-GmbH nach der GmbH-Novelle in: Pro GmbH, S. 191.
Zur österr. Novelle: *Reich-Rohrwig* GmbH-Recht Band 1, 2. Aufl. 1997, S. 1 ff.; *Schönherr* GmbHG 1980, 2. Aufl. 1983; *Koppensteiner* AllgEinl. Rn. 2; *Arnold* GmbHR 1993, 344 mwN.

6   a) Deutschland. Die **deutsche GmbH-Novelle** 1980 betraf neben vielen kleinen Änderungen vor allem folgende Punkte:

7   aa) Das **Mindest-Stammkapital** wurde auf DM 50 000 erhöht, und zwar für alle Neugründungen ab 1. Januar 1981; § 5 Abs. 1. Bestehende Gesellschaften mit geringerem Stammkapital hatten bis zum 31. Dezember 1985 Zeit, um ihr Stammkapital anzupassen; Art. 12 § 1 Abs. 1 ÄndG; vgl. § 5 Rn. 5 ff. Zu den Übergangsfristen für nach DDR-Recht gegründete GmbH vgl. Vorauf. § 5 Rn. 5 a.

---

[14] BGBl. I S. 123.
[15] BGBl. I S. 3210.
[16] BGBl. 1986 I S. 325.
[17] IdF BGBl. 1993 I S. 458, 532 u. 1994 I S. 153.
[18] IdF BGBl. 1993 S. 458 u. 694.
[19] BGBl. 1993/458.; vgl. *Koppensteiner* AllgEinl. Rn. 2; *Arnold* GmbHR 1993, 344 f.
[20] ABl. EG 1989 Nr. L 395/40; vgl. *Koppensteiner* AllgEinl. Rn. 12.
[21] Dazu *Koppensteiner*, FS Claussen, 1997, S. 213 ff.; *ders.* AllgEinl. Rn. 2, § 1 Rn. 1 a.

bb) Die **Mindesteinzahlung** wurde erhöht, und zwar auf ein Viertel jeder Stammeinlage bzw. insgesamt DM 25 000; § 7 Abs. 2. Bestehenden Gesellschaften gab das Gesetz auch insoweit eine Nachholfrist bis zum 31. Dezember 1985. **8**

cc) Bei **Sacheinlagen** haben die Gesellschafter einen Sachgründungsbericht, jedoch ohne notwendige Prüfung durch Dritte, aufzustellen und ihn sowie die Sacheinlageverträge und die Bewertungsunterlagen dem Registergericht einzureichen; §§ 5 Abs. 4, 8 Abs. 1 Nr. 4 u. 5. Sind Sacheinlagen überbewertet worden, so haftet der einbringende Gesellschafter für die Differenz; § 9. Neben ihm haften ggf. die übrigen Gesellschafter nach § 24 sowie bei falschen Angaben die Gesellschafter und die Geschäftsführer nach § 9a. **9**

dd) Kapitalersetzende Gesellschafterdarlehen werden zum Schutz der Gesellschaftsgläubiger im Konkurs oder Vergleich (nunmehr in der Insolvenz)[22] der Gesellschaft nicht anerkannt (vgl. § 63 Rn. 62ff.), der Gesellschafter kann den Rückzahlungsanspruch nicht geltend machen; er muss der Gesellschaft den Betrag erstatten, den sie ihm in dem letzten Jahr vor Konkurs-/Insolvenzeröffnung zurückgezahlt hat; §§ 32a, 32b. Darlehen eines Dritten, für die ein Gesellschafter eine Sicherheit bestellt oder sich verbürgt hat, werden ähnlich behandelt; §§ 32a, 32b.[23] Die Vorschriften gelten auch für eine OHG sowie KG, bei der kein persönlich haftender Gesellschafter eine natürliche Person ist, also vor allem für die GmbH & Co. KG; §§ 129a, 172a HGB. **10**

ee) Eine GmbH kann auch durch **eine** Person errichtet werden; § 1. Dies erspart bei der Gründung einer **Einpersonen-Gesellschaft** das Mitwirken eines Strohmanns. Doch gelten für die ursprüngliche Einpersonen-Gesellschaft zum Teil besondere, schärfere Vorschriften, so §§ 7 Abs. 2 S. 3, 56a, 57 Abs. 2 S. 2 und die später (vgl. Rn. 386) eingefügten §§ 35 Abs. 4 S. 2, 40 Abs. 2. **11**

ff) Jeder Gesellschafter hat unentziehbare und umfassende **Auskunfts- und Einsichtsrechte** gegenüber den Geschäftsführern; §§ 51a, 51b. **12**

Darüber hinaus hat die Novelle vor allem die Verschmelzungs- und Umwandlungsmöglichkeiten für die GmbH erweitert (§§ 56a bis 56f UmwG 1969, nunmehr §§ 124 Abs. 1, 152 ff. UmwG; §§ 19 bis 35 KapErhG, nunmehr §§ 2 bis 38, 46 bis 59 UmwG) sowie für die GmbH & Co. einige Vorschriften in das HGB eingefügt (§§ 19 Abs. 5, 125a, 177a HGB). Von konzernrechtlichen Vorschriften hat der Gesetzgeber jedoch bewusst abgesehen, die vielfältigen Fragen der GmbH als „verbundenes Unternehmen" (iSd. §§ 15 bis 19 AktG) also weiterhin der Rspr. überlassen. **13**

b) Österreich. Die **österr. Novelle** von 1980 setzte ebenfalls das Mindestkapital herauf (S 500 000) und erhöhte die Mindesteinlage (S 250 000), ließ jedoch für die Anpassung Zeit bis Ende 1986 (Art. III § 4 ÄndG). Für die Sacheinlagen verweist die Novelle auf das Aktienrecht (§ 6a Abs. 4 ÖGmbHG). Auf Vorschriften über die Gesellschafterdarlehen, über die Einpersonen-Gründung und ein Auskunftsrecht der Gesellschafter hat der österr. Gesetzgeber ebenfalls verzichtet; zum Einsichtsrecht (im Zusammenhang mit der Gesellschafterversammlung) vgl. § 22 Abs. 2 ÖGmbHG. Darüber hinaus stehen dem Gesellschafter auch außerhalb der Gesellschafterversammlung umfassende Informationsansprüche zu.[24] Vgl. auch die Konkordanzliste §§ 1 ff. GmbHG – §§ 1 ff. ÖGmbHG Anhang II. **14**

---

[22] Geändert durch Art. 48 EGInsO mit Wirkung vom 1. 1. 1999.
[23] Zu den späteren Neuregelungen in § 32a Abs. 3 S. 2 u. 3 vgl. Rn. 16 sowie § 32a Rn. 14f.
[24] OGH zuletzt RdW 1992, 173; abl. *Koppensteiner* § 22 Rn. 36 ff. mwN.

Einl.

4. Weitere Reformen und Änderungen

Literatur: *Centrale für GmbH* Jahresbericht 1997/98, GmbHR 1999, 1; *dies.* Jahresbericht 1998/99, GmbHR 1999, 1; *dies.* Jahresbericht 1999/2000, GmbHR 2000, 1; *Driesen* Neue GmbH-Gesetzgebung am Ende der 13. Legislaturperiode, GmbHR 1998, R 269; *Ernst/Seibert/Stuckert* KonTraG, KapAEG, StückAG, EuroAG 1998; *Hommelhoff/Mattheus* Corporate Governance nach dem KonTraG AG 1998, 249ff.; *A. Reuter* Die Konzerndimension des KonTraG und ihre Umsetzung in Konzernobergesellschaften DB 1999, 2250ff.

15 Vor allem im Jahre 1998 wurde das GmbHG durch zahlreiche Gesetze vielfältig geändert:

16 a) **KapAEG u. KonTraG.**[25] Erste Änderungen erfuhr das GmbHG durch das KapAEG v. 20. 4. 1998[26] sowie durch das KonTraG v. 27. 4. 1998.[27] Wichtige Neuerungen gab es im Bereich des Eigenkapitalersatzes der Gesellschafter nach § 32a. Nach § 32a Abs. 3 S. 2 (neu eingefügt durch Art. 2 KapAEG) finden die Regeln über den Eigenkapitalersatz keine Anwendung auf den nicht geschäftsführenden Gesellschafter, der mit einer Beteiligung mit 10 vH oder weniger am Stammkapital beteiligt ist; vgl. § 32a Rn. 83ff. Das (sog.) Sanierungsprivileg des § 32a Abs. 3 S. 3 (neu eingefügt durch Art. 10 KonTraG) befreit den Erwerber von Geschäftsanteilen an einer in der Krise befindlichen Gesellschaft ebenfalls von den Vorschriften über den Eigenkapitalersatz;[28] vgl. § 32a Rn. 109ff. Darüber hinaus änderte das KonTraG vor allem Vorschriften des AktG, wobei die den Aufsichtsrat betreffenden §§ 110, 111, 170, 171, 337 AktG, in ihrer geänderten Form über § 52 Abs. 1 auch für den der GmbH entsprechend gelten (vgl. dazu § 52 Rn. 1).

17 b) **EuroEG.** Zur Vorbereitung der Umstellung auf den Euro im Rahmen der Dritten Stufe der Europäischen Währungsunion wurde das EuroEG v. 9. 6. 1998[29] verabschiedet. Dieses Gesetz passte zum einen bilanzrechtliche Vorschriften durch entsprechende Gesetzesänderungen (vgl. nur § 244 HGB) an, zum anderen stellte es alle bisher auf DM lautende Beträge (Stammkapital, Stammeinlage und Geschäftsanteil) auf Euro um.[30] Übergangsvorschriften enthält der neu eingeführte § 86 (siehe dort Rn. 4ff.). Bei der Umstellung bereits bestehender Gesellschaften sind, bedingt durch (recht komplizierte)[31] Umrechnungen und Nennbetragsglättungen, Kapitaländerungen zur Wahrung der Verhältnisse der Geschäftsanteile vorzunehmen. Daher war für eine Neugründung auch vor dem 31. 12. 2001 eine solche in Euro zu empfehlen.[32]

18 c) **HRefG.** Schwerpunkte des HRefG v. 22. 6. 1998[33] bildeten vor allem die Neuregelung des Kaufmannsbegriffs und die grundlegende Umgestaltung des Firmenrechts (vgl. § 4 Rn. 2f.).[34] § 18 HGB als nunmehrige zentrale Vorschrift für das *Firmenrecht* des gesamten Handels- und Gesellschaftsrechts liberalisiert die Firmenbildung umfas-

---

[25] Vgl. auch *Remme/Theile* GmbHR 1998, 909.
[26] BGBl. I S. 707.
[27] BGBl. I S. 786.
[28] Weitere Einzelheiten bei *Seibert* GmbHR 1998, 309; *Remme/Theile* GmbHR 1998, 909.
[29] BGBl. I S. 1242.
[30] Vgl. *Hakenberg* BB 1998, 1492f.; zur Umstellung der Steuergesetze auf den Euro vgl. *Becht* DB 2001, 1741ff.
[31] *Kallmeyer* GmbHR 1998, 963; *Schick/Trapp* GmbHR 1998, 209; *Schnelle/Zügel* GmbHR 1998, R 65.
[32] Vorschläge für GmbH-Gesellschafterbeschlüsse zur Euro-Umstellung bei *Geyrhalter* ZIP 1998, 1608.
[33] BGBl. I S. 1474.
[34] Zum Ganzen *Ammon* DStR 1998, 1474; *Schaefer* DB 1998, 1269; *Rohrbeck* NZG 1999, 104; *A. Schmidt* GmbH-StB 1998, 201.

Übersicht **Einl.**

send. Seit 1. 7. 1998 ist die Verwendung reiner Fantasienamen möglich, wobei auf das bisher geltende Entlehnungsgebot verzichtet wurde. Eine Firma ist nur noch dann unzulässig, wenn sie Angaben enthält, die geeignet sind, gegen das Irreführungsverbot des § 18 Abs. 2 HGB zu verstoßen. Bei einem Verstoß gegen § 30 HGB ist die Firma hingegen zulässig, jedoch nicht verwendbar. § 4 verlangt lediglich, dass die Firma die Rechtsformbezeichnung „Gesellschaft mit beschränkter Haftung" (zum früheren Streitstand hinsichtlich des Wortes „Gesellschaft" iRd. Rechtsformzusatzes vgl. Vorauf. § 4 Rn. 25) oder eine allgemein verständliche Abkürzung enthalten muss. Einen entsprechenden rechtsformanzeigenden Firmenzusatz haben alle Unternehmensformen zu führen: „GmbH & Co." ist daher nicht mehr zulässig. Nach der Übergangsvorschrift des Art. 38 Abs. 1 EGHGB dürfen die vor dem 1. 7. 1998 im Handelsregister eingetragenen Firmen noch bis zum 31. 3. 2003 fortgeführt werden, danach müssen sie zwingend den neuen Vorschriften entsprechen. Die *freie Sitzwahl* der GmbH wird durch den neu eingefügten § 4a – wie schon bisher durch § 5 Abs. 2 AktG bei der AG – dahingehend eingeschränkt, dass grds. tatsächlicher und statutarischer Sitz ab dem 1. 1. 1999 übereinstimmen müssen. Diese Gläubigerschutzvorschrift soll verhindern, dass unseriöse Gesellschaften mit Hilfe von Sitzverlegungen den Gläubigern den Zugriff erschweren oder unmöglich machen.[35] Mangels Übergangsvorschriften ist § 4a auch direkt auf Alt-GmbHs anwendbar. Sollten diese der neuen Rechtslage nicht entsprechen, ist eine Anpassung durch Satzungsänderung oder Verlegung das tatsächlichen Sitzes anzuraten. Eine Auflösung der GmbH nach § 144a FGG wegen Mangels der Satzung (§ 3 Abs. 1 Nr. 1) kommt allerdings nicht in Betracht; vgl. § 4a Rn. 3, 18. Die *Gesellschafterliste* ist nicht mehr wie bisher jährlich, sondern nach jeder Änderung in den Personen der Gesellschafter oder des Umfangs ihrer Beteiligung (§ 40 nF) einzureichen.[36] Zur Frage der Vorbildwirkung der Reform des deutschen HGB für Österreich vgl. *Bydlinski*.[37]

d) InsO, EGInsO. Am 1. 1. 1999 schließlich sind die wesentlichen Regelungen **19** der InsO und des EGInsO in Kraft getreten. Dadurch wurden insbes. §§ 58a bis 58f eingefügt und die §§ 64 bis 66 neu gefasst sowie die Vorschriften des aufgehobenen LöschG[38] in § 60 Abs. 1 Nr. 4–7 und in § 141a FGG aufgenommen; vgl. § 60 Rn. 1. § 63 aF, dessen inhaltliche Regelungen nunmehr §§ 11, 17, 19 InsO enthalten, ist zum 1. 1. 1999 durch Art. 48 EGInsO aufgehoben (vgl. § 63 Rn. 1 ff.). Die InsO hat darüber hinaus gewichtige Bedeutung für die Anwendung von § 64 (s. dort Rn. 2).[39]

e) NaStraG. Am 25. 1. 2001 ist das Gesetz zur Namensaktie und zur Erleichterung **20** der Stimmrechtsausübung[40] (**NaStraG**) in Kraft getreten. Ziel des Gesetzes ist es, die in Anbetracht des Wechsels der größten deutschen Publikumsgesellschaften[41] von Inhaber- zu Namensaktien für überholt und (technisch) veraltet gehaltenen Vorschriften des AktG neu zu fassen.[42] Neben der Modernisierung des Aktienrechtswesens wird anlässlich des NaStraG auch das GmbHG durch Art. 3 NaStraG in § 79 Abs. 1 S. 2

---

[35] Siehe dazu näher die Begründung des RegE BT-Drucks. 13/8444 S. 75.
[36] Näheres bei *E. Schaefer* Handelsrechtsreformgesetz, 1999; *Gustavus/Bokelmann/Kögel/Müther* GmbHR 1998, 1058.
[37] JBl. 1998, 405.
[38] Art. 2 Nr. 9 iVm. Art. 110 Abs. 1 EGInsO.
[39] Zum Ganzen *K. Schmidt* ZGR 1998, 633; *Smid* BB 1999, 1 ff.
[40] BGBl. I S. 123.
[41] Die Begründung zum RegE nennt hier Lufthansa AG, DaimlerChrysler AG, Siemens AG, Dresdner Bank AG, Deutsche Bank AG, Mannesmann AG, Telekom AG, Celanese AG.
[42] Vgl. BT-Drucks. 14/4051 S. 1; BT-Drucks. 14/4618 S. 1.

Schmidt-Leithoff

Einl.   Einleitung

dahingehend geändert, dass die Zwangsgeldgrenze im Verhältnis 2 DM: 1 €, von DM 10 000 auf nunmehr € 5000 umgestellt wurde. Das NaStraG greift in seinem Art. 4 Wünsche der Registerpraxis zur Erleichterung der Handelsregisterbekanntmachung auf, in dem es § 13 HGB den Abs. 6 als zentrale Norm für Bekanntmachungen von Eintragungen bei Zweigniederlassungen neu anfügt. Danach sind nur die die wesentlichen Verhältnisse der Zweigniederlassung betreffenden Eintragungen bekannt zu machen.[43] Zugleich wurde uA § 13 b Abs. 4 HGB aufgehoben und § 13 c Abs. 2 S. 3 HGB geändert. Vgl. dazu auch § 12 Rn. 6.

II. Verhältnis zu anderen Gesetzen

21 **1. Das GmbHG als Bundesrecht.** Das GmbHG ist als Reichsrecht erlassen worden und gilt als **Bundesrecht** mit den zwischenzeitlichen Änderungen weiter. *Wochner* (GmbHR 1982, 245, 250) meint zwar, für gewisse Zweckverfolgungen, die nicht in die Regelungskompetenz des Bundesgesetzgebers fallen (zB Land- und Forstwirtschaft, Binnenfischerei, Bergbahnen), müsse das GmbHG nach dem GG als Landesrecht angesehen werden, und zwar idF von 1949. Die Ansicht beruht auf einer zu engen Auslegung der einschlägigen GG-Bestimmungen und führt zu seltsamen praktischen Ergebnissen; sie ist abzulehnen.

22 **2. Gesetzliche Ergänzungen.** Ergänzend zum GmbHG bestimmen einige weitere Rechtsquellen das GmbH-Recht:

23 **a) Handelsrecht.** Da die GmbH stets Handelsgesellschaft iSd. § 6 HGB ist (§ 13 Abs. 3 GmbHG), vgl. auch § 1 Rn. 1, findet das Handelsrecht auf sie Anwendung; d. h. vor allem das Firmenrecht, die Buchführungsvorschriften, die Bestimmungen über Prokura und Handlungsvollmacht sowie über Handelsgeschäfte.

24 **b) Abgrenzungsfragen.** Da die GmbH in der Kodifikation von 1900 (BGB, HGB) keinen Platz gefunden hat, ist ihr Verhältnis zum **BGB**, aber auch zum Gesellschaftsrecht des **HGB** (2. Buch) nicht in allen Fragen zweifelsfrei (vgl. dazu des Näheren Rn. 50 ff.).

25 **c) Ausdrückliche Regelungen.** Ausdrückliche Regelungen über die GmbH finden sich vor allem in folgenden Gesetzen:
– §§ 13, 13 b, 13 c, 13 d, 13 e, 13 g, 13 h sowie § 15 Abs. 4 HGB betreffen die Registerpublizität inländischer Zweigniederlassungen von GmbH mit Sitz im Inland oder Ausland (vgl. § 12 Rn. 7 ff.);
– §§ 264 ff. HGB enthalten „Ergänzende Vorschriften für Kapitalgesellschaften", also auch für die GmbH, über die **Jahresrechnung**, ihre Prüfung und ihre Offenlegung; Vorschriften zuletzt geändert durch das KapCoRiLiG v. 24. 2. 2000,[44] vgl. dazu Rn. 33;
– § 27 EGAktG ordnet die sinngemäße Anwendung der § 96 Abs. 2, §§ 97 bis 99 AktG (das **Verfahren zur Bildung des Aufsichtsrats**) auf die GmbH an; für die mitbestimmte GmbH gehen die (inhaltlich übereinstimmenden) Vorschriften des Mitbestimmungsrechts (vgl. Rn. 26) vor, die lediglich in den Montanmitbestimmungsgesetzen fehlen;
– **Umwandlungsgesetz** v. 28. 10. 1994:[45] der GmbH als Kapitalgesellschaft stehen nunmehr die Umwandlungsformen der Verschmelzung (§§ 2, 3 Abs. 1 Nr. 2), der Spaltung (§§ 123, 124 Abs. 1 iVm. § 3 Abs. 1) und des Formwechsels (§§ 190, 191) allgemein zur Verfügung sowie einige Gestaltungen der Vermögensübertragung

---
[43] Vgl. dazu auch Begründung der BReg zum Entwurf in BT-Drucks. 14/4051 S. 17 f.
[44] BGBl. I S. 154.
[45] BGBl. I S. 3210.

(§§ 174, 175 bis 177). Vgl. zu der früheren über mehrere Gesetze verstreuten und eingeschränkten Regelungsmaterie: UmwG v. 1969: §§ 1 f., 24, 46 bis 49, 56 a bis 56 f, 58 f., 61 a f., 63 bis 65; AktG: §§ 355, 356; KapErhG: §§ 19 bis 35, alle aufgehoben durch UmwBerG zum 1. 1. 1995 (Art. 1 § 320 UmwG; Art. 5; Art. 6 Nr. 13; Art. 20 UmwBerG). (§§ 1 ff. KapErhG – Kapitalerhöhung aus Gesellschaftsmitteln – wurden letztlich unverändert als §§ 57 c bis 57 o in das GmbHG übernommen (Art. 4 Nr. 2 UmwBerG), vgl. § 57 c Rn. 6;
– Gesetz über die **Auflösung und Löschung** von Gesellschaften und Genossenschaften vom 9. Oktober 1934 (Text vgl. Anh. nach § 60),[46] das vermögenslose Gesellschaften betrifft; aufgehoben zum 1. 1. 1999 (Art. 2 Nr. 9 iVm. Art. 110 Abs. 1 EGInsO) zugunsten spezialgesetzlicher Regelungen in § 60 Abs. 1 Nr. 4–7 u. § 141 a FGG (Text u. Erläuterungen vgl. § 60 Rn. 31 ff.); § 2 Abs. 1 S. 2 LöschG (dreimalige Nichtoffenlegung des Jahresabschlusses) wurde jedoch bereits zum 19. 10. 1994 (Art. 110 Abs. 3 EGInsO) aufgehoben; vgl. Anh. nach § 60 Rn. 2.
– § 135 InsO, § 6 AnfG regeln die Anfechtbarkeit von Rechtshandlungen, die dem Gläubiger **eigenkapitalersetzender Darlehen** (§ 32 a Abs. 1 u. 3 GmbHG) Sicherung oder Befriedigung gewähren.

d) Mitbestimmung. Die Mitbestimmung von Arbeitnehmervertretern in Gesellschaftsorganen richtet sich nach folgenden Gesetzen (vgl. iE Rn. 149 ff.): **26**
– §§ 77, 77 a BetrVerfG 1952 (für Gesellschaften mit mehr als 500 Arbeitnehmern);
– MitbestG 1976 (für Gesellschaften mit mehr als 2000 Arbeitnehmern);
– sowie – wenngleich mit wenigen praktischen Anwendungsfällen – nach den Montanmitbestimmungsgesetzen von 1951/1956.
Die Mitbestimmung sollen trotz Absinkens unter die durch die Mitbestimmungsgesetze vorausgesetzten Arbeitnehmerzahlen absichern:
– das Mitbestimmungs-Beibehaltungsgesetz v. 23. 8. 1994[47] für den Fall der grenzüberschreitenden Fusion auf Dauer;
– § 325 Abs. 1 UmwG für die Fälle der Abspaltung oder Ausgliederung für fünf Jahre, vgl. dazu iE Rn. 225.

3. Gesetzliche Beschränkungen und Privilegierungen. Der GmbH sind einige **27** unternehmerische Aufgaben durch Bestimmungen des Besonderen Wirtschaftsrechts verschlossen, so das Betreiben von Bausparkassen (§ 2 Abs. 1 BauSpKG), von Hypothekenbanken (§ 2 HypBG), Schiffspfandbriefbanken (§ 2 Abs. 1 SchiffsBG) und von Versicherungen (§ 7 Abs. 1 VAG). Das Betreiben von Kreditinstituten bedarf der vorherigen Erlaubnis, §§ 32, 43 KWG, vgl. § 1 Rn. 9.

Kapitalanlagegesellschaften können nur als Aktiengesellschaften oder als GmbH betrieben werden (§ 1 Abs. 3 KAGG). **28**

III. Reformfragen

1. Die „Große GmbH-Reform"

Literatur: *Ballerstedt* 75 Jahre GmbH-Gesetz GmbHR 1967, 66; *C. Fischer* Die Gesellschaft mit beschränkter Haftung 1948; *Barz/Forster/Knur/Limbach/Rehbinder/Teichmann* GmbH-Reform 1970; *Geßler* Die GmbH in der gesellschaftsrechtlichen Gesetzgebung in: Pro GmbH, S. 91; *Klausing* Die Neuordnung der GmbH 1. und 2. Arbeitsbericht zur Reform der GmbH 1938 und 1940; *Lutter/Ulmer/Zöllner* (Hrsg.) 100 Jahre GmbH-Gesetz 1992; *Mosthaf* Die Reformen des Rechts der Gesellschaften mit beschränkter Haftung 1994; *Reuter* Für eine andere Haftung des GmbH-Gesellschafters ZRP 1995, 256; *Schubert* (Hrsg.) Entwurf des Reichsjustizministeriums zu einem Gesetz über Gesellschaften mit be-

---
[46] RGBl. I S. 914.
[47] BGBl. I S. 2228.

Einl. Einleitung

schränkter Haftung von 1939, 1985; *Wiedemann* Unternehmensrecht und GmbH-Reform JZ 1970, 593; *ders.* Die Zukunft des Gesellschaftsrechts, FS Fischer, 1979, S. 883; *Wiethölter* Die GmbH in einem modernen Gesellschaftsrecht und der Referentenentwurf eines GmbH-Gesetzes in: Probleme der GmbH-Reform 1969, 11; *Zöllner* 100 Jahre GmbH, JZ 1992, 381.

29 **a) Rechtsgeschichtliches.** Pläne für eine große GmbH-Reform wurden erstmals von der **Akademie für Deutsches Recht** 1938/1940 vorgelegt, gediehen aber nur bis zu einem Entwurf des Reichsjustizministeriums (1940/41), der nicht mehr veröffentlicht wurde. Nach der Verabschiedung des AktG 1965 setzte das Bundesjustizministerium erneut zu einer großen Reform an. Es veröffentlichte am 1. April 1969 einen Referentenentwurf, der eine breite Diskussion auslöste, ganz überwiegend aber wegen seiner allzu großen Umständlichkeit und enger Anlehnung an das AktG auf Ablehnung stieß. Dennoch legte die **Bundesregierung** den Entwurf nur wenig verändert dem 6. und 7. Deutschen Bundestag als Regierungsentwurf vor.[48] Er wurde jedoch angesichts der sich noch verbreiternden Kritik (und „wegen anderer vordringlicherer Vorhaben" so BT-Drucks. 8/1347 S. 27) nicht vom Parlament verabschiedet. In der 8. Wahlperiode begnügte sich die Bundesregierung sodann mit der „kleinen" GmbH-Reform von 1980 (vgl. Rn. 6 ff.).

30 **b) Grenzen aller Reformbestrebungen.** Die langjährige Diskussion der großen GmbH-Reform hat Grenzen einer jeden GmbH-Reform erkennen lassen, die das Institut nicht in Frage stellen will: Das GmbHG sollte ein unkompliziertes, kurzes Gesetz bleiben. Das Organisationsrecht der GmbH sollte so flexibel wie möglich bleiben und den Gesellschaftern die volle Stellung des „obersten Organs" belassen. Die **„Haftungsbeschränkung"**, vgl. § 1 Rn. 3 (§ 13 Abs. 2) sollte nicht in Frage gestellt werden, auch wenn sie die Finanzierung und Kreditierung beeinträchtigt. Die besonderen rechtspolitischen Probleme der GmbH & Co.-Gestaltung sind durch eine GmbH-Reform nicht zu lösen (vgl. dazu Rn. 134 ff.). Die großen Unterschiede gegenüber der im AktG 1965 besonders starr und schwerfällig geregelten AG sollten eher durch eine Auflockerung des Aktienrechts verringert werden.[49] Entgegen mancher skeptischen Prognose (vgl. auch 2. Aufl.) ist dies zum Ende der 12. Legislaturperiode mit dem Gesetz für kleine Aktiengesellschaften und zur Deregulierung des Aktienrechts v. 2. 8. 1994[50] und durch das Zweite Finanzmarktförderungsgesetz v. 26. 7. 1994[51] überraschend zügig gelungen. Über die alle Aktiengesellschaften betreffenden Erleichterungen hinaus wurde die nicht börsennotierte AG und diejenige mit überschaubarem Aktionärskreis – sog. „Kleine AG"[52] – dem GmbH-Recht angenähert.[53]

2. EG-Richtlinien

Literatur: *Behrens* Die Europäisierung des Gesellschaftsrechts GmbHR 1993, 129; *ders.* Die GmbH-Rechte in den EG-Staaten 1993; *Blaurock* Auf dem Wege zu einem einheitlichen Gesellschaftsrecht in

---

[48] BT-Drucks. 6/3088, 7/253.
[49] Vgl. *Albach/Corte/Friedewald/Lutter/Richter* Deregulierung des Aktienrechts: Das Drei-Stufen-Modell, 1988.
[50] BGBl. I S. 1961.
[51] BGBl. I S. 1749.
[52] Vgl. *Verspay* Die kleine AG, 2. Aufl. 2000; *Hölters/Deilmann/Buchta* Die kleine AG, 2. Aufl. 2002; *Bihr* BB 1999, 920.
[53] Vgl. dazu *Bihr* BB 1999, 920; *Hahn* DB 1994, 1659 mwN Fn. 39; *Kindler* NJW 1994, 3041; *Priester* BB 1996, 333 sowie ferner *Blanke* BB 1994, 1505; *Burhoff* NWB Fach 18 S. 3349; *Claussen* AG 1995, 163; *ders.* WM 1996, 609; *Lutter* AG 1994, 429; *Planck* GmbHR 1995, 501; *I. Schnurr* Kapitalmarkorientierte Rechtsformen für kleine und mittlere Unternehmen, 1999; *Seibert* ZIP 1994, 914.

Übersicht

Europa, in: Europäische Wirtschaft der 90er Jahre, hrsg. v. Lücke/Achtenhagen/Biethahn/Bloch/Gabisch 1990; *Helms* Die Europäische Privatgesellschaft 1998; *Hohloch* (Hrsg.) EU-Handbuch Gesellschaftsrecht (Loseblatt); *van Hulle* Aktuelle Entwicklungen im europäischen Gesellschaftsrecht EWS 2000, 521 ff.; *Lutter* Das Europäische Unternehmensrecht im 21. Jahrhundert ZGR 2000, 1 ff.; *Pfister* Europäisches Gesellschaftsrecht 1993 mwN zur Richtlinien-Literatur; *Wiesner* Stand des Europäischen Unternehmensrechts EuZW 1992, 270; *ders.* Stand des Europäischen Unternehmensrechts EuZW 1993, 500; *ders.* Stand des Europäischen Unternehmensrechts EuZW 1994, 588; *ders.* Stand des Europäischen Unternehmensrechts EuZW 1995, 821; *ders.* Überblick über den Stand des Europäischen Unternehmensrechts EuZW 1998, 619; *ders.* Europäisches Unternehmensrecht – Stand und Entwicklung ZIP 2000, 1792; Literatur u. Materialen zur Rechnungslegung, Prüfung und Publizität nach den EG-Richtlinien vgl. Anh. I nach § 42 a.

a) Harmonisierung. Die Reforminitiativen gehen stärker von der Harmonisierung des Gesellschaftsrechts, insbes. der Kapitalgesellschaften, aus, die über EG-Richtlinien den nationalen Gesetzgebern vorgeschrieben wird (zur Rechtsangleichung vgl. Rn. 385 ff.). **31**

b) Bilanzrichtliniengesetz. Die weitaus bedeutendste Reform dieser Art brachte das Bilanzrichtliniengesetz, Gesetz zur Durchführung der 4., 7. und 8. Richtlinie des Rates der EG zur Koordinierung des Gesellschaftsrechts v. 19. 12. 1985.[54] Es enthält einheitliche Rechnungslegungsvorschriften, verbunden mit Prüfung und Publizität, aber abgestuft nach Größenklassen. Da viele kleinere und mittlere Unternehmen hierdurch unnötigerweise zu sehr belastet werden, will die **Mittelstandsrichtlinie** v. 8. 11. 1990[55] namentlich durch die Einschränkung der Publizität und die **Betragserhöhungsrichtlinie/ECU-Anpassungsrichtlinie** v. 21. 3. 1994[56] durch die Anhebung der Schwellenwerte bei der Bilanzsumme (36–37 %) und bei den Umsatzerlösen (weniger als 33 %) Abhilfe schaffen, während das Größenmerkmal für Beschäftigte (50 bzw. 250) unverändert blieb.[57] Beide RL wurden durch das Gesetz zur Änderung des DM-Bilanzgesetzes v. 25. 7. 1994[58] in deutsches Recht umgesetzt, und zwar hinsichtlich der neuen Schwellenwerte rückwirkend für alle Geschäftsjahre, die nach dem 31. 12. 1990 beginnen. Zwischenzeitlich wurden mit Wirkung vom 9. 3. 2000 die Schwellenwerte durch Art. 1 KapCoRiLiG[59] angehoben. **32**

c) Kapitalgesellschaften- u. Co. Richtlinien-Gesetz. Die GmbH & Co. (KG bzw. OHG) – vgl. Rn. 134 ff. – wurde von der Bundesregierung letztlich[60] nicht in das BiRiLiG einbezogen,[61] weil sie nicht als Kapitalgesellschaft iS der 4. (Jahresabschluss-) Richtlinie zu qualifizieren sei. Um diese (vermeintliche) Lücke zu schließen, hat der Ministerrat die **GmbH & Co. KG** ausdrücklich in den Geltungsbereich der 4. Richtlinie miteinbezogen.[62] In einem ersten Urteil des EuGH,[63] „Daihatsu", wurde festge- **33**

---

[54] BGBl. I S. 2355.
[55] ABl. EG Nr. L 317/57 – Text in BT-Drucks. 11/3719 sowie bei *Lutter* Unternehmensrecht S. 229.
[56] ABl. EG Nr. L 82/33.
[57] Krit. wegen zu geringer Anhebung *Strobel* BB 1994, 1296; *Pfitzer/Wirth* DB 1994, 1937 – grds. gegen abgestufte Publizität bei der AG *Großfeld/Lonfers* DB 1988, 2009.
[58] BGBl. I S. 1682.
[59] G v. 24. 2. 2000, BGBl. I S. 154.
[60] Vgl. zum keineswegs gradlinigen Gesetzgebungsverfahren *Lutter* Unternehmensrecht S. 45; *Behrens* GmbHR 1993, 129, 131.
[61] Krit. *Baumbach/Hopt* Einl. v. § 238 Rn. 8 sowie Überblick bei *Schmidt-Leithoff* JZ 1988, 430, 434 f.
[62] Ergänzungsrichtlinie 90/605/EWG v. 8. 11. 1990 ABl. EG Nr. L 317/60; dazu krit. *Klatte* DB 1992, 1637; *Weilbach* BB 1992, 955; *ders.* DB 1992, 1537.
[63] E v. 4. 12. 1997, Az: C-97/96; Slg. 1997, I-6843 = NJW 1998, 129 = GmbHR 1997, 1150.

Einl.

stellt, dass die bisherige Umsetzung der Bilanzrichtlinien (4., 7. und 8. RL, vgl. Rn. 386) insb. mit Art. 44 Abs. 2 lit. g EGV [Art. 54 Abs. 3 lit. g aF] unvereinbar sei und Deutschland hierdurch Gemeinschaftsrecht verletzt hat. Darüber hinaus hat der EuGH in einem zweiten Urteil v. 29. 9. 1998[64] entschieden, dass Deutschland gegen seine Verpflichtungen aus dem EU-Vertrag verstoßen hat, da die durch das BiRiLiG eingefügten und bisher in § 335 HGB geregelten Sanktionen bei Verletzung der Publizitätspflicht nicht ausreichen. Im Rahmen eines Vertragsverletzungsverfahrens gegen Deutschland hat der EuGH[65] einen weiteren Verstoß gegen Pflichten aus dem EGV infolge der Nichtumsetzung der sog. „GmbH & Co. Richtlinie" 90/605/EWG festgestellt, deren Umsetzungsfrist am 31. 12. 1992 abgelaufen war. Nach diesen Entscheidungen nahm das BMJ die Arbeiten auf[66] und verabschiedete das **KapCoRiLiG**.[67] Als wichtigste Neuerung erscheint vor allem die in Umsetzung der Änderungsrichtlinie 90/605/EWG des Rates der EU erfolgte Erweiterung des Anwendungsbereiches der §§ 264 ff. HGB. Das Gesetz geht dabei über die europarechtlichen Vorgaben hinaus, indem es sich nicht, wie der insoweit unpräzise Gesetzestitel suggeriert, auf die Kapitalgesellschaften & Co. beschränkt, sondern jedwede haftungsbeschränkend wirkende & Co. erfasst. Obwohl dieser europarechtliche Alleingang Deutschlands negative Auswirkungen auf die Stellung Deutschlands im europäischen Wettbewerb haben kann, soll er dennoch geeignet und erforderlich sein, Umgehungskonstruktionen mit Hilfe der sonst rechtsformneutralen Gesellschaft zu verhindern. Darüber hinaus ist damit dem Grundsatz Rechnung getragen, dass die Abschlusspublizität auch ein notwendiger Ausgleich für die Haftungsbeschränkung ist.[68] Neu eingefügt wurde weiterhin die Möglichkeit des befreienden Konzernabschlusses (§ 264b HGB). Die eigentlich auf Kapitalgesellschaften zugeschnittenen §§ 264 ff. HGB wurden durch die Aufnahme besonderer Vorschriften zu Bilanz sowie zu Gewinn- und Verlustrechnung in § 264c HGB an die gesellschaftsrechtlichen Strukturen von Personenhandelsgesellschaften angepasst. Darüber hinaus wurde durch das KapCoRiLiG die Angleichung der Schwellenwerte auf Grund der sog. ECU-Änderungsrichtlinie des Rates der EU v. 17. 6. 1999 bzw. infolge des Auslaufens europarechtlicher Übergangsvorschriften durch Änderung der §§ 267, 293 HGB realisiert. Zur Belebung des Kapitalmarktes wird nunmehr ermöglicht, durch Aufstellung eines Konzernabschlusses nach international anerkannten Rechnungslegungsstandards[69] die Befreiung von nationalen Bilanzierungsregeln zu erlangen, § 292a HGB (vgl. Anh. II nach § 42a Rn. 8). Mit der Neuregelung der Sanktionen in §§ 335, 335a, 335b HGB, 140a FGG und der Einführung des Antragsrechts

---

[64] Slg. 1998, I-5449 = NJW 1999, 2356 = GmbHR 1998, 1078.

[65] RS C-272/97 Kommission ./. Deutschland; Slg. 1999, I-2175 = EuZW 1999, 446 = GmbHR 1999, 605; laut *Schulze-Osterloh* ZIP 1998, 2157 und *Theile* GmbHR 1999, 1241 auch erwartungsgemäß.

[66] RefE BT-Drucks. 14/1806 S. 5 ff.; dazu bereits *Klein/Pötzsch* DB 1999, 1509; *Strobel* GmbHR 1999, 1117.

[67] BGBl. I S. 154; Beschluss des BT v. 16. 12. 2000 und Beschlussempfehlung und Bericht des Rechtsausschusses: BT-Drucks. 14/2353; vgl. dazu *Zimmer/Eckhold* NJW 2000, 1361; *Luttermann* ZIP 2000, 517; *Dieckmann* GmbHR 2000, 353; *Farr* GmbHR 2000, 543 u. 605; *Hempe* GmbHR 2000, 613; *Lüdenbach* GmbHR 2000, 847; *Krämer* NotBZ 2000, 280 u. 313; *Scheffler* DStR 2000, 529; *Theile* GmbHR 2000, 1135; *Bihr* BB 1999, 1862; *Eisolt/Verdenhalven* NZG 2000, 130; *Centrale für GmbH* GmbHR 2000, 1; *Patt* DStZ 2000, 77; *Strobel* DB 2000, 53; *Uhlenbruck* GmbHR 2000, 215.

[68] So auch die amtl. Begr., vgl. BT-Drucks. 14/1806 S. 14, 18; Bericht des Rechtsausschusses BT-Drucks. 14/2353 S. 26.

[69] In Betracht kommen US-GAAP und IAS.

für jedermann – bisher Antragsrecht nur für Gesellschafter, Gläubiger oder Betriebsrat – wird der Rspr. des EuGH entsprochen. In Anbetracht der durch das KapCoRiLiG betroffenen Unternehmen – die amtl. Begr. geht von ca. 60000 bis 70000 kleinen Unternehmen und ca. 30000 bis 40000 mittleren und großen Unternehmen aus – ist das KapCoRiLiG die bedeutendste Änderung der Bilanzrechtsvorschriften seit dem BiRiLiG.

d) Weitere EG-Richtlinien. Von den weiteren vorgeschlagenen RL hätte die **34** **12. Richtlinie** v. 18. 5. 1988[70] über die Einpersonen-GmbH besonders tief eingegriffen. Sie wollte zwecks Verhinderung „undurchsichtiger Gesellschafterketten"[71] vor allem „Enkel"-GmbH schlechtweg verbieten und eine Durchgriffshaftung anordnen, wenn Alleingesellschafter eine jP ist. Beide Änderungen hätten den Unternehmen bewährte Gestaltungsmöglichkeiten genommen, Konzernstrukturen ohne zwingenden Grund zerstört und das geltende GmbH-Recht unnötig umgestaltet. Angesichts der einhelligen deutschen Kritik aus Wirtschaft und Politik[72] hat die Kommission ihre Vorschläge in der Weise relativiert, daß sie deren Verwirklichung den Mitgliedstaaten anheimstellte (Art. 2 Abs. 2). Die nunmehrige RL[73] konnte problemlos in deutsches Recht umgesetzt werden, nachdem die Einpersonengründung bereits durch die Novelle 1980 zugelassen worden war.[74]

e) Weitere Richtlinienvorschläge. Die Arbeiten an der 13. Richtlinie über **35** öffentliche Übernahmeangebote, sog. **„Übernahmerichtlinie"**, scheiterten nach 12-jähriger Debatte wiederholt am Plenarvotum des Europäischen Parlaments. Dem Richtlinienentwurf zufolge sollten die Mitgliedsstaaten verpflichtet werden, ein Pflichtangebot des Bieters an alle Aktionäre der Zielgesellschaft einzuführen, wobei Teilangebote unzulässig sein sollten. In Deutschland gilt ab 1. 1. 2002 das **Wertpapiererwerbs- und Übernahmegesetz (WpÜG)**[75] mit den dazugehörigen vier Verordnungen.[76] Zur Europäischen Gesellschaft („Societas Europaea", SE) vgl. Rn. 383.

Im Bereich der **innergemeinschaftlichen Sitzverlegung** liegt ein **Vorentwurf** **36** **der 14. Richtlinie** im Gesellschaftsrecht v. 20. 4. 1997 vor.[77] Diese soll die Verlagerung des Sitzes – satzungsmäßiger wie tatsächlicher Sitz (Art. 1) – einer Gesellschaft in einen anderen Mitgliedstaat und den Wechsel des maßgebenden Rechts regeln.[78] Ein derartiger Vorgang soll unter Beibehaltung der Identität der Gesellschaft möglich sein

---

[70] ABl. EG Nr. C 173/10; Text in BT-Drucks. 11/2766; vgl. auch GmbHR 1989, 2.
[71] Vgl. Erl. der Kommission zu Art. 2 ihres Richtlinienvorschlages.
[72] Vgl. *Hahn* GmbHR 1988 R 57; *Centrale für GmbH* GmbHR 1988, 311; BT-Drucks. 303/88.
[73] ABl. EG Nr. L 395/40.
[74] Gesetz v. 18. 12. 1991 BGBl. I S. 2206; vgl. dazu *Eckert* EuZW 1990, 54; *Driesen* MDR 1992, 324; *Schimmelpfennig/Hauschka* NJW 1992, 942; *Lutter* Unternehmensrecht S. 66 f.; sowie Rn. 366 aE.
[75] BGBl. 2001 I S. 3822; vgl. dazu *H. Krause* NJW 2002, 705 ff.; *Zinser* WM 2002, 15 ff.; *Zschocke* DB 2002, 79 ff.; vgl. auch Anh. nach § 77 Rn. 24a.
[76] WpÜG-Beiratsverordnung, BGBl. 2001 I S. 4259; WpÜG-Widerspruchsausschuss-Verordnung, BGBl. 2001 I S. 4261; WpÜG-Angebotsverordnung, BGBl. 2001 I S. 4263; WpÜG-Gebührenverordnung, BGBl. 2001 I S. 4267.
[77] Vgl. KOM XV/6002/97; mit Begründung abgedruckt in ZIP 1997, 1721 ff. und ZGR 1999, 157 ff.
[78] Vgl. hierzu *Koppensteiner,* FS Lutter, S. 141 ff.; *Di Marco* ZGR 1999, 3 ff.; *Meilicke* GmbHR 1999, 896 ff.; *Priester* ZGR 1999, 36 ff.; *K. Schmidt* ZGR 1999, 20 ff.; für das britische Recht *Rajak* ZGR 1999, 111 ff.; für das belgische Recht *Wymeersch* ZGR 1999, 126, 144 ff.; für das niederländische Recht *Timmerman* ZGR 1999, 145, 155 ff.

(Art. 3). Die weiteren Vorschriften dienen vor allem dazu, die bei einer Sitzverlegung durch die unterschiedlichen betroffenen Sachrechte aufgeworfenen Hindernisse zu überwinden.[79] Hervorzuheben ist der insbes. für Staaten, welche der Sitztheorie (vgl. Rn. 303) folgen, wichtige Art. 11 Abs. 2 des Vorentwurfs, demzufolge Mitgliedsstaaten die Eintragung einer Gesellschaft verweigern können, deren Hauptverwaltung sich nicht im Mitgliedsstaat des neuen Sitzes befindet. Zur 14. Richtlinie über die grenzüberschreitende Sitzverlegung besteht in der Kommission noch Beratungsbedarf[80] und es scheint, als wolle die Kommission eine weitere Entscheidung des EuGH nach „Centros" (vgl. Rn. 306 ff.) in dieser Frage abwarten, bevor sie legislativ tätig wird.[81]

37 Im europäischen **Bilanzrecht** sind größere Änderungen zu erwarten. Bereits am 31. 5. 2001 wurde die Richtlinie zur Änderung der 4. und 7. gesellschaftsrechtlichen Richtlinien hinsichtlich ihres Wertansatzes verabschiedet. Sie soll es ermöglichen, bestimmte Finanzinstrumente zum Tageswert (fair value) zu bewerten. Diese RL soll zügig in deutsches Recht umgesetzt werden. Weiterhin liegt ein Vorschlag einer Verordnung vom 13. 3. 2001 über die Anwendung internationaler Rechnungslegungsgrundsätze (IAS-Standards) vor. Hiernach soll sich die Rechnungslegung nicht mehr nach gesetzlichen Vorschriften, sondern vielmehr nach IAS-Standards ausrichten (vgl. Anh. I nach § 42a Rn. 7). Die Rolle der Europäischen Union verlagert sich dabei auf die Mitwirkung bei der Entwicklung derartiger Standards und ihrer Anerkennung. Damit werden die Bilanzrichtlinien (4., 7. und 8. RL, vgl. Rn. 386) zwar nicht obsolet, verlieren aber für kapitalmarktorientierte Gesellschaften, die sich nach der internationalen Praxis ausrichten werden, immer mehr an Bedeutung. In Vorbereitung befindet sich eine Änderungsrichtlinie zur Modernisierung der Bilanzrichtlinien, wobei eine Anpassung der 4. und 7. Richtlinie an internationale Rechnungslegungsstandards erreicht werden soll. Der Richtlinienvorschlag steht noch aus. – Darüber hinaus wird im Rahmen der sog. SLIM-Initiative („simpler legislation for the internal market") vornehmlich an einer Deregulierung der 1. und 2. gesellschaftsrechtlichen Richtlinie, der Publizitäts- und der Kapitalrichtlinie,[82] gearbeitet;[83] vgl. auch Rn. 385 ff.

3. Unternehmensrechtsreform

Literatur: *Arndt* Wirtschaftliche Macht – Tatsachen und Theorien, 2. Aufl. 1977; *Ballerstedt* Unternehmen und Wirtschaftsverfassung JZ 1951, 486; *ders.* GmbH-Reform, Mitbestimmung, Unternehmensrecht, ZHR 135 (1971), 479; *ders.* Was ist Unternehmensrecht?, FS Duden, 1977, S. 15; *v. Beckerath* Großindustrie und Gesellschaftsordnung, 1954; *Benda* Industrielle Herrschaft und sozialer Staat – Wirtschaftsmacht von Großunternehmen als gesellschaftspolitisches Problem, 1966; *ders.* Bedeutung und Garantie des Eigentums in unserem sozialen Rechtsstaat, 1967; *ders.* Der soziale Rechtsstaat, in: Handbuch des Verfassungsrechts der Bundesrepublik Deutschland, hrsgg. *v. Benda/Maihofer/Vogel*; *Böckenförde* Eigentum, Sozialbindung des Eigentums, Enteignung und Gerechtigkeit in der Industriegesellschaft, 1972; *W. Böhmer* Grundfragen der verfassungsrechtlichen Gewährleistung des Eigentums in der Rechtsprechung des Bundesverfassungsgerichts, NJW 1988, 2561; *Boettcher/Hax/Kunze/v. Nell-Breuning/Ortlieb/Preller* Unternehmensverfassung als gesellschaftspolitische Forderung, 1968 (sog. Sechserbericht); *Bundesministerium der Justiz* (Hrsg.) Bericht über die Verhandlungen der Unternehmensrechtskommission, 1980; *Bohling* (Hrsg.) Wirtschaftsordnung und Grundgesetz, 1981; *Brecher* Das Unternehmen als Rechtsgegenstand 1953; *ders.* Rezension über Th. Raiser, Das Unternehmen als Organisation, AcP 171 (1971), 378; *v. Brünneck* Die Eigentumsgarantie des Grundgesetzes, 1984; *Deutscher Juristentag* Untersuchungen zur Reform des Unternehmensrechts, Bericht der Studienkommission des 41. DJT, 1955; *Dilcher/Lauda* Das Unternehmen als Gegenstand und Anknüpfungspunkt rechtlicher Regelungen in

---

[79] Vgl. MüKo BGB/*Kindler* Int. GesR Rn. 34.
[80] Vgl. NvWR 2001, 33.
[81] Vgl. NvWR 2001, 33.
[82] Vgl. dazu *Drinkuth* Die Kapitalrichtlinie – Mindest- oder Höchstnorm, 1998.
[83] Vgl. Dokumentation ZIP 1999, 1944 ff.; *Wiesner* EuZW 1998, 619; NvWR 2001, 70 f.

Übersicht **Einl.**

Deutschland 1860–1920, in: *Horn/Kocka* (Hrsg.) Recht und Entwicklung der Großunternehmen im 19. und frühen 20. Jahrhundert (krit. Studien zur Geschichtswissenschaft, Bd. 40, 1979), S. 535; *Duden* Zur Methode der Entwicklung des Gesellschaftsrechts zum „Unternehmensrecht", FS Schilling, 1973, S. 309; *v. Falkenhausen* Verfassungsrechtliche Grenzen der Mehrheitsherrschaft nach dem Recht der Kapitalgesellschaften (AG und GmbH), 1976; *Farke* Öffentliche Bedeutung privater Wirtschaftsunternehmen und Sozialpflichtigkeit des Eigentums, 1973; *Fechner* Das wirtschaftliche Unternehmen in der Rechtswissenschaft, 1942; *C. E. Fischer* Das Unternehmen als Einheit – eine wirtschaftliche, rechtliche und steuerliche Betrachtung, NJW 1954, 1177; *W. Fischer* Wirtschaft und Gesellschaft im Zeitalter der Industrialisierung, 1972; *Flume* Unternehmen und juristische Person, FS Beitzke, 1979, S. 43; *ders.* Um ein neues Unternehmensrecht (Schriftenreihe der Juristischen Gesellschaft Berlin, Heft 64), 1980; *Geßler* Das „Unternehmen" im Aktiengesetz, FS Knur, 1972, S. 145; *ders.* Vom Gesellschafts- zum Unternehmensrecht, ZHR 143 (1979), 427; *J. v. Gierke* Rezension über Fechner: Das wirtschaftliche Unternehmen in der Rechtswissenschaft, ZHR 110 (1944), 140; *Gieseke* Die rechtliche Bedeutung des Unternehmens, FS Heymann, Bd. II 1940, S. 112; *Gres* Unternehmensrechtsreform, WM 1996, 1672; *Grossfeld/Ebke* Probleme der Unternehmensverfassung in rechtshistorischer und rechtsvergleichender Sicht, AG 1977, 57, 92; *Hefermehl* Der Aktionär als „Unternehmer" im Sinne des Konzernrechts, FS Geßler, 1971, S. 203; *Hennis* Demokratisierung – zur Problematik eines Begriffs, 1970; *Herber* Probleme der gesetzlichen Fortentwicklung des Handels- und Gesellschaftsrechts, ZHR 144 (1980), 47; *Horn* Aktienrechtliche Unternehmensorganisation in der Hochindustrialisierung, in: *Horn/Kocka* (Hrsg.) Recht und Entwicklung der Großunternehmen im 19. und frühen 20. Jahrhundert (krit. Studien zur Geschichtswissenschaft, Bd. 40 1979), S. 123; *U. Huber* Welche Bedeutung hat die Rechtsform der Unternehmen für die Transferzeit zwischen der Veränderung gesellschaftlicher Wertvorstellungen und der Änderung unternehmerischer Ziele?, Schriften d. Vereins f. Socialpol. 1976 (nF 88), 136; *Käppler* Soziale Verantwortung der Unternehmen, in: Kongreß „Junge Juristen und Wirtschaft" d. Hanns Martin Schleyer-Stiftung, 1985; *Köhler* Rechtsform und Unternehmensverfassung, ZStW 1959, 716; *Kornblum* Rechtstatsachen zum Unternehmens- und Gesellschaftsrecht, GmbHR 1981, 227; *Krause* Unternehmer und Unternehmung, 1954; *Krieger* Unternehmensverfassung – Mitbestimmung und Grundgesetz, in: *Benda/Maihofer/Vogel* (Hrsg.) Handbuch des Verfassungsrechts der Bundesrepublik Deutschland, S. 697; *ders.* Gesetzgeberische Perspektiven auf dem Gebiet des Gesellschaftsrechts, ZHR 150 (1986), 182; *Krüger* Öffentliche Elemente der Unternehmensverfassung, in: Planung V, Öffentlich-rechtliche Grundlegung der Unternehmensverfassung, hrsgg. v. *Coing/Kaiser*, 1971, S. 19; *Kübler* Unternehmensorganisation zwischen Sachverstand und Interessenpolitik – Bemerkungen zum Bericht über die Verhandlungen der Unternehmensrechtskommission, ZGR 1981, 377; *Kunze* Die Funktion des Eigentums im modernen Gesellschaftsrecht, in: Marburger rechts- und staatswissenschaftliche Abhandlungen, Reihe A, Bd. 18, 1967, S. 77; *ders.* Bemerkungen zum Verhältnis von Arbeits- und Unternehmensrecht, FS Schilling, 1973, S. 333; *ders.* Unternehmensverband und Unternehmensrecht, FS Duden, 1977, S. 201; *ders.* Zum Stand der Entwicklung des Unternehmensrechts, ZHR 144 (1980), 100; *ders.* Unternehmen und Gesellschaft, ZHR 147 (1983), 16; *Lehmann* Die Verantwortung des Unternehmers – zu Grundaussagen der Katholischen Soziallehre, Markenartikel, 1988, 378; *Leisner* Sozialbindung des Eigentums, 1972; *Leminsky* Rezension über Steinmann: Das Großunternehmen im Interessenkonflikt 1969, ZHR 136 (1972), 342; *Luchterhandt* Der Begriff „Unternehmen" im AktG 1965, ZHR 132 (1968), 149; *Martens* Das Bundesverfassungsgericht und das Gesellschaftsrecht, ZGR 1979, 493; *Meyer-Abich* Der Schutzzweck der Eigentumsgarantie – Leistung, Freiheit, Gewaltenteilung, 1980; *v. Nell-Breuning* Rechtsformzwang für Großunternehmen? FS Kunze, 1969, S. 143; *ders.* Unternehmensverfassung, in: Soziale Ordnung Nr. 7/8 v. 1. 8. 1970, S. 12; *Netter* Zur aktienrechtlichen Theorie des „Unternehmens an sich", FS Pinner, 1932, S. 507; *Niedenhoff* Wirtschaftsdemokratie oder Unternehmerwillkür?, 1978; *Oppikofer* Das Unternehmensrecht in geschichtlicher, vergleichender und rechtspolitischer Betrachtung, 1927; *Ott* Recht und Realität der Unternehmenskorporation 1977; *Papier* Unternehmen und Unternehmer in der verfassungsrechtlichen Ordnung der Wirtschaft, VVDStRL 35 (1977), 55; *ders.* Grundgesetz und Wirtschaftsordnung, in: *Benda/Maihofer/Vogel* (Hrsg.) Handbuch des Verfassungsrechts der Bundesrepublik Deutschland, 1983, S. 609; *ders.* Eigentumsgarantie des Grundgesetzes im Wandel, 1984; *Pestalozza* Eigentum verpflichtet, NJW 1982, 2169; *Pisko* Das Unternehmen als Gegenstand des Rechtsverkehrs; *ders.* Das kaufmännische Unternehmen, in: Ehrenburgs Handbuch, Bd. II 1913, 195; *Raiser* Das Unternehmen als Organisation, 1969; *ders.* Die Zukunft des Unternehmensrechts, FS Rob. Fischer, 1979, S. 561; *ders.* Das Unternehmen in der verfassungsrechtlichen Ordnung der Bundesrepublik nach dem Urteil des Bundesverfassungsgerichts, JZ 1979, 489; *ders.* Rezension über Flume: Um ein neues Unternehmensrecht 1980, AcP 181 (1981), 245; *Rathenau* Vom Aktienwesen 1917; *ders.* Von kommende Dingen, in: Schriften und Reden, 1986, 7; *Rauscher* Unternehmerfunktion – Rentabilität – Eigentum, in: *Böhm/Briefs* (Hrsg.) Mitbestimmung – Ordnungselement oder politischer Kompromiß, 1973, 87; *Reinhardt* Vom Gesellschaftsrecht zum Unternehmensrecht?, FS Hartmann, 1976, 213; *Rittner* Die Funktion des Eigentums im modernen Gesellschaftsrecht, in: Marburger rechts- und staatswissenschaftliche Abhandlungen, Reihe A, Bd. 18, 1967, S. 50; *ders.* Öffentlich-rechtliche Elemente in der Unternehmens-

Einl. Einleitung

verfassung, in: Planung V. Öffentlich-rechtliche Grundlegung der Unternehmensverfassung, hrsgg. v. *Coing/Kaiser*, 1971, S. 50; *ders.* Unternehmensverfassung und Eigentum, FS Schilling, 1973, S. 363; *ders.* Aktiengesellschaft oder Aktienunternehmen?, ZHR 144 (1980), 330; *ders.* Der Bericht der Unternehmensrechtskommission und die GmbH, GmbHR 1981, 277; *ders.* Über die Zukunft des Unternehmensrechts, FS Köhler, 1985, S. 226; *Saladin* Unternehmen und Unternehmer in der verfassungsrechtlichen Ordnung der Wirtschaft, VVDStRL 35 (1977), 7; *Schilling* Rechtsform und Unternehmen – ein Beitrag zum Verhältnis von Gesellschafts- und Unternehmensrecht, FS Duden, 1977, S. 537; *ders.* Das Aktienunternehmen ZHR 144 (1980), 136; *ders.* Erwiderung auf Rittner, ZHR 144 (1980), 330 in ZHR 144 (1980), 338; *ders.* Ergebnisse der Unternehmensrechtskommission, ZHR 144 (1980), 507; *Schwerdtfeger* Die dogmatische Struktur der Eigentumsgarantie (Schriftenreihe der Juristischen Gesellschaft Berlin, Heft 77), 1983; *Sontis* Strukturelle Betrachtungen zum Eigentumsbegriff, FS Larenz, 1973, S. 981; *Stein* Zur Wandlung des Eigentumsbegriffs, FS Gebh. Müller, 1970, S. 503; *Steinmann* Das Großunternehmen im Interessenkonflikt, 1969; *Steinmann/Gerum* Reform der Unternehmensverfassung, 1978; *Theisen* Unternehmensgröße und Unternehmensrecht, DB 1980, 1877; *Ulrich* Die Großunternehmung als quasi-öffentliche Institution, 1977; *Walther* Brauchen wir ein neues Gesellschaftsrecht?, Jahrbuch für Führungskräfte '81, 45, 1980; *Wiedemann* Unternehmerische Verantwortlichkeit und formale Unternehmensziele in einer zukünftigen Unternehmensverfassung, FS Barz, 1974, S. 561; *ders.* Grundfragen der Unternehmensverfassung, ZGR 1975, 385; *ders.* Die Zukunft des Gesellschaftsrechts, FS Rob. Fischer, 1979, S. 883; *ders.* Rechtsethische Maßstäbe im Unternehmens- und Gesellschaftsrecht, ZGR 1980, 147; *WSI-Projektgruppe* Vorschläge zum Unternehmensrecht – Arbeitnehmerinteressen und Unternehmensorganisation, 1981; *Zöllner* Die Schranken mitgliedschaftlicher Stimmrechtsmacht bei den privatrechtlichen Personenverbänden, 1963; *ders.* Zum Unternehmensbegriff der §§ 15 ff. AktG, ZGR 1976, 1.

38   **a) Einheitliches Unternehmensrecht.** Der Gedanke eines einheitlichen Unternehmensrechts, das die überkommenen Gesellschaftsformen durch andersartige Unternehmensträger, vorwiegend jedoch nur für Großunternehmen, ersetzen soll, beschäftigt seit mehr als drei Jahrzehnten die rechtspolitische Diskussion in Deutschland, ohne realisierbare Vorschläge hervorgebracht zu haben. Die vom Bundesjustizminister eingesetzte Unternehmensrechtskommission hat sich nach ihrem Bericht (1980) auf keine dahingehenden Vorschläge einigen können, ist vielmehr gerade in den Grundfragen kontrovers geblieben. Danach, aber auch angesichts der gesamtwirtschaftlichen Entwicklung, die inzwischen andere Sorgen in den Vordergrund gerückt hat, dürften Pläne nach einer umfassenden Umgestaltung des Unternehmensrechts noch weniger zu erwarten sein als eine Reform der GmbH; vgl. auch Rn. 201 ff.[84] Insbes. ist vorläufig auch nicht anzunehmen, dass durch einen **Rechtsformzwang** für Großunternehmen der praktische Anwendungsbereich der GmbH eingeschränkt wird. Selbst Anhänger einer solchen Unternehmensrechtsreform streiten der GmbH ihre „Daseinsberechtigung" als Rechtsform für Großunternehmen nicht ab.[85]

39   Das **Umwandlungsrecht** ist durch das Umwandlungsbereinigungsgesetz (UmwBerG) v. 28. 10. 1994,[86] geändert durch das UmwÄndG v. 22. 7. 1998,[87] konsequent rechtsformübergreifend vereinheitlicht und fortentwickelt worden mit dem Ziel, Umwandlungen ohne Rücksicht auf dogmatische Hürden, vgl. zB § 202 Abs. 1 Nr. 1 iVm. § 191 Abs. 1 Nr. 1 bzw. Nr. 2 und Abs. 2 Nr. 3 bzw. Nr. 1 u. 2 UmwG („Kreuzender Formwechsel" zwischen Personenhandelsgesellschaft bzw. Partnerschaftsgesellschaft und Kapitalgesellschaft und umgekehrt), relativ unkompliziert von einer Rechtsform in eine andere gewünschte zu ermöglichen. Erst hierdurch wird die Typenwahlautonomie[88] tatsächlich verwirklicht. Der grds. Freiheit, bei Gründung zwischen verschiedenen Unternehmensträgertypen auswählen zu können, entspricht die Möglichkeit, die einmal gewählte Rechtsform sanktionslos zu ändern, sei es, dass sich die wirtschaftlichen oder

---

[84] Vgl. *Rittner* Wirtschaftsrecht § 8 Rn. 61 f.
[85] Vgl. nur *Hachenburg/Schilling* 7. Aufl. Einl. Rn. 56.
[86] BGBl. I S. 3210.
[87] BGBl. I S. 1878.
[88] Vgl. *Rittner* Wirtschaftsrecht § 8 Rn. 21.

Übersicht **Einl.**

steuerrechtlichen Bedingungen geändert haben[89] oder die ursprüngliche Rechtsformwahl auf einer Fehleinschätzung beruht. Dem folgt das UmwStG v. 28. 10. 1994,[90] geänd. durch JStG 1996 v. 11. 10. 1995 durch die weitgehend steuerneutrale Behandlung der Umwandlungsvorgänge.[91]

b) Reformen zur Belebung der Kapitalmärkte. Reformen zur Belebung der Kapitalmärkte insbes. zur vermehrten Bildung von Risikokapital werden seit langem diskutiert. Mit Recht wird dabei die Starrheit des deutschen Aktienrechts kritisiert.[92] Dem Wunsch nach einer „leichteren" AG als Alternative zu der des AktG 1965[93] hat das Gesetz für kleine Aktiengesellschaften und zur Deregulierung des Aktienrechts v. 2. 8. 1994[94] aber auch das Zweite Finanzmarktförderungsgesetz v. 26. 7. 1994[95] entsprochen (vgl. Rn. 30 aE). Das Dritte Finanzmarktförderungsgesetz v. 24. 3. 1998[96] setzt diese Entwicklung fort und ermöglicht es jetzt auch der GmbH, neben der AG und den ebenfalls neu aufgenommenen KG und KGaA, als Unternehmensbeteiligungsgesellschaft zu fungieren, § 2 Abs. 1 UBGG, vgl. § 1 Rn. 9 aE.[97] Zusammen mit KapAEG u. KonTraG, vgl. Rn. 16, dienen eben genannte Gesetze der Belebung der Kapitalmärkte,[98] indem es auch zahlreichen kleinen und jungen Unternehmen ermöglicht werden soll, sich relativ leicht Risikokapital an der Börse zu besorgen. Diese Entwicklung soll mit dem 4. Finanzmarktförderungsgesetz fortgesetzt werden, vgl. Entwurf v. 14. 11. 2001. 40

Andere fordern seit langem, die **GmbH-Anteile** nach Maßgabe der Satzung handelbar zu machen.[99] Detaillierte Vorschläge sind noch nicht bekannt geworden. Ob sich die Tendenz zur börsennotierten GmbH mit Einführung der kleinen AG erledigt hat,[100] lässt sich so allgemein wohl kaum beantworten. Zum einen ist zwar die kleine AG[101] durch ihre Annäherung an die Regeln des GmbH-Rechts gekennzeichnet, wozu auch gehört, dass ihre Aktien nicht börsennotiert sind, die Mitgliedschaftsrechte nicht einmal in Einzelurkunden verbrieft sein müssen, § 10 Abs. 5 AktG. Zum anderen darf das nach wie vor bei der GmbH bestehende Problem der Vermögensbildung in Arbeitnehmerhand durch Beteiligung am Gesellschaftsvermögen nicht aus den Augen verloren werden.[102]

---

[89] Symptomatisch *Flicks* Motto 1994: Raus aus der GmbH, rein in die Personengesellschaft! DB 1994, 64, was nach der Steuerreform in dieser Stringenz nicht mehr haltbar ist, vgl. Rn. 77 ff.
[90] BGBl. I S. 3267.
[91] Vgl. *Wochinger/Dötsch* DB 1994 Beil. 14, 3ff.; vgl. zur Grunderwerbsteuerpflicht beim „Kreuzenden Formwechsel" BFH BFHE 181, 349 = BStBl. II 1997, 661 = DB 1997, 79; *Dehmer* DStR 1994, 2592; *Lüttge* NJW 1995, 417, 422; *Felix* NJW 1995, 1137 mwN Fn. 14.
[92] So auch Deutsche Bundesbank Bericht April 1984, S. 12, 15 f.
[93] So *Rittner* ZSR 101 (1982), 171, 191 u. bes. *Albach/Corte/Friedewald/Lutter/Richter* Deregulierung des Aktienrechts: Das Drei-Stufen-Modell, 1988.
[94] BGBl. I S. 1961.
[95] BGBl. I S. 1749.
[96] BGBl. I S. 529.
[97] Vgl. *A. Jäger* NZG 1998, 838; *Schlögell* GmbHR 1998, R 253.
[98] Zur Kapitalmarkttauglichkeit des deutschen Gesellschaftsrechts vgl. *Möllers* AG 1999, 433 ff.
[99] So zB *Meyer-Cording* AG 1982 R 83 u. der Kommissionsbericht „Börsenzugang für kleine und mittlere Unternehmen", hrsg. v. Wirtschaftsministerium Baden-Württemberg, 1987; dazu *Claussen* GmbHR 1988, 417; *ders.* 1989, 495; *Hennerkes/May* DB 1989, 1709; *Hommelhoff* ZHR 153 (1989), 181; *Claussen* ebd. 216.
[100] So *Lutter/Hommelhoff* Einl. Rn. 13; aA *Priester* BB 1996, 333.
[101] Vgl. zur kleinen AG Fn. 52.
[102] Vgl. *Schmidt-Leithoff* Verantwortung der Unternehmensleitung, 1989, S. 303 mwN; zu den Möglichkeiten der Finanzierung einer GmbH mit Hilfe von Genussscheinen vgl. *Vollmer* ZGR 1983, 445; *Claussen* Der Genussschein und seine Einsatzmöglichkeiten, FS Werner, S. 81; *Kecker* Die Fungibilisierung von GmbH-Anteilen, 1991.

IV. Definition und Charakteristik der GmbH

41 **1. Definition.** Die Definition der GmbH ergibt sich mittelbar aus dem Gesetz: Die GmbH ist eine in das Handelsregister eingetragene (§ 11) Handelsgesellschaft (§ 13 Abs. 3) mit eigener Rechtspersönlichkeit (§ 13 Abs. 1), die zu jedem gesetzlich zulässigen Zweck errichtet werden kann (§ 1) und bei der sämtliche Mitglieder mit Einlagen auf das Stammkapital beteiligt sind (§ 3 Abs. 1 Nr. 4), aber kein Mitglied persönlich für die Gesellschaftsschulden haftet (§ 13 Abs. 2). Vgl. auch § 1 E 1977 (§ 1 Rn. 3).

42 **2. Universalinstrument.** Ihrer Verwendung nach ist die GmbH von Anfang an ein Universalinstrument gewesen, das sich jedem Leitbilddenken entzieht.[103] Der Gesetzgeber von 1892 hatte den Vorteil der Haftungsbeschränkung wohl in erster Linie kleinen und mittleren Unternehmen zugedacht, andererseits Gesellschaften mit „ganz geringen" Gesellschafterzahlen kaum erwartet. Dennoch hat er bewusst darauf verzichtet, die GmbH auf gewisse „Unternehmensgrößen" zu beschränken. Daraus ergibt sich, dass der GmbH des geltenden Rechts kein Vorstellungsbild zugrunde liegt – und gelegt werden darf –, das auf bestimmte rechtstatsächliche Phänomene fixiert ist. Das gesetzliche Normalstatut gibt vielmehr einen überaus weiten Rahmen, nicht zuletzt auch für das Organisationsrecht. Die Kritik, die (seit *Fränkel*, bes. S. 250 ff.) immer wieder daran geübt worden ist, dürfte überwunden sein.[104] Jedenfalls kann die GmbH – auch nach der Novelle 1980 – besser noch als durch die formale Definition nach dem Gesetz durch eine in manchen Hinsichten offene Charakteristik beschrieben werden:

43 **3. Merkmale.** Die deutsche GmbH, wie sie sich auch nach der Novelle 1980 darstellt, wird durch folgende Merkmale gekennzeichnet und vor allem durch deren Kombination von allen anderen Gesellschaftsarten abgehoben:

44 **a) Juristische Person.** Sie ist eine jP,
- die nach dem System der Normativbestimmungen (vgl. § 8) von jedermann gegründet werden kann,
- die jeden rechtlich zulässigen Zweck verfolgen darf, dennoch in jedem Fall Kaufmann ist und daher eine Firma führt und den besonderen Pflichten des Handelsrechts (Buchführung u. a.) unterliegt,
- die nur mit ihrem Vermögen ihren Gläubigern unbeschränkt haftet.

45 **b) Körperschaft mit personengesellschaftsrechtlichen Eigenschaften.** Sie ist eine Körperschaft mit wesentlichen personengesellschaftsrechtlichen Eigenschaften (vgl. § 13 Rn. 5),
- die es ermöglicht, als Geschäftsführer und ggf. Aufsichtsratsmitglieder Nichtgesellschafter zu berufen (Drittorganschaft),
- die dennoch dem Gesellschaftsvertrag sehr weiten Raum für die Organisation (Gesellschafter/Geschäftsführer/ggf. Aufsichtsrat) und für Nebenabreden (bes. Rechte und Pflichten der Gesellschafter) lässt,
- die die Zahl der Gesellschafter nach keiner Richtung hin festlegt, also die Einpersonen-Gesellschaft ebenso gestattet wie vielköpfige Gesellschaften,
- die zwar – als „geschlossene Gesellschaft" – auf Dauerbeteiligung angelegt ist und deswegen zu den öffentlichen Kapitalmärkten (Börse) keinen Zugang hat, deren rechtliches Dasein aber vom Wechsel von Gesellschaftern – unter Lebenden und von Todes wegen – nicht berührt wird.

---

[103] Vgl. *Rittner* ZSR 101 (1982), 171 mwN.
[104] Vgl. bes. *Ballerstedt* GmbHR 1967, 66, 70.

B. Auslegung und Anwendung des Gesetzes **Einl.**

c) **Kapitalgesellschaft.** Sie ist eine Kapitalgesellschaft (vgl. § 13 Rn. 6), 46
– deren (durch Satzungsänderung veränderliches) Stammkapital sowohl als Haftungs- wie als Betriebskapital fungiert,
– die grds. ihre Gesellschafter nur verpflichtet, die versprochenen Einlagen zu leisten,
– die aber eine angemessene Kapitalausstattung nicht garantiert, so dass Großgläubiger häufig auf einer zusätzlichen Verpflichtung der (Haupt-)Gesellschafter bestehen und andere Gläubiger uU gefährdet sind.

B. Auslegung und Anwendung des Gesetzes

Literatur: *Dreher* Die gesellschaftsrechtliche Treuepflicht bei der GmbH, DStR 1993, 1632; *ders.* Die Schadensersatzhaftung bei Verletzung der aktienrechtlichen Treuepflicht durch Stimmrechtsausübung, ZIP 1993, 332; *ders.* Treuepflichten zwischen Aktionären und Verhaltenspflichten bei Stimmrechtsbündelung, ZHR 1993 (157), 150; *R. Fischer* Die GmbH in der Rechtsprechung des BGH, in: Pro GmbH 1953, 131; *ders.* Das Recht der OHG als ergänzende Rechtsquelle zum GmbHG, GmbHR 1953, 131; *Flume* Die Rechtsprechung des II. Zivilsenats des BGH zur Treuepflicht des GmbH-Gesellschafters und des Aktionärs, ZIP 1996, 161; *Geßner* Treuepflichten bei Mehrheitsumwandlungen von GmbH im Vergleich zum amerikanischen Recht, Diss. 1992; *Grunewald* Die Auslegung von Gesellschaftsverträgen und Satzungen, ZGR 1995, 68; *Henze* Zur Treuepflicht unter Aktionären, FS Kellermann, 1991, S. 141; *ders.* Die Treuepflicht im Aktienrecht, BB 1996, 489; *ders.* Treuepflicht der Gesellschafter im Kapitalgesellschaftsrecht, ZHR 162 (1998), 186; *Hüffer* Die gesellschaftsrechtliche Treuepflicht als richterliche Generalklausel, FS Steindorff, 1990, S. 59; *Immenga* Bindung von Rechtsmacht durch Treuepflichten, in: *Lutter/Ulmer/Zöllner* 189; *M. Lehmann* Die ergänzende Anwendung von Aktienrecht auf die GmbH 1970; *ders.* Die Treuepflicht des Aktionärs, ZHR 153 (1989), 446; *ders.* Ausschluss von Gesellschaftern, Einziehung von Geschäftsanteilen und gesellschafterliche Treuepflicht, GmbHR 1997, 1134; *ders.* Treuepflichten und ihre Anwendungsprobleme, ZHR 162 (1998), 164; *Lutter* Theorie der Mitgliedschaft AcP 180 (1980), 84; *W. Müller* Ist nach dem TBB-Urteil des BGH eine Verlustübernahmeverpflichtung im qualifizierten faktischen Konzern noch begründbar? FS Rowedder, 1994, S. 277; *Nitschke* Die personalistische Kapitalgesellschaft, 1970; *Noack* Fehlerhafte Beschlüsse in Gesellschaften und Vereinen, 1989; *ders.* Gesellschaftervereinbarungen bei Kapitalgesellschaften 1994; *Th. Raiser* 100 Bände BGHZ: GmbH-Recht. Die Treuepflichten im GmbH-Recht als Beispiel der Rechtsfortbildung, ZHR 151 (1987), 422; *ders.* Die Einrede der Anfechtbarkeit von Gesellschafterbeschlüssen in der GmbH, FS Heinsius, 1991, S. 645; *ders.* Nichtigkeits- und Anfechtungsklagen, in: *Lutter/Ulmer/Zöllner*, 587; *Rehbinder* Treuepflichten im GmbH-Konzern, ZGR 1976, 386; *Reichert/M. Winter* Vinkulierungsklauseln und gesellschafterliche Treuepflicht, in: *Lutter/Ulmer/Zöllner*, 209; *Röhricht* Von Rechtswissenschaft und Rechtsprechung, ZGR 1999, 445; *Schulte* Zu den Gesichtspunkten des Bundesgerichtshofs bei der Fortbildung des Gesellschaftsrechts, FS H. Westermann, 1974, S. 525; *Stimpel* Aus der Rechtsprechung des II. Zivilsenats, FS 25 Jahre Bundesgerichtshof, 1975, S. 13, 21 ff.; *Timm* Treuepflichten im Aktienrecht, WM 1991, 481; *Ulmer* Richterrechtliche Entwicklungen im Gesellschaftsrecht 1971-1985, 1986; *Vogel* Das Aktienrecht als Rechtsquelle für die GmbH, GmbHR 1953, 137; *H. P. Westermann* Konzernrecht kraft richterlicher Rechtsfortbildung? GmbHR 1976, 77; *Wiedemann* Die Zukunft des Gesellschaftsrechts, FS R. Fischer, 1979, S. 883; *ders.* Zu den Treuepflichten im Gesellschaftsrecht, FS Heinsius, 1991, S. 949; *Winkler* Die Lückenausfüllung des GmbH-Rechts durch das Recht der Personengesellschaften, 1967; *M. Winter* Mitgliedschaftliche Treuebindungen im GmbH-Recht, 1988; *ders.* Eigeninteresse und Treuepflicht bei der Einmann-GmbH in der neueren BGH-Rechtsprechung, ZGR 1994, 570; *Zöllner* Schranken mitgliedschaftlicher Stimmrechtsmacht bei den privatrechtlichen Personenverbänden, 1963.

I. Auslegungsgrundsätze

1. Gleiche Auslegungsgrundsätze. Für das GmbHG gelten die gleichen Ausle- 47
gungsgrundsätze wie für andere privatrechtliche Gesetze.[105] Das GmbHG lässt sich durchweg textlich verhältnismäßig leicht verstehen, da es unkompliziert aufgebaut und formuliert ist. Doch bleibt zu bedenken, dass sein Text noch heute zum größten Teil aus

---

[105] Vgl. hierzu bes. MüKo BGB/*Säcker* Einl. Rn. 60 ff.; *Staudinger/Coing* Einl. Rn. 114 ff.

Einl.   Einleitung

der Zeit **vor** dem BGB stammt, infolgedessen nicht überall mit der Begrifflichkeit und textlichen Technik der Kodifikation übereinstimmt (zB § 22 Abs. 3 S. 1: „Haftpflicht" anstatt „Haftung"). Die **Entstehungsgeschichte** spielt bei der Auslegung des ursprünglichen Textes nur mehr eine recht geringe Rolle, anders jedoch die Novelle 1980 als einem zeitnahen Gesetz.[106]

48   **2. Möglichkeiten und Grenzen dispositiver Regelungen.** Ob und wieweit der **Gesellschaftsvertrag** von den einzelnen Rechtssätzen des Gesetzes abweichen kann oder nicht, ist nicht durch eine allgemeine Norm wie § 23 Abs. 5 AktG, sondern nur für einzelne Rechtssätze ausdrücklich bestimmt (zB §§ 45 Abs. 2, 51a Abs. 3 GmbHG), iÜ im Wege der Auslegung festzustellen. Im Allgemeinen sind die Rechtssätze aber, wie auch sonst bei privatrechtlichen Gesetzen, dispositiv. Eine Strömung in der Lehre hat zwar versucht, die gesellschaftsvertragliche Gestaltungsfreiheit – auch bei der GmbH – durch die besonderen **typologischen Strukturen** der einzelnen Gesellschaftsform allgemein zu begrenzen. Doch ist dies mit dem Gesetz nicht vereinbar und auch de lege ferenda abzulehnen.[107] Der Ansatz bleibt jedoch in anderer Bedeutung relevant, wenn auch für die GmbH wohl am wenigsten: Der „Typus" oder das „Leitbild", auch das „Wesen" der AG oder der GmbH meinen übereinstimmend die Grundvorstellungen über die betr. Gesellschaft, wie sie das Gesetz enthält. Sie spielen zwar insofern bei der Auslegung eine Rolle, als bei einer „atypischen" Gesellschaft einzelne Normen möglicherweise nicht so angewendet werden können, wie es der Grundvorstellung entspricht (vgl. dazu Rn. 50 ff.). Davon zu unterscheiden ist die rechtstatsächliche Klassifizierung verschiedener GmbH-Typen (vgl. dazu Rn. 109 ff.).

49   **3. Analoge Anwendung.** Eine analoge Anwendung anderer Rechtssätze sieht das GmbHG *ausdrücklich* nur in wenigen Bestimmungen vor, nämlich des Aktienrechts in §§ 51b (Auskunfts- und Einsichtsrecht), 52 (Aufsichtsrat) und 75 (Nichtigkeitsklage gegen die GmbH). Daraus ist aber nicht zu schließen, dass das Aktienrecht iÜ nicht analog anwendbar oder auch dass es sonst regelmäßig zur Lückenausfüllung anzuwenden wäre (vgl. dazu Rn. 51, 55 ff.).

II. Die richterliche Rechtsfortbildung

50   **1. Umfang richterlicher Rechtsfortbildung.** Das GmbHG bedarf über die Auslegung hinaus im besonderen Maße der richterlichen Ergänzung und Fortbildung. Das liegt nicht nur an seinem Alter (und der nur punktuellen Änderungen durch den zwischenzeitlichen Gesetzgeber) und an seiner Herkunft (aus gesetzgeberischem Entschluss und nicht aus langerprobter Praxis). Es liegt vielmehr auch daran, dass der Gesetzgeber das Leitbild der GmbH überaus weit gefasst (vgl. Rn. 42 ff.) und die Praxis es nahezu voll ausgeschöpft hat (vgl. Rn. 109 ff.).

51   **a) Ergänzung durch Aktienrecht und Personengesellschaftsrecht.** Zur Ergänzung des GmbHG kommen in erster Linie sowohl das Aktienrecht als auch das Personengesellschaftsrecht, insbes. das Recht der OHG und der KG, in Betracht. Als Faustregel gilt: soweit die GmbH Kapitalgesellschaft ist, hat grds. das Aktienrecht den Vorrang (vgl. jedoch Rn. 55); soweit sie Personengesellschaft ist, das Recht dieser Gesellschaften. Doch lassen sich danach keineswegs alle Fragen beantworten. Es gibt

---

[106] Vgl. dazu grds. etwa BGHZ 46, 74, 79 ff. = NJW 1967, 343 „Schallplatten"; daneben aber auch BGHZ 83, 122, 136 ff. = NJW 1982, 1703 = DB 1982, 795 „Holzmüller" bzw. „Seehafenbetriebe".

[107] So auch die hM, vgl. bes. *Schultze-v. Lasaulx* ZgesGenW 1971, 325; *Wiedemann* S. 73 f.; *F. Kübler* NJW 1984, 1857, 1863 f.

B. Auslegung und Anwendung des Gesetzes **Einl.**

Komplexe innerhalb des GmbH-Rechts, die weder der einen noch der anderen Gesellschaftsart eindeutig zuzurechnen sind. Insofern können nur eine sorgfältige Analyse der in Betracht kommenden Rechtssätze und der ihnen zugrunde liegenden Interessensituationen helfen, weniger aber allgemeine Rechtsgrundsätze, wie etwa die Figur der Körperschaft oder der Gesellschaft ieS als Gegensatzpaar.[108]

b) Allgemeines Privatrecht. Subsidiär findet auch das BGB als das allgemeine Privatrecht Anwendung. Das gilt namentlich für allgemeine Rechtssätze wie § 242 BGB oder die Vorschriften über die Verjährung, über die Ausübung von Rechten, aber auch die allgemeinen Vorschriften des **Körperschaftsrechts,** wie § 29 BGB (Notbestellung, vgl. § 6 Rn. 32, § 35 Rn. 76 f.), § 31 BGB (Organhaftung, vgl. § 13 Rn. 19) und § 35 BGB (Sonderrechte, vgl. § 14 Rn. 26 ff., § 53 Rn. 51). Grds. sind auch die **Vorschriften über Rechtsgeschäfte** (§§ 104 bis 185 BGB) und das **allgemeine Schuldrecht** (§§ 241 bis 432 BGB) anzuwenden. Da sie jedoch vorwiegend nach dem zweiseitigen Vertrag ausgerichtet sind und die Besonderheiten des Gesellschaftsvertrages und überhaupt das Gesellschaftsrecht zu wenig berücksichtigen, können sie – wie überall im Gesellschaftsrecht – nur mit Vorsicht herangezogen werden, und zwar sowohl für den Gesellschaftsvertrag wie für die Beschlüsse der Organe und die Willenserklärungen im Organisationsrecht. Alles Einzelne ist noch sehr streitig, vgl. § 2 Rn. 58 ff.[109] 52

c) Vereinsrecht oder BGB-Gesellschaftsrecht. Die Frage, ob im Besonderen das Vereinsrecht (§§ 21 ff. BGB) oder das BGB-Gesellschaftsrecht (§§ 705 ff. BGB) subsidiär maßgebend sein soll, kann nicht schlechthin beantwortet werden. Da die GmbH körperschaftsrechtliche und personengesellschaftsrechtliche Elemente miteinander verbindet, kommt beides in Betracht. Die entsprechende Faustregel lautet hier: Soweit die GmbH Körperschaft ist, hat das Vereinsrecht den Vorrang, soweit sie Personengesellschaft ist, das BGB-Gesellschaftsrecht. 53

2. Ergebnisse der richterlichen Rechtsfortbildung. Die Rechtsfortbildung durch den Richter hat für die GmbH eine Reihe unbestrittener Ergebnisse gebracht, die zum Teil als Gewohnheitsrecht gelten können. Hierzu gehört nicht zuletzt die GmbH & Co. KG (vgl. dazu Rn. 134 ff.). IÜ ist sie aber noch keineswegs abgeschlossen. Sie hat sich bisher mit Recht von dem Gedanken leiten lassen, dass die GmbH in erster Linie eine Gesellschaftsform für kleinere und mittlere Unternehmen sein soll, dass ihr aber auch andere Anwendungsmöglichkeiten keinesfalls versperrt werden dürfen. Demgemäß verzichtet die Rspr. darauf, sich bei der Fortbildung einseitig auf das Aktienrecht oder auf das Personengesellschaftsrecht zu stützen. Je mehr **allgemeine** Konturen des Gesellschaftsrechts herausgearbeitet werden, umso sicherer wird die Rspr. das GmbH-Recht fortentwickeln können.[110] 54

3. Voraussetzungen und Grenzen der Anwendbarkeit des Aktienrechts. Gegenüber dem Aktienrecht hat die Rspr. aus diesem Grunde immer eine gewisse Dis- 55

---

[108] Ähnl., aber noch weniger entschieden *Feine* S. 51; vgl. auch *Reuter* Die „Wesenselemente" der Personengesellschaft in der neueren Rspr., GmbHR 1981, 129.
[109] Vgl. auch MüKo BGB/*Ulmer* Vor § 705 Rn. 9 ff. mwN.
[110] Vgl. zB zum Gleichbehandlungsgebot BGHZ 116, 359, 373 = NJW 1992, 892, 895 f. = BB 1992, 448, 451; BGHZ 111, 224, 227 = NJW 1990, 2625 = BB 1990, 1293 obiter; *Baumbach/Hueck/G. Hueck/Fastrich* § 13 Rn. 35 ff.; *Wiedemann* S. 427 ff.; für die AG ausdrücklich § 53 a AktG; siehe auch § 13 Rn. 94 ff.; zur Durchgriffshaftung BGHZ 54, 222 = NJW 1970, 2015 = DB 1970, 1874; BGHZ 68, 312 = NJW 1977, 1449 = GmbHR 1977, 198; BGHZ 78, 318, 332 ff. = NJW 1981, 522, 525 = MDR 1981, 314; BGH NJW-RR 1988, 1181 = DB 1988, 1848; BGHZ 125, 366 = NJW 1994, 1801 = LM § 13 Nr. 24 m. Anm. *Roth;* BSG ZIP 1996, 1134.

tanz gehalten und nur dann auf dessen Normen zurückgegriffen, wenn die Interessenlage in einer wesentlich kapitalgesellschaftsrechtlichen Frage es nahe legt.[111] In diesem Sinne äußert sich auch ausdrücklich der Bericht des Rechtsausschusses zur GmbH-Novelle 1980.[112] So unterliegt der GmbH-Gesellschaftsvertrag in gleicher Weise der freien Nachprüfung durch das Revisionsgericht wie die Satzung der AG.[113] Ebenfalls sind die aktienrechtlichen Vorschriften über die Nichtigkeit und Anfechtbarkeit von Hauptversammlungsbeschlüssen (§§ 241 ff. AktG) grds., wiewohl nicht uneingeschränkt, auf die Beschlüsse der Gesellschafterversammlung analog anzuwenden.[114] Die Beweislast für Schadensersatzansprüche gegen Geschäftsführer richtet sich iA nach § 93 Abs. 2 AktG; vgl. § 43 Rn. 36. Andere wichtige und neuartige Teile des Aktienrechts, wie namentlich das **Konzernrecht** des III. Buches AktG 1965 kommen hingegen nur sehr eingeschränkt in Betracht.[115] Wieweit das aufsehenerregende „Autokran"-Urteil,[116] das §§ 303, 322 AktG für gewisse Fälle analog anwendet, „Hammer Bank" bzw. „Tiefbau",[117] das § 302 AktG analog und „Video",[118] das § 303 AktG analog heranzieht, einen neuen Weg weisen – namentlich zu einer eigenen Kategorie des „qualifizierten" Konzerns –, hat der BGH durch das „TBB"-Urteil[119] und das „Quickborner EDV"-Urteil[120] bereits recht erheblich relativiert. Denn nicht mehr wie in den erstgenannten Urteilen soll die dauernde und umfassende Leitung der abhängigen Gesellschaft den Haftungsgrund bilden, sondern die rechtswidrige Beeinträchtigung ihrer Interessen, was letztlich missbräuchliche Ausnutzung der beherrschenden Gesellschafterstellung bedeutet.

56 Dies hat *Kübler*[121] fragen lassen, ob ein solches Ergebnis nicht auch unter Durchgriffsgesichtspunkten zu erreichen gewesen wäre – der „Autokran"-Fall[122] ist ein Beispiel extremer Vermögensvermischung.[123] Dann ist aber mit *K. Schmidt*[124] auch zu bezweifeln, ob eine solche Verhaltenshaftung wirklich den Konzerntatbestand voraussetzt. Zugunsten des beherrschenden Gesellschafters wäre letzterer allerdings kaum als eine Hürde vor Haftung anzusehen, da die Rspr. auch natürliche Personen, deren anderweitige unternehmerische Betätigung sich in der Einflussnahme auf andere Gesellschaften, an denen er maßgeblich beteiligt ist, erschöpft, als herrschendes Unternehmen iS des Konzernrechts betrachtet.[125] Nachdem die Ausübung der Leitungsmacht nicht (mehr)

---

[111] Vgl. zB BGHZ 70, 132, 139 f. = NJW 1978, 636 = GmbHR 1978, 152.
[112] BT-Drucks. 8/3908 S. 67.
[113] BGHZ 14, 25, 36 = NJW 1954, 1401; BGHZ 48, 141, 144 = NJW 1967, 2159.
[114] Vgl. BGHZ 36, 207, 210 = NJW 1962, 538; BGHZ 43, 261 = NJW 1965, 1378; BGHZ 51, 209 = NJW 1969, 841; BGHZ 100, 264 = NJW 1987, 2580 = GmbHR 1987, 424; BGHZ 104, 66 = NJW 1988, 1844 = GmbHR 1988, 304; BGHZ 111, 224 = NJW 1990, 2625 = BB 1990, 1293; BGHZ 137, 378 = NJW 1998, 1559 = BB 1998, 635; *Baumbach/Hueck/Zöllner* Anh. § 47 Rn. 1 ff.
[115] Vgl. Anh. nach § 52 Rn. 5; *Scholz/Emmerich* Bd. I Anh. Konzernrecht Rn. 12 ff.
[116] BGHZ 95, 330 = NJW 1986, 188 = DB 1985, 2341.
[117] BGHZ 107, 7 = NJW 1989, 1800 = DB 1989, 816.
[118] BGHZ 115, 187 = NJW 1991, 3142 = DB 1991, 2176.
[119] BGHZ 122, 123 = NJW 1993, 1200 = DB 1993, 825; bestätigend NJW 1996, 1284 = AG 1996, 221 = GmbHR 1996, 862; vgl. auch *Mülbert* DStR 2001, 1937 ff.
[120] NJW 1994, 446 = DB 1994, 370 = GmbHR 1994, 171.
[121] BGHZ 122, 123 = NJW 1993, 1200 = GmbHR 1993, 283.
[122] BGHZ 95, 330 = NJW 1986, 188 = GmbHR 1986, 78.
[123] Vgl. auch insoweit *Lutter* DB 1994, 12.
[124] AG 1994, 189.
[125] BGHZ 122, 123 = NJW 1993, 1200 = DB 1993, 825; BGH NJW 1994, 446 = DB 1994, 370 = GmbHR 1994, 171.

B. Auslegung und Anwendung des Gesetzes **Einl.**

die Vermutung der Beeinträchtigung der Belange der abhängigen Gesellschaft begründet, muss der Kläger die tatsächlichen Umstände, aus denen sich der Haftungsanspruch ergeben soll, darlegen und beweisen.[126] Der Übergang vom Entlastungsbeweis des Beklagten[127] zur Darlegungs- und Beweislast des Klägers dürfte jedoch in praxi nicht so erheblich sein, da ihm wegen seines mangelnden Einblicks in die Konzerninterna hinsichtlich seiner Substantiierungslast die von der Rspr. gewährten Erleichterungen zugute kommen.[128]

Im „Bremer-Vulkan"-Urteil[129] hat der BGH die entsprechende Anwendung der konzernrechtlichen Regelungen gemäß §§ 291 ff., 311 ff. AktG zumindest für den Fall abgelehnt, in dem es sich um den Schutz einer abhängigen GmbH vor Eingriffen ihres Alleingesellschafters handelt.[130] Ob es sich um den Fall eines einfachen faktischen Konzerns handelt oder ob eine qualifizierte faktische Konzernierung vorlag, brauchte der BGH nicht zu entscheiden; konsequenterweise auch nicht das Problem der jeweils sachnäheren Haftungsnormen – §§ 291 ff. AktG oder §§ 311 ff. AktG. Vielmehr beschränkt der BGH den Schutz der Einpersonen-GmbH[131] auf die Erhaltung ihres Stammkapitals iSd. §§ 30, 31[132] und die Gewährleistung ihres Bestandes[133] in dem Sinne, dass ihr Alleingesellschafter bei Eingriffen in das Vermögen der Gesellschaft angemessene Rücksicht auf deren Eigenbelange zu nehmen hat.[134] Dies wird als Abkehr des BGH von seinem Haftungsmodell auf der Grundlage eines qualifiziert faktischen GmbH-Konzerns[135] zugunsten einer konzernunabhängigen Haftungsstruktur[136] interpretiert, wofür vieles spricht.[137] 57

4. Heranziehung des Personengesellschaftsrechts. Das Personengesellschaftsrecht wird an mehreren Punkten herangezogen. So hat die Rspr. in Anlehnung an §§ 133, 140 HGB (aber auch an § 39 BGB) den Ausschluss eines Gesellschafters sowie seinen Austritt aus wichtigem Grunde entwickelt.[138] Der BGH hat auch die actio pro socio für die GmbH anerkannt.[139] Vor allem aber stellt die Rspr. an die **Treuepflicht** 58

---

[126] BGHZ 122, 123, 132 f. = NJW 1993, 1200 = DB 1993, 825.
[127] So noch BGHZ 95, 330, 344 = NJW 1986, 188 = GmbHR 1986, 78; BGHZ 115, 187, 194 = NJW 1991, 3142.
[128] BGHZ 122, 123 = NJW 1993, 1200 = DB 1993, 825; vgl. dazu auch § 52 Anh. Rn. 90 ff.; zum Problem der gesellschaftsinternen Rechtsstreitigkeiten und der Übernahme der einschlägigen Entwicklung im Aktienrecht *Joost* ZGR 1984, 71 sowie für die AG BGHZ 106, 54 = NJW 1989, 979 = DB 1989, 165 „Opel".
[129] BGH NJW 2001, 3622 ff. = DB 2001, 2338 ff. = DStR 2001, 1853 ff. (mit Anm. *Goette*).
[130] Vgl. BGH NJW 2001, 3622 ff. = DB 2001, 2338, 2339 = DStR 2001, 1854.
[131] Die abhängige Einpersonen-GmbH ist der Regelfall für die Konzernhaftung auf Grund faktisch qualifizierten GmbH-Konzerns, vgl. *Altmeppen* DB 2001, 1837, 1838.
[132] So schon *Mülbert* DStR 2001, 1937, 1941 ff.; hierfür haften auch ihre Geschäftsführer nach § 43 Abs. 3.
[133] *Bitter* WM 2001, 2133, 2136 hält dies für keinen geeigneten Anknüpfungspunkt.
[134] Vgl. BGH DB 2001, 2338, 2339 = DStR 2001, 1854.
[135] Wie durch das „TBB"-Urteil BGHZ 122, 123 = NJW 1993, 1200 = DB 1993, 825 begründet; vgl. hierzu *Emmerich/Sonnenschein* § 20 a.
[136] Vgl. hierzu *Röhricht*, FS 50 Jahre BGH, S. 83 ff.
[137] So *Goette* DStR 2001, 1857; *Altmeppen* ZIP 2001, 1837, 1838; *ders*. NJW 2002, 321, 324; *Bitter* WM 2001, 2133, 2135; *Römermann/Schröder* GmbHR 2001, 1015, 1020; zurückhaltender *Wilken* DB 2001, 2383, 2384; *K. Schmidt* NJW 2001, 3577, 3581; *Ulmer* ZIP 2001, 2021, 2024 hingegen nimmt eine Klarstellung und Fortentwicklung von „TBB" an.
[138] BGHZ 9, 157 = NJW 1953, 780; BGHZ 16, 317 = NJW 1955, 667.
[139] BGHZ 65, 15, 21 „ITT" = NJW 1976, 191 = BB 1975, 1450; BGH WM 1982, 928 = ZIP 1982, 1203.

Einl.

der Gesellschafter ähnlich hohe Anforderungen wie im Personengesellschaftsrecht und gibt damit der richterlichen Kontrolle weiten Raum.[140] Aus der Treuepflicht ergibt sich die Verpflichtung des einzelnen Gesellschafters, die Verfolgung des Gesellschaftszwecks nicht zu gefährden, sich vielmehr hierfür einzusetzen und auch auf die Interessen seiner Mitgesellschafter Rücksicht zu nehmen.[141] Ihre Konkretisierung hat jedoch auf die Eigenart der einzelnen Gesellschaft Rücksicht zu nehmen: Wenige, aktiv mitarbeitende Gesellschafter schulden einander und der Gesellschaft wesentlich mehr an Treuepflichten (nämlich ähnlich wie die Gesellschafter einer OHG) als die (vielen) Gesellschafter einer aktienrechtsähnlich ausgestalteten Gesellschaft.[142] Vorzeitige Verallgemeinerungen oder Übertreibungen sind nicht angebracht.

59 **5. Treuepflicht und konzernrechtliche Probleme.** Aus dem Gedanken der Treuepflicht löst die Rspr. auch grds. die konzernrechtlichen Probleme, die sich vor allem aus dem Einfluss eines (Haupt-)Gesellschafters auf die Geschäftsführung ergeben.[143] Diese Rspr. hat sich gefestigt und dürfte sich noch weiter differenzieren, nachdem der BGH eine gesellschaftsrechtliche Treuepflicht auch des (Mehrheits-)Aktionärs neben §§ 311 ff. AktG stellt.[144] Neuerdings dehnt der BGH die Treuepflichten der Aktionäre untereinander weit (über das Linotype-Urteil) hinaus, indem er sie grds. auf den Minderheits- und Kleinaktionär erstreckt.[145] – IÜ wendet die Rspr.[146] für gewisse Fälle das Aktienkonzernrecht an: Der *Abschluss* des Beherrschungs und Gewinnabführungsvertrages bedarf eines Zustimmungsbeschlusses der Gesellschafter sowohl der herrschenden als auch der beherrschten GmbH[147] und der konstitutiven Eintragung in das Handelsregister der beherrschten Gesellschaft. Die Erfordernisse zur **Aufhebung** des Unternehmensvertrages sind nach verbreiteter Ansicht[148] dieselben, während andere[149] das Erfordernis eines Zustimmungsbeschlusses der Gesellschafter der beherrschten Gesellschaft verneinen und – in Übereinstimmung mit LG Konstanz[150] – der Handelsregistereintragung lediglich deklaratorische Bedeutung beimessen.[151]

---

[140] Vgl. hierzu MüKo BGB/*Ulmer* § 705 Rn. 181 ff.; *M. Winter* Mitgliedschaftliche Treubindungen im GmbH-Recht, 1988; *Th. Raiser* ZHR 151 (1987), 422; *Goette* Anm. zu BGH DStR 1994, 215 f.

[141] Vgl. BGHZ 9, 157, 163 = NJW 1953, 780; BGHZ 14, 53, 57 = NJW 1954, 1564; BGHZ 65, 15, 18 = NJW 1976, 191 = BB 1975, 1450.

[142] Vgl. BGHZ 14, 25, 38 = NJW 1954, 1401.

[143] Vgl. BGHZ 65, 15 „ITT" = NJW 1976, 591 = BB 1975, 1450.

[144] BGHZ 103, 184 = NJW 1988, 1579 „Linotype" = DB 1988, 593.

[145] „Girmes" ZIP 1995, 819 = DB 1995 1064 = EWiR § 135 AktG 1/95 m. krit. Anm. *Rittner;* vgl. auch *Bungert* DB 1995, 1749 sowie früher *M. Winter* Mitgliedschaftliche Treuebindungen im GmbH-Recht, 1988.

[146] So bes. BGHZ 105, 324 = NJW 1989, 295 = DB 1988, 2623 „Supermarkt"; BGHZ 116, 37 = NJW 1992, 505 = GmbHR 1992, 34 „Hansa-Feuerfest"; BGH NJW 1992, 1452 = DB 1992, 828 = GmbHR 1992, 253 „Siemens".

[147] Mit qualifizierter Mehrheit, umstr. vgl. *Bungert* NJW 1995, 1118 Fn. 16; *Pache* GmbHR 1995, 90.

[148] LG Konstanz GmbHR 1993, 443 = WM 1993, 953 = ZIP 1992, 1736 m. Anm. *Ebenroth/Wilken*.

[149] OLG Karlsruhe NJW-RR 1994, 1062 = GmbHR 1994, 807 = ZIP 1994, 1022 und OLG Frankfurt/M. NJW-RR 1994, 296 = DB 1993, 2478 = AG 1994, 85.

[150] Fn. 148.

[151] Vgl. dazu *Bungert* NJW 1995, 1118 Fn. 16; *Schlögell* GmbHR 1995, 401 sowie zur analogen Anwendung der §§ 302, 303, 322 AktG auf Fälle des („qualifizierten") faktischen GmbH-Konzerns vgl. Rn. 55 aE und *Timm/Geuting* GmbHR 1996, 229.

B. Auslegung und Anwendung des Gesetzes   **Einl.**

III. Rechtsanwendung und Lückenausfüllung im Einzelfall

1. Gesellschaftsvertrag. Jede Rechtsanwendung im GmbH-Recht hat mit dem Ge- 60
sellschaftsvertrag zu beginnen, da das Gesetz der Inhaltsfreiheit weiten Raum gibt (vgl.
Rn. 48). Nur selten ergibt sich, dass eine Vertragsbestimmung gegen zwingendes Recht
verstößt und deswegen nichtig ist. Das verhindert regelmäßig, abgesehen von der
notariellen Beurkundung, die insoweit uneingeschränkte registergerichtliche Kontrolle
bei der Gründung (§ 9c Abs. 2, vgl. § 9c Rn. 15ff.) und bei der Satzungsänderung
(§ 54). Die Gesellschaftsverträge sind gemäß §§ 133, 157 BGB, ihrer Funktion entsprechend, auszulegen. Dabei ist streitig, ob zwischen sog. körperschaftlichen und
individualrechtlichen Bestimmungen zu unterscheiden ist.[152] Die Unterscheidung ist
berechtigt[153] (und vom BGH auch wohl nur so gemeint), falls ausnahmsweise individualrechtliche Vereinbarungen – als sog. „unechte Satzungsbestandteile" – in einen
GmbH-Vertrag aufgenommen wurden; vgl. dazu § 3 Rn. 2. IÜ, d.h. regelmäßig für
den gesamten Vertrag, gilt, dass er einheitlich, d.h. nicht unterschiedlich gegenüber
einzelnen Beteiligten oder etwa im Außen- oder Innenverhältnis, ausgelegt werden
muss. Denn er ist für einen unbestimmten Personenkreis, insbes. auch für die Gläubiger der Gesellschaft und für künftige Gesellschafter bestimmt.[154]

2. Lücken im Gesellschaftsvertrag. Ergeben sich, wie nicht selten, bei der Ausle- 61
gung des Gesellschaftsvertrages **Lücken**, so sind diese primär aus dem Zusammenhang
des Vertrages selbst, sekundär aus dem dispositiven Gesetzesrecht zu schließen. Ein
vorzeitiger Rückgriff auf das Gesetz wäre nämlich häufig ein Griff ins Leere oder in das
allzu Unbestimmte, während der Vertrag in Verbindung mit anderen Erkenntnisquel-
len regelmäßig zu einer sinnvollen Ausfüllung der Lücken führt.

3. Schematische Typisierung. Dabei hilft eine schematische Typisierung, wie sie 62
hier und dort empfohlen wird, nicht weiter. Die personalistische und die körperschaftliche (oder kapitalistische) GmbH sind – besonders in dieser Antithese – Idealtypen.
Die Rechtswirklichkeit zeigt hingegen überwiegend Mischformen, in denen sich diese
Gegensätze miteinander verbinden. Die Auslegung kann daher nur tendenziell diesem
Ansatz folgen und etwa bei einer typischen Arbeitsgemeinschafts-GmbH weniger Gesell-
schafter die Lücken im Sinne einer solchen Gesellschaft, bei einer aktienrechtsähnlich
gestalteten Gesellschaft mit vielen Gesellschaftern in ihrem spezifischen Sinn ausfüllen.
Dasselbe gilt für die Unterscheidung zwischen „Satzungs-GmbH" und „Vertrags-
GmbH", die *Reuter*[155] diskutiert.

---

[152] So anscheinend BGHZ 14, 25, 36f. = NJW 1954, 1401; BGHZ 36, 296, 314f. = NJW
1962, 864; LM ZPO § 549 Nr. 25; BGHZ 96, 245, 250 = NJW 1986, 1604 = DB 1986, 474;
BGHZ 123, 347 = NJW 1994, 51 = LM AktG § 23 Nr. 2; vgl. auch *Hachenburg/Ulmer* § 2
Rn. 138ff.; *Scholz/Emmerich* 8. Aufl. § 2 Rn. 38; § 2 Rn. 67ff.; anders nunmehr *Scholz/Emmerich*
§ 2 Rn. 38.
[153] AA *Scholz/Emmerich* § 2 Rn. 38.
[154] So schon RGZ 140, 303, 306.
[155] MüKo BGB/*Reuter* 1. Aufl. Vor § 21 Rn. 90ff.; ders. GmbHR 1981, 129, 136f.; ähnlich ferner *Martens* Mehrheits- und Konzernherrschaft in der personalistischen GmbH, 1970,
S. 144ff.

Einleitung

C. Steuerrechtliche Fragen

Literatur: I. Allgemeines: *Ammon/Burkert/Gorlitz/Wagner* Die GmbH, 2. Aufl. 1995; *Bauschatz* Verdeckte Gewinnausschüttung und Fremdvergleich im Steuerrecht der GmbH, Diss 2001; Bonner Handbuch GmbH (Losebl.); *Birk* Steuerrecht, 3. Aufl. 2000; *Brönner* Die Besteuerung der Gesellschaften, 17. Aufl. 1999; *Bruschke/Apitz* Steuerhandbuch für die GmbH, 2. Auflage 1996; *Döllerer* Die GmbH in der Rechtsprechung des Bundesfinanzhofs in: Pro GmbH, S. 169; Gutachten der Steuerreformkommission 1971, 1971, S. 294 ff.; *Dörner* Die Steuern der GmbH und ihrer Anteilseigner, 4. Aufl. 2001; GmbH-Handbuch, hrsg. v. *Eder/Tillmann* (Losebl.); *Gail/Düll/Fuhrmann/Grupp/Eberhard* Aktuelle Entwicklungen des Unternehmenssteuerrechts, DB-Beilage 15/2000 (zu Heft 49/2000); *Jacobs* Rechtsformwahl und Unternehmenssteuerreform: Personenunternehmung oder Kapitalgesellschaft, DStR 2001, 806; *Jacobs* Unternehmensbesteuerung und Rechtsform, 3. Aufl. 2002; *Kirchhof/Jakob/Beermann* Steuerrechtsprechung, Steuergesetz, Steuerreform, FS Offerhaus, 1999; *H. K. Klauss/H. J. Klauss/Birle* Die GmbH, 5. Aufl. 1992; *Knobbe-Keuk* Bilanz- und Unternehmenssteuerrecht 9. Aufl. 1993; *Koch/Sarrazin* Die GmbH in der steuerlichen Gesetzgebung in: Pro GmbH, S. 115; *Lippross* Basiskommentar Steuerrecht (Losebl.); *Mössner/Baumhoff/Fischer-Zernin/Greif/Henkel/Menck/Piltz/Schröder/Stadie/Tillmann* Steuerrecht international tätiger Unternehmen, 2. Aufl. 1998; *Neu/Neumann/Neumayer* Handbuch der GmbH-Besteuerung; *Pietsch/Hottmann/Fanck* Besteuerung von Gesellschaften, 9. Aufl. 2002; *Plewka/Söffing* Die Entwicklung des Steuerrechts, NJW 1996, 1938, 2552, 3183; NJW 1998, 873; NJW 1999, 912, 2004, 2782; NJW 2000, 3103; NJW 2001, 1831, 3674, NJW 2002, 944; *Raupach* Die Satzung der GmbH nach der Körperschaftsteuerreform, in: Pro GmbH, S. 205; *Scheffler* Besteuerung von Unternehmen, 3. Aufl. 1998; *E. Schmidt* Einkommensteuergesetz, 21. Aufl. 2002; *Schulze zur Wiesche/Hohlfeld/Hansen* GmbH-Taschenbuch, 5. Aufl. 1995; *Strahl* GmbH und Gesellschafter: Steueroptimale Gestaltungen und Formulierungen, NWB 1999, 2733; *Streck* Körperschaftsteuergesetz, 6. Aufl. 2002; *Stuhrmann* Überblick über die Steuerrechtsänderungen des Jahres 2001, NJW 2002, 638; *Tipke/Lang* Steuerrecht, 17. Aufl. 2001; *von Wallis/Brandmüller/Schulze zur Wiesche* Besteuerung der Personen- und Kapitalgesellschaften, 5. Aufl. 1999; *Widmann* (Hrsg.) Besteuerung der GmbH und ihrer Gesellschafter, 1997; *Winter/Ballof/Posdziech/Menger/Geissen* Handbuch der GmbH-Besteuerung (Losebl.); *Wöhe* Die Steuern des Unternehmens, 6. Aufl. 1991; *Wrede* Die Besteuerung der GmbH 1992; sowie die Kommentare zu den Steuergesetzen.

II. StEntlG 1999/2000/2002, StSenkG: OFD München Überblick zum Steuersenkungsgesetz, BB 2000, 1770; *Dötsch/Pung* Steuersenkungsgesetz: Die Änderungen bei der Körperschaftsteuer und bei der Anteilseignerbesteuerung, DB 34/2000 Beilage 10; *dies.* Steuerentlastungsgesetz 1999/2000/2002: Änderungen des KStG, DB 1999, 867; *dies.* Erstmalige Anwendung des Halbeinkünfteverfahrens und letztmalige Anwendung des Anrechnungsverfahrens auf Auflösungsgewinne/-verluste i. S. von § 17 Abs. 4 EStG, DB 2002, 173; *Endres* Handlungsbedarf aus der Unternehmenssteuerreform, Consultant 5/2000, 42; *Freshfields/Bruckhaus/Deringer* Unternehmenssteuerreform – Die Neuregelungen des Steuersenkungsgesetzes für Kapitalgesellschaften und ihre Anteilseigner, NJW-Beilage 51/2000; *Haritz/Slabon* Unternehmenssteuerreform: Übergangsregelungen bis in das Jahr 2002, GmbHR 2000, 593; *Herrmann/Heuer/Raupach* (Hrsg.) Steuerreform 1999/2000/2002; *Hild* Report zum Steuersenkungsgesetz, BB 2000, 1656; *Hüsing* Die Verlustverrechnung nach neuem Recht, DB 1999, 1149; *Kippenberg* International relevante Änderungen durch das Steuerentlastungsgesetz 1999/2000/2002, IStR 1999, 204; *Lang, J.* Die Unternehmenssteuerreform – eine Reform pro GmbH, GmbHR 2000, 453; *Müller-Gatermann* Grundentscheidungen der Unternehmenssteuerreform, Entlastungswirkungen und Gegenfinanzierungsmaßnahmen, GmbH 2000, 650; *Otte* Änderungen im Körperschaftsteuerrecht ab 1999, BB 1999, 771; *Pauka* Änderung des Körperschaftsteuerrechts durch das StEntlG 1999/2000/2002, NWB 1999, Fach 4, S. 4263; *Raupach/Böckstiegel* Die Verlustregelungen des Steuerentlastungsgesetzes 1999/2000/2002, FR 1999, 617: *Rödder/Schumacher* Unternehmenssteuerreform 2001: Wesentliche Änderungen des Steuersenkungsgesetzes gegenüber dem Regierungsentwurf und Regeln zu seiner erstmaligen Anwendung, DStR 2000, 1453; *Schaal/Tenbrock* Steuersenkungsgesetz Consultant 5/2000, 37; *M. Seifert* Das Steuerentlastungsgesetz 1999/2000/2002 im Überblick, StuB 1999, 355; *Stein* Unternehmenssteuerreform in der Kritik, Institut „Finanzen und Steuern", 2000; *Werra* Unternehmenssteuerreform: Aspekte des nationalen und internationalen Konzernsteuerrechts, FR 2000, 645.

I. Allgemeines

63 Die GmbH wird auch von den Steuergesetzen als **Rechtssubjekt** behandelt; sie ist insbes. Steuerpflichtiger iSd. § 33 AO. Für die Steuerschulden haftet sie wie im Pri-

C. Steuerrechtliche Fragen   **Einl.**

vatrechtsverkehr lediglich mit ihrem Vermögen. Ob sie steuerpflichtig ist, ergibt sich aus den Gesetzen des Einzelsteuerrechts (vgl. Rn. 64 ff.). Über den Beginn der Steuerpflicht bei der Vorgesellschaft und der Vorgründungsgesellschaft vgl. Rn. 72 und § 11 Rn. 152 ff. Während die Gesellschafter als solche nicht unmittelbar für Steuerschulden in Anspruch genommen werden können, haften die **Geschäftsführer** gemäß § 34 Abs. 1 AO für die Erfüllung der steuerlichen Pflichten der Gesellschaft.[156] Die Geschäftsführer treffen insbes. die Buchführungspflichten, Auskunftspflichten usw., während Steuerschuldner (iSd. § 43 AO) die GmbH bleibt.[157] Sind mehrere Geschäftsführer bestellt, so trifft grds. jeden von ihnen die Verantwortung für die steuerlichen Pflichten der Gesellschaft.[158] Die Geschäftsführer haften mit ihrem eigenen Vermögen, soweit Ansprüche aus Steuerschuldverhältnissen der Gesellschaft infolge vorsätzlicher oder grobfahrlässiger Verletzung ihrer Pflichten nicht oder nicht rechtzeitig festgesetzt oder erfüllt werden (§ 69 AO). Sie haften darüber hinaus bei Steuerhinterziehung und Steuerhehlerei, und zwar sowohl für die verkürzten Steuern (§ 71 AO) wie im strafrechtlichen Sinne (vgl. §§ 370 ff. AO).

II. Körperschaftsteuer der GmbH sowie Einkommensteuer der Gesellschafter

Literatur: *Blümich/Ebling/Falk* Einkommensteuergesetz (Losebl.); *Doralt* Einkommensteuergesetz, 4. Aufl. 2000; *Dötsch/Eversberg/Jost/Witt* Die Körperschaftsteuer (Losebl.); *Frotscher/Maas* Körperschaftsteuergesetz, Umwandlungssteuergesetz (Losebl.); *Herrmann/Heuer/Raupach* Kommentar zur Einkommen- und Körperschaftsteuer, 21. Aufl. (Losebl.); *Kirchhof* Einkommensteuergesetz kompakt, 2001; *Kirchhof/Söhn/Mellinghoff* Einkommensteuergesetz (Losebl.); *Lademann/Lenski/Brockhoff* Kommentar zum Einkommensteuergesetz (Losebl.); *Streck* Körperschaftsteuergesetz, 12. Aufl. 2001; *Zimmermann* Einkommensteuer, 13. Aufl. 1999.

1. Die Entwicklung bis 1977. Das landesrechtliche Steuerrecht behandelte die 64 GmbH unterschiedlich. Das preußische Einkommensteuerrecht zB erfasste sie – anders als die AG, KGaA und Genossenschaft – zunächst überhaupt nicht als selbständiges Steuersubjekt. Es ging davon zwar später (1906) ab, stellte jedoch sodann die ausgeschütteten Gewinne bei den Gesellschaftern steuerfrei. Das (Reichs-)Körperschaftsteuerrecht hingegen erstreckte sich von Anfang an (1920) auch auf die GmbH, allerdings mit einem Körperschaftsteuersatz von 10 %. Da die ausgeschütteten Gewinne bei den Gesellschaftern als „Einkünfte aus Kapitalvermögen" der Einkommensteuer unterlagen, wurden sie **doppelt besteuert.** Die GmbH hatte damit, soweit sie ihre Gewinne nicht thesaurierte, einen erheblichen steuerlichen Nachteil im Vergleich zu den Personengesellschaften zu tragen, deren (gesamter) Gewinn, auf die Gesellschafter verteilt, stets und bis heute nur einmal besteuert wird (sog. Mitunternehmerschaft, nunmehr § 15 Abs. 1 Nr. 2 EStG). Diese **Benachteiligung der GmbH** hatte einige ungünstige rechtspraktische Folgen: Die Wahl zwischen den Gesellschaftsformen geriet, je mehr die Steuersätze stiegen, unter den Einfluss steuerlicher Überlegungen. Vor allem die GmbH & Co. KG (vgl. Rn. 134 ff.) wurde oft nur aus steuerlichen Gründen eingesetzt.

Nach einigen, aber unbefriedigenden Versuchen, die ausgeschütteten Gewinne durch 65 einen ermäßigten Steuersatz zu begünstigen, hatte das KStG 1977[159] die Doppelbe-

---
[156] Vgl. § 43 Rn. 87 f.; BFHE 141, 443 = BStBl. 1984 II S. 776 = DB 1984, 2543; BFHE 149, 505 = BStBl. 1988 II S. 167 = DB 1987, 2025; *Nehm* DB 1987, 124.
[157] Vgl. BFHE 100, 56 = BStBl. 1970 II S. 826 = DB 1971, 272.
[158] Vgl. dazu BFHE 141, 443 = BStBl. 1984 II S. 776 = GmbHR 1985, 30; BGH GmbHR 1985, 143 = HFR 1986, 83.
[159] Ursprüngliche Fassung v. 31. 8. 1976, BGBl. I S. 2597.

Einl. Einleitung

steuerung – bei allen Kapitalgesellschaften – grds. beseitigt, und zwar durch das **Anrechnungsverfahren.**

66 **2. Das Körperschaftsteuergesetz 1999.**[160] **a) Unbeschränkte Steuerpflicht bei Sitz im Inland.** Jede GmbH, die ihre Geschäftsleitung oder ihren Sitz im Inland hat, ist unbeschränkt, d. h. mit ihren gesamten (in- und ausländischen) Einkünften, körperschaftsteuerpflichtig (§ 1 Abs. 1 Nr. 1 u. Abs. 2 KStG). Der *Sitz* ergibt sich aus dem Gesellschaftsvertrag, § 11 AO (vgl. § 4a Rn. 3 ff.). Daher kommt der *Ort der Geschäftsleitung* nur verhältnismäßig selten als Anknüpfungspunkt in Betracht. Er ist gemäß § 10 AO („Mittelpunkt der geschäftlichen Oberleitung") aus den Umständen zu ermitteln.[161] Unter „geschäftlicher Oberleitung" einer Kapitalgesellschaft iS des § 10 AO ist ihre Geschäftsführung im engeren Sinne zu verstehen. Dies ist die sog. laufende Geschäftsführung. Zu ihr gehören die tatsächlichen und rechtsgeschäftlichen Handlungen, die der gewöhnliche Betrieb der Gesellschaft mit sich bringt und solche organisatorischen Maßnahmen, die zur gewöhnlichen Verwaltung der Gesellschaft gehören (Tagesgeschäfte).[162]

67 *Organgesellschaften* haben grds. einen eigenen Ort ihrer Geschäftsleitung, der mit dem Ort der Geschäftsleitung des Organträgers zusammenfallen kann, aber nicht muss.[163] Nach § 20 Abs. 1 AO ist für die Besteuerung von Körperschaften das Finanzamt örtlich zuständig, in dessen Bezirk sich die Geschäftsleitung der Körperschaft befindet. Das „Sitzfinanzamt" ist nur dann zuständig, wenn sich die Geschäftsleitung nicht im Inland befindet oder der Ort der Geschäftsleitung nicht festzustellen ist, § 20 Abs. 2 AO.

68 Die Körperschaftssteuerpflicht eines *ausländischen Rechtsträgers* (zB einer Körperschaft) mit inländischer Geschäftsleitung scheitert nicht grds. an der mangelnden Anerkennung seiner Rechtsfähigkeit im Inland.[164] Es wird vielmehr im Einzelfall geprüft, ob dieser Rechtsträger dem Typ und der tatsächlichen Handhabung nach einem KSt-Subjekt iSd. § 1 Nr. 1–5 KStG entspricht und ob er ggfs. selbst Einkünfte erzielt oder das Einkommen bei anderen Steuerpflichtigen zu versteuern ist.[165]

69 Eine GmbH, die weder ihre Geschäftsleitung noch ihren Sitz im Inland hat, ist lediglich mit ihren inländischen Einkünften, **„beschränkt"** körperschaftsteuerpflichtig (§ 2 Nr. 1 KStG). Dabei sind einer Kapitalgesellschaft mit Sitz in einem EU-Mitgliedsstaat und einer in Deutschland gelegenen Betriebsstätte unter den gleichen Voraussetzungen wie einer Kapitalgesellschaft mit Sitz in Deutschland folgende steuerliche Vergünstigungen zu gewähren: Zum einen sind inländischen Betriebsstätten ausländischer Kapitalgesellschaften die DBA-Schachtelprivilegien einzuräumen.[166] Damit wird der Geltungsbereich von DBA-Steuervorteilen, die abkommensrechtlich für Personen vorgesehen sind, auf die Betriebsstätten ausländischer EU-Gesellschaften bzw. EU-Personen ausgedehnt.[167] Weiterhin ist den EU-Gesellschaften die erweiterte indirekte Anrech-

---

[160] IdF v. 22. 4. 1999 zul. geänd. durch Altersvermögensgesetz v. 26. 6. 2001 (BGBl. I S. 1310).
[161] Vgl. BFHE 99, 553 = BStBl. 1970 II S. 759 = DStR 1970, 734 Nr. 513.
[162] Vgl. BFHE 188, 251 = DB 1999, 1246 f. = GmbHR 1999, 789; BFH GmbHR 1999, 94 f. = StUB 1999, 562; BFH GmbHR 1999, 564; *Hügel* ZGR 1999, 76.
[163] BFHE 176, 253 = BStBl. 1995 II S. 175 = DB 1995, 458; vgl. § 4a Rn. 10.
[164] BFHE 168, 285 = BStBl. 1992 II S. 972 = DB 1992, 2067.
[165] FinMin. NRW, Erlass v. 4. 10. 1993 – S 2701 – 2 V B 4 mit Übersicht über Anhaltspunkte für den Typvergleich, vgl. NWB-Eilnachr. Fach 1 S. 325, NWB Nr. 44, 1993 FinMin. Brandenburg, Erlass v. 1. 9. 1993 – 35 – S 2850 – 2/93 GmbHR 1993, 759.
[166] Vgl. EuGHE 1999, 6161 ff. (Rn. 58) = GmbHR 1999, 1149 ff. = DB 1999, 2037 ff. „Compagnie de Saint-Gobain".
[167] Vgl. *Eilers* DStR 1999, 1979.

C. Steuerrechtliche Fragen **Einl.**

nung ausländischer Körperschaftsteuern auf ausgeschüttete Gewinne nach Maßgabe des § 26 Abs. 2 KStG und die Anwendung des internationalen vermögensteuerlichen Schachtelprivilegs zu gewähren.[168] Das aus Art. 43, 48 EGV [Art. 52, 58 aF] abgeleitete Diskriminierungsverbot findet auch im Unternehmenssteuerrecht, speziell dem Körperschaftsteuerrecht uneingeschränkt Anwendung.

Gewisse GmbH, zB solche, die gemeinnützigen, mildtätigen oder kirchlichen Zwecken dienen, sind von der Körperschaftsteuer **befreit** (§ 5 KStG). **70**

b) Bemessungsgrundlage. Die Körperschaftsteuer bemisst sich grds. nach dem **zu** **71** **versteuernden Einkommen** (§ 7 KStG). Dieses ergibt sich aus den Bestimmungen des EStG, die in einigen Hinsichten durch §§ 7 bis 22 KStG ergänzt und modifiziert werden (vgl. bes. § 8 Abs. 1 KStG). Danach hat die GmbH als handelsrechtlich zur Buchführung verpflichtete Kapitalgesellschaft ausschließlich Einkünfte aus Gewerbebetrieb, gleichgültig welcher Einkunftsart sie nach dem EStG zuzurechnen wären (§ 8 Abs. 2 KStG). Einlagen und Nachschüsse der Gesellschafter gehören nicht zu den Einkünften der Gesellschaft. Offene und insbes. verdeckte Gewinnausschüttungen (vgl. zu diesen § 2 Rn. 94; § 29 Rn. 158 ff.) mindern gemäß § 8 Abs. 3 S. 2 KStG das Einkommen nicht.[169]

c) Beginn der Steuerpflicht. Die **Körperschaftsteuerpflicht** entsteht mit dem **72** Abschluss des notariell beurkundeten Gesellschaftsvertrages *(Vorgesellschaft)*; auf die Eintragung im Handelsregister kommt es nicht an.[170] Die Eröffnungsbilanz ist auf den Zeitpunkt aufzustellen, zu dem die Gesellschaft ihre Geschäfte beginnt (§ 242 Abs. 1 HGB). Die *Vorgründungsgesellschaft* (= Zeitraum zwischen der Vereinbarung der [künftigen] Gründer, die Errichtung einer GmbH zu planen und ggfs. durchzuführen – d. h. zB deren wirtschaftliche, finanzielle und uU technische Grundlagen und Aussichten zu untersuchen, die gegenseitigen Rechte und Pflichten in und gegenüber der Gesellschaft sowie deren Organisation festzulegen – und dem Abschluss des notariell beurkundeten Gesellschaftsvertrages) ist idR als eine Gesellschaft bürgerlichen Rechts und mithin steuerrechtlich als Mitunternehmerschaft, im Falle bereits gewerblicher Tätigkeit als gewerbliche Mitunternehmerschaft zu behandeln,[171] vgl. – auch zur Terminologie Vorgründungsgesellschaft/Vorgesellschaft – § 11 Rn. 153 f.

d) Bezüge der Geschäftsführer als Betriebsausgaben.[172] Die Bezüge der Ge- **73** schäftsführer mindern als Betriebsausgaben den Gewinn der GmbH. Dazu gehören Sachbezüge sowie Ausgaben, die der Zukunftssicherung des Geschäftsführers dienen (vgl. hierzu § 2 Abs. 2 Nr. 3 LStDV). Dies gilt auch für Gesellschafter-Geschäftsführer,

---

[168] Vgl. EuGHE 1999, 6161 ff. = GmbHR 1999, 1149 ff. = DB 1999, 2037 ff. „Compagnie de Saint-Gobain".
[169] Vgl. dazu zuletzt BFH DB 2002, 123 = GmbHR 2002, 118 = DStR 2002, 127; BFHE 195, 228 = NJW-RR 2001, 1685 = GmbHR 2001, 580; BFHE 176, 412 = BStBl. 1995 II S. 419 = DB 1995, 1005, der sehr weit geht, sowie *Wassermeyer* GmbHR 1989, 298; *ders.* DStR 1991, 1065; *Döllerer* Verdeckte Gewinnausschüttungen und verdeckte Einlagen bei Kapitalgesellschaften, 2. Aufl. 1990; *Dörner* Die Steuern der GmbH und ihrer Anteilseigner, 2. Aufl. 1993, Rn. 134 ff., 419 ff.; *Arndt/Hänichen* Steuern und Studium, Beil. 2/1994.
[170] Vgl. BFHE 169, 343 = BStBl. 1993 II S. 352 = DB 1993, 356; BFHE 109, 190 = BStBl. 1973 II S. 568 = DB 1973, 1483; *Kirchhof/v. Beckerath* EStG § 20 Rn. 61 sowie § 11 Rn. 153 ff.
[171] Vgl. *Kirchhof/von Beckerath* EStG § 20 Rn. 61.
[172] Vgl. hierzu *Spitaler/Niemann* Die Angemessenheit der Bezüge geschäftsführender Gesellschafter einer GmbH, 7. Aufl. 1999; *Flore/A. Schmidt* Berater-Checkbuch Geschäftsführer-Vergütung 2000; *Schwedhelm* BB 2000, 693 ff.; *Doetsch* Steuerliche Behandlung von Versorgungszusagen an (Gesellschafter-)Geschäftsführer, 1999.

Einl.

die aufgrund eines Anstellungsverhältnisses – und nicht auf gesellschaftsrechtlicher – Grundlage tätig sind. Eine Vermutung für die Geschäftsführertätigkeit auf Grund Dienstvertrages gibt es nicht.[173] Die Anforderungen an den Dienstvertrag in solchen Fällen, insbes. des herrschenden Gesellschafters, sind: zivilrechtlich wirksam zustande gekommener,[174] klar und eindeutiger,[175] im voraus abgeschlossener bzw. geänderter[176] Vertrag, dessen Abreden, insbes. hinsichtlich der Vergütungsbestandteile im einzelnen und insgesamt üblich und angemessen sind. Die Bemessungsgrundlage für eine zu zahlende Vergütung muss dergestalt festgelegt sein, dass diese allein durch Rechenvorgänge ermittelt werden kann.[177] Nicht ausreichend ist jedenfalls die Vereinbarung einer „angemessenen Vergütung".[178] Feste Regeln für die Angemessenheit gibt es nicht. Als maßgebliche Gesichtspunkte kommen u. a. in Betracht die gesellschaftsrechtliche Zulässigkeit der vereinbarten Vergütung (vgl. § 35 Rn. 84) oder der (Fremd-)Vergleich mit dem Gehalt eines fremden Geschäftsführers.[179]

74 Bei **gewinnabhängigen Tantiemen** müssen die Leistungen so bemessen sein, dass sie die Gesellschaft bei Anwendung der Sorgfalt eines ordentlichen und gewissenhaften Geschäftsleiters auch einem Nichtgesellschafter gewährt hätte.[180] Übersteigt das Tantiemeversprechen auch gegenüber mehreren Gesellschafter-Geschäftsführern insgesamt den Satz von 50 % des Jahresüberschusses, so spricht der erste Anschein für die Annahme einer **verdeckten Gewinnausschüttung**.[181] Diese Leistungen müssen auch vereinbarungsgemäß durchgeführt werden.[182] Sind sie durchgeführt worden, so ist bei

---

[173] BFHE 1961, 515 = BStBl. 1955 III S. 397 = DB 1955, 1208.

[174] Vgl. insbes. §§ 181 BGB, 35 Abs. 4, 46 Nr. 5 GmbHG entspr.; vgl. zur Zuständigkeit der Gesellschafterversammlung EBE/BGH 1991, 143 = DB 1991, 1065 = GmbHR 1991, 363 sowie *Gail/Düll/Schubert/Heß/Emmerich* GmbHR 1994, 737, 746; einschränkend bei zivilrechtlichen Rechtsunsicherheiten BFHE 178, 321 = BStBl. 1996 II S. 246 = NJW 1996, 479.

[175] BFHE 119, 453 = BStBl. 1976 II S. 734 = DB 1976, 2044; BFHE 157, 168 = BStBl. 1989 II S. 800 = DB 1989, 1951; BFHE 143, 263 = BStBl. 1985 II S. 345 = DB 1985, 1216; BFHE 178, 321 = BStBl. 1996 II S. 246 = DB 1995, 2452.

[176] BFHE 166, 545 = BStBl. 1992 II S. 434 = DB 1992, 1068.

[177] Vgl. BFHE 185, 224 = BStBl. 1998 II S. 545 = NZG 1998, 609.

[178] Vgl. BFH 185, 224 = BStBl. 1998 II S. 545 = NZG 1998, 609.

[179] BFHE 124, 164 = BStBl. 1978 II S. 234 = DB 1978, 773 mit Anhaltspunkten; BFHE 178, 203 = BStBl. 1996 II S. 204 = NJW 1996, 477; BFHE 179, 322 = BStBl. 1996 II S. 383 = GmbHR 1996, 464; BFHE 183, 94 = BStBl. 1997 II S. 577 = DB 1997, 1596; BFHE 184, 482 = BStBl. 1998 II S. 573; *Seibert* BB 1987, 877; *Schulze zur Wiesche* GmbHR 1991, 170; *Wassermeyer* DStR 1991, 1067; *Frischholz* Die steuerliche Betriebsprüfung 1995, 11 mit Rechtsprechungsüberblick; *Pauka* NWB 1996 Fach 4 S. 4051; Beck'sches HdB GmbH/*Axhausen* § 5 Rn. 41 ff., 46; vgl. zur statistischen Verteilung von Geschäftsführerbezügen *Feldkamp* Stbg 1999, 137.

[180] BFHE 89, 208 = BStBl. 1967 III S. 626 = DB 1967, 1659; BFHE 120, 511 = BStBl. 1977 II S. 477 = DB 1977, 940; BFHE 167, 42 = BStBl. 1992 II S. 690 = DB 1992, 1455; BFHE 179, 88 = NJW 1996, 2054 = DB 1996, 307; BFHE 178, 203 = BStBl. 1996 II S. 204 = NJW 1996, 477.

[181] BFHE 176, 524 = BStBl. 1995 II S. 549 = DB 1995, 957 mit weiteren Ausführungen zur Angemessenheit; dazu *Plewka/Söffing* NJW 1995, 3158 mwN; FG Brandenburg EFG 1998, 46 = DStRE 1999, 510 = GmbHR 1999, 135; BFHE 188, 45 = NJW 1999, 1351 = GmbHR 1999, 415; für den Fall einer widerlegten Vermutung FG Berlin EFG 1998, 1664 = DStRE 1999, 113 = GmbH-Stpr 1999, 61, jedoch mit erfolgreicher Revision des FA: BFH/NV 2000, 1247 = GmbHR 2000, 983 = GmbH-Stpr 2001, 25 sowie FG München EFG 1999, 1199 = StuB 2000, 214, auch mit erfolgreicher Revision des FA: BFHE 192, 267 = NJW-RR 2001, 605 = DB 2000, 2045; BMF-Schr. v. 1. 2. 2002, DB 2002, 2095 f.; dazu *Altendorf* NWB Fach 4, 1523.

[182] BFHE 159, 338 = BStBl. 1990 II S. 454 = DB 1990, 1266; BFHE 179, 322 = BStBl. 1996 II S. 383 = GmbHR 1996, 464.

C. Steuerrechtliche Fragen **Einl.**

Anwendung des Fremdvergleichsmaßstabs stets mindestens der Teil der Gewinntantieme steuerlich zu berücksichtigen, der noch als angemessen anzusehen ist.[183] **Umsatzabhängige Tantiemen** werden steuerrechtlich nur bei Vorliegen besonderer Gründe anerkannt. Dies ist der Fall, wenn die mit der üblichen Gewinntantieme bezweckten Leistungsziele nicht erreichbar sind, zB weil Gewinn bei einer neu gegründeten oder zu sanierenden Gesellschaft zunächst nicht zu erwarten ist.[184] Diese Ausnahmevoraussetzungen sind von demjenigen darzulegen, der die steuerrechtliche Anerkennung begehrt. Eine Umsatztantieme ist aber im Regelfall eine vGA, wenn in der Vereinbarung eine zeitliche und höhenmäßige Begrenzung der Tantieme fehlt, selbst wenn der begünstigte Gesellschafter-Geschäftsführer Minderheitsgesellschafter ist.[185] Schriftform ist zwar nicht Wirksamkeitsvoraussetzung, aber aus Beweisgründen zweckmäßig, denn Unklarheiten gehen zu Lasten des Steuerpflichtigen. Allerdings können mündlich vereinbarte wiederkehrende Leistungen auf Grund ihrer tatsächlichen deckungsgleichen Durchführung als klar und eindeutig vereinbart angesehen werden.[186] Eine Unterzeichnung des Anstellungsvertrages durch die (Mit-)Gesellschafter ist nicht notwendig.[187] Erfüllen die Bezüge diese Voraussetzungen nicht, stellen sie verdeckte Gewinnausschüttungen dar.[188]

Die Zusage einer **Pension** an einen beherrschenden Gesellschafter-Geschäftsführer **75** ist eine **vGA**, wenn der Zeitraum zwischen dem Zeitpunkt der Zusage und dem vorgesehenen Zeitpunkt des Eintritts in den Ruhestand weniger als zehn Jahre beträgt.[189] Zwischen Dienstbeginn und der erstmaligen Vereinbarung einer schriftlichen Pensionszusage (zusagefreie Zeit) muss mindestens ein Zeitraum von drei Jahren[190] (Probezeit) liegen, da sonst die Pensionszusage idR nicht als betrieblich, sondern als durch das Gesellschaftsverhältnis veranlasst anzusehen ist.[191] Zulässig ist die Vereinbarung eines Pensionsalters von 70 Jahren, wenn der Gesellschafter-Geschäftsführer noch zur Arbeitsleistung bis zu diesem Zeitpunkt ernstlich verpflichtet ist.[192] Hingegen wird einem Pensionsalter von 75 Jahren trotz entspr. Vereinbarungen, mindestens 10jähriger Erdienungszeit und Rüstigkeit des Versorgungsempfängers die steuerliche Anerkennung – Wohl zu Unrecht – versagt.[193] Versorgungszusagen können sonst in jedem Alter gegeben werden (zumindest gebieten Sonderkonstellationen ein Abweichen von

---

[183] BFHE 179, 88 = NJW 1996, 2054 = DB 1996, 307.
[184] Vgl. BFHE 157, 408 = BStBl. 1989 II S. 854 = DB 1989, 2049; BStBl. 2001 II, 111 = DB 2001, 1340; Abschn. 33 Abs. 4 KStR; BMF-Schr. v. 1. 2. 2002 (Fn. 181); *Altendorf* (Fn. 181); Beck'sches HdB GmbH/*Axhausen* § 5 Rn. 57 ff.
[185] Vgl. BFHE 188, 61 = NJW 1999, 1655 = GmbHR 1999, 484.
[186] Vgl. BFHE 160, 225 = BStBl. 1990 II S. 645 = DB 1990, 1594; aber auch schon BFHE 106, 69 = BStBl. 1972 II S. 721 = DB 1972, 1515.
[187] Vgl. BFHE 178, 321 = BStBl. 1996 II S. 246 = NJW 1996, 479.
[188] Vgl. zB BFHE 98, 470 = BStBl. 1970 II S. 466 = DB 1970, 1157; BFHE 124, 164 = BStBl. 1978 II S. 234 = DB 1978, 773; BFH GmbHR 1998, 148; BFHE 188, 61 = BStBl. 1999 II S. 321 = DB 1999, 882; zur Überstundenvergütung vgl. BFH BStBl. 2001 II S. 655 = NJW 2002, 86 = DB 2001, 1752.
[189] BFH BStBl. 1995 II S. 419 = BFHE 176, 413 = DB 1995, 1005; *Oppermann* StR 1999, 453; Prüfungsschema bei *A. Schmidt* GmbH-StB 1999, 169.
[190] Laut BFHE 184, 444 = BStBl. 1999 II S. 316 = DStR 1998, 418 ist eine Probezeit von fünf Jahren erforderlich.
[191] Vgl. BMF-Schreiben v. 14. 5. 1999 BStBl. 1999 I S. 512 = DStR 1999, 1031 = BB 1999, 1467; krit. *Janssen* NWB 1999 Fach 4, S. 4342; *ders*. DStZ 1999, 742.
[192] BFH BStBl. 1995 II S. 419 = BFHE 176, 413 = DB 1995, 1005.
[193] BFHE 177, 427 = BStBl. 1995 II S. 478 = NJW 1995, 3007; aA wie hier *Höfer/Kisters-Kölkes* BB 1989, 1157; *Baer* BB 1989, 1529; *Höfer/Eichholz* DB 1995, 1246.

Einl. Einleitung

der Zehn-Jahresfrist und dem Pensionsalter). Sagt die GmbH ihrem Gesellschafter-Geschäftsführer als Gegenleistung für seine Geschäftsführungstätigkeit nur die künftige Zahlung einer Pension zu („Nur-Pension"), so soll darin eine vGA liegen.[194] Schwerlich zu Recht: der offenbar nunmehr maßgebliche allgemeine Fremdvergleich, der die gesellschaftsnützliche Sicht des ordentlich und gewissenhaft handelnden Geschäftsleiters überwinden will, kann besonderen Sachverhalten, wie zB einer Sanierung, die gegenwärtige Gehaltsaufwendungen nicht zulässt, nicht Rechnung tragen.[195]

76 **e) Steuersatz.** Seit dem 1. 1. 2001 beträgt der Steuersatz einheitlich und definitiv 25 % des zu versteuernden Einkommens (§ 23 Abs. 1 KStG). Einheitlich, weil der Steuersatz nicht mehr wie bisher je nach Verwendung des Gewinns bestimmt, sondern unabhängig von Thesaurierung oder Ausschüttung angesetzt wird. Definitiv ist die KSt, weil die einmal abgeführte KSt weder angerechnet noch erstattet werden kann. Nach bisheriger Rechtslage galt ein KSt-Satz von 40 % bei Thesaurierung oder von 30 % bei Vollausschüttung, wobei im letzteren Fall die gezahlte KSt nach einem komplizierten und umstrittenen Verfahren bei Veranlagung der Anteilseigner auf deren Einkommensteuer oder Körperschaftsteuer (auch Körperschaften unterlagen dem sog. „Anrechnungsverfahren") angerechnet wurde. Nunmehr soll eine Doppelbelastung durch das sog. **„Halbeinkünfteverfahren"** vermieden werden, wobei auf der Ebene der Gesellschafter strikt unterschieden wird, ob dieser der ESt oder der KSt unterliegt, vgl. Rn. 80 ff. Nach § 34 Abs. 1 KStG gilt der abgesenkte KSt-Satz grds. erstmals für den VZ 2001. Hat die Gesellschaft jedoch ein vom Kalenderjahr abweichendes Wirtschaftsjahr, so gelten die neuen Vorschriften erstmals für VZ 2002, sofern das im VZ 2001 ablaufende Wirtschaftsjahr vor dem 1. 1. 2001 begonnen hat, also kein Rumpfgeschäftsjahr darstellt.[196] Den Freibetrag für unbeschränkt steuerpflichtige Gesellschaften nach § 24 KStG kann die GmbH nicht beanspruchen, da ihre Ausschüttungen regelmäßig unter § 20 Abs. 1 Nr. 1 oder Nr. 2 EStG fallen und damit grds. dem Halbeinkünfteverfahren unterliegen, vgl. § 24 Abs. 2 Nr. 1 KStG. Dabei ist unerheblich, wie die Leistungen der GmbH bei den Anteilseignern tatsächlich steuerlich zu behandeln sind (vgl. zB § 8b Abs. 1 KStG) oder ob die Körperschaft Ausschüttungen überhaupt bewirkt bzw. bewirken darf.[197]

77 **f) Steuersatz und Rechtsformwahl.** Der durch das StSenkG herbeigeführte Systemwechsel vom Anrechnungsverfahren zum Halbeinkünfteverfahren (vgl. Rn. 76) verbunden mit der Änderung von KSt- und ESt-Satz machen neue Überlegungen zur Rechtsformwahl mit Blick auf die Besteuerung notwendig.[198] Nach dem StSenkG beträgt der Spitzensteuersatz für Einkünfte aus nicht selbständiger Arbeit oder aus Kapitalvermögen wie auch für Einkünfte aus selbständiger Arbeit (§ 32c EStG aF aufgehoben durch das StSenkG, zur letztmaligen Anwendung vgl. § 54 Abs. 44 EStG) einheitlich 48,5 %. Dieser Höchstsatz der Einkommensteuer soll von zunächst 47 % (ab

---

[194] BFHE 178, 203 = BStBl. 1996 II S. 204 = DB 1995, 2296 unter Aufgabe seiner früheren Rspr. und unter Einbeziehung des Fremdvergleichs auch aus dem Blickwinkel eines fremden Angestellten als Vertragspartner (vgl. auch BFHE 179, 322 = BStBl. 1996 II S. 383 = NJW-RR 1996, 1057); *Oppermann* StR 1999, 454.
[195] Vgl. *A. Schmidt* GmbH-StB 1999, 170.
[196] Vgl. *Rödder/Schumacher* DStR 2000, 1453; zur näheren Erläuterung der recht umfangreichen Übergangsregelungen OFD Koblenz DB-Beilage 04/2001, 1 ff. sowie *Klapdor/Hild* DStZ 2000, 737 ff.
[197] Vgl. *Blümich* KStG § 24 Rn. 10.
[198] Vgl. dazu zB *Schneeloch/Rahier/Trockels-Brand* DStR 2000, 1619; *Schiffers* GmbHR 2000, 1005; *Schwedhelm/Olbing/Binneweis* GmbHR 2000, 1173.

C. Steuerrechtliche Fragen **Einl.**

2003) bis schließlich auf 42 % (mit Wirkung ab VZ 2005) weiter abgesenkt werden (vgl. Art. 2 Nr. 2, 3 StSenkErgG[199]). Insgesamt werden nach neuer Rechtslage die Tätigkeit des Gesellschafter-Geschäftsführer einer GmbH und die Einkünfte aus Kapitalvermögen (zB Dividende, Zinsen für Darlehen) gegenüber dem wirtschaftlich gleichen Sachverhalt bei Personengesellschaften unter dem Aspekt des Spitzensteuersatzes gleichgestellt (vgl. zur bisherigen Rechtslage Vorauflage Rn. 57a).

Für die Errichtung einer GmbH spricht nach dem StSenkG vor allem die einheitliche Definitivbesteuerung mit einem KSt-Satz in Höhe von 25 %. War das alte KSt-System bei Thesaurierung weitgehend rechtsformneutral, wirkt sich die Absenkung des KSt-Satzes bei Thesaurierung von ehemals 40 % auf nunmehr 25 % zugunsten der GmbH aus. Diese Belastungsdifferenz vermindert sich ab VZ 2005 mit der Absenkung des Einkommensteuertarifes auf 42 %: Trotzdem bleibt die GmbH steuertariflich leicht begünstigt.[200] Bei Vollausschüttung ändert sich der KSt-Satz von früher 30 % auf neu 25 %. Auf Gesellschafterebene unterliegt die Ausschüttung dem Halbeinkünfteverfahren (§ 3 Nr. 40 EStG), sofern es sich um Gesellschafter handelt, welche dem EStG unterfallen. Für Körperschaftsteuersubjekte greift die Dividendenfreistellung des § 8b KStG ein, wobei ebenfalls Gewinne aus Veräußerung, Kapitalherabsetzung oder Liquidation einer Gesellschaft generell steuerbefreit sind, § 8b Abs. 2 KStG. Im Gegenzug wird bei Anwendung des Halbeinkünfteverfahrens die Abzugsfähigkeit von Refinanzierungsaufwendungen und sonstigen Abzugsbeträgen beschränkt. Stehen Ausgaben mit denjenigen Einnahmen, welche gemäß § 3 Nr. 40 EStG hälftig steuerfrei gestellt werden, in wirtschaftlichen Zusammenhang, so sollen diese Ausgaben auch nur zur Hälfte abzugsfähig sein, § 3c Abs. 2 EStG. Vor allem bei geringen Gewinnen und entsprechend niedrigen Dividenden wirkt sich diese Einschränkung steuerlich nachteilig für in der Rechtsform der GmbH geführte Unternehmungen aus. Bei Personengesellschaften sind hingegen die Freibeträge sowie die gestaffelten Steuersätze zu berücksichtigen. **78**

Zugunsten der GmbH wirkt sich weiterhin die Gewerbeertragsteuer aus, die den u.a. um die Geschäftsführerbezüge (als Betriebsausgabe) geminderten Ertrag zur Bemessungsgrundlage hat, während bei der Personengesellschaft der für die ESt anzusetzende Gewinn auch für die Gewerbeertragsteuer maßgebend ist, § 7 Abs. 1 GewStG. Auf eine weitgehende Neutralisierung der Gewerbesteuer für Personenunternehmen zielt § 35 EStG als Nachfolgeregelung des durch das StSenkG abgeschafften § 32c EStG ab.[201] Erreicht werden soll dies durch eine pauschale Anrechnung des 1,8fachen Gewerbesteuer-Messbetrages auf die Gewerbesteuerschuld sowie die weiterhin geltende Abzugsfähigkeit der GewSt als Betriebsausgabe im Rahmen der Gewinnermittlung.[202] **79**

Eine Aussage zur steuerlichen Vorteilhaftigkeit einer bestimmten Rechtsform lässt sich nicht abstrakt, sondern nur auf Grund der nach tatsächlichen Verhältnissen angestellten konkreten Steuerbelastungsrechnung machen. Soweit die unterschiedlichen wirtschaftlichen Gestaltungen (Thesaurierung, Ausschüttung, Geschäftsführergehalt u.v.m.) überhaupt Verallgemeinerungen zulassen, kann die GmbH nach der Unternehmenssteuerreform aus steuerlicher Sicht nicht mehr uneingeschränkt empfohlen **79a**

---

[199] Steuersenkungsergänzungsgesetz v. 19. 12. 2000, BGBl. I S. 1812.
[200] Vgl. *W. Kessler/Teufel* DStR 2000, 1838f.
[201] Dieser war möglicherweise verfassungswidrig, vgl. BFHE 188, 69 = BStBl.1999 II S. 450 = NJW 1999, 1736.
[202] Vgl. zum Ganzen *Neu* DStR 2000, 1933ff.; *Herzig/Lochmann* DB 2000, 1728ff.; siehe auch *W. Kessler/Teufel* DStR 2001, 869ff.

Einl. Einleitung

werden.[203] Immerhin ergeben sich nach dem StSenkG zumindest aber ertragssteuerlich Vorteile bei der Übertragung von Vermögen auf eine GmbH, so dass jetzt auch für kapitalvermögensverwaltende Gesellschaften die Rechtsform der GmbH in Betracht gezogen werden kann.[204]

80 **3. Besteuerung des Gesellschafters. a) Halbeinkünfteverfahren.** Bei der Einkommensbesteuerung auf Gesellschafterebene wird nach Einführung des Halbeinkünfteverfahrens (vgl. Rn. 76) strikt unterschieden, ob der jeweilige Anteilseigner dem EStG oder dem KStG unterliegt. Unter Anwendung des Anrechnungsverfahrens sind natürliche Personen und Körperschaften als Gesellschafter anrechnungsberechtigt.

81 **aa) Natürliche Personen als Anteilseigner.** Ist der Gesellschafter einkommensteuerpflichtig, unterliegt er also den Regelungen des EStG gemäß § 1 f. EStG, ist § 3 Nr. 40 EStG als zentrale Norm des Halbeinkünfteverfahrens anzuwenden. Nach dieser durch das StSenkG eingeführten Regelung wird die (bereits nach § 23 Abs. 1 KStG mit der Körperschaftsteuer belastete) Dividende beim Anteilseigner nur zur Hälfte erfasst und zur anderen Hälfte gemäß § 3 Nr. 40 Satz 1 lit. d EStG steuerfrei gestellt. Die bisherige Anrechnung der durch die Gesellschaft gezahlten KSt entfällt nunmehr. Es wird deutlich, daß einbehaltene Gewinne insgesamt geringer besteuert werden als solche, die an natürliche Personen als Anteilseigner ausgeschüttet werden, da in letzterem Fall die Einkommensteuer des Gesellschafters hinzukommt. Der Gesetzgeber hebt bei der Besteuerung die enge Verknüpfung zwischen Gesellschaft und Gesellschafter auf, welche bisher nach §§ 20 Abs. 1 Nr. 1 bis 3, 36 Abs. 2 Nr. 3 EStG, 27 ff. KStG bestanden hat, trennt und abstrahiert dagegen nun viel mehr und nutzt die Idee der jP, den einbehaltenen Gewinn zu privilegieren.[205] Früher führte das Anrechnungsverfahren bei Geringverdienenden zu einer Steuergutschrift, die nunmehr mit der Folge einer Schlechterstellung entfällt.

82 **bb) Körperschaften als Anteilseigner.** Soweit die Voraussetzungen gegeben waren, unterfielen auch Körperschaften nach dem bisherigen Recht dem Anrechnungsverfahren. Nunmehr sind Dividenden und andere Beteiligungserträge für inländische Körperschaften in §§ 8, 8b KStG geregelt. Als Konsequenz der Abschaffung des Vollanrechnungsverfahrens stellt § 8b Abs. 1 KStG nunmehr Dividenden, inländische wie ausländische, umfassend frei. Dadurch vermeidet der Steuergesetzgeber eine Potenzierung der KSt-Belastung bei Beteiligungsketten und besteuert Gewinne erst, wenn es sich beim Dividendenempfänger um eine natürliche Person als Anteilseigner handelt. Andere Beteiligungserträge, wie etwa Gewinne aus Veräußerung, Kapitalherabsetzung oder Liquidation einer Körperschaft, werden ebenfalls generell steuerbefreit, § 8b Abs. 2 KStG, und zwar unabhängig davon, ob es sich bei der Beteiligungsgesellschaft um eine inländische oder ausländische Körperschaft handelt.

83 **cc) Zeitliche Anwendung der neuen Regelungen.** Die zeitliche Anwendung der neuen Vorschriften für das Halbeinkünfteverfahren (§ 3 Nr. 40 EStG) insbesondere der Dividenfreistellung für Körperschaften (§ 8b KStG) regeln recht komplizierte Übergangsvorschriften (vgl. zB §§ 54 EStG, 36 KStG). Dem Gesetzgeber zufolge soll als erster Schritt der Unternehmenssteuerreform zunächst die Besteuerung des Gewinns der Körperschaft umgestellt werden (s. Rn. 76). Der geänderte KSt.-Satz kann frühes-

---

[203] Vgl. auch *Schiffers* GmbHR 2000, 1010, 1014; ders. GmbHR 1999, 741; ders. GmbHStB 1999, 160; *Kulemann/Harle* GmbHR 2001, 67; *Gratz* DB 2002, 489 ff.
[204] Vgl. *Horn* GmbHR 2001, 386.
[205] *Crezelius* spricht von einem „Schritt zum ‚Unternehmen an sich'", DB 2001, 224; grds. abl. schon *Schmidt-Leithoff* Die Verantwortung der Unternehmensleitung, S. 132 ff.

C. Steuerrechtliche Fragen **Einl.**

tens 2001 erstmals zur Anwendung kommen.[206] Erst wenn der Gewinn der Körperschaft der neuen definitiven KSt.-Belastung unterliegt, soll der Wechsel vom Anrechnungsverfahren zum Halbeinkünfteverfahren vollzogen werden, da erst dann die Vermeidung der Doppelbelastung nach dem neuen System mit der Umstellung des KSt.-Satzes korrespondiert.[207] Daher werden Ausschüttungen erst im Jahre 2002 steuerlich nach dem Halbeinkünfteverfahren (nat. Personen) oder der Dividendenfreistellung (Körperschaften) behandelt.[208] Aufgrund der Übergangsregelungen in §§ 38, 40 KStG bleiben Teile des Anrechnungsverfahren (vgl. Rn. 84) bis 2016 von Bedeutung.[209]

b) Anrechnungsverfahren.[210] Zur Vermeidung der Doppelbesteuerung kam im KStG 1977 aF ein im einzelnen sehr kompliziertes „Anrechnungsverfahren" (§§ 27 bis 47 KStG aF) zur Anwendung, das indes nur für unbeschränkt steuerpflichtige Gesellschaften galt.[211] Ihm lag der Gedanke zugrunde, daß die von der Gesellschaft auf den ausgeschütteten Gewinn gezahlte Körperschaftsteuer dem Gesellschafter auf seine Einkommensteuer angerechnet wird. Zu diesem Zwecke ermäßigte sich zunächst der Steuersatz von 45 % (Thesaurierung) für die Ausschüttung auf 30 %. Über diese „Ausschüttungssteuer" erteilte die Gesellschaft dem Gesellschafter eine Bescheinigung nach § 44 KStG aF. Die Ausschüttungssteuer konnte der inländische Gesellschafter sodann bei der Veranlagung zur Einkommensteuer geltend machen oder ihre Vergütung verlangen (§§ 36 Abs. 2 Nr. 3, 36a bis 36e EStG aF). **84**

c) Kapitalertragsteuer. Die Kapitalertragsteuer ist eine Erhebungsform der Einkommensteuer (§§ 43 bis 45d EStG). Sie betrifft die Gewinnanteile und den Liquidationserlös, die eine inländische GmbH an ihre Gesellschafter auskehrt (vgl. § 20 Abs. 1 Nr. 1 EStG), wird in Höhe von 20 % von den Erträgen abgezogen (§ 43a EStG) und ist von der Gesellschaft für Rechnung des Ausschüttungsempfängers zu entrichten (§ 44 EStG). Der inländische Gesellschafter kann die abgeführte Kapitalertragsteuer bei seiner Einkommensteuerveranlagung anrechnen lassen (§ 36 Abs. 2 Nr. 2 EStG) oder er kann ihre Erstattung beantragen (§ 44b EStG). **85**

d) Berechnung. Die nachfolgende Berechnung ruht auf der Anwendung des Halbeinkünfteverfahrens (für Berechnung nach dem Anrechnungsverfahren vgl. Vorauflage Rn. 60) und berücksichtigt weder GewSt, SolZ, KiSt noch Sparerfreibetrag oder Werbekostenpauschale. Vom Bruttogewinn der Gesellschaft (= 100) werden zunächst 25 % KSt gezahlt. Von der verbleibenden Bruttodividende (= 75) führt die Gesellschaft 20 % KapESt. (= 15) an die Steuerbehörden ab. Die übrig bleibende Bardividende (= 60) erhöht sich gemäß § 12 Nr. 3 EStG um die abgeführte KapESt zu einem Gewinnanteil von insg. 75. Die Hälfte der Dividende wird gemäß § 3 Nr. 40 EStG freigestellt und zur anderen Hälfte (= 37,5) unterliegt sie der Einkommenbesteuerung beim Anteilseigner mit dessen persönlichen ESt.-Satz. Bei einem ESt.-Satz von 40 % beträgt die Einkommensteuerschuld 15, worauf die von der Körperschaft geleistete KapESt. nach **86**

---

[206] Vgl. *Förster* DStR 2001, 1273.
[207] Vgl. zu Gestaltungsmöglichkeiten *Schorr/Schlär* DB 2000, 2553 ff.; *Börst* FAZ Nr. 260 v. 8. 11. 2000; zu möglichen Vertragsgestaltungen bei Anteilsveräußerungen vgl. *Haun/Winkler* DStR 2001, 1195.
[208] Vgl. hierzu auch OFD Koblenz DB-Beilage 4/2001, 1 ff.; *Birk* Rn. 1097; *Klapdor/Hild* DStZ 2000, 737 ff.; *Crezelius* DB 2001, 221 ff.
[209] Vgl. *Birk* Rn. 1098.
[210] Vgl. zum Ganzen Vorauflage Rn. 58 ff.; *Tipke/Lang* § 11 Rn. 140 ff.
[211] Vgl. zu den Ausnahmen Vorauflage Rn. 61 ff.

Einl. Einleitung

§ 36 Abs. 2 Nr. 2 EStG angerechnet wird. Letztlich verbleibt beim Anteilseigner eine Netto-Dividende nach Steuern in Höhe von 60.[212]

87 Dieses Ergebnis ändert sich (nicht nur allein) durch die Berücksichtigung des **Solidaritätszuschlags** (SolZ). Als Ergänzungsabgabe wird der SolZ ab dem VZ 1998 in Höhe von 5,5 % (§ 4 S. 1 SolZG) auf die ESt und KSt (vgl. § 3 Abs. 1 Nr. 1 SolZG), verringert um die anzurechnende oder vergütete Körperschaftsteuer (so jedenfalls noch der Gesetzeswortlaut, s. hier aE) erhoben. Bemessungsgrundlage **auf Gesellschaftsebene** ist die festgesetzte KSt in Höhe von 25 % des zu versteuernden Einkommens, das unter Berücksichtigung von Kürzungen, Korrekturen und Minderungen zu errechnen ist, sofern ein positiver Betrag verbleibt. Berechnungsprobleme ergeben sich daraus, dass der SolZ als eigenständige Steuer vom Einkommen zu den nicht abziehbaren Aufwendungen zählt, § 10 Nr. 2 KStG, mithin seine eigene Berechnungsgrundlage beeinflusst.[213] Ist auf **Ebene der Gesellschafter** als natürlichen Personen eine Veranlagung zur Einkommensteuer vorzunehmen, so wäre Bemessungsgrundlage für den SolZ diejenige ESt, die abweichend von § 2 Abs. 6 EStG unter Berücksichtigung von Freibeträgen nach § 32 Abs. 6 EStG in allen Fällen des § 32 EStG festzusetzen wäre (§ 3 Abs. 2 SolZG), vermindert um die anzurechnende oder vergütete KSt, sofern ein positiver Betrag verbleibt. Mit Wegfall des Anrechnungsverfahrens (s. Rn. 84) ist die Regelung, welche in § 3 Abs. 1 Nr. 1 SolZG zur Vermeidung einer Doppelbelastung mit SolZ auf Ebene der ausschüttenden Gesellschaft und beim Anteilseigner enthalten ist, hinfällig geworden. Im Rahmen der Festsetzung des SolZ findet eine Verminderung der berechneten ESt um die angerechnete oder vergütete Körperschaftsteuer nicht mehr statt. Dies ist jedoch erst dann zu berücksichtigen, sobald bei der Veranlagung des Anteilseigners zur ESt das Halbeinkünfteverfahren angewendet wird (zur zeitlichen Wirkung vgl. Rn. 83). Eine klarstellende Änderung in § 3 Abs. 1 Nr. 1 SolZG wäre insoweit wünschenswert.[214] Der SolZ kann durch Minimierung der Bemessungsgrundlage individuell gestaltet werden, zB über entsprechend hohe Dienstleistungsvergütungen für Gesellschafter-Geschäftsführer, wie Berechnungsbeispiele zeigen.[215] Um die absolute Belastung mit dem SolZ feststellen und konkrete Hinweise zur Verminderung geben zu können, sind jedoch Berechnungen im Einzelfall nötig.

III. Vermögensteuer[216]

Literatur: *Gürsching/Stenger* Kommentar zum Bewertungsgesetz und Vermögensteuergesetz, 9. Aufl. (Losebl.); *Rössler/Troll* Bewertungs- und Vermögensteuergesetz, 17. Aufl. 1995.

88 **1. Steuerart.** Die Vermögensteuer ist eine Substanzsteuer. Sie wird also im Gegensatz zu den ertragsabhängigen Steuern (ESt, KSt, KapESt, SolZ) ohne Rücksicht darauf erhoben, ob das Vermögen einen Ertrag abwirft oder nicht. Dies ist noch fragwürdiger, als sie weder bei ESt noch KSt abziehbar ist, mithin aus dem versteuerten Einkommen entrichtet werden muss, was zu einem Substanzverzehr führen kann.

---

[212] Für weitergehende Berechnungen und den Vergleich mit dem Anrechnungsverfahren siehe *W. Kessler/Teufel* DStR 2000, 1836 ff.; *Grotherr* BB 2000, 849 ff.

[213] Zu dieser „Kreiselproblematik" *Rüter/Reinhardt* DStR 1994, 1023; *Kempka* DB 1995, 4; *Bitz* DB 1995, 594, 742; *Draspa* DB 1995, 742; *Schaufenberg/Tillich* DB 1996, 589.

[214] Vgl. auch *Blümich/Lindberg* § 3 Rn. 4 SolZG.

[215] Vgl. zB bei *Jacobs* DStR 2001, 806 ff.; *W. Lothmann/R. Lothmann.* DStR 2000, 2153 ff.; zum Problem der vGA vgl. aber Rn. 73.

[216] VStG idF v. 14. 11. 1990, BGBl. I S. 2467 zuletzt geändert durch JStG 1996 v. 11. 10. 1995 BGBl. I S. 1250, JStErgG 1996 v. 18. 12. 1995 BGBl. I S. 1959 u. Drittes Finanzmarktförderungsgesetz v. 24. 3. 1998 BGBl. I S. 529.

C. Steuerrechtliche Fragen **Einl.**

Die Diskussion um die Vermögensteuer ist erneut durch eine Entscheidung des 89
BVerfG vom 22. 6. 1995[217] zur Verfassungsmäßigkeit der Vermögensbesteuerung auf
der Basis von Einheitswerten als Bemessungsgrundlage für Grundstücke angeregt worden.
§ 10 VStG ist mit Art. 3 Abs. 1 GG unvereinbar, soweit er einheitswertgebundenes und nicht einheitswertgebundenes Vermögen mit einem einheitlichen Steuersatz
belastet, da die Einheitswerte für Grundstücke auch unter Berücksichtigung des Zuschlages von 40 % (§ 121a BewG aF) nicht mehr den wirklichen Wertverhältnissen
entsprechen. Das Gericht hat für eine Neuregelung dem Gesetzgeber Vorgaben gemacht und dabei den Charakter der Vermögensteuer als Sollertragsteuer betont, die
auch im Zusammenwirken mit anderen Steuerbelastungen die Substanz des Vermögens, den Vermögensstamm, unberührt lassen und aus den üblicherweise zu erwartenden Erträgen zu bezahlen sein muss. Dem Berechtigten muss stets ein privater Ertragsnutzen verbleiben können.

2. Anwendungssperre. Für die Abschaffung bzw. zur Neuregelung der Vermögen- 90
steuer wurde dem Gesetzgeber eine Frist bis zum 31. 12. 1996 gesetzt, die er jedoch
verstreichen ließ, ohne dabei legislativ tätig zu werden. Eine ausdrückliche Aufhebung
des VStG war zwar in Art. 5 des RegE zum Jahressteuergesetz 1997 vorgesehen, scheiterte letztlich aber am Widerstand im BT.[218] Die Entscheidung des BVerfG hat daher
gemäß § 31 Abs. 2 iVm. § 13 Nr. 11 BVerfGG Gesetzeskraft erlangt. Die Auslegung
der Entscheidung des BVerfG zu Umfang und Wirkung ergibt eine Nichtanwendbarkeitsanordnung des VStG insgesamt.[219]

Uneinigkeit herrscht lediglich darüber, ob das VStG auch nach dem 1. 1. 1997 auf 91
Tatbestände angewendet werden darf, welche vor dem 31. 12. 1996 erfüllt worden
sind. Eine rein am Wortlaut orientierte Ansicht verneint diese Frage mit dem Hinweis
auf die mangelnde „Anwendbarkeit" des VStG im Jahre 1997 und den Folgejahren.[220]
Entscheidend für die zeitliche Zäsur ist jedoch der Veranlagungszeitraum.[221] Das
BVerfG hat das VStG für VZ vor dem 1. 1. 1997 wie bisher weiterhin für anwendbar
erklärt (vgl. auch § 11 Rn. 156).[222]

IV. Gesellschaftsteuer[223]

Literatur: *Boruttau/Schadeck* Kapitalverkehrsteuer, 2. Aufl. 1964; *Brönner/Kamprad* Kapitalverkehrsteuergesetz, 4. Aufl. 1986; *Egly/Klenk* Gesellschaftsteuer, 4. Aufl. 1982; *Kinnebrock/Meulenbergh* Kapitalverkehrsteuergesetz, 5. Aufl. 1983.

1. Gegenstand der Steuer. Die Gesellschaftsteuer erfasste die Umsätze von Fi- 92
nanzkapital zugunsten einer **inländischen Kapitalgesellschaft,** und zwar anstelle der
Umsatzsteuer (vgl. § 4 Nr. 8 UStG). Die **GmbH & Co. KG** galt dabei als Kapitalgesellschaft (§ 5 Abs. 2 Nr. 3 KVStG). Haupttatbestand war „der Erwerb von Gesell-

---

[217] BVerfGE 93, 121 = NJW 1995, 2615 = Beil. zu NJW 37/1995 = DB 1995, 1740 („Vermögensteuerbeschluss"), vgl. iE *Tipke/Lang* § 13 Rn. 71 ff.
[218] Krit. zur ausgebliebenen Regelung uA *C. Mayer* DStR 1997, 1152.
[219] So auch *Schüppen* DStR 1997, 226.
[220] Vgl. *Schüppen* DStR 1997, 226.
[221] Vgl. BMF DStR 1997, 529.
[222] Vgl. BVerfG Beschluss v. 30. 3. 1998, BStBl. 1998 II S. 422 = NJW 1998, 1854 = DB 1998, 862; BFH Urt. v. 24. 6. 1998, BFHE 185, 510 = BStBl. 1998 II S. 632 = DStR 1998, 1173; *C. Mayer* DStR 1997, 1154; *Jachmann* JA 1998, 235 ff.
[223] Kapitalverkehrsteuergesetz idF v. 17. 11. 1972, BGBl. I S. 2129 m. spät. Änd., aufgehoben zum 1. 1. 1992, BGBl. I S. 266, 281 f.

Einl. Einleitung

schaftsrechten an einer inländischen Kapitalgesellschaft" durch den ersten Erwerber (§ 2 Abs. 1 Nr. 1 KVStG). Ihn ergänzten einige Neben- und Sondertatbestände (§ 2 Abs. 1 Nr. 2 bis 6 KVStG). Danach fiel die Gesellschaftsteuer vor allem bei jeder Gründung, bei jeder Kapitalerhöhung, aber auch bei Nachschüssen sowie bei verdeckten Kapitalzuführungen jeder Art an. Von der Steuer **befreit** waren gewisse Gesellschaften, namentlich gemeinnützige und mildtätige sowie Versorgungsunternehmen der öffentlichen Hand und Vermögensverwaltungen für Berufsverbände (§ 7 KVStG).

93   2. **Steuersatz.** Der **Steuersatz** betrug 1 % vom Wert der Gegenleistung, mindestens aber von dem Wert des Gesellschaftsrechts, §§ 8, 9 KVStG. Steuerschuldner war die GmbH. Aber auch der Gesellschafter konnte – als Erwerber des Gesellschaftsrechts oder als Leistender – haften; § 10 KVStG. Die Gesellschaftsteuer war als **Betriebsausgabe** abzuziehen.[224]

94   3. **Wegfall seit dem 1. 1. 1992.** Die Gesellschaftsteuer war rechtlich außerordentlich kompliziert und sachlich nur aus fiskalischen Gründen zu rechtfertigen. Die Große Steuerreformkommission hatte sich deswegen für ihre **Abschaffung** ausgesprochen.[225] Durch das 1. Finanzmarktförderungsgesetz vom 22. 2. 1990[226] ist die Gesellschaftsteuer zum 1. 1. 1992 entfallen.

95   4. **Börsenumsatzsteuer.** Ebenfalls durch das 1. Finanzmarktförderungsgesetz ist ferner die (bei der Einlage von Wertpapieren) erhobene **Börsenumsatzsteuer** (§§ 17–25 KVStG) entfallen, jedoch mit Wirkung bereits ab 1. 1. 1991 (Art. 4 Abs. 1 Nr. 1). Steuersachverhalte, die vor dem 1. 1. 1992 bzw. 1. 1. 1991 entstanden sind, unterliegen der Gesellschaftsteuer bzw. der Börsenumsatzsteuer (vgl. ausführlich zu diesen Steuern 2. Aufl. § 2 Rn. 81–83).

V. Sonstige Steuern der Gesellschaft

1. Gewerbesteuer[227]

Literatur: *Blümich/Boyens/Steinbring/Klein/Hübel* Gewerbesteuergesetz, 8. Aufl. 1968; *Lenski/Steinberg* Gewerbesteuergesetz, 9. Aufl. (Losebl.); *Meyer-Scharenberg/Popp/Woring* Gewerbesteuer-Kommentar, 2. Aufl. 1996; *Glanegger/Güroff* Gewerbesteuergesetz, 4. Aufl. 1999; *Jachmann* Ansätze zu einer gleichheitsgerechten Ersetzung der Gewerbesteuer, BB 2000, 1432.

96   a) **Gewerbeertragsteuer.** Die GewSt beruhte bis 1997 auf zwei unterschiedlichen Bemessungsgrundlagen, die sich jeweils aus der Leistungsfähigkeit (Gewerbekapitalsteuer) bzw. der Ertragskraft (Gewerbeertragsteuer) eines Unternehmens ableiten ließen (§ 6 S. 1 aF GewStG,[228] vgl. hierzu Voraufl. Rn. 73). Durch das G zur Fortsetzung der Unternehmenssteuerreform[229] wurde § 6 GewStG einschneidend dergestalt geändert, dass nunmehr mit Wirkung ab EZ 1998 das **Gewerbekapital als Besteuerungsgrundlage entfällt** und eine Erhebung der GewSt nur auf Basis des Gewerbeertrages möglich ist, § 6 S. 1 GewStG nF. Die GmbH unterliegt stets der Gewerbesteuer, § 2 Abs. 2 S. 1 GewStG. Doch sind, ganz ähnlich wie in § 5 KStG, gewisse Gesellschaften von ihr befreit, vgl. § 3 GewStG. Die **Gewerbeertragsteuer** geht vom

---

[224] BFHE 124, 317 = BStBl. 1978 II S. 346, 347 = DB 1978, 918.
[225] Gutachten der Steuerreformkommission 1971, S. 780 ff.
[226] BGBl. I S. 266, 281 f.
[227] GewStG 1999 idF v. 19. 5. 1999, BGBl. I S. 1010, zul. geänd. durch StSenkG v. 23. 10. 2000, BGBl. I S. 1433 u. Steuer-Euroglättungsgesetz v. 19. 12. 2000 (BGBl. I S. 1790).
[228] Vgl. zur alten Rechtslage auch *Blümich/Gosch* GewStG § 6 Rn. 3 ff.
[229] G v. 29. 10. 1997, BGBl. I S. 2590.

C. Steuerrechtliche Fragen **Einl.**

körperschaftsteuerpflichtigen Einkommen aus (§ 7 GewStG), das nach Maßgabe der §§ 8, 9 GewStG durch Hinzurechnung und Kürzungen verändert wird. Der *Steuermessbetrag* wird zunächst durch Anwendung der Steuermesszahl (nach § 11 Abs. 2 Nr. 2 GewStG zZ 5 %) auf den Gewerbeertrag berechnet und nach Ablauf des EZ für diesen festgesetzt (Gewerbesteuermessbescheid, § 14 GewStG).

b) Steuergläubiger. Steuergläubiger ist die Gemeinde, in der die Gesellschaft eine Betriebsstätte zur Ausübung eines stehenden Gewerbes unterhält (§ 4 GewStG). Sie wendet auf den – vom Finanzamt durch Gewerbesteuermessbescheid festgestellten – Steuermessbetrag den *Hebesatz* an, über den sie selbst beschließt (§ 16 GewStG),[230] und erlässt den Gewerbesteuerbescheid. Die Höhe der Gewerbesteuer ist daher je nach Gemeinde und deren kommunalen Hebesatz unterschiedlich. **97**

c) Betriebsausgaben. Für die Gewerbesteuer haftet allein die Gesellschaft. Sie führt im Grundsatz zu einer Mehrbelastung des Gewerbeertrages, die aber teilweise dadurch ausgeglichen wird, dass die Gewerbesteuer als Betriebsausgabe abgezogen wird, vgl. Rn. 96.[231] Wegen jenes Effekts, aber auch angesichts sonstiger „schwerwiegender Mängel"[232] wird sie rechtspolitisch als sehr fragwürdig angesehen, zumal die meisten anderen europäischen Länder sie nicht kennen. **98**

2. Umsatzsteuer[233]

Literatur: *Birkenfeld* Rechtsprechung des EuGH zur Umsatzsteuer im Jahr 1998, NWB 1999, 3865; *Bunjes/Geist* Umsatzsteuergesetz, 6. Aufl. 2000; *Hartmann/Metzenmacher/Birkenfeld* Umsatzsteuergesetz, 7. Aufl. (Losebl.); *Nieskens* Steuervereinfachung in der Umsatzsteuer – Wunschdenken oder Wirklichkeit?, UR 1999, 137; *Peter/Burhoff* Umsatzsteuer (Losebl.); *Plückebaum/Malitzky* Umsatzsteuergesetz, 10. Aufl. (Losebl.); *Rau/Dürrwächter* Umsatzsteuergesetz, 8. Aufl. Stand Mai 2001 (Losebl.); *Sölch/Ringleb/List/Müller* Umsatzsteuergesetz (Losebl.); *Wagner* Änderungen im Umsatzsteuerrecht durch das StEntlG 1999/2000/2002, UVR 1999, 117.

a) Voraussetzungen der Umsatzsteuerpflicht. Die GmbH gilt nicht schon kraft Rechtsform, sondern nur dann als **Unternehmer** iSd. Umsatzsteuerrechts (§ 2 UStG) mit der Folge der USt-Pflicht gemäß § 1 UstG, wenn sie „eine gewerbliche oder berufliche Tätigkeit selbständig ausübt".[234] Doch wird dies (widerlegbar) vermutet.[235] Auch im Falle der **Einpersonen-Gesellschaft** ist diese, und nicht der Gesellschafter, Unternehmer.[236] **99**

Die GmbH ist grds. selbständiges USt-Subjekt. Eine **Ausnahme** besteht nur für **Organgesellschaften** (§ 2 Abs. 2 Nr. 2 UStG).[237] Die Umsätze der Organgesellschaft werden dem Organträger zugerechnet. Zwischen den beiden Unternehmen gibt es keine steuerpflichtigen Umsätze. Doch beschränkt sich die Bedeutung der umsatzsteuerlichen Organschaft heute – nach dem Übergang zur Mehrwertsteuer – im Wesentlichen auf steuertechnische Fragen. **100**

---

[230] Er beläuft sich für 2000 zwischen 0 % (Gemeinden Beestland, Kreuzbruch u. Norderfriedrichskoog) und 900 % (Gemeinde Dierfeld), im Bundesdurchschnitt liegt er bei 389 %, vgl. Statistisches Bundesamt, Pressemitteilung v. 29. 8. 2001.
[231] BFHE 139, 544 = BStBl. 1984 II S. 301, 302 = DB 1984, 539.
[232] So Große Steuerreformkommission, aaO, S. 727.
[233] UStG 1999 idF v. 9. 6. 1999, BGBl. I S. 1270, zul. geänd. durch StSenkG v. 23. 10. 2000 BGBl. I S. 1433 u. Steuer-Euroglättungsgesetz v. 19. 12. 2000 (BGBl. I S. 1790).
[234] Vgl. *Rau/Dürrwächter/Stadie* UStG § 2 Rn. 166.
[235] RFH RStBl. 1939, 1109.
[236] *Uhl* UStR 1966, 53; aA *Hochlenert* UStR 1966, 52.
[237] Vgl. *Rau/Dürrwächter/Stadie* UStG § 2 Rn. 120.

Einl.

101 **b) Steuerschuldner.** Steuerschuldner ist die GmbH. Die Gesellschafter werden von der Umsatzsteuer der Gesellschaft in keiner Weise berührt. Die Geschäftsführer haften bei schuldhafter Pflichtverletzung gemäß § 69 AO.[238]

3. Grunderwerbsteuer[239]

Literatur: *Boruttau/Egly/Sigloch* Kommentar zum Grunderwerbsteuergesetz, 15. Aufl. 2002; *Eder* Die Grunderwerbsteuer im Konzern, DStR 1994, 735; *Fabry/Pitzer* Neuerungen des Grunderwerbsteuergesetzes und Auswirkungen auf GmbH und GmbH & Co. KG, GmbHR 1999, 766; *Halaczinsky* Änderungen des Grunderwerbsteuergesetzes durch das StEntlG 1999/2000/2002, NWB 1999, 2087; *Heine* Auch die GmbH im Visier der Grunderwerbsteuer, GmbHR 2000, 850; *Hofmann* Kommentar zum Grunderwerbsteuergesetz, 6. Aufl. 1996; *Pahlke/Franz* Grunderwerbsteuergesetz, 1995.

102 **a) Bundesrechtliche Regelung.** Das **GrEStG 1983,** das die bis dahin geltenden landesrechtlichen Gesetze abgelöst hat, gilt grds. für alle Erwerbsvorgänge, die nach dem 31. 12. 1982 verwirklicht werden (§ 23 GrEStG). Das GrEStG gilt seit dem 1. 1. 1991 auch in den neuen Bundesländern.

103 **b) Gegenstand.** Die Grunderwerbsteuer erfasst die **Grundstücksgeschäfte** und stellt damit eine Sonderumsatzsteuer dar. Grundstücksgeschäfte werden daher nach § 4 Nr. 9 a UStG von der allgemeinen USt nicht erfasst. Die GrESt beträgt für Erwerbsvorgänge, die nach dem 31. 12. 1996 verwirklicht werden, 3,5 % (§ 11 iVm. § 23 Abs. 4 GrEStG) vom Wert der **Gegenleistung,** § 8 Abs. 1 GrEStG. In aller Regel ist dies der Kaufpreis, § 9 Abs. 1 Nr. 1 GrEStG. In den Fällen des § 8 Abs. 2 GrEStG, vgl. iE Rn. 104, ist Bemessungsgrundlage der **Grundstückswert** iSd. Bewertungsgesetzes (§ 138 Abs. 2 oder 3 BewG). Das BVerfG hat in zwei Beschlüssen vom 22. 6. 1995[240] zur VSt und zur ErbSt die gesetzlichen Bestimmungen zur Besteuerung auf der Grundlage von Grundstückseinheitswerten für unvereinbar mit dem GG erklärt. Zur Bemessungsgrundlage ist nicht mehr wie bisher auf die Einheitswerte abzustellen, ab dem 1. 1. 1997 sind vielmehr die **Grundbesitzwerte** festzustellen, vgl. § 138 Abs. 1 BewG. Diese sind erforderlichenfalls gemäß § 138 Abs. 5 GrEStG iVm. § 18 Abs. 1 Nr. 1 AO vom Lagefinanzamt gesondert festzustellen (Bedarfsbewertung).

104 **c) Gesellschaftsrechtliche Vorgänge.** Die Grunderwerbsteuer fällt auch an, wenn ein Grundstück (zum Begriff vgl. § 2 Abs. 1 GrEStG) **Gegenstand einer Sacheinlageverpflichtung** oder eines **Umwandlungsvertrages** ist. Vor allem aber sind einige **gesellschaftsrechtliche Vorgänge** steuerpflichtig, wenn ein Grundstück zum Vermögen einer GmbH gehört (§ 1 Abs. 3 GrEStG):
– schuldrechtliche Geschäfte, die auf die Übertragung von Geschäftsanteilen gerichtet sind und sich unmittelbar oder mittelbar mindestens 95 % der Geschäftsanteile in der Hand des Erwerbers oder eines Konzerns iSd. § 2 Abs. 2 UStG vereinigen (§ 1 Abs. 3 Nr. 1 GrEStG);
– die Vereinigung mittelbar oder unmittelbar von mindestens 95 % der Anteile der Gesellschaft, wenn kein schuldrechtliches Geschäft vorausgegangen ist (§ 1 Abs. 3 Nr. 2 GrEStG). Dabei kann die Vermittlung über eine 100 %ige Beteiligung,[241] § 1 Abs. 3 GrEStG, oder über eine Organgesellschaft, § 1 Abs. 4 Nr. 2b GrEStG, erfolgen.

---

[238] Vgl. BFHE 150, 312 = BStBl. 1988 II S. 172 = ZIP 1987, 1545; *Carl* DB 1987, 2120.
[239] GrEStG v. 26. 2. 1997, BGBl. I S. 1804, zuletzt geändert durch StEntlG 1999/2000/2002 v. 24. 3. 1999 u. Steuer-Euroglättungsgesetz v. 19. 12. 2000 (BGBl. I S. 1790).
[240] BVerfGE 93, 121 = NJW 1995, 2615 = Beil. zu NJW 37/1995 = DB 1995, 1740, zur Vermögensteuer vgl. Rn. 84.
[241] Vgl. dazu FinMin. Baden-Württemberg BB 2000, 449.

C. Steuerrechtliche Fragen **Einl.**

Eine Möglichkeit zur Vermeidung der negativen Folgen einer Anteilsvereinigung in einer Hand oder einer Anteilsübertragung von mindestens 95 % wäre, Anteile von mehr als 5 % von der Anteilsübereignung auszunehmen. § 1 Abs. 3 GrEStG ist dann nicht mehr erfüllt. Dieser – durchaus übliche – Weg ist auch keine Umgehung iSv. § 42 AO.[242]
IÜ löst der Übergang von Gesellschaftsanteilen keine Grunderwerbsteuerpflicht aus. **105**

VI. Steuerklauseln

Literatur: *Flick* Steuerklauseln Steuer-Kongreß-Report, 1974, S. 429; *Flume* Die Steuerklausel und die steuerliche Kautelarjurisprudenz, DB 1970, 77; *Klein/Brockmeyer* Abgabenordnung, 6. Aufl. 1998, § 175 Anm. 8; *Lagemann* Die Steuerklausel 1979; *Meyer/Arndt* IbFfSt. 1979/80 S. 297; *Nolte* Zur Problematik der Steuerklauseln, DB 1970, 507; *Priester* Unternehmenssteuer-Reform und Gesellschaftsvertrag – Kautelarpraktische Überlegungen, DStR 2001, 795; *Raupach* Die Satzung der GmbH nach der Körperschaftssteuerreform in: Pro GmbH, 1980, 205; *Schwedhelm* Aktuelle Probleme der verdeckten Gewinnausschüttung, BB 2000, 693; *Tipke* Steuerklauseln, NJW 1968, 865; *ders.* Zur Reform der Reichsabgabenordnung, 2. Steuerklauseln, FR 1970, 261; *Voss* Ungewißheit im Steuerrecht: Formen, Konsequenzen, Maßnahmen, 1992.

1. Anwendungsgebiete. Steuerklauseln werden nicht nur in Schuldrechtsverträgen, sondern nicht selten auch in Gesellschaftsverträgen („Satzungsklausel") oder in Vereinbarungen zwischen der Gesellschaft und einem Gesellschafter oder Geschäftsführer vereinbart. Sie sollen vor allem den Eintritt nicht beabsichtigter Steuerfolgen verhindern oder Rechtsungewissheiten vermeiden. Ihr Hauptanwendungsgebiet im GmbH-Recht sind die verdeckten Gewinnausschüttungen, § 8 Abs. 3 S. 2 KStG (vgl. § 29 Rn. 173). So wird zB in einer Gehaltsvereinbarung mit einem Geschäftsführer-Gesellschafter bestimmt, daß die steuerlich als angemessen anzusehenden Bezüge – rückwirkend – als vereinbart gelten sollen, wenn die Höhe der Bezüge von der Steuerbehörde (endgültig) beanstandet worden ist.[243] Dies hat den Vorteil, dass der Unterschied zwischen angemessenen und unangemessenen Bezügen nicht als verdeckte Gewinnausschüttung behandelt, also ohne Anrechnungsmöglichkeit versteuert, sondern aktiviert wird. **106**

2. Steuerliche Anerkennung. Die steuerliche Anerkennung, aber auch die Ausgestaltung von Steuerklauseln sind noch immer umstritten; die AO 1977 hat bewusst auf eine Lösung verzichtet. Solange der BFH nicht anders entschieden hat,[244] bestehen gegen Steuerklauseln keine durchgreifenden Bedenken. Angesichts der oft sehr unsicheren Rechtslage im Steuerrecht einerseits und der großen Gefahren, die sich aus einer abweichenden (nachträglichen) Beurteilung eines Sachverhalts seitens der Finanzbehörden und -gerichte ergeben können, sind sie kaum entbehrlich. Dabei kommt es auf die rechtliche Konstruktion nicht so sehr an; geht es doch nur darum, dass das Geschäft nach dem Willen der Partner ggf. an die Rechtslage angepasst wird, die sich später (endgültig) als steuerlich (noch) erlaubt oder angemessen herausstellt. Die Wirkung der Steuerklausel bleibt nach BFHE 141, 261 (s. o.) allerdings beschränkt. Der BFH folgert in seiner Entscheidung v. 24. 11. 1992[245] aus ihrem Zweck der Vermeidung nachteiliger Folgen oder Ungewissheiten, dass sie dem Finanzamt so bald wie möglich bekannt gegeben werden müsse. Unterlasse der Steuerpflichtige dies, so dass **107**

---

[242] BFHE 85, 117 = BStBl. 1966 III S. 254 = DB 1966, 687.
[243] AA *Birk* Rn. 1078 unter Hinweis auf § 38 AO.
[244] Vgl. zuletzt BFHE 117, 44 = BStBl. 1976 II S. 88 = DB 1976, 29; BFHE 141, 261 = BStBl. 1984 II S. 723 = GmbHR 1985, 34; BFHE 150, 337 = BStBl. 1987 II S. 733 = DB 1987, 2018.
[245] BStBl. 1993 II S. 296 = DB 1993, 616.

Einl.

der Zustand der steuerrechtlichen Ungewissheit fortdauere, und verhalte er sich so, dass den Steuerbehörden die vollständigen Vereinbarungen nicht bekannt werden, so handle er treuwidrig, wenn er sich später auf die Klausel berufe. Das Verlautbarungserfordernis bewirkt, dass mit Hilfe der Steuerklausel nur *künftige* unerwartete Entwicklungen etc. geregelt werden können, hingegen Sachverhalte nicht rückwirkend gestaltet werden können.[246]

108 **3. Regelung in Satzung oder Einzelgeschäft.** Ob eine Steuerklausel in die Satzung aufzunehmen ist oder die Frage besser dem Einzelgeschäft überlassen bleibt, ist eine andere Frage. Da die Finanzverwaltung den Satzungsklauseln reserviert gegenüber steht,[247] empfiehlt sich jedenfalls die Klausel im Einzelgeschäft.

D. Praktische Verwendung und Vertragsgestaltung

Literatur: *Braasch* Strukturuntersuchung angemeldeter Gesellschaften mit beschränkter Haftung, GmbHR 1976, 201; *Eder* Die GmbH in der Wirtschaft in: Pro GmbH, 1980, S. 57; *Emmerich/Sonnenschein/Habersack* Konzernrecht, 7. Aufl. 2001; *Hansen* Wirtschaftsbereiche und Größenklassen der GmbH, GmbHR 1978, 242; *ders.* Wachsende Bedeutung der GmbH, GmbHR 1981, 101; *ders.* Neue Ergebnisse über die Entwicklung der GmbH, GmbHR 1986, 37; *ders.* Die GmbH gewinnen weiter an Gewicht GmbHR 1987, 50; *ders.* Entwicklung, regionale Gliederung und Struktur der GmbH, GmbHR 1988, 15; *ders.* GmbH-Bestand stieg auf mehr als 400 000, GmbHR 1990, 248; *ders.* Die GmbH baut ihren Vorsprung als umsatzstärkste Rechtsform aus, GmbHR 1991, 192; *ders.* GmbH-Bestand stieg auf mehr als 500 000 Gesellschaften an, GmbHR 1993, 146; *ders.* Der GmbH-Bestand stieg auf 770 000 Gesellschaften, GmbHR 1997, 204; *ders.* Die GmbH verbesserte ihre Position als umsatzstärkste Unternehmensgruppe, GmbHR 1997, 832; *ders.* Gründungen, Auflösungen und Anzahl von GmbH, GmbHR 1998, 582; *ders.* Die GmbH als weiterhin umsatzstärkste Unternehmensgruppe, GmbHR 1999, 24; *ders.* Fast die Hälfte der steuerpflichtigen Umsätze entfallen auf die GmbH und GmbH & Co. KG, GmbHR 2001, 286; *W. Horn* Gründung einer vermögensverwaltenden GmbH, GmbHR 2001, 386; *Kornblum* (u. a.) Rechtstatsachen zum Unternehmens- und Gesellschaftsrecht, GmbHR 1981, 227; 1983, 29, 61; 1985, 7, 42; *ders.* Rechtstatsachen zur GmbH aus Württemberg und aus den neuen Bundesländern, GmbHR 1994, 505; *ders.* Neue württembergische Rechtstatsachen zum Unternehmens- und Gesellschaftsrecht, GmbHR 2000, 1240; *Limbach* Theorie und Wirklichkeit der GmbH, 1966; *Loidl* Die GmbH ohne erwerbswirtschaftliche Zielsetzung, 1970; *J. Meyer* Die GmbH und andere Handelsgesellschaften im Spiegel empirischer Forschung, GmbHR 2002, 177 ff., 242 ff.; *Strehle* Die GmbH als Unternehmungsform, 11. Aufl. 2000; *Wiedemann/Hirte* Konzernrecht, FS 50 Jahre BGH, Band II 2000, 337 sowie StatJb. und WiuStat.

I. Die Verbreitung der GmbH

109 **1. Die quantitative Entwicklung. a) Steigende Zahl.** Die Zahl der GmbHs in Deutschland war schon bis zum 1. Weltkrieg stetig bis auf etwa 27 000 (mit rd. 5 Mrd. M Stammkapital) gestiegen und hatte damit die der Aktiengesellschaften (etwa 4700 mit jedoch rd. 16 Mrd. M Grundkapital) weit hinter sich gelassen. In der Folgezeit entwickelte sie sich jedoch nicht mehr so kontinuierlich. Allgemein- und wirtschaftspolitische Ereignisse sowie steuerliche Maßnahmen kamen ins Spiel. Kurzlebige Neugründungen (zB Kriegsgesellschaften und Inflationsgründungen) sowie Zusammenbrüche auch älterer Gesellschaften (Weltwirtschaftskrise) beeinflussten die Entwicklung. Hinzu kam, dass angesichts der nunmehr hohen Steuersätze nicht wenige Gesellschaf-

---

[246] Vgl. *Plewka/Söffing* NJW 1993, 3173.
[247] Vgl. FinMin. Hessen DB 1965, 1233; OFD Koblenz GmbHR 1965, 180; dazu *Henninger* GmbHR 1965, 178.

D. Praktische Verwendung und Vertragsgestaltung   **Einl.**

ten die Form wechselten, je nachdem, ob die GmbH oder die Personengesellschaften steuerlich benachteiligt wurden. Schließlich wirkte sich zugunsten der GmbH aus, dass das RG im Jahre 1922 endgültig die GmbH als persönlich haftenden Gesellschafter einer KG, also die GmbH & Co. KG, zuließ (vgl. dazu Rn. 134). Dennoch konnte die GmbH keineswegs die AG verdrängen; gegen Ende der Weimarer Zeit zählte man etwa 40 000 GmbH und etwa 10 000 AG. Die gegen die Kapitalgesellschaften gerichtete Politik, insbes. auch Steuerpolitik, der Nationalsozialisten drückte jedoch beide Gesellschaftsarten kräftig zurück; 1941 gab es nur noch 23 000 GmbH und 5500 AG.

b) „Flucht in die GmbH". Seit der Konsolidierung der Verhältnisse nach dem **110** letzten Krieg erreichte die GmbH auf einer steil aufsteigenden Linie aufsehenerregende Höhepunkte und scheint noch keineswegs darin nachzulassen. Die erst 1977 aufgehobene Doppelbelastung durch die Ertragssteuern, aber auch die nach wie vor populäre GmbH & Co. lösten eine „Flucht in die GmbH" aus,[248] deren Ausmaß alle vorherigen Bewegungen dieser Art vergessen lässt. Diese Entwicklung wird nun freilich auch durch die Wiedervereinigung beeinflusst. Gab es von allen GmbH in Deutschland am 31. 12. 1994 in den alten Bundesländern 93,6 % und in den neuen Bundesländern lediglich 6,4 %,[249] so entfielen zum 30. 9. 1998 auf die alten Bundesländer nur noch etwa 84 % und auf die neuen Bundesländer nunmehr etwa 16 %.[250] Dabei nimmt die GmbH in den neuen Bundesländern einen vergleichsweise höheren Anteil an bestehenden Gesellschaftsformen ein als in den alten Bundesländern (1994: alte Bundesländer 14 %, neue Bundesländer 16,5 %).[251] Am 31. 12. 1993 wurden in Gesamtdeutschland 543 444 Gesellschaften mit einem Gesamtstammkapital von 258,8 Mrd. DM gezählt.[252] Nachdem die Erhebungen zu dem Bestand der Kapitalgesellschaften und seiner Veränderung eingestellt worden sind, können nur noch Hochrechnungen aufgrund der Daten aus der Umsatzsteuerstatistik vorgenommen werden. Daraus, und unter Berücksichtigung der früheren Ergebnisse aus den Handelsregistereintragungen, ergibt sich zum 30. 9. 1998 ein Bestand von rund 815 000 GmbH.[253] Die Zahl der Aktiengesellschaften, die nach dem Kriege mit gut 2500 (ungefähr die Zahl der auf das Bundesgebiet entfallenen AG des Deutschen Reiches) begann, ging bis zum Jahre 1983 (auf 2111) langsam zurück und liegt (nach 1992 mit 3219, 1993 mit 3300, 1994 mit 3550, 1996 mit 4000) Anfang 2001 bei 14 174 Gesellschaften.[253a] Auch in den Umsatzzahlen (1996) schlägt die GmbH (mit ihren 32,4 % vom Gesamtumsatz) die AG (mit 20,3 %) mit zunehmender Tendenz, wobei die bei Aktiengesellschaften geübte Praxis zur Ausgliederung von Betriebsabteilungen in GmbH zu berücksichtigen ist.[254] Diese Entwicklung beruht indes nicht allein auf steuerlichen Gründen, sondern vor allem darauf, dass die Aktiengesellschaft – nach den Aktiengesetzen von 1937 und 1965 – praktisch nur noch für Großunternehmen in Frage kam und gerade in diesem Bereich

---

[248] Vgl. aber auch *Flick* DB 1994, 64 sowie ergänzend hinsichtlich erb- und vermögenssteuerlicher Aspekte DB 1996, 1102 und *Gosch* DStR 1994, Beihefter Heft 6 zur Rechtsformwahl nach Änderung der Steuertarife u. -sätze.
[249] Vgl. *Hansen* GmbHR 1993, 146; *ders.* GmbHR 1995, 507.
[250] Vgl. *Hansen* GmbHR 1999, 26.
[251] Vgl. *Hansen* GmbHR 1998, 584.
[252] Vgl. *Hansen* GmbHR 1997, 205 und StatJb. 1995.
[253] Vgl. *Hansen* GmbHR 1999, 26; nach neuer Schätzung 825 000, vgl. *Hansen* GmbHR 2001, 286, 288; die DIHT-Statistik erfasste für Anfang 2001 739 858 kammerzugehörige GmbHs, vgl. *J. Meyer* GmbHR 2002, 177.
[253a] Vgl. *J. Meyer* GmbHR 2002, 177.
[254] Vgl. *Hansen* GmbHR 1999, 25 f.; *ders.* GmbHR 1993, 148.

Einl.

die Konzentration zusätzlich einigen Schwund gebracht hat. Die Deregulierung des Aktienrechts scheint eine Belebung dieser Gesellschaftsform zu bewirken.[255] Zu bedenken ist aber auch, dass die Inanspruchnahme der neuen Erleichterungen mit einem Verzicht auf die Inanspruchnahme des Kapitalmarktes erkauft werden muss.[256]

111 **c) Vertrauen in die GmbH.** Die Entwicklung zugunsten der GmbH wird, wie gesagt, aller Voraussicht nach weiter anhalten.[257] Das beruht auch darauf, dass das Vertrauen in die GmbH als Rechtsform, das in der Zwischenkriegszeit sehr gelitten hatte, mittlerweile weitgehend wiederhergestellt wurde. Auch hat sich die früher vielfach geäußerte Vermutung, nach der die GmbH generell besonders insolvenzanfällig sei, nicht verifizieren lassen,[258] obwohl die Fluktuationen bei den GmbH besonders hoch sind.[259]

112 **2. Die Verteilung nach Größenklassen und Wirtschaftszweigen.** Obwohl die **Stammkapitalhöhe** nur einen schwachen Anhaltspunkt für die Bedeutung einer Gesellschaft bietet, geben doch die Zahlen ein einigermaßen zutreffendes Bild über die Größenklassen der GmbH. Danach begnügten sich Ende 1989 ca. 70 % aller GmbH mit einem Stammkapital von 50 000 DM;[259a] ein großer Teil von ihnen sind Komplementäre einer GmbH & Co. KG. Nur 0,7 % der Gesellschaften brachte es auf ein Stammkapital von mehr als 10 Mio. DM, vereinigte dabei aber etwa 64 % des Gesamtstammkapitals aller GmbH auf sich. Von den restlichen Gesellschaften mit einem Stammkapital von mehr als 50 000 DM (28 %) verfügen die meisten (ca. 19 %) über ein Stammkapital zwischen 100 000 und 1 Mio. DM. Etwas über 25 % aller GmbH sind Komplementäre von Kommanditgesellschaften.

113 Ihrer **wirtschaftlichen Verwendung** nach stehen die GmbH (549 659, Stand 31. 12. 1992) im Dienstleistungsbereich quantitativ an der Spitze mit 208 320 (37,9 %); sie betreiben überwiegend die Verwaltung von Vermögen oder von Beteiligungen. Es folgen die Gesellschaften im produzierendem Gewerbe (169 295 – 30,8 %), und im Handel, zumeist Großhandel und Handelsvermittlung (138 515 – 25,2 %).[260]

114 Verhältnismäßig viele (etwa 25 %) der größeren GmbH befinden sich zumeist mehrheitlich im **Auslandsbesitz,** der offenbar die GmbH der Aktiengesellschaft vorzieht.

II. Die wichtigsten Verwendungen der GmbH

115 Die GmbH kommt überall dort in Betracht, wo eine bestimmte, unternehmerische, aber auch nichtunternehmerische Aufgabe für eine gewisse Dauer gestellt ist und es besonders auf die Sicherung der Kontinuität und auf eine Risikobegrenzung ankommt. In diesem überaus weiten Rahmen hat sich die GmbH für die verschiedensten Zwecke als gleichermaßen tauglich erwiesen. Dies wird dadurch besonders begünstigt, dass der Gesellschaftsvertrag die Kompetenzen und damit die Macht ganz nach den Bedürfnissen und Vorstellungen der Beteiligten auf die Organe verteilen kann. Ausgenommen sind praktisch nur die der GmbH gesetzlich verschlossenen Aufgaben (vgl. Rn. 27) sowie (Publikums-)Gesellschaften, die ihre Finanzierung an der Börse suchen (zur GmbH & Co. KGaA vgl. Rn. 144 aE).

---

[255] Vgl. *Bihr* BB 1999, 920 ff.; *J. Meyer* GmbHR 2002, 177.
[256] Vgl. *Claussen* AG 1995, 163, 170.
[257] Zum Beratereinfluss auf die Rechtsformwahl vgl. *Breithecker/Baumann* DStR 1998, 219 ff.
[258] Vgl. *Hansen* GmbHR 1979, 241.
[259] Vgl. Insolvenzstatistik 1997 ZIP 1998, 1981 ff.
[259a] Zum gleichen Ergebnis gelangt *J. Meyer* GmbHR 2002, 177 für 1992.
[260] Vgl. *Hansen* GmbHR 1997, 205.

D. Praktische Verwendung und Vertragsgestaltung **Einl.**

Demnach lassen sich, rechtstatsächlich gesehen, folgende **Hauptgruppen** unterscheiden: 116

1. Die GmbH als selbständiger Unternehmensträger. – Gesellschaften weniger – zumeist natürlicher – **Personen,** die, ähnlich wie in der OHG, gemeinsam ein kleines, mittleres, auch größeres Unternehmen betreiben. Sie stellen noch immer einen großen Teil aller GmbH dar. 117

– **Familiengesellschaften,** die nicht selten aus einer Personengesellschaft oder einem Einzelunternehmen entstanden sind und häufig – besonders durch Erbfall – eine verhältnismäßig große Gesellschafterzahl haben. 118

– **Einpersonen-Gesellschaften,** die wie Einzelfirmen aber ohne die sonst gegebenen Haftungsgesellschafter betrieben werden; ähnlich auch die Ehegatten-GmbH. Hingegen ist eine **Kein-Mann-Gesellschaft,** eine GmbH, der sämtliche Anteile selbst gehören, wohl nur vorübergehend zulässig, vgl. § 33 Rn. 26 ff.; § 60 Rn. 9.[261] 119

– Personenbezogene Gesellschaften **mit Fremdbeteiligung:** die zu a–c genannten Typen variieren zT dadurch, dass sie ein fremdes (häufig großes) Unternehmen als Minderheits- oder Mehrheitsbeteiligten aufnehmen.[262] 120

– **Großunternehmen,** die aber selten als GmbH betrieben werden, so zB die Robert Bosch GmbH, deren Anteile mehrheitlich bei der Robert Bosch Stiftung GmbH liegen. Zur Frage der „Daseinsberechtigung" der GmbH als Rechtsform für Großunternehmen vgl. Rn. 38, 42. 121

– Zu **genossenschaftlichen Zwecken** kommt die GmbH, ähnlich wie die AG, vor allem für Zusammenschlüsse von Genossenschaften, weniger für Primär-Genossenschaften in Frage. 122

– Als Träger **öffentlicher Unternehmen** spielt die GmbH – neben der AG – eine erhebliche Rolle, und zwar sowohl beim Bund und den Ländern wie auch bei den Kommunen.[263] **Kirchliche Unternehmen,** bes. Klosterunternehmen, werden häufig durch eine GmbH geführt. 123

– Schließlich kommt die GmbH für **Wirtschaftsprüfungs-** und **Steuerberatungsgesellschaften** in Betracht. Zur „Freiberufler-GmbH" iÜ vgl. § 1 Rn. 13 u. 14 ff. (Rechtsanwalts-GmbH). 124

2. Die GmbH bei grundtypvermischten Unternehmensträgern. Die „Grundtypvermischung", wie man seit *Zielinski*[264] die mitgliedschaftliche Verbindung von Personengesellschaft und Kapitalgesellschaft nennt, hat sich seit RGZ 105, 101 bei der GmbH am weitesten entfaltet (zur GmbH & Co. KG vgl. Rn. 134 ff.). Rechtstatsächlich kommen vor allem vor: 125

– Die **reguläre GmbH & Co. KG,** die in mancherlei Varianten kleinen und mittleren Unternehmen als Alternative zur personenbezogenen GmbH dient, s. auch Rn. 140.[265] 126

– Die GmbH als Komplementär einer **Publikums- oder Massen-KG,** die ihrerseits funktional, wenn auch vorwiegend aus steuerlichen Gründen, anstelle der AG sowie neben der AG & Co. KG[266] Anlagekapital sammelt;[267] s. auch Rn. 140. 127

---

[261] AA *Kreutz,* FS Stimpel, 1985, S. 379.
[262] Vgl. zB BGHZ 65, 15 = NJW 1976, 191 = BB 1975, 1450 „ITT".
[263] Vgl. *J. Keßler* GmbHR 2000, 71 ff. und insb. zur Einbindung des Gemeinderats als Gesellschafterversammlung *Erle/Becker* NZG 1999, 58 ff.
[264] Grundtypvermischungen und Handelsgesellschaftsrecht, 1925.
[265] Vgl. zB BGHZ 78, 114 = NJW 1981, 175 = DB 1980, 2231.
[266] Vgl. zB BGHZ 73, 294 = NJW 1979, 1503 = DB 1979, 1350.
[267] Vgl. zB BGHZ 64, 238 = NJW 1975, 1318 = BB 1975, 804; BGHZ 76, 160 = NJW 1980, 1463 = DB 1980, 1115.

Einl. Einleitung

128 – Die GmbH innerhalb der sog. **Doppelgesellschaft,** vor allem aufgrund einer **Betriebsaufspaltung:** Die Unternehmensfunktion wird auf zwei (regelmäßig personengleiche) Gesellschaften derart aufgeteilt, dass die eine (oft Personen-)Gesellschaft lediglich das Anlagevermögen hält, dieses aber an die andere (zumeist GmbH) verpachtet, die ihrerseits den Betrieb führt,[268] s. auch Rn. 143.

129 **3. Die GmbH als Instrument des Konzern- und Kartellrechts.** Im Konzernrecht hat sich die GmbH für viele Zwecke außerordentlich bewährt, und zwar in erster Linie als Funktions-GmbH (Vertriebs-, Produktions-, Transport- usw. Gesellschaft), die die Gliederung und Führung eines Konzerns wesentlich erleichtert (gegenüber der Alternative: Betriebsabteilung), aber auch als (Zwischen-)Holding sowie als Gemeinschaftsunternehmen.[269]

130 Im **Kartellrecht** fungiert die GmbH hauptsächlich als Einkaufs- oder Verkaufsgesellschaft von Syndikaten, soweit diese zulässig sind.[270]

131 **4. Die GmbH mit nichtwirtschaftlichen Zwecken.** Auch außerhalb der wirtschaftlichen Zweckverfolgungen hat die GmbH weite und vielfältige Anwendungsgebiete,[271] so zB für **anstaltsähnliche Institute** zum Zwecke der Forschung, der Information, der Theater, der Orchester, als Unterstützungs- und Pensionskasse u. v. a. m. Die GmbH kommt auch für (gemeinnützige[272] oder Familien-) **Stiftungen** in Frage; sie kann dabei sogar das Wort „Stiftung" in der Firma führen (vgl. Rn. 121).[273]

III. Zur Vertragsgestaltung

132 Einen **Muster-Gesellschaftsvertrag** kann es schon angesichts der vielfältigen Verwendungsmöglichkeiten für die GmbH **nicht** geben. Mehr noch als bei den meisten anderen Gesellschaften bedarf es eines Gesellschaftsvertrages, der in jeder Hinsicht den konkreten Bedürfnissen und Voraussetzungen sowie den möglichen Entwicklungen der Zukunft Rechnung trägt.[274]

133 Kein GmbH-Vertrag sollte daher ohne den Rat eines sachkundigen Juristen verfasst werden.[275] Die notarielle Form (§ 2 Abs. 1 S. 1 GmbHG) allein gewährleistet die Qualität des Gesellschaftsvertrages nicht, zumal nunmehr § 9c Abs. 2 die registergerichtliche Inhaltskontrolle einschränkt (vgl. dazu § 9c Rn. 15). Zur Zulässigkeit der Beurkundung vor einem ausländischen Notar vgl. § 2 Rn. 40 ff.

---

[268] Vgl. etwa *Binz* § 25; *Brandmüller* Die Betriebsaufspaltung nach Handels- und Steuerrecht, 7. Aufl. 1997; *ders.* Betriebsaufspaltung (Loseblatt), Stand 1993; *Dehmer* Die Betriebsaufspaltung, 2. Aufl. 1987; *Felix* (Hrsg.) Kölner Handbuch der Betriebsaufspaltung und Betriebsverpachtung, 4. Aufl. 1979; *Fichtelmann* Betriebsaufspaltung im Steuerrecht, 9. Aufl. 1996; *Kaligin* Die Betriebsaufspaltung, 3. Aufl. 1995; *Knoppe* Betriebsaufspaltung, 5. Aufl. 1999; *ders.* Betriebsverpachtung und Betriebsaufspaltung, 8. Aufl. 1994; *Priester/Timm* (Hrsg.) Abschied von der Betriebsaufspaltung? 1990; *Söffing* Die Betriebsaufspaltung, 2. Aufl. 1990; *ders.* Die Betriebsaufspaltung: Formen, Voraussetzung, Rechtsfolgen, 1999.
[269] Vgl. *Hintzen* DStR 1998, 1319 ff.
[270] Vgl. bes. § 5 Abs. 2 GWB sowie *Rittner* Wirtschaftsrecht § 16 Rn. 41, 46, 54.
[271] AA *Stock* NZG 2001, 440 ff.
[272] Vgl. *J. Thiel* DStJG 20 (1997), 103 ff.
[273] Vgl. OLG Stuttgart NJW 1964, 1231; *Sorg* BB 1983, 1620, 1626; über **Freie Berufe** in der Rechtsform der GmbH vgl. *Kremer* GmbHR 1983, 259; *Stehle* DStR 1983, 100 sowie zur **RA-GmbH** § 1 Rn. 14 ff.
[274] Vgl. zB *E. Nagler* Die zweckmäßige Nachfolgeregelung im GmbH-Vertrag, 1998.
[275] Vgl. Beiträge in *Lutter/Wiedemann* Gestaltungsfreiheit im Gesellschaftsrecht. Deutschland Europa und USA, 1998; *Langenfeld* GmbH-Vertragspraktikum, 1999.

E. Die GmbH & Co. KG und Verwandtes

Literatur: *Baldi* Die GmbH & Co., 1991 (Sonderdruck aus: *Frotscher* Komm. z. EStG); *Binz* Die GmbH & Co., 8. Aufl. 1992; *Brönner/Rux/Wagner* Die GmbH & Co. KG in Recht und Praxis, 8. Aufl. 1998; *Fichtelmann* Die GmbH & Co. im Steuerrecht, 8. Aufl. 1999; *Grothe* Die ausländische Kapitalgesellschaft & Co., 1989; *Henze/Triller* Die GmbH & Co. KG, 11. Aufl. 1973; *Hesselmann/Tillmann* Handbuch der GmbH & Co., 18. Aufl. 1997; *Kieser* Die Typenvermischung über die Grenze, 1988; *Klamroth* Vertragsgestaltung bei der GmbH & Co., 7. Aufl. 1993; *Klauss/Birle* Die GmbH & Co. KG, 7. Aufl. 1988; *Knur* Die GmbH & Co. in: GmbH-Reform 1970, S. 164; *Post/Hoffmann* Die stille Beteiligung am Unternehmen der Kapitalgesellschaft, 2. Aufl. 1984; *Priester* Vertragsgestaltung bei der GmbH & Co., 3. Aufl. 2000; *Schilling* Rechtspolitische Gedanken zur GmbH & Co., FS Kunze, 1969, S. 189; *Schulze zur Wiesche* GmbH & Co. KG, 2. Aufl. 1991; *Sommer* Die Gesellschaftsverträge der GmbH & Co. KG, 2. Aufl. 1997; *Sudhoff* GmbH & Co. KG, 5. Aufl. 2000; *H. P. Westermann* Die GmbH & Co. KG im Lichte der Wirtschaftsverfassung, 1973; *Wiethölter* u. a. Aktuelle Probleme der GmbH & Co., 3. Aufl. 1974; *Zielinski* Grundtypvermischung und Handelsgesellschaftsrecht, 1925.

I. Die GmbH & Co. KG als Gesellschaftsform

1. Entwicklung. In den 80 Jahren, seitdem das **Reichsgericht** die Beteiligung 134 einer GmbH als (alleiniger) Komplementärin in der KG anerkannte,[276] hat sich die GmbH & Co. KG allen Angriffen zum Trotz fast wie eine „**dritte Art**"[277] der Personenhandelsgesellschaft (neben OHG und KG) durchgesetzt. Die **GmbH-Novelle 1980** hat ihr einige Regelungen (im HGB vgl. Rn. 146) gewidmet und sie somit ausdrücklich bestätigt.[278] Die GmbH & Co. KG bleibt zwar in jedem Fall KG, setzt also ein Handelsgewerbe iSd. §§ 1 Abs. 2; 2; 3 HGB oder eine nur Eigenvermögen verwaltende Tätigkeit (§ 105 Abs. 2 S. 1 2. Alt. HGB) voraus und lässt die KG als Unternehmensträger fungieren.[279] Dennoch verändert der – für das KG-Recht ursprünglich nicht vorgesehene – Eintritt der GmbH als – regelmäßig alleiniger – Komplementärin das Personengesellschaftsrecht durchgreifend. Eigenschaften von Kommanditgesellschaft und GmbH verflechten sich in eigenartiger Weise. Im **Gesellschaftssteuerrecht** galt die GmbH & Co. KG ausnahmsweise als Kapitalgesellschaft.[280] **Ertragsteuerlich** wird sie hingegen als Personengesellschaft behandelt.[281] Eine Mitunternehmerschaft (§ 15 Abs. 1 Nr. 2 EStG) liegt aber nur vor, wenn die KG ein gewerbliches Unternehmen betreibt.[282] – Eine **ausländische Kapitalgesellschaft** kann sich unter bestimmten Voraussetzungen ebenfalls als persönlich haftender Gesellschafter an einer KG beteiligen.[283]

Die nach RGZ 105, 101 ebenso zulässige **GmbH & Co. OHG** findet sich äußerst 135 selten. Doch muss der Gesetzgeber, wenn er sich mit der GmbH & Co. KG befasst,

---

[276] RGZ 105, 101.
[277] So *Hachenburg/Schilling* 7. Aufl. Einl. Rn. 36.
[278] Zu ihrem 75. Jubiläum vgl. *Hesselmann* BB 1987, 346.
[279] BayObLGZ 1985, 273 = NJW 1985, 982 = DB 1985, 271.
[280] § 5 Abs. 2 Nr. 3 KVStG – aufgeh. zum 1. 1. 1992, BGBl. I S. 266, 281 f.
[281] Vgl. zum Ganzen *Fichtelmann* Die GmbH-&-Co-KG im Steuerrecht, 1998.
[282] BFHE 141, 405 = BStBl. 1984 II S. 751 = NJW 1985, 93; dagegen bes. *P. Kirchhof* Gutachten z. 57. DJT 1988, S. F 74 f., der aber die Abgrenzungsprobleme übersieht.
[283] So BayObLGZ 1986, 61 = NJW 1986, 3029, 3030 = GmbHR 1986, 305 „Landshuter Druckhaus Ltd." für eine private limited company brit. Rechts; dazu *Ebke* ZGR 1987, 245, mit Recht zurückhaltend; bejahend aber auch OLG Saarbrücken DB 1989, 1076 = JZ 1989, 904 m. Bespr. *Ebenroth/Hopp* S. 883; für eine schweiz. AG *Binz* § 4 Rn. 34 ff. mwN.

Einl. Einleitung

auch jene bedenken. Demgemäß hat die GmbH-Novelle 1980 auch entsprechende Regelungen für die GmbH & Co. OHG gebracht (vgl. Rn. 146).

136 Nach nach der neueren Rspr. des BGH[284] ist auch eine KGaA zulässig, deren einzig persönlich haftender Gesellschafter eine Kapitalgesellschaft ist. Der Gesetzgeber hat hierauf mit der Neufassung des § 279 Abs. 2 AktG[285] reagiert und mittelbar die Zulässigkeit der **GmbH & Co. KGaA** anerkannt. Die GmbH & Co. KGaA bietet sich als Alternative zur bereits 1994 geschaffenen „kleinen AG" vor allem für mittelständische (Familien-)Unternehmen[286] an, da hier der Zugang zum Kapitalmarkt mit Kriterien wie Haftungsbeschränkung, Nachfolgesicherung, Reduzierung der Mitbestimmung und Absicherung der Familienherrschaft kombiniert wird. Fragen zum Aktionärsschutz und zum Gläubigerschutz dürfen auch bei dieser neuen grundtypvermischten Gesellschaftsform nicht außer Acht gelassen werden.[287]

137 **2. Motive für den Einsatz der GmbH & Co. KG.** Wenn auch die Motive für den Einsatz der GmbH & Co. KG zunächst mehr im Steuerrecht lagen (vgl. dazu Rn. 64 f.), haben sich die Eigenarten jener Verflechtung inzwischen als durchaus selbständige Gründe herausgestellt: Die GmbH & Co. KG nötigt keinen der Gesellschafter, die unbeschränkte persönliche Haftung zu übernehmen, sie erleichtert, zumal bei Familiengesellschaften, die Trennung des unternehmerischen Bereichs von dem der Kapitalgeber und sie hilft vor allem durch die Drittorganschaft bei der GmbH, die – bei Familiengesellschaften oft schwierigen – Nachfolgefragen zu lösen und so die Kontinuität zu sichern.

138 Die **steuerlichen** Vor- und Nachteile der GmbH & Co. KG – etwa gegenüber der GmbH oder der KG mit einer natürlichen Person als Komplementär – bedürfen im Einzelfall einer sorgfältigen Prüfung, die auch mögliche Änderungen der Besteuerung zu berücksichtigen hat.[288] Besonders empfiehlt sich die GmbH & Co. KG für einen Unternehmer, der – allein oder gemeinsam mit anderen – mehrere Unternehmen betreibt: Er kann die Verluste des einen und die Gewinne des anderen Unternehmens, die ihm über eine Kommanditbeteiligung als Einkünfte aus Gewerbebetrieb zufließen (§ 15 Abs. 1 Nr. 2 EStG), jährlich miteinander saldieren. Hat er statt dessen mehrere GmbH(-Beteiligungen), so kann er die Verluste der einen Gesellschaft nur mit früheren oder späteren Einkünften **dieser** Gesellschaft und in den engen Grenzen des § 10d EStG ausgleichen.[289] Zu beachten ist aber die Verlustverrechnungsbeschränkung nach § 15a EStG (vgl. Rn. 144).

II. Arten der GmbH & Co. KG

139 Die GmbH & Co. hat es bisher zu recht unterschiedlichen Erscheinungsformen gebracht:

140 **1. Reguläre GmbH & Co. KG.** In der regulären oder „echten" GmbH & Co. KG sind die Kommanditisten zugleich die GmbH-Gesellschafter, und zwar in demselben Verhältnis ihrer Anteile. Doch kommen auch abweichende Gestaltungen vor, so

---

[284] BGHZ 134, 392 ff. = NJW 1997, 1923 ff. = DB 1997, 1219.
[285] Geändert durch Art. 8 HRefG.
[286] ZB aber auch Profiabteilungen von Fußballvereinen, da der Hauptverein als GmbH weiterhin das Unternehmen kontrollieren kann; vgl. hingegen *Geck* NZG 1998, 586, 588.
[287] Vgl. *Bayreuther* JuS 1999, 651.
[288] Vgl. *Fichtelmann* Die GmbH-&-Co-KG im Steuerrecht, 1998 sowie Rn. 77 ff.
[289] Für die Praxis grundlegend nunmehr BFHE 141, 405 = BStBl. 1984 II S. 751 = NJW 1985, 93.

E. Die GmbH & Co. KG und Verwandtes   **Einl.**

zB wenn nur die Hauptgesellschafter an der GmbH beteiligt sind oder die Beteiligungsquoten nicht übereinstimmen. Die Verschachtelung mehrerer Gesellschaften führt manchmal zu unübersichtlichen Vermögens- und Zuständigkeitsverhältnissen, vor denen zu warnen ist. Der BGH legt aber auch in solchen Fällen bisher mit Recht die von den Beteiligten gewählte gesellschaftsrechtliche Gestaltung zugrunde und lehnt eine persönliche Inanspruchnahme der Gesellschaft wegen **„Vermögensvermengung"** grds. ab.[290]

2. Einpersonen-GmbH & Co. KG. Einen Grenzfall stellt die Einpersonen-GmbH & Co. KG dar, bei der dieselbe Person zugleich Kommanditist und einziger Gesellschafter der GmbH ist. Ihre Zulässigkeit ist unbestritten.[291] 141

3. Einheitsgesellschaft. Einen anderen Grenzfall bildet die sog. Einheitsgesellschaft.[292] Bei ihr hat die Komplementär-GmbH nur einen einzigen Gesellschafter, nämlich die KG, die ihrerseits die „eigentlichen" Gesellschafter umfasst. Die GmbH-Novelle 1980 hat sie in § 172 Abs. 6 S. 1 HGB ersichtlich anerkannt.[293] 142

4. Doppelstöckige GmbH & Co. KG. In der sog. doppelstöckigen GmbH & Co. KG bildet eine GmbH & Co. KG den Komplementär einer anderen GmbH & Co. KG. Ihre Zulässigkeit ist nicht umstritten. 143

5. Publikums- oder Anlagegesellschaften. Eine neue Verwendungsweise hatte die GmbH & Co. KG Jahrzehnte in den sog. Publikums- oder Anlagegesellschaften gewonnen, die zumeist aus steuerlichen Gründen („Abschreibungsgesellschaften") Kapital für Zwecke sammeln, für die eigentlich die AG gedacht ist. Der BGH hat sie dennoch zugelassen, zugleich aber – und dies zwangsläufig – viel stärker rechtsfortbildend in sie eingegriffen als in die bisher üblich gewesenen Arten, so dass ein **Sonderrecht** für Publikums-Personengesellschaften entstanden ist.[294] Durch die Änderung des Steuerrechts, § 15a EStG (Beschränkung der Verrechnung von durch die Abschreibungsgesellschaft „erwirtschafteten" Verlusten mit anderen positiven Einkünften nur in Höhe des Haftungsbetrages; höhere Verluste können später nur mit Gewinnen der Abschreibungsgesellschaft verrechnet werden) ist diese Erscheinungsform rückläufig.[295] Mit der Zulassung der **GmbH & Co. KGaA** durch den BGH[296] könnte diese neue Gesellschaftsform als Alternative zur GmbH & Co. KG die Funktion der Publikums- und Anlagegesellschaft übernehmen.[297] 144

---

[290] Vgl. BGH NJW 1985, 740 = BB 1985, 77 = GmbHR 1985, 80.
[291] Vgl. auch *Baumbach/Hopt* Anh. § 177a Rn. 6; *Binz* § 22 Rn. 23.
[292] Vgl. u. a. zum alten Streitstand *Sudhoff* Der Gesellschaftsvertrag der GmbH & Co., 4. Aufl. 1979, S. 56 ff.
[293] Zu den Streitfragen iE vgl. *Hachenburg/Schilling* 7. Aufl. Einl. Rn. 39 ff. sowie *Baumbach/Hopt* Anh. § 177a Rn. 8 mwN.
[294] Vgl. *Binz* § 15 Rn. 14 ff.; *Baumbach/Hopt* Anh. § 177a Rn. 53 jew. mwN; dazu krit. *Kraft* Die Rechtsprechung des Bundesgerichtshofs zur Publikums-KG zwischen Vertragsauslegung und Rechtsfortbildung, FS Fischer, 1979, S. 321; gegen ihn aber *Reuter* Die „Wesenselemente" der Personengesellschaft in der neueren Rechtsprechung, GmbHR 1981, 129, 131 ff. sowie zum Ganzen *Stimpel* Anlegerschutz durch Gesellschaftsrecht in der Publikums-Kommanditgesellschaft, FS Fischer, 1979, S. 771; *Crezelius* Grauer Kapitalmarkt und Rechtsordnung, BB 1985, 209; *A. Krieger* Empfiehlt sich eine gesetzliche Regelung der Publikums-KG, FS Stimpel, 1985, S. 307, der die Frage zutr. verneint.
[295] Vgl. *Binz* § 1 Rn. 6.
[296] BGHZ 134, 392 ff. = NJW 1997, 1923 ff. = DB 1997, 1219.
[297] Vgl. *A. Jäger* NZG 1999, 103 f. mwN.

Einl. Einleitung

III. Zur gesetzlichen Regelung

145 **1. Keine spezielle gesetzliche Regelung.** Das GmbHG kennt auch nach der Novelle 1980 die GmbH & Co. KG nicht. Das Gesetz ist folglich auf die **Komplementär-GmbH** uneingeschränkt anzuwenden. Dabei muss aber der Verflechtung zwischen den beiden Gesellschaften Rechnung getragen werden. So verstößt zB eine Zahlung der KG an einen Kommanditisten, der zugleich GmbH-Gesellschafter ist, gegen § 30 Abs. 1 GmbHG, wenn dadurch mittelbar das Vermögen der GmbH unter das Nominalstammkapital herabsinkt (vgl. § 30 Rn. 67 f.).[298] Bei einer Publikumsgesellschaft (vgl. dazu Rn. 144) erstreckt sich der Schutzbereich der Geschäftsführerpflichten auch auf die KG, wenn, wie regelmäßig, der GmbH die Führung der Geschäfte der KG obliegt.[299] Auch die Publikumsgesellschaft bleibt aber Personengesellschaft, obwohl sie, was die Haftung für Gesellschaftsschulden angeht, den Kapitalgesellschaften näher steht.[300] Etwas anderes galt nur für die Gesellschaftssteuer nach § 5 Abs. 2 Nr. 3 KVStG; vgl. Rn. 92 ff. Weiterhin hat auch das 1. Gesetz zur Bekämpfung der Wirtschaftskriminalität[301] der engen Verflechtung von GmbH und KG/OHG Rechnung getragen, indem es die Überschuldung der Gesellschaft als Konkursgrund iSd. § 209 Abs. 1 S. 3 KO (nunmehr Insolvenzgrund iSd. § 19 Abs. 3 S. 1 InsO) bestimmte, sofern kein persönlich haftender Gesellschafter eine natürliche Person ist (vgl. § 63 Rn. 145 ff.).

146 **2. GmbH-Novelle 1980 und HRefG.** Die GmbH-Novelle 1980 hat indes einige Regelungen für die GmbH & Co. KG – sowie OHG – in das HGB eingefügt. Das HRefG änderte bzw. ergänzte diese und andere Vorschriften teilweise:[302]
– § 19 Abs. 2 HGB zur Firma
– §§ 125 a, 177 a HGB zu Angaben auf den Geschäftsbriefen, entsprechend § 35 a GmbHG, § 80 AktG;
– §§ 129 a, 172 a HGB, die eine sinngemäße Anwendung der §§ 32 a u. b GmbHG (Gesellschafterdarlehen) anordnen;
– § 172 Abs. 6 HGB, demzufolge Anteile an der Komplementär-GmbH nicht mit haftungsbefreiender Wirkung von einem Kommanditisten als Einlage geleistet werden können;
– §§ 130 a, 130 b, 177 a HGB Antragspflicht außer bei Zahlungsunfähigkeit auch bei Überschuldung.

147 **3. KapCoRiLiG.** Das Bilanzrichtliniengesetz von 1985 (vgl. Rn. 33) hatte die GmbH & Co. KG gegen den Rat mancher Sachverständiger,[303] dogmatisch aber konsequenterweise nicht einbezogen. Nachdem Deutschland wegen Nichtumsetzung der GmbH & Co. KG-Richtlinie[304] in einem Vertragsverletzungsverfahren[305] verurteilt

---

[298] BGHZ 60, 324, 328 f. = NJW 1973, 1036.
[299] BGHZ 75, 321, 323 f. = NJW 1980, 589 = DB 1980, 295.
[300] So zutr. BGHZ 62, 216, 227 = NJW 1974, 1191, 1193 = JZ 1975, 323.
[301] G v. 29. 7. 1976, BGBl. I S. 2034.
[302] Vgl. hierzu insb. *Schlitt* NZG 1998, 580 ff.
[303] ZB *Lutter/Mertens/Ulmer* BB 1983, 1737.
[304] Richtlinie zur Änderung des Anwendungsbereiches der Bilanzrichtlinien v. 8. 11. 1990 (90/605/EWG), ABl. EG Nr. L 317 v. 16. 11. 1990, S. 60 ff.
[305] RS C-272/97 Kommission ./. Deutschland; Slg. 1999, I-2175 = EuZW 1999, 446 = DB 1999, 950.

F. Die Mitbestimmung von Arbeitnehmervertretern   **Einl.**

wurde, erweitert das KapCoRiLiG[306] die Anwendbarkeit der in deutsches Recht umgesetzten **Bilanzrichtlinien auf solche KG und OHG,** bei denen die Haftung in irgendeiner Form vollständig beschränkt ist. Dies kann, wie der Titel des KapCoRiLiG nahe legt, durch Einsetzung einer Kapitalgesellschaft als persönlich haftender Gesellschafter erfolgen. Darüber hinaus werden aber auch **jedwede haftungsbeschränkend wirkende Gesellschaft & Co.** durch das KapCoRiLiG erfasst, vgl. Art. 1 Nr. 4 KapCoRiLiG.[307] Durch den neu eingefügten § 264a HGB sind die §§ 264 bis 330 HGB ab dem 9. 3. 2000 nun auch für solche in § 264a Abs. 1 HGB genannte, haftungsbeschränkte Personengesellschaften für anwendbar erklärt (vgl. auch Rn. 33).

IV. GmbH & Still.

Die „GmbH & Still.", die **stille Gesellschaft** (vgl. §§ 230 ff. HGB) mit einer **148** GmbH ist eine Abwandlung der GmbH & Co. KG. Sie hat vor allem den Vorteil, dass der stille Gesellschafter, anders als der Kommanditist, nicht zum Handelsregister angemeldet wird.[308] **Steuerlich** wird sie, vorausgesetzt, dass der Stille intern wie ein Mitunternehmer beteiligt ist, ebenso behandelt wie die GmbH & Co. KG.[309]

F. Die Mitbestimmung von Arbeitnehmervertretern

I. Allgemeine Literatur

1. Mitbestimmung und Gesellschaftsrecht. *Beuthin* Unternehmerische Mitbestimmung kraft Tarif- oder Betriebsautonomie?, ZfA 1983, 141; *ders.* Mitbestimmungsvereinbarungen nach geltendem und künftigem Recht, ZHR 148 (1984), 95; *Büdenbender* Mitbestimmungsrechtlicher Besitzstand im Gesellschaftsrecht, ZIP 2000, 385; *Fabricius* Erweiterung der Arbeitnehmer-Beteiligung im Aufsichtsrat einer Aktiengesellschaft gemäß § 76 BetrVG auf rechtsgeschäftlicher Grundlage, FS Hilger/Stumpf, 1983, S. 155; *Heintzeler* Wirtschaftsverfassung und Mitbestimmung, Schriftenreihe Karlsr. Studienges. 1971 (Heft 99); *Hensche* Erweiterung der Mitbestimmung durch privatautonome Regelung, insbes. in Unternehmen der öffentlichen Hand, AuR 1971, 33; *Hommelhoff* Vereinbarte Mitbestimmung, ZHR 148 (1984), 118; *Kittner* u. a. Arbeitnehmervertreter im Aufsichtsrat, 4. Aufl. 1991; *Martens* Mitbestimmung, Konzernbildung und Gesellschaftereinfluß, ZHR 138 (1974), 179; *ders.* Zum Verhältnis von Mitbestimmungs- und Gesellschaftsrecht, ZHR 148 (1984), 183; *Mertens* Zur Gültigkeit von Mitbestimmungsvereinbarungen, AG 1982, 141; *Oetker* Das Recht der Unternehmensmitbestimmung im

---

[306] BGBl. 2000 I S. 154.
[307] Hierzu *Luttermann* ZIP 2000, 517 ff.
[308] Vgl. *H. Sudhoff/M. Sudhoff* Stille Beteiligung an einer GmbH und die Umwandlung dieser Beteiligung, GmbHR 1984, 77; *Blaurock* BB 1992, 1969, 1970; *Mertens* Die stille Beteiligung an der GmbH und ihre Überleitung bei Umwandlung in die AG, AG 2000, 32.
[309] Vgl. BFHE 59, 329 = BStBl. 1954 III S. 336 = DB 1954, 858; BFHE 62, 27 = BStBl. 1956 III S. 11 = DB 1956, 175; BFHE 170, 345 = BStBl. 1994 II S. 702 = DB 1994, 2114 (Gesellschafter-Geschäftsführer als Stiller); BFHE 187, 250 = BStBl. 1999 II S. 286 = GmbHR 1999, 193; FG München DStRE 1998, 468 = NZG 1998, 656 = GmbHR 1998, 903; *Blaurock* Die GmbH & Still. im Steuerrecht, BB 1992, 1969; *Fichtelmann* GmbH & Still. im Steuerrecht, 4. Aufl. 1995; *Paulick/Blaurock* Handbuch der stillen Gesellschaft, 5. Aufl. 1998; *Schoor* GmbH & Still. im Steuerrecht, 2. Aufl. 1995; *Schwedhelm* Die GmbH & Still. als Mitunternehmerschaft, 1987; *ders.* GmbHR 1994, 445 (zugl. Anm. zu BFH BStBl. 1994 II, 702); *M. Stein* Gewerbesteuerliche Behandlung der atypisch stillen Gesellschaft, NWB Nr. 50, 1995, 4013; *Steinacker* Die GmbH & atypisch Still. im Steuerrecht, 1993; *Weber* Ende der typisch stillen Beteiligung bei beherrschendem Einfluss?, DB 1992, 546.

Einl. Einleitung

Spiegel der neueren Rechtsprechung, ZGR 2000, 19; *Peus* Die Praxis privatautonomer Mitbestimmungsvereinbarungen, AG 1982, 206; *Püttner* Mitbestimmung über Verträge und Verfassungsrecht, BB 1987, 1122; *Th. Raiser* Mitbestimmung im Betrieb und Unternehmen, FS Konrad Duden, 1977, S. 423; *ders.* Mitbestimmungsvereinbarungen de lege ferenda, FS Werner, 1984, S. 861; *Reuter* Der Einfluß der Mitbestimmung auf das Gesellschafts- und Arbeitsrecht, AcP 179 (1979), 509; *Rittner* §§ 96 bis 99 AktG 1965 und das Bundesverfassungsgericht – Bemerkungen zum Lex Rheinstahl-Urteil, DB 1969, 2165; *ders.* Die paritätische Mitbestimmung und das Gesellschaftsrecht, JZ 1975, 457; *ders.* Die Verschwiegenheitspflicht der Aufsichtsratsmitglieder nach BGHZ 64, 325, FS Hefermehl, 1976, S. 365; *ders.* Mitbestimmung der Arbeitnehmer oder der Gewerkschaften?, FS W. Werner, 1984, S. 729; *Schulze-Osterloh* Unternehmensüberwachung und Prüfung des Jahresabschlusses durch den Aufsichtsrat, ZIP 1998, 2129 ff.; *Thüsing* Zur Frage der Zulässigkeit gesellschaftsvertraglicher Ausweitung der Arbeitnehmervertretung nach dem Betriebsverfassungsgesetz 1952 bei der GmbH, FS Werner, 1984, S. 893; *Vogel* 10 Jahre sozialliberale Rechtspolitik, ZRP 1980, 1, 5; *J. Wagner* Aufsichtsgremien im Gesellschaftsrecht, 1998; *Wiedemann* Aufgaben und Grenzen der unternehmerischen Mitbestimmung der Arbeitnehmer, BB 1978, 5; *Zachert* Zur Erweiterung der Mitbestimmung durch Tarifvertrag, AuR 1985, 201; *Zöllner* Der Mitbestimmungsgedanke und die Entwicklung des Kapitalgesellschaftsrechts, AG 1981, 13; *Zöllner/Seiter* Paritätische Mitbestimmung und Artikel 9 Abs. 3 Grundgesetz, ZfA 1970, 97.

2. Reformfragen. *Ballerstedt* GmbH-Reform, Mitbestimmung, Unternehmensrecht, ZHR 135 (1971), 479; *Biedenkopf-Gutachten:* Mitbestimmung im Unternehmen – Bericht der Sachverständigenkommission zur Auswertung der bisherigen Erfahrungen bei der Mitbestimmung, 1970; *Köstler* Das steckengebliebene Reformvorhaben, Unternehmensmitbestimmung von 1922 bis zum Mitbestimmungsgesetz 1976, 1987; *Kübler* Unternehmensorganisation zwischen Sachverstand und Interessenpolitik – Bemerkungen zum Bericht über die Verhandlungen der Unternehmensrechtskommission, ZGR 1981, 377; *Nagel* Paritätische Mitbestimmung – Grundgesetz, 1988; *Rittner* Der Bericht der Unternehmensrechtskommission und die GmbH, GmbHR 1981, 277; *Säcker/Zander* Mitbestimmung und Effizienz, 1981; *K. Schmidt* Abhängigkeit, faktischer Konzern, Nichtaktienkonzern und Divisionalisierung im Bericht der Unternehmensrechtskommission, ZGR 1981, 455; *Sonnenschein* Der aktienrechtliche Vertragskonzern im Unternehmensrecht, ZGR 1981, 429; *Westermann* Rechtsformunabhängige und rechtsformspezifische Mitbestimmung im Bericht der Unternehmensrechtskommission, ZGR 1981, 393.

3. Die Mitbestimmung von Arbeitnehmervertretern in der GmbH. *Eder* Überwachungsrechte der Arbeitnehmervertreter im Aufsichtsrat der GmbH, GmbHR 1962, 130; *ders.* Gesellschafter- und Aufsichtsratsautonomie bei der GmbH, GmbHR 1978, 217; *v. Mettenheim* Der Aufsichtsrat im Kräftefeld der mitbestimmten GmbH, DB 1977, 447; *Simon, S.* Bestellung und Abberufung des Aufsichtsrats in GmbH und GmbH & Co. KG, GmbHR 1999, 257.

II. Mitbestimmungsgesetz 1976

1. Allgemeine Literatur. *Badura* Paritätische Mitbestimmung und Verfassung, 1985; *Badura/Rittner/Rüthers* Mitbestimmungsgesetz 1976 und Grundgesetz Gemeinschaftsgutachten 1977; *Ballerstedt* Das Mitbestimmungsgesetz zwischen Gesellschafts-, Arbeits- und Unternehmensrecht, ZGR 1977, 133; *Bayer* Der Anwendungsbereich des Mitbestimmungsgesetzes ZGR 1977, 173; *Benze/Föhr/Kehrmann/Kieser/Lichtenstein/Schwegler/Unterhinninghofen* Mitbestimmungsgesetz 76, Kommentar, 1977; *Birk* Betriebszugehörigkeit bei Auslandstätigkeit, FS Molitor, 1988, S. 19; *Boewer* Das Mitbestimmungsgesetz im Rahmen des Gesellschaftsrechts und kollektiven Arbeitsrechts, DB 1980, 673; *Canaris* Mitbestimmungsgesetz und innergesellschaftliche Organisationsautonomie des Aufsichtsrats, DB 1981 Beil. 14; *Däubler* Arbeitsrecht und Auslandsbeziehungen, AuR 1990, 1; *Duden* Zur Mitbestimmung in Konzernverhältnissen nach dem Mitbestimmungsgesetz, ZHR 141 (1977), 145; *Fabricius/Matthes/Naendrup/Rumpff/Schneider/Westerath* Gemeinschaftskommentar zum Mitbestimmungsgesetz, 1976 ff.; *Fitting/Wlotzke/Wißmann* Mitbestimmungsgesetz, Kommentar, 2. Aufl. 1978; *Geitner* Die ersten höchstrichterlichen Urteile zum Mitbestimmungsgesetz 1976, AG 1982, 212; *Hanau* Fragen der Mitbestimmung und Betriebsverfassung im Konzern, ZGR 1984, 468; *Hanau/Ulmer* Mitbestimmungsgesetz, Kommentar, 1981; *Hölters* Satzungsgestaltung und Organisationsstruktur von Unternehmen bei Einführung der qualifizierten Mitbestimmung, BB 1975, 797; *ders.* Die unbewältigte Konzernproblematik des MitbestG 1976, RdA 1979, 335; *v. Hoyningen-Huene* Der Konzern im Konzern, ZGR 1978, 516; *Hönig* Mehrheitserfordernisse bei der Beschlußfassung über die Besetzung von Aufsichtsratsausschüssen in mitbestimmten Unternehmen, DB 1979, 744; *Hoffmann/Lehmann/Weinmann* Mitbestimmungsgesetz, Kommentar, 1978; *Hoffmann* Zum Rechtsbegriff Arbeitsdirektor gemäß § 33 MitbestG, BB 1976, 1233; *Joch* Mitbestimmungsgesetz und Gestaltungsfreiheit, 1984; *Klinkhammer* Mitbestimmung in Gemeinschaftsunternehmen, 1977; *Konzen* Der „Konzern im Konzern" im Mitbestimmungsrecht, ZIP 1984, 269; *Kübler/Schmidt/Simitis* Mitbestimmung als gesetzgebungspolitische Aufgabe, 1978; *Lutter* Der Anwendungsbereich des Mitbestimmungsgesetzes, ZGR 1977, 195; *Martens* Allgemeine Grundsätze zur Anwendbarkeit

F. Die Mitbestimmung von Arbeitnehmervertretern

des Mitbestimmungsgesetzes, AG 1976, 113; *ders.* Das Bundesverfassungsgericht und das Gesellschaftsrecht, ZGR 1979, 493; *ders.* Mitbestimmungsrechtliche Bausteine in der Rechtsprechung des BGH, ZGR 1983, 237; *Meesen* Das Mitbestimmungsurteil des Bundesverfassungsgerichts, NJW 1979, 833; *Meilicke/Meilicke* Kommentar zum Mitbestimmungsgesetz, 2. Aufl. 1976; *G. Müller* Das Mitbestimmungsurteil des BVerfG, DB 1979, Beil. 5; *Naendrup* Mitbestimmungsgesetz und Organisationsfreiheit, AuR 1977, 225, 268; *Papier* Das Mitbestimmungsurteil des Bundesverfassungsgerichts – Eine kritische Würdigung aus verfassungsrechtlicher Sicht, ZGR 1979, 444; *Th. Raiser* Privatautonome Mitbestimmungsregelungen, BB 1977, 1461; *ders.* Das Unternehmen in der verfassungsrechtlichen Ordnung der Bundesrepublik nach dem Mitbestimmungsurteil des Bundesverfassungsgerichts, JZ 1979, 489; *ders.* Bindende Wirkung des Mitbestimmungsurteils?, FS Stein, 1984, S. 229; *Rehbinder* Das Mitbestimmungsurteil des Bundesverfassungsgerichts aus unternehmerischer Sicht, ZGR 1979, 471; *Reich/Lewerenz* Das neue Mitbestimmungsgesetz, AuR 1976, 261, 353; *Richardi* Mitbestimmung und Auslandsbeschäftigung, IPRax 1983, 217; *Rittner* Begründungsdefizite im Mitbestimmungsurteil des Bundesverfassungsgerichts?, JZ 1979, 743; *ders.* Die Ermittlung der Arbeitnehmerzahl nach § 9 MitbestG für schrumpfende Unternehmen, AG 1983, 99; *Säcker* Mitbestimmung und Vereinigungsfreiheit (Art. 9 Abs. 1 GG) – Kritische Bemerkungen zur Entscheidung des Bundesverfassungsgerichts vom 1. März 1979, RdA 1979, 380; *ders.* Allgemeine Auslegungsgrundsätze zum Mitbestimmungsgesetz 1976, ZHR 148 (1984), 153; *Schaub* Die innere Organisation des Aufsichtsrats, ZGR 1977, 293; *Schwab* Mitbestimmungsrechtliche Grenzen der aktienrechtlichen Satzungsautonomie, AuR 1981, 33; *Steindorff/Joch* Die ersten Urteile des Bundesgerichtshofs zum Mitbestimmungsgesetz, ZHR 146 (1982), 336; *Strasser* Mitbestimmung in der Praxis Gesetz und Erläuterungen zum Mitbestimmungsgesetz, 1976; *Theisen* Die Rechtsprechung zum Mitbestimmungsgesetz 1976, BB 1981, 1858; *Wagner/Rinninsland* Der Arbeitsdirektor im Geltungsbereich des MitbestG 1976, 1990; *Wendeling-Schröder/Spieker* Das Mitbestimmungsurteil des BVerfG und seine Auswirkungen auf die Praxis des Mitbestimmungsgeschehens, NJW 1981, 145; *Westermann* Rechte und Pflichten des mitbestimmten Aufsichtsrats und seine Mitglieder, ZGR 1977, 219; *Wiedemann* Das Mitbestimmungsrecht zwischen Gesellschafts-, Arbeits- und Unternehmensrecht, ZGR 1977, 160; *Wlotzke* Zusammensetzung und Wahl der Aufsichtsratsmitglieder der Arbeitnehmer, ZGR 1977, 355.

2. Mitbestimmungsgesetz 1976 und die GmbH. *Bardorf* Der Gesellschaftereinfluß auf die GmbH-Geschäftsführung nach dem Mitbestimmungsgesetz, 1981; *Baumann* GmbH und Mitbestimmung – Überlegungen zum Funktionszusammenhang zwischen Herrschaft, Haftung und Mitbestimmung im Mitbestimmungsgesetz 1976, ZHR 142 (1978), 557; *Binz* Die GmbH & Co. KG, 8. Aufl. 1992, § 16; *Hölters* Freiwillige Gesellschaftsorgane bei der mitbestimmten GmbH und GmbH & Co. KG, GmbHR 1980, 50; *Hoffmann/Neumann* Die Mitbestimmung bei GmbH und GmbH & Co. KG nach dem Mitbestimmungsgesetz 1976, GmbHR 1976, 149, 183; *Hommelhoff* Unternehmensführung in der mitbestimmten GmbH, ZGR 1978, 119; *Kober* Auswirkungen des Mitbestimmungsgesetzes auf das Recht der konzernfreien GmbH & Co. KG, 1977; *Köstler* Amtsende des Aufsichtsrats nach zwischenzeitlicher Umwandlung einer mitbestimmten GmbH in eine Aktiengesellschaft?, BB 1993, 81; *Mertens* Der Beirat in der GmbH – besonders der mitbestimmten, FS Stimpel, 1985, S. 417; *Overlack* Der Einfluß der Gesellschafter auf die Geschäftsführung in der mitbestimmten GmbH, ZHR 141 (1977), 125; *Reuter/Körnig* Mitbestimmung und gesellschaftsrechtliche Gestaltungsfreiheit, ZHR 140 (1976), 494; *Rinninsland* Die Auswirkungen des MitbestG auf Gesellschaften mit beschränkter Haftung, 1990; *Rittner* Die Anstellungsverträge der GmbH-Geschäftsführer und das Mitbestimmungsgesetz, DB 1979, 973; *Säcker* Die Anpassung des Gesellschaftsvertrages der GmbH an das Mitbestimmungsgesetz, DB 1977, 1845; *Säcker/Theisen* Die statutarische Regelung der inneren Ordnung des Aufsichtsrats in der mitbestimmten GmbH nach dem MitbestG 1976, AG 1980, 29; *Schneider* GmbH und GmbH & Co. KG in der Mitbestimmung, ZGR 1977, 335; *Theisen* Die rechtstatsächliche Struktur der nach dem Mitbestimmungsgesetz mitbestimmten GmbHs und GmbH & Co. KGs, DB 1979, 451; *ders.* Die Aufgabenverteilung in der mitbestimmten GmbH, 1980; *ders.* Weisungsrecht gegen Zustimmungsvorbehalte in der mitbestimmten GmbH, BB 1980, 1243; *Ulmer* Der Einfluß des MitbestG auf die Struktur von AG und GmbH, in: Schriftenreihe d. Jur. Studiengesellschaft Karlsruhe, Heft 140 (1979); *Vollmer* Die mitbestimmte GmbH – Gesetzliches Normalstatut, mitbestimmungsrechtlicher Satzungsgestaltungen und gesellschaftsrechtlicher Minderheitenschutz, ZGR 1979, 135; *Wank* Der Kompetenzkonflikt zwischen Gesellschaftern und Aufsichtsrat in der mitbestimmten GmbH, GmbHR 1980, 121; *Werner* Die Anstellung von GmbH-Geschäftsführern nach dem Mitbestimmungsgesetz, FS Fischer, 1979, S. 821; *Witte* Zum Informationsrecht des Gesellschafters einer mitbestimmten GmbH, ZGR 1998, 151; *Zöllner* GmbH und GmbH & Co. KG in der Mitbestimmung, ZGR 1977, 319; *ders.* Das Teilnahmerecht der Aufsichtsratsmitglieder an Beschlußfassungen der Gesellschafter bei der mitbestimmten GmbH, FS R. Fischer, 1979, S. 904.

3. Mitbestimmungsgesetz 1976 und Kollisionsrecht. *Birk* Mitbestimmung und Kollisionsrecht, RIW 1975, 589; *Ebenroth/Bippus* Die staatsvertragliche Anerkennung ausländischer Gesellschaften in Abkehr von der Sitztheorie, DB 1988, 842; *Ebenroth/Hopp* Die ausländischen Kapitalgesellschaften KG, JZ 1989, 883; *Ebenroth/Suea* Transnationale Unternehmen und deutsches Mitbestimmungsgesetz, ZHR

Einl. Einleitung

114 (1980), 610; *Haidinger* Die ausländische Kapitalgesellschaft & Co. KG, 1990; *Knobbe-Keuck* Umzug von Gesellschaften in Europa, ZHR 154 (1990), 325; *Lutter* Mitbestimmungsprobleme im internationalen Konzern, FS Zweigert, 1981, S. 251; *Schmidt/Hermesdorf* Internationale Personengesellschaft im internationalen Arbeitsrecht, RIW 1988, 938; *Schubert* Unternehmensmitbestimmung und internationale Wirtschaftsverflechtung, 1984.

III. Das Betriebsverfassungsgesetz 1952 (§§ 76 ff.)

1. Allgemeine Literatur. *Bergmann* Arbeitnehmer im Aufsichtsrat, NJW 1953, 81; *Bohn* Das Betriebsverfassungsgesetz vom 11. Oktober 1952 nebst Erläuterungen für die betriebliche Praxis, 2. Aufl. 1957; *Brecht* Kommentar zum Betriebsverfassungsgesetz nebst Wahlordnung, 1972; *Bürger* Mitbestimmung ohne Parität und Aufsichtsratsbeteiligung nach dem Betriebsverfassungsgesetz 1952, 1991; *Dietz/Richardi* Betriebsverfassungsgesetz, Kommentar, Band 2 §§ 74 bis Schluß, 7. Aufl. 1998; *Erdmann* Das Betriebsverfassungsgesetz mit ausführlichen Erläuterungen für die Betriebspraxis, 2. Aufl. 1954; *Fabricius/Kraft/Wiese/Kreutz/Oetker* Gemeinschaftskommentar zum Betriebsverfassungsgesetz, Band I: §§ 1–73 mit Wahlordnungen 6. Aufl. 1997, Band II: §§ 74–132 mit BetrVG 1952 und Sozialplangesetz, 6. Aufl. 1998; *Fitting/Kraegeloh/Auffarth* Betriebsverfassungsgesetz, Kommentar, 9. Aufl. 1970; *Galperin/Löwisch* Kommentar zum Betriebsverfassungsgesetz, Band 2 §§ 74 bis 132, 6. Aufl. 1982; *Kirschner* Die Arbeitnehmervertreter im Aufsichtsrat, DB 1971, 2063; *Köstler* Rechtsleitfaden für Aufsichtsratsmitglieder nach dem Betriebsverfassungsgesetz '52, 5. Aufl. 2001; *Küchenhoff* Betriebsverfassungsgesetz, Kommentar, 3. Aufl. 1979; *Meissinger* Kommentar zum Betriebsverfassungsgesetz, 1952; *Radke/Mayr* Betriebsverfassungsgesetz vom 11. Oktober 1952 mit Erläuterungen und praktischen Beispielen, 1953; *Robels* Die Beteiligung der Arbeitnehmer am Aufsichtsrat der Gesellschaften des § 77 Betriebsverfassungsgesetz, Diss. Köln 1966; *Schmidt* Die Einwirkungen des Betriebsverfassungsgesetzes auf das Aktien- und GmbH-Recht, NJW 1952, 1353; *Wienke* Die Aufsichtsratswahlen nach dem Betriebsverfassungsgesetz, 1988; *Winden* Verlängerung der Amtsdauer des Aufsichtsrats vor Ablauf der Amtszeit, BB 1954, 533; *Wißmann* Die Vertretung der Arbeitnehmer in den Aufsichtsräten von Seeschiffahrtsunternehmen nach den §§ 76 ff. BetrVG 1952, DB 1983, 1695.

2. §§ 76 ff. BetrVG 1952 und die GmbH. *Ballerstedt* Der Aufsichtsrat der GmbH nach dem Betriebsverfassungsgesetz, GmbHR 1952, 177; *Dietz* Der obligatorische Aufsichtsrat einer Gesellschaft mit beschränkter Haftung, FS Lehmann, 1956, S. 693; *Greiffenhagen* Die Gesellschaft m. b. H und ihr obligatorischer Aufsichtsrat im Spannungsfeld betriebsverfassungs- und gesellschaftsrechtlicher Gesetzgebung nach der Aktienrechtsreform, Diss. Köln 1967; *A. Hueck* Der Aufsichtsrat der GmbH, BB 1953, 325; *Isele* Umfang und Grenzen der Auskunftspflicht von GmbH-Geschäftsführern über die Umsätze der Gesellschaft gegenüber den Arbeitnehmervertretern im Aufsichtsrat, RdA 1968, 458; *Kreifels* Der Aufsichtsrat – Organ der GmbH?, GmbHR 1956, 53; *Nipperdey* Das satzungsgemäße Entsendungsrecht der GmbH-Gesellschafter und das Betriebsverfassungsgesetz, GmbHR 1953, 145; *Strassburg* Zur Aufsichtsratspflicht einer GmbH nach §§ 76 ff. BetrVG 1952, BB 1979, 1070.

IV. Das Montanmitbestimmungsrecht

1. Allgemeine Literatur. *Boldt* Mitbestimmungsgesetz Eisen und Kohle, Kommentar, 1952; *ders.* Mitbestimmungsergänzungsgesetz, Kommentar, 1957; *Fitting/Eckardt* ARBlattei D Mitbestimmung der Arbeitnehmer III A 1973; *Kötter* Gesetz über die Mitbestimmung der Arbeitnehmer in den Aufsichtsräten und Vorständen der Unternehmen des Bergbaus und der Eisen und Stahl erzeugenden Industrie, Kommentar, 1952; *ders.* Mitbestimmungsergänzungsgesetz, Kommentar, 1958; *Konzen* Paritätische Mitbestimmung im Montanbereich, AG 1983, 289; *Müller/Lehmann* Kommentar zum Mitbestimmungsgesetz Bergbau und Eisen, 1952; *Müller/List* Montanmitbestimmung, 1984; *Potthoff* Der Kampf um die Montanmitbestimmung, 1957; *Ranft* Vom Objekt zum Subjekt, 1988; *Reinhardt* Zum Anwendungsbereich des Mitbestimmungsgesetzes in der Eisen- und Stahlindustrie, FS Nipperdey Bd. II, 1965, S. 517; *Schöne* Gesetz mit Kommentar über die Mitbestimmung der Arbeitnehmer des Bergbaus und der Eisen und Stahl erzeugenden Industrie, 1951; *Schrumpf* Die Montanmitbestimmung, in: Glaubrecht-Halberstadt-Zander (Hrsg.) Betriebsverfassung in Recht und Praxis, 1981; *Spieker* Struktureller Wandel und Unternehmensmitbestimmung WSI-Mitt 1989, 244; *Wiesener* Zum Anwendungsbereich des Montanmitbestimmungsgesetzes, AuR 1978, 73; *Wißmann* Das Montan-Mitbestimmungsänderungsgesetz: Neuer Schritt zur Sicherung der Montan-Mitbestimmung, NJW 1982, 423; *ders.* Wegdriftende gesetzliche Verweisungen, ZG 1986, 167; *ders.* Neues Gesetz zur Sicherung der Montan-Mitbestimmung, DB 1989, 426; *Wlotzke* Das neue Gesetz zur Sicherung der Montan-Mitbestimmung, FS Fabricius, 1986, S. 185.

2. Das Montanmitbestimmungsgesetz und die GmbH. *Mertens* Die Stellung des Aufsichtsrats bei der GmbH nach dem Mitbestimmungsgesetz Bergbau und Eisen, 1953; *Spieker* Der Aufsichtsrat der mitbestimmten Montan-GmbH, 1960.

F. Die Mitbestimmung von Arbeitnehmervertretern   **Einl.**

I. Allgemeines

1. Das geltende Mitbestimmungsrecht. a) Entwicklung. Das **deutsche Kapi-** 149
talgesellschaftsrecht kennt seit 1920[310] eine Beteiligung von Arbeitnehmervertretern
in den Aufsichtsräten, insbes. der größeren Kapitalgesellschaften. Für die GmbH, auch
die größeren GmbH, war die Beteiligung jedoch nur für den Fall vorgesehen, dass ein
Aufsichtsrat bestand.[311] Die Rechtsentwicklung nach 1945 hat die – von den Nationalsozialisten abgeschaffte[312] – Institution erheblich weiterentwickelt. Sie hat jedoch
bisher keine Lösung gefunden, die einigermaßen folgerichtig die (größeren) Gesellschaften bzw. Unternehmen der verschiedenen Branchen erfasst. Das geltende Recht
lässt sich vielmehr nur als Ergebnis einer Reihe von politischen Entscheidungen verstehen, die, zwischen 1951 und 1976 bzw. 1981 getroffen, keineswegs hinreichend untereinander abgestimmt worden sind.

Dabei geht es vor allem um die Frage, in welchem **zahlenmäßigen Verhältnis** Ar- 150
beitnehmervertreter zu den Gesellschaftervertretern im Aufsichtsrat hinzutreten sollen,
sowie um die Frage, ob und wie viele der Arbeitnehmervertreter von den **Gewerk-**
schaften oder von der **Belegschaft** (bzw. dem Betriebsrat) bestimmt werden sollen.
Darüber hinaus greift die Mitbestimmung bei größeren Unternehmen auch auf die
Geschäftsführungsebene hinüber, indem ein „**Arbeitsdirektor**" gesetzlich vorgeschrieben wird, der uU sogar vom Vertrauen der Arbeitnehmervertreter im Aufsichtsrat abhängig ist.

b) Die gesetzlichen Regelungen. Nebeneinander gelten – auch für die GmbH – 151
vier verschiedene gesetzliche Regelungen, die in der nachstehenden Reihenfolge erlassen wurden (vgl. Anhang I):

aa) Das **Montanmitbestimmungsgesetz** – Gesetz über die Mitbestimmung der 152
Arbeitnehmer in den Aufsichtsräten und Vorständen der Unternehmen des Bergbaus
und der Eisen und Stahl erzeugenden Industrie vom 21. Mai 1951.[313]

Mitbestimmungsstatut: Paritätische Beteiligung von Arbeitnehmer- (im Wesent- 153
lichen Gewerkschafts-)Vertretern im Aufsichtsrat, modifiziert durch den „11. Mann";
„Arbeitsdirektor" in der Geschäftsführung, abhängig von den Arbeitnehmervertretern;
Personalkompetenz hinsichtlich der Geschäftsführer beim Aufsichtsrat.

bb) Das **Montanmitbestimmungs-Ergänzungsgesetz** (sog. Holding-Novelle) – 154
Gesetz zur Ergänzung des Gesetzes über die Mitbestimmung der Arbeitnehmer in den
Aufsichtsräten und Vorständen der Unternehmen des Bergbaus und der Eisen und Stahl
erzeugenden Industrie vom 7. August 1956.[314] Dazu die **Wahlordnung** – Rechtsverordnung zur Durchführung des Gesetzes zur Ergänzung des Gesetzes über die Mitbestimmung der Arbeitnehmer in den Aufsichtsräten und Vorständen der Unternehmen des
Bergbaus und der Eisen und Stahl erzeugenden Industrie vom 26. November 1956.[315]

---

[310] §§ 70, 100 Betriebsrätegesetz vom 4. 2. 1920, RGBl. S. 147; Gesetz über die Entsendung
von Betriebsratsmitgliedern in den Aufsichtsrat vom 15. 2. 1922, RGBl. I S. 209.
[311] Vgl. dazu *Brodmann* § 52 Anm. 5; *Liebmann/Saenger* § 52 Anm. 11.
[312] § 65 Gesetz zur Ordnung der Nationalen Arbeit vom 20. 1. 1934, RGBl. I S. 45.
[313] BGBl. I S. 347 idF v. 19. 12. 1985 BGBl. I S. 2355 zuletzt geändert durch Art. 8 BetrVerf-
RefG v. 23. 7. 2001 BGBl. I S. 1852. Zur Frage der Anwendung auf nach In-Kraft-Treten des
Montan-MitbestG gegründete Gesellschaften vgl. BGHZ 87, 52 = NJW 1983, 1617 = DB 1983,
1087 „Böhler".
[314] BGBl. I S. 707, zuletzt geändert durch Art. 10 des BetrVerf-RefG v. 23. 7. 2001 BGBl. I
S. 1852.
[315] BGBl. I S. 885.

Einl. Einleitung

155 **Mitbestimmungsstatut:** Paritätische Beteiligung von Arbeitnehmer- (im Wesentlichen Gewerkschafts-)Vertretern im Aufsichtsrat, modifiziert durch den „15. Mann"; „Arbeitsdirektor" in der Geschäftsführung, nicht rechtlich, aber faktisch von den Arbeitnehmervertretern abhängig. Personalkompetenz hinsichtlich der Geschäftsführer beim Aufsichtsrat.

156 Im **Saarland** gelten die beiden Gesetze nach dem saarländischen Gesetz Nr. 560 vom 22. Dezember 1956[316] und in den neuen Bundesländern[317] mit einigen Besonderheiten, d. h. ohne die in § 1 Abs. 2 Montan-MitbestG für sog. Einheitsgesellschaften vorgesehene Ausnahme.[318]

157 cc) **§§ 76 bis 77a, 81, 85, 87 BetrVG 1952** vom 11. Oktober 1952,[319] das insoweit fortgilt,[320] und zwar idF vom 23. 7. 2001.[321] Dazu die **Wahlordnung,** Erste Verordnung zur Durchführung des Betriebsverfassungsgesetzes vom 18. März 1953.[322]

158 **Mitbestimmungsstatut:** 1/3-Beteiligung von (im Wesentlichen betrieblichen) Arbeitnehmervertretern; kein Arbeitsdirektor, keine Personalkompetenz des Aufsichtsrats hinsichtlich der Geschäftsführer.

159 dd) Das **Mitbestimmungsgesetz** – Gesetz über die Mitbestimmung der Arbeitnehmer vom 4. Mai 1976.[323] Dazu die drei Wahlordnungen vom 23. Juni 1977:[324]
– **Erste Wahlordnung** (1. WO) – für Gesellschaften, die nur einen Betrieb haben,
– **Zweite Wahlordnung** (2. WO) – für Gesellschaften mit mehreren Betrieben,
– **Dritte Wahlordnung** (3. WO) – für Gesellschaften, bei denen an der Wahl der Arbeitnehmervertreter auch die Arbeitnehmer anderer Unternehmen teilnehmen.

160 **Mitbestimmungsstatut:** paritätische Beteiligung von (teils betrieblichen, teils gewerkschaftlichen) Arbeitnehmervertretern, modifiziert durch das Zweitstimmrecht des Aufsichtsratsvorsitzenden; „Arbeitsdirektor" in der Geschäftsführung, von den Arbeitnehmervertretern nicht abhängig; Personalkompetenz des Aufsichtsrats hinsichtlich der Geschäftsführer.

161 c) **Anwendungsbereich.** Der grds. Anwendungsbereich ergibt sich für die beiden Montanmitbestimmungsgesetze aus dem **Montancharakter,** dem überwiegenden Betriebszweck der betreffenden Gesellschaft. Ein derartiger Montanbezug kann für Konzernobergesellschaften nicht schon allein durch die Arbeitnehmerzahl nach § 3 Abs. 2 S. 1 Nr. 2 Montan-MitbestErgG vermittelt werden;[325] vgl. Rn 166. Für die beiden anderen, in allen übrigen Wirtschaftszweigen geltenden Gesetze ist die **Zahl der Beschäftigten** maßgebend: für § 77 BetrVG 1952 mehr als 500, für das MitbestG idR mehr als 2000. Sämtliche Mitbestimmungsregelungen sind **zwingenden Rechts;** über die Frage privatautonomer Vereinbarungen vgl. Rn. 192ff. Sie gelten grds. auch ohne entsprechende Satzungsvorschriften. Doch sollte die Satzung stets der mitbestimmungsrechtlichen Rechtslage gemäß sein.

---

[316] ABl. 1703 idF v. 21. 5. 1981 BGBl. I S. 441, zuletzt geändert durch Art. 11 BetrVerf-RefG v. 23. 7. 2001 BGBl. I S. 1852.
[317] Art. 8 EinigungsV, Anl. I Kap. VIII Sachgeb. A Abschn. III Nr. 11.
[318] Vgl. MünchArbR/*Wißmann* § 371 Rn. 3 mwN.
[319] BGBl. I S. 681.
[320] Vgl. § 129 BetrVG 1972 v. 15. 1. 1972 BGBl. I S. 13.
[321] Art. 9 BetrVerf-RefG v. 23. 7. 2001 BGBl. I S. 1852.
[322] BGBl. I S. 58.
[323] BGBl. I S. 1153 zuletzt geändert durch Art. 12 BetrVerf-RefG v. 23. 7. 2001 BGBl. I S. 1852.
[324] BGBl. I S. 861, 893, 934.
[325] BVerfG Beschluss v. 2. 3. 1999, BVerfGE 99, 367ff. = BGBl. 1999 I S. 372 = NJW 1999, 1535 = WM 1999, 542.

F. Die Mitbestimmung von Arbeitnehmervertretern **Einl.**

Die **praktische Bedeutung** des Mitbestimmungsrechts für die GmbH liegt so gut 162
wie ganz bei dem Mitbestimmungsgesetz und §§ 76ff. BetrVG 1952. Dem MitbestG
1976 unterfielen am 31. 12. 1992 270 Gesellschaften.[326] In Anbetracht der stark gestiegenen Gesamtzahl der GmbH auf 543444 (Ende 1993; vgl. Rn. 110) wäre dies eine
Quote von ca. 0,5 %. *Junge*[327] kommt auf Grund einer Hochrechnung von Daten auf
Basis 1979 auf eine Quote von unter 3 %. Für das Montan-MitbestErgG gibt es seit längerem kaum einen Anwendungsfall. Die Zahl der montanmitbestimmten Unternehmen sank seit In-Kraft-Treten des Gesetzes im Jahr 1951 kontinuierlich. Zählte die
Mitbestimmungskommission von 1970 noch 114 Unternehmen im Geltungsbereich
der Montanmitbestimmung, waren es 1992 insgesamt 47 Unternehmen (davon 17
Unternehmen in der Rechtsform der GmbH [alte Bundesländer: 9, neue Bundesländer: 8])[328] und 1997 nur noch 45 Unternehmen, die der Montanmitbestimmung direkt
unterfallen.[329] Durch Fusionen und unternehmerische Zusammenführungen dürfte
diese Zahl jedoch noch weiter absinken. Von einer Kommentierung dieser beiden
Gesetze wird deswegen abgesehen.

d) Terminologie. Terminologisch unterscheidet man die „qualifizierte" Mitbe- 163
stimmung (nach den Montangesetzen), die „erweiterte" Mitbestimmung[330] (des MitbestG) und die „einfache" Mitbestimmung (nach §§ 76ff. BetrVG 1952). Doch wird
die Terminologie nicht überall eingehalten, insbes. häufig durch Begriffe eher verwirrt,
die an die Paritätsfrage anknüpfen (wie „paritätisch", „fast-paritätisch", „unterparitätisch").

2. Verfassungsrechtliche Fragen. a) Institutionelle Funktionsweise der Ge- 164
sellschaft. Jede Beteiligung von Nicht-Gesellschaftern an der Willensbildung einer
privatrechtlichen Gesellschaft verändert die institutionelle Funktionsweise der Gesellschaft. Denn diese Funktionsweise beruht darauf, dass die Gesellschafter und die von
ihnen bestellten Sachwalter (Geschäftsführer, Aufsichtsratsmitglieder usw.) in eigener
Verantwortung die Entscheidungen der Gesellschaft treffen.[331] Dies gilt ungeachtet der
vielen politischen Gründe, die für eine Teilhabe von Arbeitnehmervertretern am
Willensbildungsprozess der (großen) GmbH und anderer Gesellschaften sprechen.[332]
Jedenfalls lässt das Grundgesetz derartige Veränderungen von privatrechtlichen Institutionen grds. zu. Deswegen hat auch die Mitbestimmung nach §§ 76ff. BetrVG 1952,
die nur ⅓ der Aufsichtsratssitze den Arbeitnehmervertretern gibt, zu keinen verfassungsrechtlichen Auseinandersetzungen geführt.

b) Montanmitbestimmung und Grundgesetz. Die Frage, ob eine Beteiligung 165
von Arbeitnehmervertretern im Aufsichtsrat gegen die Verfassung, namentlich gegen
die Grundrechte des GG verstößt, stellt sich erst, wenn durch eine **paritätische Beteiligung** die Funktionsweise des Aufsichtsrats und damit möglicherweise der Gesellschaft überhaupt derartig verändert wird, dass die Gesellschafter ihren bestimmenden
Einfluss verlieren. Das **Montanmitbestimmungsgesetz** von 1951 ist zwar von Anfang
an auf Parität im Aufsichtsrat angelegt gewesen. Freilich modifiziert es die Parität nicht

---

[326] Vgl. *Kronenberg/Volkmann/Wendeling-Schröder* WSI-Mitbestimmungsbericht 1992, WSI-Mitt 1994, 24.
[327] GmbHR 1992, 225 f.
[328] Vgl. WSI-Mitbestimmungsbericht 1992 aaO.
[329] Vgl. *Hassel/Kluge* Gewerkschaftliche Monatshefte 1999, 168 ff.
[330] So ausdrücklich BVerfGE 50, 290 = NJW 1979, 699 = DRiZ 1979, 219 im Leitsatz.
[331] Vgl. schon RGZ 3, 123, 132 sowie grds. Rn. 43ff.
[332] Vgl. *Rittner* JZ 1975, 457.

Einl.   Einleitung

nur durch den „11. Mann" und die beiden „weiteren Mitglieder", sondern gibt am Ende (eines wohl bewusst als unzumutbaren Hindernislauf konzipierten und deswegen, soweit bekannt, niemals bis zum Schluss durchgeführten Verfahrens) sogar der Gesellschafterversammlung das Recht, den „11. Mann" zu wählen (vgl. § 8 Abs. 3 S. 1 Montan-MitbestG). Aber es ist wohl nicht nur aus diesem Grunde bisher von einer verfassungsgerichtlichen Prüfung verschont geblieben, sondern vor allem deswegen, weil niemand die Frage dem Bundesverfassungsgericht vorgelegt hat. In einem Urteil, in dem es nur um die Verlängerung der Anwendungsdauer des Montan-MitbestErgG ging, hat das BVerfG die Frage, ob die paritätische Mitbestimmung als solche mit dem Grundgesetz in Einklang steht, **ausdrücklich offen gelassen.**[333]

166 Das **BVerfG** hat nunmehr im sog. **Mannesmann-Urteil** vom 2. 3. 1999[334] zu der vom OLG Düsseldorf[335] vorgelegten Frage nach der Vereinbarkeit von § 3 Abs. 2 S. 1 Montan-MitbestErgG mit dem Grundgesetz[336] Stellung genommen.[337] Das Gericht erkannte die Wahrung des status quo bei **montanmitbestimmten Konzernobergesellschaften** als legitimes Ziel an und räumte dementsprechend dem Gesetzgeber einen weiten Gestaltungsspielraum ein. Die Sonderform der Montanmitbestimmung könne aber nur durch solche Merkmale gerechtfertigt werden, die gerade auf die Montan-Industrie zutreffen.[338] Der Versuch, einen ausreichenden Montanbezug für Konzernobergesellschaften über die **absolute Zahl** der Beschäftigten,[339] die in montan-mitbestimmten Konzernunternehmen tätig sind, herzustellen, scheitere am Gleichheitssatz des Art. 3 Abs. 1 GG. Die absolute Beschäftigtenzahl könne zwar einen Hinweis auf die Größe des Unternehmens bieten, doch könne sie nicht, wie etwa eine relative Prozentangabe, den Grad des Montan-Bezugs hinreichend zum Ausdruck bringen. Aus den gleichen Erwägungen heraus habe auch das Austrittskriterium des § 16 Abs. 2 Montan-MitbestErgG vor dem Gleichheitssatz keinen Bestand.[340]

167 Auch in dieser Entscheidung beschränkte sich das BVerfG auf die verfassungsrechtliche Prüfung dieser Normen mit dem allg. Gleichheitssatz. Die Frage der Vereinbarkeit der **paritätischen Montan-Mitbestimmung** als solcher mit dem Grundgesetz ließ es wiederum offen.[341]

168 **c) MitbestG 1976 und Grundgesetz.** Erst das **MitbestG 1976** hat das Bundesverfassungsgericht zu einem **Grundsatzurteil** veranlasst, das für die Auslegung und Anwendung dieses Gesetzes wichtige Aussagen trifft.[342] Das BVerfG ist zu dem Ergebnis gekommen, dass „die erweiterte Mitbestimmung der Arbeitnehmer nach dem Mitbe-

---

[333] BVerfGE 25, 371, 407 = BGBl. I 1969, 445 = NJW 1969, 1203, 1205 „Lex Rheinstahl"; vgl. auch *Rittner* Wirtschaftsrecht § 9 Rn. 50 mwN sowie *Badura/Rittner/Rüthers* S. 6 f.; *Badura* Paritätische Mitbestimmung und Verfassung, S. 12 ff.
[334] BVerfG, Beschluss v. 2. 3. 1999, BVerfGE 99, 367 ff. = BGBl. 1999 I S. 372 = NJW 1999, 1535 = WM 1999, 542.
[335] Beschluss v. 8. 1. 1991, AG 1991, 153 = NJW 1991, 1136 = DB 1991, 445 und erneut mit Beschluss v. 13. 8. 1993, AG 1994, 281; zu den verfassungsrechtlichen Argumenten *Spindler* AG 1994, 258.
[336] Vgl. nur *Oetker* ZGR 2000, 25 mwN.
[337] Vgl. dazu *Oetker* ZGR 2000, 19 ff.; *Schauch* EWiR § 3 Montan-MitbestErgG, 1/1999, 517 f.
[338] Vgl. BVerfGE 99, 395 = ZIP 1999, 418.
[339] Das BVerfG hätte eine relative Zahl wohl genügen lassen, vgl. BVerfGE 99, 397 = ZIP 1999, 418.
[340] Vgl. BVerfG E 99, 399 f. = ZIP 1999, 419; zur daraufolgenden Entscheidung des vorlegenden Gerichts vgl. OLG Düsseldorf WM 1999, 1575 ff. = NZG 1999, 766 = AG 2000, 45.
[341] *Oetker* ZGR 2000, 27: sogar bewusst.
[342] BVerfGE 50, 290 = NJW 1979, 699 = DRiZ 1979, 219.

F. Die Mitbestimmung von Arbeitnehmervertretern **Einl.**

stimmungsgesetz vom 4. 5. 1976 ... mit den Grundrechten der von dem Gesetz erfassten Gesellschaften, der Anteilseigner und der Koalitionen der Arbeitgeber vereinbar" ist.[343]

Das Urteil stellt zunächst klar,[344] dass das MitbestG **keine paritätische Mitbestimmung** der Arbeitnehmer begründet: Das MitbestG räumt vielmehr der Anteilseignerseite im Aufsichtsrat trotz der gleichen Zahl von Vertretern der Anteilseigner und der Arbeitnehmer ein **leichtes Übergewicht** ein und unterwirft sie infolgedessen **keinem Einigungszwang** (wie die Montanmitbestimmung, vgl. Rn. 153, 165). Dies wird dadurch gewährleistet, dass zum einen die Anteilseignervertreter aufgrund des in § 27 MitbestG vorgeschriebenen Wahlverfahrens den **Aufsichtsratsvorsitzenden** immer dann stellen können, wenn sie in diesem Punkt einig sind, und dass zum anderen der Aufsichtsratsvorsitzende bei einer Patt-Situation im Aufsichtsrat gemäß §§ 29 Abs. 2, 31 Abs. 4 MitbestG durch seine **Zweitstimme** den Konflikt lösen kann. **169**

Das so verstandene MitbestG verletzt nach den Darlegungen des BVerfG weder die Grundrechte der Anteilseigner oder der Gesellschaften aus Art. 14 Abs. 1, Art. 9 Abs. 1, Art. 12 Abs. 1 und Art. 2 Abs. 1 GG,[345] noch das Grundrecht der Arbeitgeberverbände aus Art. 9 Abs. 3 GG.[346] Das BVerfG betont jedoch an mehreren Stellen, dass die Beurteilung der Auswirkungen des Gesetzes, wie sie der Gesetzgeber vorgenommen hat, zwar „als vertretbar anzusehen" sei, der Gesetzgeber aber „zur Korrektur verpflichtet ist", wenn sich diese Beurteilung später „teilweise oder gänzlich als Irrtum", als Fehlprognose, erweisen sollte.[347] **170**

d) Offene Fragen. Offen geblieben sind nach diesem Urteil noch einige Fragen des MitbestG, weil sie dem Gericht nicht vorgelegt worden sind, die aber das GmbH-Recht besonders angehen: **171**

aa) § 37 Abs. 3 S. 1 u. 2 MitbestG: Die Bestellung eines vor In-Kraft-Treten des MitbestG (1. Juli 1976, § 41 MitbestG) bestellten Geschäftsführers einer Gesellschaft, auf die das MitbestG bereits bei seinem In-Kraft-Treten anzuwenden ist, kann spätestens nach dem 1. Juli 1981 (fünf Jahre seit dem In-Kraft-Treten des MitbestG) jederzeit vom Aufsichtsrat mit der Mehrheit der Aufsichtsratsstimmen oder mit allen Stimmen der Anteilseignervertreter oder mit allen Stimmen der Arbeitnehmervertreter widerrufen werden. Entsprechendes gilt gemäß § 37 Abs. 3 S. 5 MitbestG für Gesellschaften, auf die das MitbestG erst später zur Anwendung gekommen ist. Die wohl überwM hält die Vorschriften mit Recht für **verfassungswidrig**.[348] Sie verstoßen gegen Art. 12 und Art. 14 GG, und zwar besonders in den typischen Fällen, in denen ein Geschäftsführer auf derart lange Zeit bestellt ist, nämlich in Familiengesellschaften und anderen personalistisch strukturierten GmbH[349] sowie bei einem Sonderrecht auf Geschäftsführung (vgl. dazu § 3 Rn. 35, 53, § 6 Rn. 25, § 38 Rn. 4). **172**

---

[343] Vgl. dazu *Meesen* NJW 1979, 833; *Th. Raiser* JZ 1979, 489; *Rittner* JZ 1979, 743; *Säcker* RdA 1979, 380; *Wiedemann* AP MitbestG § 1 Nr. 1.
[344] BVerfGE 50, 290, 322 ff.: Gründe C I 1.
[345] BVerfGE 50, 290, 339 ff.: Gründe C III.
[346] BVerfGE 50, 290, 366 ff.: Gründe C IV.
[347] BVerfGE 50, 290, 335: Gründe bei C I 2 c aE; BVerfGE 50, 290, 352: Gründe bei C III 1 c aE; BVerfGE 50, 377 f.: Gründe bei C IV 2 d bb.
[348] *Hoffmann/Lehmann/Weinmann* § 37 Rn. 62; *Lieb* Arbeitsrecht, 3. Aufl. 1984, S. 215; *Badura/Rittner/Rüthers* S. 84 f.; *Ballerstedt* ZGR 1977, 133, 157; *Zöllner* ZGR 1977, 319, 320 f.; auch wohl *Hanau/Ulmer* § 37 Rn. 36 f.; aA *Fitting/Wlotzke/Wissmann* Mitbestimmungsgesetz § 37 Rn. 35; GK-MitbestG/*Fabricius* § 37 Rn. 69 ff.; *Kübler/Schmidt/Simitis* S. 133 f., 265.
[349] Vgl. hierzu auch *Reuter* AcP 179 (1979), 509, 546.

Einl. Einleitung

173   bb) § 32 MitbestG: Die Vorschrift beschränkt, um den sog. **Kaskadeneffekt der Mitbestimmung** bei verbundenen Unternehmen zu dämpfen, das Geschäftsführungsorgan (Geschäftsführer, Vorstand) in der Ausübung einiger besonders wichtiger Beteiligungsrechte gegenüber einer mitbestimmten Untergesellschaft, indem sie die Ausübung an die Zustimmung der Anteilseignermehrheit im Aufsichtsrat der Obergesellschaft bindet. Die Vorschrift reicht aber nicht aus, um den Kaskadeneffekt zu vermeiden. Das MitbestG greift deswegen insoweit tiefer in die grundrechtlich geschützten Positionen der Gesellschafter und der Gesellschaften ein, als es die Verfassung zulässt.[350]

174   e) **Bedeutung des Urteils.** Die Bedeutung des Urteils[351] erschöpft sich keineswegs darin, dass sein Spruch für die Anwendung des MitbestG Rechtssicherheit geschaffen hat. Zwar hat das Gericht sich sehr bemüht, nur die verfassungsrechtlichen Fragen zu beantworten, die ihm vorgelegt worden waren. Es hat an mehreren Stellen darauf hingewiesen, dass die Auslegung und Anwendung des Gesetzes, auch die Klärung allfälliger Widersprüche im „einfachen Recht" (= Nicht-Verfassungsrecht) den Fachgerichten obliegt.[352]

175   Gleichwohl gibt das Urteil den Fachgerichten sehr wichtige **Hinweise für die Auslegung und Anwendung** des MitbestG. Das gilt insbes. für das Grundverständnis des Gesetzes, wie es das BVerfG erarbeitet hat: dass es – auch aus verfassungsrechtlichen Gründen – den Anteilseignern ein „leichtes Übergewicht" zuerkennt und darüber hinaus u. a. bei der GmbH „der Anteilseignerversammlung als oberstem Unternehmensorgan die Befugnis belässt, erheblichen Einfluss auf die Geschäftsführung auszuüben".[353] Hierbei kommt es weniger auf die Frage an, wieweit das Urteil gemäß § 31 Abs. 1 BVerfGG die Verfassungsorgane des Bundes und der Länder sowie alle Gerichte und Behörden bindet. Jenes Grundverständnis des MitbestG bildet vielmehr die Grundlage für die gesamte verfassungsrechtliche Gedankenführung, die das Gericht zu seinem Endergebnis geführt hat, ein Ergebnis zudem, das noch mit möglichen Korrekturverpflichtungen des Gesetzgebers (vgl. Rn. 170) belastet ist. Der BGH hat in einigen Grundsatzentscheidungen auf dem BVerfG-Urteil aufbauend eine Reihe von Zweifelsfragen geklärt.[354]

176   Das Urteil zieht dem Gesetzgeber mittelbar auch **Schranken de lege ferenda.** Zwar hat das Gericht insoweit ebenfalls vermieden, mehr zu sagen, als in dem Verfahren von ihm verlangt wurde und rechtens verlangt werden konnte.[355] Doch wenn das Gericht immer wieder erkennen lässt, dass es das MitbestG als einen verfassungsrechtlichen Grenzfall ansieht, der möglicherweise sogar auf verfassungsrechtlich erheblichen Fehlprognosen beruht, so kann daraus nur geschlossen werden, dass eine Mitbestimmungs-Konzeption, welche die Rechte der Gesellschafter und der Gesellschaften noch wesentlich stärker beeinträchtigt, mit der Verfassung nicht vereinbar ist. Das gilt namentlich für die stimmenmäßige Parität im Aufsichtsrat.[356] Über die Zulässigkeit geringgewichtiger Än-

---

[350] Vgl. *Badura/Rittner/Rüthers* S. 95 ff.; aA *Kübler/Schmidt/Simitis* S. 269 f.; vgl. auch *Hanau/Ulmer* § 32 Rn. 4, die für eine zurückhaltende Anwendung der Vorschrift eintreten; dort auch mwN.
[351] BVerfGE 50, 290 = NJW 1979, 699 = DRiZ 1979, 219.
[352] Vgl. zB BVerfGE 50, 290, 377: Gründe bei C IV 2 d aa.
[353] BVerfGE 50, 290, 346: Gründe bei C III 1 b aa.
[354] Vgl. insbes. BGHZ 83, 106 = NJW 1982, 1525 = DB 1982, 742 „Siemens"; BGHZ 83, 144 = NJW 1982, 1528 = DB 1982, 534 „Dynamit-Nobel"; BGHZ 83, 151 = NJW 1982, 1530 = DB 1982, 534 „Bilfinger & Berger" sowie dazu *Rittner* AP MitbestG § 28 Nr. 1 sowie ferner BGHZ 89, 48, 52 = NJW 1984, 733 = DB 1984, 104 („Reemtsma") und BGHZ 122, 342, 355 ff. = NJW 1993, 2307 = DB 1993, 1609 („Beiersdorf").
[355] Vgl. bes. BVerfGE 50, 290, 350: Gründe bei C III 1 b bb.
[356] Str.; so *Badura* Paritätische Mitbestimmung und Verfassung, S. 73 ff.; *Badura/Rittner/Rüthers* S. 137 ff.; *Zöllner/Seiter* ZfA 1970, 97 ff.; *A. Krieger* Unternehmensverfassung – Mitbestimmung

F. Die Mitbestimmung von Arbeitnehmervertretern **Einl.**

derungen, wie zB hinsichtlich der Mindest-Arbeitnehmerzahlen oder der vom Gesetz erfassten Gesellschaftsarten, geht aus dem Urteil allerdings wenig oder nichts hervor.

3. GmbH-Recht und Mitbestimmungsrecht. a) Rechtsformspezifische An- 177
wendung der Mitbestimmungsgesetze. Sämtliche Mitbestimmungsregelungen sind an der **Aktiengesellschaft** als dem Prototyp großer Unternehmen orientiert. Für die AG hat der Gesetzgeber jedes Mal das Normalstatut entworfen und es dann dem Gesetz zugrunde gelegt. Für die GmbH und die übrigen betroffenen Gesellschaften begnügt er sich regelmäßig mit oft sehr allgemein gehaltenen Verweisungen, durchweg auf das AktG.[357] Diese Verweisungen, sachlich Analogieanordnungen, sind häufig nicht einmal technisch geglückt, noch ohne weiteres verständlich. Jedenfalls aber werfen sie, wie jede Analogie, beträchtliche Sachprobleme auf, die Rspr. und Wissenschaft nur mit der Zeit lösen können. Dasselbe gilt für eine Vielzahl von Gesetzeslücken, die bei einem derartigen Gesetzgebungsverfahren wohl unvermeidlich sind.

Schon daraus folgt aber auch, dass die Mitbestimmungsgesetze auf die GmbH **rechts-** 178
formspezifisch, d.h. unter voller Wahrung ihrer strukturellen Eigentümlichkeiten, anzuwenden sind. Das bestätigt sich aus den Mitbestimmungsgesetzen selbst (vgl. bes. §§ 25 Abs. 2, 30 MitbestG), was das BVerfG für das MitbestG besonders bekräftigt hat.[358]

Das **Recht der „mitbestimmten GmbH"** kann deswegen auf weite Strecken nur 179
dadurch gefunden werden, dass die Rspr. die Verweisungen auf das Aktienrecht konkretisiert und die Gesetzeslücken ausfüllt. Diese Aufgabe stellt sich grds. für jede der vier Mitbestimmungsregelungen besonders, da sich die Gesetze auch in diesem Punkt nicht gleichen. Das Schwergewicht der Aufgabe liegt in der organisationsrechtlichen Stellung des Aufsichtsrats: Der Aufsichtsrat der Aktiengesellschaft ist zwingend als das Kreations-, Kontroll- und Konsultationsorgan (im Hinblick auf den Vorstand) konzipiert, das insoweit die Hauptversammlung ganz oder fast ganz verdrängt, andererseits aber auch nicht mit Geschäftsführungsaufgaben betraut werden kann. Dieses Prinzip der „strikten und zwingenden Trennung" von Aufsichtsrat und Geschäftsführung[359] kennt das GmbH-Recht nicht. Das GmbHG hält nämlich an der Gesellschafterversammlung „als dem obersten Unternehmensorgan" fest[360] und gibt – anders als das Aktienrecht (vgl. § 23 Abs. 5 AktG) – in organisationsrechtlicher Hinsicht der Satzungsfreiheit weiten Raum (vgl. bes. § 45) vgl. Rn. 48. Diese wird durch die Mitbestimmungsgesetze nur soweit eingeschränkt, wie die Gesetze selbst es bestimmen. Das gilt auch für das Weisungsrecht der Gesellschafter gegenüber den Geschäftsführern nach § 37 Abs. 1.

b) Verhältnis Gesellschaftsrecht – Mitbestimmungsrecht. Über das Verhältnis 180
von Gesellschaftsrecht und Mitbestimmungsrecht (oder gar Arbeitsrecht) hat man besonders im Hinblick auf das MitbestG heftig gestritten. Das Problem ergibt sich zwangsläufig daraus, dass die Mitbestimmungsgesetze dem Gesellschaftsrecht „aufgepfropft" wurden. Dies verändert nicht nur die betroffenen Gesellschaften (vgl. Rn 164), sondern bringt auch eine Fülle von Reibungen und Widersprüchen zwischen den Regelungen hier und dort mit sich. Die GmbH ist davon wesentlich stärker betroffen als die AG (und die eingetragene Genossenschaft), weil sie den Aufsichtsrat, das für die Mitbe-

---

und Grundgesetz in *Benda/Maihofer/Vogel* (Hrsg.) Handbuch des Verfassungsrechts 1983 S. 697, S. 726; wohl auch *Papier* ZGR 1979, 444, 466; offen gelassen bei *Hanau/Ulmer* Einl. Rn. 27 aE.
[357] Vgl. zB §§ 10, 11, 12 Montan-MitbestG; §§ 5 Abs. 2; 11, 13 Montan-MitbestErgG; § 77 Abs. 1 BetrVG 1952; §§ 6 Abs. 2; 25 Abs. 1 S. 1 Nr. 2; 31 Abs. 1 MitbestG.
[358] Vgl. bes. Gründe bei C III 1b aa BVerfGE 50, 290, 346; dazu auch *Hanau/Ulmer* Einl. Rn. 10.
[359] Vgl. *W. Schmidt* NJW 1957, 1339.
[360] BGHZ 89, 48, 56 = NJW 1984, 733 = DB 1984, 104 „Reemtsma".

Einl.

stimmung wesentliche Organ, lediglich als fakultative Einrichtung kennt (vgl. § 52). Abgesehen von dem besonderen Problem der GmbH (vgl. dazu Rn. 177 ff.) hat der Gesetzgeber von 1976 die Frage schon aus dem Grunde nicht lösen können, weil er zwischen verschiedenen Vorstellungen hin und her schwankte. Ihn bewegte einerseits der Gedanke einer „gleichberechtigten und gleichgewichtigen Teilnahme" von Anteilseignern und Arbeitnehmern an den Entscheidungsprozessen im Unternehmen, andererseits der Grundsatz weitgehender Beibehaltung des geltenden Gesellschaftsrechts.[361] Im Gesetzgebungsverfahren trat sodann noch die Einführung des Stichentscheids durch den Aufsichtsratsvorsitzenden hinzu, die ursprünglich (vor dem Urteil des BVerfG) nur ein Formalkompromiss war.[362]

181   Eine **allgemeine Lösung** für das Verhältnis von GmbH-(Gesellschafts-)Recht und Mitbestimmungsrecht, etwa im Sinne eines „Vorrangs" eines der beiden, lässt sich **nicht** finden und hätte auch im positiven Recht keine Stütze. Manche Stimmen in der Literatur haben zwar zunächst versucht, eine gesellschaftsrechtsfreundliche Auslegungskonzeption[363] oder eine mitbestimmungsfreundliche Auslegungskonzeption[364] zu begründen. Doch angesichts der widersprüchlichen und mangelhaften gesetzgeberischen Grundvorstellungen mussten solche Versuche scheitern. Die hM und vor allem der BGH haben es deswegen mit Recht vorgezogen, die einzelnen Zweifelsfragen aus Wortlaut und Kontext des Gesetzes unter Berücksichtigung des Urteils des BVerfG[365] Schritt für Schritt – und ohne ein spezifisches „Vorverständnis" – zu klären.[366]

182   **c) Grundsatzentscheidungen des BGH.** Die drei Urteile des BGH vom 25. Februar 1982, die sämtlich Aktiengesellschaften betreffen, entschieden folgende **Sachfragen:**

183   aa) Die Satzung kann die Wahl von mehreren **stellvertretenden Aufsichtsratsvorsitzenden** vorsehen, jedoch nicht bestimmen, dass ein solcher „weiterer Stellvertreter" nur aus dem Kreise der Anteilseignervertreter zu wählen ist.[367]

184   bb) Die Satzung kann **nicht** anordnen, dass der Aufsichtsrat **bestimmte Ausschüsse** und diese mit **bestimmter Besetzung** zu bilden hat, weil dies in die Organisationsfreiheit des Aufsichtsrats eingreifen würde.[368]

185   cc) Die Satzung oder die Geschäftsordnung des Aufsichtsrats können dem Aufsichtsratsvorsitzenden und auch dem jeweiligen Vorsitzenden der Ausschüsse das Recht zum **Stichentscheid** bei Stimmengleichheit **in Ausschüssen** zuweisen[369] (vgl. dazu Rn. 248).

---

[361] Vgl. Begr. zum RegE BT-Drucks. 7/2172 S. 17.
[362] Vgl. Ausschussbericht BT-Drucks. 7/4845 S. 8, 11 sowie zum Ganzen *Badura/Rittner/Rüthers* S. 111.
[363] So zB *Martens* ZHR 138 (1974), 225; *D. Hoffmann* BB 1976, 1237.
[364] So zB *Reich/Lewerenz* AuR 1976, 263; *Naendrup* AuR 1977, 228.
[365] BVerfGE 50, 290 = NJW 1979, 699 = DRiZ 1979, 219.
[366] Vgl. bes. die drei Urteile des BGH vom 25. 2. 1982 BGHZ 83, 106 = NJW 1982, 1525 = DB 1982, 742 „Siemens"; BGHZ 83, 144 = NJW 1982, 1528 = DB 1982, 534 „Dynamit-Nobel"; BGHZ 83, 151 = NJW 1982, 1530 = DB 1982, 534 „Bilfinger & Berger" und dazu Anm. *Rittner* AP MitbestG § 28 Nr. 1; krit. jedoch zu den Urteilen *Steindorff/Joch* ZHR 146 (1982), 336; aus der Literatur vor den Urteilen vgl. *Hanau/Ulmer* § 25 Rn. 5 f. mit Übersicht über den Streitstand.
[367] Siemens-Urteil bei III 1 a.
[368] Siemens-Urteil bei III 1 c.
[369] Dynamit-Nobel-Urteil bei II; Siemens-Urteil bei III 3; weiterführend BGHZ 122, 342, 35 = NJW 1993, 2307 = DB 1993, 1609 „Beiersdorf".

F. Die Mitbestimmung von Arbeitnehmervertretern **Einl.**

dd) Die Satzung kann **nicht** bestimmen, dass der Aufsichtsrat nur **beschlussfähig** 186
ist, wenn mindestens die Hälfte der an der Beschlussfassung teilnehmenden Aufsichtsratsmitglieder Anteilseignervertreter sind und sich unter ihnen der Aufsichtsratsvorsitzende befindet.[370]

d) Urteilsanalyse. Die drei Urteile betreffen sämtlich Fragen der **Organisations-** 187
freiheit, die schon das Gesellschaftsrecht für die AG (vgl. § 23 Abs. 5 AktG) wesentlich anders löst als für die GmbH, der diese Freiheit in sehr weitem Maße zukommt (vgl. Rn. 48). Da die Ergebnisse der Urteile nur zum Teil auf mitbestimmungsrechtlichen, zum Teil auf aktienrechtlichen Erwägungen beruhen, sind zwar ihre Ergebnisse, nicht aber ihre Begründungen ohne weiteres auf das Recht der mitbestimmten GmbH zu übertragen.

Für die **GmbH** hat die Entscheidung des BGH[371] den praktisch wichtigen Punkt 188
entschieden, dass der Aufsichtsrat der mitbestimmten GmbH auch für Abschluss, Änderung und Aufhebung der Anstellungsverträge mit den Geschäftsführern zuständig ist (vgl. dazu § 35 Rn. 18, § 52 Rn. 47). Das Ergebnis wird allerdings allein aus dem MitbestG (vor allem dessen § 31) begründet. Dabei bemerkt der BGH unter Berufung auf BVerfGE 50, 290, 346 ff.[372] zutreffend, dass den Gesellschaftern der mitbestimmten GmbH auch die **Kontroll- und Weisungsrechte gegenüber der Geschäftsführung** verblieben sind und der Aufsichtsrat auf das **Gesellschaftsinteresse** verpflichtet ist. Der BGH betont darüber hinaus, dass bei der **mitbestimmungsfreien** GmbH grds. die **Gesellschafterversammlung** sowohl für die **Bestellung** als auch für die **Anstellung** der Geschäftsführer weiterhin zuständig ist (vgl. dazu § 46 Rn. 21 ff.) und die Gesellschafterversammlung das für die Bestellung zuständige „**oberste Unternehmensorgan**" bleibt. Doch äußert der (II.) Senat bei der Gelegenheit deutliche Zweifel darüber, ob er an seiner Rspr. festhalten wird, nach der Änderungen der Geschäftsführerverträge, die nicht mit der Begründung oder Beendigung der Organstellung zusammenhängen, sowie die vertragliche Aufhebung des Anstellungsvertrages in den Aufgabenbereich eines etwaigen alleinvertretungsberechtigten Mitgeschäftsführers fallen.[373]

Das GmbH-Recht wird demnach durch das Mitbestimmungsrecht zwar verändert, 189
aber nur soweit es die Einrichtung des Aufsichtsrats, seine Zuständigkeiten gegenüber den Geschäftsführern (besonders ihrer Bestellung, Abberufung und den Abschluss, Änderung und Kündigung der Gesellschaftsverträge) und schließlich den Arbeitsdirektor betrifft. Die **organisationsrechtlichen Grundregeln** der GmbH bleiben auch in der mitbestimmten GmbH **erhalten:**
– die Gesellschaftergesamtheit ist grds. oberstes Organ;
– die Gesellschaftergesamtheit hat grds. dieselben Weisungs- und Kontrollbefugnisse gegenüber den Geschäftsführern wie bei der mitbestimmungsfreien Gesellschaft;
– die Satzung kann vom gesetzlichen Normalstatut abweichen, soweit das GmbHG und das Mitbestimmungsrecht es zulassen;
– infolgedessen können auch Beiräte o. ä. Organe gebildet werden, die neben dem obligatorischen Aufsichtsrat die Interessen der Gesellschafter gegenüber den Geschäftsführern vertreten.

Daraus folgt, dass die GmbH von der Mitbestimmung wesentlich weniger betroffen 190
ist als die AG. Man spricht häufig von einem „**Mitbestimmungsgefälle**" besonders

---

[370] Bilfinger & Berger-Urteil bei II.
[371] BGHZ 89, 48 = NJW 1984, 733 = DB 1984, 104 „Reemtsma".
[372] = NJW 1979, 699 = DRiZ 1979, 219.
[373] Vgl. zu dieser Rspr. BGH LM § 46 Nr. 3 und 6; § 29 Nr. 3 bei III 2 sowie § 46 Rn. 23.

Einl. Einleitung

zwischen diesen beiden Gesellschaften.[374] Die Unterschiede liegen in der verschiedenen Struktur der beiden Gesellschaften begründet, namentlich was die Stellung der Gesellschafter angeht.[375]

191 Den Bestand der GmbH-Verfassung in ihrer grds. Struktur auch in einer den besonderen Vorschriften des MitbestG unterworfenen Gesellschaft bestätigte der BGH ausdrücklich in einem weiteren Beschluss.[376] Die Stellung der Gesellschafter als oberstes Organ der GmbH werde nur durch die Anwendung mitbestimmungsrechtlicher Vorschriften hinsichtlich Bestellung und Abberufung der Geschäftsführer entzogen (vgl. Rn. 260). Einer weiteren Annäherung an das Aktienrecht stehe die für die GmbH typische Organisation im Wege. So trete zB die Überwachungskompetenz des Aufsichtsrates (§ 25 Abs. 1 Nr. 2 MitbestG iVm. 111 AktG) hinter die der Gesellschafterversammlung zugewiesene Zuständigkeit für die Prüfung und Überwachung des Geschäftsführung (§ 46 Nr. 6 GmbHG) zurück.[377] Ebenso bleibe das Weisungsrecht der Gesellschafter gegenüber den Geschäftsführern bestehen. Damit stellt der BGH ausdrücklich klar, dass das MitbestimmungsG kein eigenständiges Recht für die GmbH geschaffen hat, sondern dieses unter Beachtung des Wesens der GmbH modifiziert.[378]

192 4. Abweichende Mitbestimmungsregelungen? a) Zwingendes Recht. Das Mitbestimmungsrecht ist grds. „nach unten und oben zwingendes Recht".[379] Es lässt daher einvernehmliche Abweichungen nur soweit zu, wie es die Gesetze selbst erlauben.[380] Das gilt sowohl für die Frage der Anwendbarkeit der einzelnen Regelungen wie für ihre rechtliche Ausgestaltung. Daher kann zB weder über die maßgeblichen Beschäftigtenzahlen (vgl. zB § 1 Abs. 1 Nr. 2, § 6 MitbestG) noch über den Tendenzcharakter (vgl. zB § 1 Abs. 4 MitbestG), noch über die mitbestimmungsrechtlich festgelegten Befugnisse der Organe einvernehmlich etwas Abweichendes bestimmt werden. Die grds. Satzungsfreiheit, die das GmbH-Recht – anders als das Aktienrecht (vgl. § 23 Abs. 5 AktG) – gibt (vgl. Rn. 48), erlaubt es jedoch praktisch, die Mitbestimmungsregelung der einzelnen GmbH in gewissen Grenzen zu modifizieren und sogar in den Aufsichtsrat der mitbestimmungsfreien Gesellschaft „Arbeitnehmervertreter" wählen zu lassen; vgl. Rn. 197. Wie weit diese Möglichkeiten gehen, ist sehr umstritten.[381]

193 Die Frage hat **praktische Bedeutung** vor allem für Gesellschaften der öffentlichen Hand sowie für gemischtwirtschaftliche Gesellschaften gewonnen, deren (herrschender) Gesellschafter der Belegschaft oder auch den Gewerkschaften eine höhere Anzahl von Arbeitnehmervertretern und zusätzliche Rechte zugestanden haben.[382] Vom BGH

---

[374] So zB *H. J. Vogel* ZRP 1980, 5.
[375] Vgl. *Rittner* GmbHR 1981, 277, 289 f.
[376] BGHZ 135, 48, 55 f. = NJW 1997, 1985, 1987 = DB 1997, 1269, 1270 f.
[377] Vgl. BGH 135, 48, 55: Gründe B.3.b).
[378] Vgl. BGH 135, 48, 56: Gründe B.3.b); *Witte* ZGR 1998, 151, 160.
[379] *D. Reuter* Die Mitbestimmung als Bestandteil des Normativsystems für die juristischen Personen des Handelsrechts, 1987, S. 33.
[380] Vgl. für das MitbestG *Hanau/Ulmer* Einl. Rn. 36, § 1 Rn. 16; *Fitting/Wlotzke/Wißmann* Mitbestimmungsgesetz § 1 Rn. 3; *Th. Raiser* MitbestG § 1 Rn. 51.
[381] Vgl. bes. *Beuthien/Hommelhoff* ZHR 148 (1984), 95, 118 sowie *Thüsing*, FS Werner, 1984, S. 893; de lege ferenda *Th. Raiser*, FS Werner, 1984, S. 681 sowie die vor Rn. 145 zu F I Nr. 1 Zitierten.
[382] Vgl. zB OLG Bremen NJW 1977, 1153 = JuS 1977, 684 = DÖV 1977, 899 sowie für die AG BGH NJW 1975, 1657 = DB 1975, 1548 = AG 1975, 242; OLG Hamburg AG 1972, 183, 184 = MDR 1972, 696.

F. Die Mitbestimmung von Arbeitnehmervertretern **Einl.**

entschieden wurde zB der Fall einer Mitbestimmungsvereinbarung nach niederländischem Recht[383] und die Frage zum mitbestimmten „Unternehmensrat" der Carl Zeiss Stiftung.[384] Außer Streit ist, dass die Gesellschafter frei darin sind, Arbeitnehmer (ebenso wie Gewerkschaftsfunktionäre) ad personam in den Aufsichtsrat zu wählen, freilich als „Aufsichtsratsmitglieder der Anteilseigner" (vgl. Rn. 197).[385] Doch darf sich die Gebietskörperschaft im Hinblick auf ihre öffentlich-rechtliche Verantwortung des letztentscheidenden Einflusses auf die Gesellschaft nicht begeben (vgl. auch Rn. 123).[386]

b) „Aufstockung". Eine „Aufstockung" der Mitbestimmung in Gesellschaften, für die das **Mitbestimmungsgesetz** (vgl. Rn. 159 ff.) oder die Montanmitbestimmung (vgl. Rn. 152 ff.) gilt, ist nach ganz hM **ausgeschlossen**.[387] Dem ist ohne weiteres zuzustimmen.[388] 194

c) Regelung in Satzung. Ob die Satzung bestimmen kann, dass dem Aufsichtsrat einer **mitbestimmungsfreien** GmbH Arbeitnehmervertreter angehören oder dass die Zahl der Arbeitnehmervertreter einer **dem § 77 BetrVG 1952 unterliegenden GmbH** über die gesetzliche Zahl 1/3 der Sitze) hinaus **erhöht** wird, ist umstritten. Eine verbreitete Meinung bejaht beide Fragen,[389] doch schwerlich zu Recht. Die Argumentation dieser Autoren geht von der mitbestimmungsfreien GmbH aus, für die sie regelmäßig auf Grund und in den Grenzen der Satzungsfreiheit zu jenem Ergebnis kommt. Dies wird sodann auf die gemäß § 77 BetrVG 1952 mitbestimmte GmbH übertragen.[390] Diese Argumentation scheint sich von dem Gedanken leiten zu lassen, dass die Einführung einer Mitbestimmung in eine mitbestimmungsfreie GmbH sowie die „Aufstockung" der 1/3-Mitbestimmung doch selten vorkommen und geringe praktische Bedeutung haben. Die Gründe, die auch für die hM den absolut zwingenden Charakter des MitbestG und der Montanmitbestimmungsgesetze ergeben (vgl. Rn. 194), gelten aber für diese beiden Fälle nicht weniger, auch wenn letztere geringeres politisches Interesse erregen. Dem schenkt auch *Hommelhoff* zu wenig Beachtung, wenn er (aaO S. 131 f.) zwar den zwingenden Charakter des § 7 MitbestG herausarbeitet, für jene beiden Fälle aber nicht dasselbe gelten lassen will, sich dann jedoch bemühen muss, Grenzen für die Einführung der „freiwilligen" Mitbestimmung zu finden (vgl. zB S. 123 ff.).[391] 195

Das **Mitbestimmungsstatut** steht – einschließlich des „negativen" der mitbestimmungsfreien GmbH – richtiger Ansicht nach **nicht zur Wahl** der Gesellschaft und kann infolgedessen auch nicht Gegenstand irgendwelcher Vereinbarungen sein. 196

Eine **andere Frage**, die häufig von jenen Problemen nicht genug getrennt wird, geht dahin, ob die Satzung einer GmbH oder auch die Gesellschafterversammlung ge- 197

---

[383] Vgl. BGHZ 82, 188 = NJW 1982, 933, 934 = DB 1982, 421 „Hoesch" (insoweit in BGHZ 82, 188 nicht vollständig abgedruckt).
[384] BGHZ 82, 138 = NJW 1982, 236 = DB 1982, 105 sowie allg. *Fabricius*, FS Hilger und Stumpf, S. 155, 157.
[385] Vgl. BGH NJW 1975, 1657 f. = DB 1975, 1548 = AG 1975, 242; *Hanau/Ulmer* § 1 Rn. 25.
[386] OLG Bremen NJW 1977, 1153 = JuS 1977, 684 = DÖV 1977, 899.
[387] Vgl. *Hanau/Ulmer* § 7 Rn. 1; *Fitting/Wlotzke/Wißmann* Mitbestimmungsgesetz § 7 Rn. 2, 8; *Hommelhoff* ZHR 148 (1984), 118, 131 f.
[388] Vgl. *Rittner* Wirtschaftsrecht § 9 Rn. 21 ff.
[389] *Dietz/Richardi* Vor § 76 BetrVG 1952 Rn. 16; *Fitting/Wlotzke/Wißmann* Mitbestimmungsgesetz § 1 Rn. 5; *MünchArbR/Wißmann* § 365 Rn. 20; *Hanau/Ulmer* § 1 Rn. 22; *Th. Raiser* MitbestG § 1 Rn. 52; *Hommelhoff* ZHR 148 (1984), 118, 119 ff., 129 ff.; wohl auch *Hohner* NJW 1986, 574.
[390] Vgl. *Dietz/Richardi* Vor § 76 BetrVG 1952 Rn. 16.
[391] Vgl. auch *Hanau/Ulmer* § 1 Rn. 22, 25; *Hommelhoff* ZHR 148 (1984), 123, 131 f.

Einl.   Einleitung

setzlich nicht vorgesehene „Arbeitnehmervertreter" in den Aufsichtsrat berufen können. Derartige Satzungsbestimmungen bzw. Gesellschafterbeschlüsse sind im Rahmen des GmbH-Rechts zulässig. Eine **Erhöhung der Zahl** der Arbeitnehmervertreter ändert jedoch das gesetzliche Mitbestimmungsstatut nicht. Die (weiteren) Arbeitnehmervertreter werden vielmehr durch die Gesellschafter gewählt. Das OLG Bremen[392] lässt eine solche Satzungsbestimmung zwar auch dann zu, wenn die Gesellschafterversammlung an die Wahlvorschläge der Arbeitnehmer gebunden ist. Dies widerspricht jedoch dem zwingenden Charakter der mitbestimmungsrechtlichen Vorschriften, insbes. des § 77 Abs. 1 BetrVG 1952.[393] Das Mitbestimmungsrecht gibt den Belegschaften bzw. Gewerkschaften keine Mindestrechte, die die Satzung beliebig erhöhen könnte,[394] sondern löst eine rechtspolitisch überaus umstrittene Frage, die schon um des Rechtsfriedens willen nicht in die Hand der Beteiligten, auch nicht der Gesellschafterversammlung, gelegt werden kann.

198   Entsprechendes gilt für die **mitbestimmungsfreie GmbH** (zB mit weniger als 500 Arbeitnehmern, Tendenzunternehmen).[395] Für sie kann die Satzung zwar ein Aufsichtsratsrecht vorsehen, das einer der Mitbestimmungsregelungen des geltenden Rechts mehr oder weniger entspricht, indem sie zB den Gewerkschaften Entsendungsrecht gewährt. Aber dies gilt stets nur als autonomes Recht der betreffenden Gesellschaft, kann mithin viele Bestimmungen der Mitbestimmungsgesetze (so zB das Wahlverfahren der Arbeitnehmer sowie gerichtliche Zuständigkeiten, wie etwa nach §§ 98 ff. AktG iVm. § 77 Abs. 1 S. 2 BetrVG 1952) gar nicht zur Anwendung bringen und sich deswegen auch nicht mit einigen Verweisungen auf eines dieser Gesetze begnügen. Ein Entsendungsrecht des Betriebsrats kann aus betriebsverfassungsrechtlichen Gründen nicht vorgesehen werden.[396] Zudem muss sich eine solche Satzungsregelung in den Grenzen halten, die die Treupflicht auch der satzungsändernden Mehrheit setzt.[397]

199   Auf demselben Wege können auch **Beiräte** eingerichtet werden, und zwar sowohl zur Vertretung von Arbeitnehmerinteressen[398] wie zur Beratung und Kontaktpflege der Geschäftsführung. Nur dürfen derartige Beiräte die gesetzlichen Kompetenzen von Geschäftsführung, Aufsichtsrat und Gesellschafterversammlung nicht beeinträchtigen (vgl. dazu § 52 Rn. 6).

200   d) **Tarifvertrag, Betriebsvereinbarung.** Durch Tarifvertrag oder Betriebsvereinbarung kann richtiger Ansicht nach die gesetzliche Mitbestimmungsorganisation nicht geändert werden.[399] Einen „kollektivrechtlichen Mitbestimmungsvertrag" kennt weder das TVG noch das Betriebsverfassungsrecht; es empfiehlt sich auch, de lege ferenda daran festzuhalten.

---

[392] NJW 1977, 1153, 1155 = JuS 1977, 684 = DÖV 1977, 899.
[393] Vgl. *Hanau/Ulmer* § 1 Rn. 23; GK-MitbestG/*Schneider* § 5 Rn. 125; *Rittner* Wirtschaftsrecht § 9 Rn. 21 ff.; *Lutter* ZGR 1977, 197 f.; aA *Dietz/Richardi* Vor § 76 BetrVG 1952 Rn. 16; *Fitting/Wlotzke/Wißmann* Mitbestimmungsgesetz § 1 Rn. 5; *Th. Raiser* MitbestG § 1 Rn. 49, 52; *ders.* BB 1977, 1461.
[394] So aber namentlich *Hensche* AuR 1971, 36 f.
[395] Vgl. dazu BayObLG BB 1995, 2233 f. = AG 1996, 33 f. = WM 1996, 61.
[396] Vgl. *Dietz/Richardi* Vor § 76 BetrVG Rn. 15.
[397] Ebenso *Hommelhoff* ZHR 148 (1984), 118, 127 f. bezgl. der von ihm vertretenen Ansicht; ähnlich *Hanau/Ulmer* § 1 Rn. 22, 25; vgl. oben Rn. 195.
[398] Wie zB Lüdenscheider Abkommen BB 1959, 1028; dazu GK-MitbestG/*Schneider* § 5 Rn. 119 ff.
[399] Vgl. bes. *Beuthien* ZfA 1983, 141; *ders.* ZHR 148 (1984), 95; auch *Hanau/Ulmer* § 1 Rn. 16; *Dietz/Richardi* Vor § 76 BetrVG 1952 Rn. 45; MünchArbR/*Wißmann* § 365 Rn. 16; aA bes. *Hensche* AuR 1971, 33.

F. Die Mitbestimmung von Arbeitnehmervertretern **Einl.**

5. Reformfragen. a) Vereinheitlichung des Mitbestimmungsrechts. Eine Ver- 201
einheitlichung des Mitbestimmungsrechts, welche die einzelnen Gesetze (vgl. Rn. 151 ff.)
besser aufeinander und auf die gesellschaftsrechtlichen Gesetze abstimmen könnte,
wäre zwar wünschenswert, ist aber aus politischen Gründen nach wie vor nicht zu
erwarten. Andererseits stehen auch keine wesentlichen Änderungen der Mitbestimmungsgesetze in Aussicht. Die DGB-Gewerkschaften fordern zwar, wenn auch mit
unterschiedlicher Stärke, die Ausdehnung der Montanmitbestimmung auf alle größeren Unternehmen.[400] Es scheint aber, dass die Forderung weiter an Popularität verloren hat, zumal das Montanmodell allein eine Repräsentation von **Gewerkschafts-**
(und nicht von Belegschafts-)Vertretern vorsieht. Verfassungsrechtliche Bedenken
gegen eine wesentliche Ausweitung der Mitbestimmung (vgl. Rn. 164 ff.) kommen
hinzu.

Demgegenüber befindet sich die betriebliche Mitbestimmung in einer Phase der Ver- 202
änderung. Die Reform des BetrVG 1972 soll das fast 30-jährige Gesetz den „veränderten Bedingungen der Arbeitswelt" anpassen.[401] Im Rahmen des Gesetzes zur Reform
des Betriebsverfassungsgesetzes (BetrVerf-RefG)[402] werden auch das Montan-
MitbestG,[403] das BetrVG 1952,[404] das Montan-MitbestErgG[405] und das MitbestG[406] in
wenigen Punkten vor allem in sprachlicher Hinsicht (zB Aufhebung der Trennung in
„Arbeiter" und „Angestellter") geändert.[407]

b) Unternehmensrecht statt Gesellschaftsrecht. Der Gedanke, das Gesellschafts- 203
recht ganz oder zum Teil durch ein Unternehmensrecht zu ersetzen, der über dreißig
Jahre diskutiert wurde,[408] dürfte nach dem enttäuschenden Ergebnis der über sieben
Jahre lang tätigen Unternehmensrechtskommission des Bundesjustizministeriums seine
Kraft verloren haben;[409] vgl. Rn. 38 f. Für die GmbH war die Arbeit der Unternehmensrechtskommission ohnehin fast unergiebig.[410] Selbst der Plan, eine Sonderregelung oder einige Sonderregeln für die „große GmbH" zu finden, dürfte danach als
gescheitert anzusehen sein. Abgesehen davon, dass man keine überzeugenden Abgrenzungsmerkmale für diese Gesellschaften fand, bleibt auch offen, ob die gewisse organisationsrechtliche Schwäche der „großen GmbH" überhaupt den Eingriff des Gesetzgebers erfordert oder nicht besser in den Gesellschaftsverträgen ausgeglichen wird.

c) Montanmitbestimmung. Die Zahl der von der Montanmitbestimmung erfass- 204
ten Unternehmen war seit In-Kraft-Treten des Montan-MitbestG 1951 rückläufig und
wird in den nächsten Jahren weiterhin zurückgehen.[411] Sie betrug ursprünglich 107

---

[400] Vgl. dazu *Rittner*, FS Werner, 1984, S. 72; siehe Grundsatzprogramm 1996 des DGB, Abschnitt I Ziff. 5 (http://www.dgb.de/wir/grundsatzprogramm/gs_zukunft2.htm).
[401] Vgl. BT-Drucks. 14/5741, S. 1; Artikel in FAZ v. 14. 2. 2000.
[402] G v. 23. 7. 2001, BGBl. I S. 1852; Begründung BT-Drucks. 14/5741, S. 23 ff.; zum RegE vgl. *Riester* AiB 2001, 83 ff.; *Engels/Trebinger/Löhr-Steinhaus* DB 2001, 532 ff.; *Richardi/Annuß* DB 2001, 41 ff.
[403] Vgl. Art. 8 BetrVerf-RefG.
[404] Vgl. Art. 9 BetrVerf-RefG.
[405] Vgl. Art. 10 BetrVerf-RefG.
[406] Vgl. Art. 12 BetrVerf-RefG.
[407] Vgl. Begründung BT-Drucks. 14/5741, S. 23 ff.
[408] Vgl. *Hachenburg/Schilling* 7. Aufl. Einl. Rn. 42 ff.; wesentlich zurückhaltender *Hachenburg/Ulmer* 8. Aufl. Einl. Rn. 57, 96; *Scholz/Westermann* Einl. Rn. 74 ff.
[409] Zu dem Bericht über die Verhandlungen der Unternehmensrechtskommission (1980) vgl. *Kübler*, H. P. *Westermann*, *Sonnenschein* und K. *Schmidt* ZGR 1981, 377, 393, 429, 455.
[410] Vgl. dazu *Rittner* GmbHR 1981, 277, 289 f.
[411] Vgl. *Hassel/Kluge* Gewerkschaftliche Monatshefte 1999, 168 ff.

Einl. Einleitung

Unternehmen und ging bis Ende 1997 auf insgesamt 45 zurück.[412] Dies hat seinen Grund nicht nur in den zahlreichen (betrieblich bedingten) Zusammenschlussvorgängen, sondern in erster Linie in der Tatsache, dass die beiden Wirtschaftszweige – Bergbau sowie Eisen und Stahl erzeugende Industrie – zu den schrumpfenden Branchen gehören. Die Gewerkschaften beginnen dies inzwischen einzusehen und sich damit abzufinden, was sie aber zugleich veranlasst, die Ausdehnung des Montanmodells auf alle anderen Wirtschaftszweige zu fordern (vgl. Rn. 201 f.).

II. Das Mitbestimmungsgesetz 1976

205 **1. Anwendungsbereich. a) Inländische GmbH mit mehr als 2000 Arbeitnehmern.** Das MitbestG findet auf alle inländischen GmbH Anwendung, die in der Regel mehr als 2000 Arbeitnehmer beschäftigen (§ 1 Abs. 1 Nr. 2 MitbestG); zu den Ausnahmen von diesem Anwendungsbereich vgl. Rn. 214. Den Arbeitnehmerbegriff bestimmt § 3 MitbestG durch Verweisungen auf § 5 BetrVG. Danach fallen sowohl die Arbeitnehmerinnen und Arbeitnehmer (§ 3 Abs. 1 Nr. 1 MitbestG iVm. § 5 Abs. 1 BetrVG) als auch die leitenden Angestellten (§ 3 Abs. 1 Nr. 2 MitbestG iVm. § 5 Abs. 3 BetrVG) darunter. Hierzu gehören weiter auch die in Heimarbeit Beschäftigten, die in der Hauptsache für das Unternehmen arbeiten (§ 3 Abs. 1 Nr. 1 MitbestG iVm. § 5 Abs. 1 BetrVG). Auch die Teilzeitbeschäftigten sind Arbeitnehmer, zB Zeitungszusteller.[413] Leiharbeiter (iSd. §§ 1, 3 Arbeitnehmer-Überlassungsgesetz) gelten als Arbeitnehmer des Entleihers.[414] Arbeitnehmer, die ständig im Ausland (zB in einer ausländischen Niederlassung oder Tochtergesellschaft) tätig sind, werden jedoch nicht mitgezählt, es sei denn, der Arbeitgeber leitet deren Einsatz vom inländischen Betrieb aus und hat die Möglichkeit, sie in diesen Betrieb zu versetzen.[415]

206 Maßgebend ist die **regelmäßige Arbeitnehmerzahl**. Kleinere Abweichungen der effektiven Arbeitnehmerzahl sind deswegen nicht zu berücksichtigen. Vielmehr kommt es auf die Arbeitnehmerzahl an, die sich aus der Personalplanung als Teil der Unternehmensplanung ergibt, wobei auch künftige Entwicklungen bis zu einem gewissen Grade zu berücksichtigen sind.[416]

207 **b) Konzernunternehmen.** Die Arbeitnehmer von Konzernunternehmen (iSd. § 18 Abs. 1 AktG) werden bei der Ermittlung der Arbeitnehmerzahl gemäß § 5 Abs. 1 MitbestG hinzugerechnet, haben also das volle aktive und passive Wahlrecht zu dem Aufsichtsrat der konzernleitenden Gesellschaft. Außerdem wählen sie ggf. auch zu einem mitbestimmten Aufsichtsrat der Gesellschaft, in der sie beschäftigt sind. Das alles gilt auch dann, wenn die Konzernleitung selbst – weil etwa im Ausland gelegen oder in einem mitbestimmungsfreien Unternehmen organisiert – nicht dem MitbestG unterliegt, wohl aber **über** die GmbH andere Konzernunternehmen beherrscht, sog. **Teilkonzern** (§ 5 Abs. 3 MitbestG). Über die Fragen der maßgeblichen Arbeitnehmerzahl bei der GmbH & Co. KG vgl. Rn. 209 ff. Auch eine GmbH, die als Konzernspitze

---

[412] Vgl. *Kronenberg/Volkmann/Wendeling-Schröder* WSI-Mitbestimmungsbericht 1992, WSI-Mitteilungen 1994, 25; *Hassel/Kluge* Gewerkschaftliche Monatshefte 1999, 168 ff
[413] BAG EzA BetrVG 1972 § 7 Nr. 1.
[414] Vgl. dazu MünchArbR/*Wißmann* § 367 Rn. 8.
[415] BAG BB 1990, 707 f. = DB 1990, 992 = BetrR 1990, 52.
[416] Vgl. dazu LG Stuttgart DB 1984, 2551 = BB 1984, 2082 = GmbHR 1985, 123; OLG Düsseldorf AG 1995, 328 f. = WM 1995, 251 ff. = DB 1995, 277 f. sowie BAG in stRspr. zuletzt AP KSchG 1969 § 23 Nr. 11; *Rittner* AG 1983, 99, 102 f.

F. Die Mitbestimmung von Arbeitnehmervertretern **Einl.**

selbst keine Arbeitnehmer beschäftigt, ist Unternehmen iSd. § 1 Abs. 1 Nr. 1 MitbestG.[417]

Dass ein **Konzern im Konzern,** d. h. die Zurechnung der Arbeitnehmerzahlen der Konzernunternehmen nicht nur bei der Konzernspitze, sondern auch bei einer Konzernzwischen-Gesellschaft/-Holding möglich ist, wird überwiegend im Grundsatz anerkannt.[418] Doch zeigt auch die bisherige Gerichtspraxis, dass sich nur selten Fälle finden lassen, in denen eine Zwischengesellschaft nicht nur „ausgelagerte Konzernleitung"[419] ausübt. 208

c) GmbH & Co. KG. Bei einer GmbH & Co. KG gelten gemäß § 4 MitbestG unter bestimmten Voraussetzungen die Arbeitnehmer der Kommanditgesellschaft als Arbeitnehmer der GmbH, werden also deren Beschäftigtenzahl hinzugerechnet. Die beiden gesetzlichen Voraussetzungen hierfür beschränken den Anwendungsbereich des § 4 MitbestG jedoch auf die typische GmbH & Co. KG, die praktisch nur **ein** Unternehmen betreibt (sog. Grundsatz der Unternehmenseinheit):[420] 209

aa) Mehrheitliche Gesellschafteridentität: die Mehrheit der Kommanditisten muß die Mehrheit der GmbH-Anteile oder -Stimmen innehaben.

bb) Kein eigener Geschäftsbetrieb der GmbH mit einer regelmäßigen Arbeitnehmerzahl von mehr als 500.

Hingegen soll nach ganz hM, die sich vor allem auf die Entstehungsgeschichte stützt, § 4 MitbestG auch dann gelten, wenn eine oder mehrere natürliche Personen als weitere Komplementäre beteiligt sind.[421] Ist der Komplementär eine ausländische GmbH (vgl. dazu Rn. 332), so kommt § 4 MitbestG grds. nicht zum Zuge, weil das MitbestG nur für inländische Gesellschaften gilt; vgl. Rn. 215. 210

Die Mitbestimmung setzt mithin auch in diesem Falle allein bei der GmbH an und nicht bei der Kommanditgesellschaft, obwohl diese der eigentliche Unternehmensträger ist. Das hat seine Ursache darin, dass die OHG und KG aus guten Gründen schlechthin mitbestimmungsfrei sind. Der rechtspolitisch fragwürdige Ansatz bei der geschäftsführenden Kapitalgesellschaft, die bei der typischen GmbH & Co. KG gerade **kein** Unternehmensträger ist, hat jedoch zu einer insgesamt wenig glücklichen, in der Praxis auch leicht zu vermeidenden Regelung geführt. Die zwingende Zuweisung der Geschäftsführungsbefugnis an die GmbH (durch § 4 Abs. 2 MitbestG) gleicht diese konzeptionellen Mängel nicht aus. Da GmbH & Co. KG mit mehr als 2000 Arbeitnehmer äußerst selten sind (Ende 1992 12 Gesellschaften),[422] hat die Vorschrift aber nur eine sehr bescheidene praktische Bedeutung. 211

Für hintereinander geschaltete GmbH & Co. KG, sog. doppel- und mehrstöckige KG gilt die Regelung entsprechend; § 4 Abs. 1 S. 2 und 3 MitbestG. 212

Ist die GmbH & Co. KG abhängiges oder herrschendes Unternehmen eines **Konzerns,** bestimmt § 5 Abs. 1 S. 2 bzw. Abs. 2 MitbestG, falls zwischen der GmbH und der 213

---

[417] OLG Stuttgart NJW-RR 1989, 936 = DB 1989, 1128 = WM 1989, 1650; LG Stuttgart AG 1993, 473f. = BB 1993, 1541 ff. = DB 1993, 1711; BayObLGZ 1998, 85 = DB 1998, 973 = NZG 1998, 509ff.
[418] Vgl. OLG Düsseldorf DB 1979, 699 = WM 1979, 956; OLG Zweibrücken DB 1984, 107; OLG Frankfurt DB 1986, 2658; *Fitting/Wlotzke/Wißmann* Mitbestimmungsgesetz § 5 Rn. 35 ff.; MünchArbR/*Wißmann* § 367 Rn. 21 mwN.
[419] So OLG Zweibrücken DB 1984, 108.
[420] Vgl. *Hanau/Ulmer* § 4 Rn. 12 und 1.
[421] Vgl. *Th. Raiser* MitbestG § 4 Rn. 7.
[422] Vgl. *Kronenberg/Volkmann/Wendeling-Schröder* WSI-Mitbestimmungsbericht 1992, WSI-Mitteilungen 1994, 2.

Einl. Einleitung

KG ein Konzernverhältnis iSd. § 18 Abs. 1 AktG besteht, dass § 5 MitbestG zum Zuge kommt (vgl. Rn. 207). Dies betrifft praktisch die Fälle, auf die § 4 MitbestG infolge des Fehlens einer der beiden Voraussetzungen (vgl. Rn. 209) nicht anwendbar ist.[423]

214 **d) Ausnahmen.** Ausgenommen von dem MitbestG sind gemäß § 1 Abs. 4 MitbestG (diese Ausnahme ist § 118 BetrVG 1972 nachgebildet) die sog. **Tendenzunternehmen**[424] und die Unternehmen der Religionsgemeinschaften sowie gemäß § 1 Abs. 2 die **Montangesellschaften** nach Maßgabe der Montanmitbestimmungsgesetze (vgl. dazu Rn. 152 ff.). Vgl. für die Ausnahmen bei der Mitbestimmung nach § 77 BetrVG 1952 unten Rn 268.

215 Auf **ausländische** GmbH – d. h. nach ausländischem Recht gegründete Gesellschaften (vgl. Rn. 331 f.) – findet das Gesetz ebenfalls keine Anwendung.[425] Dies gilt auch dann, wenn die Gesellschaft ihren tatsächlichen Verwaltungssitz im Inland hat.[426] Die Frage wird vor allem bei GmbH & Co. KG praktisch, deren geschäftsführender Gesellschafter nicht dem deutschen Recht unterliegt. Vgl. auch Rn. 332.

216 **2. Bildung und Zusammensetzung des Aufsichtsrats. a) Zwingendes Recht.**
Die Bildung des Aufsichtsrats nach § 6 MitbestG ist zwingenden Rechts. Das MitbestG regelt in §§ 7 bis 24 vor allem die Bestellung und Abberufung der Aufsichtsratsmitglieder der Arbeitnehmer und verweist iÜ (§ 6 Abs. 2 S. 1) auf eine Vielzahl von Vorschriften des Aktienrechts (§ 96 Abs. 2, §§ 97 bis 101 Abs. 1 und 3, §§ 102 bis 106 AktG).

217 **b) Zusammensetzung.** Die Zusammensetzung des Aufsichtsrats ergibt sich aus § 7 MitbestG (vgl. Anhang I). Die vom Prinzip der quantitativen Parität der Arbeitnehmerbeteiligung beherrschte Vorschrift differenziert hinsichtlich der **Größe** des Aufsichtsrats in erster Linie nach der Regel-Arbeitnehmerzahl (iSd. § 1 Abs. 1 Nr. 2 MitbestG sowie der nach §§ 4 und 5 MitbestG zuzurechnenden Arbeitnehmer anderer Unternehmen, vgl. Rn. 207 ff.). Nach Abs. 1 besteht der Aufsichtsrat
– bei Unternehmen mit nicht mehr als 10 000 Arbeitnehmern aus je 6 Aufsichtsratsmitgliedern der Anteilseigner und der Arbeitnehmer, Nr. 1;
– bei Unternehmen mit mehr als 10 000, jedoch nicht mehr als 20 000 Arbeitnehmern aus je 8 Aufsichtsratsmitgliedern der Anteilseigner und der Arbeitnehmer, Nr. 2;
– bei Unternehmen mit mehr als 20 000 Arbeitnehmern aus je 10 Aufsichtsratsmitgliedern der Anteilseigner und der Arbeitnehmer, Nr. 3.
In den beiden ersten Fällen kann die Satzung die Aufsichtsratsitze auf 8 bzw. 10 erhöhen (§ 7 Abs. 1 S. 2, 3 MitbestG). Eine niedrigere Zahl von Aufsichtsratsmitgliedern ist, auch wenn sie für einzelne Gesellschaften durchaus genügen könnte, ebenso unzulässig wie eine höhere als 20 Personen.

218 Die Arbeitnehmervertreter werden gemäß § 7 Abs. 2 MitbestG nach dem Prinzip der **Gruppenzugehörigkeit** bestimmt:
– der zwölfköpfige Aufsichtsrat hat 4 Arbeitnehmer des Unternehmens und 2 Gewerkschaftsvertreter, Nr. 1;

---

[423] Vgl. *Hanau/Ulmer* § 4 Rn. 5.
[424] Vgl. dazu BayObLGR 1995, 88 = BB 1995, 2233 f. = AG 1996, 33 f.
[425] LG Düsseldorf DB 1979, 1451; *Fitting/Wlotzke/Wißmann* Mitbestimmungsgesetz § 1 Rn. 14; *Hanau/Ulmer* § 1 Rn. 6, 33.
[426] So *Fitting/Wlotzke/Wißmann* Mitbestimmungsgesetz aaO; *Hoffmann/Lehmann/Weinmann* § 1 Rn. 8; *Ebenroth/Bippus* DB 1988, 842, 846 f.; *Schmidt/Hermersdorf* RIW 1988, 943; ders. RIW 1990, 707; MünchArbR/*Wißmann* § 367 Rn. 2; aA *Hanau/Ulmer* § 1 Rn. 8; *Th. Raiser* MitbestG § 1 Rn. 14; *Birk* RIW 1975, 589, 595.

F. Die Mitbestimmung von Arbeitnehmervertretern **Einl.**

– der sechzehnköpfige Aufsichtsrat hat 6 Arbeitnehmer des Unternehmens und 2 Gewerkschaftsvertreter, Nr. 2;
– der zwanzigköpfige Aufsichtsrat hat 7 Arbeitnehmer des Unternehmens und 3 Gewerkschaftsvertreter, Nr. 3.

Die Mandate der Arbeitnehmer des Unternehmens verteilen sich auf **Arbeiter** und **219 Angestellte** (einschl. der leitenden Angestellten) entsprechend ihrem zahlenmäßigen Verhältnis im Unternehmen, wobei die Arbeitnehmer nach §§ 4 und 5 MitbestG mitzuzählen sind; in gleicher Weise verteilen sich die Mandate der Angestellten auf die nichtleitenden und die leitenden Angestellten; dem Aufsichtsrat müssen aber jedenfalls ein Arbeiter, ein nichtleitender Angestellter und ein leitender Angestellter angehören (Sitzgarantie vgl. §§ 15 Abs. 2, 18 S. 2 MitbestG). Eine weitere Aufteilung nach Geschlechtern oder eine Frauenquote kennt das MitbestG nicht; vgl. dagegen § 76 Abs. 2 S. 4 BetrVG 1952.

Zu den Gewerkschaftsvertretern vgl. Rn. 239 f.

c) Erstmalige Bildung. Die erstmalige Bildung des Aufsichtsrats iSd. § 6 Abs. 1 **220** MitbestG ist geboten, wenn die maßgebliche Arbeitnehmerzahl (vgl. dazu Rn. 205 ff.) einer GmbH, die bisher keinen Aufsichtsrat hatte, auf über 2000 steigt. Dies kommt praktisch nur in Betracht, wenn die Gesellschaft einen verhältnismäßig großen Betrieb oder ein entsprechend großes Konzernunternehmen übernimmt, so dass die Beschäftigtenzahl von unter 500 auf über 2000 springt. In den anderen Fällen besteht nämlich ein Aufsichtsrat nach § 77 BetrVerfG 1952, so dass lediglich dessen Zusammensetzung zu ändern ist (vgl. dazu Rn. 225 ff.).

Die Bildung des Aufsichtsrats erfolgt nach einem **Statusverfahren,** das zunächst **221** einmal ermittelt, nach welchen gesetzlichen Bestimmungen der Aufsichtsrat zusammenzusetzen ist (vgl. § 6 Abs. 2 S. 1 MitbestG iVm. §§ 97 ff. AktG):[427]

Erkennt die Geschäftsführung, dass die Gesellschaft die reguläre Arbeitnehmerzahl **222** von 2000 überschritten hat, so muss sie dies gemäß § 6 Abs. 2 S. 1 MitbestG iVm. § 97 Abs. 1 AktG unverzüglich in den Gesellschaftsblättern (vgl. dazu § 3 Rn. 1) sowie durch Aushang in allen Betrieben und Konzernunternehmen bekannt machen.[428] Wird daraufhin innerhalb eines Monats kein Antrag auf gerichtliche Entscheidung gemäß § 98 AktG gestellt, so hat die Gesellschaft mit der Bildung des Aufsichtsrats zu beginnen. Andernfalls muss sie den Ausgang des gerichtlichen Verfahrens abwarten.

Für die Anpassung **ohne gerichtliches Verfahren** hat die Gesellschaft nach Ablauf **223** jener Monatsfrist (nach § 97 Abs. 2 S. 1 AktG) höchstens sechs Monate Zeit; vgl. § 97 Abs. 2 S. 2 AktG. Innerhalb dieser Zeitspanne muss die Satzung an die neue Rechtslage[429] angepasst werden. Die Gesellschafter können die dazu notwendigen Satzungsänderungen ausnahmsweise sogar mit einfacher Mehrheit beschließen (vgl. § 97 Abs. 2 S. 4 AktG). Sodann sind die Aufsichtsratsmitglieder aufgrund des neuen Rechts zu wählen (vgl. dazu Rn. 242 f.). Hält die Gesellschaft die Frist des § 97 Abs. 2 S. 2 AktG nicht ein, so treten die fraglichen Bestimmungen der Satzung außer Kraft und es erlischt das Amt der bisherigen Aufsichtsratsmitglieder (§ 97 Abs. 2 S. 3 AktG). Neue Aufsichtsratsmitglieder – nach den nunmehr anwendbaren Vorschriften des MitbestG – bestellt dann das Gericht (Amtsgericht, § 145 Abs. 1 FGG) gemäß § 6 Abs. 2 S. 1 MitbestG iVm. § 104 AktG; die Geschäftsführer werden regelmäßig zu einem entsprechenden Antrag verpflichtet sein (vgl. § 104 Abs. 1 S. 2 AktG).

---

[427] Dazu *Oetker* ZHR 149 (1985), 57.
[428] Vgl. *Hanau/Ulmer* § 6 Rn. 11; *Fitting/Wlotzke/Wißmann* Mitbestimmungsgesetz § 6 Rn. 8.
[429] Vgl. dazu *Rittner* DB 1969, 2165, 2168 ff.

Einl. Einleitung

224 Das Verfahren der **gerichtlichen Entscheidung** (vgl. § 6 Abs. 1 MitbestG iVm. §§ 98, 99 AktG) wird durch einen Antrag eingeleitet, und zwar möglicherweise auch unabhängig von einer Bekanntmachung der Geschäftsführung nach § 97 Abs. 1 AktG. Zur Antragsberechtigung vgl. § 98 Abs. 2 AktG. Für die Entscheidung über den Antrag ist das LG (Zivilkammer) des Sitzes der Gesellschaft ausschließlich zuständig. Einige Bundesländer haben die Zuständigkeit aufgrund des § 98 Abs. 1 S. 2 AktG konzentriert, so Baden-Württemberg[430] auf die LG Mannheim und Stuttgart, Bayern[431] auf die LG München I und Nürnberg, Niedersachsen[432] auf das LG Hannover, Nordrhein-Westfalen[433] auf die LG Dortmund, Düsseldorf und Köln.[434] Entsprechendes gilt für die Beschwerdegerichte in diesen Ländern. Das Verfahren richtet sich nach § 99 AktG sowie den Vorschriften des FGG. Das Gericht entscheidet durch Beschluss, der mit der sofortigen (Rechts-)Beschwerde zum OLG angefochten werden kann (vgl. § 99 Abs. 3 S. 2 bis 8, Abs. 4 S. 3 u. 4 AktG). Sobald eine rechtskräftige Entscheidung – mit Wirkung für und gegen alle (§ 99 Abs. 5 S. 2 AktG) – festgestellt hat, dass der Aufsichtsrat nach dem MitbestG zusammenzusetzen ist, hat die Gesellschaft innerhalb von sechs Monaten gemäß § 97 Abs. 2 AktG (analog) die einschlägigen Satzungsvorschriften zu ändern und die Aufsichtsratsmitglieder nach den neuen Vorschriften wählen zu lassen. Bleibt die Geschäftsführung untätig, so kann das (Amts-)Gericht gemäß § 104 AktG die Aufsichtsratsmitglieder bestellen.

225 **d) Änderung der Zusammensetzung.** Eine Änderung in der Zusammensetzung des Aufsichtsrats ist geboten, wenn eine bisher nach § 77 BetrVG 1952 mitbestimmte Gesellschaft die maßgebliche Arbeitnehmerzahl von 2000 (vgl. dazu Rn. 205 ff.) überschreitet oder wenn sich eine der nach § 7 MitbestG für die Größe und Zusammensetzung des Aufsichtsrats maßgebenden Arbeitnehmerzahlen ändert.[435]

226 In diesem Fall findet ebenfalls das **Statusverfahren** nach §§ 96 ff. AktG statt: Die Geschäftsführung hat gemäß § 6 Abs. 2 MitbestG iVm. § 96 AktG sobald sie erkennt, dass ein solcher Fall gegeben ist, dies unverzüglich in den Gesellschaftsblättern und in allen Betrieben und Konzernunternehmen bekanntzumachen. Wird daraufhin innerhalb eines Monats kein Antrag auf gerichtliche Entscheidung gemäß § 98 AktG gestellt, so hat die Gesellschaft mit der Änderung der Zusammensetzung zu beginnen (vgl. des Näheren Rn. 221 ff.). Das Statusverfahren kann man also nicht dadurch obsolet werden lassen, dass entsprechend der nunmehr maßgeblichen Größenzahl Aufsichtsratsmitglieder hinzugewählt werden oder ausscheiden. Eine Satzungsänderung, welche die Mitgliederzahl des Aufsichtsrats im Rahmen des § 7 Abs. 1 S. 2 und 3 MitbestG herabsetzt, wird jedoch erst zum Ende der laufenden Amtszeit der Arbeitnehmervertreter wirksam und führt deswegen nicht zu dem Statusverfahren.[436]

---

[430] VO v. 10. 10. 1967, GVBl. S. 218.
[431] VO v. 9. 3. 1966, GVBl. S. 118.
[432] VO v. 29. 3. 1967, GVBl. S. 102.
[433] VO v. 15. 2. 1966, GVBl. S. 65; VO v. 26. 11. 1996, GVBl. S. 518.
[434] Vgl. die Hinweise bei *Geßler/Hefermehl/Eckardt/Kropff* § 98 Rn. 13; *Hanau/Ulmer* § 6 Rn. 3; *Th. Raiser* MitbestG § 6 Rn. 16.
[435] Vgl. hierzu OLG Düsseldorf DB 1978, 1358; *Fitting/Wlotzke/Wißmann* Mitbestimmungsgesetz § 7 Rn. 9; *Hanau/Ulmer* § 6 Rn. 14.
[436] OLG Hamburg DB 1988, 1941 = AG 1989, 64 = ZIP 1988, 1191 f.; *Hoffmann/Lehmann/Weinmann* § 7 Rn. 50 ff., 53; *Hanau/Ulmer* § 7 Rn. 16; *Th. Raiser* MitbestG § 7 Rn. 5; aA hinsichtlich des Erfordernisses des Statusverfahrens *Oetker* ZHR 149 (1985), 575 ff.; MünchArbR/*Wißmann* § 368 Rn. 3 unter Berufung auf BAG AP BetrVG § 76 Nr. 28 = DB 1990, 114; OLG Dresden ZIP 1997, 589 ff.

F. Die Mitbestimmung von Arbeitnehmervertretern **Einl.**

Zum Verfahren der gerichtlichen Entscheidung gemäß §§ 98, 99 AktG vgl. 227
Rn. 224.

Beim **Sinken** der maßgeblichen Arbeitnehmerzahl (iSd. § 1 Abs. 1 Nr. 2 MitbestG) 228
auf 2000 und darunter wird das Statusverfahren nach § 6 Abs. 2 MitbestG iVm. §§ 97
bis 99 AktG in gleicher Weise durchgeführt.[437] Regelmäßig wird sich nur die Zusammensetzung des Aufsichtsrats – nunmehr nach § 77 BetrVG 1952 – ändern (vgl. dazu
Rn. 225). Aber auch wenn die Gesellschaft überhaupt mitbestimmungsfrei wird, muss
das Verfahren eingehalten werden.

e) **Auflösung der Gesellschaft.** Bei einer Auflösung der Gesellschaft bleibt der 229
mitbestimmte Aufsichtsrat im Amt und überwacht gemäß § 25 Abs. 1 Nr. 2 MitbestG,
§ 268 Abs. 2 AktG nunmehr die Liquidatoren bis zum Ende der Liquidation (vgl. § 69
Rn. 16).

f) **Übergangsregelung bei Umwandlung.** Wird durch Abspaltung oder Ausglie- 230
derung (§ 123 Abs. 2 u. 3 UmwG) die in den Mitbestimmungsgesetzen festgelegte
Arbeitnehmerzahl beim übertragenden Unternehmen unterschritten, ohne dass sie weniger als ein Viertel beträgt, so sichert § 325 Abs. 1 UmwG die Beibehaltung der Mitbestimmung für die Dauer von fünf Jahren ab Wirksamwerden der Spaltung.[438] Auf
den übernehmenden Rechtsträger erstreckt sich diese Regelung nicht; für ihn regelt
sich die Frage der Mitbestimmung danach, ob er die gesetzlichen Voraussetzungen der
jeweiligen Mitbestimmungsgesetze erfüllt oder nicht.[439] Zu den weiteren Fragen der
Mitbestimmung bei **Umwandlung** vgl. Anhang nach § 77 Umwandlung Rn. 19 ff.;
84 ff.; 154; 171; 222; 249.

3. Die Bestellung und Abberufung der Aufsichtsratsmitglieder. a) Bestellung 231
nach aktienrechtlichen Vorschriften. Die Bestellung und Abberufung der Aufsichtsratsmitglieder erfolgt gemäß § 6 Abs. 2 S. 1 MitbestG nach den aktienrechtlichen
Vorschriften der §§ 100 bis 106, ausgenommen § 101 Abs. 2 AktG. Dies gilt sowohl
für die Aufsichtsratsmitglieder der Gesellschafter wie für die der Arbeitnehmer.

Danach können nur **natürliche, unbeschränkt geschäftsfähige Personen** 232
bestellt werden, die nicht schon zehn gesetzlich vorgeschriebene Aufsichtsratsmandate
innehaben (§ 100 Abs. 1, 2 AktG). Über Inkompatibilitäten mit dem Aufsichtsratsamt
vgl. § 100 Abs. 2 S. 1 Nr. 2 und 3 sowie § 105 AktG und hierzu die Sondervorschrift
für Arbeitnehmervertreter in § 6 Abs. 2 S. 1 MitbestG. Auch sind Personen von der
Bestellung ausgeschlossen, die sich offen gegen die geltende Rechtsordnung stellen.[440]

Die Aufsichtsratsmitglieder können gemäß § 102 Abs. 1 AktG nur **auf höchstens** 233
fünf Jahre bestellt werden. Die Satzung kann eine kürzere Amtszeit vorsehen. Dies
gilt auch für die Arbeitnehmervertreter (vgl. § 15 Abs. 1 MitbestG). Jedes Aufsichtsratsmitglied kann gemäß § 103 Abs. 3 und 4 AktG aus wichtigem Grunde vorzeitig
vom Gericht abberufen werden. Über den Antrag beschließt der Aufsichtsrat mit einfacher Mehrheit. Das betr. Mitglied hat kein Stimmrecht (str.). Über die Möglichkeiten
einer vorzeitigen Abberufung durch das zuständige Wahlorgan vgl. Rn. 236 und 243.

Über die Bestellung von **Ersatzmitgliedern** sowie das Verbot der Bestellung von 234
Stellvertretern vgl. § 101 Abs. 3 AktG, der für alle Aufsichtsratsmitglieder gleicherma-

---

[437] Vgl. *Hanau/Ulmer* § 6 Rn. 40.
[438] Vgl. dazu *Kallmeyer/Willemsen* UmwG § 325 Rn. 1 ff.; *Lutter/Joost* UmwG § 325 Rn. 1 ff.; *Neye* DB 1994, 2069; *Kallmeyer* ZIP 1994, 1746, 1757 f.; *Lüttge* NJW 1995, 417, 424; zur Gesetzgebungsgeschichte *Wlotzke* DB 1995, 40, 47.
[439] Vgl. *Kallmeyer* ZIP 1994, 1746, 1757 f.
[440] So zutr. *Hanau/Ulmer* § 6 Rn. 48, § 7 Rn. 31.

Einl.

ßen gilt. Dasselbe gilt für die **Ersatzbestellung** und § 104 AktG. Zum Verfahren zur Wahl von Ersatzmitgliedern, die für Aufsichtsratsmitglieder der Arbeitnehmer bestellt werden können, vgl. § 17 MitbestG. Ersatzmitglieder rücken erst nach, wenn das betreffende Aufsichtsratsmitglied ausscheidet; sie üben keine Stellvertreterfunktion, etwa bei dessen vorübergehender Verhinderung, aus.

235 b) **Aufsichtsratsmitglieder der Anteilseigner.** Für die Aufsichtsratsmitglieder der Anteilseigner kann die Satzung weitere Erfordernisse aufstellen (§ 100 Abs. 4 AktG), so zB eine Altersgrenze bestimmen. Sie darf jedoch dadurch den Kreis der möglichen Kandidaten nicht unangemessen beschränken.[441] Vgl. iÜ § 52 Rn. 27 ff.

236 Die Aufsichtsratsmitglieder der Anteilseigner werden gemäß § 6 Abs. 2 S. 1 MitbestG iVm. § 101 Abs. 1 AktG (vgl. auch § 8 MitbestG) von den Gesellschaftern gewählt und können von ihnen gemäß § 103 Abs. 1 AktG vorzeitig mit ³/₄ Mehrheit (als gesetzliche Regel) abberufen werden.

237 **Entsendungsrechte** können über den Rahmen des § 101 Abs. 2 AktG hinaus in der Satzung begründet werden; § 101 Abs. 2 AktG fehlt in der Verweisungsnorm des § 6 Abs. 2 S. 1 MitbestG, weil die GmbH insoweit die Satzungsfreiheit behalten soll;[442] vgl. § 52 Rn. 9, 30.

238 c) **Aufsichtsratsmitglieder der Arbeitnehmer.** Die Aufsichtsratsmitglieder der Arbeitnehmer müssen das 18. Lebensjahr vollendet haben, ein Jahr dem Unternehmen angehören und die weiteren Wählbarkeitsvoraussetzungen des § 8 BetrVG erfüllen; § 7 Abs. 3 MitbestG. Die Bestimmungen über die Gruppenzugehörigkeit (vgl. Rn. 218 f.) enthalten weitere Voraussetzungen. Die Zugehörigkeit zum Betriebsrat steht der Bestellung nicht entgegen, findet sich vielmehr in der Praxis verhältnismäßig häufig. Ein Prokurist oder Handlungsbevollmächtigter kann gemäß § 6 Abs. 2 S. 1 aE MitbestG – abweichend von § 105 Abs. 1 AktG – als Aufsichtsratsmitglied der Arbeitnehmer – praktisch der leitenden Angestellten – bestellt werden, es sei denn, er ist der Geschäftsführung unmittelbar unterstellt und die Prokura umfasst den gesamten Bereich der Geschäftsführung bzw. es handelt sich um eine Generalvollmacht für diesen Bereich.[443]

239 Die **Gewerkschaftsvertreter** (§ 7 Abs. 2 MitbestG) können zur Wahl nur von Gewerkschaften[444] vorgeschlagen werden, die im Unternehmen selbst oder einem anderen an der Wahl beteiligten Unternehmen vertreten sind, §§ 7 Abs. 4, 16 Abs. 2 MitbestG.

240 Eine Gewerkschaft ist dann im Unternehmen vertreten, wenn sie mindestens ein Mitglied hat, das Arbeitnehmer des Unternehmens ist.[445] Der erforderliche Beweis

---

[441] RGZ 133, 90, 94; *Geßler/Hefermehl/Eckardt/Kropff* § 100 Rn. 42 ff.; *Hüffer* § 100 Rn. 9; Kölner KommAktG/*Mertens* § 100 Rn. 28.

[442] *Hachenburg/Raiser* § 52 Rn. 270; *Hanau/Ulmer* § 8 Rn. 6; *Baumbach/Hueck/Zöllner* § 52 Rn. 174.

[443] So für den letzteren Fall zutr. die hM *Fitting/Wlotzke/Wißmann* Mitbestimmungsgesetz § 6 Rn. 41; *Hanau/Ulmer* § 6 Rn. 46.

[444] Zum auch für das MitbestG maßgeblichen allgemeinen Gewerkschaftsbegriff (Tariffähigkeit, Durchsetzungskraft gegenüber dem sozialen Gegenspieler und Leistungsfähigkeit der Organisation) vgl. BAG AP TVG § 2 Nr. 30 = DB 1978, 1279; BAGE 49, 322 = AP TVG § 2 Nr. 34 = DB 1986, 755; BAGE 53, 347 = AP TVG § 2 Nr. 36 = DB 1987, 947; BAGE 64,16 = DB 1990, 839 f. = NZA 1990, 623; NZA 1990, 626 = ASP 1990, 58 = DB 1990, 840, sowie *Buchner*, FS 25 Jahre BAG, 1979 (hrsg. von *Gamillscheg/Hueck/Wiedemann*), S. 55.

[445] HM BAGE 70, 85 = NJW 1993, 612 = DB 1993, 95 (zu § 2 Abs. 2 BetrVG); *Fitting/Kaiser/Heither/Engels* § 2 Rn. 26 mwN.

F. Die Mitbestimmung von Arbeitnehmervertretern **Einl.**

kann auch durch mittelbare Beweismittel, zB durch notarielle Erklärungen (über den amtlich vom Notar vorgenommenen Einblick in die Mitgliederliste o. ä.) geführt werden. Es besteht also keine Pflicht zur Nennung der Namen der betreffenden Gewerkschaftsmitglieder, der zuständige Gewerkschaftssekretär hat ein Zeugnisverweigerungsrecht nach § 383 Abs. 1 Nr. 6 ZPO.[446]

Die zum Aufsichtsrat vorgeschlagenen Personen haben die allgemeinen aktienrechtlichen Wählbarkeitsvoraussetzungen zu erfüllen, müssen also nicht Mitglied der Gewerkschaft sein. 241

Für die **Wahl und Abberufung** der Arbeitnehmervertreter[447] gelten in erster Linie §§ 9 bis 24 MitbestG, daneben und für das Einzelne die drei Wahlordnungen (vgl. dazu Rn. 159). In Gesellschaften, die regelmäßig mehr als 8000 Arbeitnehmer beschäftigen, wird mittelbar, durch Wahlmänner, gewählt, in den anderen Gesellschaften durch unmittelbare Wahl; die wahlberechtigten Arbeitnehmer können aber jeweils das andere Wahlverfahren beschließen; § 9 Abs. 1 und 2 MitbestG. Das Wahlmännerverfahren begünstigt durch seine Regelungen die im Betrieb vertretenen Gewerkschaften. 242

Ein Arbeitnehmervertreter kann gemäß § 23 MitbestG vorzeitig mit der ³⁄₄-Mehrheit der abgegebenen Stimmen seines Wahlorgans abberufen werden. 243

4. Der mitbestimmte Aufsichtsrat. a) Rechtsgrundlage. Das Recht des mitbestimmten Aufsichtsrats ergibt sich in erster Linie aus §§ 25 bis 29 MitbestG, in zweiter Linie aus den aktienrechtlichen Vorschriften, auf die § 25 Abs. 1 S. 1 Nr. 2 MitbestG verweist, in dritter Linie aus den Vorschriften des GmbHG und der Satzung sowie der Geschäftsordnung des Aufsichtsrats der einzelnen Gesellschaft (§ 25 Abs. 2 MitbestG). Zu der Frage, wieweit von der Satzung und der Geschäftsordnung abweichende Regelungen erlaubt sind, vgl. bes. Rn. 192 ff. 244

b) Vorsitzender und Stellvertreter. Der Aufsichtsrat hat alsbald nach seiner Konstituierung einen Vorsitzenden und einen Stellvertreter aus seiner Mitte zu wählen, und zwar grds. mit einer Mehrheit von ²⁄₃ seiner Mitglieder (§ 27 Abs. 1 MitbestG). Wird die Mehrheit – auch nur für eines der beiden Ämter – nicht erreicht, so wählen in einem zweiten Wahlgang die Aufsichtsratsmitglieder der Gesellschafter den Aufsichtsratsvorsitzenden, die Aufsichtsratsmitglieder der Arbeitnehmer den Stellvertreter, jeweils mit der Mehrheit der abgegebenen Stimmen (§ 27 Abs. 2 MitbestG). Diese Regelung gibt die personelle Voraussetzung für das leichte Übergewicht der Gesellschafterseite (vgl. dazu Rn. 169), das aber erst durch das Zweitstimmrecht des Aufsichtsratsvorsitzenden nach § 29 Abs. 2, § 31 Abs. 4 MitbestG verwirklicht wird (vgl. dazu Rn. 251, 260 aE). 245

Weitere stellvertretende Aufsichtsratsvorsitzende können gewählt, aber deren Wählbarkeit nicht durch die Satzung von der Zugehörigkeit zu einer bestimmten Gruppe abhängig gemacht werden.[448] Derartigen weiteren Stellvertretern kommt indes die durch § 27 MitbestG herausgehobene Stellung des „Stellvertreters" nicht zu.[449] 246

Der **Ausschuss nach § 27 Abs. 3 MitbestG** – auch „Ständiger Ausschuss"[450] oder „Vermittlungsausschuss"[451] genannt – ist unmittelbar nach der Wahl des Aufsichtsrats- 247

---

[446] LAG Hamm LAGE § 383 ZPO Nr. 1 = DB 1994, 2193 = BB 1995, 51.
[447] Vgl. hierzu auch *Oetker* ZGR 2000, 43 ff. mwN zu der einschlägigen Rspr.
[448] Vgl. BGHZ 83, 106 = NJW 1982, 1525 = DB 1982, 742 „Siemens" sowie Rn. 183; bis dahin sehr str., vgl. *Th. Raiser* MitbestG § 27 Rn. 6 f. mwN.
[449] Vgl. dazu *Rittner* AP § 28 MitbestG Nr. 1 Bl. 331 R f.; *Th. Raiser* MitbestG § 27 Rn. 7.
[450] *Fitting/Wlotzke/Wißmann* Mitbestimmungsgesetz § 27 Rn. 27.
[451] *Meilicke/Meilicke* §§ 25 bis 29 Rn. 28.

Einl.   Einleitung

vorsitzenden und seines Stellvertreters zu bilden. Er besteht aus diesen beiden Personen sowie aus je einem von den Gesellschaftervertretern und den Arbeitnehmervertretern gewählten Mitglied. Seine Aufgabe liegt nach dem Gesetz allein darin, gemäß § 31 Abs. 3 MitbestG bei der Bestellung und Abberufung von Geschäftsführern mitzuwirken (vgl. dazu u. Rn. 260 f.). Andere Aufgaben können ihm durch Aufsichtsratsbeschluss zugewiesen werden. Er fungiert aber keineswegs notwendigerweise als „Aufsichtsratspräsidium".[452]

248   **Weitere Ausschüsse** kann der Aufsichtsrat gemäß § 107 Abs. 3 AktG aus seiner Mitte bilden. Über die Zusammensetzung der Ausschüsse entscheidet der Aufsichtsrat. Aus den Sonderregelungen der §§ 27 Abs. 2 (vgl. Rn. 245), Abs. 3 (vgl. Rn. 247) und 32 MitbestG kann kein allgemeines „Bänkeprinzip" mit der Folge paritätischer Ausschussbesetzung abgeleitet werden.[453] Die durch das MitbestG nicht angetastete Gestaltungsfreiheit des Aufsichtsrats bei Bestellung und Besetzung seiner Ausschüsse darf allerdings nicht dazu herhalten, zwingendes Mitbestimmungsrecht entgegen dessen Sinn und Zweck zu unterlaufen.[454] Es ist deshalb als missbräuchliche Diskriminierung der Arbeitnehmervertreter anzusehen, wenn sie, ohne dass dafür im Einzelfall erhebliche sachliche Gründe vorhanden sind, allein auf Grund ihrer Gruppenzugehörigkeit aus grds. Erwägungen von jeder Mitarbeit im beschließenden Vorstands-/Personalausschuss ausgeschlossen werden.[455] Denn zwischen dessen Funktion und der des Gesamtaufsichtsrats als Bestellungsorgan besteht ein enger kaum trennbarer sachlicher Zusammenhang, der die Mitbestimmung im Gesamtaufsichtsrat praktisch ins Leere laufen ließe, wenn die Arbeitnehmervertreter von den entscheidenden Vorarbeiten und -verhandlungen ausgeschlossen wären. Dieser besondere durch die Natur der Sache bestimmte Zusammenhang ist bei anderen Ausschüssen in dieser Stringenz nicht gegeben. Die Entscheidung kann daher nicht in dem Sinne verallgemeinert werden, dass die Bildung von Ausschüssen ohne Arbeitnehmerbeteiligung unzulässig sei.[456] Dies hat der BGH[457] vielmehr offen gelassen.[458] Doch sind bestimmte, besonders bedeutsame Aufgaben gemäß § 107 Abs. 3 S. 1 AktG der Beschlussfassung durch den gesamten Aufsichtsrat vorbehalten. Die Satzung kann die Bildung von Ausschüssen nicht vorschreiben; sie kann aber dem Aufsichtsratsvorsitzenden oder auch dem Vorsitzenden eines Ausschusses das Recht zum Stichentscheid bei Stimmengleichheit zuweisen.[459]

249   Der Aufsichtsrat kann sich eine **Geschäftsordnung** geben, und zwar mit der einfachen Mehrheit der abgegebenen Stimmen gemäß § 29 Abs. 1 MitbestG. Die Satzung geht zwar grds. der Geschäftsordnung vor, doch nur soweit das Gesetz nicht dem Aufsichtsrat eine eigene Organisationsfreiheit gibt.[460]

---

[452] Vgl. *Hanau/Ulmer* § 27 Rn. 25; *Rittner*, FS R. Fischer, S. 627, 628 f.
[453] BGHZ 122, 342, 357 f. = NJW 1993, 2307 ff. = DB 1993, 1609 ff. „Beiersdorf"; BGHZ 83, 106, 113 = NJW 1983, 1525 = DB 1982, 742 „Siemens"; BGHZ 83, 144, 148 = NJW 1982, 1528 = DB 1982, 534 „Dynamit-Nobel".
[454] BGHZ 83, 149; BGHZ 122, 342, 358 = NJW 1993, 2307 ff. = DB 1993, 1609 ff. „Beiersdorf".
[455] BGHZ 122, 342, 359 = NJW 1993, 2307 ff. = DB 1993, 1609 ff. „Beiersdorf".
[456] So aber MünchArbR/*Wißmann* § 370 Rn. 15 f.
[457] BGHZ 122, 342, 358 = NJW 1993, 2307 ff. = DB 1993, 1609 ff. „Beiersdorf".
[458] Vgl. *Oetker* ZGR 2000, 50; vgl. auch den Überblick über die einzelnen Lösungsvorschläge im Schrifttum bei BGHZ 122, 342, 355 ff.
[459] BGHZ 83, 106, 119 f. = NJW 1982, 1525 = DB 1982, 742 „Siemens"; BGHZ 83, 144, 148 f. = NJW 1982, 1528 = DB 1982, 534 „Dynamit-Nobel".
[460] So zur mitbestimmten AG BGHZ 83, 106, 114 f. = NJW 1982, 1525 = DB 1982, 742 „Siemens" bei III 1 c.

F. Die Mitbestimmung von Arbeitnehmervertretern **Einl.**

c) Sitzungen und Beschlüsse. Für Sitzungen und Beschlüsse gelten die §§ 108 bis 250 110 AktG. Die Einberufung der Aufsichtsratssitzung liegt grds. dem Vorsitzenden ob. Doch können jedes Aufsichtsratsmitglied sowie die Geschäftsführer nach Maßgabe des § 110 Abs. 1 und 2 AktG die Einberufung durchsetzen. Der Aufsichtsrat soll in der Regel einmal im Kalendervierteljahr, er muß einmal im *Kalenderhalbjahr* zusammentreten (§ 110 Abs. 3 AktG). Über die zuzulassenden Teilnehmer vgl. § 109 AktG, über das Protokoll ("Niederschrift") vgl. § 107 Abs. 2 AktG.

Der Aufsichtsrat entscheidet durch **Beschluss,** und zwar regelmäßig in einer Sitzung 251 (§ 108 Abs. 1 AktG). Für den Beschluss genügt grds. die Mehrheit der abgegebenen Stimmen, wobei *Enthaltungen* nicht mitgezählt werden (§ 29 Abs. 1 MitbestG; vgl. auch § 52 Rn. 44). Abwesende Aufsichtsratsmitglieder können dadurch an der Beschlussfassung teilnehmen, dass sie schriftliche Stimmabgaben durch Stimmboten (§ 108 Abs. 3 S. 2 u. 3 AktG) überreichen lassen, § 108 Abs. 3 S. 1 AktG. Die Stimmboten haben also keinen Entscheidungsspielraum.[461] Ergibt eine Abstimmung **Stimmengleichheit,** so hat bei einer erneuten Abstimmung über denselben Gegenstand, wenn auch sie Stimmengleichheit ergibt, der Aufsichtsratsvorsitzende (nicht der Stellvertreter) nach Maßgabe des § 29 Abs. 2 MitbestG zwei Stimmen. Für die Beschlüsse über Bestellung und Abberufung der Geschäftsführer sowie über ihre Anstellungsverträge gelten die Sondervorschriften des § 31 MitbestG (vgl. Rn. 260 ff.). Durch die beiden Vorschriften (§§ 29 Abs. 2, 31 Abs. 4 MitbestG) wird das vom BVerfG hervorgehobene leichte Übergewicht der Gesellschafterseite gewährleistet und sowohl ein Einigungszwang als auch eine Funktionsunfähigkeit des Aufsichtsrats verhindert, soweit dies bei einer Besetzung in gleicher Zahl möglich ist (vgl. dazu Rn. 169).

Der Aufsichtsrat ist nur **beschlussfähig,** wenn mindestens die Hälfte der Mitglieder, 252 aus denen er – gemäß § 7 MitbestG und ggf. ergänzender Satzungsbestimmungen (vgl. Rn. 217 f.) – zu bestehen hat, an der Beschlussfassung teilnimmt (§ 28 MitbestG sowie § 108 Abs. 2 AktG). Verschärfende Beschlussfähigkeitsregelungen kann die Satzung oder die Geschäftsordnung treffen. Doch dürfen sie den Grundsatz der Gleichbehandlung der Aufsichtsratsmitglieder nicht verletzen, indem sie etwa eine Gruppe von Aufsichtsratsmitgliedern bevorzugen.[462]

d) Aufgaben und Zuständigkeiten. Die Aufgaben und Zuständigkeiten des Auf- 253 sichtsrats ergeben sich, von § 31 MitbestG (Bestellung und Abberufung der Geschäftsführer) abgesehen (vgl. dazu Rn. 260 ff.), gemäß § 25 Abs. 1 S. 1 Nr. 2 MitbestG aus den aktienrechtlichen Bestimmungen (§§ 90 Abs. 3, 4 und 5 S. 1 und 2, 111, 112, 114, 115, 171, 268 Abs. 2 AktG). Danach fungiert der Aufsichtsrat in erster Linie als **Kreations- und Kontrollorgan** gegenüber der Geschäftsführung (vgl. § 111 AktG), was jedoch – anders als nach Aktienrecht – das allgemeine Überwachungsrecht, das Weisungsrecht und sonstige Rechte der *Gesellschafter* als dem obersten Organ keineswegs ausschließt. Von seiner in der Praxis oft sehr wichtigen Aufgabe als **Konsultationsorgan** der Geschäftsführung (ggf. auch der Gesellschafter) spricht das Gesetz nicht, setzt aber die laufende Beratung als das vorrangige Mittel der in die Zukunft gerichteten Kontrolle der Geschäftsführung voraus.[463] Maßnahmen der Geschäftsführung können dem Aufsichtsrat

---
[461] *Hanau/Ulmer* § 25 Rn. 29 ff.
[462] Vgl. BGHZ 83, 151, 155 ff. = NJW 1982, 1530 = DB 1982, 534 „Bilfinger & Berger"; dazu *Rittner* AP MitbestG § 28 Nr. 1 Bl. 334 f.; zu den Rechtsfolgen fehlerhafter Aufsichtsratsbeschlüsse vgl. BGHZ 122, 342, 351 = NJW 1993, 2307 ff. = DB 1993, 1609 ff.
[463] Vgl. BGHZ 114, 127, 130 = NJW 1991, 1830 = DB 1991, 1212 mwN; *Baumbach/Hueck/Zöllner* § 52 Rn. 59 a; zutr. auch GroßkommAktG/*Meyer-Landrut* § 95 Anm. 1 (str.); *Hüffer* § 111 Rn. 5; *Geßler* AktG § 111 Rn. 2 aE.

Einl.

nicht übertragen werden (§ 111 Abs. 4 S. 1 AktG). Wohl aber kann die Satzung, auch der Aufsichtsrat selbst[464] bestimmen, dass gewisse Arten von Geschäften nur mit seiner Zustimmung vorgenommen werden dürfen (§ 111 Abs. 4 S. 2 AktG). Wie weit Einzelgeschäfte der Zustimmung unterworfen werden können, ist umstritten: Teilweise wird der Aufsichtsrat generell für verpflichtet gehalten, abstrakte Zustimmungskataloge und Einzelvorbehalte aufzustellen,[465] teils soll ein Vorbehalt nur bei Geschäften von erheblicher Bedeutung iS des § 90 Abs. 1 Nr. 4 AktG[466] bzw. bei Einzelgeschäften von herausragender Bedeutung[467] möglich sein.[468] Neuerdings hält der BGH[469] einen Zustimmungsvorbehalt – auch ad hoc – für Einzelgeschäfte bei drohenden gesetzwidrigen Maßnahmen des Vorstandes für zulässig. Diese Möglichkeiten spielen jedoch praktisch deswegen nur eine begrenzte Rolle, weil die Gesellschafter – mit Mehrheitsbeschluss – die Geschäftsführer jederzeit zu bestimmten Maßnahmen anweisen können.[470]

254 Der Aufsichtsrat **vertritt** die Gesellschaft gegenüber den Geschäftsführern – auch ausgeschiedenen[471] – gerichtlich und außergerichtlich (§ 112 AktG).[472] Das wird vor allem beim Abschluss und ggf. der Beendigung der Anstellungsverträge mit den Geschäftsführern praktisch (vgl. dazu Rn. 263).

255 e) **Rechtsverhältnis zur Gesellschaft.** Das Rechtsverhältnis zwischen der Gesellschaft und dem Aufsichtsratsmitglied bestimmt sich vor allem nach §§ 113 bis 115 AktG sowie – regelmäßig und ergänzend – nach §§ 611, 675 BGB. Das Gesetz unterscheidet, wie auch sonst das deutsche Gesellschaftsrecht, zwischen der körperschaftsrechtlichen **Bestellung,** die der betr. Person das Amt überträgt (vgl. § 31 MitbestG) und dem schuldrechtlichen **Anstellungsvertrag,** der das Schuldverhältnis zwischen der Gesellschaft und dem Aufsichtsratsmitglied regelt.[473] Eine Vergütung des Aufsichtsratsmitglieds wird durch die Satzung oder durch Gesellschafterbeschluss festgesetzt (§ 113 Abs. 1 AktG).[474]

---

[464] Str. vgl. *Scholz/Schneider* § 52 Rn. 77; *Hanau/Ulmer* § 25 Rn. 64.

[465] Vgl. *Lutter/Krieger* Rechte und Pflichten des Aufsichtsrats, 3. Aufl. 1993, Rn. 252 mwN; *Hommelhoff* ZGR 1978, 119 ff., 152.

[466] Vgl. *Scholz/Schneider* § 52 Rn. 77.

[467] Vgl. *Fitting/Wlotzke/Wißmann* MitbestG § 25 Rn. 62; *Hoffmann/Lehmann/Weinmann* MitbestG § 25 Rn. 85.

[468] Krit.: wegen des Verbots der Mitgeschäftsführung des Aufsichtsrats bei der AG *Schmidt-Leithoff* Die Verantwortung der Unternehmensleitung, 1989, S. 379 f.; wegen der Unvereinbarkeit solcher Generalklauseln („alle wesentlichen Geschäfte") mit dem Bestimmtheitsgebot des § 111 Abs. 4 *Hüffer* § 111 Rn. 1.

[469] Vgl. BGH DB 1994, 84 = JZ 1994, 680 m. Anm. *Schön.*

[470] So zutr. die hM vgl. außer BVerfGE 50, 290, 346 = NJW 1979, 704 = DB 1979, Beil. 5 etwa *Scholz/Schneider* 37 Rn. 39 ff.; § 52 Rn. 81 ff.; *Hanau/Ulmer* 30 Rn. 19 f.; *Hachenburg/Mertens* § 35 Rn. 10, § 37 Rn. 8 ff., iE str.

[471] Vgl. BGH DB 1991, 1216 = ZIP 1991, 796 = AG 1991, 269; *Hüffer* § 112 Rn. 2.

[472] Zur Klagebefugnis von Aufsichtsratsmitgliedern gegen rechtswidrige Geschäftsführungsmaßnahmen vgl. BGHZ 106, 54 = NJW 1989, 979 = LM AktG § 90 Nr. 1 „Opel".

[473] So auch BGHZ 89, 48 = NJW 1984, 733 = DB 1984, 104 „Reemtsma"; zum Streitstand im Schrifttum vgl. *Hachenburg/Raiser* § 52 Rn. 121.

[474] Zur Frage des Abschlusses von D&O-Versicherungen und deren Besteuerung vgl. FinMin. Niedersachsen, Erlass v. 25. 1. 2002, DB 2002, 399 f.; *Dreher* ZHR 165 (2001), 293 f.; *ders.* DB 2001, 996 ff.; *K. Kästner* AG 2000, 113 ff.; *dies.* DStR 2001, 195 ff.; *Lattwein* NVersZ 1999, 49 ff.; *Lattwein/Krüger* NVersZ 2000, 365 ff.; *Mertens* AG 2000, 447 ff.; *E. Vetter* AG 2000, 453; *Küppers/Dettmeier/Koch* DStR 2002, 199 ff.; für Geschäftsführer vgl. § 43 Rn. 6; zu Beratungsverträgen mit Aufsichtsratsmitgliedern vgl. BGHZ 114, 127 = LM AktG § 111 Nr. 3 = NJW 1991, 1830.

F. Die Mitbestimmung von Arbeitnehmervertretern **Einl.**

Die Kreditgewährung an Aufsichtsratsmitglieder bedarf im Gegensatz zu § 77 Abs. 1 **256** BetrVG 1952 der Einwilligung des Aufsichtsrats; vgl. § 115 AktG.

f) Haftung. Die Haftung der Aufsichtsratsmitglieder ergibt sich aus § 116 iVm. **257** § 93 AktG. Die Aufsichtsratsmitglieder haben danach die Sorgfalt eines ordentlichen und gewissenhaften Aufsichtsratsmitglieds anzuwenden.[475] Alle Aufsichtsratsmitglieder sind in gleicher Weise verpflichtet, bei ihrer Tätigkeit die Interessen der Gesellschaft wahrzunehmen. Die anstelle des Gesellschaftsinteresses von manchen gesetzte Idee eines Unternehmensinteresses „als Ergebnis der verschiedenen im Unternehmen als einem interessenpluralistisch zusammengesetzten Verband zusammentreffenden Kräfte und Interessen"[476] entzieht sich einer für die Rechtsanwendung erforderlichen Bestimmbarkeit.[477] Im Falle eines Interessenkonflikts, der angesichts der regelmäßig nebenamtlichen Tätigkeit als Aufsichtsratsmitglied eher auftritt als bei den – hauptamtlichen – Geschäftsführern, hat das Aufsichtsratsmitglied in eigener Verantwortung zu entscheiden. Es muss sich ggf. der Stimme enthalten oder sogar sein Amt niederlegen.[478] Die Aufsichtsratsmitglieder sind insbes. gemäß § 116 iVm. § 93 Abs. 1 S. 2 AktG verpflichtet, über vertrauliche Angaben und Geheimnisse der Gesellschaft Stillschweigen zu bewahren.[479] Zur **strafrechtlichen** Haftung (wegen Verletzung der Geheimhaltungspflicht) vgl. § 85.

Die **Schadensersatzansprüche** gegen Aufsichtsratsmitglieder ergeben sich aus **258** § 116 iVm. § 93 Abs. 3 bis 6 AktG. Die Beweislast für das Fehlen einer Sorgfaltspflichtverletzung trägt das in Anspruch genommene Aufsichtsratsmitglied.

5. Die Geschäftsführer (einschl. Arbeitsdirektor). a) Rechtsgrundlage. Über **259** die Geschäftsführer enthält das MitbestG in §§ 30 bis 33 lediglich wenige vom GmbHG abweichende und zT auf das AktG verweisende, insoweit jedoch zwingende Regelungen. IÜ gilt das GmbH-Recht; vgl. § 30 MitbestG.

b) Bestellung und Widerruf. Die **Geschäftsführer** werden gemäß § 31 Mit- **260** bestG durch den Aufsichtsrat bestellt. Dazu bedarf es grds. einer ²/₃-Mehrheit der Aufsichtsratsmitglieder. Kommt die Mehrheit nicht zustande, so muss der Ausschuss nach § 27 Abs. 3 MitbestG (vgl. Rn. 247) innerhalb eines Monats dem Aufsichtsrat einen Vorschlag für die Bestellung unterbreiten. Danach kann der Aufsichtsrat mit der Mehrheit der Stimmen seiner Mitglieder den Geschäftsführer – auch eine nicht vom Ausschuss vorgeschlagene Person – bestellen. Kommt auch dieser Beschluss nicht zustande, so hat bei einer erneuten Abstimmung der Aufsichtsratsvorsitzende zwei Stimmen.

Über den **Widerruf** der Bestellung wird in demselben Verfahren entschieden; § 31 **261** Abs. 5 MitbestG. Obwohl es in eiligen Fällen (zB schwerer Vertrauensbruch eines Geschäftsführers) sehr unangemessen sein kann, lässt das Verfahren sich nicht vermeiden, aber wohl beschleunigen.[480] Der Widerruf setzt nach § 84 Abs. 3 AktG einen wichtigen Grund voraus. Ein solcher Grund liegt auch in dem Vertrauensentzug durch

---

[475] Ähnlich *Scholz/Schneider* § 52 Rn. 358; *Lutter/Hommelhoff* § 52 Rn. 43; *Baumbach/Hueck/Zöllner* § 52 Rn. 42; etwas anders *Hachenburg/Raiser* § 52 Rn. 296, 245.
[476] MünchArbR/*Wißmann* § 370 Rn. 19.
[477] Vgl. iE *Schmidt-Leithoff* (Fn. 468) S. 45 ff.
[478] Vgl. zB BGH NJW 1980, 1629 = DB 1980, 438 = WM 1980, 162; LG Hamburg AG 1982, 51; *Scholz/Schneider* § 52 Rn. 351 ff.; zur Interessenkollision bei Arbeitskämpfen vgl. *Schmidt-Leithoff* (Fn. 468) S. 109 ff.; MünchArbR/*Wißmann* § 370 Rn. 23 jeweils mwN.
[479] Vgl. hierzu vor allem BGHZ 64, 325 = NJW 1975, 1412 = DB 1975, 1308 und dazu *Rittner*, FS Hefermehl, S. 365 ff.; *Scholz/Schneider* § 52 Rn. 342 ff.
[480] Vgl. dazu *Hanau/Ulmer* § 31 Rn. 33.

Einl. Einleitung

Gesellschafterbeschluss. Jedoch hat der Aufsichtsrat als Bestellungsorgan in eigener Zuständigkeit und Verantwortung den Widerruf zu beschließen. Beruht der Gesellschafterbeschluss auf offenbar unsachlichen Gründen, entfaltet er ohnehin keine Wirkung (§ 84 Abs. 3 S. 2 AktG).

262 c) **Amtszeit.** Die Amtszeit der Geschäftsführer beträgt höchstens fünf Jahre (§ 84 Abs. 1 S. 1 AktG). Eine Wiederbestellung ist nach Maßgabe des § 84 Abs. 1 S. 2 AktG möglich. Diese Bestimmungen sollen nach der Übergangsvorschrift des § 37 Abs. 3 MitbestG grds. auch für Geschäftsführer gelten, die – namentlich als Gesellschafter- Geschäftsführer – **vor In-Kraft-Treten des MitbestG** für längere Zeit bestellt worden sind. Zur Frage der Verfassungsmäßigkeit dieser Bestimmung vgl. Rn. 172.

263 Die **Anstellungsverträge** mit den Geschäftsführern werden allein vom Aufsichtsrat – durch Beschluss – abgeschlossen, geändert und aufgehoben.[481] Dies folgt der BGH, indem er die ausschließliche Bestellungs- und Abberufungskompetenz des Aufsichtsrats (§ 31 MitbestG; vgl. Rn. 231 ff.) in Betracht zieht, vor allem daraus, dass Bestellung und Anstellungsvertrag in vielerlei Hinsicht miteinander zusammenhängen.[482] Dieser enge sachliche Zusammenhang und die besondere Mitbestimmungsrelevanz der Organbestellung sind für den BGH auch die maßgeblichen Gesichtspunkte bei der Beurteilung eines generellen Ausschlusses der Arbeitnehmervertreter von der Mitarbeit im Vorstands-/Personalausschuss gewesen, vgl. dazu Rn. 248.

264 d) **Arbeitsdirektor.** Ein Arbeitsdirektor muss als gleichberechtigtes Mitglied der Geschäftsführung bestellt werden (§ 33 MitbestG). Daraus folgt, dass jede mitbestimmte GmbH mindestens zwei Geschäftsführer haben muss. Die nähere Bestimmung des Aufgabenbereichs des Arbeitsdirektors überlässt § 33 Abs. 2 S. 2 MitbestG der Geschäftsordnung. Dem Arbeitsdirektor können demnach auch noch andere Aufgaben in der Geschäftsführung (zB Vorsitzender der Geschäftsführung) übertragen werden, solange nicht hierdurch die Erfüllung seiner Aufgabe als Leiter des Personal- und Sozialbereichs unmöglich gemacht oder in einer den Verhältnissen der Gesellschaft unangemessenen Weise erschwert wird. Ebenso können auch andere Geschäftsführer für gewisse Fragen des Personal- und Sozialwesens (zB für leitende Angestellte) mit- oder allein zuständig sein. Der Arbeitsdirektor muss aber jedenfalls einen **Kernbereich** von Zuständigkeiten im Personal- und Sozialwesen haben.[483] Ein allgemeines Vetorecht des Vorsitzenden der Geschäftsführung ist mit der durch § 33 MitbestG geschützten Rechtsstellung des Arbeitsdirektors nicht vereinbar.[484] Wohl aber kann für wichtige Fragen, wie zB den Abschluss von Betriebsvereinbarungen oder die Mitwirkung des Unternehmens bei der personellen Zusammensetzung der Einigungs- und Schlichtungsstellen, eine Zuständigkeit der Gesamtgeschäftsführung angeordnet werden.[485] IÜ ist der Arbeitsdirektor gleichberechtigtes Organmitglied. Er ist damit wie jeder andere Geschäftsführer auf das Gesellschaftsinteresse verpflichtet. Die gleichberechtigte Rechtsstellung gilt namentlich auch für die Bestellung und Abberufung (vgl. Rn. 260 f.) sowie für den Anstellungsvertrag (vgl. Rn. 263). Darin unterscheidet sich der Arbeitsdirektor des MitbestG deutlich vom Arbeitsdirektor des Montan-MitbestG (vgl. dazu Rn. 152 ff.), wie auch das BVerfG hervorhebt.[486] Doch muss der Aufsichtsrat selbst

---

[481] BGHZ 89, 48, 57 f. = NJW 1984, 733 = DB 1984, 104 „Reemtsma" – bis dahin sehr str.
[482] Zur Abberufung vgl. *Vollmer* GmbHR 1984, 5.
[483] Vgl. BVerfGE 50, 290, 378 = NJW 1979, 699, 711 = DB 1979, Beil. 5.
[484] BGHZ 89, 48, 58 f. = NJW 1984, 733, 736 = DB 1984, 104 „Reemtsma".
[485] OLG Frankfurt AG 1985, 220, 221.
[486] BVerfGE 50, 290, 379 f. = NJW 1979, 699, 711 = DB 1979, Beil. 5.

F. Die Mitbestimmung von Arbeitnehmervertretern **Einl.**

über die Bestellung zum Arbeitsdirektor beschließen und kann dies nicht der Geschäftsverteilung unter den Geschäftsführern überlassen.[487] Zum Arbeitsdirektor als Liquidator vgl. § 66 Rn. 6, 28.

e) Vertretungsmacht. Die Vertretungsmacht der Geschäftsführer ist durch § 32 **265** MitbestG ausnahmsweise **eingeschränkt:** Bei der Ausübung von Beteiligungsrechten (in Höhe von mindestens ¼) an einer Gesellschaft, die ebenfalls dem MitbestG unterliegt, können bestimmte (Grundlagen-)Beschlüsse (in der Gesellschafterversammlung dieser Gesellschaft) nur ausgeübt werden, wenn zuvor der Aufsichtsrat einen entsprechenden Beschluss gefasst hat. Dieser Beschluss bedarf gemäß § 32 Abs. 1 S. 2 MitbestG lediglich der Mehrheit der Stimmen der Aufsichtsratsmitglieder der Gesellschafter. Die Vorschrift soll vor allem dem sog. „Kaskadeneffekt"[488] begegnen, der sich bei dem Hintereinanderschalten mehrerer mitbestimmter Gesellschaften ergibt; hierüber und über die verfassungsrechtliche Problematik des § 32 MitbestG vgl. Rn. 173.

III. Die Mitbestimmung nach § 77 BetrVG 1952

1. Anwendungsbereich. a) Inländische GmbH mit mehr als 500 Arbeit- 266 nehmern. Die Mitbestimmung nach §§ 77 Abs. 1, 77a BetrVG 1952 findet auf alle **inländischen GmbH** Anwendung, die **mehr als 500 Arbeitnehmer** beschäftigen; zu den Ausnahmen vgl. Rn. 268. Der Arbeitnehmerbegriff bestimmt sich nach §§ 5 und 6 BetrVG 1972 und entspricht damit grds. dem Arbeitnehmerbegriff des § 3 MitbestG (vgl. Rn. 205 f.). Maßgeblich ist auch für § 77 Abs. 1 die **regelmäßige** Beschäftigtenzahl, obwohl das Gesetz es nicht ausdrücklich sagt.[489] Die Arbeitnehmer (einer inländischen Gesellschaft), die ständig im Ausland arbeiten, werden nicht berücksichtigt.[490] Die **leitenden** Angestellten (iSd. § 5 Abs. 3 BetrVG 1972; vgl. auch § 4 Abs. 2 BetrVG 1952) gelten nicht als Arbeitnehmer iSd. §§ 76 ff. BetrVG 1952.[491]

b) Konzernunternehmen. Die Arbeitnehmer, die in Konzernunternehmen be- **267** schäftigt sind, werden gemäß § 77a BetrVG 1952 der Arbeitnehmerzahl der GmbH nur zugerechnet, wenn zwischen den beiden Unternehmen ein Beherrschungsvertrag besteht. Als **Beherrschungsvertrag** iSd. Vorschrift ist – über den Begriff des § 291 Abs. 1 AktG hinaus – jeder Unternehmensvertrag anzusehen, durch den ein Unternehmen der Leitung der GmbH unterstellt wird.[492] Der andere Fall des § 77a Abs. 1 BetrVG 1952, dass das abhängige Unternehmen in das herrschende Unternehmen **eingegliedert** ist, kommt für die GmbH (als herrschendes Unternehmen) nicht in Betracht, da das GmbH-Recht eine Eingliederung (iSd. § 319 AktG) nicht kennt[493] (vgl. Anhang zu § 52 Rn. 18). Die Arbeitnehmer der nur in einem **faktischen** Konzernverhältnis mit der GmbH verbundenen Unternehmen werden – anders als nach dem

---

[487] HM vgl. *Fitting/Wlotzke/Wissmann* Mitbestimmungsgesetz § 33 Rn. 16; *Hanau/Ulmer* § 33 Rn. 6.
[488] BVerfGE 50, 290, 326 = NJW 1979, 699, 700 = DB 1979, Beil. 5: „Potenzierung der Mitbestimmung".
[489] BAG AP BetrVG 1952 § 77 Nr. 1; *Dietz/Richardi* BetrVG 1952 § 77 Rn. 7; *Rittner* AG 1983, 99, 100; vgl. des näheren Rn. 200.
[490] HM vgl. *Dietz/Richardi* Vor § 76 BetrVG 1952 Rn. 30 sowie Rn. 200.
[491] HM *Dietz/Richardi* BetrVG 1952 § 76 Rn. 74.
[492] Ähnl. *Dietz/Richardi* BetrVG 1952 § 77a Rn. 3; *Fitting/Kaiser/Heither/Engels* BetrVG 1952 § 77 Rn. 6; *G. Hueck*, FS Westermann, S. 241, 249 ff.; aA *Strassburg* BB 1979, 1070.
[493] Vgl. BayObLGZ 1992, 367 = NJW 1993, 1804 f. = DB 1993, 789 f.

Einl.

MitbestG (vgl. Rn. 207) – nicht mitgerechnet und nehmen an der Wahl zum Aufsichtsrat der GmbH nicht teil.[494] Ebensowenig gibt es eine dem § 4 MitbestG entsprechende Zurechnungsvorschrift für die GmbH & Co. KG (vgl. dazu Rn. 209).

268 **c) Ausnahmen.** Ausgenommen von der Mitbestimmung sind gemäß § 81 BetrVG 1952 Tendenzunternehmen[495] und Unternehmen der Religionsgemeinschaften sowie gemäß § 85 Abs. 2 BetrVG 1952 die Montangesellschaften nach Maßgabe der Montanmitbestimmungsgesetze (vgl. dazu Rn. 152 ff.). Auf ausländische GmbH findet das Gesetz ebenfalls keine Anwendung.[496] Vgl. für die Ausnahmen bei der Mitbestimmung nach dem MitbestG 1976 oben Rn. 214 f.

269 **2. Bildung und Zusammensetzung des Aufsichtsrats. a) Zwingendes Recht.** Die Bildung des Aufsichtsrats nach § 77 Abs. 1 BetrVG 1952 ist zwingenden Rechts. Das Nähere regelt die Vorschrift durch Verweisungen auf das AktG sowie auf § 76 BetrVG 1952. Von diesen Bestimmungen hat § 76 BetrVG 1952 Vorrang; er regelt die Zusammensetzung des Aufsichtsrats (Abs. 1) sowie die Wahl der Arbeitnehmervertreter (Abs. 2 bis 5). Die für anwendbar erklärten Vorschriften des AktG sind zum größten Teil dieselben, auf die das MitbestG (in §§ 6 Abs. 2 S. 1 und 15 Abs. 1 Nr. 3) verweist (vgl. Rn. 216). Von den nach dem MitbestG anzuwendenden aktienrechtlichen Vorschriften fehlt lediglich § 115 AktG (Kreditgewährung an Aufsichtsratsmitglieder); dies entspricht der Regelung des § 52 Abs. 1 GmbHG (vgl. dazu § 52 Rn. 4).

270 **b) Zusammensetzung.** Die Zusammensetzung des Aufsichtsrats ergibt sich aus § 76 Abs. 1 BetrVG 1952: Er muss zu 1/3 aus Arbeitnehmervertretern bestehen. Die Zusammensetzung iÜ bleibt der Satzung überlassen. Sie kann insbes. auch **Entsendungsrechte** für einzelne Aufsichtsratsmitglieder festlegen; vgl. Rn. 237. Falls die Satzung nichts anderes anordnet, besteht der Aufsichtsrat aus drei Mitgliedern (§ 95 S. 1 AktG). **Höchstzahlen** für die Aufsichtsratssitze legt § 95 S. 4 AktG fest: bis zu einem Stammkapital von € 1,5 Mio. neun, bei mehr als € 1,5 Mio. Stammkapital fünfzehn und bei mehr als € 10 Mio. Stammkapital einundzwanzig.

271 Die Arbeitnehmervertreter müssen sämtlich oder überwiegend **Beschäftigte** der GmbH oder der Konzernunternehmen iSd. § 77 Abs. 1 sein (§ 76 Abs. 2 S. 2 bis 4 BetrVG 1952). Die Wahl von **Gewerkschaftsvertretern** ist gesetzlich nicht vorgeschrieben, aber grds. zulässig, soweit das Gesetz die Wahl von Nichtbeschäftigten erlaubt. Doch bleiben diese stets in der Minderzahl und haben in einem drei- oder sechsköpfigen Aufsichtsrat überhaupt keinen Platz. Die leitenden Angestellten (iSd. § 5 Abs. 3 BetrVG 1972) nehmen weder innerhalb der „Arbeitnehmer" noch – wie nach dem MitbestG (vgl. Rn. 219) – als eigene Gruppe an der Mitbestimmung teil.[497] Leitende Angestellte können jedoch als „weitere Arbeitnehmervertreter" (bei mehr als zwei Arbeitnehmervertretern) gewählt werden. – Sind in einem Unternehmen mehr als die Hälfte der Arbeitnehmervertreter Frauen, soll mindestens ein Arbeitnehmervertreter eine Frau sein (§ 76 Abs. 2 S. 4 BetrVG 1952).[498]

---

[494] Vgl. BayObLGZ 1992, 367 = NJW 1993, 1804 f. = DB 1993, 789 f.; OLG Düsseldorf AG 1997, 129 f. = WM 1997, 668 ff.
[495] Vgl. dazu BayObLG WM 1996, 61 = AG 1996, 33 f. = BB 1995, 2233 f.; *Oetker* ZGR 2000, 30 f.
[496] Vgl. MünchArbR/*Wißmann* § 373 Rn. 1 mwN sowie Rn. 210.
[497] HM; vgl. LAG Bremen AP MitbestG 1952 § 76 Nr. 9; *Dietz/Richardi* BetrVG 1952 § 76 Rn. 74.
[498] Krit. hierzu MünchArbR/*Wißmann* § 373 Rn. 1.

F. Die Mitbestimmung von Arbeitnehmervertretern **Einl.**

c) Erstmalige Bildung. Die erstmalige **Bildung des Aufsichtsrats** nach § 77 272
Abs. 1 BetrVG 1952 ist geboten, wenn die maßgebliche Arbeitnehmerzahl (vgl.
Rn. 266 f.) einer GmbH, die bisher keinen Aufsichtsrat hatte, auf über 500 steigt.

Die Anpassung an das nunmehr maßgebliche Recht[499] erfolgt im Wege des **Status-** 273
verfahrens nach §§ 97 ff. AktG (vgl. des Näheren Rn. 221 ff.). Im Regelfall ergreift
danach die Geschäftsführung die Initiative gemäß § 97 Abs. 1 AktG und veranlasst –
nach Ablauf der Monatsfrist des § 97 Abs. 2 S. 1 AktG –, dass die Satzung angepasst
und die Wahl der Aufsichtsratsmitglieder durchgeführt wird. Sonst, insbes. in streitigen Fällen, bedarf es des gerichtlichen Verfahrens nach §§ 98, 99 AktG (vgl. dazu
Rn. 224). Werden dennoch keine Aufsichtsratsmitglieder bestellt, so kann ihre Bestellung gemäß § 104 AktG beim (Amts-)Gericht beantragt werden.

d) Änderung. Eine Änderung in der Zusammensetzung des Aufsichtsrats ist ge- 274
boten, wenn die maßgebliche Arbeitnehmerzahl die 2000-Grenze überschreitet (und
dementsprechend das MitbestG anwendbar ist) oder wenn eine der Voraussetzungen
der Mitbestimmung nach § 77 Abs. 1 BetrVG 1952 (vgl. Rn. 266) weggefallen ist oder
wenn eine GmbH mit einem fakultativen Aufsichtsrat die Beschäftigtenzahl von 500
überschreitet. Auch in diesen Fällen findet das Statusverfahren nach §§ 97 ff. AktG
statt; vgl. Rn. 273.

Dasselbe gilt, wenn die maßgebliche Arbeitnehmerzahl unter 500 sinkt, die Gesell- 275
schaft also mitbestimmungsfrei wird (vgl. Rn. 228 aE).

Bei der **Auflösung** der Gesellschaft bleibt der mitbestimmte Aufsichtsrat im Amt 276
und überwacht gemäß § 268 Abs. 2 AktG nunmehr die Liquidatoren bis zum Ende der
Liquidation.

Zu den Fragen der Mitbestimmung bei **Umwandlung**[500] vgl. Anhang § 77 Um- 277
wandlung Rn. 19 ff.; 84 ff.; 154; 171; 222; 249.

3. Die Bestellung und Abberufung der Aufsichtsratsmitglieder. a) Rechts- 278
grundlage. Die Aufsichtsratsmitglieder werden gemäß § 77 Abs. 1 S. 2 BetrVG 1952
iVm. §§ 100 ff. AktG sowie, was die Arbeitnehmervertreter angeht, gemäß § 76 Abs. 2
bis 4 BetrVG 1952 bestellt und abberufen.

Danach können nur **natürliche, unbeschränkt geschäftsfähige** Personen bestellt 279
werden, die nicht schon zehn gesetzlich vorgeschriebene Aufsichtsratsmandate innehaben (§ 100 Abs. 1 AktG). Über Inkompatibilitäten mit dem Aufsichtsratsamt vgl. § 100
Abs. 2 S. 1 Nr. 2 und 3 sowie § 105 AktG. Auch sind Personen ausgeschlossen, die
sich offen gegen die geltende Rechtsordnung stellen (vgl. Rn. 232).

Die **Amtszeit** der Aufsichtsratsmitglieder beträgt höchstens fünf Jahre; § 102 Abs. 1 280
AktG. Die Satzung kann eine kürzere Dauer vorsehen. Dies gilt auch für die Arbeitnehmervertreter.[501]

b) Aufsichtsratsmitglieder der Gesellschafter. Für die Aufsichtsratsmitglieder 281
der Gesellschafter kann die Satzung weitere Erfordernisse aufstellen (§ 100 Abs. 4
AktG), darf jedoch dadurch den Kreis der möglichen Kandidaten nicht unangemessen
beschränken; vgl. Rn. 235.

Die Aufsichtsratsmitglieder der Gesellschafter werden gemäß § 101 Abs. 1 AktG 282
grds. von diesen gewählt. Die Vorschrift ist jedoch in der Anwendung auf die GmbH
nicht zwingenden Rechts. Die Satzung kann vielmehr dieselben Regelungen treffen

---

[499] Vgl. *Rittner* DB 1969, 2165, 2168 f.
[500] Vgl. auch *Pfaff* Die Reichweite arbeitsrechtlicher Angaben im Umwandlungsvertrag, Diss.
Dresden 2001.
[501] Vgl. *Dietz/Richardi* BetrVG 1952 § 76 Rn. 124; *Winden* BB 1954, 533 str.; iÜ Rn. 228.

Einl.

wie für die Bestellung der Aufsichtsratsmitglieder des fakultativen Aufsichtsrats (vgl. § 52 Rn. 30), insbes. auch **Entsendungsrechte** über die in § 101 Abs. 2 AktG gezogenen Grenzen – entgegen der pauschalen Verweisung des § 77 Abs. 1 BetrVG 1952 auf § 101 AktG – vorsehen.[502]

283 **c) Aufsichtsratsmitglieder der Arbeitnehmer.** Die Aufsichtsratsmitglieder der Arbeitnehmer werden gemäß § 76 Abs. 2 BetrVG 1952 von den wahlberechtigten Arbeitnehmern der Betriebe des Unternehmens in allgemeiner, geheimer, gleicher und unmittelbarer Wahl gewählt.[503] Ihre Bestellung kann gemäß § 76 Abs. 5 BetrVG 1952 vor Ablauf der Amtszeit durch Beschluss der wahlberechtigten Arbeitnehmer – mit $^{3}/_{4}$-Mehrheit der abgegebenen Stimmen – widerrufen werden. Näheres regelt die Wahlordnung vom 18. März 1953[504] idF vom 7. Februar 1962.[505] Für die Anfechtung der Wahl ist § 19 BetrVG 1972 analog heranzuziehen.[506]

284 **4. Der mitbestimmte Aufsichtsrat. a) Rechtsgrundlage.** Das Recht des mitbestimmten Aufsichtsrats ergibt sich gemäß § 77 Abs. 1 S. 3 BetrVG 1952 durch Verweisung auf eine Reihe von **aktienrechtlichen Bestimmungen.** Diese betreffen die innere Ordnung des Aufsichtsrats (§§ 107 bis 110 AktG), die Aufgaben und Rechte des Aufsichtsrats (§§ 111, 112, 171, 268 Abs. 2 AktG) und die Rechte und Pflichten der Aufsichtsratsmitglieder (§§ 113, 114, 116, 118 Abs. 2, 125 Abs. 3 AktG). Die anwendbaren Vorschriften des AktG weichen sowohl von den auf den fakultativen Aufsichtsrat (vgl. § 52 Rn. 6 ff.) wie von den auf den Aufsichtsrat nach dem MitbestG anwendbaren Bestimmungen (vgl. dazu Rn. 244) in einigen Punkten ab (vgl. § 52 Rn. 22 ff.).

285 Die **Bestellung und Abberufung der Geschäftsführer** fällt – anders als nach dem MitbestG (vgl. Rn. 259 ff.) – **nicht** in den Aufgabenbereich des Aufsichtsrats. Der Aufsichtsrat fungiert infolgedessen lediglich als Kontroll- und Konsultationsorgan der Geschäftsführer, beides zudem möglicherweise und in der Praxis regelmäßig **neben** den Gesellschaftern (vgl. dazu Rn. 253 f.).

286 **b) Innere Ordnung.** Die innere Ordnung des Aufsichtsrats ergibt sich vor allem aus § 107 AktG: Der Aufsichtsrat hat nach näherer Bestimmung der Satzung – idR durch Mehrheitsbeschluss – aus seiner Mitte einen **Vorsitzenden** und mindestens einen Stellvertreter zu wählen. In der Auswahl ist er frei. Die Geschäftsführer haben zum Handelsregister anzumelden, wer gewählt ist. Der Aufsichtsrat kann aus seiner Mitte einen oder mehrere **Ausschüsse** bestellen, denen jedoch bestimmte, besonders bedeutsame Aufgaben nicht zur Beschlussfassung übertragen werden können; § 107 Abs. 3 S. 2 AktG. Auch über die Besetzung der Ausschüsse entscheidet der Aufsichtsrat durch Mehrheitsbeschluss. Die Ausschüsse brauchen insbes. nicht dem Gesamtaufsichtsrat entsprechend zu einem Drittel aus Arbeitnehmervertretern zu bestehen.[507] Die

---

[502] Vgl. die entsprechende Lösung in § 6 Abs. 2 S. 1 MitbestG und dazu Rn. 233 sowie *Hachenburg/Schilling* 7. Aufl. § 52 Rn. 79; *Dietz/Richardi* BetrVG 1952 § 77 Rn. 20 mit Angaben über den – früheren – Streitstand, der durch § 6 Abs. 2 S. 1 MitbestG überholt sein dürfte; aA nunmehr *Hachenburg/Raiser* § 52 Rn. 175; *S. Simon* GmbHR 1999, 264 f.

[503] Zum Wahlverfahren vgl. des Näheren *Fitting/Auffarth/Kaiser/Heither* BetrVG 1952 § 76 Rn. 53 ff.; *Dietz/Richardi* BetrVG 1952 § 76 Rn. 67 ff.

[504] BGBl. I S. 58.

[505] BGBl. I S. 64.

[506] Vgl. BAG AP § 76 BetrVG 1952 Nr. 27; *Dietz/Richardi* BetrVG 1952 § 76 Rn. 111; MünchArbR/*Wißmann* § 373 Rn. 31.

[507] Vgl. Ausschussbericht bei *Kropff* Aktiengesetz S. 150.

F. Die Mitbestimmung von Arbeitnehmervertretern **Einl.**

Satzung kann die Bildung von Ausschüssen nicht vorschreiben.[508] Der Aufsichtsrat kann sich auch eine **Geschäftsordnung** geben.

c) Sitzungen und Beschlüsse. Für Sitzungen und Beschlüsse gelten die §§ 108 bis 287 110 AktG; vgl. des näheren Rn. 250 ff. Für einen Aufsichtsratsbeschluss genügt die Mehrheit der abgegebenen Stimmen (vgl. § 52 Rn. 44).

d) Aufgaben und Zuständigkeiten. Die Aufgaben und Zuständigkeiten des 288 Aufsichtsrats erschöpfen sich nach der gesetzlichen Regelung in der Kontrolle und Beratung[509] der Geschäftsführung (vgl. § 77 Abs. 1 BetrVG 1952 iVm. §§ 90 Abs. 3, 4, 5 S. 1 und 2, §§ 111, 112, 116, 171, 268 Abs. 2 AktG). Die Personalkompetenz hinsichtlich der Bestellung und Abberufung der Geschäftsführer verbleibt den Gesellschaftern, wenn sie nicht durch Satzungsbestimmung anders geregelt ist. Der Aufsichtsrat genießt aber auch kein Überwachungsmonopol. Die Gesellschafter als oberstes Organ[510] sind weiterhin zur Überwachung der Geschäftsführer berechtigt.[511]

Der Aufsichtsrat kann auch gemäß § 111 Abs. 4 S. 2 AktG bestimmen, dass gewisse 289 Arten von Geschäften nur mit seiner **Zustimmung** vorgenommen werden dürfen. Dabei muss er allerdings die Grenzen einhalten, die § 111 Abs. 4 S. 2 AktG ihm setzt; er kann nicht Maßnahmen der Geschäftsführung auf sich übertragen. Verweigert der Aufsichtsrat die Zustimmung, so können die Gesellschafter sich mit einfacher Mehrheit hierüber hinwegsetzen und die Geschäftsführer entsprechend anweisen.[512]

Dennoch bleiben dem Aufsichtsrat und auch seinen einzelnen Mitgliedern neben 290 der allgemeinen Überwachungsaufgabe nach § 111 Abs. 1 AktG einige **wesentliche Befugnisse**. Sie haben die Informationsrechte nach § 90 Abs. 3, 4 und 5 S. 1 und 2, die Einsichts- und Prüfungsrechte nach § 111 Abs. 2 AktG, können eine Gesellschafterversammlung einberufen (§ 111 Abs. 3), sollen und dürfen an ihr teilnehmen (§ 118 Abs. 2 AktG),[513] haben Anspruch auf die vorbereitenden Unterlagen zur Gesellschafterversammlung (§ 125 Abs. 3 AktG) und prüfen den Jahresabschluss (§ 171 AktG). Der Aufsichtsrat erteilt dem Abschlussprüfer auch den Prüfungsauftrag für den Jahres- und Konzernabschluss gemäß § 290 HGB (vgl. § 111 Abs. 2 S. 3 AktG).[514] Den einzelnen Aufsichtsratsmitgliedern steht das Recht zur Kenntnisnahme und Aushändigung von Vorlagen und Prüfungsberichten zu (§ 170 Abs. 3 AktG). Außerdem **vertreten** sie die Gesellschaft gegenüber den Geschäftsführern gemäß § 112 AktG. Diese Befugnis geht allerdings über eine Formalie kaum hinaus: Bestellung und Abberufung der Geschäftsführer obliegen den Gesellschaftern, und sie beschließen auch, wenn die Satzung nichts anderes bestimmt, über den Inhalt der Anstellungsverträge mit den Geschäftsführern[515] (vgl. Rn. 285).

---

[508] BGHZ 83, 106 = NJW 1982, 1525 = DB 1982, 742 „Siemens".
[509] Vgl. insoweit BGHZ 114, 127, 130 = NJW 1991, 1830 = DB 1991, 1212 und Rn. 248.
[510] Vgl. BGHZ 89, 48 = NJW 1984, 733, 735 = DB 1984, 104 „Reemtsma".
[511] HM vgl. *Hachenburg/Raiser* § 52 Rn. 221, 86; *Hachenburg/Mertens* § 37 Rn. 11; *Dietz/Richardi* BetrVG 1952 § 77 Rn. 24; aA *Bergmann* NJW 1953, 81.
[512] HM *Scholz/Schneider* § 52 Rn. 80; *Hachenburg/Schilling* 7. Aufl. § 52 Rn. 9. 130, etwas anders freilich bei Rn. 126; *Hachenburg/Mertens* § 37 Rn. 11; *Baumbach/Hueck/Zöllner* § 52 Rn. 155; vgl. auch BVerfGE 50, 290, 346 f. = NJW 1979, 704 = DB 1979, Beil. 5, S. 5; aA nunmehr *Hachenburg/Raiser* § 52 Rn. 232: Dreiviertel-Mehrheit, wenn Geschäftsführer nach Satzung ebenfalls nur mit qualifizierter Mehrheit abberufen werden können.
[513] Und dazu OLG Stuttgart GmbHR 1974, 25.
[514] Eingeführt zum 1. 5. 1998 durch KonTraG; vgl. *Geßler* AktG § 111 Rn. 2.
[515] AllgM *Hachenburg/Raiser* § 52 Rn. 223, 104; *MünchArbR/Wißmann* § 374 Rn. 3.

Einl.

291 **e) Rechtsverhältnis zur Gesellschaft.** Das Rechtsverhältnis zwischen der Gesellschaft und den Aufsichtsratsmitgliedern bestimmt sich nach §§ 113, 114 AktG sowie – regelmäßig und ergänzend – nach §§ 611 ff., 675 BGB[516] (vgl. § 52 Rn. 50).

292 **f) Haftung.** Über die Haftung der Aufsichtsratsmitglieder vgl. Rn. 257, sowie § 52 Rn. 16 f., 50.

293 **5. Die Geschäftsführer.** Die Rechte und Pflichten der Geschäftsführer, insbes. ihre organisationsrechtliche Stellung in der GmbH, werden durch § 77 Abs. 1 BetrVG 1952 nur insoweit berührt, wie der Aufsichtsrat als Kontrollorgan hinzutritt (vgl. Rn. 285). Die Bestellung und Abberufung der Geschäftsführer bleibt in der Zuständigkeit der Gesellschafter, es sei denn die Satzung bestimmt etwas anderes (vgl. Rn. 285). Die Gesellschafter können weiterhin den Geschäftsführern Weisungen geben, selbst wenn der Aufsichtsrat etwa seine Zustimmung zu einzelnen Geschäften gemäß § 111 Abs. 4 AktG verweigert hat[517] (vgl. Rn. 289). Einen Arbeitsdirektor kennt das Gesetz nicht.

IV. Österreichisches Recht

294 § 110 Arbeitsverfassungsgesetz (= ArbVG), Bundesgesetz betreffend die Arbeitsverfassung vom 14. Dezember 1973,[518] ordnet für alle GmbH, die einen Aufsichtsrat haben, eine **drittelparitätische Besetzung** an. Die Arbeitnehmervertreter werden vom Betriebsrat bzw. vom Zentralbetriebsrat aus dem Kreise der Betriebsratsmitglieder entsandt. Die Berücksichtigung von abhängigen Gesellschaften regelt § 110 Abs. 5, die Einbeziehung der Betriebsräte der KG bei einer GmbH & Co. KG § 110 Abs. 6 ArbVG.

295 Eine **Aufsichtsratspflicht** besteht nach Maßgabe des § 29 ÖGmbHG für eine Gesellschaft, wenn
1. das Stammkapital € 70 000 und die Zahl der Gesellschafter 50 übersteigt, oder
2. die Arbeitnehmerzahl (einschl. der Arbeitnehmer in abhängigen Kapitalgesellschaften sowie der Arbeitnehmer der KG bei der GmbH & Co. KG) im Durchschnitt 300 übersteigt, oder
3. diese eine Konzernobergesellschaft und die Untergesellschaft (AG oder GmbH) ihrerseits aufsichtsratspflichtig ist,[519] oder
4. sie persönlich haftender Gesellschafter einer KG ist und die Arbeitnehmerzahl zusammen (KG und GmbH) 300 übersteigt und die KG keine natürliche Person als Komplementärin hat.[520]

296 Der Aufsichtsrat, auch der obligatorische und der mitbestimmte, bleibt – wie nach § 77 BetrVG (vgl. Rn. 285) – im Wesentlichen auf die **Kontrollfunktion** beschränkt. Die Bestellung und Abberufung der Geschäftsführer erfolgt durch Gesellschafterbeschluss, wenn die Satzung nichts anderes bestimmt. Ein Arbeitsdirektor ist nicht vorgeschrieben.

297 Vgl. auch die **Konkordanzliste** §§ 1 ff. GmbHG – §§ 1 ff. ÖGmbHG Anhang II.

---

[516] *Hachenburg/Raiser* § 52 Rn. 237, 121 ff.
[517] BVerfGE 50, 290, 346 f. = NJW 1979, 704 = DB 1979, Beil. 5, S. 5.
[518] ÖBGBl. 1974/22.
[519] *Reich-Rohrwig* S. 622 ff.; *Koppensteiner* § 29 Rn. 11.
[520] Vgl. *Koppensteiner* § 29 Rn. 12.

G. Internationales Privatrecht und Fremdenrecht

Schriftum: *Bechtel* Umzug von Kapitalgesellschaften unter der Sitztheorie, 1999; *Behrens* Der Anerkennungsbegriff des internationalen Gesellschaftsrechts, ZGR 1978, 499; *Beitzke* Juristische Personen im Internationalprivatrecht und Fremdrecht, 1938; *ders.* Anerkennung und Sitzverlegung von Gesellschaften und juristischen Personen im EWG-Bereich, ZHR 127 (1965), 1; *Bungert* Entwicklung im internationalen Gesellschaftsrecht Deutschlands, AG 1995, 489; *Drobnig* Das EWG-Übereinkommen über die Anerkennung von Gesellschaften und juristischen Personen, AG 1973, 90, 125; *ders.* Skizzen zur international privatrechtlichen Anerkennung, FS v. Caemmerer, 1978, S. 687; MüKo BGB/*Ebenroth* EGBGB, 2. Aufl. 1990, Abschnitt Kaufleute, Juristische Personen und Gesellschaften (nach Art. 10); MüKo BGB/*Kindler* Internationales Handels- und Gesellschaftsrecht (Kaufleute, Juristische Personen und Gesellschaften), 3. Aufl., Band 11, 1998; *Ebenroth/Bippus* Die Sitztheorie als Theorie effektiver Verknüpfungen der Gesellschaft, JZ 1988, 677; *Ebling* Die Rechtsfähigkeit ausländischer juristischer Personen aus der Sicht des deutschen internationalen Privatrechts, RIW 1970, 450; *Geßler* Gegenseitige Anerkennung von Gesellschaften und juristischen Personen im EWG-Bereich, DB 1967, 324; *Grasmann* System des internationalen Gesellschaftsrechts, 1970; *Großfeld* Die Sitztheorie des internationalen Gesellschaftsrechts in der Europäischen Gemeinschaft, IPRax 1986, 145; *ders.* Einige Grundfragen des internationalen Unternehmensrechts, 1987; *ders.* Vom Deutschen zum Europäischen Gesellschaftsrecht, AG 1987, 261; *Großfeld/Jasper* Identitätswahrende Sitzverlegung und Fusion von Kapitalgesellschaften in der Bundesrepublik Deutschland, RabelsZ 53 (1989), 52; *Kaligin* Das internationale Gesellschaftsrecht der Bundesrepublik Deutschland, DB 1985, 1449; *Kieser* Die Typenvermischung über die Grenze – Ein Beitrag zum internationalen Gesellschafts- und Insolvenzrecht, 1988; *Koppensteiner* Internationale Unternehmen im deutschen Gesellschaftsrecht, 1971; *Luchterhandt* Deutsches Konzernrecht bei grenzüberschreitenden Konzernverbindungen, 1971; *Panthen* Der „Sitz"-Begriff im internationalen Gesellschaftsrecht, Diss. 1988; *Rehbinder* Sitzverlegung ins Inland und Rechtsfähigkeit ausländischer juristischer Personen, IPRax 1985, 324; *Pohlmann* Das französische Internationale Gesellschaftsrecht, 1988; *Sandrock* Die Konkretisierung der Überlagerungstheorie in einigen zentralen Einzelfragen. Ein Beitrag zum internationalen Gesellschaftsrecht, FS Beitzke, 1979, S. 669; *v. der Seipen* Zur Bestimmung des effektiven Verwaltungssitzes im internationalen Gesellschaftsrecht, IPRax 1986, 91; *Staudinger/Großfeld* EGBGB Internationales Gesellschaftsrecht, 13. Aufl. 1998; *Travers* Der Beweis des Anknüpfungskriterium „tatsächlicher Sitz der Hauptverwaltung" im Internationalen Gesellschaftsrecht, 1998; *R. Werner* Der Nachweis des Verwaltungssitzes ausländischer juristischer Personen, 1998; *Wessel/Ziegenhain* Sitz- und Gründungstheorie im Internationalen Gesellschaftsrecht, GmbHR 1988, 423; *D. Zimmer* Internationales Gesellschaftsrecht, 1996.

I. Allgemeines

1. Internationales Privatrecht. Das Internationale Privatrecht regelt die Frage, welche Rechtsordnung auf eine GmbH anzuwenden ist, die zwei oder mehrere Rechtsordnungen berührt. Die Frage – nach dem „Gesellschaftsstatut" (auch: „Personalstatut") der GmbH – taucht zB auf, wenn eine GmbH in Frankreich gegründet worden ist, ihren Verwaltungssitz aber in Deutschland hat.

Grds. hat jede Gesellschaft ein bestimmtes **Gesellschaftsstatut;** anders nur die wenigen Gesellschaften, die durch völkerrechtliche Verträge oder aufgrund solcher Verträge geschaffen worden sind. Welches Gesellschaftsstatut für die einzelne Gesellschaft gilt, ergibt sich aus dem (staatlichen) Kollisionsrecht der einzelnen Rechtsordnungen, für den deutschen Richter also aus dem deutschen internationalen Privatrecht, das von Amts wegen zu beachten ist.[521] Da die einzelnen Kollisionsrechte keineswegs übereinstimmen, ist ein internationaler Entscheidungseinklang allerdings nicht gewährleistet. Das deutsche internationale Gesellschaftsrecht beruht, ebenso wie das der meisten anderen Länder, mangels einer gesetzlichen Regelung ausschließlich auf Richterrecht, das von erheblichen wissenschaftlichen Kontroversen begleitet wird. Das Gesetz zur Neu-

---

[521] BGH NJW 1996, 54 = DB 1995, 2472 = WM 1995, 2113.

Einl. Einleitung

regelung des Internationalen Privatrechts vom 25. Juli 1986[522] verzichtet ebenfalls auf Regelungen des internationalen Gesellschaftsrechts (vgl. Art. 37 Nr. 2 und 3 EGBGB idF des Neuregelungsgesetzes), um der Vereinheitlichung innerhalb der EG den Vortritt zu lassen.[523] Die – 1984 aufgehobenen – §§ 12, 12a GewO enthielten keine gesellschaftsrechtlichen Kollisionsnormen.[524]

300 2. **Fremdenrecht.** Das Fremdenrecht enthält die besonderen innerstaatlichen Vorschriften, die auf **ausländische** Gesellschaften anzuwenden sind, also Ausländer anders behandeln als Inländer.[525] Es kommt infolgedessen nur für solche Gesellschaften in Betracht, die – nach dem Kollisionsrecht – als ausländische zu behandeln sind.

II. Internationales Privatrecht

301 1. **Anknüpfung. a) Einheitstheorie.** Für jede Gesellschaft gilt nach der herrschenden Einheitstheorie ein einheitliches Gesellschaftsstatut.[526] Das Statut gilt für die Gesellschaft schlechthin, von ihrer Gründung bis zur Beendigung und in jeder Beziehung. Die sog. *Differenzierungstheorie* (weitgehende Gestaltungsfreiheit im Innenverhältnis und optimaler Schutz im Außenverhältnis),[527] die zu einer Statutenkumulierung führt, wird mit Recht überwiegend abgelehnt.[528] Einen weiteren Differenzierungsversuch stellt die von *Sandrock* begründete *Überlagerungstheorie* dar, wonach neben den zwingenden Normen des Sitzstaates abdingbares Recht des Gründungsstaates gelten soll.[529] Nach dieser Ansicht soll durch eine Art Übertragung das nach der einen Rechtsordnung homogene Gebilde „Gesellschaft" aus dieser gelöst und in einer anderen, uU völlig verschieden strukturierten Rechtsordnung wieder eingefügt werden. Das Normengemisch führt ebenfalls zu Anpassungsproblemen und Unvereinbarkeiten. Mit der damit einhergehenden Rechtsunsicherheit ist die Überlagerungstheorie abzulehnen.[530]

302 Die **Anknüpfung** des Gesellschaftsstatuts ist mangels gesetzlicher Regelung umstritten. Die Lösungen, die sich in den einzelnen Rechtsordnungen durchgesetzt haben, weichen leider vielfach voneinander ab. Gemeinsam ist ihnen jedoch das Bemühen, an einem möglichst klar erkennbaren Merkmal anzuknüpfen und die Rechtswahl nicht schlechthin der Privatautonomie zu überlassen.

303 b) **Sitztheorie.** Die Sitztheorie, die die hM im deutschen Recht (und im französischen Rechtskreis) bestimmt, knüpft an den tatsächlichen Sitz der (Haupt-)Verwaltung, also der Geschäftsleitung, der Gesellschaft an. Ihr folgt sowohl die Rspr.[531]

---

[522] BGBl. I S. 1142.
[523] Vgl. *Ebenroth* JZ 1988, 18 sowie die Stellungnahme des Max-Planck-Instituts für ausländisches und internationales Privatrecht, RabelsZ 47 (1983), 595, 620 f.
[524] HM *Staudinger/Großfeld* 12. Aufl. Rn. 93 ff.; *Scholz/Westermann* Einl. Rn. 79; *Hachenburg/Behrens* 7. Aufl. Einl. Rn. 96 aE; *Behrens* ZGR 1978, 499, 502 ff.
[525] Vgl. *Staudinger/Großfeld* Rn. 961.
[526] Vgl. RGZ 83, 367; 153, 200, 205 f.; BGHZ 78, 318, 334 = NJW 1981, 522, 525 = DB 1981, 574; *Hachenburg/Behrens* Einl. Rn. 129; *Staudinger/Großfeld* Rn. 16 f., 66, 249 ff.
[527] Vgl. bes. *Grasmann* Rn. 977 ff.
[528] Vgl. *Staudinger/Großfeld* Rn. 67 f.; MüKo BGB/*Ebenroth* Rn. 171 f.
[529] Vgl. *Sandrock* RabelsZ 42 (1978), 227, 246 ff.; für die Überlagerungstheorie erst recht nach dem „Centros"-Urteil *Sandrock* BB 1999, 1337, 1343; *Höfling* DB 1999, 1206 ff.
[530] Vgl. MüKo BGB/*Kindler* Int. GesR Rn. 293 ff.; *Scholz/Westermann* Rn. 84.
[531] Vgl. RGZ 117, 215, 217; 153, 200, 205 f.; 159, 33, 46; BGHZ 25, 134, 144 = NJW 1957, 1433, 1434; BGHZ 51, 27, 28 = NJW 1969, 188; BGHZ 53, 181, 183 = NJW 1970, 998 = DB

G. Internationales Privatrecht und Fremdenrecht **Einl.**

seit dem Reichsgericht sowie als auch die hM in der Literatur.[532] Maßgeblich ist der tatsächliche Sitz der Hauptverwaltung, da hier regelmäßig der Schwerpunkt der gewerblichen Tätigkeit der Gesellschaft liegt.[533] Dies gilt aber auch dann, wenn die Gesellschaft ihre Aktivitäten ganz überwiegend in einem anderen Land entfaltet; das Abstellen auf diese Aktivitäten als solche würde keine hinreichende Rechtssicherheit gewährleisten. – Das **EG-Recht** steht der Sitztheorie jedenfalls so lange nicht entgegen, wie die Angleichung der Gesellschaftsrechte nicht im wesentlichen abgeschlossen ist.[534] Die Sitztheorie ist auch vereinbar mit der **EMRK**.[535] Ausnahmsweise wird die Sitztheorie durch staatsvertragliche Vereinbarungen[536] verdrängt.[537] Jedoch ist solchen US-Gesellschaften entgegen Art. XXV Abs. 5 S. 2 des Vertrags v. 29. 10. 1954 die Anerkennung zu versagen, die unter Ausnutzung einer „liberalen und laxen" Rechtsordnung eines US-Staates (zB Delaware) gegründet wurden, zu diesem Gründungsstaat aber keine tatsächlich, effektiven Beziehungen unterhalten („genuine link", vgl. auch Rn. 357), sondern sämtliche Aktivitäten im deutschen Inland entfalten. In diesem Fall handelt es sich um eine rechtsmissbräuchliche Umgehungsgründung, die auch von anderen US-Bundesstaaten mit strengerem Gründungsrecht bei Vorliegen der vorstehend genannten tatsächlichen Voraussetzungen nicht anerkannt wird. Da solcher Rechtsmissbrauch ebenso Teil der US-amerikanischen ordre public ist wie des deutschen, unterliegt die Anerkennung insoweit dem deutschen

---

1970, 441; BGHZ 97, 269, 271 = NJW 1986, 2194 = DB 1986, 2019; BGH NJW 1992, 618 = ZIP 1991, 1582 = DB 1992, 83; BFHE 168, 285 = BStBl. 1992 II S. 972 = DB 1992, 2067, dazu abl. *Knobbe/Keuck* ZHR 154 (1990), 325; *dies.* DB 1992, 2070; OLG Hamburg NJW 1986, 2199 = GmbHR 1986, 349; OLG München RIW 1986, 820; OLG Oldenburg NJW 1990, 1422 = GmbHR 1990, 346 = RIW 1990, 1019; OLG Frankfurt/M. NJW 1990, 2204 = DB 1990, 1224 = WM 1990, 1156; BayObLG BayObLGZ 1992, 113 = EuZW 1992, 548 *(Behrens)* = DB 1992, 1400; LG Marburg AG 1993, 472 = RIW 1994, 63; BayObLG BayObLGZ 1998, 195 = DB 1998, 2318 = NZG 1998, 936 (dazu abl. *Haack* EWiR 1999, 563); OLG Brandenburg ZIP 2000, 1616 ff. = RIW 2000, 798 f. = NJW-RR 2001, 29 f. unter ausdrücklicher Bezugnahme auf „Centros"-Urteil des EuGH (vgl. dazu Rn. 306 ff.); OLG Zweibrücken OLGR Zweibrücken 2001, 47 = NJW-RR 2001, 341 = ZIP 2000, 2172.

[532] *Staudinger/Großfeld* Rn. 38 ff.; *Soergel/Lüderitz* Vor Art. 7 Rn. 199 ff., 204; MüKo BGB/*Ebenroth* Rn. 177 ff., 190; MüKo BGB/*Kindler* Int. GesR Rn. 312 ff.; *Kegel/Schurig* IPR § 17 II 1; *Scholz/Westermann* Einl. Rn. 82 ff., 87 a; *Ebenroth/Hopp* JZ 1989, 883; *Großfeld/Beckmann* ZVglRWiss 91 (1992), 351; *Großfeld/König* RIW 1992, 433; *Ebenroth/Auer* GmbHR 1994, 16.

[533] Vgl. BGH WM 1966, 1143, 1145 sowie *Ebenroth/Bippus* JZ 1988, 677 zu ergänzenden Kriterien.

[534] Vgl. EuGHE 1988, 5483 = NJW 1989, 2186 = DB 1989, 269 = RIW 1989, 304 (m. Anm. *Großfeld/Luttermann* JZ 1989, 385) – „Daily Mail" sowie BayObLGZ 1986, 61 = NJW 1986, 3029, 3031 = GmbHR 1986, 305 „Landshuter Druckhaus Ltd."; BayObLGZ 1992, 113 = DB 1992, 1400 = EuZW 548 (m. Anm. *Behrens*); *Ebke* ZGR 1987, 245, 265, 269; *Staudinger/Großfeld* Rn. 30, 122, 136; aA *Wiedemann* S. 793 ff.; *Meilicke* Beil. 9 zu BB 1995.

[535] Vgl. *Staudinger/Großfeld* Rn. 146; MüKo BGB/*Kindler* Int. GesR Rn. 376; *Palandt/Heldrich* Anh. zu Art. 12 EGBGB Rn. 2; *Großfeld/Erlinghagen* JZ 1993, 219; *Großfeld/Boin* JZ 1993, 370; *Ebenroth/Auer* JZ 1993, 376; aA *Meilicke* RIW 1992, 578; *ders.* Beil. 9 zu BB 1995.

[536] So namentlich mit Spanien und den USA, vgl. Deutsch-amerikanischer Freundschafts-, Handels- und Schiffahrtsvertrag v. 29. 10. 1954 (BGBl. 1956 II S. 487); OLG Zweibrücken NJW 1987, 2168 = PRspr 1986, Nr 122, 282; OLG Düsseldorf NJW-RR 1995, 1184 = EWiR 1996, 29; *Ebenroth/Bippus* NJW 1988, 2137; *Großfeld/Erlinghagen* JZ 1993, 224; *Bungert* ZVglRWiss 1994, 132.

[537] Vgl. *Ebenroth/Bippus* DB 1988, 842; *Wessel/Ziegenhain* GmbHR 1988, 423; *Ebenroth/Auer* Beil. 1 zu RIW 1992.

Einl.

ordre public – auch wenn der Vertrag v. 29. 10. 1954 einen solchen Vorbehalt nicht macht.[538]

304   Nach der Sitztheorie kann weder eine Gesellschaft mit inländischem Verwaltungssitz nach ausländischem Recht noch eine Gesellschaft nach deutschem Recht mit Verwaltungssitz im Ausland gegründet werden.[539]

305   Für die Kollisionsregeln gelten die Regeln über **Rück- und Weiterverweisung**.[540] Die Vorschrift des Art. 4 Abs. 1 EGBGB findet auch hier im Bereich des internationalen Gesellschaftsrechts Anwendung. Diese Bestimmung wird nicht durch Art. 37 Nr. 2 u. 3 EGBGB ausgeschlossen.[541] Rück- und Weiterverweisungen kommen nicht in Betracht, wenn der Sitzstaat selbst der Sitztheorie folgt, da das ausl. Kollisionsrecht seinerseits die Verweisung annimmt. Wenn dagegen eine nach deutschem Recht gegründete Gesellschaft ihren Verwaltungssitz in einem Staat hat, dessen Recht der Gründungstheorie (vgl. hierzu Rn. 317) folgt, so wird auf das deutsche Recht zurückverwiesen, welches die Verweisung annimmt und deutsches Sachrecht zur Anwendung beruft, Art. 4 Abs. 1 S. 2 EGBGB.[542]

306   Zweifel hinsichtl. der Fortgeltung der Sitztheorie in Deutschland sind vor allem nach dem „**Centros**"-Urteil des EuGH[543] aufgekommen.

307   **aa) Sachverhalt.** Nach dem Sachverhalt der „Centros"-Entscheidung des EuGH gründeten zwei in Dänemark ansässige dänische Staatsangehörige wirksam die „Centros Ltd.", eine in England und Wales ohne einbezahltes Stammkapital eingetragene **private limited company.** Die Gesellschaft entfaltete dort keinerlei Geschäftstätigkeit und ist – von den Gründern nicht bestritten – nur zum Zweck der Umgehung dänischer Vorschriften über das Mindestgesellschaftskapital gegründet worden. Die Aufnahme der Geschäftstätigkeit sollte ausschließlich in Dänemark geschehen, wo deshalb die Eintragung einer Zweigniederlassung von Centros Ltd. beantragt wurde. Die dänische Behörde verweigerte die Eintragung u.a. mit der Begründung, Centros Ltd. beabsichtige unter Umgehung der dänischen Vorschriften insb. über die Einzahlung eines Mindestgesellschaftskapitals von DKR 200 000 (umgerechnet ca. DM 50 000 = € 25 564,60) keine Zweigniederlassung, sondern einen Hauptsitz zu errichten. Nachdem diese Entscheidung zunächst durch das angerufene dänische Gericht bestätigt wurde, legte das Berufungsgericht (der „Højesteret") in Anbetracht der Art. 52, 56 u. 58 EGV (jetzt Art. 43, 46, 48 EGV) die Frage dem EuGH zur Vorabentscheidung vor.

308   **bb) Entscheidung des EuGH.** Der EuGH stellte im Ergebnis einen Verstoß gegen die Art. 52 u. 58 EGV (jetzt Art. 43 u. 48 EGV) gewährleistete Niederlassungsfreiheit fest. Danach ist diese Grundfreiheit dahingehend auszulegen, dass Gesellschaften, welche ihren satzungsmäßigen Sitz, ihre Hauptverwaltung oder ihre Hauptniederlassung innerhalb der Gemeinschaft haben, das Recht zustehe, ihre Tätigkeit in einem anderen Mitgliedstaat durch eine Agentur oder eine Zweigniederlassung oder Tochter-

---

[538] OLG Düsseldorf zu einer in Delaware gegründeten „pseudo-foreign corporation" DB 1995, 1021 = WM 1995, 808 = ZIP 1995, 1009; krit. dazu *Bungert* WM 1995, 2125; *Ebenroth/Kemner/Willburger* ZIP 1995, 972; vgl. ferner *Latty* Yale Law Journal 1955, 135.

[539] Vgl. BGHZ 53, 181 = NJW 1970, 998 = DB 1970, 441; *Staudinger/Großfeld* Rn. 85 ff.; MüKo BGB/*Ebenroth* Rn. 177.

[540] *Staudinger/Großfeld* Rn. 107 ff.; *Scholz/Westermann* Einl. Rn. 87 a.

[541] Vg. MüKo BGB/*Kindler* Int. GesR Rn. 387; *D. Zimmer* S. 306 f.

[542] Vgl. BGH IPRspr. 1968/69 Nr. 256 S. 656, 659.

[543] EuGH, EuGRZ 1999, 469 ff. = EuZW 1999, 216 ff. = NJW 1999, 2027 ff. = DB 1999, 625 ff. (Centros Ltd./Erhvervs- og Selskabsstyrelsen).

G. Internationales Privatrecht und Fremdenrecht **Einl.**

gesellschaften auszuüben.[544] Dabei diene ihr satzungsmäßiger Sitz, ihre Hauptverwaltung oder ihre Hauptniederlassung dazu, ihre Zugehörigkeit zu einer Rechtsordnung eines Mitgliedstaates zu bestimmen. Wird eine Gesellschaft in einem Mitgliedstaat errichtet, dessen gesellschaftsrechtliche Vorschriften den Gründern die größte Freiheit einräumen und werden anschließend in anderen Mitgliedstaaten Zweigniederlassungen gegründet, könne dies kein missbräuchliches Ausnutzen des Niederlassungsrecht darstellen.[545] Denn die gemeinschaftsrechtlich gewährte Niederlassungsfreiheit wolle gerade dies ermöglichen.[546] Dem Sachrecht der einzelnen Mitgliedstaaten obliege es zwar, Vorschriften zur Verhinderung oder Verfolgung von Betrügereien, mithin also auch zum Gläubigerschutz zu erlassen.[547] Doch wie diese letztlich zu gestalten sind oder welchen Anforderungen sie genügen müssen, lässt der EuGH offen.[548]

cc) **„Centros" und die Sitztheorie.** Die Folgen des „Centros"-Urteils für die Sitztheorie im Allgemeinen und die Sitztheorie speziell für Deutschland sind heftig umstritten.[549] Dies ist zum einen auf die apodiktische Kürze der Ausführungen im Urteil und zum anderen auf die vielseitigen Auslegungsmöglichkeiten der allgemein gehaltenen Begründung zurückzuführen. Jede der unterschiedlichen Auslegungen findet Anhaltspunkte im Urteil und vermag mehr oder weniger zu überzeugen. 309

Die wohl leicht überwiegende Ansicht vertritt, dass das „Centros"-Urteil die **Abkehr von der Sitztheorie** bedeute, ihr sprichwörtlich den „Garaus"[550] gemacht habe.[551] Wenn nicht die Sitztheorie als solche für hinfällig erachtet werde, dann seien 310

---

[544] Vgl. Ziff. 20 d. Urteils, EuGRZ 1999, 471.
[545] Vgl. Ziff. 27 d. Urteils, EuGRZ 1999, 471.
[546] Vgl. Ziff. 26 d. Urteils, EuGRZ 1999, 471.
[547] Vgl. Ziff. 38 d. Urteils, EuGRZ 1999, 472.
[548] Vgl. zu möglichen Ansätzen *Ulmer* JZ 1999, 662 ff.; s. auch niederländisches Gesetz betr. pseudo foreign corporations v. 17. 12. 1997, Staatsblad van het Koninkrijk der Nederlanden 1997, Nr. 697.
[549] Vgl. *Altmeppen* DStR 2000, 1061 ff.; *Behrens* IPRax 1999, 323 ff.; *ders.* IPRax 2000, 384 ff.; *Berg* NWB 1999, 4279 ff.; *Borges* GmbHR 1999, 1256 ff.; *ders.* NZG 2000,106 f.; *ders.* RIW 2000, 167 ff.; *Bungert* DB 1999, 1841 ff.; *Dautzenberg* FR 1999, 451 ff.; *Ebke* JZ 1999, 656 ff.; *Eilers* IStR 1999, 289 ff.; *Flessner* ZEuP 2000, 1 ff.; *Fock* RIW 2000, 42 ff.; *Forsthoff* EuR 2000, 167 ff.; *Freitag* EuZW 1999, 267 ff.; *ders.* ZIP 2000, 357 ff.; *Fuchs* GewArch 1999, 369 ff.; *Gätsch* ZIP 1999, 1954 ff.; *Geyrhalter* EWS 1999, 201 ff.; *Görk* GmbHR 1999, 793 ff.; *Göttsche* DStR 1999, 1403 ff.; *Großfeld* NZG 1999, 1143 ff.; *Haack* EWiR 1999, 563 f.; *Hammen* WM 1999, 2487 ff.; *Hoffmann* ZHR 164 (2000), 43 ff.; *Höfling* EuZW 2000, 145 ff.; *dies.* DB 1999, 1206 ff.; *Hök* ZfBR 2001, 10 ff.; *Hoor* NZG 1999, 984 ff.; *Hülk/Timme* JuS 1999, 1055 ff.; *Jaeger* NZG 2000, 918 ff.; *Kieninger* ZGR 1999, 724 ff.; *dies.* NZG 2000, 39 ff.; *Kindler* NJW 1999, 1993 ff.; *ders.* EWiR 1999, 1081 f.; *Koblenzer* EWS 1999, 418 ff.; *Krause* NotBZ 1999, 118 ff.; *Lange* DNotZ 1999, 599 ff.; *Leible* NZG 1999, 300 ff.; *Luttermann* ZEuP 2000, 907 ff.; *Meilicke* GmbHR 1999, 896 f.; *ders.* DB 1999, 627 f.; *Müther* Rpfleger 2000, 316 ff.; *Neye* EWiR 1999, 259 f.; *Pflüger* PISTB 2000, 108 ff.; *Puszkajler* IPRax 2000, 79 f.; *Risse* MDR 1999, 752 ff.; *G. H. Roth* ZIP 1999, 861 ff.; *W.-H. Roth* ZGR 2000, 311 ff.; *ders.* ZIP 2000, 1597 ff.; *Sandrock* BB 1999, 1337 ff.; *Schaub* NZG 2000, 953 ff.; *Schautes* GmbHR 2000, 1255 f.; *Schlossmacher* VW 2000, 179 f.; *Schmidt* DStR 1999, 2057 f.; *Schwedhelm/Binneweis* GmbH-StB 2000, 100 ff.; *Sedemund/Hausmann* BB 1999, 810 f.; *Sonnenberger/Großerichter* RIW 1999, 721 ff.; *Sörgel* DB 1999, 2236 ff.; *Steding* NZG 2000, 913 ff.; *Steindorff* JZ 1999, 1140 ff.; *Stieb* GmbHR 1999, R257 f.; *Streck* AG 2000, 128 f.; *Streinz* JuS 1999, 810 ff.; *Thorn* IPRax 2001, 102 ff.; *Ulmer* JZ 1999, 662 ff.; *Vorpeil* PHI 1999, 229 ff.; *Walzel* SWI 2000, 172 ff.; *Werlauff* ZIP 1999, 867 ff.; *Windholz* GmbH-Stpr 1999, 297 ff.; *Zimmer* ZHR 164 (2000), 23 ff.
[550] Vgl. *Meilicke* DB 1999, 625, 627.
[551] Vgl. zB *Forsthoff* MDR 1999, 752 ff.; *Freitag* EuZW 1999, 267 ff.; *Geyrhalter* EWS 1999, 201 ff.; *Kieninger* ZGR 1999, 725 ff.; *Krause* NotBZ 1999, 118 ff.; *Neye* EWiR 1999, 259 f.;

Schmidt-Leithoff

Einl. Einleitung

wenigstens die Folgen ihrer Anwendung nicht mit dem Europarecht in Einklang zu bringen.[552] IE wird wie folgt argumentiert:

311 Kernaussage der Entscheidung des EuGH sei, dass eine nach dem Recht eines Mitgliedstaates gegründete Gesellschaft, in dem sie ihren satzungsmäßigen Sitz hat, in allen anderen Mitgliedstaaten als Rechtssubjekt des Satzungssitzstaates zu akzeptieren sei, selbst wenn sie nur zum Schein und noch so missbräuchlich errichtet worden sei.[553] Der EuGH räume durch die Ableitung seines Ergebnisses aus der sekundären Niederlassungsfreiheit,[554] jeder Gesellschaft mit Bezug zu einem der Mitgliedstaaten das Recht ein, ausschließlich in einem anderen Mitgliedstaat eine unternehmerische Tätigkeit zu entfalten, ohne dass dabei ein Unterschied gemacht werde, ob der Gesellschaft die Rechtsfähigkeit versagt werde, oder ob ihr das Recht am Sitz der Zweigniederlassung eine notwendige Registereintragung verweigere.[555] Aus diesem Grund – der Auslegung der sekundären Niederlassungsfreiheit – sähe sich der EuGH auch nicht verpflichtet, sich mit dem „Daily-Mail"-Urteil oder der Abwägung zwischen Gründungs- und Sitztheorie auseinander zusetzen.[556] Im Ergebnis jedenfalls entkopple der EuGH die gemeinschaftsrechtliche **Niederlassungsfreiheit** vom Stand und Inhalt des jeweiligen nationalen (Kollisions-)Rechts[557] und räume deren **Anwendung innerhalb der Gemeinschaft den Vorrang** ein.[558] Ob es sich letztlich um eine Eintragung einer tatsächlichen Zweigniederlassung oder – wie in Centros – um einen faktischen Umzug der Gesellschaft, oder ob es sich gar um einen rechtstatsächlichen Umzug handle, könne keine andere Auslegung der (primären oder sekundären) Niederlassungsfreiheit rechtfertigen.[559]

312 Die gegenteilige Ansicht, welche die Unvereinbarkeit der Sitztheorie mit der europäischen Niederlassungsfreiheit in Abrede stellt und den **Fortbestand der Sitztheorie** befürwortet,[560] stützt sich vor allem darauf, dass **Dänemark** in seinem IPR zumindest für Kapitalgesellschaften der **Gründungstheorie** folgt[561] (vgl. Rn. 317). In Dänemark werden Gesellschaften grds., d. h. unabhängig vom tatsächlichen Verwaltungssitz, aner-

---

G. H. Roth ZIP 1999, 861 ff.; *Werlauff* ZIP 1999, 867 ff.; abwartend *Puszkajler* IPRax 2000, 79 ff.; *Scholz/Westermann* Rn. 85 b. aE; für eine Anwendung der Überlagerungstheorie plädieren *Sandrock* BB 1999, 1337 ff. und *Höfling* DB 1999, 1206 ff.

[552] Vgl. *Lutter/Hommelhoff* Rn. 28 b; etwas abgeschwächter *Bungert* DB 1999, 1841, 1844.
[553] Vgl. *Puszkajler* IPRax 2000, 79, 80.
[554] *Koppensteiner* meint, in „Centros" sei hinsichtlich der an die sekundäre Niederlassungsfreiheit zu stellenden Anforderungen falsch entschieden worden, da es rein tatsächlich um die Inanspruchnahme primärer Niederlassungsfreiheit ging.
[555] Vgl. *Höfling* DB 1999, 1206 f.; *Freitag* EuZW 1999, 267, 268 f.
[556] Vgl. *Steindorff* JZ 1999, 1140, 1141; *Forsthoff* EuR 2000, 167, 181 ff.; *Göttsche* DStR 1999, 1403, 1405.
[557] Anders noch als in „Daily-Mail" EuGHE 1988, 5483 = NJW 1989, 2186 = DB 1989, 269 = RIW 1989, 304; vgl. auch *Sandrock* BB 1999, 1337, 1340 f.
[558] Vgl. *Sandrock* BB 1999, 1337, 1340 f.; *Freitag* EuZW 1999, 267, 269; *Göttsche* DStR 1999, 1403, 1405;
[559] Vgl. *Göttsche* DStR 1999, 1403, 1405.
[560] Vgl. zB OLG Brandenburg ZIP 2000, 1616 ff. = RIW 2000, 798 f. = NJW-RR 2001, 29 f.; LG München I ZIP 1999, 1680 = IPRax 2001, 137 = NZG 2000, 106 (dazu *Kowalski* EWiR 2000, 127 f.); *Ebke* JZ 1999, 656 ff.; *Kindler* NJW 1999, 1993 ff.; *Müther* Rpfleger 2000, 316 ff.; *W.-H. Roth* ZGR 2000, 311 ff.; *Sonnenberger/Großerichter* RIW 1999, 721 ff.; *Ulmer* JZ 1999, 662 ff.
[561] MüKo BGB/*Kindler* Int. GesR Rn. 382, Fn. 803.; aA wohl nur *Sedemund/Hausmann* BB 1999, 810 und *Meilicke* DB 1999, 625, 627 sowie in Österreich OGH EuZW 2000, 156 ff. = AG 2000, 333 ff. und JZ 2000, 199 ff. (m. Anm. *Mäsch*) = NZG 2000, 36 ff.

G. Internationales Privatrecht und Fremdenrecht **Einl.**

kannt. Nur ausnahmsweise werde zum Schutz inländischer Gläubiger die Registereintragung von Zweigniederlassungen abgelehnt. Aufgrund dieser internationalprivatrechtlich unterschiedlichen Anknüpfung und der daraus folgenden Systemdifferenzen verbiete sich eine Übertragung von „Centros" auf Staaten, welche der Sitztheorie verpflichtet seien.[562]

Darüber hinaus gehe der EuGH bei seiner Entscheidung davon aus, dass die Gesellschaft gerade zum Zweck der Eintragung einer Zweigniederlassung anzuerkennen sei. Er setze also das Vorhandensein einer Hauptniederlassung voraus. Im Fall „Centros" handle es sich somit um die Inanspruchnahme sekundärer Niederlassungsfreiheit.[563] Die dänischen Behörden haben nicht als Grund für die **Verweigerung der Eintragung der Zweigniederlassung** die Nichtanerkennung wegen Verlegung des tatsächlichen Verwaltungssitzes ins Inland angeführt. Dies hätten sie aus aus Sicht der Gründungstheorie auch nicht tun können. Die Sitztheorie aber komme zur **Nichtanerkennung einer Gesellschaft**, wenn offensichtlich deren tatsächlicher Verwaltungssitz verlegt werden soll, wenn also ein Anwendungsfall der primären Niederlassungsfreiheit vorliege. Die Sitztheorie und der in „Centros" beschrittene Weg der dänischen Behörden zur Lösung des Problems „Gläubigerschutz" würden also von dogmatisch ganz unterschiedlichen Ansatzpunkten ausgehen und könnten daher nicht verglichen werden.[564] Der EuGH untersage vielmehr den Staaten, welche der Gründungstheorie folgen, Zulassungssperren für „Zweigniederlassungen" von Gesellschaften aufzustellen, welche offensichtlich zur Umgehung nationaler gesellschaftsrechtlicher Schutzvorschriften gegründet worden sind, während es Staaten, die der Sitztheorie folgen, weiterhin unbenommen bleibe, mit den gleichen Argumenten sogar schon die Existenz derartiger Gesellschaften zu leugnen. **313**

Weiterhin wird für den Fortbestand der Sitztheorie angeführt, daß der EuGH die bis dahin geltende Leitentscheidung, **„Daily Mail"** (vgl. Rn. 311), zu dieser Frage mit keinem Wort erwähne.[565] Aufgrund der langen Vorbereitungszeit zur Entscheidung im Fall Centros Ltd.[566] könne dem EuGH nicht unterstellt werden, er habe „Daily Mail" schlichtweg übersehen. Es ließe sich daher nur der Schluss ziehen, dass „Centros" **keine Abkehr des EuGH** von seiner bisherigen Rspr. darstelle, zumindest aber, dass es sich um zwei unterschiedliche gelagerte Sachverhalte handle.[567] Darüber hinaus könne auch der Wortlaut des „Centros"-Urteils für eine solche Auslegung herangezogen werden. Dem Leitsatz des Urteils zufolge sei ein Mitgliedstaat zur Eintragung der Zweigniederlassung einer Gesellschaft verpflichtet, die in einem anderen Mitgliedstaat, in dem sie ihren Sitz hat, rechtmäßig errichtet worden ist. Der EuGH bestimme diesen Sitz im Falle „Centros" nach dem Statut, dem Satzungssitz der Gesellschaft. Auf die Frage, ob auch eine andere Anknüpfung des Sitzes möglich sei, gehe der EuGH nicht ein. Er räume in seinen Ausführungen vielmehr die Existenz unterschiedlicher Anknüpfungspunkte – dem satzungsmäßigen Sitz, dem Ort der Hauptverwaltung oder der **314**

---

[562] Vgl. *D. Zimmer* ZHR 164 (2000), 23, 32; *Ebke* JZ 1999, 656, 660; *Kindler* NJW 1999, 1993, 1996 ff.; *Lange* DNotZ 1999, 599, 606 f.; *Sonnenberger/Großerichter* JuS 1999, 721, 722.

[563] Vgl. OLG Düsseldorf NJW 2001, 2184 = DB 2001, 1026 = RIW 2001, 463 m. Anm. *Kieninger* NZG 2001, 610 u. *Emde* BB 2001, 902.

[564] Vgl. OLG Düsseldorf 2001, 2184 = DB 2001, 1026 = RIW 2001, 463 m. Anm. *Kieninger* NZG 2001, 610 u. *Emde* BB 2001, 902.

[565] Wozu er laut *Kindler* NJW 1999, 1993, 1998 aber verpflichtet gewesen wäre.

[566] Die Schlussanträge des Generalanwalts datieren vom 16. 7. 1998, das Urteil v. 9. 3. 1999.

[567] Vgl. *Kindler* NJW 1999, 1993, 1996 f.; *Sonnenberger/Großerichter* RIW 1999, 721, 726; *D. Zimmer* ZHR 164 (2000), 23, 33; so wohl auch *Puszkajler* IPRax 2000, 79, 80.

Einl. Einleitung

Hauptniederlassung[568] – ein. Die genannten Tatbestandsmerkmale sollen dem Umstand Rechnung tragen, dass die Kollisionsrechte der Mitgliedstaaten teils der Gründungs-, teils der Sitztheorie folgen. Ob eine Gesellschaft in einem anderen Mitgliedstaat *wirksam gegründet*[569] worden sei, entscheide auch nach „Centros" weiterhin das nationale IPR eines jeden Forumstaates.[570]

315 Da es sich bei „Centros" aber um eine „faktische" Sitzverlegung unter dem Deckmantel der Errichtung einer Zweigniederlassung handle und dem EuGH dieser Umstand auch bewusst gewesen sei,[571] könne das Gericht höchstens Ausführungen *obiter dictum* zur Sitztheorie gemacht haben.[572] Jedenfalls ergeben die insoweit recht allgemein gehaltenen Urteilsgründe nicht zweifelsfrei, dass die Anwendung der Sitztheorie gegen EU-Recht verstößt.[573]

316 **dd) Weitere Vorlagebeschlüsse zum EuGH.** Mehrere Vorlagebeschlüsse an den EuGH bezwecken die Behebung dieser Deutungsschwierigkeiten. Der Versuch des AG Heidelberg, die Frage im Rahmen eines handelsregisterlichen Eintragungsverfahrens klären zu lassen,[574] scheiterte an der mangelnden Zuständigkeit des EuGH,[575] der das AG Heidelberg insoweit als eine das Handelsregister führende Behörde kennzeichnete, deren diesbezügliche Entscheidung nicht Rechtsprechungscharakter trage, was gem. Art. 234 EGV [Art. 177 aF] Anrufungsvoraussetzung der nationalen Gerichte ist.[576] Die die Vereinbarkeit der Sitztheorie mit dem EU-Recht betreffende Vorlagefrage des BGH („Überseering")[577] ist bisher nicht entschieden. Die Vorlagebeschlüsse des LG Salzburg („Holto Ltd.")[578] und des Kantongerecht Amsterdam („Inspire Art Ltd.")[578a] heben ebenfalls auf diese Problematik ab. Ob die Frage der europarechtlichen Behinderung wirklich die Klärung der Rechtsfähigkeit voraussetzt, kann nicht abstrakt, sondern nur anhand der konkreten Rechtsfolgebetrachtung geklärt werden. Insoweit ist in Deutschland zB zwischen Rechtsfähigkeit und Gründerfähigkeit einer Scheinauslandsgesellschaft[578b] oder der Partei- und Prozessfähigkeit zu trennen, vgl. Rn. 325.

---

[568] Vgl. Ziff. 20 der Urteilsbegründung, Fn. 545, aaO.

[569] Wovon der EuGH in „Centros" offensichtlich ausgeht.

[570] Vgl. LG München I ZIP 1999, 1680 = IPRax 2001, 137 = EWiR 2000, 127; *Kindler* NJW 1999, 1993, 1996 f.; dagegen aber *Höfling* DB 1999, 1206 f.; *Krause* NotBZ 1999, 118, 119.

[571] Vgl. dazu *Koppensteiner* o. Fn. 554.

[572] Dies wird vor allem deutlich, zieht man die dem EuGH zur Beantwortung vorgelegte Frage heran, abgedruckt bei *Werlauff* ZIP 1999, 867, 871.

[573] So auch *Baumbach/Hueck/G. Hueck/Fastrich* § 12 Rn. 8.

[574] AG Heidelberg EuZW 2000, 414 ff. = ZIP 2000, 1617 ff. = NZG 2000, 927 „HSB-Wohnbau-GmbH"; dazu *G. Jaeger* NZG 2000, 918 ff.; *W.-H. Roth* ZIP 2000, 1597 ff.; *D. Zimmer* BB 2000, 1361 ff.

[575] Vgl. EuZW 2001, 499 f. = DB 2001, 1824 f.

[576] St. Rspr, vgl. Nachw. in EuZW 2001, 499 (Fn. 3) = DB 2001, 1824 (Fn. 3); zuletzt EuGH EuZW 2002, 127 f.

[577] Vgl. DB 2000, 1114 ff. = GmbHR 2000, 715 ff. = IPRax 2000, 423 ff.; eine Vorlagepflicht verneint auch nach „Centros" ausdrücklich *Kindler* NJW 1999, 1993, 1998; dagegen für eine Vorlage zur Klärung der bisher ungewissen Rechtslage *Forsthoff* DB 2000, 1109; *Puszkajler* IPRax 2000, 79, 80; vgl. zum Vorlagebeschluss *Forsthoff* DB 2000, 1109 ff.; *Kindler* RIW 2000, 649 ff.; *Meilicke* GmbHR 2000, 693 ff.; *W.-H. Roth* ZIP 2000, 1597 ff.; *D. Zimmer* BB 2000, 1361 ff.

[578] LG Salzburg, Rs. C-447/00, ABl. EG 2001, C 28 S. 24; der EuGH hat sich in diesem Verfahren mit den selben Gründen wie im Vorabentscheidungsverfahren des AG Heidelberg, für unzuständig erklärt, vgl. NvWR 2002, 38.

[578a] Kantongerecht Amsterdam, Rs. C-167/01, ABl. EG 2001 C 200 S. 41.

[578b] Vgl. dazu OLG Frankfurt/M. DB 2002, 316 f.

G. Internationales Privatrecht und Fremdenrecht **Einl.**

c) Gründungstheorie. Die Gründungstheorie, die im anglo-amerikanischen 317
Rechtskreis beheimatet ist, aber nur erheblich eingeschränkt angewendet wird,[579] und
auch von manchen kontinentalen Rechten anerkannt wird (Dänemark, Niederlande,
Spanien, Schweiz[580]), knüpft an die Gründung an, d.h. grds. an das Recht, das die
Gründer für ihre Gesellschaft wählen, auch wenn diese ihren Sitz und ihre sonstigen
Aktivitäten in einem anderen Lande entfaltet. Eine Anknüpfung an die Gründung
einer Gesellschaft kann auch in den Fällen erfolgen, in denen die Sitztheorie aus tatsächlichen Gründen – zB wenn ein Verwaltungssitz überhaupt nicht existiert oder
dieser nicht feststellbar ist – versagt und es aufgrund dessen im konkreten Fall zu unbilligen Ergebnissen käme.[581] Die Gründungstheorie gewinnt, wenngleich in verschiedenen Modifikationen, seit längerem und vor allem auch nach der Entscheidung des
EuGH im Fall „Centros Ltd." (vgl. Rn. 306ff.) in der deutschen Literatur an Boden.[582]
Ihr folgt auch das – bisher nicht in Kraft getretene (vgl. dazu Rn. 387) – EWG-Übereinkommen über die gegenseitige Anerkennung von Gesellschaften und jP vom
29. Februar 1968.[583] Dessen Art. 1 lässt aber Ausnahmen für Gesellschaften mit inländischem Verwaltungssitz bzgl. der Normen zu, die von dem jeweiligen Vertragsstaat als
zwingend bezeichnet werden. Hiervon hat die Bundesrepublik Deutschland Gebrauch
gemacht (Art. 2 Abs. 2 Zustimmungsgesetz v. 18. 5. 1972).[584] Die deutsche Zustimmung allein bewirkt jedoch noch keine Rechtsfolgen.[585] Ob die Gründungstheorie
von der Rspr. aufgenommen wird, ist eher zweifelhaft und hängt letztlich von der zu
erwartenden Entscheidung des EuGH (vgl. vorn Rn. 316) ab. Sie hat zwar den Vorteil
einer etwas größeren Anwendungssicherheit und einer besseren Berücksichtigung des
Parteiwillens.[586] Doch kann sie praktisch nur modifiziert angewandt werden,[587] da sie
nicht schlechthin den Beteiligten die Rechtswahl überlassen kann, und kommt dann zu
ähnlichen Ergebnissen wie die Sitztheorie, für die nicht zuletzt die Tradition einer
jahrzehntelangen Judikatur spricht.

2. Regelungsbereich. a) Einheitliche Anknüpfung. Die **Sitztheorie** (vgl. 318
Rn. 303) hat zur Folge, dass sämtliche Rechtsverhältnisse der Gesellschaft **einheitlich**
angeknüpft werden, für jede GmbH also ein einheitliches Gesellschaftsstatut zu ermitteln ist. Sonderanknüpfungen, wie sie bei der Gründungstheorie recht häufig vorkommen, bedarf es nur in seltenen Ausnahmefällen.[588]

b) Anerkennung ausländischer Gesellschaften. Aus dem Gesellschaftsstatut er- 319
gibt sich auch die Lösung der Anerkennungsfrage, d.h. der Frage, ob die einem frem-

---

[579] Vgl. zur kritischen dortigen Beurteilung die Hinweise bei *Staudinger/Großfeld* Rn. 31 f.,
156.
[580] Nach Art. 154 SchwIPRG v. 18. Dez. 1987, Wortlaut bei *Staudinger/Großfeld* Rn. 158.
[581] Vgl. OLG Frankfurt/M. NJW-RR 2000, 1226 = ZIP 1999, 1710 = GmbHR 1999, 1254
(mit Anm. *Borges*); *Freitag* NZG 2000, 357; abl. *Borges* RIW 2000, 167 ff.
[582] So bes. *Hachenburg/Behrens* Einl. Rn. 126 mwN; *Geßler/Hefermehl/Eckardt/Kropff* § 1 Rn. 65;
GroßkommAktG/*Meyer-Landrut* § 5 Anm. 7; *Koppensteiner* Internationale Unternehmen S. 105,
161 ff.; vgl. auch die in Rn. 310 Genannten.
[583] BGBl. II 1972 S. 369 – Wortlaut bei *Staudinger/Großfeld* Rn. 138.
[584] BGBl. II 1972 S. 36.
[585] Vgl. *Staudinger/Großfeld* Rn. 137; iE auch KG NJW 1989, 3100.
[586] Vgl. *Grasmann* Rn. 472.
[587] So auch *Hachenburg/Behrens* Einl. Rn. 127: „eingeschränkte Gründungstheorie"; ähnlich
Ebenroth/Einsele ZVglRWiss 87 (1988), 217.
[588] Vgl. *Staudinger/Großfeld* Rn. 268 ff.; MüKo BGB/*Ebenroth* Rn. 245; *Hachenburg/Behrens*
Einl. Rn. 129 ff.

Einl.

den Recht unterstehende jP vom deutschen Recht als solche anerkannt wird. Im deutschen Recht gilt das Prinzip der automatischen Anerkennung.[589] Es bedarf also weder eines besonderen Anerkennungsverfahrens noch eines darauf gerichteten Staatsakts. Vielmehr wird jede ausländische Gesellschaft, die nach ihrem Gesellschaftsstatut eine jP ist, vom deutschen Recht ohne weiteres als solche anerkannt. Ausnahmen ergeben sich nur aus dem ordre public (vgl. Rn. 342f.) sowie aus dem – nicht in Kraft befindlichen – EWG-Übereinkommen vom 29. Februar 1968 über die gegenseitige Anerkennung von Gesellschaften und jP (vgl. Rn. 387).[590]

320 Infolgedessen werden praktisch die GmbH aller fremden Rechtsordnungen im deutschen Recht als jP anerkannt; zur Rechtsvergleichung vgl. Rn. 360ff. Dies gilt jedenfalls solange, wie das deutsche GmbH-Recht die Erlangung der Rechtsfähigkeit verhältnismäßig leicht macht.[591]

321 **3. Einzelfragen. a) Gründungsvorgänge.** Die Gründungsvorgänge richten sich nach dem Gesellschaftsstatut, abgesehen vom Vorgründungsvertrag (und der Vorgründungsgesellschaft; vgl. zu dieser vorn Rn. 72; § 2 Rn. 87f.; § 11 Rn. 154), für den ein eigenes Vertragsstatut gilt.[592]

322 Ob auch die **Formvorschriften** für die Gründung (zB notarielle Beurkundung des Gesellschaftsvertrages) durch das Gesellschaftsstatut bestimmt werden, ist sehr umstritten, zumal angesichts der kollisionsrechtlichen Regel des Art. 11 Abs. 1 EGBGB. Hiernach beurteilt sich die Formgültigkeit eines Rechtsgeschäfts alternativ nach dem dafür inhaltlich maßgebenden Recht (Wirkungsstatut/Geschäftsrecht) oder nach Recht am Ort der Vornahme (Ortsform). Diese Vorschrift steht jedoch, sachgerecht ausgelegt, der Maßgeblichkeit des Gesellschaftsstatuts als dem Wirkungsstatut nicht entgegen.[593] Kennt das Ortsstatut ein entsprechendes Rechtsgeschäft nicht und stellt demgemäss auch keine Form bereit, ist die Ortsform nicht anwendbar.[594]

323 Eine andere Frage ist es, ob eine – nach welchem Recht auch immer – vorgeschriebene **Beurkundung** auch im Ausland vorgenommen werden kann. Sie ist nach dem

---

[589] RGZ 83, 367; 92, 73, 76; 159, 33, 46; BGHZ 53, 181, 182f. = NJW 1970, 998 = DB 1970, 441; BGHZ 97, 269 = NJW 1986, 2194 = DB 1986, 2019; OLG Stuttgart NJW 1965, 1139; MüKo BGB/*Ebenroth* Rn. 163ff.; *Hachenburg/Behrens* Einl. Rn. 156ff.

[590] Vgl. *Staudinger/Großfeld* Rn. 137ff.

[591] Darüber, ob eine anspruchsvollere Gründungsregelung im deutschen Recht die automatische Anerkennung fragwürdig werden lassen könnte, vgl. *Staudinger/Großfeld* Rn. 195.

[592] RGZ 73, 366, 367; 83, 367; 159, 33, 46; BGHZ 53, 181, 183 = NJW 1970, 998 998 = DB 1970, 441; OLG Frankfurt NJW 1964, 2355; MüKo BGB/*Ebenroth* Rn. 249ff.; *Staudinger/Großfeld* Rn. 257ff.; *Hachenburg/Behrens* Einl. Rn. 133; teilw. abw. *Scholz/Westermann* Einl. Rn. 93ff., 99.

[593] Vgl. OLG Hamm NJW 1974, 1057; OLG Karlsruhe AWD 1979, 567; AG Köln NJW-RR 1989, 1526 = DB 1989, 2014 = GmbHR 1990, 171 (aufgehoben durch LG Köln DB 1989, 2214 = GmbHR 1990, 171 = WM 1989, 1769) und AG Fürth DB 1991, 32 = MittBayNot 1991, 30 = GmbHR 1991, 24 (m. Anm. *Heckschen*); MüKo BGB/*Ebenroth* Rn. 254; *Staudinger/Großfeld* Rn. 452ff.; *Hachenburg/Behrens* Einl. Rn. 160ff., 162; *Heckschen* DB 1990, 161; *Ebenroth/Wilken* JZ 1991, 1064; *Schervier* NJW 1992, 593; anders – für die Anwendung des Ortsstatuts – aber BayObLG OLGZ 1978, 167 = NJW 1978, 500 = DB 1977, 2320; OLG Frankfurt/M. DB 1981, 1456, 1456 = WM 1981, 946 = RIW 1981, 552; OLG Stuttgart NJW 1981, 1176 = IPRax 1983, 79; OLG Düsseldorf NJW 1989, 2200 = DB 1989, 569 = GmbHR 1990, 169; OLG München DB 1989, 569 = GmbHR 1990, 169 = WM 1989, 643; *Soergel/Kegel* Art. 11 Rn. 21; *Bernstein* ZHR 140 (1976), 414, 417ff.

[594] *Staudinger/Großfeld* Rn. 454.

G. Internationales Privatrecht und Fremdenrecht **Einl.**

Grundsatz der Gleichwertigkeit des Beurkundungsvorgangs zu beantworten (vgl. § 2 Rn. 40 ff.).[595]

b) Rechtsfähigkeit. Die Rechtsfähigkeit der Gesellschaft richtet sich ebenfalls nach **324** dem Gesellschaftsstatut.[596] Zum Schutz des inländischen Rechtsverkehrs gilt daneben die **Sonderanknüpfung** nach Art. 12 S. 1 EGBGB analog. Danach muss eine ausländische jP, deren Rechtsfähigkeit nach fremdem Recht beschränkt ist (zB durch die ultra-vires-Lehre des anglo-amerikanischen Rechts), die strengen Regeln des deutschen Rechts gegen sich gelten lassen, soweit sie ein Rechtsgeschäft im Inland vornimmt.[597] Ob dadurch auch bösgläubige Dritte geschützt werden, war aufgrund Art. 7 Abs. 3 S. 1 EGBGB aF sehr umstritten, wohl aber zu verneinen.[598] Art. 12 EGBGB nF hat die Frage nunmehr in diesem Sinne entschieden.

c) Partei- und Prozessfähigkeit. Die Partei- und Prozessfähigkeit bestimmen sich **325** ebenfalls nach dem Gesellschaftsstatut.[599] Eine Gesellschaft, der nach fremdem Recht die Prozessfähigkeit *fehlt*, gilt nach § 55 ZPO als prozessfähig. Die entsprechende Frage für die Parteifähigkeit ist streitig, weil es an einer dem § 55 ZPO entsprechenden gesetzlichen Regelung mangelt. Man wird §§ 50 Abs. 2, 55 ZPO analog anwenden müssen,[600] während *Ebenroth*[601] lediglich Art. 12 S. 1 EGBGB analog heranzieht.[602]

Eine Gesellschaft, die *dagegen* nach ausl. Recht partei- und prozessfähig ist, der aber die Rechtsfähigkeit nach der Sitztheorie im Inland nicht zuerkannt wird, kann trotzdem partei- und prozessfähig sein. Denn nichtrechtsfähige nichtwirtschaftliche Vereinigungen sind in Deutschland nach der hM in der Literatur[602a] aktiv partei- und prozessfähig. Für die wirtschaftlichen nichtrechtsfähigen Vereinigungen war dies wegen

---

[595] Vgl. BGHZ 80, 76, 78 = NJW 1981, 1160 = DB 1981, 983; MüKo BGB/*Ebenroth* Rn. 255 ff.; *Staudinger/Großfeld* Rn. 472 ff.; *Hachenburg/Behrens* Einl. Rn. 165; *Scholz/Westermann* Einl. Rn. 94.

[596] RGZ 129, 98, 99; 153, 200, 205; BGHZ 51, 27, 28 f. = NJW 1969, 188; BGHZ 97, 269, 271 = NJW 1986, 2194 f. = DB 1986, 2019; BayObLGZ 1986, 61 = NJW 1986, 3029, 3031 = GmbHR 1986, 305; MüKo BGB/*Ebenroth* Rn. 262 ff.; *Staudinger/Großfeld* Rn. 265 ff.; *Hachenburg/Behrens* Rn. 136; *Scholz/Westermann* Einl. Rn. 101 ff.

[597] MüKo BGB/*Ebenroth* Rn. 254 ff.; *Staudinger/Großfeld* Rn. 276, einschränkend jedoch für mit den juristischen Personen des öffentlichen Rechts vergleichbaren ausländischen Organisationsformen.

[598] So MüKo BGB/*Ebenroth* Rn. 267; *Soergel/Kegel* Art. 7 Rn. 16; *Staudinger/Beitzke* 12. Aufl. Art. 7 Rn. 78; *Hachenburg/Behrens* Einl. Rn. 137; *Scholz/Westermann* Einl. Rn. 102; dagegen *Staudinger/Großfeld* Rn. 270 (unter Hinweis darauf, dass die Entscheidung des Dritten „zweischneidig" wirke, d.h. ggf. auch zugunsten der ausländischen juristischen Person) und die herkömmliche Ansicht.

[599] RGZ 117, 215, 217; BGHZ 51, 27, 28 = NJW 1969, 188; OLG Köln WM 1961, 183; OLG Düsseldorf AG 1965, 16; OLG Stuttgart NJW 1974, 1627; OLG Düsseldorf JZ 2000, 203; OLG Frankfurt NJW-RR 2000, 1226 f. = ZIP 1999, 1710 f. = GmbHR 1999, 1254 ff.; OLG Zweibrücken OLGR 2001, 47 = NJW-RR 2001, 341 = ZIP 2000, 2172; MüKo BGB/*Ebenroth* Rn. 285 f.; *Staudinger/Großfeld* Rn. 289 f.; *Scholz/Westermann* Einl. Rn. 105.

[600] So *Scholz/Westermann* Einl. Rn. 105; ähnlich *Staudinger/Großfeld* Rn. 292 f.

[601] MüKo BGB/*Ebenroth* Rn. 285.

[602] Vgl. dagegen *Soergel/Lüderitz* Art. 10 Anh. Rn. 29: „überflüssig".

[602a] Vgl. *Palandt/Heinrichs* § 54 Rn. 11; MüKo BGB/*Reuter* § 54 Rn. 16; *Soergel/Hadding* § 54 Rn. 33; *Stoltenberg* MDR 1989, 496 ff.; *T. Schulz* NJW 1990, 1893 ff.; aA BAGE 63, 302, 310 = DB 1990, 1568 f. = NZA 1990, 615, 616 f.; OLG Koblenz NJW-RR 1993, 697 = AfP 1993, 592; den Gewerkschaften die aktive Parteifähigkeit zuerkennend BGHZ 42, 210, 216 f. = NJW 1965, 156 = DB 1965, 620; BGHZ 50, 325, 333 f. = NJW 1968, 1830 = LM ZPO § 50 Nr. 20; BGHZ 109, 15, 17 = NJW 1990, 186 f. = DB 1990, 1130.

Einl. Einleitung

der insoweit aufrechtzuerhaltenden Verweisung des § 54 S. 2 BGB auf das Recht der GbR zu bezweifeln, ist aber durch die neuere Rspr. des BGH im positiven Sinne gelöst worden.[602b] Wird also einer niederländischen jP die Rechtsfähigkeit nach deutschem Recht nicht zuerkannt,[602c] schließt dies deren aktive und passive Parteifähigkeit nicht aus. Die Anwendung der Sitztheorie bedeutet daher kein Hindernis im Sinne der Art. 43, 48 EGV [Art. 52, 58 aF]. Die diesbezüglichen Schlussanträge des Generalanwalts[602d] stehen dem nicht entgegen.

326   **d) Deliktsfähigkeit.** Die Deliktsfähigkeit der Gesellschaft bestimmt sich stets nach dem Deliktsstatut, also nach dem Ort der Rechtsgutverletzung, und nicht nach dem Gesellschaftsstatut.[603]

327   **e) Name, Firma.** Der Name oder die Firma der Gesellschaft beurteilen sich nach dem Gesellschaftsstatut.[604] Doch kann die Führung einer ausländischen Firma im Inland uU gegen den ordre public (Art. 6 EGBGB) verstoßen, so zB wenn sie durch einen anderen Staat nach entschädigungsloser Enteignung des Rechtsträgers einem anderen verliehen wurde[605] oder wenn der Grundsatz der Firmenwahrheit verletzt ist.[606]

328   **f) Rechtsstellung der Gesellschafter.** Die Rechtsstellung der Gesellschafter (einschließlich ihrer Haftung für Gesellschaftsschulden) wird ebenfalls durch das Gesellschaftsstatut geregelt.[607]

329   Das gilt insbes. für die **Rechte und Pflichten der Gesellschafter,** wie zB ihre Mitwirkungsrechte, ihre Auskunfts- und Einsichtsrechte, auch Klagerechte (actio pro socio),[608] ihre Leistungspflichten auf das Stammkapital sowie die Nebenpflichten. Es gilt ebenso für die **Übertragung der Geschäftsanteile.**[609] Das der Übertragung zugrunde liegende Rechtsgeschäft, zB Kauf, unterliegt dagegen dem Vertragsstatut,[610] das sich nach dem gewöhnlichen Aufenthaltsort des Verkäufers richtet, Art. 28 Abs. 2 S. 1 EGBGB. Die **Haftung** der Gesellschafter für Gesellschaftsschulden richtet sich auch dann nach dem Gesellschaftsstatut, wenn die Schuld einem anderen Recht untersteht,[611] andernfalls die Gläubiger der Gesellschaft nicht gleich behandelt würden. Für die Fälle des Durchgriffs ist ebenfalls vom Gesellschaftsstatut auszugehen.[612] Ob

---

[602b] Vgl. BGHZ 146, 341, 343 ff. = DB 2001, 423 = MDR 2001, 459.

[602c] Vgl. Vorlagebeschluss des BGH, DB 2000, 1114 ff. = GmbHR 2000, 715 ff. = IPRax 2000, 423 ff. („Überseering").

[602d] Vgl. NZG 2002, 16 ff.

[603] BGH BGHZ 113, 11 = NJW 1991, 1054 = IPRax 1992, 45; MüKo BGB/*Ebenroth* Rn. 287 ff.; *Staudinger/Großfeld* Rn. 314 ff.; *Soergel/Lüderitz* Art. 12 EGBGB Rn. 54.

[604] RGZ 117, 215, 218; BGH NJW 1958, 17, 18; BGH NJW 1971, 1522 = MDR 1971, 645 = LM UWG § 16 Nr. 66; BayObLGZ 1986, 61 = NJW 1986, 3029 = DB 1986, 1325; MüKo BGB/*Ebenroth* Rn. 318 f.; *Staudinger/Großfeld* Rn. 319.

[605] BGH JZ 1958, 241 „Carl Zeiss".

[606] Vgl. BGH NJW 1964, 819 = BB 1964, 240 = MDR 1964, 392; BayObLG aaO; OLG Hamm OLGZ 1987, 290 = NJW-RR 1987, 990 = DB 1987, 1245 sowie § 4 Rn. 32 ff.

[607] *Staudinger/Großfeld* Rn. 336; MüKo BGB/*Ebenroth* Rn. 290 f.; *Scholz/Westermann* Einl. Rn. 112.

[608] Dazu *Staudinger/Großfeld* Rn. 337.

[609] RGZ 160, 225, 228 f.; *Staudinger/Großfeld* Rn. 341; *Hachenburg/Behrens* Einl. Rn. 146.

[610] BGH NJW 1987, 1141 = DB 1987, 267 = IPRax 1988, 27; krit. *Kreuzer* IPRax 1988, 16 ff.

[611] BGH IPRspr. 1958/59 Nr. 3 S. 7; vgl. auch BGHZ 25, 127 = NJW 1957, 1435; MüKo BGB/*Ebenroth* Rn. 320 ff.; *Staudinger/Großfeld* Rn. 348 ff.; *Scholz/Westermann* Einl. Rn. 107.

[612] BGHZ 78, 318, 334 = NJW 1981, 522 = DB 1981, 574.

G. Internationales Privatrecht und Fremdenrecht **Einl.**

dies in jedem Fall genügt oder nicht auch, der ratio des in Frage stehenden Durchgriffs entsprechend, andere Gesichtspunkte heranzuziehen sind, ist noch offen, dürfte aber zu bejahen sein.[613]

g) Organisationsrecht. Das Organisationsrecht der Gesellschaft richtet sich ebenfalls nach dem Gesellschaftsstatut.[614] Das gilt insbes. für die organschaftliche Vertretung der GmbH.[615] Auf etwaige Beschränkungen der Vertretungsmacht nach fremdem Recht kann sich die Gesellschaft im inländischen Geschäftsverkehr jedenfalls gutgläubigen Dritten gegenüber nicht berufen (analog Art. 12 S. 1 EGBGB; vgl. auch Rn. 324). Das Gesellschaftsstatut ist gleichfalls maßgebend für Satzungsänderungen und Kapitaländerungen[616] sowie für die Rechnungslegung, die Publizität und die Abschlussprüfung.[617] 330

h) Mitbestimmungsgesetze. Auch die (unternehmerische) Mitbestimmung (vgl. Rn. 149ff.) unterliegt dem Gesellschaftsstatut der jeweiligen betroffenen Gesellschaft.[618] Hat die Gesellschaft ihren Verwaltungssitz im Inland, so gilt – mit dem übrigen deutschen Gesellschaftsrecht – das an die Rechtsform der Gesellschaft anknüpfende (vgl. Rn. 149ff.) Mitbestimmungsrecht, in anderen Fällen nicht.[619] Die Hinwendung eines Teils der Mitbestimmungs-Literatur zur (eingeschränkten) Gründungstheorie[620] stellt unnötig die grds. Einheit des Gesellschaftsstatuts in Frage (vgl. Rn. 301f.) und ergibt sich keineswegs aus dem MitbestG. 331

Die – überaus seltenen – Fälle **ausländischer Gesellschaften** mit tatsächlichem Verwaltungssitz im Inland fallen nach der Sitztheorie deswegen nicht unter das deutsche Mitbestimmungsrecht, weil es – wegen Nichtbeachtung der deutschen Gründungsvorschriften – überhaupt an einer rechtsfähigen Gesellschaft fehlt (vgl. auch Rn. 215).[621] Schwieriger sind hingegen die Fälle (zu § 4 MitbestG) zu entscheiden, in denen eine inländische KG mit einer ausländischen GmbH (oder AG) als einzigem Komplementär gegründet wird. Manche halten eine derartige „internationale GmbH & Co. KG" überhaupt für unzulässig.[622] Daneben wird die Anwendung von Art. 6 (= Art. 30 aF) EGBGB erwogen.[623] Für die erstmalige Eintragung einer derartigen GmbH & Co. KG kann man diesen Ansichten wohl im Ergebnis folgen.[624] Bei bereits eingetragener KG dürfte es aber zu weit gehen, wenn vorgeschlagen wird, dass 332

---

[613] Vgl. OLG Düsseldorf DB 1995, 1021 = WM 1995, 808ff. = GmbHR 1995, 595ff.; *Staudinger/Großfeld* Rn. 353ff.; MüKo BGB/*Ebenroth* Rn. 328ff.; *U. Hübner* JZ 1978, 703; *Behrens* RabelsZ 46 (1982), 308; *Vorpeil* RiW 1991, 996; *ders.* PHI 1999, 229.
[614] RGZ 73, 366, 367; MüKo BGB/*Ebenroth* Rn. 290ff.; *Staudinger/Großfeld* Rn. 315ff.; *Scholz/Westermann* Einl. Rn. 109ff.; *Hachenburg/Behrens* Einl. Rn. 144.
[615] Vgl. BGH NJW 1960, 1569; OLG Nürnberg NJW 1952, 109.
[616] Vgl. OLG Hamm NJW 1974, 1057, 1058; *Hachenburg/Behrens* Einl. Rn. 145; *Scholz/Westermann* Einl. Rn. 110; aA *Bokelmann* NJW 1972, 1729, 1731.
[617] Vgl. MüKo BGB/*Ebenroth* Rn. 344ff.
[618] Vgl. MüKo BGB/*Kindler* Int.GesR Rn. 451.
[619] Vgl. BGH BGHZ 82, 188, 192 = NJW 1982, 933, 934 = DB 1982, 421, 422; LG Dortmund AG 1977, 109; LG Stuttgart DB 1993, 1711 = BB 1993, 1541, 1543 = ZIP 1993, 1406; MüKo BGB/*Ebenroth* Rn. 292; *Staudinger/Großfeld* Rn. 511.
[620] So auch bes. *Hanau/Ulmer* Einl. Rn. 33.
[621] Vgl. dazu BGHZ 53, 181, 183 = NJW 1970, 998 = DB 1970, 441; so iErg. auch MüKo BGB/*Ebenroth* Rn. 293 und *Hoffmann/Lehmann/Weinmann* § 1 Rn. 8: es liegt keine Unternehmensform vor, auf die das MitbestG sachlich anwendbar ist.
[622] So *Staudinger/Großfeld* Rn. 303ff., 496; MüKo BGB/*Kindler* Int. GesR Rn. 439; *Steindorff* ZHR 141 (1977), 457, 460.
[623] *Staudinger/Großfeld* Rn. 553.
[624] So auch MüKo BGB/*Ebenroth* Rn. 292 Fn. 996.

Einl.   Einleitung

der Registerrichter der KG eine Frist zum Austausch des Komplementärs zu geben hat.[625]

333 **i) Internationales Konzernrecht.** Das internationale Konzernrecht geht ebenfalls vom Gesellschaftsstatut der (abhängigen) Gesellschaft aus.[626] Deutsches Konzernrecht ist infolgedessen nur anwendbar, wenn eine inländische Gesellschaft die beherrschte Gesellschaft ist; andernfalls gilt ausländisches (Konzern-)Recht. Diese Grundsätze führen für Unterordnungskonzerne und andere Unternehmensverbindungen mit abhängigen Unternehmen durchweg zu befriedigenden Lösungen.[627] Entsprechendes gilt für internationale Unternehmensverträge, die von der hM mit Recht zugelassen werden.[628] Bei Gleichordnungskonzernen wird man nach der Struktur des Konzerns differenzieren müssen.[629]

334 **k) Internationale Sitzverlegung.** Die internationale Sitzverlegung[630] wirft neben internationalrechtlichen vor allem sachrechtliche Fragen der beteiligten Rechtsordnungen auf.[631] Sie ergeben sich daraus, dass die von einem Staat erteilte Rechtsfähigkeit keineswegs ohne weiteres in einen anderen Staat übertragen werden kann.[632] Dies gilt vorläufig auch noch innerhalb der EG (vgl. zum Vorentwurf einer 14. Richtlinie über die grenzüberschreitende Sitzverlegung Rn. 36).[633]

335 **aa) Kollisionsrecht.** Nach der **Sitztheorie** (vgl. Rn. 303 ff.) kommt es internationalprivatrechtlich auf die **Verlegung des tatsächlichen Verwaltungssitzes** als Anknüpfungspunkt an, sei es in das Ausland, sei es in das Inland. Eine solche Verlegung unter Wahrung der rechtlichen Identität ist nur zulässig, wenn das inländische und das fremde Recht sie erlauben.[634] Ist hiernach eine Sitzverlegung kollisionsrechtlich wirksam, hat dies nach der Sitztheorie grds. zur Folge, dass die Gesellschaft lediglich die Rechtsordnung wechselt: auf die ins Inland verlegte Gesellschaft findet deutsches Recht, auf die ins Ausland verlegte Gesellschaft das fremde Recht Anwendung, sog. **Statutenwechsel.**[635] Gilt nach fremdem Recht die Gründungstheorie, so behält die Gesellschaft uU sogar ihr Gesellschaftsstatut, vgl. sogleich Rn. 336.[636] Trotz dieser in-

---

[625] So aber *Staudinger/Großfeld* Rn. 551; Vgl. zum Ganzen *Schubert* Unternehmensmitbestimmung und internationale Wirtschaftsverflechtung, 1984, S. 53 ff.; *Großfeld/Erlinghagen* JZ 1993, 217.

[626] Vgl. MüKo BGB/*Ebenroth* Rn. 381 f.; nunmehr auch *Staudinger/Großfeld* Rn. 556, hM.

[627] Vgl. auch *Staudinger/Großfeld* Rn. 557.

[628] Vgl. MüKo BGB/*Ebenroth* Rn. 412 ff.; *Staudinger/Großfeld* Rn. 567 ff., 518.

[629] Vgl. dazu *Staudinger/Großfeld* Rn. 560 f.; MüKo BGB/*Kindler* Int. GesR Rn. 587 ff. sowie MüKo BGB/*Ebenroth* Rn. 403 ff., dem aber iE nicht ohne weiteres zu folgen ist.

[630] Vgl. zum Ganzen MüKo BGB/*Kindler* Int. GesR Rn. 389 ff. sowie für dabei auftretende arbeitsrechtliche Probleme *Heinze* ZGR 1999, 54 ff.

[631] Vgl. MüKo BGB/*Ebenroth* Rn. 216 ff.; *Staudinger/Großfeld* Rn. 605 ff.; *Scholz/Westermann* Einl. Rn. 120 ff.; *Hachenburg/Behrens* Einl. Rn. 166 ff.

[632] BGHZ 25, 134, 144 = NJW 1957, 1433; *Staudinger/Großfeld* Rn. 605.

[633] So EuGHE 1988, 5483 = NJW 1989, 2186 = DB 1989, 269 = RIW 1989, 304 „Daily Mail" m. Anm. *Großfeld/Luttermann* JZ 1989, 384; vgl. auch *Ebenroth/Eyles* DB 1989, 363.

[634] BayObLGZ 1992, 113 = DB 1992, 1400 = EuZW 1992, 548 (m. Anm. *Behrens*); *Staudinger/Großfeld* Rn. 606; MüKo BGB/*Ebenroth* Rn. 216; *Hachenburg/Behrens* Rn. 170; *Scholz/Westermann* Rn. 121.

[635] Vgl. OLG München NJW 1986, 2197 = DB 1986, 1767 = WM 1986, 937; MüKo BGB/*Kindler* Int. GesR Rn. 401.

[636] So die hM; vgl. BayObLG aaO; differenzierend je nachdem, ob die Gesellschaft ihren Bezug zum Satzungssitz vollständig verloren hat oder nicht *Ebenroth/Eyles* DB-Beil. 2/88, S. 7; MüKo BGB/*Ebenroth* Rn. 221, 177.

G. Internationales Privatrecht und Fremdenrecht **Einl.**

ternationalprivatrechtlichen Grundsätze führt die internationale Sitzverlegung nach deutschem Sachrecht in den meisten Fällen zur Auflösung und ggf. Neugründung der Gesellschaft.[637]

bb) Sachrecht. Die Verlegung des *tatsächlichen* **Verwaltungssitzes** in das **Ausland** soll nach hM die **Auflösung der Gesellschaft** zur Folge haben.[638] Dies soll auch dann gelten, wenn das ausländische Recht – wie etwa das österr. GmbH-Recht – im Wesentlichen dem deutschen entspricht. Bereits dem Beschluss des zuständigen Gesellschaftsorgans, den Verwaltungssitz in das Ausland zu verlegen, wird von der hM die Wirkung eines Auflösungsbeschlusses beigelegt.[639] Der hM ist aber nur insoweit zu folgen, als es sich um einen **Zuzugsstaat** handelt, der in seinem IPR ebenfalls der **Sitztheorie** folgt und eine Neugründung der Gesellschaft als Folge des Statutenwechsels verlangt.[640] Verlegt dagegen eine Gesellschaft ihren tatsächlichen Verwaltungssitz in ein Land, welches kollisionsrechtlich der **Gründungstheorie** folgt und liegt damit eine gemäß Art. 4 Abs. 1 S. 2 EGBGB grds. beachtliche Rückverweisung auf deutsches Recht vor (welches dann deutsches Sachrecht zur Anwendung beruft), ergibt sich der Auflösungszwang nur, wenn weitere Voraussetzungen erfüllt sind.[641] Dies kann zum einen die gleichzeitige Verlegung des **statutarischen Sitzes** sein,[642] da in diesem Fall die unbeschränkte Steuerpflicht im Inland entfällt (vgl. § 12 KStG iVm. §§ 1 KStG, 11 AO) und eine Anwendung deutschen Rechts nicht mehr gerechtfertigt ist.[643] Zum anderen liegt ein durch deutsches Sachrecht bestimmter Auflösungstatbestand auch dann vor, wenn die Beibehaltung des deutschen Satzungssitzes nicht durch Geschäftstätigkeit im Inland (zB einer Betriebsstätte) gerechtfertigt ist.[644] In allen anderen Fällen ist dem internationalen Entscheidungseinklang entsprechend dem Willen des Gesetzgebers (Art. 4 Abs. 1 EGBGB) der Vorrang einzuräumen.[645] Nur soweit die Gesellschaft nach deutschem Sachrecht aufzulösen ist, kann auch dem Beschluss des zuständigen Organs über die Verlegung des tatsächlichen Verwaltungssitzes die Wirkung eines Auflösungsbeschlusses beigemessen werden.[646]

Die Verlegung des tatsächlichen Verwaltungssitzes **in das Inland** hängt in ihrer Wirksamkeit zunächst einmal davon ab, ob das fremde Recht den Wegzug der Gesellschaft erlaubt. Die Verlegung des tatsächlichen Sitzes einer panamaischen Gesellschaft

336

337

---

[637] Vgl. BGHZ 97, 269 = NJW 1986, 2194 = DB 1986, 2019; MüKo BGB/*Kindler* Int. GesR Rn. 401.
[638] Vgl. BGHZ 25, 134, 144 = NJW 1957, 1433; BayObLGZ 1992, 113 = DB 1992, 1400 = EuZW 1992, 548 (m. Anm. v. *Behrens*); Staudinger/*Großfeld* Rn. 555 ff., 573; MüKo BGB/*Ebenroth* Rn. 220; vgl. auch § 12 Abs. 1 KStG sowie § 4a Rn. 20 f.; zum österr. Recht *Reich-Rohrwig* S. 14 (1. Aufl.); *Koppensteiner* AllgEinl. Rn. 17 ff.
[639] RGZ 7, 68, 70; 107, 94; OLG München AG 1957, 17; BayObLG aaO; Staudinger/*Großfeld* Rn. 630 ff.; *Beitzke* ZHR 127, (1965), 1, 41 ff. AA Staudinger/*Großfeld* Rn. 610: Ihre Rechtsfähigkeit verliert die Gesellschaft mit dem Wegzugbeschluss nicht automatisch.
[640] Vgl. *Scholz/Westermann* Rn. 121.
[641] So OLG Hamm NJW 2001, 2183 = DB 2001, 1084 = NZG 2001, 562 *obiter* m. Anm. *Schwarz* NZG 2001, 613; MüKo BGB/*Kindler* Int. GesR Rn. 396.
[642] Vgl. zuletzt OLG Düsseldorf NJW 2001, 2184 = DB 2001, 1026 = GmbHR 2001, 438, m. Anm. *Kieninger* NZG 2001, 610 u. *Emde* BB 2001, 902; aA *Lutter/Hommelhoff* § 4a Rn. 13 mwN.
[643] Vgl. MüKo BGB/*Kindler* Int. GesR Rn. 394, 400.
[644] Vgl. *Ebenroth/Eyles* DB-Beil. 2/88, S. 5 ff.; MüKo BGB/*Ebenroth* Rn. 220 ff., 229; ähnlich Hachenburg/*Behrens* Einl. Rn. 170.
[645] Vgl. *Scholz/Westermann* Rn. 121.
[646] Vgl. MüKo BGB/*Kindler* Int. GesR Rn. 398.

Einl.

ins Ausland berührt deren Rechtsfähigkeit nach panamaischem Recht nicht.[647] Einen Fall der Nicht-Gestattung durch den Wegzug-Staat stellt für die Schweiz Art. 161 Abs. 2 SchwIPRG dar.[648] Zur Vermeidung drohender Enteignung erlaubt auch Deutschland ausnahmsweise den Fortbestand der Gesellschaft.[649] Selbst wenn dies – ausnahmsweise – der Fall ist, bedarf es **nach deutschem Recht der Neugründung,** also der Errichtung einer neuen Gesellschaft.[650] Das Ergebnis folgt nicht allein aus der im deutschen Recht geltenden Sitztheorie (vgl. Rn. 303 ff.). Entscheidend spricht vielmehr dafür, dass bei der Gründung der Gesellschaft die Gründungsvorschriften des deutschen Rechts nicht berücksichtigt werden konnten und eine nachträgliche Prüfung durch den deutschen Registerrichter kaum zu verwirklichen ist. Das Ergebnis steht deswegen auch nicht im Widerspruch zu dem Prinzip der automatischen Anerkennung (vgl. dazu Rn. 319 f.).

338 Bei **ausschließlicher Verlegung** des *Satzungssitzes* durch Satzungsänderung kommt es dagegen aus internationalprivatrechtlicher Sicht zu keiner Änderung des Anknüpfungspunktes, da der nach der Sitztheorie maßgebliche tatsächliche Verwaltungssitz bestehen bleibt.[651] Nach deutschem Gesellschaftsrecht zu behandelnde Fälle liegen dann vor, wenn der tatsächliche Verwaltungssitz der Gesellschaft im Inland verbleibt. Denkbar ist weiterhin, dass sich der tatsächliche Verwaltungssitz in einem Land befindet, welches der Gründungstheorie folgt, und aufgrund einer Rückverweisung (Art. 4 Abs. 1 S. 2 EGBGB) auf deutsches Recht verwiesen wird. Diese ist nur dann beachtlich, wenn sich bereits der Satzungssitz in Deutschland befindet sowie Gründungsrecht und Registereintragung zum deutschen Recht zurückführen.[652] Soll also deutsches Gesellschaftsrecht über satzungssitzändernde Gesellschafterbeschlüsse entscheiden, so liegt in allen Fällen der statutarische Sitz bereits in Deutschland. Für die Verlegung des Satzungssitzes von Deutschland ins Ausland unter Beachtung des deutschen Rechts vgl. § 4a Rn. 20. IÜ gilt, dass das deutsche Handelsregister für ausländische Rechte (noch) nicht zugänglich ist. Es könnte jedoch aufgrund der vorgeschlagenen 14. Gesellschaftsrechtsrichtlinie eine Öffnung erfahren.[653]

339 **l) Innerdeutsche Sitzverlegung.** Die innerdeutsche Sitzverlegung zwischen Bundesrepublik Deutschland und der damaligen DDR wurde aus Sicht der Bundesrepublik grds. als inländische Sitzverlegung behandelt, da die DDR kein Ausland war; zur Lage der GmbH in der DDR vgl. Rn. 361. Nachdem sich die Rechtsordnungen beider Staaten im Laufe der Jahrzehnte aber sehr voneinander entfernt hatten, entsprach die Lösung, die in den ersten Nachkriegsjahren sicher sachgerecht war, nicht mehr der Situation. Die hM wandte deswegen zu Recht die Grundsätze über die internationale Sitzverlegung analog an; bei Zuzug aus der DDR war deshalb Neugründung erforderlich, wobei auf die an sich von Gesetzes wegen erforderliche Mitwirkung der DDR-Registergerichte wegen deren Obstruktionshaltung verzichtet wurde.[654]

---

[647] Vgl. Frankfurt/M NJW 1990, 2204 = DB 1990, 1224 = WM 1990, 1156; OLG Thüringen DB 1998, 1178 = IPRax 1998, 364.
[648] *Staudinger/Großfeld* Rn. 639.
[649] Vgl. *Staudinger/Großfeld* Rn. 640.
[650] HM; *Ebenroth/Eyles* DB-Beil. 2/88, S. 9; MüKo BGB/*Ebenroth* Rn. 217; *Staudinger/Großfeld* Rn. 643 ff.; aA *Hachenburg/Behrens* Einl. Rn. 170.
[651] Vgl. *Staudinger/Großfeld* Rn. 650; MüKo BGB/*Kindler* Int.GesR 399.
[652] Vgl. MüKo BGB/*Kindler* Int. GesR 387 mwN.
[653] Vgl. dazu *Koppensteiner,* FS Lutter, S. 141 ff.; *Meilicke* GmbHR 1999, 896 f.; *Neye* ZGR 1999, 13 ff.; *Priester* ZGR 1999, 36 ff.; *K. Schmidt.* ZGR 1999, 20 ff.; *Timmermann* ZGR 1999, 157 ff.
[654] Vgl. MüKo BGB/*Ebenroth* Rn. 230 f.; *Staudinger/Großfeld* Rn. 809 f.; aA *Hachenburg/Behrens* Einl. Rn. 172: Anpassung der Satzung ausreichend.

G. Internationales Privatrecht und Fremdenrecht **Einl.**

Seit dem 1. 7. 1990 gelten in den neuen Bundesländern u. a. auch das westdeutsche 340
GmbHG und das HGB,[655] so dass auf Sitzverlegungen § 13h (früher § 13c) HGB anzuwenden ist.[656]

m) Auflösung und Liquidation. Auflösung und Liquidation der Gesellschaft 341
richten sich nach dem Gesellschaftsstatut.[657] Dieses, d. h. das Sitzrecht bestimmt die
Auflösungsgründe, die Rechtsverhältnisse der Abwicklungsgesellschaft, die evtl. Fortdauer der Vertretungsbefugnisse der bisherigen Organe, den Umfang der Vertretungsmacht der Liquidatoren. Solange sich in Deutschland noch Vermögen befindet, ist bis
zu dessen Liquidation vom Fortbestehen der jP auszugehen, auch wenn diese nach
ihrem Sitzrecht die Rechts- und Parteifähigkeit (bereits) verloren hatte.[658] Dasselbe gilt
für die gesellschaftsrechtlichen Wirkungen der Insolvenzeröffnung,[659] während für die
insolvenzrechtlichen Wirkungen das internationale Konkursrecht[660] bzw. nunmehr das
internationale Insolvenzrecht[661] maßgebend ist.[662]

4. Ordre public. Nach der Generalklausel des Art. 30 EGBGB aF war die **An-** 342
wendung ausländischen Rechts ausgeschlossen, wenn sie gegen die guten Sitten
oder gegen den Zweck eines deutschen Gesetzes verstoßen würde. Die Vorschrift hatte
innerhalb des internationalen GmbH-Rechts so gut wie keine Bedeutung erlangt, da
sich die in Betracht kommenden Institutionen der fremden Rechte durchweg nicht so
wesentlich vom deutschen Recht unterscheiden, dass die Frage überhaupt zu stellen
wäre. Das gilt sowohl für das Problem der Anerkennung als jP (vgl. Rn. 319f.)[663] wie
für einzelne Rechtsvorschriften (vgl. Rn. 321ff.) Dies wird überdies durch die herrschende Sitztheorie (Rn. 303ff.) noch besser gesichert als durch die Gründungstheorie.[664] Die Neufassung der Generalklausel durch Art. 6 EGBGB nF hat daran nichts
wesentl. geändert. Die derzeitige Entwicklung des Gesellschaftsrechts zumindest im
europäischen Raum lässt erwarten, dass die Bedeutung des Art. 6 EGBGB für diesen
Bereich nicht weiter wachsen, sondern eher geringer werden wird.[665]

Daher beschränkt sich die Anwendung der Vorschrift im Wesentlichen auf eigenartige Unternehmensträger ist wie früher vornehmlich der **sozialistischen Länder**[666] 343
sowie auf die Besonderheiten des **liechtensteinischen Personenrechts.**[667]

5. Österreichisches Recht. Nach §§ 10, 12 des Gesetzes über das internationale 344
Privatrecht von 1978[668] gilt im österr. Recht für die Anerkennung der jP ausdrücklich

---

[655] Vgl. Staatsvertrag zur Währungs-, Wirtschafts- und Sozialunion v. 18. 5. 1990, BGBl. II S. 528.
[656] Vgl. *Staudinger/Großfeld* Rn. 812.
[657] Vgl. RGZ 89, 181, 183; BGHZ 51, 27, 28f. = NJW 1969, 188; OLG Frankfurt NJW
1964, 2355; OLG Stuttgart NJW 1974, 1627, 1628; MüKo BGB/*Ebenroth* Rn. 349f.; *Staudinger/
Großfeld* Rn. 370ff.; *Scholz/Westermann* Einl. Rn. 128f.; *Hachenburg/Behrens* Einl. Rn. 154f.
[658] OLG Stuttgart NJW 1974, 1627, 1628; *Palandt/Heldrich* Art. 12 EGBGB Anh. Rn. 15.
[659] RGZ 153, 200, 205; BGH WM 1962, 263, 266.
[660] Vgl. dazu etwa *Jaeger/Jahr* KO, 8. Aufl. 1973, §§ 237, 238 Rn. 2ff.
[661] Vgl. *Scholz/Westermann* Rn. 129; MüKo BGB/*Kindler* Int. GesR Rn. 530ff.
[662] Vgl. MüKo BGB/*Ebenroth* Rn. 351 ff.; *Staudinger/Großfeld* Rn. 373ff.
[663] Vgl. *Staudinger/Großfeld* Rn. 202.
[664] Vgl. *Hachenburg/Behrens* Einl. Rn. 188.
[665] Vgl. aber für eine vermehrte Anwendung nach „Centros" *Scholz/Westermann* Rn. 131.
[666] Vgl. BGH NJW 1965, 1664 = MDR 1965, 804 = LM EGBGB Art. 30 Nr. 17.
[667] Vgl. BGHZ 69, 37 = NJW 1977, 1637 = DB 1978, 90; BGHZ 76, 375 = NJW 1980,
1567 = WM 1980, 714; OLG Stuttgart NJW 1965, 1139; AG Hamburg MDR 1964, 1009;
Schönle NJW 1965, 1112; vgl. dazu aber auch die Reform des liechtensteinischen Rechts von
1980 und hierzu *Gubser* Grundriß der liechtensteinischen Gesellschaftsrechtsreform Vaduz, 1980.
[668] ÖBGBl. 304.

Einl.   Einleitung

das **Personalstatut**. Maßgebend ist der tatsächliche Sitz der Hauptverwaltung der Gesellschaft. Wird die Hauptverwaltung einer im Ausland gegründeten jP in das Inland verlegt, so gilt die Gesellschaft gemäß § 10 IPRG als inländische und untersteht nunmehr dem österr. Recht.[669] Im Anschluss an die „Centros"-Entscheidung des EuGH (vgl. Rn. 306 ff.) hat der österr. OGH in zwei Entscheidungen die § 10 IPRG verankerte **Sitztheorie auf Vereinbarkeit mit Europarecht geprüft.**[670] Danach steht die Sitztheorie mit der durch Art. 48 Abs. 1 EGV iVm. Art. 43 EGV eingeräumten sekundären Niederlassungsfreiheit in Widerspruch.[671] Dies soll selbst für Gesellschaften gelten, die im Gründungsstaat nur ihren statutarischen Sitz haben, ohne dort Geschäftstätigkeit zu entfalten, und deren Hauptniederlassung oder Hauptverwaltung sich in einem anderen Mitgliedstaat befindet.[672] In seiner Schlussfolgerung ging der OGH jedoch irrtümlicherweise davon aus, dass Dänemark wie auch Österreich die Sitztheorie vertrete.[673] Darüber hinaus scheint der OGH seine Ausführungen auf die sekundäre Niederlassungsfreiheit zu beschränken. Ob im Bereich der primären Niederlassungsfreiheit die Sitztheorie in Österreich weiterhin anzuwenden ist, bleibt daher abzuwarten.[674] Die dem OGH vorliegenden Fälle hätten auch die Gelegenheit geboten, das Verhältnis „Daily-Mail" zu „Centros" anzusprechen und eine entsprechende Frage zur endgültigen Klärung dem EuGH vorzulegen. Der OGH hat jedoch „Daily-Mail" schlichtweg ignoriert. – Vgl. auch die **Konkordanzliste** §§ 1 ff. GmbHG – §§ 1 ff. ÖGmbHG Anhang II.

III. Fremdenrecht

345   **1. Allgemeines. a) Gegenstand.** Das Fremdenrecht umfasst alle Vorschriften des deutschen Rechts, die Ausländer, insbes. **ausländische Gesellschaften,** anders behandeln als Inländer (vgl. Rn. 300).[675] Derartige Vorschriften finden sich an vielen Stellen der Rechtsordnung, namentlich auch der zwischenstaatlichen Verträge (zB Handelsabkommen, die allerdings oft eine Meistbegünstigungsklausel enthalten). Eine hervorragende Rolle spielen sie im Niederlassungs- und Ausländerrecht. Die einzelnen Bestimmungen des Fremdenrechts beruhen auf unterschiedlichen Gründen und sind deswegen primär im Kontext ihrer spezifischen Regelung auszulegen und anzuknüpfen.

346   **b) Fremden-(Ausländer-)Eigenschaft.** Die Fremden-(Ausländer-)Eigenschaft richtet sich infolgedessen nach den einzelnen fremdenrechtlichen Vorschriften (zB § 13d HGB, § 116 S. 1 Nr. 2 ZPO) und ihrem jeweiligen Normzweck.[676] Daher kommen – anders als für das IPR (vgl. Rn. 301 ff.) – durchaus mehrere Anknüpfungen in Betracht.[677] Außer der Sitztheorie (vgl. Rn. 303 ff.) ist besonders häufig der **Kon-**

---

[669] Vgl. des Näheren *Reich-Rohrwig* S. 798 ff. (1. Aufl.); *Koppensteiner* AllgEinl. Rn. 17 ff.
[670] Vgl. OGH Beschlüsse v. 15. 7. 1999, mit im Wesentlichen identischem Wortlaut abgedruckt in EuZW 2000, 156 ff. = AG 2000, 333 ff. und JZ 2000, 199 ff. (m. Anm. *Mäsch*) = NZG 2000, 36 ff.
[671] Vgl. OGH EuZW 2000, 160; JZ 2000, 200.
[672] Vgl. OGH EuZW 2000, 160; JZ 2000, 201.
[673] Vgl. OGH EuZW 2000, 159; JZ 2000, 199; dazu *Mäsch* JZ 2000, 201 f.; *Höfling* EuZW 2000, 146.
[674] So aber *Höfling* EuZW 2000, 146.
[675] Vgl. MüKo BGB/*Kindler* Int. GesR Rn. 751 ff.
[676] MüKo BGB/*Sonnenberger* IPR Einl. Rn. 345 ff.; MüKo BGB/*Ebenroth* Rn. 574; Staudinger/*Großfeld* Rn. 964 f.; *Scholz/Westermann* Einl. Rn. 79.
[677] Vgl. *Hachenburg/Behrens* Einl. Rn. 190.

G. Internationales Privatrecht und Fremdenrecht **Einl.**

trolltheorie zu folgen, nach der die Staatsangehörigkeit der die Gesellschaft beherrschenden Gesellschafter oder Organpersonen maßgeblich ist.[678] Von einer „Staatsangehörigkeit" der Gesellschaft zu sprechen, empfiehlt sich daher nicht.[679]

2. Grundrechtsschutz. Art. 19 Abs. 3 GG beschränkt den Schutz der Grundrechte 347 ausdrücklich auf **inländische** jP. Ob die Vorschrift ausländische jP schlechthin vom Grundrechtsschutz ausnimmt und welche Kriterien für die Ausländereigenschaft maßgebend sein sollen, ist umstritten.

Die Rspr. und die hL in der Literatur erstrecken Art. 19 Abs. 3 GG nicht auf aus- 348 ländische jP.[680] Dies ist auch nach Wortlaut und Entstehungsgeschichte der Vorschrift geboten. Dennoch werden die **Verfahrens- und Prozessgrundrechte** (Art. 17, 19 Abs. 4, 101 Abs. 1, 103 Abs. 1 GG) mit Recht auch ausländischen jP gewährt.[681] Ob die Grundrechte schlechthin auch für jP anderer EG-Staaten[682] oder auch – nach dem Freundschaftsvertrag von 1954[683] – für US-amerikanische jP gelten, ist noch streitig.[684]

Die Inländereigenschaft der jP iSd. Art. 19 Abs. 3 GG ist als **eigenständiger ver-** 349 **fassungsrechtlicher Begriff** auszulegen, der jedoch praktisch zu ähnlichen Ergebnissen wie die Anwendung der Sitztheorie (vgl. dazu Rn. 303 ff.) führt.[685]

3. Niederlassungsrecht. a) Rechtsgrundlagen. Das **Niederlassungsrecht** findet 350 sich außer in handels- und gewerberechtlichen Vorschriften vor allem in zwischenstaatlichen Abkommen. Innerhalb der EG sichern Art. 43 u. 48 EGV (Art. 52 u. 58 aF) die Niederlassungsfreiheit für Gesellschaften, die ihren satzungsmäßigen Sitz, ihre Hauptverwaltung oder ihre Hauptniederlassung innerhalb der Gemeinschaft haben und nach den Rechtsvorschriften eines Mitgliedstaats gegründet worden sind, vgl. dazu auch das „Centros"-Urteil des EuGH v. 9. 3. 1999 o. Rn. 306 ff.[686] Die Bestimmungen des EGV sind aufgrund des „Allgemeinen Programms zur Aufhebung der Beschränkungen der Niederlassungsfreiheit" des Rates vom 18. Dezember 1961[687] für alle in den Mitgliedstaaten ansässigen Gesellschaften verwirklicht worden. Die daraufhin ergangene Ausnahmebestimmung des § 12a GewO zugunsten von Unternehmen aus EG-Ländern ist – zusammen mit § 12 GewO – seit dem Ges. v. 25. Juli 1984[688] entfallen. Eine freie Sitzverlegung innerhalb der EG ist jedoch noch nicht zulässig (vgl. Rn. 334).[689]

---

[678] ZB § 3 Abs. 1 S. 2 LuftVG; § 6 Abs. 2 Nr. 2a KriegswaffG; §§ 14 Abs. 1, 15 Abs. 2 VereinsG und dazu *U. Hübner* JZ 1978, 703.
[679] So auch MüKo BGB/*Ebenroth* Rn. 577; *Staudinger/Großfeld* Rn. 964.
[680] Vgl. BVerfGE 21, 207, 209 = MDR 1967, 560; BVerfGE 23, 229, 236 = RzW 1968, 295; BGHZ 76, 375, 382 = NJW 1980, 1567, 1569 = WM 1980, 714, 716; BFH BStBl. 2001 II S. 290 = NJW 2001, 2199 = DB 2001, 1016; *Maunz/Dürig* Art. 19 Abs. 3 Rn. 30; MüKo BGB/*Ebenroth* Rn. 609; *Staudinger/Großfeld* Rn. 1036.
[681] BVerfGE 12, 6, 8 = JZ 1961, 84 = MDR 1961, 26; BVerfGE 18, 441, 447 = JZ 1965, 355 = DÖV 1965, 381; BVerfGE 21, 362, 373 = NJW 1967, 1411 = DB 1967, 1130; MüKo BGB/*Ebenroth* Rn. 612; *Staudinger/Großfeld* Rn. 1037.
[682] So aber *Schoch* JZ 2001, 201, 203 auf Grund gemeinschaftskonformer Auslegung des Art. 19 Abs. 3 GG.
[683] BGBl. 1956 II S. 487.
[684] Vgl. BVerfGE 21, 207, 208; OLG Koblenz NJW 1985, 2038, 2039; Bonner Komm/ *v. Mutius* Art. 19 Abs. 3 Rn. 52.
[685] Vgl. BVerfGE 21, 207, 209 = MDR 1967, 560; MüKo BGB/*Ebenroth* Rn. 615 f.; *Staudinger/Großfeld* Rn. 1040 ff.
[686] Vgl. EuGHE 1986, 273 = NJW 1987, 569.
[687] ABl. 1962, 36.
[688] BGBl. I S. 1008.
[689] Vgl. EuGHE 1988, 5483 = NJW 1989, 2186 = DB 1989, 269 „Daily Mail".

Einl. Einleitung

351 Daneben gilt das Europäische Niederlassungsabkommen vom 13. Dezember 1955,[690] in Kraft getreten gemäß Bekanntmachung vom 30. Juli 1965[691] seit 23. Febr. 1965.

352 **b) Tochtergesellschaften.** Tochtergesellschaften ausländischer Unternehmen im Inland sind deutsche Gesellschaften, also auch deutsche GmbH. Das Fremdenrecht findet auf sie grds. keine Anwendung. Ausnahmen, bei denen es gemäß der Kontrolltheorie (vgl. Rn. 346) auf die Staatsangehörigkeit der Gesellschafter oder Organträger ankommt, bestehen jedoch nach einzelnen Gesetzen.[692] Bei der Gründung und weiteren Finanzierung sind die außenwirtschaftsrechtlichen Vorschriften zu beachten.[693] Zur Problematik ausländischer Geschäftsführer der GmbH vgl. § 6 Rn. 11 ff.

353 **c) Zweigniederlassungen.** Zweigniederlassungen (zum Begriff vgl. § 12 Rn. 10 ff.) ausländischer Unternehmen gehören als solche zu diesen Unternehmen und unterstehen daher deren Gesellschaftsstatut.[694] Sie sind mithin fremdenrechtlich regelmäßig als Ausländer zu behandeln (vgl. Rn. 345 f.).

354 Ausländische jP bedurften zum Betrieb einer Zweigniederlassung bis zum Jahre 1984 einer **gewerberechtlichen Genehmigung** (§ 12 GewO).[695] Nur für gewisse, besonders sensible Wirtschaftszweige, namentlich in der **Versicherungs- und Kreditwirtschaft** gibt es noch Zulassungsbeschränkungen für Unternehmen aus Ländern außerhalb der EG und der OECD.[696]

355 Jede inländische Zweigniederlassung eines ausländischen Unternehmens ist nach §§ 13 d ff. HGB **zum Handelsregister anzumelden.**[697]

356 **4. Diplomatischer Schutz.** Der diplomatische Schutz ergibt sich aus dem **völkerrechtlichen Fremdenrecht.** Er greift ein, wenn eine Gesellschaft durch einen Staat rechtswidrig geschädigt wird, und erlaubt es dem Heimatstaat, diplomatische Schritte gegen den anderen Staat zu unternehmen.[698] Der Schutz wird von den lateinamerikanischen Staaten durchweg nicht anerkannt und auch nach Möglichkeit durch besondere Abmachungen in Investitionsverträgen ausgeschaltet.[699]

357 **Heimatstaat** ist der Staat, zu dem die Gesellschaft eine hinreichende sachliche Verbindung, ein „genuine link", hat.[700] Das liegt jedenfalls dann vor, wenn die Gesellschaft ihren Verwaltungssitz in dem Staat hat und nach seinem Recht gegründet worden ist. Die lediglich formale Verknüpfung durch die Gründung reicht aber nicht aus.[701]

---

[690] BGBl. 1959 II S. 997.
[691] BGBl. II S. 1099.
[692] ZB § 3 Abs. 1 S. 2 LuftVG; § 1 Abs. 1 S. 1 Buchst. b FlaggRG; § 6 Abs. 2 Nr. 2 Buchst. a KriegswaffG §§ 14 Abs. 1, 15 Abs. 2 VereinsG und dazu *Staudinger/Großfeld* Rn. 968; *Hachenburg/Behrens* Einl. Rn. 195, 190.
[693] Bes. §§ 6 a, 22 ff. AWG sowie die AWV.
[694] RGZ 73, 366; KG HRR 1934 Nr. 1046; MüKo BGB/*Ebenroth* Rn. 579 f.; *Staudinger/Großfeld* Rn. 977.
[695] Vgl. Rn. 350.
[696] Vgl. §§ 105 bis 110 VAG; §§ 53, 53 b, 53 c KWG; § 8 AuslInvestmG, sowie dazu *Rittner* Wirtschaftsrecht § 28 Rn. 11, § 29 Rn. 7; MüKo BGB/*Kindler* Int. GesR Rn. 763 ff.
[697] Vgl. dazu des näheren § 12 Rn. 50 ff. sowie MüKo BGB/*Ebenroth* Rn. 593 ff.; *Staudinger/Großfeld* Rn. 991 ff.
[698] Vgl. MüKo BGB/*Ebenroth* Rn. 620 ff.; *Staudinger/Großfeld* Rn. 1053 ff.; *Hachenburg/Behrens* Einl. Rn. 191; *Großfeld* AWD 1972, 537; *U. Hübner* JZ 1978, 703.
[699] Sog. Calvo-Doktrin, Calvo-Klausel nach dem argentinischen Völkerrechtler *Carlos Calvo* 1824–1906; vgl. dazu MüKo BGB/*Ebenroth* Rn. 621; *Staudinger/Großfeld* Rn. 1061 f.
[700] Vgl. MüKo BGB/*Ebenroth* Rn. 624; *Staudinger/Großfeld* Rn. 984 f.; *Hachenburg/Behrens* Einl. Rn. 191; vgl. dazu auch Rn. 298.
[701] Anders *Beitzke*, FS M. Luther, S. 1, 19.

H. Rechtsvergleichung und Rechtsangleichung **Einl.**

5. Österreichisches Recht. §§ 107 bis 114 ÖGmbHG bestimmen, dass inländische 358
Niederlassungen ausländischer Gesellschaften, die ihrer Art nach der GmbH entsprechen, zur Eintragung in das Firmenbuch (Handelsregister) anzumelden sind.[702]
Vgl. auch die **Konkordanzliste** §§ 1 ff. GmbHG – §§ 1 ff. ÖGmbHG Anhang II. 359

H. Rechtsvergleichung und Rechtsangleichung

I. Rechtsvergleichung

Literatur: *Behrens* Das Gesellschaftsrecht im Europäischen Binnenmarkt, EuZW 1990, 13; *ders.* Die GmbH-Rechte in den EG-Staaten, 1993; *ders.* Die Gesellschaft mit beschränkter Haftung im internationalen und europäischen Recht, 2. Aufl. 1997; *Blaurock* Das belgische Kapitalgesellschaftsrecht, 2. Aufl. 1999; *Bungert* Gesellschaftsrecht in den USA: eine Einführung mit vergleichenden Tabellen, 2. Aufl. 1999; *Deckert* Europäisches Unternehmensrecht – Stand und Probleme, EWS 1996, 265; *Dreher* Wettbewerb oder Vereinheitlichung der Rechtsordnungen in Europa? JZ 1999, 105; *Ebenroth/Wilken* Entwicklungstendenzen im deutschen internationalen Gesellschaftsrecht, JZ 1991, 116; *Finken/Weilbrecht* Zum gegenwärtigen Entwicklungsstand des Europäischen Gesellschaftsrechts, RIW 1990, 959; *Gleichmann* Europäisches Unternehmensrecht in: Handbuch des Europäischen Rechts; *ders.* Überblick über neue Kooperationsformen und über Entwicklungen im Gesellschaftsrecht der Europäischen Wirtschaftsgemeinschaft, AG 1988, 159; *Güthoff* Gesellschaftsrecht in Großbritannien, 2. Aufl. 1998; *Hallstein* Die Gesellschaft mit beschränkter Haftung in den Auslandsrechten, RabelsZ 12 (1938/39), 341; *Habersack* Europäisches Gesellschaftsrecht, 1999; *Hauschka* Entwicklungslinien und Integrationsfragen der gesellschaftsrechtlichen Akttypen des Europäischen Gemeinschaftsrechts, AG 1990, 85; *Herrmann/Berger/Wackerbarth* (Hrsg.) Deutsches und Internationales Bank- und Wirtschaftsrecht im Wandel, 1997; *Hopt* Europäisches Gesellschaftsrecht – Krise und neue Anläufe, ZIP 1998, 96; *Hübner/Ebke* (Hrsg), FS Bernhard Großfeld, 1999; *v. Hülle* Gesellschaftsrecht in: EG-Handbuch Recht im Binnenmarkt, hrsg. von *Lenz*, 2. Aufl. 1994; *Immenga* Die personalistische Kapitalgesellschaft. Eine rechtsvergleichende Untersuchung nach deutschem GmbH-Recht und dem Recht der Corporations in den Vereinigten Staaten, 1970; *Knobbe-Keuck* Europäische Entwicklungen im Gesellschafts- und Unternehmenssteuerrecht, in: Jb. Fachanw. f. Steuerrecht 1990, 69; *Lutter* Die Entwicklung der GmbH in Europa und in der Welt in: *Lutter/Ulmer/Zöllner* S. 49; *ders.* Europäisches Unternehmensrecht, 3. Aufl. 1991; *ders.* Die Gründung einer Tochtergesellschaft im Ausland, 3. Aufl. 1994; *ders.* Konzepte, Erfolge und Zukunftsaufgaben Europäischer Gesellschaftsrechtsharmonisierung in: *Grundmann* (Hrsg.) Systembildung und Systemlücken in Kerngebieten des Europäischen Privatrechts, 2000; *ders.* Das Europäische Unternehmensrecht im 21. Jahrhundert, ZGR 2000, 1; *Niebel* Der Status der Gesellschaften in Europa, 1998; *P. Nobel* (Hrsg.) Internationales Gesellschaftsrecht (Schweiz), 1998; *Molitor* Die ausländische Regelung der GmbH und die deutsche Reform, 1927; *Pfister* Europäisches Gesellschaftsrecht, 1993; *Roth* (Hrsg.) Das System der Kapitalgesellschaften im Umbruch – ein internationaler Vergleich, 1990; *Sarre* Art. Gesellschaft mit beschränkter Haftung in: Rechtsvergleichendes Handwörterbuch, Bd. 3 1931, S. 719; *Seibert* Die Umstellung des Gesellschaftsrechts auf den Euro, ZGR 1998, 1; *Steding* Das Gesellschaftsrecht der EU zwischen Erwartung und Enttäuschung, NZG 2000, 913; *H. P. Westermann* Strukturprobleme des Gesellschaftsrechts in rechtsvergleichender Sicht, ZVglRWiss. 73 (1973), 176; *Wiesner* Überblick über den Stand des Europäischen Unternehmensrechts, EuZW 1998, 619; *ders.* Europäisches Unternehmensrecht – Stand und Entwicklung, ZIP 2000, 1792; *Wilkens* Währungs- und vertragsrechtliche Aspekte der Europäischen Währungsunion, NWB 1998, 3545. *Würsch* Die amerikanische Limited Liability Company, SZW 1996, 249.

1. Allgemeines. Eine Gesellschaftsform, die zwischen den handelsrechtlichen Per- 360
sonengesellschaften – mit ihrer strengen persönlichen Haftung der Gesellschafter – und
der – eher für größere oder Großunternehmen geeigneten – Aktiengesellschaft steht,
kennen fast alle Rechtsordnungen. **Viele fremde Rechte** haben dafür das **deutsche
GmbH-Recht** – in seiner eigentümlichen Mischung personen- und kapitalgesell-

---

[702] Vgl. des näheren *Reich-Rohrwig* S. 800 ff. (1. Aufl.) und Band II, 21. Kapitel (2. Aufl.); *Koppensteiner* AllgEinl. Rn. 21; § 107 Rn. 1, 8 ff.

Einl. Einleitung

schaftsrechtlicher Elemente (vgl. Rn. 43 ff.) –, allerdings oft mehr oder weniger modifiziert, übernommen, so besonders die Rechte des deutschen und des romanischen Rechtskreises. **Andere Rechte,** namentlich des anglo-amerikanischen Rechtskreises sowie Norwegen, Schweden und wohl auch Finnland haben nach dem Vorbild der englischen private company eine **kleine Aktiengesellschaft** herausgebildet, bei der der kapitalgesellschaftliche Charakter im Vordergrund steht (vgl. dazu Rn. 379 ff. sowie § 12 Rn. 52 (3) u. (13)).

361 **2. Die GmbH in der ehemaligen DDR.** Das GmbHG vom 20. April 1892 galt in der DDR fort; es ist seit 1945 **textlich nicht geändert** worden (Text vgl. Synopse – GmbH-Gesetze BRD-DDR, Centrale für GmbH, 1990). Einige Änderungen ergaben sich jedoch aus anderen Rechtsvorschriften. So wurde zB das Handelsregister als „Register der volkseigenen Wirtschaft" durch das staatliche Vertragsgericht bei den Bezirksvertragsgerichten geführt.[703] Die Registereintragungen wurden nicht mehr veröffentlicht; zur Einsicht in das Register war es nötig, ein rechtliches Interesse glaubhaft zu machen; vgl. § 56 Abs. 2 VO über die Angelegenheiten der Freiwilligen Gerichtsbarkeit v. 15. Oktober 1952.[704] – In der DDR gab es **nur wenige GmbH**. Die GmbH führte, wie auch die AG, OHG und KG, ein Schattendasein. Private Kapitalgesellschaften sollen bis zur Wende in der DDR nicht bekannt geworden sein.[705] Lediglich als „Staatliche GmbH", die aber nur in der Außenwirtschaft – als Außenhandels-GmbH sowie vereinzelt als Dienstleistungsgesellschaft – sind sie vorgekommen.[706]

362 Am 1. 7. 1990 wurde in der damaligen DDR uA das GmbH-Recht der BRD in Kraft gesetzt.[707] Soweit vor dem 1. 7. 1990 nach altem DDR-Recht gegründete GmbH die durch §§ 5 Abs. 1 und 7 Abs. 2 S. 2 aufgestellten Mindestanforderungen an Stammkapital und Mindesteinlagen nicht erfüllten, gewährte ihnen der EinigungsV[708] **Übergangsfristen,** vgl. dazu Vorauf. § 5 Rn. 5a. **§ 31 BGB** ist erst auf solches pflichtwidriges Organhandeln anzuwenden, das ab dem 2. 10. 1990 begangen wurde, Art. 231 § 4 EGBGB.[709] Zur **„GmbH im Aufbau"** als rechtlicher Organisationsform für die Privatisierung der volkseigenen Wirtschaftseinheiten vgl. § 11 Rn. 179 ff.

3. Die GmbH in fremden Rechten

Literatur: *Becker* Gesellschaftsrecht in Rußland, 1998; *Behrens* (Hrsg.) Die Gesellschaft mit begrenzter Haftung im internationalen und europäischen Recht, 2. Aufl. 1997; *Blaurock* Das belgische Kapitalgesellschaftsrecht, 2. Aufl. 1999; *Bungert* Gesellschaftsrecht in den USA: eine Einführung mit vergleichenden Tabellen, 2. Aufl. 1999; *Chaussade-Klein* Gesellschaftsrecht in Frankreich, 2. Aufl. 1998; *H. Fleischer* Gläubigerschutz in der kleinen Kapitalgesellschaft: Deutsche GmbH versus englische private limited company, DStR 2000, 1015; *Forstmoser* Gegenwart und Zukunft der GmbH in der Schweiz, FS Lutter, 2000; *Fröhlingsdorf/Löber/Wendland* Die neue spanische GmbH, 1998; *Güthoff* Gesellschaftsrecht in Großbritannien, 2. Aufl. 1998 (veränderter Nachdruck 1995); *Guhl/Koller/Druey* Das Schweizerische

---

[703] § 2 der Verordnung über die Führung des Registers der volkseigenen Wirtschaft vom 10. April 1980, GBl. I S. 115.

[704] GBl. S. 1057.

[705] *Jesch* DtZ 1990, 101 f.

[706] Vgl. Handbuch der Außenhandelsverträge, Bd. 1 Der Außenhandelskaufvertrag, 3. Aufl. 1986, S. 137 ff., wo sechs „Außenhandels-GmbH" aufgeführt werden, sowie *Jesch* DtZ 1990, 101 f.

[707] Vgl. Staatsvertrag über die Schaffung einer Währungs-, Wirtschafts- und Sozialunion v. 18. 5. 1990 BGBl. II S. 537 – zur Bedeutung dieses Vertrages hinsichtlich der Rechtsangleichung vgl. *Horn* Das Zivil- und Wirtschaftsrecht im neuen Bundesgebiet, 2. Aufl. 1993, 29 f.; *Drobnik* DtZ 1994, 86.

[708] Anh. I Kap. III Sachgebiet D Abschn. III Nr. 7; BGBl. II S. 889, 960.

[709] Vgl. *Palandt/Heinrichs* Art. 231 EGBGB § 4 Rn. 3; *Wasmuth* DtZ 1991, 46, 49.

H. Rechtsvergleichung und Rechtsangleichung   **Einl.**

Obligationenrecht, 8. Aufl. 1991; *Honorat/Hirschmann* Die „Société par actions simplifiée": Vertragsfreiheit in der französischen Unternehmensgruppe, ZIP 1998, 173; *Honsell/Vogt/Watter* Kommentar zum Schweizerischen Privatrecht – Obligationenrecht II (Art. 530–1186 OR), Basel 1994; *S. Marinello/S. Meyer* Die spanische GmbH 1998; *S. Maul* Die Gründung einer SARL (société à responsabilité limitée), RIW 1997, 911; *Meier-Hayoz/Forstmoser* Schweizerisches Gesellschaftsrecht, 8. Aufl. 1998; *Neuling* Deutsche GmbH und englische private company, 1997; *Pürner* GmbH-Recht in Kroatien, RIW 1998, 700; *Reckhorn-Hengemühle* Die neue spanische GmbH, 1993; *Rönck* Gesellschaftsrecht in Südafrika, 1996; *Suchanow* Das russische GmbH-Gesetz, RIW 1998, 706; *J. Wagner* Gesellschaftsrecht in der Schweiz und Liechtenstein, AnwBl. 1996, 417; *Weber* Juristische Personen. Schweizerisches Privatrecht, Band II/4 1998; *Würsch* Die amerikanische Limited Company, SZW 1996, 249; *Zoll/Kuglarz* Die Gründung einer polnischen Einmann-GmbH durch eine deutsche Einmann-GmbH, RIW 1999, 277. Vgl. auch die Literaturhinweise in § 12 Rn. 52.

Die GmbH ist in **über 90 Staaten** eingeführt worden, in vielen überseeischen Ländern bereits während der Kolonialzeit. Eine alphabetische Übersicht der Länder findet sich in GmbHR 1992, 428 ff. (Stand 1992) sowie bei *Scholz/Winter* 6. Aufl. Rn. 189 (Stand 1979).[710] Die Übersichten sind vor allem um das (süd-)koreanische GmbH-Recht zu ergänzen, das, bereits 1938 nach dem Vorbild des deutschen Rechts geschaffen, nunmehr im koreanischen HGB vom 20. Januar 1962 (§§ 543 bis 613) geregelt ist.[711]   **363**

Die **praktische Bedeutung** der GmbH hängt sehr von der Ausgestaltung der Aktiengesellschaft ab. In vielen Rechten, in denen das Aktienrecht weit flexibler[712] und weniger umständlich als im deutschen Recht geregelt ist, übernimmt die AG im Wesentlichen auch die Aufgaben der GmbH, so dass das GmbH-Recht eine kleine, zT sogar sehr kleine Rolle spielt, so zB in Frankreich, Belgien, Italien, Niederlande, Luxemburg, Japan, (Süd-)Korea und bisher auch in der Schweiz. Jedoch wird dort seit der Aktienrechtsreform 1992 eine deutliche Zunahme der GmbH beobachtet (von 2100 [1991], 2964 [1992], über 6600 [1994] auf nunmehr 52 395 [Ende Oktober 2001]), während die Zahl der Aktiengesellschaften stagnierte – allerdings auf hohem Niveau (170 597 Anfang 1993; 171 271 Ende 1994; 173 320 Ende Oktober 2001).[713]   **364**

4. Vergleichbare Gesellschaften in fremden Rechten

a) Die GmbH in der Schweiz. Die GmbH des Schweizer Rechts, in Anlehnung an die deutsche GmbH 1936 eingeführt und seitdem auf weitgehend unveränderter Rechtsgrundlage beruhend, konnte sich lange Zeit in der Rechtspraxis nicht durchsetzen. Mit der Neufassung des schweizerischen Aktienrechts zum 1. 7. 1992 und der damit verbundenen Anhebung des Mindestkapitals für die AG auf sFr 100 000 und der Verschärfung der Anforderungen an die Abschlussprüfung, wurde die GmbH als Alternative zur weit verbreiteten AG (vgl. Rn. 364) wiederentdeckt.   **365**

Diese neue Entwicklung veranlasste den Gesetzgeber, das gut 65 Jahre alte GmbH-Recht zu überprüfen und zu reformieren. 1996 wurde von der eingesetzten Arbeits-   **366**

---

[710] Geographisch gegliederte Übersichten geben *Scholz/Westermann* Einl. Rn. 136 ff.; *Lutter/Ulmer/Zöllner/Lutter* S. 49, 77 ff. sowie *Hachenburg/Behrens* 7. Aufl. Einl. Rn. 129; dort auch Gesetzestexte (S. 3 ff. mit deutscher Übersetzung) und Einführung in das GmbH-Recht von Österreich, Schweiz, Frankreich, Belgien, Luxemburg, Italien, Niederlande und Dänemark (Einl. Rn. 146 bis 669) sowie eine rechtsvergleichende Analyse (Einl. Rn. 670 bis 686); vgl. auch GmbHR 1998, R 87.

[711] Vgl. dazu *Sonn* Das koreanische Gesellschaftsrecht im Vergleich mit dem deutschen Recht, FS Ton-Kak Suh, 1980, S. 349, 397 ff.; *ders.* Das koreanische Aktienrecht (Ausl. Aktiengesetze Bd. 18), 1983, S. 54 ff.

[712] Anders als nach § 23 Abs. 5 AktG!

[713] Vgl. SchwJZ 1995, 123; *Forstmoser,* FS Lutter, 2002, S. 374 f.

Einl. Einleitung

gruppe[714] ein erster Entwurf,[715] 1998 ein ergänzter Vorentwurf sowie ein Begleitbericht fertiggestellt und veröffentlicht.[716] Durch die Reform soll das Recht der GmbH an die Bedürfnisse der kleinen und mittleren Unternehmen (KMU) angepasst, die GmbH mit dem revidierten Aktienrecht harmonisiert und die Richtlinien der Europäischen Union im Bereich des Gesellschaftsrechts berücksichtigt werden.

367 Das sog. Vernehmlassungsverfahren, in dem jeder Bürger Bedenken hinsichtl. der kommenden Reform äußern kann, endete am 31. 10. 1999. Ab Mitte 2000 wurde der Vorentwurf unter Berücksichtigung der Vernehmlassungsergebnisse überarbeitet.

368 Der nunmehr vorliegende, überarbeitete Entwurf v. 19. 12. 2001[717] sieht uA folgendes vor:

369 **aa) Stammkapital und persönliche Haftung.** Der Mindeststammkapitalbetrag bleibt unverändert bei sfr 20 000 (vgl. Art. 773 Schw. OR).[718] Die Stammanteile müssen dabei vollständig liberiert, d.h. aufgebracht sein, wobei die tatsächliche Einzahlung des Stammkapitals durch die Übernahme der aktienrechtlichen Anforderungen betreffend die Leistung und die Prüfung der Einlagen gesichert werden soll (vgl. E Art. 777c Abs. 2 Ziff. 3 Schw. OR). Der Nennwert der Stammanteile soll mindestens sfr 100 statt wie bisher sfr 1 000 betragen (vgl. E Art. 774 Abs. 1 Schw. OR). Die geltende Begrenzung auf einen Höchstbetrag des Stammkapitals von sfr 2 Mio (Art. 773 Schw. OR) soll aufgehoben werden.

370 Die (subsidiäre) persönliche und solidarische Haftung der Gesellschafter bis zur Höhe des eingetragenen Stammkapitals gem. Art. 802 Schw. OR soll entfallen (vgl. E Art. 794 Schw. OR).[719] Damit würde eine Eigenheit des geltenden schweizerischen Rechts beseitigt werden, auf Grund deren die GmbH für Jahrzehnte in der Schweiz wenig Beachtung fand.

371 **bb) Übertragung der Stammanteile.** Nach geltendem Recht kann jeder Gesellschafter nur eine Stammeinlage besitzen, Art. 774 Abs. 2 Schw. OR. Erwirbt ein Gesellschafter den Anteil eines anderen ganz oder zum Teil, gilt das sog. Anwachsungsprinzip, d.h. es erhöht sich die Stammeinlage des Erwerbers um den entspr. Nennwert (Grundsatz der Einheitlichkeit des Gesellschaftsanteils, Art. 796 Schw. OR).[720] Der Entwurf sieht vor, dass einem Gesellschafter nunmehr mehrere Stammanteile gehören können, wobei auf die Vorschrift für den Erwerb von Stammanteilen durch einen Mitgesellschafter verzichtet werden kann. Zur Erleichterung bei der Übertragung von Stammanteilen soll auch die Herabsetzung des Mindestnennwerts auf sfr 100 (vgl. auch

---

[714] Bestehend aus Prof. Peter Böckli, Basel, Prof. Peter Forstmoser, Zürich, und Prof. Jean-Marc Rapp, Lausanne.

[715] *Böckli/Forstmoser/Rapp* Reform des GmbH-Rechts, Expertenentwurf vom 29. 11. 1996 für eine Reform des Rechts der Gesellschaft mit beschränkter Haftung, Zürich 1997.

[716] Vgl. *Böckli/Forstmoser/Rapp* Vorentwurf für eine Reform des Rechts der Gesellschaft mit beschränkter Haftung, Vernehmlassungsunterlage April 1999; *dies* Expertenbericht zum Vorentwurf für eine Reform des Rechts der Gesellschaft mit beschränkter Haftung, Vernehmlassungsunterlage April 1999; beide Dokumente einzusehen bei http://www.ofj.admin.ch/themen/gmbh/intro-d.htm.

[717] Pressemitteilung, Entwurf und Begründung zum Entwurf abrufbar unter http://www.ofj.admin.ch/themen/gmbh/intro-d.htm.

[718] Der Vorentwurf sah noch eine Erhöhung auf sfr 40 000 vor, Vorentwurf Art. 773 Schw. OR; vgl. dazu *Büren/Steiner* ZBJV 1999, 460, 466 f.; *Kläy/Duc* Der Schweizer Treuhänder 1999, 651 f.

[719] Vgl. *Guhl/Kummer/Druey* S. 724 f.; *Meier-Hayoz/Forstmoser* § 18 Rn. 30 ff.

[720] Vgl. *Honsell/Vogt/Watter/Amstutz* Art. 796 Rn. 1 ff.

H. Rechtsvergleichung und Rechtsangleichung **Einl.**

Rn. 369) dienen.[721] Um den personenbezogenen Charakter der GmbH beizubehalten, soll die Beschränkungsmöglichkeit der Übertragung von Stammanteilen bestehen bleiben. Auch in Zukunft sollen Stammanteile nicht börsenfähig sein.

cc) Einpersonengesellschaften. Nach dem Entwurf Art. 775 Schw. OR soll 372 künftig die Gründung einer Einpersonen-GmbH zulässig sein, wobei Gesellschafter jede natürliche und juristische Person sowie jede andere Handelsgesellschaft (d.h. Kollektiv- und Kommanditgesellschaften) sein kann.[722] Auf weitergehende, noch im Vorentwurf enthaltene Regelungen (Schriftlichkeit der Verträge zwischen Gesellschaft und Alleingesellschafter, Art. 814 Abs. 2 Schweizer OR und Eintragung der Einpersonengesellschaft als solche im Handelsregister, Art. 775 Abs. 2 Schw. OR), wurde im überarbeiteten Entwurf verzichtet.

dd) Aufteilung der Befugnisse zwischen den Organen der Gesellschaft. Im 373 Unterschied zum geltenden Recht sollen die Befugnisse zwischen der Gesellschafterversammlung und den geschäftsführenden Organen, bei welchen es sich um geschäftsführende Gesellschafter oder um Dritte handeln kann, klarer aufgeteilt werden. Dies soll dazu dienen, eventuelle Konflikte innerhalb kleiner Unternehmen zu vermeiden. Der Entwurf weist dazu jeweils der Gesellschafterversammlung und den Geschäftsführern Aufgaben zu, die nicht übertragbar sind.[723] Sind Aufgaben weder durch Gesetz noch durch Statuten der Gesellschafterversammlung zugeteilt, so sind die Geschäftsführer zuständig (vgl. E Art. 810 Abs. 1 Schw. OR).

ee) Schutz der (Minderheits-)Gesellschafter. Bisher hat der nicht geschäftsfüh- 374 rende Gesellschafter lediglich dann umfassende Informationsrechte, wenn die Gesellschaft keine „Kontrollstelle" besitzt. Nunmehr kann jeder Gesellschafter jederzeit von den Geschäftsführern Auskunft über alle Angelegenheiten der Gesellschaft verlangen (vgl. E Art. 802 Abs. 1 Schw. OR).[724] Bei berechtigtem Interesse des Gesellschafters sind die Geschäftsführer verpflichtet, Bücher und Akten auf Verlangen vorzulegen. Darüber hinaus soll das Bezugsrecht des Gesellschafters gesichert werden (vgl. E Art. 781 Abs. 5 Ziff. 2 iVm. 652b Schw. OR).[725]

ff) Obligatorisches Kontrollorgan. War die „Kontrollstelle" bisher fakultativ 375 (Art. 819 Abs. 2 Schw. OR),[726] so soll sie – entsprechend dem Aktienrecht als „Revisionsstelle" bezeichnet – in bestimmten Fällen obligatorisch sein (vgl. E Art. 818 Abs. 1 Schw. OR).[727] Ihre Befugnisse sollen sich nach dem Aktienrecht bestimmen (vgl. E Art. 818 Abs. 2 Schw. OR).

gg) Eigenkapitalersetzende Darlehen. Der Vorentwurf sah in Anlehnung an das 376 deutsche Recht sowohl für die GmbH als auch für die Aktiengesellschaft eine gesetzliche Regelung eigenkapitalersetzender Darlehen vor (vgl. Vorentwurf Art. 807c Schw. OR).[728] Nachdem dieser Vorschlag in der Vernehmlassung auf heftige Kritik gestoßen

---

[721] Vgl. *Kläy/Duc* Der Schweizer Treuhänder, 1999, 651, 652f.
[722] Vgl. *Büren/Steiner* ZBJV 1999, 460, 466; *Kläy/Duc* Der Schweizer Treuhänder, 1999, 651, 659.
[723] Vgl. E Art. 804, 810 Schw. OR.
[724] Vgl. *Kläy/Duc* Der Schweizer Treuhänder, 1999, 651, 654; *Büren/Steiner* ZBJV 1999, 460, 471.
[725] Vgl. *Büren/Steiner* ZBJV 1999, 460, 472f.
[726] Vgl. hierzu *Meier-Hazoy/Forstmoser* § 18 Rn. 80ff.
[727] Vgl. *Büren/Steiner* ZBJV 1999, 460, 477f.
[728] Vgl. *Büren/Steiner* ZBJV 1999, 460, 467f.; *Kläy/Duc* Der Schweizer Treuhänder, 1999, 651, 652.

Einl. Einleitung

ist, verzichtet der Entwurf nunmehr auf die Normierung eigenkapitalersetzender Darlehen. Wenn auch die Begründung dazu nichts hergibt, ist zu vermuten, dass diese Frage der Rechtsprechung überlassen bleiben soll.

377 Angesicht dieser und weiterer Änderungen kann von einer großen Reform des Schweizer Rechts der GmbH gesprochen werden.

378 **hh)** Vgl. auch die **Konkordanzliste** §§ 1 ff. GmbHG – Art. 772 ff. Schw. OR Anhang III.

379 **b) Anglo-amerikanischer Rechtskreis.** Die Länder des anglo-amerikanischen Rechtskreises einschließlich der dazugehörenden früheren Kolonialländer sowie Norwegen und Schweden haben auf die Einführung einer eigenständigen Gesellschaftsform wie der GmbH weitestgehend verzichtet, weil das Aktienrecht auch für die Aufgaben ausreicht, denen im deutschen Recht und den ihm folgenden Rechte die GmbH dienen soll.

380 **aa)** Im **Vereinigten Königreich von Großbritannien und Nordirland** ist es die private company, eine Unterart der company limited by shares. Sie ist dadurch gekennzeichnet, dass die Aktienübertragung beschränkt (keine Inhaberaktien), die Zahl der Gesellschafter auf 50 begrenzt ist und die Gesellschaft nicht an den Kapitalmarkt herantritt.[729] Die private limited company ist am ehesten einer deutschen GmbH vergleichbar.[730]

381 **bb)** In den **USA** sind es die close corporations, die im Aktienrecht der Einzelstaaten geregelt sind und in diesen Gesetzen, wenn überhaupt, zum Teil recht unterschiedlich definiert werden. Sie können nicht der GmbH gleichbehandelt werden.[731] Eine Einführung gibt *Hachenburg/Behrens*.[732] Im Vordringen befindet sich die limited liability company (LLC), welche eher den Personengesellschaften des deutschen Rechts nahe kommt.[733]

II. Rechtsangleichung

Literatur: *Behrens* Die Europäisierung des Gesellschaftsrechts, GmbHR 1993, 129; *Blaurock* Auf dem Weg zu einem einheitlichen Gesellschaftsrecht, in: *Lücke/Achtenhagen/Biethahn/Bloech/Gabisch* (Hrsg.) Europäische Wirtschaft der 90er Jahre, 1990, S. 31; *Buxbaum/Hopt* Legal Harmonization and the Business Enterprise, in: *Cappelletti/Weiler* (Hrsg.) Integration Through Law, Bd. 4, 1988; *Ebenroth/Wilken* Entwicklungstendenzen im amtlichen internationalen Gesellschaftsrecht; *Eckert* Die Harmonisierung des Rechts der Einpersonen-GmbH, EuZW 1990, 54; *Geßler* Ziele und Methoden der Harmonisierung des Gesellschaftsrechts der GmbH in: Rechtsfragen der Handelsgesellschaften 8 (1962); *Goldman* Europäisches Handelsrecht, 1973; *Hanschka* Entwicklungslinien und Integrationsfragen der gesellschaftsrechtlichen Akttypen des europäischen Gemeinschaftsrechts, AG 1990, 85; *Helms* Die Europäische Privatgesellschaft, 1998; *Hohloch* (Hrsg.) EU-Handbuch Gesellschaftsrecht (Loseblatt); *Lutter* Europäisches Gesellschaftsrecht. Texte und Materialien zur Rechtsangleichung, 3. Aufl. 1991; *ders.* Stand und Entwicklung des Konzernrechts in Europa, ZGR 1987, 325; *ders.* Das Europäische Unternehmensrecht im 21. Jahrhundert, ZGR 2000, 1 ff.; *Müller-Graff* Die Rechtsangleichung zur Verwirklichung des Binnenmarktes, EuR 1989, 107; *Pipkorn* Zur Entwicklung des europäischen Gesellschafts- und Unternehmensrechts, ZHR 136 (1972), 499 sowie 137 (1973), 35; *Renauld* Droit européen des so-

---

[729] Eine Einführung gibt *Hachenburg/Behrens* 7. Aufl. Einl. Rn. 592 bis 650 sowie *J. Shearman* GmbHR 1992, 149 und *Conrads/Hassel* GmbHR 1992, 438 (zum irischen Recht).

[730] BayObLGZ 1985 Nr. 50 = DB 1985, 2670; BayObLGZ 1986, 61 = NJW 1986, 3029, 3030 = GmbHR 1986, 305; *Hachenburg/Ulmer* § 12 Rn. 33; *Scholz/Westermann* Einl. Rn. 139 aE; *Scholz/Winter* § 12 Rn. 41; *Lutter/Hommelhoff* § 12 Rn. 11.

[731] *Scholz/Winter* § 12 Rn. 41; *Lutter/Hommelhoff* § 12 Rn. 11; aA *Hachenburg/Ulmer* § 12 Rn. 33; *Meyer-Landrut/Miller/Niehus* § 12 Rn. 16 aE; *Bungert* GmbHR 1993, 478.

[732] 7. Aufl. Einl. Rn. 651 bis 669 sowie *Bungert* GmbHR 1993, 478.

[733] Vgl. *Wright/Holland* NJW 1996, 95.

H. Rechtsvergleichung und Rechtsangleichung **Einl.**

ciétés, 1969; *Timmermans* Die europäische Rechtsangleichung im Gesellschaftsrecht, RabelsZ 48 (1984), 1. – Literatur und Materialien betr. Rechnungslegung, Prüfung und Publizität nach den EG-Richtlinien vgl. Anh. I nach § 42 a.

1. Allgemeines. Die Unterschiede zwischen den Rechtsordnungen selbst auf dem 382 europäischen Kontinent halten jeden Gedanken an eine Rechtsvereinheitlichung im Gesellschaftsrecht[734] oder auch nur im GmbH-Recht[735] in unerreichbarer Ferne. Deswegen begnügt sich auch die EG mit **partiellen Rechtsangleichungen,** die zudem nur schrittweise vorgenommen werden.

2. Europäische Gesellschaft (SE). Nach jahrzehntelangen Bemühungen haben 383 sich die Mitgliedstaaten der EU im Dezember 2000 in Nizza aber auf die Einführung der **Europäischen Gesellschaft** („Societas Europaea", SE) geeinigt.[736] Die Verordnung über das Statut der Europäischen Gesellschaft[737] und die ergänzende Richtlinie zur Beteiligung der Arbeitnehmer[738] enthalten Regelungen zur Organisation der zukünftigen Gesellschaft.[739] Die SE ist eine Gesellschaft mit eigener Rechtspersönlichkeit,[740] deren in Aktien zerlegtes Mindestkapital € 120 000 betragen muss.[741] Der Sitz der Gesellschaft muss in dem Mitgliedstaat der Gemeinschaft liegen, in dem sich die Hauptverwaltung der SE befindet.[742] Die Sitzverlegung in einen anderen Mitgliedstaat unter Wahrung ihrer Identität ist möglich, Art. 8 SE-VO. Nach Art. 38 lit. b SE-VO steht es zu gründenden SE[743] frei, entweder das dualistische System (ein Aufsichtsorgan und ein Leitungsorgan) oder das monistische System (ein Verwaltungsorgan) in der Satzung zu wählen, unabhängig davon, ob die SE der Mitbestimmung unterliegt oder nicht. Während das dualistische System dem deutschen Aktienrecht weitgehend entspricht,[744] ist das monistische System vor allem im anglo-amerikanischen anzutreffen und dem deutschen Recht fremd. Der deutsche Gesetzgeber kann Vorschriften über das monistische System in Bezug auf die SE erlassen, ist aber hierzu nicht verpflichtet.[745] Die ergänzende Richtlinie des Rates zur Beteiligung der Arbeitnehmer ist von den Mitgliedstaaten bis spätestens 8. 10. 2004 in nationales Recht umzusetzen. Die RL setzt primär auf die Verhandlungslösung, d. h. bei Gründung der SE verständigen sich Unternehmensführung und Arbeitnehmer, die durch ein zu diesem Zweck eingesetztes Verhandlungsgremium vertreten sind,[746] auf die Beteiligung der Arbeitnehmer in der SE.[747] Ist keine Einigung zustande gekommen oder legt die Vereinbarung dies aus-

---

[734] Vgl. *Behrens* GmbHR 1993, 129, 134; *Vollmer* ZHR 157 (1993), 373 mwN in Fn. 3 ff.
[735] Zur Euro-GmbH vgl. *Wiesner* GmbHR 1993, R 73.
[736] Vgl. zur Entstehungsgeschichte *Pluskat* DStR 2001, 1483 ff.; Überblick bei *Thoma/Leuering,* NJW 2002, 1449 ff.
[737] Verordnung (EG) Nr. 2157/2001 v. 8. 10. 2001 über das Statut der Europäischen Gesellschaft (SE), ABl. EG L 294 (2001), 1; im Folgenden SE-VO.
[738] Richtlinie 2001/86/EG des Rates v. 8. 10. 2001 zur Ergänzung des Statuts der Europäischen Gesellschaft hinsichtlich der Beteiligung der Arbeitnehmer, ABl. EG L 294 (2001), 22; im Folgenden SE-RL.
[739] Die VO trat am 8. 10. 2001 in Kraft, Art. 70 SE-VO.
[740] Art. 1 Abs. 3 SE-VO.
[741] Art. 1 Abs. 2 S. 1, Art. 4 Abs. 2 SE-VO.
[742] Art. 7 S. 1 SE-VO; vgl. hierzu *Schwarz* ZIP 2001, 1848, 1849.
[743] Zu den einzelnen Gründungsmöglichkeiten vgl. *Hommelhoff* AG 2001, 279, 280; *Pluskat* DStR 2001, 1483, 1485; *Schwarz* ZIP 2001, 1848 1850 ff.
[744] Vgl. *Hommelhoff* AG 2001, 279, 283.
[745] Vgl. *Schwarz* ZIP 2001, 1847, 1854; aA *Hommelhoff* AG 2001, 279, 284.
[746] Zur Zusammensetzung des Verhandlungsgremiums vgl. Art. 3 Abs. 2 SE-RL.
[747] Art. 3 Abs. 3 S. 1 SE-RL.

Einl. Einleitung

drücklich fest, sind Auffangregelungen anzuwenden.[748] Diese sind von den Mitgliedstaaten einzuführen und müssen den im Anhang der RL niedergelegten Mindeststandards, die unter den Anforderungen des deutschen Mitbestimmungsrechts liegen, genügen.[749] Im Fall der Umwandlung einer deutschen AG in eine SE ist das deutsche Mitbestimmungsrecht (vgl. Rn. 149) in dem Umfang anwendbar, wie die AG den mitbestimmungsrechtlichen Regelungen unterlag.[750] In den übrigen Gründungsvarianten einer SE hingegen sind ggf. die jeweiligen nationalen Auffangregelungen anzuwenden.[751] Bei der Verabschiedung der rechtlichen Regelungen zur Errichtung einer SE wurde auf geeignete flankierende steuerliche Rahmenbedingungen verzichtet, was die Akzeptanz der neuen Gesellschaftsform in der Rechtspraxis nicht sonderlich fördert.[752]

384 **3. Rechtsangleichung innerhalb der EG. a) Rechtsgrundlagen.** Der **EGV** sieht an mehreren Stellen Maßnahmen der Rechtsangleichung im Gesellschaftsrecht vor:
– nach **Art. 44 Abs. 2 lit. g [Art. 54 Abs. 3 lit. g aF]** hat der Rat auf Vorschlag der Kommission, soweit erforderlich, die Schutzbestimmungen zu koordinieren, die in den Mitgliedstaaten den Gesellschaften iSd. Art. 48 Abs. 2 [Art. 58 Abs. 2 aF] im Interesse der Gesellschafter sowie Dritter vorgeschrieben sind, um diese Bestimmungen gleichwertig zu gestalten;
– nach **Art. 94 [Art. 100 aF]** erlässt der Rat auf Vorschlag der Kommission Richtlinien für die Angleichung derjenigen Rechts- und Verwaltungsvorschriften, die sich unmittelbar auf die Errichtung oder das Funktionieren des Gemeinsamen Marktes auswirken;
– nach **Art. 308 [Art. 235 aF]** erlässt der Rat auf Vorschlag der Kommission die geeigneten Vorschriften, um im Rahmen des Gemeinsamen Marktes eines der Ziele der Gemeinschaft zu verwirklichen, auch wenn die hierfür erforderlichen Befugnisse im EWGV nicht vorgesehen sind;
– nach **Art. 293 [Art. 220 aF]** sollen die Mitgliedstaaten durch Verhandlungen miteinander insbes. sicherstellen: die gegenseitige Anerkennung der Gesellschaften iSd. Art. 48 Abs. 2 [Art. 58 Abs. 2 aF], die Beibehaltung der Rechtspersönlichkeit bei Verlegung des Sitzes von einem Staat in einen anderen und die Möglichkeit der Verschmelzung von Gesellschaften, die den Rechtsvorschriften verschiedener Mitgliedstaaten unterstehen.

385 **b) EG-Programm.** Das EG-Programm für die Rechtsangleichung im Gesellschaftsrecht hatte seinen Schwerpunkt bisher im Aktienrecht (vgl. Rn. 383), greift aber auch auf das GmbH-Recht über, selten jedoch auf das Personengesellschaftsrecht oder das übrige Unternehmensrecht.[753]

386 **c) Richtlinien.** Für die GmbH sind folgende Richtlinien (gemäß Art. 44 Abs. 2 lit. g EGV [Art. 54 Abs. 3 lit. g aF]) von Bedeutung:
– **1. Richtlinie** über die Publizität, die Vertretungsmacht der Organe und die Nichtigkeit von Gesellschaften vom 9. März 1968,[754] in der Bundesrepublik Deutschland

---

[748] Art. 7 Abs. 1 S. 2 SE-RL.
[749] Vgl. hierzu *Pluskat* DStR 2001, 1483, 1488.
[750] Dabei ist eine Lockerung der Mitbestimmung nicht möglich, vgl. Art. 3 Abs. 6 Unterabs. 3, 4 Abs. 4, 7 Abs. 2 lit. a SE-RL und Teil 3 lit. a des Anhangs zur SE-RL.
[751] Vgl. *Pluskat* DStR 2001, 1483, 1488 f.
[752] Vgl. *Klapdor* EuZW 2001, 677 ff.; vgl. auch Bedenken der US-amerikanischen Handelskammer in Deutschland, NvWR 2002, 63
[753] Vgl. des Näheren *Hachenburg/Behrens* Einl. Rn. 205 f.; *Behrens* GmbHR 1993, 129; zum Stand der Umsetzung der gesellschaftsrechtlichen Richtlinien vgl. *Wiesner* EuZW 1995, 821.
[754] ABl. EG Nr. L 65 vom 14. März 1968, S. 8.

H. Rechtsvergleichung und Rechtsangleichung **Einl.**

verwirklicht durch das Gesetz vom 15. August 1969[755] sowie auch in allen anderen Mitgliedstaaten einschließlich der Beitrittsländer. Durch das Gesetz wurden die §§ 10 Abs. 2, 52 Abs. 1, 65 Abs. 1, 67 Abs. 1, 75 Abs. 1 und 76 geändert, die §§ 8 Abs. 3, 10 Abs. 1 S. 2, 35a, 52 Abs. 2, 54 Abs. 1 S. 2, 60 Abs. 1 Nr. 5, 71 Abs. 3 und 79 Abs. 1 eingeführt sowie § 68 Abs. 2 aufgehoben. Zur **Auslegungsfrage** des § 10 Abs. 1 S. 2 GmbHG in der Fassung der 1. Richtlinie vgl. § 10 Rn. 11 ff.[756]

– **3. Richtlinie** über die Verschmelzung von Aktiengesellschaften vom 9. Oktober 1978.[757] Die Verschmelzungsrichtlinie wurde durch Bundesgesetz vom 25. Oktober 1982[758] umgesetzt, das im GmbHG § 52 Abs. 2 S. 1 geändert, iÜ nur für das Verschmelzungsrecht der GmbH Bedeutung hat.[759]

– **4., 7. und 8. Richtlinie** über den Jahresabschluss von Kapitalgesellschaften und Konzernen sowie dessen Prüfung hat das Bilanzrichtliniengesetz v. 19. Dezember 1985[760] und die Konzernabschluss-BefreiungsVO v. 15. 11. 1991[761] in das deutsche Recht umgesetzt; vgl. Rn. 32.

– **11. Richtlinie** über die Offenlegung von Zweigniederlassungen von Gesellschaften bestimmter Rechtsformen vom 21. 12. 1989,[762] umgesetzt in deutsches Recht durch Gesetz vom 22. 7. 1993.[763] Es wurde § 12 aufgehoben, § 54 Abs. 2 S. 2 geändert (vgl. jedoch § 12 Rn. 6 aE, 44; § 54 Rn. 30) und § 35a Abs. 4 sowie § 74 Abs. 1 neu eingefügt (womit bisheriger § 74 Abs. 1 und Abs. 2 nunmehr Abs. 2 und 3 wurden).

– **Richtlinie zur Änderung der 4. und 7. Richtlinie,** die die GmbH & Co. KG in die Regelung des Bilanzrichtliniengesetzes einbezieht,[764] wurde durch das KapCoRiLiG in deutsches Recht umgesetzt, vgl. ausführlich Rn. 33.

– **12. Richtlinie,** die Einpersonen-GmbH betreffend vom 21. 12. 1989,[765] umgesetzt in deutsches Recht durch Gesetz vom 18. 12. 1991.[766] Durch das Gesetz wurden § 19 Abs. 4 S. 2 aufgehoben, §§ 60 Abs. 1 Nr. 5 und 65 Abs. 1 S. 2 geändert sowie §§ 35 Abs. 4 S. 2 und 40 Abs. 2 eingefügt.

d) Übereinkommen über die gegenseitige Anerkennung. Das Übereinkommen über die gegenseitige Anerkennung von Gesellschaften und jP vom 29. Februar 1968[767] ist zustande gekommen aufgrund Art. 293 EGV [Art. 220 aF] (vgl. Rn. 384) und betrifft ebenfalls die GmbH.[768] Es hat zwar die Zustimmung der Bundesrepublik Deutschland und der meisten anderen Länder bekommen, ist aber, da die Ratifizierung durch die Niederlande nicht erfolgt ist, bislang noch nicht in Kraft getreten. **387**

---

[755] BGBl. I S. 1146.
[756] Sowie *Hachenburg/Behrens* 7. Aufl. Einl. Rn. 694.
[757] ABl. EG Nr. L 295/36 v. 20. Oktober 1978, S. 36.
[758] BGBl. I S. 1425.
[759] Vgl. § 355 AktG u. a., aufgehoben durch Art. 6 Nr. 13 UmwBerG v. 28. 10. 1994 BGBl. I S. 3210.
[760] BGBl. I S. 2355.
[761] BGBl. I S. 2122.
[762] ABl. EG Nr. L 395, S. 36 vom 30. 12. 1989.
[763] BGBl. I S. 1282.
[764] BT-Drucks. 11/3719.
[765] ABl. EG Nr. L 395, S. 40 v. 30. 12. 1989.
[766] BGBl. I S. 2206.
[767] BGBl. 1972 II S. 370.
[768] Vgl. Rn. 317 sowie *Hachenburg/Behrens* Einl. Rn. 126 f., 245 ff.; *Staudinger/Großfeld* Rn. 137 ff.

Einl.   Einleitung

Anhang I
Unternehmensmitbestimmung der Arbeitnehmer*

Mitbestimmung nach	erfasste Unternehmen	Mindestzahl der Arbeitnehmer	Arbeitsdirektor
Mitbestimmungsgesetz 1976 – MitbestG	AG, KGaA, GmbH, eGen, bergr. Gewerkschaft mit eigener Rechtspersönlichkeit**, § 1 Abs. 1 Nr. 1 **keine** Anwendbarkeit des MitbestG auf „Tendenzunternehmen", § 1 Abs. 4 S. 1 und Religionsgemeinschaften, § 1 Abs. 4 S. 2 (diese Ausnahme ist § 118 BetrVG 1972 nachgebildet) und im Montanbereich, bei Geltung des Montan-MitbestG	2000 AN, § 1 Abs. 1 Nr. 2	ja, § 33, als gleichberechtigtes Mitglied des gesetzlichen Vertretungsorgans mit unentziehbarem Kernbereich personeller Zuständigkeit (bei eGen muss der Arbeitsdirektor nicht wie die übrigen Vorstandsmitglieder Genosse sein, § 9 Abs. 2 GenG). § 33 gilt nicht bei KGaA
Rn. 205–265	Rn. 205 ff., 214	Rn. 205 ff.; für GmbH & Co. KG vgl. Rn. 209 ff.	Rn. 264
Montan-Mitbestimmungsgesetz vom 21. 5. 1951 – Montan-MitbestG	AG, GmbH oder bergrechtliche Gewerkschaft mit eigener Rechtspersönlichkeit**, § 1 Abs. 2, deren überwiegender Betriebszweck im Montanbereich liegt (Kohleförderung, Eisen- und Stahlerzeugung sowie abhängige Unternehmen), § 1 Abs. 1	1000 AN, § 1 Abs. 2 oder „Einheitsgesellschaften"*** ohne Rücksicht auf die AN-Zahl, § 1 Abs. 2 iVm. Abs. 1 b	ja, § 13 Abs. 1 S. 1, als gleichberechtigtes Mitglied des gesetzlichen Vertretungsorgans. Arbeitsdirektor kann **nicht** gegen die Stimmen der AN-Vertreter bestellt oder abberufen werden, § 13 Abs. 1 S. 2
Rn. 152 f., 165			Rn. 153

* Hiervon zu unterscheiden: **Betriebliche** Mitbestimmung der Arbeitnehmer nach **BetrVG 1972**.
** Diese Rechtsform ist durch Bundesberggesetz vom 13. 8. 1980 (§ 163 BBergG) aufgehoben worden; für bestehende bergrechtliche Gewerkschaften Übergangsfrist bis 1. 1. 1986; für im Bergbauverbund tätige Unternehmen bis zum 1. 1. 1989 verlängert.
*** Im Sinne des Gesetzes Nr. 27 der Alliierten Hohen Kommission vom 16. 5. 1950.

Anhang I: Unternehmensmitbestimmung der Arbeitnehmer

Aufsichtsrat							
Größe	davon						weitere Mitglieder
	Anteilseigner-vertreter	Arbeitnehmervertreter					
		insgesamt	Unternehmensangehörige			Vertreter d. Gewerk-schaften	
			AN	davon Lt. Angestellte			
§ 7 Abs. 1 S. 1; Nr. 1: bis 10 000 AN: **12**	§§ 7Abs. 1 S. 1; 8: *6*	§ 7 Abs. 1 S. 1, Nr. 1: *6*	§ 7 Abs. 2, Nr. 1: *4*	§§ 3 Abs. 1 Nr. 2; 11 Abs. 2; 15 Abs. 2: *1*		§ 7 Abs. 2 Nr. 1: *2*	–
Nr. 2: 10 000–20 000 AN: **16**	Nr. 2: *8*	Nr. 2: *8*	Nr. 2: *6*	*1*		Nr. 2: *2*	–
Nr. 3: mehr als 20 000 AN: **20**	Nr. 3: *10*	Nr. 3: *10*	Nr. 3: *7*	*1*		Nr. 3: *3*	–
Rn. 217	Rn. 217	Rn. 217	Rn. 218	Rn. 219		Rn. 219, 239 f.	
§ 4 Abs. 1 S. 1: **11**	§§ 4 Abs. 1 a, Abs. 2, 5: *4 + 1*	§§ 4 Abs. 1 b, Abs. 2, 6: *4 + 1*	§ 6 Abs. 1: 2 Arbeit-nehmer		–	§ 6 Abs. 3, Abs. 4: *2 + 1*	§§ 4 Abs. 1 lit c, Abs. 2, 8: *1* („**Neutraler**" zur Überwindung von Pattsituationen)
§ 9 Abs. 1 S. 1: bei größerem Nennkapital als € 10 Mio. **15** möglich	§ 9 Abs. 1 S. 2: *6 + 1*	§ 9 Abs. 1 S. 2: *6 + 1*	§ 9 Abs. 1 S. 2: 3 Arbeit-nehmer		–	§ 9 Abs. 1 S. 2: *3 + 1*	*1*
§ 9 Abs. 2 S. 1: bei größerem Nennkapital als € 25 Mio. **21** möglich	§ 9 Abs. 2 S. 2: *8 + 2*	§ 9 Abs. 2 S. 2: *8 + 2*	§ 9 Abs. 2 S. 2: 4 Arbeit-nehmer		–	§ 9 Abs. 2 S. 2: *4 + 1*	*1*
						Rn. 154	

Einl. Einleitung

Mitbestimmung nach	erfasste Unternehmen		Mindestzahl der Arbeitnehmer	Arbeitsdirektor
Montan-Mitbestimmungsergänzungs-Gesetz vom 7. 8. 1956 (sog. Holding-Novelle) – Montan-MitbestErgG	AG, GmbH oder bergrechtliche Gewerkschaft mit eigener Rechtspersönlichkeit**, die als Konzernobergesellschaften (Holding) durch dem Montan-MitbestG unterfallende Konzernunternehmen **gekennzeichnet** sind		– Übergang nicht montanmitbestimmter Unternehmen: Montanquote 50% des Umsatzes über mindestens sechs Jahre, § 16 Abs. 1 Nr. 1 – Übergang montanmitbestimmter Unternehmen: Montanquote mindestens 20% oder mehr als 2000 AN, § 3 Abs. 2 S. 1	ja, § 13, aber § 13 Abs. 1 S. 2 Montan-MitbestG (Vorzugs/Vetorecht der AN-Vertreter) gilt nicht
Rn. 154 ff.	Rn. 166 f.			Rn. 155
Betriebsverfassungsgesetz **1952** – BetrVG 1952	1. AG, KGaA, § 76 I		weniger als 2000 Arbeitnehmer	–
		keine Mitbestimmung bei		
		a) AGs, die ab dem 10. 8. 1994 eingetragen worden sind	weniger als 500 AN, § 76 Abs. 6 S. 1	
		b) AGs, die Familien- oder Einpersonengesellschaften sind	weniger als 500 AN § 76 Abs. 6 S. 1	
	2. GmbH, bergrechtliche Gesellschaften mit eigener Rechtspersönlichkeit** § 77 Abs. 1		mehr als 500 AN vgl. Rn. 266–293	
	3. eGen, § 77 Abs. 3		mehr als 500 AN	
	4. VVaG, **sofern** ein Aufsichtsrat besteht § 77 Abs. 2		mehr als 500 AN	
	5. Konzernunternehmen m. Beherrschungsvertrag – Zurechnung –			
	Rn. 266, 267		Rn. 266	
	keine Anwendbarkeit des BetrVG 1952 auf · GmbH & Co. KG (Rn. 267 aE) · Tendenzunternehmen und Religionsgemeinschaften, vgl. § 81 (Rn. 268)		mehr als 500 AN	Rn. 293

Anhang I: Unternehmensmitbestimmung der Arbeitnehmer **Einl.**

Aufsichtsrat						
Größe	davon					weitere Mitglieder
	Anteilseigner-vertreter	Arbeitnehmervertreter				
		insgesamt	Unternehmensangehörige		Vertreter d. Gewerk-schaften	
			AN	davon Lt. Angestellte		
§ 5 Abs. 1 S. 1: **15**	§ 5 Abs. 1 S. 2 a: 7	§ 5 Abs. 1 S. 2 b: 7	§ 6 Abs. 1 S. 1: 5	–	§ 6 Abs. 1 S. 1: 2	§ 5 Abs. 1 S. 2 c, Abs. 3: 1
§ 5 Abs. 1 S. 2: bei mehr als € 25 Mio. Gesell-schaftskapital **21** möglich	§ 5 Abs. 1 S. 4: 10	§ 5 Abs. 1 S. 4: 10	§ 6 Abs. 1 S. 2: 7	–	§ 6 Abs. 1 S. 2: 3	(„Neutraler" zur Überwindung von Pattsituatio-nen) 1
						Rn. 155
siehe § 95 AktG	§ 76 Abs. 1: ²/₃	§ 76 Abs. 1: ¹/₃ (sog. Drit-tel-Parität)	–	–	–	–
			–	–	–	–
			–	–	–	–
§§ 77 Abs. 1 S. 2, 76 BetrVG 1952, § 95 AktG	§§ 77 Abs. 1 S. 2, 76: ²/₃	¹/₃	–	–	–	–
§§ 77 Abs. 3, 76 BetrVG	§§ 77 Abs. 3, 76: ²/₃	¹/₃	–	–	–	–
§§ 77 Abs. 2, 76 BetrVG	§§ 77 Abs. 2, 76: ²/₃	¹/₃	–	–	–	–
–	–	–	–	–	–	–
Rn. 269 ff.	Rn. 270 f.	Rn. 270 f.		Rn. 271	Rn. 271	

Schmidt-Leithoff

Anhang II
Konkordanzliste §§ 1 ff. GmbHG – §§ 1 ff. ÖGmbHG

GmbHG	ÖGmbHG	GmbHG	ÖGmbHG
§ 1	§ 1	§ 34	keine entspr. Norm, eventuell §§ 58, 71
§ 2	§ 3		
§ 3	§ 4	§ 35	§ 18
§ 3 Abs. 2	§ 8	§ 35 a	§ 14 Abs. 1, 3, 4 ÖHGB
§ 4	§ 5		
§ 4 a	keine entspr. Norm	§ 36	§ 19
§ 5	§ 6	§ 37	§§ 20, 21
§ 6	§ 15	§ 38	§ 16
§ 7 Abs. 1	§ 9 Abs. 1	§ 39	§ 17
§ 8	§ 9 Abs. 2	§ 40	§ 26
§ 9	§ 10 a	§ 41	§ 22
§ 9 a	§ 10 Abs. 4–6	§ 42	§§ 272, 229 öHGB
§ 9 b	§ 10 Abs. 5, 6	§ 42 a	§ 22 Abs. 3, § 35 Abs. 1
§ 9 c	§ 11		
§ 10	§ 11	§ 43	§ 25
§ 11	§ 2	§ 43 a	keine entspr. Norm
§ 12	aufgehoben	§ 44	§ 27
§ 13	§ 61	§ 45	§ 35 Abs. 2
§ 14	§ 75	§ 46	§ 35 Abs. 1
§ 15	§ 76 Abs. 1, 2	§ 47	§ 39
§ 16 Abs. 1, 3	§ 78 Abs. 1, 2	§ 48	§ 34 Abs. 1
§ 17	§ 79	§ 49	§ 36
§ 18	§ 80	§ 50	§ 37
§ 19	§ 63	§ 51	§ 38 Abs. 1, 2, 4
§ 20	§ 65	§ 51 a	keine entspr. Norm
§ 21	§ 66	§ 51 b	keine entspr. Norm
§ 22	§ 67	§ 52	§ 29
§ 23	§ 68	§ 53	§§ 49, 50
§ 24	§ 70	§ 54	§ 51
§ 25	§ 71	§ 55	§ 52
§ 26	§ 72	§ 56	§§ 52 Abs. 6, 6 a
§ 27	§ 72	§ 56 a	§ 52 Abs. 6
§ 28	§ 73	§ 57	§ 53
§ 29	§ 82	§ 57 a	§ 11
§ 30	§ 82	§ 57 b	§§ 51, 12
§ 30 Abs. 2	§ 74 Abs. 5	§ 57 c–57 o	ÖKapBerG
§ 31	§ 82	§ 58	§§ 54–58
§ 32	keine entspr. Norm	§ 59	keine entspr. Norm
§ 32 a	§ 74	§ 60	§ 84
§ 32 b	keine entspr. Norm	§ 61	keine entspr. Norm
§ 33	§ 81	§ 62	§ 86

GmbHG	ÖGmbHG	GmbHG	ÖGmbHG
§ 63, 64	§ 69 öKO	§ 76	§ 10 FBG
§ 65	§ 88, 91 Abs. 1	§ 77	§ 10 FBG
§ 66	§ 89	§ 78	keine entspr. Norm
§ 67	§ 89	§ 79	§ 125
§ 68	§ 90	§§ 80, 81, 81a	aufgehoben
§ 69	§ 92	§ 82	§ 122
§ 70	§ 90	§ 83	aufgehoben
§ 71	§ 91	§ 84	keine entspr. Norm
§ 72	§ 91 Abs. 2	§ 85	keine entspr. Norm
§ 73	§ 91 Abs. 2, 4	§ 86	keine entspr. Norm
§ 74	§ 93		
§ 75	§ 84 Abs. 1 Nr. 6, § 10 Abs. 2 FBG		

Anhang III
Konkordanzliste §§ 1 ff. GmbHG – Art. 772 ff. Schw. OR

GmbHG	Thematik	Schw. OR	Thematik
§ 1	Zweck der Gesellschaft	Art. 772 Abs. 3	Zweck
§ 2 Abs. 1	Form des Gesellschaftsvertrages	Art. 779 Abs. 1	Gründungserklärung
§ 2 Abs. 2	Notarielle Form der Vollmacht		
§ 3 Abs. 1	Zwingender Inhalt des Gesellschaftsvertrages	Art. 776	Mindestinhalt der Satzung (Statut)
		Art. 779 Abs. 2	Inhalt der Urkunde
		Art. 779 Abs. 3	Vorlagepflicht der Urkunden
§ 3 Abs. 2	Fakultativer, aber formbedürftiger Inhalt	Art. 777 Nr. 1	Erhöhung der Einzahlungspflicht von Art. 774 Abs. 2
		Art. 777 Abs. 2	Nachschusspflichten
		Art. 777 Nr. 3	Sondervorschriften über Einberufung der Gesellschafterversammlung
		Art. 777 Nr. 4	Sondervorschriften über Bemessung des Stimmrechtes
		Art. 777 Nr. 5	Ausdehnung des Konkurrenzverbotes
		Art. 777 Nr. 6	Sondervorschriften über die Bestellung von Prokuristen
		Art. 777 Nr. 7	Abtretungsverbote bzw. Vinkulierung
		Art. 777 Nr. 8	Sonderregelungen über Verteilung des Reingewinns
		Art. 777 Nr. 9	Austrittsrecht
		Art. 777 Nr. 10	Begrenzung der Dauer des Unternehmens
§ 4	Firma	Art. 776 Nr. 1	Name der Gesellschaft
§ 4a Abs. 1	Sitz der Gesellschaft	Art. 776 Nr. 1	Sitz der Gesellschaft
§ 4a Abs. 2	Bestimmung des Sitzes		
§ 5 Abs. 1	Mindeststammkapital	Art. 773, 774 Abs. 1	Mindest- und Höchststammkapital, Höhe der Stammeinlagen
§ 5 Abs. 2	Verbot der Übernahme mehrerer Stammeinlagen	Art. 774 Abs. 2	Verbot des Besitzes mehrerer Stammeinlagen/ Einzahlungspflicht

Anhang III: Konkordanzliste Schweiz **Einl.**

GmbHG	Thematik	Schw. OR	Thematik
§ 5 Abs. 3	Unterschiedliche Höhe der Stammeinlagen, aber durch 50 teilbar	Art. 774	Mindeststammeinlage 1000 SFR
§ 5 Abs. 4	Sacheinlage	Art. 778 Abs. 1	Sacheinlage
§ 6 Abs. 1	Erforderlichkeit eines Geschäftsführers	Art. 811 Abs. 1, 812 Abs. 1	Gemeinsame Geschäftsführung und Vertretung; Übertragung auch auf Nichtgesellschafter möglich
§ 6 Abs. 2	Persönliche Voraussetzungen	Art. 813 Abs. 1, Abs. 2	Geschäftsführerwohnsitz; bei Nichteinhaltung Frist zur Wiederherstellung durch Handelsregister
§ 6 Abs. 3	Bestellung des Geschäftsführers	Art. 811 Abs. 2	Übertragung der Geschäftsführung durch Gesellschaftsbeschluss
§ 6 Abs. 4	Gesamtgeschäftsführungsbefugnis nur für die beschließenden Gesellschafter	Art. 811 Abs. 3	Bei nachträglich hinzutretenden Gesellschaftern Geschäftsführung nur durch gesonderten Beschluss
§ 7 Abs. 1	Anmeldung zur Eintragung ins Handelsregister	Art. 780 Abs. 1	Eintragung ins Handelsregister
§ 7 Abs. 2	Voraussetzungen der Anmeldung	Art. 780 Abs. 2	Anmeldung
§ 7 Abs. 3	Erklärung der freien Verfügbarkeit bei Sacheinlagen	Art. 779 Abs. 4	Erklärung der freien Verfügbarkeit bei Sacheinlagen
§ 8 Abs. 1	Erforderliche Unterlagen für die Anmeldung	Art. 780 Abs. 3, 4	Inhalt der Anmeldungsunterlagen; Beifügung der Statuten und des Errichtungsaktes
§ 8 Abs. 2	Versicherung der freien Verfügbarkeit der Leistung	Art. 780 Abs. 4	Beleg der freien Verfügbarkeit der Einzahlungen und der Sacheinlagen
§ 8 Abs. 3	Versicherung der Bestellungsvoraussetzungen für Geschäftsführer		
§ 8 Abs. 4	Angabe der Vertretungsbefugnis	Art. 780 Abs. 2 Nr. 4	Angabe wie Vertretung ausgeübt wird
§ 8 Abs. 5	Zeichnung der Unterschriften der Geschäftsführer	Art. 815 S. 2	Zeichnung der Unterschriften der Geschäftsführer
§ 9 Abs. 1	Geldeinlage statt Sacheinlage		

Schmidt-Leithoff

Einl.

GmbHG	Thematik	Schw. OR	Thematik
§ 9 Abs. 2	Verjährung des Anspruchs		
§ 9a Abs. 1	Schadenersatz bei vorsätzlichen Falschangaben		
§ 9a Abs. 2	Schädigung der Gesellschaft		
§ 9a Abs. 3	Verschulden		
§ 9a Abs. 4	Haftung der Hintermänner		
§ 9b Abs. 1	Verzicht auf Ersatzansprüche und Vergleich		
§ 9b Abs. 2	Verjährung der Ansprüche aus § 9 a		
§ 9c Abs. 1	Ablehnung der Eintragung wegen fehlerhafter Errichtung		
§ 9c Abs. 2	Ablehnung der Eintragung wegen fehlerhaften Gesellschaftsvertrages		
§ 10 Abs. 1	Inhaltliche Anforderungen der Eintragung	Art. 781	Inhalt der Eintragung ins Handelsregister
§ 10 Abs. 2	Eintragung der Zeitdauer der Gesellschaft	Art. 781 Nr. 3	Zeitdauer der Gesellschaft
§ 10 Abs. 3	Bekanntmachung der Eintragung		
§ 11 Abs. 1	Konstitutive Wirkung der Eintragung	Art. 783 Abs. 1	Konstitutive Wirkung der Eintragung
§ 11 Abs. 2	Handelndenhaftung	Art. 783 Abs. 2, 3	Handelndenhaftung vor Eintragung, Haftungsbefreiung
§ 12 (aufgehoben)	Zweigniederlassung	Art. 782 Abs. 1	Zweigniederlassungen
		Art. 782 Abs. 2	Zuständigkeit zur Anmeldung der Zweigniederlassung
		Art. 782 Abs. 3 (aufgehoben)	Besonderer Gerichtsstand der Zweigniederlassung
§ 13 Abs. 1	Juristische Person	Art. 772 Abs. 1	Definition GmbH
§ 13 Abs. 2	Haftung für Verbindlichkeiten	Art. 772 Abs. 2	Haftungsbegrenzung auf eingetragenes Stammkapital
§ 13 Abs. 3	Handelsgesellschaft	Art. 772 Abs. 3	Zweck der Gesellschaft
§ 14	Geschäftsanteil des Gesellschafters	Art. 789 Abs. 1	Gesellschaftsanteil des Gesellschafters
§ 15 Abs. 1	Übertragbarkeit der Geschäftsanteile	Art. 789 Abs. 2	Freie Veräußerlichkeit und Vererblichkeit des Geschäftsanteils

Anhang III: Konkordanzliste Schweiz **Einl.**

GmbHG	Thematik	Schw. OR	Thematik
§ 15 Abs. 2	freie Veräußerlichkeit und Vererblichkeit des Anteils auch durch bisherigen Gesellschafter	Art. 789 Abs. 2, Art. 792 Abs. 1, 2 Art. 796 Abs. 1 und 2 Art. 822 Abs. 1	Freie Veräußerlichkeit und Vererblichkeit des Geschäftsanteils; Erbgang, eheliches Güterrecht. Bei Erbfall Zustimmung der Gesellschafter nur bei Statusvereinbarung. Versagung der Zustimmung nur, wenn anderer Erwerber gefunden wird. Erwerb des Gesellschaftsanteils durch einen Mitgesellschafter. Rechtsfolge: Erhöhung der Stammeinlage; Statutenmäßiges Austrittsrechts eines Gesellschafters
§ 15 Abs. 3	Notarielle Form der Abtretung	Art. 791 Abs. 1	Abtretung des Geschäftsanteils
§ 15 Abs. 4	Notarielle Form des Verpflichtungsvertrages	Art. 791 Abs. 2	Zustimmungspflicht von 3/4 der Gesellschafter
§ 15 Abs. 5	Voraussetzungen der Abtretung	Art. 791 Abs. 4; Art. 791 Abs. 3	Form der Abtretung; Möglichkeit von abweichenden Vereinbarungen
§ 16 Abs. 1	Stellung des Erwerbers gegenüber Gesellschaft		
§ 16 Abs. 2	Haftung des Erwerbers bis zur Anmeldung		
§ 16 Abs. 3	Gesamtschuldnerische Haftung von Erwerber und Veräußerer		
§ 17 Abs. 1	Genehmigungsbedürftigkeit bei Veräußerung von Teilen von Geschäftsanteilen	Art. 795	Teilung eines Geschäftsanteils ist grds. möglich
§ 17 Abs. 2	Form der Genehmigung		
§ 17 Abs. 3	Entbehrlichkeit der Genehmigung		
§ 17 Abs. 4	Anwendung von § 5 Abs. 1 und 3, d.h. Mindestnennbetrag und rechnerische Teilbarkeit		
§ 17 Abs. 5	Verbot gleichzeitiger Übertragung		
§ 17 Abs. 6	Teilung nur bei Veräußerung und Vererbung		

Einl.   Einleitung

GmbHG	Thematik	Schw. OR	Thematik
§ 18 Abs. 1	Gemeinschaftliche Rechtsausübung bei ungeteiltem Geschäftsanteil	Art. 797 Abs. 1	Gesellschaftsanteil steht einer Mehrheit von Gesellschaftern zu/Vertretung
§ 18 Abs. 2	Haftung der Mitberechtigten	Art. 797 Abs. 2	Haftung der Gemeinschaft, solange Teilung noch nicht erfolgt ist.
§ 18 Abs. 3	Rechtshandlungen der Gesellschaft		
§ 19 Abs. 1	Einzahlungen auf die Stammeinlagen	Art. 798 Abs. 1	Einzahlungspflicht der Stammeinlagen
§ 19 Abs. 2	Keine Befreiung der Einzahlungspflicht	Art. 798 Abs. 2	Erlass- und Stundungsverbot
§ 19 Abs. 3	Befreiung bei Kapitalherabsetzung	Art. 798 Abs. 2 Halbs. 2	Befreiung bei Kapitalherabsetzung
§ 19 Abs. 4	Sicherung der Kapitalaufbringung bei nachträglicher Einmann-GmbH		
§ 19 Abs. 5	Leistung einer Sacheinlage auf Stammeinlage		
§ 20	Verzugszinsen	Art. 799 Abs. 1	Verzug der Einzahlungsverpflichtung
§ 21 Abs. 1	Kaduzierung	Art. 799 Abs. 2	Ausschluss bei ergebnisloser Fristsetzung
§ 21 Abs. 2	Ausschluss des Gesellschafters		
§ 21 Abs. 3	Ausfallhaftung	Art. 799 Abs. 2 S. 2	Ausfallhaftung
§ 22 Abs. 1	Haftung der Rechtsvorgänger	Art. 801 Abs. 1	Haftung der Rechtsvorgänger des ausgeschlossenen Gesellschafters
§ 22 Abs. 2	Staffelregress	Art. 801 Abs. 2	Haftungsreihenfolge
§ 22 Abs. 3	Erlöschen der Haftung nach 5 Jahren	Art. 801 Abs. 1 Halbs. 2	Erlöschen der Haftung nach 10 Jahren
§ 22 Abs. 4	Übergang des Geschäftsanteils		
§ 23	Verwertung des kaduzierten Anteils	Art. 800 Abs. 1	Verwertung des kaduzierten Anteils
		Art. 800 Abs. 2	Kaduzierungsüberschuss fließt Ausgeschlossenem zu
		Art. 802 Abs. 2	Haftungsbeschränkung/ Keine Beschränkung bei Rückzahlung des Stammkapitals
§ 24	Aufbringung von Fehlbeträgen		

Anhang III: Konkordanzliste Schweiz **Einl.**

GmbHG	Thematik	Schw. OR	Thematik
§ 25	Keine Dispositivität der §§ 21–24		
§ 26 Abs. 1	Nachschusspflicht	Art. 803 Abs. 1	Nachschusspflicht aufgrund statutenmäßiger Vereinbarung
§ 26 Abs. 2	Maßstab der Nachschusspflicht	Art. 803 Abs. 2, 3	Bestimmtheit der Vereinbarung und Geltendmachung der Nachschüsse
§ 26 Abs. 3	Beschränkung der Nachschusspflicht		
§ 27 Abs. 1	Befreiung von unbeschränkter Nachschusspflicht		
§ 27 Abs. 2	Befriedigung aus dem Geschäftsanteil		
§ 27 Abs. 3	Unverwertbarkeit des Anteils		
§ 27 Abs. 4	Beschränkung durch Gesellschaftsvertrag		
§ 28 Abs. 1	Ausschließung bei beschränkter Nachschusspflicht		
§ 28 Abs. 2	Vorzeitige Einforderung von Nachschüssen		
§ 29 Abs. 1	Gewinnverwendung	Art. 804 Abs. 1	Anspruch auf Gewinnverteilung
		Art. 804 Abs. 2	Verbot der Stammkapitalverzinsung
§ 29 Abs. 2	Gewinnverwendungsbeschluss	Art. 810 Nr. 4	Gewinnverwendungsbeschluss
§ 29 Abs. 3	Verteilungsmaßstab		
§ 29 Abs. 4	Sonderregelungen für Rücklagenbildung		
§ 30 Abs. 1	Auszahlungsverbot zur Erhaltung des Stammkapitals		
§ 30 Abs. 2	Rückforderung von ausgezahltem Stammkapital	Art. 802 Abs. 3	Rückgriffsanspruch der Gesellschafter untereinander
§ 31 Abs. 1	Erstattungsanspruch von verbotenen Rückzahlungen des Stammkapitals	Art. 806 Abs. 1	Rückerstattungspflicht für ungerechtfertigt bezogene Gewinnbeträge
§ 31 Abs. 2	Teilweise Einschränkung zugunsten des gutgläubigen Empfängers	Art. 806 Abs. 2	Einschränkung der Rückzahlungspflicht bei Gutgläubigkeit
§ 31 Abs. 3	Ausfallhaftung der übrigen Gesellschafter		

Schmidt-Leithoff

Einl. Einleitung

GmbHG	Thematik	Schw. OR	Thematik
§ 31 Abs. 4	Erlassverbot		
§ 31 Abs. 5	Verjährung	Art. 806 Abs. 3	Verjährung
§ 31 Abs. 6	Haftung der Geschäftsführer		
§ 32a Abs. 1	Eigenkapitalersetzendes Gesellschafterdarlehen		
§ 32a Abs. 2	Mittelbare Gesellschafterdarlehen		
§ 32a Abs. 3	Generalklausel für wirtschaftlich entsprechende Rechtshandlungen		
§ 32 b	Erstattung zurückgezahlter Darlehen		
§ 33 Abs. 1	Verbot des Erwerbs und der Inpfandnahme eigener Geschäftsanteile	Art. 807 Abs. 1	Verbot des Erwerbs oder Pfandnahme eigener Anteile vor Volleinzahlung
§ 33 Abs. 2	Erwerb voll eingezahlter Anteile	Art. 807 Abs. 2	Nach Volleinzahlung: Rückerwerb eigner Anteile ohne Zugriff auf Stammkapital
§ 33 Abs. 3	Erwerb zur Abfindung von Gesellschaftern		
§ 34 Abs. 1	Satzungsgrundlage für Amortisation	Art. 822 Abs. 3 Art. 822 Abs. 4	Ausschließung eines Gesellschafters durch die Gesellschaft; Abfindungsanspruch des ausscheidenden Gesellschafters
§ 34 Abs. 2	Amortisation ohne Zustimmung		
§ 34 Abs. 3	Kapitalerhaltung		
§ 35 Abs. 1	Vertretung durch Geschäftsführer	Art. 814 Abs. 1	Umfang der Vertretungsbefugnis der Geschäftsführer, Verweis auf AG-Regelungen
§ 35 Abs. 2	Gesamtvertretung		
§ 35 Abs. 3	Zeichnung der Geschäftsführer	Art. 815 Abs. 1 S. 1	Zeichnung der Geschäftsführer
§ 35 Abs. 4	Selbstkontrahierungsverbot		
§ 35a Abs. 1	Unbedingt erforderliche Angaben auf Geschäftsbriefen		
§ 35a Abs. 2	Mitteilungen und Berichte		
§ 35a Abs. 3	Bestellscheine		
§ 35a Abs. 4	Geschäftsbriefe einer ausländischen GmbH		

Anhang III: Konkordanzliste Schweiz **Einl.**

GmbHG	Thematik	Schw. OR	Thematik
§ 36	Wirkung der Vertretung		
§ 37 Abs. 1	Beschränkung der Vertretungsbefugnis	Art. 816	Keine Erteilung von Prokura oder Handlungsvollmacht durch Geschäftsführer
§ 37 Abs. 2	Unbeschränkbarkeit der Vertretungsmacht		
§ 38 Abs. 1	Widerruf der Bestellung der Geschäftsführer	Art. 814 Abs. 2 und 3	Entziehung der Geschäftsführung; jederzeitige Abberufung eines fremden Geschäftsführers
§ 38 Abs. 2	Einschränkung der Widerrufsmöglichkeiten		
§ 39 Abs. 1	Anmeldung der Geschäftsführer		
§ 39 Abs. 2	Beizufügende Urkunden		
§ 39 Abs. 3	Versicherung der Geschäftsführer über Bestellungshindernisse und Auskunftspflichtbelehrung		
§ 39 Abs. 4	Zeichnung der Unterschrift		
§ 40 Abs. 1	Gesellschafterliste	Art. 790 Abs. 1 und 2	Führung eines Anteilbuches ggü. dem Handelsregister; Jährliche Aktualisierung des Anteilbuches
§ 40 Abs. 2	Unverzügliche Anzeige bei Umwandlung zur Einmann-GmbH		
§ 41	Buchführung	Art. 805	Anwendung der Bilanzierungsvorschriften der AG
§ 42 Abs. 1	Ausweis des Stammkapitals		
§ 42 Abs. 2	Ausweis des Nachschusskapitals		
§ 42 Abs. 3	Ausweis von Ausleihungen, Forderungen und Verbindlichkeiten gegenüber Gesellschaftern		
§ 42a Abs. 1	Vorlage des Jahresabschlusses		
§ 42a Abs. 2	Feststellung des Jahresabschlusses		

Schmidt-Leithoff

Einl.   Einleitung

GmbHG	Thematik	Schw. OR	Thematik
§ 42a Abs. 3	Teilnahme des Abschlussprüfers an Gesellschafterversammlung		
§ 42a Abs. 4	Vorlagepflicht bei Kozernrechnungslegung		
§ 43 Abs. 1	Haftung der Geschäftsführer; Sorgfaltsmaßstab		
§ 43 Abs. 2	Haftung gegenüber der Gesellschaft		
§ 43 Abs. 3	Sonderfälle pflichtwidrigen Verhaltens		
§ 43 Abs. 4	Verjährung		
§ 43a	Kredit aus Gesellschaftsvermögen		
§ 44	Stellvertreter von Geschäftsführern		
§ 45 Abs. 1	Rechte der Gesellschafter		
§ 45 Abs. 2	Zuständigkeit der §§ 46–51		
§ 46	Zuständigkeit der Gesellschafter	Art. 810 Abs. 1	Befugnisse der Gesellschafterversammlung
§ 46 Nr. 1	Feststellung des Jahresabschlusses, Ergebnisverwendung		
§ 46 Nr. 2	Einforderung von Einzahlungen auf die Stammeinlagen	Art. 810 Abs. 2 Halbs. 1	Einforderung der Stammeinlagen
§ 46 Nr. 3	Rückzahlung von Nachschüssen		
§ 46 Nr. 4	Teilung von Geschäftsanteilen		
§ 46 Nr. 5	Bestellung und Abberufung von Geschäftsführern	Art. 811 Abs. 2; Art 814 Abs. 2, 3	Übertragung der Geschäftsführung durch Gesellschaftsbeschluss; Entziehung der Geschäftsführung; jederzeitige Abberufung eines fremden Geschäftsführers
§ 46 Nr. 6	Maßregeln zur Prüfung und Überwachung der Geschäftsführung	Art 819 Abs. 1	Kontrollrecht der nichtgeschäftsführenden Gesellschafter
§ 46 Nr. 7	Bestellung von Prokuristen	Art. 810 Abs. 2 Halbs. 2; 816	Bestellung von Prokuristen

Anhang III: Konkordanzliste Schweiz

GmbHG	Thematik	Schw. OR	Thematik
§ 47 Abs. 1	Beschlussfassung durch Mehrheit der Stimmen	Art. 808 Abs. 3	Beschlussfassung der Gesellschafterversammlung: absolute Mehrheit
§ 47 Abs. 2	1 Stimme pro € 50	Art. 808 Abs. 4	Stimmrecht des Gesellschafters: 1 Stimme pro 1000 SFr
		Art. 808 Abs. 6	Anfechtung von Gesellschaftsbeschlüssen: Verweis auf AG-Regelungen
§ 47 Abs. 3	Formerfordernis bei Vollmachten		
§ 47 Abs. 4	Stimmrechtsausschluss bei Abstimmung über Entlastung des betr. Gesellschafters	Art. 808 Abs. 5	Stimmrechtsausschluss bei Abstimmung über Entlastung des betr. Gesellschafters
§ 48 Abs. 1	Gesellschafterversammlung	Art. 808 Abs. 1	Gesellschafterversammlung
§ 48 Abs. 2	Möglichkeit der schriftlichen Abstimmung	Art. 808 Abs. 2	Möglichkeit der schriftlichen Stimmabgabe außerhalb der Versammlung
§ 48 Abs. 3	Beschlussfassung durch Einpersonen-Gesellschafter		
§ 49 Abs. 1	Einberufung der Gesellschafterversammlung	Art. 809 Abs. 1	Einberufung der Gesellschafterversammlung: einmal jährlich
§ 49 Abs. 2	Pflicht zur Einberufung im Interesse der Gesellschaft	Art. 809 Abs. 1 Halbs. 2	Einberufung im Interesse der Gesellschaft
§ 49 Abs. 3	Pflicht zur Einberufung bei Verlust der Hälfte des Stammkapitals		
§ 50 Abs. 1	Einberufungsverlangen	Art. 809 Abs. 2	Einberufung durch Gesellschafter, wenn 10% des Stammkapitals vertreten
§ 50 Abs. 2	Ankündigungsverlangen zur Beschlussfassung		
§ 50 Abs. 3	Einberufungsrecht (sog. Selbsthilfe)	Art. 809 Abs. 3	Durchsetzung der Einberufung bei Versagen durch Geschäftsführung
§ 51 Abs. 1	Form der Einberufung	Art. 809 Abs. 4, 5	Einberufung gemäß Statut; ansonsten Mindestfrist: 5 Tage vorher, Formlose Einberufung bei Zustimmung aller Gesellschafter
§ 51 Abs. 2	Inhalt der Einberufung		

GmbHG	Thematik	Schw. OR	Thematik
§ 51 Abs. 3	Folgen bei Einberufungsmängeln		
§ 51 Abs. 4	Folgen bei Ankündigungsmängeln		
§ 51a Abs. 1	Auskunfts- und Einsichtsrecht		
§ 51a Abs. 2	Verweigerung der Rechte aus Abs. 1		
§ 51a Abs. 3	Keine Dispositivität von Abs. 1 und 2		
§ 51b	Gerichtliche Entscheidung über das Auskunfts- und Einsichtsrecht		
§ 52	Aufsichtsrat	Art. 819 Abs. 2	Möglichkeit einer Revisionsstelle
§ 52 Abs. 1	Anwendbarkeit von Vorschriften des AktG		
§ 52 Abs. 2	Bestellung des Aufsichtsrates vor Eintragung der Gesellschaft		
§ 52 Abs. 3	Verjährung von Schadensersatzansprüchen gegen Aufsichtsratsmitglieder		
§ 53 Abs. 1	Satzungsänderung	Art. 784 Abs. 1	Statutenänderung durch Gesellschaftsbeschluss mit öffentlicher Urkunde
§ 53 Abs. 2	Voraussetzungen der Satzungsänderung	Art. 784 Abs. 2	Zustimmung von ¾ der Gesellschafter zur Statutenänderung;
§ 53 Abs. 3	Einstimmigkeitserfordernis bei Leistungsvermehrung	Art. 784 Abs. 3	Einstimmigkeitserfordernis bei Leistungsmehrung und Haftungsausdehnung
§ 54 Abs. 1	Anmeldungsbedürftigkeit der Satzungsänderung	Art. 785 Abs. 1	Eintragung der Statutenänderung ins Handelsregister
§ 54 Abs. 2	Inhalt der Anmeldung		
§ 54 Abs. 3	Keine Wirkung vor Eintragung	Art. 785 Abs. 2	Keine Wirkung vor Eintragung
§ 55 Abs. 1	Kapitalerhöhungsbeschluss	Art. 786 Abs. 1	Erhöhung des Stammkapitals
§ 55 Abs. 2	Übernahme der Stammeinlagen durch Alt- oder Neugesellschafter	Art. 786 Abs. 2	Möglichkeit der Aufnahme neuer Gesellschafter bei Stammkapitalerhöhung

Anhang III: Konkordanzliste Schweiz **Einl.**

GmbHG	Thematik	Schw. OR	Thematik
§ 55 Abs. 3	Erwerb weiterer Geschäftsanteile	Art. 787	Bezugrecht der Gesellschafter bei Erhöhung des Stammkapitals
§ 55 Abs. 4	Anwendbarkeit von § 5 bzgl. Stammeinlagen		
§ 56 Abs. 1	Kapitalerhöhung mit Sacheinlagen		
§ 56 Abs. 2	Anwendbarkeit der §§ 9 und 19 Abs. 5		
§ 56 a	Bei Leistungen auf das neue Stammkapital Anwendung von § 7 Abs. 2, 3	Art. 786 Abs. 1	Stammkapitalerhöhung nach den Gründungsvorschriften
§ 57 Abs. 1	Anmeldungsbedürftigkeit der Erhöhung	Art. 786 Abs. 1	Verweis auf Gründungsvorschriften
§ 57 Abs. 2	Versicherung der Geschäftsführer über Einlagenleistung	Art. 786 Abs. 1	Verweis auf Gründungsvorschriften
§ 57 Abs. 3	Beizufügende Urkunden	Art. 786 Abs. 1	Verweis auf Gründungsvorschriften
§ 57 Abs. 4	Verantwortlichkeit der Geschäftsführer		
§ 57 a	Ablehnung der Eintragung		
§ 57 b	Bekanntmachung der Eintragung einer Kapitalerhöhung		
§ 57 c Abs. 1	Kapitalerhöhung aus Gesellschaftsmitteln		
§ 57 c Abs. 2	Voraussetzungen für Kapitalerhöhung nach Abs. 1		
§ 57 c Abs. 3	Zugrundelegung einer Bilanz		
§ 57 c Abs. 4	Anwendbarkeit der §§ 53, 54, 57 d–57 o		
§ 57 d Abs. 1	Ausweisung von Kapital- und Gewinnrücklagen		
§ 57 d Abs. 2	Ausschluss der Umwandlung		
§ 57 d Abs. 3	Zweckbestimmte Rücklagen		
§ 57 e Abs. 1	Zugrundelegung der letzten Jahresbilanz		
§ 57 e Abs. 2	Prüfung		

Schmidt-Leithoff

Einl. Einleitung

GmbHG	Thematik	Schw. OR	Thematik
§ 57f Abs. 1	Zugrundelegung einer Zwischenbilanz		
§ 57f Abs. 2	Prüfung der Zwischenbilanz		
§ 57f Abs. 3	Wahl der Prüfer		
§ 57g	Vorherige Bekanntgabe des Jahresabschlusses		
§ 57h Abs. 1	Arten der Kapitalerhöhung		
§ 57h Abs. 2	Anforderungen an Beschlussfassung		
§ 57i Abs. 1	Anmeldung des Erhöhungsbeschlusses		
§ 57i Abs. 2	Voraussetzungen der Eintragung		
§ 57i Abs. 3	Gerichtliche Prüfung		
§ 57i Abs. 4	Inhalt der Eintragung		
§ 57j	Verteilung der Geschäftsanteile		
§ 57k Abs. 1	Teilrechte		
§ 57k Abs. 2	Ausübung der Teilrechte		
§ 57l Abs. 1	Eigene Geschäftsanteile		
§ 57l Abs. 2	Teileingezahlte Geschäftsanteile		
§ 57m Abs. 1	Verhältnis der Rechte bei Kapitalerhöhung		
§ 57m Abs. 2	Rechte teileingezahlter Geschäftsanteile		
§ 57m Abs. 3	Auswirkung der Kapitalerhöhung auf vertragliche Beziehungen		
§ 57n Abs. 1	Teilnahme am Gewinn		
§ 57n Abs. 2	Gewinnbeteiligung an Gewinn des letzten Geschäftsjahres		
§ 57o	Anschaffungskosten		
§ 58 Abs. 1	Herabsetzung des Stammkapitals	Art. 788 Abs. 1, 2	Herabsetzung des Stammkapitals, Verweis auf AG-Regelungen
§ 58 Abs. 2	Erhalt des Mindeststammkapitals	Art. 788 Abs. 1	Erhalt des Mindeststammkapitals
§ 58a Abs. 1	Vereinfachte Kapitalherabsetzung	Art. 788 Abs. 2	Verweis auf AG-Regelungen
§ 58a Abs. 2	Zulässigkeit der vereinfachten Kapitalherabsetzung	Art. 788 Abs. 2	Verweis auf AG-Regelungen

Anhang III: Konkordanzliste Schweiz

GmbHG	Thematik	Schw. OR	Thematik
§ 58a Abs. 3	Anpassung des Nennbetrages an das herabgesetzte Stammkapital	Art. 788 Abs. 2	Verweis auf AG-Regelungen
§ 58a Abs. 4	Verbindung von Kapitalherabsetzung mit Kapitalerhöhung		
§ 58a Abs. 5	Anwendbarkeit der §§ 53, 54, 58b–58f		
§ 58b Abs. 1	Unmittelbare Verwendungsbindung		
§ 58b Abs. 2	Einstellung in Kapitalrücklage		
§ 58b Abs. 3	Mittelbare Verwendungsbindung		
§ 58c	Nichteintritt angenommener Verluste		
§ 58d Abs. 1	Gewinnausschüttung		
§ 58d Abs. 2	Gläubigerschutz		
§ 58e	Rückwirkung der Kapitalherabsetzung		
§ 58e Abs. 1	Rückwirkende Gestaltung des Jahresabschlusses		
§ 58e Abs. 2	Gleichzeitige Beschlussfassung		
§ 58e Abs. 3	Erfordernis fristgerechter Eintragung im Handelsregister		
§ 58e Abs. 4	Offenlegungssperre		
§ 58f	Rückwirkung einer gleichzeitigen Kapitalerhöhung		
§ 58f Abs. 1	Rückwirkende Gestaltung des Jahresabschlusses		
§ 58f Abs. 2	Erfordernis fristgerechter Eintragung		
§ 58f Abs. 3	Offenlegungssperre		
§ 59	Zweigniederlassung		
§ 60 Abs. 1	Gesetzliche Auflösungsgründe		
§ 60 Abs. 1 Nr. 1	Zeitablauf	Art. 820 Nr. 1	Statutenmäßige Auflösungsgründe
§ 60 Abs. 1 Nr. 2	Gesellschafterbeschluss	Art. 820 Nr. 2	Gesellschafterbeschluss
§ 60 Abs. 1 Nr. 3	Urteil	Art. 820 Nr. 4	Urteil

Einl. Einleitung

GmbHG	Thematik	Schw. OR	Thematik
§ 60 Abs. 1 Nr. 4	Insolvenz	Art. 820 Nr. 3	Konkurs
§ 60 Abs. Nr. 5	Verfügung des Registergerichts § 144 FGG		
§ 60 Abs. 2	Gesellschaftsvertragliche Auflösungsgründe	Art. 820 Nr. 1	Statutenmäßige Auflösungsgründe
		Art. 793 Abs. 1	
		Art. 793 Abs. 2	Bei Konkurs Auflösung der Gesellschaft
		Art. 794 Abs. 1	
		Art. 794 Abs. 2	Rechtsfolgen Abwendung der Auflösung Zahlung des Übernahmebetrages bzw. Abfindung an Konkursverwaltung
§ 61 Abs. 1	Auflösung durch Urteil	Art. 820 Nr. 4	Auflösung durch Urteil
§ 61 Abs. 2	Auflösungsklage		
§ 61 Abs. 3	Zuständigkeit des Landgerichts		
§ 62 Abs. 1	Auflösung durch Verwaltungsbehörde		
§ 62 Abs. 2	Zuständigkeit		
§ 63 (aufgehoben)	Insolvenzverfahren		
§ 64 Abs. 1	Insolvenzantragspflicht	Art. 817 Abs. 1	Anzeigepflicht bei Kapitalverlust und Überschuldung
§ 64 Abs. 2	Ersatzpflicht	Art. 817 Abs. 2 Art. 826	Bei Nachschusspflicht erst Anzeige, wenn keine Deckung erfolgt
§ 65 Abs. 1	Anmeldung der Auflösung	Art. 821	Anmeldung der Auflösung ggü. Registergericht
§ 65 Abs. 2	Bekanntmachung		
§ 66 Abs. 1	Bestimmung der Liquidatoren durch die Gesellschaft	Art. 823	Bestellung und Abberufung von Liquidatoren sowie die Liquidation erfolgt nach AG-Regelungen
§ 66 Abs. 2	Gerichtliche Bestellung der Liquidatoren		
§ 66 Abs. 3	Abberufung der Liquidatoren		
§ 66 Abs. 4	Anwendbarkeit von § 6 Abs. 2 S. 3 und 4		
§ 66 Abs. 5	Nachtragsliquidation		
§ 67 Abs. 1	Anmeldung der Liquidatoren		
§ 67 Abs. 2	Beizufügende Urkunden		
§ 67 Abs. 3	Versicherung		

Anhang III: Konkordanzliste Schweiz

GmbHG	Thematik	Schw. OR	Thematik
§ 67 Abs. 4	Eintragung gerichtlicher Ernennung und Abberufung von Amts wegen		
§ 67 Abs. 5	Unterschriftszeichnung		
§ 68 Abs. 1	Gesamtvertretung		
§ 68 Abs. 2	Zeichnung der Liquidatoren		
§ 69 Abs. 1	Anwendbare Vorschriften bei Liquidation		
§ 69 Abs. 2	Gerichtsstand		
§ 70	Aufgaben der Liquidatoren		
§ 71 Abs. 1	Eröffnungsbilanz zu Beginn der Liquidation		
§ 71 Abs. 2	Beschluss über Eröffnungsbilanz		
§ 71 Abs. 3	Gerichtliche Befreiung von Jahresabschlussprüfung		
§ 71 Abs. 4	Rechte und Pflichten der Liquidatoren		
§ 71 Abs. 5	Angaben auf Geschäftsbriefen bei Liquidation		
§ 72	Vermögensverteilung		
§ 73 Abs. 1	Sperrjahr/Gläubigerschutz		
§ 73 Abs. 2	Hinterlegung einer Verbindlichkeit		
§ 73 Abs. 3	Folgen eines Verstoßes gegen § 73		
§ 74 Abs. 1	Beendigung der Liquidation		
§ 74 Abs. 2	Aufbewahrung der Geschäftsunterlagen		
§ 74 Abs. 3	Einsichtsrechte		
§ 75 Abs. 1	Nichtigkeitsklage		
§ 75 Abs. 2	Anwendbarkeit der §§ 272, 273 HGB		
§ 76	Mängelheilung durch Gesellschafterbeschluss		
§ 77 Abs. 1	Abwicklung der Gesellschaft bei Nichtigkeit		
§ 77 Abs. 2	Relative Wirkung der Nichtigkeit		

Einl. Einleitung

GmbHG	Thematik	Schw. OR	Thematik
§ 77 Abs. 3	Rückständige Einlagen der Gesellschafter		
§ 78	Anmeldungspflichtige		
§ 79 Abs. 1	Zwangsgeld		
§ 79 Abs. 2	Zwangsgeld bei nicht erzwingbaren Anmeldungen		
§ 82 Abs. 1	Sanktion bei Falschangaben		
§ 82 Abs. 2	Kapitalherabsetzungsschwindel; Täuschung der Geschäftslage		
§ 84 Abs. 1	Unterlassen der Verlustanzeige und des Insolvenz- oder Vergleichsantrags		
§ 84 Abs. 2	Strafe bei Fahrlässigkeit		
§ 85 Abs. 1	Verletzung der Geheimhaltungspflicht		
§ 85 Abs. 2	Qualifikation der Tat aus Abs. 1		
§ 85 Abs. 3	Antragsdelikt		
§ 86 Abs. 1	Währungsfestlegung bei Eintragung vor 1. 1. 1999		
§ 86 Abs. 2	Währungsfestlegung bei Eintragung zwischen 1. 1. 1999 und 31. 12. 2001		
§ 86 Abs. 3	Währungsumstellungsbeschluss		

Kommentar

Gesetz betreffend die Gesellschaften mit beschränkter Haftung

Vom 20. April 1892 (RGBl. S. 477)

in der Fassung der Bekanntmachung vom 20. Mai 1898 (RGBl. S. 846),
zuletzt geändert durch Gesetz vom 13. Juli 2001 (BGBl. I S. 1542)

Erster Abschnitt. Errichtung der Gesellschaft

Vorbemerkung

1. Gründung der GmbH. Der 1. Abschnitt (§§ 1 bis 11) regelt im Wesentlichen **1** die Gründung der GmbH und ihre Eintragung in das Handelsregister. Die Anmeldung einer Zweigniederlassung (früher § 12) ist durch Gesetz vom 22. 7. 1993[1] in den §§ 13 bis 13h HGB nF zusammenfassend geregelt, die durch Art. 3 HRefG[2] u. durch Art. 3 NaStraG[3] nochmals überarbeitet wurden (vgl. § 12 Rn. 3 ff.). Der Ausdruck „**Errichtung**", mit dem der Abschnitt überschrieben ist, wird, dem aktienrechtlichen Sprachgebrauch folgend (vgl. § 29 AktG), gewöhnlich in einem engeren Sinne gebraucht (vgl. Rn. 4). Aber auch die Novelle 1980 (vgl. § 9a Abs. 1) verwendet ihn noch synonym mit dem Ausdruck Gründung (vgl. § 9a Rn. 7).

Die Novelle 1980 (vgl. Einl. Rn. 6 ff.) nahm im 1. Abschnitt des GmbHG verhält- **2** nismäßig häufig Änderungen und Einfügungen vor. So lässt sie die Einpersonen-Gründung zu, erhöht die Mindeststammeinlage und die Mindesteinzahlung, gibt besondere Vorschriften für die Sachgründung und für die Geschäftsführer, vor allem aber eine eigene Gründungshaftung der Gesellschafter und Geschäftsführer. Neu eingefügt wurden die §§ 9a bis 9c; geändert wurden, wenn auch zum Teil nur geringfügig, alle übrigen Vorschriften, ausgenommen §§ 3, 4 und 11. Das **alte Recht** galt indes für die vor dem 1. 1. 1981 eingetragenen oder auch nur zur Eintragung angemeldeten Gesellschaften weiter; Art. 12 § 1 GmbHÄndG. Doch hatten diese Gesellschaften ihr Stammkapital und ihre Mindesteinlagen gemäß Art. 12 § 1 GmbHÄndG bis zum 31. 12. 1985 an die neuen Bestimmungen anzupassen; vgl. dazu § 5 Rn. 5 f.; § 7 Rn. 27 ff. Diese Übergangsbestimmungen sind für die nach ehemaligem DDR-Recht gegründeten GmbH mit neuen Fristen aktualisiert wieder verwendet worden.

Das HRefG änderte im 1. Abschnitt vor allem das Firmenrecht (vgl. § 4 Rn. 2 f., **3** 7 ff.). Neu eingeführt wurde § 4a, welcher am 1. 1. 1999 in Kraft getreten ist und Be-

---

[1] BGBl. I S. 1282.
[2] BGBl. 1998 I S. 1474.
[3] BGBl. 2001 I S. 123.

stimmungen für den Sitz der Gesellschaft enthält (vgl. § 4a Rn. 3 ff.). Neben geringfügigen Änderungen bezügl. des Inhalts der Anmeldung (vgl. § 8 Rn. 1), wurde außerdem § 9c Abs. 2 neu eingefügt (vgl. § 9c Rn. 1)

4 **2. Verfahren.** Die **Gründung** vollzieht sich in einem durchweg gesetzlich vorgeschriebenen Verfahren. Sie beginnt mit dem Abschluss des notariell beurkundeten Gesellschaftsvertrags (§§ 1 bis 5), der zugleich die „**Errichtung**" der Gesellschaft (iSd. § 29 AktG) bedeutet, d. h. vor allem die Begründung der Gesellschafterstellungen und die Entstehung der Organe. Die Bestellung des oder der ersten Geschäftsführer ist der nächste Schritt (§ 6), der allerdings oft sofort nach der Errichtung oder sogar im Zuge der Errichtung vonstatten geht. Der Gesellschaftsvertrag ist **in Vollzug gesetzt,** wenn entweder die Gesellschaft ihre Tätigkeit nach außen aufgenommen hat oder eine Einlage geleistet und dadurch Gesellschaftsvermögen gebildet worden ist (§ 2 Rn. 66).

5 Nachdem die Gesellschafter ihre Einlagen oder Mindesteinlagen geleistet haben (§ 7 Abs. 2 u. 3), melden die (sämtliche) Geschäftsführer die Gesellschaft **zum Handelsregister** an (§ 7 Abs. 1) und fügen der **Anmeldung** die in § 8 vorgeschriebenen Urkunden und sonstigen Unterlagen bei. Der **Registerrichter** prüft sodann, ob die Gesellschaft ordnungsgemäß errichtet und angemeldet worden ist (§ 9c), und trägt, wenn dies der Fall ist, die Gesellschaft in das Handelsregister ein (§ 10). Erst mit der Eintragung ist das Gründungsverfahren abgeschlossen, **entsteht die GmbH als juristische Person** (§ 11). Die Eintragung wird schließlich noch bekanntgemacht (§ 10 Abs. 3).

6 **3. Vorgesellschaft.** Die durch die Errichtung (ieS; vgl. Rn. 1) entstehende, aber erst durch Eintragung zur GmbH erstarkende Vorgesellschaft hat der Gesetzgeber, wie auch im Aktienrecht, nicht näher geregelt.[4] Selbst der Regierungsentwurf für die große GmbH-Reform (vgl. Einl. Rn. 29 ff.) wollte die damit zusammenhängenden Streitfragen der Wissenschaft und Rspr. überlassen.[5] Die erheblichen Gesetzeslücken hat die Rspr. des BGH inzwischen zum großen Teil ausgefüllt, vgl. des Näheren § 11 Rn. 9 ff.[6]

7 Von der Vorgesellschaft ist die **Vorgründungsgesellschaft** zu unterscheiden, die auf die Gründung der Gesellschaft gerichtet ist und namentlich die künftigen Gesellschafter zu der Gründung verpflichtet (vgl. dazu § 2 Rn. 84 ff.).

8 **4. Umwandlung.** Die GmbH entsteht auch durch Umwandlung; vgl. Anhang nach § 77.

5. Literatur zur Gründung und zur Vor-GmbH

9 **a) Allgemeines:** *Ahrens* Kapitalgesellschaftliche Mantelverwertung und Vorgesellschafterhaftung, DB 1998, *1069; Altmeppen* Das unvermeidliche Scheitern des Innenhaftungskonzepts in der Vor-GmbH, NJW 1997, 3272; *Baumann* Die GmbH in Anwartschaft – ein neues Konzept zur Gründerhaftung, JZ 1998, 597; *Beuthien* Haftung bei gesetzlichen Schuldverhältnissen einer Vorgesellschaft, BB 1996, 1337; *Binz* Haftungsverhältnisse im Gründungsstadium der GmbH & Co. KG, 1976; *Böhringer* Zur Grundbuchfähigkeit einer GmbH im Gründungsstadium, Rpfleger 1988, 846; *Brock* Die Haftungssituation des Geschäftsführers der GmbH mit ihrer Begrenzung im Bereich der Vorgesellschaft, 1987; *Büttner* Identität und Kontinuität bei der Gründung juristischer Personen, 1967; *Cebulla* Haftungsmodelle bei der GmbH-Gründung, NZG 2001, 972; *Dauner-Lieb* Haftung und Risikoverteilung in der Vor-GmbH GmbHR 1996, 82; *Derwisch-Ottenberg* Die Haftungsverhältnisse der Vor-GmbH, 1988; *Dreher* Die Gründungshaftung der GmbH, DStR 1992, 33; *Eckhardt* Die Vor-GmbH im zivilprozessualen Erkenntnisverfahren und in der Einzelvollstreckung, 1990; *von Einem* Haftung der Gesellschafter einer Vorgesellschaft für Beitragsschulden, DB 1987, 621; *Ensthaler* Haftung der Gesellschafter einer Vor-GmbH:

---

[4] Vgl. BGHZ 80, 129, 134, 135 f. = NJW 1981, 1373, 1374 = GmbHR 1981, 114, 115.
[5] BT-Drucks. 7/253 S. 96 zu § 22 Abs. 1.
[6] Vgl. *R. Fischer* Pro GmbH 1980, S. 137 ff., 160 ff.

Vorbemerkung   Vor § 1

Innenhaftung oder Außenhaftung?, BB 1997, 257; *Fabricius* Vorgesellschaften bei der Aktiengesellschaft und der GmbH: Ein Irrweg?, FS Kastner, 1972, S. 85; *Fantur* Haftungssystem der GmbH-Vorgesellschaft, Wien 1997; *Fleck* Die neuere Rechtsprechung des BGH zur Vorgesellschaft und zur Haftung des Handelnden, ZGR 1975, 212; *ders.* Neueste Entwicklungen in der Rechtsprechung zur Vor-GmbH, GmbHR 1983, 5; *Flume* Die Rechtsprechung zur Haftung der Gesellschafter der Vor-GmbH und die Problematik der Rechtsfortbildung, DB 1998, 45; *ders.* Die werdende juristische Person, FS Geßler, 1973, S. 3; *ders.* Allgemeiner Teil des Bürgerlichen Rechts Bd. I 2 Die juristische Person, 1983, S. 142 ff.; *Gehrlein* Die Haftung in den verschiedenen Gründungsphasen einer GmbH, DB 1996, 561; *ders.* Von der Differenz- zur Verlustdeckungshaftung, NJW 1996, 1193; *Gummert* Die Haftungsverfassung der Vor-GmbH nach der jüngsten Rechtsprechung des BGH, DStR 1997, 1007; *Halm* Notwendigkeit der Bildung des mitbestimmten Aufsichtsrats bei der GmbH vor Eintragung in das Handelsregister?, BB 2000, 1849; *Hartmann,* Gründerhaftung in der Vor-GmbH, WiB 1997, 66; *Hautkappe* Die Gründerhaftung in der Vor-GmbH, Diss. Konstanz 2000; *Hasche* Die Sachgründung der GmbH, Diss. Göttingen, 1999; *Hautkappe* Die Gründerhaftung in der Vor-GmbH, Diss. Konstanz 2000; *Hennerkes/Binz* Zur Handelndenhaftung im Gründungsstadium der GmbH & Co., DB 1982, 1971; *Hey* Haftung des Gründungsgesellschafters der Vor-GmbH-KG, WM 1994, 1288, JuS 1995, 484; *U. Huber,* Haftungsprobleme der GmbH & Co. KG im Gründungsstadium, FS Hefermehl, 1976, S. 127; *ders.* Die Vorgesellschaft mit beschränkter Haftung – de lege ferenda betrachtet, FS R. Fischer, 1979, S. 263; *Hueck* Vorgesellschaft, FS 100-Jahre-GmbHG, 1992, S. 127; *Hüffer* Das Gründungsrecht der GmbH – Grundzüge, Fortschritte und Neuerungen, JuS 1983, 161; *Jansen* Publizitätsverweigerung und Haftung in der GmbH, 1998; *Jäger* Die persönliche Gesellschafterhaftung in der werdenden GmbH, 1994; *Kießling* Vorgründungs- und Vorgesellschaften, Diss. Mainz 1999; *Kleindiek* Zur Gründerhaftung in der Vor-GmbH – Besprechung der Entscheidung BGH ZIP 1997, 679, ZGR 1997, 427; *Knoche* Die Gründerhaftung und Interessenausgleich bei der Vor-GmbH, 1990; *Kort* Die Gründerhaftung in der Vor-GmbH, ZIP 1996, 109; *Krebs/Klerx* Die Haftungsverfassung der Vor-GmbH, JuS 1998, 991; *Kuhn* Die Vorgesellschaften, WM Sonderbeilage 5/1956; *Lieb* Meilenstein oder Sackgasse? Bemerkungen zum Stand von Rechtsprechung und Lehre zur Vorgesellschaft, FS Stimpel, 1985, S. 399; *Litschen* Die juristische Person im Spannungsfeld von Norm und Interesse, 1999; *Lutter* Haftungsrisiken bei der Gründung einer GmbH, JuS 1998, 1073; *Maulbetsch* Haftung für Verbindlichkeiten der Vorgründungsgesellschaft und der Vorgesellschaft einer GmbH, DB 1984, 1561; *Meister* Zur Vorbelastungsproblematik und zur Haftungsverfassung der Vor-GmbH, FS Werner, 1984, S. 521; *Michalski/Barth* Außenhaftung der Gesellschafter einer Vor-GmbH, NZG 1998, 525; *Priester* Die Unversehrtheit des Stammkapitals bei Eintragung der GmbH – ein notwendiger Grundsatz? ZIP 1982, 1141; *ders.* Satzungsänderungen bei der Vor-GmbH ZIP 1987, S. 280; *Raab* Die Haftung der Gesellschafter der Vor-GmbH im System der Gesellschaft, WM 1999, 1596*; Raiser/Veil* Die Haftung der Gesellschafter einer Gründungs-GmbH – Zum Vorlagebeschluss des BGH vom 4. März 1996 an den Gemeinsamen Senat der Obersten Gerichtshöfe des Bundes, BB 1996, 1349; *Rittner* Die werdende juristische Person, 1973; *W.-H. Roth* Die Gründerhaftung im Recht der Vor-GmbH, ZGR 1984, 597; *Sandberger* Die Haftung bei Vorgesellschaft, FS Fikentscher, 1998, S. 389; *Schäfer-Gölz* Die Lehre vom Vorbelastungsverbot und die Differenzhaftung der Gründer, Diss. Bonn 1983; *K. Schmidt* Außenhaftung und Innenhaftung bei der Vor-GmbH – Der BGH und der Vorlagebeschluß des BAG, ZIP 1997, 353*; ders.* Theorie und Praxis der Vorgesellschaft nach gegenwärtigem Stand, GmbHR 1987, 77; *ders.* Gesellschaftsrecht, 3. Aufl. 1997, S. 996; *ders.* Unterbilanzhaftung – Vorbelastungshaftung – Gesellschafterhaftung, ZHR 156 (1992), S. 93; *ders.* Zur Haftungsverfassung der Vor-GmbH – Bemerkungen zum Urteil des BGH vom 27. Januar 1997, ZIP 1997, 671; *ders.* Zur Stellung der oHG im System der Handelsgesellschaften, 1972; *M. Scholz* Die Haftung im Gründungsstadium der GmbH, 1979; *D. Schultz* Rechtsfragen der Vor-GmbH im Lichte der jüngsten höchstrichterlichen Rechtsprechung – BGHZ 80, 129; *Schütz* Enträtselung des Rätsels Vorgesellschaft? Die Haftungsverfassung Vor-GmbH nach dem Vorlagebeschluss des BGH vom 4. 3. 1996 – II ZR 123/94, GmbHR 1996, 727; *Schwarz* Offene Fragen bei der sogenannten unechten Vor-GmbH, ZIP 1996, 2005; *W. Stimpel* Unbeschränkte oder beschränkte, Außen- oder Innenhaftung der Gesellschafter der Vor-GmbH?, FS Fleck, 1988, S. 345; *Teichmann* Gestaltungsfreiheit in Gesellschaftsverträgen, 1970; *Theobald* Vor-GmbH und Gründerhaftung, 1984; *P. Ulmer* Abschied zum Vorbelastungsverbot im Gründungsstadium der GmbH, ZGR 1981, 593; *ders.* Zur Haftungsverfassung in der Vor-GmbH – Erwiderung auf Karsten Schmidt, ZIP 1996, 353 und ZIP 1996, 593, ZIP 1996, 733; *ders.* Die Gründung der GmbH, in: Probleme der GmbH-Reform, 1970, S. 42; *ders.* Das Vorbelastungsverbot im Recht der GmbH-Vorgesellschaft – Notwendiges oder überholtes Dogma?, FS Ballerstedt, 1975, S. 279; *ders.* Die Gesellschafterhaftung bei gescheiterter Sachgründung, NJW 2000, 1521; *v. Rechenberg* Die Haftung in der Gründungsphase der GmbH, INF 1996, 756; *Weimar* Abschied vom Gesellschafter- und Handelnden-Haftung im GmbH-Recht?, GmbHR 1988, 289; *Wiedemann* Das Rätsel Vorgesellschaft, JurA 1970, 439; *Wiedemann* Zur Haftungsverfassung der Vor-AG: Der Gleichlauf von Gründerhaftung und Handelnden-Regreß – Zugleich eine Besprechung des Urteils des Landgerichts Heidelberg vom 11. Juni 1997, ZIP 1997, 2029; *Wiegand* Offene Fragen zur neuen Gründerhaftung in der Vor-GmbH,

BB 1998, 1065; *Wilhelm* Die Haftung des Gesellschafters der durch Gesellschaftervertrag errichteten GmbH aufgrund der gewerblichen Betätigung vor der Eintragung der GmbH, DB 1996, 461; *Wilken* Gesellschafterhaftung in der echten Vor-GmbH, ZIP 1995, 1163; *Zöllner* Inhaltsfreiheit bei Gesellschaftsverträgen, FS 100-Jahre-GmbHG, 1992, S. 85.

10 **b) Zur Einpersonen-Gründung:** *Bode* Die gescheiterte Gründung der Einmann-GmbH, Diss. Hannover 1994; *Brinkmann* Begrenzte Haftung der Einmann-GmbH in Gründung?, GmbHR 1982, 269; *Buchmann* Registerpublizität und Gläubigerschutz bei der Einmann-Gesellschaft, 1984; *Eckert* Die Harmonisierung des Rechts der Einpersonen-GmbH, EuZW 1990, 54; *Fezer* Die Einmanngründung der GmbH, JZ 1981, 608; *Flume* Die Gründung der Einmann-GmbH nach der Novelle zum GmbH-Gesetz, DB 1980, 1781; *ders.* Die GmbH-Einmanngründung, ZHR 146 (1982) 205; *Hüffer* Zuordnungsprobleme und Sicherung der Kapitalaufbringung bei der Einmanngründung der GmbH, ZHR 145 (1981), 521; *ders.* Vorgesellschaft und Einmanngründung, in: *G. H. Roth* (Hrsg.) Die Zukunft der GmbH, 1983, S. 167; *John* Die Gründung der Einmann-GmbH 1986; *Kleberger* Die rechtliche Behandlung von Sicherungen der Einmann-GmbH, Diss. Gießen 1986; *Kusserow* Die Einmann-GmbH in Gründung: Gründungs- und Haftungsprobleme, 1986; *Schimmelpfennig/Hauschka* Die Zulassung der Ein-Personen-GmbH in Europa und die Änderungen des deutschen GmbH-Rechts, NJW 1992, 942; *K. Schmidt* Einmanngründung und Einmann-Vorgesellschaft, ZHR 145 (1981), 540; *ders.* Zur Rechtslage der gescheiterten Einmann-Vor-GmbH, GmbHR 1988, 89; *P. Ulmer* Die Einmanngründung der GmbH – ein Danaergeschenk?, BB 1980, 1001; *Ulmer/Ihrig* Die Rechtsnatur der Einmann-Gründungsorganisation, GmbHR 1988, 373.

11 **c) Zum Steuerrecht:** *Bilsdorfer* Haftungsfragen bei Steuerschulden einer Vor-GmbH, GmbHR 1980, 300; *Crezelius* Die werdende GmbH – gesellschaftsrechtliche Grundlagen, bilanz- und steuerrechtliche Konsequenzen, DStR 1987, 743; *Heckmann* Der Beginn der Körperschaftsteuerpflicht bei Kapitalgesellschaften, DB 1976, 980; *Henninger* Die Besteuerung der Vor- und Gründergesellschaft, GmbHR 1974, 269; *Jurkat* Zur Körperschaftsteuerpflicht einer Publikums-KG, einer GmbH & Co. KG und ähnlicher Gesellschaftsformen, GmbHR 1983, 224; *Peetz* Die Ertragsbesteuerung der Vor-GmbH, GmbHR 2000, 1083; *Salditt* Zur Körperschaftsteuerpflicht der nichtrechtsfähigen „Kapitalgesellschaft", StuW 1971, 191; *Schuhmann* Vorgesellschaft, Gründungsgesellschaft, unechte Vorgesellschaft im Steuerrecht, GmbHR 1981, 196; *Streck* Die Körperschaftsteuerpflicht juristischer Personen im Gründungsstadium, DB 1972, 261; *Wassermeyer* Die Vorgesellschaft im Körperschaftsteuerrecht, DStR 1991, 734.

§ 1 [Zweck]

Gesellschaften mit beschränkter Haftung können nach Maßgabe der Bestimmungen dieses Gesetzes zu jedem gesetzlich zulässigen Zweck durch eine oder mehrere Personen errichtet werden.

Übersicht

	Rn.		Rn.
I. Normzweck	1–4	4. RA-GmbH	14–42
1. Jeder gesetzlich zulässige Zweck	1, 2	a) Entwicklung bis 1. 3. 1999	14
2. Definition	3, 4	b) Gesetzliche Regelung seit 1. 3. 1999	15–17
II. Gesellschaftszweck und Unternehmensgegenstand	5, 6	c) Zulassungsverfahren	18–24
		aa) Allgemeines	19
1. Gesellschaftszweck	5	bb) Staatliche Genehmigung, Unbedenklichkeitsbescheinigung	20
2. Unternehmensgegenstand	6	cc) Zulassungsbehörde	21, 22
III. Zulässige Zwecke	7–45	dd) Antrag	23
1. Allgemeine Grenzen	7	ee) Zulassungsgebühr	24
2. Erwerbswirtschaftliche Zwecke	8–12	d) Zulassungsvoraussetzungen	25–37
a) Bankgeschäfte	9	aa) Unternehmensgegenstand	25–27
b) Versicherungsgeschäfte	10	bb) Gesellschafter	28–33
c) Gewerbearten	11	cc) Geschäftsführer	34, 35
d) Ausländische GmbH	12	dd) Berufshaftpflicht	36
3. Sonstige wirtschaftliche und berufliche Zwecke	13	ee) Zulassungsanspruch	37

Zweck   § 1

	Rn.		Rn.
e) Weitere Regelungen	38–41	2. Gesetzliche Verbote	47
aa) Vertretung	38, 39	3. Verbote mit Erlaubnisvorbehalt	48
bb) Firma	40	4. Verstoß gegen die guten Sitten	49
cc) Kammeraufsicht	41	**V. Rechtsfolgen der Unzulässigkeit**	
f) Steuerrecht	42	**des Zwecks**	50–53
5. RA-AG	43	1. Vor der Eintragung	50
6. Öffentliche Unternehmen	44	2. Registergericht	51
7. Nichtwirtschaftliche Zwecke	45	3. Nach der Eintragung	52
IV. Unzulässige Zwecke	46–49	4. Änderung in unzulässigen Zweck	53
1. Gesellschaftszweck und Unternehmensgegenstand	46	**VI. Österreichisches Recht**	54

I. Normzweck

1. Jeder gesetzlich zulässige Zweck. Die Vorschrift bestimmt in erster Linie, 1 dass die GmbH zu jedem gesetzlich zulässigen Zweck errichtet werden kann, also nicht etwa – wie OHG und KG (§§ 105, 161 HGB) – den Betrieb eines Handelsgewerbes, einer kleingewerblichen oder eigenes Vermögen verwaltenden Tätigkeit voraussetzt. Die GmbH gilt dennoch stets als Handelsgesellschaft; § 13 Abs. 3. Insofern ist § 1 nicht überflüssig, wie manche meinen.[1] Dass der Gesellschaftszweck seine Grenzen an den Gesetzen findet, folgt allerdings schon aus dem BGB (§§ 134, 138). Als Handelsgesellschaft unterliegt die GmbH den für Kaufleute geltenden Bestimmungen des HGB; § 6 Abs. 1 HGB, aber als „Verein" auch der Vorschrift des § 6 Abs. 2 HGB. Vgl. dazu iE § 13 Rn. 33.

Aus den – erst 1980 in § 1 eingefügten – Worten „durch eine oder mehrere Personen" folgt die Zulässigkeit der **Einpersonengründung**; vgl. dazu § 2 Rn. 3ff. 2

2. Definition. Eine Definition der GmbH enthält das Gesetz nicht; vgl. Einl. 3 Rn. 41ff. Im Anschluss an § 1 E 1977 lässt sie sich folgendermaßen definieren: eine als GmbH bezeichnete, in das Handelsregister eingetragene, mit selbstständiger Rechtspersönlichkeit ausgestattete Handelsgesellschaft, die jedem erlaubten Zweck dienen kann und deren Gesellschafter mit Einlagen auf das in Teile zerlegte Stammkapital beteiligt sind, ohne persönlich für die Verbindlichkeiten der Gesellschaft zu haften. Die Bezeichnung „mit beschränkter Haftung" ist an sich irreführend, denn die GmbH als Trägerin der Rechte und Pflichten haftet ihren Gläubigern gegenüber allein und unbeschränkt, § 13 Abs. 2, nicht dagegen die Gesellschafter.[2] Die Bezeichnung geht auf den (ersten) Entwurf 1884 des Reichstagsabgeordneten *Oechelhäuser* zurück, der in der Tat eine gesamtschuldnerische Haftung der Gesellschafter des von ihm in Anlehnung an die OHG kreierten gesamthänderischen Personenverbandes „bis zur Höhe des eingezahlten Grundkapitals" (E § 5)[3] vorsah. Eine BGB-Gesellschaft mit der sich an die GmbH anlehnenden unzulässigen Bezeichnung „GbR mbH" führt nicht zum erwünschten Erfolg der Haftungsbeschränkung;[4] vgl. § 4 Rn. 52 und § 11 Rn. 170.

Zur gesellschafterlosen Gesellschaft, der **Kein-Mann-GmbH,** vgl. Einl. 119; § 33 4 Rn. 26ff.; § 60 Rn. 9.

---

[1] So aber zB *Bartl* BB 1977, 573.
[2] Vgl. auch *Bydlinski* ZIP 1998, 1169, 1176.
[3] Abgedruckt bei *Wieland* Handelsrecht II (1931), S. 399f.; vgl. *Crüger-Crecelius* GmbHG 6. Aufl. 1922, S. 17ff.
[4] BGHZ 142, 315, 320ff. = NJW 1999, 3483, 3484f. = BB 1999, 2152, 2153f.; ebenso BayObLG GmbHR 1999, 483 = AnwBl. 1999, 482.

II. Gesellschaftszweck und Unternehmensgegenstand

5 **1. Gesellschaftszweck.** Das Gesetz differenziert zwischen „(Gesellschafts-)Zweck" (§§ 1 u. 61 Abs. 1) und „Gegenstand des Unternehmens" (§§ 3 Abs. 1 Nr. 2; 4 Abs. 1 S. 1; 8 Abs. 1 Nr. 6; 10 Abs. 1 S. 1; 75 Abs. 1 und 76). Wenn auch heute beiden Begriffen unterschiedliche Bedeutung zuerkannt wird,[5] sind doch ihre Bedeutung und ihr Verhältnis zueinander umstritten.[6] Der Gesellschaftszweck, der gemeinsam von den Gesellschaftern verfolgte Zweck, gehört notwendigerweise zu jeder Gesellschaft; vgl. für die GbR § 705 BGB und für die Vereine § 33 Abs. 1 S. 2 BGB. Die Gesellschaft verfolgt eigene, von denen der einzelnen Gesellschafter zu unterscheidende Ziele. Der Gesellschaftszweck wird von den Gesellschaftern bestimmt, jedoch meistens – anders als der „Gegenstand des Unternehmens" (vgl. Rn. 6 sowie § 3 Abs. 1 Nr. 2 und dazu § 3 Rn. 8 ff.) – nicht im Gesellschaftsvertrag festgelegt,[7] sondern in ihm vorausgesetzt und den Gesellschaftsorganen, insbesondere den Gesellschaftern selbst, zur näheren Gestaltung überantwortet.[8] **Praktisch** bedeutsam wird der Gesellschaftszweck außer nach § 1 vor allem bei der Verletzung von Förderungs- und Treuepflichten (durch Gefährdung des Gesellschaftszwecks; vgl. § 13 Rn. 37 ff.), bei der Anfechtung von Gesellschafterbeschlüssen (wegen Verstoßes gegen den Gesellschaftszweck; vgl. § 47 Rn. 123) sowie im Falle einer Unmöglichkeit der Zweckerreichung; vgl. § 61 Rn. 6 f.

6 **2. Unternehmensgegenstand.** Der „Gegenstand des Unternehmens" (§ 3 Abs. 1 Nr. 2) ist vom Gesellschaftszweck zu unterscheiden. Er beschreibt, dem aktienrechtlichen Vorbild folgend (vgl. § 23 Abs. 3 Nr. 2 AktG), eine konkrete Zweckbestimmung, die Tätigkeit der Gesellschaft, mit der sie ihren abstrakten Zweck (zB Betreiben eines Handelsgewerbes) verwirklichen soll. So informiert er einerseits Dritte, also den Geschäftsverkehr, und zieht andererseits der Tätigkeit der Geschäftsführer, aber auch der anderen Organe, deutliche, nur durch Satzungsänderung verrückbare Grenzen.[9] Die gesellschaftsvertragliche Bestimmung des Unternehmensgegenstandes bildet zugleich die Haupterkenntnisquelle für den Gesellschaftszweck, wenn es etwa um die Frage der Zulässigkeit oder auch der Unmöglichkeit desselben geht.[10] – Eine **allgemeine** Grenze zwischen Gesellschaftszweck und Unternehmensgegenstand lässt sich indes nicht ziehen; sorgfältige Satzungsformulierung kann Irritationen vermeiden.[11] Der darüber entstandene Streit[12] kommt nur bei der Auslegung einzelner gesetzlicher oder gesellschaftsvertraglicher Bestimmungen zum Tragen und ist in seinem Zusammenhang zu entscheiden; zB bei der Ermittlung der erforderlichen Stimmenmehrheiten: Die Änderung des **Gesellschaftszwecks** bedarf der Zustimmung aller Gesellschafter entsprechend des auch für die GmbH geltenden § 33 Abs. 1 S. 2 BGB,[13] die

---

[5] Vgl. *Hachenburg/Ulmer* Rn. 5; *Tieves* Der Unternehmensgegenstand der Kapitalgesellschaft, 1998, S. 23 ff.

[6] Dazu *Tieves* (Fn. 5) S. 13 ff.

[7] *Tieves* (Fn. 5) S. 34 ff.

[8] Vgl. RGZ 164, 129, 140; *H. Westermann*, FS Schnorr v. Carolsfeld, 1972, S. 517 ff.

[9] Vgl. OLG Hamburg BB 1968, 267 = GmbHR 1968, 118 sowie *Schmidt-Leithoff* Die Verantwortung der Unternehmensleitung, S. 163 ff. mwN; *Tieves* (Fn. 5) S. 73 ff.; *Lutter/Leinekugel* ZIP 1998, 225 ff. für die ähnliche Regelung des § 23 Abs. 3 Nr. 2 AktG.

[10] Vgl. RGZ 164, 129, 140.

[11] Vgl. *Schmidt-Leithoff* (Fn. 9) Fn. 59; unscharf *v. Reinersdorf* WiB 1994, 47 II 3, bei dem vom „Gegenstand des Unternehmens" und „Gesellschaftszweck" offenbar im gleichen Sinne die Rede ist.

[12] Vgl. etwa *Feine* S. 78 f.; *Hachenburg/Ulmer* Rn. 4 ff.; *Scholz/Emmerich* Rn. 2.

[13] BGHZ 96, 245, 248 ff. = NJW 1986, 1033 für Vereine; *Tieves* (Fn. 5) S. 19 ff.

des **Unternehmensgegenstandes** einer Mehrheit von drei Vierteln der abgegebenen Stimmen, § 53 Abs. 2, sofern mit dem Übergang auf einen neuen Unternehmensgegenstand nicht eine so grundlegende Änderung verbunden ist, die auf den Gesellschaftszweck durchschlägt, zB Übergang auf Holding-Funktion.[14]

III. Zulässige Zwecke

1. Allgemeine Grenzen. Die allgemeinen Grenzen, die § 1 markiert, sind zum einen die des allgemeinen Rechts, das namentlich gesetzlich verbotene und sittenwidrige Zwecke (§§ 134, 138 BGB) nicht zulässt; vgl. dazu Rn. 46 ff. Zum anderen weisen sie auf die besonderen Schranken hin, die vor allem das Wirtschaftsrecht der GmbH setzt; vgl. hierzu Rn. 48. Das GmbHG selbst differenziert nicht weiter nach Arten der Zwecke. Zur praktischen Verwendung der GmbH vgl. iÜ Einl. Rn. 109 ff.

2. Erwerbswirtschaftliche Zwecke. Die erwerbswirtschaftlichen Zwecke stehen praktisch im Vordergrund (vgl. auch Einl. Rn. 115 ff.). Die GmbH kann grundsätzlich jedes Gewerbe betreiben, vor allem ein Handelsgewerbe iSd. § 1 Abs. 2 HGB, ein Gewerbe nach § 2 HGB, nach § 3 HGB (Land- und Forstwirtschaft) oder die Verwaltung eigenen Vermögens[15] (für die OHG neuerdings § 105 Abs. 2 S. 1 2. Alt. HGB). Sie kann auch als reine Holding-Gesellschaft (ohne eigenen Geschäftsbetrieb), als Handelsvertreter[16] oder als Geschäftsführer einer GmbH & Co. KG fungieren (vgl. Einl. Rn. 126 ff. sowie 129). Wirtschafts- bzw. berufsrechtliche Beschränkungen gelten jedoch namentlich in folgenden Fällen:

a) Bankgeschäfte. Bankgeschäfte bedürfen der vorherigen Erlaubnis des Bundesaufsichtsamts für das Kreditwesen (§ 32 KWG), die zur Eintragung der Gesellschaft in das Handelsregister erforderlich ist (§ 43 Abs. 1 KWG). Entsprechendes gilt für Investmentgesellschaften (§§ 1 Abs. 3, 2 Abs. 2 KAGG). Dagegen ist der Betrieb von Hypothekenbanken, Schiffsbanken und Bausparkassen der GmbH schlechthin verschlossen (§ 2 HypBG; § 2 Abs. 1 SchiffsBG; § 2 Abs. 1 BauspkG). Nach der Novellierung des Gesetzes über Unternehmensbeteiligungen können Unternehmensbeteiligungsgesellschaften auch in der Form der GmbH betrieben werden, § 2 Abs. 1 UBGG.

b) Versicherungsgeschäfte. Versicherungsgeschäfte kann die GmbH überhaupt nicht betreiben; § 7 Abs. 1 VAG. Daher findet sich die GmbH im Versicherungswesen nur als Vertriebsgesellschaft, sonstige Dienstleistungsgesellschaft oder in ähnlich ergänzender Funktion.[17] Lediglich auf die Rückversicherung ist § 7 Abs. 1 VAG (gemäß § 1 Abs. 2 S. 1 VAG) nicht anwendbar. Dennoch gibt es aus guten Gründen keine Rückversicherung in der Rechtsform der GmbH.

c) Gewerbearten. Einige Gewerbearten sind natürlichen Personen vorbehalten und daher auch der GmbH unzugänglich; so der Betrieb einer Apotheke (§ 8 ApothG v. 20. 8. 1960) und die Übernahme der Insolvenzverwaltung (§ 56 Abs. 1 InsO). Hingegen ist die GmbH zum Betrieb eines Handwerks grundsätzlich zugelassen; zur Frage des Befähigungsnachweises vgl. Rn. 48 sowie § 8 Rn. 10.

d) Ausländische GmbH. Ausländische GmbH (vgl. zum Begriff Einl. Rn. 345 f.) bedürfen nicht mehr als solche einer Genehmigung (vgl. Einl. Rn. 354).[18]

---

[14] *Hachenburg/Ulmer* Rn. 10.
[15] Vgl. *Horn* GmbHR 2001, 386.
[16] Vgl. *Emde* GmbHR 1999, 1005; *Westphal* BB 1999, 2517.
[17] Ebenso nunmehr *Scholz/Emmerich* Rn. 7.
[18] Nunmehr auch *Scholz/Emmerich* Rn. 5.

13 3. Sonstige wirtschaftliche und berufliche Zwecke. Zu vielen sonstigen wirtschaftlichen und beruflichen Zwecken kann die GmbH ebenfalls eingesetzt werden, so für die Vermögensverwaltung, als Geschäftsstelle eines Syndikats und zu anderen Kartellzwecken, soweit das GWB es erlaubt. Während bis vor wenigen Jahren die Meinung überwog, dass **freie Berufe,** insbes. die des Rechtsanwalts und des Arztes, höchstpersönlich ausgeübt werden mussten,[19] ist die Frage durch die neuere höchstrichterliche Rspr. und die Gesetzgebung in Fluss geraten: der BGH[20] hat festgestellt, dass auch *ambulante Zahnbehandlungen* von einer GmbH als eigene vertragliche Leistung erbracht werden können. Das Berufsbild der Zahnärzte (u. Ärzte) sei nicht ausschließlich durch die freie Niederlassung geprägt, sondern es habe sich daneben als zweite Form der ärztlichen und zahnärztlichen Berufsausübung die des angestellten Arztes herausgebildet. In einigen Bundesländern existieren jedoch gesetzliche Regelungen, die eine Führung ärztlicher Praxen in Form einer juristischen Person verbieten, Art. 18 Abs. 1 S. 2 BayHKaG; § 31 Abs. 2 BrandbHeilBerG; § 4a Abs. 4 BerlKammerG; § 32 Abs. 1 NdsHKG; § 29 Abs. 3 NWHeilBerG; § 16 Abs. 4 SächsHKaG. Gegen die Normen bestehen verfassungsrechtliche Bedenken.[21] Eine Kostenerstattungspflicht der Krankenversicherer wurde allerdings bislang bei der ärztlichen Behandlung durch Gesellschaften nahezu einhellig abgelehnt.[22] Auch Architekten können ihren Beruf in einer GmbH ausüben, jedoch kann die GmbH nicht in die Architektenliste eingetragen werden.[23] Trotz fehlender Eintragung darf die GmbH die Bezeichnung „Architekt" oder eine entsprechende Wortverbindung in ihrer Firma führen, wenn alle Geschäftsführer in der Architektenliste eingetragen sind.[24] Bei Umgründung in eine Freiberufler-GmbH sind auch steuerrechtliche Aspekte von Bedeutung.[25] Wirtschaftsprüfungsgesellschaften und Steuerberatungsgesellschaften[26] können auch in der Form der GmbH betrieben werden, vorausgesetzt, dass grundsätzlich bei WP-Gesellschaften alle Geschäftsführer Wirtschaftsprüfer, vereidigte Buchprüfer, Rechtsanwälte[27] oder Steuerberater sind (§§ 27, 28 WPO);[28] bei Steuerberatungsgesellschaften können außer den zuvor Genannten Steuerbevollmächtigte Geschäftsführer sein (§§ 49, 50 StBerG).[29] Eine Steuerberatungs-GmbH ist von der Rechtsberatung ausgeschlos-

---

[19] AG Saarbrücken GmbHR 1989, 297; AG Hannover GmbHR 1994, 120; *Stehle* DStR 1983, 100; *Sandberger/Müller-Graff* ZRP 1975, 1; *Taupitz* Die Standesordnungen der freien Berufe, 1991, 1288; *Hachenburg/Ulmer* Rn. 16.
[20] NJW 1994, 786 = DB 1994, 468 = GmbHR 1994, 325; vgl. auch LG Hannover GmbHR 1994, 119; *Meyer/Kreft* GmbHR 1997, 193.
[21] *Taupitz* NJW 1996, 3033; aA BayVerfGH NJW 2000, 3418.
[22] OLG München VersR 1993, 428; OLG Düsseldorf VersR 1994, 207; *Taupitz* VersR 1992, 1064 mwN; aA mit zutreffenden Argumenten *Dreher* VersR 1995, 245.
[23] VGH BaWü DVBl. 1999, 50 f.
[24] OLG Düsseldorf NJW-RR 1996, 1322; aA OLG Nürnberg GRUR 1983, 453; OLG Frankfurt/M. GmbHR 2000, 623.
[25] Vgl. *Ehlers* NWB Fach 3 S. 9515; *Sauren/Haritz* MDR 1996, 109; GmbHR 2000, 374 (Centrale-Gutachterdienst).
[26] Zur Umsatzsteuerpflicht einer Steuerberater-GmbH BFH DB 1999, 2296.
[27] Sogar als Alleingesellschafter BGH NJW 1994, 1896 = DStR 1994, 115.
[28] Nach § 28 Abs. 2 S. 2 WPO, geändert durch das WPO-ÄndG v. 19. 12. 2000 (BGBl. I S. 1769), kann die Wirtschaftsprüferkammer genehmigen, dass auch andere besonders befähigte Personen, sofern sie einen mit dem Beruf des Wirtschaftsprüfers nach § 43a Abs. 4 Nr. 4 WPO vereinbaren Beruf ausüben, Geschäftsführer sein können.
[29] Nach § 50 Abs. 3 S. 1 StBerG geändert durch Gesetz zu Änderung von Vorschriften über die Tätigkeit der Steuerberater v. 24. 6. 2000 (BGBl. I S. 874), kann die Steuerberaterkammer genehmigen, dass auch andere besonders befähigte Personen zum Geschäftsführer bestellt werden.

sen.[30] Uneinigkeit herrscht bei der Frage, ob die Gesellschaften auch den jeweiligen Standesregeln unterliegen, zB die Werbung einer GmbH, die eine Arztpraxis betreibt, gegen § 1 UWG verstößt.[31] Es ist zB aber dem Arzt nicht verwehrt, eine Klinik durch eine GmbH zu betreiben und dafür zu werben.[32] Zu der mit dem 1. 7. 1995 geschaffenen Partnerschaftsgesellschaft[33] vgl. die Darstellung haftungsrechtlicher Fragen[34] sowie die Übersichten über steuerliche Vor- und Nachteile.[35]

4. RA-GmbH

Literatur: *Feuerich/Braun* Bundesrechtsanwaltsordnung, Kommentar, 5. Aufl. 2000; *Becker-Eberhard* Anm. JZ 2000, 418; *Dittmann* Überlegungen zur Rechtsanwalts-GmbH, ZHR 161 (1997), 332; *Edelmann* Anm. DStRE 1999, 776; *Franz* Neues Niederlassungsrecht für europäische Rechtsanwälte, BB 2000, 989; *Funke* Der Regierungsentwurf zur Rechtsanwalts-GmbH, AnwBl. 1998, 6; *Gerlt* Der Gesetzesentwurf zur Anwalts-GmbH: Ein Abschreckungsversuch?, MDR 1998, 259; *v. d. Goltz* Neue Organisationsformen für die anwaltliche Zusammenarbeit unter besonderer Berücksichtigung des Partnerschaftsgesellschaftsgesetzes, Diss. Freiburg 1999; *Hartung* Anm. BB 2000, 947; *Heinemann* Die Regelung der Anwalts-GmbH, BuW 1999, 423; *Hellwig* Die Rechtsanwalts-GmbH, ZHR 161(1997), 337; *Henssler* Die Rechtsanwalts-GmbH – Zulässigkeit und Satzungserfordernisse, ZHR 161 (1997), 305; *ders.* Der Gesetzentwurf zur Regelung der Rechtsanwalts-GmbH, ZIP 1997, 1481; *ders.* Das Verbot der Sternsozietät gemäß § 31 Berufsordnung der Rechtsanwälte – eine reformbedürftige Norm, ZIP 1998, 2121; *ders.* Die gesetzliche Regelung der Rechtsanwalts-GmbH, NJW 1999, 241; *ders.* Anm. NZG 1999, 1095; *Heublein* Die Rechtsanwalts-Aktiengesellschaft vor der Eintragung ins Handelsregister, AnwBl. 1999, 304; *Hommelhoff/Schwab* Anm. WiB 1995, 115; *Johnigk* Die Rechtsanwalts-GmbH, ZAP 1998, 1067, Fach 23, S. 375; *Kempter* Hinweise zur Gestaltung der Satzung einer Rechtsanwalts-AG, NJW 2001, 777; *Kempter/Kopp* Die Rechtsanwalts-AG – eine Anwaltsgesellschaft sui generis außerhalb des anwaltlichen Berufsrechts?, NJW 2000, 3449; *Kilian* Anm. WuB 1999, 1426; *ders.* Das Verbot der Sternsozietät – Verstoß gegen Gemeinschaftsrecht? NJW 2001, 326; *Korn* Freiberufler-Personengesellschaften und -Kapitalgesellschaften. Steuerschwerpunkte und Gestaltungshinweise, 1998; *ders.* Spezifische Steuerfragen bei Freiberufler-Kapitalgesellschaften KÖSDI 1999, 12091; *Martinek* McLaw's – Franchising der Anwaltschaft?, AnwBl. 2001, 3; *Michalski/Römermann* Interprofessionelle Zusammenarbeit von Rechtsanwälten, NJW 1996, 3233; *Prohaska* Die Handelndenhaftung in der Anwalts-GmbH, MDR 1997, 701; *Römermann/Spönemann* Gesellschaftsformen für Rechtsanwälte – Berufsrecht, Gesellschaftsrecht, Steuerrecht, NZG 1998, 15; *Römermann* Der neue Regierungsentwurf zum AnwaltsGmbH-Gesetz, NZG 1998, 81; *ders.* Anwalts-GmbH im Wettbewerb, GmbHR 1998, 966; *ders.* Erste Praxisprobleme mit der Neuregelung der Anwalts-GmbH, GmbHR 1999, 526; *ders.* Satzungsgestaltung bei der Anwalts-GmbH, GmbHR 1999, 1175; *ders.* Anm. AnwBl. 1999, 554; *ders.* Zukunftsmusik?, Anwalt 2000, 10; *ders.* Vorreiter: Pro Videntia, Anwalt 2000, 6; *Sauren/Haritz* Anwalts-GmbH: Gründung oder Einbringung im Steuerrecht, MDR 1996, 109; *Schmid* Die neue Rechtsanwalts-GmbH in der Besteuerung, DB 1999, 1576; *Schumacher* Rechtsanwaltsaktiengesellschaft, AnwBl. 1998, 364; *ders.* Rechtsanwaltsaktiengesellschaft – nach deren Anerkennung durch das BayObLG, AnwBl. 2000, 409; *Stabreit* Die Rechtsanwalts-Aktiengesellschaft, NZG 1998, 452; *Zuck* Die Anwalts-GmbH nach §§ 59c ff. BRAO, MDR 1998, 1317; *ders.* Die berufsrechtliche Zulassung der

---

[30] Vgl. OVG Koblenz NJW 1980, 1866 u. krit. dazu *Stober* NJW 1982, 804; vgl. VGH Mannheim NJW-RR 1987, 617.

[31] So BGH NJW 1995, 785 (LS) = NJW-RR 1995, 41 – Kosmetische Chirurgie; OLG München NJW 1993, 800 – Betriebsärzte; LG Hamburg MedR 1995, 82 – ambulante Arztpraxis; BGH NJW 1999, 1784 – Zahnklinik-Implantatbehandlungen = GmbHR 1999, 415 = EWiR 1999, 375; krit. *Henssler* EWiR 1999, 375 f.; aA BGH NJW 2001, 1791; OLG Köln NJW 1994, 3017 – Zahnarztpraxis; vgl. zum ärztlichen Werbeverbot auch *Zuck,* FS Geiß, 2000, S. 323, 336 f.; zur Werbung einer Architekten-GmbH s. einerseits OLG Nürnberg GRUR 1983, 453 und andererseits OLG Düsseldorf WRP 1996, 564.

[32] BGH NJW 1978, 589.

[33] PartGG v. 25. 7. 1994, BGBl. I S. 1744, geändert durch Gesetz v. 22. 6. 1998, BGBl. I S. 1474 und Gesetz v. 22. 7. 1998, BGBl. I S. 1878; vgl. *Michalski/Römermann* PartGG, 2. Aufl. 1999.

[34] *Oppermann* AnwBl. 1995, 453; *Arnold* BB 1996, 597; *Gail/Overlack* Anwaltsgesellschaften, 2. Aufl. 1996, RWS-Skript 277.

[35] *Sommer* GmbHR 1995, 249; *Henssler* DB 1995, 1549; *Gail* BFuP 1995, 481.

§ 1   1. Abschnitt. Errichtung der Gesellschaft

Anwalts-GmbH, AnwBl. 1999, 297; *ders.* Ungelöste Probleme der anwaltlichen Berufsordnung, NJW 1999, 263; *ders.* Anm. MDR 1999, 1162; *ders.* Anwalts-GmbH, 1999.

14   **a) Entwicklung bis 1. 3. 1999.** Die Verbindung von Rechtsanwälten zur Berufsausübung in einer GmbH war lange umstritten;[36] eine überwiegende Meinung hielt dies für unzulässig.[37] Das BayObLG[38] erklärte in seiner richtungsweisenden Entscheidung den Zusammenschluss von Anwälten zur gemeinsamen Berufsausübung in einer GmbH für zulässig, wenn die Satzung folgende, zur Wahrung der Unabhängigkeit des Rechtsanwaltes unerlässliche Mindestvoraussetzungen enthielte:[39] die in der Gesellschaft zusammengeschlossenen Rechtsanwälte müssten ihren Beruf aktiv in dieser ausüben; es müsste sichergestellt sein, dass die notwendige Mehrheit bei Geschäftsanteilen und Stimmrechten Rechtsanwälten vorbehalten bliebe; nur Rechtsanwälte und weitere Angehörige sozietätsfähiger Berufe (iSd. § 59a BRAO) dürften Gesellschafter sein. Daneben waren weitere Voraussetzungen zu beachten, die sich im Wesentlichen mit den heutigen §§ 59c ff. BRAO decken.

15   **b) Gesetzliche Regelung seit 1. 3. 1999.** Nach 1994 weiterbestehende Unsicherheiten sollen die am 1. 3. 1999 in Kraft getretenen Neuregelungen der §§ 59c bis 59m BRAO[40] beseitigen, die als berufsrechtliche Sondervorschriften für die Rechtsanwaltstätigkeit[41] das GmbH-Recht ergänzen.[42]

16   Im Vordergrund steht dabei der Ausgleich zwischen den Erfordernissen und Möglichkeiten der Rechtsform der GmbH und den Anforderungen des von der Freiberuflichkeit und Unabhängigkeit geprägten Tätigkeitsbildes des Rechtsanwaltes, denn die RA-GmbH soll Berufsausübungs- und nicht Kapitalanlagegesellschaft sein.[43]

17   Entgegen den Erwartungen ließen sich 1999 nur 39 RA-GmbHs[44] eintragen; die bis zum 1. 1. 1999 gemeldeten 78 RA-GmbHs[45] (auf Grund der Rechtsprechung seit 1994) sind zwischenzeitlich auf 75 RA-GmbHs[46] zurückgegangen.

18   **c) Zulassungsverfahren.** Ebenso wie ein Rechtsanwalt bedarf auch die RA-GmbH der Zulassung, § 59c Abs. 1 BRAO.

19   **aa) Allgemeines.** Neben den Vorschriften der §§ 59c ff. BRAO ergeben sich die Voraussetzungen für die Zulassung und Eintragung einer RA-GmbH aus §§ 7ff. GmbHG.

20   **bb) Staatliche Genehmigung, Unbedenklichkeitsbescheinigung.** Die Zulassung ist als **staatliche Genehmigung** iSd. § 8 Abs. 1 Nr. 6 GmbHG[47] Eintragungs-

---

[36] Vgl. auch *v. d. Goltz* Neue Organisationsformen für die anwaltliche Zusammenarbeit unter besonderer Berücksichtigung des Partnerschaftsgesellschaftsgesetzes, Diss. Freiburg 1999.
[37] Vgl. Fn. 19.
[38] NJW 1995, 199 = DB 1994, 2540.
[39] Ebenso BayObLG (Seufert II) DB 1996, 2026 = ZIP 1996, 1790 (m. Anm. *Ebenroth/Koos*); ebenso OLG Bamberg MDR 1996, 423; OLG Köln BRAK-Mitt. 1997, 264; OLG Köln GmbHR 1997, 945 = NZG 1998, 230 m. zust. Anm. *Römermann*; LG Baden-Baden GmbHR 1996, 924.
[40] BRAO-Novelle vom 31. 8. 1998, BGBl. I S. 2600.
[41] Zur nicht geregelten Organisationsform der RA-AG vgl. Rn. 43; Das Gesetz spricht von Rechtsanwaltsgesellschaft, im Folgenden wird synonym der Begriff der RA-GmbH verwendet.
[42] *Zuck* MDR 1998, 1317.
[43] BT-Drucks. 13/9820 S. 11.
[44] BRAK-Mitt. 2000, 137.
[45] AnwBl. 1999, 216 = BRAK-Mitt. 1999, 90.
[46] Vgl. Statistik NJW Beilage 12/2001 R 9.
[47] BT-Drucks. 13/9820 S. 13.

voraussetzung.⁴⁸ Während das Registergericht eine RA-GmbH erst nach erteilter Zulassung eintragen darf, kann die Zulassung als öffentlich-rechtliche Erlaubnis nur an eine bereits existierende, also eingetragene GmbH erteilt werden. Die registerrechtliche Praxis behilft sich deshalb mit der Vorlage einer von der Zulassungsbehörde ausgestellten **„Unbedenklichkeitsbescheinigung"**.⁴⁹ Die Zulassung der RA-GmbH erfolgt für die juristische Person als solche.⁵⁰

cc) **Zulassungsbehörde.** Zuständig ist grundsätzlich die Landesjustizverwaltung, in deren Geschäftsbereich die Rechtsanwaltsgesellschaft ihren Sitz hat, § 59g Abs. 1 S. 1 BRAO. Alle Landesjustizverwaltungen, mit Ausnahme des Freistaats Thüringen, haben jedoch von ihrem Recht, die Zuständigkeit nach §§ 224, 224a BRAO auf Oberlandesgerichte bzw. Rechtsanwaltskammern zu übertragen, Gebrauch gemacht.⁵¹

Soweit das OLG zuständig ist, holt es gemäß §§ 59g Abs. 2, 224 BRAO bei der jeweils zuständigen Rechtsanwaltskammer ein Gutachten über das Vorliegen der Zulassungsvoraussetzungen ein.⁵² – Ist das Verfahren einer Rechtsanwaltskammer übertragen, ermittelt diese von Amts wegen den Sachverhalt (§§ 224a Abs. 2 S. 1, 36a BRAO) mit dementsprechender Auskunftspflicht der antragstellenden Gesellschaft.⁵³

dd) **Antrag.** Dem Zulassungsantrag ist eine Ausfertigung oder eine öffentlich beglaubigte Abschrift des Gesellschaftsvertrages beizufügen, § 59g Abs. 1 S. 2 BRAO.⁵⁴ – Wird über den Zulassungsantrag nicht binnen drei Monaten nach vollständiger Vorlage der Unterlagen⁵⁵ entschieden, kann ein **Antrag auf gerichtliche Entscheidung** gestellt werden, §§ 59g Abs. 5, 11 Abs. 3 BRAO. Ist das Verfahren der Rechtsanwaltskammer übertragen, gelten für das gerichtliche Entscheidungsverfahren die Regelungen der §§ 224a Abs. 5, 59g Abs. 5, 11 Abs. 3, 37 ff. BRAO.

ee) **Zulassungsgebühr.** Die Zulassungsgebühr beträgt € 500, § 192 Abs. 1 S. 2 BRAO.⁵⁶

d) **Zulassungsvoraussetzungen. aa) Unternehmensgegenstand. α)** Als Unternehmensgegenstand ist für die Gesellschaft die „Beratung und Vertretung in Rechtsan-

---

⁴⁸ Krit. *Gerlt* MDR 1998, 259, 262; *Henssler* ZIP 1997, 1481, 1483; *ders.* jetzt wohl aA NJW 1999, 241, 242; Die Autoren sehen die RA-GmbH gegenüber Wirtschaftsprüfer- und Steuerberatungsgesellschaften im Nachteil, weil diese ohne vorherige Zulassung die Eintragung ins Handelsregister beantragen könnten. Dabei beachten die Autoren jedoch nicht die Eigenschaft der RA-GmbH als Organ der Rechtspflege.
⁴⁹ BT-Drucks. 13/9820 S. 16.
⁵⁰ Zur Zulassung der für die GmbH auftretenden Rechtsanwälte vgl. Fn. 96; *Römermann* GmbHR 1999, 526, 529.
⁵¹ Berlin: RA-Kammer, GVBl. 1999, S. 433; Brandenburg: OLG, GVBl. II 1999, S. 83; Mecklenburg-Vorpommern: RA-Kammer, GVOBl. 1999, S. 572; Niedersachsen: RA-Kammern, GVBl. 1999, S. 128; Sachsen: OLG, JMBl. 1998, S. 79; 2000, S. 33; Sachsen-Anhalt: RA-Kammer, GVBl. 2000, S. 576; zu den übrigen Bundesländern vgl. *Zuck* Anwalts-GmbH 1999, § 59g Fn. 2, S. 88 f.
⁵² Krit. *Gerlt* MDR 1998, 259, 262 wegen der Zeitintensivität und möglichen Verzögerungen bzw. Verschleppungen.
⁵³ Vgl. § 36a Abs. 2 BRAO; *Zuck* AnwBl. 1999, 297, 301.
⁵⁴ Nicht ausreichend ist der Gesellschaftsvertrag einer möglichen Vorgründungsgesellschaft, vgl. *Zuck* AnwBl. 1999, 297, 301; *Johnigk* ZAP 1998, 1067, 1069, Fach 23, S. 377.
⁵⁵ *Zuck* AnwBl. 1999, 297, 301.
⁵⁶ Krit. *Gerlt* MDR 1998, 259, 262; *Henssler* ZIP 1997, 1481, 1484, weil diese neben den normalen Kosten (zB für notarielle Beurkundung) zusätzlich anfallen.

§ 1 1. Abschnitt. Errichtung der Gesellschaft

gelegenheiten" vorgesehen, § 59 c Abs. 1 BRAO, eine Beschränkung (zB auf bestimmte Fachanwaltstätigkeiten oder -gebiete) ist jedoch denkbar.[57]

26 Strittig ist, ob eine RA-GmbH neben dieser rechtlichen Tätigkeit weitere Aktivitäten wie zB die Wirtschaftsprüfung ausüben darf.[58] Davon ist in weiter Auslegung des § 59 c Abs. 1 BRAO auszugehen, sonst würde eine mögliche interprofessionelle Zusammenarbeit (§§ 59 e Abs. 1; 59 a Abs. 1, 3 BRAO) konterkariert.[59]

27 β) **Grenzen für Betätigung** und Unternehmensgegenstand der RA-GmbH finden sich in allgemein- und spezialgesetzlichen Vorschriften.[60] Eine unmittelbare Beteiligung der RA-GmbH an Zusammenschlüssen zur gemeinschaftlichen Berufsausübung ist ausgeschlossen, § 59 c Abs. 2 BRAO.[61] Dies betrifft wegen der bei Partnerschaften oder RA-GmbHs erforderlichen Gesellschafterqualifikation[62] jedoch nur die **Beteiligung an GbR**.[63]

28 bb) **Gesellschafter.** α) Nur **Rechtsanwälte und Angehörige sozietätsfähiger Berufe**[64] können Gesellschafter sein, §§ 59 e Abs. 1, 59 a Abs. 1 S. 1, Abs. 3 BRAO; **Anwaltsnotare** lediglich bezogen auf ihre anwaltliche Berufsausübung, §§ 59 e Abs. 1 S. 3, 59 a Abs. 1 S. 3 BRAO.[65] Die Gesellschafter müssen sich in der RA-GmbH beruflich betätigen. Mangels einer Umfangsbestimmung in § 59 e Abs. 1 S. 2 BRAO ist ein „**Mindestmaß an beruflichen Aktivitäten**" erforderlich, aber auch ausreichend.[66] Eine Gesellschafterstellung ohne berufliche Betätigung, zB als Seniorgesellschafter, schließt das Stimmrecht aus, § 59 e Abs. 3 S. 2 BRAO.[67] **BGH-Anwälte** können nur Zwei-Personen-RA-GmbHs bilden, §§ 59 e Abs. 1 S. 3, 172 a BRAO.[68] Der Wortlaut des § 59 e Abs. 1 BRAO lässt offen, ob Rechtsanwälte bzw. Angehörige anderer sozietätsfähiger Berufe nur einzeln oder auch in gesamthänderischer Verbundenheit als **BGB-Gesellschaft Gesellschafter einer RA-GmbH** sein können. Der BGH bejaht dies die Vergleichbarkeit mit der RA-GmbH ausdrücklich betonend zur Patentanwalts-GmbH, so dass der gegenteiligen amtlichen Begründung nicht zu folgen ist.[69] – Unzulässig sind wegen der Regelung des § 59 e Abs. 4 BRAO Gewinnbeteili-

---

[57] So auch *Zuck* MDR 1998, 1317, 1318; *Römermann* GmbHR 1999, 1175, 1177; vgl. §§ 52 c ff. PatAnwO Zur Zulässigkeit einer Patentanwalts-GmbH.
[58] Für eine weite Auslegung *Römermann* GmbHR 1999, 526, 527; *ders.* GmbHR 1999, 1175, 1177; *Gerlt* MDR 1998, 259, 260; aA *Zuck* MDR 1998, 1317, 1318; *Feuerich/Braun* § 59 c Rn. 10.
[59] So auch *Römermann* GmbHR 1999, 526, 527; *ders.* GmbHR 1999, 1175, 1177.
[60] Vgl. Rn. 7 ff.
[61] Krit. *Römermann* GmbHR 1998, 966, 968.
[62] Vgl. § 1 Abs. 1 S. 3 PartGG; § 59 e Abs. 1 BRAO.
[63] *Zuck* AnwBl. 1999, 297, 303; Zweck der Regelung ist Vermeidung mehrstöckiger Gesellschaften: BT-Drucks. 13/9820 S. 13, zulässig dagegen aber für Steuerberatungsgesellschaften mbH (§ 50 a StBerG idF des 7. StBÄndG); zum umgekehrten Fall der Beteiligung einer Sozietät an einer RA-GmbH vgl. Rn. 28.
[64] Insbesondere sind nun auch ausländische Rechtsanwälte erfasst: vgl. *Franz* BB 2000, 989, 993.
[65] Grund ist die Bindung des Amtes des Notars an die Person: BT-Drucks. 13/9820 S. 14; zur Sozietätsfähigkeit von Anwaltsnotaren vgl. *Edelmann* DStR 1998, 1798.
[66] BT-Drucks. 13/9820 S. 14; krit. *Zuck* AnwBl. 1999, 297, 299, dessen Ansatz aber ebenso wenig hilfreich ist. Es ist mit *Römermann* GmbHR 1999, 526, 527 von einer äußerst großzügigen Auslegung auszugehen; *ders.* GmbHR 1999, 1175, 1178.
[67] *Gerlt* MDR 1998, 259, 261.
[68] Die BGH-Zulassung gilt zugleich für die obersten Gerichtshöfe des Bundes sowie für das BVerfG, § 172 Abs. 1 BRAO.
[69] BT-Drucks. 13/9820 S. 14; aA BGH NJW 2002, 68 f.; *Funke* AnwBl. 1999, 6, 7; *Feuerich/Braun* § 59 e Rn. 1; krit. *Henssler* NJW 1999, 241, 246; *Gerlt* MDR 1998, 259, 261; *Römermann* GmbHR 1999, 526, 528; *ders.* GmbHR 1999, 1175, 1178; *Zuck* MDR 1998, 1317, 1319.

Zweck   § 1

gungen an einer RA-GmbH in Form von **stillen Einlagen, partiarischen Darlehen oder Gewinnschuldverschreibungen**.[70]

β) Mehrheit an Geschäftsanteilen und Stimmrechten. Die Mehrheit der Ge- 29
schäftsanteile *und* Stimmrechte muss Rechtsanwälten zustehen, § 59e Abs. 3 BRAO.[71]

γ) Steuerberater und Wirtschaftsprüfer können bei Beachtung des § 59e Abs. 3 30
BRAO grds. Gesellschafter sein, §§ 59e Abs. 1 S. 1, 59a Abs. 1 S. 1 BRAO; die Vorschrift des § 31 BORA[72] steht dem als untergesetzliche Norm nicht entgegen.[73] Für die gleichzeitige Zulassung einer RA-GmbH als Steuerberatungs- bzw. Wirtschaftsprüfungsgesellschaft sind daneben jedoch die §§ 50a Abs. 1 Nr. 5 StBerG, 28 Abs. 4 Nr. 3, 5 WPO zu beachten. Danach müssen zB in Wirtschaftsprüfungsgesellschaften die Wirtschaftsprüfer die Mehrheit der Stimmrechte in der Gesellschaft auf sich vereinen. Eine gleichberechtigte interprofessionelle Zusammenarbeit in einer Rechtsanwalts- und Steuerberatungs- bzw. Wirtschaftsprüfungsgesellschaft wird damit erschwert: in der Praxis sind dann – um die jeweiligen Mehrheiten sicherzustellen – Berufsangehörige mit Mehrfachqualifikationen entscheidende Voraussetzung für mehrfach zugelassene Gesellschaften.[74]

δ) Die Geschäftsanteile sind nach allgemeinem GmbH-Recht frei übertragbar und 31
vererbbar. Neue Gesellschafter müssen jedoch wegen §§ 59e Abs. 1, 3; 59h Abs. 1 BRAO Rechtsanwälte oder Angehörige anderer sozietätsfähiger Berufe sein.[75] Nach dem Übergang von Geschäftsanteilen muss die Mehrheit an Geschäftsanteilen und Stimmrechten weiterhin Rechtsanwälten zustehen, §§ 59e Abs. 3, 59h Abs. 3 BRAO, diese Mehrheit ist in angemessener Frist bzw. bei einem Erbfall innerhalb eines Jahres herzustellen, anderenfalls der Zulassungswiderruf droht.

η) Eine **Vertretung des Gesellschafters bei der Stimmrechtsabgabe** ist nur 32
durch stimmberechtigte Gesellschafter, die Angehörige desselben Berufes oder Rechtsanwälte sind, möglich, § 59e Abs. 5 BRAO.[76]

ϑ) Sternsozietäten/Zweitberufe. Gesellschafter dürfen ihren in der RA-GmbH 33
ausgeübten Beruf in keinem weiteren beruflichen Zusammenschluss ausüben, § 59e Abs. 2 BRAO **(Verbot der Sternsozietäten)**.[77] Dieser Vorschrift entsprechen § 59a Abs. 1 S. 2 BRAO und § 31 BORA, die von der Tätigkeit in nur *einer* Sozietät ausge-

---

[70] Damit soll die Unabhängigkeit der Gesellschaft sichergestellt werden: BT-Drucks. 13/9820 S. 14.
[71] Krit. wegen der gewünschten Interprofessionalität *Römermann* NZG 1998, 81, 82; *ders.* GmbHR 1998, 966, 969; so wohl auch *Zuck* MDR 1998, 1317, 1319; *Gerlt* MDR 1998, 259, 260; *Henssler* ZIP 1997, 1481, 1485; *Michalski/Römermann* NJW 1996, 3233, 3238.
[72] Abdruck bei *Feuerich/Braun* S. 1301 = BRAK-Mitt. 1996, 241; krit. zu § 31 BORA *Henssler* NJW 1999, 241, 245; *ders.* ZIP 1998, 2121, 2127.
[73] BGH NJW 1999, 2970 = DB 1999, 1898 = ZIP 1999, 1360.
[74] *Römermann* GmbHR 1999, 526, 527; *ders.* NZG 1998, 81, 82; *ders.* GmbHR 1999, 1175, 1178; vgl. *Henssler* ZIP 1997, 1481, 1485; dasselbe Problem besteht für Geschäftsführer wegen § 59f Abs. 1 S. 2 BRAO, § 50 Abs. 4 StBerG, § 28 Abs. 2 S. 3 WPO.
[75] *Römermann* GmbHR 1999, 1175, 1179 geht andernfalls von Nichtigkeit nach § 134 BGB aus.
[76] So *Feuerich/Braun* § 59e Rn. 11; BR-Drucks. 1002/97 S. 16; krit. *Römermann* GmbHR 1999, 526, 528; vgl. § 47 Rn. 43ff.
[77] Krit.: *Zuck* NJW 1999, 263, 265; *ders.* MDR 1999, 1162; *Henssler* ZIP 1997, 1481, 1486; *Römermann* GmbHR 1998, 966, 968; *ders.* GmbHR 1999, 526, 528 zu verfassungsrechtlichen Bedenken; *ders.* GmbHR 1999, 1175, 1177; ebenso *Becker-Eberhard* JZ 2000, 418, 420f.; *Edelmann* DStRE 1999, 776.

§ 1   1. Abschnitt. Errichtung der Gesellschaft

hen.[78] – **Zweitberufe** können in weiteren Gesellschaften ausgeübt werden.[79] Den an einer RA-GmbH beteiligten Rechtsanwälten ist es auch nicht verwehrt, außerhalb dieser GmbH Einzelmandate zu übernehmen;[80] § 28 BRAO (Zweigstellenverbot) ist aber zu beachten.[81] Probleme wegen etwaiger Paralleltätigkeiten der Gesellschafter außerhalb der RA-GmbH lassen sich durch den Abschluss von Kooperationsvereinbarungen, die Befreiung von Wettbewerbsverboten oder entsprechenden Öffnungsklauseln in den Satzungen vermeiden.[82]

34   cc) **Geschäftsführer.** α) Geschäftsführer einer RA-GmbH können nur **Rechtsanwälte und Angehörige sozietätsfähiger Berufe** gemäß § 59a Abs. 1 BRAO sein, § 59f Abs. 2 BRAO. Sie müssen ihren Beruf in der RA-GmbH ausüben, brauchen aber nicht zugleich Gesellschafter zu sein.[83] Die Mehrheit der Geschäftsführer müssen Rechtsanwälte sein, § 59f Abs. 1 S. 2 BRAO. Geschäftsführer dürfen ihren in der RA-GmbH ausgeübten Beruf nicht in weiteren beruflichen Zusammenschlüssen ausüben, § 59f Abs. 2 BRAO iVm. § 59e Abs. 2 BRAO. Wird also ein Rechtsanwalt in einer RA-GmbH als Geschäftsführer tätig, so darf er, auch wenn er insoweit nicht die Tätigkeit eines Rechtsanwaltes im engeren Sinne, sondern vornehmlich die Funktion des Organs ausübt, in keinem anderen beruflichen Zusammenschluss als Rechtsanwalt tätig werden,[84] eine von der Sache her nicht in jedem Fall gebotene Beschränkung. – § 59f Abs. 4 BRAO hat eine klarstellende Bedeutung, denn schon für § 37 GmbHG ist anerkannt, dass Geschäftsführer gesetzwidrige Weisungen der Gesellschafterversammlung nicht befolgen müssen.[85] Weisungen der Gesellschafterversammlung, die gesetzmäßig sind, hat der Geschäftsführer zu befolgen, auch wenn er sie für unzweckmäßig hält. Nur berufsrechtlich unzulässige Weisungen, zB nach §§ 1, 3 BRAO,[86] darf er missachten, § 59f Abs. 4 S. 2 BRAO.[87]

35   β) Für **Prokuristen und Handlungsbevollmächtigte** gelten die gleichen Anforderungen wie für Geschäftsführer, § 59f Abs. 3 BRAO.

36   dd) **Berufshaftpflicht.**[88] Um eine ausreichende Haftung zu gewährleisten, muss die RA-GmbH haftpflichtversichert sein, § 59j Abs. 1 BRAO.[89] Die Mindestversiche-

---

[78] BGH NJW 1999, 2970 = DB 1999, 1898 = ZIP 1999, 1360; ebenso *Feuerich/Braun* § 59e Rn. 6 und § 59a Rn. 11; *Becker-Eberhard* JZ 2000, 418, 420; zust. *Edelmann* DStRE 1999, 776; *Martinek* AnwBl. 2001, 7; iErg. ebenso *Zuck* MDR 1999, 1162; verfassungsrechtliche Bedenken *Henssler* NZG 1999, 1095; *Kilian* WuB 1999, 1426, 1428; *ders.* NJW 2001, 326, 330; *Römermann* AnwBl. 1999, 554; *Hartung* MDR 2001, 737.
[79] BT-Drucks. 13/9820 S. 14; *Gerlt* MDR 1998, 259, 261.
[80] BT-Drucks. 13/9820 S. 14; *Gerlt* MDR 1998, 259, 261; *Römermann* GmbHR 1999, 526, 528.
[81] AA *Martinek* AnwBl. 2001, 7, der Zweigniederlassungen iS der § 13 ff. HGB für zulässig hält.
[82] *Korn* KÖSDI 1999, 12091, 12097.
[83] Krit. *Römermann* GmbHR 1998, 966, 969; *Zuck* MDR 1998, 1317, 1319.
[84] *Zuck* AnwBl. 1999, 297, 301.
[85] Vgl. § 37 Rn. 26 ff.; krit. zu § 59f Abs. 4 BRAO *Römermann* GmbHR 1999, 1175, 1179.
[86] *Zuck* AnwBl. 1999, 297, 300.
[87] *Zuck* AnwBl. 1999, 297, 301 mwN; für eine enge Interpretation der Vorschrift *Römermann* GmbHR 1999, 526, 529, was wegen des Schutzzweckes abzulehnen ist; vgl. insoweit auch § 37 Rn. 26.
[88] Zur Diskussion um die Einführung einer Handelndenhaftung: *Prohaska* MDR 1997, 701, 703 f.; *Römermann/Spönemann* NZG 1998, 15, 18; *Hellwig* ZHR 161 (1997), 337, 357 ff.; *Funke* AnwBl. 1998, 6, 8; *Henssler* ZIP 1997, 1481, 1487; *ders.* ZHR 161 (1997), 305, 324 ff.
[89] Krit. *Römermann* NZG 1998, 81, 83; *ders.* GmbHR 1998, 966, 968; *Henssler* ZIP 1997, 1481, 1487; *Gerlt* MDR 1998, 259, 262; *ders.* AnwBl. 1999, 297, 298; *Johnigk* ZAP 1998, 1067, 1070, Fach 23, S. 378; krit. zur Versicherungshöhe *Henssler* NJW 1999, 241, 244, ebenso mit

Zweck § 1

rungssumme muss pro Schadensfall € 2,5 Mio. betragen, § 59j Abs. 2 S. 1 BRAO. Die Leistungen des Versicherers innerhalb eines Versicherungsjahres können jedoch beschränkt werden, § 59j Abs. 2 S. 2 BRAO, wobei insgesamt aber mindestens eine vierfache Schadenssumme, also € 10 Mio. gedeckt sein muss, § 59j Abs. 2 S. 3 BRAO. Fehlt eine derartige Versicherung, haften Gesellschafter und Geschäftsführer gesamtschuldnerisch, § 59j Abs. 4 BRAO.[90] Die bei der RA-GmbH tätigen (angestellte und freiberufliche) Rechtsanwälte müssen daneben eine eigene Berufshaftpflichtversicherung halten, andernfalls droht der Zulassungsentzug, § 14 Abs. 2 Nr. 9 BRAO.[91]

ee) Zulassungsanspruch. Sind die Voraussetzungen gemäß § 59d BRAO erfüllt, besteht ein Anspruch auf Zulassung.[92] 37

e) Weitere Regelungen. aa) Vertretung. Die RA-GmbH ist, entgegen dem allgemeinen Grundsatz, juristische Personen seien als solche nicht prozeß- und postulationsfähig,[93] vor Gericht **postulationsfähig,** § 59l BRAO. Eine Ausnahme besteht allerdings für **Strafsachen,** in denen die RA-GmbH als solche nicht **Verteidiger** iS der §§ 137ff. StPO sein kann, § 59l S. 4 BRAO.[94] **Vor dem BFH** ist die RA-GmbH, wie andere Berufsausübungsgesellschaften, nach § 62a Abs. 2 FGO[95] neuerdings vertretungsberechtigt. Die für eine RA-GmbH auftretenden Rechtsanwälte müssen selbst zugelassen sein, § 59l S. 3 BRAO.[96] 38

Ist eine RA-GmbH Partei, kann sie bei Anwaltszwang nicht von einem bei ihr beschäftigten Anwalt vertreten werden.[97] 39

bb) Firma. Die Firma ist in Abweichung von § 18 HGB als **Personenfirma** zu bilden; Sachfirmen und Phantasienamen sind ausgeschlossen.[98] Sie muss sich aus dem Namen mindestens eines Gesellschafters, der Rechtsanwalt ist,[99] und der Bezeichnung „Rechtsanwaltsgesellschaft" zusammensetzen, § 59k Abs. 1 S. 1 BRAO. Weitere Firmenbestandteile sind nach § 59k Abs. 1 S. 3 BRAO nur zulässig, wenn sie gesetzlich vorgeschrieben sind,[100] so dass eine RA-GmbH nach § 4 GmbHG unter „X Rechtsanwaltsgesellschaft mbH" firmieren muss. Ist sie zugleich anerkannte Steuerberatungs- und/oder Wirtschaftsprüfungsgesellschaft, so sind diese Bezeichnungen ebenfalls in die 40

---

verfassungsrechtlichen Bedenken *Schumacher* AnwBl. 2000, 409, 410; aA wohl *Zuck* MDR 1998, 1317, 1320.
[90] *Heinemann* BuW 1999, 423, 424.
[91] *Römermann* GmbHR 1999, 526, 530; *Feuerich/Braun* § 51 Rn. 2; *dies.* § 59j Rn. 2: anwaltliche Gesellschafter parallel versicherungspflichtig.
[92] *Römermann* GmbHR 1998, 966, 969.
[93] *Zöller/Vollkommer* (22. Aufl. 2001) § 52 Rn. 7a; § 79 Rn. 2.
[94] LG Bonn AnwBl. 2001, 300; krit. *Gerlt* MDR 1998, 259, 262.
[95] Neu eingeführt durch das Zweite Gesetz zur Änderung der FGO und anderer Gesetze vom 19. 12. 2000 (2. FGOÄndG), BGBl. I S. 1757.
[96] Seit 1. 1. 2000 ist jeder bei einem Amts- oder Landgericht zugelassene Rechtsanwalt vor jedem Amts- oder Landgericht postulationsfähig, § 78 Abs. 1 ZPO.
[97] EuG EuGHE II 1999, 3555 = DB 2000, 138.
[98] *Henssler* NJW 1999, 241, 244; *Zuck* MDR 1998, 1317, 1320.
[99] Krit. dazu, dass nur deutsche Rechtsanwälte erfasst sein sollen *Römermann* GmbHR 1999, 1175.
[100] Die Hinzufügung eines Zusatzes wie zB „artax", der bei der Partnerschaftsgesellschaft zulässig ist, OLG Karlsruhe NJW 2001, 1584 = AnwBl. 2001, 240, ist bei der RA-GmbH nicht möglich, was auch im Hinblick auf § 59k Abs. 1 S. 2 BRAO wenig verständlich ist. Auch die firmenrechtlichen Gestaltungsmöglichkeiten bei der RA-AG sind bisher nicht eingeschränkt (vgl. Fn. 114). Vgl. auch *Römermann* GmbHR 1999, 526, 530; *ders.* GmbHR 1999, 1175, 1176f.

§ 1 1. Abschnitt. Errichtung der Gesellschaft

Firma aufzunehmen (§§ 53 StBerG, 31 WPO),[101] zB „XY Rechtsanwalts-, Wirtschaftsprüfungs- und Steuerberatungsgesellschaft mbH". – **Sozietäten** (Partnerschaften oder BGB-Gesellschaften),[102] die sich in RA-GmbHs umwandeln, dürfen bereits eingeführte, nach § 9 BORA zulässige[103] Kurzbezeichnungen zusätzlich verwenden oder an Stelle eines Gesellschafternamens einsetzen, § 59k Abs. 1 S. 2 BRAO. Von der Fortführung einer Sozietät iSd. § 59k Abs. 1 S. 2 BRAO ist auszugehen, wenn sie im Kern von einer Mehrheit weitergeführt wird und sich nicht in mehrere kleine Sozietäten aufteilt.[104] Andere Gesellschaften dürfen die **Bezeichnung „Rechtsanwaltsgesellschaft"** nicht tragen, § 59k Abs. 2 BRAO. Anderes galt nur für Gesellschaften, die diese Bezeichnung bei In-Kraft-Treten der Vorschrift schon zulässigerweise in ihrem Namen oder in ihrer Firma führten, aber nur, wenn sie innerhalb eines Jahres nach In-Kraft-Treten des Gesetzes einen Rechtsformhinweis in ihren Namen aufnahmen.[105]

41 cc) **Kammeraufsicht.** RA-GmbHs und auch ihre nichtanwaltlichen Geschäftsführer unterstehen als Mitglieder der jeweiligen Rechtsanwaltskammer der Kammeraufsicht, § 60 Abs. 1 BRAO.[106]

42 f) **Steuerrecht.**[107] Die RA-GmbH unterliegt denselben steuerrechtlichen Regeln wie jede andere GmbH.[108] Sie ist demzufolge insbesondere körperschafts- und gewerbesteuerpflichtig, ein Nachteil gegenüber Sozietäten. Vorteile bringen hingegen die Abzugsfähigkeit von Geschäftsführervergütungen als Betriebsausgaben sowie die Möglichkeit der Bildung von Rückstellungen für die Altersvorsorge durch Pensionszusagen.[109] – Die Geschäftsführervergütung darf im Gegensatz zu anderen, in der GmbH ebenfalls tätigen, nicht geschäftsführenden Freiberuflern höher sein.[110] Für die Bewertung von Pensionszusagen an Geschäftsführer einer RA-GmbH gelten die allgemeinen Regeln.[111] Es darf danach nicht zu einer Überversorgung kommen, eine Wartezeit ist erforderlich und es muss eine ausreichend lange Restdienstzeit bestehen, andernfalls eine verdeckte Gewinnausschüttung vorliegt, vgl. Einl. Rn. 75, § 29 Rn. 158 ff.

43 5. **RA-AG.** Die RA-AG als weitere Form des Zusammenschlusses von Rechtsanwälten zur gemeinsamen Berufsausübung ist (noch) nicht gesetzlich geregelt,[112] wird jedoch weithin für zulässig erachtet,[113] wie auch die erste, wiederum wegweisende,

---

[101] Vgl. Beispiele bei *Henssler* NJW 1999, 241, 244.
[102] *Römermann* GmbHR 1998, 966, 969.
[103] *Henssler* NJW 1999, 241, 244.
[104] *Johnigk* ZAP 1998, 1067, 1071, Fach 23, S. 379.
[105] Art. 8 Abs. 2 des Gesetzes zur Änderung der Bundesrechtsanwaltsordnung, der Patentanwaltsordnung und anderer Gesetze v. 31. 8. 1998, BGBl. I S. 2600 ff.
[106] *Funke* AnwBl. 1998, 6, 8.
[107] *Schmid* DB 1999, 1576; *Sauren/Haritz* MDR 1996, 109; *Korn* KÖSDI 1999, 12091; *ders.* Freiberufler-Personengesellschaften und -Kapitalgesellschaften, 1998; zur Erbschafts- und Schenkungsteuer vgl. *Sistermann* ZEV 1998, 166.
[108] Vgl. Einl. Rn. 63 ff.; § 29 Rn. 158 ff.
[109] Vgl. *Schmid* DB 1999, 1576, 1578 f.
[110] *Korn* KÖSDI 1999, 12091, 12095.
[111] Vgl. Einl. Rn. 73.
[112] Insoweit offengelassen BT-Drucks. 13/9820 S. 11; vgl. entsprechende Gesetzgebungsvorschläge bei *Römermann* Anwalt 2000, 10.
[113] *Feuerich/Braun* § 59a Rn. 30 mwN; *Stabreit* NZG 1998, 452; *Heublein* AnwBl. 1999, 304; Satzungsentwurf *Schumacher* AnwBl. 1998, 364; *ders.* AnwBl. 2000, 409 zu einzelnen Voraussetzungen; vgl. auch *Römermann* GmbHR 1998, 966, 967; *Henssler* ZIP 1997, 1481, 1488; *ders.* NJW 1999, 241, 247; krit. bzgl. der praktischen Bedeutung *Hartung* BB 2000, 947; abl. *Hommelhoff/Schwab* WiB 1995, 115, 118.

Entscheidung des BayObLG zeigt.[114] Vorteile werden vor allem in der Übertragbarkeit der Aktien, der Steuerfreiheit von Anteilsübertragungen und der erleichterten Aufnahme neuer Gesellschafter gesehen[115] Fraglich ist eine Anwendung des Berufsrechtes auf die RA-AG, wie dies auch für die RA-GmbH der Fall ist. Dies ist zu befürworten.[116]

6. Öffentliche Unternehmen. Öffentliche Unternehmen werden häufig als 44
GmbH betrieben. Als Unternehmen der öffentlichen Hand steht die GmbH in besonderem Maße unter der Herrschaft öffentlichrechtlicher Vorschriften.[117] Die haftungsrechtlichen Konsequenzen für die öffentliche Hand als GmbH-Gesellschafterin dürfen auch nach der Kehrtwende der Rspr. zum qualifizierten faktischen Konzern nicht vernachlässigt werden, denn auf der Grundlage des TBB-Urteils[118] ist eine Verhaltenshaftung gerade der nach politischem Kalkül tätigen öffentlichen Hand nicht auszuschließen.[119]

7. Nichtwirtschaftliche Zwecke. Nichtwirtschaftliche Zwecke der verschiedensten 45
Art kommen ebenfalls für die GmbH in Betracht.[120] Für Vereinigungen in Form der GmbH, die recht selten sind, gilt das Vereinsgesetz nur, wenn sie sich gegen die verfassungsmäßige Ordnung wenden oder ähnliche verbotene Zwecke verfolgen (§§ 2 Abs. 1, 17 VereinsG). Auch Religionsgesellschaften können sich als GmbH organisieren (Art. 140 GG iVm. Art. 137 WRV). Ebenfalls lässt sich die GmbH zu Stiftungs- bzw. Anstaltszwecken verwenden. Ein praktisch wichtiges Beispiel sind die betrieblichen Unterstützungskassen und ähnliche soziale Einrichtungen der Unternehmen, die überdies von der Körperschaftsteuer befreit sind; vgl. § 5 Abs. 1 Nr. 3 KStG.[121] In solchen Fällen kann sogar das Wort „Stiftung" in der GmbH-Firma benutzt werden.[122]

IV. Unzulässige Zwecke

1. Gesellschaftszweck und Unternehmensgegenstand. Nur der Gesellschafts- 46
zweck ist in § 1 angesprochen und nicht der Unternehmensgegenstand; vgl. Rn. 5f. Ist der Unternehmensgegenstand – etwa wegen Gesetzeswidrigkeit – nichtig, so ergibt sich daraus allerdings idR auch die Nichtigkeit des Gesellschaftszwecks. Im Übrigen kann die Nichtigkeit des Unternehmensgegenstandes im Wege der Nichtigkeitsklage nach § 75 geltend gemacht werden. Gesetzlich unzulässige Zwecke sind solche, die gegen ein gesetzliches Verbot (§ 134 BGB) oder gegen die guten Sitten (§ 138 BGB) verstoßen.

---

[114] BayObLG NJW 2000, 1647 = DB 2000, 1017 (Pro VIDENTIA Rechtsanwalts-AG).
[115] Vgl. *Römermann* Anwalt 2000, 6, 7.
[116] So auch *Kempter/Kopp* NJW 2000, 3449 insbes. zur Firmenbildung; *Streck* AnwBl. 2001, 158f.; zur Satzungsgestaltung *Kempter* NJW 2001, 277ff.
[117] Vgl. dazu etwa *Konow* GmbHR 1966, 153; *Loidl* GmbHR 1971, 278; *Dreher* Sachsenlandkurier 2001, 159ff., u.a. die Ausschreibungspflicht bei Gründung nach Vergaberecht hervorhebend.
[118] BGHZ 122, 123 = NJW 1993, 1200 = ZIP 1993, 589 = DB 1993, 825; vgl. Einl. Rn. 55ff.
[119] Vgl. auch *Paschke* ZHR 152 (1988), 263ff.; einschränkend OLG Celle OLGR 2000, 283 = DB 2000, 2261.
[120] Zur gemeinnützigen GmbH: *Thiel* in *Widmann* Die Besteuerung der GmbH und ihrer Gesellschafter, 1997, S. 103ff.; *Schauhoff* Handbuch der Gemeinnützigkeit, 2000; zur Sportkapitalgesellschaft: *Scherrer* Sportkapitalgesellschaften, 1998; zur Besteuerung gemeinnütziger Körperschaften: *Schauhoff* IWB 1999, S. 895, Fach 1, S. 1493ff.; *Stock* NZG 2001, 440.
[121] Dazu BFH DB 1971, 184.
[122] OLG Stuttgart NJW 1964, 1231.

§ 1   1. Abschnitt. Errichtung der Gesellschaft

47 **2. Gesetzliche Verbote.** Gesetzliche Verbote sind vor allem solche des StGB, aber auch anderer Rechtsnormen, so zB das zugunsten eines Monopols bestehende Tätigkeitsverbot,[123] das Kartellverbot bei nicht legalisierungsfähigen Kartellen (§§ 1, 38 Abs. 1 Nr. 1 GWB)[124] oder das frühere Verbot für die ärztliche und anwaltliche Tätigkeit als Zwecke der GmbH;[125] vgl. jedoch nunmehr oben Rn. 14 f. Auch eine GmbH, die im Wesentlichen die Steuerhinterziehung bezweckt, verstößt gegen ein gesetzliches Verbot (§§ 369 ff. AO). Hingegen stellt die steuerliche Nichtanerkennung einer GmbH-Gründung nach § 42 AO (Steuerumgehung durch Missbrauch rechtlicher Gestaltungsmöglichkeiten) die Zulässigkeit des Zwecks grds. nicht in Frage.[126] Wenn Ausländer, denen ausländerrechtlich (vgl. § 7 Abs. 3 AuslG) eine selbstständige Erwerbstätigkeit im Inland untersagt ist, eine GmbH gründen, an der sie nicht bloß kapitalmäßig beteiligt sind, so liegt ein unzulässiger Zweck vor.[127]

48 **3. Verbote mit Erlaubnisvorbehalt.** Verbote mit Erlaubnisvorbehalt haben dann die Unzulässigkeit des Gesellschaftszwecks nicht zur Folge, wenn die Erlaubnis nach Lage der Dinge zu erlangen ist und solange dies ernsthaft von den Beteiligten versucht wird.[128] In Frage kommen vor allem erlaubnisbedürftige Gewerbebetriebe (zB Gaststätten, Verkehrsbetriebe, Personalvermittlung;[129] vgl. dazu § 8 Rn. 9 ff., 11) sowie erlaubnisfähige Kartelle (§§ 2 ff. GWB). Einer Zulassung bedarf auch eine RA-GmbH, § 59 c Abs. 1 BRAO. Solange die Erlaubnis noch nicht erteilt ist, bleibt die Vereinbarung über den Gesellschaftszweck schwebend unwirksam.[130] Daher kann die Gesellschaft auch noch nicht eingetragen werden. Sobald aber endgültig feststeht, dass die Erlaubnis nicht erteilt wird, tritt an die Stelle der schwebenden Unwirksamkeit die endgültige. Dies ist ein wichtiger Grund zur Auflösung der Gesellschaft. Ob die Auflösungsklage nach § 61 auch schon vor der Eintragung der Gesellschaft gegeben ist oder insoweit allein die Kündigung aus wichtigem Grund (§ 723 BGB) in Betracht kommt, ist richterlich noch nicht entschieden. Eine analoge Anwendung des § 61 empfiehlt sich; vgl. § 11 Rn. 69. Den **Befähigungsnachweis** nach der HandwO hat der Betriebsleiter, der nicht Geschäftsführer sein muss, zu erbringen, damit die GmbH in die Handwerksrolle eingetragen werden kann; §§ 1 Abs. 1 S. 1, 7 Abs. 4 HandwO.[131] Die Eintragung in die Handwerksrolle ist einer staatlichen Genehmigung iSv. § 8 Abs. 1 Nr. 6 gleichzusetzen; vgl. § 8 Rn. 10.

49 **4. Verstoß gegen die guten Sitten.** Ein Gesellschaftszweck, der gegen die guten Sitten verstößt, ist ebenfalls gesetzlich nicht zulässig (§ 138 Abs. 1 BGB). Das gilt na-

---

[123] BayObLG DB 1972, 1015 zum – 1984 aufgehobenen – Zündwarenmonopol.
[124] ZB BGH WuW 1982, 213.
[125] ZB AG Saarbrücken GmbHR 1989, 297.
[126] RG StRK StAnpG § 6 Nr. 2; vgl. BFH GmbHR 1999, 190 f.; zur Durchgriffshaftung bei Rechtsmissbrauch § 13 Rn. 22.
[127] So OLG Celle DB 1977, 993; OLG Stuttgart BB 1984, 690; LG Krefeld Rpfleger 1982, 475; ebenso für das sich aus §§ 14 Abs. 2; 92 Nr. 3 AuslG ergebene Verbot iS des § 134 BGB: KG DB 1997, 270 f.; aA LG Ulm Rpfleger 1982, 228; *Scholz/Emmerich* § 2 Rn. 41 a; *Bartl* BB 1977, 571 ff., der aber § 138 BGB heranzieht.
[128] Vgl. BGH NJW 1980, 2813 „Taxi-Besitzervereinigung"; auch BGH NJW 1968, 2286; BGH LM BGB § 134 Nr. 11.
[129] OLG Hamm DB 1997, 1127.
[130] Vgl. *Rittner* Wirtschaftsrecht § 15 Rn. 47.
[131] Vgl. dazu *Eyermann/Fröhler/Honig* Handwerksordnung, 3. Aufl. 1973, § 7 Rn. 12; *Kübler-Aberle/Schubert* Handwerksordnung (Loseblatt) Stand: 33. EL August 2001; § 7 Rn. 24 ff.; *Hess* VGH DB 1997, 2171 f. zur Person des Betriebsleiters.

Zweck   § 1

mentlich für Zwecksetzungen, die auf gewerbsmäßigen Schmuggel[132] oder ähnlich allgemein mißbilligte Tätigkeiten gerichtet sind.[133]

V. Rechtsfolgen der Unzulässigkeit des Zwecks

1. Vor der Eintragung. Vor der Eintragung der Gesellschaft in das Handelsregister 50
(§ 11 Abs. 1) kann die Nichtigkeit des Gesellschaftsvertrags nach §§ 134, 138 BGB grds. uneingeschränkt geltend gemacht werden, so insbesondere auch von jedem Gesellschafter, indem er die Leistung seiner Einlage verweigert oder auf Feststellung der Nichtigkeit klagt. Ist der Gesellschaftsvertrag jedoch – wegen Fehlens einer beantragten oder auch nur ernsthaft in Aussicht genommenen Erlaubnis (vgl. Rn. 48) – lediglich schwebend unwirksam, so bindet er jedenfalls die Gesellschafter, verpflichtet sie vor allem, an dem behördlichen Verfahren mitzuwirken und auch, sofern nichts anderes vereinbart ist, ihre Einlagen zu leisten.[134] Ist die Gesellschaft, wie besonders bei der Übernahme eines Betriebes, bereits in Vollzug gesetzt worden (vgl. dazu § 2 Rn. 66), so tritt die Nichtigkeitsfolge nur bei besonders schwerwiegenden Verstößen, wie etwa bei gewerbsmäßigem Schmuggel oder Steuerhinterziehung als Gesellschaftszweck, ein. Sonst wird die Gesellschaft nach den Grundsätzen der fehlerhaften Gesellschaft auseinandergesetzt.[135] Dies gilt auch für Verstöße gegen § 1 GWB.[136]

2. Registergericht. Das Registergericht prüft die Zulässigkeit des Zwecks, und 51
zwar vor allem anhand des im Gesellschaftsvertrag festgelegten Unternehmensgegenstandes sowie des übrigen Inhalts des Gesellschaftsvertrags; vgl. § 9c Rn. 15. Ist der Gesellschaftszweck unzulässig, so lehnt es die Eintragung der Gesellschaft ab.[137] Das Gericht ermittelt von Amts wegen (§ 12 FGG), hat jedoch in eine genauere Tatsachenprüfung nur einzutreten, wenn Verdacht auf Unzulässigkeit besteht.

3. Nach der Eintragung. Nach der Eintragung ist trotz des Mangels von einer 52
bestehenden Gesellschaft auszugehen, so dass der Mangel eines nichtigen Gesellschaftszwecks namentlich dadurch geheilt werden kann, dass ein satzungsändernder, einzutragender (§ 54 Abs. 3) Gesellschafterbeschluss einen zulässigen Zweck bestimmt; betrifft der Mangel hingegen den Unternehmensgegenstand, so verlangt § 76 über die Erfordernisse des § 53 Abs. 2 hinausgehend einen einstimmigen Gesellschafterbeschluss, vgl. § 76 Rn. 1, 6, 7. IÜ kommt es darauf an, ob der Unternehmensgegenstand *oder* der Gesellschaftszweck schlechthin unzulässig ist.[138] Für den ersten Fall gibt § 75 die Nichtigkeitsklage, und zwar jedem Gesellschafter, jedem Geschäftsführer und ggf. jedem Aufsichtsratsmitglied. Außerdem kann die Gesellschaft nach § 144 Abs. 1 S. 2 FGG von Amts wegen gelöscht werden. Ist dagegen nur der Gesellschaftszweck unzulässig, so können die Gesellschafter nach Maßgabe des § 61 auf Auflösung klagen oder der einzelne Gesellschafter seinen Austritt aus wichtigem Grunde erklären; vgl. hierzu § 34 Rn. 47. Daneben kann die Gesellschaft gemäß § 62 aufgelöst werden. Endlich kann

---

[132] RGZ 96, 282, 283.
[133] Vgl. auch BGHZ 41, 341, 343 = NJW 1964, 1791 – Bordellbetrieb; BGHZ 27, 172, 176 = NJW 1958, 989 – Wechselreiterei; sowie MüKo BGB/*Mayer-Maly/Armbrüster* § 138 bes. Rn. 40–54, 80–84.
[134] Vgl. *Staudinger/Werner* 11. Aufl. § 242 Rn. A 529; *Larenz/Wolf* AT § 44 Rn. 47 ff.
[135] Vgl. BGHZ 13, 320, 323 = NJW 1954, 1562 sowie § 11 Rn. 72.
[136] Vgl. *Rittner* Wirtschaftsrecht § 15 Rn. 50; str.; aA OLG Hamm NJW-RR 1986, 1487 = WuW/E OLG 3748.
[137] BayObLG DB 1972, 1015 „Zündwarenfabrik"; vgl. auch KG DB 1997, 270 f.
[138] AA *Lutter/Hommelhoff* Rn. 9, die stets nur § 75 GmbHG anwenden.

das Registergericht ggf. nach § 144a Abs. 4 FGG eine Auflösung der Gesellschaft betreiben.[139]

53 **4. Änderung in unzulässigen Zweck.** Gibt sich die Gesellschaft **später** einen unzulässigen Zweck, so ist zu unterscheiden: Ein Gesellschafterbeschluss solchen Inhalts ist nichtig (§§ 134, 138 BGB); der Registerrichter darf die dahingehende Satzungsänderung nicht eintragen. Im Übrigen kommen die Klagen nach § 75 und § 61 in Frage, daneben die Auflösung nach § 144 sowie § 144a FGG. Ändert sich der Gesellschaftszweck aber **nur tatsächlich** in solcher Weise – was noch nicht durch Vornahme **einzelner** gesetzlich verbotener Geschäfte eintritt, sondern eine planmäßige Aufnahme verbotener Geschäftstätigkeit voraussetzt –, so kann Auflösungsklage gemäß § 61 erhoben werden oder der einzelne Gesellschafter seinen Austritt aus wichtigem Grunde erklären (vgl. hierzu § 34 Rn. 46ff.); ggf. kann auch das Gericht nach § 62 vorgehen.

VI. Österreichisches Recht

54 § 1 ÖGmbHG entspricht in seinem Abs. 1 dem § 1. Nach dem 1996 geänderten Wortlaut ist nun auch die Einpersonen-GmbH in Österreich gesetzlich anerkannt.[140] Abs. 2 des ÖGmbHG erklärt, dass die GmbH vom Betrieb von Versicherungsgesellschaften und von der Tätigkeit als politischer Verein ausgeschlossen sind. Dasselbe gilt für Schiffspfandbrief- (§ 1f. ÖSchiffsbankG) und Hypothekenbanken (§ 2 ÖHypBkG) sowie das Beteiligungsfondsgeschäft (§ 3 Abs. 2 ÖBetFG). Beschränkungen enthalten ferner §§ 7 bis 9b ÖWGG für gemeinnützige Bauvereinigungen. Notare, Ärzte und Apotheker können ihren Beruf nicht in der Rechtsform der GmbH ausüben;[141] hingegen sind Rechtsanwalts-,[142] Steuerberatungs-, Buchprüfungs- und Wirtschaftsprüfungsgesellschaften m.b.H. zulässig (§ 29 Abs. 2 iVm. § 7 WT-BO).[143]

§ 2 [Form des Gesellschaftsvertrags]

(1) ¹**Der Gesellschaftsvertrag bedarf notarieller Form.** ²**Er ist von sämtlichen Gesellschaftern zu unterzeichnen.**

(2) **Die Unterzeichnung durch Bevollmächtigte ist nur auf Grund einer notariell errichteten oder beglaubigten Vollmacht zulässig.**

Übersicht

	Rn.		Rn.
I. Normzweck	1	b) Einpersonen-Vorgesellschaft	5
II. Der Gesellschaftsvertrag	2–6	c) Zweckmäßigkeit der gesetzlichen Neuregelung	6
1. Rechtsgeschäft iSd. BGB	2		
2. Die Gründung der Einpersonen-Gesellschaft	3–6	III. Die Gesellschafter	7–32
		1. Zahl	7
a) Rechtsdogmatische Frage	4	2. Natürliche Personen	8–18

---

[139] AA, aber zu eng *Meyer-Landrut/Miller/Niehus* Rn. 11.
[140] Geändert durch Art. III EU-GesRÄG, ÖBGBl. 1996, Nr. 304.
[141] Vgl. *Reich-Rohrwig* S. 7.
[142] Eingeführt durch Rechtsanwalts-Berufsrechts-Änderungsgesetz 1999, ÖBGBl. I 71/1999 S. 629 ff.; zur österreichischen RA-GmbH *Kilian* AnwBl. 2000, 21.
[143] Vgl. *Koppensteiner* § 1 Rn. 9.

Form des Gesellschaftsvertrags § 2

	Rn.
a) Ehegatte	9–11
b) Geschäftsunfähige; beschränkt Geschäftsfähige	12–17
c) Einzelkaufmann	18
3. Juristische Personen	19–22
a) Juristische Personen des Privatrechts	20
b) Juristische Personen des öffentlichen Rechts	21
c) Ausländische juristische Personen	22
4. Personenhandelsgesellschaften und andere Gemeinschaften	23, 24
a) Personenhandelsgesellschaften	23
b) Andere Gemeinschaften	24
5. Besondere Qualifikation kraft Gesellschaftsvertrags	25, 26
6. Treuhänder und Strohmann	27–31
a) Strohmann	28
b) Treuhandverhältnis	29
c) „Durchgriff" auf den Treugeber	30, 31
7. Zusammentreffen mit Arbeitnehmerstellung	32
IV. Der Abschluss des Gesellschaftsvertrags	33–57
1. Beitrittserklärungen	33–35
a) Sämtliche Gesellschafter	34
b) Unbedingt; unbefristet	35
2. Notarielle Form	36–49
a) Zuständigkeit	39
b) Ausländische Notare	40–44
c) Unterzeichnung	45
d) Nebenabreden	46
e) Änderungen; Ergänzungen	47
f) Formmangel	48, 49
3. Bevollmächtigte	50–57
a) Gesetzliche Vertreter	53
b) Form	54
c) Widerruf	55
d) Formungültige Vollmacht	56
e) Heilung durch Eintragung	57

	Rn.
V. Der fehlerhafte Gesellschaftsvertrag und die fehlerhafte Beitrittserklärung	58–77
1. Der fehlerhafte Gesellschaftsvertrag	58–69
a) Gründungsmängel	59–64
b) Fehlerhafte Vorgesellschaft	65–67
c) Rechtslage nach Eintragung	68, 69
2. Die fehlerhafte Beitrittserklärung	70–76
a) Unwirksamkeit aller Beitrittserklärungen	71
b) Heilung durch Eintragung	72
c) „Schwere Mängel"	73
d) In Vollzug gesetzte Gesellschaft	74, 75
e) Schuldrechtliche Ansprüche	76
3. Gläubiger- und Insolvenzanfechtung	77
VI. Die Auslegung des Gesellschaftsvertrags	78–83
1. Allgemeine Auslegungsgrundsätze	78, 79
2. Körperschaftsrechtliche Bestimmungen	80–82
a) Auslegung	81
b) Satzung der AG	82
3. Revisibilität im Zivilprozess	83
VII. Der Vorvertrag und die Vorgründungsgesellschaft	84–88
1. Vorvertrag	84
2. Formbedürftigkeit	85
3. Notwendiger Inhalt	86
4. Vorgründungsgesellschaft	87, 88
VIII. Kosten und Steuern	89–96
1. Kosten	89, 90
a) Gerichtskosten	89
b) Beurkundungskosten	90
2. Steuern	91–96
a) Mitteilungspflichten	91
b) Grunderwerbsteuer; Umsatzsteuer	92
c) Körperschaftsteuer	93–95
d) Sacheinlage	96
IX. Österreichisches Recht	97

I. Normzweck

§ 2 regelt die **formalen** Voraussetzungen des Gesellschaftsvertrags einschließlich der 1
Vollmachten, während die **inhaltlichen** in § 3 niedergelegt sind. Ob die notarielle
Form des Abs. 1 lediglich eine Beweisfunktion oder auch eine Warnfunktion haben
soll,[1] wurde vom BGH zunächst offen gelassen.[2] In seiner neueren Rspr. tritt ein eher
noch umfassenderes Verständnis zutage, indem neben diesen beiden Funktionen[3] auch

---

[1] Wegen der Bestimmung der Stammeinlage und der damit verbundenen Haftung jedes Gesellschafters wurde die ursprünglich vorgesehene einfache Schriftform (Entwurf I (1891), S. 47; Entwurf II (1892) 3, S. 38) zur (gerichtlichen oder) notariellen Beurkundung verschärft (KommBer. S. 4), was im Sinne einer Warnfunktion zu verstehen ist.
Vgl. iÜ RGZ 54, 418, 419; 66, 116, 121; 149, 385, 395.
[2] Vgl. BGH NJW 1969, 1856; WM 1973, 67, 68; dazu *Ulmer* ZGR 1981, 593, 599 f.
[3] Zur Warnfunktion vgl. LM § 2 Nr. 12 = GmbHR 1988, 98 f. = NJW-RR 1988, 288 = DB 1988, 223; NJW 1992, 362 f. = WM 1992, 29, 31.

eine materielle Richtigkeitsgewähr Grund für die Beurkundungspflicht sein soll.[4] Beurkundung (des Gesellschaftsvertrags, Abs. 1, sowie ggf. der Vollmacht, Abs. 2, 1. Alt.) und Beglaubigung (der Vollmacht, Abs. 2 2. Alt.; § 129 BGB iVm. § 40 BeurkG) sind seit dem Beurkundungsgesetz vom 28. 8. 1969 den Notaren vorbehalten, vgl. Rn. 36 f. Das Gesetz bezeichnet jede Errichtungsurkunde als „Gesellschaftsvertrag", also auch das Errichtungsgeschäft, an dem nur **eine** Person beteiligt ist, das also sachlich ein einseitiges Rechtsgeschäft darstellt; vgl. § 1 Rn. 2. Die Novelle 1980 hat lediglich mit Rücksicht auf die Einpersonengründung die Worte „des Abschlusses in" vor „notarieller Form" gestrichen.

II. Der Gesellschaftsvertrag

2   **1. Rechtsgeschäft iSd. BGB.** Der Gesellschaftsvertrag ist ein Rechtsgeschäft iSd. BGB, auf das grds. die Vorschriften über Rechtsgeschäfte (§§ 104 ff. BGB) anwendbar sind; zu den praktisch wichtigen Ausnahmen und Modifikationen vgl. Rn. 58 f. Doch gehört er weder zu den gegenseitigen Verträgen (§§ 320 ff. BGB) noch überhaupt zu den Austauschverträgen und unterscheidet sich auch von dem Gesellschaftsvertrag des § 705 BGB (und damit ebenso der §§ 105, 161 HGB). Denn der GmbH-Gesellschaftsvertrag hat nicht nur die Aufgabe, die Rechte und Pflichten der Gründer, also schuldrechtliche Verpflichtungen, zu vereinbaren, sondern eine neue, selbstständige Willenseinheit, die juristische Person GmbH, zu begründen und deren Organisation („Verfassung"; vgl. § 25 BGB) durch Normen ein für alle Male, von allfälligen Änderungen abgesehen, zu regeln. Die hM spricht denn auch von einem **„Organisationsvertrag"**,[5] ein Ausdruck, der für alle Gründungsgeschäfte juristischer Personen des Privatrechts gilt. Die Eigenart jeder dieser Organisationsverträge wird des näheren durch die gesetzlich vorgeschriebene Verfassung der betr. juristischen Person bestimmt. So unterscheidet sich in wesentlichen Einzelfragen der GmbH-Gesellschaftsvertrag insbesondere von der AG-Satzung, mit der er im Grundsatz vieles gemeinsam hat. Die Unterschiede liegen vor allem darin begründet, dass das GmbH-Recht engere gesellschaftsrechtliche Rechtsbeziehungen zwischen den Gesellschaftern voraussetzt und ihnen eine ungleich weitergehende Satzungsgestaltungsfreiheit lässt als das Aktienrecht in § 23 Abs. 5 AktG (vgl. § 53 Rn. 9, dazu auch § 45 Rn. 6 ff.). Die Ausdrücke „Satzung" oder „Statut" werden dennoch in der Praxis auch auf den GmbH-Gesellschaftsvertrag angewandt. – Zur Unterscheidung zwischen „Statut" und „Gründungsbestimmungen" vgl. § 3 Rn. 3.

3   **2. Die Gründung der Einpersonen-Gesellschaft.** Die Novelle 1980 hat die Gründung einer Einpersonen-GmbH durch einseitiges Rechtsgeschäft zugelassen; vgl. § 1 Rn. 2. Damit sollte in erster Linie der Praxis der Weg über die Strohmann-Gründung erspart werden, die indes weiterhin zulässig und auch praktisch bleibt, zB als

---

[4] BGHZ 105, 324, 338 = NJW 1989, 295 = DB 1988, 2623 („Supermarkt"); *Goette* Die GmbH nach der BGH-Rspr., § 1 Rn. 13. Nach *Meyding/Heidinger* ZNotP 1999, 190 f. bezweckt die Prüfungs- und Belehrungsfunktion die Richtigkeitsgewähr. *Baumbach/Hueck/Zöllner* § 53 Rn. 38 bezweifelt hingegen die Prüfungs- und Belehrungsfunktion (so BGH WM 1981, 375 f.; BGHZ aaO – Supermarkt) als Grund für das Formerfordernis und lehnt die Richtigkeitsgewähr als weiteren Grund ab.

[5] Vgl. *Wiedemann* § 3 II 1 a S. 159; *Würdinger* Aktienrecht § 10 I S. 39; *K. Schmidt* GesR § 5 I 1 b; *Hachenburg/Ulmer* Rn. 5; *Baumbach/Hueck/G. Hueck/Fastrich* Rn. 5 f.; *Scholz/Emmerich* Rn. 7 jedoch relativierend hinsichtlich rechtlicher Verwertbarkeit dieses Begriffs; BGHZ 47, 172, 179 = NJW 1967, 1268.

Form des Gesellschaftsvertrags   § 2

Verwaltungstreuhand,[6] zumal die Pflicht zur Bestellung einer Sicherung, § 7 Abs. 2 S. 3, nicht entsteht; vgl. iÜ Rn. 27 ff. Die 12. EG-Richtlinie v. 21. 12. 1989[7] erstreckt diese Lösung auf sämtliche Mitgliedstaaten und auf die AG, vgl. Einl. Rn. 34 sowie 386 aE.[8] Das deutsche Durchführungsgesetz v. 18. 12. 1991[9] bringt lediglich geringfügige Änderungen (vgl. Einl. Rn. 386 aE), nachdem die Novelle 1980 gewissermaßen als Ersatz für den fehlenden zweiten Mann als Haftenden (vgl. § 24) bereits für die Einpersonen-Gründung besondere Sicherungen des Kapitals vorgeschrieben hatte; § 7 Abs. 2 S. 3; vgl. auch §§ 19 Abs. 4, 35 Abs. 4, 48 Abs. 3,[10] 56a (für die AG wurde die Einpersonen-Gründung, § 2 AktG nF, durch das Gesetz für kleine Aktiengesellschaften usw. v. 2. 8. 1994[11] ermöglicht). Die Beurkundung des Vertrages löst in diesem Falle jedoch nur eine Gebühr aus, während bei einem Mehrpersonen-Vertrag zwei Gebühren anfallen; vgl. Rn. 90. IÜ findet das GmbHG auf die durch Einpersonen-Gründung errichtete GmbH uneingeschränkt Anwendung. – Die Regelung hat zu einer lebhaften Diskussion in der Literatur geführt, die vor allem drei Fragen betrifft: a) die rechtsdogmatische Natur eines Einpersonen-Gesellschaftsvertrags, b) die Entstehung einer Vorgesellschaft bei der Einpersonen-Gründung, c) die Zweckmäßigkeit der Neuregelung.[12]

a) Rechtsdogmatische Frage. Die rechtsdogmatische Frage eines Einpersonen- 4 Gesellschaftsvertrags ist inzwischen geklärt, nachdem die hM erkannt hat, dass sachlich ein einseitiges Rechtsgeschäft[13] vorliegt, der Gesetzgeber sich nur der Einfachheit halber und im Hinblick auf das Phänomen des Gesellschaftsvertrags als Errichtungsurkunde jenes Ausdrucks bedient hat.[14] Derartige einseitige, nicht empfangsbedürftige[15] Gründungserklärungen finden sich übrigens schon bisher bei der Stiftung (§ 80 BGB) und im Umwandlungsrecht (früher §§ 50 ff., §§ 56 a ff. UmwG jetzt §§ 124 Abs. 1, 152 ff. [Einzelkaufmann] UmwG sowie § 136 [Spaltung zur Neugründung] und § 192 Abs. 1 [Formwechsel] UmwG).[16] Ebensowenig wie ein Vertrag liegt ein „gemeinsamer Zweck" (vgl. Rn. 2) vor. Das Rechtsgeschäft erschöpft sich in der Errichtung und Organisation einer juristischen Person, die allerdings – anders als die Stiftung – jederzeit eine **Gesellschaft** (mehrerer) werden kann. So bleibt nur ein terminologischer Widerspruch, der allerdings ärgerlich ist und zu Missverständnissen führen kann. Dennoch

---

[6] Vgl. *Scholz/Emmerich* Rn. 54 f.
[7] ABl. EG Nr. 395/40 v. 30. 12. 1989 = EuZW 1990, 57.
[8] Vgl. für Österreich: *Koppensteiner,* zur Neuregelung der Einpersonen-GmbH in Österreich, FS Claussen, 1997, S. 213.
[9] BGBl. I S. 2206.
[10] Vgl. BGH DB 1995, 1169.
[11] BGBl. I S. 1961.
[12] Vgl. bes. *P. Ulmer* BB 1980, 1001; *Flume* DB 1980, 1781; *Hüffer* ZHR 145 (1981), 521; *K. Schmidt* ZHR 145 (1981), 540; *ders.* GmbHR 1988, 89; *Fezer* JZ 1981, 608; *John* BB 1982, 505; *Winter* Pro GmbH, S. 191; *Flume* ZHR 146 (1982), 205; *Rittner* ZSR NF 101 (1982), 171, 183 f.; *Kusserow* Die Einpersonen-GmbH in Gründung; Gründungs- und Haftungsprobleme, 1986; *Eckert* EuZW 1990, 54; *Schimmelpfennig/Hauschka* NJW 1992, 942.
[13] Vgl. *Enneccerus/Nipperdey* § 146 I; BGHZ 91, 148, 149; *K. Schmidt* GesR § 40 II. 2; *Scholz/Emmerich* § 1 Rn. 31.
[14] Vgl. BayObLG DB 1983, 604 = DNotZ 1983, 252; OLG Frankfurt/M. DNotZ 1983, 256; OLG Hamm DB 1983, 2679; OLG Stuttgart JurBüro 1983, 1075; *Winter* in: Pro GmbH, S. 198; *Geßler* BB 1980, 1388; *Priester* DNotZ 1980, 524; *Scholz/Emmerich* § 1 Rn. 31; *John* Die Gründung der Einpersonen-GmbH, 1986, S. 20.
[15] LG Berlin GmbHR 1996, 123, 124; *Scholz/Emmerich* § 1 Rn. 31; *Palandt/Heinrichs* Vor § 104 Rn. 11; nicht ganz deutlich *Hachenburg/Ulmer* § 2 Rn. 6; zur Nichtigkeitsfolge bei vollmachtsloser Vertretung, vgl. Rn. 56.
[16] Vgl. *Neye* DB 1994, 2069, 2071; *Kallmeyer* ZIP 1994, 1746, 1751, 1754; *Lüttge* NJW 1995, 41.

kann man weiter – trotz der Textänderung (Rn. 1) – vom „Abschluss" auch des Einpersonen-Gesellschaftsvertrags sprechen.

5 **b) Einpersonen-Vorgesellschaft.** Das Problem der Einpersonen-Vorgesellschaft, ist zwar hinsichtlich deren Gesellschaftsform gelöst, deren Vermögensstruktur jedoch umstritten (vgl. dazu § 11 Rn. 142 ff.).

6 **c) Zweckmäßigkeit der gesetzlichen Neuregelung.** Ob die Neuerung zweckmäßig oder ein „Danaergeschenk"[17] ist, hängt nunmehr in erster Linie von der Lösung der zweiten Frage ab, die einer alsbaldigen Beantwortung durch den BGH bedarf. In der Praxis ist zwischenzeitlich eine zunehmende Tendenz zu Einpersonen-Gründungen zu beobachten.

III. Die Gesellschafter

7 **1. Zahl.** Die Zahl der Gesellschafter überlässt das Gesetz ganz der freien Entscheidung der Gründer. Es kennt weder eine Mindestzahl (wie zB § 2 AktG aF: fünf Personen) noch eine Höchstzahl (wie manche Auslandsrechte). Dennoch ist zwischen der Einpersonen-Gründung und der Gründung durch mehrere zu unterscheiden (vgl. Rn. 3 ff.). Zum Gesellschafterwechsel vor der Eintragung der Gesellschaft vgl. § 11 Rn. 63 f.

8 **2. Natürliche Personen. Jede** natürliche Person kann ohne Rücksicht auf persönliche Eigenschaften oder Status grds.[18] (Gründungs-)gesellschafter sein. Weder deutsche Staatsangehörigkeit noch Wohnsitz oder gewöhnlicher Aufenthalt im Inland werden verlangt. Doch hindert das Verbot selbstständiger Erwerbstätigkeit im Inland nach dem Ausländergesetz (vgl. § 1 Rn. 47).[19] EU-Bürger sind durch Art. 43, 47 EGV (Niederlassungsfreiheit) gesichert. Gebietsfremde Ausländer haben die Gründung der Gesellschaft sowie den Erwerb einer Beteiligung der Landeszentralbank zu melden (§ 57 AWV).[20]

9 **a) Ehegatte.** Ein Ehegatte kann sich grds. uneingeschränkt und unabhängig von dem anderen an einer GmbH beteiligen. Beim gesetzlichen Güterstand der *Zugewinngemeinschaft* ist jedoch § 1365 BGB zu beachten, der nach hM die Zustimmung des anderen Ehegatten erfordert, wenn ein Ehegatte sein wesentliches Vermögen – etwa sein Unternehmen – in die Gesellschaft einbringt.[21] Für die anderen Gründer-Gesellschafter muss aber im Zeitpunkt des Abschlusses des Gesellschaftsvertrages (Verpflichtungsgeschäft) erkennbar sein, dass die Einlage praktisch das gesamte Vermögen des Ehegatten ausmacht.[22]

---

[17] So *P. Ulmer* BB 1980, 1001.
[18] Zu den umfassenden Möglichkeiten individuell-gesellschaftsvertraglicher Regelungen vgl. Rn. 25.
[19] OLG Celle DB 1977, 993 = MDR 1977, 758; OLG Stuttgart OLGZ 1984, 143, 145 f. = GmbHR 1984, 156; KG DB 1997, 270, 271 = GmbHR 1997, 412, 413 f.; aA *Hachenburg/Ulmer* § 1 Rn. 32; *Lutter/Hommelhoff* Rn. 3; *Baumbach/Hueck/G. Hueck/Fastrich* § 1 Rn. 16, die bei Gründung nur durch Ausländer oder einer Mehrheit, die § 14 Abs. 2 AuslG unterfallen, § 138 BGB anwenden wollen.
[20] IdF der 51. AVO v. 30. 8. 2000, in Kraft getreten am 28. 9. 2000, (zur Umsetzung der EG-Dual-use-VO) BAnz. Nr. 176 v. 16. 9. 2000, S. 18577).
[21] Vgl. *Staudinger/Thiele* § 1365 Rn. 58 ff.; auch MüKo BGB/*Koch* § 1365 Rn. 70 ff. sowie BGHZ 77, 293, 296 = NJW 1980, 2350; daneben noch BGHZ 64, 246 = NJW 1975, 1270 zur Belehrungspflicht des Notars; zum Ganzen auch *Sandrock*, FS Duden, 1977, S. 513 ff.
[22] Herrschende subjektive Theorie; BGHZ 106, 253, 257 = DB 1989, 1021; *Staudinger/Thiele* § 1365 Rn. 99; *Baumbach/Hueck/G. Hueck/Fastrich* § 1 Rn. 26; *Hachenburg/Ulmer* Rn. 71; *Haegele* GmbHR 1965, 188.

Bei der *Gütergemeinschaft*, §§ 1415 ff. BGB, unterliegt (entsprechend dem Schutz- **10**
zweck des § 1365 BGB) das Verpflichtungsgeschäft des verwaltenden Ehegatten zur
Verfügung über das Gesamtgut im Ganzen der Zustimmung des anderen, § 1423 BGB.
Umgekehrt kann sich der nichtverwaltende Ehegatte zwar ohne Zustimmung verpflichten, aber als Nichtberechtigter weder das Gesamtgut noch den verwaltenden
Ehegatten. Die Einbringung des Vorbehaltsguts, § 1418 Abs. 2 BGB, ist hingegen zu-
stimmungsfrei, § 1418 Abs. 3 BGB.[23]

Steuerlich begegnet die **Ehegattengesellschaft** keinen Bedenken, vorausgesetzt **11**
sie wird tatsächlich durchgeführt.[24]

b) Geschäftsunfähige; beschränkt Geschäftsfähige. Geschäftsunfähige sowie **12**
beschränkt Geschäftsfähige können Gründungsgesellschafter sein, bedürfen aber ihres
gesetzlichen Vertreters oder Vormunds und jene der vormundschaftsgerichtlichen Genehmigung (vgl. Rn. 15). Der Gesellschaftsvertrag bringt dem beschränkt Geschäftsfähigen in keinem Falle lediglich einen **rechtlichen** Vorteil iSd. § 107 BGB, auch
dann nicht, wenn der Betreffende selbst keine Einlage erbringen soll oder wenn die
Gesellschaft in Erfüllung eines von seinen Eltern gegebenen Ausstattungsversprechens
gegründet wird.[25]

Einer *Ergänzungspflegschaft* (§ 1909 BGB) bedarf es, wenn der gesetzliche Vertreter **13**
oder Vormund oder dessen Ehegatte oder einer seiner Verwandten in gerader Linie an
der Gesellschaft(-sgründung) beteiligt oder für einen der anderen Gesellschafter tätig
ist; §§ 1629 Abs. 2 S. 1, 1795 BGB.

Von **mehreren nicht vollgeschäftsfähigen** Gründungsgesellschaftern muss jeder **14**
für den Abschluss des Gesellschaftsvertrags oder dessen Änderung einen eigenen Vertreter bzw. Pfleger haben.[26] Doch bedarf es bei der Familiengesellschaft im Allgemeinen keines Dauerpflegers: über Maßnahmen der Geschäftsführung und sonstige
gemeinsame Gesellschaftsangelegenheiten im Rahmen des geltenden Gesellschaftsvertrages kann ein Gesellschafter als gesetzlicher Vertreter des Minderjährigen und
zugleich im eigenen Namen abstimmen, ohne durch § 181 BGB (Verbot des Selbstkontrahierens) gehindert zu sein.[27]

Ob zusätzlich die **Genehmigung des Vormundschaftsgerichts** nach § 1822 **15**
Nr. 3 3. Alt. (iVm. 1643 Abs. 1 BGB) erforderlich ist, hat der BGH bisher offen gelassen und ist streitig.[28] Teils wird § 1822 Nr. 3 3. Alt. BGB wegen der Gründerhaftung
angewandt;[29] teils mit weitgehend gleicher Begründung § 1822 Nr. 10.[30] Die hM
wendet § 1822 Nr. 3 3. Alt. bei der Gründung der GmbH **mit** Erwerbsgeschäft an

---

[23] Vgl. iE *Haegele* GmbHR 1968, 69, 95, 138, 159 sowie BGHZ 65, 79, 84 = NJW 1975, 1774.
[24] Vgl. BVerfGE 13, 318 = NJW 1962, 442; 29, 104 = NJW 1970, 1787; BFH BStBl. 1987 II S. 205, 557; BMF BStBl. 1984 I S. 495; 1986 I S. 7 zu Arbeits- und Pensionsverträgen. Zu den mit den Güterständen verbundenen erbschaftsteuerlichen Folgen vgl. *Sontheimer* NJW 2001, 1315 mit entspr. Gestaltungsvorschlägen.
[25] Für diesen Fall aA *Gernhuber* § 51 III 8, der mE die Nachteile aus der Haftung nach §§ 9a, 24, 31 nicht hinreichend bedenkt.
[26] BGHZ 21, 229, 234 = NJW 1956, 1433; vgl. auch BGHZ 65, 93, 95 f.; *Scholz/Emmerich* Rn. 42; *Baumbach/Hueck/G. Hueck/Fastrich* § 1 Rn. 25.
[27] Vgl. BGHZ 52, 316, 318 f.; 65, 93, 97 f. (für KG); *Scholz/Emmerich* Rn. 42; *Baumbach/Hueck/G. Hueck/Fastrich* § 1 Rn. 25.
[28] Vgl. BGHZ 41, 71, 78 = NJW 1964, 766.
[29] *Kurz* NJW 1992, 1798, 1800; *Palandt/Diederichsen* § 1822 Rn. 14.
[30] *Lutter/Hommelhoff* Rn. 4; *Palandt/Diederichsen* § 1822 Rn. 25 (für den Fall der Beteiligung bei Gründung vor Volleinzahlung der Stammeinlage).

§ 2   1. Abschnitt. Errichtung der Gesellschaft

und behilft sich iÜ mit der analogen Anwendung des § 1822 Nr. 10.[31] Gewiss verlangt der Schutzzweck des § 1822 dieses Ergebnis,[32] das sich aber wohl auch durch analoge Anwendung des § 1822 Nr. 3 3. Alt. auf sämtliche „Formkaufleute" erreichen lässt.[33] – Die Gegenansicht, die – wie bei der AG-Gründung – auf die vormundschaftliche Genehmigung **schlechthin verzichten** will,[34] versteht § 1822 zu formalistisch, wenn es auch bei der Auslegung der einzelnen Tatbestände auf die Art und nicht auf den Zweck des Rechtsgeschäfts ankommt.[35] – Noch weniger kann die Gestaltung des Gesellschaftsverhältnisses im **Einzelfall** maßgebend sein, wie einige vermittelnd meinen.[36] Sie übersehen, dass die Abgrenzung der Tatbestände des § 1822 im Interesse der Rechtssicherheit möglichst klar sein muss und deswegen eine differenzierte, auf den jeweiligen Einzelfall abgestellte Beurteilung nicht erlaubt ist.[37]

16 Fehlt die vormundschaftsgerichtliche Genehmigung, so ist das Errichtungsgeschäft bei einer Einpersonen-Gründung nichtig, § 111 (§§ 1831, 1903 Abs. 1, 1908i Abs. 1 BGB); bei einer Mehrpersonen-Gründung ist die Beitrittserklärung schwebend unwirksam, § 108 BGB, mit der Möglichkeit nachträglicher Genehmigung, die der Minderjährige nach Eintritt seiner Volljährigkeit formfrei,[38] also auch durch schlüssiges Handeln selbst erteilen kann.

17 Bei **Betreuten** ist die Genehmigung des Vormundschaftsgerichts dann erforderlich, wenn sie zu einer Willenserklärung, die den Aufgabenkreis des Betreuers betrifft (Vermögenssorge), dessen Einwilligung bedürfen (Einwilligungsvorbehalt), §§ 1903 Abs. 1 iVm. 1908i BGB.[39] Ist der Betreuer wegen § 181 BGB verhindert, muss ein Ergänzungsbetreuer bestellt werden, § 1899 Abs. 4 BGB.[40]

18 **c) Einzelkaufmann.** Der Einzelkaufmann kann sich auch unter seiner Firma an der Gründung einer GmbH beteiligen[41] und erscheint unter dieser auch in der Gesellschafterliste (vgl. § 8 Rn. 5). Zur Verwendung dieser Firma auch in der Firma der GmbH, vgl. § 4 Rn. 22 ff. Doch darf der Einzelkaufmann sich nicht mit **zwei** Stammeinlagen – eine unter der Firma, die andere unter seinem bürgerlichen Namen – beteiligen; das verbietet § 5 Abs. 2.[42] Beteiligt sich der Kaufmann unter seiner Firma, liegt

---

[31] Vgl. *Scholz/Emmerich* Rn. 43; *Hachenburg/Ulmer* Rn. 73 f.; *Baumbach/Hueck/G. Hueck/Fastrich* Rn. 22 f.; *Gernhuber* § 52 V 10; *Soergel/Damrau* § 1822 Rn. 39; etwas eingeschränkt KG NJW 1962, 54; für weitergehende Anwendung der Nr. 10 aber OLG Stuttgart GmbHR 1980, 102.

[32] Vgl. schon KGJ 30, 149; KG JW 1927, 2578.

[33] In diese Richtung schon *Brodmann* Anm. 6 a. Damit träte die von *Lutter/Hommelhoff* Rn. 4 zu Recht aufgezeigte Inkonsequenz der Genehmigungsfreiheit bei Gründung einer Einpersonen-GmbH mit ideellem Unternehmensgegenstand nicht ein.

[34] *Fischer* LM BGB § 1822 Nr. 10 Nr. 2; bis zur 13. Aufl. *Baumbach/Hueck/G. Hueck* Anm. 2 B; *Winkler* ZGR 1973, 177, 183; *Klamroth* BB 1975, 525, 528.

[35] So zutr. BGHZ 52, 316, 319 = NJW 1970, 33.

[36] *Staudinger/Engler* § 1822 Rn. 80; MüKo BGB/*Zagst* 1. Aufl. § 1822 Rn. 4; wie die hM nunmehr MüKo BGB/*Schwab* § 1822 Rn. 25.

[37] So zutr. BGHZ 38, 26, 28 = NJW 1962, 2344.

[38] BGH DB 1980, 1885 = WM 1980, 866 f. = DNotZ 1981, 183; BGHZ 125, 218, 221; krit. *Baumbach/Hueck/G. Hueck/Fastrich* Rn. 21; *Hachenburg/Ulmer* Rn. 99, weil die mit § 2 verbundene Warnfunktion nicht verwirklicht werde. Dies hat der Gesetzgeber auch bei anderen Formvorschriften in Kauf genommen bzw. die Formbedürftigkeit im Falle anderen Resultats seiner Interessenabwägung ausdrücklich angeordnet, so BGHZ 125, 218, 223.

[39] Vgl. *Jäger* DStR 1996, 108.

[40] *Baumbach/Hueck/G. Hueck/Fastrich* § 1 Rn. 25 a; *Palandt/Diederichsen* § 1899 Rn. 5.

[41] OLG Dresden KGJ 49, 272; *Hachenburg/Ulmer* Rn. 75; *Scholz/Emmerich* Rn. 46; für die KG BayObLG DB 1973, 1232.

[42] Vgl. OLG Frankfurt/M. GmbHR 1962, 157.

stets ein Handelsgeschäft vor, bei Verwendung des bürgerlichen Namens qualifizieren §§ 343, 344 HGB das Geschäft.

3. Juristische Personen. Juristische Personen des privaten und des öffentlichen Rechts können sich grds. an einer GmbH beteiligen. 19

a) Juristische Personen des Privatrechts. Dieser Grundsatz gilt für alle juristischen Personen des Privatrechts und erlaubt namentlich den Idealvereinen eine sehr weitgehende, indirekte unternehmerische Tätigkeit.[43] Er kennt nur bei Vereinen und Stiftungen Ausnahmen: Bei ihnen kann die Satzung die Vertretungsmacht des Vorstandes beschränken (§§ 26 Abs. 2 S. 2, 86 S. 2 BGB); im Abwicklungsstadium ist der Umfang der Rechtsfähigkeit eingeschränkt (§§ 49 Abs. 2, 86 S. 2 BGB). Auch die Vertretungsmacht der Abwickler einer Genossenschaft ist nach hM durch den Abwicklungszweck begrenzt;[44] anders aber bei der GmbH (vgl. § 70 Rn. 5) und bei der AG (§ 269 AktG). 20

b) Juristische Personen des öffentlichen Rechts. Bei juristischen Personen des öffentlichen Rechts kommt es darauf an, ob ihr durch Gesetz oder Satzung bestimmter Wirkungskreis so weit reicht.[45] Aber auch dann hängt die Wirksamkeit der Beitrittserklärung in vielen Fällen noch von der Genehmigung durch ein Aufsichtsorgan oder ähnliche Stellen ab. 21

c) Ausländische juristische Personen. Ausländische juristische Personen werden grds. von der deutschen Rechtsordnung anerkannt (vgl. Einl. Rn. 319 ff.). Doch richtet sich der Umfang ihrer Rechtsfähigkeit regelmäßig nach dem Gesellschaftsstatut, also nach ausländischem Recht.[46] Ggf. (zB im Falle englischer ultra-vires-Lehre) ist dem Registerrichter die besondere Fähigkeit der ausländischen Gesellschaft, eine inländische GmbH gründen zu können, sowie der Umfang der Vertretungsmacht ihrer Organe nachzuweisen, § 12 FGG.[47] 22

4. Personenhandelsgesellschaften und andere Gemeinschaften. a) Personenhandelsgesellschaften. Die Personenhandelsgesellschaften (OHG, KG) können als solche Gründungsgesellschafter einer GmbH sein; vgl. §§ 124 Abs. 1, 161 Abs. 2 HGB, unstr. Auch kann sich ein persönlich haftender Gesellschafter oder ein Komplementär *neben* seiner OHG oder KG als Gesellschafter beteiligen, ohne dass es deswegen zur Einpersonen-Gründung kommt,[48] obwohl die Haftungsbasis wegen § 128 HGB nicht verbreitert wird.[49] Gründet die Personenhandelsgesellschaft die GmbH allein, so ist sie trotz ihrer Personenmehrheit stets als Einpersonen-Gründer anzusehen, so dass es bei den besonderen Sicherungsvorschriften während der Gründung und auch später (vgl. Rn. 3) bleibt. 23

b) Andere Gemeinschaften. Für alle übrigen Gemeinschaften, also BGB-Gesellschaft, nichtrechtsfähiger Verein, Erbengemeinschaft, eheliche Gütergemeinschaft, war 24

---

[43] Vgl. BGHZ 85, 84, 87 ff. = NJW 1983, 569 „ADAC-Verkehrsrechtsschutz".
[44] Vgl. *Meyer/Meulenbergh/Beuthien* GenG § 88 Rn. 5; aA wohl *K. Müller* GenG § 88 Rn. 8 iVm. § 85 Rn. 2.
[45] BGHZ 20, 119, 123 = NJW 1956, 746; *Schön* ZGR 1996, 435.
[46] Vgl. *Staudinger/Großfeld* Int. GesR Rn. 201 ff.; *Palandt/Heldrich* Anh. zu Art. 12 EGBGB Rn. 2, 7, 18.
[47] *Hachenburg/Ulmer* Rn. 76.
[48] *Hachenburg/Ulmer* Rn. 57; *Scholz/Emmerich* Rn. 50; *Feine* S. 66.
[49] Anders die frühere strengere Auslegung des § 2 AktG durch die hM (vgl. Großkomm-AktG/*Meyer-Landrut* § 2 Rn. 9; Kölner KommAktG/*Kraft* § 2 Rn. 22; einschränkend *Geßler/Hefermehl/Eckhardt/Kropff* § 2 Rn. 22) die durch die Neufassung des § 2 (Einpersonen-Gründung) durch das Gesetz vom 2. 8. 1994 obsolet geworden ist.

§ 2　　1. Abschnitt. Errichtung der Gesellschaft

die Frage deren Gesellschaftereignung lange Zeit sehr umstritten. Die überwiegende Meinung verneinte sie, und zwar im GmbH-Recht ebenso wie im Aktienrecht. Der BGH[50] hat indes Klarheit geschaffen: die BGB-Gesellschaft kann als Gründer einer GmbH auftreten.[51] Der Zusatz „mit beschränkter Haftung" bei der BGB-Gesellschaft bewirkt jedoch weder bei dieser als Gründer einer GmbH, noch sonst eine Haftungsbeschränkung.[52] Der BGH hat deren Mitgliedschaftsfähigkeit in einer Genossenschaft,[53] in einer AG[54] und schließlich auch in einer BGB-Gesellschaft[55] bejaht. Für die anderen Gemeinschaften muss dasselbe gelten.[56] Der **spätere** Erwerb von GmbH-Anteilen (und Aktien) durch solche Gemeinschaften wurde schon bislang so gut wie allgemein bejaht, so dass auch dieser Widerspruch zu lösen war.[57] Auch können mehrere Gründer einen Anteil einer Rechtsgemeinschaft nach §§ 741 ff. BGB übernehmen.[58]

25　**5. Besondere Qualifikation kraft Gesellschaftsvertrags.** Der Gesellschaftsvertrag kann bestimmen, dass die Gesellschafter **eine besondere Qualifikation** haben, zB natürliche Personen sein müssen oder, (eheliche und natürliche) Abkömmlinge einer bestimmten Person, Männer bzw. Frauen, Kaufleute oder Ingenieure, Rechtsanwälte oder Ärzte,[59] keine Wettbewerber, Inhaber der deutschen Staatsangehörigkeit, der bürgerlichen Ehrenrechte usw. Dabei sind die Grenzen der §§ 134, 138 BGB zu beachten, die aber insbesondere auch einer Differenzierung nach dem Geschlecht (trotz Art. 3 Abs. 2 GG) sowie dem Schutz des Eindringens von Wettbewerbern (trotz GWB) nicht entgegenstehen. Eine solche – positiv oder negativ gefasste – Klausel zielt in erster Linie auf mögliche Rechtsnachfolger in den einzelnen Geschäftsanteil und ist zweckmäßigerweise im Gesellschaftsvertrag mit einer Vinkulierung der Anteile (§ 15 Abs. 5) verbunden; vgl. § 15 Rn. 161 ff. Verliert ein Gesellschafter die geforderte Eigenschaft später, so ist dies idR ein wichtiger Grund zu seiner Ausschließung (vgl. § 34 Rn. 72), falls der Gesellschaftsvertrag nicht eine besondere Regelung trifft, was sich jedenfalls empfiehlt.

26　**Fehlt** die geforderte Eigenschaft schon einem der Gründer und ist dies den übrigen Gesellschaftern **bekannt,** so können sie sich (wie im Falle des § 112 Abs. 2 HGB) darauf nicht berufen. Sind sie aber **getäuscht** worden oder haben sie sich geirrt, so kann jeder von ihnen bis zur Eintragung der Gesellschaft seine Beitrittserklärung nach §§ 119 Abs. 2, 123 BGB anfechten oder – wenn die Gesellschaft bereits in Vollzug gesetzt ist – analog § 61 auf Auflösung klagen;[60] vgl. hierzu Rn. 58 ff., bes. Rn. 67.

---

[50] BGHZ 78, 311, 313 ff. = NJW 1981, 682.
[51] BGHZ 78, 311, 313 ff. = NJW 1981, 682; vgl. dazu *Koch* ZHR 146 (1982), 118 sowie zu möglichen Missbrauchsfällen *K. Schmidt* BB 1983, 1697; BGH BB 1997, 1861 ff. bestätigt diese Rspr.
[52] BGHZ 142, 315, 319 ff. = NJW 1999, 3483, 3485 = DB 1999, 2205, 2207; anders noch OLG Hamm DB 1996, 321.
[53] BGHZ 116, 86, 88 = NJW 1992, 499, 501 = WM 1992, 12, 13 f.
[54] BGHZ 118, 83, 99 f. = NJW 1992, 2222, 2226.
[55] DB 1997, 2425 = BB 1997, 2498 = NJW 1998, 376.
[56] So auch *Hachenburg/Ulmer* Rn. 80 ff.; *Scholz/Emmerich* Rn. 51; *Lutter/Hommelhoff* Rn. 5, die zutr. einen Meinungsumschwung feststellen.
[57] Zur Kapitalerhöhung durch eine Erbengemeinschaft vgl. schon OLG Hamm GmbHR 1975, 83.
[58] *Feine* S. 69; *Ripfel* GmbHR 1956, 7 f.; aM *Grothus* GmbHR 1958, S. 157 f.
[59] Vgl. zu den Berufsausübungsgesellschaften § 1 Rn. 13 ff.
[60] Vgl. auch RGZ 60, 409 für die Genossenschaft; aA *Liebmann/Saenger* Rn. 8, der § 75 anwenden will; ihm folgt *Feine* S. 67.

Nach Eintragung der Gesellschaft kommt nur die Ausschließung des betr. Gesellschafters in Betracht.

6. Treuhänder und Strohmann. Treuhänder und Strohmann können bei der Gründung für einen anderen als Gesellschafter auftreten. Der Gründer muss zwar stets im eigenen Namen, aber nicht notwendigerweise auf eigene Rechnung handeln. Ein Handeln für **fremde Rechnung** ist grds. zulässig, und zwar unabhängig von dem damit verfolgten Zweck.[61] Der praktische Hauptfall war insbesondere vor der Novelle 1980 die Gründung einer Einpersonen-Gesellschaft durch die Hinzunahme eines Strohmanns und nach wie vor die Verwaltungstreuhand (Rn. 3 ff.). Auch für die **nachträgliche** Einpersonengesellschaft gelten indes die Sondervorschriften der §§ 19 Abs. 4, 35 Abs. 4 u. 48 Abs. 3 uneingeschränkt. 27

a) Strohmann. Auch der Strohmann ist Treuhänder.[62] Die Bezeichnung „Strohmann" hebt ihn nur als typischen und häufigen Fall hervor. Der Strohmann will und soll Gründer und Gesellschafter der GmbH werden, wenn auch idR nur vorübergehend. Es liegt deswegen kein Scheingeschäft (§ 117 Abs. 1 BGB) vor. Dem steht auch nicht entgegen, dass der Strohmann seinen Geschäftsanteil schon **vor** der Eintragung der Gesellschaft an seinen Treugeber abgetreten hat.[63] Der BGH lässt auch den Fall zu, in dem **eine** Person sich zweier Strohmänner zur Gründung einer GmbH bedient.[64] Die seit 1956 recht großzügige Rspr. wurde nach Einführung der formalen Einpersonen-Gründung durch die Novelle 1980 fortgesetzt;[65] sie ist auch weiterhin nicht unter dem Gesichtspunkt der Gesetzesumgehung in Frage zu stellen. Umgekehrt ist auch die Einschaltung eines Strohmannes durch **mehrere** Personen möglich mit der Folge, dass für den Strohmann als Gesellschafter nur ein Geschäftsanteil entstehen kann.[66] In diesem Fall kann den Treugebern die Gesellschafterstellung nur durch (zustimmungspflichtige, § 17 Abs. 1; vgl. auch § 17 Rn. 16 ff.) Teilung des Geschäftsanteils verschafft werden. Ist ein Strohmann ohne eigenes wirtschaftliches Interesse allein aus persönlicher Verbundenheit mit einem Dritten bereit, an dessen Stelle Gesellschafter zu sein und die persönliche Haftung in Form einer Bürgschaft für die Gesellschaft zu übernehmen und ist dies dem Kreditinstitut ersichtlich, gelten die Grundsätze zur Sittenwidrigkeit von Ehegatten- und Verwandtenbürgschaften entsprechend.[67] 28

b) Treuhandverhältnis. Das Treuhandverhältnis ist in jedem Falle ein Geschäftsbesorgungsverhältnis (§ 675 BGB) oder – bei Unentgeltlichkeit – ein Auftrag (§ 662 BGB).[68] Wegen der Herleitung der Rückübertragungspflicht aus § 667 BGB[69] oder dem Sinn und Zweck d. § 15 Abs. 4 S. 1,[69a] bedarf der Vertrag grds. keiner Form, 29

---

[61] BGHZ 21, 378, 383 = NJW 1957, 19; 31, 258 = NJW 1960, 285; BGH WM 1971, 306; allgM.
[62] BGHZ 31, 258, 264; *Hachenburg/Ulmer* Rn. 61; MüKo BGB/*Kramer* § 117 Rn. 14, 17; *Blaurock* Unterbeteiligung und Treuhand an Gesellschaftsanteilen, 1981, S. 66 ff.; aA aber vielleicht *Staudinger/Dilcher* § 117 Rn. 29; *Flume* Rechtsgeschäft § 20 2b bb.
[63] BGHZ 21, 378, 383 = NJW 1957, 19; KG GmbHR 1968, 182; nunmehr hM; vgl. uA OLG Hamm NZG 1998, 109, 110.
[64] BGHZ 21, 378, 382 = NJW 1957, 19; 31, 258, 263 = NJW 1960, 285 = GmbHR 1960, 43, 63.
[65] Vgl. zB BGH ZIP 1999, 925; BayOLGZ 1991, 127, 132 f. = NJW-RR 1991, 1252.
[66] BGH WM 1971, 306.
[67] BGH NJW 1998, 597 = DB 1998, 413 = DStR 1998, 1434.
[68] Vgl. auch BGH WarnR 1971 Nr. 94; vgl. zum Treuhandverhältnis auch § 15 Rn. 24 ff.
[69] BGHZ 19, 69, 70 f. = NJW 1956, 58.
[69a] Vgl. BGHZ 141, 208, 210 f. = ZIP 1999, 925 = GmbHR 1999, 707; *Armbruster* GmbHR 2001, 941, 946.

auch nicht nach § 15 Abs. 4. Für die Übertragung des Anteils bedarf es dagegen der notariellen Form, § 15 Abs. 3.[70] Der Treuhänder unterliegt den Weisungen des Treugebers, was die Gesellschaftsrechte angeht (vgl. § 665 BGB). Bei Insolvenz des Treuhänders soll der Treugeber nach hM nicht zur Aussonderung berechtigt sein.[71] Die hM legt mE dem Unmittelbarkeitsprinzip (d. h. das Treugut kann nur dann wirtschaftlich dem Vermögen des Treugebers zugerechnet werden, wenn der Treuhänder dieses *unmittelbar* vom Treugeber erworben hat) ein zu großes Gewicht bei.[72] Die Kündigung des Treuhandvertrags verpflichtet lediglich den Treuhänder zur Übertragung des Geschäftsanteils, lässt diesen aber nicht ohne weiteres übergehen.[73]

30   c) **„Durchgriff" auf den Treugeber.** Ein „Durchgriff" auf den Treugeber, d. h. die Anwendung gesetzlicher oder gesellschaftsvertraglicher Bestimmungen so, als ob er Gesellschafter wäre, ist grds. nicht zulässig; Gesellschafter ist der Treuhänder (vgl. Rn. 27 f.). Doch kann die Ratio einzelner Bestimmungen es erlauben oder sogar erfordern, dass statt auf den Gesellschafter und Treuhänder auf den Treugeber abgestellt wird. So kommt möglicherweise eine Ausschließung des Treuhänders oder auch eine Auflösungsklage (§ 61) wegen eines Verhaltens des Treugebers in Betracht.[74] Stimmrechtsverbote (nach § 47 Abs. 4 oder gesellschaftsvertraglicher Bestimmung) sind idR auch auf die Tatbestände anzuwenden, an denen der Treugeber beteiligt ist.[75]

31   Ob die **Haftungsvorschriften** für die Gesellschafter (§§ 9a, 19 Abs. 2, 24, 30, 31) auf den Treugeber („Hintermann") anzuwenden sind, ist streitig. Die Rspr. neigt aus Gründen des Gläubigerschutzes dazu.[76] Sie wird unterstützt von *Meyer-Landrut/Miller/ Niehus*,[77] die sich dafür auf § 9a Abs. 4 berufen, mE aber zu weitgehend. Demgegenüber differenziert die überwiegende Literatur und stellt auf die einzelnen Haftungstatbestände ab. Dem ist grds. wegen der Unterschiede zwischen offener und verdeckter Treuhand zu folgen.[78] Darüber hinaus besteht für einen „unmittelbaren Durchgriff" idR dann kein Bedürfnis, wenn der Treuhänder aus dem Treuhandverhältnis gegen den Treugeber einen Freistellungsanspruch geltend machen kann. Dieser wandelt sich bei Abtretung an den Gesellschaftsgläubiger in einen unmittelbaren Zahlungsanspruch gegen den Treugeber um.[79]

---

[70] BGH NZG 1999, 656; OLG Bamberg NZG 2001, 509.
[71] BGH WM 1964, 179; *Hachenburg/Ulmer* Rn. 67.
[72] Vgl. *Beuthien* ZGR 1974, 26, 66, 84; *Blaurock* (Fn. 62) S. 243 ff; *Soergel/Leptien* Vor § 164 Rn. 65; *Schlegelberger/K. Schmidt* Vor § 335 Rn. 71 ff. OLG Hamm NZG 1998, 109 will zwischen lediglich formalrechtlicher Zuordnung zum Treuhänder und maßgeblicher materiell-rechtlicher zum Treugeber für den Fall unterscheiden, dass der Gesellschaftsanteil von vornherein mit einem aufschiebend bedingten Übertragungsanspruch zugunsten des Treugebers belastet war.
[73] BGH WM 1971, 306.
[74] BGHZ 32, 17, 33 = NJW 1960, 866.
[75] Vgl. *Zöllner* Die Schranken mitgliedschaftlicher Stimmrechtsmacht, 1963, S. 284 f. sowie § 47 Rn. 56 f.
[76] Vgl. BGHZ 31, 258, 266 f. = NJW 1960, 285 = DB 1960, 2527; BGH GmbHR 1963, 208; BGHZ 118, 107, 111 ff. = NJW 1992, 2023 = LM § 19 Nr. 13 (m. Anm. *Heidenhain*) = DB 1992, 1512 gegen OLG Düsseldorf (Vorinstanz) DB 1992, 1512 = GmbHR 1992, 373, das auf das Fehlen entspr. Abgrenzungskriterien für die Hintermanneigenschaft verweist; OLG Hamburg BB 1984, 1253 = DB 1984, 515; hierzu *Ehlke* DB 1985, 795.
[77] Dort Rn. 18.
[78] Vgl. § 9a Rn. 26 ff.; § 31 Rn. 8; *Hachenburg/Ulmer* Rn. 62 ff.; *Scholz/Emmerich* Rn. 59 a; *Baumbach/Hueck/G. Hueck/Fastrich* Rn. 3; sowie kritisch zu BGHZ 118, 107, 111 ff.; *Ulmer* ZHR 156 (1992), 377.
[79] BGH DB 2001, 175 f. = MDR 2001, 760; zust. *Armbruster* GmbHR 2001, 1021, 1027.

7. **Zusammentreffen mit Arbeitnehmerstellung.** Arbeitnehmer einer GmbH **32** können deren Gesellschafter sein. Voraussetzung für eine Arbeitnehmerstellung (iSd. § 5 Abs. 1 S. 1 ArbGG) ist jedoch die Weisungsgebundenheit gegenüber dem Geschäftsführer der GmbH.[80] Hieran fehlt es, wenn der Arbeitnehmer über seine Gesellschafterstellung einen so großen Einfluss auf die Führung der Gesellschaft hat, dass er letztlich auch die Leitungsmacht besitzt. Dies ist der Fall, wenn er Mehrheitsgesellschafter mit unbeschränktem Stimmrecht ist oder ihm mehr als 50 % der Stimmrechte zustehen oder er als Minderheitsgesellschafter wenigstens eine Sperrminorität besitzt.[81] Auf die tatsächliche Ausnutzung der Leitungsmacht kommt es nicht an.[82]

IV. Der Abschluss des Gesellschaftsvertrags

1. **Beitrittserklärungen.** Die Beitrittserklärungen sind Willenserklärungen iSd. **33** BGB. Im Falle des Gesellschaftsvertrags **mehrerer Personen** besteht der Gesellschaftsvertrag aus inhaltlich übereinstimmenden, empfangsbedürftigen Willenserklärungen, die auf Gründung der Gesellschaft gerichtet sind. Im Fall der **Einpersonen-Gründung** bedarf es nur der nichtempfangsbedürftigen, lediglich vor dem Notar abzugebenden Willenserklärung des Gründers; der „Abschluss" (vgl. Rn. 4) ist hier die Abgabe der Erklärung. Der Mindestinhalt des Vertrags ergibt sich für beide Fälle aus § 3. Darüber hinaus kann der Gesellschaftsvertrag weitere Bestimmungen enthalten, auch solche, die nicht das Gesellschaftsverhältnis betreffen (vgl. § 3 Rn. 53).

a) **Sämtliche Gesellschafter.** Sämtliche Gesellschafter, die beitreten sollen, müssen **34** sich an dem Gesellschaftsvertrag beteiligen. Ein **nachträglicher** Beitritt weiterer Gründungsgesellschafter, im Sinne einer Stufen- oder einer Sukzessivgründung,[83] kann nicht vorgesehen werden.[84] Gleichzeitige und gemeinsame Abgabe der Gründungserklärungen ist ebenso wenig erforderlich wie deren Beurkundung durch denselben Notar (vgl. Rn. 37).

b) **Unbedingt; unbefristet.** Die Beitrittserklärungen müssen **unbedingt und unbefristet** sein; sonst sind sie nichtig.[85] Dies gilt selbstverständlich nicht für Rechtsbedingungen wie die Genehmigung des Vormundschaftsgerichts gemäß § 1822 Nr. 3 BGB. **35**

2. **Notarielle Form.** Die notarielle Form, die § 2 vorschreibt, ist die der notariellen Beurkundung; § 128 BGB; §§ 6 ff. BeurkG. Sie besteht aus einer Niederschrift (Protokoll), die den Beteiligten in Gegenwart des Notars vorgelesen, von ihnen genehmigt und eigenhändig unterschrieben wird, §§ 9, 13 BeurkG. Die gesellschaftsvertraglichen Regelungen können entweder Teil der Niederschrift sein, § 9 Abs. 1 S. 1 BeurkG, oder, was sich im Hinblick auf die Satzungsbescheinigung (§ 54 Abs. 1 S. 2) als zweckmäßig erweist und üblich ist, in der notariellen Urkunde als **„Gesellschaftsvertrag"** (auch „Satzung" oder „Statut") von den **„Gründungsbestimmungen"** **36**

---

[80] BAG NZA 1990, 525 = AP § 35 Nr. 6; BAG NZA 1991, 392 = AP TVG § 1 Nr. 137 Tarifverträge: Bau. Die Weisungsgebundenheit ist Voraussetzung und wesentlicher Bestandteil eines jeden Arbeitsverhältnisses, vgl. BAGE 78, 343 = NZA 1995, 622 = AP BGB § 611 Nr. 74 Abhängigkeit; BAG NZA 1993, 1127 = AP BGB § 611 Nr. 42 Direktionsrecht.
[81] BAG NZA 1998, 939.
[82] BAG NZA 1998, 939.
[83] Diese nach früherem Aktienrecht mögliche Gründungsform hat auch das AktG 1965 nicht mehr übernommen.
[84] RGZ 83, 256, 259; *Hachenburg/Ulmer* Rn. 12.
[85] RGZ 83, 256, 258 f.; *Hachenburg/Ulmer* Rn. 113 ff.

§ 2
1. Abschnitt. Errichtung der Gesellschaft

(auch „Mantel") abgesondert sein, § 9 Abs. 1 **S. 2** BeurkG.[86] Die Einheitlichkeit der notariellen Urkunde ist durch entsprechende Bezugnahme zu gewährleisten.[87] Wird der Gesellschaftsvertrag als Anlage beigefügt, hat dieser den vollen Wortlaut der gesellschaftsvertraglichen Regelungen (zum Mindestinhalt vgl. § 3) zu enthalten.[88] Der Gesellschaftsvertrag kann auch in einer anderen als der deutschen Sprache vom Notar errichtet werden, wenn er der fremden Sprache hinreichend kundig ist, § 5 Abs. 2 S. 2 BeurkG. Der Beachtung der deutschen Gerichtssprache im Handelsregisterverfahren (vgl. § 8 FGG iVm. § 184 GVG) wird Genüge getan durch die Beifügung einer deutschen Übersetzung, die ein hierzu ermächtigter Übersetzer angefertigt hat (entspr. § 142 Abs. 3 ZPO).[89]

37 **Gleichzeitige** Anwesenheit aller Gründer wird indes nicht verlangt; sog. Stufenbeurkundung (im Gegensatz zur Stufengründung vgl. Rn. 34) ist möglich. Die Gründer können auch ihre Erklärungen vor **verschiedenen** Notaren abgeben.[90] Mit Hilfe der gängigen Vollmachts- und Genehmigungspraxis (vollmachtlosen Handelns) können solche Zeit- und Ortsprobleme unschwer überwunden werden.

38 Ein Notar kann nicht die Errichtung einer GmbH, an der einer seiner Sozien oder Bürogemeinschafter als Gesellschafter beteiligt ist oder die dieser als Einpersonen-Gesellschaft gründet, beurkunden, § 3 Abs. 1 Nr. 4 BeurkG nF, §§ 3, 9 BNotO nF.[91] Dem Notar obliegen bei der GmbH-Gründung umfangreiche Belehrungspflichten mit Haftungsfolge bei deren Nichteinhaltung.[92] Der Notar begeht keine Pflichtverletzung bei Beteiligung von Vorbestraften als Gründer.[93]

39 **a) Zuständigkeit.** Zuständig ist jeder deutsche Notar, unabhängig vom Sitz der künftigen GmbH oder anderer Anknüpfungspunkte. Wenn der Notar die Grenzen seines Amtsbezirks (Oberlandesgerichtsbezirk seines Amtssitzes, § 11 Abs. 1 BNotO) überschreitet,[94] wird die Beurkundung nicht deswegen unwirksam (§ 2 BeurkG, § 11 Abs. 3 BNotO), es sei denn, sie erfolgt im Ausland.[95] Dort ist die Beurkundung durch deutsche Konsularbeamte möglich, § 10 KonsG 1974 (BGBl. I S. 2317).

---

[86] Vgl. dazu Beck'sches HdB GmbH/*Schwaiger* § 2 Rn. 70f.; zT krit. *Höll* DNotZ 1981, 16, 21; *ders.* GmbHR 1982, 251.

[87] Vgl. die Formulierungsvorschläge in Steuerliches Vertrags- und Formularhandbuch/*Streck/Schwedhelm* 4. Aufl. 2001, Gründungsprotokoll S. 203 und Gründungsvertrag S. 180 ff.; *Wurm/Wagner/Zartmann* Rechtsformularbuch, Muster 119a; Münchener Vertragshandbuch, 5. Aufl. 2000, Bd. 1/*Haidenhein/Meister* IV 2.

[88] OLG Köln Rpfleger 1972, 410 = GmbHR 1973, 11; OLG Stuttgart DNotZ 1979, 359 = Rpfleger 1979, 63; OLG Frankfurt/M. GmbHR 1981, 694 f. = Rpfleger 1981, 309.

[89] LG Düsseldorf GmbHR 1999, 609, 610.

[90] Vgl. KG OLGE 3, 262; MüKo BGB/*Einsele* § 128 Rn. 2; *Palandt/Heinrichs* § 128 Rn. 3; *Hachenburg/Ulmer* Rn. 12 f.; *Scholz/Emmerich* Rn. 15; HK-GmbHR/*Bartl* Rn. 8; *Roth/Altmeppen* Rn. 18.

[91] Krit. zur gesetzlichen Neuregelung *Brücher* NJW 1999, 2168, mE zu Unrecht, denn jeder bei gemeinsamer Berufsausübung naheliegende Anschein einer mangelnden Neutralität ist zu vermeiden, zutr. Begr. RegE ZNotP 1998, Beil. 2. Vgl. auch die ähnliche Situation im umgekehrten Falle der grundstücksbezogenen Maklertätigkeit von Rechtsanwälten, die Sozien von Notaren sind, BGH AnwBl. 2001, 436.

[92] Zu den Belehrungspflichten mit Formulierungsvorschlägen vgl. *Meyding/Heidinger* ZNotP 1999, 190 ff.; zur Notarhaftung *Ganter* WM 2000, 641 ff.

[93] OLG Frankfurt/M. NJW-RR 1986, 712.

[94] Zur Nichtigkeit des früheren Verbots der Beurkundung außerhalb der Geschäftsstelle des Notars vgl. BVerfG NJW 2000, 3486 ff. = MDR 2000, 1460 f.

[95] *Jansen* FGG Bd. 3, § 2 BeurkG Rn. 6.

Form des Gesellschaftsvertrags § 2

b) Ausländische Notare. Für die Beurteilung der Wirksamkeit von Beurkundungen durch ausländische Notare eröffnet Art. 11 Abs. 1 EGBGB zwei *alternative* Anknüpfungen: einmal an die Form des Rechts, das für den Inhalt des Rechtsgeschäfts maßgeblich ist, also deutsches Recht, 1. Alt. (Wirkungsstatut), zum anderen an das am Ort des Abschlusses des Rechtsgeschäfts geltende Recht, also das betreffende ausländische Recht, 2. Alt. (Ortsstatut).   40

Während der BGH in den insoweit allerdings nicht tragenden Gründen seiner Grundsatzentscheidung vom 16. 2. 1981[96] der generellen Geltung des Ortsstatuts, also auch für gesellschaftsrechtliche Vorgänge, eine gewisse Sympathie zollte,[97] lehnt dies ein Teil der Rspr.[98] und der Literatur,[99] teils noch zwischen (schlichten) Abtretungsfällen und organisationsrechtlichen, die Verfassung der GmbH betreffenden Akten differenzierend[100] ab. Anlässlich der textlichen aber nicht inhaltlichen Änderung des Art. 11 Abs. 1 EGBGB betonte die Begr. RegE, dass weder Standort und Entstehungsgeschichte der Bestimmung noch die neue Fassung die „Form von Vorgängen regelt, die sich auf die Verfassung von Gesellschaften und juristischen Personen beziehen".[101] Dem ist, jedenfalls was die organisationsrechtlichen Akte anbelangt, nicht zuletzt auch mit Rücksicht auf die besondere Funktion des § 2, zu folgen.[102]   41

Ist mithin das Wirkungsstatut (1. Alt.) maßgeblich, stellt sich nunmehr die Anschlussfrage, ob ausländische Beurkundungen der nach § 2 vorgeschriebenen Beurkundung deutschen Rechts entsprechen, d. h. als gleichwertig angesehen werden können. Dies ist der Fall, „wenn die ausländische Urkundsperson nach Vorbildung und Stellung im Rechtsleben eine der Tätigkeit des deutschen Notars entsprechende Funktion ausübt und für die Errichtung der Urkunde ein Verfahrensrecht zu beachten hat, das den tragenden Grundsätzen des deutschen Beurkundungsrechts entspricht".[103] Das hat der BGH für die Satzungsänderung (§ 53) sowie schon früher das RG für die Anteilsübertragung (§ 15) entschieden,[104] muss aber auch für den Gesellschaftsvertrag selbst gelten. Danach kann zB ein Notar in Zürich einen Gesellschaftsvertrag beurkunden.[105] Diese Gleichwertigkeitsvoraussetzungen erfüllen im Regelfall auch die in   42

---

[96] BGHZ 80, 76, 78 = NJW 1980, 1160 = DB 1981, 983; so schon früher BayObLG DB 1977, 2320 f.

[97] Vgl. auch BGH GmbHR 1990, 25, 28 = NJW-RR 1989, 1259, 1261 = BB 1989, 1316 (Abtretung eines GmbH-Anteils); sowie ferner OLG Stuttgart NJW 1981, 1176; DB 2000, 1218, 1219 f.; OLG Frankfurt/M. DB 1981, 1456 f.; OLG Düsseldorf WM 1989, 643, 644 = NJW 1989, 2200; OLG München NJW-RR 1998, 768 = DB 1998, 125; Kölner KommAktG/*Kraft* § 23 Rn. 33; *Wiedemann* S. 820 ff.; *Erman/Hohloch* Art. 11 EGBGB Rn. 1; *Palandt/Heldrich* Art. 11 EGBGB Rn. 1; *Soergel/Kegel* Rn. 4.

[98] OLG Hamm NJW 1974, 1057; OLG Karlsruhe RIW 1979, 567, 568; AG Köln RIW 1989, 990; LG Augsburg DB 1996, 1666 = GmbHR 1996, 941; LG Kiel RIW 1997, 957.

[99] *Hachenburg/Behrens* Einl. Rn. 162; *Lutter/Hommelhoff* Rn. 13; *Baumbach/Hueck/G. Hueck/Fastrich* Rn. 9; *Roth/Altmeppen* Rn. 20; *Kropholler* ZHR 1976 (140), 403; *Lichtenberger* DNotZ 1986, 653; *Heckschen* DB 1990, 161; *Schervier* NJW 1992, 594; *Goette*, FS Boujong, 1996, S. 137; *ders.* MittRhNotK 1997, 3; *Haerendel* DStR 2001, 1802, 1805.

[100] Vgl. die Übersicht bei *Wiedemann* § 14 IV 2 b, S. 821.

[101] RegE IPRG v. 25. 7. 1986, BT-Drucks. 222/83 S. 47, 49.

[102] Ebenso neuerdings auch *Kröll* ZGR 2000, 111 ff.

[103] BGHZ 80, 76, 78 = NJW 1981, 1160 = DB 1981, 983; dazu *Goette* DStR 1996, 709 f., 712 f.

[104] BGH (Fn. 103); BGH NJW-RR 2000, 273 = DStR 2000, 601 = EWiR 2000, 487 (*Werner*); RGZ 160, 225, 229.

[105] BGHZ 80, 76, 78 = NJW 1981, 1160 = DB 1981, 983; vgl. auch BGH NJW-RR 2000, 274 = DStR 2000, 601 = EWir 2000, 487.

Österreich[106] sowie die in den europäischen Ländern des romanischen Rechtskreises („lateinisches Notariat") tätigen Notare.[107]

43 Die Wirksamkeit der Beurkundung eines Verschmelzungsvertrages durch einen ausländischen Notar wird hingegen vom LG Augsburg unter Hinweis auf das Problem mangelnder deutscher Rechtskenntnisse im diffizilen Verschmelzungsrecht und auf Grund der stetigen Verschärfung notarieller Belehrungspflichten abgelehnt.[108] Es soll auch unzulässig sein, die Abhaltung der Hauptversammlung einer AG im Ausland (Zürich) in der Satzung generell zuzulassen, da ausländische Notare die über § 59 BeurkG hinausgehenden besonderen Kenntnisse zu den speziellen aktienrechtlichen Hinweis- und Prüfpflichten nur lückenhaft oder gar nicht besitzen;[109] bei einem Zürcher Notar schwerlich zu Recht.[110] Eher erscheint eine solche Satzungsbestimmung unter dem Gesichtspunkt unzumutbarer Erschwernis der Ausübung der Aktionärsrechte unzulässig zu sein. Dagegen ist die Abhaltung einer Gesellschafterversammlung im grenznahen Bereich bei Zustimmung aller Gesellschafter zulässig. *Goette*[111] will die Beurkundung durch den ausländischen Notar immerhin zulassen, wenn die Formvorschrift nicht zugleich auch die materielle Rechtmäßigkeit des Beurkundeten sicherstellen soll. Letzteres sei immer dann der Fall, wenn es um Akte ginge, die die Verfassung der Gesellschaft betreffen und eintragungspflichtig seien.[112] Die Schwierigkeiten für die Praxis sind also nicht unerheblich, was Ausländer zum Weg inländischer Treuhandgründung mit Anteilsabtretung nach Eintragung der GmbH veranlasst.[113]

44 Der mit der Auslandsbeurkundung verfolgte Zweck, deutsche Notariatsgebühren zu sparen, ist nicht anstößig.[114]

45 c) **Unterzeichnung.** Sämtliche Gesellschafter müssen unterzeichnen; d. h. insbes. die Sukzessivgründung ist verboten, vgl. schon Rn. 34. Eine **Ausnahme** gibt es nur

---

[106] BayObLG DB 1977, 2320. Umgekehrt kann ein deutscher Notar die Abtretung von Geschäftsanteilen einer österreichischen GmbH sowie Satzungsänderungen wirksam beurkunden. ÖOGH IPRAY 1990, 252; *Schütze* DB 1992, 1970 f.; ÖOGH RdW 1991, 177; DB 1992, 2540.

[107] D. h. in den Niederlanden (OLG Düsseldorf NJW 1989, 2200 = WM 1989, 643) sowie Belgien, Frankreich, Italien u. Spanien (vgl. Löber aaO sowie den Überblick über ausländische Notariatsverfassungen bei *Huhn/v. Schuckmann* aaO § 1 Rn. 42. Krit. unter dem Aspekt der Rechtmäßigkeitsgarantie *van Randenborgh/Kallmeyer* GmbHR 1996, 908, 910. Zum Meinungsstand: *Reuter* BB 1998, 116; vgl. *Kersten/Bühling/Wähler* Formularbuch und Praxis der Freiwilligen Gerichtsbarkeit, 21. Aufl. 2001, § 5 I 5 S. 30 f.; krit. bzgl. der südamerikanischen Länder *Huhn/v. Schuckmann* BeurkG, 3. Aufl. 1995, § 1 Rn. 48; zu Argentinien vgl. jedoch auch *Löber* RIW 1989, 94, 95 (Anm. 12).

[108] LG Augsburg DB 1996, 1666 = GmbHR 1996, 941; ebenso *Winkler* NWB 2002, 489; aA LG Kiel BB 1998, 120.

[109] OLG Hamburg DB 1993, 1232 = AG 1993, 384.

[110] Abl. gegenüber Zürcher und Basler Notaren *Staudinger/Großfeld* Rn. 439 ff., wobei es inkonsequent erscheint, bei Notaren der EG-Staaten „gewisse Einbußen an Sachverstand und Belehrung ... im Hinblick auf den Einheitlichen Markt" als „gerechtfertigt" zu bezeichnen, Rn. 445; differenzierend *Scholz/Priester* § 53 Rn. 74 Fn. 147 bzgl. Notar Zürich-Altstadt.

[111] DStR 1996, 713; iErg. zustimmend: *van Randenborgh/Kallmeyer* GmbHR 1996, 908, 909.

[112] Vgl. auch OLG Karlsruhe RIW/AWD 1979, 567.

[113] Vgl. *Wolf* GmbHR 1994, 237; *Scholz/Westermann* Einl. Rn. 95; *Hachenburg/Ulmer* Rn. 17; vgl. aber auch *Kropholler* ZHR 140 (1976), 394, 402 f.; abl. *Staudinger/Großfeld* Int. GesR Rn. 432 ff., 439 ff.; grds. *Stauch* Die Geltung ausländischer notarieller Urkunden in der Bundesrepublik Deutschland, 1983.

[114] OLG Frankfurt/M. DB 1981, 1456; *Huhn/v. Schuckmann* (Fn. 107) § 1 Rn. 44, die allerdings den deutschen Notar für verpflichtet halten, wegen der Unsicherheiten zur Beurkundung vor deutschem Notar zu raten – sofern er denn überhaupt gefragt wird.

Form des Gesellschaftsvertrags **§ 2**

nach § 9 Abs. 1 S. 2 BeurkG: wenn zB die Erklärungen im notariellen Protokoll der Gründungsversammlung auf den als Anlage beigefügten Gesellschaftsvertrag verweisen.[115]

d) Nebenabreden. Für Nebenabreden unter den Gründern, wie zB eine Abrede 46 über die Person eines Geschäftsführers, gelten die Formvorschriften nicht.[116] Sie binden jedoch, ohne die Form des § 2 Abs. 1, nur die Gründungsgesellschafter und nicht ihre Rechtsnachfolger.[117]

e) Änderungen; Ergänzungen. Änderungen und Ergänzungen des Gesellschafts- 47 vertrags (zB andere Firma, Hinzutritt oder Ausscheiden eines Gesellschafters sowie damit verbundene Anteilsübertragungen, Übernahme des vom Treuhänder/Strohmann gezeichneten Anteils durch Treugeber) sind bis zur Eintragung nur unter den Voraussetzungen des § 2 zulässig, bedürfen also der Zustimmung aller Gesellschafter und der notariellen Form (vgl. Rn. 36).[118] Im Gründungstadium sind Mehrheitsbeschlüsse zulässig, wenn diese gesellschaftsvertraglich auch bereits für dieses Stadium vorgesehen sind oder der Beschlussgegenstand erst nach Entstehung der Gesellschaft eingetragen wird.[119] Für Ergänzungen nach Eintragung gilt die Formvorschrift des § 53 Abs. 2 – vgl. § 53 Rn. 37 ff.[120] Dies hindert die Gründer aber nicht, den oder die Geschäftsführer **übereinstimmend** und **formlos** zu ermächtigen, bereits vor der Eintragung ein Geschäft zu eröffnen oder weiterzuführen oder für die GmbH eine Komplementärstellung zu übernehmen.[121] Auf Änderungen während des Anmeldeverfahrens ist § 54 Abs. 1 S. 2 entsprechend anzuwenden,[122] d. h. Vorlage vollständigen aktuellen Satzungstextes sowie Notarbescheinigung, aber nicht zusätzliche Anmeldung.[123] Bei **Tod** eines Gesellschafters treten sein Erbe oder die Erbengemeinschaft ohne weiteres an seine Stelle, sofern der Gesellschaftsvertrag nichts Besonderes regelt.[124]

f) Formmangel. Fehlt es an der vorgeschriebenen Form, so ist der Gesellschafts- 48 vertrag gemäß § 125 BGB nichtig. Die Nichtigkeit kann von jedermann geltend gemacht werden. Ist jedoch die Vorgesellschaft schon in Vollzug gesetzt, zB durch Aufnahme von Rechtsgeschäften mit Dritten (vgl. Rn. 66), so kommt nur die Auflösungsklage nach den Grundsätzen der fehlerhaften Gesellschaft in Betracht (vgl. Rn. 67 ff.).

Ist die Gesellschaft dennoch ins Handelsregister eingetragen worden, so heilt dies 49 den Formmangel; die Gesellschaft ist gültig entstanden.[125]

---

[115] So zutr. *Hachenburg/Ulmer* Rn. 13.
[116] AllgM, vgl. RGZ 170, 358, 367; vgl. auch BGH NJW 1969, 131 = BB 1969, 1410; DB 1993, 829 = DNotZ 1994, 310; *Hachenburg/Ulmer* Rn. 23.
[117] Zu Erscheinungsformen und Wirkung von Nebenabreden vgl. *Jäger* DStR 1996, 1935.
[118] BGHZ 15, 204, 206 = NJW 1955, 219; 21, 242, 246 = NJW 1956, 1435; 29, 303 = NJW 1959, 934; OLG Köln DB 1995, 2413 = BB 1995, 2545 = MDR 1996, 888; *Hachenburg/Ulmer* Rn. 19; *Scholz/Emmerich* Rn. 21 f.; OLG Köln DB 1995, 2413 = MDR 1996, 888 hinsichtlich der Genehmigung der Erklärung eines vollmachtlosen Vertreters; aA *Priester* ZIP 1987, 280; *K. Schmidt* ZIP 1997, 671; ders. GmbHR 1997, 869; *Scholz/K. Schmidt* § 11 Rn. 41, 47.
[119] *Hachenburg/Ulmer* Rn. 20.
[120] OLG Köln GmbHR 1996, 291 f.
[121] BGHZ 80, 129, 139 = NJW 1981, 1373.
[122] OLG Schleswig GmbHR 1975, 183.
[123] BayObLG DB 1978, 880; *Scholz/Emmerich* Fn. 33; *Lutter/Hommelhoff* Fn. 23. Vgl. ferner § 60 Rn. 40 ff.
[124] *Hachenburg/Ulmer* Rn. 19.
[125] HM, *Hachenburg/Ulmer* Rn. 26; *Scholz/Emmerich* Rn. 20.

§ 2 1. Abschnitt. Errichtung der Gesellschaft

50 3. **Bevollmächtigte.** Jeder Gründer kann sich durch einen Bevollmächtigten vertreten lassen. Doch bedarf eine solche „**Gründungsvollmacht**" der Form des § 2 Abs. 2; dieser ist wie § 23 Abs. 1 S. 2 AktG Sondervorschrift gegenüber § 167 Abs. 2 BGB. Der Prokurist braucht mit Rücksicht auf § 49 HGB (unbeschränkte und unbeschränkbare Vollmacht) keine besondere Bevollmächtigung; hM.

51 Die Vollmacht braucht jedoch **keine spezielle** zu sein; anders § 4 Abs. 3 ÖGmbHG; vgl. Rn. 97. Dementsprechend kann sie Teil anderer beurkundeter Erklärungen sein. Auch eine „Generalvollmacht" wird idR genügen.[126]

52 **Sämtliche** Gründer können sich auch durch **einen** Bevollmächtigten vertreten lassen, wenn die Vollmachten entsprechend lauten, vor allem vom Verbot des § 181 BGB (Selbstkontrahieren) befreien.

53 a) **Gesetzliche Vertreter.** Gesetzliche Vertreter, wie die Eltern, der Vormund, Pfleger usw., weisen sich durch standesamtliche oder gerichtliche Urkunden aus, die organschaftlichen Vertreter von juristischen Personen und Personenhandelsgesellschaften durch Registerauszug oder – bei juristischen Personen des öffentlichen Rechts – durch eine Urkunde der Körperschaft.[127] Die Urkunden dienen lediglich dem Nachweis bestehender Vertretungsmacht, keineswegs bedeuten sie Vollmachtserteilung; sie bedürfen daher auch nicht der Form des § 2 Abs. 2.

54 b) **Form.** Als Form verlangt § 2 Abs. 2 wahlweise notarielle Beurkundung (zu dieser vgl. Rn. 36 ff.) oder öffentliche Beglaubigung (der Unterschrift des Vollmachtgebers, § 129 Abs. 1 BGB). Zwar wird die öffentliche Beglaubigung nach § 129 Abs. 2 BGB durch die notarielle Beurkundung ersetzt, in der Praxis ist diese jedoch regelmäßig vorzuziehen, da bei der Beglaubigung eine erheblich geringere Gebühr anfällt (vgl. §§ 45, 36 KostO), es sei denn, die Vollmacht ist bereits in einer beurkundeten Erklärung enthalten. Die öffentliche Beglaubigung geschieht durch den Notar (§§ 39, 40 BeurkG). Einer notariellen Beglaubigung bedarf es jedoch nicht, wenn eine öffentliche Behörde in öffentlicher Urkunde eine Gründungsvollmacht erteilt.[128] Auch ausländische Notare sind zugelassen; vgl. Rn. 40 ff.

55 c) **Widerruf.** Ein Widerruf der formgerecht erteilten Vollmacht setzt voraus, dass die Urkunde dem Vollmachtgeber zurückgegeben oder für kraftlos erklärt wird, § 172 Abs. 2 BGB. Dass einer oder einzelne der Gründer von dem Widerruf wußten oder wissen mussten, schadet gemäß § 173 BGB nicht.[129] Nur wenn **alle** übrigen Gründer den Widerruf – zumal durch eine Widerrufserklärung[130] – kannten oder kennen mussten, ist er beachtlich.

56 d) **Formungültige Vollmacht.** Fehlt die formgültige Vollmacht, so ist die Gründungserklärung des betr. Gesellschafters schwebend unwirksam (§ 177 BGB). Die Gründungserklärung eines vollmachtlosen Vertreters zu einer Einpersonen-Gründung ist als streng einseitiges Rechtsgeschäft gem. § 180 S. 1 BGB nichtig.[131] § 180 S. 2 BGB ist nicht anwendbar, weil die Errichtungserklärung nicht einem anderen gegenüber abzugeben ist. Der beurkundende Notar ist nicht anderer im Sinne dieser Vorschrift. Infolgedessen darf weder der Notar den Gesellschaftsvertrag beurkunden noch der Registerrichter die Gesellschaft eintragen. Doch kann der betr. Gründer, wenn der

---

[126] RGZ 102, 17, 21.
[127] Für den letzteren Fall etwas großzügiger *Hachenburg/Ulmer* Rn. 32.
[128] OLG Düsseldorf GmbHR 1998, 238.
[129] RGZ 69, 232, 235.
[130] MüKo BGB/*Schramm* § 172 Rn. 13a.
[131] LG Berlin GmbHR 1996, 123; *Baumbach/Hueck/G. Hueck/Fastrich* Rn. 18; *Lutter/Hommelhoff* Rn. 14.

Gesellschaftsvertrag gleichwohl beurkundet wurde, die Erklärung nachträglich – in der Form des § 2 Abs. 2 – genehmigen.[132] Wird eine solche Genehmigung bei der Beurkundung in Aussicht gestellt, so darf der Notar daraufhin ausnahmsweise die Beurkundung vornehmen, keinesfalls aber der Registerrichter die Eintragung. Hat der Notar einen schwebend unwirksamen Gesellschaftsvertrag beurkundet, trägt grds. der hierdurch Geschädigte die Beweislast für eine unterlassene Belehrung. Ausnahmsweise findet eine Beweislastumkehr zu Lasten des Notars statt, wenn dieser sich auf die Entbehrlichkeit der Belehrung beruft.[133] – Die übrigen Gründer können den Vertretenen nach § 177 BGB zur Erklärung über die Genehmigung auffordern und sich auf diese Weise binnen zwei Wochen Klarheit verschaffen. Einen Anspruch auf die Genehmigung haben sie jedoch nur, wenn ein besonderer Grund, zB in Gestalt eines verpflichtenden Vorvertrages, gegeben ist (vgl. dazu Rn. 84 ff.).

e) **Heilung durch Eintragung.** Kommt es dennoch zur Eintragung, so ist die GmbH wirksam entstanden; ein etwaiger Formmangel der Vollmacht wird durch die Eintragung geheilt.[134] Wer jedoch **überhaupt keine Vollmacht** erteilt hatte oder sie infolge mangelnder Geschäftsfähigkeit nicht erteilen konnte, wird nicht Gesellschafter. Die Gesellschaft kann nach § 144a FGG aufgelöst werden.[135] **57**

V. Der fehlerhafte Gesellschaftsvertrag und die fehlerhafte Beitrittserklärung

1. Der fehlerhafte Gesellschaftsvertrag. Der fehlerhafte Gesellschaftsvertrag wirft angesichts des Schweigens des Gesetzes hierzu schwierige Probleme auf. Die **Bestimmungen des BGB** über Willenserklärung, Rechtsgeschäft und Vertrag finden zwar auch auf jeden Gesellschaftsvertrag grds., doch im Einzelnen erheblich eingeschränkte und geänderte Anwendung. Dies hat seinen Grund darin, dass die Bestimmungen zu sehr am Austauschgeschäft und anderen zweiseitigen Rechtsgeschäften ausgerichtet sind und so die Besonderheiten des Gesellschaftsrechts nicht hinreichend berücksichtigen. Die anfangs auch vom BGH[136] vertretene Theorie der „faktischen Gesellschaft", die auf den „tatsächlich vorhandenen Zustand", die Faktizität schlechthin, abstellte, hat sich als widersprüchlich und rechtlich unbegründbar erwiesen; sie gilt allgemein als überwunden.[137] Die Regeln über die fehlerhafte Gesellschaft können nur in vorsichtiger Lückenausfüllung gefunden werden.[138] **58**

a) **Gründungsmängel.** Wie die Gründungsmängel sich iE auswirken, hängt einmal von der Art des Mangels, zum anderen von dem Stadium ab, in dem sich die Gründung befindet.[139] **59**

aa) Für **besonders schwere Mängel** gelten die BGB-Bestimmungen uneingeschränkt. So bedarf es jedenfalls eines, wenn auch fehlerhaften, Vertrags. Ein Scheingeschäft (§ 117 Abs. 1 BGB) bleibt nichtig.[140] Dies gilt ebenso für einen Gesellschaftsvertrag, dessen Zweck gegen ein gesetzliches Verbot (§ 134 BGB) oder gegen die **60**

---

[132] HM; vgl. OLG Köln DB 1995, 2413 = MDR 1995, 888; *Hachenburg/Ulmer* Rn. 27, 37.
[133] BGH NJW 1996, 2037, 2038; zur Beweislast bei fehlerhafter Beratung eines Steuerberaters im Rahmen der GmbH-Gründung vgl. BGH NJW 1993, 1139, 1140.
[134] HM, vgl. *Hachenburg/Ulmer* Rn. 41; *Scholz/Emmerich* Rn. 32.
[135] Zust. *Meyer-Landrut/Miller/Niehus* Rn. 15; aA *Hachenburg/Ulmer* Rn. 42.
[136] ZB BGHZ 3, 285, 290 f.= NJW 1952, 97; 11, 190, 192 = NJW 1954, 231.
[137] Vgl. MüKo BGB/*Ulmer* § 705 Rn. 244.
[138] Vgl. zuletzt BGH NJW 1983, 748; P. *Ulmer*, FS Flume, Bd. II, 1978, S. 301.
[139] Vgl. auch *Paschke* ZHR 155 (1991), 1, 7.
[140] BGHZ 11, 190, 191 f. = NJW 1954, NJW 1992, 1501 f.

§ 2   1. Abschnitt. Errichtung der Gesellschaft

guten Sitten (§ 138 BGB) verstößt (vgl. dazu § 1 Rn. 46 ff.).[141] Ähnlich geht der Schutz nicht voll Geschäftsfähiger jedenfalls vor; die Rechtsfolgen ihrer Beitrittserklärung ergeben sich aus dem BGB.[142]

61 Auch die **übrigen,** weniger schweren Mängel werden nicht ohne weiteres alle gleichbehandelt (vgl. Rn. 72 ff.).

62 bb) Die eingeschränkte und geänderte Anwendung der BGB-Vorschriften setzt im Übrigen voraus, dass die Gesellschaft **in Vollzug gesetzt,** aber noch nicht eingetragen worden ist (vgl. des näheren Rn. 58). Solange die Gesellschaft **noch nicht in Vollzug** gesetzt ist, werden die BGB-Vorschriften uneingeschränkt auf den Gesellschaftsvertrag angewandt. Für die Zeit **nach der Eintragung** ergibt sich aus § 75, dass nur noch bestimmte Nichtigkeitsgründe und auch diese nur in einem bestimmten Verfahren geltend gemacht werden können (vgl. § 75 Rn. 1 ff.).

63 cc) Ist nur **ein Teil** des Gesellschaftsvertrags fehlerhaft, so folgt daraus – entgegen § 139 BGB – nicht, dass im Zweifel der ganze Vertrag nichtig sein soll.[143]

64 dd) Hinsichtlich der Rechtsfolgen ist iÜ zwischen dem **Gesellschaftsvertrag und der Beitrittserklärung zu unterscheiden.** Der Gesellschaftsvertrag kann Bestand haben (dazu sogleich Rn. 65 ff. und 70 ff.), eine einzelne Beitrittserklärung aber nichtig sein (dazu Rn. 70 ff.).

65 **b) Fehlerhafte Vorgesellschaft.** Die fehlerhafte Vorgesellschaft (zu dieser allgemein Vor § 1 Rn. 6) wird im Wesentlichen ebenso behandelt wie die Personengesellschaft auf mangelhafter Vertragsgrundlage.[144] Die Anwendung der GmbH-rechtlichen Vorschriften (§ 75; §§ 144, 144a FGG) kommt nicht in Betracht, weil sie die Entstehung der GmbH nach § 11 Abs. 1 voraussetzen.[145]

66 Die Gründung ist **in Vollzug gesetzt,** wenn die Gesellschaft entweder ihre Tätigkeit nach außen, sei es auch nur mit Vorbereitungsgeschäften, aufgenommen hat[146] oder eine Einlage geleistet und dadurch Gesellschaftsvermögen gebildet worden ist.[147] Es kommt also nicht auf die „Errichtung" der Gesellschaft iSd. § 29 AktG an, mit der einige[148] die Vor-AG beginnen lassen.

67 Die **Vertragsmängel** – vor allem Anfechtbarkeit nach §§ 119, 123 BGB, aber auch die Mitwirkung eines nicht voll Geschäftsfähigen – haben zur Folge, dass jeder Gesellschafter die Auflösung der Gesellschaft verlangen kann. Ob durch Auflösungserklärung entsprechend § 723 Abs. 1 S. 2 BGB[149] oder durch Auflösungsklage analog § 61 GmbHG – jedoch ohne § 61 Abs. 2 S. 2[150] –, ist streitig, aber wohl im letzteren Sinne zu entscheiden.[151] Die Gesellschafter haben es in der Hand, für diesen Fall vorzubauen

---

[141] BGHZ 62, 234, 240 = NJW 1974, 1201.
[142] Vgl. BGHZ 17, 160, 166 ff. = NJW 1955, 1067 sowie Rn. 70 ff.
[143] BGH DB 1976, 2106, 2107; RGZ 86, 210, 212 f.
[144] RG 166, 59; BGHZ 13, 320, 322 f.; BGHZ 55, 5, 8; OLG Dresden GmbHR 1998, 186; vgl. dazu bes. *Staub/Fischer* § 105 Rn. 68 ff.; MüKo BGB/*Ulmer* § 705 Rn. 243 ff.
[145] *Hachenburg/Ulmer* Rn. 92.
[146] Vgl. BGHZ 3, 285, 288 = NJW 1952, 97; RGZ 165, 193, 205; MüKo AktG/*Hüffer* § 23 Rn. 41 iVm. § 41 Rn. 2 ff.
[147] BGHZ 13, 320, 321; RGZ 166, 51, 59; MüKo AktG/*Hüffer* § 23 Rn. 41 iVm. § 41 Rn. 2 ff.
[148] GroßkommAktG/*Barz* § 29 Rn. 3 f.; Kölner KommAktG/*Kraft* § 29 Rn. 3; MüKo AktG/ *Doralt/Pentz* § 29 Rn. 3; MüKo AktG/*Hüffer*, 3. Aufl. § 29 Rn. 2.
[149] So *Hachenburg/Ulmer* Rn. 93; *Baumbach/Hueck/G. Hueck/Fastrich* Rn. 35.
[150] So *Scholz/K. Schmidt* § 11 Rn. 55 auf § 133 HGB abhebend (zur Auflösung der Vorgesellschaft).
[151] Vgl. *Rittner* Werdende jP, S. 347 f.

Form des Gesellschaftsvertrags §2

und im Gesellschaftsvertrag die Kündigung vorzusehen.[152] Der Mangel muss noch **fortdauern,** d. h. er darf nicht dadurch geheilt sein, dass die Gründer den ursprünglich anfechtbaren oder nichtigen Vertrag bestätigt haben; vgl. §§ 141, 144 BGB. Wenn die Gründer in Kenntnis des Mangels die Gesellschaft in Vollzug setzen, so liegt darin idR eine Bestätigung des Vertrags, auch über § 141 BGB hinaus.[153]

c) **Rechtslage nach Eintragung.** Die Berufung auf Mängel des Gesellschaftsvertrags nach der Eintragung beschränkt § 75 auf einige wenige besonders schwerwiegende Fälle und weist zugleich ihre Geltendmachung dem Klagewege zu.[154] Die Amtslöschung nach § 144 FGG beschränkt sich ebenfalls auf diese Fälle. § 142 FGG ist daneben nicht anwendbar,[155] wohl aber § 144a FGG in dem von ihm geregelten Bereich.[155a] Obwohl § 75 nur von Inhaltsmängeln zu sprechen scheint, gilt dasselbe auch für Formmängel; vgl. Rn. 48. 68

Im Übrigen können irgendwelche Mängel nach der Eintragung nur noch im Wege der **Auflösungsklage** nach § 61 oder gemäß § 144a FGG Rechtsfolgen nach sich ziehen, abgesehen von der Frage fehlerhafter Beitrittserklärung; vgl. hierzu sogleich Rn. 70. 69

2. Die fehlerhafte Beitrittserklärung. Eine fehlerhafte Beitrittserklärung zieht nicht notwendig die Fehlerhaftigkeit des Gesellschaftsvertrags nach sich. Der Bestandsschutz, den der Vertrag genießt (Rn. 59 ff.), wird namentlich insoweit eingeschränkt, als besonders schutzwürdige Personen (zB nicht voll Geschäftsfähige) an ihrer Erklärung nicht festgehalten werden,[156] der Gesellschaftsvertrag iÜ, d. h. vor allem zwischen den übrigen Gesellschaftern, aber bestehen bleibt. 70

a) **Unwirksamkeit aller Beitrittserklärungen.** Sind jedoch alle Beitrittserklärungen oder die des Gründers einer Einpersonen-GmbH unwirksam, so liegt kein Gesellschaftsvertrag vor, und es entsteht auch durch die Eintragung keine Gesellschaft, sondern nur eine Scheingesellschaft, die nach § 142 FGG von Amts wegen zu löschen ist.[157] Sind alle Beitrittserklärungen **bis auf eine** unwirksam, so dürfte die eingetragene Gesellschaft nunmehr (nach Zulassung der Einpersonen-Gründung) von Bestand sein.[158] 71

b) **Heilung durch Eintragung.** Eine Reihe von Mängeln, die einer Beitrittserklärung anhaften können, werden durch die Eintragung geheilt. Die bedingte oder befristete Beitrittserklärung (vgl. Rn. 35) gilt als unbedingt und unbefristet.[159] Irrtum, Täuschung und Drohung (außer mit Gewalt; vgl. dazu Rn. 73) können nicht mehr geltend gemacht werden.[160] Die Mängel werden durch die Eintragung auch dann geheilt, wenn sie zuvor bereits geltend gemacht worden sind.[161] Ebenso sind Erklärungen zu behandeln, die nach § 116 S. 2 (bekannter geheimer Vorbehalt), § 117 Abs. 1 72

---

[152] *Scholz/K. Schmidt* § 11 Rn. 55.
[153] Vgl. auch MüKo BGB/*Ulmer* § 705 Rn. 274.
[154] BGHZ 21, 378, 381.
[155] *Bumiller/Winkler* § 144 Anm. 1; *Jansen* FGG Rn. 6; *Hachenburg/Ulmer* Rn. 90, str.
[155a] Vgl. *Keidel/Kuntze/Winkler* § 144 Rn. 2.
[156] Vgl. BGH NJW 1992, 1503, 1504.
[157] Vgl. auch *Hachenburg/Ulmer* Rn. 97.
[158] Ebenso *Hachenburg/Ulmer* Rn. 96.
[159] RGZ 83, 256, 265 f.; *Hachenburg/Ulmer* Rn. 113 bis 118.
[160] BGHZ 21, 378, 382 = NJW 1957, 19; BGH AG 1976, 241; *Scholz/Emmerich* Rn. 73; *Hachenburg/Ulmer* Rn. 122.
[161] RGZ 82, 375, 378; *Scholz/Emmerich* Rn. 73; *Hachenburg/Ulmer* Rn. 123; aA *Eder* GmbHR 1974, 173 f.

(Scheingeschäft) oder § 118 (nicht ernstlich gemeinte Willenserklärung) BGB zunächst nichtig sind.[162] Dasselbe gilt schließlich auch für Beitrittserklärungen, die nach § 138 Abs. 1 oder Abs. 2 BGB nichtig sind.[163] Nicht geheilt wird eine unter Verstoß gegen § 15 Abs. 4 S. 1 geschlossene Abtretungsverpflichtung.[164]

73   c) „Schwere Mängel". Als Fall durchgreifender „schwerer Mängel" der Beitrittserklärung ist die Geschäftsunfähigkeit fast durchgängig anerkannt.[165] Dasselbe gilt für die endgültig unwirksame Erklärung eines beschränkt Geschäftsfähigen[166] sowie für die durch Drohung mit Gewalt (qualifizierter Fall des § 123 BGB) erzwungene Erklärung,[167] nicht aber die milderen Arten der Drohung. Ferner gehören die durch vis absoluta oder durch Unterschriftsfälschung herbeigeführte Scheinerklärung sowie die Erklärung des vollmachtlosen Vertreters (vgl. dazu Rn. 56f.) hierher. Diese Mängel können auch geltend gemacht werden, nachdem die Gesellschaft in Vollzug gesetzt und nachdem sie eingetragen worden ist.

74   d) In Vollzug gesetzte Gesellschaft. Bei der in Vollzug gesetzten Gesellschaft hat die Unwirksamkeit einer Beitrittserklärung nicht die Unwirksamkeit des Gesellschaftsvertrags zur Folge. Vielmehr hat lediglich jeder der anderen Gesellschafter – nach den Grundsätzen der fehlerhaften Gesellschaft (vgl. Rn. 66ff.) – das Recht, die Auflösung zu verlangen und auch die Eintragung zu verhindern.[168] – Durch die **Eintragung** wird jedoch auch dieser Mangel des Gesellschaftsvertrags geheilt. Der Gesellschaftsvertrag ist in jeder Hinsicht bestandskräftig, kann auch nicht gemäß § 75 für nichtig erklärt werden. Nur die Beitrittserklärung behält ihren Mangel, ist also idR unwirksam.[169]

75   Ist der **Geschäftsanteil** infolgedessen **nicht entstanden,** so kann der betreffende Gesellschafter nicht auf Leistung von Einlagen in Anspruch genommen werden, von ihm Geleistetes kann er nach § 812 Abs. 1 S. 1 BGB zurückverlangen. Das **Stammkapital** ist folglich insoweit **nicht durch Vermögenswerte gedeckt.** Die übrigen Gesellschafter haften aber nicht gemäß § 24 für den Fehlbetrag.[170] Doch kommt – bei den ab 1. 1. 1981 angemeldeten Gesellschaften (vgl. Vor § 1 Rn. 2) eine Haftung nach § 9a in Betracht; vgl. § 9a Rn. 5ff. Um den Unterschied zwischen Stammkapitalziffer und der Summe der wirksam übernommenen Geschäftsanteile zu beseitigen, können die Gesellschafter das Stammkapital entweder gemäß § 58 herabsetzen oder es gemäß §§ 55ff. um den Differenzbetrag erhöhen, indem ein weiterer Gesellschafter (oder auf Grund einer wirksamen Übernahmeerklärung derjenige, dessen Beitritt unwirksam war) einen Geschäftsanteil in der entsprechenden Höhe übernimmt.[171]

---

[162] Vgl. BGHZ 21, 378, 381; KG GmbHR 1968, 182; *Scholz/Emmerich* Rn. 74; *Hachenburg/Ulmer* Rn. 125.

[163] Vgl. BGHZ 21, 378, 381; KG GmbHR 1968, 182; *Hachenburg/Ulmer* Rn. 122; anders aber *Scholz/Emmerich* Rn. 74 mwN. für den Fall, dass sich die Nichtigkeit wegen Sittenwidrigkeit unmittelbar für jedermann erkennbar aus dem Inhalt des Gesellschaftsvertrages selbst ergibt; ein äußerst seltener Fall, da dies auch dem Registergericht nicht verborgen bleiben und die Eintragung daran scheitern dürfte.

[164] Vgl. OLG Brandenburg NJW-RR 1996, 291 = DB 1995, 2363 = MDR 1996, 157.

[165] AA KG ZIP 2000, 2253 = BB 2001, 110 = DStR 2001, 33.

[166] BGHZ 17, 160, 166 = NJW 1955, 1067.

[167] *Hachenburg/Ulmer* Rn. 121, 101; *Scholz/Emmerich* Rn. 66.

[168] Vgl. auch BGH WM 1988, 414.

[169] Vgl. RGZ 83, 256, 258; 114, 77, 80; BGH WM 1992, 1812; *Scholz/Emmerich* Rn. 68; *Hachenburg/Ulmer* Rn. 103.

[170] AA *Lutter/Hommelhoff* Rn. 20.

[171] Vgl. KG DR 1943, 1230; *Hachenburg/Ulmer* Rn. 106, 109ff.; *Scholz/Emmerich* Rn. 71; etwas abw. *Gonnella* GmbHR 1965, 30; aA *Lutter/Hommelhoff* Rn. 20, die von einem wirksam ent-

Form des Gesellschaftsvertrags   § 2

e) Schuldrechtliche Ansprüche. Schuldrechtliche Ansprüche wegen Irreführung, 76
Täuschung, Drohung oder sonstiger Schädigung durch Verhaltensweisen bei der Gründung stehen einem Gründungsgesellschafter **niemals gegen die Gesellschaft,** sondern nur gegen den für die fehlerhafte Beitrittserklärung verantwortlichen Mitgründer zu, sei es aus culpa in contrahendo (§ 311 BGB nF), sei es aus §§ 823 ff. BGB.[172]

3. Gläubiger- und Insolvenzanfechtung. Ob die Gläubigeranfechtung (§§ 2, 11 77 AnfG) und die Insolvenzanfechtung (§§ 129 ff. InsO) gegen die GmbH hinsichtlich der von einem Gesellschafter erbrachten Einlagen geltend gemacht werden können, ist umstritten.[173] Das RG[174] und neuerdings der BGH[175] sowie die wohl hM[176] bejahen die Frage: ein Vorrang des Grundsatzes der Kapitalerhaltung könnte nämlich Schuldner dazu verlocken, ihr Vermögen vor dem Zugriff ihres Gläubigers durch Einbringung in eine GmbH in Sicherheit zu bringen – eine Auffassung, die die Gläubigerrechte etwas verkürzt darstellt (s. u.). Andere[177] lassen die Anfechtung nur insoweit zu, als dadurch das zur Erhaltung des Stammkapitals erforderliche Vermögen nicht angetastet wird. Dieser Ansicht ist für die in Vollzug gesetzte Gesellschaft besonders deswegen zu folgen, weil ihr Ergebnis sich mit den inzwischen allgemein anerkannten Grundsätzen über die Heilung von Vertragsmängeln besser vereinbaren lässt. Dem steht nicht entgegen, dass es hier auf die Rechtswirksamkeit der Beitrittserklärungen nicht ankommt. Der entscheidende Grund liegt vielmehr hier wie dort in dem Grundsatz der Kapitalerhaltung, der obsolet würde, wenn die von diesem erfasste Einlage der Gesellschaft mit der Begründung entzogen werden könnte, deren Gläubiger dürften auf die endgültige Zugehörigkeit zum Gesellschaftsvermögen nicht vertrauen.[178] Der Grundsatz der Kapitalerhaltung verdient auch deswegen Vorrang vor den Interessen der Gläubiger, weil diese keineswegs jeden Schutz verlieren.[179]

VI. Die Auslegung des Gesellschaftsvertrags

1. Allgemeine Auslegungsgrundsätze. Während über die allgemeinen Ausle- 78 gungsgrundsätze lebhaft gestritten wird, ist man sich über die konkreten Auslegungsmethoden und noch mehr über die Auslegungsergebnisse im Einzelfall weitgehend einig.[180] Die Auslegung hat jedenfalls von den §§ 133, 157 BGB auszugehen und nicht von den Grundsätzen der Gesetzesauslegung.[181] Dabei ist jedoch zu berücksichtigen, dass der Gesellschaftsvertrag – anders als ein schlichter schuldrechtlicher Vertrag – regelmäßig auch für die Nachfolger der Gründer, für die Gesellschaftsgläubiger, uU für

---

standenen Geschäftsanteil in der Hand der Gesellschaft ausgehen, der ggf. verwertet oder eingezogen werden müsse.

[172] RGZ 123, 102, 104; BGH AG 1976, 241; *Scholz/Emmerich* Rn. 77; *Hachenburg/Ulmer* Rn. 128 f.
[173] Zur Übersicht: *Hüttemann* GmbHR 2000, 357.
[174] RGZ 74, 16, 18.
[175] NJW 1995, 659, 662 = DB 1995, 365, 367 = GmbHR 1995, 221 für den Fall des vermögenslosen Schuldners/Alleingesellschafters.
[176] *Scholz/Emmerich* § 30 Rn. 7; *Hüttemann* GmbHR 2000, 357.
[177] *Hachenburg/Ulmer* Rn. 134 f.; vgl. auch BGH WM 1959, 719, 721; auch schon *Liebmann/Saenger* Anm. 12 c.
[178] So BGH (Fn. 175); *Jaeger/Henckel* KO § 29 Rn. 56.
[179] Vgl. hierzu *Hachenburg/Ulmer* Rn. 135, 136.
[180] Vgl. *Ostheim*, FS Demelius, 1973, S. 381 ff.; *Wiedemann* 75 Jahre DNotZ Sonderheft 1977, 99 ff.; *Scholz/Emmerich* Rn. 33 ff.; *Hachenburg/Ulmer* Rn. 138 ff.; *Lutter/Hommelhoff* Rn. 11.
[181] Str.; aA *Lutter/Hommelhoff* Rn. 11.

Aufsichtsratsmitglieder und andere Personen bedeutsam werden kann. Deswegen spielt der objektive Erklärungsinhalt eine entscheidende Rolle.[182] Die sich hieraus ergebenden strengeren Auslegungsgrundsätze gelten aber folgerichtig nicht für Bestimmungen, die zwar im Gesellschaftsvertrag stehen, aber nur individualrechtliche Bedeutung haben, also nur für „körperschaftsrechtliche" oder „körperschaftliche" Bestimmungen, wie der BGH sie nennt.[183]

79 Die **individualrechtlichen Bestimmungen** werden nach den allgemeinen Grundsätzen der §§ 133, 157 BGB ausgelegt.[184]

80 **2. Körperschaftsrechtliche Bestimmungen.** Für die körperschaftsrechtlichen Bestimmungen gelten besondere Auslegungsgrundsätze. Die **Abgrenzung** der körperschaftsrechtlichen von den individualrechtlichen Bestimmungen im Gesellschaftsvertrag ergibt sich aus dem Grundgedanken der Auslegung des Gesellschaftsvertrags (vgl. Rn. 78, 81). Alle diejenigen Bestimmungen, die „ebenso gut außerhalb der Satzung hätten getroffen werden können",[185] also nur gelegentlich des Abschlusses des Gesellschaftsvertrags in diesen aufgenommen wurden, sind als individualrechtliche anzusehen. Das können **auch gesellschaftsrechtliche** Vereinbarungen sein, wie zB die Bestellung der Geschäftsführer, die Besetzung eines Aufsichtsrats und eines Beirats[186] oder die Pensionsregelung für Geschäftsführer.[187] Dabei kommt es allerdings uU auch auf den Einzelfall (und den für ihn erst zu ermittelnden Parteiwillen) an, so zB für eine Schiedsklausel.[188]

81 a) **Auslegung.** Bei der Auslegung der körperschaftsrechtlichen Bestimmungen stehen die objektiven Elemente, Wortlaut und Zusammenhang des Vertrags sowie der hieraus erkennbare Zweck der Regelung, im Vordergrund.[189] Eine langandauernde oder ständige Übung, wie sie sich etwa in wiederholten Gesellschafterbeschlüssen niedergeschlagen hat, ist zu berücksichtigen,[190] während die Entstehungsgeschichte nur beschränkt herangezogen werden kann.[191] Zu eng in diesem Punkt der BGH, wenn er nur die allgemein zugänglichen Unterlagen zulassen will.[192] Für eine ergänzende Vertragsauslegung, die überhaupt erst zum Zuge kommt, wenn auch die Entstehungsgeschichte nicht zu einem klaren Auslegungsergebnis geführt hat, bleibt wenig

---

[182] Einschränkend *Grunewald* ZGR 1995, 68, 85 ff., die die objektive Auslegung nur befürwortet, wenn konkrete Interessen hierfür sprechen.
[183] BGHZ 14, 25, 36 f. = NJW 1954, 1401; 38, 155, 161 = NJW 1963, 203; BGH GmbHR 1973, 153; 1974, 107; BGH LM ZPO § 549 Nr. 25; etwas abw. *Scholz/Emmerich* Rn. 37 f.
[184] Vgl. *Hachenburg/Ulmer* Rn. 149 nunmehr begrifflich zwischen formellen und materiellen Satzungsbestandteilen differenzierend (Rn. 143) sowie MüKo BGB/*Mayer-Maly/Busche* § 133 und § 157.
[185] *Hachenburg/Ulmer* 7. Aufl. Rn. 123 u. 8. Aufl. Rn. 141.
[186] BGH WM 1970, 246, 247.
[187] BGH LM ZPO § 549 Nr. 25.
[188] BGHZ 38, 155, 161 f. = NJW 1963, 203.
[189] Ebenso OLG Köln NZG 1999, 1222, 1223 = GmbHR 1999, 712 (LS); Österr. OGH AG 1998, 199.
[190] Vgl. RG JW 1936, 2387; differenzierend *Grunewald* ZGR 1995, 68, 91.
[191] RGZ 79, 418, 422 (Heranziehung der Vorverhandlungen); *Scholz/Emmerich* Rn. 37.
[192] BGH LM ZPO § 549 Nr. 25; § 47 Nr. 20; BGH GmbHR 1974, 107, 108; BGH WM 1976, 204, 206; NJW 1983, 1910 = WM 1983, 334; BGHZ 116, 359, 366 = NJW 1992, 892 = LM § 34 Nr. 15 (m. Anm. *Heidenhain*) = DB 1992, 622 f.; ähnlich stringent Hans. OLG Hamburg DB 1996, 1176; dem BGH folgend *Hachenburg/Ulmer* Rn. 145; *Meyer-Landrut/Miller/Niehus* Rn. 23; *Baumbach/Hueck/G. Hueck/Fastrich* Rn. 27; vgl. aber auch BGHZ 63, 282, 290 „Rad- und Kraftfahrverband".

Form des Gesellschaftsvertrags   § 2

Raum.¹⁹³ Satzungsdurchbrechungen, die einen von der Satzung abweichenden rechtlichen Zustand begründen, sind ohne Einhaltung der für eine Satzungsänderung geltenden Formvorschriften, unwirksam.¹⁹⁴

b) Satzung der AG. In der Regel gelten für den GmbH-Gesellschaftsvertrag dieselben Auslegungsgrundsätze wie für die Satzung der AG, so dass die aktienrechtliche Rspr. herangezogen werden kann. Doch können sich aus dem mehr personalistischen Charakter der GmbH einerseits und der Fungibilität der Aktie andererseits Abweichungen ergeben. Es ginge aber zu weit, bei der „rein personalistischen" GmbH Sondermaßstäbe anzuwenden.¹⁹⁵   82

3. Revisibilität im Zivilprozess. Die Revisibilität im Zivilprozess betrifft nur die körperschaftsrechtlichen Bestimmungen (vgl. Rn. 80).¹⁹⁶ Um der Einheitlichkeit der Auslegung willen unterliegt der Gesellschaftsvertrag einer GmbH, die in ihrer Tätigkeit oder ihrem Gesellschafterkreis nicht ständig auf einen OLG-Bezirk beschränkt ist, der **Revision durch den BGH** nach § 545 ZPO wie eine Rechtsnorm.¹⁹⁷ Enthält die Satzung hingegen eine wirksame Gerichtsstandsklausel, besteht kein Bedürfnis für eine Auslegung durch den BGH, da alle Rechtsstreitigkeiten vom selben OLG entschieden werden.¹⁹⁸   83

VII. Der Vorvertrag und die Vorgründungsgesellschaft

1. Vorvertrag. Der Vorvertrag ist ein Vertrag, durch den sich zwei oder mehrere Personen *verpflichten*, eine GmbH zu gründen. Das Gesetz erwähnt ihn nicht. Da er jedoch häufig vorkommt, hat die Rspr. die wesentlichen Grundsätze für ihn festgelegt.   84

2. Formbedürftigkeit. Ein solcher Vorvertrag bedarf nach hM der Form des § 2 Abs. 1.¹⁹⁹ Auf die **Vollmacht** zum Abschluss eines Vorvertrags ist § 2 Abs. 2 ebenfalls analog anzuwenden.²⁰⁰   85

3. Notwendiger Inhalt. Der notwendige Inhalt des Vorvertrags ergibt sich aus dem von den Beteiligten geplanten Gesellschaftsverhältnis.²⁰¹ Doch werden an die Be-   86

---

¹⁹³ Vgl. RGZ 79, 418, 423 f.; RG JW 1930, 3735, 3737; abl. für die AG BGHZ 9, 279, 283 = NJW 1953, 1021 sowie Kölner KommAktG/*Kraft* § 23 Rn. 101 f.; vgl. aber auch den Sonderfall BGH DB 1990, 213 = WM 1990, 13.
¹⁹⁴ BGHZ 123, 15, 19 = NJW 1993, 2246 f.; *Priester* ZHR 151 (1987), 40; *Fleck* ZGR 1988, 104.
¹⁹⁵ BGH GmbHR 1982, 129, 130; nunmehr auch *Hachenburg/Ulmer* Rn. 141.
¹⁹⁶ BGH LM ZPO § 549 Nr. 25.
¹⁹⁷ HM; vgl. *Stein/Jonas/Grunsky* § 549 Rn. 40, 42.
¹⁹⁸ *Stein/Jonas/Grunsky* § 549 Rn. 43; *Baumbach/Lauterbach/Albers* § 549 Rn. 15 noch zur alten Rechtslage des § 549 ZPO allerdings ohne inhaltliche Änderung ggü. § 545 ZPO.
¹⁹⁹ RGZ 149, 385, 395; 156, 129, 138; BGH NJW-RR 1988, 288 = DB 1988, 223 = GmbHR 1988, 98 f. = LM § 2 Nr. 12; WM 1992, 29, 31; st. Rspr.; *Hachenburg/Ulmer* Rn. 11, 43 f.; *Scholz/Emmerich* Rn. 79; *Lutter/Hommelhoff* Rn. 21; *Fischer* GmbHR 1954, 129; aA *Feine* S. 188; *Flume*, FS Geßler, 1971, S. 18 f.; zunächst offengelassen in BGH NJW 1969, 1856 für den Sonderfall, dass der Vorvertrag in einem KG-Vertrag enthalten war, den die Beteiligten über Jahrzehnte gebilligt und gehandhabt hatten; BGH WM 1973, 67, 68; vgl. dazu *Ulmer* ZGR 1981, 593, 599 f.
²⁰⁰ *Hachenburg/Ulmer* Rn. 46; *Scholz/Emmerich* Rn. 79; *Reinicke* NJW 1969, 1830; anders für den Sonderfall BGH NJW 1969, 1856 = GmbHR 1969, 177 (wenn die Vollmacht Bestandteil eines Gesellschaftsvertrags ist, den die Vertretenen gebilligt und gehandhabt haben) und auch darüber hinaus *Meyer-Landrut/Miller/Niehus* Rn. 16.
²⁰¹ Vgl. RGZ 156, 129, 138; BGH LM BGB § 705 Nr. 3.

stimmtheit nicht allzu hohe Anforderungen gestellt, besonders dann nicht, wenn **in einem Personengesellschaftsvertrag** die Umwandlung in eine GmbH vorgesehen ist und sich die Gesellschafter unter bestimmten Voraussetzungen dazu verpflichteten.[202] Der Vertragsinhalt muss jedenfalls dazu ausreichen, dass im Streitfall der Richter den Mindestinhalt des GmbH-Vertrags festlegen kann.[203]

87 **4. Vorgründungsgesellschaft.** Durch den Vorvertrag, falls er nicht Teil eines anderen Gesellschaftsvertrags ist (vgl. Rn. 86), entsteht die Vorgründungsgesellschaft, eine Gesellschaft des Bürgerlichen Rechts, deren Zweck es ist, die geplante GmbH zu gründen.[204] Anders als die Vorgesellschaft (§ 11 Rn. 4 ff.) stellt sie keine rechtlich notwendige Vorstufe der GmbH dar, sondern ist eine selbstständige Gesellschaft, die regelmäßig durch Zweckerreichung (Abschluss des GmbH-Vertrags, spätestens Entstehung der GmbH) gemäß § 726 BGB endet.[205] Ein Gesamthandsvermögen, das überdies nur in seltenen Fällen gebildet wird, geht infolgedessen auch nicht auf die (Vor)-GmbH über, sondern ist nach §§ 730 ff. BGB zu liquidieren, wenn die Gesellschafter nichts anderes vereinbaren. Durch die Zahlung der Stammeinlage an die Vorgründungsgesellschaft erfüllen die Gründer mithin nicht ihre Verpflichtung gegenüber der späteren Vor-GmbH, es sei denn dass diese Leistung als Vermögensgegenstand von der späteren Vor-GmbH übernommen wird.[206] Auch Verbindlichkeiten der Vorgründungsgesellschaft gehen ohne besondere Vereinbarung weder auf die Vor-GmbH noch auf die spätere GmbH über,[207] sondern bedürfen vielmehr entweder einer Schuldübernahme gemäß §§ 414, 415 BGB oder einer die Schuldübernahme umfassenden Vertragsübernahme.[208] Im (seltenen) Fall der Aufnahme einer Geschäftstätigkeit im Vorgründungsstadium entsteht durch die gewollte Mitunternehmerschaft ein Gesellschaftsverhältnis, welches je nach Umfang der geschäftlichen Tätigkeit als BGB-Gesellschaft oder OHG zu qualifizieren ist.[209]

88 Die Vorgründungsgesellschaft untersteht allein den Vorschriften der §§ 705 ff. BGB (oder ggf. der §§ 105 ff. HGB), jedenfalls nicht dem GmbHG.[210] Auch § 11 Abs. 2 ist für das Vorgründungsstadium nicht anzuwenden (vgl. § 11 Rn. 109).

VIII. Kosten und Steuern

89 **1. Kosten. a) Gerichtskosten.** Bei Eintragung in das Handelsregister entstehen Gerichtskosten gemäß § 79 Abs. 1 KostO, die in Abhängigkeit vom Geschäftswert (§ 26 Abs. 1 KostO) berechnet werden. Nach der EuGH-Entscheidung vom 2. 12. 1997 („Fantask")[211] sind Abgaben uA bei der Eintragung einer GmbH, um Gebührencharakter zu haben, allein auf der Grundlage der tatsächlich entstandenen Kosten zu berechnen,[212] vgl. iE § 10 Rn. 30. Da § 26 Abs. 1 KostO allein auf den Geschäftswert

---

[202] BGH NJW 1969, 1856 = GmbHR 1969, 177.
[203] RGZ 156, 129, 138.
[204] *Scholz/Emmerich* Rn. 84 ff.; *Hachenburg/Ulmer* Rn. 49.
[205] Vgl. *Rittner* Werdende jP, S. 60; *Hachenburg/Ulmer* Rn. 49; *Scholz/Emmerich* Rn. 88.
[206] OLG Düsseldorf GmbHR 1994, 398.
[207] BGH NJW 1984, 2164; OLG Hamm GmbHR 1993, 105.
[208] BGH ZIP 1998, 646, 647 = DB 1998, 920.
[209] Vgl. *K. Schmidt* GmbHR 1982, 6; krit. dazu *Priester* GmbHR 1995, 481.
[210] BGHZ 91, 148, 151 = NJW 1984, 2464; OLG Düsseldorf NJW-RR 1996, 551, 552.
[211] EuGH WM 1998, 2193 = NZG 1998, 274 = DStR 1998, 825.
[212] Grundlage für die Entscheidung war Art. 12 Abs. 1 Buchst. E der Richtlinie 69/335 EWG vom 17. 7. 1969 in der durch die Richtlinie 85/303 EWG vom 10. 7. 1985 geänderten Fassung.

Form des Gesellschaftsvertrags § 2

abstellt, ist diese Norm richtlinienkonform auszulegen, d. h. der tatsächliche Aufwand allein ist gebührenpflichtig.[213] Mangels Berechenbarkeit durch das Registergericht im Einzelfall ist eine diese Grundsätze beachtende Normierung durch den Gesetzgeber erforderlich.[214] Bis zu einer Neuregelung sind Kostenansprüche zu begleichen und Überzahlungen mit der Erinnerung gemäß § 14 Abs. 1 KostO (nicht fristgebunden, gebührenfrei) geltend zu machen.[215]

b) Beurkundungskosten. Für die notarielle **Beurkundung** des **Gesellschafts-** **90** **vertrags** wird das Doppelte der vollen Gebühr erhoben (§ 36 Abs. 2 iVm. § 141 KostO). Das gilt nicht für die Einpersonen-Gründung, da diese nicht durch Vertrag, sondern durch einseitige Erklärung errichtet wird.[216] Für sie wird daher nur eine volle Gebühr (§ 36 Abs. 1 KostO) erhoben.[217] Der Geschäftswert ist nach §§ 39 ff. KostO zu berechnen. Maßgebend ist der Wert sämtlicher versprochener Einlagen (einschließlich Sacheinlagen und dergleichen).[218] Kostenschuldner sind die Gründungsgesellschafter; § 2 Nr. 1 iVm. § 141 KostO. Dasselbe gilt für den Vorvertrag.[219] – Die Beurkundung einer **Vollmacht** oder einer Zustimmungserklärung löst eine halbe Gebühr aus (§ 38 Abs. 2 Nr. 1 u. 4 iVm. § 141 KostO), die Beglaubigung hingegen nur ein Viertel der vollen Gebühr und höchstens € 130 (bis 31. 12. 2001 DM 250) (§ 45 iVm. § 141 KostO). Geschäftswert ist der für die Gründung der Gesellschaft maßgebliche Wert, nicht der Wert der Einlage des zu vertretenden Gesellschafters.[220]

2. Steuern. Steuerlich ist bei der Gründung Folgendes zu beachten: **a) Mitteilungs-** **91** **pflichten.** Dem zuständigen Finanzamt sowie der zur Erhebung der Realsteuern zuständigen Gemeinde sind die Gründung und Umstände, die für die steuerliche Erfassung von Bedeutung sind, mitzuteilen, § 137 AO. Des Weiteren ist der zuständigen Gemeinde die Aufnahme einer Gewerbetätigkeit nach § 138 Abs. 1 S. 1 AO anzuzeigen.

b) Grunderwerbsteuer; Umsatzsteuer. Bei der Einbringung von Grundstücken **92** und grundstücksgleichen Rechten fällt Grunderwerbsteuer an (Steuersatz von 3,5 %); §§ 1 Abs. 1 Nr. 1, 11 GrEStG (vgl. Einl. Rn. 104). Von der Umsatzsteuer sind diese Vorgänge befreit (§ 4 Nr. 8 e UStG); doch kann nach § 9 UStG unter bestimmten Voraussetzungen auf die Steuerbefreiung verzichtet werden. Dasselbe gilt für die Ausgabe der Geschäftsanteile an die Gesellschafter; § 4 Nr. 8 f UStG. Die **Sacheinlage,** die ein Unternehmer leistet, unterliegt, soweit keine umsatzsteuerliche Organschaft besteht, hingegen der Umsatzsteuer. Zur Einbringung von Betrieben, Teilbetrieben und Mitunternehmeranteilen vgl. §§ 20 ff. UmwStG 1995. Wird ein Unternehmen im

---

[213] Das LG Hildesheim, Az. 11 T 4/98, soll lt. *Ammon* DStR 1998, 1474, 1480 infolge der richtlinienkonformen Auslegung eine Handelsregistergebühr von 51 000 DM auf 280 DM herabgesetzt haben. Zum Problem aus deutscher Sicht: *Görk* DNotZ 1999, 851; BayObLG IStR 1999, 127; hierzu *Fabris* ZIP 1999, 1041.

[214] Zu den bis dahin bestehenden Problemen im Einzelnen: *Hartmann* Kostengesetze, 30. Aufl., § 26 Rn. 1.

[215] *Schuck* DStR 1998, 820, 821.

[216] Vgl. Rn. 4; BayObLG DB 1983, 2679 = DNotZ 1983, 252; OLG Frankfurt/M. DNotZ 193, 256; OLG Hamm DB 1983, 2679; OLG Stuttgart JurBüro 1983, 1075; OLG Düsseldorf DB 1994, 2440.

[217] So auch *Korintenberg/Bengel* § 36 Rn. 6 mit der hM; aA *Mümmler* JurBüro 1981, 837; *Willemer* DNotZ 1981, 469; 1983, 257.

[218] KG DNotZ 1941, 169; OLG München Rpfleger 1951, 138, doch höchstens € 5 Mio. (bis 31. 12. 2001 10 Mio. DM), § 39 Abs. 4 KostO.

[219] KG DNotZ 1942, 114; *Korintenberg/Bengel* § 36 Rn. 17.

[220] KG DNotZ 1969, 247.

§ 2   1. Abschnitt. Errichtung der Gesellschaft

Ganzen als Sacheinlage eingebracht, unterliegt dieser Vorgang nicht (mehr) der Umsatzsteuer, § 1 Abs. 1 a UstG.[221]

93   c) **Körperschaftsteuer.** Die Gesellschaft kann die *Gründungskosten* (vgl. § 5 Rn. 67 ff.) bei der Ermittlung des körperschaftsteuerlichen Einkommens/Gewerbeertrags als Betriebsausgaben nur abziehen, wenn dies der Gesellschaftsvertrag dem Grunde, der Kostenart und der Höhe nach zu Lasten der Gesellschaft vorsieht. Es bedarf also nicht nur der das Gesellschaftsvermögen belastenden Vereinbarung als solcher, vielmehr müssen die Gründungskosten ihrer Art nach konkretisiert und deren Höhe betragsmäßig,[222] ggf. geschätzt angegeben werden, wobei die Zusammenfassung in einer Summe als ausreichend angesehen wird.

94   Ein angemessener *Gründerlohn* (vgl. hierzu § 5 Rn. 67) ist unter den genannten Voraussetzungen ebenfalls als Betriebsausgabe abziehbar. Werden zur Höhe des Gründungsaufwands keine weiteren Angaben gemacht, so ist die Übernahmeklausel unwirksam mit der Folge, dass die Kosten im Innenverhältnis den Gesellschaftern zur Last fallen. Verbleiben jedoch die Kosten tatsächlich bei der Gesellschaft (für deren Rechnung sie im Außenverhältnis ohnehin zu leisten sind),[223] sind sie nicht als Betriebsausgaben abziehbar, sondern stellen eine vGA dar („andere Ausschüttung" iSv. § 27 Abs. 3 S. 2 KStG aF).[224] Die übernommenen Gründungskosten führen mithin nicht nur zu einer Erhöhung des Einkommens der Gesellschaft um diesen Betrag, sondern bewirken zugleich, dass die Gesellschafter insoweit, d. h. um die ersparten Gründungskosten, Einnahmen aus Kapitalvermögen erzielen, § 20 Abs. 1 Nr. 1 EStG.

95   Die *Grunderwerbsteuer* (vgl. Rn. 92) ist von der Gesellschaft bei Vorliegen der oben genannten Voraussetzungen zu entrichten. Sie ist nicht abziehbar,[225] weil sie nicht zu den Kosten der Ausgabe von Gesellschaftsanteilen gehört. Die gezahlte Grunderwerbsteuer ist auf die Anschaffungskosten des Grundstückes (Gebäude sowie Grund und Boden) zu aktivieren. Soweit die Aktivierung auf Gebäude erfolgt, wird die Grunderwerbsteuer über die Abschreibung zur Betriebsausgabe. Soweit die Aktivierung auf den nicht abschreibungsfähigen Grund und Boden erfolgt, würde sie sich im Falle eines evtl. späteren Grundstücksverkaufs durch einen geringeren Veräußerungsgewinn bzw. höheren -verlust auswirken.

96   d) **Sacheinlage.** Erbringt der Gesellschafter eine Sacheinlage aus einem Betriebsvermögen, so hat dies eine **Gewinnrealisierung** zur Folge,[226] falls nicht die Voraussetzungen des § 20 UmwStG 1995 vorliegen. Dasselbe gilt für die Einbringung einer wesentlichen Beteiligung; § 17 EStG.[227] Handelt es sich bei der Sacheinlage um Anteile an einer Kapitalgesellschaft, tritt auch bei Art-, Wert- und Funktionsgleichheit die Gewinnrealisierung nach § 6 Abs. 1 S. 1 StEntlG 1999/2000/2002 ein; die entgegenstehende Rspr., die auf dem sog. Tauschgutachten beruhte, ist damit überholt.[228]

Str. ist, ob Buchwertfortführung auch im Wege der „kapitalistischen" Betriebsaufspaltung, d. h. unter Kapitalgesellschaften möglich ist.[229]

---

[221] Anders nach altem UStG OLG Köln GmbHR 1993, 293.
[222] BFH BStBl. 1990 II S. 89; *Piltz* DStR 1991, 1650; *Urban* FR 1992, 569.
[223] GroßkommAktG/*Barz* § 23 Rn. 2.
[224] OFD Kiel BB 1999, 2340.
[225] RFH RStBl. 1934, 477; BFM DB 1984, 1272.
[226] Vgl. *Herrmann/Heuer/Raupach* EStG § 6 Rn. 793, 823 ff.; *Bordewin* NWB Fach 3, 9267 ff.
[227] R 140 EStR 1999.
[228] BFH v. 16. 12. 1958 = BStBl. 1959 III S. 30; BMF BStBl. 1998 I S. 163, vgl. dazu *Honert/Neumayer* GmbHR 1998, 1101.
[229] Vgl. einerseits *L. Schmidt* EStG § 15 Rn. 150, andererseits *Streck* KStG ABC-Stichwort „Betriebsaufspaltung", Anm. 4 f.

IX. Österreichisches Recht

Dem § 2 entspricht § 4 Abs. 3 ÖGmbHG fast wörtlich. Doch verlangt Satz 2 eine (beglaubigte) **Spezial**vollmacht, schließt also die Generalvollmacht (und die Prokura)[230] aus. Einige Registergerichte verlangen auch vom Prokuristen eine eigene Spezialvollmacht.[231]

§ 3 [Inhalt des Gesellschaftsvertrags]

(1) Der Gesellschaftsvertrag muß enthalten:
1. die Firma und den Sitz der Gesellschaft,
2. den Gegenstand des Unternehmens,
3. den Betrag des Stammkapitals,
4. den Betrag der von jedem Gesellschafter auf das Stammkapital zu leistenden Einlage (Stammeinlage).

(2) Soll das Unternehmen auf eine gewisse Zeit beschränkt sein oder sollen den Gesellschaftern außer der Leistung von Kapitaleinlagen noch andere Verpflichtungen gegenüber der Gesellschaft auferlegt werden, so bedürfen auch diese Bestimmungen der Aufnahme in den Gesellschaftsvertrag.

Übersicht

	Rn.		Rn.
I. Normzweck	1–3	1. Fakultativer Inhalt	22
1. Mindestinhalt	1	2. Zeitbeschränkung	23–25
2. Fakultative Bestandteile	2	a) Mindestdauervereinbarung	24
3. Gründungsbestimmungen	3	b) Änderung	25
II. Der Mindestinhalt (Abs. 1)	4–21	3. Nebenleistungspflichten	26–49
1. Allgemeines	4, 5	a) Gesellschaftsrechtliche Pflichten	28, 29
2. Firma	6	b) Nachträgliche Vereinbarung	30, 31
3. Sitz der Gesellschaft	7	c) Gegenstände	32–39
4. Gegenstand des Unternehmens	8–12	d) Leistungsstörungen	40–43
a) Bedeutung nach innen und außen	9	aa) Anwendbarkeit des Schuldrechts?	40
b) Konkretisierung	10	bb) Ausführungsverträge	41, 42
c) Komplementär-GmbH	11	cc) Nebenleistungspflichten	43
d) Änderung	12	e) Übergang eines Geschäftsanteils	44, 45
5. Mantelgründung und -kauf	13, 14	f) Erlöschen	46–49
6. Betrag des Stammkapitals	15, 16	4. Vorzugsrechte und Sondervorteile	50, 51
7. Betrag der Stammeinlagen	17–19	5. Nachschusspflichten	52
a) Übernahme	18		
b) Neufassung des Gesellschaftsvertrags	19	IV. Sonstige Vereinbarungen und Rechtsakte	53
8. Namen der Gesellschafter	20, 21		
III. Weiterer Inhalt (Abs. 2)	22–52	V. Österreichisches Recht	54

I. Normzweck

1. Mindestinhalt. Der – seit 1892 unverändert geltende – § 3 legt in **Abs. 1** den zwingenden Mindestinhalt des Gesellschaftsvertrags als des Organisationsvertrages der GmbH (vgl. § 2 Rn. 2) fest. Die Nr. 1, 3 und 4 (Firma/Sitz, Stammkapital und Stammeinlagen) des Abs. 1 werden im GmbHG durch §§ 4, 4a und 5 ergänzt. Die

---
[230] Unklar insoweit *Kostner* Die Gesellschaft mit beschränkter Haftung, 5. Aufl. 1998, S. 13; *Gellis* § 4 Anm. 16.
[231] So *Reich-Rohrwig* S. 9; aA *Koppensteiner* § 4 Rn. 25.

Regelung entspricht dem System der Normativbestimmungen (vgl. zB § 57 BGB, § 23 Abs. 2 und 3 AktG). Er hängt deswegen mit der Eintragung (§ 10) und der ihr vorangehenden registerrechtlichen Prüfung (§ 9 c) auf das Engste zusammen. **Nach** der Eintragung kann nur noch das Fehlen (oder die Nichtigkeit) der Bestimmungen über die Höhe des Stammkapitals und über den Gegenstand des Unternehmens beanstandet werden (§ 75 GmbHG, §§ 144, 144a FGG). Der Mindestinhalt bleibt beträchtlich hinter dem von § 23 Abs. 2–4 AktG verlangten zurück; dies vor allen Dingen deswegen, weil die **Inhaltsfreiheit** nach dem GmbHG – anders als nach § 23 Abs. 5 AktG – sehr weit geht. Obwohl vom Gesetz nicht gefordert, empfiehlt es sich, in der Satzung zu bestimmen, in welchen Blättern die Bekanntmachungen der Gesellschaft erfolgen sollen. Das Gesetz sieht solche **Bekanntmachungen** an mehreren Stellen vor; vgl. zB §§ 30 Abs. 2 S. 2, 52 Abs. 2 S. 2, 58 Abs. 1 Nr. 1 und dazu auch § 10 Rn. 25.

2   **2. Fakultative Bestandteile.** § 3 Abs. 2 nennt – eher beispielsweise – zwei fakultative Bestandteile des Gesellschaftsvertrags, also Bestimmungen, die zwar nicht essentiell sind, aber wirksam nur im Gesellschaftsvertrag getroffen werden können. **Weitere Bestimmungen** dieser Art finden sich über das Gesetz verstreut, so zB in §§ 5 Abs. 4 S. 1, 15 Abs. 5, 17 Abs. 3, 26 Abs. 1, 34 Abs. 1, 52 Abs. 1 und 60 Abs. 2. Anderseits können folgende dispositive Normen durch gesellschaftsvertragliche Regelungen verdrängt oder ergänzt werden: §§ 28, 29, 35 Abs. 2 S. 1, 38 Abs. 2, 45, 53 Abs. 2 S. 2, 66 Abs. 1 und 72. – Treffen die Gesellschafter darüber hinaus weitere Individualvereinbarungen, so können sie diese in die Satzung aufnehmen oder nicht; die Aufnahme in die Satzung ist nicht Wirksamkeitsvoraussetzung für den Gesellschaftsvertrag. – Diese lediglich **formellen** oder **unechten** Satzungsbestandteile, so zB die Bestellung der ersten Geschäftsführer (vgl. § 6 Rn. 25 f.) unterliegen daher nicht den Bestimmungen über Satzungsänderung (§§ 53 f.); vgl. Rn. 22, 52.

3   **3. Gründungsbestimmungen.** Die Gründungsbestimmungen sind vom Gesellschaftsvertrag iSd. § 3, dem „Statut", zu unterscheiden. Sie werden zweckmäßigerweise in das **Gründungsprotokoll**, den „Mantel", aufgenommen, dem der Gesellschaftsvertrag als Anlage beigefügt wird. Sie betreffen die Errichtung der Gesellschaft, Kosten- und Steuerpflichten, Bestellung von Geschäftsführern uÄ Der Unterschied wird praktisch bei der Satzungsbescheinigung nach § 54 Abs. 1 S. 2, die nur das Statut betrifft (vgl. auch § 2 Rn. 36).

II. Der Mindestinhalt (Abs. 1)

4   **1. Allgemeines.** Der Mindestinhalt umfasst lediglich **sechs Punkte:** Firma und Sitz der Gesellschaft, Gegenstand des Unternehmens, Betrag des Stammkapitals und Betrag der einzelnen Stammeinlagen, dazu die Namen der Gesellschafter (vgl. Rn. 20). Er wird in der Regel zusammen mit dem fakultativen Inhalt (vgl. dazu Rn. 2 f.) in **einer** Urkunde festgestellt; vgl. § 2 Rn. 36. Bei Änderungen des Gesellschaftsvertrages während des Anmeldeverfahrens (vgl. § 2 Rn. 47) muss entsprechend dem in § 54 Abs. 1 S. 2 niedergelegten Prinzip der urkundlichen Einheit des Gesellschaftsvertrags ein neuer Gesellschaftsvertrag eingereicht werden.[1] Deswegen kann man nicht allgemein sagen, dass alle notwendigen Bestimmungen des Gesellschaftsvertrags in einer einzigen Urkunde aufzunehmen sind.[2]

---

[1] OLG Schleswig GmbHR 1975, 183.
[2] So OLG Köln GmbHR 1973, 11 (wo aber der Mindestinhalt auf eine „Gründungsurkunde" und dem dieser als Anlage beigefügten „Gesellschaftsvertrag" verteilt war; vgl. dazu § 2 Rn. 36); aA wohl *Hachenburg/Ulmer* Rn. 5; vgl. BayObLG DB 1978, 880 = Rpfleger 1978, 143.

Inhalt des Gesellschaftsvertrags § 3

Liegt der **Mindestinhalt nicht vor** oder ist er oder auch der fakultative Inhalt ganz 5
oder zum Teil **unwirksam,** so lehnt der Registerrichter die Eintragung ab (§ 9 c).
Kommt es trotzdem, weil zB die Unwirksamkeit einer Bestimmung nicht erkennbar
war, zur Eintragung, so kann die Nichtigkeit der Gesellschaft nur unter den sehr
einschränkenden Voraussetzungen und in dem besonderen Verfahren des § 75[3]
(Nichtigkeitsklage) geltend gemacht werden. Insoweit findet § 242 Abs. 2 AktG entsprechend Anwendung.[4] Unter denselben Voraussetzungen kann die Gesellschaft auch
nach § 144 FGG[5] von Amts wegen gelöscht werden. Fehlt hingegen eine der Bestimmungen nach § 3 Abs. 1 Nr. 1 oder 4 oder ist eine dieser Bestimmungen oder die Bestimmung nach § 3 Abs. 1 Nr. 3 nichtig, so geht der Registerrichter nach § 144a FGG
vor: die Gesellschaft wird nach rechtskräftiger Verfügung aufgelöst; § 60 Abs. 1 Nr. 5.
– Eine nachträglich eingetretene Nichtigkeit ist jedoch der ursprünglichen nicht
gleichzustellen;[6] auch eine Löschung von Amts wegen nach § 142 FGG kommt nicht
in Betracht.[7] Die gesamte Problematik ist sehr str.[8]

2. Firma. Vgl. § 4 idF des HRefG 1998. 6

3. Sitz der Gesellschaft. Vgl. den durch das HRefG 1998 eingeführten § 4a. 7

4. Gegenstand des Unternehmens. Der Gegenstand des Unternehmens ist vom 8
Gesellschaftszweck zu unterscheiden (vgl. § 1 Rn. 5 f.). Er beschreibt den Tätigkeitsbereich der Gesellschaft,[9] der keineswegs notwendig ein unternehmerischer (im wirtschaftlichen Sinne) sein muss; vgl. § 1 Rn. 7 ff., 45.

a) Bedeutung nach innen und außen. Der Gegenstand des Unternehmens be- 9
grenzt in erster Linie intern die Aktivitäten der Geschäftsführer und deklariert daneben
die Gesellschaft nach außen;[10] vgl. § 1 Rn. 6.[11]

b) Konkretisierung. Wie konkret der Gegenstand anzugeben ist,[12] sagt das Gesetz 10
– anders als § 23 Abs. 3 Nr. 2 AktG[13] – nicht. Während früher allgemeine Angaben,
wie „Betrieb von Handelsgeschäften jeder Art" zugelassen wurden, verfährt die Praxis
heute zT wesentlich strenger.[14] Die hM im Schrifttum setzt sich schon lange für das

---

[3] Insoweit zum Problem des unzulässigen Unternehmensgegenstandes *Tieves* Der Unternehmensgegenstand der Kapitalgesellschaft, 1998, S. 221 ff.
[4] BGH DStR 2000, 1443 m. Anm. *Goette* = BB 2000, 1590 = MDR 2000, 1199.
[5] Vgl. Fn. 3.
[6] So zutr. BayObLG DB 1982, 894 = BB 1982, 578; für eine entsprechende Anwendung von
§ 144 FGG *Tieves* (Fn. 3) S. 243 ff.
[7] *Krieger/Lenz* § 142 Rn. 4; aA RGZ 169, 147, 151.
[8] Vgl. *Jansen* FGG, 7. Aufl. 1999, § 142 Rn. 7, § 144a Rn. 4; *Bumiller/Winkler* § 144a Rn. 3;
Baumbach/Hueck/G. Hueck/Fastrich Rn. 25; sowie unten § 75 Rn. 12.
[9] Vgl. *Tieves* (Fn. 3) S. 12 mwN.
[10] *Tieves* (Fn. 3) S. 73 ff.
[11] Zur Frage von Grundsätzen der Unternehmenspolitik als Unternehmensgegenstand vgl.
Mertens NJW 1970, 1718, 1720 f.; *Schmidt-Leithoff* S. 69 ff.
[12] Zu dem Problem *Tieves* (Fn. 3) S. 99 ff.
[13] Dazu MüKo AktG/*Pentz* § 23 Rn. 68, 79 ff.
[14] Vgl. OLG Köln WM 1981, 805; OLG Stuttgart GewA 1980, 232; OLG Hamburg GmbHR
1968, 118; BayObLG GmbHR 1976, 38; BB 1994, 1811 = GmbHR 1994, 705 = ZIP 1994,
1528 = MDR 1994, 1102 („Produktion und Vertrieb von Waren aller Art" unzulässige Leerfor-
mel); BayObLG NJW-RR 1996, 413 = DB 1995, 1801; bestätigend GmbHR 1996, 360
(„Betreiben von Handelsgeschäften" unzureichende Individualisierung); großzügiger aber noch
OLG Frankfurt/M. BB 1979, 1682; OLG Düsseldorf GmbHR 1970, 123: „Verwaltung von
Vermögen und Beteiligung an anderen Unternehmen"; OLG Frankfurt/M. NJW-RR 1987, 287
= DB 1987, 38; sowie vor allem BGH DB 1981, 466 = WM 1981, 163.

Erfordernis konkreter Angaben ein.[15] Doch dürfen die Anforderungen nicht überspannt werden,[16] namentlich was Klauseln wie „und ähnliche Geschäfte" angeht.[17] Praktisch wichtig und jedenfalls nicht zu beanstanden ist ein Zusatz, der die Gründung von Zweigniederlassungen[18] sowie den Erwerb von Beteiligungen (auf den Tätigkeitsfeldern des Unternehmensgegenstandes) zulässt.[19]

11 **c) Komplementär-GmbH.** Bei der Komplementär-GmbH (insbes. der GmbH & Co. KG) genügt die Angabe „Beteiligung als Komplementär der Firma A-KG".[20] Die Gerichte gehen allerdings bisher erheblich darüber hinaus und verlangen, dass der Tätigkeitsbereich der KG genannt wird.[21] Doch schwerlich mit Recht; denn die GmbH hat nun einmal in diesem Falle keinen anderen Unternehmensgegenstand als jene bestimmte Dienstleistung.[22]

12 **d) Änderung.** Jede Änderung des Unternehmensgegenstandes ist Satzungsänderung; §§ 53, 54.[23] Ändert sich aber der Unternehmensgegenstand **tatsächlich** derart, dass er nicht mehr durch die Angabe gedeckt ist, so wird der Gesellschaftsvertrag nicht nachträglich nichtig (vgl. Rn. 5).[24] Eine andere Frage ist es, ob die Geschäftsführung auf eine Korrektur hinzuwirken und der einzelne Gesellschafter einer dahingehenden Satzungsänderung im Rahmen seiner Treuepflichten,[25] wie dies auch für die Heilung verdeckter Sacheinlagen diskutiert wird,[26] zuzustimmen hat.

13 **5. Mantelgründung und -kauf.** Die Mantel- oder Vorratsgründung,[27] (auch Fassongründung genannt)[28] bezweckt die Schaffung einer juristischen Person, über deren endgültige Verwendung – und damit auch über deren eigentliche Geschäftstätigkeit – erst später bei entsprechendem Bedarf entschieden werden soll. Dem Erfordernis des § 3 Abs. 1 Nr. 2[29] wird entweder in der Weise entsprochen, dass (zunächst) als Unternehmensgegenstand die „Verwaltung der Einlagen" oder „des eigenen Vermögens" wahrheitsgemäß angegeben und damit zugleich der Charakter als Vorratsgründung offengelegt wird (sog. „offene" Vorratsgründung) oder es wird ein Unternehmensgegenstand genannt, der entweder als rein fiktiver gar nicht oder auch nicht innerhalb

---

[15] Vgl. *Brodmann* Anm. 4; *Scholz/Emmerich* Rn. 13; *Hachenburg/Ulmer* Rn. 21; *Fritzsche* WM 1984, 1244; vgl. *Tieves* (Fn. 3) S. 113 ff.; anders aber *Wallner* JZ 1986, 721.
[16] So schon *Brodmann* Anm. 4 b.
[17] Ähnlich *Geßler/Hefermehl/Eckardt/Kropff* § 23 Rn. 62; MüKo AktG/*Pentz* § 23 Rn. 82.
[18] So auch *Tieves* (Fn. 3) S. 132 f.
[19] Ebenso OLG Frankfurt/M. NJW-RR 1987, 287 = DB 1987, 38.
[20] *Hachenburg/Ulmer* Rn. 24; *Scholz/Winter* 6. Aufl. Rn. 10; *Lutter/Hommelhoff* Rn. 6; *Sudhoff* GmbHR 1977, 218.
[21] Vgl. BayObLG NJW 1976, 1694; offen gelassen in DB 1993, 2225 = GmbHR 1994, 60 = EWiR 1994, 155 m. Anm. *Bokelmann*; NJW-RR 1996, 413 = DB 1995, 1801; OLG Hamburg BB 1968, 267; so auch *Scholz/Emmerich* Rn. 15.
[22] Vgl. auch LG Würzburg MittBayNot. 1971, 377; BayObLG NJW-RR 1996, 413; GmbHR 1996, 360.
[23] Vgl. dazu *Lutter/Leinekugel* ZIP 1998, 225.
[24] BayObLG DB 1982, 894 = BB 1982, 578 (betr. Sitzverlegung); § 53 Rn. 17; *Scholz/Emmerich* Rn. 16; aA *Hachenburg/Ulmer* Rn. 26; *Baumbach/Hueck/G. Hueck/Fastrich* Rn. 12; *Meyer-Landrut/Miller/Niehus* Rn. 13; *Jansen* FGG § 142 Rn. 7, die § 75 GmbHG, §§ 144 bzw. 144 a FGG direkt oder analog anwenden wollen; *Roth/Altmeppen* Rn. 15. jedenfalls für den Extremfall, in dem die alte Angabe nunmehr als Scheinbestimmung erscheint.
[25] Zu Treuepflichten vgl. §§ 13 Rn. 35 ff., 47 Rn. 125 ff.
[26] Vgl. § 5 Rn. 51 ff.
[27] Zur Vorrats-AG vgl. *Grooterhorst* NZG 2001, 145.
[28] Vgl. KG JFG 1, 200, 201.
[29] Dazu *Tieves* (Fn. 3) S. 173 ff.

eines nach Eintragung der Gesellschaft absehbaren Zeitraums verwirklicht werden soll (sog. „verdeckte" Vorratsgründung). Die Mantel- oder Vorratsgründung hat sich eingebürgert und wird mittlerweile als Dienstleistung professionell betrieben.[30] Die verdeckte lässt sich aber zumeist nicht nachweisen, zumal die Abgrenzung gegenüber einer gewöhnlichen Gründung schwer fallen kann;[31] besonders dann, wenn es sich nicht um einen fiktiven Unternehmensgegenstand handelt, sondern um einen solchen, bei dem die Aufnahme der Geschäftstätigkeit in der Zukunft nicht auszuschließen ist. Die verdeckte wie die offene Mantel- und Vorratsgründung wird vereinzelt für unzulässig gehalten,[32] auch die offene, weil deren Zulassung auf die Umgehung des § 3 Abs. 1 Nr. 2 hinausliefe oder die Vorschriften über die Kapitalaufbringung und deren Kontrolle unterlaufen würden. – Die verdeckte Vorratsgründung ist dann unzulässig, wenn offenkundig ist, dass der Unternehmensgegenstand, so wie er angegeben wurde, gar nicht verwirklicht werden soll, es sich also um eine (fiktive) Angabe zum Schein handelt, § 117 BGB.[33] Zweifelhaft kann dies aber in jenen Fällen sein, in denen die Gründer nur vorerst nicht die Absicht haben, den Unternehmensgegenstand innerhalb eines absehbaren Zeitraums zu verwirklichen.[34] Diese vom BGH[35] aus Gründen der Praktikabilität vorgenommene Gleichbehandlung mit dem Fall des fiktiven Unternehmensgegenstandes löst die Abgrenzungsschwierigkeiten zur gewöhnlichen Gründung in Anbetracht der zu berücksichtigenden Anlauf- und Vorlaufzeiten kaum, ganz abgesehen davon, dass das Abstellen auf das subjektive Element der Gründungsabsicht die hierfür womöglich maßgeblichen objektiven Hindernisse unberücksichtigt läßt.[36] Wird die GmbH im Wege der offenen Mantel- oder Vorratsgründung mit dem Unternehmensgegenstand: Verwaltung ihres eigenen Vermögens gegründet und mit einem entsprechenden Vermögen ausgestattet, so ist eine solche Gründung zulässig.[37] Angesichts der Dauer des Eintragungsverfahrens ist die Mantelgründung fast unentbehrlich; den Rechtsverkehr oder spätere Gläubiger gefährdet sie typischerweise nicht; vgl. auch § 60 Rn. 6.

Der **Mantelkauf,** d.h. der Erwerb (praktisch) aller Geschäftsanteile einer Gesellschaft, die vermögenslos ist und keinerlei Tätigkeit mehr ausübt, ist grds. zulässig,[38] vgl. § 15 Rn. 16 f. 14

6. Betrag des Stammkapitals. Der Betrag des Stammkapitals gehört zum Mindestinhalt des Gesellschaftsvertrags; zum Stammkapital vgl. des näheren §§ 5, 86. Es ist 15

---

[30] Vgl. Sachverhalt BGH NJW 1992, 1824.
[31] Vgl. dazu OLG Köln NJW-RR 1987, 105.
[32] KG JFG 3, 193, 195; Brodmann Anm. 4 d; Baumbach/Hueck/G. Hueck/Fastrich Rn. 13; für die Unzulässigkeit der verdeckten Mantelgründung *Tieves* (Fn. 3) S. 183 ff., Scholz/Emmerich Rn. 20.
[33] HM; aA bezüglich des Ansatzes *Tieves* (Fn. 3) S. 233 ff.
[34] So BGHZ 117, 323, 333 f. = NJW 1992, 1824, 1825 f. = DB 1992, 1228, 1229 f.
[35] AaO.
[36] Vgl. dazu im Einzelnen *Ebenroth* u. *Müller* DNotZ 1994, 75 sowie *Bärwaldt/Schabacker* GmbHR 1998, 1005 ff.
[37] BGH Fn. 34; *Priester* DB 1983, 2291, 2298 f.; Meyer-Landrut/Miller/Niehus Rn. 15; Hachenburg/Ulmer Rn. 33; Lutter/Hommelhoff 14. Aufl. Rn. 10.
[38] OLG Karlsruhe DB 1978, 1219; LG Ravensburg GmbHR 1964, 137 = NJW 1964, 597; OLG Frankfurt/M. GmbHR 1992, 456; Hachenburg/Ulmer Rn. 34 ff., 38 f.; Scholz/Emmerich Rn. 22; Baumbach/Hueck/G. Hueck/Fastrich Rn. 14; Meyer-Landrut/Miller/Niehus Rn. 16 f.; Lutter/Hommelhoff Rn. 11, wobei wegen der „wirtschaftlichen Neugründung" die analoge Anwendung der Gründungsvorschriften über Mindestkapitalausstattung etc. verlangt wird, sehr str.; aA OLG Hamburg DB 1983, 1140 = BB 1983, 1116; KG JW 1934, 988; Brodmann Anm. 8; offengelassen von RG JW 1934, 27.

ein bestimmter, auf Euro[39] lautender Betrag anzugeben, und zwar als Betrag selbst; die Angabe der Stammeinlagen genügt nicht.[40]

16 Die **Änderung des Stammkapitals** ist Satzungsänderung, für die allein die Gesellschafter zuständig sind; vgl. § 55.

17 **7. Betrag der Stammeinlagen.** Der Betrag der einzelnen Stammeinlagen ist ebenfalls anzugeben, und zwar mit dem Namen des Gesellschafters, der sie übernommen hat.[41] Die Höhe der einzelnen Stammeinlagen kann frei bestimmt werden. Nur muss die Summe aller Stammeinlagen den Betrag des Stammkapitals ergeben; vgl. § 5 Abs. 3 S. 3, vgl. zu Abweichungen wegen der Umrechnung in Euro § 86 Rn. 14. Die Stammeinlage ist – wie das Stammkapital – nur eine Rechnungsziffer, die insbesondere die Höhe der Einlageverpflichtung(en) bestimmt. Sie ist deswegen von dem Geschäftsanteil (§ 14) zu unterscheiden, der die Mitgliedschaft des einzelnen Gesellschafters bezeichnet. Der Nennbetrag des Geschäftsanteils, der für viele Mitgliedschaftsrechte grds. maßgebend ist (zB §§ 29 Abs. 2, 47 Abs. 2, 72) bestimmt sich jedoch nach der übernommenen Stammeinlage; § 14.

18 a) **Übernahme.** Jeder Gesellschafter kann **nur eine** Stammeinlage übernehmen; § 5 Abs. 2. Doch kann er bei einer Kapitalerhöhung (§ 55 Abs. 3 u. 4) oder durch Rechtsgeschäft unter Lebenden oder von Todes wegen weitere Geschäftsanteile hinzuerwerben, die gemäß § 15 Abs. 2 selbstständig bleiben.[42]

19 b) **Neufassung des Gesellschaftsvertrags.** Bei einer Neufassung des Gesellschaftsvertrags – nach Satzungsänderung; vgl. § 54 Abs. 1 S. 2 – kann die Angabe über die Stammeinlagen fortgelassen werden, wenn die Einlagen sämtlich geleistet worden sind.[43] Ob dasselbe schon vorher (aber nach der Eintragung) gilt, ist umstritten. Eine Ansicht verneint die Frage.[44] Sie übersieht dabei aber, dass bei Satzungsänderungen nach § 54 Abs. 1 S. 2 nF der Gesellschaftsvertrag iS der Satzung maßgebend ist (vgl. Rn. 4), und deswegen dieser Fall nicht anders behandelt werden kann als der Fall der vollständigen Leistung der Stammeinlage.[45] Zur empfehlenswerten Trennung der Gründungsbestimmungen von der Satzung innerhalb der Gründungsurkunde vgl. Rn. 3.

20 **8. Namen der Gesellschafter.** Die Namen der Gesellschafter (mit Vornamen und Wohnort) müssen im Gesellschaftsvertrag schon deswegen enthalten sein, weil sie die Vertragserklärung(en) abgeben (vgl. § 2 Rn. 33) und die Stammeinlagen übernehmen

---

[39] Zur Eintragung einer in Euro gegründeten GmbH vor In-Kraft-Treten der Euroeinführung LG Bonn GmbHR 1999, 864; zu den Übergangsbestimmungen für den Zeitraum vom 1. 1. 1999 bis 31. 12. 2001 vgl. § 86 Rn. 46 ff.

[40] *Scholz/Emmerich* Rn. 25; *Meyer-Landrut/Miller/Niehus* Rn. 19; *Lutter/Hommelhoff* Rn. 9 f.; aA *Hachenburg/Ulmer* Rn. 44, der aber einräumt, dass die von ihm für ausreichend erachtete Angabe der Geschäftsanteilsbeträge der gesetzlichen Regel widerspreche und daher vom Registerrichter im Eintragungsverfahren zu beanstanden sei; ebenso *Baumbach/Hueck/G. Hueck/Fastrich* Rn. 17.

[41] OLG Hamm GmbHR 1986, 311.

[42] Vgl. KGJ 35, 175.

[43] Ganz hM; KG DR 1943, 983; BayObLG 70, 288; WM 1971, 1104; NJW 1982, 1400; OLG Köln Rpfleger 1972, 258; OLG Karlsruhe Rpfleger 1972, 309; *Hachenburg/Ulmer* Rn. 48; *Scholz/Emmerich* Rn. 32.

[44] OLG Köln Rpfleger 1972, 257; OLG Karlsruhe Rpfleger 1972, 309.

[45] So iErg. auch BayObLG NJW 1982, 1400; LG Stuttgart NJW 1972, 1997; BayObLG NJW-RR 1997, 485 = GmbHR 1997, 73; LG Koblenz GmbHR 1998, 540 = NZG 1998, 352; *Priester* GmbHR 1973, 169, 170; *Hachenburg/Ulmer* Rn. 48; *Lutter/Hommelhoff* Rn. 55; so auch für das Entfallen der Angaben über Gründungsgesellschafter *Müller* GmbHR 1997, 923.

Inhalt des Gesellschaftsvertrags § 3

(vgl. Rn. 17); allgM. Zum Wechsel von Gesellschaftern vor Eintragung der Gesellschaft vgl. § 11 Rn. 62ff. Handelt ein Einzelkaufmann unter seiner Firma (§ 2 Rn. 18), so ist diese maßgebend. Nach der Eintragung der Gesellschaft haben die Namen der Gründungsgesellschafter freilich nur noch „historische Bedeutung".[46] Die Geschäftsanteile werden übertragen, ohne dass der Gesellschaftsvertrag geändert wird; § 15. Dritte können die jeweiligen Gesellschafter deswegen nicht mit Sicherheit aus dem Handelsregister ermitteln; ihnen bleibt nur die Gesellschafterliste (§§ 8 Abs. 1 Nr. 3), die zudem nicht den Publizitätsschutz des § 15 HGB genießt.

Bei einer **Neufassung** des Gesellschaftsvertrags – nach Satzungsänderung; vgl. § 54 **21** Abs. 1 S. 2 – können diese Angaben entfallen, selbst wenn die Einlagen noch nicht vollständig erbracht worden sind; vgl. Rn. 19. Ebenso kann aber auch – nach einem Gesellschafterwechsel – der Name des neuen Gesellschafters angeführt werden.[47] Eine Aufteilung der Gründungsurkunde in „Gründungsbestimmungen" und „Gesellschaftsvertrag" (vgl. Rn. 3) vermeidet dieses Problem.

III. Weiterer Inhalt (Abs. 2)

1. Fakultativer Inhalt. Der Aufnahme in den Gesellschaftsvertrag bedürfen gewisse Vereinbarungen nach § 3 Abs. 2. Darüber hinaus können viele andere aufgenommen werden, die vom dispositiven Gesetzesrecht abweichen; sog. fakultativer Inhalt (vgl. Rn. 2).[48] Der Gesellschaftsvertrag kann aber auch gesellschaftsrechtliche Akte sowie **Individualvereinbarungen** enthalten, die nur im Zusammenhang mit der Gründung und bei ihrer Gelegenheit zustande kommen und deswegen der Form des § 3 nicht bedürfen (vgl. hierzu Rn. 53). Nichtgesellschaftern können Ansprüche grds. nur als **Individualrechte,** also nur als formelle, nicht aber als materielle Satzungsbestandteile eingeräumt werden.[49] Fraglich ist, ob Gesellschafterbeschlüsse auch wegen Verletzung individualrechtlicher Abreden (im Gesellschaftsvertrag) angefochten werden können.[50] **22**

2. Zeitbeschränkung. Soll das Unternehmen auf eine gewisse Zeit beschränkt **23** werden, bedarf dies der Bestimmung im Gesellschaftsvertrag; sonst ist die Gesellschaft auf unbestimmte Zeit geschlossen. Die Bestimmung muss klar genug getroffen werden, damit sie gemäß § 10 Abs. 2 in das Handelsregister eingetragen werden kann und der Auflösungstermin (§ 60 Abs. 1 Nr. 1) feststeht; vgl. § 10 Rn. 14.[51] Doch bedarf es keiner Angabe nach dem Kalender; Bestimmbarkeit genügt,[52] so zB Tod eines Gesellschafters. Ein vereinbartes Kündigungsrecht bedeutet indessen keine Zeitbeschränkung.[53] Eine auflösende Bedingung (iSd. § 158 Abs. 2 BGB), die – als weiterer

---

[46] Vgl. RGZ 130, 39, 43.
[47] AA aber KG DR 1941, 2128 = HRR 1941 Nr. 958; LG Hamburg GmbHR 1952, 155; LG Köln DNotZ 1953, 106; *Vogel* Anm. 6; dagegen mit Recht die heute überwiegende Meinung: OLG Frankfurt/M. GmbHR 1973, 172; LG Stuttgart NJW 1972, 1997; *Priester* GmbHR 1973, 169, 171; *Hachenburg/Ulmer* Rn. 49; *Scholz/Emmerich* Rn. 33; *Baumbach/Hueck/G. Hueck/Fastrich* Rn. 20.
[48] Vgl. dazu *Jäger* DStR 1996, 1935.
[49] Vgl. RGZ 169, 65, 82f. zu einem Anfallsrecht bei der Auflösung der Gesellschaft; iÜ *P. Ulmer*, FS Werner, 1984, S. 911, 930f.
[50] Vgl. BGH NJW 1987, 1890 u. dazu *Ulmer* NJW 1987, 1849.
[51] Sehr weitgehend RGZ 79, 418, 422f.; RG JW 1912, 879 und ihm folgend die hM.
[52] BayObLG BB 1975, 24.
[53] BayObLG BB 1975, 249; *Hachenburg/Ulmer* Rn. 59; *Meyer-Landrut/Miller/Niehus* Rn. 26; aA aber RGZ 79, 418, 422f.; OLG Hamm GmbHR 1971, 57; *Vogel* Anm. 9.

Auflösungsgrund (§ 60 Abs. 2) – vereinbart werden kann, wird nicht in das Handelsregister eingetragen, muss aber ebenfalls hinreichend klar sein.

24 **a) Mindestdauervereinbarung.** Die Zeitbeschränkung ist nicht ohne weiteres als Mindestdauervereinbarung anzusehen, die einen Auflösungsbeschluss (§ 60 Abs. 1 Nr. 2) in dieser Zeit ausschließt.[54]

25 **b) Änderung.** Eine Änderung der Zeitbeschränkungsklausel bedarf der Satzungsänderung, iA jedoch nicht der Zustimmung aller Gesellschafter.[55] Denn die Änderung, namentlich auch die Verlängerung oder Aufhebung der Zeitbeschränkung, hat nicht notwendig eine Vermehrung der den Gesellschaftern obliegenden Leistungen (§ 53 Abs. 3) zur Folge. Dies ist jedoch typischerweise bei der Nebenleistungsgesellschaft der Fall.[56] Jedenfalls muss in diesem Fall den Gesellschaftern der Austritt möglich sein.[57]

26 **3. Nebenleistungspflichten.** Neben der Stammeinlagepflicht kann der Gesellschaftsvertrag sonstige Verpflichtungen aller Art, sog. Nebenleistungspflichten, vorsehen.[58] Während jene Pflicht die Kapitalgrundlage der Gesellschaft sichern soll und deswegen zwingend ist, bleiben diese in jeder Hinsicht – anders § 55 AktG – der Vereinbarung der Gesellschafter überlassen. Insofern nähert sich die GmbH stark den Personengesellschaften.[59] Das Schwergewicht der Gesellschaft kann auch durchaus auf den Nebenleistungspflichten ruhen und die Stammeinlagepflichten sowie das kapitalmäßige Interesse der Gesellschafter auf ein Minimum reduzieren. Anders als die Nachschüsse (vgl. Rn. 52) werden die Nebenleistungen idR ohne vorausgehenden Gesellschafterbeschluss geschuldet. Die Satzung kann aber auch ihre Geltendmachung von einem solchen Beschluss abhängig machen.[60]

27 Zwischen Nebenleistungspflichten und Stammeinlagepflicht ist scharf **zu unterscheiden,** da letztere wegen ihrer Garantiefunktion besonderen Regeln unterliegt. Maßgebend dafür können allein die Vereinbarungen im Gesellschaftsvertrag sein. Dies gilt besonders auch für Sachleistungen; vgl. zur Sacheinlage § 5. Nachschusspflichten, wie sie nach § 26 vereinbart werden können, haben ebenfalls mit den Nebenleistungspflichten nichts zu tun; vgl. Rn. 52.

28 **a) Gesellschaftsrechtliche Pflichten.** Auch die Nebenleistungspflichten sind indes gesellschaftsrechtliche Pflichten.[61] Das unterscheidet sie von den individualrechtlichen Pflichten, die von den einzelnen Gründern oder späteren Gesellschaftern persönlich übernommen werden, die also nicht den **jeweiligen** Gesellschafter binden, mögen sie auch im Gesellschaftsvertrag enthalten sein;[62] zu ihnen vgl. Rn. 52. Dennoch lassen

---

[54] RGZ 145, 99, 101; *Hachenburg/Ulmer* Rn. 60; aA *Brodmann* Anm. 6 b.

[55] *Scholz/Emmerich* Rn. 40; *Scholz/Priester* § 53 Rn. 123; *Hachenburg/Ulmer* Rn. 64; *Lutter/Hommelhoff* Rn. 16; aA *Liebmann/Saenger* § 53 Anm. 8 m.

[56] RGZ 136, 185, 188; KGJ 50, 115; *Scholz/Emmerich* Rn. 40; *Hachenburg/Ulmer* Rn. 64; *Baumbach/Hueck/G. Hueck/Fastrich* Rn. 31.

[57] Vgl. *R. Fischer* GmbHR 1955, 165, 168.

[58] Vgl. dazu *Ullrich* ZGR 1985, 235; *Noack* Gesellschaftsvereinbarungen bei Kapitalgesellschaften, 1994, S. 78, 313 ff., der auch auf die häufig neben der GmbH im Rahmen einer GbR getroffenen Vereinbarungen solchen Inhalts verweist, S. 38 f.

[59] Vgl. BGH DB 1958, 1038; *Immenga* Die personalistische Kapitalgesellschaft, 1970, bes. S. 101 ff.

[60] Vgl. BGH NJW-RR 1989, 228, 229.

[61] Vgl. Zur Differenzierung in gesellschaftliche und schuldrechtliche Nebenabreden *Jäger* DStR 1996, 1935.

[62] Vgl. BGH DB 1993, 829 = DNotZ 1994, 310.

Inhalt des Gesellschaftsvertrags § 3

viele die selbstständige Anfechtung der Willenserklärung zu, mit der eine Nebenleistungspflicht übernommen wurde.[63]

Die Nebenleistungspflichten brauchen den Gesellschaftern **nicht gleichmäßig** auferlegt zu werden; jeder Gesellschafter kann besondere Rechtspflichten übernehmen. 29

b) Nachträgliche Vereinbarung. Die Nebenleistungspflichten können bei der Gründung, aber auch später vereinbart werden. Jede nachträgliche Vereinbarung oder Erhöhung der Pflichten setzt die Zustimmung aller Gesellschafter voraus; § 53 Abs. 3. 30

Zumal im Hinblick auf § 3 Abs. 2 bedürfen die Verpflichtungen einer **gewissen Bestimmtheit**.[64] Ungenügend bestimmt ist zB die Verpflichtung, die Gesellschaft mit Bürgschaften und sonstigen Sicherheiten zu unterstützen.[65] Die Bestimmung kann auch nach §§ 315, 317 BGB der Gesellschaft oder einem Dritten überlassen werden.[66] 31

c) Gegenstände. Als Gegenstände von Nebenleistungspflichten kommt alles in Betracht, was als Gegenstand eines Schuldverhältnisses vereinbart werden kann. Insbesondere können die Gesellschafter verpflichtet werden, Verträge, zB Lieferungsverträge mit der Gesellschaft, abzuschließen. Die Ausführungsverträge sind von der gesellschaftsvertraglichen Nebenpflicht, auf der sie beruhen, zu unterscheiden.[67] Die Nebenleistungspflicht kann entgeltlich (zB Liefervertrag) oder unentgeltlich (zB Leihe, Wettbewerbsverbot) übernommen werden. Bei entgeltlichen Verträgen dürfen Leistung und Gegenleistung im Wert nicht erheblich (zugunsten des Gesellschafters) voneinander abweichen. Sonst kommt es zu verdeckten Gewinnausschüttungen, die möglicherweise gegen §§ 30, 31 (vgl. § 30 Rn. 20)[68] verstoßen sowie steuerliche Nachteile (§ 8 Abs. 3 S. 2 KStG)[69] mit sich bringen. IE kommen besonders folgende Nebenleistungen in Betracht: 32

Geldleistungspflichten, die neben der Stammeinlagepflicht bestehen.[70] Zu dem praktisch wichtigsten Fall der Gesellschafterdarlehen[71] beachte aber §§ 32a, 32b. Über die Behandlung des **Aufgelds (Agio)** bei Gründung oder Kapitalerhöhung vgl. § 5 Rn. 15.[72] Die Gesellschafter können auch verpflichtet werden, die ausgeschütteten Gewinne in einer bestimmten Höhe der Gesellschaft wieder zuzuführen, sei es als Rücklagen, sei es als Darlehen.[73] Eine solche Pflicht ist in den Gesellschaftsvertrag in Form einer Nebenleistungspflicht aufzunehmen, ein Gesellschafterbeschluss ist insoweit allein nicht ausreichend, soweit er nicht zugleich eine entsprechende Satzungsänderung darstellt.[74] Dieses **Schütt-aus-Hol-zurück-Verfahren** (vgl. § 5 Rn. 48 sowie Voraufl. Einl. Rn. 62) nutzte mögliche steuerliche Vorteile der Gewinnausschüttung (für 33

---

[63] *Hachenburg/Ulmer* Rn. 73; *Meyer-Landrut/Miller/Niehus* Rn. 29; aA jedoch mit Recht RGZ 88, 187, 188 f.; *R. Fischer* JZ 1954, 426, 428.
[64] BGH NJW-RR 1989, 228, 229; RGZ 87, 261, 265.
[65] KartG JW 1924, 724; sehr weitgehend jedoch RG JW 1937, 2836; dazu *Hachenburg/Ulmer* Rn. 87; *Scholz/Emmerich* Rn. 43 f.; *Noack* (Fn. 58) S. 78 f.; zu den Unterlassungspflichten vgl. Rn. 36.
[66] *Hachenburg/Ulmer* Rn. 88.
[67] Vgl. *Hachenburg/Ulmer* Rn. 76.
[68] Dazu auch BGH NJW 1996, 589.
[69] Vgl. BFH NJW 1996, 477; DB 1996, 507.
[70] Ganz hM; vgl. *Noack* (Fn. 58) S. 313 f.; aA wohl nur *Brodmann* Anm. 7 g für weitere Kapitaleinlagen mit Rücksicht auf § 5 RAO (entspr. § 42 AO).
[71] BGH NJW-RR 1989, 228, 229 = WM 1989, 189.
[72] Vgl. auch *Hachenburg/Ulmer* Rn. 78.
[73] Vgl. auch BGH NZG 1999, 880; *Heidinger* NZG 1999, 999.
[74] Vgl. LG Berlin GmbHR 2000, 234 m. Anm. *Peetz*.

§ 3
1. Abschnitt. Errichtung der Gesellschaft

einkommensteuerpflichtige Gesellschafter nach den Anrechnungsverfahren der §§ 27 ff. KStG) und war zugleich ein Weg, die Kapitalgrundlage (Gezeichnetes Kapital und Kapitalrücklage, § 266 Abs. 3 A I, II HGB) der Gesellschaft aus den anfallenden Gewinnen laufend zu stärken (vgl. Voraufl. § 29 Rn. 100 ff.).[75] Die Vorteilhaftigkeit des Verfahrens hing aber von dem persönlichen Einkommensteuersatz des Gesellschafters und dem Thesaurierungssatz der ausschüttenden GmbH ab. Dies war zB für 1995 dann der Fall, wenn die individuelle Einkommensteuerbelastung des Gesellschafters unter 45,7 % lag.[76] Es bedarf also einer einzelfallbezogenen Berechnung. Es ist dabei nicht nur auf die Augenblickssituation der Ausschüttung und der Wiederanlage abzustellen, sondern für den Fall, dass die Gesellschaft in einem absehbaren Zeitraum, zB von drei Jahren, aufgelöst wird, auf die Nachversteuerung der unter EK 04 erbrachten Einlagen. Diese wäre bei der liquidationsweisen Ausschüttung nachzuversteuern.[77]

34 **Sachleistungspflichten** der Gesellschafter betreffen vor allen Dingen Gegenstände, die der Gesellschaft entgeltlich (Miete) oder unentgeltlich (Leihe) auf Dauer oder vorübergehend zur Verfügung gestellt werden sollen; zB Grundstücke, Räume, Fahrzeuge, gewerbliche Schutzrechte. Auch kann ein Gesellschafter verpflichtet werden, unter bestimmten Voraussetzungen seinen Geschäftsanteil abzutreten.[78]

35 **Dienstleistungspflichten** werden namentlich als Pflicht zur Übernahme des Geschäftsführeramts vereinbart.[79] Die Entgeltlichkeit ist entsprechend § 612 BGB zu vermuten. Davon zu unterscheiden ist die bloße „Bestellung im Gesellschaftsvertrag" (§ 6 Abs. 3 S. 2 1. Alt.); vgl. § 6 Rn. 23 ff. Auch ein Recht zur Geschäftsführung (auf bestimmte Zeit oder auf Lebenszeit) kann vereinbart werden, soweit nicht das Mitbestimmungsrecht eingreift (vgl. Einl. Rn. 262) oder andere Hinderungsgründe bestehen.[80]

36 **Unterlassungspflichten** kommen vor allem in Gestalt von **Wettbewerbsverboten**[81] in Betracht. Sie verstoßen nicht gegen § 1 GWB, sofern sie lediglich die gesellschaftsrechtlichen Treue- und Förderungspflichten regeln und nicht darüber hinaus das Wettbewerbsverhalten der Gesellschafter bestimmen, also Kartellfunktion haben.[82] Wird der zwischenstaatliche Handel innerhalb der EG berührt, kommt daneben Art. 81 (85 aF) EGV in Betracht.

37 Dies alles gilt in erster Linie für Gesellschafter-Geschäftsführer (vgl. auch § 88 AktG), iÜ kommt es auf die **positiven Treuepflichten** in concreto an, die zB bei einem Gemeinschaftsunternehmen eine Förderungspflicht der Gesellschafter und dementsprechend auch eine Pflicht zur Unterlassung geschäftsschädigender Aktivitäten be-

---

[75] *Esch* NJW 1978, 2529; *Streck* KStG ABC-Stichwort „Schütt-aus-Hol-zurück-Verfahren" mwN; zur Zulässigkeit BFH BB 1999, 2443 = DB 1999, 2448.
[76] Vgl. *Robisch* DStR 1994, 354.
[77] Zur *Kapitalerhöhung* im Wege des Schütt-aus-Hol-zurück-Verfahrens vgl. BGHZ 113, 335 = NJW 1991, 1754 = LM § 57 Nr. 3 = GmbHR 1991, 255, ferner § 55 Rn. 1, 60 f.; zur verdeckten Sacheinlage vgl. § 5 Rn. 48.
[78] Vgl. *G. Hueck*, FS Larenz, 1973, S. 749, 756 f.; *Ehricke* WiB 1995, 927.
[79] Vgl. BAG ZIP 1991, 817.
[80] Zum Konflikt eines geschäftsführenden Gesellschafters (einer KG) mit seinen Pflichten als MdB vgl. BGHZ 43, 384.
[81] Musterformulierung bei *Sommer* GmbH-StB 1998, 51.
[82] Vgl. BGHZ 70, 331 = NJW 1978, 1001 „Gabelstapler" (zur Personenhandelsgesellschaft); BGHZ 80, 69 = NJW 1981, 1512 „Süssen"; BGHSt. 30, 270 = NJW 1982, 938 „Transportbeton-Vertrieb"; BGHZ 89, 162 = NJW 1984, 1351 „Werbeagentur"; BGHZ 104, 246 = NJW 1988, 2327; *Rittner* Wirtschaftsrecht § 15 Rn. 25 ff.; *Immenga/Mestmäcker* § 1 Rn. 371 ff.; *Langen/Bunte* KartR § 1 Rn. 147 ff.; *Scholz/Emmerich* Rn. 50 ff.; *Ivens* DB 1988, 215 ff.

Inhalt des Gesellschaftsvertrags § 3

dingen. Mit dem Ausscheiden des Gesellschafters erlischt die Unterlassungspflicht.[83] Bei Wettbewerbsverboten für die Zeit nach Beendigung der Mitgliedschaft kommen besonders die Schranken der §§ 138, 242 BGB in Betracht.[84]

Liefer- und Abnahmepflichten können nur unter sorgfältiger Berücksichtigung 38 des GWB vereinbart werden. Unter das Kartellverbot des § 1 GWB fallen insbesondere Gesellschaftsverträge über gemeinsamen Verkauf oder Einkauf von Waren, wenn sie auch nur ihrer Funktion nach den Wettbewerb beschränken; also Syndikate ebenso wie sog. Torso-Syndikate.[85]

Wettbewerbsbeschränkende Verpflichtungen können vereinbart werden, wenn 39 das Kartell nach §§ 2 ff. GWB Wirksamkeit erlangt, was nur unter bestimmten Voraussetzungen und regelmäßig nur in einem kartellbehördlichen Verfahren möglich ist.

d) Leistungsstörungen. Leistungsstörungen, die bei Nebenleistungspflichten auf- 40 treten, können sowohl gesellschaftsrechtliche als auch schuldrechtliche Folgen haben.

aa) Anwendbarkeit des Schuldrechts? Da die Nebenpflichten zwar gesellschaftsrechtlicher Art sind, aber auch einen schuldrechtlichen Charakter haben,[86] findet das Allgemeine und Besondere Schuldrecht insoweit auf sie Anwendung, wieweit durch die gesellschaftsrechtliche Seite modifiziert und ob überhaupt nur analog, ist allerdings sehr streitig.[87] Zu unterscheiden sind die (entgeltlichen oder unentgeltlichen) Ausführungsverträge und die Nebenleistungspflichten selbst, sei es, dass sie durch Ausführungsverträge erfüllt werden oder dieser nicht bedürfen.

bb) Ausführungsverträge. Die Ausführungsverträge selbst unterstehen grds. nur 41 dem Schuldrecht.[88] Dennoch wirken die gesellschaftsrechtlichen Pflichten, insbesondere die Treuepflichten, auch in sie hinein und verlangen eine größere Rücksichtnahme der Partner als in einem gewöhnlichen Schuldvertrag. Über das Maß dieser Pflichten kann allerdings regelmäßig nur im Einzelfall entschieden werden, so zB, ob der Gesellschafter gegenüber der Gesellschaft das Vermieterpfandrecht (§§ 562 ff. BGB) geltend machen kann. Doch gelten die Vorschriften zum Schutz des Dienstverpflichteten (zB §§ 617, 618 BGB) für den Geschäftsführer-Gesellschafter iA nicht. Hingegen dürfte ihm das Kündigungsrecht des § 624 BGB zustehen.[89]

Leistungsstörungen bei **gegenseitigen** Ausführungsverträgen werden grds. nach den 42 Vorschriften der §§ 320 ff. BGB behandelt.[90] Doch darf ihre Anwendung nicht auf die Nebenleistungspflicht selbst übergreifen, ein Rücktritt (gem. §§ 323 oder 324 BGB nF) oder eine Nacherfüllung bzw. Minderung (§§ 437 ff. BGB nF) nur die gestörte Teilleistung betreffen.[91] Führt die Leistungsstörung dazu, dass die Fortsetzung der Mitgliedschaft selbst dem anderen Teil, also dem Gesellschafter oder der Gesellschaft, nicht

---

[83] Vgl. auch *Kirchner* GmbHR 1962, 26 f. zur Abgrenzung des gesellschaftsrechtlichen gegenüber dem persönlich vereinbarten Wettbewerbsverbot.
[84] Vgl. BGH WM 1986, 1282; OLG Karlsruhe WM 1986, 1473.
[85] Vgl. BGHZ 65, 30 = NJW 1975, 1837 „ZVN"; BGHSt. 30, 270 = NJW 1982, 938 „Transportbeton-Vertrieb"; *Rittner* Wirtschaftsrecht § 15 Rn. 14; *Immenga/Mestmäcker* § 1 Rn. 439 ff.; *Langen/Bunte* KartR § 1 Rn. 160 ff.
[86] RGZ 87, 261, 265.
[87] Vgl. *Hachenburg/Ulmer* Rn. 90 ff.; *Scholz/Emmerich* Rn. 56.
[88] *Hachenburg/Ulmer* Rn. 90, 76; *Scholz/Emmerich* Rn. 56.
[89] RGZ 128, 1, 17 m. zutr. Hinweis auf die Gefahr einer „ewigen Bindung"; *Meyer-Landrut/Miller/Niehus* Rn. 33; aA *Hachenburg/Ulmer* Rn. 91; *Baumbach/Hueck/G. Hueck/Fastrich* Rn. 51.
[90] *Hachenburg/Ulmer* Rn. 98 f.
[91] Vgl. auch *Hachenburg/Ulmer* Rn. 99; *Meyer-Landrut/Miller/Niehus* Rn. 30.

zuzumuten ist, so kommen die gesellschaftsrechtlichen Rechtsbehelfe zum Zuge, also die Auflösung der Gesellschaft (§ 61), die Ausschließung des Gesellschafters oder sein Austrittsrecht,[92] Kündigung nur der Nebenleistungspflicht aus wichtigem Grunde, wenn diese dem verpflichteten Gesellschafter auf Dauer unzumutbar belastet und er sich auch nicht durch Veräußerung des Geschäftsanteils davon befreien kann.

43 cc) **Nebenleistungspflichten.** Auf schlichte Nebenleistungspflichten,[93] d. h. solche ohne Ausführungsvertrag, sind bei Leistungsstörungen auch die §§ 275 ff. BGB nF anwendbar, doch kommen bei nachhaltiger Störung ebenso die gesellschaftsrechtlichen Rechtsbehelfe (Rn. 42) in Betracht.

44 e) **Übergang eines Geschäftsanteils.** Der Übergang eines Geschäftsanteils auf einen anderen, sei es unter Lebenden, sei es von Todes wegen (§ 15),[94] erfasst grds. auch die Nebenleistungspflichten. Ausgenommen sind nur höchstpersönliche Pflichten, wie zB die Pflicht zur Geschäftsführung. In der Regel empfiehlt es sich, die Abtretung solcher Geschäftsanteile von der Genehmigung der Gesellschaft abhängig zu machen (§ 15 Abs. 5), die § 55 Abs. 1 S. 1 AktG sogar zwingend vorschreibt. Fehlt die Vinkulierung, so ist der Gesellschafter in der Wahl seines Rechtsnachfolgers grds. frei, auch wenn dieser die Nebenleistungspflicht nicht erfüllen kann. Doch gebietet ihm die Treuepflicht, auf die Interessen der Gesellschaft Rücksicht zu nehmen.[95]

45 Mit der Übertragung des Geschäftsanteils wird der bisherige Gesellschafter von der Nebenleistungspflicht frei. Nur für die zur Zeit der Anmeldung des Übergangs rückständigen Leistungen haftet er neben dem Erwerber; § 16 Abs. 3.[96] Doch kann der Gesellschaftsvertrag ihm auch eine Garantieverpflichtung für die Erfüllung der Nebenpflichten des Erwerbers auferlegen.[97] Unterlassungspflichten, wie zB Wettbewerbsverbote, können – im Rahmen des rechtlich Zulässigen (vgl. Rn. 36 f.) – auch für die Zeit nach dem Ausscheiden des Gesellschafters als Nebenpflichten vereinbart werden.

46 f) **Erlöschen.** Ein Erlöschen der Nebenleistungspflicht kommt in folgenden Fällen in Betracht:

47 Der Gesellschaftsvertrag kann vorsehen, dass die Nebenpflicht unter **bestimmten Voraussetzungen** (Tod des Gesellschafters, Abtretung des Geschäftsanteils) erlischt.

48 **Unmöglichwerden** der Leistung lässt nach §§ 275, 326 BGB nF die Verpflichtung erlöschen; ebenso der **Rücktritt** nach §§ 323, 324 BGB nF.

49 Eine **Kündigung** der Nebenleistungspflichten aus wichtigem Grunde ist hingegen idR nicht zulässig. Wenn dem Gesellschafter die Fortsetzung der Gesellschaft angesichts einer Nebenpflicht unzumutbar ist, muss und kann er Auflösungsklage erheben (§ 61) oder ggf. seinen Austritt aus der Gesellschaft erklären.[98]

50 **4. Vorzugsrechte und Sondervorteile.** Was § 3 Abs. 2 für Nebenleistungspflichten verlangt, die Aufnahme in den Gesellschaftsvertrag, gilt ebenso für **Vorzugsrechte** aller oder einzelner Gesellschafter und sich daraus ergebende **Vorzugsgeschäftsan-**

---

[92] AA RGZ 128, 1, 17; *Baumbach/Hueck/G. Hueck/Fastrich* Rn. 52.
[93] Vgl. zu schuldrechtlichen Nebenabreden *Jäger* DStR 1996, 1935.
[94] Vgl. zu Nachfolgeregelungen *Nagler* Die zweckmäßige Nachfolgeregelung im GmbH-Vertrag, Köln 1998.
[95] Vgl. *Hachenburg/Ulmer* Rn. 111.
[96] Vgl. RG DR 1940, 2013; zur Rübenlieferungspflicht (mit Anpflanzungspflicht) vgl. RG JW 1914, 477.
[97] *Hachenburg/Ulmer* Rn. 107.
[98] RGZ 73, 429, 433; etwas weitergehend (für § 8 KartVO 1923) RGZ 128, 1, 17; so auch die hM: *Hachenburg/Ulmer* Rn. 113 aE; *Scholz/Emmerich* Rn. 59.

Inhalt des Gesellschaftsvertrags § 3

teile.[99] Eine dem § 26 Abs. 1 AktG entsprechende Bestimmung hält der Ausschussbericht (S. 70) für ungeschriebenes Recht. In Frage kommen zB Vorzugsdividende (vgl. § 11 AktG), Vorzugsbeteiligung an der Kapitalerhöhung; Recht auf Geschäftsführung; Recht, seinen Nachfolger zu bestimmen.[100] Die Vorzugsrechte sind Sonderrechte iSd. § 35 BGB, können also nur mit Zustimmung des Begünstigten beeinträchtigt werden.[101] Außer den Vorzugsrechten, die dem jew. Inhaber des Geschäftsanteils zustehen, bedürfen auch die **Sondervorteile,** die dem einzelnen Gesellschafter persönlich, also als selbstständiges Recht gewährt werden, der Aufnahme in den Gesellschaftsvertrag.[102]

Für **Gründervorteile** fehlt eine dem § 26 Abs. 1 AktG entsprechende Bestimmung. 51
Gleichwohl wird zutr. ihre Aufnahme in den Gesellschaftsvertrag verlangt.[103] Zu Vereinbarungen über den Gründungsaufwand vgl. § 5 Rn. 67 f.

5. Nachschusspflichten. Nachschusspflichten können nur im Gesellschaftsvertrag 52
und als Geldleistungspflichten vereinbart werden, deren Einforderung stets eines besonderen Gesellschafterbeschlusses bedarf; vgl. § 26. Sie unterscheiden sich sowohl von den Stammeinlagepflichten als auch von den Nebenleistungspflichten; vgl. § 26 Rn. 14 ff. In der Praxis sind sie wenig beliebt.

IV. Sonstige Vereinbarungen und Rechtsakte

Über den Gesellschaftsvertrag hinaus können die Gesellschafter in derselben Urkun- 53
de noch weitere Vereinbarungen gesellschaftsrechtlicher oder auch nicht gesellschaftsrechtlicher Art treffen und weitere Rechtsakte vornehmen, die weder der Formvorschrift des § 2 (vgl. § 2 Rn. 46) noch den Bestimmungen über Satzungsänderung (§ 53) unterliegen; sog. **unechte Satzungsbestandteile,**[104] vgl. dazu Rn. 22. Satzungsergänzende Vereinbarungen, wie zB Konsortialverträge, Stimmbindungen und Absprachen über die Besetzung von Geschäftsführung und Aufsichtsrat sind grds. zulässig, dürfen aber nicht mit dem GmbH-Recht in Konflikt geraten.[105]

V. Österreichisches Recht

§ 4 Abs. 1 ÖGmbHG entspricht fast wörtlich dem § 3 Abs. 1. Als Nebenleistungen 54
können jedoch nur „wiederkehrende, nicht in Geld bestehende, aber einen Vermögenswert darstellende Leistungen" vereinbart werden, die im Gesellschaftsvertrag nach Maßgabe des § 8 Abs. 1 ÖGmbHG „genau zu bestimmen" sind; auch ist die Vinkulierung für solche Geschäftsanteile zwingend vorgeschrieben; § 8 Abs. 2 ÖGmbHG. – „Als Sitz der Gesellschaft kann nur ein Ort im Inlande bestimmt werden", so § 5 Abs. 4 ÖGmbHG ausdrücklich. Hiermit ist nicht nur die politische Gemeinde gemeint (so die deutsche Handhabung, § 4a Rn. 4), sondern auch ein Ortsteil innerhalb einer politischen Gemeinde, sofern es sich um ein eigenes Siedlungsgebiet mit eigenem Namen handelt.[106]

---

[99] Ganz hM; *Scholz/Emmerich* Rn. 60; *Hachenburg/Ulmer* Rn. 114; § 5 Rn. 137 ff.
[100] Vgl. hierzu BGH DNotZ 1974, 239.
[101] Vgl. auch BGHZ 15, 177, 181 = NJW 1955, 178; RGZ 148, 175, 186.
[102] BGH NJW 1969, 131; RGZ 170, 358, 368; *Ullrich* ZGR 1985, 235; zu Sonderrechten vgl. *Waldenberger* GmbHR 1997, 49.
[103] RGZ 165, 129, 135; *Hachenburg/Ulmer* Rn. 115; *Scholz/Emmerich* Rn. 60.
[104] BGH DB 1993, 829 = NJW-RR 1993, 607 = MDR 1993, 430 = DNotZ 1994, 310; *Scholz/Emmerich* Rn. 2, 61 ff.; *Hachenburg/Ulmer* Rn. 53 f., 116 ff.
[105] Vgl. *Baumann/Reiss* ZGR 1989, 157.
[106] Österr. OGH AG 1993, 176; *Koppensteiner* § 4 Rn. 4.

§ 4 [Firma]

Die Firma der Gesellschaft muß, auch wenn sie nach § 22 des Handelsgesetzbuchs oder nach anderen gesetzlichen Vorschriften fortgeführt wird, die Bezeichnung „Gesellschaft mit beschränkter Haftung" oder eine allgemein verständliche Abkürzung dieser Bezeichnung enthalten.

Schrifttum zur Rechtslage vor der Handelsrechtsreform: *Bokelmann* Rechtsprechung zum Firmenrecht der GmbH und der GmbH & Co. KG, GmbHR 1979, 265; *ders.* Wichtige Rechtsprechung zum Firmenrecht der GmbH & Co. KG und der GmbH, GmbHR 1983, 236; *ders.* Die Rechtsprechung zum Firmenrecht der GmbH und der GmbH & Co. KG seit etwa 1980, GmbHR 1987, 177; *ders.* Die Gründung von Zweigniederlassungen ausländischer Gesellschaften in Deutschland und das deutsche Firmenrecht unter besonderer Berücksichtigung des EWG-Vertrages, DB 1990, 1021; *Fingerhut* Deutsch-deutsches Firmenrecht von geographisch Gleichnamigen in Enteignungsfällen, BB 1996, 283; *Haas* Die Vertreterhaftung bei Weglassen des Rechtsformzusatzes nach § 4 Abs. 2 GmbHG, NJW 1997, 2854; *Heinrich* Firmenwahrheit und Firmenbeständigkeit, 1982; *Hönn* Akademische Grade in der Firma, ZHR 153 (1989), 386; *Hofmann* Der Grundsatz der Firmenwahrheit, JuS 1972, 233; *Jansen* Die Firma der GmbH im geschäftlichen Verkehr, GmbHR 1963, 163; *Jung* Firmen von Personenhandelsgesellschaften nach neuem Recht, ZIP 1998, 677; *Klippel* Der zivilrechtliche Schutz des Namens, 1985; *Knaak* Firma und Firmenschutz, 1986; *Kögel* Firmenbildung von Zweigniederlassungen in- und ausländischer Unternehmen, Rpfleger 1993, 8; *Kraft* Die Führung mehrerer Firmen 1966; *D. Möller* Firmenbildung von Kapitalgesellschaften in den EG-Mitgliedstaaten, GmbHR 1993, 640; *U. H. Schneider* Die Firma des Konzerns und der Konzernunternehmen, BB 1989, 1985; *Seydel* Die Firma der GmbH, GmbHR 1950, 118; *Troller* Kollision zwischen Firma, Handelsnamen und Marken, 1980; *Wamser* Die Firmenmehrheit, 1997; *Wellmann* Die Firma der GmbH, GmbHR 1972, 193; *Wessel* Probleme bei der Firmierung der GmbH & Co. KG, BB 1984, 1710.

Schrifttum zur Rechtslage nach der Handelsrechtsreform: *Ammon* Gesellschaftsrechtliche und sonstige Neuerungen im Handelsrechtsreformgesetz – Ein Überblick, DStR 1998, 1474; *Bokelmann* Die Neuregelungen im Firmenrecht nach dem Regierungsentwurf des Handelsrechtsreformgesetzes, GmbHR 1998, 57; *ders.* Das Recht der Firmen und Geschäftsbezeichnungen, 5. Aufl. 2000; *Bülow* Zwei Aspekte im neuen Handelsrecht: Unterscheidungskraft und Firmenunterscheidbarkeit – Lagerhalterpfandrecht, DB 1999, 169; *Bydlinski* Zentrale Änderungen des HGB durch das Handelsrechtsreformgesetz, ZIP 1998, 1169; *Canaris* Handelsrecht 23. Aufl., 2000; *DIHT* – Neues Kaufmanns- und Firmenrecht, 1998; *Felsner* Fortführung der Firma bei Ausscheiden des namensgebenden Gesellschafters nach dem Handelsrechtsreformgesetz, NJW 1998, 3255; *Fezer* Liberalisierung und Europäisierung des Firmenrechts, ZHR 161 (1997), 52; *Haack* Die Neuregelungen des Firmenrechts, NWB 1998 Nr. 50, Fach 18, S. 765; *Jung* Firmen von Personenhandelsgesellschaften nach neuem Recht, ZIP 1998, 677; *Kögel* Neues Firmenrecht und alte Zöpfe: Die Auswirkungen der HGB-Reform, BB 1998, 1645; *ders.* Die deutliche Unterscheidbarkeit von Firmennamen, Rpfleger 1998, 317; *Lutter/Welp* Die Firmierbarkeit der Kapitalgesellschaften, ZIP 1999, 1073; *D. Möller* Das neue Firmenrecht in der Rechtsprechung – Eine kritische Bestandsaufnahme; DNotZ 2000, 830; *Müther* Überlegungen zum neuen Firmenbildungsrecht bei der GmbH, GmbHR 1998, 1058; *Obergfell* Grenzenlos liberalisiertes Firmenrecht? Ein Statement zur Eintragungsfähigkeit des „@"-Zeichens, CR 2000, 855; *Roth* Das neue Firmenrecht, Fachtagung d. Bayer-Stiftung 1998, 31; *Schaefer* Das Handelsrechtsreformgesetz nach dem Abschluss des parlamentarischen Verfahrens, DB 1998, 1269; *ders.* Handelsrechtsreformgesetz 1999; *Schumacher* Das Firmenrecht nach dem Handelsrechtsreformgesetz, ZAP 1999, 309; *Schlitt* Die Auswirkungen des Handelsrechtsreformgesetzes auf die Gestaltung von GmbH & Co. KG-Verträgen, NZG 1998, 580; *K. Schmidt* Das Handelsrechtsreformgesetz, NJW 1998, 2161; *Steding* Zur Reform des Firmenrechts für Unternehmen, BuW 1998, 588; *Steinbeck* Die Verwertbarkeit der Firma und der Marke in der Insolvenz, NZG 1999, 133; *Uhlenbruck* Die Firma als Teil der Insolvenzmasse, ZIP 2000, 401; *Ulmer* Unbeschränkte Gesellschafterhaftung in der Gesellschaft bürgerlichen Rechts, ZGR 2000, 339; *Wessel/Zwernemann/Kögel* Die Firmengründung, 7. Aufl. 2001.

Übersicht

	Rn.		Rn.
I. Normzweck	1–4	**II. Die Firma der GmbH**	5, 6
1. Die Entwicklung der Norm	1	1. Firmenführungspflicht	5
2. Neuregelung	2, 3	2. Namenseigenschaft	6
3. Übergangsbestimmungen	4		

	Rn.		Rn.
III. Die Firmenbildung § 18 HGB	7–57	5. Rechtsformzusatz	55, 56
1. Überblick	7–10	6. Das Handelsregisterverfahren	57
a) Prinzip der freien Firmenwahl	7	**IV. Die abgeleitete Firma**	58–63
b) Systematik des § 18	8	1. Überblick	58
c) Verhältnis von Kennzeichnungseignung und Unterscheidungskraft	9, 10	2. Erwerb und Fortführung	59
		3. Einwilligung	60
2. Eignung zur Kennzeichnung, Abs. 1	11–19	4. Unveränderte Fortführung	61
3. Unterscheidungskraft	20–31	5. Haftung	62
a) Personenfirma	21–26	6. Firmenfortführung und Umwandlung	63
aa) Name	21–24		
bb) Zustimmung	25	**V. Änderung und Erlöschen der Firma**	64, 65
cc) Andere Namen als die der Gesellschafter	26	1. Änderung	64
b) Sachfirma	27, 28	2. Erlöschen der Firma	65
c) Phantasiefirma	29–31	**VI. Rechtsfolgen der Unzulässigkeit**	66–69
4. Das Irreführungsverbot	32–54	1. Gründungsstadium	66, 67
a) Überblick	32–35	a) Nichtigkeit der Firmenbestimmung	66
b) Die Voraussetzungen	36–54	b) Ablehnung der Eintragung	67
aa) Die geschäftlichen Verhältnisse	36	2. Nach Eintragung der GmbH in das Handelsregister	68
bb) „Angesprochene Verkehrskreise"	37	3. Rechte Dritter	69
cc) Eignung zur Irreführung	38, 39	**VII. Die Firma der Vorgesellschaft, im Liquidationsstadium, der Zweigniederlassung, der GmbH & Co.**	70–75
dd) Wesentlichkeitsschwelle	40–42		
ee) § 18 HGB und § 3 UWG	43	1. Die Firma der Vorgesellschaft	70
ff) Einzelfälle	44–54	2. Die Firma im Liquidationsstadium	71
α) Personenfirma	44	3. Die Firma der Zweigniederlassung	72
β) Sachfirma	45	4. Die Firma der GmbH & Co. KG	73, 74
γ) Endung auf „AG", „ag" oder „agg"	46	5. Die Firma der GmbH & Co. OHG	75
δ) Titel	47	**VIII. Österreichisches Recht**	76
ε) Geschäftsgröße	48	**IX. Anhang: Maßgebliche Vorschriften**	77
ζ) Hinweise auf amtliche oder wissenschaftliche Stellen	49		
η) Geographische Zusätze	50		
θ) Partnerschaft	51		
ι) GbR mbH	52		
κ) Sonderbestimmungen für bestimmte Berufe	53		
λ) Fallkataloge	54		

I. Normzweck

1. Die Entwicklung der Norm. Die Vorschrift des § 4 Abs. 1 S. 1 und 2 aF regelte als spezielle Norm die Bildung der Firma der GmbH und ergänzte das allgemeine Firmenrecht des HGB (§§ 17 ff. HGB). Die Normen waren zwingend, ließen aber gewisse Wahlmöglichkeiten zu, so vor allem zwischen Sach- und Personenfirma und deren Kombination als gemischte Firma. 1

2. Neuregelung. Das HRefG v. 22. 6. 1998[1] änderte die Norm mit Wirkung zum 1. 7. 1998[2] durch Streichung des Abs. 1 grundlegend. Die Liberalisierung und Vereinfachung des Firmenrechts will die Kennzeichnungsbedürfnisse des modernen Wirtschaftslebens besser berücksichtigen und durch die Angleichung an die entsprechenden Rechtsordnungen anderer EG-Mitgliedstaaten[3] Wettbewerbsnachteile deutscher Un- 2

---

[1] BGBl. I S. 1479; dazu Begr. RegE BT-Drucks. 13/8444 = BR-Drucks. 340/97.
[2] Vgl. Art. 29 Abs. 4 iVm. Art. 9 Nr. 1 EGHGB.
[3] Zu dem differenzierten Bild vgl. *Bokelmann* DB 1990, 1021 f.; *D. Möller* GmbHR 1993, 640; *W.-H. Roth* in: Bayer-Stiftung S. 31, 33.

§ 4 1. Abschnitt. Errichtung der Gesellschaft

ternehmen im Gemeinsamen Markt abbauen. Zugleich sollen die Registergerichte entlastet und eine Deregulierung sowie Entbürokratisierung des Gesellschaftsrechts bewirkt werden.[4]

3   Für die **Firmenbildung** sind nunmehr die durch das HRefG neu gefassten §§ 17 ff. HGB als allgemeine *Generalnormen* auch für die GmbH maßgeblich, vgl. § 6 Abs. 1 HGB iVm. § 13 Abs. 3 GmbHG. Sie haben also nicht mehr wie nach altem Recht lediglich subsidiäre Bedeutung.[5] § 4 nF konkretisiert § 3 Abs. 1 Nr. 1 nur noch insoweit, als er in Erweiterung des Abs. 2 aF nicht mehr nur die Worte „mit beschränkter Haftung",[6] sondern zusätzlich die Beifügung des Wortes „Gesellschaft"[7] zwingend vorschreibt,[8] die Möglichkeit der seit langem hierfür zulässigen Abkürzungen[9] ausdrücklich hervorhebt und entsprechend Abs. 1 S. 3 aF dies auch für den Fall der abgeleiteten Firma klarstellt.

4   **3. Übergangsbestimmungen.** Die vor dem 1. 7. 1998 eingetragenen Firmen dürfen gem. Art. 38 Abs. 1 EGHGB nur bis zum 31. 3. 2003 weitergeführt werden, sofern sie nach altem Recht zulässig waren. Ab[10] dem 1. 4. 2003 ist nach neuem Recht zu firmieren. Für die GmbH bedeutet dies u. a., dass der Zusatz „Gesellschaft" oder dessen allgemein gebräuchliche Abkürzung ggf. in die Firma eingefügt werden muss.[11] Der firmenrechtlich zulässige Zusatz „company"[12] erfüllt dieses Erfordernis ebenso wenig, wie auch die Bezeichnung „& Co" den Begriff „Gesellschaft" nicht ersetzt.[13] Die Änderung der Firma ist gem. § 53 Abs. 2 zu beschließen und zu beurkunden (vgl. auch § 53 Rn. 17) sowie zur Eintragung in das Handelsregister anzumelden. Die Ausnahmevorschrift des Art. 38 Abs. 2 EGHGB (keine Anmeldung zur Eintragung in das Handelsregister) gilt nur für die Firma eines Einzelkaufmanns und einer Personenhandelsgesellschaft.

II. Die Firma der GmbH

5   **1. Firmenführungspflicht.** Die GmbH ist stets Handelsgesellschaft, § 13 Abs. 3 (vgl. § 13 Rn. 6, 32 ff.) und hat demgemäß eine Firma zu führen, §§ 6 Abs. 1, 17 ff. HGB, gleichviel, ob sie einen wirtschaftlichen oder nichtwirtschaftlichen Zweck verfolgt (vgl. Einl. Rn. 115 ff. und § 1 Rn. 7 ff.). Nach der zwingenden Vorschrift des § 3 Abs. 1 Nr. 1 gehört die Festlegung der Firma zum Mindestinhalt des Gesellschaftsvertrages.

6   **2. Namenseigenschaft.** Die Firma ist der Name der GmbH, der ihre Identität bestimmt, d. h. sie als Rechtssubjekt individualisiert und von anderen Rechtssubjekten

---

[4] Begr. RegE BT-Drucks. 13/8444, S. 19 f., 35 ff., 74 f.; hierzu auch *Bokelmann* GmbHR 1998, 57; kritisch zur Liberalisierung *Schmidt* ZIP 1997, 909, 915.

[5] Vgl. *Hachenburg/Heinrich* Rn. 1.

[6] Vgl. zum rechtlichen Gehalt dieser historisch begründeten Formulierung § 1 Rn. 3.

[7] Damit erledigt sich der Streit, ob das Wort „Gesellschaft" als solches in der Firma enthalten sein muss oder nicht (so die Voraufl. §§ 4 Rn. 3, 25).

[8] Vgl. die entsprechenden Bestimmungen für die AG/KGaA in § 4, 279 AktG; die Genossenschaft in § 3 Abs. 1 GenG; die Partnerschaftsgesellschaft in §§ 2, 11 PartGG, die OHG/KG in § 19 Abs. 1 HGB.

[9] BGHZ 62, 230, 233 = NJW 1974, 1191 gegen die ältere Rspr.; ganz hM; vgl. zB *Hachenburg/Heinrich* Rn. 56; *Scholz/Emmerich* Rn. 51. Bei der Reform 1980 hielt der Rechtsausschuss die Aufnahme dieser Selbstverständlichkeit ins Gesetz nicht einmal für erwägenswert, *Deutler* S. 20.

[10] Es ist also *vor* dem 1. 4. 2003 umzustellen und nicht erst danach.

[11] Dies verkennt *Schumacher* ZAP 1999, 320.

[12] Vgl. LG Nürnberg-Fürth MittBayNot. 1994, 162 = GmbHR 1994, 706 (LS); *Wessel/Zwernemann/Kögel* Rn. 405.

[13] *Balser/Bokelmann/Piorreck* Die GmbH, Rn. 33; vgl. auch *Lutter/Hommelhoff* Rn. 20.

Firma   § 4

des privaten und öffentlichen Rechts unterscheidbar macht.[14] Mit ihr wird die Gesellschaft in das Handelsregister eingetragen (§ 10 Abs. 1 S. 1 HGB); die GmbH ist nicht nur berechtigt, sondern auch verpflichtet, die Firma – und nicht eine andere Bezeichnung – im Rechtsverkehr als Gesellschaftsname zu führen.[15] Jede GmbH kann nur *eine* Firma haben, selbst wenn sie mehrere, auch branchenverschiedene, Geschäfte betreibt.[16] Zu den Möglichkeiten, mit Hilfe der Zweigniederlassung in gewissen Grenzen unterschiedlich zu firmieren, vgl. Rn. 72 sowie § 12 Rn. 21 ff.

III. Die Firmenbildung, § 18 HGB

1. Überblick. a) Prinzip der freien Firmenwahl. Durch das HRefG ist an die 7 Stelle des Zwangs zur Wahl einer Personenfirma (§ 18 Abs. 1 HGB aF), einer Sachfirma (§ 4 Abs. 1 AktG aF) oder die Beschränkung auf diese beiden Formen oder deren Kombination (§ 4 Abs. 1 Nr. 1 GmbHG aF) sowie des Entlehnungsgebots (§ 4 Abs. 1 S. 1 GmbHG aF; § 4 Abs. 1 AktG aF)[17] grds. das Prinzip der freien Firmenwahl[18] getreten, wodurch auch die Führung von Phantasiefirmen möglich ist; vgl. zu den Sondervorschriften für bestimmte Berufe Rn. 53. Damit gewinnen die nunmehrigen Anforderungen des § 18 HGB zentrale Bedeutung:

b) Systematik des § 18. Die Firma der GmbH erfordert gem. § 18 einmal die 8 *Eignung zur Kennzeichnung* (Rn. 11) und zum anderen *Unterscheidungskraft* (Rn. 20), Abs. 1. Sind diese Voraussetzungen erfüllt, darf sie weiterhin keine für die angesprochenen Verkehrskreise *wesentlichen Angaben* enthalten, die geeignet sind, über geschäftliche Verhältnisse *irrezuführen*, Abs. 2 S. 1 (Rn. 32 ff.).

c) Verhältnis von Kennzeichnungseignung und Unterscheidungskraft. Die 9 Begriffe werden teils synonym verstanden,[19] teils wird eine gewisse Überschneidung festgestellt,[20] teils wird dem Kriterium der Unterscheidungskraft vornehmlich Bedeutung in Bezug auf § 30 HGB beigemessen.[21] Die Begr. RegE[22] betrachtet beide Begriffe als miteinander verknüpft, indem die Kennzeichnungswirkung mit der Unterscheidungskraft „einhergeht".

Solange die Kennzeichnungseignung konkret auf den betreffenden Unternehmensträger bezogen wird, ist eine befriedigende Abgrenzung der Begriffe kaum zu erreichen. Denn „Kennzeichnung" bedeutet dann Individualisierung, Unverwechselbarkeit, was Unterscheidbarkeit von anderen notwendigerweise mit einschließt.[23] Löst man

---

[14] RGZ 85, 397, 399; BGH WM 1969, 1321; BGHZ 67; 166, 168; zuletzt BayObLG GmbHR 2001, 476; *K. Schmidt* HR § 12 I 1 b, S. 339.
[15] BGH NJW 1991, 2627; BayObLG BB 1992, 943; OLG Stuttgart NZG 1998, 601, 603 f. = DStR 1998, 1146
[16] RGZ 85, 397; 113, 213, 216; BGHZ 67, 166, 167 ff. = GmbHR 1976, 280; OLG Hamm DB 1973, 1692, die beiden letzten für die KG; *Hachenburg/Heinrich* Rn. 70; *Scholz/Emmerich* Rn. 6; *Baumbach/Hueck/G. Hueck/Fastrich* Rn. 2; *Meyer-Landrut/Miller/Niehus* Rn. 3; *Kallmeyer* in: GmbH-HdB I Rn. 113; Kölner KommAktG/*Kraft* § 4 Rn. 1 (anders noch Vorauf. Rn. 22 ff.); *Baumbach/Hopt* § 17 Rn. 9; *K. Schmidt* HR § 12 II 2 c, S. 356 ff.; *Canaris* § 11 Rn. 38 f.; aA OLG Graz NJW 1962, 208 (für die OHG); *Wamser* S. 116 ff.; *W.-H. Roth* in: Bayer-Stiftung S. 31 ff., 54 ff.
[17] *Ammon* DStR 1998, 1474, 1478.
[18] Zu dessen Ursprüngen im Gemeinen Recht vgl. *Fezer* ZHR 161 (1997), 52 f.
[19] Vgl. *Scholz/Emmerich* Rn. 10.
[20] Vgl. *Baumbach/Hopt* § 18 Rn. 4 f.
[21] Vgl. *Kögel* BB 1998, 1645, 1646.
[22] BT-Drucks. 13/8444 S. 36; ähnlich *Wessel/Zwernemann/Kögel* Rn. 109.
[23] AA MüKo HGB Erg.Bd./*Bokelmann* § 18 Rn. 25.

§ 4   1. Abschnitt. Errichtung der Gesellschaft

hingegen den Begriff aus dieser konkreten Fixierung, indem auch dem allgemein gehaltenen Wortbestandteil „Eignung" mehr Bedeutung beigemessen wird, und bestimmt mit ihm lediglich „abstrakt" das zur Individualisierung taugliche *Mittel,* erhält das Kriterium der Unterscheidbarkeit eigene Bedeutung. Erst in diesem Falle gewinnen beide Worte eine eigenständige und sich gegenseitig ergänzende Begrifflichkeit innerhalb des § 18 HGB.[24] Eignung zur Kennzeichnung bedeutet nun Namenstauglichkeit schlechthin; Unterscheidungskraft sodann die hinreichende namensmäßige Abgrenzung von anderen Unternehmensträgern. Erst wenn beide Erfordernisse erfüllt sind, ist die Bezeichnung geeignet, als individualisierende Kennzeichnung[25] zu dienen. Die Firma erfüllt also dann diese Funktion, wenn sie eindeutige Erkennbarkeit und positive Auffindbarkeit sichert.[26]

11 **2. Eignung zur Kennzeichnung, Abs. 1.** Geeignetes *Mittel* zur Kennzeichnung sind die **Namen** in ihrer verschiedenen Ausprägung, wie Familien- und Vornamen, Berufs-, Künstler-[27] bzw. Phantasienamen[28] (Pseudonyme/Decknamen),[29] wobei es insbesondere Vornamen und sog. Allerweltsnamen an Unterscheidungskraft mangeln kann, vgl. Rn. 21. Auch die Verwendung eines sonstigen Pseudonyms/Decknamens scheitert gewiss nicht an dessen mangelnder Mitteleignung, noch idR an seiner Unterscheidungskraft, sondern allenfalls am Irreführungsverbot des Abs. 2.

12 Das durch den Namen, die Sach- und Phantasiebezeichnungen bestimmte **Kommunikationsmittel** ist die **Sprache,**[30] aber nicht in jenem engen Sinne, dass nur als *Wort* aussprechbare Bezeichnungen kennzeichnen können,[31] wie dies bis in die jüngste Zeit entsprechend den zwischenzeitlich aufgehobenen §§ 16 UWG und 4 Abs. 2 WZG verlangt wurde.[32]

13 **Buchstabenkombinationen** können zwar neue Wortschöpfungen darstellen,[33] sind aber häufig nur *buchstabenweise* und nicht als Wort aussprechbar. Gerade letztere werden wegen ihrer schlagwortartigen Einprägsamkeit besonders von der modernen Informationsgesellschaft[34] in vielen Lebensbereichen als markantes Kennzeichnungsmittel verwendet und haben sich im Geschäftsverkehr zu Werbeträgern entwickelt.[35]

---

[24] So *Lutter/Welp* ZIP 1999, 1073, 1078 f.; vgl. auch *Baumbach/Hueck/G. Hueck/Fastrich* Rn. 6 (abstrakte Namensfähigkeit).
[25] BGHZ 79, 265, 270; BGH BB 1997, 2611 = MDR 1998, 428 = WM 1998, 306; MüKo BGB/*Schwerdtner* § 12 Rn. 37.
[26] *Kögel* BB 1998, 1645, 1646.
[27] *Hachenburg/Heinrich* Rn. 38 f.; *Scholz/Emmerich* Rn. 36; MüKo HGB ErgBd./*Bokelmann* § 19 Rn. 17; *Schumacher* ZAP Fach 15, 580; *Jung* ZIP 1998, 677, 682; einschränkend *Meyer-Landrut/Miller/Niehus* Rn. 10; *Bokelmann* Rn. 445 (nur bei Verkehrsdurchsetzung); aA KGJ 39 A, 114, 115; KG OLG 40, 178 f.; BayObLGZ 1954, 203 = NJW 1954, 1933 mwN.
[28] Diesen wird größere Unterscheidungskraft beigemessen als den auf den Unternehmensgegenstand bezogenen Sachfirmen, vgl. Begr. RegE BT-Drucks. 13/8444 S. 37; MüKo AktG/*Heider* § 4 Rn. 15.
[29] *Palandt/Heinrichs* § 12 Rn. 8; einschr. *Bokelmann* Rn. 445 (nur bei Verkehrsdurchsetzung).
[30] OLG Celle DB 1999, 40 = GmbHR 1999, 412.
[31] So BGHZ 11, 214, 217 („KfA"); 14, 155, 159 f. („Farina").
[32] So BGHZ 74, 1, 5 = BB 1979, 547 sowie ferner BGH BB 1997, 2611 = MDR 1998, 428 = WM 1998, 306 (jeweils RBB); OLG Celle DB 1999, 40 = GmbHR 1999, 412; BayObLG GmbHR 2001, 47.
[33] ZB HAPAG = Hamburg-Amerikanische Packetfahrt-Actien-Gesellschaft, gegr. 1847; HERTIE = Herrmann Tietz; HARIBO = Harry Richtofen Bonn; MITROPA = Mitteleuropäische Schlafwagen- und Speisewagen AG, gegr. 1916.
[34] Vgl. jedoch auch schon das S.P.Q.R. (Senatus Populusque Romanus) der rep.-römischen Zeit.
[35] Vgl. *Bydlinski* ZIP 1998, 1169, 1175.

Firma **§ 4**

Teils sind sie Abkürzungen von Namen[36] oder Sachfirmen[37] oder der Kombination beider,[38] ohne dass dies dem Verkehr noch stets bewusst wäre,[39] teils wird nicht einmal eine solche Ableitung deutlich.[40] Auf ihre Durchsetzung im Verkehr kommt es in diesem Zusammenhang nicht an,[41] sondern ggf. erst in den Prüfungsstufen der Unterscheidbarkeit oder der Irreführung. Solchen Abkürzungen kann Kennzeichnungsfunktion nicht abgesprochen werden, was inzwischen § 5 Abs. 2 MarkenG für den Bereich der Marken anerkennt.[42] Hingegen ist eine Vielzahl von Buchstaben-[43] oder Zahlen-Blöcken bzw. -Ketten[44] kein geeignetes Kennzeichnungsmittel.[45]

Fremdworte sind, sofern für deutsche Verkehrskreise verständlich[46] und lesbar,[47] als Kennzeichnungsmittel geeignet. **14**

Zahlen, als Ziffern geschrieben, sind ebenfalls geeignetes Kennzeichnungsmittel, da auch sie aussprechbar und sinngebend sind,[48] denkbar zB in Anlehnung an ein historisches Datum: „753-GmbH".[49] **15**

Zeichen und auch **Symbole** können zwar in die Firma aufgenommen werden,[50] sollen für sich allein zur Kennzeichnung aber generell nicht geeignet sein,[51] gleichgül- **16**

---

[36] ZB MBB = Messerschmidt-Bölkow-Blohm GmbH; ROM = Rud. Otto Meyer, Heizungen, Klimaanlagen etc.
[37] ZB AEG = Allgemeine-Electricitäts-Gesellschaft, seit 1887; BMW = Bayerische Motoren Werke AG.
[38] ZB ALDI = Albrecht Discount.
[39] ITT = International Telephone and Telegraph Corporation, gegr. 1920; IBM = International Business Machines; LTU = Lufttransport-Union; TUI = Touristik Union International; C & A = Clemens & August (Brenningmeyer), gegr. 1841.
[40] ZB MMO$_2$ oder 4-MBO International Electronic AG (4: es waren vier Gründer der Firma M, die mit der Münchner Büroorganisation fusionierte).
[41] *Lutter/Welp* ZIP 1999, 1073, 1078; *Lutter/Hommelhoff; Ebenroth/Boujong/Joost/Zimmer* § 18 Rn. 28; enger *Kögel* BB 1998, 1645, 1646; aA OLG Celle DB 1999, 40 = GmbHR 1999, 412; MüKo HGB Erg.Bd./*Bokelmann* § 19 Rn. 32; *Koller/Roth/Morck* § 18 Rn. 3; *Müther* GmbHR 1998, 1058, 1060.
[42] BGHZ 145, 279, 281 = NJW 2001, 1868 = MDR 2001, 706 (DB-Immobilien).
[43] Vgl. OLG Celle DB 1999, 40 = GmbHR 1999, 412 („AAA AAA AAA AB ins Lifesex-TV.de GmbH").
[44] *Lutter/Hommelhoff* Rn. 14.
[45] Zust. *Lutter/Welp* ZIP 1999, 1073, 1078; *Canaris* § 10 Rn. 16; *Baumbach/Hueck/G. Hueck/Fastrich* Rn. 6; MüKo HGB Erg.Bd./*Bokelmann* § 19 Rn. 37; abl. *Wessel/Zwernemann/Kögel* Rn. 149.
[46] Dies trifft für solche Firmen wie die polnische Firma „Przedsiebiorstwo Uslug Technicznych i Realizacji Budownictwa PBP spólka z o.o.w Katowicach" nicht zu; Beispiel von *Kögel* Rpfleger 1993, 8, 9.
[47] Kyrillische, arabische, griechische oder sonstige Schriftzeichen sind nicht zulässig (vgl. *Wessel/Zwernemann/Kögel* Rn. 162; *Roth/Altmeppen* Rn. 3; *Müther* GmbHR 1998, 1058, 1059; *Lutter/Welp* ZIP 1999, 1073, 1077; *Canaris* § 10 Rn. 14), es sei denn die Nähe zum lateinischen Alphabet ermöglicht ausnahmsweise die Erkennbarkeit, zB „Κόσμος" = Kosmos.
[48] *Lutter/Welp* ZIP 1999, 1073, 1078f.; *Canaris* § 10 Rn. 17; DIHT – Neues Kaufmanns- und Firmenrecht, S. 26; aA BGHZ 8, 387, 389; *Kögel* BB 1998, 1645, 1646; *Wessel/Zwernemann/Kögel* Rn. 147: Kennzeichnungskraft nur bei Verkehrsdurchsetzung, zB „4711".
[49] „7-5-3- kroch Rom aus dem Ei".
[50] BGHZ 135, 257, 260 = NJW 1997, 1854f. = GmbHR 1997, 644.
[51] Das kaufmännische „&" und das mathematische „+" sollen nach BGHZ 135, 257, 260 = NJW 1997, 1854f. = GmbHR 1997, 644 kein *wesentliches* (Hervorhebung des Verfassers) Unterscheidungsmerkmal sein.

tig, ob sie aussprechbar und sinngebend sind[52] oder nicht, wie idR Satzzeichen.[53] In dieser Stringenz trifft dies nicht zu: „+" wird unschwer auch als „plus" gesprochen[54] und bedarf keiner weiteren Hinzufügung. Kombiniert mit dem ebenfalls zulässigen Punkt-Zeichen ergäbe sich die „+ . GmbH", was unschwer als „Pluspunkt GmbH" verstanden würde.

17 Hingegen scheitert das Zeichen @[55] als Kennzeichnungsmittel zur Zeit an seiner Vieldeutigkeit.[56] Unklar ist nämlich, ob es zum einen als Buchstabe für „a"[57] bzw. als Wortzeichen für „at"[58] zu gelten hat oder zum anderen als Bildzeichen[59] oder sonstiges Symbol[60] zu verstehen ist. Mankowski[61] möchte @ als Schriftzeichen wie einen normalen Buchstaben behandeln, zZ schwerlich zu Recht, was sich jedoch in künftigen noch stärker computerorientierten Generationen ändern mag. Auf die Eintragung einer bestimmten Schreibweise oder graphischen Gestaltung der Firma, wie im ersteren Falle mit @, bestünde ohnehin kein Anspruch.[62]

Der Mangel als firmenrechtliches Kennzeichnungsmittel stellt die Verwendung des @ als Bestandteil eines Firmenlogos keineswegs in Frage. So wird sich erweisen, ob sich aus dem werblichen Gag[63] etwas Dauerhaftes mit allgemeiner Verbindlichkeit entwickelt oder die neuerdings zu beobachtende Ausdehnung dieser Darstellungsweise auf andere Vokale wie zB @[64] verwässernd wirkt.

18 Auch die **Kombination** aller dieser Kennzeichnungsmittel ist zulässig, zB Deutsche Bank 24; ProSieben Sat1; 4-MBO International Electronic AG (vgl. Fn. 40); C&A; 1&1,[65] XXL AutoGmbH,[66] sowie die fremdsprachlichen Slogans, die von den ange-

---

[52] ZB das kaufmännische „&" und das mathematische „+", denen dieselbe Bedeutung beigemessen wird und die als „und" gesprochen werden sollen, vgl. BGHZ 135, 257, 260 = NJW 1997, 1854 f. = GmbHR 1997, 644 (für „+ Partner" bzw. „& Partner") sowie BayObLG NJW 1996, 3016 f. = DStR 1996, 1819 f. (Vorlagebeschluss); NJW 2001, 2337 f. = GmbHR 2001, 476 = DB 2001, 1140 f.; sowie Punkt, Doppelpunkt und Bindestrich (iS von „bis").

[53] ZB Komma, Semikolon, Bindestrich, Fragezeichen, Ausrufezeichen, Klammern, Anführungszeichen.

[54] Vgl. *Odersky* MittBayNot 2000, 533; *Wachter* GmbHR 2001, 467 f.; *Mankowski* MDR 2001, 1124 f.

[55] Als „Klammeraffe", „Affenschwanz", „commercial a" bezeichnet.

[56] Vgl. BayObLG NJW 2001, 2337 = GmbHR 2001, 476 = DB 2001, 1140; *Lutter/Welp* ZIP 1998, 1073, 1077; *Lutter/Hommelhoff* Rn. 16; Spindler EWiR 2001, 729 f.; aA LG Cottbus NJW-RR 2000, 332 f.; ebenso krit. *Obergfell* CR 2000, 855, 857 ff.; *Odersky* MittBayNot 2000, 533; *Mankowski* EWiR 2001, 275 f.; ders. MDR 2001, 1024; *Wachter* GmbHR 2001, 477; *Wessel/Zwernemann/Kögel* Rn. 150.

[57] Vgl. die werbliche Gestaltung der Firmenlogos der Multimediaunternehmen W@P, Met@box Supermarketing AG (dazu LG Braunschweig MittBayNot 2000, 569; OLG Braunschweig OLGR 2001, 31 = WRP 2001, 287) oder „Speedw@y" (OLG Hamburg K&R 2001, 314).

[58] Mit der PC-Funktion für englisch „at" oder dem deutschen „und", vgl. BayObLG NJW 2001, 2337 f. = GmbHR 2001, 476 = DB 2001, 1140; *Müther* GmbHR 1998, 1058, 1059 Fn. 10.

[59] So *D. Möller* DNotZ 2000, 830, 842.

[60] Bei PC-Kassenautomaten für den Einzelpreisausweis anstelle des sonst gebräuchlichen „à".

[61] MDR 2001, 1124.

[62] BayObLG NJW 1968, 364; OLG Karlsruhe NJW 1970, 1379 f.; KG DB 2000, 1857 f. = GmbHR 2000, 1101 ff.

[63] Vgl. *Mankowski* MDR 2001, 1124: Modernismus, Gimmick.

[64] Vgl. zB FAZ Nr. 265 v. 14. 11. 2001, B 4.

[65] Ablehnend *Wessel/Zwernemann/Kögel* Rn. 147.

[66] AG Stuttgart HRB 22430 oder „xyz-Beteiligungs-GmbH", AG Stuttgart HRB 112, 65; vgl. auch *Wessel/Zwernemann/Kögel* Rn. 130.

Firma § 4

sprochenen Verkehrskreisen verstanden werden: „1 2 snap", gesprochen „One Two Snap"[67], „4YOU" (=„for you") oder „One 2 One", gesprochen „One To One".[68]

Da das **reine Bildzeichen** visuell wirkt und sich nicht der Sprache bedient, ist es kein geeignetes Kennzeichnungsmittel.[69] ZB ist „Pik 7 bzw. Sieben" als Wortzeichen bzw. Wort-/Zahlenkombination verwendbar, nicht hingegen das bildliche Kartensymbol. **19**

3. Unterscheidungskraft. Aus der Erweiterung der Firmenbildungsvorschrift des § 18 Abs. 1 HGB, insb. der Zulässigkeit von Phantasiefirmen, folgt, dass die auf § 4 Abs. 1 S. 1 und 2 aF beruhende Unterscheidung zwischen Personen-, Sach- und Mischfirma ihre bisherige Bedeutung eingebüßt hat, ihr nun lediglich die Funktion eines um die Phantasiefirma zu ergänzenden Ordnungskriteriums zukommt. **20**

a) Personenfirma. aa) Name. Von den Kennzeichnungsmitteln erfüllt der Name schon aufgrund seiner Genese[70] grds. Unterscheidungsfunktion. Der Name individualisiert den Unternehmensträger und schützt ihn durch diesen konkreten Bezug vor Verwechslungen mit anderen Unternehmensträgern, allerdings je nach Art des Namens mit unterschiedlicher Wirkungskraft. *Familiennamen* haben eine größere Wirkungskraft als Vornamen. Trägt der namensgebende Gesellschafter einen sog. *Allerweltsnamen*,[71] ist die Unterscheidungskraft zwar geringer, aber nicht grds. zu verneinen.[72] In einem solchen Fall hilft ein entsprechender Zusatz zu weiterer Individualisierung.[73] *Vornamen* haben schon wegen ihrer durch die relativ geringe Zahl bewirkten häufigen Verwendung kaum Unterscheidungskraft, können die Funktion der Unterscheidbarkeit daher nur erfüllen, wenn sie sich im Verkehr als Bezeichnung einer Person durchgesetzt haben, sei es als Teil des bürgerlichen Namens[74] oder Teil ihres Künstlernamens,[75] sei es als Künstlername selbst.[76] *Künstlernamen* werden vorzugsweise zwecks besonderer Identitätswirkung und somit auch stärkerer Unterscheidungskraft gebildet.[77] **21**

Die Personenfirma wird idR aus den Namen aller Gesellschafter oder dem Namen eines von ihnen gebildet. Der Name des oder der Gesellschafter kann der bürgerliche Name, aber auch der Firmen- oder Künstlername[78] sein. Das Beifügen von Vornamen war bei der GmbH nie erforderlich[79] – anders bestimmte dies § 19 Abs. 3 HGB aF für **22**

---

[67] Vgl. *Wachter* GmbHR 2001, 477, wobei dem Bestandteil „snap" wegen seiner Mehrfachbenutzung, zB „tele snap" oder „MC-snap" (Verschlusssystem für Laminatfußböden) keine Unterscheidungskraft zukommen dürfte.
[68] Denkbar auch: „B 2 B" = Business to Business.
[69] KG JW 1930, 1742; BGHZ 14, 155, 159 f. („Farina"); GRUR 1979, 565; KG NJW-RR 2001, 173 = DB 2000, 1857; *Koller/Roth/Morck* § 18 Rn. 3; *Scholz/Emmerich* Rn. 10; *Baumbach/Hueck/G. Hueck/Fastrich* Rn. 6.
[70] Vgl. zur Entwicklungsgeschichte der Namen; *Koss* Namensforschung, 1990; *Raschauer* Namensrecht, 1978.
[71] ZB Maier, Müller, Schmidt, auch Schneider (süddt.) gleichbedeutend mit mittelniederdeutscher Bedeutung für Schröder (vgl. Forschung und Lehre 2002, 34; *Canaris* § 10 Rn. 20).
[72] *Lutter/Welp* ZIP 1999, 1073, 1075; *Lutter/Hommelhoff* Rn.10; *Canaris* § 10 Rn. 20; *Wessel/Zwernemann/Kögel* Rn. 116; aA *Koller/Roth/Morck* § 18 Rn. 4; *Baumbach/Hopt* § 18 Rn. 6; *Müther* GmbHR 1998, 1058, 1059.
[73] Ebenso *Lutter/Welp* ZIP 1999, 1073, 1075; *Lutter/Hommelhoff* Rn. 10; DIHT – Neues Kaufmanns- und Firmenrecht S. 24.
[74] BGH NJW 1983, 1184 f. = MDR 1983, 643 („Uwe" Seeler).
[75] OLG München NJW 1960, 869 = GRUR 1960, 394 („Romy" Schneider).
[76] LG Düsseldorf NJW 1987, 1413 („Heino").
[77] *Hachenburg/Heinrich* Rn. 38; MüKo HGB Erg.Bd./*Bokelmann* § 19 Rn. 17.
[78] Vgl. Fn. 27 und zur alten Rechtslage Voraufl. Rn. 12.
[79] KGJ 39 A 114 f.

§ 4   1. Abschnitt. Errichtung der Gesellschaft

den Kaufmann. Es ist den Gesellschaftern jedoch unbenommen, dies in ausgeschriebener oder abgekürzter Form zu tun, was sich bei Allerweltsnamen zwecks verbesserter Unterscheidungskraft und ggf. auch zur Vermeidung der Irreführung als notwendig erweisen kann. Auch ausländische Gesellschafternamen kommen in Frage, selbst wenn sie als solche nicht erkennbar sind.[80] Sie müssen grds. in lateinischer Schrift geschrieben sein (vgl. Fn. 47).

23   Sind **Personengesellschaften** oder **juristische Personen** Gesellschafter, können sie ihren eigenen Rechtsformzusatz in der Firma der GmbH weglassen.[81] Sie müssen ihn weglassen, wenn er irreführen kann.[82] Dasselbe gilt für ausländische Rechtsformzusätze.[83] Zum gemäß § 4 nF unabdingbaren Erfordernis des Rechtsformzusatzes bei der GmbH vgl. Rn. 55.

24   Sind **BGB-Gesellschaften** oder sonstige **Gemeinschaften** Gesellschafter (vgl. § 2 Rn. 23f.) so ist im Gegensatz zum alten Recht[84] die Aufnahme der Namen aller an der betreffenden Gesellschaft bzw. Gemeinschaft Beteiligten nicht erforderlich.

25   **bb) Zustimmung.** Die **namensrechtlich** erforderliche (§ 12 BGB) Zustimmung zur Aufnahme des Namens in die Firma erklärt der betreffende Gesellschafter regelmäßig stillschweigend und unbeschränkt mit dem Vertragsschluss. Eine ausdrückliche Erklärung ist nicht vorgesehen.[85] Wird bei einer späteren diesbezüglichen Satzungsänderung der Namensträger überstimmt, ersetzt dies die nach § 12 BGB erforderliche Zustimmung nicht.[86] Der Gesellschafter kann die Zustimmung aber beschränken, zB auf die Dauer seiner Zugehörigkeit zur Gesellschaft[87] oder der des namensgebenden Familienstamms oder der Fortdauer der Holdingfunktion der GmbH.[88] Hat er dies nicht getan, so kann die Gesellschaft seinen Namen in der Firma auch nach dessen Ausscheiden beibehalten; § 24 Abs. 2 HGB gilt insoweit nicht.[89] Ebensowenig kann der Gesellschafter die erteilte Einwilligung widerrufen, es sei denn, die Gesellschaft missbraucht den Namen zu unlauteren Zwecken und fügt diesem erheblichen Schaden zu.[89a] Die Gesellschaft sowie auch ihr Insolvenzverwalter können die Firma mit dem Handelsgeschäft der Gesellschaft veräußern, ohne dass der Gesellschafter die Fortführung seines Namens idR verhindern kann,[90] eine Vervielfachung des Namens-

---

[80] BayObLGZ 1973, 211f. = NJW 1973, 1886 („Mesirca") gegen BayObLGZ 1972, 277, 282 = NJW 1972, 2185 („Celdis").
[81] KG DNotZ 1958, 552.
[82] ZB OLG Karlsruhe GmbHR 1967, 122; BayObLG GmbHR 1971, 37 = DB 1971, 88, in beiden Fällen zur AG als Gesellschafterin.
[83] OLG Düsseldorf DNotZ 1956, 611; KG DNotZ 1958, 552, beide zum Zusatz „limited".
[84] Vgl. BGHZ 78, 311, 317 = NJW 1981, 682 = DB 1991, 461.
[85] HM; aA *Meyer-Landrut/Miller/Niehus* Rn. 13.
[86] Vgl. *Hachenburg/Heinrich* Rn. 53; *Scholz/Emmerich* Rn. 39.
[87] Vgl. hierzu BGHZ 58, 322 = NJW 1972, 1419; BGH WM 1969, 1321; OLG Nürnberg DB 1979, 1267; iErg. trotz krit. Ansatzes auch *Canaris* § 10 Rn. 52f.; krit. *Steinbeck* NZG 1999, 133, 138.
[88] *Canaris* § 10 Rn. 55 mwN.
[89] BGHZ 58, 322, 324 = NJW 1972, 1419; BayObLG DB 1984, 1673; OLG München DB 1992, 2078 = GmbHR 1993, 102; für eine Ausweitung der Zustimmungspflicht *Felsner* NJW 1998, 3255, 3256.
[89a] OLG München DStR 2000, 939.
[90] BGHZ 85, 221, 224 = NJW 1983, 755f. = DB 1983, 489; OLG Düsseldorf NJW 1980, 1284; OLG Frankfurt/M. ZIP 1982, 334; OLG Hamm NJW 1982, 586 = DB 1981, 2318; DB 1998, 1178 = NZG 1998, 467; dazu *Ulmer* NJW 1983, 1697ff.; vgl. auch § 53 Rn. 17 u. § 63 Rn. 135.

gebrauchs, zB durch die gesonderte Veräußerung von Zweigniederlassungen, ist hierdurch nicht gedeckt[91] (vgl. Rn. 72).

cc) Andere Namen als die der Gesellschafter. Andere Namen als die der Gesellschafter können im Gegensatz zu § 4 Abs. 1 S. 2 aF[92] in die Firma aufgenommen werden, soweit sie nicht irreführen, § 18 Abs. 2 HGB (vgl. Rn. 44). 26

b) Sachfirma. Ist eine Sachfirma Kennzeichnungsmittel, muss sie in der Weise gebildet werden, dass sie den Unternehmensträger durch eine Sachbeschreibung von anderen unterscheidbar macht, d. h. ihn hinreichend individualisiert.[93] Das durch das HRefG aufgehobene Entlehnungsgebot des § 4 Abs. 1 S. 1 aF[94] sollte dies sicherstellen, wenn auch nur mit mäßigem Erfolg.[95] Nach der Reform ist die Unterscheidungskraft zentraler Orientierungspunkt, der für *alle Arten* von Firmen gilt (vgl. Rn. 8). Der Sache nach wird das Entlehnungsgebot einmal bei der Unterscheidungskraft berücksichtigt und zum anderen bei der Prüfung möglicher Täuschung gemäß Abs. 2 – jedoch unter den dortigen Einschränkungen.[96] Die Sachfirma erfordert also eine individualisierende Bezugnahme auf den betreffenden Unternehmensträger. Diese Voraussetzungen erfüllt sie nicht, wenn sie sich im schlicht beschreibenden Hinweis auf eine Branchen-, Gruppen oder Gattungszugehörigkeit[97] erschöpft oder lediglich allgemeine geographische Bezüge[98] enthält. Hieran ändert auch nichts die Verwendung entsprechend fremdsprachlicher Gattungsbegriffe, die Eingang in die deutsche Umgangs-, Geschäfts- oder Fachsprache gefunden haben.[99] Sind sie hingegen den angesprochenen Verkehrskreisen als solche nicht bekannt, können sie ver- 27

---

[91] BGH DB 1980, 2434 = ZIP 1980, 994 = WM 1980, 1360, 1361; *Canaris* § 10 Rn. 54; krit. *K. Schmidt* HR § 12 II 3 c.

[92] ZB Vorauflage § 4 Rn. 11, 13 f, 16.

[93] Vgl. „DAS BAD GmbH ... alles aus einer Hand" (BayObLG NJW-RR 1998, 40 = DB 1997, 2601 = NZG 1998, 71 f.).

[94] Begr. RegE BT-Drucks. 13/8444 S. 37.

[95] *Crüger/Crecelius* GmbHG, 6. Aufl. 1922, § 4 Anm. 1 a beklagte bereits, dass „eine große Anzahl von Gesellschaften Firmen (haben), aus denen auch nicht entfernt der Gegenstand des Unternehmens zu ersehen ist".

[96] Für die Fortgeltung des Entlehnungsgebots *Bokelmann* GmbHR 1998, 57, 59; *Kögel* BB 1998, 1645, 1646, weil anderenfalls die Sachfirma täuschen würde. Hierbei blieben jedoch die Einschränkungen des § 18 Abs. 2 HGB nF unberücksichtigt. Immerhin lassen auch diese Stimmen das im Entlehnungsgebot enthaltene bisherige Konkretisierungsgebot fallen.

[97] ZB „Transportbeton GmbH" (OLG Hamm NJW 1961, 2018 = GmbHR 1961, 163 = BB 1961, 1026); „Mineralöl-Vertrieb GmbH" (LG Hannover BB 1969/Beil. 10, 14); „Stapler-Vermietung GmbH" (OLG Düsseldorf BB 1971/Beil. 9, 15); „Gebäudereinigungs-GmbH" (LG Aachen BB 1971/Beil. 9, 15); „Industrie- und Baubedarf GmbH" (BayObLGZ 1972, 388, 389; OLG Hamm OLGZ 1978, 38 = MDR 1978, 56); „Heimtextilien GmbH" (BayObLG Rpfleger 1978, 127); „Baumaschinen-Consulting" (OLG Oldenburg DB 1990, 519 = BB 1990, 443 f.); „Internationale Handelsgesellschaft m.b.H.", zulässig hingegen „interhandel GmbH" (BayObLGZ 1972, 388 = BB 1973, 305).

[98] ZB „Bonn GmbH", vgl. *Lutter/Welp* ZIP 1999, 1073, 1075 anders „Bietigheimer M. GmbH", LG Heilbronn Rpfleger 2002, 158 f.

[99] AllgM zB „VIDEO-Rent GmbH" (BGH NJW 1987, 438 f. = WM 1987, 115 f.); „Sat-Shop" (LG München NJW-RR 1998, 978); „New Life" (BPaTG GRUR 1999, 333) sowie ferner „Fast Food", „Fashion", „Chique" und die mit den neuen Medien und EDV-Verarbeitungssystemen verbundenen Allgemeinausdrücke wie „Computer", „Software", „Internet", „Online" (vgl. iE *Lutter/Welp* ZIP 1999, 1023, 1076; *Koller/Roth/Morck* § 18 Rn. 4; *Lutter/Hommelhoff* Rn. 11; *Baumbach/Hueck/G. Hueck/Fastrich* Rn. 6.

§ 4   1. Abschnitt. Errichtung der Gesellschaft

wendet werden.[100] Reine Sachfirmen bedürfen eines individualisierenden *Zusatzes*[101] oder einer entsprechenden *Umformung*. Im ersten Fall kann dies geschehen zB durch die Hinzufügung eines Namens,[102] einer konkreten geographischen Bezeichnung oder eines der Kennzeichnungsmittel gemäß Rn. 13–16; im zweiten Fall zB durch „schlagwortartige Verdichtung".[103] Für beide Fälle erweitern Phantasiebezeichnungen die Gestaltungsmöglichkeiten. Ein Freihaltebedürfnis für sog. *Trendbegriffe*, d. h. solche, die sich alsbald oder auch nur vielleicht in der Umgangssprache durchsetzen werden,[104] ist abzulehnen. Dies schüfe Abgrenzungsprobleme, würde die Liberalisierung des Firmenrechts konterkarieren und den Registerrichter zur Sprachforschung verpflichten.[105]

28 Die Zulassung reiner Sachfirmen würde zudem die firmenmäßigen Gestaltungsmöglichkeiten anderer auf demselben Gebiet tätiger Unternehmensträger einschränken. Eine solche Sperrwirkung ist auch unter firmenordnungsrechtlichen Gesichtspunkten abzulehnen.[106]

29 **c) Phantasiefirma.** Die Phantasiefirma informiert zwar nicht wie die Sachfirma etwa annähernd über den Unternehmensgegenstand, ihr wird aber idR größere Unterscheidungskraft zugeschrieben.[107] Die Phantasiefirma eröffnet die Möglichkeit weitgehend freier Gestaltung, die nur durch die öffentliche Ordnung und die guten Sitten,[108] die firmenrechtlichen Bestimmungen der §§ 17ff. und 30 HGB sowie durch die des Wettbewerbsrechts begrenzt wird. Die Phantasiefirma kann sich bekannter Begriffe bedienen, zB aus dem Bereich der Himmelsgestirne und -erscheinungen,[109] der Mythologie,[110] der Tierwelt[111] oder neue Wortschöpfungen/Kunstworte prägen.[112] Aufgrund der Zulässigkeit von Phantasiebezeichnungen sind auch aneinandergesetzte Wortkürzel (zB „Compwork", „pro real") in einem weiteren Rahmen als nach der

---

[100] ZB „Frumentum" (OLG Karlsruhe OLGZ 43, 324); „Tele-Promotion" (BayObLG BB 1977, 813f. = GmbHR 1977, 201 = DB 1978, 579f.); „Food/Non-Food" (OLG Frankfurt/M. GmbHR 1979, 266 = Rpfleger 1979, 340); „Electronic-Service" (OLGZ 1983, 25); „Kosmopharm" (OLG Stuttgart OLGZ 1974, 337f.); „Data-Tax-Control" (BGH NJW 1988, 262 = DB 1987, 2406 = WM 1987, 1229); „Printware Supplies" (LG Flensburg GmbHR 1999, 482, 483).
[101] Vgl. BayObLG BB 1997, 1707 = MDR 1997, 863.
[102] ZB „Verlag Dr. Otto Schmidt KG"; „Lange Uhren GmbH", Glashütte, Sachsen „Bietigheimer M. GmbH", LG Heilbronn Rpfleger 2002, 158f.
[103] Vgl. *Lutter/Welp* ZIP 1999, 1073, 1077; zB „NAGEL Baupart" (OLG Hamm NJW-RR 1996, 1184 = GmbHR 1996, 360, 361); *Lutter/Hommelhoff* Rn. 12; abl. *Wessel/Zwernemann/Kögel* Rn. 138.
[104] So *Müther* GmbHR 1998, 1058, 1060.
[105] Krit. auch *Lutter/Welp* ZIP 1999, 1073, 1076.
[106] So schon OLG Hamm OLGZ 1978, 38 = MDR 1978, 56; *Müther* GmbHR 1998, 1058, 1059; *Lutter/Welp* ZIP 1999, 1073, 1074.
[107] Vgl. Begr. RegE BT-Drucks. 13/8444 S. 37.
[108] Vgl. BGHZ 130, 5, 8ff. = GRUR 1995, 592, 594f. („Busengrapscher"; „Schlüpferstürmer"); *Jung* ZIP 1998, 677, 683 mwN. Das Verbot sittenwidriger Firmierung etc. wird zwar in §§ 17ff. HGB nicht erwähnt; entsprechende Eintragungshindernisse enthalten jedoch § 8 Abs. 2 Nr. 5 MarkenG, § 2 Nr. 1 PatG, § 2 Nr. 1 GebrMG, § 7 Abs. 2 GeschMG, was eine Erstreckung auf die firmenrechtlichen Normen im Wege der Gesamtanalogie rechtfertigt, vgl. *Wiedemann/Fleischer* HR Rn. 138. Nicht jede Geschmacklosigkeit ist auch sittenwidrig, vgl. BVerfGE 102, 347, 362ff. = NJW 2001, 591, 592f. = DB 2001, 37, 38f.
[109] ZB Luna, Mars, Meteor, Orbis.
[110] ZB Zeus, Apollo, Poseidon, Phaeton, Phönix.
[111] ZB Adler-Versicherungen.
[112] ZB Aventis, Novartis.

Firma **§ 4**

alten Rechtslage (vgl. „Bauhelf",[113] „Parkota",[114] „Eurochix",[115] NetCom[116]) erlaubt. Durch die Kombination mit sachfirmenmäßigen Kennzeichnungen können deren Informationsmöglichkeiten mit dem Vorteil besserer Unterscheidungskraft verknüpft werden. Zur Unzulässigkeit der Endung auf „AG", „ag" oder „agg" vgl. Rn. 46.

Der durch § 4 vorgeschriebene Rechtsformzusatz ist, obwohl Bestandteil der neuen 30 wie der abgeleiteten Firma, als Unterscheidungskriterium ungeeignet,[117] denn er hat nicht Namensfunktion, sondern verdeutlicht die Zuordnung des Rechtsträgers zur GmbH als einer der gesellschaftsrechtlichen Organisationsformen.[118]

Nicht zu verwechseln ist die Unterscheidungskraft von der **Unterscheidbarkeit** der 31 Firma gemäß § 30 HGB. Diese ist erst zu prüfen, wenn die nach § 18 zulässige neue Firma sich nicht „von allen an dem selben Ort oder in der selben Gemeinde bereits bestehenden und in das Handelsregister oder in das Genossenschaftsregister eingetragenen Firmen deutlich unterscheidet".[119]

4. Das Irreführungsverbot. a) Überblick. Das Irreführungsverbot des § 18 Abs. 2 32 nF HGB soll dem Grundsatz der Firmenwahrheit zur Geltung verhelfen,[120] wobei das Reformziel der Liberalisierung nicht durch übermäßige Anforderungen konterkariert werden soll.

Im Gegensatz zum bisherigen Wortlaut[121] erfasst der nunmehrige Reformtext des 33 § 18 Abs. 2 HGB nF alle „Angaben ... über geschäftliche Verhältnisse", erstreckt mithin das Irreführungsverbot auf alle Firmenbestandteile und die Firma in ihrer Gesamtwirkung.[122] Eine materielle Änderung ist hiermit nicht verbunden, da die hM dem § 18 Abs. 2 HGB aF trotz seiner engeren Fassung schon vor der Reform ein umfassendes Irreführungsverbot zugrundegelegt hat.[123]

Um einer ausufernden Interpretation des Prinzips der Firmenwahrheit entgegenzu- 34 wirken und damit den liberalen Reformansatz zunichte zu machen, sind die zur Irreführung geeigneten Angaben aus der Sicht der *angesprochenen Verkehrskreise* – also nicht

---

[113] OLG Neustadt NJW 1962, 2208.
[114] Vgl. OLG Köln v. 1. 10. 1948, zitiert bei *Wellmann* GmbHR 1950, 151.
[115] OLG Oldenburg NdsRpfleger 1968, 15 – GmbH mit Küken- und Hühnerhandel (engl. „Chicken").
[116] BGH NJW 1997, 1928 = WRP 1997, 1093.
[117] BGHZ 24, 238, 245; 46, 7, 12 = NJW 1966, 1813; BayObLG BB 1980, 68 = MDR 1980, 143; OLG Stuttgart DB 2001, 695 f. = BB 2001, 14, 15 („LAVATEC AG Wäschereimaschinen GmbH & Co. KG"); *Baumbach/Hopt* § 18 Rn. 5 aE; großzügiger *Kögel* Rpfleger 1998, 317, 320; *ders.* BB 1998, 1645, 1646 sowie MüKo HGB Erg.Bd./*Bokelmann* § 18 Rn. 28.
[118] OLG Stuttgart DB 2001, 695, 696 = BB 2001, 14, 15 („LAVATEC AG Wäschereimaschinen GmbH & Co. KG").
[119] *Bülow* DB 1999, 269, 270; *Lutter/Welp* ZIP 1999, 1073, 1074; *Canaris* § 10 Rn. 18; § 11 Rn. 28 ff.
[120] Begr. RegE BT-Drucks. 13/8444 S. 36, 38, 52; *Koller/Roth/Morck* § 18 Rn. 5; *Ebenroth/Boujong/Joost/Zimmer* § 18 Rn. 35.
[121] § 18 Abs. 2 HGB aF: „Art oder ... Umfang des Geschäfts oder die Verhältnisse des Geschäftsinhabers".
[122] BGHZ 44, 286, 287; 53, 65, 69; 68, 12, 14, 271, 273.
[123] Vgl. BGHZ 53, 65, 66; BayObLG DB 1982, 2395, 2396 = BB 1982, 1572, 1573; GmbHR 1985, 394; OLG Naumburg GmbHR 1998, 236, 237; *Koller/Roth/Morck* § 18 Rn. 6; *Ebenroth/Boujong/Joost/Zimmer* § 18 Rn. 35; *Bokelmann* GmbHR 1998, 57, 60. Hingegen glaubt die Begr. RegE, BT-Drucks. 13/8444 S. 52, dass „im Gegensatz zum geltenden Recht ... aber nicht nur ein Täuschungsverbot für Firmenzusätze, sondern ausdrücklich ein umfassendes Irreführungsverbot für sämtliche Firmenbestandteile einschließlich der Firma als Ganzes normiert (wird)".

aus der Sicht des Rechtsverkehrs schlechthin – und zudem unter Berücksichtigung einer *Wesentlichkeitsschwelle* zu beurteilen.

35 Schließlich muss die Eignung zur Irreführung über wesentliche Verhältnisse für das Registergericht *„ersichtlich"* sein (vgl. Rn. 57).

36 **b) Die Voraussetzungen. aa)** Die **„geschäftlichen Verhältnisse".** Nach der ständigen Rspr. des BGH handelt es sich hierbei um Umstände, die die Art (Branchenbezug),[124] Umfang und Rechtsverhältnisse des Unternehmens[125] und seiner Träger[126] betreffen.[127] Der Gesamteindruck der Firma ist entscheidend;[128] das galt schon zu Zeiten, als die durch das HRefG aufgehobene Unterscheidung zwischen Firmenkern und -zusatz noch relevant war.[129] Hinsichtlich der Erfassung dieser Umstände ist demgemäß ein weiter Maßstab anzuwenden.[130]

37 **bb) „Angesprochene Verkehrskreise".** Nicht der Rechtsverkehr in seiner Allgemeinheit ist orientierendes Kriterium, sondern einmal die von der GmbH unterhaltenen und angestrebten Liefer- und Leistungsbeziehungen auf der Zuliefer- und Abnehmerseite. Das können zB Konsumenten sein,[131] industrielle Abnehmer,[132] oder Fachleute.[133] Der Schutzzweck gebietet ferner die Einbeziehung der sonstigen Geschäftspartner, zB Banken und der Mitbewerber.[134]

38 **cc) Eignung zur Irreführung.** Die Eignung zur Irreführung ist nicht losgelöst von den vorliegenden Verhältnissen – also abstrakt – bestimmbar. Ob die geschäftliche Angabe unrichtige Vorstellungen auslöst, hängt von den Adressaten des betreffenden Unternehmens, d.h. den maßgeblichen Verkehrskreisen ab. Es genügt hierbei nicht, zwischen Verbrauchern und Fachleuten zu unterscheiden; die Waren- und Dienstleistungsmärkte bedingen eine Vielzahl spezieller Empfängerhorizonte. Zudem können ausdrucksmäßige Selbstverständlichkeiten im sprachlichen Verständnis einer Region nicht ohne weiteres in einer anderen erwartet werden. Irreführungseignung gegenüber den einen schließt also nicht notwendig diejenige gegenüber den anderen ein und umgekehrt.

39 Indem das Gesetz auf die *Eignung* zur Irreführung abhebt, wird zum einen klargestellt, dass Abs. 2 den Eintritt des Täuschungserfolgs nicht voraussetzt.[135] Zum anderen bleiben die subjektiven Beweggründe, die den irreführenden Angaben zugrunde liegen, unberücksichtigt; eine Täuschungsabsicht ist also nicht erforderlich.[136]

40 **dd) Wesentlichkeitsschwelle.** Um der durch die ausgeuferte Kasuistik in Rspr. und Gutachtenpraxis der IHKs eingetretenen „Versteinerung" des Firmenrechts[137] ent-

---

[124] Vgl. *Koller/Roth/Morck* § 18 Rn. 8.
[125] BGHZ 22, 88, 90 („INDROHAG"); 68, 12, 14, 271, 273.
[126] BGHZ 53, 65, 69.
[127] Vgl. auch *Koller/Roth/Morck* § 18 Rn. 8; *Baumbach/Hopt* § 18 Rn. 9.
[128] BGHZ 68, 271, 273; BayObLG DB 1982, 2395, 2396 = BB 1982, 1572f.
[129] Vgl. *Ebenroth/Boujong/Joost/Zimmer* § 18 Rn. 31.
[130] *Baumbach/Hopt* § 18 Rn. 13.
[131] Vgl. BGH NJW 1982, 2446 = DB 1982, 1395 = BB 1982, 1075 („Schwarzwald Bauern-Spezialitäten").
[132] Vgl. *Koller/Roth/Morck* § 18 Rn. 7.
[133] Vgl. OLG Stuttgart BB 1974, 756, 757 („Concordia Fluidtechnik").
[134] BayObLG DB 1982, 2395, 2396 = BB 1982, 1572, 1573; *Baumbach/Hopt* § 18 Rn. 9.
[135] BayObLG DB 1979, 83 = BB 1979, 184; BGHZ 22, 88, 90 (INDROHAG).
[136] RGZ 156, 16, 22; BayObLG DB 1997, 2600 =BB 1997, 1707; *Koller/Roth/Morck* § 18 Rn. 7; *Baumbach/Hopt* § 18 Rn. 9.
[137] Begr. RegE BT-Drucks. 13/8444 S. 35. Zur Kritik vgl. *Fezer* ZHR 161 (1997), 52, 57; *Scheibe* JuS 1997, 414, 415; *Bokelmann* GmbHR 1998, 57, 60; MüKo HGB Erg.Bd./*Bokelmann* § 18 Rn. 8f., 67; *Ebenroth/Boujong/Joost/Zimmer* § 18 Rn. 35.

Firma   § 4

gegenzuwirken, genügt nach der Handelsrechtsreform nicht mehr jedwede unrichtige Angabe; in Anlehnung an § 13a UWG muss sie vielmehr für die angesprochenen Verkehrskreise *wesentlich* sein.[138] An sich zur Irreführung geeignete Angaben, die „nur von geringer wettbewerblicher Relevanz oder für die wirtschaftliche Entscheidung der angesprochenen Verkehrskreise nur von nebensächlicher Bedeutung sind",[139] stehen einer Eintragung der Firma nicht entgegen. Entsprechend § 13a UWG ist eine Angabe dann wesentlich, wenn ihr für die durch die GmbH-Firma vermittelte Einschätzung des Unternehmens ausschlaggebende Bedeutung beizumessen ist.[140] Die Einführung der Wesentlichkeitsschwelle normiert mithin eine materiellrechtliche Einschränkung des Irreführungsverbots im Vergleich zum bisherigen Recht, das lediglich die Täuschungseignung der Angaben voraussetzt.

Zum Vorliegen einer Täuschungseignung ist ferner nicht (mehr) zu erforschen, ob „ein nicht ganz unerheblicher Teil der durch die Firma angesprochenen Verkehrskreise einer irrigen Vorstellung[141] über die Aussage hinsichtlich der Firma unterliegen kann",[142] sondern es soll durch den relevanten Beurteilungsmaßstab nach dem ausdrücklich erklärten Willen des Gesetzgebers „auf die Sicht des durchschnittlichen Angehörigen des betroffenen Personenkreises bei verständiger Würdigung ankommen".[143] Es ist also ein objektiver, typisierender Beurteilungsmaßstab anzulegen. Entsprechend dieser maßgeblichen Durchschnittsauffassung kommt es auf die Einzelansicht eines Betroffenen nicht an.[144] Die mit der Einführung der Wesentlichkeitsschwelle einhergehende Veränderung des Beurteilungsmaßstabs führt zu einer Erweiterung der zulässigen Firmierung. **41**

Bei der Bewertung der Irreführungseignung ist das sich ständig fortentwickelnde Verständnis des Durchschnittsadressaten zu berücksichtigen.[145] Dementsprechend sind Namensbestandteile wie „Euro" bzw. „European" oder „International" unbedenklich. Die Verkehrsauffassung entnimmt diesen Zusätzen allenfalls noch, dass sich das betreffende Unternehmen in seiner Tätigkeit nicht auf das Gebiet der Bundesrepublik Deutschland beschränkt, sondern international betätigt. Die Unterhaltung von Filialen, Niederlassungen im Ausland oder die Präsenz durch konzernmäßig verbundene Unternehmen wird hingegen nicht erwartet.[146] Die inflationäre Verwendung des Wortes „Euro" („Euroland"; „Europalette"; „Euronorm") relativiert die Irreführungseignung nochmals. **42**

ee) § 18 HGB und § 3 UWG. Da nach hM für § 3 UWG eine Irreführung bereits anzunehmen ist, wenn der für § 18 HGB nF nicht mehr maßgebliche Beurteilungsmaßstab eines nicht unerheblichen Teils der angesprochenen Verkehrskreise mit der **43**

---

[138] Begr. RegE BT-Drucks. 13/8444 S. 36.
[139] Begr. RegE BT-Drucks. 13/8444 S. 53.
[140] Vgl. *Köhler/Piper* UWG § 13a Rn. 5.
[141] Dies wurde bereits bei einer minimalen Irreführungsquote von 10% (oder 15% so *Heymann/Emmerich* § 18 Rn. 23) der angesprochenen Verkehrskreise angenommen, vgl. BT-Drucks. 13/8444 S. 36; *Ebenroth/Boujong/Joost/Zimmer* § 18 Rn. 35.
[142] BayObLG NJW-RR 1987, 1520 = MDR 1987, 939; NJW 1988, 2480, 2481.
[143] Begr. RegE BT-Drucks. 13/8444 S. 53, unter Verweis auf *Baumbach/Hefermehl* § 13a Rn. 5 UWG; *Köhler* JZ 1989, 263, 264.
[144] *Köhler/Piper* UWG § 13a Rn. 5.
[145] Vgl. auch Begr. RegE BT-Drucks. 13/8444 S. 36.
[146] BGH NJW 1994, 196 = MDR 1994, 465 = DB 1993, 2480 („Euro"); OLG Hamm GmbHR 1999, 1254 – LS – („Euro" oder „European"); LG Darmstadt GmbHR 1999, 482f. und LG Stuttgart BB 2000, 1213 (jeweils „International"); ebenso *Lutter/Hommelhoff* Rn. 23; aA *Bokelmann* GmbHR 1998, 57, 63.

Angabe unzutreffende Vorstellungen verbindet, könnte im Einzelfall eine GmbH-Firma nach § 18 HGB zulässig, nach § 3 UWG hingegen wettbewerbswidrig sein. Die eher großzügige Rspr. des EuGH zu § 3 UWG stellt auf eine „erhebliche Anzahl von Verbrauchern" ab,[147] die zudem „durchschnittlich informiert, aufmerksam und verständig" sind.[148] Der HGB-Gesetzgeber erhofft sich von der Einführung der Wesentlichkeitsschwelle eine Ausstrahlung auf die künftige Auslegung des § 3 UWG.[149] Für eine Schutzgutdifferenzierung zwischen UWG einerseits und europäischem Wettbewerbsrecht sowie HGB andererseits besteht angesichts des Wandels der Anschauungen zum modernen Verbraucherleitbild wohl kaum Anlass.[150]

44 **ff) Einzelfälle. α) Personenfirma.** Aufgrund des ersatzlosen Wegfalls des § 4 Abs. 1 S. 1 u. 2 aF ist es nun möglich, den Namen einer nicht an der Gesellschaft beteiligten[151] natürlichen Person – auch ausschließlich – zu verwenden.[152] Da der durchschnittliche Verkehrsteilnehmer bei einer Personenfirma diese Benennung mit der tatsächlichen Inhaberschaft grds. gleichsetzt, kommt es entscheidend darauf an, ob der Dritte der benannten Person besonderes Vertrauen oder besondere Erwartungen entgegenbringt. Daher liegt eine Täuschung bei der Nutzung von Namen lebender Personen des öffentlichen Lebens generell vor („Claudia Schiffer Kosmetik GmbH", „Beckenbauer Fußballartikel GmbH", „Steffi Graf Tennismoden GmbH").[153] Die Ablehnung jeglicher Täuschungsmöglichkeit bei der Nutzung von Namen verstorbener Personen des öffentlichen Lebens lässt sich in der vertretenen Allgemeinheit nicht vertreten.[154] Insbesondere das verwendete Kriterium des „lange" Verstorbenseins ist kein hinreichend bestimmbarer Begriff, da die Bedeutung und vertrauensbildende Wirkung eines Namens stets vom Einzelfall abhängig ist („Albert Schweitzer Medizinversorgung GmbH" ist wegen des zeitnahen Wirkens des Namensträgers oder von Nachkommen (zB v. Bismarck) täuschungsgeeignet, anders wenn die Namen Symbolcharakter erlangt haben (zB Goethe Buchhandlung GmbH) oder für eine Methode, Erfindung etc. stehen (zB Edison, Diesel).[155]

45 **β) Sachfirma.** Obwohl die Firma nicht mehr dem Entlehnungsgebot entsprechen muss,[156] ist zumindest ein (lockerer) Zusammenhang[157] mit dem tatsächlichen Unternehmensgegenstand[158] notwendig. Die vor dem HRefG zur Zulässigkeit von Sachfirmen ergangenen Entscheidungen sind demnach nur sehr bedingt auf die heutige

---

[147] EuZW 1993, 544 = WRP 1993, 233 („Nissan").
[148] EuGH Slg. 1995, I – 1923, 1944 = NJW 1995, 3243 („Mars"); EuZW 1998, 526 („Sechs-Korn – 10 frische Eier").
[149] Begr. RegE BT-Drucks. 13/8444 S. 53.
[150] Vgl. iE *Ebenroth/Boujong/Joost/Zimmer* § 18 Rn. 37 f. mwN.
[151] Maßgebend ist der Zeitpunkt der Eintragung der Gesellschaft, § 11 Abs. 1, OLG Stuttgart GmbHR 1971, 90.
[152] Zum Problem der Täuschungseignung die aus der Kombination von Sach- und Personenfirmen folgen kann, vgl. OLG Hamm DB 1997, 1222.
[153] Vgl. diese theoretischen Beispiele bei *Luther/Hommelhoff* Rn. 27.
[154] So aber *Lutter/Hommelhoff* § 4 Rn. 27.
[155] Ebenso *Hachenburg/Heinrich* Rn. 23; anders Voraufl. Rn. 16.
[156] *Kögel* BB 1998, 1645, 1646.
[157] *Koller/Roth/Morck* § 18 Rn. 12.
[158] Bei wesentlicher Änderung des Unternehmensgegenstandes besteht Täuschungsgefahr und damit eine unzulässige Firma; OLG Zweibrücken OLGZ 1972, 391, 393; BayObLG 1975, 332, 325; *Hachenburg/Heinrich* Rn. 29 bis 32; *Scholz/Emmerich* Rn. 20 f.; *Meyer-Landrut/Miller/Niehus* Rn. 9; aA *Vogel* Anm. 3.1.3.

Rechtslage übertragbar.[159] Aufgrund der Zulässigkeit von Phantasiefirmen ist eine Firma nicht täuschungsgeeignet, wenn sich mit ihr verschiedene Unternehmensgegenstände verbinden („MEDITEC").[160] – „Treuhand" weist auf die (genehmigungsbedürftige) Besorgung fremder Vermögensangelegenheiten im eigenen Namen und die Beratung in Wirtschafts-, Steuer- und Rechtsangelegenheiten hin. Daher ist die Verwendung der Bezeichnung ohne klarstellenden Zusatz bei Tätigkeit nur im genehmigungsfreien Bereich irreführend.[161] Den Firmenbestandteil „Revision" darf eine Nicht-Wirtschaftsprüfungsgesellschaft nicht führen.[162]

γ) **Endung auf „AG", „ag" oder „agg".** Phantasienamen der GmbH dürfen auf nicht auf „AG", „ag" oder „agg" enden, da sie über das Vorliegen einer Aktiengesellschaft täuschen könnten.[163] Mag die Täuschungsmöglichkeit auch bei einer Endung auf „-agg"[164] bestehen, so ist sie bei auf „ak" oder „ac" lautenden Endungen zu verneinen.[165] Dagegen weist der Begriff „genossenschaftlich" nicht auf die Rechtsform der e. Gen. hin, sondern wird im Sprachgebrauch rechtsformunabhängig verwendet.[166] Auch der Zusatz Stiftung ist nicht rechtsformgebunden und daher verwendbar, vgl. § 1 Rn. 45 aE. 46

δ) **Titel.** Der akademische Titel („Dr.", „Professor") eines Gesellschafters kann in die Firma aufgenommen werden, wenn dieser einen bestimmenden Einfluss auf die Gesellschaft hat. Fehlt ein solcher Einfluss von vornherein oder ist er infolge Änderung der gesellschaftsrechtlichen Verhältnisse verloren gegangen oder ist der Titelträger lediglich ein Strohmann, darf der Titel nicht (mehr) verwendet werden.[167] Der Titel soll auch nicht mehr fortgeführt werden dürfen, wenn der Titelträger aus der Gesellschaft ausscheidet und kein anderer promovierter oder habilitierter Akademiker wenigstens als Gesellschaftsorgan vorhanden ist,[168] es sei denn, ein klarstellender Nachfolgezusatz wird der Firma beigefügt.[169] Entscheidend sollte sein, ob die mit dem Titel verbundene Vermutung besonderer Sachkompetenz die angesprochenen Verkehrskreise täuschen würde. Dies ist nicht der Fall, wenn der akademische Titel zB mit einer allseits be- 47

---

[159] Zulässig bereits nach alter Rechtslage: „DAS BAD GmbH ... alles aus einer Hand" BayObLG NJW-RR 1998, 40 = DB 1997, 2600, 2601 = NZG 1998, 71; „NAGEL Baupart GmbH" OLG Hamm NJW-RR 1996, 1184 = GmbHR 1996, 360; unzulässig: „Logistik" KG Berlin BB 1997, 172 = DB 1997, 270.
[160] BayObLG OLGZ 1999, 114 = BB 1999, 1041: Abkürzung kann auf Technik im Medizinbereich oder der Medien hindeuten.
[161] OLG Frankfurt/M. OLGZ 1980, 293 = BB 1980, 652; BayObLG DB 1989, 920, 921 = BB 1989, 727, 728.
[162] OLG Düsseldorf BB 1976, 1192; vgl auch OLG Frankfurt/M. OLGZ 1980, 151; BayObLG GmbHR 1983, 239.
[163] BGHZ 22, 88, 90 = NJW 1956, 1873 („INDROHAG"); BayObLG DB 1978, 1260 f. = BB 1979, 1466 („Trebag"); unzulässig deshalb auch der Zusatz „BAG" zum Firmenkern „Bauanlagen GmbH", BayObLG DB 1982, 2129.
[164] LG Hannover BB 1976, 9.
[165] *Staub/Hüffer* § 18 Rn. 27; *Wessel/Zwernemann/Kögel* Rn. 459.
[166] So schon *Schmidt-Leithoff* Die Rechtslage der nichteingetragenen Dauergenossenschaft, Diss. Hamburg 1965, S. 23 ff. mwN; OLG Frankfurt/M. DB 1992, 2541 (für AG); aA *Scholz/Emmerich* Rn. 58.
[167] BGH DB 1992, 519 = GRUR 1992, 121.
[168] BGH DB 1992, 519 = GRUR 1992, 121; krit. wegen der Inkonsequenz bzgl. des sonst verlangten bestimmenden Einflusses *Wessel/Zwernemann/Kögel* Rn. 517; großzügiger *Riegger* DB 1984, 441, 442 ff.
[169] BGH NJW 1998, 1150, 1151 f.

kannten Phantasiegestalt „Dr. Frankenstein GmbH" verbunden ist.[170] Wird bei Mischfirmen dem akademischen Titel kein Fakultätszusatz hinzugefügt, kann im Zusammenhang mit der Geschäftsbezeichnung der Eindruck entstehen, dass sich die durch den Titel ausgedrückte besondere Kompetenz auf dieses Geschäft bezieht. Dies lässt beim Durchschnittsadressaten ein besonderes, sach- und fachbezogenes Vertrauen entstehen.[171] So vermittelt „Dr. Müller Bau GmbH" den Eindruck, der Titel sei von einer Ingenieurs- oder Architekturfakultät verliehen worden. Stimmt der Fakultätsbezug des Titels nicht mit dem Geschäft überein, ist die Fakultätsbezeichnung in die Firma aufzunehmen. Eine durch Umwandlung entstandene KG der Branche Druck und Papier soll jedoch den in der Firma ohne Fakultätszusatz enthaltenden Dr.-Titel ohne Hinzufügung eines Nachfolgezusatzes beibehalten dürfen.[172]

48 ε) **Geschäftsgröße.** Die Bezeichnungen eines Betriebes als „Zentrale", „Center", „Haus", „Börse" oder „Palast" sind entgegen früheren Entscheidungen heute nicht mehr generell als täuschend iSd. § 18 Abs. 2 HGB zu qualifizieren, wenn ein kleineres Unternehmen einen dieser Begriffe in die Firma aufnimmt. Aufgrund der in den letzten Jahren vermehrten Verwendung derartiger Geschäftsbezeichnungen nimmt der Durchschnittsadressat keine außergewöhnliche Stellung des Unternehmens auf dem Markt mehr an.[173] Der Firmenbestandteil „Gruppe" in der Wortverbindung mit „Baugruppe" erweckt hingegen den Eindruck einer besonders leistungsfähigen Verschmelzung mehrerer einschlägiger Unternehmen,[174] was bei Begriffsbildungen wie „Beratungsgruppe" oder „Planungsgruppe" wiederum nicht der Fall wäre.

49 ζ) **Hinweise auf amtliche oder wissenschaftliche Stellen.** Die Bezeichnung als „Anstalt", „Akademie", „Seminar", „Institut", „Fachschule", „-Dienst" oder „-Stelle" ist unzulässig, wenn der Eindruck einer staatlichen, kirchlichen Stelle oder wissenschaftlichen, forschenden Einrichtung der Wahrheit zuwider geweckt wird.[175] Hierbei ist ein objektiver Maßstab aus der Sicht des Durchschnittsadressaten anzulegen, wobei ein Auffassungswandel zu unterschiedlichen Beurteilungen führen kann. Werden die vorgenannten Bezeichnungen mit anderen Begriffen kombiniert, kann der öffentliche Bezug ausgeschlossen sein.[176]

---

[170] Vgl. auch *Lutter/Hommelhoff* Rn. 25.
[171] BGHZ 53, 65, 67.
[172] OLG Frankfurt/M. GmbHR 1977, 202 = Rpfleger 1977, 211 f.
[173] Vgl. *Koller/Roth/Morck* § 18 Rn. 13.
[174] LG Lüneburg BB 1979, 135; zust. *Bokelmann* GmbHR 1979, 265, 270; *Wessel/Zwernemann/Kögel* Rn. 461; aA *Lutter/Welp* ZIP 1999, 1073, 1079.
[175] IE umstritten: *Glanegger/Ruß* § 18 Rn. 22 für ein generelles Verbot derart. Bezeichnungen. Vermittelnd: *Koller/Roth/Morck* § 18 Rn. 12, die eine Unzulässigkeit bejahen, wenn der gewerbliche Charakter sich nicht eindeutig ergibt und insoweit auch auf die Firmenzusätze abstellen; *Lutter/Hommelhoff* Rn. 29, die bzgl. der „Akademie" einen Auffassungswandel feststellen und es genügen lassen, dass eine derartige GmbH nicht den Selbstzweck der Mitgliederförderung und Universitätsniveau aufweist; aA *Bokelmann* GmbHR 1998, 57, 63.
[176] Zulässig: „Beerdigungs-, Schönheits-, Heiratsinstitut", BGH NJW-RR 1987, 735; OLG Frankfurt/M. DB 1981, 2225; unzulässig: „Institut für Zivilrecht GmbH", da der Eindruck einer universitären Einrichtung erzeugt wird, BayObLG DB 1986, 166. Unzulässig sind ferner alle Zusätze, die den Eindruck erwecken, es handele sich um öffentliche oder unter öffentlicher Aufsicht stehende Einrichtungen: „Polizei-Verlag", „Kirchlicher Mietverbund", „Städtische Baubetreuung" (bei privater Trägerschaft), vgl. DIHT BB 1966, 475; BayObLG 1986, 150. Zur Frage der Zulässigkeit der Verwendung der Bezeichnung „Klinik" in der Firma einer Zahnbehandlungen anbietenden GmbH vgl. BGH NJW 1996, 3083, 3084 = DB 1997, 86, 87.

Firma § 4

η) Geographische Zusätze. Die Vielfalt geographischer Zusätze ist schon ihrer 50
Natur nach immens. Verwendet werden Ortsnamen (Dörfer, Städte, Stadtteile), Namen von Landschaften und Ländern (Regionen, Staaten, Staatengemeinschaften, Erdteilen), Flüssen und Gebirgen sowie Volks- und nationale Zuordnungen (bayerisch, deutsch, europäisch), und schließlich abstrakt wirkende Bezeichnungen, die über die örtliche Bedeutung hinausweisen sollen („Euro", „European", „international" – vgl. Rn. 42). In Anbetracht der Häufigkeit der Verwendung derartiger geographischer Angaben kann einmal von einer gewissen Bedeutungsabschwächung ausgegangen werden. Andererseits können entsprechende geographische Zusätze eine durch den Umfang der Geschäftstätigkeit nicht gerechtfertigte herausragende Bedeutung suggerieren. Eine Täuschungseignung kann daher gerade geographischen Zusätzen nicht abgesprochen werden. Die Einzelfallprüfung hat zu ergeben, ob die angesprochenen Verkehrskreise über Art und Umfang des Geschäfts getäuscht werden könnten. Unzulässig ist die Firma „Westdeutsche Treuhand", wenn die Gesellschaft mit einem Mindeststammkapital gegründet worden ist und keine Zweigniederlassung in Westdeutschland hat.[177] Umgekehrt ist ein geographischer Firmenzusatz nicht deswegen unzulässig, wenn sich die Tätigkeit der Gesellschaft über das so bezeichnete Gebiet hinaus erstreckt.[178] Die Verwendung eines Ortsnamens ist unzulässig, wenn dieser nicht entsprechend dem dahingehenden allgemeinen Verständnis den Sitz der Gesellschaft bezeichnet.[179]

θ) Partnerschaft. Zur Führung des Zusatzes „Partnerschaft" oder „und Partner" in 51
jeder möglichen Schreibweise (zB „&" sowie „+") sind ausschließlich Partnerschaftsgesellschaften berechtigt, § 11 S. 1 PartGG; allen Gesellschaften mit einer anderen Rechtsform, die nach Inkrafttreten des PartGG gegründet oder umbenannt werden, ist diese Bezeichnung verwehrt. Sog. „Altgesellschaften" genießen Bestandsschutz, sofern sie seit dem 1. 7. 1997 der Bezeichnung „Partnerschaft" oder „und Partner" ihren Rechtsformzusatz hinzufügen, wozu die GmbH im Umfange des § 4 Abs. 2 aF ohnehin verpflichtet war.[180] Die nunmehr ggf. erforderliche Hinzufügung des Zusatzes „Gesellschaft" (vgl. Rn. 4) ist nicht als Umbenennung im o. g. Sinne zu verstehen, da der Rechtsformzusatz kein firmenrechtliches Unterscheidungskriterium ist, vgl. Rn. 30. Eine solche liegt nur vor, wenn eine Firma ohne den Zusatz „Partner" bzw. „und Partner" in eine Firma mit diesem Zusatz geändert wird.[181] Betroffen sind auch Änderungen von sonstigen Firmenbestandteilen, so dass bei einer Umbenennung einer bestehenden „… und Partner GmbH" der Zusatz nicht zulässig bleibt.[182] Der Bestandsschutz des § 11 S. 3 PartGG gilt auch für den Formwechsel von der „… und Partner oHG" zur „… und Partner GmbH", denn der Formwechsel ist trotz Anwendbarkeit der für die neue Rechtsform geltenden Gründungsvorschriften (§ 197 S. 1 UmwG) weder einer Neugründung gleichzusetzen (vgl. §§ 190

---

[177] BayObLG DB 1983, 2302.
[178] OLG Frankfurt/M. DB 1992, 2541 („Genossenschaftliche Beteiligungsgsellschaft Kurhessen").
[179] BayObLG NJW-RR 1993, 103 = DStR 1992, 1332; LG Heilbronn Rpfleger 2002, 158 f.; zur Zuständigkeit des Ortsnamen einer Nachbargemeinde vgl. OLG Stuttgart DB 2001, 697, 698; LG Mannheim GmbHR 2000, 874, 875 (obiter).
[180] BGHZ 135, 257, 258 = NJW 1997, 1854 f. = DB 1997, 1398 f.
[181] BGHZ 135, 257, 258 = NJW 1997, 1854 f. = DB 1997, 1398 f.; LG Köln GmbHR 1999, 411, 412.
[182] OLG Stuttgart für den Fall der Änderung der Firma, die durch die Nachnamen der Gesellschafter bestimmt war, ZIP 2000, 1108. Anders LG Köln GmbHR 1999, 411, 412, das jedoch über den Zusatz der Branchenzugehörigkeit und damit wohl nicht über eine Umbenennung im o. g. Sinn zu entscheiden hatte. Vgl. *Ring* EWiR 2000, 581.

Abs. 1 und 202 Abs. 1 Nr. 1 UmwG), noch erfasst der Rechtsformausweis gemäß § 200 Abs. 1 S. 2 und Abs. 2 UmwG den insoweit entsprechenden Zusatz „Partner".[183]

52 ι) **GbR mbH.** Eine solche Firmierung ist gem. § 18 Abs. 2 HGB unzulässig. Der Zusatz „mit beschränkter Haftung" oder „mbH" ist als Rechtsformzusatz den nach dem GmbHG errichteten Gesellschaften vorbehalten.[184] Anderen Gesellschaften ist die Führung eines solchen Zusatzes untersagt.[185] Die Verwendung des Rechtsformzusatzes ist geeignet, beim Durchschnittsadressaten fehlerhafte Assoziationen mit einer GmbH zu wecken, deren Rechtsform Vertrauen aufgrund der Kapitalbeschaffungs- und Kapitalerhaltungsvorschriften genießt, was die GbR mbH nicht für sich in Anspruch nehmen kann.[186]

53 χ) **Sonderbestimmungen für bestimmte Berufe.** Sonderbestimmungen stellen für bestimmte Berufe besondere Voraussetzungen auf und sperren diese Bezeichnungen für andere Gesellschaften. *Wirtschaftsprüfungs-* und *Steuerberatungsgesellschaften* haben diese Bezeichnungen in die Firma aufzunehmen; § 31 WPO, § 53 StBerG. Andere auf steuerberatende Tätigkeiten hinweisende Bezeichnungen oder Zusätze dürfen im Interesse der Wettbewerbsgleichheit und zur Vermeidung von Täuschungen im Rechtsverkehr nicht verwendet werden. Dieses Verbot erstreckt sich jedoch nicht auf solche Firmenbestandteile, die das Unternehmen lediglich kennzeichnen und in Bezug auf dessen steuerberatende Tätigkeit so allgemein gehalten sind, dass sie vom Verkehr nicht als Hinweis auf solche Tätigkeiten verstanden werden.[187] Zu den Bezeichnungen „*Bank*", „*banking*", „*Bankier*", „*Volksbank*", „*VOBA*",[188] „*Sparkasse*" vgl. §§ 39 bis 43 iVm. 32 KWG; zum Zusatz „*Bausparkasse*" vgl. § 1 Gesetz über Bausparkassen; zur Bezeichnung „*Kapitalanlagegesellschaft*", „*Investmentgesellschaft*" sowie damit zusammenhängende Bezeichnungen wie „*Kapitalanlage*", „*Investment*", „*Invest*" u. dgl. vgl. § 7 KAGG.[189] Ferner sind die Bezeichnungen „*Finanzdienstleistungsinstitute*", „*Finanzunternehmen*" und „*Finanzholding-Gesellschaften*" bestimmten durch § 1 KWG definierten Unternehmen der Finanzwirtschaft vorbehalten. Die Verwendung der Begriffe „*Finanz*" oder „*Finanzierungen*" durch Unternehmen, die keine Erlaubnis zum Betreiben von Bankgeschäften gem. KWG besitzen, ist zur Täuschung geeignet.[190] „*Unternehmensbeteiligungsgesellschaft*" darf sich nur eine Gesellschaft nennen, die als solche anerkannt ist, vgl. § 20 Abs. 1 UBGG. Das BAKred. kann bei Verstößen auch beim Landgericht die Amtslöschung der Firma beantragen.[191] – Die „*Rechtsanwaltsgesellschaft*"

---

[183] OLG Frankfurt/M. BB 1999, 554 f. = MDR 1999, 620 f = DB 1999, 733 f.

[184] *Hachenburg/Heinrich* § 4 Rn. 55 ff.; *Heckelmann*, FS Quack, S. 243, 252; MünchHdB GesR I/*Gummert* § 12 Rn. 48 f. Offengelassen durch OLG München NZG 1998, 899 = DB 1998, 2012 f. = GmbHR 1998, 1130.

[185] BayObLG NZG 1999, 21, 22 = NJW 1999, 297, 298 = GmbHR 1999, 483 = DStR 1998, 2024.

[186] OLG Jena DStR 1998, 2024, 2025 = ZIP 1998, 1797, 1798; LG München GmbHR 1998, 983. Der BGH lässt eine Haftungsbegrenzung bei der GbR durch den Zusatz „mbH" aus strukturellen Besonderheiten der unterschiedlichen Gesellschaftsformen nicht zu, BGHZ 142, 315 = NJW 1999, 3483 = BB 1999, 2152. Vgl. *Ulmer* ZGR 2000, 339.

[187] „Data-Tax-Control"; BGH DB 1987, 2406 = WM 1987, 1229 = NJW 1988, 262.

[188] *Ebenroth/Boujong/Joost/Zimmer* § 18 Rn. 19; Zweifelnd zur Einbeziehung der Abkürzung in den Schutzbereich der §§ 39 ff. KWG *Wessel/Zwernemann/Kögel* Rn. 451.

[189] Aus der Spruchpraxis vgl. BayObLG BB 1969, 1062; 1982, 1572; WM 1988, 644, 666; OLG Frankfurt/M. OLGZ 1980, 151; DB 1985, 33; BFH BStBl. 1987 II S. 606.

[190] Vgl. *Wessel/Zwernemann/Kögel* Rn. 486 mwN.

[191] BayObLG BB 1983, 1494 f. = WM 1983, 573 f.

Firma   § 4

muss in der Firma diese Bezeichnung und den Namen wenigstens eines Gesellschafters, der Rechtsanwalt ist, enthalten, § 59k Abs. 1 S. 1 BRAO; vgl. die entsprechende Regelung für die *Patentanwaltsgesellschaft,* § 52k PatAnwO.

λ) **Fallkataloge.** Auf die umfangreichen Kataloge bei *Bokelmann* Das Recht der **54**
Firmen und Geschäftsbezeichnungen, Rn. 114 ff.; *Gößner* Lexikon des Firmenrechts, Loseblatt; *Wessel/Zwernemann/Kögel* Rn. 440 ff. wird verwiesen.

5. Rechtsformzusatz. Der gemäß § 4 unabdingbar erforderliche Rechtsformzusatz **55**
„Gesellschaft mit beschränkter Haftung" sowie deren allgemein verständliche Abkürzungen (GmbH, G.m.b.H., Ges.mbH, Ges.m.b.H.) können der eigentlichen Firma angefügt („Motorenbau … GmbH"), vorangestellt, teils vorangestellt und angefügt (zB „Gesellschaft für Motorenbau … mbH") oder mit einem Wort der Firma verbunden werden (zB „Motorenbaugesellschaft … mbH"). Auch die Anfügung des Rechtsformzusatz in Klammern ist möglich.[192] Statt „Haftung" sind andere Worte wie etwa „Haftpflicht" (vgl. § 2 Nr. 1 GenG aF) unzulässig. Selbst wenn die übrige Firma fremdsprachlich gebildet wird, hat der Rechtsformzusatz stets in deutsch zu erfolgen, wie der Wortlaut des § 4 zweifelsfrei ergibt. Im Falle der Einpersonengründung ist ebenfalls der Rechtsformzusatz im Wortlaut des § 4 hinzuzufügen, auch wenn es sich in diesem Fall nach allgemeinem Sprachverständnis nicht um eine „Gesellschaft" handelt (vgl. § 2 Rn. 3 ff.). Wurde der Rechtsformzusatz in ausgeschriebener Form in das Handelsregister eingetragen, kann er dennoch im Geschäftsverkehr abgekürzt verwendet werden.[193]

Ein Verstoß gegen das Gebot des § 4 kann eine **Rechtsscheinhaftung** der Ge- **56**
schäftsführer und der Gesellschafter auslösen,[194] aber auch jede andere Person treffen, die als Vertreter des Unternehmens den Anschein erweckt hat, der Inhaber des Unternehmens hafte dem Geschäftsgegner unbeschränkt.[195] Notwendig ist, dass das Vertrauen auf die unbeschränkte Haftung gerechtfertigt ist. Dies ist solange nicht der Fall, als der Dritte nichts Schriftliches in den Händen hält oder die Haftung auf seine Nachfrage ausdrücklich verneint wurde.[196] Die Rechtsscheinhaftung ist keine subsidiäre Ausfallhaftung; Handelnder und GmbH haften vielmehr als Gesamtschuldner auf Erfüllung,[197] während *Canaris* den schlichten Angestellten, der mit den firmenrechtlichen Feinheiten nicht vertraut sei, analog § 179 Abs. 2 BGB nur auf den Vertrauensschaden haften lassen will;[198] schwerlich zu Recht, auch den Angestellten trifft über Art, Weise und Folgen seiner Zeichnung für die Gesellschaft eine Erkundigungspflicht. Wird gegen § 35a verstoßen, kann auch insoweit ein Anspruch aus Rechtsscheinhaftung oder c.i.c. (§ 311 BGB nF) entstehen,[199] vgl. § 35a Rn. 10.

---

[192] *Scholz/Emmerich* Rn. 52.
[193] Vgl. auch *Wessel/Zwernemann/Kögel* Rn. 408.
[194] BGHZ 62, 216, 222 f. = NJW 1974, 1191; BGHZ 64, 11, 16 ff. = NJW 1975, 1166 = LM BGB § 164 Nr. 38 = DB 1975, 923; BGH NJW 1981, 2569 = LM § 4 Nr. 8 = DB 1981, 2018 = WM 1981, 873; BGH NJW 1990, 2678 = LM BGB § 164 Nr. 67 = DB 1990, 978 = GmbHR 1990, 212; BGH NJW 1996, 2645 = DB 1996, 1915 = GmbHR 1996, 764 f.; OLG Hamm MDR 1976, 759; OLG Nürnberg BB 1983, 1941; OLG Hamm GmbHR 1998, 890 = DStR 1998, 1064; BGH MDR 1995, 347 (zur Beweislast unternehmensbezogener Willenserklärungen); *Hachenburg/Heinrich* Rn. 58; vgl. auch Fn. 237.
[195] BGH NJW 1991, 2627 = LM § 4 Nr. 13 = DB 1991, 1824 = WM 1991, 1505.
[196] BGH GmbHR 1982, 154 = DB 1981, 2018 f.; NJW 1996, 2645 = DB 1996, 1915.
[197] BGH NJW 1990, 2678 = LM BGB § 164 Nr. 67 = DB 1990, 978 = GmbHR 1990, 212; BGH NJW 1991, 2627 = LM § 4 Nr. 13 = DB 1991, 1824 = WM 1991, 1505; *Scholz/Emmerich* Rn. 55.
[198] NJW 1991, 2628 f.
[199] LG Heidelberg GmbHR 1997, 447.

57 **6. Das Handelsregisterverfahren.** „Die Eignung (der Angaben) zur Irreführung (wird) nur berücksichtigt, wenn sie **ersichtlich** ist", § 18 Abs. 2 S. 2. Durch diese verfahrensmäßige Einschränkung soll lediglich verhindert werden, dass „jedenfalls ersichtlich irreführende Firmenbestandteile, also solche, bei denen die Täuschungseignung nicht allzu fern liegt und ohne umfangreiche Beweisaufnahme bejaht werden kann, überhaupt zur Eintragung gelangen".[200] Da § 18 Abs. 2 S. 2 HGB in Anlehnung an § 37 Abs. 3 MarkenG formuliert ist, gelten dieselben Grundsätze: „Ersichtlich" ist demnach, was für das Registergericht aus den Anmeldeakten unter Zuhilfenahme seines Fachwissens, des vorhandenen Prüfungs- und Recherchematerials und etwaiger Auskünfte der üblichen Informationsquellen ohne weiteres erkennbar ist.[201] Soweit nicht begründete Zweifel an der Zulässigkeit bestehen, braucht das Registergericht dem nicht nachzugehen; insoweit ist der Amtsermittlungsgrundsatz iSd. § 12 FGG beschränkt.[202] Ist hingegen eine Täuschung ersichtlich,[203] eine Irreführung aus anderen Gründen festgestellt[204] oder aus bestimmten Gründen ernsthaft anzunehmen, muss das Gericht weitere Ermittlungen durchführen. Ändern sich die Verhältnisse nachhaltig (zB erhebliche Reduzierung des Geschäftsbetriebes), so kann eine Firma gegen § 18 Abs. 2 HGB verstoßen, vom Registergericht gemäß § 144a Abs. 4 FGG beanstandet und ggf. gelöscht werden.[205]

IV. Die abgeleitete Firma

58 **1. Überblick.** Die Firma eines gemäß § 22 HGB **auf die Gesellschaft übergegangenen Geschäfts** kann grds. beibehalten werden. Die bisherige Firma der bereits bestehenden GmbH muss aufgegeben werden, und zwar durch Satzungsänderung.[206] Wenn die Gesellschaft das erworbene Geschäft mit ihrem Unternehmen vereinigt, kann sie aber auch die beiden Firmen zusammenfassen.[207] Die „abgeleitete" Firma muss stets den Zusatz „Gesellschaft mit beschränkter Haftung" oder eine allgemein verständliche Abkürzung gemäß § 4 beinhalten. – IE gilt folgendes:

59 **2. Erwerb und Fortführung.** Ein bestehendes vollkaufmännisches Handelsgeschäft muss unter Lebenden oder von Todes wegen erworben und fortgeführt werden (vgl. dazu Kommentare zu § 22 HGB). Auch eine Zweigniederlassung, die eine besondere Firma führt, kommt dafür in Betracht.[208] Der Erwerb vollzieht sich zumeist entweder durch Einbringung des Geschäfts als Sacheinlage (vgl. § 5 Rn. 26 ff.) oder durch Kauf, Nießbrauch oder Pacht; vgl. hierzu § 22 Abs. 2 HGB.

60 **3. Einwilligung.** Der bisherige Geschäftsinhaber bzw. dessen Erben müssen **ausdrücklich** in die Fortführung der Firma einwilligen; § 22 Abs. 1 HGB. Die Genehmigung, nachträgliche Zustimmung (§ 184 BGB), wird zugelassen, wenn nicht zuviel

---

[200] Begr. RegE BT-Drucks 13/8444 S. 54.
[201] DIHT – Neues Kaufmanns- und Firmenrecht, S. 28; *Kögel* BB 1998, 1645, 1649.
[202] *Steding* BuW 1999, 588, 590.
[203] *Ammon* DStR 1998, 1474, 1478.
[204] *K. Schmidt* NJW 1998, 2161, 2167.
[205] Vgl. OLG Stuttgart BB 1982, 1194.
[206] RGZ 85, 397, 399; 113, 213, 217; BGHZ 67, 166 = NJW 1976, 2163 für die KG; OLG Stuttgart BB 1983, 1688.
[207] RG LZ 1912, 316; OLG Dresden JW 1916, 1550; OLG Frankfurt/M. OLGZ 1971, 50 für die KG. Vgl. dazu allg. *Pabst* DNotZ 1960, 33; *Schrom* DB-Beilage 15/1964; *Wessel* BB 1964, 1365; *ders.* BB 1965, 1422; *Baumbach/Hueck/G. Hueck/Fastrich* Rn. 22 mwN.
[208] RG RJA 11, 187.

Firma § 4

Zeit verstrichen ist.[209] Die bloße Duldung genügt jedenfalls nicht. Auch der Insolvenzverwalter kann die Einwilligung erklären. Ist jedoch der bürgerliche Name des Schuldners in der Firma enthalten, muss dieser zustimmen.

4. Unveränderte Fortführung. Die Firma wird grds. unverändert fortgeführt; jedoch ist die Streichung des Vornamens aus einer ursprünglich von einem Einzelkaufmann geführten Firma nach Umwandlung in eine GmbH zulässig,[210] ebenso andere Änderungen (zB betreffend Gesellschaftssitz bei Sitzverlegung, Unternehmensgegenstand[211] oder Geschäftsumfang[212]) solange sie das Erscheinungsbild der übernommenen Firma als Ganzes nicht berühren.[213] Der Zusatz „GmbH" ändert die Firma nicht, jedoch sind Zusätze zu streichen, die auf andere Rechtsformen hinweisen.[214] Irreführende Firmenbestandteile, wie zB akademische Grade, sind zu ändern. – Ein **Nachfolgezusatz** kann hinzugefügt werden, § 22 Abs. 1 HGB. Sonstige Zusätze oder gar Änderungen sind nur ausnahmsweise zulässig.[215] Ein bereits vorhandener Nachfolgezusatz ist nur unter den Voraussetzungen des § 22 HGB und der Zustimmung des vorherigen Inhabers zulässig.[216] 61

5. Haftung. Die Gesellschaft, die ein unter Lebenden erworbenes Handelsgeschäft unter der bisherigen Firma mit oder ohne Zusatz fortführt, **haftet für alle bestehenden Schulden** des bisherigen Inhabers (§ 25 Abs. 1 S. 1 HGB), gleichviel, ob in die Fortführung der Firma eingewilligt wurde oder nicht (vgl. Rn. 60) und ob die Firma überhaupt zulässig war.[217] – Für die betrieblichen Forderungen gilt den Schuldnern gegenüber, falls der bisherige Inhaber bzw. seine Erben in die Fortführung der Firma eingewilligt haben, die unwiderlegbare Vermutung, dass sie auf den Erwerber übergegangen sind; § 25 Abs. 1 S. 2 HGB. Eine abweichende Vereinbarung ist Dritten gegenüber nur wirksam, wenn sie in das Handelsregister eingetragen und bekanntgemacht oder von dem Erwerber oder dem Veräußerer den Dritten mitgeteilt worden ist.[218] 62

6. Firmenfortführung und Umwandlung. Dieselben Grundsätze gelten für die Firmenfortführung bei formwechselnder Umwandlung in eine GmbH (§§ 191 Abs. 2 Nr. 3, 200 Abs. 1, S. 1, Abs. 2) oder bei Verschmelzung durch Aufnahme (§§ 4 ff. iVm. § 18 Abs. 1 S. 1 UmwG), durch Neugründung (§§ 36 Abs. 1 S. 1 iVm. § 18 Abs. 1 S. 1 UmwG) oder durch Abspaltung (§§ 123 Abs. 1, 125 S. 1 iVm. § 18 Abs. 1 S. 1 UmwG; anders bei Ausgliederung (§ 15), auf die § 18 Abs. 1 UmwG nicht anzuwenden ist. 63

V. Änderung und Erlöschen der Firma

1. Änderung. Jede Änderung der Firma ist eine Änderung des Gesellschaftsvertrags; vgl. §§ 53, 54. Für die geänderte Firma gelten die oben (Rn. 5 ff.) aufgezeigten Regeln 64

---

[209] Heymann/Kötter § 22 Anm. 13.
[210] LG Berlin GmbHR 1993, 502; OLG Düsseldorf NJW 1998, 616 f. = BB 1997, 2182.
[211] LG Hagen GmbHR 1996, 855.
[212] OLG Rostock GmbHR 1997, 1064 = FGPrax 1997, 113.
[213] BGHZ 44, 116; Hachenburg/Heinrich Rn. 76; Baumbach/Hueck/G. Hueck/Fastrich Rn. 21.
[214] RGZ 104, 341, 343.
[215] Vgl. BGHZ 44, 116 = NJW 1970, 704; KG NJW 1965, 254.
[216] OLG Düsseldorf GmbHR 1987, 189; abw. OLG Hamm DB 1985, 2555.
[217] BGHZ 22, 234, 237 f.; 146, 374, 376; Baumbach/Hopt § 25 Rn. 6 ff.
[218] Vgl. hierzu BGHZ 29, 1 = NJW 1959, 241; BGH NJW 1982, 1647 = DB 1982, 1106 = BB 1982, 888 sowie Kommentare zu § 25 HGB.

§ 4   1. Abschnitt. Errichtung der Gesellschaft

ebenso wie für die ursprüngliche.[219] Der in der Firma enthaltene Name eines Gesellschafters kann ohne seine Zustimmung gestrichen werden, es sei denn, er hat ein besonderes Recht darauf.[220] Doch kann der Name – anders als nach § 24 Abs. 2 HGB – auch beibehalten werden, wenn der Gesellschafter ausscheidet, es sei denn, er hat seine namensrechtliche Zustimmung nur für die Dauer seiner Beteiligung gegeben.[221] Zur Beschränkung der Zustimmung auf die Dauer der Zugehörigkeit zum namensgebenden Familienstamm oder der Fortdauer der Holdingfunktion vgl. Rn. 25. Die Gesellschaft ist aber nicht befugt, den Namen bei gesonderter Veräußerung einer Zweigniederlassung an einen neuen Rechtsträger auf diesen zu übertragen.[222] Wird die Firma zusammen mit dem Handelsgeschäft vom Insolvenzverwalter veräußert,[223] so kann (auch im Liquidationsstadium sind diesem dienliche Satzungsänderungen, insbesondere Firmenänderungen zulässig)[224] und muss der Insolvenzverwalter der Gesellschaft eine **Ersatzfirma** geben.[225] Mit Zustimmung des Insolvenzverwalters sind auch die Gesellschafter einer in Insolvenz befindlichen GmbH zur Änderung deren Firma befugt.[226]

65   **2. Erlöschen der Firma.** Die Firma **erlischt** (vgl. § 31 Abs. 2 HGB) erst mit Beendigung der Gesellschaft (vgl. § 74 Rn. 12f.), mit der Löschung der Gesellschaft nach § 141a Abs. 1 FGG (vgl. Wortlaut § 60 Rn. 32 und Anh. nach § 60) oder mit der Auflösung der Gesellschaft nach Verschmelzung oder Umwandlung. Die Einstellung des Geschäftsbetriebs berührt die Firma nicht,[227] solange sie nicht zur endgültigen Aufgabe führt.[228] Sie mindert jedoch den Schutz der Firma nach § 12 BGB, §§ 1, 3 UWG,[229] §§ 5, 15 MarkenG. Auflösung und Nichtigkeit der Gesellschaft lassen die Firma bestehen; sie wird zur Liquidationsfirma; vgl. Rn. 71. – Die **Löschung** (im eigentlichen Sinne) der Firma, die Eintragung des Löschungsvermerks (vgl. §§ 16, 19 HRV), kommt namentlich in folgenden Fällen vor: aufgrund eines Urteils auf Löschung der Firma (vgl. Rn. 69), bei Sitzverlegung (vgl. § 13n HGB; § 20 HRV) sowie Veräußerung des Unternehmens mit der Firma (§ 22 HGB, § 46 HRV).

VI. Rechtsfolgen der Unzulässigkeit

66   **1. Gründungsstadium. a) Nichtigkeit der Firmenbestimmung.** Bis zur Eintragung der Gesellschaft folgt aus einem Verstoß gegen § 4 oder §§ 18 Abs. 2, 22 HGB

---

[219] Vgl. OLG Stuttgart DNotZ 1971, 249; BayObLG BB 1984, 1506.
[220] KG RJA 12, 37, 38.
[221] BGHZ 58, 322 = NJW 1972, 1419; BGH WM 1969, 1321; OLG Nürnberg DB 1979, 1267; iErg. trotz krit. Ansatzes auch *Canaris* § 10 Rn. 52f.; krit. *Steinbeck* NZG 1999, 133, 138.
[222] BGH LM HGB § 24 Nr. 11; DB 1980, 2434 = BB 1980, 1658 = WM 1980, 1360; *Scholz/Emmerich* Rn. 40; aA OLG Frankfurt/M. MDR 1980, 316.
[223] Vgl. BGHZ 85, 221 = NJW 1983, 755 = MDR 1983, 379; BGHZ 109, 364, 367 = NJW 1990, 1605 = ZIP 1990, 388f.
[224] Vgl. zuletzt BayObLG DB 1995, 66.
[225] So zutr. *Ulmer* NJW 1983, 1697, 1702; *Schulz* ZIP 1983, 194; *Joussen* GmbHR 1994, 159; *Kuhn/Uhlenbruck* 10. Aufl. § 1 KO Rn. 80c; aA *Grüneberg* ZIP 1988, 1165.
[226] Vgl. OLG Karlsruhe NJW 1993, 1931 = GmbHR 1993, 101; aA *Joussen* aaO: ausschließliche Änderungskompetenz des Konkursverwalters (nunmehr: Insolvenzverwalter).
[227] BGH GmbHR 1961, 144.
[228] BGH DB 1985, 1934 = BB 1985, 1932 = MDR 1985, 737.
[229] Vgl. BGH GRUR 1961, 420, 422.

Firma   § 4

– nicht aber gegen § 30 HGB – die Nichtigkeit der Firmenbestimmung und möglicherweise daraus die Nichtigkeit des Gesellschaftsvertrags.[230]

b) Ablehnung der Eintragung. Die Eintragung einer unzulässigen Firma lehnt **67** der Registerrichter ab; vgl. § 9 c Rn. 34 ff. Die Ablehnung kann jedoch nicht darauf gestützt werden, dass die Firma Rechte Dritter verletzt.[231]

2. Nach Eintragung der GmbH in das Handelsregister. Nach der Eintragung **68** geht das Registergericht gegen eine unzulässige Firma gemäß § 144 a FGG oder nach § 37 Abs. 1 HGB iVm. § 140 FGG vor.[232] Auch längerer Gebrauch der unzulässigen Firma führt uU einen schutzwürdigen Besitzstand nicht herbei.[233] Eine Löschung nach § 142 FGG kommt hingegen niemals in Betracht.[234]

3. Rechte Dritter. Ein Dritter, dessen Rechte durch eine unzulässige Firma beeinträchtigt werden, kann nach § 12 BGB, §§ 14, 15 MarkenG, §§ 1, 3 UWG, § 37 **69** Abs. 2 HGB, je nach den Voraussetzungen dieser Vorschriften, vorgehen. Er kann insbesondere auf Löschung der Firma klagen.[235] Für den getäuschten Dritten kommt unter dem Gesichtspunkt der Vertrauenshaftung ein Schadensersatzanspruch wegen Irreführung des Rechtsverkehrs durch täuschende Firmengleichheit in Betracht.[236] Bei Fortlassen des Rechtsformzusatzes droht eine Rechtsscheinhaftung.[237]

VII. Die Firma der Vorgesellschaft, im Liquidationsstadium, der Zweigniederlassung, der GmbH & Co.

1. Die Firma der Vorgesellschaft. Die Vorgesellschaft darf und muss eine Firma **70** führen, wenn sie bereits ein Handelsgewerbe betreibt; ist dies nicht der Fall, so hat sie jedenfalls das Recht dazu (vgl. § 11 Rn. 75 ff.). Auch wenn die Vorgesellschaft die Voraussetzungen der Firmenrechtsfähigkeit noch nicht erworben hat, kann sie zumindest Namensschutz in Anspruch nehmen und sich auf entsprechende firmen- und markenrechtliche Prioritäten berufen.[238] Sie muss jedoch – analog § 68 Abs. 2 – dem Zusatz „GmbH" einen weiteren Zusatz, wie zB „in Gründung" oder „i. G." bei-

---

[230] Vgl. hierzu § 2 Rn. 58 ff. sowie *Hachenburg/Heinrich* Rn. 95 f.; *Baumbach/Hueck/G. Hueck/Fastrich* Rn. 28; aA – auch für § 30 HGB – *Scholz/Emmerich* Rn. 63.

[231] RGZ 127, 77, 81.

[232] Vgl. zB OLG Stuttgart BB 1982, 1194; BayObLGZ 1989, 44 = NJW-RR 1989, 867 = GmbHR 1989, 291 sowie auch § 3 Rn. 5.

[233] BGHZ 44, 116 = NJW 1965, 1915; OLG Hamm GmbHR 1965, 113.

[234] *Lutter/Hommelhoff* Rn. 42; *Baumbach/Hueck/G. Hueck/Fastrich* Rn. 30; aA *Scholz/Emmerich* Rn. 67.

[235] RGZ 114, 318, 321; 125, 159, 164; vgl. auch Rn. 65.

[236] OLG Naumburg ZIP 1996, 2111, 2112.

[237] Vgl. Rn. 56; BGHZ 62, 216, 222 f. = NJW 1974, 1191; BGHZ 64, 11, 16 f. = NJW 1975, 1166 LM BGB § 164 Nr. 38 = DB 1975, 923; BGH NJW 1981, 2569 = LM § 4 Nr. 8 = DB 1981, 2018 = WM 1981, 873; BGH NJW 1990, 2678 = LM BGB § 164 Nr. 67 = DB 1990, 978 = GmbHR 1990, 212; BGH NJW 1996, 2645 = DB 1996, 1915 = GmbHR 1996, 764 f.; OLG Hamm MDR 1976, 759; OLG Nürnberg BB 1983, 1941; OLG Hamm GmbHR 1998, 890 = DStR 1998, 1064; BGH MDR 1995, 347 (zur Beweislast unternehmensbezogener Willenserklärungen); *Hachenburg/Heinrich* Rn. 58. Vgl. zur Haftungsproblematik bei Weglassen des Rechtsformzusatzes *Haas* NJW 1997, 2854. Nach BGH DB 1996, 1915 ist für eine derartige Haftung erforderlich, dass der Vertreter der GmbH unter Fortlassen des Rechtsformzusatzes unterzeichnet oder ausdrücklich das Handeln für die GmbH mündlich verneint.

[238] BGHZ 120, 307 („Columbus").

fügen.²³⁹ Wird ohne Zusatz „GmbH" gezeichnet, haftet der für die Vor-GmbH Auftretende – sei es der Geschäftsführer selbst oder ein anderer Vertreter – nach Rechtscheingrundsätzen.²⁴⁰ Tritt sie bei unternehmensbezogenen Geschäften unter der Firma der eingetragenen GmbH auf, wird sie dennoch selbst verpflichtet.²⁴¹

71 **2. Die Firma im Liquidationsstadium.** Im Abwicklungsstadium wird die Firma als „Liquidationsfirma", d. h. mit dem Zusatz „i. A.", „i. L." o. dgl., fortgeführt; § 68 Abs. 2. Dies gilt auch für das Insolvenzverfahren. Zur Veräußerung der Firma durch den Insolvenzverwalter und ihren Folgen vgl. Rn. 64 aE.

72 **3. Die Firma der Zweigniederlassung.** Die Firma einer Zweigniederlassung (vgl. hierzu § 12) kann dieselbe sein wie die der Gesellschaft, kann aber auch durch einen Zusatz abweichen. Zur Fortführung der Firma eines übernommenen Unternehmens durch die Zweigniederlassung, wenn die Identität der GmbH als Rechtsträger von Haupt- und Zweigniederlassung klargestellt wird, vgl. iE § 12 Rn. 21 ff.

73 **4. Die Firma der GmbH & Co. KG.** Die Firma der GmbH & Co. KG wird nach § 19 HGB, also stets als Personenfirma, gebildet. Sie muss, wenn keine natürliche Person unmittelbar oder mittelbar als Komplementär beteiligt ist, eine Bezeichnung enthalten, die auf die Haftungsbeschränkung hinweist; § 19 Abs. 2 HGB. § 19 Abs. 1 Nr. 3 HGB bringt eine Verschärfung zur alten Rechtslage mit sich, als nun auch Personengesellschaften einen eindeutigen Rechtsformzusatz führen müssen. Die Firma muss mit dem Zusatz „Kommanditgesellschaft" oder einer allgemein verständlichen Abkürzung versehen sein, so dass eine Firmierung als „GmbH & Co." mangels Rechtsformzusatzes KG unzulässig ist. Dies gilt auch dann, wenn neben der GmbH als Komplementärgesellschaft noch weitere Komplementäre vorhanden sind, die natürliche Personen sind.²⁴² Bereits vor dem 1. 7. 1998 eingetragene Gesellschaften können bis zum 31. 3. 2003 unter der bisherigen Firma fortgeführt werden, Art. 38 EGHGB (vgl. Rn. 4). Als zulässige Firmierung kommen in Betracht: „GmbH & Co. KG" und „GmbH & Co. Kommanditgesellschaft".²⁴³

74 Die **Firma der GmbH** muss deutlich **als Gesellschaftername** hervortreten; unzulässig deswegen, wenn zB der bisherigen Firma „K. & Co." der Zusatz „GmbH & Co. KG" nachgestellt wird, weil leicht der Eindruck entsteht, persönlich haftender Gesellschafter sei nicht oder nicht allein eine GmbH, sondern (auch) eine handelsrechtliche Personengesellschaft.²⁴⁴ Hieran ändert sich auch nichts, wenn der Zusatz „GmbH & Co. KG" in Klammern gesetzt oder drucktechnisch abgesetzt von der übrigen Firma dargestellt wird,²⁴⁵ oder dies durch Trennzeichen geschieht: „W & R KG – GmbH & Cie".²⁴⁶ Sie muss sich insbesondere gemäß § 30 Abs. 1 HGB von der Firma der Kommanditgesellschaft, wenn diese an demselben Ort oder in derselben Gemeinde

---

²³⁹ BGH NJW 1985, 736, 737; *Hachenburg/Heinrich* Rn. 111 bis 116; *Rittner* Werdende jP S. 353; *Lutter/Hommelhoff* Rn. 34.
²⁴⁰ Vgl. Rn. 56.
²⁴¹ Vgl. BGHZ 91, 148, 152 = NJW 1984, 2164; 92, 259, 268 = NJW 1985, 136 (m. Anm. *K. Schmidt*); *Brandes* WM 1992, Beil. 3 S. 3.
²⁴² OLG Hamm NJW-RR 1994, 608 f.; zur alten Rechtslage vgl. Voraufl. Rn. 41.
²⁴³ *Schlitt* NZG 1998, 580, 582.
²⁴⁴ BGH WM 1980, 1382 = NJW 1981, 342 = GmbHR 1981, 58 = DB 1981, 153; oder „X-KG GmbH & Co."; BayObLGZ 1977, 267; 1973, 75; vgl. a. OLG Hamm NJW 1966, 2172; OLG Frankfurt/M. DB 1980, 1208.
²⁴⁵ OLG Oldenburg DB 1990, 519 = WM 1990, 178.
²⁴⁶ BGH NJW 1979, 1986.

besteht und in das Handelsregister eingetragen ist, deutlich unterscheiden.[247] Zumindest bedenklich ist es auch, wenn die GmbH sich nach der Gründung der KG ihre endgültige (und mit § 30 Abs. 1 HGB nicht vereinbare) Firma gibt und die Firmenänderung erst nach der Eintragung der KG eintragen lässt.[248] Dasselbe gilt für den Versuch, die KG, die ein Handelsgewerbe betreibt (und deswegen ihre Firma auch ohne Eintragung führt), erst nach der Gründung der GmbH (und nach bloßer Namensänderung des persönlich haftenden Gesellschafters, § 21 HGB) zur Eintragung anzumelden.[249] Vielmehr empfiehlt es sich im Regelfall, der Firma der GmbH einen unterscheidungskräftigen Zusatz wie „Geschäftsführungs-", „Verwaltungs-" oder Phantasiezusätze beizufügen.[250] Der Bestandteil „Verwaltungs-" in der Firma der GmbH kann bei der Bildung der KG-Firma weggelassen werden.[251] Scheidet aus einer KG, in deren Firma der Name einer GmbH enthalten ist, die GmbH aus und tritt an ihre Stelle eine natürliche Person als persönlich haftender Gesellschafter, so kann die Gesellschaft, sofern die GmbH zustimmt, die bisherige Firma nach Streichung des „GmbH"-Zusatzes fortführen.[252] Wird eine GmbH in eine KG umgewandelt, in die sogleich eine GmbH als persönlich haftender Gesellschafter eintritt, so berührt dies die Priorität der Firma der ersten GmbH grds. nicht.[253]

5. Die Firma der GmbH & Co. OHG. Die Firma einer GmbH & Co. OHG, **75** für deren Verbindlichkeiten keine natürliche Person unbeschränkt haftet, bereitet noch erhebliche Probleme, zumal sich der Geschäftsverkehr infolge der Seltenheit dieser Gesellschaftsform noch nicht an eine für die Haftungssituation aussagekräftige Fassung gewöhnen konnte.[254] Besteht die OHG nur aus beschränkt haftenden Kapitalgesellschaften, muss die Firma auf „beschränkt haftende OHG" enden, um nicht den Eindruck einer unbeschränkt haftenden natürlichen Person zu erzeugen.[255]

VIII. Österreichisches Recht

§ 5 Abs. 1 ÖGmbHG entspricht im Wesentlichen § 4 Abs. 1 GmbHG aF. Nach der **76** Änderung des § 4 durch das HRefG ist das österr. Firmenrecht an sich strenger, denn es lässt grds. keine Phantasiebezeichnungen zu,[256] es sei denn, sie werden lediglich als Firmenzusatz verwandt (zB „Merkur-Reisebüro GmbH").[257] Wie § 4 nF sieht § 5 Abs. 2 ÖGmbHG die Pflicht zur Aufnahme des Zusatzes „Gesellschaft mit beschränkter Haftung" vor, der ebenfalls entsprechend abgekürzt werden kann, Abs. 2 ÖGmbHG. IÜ bestehen ähnliche firmenrechtliche Grundsätze etwa zur Frage der Täuschungseignung[258] wie im deutschen Recht. Abs. 3 verbietet ausdrücklich Bezeichnungen, „die den nach besonderen Vorschriften errichteten, unter öffentlicher Verwaltung oder Aufsicht stehenden Anstalten zukommt, als: Sparkasse, Landesbank,

---

[247] BGHZ 46, 7 = NJW 1966, 1813; BGHZ 80, 353 = NJW 1981, 2746.
[248] Vgl. BGH GmbHR 1981, 293; OLG Celle GmbHR 1976, 162; OLG Frankfurt/M. GmbHR 1974, 155.
[249] So aber *Binz* § 11 Rn. 9, S. 221; dagegen mit Recht *Hachenburg/Heinrich* Rn. 89.
[250] Ebenso *Baumbach/Hopt* § 19 Rn. 6.
[251] BGHZ 80, 353, 355 = NJW 1981, 2746 = DB 1981, 1975.
[252] BGH DB 1977, 1178 = Rpfleger 1977, 248.
[253] Vgl. BGH NJW 1983, 2382.
[254] Vgl. KG DB 1988, 1689; OLG Hamm NJW-RR 1987, 990.
[255] *Glanegger/Ruß* § 19 Rn. 7.
[256] OHG NZ 1979, *Koppensteiner* § 5 Rn. 6.
[257] *Wünsch* § 5 Rn. 7.
[258] *Reich/Rohrwig* S. 39.

§ 4a   1. Abschnitt. Errichtung der Gesellschaft

Landesanstalt u. dgl. m." (vgl. hierzu Rn. 53). Zu Abs. 4 (Gesellschaftssitz) vgl. § 4a Rn. 25.

IX. Anhang: Maßgebliche Vorschriften

77 **§ 17 HGB [Begriff]** (1) Die Firma eines Kaufmanns ist der Name, unter dem er seine Geschäfte betreibt und die Unterschrift gibt.

(2) Ein Kaufmann kann unter seiner Firma klagen und verklagt werden.

§ 18 HGB [Firma des Kaufmanns] (1) Die Firma muß zur Kennzeichnung des Kaufmanns geeignet sein und Unterscheidungskraft besitzen.

(2) [1] Die Firma darf keine Angaben enthalten, die geeignet sind, über geschäftliche Verhältnisse, die für die angesprochenen Verkehrskreise wesentlich sind, irrezuführen. [2] Im Verfahren vor dem Registergericht wird die Eignung der Irreführung nur berücksichtigt, wenn sie ersichtlich ist.

§ 28 HGB [Eintritt in das Geschäft eines Einzelkaufmanns] (1) [1] Tritt jemand als persönlich haftender Gesellschafter oder als Kommanditist in das Geschäft eines Einzelkaufmanns ein, so haftet die Gesellschaft, auch wenn sie die frühere Firma nicht fortführt, für alle im Betriebe des Geschäfts entstandenen Verbindlichkeiten des früheren Geschäftsinhabers. [2] Die in dem Betriebe begründeten Forderungen gelten den Schuldnern gegenüber als auf die Gesellschaft übergegangen.

(2) Eine abweichende Vereinbarung ist einem Dritten gegenüber nur wirksam, wenn sie in das Handelsregister eingetragen und bekanntgemacht oder von einem Gesellschafter dem Dritten mitgeteilt worden ist.

(3) [1] Wird der frühere Geschäftsinhaber Kommanditist und haftet die Gesellschaft für die im Betrieb seines Geschäfts entstandenen Verbindlichkeiten, so ist für die Begrenzung seiner Haftung § 26 entsprechend mit der Maßgabe anzuwenden, daß die in § 26 Abs. 1 bestimmte Frist mit dem Ende des Tages beginnt, an dem die Gesellschaft in das Handelsregister eingetragen wird. [2] Dies gilt auch, wenn er in der Gesellschaft oder einem ihr als Gesellschafter angehörenden Unternehmen geschäftsführend tätig wird. [3] Seine Haftung als Kommanditist bleibt unberührt.

§ 4a [Sitz der Gesellschaft]

(1) Sitz der Gesellschaft ist der Ort, den der Gesellschaftsvertrag bestimmt.

(2) Als Sitz der Gesellschaft hat der Gesellschaftsvertrag in der Regel den Ort, an dem die Gesellschaft einen Betrieb hat, oder den Ort zu bestimmen, an dem sich die Geschäftsleitung befindet oder die Verwaltung geführt wird.

Schrifttum: *Balser* Der Doppelsitz von Kapitalgesellschaften, DB 1972, 2049; *Barz* Rechtliche Fragen zur Verschmelzung von Unternehmen, AG 1972, 1; *Brödermann* Der europäische GmbH-Gerichtsstand, ZIP 1996, 491; *Karl* Zur Sitzverlegung deutscher juristischer Personen des privaten Rechts nach dem 8. Mai 1945, AcP 159 (1960), 293; *Katschinski* Die Begründung des Doppelsitzes bei Verschmelzung, ZIP 1997, 620; *Kögel* Der Sitz der GmbH und seine Bezugspunkte, GmbHR 1998, 1108; *König* Doppelsitz einer Kapitalgesellschaft – Gesetzliches Verbot oder zulässiges Mittel der Gestaltung einer Fusion?, AG 2000, 18; *Müther* Sind die Gesellschafter einer GmbH bei der Wahl des Sitzes wirklich frei?, BB 1996, 2210; *Notthoff* Die Zulässigkeit der Eintragung eines Doppelsitzes bei Kapitalgesellschaften, WiB 1996, 773; *Wessel* Der Sitz der GmbH, BB 1984, 1057; *Ziegler* GmbH-Sitzverlegung mit weiteren Änderungen des Gesellschaftsvertrages, Rpfleger 1991, 485.

Sitz der Gesellschaft § 4a

Übersicht

	Rn.		Rn.
I. Normzweck	1, 2	**IV. Doppelsitz**	15
1. Bisherige Rechtslage	1	**V. Rechtsfolgen bei unzulässiger Bestimmung des Sitzes**	16–21
2. Neuregelung	2		
II. Regelung des Abs. 1	3–6	1. Ursprüngliche Unzulässigkeit	17
1. Zweck	3	2. Nachträgliche Unzulässigkeit durch Gesellschafterbeschluss	18–20
2. Ort des Sitzes	4		
3. Bedeutung des Sitzes	5, 6	3. Nachträgliche Unzulässigkeit durch Veränderung der tatsächlichen Verhältnisse	21
III. Regelung des Abs. 2	7–14		
1. Bedeutung	7		
2. Betriebsort	8, 9	**VI. Sitzverlegung**	22, 23
3. Ort der Geschäftsleitung	10	**VII. Österreichisches Recht**	24, 25
4. Ort der Verwaltung	11		
5. Ausnahmen	12–14		

I. Normzweck

1. Bisherige Rechtslage. Das GmbHG knüpfte die Sitzwahl nicht an die Erfüllung 1 spezieller Voraussetzungen. § 3 Abs. 1 Nr. 1 bestimmte lediglich, dass der Sitz im Gesellschaftsvertrag anzugeben ist. Die Gesellschafter waren hinsichtlich der Festlegung des Sitzes weitgehend frei. Die Grenze des rechtlich Zulässigen bildeten Missbrauchsfälle, in denen die rechtliche Erreichbarkeit, insbesondere die wirksame förmliche Zustellung von Schriftstücken nach der ZPO, nicht mehr gewährleistet war.[1] Die im Vergleich zum AktG großzügigere gesetzliche Regelung hat sich jedoch nicht bewährt, da insbesondere die Rspr. die Missbrauchsfälle zunehmend einschränkte.[2]

2. Neuregelung. Die durch Art. 9 Nr. 2 HRefG neu eingeführte Vorschrift des 2 § 4a ist am 1. 1. 1999 in Kraft getreten.[3] Die Regelung bezweckt, **im Interesse des Gläubigerschutzes** irreführenden Sitzbestimmungen von vornherein zu begegnen[4] und eine **effektive Registerführung** zu ermöglichen. § 4a ist dem Wortlaut des seit dem 1. 1. 1966 unveränderten § 5 AktG nahezu nachgebildet, so dass auch auf die aktienrechtliche Rspr. und Literatur zurückgegriffen werden kann. Mangels Übergangsregelung findet § 4a auch auf Altgesellschaften uneingeschränkt Anwendung.

II. Regelung des Abs. 1

1. Zweck. Abs. 1 bestimmt die Maßgeblichkeit des statutarischen Sitzes,[5] auch 3 wenn dieser den Voraussetzungen des Abs. 2 nicht entspricht und demgemäß zu ändern ist (vgl. Rn. 16 ff.). Eine tatsächliche Verlagerung der Geschäftsleitung lässt den Satzungssitz unberührt.[6]

---

[1] BayOLGZ 1987, 267 = NJW-RR 1988, 96 f.; OLG Stuttgart NJW-RR 1991, 1510 = GmbHR 1991, 316; LG Gera GmbHR 1998, 197; *Wessel* BB 1984, 1057; *Kögel* GmbHR 1998, 1109.
[2] Vgl. BT-Drucks. 13/8444 S. 75.
[3] Vgl. Art. 28 Abs. 2 HRefG.
[4] Insoweit greift die Gesetzesbegründung zu kurz, wenn lediglich von Sitzverlegungen die Rede ist, vgl. BT-Drucks. 13/8444 S. 75.
[5] *Geßler/Hefermehl/Eckardt/Kropff* § 5 Rn. 1; Kölner KommAktG/*Kraft* § 5 Rn. 4; *Hüffer* § 5 Rn. 4; *Kögel* GmbHR 1998, 1109.
[6] BayObLG ZIP 1999, 1714 = DB 1999, 2155.

§ 4 a   1. Abschnitt. Errichtung der Gesellschaft

4   **2. Ort des Sitzes.** Ort des Sitzes kann nur eine bestimmte im Inland gelegene[7] politische Gemeinde sein.[8] Die zusätzliche Angabe des Gemeindeteils ist unschädlich.[9] Ist die Großgemeinde in mehrere Amtsgerichtsbezirke unterteilt, ist der Amtsgerichtsbezirk, in welchem die Gesellschaft ihren Sitz hat, im Gesellschaftsvertrag zu benennen,[10] es sei denn einem Amtsgericht ist gemäß § 125 Abs. 2 S. 1 Nr. 1 FGG die Führung des Handelsregisters für mehrere Registergerichtsbezirke übertragen.[11] Die Verwendung einer überörtlichen Sammelbezeichnung für mehrere politische Gemeinden oder einer Region ist, auch wenn sie gebräuchlich ist, u. a. mangels Zuordnungsmöglichkeit zu einem Registergericht, unzulässig.[12]

5   **3. Bedeutung des Sitzes.** Nach dem Sitz bestimmt sich die **Zuständigkeit des Registergerichts** (§ 7) und somit auch des „Gerichts der Hauptniederlassung"(§ 13 Abs. 1 HGB); ferner die des **Insolvenzgerichts**[13] (§§ 3, 4 InsO) sowie der **allgemeine Gerichtsstand** der Gesellschaft (§ 17 ZPO).[14] Darüber hinaus ist der Sitz mangels abweichender Regelung im Gesellschaftsvertrag[15] maßgeblich für den Ort der **Gesellschafterversammlung** (§ 121 Abs. 5 AktG analog)[16] und ein **steuerrechtlicher Anknüpfungspunkt** (vgl. § 11 AO), wenn sich die Geschäftsleitung (§ 10 AO) nicht im Inland befindet oder nicht feststellbar ist (§ 20 Abs. 2 AO).

---

[7] RGZ 107, 94, 97; BGHZ 19, 102, 105 = NJW 1956, 184; BGHZ 29, 320, 328 = NJW 1959, 1127, beide für die AG.

[8] RGZ 59, 106, 109; 67, 191, 194.

[9] BayObLG BB 1976, 622 für den eingetragenen Verein.

[10] *Geßler/Hefermehl/Eckardt/Kropff* § 5 Rn. 4; *Wessel* BB 1984, 1057.

[11] *Berlin:* AG Charlottenburg (lt. VO v. 14. 12. 1972, GVBl. S. 2303); *Brandenburg:* AGe Cottbus, Frankfurt/O., Neuruppin und Potsdam (lt. § 9 AGGVG v. 14. 6. 1993, GVBl. S. 198); *Bremen:* AGe Bremen und Bremerhaven (lt. VO v. 15. 2. 1982, GVBl. S. 57); *Mecklenburg-Vorpommern:* AGe Neubrandenburg, Rostock, Schwerin und Stralsund (lt. VO v. 28. 3. 1994, GVBl. S. 514); *Saarland:* AG Saarbrücken (lt. VO v. 20. 8. 2001, ABl. S. 1675); *Sachsen:* AGe Dresden, Chemnitz und Leipzig (lt. VO v.8. 12. 1992, GVBl. S. 605); *Sachsen-Anhalt:* AGe Halle und Magdeburg (lt. VO v. 1. 9. 1992, GVBl. S. 664); *Thüringen:* AGe Gera, Mühlhausen, Meiningen und Erfurt (lt. VO v. 12. 8. 1993, GVBl. S. 563);
Bayern: 24 AGe sind zur Führung des HR ermächtigt, zB AG München für LG München I und II (lt. VO v. 2. 2. 1988, GVBl. S. 6); *Baden-Württemberg:* 41 AGe sind zur Führung des HR ermächtigt, zB AG Stuttgart für die AGe Stuttgart und Stuttgart – Bad Cannstatt (lt. VO v. 20. 12. 1968, GVBl. S. 5); *Niedersachen:* 40 AGe sind zur Führung des HR ermächtigt, zB AG Hildesheim für die AGe Burgdorf, Elze, Hildesheim und Lehrte (lt. VO v. 6. 6. 2001, GVBl. S. 345 f.); *Nordrhein-Westfalen:* von insgesamt 130 AGe sind 124 AGe zur Führung des HR ermächtigt (lt. VO v. 1. 2. 2001, GVBl. S. 69), eine Konzentration auf ca. 30 AGe soll erfolgen; *Hessen:* 17 AGe sind zur Führung des HR ermächtigt, zB AG Frankfurt/M. für die AGe Frankfurt/M. und Bad Vilbel (lt. VO v. 28. 9. 2001, GVBl. S. 491); *Rheinland-Pfalz:* 12 AGe sind zur Führung des HR ermächtigt, zB AG Koblenz für die AGe Cochem, Koblenz, Lahnstein und Sankt Goar (lt. VO v. 22. 11. 1985, GVBl. S. 267); in *Schleswig-Holstein* und *Hamburg* sind sämtliche AGs zur Führung des HR ermächtigt.

[12] RGZ 59, 106, 109; KGJ 39 A 117; *Geßler/Hefermehl/Eckardt/Kropff* § 5 Rn. 4 mit Beispiel; *Kölner KommAktG/Kraft* § 5 Rn. 3; *Baumbach/Hueck/G. Hueck/Fastrich* Rn. 3.

[13] OLG Köln ZIP 2000, 672 = *v. Gerkan* EWiR 2000, 535; BayObLG ZIP 1999, 1714 = DB 1999, 2155; OLG Braunschweig ZIP 2000, 1118 = GmbHR 2000, 826 (LS); BayObLG NZI 2001, 372.

[14] Zur Klagemöglichkeit der GmbH gegen einen im Ausland wohnenden Gesellschafter, vgl. *Brödermann* ZIP 1996, 491.

[15] BayObLG NJW 1959, 485 f.

[16] BGH WM 1985, 568; vgl. iE § 48 Rn. 4 ff.

Sitz der Gesellschaft § 4 a

Zur Bedeutung des **tatsächlichen Sitzes** der (Haupt-)Verwaltung als kollisions- 6
rechtlichem Anknüpfungspunkt für die herrschende Sitztheorie (vgl. Einl. Rn. 303 ff.).

III. Regelung des Abs. 2

1. **Bedeutung.** Die durch Abs. 1 gewährleistete **freie Wahlmöglichkeit** reduziert 7
Abs. 2 auf die dort bezeichneten drei Anknüpfungspunkte. Danach hat die Gesellschaft
„in der Regel" die Wahl zu treffen zwischen dem Ort, „an dem die Gesellschaft einen
Betrieb hat" (vgl. Rn. 8, 9), dem Ort, „an dem sich die **Geschäftsleitung** befindet"
(vgl. Rn. 10), oder demjenigen, an dem „die **Verwaltung** geführt wird" (vgl. Rn. 11).
Aus den Worten „in der Regel" folgt die Zulässigkeit von Ausnahmen (vgl.
Rn. 12 ff.).[17]

2. **Betriebsort.** Der Gesellschaftsvertrag kann den Ort, „an dem die Gesellschaft 8
einen Betrieb hat", zum Gesellschaftssitz bestimmen; bei mehreren Betriebsorten kann
sie einen als Gesellschaftssitz auswählen.[18] Das **Gesetz definiert den Begriff des Betriebes nicht.**[19] Unter Betrieb ist nicht nur der Hauptbetrieb, sondern auch ein Betrieb zu verstehen, an dem ein Beitrag von einiger Bedeutung zur Verwirklichung des
Unternehmensgegenstandes erfolgt. Soweit ein „repräsentatives Abbild des ganzen
Unternehmens" als entscheidendes Merkmal gefordert wird,[20] dürfte dies wohl angesichts der diversifizierten Produktions- und Vertriebsformen zu eng sein. Bei Produktionsgesellschaften ist es zB der Ort, an dem eine Produktionsstätte, bei Handelsgesellschaften der Ort, von dem aus die Handelstätigkeit betrieben wird.[21]

Tätigkeiten, die nur reinen Hilfscharakter haben oder von völlig untergeordneter 9
Bedeutung sind (zB ein Warenlager einer Produktionsstätte[22] oder eine Betriebsabteilung[23]), genügen nicht.[24]

3. **Ort der Geschäftsleitung.** Als Sitz kann auch der Ort bestimmt werden, „an 10
dem sich die Geschäftsleitung befindet". Eigenständige Bedeutung haben Ort der Geschäftsleitung (oder Verwaltung, vgl. Rn. 11) nur, wenn diese nicht mit dem Ort des
Betriebes identisch sind.[25] Mangels gesetzlicher Regelung kann für die Begriffsbestimmung der Geschäftsleitung auf die Legaldefinition des § 10 AO zurückgegriffen werden.[26] Danach ist unter Geschäftsleitung der **Mittelpunkt der geschäftlichen Ober-**

---

[17] *Baumbach/Hueck/G. Hueck/Fastrich* Rn. 4; *Geßler/Hefermehl/Eckardt/Kropff* § 5 Rn. 6; Kölner
KommAktG/*Kraft* § 5 Rn. 13.
[18] *Baumbach/Hueck/G. Hueck/Fastrich* Rn. 4; *Lutter/Hommelhoff* Rn. 6; *Geßler/Hefermehl/Eckardt/
Kropff* § 5 Rn. 6; Kölner KommAktG/*Kraft* § 5 Rn. 13.
[19] Die Fiktion des § 4 BetrVG, der zufolge Betriebsteile und Nebenbetriebe uU als selbstständige Betriebe gelten, ist wegen ihrer betriebsverfassungsrechtlichen Relevanz auf § 4 a Abs. 2
nicht anzuwenden, *Geßler/Hefermehl/Eckardt/Kropff* § 5 Rn. 6.
[20] *Kögel* GmbHR 1998, 1110.
[21] Kölner KommAktG/*Kraft* § 5 Rn. 13.
[22] Anders uU das Warenlager eines Handelsunternehmens, von dem aus Umsatzgeschäfte in
größerem Umfang getätigt werden, vgl. Kölner KommAktG/*Kraft* § 5 Rn. 6.
[23] *Lutter/Hommelhoff* Rn. 6.
[24] *Kögel* GmbHR 1998, 1110; *Lutter/Hommelhoff* Rn. 6; *Baumbach/Hueck/G. Hueck/Fastrich*
Rn. 4; Kölner KommAktG/*Kraft* § 5 Rn. 13; GroßkommAktG/*Brändel* § 5 Rn. 17; *Hüffer* § 5
Rn. 6.
[25] *Kögel* GmbHR 1998, 1110.
[26] GroßkommAktG/*Brändel* § 5 Rn. 18.; aA Beschluss des BayObLG DB 1985, 2671, demzufolge § 10 AO zur Bestimmung des Verwaltungssitzes herangezogen werden kann.

§ 4 a   1. Abschnitt. Errichtung der Gesellschaft

leitung zu verstehen.[27] Dies ist regelmäßig der Ort, von dem aus die Geschäftsführer den für die laufende Geschäftsleitung maßgebenden Willen bilden und die Geschäfte der Gesellschaft führen.[28] Ein noch so umfassendes Weisungsrecht der Gesellschafter ändert daran nichts. Der Sitz der Holdinggesellschaft genügt allerdings nicht, wenn die abhängige GmbH dort weder Geschäftsführung noch die (Haupt-)Verwaltung unterhält.[29] Im Fall der **Neugründung einer GmbH** hat diese in der Regel noch keinen Betrieb oder Verwaltungssitz, so dass es zweckmäßig ist, den Sitz der Gesellschaft **übergangsweise** am **Wohnsitz des Geschäftsführers** einzurichten.[30] Auf die Anmietung von eigenen Betriebs- oder Geschäftsräumen kommt es nicht an, da die rechtliche Erreichbarkeit der GmbH auch am Wohnsitz des Geschäftsführers sichergestellt ist.[31]

11   **4. Ort der Verwaltung.** Als Sitz der Gesellschaft kann auch der Ort bestimmt werden, „an dem die Verwaltung geführt wird". Da auch der Begriff der Verwaltung nicht gesetzlich normiert ist, bereitet dessen Bestimmung Schwierigkeiten. Nach hM ist unter Verwaltung **diejenige organisationsmäßige Einrichtung** zu verstehen, **von der aus die ständigen Geschäfte der Gesellschaft geführt werden**,[32] d. h. die grundlegenden Entscheidungen der Geschäftsführung in Maßnahmen zu deren Verwirklichung umgesetzt werden.[33] Bestehen mehrere dezentralisierte Verwaltungen, kann nur die Hauptverwaltung zum Sitz der Gesellschaft bestimmt werden; dies ergibt sich aus dem Gesetzeswortlaut des Abs. 2 „**die Verwaltung**" im Gegensatz zu „*ein* **Betrieb**".[34] – Eine **Differenzierung** zwischen dem Ort der Geschäftsleitung und dem der Verwaltung erübrigt sich letztlich wegen der Anwendbarkeit beider Anknüpfungspunkte.

12   **5. Ausnahmen.** Die Formulierung „in der Regel" eröffnet die ausnahmsweise Möglichkeit anderer Anknüpfungspunkte.[35] Dies ist jedoch nur dann gerechtfertigt, wenn ein **besonders schützenswertes Interesse** der Gesellschaft besteht,[36] was nicht einheitlich beurteilt wird.[37] Für zulässig wurde von der Rspr. die Bestimmung eines

---

[27] GroßkommAktG/*Brändel* § 5 Rn. 18.
[28] Vgl. BFH IStR 1999, 405; *Lutter/Hommelhoff* Rn. 7; vgl. auch *Scholz/Emmerich* Rn. 12; *Baumbach/Hueck/G. Hueck/Fastrich* Rn. 5; GroßkommAktG/*Brändel* § 5 Rn. 18; Kölner KommAktG/*Kraft* § 5 Rn. 14; MüKo AktG/*Heider* § 5 Rn. 34; aA *Hüffer* § 5 Rn. 7, der die Geschäftsleitung dort lokalisiert, wo die Hauptverwaltung sitzt.
[29] *Scholz/Emmerich* Rn. 13; *Baumbach/Hueck/G. Hueck/Fastrich* Rn. 5; *Geßler/Hefermehl/Eckardt/Kropff* § 5 Rn. 8; aA *Kögel* GmbHR 1998, 1110.
[30] *Kögel* GmbHR 1998, 1110; *Lutter/Hommelhoff* Rn. 9; *Baumbach/Hueck/G. Hueck/Fastrich* Rn. 5.
[31] Vgl. auch *Lutter/Hommelhoff* Rn. 9; *Baumbach/Hueck/G. Hueck/Fastrich* Rn. 5.
[32] *Kögel* GmbHR 1998, 1110; Kölner KommAktG/*Kraft* § 5 Rn. 15; MüKo AktG/*Heider* § 5 Rn. 35; aA mit umgekehrtem Begriffsverständnis *Hüffer* § 5 Rn. 7.
[33] BGHZ 97, 269, 272 = MDR 1986, 743 = ZIP 1986, 643.
[34] Kölner KommAktG/*Kraft* § 5 Rn. 15; GroßkommAktG/*Brändel* § 5 Rn. 20; *Kögel* GmbHR 1998, 1110.
[35] Vgl. auch *Scholz/Emmerich* Rn. 10; *Baumbach/Hueck/G. Hueck/Fastrich* Rn. 6; *Lutter/Hommelhoff* Rn. 10.
[36] *Lutter/Hommelhoff* Rn. 10; *Baumbach/Hueck/G. Hueck/Fastrich* Rn. 6; *Scholz/Emmerich* Rn. 14.
[37] Umstritten ist insbes., ob das Andenken an den Gesellschaftsgründer ein schützenswertes Interesse begründet, welches ein Festhalten am bisherigen Gesellschaftssitz rechtfertigt, bejahend GroßkommAktG/*Brändel* § 5 Rn. 22; aA MüKo AktG/*Heider* § 5 Rn. 39.

Sitzortes angenommen, an den erst später der Betrieb oder die Verwaltung verlegt werden sollen.[38]

Bei einer Neugründung sind angesichts der umfassenden Anknüpfungspunkte nach Abs. 2 schwerlich Sachverhalte denkbar, die Ausnahmen rechtfertigen. In den Fällen des nachträglichen Auseinanderfallens von tatsächlichem und statutarischem Sitz (zB durch Verlegung eines Betriebes oder der Verwaltung) kann ein schützenswertes Interesse eher bestehen. Dieses ist insbesondere gegeben, wenn der Sitz mit der den Städtenamen beinhaltenden Firma eine identitätsstiftende Geltung im Geschäftsverkehr erlangt hat[39] oder der Geschäftsführer einer inländischen Gesellschaft die unternehmerischen Entscheidungen regelmäßig aus dem Ausland trifft, ohne dass eine Verwaltung im Inland besteht.[40] Rein ideelle Interessen (zB Tätigkeitsort eines früheren Gründungsgesellschafters oder Wohnsitz eines Mehrheitsgesellschafters) rechtfertigen demgegenüber keine Ausnahme.[41] 13

Die **Beurteilung,** ob ein besonderes schützenswertes Interesse der Gesellschaft vorliegt, steht nicht im Ermessen des Registergerichts, sondern unterliegt als unbestimmter Rechtsbegriff der **uneingeschränkten gerichtlichen Überprüfung.**[42] 14

IV. Doppelsitz

Mehrere Sitze sind nicht zugelassen. AktG, GenG und GmbHG gehen jeweils von einem einzigen statutarischem Sitz aus,[43] (vgl. zB § 7 Abs. 1), was angesichts der andernfalls drohenden registerrechtlichen Probleme auch sachgerecht ist.[44] Teile der Literatur und der älteren Rspr. wollen Ausnahmen zulassen.[45] Doch bedarf es dieser, wenn auch sehr eingeschränkten erst durch die Notlage nach 1945 eröffneten Möglichkeiten,[46] jedenfalls für die GmbH unter normalen Umständen nicht.[47] Diese re- 15

---

[38] KG AG 1996, 422.
[39] MüKo AktG/*Heider* § 5 Rn. 39; GroßkommAktG/*Brändel* Rn. 5 Rn. 22.
[40] *Kögel* GmbHR 1998, 1111.
[41] MüKo AktG/*Heider* § 5 Rn. 39.
[42] *Baumbach/Hueck/G. Hueck/Fastrich* Rn. 6; MüKo AktG/*Heider* § 5 Rn. 40; GroßkommAktG/*Brändel* § 5 Rn. 23; Kölner KommAktG/*Kraft* § 5 Rn. 17; aA *v. Godin/Wilhelmi* § 5 Rn. 3; *Meyer-Landrut/Miller/Niehus* § 5 Rn. 2.
[43] Vgl. auch Begr. RegE AktG 1965 *Kropff* § 5 S. 20, Ausnahmen für außergewöhnliche Fälle allerdings nicht ausschließend.
[44] So auch RGZ 85, 397, 399; *Karl* AcP 159 (1960), 293, 302 ff.; *Brodmann* Anm. 3 b; *Scholz/Emmerich* Rn. 16; *Baumbach/Hueck/G. Hueck/Fastrich* Rn. 7; *Roth/Altmeppen* § 3 Rn. 9; *Kögel* GmbHR 1998, 112.
[45] KG BB 1973, 1001 (für nachkriegsbedingte Sonderstellung West-Berlins); LG Hamburg DB 1973, 2237 „Hapag-Lloyd" (besondere Situation nach Fusion; gegen deren Anerkennung als außergewöhnlichen Fall BayObLG NJW-RR 1986, 31 = DB 1985, 1280; *Hachenburg/Ulmer* Rn. 14 f.; *Lutter/Hommelhoff* Rn. 11, auf den Fusionsfall „Krupp-Hoesch" mit Doppelsitz in Essen und Dortmund verweisend); *Balser* DB 1972, 2049; *Notthoff* WiB 1996, 776; MüKo AktG/*Heider* § 5 Rn. 46; GroßkommAktG/*Brändel* § 5 Rn. 36; Kölner KommAktG/*Kraft* § 5 Rn. 21; *Hüffer* § 5 Rn. 10. Generell für die Zulässigkeit des Doppelsitzes der AG *Geßler/Hefermehl/Eckardt/Kropff* § 5 Rn. 11; *Barz* AG 1972, 4; *König* AG 2000, 18 ff.
[46] Vgl. BayObLG DB 1985, 1280 = NJW-RR 1986, 31; OLG Düsseldorf NJW-RR 1988, 354.
[47] Dem steht auch nicht die Zulässigkeit von Mehrfachsitzen einer Anstalt des öffentlichen Rechts entgegen, da sich diese trotz Aufhebung des § 36 HGB insoweit nicht nach dem HGB, sondern ausschließlich nach öffentlich-rechtlichen Landesvorschriften richtet, vgl. OLG Frankfurt/M. DB 2001, 860 = FGPrax 2001, 86; BayObLG NJW-RR 2001, 28 = Rpfleger 2000, 551.

striktive Auffassung bedeutet für die Gesellschaft angesichts der Möglichkeit, Zweigniederlassungen an den Orten ihrer Wahl zu gründen, §§ 13, 13b HGB; vgl. § 12 Rn. 18 ff., keinen Nachteil.

V. Rechtsfolgen bei unzulässiger Bestimmung des Sitzes

16 Für die Rechtsfolgen eines Verstoßes gegen Abs. 2 ist zwischen *ursprünglicher* Unzulässigkeit (vgl. Rn. 17) und den Fällen *nachträglich* eintretender Unzulässigkeit (vgl. Rn. 18 ff.) zu unterscheiden:

17 1. **Ursprüngliche Unzulässigkeit.** Verstößt die Satzungsbestimmung bereits vor Eintragung gegen Abs. 2, so hat das Registergericht die **Eintragung** nach § 9c Abs. 2 Nr. 1 **abzulehnen**.[48] Wird die **Gesellschaft dennoch eingetragen,** ist sie wirksam entstanden. Die Voraussetzungen für eine Nichtigkeitsklage sind nicht erfüllt, nicht einmal wenn die Sitzbestimmung (§ 4a Abs. 1) gänzlich fehlt, vgl. § 75 Rn. 12 ff. Jedoch kann das RegG das **Amtsauflösungsverfahren**[49] nach § 144a FGG, § 60 Abs. 1 Nr. 6 einleiten, denn die unzulässige Sitzbestimmung stellt einen Mangel des Gesellschaftsvertrages dar.[50] Vor der gerichtlichen Feststellung des Mangels und der damit bewirkten Auflösung der Gesellschaft hat das Gericht der Gesellschaft innerhalb einer bestimmten Frist Gelegenheit zur Beseitigung des Mangels zu geben, § 144a Abs. 1 S. 1 FGG. Bis zur Änderung des Gesellschaftsvertrages ist der in der Satzung angegebene Sitz maßgeblich.[51]

18 2. **Nachträgliche Unzulässigkeit durch Gesellschafterbeschluss.** Verstößt der die Sitzbestimmung ändernde **Gesellschafterbeschluss gegen Abs. 2,** so ist dieser nach **§ 241 Nr. 3 3. Alt. AktG analog nichtig** und darf nicht im Handelsregister eingetragen werden.[52] Wurde der **Gesellschafterbeschluss dennoch eingetragen,** hat das RegG die Gesellschaft von der beabsichtigten Löschung zu benachrichtigen und eine angemessene Frist zur Geltendmachung eines Widerspruchs zu bestimmen (§ 142 Abs. 2 FGG), innerhalb deren die Gesellschaft den Mangel aber auch beseitigen kann,[53] andernfalls kann die **Eintragung von Amts wegen nach § 144 Abs. 2 FGG gelöscht** werden.[54]

19 Ein **Beschluss der Gesellschafter auf Verlegung des Satzungssitzes ins Ausland** ist nach § 241 Nr. 3 3. Alt AktG analog nichtig, weil die Gesellschaft entgegen § 4a Abs. 1 keinen Inlandssitz mehr hätte, vgl. Rn. 4. Das Registergericht kann, wie vorstehend beschrieben, gemäß § 144 Abs. 2 FGG verfahren.[55]

20 Zur **tatsächlichen Sitzverlegung ins Ausland** vgl. Einl. Rn. 336; zur **Sitzverlegung vom Ausland ins Inland** vgl. Einl. Rn. 337.

---

[48] Vgl. 9c Rn. 34 f.
[49] Vgl. § 60 Rn. 26 ff.
[50] HM *Baumbach/Hueck/G. Hueck/Fastrich* Rn. 8; *Lutter/Hommelhoff* Rn. 15; *Scholz/Emmerich* Rn. 18; *Hüffer* § 5 Rn. 9; MüKo AktG/*Heider* § 5 Rn. 61; GroßkommAktG/*Brändel* § 5 Rn. 40.
[51] *Baumbach/Hueck/G. Hueck/Fastrich* Rn. 8; *Scholz/Emmerich* Rn. 18; MüKo AktG/*Heider* § 5 Rn.60.
[52] *Baumbach/Hueck/G. Hueck/Fastrich* Rn. 8; *Scholz/Emmerich* Rn. 19; *Hüffer* § 5 Rn. 9; GroßkommAktG/*Brändel* § 5 Rn. 42; MüKo AktG/*Heider* § 5 Rn. 62 f.; *Kögel* GmbHR 1998, 1111.
[53] OLG Stuttgart Rpfleger 1974, 199; *Bumiller/Winkler* § 142 Rn. 22.
[54] *Baumbach/Hueck/G. Hueck/Fastrich* Rn. 8; MüKo AktG/*Heider* § 5 Rn. 64, vgl. § 53 Rn. 18.
[55] MüKo BGB/*Kindler* Int. GesR Rn. 399, GroßkommAktG/*Brändel* § 5 Rn. 28; *Hüffer* § 5 Rn. 12; *Scholz/K. Schmidt* § 60 Rn. 13; MüKo HGB/*Bokelmann* § 13d Rn. 28.

Sitz der Gesellschaft § 4a

3. Nachträgliche Unzulässigkeit durch Veränderung der tatsächlichen Ver- 21
hältnisse. Ändert sich der den Gesellschaftssitz bestimmende Anknüpfungspunkt
nachträglich, verstößt dies gegen Abs. 2. Die damit verbundenen Rechtsfolgen sind
umstritten. Vornehmlich in der Literatur wird die Nichtigkeit der Satzungsbestimmung
angenommen und das Amtsauflösungsverfahren nach § 144 FGG, § 60 Abs. 1 Nr. 6
für anwendbar gehalten.[56] Demgegenüber lehnen die überw. Rspr.[57] sowie ein Teil
der Literatur[58] zutr. die Nichtigkeit ab.[59] Denn eine nachträgliche Nichtigkeit ist vom
Wortlaut des § 144a Abs. 4 FGG nicht gedeckt.[60]

VI. Sitzverlegung

Die **Sitzverlegung** ist Satzungsänderung und steht grds. im Belieben der Gesell- 22
schafter; vgl. §§ 53, 54.[61] Das Verfahren bestimmt § 13h HGB nF (= § 13c HGB
aF).[62] Danach hat das Gericht des bisherigen Sitzes nur die förmliche Richtigkeit der
Anmeldung zu prüfen und die Verlegung unverzüglich dem Gericht des neuen Sitzes
mitzuteilen, § 13h Abs. 2 S. 1 u. 2 HGB. Dieses hat sodann die sachliche Richtigkeit
der Sitzverlegung und die Einhaltung des § 30 HGB zu prüfen, § 13h Abs. 2 S. 3
HGB. Eine weitergehende Überprüfung von Bestimmungen des Gesellschaftsvertrages,
die lediglich mittelbar mit der Sitzverlegung im Zusammenhang stehen (zB gesellschaftsvertragliche Regelungen über die Veröffentlichung von Bekanntmachungen
nach § 10 HGB), steht dem RegG nicht zu. Trotz solcher etwaigen Verstöße ist das
RegG verpflichtet, die Sitzverlegung einzutragen, und erst nach dieser auf die Beseitigung der seiner Auffassung nach unzulässigen sonstigen Eintragungen mit den dafür
vorgesehenen registerrechtlichen Mitteln hinzuwirken.[63]

Werden mit der Sitzverlegung zugleich weitere Satzungsänderungen angemeldet, so 23
ist das RegG des neuen Sitzes für die Prüfung der Anmeldung insgesamt zuständig, also
auch der Satzungsänderung, obwohl die Sitzverlegung erst mit der durch das neue
Sitzgericht bewirkten Handelsregistereintragung wirksam wird.[64] Zu den Rechtsfolgen

---

[56] *Scholz/Emmerich* Rn. 20; *Lutter/Hommelhoff* Rn. 16; *Baumbach/Hueck/G. Hueck/Fastrich*
Rn. 9; *Hüffer* § 5 Rn. 11; *GroßkommAktG/Brändel* § 5 Rn. 43; MüKo AktG/*Heider* § 5 Rn. 67;
Baumbach/Hueck/Schulze-Osterloh Anh. § 77 Rn. 32: § 144a FGG analog.

[57] OLG Frankfurt/M. DNotZ 1980, 121; BayObLGZ 1982, 140 ff. = DB 1982, 894 f. = BB
1982, 578 f. = DNotZ 1983, 195 f.; DB 2002, 940 ff.; (aA obiter DB 2001, 644 f.); LG Mannheim
GmbHR 2000, 874.

[58] Kölner KommAktG/*Kraft* § 5 Rn. 32; § 262 Rn. 5; *Keidel/Kuntze/Winkler* § 144a Rn. 5;
Bumiller/Winkler § 144a Rn. 6; *Baumbach/Hueck/Schulze-Osterloh* Anh. § 77 Rn. 32.

[59] Vgl. auch *Müther* BB 1996, 2212, der die Anwendbarkeit von § 144a FGG mit dem Hinweis
offen lässt, dass eine Sitzwahl nur bei einem tatsächlichem außerhalb der BRD gelegenen Verwaltungssitz unzulässig sei.

[60] LG Mannheim GmbHR 2000, 874, 875.

[61] Der Sitzverlegungsbeschluss der Gesellschafterversammlung ist jedoch rechtsmissbräuchlich
und unwirksam, wenn die Gesellschaft nach § 1 LöschG (zum 1. 1. 1999 aufgeh. durch EGInsO)
aufgelöst ist oder im Anmeldungsverfahren aufgelöst wird; LG Berlin DB 1999, 1158 (LS) =
GmbHR 1999, 720 (LS).

[62] Vgl. OLG Köln BB 1984, 1065 zu § 13c HGB aF.

[63] OLG Hamm NJW-RR 1997, 168 = DB 1996, 2326.

[64] OLG Hamm GmbHR 1991, 321; OLG Zweibrücken GmbHR 1992, 678; *Ziegler* Rpfleger
1991, 485 ff.; aA LG Mannheim GmbHR 1991, 24. Vermittelnd KG BB 1997, 173, demzufolge
die Entscheidung, ob die weiteren Eintragungen noch vom RegG des bisherigen Sitzes vorgenommen werden können, in dessen Ermessen steht, was der Rechtssicherheit abträglich ist.

einer tatsächlichen Sitzverlegung ohne entsprechende Satzungsänderung, vgl. Rn. 21.
Zum EU-Richtlinienentwurf zur Sitzverlegung, vgl. Einl. Rn. 36.

VII. Österreichisches Recht

24 Eine dem § 4a vergleichbare Regelung enthält das ÖGmbHG nicht. § 4 ÖGmbHG bestimmt lediglich, dass der Gesellschaftsvertrag den Sitz der Gesellschaft bestimmen muss. Nach § 5 Abs. 4 ÖGmbHG kann dieser an einem „Ort nur im Inland" liegen. Darunter ist nicht nur die politische Gemeinde,[65] sondern auch ein Ortsteil innerhalb einer politischen Gemeinde, zu verstehen.[66] Der Sitz kann grds. frei von den Gesellschaftern gewählt werden.[67]

25 Eine Verlegung des Sitzes kann nur durch Satzungsänderung erfolgen; eine Verlegung des Betriebes oder der Geschäftsleitung ist demgegenüber keine Sitzverlegung.[68] Wird der Sitz ins Ausland verlegt, führt dies zur Auflösung der Gesellschaft.[69] Ob dies im Hinblick auf die beiden Entscheidungen des OGH[70] zur Vereinbarkeit der Sitztheorie mit der Niederlassungsfreiheit weiterhin gilt, bleibt abzuwarten, näher dazu Einl. Rn. 344.

§ 5 [Stammkapital; Stammeinlage]

(1) Das Stammkapital der Gesellschaft muß mindestens fünfundzwanzigtausend Euro, die Stammeinlage jedes Gesellschafters muß mindestens hundert Euro betragen.

(2) Kein Gesellschafter kann bei Errichtung der Gesellschaft mehrere Stammeinlagen übernehmen.

(3) ¹Der Betrag der Stammeinlage kann für die einzelnen Gesellschafter verschieden bestimmt werden. ²Er muß in Euro durch fünfzig teilbar sein. ³Der Gesamtbetrag der Stammeinlagen muß mit dem Stammkapital übereinstimmen.

(4) ¹Sollen Sacheinlagen geleistet werden, so müssen der Gegenstand der Sacheinlage und der Betrag der Stammeinlage, auf die sich die Sacheinlage bezieht, im Gesellschaftsvertrag festgesetzt werden. ²Die Gesellschafter haben in einem Sachgründungsbericht die für die Angemessenheit der Leistungen für Sacheinlagen wesentlichen Umstände darzulegen und beim Übergang eines Unternehmens auf die Gesellschaft die Jahresergebnisse der beiden letzten Geschäftsjahre anzugeben.

---

[65] So aber die deutsche Handhabung, vgl. Rn. 4.
[66] OGH AG 1993, 176; *Koppensteiner* § 4 Rn. 4.
[67] *Koppensteiner* § 4 Rn. 4, *Gellis* § 4 Rn. 7.
[68] *Koppensteiner* § 4 Rn. 4; *Gellis* § 4 Rn. 7.
[69] *Koppensteiner* § 4 Rn. 4; *Reich-Rohrwig* S. 52; *Gellis* § 4 Rn. 7.
[70] Beschlüsse vom 15. 7. 1999, Az. 6 Ob 124/99z, EuZW 2000, 156 ff. = AG 2000, 333 ff. und Az. 6 Ob 123/99b, JZ 2000, 199 ff. = NZG 2000, 36 ff.

Übersicht

	Rn.
I. Normzweck	1
II. Stammkapital und Stammeinlagen	2–16
1. Das Stammkapital: Begriff und Funktion	2, 3
2. Mindeststammkapital	4
3. Übergangsvorschriften für Altgesellschaften nach der Novelle 1980	5–7
4. Die Bestimmung des Stammkapitals	8–10
a) Höhe des Stammkapitals	8, 9
b) Ausnahmen von der freien Bestimmbarkeit	10
5. Stammeinlage	11–15
a) Übernahme	12
b) Mindestbetrag	13
c) Teilbarkeit	14
d) Verschiedene Beträge	15
6. Rechtsfolgen von Verstößen	16
III. Die Sacheinlage	17–54
1. Die Sacheinlage als Ausnahmetatbestand	17
2. Begriff und Arten	18–21
a) Verschleierte Sachgründung	19
b) Gründungsprüfung?	20
c) Nachgründungsverträge	21
3. Sacheinlage ieS	22–41
a) Sacheinlagevereinbarung	23–25
b) Gegenstand der Sacheinlage	26–33
c) Verpflichtungs- und Verfügungsgeschäft	34

	Rn.
d) Bewertung der Sacheinlage	35–37
e) Vereinbarungsmängel und Leistungsstörungen	38–41
aa) Mängel der Sacheinlagevereinbarung	39, 40
bb) Rechts- und Sachmängelhaftung	41
4. Sachübernahme	42–45
a) Tatbestand	43
b) Sachübernahmevertrag	44, 45
5. Gemischte Sacheinlage	46, 47
6. Verschleierte Sachgründung	48–54
IV. Die Sacheinlage im Gesellschaftsvertrag und der Sachgründungsbericht	55–66
1. Festsetzung im Gesellschaftsvertrag	55–62
a) Satzungsänderungen	56
b) Inhalt der Festsetzung	57–60
c) Nichterfüllung der Voraussetzungen	61, 62
2. Sachgründungsbericht	63–66
a) Wesentliche Umstände	64
b) Übergang eines Unternehmens	65
c) Haftung der Gesellschafter	66
V. Die Übernahme von Gründungsaufwand	67–70
VI. Österreichisches Recht	71–73
1. Mindeststammkapital	71
2. Sacheinlagen	72
3. Gründerlohn	73

I. Normzweck

Die Vorschrift, die in ihren ersten drei Absätzen seit 1892 im Wesentlichen unverändert geblieben ist, konkretisiert § 3 Abs. 1 Nr. 3 u. 4. Dazu bestimmt sie Näheres über das Stammkapital und die Stammeinlagen (Abs. 1 bis 3) und gibt im Abs. 4 strenge Vorschriften über die Sacheinlagen (iwS); dies dient dazu, die Öffentlichkeit im Gesellschaftsvertrag möglichst zuverlässig über die Kapitalgrundlage der GmbH aufzuklären.[1] – Bis zur Novelle 1980[2] war die Vorschrift im Wesentlichen seit 1892 unverändert geblieben. Mit Wirkung zum 1. 1. 1981 wurde zum einen der Mindeststammkapitalbetrag (Abs. 1) auf DM 50 000 und zum anderen die Mindesteinlagepflicht auf DM 25 000 erhöht sowie der die Sacheinlagen betreffende Abs. 4 beträchtlich umgestaltet.[3] Durch das EuroEinfG vom 9. 6. 1998[4] wurden die Abs. 1 und 3 den Gegebenheiten der Europäischen Währungsunion bei gleichzeitiger Betragsglättung

1

---

[1] BGH NJW 1979, 216.
[2] BGBl. I S. 836.
[3] Für Altgesellschaften (vor dem 1. 1. 1981 zur Eintragung in das Handelsregister angemeldete Gesellschaften) gab Art. 12 § 2 der Novelle 1980 Übergangsvorschriften. Vgl. dazu Rn. 5 und Voraufl. Rn. 1, 5, 6 ff. Zu den nach DDR-Recht gegründeten GmbHs in den neuen Bundesländern vgl. Voraufl. Rn. 5 a.
[4] BGBl. I S. 1242.

§ 5 1. Abschnitt. Errichtung der Gesellschaft

angepasst bzw. geändert: das Mindeststammkapital beträgt € 25 000, die Mindeststammeinlage eines Gesellschafters € 100 – früher DM 500 – (Abs. 1) sowie deren Teilbarkeit in Euro durch 50 – früher in DM durch 100 – (Abs. 3). Zu Übergangsvorschriften und Umstellungsproblemen vgl. § 86 Rn. 4 ff. Die Vorschrift wird durch §§ 7, 9, 9 a, 9 b, 19 ergänzt.

II. Stammkapital und Stammeinlagen

2 **1. Das Stammkapital: Begriff und Funktion.** Das Stammkapital ist eine **Rechnungsgröße,** die in erster Linie der Aufbringung und Erhaltung des Gesellschaftsvermögens dient, und zwar als Ersatz für die fehlende persönliche Haftung der Gesellschafter für die Gesellschaftsschulden. Es entspricht in seinen Funktionen weitgehend dem Grundkapital der AG; vgl. §§ 6, 7 AktG. Bei der Gründung der Gesellschaft gewährleistet es der Gesellschaft ein Mindestanfangsvermögen, das die Gesellschafter auf ihre Stammeinlagen einzubringen haben; § 3 Abs. 1 Nr. 4. Die Summe der von den Gesellschaftern übernommenen Stammeinlagen ist daher stets gleich dem Stammkapital; § 5 Abs. 3 S. 3. Im weiteren Verlauf der Gesellschaft bindet das Stammkapital das Gesellschaftsvermögen. Das zur Erhaltung des Stammkapitals erforderliche Vermögen der Gesellschaft darf nicht an die Gesellschafter ausgeschüttet werden; §§ 30, 31. In zweiter Linie dienen das Stammkapital und die Stammeinlagen zur Bemessung der Geschäftsanteile[5] (§ 14) und damit auch der Gewinn- und Verlustanteile (§ 29), der Stimmrechte (§ 47) sowie der Liquidationsanteile (§ 72). Die Geschäftsanteile sind noch für weitere Regelungen maßgeblich (zB §§ 50, 66 Abs. 2).

3 Das Stammkapital erscheint in der **Bilanz** auf der Passivseite als „gezeichnetes Kapital"; § 42 Abs. 1 iVm. § 266 Abs. 3 A I HGB. Zusammen mit den Rücklagen (§ 266 Abs. 3 A II u. III) und unter Einbeziehung der Posten „Gewinnvortrag/Verlustvortrag" (A IV) sowie „Jahresüberschuss/Jahresfehlbetrag" (A V) wird das Eigenkapital in einer Gruppe zusammengefasst dargestellt.[6] Dies ist vor allem für die betriebswirtschaftliche Beurteilung der Gesellschaft aufschlussreich. Die **Aufbringung** des Stammkapitals wird vom Gesetz in erster Linie durch die Gründungsvorschriften gewährleistet; vgl. §§ 9, 9 a, 9 b sowie die durch die Rspr. entwickelte Vorbelastungshaftung (§ 11 Rn. 26 ff.), die Kontrolle durch den Registerrichter (§ 9 c) und die Strafvorschriften des § 82. Daneben treten die besondere Sicherung der Einzahlungsansprüche (§ 19 Abs. 2 bis 5), der Ausschluss des säumigen Gesellschafters (§§ 21 bis 23) und die Ausfallhaftung der übrigen Gesellschafter (§ 24). Der **Erhaltung** des dem Stammkapital entsprechenden Gesellschaftsvermögens dienen insbesondere das Rückzahlungsverbot des § 30 (mit §§ 31, 43 Abs. 2), die Vorschriften über die Gesellschafterdarlehen (§§ 32 a, 32 b) sowie die Strafvorschrift des § 84.

4 **2. Mindeststammkapital.** Das Mindeststammkapital beträgt seit 1. 1. 1999 € 25 000. Dies ist zwingend und gilt für alle Gesellschaften, die von diesem Tage an zur Eintragung in das Handelsregister angemeldet werden, auch wenn sie nach § 86 Abs. 2 ein Wahlrecht hinsichtlich der Angabe in Euro oder DM haben, der Betrag muss mindestens € 25 000 entsprechen, vgl. § 86 Rn. 9 f.

5 **3. Übergangsvorschriften für Altgesellschaften nach der Novelle 1980.** Gesellschaften, die am 31. 12. 1980 bereits in das Handelsregister eingetragen oder zur

---

[5] Zum Begriff vgl. § 14 Rn. 1.
[6] Vgl. dazu iE § 42 Rn. 1 f., Anh. I nach § 42 a Rn. 234 ff.

Eintragung angemeldet worden waren,[7] sog. **Altgesellschaften,** hatten bis zum 31. 12. 1985 Zeit, ein niedrigeres Stammkapital auf mindestens DM 50 000 zu erhöhen oder die Gesellschaft in eine andere Rechtsform umzuwandeln (Art. 12 § 1 ÄndG).[8] Falls die Gesellschaft einen Beschluss des einen oder anderen Inhalts nicht bis zum 31. 12. 1985 wenigstens zum Handelsregister angemeldet hatte, wurde sie mit diesem Tage aufgelöst; Art. 12 § 1 ÄndG.

Der **einzelne Gesellschafter** war zur Mitwirkung an der Kapitalerhöhung oder der Umwandlung zur Erfüllung der durch die Novelle 1980 eingeführten Stammkapitalvorschriften **verpflichtet,** soweit eine solche Maßnahme für ihn **zumutbar** war, so jedenfalls für eine „personalistisch strukturierte" Gesellschaft.[9] Das galt insbes., wenn die Kapitalerhöhung aus Gesellschaftsmitteln oder durch Auflösung von Gesellschafterdarlehen erfolgen sollte und sich in einem angemessenen Rahmen hielt. An der Kapitalerhöhung nahmen die Gesellschafter nach Maßgabe ihrer Geschäftsanteile teil; ein Ausschluss des Bezugsrechts kam nicht in Frage.[10] Zur Übernahme des auf ihn entfallenden Anteils war der Gesellschafter mit Rücksicht auf § 53 Abs. 3 nur in besonders gelagerten Fällen verpflichtet.[11] 6

Zur Möglichkeit der Fortsetzung der aufgelösten Gesellschaft vgl. Voraufl. Rn. 8. 7

4. Die Bestimmung des Stammkapitals. a) Höhe des Stammkapitals. Über die Höhe des Stammkapitals iÜ entscheiden die Gründer frei.[12] Das Gesetz verpflichtet sie namentlich **nicht** zu einer ausreichenden oder **angemessenen Kapitalisierung.**[13] Der BGH hat zwar früher gelegentlich bemerkt, das haftende Kapital könne nicht „ganz ohne Rücksicht auf das ... benötigte Kapital festgesetzt werden".[14] Doch verzichtet inzwischen die neuere Rspr. zur Unterkapitalisierung auf derartige Formeln, betont vielmehr das Verständnis für die Fremdfinanzierung.[15] Der Gesetzgeber hat mit den Kapitalersatzvorschriften §§ 32a, 32b einen anderen Weg partieller Sanktionierung beschritten. Die zT strengeren Anforderungen, die im Schrifttum gestellt werden,[16] haben sich deswegen mit Recht nicht durchsetzen können; der Gesetzgeber hat sie schon in der Novelle 1980 nicht aufgenommen.[17] Die Unterkapitalisierung kann bei Hinzutreten weiterer Umstände aller- 8

---

[7] Vgl. dazu OLG Hamburg GmbHR 1983, 272.
[8] Vgl. auch zu den steuerrechtlichen Fragen *Tillmann* GmbHR 1983, 24.
[9] BGHZ 98, 276, 279 f. = NJW 1987, 189; BGH NJW 1987, 3192 = DB 1987, 1413; zust. *Scholz/Priester* 8. Aufl. § 55 Rn. 121; aA *Meyer-Landrut/Miller/Niehus* Rn. 14; vgl. 2. Aufl. § 53 Rn. 55.
[10] *Scholz/Priester* 7. Aufl. § 55 Rn. 122.
[11] *Scholz/Priester* 7. Aufl. § 55 Rn. 123; *Scholz/Winter* 6. Aufl. Rn. 1 h; weitergehend *K. Schmidt* NJW 1980, 1769, 1770.
[12] Über branchenbezogene Ausnahmen vgl. Rn. 10.
[13] BAG NJW 1999, 2299, 2300 = DB 1999, 1222 = NZG 1999, 762, 763; *Ehricke* AcP 199 (1999), 257, 276.
[14] BGHZ 31, 258, 268 = NJW 1960, 285.
[15] Vgl. BGHZ 76, 326, 330 = NJW 1980, 1524; BGHZ 90, 381, 389 = NJW 1984, 1893 = LM AktG § 17 Nr. 5.
[16] Vgl. *Wiedemann* S. 567 mwN.
[17] Vgl. *Scholz/Winter* Rn. 18f.; *Baumbach/Hueck/G. Hueck/Fastrich* Rn. 6; *Meyer-Landrut/Miller/Niehus* Rn. 8; *H. P. Westermann* AcP 181 (1981), 431; *Weitbrecht* Die Haftung der Gesellschafter bei materieller Unterkapitalisierung der GmbH, 1990, S. 66 ff.; ebenso *Ehricke* AcP 199 (1999), 257, 285 f.; aA für den Fall eindeutig unzureichender oder völlig unangemessener Kapitalausstattung (materielle Unterkapitalisierung) *Hachenburg/Ulmer* Anh. § 30 Rn. 55 ff. mwN; *Lutter/Hommelhoff* Rn. 5.

§ 5   1. Abschnitt. Errichtung der Gesellschaft

dings zu einer Haftung der Gesellschafter und der Geschäftsführer nach § 826 BGB führen.[18]

9 Der **Eintragungsantrag** kann infolgedessen nicht im Hinblick auf eine angebliche Unangemessenheit des Stammkapitalbetrages abgelehnt werden.[19] Entscheidet der Registerrichter über die Zulässigkeit von vielversprechenden Firmenzusätzen (wie „Welt-", „Europa-", „Deutsche-"), so mag der Umfang der Kapitalausstattung für die Frage der Berechtigung eines solchen Firmenzusatzes vor dem finanziellen Hintergrund Berücksichtigung finden.[20]

10 **b) Ausnahmen von der freien Bestimmbarkeit.** Ausnahmen von der freien Bestimmbarkeit des Stammkapitals gelten für Kreditinstitute, bei denen ein „ausreichendes Anfangskapital" und bei Depositen- und Kreditgeschäft der Gegenwert von € 5 Mio. an eingezahltem Kapital zur Verfügung stehen (§ 10 Abs. 2a Nr. 2, § 33 Abs. 1 S. 1 Nr. 1 lit. d KWG), sowie für Kapitalanlagegesellschaften, bei denen ein „eingezahltes Nennkapital von mindestens € 2,5 Mio." (§ 2 Abs. 2a KAGG) im Zeitpunkt der Erlaubnis des Geschäftsbetriebes vorhanden sein muss. Bei Wirtschaftsprüfungsgesellschaften betragen Mindeststammkapitalbetrag (entsprechend der allgemeinen Regelung, § 5 Abs. 1) € 25000 (§ 28 Abs. 6 S. 1 WPO) und gleichermaßen der Mindesteinzahlungsbetrag (§ 28 Abs. 6 S. 2 WPO, vgl. § 7 Rn. 20).

11 **5. Stammeinlage.** Die Stammeinlage ist wie das Stammkapital (vgl. Rn. 2) eine **Rechnungsgröße** und hängt sachlich mit jener auf das Engste zusammen: Der Gesamtbetrag der Stammeinlagen ist gleich der Höhe des Grundkapitals bei Gründung; § 5 Abs. 3 S. 3. Der Betrag der einzelnen Stammeinlage legt den Betrag fest, mit dem sich der Gesellschafter an der Gründung beteiligt; § 3 Abs. 1 Nr. 4. Der Geschäftsanteil des Gesellschafters bestimmt sich nach dem Betrag der von ihm übernommenen Stammeinlage; § 14.[21]

12 **a) Übernahme.** Jeder Gesellschafter kann, dem personalistischen Prinzip des GmbH-Rechts entsprechend, **nur eine** Stammeinlage übernehmen; § 5 Abs. 2. Demgemäß ist auch die Doppelbeteiligung im Wege der Übernahme je einer Stammeinlage unter dem bürgerlichen Namen und der (abgeleiteten) Firma des Gesellschafters unzulässig.[22] Gesamthandsgemeinschaften (vgl. § 2 Rn. 23 f.) können für die Gesamthand ebenfalls nur eine Stammeinlage übernehmen, wie auch mehrere Gründer in Rechtsgemeinschaft (vgl. § 2 Rn. 24 aE), jedoch kann daneben jedes Mitglied der Gesamthandsgemeinschaft zugleich für sich eine Stammeinlage übernehmen.[23] Dasselbe gilt für die Kapitalerhöhung, die also grds. für jeden an ihr beteiligten Gesellschafter einen weiteren Gesellschaftsanteil entstehen lässt; § 55 Abs. 3. Doch kann die Kapitalerhöhung auch im Wege der „Aufstockung", einer Erhöhung des einzelnen Geschäfts-

---

[18] Vgl. BGH NJW 1979, 2104; BAG NJW 1999, 2299 = DB 1999, 1222 = NZG 1999, 762; vgl. auch BAG DB 1998, 2532 = ZIP 1999, 24, 26; *Baumbach/Hueck/G. Hueck/Fastrich* Rn. 6 aE; vgl. dazu auch *Ehricke* AcP 199 (1999), 257, 277 f., 287; krit. *Banerjea* ZIP 1999, 1153; aA *Raiser*, FS Lutter, 2000, S. 637, 647 ff.
[19] Ebenso *Scholz/Winter* Rn. 19; aA *Wiedemann* (Fn. 16) S. 572; für den Fall offenbarer (materieller) Unterkapitalisierung *Hachenburg/Ulmer* § 9 c Rn. 10, 31; *Lutter/Hommelhoff* Rn. 5; vgl. auch § 9 c Rn. 31 f.
[20] Vgl. § 4 Rn. 50 aber auch Rn. 42; HK-GmbHR/*Bartl* Teil I § 5 Rn. 3; *Bokelmann* Das Recht der Firmen- und Geschäftsbezeichnungen, 5. Aufl. 2000, Rn. 126 ff.
[21] Zum Begriff des Geschäftsanteils vgl. § 14 Rn. 1 f.
[22] OLG Frankfurt/M. GmbHR 1962, 157; *Hachenburg/Ulmer* Rn. 15; *Scholz/Winter* Rn. 26.
[23] *Scholz/Winter* Rn. 26; *Hachenburg/Ulmer* Rn. 16; *Baumbach/Hueck/G. Hueck/Fastrich* Rn. 10; *Roth/Altmeppen* Rn. 22.

Stammkapital; Stammeinlage § 5

anteils um einen beliebigen Betrag bei Beachtung der vorgeschriebenen Teilbarkeit,[24] vor sich gehen, wenn nämlich der Geschäftsanteil voll eingezahlt ist oder noch von einem Gründer gehalten wird und eine Nachschusspflicht nicht besteht.[25] Andererseits kann der Gesellschafter auch einen Teil des Geschäftsanteils veräußern (§ 17) und weitere Geschäftsanteile hinzuerwerben (§ 15 Abs. 2). Zur Unterbeteiligung vgl. § 15 Rn. 69.

b) Mindestbetrag. Der Mindestbetrag der Stammeinlage ist € 100; § 5 Abs. 1 (zwingend). Unter diesen Betrag darf die Stammeinlage nicht sinken.[26] Ausgenommen hiervon ist jedoch der Fall einer Kapitalherabsetzung, die eine Unterbilanz beseitigen soll; früher arg. aus § 58 Abs. 2 S. 2; jetzt ausdrücklich § 58a Abs. 3 S. 2, der abweichend von Abs. 1 für den Fall der vereinfachten Kapitalherabsetzung zum Verlustausgleich lediglich Teilbarkeit durch 10 und als Mindestnennbetrag € 50 vorsieht.[27] **13**

c) Teilbarkeit. Der Betrag der Stammeinlage muss durch fünfzig teilbar sein; § 5 Abs. 3 S. 2.[28] Dies gilt auch für den Fall der Teilveräußerung eines Geschäftsanteils (§ 17) und der Kapitalherabsetzung, wiederum die Herabsetzung zur Beseitigung einer Unterbilanz ausgenommen; vgl. Rn. 13. **Ausnahmsweise** genügt eine Teilbarkeit durch zehn: §§ 57h Abs. 1 S. 2, 58a Abs. 3 S. 2, 86 Abs. 1 S. 4 GmbHG; §§ 46 Abs. 1 S. 3, 55 Abs. 1 S. 2, 243 Abs. 3 S. 2, 258 Abs. 2 UmwG. In einem Vorvertrag können aber von § 5 Abs. 3 S. 2 abweichende Stammeinlagen vorgesehen sein.[29] **14**

d) Verschiedene Beträge. Die Beträge der Stammeinlagen können verschieden sein; § 5 Abs. 3 S. 1. Ein oder mehrere Gesellschafter können auch zur Zahlung eines **zusätzlichen** Betrages (Agio, Aufgeld) verpflichtet werden (vgl. § 3 Rn. 33).[30] Das **Agio** ist in der Bilanz als Kapitalrücklage auszuweisen (§§ 272 Abs. 2 Nr. 1, 266 Abs. 3 A II HGB). Zu den Vorzugsrechten und Vorzugsgeschäftsanteilen vgl. § 3 Rn. 50, zu den Nebenleistungspflichten vgl. § 3 Rn. 26ff. Die Zahlung eines geringeren Betrages, als der Nennbetrag der Stammeinlage lautet **(Disagio)**, ist trotz Fehlens einer § 9 Abs. 1 AktG entsprechenden Bestimmung unzulässig (Verbot der Unterpari-Ausgabe), da auch für die GmbH die Aufbringung und Erhaltung des Stammkapitals als der Haftungs- und Kreditunterlage der Gesellschaft unbedingt gesichert sein muss (vgl. Rn. 35 für Sacheinlagen).[31] **15**

6. Rechtsfolgen von Verstößen. Die Bestimmungen des § 5 Abs. 1 bis 3 sind zwingendes Recht. Sind sie nicht eingehalten worden, so lehnt der Registerrichter die Eintragung ab, vgl. § 9c Rn. 35. Nach der Eintragung ist die Gesellschaft jedoch gemäß § 75 nur nichtig, wenn der Gesellschaftsvertrag die Höhe des Stammkapitals nicht bestimmt (vgl. auch § 144 Abs. 1 S. 2 FGG). Sonstige Verstöße sind nur nach Maßgabe des § 144 Abs. 3 FGG beachtlich (vgl. § 3 Rn. 5). **16**

---

[24] Vgl. Rn. 14.
[25] BGHZ 63, 116 = NJW 1975, 118 = LM § 55 Nr. 5 m. Anm. *Fleck*; BayObLG DB 1986, 738; DB 1989, 1559; LG Berlin GmbHR 1983, 200; LG Dortmund BB 1992, 89; *Scholz/Priester* § 55 Rn. 25; vgl. § 55 Rn. 13f.
[26] Vgl. BGHZ 14, 25, 33 = NJW 1954, 1401.
[27] Vgl. *Scholz/Priester* § 58 Rn. 21; *Hachenburg/Ulmer* Rn. 13.
[28] Zur Frage der Aufhebung von § 5 Abs. 3 S. 2 *Schürmann* GmbHR 1998, 1014; BMJ GmbHR 1998, 34.
[29] BGH NJW 1969, 1856.
[30] *Hachenburg/Ulmer* Rn. 153 ff.
[31] BGHZ 68, 191, 195 = NJW 1977, 1196; *Hachenburg/Ulmer* Rn. 157; *Scholz/Winter* Rn. 34; *Baumbach/Hueck/G. Hueck/Fastrich* Rn. 9.

III. Die Sacheinlage

17 **1. Die Sacheinlage als Ausnahmetatbestand.** Die Sacheinlage wird vom Gesetz (§ 5 Abs. 4) als Ausnahme angesehen. Es geht von der Leistung der Einlagen in bar als dem Regelfall aus (vgl. § 19 Abs. 5), lässt aber eine gesellschaftsvertragliche Vereinbarung zu, nach der andere Wirtschaftsgüter auf die Einlage zu erbringen sind.

18 **2. Begriff und Arten.** Das Gesetz (§ 5 Abs. 4) verwendet den Begriff **in einem weiteren Sinne,** der auch die Sachübernahme umfasst. Das UmwG und AktG differenzieren ebenso wie die Praxis zwischen Sacheinlage und Sachübernahme (vgl. zB § 57 UmwG; §§ 27, 31, 32 AktG). Dies führt leicht zu Missverständnissen. **Sacheinlage ieS** ist jede Einlage auf das Stammkapital, die nicht in Geld zu leisten ist (vgl. § 27 Abs. 1 AktG).[32] Eine **Sachübernahme** liegt vor, wenn die Vergütung aus der Übernahme eines Vermögensgegenstandes durch die Gesellschaft auf die Bareinlageverpflichtung angerechnet werden soll (vgl. § 19 Abs. 5; § 27 Abs. 1 AktG);[33] zu Sachübernahmen *ohne* Vergütung auf die Einlageverpflichtung vgl. Rn. 43. Doch sind die beiden Tatbestände durchaus zu unterscheiden und zwar was die Rechtsvoraussetzungen wie die Rechtsfolgen angeht.[34]

19 a) **Verschleierte Sachgründung.** Die sog. verschleierte Sachgründung, d.h. die Umgehung der Sachgründungsvorschriften, wird gemäß den allgemeinen Regeln der Umgehung behandelt; vgl. Rn. 48.

20 b) **Gründungsprüfung?** Die Novelle 1980 hat die Vorschriften über die Sachgründung erheblich verschärft (vgl. bes. §§ 9, 9a bis 9c), jedoch von einer zwingenden **Gründungsprüfung** – wie nach § 33 Abs. 2 Nr. 4 AktG – abgesehen.

21 c) **Nachgründungsverträge.** Nachgründungsverträge sind entgeltliche Verträge über den Erwerb von Gegenständen in der ersten Zeit nach der Eintragung. Das GmbHG unterstellt sie – anders als das AktG (§ 52) – keinen besonderen Regeln. Es begnügt sich insofern mit dem Aufrechnungsverbot des § 19 Abs. 5.

22 **3. Sacheinlage ieS.** Die Sacheinlage ieS ist zulässig, wenn eine gesellschaftsvertragliche Vereinbarung besteht, nach der andere Wirtschaftsgüter als Barmittel auf die Einlage zu erbringen sind. Diese Form der Gründung soll stetig steigen.[35] Anders als die Bareinlage, auf die bis zur Anmeldung lediglich ein Viertel einbezahlt sein muss (§ 7 Abs. 2 S. 1), müssen die Sacheinlagen in diesem Zeitpunkt vollständig zur freien Verfügung der Gesellschaft stehen; § 7 Abs. 3, vgl. § 7 Rn. 19. Zum Übergang auf die Gesellschaft als juristische Person vgl. § 11 Rn. 32 u. 135.

23 a) **Sacheinlagevereinbarung.** Die Sacheinlagevereinbarung ist unselbstständiger **Teil des Gesellschaftsvertrages.** Sie enthält die **Verpflichtung** des Gesellschafters, die betr. Gegenstände der Gesellschaft zu übertragen oder ihr ein Nutzungsrecht daran zu verschaffen.[36] Das Erfüllungsgeschäft kann sowohl nach der Gründung – zwischen dem Gesellschafter und den Geschäftsführern – als auch, soweit die Rechtsnatur der Sacheinlage dies zulässt, durch Aufnahme in den Gesellschaftsvertrag selbst vollzogen werden.[37]

---

[32] *Lutter/Hommelhoff* Rn. 12.
[33] *Deutler* S. 2; *Scholz/Winter* Rn. 37; *Lutter/Hommelhoff* Rn. 33.
[34] Vgl. bes. *v. Rössing* Die Sachgründung nach der GmbH-Novelle 1980, 1984, S. 27 ff.
[35] Vgl. *Festl-Wietek* BB 1993, 2410.
[36] BGHZ 45, 338, 345 = NJW 1966, 1311.
[37] BGHZ 45, 338, 342 = NJW 1966, 1311; *Hachenburg/Ulmer* Rn. 24.

Stammkapital; Stammeinlage § 5

Die Sacheinlageverpflichtung muss **bei der Gründung** oder bei der Kapitalerhö- 24
hung vereinbart werden. Jedoch lässt sich eine Barleistungspflicht auch nachträglich
durch Satzungsänderung in eine Sachleistungspflicht verwandeln, solange die Einlageverpflichtung nicht erfüllt ist und die Sachgründungsvorschriften entsprechend angewendet werden, insbesondere ein neuer Sachgründungsbericht erstellt wird.[38] Ein
umgekehrter Übergang von der Sachleistung zur Geldleistung ist ebenfalls durch einstimmige Satzungsänderung (§ 3 Rn. 16)[39] – aber vor der Eintragung – möglich.[40] Die
Änderungen sind jeweils, trotz § 8, auch nach bereits erfolgter Anmeldung bis zum
Zeitpunkt der Eintragung möglich, denn die Anmeldung dient lediglich der Vorbereitung der Eintragung und entfaltet keine entsprechenden Publizitätswirkungen; sie ist
zudem widerrufbar sowie ergänzbar.[41] Die Anmeldung muss dann wiederholt werden.[42] Zulässig ist auch eine Sätzungsänderung, durch die es zu einem Austausch von
Sacheinlageverpflichtungen kommt. Die Satzungsänderung muss jedoch einstimmig
beschlossen werden und die Erfordernisse der Sachgründungsvorschriften erfüllt sein.[43]
Zu den **steuerlichen** Fragen vgl. § 2 Rn. 91 ff.

Eine **Wahlschuld** (§§ 262 ff. BGB) der Gesellschaft oder des Gesellschafters 25
kann vereinbart werden, und zwar sowohl zwischen Geld- und Sacheinlage wie auch
zwischen verschiedenen Sacheinlagen.[44] Doch muss die Wahl so rechtzeitig erfolgen,
dass die Einlagen gemäß § 3 Abs. 1 bzw. Abs. 3 bei der Anmeldung der Gesellschaft zur Verfügung stehen.[45] Mit der Ausübung ist das Wahlrecht zwar erschöpft,
eine Änderung der Einlageschuld ist nach obigen Ausführungen (Rn. 24) jedoch
möglich.

b) Gegenstand der Sacheinlage. Als Gegenstand der Sacheinlage kommen – über 26
§ 27 Abs. 2 AktG hinaus – **alle vermögenswerten Gegenstände** in Betracht, die
rechtsverkehrsfähig sind.[46] Die Grenzen dieser Definition sind nach mehreren Seiten
hin allerdings sehr umstritten. Bilanzfähigkeit des Gegenstandes wird seit dem Urteil
des BGH v. 16. 2. 1959[47] überwiegend nicht mehr als ein selbstständiges Kriterium,
sondern als „Indiz" betrachtet.[48] Die Übertragbarkeit, die von manchen verlangt
wird,[49] ist nicht in jedem Falle nötig; es genügt, dass der Gegenstand, wenn auch nur
im Rahmen des gesamten Gesellschaftsvermögens, den Gläubigerinteressen zugute

---

[38] BGH ZIP 1996, 668 = NJW 1996, 1473 = BB 1996, 813, 816; *Hachenburg/Ulmer* Rn. 27; *Scholz/Winter* Rn. 106; *Roth/Altmeppen* Rn. 57 f.; *Lutter/Hommelhoff* Rn. 32; *Geck* DStR 1996, 427; *Priester* ZIP 1996, 1025, 1026 f.; KG JW 1937, 321; aA noch die Voraufl. Rn. 23; BayObLG DB 1978, 337 = WM 1978, 526 = GmbHR 1978, 132.
[39] So auch *Lutter/Hommelhoff* Rn. 32; *Scholz/Winter* Rn. 109.
[40] RG JW 1936, 42; *Hachenburg/Ulmer* Rn. 25; *Scholz/Winter* Rn. 109; *Geck* DStR 1996, 427; *Lutter/Hommelhoff* Rn. 32, wobei die praktische Bedeutung dieser Änderungsmöglichkeit wegen § 7 Abs. 3 gering sein wird.
[41] Vgl. MünchHdB GesR III/*Heinrich* § 8 Rn. 3.
[42] So auch *Lutter/Hommelhoff* Rn. 32.
[43] *Scholz/Winter* Rn. 108.
[44] *Hachenburg/Ulmer* Rn. 28 f.; *Lutter/Hommelhoff* Rn. 32; *Scholz/Winter* Rn. 110.
[45] *Scholz/Winter* Rn. 110.
[46] *Hachenburg/Ulmer* Rn. 30; enger *Meyer-Landrut/Miller/Niehus* Rn. 30; *Scholz/Winter* Rn. 42.
[47] BGHZ 29, 300, 304 = NJW 1959, 934 („Operette") sowie Fn. 67.
[48] *Hachenburg/Ulmer* Rn. 32; *Lutter/Hommelhoff* Rn. 14, vgl. *Götting* AG 1999, 1, 2; *Steinbeck* ZGR 1996, 116, 121 f.; dazu *Boehme* Kapitalaufbringung durch Sacheinlagen, Köln 1999, S. 514 ff.
[49] So zB *Baumbach/Hueck/G. Hueck/Fastrich* Rn. 23; *Lutter/Hommelhoff* Rn. 14.

§ 5   1. Abschnitt. Errichtung der Gesellschaft

kommen kann.[50] Der Gegenstand kann auch im Eigentum oder in der Verfügungsbefugnis eines Dritten – also nicht des Sacheinlegers – stehen. Doch muss in diesem Fall die Zustimmung des Dritten dem Registerrichter nachgewiesen werden.[51]

27 Im **Einzelnen** sind folgende Gegenstände als Sacheinlagen möglich:
28 – **Bewegliche und unbewegliche Sachen,**[52] und zwar sowohl zu Eigentum der Gesellschaft wie zur Gebrauchsüberlassung.[53] **Obligatorische Nutzungsrechte** sind nach ganz hM[54] einlagefähig, wobei Einzelheiten strittig sind. Die Einlagefähigkeit von obligatorischen Nutzungsrechten wird wegen des Erfordernisses der Bewertbarkeit bzw. Verfügbarkeit für die Geschäftsführer der Gesellschaft jedoch nur dann bejaht, wenn es sich um langfristige, auf eine unkündbare Mindestlaufzeit festgelegte Nutzungsrechte handelt.[55] Obligatorische Nutzungsrechte sind grds. auch dann einlagefähig, wenn der Inferent/Gesellschafter zugleich Eigentümer des Stammrechtes ist,[56] jedoch ist die Einlagefähigkeit obligatorischer Nutzungsrechte an Grundstücken zu verneinen, weil es insofern an einem ausreichenden Schutz der Gesellschaft vor Verfügungen des Eigentümers oder Dritter fehlt.[57] Nach anderer Ansicht sollen entsprechende Risiken, die nicht nur bei Verfügungen, sondern auch im Falle der Zwangsvollstreckung und Insolvenz bestehen, durch eine vorsichtige (= strenge) Bewertung der Nutzungsrechte aufgefangen werden.[58] Kommt es vor Ablauf der vereinbarten Nutzungsdauer zu Störungen, so ist das allgemeine Leistungsstörungsrecht anzuwenden: Der Gesellschafter muss für den nicht erfüllten Teil seiner Einlage eine entsprechende Geldeinlage leisten.[59]
29 – **Forderungen,** auch solche, die sich gegen die (Vor-)Gesellschaft selbst richten.[60] Ausgeschlossen sind jedoch Forderungen, die sich gegen den Sacheinleger selbst richten.[61] Dies gilt insbesondere auch für Forderungen auf Dienstleistungen des Ge-

---

[50] Vgl. *Hachenburg/Ulmer* Rn. 34f.; *Scholz/Winter* Rn. 44; *Steinbeck* ZGR 1996, 116, 122; *Götting* AG 1999, 1, 3; *Boehme* (Fn. 48) S. 29ff., 91; bei ehemals sicherungsübereigneten Sachen muss der Gesellschafter jedoch darlegen, dass das Eigentum vor Einbringung zurückübertragen wurde: LG Bonn GmbHR 1999, 1291 = EWiR 1999, 953.
[51] RGZ 118, 113, 120.
[52] Zur Frage der Haftung bei der Einbringung altlastenbehafteter Grundstücke *Dombert* NZG 1998, 413.
[53] *Scholz/Winter* Rn. 46; zT einschränkend *Knobbe-Keuk* ZGR 1980, 214.
[54] Ebenso trotz Bedenken *Baumbach/Hueck/G. Hueck/Fastrich* Rn. 25.
[55] *Spiegelberger/Walz* GmbHR 1998, 761, 773; *Steinbeck* ZGR 1996, 116, 124f.; *Boehme* (Fn. 48) S. 101; *Scholz/Winter* Rn. 46; *Lutter/Hommelhoff* Rn. 20; *Baumbach/Hueck/G. Hueck/Fastrich* Rn. 25; *Götting* AG 1999, 1, 5.
[56] So *Lutter/Hommelhoff* Rn. 20; *Scholz/Winter* Rn. 46; *Spiegelberger/Walz* GmbHR 1998, 761, 773; *Götting* AG 1999, 1, 4; aA *Ekkenga* ZHR 161 (1997), 599, 618ff., 627; *Boehme* (Fn. 48) S. 167.
[57] *Götting* AG 1999, 1, 5; iErg. ebenso *Boehme* (Fn. 48) S. 150, 167; aA wohl *Scholz/Winter* Rn. 46; *Steinbeck* ZGR 1996, 116, 126f.
[58] *Scholz/Winter* Rn. 46; *Baumbach/Hueck/G. Hueck/Fastrich* Rn 25; *Spiegelberger/Walz* GmbHR 1998, 761, 773; einschränkend *Götting* AG 1999, 1, 4; krit. *Boehme* (Fn. 48) S. 98.
[59] *Scholz/Winter* Rn. 46; *Spiegelberger/Walz* GmbHR 1998, 761, 773; aA *Lutter/Hommelhoff* Rn. 20: Haftung gemäß § 9.
[60] BGHZ 15, 52, 60 = NJW 1954, 1842; BGH DB 1970, 290; *Hachenburg/Ulmer* Rn. 43 auch Forderungen gegen einen Mitgesellschafter; *Scholz/Winter* Rn. 47; aA *Baumbach/Hueck/G. Hueck/Fastrich* Rn. 24; LG Krefeld GmbHR 1987, 310; zur steuerlichen Beurteilung vgl. BFHE 140, 538 = BStBl. 1984 II S. 422; *Roser* GmbHR 1998, 301, 302 zu steuerrechtlichen Aspekten.
[61] *Hachenburg/Ulmer* Rn. 36.

sellschafters.[62] Sie können nur als Nebenleistungspflichten vereinbart werden.[63] Ansprüche auf Dienstleistungen Dritter sind, auch wenn übertragbar, nach hM nicht einlagefähig.[64] Das dürfte aber für Dienstleistungspflichten juristischer Personen nicht gelten, zumal § 27 Abs. 2 Halbs. 2 AktG nicht ohne weiteres analog anzuwenden ist[65] (str.). Bestrittene und zweifelhafte Forderungen sind entsprechend zu bewerten.

- **Sonstige Rechte,** so vor allem beschränkte dingliche Rechte, (übertragbare) Mitgliedschaften[66] (zB Aktien, GmbH-Anteile, aber auch Anteile an Personengesellschaften, soweit deren Übertragbarkeit auf Grund Gesellschaftsvertrag oder Gesellschafterzustimmung möglich ist) und Immaterialgüterrechte.[67] Auch Marken, durch Benutzung entstandene Zeichen und notorisch bekannte Marken (vgl. § 4 MarkenG) können frei übertragen werden, § 27 MarkenG (zur Legitimationswirkung des Umschreibungsantrags vgl. § 28 Abs. 2 MarkenG), nachdem bereits das ErstreckungsG vom 23. 4. 1992 die feste Bindung des Warenzeichens an einen Geschäftsbetrieb gelöst hatte, § 8 Abs. 1 S. 1 WZG.[68] 30

- **Andere vermögenswerte Gegenstände,** wie nicht angemeldete Erfindungen, know how, Kundenstamm,[69] Fabrikationsgeheimnisse, sofern sie ebenfalls einen Vermögenswert, wenn auch nur im Rahmen des Gesellschaftsvermögens darstellen, sowie Lizenzen[70] an Schutzrechten,[71] auch Lieferungsansprüche (zB auf Rohstoffe oder andere Waren). Ein (übertragbares) Vertragsangebot jedoch nur, wenn es einen besonderen, über den schlichten Leistungsaustausch hinausgehenden Wert hat.[72] Schließlich sind auch öffentlichrechtliche Rechte, zB Konzessionen einlagefähig, sofern sie nicht an die Person des Berechtigten (Konzessionsträgers) gebunden sind.[73] 31

- **Unternehmen** sowie einzelne Betriebe.[74] Davon sind die Fälle der Umwandlung zu unterscheiden, bei denen es nicht zu einer Einbringung kommt; vgl. dazu Anhang nach § 77. Zur Fortführung der Firma und ihre haftungsrechtlichen Konsequenzen vgl. § 4 Rn. 58 ff. 32

- **Sonstige Sach- und Rechtsgesamtheiten,** wie zB ein Warenlager, ein Wertpapierdepot, eine Erbschaft, eine Insolvenzmasse. 33

---

[62] Vgl. BGH NJW 1979, 216; *Haas/Dittrich* DStR 2001, 624; *Hoffmann* NZG 2001, 433.

[63] HM; vgl. *Hachenburg/Ulmer* Rn. 47 sowie oben § 3 Rn. 35; *Richter/Schick* GmbHR 1999, 97, 98; *Spiegelberger/Walz* GmbHR 1998, 761, 773; aA *Skibbe* GmbHR 1980, 73.

[64] *Hachenburg/Ulmer* Rn. 48; *Scholz/Emmerich* Rn. 52; anders *Sudhoff* NJW 1982, 130; *Skibbe* GmbHR 1980, 74 f.

[65] AA insoweit wohl *Scholz/Winter* Rn. 52.

[66] Vgl. LG Frankenthal GmbHR 1996, 356, 358 = WM 1996, 726, 728 f.

[67] Vgl. BGHZ 29, 300, 304 = NJW 1959, 934 hinsichtlich einer noch nicht aufgeführten Operette eines noch weitgehend unbekannten Komponisten; vgl. zu den besonderen Bewertungsrisiken bei Gebrauchsmustern BGH DStR 1998, 1884 m. Anm. *Goette* = GmbHR 1999, 232; OLG Köln GmbHR 1998, 42.

[68] Zum MarkenG vgl. *Schmieder* NJW 1994, 1241; *Ingerl/Rohnke* NJW 1994, 1247; *Vogt* NJW 1995, 2819 mwN.

[69] Einschränkend *Scholz/Winter* Rn. 50; vgl. zu den vielfältigen Gestaltungsmöglichkeiten bei GmbH-Gründung *v. Rechenberg* INF 1997, 717.

[70] *Götting* AG 1999, 1, 5 ff.; *Schmidt-Troschke* BB 1996, 1530 für Generallizenz.

[71] Enger *Hachenburg/Ulmer* Rn. 50.

[72] RG SeuffA 87 Nr. 71; KG RJA 12, 58.

[73] *Hachenburg/Ulmer* Rn. 50.

[74] Vgl. BGHZ 45, 338, 342 = NJW 1966, 1311; DB 1992, 1972; *Priester* BB 1980, 19; *Scholz/Winter* Rn. 54.

§ 5   1. Abschnitt. Errichtung der Gesellschaft

34 **c) Verpflichtungs- und Verfügungsgeschäft.** Zu trennen sind schuldrechtlicher Vertrag und sachenrechtliche Erfüllung (Trennungsprinzip). Die durch den Gesellschaftsvertrag übernommene Sacheinlageverpflichtung bedarf entsprechend des sachenrechtlichen Spezialitätsgrundsatzes der Erfüllung unter Beachtung der durch das jeweilige Recht bestimmten Übergangsform.

35 **d) Bewertung der Sacheinlage.** Jede Sacheinlage bedarf der Bewertung **in Euro**[75] und zwar **im Gesellschaftsvertrag**. Eine bestimmte Bewertungsmethode ist dabei nicht vorgeschrieben;[76] jedoch ist eine **Überbewertung**, d. h. ein Wertansatz, der den wirklichen Wert übersteigt, unzulässig.[77] Zu den Rechtsfolgen einer Überbewertung vgl. Rn. 37. Dagegen sind die Gründer frei, die Einlagen **unterzubewerten**.[78] Das für Kapitalgesellschaften bestehende bilanzrechtliche Verbot der Bildung stiller Reserven, § 279 HGB, steht dem nicht entgegen.[79] Ein Anspruch des Einlegers auf Ausgleich der Wertdifferenz kommt nur ausnahmsweise in Betracht, so bei ausdrücklicher Vereinbarung oder bei außergewöhnlicher Unterbewertung, falls in den dem Registergericht eingereichten Unterlagen ein dahingehender Wille der Vertragsschließenden zum Ausdruck gekommen ist.[80] Im Falle einer ausdrücklichen **Überpari-Ausgabe** kann ein Aufgeld (Agio) vereinbart werden (Rn. 15; § 3 Rn. 33).[81]

36 Maßgebend ist grds. der **Teilwert,** also der Wert, den der Gegenstand im Rahmen des Gesamtvermögens hat.[82] Der Wert von Gegenständen des Anlagevermögens bestimmt sich nach dem Nutzen des Gegenstandes für die Gesellschaft, also regelmäßig nach dem Wiederbeschaffungswert.[83] Für die Gegenstände des Umlaufvermögens gilt der Einzelveräußerungswert. Zur Saldierungsmöglichkeit bei Einbringung mehrerer Gegenstände vgl. § 9 Rn. 5. Ein Bewertungszeitpunkt ist nicht vorgeschrieben; für die hier maßgebliche Bewertung ist jedoch der Tag der Anmeldung ausschlaggebend, weil gemäß § 9 der Wert der Sacheinlagen allein zu diesem Zeitpunkt eine mögliche Differenzhaftung begründet.[84] Nach anderer Ansicht ist wegen § 9c der Zeitpunkt der Eintragung relevant.[85] Für die interne Bewertung der Sacheinlagen kann nach sachgerechten Gesichtspunkten ein anderer Bewertungszeitpunkt bestimmt werden, so zB der Tag der Gründung, der Einbringung oder der Tag, von dem an der Gegenstand wirtschaftlich der Gesellschaft zugerechnet werden soll, dann ist ein mögliches Sinken des Wertes bis zur Anmeldung jedoch im Blick zu behalten (vgl. § 9 Rn. 5).[86] Anders ist es

---

[75] Vgl. dazu im Einzelnen *Festl-Wietek* BB 1993, 2410 zur Bewertung in DM.
[76] *Spiegelberger/Walz* GmbHR 1998, 761, 763.
[77] BGHZ 68, 191, 195 = NJW 1977, 1196 = BB 1977, 712, 713; *Hachenburg/Ulmer* Rn. 66, 68, 157 ff.; *Scholz/Winter* Rn. 56; anders die früher hM, aber nach der Novelle 1980 (§ 9) unzweifelhaft.
[78] OLG Stuttgart GmbHR 1982, 109 f. für Kapitalerhöhung; *Hachenburg/Ulmer* Rn. 67; *Scholz/Winter* Rn. 56; *Lutter/Hommelhoff* Rn. 23; *Adler/Düring/Schmaltz* HGB § 255 Rn. 111, was im Aktienrecht streitig ist; wie hier GroßkommAktG/*Barz* § 27 Rn. 24b; aA MüKo AktG/*Pentz* § 27 Rn. 37.
[79] *Adler/Düring/Schmaltz* HGB § 255 Rn. 111; *Hachenburg/Ulmer* Rn. 67.
[80] BayObLG DB 1979, 1075 = MDR 1979, 761; vgl. auch RGZ 159, 272, 278 f.; 321, 327.
[81] *Hachenburg/Ulmer* Rn. 124, 153 ff.
[82] Vgl. zum steuerlichen Begriff des Teilwerts § 10 BewG; § 6 Abs. 1 Nr. 1 S. 3 EStG, der § 10 S. 2 u. 3 BewG textlich entspricht; vgl. auch BFH DB 1998, 1544.
[83] OLG Düsseldorf WM 1991, 1669; *Hachenburg/Ulmer* Rn. 68; *Scholz/Winter* Rn. 57.
[84] OLG Köln GmbHR 1998, 42, 43; *Scholz/Winter* Rn. 58; *Lutter/Hommelhoff* Rn. 24; § 9 Rn. 5; vgl. MünchHdB GesR III/*Heinrich* § 9 Rn. 21, 26 ff.
[85] *Spiegelberger/Walz* GmbHR 1998, 761, 763 f.
[86] Vgl. BGHZ 45, 338, 349 = NJW 1966, 1311; *Hachenburg/Ulmer* Rn. 69.

Stammkapital; Stammeinlage **§ 5**

im Fall der Kapitalerhöhung (vgl. auch § 57a Rn. 8, 10).[87] Ein Unternehmen oder auch ein Betrieb werden idR auf Grund einer Bilanz bewertet. Die Bilanz wird entweder auf den Tag der Einbringung erstellt, oder die Einbringung wird rechnerisch auf den letzten ordentlichen Bilanzstichtag verlegt, das Geschäft also zwischenzeitlich für Rechnung der (Vor-)Gesellschaft geführt.[88]

Jede **Wertdifferenz** zwischen der versprochenen Stammeinlage und der geleisteten 37 Stammeinlage hat der Gesellschafter in Geld auszugleichen (§ 9).[89] Eine Nichtigkeit der Sacheinlagevereinbarung (etwa nach § 138 BGB), wie sie bisher von manchen für den Fall willkürlicher Überbewertung bei der Unterdeckung der Stammeinlage angenommen wurde,[90] kommt angesichts der klaren und erschöpfenden Regelung des § 9 nicht mehr in Betracht.[91] Hingegen sind möglicherweise Schadenersatzansprüche aus § 9a oder auch aus dem allgemeinen Deliktsrecht gegeben (vgl. § 9a Rn. 5ff., 36). Jede Überbewertung hindert die Eintragung der Gesellschaft in das Handelsregister (vgl. § 9c Rn. 25ff.). Notare haben insoweit Hinweis- und Belehrungspflichten.[92]

e) Vereinbarungsmängel und Leistungsstörungen. Auf Mängel der Vereinba- 38 rungen sowie auf Leistungsstörungen der Einlagepflichten sind die Vorschriften des BGB nur sehr beschränkt anwendbar.

aa) Mängel der Sacheinlagevereinbarung. Mängel der Sacheinlagevereinba- 39 rung[93] berühren den Bestand der Gesellschaft und den Beitritt des betroffenen Gesellschafters sowohl vor als auch nach Eintragung nicht; der Bestandsschutz der Gesellschaft hat Vorrang. Ist eine Einlagevereinbarung der Gesellschaft gegenüber unwirksam, so bleibt der Gesellschafter gemäß § 19 Abs. 5 jedenfalls zur Geldleistung verpflichtet.[94]

Die **Unmöglichkeit,** gleichgültig ob ursprüngliche oder nachträgliche, das Einlage- 40 versprechen zu erfüllen, lässt die Beitragsverpflichtung als solche unberührt; der Gesellschafter hat sie in bar zu erfüllen; hat er die nachträgliche Unmöglichkeit nicht zu vertreten, ist er nach § 275 BGB nF nur von der Sacheinlagepflicht befreit.[95] Falls der Gesellschafter die Unmöglichkeit zu vertreten hat, kann die Gesellschaft – gemäß §§ 280 Abs. 3, 283 BGB nF analog – Schadensersatz wegen Nichterfüllung verlangen, dessen Untergrenze wegen des Verbots der Unterpari-Emission durch den Nennbetrag der betroffenen Stammeinlage bestimmt ist, oder den Rücktritt von der Sacheinlagevereinbarung erklären, so dass der Gesellschafter die Einlage in bar leisten

---

[87] Vgl. OLG Düsseldorf BB 1996, 338 = GmbHR 1996, 214 = NJW-RR 1996, 60.
[88] Zum Einzelnen vgl. *Hachenburg/Ulmer* Rn. 71 ff.; *Spiegelberger/Walz* GmbHR 1998, 761, 764.
[89] Vgl. BGHZ 68, 191, 195 f. = NJW 1977, 1196.
[90] Vgl. *Hachenburg/Ulmer* 7. Aufl. Rn. 70.
[91] Vgl. auch Begr.RegE, BT-Drucks. 8/1347 S. 35; ebenso nunmehr *Hachenburg/Ulmer* Rn. 78; *Scholz/Winter* Rn. 60 f.; *Baumbach/Hueck/G. Hueck/Fastrich* Rn. 35
[92] Vgl. BGH NJW 1996, 524 = DB 1996, 132 = BB 1996, 125 = EWiR 1996, 439 (*Limmer*); *Jäger* MDR 1996, 656, 658.
[93] ZB Formmängel BGHZ 45, 338, 345 = NJW 1966, 1311, oder Willensmängel:
[94] Vgl. BGH GmbHR 1997, 545, 546; *Hachenburg/Ulmer* Rn. 84; aA *Lutter/Hommelhoff* 14. Aufl. Rn. 26; *Scholz/Winter* Rn. 93, die die Sacheinlagevereinbarung und Beitrittserklärung in einen unlösbaren Zusammenhang stellen wollen; in dieser Stringenz kaum zu Recht.
[95] Noch zur alten Rechtslage: BGHZ 45, 338, 345 = NJW 1966, 1311; BGH GmbHR 1997, 545, 546 = NJW-RR 1997, 670, 671 = DStR 1997, 588, 589; vgl. auch BGH DB 2000, 2315 = DStR 2000, 1963 = ZIP 2000, 2021, 2024; *Hachenburg/Ulmer* Rn. 82, 84, 87 f.; *Scholz/Winter* Rn. 63; *Lutter/Hommelhoff* Rn. 26.

muss.⁹⁶ § 326 Abs. 2 BGB nF ist nicht anwendbar; die Barleistungspflicht bleibt auch in diesem Falle bestehen,⁹⁷ doch kann der Gesellschafter Schadensersatz verlangen. Entsprechendes gilt für den Verzug.

41 bb) **Rechts- und Sachmängelhaftung.** Die Bestimmungen über Rechts- und Sachmängelhaftung beim Kauf sind auf die Einbringung von Sachen und Rechten analog anzuwenden.⁹⁸ Doch muss der Gesellschafter auch im Falle der Wandlung sein Einlageversprechen in bar erfüllen.⁹⁹ Eine Minderung wird praktisch durch die Differenzhaftung nach § 9 überflüssig.¹⁰⁰

42 **4. Sachübernahme.** Eine Sachübernahme liegt vor, wenn die Vergütung aus der Übernahme eines Vermögensgegenstandes durch die Gesellschaft auf die Bareinlageverpflichtung angerechnet werden soll; vgl. Rn. 18. Der Begriff der Sacheinlage in Abs. 4 umfasst auch die Sachübernahme; vgl. Rn. 18. In diesem (weiten) Sinne ist der Begriff auch in den übrigen Sacheinlagevorschriften zu verstehen, zB §§ 7 Abs. 2 u. 3; 8 Abs. 1 Nr. 4 u. 5, Abs. 2; 9 u. 9c; 10 Abs. 3; 19; 56ff.; 82, d. h. die für Sachgründungen geltenden Vorschriften müssen auch bei Sachübernahmen eingehalten werden. Dies bedeutet uA die Notwendigkeit eines Sachgründungsberichts (auch wenn § 19 Abs. 5 nicht auf Abs. 4 S. 2 verweist) und der vollen Einbringung und Verrechnung vor Anmeldung (vgl. § 7 Rn. 37).¹⁰¹

43 a) **Tatbestand.** Der besondere gesellschaftsrechtliche Tatbestand der Sachübernahme, wie er sich im Kapitalgesellschaftsrecht entwickelt hat und bis zur Novelle 1980 auch im GmbHG zum Ausdruck kam, soll die Umgehung der Vorschriften über die Sacheinlage (ieS) verhindern.¹⁰² Die Sachübernahme unterscheidet sich dadurch von der Sacheinlage, dass der Gesellschafter lediglich eine Geldeinlage schuldet, die Gesellschaft aber von ihm auf Grund eines besonderen Schuldverhältnisses einen Gegenstand – etwa kaufweise – übernehmen und die Gegenleistung auf die Einlage anrechnen soll. Eine solche Vereinbarung kann der Umgehung eines (zu eng gefassten) Sacheinlagetatbestandes, aber auch anderen Zwecken dienen.¹⁰³ So wird zB mit Rücksicht auf einen zwischen Gesellschaft und Gesellschafter bestehenden oder vorgesehenen Kaufvertrag im Gesellschaftsvertrag eine facultas alternativa vereinbart, nach der der Gesellschafter an Stelle des Geldbetrages eine Kaufpreisforderung einbringen kann; vgl. § 19 Abs. 5. Der Sachübernahmetatbestand des Abs. 4 bleibt aber enger als der des § 27 Abs. 1 AktG, für den jede Übernahmeverpflichtung der Gesellschaft, also auch eine solche mit Dritten ohne Anrechnung, genügt.¹⁰⁴ Dies folgt vor allem daraus, dass der Rechtsausschuss des Bundestages – entgegen § 5b Abs. 1 RegE¹⁰⁵ – bei der Neufassung des Abs. 4 von dem „bisherigen" Tatbestand der Sachübernahme ausging und ausdrücklich eine dem § 5b Abs. 1 RegE entsprechende Norm nicht für notwendig

---

⁹⁶ *Hachenburg/Ulmer* Rn. 88; *Scholz/Winter* Rn. 63; aA RGZ 68, 271, 274 noch zur alten Rechtslage.
⁹⁷ *Scholz/Winter* Rn. 63 noch zur alten Rechtslage.
⁹⁸ RGZ 141, 204, 208; BGHZ 45, 338, 345 = NJW 1966, 1311; *Scholz/Winter* Rn. 65 ff.; *Lutter/Hommelhoff* Rn. 26; einschränkend *Hachenburg/Ulmer* Rn. 90 ff.
⁹⁹ BGHZ 45, 338, 345 = NJW 1966, 1311.
¹⁰⁰ AA *Scholz/Winter* Rn. 67.
¹⁰¹ *Hachenburg/Ulmer* Rn. 99 f.; *Scholz/Winter* Rn. 71; *Lutter/Hommelhoff* Rn. 33 f.; *Baumbach/Hueck/G. Hueck/Fastrich* Rn. 41, 45.
¹⁰² BGHZ 28, 314, 319 = NJW 1959, 383 = MDR 1959, 188, 189.
¹⁰³ Zu eng deswegen RGZ 141, 204, 208.
¹⁰⁴ Vgl. *Scholz/Winter* Rn. 75; Kölner KommAktG/*Kraft* § 27 Rn. 39.
¹⁰⁵ BT-Drucks. 8/1347.

Stammkapital; Stammeinlage § 5

hielt.[106] Dies beachtet *Wohlschlegel*[107] zu wenig, wenn er für die Gleichbehandlung von Sacheinlagen und Sachübernahmen mit und ohne Anrechnung auf die Stammeinlage plädiert. Zur verschleierten Sachgründung vgl. Rn. 48.

b) Sachübernahmevertrag. Als Sachübernahmevertrag kommt jeder Austausch- 44
vertrag mit einem Gesellschafter oder mit einem Dritten über einen Gegenstand in Betracht, der als Sacheinlage geeignet ist; hierzu vgl. Rn. 26 ff. Er bedarf gemäß Abs. 4 der Festsetzung im Gesellschaftsvertrag.[108] Das gilt auch für die Anrechnungsabrede. Hinsichtlich der Bewertung vgl. Rn. 35 ff.

Auf Mängel des Sachübernahmevertrages sowie Leistungsstörungen sind, falls der 45
Sachübernahmevertrag als selbstständiges Rechtsgeschäft abgeschlossen worden ist, die allgemeinen Vorschriften des BGB anwendbar.[109] Falls die Vereinbarungen jedoch sachlich einen Teil der Beitrittserklärung darstellen, gelten dieselben Grundsätze wie bei der Sacheinlage ieS; vgl. Rn. 38 ff.

5. Gemischte Sacheinlage. Von einer gemischten Sacheinlage spricht man, wenn 46
bei einer Sacheinlage oder Sachübernahme nur ein **Teil der Gegenleistung** auf die Einlage angerechnet werden soll, während der Rest der Gegenleistung dem Gesellschafter oder auch einem Dritten vergütet wird.[110] Sie ist zu unterscheiden von der **Mischeinlage** (aus Geld- und Sacheinlage), die erst bei der Mindesteinzahlung gemäß § 7 Abs. 2 wichtig wird; vgl. § 7 Rn. 38.

Die gemischte Sacheinlage bildet ein einheitliches Rechtsgeschäft, das den Regeln 47
über die Sacheinlage untersteht.[111] Sie bedarf daher der Festsetzung im Gesellschaftsvertrag nach § 5 Abs. 4.[112]

6. Verschleierte Sachgründung. Nach dem Bericht des Rechtsausschusses des 48
Bundestages[113] soll die Neufassung des Abs. 4 es der Rspr. ermöglichen, auch Fälle „verschleierter Sachgründung" sachgerecht zu entscheiden.[114] Damit sind Fälle gemeint, die schon bisher unter dem Gesichtspunkt der Umgehung von § 5 Abs. 4 erfasst wurden,[115] jedoch sind diese von der sog. verdeckten Einlage, einem bilanzsteuerrechtlichen Institut, zu unterscheiden.[116] So hat das RG zB eine verschleierte Sachgründung angenommen, wenn eine Geldeinlage mit der Abrede der Rückzahlung nach Eintragung der Gesellschaft gegen Lieferung von Vermögensgegenständen über-

---

[106] Ausschussbericht BT-Drucks. 8/3908 S. 79; *Deutler* S. 26.
[107] DB 1995, 2052.
[108] Vgl. BGHZ 45, 338, 343 = NJW 1966, 1311; *Spiegelberger/Walz* GmbHR 1998, 761, 772 f.; aA *Hachenburg/Ulmer* Rn. 102 *Scholz/Winter* Rn. 74; *Bongen/Renaud* GmbHR 1992, 100, 101 f.
[109] *Hachenburg/Ulmer* Rn. 102 ff.; *Scholz/Winter* Rn. 74.
[110] RGZ 159, 321, 326 sowie Rn. 35; OLG Köln GmbHR 1998, 288, 290; vgl. *Baumbach/Hueck/G. Hueck/Fastrich* Rn. 20.
[111] RGZ 159, 321, 326; *Hachenburg/Ulmer* Rn. 107; *Scholz/Winter* Rn. 82; hM; zur Bewertung vgl. *Spielberger/Walz* GmbHR 1999, 761, 764 f.
[112] Vgl. BayObLG DB 1979, 1075 = MDR 1979, 761.
[113] BT-Drucks. 8/3908 S. 69; *Deutler* S. 26.
[114] Ausführlich dazu *Lohaus*, FS Sandrock, 1995, S. 291; zum Einsatz der verdeckten Sacheinlage als steuerliches Gestaltungsinstrument *Kulemann/Harle* StBp. 1999, 270.
[115] Vgl. hierzu *Hachenburg/Ulmer* Rn. 143 ff.; krit. zur Lehre von der verdeckten Sacheinlage *Einsele* NJW 1996, 2681, 2688 f.
[116] *Büchele* DB 1999, 2336, 2337; Definition bei BFH BStBl. 1992 II S. 234 = DB 1991, 2410; dazu auch *Strahl* KÖSDI 1999, 11862.

nommen wird;[117] oder wenn eine von den Beteiligten beabsichtigte Einbringung oder Übernahme von nicht in Geld bestehenden Vermögenswerten bereits dermaßen feste Gestalt angenommen hat, dass mit ihrer Verwirklichung bestimmt gerechnet werden kann.[118] Festgehalten werden kann, dass alle Vorgänge, die bei Gründung oder Kapitalerhöhung letztlich ein Zurückfließen der Bareinlage an den Gesellschafter oder eine ihm nahe stehende/verbundene (juristische) Person[119] gegen tatsächliche oder vermeintliche[120] Einbringung anderer Vermögenswerte bewirken sollen, nur bei Beachtung der Sachgründungsvorschriften wirksam durchgeführt werden können.[121] Andernfalls erhält die Gesellschaft anstelle der zugesagten Barleistung eine andere Sachleistung. Solche Gestaltungen liegen neben den oben erwähnten zB dann vor, wenn der Einlagebetrag der Tilgung einer Gesellschaftsschuld gegenüber dem Gesellschafter dient[122] oder eine Kapitalerhöhung mittels hierzu ausgezahlter Gewinnanteile („Schütt-aus-Hol-zurück-Verfahren")[123] finanziert wird, wobei die Reihenfolge der Hin- und Herzahlungen ohne Belang ist.[124, 125] Leitvorstellung zur verdeckten Sacheinlage ist demgemäß, dass ein einheitlicher Vorgang in zwei Teilakte aufgespalten werden soll: den der Bareinlage und denjenigen des Gegengeschäfts. Könnte in dieser Weise verfahren werden, liefen die gegenüber der Bargründung/Kapitalerhöhung verschärften Sachgründungs-/Kapitalerhöhungsvorschriften leer und der durch sie gesicherte Grundsatz der realen Kapitalaufbringung wäre nicht gewährleistet, so dass eine solche verdeckte Sacheinlage unter die Vorschriften über die Sacheinlage fällt. Ein solcher Fall liegt zB dann vor, wenn ein Gesellschafter seinen Geschäftsanteil an einer GmbH, aus dem die Resteinlage noch nicht fällig gestellt ist, an eine andere GmbH, an der er ebenfalls beteiligt ist und an die er die Mindesteinlage geleistet hat, abtritt und anschließend die zweite GmbH die auf sie übergegangene, nunmehr fällig gestellte Resteinlageverpflichtung mit dem Mindesteinlagebetrag erfüllt.[126] – Wenn es damit

---

[117] RGZ 157, 213, 223.
[118] RGZ 167, 99, 108; ebenso BGHZ 28, 314, 319 = NJW 1959, 383 = MDR 1959, 188, 189; vgl. auch BGH WM 1975, 177; 1982, 660, 662; OLG Koblenz AG 1987, 88; OLG Hamburg DB 1988, 646 = BB 1988, 504; OLG Düsseldorf DB 1991, 220; OLG Köln NJW-RR 1995, 552.
[119] BGHZ 110, 47, 66f. = NJW 1990, 982 = DB 1990, 311; BGHZ 125, 141, 144 = ZIP 1994, 701, 702; BGHZ 132, 133, 136 = ZIP 1996, 595 = DB 1996, 876 = GmbHR 1996, 283, 284; OLG Hamm NJW-RR 1999, 1413 = GmbHR 1999, 1095 = EWiR 1999, 559; *Habetha* ZGR 1998, 305, 320ff.
[120] BGHZ 113, 335, 347; NJW 1991, 1754 = LM § 57 Nr. 3 = DB 1991, 1060 = GmbHR 1991, 255 („Schütt-aus-Hol-zurück-Verfahren"); BGH GmbHR 1998, 588, 590 = BB 1998, 967 = DB 1998, 976 = EWiR 1999, 69.
[121] Vgl. BGHZ 125, 141, 143f., 150 = ZIP 1994, 701 = WM 1994, 791, 792; BGHZ 132, 133, 135f., 138f. = ZIP 1996, 595, 596f. = GmbHR 1996, 283, 284 „zeitlicher und sachlicher Zusammenhang"; BGH DB 1992, 1972 = NJW 1992, 2698 = WM 1992, 1432, 1433.
[122] Vgl. BGH NJW 1994, 1477 = WM 1994, 791, 794 = ZIP 1994, 701, 704; OLG Schleswig ZIP 2000, 1833 = DB 2000, 2361; LG Dresden GmbHR 2001, 29 für den Fall der Zahlung rückständiger Mieten an nahe Angehörige nach Leistung der Bareinlage.
[123] Zum Schütt-aus-Hol-zurück-Verfahren *Lutter/Zöllner* ZGR 1996, 164; krit. insoweit *Brandner*, FS Boujong, 1996, S. 37, 40; vgl. auch § 55 Rn. 60.
[124] Vgl. BGHZ 132, 133, 137f. = DB 1996, 876, 877f. = GmbHR 1996, 283, 284; OLG Köln GmbHR 1998, 143, 145.
[125] Mit der Einführung des Halbeinkünfteverfahrens im Körperschaftsteuerrecht durch das StSenkG v. 23. 10. 2000 (vgl. Einl. Rn. 80ff.) verliert das Schütt-aus-Hol-zurück-Verfahren an Attraktivität.
[126] BGHZ 132, 133, 136f. = ZIP 1996, 595 = DB 1996, 876 = GmbHR 1996, 283 = EWiR 1996, 457 *(Trölitzsch)*.

auch nicht auf die Absicht der Umgehung der Sachgründungsvorschriften ankommt,[127] so kann andererseits die Gestaltung verdeckter Sacheinlage nur bei Feststellung eines entsprechenden *Verknüpfungswillens* bzgl. Bareinlageleistung und Gegengeschäft angenommen werden.[128] Für das steuerlich nicht mehr attraktive Schütt-aus-Hol-zurück-Verfahren ist ein solcher Verknüpfungswille indessen nicht wegdenkbare Leitidee.[129] Würde lediglich ein objektiver zeitlicher und sachlicher Zusammenhang ausreichen,[130] führte dies einerseits zu einer ausufernden Auslegung, indem Sachverhalte erfasst würden, die keineswegs die gesetzlichen Sicherungen in Frage stellen, wie zB geschäftsübliche Lieferungen und Leistungen des Gesellschafters an die Gesellschaft, ggf. noch im Rahmen gegenseitiger laufender Geschäftsbeziehungen,[131] während andererseits ein zeitlicher Abstand[132] trotz Vorliegens eines Verknüpfungswillens die Annahme einer verdeckten Sacheinlage verhindern würde. Allerdings hat das Vorliegen eines solchen Zusammenhangs indizielle Bedeutung mit der Folge der Beweislastumkehr.[133] Der BGH[134] will nun zumindest für Fälle des Fehlens eines engen zeitlichen Zusammenhangs („mehr als sechs Monate")[135] das Vorhandensein einer – wenn auch unwirksamen – Abrede zwischen Einlageschuldner und Mitgesellschaftern bzw. Geschäftsführer für das Eingreifen der Umgehungsvorschriften voraussetzen. – Besteht der Verdacht einer verdeckten Sacheinlage, sind die Geschäftsführer dem Registergericht zur Auskunft über die näheren Umstände der behaupteten Bareinlage und des mit ihr womöglich zusammenhängenden Gegengeschäftes verpflichtet.[136] – Gegen die hM weist *Meilicke*[137] zu Recht auf ihre praktischen (Abgrenzungs-)Probleme hin, geht aber zu weit, wenn er sie als eine „deutsche Fehlentwicklung" schlechthin verwirft.[138]

---

[127] BGHZ 110, 47, 64 mwN; OLG Brandenburg GmbHR 1998, 1033, 1034 = NZG 1999, 28; OLG Düsseldorf GmbHR 1996, 855, 856 = DB 1996, 1816; *Scholz/Winter* Rn. 77; *Bayer* ZIP 1998, 1985, 1988.
[128] BGHZ 132, 133, 139 = GmbHR 1996, 283, 285 = DB 1996, 876, 878 = MDR 1996, 479, 480; BGHZ 132, 141, 145 ff. = GmbHR 1996, 351, 352 f. = MDR 1996, 1136 f. = NJW 1996, 1473; OLG Hamburg GmbHR 1997, 70 = EWiR 1996, 945; *Hachenburg/Ulmer* Rn. 146; *Scholz/Winter* Rn. 77 ff.; jeweils mwN; *Priester* ZIP 1991, 345, 351; *v. Gerkan* GmbHR 1992, 433, 436; *Bayer* ZIP 1998, 1985, 1988; aA *Lutter/Hommelhoff* Rn. 43; *Trölitzsch* EWiR 1996, 457, 458.
[129] § 55 Rn. 60 f.; vgl. *Lutter/Zöllner* ZGR 1996, 164, 181 ff.
[130] OLG Hamburg GmbHR 1988, 219; OLG Köln ZIP 1989, 238; OLG Brandenburg GmbHR 1998, 1033 = NZG 1999, 28; OLG Köln ZIP 1999, 399, 401; *Lutter/Gehling* WM 1989, 1445, 1447; *Lutter/Hommelhoff* Rn. 40 ff. – von BGHZ 110, 47, 65 offen gelassen.
[131] Vgl. *Hachenburg/Ulmer* Rn. 147a; *Priester* ZIP 1991, 345, 353; *Bayer* ZIP 1998, 1985, 1987.
[132] Vgl. zu den vielfältigen Bemühungen zur Fixierung zeitlicher Grenzen *v. Gerkan* GmbHR 1992, 433, 435.
[133] BGHZ 125, 141, 144 = ZIP 1994, 701 = WM 1994, 791, 792; OLG Köln GmbHR 1998, 143, 145; OLG Düsseldorf GmbHR 1996, 855, 857 = DB 1996, 1816, 1817; *Hachenburg/Ulmer* Rn. 147a mwN und Beispielen; vgl. auch § 56 Rn. 4; *Scholz/Winter* Rn. 77, 80; *Spiegelberger/Walz* GmbHR 1998, 761, 768, 770; *Preuß* JuS 1999, 342, 344; *v. Gerkan* EWiR 1999, 559.
[134] BGHZ 132, 133, 139 = DB 1996, 876, 878 = GmbHR 1996, 283, 285 = EWiR 1996, 457 *(Trölitzsch)*.
[135] Vgl. OLG Köln ZIP 1999, 399, 400; *Habetha* ZGR 1998, 305, 311 f.
[136] AG Duisburg GmbHR 1993, 293.
[137] Die „verschleierte" Sacheinlage, 1989; vgl. auch *Einsele* NJW 1996, 2681.
[138] *Meilicke* DB 1989, 1067, 1119; ähnlich *Mildner* Bareinlage, Sacheinlage und ihre „Verschleierung" im Recht der GmbH, 1989; ferner *Bergmann* AG 1987, 57, 85; *Wilhelm* ZHR 152 (1988), 335, 346 ff.; *Loos* AG 1989, 381.

§ 5 1. Abschnitt. Errichtung der Gesellschaft

49 Umstritten ist die Frage der Vereinbarkeit der deutschen Rspr. zur verdeckten Sacheinlage mit der 2. (gesellschaftsrechtlichen) EG-Richtlinie v. 13. 12. 1976.[139]

50 **Rechtsfolge** bei verdeckter Sacheinlage ist einmal, dass die Bareinlage nicht wirksam erbracht wurde, der Gesellschafter sie mithin noch schuldet,[140] und zum anderen die Unwirksamkeit des schuldrechtlichen Gegengeschäfts.[141] Strittig ist im einzelnen, ob sich eine Unwirksamkeit aus der analogen Anwendung von § 27 Abs. 3 AktG,[142] nach § 134 BGB iVm. § 19 Abs. 5 GmbHG[143] oder nur im Rahmen der § 139 BGB[144] ergeben kann. Das Erfüllungsgeschäft ist entspr. dem Trennungsprinzip jedoch wirksam. Bzgl. der übereigneten Gegenstände hat der Gesellschafter einen Anspruch aus ungerechtfertigter Bereicherung.[145] Wirtschaftlich betrachtet, muss der Gesellschafter die Bareinlage also zweimal leisten. Solange die Bareinlage nicht bewirkt ist, trifft die übrigen Gesellschafter die Haftungsfolge aus § 24. Schließlich schlägt die unsichere Rechtslage auch auf die Veräußerbarkeit des Geschäftsanteils durch, da sich die Erwerber üblicherweise die Volleinzahlung der Stammeinlage vom Veräußerer versichern und garantieren lassen.[146] Mangels spezieller Verjährungsvorschriften, wie zB der fünfjährigen des § 9 Abs. 2, verbleibt es für Ansprüche der Gesellschaft oder des Erwerbers bei der Regelverjährung von 3 Jahren (vgl. § 9 Rn. 10). – Ferner kann sich aus § 82 Abs. 1 Nr. 1 (bzw. Nr. 3 bei Kapitalerhöhung) eine Strafbarkeit für Geschäftsführer und Gesellschafter ergeben.[147]

51 Ob und in welcher Weise eine **Heilung** der verdeckten Sacheinlage als Ausweg aus diesem Dilemma möglich ist, bleibt umstritten:

52 ME erfordern die Schutzvorschriften zur Sachgründung und die Grundsätze der realen Kapitalaufbringung, dass der einmal gewählte und verlautbarte Weg der Bargründung oder Kapitalerhöhung nicht nachträglich durch satzungsändernden Beschluss gewechselt werden kann, andernfalls der Schutz der Gläubiger und der (überstimmten) Gesellschafter als nicht gewährleistet erscheint.[148] Hieran ändert auch nichts das Bestreben, die Sachgründungsvorschriften für einen solchen Fall nachträglicher Änderung

---

[139] ABl. EG 1977 L Nr. 26, S. 1; vgl. *Ebenroth/Neiß* BB 1992, 2085; *Kiethe/Imbeck* DStR 1994, 209, 210; *Einsele* NJW 1996, 2681, 2683 f.

[140] BGHZ 113, 335, 347 = NJW 1991, 1754, 1756 = AG 1991, 230, 232; *Lutter/Hommelhoff* Rn. 47; *Preuß* JuS 1999, 342, 343; *Bayer* ZIP 1998, 1985, 1990; *Krieger* ZGR 1996, 674, 776; *Bandner*, FS Boujong, 1996, S. 37, 41; *Tillmann* DB 1997, 2509; *Habetha* ZGR 1998, 305, 314.

[141] BGH GmbHR 1998, 588, 590 = BB 1998, 967, 968 = DB 1998, 976 f. = EWiR 1999, 69; *Bayer* ZIP 1998, 1985, 1990; *Einsele* NJW 1996, 2681, 2683; *Brandner*, FS Boujong, 1996, S. 37, 41 f.; *Krieger* ZGR 1996, 674, 681; *Brauer* BB 1997, 269, 273; *Reuter* BB 1999, 217, 219 ff.; *Tillmann* DB 1997, 2509; *Lutter/Hommelhoff* Rn. 48; aA *Scholz/Winter* Rn. 80; *Priester* ZIP 1996, 1025, 1028 f.; *ders.*, FS Bezzenberger, 2000, S. 309 ff.; *v. Reinersdorff* NZG 1998, 430; *Richter/Schick* GmbHR 1999, 97, 99 ff.

[142] *Bayer* ZIP 1998, 1985, 1990.

[143] *Einsele* NJW 1996, 2681, 2683; *Lutter/Hommelhoff* Rn. 48.

[144] *Scholz/Winter* Rn. 80 d; dagegen aber sonst offen BGH GmbHR 1998, 588, 590 = BB 1998, 967 = DB 1998, 976, 977 = EWiR 1999, 69; *Reuter* BB 1999, 217, 221 f.

[145] BGH GmbHR 1998, 588, 591 = BB 1998, 967, 968 = DB 1998, 976, 977 = EWiR 1999, 69 m. krit. Anm. *Bayer* zur Anwendung der Saldotheorie; *Bayer* ZIP 1998, 1985, 1990; *Brandner*, FS Boujong, 1996, S. 37, 41; eingehend zur Saldotheorie *Helms* GmbHR 2001, 1079; *Krieger* ZGR 1996, 674, 681; *Tillmann* DB 1007, 2509.

[146] Vgl. *Priester* ZIP 1991, 345, 353; *Rasner* NJW 1993, 186; *Rawert* GmbHR 1995, 87.

[147] Vgl. § 82 Rn. 43 f.; *Tiedemann*, FS Lackner, 1987, S. 737; *Scholz/Tiedemann* § 82 a Rn. 68 ff.; *Wegmann* BB 1991, 1006, 1007.

[148] BayObLG DB 1978, 337; OLG Frankfurt/M. DB 1983, 1249; KG JW 1937, 321.

einzuhalten. Stets würde die mit der Eintragung erfolgende Information der Öffentlichkeit über die Vermögensverhältnisse der Gesellschaft später berichtigt werden müssen; die ursprüngliche registergerichtliche Verlautbarung verlöre ihre Verlässlichkeit.[149] Das Problem der verdeckten Sacheinlage ist auch seit langem bekannt. Durch eindringliche Befragung ist es dem Notar ohne weiteres möglich, einschlägige Tatbestände aufzuklären.[150] Der BGH hat zudem unlängst eine entsprechende Hinweis- und Belehrungspflicht des Notars betont.[151] Es besteht daher kein Bedarf, Heilungsmöglichkeiten zu entwickeln, die, von der Rspr. einmal anerkannt, schnell zu einem Dauerzustand führen können, der die wohlabgewogenen Gläubigerschutzvorschriften ad absurdum führt.[152] Weiter schlägt sich, abgesehen davon, dass – wie zeitweise auch zu Recht eingeräumt wird – der Wert einer Sacheinlage der betroffenen Gesellschaft nicht in gleicher Weise zur Verfügung steht wie der Wert einer Bareinlage,[153] immer wieder eine ex-post-Betrachtung nieder, die die gefährliche Zwischenphase bis zur Aufdeckung der verdeckten Sacheinlage und der Heilung des Mangels sowie die unter den anderen Voraussetzungen der Bareinlage getroffenen geschäftlichen Entscheidungen der Gläubiger außer Acht lässt.[154] Auch wenn die Heilung vom BGH anerkannt ist, wird sie auf wirtschaftlicher Ebene, insbesondere im Falle der Insolvenz der Gesellschaft problematisch bleiben.[155]

Davon ausgehend hält das BayObLG[156] eine Kapitalherabsetzung zur Beseitigung **53** des betroffenen Geschäftsanteils (und damit der Einlageschuld) mit anschließender Einbringung des Bereicherungsanspruchs (vgl. Rn. 50) im Wege der Sachkapitalerhöhung für den einzig gangbaren Weg. Wegen der Voraussetzungen des § 58 ist diese Vorgehensweise jedoch kompliziert und zeitaufwendig (Sperrjahr).[157]

Demgegenüber plädiert *Priester*[158] für die Möglichkeit der nachträglichen Änderung **54** der Bar- zur Sacheinlage durch satzungsändernden Beschluss. Als Gegenstand der Sacheinlage soll die im Zusammenhang mit der verdeckten Sacheinlage entstandene Bereicherungsforderung[159] dienen, deren Werthaltigkeit dem Registergericht nachzuweisen

---

[149] Vgl. *Bayer* ZIP 1998, 1985, 1992 f.; *Krieger* ZGR 1998, 674, 680, 684, der zwar eine Heilung zulassen will, jedoch nur bei entsprechenden Schadensersatzansprüchen gegen verantwortliche Gesellschafter und Geschäftsführer.
[150] Vgl. *Langenfeld* GmbHR 1981, 53.
[151] BGH NJW 1996, 542 = DB 1996, 132 = BB 1996, 125 = EWiR 1996, 439 *(Limmer)*; hierzu auch *Jäger* MDR 1996, 656, 658 f.; OLG Düsseldorf GI 2000, 12; so wohl auch für Anwälte vgl. BGH DB 2000, 365 = WM 2000, 199 = MDR 2000, 358 für Kapitalerhöhung m. krit. Anm. *Zumbansen* JZ 2000, 442.
[152] Ebenso *Scholz/Winter* Rn. 106 mwN; *Wegmann* BB 1991, 1006, 1010; vgl. Rn. 24; anders nun BGHZ 132, 141 = NJW 1996, 1473 vgl. Rn. 46 f. = GmbHR 1996, 351.
[153] *Rawert* GmbHR 1995, 87, 89 f.
[154] Vgl. zum Zinsanspruch wegen der Heilungswirkung ex nunc *Banerjeo* AG 1998, 498.
[155] Vgl. Rn. 54.
[156] DB 1978, 337 = WM 1978, 526 = GmbHR 1978, 13.
[157] Vgl. *Wegmann* BB 1991, 1006, 1009; *Kiethe/Imbeck* DStR 1994, 209, 211; *Sigel* GmbHR 1995, 487.
[158] DB 1990, 1753; *Scholz/Priester* § 56 Rn. 38 – zu den weiteren Vorschlägen, die aber keinen Beifall gefunden haben vgl. den Überblick bei *Kiethe/Imbeck* DStR 1994, 209, S. 211 f.; *Rawert* GmbHR 1995, 87, 88; *Lenz* GmbHR 1996, 161.
[159] Bereicherungsforderung auf geleistete Sache: *Schiess/Rosengarten* GmbHR 1997, 772, 774; *Preuß* JuS 1999, 342, 344; *Habetha* ZGR 1998, 329 ff.; *Helms* GmbHR 2001, 1080; *Bayer* ZIP 1998, 1985, 1992 f.; *Krieger* ZGR 1996, 674, 681; *Reuter* BB 1999, 217, 222 (mit Formulierungsvorschlag); *Tillmann* DB 1997, 2509, 2510; aA Bereicherungsforderung aus fehlgeschlagener Einlagezahlung: *Priester* ZIP 1996, 1025, 1028 f.; *Rawert* GmbHR 1995, 87, 89 f.

ist, wie auch die Gesellschafter einen Sachgründungs- bzw. Sachkapitalerhöhungsbericht zu erstatten haben.[160] Diesem Weg ist nun auch der BGH[161] auf Grund einer Vorlage des OLG Stuttgart[162] gefolgt,[163] freilich für einen Fall der Kapitalerhöhung einer verlustfreien Gesellschaft. Voraussetzungen für eine Heilung sind danach ein satzungsändernder Beschluss durch die Mehrheit der Gesellschafter,[164] ein Bericht über die Einlagendeckungsänderung, die Vollwertigkeit der Sacheinlage im Zeitpunkt der Registerprüfung[165] und eine Anmeldung zum Register.[166] Dem Registerrichter wird damit eine zusätzliche Bürde der Werthaltigkeitsprüfung auferlegt. Daneben existieren jedoch weitere, auch von den Befürwortern reiner Heilung eingeräumte Schwierigkeiten,[167] insbesondere bei einer Insolvenz der GmbH.[168]

IV. Die Sacheinlage im Gesellschaftsvertrag und der Sachgründungsbericht

55 **1. Festsetzung im Gesellschaftsvertrag.** Im Gesellschaftsvertrag – nicht im Gründungsprotokoll (vgl. § 3 Rn. 3) – müssen der **Gegenstand** der Sacheinlage und der **Betrag der Stammeinlage,** auf die sich die Sacheinlage bezieht, festgesetzt werden; § 5 Abs. 4 S. 1. Darüber hinaus ist auch die **Person** des Gesellschafters anzuführen; so § 5 Abs. 4 aF. Diese Ergänzung ist nötig, weil die Festsetzung sonst nicht genügend aussagen würde.[169] Die Angaben können gemäß § 9 Abs. 1 S. 2 BeurkG auch in einer Anlage zu dem Gesellschaftsvertrag aufgenommen werden.

56 **a) Satzungsänderungen.** Eine Vorschrift wie § 27 Abs. 5 AktG, die die Festsetzung für längere Zeit gegen Satzungsänderungen schützt, kennt das GmbHG nicht. Trotzdem will LG Hamburg[170] § 27 Abs. 5 AktG entsprechend anwenden, schwerlich

---

[160] Ähnlich *Rasner* NJW 1993, 186; *ders.* AnwBl. 1993, 490; *Kiethe/Imbeck* DStR 1994, 209, 212 ff.; *Butzke* ZHR 154 (1990), 357; *Hachenburg/Ulmer* § 19 Rn. 117; *Lutter/Hommelhoff* Rn. 50; *Vollhard* ZGR 1995, 286.

[161] BGHZ 132, 141, 150 ff. = NJW 1996, 1473, 1475 f. = ZIP 1996, 668, 671 ff.; dazu *Groß* GmbHR 1996, 721; zuvor schon LG Berlin GmbHR 1994, 557; LG Lüneburg GmbHR 1995, 122; LG Bremen GmbHR 1995, 122 f.; ausdrücklich offengelassen von OGH NZG 2001, 78.

[162] DB 1996, 419 = ZIP 1996, 277.

[163] Zur bilanzsteuerrechtlichen Seite dieses Weges *Tillmann* DB 1997, 2509, 2510 ff.

[164] So auch *Bayer* ZIP 1998, 1985, 1991; *Brauer* BB 1997, 269, 272; *Einsele* NJW 1997, 562, 563; *Tillmann* DB 1997, 2509; *Priester* ZIP 1996, 1025, 1028; aA *Scholz/Winter* Rn. 104; *Roth/Altmeppen* Rn. 57; *Krieger* ZGR 1998, 674, 685: einstimmiger Satzungsbeschluss erforderlich.

[165] So *Bayer* ZIP 1998, 1985, 1992; *Brauer* BB 1997, 269, 274; *Einsele* NJW 1997, 562, 564; *Lutter/Hommelhoff* Rn. 50; einschränkend LG Frankfurt/M. NZG 2001, 268; *Priester* ZIP 1996, 1025, 1031, die ein Werthaltigkeitstestat, das auf eine Schlussbilanz, die nicht älter ist als acht Monate, genügen lassen; aA *Krieger* ZGR 1998, 674, 683 f. – Zeitpunkt der verdeckten Einlage.

[166] Umstritten ist insoweit das Prüfungsrecht des Registergerichts. Eintragung des Heilungsbeschlusses nur, wenn tatsächlich eine verdeckte Sacheinlage vorlag: OLG Koblenz EWiR 1997, 937; OLG Hamburg GmbHR 1997, 70 = EWiR 1996, 945; aA *Priester* ZIP 1996, 1025, 1027; *Sernetz* EWiR 1996, 945, 946; *ders.* EWiR 1997, 937 f.; *Schiess/Rosengarten* GmbHR 1997, 772, 773.

[167] *Priester* ZIP 1996, 1025; *Brauer* BB 1997, 269, 277.

[168] *Bayer* ZIP 1998, 1985, 1993; *Brandner*, FS Boujong, 1996, S. 37, 41 ff.; *Einsele* NJW 1996, 2681, 2688 f.; *Krieger* ZGR 1996, 674, 677 f., 691; *K. Schmidt* NJW 2000, 2927, 2933; Beck'sches HdB GmbH/*Schwaiger* § 2.

[169] Vgl. auch *Scholz/Winter* Rn. 87; *Meyer-Landrut/Miller/Niehus* Rn. 36; *Geßler* BB 1980, 1387; *Priester* DNotZ 1980, 515, 520; aA *W. Müller* WPg. 1980, 369.

[170] MDR 1968, 1013.

zu Recht. *Hachenburg/Ulmer*[171] und *Scholz/Winter*[172] empfehlen eine Sperre für diesbezügliche Satzungsänderungen auf fünf Jahre nach der Eintragung.[173] Es wird jedoch einer höchstrichterlichen Entscheidung bedürfen, die im Hinblick auf die Vorstellungen des Ausschussberichts[174] dieser Empfehlung nachkommen sollte.

b) Inhalt der Festsetzung. Aufzunehmen ist im Einzelnen folglich: 57

– **Die Person des Gesellschafters,** der zur Sacheinlage berechtigt sein soll (vgl. Rn. 55). Der Name eines Dritten, etwa des Partners eines Sachübernahmevertrages (vgl. Rn. 44), ist hingegen nicht anzugeben. 58

– **Der Gegenstand der Sacheinlage.** Er muss so klar bestimmt sein, dass über die Identität der einzubringenden Gegenstände kein Zweifel besteht.[175] Bei vertretbaren Sachen, die einen Marktpreis haben, kann die Angabe der Warenart oder -herkunft (zB. Erzeugnisse des Gesellschafters) und des Geldbetrages genügen.[176] Darüber hinaus sind nicht noch Angaben über Belastungen oder sonstige wertbestimmende Faktoren zu verlangen.[177] Derartige Angaben gehören ebenso wie besondere Daten über einzubringende Unternehmen nunmehr in den Sachgründungsbericht (vgl. Rn. 63 ff). Bei der Einbringung eines Unternehmens reicht infolgedessen die Angabe der Firma und der Handelsregisternummer aus.[178] 59

– **Der Betrag der Stammeinlage,** auf die sich die Sacheinlage bezieht, d.h. der Betrag, in dessen Höhe der Gegenstand auf die Stammeinlage angerechnet wird. Das entspricht dem „Geldwert, für welchen die Einlage angenommen wird oder (der) für die übernommenen Gegenstände zu gewährenden Vergütung", wie es in der alten Fassung hieß. Hieran wollte die Novelle von 1980 sachlich nichts ändern. Verlangt wird also nur eine Angabe darüber, in welcher Höhe die Stammeinlage durch den Gegenstand beglichen wird.[179] Das ist im Regelfall der Nennbetrag des Geschäftsanteils. Im Übrigen kommt entweder eine ausdrückliche Überpari-Ausgabe (vgl. Rn. 35) oder eine gemischte Sacheinlage (vgl. Rn. 46 f.) in Betracht. Im Fall einer Sachübernahme muss die von der Gesellschaft zu gewährende Vergütung angegeben werden, obwohl der Wortlaut es nicht mehr bestimmt; anders Abs. 4 aF. Doch kann eine Sachübernahme nicht anders beschrieben werden, als durch die Verpflichtung, die die Gesellschaft übernimmt. 60

c) Nichterfüllung der Voraussetzungen. Sind die Voraussetzungen des § 5 Abs. 4 S. 1 nicht erfüllt, so ist die – etwa außerhalb des Gesellschaftsvertrages getroffene oder unvollständige oder nicht hinreichend bestimmte – Vereinbarung unwirksam (vgl. auch § 27 Abs. 3 AktG).[180] Der Gesellschafter ist infolgedessen zur Bareinlage verpflichtet.[181] Die Leistung der Sacheinlage befreit ihn nicht; § 19 61

---

[171] Rn. 114.
[172] Rn. 86.
[173] BT-Drucks. 8/1347; Begr. RegE zu § 5 Abs. 5; *Deutler* S. 27.
[174] BT-Drucks. 8/3908 S. 69 f.
[175] *Hachenburg/Ulmer* Rn. 116.
[176] RGZ 141, 204, 207.
[177] So aber *Hachenburg/Ulmer* Rn. 116; OLG Düsseldorf DB 1993, 974.
[178] *Baumbach/Hueck/G. Hueck/Fastrich* Rn. 45; *Hachenburg/Ulmer* Rn. 121; aA *Lutter/Hommelhoff* Rn. 27 (Bilanz erforderlich; dagegen *Priester* GmbHR 1988, 168); OLG Düsseldorf DB 1993, 974 (Klarstellung der Übernahme der Passiva).
[179] KGJ 38, 161.
[180] BGHZ 45, 338, 343 = NJW 1966, 1311; BGH NJW 1979, 216 = MDR 1979, 208 = BB 1978, 1635, 1636; *Meyer-Landrut/Miller/Niehus* Rn. 35; weitergehend *Lutter/Hommelhoff* Rn. 27: iZw. auch die Beitrittserklärung des Gesellschafters.
[181] BGHZ 28, 314, 316 = NJW 1959, 383.

§ 5　　　　　　　　　　　　　　　　　　1. Abschnitt. Errichtung der Gesellschaft

Abs. 5.[182] Dasselbe gilt für den Fall, dass die Vorschriften des § 5 Abs. 4 S. 1 zwar formal erfüllt sind, die Sacheinlagevereinbarung jedoch aus anderen Gründen unwirksam ist.[183] Ein Formmangel kann bis zur Eintragung der Gesellschaft geheilt werden.[184] Ausnahmsweise wurde die Anwendung dieser gesetzlichen Bestimmung für eine nach DDR-Recht (§§ 17 bis 19 UntG) umgewandelte Produktionsgenossenschaft des Handwerks (PGH) wegen § 242 BGB abgelehnt, weil die Sacheinlage geleistet wurde und diese werthaltig war.[185] Dies ist jedoch nur unter Beachtung der besonderen Verhältnisse in der Nachwendezeit im Sinne einer Interessenabwägung vertretbar.[186]

62　Sind die in § 5 Abs. 4 S. 1 geforderten Angaben nicht gesetzmäßig (zB der Gegenstand als Sacheinlage ungeeignet)[187] oder unvollständig oder nicht hinreichend bestimmt, so lehnt der **Registerrichter** die Eintragung der Gesellschaft ab.[188]

63　**2. Sachgründungsbericht.** Der – durch die Novelle 1980 für die GmbH eingeführte – Sachgründungsbericht soll dem Registergericht die Prüfung erleichtern, ob die Gesellschaft ordnungsgemäß errichtet ist (§ 9 c).[189] Ihn stellen *alle* Gesellschafter, d. h. die im Zeitpunkt der Anmeldung vorhandenen Gesellschafter, auf. Sollte ein neuer Gesellschafter der Vorgesellschaft mit einer Sacheinlage beitreten, erfordert dies einen neuen, von allen nunmehrigen Gesellschaftern unterzeichneten Sachgründungsbericht.[190] Erfolgt der Beitritt nach Anmeldung, bedarf es zusätzlich einer neuen Anmeldung. Es ist dies eine höchstpersönliche Pflicht; eine Stellvertretung ist unzulässig.[191] Der Bericht bedarf der Schriftform, also nicht der Form des § 2 Abs. 1 S. 1. Er ist von allen Gesellschaftern zu unterzeichnen; vgl. § 32 Abs. 1 AktG. Die geforderten Angaben bleiben erheblich hinter denen des aktienrechtlichen Gründungsberichts zurück; vgl. § 32 AktG. Der Sachgründungsbericht ist der Anmeldung beizufügen, § 8 Abs. 1 Nr. 4.

64　**a) Wesentliche Umstände.** Der Bericht hat die für die Angemessenheit der Leistungen für Sacheinlagen wesentlichen Umstände darzulegen. Er muss also vor allem die entscheidenden Gesichtspunkte für die Bewertung, namentlich die betriebswirtschaftlichen Bewertungsgrundsätze der einzelnen Gegenstände (vgl. Rn. 35 ff.) nennen. Dabei kann er auf die Unterlagen Bezug nehmen, die gemäß § 8 Abs. 1 Nr. 5 der Anmeldung beizufügen sind.

65　**b) Übergang eines Unternehmens.** Beim Übergang eines Unternehmens sind die „Jahresergebnisse" (also die „Jahresüberschüsse/-fehlbeträge" iS von §§ 266 Abs. 3 A V; 275 Abs. 2 Nr. 20 bzw. Abs. 3 Nr. 19 HGB)[192] – also nicht die Jahresbilanz[193] – der beiden letzten abgeschlossenen Geschäftsjahre – also nicht des laufenden –, aber

---

[182] OLG Hamburg NZG 1998, 267.
[183] BGHZ 28, 314, 316 = NJW 1959, 383; BGHZ 45, 338, 345 = NJW 1966, 1311; vgl. auch § 27 Abs. 3 S. 2 AktG.
[184] Vgl. *Hachenburg/Ulmer* Rn. 84, 132.
[185] ThürOLG Jena NZG 1998, 955.
[186] BGH DStR 2000, 2002 m. Anm. *Goette* = NZG 2000, 1226, 1228 = GmbHR 2001, 31, 32 f.; aA ThürOLG Jena NZG 1998, 955, 956; krit. *Ebbing* NZG 1998, 957.
[187] Vgl. KGJ 45, 175.
[188] Vgl. § 9 c Rn. 11, 25 f.
[189] Vgl. *Deutler* S. 41; BayObLG DB 1999, 474 = GmbHR 1999, 295.
[190] *Baumbach/Hueck/G. Hueck/Fastrich* Rn. 52; *Hachenburg/Ulmer* Rn. 137; *Lutter/Hommelhoff* Rn. 29; aA *Scholz/Winter* Rn. 99.
[191] Vgl. *Scholz/Winter* Rn. 100; *Lutter/Hommelhoff* Rn. 29.
[192] Vgl. *Scholz/Winter* Rn. 105 mwN.
[193] Was jedoch als zweckmäßig bezeichnet wird: *Baumbach/Hueck/G. Hueck/Fastrich* Rn. 53.

nur diese Zahlen selbst, anzugeben.[194] Dies gilt auch für den Übergang eines einzelnen Betriebes oder Unternehmensteils, wobei dann nur die für diesen relevanten Ergebniszahlen anzugeben sind; vgl. Rn. 32. Maßgeblicher Zeitpunkt, auf den sich die abgeschlossenen Geschäftsjahre beziehen, ist der der Anmeldung[195] und nicht der des Abschlusses des Gesellschaftsvertrages.[196]

c) Haftung der Gesellschafter. Für die Richtigkeit und Vollständigkeit der Angaben haften die Gesellschafter nach § 9a auf Schadensersatz und nach § 82 Abs. 1 Nr. 1 strafrechtlich. **66**

V. Die Übernahme von Gründungsaufwand

Als **Gründungsaufwand** oder Gründungskosten faßt man alle die Leistungen zusammen, die die Gesellschaft einem Gesellschafter oder einem Dritten als Ersatz für Aufwendungen oder als Gegenleistung für eine Tätigkeit bei der Gründung oder deren Vorbereitung („**Gründerlohn**") erbringen soll.[197] Er unterscheidet sich von den **Gründervorteilen** (vgl. § 3 Rn. 51) dadurch, dass er stets dem Ausgleich von Aufwendungen oder Leistungen dient. Gründungsaufwand und Sondervorteile belasten die künftige Gesellschaft, was Gläubiger aber auch Gesellschafter gefährden kann. Eine dem § 26 Abs. 2 AktG entsprechende Bestimmung hält der Ausschussbericht[198] für geltendes Recht der GmbH. Dem ist zu folgen, zumal § 9a Abs. 1 von der Festsetzung des Gründungsaufwandes ausgeht.[199] Der Gründungsaufwand muss also nach Maßgabe des § 26 AktG (analog) im Gesellschaftsvertrag als Gesamtbetrag festgesetzt werden, wobei Beträge, die noch nicht genau beziffert werden können, geschätzt werden müssen.[200] Eine Fehlanzeige ist ggf. empfehlenswert. **67**

Zum Gründungsaufwand gehören im Einzelnen die Beurkundungskosten sowie die Kosten der Beratung durch Gesellschafter oder durch Dritte (zB Rechtsanwalt, Wirtschaftsprüfer, Steuerberater), auch die Kosten, die die Gesellschaft von Gesetzes wegen selbst zu tragen hat, zB die der Anmeldung und Veröffentlichung (vgl. § 2 Rn. 89f.),[201] sowie die Aufwendungen für den Betrieb eines Unternehmens und für seine Vorbereitung (vgl. hierzu § 11 Rn. 86). Zur Abzugsfähigkeit als Betriebsausgabe vgl. § 2 Rn. 93. **68**

Soweit der Gründungsaufwand das angemessene Entgelt für erbrachte Aufwendungen oder Leistungen eines Gesellschafters übersteigt, zB als unangemessen hoher Gründerlohn, stellt er einen den Grenzen der §§ 30, 31 unterliegenden Sondervorteil dar **69**

---

[194] HM; BayObLG DB 1999, 474 = GmbHR 1999, 295; teilw. abw. *Meyer-Landrut/Miller/Niehus* Rn. 44.
[195] *Hachenburg/Ulmer* Rn. 141; *Scholz/Winter* Rn. 105.
[196] So Kölner KommAktG/*Kraft* § 32 Rn. 14f.
[197] Vgl. Kölner KommAktG/*Kraft* § 26 Rn. 3.
[198] BT-Drucks 8/3908 S. 70; vgl. auch BFH DB 2000, 751.
[199] *Hachenburg/Ulmer* Rn. 171f.; *Scholz/Winter* Rn. 112; *Roth/Altmeppen* Rn. 65; *Lutter/Hommelhoff* § 3 Rn. 42; teilw. abw. *Meyer-Landrut/Miller/Niehus* Rn. 59.
[200] BGHZ 107, 1, 6 = DB 1989, 871, 872 = AG 1989, 274, 275; OLG Hamm DB 1984, 238 = BB 1984, 87 = GmbHR 1984, 155; OLG Düsseldorf GmbHR 1987, 59; BMF BStBl. 1991 I S. 661; BFH BStBl. 1990 II S. 89; FG BaWü DStRE 1999, 512; OFD Karlsruhe DB 1999, 177; aA BayObLG DB 1988, 2351 = BB 1988, 2195; *Schmidt-Troschke* GmbHR 1986, 25; BFH DB 2000, 751 für Kapitalerhöhung; FG BaWü DStRE 1999, 753 für Kapitalerhöhung.
[201] BGHZ 107, 1, 6 = NJW 1989, 1610f. = DB 1989, 871, 872, *Scholz/Winter* Rn. 111; *Lutter/Hommelhoff* § 3 Rn. 42; aA hinsichtlich der von der GmbH zu tragenden Kosten BayObLG BB 1988, 2195; *Roth/Altmeppen* Rn. 67: nur gesetzlich bedingte Gründungskosten.

§ 6 1. Abschnitt. Errichtung der Gesellschaft

(vgl. ferner § 9a Abs. 2).[202] Das Registergericht hat die Eintragung erst dann zu verweigern, wenn die Gründungskosten in der Satzung in abwegigem Umfang zu hoch angesetzt sind.[203]

70 Für angemessenen und im Gesellschaftsvertrag festgesetzten Gründungsaufwand greift die Vorbelastungshaftung nicht ein;[204] wurde keine Übernahme zu Lasten der Gesellschaft vereinbart, so haben die Gründer dieser den Gründungsaufwand zu erstatten (vgl. auch § 2 Rn. 94), gleichgültig, ob die GmbH für diese allein nach außen einzustehen hat (vgl. Rn. 68).

VI. Österreichisches Recht

71 **1. Mindeststammkapital.** Das Mindeststammkapital wurde durch das 1. Euro-JuBeG[205] auf € 35 000, die Mindeststammeinlage auf € 70 festgesetzt; § 6 Abs. 1 ÖGmbHG. Zu Übergangsbestimmungen vgl. § 86 Rn. 56 ff. § 6 Abs. 2 u. Abs. 3 entspricht dem § 5 Abs. 3 S. 1 u. Abs. 2 des deutschen Gesetzes.

72 **2. Sacheinlagen.** Die Vorschrift über Sacheinlagen (§ 6a) wurde 1980 zT neu gefasst. Sacheinlagen, Sachübernahmen sowie Sonderrechte und -vorteile sind im Gesellschaftsvertrag entsprechend den Vorschriften des § 6 Abs. 4, 6a Abs. 4 ÖGmbHG anzugeben, die auf die aktienrechtlichen Bestimmungen verweisen.[206] Grds. muss mindestens die Hälfte des Stammkapitals durch **Bareinlagen** aufgebracht werden; § 6a Abs. 1. Ausnahmen gelten für die Fälle der Sachgründungen; § 6 Abs. 2 bis 4 ÖGmbHG.

73 **3. Gründerlohn.** Die Gewährung von Gründerlohn ist verboten. Der Ersatz von Gründungskosten kann nur innerhalb eines im Gesellschaftsvertrag festgesetzten Höchstbetrages verlangt werden; § 7 ÖGmbHG.

§ 6 [Geschäftsführer]

(1) **Die Gesellschaft muß einen oder mehrere Geschäftsführer haben.**

(2) ¹Geschäftsführer kann nur eine natürliche, unbeschränkt geschäftsfähige Person sein. ²Ein Betreuter, der bei der Besorgung seiner Vermögensangelegenheiten ganz oder teilweise einem Einwilligungsvorbehalt (§ 1903 des Bürgerlichen Gesetzbuchs) unterliegt, kann nicht Geschäftsführer sein. ³Wer wegen einer Straftat nach den §§ 283 bis 283d des Strafgesetzbuchs verurteilt worden ist, kann auf die Dauer von fünf Jahren seit der Rechtskraft des Urteils nicht Geschäftsführer sein; in die Frist wird die Zeit nicht eingerechnet, in welcher der Täter auf behördliche Anordnung in einer Anstalt verwahrt worden ist. ⁴Wem durch gerichtliches Urteil oder durch vollziehbare Entscheidung einer Verwaltungsbehörde die Ausübung eines Berufs, Berufszweiges, Gewerbes oder Gewer-

---

[202] *Hachenburg/Ulmer* Rn. 188.
[203] LG Gießen GmbHR 1995, 453.
[204] AA *Lutter/Hommelhoff* Rn. 32: Gründerlohn nur zu Lasten des freien, über § 30 hinaus vorhandenen Vermögens, was in aller Regel gerade in der Gründungsphase nicht der Fall sein dürfte.
[205] ÖBGBl. I 1998/123, seit 1. 1. 1999 in Kraft.
[206] Demgegenüber hat der OGH die Heilung verdeckter Sacheinlagen bei einer GmbH durch Anwendung der Nachgründungsvorschriften des öAktG ausgeschlossen, NZG 2001, 78.

bezweiges untersagt worden ist, kann für die Zeit, für welche das Verbot wirksam ist, bei einer Gesellschaft, deren Unternehmensgegenstand ganz oder teilweise mit dem Gegenstand des Verbots übereinstimmt, nicht Geschäftsführer sein.

(3) ¹Zu Geschäftsführern können Gesellschafter oder andere Personen bestellt werden. ²Die Bestellung erfolgt entweder im Gesellschaftsvertrag oder nach Maßgabe der Bestimmungen des dritten Abschnitts.

(4) Ist im Gesellschaftsvertrag bestimmt, daß sämtliche Gesellschafter zur Geschäftsführung berechtigt sein sollen, so gelten nur die der Gesellschaft bei Festsetzung dieser Bestimmung angehörenden Personen als die bestellten Geschäftsführer.

Übersicht

	Rn.		Rn.
I. Normzweck	1, 2	b) Berufs- oder Gewerbeverbot	18
II. Der oder die Geschäftsführer	3–9	c) Rechtsfolge	19
1. Allgemeines	3–6	3. Sonstige gesetzliche Beschränkungen	20, 21
a) Bezeichnung „Geschäftsführer"	4	4. Gesellschaftsvertragliche Voraussetzungen	22
b) Bestellung	5, 6		
2. Zahl	7	IV. Die Bestellung der Geschäftsführer	23–39
3. Mitbestimmungsrecht	8, 9	1. Gesellschaftsrechtlicher Akt	23
III. Persönliche Voraussetzungen	10–22	2. Arten der Bestellung	24–29
1. Natürliche Personen	10–15	a) Gründungsbestimmungen	25, 26
a) Unbeschränkte Geschäftsfähigkeit	10	b) Mehrheitsbeschluss	27
b) Staatsangehörigkeit	11	c) Übertragung auf andere Organe	28
c) EU-Bürger	12	d) Amtszeit	29
d) Nicht-EU-Bürger	13	3. Mitbestimmungsrecht	30
e) Dauernde Leitung aus dem Ausland	14	4. Mängel der Bestellung	31
f) Berufsrecht	15	5. Notbestellung	32–39
2. Ausschlussgründe	16–19	V. Österreichisches Recht	40
a) Straftaten nach §§ 283 bis 283 d StGB	17		

I. Normzweck

Die Vorschrift regelt die Fragen der Geschäftsführung, soweit sie sich bei der **Gründung der Gesellschaft** stellen. Sie beschränkt sich deswegen auf wenige Punkte: die Zahl der Geschäftsführer (Abs. 1), die zwingenden persönlichen Voraussetzungen und die Ausschlussgründe (Abs. 2) sowie die Bestellung (Abs. 3 u. 4). IÜ ist die Geschäftsführung in den §§ 35 ff. geregelt und wird zu diesen Bestimmungen erläutert. 1

Die Absätze 1, 3 u. 4 der Vorschrift gelten unverändert (die beiden letzteren jedoch als Absätze 2 u. 3) seit 1892. Abs. 2 wurde durch die Novelle 1980, dessen S. 2 durch das BtG v. 12. 9. 1990 eingefügt, wodurch die bisherigen S. 2 u. 3 zu S. 3 u. 4 wurden. 2

II. Der oder die Geschäftsführer

1. Allgemeines. Der oder die Geschäftsführer sind ein **notwendiges Organ** der GmbH (§ 6 Abs. 1). Sie allein vertreten die Gesellschaft; § 35. Dies gilt auch schon für die Vorgesellschaft, zumal die Anmeldung der Gesellschaft zum Handelsregister den Geschäftsführern obliegt; vgl. § 7 Rn. 7. Ist eine Gesellschaft ohne Geschäftsführer, so darf der Registerrichter sie nicht eintragen; die Gesellschafter haben unverzüglich neue Geschäftsführer zu bestellen. 3

§ 6
1. Abschnitt. Errichtung der Gesellschaft

4   a) **Bezeichnung „Geschäftsführer".** Die Bezeichnung „Geschäftsführer" ist jedenfalls zwingend vorgeschrieben für die Eintragung in das Handelsregister sowie bei Angaben nach § 35a. IÜ werden auch andere Titel wie (General-)Direktor[1] oder Vorstand(-smitglied)[2] zugelassen.[3] Doch bedarf es dazu mE einer ausdrücklichen Bestimmung im Gesellschaftsvertrag.[4] Im Handelsregister ist stets die gesetzliche Bezeichnung „Geschäftsführer" zu verwenden.[5]

5   b) **Bestellung.** Als Geschäftsführer können sowohl **Gesellschafter** wie **Nicht-Gesellschafter** bestellt werden; § 6 Abs. 3 S. 1. Die Rechtsstellung der Geschäftsführer ist in beiden Fällen dieselbe.[6] Der Gesellschaftsvertrag kann jedoch besondere Rechte und Pflichten für die Gesellschafter überhaupt sowie für einzelne von ihnen begründen.[7]

6   Die Geschäftsführer sind nicht auf Grund ihrer Funktion Kaufleute iS von § 1 HGB; auch die Bezeichnung als „Kaufmann" bei der Eintragung der Geschäftsführer in das Handelsregister macht sie nicht zu solchen; der Zusatz ist eine reine Berufsbezeichnung.[8]

7   2. **Zahl.** Die Zahl der Geschäftsführer bestimmt grds. der Gesellschaftsvertrag; § 6 Abs. 1. Anders ist es bei der mitbestimmten GmbH, Kreditinstituten und Kapitalanlagegesellschaften; vgl. Rn. 8f. Legt der Gesellschaftsvertrag die Zahl nicht fest, so entscheiden darüber die Gesellschafter, und zwar mit einfacher Mehrheit; § 46 Nr. 5. Ob dies auch gilt, wenn nicht die Gesellschafter, sondern der Aufsichtsrat die Geschäftsführer bestellt, kann nur im Wege der Auslegung des Gesellschaftsvertrages beantwortet werden.[9] Der Gesellschaftsvertrag kann auch eine bestimmte Mindest- oder Höchstzahl der Geschäftsführer festlegen. Die dennoch erfolgte Bestellung ist jedoch – anders als bei Rn. 19 – nur anfechtbar, aber nicht nichtig; vgl. Rn. 31 aE.

8   3. **Mitbestimmungsrecht.** In den dem Mitbestimmungsgesetz oder der Montanmitbestimmung unterliegenden GmbHs (vgl. Einl. Rn. 149ff., 266ff.) werden die Geschäftsführer zwingend durch den Aufsichtsrat bestellt, § 31 MitbestG, § 12 Montan-MitbestG, § 13 Montan-MitbestErgG. Einer der Geschäftsführer ist als **Arbeitsdirektor** mit unterschiedlichen Befugnissen (vgl. Einl. Rn. 259) zu bestellen; vgl. einerseits § 33 MitbestG, § 13 Montan-MitbestG und andererseits § 13 Montan-MitbestErgG. Infolgedessen bedarf es bei diesen Gesellschaften jedenfalls zweier Geschäftsführer.[10]

9   **Kreditinstitute,** §§ 33 Abs. 1 Nr. 5, 35 Abs. 2 Nr. 3 KWG, und **Kapitalanlagegesellschaften,** § 2 KAGG, müssen stets mindestens zwei Geschäftsführer haben (Vieraugenprinzip).

---

[1] AllgM; *Hachenburg/Mertens* § 35 Rn. 6; *Scholz/Schneider* Rn. 6; *Lutter/Hommelhoff* Rn. 4; *Baumbach/Hueck/Zöllner* § 35 Rn. 1.

[2] *Lutter/Hommelhoff* Rn. 4 (jedoch Hinweispflicht auf Organfunktion bei GmbH, was § 35a ohnehin weitgehend sichert); *Hachenburg/Mertens* § 35 Rn. 6 auf Bestandsschutz überkommener Satzungsregelungen beschränkend; abl. *Scholz/Schneider* Rn. 6; *Baumbach/Hueck/Zöllner* § 35 Rn. 1.

[3] *Hachenburg/Mertens* § 35 Rn. 16; bzgl. Vorstand aA *Scholz/Schneider* Rn. 6.

[4] *Scholz/Schneider* Rn. 6; *Lutter/Hommelhoff* Rn. 4: auch durch Gesellschafterbeschluss.

[5] *Scholz/Schneider* Rn. 6 aE.

[6] *Scholz/Schneider* Rn. 15.

[7] Vgl. RGZ 170, 358; BGH BB 1968, 1399 sowie § 3 Rn. 35, 50.

[8] OLG Düsseldorf BB 1994, 2101; LG Oldenburg NJW-RR 1996, 286 = MDR 1996, 104.

[9] Vgl. *Scholz/Schneider* Rn. 8; *Lutter/Hommelhoff* Rn. 6; auch *Feine* S. 472.

[10] HM; vgl. *Hanau/Ulmer* § 30 Rn. 6; *Scholz/Schneider* Rn. 9 sowie § 35 Rn. 39.

III. Persönliche Voraussetzungen

1. Natürliche Personen. a) Unbeschränkte Geschäftsfähigkeit. Geschäftsführer kann nur eine natürliche, unbeschränkt geschäftsfähige Person sein, § 6 Abs. 2 S. 1, eingefügt durch die Novelle 1980. Dies galt nach hM auch schon vor der Novelle.[11] Auch wenn die Zustimmung des gesetzlichen Vertreters zu den Fällen der §§ 112, 113 BGB vorliegt, können beschränkt Geschäftsfähige nicht Geschäftsführer sein.[12] Solche **Betreute,** die bei der Besorgung ihrer eigenen Vermögensangelegenheiten ganz oder teilweise einem Zustimmungsvorbehalt ihres Betreuers unterliegen, sind kraft Gesetzes vom Amt eines Geschäftsführers ausgeschlossen, Abs. 2 S. 2 iVm. § 1903 BGB.[13]

10

b) Staatsangehörigkeit. Auf die Staatsangehörigkeit kommt es nicht an,[14] ebenso wenig auf deutsche Sprachkenntnisse,[15] aber die Geschäftsführer müssen die ihnen persönlich obliegenden gesetzlichen Pflichten[16] jederzeit am Sitz der Gesellschaft erfüllen können.[17]

11

c) EU-Bürger. Aufgrund der durch Art. 39 (Art. 48 aF) EGV verbürgten Freizügigkeit[18] stellen Wohnsitz und Aufenthaltsort in einem anderen EU-Land für EU-Bürger keinen Hinderungsgrund dar.[19]

12

d) Nicht-EU-Bürger. Bei Nicht-EU-Bürgern mit Wohnsitz außerhalb Deutschlands ist hingegen entscheidend, ob sie sich zur Erfüllung ihrer persönlichen Geschäftsführerpflichten in Deutschland aufhalten und jederzeit einreisen können. Hierauf erstreckt sich die Prüfungskompetenz des Registergerichts:[20] Auch die modernen

13

---

[11] Vgl. *Hachenburg/Ulmer* Rn. 8; *Scholz/Schneider* Rn. 11; vgl. auch § 76 Abs. 3 S. 1 AktG sowie BayObLG BB 1982, 1508 = DB 1982, 2129.

[12] OLG Hamm NJW-RR 1992, 1253 = GmbHR 1992, 671; *Lutter/Hommelhoff* Rn. 11; *Baumbach/Hueck/G. Hueck/Fastrich* Rn. 9.

[13] Vgl. hierzu *Deutler* GmbHR 1992, 252; *Jäger* DStR 1996, 108.

[14] AllgM; OLG Köln GmbHR 1999, 182 = DB 1999, 38 (zust. *Mankowski* EWiR 1999, 261); OLG Köln GmbHR 1999, 343 f. = NZG 1999, 269 (abl. *Rawert* EWiR 1999, 461); OLG Hamm NJW-RR 2000, 37 ff. = GmbHR 1999, 1089 (m. zust. Anm. *Haase*); *Scholz/Winter* Rn. 16; *Baumbach/Hueck/G. Hueck/Fastrich* Rn. 9; *Lutter/Hommelhoff* Rn. 14.

[15] HK-GmbHR/*Bartl* Rn. 8; *Haase* GmbHR 1999, 1091; *Scholz/Winter* Rn. 16 einschränkend für den Fall aufsichtsrechtlicher Erfordernisse; jedoch ist Dolmetscherhilfe zu bedenken.

[16] ZB persönliches Erscheinen vor Behörden und Gerichten (insoweit zweifelnd *Teichmann* IPRax 2000, 110, 113) nach Maßgabe der § 64 Abs. 1 GmbHG iVm. §§ 20, 97, 98, 101 InsO; vor allem Überwachungspflichten (OLG Köln GmbHR 1999, 182 = DB 1999, 38: für die Buchführung), die wirkungsvoll nur bei jederzeitiger Eingriffsmöglichkeit verwirklicht werden können (eingehend *Teichmann* aaO).

[17] OLG Köln GmbHR 1999, 182 = DB 1999, 38 (zust. *Mankowski* EWiR 1999, 261); OLG Köln GmbHR 1999, 343 f. = NZG 1999, 269; OLG Hamm NJW-RR 2000, 37 ff. = GmbHR 1999, 1089 (m. zust. Anm. *Haase*); *Scholz/Winter* Rn. 16; *Lutter/Hommelhoff* Rn. 14; aA *Hachenburg/Ulmer* Rn. 10; *Baumbach/Hueck/G. Hueck/Fastrich* Rn. 9; *Rawert* EWiR 1999, 461.

[18] Diese wirkt auch zugunsten der Arbeitgeber bzgl. der Beschäftigung von EU-Ausländern, EuGH Slg. 1998, I-2521, I-2546 = NZG 1998, 809, 811 ff.; *Frey/Thölke* EWiR 1999, 355.

[19] Vgl. § 2 Abs. 2 AuslG iVm. §§ 1 ff. AufenthG/EWG sowie ferner EuGH Slg. 1998, I-2521, I-2546 = NZG 1998 809, 811 ff. (dort zum „Geschäftsführer" iS des österreichischen Gewerberechts, § 39 Abs. 2 ÖGewO 1994); *Frey/Thölke* EWiR 1999, 355.

[20] OLG Köln sowie OLG Hamm NJW-RR 2000, 37 ff. = GmbHR 1999, 1089; OLG Köln DB 2001, 1982 f.; OLG Zweibrücken NZG 2001, 857 m. krit. Anm. *Wachter*; LG Bielefeld DStR 1999, 1746; LG Gießen GmbHR 2000, 1099; *Scholz/Schneider* Rn. 18 a; *Lutter/Hommelhoff* Rn. 14; *Teichmann* IPRax 2000, 110 ff.; aA mangels ausländerrechtlicher Prüfungskompetenz OLG Frankfurt/M. NJW 1977, 1595; OLG Celle DB 1977, 993; OLG Düsseldorf GmbHR

Kommunikationsmittel vermögen die Erfüllung der höchstpersönlichen Geschäftsführerpflichten[21] am Sitz der Gesellschaft nicht zu ersetzen.[22] Wegen der sitzgebundenen Höchstpersönlichkeit der Pflichterfüllung ändert sich auch nichts dadurch, dass zusätzlich jemand mit Aufenthaltsbefugnis, zB ein EU-Bürger, zum (alleinvertretungsberechtigten) Geschäftsführer bestellt wird.[23] Kann der Geschäftsführer sein Amt nicht ausüben, ist dessen Bestellung unwirksam.[24] Hindern tatsächliche oder rechtliche Gründe[25] den Geschäftsführer später am Aufenthalt in oder der Einreise nach Deutschland, erlischt dessen Organstellung ipso iure.[26] Ausländer hingegen, die auf Grund ihrer Staatsangehörigkeit gemäß §§ 12 Abs. 5, 1 Abs. 1 DVAuslG iVm. dessen Anlage 1 (sog. Positivliste) für Aufenthalte bis zu drei Monaten keiner Visumpflicht unterliegen, können jederzeit in Deutschland einreisen und ihre persönlichen Geschäftsführerpflichten erfüllen. [27]

14   **e) Dauernde Leitung aus dem Ausland.** Hält sich der Alleingeschäftsführer, sei er Deutscher oder Ausländer, dauernd im Ausland auf und wickelt von dort die Geschäfte ab, ohne dass am inländischen Verwaltungssitz eine nennenswerte Geschäftstätigkeit festzustellen ist, drängt sich die Frage einer **Sitzverlegung ins Ausland** (vgl. Einl. Rn. 336) mit der Folge der Auflösung der Gesellschaft auf.[28]

15   **f) Berufsrecht.** Das Berufsrecht verlangt zT, dass mindestens ein Geschäftsführer „seine berufliche Niederlassung" am Sitz der Gesellschaft (vgl. § 28 Abs. 1 S. 2 WPO) oder wenigstens „in dessen Nahbereich" (§ 50 Abs. 1 S. 2 StBerG) hat.

16   **2. Ausschlussgründe.** Die Bestellung gewisser, offenbar ungeeigneter Personen verhindern die Ausschlussgründe des § 6 Abs. 2 S. 3 u. 4, die im Wesentlichen § 76 Abs. 3 S. 3 u. 4 AktG entsprechen.[29]

17   **a) Straftaten nach §§ 283 bis 283 d StGB.** Wer wegen einer Straftat nach §§ 283 bis 283 d StGB (Bankrottdelikte, Verletzung der Buchführungspflicht, Gläubiger- und Schuldnerbegünstigung)[30] verurteilt worden ist, kann auf die Dauer von fünf Jahren

---

1978, 110; LG Braunschweig DB 1983, 706; LG Hildesheim GmbHR 1995, 655; *Hachenburg/Ulmer* Rn. 10; *Baumbach/Hueck/G. Hueck/Fastrich* Rn. 9; *Roth/Altmeppen* Rn. 9; HK-GmbHR/*Bartl* Rn. 8; *Bartl* BB 1977, 571, 575; *Miller* DB 1983, 977; *Melchior* DB 1997, 413, 415; *Rawert* EWiR 1999, 461; *Schiedermair*, FS Bezzenberger, 2000, S. 396 f.; *Wachter* ZIP 1999, 1577, 1581 f.

[21] Vgl. Fn. 16.
[22] So aber *Baumbach/Hueck/G. Hueck/Fastrich* Rn. 9; *Wachter* ZIP 1999, 1577, 1580.
[23] Ebenso *Scholz/Schneider* Rn. 18 a; aA OLG Düsseldorf GmbHR 1978, 110 f.
[24] *Lutter/Hommelhoff* Rn. 14; *Scholz/Schneider* Rn. 18 a; *Teichmann* IPRax 2000, 110, 114; aA *Roth/Altmeppen* Rn. 9.
[25] ZB wegen Entziehung der Aufenthaltserlaubnis.
[26] *Scholz/Schneider* Rn. 18 b; *Lutter/Hommelhoff* Rn. 14; *Haase* GmbHR 1999, 1091 f.; aA *Roth/Altmeppen* Rn. 9.
[27] OLG Frankfurt/M. DB 2001, 1028.
[28] OLG Köln GmbHR 1999, 182, 184 = DB 1999, 38 f.; *Mankowski* EWiR 1995, 673 sowie 1999, 261 mwN.
[29] Zu verfassungsrechtlichen Bedenken gegen die beiden Vorschriften vgl. *U. Stein* AG 1987, 165, die unter Zustimmung von *Voerste* AG 1987, 376 insbes. einen Verstoß gegen das Übermaßverbot sowie einen Eingriff in Art. 12 GG annimmt, mE schwerlich zu Recht, vgl. auch OLG Naumburg GmbHR 2000, 378, 380.
[30] Eine Erstreckung auf die Vermögensdelikte (Diebstahl u. Unterschlagung; Raub u. Erpressung; Begünstigung, Hehlerei u. Geldwäsche; Betrug u. Untreue) ist angesichts des klaren, vom Gesetzgeber bewusst eingrenzend gewählten Wortlauts (vgl. *Deutler* Bericht des Rechtsausschusses, S. 34) nicht zulässig, LG Köln NJW-RR 1995, 553. Zum Berufsverbot vgl. Rn. 18.

Geschäftsführer   § 6

seit der Rechtskraft des Urteils nicht Geschäftsführer sein. Das gilt auch bei einer Verurteilung wegen einer den §§ 283 ff. StGB vergleichbaren Straftat durch ein ausländisches Strafgericht, da andernfalls der Schutz des Vermögens Dritter durch grenzüberschreitendes Handeln unterlaufen werden könnte.[31] Die Zeit, in welcher der Täter auf behördliche Anordnung in einer Anstalt verwahrt worden ist, wird in die Frist nicht eingerechnet.

b) Berufs- oder Gewerbeverbot. Wem durch gerichtliches Urteil (vgl. §§ 70 ff. **18** StGB, aber nicht durch einen Beschluss nach § 132a StPO) oder durch vollziehbare Entscheidung einer Verwaltungsbehörde (vgl. § 35 GewO) ein Berufs- oder Gewerbeverbot erteilt worden ist, kann für die Zeit des Verbots nicht Geschäftsführer einer Gesellschaft sein, deren Unternehmensgegenstand (vgl. § 1 Rn. 6, § 3 Rn. 8 ff.) ganz oder teilweise mit dem Gegenstand des Verbots übereinstimmt. Je weiter der Unternehmensgegenstand gefasst ist, umso weiter greift auch der Ausschlussgrund.[32] Die Amtsunfähigkeit besteht auch dann, wenn sich das Verbot nicht ausdrücklich auf die Tätigkeit als Vertretungsberechtigter einer das entsprechende Gewerbe betreibenden GmbH erstreckt.[33] – Zur „Versicherung" der Geschäftsführer bei der Anmeldung vgl. § 8 Rn. 23 f. Zur Strafbarkeit falscher Angaben in der Versicherung vgl. § 82 Abs. 1 Nr. 5.[34]

c) Rechtsfolge. Eine dennoch erfolgte Bestellung ist **nichtig**; eine Eintragung des **19** Geschäftsführers in das Handelsregister heilt diesen Mangel nicht.[35] Tritt **nach** der Bestellung ein Ausschlusstatbestand ein, so endet das Geschäftsführeramt ipso iure in demselben Zeitpunkt;[36] einer besonderen Abberufung durch die Gesellschafterversammlung bedarf es nicht.[37] Die Eintragung des Geschäftsführers im Handelsregister ist von Amts wegen zu löschen.[38] Gutgläubige Dritte werden nach § 15 Abs. 1 u. 3 HGB in ihrem Vertrauen auf den Fortbestand der Organstellung geschützt, nicht aber auf das Fortbestehen der Geschäftsfähigkeit, deren Erlöschen nicht in das Handelsregister einzutragen ist.[39] Der Anstellungsvertrag kann idR aus wichtigem Grunde von jedem Teil gekündigt werden; vgl. § 38 Rn. 46 ff. – Erlangt der ehemalige Geschäftsführer seine volle Geschäftsfähigkeit wieder, so lebt sein Amt nicht von selbst wieder auf; es bedarf vielmehr einer erneuten Bestellung.[40]

3. Sonstige gesetzliche Beschränkungen. Sonstige gesetzliche Beschränkungen **20** finden sich in verschiedenen Gesetzen: **Beamte** bedürfen einer Genehmigung ihres Dienstherrn, §§ 65 Abs. 1 Nr. 3 BBG, 42 BRRG sowie die entsprechenden Bestim-

---

[31] OLG Naumburg GmbHR 2000, 378, 380 = ZIP 2000, 622; HK-GmbHR/*Bartl* Rn. 14; aA LG Köln NJW-RR 1995, 553.
[32] Vgl. BayObLG DNotZ 1982, 181 = DB 1982, 277 = BB 1982, 200.
[33] OLG Frankfurt/M. DB 1994, 2282 = NJW-RR 1994, 298.
[34] § 82 Rn. 68 ff.
[35] Vgl. Begr.RegE S. 31; BayObLG DB 1983, 2408; OLG Frankfurt/M. DB 1994, 2282; OLG Naumburg GmbHR 2000, 380 = ZIP 2000, 622 mwN; Scholz/Schneider Rn. 12.
[36] Vgl. BGHZ 53, 210, 215 = NJW 1970, 806; BGHZ 115, 78, 80 = NJW 1991, 2566 = DB 1991, 1823; BayObLG BB 1982, 1508 = DB 1982, 2129 sowie OLG Düsseldorf MDR 1994, 46 = GmbHR 1994, 114 für den Fall des Wegfalls der unbeschränkten Geschäftsfähigkeit.
[37] OLG Frankfurt/M. DB 1994, 2282; OLG Düsseldorf MDR 1994, 46 = GmbHR 1994, 114.
[38] BayObLG NJW-RR 1989, 934; OLG Zweibrücken GmbHR 2001, 435 = Rpfleger 2001, 354.
[39] BGHZ 115, 78, 81 = NJW 1991, 2566 = DB 1991, 1823.
[40] BayObLG GmbHR 1993, 224 = NJW-RR 1993, 612.

mungen der Landesbeamtengesetze. Doch ist die Bestellung auch ohne Vorliegen der Genehmigung wirksam.[41] Dasselbe gilt für die **berufsrechtlichen** Qualifikationsvorschriften,[42] wie zB § 28 Abs. 1 S. 1 WPO, § 50 Abs. 1 S. 1 StBerG.[43] Der Bundespräsident und die Mitglieder der Bundesregierung dürfen nicht Geschäftsführer einer erwerbswirtschaftlichen Gesellschaft sein (Art. 55 Abs. 2, 66 GG).[44] Für Landesminister gelten zT entsprechende Bestimmungen.[45]

21 Ein **Aufsichtsratsmitglied** kann nur vorübergehend zum Geschäftsführer bestellt werden; § 52 iVm. § 105 AktG. Ist der Aufsichtsrat nicht gesetzlich vorgeschrieben, so kann der Gesellschaftsvertrag jedoch anderes bestimmen. Doch ist die Tätigkeit als Geschäftsführer grds. mit dem Aufsichtsratsamt unvereinbar; denn niemand kann im Rechtssinne sich selber kontrollieren, so dass eine solche Bestimmung nur für Ausnahmefälle getroffen werden kann.[46]

22 **4. Gesellschaftsvertragliche Voraussetzungen.** Der Gesellschaftsvertrag kann weitere Voraussetzungen aufstellen, zB zwecks Verfestigung[47] gemeinsamer Gründervorstellungen zur Person des oder der Geschäftsführer wie Zugehörigkeit zu Familien-/ Gesellschafter-Gruppen, Berufsausbildung, (Auslands-)Erfahrungen, Mindestalter etc. Auch geschlechtsspezifische Vorgaben sind möglich; das 2. GleichBG v. 24. 6. 1994[48] beschränkt die Organisationsautonomie der Gründer grds. nicht, sondern regelt die Gleichberechtigung uA auf dem Gebiet des Arbeitsrechts.[49] Ist der Geschäftsführer mangels unternehmerischer Gestaltungsfreiheit infolge starker Einbindung in ein umfangreiches Organisationsgefüge (zB eines Konzerns mit in die GmbH ausgelagerten Tätigkeitsbereichen) einem (leitenden) Angestellten gleichzusetzen, so wäre eine solche Satzungsbestimmung unwirksam, es sei denn, die Art der Tätigkeit gebietet als unverzichtbare Voraussetzung die geschlechtsspezifische Vorgabe.[50] Bei Gesellschaften, die der Mitbestimmung unterliegen (vgl. Einl. Rn. 205 ff.), kann der Gesellschaftsvertrag allerdings den Kreis der wählbaren Personen nicht derart einengen, dass der Aufsichtsrat keine freie Wahl mehr hat.[51]

---

[41] *Scholz/Schneider* Rn. 14.
[42] AA LG Köln DB 1964, 365.
[43] Die Tätigkeit eines Steuerberaters als Gesellschafter und einzelvertretungsberechtigter Geschäftsführer einer Steuerberatungs-GmbH ist mit dem Beruf des Rechtsanwalts dann vereinbar, wenn die vom anwaltlichen Berufsrecht geforderte Eigenverantwortlichkeit durch entsprechende Unabhängigkeit und Weisungsfreiheit im Gesellschaftsvertrag gewährleistet ist, vgl. BGHZ 114, 343, 345 ff. = NJW 1991, 2287 = LM BRAO § 7 Nr. 8.
[44] Dazu *Maunz/Dürig/Herzog* Art. 66 Rn. 46.
[45] Nach der Inkompatibilitätsregelung des § 26 Abs. 1 Nr. 6 BerlWahlG iVm. Art. 137 Abs. 1 GG ist mit Erwerb der Mitgliedschaft im Abgeordnetenhaus die berufliche Tätigkeit als Mitglied der Geschäftsführung einer öffentlich-rechtlichen Körperschaft oder eines privatrechtlichen Unternehmens bei 50 % staatlicher Beteiligung beendet; BVerfG NJW 1999, 1095, 1096 ff.
[46] Vgl. OLG Frankfurt/M. DB 1981, 2220 = GmbHR 1982, 159; DB 1987, 85 = WM 1987, 211; § 52 Rn. 8; weitergehend nunmehr *Hachenburg/Raiser* § 52 Rn. 36 f.
[47] Aufhebung nur durch Satzungsänderung; satzungsändernde Mehrheit bei abweichender Geschäftsführerbestellung nicht ausreichend, *Hachenburg/Ulmer* Rn. 15; *Baumbach/Hueck/G. Hueck/ Fastrich* Rn. 8.
[48] BGBl. I S. 1406.
[49] *Scholz/Schneider* Rn. 24; zweifelnd wegen § 611a BGB *Lutter/Hommelhoff* Rn. 20.
[50] Vgl. auch zur Gleichbehandlung des Geschäftsführers mit leitenden Angestellten BGH GmbHR 1990, 389; *Henssler* RdA 1992, 289, 300.
[51] *Scholz/Schneider* Rn. 25; *Fitting/Wlotzke/Wißmann* MitbestG § 31 Rn. 13; *Th. Raiser* MitbestG § 31 Rn. 9 mwN; iErg. str.

IV. Die Bestellung der Geschäftsführer

1. Gesellschaftsrechtlicher Akt. Die Bestellung ist der gesellschaftsrechtliche Akt, durch den die Organstellung des Geschäftsführers begründet wird. Von ihr ist der Anstellungsvertrag zu unterscheiden, der die persönlichen Rechte und Pflichten zwischen dem Geschäftsführer und der Gesellschaft regelt.[52] Die Bestellung wird erst wirksam, wenn der Betreffende, sei es auch nur konkludent, sein Einverständnis erklärt hat. Das GmbHG enthält keine Bestimmungen zur Dauer oder Befristung der Bestellung, so dass entsprechende Gestaltungen möglich sind; vgl. jedoch die Höchstzeitbegrenzungen bei mitbestimmten Gesellschaften, Rn. 29. 23

2. Arten der Bestellung. Bei einer regulären (nicht dem Mitbestimmungsgesetz oder der Montanmitbestimmung unterliegenden; vgl. dazu Einl. Rn. 149 ff.) Gesellschaft kann die Bestellung **auf zweierlei Art** erfolgen: entweder „im Gesellschaftsvertrag" oder „nach Maßgabe der Bestimmungen des dritten Abschnitts" (§ 6 Abs. 3 S. 2). 24

a) Gründungsbestimmungen. Im ersten Fall erfolgt die Bestellung regelmäßig in den Gründungsbestimmungen und nicht in der Satzung[53] selbst; vgl. § 3 Rn. 3. Sie unterliegt deswegen nicht den besonderen Bestimmungen über die Satzungsänderung.[54] Zu einem Sonderrecht eines Gesellschafters auf Geschäftsführung sowie einer entsprechenden Sonderverpflichtung vgl. § 3 Rn. 35, 50. Die **Satzung** kann auch einen Gesellschafter zur Bestellung und Abberufung eines (oder auch des) Geschäftsführers ermächtigen, soweit das Mitbestimmungsrecht (vgl. Einl. Rn. 149 ff.) nicht dagegensteht.[55] Zur Bestellungs- und Abberufungskompetenz Dritter vgl. Rn. 28. 25

Eine **Auslegungsregel** gibt § 6 Abs. 4 für den Fall, dass im Gesellschaftsvertrag bestimmt ist, dass sämtliche Gesellschafter zur Geschäftsführung berechtigt sein sollen: Im Zweifel sind **nur die Gründer** oder die bei der Einführung einer derartigen Satzungsbestimmung vorhandenen Gesellschafter gemeint, also nicht die jeweiligen Gesellschafter.[56] 26

b) Mehrheitsbeschluss. In anderen Fällen wird der Geschäftsführer durch Mehrheitsbeschluss der Gesellschafter nach § 46 Nr. 5 bestellt. Das gilt auch für die Gesellschaft im Gründungsstadium.[57] Der Gesellschaftsvertrag kann eine qualifizierte Mehrheit oder Einstimmigkeit vorsehen; § 45 Abs. 2. Bestellt sich der Vertreter eines Gesellschafters mit den Stimmen des von ihm Vertretenen selbst zum Geschäftsführer, findet § 181 BGB Anwendung.[58] Bestellt sich der Einpersonen-Gesellschafter[59] zum Geschäftsführer, so hat er über diesen Beschluss unverzüglich eine Niederschrift aufzu- 27

---

[52] Ganz hM; vgl. § 35 Rn. 78 ff.; BGH GmbHR 1990, 345 f.; BGH ZIP 1995, 1334 f.; *Hachenburg/Mertens* § 35 Rn. 22; *Scholz/Schneider* § 35 Rn. 150 (Trennungsprinzip); aA *Baums* Der Geschäftsleitervertrag, 1987 (Einheitstheorie).

[53] Zur Bestellung des Geschäftsführers im Gesellschaftsvertrag als *materiellem* Satzungsbestandteil mit der Folge, bei Abweichungen die Satzung ändern zu müssen vgl. *K.-D. Müller* Die Bestellung des Geschäftsführers im Gesellschaftervertrag der GmbH als materieller Satzungsbestandteil, Diss. Mainz 1999, S. 63 ff.

[54] BGHZ 18, 205, 208 = NJW 1955, 1716; BGH GmbHR 1961, 48; BB 1968, 1399.

[55] Vgl. BGHZ 43, 261, 264 = NJW 1965, 1378; WM 1973, 1295 f.

[56] Vgl. auch *Scholz/Schneider* Rn. 35; *Hachenburg/Ulmer* Rn. 24.

[57] BGHZ 80, 212, 214 = DB 1981, 1323 = BB 1981, 992; *Rittner* Werdende jP 343.

[58] BayObLG GmbHR 2001, 72 = MDR 2001, 223.

[59] Bestellt sich der Vertreter desselben zum Geschäftsführer, so hat eine auf § 181 BGB beruhende Unwirksamkeit der Stimmabgabe die Unwirksamkeit des Beschlusses zur Folge, BayObLG GmbHR 2001, 72.

§ 6 1. Abschnitt. Errichtung der Gesellschaft

nehmen und zu unterschreiben, § 48 Abs. 3.[60] Hinsichtlich des Anstellungsvertrages ist zu beachten: Die Satzung muss den Gesellschafter vom Verbot des Selbstkontrahierens, sei es allgemein, sei es im Wege der Ermächtigung für den Einzelfall, befreit haben; § 35 Abs. 4 S. 1 iVm. § 181 BGB.[61] Zur unverzüglichen Verlautbarung dieses Rechtsgeschäfts vgl. § 35 Abs. 4 S. 2. Eine Einpersonen-Gesellschaft liegt auch vor, wenn sämtliche Geschäftsanteile an der Komplementär-GmbH in der Hand der Kommanditgesellschaft liegen.[62] Soll es dem Geschäftsführer der Komplementär-GmbH gestattet sein, Rechtsgeschäfte mit sich im eigenen Namen und der KG abzuschließen, kann nur diese Befreiung von § 181 BGB erteilen und nicht die Komplementär-GmbH.[63]

28   c) **Übertragung auf andere Organe.** Der Gesellschaftsvertrag kann die Bestellungs- und Abberufungskompetenz anderen Organen, wie einem fakultativen **Aufsichtsrat** oder **Beirat** übertragen, gleichgültig, ob diese ganz oder teilweise mit Nichtgesellschaftern,[64] schon vorhandenen Geschäftsführern[65] oder auch **anderen Personen** oder Stellen außerhalb der Gesellschaft besetzt sind.[66] Für die Abberufung aus wichtigem Grund bleibt grds. die Gesellschafterversammlung zuständig.[67]

29   d) **Amtszeit.** Die Amtszeit des Geschäftsführers ist grds. frei gestaltbar. Sie kann unbefristet sein oder befristet, etwa durch die Festlegung einer Altersgrenze oder – in Anlehnung an die Regelung des § 84 Abs. 1 AktG – durch die Bestimmung von Amtsperioden mit der Möglichkeit der Wiederbestellung. Bei mitbestimmten Gesellschaften (vgl. Rn. 30) gilt die Höchstzeitbegrenzung von fünf Jahren, § 31 MitbestG iVm. § 84 Abs. 1 AktG; ebenso § 12 Montan-MitbestG u. § 13 Montan-MitbestErgG.[68] Eine Bestellung unter aufschiebender oder auflösender Bedingung ist unwirksam,[69] es sei denn, es handelt sich um den Vorbehalt einer noch einzuholenden Zustimmung eines Gesellschaftsorgans oder einer anderen Stelle.

---

[60] Zu den Voraussetzungen wirksamer Geltendmachung eines ohne Beachtung der Protokollierungsvorschrift des § 48 Abs. 3 gefassten Beschlusses vgl. BGH DB 1995, 1169, 1171, weitergehend als OLG Köln BB 1993, 1388 = GmbHR 1993, 374; ferner *Baumbach/Hueck/Zöllner* § 48 Rn. 29; *Lutter/Hommelhoff* Rn. 27: konkludente Bestellung durch Anmeldung zum Handelsregister.

[61] Ebenso *Lutter/Hommelhoff* Rn. 21; aA *Scholz/Schneider* § 35 Rn. 121; *Baumbach/Hueck/ G. Hueck/Fastrich* Rn. 16 sowie BGHZ 56, 97, 100 ff. = NJW 1971, 1355 (vor der Novelle 1980).

[62] BGH DB 1995, 1169, 1171; § 2 Rn. 24.

[63] BGH DB 1972, 475 f.; zur Eintragungsfähigkeit der Befreiung vom Verbot des § 181 BGB im Handelsregister der KG, vgl. BayObLG DB 2000, 37 = GmbHR 2000, 91; DB 2000, 867 f.; 2000, 1066 f.

[64] *Baumbach/Hueck/G. Hueck/Fastrich* Rn. 18; *MünchHdB GesR III/Heinrich* § 6 Rn. 17.

[65] BGH WM 1973, 1295 ff. oder iS einer Kooptation.

[66] Sehr str., vgl. auch § 35 Rn. 15; zust. KG JW 1926, 598; BGH NJW 1990, 387; OLG Köln DZWiR 1991, 253 f.; *Meyer-Landrut/Miller/Niehus* Rn. 18; *Hachenburg/Schilling* 7. Aufl. § 45 Rn. 15; *Baumbach/Hueck/G. Hueck/Fastrich* Rn. 18 a; *Roth/Altmeppen* Rn. 14; *Hopt* ZGR 1979, 7 f.; *Priester*, FS Werner, 1984, S. 665; *Fleck* ZGR 1988, 121 f.; *Beuthien/Gätsch* ZHR 157 (1993), 483, 492 ff.; *Hammen* WM 1994 765 ff.; aA *Ulmer*, FS Werner 1984, S. 911, 918 ff.; *Hachenburg/Ulmer* Rn. 18; *Hachenburg/Hüffer* § 46 Rn. 74; *Scholz/Schneider* Rn. 34 a ff., § 38 Rn. 24 f., 8. Aufl. § 52 Rn. 136; *Scholz/Schmidt* 8. Aufl. § 46 Rn. 72; *Baumbach/Hueck/Zöllner* § 35 Rn. 6; § 46 Rn. 21; *MünchHdB GesR III/Heinrich* § 6 Rn. 20, wobei derartige Positionen als individualrechtliche Ansprüche in der Satzung begründet werden können.

[67] Vgl. § 38 Rn. 17.

[68] Vgl. § 35 Rn. 74; *Baumbach/Hueck/G. Hueck/Fastrich* Rn. 17.

[69] *Scholz/Schneider* Rn. 27; *Lutter/Hommelhoff* Rn. 24; vgl. ferner OLG Düsseldorf DB 2000, 316 bzgl. der Unwirksamkeit der Anmeldung einer in der Zukunft liegenden Bestellung.

Geschäftsführer § 6

3. Mitbestimmungsrecht. Unterliegt die Gesellschaft dem Mitbestimmungsgesetz 30
oder der Montanmitbestimmung (vgl. Einl. Rn. 151 ff.), so werden die Geschäftsführer
zwingend vom Aufsichtsrat bestellt; § 31 MitbestG, § 12 Montan-MitbestG, § 13
Montan-MitbestErgG.

4. Mängel der Bestellung. Verstöße gegen das Gesetz haben die **Unwirksamkeit** 31
der Bestellung zur Folge, vgl. auch Rn. 19. Dritte können sich grds. auf § 15 Abs. 1 u.
3 HGB berufen, ausgenommen jedoch im Fall der Bestellung eines Geschäftsunfähigen.[70] Verstößt die Bestellung nur **gegen den Gesellschaftsvertrag,** so ist sie auch
nur **anfechtbar;** vgl. § 35 Rn. 75. Der Geschäftsführer bleibt bis zur Rechtskraft des
der Anfechtungsklage stattgebenden Urteils im Amt, es sei denn, ihm wird das Amt
durch eine einstweilige Verfügung nach §§ 935, 940 ZPO schon vorher entzogen.[71]

5. Notbestellung. Die Notbestellung[72] eines rechtlich erforderlichen Geschäftsfüh- 32
rers (zB auch bei Fehlen eines von zwei gesamtvertretungsberechtigten Geschäftsführern) kann „in dringenden Fällen für die Zeit bis zur Behebung des Mangels auf Antrag
eines Beteiligten vom Amtsgericht" (Registergericht) angeordnet werden (mangels
einer dem § 85 AktG entsprechenden Vorschrift analog § 29 BGB).[73] Das soll nicht für
die Vorgesellschaft gelten;[74] dies erscheint wenig sachgerecht, vgl. § 11 Rn. 69 ff. Eine
Notlage besteht, wenn ein für die organschaftliche[75] Vertretung der GmbH unentbehrlicher Geschäftsführer fehlt oder aus rechtlichen oder tatsächlichen[76] Gründen an
der Geschäftsführung gehindert ist und die Gesellschaftsorgane selbst nicht in der Lage
sind, innerhalb einer angemessenen Frist einen Geschäftsführer zu bestellen.[77] Die
Notlage kann der Alleingeschäftsführer und einzige Gesellschafter nicht dadurch herbeiführen, dass er sein Amt niederlegt, ohne einen neuen Geschäftsführer zu bestellen.
Wegen der Rechtsmissbräuchlichkeit solchen Verhaltens ist die Amtsniederlegung unwirksam.[78] Ein *dringender* Fall liegt – auch bei der notwendigen Anlegung strenger
Maßstäbe[79] – vor, zB bei mangelndem Einigungswillen,[80] insbes. bei einer Zwei-Personen-GmbH mit hälftiger Beteiligung.[81] Erforderlich wird die Anordnung auch,
wenn bei Antrag des Gläubigers auf Eröffnung des Insolvenzverfahrens kein Ge-

---

[70] BGHZ 53, 210, 215 = NJW 1970, 806 = DB 1970, 677.
[71] St. Rspr. OLG München GmbHR 1999, 718 f. mwN.
[72] Vgl. § 35 Rn. 76 sowie Überblick bei *Gustavus* GmbHR 1992, 15 ff.; *Kögel* NZG 2000, 20 ff.
[73] HM; vgl. RGZ 116, 116, 118; 138, 98, 101; BGHZ 6, 232, 234 = NJW 1952, 1009;
BayObLG NJW 1981, 995 = DB 1980, 2435; DB 1998, 68 = ZIP 1997, 1785; *Scholz/Schneider*
Rn. 39 ff.; *Hachenburg/Ulmer* Rn. 21; *Fichtner* BB 1964, 868; *Hohlfeld* GmbHR 1986, 181; *Gustavus* GmbHR 1992, 15 ff.; aA *Kögel* NZG 2000, 20 f., auf die größere strukturelle Nähe zwischen
AG und GmbH sowie die Anwendbarkeit des § 85 AktG iVm. § 31 Abs. 1 MitbestG bei mitbestimmter GmbH verweisend.
[74] Vgl. OLG Frankfurt/M. NJW-RR 1996, 290 = MDR 1996, 57 unter Berufung auf BGHZ
51, 30, 33 für einen Fall des § 85 AktG.
[75] Als rechtsgeschäftliche Vertreter sind Generalbevollmächtigte, Prokuristen und Handlungsbevollmächtigte kein adäquater Ersatz, vgl. auch *Kögel* NZG 2000, 21.
[76] ZB schwere Krankheit, Abberufung, OLG Bremen NJW 1955, 1925; nicht hingegen hohes
Alter, OLG Frankfurt/M. BB 1986 1601.
[77] BayObLG GmbHR 1997, 1002 = DB 1998, 68; 2359 f. = BB 1998, 2439; 1999, 2357 f. =
ZIP 1999, 1845
[78] OLG Hamm ZIP 1988, 1048 = DB 1988, 1537; BayObLG DB 1999, 1748; OLG Düsseldorf DB 2001, 261 = DStR 2001, 454.
[79] OLG Frankfurt/M. GmbHR 1986, 432; BayObLG DB 1998, 2359 f.
[80] BayObLG BB 1997, 2546.
[81] BayObLG DB 1998, 2359 ff.

schäftsführer als gesetzlicher Vertreter (mehr) vorhanden ist, anderenfalls die GmbH nicht prozessfähig wäre.[82] Demgegenüber liegen die Voraussetzungen der Erforderlichkeit nicht vor, wenn der Minderheitsgesellschafter auf Grund gesellschaftsvertraglicher Regelung allein den Geschäftsführer bestellen kann, auch wenn der Mehrheitsgesellschafter an dieser Beschlussfassung nicht teilnimmt.[83]

33 Antragsberechtigt – als Beteiligte – ist außer den Gesellschaftern und etwaigen anderen Geschäftsführern sowie Aufsichtsratsmitgliedern jeder, der gegen die Gesellschaft ein privates oder öffentliches Recht verfolgt (mithin auch die Gläubiger[84] oder eine Verwaltungsbehörde)[85] oder ihr gegenüber eine Pflicht erfüllen will, namentlich auch der Betriebsrat.[86] Der Antragsteller kann Vorschläge zur Auswahl des Notgeschäftsführers machen.[87] Gesellschaftern wird im Hinblick auf ihre Kompetenz gemäß § 46 Nr. 5 das grds. Recht zuerkannt, durch entsprechende Vorschläge auf die Auswahl einzuwirken.[88] Das Registergericht hat sie vor seiner Entscheidung anzuhören,[89] wobei es das pflichtgemäße Ermessen bestimmt,[90] ob es den Vorschlägen folgen und sonstige satzungsmäßige Voraussetzungen berücksichtigen kann.[91]

34 Eine **Verpflichtung zur Übernahme** des Amtes als Notgeschäftsführer besteht nicht; auch nicht der Gesellschafter gegenüber Gesellschaftsgläubigern.[92]

35 Der gerichtlich bestellte Geschäftsführer hat die gleiche Stellung wie ein regulärer der betroffenen Gesellschaft, d. h. Art und Umfang seiner Geschäftsführungsbefugnis richten sich nach dem Gesellschaftsvertrag; im Außenverhältnis ist seine Vertretungsmacht unbeschränkt und unbeschränkbar, auch wenn er nur für einen bestimmten Wirkungskreis bestellt ist.[93] Das Registergericht kann dem Notgeschäftsführer auch Einzelvertretungsbefugnis erteilen[94] oder von der Beschränkung des § 181 BGB befreien,[94a] sofern die Satzung solches vorsieht und dies im Interesse der Gesellschaft erforderlich ist.

36 Wird der Mangel durch die Bestellung eines ordentlichen Geschäftsführers behoben, endet damit die Notbestellung, ohne dass es eines Widerrufs bedürfte.[95] Dagegen haben die Gesellschafter weder die Möglichkeit, den Notgeschäftsführer aus wichtigem Grund nach § 38 Abs. 2 vorzeitig abzuberufen, noch die zum freien Widerruf nach § 38 Abs. 1. Sie können lediglich die Abberufung aus wichtigem Grund beim Registergericht beantragen.[96] Bei Fortdauer der Notlage ist dies jedoch nur iVm. der gleich-

---

[82] OLG Köln ZIP 2000, 280, 283. Dementgegen plädieren *Kutzer* ZIP 2000, 654 und *Helmschrott* ZIP 2001, 637 für die Einsetzung eines Prozesspflegers, § 57 ZPO, was hierdurch nicht ausgeschlossen sein soll.
[83] OLG Frankfurt/M. DB 2001, 472.
[84] Vgl. OLG Hamm DB 1996, 370.
[85] Vgl. *Kögel* NZG 2000, 20, 21.
[86] HM vgl. MüKo BGB/*Reuter* § 29 Rn. 13.
[87] OLG Hamm GmbHR 1996, 210; *Scholz/Schneider* Rn. 42.
[88] KG NJW 1967, 933 f.; BayObLGZ 1978, 243, 248 f.; BayObLG DB 1999, 2357 f. = GmbHR 1999, 1292 f.
[89] BayObLG NJW 1981, 995 f.
[90] BayOLGZ 1978, 243 = DB 1978, 2165; GmbHR 1998, 1123, 1125 = DB 1998, 2359.
[91] BayObLG NJW 1981, 995.
[92] BGH NJW 1985, 637 = DB 1985, 168 = ZIP 1985, 283; KG 2001, 952.
[93] BayObLG DB 1986, 422 = ZIP 1986, 93; 1998, 2359 f. = BB 1998, 2439 f.; DB 2002, 576.
[94] RGZ 74, 297, 301; OLG Bremen NJW 1955, 1925; BayObLG NJW-RR 1999, 1259, 1261 = GmbHR 1998, 1123, 1125 = DB 1998, 2359, 2361.
[94a] Vgl. OLG Düsseldorf DB 2002, 576, 577.
[95] *Hachenburg/Ulmer* Rn. 21; *Hachenburg/Mertens* § 35 Rn. 38.
[96] OLG München GmbHR 1994, 259; OLG Düsseldorf DB 1997, 1071; DB 2002, 576.

zeitigen Neubestellung eines anderen Notgeschäftsführers durch das Registergericht möglich.[97] Die Bestellung oder Abberufung eines Notgeschäftsführers ist mit der einfachen Beschwerde und die Entscheidung des Beschwerdegerichts mit der weiteren Beschwerde anfechtbar, §§ 19, 20, 27 bis 29 FGG,[98] und mangels spezieller gesetzlicher Regelungen nicht mit der sofortigen Beschwerde.[99] Wird nach dem Notgeschäftsführer ein neuer Geschäftsführer bestellt, so vertritt dieser im Streit über diesen Gesellschafterbeschluss die Gesellschaft, da dessen Vertretungsmacht nicht vom Ausgang des Rechtsstreits abhängig gemacht werden kann.[100]

Die **Vergütung** des Notgeschäftsführers kann das Gericht nicht festsetzen.[101] Einigt sich die Gesellschaft darüber mit dem Notgeschäftsführer nicht, so greift § 612 Abs. 2 BGB ein. Der Notgeschäftsführer kann wegen seiner Vergütung einen Gesellschafter nicht in Anspruch nehmen.[102]   37

Bei Gesellschaften, die dem **Mitbestimmungsgesetz** (Einl. Rn. 205 ff.) unterliegen, erfolgt die Notbestellung nach § 85 AktG; § 31 MitbestG.   38

Im Zivilprozess kann das Prozessgericht nach § 57 ZPO einen **Prozessvertreter** bestellen, wenn die GmbH in einem Passivprozess ohne gesetzlichen Vertreter ist und Gefahr im Verzuge liegt. Ist jedoch bereits ein Notgeschäftsführer bestellt, so bedarf es des Prozessvertreters nicht mehr.[103] Andererseits schließt die Bestellung eines Prozessvertreters keineswegs aus, dass ein Notgeschäftsführer bestellt wird.[104]   39

V. Österreichisches Recht

§ 15 ÖGmbHG entspricht im Wesentlichen dem § 6 GmbHG vor der Novelle 1980. Doch ließ das österreichische Gesetz schon immer nur natürliche und handlungsfähige Personen als Geschäftsführer zu; § 15 Abs. 1 S. 2 ÖGmbHG. Anders als das deutsche Recht kann ein Gesellschafter im Gesellschaftsvertrag nur für die Dauer seiner Mitgliedschaft zum Geschäftsführer bestellt werden; § 15 Abs. 1 S. 4 ÖGmbHG.[105] Dass die Bestellung von Geschäftsführern durch den Bund, ein Land oder eine andere öffentlich-rechtliche Körperschaft vorgesehen werden kann, bestimmt § 15 Abs. 3 ÖGmbHG ausdrücklich; zum deutschen Recht vgl. Rn. 28. § 15a ÖGmbHG, eingefügt durch die Novelle 1980, regelt die Notbestellung, dem § 76 ÖAktG entsprechend.   40

---

[97] OLG Düsseldorf DB 1997, 1071.
[98] BayObLGZ 1955, 288, 290; BayObLG ZIP 1999, 1845 f. = DB 1999, 2357 f.; *Keidel/Kuntze/Winkler* § 146 Rn. 11 (Fn. 13); *Fichtner* BB 1964, 869; *Reichert* Handbuch des Vereins- und Verbandsrechts, 8. Aufl. 2001, Rn. 1283 f.; *Stöber* Handbuch zum Vereinsrecht, 8. Aufl. 2000, Rn. 365; *Sauter/Schweyer* Der eingetragene Verein, 17. Aufl. 2001, Rn. 296; *Keidel/Kuntze/Winkler* FGG § 160 Rn. 14; MüKo BGB/*Reuter* § 29 Rn. 15.
[99] So *Vogel* GmbHR 1957, 134 und Voraufl. Rn. 24 aE.
[100] BGH NJW 1981, 1041 = DB 1981, 368; BayObLG DB 1999, 2557, 2558 = GmbHR 1999, 1291, 1292 = NZG 2000, 41, 42; *Westermann*, FS Kropff, 1997, S. 683, 687 f.
[101] BayObLG BB 1975, 1037; aA LG Hamburg MDR 1971, 298.
[102] BGH DB 1985, 168 = NJW 1985, 637.
[103] Vgl. *Hachenburg/Ulmer* Rn. 22; aA *Meyer-Landrut/Miller/Niehus* Rn. 21 aE.
[104] OLG Celle NJW 1965, 504, 505; vgl. zu den Voraussetzungen BayObLG NZG 2000, 41.
[105] Zum zwingenden Charakter dieser Norm *Koppensteiner* § 15 Rn. 8.

§ 7 [Anmeldung]

(1) Die Gesellschaft ist bei dem Gericht, in dessen Bezirk sie ihren Sitz hat, zur Eintragung in das Handelsregister anzumelden.

(2) [1] Die Anmeldung darf erst erfolgen, wenn auf jede Stammeinlage, soweit nicht Sacheinlagen vereinbart sind, ein Viertel eingezahlt ist. [2] Insgesamt muß auf das Stammkapital mindestens so viel eingezahlt sein, daß der Gesamtbetrag der eingezahlten Geldeinlagen zuzüglich des Gesamtbetrags der Stammeinlagen, für die Sacheinlagen zu leisten sind, die Hälfte des Mindeststammkapitals gemäß § 5 Abs. 1 erreicht. [3] Wird die Gesellschaft nur durch eine Person errichtet, so darf die Anmeldung erst erfolgen, wenn mindestens die nach den Sätzen 1 und 2 vorgeschriebenen Einzahlungen geleistet sind und der Gesellschafter für den übrigen Teil der Geldeinlage eine Sicherung bestellt hat.

(3) Die Sacheinlagen sind vor der Anmeldung der Gesellschaft zur Eintragung in das Handelsregister so an die Gesellschaft zu bewirken, daß sie endgültig zur freien Verfügung der Geschäftsführer stehen.

Übersicht

	Rn.		Rn.
I. Normzweck	1–3	b) Freie Verfügung der Geschäftsführer	25
II. Anmeldung	4–16	c) Mehrzahlungen	26
1. Erklärung gegenüber dem Gericht	4	3. Übergangsvorschriften für Altgesellschaften	27–29
2. Anmeldepflicht?	5, 6	4. Einpersonengründung	30–34
3. Anmeldepflichtiger	7–9	a) Höhe der Geldeinlage	31
4. Form und Inhalt der Anmeldung	10, 11	b) Nachträgliche Einpersonen-GmbH	32
5. Zuständiges Gericht	12–14	c) Sicherung	33
6. Mängel der Anmeldung	15, 16	d) Rückforderung der Sicherung	34
III. Die Voraussetzungen nach Abs. 2 und 3	17–38	5. Sacheinlagen	35–37
1. Mindesteinzahlungspflicht	17–21	6. Gemischte Einlagen	38
a) Viertel der baren Stammeinlagen	18, 19	IV. Notargebühren	39
b) Gesamtbetrag	20, 21	V. Österreichisches Recht	40–42
2. Einzahlung	22–26		
a) Formen	23, 24		

I. Normzweck

1   Die Vorschrift positiviert in Abs. 1 das **Anmeldeprinzip.** Danach bedarf die GmbH einer Anmeldung beim Registergericht, um – nach Prüfung durch das Gericht (§ 9c) – durch Eintragung in das Handelsregister (§ 10) „als solche" entstehen zu können (§ 11 Abs. 1). Die Absätze 2 u. 3 regeln die wichtigste materielle Voraussetzung für die endgültige Entstehung: den Mindestumfang an **Bar- und Sacheinlagen** auf das Stammkapital, der zur freien Verfügung der Geschäftsführer stehen muss.

2   Während Abs. 1 seit 1892 fast unverändert gilt, hat die Novelle 1980 Abs. 2 erheblich umgestaltet, auch den Abs. 3 hinzugefügt, ohne dass dieser freilich an der Rechtslage, wie sie die Rspr. zuvor verstanden hatte, etwas geändert hat. Die Bestimmung der Mindesteinlageverpflichtung (Abs. 2) von insgesamt DM 25 000 wurde durch das EuroEinfG vom 9. 6. 1998[1] durch die Festlegung auf die Hälfte des Mindeststammkapitals gemäß § 5 Abs. 1 ersetzt, was im Ergebnis auf dasselbe hinausläuft (€ 12 500).

---

[1] BGBl. I S. 1242.

Anmeldung   § 7

Ihrem Zweck entsprechend leitet die Vorschrift die Bestimmungen über die Anmel- 3
dung der Gesellschaft ein. Sie wird ergänzt durch § 8 (Anlagen zur Anmeldung), § 9
(Nachzahlung bei Überbewertung von Sacheinlagen), §§ 9a u. 9b (Gründerhaftung)
und § 9c (Prüfung durch das Gericht).

II. Anmeldung

1. Erklärung gegenüber dem Gericht. Die Anmeldung leitet das Eintragungs- 4
verfahren beim Registergericht ein. Verfahrensrechtlich gesehen ist sie eine Erklärung
gegenüber dem Gericht, § 11 FGG. Gesellschaftsrechtlich gesehen ist sie zugleich organschaftlicher Akt der Geschäftsführer.[2]

2. Anmeldepflicht? Eine öffentlich-rechtliche Pflicht zur Anmeldung besteht 5
nicht, obwohl § 7 Abs. 1 von einer solchen Pflicht auszugehen scheint (allg. Ansicht).
Die Anmeldung kann daher nicht durch Ordnungsstrafen erzwungen werden (vgl.
§ 79 Abs. 2).[3] Der Gesellschaft, d. h. vor allem ihren Gründern, soll es freistehen, ob
sie die endgültige Entstehung der GmbH anstrebt oder nicht. Nimmt die Gesellschaft
schon vor Eintragung den Geschäftsbetrieb auf, trifft die Gründer die (unbeschränkte)
Verlustdeckungshaftung (vgl. § 11 Rn. 93 ff.). Geben die Gründer die Eintragungsabsicht auf, haften sie als Gesellschafter einer OHG nach § 128 HGB oder als Gesellschafter einer GbR – hierzu zählen auch kleinhandelsgewerbetreibende oder vermögensverwaltende Vereinigungen – nach § 128 HGB analog[4] unbeschränkt persönlich
(unechte Vorgesellschaft, vgl. § 11 Rn. 8). Daraus ergibt sich in solchen Fällen praktisch eine hohe Dringlichkeit der Anmeldung.

Die **Geschäftsführer** (vgl. § 78) sind idR aus ihrer Organstellung zur unverzüg- 6
lichen Anmeldung der Gesellschaft **verpflichtet**.[5] Nur eine gegenteilige Weisung der
Gründer kann sie – vorläufig – davon abhalten. Die Gründer selbst, die als solche an
der Anmeldung und an dem Eintragungsverfahren nicht unmittelbar beteiligt sind,
haben nach dem Gesellschaftsvertrag alles zu tun, um die Voraussetzungen für die Anmeldung zu erfüllen. Liegen die Voraussetzungen vor, so können die Gründer gegen
die Geschäftsführer auf Vornahme der Anmeldung (Vollstreckung nach § 888 ZPO)[6]
klagen.[7] Anstelle einer Klage sind auch andere, evtl. zweckmäßigere, Sanktionen gegen
den Geschäftsführer möglich: Abberufung aus wichtigem Grund; uU Schadensersatzpflicht gemäß § 43.[8]

3. Anmeldepflichtiger. Anmeldepflichtig sind sämtliche Geschäftsführer, auch die 7
stellvertretenden (§ 78).[9] Die Gesellschafter und der Aufsichtsrat, soweit vorhanden
(vgl. § 6 Rn. 30; § 52 Rn. 22 ff.), sind an der Anmeldung nicht beteiligt.

Die Anmeldung ist im Namen der künftigen Gesellschaft **höchstpersönlich** von 8
den Geschäftsführern vorzunehmen. Unpräzise Formulierungen schaden nicht, denn es

---

[2] Diesen allein sieht anscheinend *Hachenburg/Ulmer* Rn. 17.
[3] BayObLG DB 1978, 88.
[4] BGHZ 142, 315 ff. = NJW 1999, 3483 ff. = DB 1999, 2205 ff.
[5] HM; *Scholz/Winter* Rn. 6; *Hachenburg/Ulmer* Rn. 6, der aber die Pflicht irrigerweise aus dem Anstellungsvertrag herleitet.
[6] HM, da höchstpersönliche, unvertretbare Handlung – so auch *Baumbach/Hueck/G. Hueck/Fastrich* Rn. 2; *Scholz/Winter* Rn. 6; *Lutter/Hommelhoff* Rn. 1; aA – Vollstreckung nach § 894 ZPO möglich – *Roth/Altmeppen* Rn. 4.
[7] Vgl. *Hachenburg/Ulmer* Rn. 7 f.; *Scholz/Winter* Rn. 6; *Baumbach/Hueck/G. Hueck/Fastrich* Rn. 2.
[8] *Baumbach/Hueck/G. Hueck/Fastrich* Rn. 2; *Scholz/Winter* Rn. 6; *Roth/Altmeppen* Rn. 4.
[9] RG LZ 1914, 398.

§ 7 1. Abschnitt. Errichtung der Gesellschaft

ist regelmäßig davon auszugehen, dass der Geschäftsführer im Namen der Gesellschaft anmeldet.[10] Eine Stellvertretung ist unzulässig.[11] Die Hinweise der anderen Ansicht[12] auf § 12 Abs. 2 HGB sowie auf den Wortlaut von § 78 Halbs. 2 sind aber beachtlich, zumal sich die hM auf das Erfordernis höchstpersönlicher Versicherung nach § 8 Abs. 2 u. 3 nicht berufen kann.[13] Zum **Einreichen** der Anmeldeerklärung können hingegen andere Personen ermächtigt werden.[14] So gilt insbesondere der Notar, der die Anmeldeerklärung beurkundet oder beglaubigt hat, gemäß § 129 FGG als ermächtigt, sie beim Gericht[15] einzureichen. Doch folgt aus § 129 FGG keine entsprechende Vermutung für den Notar, der lediglich den Gesellschaftsvertrag beurkundet hat, da § 78 als lex specialis vorgeht.[16] Eine Handelsregisteranmeldung ist jedoch unwirksam, wenn der Notar sie zu einem Zeitpunkt beglaubigt, zu dem der wiedergegebene Sachverhalt noch nicht eingetreten ist.[17]

9 Die Geschäftsführer brauchen die Anmeldung **nicht** in **einer** Urkunde vorzunehmen, können dies vielmehr auch getrennt oder nacheinander tun.[18] Die Versicherungen nach § 8 Abs. 2 und 3 sowie die übrigen der Anmeldung beigefügten Erklärungen können nachgeholt bzw. nachgereicht werden. Sie bedürfen dann aber auch der öffentlichen Beglaubigung; vgl. § 8 Rn. 17. Wird eine unvollständige Anmeldung nach Ausscheiden des oder der Geschäftsführer, die die Gesellschaft angemeldet haben, durch den (die) neuen Geschäftsführer ergänzt, so bedarf es einer förmlichen Neuanmeldung nicht, wohl aber müssen die Versicherungen nach § 8 Abs. 2 und 3 erneut von diesen Geschäftsführern vorgelegt werden.[19] Die Anmeldung darf nicht gegen den Grundsatz der Registerwahrheit verstoßen. Ein solcher Verstoß liegt etwa dann vor, wenn eine Anmeldung in Teilen erfolgen soll.[20] Einer Änderung bzw. Ergänzung der Anmeldung bedarf es, wenn der Gesellschaftsvertrag vor Eintragung der Gesellschaft geändert wird, vgl. § 5 Rn. 24.[21]

10 **4. Form und Inhalt der Anmeldung.** Die Anmeldung bedarf der **öffentlichen Beglaubigung**, § 12 HGB. Sie kann auch in Form der notariellen Beurkundung (§ 129 Abs. 2 BGB) oder des protokollierten gerichtlichen Vergleichs (§ 127 a BGB) erfolgen. Ein ausländischer Notar ist grds. ebenfalls für die Beglaubigung oder Beurkundung zuständig; vgl. des Näheren § 2 Rn. 40 ff. zur Beurkundung des Gesellschaftsvertrags.

11 Der **Inhalt** der Anmeldung ergibt sich aus § 7 Abs. 1: die Gesellschaft, d. h. entsprechend § 29 HGB die Firma und der Sitz der Gesellschaft. Beizufügen ist gemäß § 8 eine Reihe von Urkunden und Unterlagen; vgl. § 8 Rn. 2 ff. Falls sogleich eine

---

[10] OLG Naumburg GmbHR 1998, 236, 237.
[11] BGHZ 116, 190, 199; BayObLG NJW 1987, 136; DB 1987, 215 f.; *Hachenburg/Ulmer* Rn. 11 f.; *Scholz/Winter* Rn. 10; *Baumbach/Hopt* § 12 Rn. 3; *Gustavus* GmbHR 1978, 219, 224, hM.
[12] OLG Köln NJW 1987, 135 = GmbHR 1987, 394 f.
[13] So in der Sache auch schon KG JW 1932, 2626; *Feine* S. 145 f.; *Hachenburg/Ulmer* Rn. 11 f.; *Roth/Altmeppen* Rn. 5; aA HK-GmbHR/*Bartl* § 7 Rn. 4.
[14] OLG Düsseldorf GmbHR 2000, 232, 233.
[15] Vgl. BGH DNotZ 1964, 435.
[16] Vgl. *Scholz/Winter* Rn. 11 aE; aA *Jansen* FGG § 129 Rn. 4; vgl. auch LG München DNotZ 1976, 682.
[17] OLG Düsseldorf GmbHR 2000, 232 = NZG 2000, 262 f.; krit. *Bärwaldt* GmbHR 2000, 421.
[18] vgl. *Liebmann/Saenger* Anm. 3.
[19] Vgl. KG NJW 1972, 951 sowie § 8 Rn. 16.
[20] LG Dresden NJW-RR 1994, 812.
[21] AA OLG Zweibrücken DB 2000, 2317, 2318 = NJW-RR 2001, 31, 32.

Anmeldung § 7

Zweigniederlassung errichtet oder als Teil eines Unternehmens übernommen wird (vgl. § 5 Rn. 32), ist auch diese bei dem Gericht des Sitzes der Gesellschaft anzumelden; §§ 13, 13b HGB.

5. Zuständiges Gericht. Zuständig ist das (Amts-)Gericht, in dessen Bezirk die 12 Gesellschaft ihren Sitz hat; § 7 Abs. 1. Maßgebend ist der im Gesellschaftsvertrag angegebene Sitz; vgl. § 4a Rn. 5. Zur Frage des grds. unzulässigen Doppelsitzes vgl. § 4a Rn. 16.

Das **Handelsregister,** zu dem die Gesellschaft anzumelden ist, wird von den Amts- 13 gerichten geführt;[22] § 8 HGB, § 125 FGG. Das **Verfahren** des Registergerichts regeln die §§ 1 bis 34, 125 bis 148 FGG. Über die den Richtern vorbehaltenen Registersachen vgl. § 17 RPflG, wozu nach Nr. 1a „Verfügungen auf erste Eintragung" gehören.

Die Länder haben zT gemäß § 125 Abs. 2 FGG für mehrere Amtsgerichtsbezirke ein 14 gemeinsames Registergericht bestimmt, vgl. insoweit die Aufzählung in § 4a Rn. 6 Fn. 11.

6. Mängel der Anmeldung. Mängel der Anmeldung prüft der Registerrichter von 15 Amts wegen; § 9c Rn. 6ff. Die gesellschaftsvertraglich vorgeschriebene Zahl der Geschäftsführer sowie ihre volle Geschäftsfähigkeit müssen im Zeitpunkt der Anmeldung vorliegen; ein späterer Wegfall einer dieser Voraussetzungen schadet nicht.[23]

Die **Eintragung** der Gesellschaft **heilt** grds. alle Mängel der Anmeldung und des 16 Anmeldeverfahrens.[24] Nur wenn die Eintragung wegen Fehlens einer wesentlichen Voraussetzung unzulässig war, kommt eine Amtslöschung nach § 142 FGG analog in Betracht. So wenn es an der Anmeldung fehlt oder sie ohne Willen der Geschäftsführer oder der nicht mitwirkenden Geschäftsführer von einem Unbefugten, vorgenommen worden war.[25] Der entgegenstehende Wille des Gesellschafters als Nichtverfahrensbeteiligter (vgl. Rn. 7) ist nicht maßgeblich.[26]

III. Die Voraussetzungen nach Abs. 2 und 3

1. Mindesteinzahlungspflicht. Die Mindesteinzahlungspflicht nach Abs. 2 ver- 17 langt, dass vor der Anmeldung auf jede Stammeinlage, soweit nicht Sacheinlagen vereinbart sind, Einzahlungen in bestimmter Höhe geleistet worden sind und den Geschäftsführern zur freien Verfügung stehen. Die Vorschriften sind zwingend. Wird das Stammkapital nachträglich, aber vor Eintragung der Gesellschaft ins Handelsregister, geändert, gilt Abs. 2 für die nunmehrige erhöhte Mindeststammeinlage. Soweit die Satzungsänderung nach Eintragung angemeldet wird, findet Abs. 2 keine Anwendung, denn die Vorschrift regelt nur die Errichtung der Gesellschaft.[27] Doch kann eine **höhere Mindesteinzahlung** im Gesellschaftsvertrag vereinbart werden.[28] Die Bestim-

---

[22] Zu dem Vorschlag, das Handelsregister von der IHK führen zu lassen *Gustavus* GmbHR 1998, 528; *Stumpf* BB 1998, 2380, 2381.
[23] *Scholz/Winter* Rn. 12.
[24] *Hachenburg/Ulmer* Rn. 10; *Scholz/Winter* Rn. 15.
[25] Vgl. *Scholz/Winter* Rn. 16; ferner *Hachenburg/Ulmer* Rn. 10; *Baumbach/Hueck/G. Hueck/Fastrich* Rn. 3a; *Lutter/Hommelhoff* Rn. 2 jedoch für unmittelbare Anwendbarkeit von § 142 FGG; zT anders *Jansen* FGG § 144 Rn. 6; *Keidel/Kuntze/Winkler* § 144 Rn. 1, 5.
[26] *Hachenburg/Ulmer* Rn. 10; *Baumbach/Hueck/G. Hueck/Fastrich* Rn. 3a.
[27] LG Koblenz NZG 1998, 352 = GmbHR 1998, 540.
[28] BGHZ 15, 66, 68; 37, 75, 77; *Hachenburg/Ulmer* Rn. 27; aA Kölner KommAktG/*Lutter* § 54 Rn. 58.

mungen sind durch die Novelle 1980 erheblich verschärft;[29] zur Übergangsregelung vgl. Rn. 27 ff.

18   **a) Viertel der baren Stammeinlagen.** Auf jede Stammeinlage, soweit nicht Sacheinlagen vereinbart sind, muss ein Viertel eingezahlt werden; § 7 Abs. 2 S. 1. Jedoch wird ein Mindestbetrag auf jede Stammeinlage, wie nach bisherigem Recht (vor 1981: DM 250), nicht mehr ausdrücklich verlangt; die geringste mögliche Einzahlung beträgt bei einer Stammeinlage von € 100, § 5 Abs. 1, mithin € 25. Eine Einzahlung auf eine Stammeinlage kann nicht mit der Einzahlung auf eine andere verrechnet werden.[30]

19   Die Verpflichtung bezieht sich mithin auf Bareinlagen sowie auf den Baranteil gemischter Einlagen (vgl. hierzu § 5 Rn. 47 sowie Rn. 39), während die reine Sacheinlage gemäß Abs. 3 stets in vollem Umfang einzubringen ist. Die Abgrenzung richtet sich nach dem **weiten** Sacheinlagebegriff, der auch die Sachübernahme mit Anrechnungsabrede umfasst; vgl. § 5 Rn. 18.

20   **b) Gesamtbetrag.** Der Gesamtbetrag der Einzahlungen muss zuzüglich des Gesamtbetrages der Sacheinlagen € 12 500 betragen; § 7 Abs. 2 S. 2. Die Gesellschaft soll also jedenfalls mit einem (Bar- oder Sach-)Vermögen in dieser Höhe ihre Tätigkeit beginnen. Bei einer reinen Bargründung mit dem Mindeststammkapital von € 25 000 (§ 5 Abs. 1) haben die Gesellschafter folglich über das Viertel nach Abs. 2 S. 1 hinaus einen weiteren Betrag in Höhe von € 6250 einzuzahlen, so dass 50 % des Mindeststammkapitals erreicht werden. Wer diesen Mehrbetrag in einem solchen oder ähnlichen Fall zu leisten hat, regelt der Gesellschaftsvertrag, hilfsweise § 19 Abs. 1. Für Wirtschaftsprüfungsgesellschaften gilt ein Mindesteinzahlungsbetrag von € 25 000; § 28 Abs. 6 S. 1 WPO; für Steuerberatungsgesellschaften hingegen nicht.

21   Ein **Agio** (vgl. § 5 Rn. 15) wird in die Berechnung nicht einbezogen und braucht – anders als nach § 36 a Abs. 1 AktG – auch nicht vor der Anmeldung eingezahlt zu werden.[31]

22   **2. Einzahlung.** Die Einzahlung hat so zu erfolgen, dass der Betrag in Euro[32] zur freien Verfügung der Geschäftsführer steht; vgl. § 5 Abs. 3 S. 2; § 8 Abs. 2 S. 1.[33] Bestehen mehrere Verbindlichkeiten des Gesellschafters gegenüber der Gesellschaft, so hat er bei Leistung seiner Bareinlage eine eindeutige Zuordnung zum Ausdruck zu bringen, anderenfalls tritt die Erfüllungswirkung nicht ohne weiteres ein.[34] Eine § 54 Abs. 3 AktG entsprechende Bestimmung über die Art und Weise der Einzahlung (§ 7 a Abs. 2 RegE 1977) wurde nicht in das GmbHG übernommen, da dies geltendem Recht entspreche,[35] jedoch kann eine Barzahlung der Stammeinlagen Zweifel iSd. § 9 c begründen.[36] Dem Gesellschafter obliegt die Darlegung und erforderlichenfalls der Beweis für die Zahlung der Stammeinlage.[37]

---

[29] Vgl. *K. Schmidt* AG 1986, 106.
[30] RGSt. 26, 66, 67; 33, 252, 253.
[31] AllgM vgl. *Hachenburg/Ulmer* Rn. 23; ebenso *Heckschen* DStR 2001, 1437, 1444.
[32] Für „Übergangsgesellschaften" in DM, vgl. § 86 Rn. 46 ff.
[33] RGZ 144, 348, 351; BGH GmbHR 1962, 233; OLG Naumburg NJW-RR 1999, 1641, 1642 = DB 1999, 1897.
[34] BGH GmbHR 1996, 601, 602 f.; OLG Dresden GmbHR 1999, 233 = NZG 1999, 448; vgl. aber auch OLG Brandenburg GmbHR 2000, 238 = NJW-RR 2000, 849, 850; OLG Düsseldorf DB 2000, 612 = ZIP 2000, 837, 839 f.
[35] *Deutler* S. 38.
[36] OLG Düsseldorf GmbHR 1998, 235, 236.
[37] OLG Naumburg NJW-RR 1999, 1641, 1642 = DB 1999, 1897; OLG Köln GmbHR 1998, 143 = JMBl. NW 1997, 268.

Anmeldung **§ 7**

a) Formen. Die Einzahlung kann außer durch Barzahlung durch gewisse Formen 23
des **unbaren Zahlungsverkehrs** erfolgen, nämlich durch bestätigten Bundesbankscheck,[38] durch Gutschrift auf ein inländisches Bank- oder Postscheckkonto der Gesellschaft[39] oder der Geschäftsführer (Organ-, nicht persönliches Konto);[40] vgl. § 54 Abs. 3 AktG. Es ist auch ausreichend, wenn zwar nicht die Kontobezeichnung aber andere Umstände ergeben, dass es sich um ein Konto der Gesellschaft handelt.[41] Daneben kommt auch die Zahlung an einen uneigennützigen Treuhänder, zB Notar in Betracht, so dass die Geschäftsführer spätestens im Zeitpunkt der Eintragung frei verfügen können[42] sowie die Einzahlung auf ein debitorisches Bankkonto der (Vor-)GmbH, falls die Bank die Leistung nicht verrechnet,[43] was der Leistende aber durch eine Deklarierung als Stammeinlageleistung verhindern kann.[44] Trotz Verrechnung ist die Leistung wirksam erbracht, wenn der Gesellschaft der bisher eingeräumte Kreditrahmen weiterhin zur Verfügung steht.[45] Ist eine Bank Mitgründer, ist es erforderlich aber auch ausreichend wenn sie ihre Einzahlung auf ein bei ihr geführtes Gesellschaftskonto leistet.[46] Andere Leistungen, wie Schecks, Wechsel oder ausländ. Zahlungsmittel, können nur erfüllungshalber eingebracht werden. Die Einzahlung ist erst bewirkt, wenn die Leistung verrechnet worden ist und infolgedessen der volle Euro-Betrag zur Verfügung der Gesellschaft steht.[47]

Eine **Aufrechnung** ist – über § 19 Abs. 2 S. 2 hinaus – auch nicht im Einvernehmen 24
mit den Geschäftsführern zulässig, weil gemäß § 7 Abs. 2 Einzahlungen, d.h. Barmittel, zu leisten sind, die das Anfangsvermögen der Gesellschaft bilden sollen.[48] Die Verrechnung mit einem Anspruch des Gesellschafters gegen die GmbH ist deswegen ausgeschlossen, es sei denn, dass hierdurch die Aufbringung des Stammkapitals in keiner Weise beeinträchtigt wird und die Gesellschaft zustimmt.[49] Ebenso dürfen die

---

[38] OLG Naumburg NJW-RR 1999, 1641, 1642 = DB 1999, 1897; LG Frankenthal GmbHR 1996, 356, 358.
[39] Vgl. hierzu BGHZ 45, 338, 347 = NJW 1966, 1311, 1313 sowie § 11 Rn. 80; unter Gesellschaft ist hier nicht die Vorgründungsgesellschaft zu verstehen; Zahlungen an diese können die Bareinlageverpflichtung nicht erfüllen – *Spiegelberger/Walz* GmbHR 1998, 761, 762 f.
[40] HM; OLG Naumburg GmbHR 1998, 329; *Scholz/Winter* Rn. 29; *Wimmer* GmbHR 1997; aA *Baumbach/Hueck/G. Hueck/Fastrich* Rn. 5 (Treuhandkonto).
[41] OLG Frankfurt/M. DB 1992, 1335 = BB 1992, 1082 = GmbHR 1992, 104 = EWiR 1992, 681 *(Dreher);* OLG Naumburg GmbHR 1998, 239.
[42] OLG Stuttgart DB 1985, 1985 = WM 1985, 1066); *Lutter*, FS Heinsius, 1991, S. 497, 517 ff.; *Wimmer* GmbHR 1997, 827.
[43] OLG Dresden DB 1999, 2558, 2559 = BB 1999, 2211; LG Frankenthal GmbHR 1996, 356, 358 f.; *Wimmer* GmbHR 1997, 827, 828; vgl. auch OLG Köln GmbHR 1998, 143, 146.
[44] Vgl. *Priester* DB 1987, 1473; vgl. auch Vorschläge bei *Wimmer* GmbHR 1997, 827, 830.
[45] BGH WM 1990, 1820 = GmbHR 1990, 534; DB 1991, 691; ZIP 1996, 1466, 1467 = GmbHR 1996, 772, 773 = DNotZ 1997, 496; BayObLG NZG 1998, 680 = GmbHR 1998, 736; OLG Düsseldorf DB 2000, 612 = ZIP 2000, 837,838 für Kapitalerhöhung; vgl. auch LG Flensburg EWiR 1998, 425 m. Anm. *Kowalski* GmbHR 1998, 739; aA *Spindler* ZGR 1997, 537, 546 ff., wonach bereits die Verrechnungsbefugnis der Bank schädlich ist.
[46] *Hachenburg/Ulmer* Rn. 34; *Scholz/Winter* Rn. 29; *Heinsius*, FS Fleck, 1988, S. 89, 102 ff.; aA *Roth/Altmeppen* Rn. 20; *Lutter/Hommelhoff* Rn. 10.
[47] HM; OLG Düsseldorf BB 1988, 2126; vgl. auch OLG Dresden DB 1999, 2558, 2559 = BB 1999, 2211; aA früher RGZ 41, 120, 123, das auf den Einzelfall abstellen will.
[48] HM; *Hachenburg/Ulmer* Rn. 37; *Scholz/Winter* Rn. 31.
[49] BGHZ 15, 52, 57, 60 = NJW 1954, 1842; BGHZ 90, 370, 374 = NJW 1984, 1891, 1892 = WM 1984, 652, 653; vgl. auch OLG Köln BB 1984, 1636 u. GmbHR 1986, 310; dazu auch *Wimmer* GmbHR 1997, 827, 828.

Mittel nicht von der Gesellschaft selbst stammen, wie etwa aus einem Darlehen, dessen Rückzahlung die Gesellschaft schuldet.[50] Dass der Gesellschafter die Einzahlung aus eigenen Mitteln erbringt, wird indes nicht verlangt.[51] So leistet er in manchen typischen Fällen, wie etwa bei der Strohmann- Gründung (§ 2 Rn. 27 ff.), aus fremden Mitteln. Auch der Einsatz von **Darlehensmitteln** ist zulässig, wenn das Darlehen nur nicht die Gesellschaft, sei es bloß auch als Bürgen oder Sicherungsgeber, belastet.[52] Befriedigt der Gesellschafter auf Veranlassung der Gesellschaft einen Gesellschaftsgläubiger, dessen Forderung vollwertig, fällig und liquide ist, so wird er von seiner Einlageschuld befreit.[53] Wenn sich aber die Gesellschaft verpflichtet hat, mit den Einlagebeträgen einen Kredit zurückzuzahlen, erhält sie keine Barmittel.[54]

25   **b) Freie Verfügung der Geschäftsführer.** Die Einzahlungen müssen vorbehaltlos bewirkt werden und sich wenigstens ihrem Wert nach zum Zeitpunkt der Anmeldung in der freien Verfügung der Geschäftsführer befinden; § 8 Abs. 2 S. 1.[55] Die Geldeinlagen sind frei verfügbar, wenn sie derart geleistet werden, dass der Geschäftsführer rechtlich und tatsächlich in der Lage ist, die eingezahlten Mittel uneingeschränkt für die Gesellschaft zu verwenden.[56] Die freie Verfügbarkeit für den Geschäftsführer ist zu verneinen, wenn die geleisteten Barmittel auf Grund einer Verwendungsabsprache nur als vorübergehender Mittelzufluss beabsichtigt sind und die Rückzahlung an den Gesellschafter oder ein verbundenes Unternehmen durch einen entsprechenden Überweisungsauftrag an die Hausbank gesichert ist,[57] denn für die freie Verfügbarkeit muss der Leistungsgegenstand – die Einlage – die Vermögenssphäre des Gesellschafters verlassen haben und so in die Vermögenssphäre der Geschäftsführer gelangt sein, dass er Zugriffen des Gesellschafters und Dritter nicht mehr ausgesetzt ist.[58] Bei Einpersonen-Gründungen ist dies besonders zu beachten,[59] ohne dass hieraus zusätzliche Erfordernisse abgeleitet werden können, vgl. auch § 8 Rn. 19. Sie dürfen also auch keinen Rückzahlungsverpflichtungen oder -vorbehalten unterliegen, können aber für einen satzungsgemäß aufgenommenen Geschäftsbetrieb eingesetzt

---

[50] BGHZ 28, 77, 78 = NJW 1958, 1351.
[51] So auch OLG Naumburg NZG 2000, 44, 47.
[52] Vgl. *Hachenburg/Ulmer* Rn. 41.
[53] BGH NJW 1986, 989; vgl. dazu *Priester* BB 1987, 208; *Kutzer* GmbHR 1987, 297; *Wimmer* GmbHR 1997, 827, 829.
[54] BGHZ 96, 231, 242 = NJW 1986, 839 = MDR 1986, 292 zu einem Vorfinanzierungskredit.
[55] Vgl. RGZ 83, 370; *Wimmer* GmbHR 827, 829.
[56] OLG Dresden GmbHR 2000, 38 = BB 1999, 2211 = DB 1999, 2558; *Scholz/Winter* Rn. 34; *Lutter/Hommelhoff* Rn. 14. Demgegenüber hält das LG Hannover GmbHR 2000, 1103 bei gesellschaftsvertraglicher Verpflichtung der Gesellschafter zur sofortigen Volleinzahlung der Stammeinlagen die Versicherung des Geschäftsführers, dass diese in voller Höhe erbracht sind, für ausreichend.
[57] Dagegen sind schuldrechtliche Verwendungsabsprachen bei sog. Cash-Management-Systemen zulässig, sofern diese ausschließlich der Umsetzung von Investitions- oder Anlageentscheidungen der Gesellschafter dienen und weder unmittelbar noch mittelbar dazu bestimmt sind, die eingezahlten Mittel wieder an den Einleger zurückfließen zu lassen, vgl. BGH NJW 1991, 226, 227; *Sieger/Hasselbach* BB 1999, 650. Zu Cash-Management-Systemen iE vgl. *Becker* DStR 1998, 1528; *Jula/Breithach* AG 1997, 256 mwN; *W. Bayer*, FS Lutter, 1011.
[58] BGH NJW 2001, 1647, 1648 = DB 2001, 641, 642; OLG Hamm BB 1997, 433, 434; OLG Dresden GmbHR 2000, 38 = DB 1999, 2558, 2559 = BB 1999, 2211; OLG Köln BB 2000, 372; vgl. auch *Habetha* ZGR 1996, 305, 317.
[59] BayObLG GmbHR 1994, 329; vgl. OLG Dresden GmbHR 2000, 38, 39 = DB 1999, 2558 = BB 1999, 2211 zu Alleingeschäftsführern.

Anmeldung § 7

werden.[60] Die im Gründungsstadium anfallenden **Gebühren und Steuern** (vgl. dazu § 2 Rn. 89 ff.; § 5 Rn. 68) können indes – anders als nach § 36 Abs. 2 AktG – nur abgezogen werden, sofern der Gesellschaftsvertrag es vorsieht.[61] Ist dies der Fall, greift insoweit die Vorbelastungshaftung nicht ein, vgl. § 5 Rn. 70.

c) **Mehrzahlungen.** Mehrzahlungen über die Mindestbeträge des § 7 Abs. 2 hinaus leisten die Gesellschafter entweder in Erfüllung gesellschaftsvertraglicher Pflicht oder aus freiem Willen. Sie spielen bei der Anmeldung keine Rolle. Ob sie – als **vor** der Eintragung erbrachte Leistung – den zahlenden Gesellschafter befreien, war im Einzelnen strittig. Dem BGH[62] folgend, ist anzunehmen, dass freiwillige Mehrleistungen den Gesellschafter von seiner Einlagepflicht befreien, wenn die Beträge ordnungsgemäß zur freien Verfügung der Gründungsgesellschaft stehen.[63] Auf das tatsächliche, unverbrauchte Vorhandensein der Einzahlungen bei Eintragung kommt es wegen der Vorbelastungshaftung nicht an. Soweit die Einzahlung auf einer gesellschaftsvertraglichen Verpflichtung beruht, befreit sie den Gesellschafter jedenfalls.[64]

3. **Übergangsvorschriften für Altgesellschaften.** Nach den Übergangsvorschriften für Altgesellschaften, d. h. Gesellschaften, die vor dem 1. 1. 1981 zur Eintragung angemeldet worden sind (vgl. § 5 Rn. 5), kam die erhöhte Mindesteinzahlungspflicht nur in Betracht, wenn sie ein Stammkapital von mehr als DM 50 000 (zu den Gesellschaften mit geringerem Stammkapital vgl. § 5 Rn. 5), aber weniger als DM 100 000 haben. Die Gesellschaften mussten bis zum 31. 12. 1985 so viel auf das Stammkapital nachzahlen, dass der Gesamtbetrag zuzüglich der durch Sacheinlagen zu deckenden Stammeinlagen DM 25 000 erreicht, Art. 12 § 1 Abs. 2 ÄndG. Die Geschäftsführer hatten dies bis zum 31. 12. 1985 dem Registergericht gegenüber zu versichern; sonst war die Gesellschaft mit Ablauf dieses Tages aufgelöst.

Die **restlichen Einzahlungen** waren auf Grund eines Beschlusses nach § 46 Nr. 2 einzufordern, und zwar, wenn nichts anderes bestimmt oder später vereinbart worden war, anteilig; § 19 Abs. 1. Der Differenzbetrag konnte aber auch durch eine Kapitalerhöhung gewonnen werden; vgl. Art. 12 § 1 Abs. 1 S. 3 ÄndG.[65]

Sachübernahmen mit Anrechnungsabrede (vgl. Rn. 19 sowie § 5 Rn. 18), die noch nicht durchgeführt waren, wurden nur dann zu den durch Sacheinlagen zu deckenden Stammeinlagen gerechnet, wenn die Vermögensgegenstände bis zum 31. 12. 1985 von der Gesellschaft übernommen und die Vergütungen verrechnet worden waren. Die Geschäftsführer hatten auch dies in ihre Versicherung gemäß Art. 12 § 1 Abs. 2 ÄndG einzubeziehen.

26

27

28

29

---

[60] OLG Hamm BB 1997, 433, 434; OLG Schleswig GmbHR 1998, 1226; OLG Köln BB 2000, 372; vgl. *Lutter* NJW 1989, 2649; *Habetha* ZGR 1998, 305, 316; zum Problem der verdeckten Sacheinlage vgl. § 5 Rn. 46 ff.

[61] Vgl. OLG Hamm DB 1984, 238 = BB 1984, 87 = GmbHR 1984, 155; BGHZ 107, 1, 6 = NJW 1989, 1610 f.; *Hachenburg/Ulmer* Rn. 58; *Scholz/Winter* Rn. 38.

[62] BGHZ 105, 300, 303 = NJW 1989, 710 = DB 1989, 217 f. = GmbHR 1989, 74; dazu *Joost* ZGR 1989, 554.

[63] OLG Stuttgart GmbHR 1995, 115; *Scholz/Winter* Rn. 44; *Hachenburg/Ulmer* Rn. 42 und *Lutter/Hommelhoff* Rn. 8 wollen die Tilgungswirkung einseitiger freiwilliger Mehrzahlungen dann nicht eintreten lassen, wenn deren Gegenwert im Eintragungszeitpunkt nicht mehr vorhanden ist und die übrigen Gesellschafter weder der Zahlung noch einer Geschäftsaufnahme zugestimmt haben; so auch *Baumbach/Hueck/G. Hueck/Fastrich* Rn. 4.

[64] RGZ 149, 293; BGHZ 15, 66, 68 = NJW 1954, 1844; vgl. auch OLG Naumburg NJW-RR 1999, 1641, 1642 = DB 1999, 1897; *Hachenburg/Ulmer* Rn. 42; aA *Brodmann* Anm. 11 a.

[65] *Scholz/Winter* 8. Aufl. Rn. 25 f.

30 **4. Einpersonengründung.** Für die Einpersonengründung (vgl. § 1 Rn. 2, § 2 Rn. 3 ff.) gibt § 7 Abs. 2 S. 3 eine Sondervorschrift, die das Fehlen eines weiteren Gründers (und für den Ausfall Haftenden) ausgleichen soll.[66] Der Gründer hat für den Teil der Geldeinlage, den er nicht nach § 7 Abs. 2 S. 1 u. 2 einzahlen muss und auch nicht einzahlt, eine „**Sicherung**" zu bestellen. Die Sicherung wird an die Vor-GmbH geleistet, die auch bei der Einpersonengründung zustande kommt; vgl. § 2 Rn. 5; § 11 Rn. 142 ff.[67] Die Verpflichtung traf auch den Alleingesellschafter einer **Alt-Einpersonengesellschaft**, der gemäß der Novelle von 1980 die Stammeinlage zu erhöhen hatte.[68]

31 a) **Höhe der Geldeinlage.** Maßgebend für die Höhe sowohl der Mindesteinzahlung wie des „übrigen Teils der Geldeinlage" ist die in der Errichtungserklärung (vgl. § 2 Rn. 4) festgesetzte Geldeinlage. Die andere Ansicht,[69] die auf sämtliche Geldeinlagepflichten abstellt, entspricht mE aber weder dem Wortlaut noch der Entstehungsgeschichte.[70]

32 b) **Nachträgliche Einpersonen-GmbH.** Für eine nachträgliche Einpersonen-GmbH ordnet § 19 Abs. 4 Entsprechendes an, um Umgehungen zu verhindern: Wird aus einer Mehrpersonengesellschaft innerhalb von drei Jahren nach ihrer Eintragung eine Einpersonengesellschaft, so hat der Gesellschafter entweder alle noch ausstehenden Geldeinlagen voll einzuzahlen oder für die Beträge eine Sicherung zu leisten, falls er nicht die Gesellschaftsanteile wieder abtritt. Aus dieser Vorschrift und § 7 Abs. 2 S. 3 folgt jedoch nicht, dass eine Sicherung auch in den Fällen zu bestellen ist, in denen nach Eintragung der Gesellschaft eine Geldeinlagepflicht des Alleingründers an die Stelle einer vereinbarten Sacheinlage getreten ist.[71] Denn wenn der Gesellschafter in einem derartigen Fall, wie zB gemäß § 9 Abs. 1, nunmehr insoweit eine Geldeinlage schuldet, dann muss er bereits das leisten, was er nach § 7 Abs. 2 S. 3 und § 19 Abs. 4 S. 1 als **erste** Leistung schuldet. Für die Möglichkeit, sich durch Sicherungsleistung davon zu befreien, bleibt infolgedessen weder ein Raum noch ein Bedürfnis.

33 c) **Sicherung.** Als Sicherung kann jede Sicherheitsleistung gemäß §§ 232 ff. BGB erbracht werden. Darüber hinaus sind andere, wirtschaftlich gleichwertige Absicherungen zulässig.[72] Die §§ 232 ff. BGB gelten daher nur insoweit (wenngleich unmittelbar und nicht nur analog),[73] wie der – gegenüber der „Sicherheit" des BGB weitere – Begriff der „Sicherung" es erlaubt.[74] Als Sicherung über §§ 232 ff. BGB hinaus kommen vor allem die Bankbürgschaft (über § 239 BGB hinaus) sowie andere Personalsicherheiten[75] in Betracht, die im Einzelfall allerdings ebenfalls hinreichend tauglich sein müssen. Sicherungsmittel kann auch eine Grundschuld sein, auch auf dem Grundstück des Einpersonengründers.[76] Auch bei einer Bürgschaft soll es nach teilweise vertretener Ansicht unschädlich sein, wenn es sich bei dem Bürgen um eine juristische Person

---

[66] Vgl. Ausschussbericht BT-Drucks. 8/3908 S. 71.
[67] *Meyer-Landrut/Miller/Niehus* Rn. 17.
[68] BayObLG DB 1986, 957.
[69] *Winter* ProGmbH S. 20.
[70] Anders jetzt wohl auch *Scholz/Winter* Rn. 48.
[71] So aber *Scholz/Winter* Rn. 48 aE.
[72] RegE S. 32; *Geßler* BB 1980, 1385, 1388; *Priester* DNotZ 1980, 515, 524; vgl. auch *Scholz/Winter* Rn. 49; *Hachenburg/Ulmer* Rn. 66.
[73] So freilich *Scholz/Winter* Rn. 51 für § 240 BGB.
[74] Vgl. BayObGZ 1988 Nr. 45 = AG 1989, 172; *Rittner*, FS Oppenhoff, 1985, S. 317 ff., 328 f.
[75] Eine Bürgschaft, Garantie, Mitschuldnerschaft – LG München I GmbHR 1985, 397.
[76] *Lutter/Hommelhoff* Rn. 7.

Anmeldung § 7

handelt, deren Gesellschafter der Einpersonengründer ist.[77] Dies ist als Umsetzung der Vorschrift des Abs. 2 S. 3 abzulehnen.[78] Die Sicherung muss **vor** der Anmeldung bestellt werden; vgl. § 8 Abs. 2 S. 2. Wird sie später unzureichend, so hat der Gesellschafter sie zu ergänzen oder anderweitige Sicherung zu leisten, § 240 BGB.

d) Rückforderung der Sicherung. Der Gesellschafter kann die Sicherung **zu-** 34 **rückverlangen,** wenn er die restliche Einlage voll erbracht hat. Leistet er nur einen Teil davon, so kann er einen entsprechenden Teil der Sicherung nur zurückverlangen, wenn dieser ohne weiteres teilbar ist. Daneben kommen folgende Fälle in Betracht, in denen die Sicherung ebenfalls für den Gesellschafter frei wird: Befreiung des Gesellschafters von der Einlageverpflichtung nach § 19 Abs. 3 (Kapitalherabsetzung) und Aufnahme eines weiteren Gesellschafters, sei es durch Abtretung eines Teils des Gesellschaftsanteils an einen Dritten, sei es durch Aufnahme eines Dritten im Wege der Kapitalerhöhung.[79]

5. Sacheinlagen. Die Sacheinlagen sind vor der Anmeldung der Gesellschaft so zu 35 bewirken, dass sie endgültig zur freien Verfügung der Geschäftsführer stehen; § 7 Abs. 3.[80] Zur endgültig freien Verfügung steht die Sacheinlage, wenn sie wirksam auf die GmbH übertragen wurde (vgl. iE Rn. 36). Das Registergericht kann eine Änderung des Gesellschaftervertrages in der Weise, dass die Sacheinlage in eine Geldeinlage umzuqualifizieren ist, nur verlangen, wenn die Sacheinlage nicht oder so geleistet wurde, dass die Grundsätze der Leistungsstörung eingreifen.[81]

Im Einzelnen gilt Folgendes: Bewegliche Sachen und Grundstücke sind zu über- 36 eignen, und zwar an die Vor-GmbH, vgl. § 11 Rn. 80. Dies gilt auch für Schiffsbauwerke und Schiffe. Im Grundbuch oder Schiffsregister wird die Vor-GmbH eingetragen. Nach der Eintragung der GmbH in das Handelsregister wird das Grundbuch oder Schiffsregister berichtigt. Es kann aber auch die Auflassung an die GmbH erklärt werden.[82] Die Eintragung einer Vormerkung genügt jedoch nicht.[83] Ebensowenig reicht die Vorlage der (vollständigen) Eintragungsunterlagen beim Grundbuchamt aus, da der Antrag dort noch zurückgenommen werden kann und die Einlage deswegen noch nicht endgültig zur freien Verfügung steht.[84] – Forderungen und andere Rechte sind abzutreten. Verfügungen unter einer Bedingung genügen ebenfalls nicht; weil die Einlage dann nicht endgültig zur freien Verfügung des Geschäftsführer steht.[85] Wird ein Unternehmen oder ein Betrieb eingebracht, so müssen die Geschäftsführer auch die Leitung übernommen haben.

Im Fall der **Sachübernahme** mit Anrechnungsabrede (vgl. § 5 Rn. 42 ff.) muss der 37 Vermögensgegenstand ebenfalls auf die Gesellschaft übertragen werden und außerdem

---

[77] OLG Celle GmbHR 1985, 195; *Lutter/Hommelhoff* Rn. 7 ; *Scholz/Winter* Rn. 49.
[78] Bonitätsprüfung erforderlich – BayObLG DB 1988, 1846, 1847.
[79] Vgl. *Scholz/Winter* Rn. 52; *Geßler* BB 1980, 1388.
[80] Zum früheren Recht vgl. BGHZ 45, 338, 347 f. = NJW 1966, 1311, 1313.
[81] LG Frankfurt/Oder GmbHR 1999, 1039; vgl. § 5 Rn. 38.
[82] BGHZ 45, 338, 348; BGH NJW 1973, 798; BayObLG DB 1983, 2457; *Lutter/Hommelhoff* Rn. 12; enger *Scholz/Winter* Rn. 40.
[83] So Ausschussbericht S. 71; *Scholz/Winter* Rn. 40; aA *Hachenburg/Ulmer* Rn. 45, 55; *Lutter/ Hommelhoff* Rn. 12.
[84] Ebenso *Scholz/Winter* Rn. 40; *Baumbach/Hueck/G. Hueck/Fastrich* Rn. 10; aA im Hinblick auf die mit dem Grundbuchverfahren verbundene Verzögerung und aus Kostengründen die hM: *Hachenburg/Ulmer* Rn. 45; *Lutter/Hommelhoff* Rn. 12; *Roth/Altmeppen* Rn. 32; *Priester* DNotZ 1980, 523; dagegen aber *Hüffer* ZHR 148 (1984), 76 mit zutr. Hinweis auf die Entstehungsgeschichte.
[85] *Hachenburg/Ulmer* Rn. 55; *Scholz/Winter* Rn. 39; aA BGH GmbHR 1959, 94.

§ 8   1. Abschnitt. Errichtung der Gesellschaft

die Vergütungsforderung gegen die Stammeinlageforderung aufgerechnet werden, bevor die Anmeldung erfolgt.[86]

38 **6. Gemischte Einlagen.** Bei gemischten Einlagen (vgl. § 5 Rn. 46 f.) ist das Viertel nach dem bar zu leistenden Teil der Stammeinlage zu berechnen.[87]

IV. Notargebühren

39 **Für die Beglaubigung** der Anmeldung (vgl. Rn. 10) fällt eine Viertelgebühr, höchstens € 130 (bis zum 31. 12. 2001 DM 250) an; § 45 Abs. 1 KostO. Fertigt der Notar auch den **Entwurf** an, so ist es eine halbe Gebühr; §§ 145 Abs. 1, 38 Abs. 2 Nr. 7 KostO. Der Geschäftswert ergibt sich aus dem Gesamtbetrag der Stammeinlagen, § 26 Abs. 1 Nr. 1 KostO. Zu Europarechtswidrigkeit von § 26 KostO und Kosten von Eintragung und Bekanntmachung vgl. § 10 Rn. 30.

V. Österreichisches Recht

40 Das ÖGmbHG regelt das **Anmeldeprinzip** (vgl. Rn. 1) ähnlich wie § 7 Abs. 1, lässt jedoch den Gedanken an eine öffentlich-rechtliche Pflicht zur Anmeldung (vgl. Rn. 5) nicht aufkommen; § 9 Abs. 1 ÖGmbHG.[88]

41 Die **Mindesteinzahlung** auf die Bareinlage beträgt ebenfalls ein Viertel; darüber hinaus wird eine Einzahlung von mindestens € 17 500 verlangt, § 10 Abs. 1 ÖGmbHG. Weiter wird – ähnlich dem früheren deutschen Recht (vgl. Rn. 18) – gefordert, dass auf jede Bareinlage ein Betrag von € 70 eingezahlt wird. Sachübernahmen müssen in vollem Umfang geleistet werden, § 10 Abs. 1 S. 3 ÖGmbHG. Dies gilt dem Normzweck entsprechend auch für Sacheinlagen.[89]

42 Die Einzahlung kann nur in **gesetzlichen Zahlungsmitteln** oder durch Gutschrift bei einer inländischen Bank oder Postsparkasse auf das Konto der Gesellschaft oder der Geschäftsführer eingezahlt werden, § 10 Abs. 2 ÖGmbHG.

§ 8 [Inhalt der Anmeldung]

(1) Der Anmeldung müssen beigefügt sein:
1. der Gesellschaftsvertrag und im Fall des § 2 Abs. 2 die Vollmachten der Vertreter, welche den Gesellschaftsvertrag unterzeichnet haben, oder eine beglaubigte Abschrift dieser Urkunden,
2. die Legitimation der Geschäftsführer, sofern dieselben nicht im Gesellschaftsvertrag bestellt sind,
3. eine von den Anmeldenden unterschriebene Liste der Gesellschafter, aus welcher Name, Vorname, Geburtsdatum und Wohnort der letzteren sowie der Betrag der von einem jeden derselben übernommenen Stammeinlage ersichtlich ist,
4. im Fall des § 5 Abs. 4 die Verträge, die den Festsetzungen zugrunde liegen oder zu ihrer Ausführung geschlossen worden sind, und der Sachgründungsbericht,

---
[86] Vgl. *Scholz/Winter* Rn. 41.
[87] Vgl. *Hachenburg/Ulmer* Rn. 25; *Scholz/Winter* Rn. 20; RGSt. 48, 153.
[88] Vgl. *Koppensteiner* § 9 Rn. 2, 6.
[89] *Koppensteiner* § 10 Rn. 11.

Inhalt der Anmeldung **§ 8**

5. wenn Sacheinlagen vereinbart sind, Unterlagen darüber, daß der Wert der Sacheinlagen den Betrag der dafür übernommenen Stammeinlagen erreicht,
6. in dem Fall, daß der Gegenstand des Unternehmens der staatlichen Genehmigung bedarf, die Genehmigungsurkunde.

(2) ¹In der Anmeldung ist die Versicherung abzugeben, daß die in § 7 Abs. 2 und 3 bezeichneten Leistungen auf die Stammeinlagen bewirkt sind und daß der Gegenstand der Leistungen sich endgültig in der freien Verfügung der Geschäftsführer befindet. ²Wird die Gesellschaft nur durch eine Person errichtet und die Geldeinlage nicht voll eingezahlt, so ist auch zu versichern, daß die nach § 7 Abs. 2 Satz 3 erforderliche Sicherung bestellt ist.

(3) ¹In der Anmeldung haben die Geschäftsführer zu versichern, daß keine Umstände vorliegen, die ihrer Bestellung nach § 6 Abs. 2 Satz 3 und 4 entgegenstehen, und daß sie über ihre unbeschränkte Auskunftspflicht gegenüber dem Gericht belehrt worden sind. ²Die Belehrung nach § 51 Abs. 2 des Gesetzes über das Zentralregister und das Erziehungsregister *in der Fassung der Bekanntmachung vom 22. Juli 1976 (BGBl. I S. 2005)** kann auch durch einen Notar vorgenommen werden.

(4) In der Anmeldung ist ferner anzugeben, welche Vertretungsbefugnis die Geschäftsführer haben.

(5) Die Geschäftsführer haben ihre Unterschrift zur Aufbewahrung bei dem Gericht zu zeichnen.

Übersicht

	Rn.		Rn.
I. Normzweck	1	2. Mindestleistungen auf die Einlagen	19–22
II. Die Anlagen zur Anmeldung (Abs. 1)	2–14	a) Bareinlagen	20
		b) Sacheinlagen	21
1. Gesellschaftsvertrag und Gründungsvollmachten	2, 3	c) Einpersonengründung	22
2. Legitimation der Geschäftsführer	4	3. Keine Ausschlussgründe für die Geschäftsführer	23–27
3. Gesellschafterliste	5, 6	**IV. Die Angaben über Vertretungsbefugnisse (Abs. 4)**	28
4. Verträge über Sacheinlagen und Sachgründungsbericht	7	**V. Die Zeichnung der Unterschrift der Geschäftsführer (Abs. 5)**	29
5. Wertnachweise über die Sacheinlagen	8		
6. Genehmigungsurkunde	9–12	**VI. Die Prüfung durch das Registergericht, Strafsanktion**	30
7. Weitere Anlagen	13, 14		
III. Die Versicherungen der Geschäftsführer (Abs. 2 u. 3)	15–27	**VII. Österreichisches Recht**	31, 32
1. „Versicherungen"	15–18		

Schrifttum: *Gustavus* Handelsregister-Anmeldungen, 4. Aufl. 1999; *Ulbert* Die GmbH im Handelsregisterverfahren, 1997; *Wessel/Zwernemann/Kögel* Die Firmengründung, 7. Aufl. 2001.

I. Normzweck

Die Vorschrift schließt sachlich an § 7 Abs. 1 (Anmeldung zum Handelsregister) an **1** und **regelt die Einzelheiten der Anmeldung.** Sie zählt die Anlagen auf, die der Anmeldung beizufügen sind (Abs. 1), nennt weiter die „Versicherung", die die Geschäftsführer abzugeben haben (Abs. 2 u. 3) sowie die Angaben über die Vertretungsbefugnisse der Geschäftsführer (Abs. 4) und die Zeichnung ihrer Unterschriften zur

---

* Jetzt § 53 Abs. 2 des BZRG idF der Bek. v. 21. 9. 1984 (BGBl. I S. 1229, ber. 1985 I S. 195).

§ 8   1. Abschnitt. Errichtung der Gesellschaft

Aufbewahrung beim Handelsregister (Abs. 5). Noch aus dem Jahre 1892 stammen im Wesentlichen der Abs. 1, Abs. 2 S. 1 und Abs. 5 (damals als Abs. 3). Auf Grund der 1. gesellschaftsrechtlichen Richtlinie der EG wurde 1969 der jetzige Abs. 4 eingefügt. Die Novelle 1980 erweiterte Abs. 1 und die Nr. 4 u. 5 (im Hinblick auf die Sacheinlagen), ergänzte den Abs. 2 um den 2. Satz (bezüglich der Einpersonengründung) und setzte den Abs. 3 hinzu (die Ausschlussgründe für Geschäftsführer betreffend), der durch das Betreuungsgesetz[1] der nunmehrigen Satzfolge des § 6 Abs. 2 angepasst wurde. Nach dem HRefG[2] muss anstelle des Standes in Abs. 1 Nr. 3 nunmehr das Geburtsdatum der Gesellschafter als weiteres Identifikationsmerkmal mitgeteilt werden.[3] Damit gibt die Vorschrift fast alles an, was die Anmeldung enthalten muss; über zusätzliche Erfordernisse vgl. zu den einzelnen Bestimmungen.

II. Die Anlagen zur Anmeldung (Abs. 1)

Der Anmeldung sind beizufügen:

2   **1. Gesellschaftsvertrag und Gründungsvollmachten.** Der Gesellschaftsvertrag, d. h. das Protokoll über die Errichtung der Gesellschaft (vgl. § 2 Rn. 36; § 3 Rn. 3) in einer Ausfertigung des Notars (§ 47 BeurkG) oder in beglaubigter Abschrift (§ 42 BeurkG). Wird der Inhalt des Gesellschaftsvertrags während des Anmeldeverfahrens, d. h. vor Eintragung geändert, so muss analog § 54 Abs. 1 S. 2 der vollständige Wortlaut in der neuen Fassung eingereicht werden.[4] Dies gilt jedoch nur für den Gesellschaftsvertrag ieS, nicht aber für Gründungsbestimmungen schlechthin; vgl. dazu § 2 Rn. 36; § 3 Rn. 3.[5] Die Herstellung des vollständigen Textes des künftig geltenden Gesellschaftsvertrages ist nicht Sache der Gesellschafter, sondern der Geschäftsführer, die dies einem Notar übertragen können.[6]

3   Die Gründungsvollmachten – der Vertreter, die den Gesellschaftsvertrag unterzeichnet haben (vgl. § 2 Rn. 50 ff.) – sind ebenfalls beizufügen, und zwar, wenn nicht in Urschrift, so in beglaubigter Abschrift. Auch die Legitimation **gesetzlicher Vertreter** (vgl. § 2 Rn. 53) muss durch Urkunden oder auf sonstige Weise nachgewiesen werden[7]. Die Genehmigung des Vormundschaftsgerichts ist bei der Anmeldung nicht nachzuweisen, sondern durch das Registergericht von Amts wegen zu prüfen.[8] Die Genehmigungserklärung des vollmachtlosen Vertreters ist ebenfalls durch Urkunden oder auf sonstige Weise nachzuweisen (vgl. § 2 Rn. 56).

4   **2. Legitimation der Geschäftsführer.** Die Legitimation der Geschäftsführer, also ihre Bestellung, die sich idR aber schon aus dem Gesellschaftsvertrag oder aus den Gründungsbestimmungen ergibt (vgl. § 6 Rn. 25). Deswegen betrifft § 8 Abs. 1 Nr. 2

---

[1] BtG v. 12. 9. 1990.
[2] Art. 9 HRefG v. 22. 6. 1998; BGBl. I S. 1474.
[3] BT-Drucks. 13/8444 S. 10.
[4] BayObLGZ 1988 Nr. 52 = DB 1988, 2354 = BB 1988, 2198; OLG Schleswig GmbHR 1975, 183; vgl. auch § 2 Rn. 36; § 3 Rn. 4; § 54 Rn. 2, 11; aA OLG Zweibrücken NJW-RR 2001, 31.
[5] Auch OLG Köln GmbHR 1973, 11 (vgl. dazu § 3 Rn. 4) meint nichts anderes; so jetzt auch *Hachenburg/Ulmer* Rn. 3; *Scholz/Winter* Rn. 4; HK-GmbHG/*Bartl* I Rn. 5 aE; *Goebeler* BB 1987, 2314, 2316 mwN; *K. Schmidt* GmbHR 1997, 869, 873.
[6] BayObLG BB 1988, 2198; aA OLG Schleswig DNotZ 1973, 482 f.: Gesellschafter; OLG Celle OLGZ 1982, 317 f.: Notar.
[7] Einschränkend für Eltern, wenn sie Alleinvertretungsrecht in Anspruch nehmen; *Lutter/Hommelhoff* Rn. 2.
[8] *Stöber* Rpfleger 1968, 2, 11; *Hachenburg/Ulmer* Rn. 5; *Scholz/Winter* Rn. 5.

Inhalt der Anmeldung § 8

praktisch nur den Ausnahmefall, in dem die Geschäftsführer später bestellt werden. Für den Nachweis ist eine besondere Form nicht vorgeschrieben; Schriftform genügt, d. h. Vorlage des privatschriftlichen Gesellschafterbeschlusses oder bei gesellschaftsvertraglich zugelassener formfreier Bestellung schriftliche Bestätigung des Bestellungsorgans.[9]

3. Gesellschafterliste. Die Gesellschafterliste, die Name, Vorname, Geburtsdatum[10] und Wohnort eines jeden Gesellschafters sowie den Betrag der von ihm übernommenen Stammeinlage angibt. Angaben, ob Sach- oder Bareinlage vereinbart wurden, oder zur Höhe der Bareinzahlung sind in diesem Zusammenhang nicht zu machen. Bei juristischen Personen, Gesellschaften, Gemeinschaften usw. (vgl. § 2 Rn. 19ff.) sind Namen bzw. Firma und Sitz anzugeben; soweit sie keinen eigenen Namen führen, (zB idR BGB-Gesellschaft,[11] Erbengemeinschaft[12]) die Namen ihrer Gesellschafter bzw. Mitglieder.[13] Ein Einzelkaufmann, der sich unter seiner Firma an der Gründung beteiligt (vgl. § 2 Rn. 18; § 3 Rn. 20), erscheint auch in der Gesellschafterliste in dieser Weise.[14] 5

Die Liste muss den Stand zum Anmeldezeitpunkt wiedergeben, d. h. alle bis dahin eingetretenen Veränderungen berücksichtigen. Nachdem § 40 idF des HRefG bei Veränderungen in der Person des Gesellschafters oder des Umfangs ihrer Beteiligung anstelle der Jahresmeldung die unverzügliche[15] Einreichung einer neuen Gesellschafterliste anordnet, hat dies auch für Veränderungen während des Anmeldeverfahrens zu gelten, anderenfalls nach Eintragung nachgemeldet und bei zwischenzeitlichen weiteren Änderungen wiederum berichtigt werden müsste.[16] Die Gesellschafterliste ist, wie aus § 78 folgt, von sämtlichen[17] Geschäftsführern einschließlich Stellvertretern, § 44, zu **unterschreiben.** 6

4. Verträge über Sacheinlagen und Sachgründungsbericht. Die Verträge über Sacheinlagen und der Sachgründungsbericht; vgl. § 5 Rn. 18ff., 63ff. Da für die Verträge als solche eine Form nicht vorgeschrieben ist, kann die Vorlage aber nur verlangt werden, wenn schriftliche Verträge vorliegen.[18] Doch empfiehlt es sich, ggf. in der Anmeldung darauf hinzuweisen, dass kein schriftlicher Vertrag abgeschlossen wurde.[19] Den Sachgründungsbericht haben die Gesellschafter aufzustellen und zu unterzeichnen; § 5 Rn. 63. 7

5. Wertnachweise über die Sacheinlagen. Was erforderlich ist, ergibt sich aus dem Zweck der Vorschrift, dem Registerrichter ein Urteil darüber zu ermöglichen, ob die Gesellschaft, was die Sacheinlagen angeht, ordnungsgemäß errichtet ist. Der Rich- 8

---

[9] *Hachenburg/Ulmer* Rn. 6; *Scholz/Winter* Rn. 5.
[10] Vgl. Rn. 1, seit dem HRefG v. 22. 6. 1998.
[11] OLG Hamm DB 1996, 321 = NJW-RR 1996, 482; *K. Schmidt* BB 1983, 1700.
[12] OLG Hamm BB 1975, 292 f. = GmbHR 1975, 85.
[13] *Hachenburg/Ulmer* Rn. 7; *Scholz/Winter* Rn. 7.
[14] *Scholz/Winter* Rn. 7; aA OLG Dresden KGJ 49, 272; *Hachenburg/Ulmer* Rn. 7; *Baumbach/Hueck/G. Hueck/Fastrich* Rn. 6: bürgerlicher Name und Firma als Zusatz.
[15] D. h. ohne schuldhaftes Zögern, § 121 Abs. 1 BGB.
[16] *K. Schmidt* GmbHR 1997, 869, 873; *Scholz/Winter* Rn. 8; aA *Baumbach/Hueck/G. Hueck/Fastrich* Rn. 6; anders zur alten Rechtslage Voraufl. Rn. 6; sowie die bisher hM *Hachenburg/Ulmer* Rn. 8.
[17] Nach Eintragung der Gesellschaft Unterzeichnung in vertretungsberechtigter Zahl der Geschäftsführer, vgl. § 40 Rn. 4.
[18] *Scholz/Winter* Rn. 10.
[19] Vgl. *Priester* DNotZ 1980, 515, 521 Fn. 9; *Baumbach/Hueck/G. Hueck/Fastrich* Rn. 7; abw. *Meyer-Landrut/Miller/Niehus* Rn. 7.

ter kann deswegen auch weitere Nachweise verlangen, wenn die beigefügten nicht genügen. Eine Voranfrage empfiehlt sich.[20] Im Übrigen kommt es auf den Gegenstand der Sacheinlage an. Häufig reichen Rechnungen, Kaufverträge, Preislisten usw. aus.[21] Bei der Einbringung von Unternehmen und Betrieben ist eine Vermögensbilanz nötig.[22] Sie kann aber durch einen zeitnahen, testierten Jahresabschluss ersetzt werden, wenn die Einbringung zu Buchwerten erfolgen soll.[23] Eine Vorlage der letzten beiden Jahresabschlüsse ist nur in Ausnahmefällen zu verlangen.[24] Auch ein Sachverständigengutachten kommt nur in seltenen Fällen, wie zB bei Grundstücken, Gebäuden und Schutzrechten, in Betracht; vgl. auch § 9c Rn. 25.

9 **6. Genehmigungsurkunde.** Sie ist einzureichen, falls der Gegenstand des Unternehmens oder ein Teil desselben einer staatlichen Genehmigung bedarf.[25] Dafür kommt es auf den Unternehmensgegenstand iS des § 3 Abs. 1 Nr. 2 an (vgl. dazu § 3 Rn. 8 ff.)[26] Die Genehmigungsbedürftigkeit eines einzelnen Betriebes oder einzelner Betriebsanlagen (zB nach §§ 4 ff. BImSchG, 7 ff. AtG) spielt keine Rolle.[27] Bestimmt die Satzung den Unternehmensgegenstand sehr weit, so kann nicht wegen jeder in nur denkbarer Weise darunter fallenden Tätigkeit (zB Kreditgeschäfte) eine Genehmigung verlangt werden.[28] Ggf. hat das Registergericht die Anmeldenden zur Individualisierung aufzufordern,[29] wobei in einem solchen Falle bereits die Erfüllung des § 3 Abs. 1 Nr. 2 fraglich sein dürfte.[30] Die Genehmigung muss der GmbH i. G. erteilt werden; die einem Gesellschafter[31] oder dem alleinvertretungsberechtigten Geschäftsführer[32] persönlich erteilte Genehmigung reicht nicht aus.

10 Ob eine staatliche Genehmigung für den Unternehmensgegenstand vorgeschrieben ist, richtet sich nach den **verwaltungs-, insbesondere gewerberechtlichen Vorschriften.** Dem steht der Grundsatz des § 7 HGB nicht entgegen, demzufolge die Anwendung der die Kaufleute betreffenden Bestimmungen des HGB nicht von der Erfüllung öffentlich-rechtlicher Vorschriften abhängig ist, mithin die fehlende behördliche Erlaubnis die Eintragung in das Handelsregister ebenso wenig hindert, wie deren Entfall kein Grund zur Amtslöschung ist.[33] Denn § 8 Abs. 1 Nr. 6 will als Ausnahmevorschrift hierzu iSd. Absicherung staatlicher präventiver Kontrolle bestimmter Berufe vermeiden, dass die GmbH als eine juristische Person ohne die erforderliche Genehmigung überhaupt entsteht[34] (vgl. ebenso § 37 Abs. 4 Nr. 5 AktG für die AG). Die Ein-

---

[20] Vgl. HK-GmbHR/*Bartl* I Rn. 10.
[21] Weitere Beispiele vgl. *Geßler* BB 1980, 1385, 1387; *Deutler* GmbHR 1980, 145, 148.
[22] Vgl. *Scholz/Winter* Rn. 13.
[23] Vgl. *Priester* DNotZ 1980, 515, 522.
[24] Ähnlich *Meyer-Landrut/Miller/Niehus* Rn. 10; weitergehend *Lutter* DB 1980, 1317, 1318.
[25] BGHZ 102, 209, 217 = NJW 1988, 1087 = DB 1988, 644; krit. *Gustavus* GmbHR 1993, 259, 262: Genehmigungserfordernis verzögere Eintragung und sei als Reminiszenz an das Konzessionssystem überholt.
[26] BayObLG BB 1976, 437, 438.
[27] *Hachenburg/Ulmer* Rn. 16; *Baumbach/Hueck/G. Hueck/Fastrich* Rn. 9.
[28] OLG Celle NJW 1964, 1964; *Hachenburg/Ulmer* Rn. 17.
[29] OLG Köln WM 1981, 805.
[30] Vgl. auch *Baumbach/Hueck/G. Hueck/Fastrich* Rn. 9.
[31] KG-HRR 1932 Nr. 1760.
[32] OLG Hamm NJW-RR 1997, 1258 = DB 1997, 1127 noch zu § 23 AFG (nunmehr § 291 SGB III); *Scholz/Winter* Rn. 14; HK-GmbHR/*Bartl* I Rn. 15.
[33] *Baumbach/Hopt* § 7 Rn. 2 mwN.
[34] BayObLGZ 1982, 153 = BB 1982, 763; zurückhaltender Vorauﬂ. Rn. 10; aA *Winkler* ZGR 1989, 107. Ist allerdings die GmbH einmal entstanden, wird der Entfall der öffentlich-

Inhalt der Anmeldung **§ 8**

tragung in die **Handwerksrolle** ist einer staatlichen Genehmigung iS dieser Vorschrift gleichzusetzen.[35] Unerheblich ist hierbei, ob das Handwerk im Rahmen eines umfassenderen, insoweit genehmigungsfreien Unternehmensgegenstandes ausgeübt werden soll. Die GmbH wird in die Handwerksrolle eingetragen, wenn der Betriebsleiter (der nicht notwendigerweise ein Geschäftsführer sein muss) die Voraussetzungen für die Eintragung in die Handwerksrolle erfüllt,[36] §§ 1 Abs. 1 S. 1; 7 Abs. 4 S. 1 HandwO (vgl. § 1 Rn. 48). Auch die Eintragung der Vorgesellschaft in die Handwerksrolle ist trotz des entgegenstehenden Wortlauts des § 7 Abs. 4 HandwO möglich. Unbedenklichkeitsbescheinigungen, die das BVerwG, der Praxis folgend, zulässt,[37] dürfen nicht, auch nicht analog, im Sinne eines Genehmigungserfordernisses nach § 8 Abs. 1 Nr. 6 verstanden werden.[38]

Die meisten Genehmigungsvorschriften finden sich in der **Gewerbeordnung**[39] 11 (§§ 30 ff., zB Baubetreuung, Bewachungsgewerbe, Vermittlung von Finanzierungen und Kapitalanlagen, Grundstücksmakler, Pfandleihe, Reisegewerbe, Versteigerungen), daneben in den **gewerberechtlichen Spezialgesetzen** (zB Abfallbeseitigung, § 31 KrW-/AbfG; Arzneimittelherstellung und -einfuhr, §§ 13, 72 AMG; Betrieb eines Altenheims, § 12 HeimG; Arbeitnehmerüberlassung, Art. I § 1 AÜG; Arbeitsvermittlung § 291 SGB III; Bankgeschäfte, §§ 1, 32 KWG; Investmentgeschäfte, §§ 1 Abs. 3, 2 Abs. 2 KAGG; Betrieb einer Fahrschule, § 10 FahrlehrerG; Hotel- und Gaststättengewerbe, § 2 GaststättenG; Güterfern- und Nahverkehr, §§ 8, 80 GüKG, sowie entgeltliche Personenbeförderung, § 2 PBefG; Betrieb eines Inkassounternehmens, Art. I § 1 Nr. 5 RBerG; Betrieb von Luftfahrtunternehmen etc., §§ 20, 2, 6 LuftVG; Umgang und Verkehr mit explosionsgefährlichen Stoffen, §§ 7, 27 SprengG).[40]

Über die Genehmigung entscheidet die zuständige Behörde in einer das **Register-** 12 **gericht bindenden Weise.** Dies gilt auch für das **Negativattest**, mit dem die Behörde bescheinigt, dass der vorgesehene Unternehmensgegenstand einer bestimmten Genehmigung nicht bedarf.[41] Wenn die Genehmigung ausnahmsweise nur erteilt werden soll, nachdem das Unternehmen im Handelsregister eingetragen worden ist (so zB

---

rechtlichen Erlaubnis nicht als Grund zur Amtslöschung im Handelsregister angesehen; OLG Frankfurt/M. OLGZ 1983, 416; OLG Zweibrücken GmbHR 1995, 723, 724; ggf. jedoch wegen Unmöglichkeit zur Verwirklichung des Unternehmensgegenstand Auflösungsklage, vgl. § 61 Rn. 5.

[35] BGHZ 102, 209, 214 ff. = NJW 1988, 1087 = DB 1988, 644, auch für den teilweise handwerklichen Betrieb; BayObLG GmbHR 1990, 454; OLG Zweibrücken GmbHR 1995, 723; so nunmehr auch *Hachenburg/Ulmer* Rn. 20; sowie *Scholz/Winter* Rn. 16; *Lutter/ Hommelhoff* Rn. 7 aA die bisher überwM, BayObLGZ 1982, 153 = GmbHR 1982, 763; OLG Frankfurt/M. OLGZ 1983, 25; OLG Hamm DB 1985, 1460 = GmbHR 1985, 328; OLG Köln GmbHR 1988, 26; *Meyer-Landrut/Miller/Niehus* Rn. 15; vgl. auch OLG Düsseldorf OLGZ 1985, 431 = BB 1985, 1933 für den Fall, dass mit einer Eintragung in das Handelsregister nicht zu rechnen ist.

[36] Scheinverträge über die vermeintliche Betriebsleitertätigkeit erfüllen diese Voraussetzungen nicht, vgl. LAG Thüringen DB 2001, 1835; *Buchholz* NZG 2001, 884.

[37] Vgl. BVerwGE 57, 158, 161 f. = NJW 1979, 1726 (LS).

[38] So aber für WGG-relevante Satzungsänderung *Ulmer/Bindels* ZRP 1987, 247, 253 f.

[39] Zu den genehmigungspflichtigen Gewerben, die als handwerkliche oder handwerksähnliche betrieben werden können, vgl. §§ 1 Abs. 2, 18 Abs. 2 HandwO und deren Anlage A und B; sowie den Überblick bei *Gottwald* DStR 2001, 944, 947 u. HK-GmbHR/*Bartl* I Rn. 167.

[40] Der Betrieb eines Einzelhandelsgeschäfts ist genehmigungsfrei; das EinzelhandelsG v. 5. 8. 1957 wurde zum 1. 10. 1984 aufgehoben (BGBl. I S. 1008). Zum früheren Rechtszustand vgl. BayObLG BB 1976, 437 f. Vgl. auch § 1 Rn. 8.

[41] BayObLGZ 1976, 437 = BB 1976, 347 f.; OLG Köln ZIP 1981, 736.

§ 15 Abs. 5 S. 2 GüKG), so muss das Registergericht mit der Genehmigungsbehörde zusammenarbeiten.[42]

13 **7. Weitere Anlagen.** Als weitere Anlage kommt insbesondere die Urkunde über die Bestellung des Aufsichtsrats in Betracht, wenn dieser vor der Eintragung bestellt wurde; vgl. § 52 Abs. 2 iVm. § 37 Abs. 4 Nr. 3 AktG. Zur Bestellung des mitbestimmten Aufsichtsrats vgl. Einl. Rn. 226 ff., 273 ff. sowie § 11 Rn. 50 ff. u. § 52 Rn. 22 f.

14 Die **steuerliche Unbedenklichkeitsbescheinigung** braucht seit der Novelle 1980 bei der GmbH-Gründung nicht mehr eingereicht zu werden.

III. Die Versicherungen der Geschäftsführer (Abs. 2 u. 3)

15 1. **„Versicherungen"**. Die Geschäftsführer (alle: § 78, also auch die Stellvertreter, § 44) haben bei der Anmeldung gemäß Abs. 2 und 3 einige „Versicherungen" persönlich abzugeben. Eine Vertretung ist unzulässig, vgl. iE § 7 Rn. 8. Diese sollen ebenso wie die Urkunden des Abs. 1 die ordnungsmäßige Errichtung der Gesellschaft und die Nachprüfung durch den Richter gewährleisten, die Beibringung der Nachweise selbst aber erübrigen. Weitere Versicherungen darf der Registerrichter nicht fordern.[43]

16 Jede Versicherung ist Teil der Anmeldung, also eine **verfahrensrechtliche Erklärung** gegenüber dem Gericht (vgl. § 7 Abs. 1), nicht hingegen eine Willenserklärung des Bürgerlichen Rechts.[44] Wechselt zwischen Anmeldung und Eintragung der Geschäftsführer oder wird ein weiterer berufen, hat der neu eingetretene die Versicherungen gemäß Abs. 2 und 3 ebenfalls abzugeben.[45] Die Gegenansicht, die in diesem Fall nur eine Versicherungspflicht gem. Abs. 3 annimmt,[46] begründet dies mit der mangelnden Kenntnis des neuen Geschäftsführers von den Verhältnissen im Zeitpunkt der Anmeldung.[47] Diese kann er sich jedoch verschaffen, anderenfalls er sich entgegen dem strikten Schutzkonzept des § 8 Abs. 2 stets exkulpieren könnte. Nach einer vermittelnden Ansicht soll sich die Wiederholung der Versicherung dann erübrigen, wenn sich, bezogen auf den Anmeldezeitpunkt, keine Veränderungen gegenüber dem Inhalt der früheren Versicherung ergeben haben.[48] Dies läuft aber auf eine Prüfung der früheren Angaben hinaus, so dass sein Schweigen das Fortwirken der früheren Gegebenheiten indiziert.

17 Die Versicherungen werden zweckmäßigerweise in die – **öffentlich beglaubigte** – Anmeldung nach § 7 Abs. 1 aufgenommen. Doch können sie auch getrennt von dieser sowie auf mehrere Urkunden verteilt abgegeben werden, bedürfen aber auch in diesen Fällen der öffentlichen Beglaubigung (§ 7 Rn. 10).

18 Die Geschäftsführer **haften** für die Angaben, und zwar auf Schadenersatz gemäß § 9a sowie strafrechtlich gemäß § 82 Abs. 1 Nr. 1 u. 5.[49]

---

[42] Vgl. *Hachenburg/Ulmer* Rn. 18; *Scholz/Winter* Rn. 14; *Lutter/Hommelhoff* Rn. 7; HK-GmbHR/*Bartl* I Rn. 14.
[43] LG Bonn GmbHR 1988, 193; zur Praxis der Registergerichte vgl. *Gustavus* GmbHR 1988, 47.
[44] *Hachenburg/Ulmer* Rn. 25; offengelassen von KG NJW 1972, 951.
[45] Vgl. auch MünchHdB GesR III/*Heinrich* § 8 Rn. 11; HK-GmbHR/*Bartl* I Rn. 19.
[46] *Lutter/Hommelhoff* Rn. 10; *Scholz/Winter* Rn. 22, die jedoch im Anschluss an KG NJW 1972, 951 eine Wiederholung der Versicherung gem. Abs. 2 durch den neu eingetretenen Geschäftsführer zB dann für erforderlich halten, wenn die vom abberufenen Geschäftsführer vorgenommene unvollständige Anmeldung zu ergänzen ist.
[47] *Scholz/Winter* Rn. 22.
[48] *Hachenburg/Ulmer* Rn. 26.
[49] Vgl. dazu *Gottschling* GmbHR 1961, 83 sowie § 82 Rn. 68 ff.

Inhalt der Anmeldung § 8

2. Mindestleistungen auf die Einlagen. Die Versicherungen gemäß Abs. 2 **19**
betreffen die Mindestleistungen auf die Einlagen. Wie detailliert die Versicherungen
formuliert sein müssen, ist streitig, so namentlich ob eine schlichte Wiederholung des
Gesetzestextes ausreicht oder ob und wieweit der Inhalt konkretisiert sein muss, etwa
soweit, dass er dem Registerrichter eine sachliche Beurteilung ermöglicht. Die Praxis
und die hM verfahren durchweg ziemlich streng und verlangen besonders, dass bei
Bareinlagen die Geldbeträge anzugeben sind, die jeder Gesellschafter geleistet hat.[50] Bei
Volleinzahlung der Stammeinlagen erübrigt sich die Angabe, welcher Gesellschafter
welche Beträge eingezahlt hat.[51] An die Versicherungen dürfen aber keine besonderen
inhaltlichen Anforderungen gestellt werden, sollen sie nicht zu umfassenden Berichten
ausarten, was das Gesetz nicht will. Vielmehr liegt ihre Funktion in der Abgabe der
Erklärung als solcher und ihren zivil- und strafrechtlichen Sanktionen.[52] Der eine
Nachweispflicht statuierende RegE (§ 8 Abs. 2 S. 1) wurde nicht Gesetz,[53] so dass die
Vorlage von Nachweisen über die Einlageleistungen nicht generell verlangt werden
kann.[54] Andererseits wird aber von der Rspr. mit Blick auf § 9c und die Vorbelas-
tungsprüfung (Rn. 20) auch betont, dass die Versicherungen die tatsächlichen Umstände der Einlageleistungen so genau darzulegen haben, dass das Registergericht selbst
prüfen kann, ob die erforderlichen Voraussetzungen erfüllt sind.[55] Nur unter diesen
Voraussetzungen kann die Vorlage einer Bankbestätigung über die erfolgte Einzahlung
verlangt werden.[56] Das ist bei der Einpersonen-Gründung nicht anders (Rn. 22). Also
nur wenn der Registerrichter begründete Zweifel an der Richtigkeit einer Versicherung hat, kann er im Einzelfall besondere Nachweise verlangen.

a) Bareinlagen. Bei Bareinlagen versichert der Geschäftsführer, dass die Einzahlun- **20**
gen gemäß § 7 Abs. 2 S. 1 u. 2 geleistet sind und der Gesamtbetrag zwar nicht gegenständlich, aber seinem Wert nach endgültig zur freien Verfügung der Geschäftsführer
steht.[57] Dies ist der Fall, wenn der Geschäftsführer tatsächlich und rechtlich in der Lage
ist, die eingezahlten Mittel uneingeschränkt für die Gesellschaft zu verwenden.[58] Der
Einlagebetrag muss der Gesellschaft als Bar- oder Buchgeld effektiv zufließen.[59] Hieran
fehlt es, wenn auf Grund einer Verwendungsabsprache nur ein vorübergehender Mittelzufluss beabsichtigt und die unverzügliche Rückzahlung durch einen entsprechenden Überweisungsauftrag an die Hausbank gesichert ist.[60] Hingegen ist die Verwendung der eingezahlten Mittel zur Verwirklichung des Gesellschaftszwecks unschädlich

---

[50] So BayObLG DB 1980, 438; BayObLG DB 1986, 162; OLG Hamm DB 1982, 945; OLG Celle NJW-RR 1986, 1482; LG Münster NJW 1987, 264; vgl. auch *Hachenburg/Ulmer* Rn. 29; *Scholz/Winter* Rn. 23; *Lutter/Hommelhoff* Rn. 11.
[51] OLG Düsseldorf GmbHR 1986, 267 = DNotZ 1986, 180; OLG Frankfurt/M. OLGZ 1992, 388 = DB 1992, 1282 = MDR 1992, 855; LG Hannover GmbHR 2000, 1103.
[52] So zutr. *Scholz/Priester* § 57 Rn. 7 f.
[53] Vgl. *Deutler* S. 41 f.
[54] BGHZ 113, 335, 352; BayObLG DB 1993, 2524 = GmbHR 1994, 1167 f.
[55] BayObLG DB 1993, 2524 m. krit. Anm. *Petzoldt* EWiR 1994, 157.
[56] OLG Frankfurt/M. OLGZ 1992, 388 = DB 1992, 1282 = MDR 1992, 855; *Lutter/Hommelhoff* Rn. 9.
[57] Vgl. BayObLG Rpfleger 1980, 155; OLG Hamburg GmbHR 1982, 157; BayObLG DB 1988, 850 = BB 1988, 789, sowie § 7 Rn. 17 ff., bes. 25 f. Zur Formulierung der Versicherung vgl. HK-GmbHR/*Bartl* I Rn. 23. Zur Frage der „freien Verfügbarkeit" in sog. „Cash-Mangement-Systemen" vgl. *Jäger* DStR 2000, 1653, 1654.
[58] OLG Dresden GmbHR 2000, 38 = DB 1999, 2558 = BB 1999, 2211.
[59] OLG Dresden GmbHR 2000, 34 = DB 1999, 2559.
[60] OLG Dresden GmbHR 2000, 34 = DB 1999, 2559.

(vgl. § 7 Rn. 25). Freie Verfügbarkeit ist zB auch gegeben, wenn der Alleingesellschafter auf ein debitorisches Gesellschaftskonto leistet und die Bank einen über dem Schuldsaldo zuzüglich Einlageschuld liegenden Kreditrahmen gewährt hat.[61] Ein Bankauszug enthält keine Erklärung des Inhalts, dass der Gegenstand der Leistung sich endgültig in der freien Verfügbarkeit des Geschäftsführers befindet.[62] Der Nachweis muss nicht bei nachträglichen Satzungsänderungen erbracht werden, sondern nur bei der erstmaligen Anmeldung. Das Registergericht ist bei Satzungsänderungen nicht zur Prüfung nach Abs. 2 befugt.[63] Anderes gilt für den Mantelkauf, vgl. § 9c Rn. 33. Bei Gesellschaften mit einem Stammkapital unter € 25 000 (DM 50 000 für die noch altem Gründungsrecht unterliegenden Gesellschaften vgl. § 86 Rn. 4 ff.) muss aus der Versicherung auch hervorgehen, dass der Gesamtbetrag der Einzahlungen € 12 500 (bzw. DM 25 000) erreicht (vgl. § 7 Abs. 2 S. 2). Die **Verbindlichkeiten** im Zeitpunkt der Anmeldung müssen ebenfalls angegeben werden.[64] Da es bei der registerrechtlichen Prüfung (zum Zweck der Eintragung der Gesellschaft) auf die **wertmäßige** Aufbringung des Stammkapitals ankommt, kann der Geschäftsführer die Versicherung nicht abgeben, wenn bereits hohe Verbindlichkeiten den Einlagen gegenüberstehen.[65] Zur Berücksichtigung von Vorbelastungen, die erst nach Anmeldung eintreten, vgl. § 9c Rn. 30.

21   b) **Sacheinlagen.** Bei Sacheinlagen muss jedenfalls der Gegenstand hinreichend klar bezeichnet werden. Kommt es auf den Mindesteinzahlungsbetrag (€ 12 500 bzw. DM 25 000) nach § 7 Abs. 2 S. 2 an, so sollte auch versichert werden, dass die einzubringenden Gegenstände den erforderlichen Wert haben.[66] Denn der Registerrichter muss die Angaben prüfen können.

22   c) **Einpersonengründung.** Bei der Einpersonengründung muss der Geschäftsführer in dem Fall, dass die Geldeinlage nicht voll eingezahlt ist, versichern, dass die erforderlichen „**Sicherungen**" für die Resteinlage nach § 7 Abs. 2 S. 3 bestellt sind. Auch diese Angaben müssen so konkret sein, dass der Richter die Einhaltung des § 7 Abs. 2 S. 3 prüfen kann.[67] – Hat der Gründer über die Erfordernisse von § 7 Abs. 2 S. 1 u. 2 hinausgehend voll eingezahlt, so hat sich die Versicherung hierauf zu erstrecken,[68] wobei die Tatsache der Einpersonen-Gründung allein nicht weitergehendes Nachweisverlangen rechtfertigt, wie zB Bestätigung der kontoführenden Bank.[69]

23   **3. Keine Ausschlussgründe für die Geschäftsführer.** Nach § 8 Abs. 3 haben die Geschäftsführer – jeder für sich – zu versichern, dass keine Ausschlussgründe für die Geschäftsführer nach § 6 Abs. 2 S. 3 u. 4 (der Ausschlussgrund nach § 6 Abs. 2 S. 2 wird nicht erfasst) vorliegen (vgl. § 6 Rn. 16 ff.) und dass sie über ihre unbeschränkte Auskunftspflicht gegenüber dem Gericht belehrt worden sind. Die Versicherung muss

---

[61] BayObLG DB 1998, 1401; anders bei Zahlungen auf ein laufendes Geschäftskonto, wenn vor Zahlung die Kreditlinie bereits überschritten war, gleichzeitig mit Zahlung der laufende Kredit gekündigt oder der bisher eingeräumte Kreditrahmen auf den neuen Saldo beschränkt wurde, KG NZG 1999, 1220.
[62] BGH DB 1997, 468, 469.
[63] LG Koblenz DB 1998, 874 = GmbHR 1998, 540.
[64] Vgl. BGHZ 80, 129, 143 = NJW 1980, 1373, 1376; BayObLG DB 1988, 850; 1991, 2536 = BB 1991, 2391; OLG Köln DB 1992, 1282.
[65] Vgl. *Fleck* GmbHR 1983, 5, 11; *Meyer-Landrut/Miller/Niehus* Rn. 21.
[66] Vgl. HK-GmbHR/*Bartl* I Rn. 25.
[67] Vgl. *Scholz/Winter* Rn. 25; HK-GmbHR/*Bartl* I Rn. 27; *Ulbert*, S. 108.
[68] *Hachenburg/Ulmer* Rn. 32; *Scholz/Winter* Rn. 25.
[69] LG Bonn GmbHR 1993, 99 f.

Inhalt der Anmeldung **§ 8**

dem Gericht die Überzeugung vermitteln, dass der Erklärende alle Bestellungshindernisse gekannt und nach sorgfältiger Prüfung wahrheitsmäßige Angaben gemacht hat. Die Ausschlussgründe dürfen deswegen nicht pauschal angeführt werden, sondern es müssen die einzelnen Tatbestände des § 6 Abs. 2 – S. 3 u. 4 – genannt und verneint werden.[70]

Bei der Versicherung bezüglich des **Berufsverbots** (§ 6 Abs. 2 S. 4) kommt es vor 24 allem darauf an, ob der Unternehmensgegenstand der Gesellschaft ganz oder teilweise mit dem Gegenstand des Verbots übereinstimmt (vgl. § 6 Rn. 18). Das hat der Richter zu prüfen. Die Versicherung muss deswegen, dem § 6 Abs. 2 S. 4 folgend, deutlich auf den Unternehmensgegenstand Bezug nehmen. Es genügt nicht, lediglich pauschal zu versichern, die „Tätigkeit auf dem Gebiete der Gesellschaft"[71] sei nicht durch Gericht oder Verwaltungsbehörde untersagt.

Die **Belehrung** ist im Hinblick auf § 53 Abs. 2 BZRG[72] vorgeschrieben, nach dem 25 ein Verurteilter sich gegenüber Behörden und Gerichten, die ein Recht auf unbeschränkte Auskunft haben, nicht auf ein Recht aus § 53 Abs. 1 BZRG berufen kann, wenn er entsprechend belehrt worden ist. Die Belehrung kann auch schriftlich erfolgen.[73] Zweckmäßigerweise nimmt sie der Notar anlässlich der Beglaubigung vor; § 8 Abs. 3 S. 2. Er ist aber nicht verpflichtet, dies von sich aus zu tun[74] – auch nicht, wenn er mit der Registeranmeldung beauftragt wurde.[75] Die Belehrung kann auch durch einen ausländischen Notar vorgenommen werden,[76] vgl. § 2 Rn. 40 ff. und § 15 Rn. 52 ff. Falsche Angaben bedroht § 82 Abs. 1 Nr. 5 mit Strafe; vgl. Rn. 30.

Nach Anmeldung eingetretene Ausschlussgründe sind ebenfalls anmeldepflichtig, 26 vgl. auch § 39 Abs. 1 u. 3.

Abs. 3 ist bei der Anmeldung der inländischen Zweigniederlassung einer GmbH mit 27 Sitz im Ausland nicht anwendbar, § 13g Abs. 2 S. 2 HGB nF.[77] Der zu § 13b Abs. 3 HGB aF ergangene Beschluss des OLG Düsseldorf[78] ist durch die Reform der §§ 13 ff. HGB überholt.[79]

---

[70] So BayObLGZ 1981, 396, 398 = GmbHR 1982, 210, 211 = DB 1981, 273; BayObLG DB 1983, 2408; BayObLG BB 1984, 238; aA *Meyer-Landrut/Miller/Niehus* Rn. 29.

[71] Vgl. BayObLG DNotZ 1982, 181, 183 = DB 1982, 273, 274, demzufolge die Versicherung dahin lauten sollte, dass dem Geschäftsführer zurzeit weder durch gerichtliches Urteil noch durch vollziehbare Entscheidung einer Verwaltungsbehörde die Ausübung eines Berufes, Berufszweiges, Gewerbes oder Gewerbezweiges untersagt sei; ebenso OLG Düsseldorf NJW-RR 1997, 414 = DB 1996, 2381; OLG Thüringen GmbHR 1995, 453: keine wörtliche Wiederholung der Überschriften der einzelnen Tatbestände der §§ 283 bis 283a StGB.

[72] Da auch im Rahmen des HRefG keine Anpassung des § 8 Abs. 3 S. 2 an den aktuellen Gesetzestext des BZRG erfolgte, ist weiterhin darauf hinzuweisen, dass entgegen § 8 Abs. 3 S. 2 § 53 Abs. 2 BZRG anwendbar ist.

[73] LG Bremen GmbHR 1999, 865.

[74] Begr.RegE S. 34; *Scholz/Winter* Rn. 26.

[75] *Priester* DNotZ 1980, 515, 525 f.; *Hachenburg/Ulmer* Rn. 33.

[76] LG Nürnberg GmbHR 1994, 706; *Priester* DNotZ 1980, 515, 525 f; *Bartovics* GmbHG 1998, 778; abl. *Wolff* GmbHR 1998, 35 unter Hinweis auf die mangelnde Gewährleistung korrekter Belehrung sowie ferner LG Ulm Rpfleger 1988, 108; *Groß* BWNotZ 1981, 97, 101; *Keidel/Schmatz/Stöber* Registerrecht, 9. Aufl. 1997, Rn. 730 ff.; MünchHdB GesR III/*Heinrich* § 8 Rn. 13. Ein deutsch/englischer Formulierungsvorschlag für eine schriftliche Belehrung findet sich bei *Wachter* ZNotP 1999, 314, 317 ff.

[77] *Baumbach/Hopt* § 13g Rn. 1.

[78] NJW-RR 1992, 1390 = DB 1992, 1469.

[79] Vgl. auch *Seibert* GmbHR 1992, 741.

Schmidt-Leithoff

IV. Die Angaben über Vertretungsbefugnisse (Abs. 4)

28 Die Angaben über die Vertretungsbefugnisse der Geschäftsführer sind vor allem für den Rechtsverkehr bestimmt. Sie sollen deswegen nur die **allgemeine** Regelung wiedergeben, wie sich aus Gesellschaftsvertrag oder Gesetz ergibt; vgl. § 10 Rn. 12. Die Eintragung soll ohne Kenntnis der Anmeldeunterlagen oder sonstiger Umstände die Vertretungsbefugnis unmittelbar erkennen lassen,[80] d. h. wer die Gesellschaft vertritt (vgl. dazu näher § 35), ob etwa Einzelvertretung oder (echte bzw. unechte) Gesamtvertretung gilt. Auch bei Bestellung eines einzigen Geschäftsführers ist anzugeben, dass dieser die Gesellschaft allein vertritt, selbst wenn sich diese Befugnis ohne weiteres aus dem Gesetz ergibt, § 35 Abs. 2 S. 2.[81] Die *Einzelvertretungsbefugnis* wird mit dem synonym verwendeten Ausdruck „Alleinvertretungsbefugnis" unrichtig beschrieben, da dies sprachlich den Ausschluss aller anderen Geschäftsführer von der Vertretung bedeuten würde.[82] Die Angabe ist ebenso wie die Versicherungen nach § 8 Abs. 2 u. 3 Teil der Anmeldung.[83] Bei der Anmeldung einer Gesamtvertretung muss jedenfalls hinzugefügt werden, dass im Fall der Bestellung eines einzigen Geschäftsführers dieser die Gesellschaft allein vertritt.[84] Sind **verschiedenartige Vertretungsbefugnisse** (zB für Gesellschafter-Geschäftsführer und für sonstige Geschäftsführer) vorgesehen, so müssen diese so angemeldet werden, dass sich die Vertretungsmacht für jeden möglichen Fall zweifelsfrei ergibt.[85] Auch die **Befreiung vom Verbot des Selbstkontrahierens** (§ 181 BGB) ist anzumelden.[86] Die gegenteilige, frühere hM[87] ist überholt; vgl. § 10 Rn. 13. Eine schlichte Ermächtigung der Gesellschafterversammlung, die Vertretung bei Vorhandensein mehrerer Geschäftsführer abweichend regeln oder vom Verbot des Selbstkontrahierens befreien zu können, ist auch bei entsprechendem Antrag nicht eintragungsfähig.[88]

V. Die Zeichnung der Unterschrift der Geschäftsführer (Abs. 5)

29 Sämtliche Geschäftsführer haben ihre Unterschriften zur Aufbewahrung beim Registergericht zu zeichnen, d. h. handschriftlich zu leisten.[89] Die Zeichnung kann in der

---

[80] *Vázquez* NZG 1998, 73.
[81] EuGH BB 1974, 1500; BayObLG DB 1997, 1272.
[82] So zwar sprachlich konsequent, wenn auch den eingerissenen Sprachgebrauch nicht berücksichtigend OLG Zweibrücken GmbHR 1993, 97 = DB 1992, 2337; OLG Naumburg DB 1993, 2277; krit. *Lutter/Hommelhoff* Rn. 15; abl. OLG Frankfurt/M. DB 1993, 2174 u. a. auf § 78 Abs. 3 S. 1 AktG verweisend; *Baumbach/Hueck/G. Hueck/Fastrich* Rn. 15.
[83] Vgl. näher Rn. 16.
[84] EuGH BB 1974, 1500 f.; BGHZ 63, 261, 263 f. = NJW 1975, 213 = DB 1975, 95; OLG Düsseldorf DB 1989, 1279 = NJW 1989, 3100; OLG Frankfurt/M. DB 1993, 2478; BayObLG DB 1997, 1272; LG Wuppertal GmbHR 1993, 99.
[85] Vgl. OLG Hamm NJW 1968, 2111 = DB 1968, 1707.
[86] BGHZ 87, 59 = NJW 1983, 1676; BayObLGZ 1979, 182; OLG Frankfurt/M. NJW 1983, 944; *Hachenburg/Ulmer* Rn. 35; auch zugunsten des Geschäftsführers der Komplementär-GmbH einer GmbH & Co. KG ist die Befreiung im Handelsregister der KG eintragungsfähig, BayObLG DB 2000, 37 = GmbHR 2000, 91.
[87] Vgl. BGHZ 33, 189, 191 f. = NJW 1960, 2285 f.
[88] Vgl. OLG Frankfurt/M. BB 1984, 238 = DB 1984, 42; DB 1993, 2174 = GmbHR 1994, 118; BayObLG GmbHR 1982, 257 = DB 1982, 689; nunmehr auch OLG Hamm DB 1996, 2272, in GmbHR 1993, 500 noch offen lassend; LG Bonn GmbHR 1993, 99, 101; aA LG Köln GmbHR 1993, 501 (Eintragungsfähigkeit bejaht).
[89] Eine von einem Notar beglaubigte Unterzeichnung durch Handzeichen ist ausreichend. Demgegenüber stellen Handzeichen, die lediglich einen Buchstaben verdeutlichen oder Unterzei-

Anmeldeerklärung enthalten sein oder in einer besonderen Urkunde vorgelegt werden, die aber ebenfalls der öffentlichen Beglaubigung bedarf; vgl. § 12 HGB. Doch genügt die spätere Anerkennung einer nicht in Gegenwart des Notars vollzogenen Zeichnung nicht.[90] Die Namensunterschrift ist so vorzunehmen, wie sie der Geschäftsführer im Rechtsverkehr zeichnen will.[91] Die Firma braucht in der Zeichnung nicht enthalten zu sein; auch nicht die der Komplementär-GmbH bei Anmeldung einer GmbH & Co. KG, wie dies nunmehr der durch das HRefG insoweit neugefasste Wortlaut des § 108 Abs. 2 HGB klarstellt.[92] Die Geschäftsführer der Komplementär-GmbH haben zu zeichnen: zunächst die Firma der GmbH & Co. KG, sodann die Firma der Komplementär-GmbH und schließlich die eigenen Unterschriften.

VI. Die Prüfung durch das Registergericht, Strafsanktion

Fehlt eine der in § 8 geforderten Unterlagen, so kann der Registerrichter die Anmeldung zurückweisen.[93] Regelmäßig wird er zuvor dem Anmeldenden eine Frist zur Behebung des Mangels setzen. Wird der Zwischenverfügung[94] nicht entsprochen, so ist der Eintragungsantrag zurückzuweisen. Die Anmeldung oder Einreichung von Unterlagen kann mangels Bestehens einer diesbezüglich öffentlich-rechtlichen Pflicht nicht durch Ordnungsstrafen erzwungen werden.[95] Trägt er die Gesellschaft dennoch ein, so ist sie wirksam entstanden.[96] Wer als Gesellschafter – auch wenn er nur Treuhänder ist[97] – oder als Geschäftsführer zum Zweck der Anmeldung falsche Angaben macht, wird mit Freiheitsstrafe bis zu drei Jahren oder mit Geldstrafe bestraft; § 82 Abs. 1.

30

VII. Österreichisches Recht

Der Anmeldung sind der Gesellschaftsvertrag in notarieller Ausfertigung, eine Gesellschafterliste unter Angabe der Namen, Geburtsdaten, ggf. Firmenbuchnummer, Anschrift, des Betrages der übernommenen Stammeinlagen und der darauf geleisteten Einzahlungen sowie ein Verzeichnis der Geschäftsführer ebenfalls unter Angabe der Namen, Geburtsdaten, Vertretungsbefugnis, Anschrift mit einem Nachweis ihrer Bestellung beizufügen (falls sie nicht im Gesellschaftsvertrag bestellt wurden) und sofern ein Aufsichtsrat bestellt ist, ein Mitgliederverzeichnis mit Namens- und Geburtsdatenangabe; § 9 Abs. 2 ÖGmbHG. Auch haben die Geschäftsführer ihre Unterschrift vor dem Firmenbuchgericht zu zeichnen oder die Zeichnung in beglaubigter Form vorzulegen; § 9 Abs. 3 ÖGmbHG.

31

---

chungen mit einer Buchstabenfolge, die erkennbar als bewusste und gewollte Namensabkürzung erscheinen, keine formgültige Unterschrift dar, OLG Hamm DB 2001, 2037 f.

[90] OLG Frankfurt/M. DB 1974, 131.

[91] *Hachenburg/Ulmer* Rn. 37; *Scholz/Winter* Rn. 28. Auch Träger eines Doppelnamens können mit dem Namensbestandteil zeichnen, den sie üblicherweise allein verwenden (allgM, OLG Frankfurt/M. GmbHR 1986, 47; *Hachenburg/Ulmer* aaO; *Scholz/Winter* aaO; MünchHdB GesR III/*Heinrich* § 8 Rn. 10). Dies gilt auch für sonstige zusammengesetzte niederdeutsche oder Adelsnamen.

[92] Vgl. Begr. RegE BT-Drucks. 13/8444 S. 64, 57; so schon zur früheren Rechtslage OLG Celle DB 1994, 1771; aA OLG Frankfurt/M. BB 1974, 59; BayObLG BB 1972, 1525 f.; NJW 1988, 2051 = DB 1988, 173.

[93] BayObLG ZIP 1999, 968 f. (fehlender Sachgründungsbericht).

[94] Beschwerdefähig, § 19 Abs. 1 FGG.

[95] *Scholz/Winter* Rn. 29; *Lutter/Hommelhoff* Rn. 17.

[96] Vgl. *Scholz/Winter* Rn. 29.

[97] BayObLG NJW 1994, 2967 = DB 1994, 1668.

32 Hinzu kommen, falls eine Gründungsprüfung erforderlich ist, die in § 29 ÖAktG genannten Urkunden; § 6a Abs. 4 ÖGmbHG. Die in § 8 Abs. 3 des deutschen Gesetzes abzugebenden Versicherungen der Geschäftsführer werden hingegen nicht verlangt, ebenso wenig eine besondere Angabe der Vertretungsverhältnisse wie nach § 8 Abs. 4.[98]

§ 9 [Geldeinlage statt Sacheinlage]

(1) Erreicht der Wert einer Sacheinlage im Zeitpunkt der Anmeldung der Gesellschaft zur Eintragung in das Handelsregister nicht den Betrag der dafür übernommenen Stammeinlage, hat der Gesellschafter in Höhe des Fehlbetrags eine Einlage in Geld zu leisten.

(2) Der Anspruch der Gesellschaft verjährt in fünf Jahren seit der Eintragung der Gesellschaft in das Handelsregister.

Übersicht

	Rn.		Rn.
I. Normzweck	1	3. Gläubiger	9
II. Anspruchsvoraussetzungen	2–6	4. Verjährung	10
1. Sacheinlage	2	IV. Verhältnis zu anderen Bestimmungen	11, 12
2. Fehlbetrag	3, 4		
3. Zeitpunkt der Anmeldung	5	1. Gründungshaftung	11
4. Eintragung der Gesellschaft?	6	2. Vorbelastungshaftung	12
III. Der Differenzanspruch	7–10	V. Übergangsrecht	13, 14
1. Einlage in Geld	7	VI. Österreichisches Recht	15
2. Fälligkeit	8		

I. Normzweck

1 Der durch die Novelle 1980 neu geschaffene § 9 führt eine **Differenzhaftung** für überbewertete Sacheinlagen in das Gesetz ein. Eine solche Haftung gab es schon zuvor, und zwar nach jüngerem Richterrecht, das aber in Einzelheiten umstritten war.[1] Die Vorschrift sichert die Aufbringung des Anfangskapitals, indem sie den einbringenden Gesellschafter für den Betrag haften lässt, um den der Wert seiner Sacheinlage hinter dem Betrag der von ihm übernommenen Stammeinlage zurückbleibt. Sie steht so in engem Zusammenhang mit den (ebenfalls neuen) Vorschriften über den Sachgründungsbericht (§ 5 Abs. 4 S. 2), über die Pflicht, die Unterlagen über Sacheinlagen der Anmeldung beizufügen (§ 8 Abs. 1 Nr. 5) sowie über die Prüfungspflicht des Registergerichts (§ 9c). Seinem Zweck entsprechend ist § 9 **zwingendes Recht,** kann also im Voraus weder ausgeschlossen noch abgeändert werden.

II. Anspruchsvoraussetzungen

2 **1. Sacheinlage.** Der Begriff der Sacheinlage ist wie in § 5 Abs. 4 im weiteren Sinne zu verstehen und umfasst also auch die Sachübernahme; vgl. § 5 Rn. 18. Die Sach-

---

[98] Vgl. zu den weiteren Unterlagen und Erklärungen *Koppensteiner* § 9 Rn. 19.
[1] Vgl. BGHZ 68, 191, 195 f. = NJW 1977, 1196 = MDR 1977, 648.

einlage muss im Gesellschaftsvertrag rechtswirksam vereinbart worden sein, wie § 5 Abs. 4 es verlangt. Fehlt ihr die Rechtswirksamkeit, so bleibt es bei der Barleistungspflicht des Gesellschafters (vgl. § 5 Rn. 39 ff.); § 9 ist nicht anwendbar.

2. Fehlbetrag. Die maßgebliche Differenz ergibt sich aus dem im Gesellschaftsvertrag angesetzten Wert der Sacheinlage (§ 5 Abs. 4 S. 1) und dem tatsächlichen Wert. Zur Ermittlung des tatsächlichen Werts vgl. § 5 Rn. 36. Danach kommt es allein auf den objektiven Wert an, so dass hierbei auch Mängel der einzubringenden Gegenstände berücksichtigt werden können, soweit die Gesellschaft nicht die gewöhnliche Mängelhaftung geltend macht[2] (zu dieser vgl. § 5 Rn. 41). Ein **Verschulden** wird **nicht** vorausgesetzt[3] und eine Entschuldigung nicht zugelassen. Lediglich marginale Wertdifferenzen sollten indes nicht zu einem Fehlbetrag iS des § 9 führen.[4] 3

Bei einer **gemischten Sacheinlage** (zu dieser vgl. § 5 Rn. 46 f.) entsteht ein Fehlbetrag dann, wenn der wirkliche Wert des Gegenstandes abzüglich der zu zahlenden Vergütung geringer ist als der Nennbetrag der Stammeinlage.[5] Die GmbH kann diesen Differenzanspruch gegen den Vergütungsanspruch des Gesellschafters aufrechnen,[6] umgekehrt nicht (vgl. Rn. 7). 4

3. Zeitpunkt der Anmeldung. Zeitlich ist für die Bewertung nach § 9 Abs. 1 die Anmeldung der Gesellschaft zur Eintragung in das Handelsregister maßgeblich.[7] Der einbringende Gesellschafter trägt das Risiko einer Wertminderung bis zu diesem Zeitpunkt, der – anders als die Eintragung nach § 10 – noch in seinem Herrschaftsbereich liegt. Ein vorheriges Absinken des Wertes ist infolgedessen rechtzeitig auszugleichen. Werden mehrere Gegenstände eingebracht, so können gesunkene oder gestiegene Werte der einzelnen Gegenstände saldierend ausgeglichen werden;[8] der Gesamtwert der Sacheinlagegegenstände ist maßgeblich.[9] Sonst entsteht der Differenzanspruch, abgesehen davon, dass der Registerrichter die Eintragung nach § 9c abzulehnen hat. Ein späteres Wiederansteigen des Wertes ist für die Differenzhaftung nicht zu berücksichtigen,[10] wohl aber bei der Entscheidung des Registergerichts nach § 9c (vgl. § 9c Rn. 27 f.). Dies entspricht dem Wortlaut des § 9 Abs. 1 und beruht, was die besondere Strenge der Haftung angeht, auf dem zutreffenden gesetzgeberischen Gedanken, dass der einbringende Gesellschafter gehalten sein soll, bis zur Anmeldung dafür zu sorgen, dass er seine Einlagepflicht in voller Höhe erfüllt. Geringfügige und vorübergehende Wertminderungen sollten indes unberücksichtigt bleiben (vgl. Rn. 3 aE). 5

4. Eintragung der Gesellschaft? Die Eintragung wird in § 9 **nicht** vorausgesetzt. Ein solches Erfordernis ergibt sich weder aus dem Wortlaut (zu Abs. 2 vgl. Rn. 10) noch aus der Entstehungsgeschichte. Das Gegenteil folgt auch nicht daraus, dass trotz der Differenzhaftung nach § 9 das Eintragungshindernis der überbewerteten Sachein- 6

---

[2] Zu Altlastengrundstücken als Sacheinlage vgl. *Dombert* NZG 1998, 413, 414 ff.
[3] BGHZ 68, 191, 196 = NJW 1977, 1196 = MDR 1977, 648; *Walpert* WiB 1994, 177, 178.
[4] *Meyer-Landrut/Miller/Niehus* Rn. 3; *Urban*, Festgabe Sandrock, 1995, S. 305, 307 f.; aA OLG Düsseldorf WM 1991, 1169; *Lutter/Hommelhoff* Rn. 3; *Scholz/Winter* Rn. 9; wohl *Roth/Altmeppen* Rn. 3.
[5] Vgl. *Hachenburg/Ulmer* Rn. 11; *Scholz/Winter* Rn. 8.
[6] OLG Köln GmbHR 1999, 288 = NZG 1999, 454.
[7] Vgl. BGH NJW 1992, 3300, 3303; *Hüffer* ZGR 1993, 474, 485; OLG Köln GmbHR 1998, 42, 43 = BB 1998, 446.
[8] OLG Düsseldorf WM 1991, 1669 = GmbHR 1992, 112.
[9] *Scholz/Winter* Rn. 12; *Lutter/Hommelhoff* Rn. 3.
[10] So auch *Roth/Altmeppen* Rn. 4.

lage (vgl. § 9c Rn. 25f.) bestehen bleibt.[11] Der Anspruch aus § 9 (wohl aber seine Erfüllung; vgl. § 9c Rn. 26) kann bei der Bewertung der Sacheinlage bei der registergerichtlichen Entscheidung nach § 9c zwar **nicht** herangezogen werden. Dem steht jedoch nicht entgegen, dass der Gesellschafter in jedem Fall den vollen Wert der Sacheinlage schuldet, und zwar von ihrer Übernahme an. Der Anspruch kann deswegen auch bereits im Gründungsstadium, wenn auch erst mit der Anmeldung, geltend gemacht werden.

III. Der Differenzanspruch

7   **1. Einlage in Geld.** Der Differenzanspruch ist als „Einlage in Geld" (§ 9) Teil der ursprünglichen Einlageverpflichtung des einbringenden Gesellschafters, lediglich dem Gesellschaftsvertrag gegenüber dadurch abgewandelt, dass die Einlage insoweit **bar** zu leisten ist. Der Geldeinlageanspruch entsteht dabei in Höhe des Differenzbetrages; eine Haftungsbegrenzung lässt sich nicht begründen, insbes. der Wortlaut der Norm bietet insofern keine Anhaltspunkte.[12] Der Gesellschafter gewährleistet auf Grund des Gesellschaftsvertrages, dass seine Einlage im Zeitpunkt der Anmeldung den vollen Wert hat. Die **Vorschriften über Geldeinlagen** finden deswegen grds. Anwendung, so besonders die Mithaftung der anderen Gesellschafter nach § 24 sowie § 19 Abs. 2, 3 und 4.[13] Infolgedessen sind namentlich **Erlass, Stundung** sowie **Aufrechnung** gegen den Anspruch unzulässig.[14] Jedoch wird der Anspruch bei der Mindesteinzahlung nach § 7 Abs. 2 nicht berücksichtigt; hierfür bleibt die Vereinbarung im Gesellschaftsvertrag allein maßgeblich (vgl. § 7 Rn. 17ff.).[15] Die Ausfallhaftung des Mitgesellschafters ist allerdings durch den Betrag der Einlage des säumigen Gesellschafters **beschränkt.** Für Schulden eines Gesellschafters, die über den Betrag seiner Stammeinlage hinausgehen – zB aus § 25 HGB beim Einbringen eines Handelsgeschäfts –, haften die übrigen Gesellschafter nicht.[16]

8   **2. Fälligkeit.** Der Anspruch wird fällig im Zeitpunkt der Anmeldung, da er nunmehr auch der Höhe nach feststeht.[17]

9   **3. Gläubiger.** Der Anspruch steht der Gesellschaft zu, auch der Gesellschaft im Gründungsstadium. § 9 ist kein Schutzgesetz (iS des § 823 Abs. 2 BGB) zugunsten der Gesellschaftsgläubiger.[18] Die Geltendmachung des Anspruchs setzt keinen Gesellschaf-

---

[11] Anders aber *Hachenburg/Ulmer* Rn. 7f.; *Meyer-Landrut/Miller/Niehus* Rn. 2; *Geßler* BB 1980, 1385, 1387; *Festl-Wietek* BB 1993, 2412; *Trölitzsch* Differenzhaftung für Sacheinlagen in Kapitalgesellschaften, 1998, S. 148ff. für Ausgleichspflicht bis zur Eintragung; wie hier *Scholz/Winter* Rn. 17; *Lutter/Hommelhoff* Rn. 9.
[12] BGHZ 64, 52, 62 = NJW 1975, 974; 68, 191, 196 = NJW 1977, 1196 = MDR 1977, 648; GmbHR 1982, 235 = WM 1982, 40; LG Bonn GmbHR 1999, 1291 = EWiR 1999, 953; zweifelnd *Dombert* NZG 1998, 413, 414f.; *Scholz/Winter* Rn. 14; *Lutter/Hommelhoff* Rn. 3; aA *v. Gleichenstein* EWiR 1999, 953, 954.
[13] Vgl. *Scholz/Winter* Rn. 3; *Roth/Altmeppen* Rn. 6f.
[14] OLG Köln GmbHR 1999, 288, 293 = NZG 1999, 454, 458.
[15] *Roth/Altmeppen* Rn. 7.
[16] So insbes. *K. Schmidt* BB 1985, 154; vgl. auch § 24 Rn. 22; aA *Wilhelm*, FS Flume, 1978, Bd. II, S. 361f.
[17] *Baumbach/Hueck/G. Hueck/Fastrich* Rn. 8; so auch *Scholz/Winter* Rn. 18, die den Anspruch freilich überhaupt erst mit der Anmeldung entstehen lassen, während hier von der partiellen Umwandlung der Sacheinlageverpflichtung in einen Barleistungsanspruch ausgegangen wird (vgl. Rn. 7), was aber iErg. miteinander zu vereinbaren ist.
[18] Vgl. RGZ 159, 211, 223 zu §§ 195 Abs. 3, 241 Abs. 1, 313 Abs. 1 Nr. 3 HGB aF.

Geldeinlage statt Sacheinlage § 9

terbeschluss nach § 46 Nr. 2 voraus.[19] Im Falle der Insolvenz macht der Insolvenzverwalter den Anspruch geltend, ohne dass es eines solchen Beschlusses bedarf. Die **Beweislast** für die Wertdifferenz trägt der Kläger, hM;[20] Zweifel in die Werthaltigkeit der Sacheinlage auf Grund konkreter Umstände bewirken keine Beweislastumkehr zugunsten der Gesellschaft.[21]

4. Verjährung. Der Anspruch verjährt in fünf Jahren nach der Eintragung in das 10 Handelsregister, **Abs. 2**. Durch Vertrag kann die Frist zwar nicht verkürzt,[22] aber entgegen § 225 BGB aF verlängert bzw. erschwert werden, jedoch nicht über 30 Jahre ab Entstehung des Anspruchs hinaus, § 202 Abs. 2 BGB nF. Wird die Gesellschaft nicht eingetragen (vgl. Rn. 6), so bleibt es bei den allgemeinen Verjährungsvorschriften, die nunmehr anstelle der 30-jährigen Verjährung (§§ 195, 198 BGB aF) eine solche von 3 Jahren vorsehen, §§ 195, 199 BGB nF. Zum Übergang auf diese verkürzte Verjährungsfrist vgl. Art. 229 § 6 Abs. 4 EGBGB.[22a]

IV. Verhältnis zu anderen Bestimmungen

1. Gründungshaftung. Die Gründungshaftung der Gesellschafter und Geschäfts- 11 führer gemäß § 9a für falsche Angaben zum Zwecke der Errichtung der Gesellschaft, eine Schadensersatzhaftung aus vermutetem Verschulden, steht selbstständig neben der Differenzhaftung nach § 9.[23] Ein Gesamtschuldverhältnis zwischen beiden Ansprüchen liegt nicht vor. Der Anspruch aus § 9 kann allerdings für den Haftungstatbestand des § 9a uU den Schaden ausschließen (vgl. § 9a Rn. 18). Die Geschäftsführer haften ggf. daneben aus § 43. Auch die Gewährleistungsansprüche wegen Mängel des Sacheinlagegegenstandes (§ 5 Rn. 41) kann die Gesellschaft geltend machen.

2. Vorbelastungshaftung.[24] Bei Kapitallücken, namentlich aus Geschäftstätigkeit 12 der Vorgesellschaft, haften die Gründer außerdem für die Differenz, die sich zwischen dem Stammkapital und dem Wert des Gesellschaftsvermögens zum Zeitpunkt der Eintragung ergibt.[25] Auch diese „Vorbelastungshaftung"[26] steht selbstständig neben der Haftung aus § 9 (vgl. des näheren § 11 Rn. 26 ff.).

V. Übergangsrecht

Für (vor dem 1. 1. 1981 angemeldete) Altgesellschaften gilt § 9 nicht; Art. 12 § 2 13 ÄndG. Doch ist auf sie die Vorbelastungshaftung[27] (vgl. Rn. 12) anzuwenden. Diese

---

[19] *Scholz/Winter* Rn. 19; *Baumbach/Hueck/G. Hueck/Fastrich* Rn. 6; aA *Meyer-Landrut/Miller/Niehus* Rn. 10.
[20] Vgl. OLG Naumburg DB 1998, 125 = GmbHR 1998, 385, 386 = GmbHR 1997, 506 (LS) zu möglicher Beweislastumkehr bei Zweifeln an der Werthaltigkeit der Sacheinlage.
[21] AA OLG Düsseldorf WM 1991, 1669; *Hachenburg/Ulmer* Rn. 14.
[22] So zutr. *Roth/Altmeppen* Rn. 9 unter Hinweis auf § 19 Abs. 2; iErg. auch *Scholz/Winter* Rn. 20; *Lutter/Hommelhoff* Rn. 6; *Baumbach/Hueck/G. Hueck/Fastrich* Rn. 10.
[22a] Vgl. hierzu *Heß* DStR 2002, 455 ff.; *Wälzholz* DStR 2002, 500, 505 f., sowie die in § 9b Fn. 17 Genannten.
[23] *Scholz/Winter* Rn. 24; *Dombert* NZG 1998, 413, 416.
[24] Voraufl.: Allgemeine Differenzhaftung.
[25] BGHZ 80, 129, 140 = NJW 1981, 1373, 1375 f.; vgl. KG DB 1997, 1863 = GmbHR 1997, 1066, 1068; OLG Bremen GmbHR 1998, 40; sowie § 11 Rn. 27.
[26] So schon *Hachenburg/Ulmer* Rn. 22; *Fleck* GmbHR 1983, 11 verwandte hierfür den Begriff „Unterbilanzhaftung".
[27] BGHZ 80, 129 = NJW 1981, 1373 (vgl. *Roth/Altmeppen* Rn. 10).

§ 9a   1. Abschnitt. Errichtung der Gesellschaft

Haftung verjährt ebenfalls in fünf Jahren nach der Eintragung der Gesellschaft (vgl. § 11 Rn. 28 aE).

14   Bei früheren volkseigenen Betrieben, die auf die Treuhandanstalt oder einen sonstigen Vermögensträger (§ 24 Abs. 1 S. 1 DMBilG) übergegangen sind, wird die Differenzhaftung gemäß § 9 und die Vorbelastungshaftung (vgl. § 11 Rn. 26) bei Nichterreichen des Stammkapitals oder einer sogar vorhandenen Überschuldung im Zeitpunkt der Eintragung durch die Sonderregelung der §§ 24 Abs. 1 und 26 Abs. 3 DMBilG ausgeschlossen.[28] Zur entsprechenden Rechtslage bei der „GmbH im Aufbau" vgl. § 11 Rn. 181 ff.

VI. Österreichisches Recht

15   § 10a ÖGmbHG entspricht in seinem Wortlaut § 9 des deutschen Gesetzes.[29] Für die Sacheinlagen verweist § 6a Abs. 4 ÖGmbHG auf aktienrechtliche Bestimmungen (vgl. § 5 Rn. 72), die besondere Haftungsvorschriften für die Gründergesellschafter, Geschäftsführer, Gründungsprüfer und Aufsichtsratsmitglieder (§§ 39 ff. ÖAktG) kennen.[30]

§ 9a [Ersatzansprüche der Gesellschaft]

(1) **Werden zum Zweck der Errichtung der Gesellschaft falsche Angaben gemacht, so haben die Gesellschafter und Geschäftsführer der Gesellschaft als Gesamtschuldner fehlende Einzahlungen zu leisten, eine Vergütung, die nicht unter den Gründungsaufwand aufgenommen ist, zu ersetzen und für den sonst entstehenden Schaden Ersatz zu leisten.**

(2) **Wird die Gesellschaft von Gesellschaftern durch Einlagen oder Gründungsaufwand vorsätzlich oder aus grober Fahrlässigkeit geschädigt, so sind ihr alle Gesellschafter als Gesamtschuldner zum Ersatz verpflichtet.**

(3) **Von diesen Verpflichtungen ist ein Gesellschafter oder ein Geschäftsführer befreit, wenn er die die Ersatzpflicht begründenden Tatsachen weder kannte noch bei Anwendung der Sorgfalt eines ordentlichen Geschäftsmannes kennen mußte.**

(4) [1]**Neben den Gesellschaftern sind in gleicher Weise Personen verantwortlich, für deren Rechnung die Gesellschafter Stammeinlagen übernommen haben.** [2]**Sie können sich auf ihre eigene Unkenntnis nicht wegen solcher Umstände berufen, die ein für ihre Rechnung handelnder Gesellschafter kannte oder bei Anwendung der Sorgfalt eines ordentlichen Geschäftsmannes kennen mußte.**

Schrifttum: *Dreher* Die Gründungshaftung bei der GmbH, DStR 1992, 33; *Lowin* Die Gründungshaftung bei der GmbH nach § 9a GmbH, 1987.

---

[28] BGH NZG 1998, 150 = GmbHR 1998, 243 f. = ZIP 1998, 86; BGH GmbHR 1999, 229 = ZIP 1999, 281 = DB 1999, 373 = WM 1999, 273; BGH ZIP 1998, 86; OLG Dresden DB 1994, 1765; KG VIZ 1995, 609; KG NZG 1999, 1235, 1236; *Bommel/Wissmann* ZGR 1997, 206, 223 f.

[29] Zu dieser am 1. 3. 1994 in Kraft getretenen Vorschrift vgl. *Trölitzsch* Österreichisches Recht der Wirtschaft (RdW) 1995, 170.

[30] Vgl. *Koppensteiner* § 6a Rn. 26.

Übersicht

	Rn.		Rn.
I. Normzweck	1–3	1. Haftungstatbestand	22–24
II. Die Haftungstatbestände	4	2. Der Anspruch	25, 26
III. Haftung für falsche Angaben (Abs. 1 u. 3)	5–20	V. Haftung der Auftraggeber (Abs. 4)	27–30
1. Die Angaben	6	1. Haftungstatbestand	28, 29
2. Zum Zweck der Errichtung	7, 8	2. Gesamtschuldnerschaft, Exkulpation	30
3. Unrichtigkeit der Angaben	9–12	VI. Gesamtschuldnerschaft	31, 32
4. Haftende	13	VII. Aktivlegitimation	33, 34
5. Der Entlastungsbeweis	14–16	VIII. Verhältnis zu anderen Bestimmungen	35, 36
6. Inhalt des Anspruchs	17–19		
7. Entstehung und Geltendmachung	20	IX. Übergangsrecht	37
IV. Haftung für Schädigung durch Einlagen oder Gründungsaufwand (Abs. 2 u. 3)	21–26	X. Österreichisches Recht	38

I. Normzweck

Die Vorschrift ordnet eine zivilrechtliche Haftung der an der Gründung Beteiligten **1** – der Gesellschafter, der Geschäftsführer sowie eventueller Auftraggeber der Gründer – an, um die Richtigkeit der Entscheidungsgrundlagen für das Registergericht (§ 9c) zu gewährleisten. Anders als die Differenzhaftung des § 9 geht sie grds. auf Schadensersatz und kann durch Exkulpation (Abs. 3) abgewendet werden.

Die ursprünglich – als Haftung der „Anmeldenden" – in § 9 enthaltene Regelung ist **2** durch die Novelle 1980 in Anlehnung an § 46 AktG erheblich, zT sogar über das Aktienrecht hinaus, verschärft und in §§ 9a und 9b untergebracht worden. Die einzelnen Absätze des § 9a gleichen, zum Teil wörtlich, den Abs. 1 S. 1, Abs. 2, 3 und 5 des § 46 AktG, so dass Rechtsprechung und Literatur hierzu herangezogen werden können. Die Fragen des Verzichts und der Verjährung (früher § 9 Abs. 2 und 3) hat die Novelle in § 9b untergebracht. Seinem Zweck entsprechend ist § 9a **zwingendes Recht** (wie § 9; vgl. dort Rn. 1); Abs. 1 und 3 gelten bei Kapitalerhöhungen für Geschäftsführer entsprechend (ebenso § 9 b), vgl. § 57 Abs. 4. Um eine Umgehung der Gründungsvorschriften zu vermeiden, wird nach umstr. Ansicht § 9a beim Erwerb eines leeren GmbH-Mantels entsprechend angewandt.[1] Dieser Ansicht kann jedoch nicht zugestimmt werden, vgl. § 9c Rn. 31, § 15 Rn. 16f. Neben § 9a steht die strafrechtliche Verantwortlichkeit nach § 82 Abs. 1.

Umwandlungsfälle. Gemäß § 9a analog haften die Geschäftsführer für den **3** Rechtsträger als Gründer bei Verschmelzung und Spaltung (§§ 36 Abs. 2 S. 2, 135 Abs. 2 S. 2 UmwG), bei Ausgliederung (§§ 135 Abs. 2, 160 Abs. 1) und bei Formwechsel (§ 222 Abs. 1 S. 1). Ferner haften die Organe des übertragenden Rechtsträgers bei Verschmelzung und Spaltung (§§ 38 Abs. 2, 137 Abs. 1), der Einzelkaufmann bei Ausgliederung (§§ 135 Abs. 2, 160 Abs. 1), die zustimmenden Gesellschafter bei Formwechsel von einer Personengesellschaft auf die GmbH (§ 219) und das Vertretungsorgan des formwechselnden Rechtsträgers bei Wechsel von AG/KGaA auf GmbH (§ 246 Abs. 1), mithin keine Gründerhaftung der Gesellschafter aus § 245.

---

[1] OLG Frankfurt/M. NZG 1999, 450.

II. Die Haftungstatbestände

4 Die Vorschrift enthält **drei Haftungstatbestände,** die in mehrfacher Weise miteinander verbunden sind:
- eine Haftung der Gesellschafter und der Geschäftsführer für falsche Angaben, Abs. 1;
- eine Haftung der Gesellschafter für vorsätzliche und grobfahrlässige Schädigung, Abs. 2.
- eine Haftung der Auftraggeber von Gesellschaftern, Abs. 4.

III. Haftung für falsche Angaben (Abs. 1 u. 3)

5 Die Haftung für falsche Angaben zum Zweck der Errichtung der Gesellschaft trifft die Gesellschafter und die Geschäftsführer, Abs. 1.

6 **1. Die Angaben.** Alle Angaben,[2] die zum Zwecke der Errichtung der Gesellschaft gemacht werden, kommen in Betracht.[3] Darin unterscheidet sich § 9a Abs. 1 von § 46 Abs. 1 S. 1 AktG, der einen Katalog der erfassten Angaben enthält und dem diesem Vorbild nachgebildeten § 9a Abs. 1 S. 1 RegE. Aus der kurzen Bemerkung des Ausschussberichts (S. 71), die Änderung des Abs. 1 sei „redaktioneller Art", lässt sich nicht schließen, dass der Text des RegE insofern weiter maßgebend sein sollte.[4] Klarer als durch das ersatzlose Streichen eines Satzteils kann der Gesetzgeber seinen Willen zur Änderung kaum manifestieren.[5] Die Streichung hat allerdings zur Folge, dass der Begriff „Angaben" sehr unbestimmt geworden ist, im Vergleich sowohl zu § 46 Abs. 1 S. 1 AktG wie auch zu § 9 Abs. 1 aF. Dies lässt vor einer extensiven Auslegung des Begriffs warnen.

7 **2. Zum Zweck der Errichtung.** Die Angaben sind dann zum Zweck der Errichtung der Gesellschaft gemacht, wenn sie der Gründung der Gesellschaft dienen sollen. Der Ausdruck „Errichtung" ist in dem weiteren Sinne gemeint (vgl. Vor § 1 Rn. 1). Der Schwerpunkt der Angaben liegt bei der Anmeldung und den ihr beizufügenden Unterlagen (vgl. §§ 7, 8).

8 **Von wem** die Angaben stammen, **ist gleichgültig.**[6] Die Gesellschafter haften also für falsche Angaben der Geschäftsführer und diese für falsche Angaben jener sowie beide für falsche Angaben Dritter, wie zB eines Sachverständigen über den Wert der Sacheinlagen, die gemäß § 8 Abs. 1 Nr. 5 der Anmeldung beigefügt sind. Ob die Angaben **gesetzlich vorgeschrieben** sind oder nicht, ist ebenfalls **gleichgültig.**[7] Auch ist es unerheblich, ob die Angaben vom RegG zu prüfen sind oder nicht.[8] Sie müssen nur den Fortgang des *gesellschaftsrechtlichen* Gründungsverfahrens bezwecken. Angaben gegenüber Konzessions-, Kartell-, Steuer- und anderen Verwaltungsbehörden gehören deswegen nicht hierher.[9] Die wohl überwiegende Meinung im Aktienrecht geht wei-

---

[2] Schriftliche ebenso wie mündliche, *Scholz/Winter* Rn. 12.
[3] So auch *Hachenburg/Ulmer* Rn. 14; *Roth/Altmeppen* Rn. 4; *Meyer-Landrut/Miller/Niehus* Rn. 6; aA *Scholz/Winter* Rn. 13, der es auf die im – vom Bundestag insoweit geänderten – RegE (§ 9a Abs. 1) aufgezählten Angaben beschränken will.
[4] So aber *Scholz/Winter* Rn. 13.
[5] Vgl. dazu grds. *Rittner*, FS Geßler, 1971, S. 139, 142 f.
[6] Vgl. GroßkommAktG/*Barz* § 46 Rn. 5; *Scholz/Winter* Rn. 11.
[7] *Hachenburg/Ulmer* Rn. 12; *Haas/Wünsch* NotBZ 1999, 109, 111.
[8] OLG Schleswig NZG 2001, 84.
[9] *Scholz/Winter* Rn. 11; aA *Hachenburg/Ulmer* Rn. 13 für den Fall, dass behördliche Genehmigung des Unternehmensgegenstandes Anmeldungsvoraussetzung ist.

ter.¹⁰ Sie hat aber deswegen für § 9a kein großes Gewicht, weil nach § 46 AktG nur für **bestimmte** Angaben gehaftet wird (vgl. Rn. 6 aE), während der hier gewählte, sehr unbestimmte Begriff der „Angaben" eher restriktiv auszulegen ist (vgl. Rn. 6). Doch beschränkt sich die Vorschrift nicht auf Angaben gegenüber dem Registergericht, auch **Angaben gegenüber Gesellschaftsorganen**¹¹ oder **Sachverständigen** kommen in Betracht. Angaben gegenüber **Mitgesellschaftern** vor oder beim Abschluss des Gesellschaftsvertrages fallen allerdings nicht¹² hierunter, wohl aber Angaben, die im weiteren Verlauf des Gründungsverfahrens gegenüber Mitgesellschaftern gemacht werden.¹³

3. Unrichtigkeit der Angaben. Falsch ist die Angabe, wenn sie entweder nicht richtig oder nicht vollständig ist, oder entgegen einer Rechtspflicht unterlassen worden ist.¹⁴ **9**

Ob die Angabe falsch ist oder nicht, ergibt sich für die Angaben, die bei der Anmeldung nach §§ 7, 8 gemacht werden, aus dem gesamten Inhalt der Anmeldung.¹⁵ Bei anderen Angaben kommt es auf das Bild an, das sich der Adressat von den Tatsachen verständigerweise machen musste. Falsch ist die Angabe auch, wenn sie zwar für sich genommen inhaltlich richtig ist, aber durch das Verschweigen von Einzelumständen ein mit der Wirklichkeit objektiv nicht übereinstimmender Sinn vermittelt wird.¹⁶ Eine Rechtspflicht zur Angabe der betreffenden Tatsachen besteht deshalb stets, wenn ihr Unterlassen zu einem falschen Bild führen würde, so zB das Verschweigen der Sicherungsübereignung eingebrachter Sachen¹⁷ oder der Abrede verdeckter Sacheinlage.¹⁸ *Werturteile* kommen als Angabe nur in Betracht, wenn sie bei den Adressaten zu der Annahme – für die Errichtung der Gesellschaft – relevanter Tatsachen führen können. Angaben über Wertverhältnisse, zB die Bewertung von Sacheinlagen, gehören ebenfalls hierher.¹⁹ Gleiches gilt für die Altlastenbetroffenheit von als Sacheinlage eingebrachten Grundstücken.²⁰ Die Überbewertung als solche hat daher sowohl die Differenzhaftung nach § 9 wie auch ggf. eine Haftung nach Abs. 2 zur Folge. **10**

Eine **Berichtigung** falscher Angaben muss das Bild unmißverständlich richtiggestellt haben, bevor der Schaden entstanden ist; sonst bleibt es bei der Haftung.²¹ Spätester Zeitpunkt für die Berichtigung ist die Eintragung der Gesellschaft in das Handelsregister. **11**

Der maßgebliche **Zeitpunkt** für die Frage der Unrichtigkeit ist die Eintragung der Gesellschaft in das Handelsregister.²² Das ist für das Aktienrecht inzwischen unstrei- **12**

---

[10] Vgl. GroßkommAktG/*Barz* § 46 Rn. 5; aA aber Kölner KommAktG/*Kraft* § 46 Rn. 19.
[11] Vgl. RGSt. 18, 105, 112.
[12] AA *Scholz/Winter* Rn. 11.
[13] IErg. wohl ebenso *Lutter/Hommelhoff* Rn. 3; aA *Lowin* S. 28; *Hachenburg/Ulmer* Rn. 13; *Roth/Altmeppen* Rn. 4.
[14] So Ausschussbericht S. 71 und ihm folgend *K. Schmidt* NJW 1980, 1769, 1771, die aber für den letzten Fall zu eng nur auf „gesetzliche Vorschriften" abstellen.
[15] Vgl. RGZ 127, 186, 193; Kölner KommAktG/*Kraft* § 46 Rn. 21.
[16] OLG Bremen GmbHR 1998, 40, 41; *Hachenburg/Ulmer* Rn. 15; *Scholz/Winter* Rn. 20; *Walpert* WiB 1994, 177, 179.
[17] BGH BB 1958, 891.
[18] LG Heilbronn DB 1993, 1352; OLG Köln ZIP 1999, 399 = DB 1999, 1846.
[19] Zu bezweifeln ist, ob dies auch für anpreisende Standardformulierungen wie „vorzüglicher Bauzustand" oder „erstklassige Wohnlage" zutrifft; bejahend *Lutter/Hommelhoff* Rn. 4.
[20] Generell zur Haftungsproblematik bei der Einbringung von Altlastengrundstücken als Sacheinlage *Dombert* NZG 1998, 413.
[21] *Scholz/Winter* Rn. 22.
[22] Vgl. auch *Roth/Altmeppen* Rn. 9; *Lutter/Hommelhoff* Rn. 4; *Walpert* WiB 1994, 177, 179.

tig,²³ dürfte aber auch der GmbH-Regelung eher entsprechen, als wenn man – wie § 9 Abs. 1 – auf die Anmeldung abstellt, zumal bis zur Eintragung noch eine Berichtigung in Frage kommt.²⁴ Manche nehmen dennoch den Zeitpunkt der Anmeldung an, lassen aber bis zur Eintragung eine Berichtigung zu, so dass sich im Ergebnis wenig ändert.²⁵

13   **4. Haftende.** Nach Abs. 1 haften die Gesellschafter und die Geschäftsführer.²⁶ *Scheidet* ein Haftender vor der Eintragung aus der Gesellschaft oder aus seinem Amt *aus*, so wird er von der Haftung befreit, auch wenn es sich um seine eigenen Angaben handelt, die falsch waren.²⁷ Die Geschäftsführer haften allerdings idR nach § 43, die Gesellschafter jedenfalls für eigene Angaben ihren Mitgesellschaftern gegenüber aus dem Gesellschaftsvertrag. Eine weiter bestehende Haftung nach § 9a Abs. 1 entspricht nicht dem Grundgedanken der Vorschrift, die die Einhaltung der Gründungsbestimmungen und nicht die Einhaltung bestimmter Pflichten sichern soll. *Tritt* ein Gesellschafter, Geschäftsführer oder anderer Beteiligter (vgl. Rn. 27) vor Eintragung *ein*, haften diese ebenfalls.²⁸ – Zur Haftung der Auftraggeber oder Hintermänner vgl. Rn. 27–30.

14   **5. Der Entlastungsbeweis.** Die Exkulpation befreit nach **Abs. 3** jeden Haftenden, wenn er die die Ersatzpflicht begründenden Tatsachen weder kannte noch bei Anwendung der Sorgfalt eines ordentlichen Geschäftsmannes kennen musste. Kenntnis der Unrichtigkeit (auch der Angaben eines anderen! vgl. Rn. 8) schadet also jedenfalls. Von den Beteiligten (auch von jedem Gesellschafter) wird aber auch verlangt, dass er sich wie ein ordentlicher Geschäftsmann um die Richtigkeit der Angaben (auch anderer, also über die eigenen Grenzen hinaus!) kümmert. Es kann sich niemand darauf berufen, er sei der Aufgabe mangels entsprechender Vorbildung oder Erfahrung nicht gewachsen gewesen.²⁹

15   Bei **Stellvertretung** der Gesellschafter oder Geschäftsführer gilt § 166 BGB: idR ist die Kenntnis bzw. das Kennenmüssen des Vertreters maßgebend, bei Weisung (§ 166 Abs. 2 BGB) jedoch auch des Vertretenen.³⁰

16   Die **Beweislast** trägt der Beklagte wie bei der Geschäftsführerhaftung nach § 43 (vgl. § 43 Rn. 36).

17   **6. Inhalt des Anspruchs.** Zu ersetzen ist der der Gesellschaft entstandene Schaden, Abs. 1. Für zwei praktisch wichtige Fälle ist er typisiert: Auf Grund von Falschangaben

---

²³ Vgl. Kölner KommAktG/*Kraft* § 46 Rn. 46, 22; s. auch LG Stralsund BB 1994, 2164 m. krit. Besprechung durch *Münzel* BB 1994, 2164, 2166.
²⁴ So auch *Baumbach/Hueck/G. Hueck/Fastrich* Rn. 8.
²⁵ So OLG Bremen GmbHR 1998, 40, 41; *Hachenburg/Ulmer* Rn. 17; *Meyer-Landrut/Miller/Niehus* Rn. 6; *Scholz/Winter* Rn. 22f., 27; *Lutter/Hommelhoff* Rn. 4f.; *Haas/Wünsch* NotBZ 1999, 107, 111f., volldifferenzierend je nachdem, ob die Angabe dem Registergericht als Entscheidungsgrundlage nach § 9c dient oder nicht, auf den Zeitpunkt der Anmeldung bzw. auf den der Eintragung abstellend.
²⁶ Zur Haftung in sog. „Cash-Management-Systemen" vgl. *Jäger* DStR 2000, 1653, 1656.
²⁷ *Scholz/Winter* Rn. 24; *Lutter/Hommelhoff* Rn. 2; aA *Hachenburg/Ulmer* Rn. 32; *Roth/Altmeppen* Rn. 14, der jedoch für einen solchen Fall die Exkulpationsmöglichkeit nach Abs. 3 als nahe liegend vermutet.
²⁸ *Scholz/Winter* Rn. 24; *Baumbach/Hueck/G. Hueck/Fastrich* Rn. 2; aA *Hachenburg/Ulmer* Rn. 32: nur für nach Beitritt gemachte Angaben.
²⁹ Vgl. RGZ 144, 348, 355; *Hachenburg/Ulmer* Rn. 34; *Scholz/Winter* Rn. 27; *Baumbach/Hueck/G. Hueck/Fastrich* Rn. 11; *Walpert* WiB 1994, 177, 179.
³⁰ *Roth/Altmeppen* Rn. 20; im Ergebis ebenso (analog Abs. 4 S. 2) *Scholz/Winter* Rn. 27; *Lutter/Hommelhoff* Rn. 10.

Ersatzansprüche der Gesellschaft § 9 a

fehlende Einzahlungen sind zu leisten. Eine gezahlte oder rechtswirksam zugesagte Vergütung, die nicht oder nicht in der Höhe als Gründungsaufwand angegeben wurde (§ 5 Rn. 67), ist zu erstatten.

Im Übrigen bemisst sich der **Schaden** danach, wie weit die Kapitalgrundlage der 18 Gesellschaft infolge der falschen Angabe hinter der in der Gründung vorgesehenen Höhe zurückbleibt. Die Gesellschaft ist, kurz gesagt, so zu stellen, wie sie stehen würde, wenn die fragliche Angabe richtig wäre.[31] Der Schutzzweck der Vorschrift begrenzt den Schadensersatzanspruch, wenngleich es wohl zu weit geht, ihn überhaupt als „echten Schadensersatzanspruch" in Frage zu stellen;[32] *Lutter/Hommelhoff*[33] kennzeichnen den Anspruch als Einlageschuld, nicht als Ersatz eines Schadens, die neben die fortbestehende und inhaltsgleiche Einlageschuld des betreffenden Gesellschafters tritt und mit dieser eine Gesamtschuld bildet.[34] Bei Angaben, die eine Überbewertung von Sacheinlagen (die durch Abs. 1 ebenfalls erfasst werden – allgM) zum Inhalt haben, ist – wie nach § 9 – die **Differenz in Geld** zu leisten. Dass die Gesellschaft gegen den einbringenden Gesellschafter den Anspruch aus § 9 hat, steht dem Ersatzanspruch nicht entgegen, wohl aber ggf. die Erfüllung dieses Anspruchs (vgl. § 9 Rn. 6).[35] Eine allgemeine Subsidiarität der Schadenersatzpflichten lässt sich aus BGHZ 64, 52, 62[36] nicht entnehmen.[37] Eine Subsidiarität dürfte nur für einfache Schadensersatzpflichten, wie für die vom BGH[38] beurteilte Haftung des Gründungsprüfers, sowie für die Haftung aus Abs. 2 in Betracht kommen, nicht aber für den primär vom Gewährleistungsgedanken getragenen Abs. 1.[39]

Der Schaden ist regelmäßig **in Geld** zu ersetzen. Hin und wieder kommt auch eine 19 **Naturalrestitution** in Betracht. Wenn zB der Einpersonen-Gründer fälschlich angegeben hat, er habe für den Rest seiner Bareinlage nach § 7 Abs. 2 S. 3 eine Sicherung bestellt, so wird gemäß § 249 BGB nur die Bestellung einer entsprechenden Sicherung geschuldet, eine Pflicht, die, dem Grundgedanken des § 7 Abs. 2 S. 3 gemäß, aber auch durch Bareinzahlung erfüllt werden kann. Auch iÜ sind die §§ 249 ff. BGB anwendbar, abgesehen von § 254 Abs. 1 BGB. Denn ein **mitwirkendes Verschulden** (der Geschäftsführer) bei der Entstehung des Schadens muss vor dem Grundgedanken des § 9a zurücktreten.[40]

7. Entstehung und Geltendmachung. Der Anspruch entsteht erst mit der Ein- 20 tragung, weil bis zu diesem Zeitpunkt die Angaben noch berichtigt werden können (vgl. Rn. 11).[41] Doch kann die Vorgesellschaft selbstverständlich fehlende Einzahlungen anfordern und geleistete Vergütungen, die nicht unter dem Gründungsaufwand aufgenommen worden sind, zurückverlangen. Die Geltendmachung des Anspruchs aus

---

[31] Vgl. RGZ 144, 348, 357; BGHZ 64, 52, 58 = NJW 1975, 974, 976; *Scholz/Winter* Rn. 30; GroßkommAktG/*Barz* § 46 Rn. 8. Dazu gehören auch Folgeschäden, zB auf Grund der Mangelhaftigkeit des eingebrachten Gegenstandes, vgl. auch *Lutter/Hommelhoff* Rn. 7 f.; *Hachenburg/Ulmer* Rn. 35 ff.
[32] So BGHZ 29, 300, 306 zu § 39 AktG 1937.
[33] Das. Rn. 6.
[34] Ihnen folgend OLG Hamm DB 1993, 1763.
[35] AA *K. Schmidt* GmbHR 1978, 5, 7.
[36] = NJW 1975, 974, 977.
[37] So aber *K. Schmidt* GmbHR 1978, 5, 7.
[38] BGHZ 64, 52, 62 = NJW 1975, 974, 977.
[39] Vgl. auch BGHZ 113, 335, 355; so auch iErg. *Scholz/Winter* Rn. 31 f.
[40] Vgl. für das Aktienrecht RGZ 154, 276, 286; BGHZ 64, 52, 60 f.; 113, 335, 355; GroßkommAktG/*Barz* § 46 Rn. 8; *Scholz/Winter* Rn. 34.
[41] *Meyer-Landrut/Miller/Niehus* Rn. 2; *Hachenburg/Ulmer* Rn. 9.

§ 9a

Abs. 1 setzt einen Gesellschafterbeschluss voraus, § 46 Nr. 8 (vgl. Rn. 33 f.); anders im Insolvenzfall (vgl. § 9 Rn. 9).

IV. Haftung für Schädigung durch Einlagen oder Gründungsaufwand (Abs. 2 u. 3)

21 Die dem § 46 Abs. 2 AktG entnommene, ursprünglich aus der Aktiennovelle von 1884 stammende Vorschrift des **Abs. 2** betrifft praktisch sehr seltene Fälle vorsätzlicher oder grobfahrlässiger Handlungsweisen eines Gesellschafters und dürfte angesichts des § 9 sehr selten relevant werden.

22 **1. Haftungstatbestand.** Eine Schädigung durch Einlagen oder Gründungsaufwand kommt in erster Linie infolge Überbewertung von Sacheinlagen in Betracht. Daneben werden Scheineinzahlungen auf Geldeinlagen sowie ein unangemessen hoher Gründungsaufwand genannt.[42] Eine Angabe iS des Abs. 1 ist jedenfalls nicht erforderlich. Die Handlung kann auch noch nach Eintragung der Gesellschaft in das Handelsregister begangen werden, wie sich aus dem Fehlen der Worte „zum Zwecke der Errichtung der Gesellschaft" (des Abs. 1) ergibt und durch § 9b Abs. 2 S. 2 2. Alt. bestätigt wird (vgl. § 9b Rn. 13).

23 **Nur die Gesellschafter,** nicht die Geschäftsführer oder andere Personen kommen als Täter in Betracht. Sie müssen vorsätzlich oder grobfahrlässig gehandelt haben.

24 Die übrigen Gesellschafter haften gemäß **Abs. 2** als Gesamtschuldner. Doch können sie sich nach **Abs. 3** exkulpieren. Sie müssen allerdings nachweisen, dass sie nicht einmal leichtfahrlässig die Sorgfalt eines ordentlichen Geschäftsmanns verletzt haben (vgl. Rn. 14 ff).

25 **2. Der Anspruch.** Der Schadensersatzanspruch geht auf das volle Interesse der Gesellschaft: sie ist so zu stellen, wie sie ohne das schädigende Verhalten stehen würde.[43] Es handelt sich jedenfalls um einen „echten" Schadensersatzanspruch, was für Abs. 1 zT bezweifelt wird (vgl. Rn. 18). Deswegen dürfte bei seiner Bemessung – anders als bei Abs. 1 – auch ein liquider Anspruch aus § 9 zu berücksichtigen sein (vgl. Rn. 18).[44] Hinsichtlich der Anwendung der §§ 249 ff. BGB gilt iÜ das bei Rn. 19 Gesagte.

26 Vor der Eintragung der Gesellschaft besteht der Anspruch noch nicht (vgl. Rn. 20). Zur Geltendmachung bedarf es nach § 46 Nr. 8 eines Beschlusses der Gesellschafter (vgl. Rn. 33 f.).

V. Haftung der Auftraggeber (Abs. 4)

27 Die Haftungsvorschrift des Abs. 4 soll die **Hintermänner** (einer Strohmanngründung) treffen: diejenigen, für deren Rechnung ein Gesellschafter (= Strohmann) eine Stammeinlage übernommen hat, die also, wirtschaftlich gesehen, die Gründer sind. Darüber hinaus beugt sie der Umgehung der Gründerhaftung aus Abs. 1 bis 3 vor.

28 **1. Haftungstatbestand.** Die Haftung trifft jeden, für dessen Rechnung ein Gesellschafter eine Stammeinlage übernommen hat. Personen auszunehmen, die auf die Gründung keinen oder nur unwesentlichen Einfluss haben,[45] ist weder dem Wortlaut noch dem Sinne nach richtig und führt darüber hinaus zu erheblichen Abgrenzungs-

---

[42] GroßkommAktG/*Barz* § 46 Rn. 13.
[43] GroßkommAktG/*Barz* § 46 Rn. 14; *Scholz/Winter* Rn. 40.
[44] *Lutter/Hommelhoff* Rn. 8; aA *Scholz/Winter* Rn. 40; *Hachenburg/Ulmer* Rn. 45.
[45] So *K. Schmidt* NJW 1980, 1769, 1771; *Scholz/Winter* Rn. 26; *Hachenburg/Ulmer* Rn. 33; *Baumbach/Hueck/G. Hueck/Fastrich* Rn. 3.

problemen im Einzelfall.⁴⁶ Harmlose Treugeber werden sich zudem, sollten sie in Anspruch genommen werden, leicht exkulpieren können. Auch der Hintermann eines Strohmannes haftet.

Dass die Vorschrift auf **Bevollmächtigte** und **gesetzliche Vertreter** analog anwendbar sein soll, wird zT angenommen.⁴⁷ Diese Ansicht wird jedoch von *Düringer/Hachenburg*,⁴⁸ auf den *Barz* sich stützt, zu Recht nicht vertreten. Sie kann sich jedenfalls nicht auf eine dem § 47 Nr. 2 AktG entsprechende Vorschrift berufen, da der Gesetzgeber eine solche Bestimmung (§ 9b Nr. 2 RegE) bewusst nicht aufgenommen hat.⁴⁹ Abs. 4 findet mithin auf offene Vertreter und Bevollmächtigte keine Anwendung. Doch können die Grundsätze über die Haftung von Vertretern bei der culpa in contrahendo,⁵⁰ § 311 Abs. 2 BGB nF, in geeigneten Fällen vorsichtig im Wege der Analogie herangezogen werden. Auch kommt eine Haftung aus § 823 Abs. 2 BGB iVm. § 5 Abs. 4 GmbHG sowie aus § 826 BGB in Betracht.

29

2. Gesamtschuldnerschaft, Exkulpation. Der Auftraggeber haftet in den Fällen der Abs. 1 bis 3 neben den Gesellschaftern oder Geschäftsführern als Gesamtschuldner. Auch sein Verschulden wird vermutet. Er kann sich lediglich dadurch exkulpieren, dass er darlegt, dass er selbst (Abs. 4 S. 1 iVm. Abs. 3) **und** der für seine Rechnung handelnde Gesellschafter (Abs. 4 S. 2) die Sorgfalt eines ordentlichen Geschäftsmannes angewandt haben, sog. **doppelter Entlastungsbeweis**.⁵¹ Im Übrigen gelten die zu Abs. 1 bis 3 gegebenen Erläuterungen. Doch bedarf es zur Geltendmachung des Ersatzanspruchs nicht eines Beschlusses der Gesellschafter, § 46 Nr. 8.⁵²

30

VI. Gesamtschuldnerschaft

Die Haftenden, die für denselben Schaden verantwortlich sind, haften als Gesamtschuldner, Abs. 1, 2 und 4; vgl. dazu § 421 BGB und zur Ausgleichung unter den Gesamtschuldnern § 426 BGB. Der Grad des Verschuldens wird durch § 254 BGB analog⁵³ bestimmt. Auf die Höhe der Beteiligungsquote ist wegen der Natur des Schadensersatzanspruches als eines gesetzlichen nicht abzustellen.⁵⁴

31

Soweit ein Gesellschafter seine Einlage schuldet, bleibt er der eigentliche Schuldner und kann nicht gemäß § 426 BGB die anderen Gesellschafter anteilig in Anspruch nehmen.⁵⁵

32

VII. Aktivlegitimation

Gläubiger sämtlicher Ansprüche ist die Gesellschaft, sobald sie durch die Eintragung als solche entstanden ist. Der Vorgesellschaft stehen die Ansprüche aus § 9a nicht zu.

33

---

⁴⁶ Ebenso *Lutter/Hommelhoff* Rn. 10; HK-GmbHR/*Bartl* 3. Aufl. I Rn. 192.
⁴⁷ Vgl. GroßkommAktG/*Barz* § 46 Rn. 23.
⁴⁸ § 202 Anm. 39.
⁴⁹ Vgl. Ausschussbericht S. 72.
⁵⁰ St. Rspr. BGHZ 63, 382; BGHZ 79, 281 = NJW 1981, 922.
⁵¹ Vgl. *Roth/Altmeppen* Rn. 19.
⁵² HM, *Baumbach/Hueck/G. Hueck/Fastrich* Rn. 14; *Scholz/Winter* Rn. 5.
⁵³ AllgM; *Hachenburg/Ulmer* Rn. 46; *Scholz/Winter* Rn. 41; *Roth/Altmeppen* Rn. 10; *Lutter/Hommelhoff* Rn. 6; abw. Voraufl. Rn. 30.
⁵⁴ *Scholz/Winter* Rn. 41; *Baumbach/Hueck/G. Hueck/Fastrich* Rn. 4; aA *Hachenburg/Ulmer* Rn. 46.
⁵⁵ Insoweit zutr. *Scholz/Winter* Rn. 42; GroßkommAktG/*Barz* § 46 Rn. 22; aA wohl *Lutter* DB 1980, 1317, 1320; vielleicht auch Kölner KommAktG/*Kraft* § 46 Rn. 45 f.

§ 9a   1. Abschnitt. Errichtung der Gesellschaft

Zur Geltendmachung von Ersatzansprüchen gegen Gesellschafter und Geschäftsführer bedarf es nach § 46 Nr. 8 eines **Gesellschafterbeschlusses**. Der Betroffene hat gemäß § 47 Abs. 4 dabei kein Stimmrecht. Sollen alle oder der einzige Geschäftsführer verklagt werden, so muss auch über die Vertretung der Gesellschaft in dem Prozess beschlossen werden (vgl. § 46 Rn. 44 ff.). Sonst bestellt das Prozessgericht nach § 57 ZPO oder das Registergericht nach § 29 BGB den Vertreter. Im **Insolvenzverfahren** macht der Insolvenzverwalter die Ansprüche geltend, § 80 InsO.

34   Wegen des deliktsähnlichen Charakters der Haftung ist der **Gerichtsstand** der unerlaubten Handlung nach § 32 ZPO gegeben.[56]

VIII. Verhältnis zu anderen Bestimmungen

35   Zum Verhältnis zu § 9 vgl. § 9 Rn. 11. Zur **Vorbelastungshaftung** wegen einer Kapitallücke bei der Eintragung vgl. § 9 Rn. 12 und § 11 Rn. 26 ff.

36   **Die Haftung der Geschäftsführer** gemäß § 43 kommt neben der Spezialbestimmung des § 9a – auch für die Vorgesellschaft (vgl. § 11 Rn. 46) – nur zum Zuge, soweit ein Geschäftsführer andere Pflichten bei der Gründung verletzt. Dabei ist zu bedenken, dass die Geschäftsführer nicht ausdrücklich verpflichtet sind, den Hergang der Gründung zu prüfen, wie nach § 33 Abs. 1 AktG. Doch darf daraus nicht geschlossen werden, dass die Geschäftsführer nicht bei sämtlichen Gründungsvorgängen die Sorgfalt des § 43 Abs. 1 zu beachten hätten (vgl. § 11 Rn. 46). Lediglich soweit § 9a reicht, geht die Bestimmung als lex specialis dem § 43 vor.[57] Die **Gesellschafter** haften daneben aus dem Gesellschaftsvertrag. Als Ansprüche aus unerlaubter Handlung – namentlich für Gesellschaftsgläubiger – kommen vor allem solche aus § 823 Abs. 2 BGB iVm. §§ 82 Abs. 1 GmbHG,[58] 263, 266 StGB sowie aus § 826 BGB in Betracht.[59]

IX. Übergangsrecht

37   Die Vorschriften gelten nur für Gesellschaften, die nach dem 1. 1. 1981 zur Eintragung angemeldet wurden. Für die übrigen Gesellschaften bleibt § 9 aF weiterhin maßgebend (vgl. Art. 12 § 2 ÄndG).

X. Österreichisches Recht

38   Das ÖGmbHG hat die Haftung des Anmeldenden nach § 9 aF beibehalten: § 10 Abs. 4–6 ÖGmbHG. Zur ausnahmsweisen Haftung der Gesellschafter kann es bei der Veranlassung der Abgabe falscher Erklärungen, §§ 1301 f. ABGB, oder bei eigenen falschen Erklärungen im Rahmen der nach § 10 Abs. 3 ÖGmbHG erforderlichen Nachweise kommen.[60] Für Sachgründungen gelten gemäß § 6a Abs. 4 ÖGmbHG nunmehr die Vorschriften des ÖAktG, also die Haftungsbestimmungen der §§ 39 bis 44 ÖAktG.

---

[56] *Scholz/Winter* Rn. 6; *Baumbach/Hueck/G. Hueck/Fastrich* Rn. 1; Kölner KommAktG/*Kraft* § 46 Rn. 14, hM; dagegen *Hachenburg/Ulmer* Rn. 11: § 12 ZPO (Schuldnerwohnsitz) oder § 22 ZPO (besonderer Gerichtsstand der Mitgliedschaft), weil es sich um gesellschaftsrechtliche Ansprüche handelt.
[57] Vgl. auch OLG Rostock GmbHR 1995, 659; *Lutter/Hommelhoff* Rn. 12; *Wälzholz* DStR 2002, 505 f.
[58] Vgl. § 82 Rn. 2; OLG München NJW-RR 1988, 290.
[59] So die hM; *Scholz/Winter* Rn. 48; *Hachenburg/Ulmer* Rn. 52 f.; Kölner KommAktG/*Kraft* § 46 Rn. 3.
[60] *Koppensteiner* § 10 Rn. 30.

§ 9b [Verzicht auf Ersatzansprüche]

(1) ¹Ein Verzicht der Gesellschaft auf Ersatzansprüche nach § 9a oder ein Vergleich der Gesellschaft über diese Ansprüche ist unwirksam, soweit der Ersatz zur Befriedigung der Gläubiger der Gesellschaft erforderlich ist. ²Dies gilt nicht, wenn der Ersatzpflichtige zahlungsunfähig ist und sich zur Abwendung des Insolvenzverfahrens mit seinen Gläubigern vergleicht oder wenn die Ersatzpflicht in einem Insolvenzplan geregelt wird.

(2) ¹Ersatzansprüche der Gesellschaft nach § 9a verjähren in fünf Jahren. ²Die Verjährung beginnt mit der Eintragung der Gesellschaft in das Handelsregister oder, wenn die zum Ersatz verpflichtende Handlung später begangen worden ist, mit der Vornahme der Handlung.

Übersicht

	Rn.		Rn.
I. Normzweck	1, 2	1. Verjährungsfrist	11, 12
II. Die Ersatzansprüche nach § 9a	3, 4	2. Beginn der Verjährung	13
III. Verzicht und Vergleich (Abs. 1)	5–10	3. Sonstiges	14, 15
1. Verzicht	5	V. Anwendbarkeit auf sonstige Vorschriften	16
2. Vergleich	6, 7		
3. Weitere Vereinbarungen	8	VI. Übergangsrecht	17
4. Unwirksamkeit	9, 10	VII. Österreichisches Recht	18
IV. Verjährung (Abs. 2)	11–15		

I. Normzweck

Die Vorschrift sichert in Abs. 1, um den Gläubigerschutz zu verstärken, die Ersatzansprüche des § 9a gegen privatautonome Verfügungen durch Verzicht und Vergleich seitens der Gesellschaft, wobei das Insolvenzverfahren gewisse Ausnahmen gestattet. Sie ähnelt insofern dem § 19 Abs. 2 und 3, der für die Leistungen auf die Stammeinlagen ähnliche, zum Teil aber abweichende Regelungen trifft. Abs. 2 ordnet eine längere über die Regelverjährung des § 195 BGB nF hinausgehende Verjährungsfrist an und bestimmt den Beginn der Verjährung. 1

Die Vorschrift, eingefügt durch die Novelle 1980, ergänzt § 9a und fasst die bisherigen Absätze 2 und 3 des § 9a aF, nur wenig geändert, in eine besondere Gesetzesbestimmung. Entsprechend der Neuregelung des Insolvenzverfahrens wurde auch Abs. 1 S. 2 durch Art. 48 Nr. 1 iVm. Art. 110 Abs. 1 EGInsO angeglichen. Die Regelung des § 9b ist, wie § 9a, **zwingendes Recht.** 2

II. Die Ersatzansprüche nach § 9a

Gegenstand der Bestimmung sind die Ersatzansprüche nach § 9a, gleichgültig aus welchem Grund und gegen wen sie bestehen. Davon zu unterscheiden sind namentlich die Einlageansprüche (vgl. § 19), der Anspruch aus der Vorbelastungshaftung (vgl. § 9 Rn. 12, § 11 Rn. 26 ff.), der Differenzanspruch gegen die Gesellschafter (§ 9) sowie Ersatzansprüche gegen die Geschäftsführer (vgl. § 43), die sämtlich anderen Regelungen unterstehen. 3

Ein Verzicht oder Vergleich über die Ansprüche aus § 9a bedarf nach § 46 Nr. 8 stets eines Gesellschafterbeschlusses (vgl. § 46 Rn. 39 ff.). Der betroffene Gesellschafter selbst ist nicht stimmberechtigt, § 47 Abs. 4 S. 2. 4

III. Verzicht und Vergleich (Abs. 1)

5 **1. Verzicht.** Der nach dem Sprachgebrauch des BGB für Forderungen nicht übliche Begriff umfasst wie in § 50 AktG alle Vereinbarungen der Gesellschaft mit dem Schuldner, durch die dieser ohne Gegenleistung ganz oder teilweise befreit wird; vgl. auch § 19 Abs. 2 S. 1. Das sind praktisch der Erlassvertrag (§ 397 Abs. 1 BGB) und das negative Schuldanerkenntnis (§ 397 Abs. 2 BGB). Einen **einseitigen** Verzicht auf eine Forderung kennt das deutsche Recht nicht.

6 **2. Vergleich.** Der Begriff des Vergleichs ergibt sich aus dem § 779 BGB: ein Vertrag, durch den der Streit oder die Ungewissheit der Parteien über ein Rechtsverhältnis oder die Unsicherheit der Verwirklichung eines Anspruchs im Wege gegenseitigen Nachgebens beseitigt wird. Im Vergleich kann der Ersatzanspruch sowohl teilweise erlassen wie auch gestundet oder in eine Ratenzahlung umgewandelt werden, wenn nur der Schuldner auch seinerseits etwas zugesteht, also zB die bis dahin bestrittene Leistungspflicht insoweit anerkennt. Dies gilt auch für den Prozessvergleich nach § 794 Abs. 1 Nr. 1 ZPO.[1]

7 **Ausgenommen** ist nur der außergerichtliche Vergleich, der bei Zahlungsunfähigkeit des Ersatzpflichtigen (vgl. § 17 Abs. 2 InsO) zur Abwendung oder Beseitigung (§§ 213 ff. InsO) des Insolvenzverfahrens geschlossen wird; Abs. 1 S. 2.[2] Obwohl im Gesetz nicht erwähnt, gilt dies auch für den Fall der Überschuldung (§§ 11, 19 InsO), nachdem § 9a den Kreis der Ersatzpflichtigen auf die Gesellschafter und deren Hintermänner, die auch juristische Personen sein können, erweitert hat. Es ist kein vernünftiger Grund vorhanden, die Mitwirkung der Gesellschaft an der Sanierung bei diesem Insolvenzgrund der ersatzpflichtigen juristischen Personen auszuschließen.[3] Nach dem neuen Insolvenzrecht kommt allein der außergerichtliche Vergleich in Betracht, bei dem die Gesamtheit der Gläubiger des betr. Ersatzpflichtigen mitwirken muss. Die Ansicht, es bedürfe nicht der Mitwirkung aller Gläubiger, weil es genüge, dass das Insolvenzverfahren vermieden werde,[4] ist schwerlich mit dem Gesetzeswortlaut („mit seinen Gläubigern") in Einklang zu bringen. Auch der durch die InsO vorgesehene Insolvenzplan geht von der Erfassung aller Gläubiger aus (§§ 217 ff. InsO).[5] Der mehrheitlich von den Gläubigern beschlossene Plan (zum Minderheitenschutz vgl. § 251 InsO) wirkt nach Zustimmung des Schuldners (§ 247 InsO) u. Bestätigung durch das Insolvenzgericht (§ 248) für und gegen alle Beteiligten.[6]

8 **3. Weitere Vereinbarungen.** Dem Normzweck entsprechend ist § 9b Abs. 1 analog auf eine Abtretung ohne hinreichende Gegenleistung[7] sowie auf die Annahme einer unzureichenden Leistung an Erfüllung Statt anzuwenden.[8] Auch der Abschluss eines Schiedsvertrags hinsichtlich eines Anspruches aus § 9a gemäß § 1025 Abs. 1 ZPO fällt hierunter, weil die Gesellschaft über die Forderung nicht ohne weiteres verfügen kann.[9]

---

[1] Vgl. *Hachenburg/Ulmer* Rn. 8.
[2] *Baumbach/Hueck/G. Hueck/Fastrich* Rn. 3; *Scholz/Winter* Rn. 15; *Lutter/Hommelhoff* Rn. 3.
[3] *Hachenburg/Ulmer* Rn. 14 f.; *Scholz/Winter* Rn. 13.
[4] *Hachenburg/Ulmer* Rn. 15; *Scholz/Winter* Rn. 14; offen *Lutter/Hommelhoff* Rn. 3.
[5] Vgl. *Wimmer/Jaffé* Frankfurter Kommentar zur InsO, 1998, § 217 Rn. 105.
[6] Zum Insolvenzplan s. *Uhlenbruck* GmbHR 1995, 81, 195; *Pick* NJW 1995, 992, 996.
[7] So auch *Scholz/Winter* Rn. 5; aA *Hachenburg/Ulmer* Rn. 9: nur unter Umgehungsgesichtspunkten durch § 9b erfassbar.
[8] Vgl. Kölner KommAktG/*Kraft* § 50 Rn. 7 ff.; *Lutter/Hommelhoff* Rn. 1; *Hachenburg/Ulmer* Rn. 9.
[9] AA *Bork* ZZP 100 (1987), 249, 264 ff.

Verzicht auf Ersatzansprüche § 9b

4. Unwirksamkeit. Der Verzicht und der Vergleich sind nicht unzulässig oder gar 9
nichtig. Sie sind lediglich unwirksam, **soweit** der Ersatzbetrag zur Befriedigung der
Gläubiger der Gesellschaft erforderlich ist. Die Unwirksamkeit tritt also erst ein, wenn
die Gesellschaft (durch Zahlungsunfähigkeit, Überschuldung oder Insolvenz) selbst
notleidend wird (auflösende Bedingung).[10] Sie beschränkt sich auch dann – als relative
Unwirksamkeit – auf das Verhältnis gegenüber der Gesellschaft und ihren Gläubigern.[11] Die Unwirksamkeit kann auch nur einen Teil („soweit") des Ersatzanspruches
erfassen,[12] wobei § 139 BGB zu beachten ist.[13]

Die Gesellschaft (bzw. ihr Insolvenzverwalter) kann die Unwirksamkeit nach Eintreten der auflösenden Bedingung jederzeit gegenüber dem Ersatzpflichtigen geltend 10
machen. Aber auch der Ersatzpflichtige kann sich dann auf die Unwirksamkeit berufen.
Ein Gesellschaftsgläubiger kann die Unwirksamkeit ebenfalls geltend machen, indem er
in den Ersatzanspruch vollstreckt (vgl. §§ 829 ff. ZPO).

IV. Verjährung (Abs. 2)

1. Verjährungsfrist. Die Ersatzansprüche verjähren in fünf Jahren. Die Frist, die 11
gegenüber §§ 195, 199 BGB nF eher etwas zu lang bemessen ist, entspricht einer im
Handels- und Gesellschaftsrecht verbreiteten Regelung für die abgekürzte Verjährung;
vgl. §§ 26, 159 HGB und im GmbHG §§ 31 Abs. 5, 43 Abs. 4, 52 Abs. 3 sowie auch
die Parallelbestimmung des § 51 AktG. Die Verjährung betrifft nur die Ersatzansprüche
aus § 9a, nicht auch Einlageforderungen gegen die Gesellschafter selbst und sonstige
Ansprüche gegen Gesellschafter und Geschäftsführer. Die Einlageforderungen gegen
die Gesellschafter verjähren in 3 Jahren nach § 195 BGB nF (Schadensersatzansprüche
gegen die Geschäftsführer nach § 43 Abs. 4 ebenfalls in fünf Jahren).

Die Frist kann nicht verkürzt werden, weil die Vorschrift zwingendes Recht ist.[14] 12

2. Beginn der Verjährung. Die Verjährung beginnt grds. wie bei vergleichbaren 13
Bestimmungen (vgl. § 9 Rn. 10) mit der Eintragung der Gesellschaft in das Handelsregister. Wenn die zum Ersatz verpflichtende Handlung jedoch später begangen worden
ist, beginnt sie erst mit Vornahme der Handlung. Die letztere Bestimmung, die die
Novelle 1980, dem § 51 AktG folgend, eingeführt hat, wird indes nur im Fall des § 9a
Abs. 2 praktisch werden (vgl. § 9a Rn. 22). „Vornahme der Verletzungshandlung"
dürfte ebenso zu verstehen sein wie die „Begehung der Verletzungshandlung" in § 852
BGB und § 21 UWG.[15]

3. Sonstiges. Die gegenüber der nunmehrigen Regelverjährung des § 195 BGB nF 14
längere Verjährungsfrist des § 9b gilt auch für **Vergleiche**. Ausgenommen ist der Prozessvergleich, dessen Ansprüche nach § 197 Abs. 1 Nr. 4 BGB nF in 30 Jahren verjähren.[16] Sonstige Vergleiche hemmen auch nicht die Verjährung (gemäß §§ 205, 209,

---

[10] Etwas weitergehend (schon bei anhaltenden Zahlungsschwierigkeiten) *Hachenburg/Ulmer* Rn. 10; *Scholz/Winter* Rn. 8: auch Eröffnung des Insolvenzverfahrens nicht erforderlich; *Lutter/Hommelhoff* Rn. 2; *Meyer-Landrut/Miller/Niehus* Rn. 3 aE.
[11] Vgl. *Hachenburg/Ulmer* Rn. 2, 10 ff.; *Scholz/Winter* Rn. 10.
[12] *Hachenburg/Ulmer* Rn. 12, *Scholz/Winter* Rn. 10.
[13] *Hachenburg/Ulmer* Rn. 12; *Scholz/Winter* Rn. 10.
[14] So auch *Scholz/Winter* Rn. 19; *Roth/Altmeppen* Rn. 7, während *Hachenburg/Ulmer* Rn. 21 und *Baumbach/Hueck/G. Hueck/Fastrich* Rn. 4 die Abkürzung vorbehaltlich der Unwirksamkeit nach Abs. 1 S. 1 zulassen.
[15] Vgl. GroßkommAktG/*Barz* § 51 Rn. 4.
[16] So für § 159 HGB RG JW 1938, 1173, 1174; *Staub/Schilling* § 159 Rn. 18; wie hier nunmehr auch *Roth/Altmeppen* Rn. 6; *Scholz/Winter* Rn. 20

§ 9 c   1. Abschnitt. Errichtung der Gesellschaft

212 Abs. 1 Nr. 1 BGB nF). Das war für § 9 Abs. 3 aF unstreitig. Es sollte für § 9b Abs. 2 schon deswegen gelten, weil der Gesetzgeber die Bestimmung nur dem neuen § 9a anpassen wollte.[17]

15 **Lauf, Hemmung und Neubeginn** der Verjährung bestimmen sich iÜ nach §§ 199ff., 203ff., 212 BGB nF.

V. Anwendbarkeit auf sonstige Vorschriften

16 § 9b ist entsprechend anzuwenden auf Ersatzansprüche gegen Geschäftsführer im Zusammenhang mit Kapitalerhöhungen (§ 57 Abs. 4); § 9b Abs. 1 auf solche gegen sie gerichtete Ansprüche aus § 43 Abs. 2 und 3 und § 64 Abs. 2 (vgl. § 43 Rn. 40f.; § 57 Rn. 28; § 64 Rn. 36). Schließlich findet § 9b – als Teil der Gründungsvorschriften – Anwendung auf Umwandlungsfälle in eine GmbH (vgl. §§ 36 Abs. 2 S. 1, 135 Abs. 2 S. 1, § 197 S. 1 UmwG).

VI. Übergangsrecht

17 § 9b gilt wie § 9a für Altgesellschaften nicht (vgl. § 9a Rn. 37).

VII. Österreichisches Recht

18 Das österreichische Recht entspricht fast wörtlich den bis 1980 geltenden Bestimmungen des deutschen (vgl. § 10 Abs. 5 und 6 ÖGmbHG).

§ 9 c [Ablehnung der Eintragung]

(1) ¹Ist die Gesellschaft nicht ordnungsgemäß errichtet und angemeldet, so hat das Gericht die Eintragung abzulehnen. ²Dies gilt auch, wenn Sacheinlagen überbewertet worden sind.

(2) Wegen einer mangelhaften, fehlenden oder nichtigen Bestimmung des Gesellschaftsvertrages darf das Gericht die Eintragung nach Absatz 1 nur ablehnen, soweit diese Bestimmung, ihr Fehlen oder ihre Nichtigkeit

1. Tatsachen oder Rechtsverhältnisse betrifft, die nach § 3 Abs. 1 oder auf Grund anderer zwingender gesetzlicher Vorschriften in dem Gesellschaftsvertrag bestimmt sein müssen oder die in das Handelsregister einzutragen oder von dem Gericht bekanntzumachen sind,

2. Vorschriften verletzt, die ausschließlich oder überwiegend zum Schutze der Gläubiger der Gesellschaft oder sonst im öffentlichen Interesse gegeben sind, oder

3. die Nichtigkeit des Gesellschaftsvertrages zur Folge hat.

Schrifttum: *Ammon* Die Prüfungsbefugnisse des Registergerichts bei GmbH-Anmeldungen – besteht Reformbedarf?, DStR 1995, 1311; *ders.* Gesellschaftsrechtliche und sonstige Neuerungen im Handelsrechtsreformgesetz – Ein Überblick, DStR 1998, 1474; *Baums* Eintragung und Löschung von Gesellschafterbeschlüssen, 1981; *Baur* Zur Beschränkung der Entscheidungsbefugnis des Registerrichters durch einstweilige Verfügung, ZGR 1972, 421; *Buschmann* Die Kontrollmöglichkeiten des Register-

---

[17] IErg. ebenso *Hachenburg/Ulmer* Rn. 20, einschränkend; *Scholz/Winter* Rn. 18. Weitere Literatur zur Verjährung nach dem SchuldrechtsreformG: *Heß* NJW 2002, 253ff.; *Mansel* NJW 2002, 89ff.; *Leenen* DStR 2002, 34ff.; *Ott* MDR 2002, 1ff.; *Schwab* JuS 2000, 1ff.; *Witt* JuS 2002, 110ff. sowie die in § 9 Fn. 22a Genannten.

richters bei der Eintragung von Gesellschaften, DRiZ 1974, 90; *Gessler* Die GmbH-Novelle, BB 1980, 1385; *Goebeler* Die Entwicklung des Registerrechts in den Jahren 1980–1986, BB 1987, 2314; *Göppert* Eintragungen in das Handelsregister von besonderer Eigenart, 1934; *Groß* Zum Prüfungsrecht des Registerrichters bei GmbH-Verträgen, Rpfleger 1976, 325; *ders.* Die Ordnungsmäßigkeit der Satzung einer GmbH, Rpfleger 1983, 213; *Gustavus* Möglichkeiten zur Beschleunigung des Eintragungsverfahrens bei der GmbH, GmbHR 1993, 259; *ders.* Die Neuregelungen im Gesellschaftsrecht nach dem Regierungsentwurf eines Handelsrechtsreformgesetzes, GmbHR 1998, 17; *ders.* Handelsregisteranmeldungen, 4. Aufl. 1999; *Heinemann* Änderungen des GmbH-Gesetzes zum 1. 1. 1999, BuW 1999, 188; *Holzer* Die inhaltliche Kontrolle des Gesellschaftsvertrags der GmbH – Ein Beitrag zu Prüfungsrecht und Prüfungspflicht des Registergerichts, WiB 1997, 290; *Lappe* Änderungen des Registerrechts der GmbH, GmbHR 1970, 9; *Lutter/Welp* Das neue Firmenrecht der Kapitalgesellschaften, ZIP 1999, 1073; *Müller* Zur Prüfungspflicht des Handelsregisterrichters und -rechtspflegers, Rpfleger 1970, 375; *Naumann* sowie *Rawert*, Prüfungspflichten des Registerrichters nach dem Entwurf des Handelsrechtsreformgesetzes, S. 81, 97, in: *Hommelhoff/Röhricht*, RWS-Forum 10 Gesellschaftsrecht, 1997; *Rühl* Rechtstatsachen zur Sachgründung im GmbH-Recht, 1987; *Sachs* GmbH-Verträge und Registergericht, BWNotZ 1975, 134; *Spiegelberger/Walz* Die Prüfung der Kapitalaufbringung im Rahmen der GmbH-Gründung, GmbHR 1998, 761; *Stumpf* Das Handelsregister nach der HGB-Reform, BB 1998, 2380.

Übersicht

	Rn.		Rn.
I. Normzweck	1–5	d) Vorbelastung des Startkapitals	30
II. Die registergerichtliche Prüfung	6–33	e) Unterkapitalisierung	31–33
1. Prüfungspflicht	6–8	III. Ablehnung und andere Maßnahmen des Registergerichts	34–37
a) Formelle Voraussetzungen	7	1. Ablehnung	35
b) Materielle Voraussetzungen	8	2. Andere Maßnahmen	36
2. Inhalt und Umfang	9–13	3. Aussetzung der Verfügung	37
a) Eintragungsvoraussetzungen; Intensität der Prüfung	10–12	IV. Zuständigkeit, Kosten	38, 39
b) Praxis der Registergerichte	13	1. Zuständigkeit	38
3. Einzelne Prüfungsgegenstände	14–33	2. Kosten	39
a) Gesellschaftsvertrag; eingeschränkter Prüfungsumfang	15–24	V. Staatshaftung	40
b) Bewertung der Sacheinlagen	25–28	VI. Österreichisches Recht	41
c) Versicherungen nach § 8 Abs. 2	29		

I. Normzweck

Die durch die Novelle 1980 eingeführte Vorschrift des (jetzigen) **Abs. 1** bestimmt die Voraussetzungen, unter denen das Registergericht die Eintragung der Gesellschaft ablehnt. Sie entspricht sachlich weitgehend dem zuvor geltenden ungeschriebenen Recht, erschöpft sich also in einer Klarstellung. Sie knüpft in **Satz 1** an § 38 Abs. 1 AktG an, setzt allerdings die Prüfungspflicht des Registerrichters als selbstverständlich voraus[1] und bestimmt lediglich Voraussetzungen der Ablehnung. Hervorgehoben wird in **Satz 2** die Prüfung der Sacheinlagen, dies wegen ihrer besonderen Bedeutung für die Errichtung einer GmbH. **Abs. 2**,[2] eingefügt durch das HRefG, soll die registergerichtliche Inhaltskontrolle des *Gesellschaftsvertrags* auf das für die Eintragung erforderliche Maß beschränken und damit zugleich das Eintragungsverfahren beschleunigen. Zu diesem Zweck wird der Kontrollumfang normiert.[3]

Entsprechend anwendbar ist § 9c Abs. 1 auf **Kapitalerhöhungen**,[4] Abs. 2 wurde nicht einbezogen, weil die Kapitalerhöhung stets Mindesterfordernisse des § 3 Abs. 1

---

[1] Ausschussbericht S. 72; *Geßler* BB 1980, 1385, 1387
[2] Vgl. die gleich lautenden Regelungen in § 38 Abs. 3 AktG und § 11a Abs. 3 GenG.
[3] Begr. RegE BT-Drucks. 13/8444 S. 75 ff. = ZIP 1997, 997 ff.; skeptisch bzgl. Vereinfachungs- und Beschleunigungseffekts *Rawert* RWS-Forum Gesellschaftsrecht 1997, S. 81, 87 ff.; *Naumann* ebd., S. 97 ff.; *Ammon* DStR 1998, 1474, 1479; *Lutter/Hommelhoff* Rn. 12, 14.
[4] Vgl. § 57a.

§ 9 c

Nr. 3 und 4 betrifft, so dass es insoweit der Regelungen des Abs. 2 Nr. 1[5] ebenso wenig bedurfte wie wegen der gläubigerschützenden Spezialbestimmungen der §§ 55 ff. Nr. 2 und 3.

3 § 9 c ist vollen Umfangs anzuwenden, wenn bei **Verschmelzung** durch Neugründung, § 36 Abs. 2 S. 1 UmwG, oder durch **Spaltung** zur Neugründung, § 135 Abs. 2 S. 1 UmwG, der neue Rechtsträger eine GmbH oder bei **Formwechsel**, § 197 S. 1 UmwG, der Rechtsträger neuer Rechtsform eine GmbH ist.

4 Für **Satzungsänderungen nach Eintragung** der GmbH verbleibt es bei der uneingeschränkten Prüfungskompetenz des Registergerichts, d. h. die Einschränkung des Abs. 2 gilt nicht.[6]

5 Sachlich gehört § 9 c zu § 10, der anordnet, was das Registergericht im Falle einer ordnungsgemäßen Anmeldung zu tun hat.

II. Die registergerichtliche Prüfung

6 **1. Prüfungspflicht.** Das Registergericht hat – wie nach § 38 Abs. 1 S. 1 AktG – zunächst zu prüfen, ob die Gesellschaft ordnungsgemäß errichtet und angemeldet ist. Diese Aufgabe ist in der Vorschrift als selbstverständliche Vorstufe der Ablehnung enthalten.[7]

7 **a) Formelle Voraussetzungen.** An formellen Voraussetzungen hat das Registergericht zu prüfen:
– **Zuständigkeit:** *sachlich* sind die Amtsgerichte zuständig, § 8 HGB iVm. § 125 Abs. 1 FGG, und dort der Richter für die erste Eintragung als auch die Entscheidung gemäß § 9 c, §§ 3 Nr. 2 d; 17 Nr. 1 a RPflG. Die *örtliche* Zuständigkeit ergibt sich aus der Sitzangabe im Gesellschaftsvertrag, §§ 8 Abs. 1 Nr. 1; 7 Abs. 1; 3 Abs. 1 Nr. 1; 4 a iVm. § 125 FGG (vgl. § 4 a Rn. 6 f., § 7 Rn. 12 ff.). Ab 1. 1. 2002 ist es das Amtsgericht, in dessen Bezirk ein Landgericht seinen Sitz hat (§ 125 Abs. 1 FGG) oder das von der Landesregierung im Wege weiterer Konzentration bestimmte Amtsgericht (§ 125 Abs. 2 FGG).[8]
– Einhaltung der für Anmeldung, Anmeldungsvollmacht sowie Unterschrift zu beobachtenden öffentlich beglaubigten **Form**, § 12 HGB.
– Vorname der Anmeldung durch **alle Geschäftsführer** einschließlich der Stellvertreter, §§ 78, 44.
– **Vollständigkeit** der Anmeldung: § 8 iVm. mit den dort genannten Vorschriften bestimmt Gegenstand, Inhalt und Form der Anlagen (Abs. 1), der Versicherungen (Abs. 2 und 3) und Angaben (Abs. 4) sowie die Zeichnung der Geschäftsführerunterschriften (Abs. 5) – (vgl. § 8 Rn. 1).
Die Prüfung hat sich auch auf nach Anmeldung und vor Eintragung eingetretene Veränderungen vorstehend bezeichneter Tatsachen und Rechtsverhältnisse zu erstrecken, es sei denn, es handelt sich um Änderungen des Gesellschaftsvertrages, die auch nach Abs. 2 nicht zu prüfen sind.

8 **b) Materielle Voraussetzungen.** Die materiellen Voraussetzungen betreffen die sachliche Rechtmäßigkeit und die inhaltliche Richtigkeit der Anmeldung und damit auch der Errichtung der Gesellschaft. Die Frage, wieweit die materielle Prüfungspflicht und das ihr entsprechende Prüfungsrecht des Registergerichts reichen, lässt sich **nicht allgemein** mit einer eindeutigen und handhabbaren Formel beantworten, zumal die

---

[5] *Baumbach/Hueck/Zöllner* § 57 a Rn. 1
[6] Vgl. Begr. RegE BT-Drucks. 13/8444 S. 77 = ZIP 1997, 997, 998 f.; BayObLG DB 2001, 1981.
[7] Ausschussbericht S. 72 = *Deutler* S. 53.
[8] Hierzu *Ammon* DStR 1998, 1474, 1479 sowie Aufzählung in § 4 a Fn. 11.

Ablehnung der Eintragung   § 9 c

Eintragungen recht unterschiedliche Funktionen haben. Das zeigen auch die bisherigen
Bemühungen der Lehre, die nur wenig Unbestrittenes erbracht haben.[9] Es kommt daher auf den Prüfungsgegenstand an, wie ihn das Gesetz bestimmt und neuerdings auch durch Abs. 2 begrenzt hat.[10]

2. Inhalt und Umfang. Für die **Prüfung** der GmbH-Anmeldung gibt das 9
GmbHG – ebenso wie für die AG-Anmeldung das AktG – im Wortlaut und Sinnzusammenhang wichtige Anhaltspunkte: Die Prüfung stellt für das Registergericht eine wesentlich andere und weitergehende Aufgabe dar als die Prüfung der meisten Anmeldungen nach dem HGB, die, wie zB die der Prokura-Erteilung, nur eine **Tatsache** zum Gegenstand haben. Die Prüfung soll hier die Einhaltung der „Normativbestimmungen", besonders die Kapitalgrundlage der Gesellschaft, gewährleisten.[11] Erst **nach** dieser Prüfung kann die GmbH als solche, als juristische Person, durch die Eintragung entstehen (vgl. § 11 Rn. 132 ff.). Hingegen folgt aus dem Amtsermittlungsgrundsatz des § 12 FGG für die Frage der materiellen Prüfung nichts. Die Bestimmung definiert nur die verfahrensmäßigen Aufgaben des Gerichts im Sinne der Inquisitionsmaxime (statt Parteimaxime).[12]

a) Eintragungsvoraussetzungen; Intensität der Prüfung. Die materielle Prü- 10
fungspflicht des Registergerichts ist iE – auch in der gerichtlichen Praxis – **äußerst umstritten.** Dabei muss zweierlei auseinandergehalten werden: die materiellen Eintragungsvoraussetzungen einerseits (Rn. 11) und andererseits die Intensität der Prüfung bzw. das Maß der Gewissheit (über das Vorliegen der maßgeblichen Tatsachen), das bei dem Richter erreicht sein muss (Rn. 12). Beides wird durch die Aufgabe der Prüfung (und ihres Gegenstandes vgl. Rn. 14 ff.) entsprechend den gesetzlichen Vorgaben bestimmt und begrenzt.

Die inhaltliche Prüfung nach § 9 c beschränkt sich darauf, ob die Eintragungsvoraus- 11
setzungen des zwingenden Rechts eingehalten worden sind.[13] Denn nur diese Voraussetzungen sind „normativ bestimmt". Insoweit muss die Prüfung umfassend sein und kann sich nicht darauf beschränken, die eintragungs- und veröffentlichungspflichtigen Tatsachen zu prüfen oder solche, die sich häufig als problematisch herausgestellt haben.[14]

Hinsichtlich der Intensität der Prüfung darf nicht die Andersartigkeit der Grün- 12
dungsvorschriften des GmbH-Rechts aus den Augen verloren werden. Der Gesetzgeber der Novelle 1980 sieht eine flexiblere Lösung vor, bei der das Registergericht abzuwägen hat zwischen den Erfordernissen einer am Einzelfall ausgerichteten Prüfung und dem Anspruch der Beteiligten auf eine zügige Erledigung ihrer Anmeldungen.[15] Diesen Anspruch darf das Registergericht nicht durch über die normale Prüfungstätigkeit hinausgehende Kontrollmaßnahmen relativieren, wenn keine konkreten Anhaltspunkte für Mängel bestehen.[16] Die dafür erforderlichen **Tatsachen** brauchen weder

---

[9] *Staub/Hüffer* § 8 Rn. 53 ff.; *Baums* Eintragung und Löschung von Gesellschafterbeschlüssen, 1981, S. 16.
[10] Vgl. auch BGHZ 113, 335, 352 f. = DB 1991, 1060, 1064 = NJW 1991, 1754, 1758.
[11] *Rittner* Werdende jP, S. 91 ff.
[12] So zutr. *Staub/Hüffer* § 8 Rn. 54; *Hachenburg/Ulmer* Rn. 6.
[13] BayObLGZ 1982, 368 = DB 1983, 99 = BB 1983, 83; OLG Köln BB 1981, 1596 = GmbHR 1982, 187 = WM 1981, 1263; weitergehend OLG Stuttgart Justiz 1980, 354.
[14] *Scholz/Winter* Rn. 7.
[15] BGHZ 113, 335, 352 f. = DB 1991, 1060, 1064 = NJW 1991, 1754, 1758.
[16] OLG Frankfurt/M. DB 1992, 1282; LG Saarbrücken RIW 1991, 865; *Hachenburg/Ulmer* Rn. 12; *Scholz/Winter* Rn. 13. Eine lediglich statistisch begründete Wahrscheinlichkeit nicht ordnungsgemäßer Angaben ist nicht ausreichend für weitere Nachweisverlangen, KG GmbHR 1998, 786 f. = DB 1998, 1400 f. (durch Barkapitalerhöhung verdeckte Sachkapitalerhöhung).

§ 9 c   1. Abschnitt. Errichtung der Gesellschaft

mit „an Sicherheit grenzender Wahrscheinlichkeit" noch mit „voller Überzeugung" noch mit „Gewissheit" vorzuliegen.[17] Vielmehr genügt also zunächst eine **Plausibilitätsprüfung**. Ihr hat, soweit sich *begründete* Zweifel einstellen, eine genauere Prüfung zu folgen.[18] Die Art und Weise dieser Prüfungen (IHK-Stellungnahme, Sachverständigengutachten usw.) hängt wieder vom **Prüfungsgegenstand** ab. Dasselbe gilt für die Frage, mit welchen Beweismitteln der Richter sich die nötige Klarheit beschafft (vgl. dazu näher Rn. 25, 29).

13 b) **Praxis der Registergerichte.** Die bisherige Praxis der Registergerichte – nach der Novelle 1980 – hat Befürchtungen vor einer zu hohen Prüfungsintensität[19] nicht bestätigt.[20] Das ist besonders im Hinblick auf die Dauer des Eintragungsverfahrens zu begrüßen. Die zum Teil erheblich weitergehenden Ansichten, die besonders im Anschluss an KG DR 1942, 1059 (entgegen der davor herrschenden Praxis und Lehre) vertreten wurden, dürften durch die jüngere Rechtsprechung der Obergerichte[21] endgültig überholt sein. Dementsprechend soll die Prüfungsbeschränkung des Abs. 2 zeitliche Verzögerungen durch notarielle Nachbeurkundungen infolge registergerichtlicher Änderungsverlangen von Satzungsbestimmungen[22] vermeiden helfen.[23]

14 3. **Einzelne Prüfungsgegenstände.** Gegenstand und Intensität der Prüfung lassen sich nur im Einzelnen genauer bestimmen (vgl. Rn. 8):

15 a) **Gesellschaftsvertrag; eingeschränkter Prüfungsumfang.** Abs. 2 präzisiert die registergerichtliche *Inhalts*kontrolle des Gesellschaftsvertrages und schränkt diese ein, indem er die zu prüfenden Fälle iE und abschließend[24] aufzählt. Dem Registergericht ist die Aufgabe zugewiesen, „zur Entstehung einer nach außen wirksamen juristischen Person beizutragen", d.h. zu prüfen, ob ein rechtswirksamer Gründungsakt vorliegt, nicht aber im Rahmen einer „vorbeugenden Rechtspflege" zu wirken.[25] Demgemäß darf das Registergericht den Gesellschaftsvertrag weder auf Klarheit[26] noch auf Zweckmäßigkeit oder seine Eignung zu interessengerechter Konfliktlösung[27] oder gar

---

[17] In dieser Richtung etwas zu weitgehend *Lutter* DB 1980, 1317.
[18] So BGHZ Fn. 15; OLG Düsseldorf GmbHR 1996, 214 = BB 1996, 338 = NJW-RR 1996, 605; *Hachenburg/Ulmer* Rn. 11 f.; *Scholz/Winter* Rn. 12; *Staub/Hüffer* § 8 Rn. 56; *Geßler* BB 1980, 1387; *Deutler* GmbHR 1980, 148.
[19] Vgl. *Geßler* BB 1980, 1387.
[20] Zust. *Ammon* DStR 1995, 1311 f.; 1998, 1494, 1479
[21] Bahnbrechend OLG Köln BB 1981, 1596 = GmbHR 1982, 187 = WM 1981, 1263.
[22] Der Verzögerungseffekt hielt sich angesichts der in notariellen Urkunden üblichen „Reparaturvollmachten" laut *Rawert* (Fn. 3) S. 91 allerdings schon bisher in Grenzen.
[23] BT-Drucks. 13/8444 S. 76 f. = ZIP 1997, 997, 999.
[24] Begr. RegE BT-Drucks. 13/8444 S. 77 = ZIP 1997, 997, 999; *Rawert* (Fn. 3) S. 88; *Lutter/Hommelhoff* Rn. 5.
[25] Begr. RegE BT-Drucks. 13/8444 S. 77 = ZIP 1997, 997, 999.
[26] So noch OLG Stuttgart DJ 1980, 354; *Groß* Rpfleger 1976, 237; 1983, 213; BayObLG DB 1993, 156 für den (Einzel-)Fall, dass Widersprüchlichkeiten für Dritte von Bedeutung sein könnten (vor Verallgemeinerung dieser Entscheidung warnend *Ammon* DStR 1998, 1474, 1479 mwN). Dagegen schon OLG Köln GmbHR 1982, 187; BB 1989, 1596; BayObLG BB 1985, 546; GmbHR 1993, 167, 168 sowie *Baumbauch/Hueck/G. Hueck/Fastrich* Rn. 4; *Scholz/Winter* Rn. 10, jedoch im Anschluss an BayObLGZ 1971, 242, 245 einschränkend für den Fall der Gefahr einer Irreführung für außenstehende Dritte über wichtige Umstände der Gesellschaft.
[27] BayObLGZ 174, 479, 483; DB 1983, 99; BB 1985, 546; OLG Köln GmbHR 1982, 187 = BB 1981, 1596 = WM 1981, 1263; *Hachenburg/Ulmer* Rn. 9; *Scholz/Winter* Rn. 11; *Baumbach/Hueck/G. Hueck/Fastrich* Rn. 4 sowie ferner *Holzer* WiB 1997, 290.

Ablehnung der Eintragung § 9 c

redaktionell prüfen.[28] Abs. 2 betrifft andererseits nur die Kontrolle des Vertragsinhalts; die mit der *Wirksamkeit* des Gesellschaftsvertrags zusammenhängenden Fragen des bürgerlichen Rechts zB hinsichtlich des Zustandekommens, eventueller Anfechtungserklärungen, wirksamer Vertretung oder des Vorliegens von Genehmigungen – auch öffentlich-rechtlicher Art – und schließlich der Einhaltung der Formvorschriften, § 2, unterliegen uneingeschränkter Prüfung.[29] Zur Wirksamkeitsfrage gehört auch die Prüfung nach §§ 134, 138 BGB sowie vor allem nach dem GWB, insbesondere §§ 1, 41 Abs. 1 GWB.[30]

Nach Abs. 2 **Nr. 1** hat das Registergericht zu prüfen, ob der Gesellschaftsvertrag die Erfordernisse nach § 3 Abs. 1 oder auf Grund anderer zwingender gesetzlicher Vorschriften erfüllt: 16

Gemäß § 3 Abs. 1 handelt es sich um die Zulässigkeit 17
– der Firma gemäß § 3 Abs. 1 Nr. 1 iVm. § 4 sowie §§ 17 ff., insbes. dem einschränkenden § 18 Abs. 2, sowie § 30 HGB (vgl. § 4 Rn. 7 ff., 32 ff.); regelmäßig jedoch nicht nach den Bestimmungen des UWG oder des gewerblichen Rechtsschutzes,
– der Sitzbestimmung, § 3 Abs. 1 Nr. 1 iVm. § 4 a; (vgl. § 4 a Rn. 5 ff.),
– des Unternehmensgegenstandes, § 3 Abs. 1 Nr. 2 (vgl. § 3 Rn. 8 ff.) und die Ordnungsmäßigkeit,
– der Bestimmung des Betrags des Stammkapitals, § 3 Abs. 1 Nr. 2 iVm. §§ 5 Abs. 1, 86 Abs. 2 (vgl. § 3 Rn. 15 f.),
– der Bestimmung der Beträge der von den jeweiligen Gesellschaftern übernommenen Stammeinlage, § 3 Abs. 1 Nr. 4 iVm. §§ 5 Abs. 1–3, 86 Abs. 2 (vgl. § 3 Rn. 17 ff.).

Aufgrund „anderer zwingender gesetzlicher Bestimmungen" müssen im Gesellschaftsvertrag für den Fall der Vereinbarung von Sacheinlagen Gegenstand derselben sowie der Betrag der Stammeinlage, auf die sich die Sacheinlage bezieht, festgesetzt werden, § 5 Abs. 3 S. 1 (vgl. § 5 Rn. 59) sowie ferner die Bestimmung des Gründungsaufwands als Gesamtbetrag, § 26 AktG analog (vgl. § 5 Rn. 67).[31] 18

Schließlich sind jene Tatsachen und Rechtsverhältnisse zu prüfen, „die in das Handelsregister einzutragen oder von dem Gericht bekanntzumachen sind". Durch die Erstreckung der Prüfungspflicht sowohl auf einzutragende als auf bekanntzumachende Tatsachen und Rechtsverhältnisse über den gesetzlichen Mindestinhalt des Gesellschaftsvertrages hinaus soll verhindert werden, dass das Gericht an der Eintragung oder Bekanntmachung unrichtiger Tatsachen oder unwirksamer Rechtsvorgänge mitwirken muss.[32] Eintragungsinhalt und Umfang der Bekanntmachung bestimmt § 10 Abs. 1 und Abs. 2. Hieraus ergibt sich, dass das Registergericht über Nr. 1 hinaus vor allem die Personen der Geschäftsführer, ihrer Vertreter und der Vertretungsbefugnis zu prüfen hat, Abs. 1 S. 1 und 2. Gleiches gilt für die Mitglieder des Aufsichtsrats, die zwar nicht einzutragen, aber bekanntzumachen sind, § 52 Abs. 2 iVm. § 40 Abs. 1 Nr. 4 AktG. 19

---

[28] *Scholz/Winter* Rn. 11.
[29] Vgl. Begr. RegE BT-Drucks. 13/8444 = ZIP 1997, 997, 999.
[30] Der Registerrichter hat dieser Frage jedoch nur nachzugehen, wenn die Anmeldung Anhaltspunkte dafür bietet, dass zB ein unwirksamer Kartellvertrag vorliegt oder ein unzulässiger Zusammenschluss vorliegen könnte. Vgl. zur Unwirksamkeit *Rittner* Wettbewerbs- und Kartellrecht, 6. Aufl. 1999, § 7 Rn. 62, 66 f.; MüKo AktG/*Pentz* § 38 Rn. 76; zum Vollzugsverbot *Immenga/Mestmäcker* § 24 a Rn. 34.
[31] *Scholz/Winter* Rn. 20; *Baumbach/Hueck/G. Hueck/Fastrich* § 5 Rn. 55, § 9 c Rn. 3 a; *Roth/Altmeppen* § 5 Rn. 65; *Rawert* (Fn. 3) S. 89; GroßkommAktG/*Röhricht* § 38 Rn. 51.
[32] Begr. RegE BT-Drucks. 13/8444 S. 78 = ZIP 1997, 997, 1000.

§ 9 c   1. Abschnitt. Errichtung der Gesellschaft

20   Nach Abs. 2 **Nr. 2** hat das Registergericht zu prüfen, ob Regelungen des *Gesellschaftsvertrages* „Vorschriften ..., die **ausschließlich** oder **überwiegend** zum Schutze der Gläubiger, der Gesellschaft oder sonst im **öffentlichen Interesse** gegeben sind", verletzen. Die Vorschrift stimmt wörtlich mit § 241 Nr. 3 2. Alt. AktG überein, so dass die dortige Rspr. und Schrifttum herangezogen werden können. Der Schutz der Gesellschafter ist als solcher nicht Prüfungsgegenstand; auch nicht unter dem Gesichtspunkt der Unvereinbarkeit einer die unentziehbaren Individual- oder Minderheitsrechte[33] einschränkenden Satzungsklausel mit dem „Wesen der GmbH". Dieses der 1. Alt. des § 241 Nr. 3 AktG entsprechende Merkmal (dort „Wesen der Aktiengesellschaft") wurde bewusst nicht nach § 9 c Abs. 2 Nr. 2 übernommen, anderenfalls die Zielsetzung der Prüfungsbeschränkung durch einen so weitreichenden und zudem umstrittenen[34] Prüfungsumfang konterkariert worden wäre.[35]

21   **Gläubigerschützend** sind nach dem Gesetzeswortlaut nicht nur die hierauf ausdrücklich ausgerichteten Vorschriften, sondern auch jene, die „überwiegende", d. h. *wesentliche* Bedeutung für den Gläubigerschutz haben.[36] Eine nur gläubigerschützende Nebenwirkung reicht aus.[37] Soweit nicht schon von Nr. 1 erfasst (vgl. oben Rn. 16–19), betrifft Nr. 2 Bestimmungen über die Aufbringung und Erhaltung des Stammkapitals:[38] §§ 7 Abs. 2 u. 3; 9; 9 a; 9 b Abs. 1 S. 1; 16 Abs. 3; 18 Abs. 2;[39] 19 Abs. 2 u. 5; 21 bis 24;[40] 30 ff.[41]

22   Eine Überprüfung von Satzungsbestimmungen, die auf eine *sittenwidrige Schädigung* der Gläubiger abzielen, § 138 BGB, hat im Rahmen der Nr. 2 nicht zu erfolgen. Der Gesetzgeber hat die entsprechende Norm des § 241 Nr. 4 AktG (Verstoß gegen die guten Sitten) bewusst nicht übernommen. Deshalb kann § 138 BGB in diesem Zusammenhange auch nicht als eine im „öffentlichen Interesse" gegebene Norm interpretiert werden,[42] anderenfalls der Zweck der enumerativen Beschränkung des Abs. 2 unterlaufen würde.[43] Im Hinblick auf Nr. 1 und 2 entsteht auch keine Lücke im Gläubigerschutz. Im Übrigen ist es weder Ziel des registerlichen Verfahrens noch vermittelt dieses die Möglichkeit, Rechtstreitigkeiten vorab zu entscheiden.[44]

---

[33] ZB § 48 (Teilnahmerecht), § 51 a (Informationsrecht), §§ 50 Abs. 1 und 2, 61 Abs. 2 und 66 Abs. 2 und 3 (Minderheitenrechte).
[34] Vgl. *Rawert* (Fn. 3) S. 90.
[35] Vgl. Begr. RegE BT-Drucks. 13/8444 S. 78 = ZIP 1997, 997, 1000.
[36] AllgM, § 47 Rn. 85; *Scholz/Winter* Rn. 21; *Lutter/Hommelhoff* Rn. 10; *Hachenburg/Raiser* Anh. § 47 Rn. 48; *Baumbach/Hueck/Zöllner* Anh. § 47 Rn. 24; *Hüffer* § 241 Rn. 17; MüKo AktG/*Pentz* § 38 Rn. 82.
[37] Vgl. § 47 Rn. 86; *Hachenburg/Raiser* § 47 Rn. 48; *Baumbach/Hueck/G. Hueck/Fastrich* Rn. 3 a; *Baumbach/Hueck/Zöllner* Anh. § 47 Rn. 24.
[38] Vgl. Begr. RegE BT-Drucks. 13/8444 S. 78 = ZIP 1977, 997, 1000.
[39] Ebenso *Scholz/Winter* Rn. 21; § 18 Abs. 1 u. 3 sind hingegen dispositiv, vgl. *Baumbach/Hueck/G. Hueck/Fastrich* § 18 Rn. 2.
[40] Mangels Erwähnung in § 25 ist § 20 nicht zwingend; vgl. § 20 Rn. 9 mwN.
[41] § 58 ist zwar gläubigerschützend, aber im Zusammenhang mit § 9 c Abs. 2 Nr. 2 irrelevant; anders *Lutter/Hommelhoff* Rn. 10.
[42] Ebenso MüKo AktG/*Pentz* § 38 Rn. 82; iErg. auch GroßkommAktG/*Röhricht* § 38 Rn. 58.
[43] Vgl. Begr. RegE BT-Drucks. 13/8444 S. 78 = ZIP 1997, 997, 1000 unter Hinweis auf die sonst eröffnete Möglichkeit, entsprechend den in § 75 Rn. 7 gegebenen Beispielen zu prüfen; ebenso MüKo AktG/*Pentz* § 38 Rn. 82; aA *Scholz/Winter* Rn. 21; krit. auch GroßkommAktG/*Röhricht* § 38 Rn. 58.
[44] Vgl. BT-Drucks. 13/8444 S. 77 = ZIP 1997, 979, 1000.

Ablehnung der Eintragung   § 9 c

Der Begriff des **öffentlichen Interesses** ist umstritten.[45] Nach allgM. ist er zwar 23
weit zu fassen,[46] was damit aber zugleich dessen Anwendbarkeit erschwert.[47] Indem das
Gesetz auf den Erlass der Vorschrift im öffentlichen Interesse abstellt („gegeben"), liefert es einen formalen Anknüpfungspunkt, der nicht weiterhilft. Entscheidende Orientierung bietet vielmehr das Spannungsverhältnis, das zwischen dem öffentlichen Interesse und der zur Rede stehenden Satzungsbestimmung zu ermitteln ist. Nur wenn dieses die Nichtanerkennung gebietet, tritt die Nichtigkeitsfolge nach Nr. 2 ein.[48] Wie beim Gläubigerschutz ist es auch hier erforderlich, dass die durch die Bestimmung des Gesellschaftsvertrages verletzte Vorschrift von wesentlicher Bedeutung für das öffentliche Interesse ist; ein reiner Rechtsreflex genügt nicht.[49] Demgemäß können Vorgaben im Gesellschaftsvertrag nichtig sein, weil sie zB die Eignungsvoraussetzungen der Geschäftsführer entgegen § 6 Abs. 2 bestimmen, zwingende Bestimmungen des MitbestG, §§ 25ff., verletzen,[50] gegen § 1 GWB verstoßen (vgl. Rn. 15 aE), Rechnungslegungsvorschriften verletzen,[51] Ordnungswidrigkeiten oder Strafbestimmungen, insbes. §§ 82ff. verwirklichen.[52] Die Einbeziehung des BetrVG erscheint im Hinblick auf die Zielsetzung des Abs. 2 (vgl. Rn. 1) und die Möglichkeiten, die dieses Gesetz den Betriebsverfassungsorganen zur Durchsetzung ihrer Rechte gewährt, als zu weitgehend.[53]

Nach **Nr. 3** hat das Gericht zu prüfen, ob die Unwirksamkeit einer Bestimmung des 24
Gesellschaftsvertrages die Gesamtnichtigkeit desselben zur Folge hat. Fehlt eine nach Nr. 1 erforderliche Regelung oder ist sie nichtig, ist die Eintragung schon aus diesem Grunde abzulehnen.[54] Für Nr. 3 verbleibt es mithin bei der Prüfung, ob *andere* Bestimmungen des Gesellschaftsvertrages diesen insgesamt nichtig werden lassen. Entgegen der Begr. RegE[55] kann aber nicht mit der Vermutungsregel des § 139 BGB die Gesamtnichtigkeit des Gesellschaftsvertrages gefolgert werden.[56] Abgesehen davon, dass die Rechtsprechung eine Abkehr von der Grundkonzeption des § 139 BGB schon im Allgemeinen vollzogen hat,[57] führt diese Tendenz bei Dauerschuldverhältnissen eher zu einer Aufrechterhaltung des Vertragsverhältnisses als zu dessen Gesamtnichtigkeit.[58] Eine Gesamtnichtigkeit wäre nur anzunehmen, wenn der verbleibende nichtinkriminierte Vertragsinhalt für sich keinen Sinn ergibt und auch nicht durch eindeutige Re-

---

[45] Vgl. *Huber*, FS Coing, Bd. II, 1982, S. 167ff., 189, 191.
[46] OLG Düsseldorf AG 1968, 19, 22; Kölner KommAktG/*Zöllner* § 241 Rn. 106.
[47] *Geßler/Hefermehl/Hüffer* § 241 Rn. 48.
[48] GroßkommAktG/*K. Schmidt* § 241 Rn. 59; MüKo AktG/*Pentz* § 38 Rn. 84.
[49] *Scholz/Winter* Rn. 22.
[50] ÜberwM; BGHZ 83, 106, 110; 151, 152f.; 89, 48, 50; *Scholz/Winter* Rn. 22; *Lutter/Hommelhoff* Rn. 11; abl. *Rawert* (Fn. 3) S. 93f.
[51] *Baumbach/Hopt* Einl. v. § 238 Rn. 14.
[52] *Scholz/Winter* Rn. 22; *Lutter/Hommelhoff* Rn. 11.
[53] Ebenso *Rawert* (Fn. 3) S. 93f.; anders Begr. RegE BT-Drucks. 13/8444 S. 78 = ZIP 1997, 1997, 1000; *Lutter/Hommelhoff* Rn. 11.
[54] Vgl. *Baumbach/Hueck/G. Hueck/Fastrich* Rn. 3a; aus diesem Grunde erscheint es auch zweckmäßig, bei der Prüfung entsprechend der Nummerierung des Abs. 2 vorzugehen und nicht mit Nr. 3 zu beginnen, so aber MüKo AktG/*Pentz* § 38 Rn. 72.
[55] BT-Drucks. 13/8444 S. 79 = ZIP 1997, 997, 1000.
[56] Ebenso Hachenburg/*Ulmer* § 2 Rn. 87; MüKo AktG/*Pentz* § 38 Rn. 76; aA *Scholz/Winter* Rn. 23; *Lutter/Hommelhoff* Rn. 12, 14; *Baumbach/Hueck/G. Hueck/Fastrich* § 2 Rn. 34; vgl. ferner § 2 Rn. 52.
[57] Vgl. MüKo BGB/*Mayer-Maly/Busche* § 139 Rn. 1f.
[58] BGH DB 1976, 2106f.; BGH JZ 1989, 956 m. Anm. *Grunewald*.

gelungen der Parteien ersetzbar wäre, zB mit Hilfe einer salvatorischen Klausel.[59] Ist der Gesellschaftsvertrag hingegen nach seinem Unternehmensgegenstand auf die Verwirklichung eines sittenwidrigen Tatbestands gerichtet, ist er in seiner Gesamtheit nichtig.[60]

25 **b) Bewertung der Sacheinlagen.** Die zutreffende Bewertung der Sacheinlagen (iS des Verbots der Überbewertung, vgl. § 5 Rn. 35 ff.) wird dem Registergericht gemäß § 8 Abs. 1 Nr. 4 und 5 durch den *Sachgründungsbericht* (§ 5 Abs. 4 S. 2), die einschlägigen *Verträge* (§ 5 Rn. 23, 55 ff.) und durch die der Anmeldung beigefügten *Unterlagen* nachgewiesen. Damit soll und kann sich das Gericht im Regelfall begnügen. Nur bei „begründeten Zweifeln"[61] hat es auf andere Beweismittel zurückzugreifen.[62] Je nach den Umständen – also nicht in jedem Fall routinemäßig – kann das Gericht dazu von den Anmeldenden weitere Unterlagen anfordern oder auch ein Sachverständigengutachten[63] über die Angemessenheit der Bewertung oder über die Prüfung überhaupt einholen.[64] Doch darf dies nicht zur Regel werden, nachdem der Gesetzgeber die obligatorische Gründungsprüfung für die GmbH ausdrücklich abgelehnt hat.[65] Die – oft gewiss nicht einfache – Entscheidung über die Bewertung muss das Gericht somit im Regelfall selbst treffen; zu weitgehend BayObLG,[66] demzufolge bei Grundstücken von einem Sachverständigengutachten „nur in besonders gelagerten Fällen" abgesehen werden könne, wodurch die Ausnahme zur Regel wird. Bei Einbringung zu Buchwerten ginge ein Wertgutachten stets ins Leere und verursachte lediglich Kosten und Zeitverzögerung.[67] Das Gericht hat auch nur zu prüfen, ob der Wert der Sacheinlagen den angegebenen Betrag erreicht, nicht ob er ihn übersteigt.[68]

26 Der maßgebliche **Zeitpunkt** für die Bewertung folgt insbesondere nicht aus dem etwas mißverständlich gefassten Satz 2; er ist vom Gesetz nicht bestimmt. Grundsätzlich ist es wie nach § 9 Abs. 1 der **Zeitpunkt der Anmeldung;**[69] das gilt auch für Kapitalerhöhungen (vgl. § 57 a Rn. 8, 10).[70] Ist die Sacheinlage im *Zeitpunkt der Anmeldung* überbewertet, stellt dies ein Eintragungshindernis dar.[71] Jedoch ist Wertausgleich bis zur Eintragung durch Zahlung der Differenz gem. § 9 Abs. 1, über die nachträglich eine Versicherung (analog § 8 Abs. 2 S. 1) vorgelegt wird, zu berücksichtigen.[72] Gleichermaßen sind zwischen Anmeldung und Eintragung eingetretene Wertsteigerungen

---

[59] Vgl. hierzu Beispiele bei MüKo BGB/*Mayer-Maly*/*Busche* § 139 Rn. 5; Münchener Vertragshandbuch Bd. I, *Heidenhain*/*Meister*, Muster IV 19, S. 396, 412.
[60] BGH DB 1973, 1739; 1976, 2106; JZ 1989, 956, 958 m. Anm. *Grunewald*.
[61] Ausschussbericht S. 72 = *Deutler* S. 53.
[62] OLG Düsseldorf GmbHR 1996, 214 = BB 1996, 338 = NJW-RR 1996, 605; vgl. auch *Scholz*/*Winter* Rn. 13.
[63] Zur Kostentragung der Sachverständigengutachten vgl. Rn. 39.
[64] Insoweit aA *Meyer-Landrut*/*Miller*/*Niehus* Rn. 5.
[65] Vgl. Ausschussbericht S. 72 = *Deutler* S. 53.
[66] DB 1995, 35 = DStR 1995, 109.
[67] Ähnlich *Spiegelberger*/*Walz* GmbHR 1998, 761, 764.
[68] LG Augsburg DB 1996, 467 = BB 1996, 920 = NJW-RR 1996, 604.
[69] Vgl. auch BayObLG 1988, 850; OLG Köln NJW-RR 1988, 875; *Scholz*/*Winter* Rn. 33; *Baumbauch*/*Hueck*/*G. Hueck*/*Fastrich* Rn. 6; aA *Lutter*/*Hommelhoff* Rn. 17.
[70] OLG Düsseldorf GmbHR 1996, 214 = BB 1996, 338 = NJW-RR 1996, 605.
[71] *Hachenburg*/*Ulmer* Rn. 32; *Baumbach*/*Hueck*/*G. Hueck*/*Fastrich* Rn. 8; aA MünchHdB GesR III/*Heinrich* § 8 Rn. 36.
[72] *Hachenburg*/*Ulmer* Rn. 39; *Scholz*/*Winter* Rn. 40; *Baumbach*/*Hueck*/*G. Hueck*/*Fastrich* Rn. 6; aA *Geßler* BB 1980, 1385, 1386.

zum Ausgleich geeignet.[73] Hingegen kann der Ausgleich mit dem Anspruch aus § 9 als solchem nicht bewirkt werden.[74]

Nach Anmeldung eintretende Wertverluste oder Belastungen stellen kein Eintragungshindernis dar.[75] Dieser Fall wird zwar nicht mehr von der den Einzubringenden treffenden Differenzhaftung erfasst, Äquivalent ist aber die Vorbelastungshaftung aller Gründer.[76] Stellte man wie die wohl noch hM[77] auf den Eintragungszeitpunkt ab, so würden jene Sacheinlagen, die von ihrer Natur her Wertschwankungen unterworfen sind, insbes. Unternehmen, das Registergericht zu umfassenden und fortlaufenden Recherchen während des Eintragungsverfahrens zwingen, insbes. wenn selbst kleinste Wertschwankungen mangels einer § 38 Abs. 2 S. 2 AktG entsprechenden Bestimmung beachtlich sein sollten.[78] Dies würde eine unerwünschte Verlängerung des Eintragungsverfahrens bewirken, wobei die dadurch bedingte Dauer zugleich die Verlässlichkeit der Gutachten wegen des weiteren Zeitablaufs[79] relativieren würde. Eine noch so genaue Prüfung kann keine Gewissheit vermitteln, denn sie hat einen rückwärtsbezogenen Ansatz und ihre Prognosefähigkeit ist nach aller Erfahrung gering.

Abgesehen von diesen kaum lösbaren praktischen Problemen[80] würde eine Ausweitung der Prüfungspflicht auf die Phase des Eintragungsverfahrens letztlich das überwundene Vorbelastungsverbot wieder aufleben lassen. Der diesem zugrundeliegende Unversehrtheitsgrundsatz wird jedoch richtigerweise als wertmäßige Garantie verstanden, die in der Vorbelastungshaftung der Gründer ihren Ausdruck findet.[81] Dem stehen auch nicht die Entscheidungen des BayObLG vom 1. 10. 1991[82] und vom 7. 10. 1998[83] sowie des OLG Hamm vom 1. 12. 1992[84] entgegen. Aus diesen ist zu entnehmen, dass einmal erhebliche Zweifel bestanden, ob überhaupt die Anmeldevoraussetzungen erfüllt waren,[85] zum anderen, wurde die Frage hinsichtlich des Umfangs der Prüfungspflicht des Registergerichts ausdrücklich offengelassen.[86]

c) Versicherungen nach § 8 Abs. 2. Die Versicherungen nach § 8 Abs. 2 über die Bewirkung der Leistungen auf die Stammeinlage müssen die tatsächlichen Umstände so darlegen, dass das Registergericht selbst prüfen kann, ob die erforderlichen Voraussetzungen erfüllt sind.[87] Ergeben diese Versicherungen und diejenigen nach § 8

---

[73] Vgl. auch § 9 Rn. 5; aA *Roth/Altmeppen* Rn. 7.
[74] Vgl. § 9 Rn. 6; *Scholz/Winter* Rn. 40.
[75] *Scholz/Winter* Rn. 33; *Geßler* BB 1980, 1385, 1387; *Mayer-Landrut/Miller/Niehus* Rn. 5; MünchHdB GesR/*Heinrich* Bd. III § 9 Rn. 44; *Baumbach/Hueck/G. Hueck/Fastrich* Rn. 6f. (abw. 16. Aufl.); MüKo AktG/*Pentz* § 38 Rn. 25.
[76] *Baumbach/Hueck/G. Hueck/Fastrich* Rn. 7; GroßkommAktG/*Röhricht* § 38 Rn. 13, 14.
[77] BGHZ 80, 129, 136, 141; BayObLG 1992, 109 f.; *Hachenburg/Ulmer* Rn. 18, 37; *Lutter/Hommelhoff* Rn. 17; *Geßler* BB 1980, 1385, 1386 meint hingegen nur den Fall, in dem die Ursachen schon *vor* der Anmeldung liegen.
[78] So *Hachenburg/Ulmer* Rn. 38; *Scholz/Winter* Rn. 40; *Lutter/Hommelhoff* Rn. 18; *Baumbach/Hueck/G. Hueck/Fastrich* Rn. 5.
[79] Vgl. auch *Baumbach/Hueck/G. Hueck/Fastrich* Rn. 7.
[80] *Hachenburg/Ulmer* § 11 Rn. 91; *K. Schmidt* ZHR 156 (1992), 93, 129; *Scholz/Winter* Rn. 29.
[81] Vgl. § 11 Rn. 27.
[82] DB 1991, 2536, 2537 = BB 1991, 2391 = GmbHR 1992, 109.
[83] DB 1998, 2439 = GmbHR 1998, 1225.
[84] DB 1993, 86, 87 = GmbHR 1993, 95, 96.
[85] BayObLG DB 1991, 2536, 2537 = BB 1991, 2391 = GmbHR 1992, 109; DB 1998, 2440 = GmbHR 1998, 1226.
[86] OLG Hamm DB 1993, 86, 87 = GmbHR 1993, 95, 96.
[87] BayObLG EWiR 1994, 157.

§ 9 c   1. Abschnitt. Errichtung der Gesellschaft

Abs. 3 begründete Zweifel an deren Richtigkeit, so ist das Gericht verpflichtet, die Vorlage entsprechender Nachweise zu verlangen, wie zB Kontoauszüge, oder auch eine Bankbestätigung,[88] Strafregisterauszüge, zumindest ins Einzelne gehende Erklärungen.[89] Bei Verfahrensdauer von mehr als drei Monaten kann eine notariell beglaubigte ergänzende Versicherung und die Vorlage einer aktuellen Bilanz erforderlich sein,[90] wenn Zweifel an der Richtigkeit der Versicherung bestehen.

30   **d) Vorbelastung des Startkapitals.** Die Versicherung nach § 8 Abs. 2 und die entsprechende Prüfung erstrecken sich bei **Bargründungen** auch darauf, wieweit das Startkapital bereits durch Verbindlichkeiten vorbelastet ist.[91] Dabei können die Ansprüche gegen die Gründer aus der Vorbelastungshaftung (vgl. § 11 Rn. 26 ff.) nicht – zum Ausgleich – berücksichtigt werden,[92] es sei denn es handelt sich um marginale Differenzen.[93] Doch darf man auch insoweit die Prüfungspflicht nicht überspannen (vgl. Rn. 12). Belastungen, die erst **nach der Anmeldung** eintreten, hat das Gericht **nicht** zu berücksichtigen, zumal es von ihnen durchweg nichts weiß.[94] Soweit das BayObLG aus Verkehrsschutzgründen auch Vorbelastungen, die nach der Anmeldung eintreten, berücksichtigen will,[95] entspricht dies weder dem § 7 Abs. 2 u. 3, § 8 Abs. 2 und § 9 c Abs. 1 S. 2, die allein für die Anmeldung gelten,[96] noch ist es im Hinblick auf den hinreichenden Schutz durch die Vorbelastungshaftung erforderlich, vgl. Rn. 27 f.

31   **e) Unterkapitalisierung.** Eine mögliche Unterkapitalisierung der Gesellschaft hat das Registergericht **nicht** zu prüfen, selbst wenn sie offensichtlich ist.[97]

---

[88] BayObLG BB 1988, 717 = GmbHR 1988, 269; OLG Frankfurt/M. GmbHR 1992, 531 = WM 1992, 1317; OLG Düsseldorf NJW-RR 1997, 738 = GmbHR 1997, 70 = EWiR 1997, 35; zur möglichen Bankhaftung vgl. BGH NJW 1997, 945 sowie *Spindler* ZGR 1997, 537, 538.

[89] Vgl. BayObLGZ 1981, 396 = GmbHR 1982, 210; OLG Hamm GmbHR 1993, 95 f. = DB 1993, 86 f. sowie § 8 Rn. 15 ff.

[90] OLG Düsseldorf GmbHR 1998, 235 = BB 1998, 1497 = DB 1998, 250.

[91] Vgl. § 8 Rn. 20; BGHZ 80, 129, 143 = NJW 1980, 1373, 1376; BGHZ 105, 300 = NJW 1989, 710; BayObLG DB 1991, 2536 = BB 1991, 2391 = GmbHR 1992, 109; OLG Frankfurt/M. OLGZ 1992, 388 = DB 1992, 1282 = MDR 1992, 855; OLG Düsseldorf NJW-RR 1997, 738 = GmbHR 1997, 70 = EWiR 1997, 35; BayObLG BB 1998, 2439 = GmbHR 1998, 1225 = NZG 1999, 27; *Fleck* GmbHR 1983, 5, 11; *Ulmer* ZGR 1981, 593, 604 ff.; *Meyer-Landrut/Miller/Niehus* Rn. 4; *Hachenburg/Ulmer* Fn. 32; *Baumbach/Hueck/G. Hueck/Fastrich* Rn. 8.

[92] OLG Hamm DB 1993, 86, 87 = GmbHR 1993, 95, 96 („Differenzhaftung").

[93] AA *Ulmer* ZGR 1981, 593, 606 f.; *Lutter/Hommelhoff* Rn. 18.

[94] So *Scholz/Winter* Rn. 29 *Hachenburg/Ulmer* Rn. 32; *Baumbach/Hueck/G. Hueck/Fastrich* Rn. 8; *Heidenhain* NJW 1988, 401; aA insbes. *Fleck* GmbHR 1983, 5, 11; *Raiser* Kapitalges. § 26 Rn. 79; *Roth/Altmeppen* Rn 10; offengelassen von BayObLG DB 1988, 850 = BB 1988, 789.

[95] BayObLG BB 1998, 2439, 2440 = NZG 1999, 27 = GmbHR 1998, 1225, 1226. Für den Ausnahmefall, dass während des Anmeldeverfahrens Verbindlichkeiten bekannt werden, die das Stammkapital um ein Mehrfaches übersteigen und wegen der schlechten Vermögenslage des Alleingesellschafters (Ablehnung der Eröffnung des Konkursverfahrens mangels Masse) keine Aussicht auf Realisierung dessen Vorbelastungshaftung besteht, sollte nach BayObLG DB 1991, 2536 = GmbHR 1992, 109 = BB 1991, 2391 eine Prüfungspflicht bestehen. Noch weitergehend OLG Hamm DB 1993, 86 = GmbHR 1993, 95.

[96] *Scholz/Winter* Rn. 29; vgl. zum Diskussionsstand Centrale-Gutachtendienst GmbHR 1998, 1175.

[97] Vgl. BGHZ 68, 312, 318 ff.; BAG DB 1999, 1222; *Scholz/Winter* Rn. 36; *Staub/Hüffer* § 8 Rn. 61; Kölner KommAktG/*Kraft* § 38 Rn. 8; GroßkommAktG/*Barz* § 38 Rn. 5; *K. Schmidt* GesR § 34 II 3 b; aA *Hachenburg/Ulmer* Rn. 10, 31; *Raiser* Kapitalges. § 26 Rn. 32; für Ausnahmefälle: *Wiedemann* S. 567 mit einem eher rechtspolitisch zu verstehenden Vorschlag.

Ablehnung der Eintragung   § 9 c

Ob dies auch für **Extremfälle** gilt, mag man bezweifeln. Doch erlauben es mE die 32
zwangsläufig entstehenden Abgrenzungsprobleme nicht, dem Gericht eine solche Prüfungsbefugnis zuzugestehen. Es kann die Eintragung einer evident unterkapitalisierten Gesellschaft nur deswegen ablehnen, weil sie auf eine sittenwidrige Schädigung potentieller Gläubiger gerichtet ist.[98] Dies kommt bei einer effektiven („materiellen") Unterkapitalisierung eher in Betracht als bei einer nominellen (d. h. durch Darlehen ausgeglichenen); vgl. dazu § 32 a Rn. 13.

Umstritten ist die Anwendung des § 9 c für den Fall der Verwendung einer **Mantel-** 33
oder **Vorrats-GmbH**.[99] Die Annahme eines Prüfungsrechts ist abzulehnen,[100] da dies der gesetzlichen Systematik der Gründungsvorschriften widerspricht, vgl. iE § 60 Rn. 7.

III. Ablehnung und andere Maßnahmen des Registergerichts

Liegen die Voraussetzungen für die Eintragung der Gesellschaft nicht vor, so kann 34
das Registergericht die Eintragung ablehnen (Rn. 35) oder andere Maßnahmen ergreifen (Rn. 36).

1. Ablehnung. Wenn das Registergericht zu dem Ergebnis gekommen ist, dass die 35
Voraussetzungen von S. 1 und 2 vorliegen, lehnt es die Eintragung durch begründete (vgl. § 26 HRV) Verfügung ab. Es hat den Beteiligten jedoch zuvor rechtliches Gehör und Gelegenheit zur Ergänzung der Anmeldung (vgl. Rn. 36) zu geben.[101] Gegen die Ablehnung findet die unbefristete **Beschwerde** an das Landgericht (Kammer für Handelssachen) statt (§ 19 FGG). Beschwerdeberechtigt ist nach der inzwischen hM[102] die Vor-GmbH als Antragstellerin iS von § 20 Abs. 2 FGG.[103] Sie wird hierbei durch die Geschäftsführer in vertretungsberechtigter Zahl vertreten[104] und nicht entspr. § 78 von sämtlichen Geschäftsführern.[105] Die Gesellschafter sind nicht beschwerdeberechtigt; die Organe des Handelsstandes nur insoweit, als den auf ihrem Mitwirkungsrecht beruhenden (Gegen-)Anträgen nicht stattgegeben wurde,[106] also nicht gegen die Zurückweisung einer Eintragungsanmeldung, da auch ihnen gegenüber § 20 Abs. 2 FGG gilt.[107] Eine ablehnende Entscheidung des Beschwerdegerichts kann mit der **weiteren Beschwerde** angefochten werden, die jedoch nur mit Gesetzesverletzungen zu begründen ist (§ 27 FGG).

---

[98] So auch *Scholz/Winter* Rn. 36 aE; *Baumbach/Hueck/G. Hueck/Fastrich* Rn. 4.
[99] Für ein Prüfungsrecht OLG Frankfurt/M. GmbHR 1999, 32, 33; AG Duisburg NJW-RR 1998, 246 = GmbHR 1998, 87; EWiR 1998, 223.
[100] OLG Frankfurt/M. GmbHR 1992, 456; BayObLG BB 1999, 971, 972 = GmbHR 1999, 607, 609 = DB 1999, 954, 955 f. mwN; *Lutter/Hommelhoff* § 3 Rn. 8; *Banjera* GmbHR 1998, 814, 815 ff.; *Bärwaldt/Schabacker* GmbHR 1998, 1005, 1008 ff.
[101] *Roth/Altmeppen* Rn. 4.
[102] BGHZ 117, 323, 327 = NJW 1992, 1824; 105, 324, 327 f. = NJW 1989, 295 – für die eingetragene GmbH; BayObLG GmbHR 1995, 722; OLG Frankfurt BB 1992, 1160; *Scholz/Winter* Rn. 36; *Lutter/Hommelhoff* § 10 Rn. 1; *Baumbach/Hueck/G. Hueck/Fastrich* Rn. 2a; *Roth/Altmeppen* Rn. 12; *GroßkommAktG/Röhricht* § 38 Rn. 44.
[103] Anders noch: BayObLGZ 1970, 285, 287; BayObLG BB 1985, 610 = DB 1985, 699; OLG Hamm OLGZ 1981, 419; BayObLG DB 1984, 238; OLG Köln OLGZ 1987, 33; *Hachenburg/Ulmer* Rn. 44.
[104] BGH 117, 323; 327 ff.; BayObLG NJW-RR 1996, 413 f.; *Lutter/Hommelhoff* § 10 Rn. 1; *Baumbach/Hueck/G. Hueck/Fastrich* Rn 2a; *Roth/Altmeppen* Rn. 12.
[105] So aber *Scholz/Winter* Rn. 41; BayObLG BB 1984, 171 f.; 804; sowie diejenigen, die Beschwerdeberechtigung der Vor-GmbH ablehnen.
[106] BayObLGZ 1982, 153, 155; BB 1984, 171 f.; *Keidel/Kuntze/Winkler* § 20 Rn. 42.
[107] *Keidel/Kuntze/Winkler* § 126 Rn. 24.

36 **2. Andere Maßnahmen.** Hat das Registergericht lediglich **Zweifel,** ob die Voraussetzungen gegeben sind, so kann es die Anmeldenden entweder zur Vorlage weiterer Unterlagen oder zu Auskünften auffordern. Dies geschieht am besten durch eine **„Zwischenverfügung"** mit Fristsetzung (vgl. § 26 S. 2 HRV). Das Gericht kann aber auch selbst Beweis erheben, vor allem durch Sachverständigengutachten (über Bewertungsfragen). Gegen eine Zwischenverfügung sind ebenfalls Beschwerde und weitere Beschwerde zulässig (vgl. Rn. 35).[108]

37 **3. Aussetzung der Verfügung.** Streiten sich die Beteiligten, zB über die Wirksamkeit des Gesellschaftsvertrages oder des Beitritts eines Gesellschafters, so kann das Registergericht gemäß § 127 FGG die Verfügung aussetzen, bis der Rechtsstreit entschieden ist. Die Aussetzung steht im pflichtmäßigen Ermessen des Registergerichts, das hierbei die mit der Verzögerung der Eintragung für die Gesellschaft verbundenen möglichen Nachteile gegenüber den Interessen der Beteiligten an vorgängiger Klärung der Streitfragen abzuwägen hat.[109] Sie kann aber auch vom Prozessgericht im Wege der einstweiligen Verfügung angeordnet werden.[110]

IV. Zuständigkeit, Kosten

38 1. **Zuständigkeit.** Vgl. Rn. 7.

39 2. **Kosten.** Über die Kosten der Anmeldung vgl. § 7 Rn. 39. Die Kosten eines Sachverständigengutachtens und sonst notwendig werdender Beweismittel trägt ebenfalls die Vor-GmbH (§§ 2 Nr. 1; 134 Nr. 4 KostO); die anmeldenden Geschäftsführer haften aber nach § 11 Abs. 2.[111]

V. Staatshaftung

40 Verletzt der Registerrichter (bzw. Rechtspfleger) die ihm bei der Registerführung obliegenden Pflichten, so haftet das betreffende Bundesland gemäß § 839 BGB iVm. Art. 34 GG.[112] Das Privileg des Spruchrichters (§ 839 Abs. 2 BGB) gilt nicht.[113] Die Haftung besteht insbesondere gegenüber den Gesellschaftsgläubigern, die durch eine nicht ordnungsmäßige Gründung geschädigt worden sind.[114] Andererseits ist der Registerrichter aber auch den Anmeldenden sowie der entstehenden Gesellschaft gegenüber verpflichtet, die Prüfung und Eintragung nicht unnötig zu verzögern.

VI. Österreichisches Recht

41 Das ÖGmbHG enthielt in § 11 Abs. 1 eine ähnliche Vorschrift, die aber eine ausdrückliche Prüfungspflicht statuierte. Trotz seines Wegfalls durch das Firmenbuchgesetz von 1991 (idF ÖBGBl. 1993, 458 u. 694), Art. IV Nr. 3, ist keine inhaltliche Änderung des vorher maßgeblichen Rechtszustandes eingetreten,[115] die Anmeldung und die vorgelegten Beilagen sind damit umfassend auf ihre Gesetzmäßigkeit und Vollständigkeit vom Firmenbuchgericht zu prüfen.[116]

---

[108] *Scholz/Winter* Rn. 41.
[109] *Keidel/Kuntze/Winkler* § 127 Rn. 36 f.
[110] RGZ 82, 375, 380; LG Heilbronn AG 1971, 372.
[111] *Hachenburg/Ulmer* Rn. 36.
[112] Vgl. *Staub/Hüffer* § 8 Rn. 75, der allerdings das inzwischen für nichtig erklärte – BVerfGE 61, 149 = NJW 1983, 25 – Staatshaftungsgesetz zugrunde legt.
[113] Vgl. BGH NJW 1956, 1716; MüKo BGB/*Papier* § 839 Rn. 322.
[114] Vgl. RGZ 154, 276; *Staub/Hüffer* § 8 Rn. 76 f.
[115] Vgl. dazu *Koppensteiner* § 11 Rn. 3 ff.
[116] *Gellis* § 11 Rn. 1.

§ 10 [Eintragung in das Handelsregister]

(1) ¹Bei der Eintragung in das Handelsregister sind die Firma und der Sitz der Gesellschaft, der Gegenstand des Unternehmens, die Höhe des Stammkapitals, der Tag des Abschlusses des Gesellschaftsvertrages und die Personen der Geschäftsführer anzugeben. ²Ferner ist einzutragen, welche Vertretungsbefugnis die Geschäftsführer haben.

(2) Enthält der Gesellschaftsvertrag eine Bestimmung über die Zeitdauer der Gesellschaft, so ist auch diese Bestimmung einzutragen.

(3) In die Veröffentlichung, durch welche die Eintragung bekanntgemacht wird, sind außer dem Inhalt der Eintragung die nach § 5 Abs. 4 Satz 1 getroffenen Festsetzungen und, sofern der Gesellschaftsvertrag besondere Bestimmungen über die Form enthält, in welcher öffentliche Bekanntmachungen der Gesellschaft erlassen werden, auch diese Bestimmungen aufzunehmen.

Übersicht

	Rn.		Rn.
I. Normzweck	1	a) Ernsthafte Zweifel an der Identität der Gesellschaft	19
II. Eintragung	2–4	b) Heilung fehlender Eintragungsvoraussetzungen	20
1. Pflichten des Registergerichts	2, 3	c) Wirkung fehlerhafter oder unvollständiger Eintragungen	21
2. Unanfechtbare Verfügung	4	V. Die Bekanntmachung (Abs. 3)	22–29
III. Inhalt der Eintragung	5–16	1. Inhalt der Eintragung	22
1. Eintragungsgegenstände	5–15	2. Weitere Gegenstände	23–27
a) Firma und Sitz	6	a) Festsetzungen über Sacheinlagen	24
b) Gegenstand des Unternehmens	7	b) Öffentliche Bekanntmachungen	25
c) Höhe des Stammkapitals	8	c) Aufsichtsratsmitglieder	26
d) Tag des Vertragsabschlusses	9	d) Eintragungsdatum	27
e) Personen der Geschäftsführer	10	3. Bekanntmachungsblätter	28
f) Vertretungsbefugnis	11–13	4. Wirkungen der Bekanntmachung	29
g) Bestimmungen über die Zeitdauer der Gesellschaft	14	VI. Kosten, Staatshaftung	30–33
h) Tag der Eintragung; Unterschrift	15	1. Kosten	30–32
2. Weitergehende Eintragungen	16	2. Staatshaftung	33
IV. Wirkung und Mängel der Eintragung	17–21	VII. Österreichisches Recht	34–36
1. Entstehung der Gesellschaft	17		
2. Mängel der Eintragung	18–21		

I. Normzweck

Die Vorschrift bestimmt das Nähere über den Inhalt der Eintragung der Gesellschaft 1 in das Handelsregister (Abs. 1 u. 2) sowie über die Bekanntmachung (Abs. 3). Sie setzt also die (positive) Entscheidung des Registergerichts darüber voraus, dass die Gesellschaft ordnungsgemäß errichtet und angemeldet worden ist (vgl. § 9c Rn. 6ff.). Der Wortlaut ist im Wesentlichen seit 1892 unverändert. Durch das Koordinierungsgesetz von 1969 wurde Abs. 1 S. 2 – der Publizitätsrichtlinie der EG entsprechend – geringfügig modifiziert. Die Novelle 1980 hat lediglich in Abs. 3 hinter „§ 5 Abs. 4" „Satz 1" eingefügt.

II. Eintragung

1. Pflichten des Registergerichts. Zur Eintragung ist das Registergericht ver- 2 pflichtet, sobald es zu der Erkenntnis kommt, dass die Gesellschaft ordnungsgemäß er-

§ 10　　　　　　　　　　　　　　　　　　1. Abschnitt. Errichtung der Gesellschaft

richtet und angemeldet worden ist (vgl. § 9c Rn. 6). Dem Gericht steht ein irgendwie geartetes Ermessen nicht zu. Zur Prüfung durch das Registergericht vgl. § 9c Rn. 6ff.

3　Die Eintragung erfolgt in **Abt. B des Handelsregisters** (vgl. dazu §§ 3 Abs. 3; 43ff. HRV). Sie ist den Anmeldenden bzw. dem Notar bekanntzumachen (vgl. §§ 129, 130 Abs. 2 FGG).

4　**2. Unanfechtbare Verfügung.** Die Eintragung ist eine **Verfügung des Registergerichts** (vgl. § 27 HRV).[1] Sie kann aber, entgegen der Regel des § 19 FGG, wegen ihrer konstitutiven Wirkung **nicht mit der Beschwerde angefochten** werden.[2] Vielmehr kann nur, wenn es an bestimmten wesentlichen Voraussetzungen fehlt, die Gesellschaft nach § 144 FGG von Amts wegen gelöscht oder gemäß § 144a FGG aufgelöst werden (vgl. Rn. 20). Das ergibt sich aus den vorgenannten, die Bestandskraft der eingetragenen Gesellschaft – namentlich im Hinblick auf den Rechtsverkehr – gewährleistenden Vorschriften des FGG und ist unstreitig.[3] Eine dennoch gegen eine Eintragung eingelegte, also unzulässige, Beschwerde kann aber als Anregung ausgelegt werden, ein Verfahren nach § 144 oder § 144a FGG zu eröffnen.[4] Dem Zweck des § 144 Abs. 2 FGG entsprechend dient das Löschungsverfahren jedoch nicht der Korrektur von Fehlern des Anmeldeverfahrens, sondern nur zur Löschung von Beschlüssen, die wegen ihres Inhalts nichtig sind.[5] Eine Ergänzung der Eintragung (zB über die Vertretungsverhältnisse) kann infolgedessen selbst dann nicht mit der Beschwerde angefochten werden, wenn die Anmelder sie für unvollständig und unzutreffend halten.[6] Die in Grundbuchsachen zugelassene sog. Fassungsbeschwerde[7] kann in Handelsregistersachen ausschließlich auf die Berichtigung von Eintragungsfehlern in den Grenzen des § 17 HRV gerichtet werden. Die danach unzulässige Beschwerde (auf Ergänzung oder Änderung der Eintragung) wird aber regelmäßig dahin umzudeuten sein, dass die Löschung der bisherigen Eintragung, verbunden mit dem Antrag auf Eintragung, wie ursprünglich beantragt, verlangt wird. Das Amtslöschungsverfahren kann dabei auf den fraglichen Teil der Gesamteintragung (zB den Eintrag über die Vertretungsverhältnisse) beschränkt werden.

III. Inhalt der Eintragung

5　**1. Eintragungsgegenstände.** § 10 Abs. 1 und 2 bestimmt **abschließend,** was in das Handelsregister einzutragen ist.[8] Maßgeblich für den Inhalt der einzelnen Eintragungen ist der Gesellschaftsvertrag. Folgendes ist einzutragen:

6　a) **Firma und Sitz.** Firma und Sitz der Gesellschaft (vgl. § 3 Abs. 1 Nr. 1).

7　b) **Gegenstand des Unternehmens.** Der Gegenstand des Unternehmens (vgl. § 3 Abs. 1 Nr. 2). Nur die wörtliche ungekürzte Wiedergabe der betreffenden Satzungs-

---

[1] *Bumiller/Winkler* § 19 Rn 5.
[2] Vgl. BGHZ 104, 61, 63 = NJW 1988, 1840 = DB 1988, 1648; BayObLGZ 1977, 320, 322 = DB 1978, 388; 1979, 351, 353 = Rpfleger 1980, 15; OLG Hamm OLGZ 1974, 139, 140 = MDR 1974, 495 (LS); 1976, 392, 393 = NJW 1976, 902; OLG Frankfurt/M. OLGZ 1983, 189, 190 = DB 1983, 819.
[3] Vgl. *Staub/Hüffer* § 8 Rn. 86; *Hachenburg/Ulmer* § 9c Rn. 44; *Scholz/Winter* Rn. 4, § 9c Rn. 42; *Keidel/Kuntze/Winkler* § 19 Rn. 5.
[4] Vgl. BayObLGZ 1956, 303; KG OLGZ 1967, 97, 101 = WM 1967, 83.
[5] Vgl. BayObLG DB 1995, 2517 = GmbHR 1996, 441.
[6] Vgl. OLG Hamm DNotZ 1954, 92; BayObLG DB 1984, 1518 = DNotZ 1985, 168; BayObLG DB 1985, 383 = GmbHR 1985, 158.
[7] Vgl. BayObLGZ 1981, 117, 118 = Rpfleger 1981, 295.
[8] Vgl. BGH NJW 1998, 1071 = DB 1998, 301 = GmbHR 1998, 181; BayObLG NJW-RR 1997, 673 = DB 1997, 818 = GmbHR 1997, 410.

Eintragung in das Handelsregister § 10

bestimmungen wird dem Informationsbedürfnis des Rechtsverkehrs gerecht, anderenfalls die auf Konkretisierung des Unternehmensgegenstandes hinauslaufende Rechtsprechung (vgl. § 3 Rn. 10) ins Leere liefe.[9]

c) Höhe des Stammkapitals. Die Höhe des Stammkapitals (vgl. § 3 Abs. 1 Nr. 3), weder aber die der einzelnen Stammeinlagen noch die Angaben über Sacheinlagen[10] oder die Namen der Gesellschafter (vgl. jedoch § 40). Diese Angaben sind in den von jedermann einsehbaren (§ 9 Abs. 1 HGB) Anmeldeunterlagen enthalten. **8**

d) Tag des Vertragsabschlusses. Der Tag des Abschlusses des Gesellschaftsvertrages, der sich aus dem notariellen Protokoll (vgl. § 9 Abs. 2 BeurkG) ergibt (vgl. § 2 Rn. 36 ff.). Bei Stufenbeurkundung ist das Datum der letzten Vertragserklärung maßgebend.[11] **9**

e) Personen der Geschäftsführer. Die Personen der Geschäftsführer (vgl. §§ 6, 8 Abs. 1 Nr. 2), auch der stellvertretenden Geschäftsführer, § 44,[12] jedoch ohne Angabe ihrer Stellvertretereigenschaft, auch wenn dies bei der Anmeldung beantragt wird,[13] weil es sich insoweit lediglich um eine gesellschaftsinterne Regelung handelt, die keine Außenwirkung hat. Die Angabe erfolgt mit Vornamen, Familiennamen, Beruf und Wohnort (§ 43 Nr. 4 HRV). **10**

f) Vertretungsbefugnis. Zur Vertretungsbefugnis der Geschäftsführer vgl. § 8 Rn. 28. Dies gilt auch dann, wenn nur ein einziger Geschäftsführer bestimmt ist.[14] Vertretungsregelungen, die die Gesellschafterversammlung lediglich treffen **kann,** sind nicht einzutragen.[15] Die Angaben über die Vertretungsbefugnis müssen dabei so abgefasst sein, dass sich die Vertretungsregelung unmittelbar und eindeutig aus dem Handelsregister entnehmen lässt; nicht ausreichend ist es, wenn sich die Vertretungsregelung erst im Wege einer Schlussfolgerung aus den Eintragungen des Handelsregisters ableiten lässt.[16] **11**

Einzutragen ist grundsätzlich die **allgemeine Regelung,** wie sie sich aus dem Gesellschaftsvertrag oder aus dem Gesetz ergibt, nicht aber die Vertretungsbefugnis jedes einzelnen Geschäftsführers, ausgenommen, dass sie individuell besonders geregelt ist.[17] **12**

---

[9] Ebenso *Scholz/Winter* Rn. 7; aA LG München GmbHR 1991, 270; das eine gestraffte Textwiedergabe sowie die Weglassung von Leerformeln zulässt.
[10] Vgl. RGZ 78, 359, 361; 83, 256, 265; *Hachenburg/Ulmer* Rn. 3, 8; *Scholz/Winter* Rn. 8.
[11] *Baumbach/Hueck/G. Hueck/Fastrich* Rn. 2.
[12] BGH NJW 1998, 1071 = DB 1998, 301 = GmbHR 1998, 181; BayObLG NJW-RR 1997, 673, 674 = DB 1997, 818 = GmbHR 1997, 410, 411; *Scholz/Winter* Rn. 10; *Lutter/Hommelhoff* Rn. 2.
[13] BGH NJW 1998, 1071 = DB 1998, 301 = GmbHR 1998, 181 = WuB II C § 44 GmbHG 1.98 m. zust. Anm. *Groß*; BayObLG NJW-RR 1997, 673 = DB 1997, 818 = GmbHR 1997, 410, aA OLG Stuttgart NJW 1960, 2150; OLG Düsseldorf NJW 1969, 1259.
[14] BGHZ 63, 261 = NJW 1975, 213; EuGH 1974, 1201 = GmbHR 1975, 13 = BB 1974, 1500; BayObLG NJW-RR 1998, 400 = DB 1997, 1272.
[15] OLG Frankfurt/M. DB 1984, 42; GmbHR 1994, 118 = DB 1993, 2174 = MDR 1993, 1187; OLG Hamm NJW-RR 1997, 415 = DB 1996, 2272.
[16] OLG Köln NJW-RR 1996, 1382, 1383; BayObLG DB 2000, 37, 38 = GmbHR 2000, 91, 92.
[17] Vgl. BGHZ 87, 59, 63 = NJW 1983, 1676; BayObLG BB 1974, 291; BB 1980, 597 = DB 1979, 1933; WM 1980, 473 f.; DB 1997, 1272 = NZG 1998, 72, 73 = NJW-RR 1998, 400; OLG Hamm NJW 1972, 1763; OLG Frankfurt/M. BB 1970, 370 = Rpfleger 1971, 359; GmbHR 1988, 65; OLG Köln OLGZ 1970, 265 = Rpfleger 1970, 172; *Hachenburg/Ulmer* Rn. 9; *Scholz/Winter* Rn. 12.

§ 10   1. Abschnitt. Errichtung der Gesellschaft

– Die Gegenansicht, die für **jeden** Geschäftsführer die Angabe der Vertretungsverhältnisse verlangt,[18] wird vom Wortlaut nicht getragen und ist unpraktisch. So aber LG Wuppertal:[19] für die Eintragung komme es auf die konkrete Vertretungsbefugnis an, sofern die Satzung keine Gesamtvertretung zwingend vorschreibe.[20] Das OLG Frankfurt/M.[21] lässt abstrakte wie konkrete Eintragung zu; jedoch kann das Registergericht die Anmelder nicht zu konkreter Anmeldung anhalten, weil dies seiner Eintragungsgewohnheit entspricht.

13   Auch die **Befreiung vom Verbot des Selbstkontrahierens** (vgl. § 8 Rn. 28) ist einzutragen.[22] Der neueren Rechtsprechung, die sich vor allem auf die Rechtsprechung des EuGH[23] zur gemeinschaftskonformen Auslegung des § 10 Abs. 1 S. 2 stützt, ist der Vorzug zu geben, so dass auch eine beschränkte Befreiung einzutragen ist, also nur bestimmte Arten von Geschäften oder nur Geschäfte mit bestimmten Personen oder Gesellschaften betrifft.[24] Handelt es sich hingegen um die Befreiung für ein einziges Geschäft, bedarf es der Eintragung nicht.[25] GmbH & Co KG: Die Befreiung des Geschäftsführers der Komplementär-GmbH von Verbot des Selbstkontrahierens ist ebenfalls in das Handelsregister bei der KG einzutragen.[26] – Die dem Geschäftsführer einer mehrgliedrigen GmbH erteilte Befreiung erlischt[27] nicht dadurch, dass der Geschäftsführer Alleingesellschafter der GmbH wird.[28]

14   **g) Bestimmungen über die Zeitdauer der Gesellschaft.** Bestimmungen über die Zeitdauer der Gesellschaft (Abs. 2), falls der Gesellschaftsvertrag eine solche Bestimmung trifft (vgl. § 3 Rn. 23 ff.). Kündigungsbestimmungen – gleichgültig, ob sie mit Auflösungswirkung verbunden sind oder nicht – fallen nicht hierunter.[29] Die beiläufigen Bemerkungen des RG[30] zu § 10 sprechen nicht dagegen.

15   **h) Tag der Eintragung; Unterschrift.** Der Tag der Eintragung und die Unterschrift des zuständigen Beamten (§ 130 Abs. 1 FGG,[31] §§ 28, 15 HRV). Das Eintragungsdatum ist u.a. maßgebend für die Entstehung der Gesellschaft nach § 11 (vgl. § 11 Rn. 132) sowie für den Verjährungsbeginn nach § 9 Abs. 2.[32]

---

[18] Vgl. bes. *Bokelmann* NJW 1969, 2120; *Lappe* GmbHR 1970, 9.
[19] GmbHR 1993, 99.
[20] Vermittelnd *Westerholt* GmbHR 1993, 85.
[21] DB 1993, 2478 = GmbHR 1994, 117.
[22] BGHZ 87, 59 = NJW 1983, 1676; BayObLGZ 1979, 182 = BB 1980, 597; OLG Köln GmbHR 1980, 129; NJW-RR 1996, 1382, 1383; OLG Frankfurt/M. DB 1984, 42; DB 1997, 923 = GmbHR 1997, 349; OLG Hamm EWiR 1998, 701 m. zust. Anm. *Bokelmann* für Alleingesellschafter-Geschäftsführer; *Staub/Hüffer* § 8 Rn. 34; *Lutter/Hommelhoff* Rn. 4; *Hachenburg/Ulmer* Rn. 11; *Scholz/Winter* Rn. 13; aA OLG Karlsruhe GmbHR 1964, 78.
[23] Slg. 1974, 1201 = GmbHR 1975, 13 = BB 1974, 1500.
[24] OLG Düsseldorf DB 1994, 1922 = WM 1994, 2112.
[25] *Hachenburg/Ulmer* Rn. 12; *Scholz/Winter* Rn. 12.
[26] OLG Köln GmbHR 1996, 218 = NJR-RR 1996, 1382; BayObLG DB 2000, 37 = GmbHR 2000, 91: eintragungsfähige Tatsache; aA wohl LG München I GmbHR 1998, 789.
[27] Entgegen BayObLG BB 1987, 1482; 1989, 2426.
[28] BGH NJW 1991, 1731 = ZIP 1991, 650 = WM 1991, 891; OLG Düsseldorf BB 1991, 233.
[29] So wohl auch BayObLG BB 1975, 249, 250; jedenfalls aber *Hachenburg/Ulmer* Rn. 13; *Scholz/Winter* Rn. 14; aA, aber ohne Begründung für den Fall der Kündigung mit Auflösungswirkung, OLG Hamm GmbHR 1971, 57, 59; *Lutter/Hommelhoff* Rn. 2.
[30] RGZ 79, 418, 422 f.
[31] Die Vorschrift ist als Soll-Bestimmung ausgestaltet, die durch § 15 HRV dienstrechtlich zur Pflicht gemacht wird, vgl. *Jansen* FGG § 130 Rn. 2.
[32] Der Gegenbeweis ist zulässig. Maßgebend ist dann der Tag der tatsächlichen Eintragung, vgl. *Bumiller/Winkler* § 130 Rn. 7 f.; *Keidel/Kuntze/Winkler* § 130 Rn. 5; *Scholz/Winter* Rn. 16.

Eintragung in das Handelsregister §10

2. Weitergehende Eintragungen. Trägt der Registerrichter weitere Tatsachen 16
ein, so sind diese gemäß § 142 FGG von Amts wegen zu löschen.[33]

IV. Wirkung und Mängel der Eintragung

1. Entstehung der Gesellschaft. Mit der Eintragung entsteht die GmbH als solche 17
(vgl. § 11 Rn. 132), und zwar zum Tag der Eintragung (vgl. Rn. 15). Auf die Bekanntmachung nach Abs. 3 kommt es dafür nicht an; sie ist nur für die Publizitätswirkung nach § 15 HGB wesentlich.

2. Mängel der Eintragung. Die Entstehung der Gesellschaft wird durch Mängel 18
der Eintragung grundsätzlich **nicht gehindert**.

a) Ernsthafte Zweifel an der Identität der Gesellschaft. Eine, wohl vorwie- 19
gend theoretische, Ausnahme wird für Fälle angenommen, in denen die Eintragung
ernsthafte Zweifel an der Identität der Gesellschaft zulässt.[34] Wann dies vorliegt, ist
umstritten. Allgemein wird ein solcher Fall angenommen, wenn die **Firma** überhaupt
fehlt oder sie bei der Eintragung der Firma erheblich verändert wurde. Die Eintragung
kann aber nachgeholt bzw. berichtigt werden. Die GmbH entsteht dann mit der
(datierten: § 17 HRV) Berichtigung. Ein Fehlen oder eine unrichtige Eintragung des
Sitzes oder des **Unternehmensgegenstandes** dürften hingegen derartige Zweifel
idR nicht begründen.[35] Hat ein **örtlich unzuständiges Registergericht** eingetragen,
so kommt die Gesellschaft gleichwohl zur Entstehung.[36] Der Fehler ist in analoger
Anwendung des § 13h, früher § 13c HGB zu beheben.[37]

b) Heilung fehlender Eintragungsvoraussetzungen. Fehlende Voraussetzungen 20
der Eintragung werden grundsätzlich durch die Eintragung selbst geheilt; vgl. § 2
Rn. 58 ff. Einige besonders schwere Mängel des Gesellschaftsvertrages begründen indes
eine Nichtigkeitsklage nach § 75 sowie die Amtslöschung nach § 144 FGG. Gewisse
andere schwere Mängel des Gesellschaftsvertrages führen zur Amtsauflösung nach
§ 144a Abs. 4 FGG. Eine Amtslöschung nach § 142 FGG kommt allenfalls in Betracht,
wenn nur einige Geschäftsführer mitgewirkt haben und die Anmeldung sachlich nicht
dem Willen der übrigen entsprach (sehr str.; vgl. auch § 7 Rn. 16).[38]

c) Wirkung fehlerhafter oder unvollständiger Eintragungen. Sind die Eintra- 21
gungsvoraussetzungen gegeben, behindern fehlerhafte und unvollständige Eintragungen als solche weder die Entstehung der GmbH noch begründen sie irgendwelche
Rechtsbehelfe oder Verfahrensmöglichkeiten gegen die Eintragung. Das Registergericht hat die Eintragung vielmehr nach § 17 HRV zu berichtigen.[39] Die Anmeldenden
können dies mit der Beschwerde gemäß § 20 Abs. 2 FGG verlangen.[40] Dasselbe gilt für
die Löschung **zusätzlicher Eintragungen,** die entgegen § 10 Abs. 1 oder 2 vorgenommen werden.

---

[33] Vgl. OLG Karlsruhe GmbHR 1964, 78; AG Duisburg DB 1993, 2522 = GmbHR 1994, 811.
[34] Vgl. *Hachenburg/Ulmer* Rn. 17; *Scholz/Winter* Rn. 18; *Roth/Altmeppen* Rn. 8.
[35] AA *Vogel* Anm. 3.
[36] Vgl. *Hachenburg/Ulmer* § 7 Rn. 15; *Scholz/Winter* Rn. 20; *Jansen* FGG § 7 Rn. 9, § 125 Rn. 8.
[37] So zutr. *Scholz/Winter* Rn. 20; ähnlich *Hachenburg/Ulmer* § 7 Rn. 15.
[38] So *Hachenburg/Ulmer* Rn. 15.
[39] Vgl. *Hachenburg/Ulmer* Rn. 16.
[40] Vgl. BayObLG GmbHR 2000, 87 = BB 2000, 10; zur Beschwerde gemäß § 19 FGG OLG Köln NJW-RR 1996, 1382, 1383 = GmbHR 1996, 218, 219.

V. Die Bekanntmachung (Abs. 3)

22 **1. Inhalt der Eintragung.** Die Eintragung ist nach § 10 Abs. 1 S. 1 HGB im Bundesanzeiger und in mindestens einem anderen Blatt bekanntzumachen. Sie umfasst den gesamten Inhalt der Eintragung (vgl. dazu Rn. 6 ff.) und ist unverzüglich zu veranlassen (§ 32 HRV).

23 **2. Weitere Gegenstände.** Nach Abs. 3 sind außerdem bekanntzumachen:

24 **a) Festsetzungen über Sacheinlagen.** Die Festsetzungen über Sacheinlagen nach § 5 Abs. 4 S. 1, d. h. Gegenstand und Wert der Sacheinlage in zusammenfassender Beschreibung sowie Namen der Sacheinleger.[41]

25 **b) Öffentliche Bekanntmachungen.** Etwaige Bestimmungen des Gesellschaftsvertrags über die Form, in der die öffentlichen Bekanntmachungen der Gesellschaft erlassen werden (vgl. § 3 Rn. 1 aE).

26 **c) Aufsichtsratsmitglieder.** Die Aufsichtsratsmitglieder mit Name, Beruf und Wohnort, falls schon vor der Eintragung ein Aufsichtsrat bestellt worden ist (vgl. § 52 Abs. 2 S. 1 iVm. § 40 Abs. 1 Nr. 4 AktG).[42]

27 **d) Eintragungsdatum.** Das Eintragungsdatum (§ 130 Abs. 1 FGG, § 15 HRV; vgl. Rn. 15).

28 **3. Bekanntmachungsblätter.** Die Bekanntmachung erfolgt jedenfalls im Bundesanzeiger und in einem vom Registergericht nach § 11 HGB bezeichneten Blatt (§ 10 HGB).

29 **4. Wirkungen der Bekanntmachung.** Die Bekanntmachung löst vor allem Wirkungen gemäß § 15 HGB aus.[43]

VI. Kosten, Staatshaftung

30 **1. Kosten.** Die Kosten der Eintragung ergeben sich aus §§ 79 Abs. 1 S. 1, 26 KostO. Danach wird für die **Eintragung** eine volle Gebühr erhoben. Der Geschäftswert ergibt sich aus dem Gesamtbetrag der Stammeinlagen.[44] Die Kosten, die durch die **Bekanntmachung** entstehen, werden als Auslagen gemäß § 137 Nr. 5 KostO erhoben. Diese Art der Gebührenbemessung nach § 26 KostO ist infolge der Entscheidung des EuGH („Fantask")[45] **europarechtswidrig.** Eine Abgabe, deren Höhe unmittelbar und unbegrenzt im Verhältnis zu dem gezeichneten Nennkapital steigt, könne schon ihrer Natur nach keine Gebühr iS der Richtlinie sein.[46] Die deutschen Gerichte[47] er-

---

[41] *Hachenburg/Ulmer* Rn. 19; *Scholz/Winter* Rn. 28; *Roth/Altmeppen* Rn. 6.
[42] Vgl. § 52 Rn. 21; *Roth/Altmeppen* Rn. 6; *Scholz/Winter* Rn. 29, § 8 Rn. 18.
[43] Vgl. die Kommentare zu § 15 HGB sowie *Hachenburg/Ulmer* Rn. 24 f.
[44] Vgl. *Korintenberg/Lappe* § 79 Rn. 8.
[45] EuGH WM 1998, 2193 = NZG 1998, 274 = DStR 1998, 825. Dies hat der EuGH auch für den Fall der Eintragung einer Kapitalerhöhung jüngst bestätigt, vgl. ZIP 2001, 1145 = EuZW 2001, 500 = IStR 2001, 506.
[46] EuGH WM 1998, 2193, 2196 Nr. 30 = NZG 1998, 274, 276 Nr. 30 = DStR 1998, 825.
[47] LG Hildesheim WM 1998, 2373; BayObLG AG 1999, 272 = NZG 1999, 159 = EWiR 1999, 219; BayObLG WM 1999, 1625 = NZG 1999, 159 = EWiR 1999, 221; BayObLG NJW 1999, 652 = DStR 1999, 291; OLG Zweibrücken WM 1999, 1631 = EWiR 1999, 709; OLG Köln WM 1999, 1629 = DStR 1999, 293; ZIP 2000, 311 = BB 2000, 370; aA LG Koblenz NZG 1999, 36.

klärten, die Gebührenbemessung nach der Höhe des Geschäftswertes, und damit § 26 KostO, verstieße gegen die „Gesellschaftssteuerrichtlinie" der EU,[48] weil es sich insofern um **verdeckte Steuern** handele. Dem folgte das Schrifttum.[49] Die Gebühren hätten sich entsprechend den Vorgaben der Richtlinie und der Rspr. des EuGH an den tatsächlichen Kosten zu orientieren. Eine Neuregelung des § 26 KostO existiert jedoch noch nicht,[50] so dass die Vorschrift gemeinschaftsrechtskonform auszulegen ist.[51] Die Gerichte behelfen sich mit Kostenschätzungen bzw. für vorläufig erklärten Kostenansätzen.[52] Für die Zukunft ist für kleinere Gesellschaften zu befürchten, dass sie höhere und größere Gesellschaften geringere Gebühren zu erwarten haben.[53]

„Altfällen" steht ein **Rückforderungsanspruch** für zu viel gezahlte Gebühren zu.[54] **31** Das betroffene Land kann sich insoweit jedoch auf **Verwirkung** nach § 15 KostO[55] bzw. **Verjährung** der Ansprüche nach § 17 Abs. 2 KostO (vier Jahre Verjährungsfrist)[56] berufen. Umstritten ist allerdings, wann die Verjährungsfrist beginnt. Maßgeblicher Zeitpunkt könnte zum einen die Aufhebung des Gebührenbescheides,[57] zum anderen die Zahlung der Gebühren[58] sein. Nach letzterer Ansicht wären viele Ansprüche demnach bereits verjährt, wenn nicht eine verjährungsunterbrechende Erinnerung eingelegt wurde.[59] – Zuständiges Gericht für den Rückforderungsanspruch ist wegen des Sachzusammenhangs wohl das Registergericht.[60]

Diese Grundsätze sind nicht nur auf die Eintragung von Kapitalgesellschaften, son- **32** dern auch auf die Eintragung von Zweigniederlassungen,[61] Prokura[62] sowie von

---

[48] EU-Richtlinie 69/335/EWG v. 17. 7. 1969 – ABl. EG v. 3. 10. 1969 Nr. L 156, 23.

[49] *Gustavus* ZIP 1998, 502, 503 f.; *ders.* EWiR 1999, 221; *Keil* EWiR 1999, 223, 224; *Sprockhoff* NZG 1999, 747, 748; *Lappe* EWiR 1999, 219, 220; *Vogt* WuB II N Art. 10 RL 85/303 EWG 2.99; *Demharter* EWiR 1999, 709, 710; *Müther* Rpfleger 2000, 316, 318 f.; *Timme* NJW 2000, 1540; wohl auch *Lange* WuB II N Art. 10 RL 85/303 EWG 1.99; krit. *Fabis* ZIP 1999, 1041; *Görk* DStR 1999, 283.

[50] Es wird vom Bundesministerium für Justiz jedoch die Einführung aufwandsbezogener Festgebühren geplant: Dritter Zwischenbericht der Konferenz der Kostenrechtsreferenten der Landesjustizverwaltungen und des Bundesministeriums für Justiz vom 17. 12. 2001 über die Vorbereitung einer Gesamtreform des Justizkostenrechts, S. 1 ff. – abrufbar unter http://www.bmj.bund.de/images/11234.pdf.

[51] Vgl. BayObLG NJW 1999, 652, 654 = DStR 1999, 291, 292 = WM 1999, 1622, 1624 f.; BayObLG WM 1999, 1625 = NZG 1999, 159 = EWiR 1999, 221; OLG Zweibrücken WM 1999, 1631, 1633 f.

[52] Vgl. *Meiniger/Gänzle* BB 2000, 840, 842 f. mwN.

[53] *Sprockhoff* NZG 1999, 747, 751.

[54] EuGH WM 1998, 2193, 2197 Nr. 37 = NZG 1998, 274, 276 Nr. 37.

[55] *Wolf* ZIP 2000, 949, 952: ab Ende 2001, da erst mit Bekanntwerden des EuGH-Urteils „Fantask" § 15 KostO in Betracht kommt.

[56] Vgl. EuGH WM 1998, 2193, 2198 Nr. 51.

[57] *Wolf* ZIP 2000, 949, 950 f.

[58] *Sprockhoff* NZG 1999, 747, 752 mwN; *Müther* Rpfleger 2000, 316, 319 f.

[59] *Singer* INF 1999, 306, 309.

[60] *Timme* NJW 2000, 1540, 1541; *Gustavus* ZIP 1998, 502, 504; *Sprockhoff* NZG 1999, 747, 753.

[61] OLG Köln WM 1999, 1629 = DStR 1999, 293; OLG Zweibrücken WM 1999, 1631 = EWiR 1999, 709; BayObLG NJW 1999, 652 = DStR 1999, 291 = EWiR 1999, 223; BayObLG AG 1999, 272 = NZG 1999, 159 = EWiR 1999, 219 für amerikanische Zweigniederlassung; krit. *Lange* WuB II N Art. 10 RL 85/303 EWG 1.99; so auch *Vogt* WuB II N Art. 10 RL 85/303 EWG 2.99.

[62] OLG Köln ZIP 2000, 311 = BB 2000, 370 = DStR 2000, 787.

§ 10
1. Abschnitt. Errichtung der Gesellschaft

GmbH & Co. KG[63] anzuwenden. Zu **Gebühren der Notare**[64] ist zu differenzieren, ob die Notare freiberuflich[65] oder Beamte sind, zB im badischgen Landesteil (§ 17 Abs.1 LFGG), und deren Gebühren teilweise dem Staat zufließen.[65a]

33 **2. Staatshaftung.** Für fehlerhafte Eintragungen und Bekanntmachungen, die auf ein Verschulden des Registergerichts zurückzuführen sind, haftet das Bundesland nach § 839 BGB iVm. Art. 34 GG; vgl. § 9 c Rn. 40. Geschützt ist in erster Linie die Gesellschaft. Sie muss aber versuchen, den Schaden durch Gebrauch von Rechtsmitteln abzuwenden, will sie nicht gemäß § 839 Abs. 3 BGB den Anspruch verlieren.[66] Aber auch Dritten, die auf die Eintragung vertrauen, steht der Amtshaftungsanspruch zu.[67]

VII. Österreichisches Recht

34 Das **Handelsgericht** prüft auch nach Wegfall des § 11 Abs. 1 ÖGmbHG (vgl. § 9 c Rn. 41) die Vollständigkeit und Gesetzmäßigkeit der Anmeldung sowie die gesetzlichen Voraussetzungen der Eintragung[68] und beschließt sodann über die Eintragung. Der Beschluss lässt die GmbH als solche entstehen (§ 2 Abs. 1 S. 1 ÖGmbHG).

35 Nach § 11 ÖGmbHG werden u. a. der Gesellschaftsvertrag (vollständig) sowie die Geschäftsführer in das Firmenbuch **eingetragen**. Auch die Höhe der Stammeinlagen und der darauf geleisteten Einzahlungen, die § 11 ÖGmbHG darüber hinaus nennt; sind einzutragen; vgl. auch § 5 FBG. Art. 11 der 4. VO zur Einführung handelsrechtlicher Vorschriften im Lande Österreich,[69] der von der Angabe des Betrages der Einzahlungen abgesehen hatte, ist mit Ablauf des 31. 12. 1990 außer Kraft getreten (vgl. FBG – Firmenbuchgesetz – Art. XXIV Abs. 2 Z.15).

36 Das Gericht **veröffentlicht** einen Auszug des Gesellschaftsvertrags; die Einzelheiten bestimmt § 12 Abs. 2 ÖGmbHG aF (d. h. vor dem FBG) solange, bis die Eintragungen der Gesellschaft in die Datenbank vollständig erfolgt sind, vgl. Art. XXIII Abs. 11 – Übergangsbestimmungen – FBG). Danach ergibt sich der Inhalt der Bekanntmachung vornehmlich aus § 10 Abs. 1 ÖHGB iVm. § 11 ÖGmbHG nF. § 12 ÖGmbHG nF ergänzt dies um die dort genannten zwei Tatsachen: Bestimmungen über die Art von Bekanntmachungen der Gesellschaft (Nr. 1 = § 12 Abs. 2 Nr. 5 aF) und solche über Sacheinlagen, -übernahmen sowie sonstige Vergünstigungen (Nr. 2 iVm. § 6 Abs. 4 = § 12 Abs. 2 Nr. 7 aF). Veröffentlichungsorgan ist gem. § 10 ÖHGB das „Amtsblatt zur Wiener Zeitung" und das Zentralblatt für die Eintragungen in das Firmenbuch.

---

[63] BayObLG WM 1999, 1625, 1626 = NZG 1999, 159 = EWiR 1999, 221; *Timme* NJW 2000, 1540, 1541; *Sprockhoff* NZG 1999, 747, 748.

[64] Vgl. § 7 Rn. 39.

[65] *Görk* DNotZ 1999, 851 zu EuGH NJW 2000, 939 = DNotZ 1999, 937 („Modelo") = ZIP 2000, 1891; *ders.* DNotZ 1999, 851, 859 ff.; *Sprockhoff* NZG 1999, 747, 748; *Singer* INF 1999, 306, 308.

[65a] Vgl. EuGH DB 2002, 834, 835: die Gebühr stellt bei dieser Sachverhaltsgestattung eine unzulässig erhobene Steuer iSd. Gesellschaftsteuerrichtlinie dar.

[66] Vgl. RGZ 131, 12, 14; RG JW 1938, 593.

[67] Vgl. RGZ 127, 153, 156; 140, 174, 184.

[68] Vgl. *Koppensteiner* § 11 Rn. 1, 4 ff.

[69] RGBl. 1938 I S. 1999.

§ 11 [Rechtszustand vor der Eintragung]

(1) **Vor der Eintragung in das Handelsregister des Sitzes der Gesellschaft besteht die Gesellschaft mit beschränkter Haftung als solche nicht.**

(2) **Ist vor der Eintragung im Namen der Gesellschaft gehandelt worden, so haften die Handelnden persönlich und solidarisch.**

Literatur: Die allgemeine Literatur zur Gründung und zur Vorgesellschaft ist Vor § 1 Rn. 9 angegeben. Folgende Titel werden nur mit dem Verfassernamen zitiert: *Binz, Büttner, Fleck* (1983), *Flume* (1983), *Hüffer, Kuhn*.

Übersicht

	Rn.		Rn.
I. Normzweck	1–3	c) Mitbestimmungsgesetze	51–58
II. Die Vorgesellschaft: Grundlagen	4–34	aa) Gesetzeslücke	52, 53
1. Begriff, Funktion und Abgrenzungen	4–8	bb) Errichtung ohne Aufsichtsrat	54–56
a) Gründungsstadium	5	cc) Eintragung in das Handelsregister	57
b) Charakterisierung durch BGH	6	dd) Bestellte Geschäftsführer	58
c) Vorgründungsgesellschaft	7	7. Gesellschaftsvermögen	59–61
d) Unechte Vorgesellschaft	8	8. Änderungen des Gesellschaftsvertrags	62–64
2. Hauptprobleme des Rechts der Vorgesellschaft	9–19	9. Auflösung und Abwicklung	65–71
a) Rechtsanwendungsprobleme	10, 11	a) Auflösungsgründe	66, 67
b) Hauptprobleme im Einzelnen	12–16	b) Abwicklung	68–71
aa) Anwendbares Recht	13	10. Die fehlerhafte Vorgesellschaft	72
bb) Vorbelastungsverbot	14	IV. Das Außenrecht der Vorgesellschaft	73–105
cc) „Identitäts"-Frage	15	1. Allgemeines	73, 74
dd) Haftungsfragen	16	2. Firma oder Name?	75–78
c) Lösungsansätze in der Literatur	17–19	3. Die Vorgesellschaft im Rechtsverkehr	79–82
3. Anwendbares Recht	20–25	a) Einzelheiten	80
a) Sinn und Zweck des Gründungsstadiums	21	b) Zivilprozess	81
b) Unechte Vorgesellschaft	22–25	c) „Beschränkte Rechtsfähigkeit"	82
4. Vorbelastungshaftung (früher: allg. Differenzhaftung) und Übergangsfragen	26–31	4. Die Vertretungsmacht der Geschäftsführer	83–90
a) Vorbelastungsverbot	27	a) Vertretungsorgan der Vorgesellschaft	84
b) Vorbelastungshaftung	28–30	b) Umfang der Vertretungsmacht	85, 86
c) Differenzhaftung nach § 9	31	c) Erweiterung der Vertretungsmacht	87, 88
5. Die Wirkungen der Eintragung	32–34	d) Handeln im Namen der Vor-GmbH	89, 90
III. Das Innenrecht der Vorgesellschaft	35–72	5. Die Haftung der Gesellschafter	91–104
1. Allgemeines	35	a) Persönliche Haftung	93–95
2. Gesellschaftszweck, Gründerrechte und -pflichten	36–40	b) Innen- oder Außenhaftung	96–98
a) „Hauptzweck"	36	c) Ausnahmen der Binnenhaftung	99, 100
b) Zweckerweiterung	37	d) Haftungsvoraussetzungen	101, 102
c) Zweck bei Sachgründungen	38	e) Haftung für Altschulden eines eingebrachten Handelsgeschäfts	103
d) Gründerrechte und -pflichten	39, 40	f) Erlöschen der Verlustdeckungshaftung	104
3. Organisationsrecht: Grundsatz	41	6. Deliktsfähigkeit der Vorgesellschaft	105
4. Gesellschafterbeschlüsse	42, 43	V. Die Handelndenhaftung (Abs. 2)	106–131
5. Geschäftsführung	44–46	1. Allgemeines	106–109
6. Aufsichtsrat	47–58		
a) Fakultativer Aufsichtsrat	48, 49		
b) Obligatorischer Aufsichtsrat	50		

	Rn.		Rn.
a) „Notlösung"	107	2. Sondervermögen	146, 147
b) Straffunktion	108	3. Anwendbarkeit von Sondervorschriften aus dem GmbH-Recht	148, 149
c) Vorgründungsstadium	109		
2. Die Handelnden	110–113	4. Haftungsfragen	150
a) Geschäftsführer	111	5. Der Übergang von Rechten und Pflichten	151
b) Unwirksame Bestellung	112		
c) Beendigung der Geschäftsführung	113	**VIII. Die Steuern der Vorgesellschaft**	152–165
3. Das Handeln namens der Gesellschaft	114–122	1. Allgemeines	152
a) Begriff des Handelns	115	2. Körperschaftsteuer	153–159
b) Vertretungsmacht	116	a) Vorgesellschaft	153
c) Verschulden	117	b) Vorgründungsgesellschaft	154
d) Handeln im Namen der Gesellschaft	118, 119	c) Voraussetzungen der Körperschaftsteuerpflicht	155
e) Rechtsgeschäftliches Handeln	120	d) Beginn der Steuerpflicht	156
f) Handeln gegenüber Dritten	121	e) Einpersonen-Vorgesellschaft	157
g) Handeln vor Eintragung	122	f) Unechte Vorgesellschaft	158
4. Die Haftung	123–131	g) Identität zwischen Vorgesellschaft und GmbH	159
a) Selbständige Haftung	123, 124		
b) Erschwerung der Verteidigung	125	3. Sonstige Steuern	160–165
c) Haftungsausschluss	126, 127	a) Vermögensteuer	161
d) Gesamtschuldner	128	b) Gewerbesteuer	162
e) Rückgriff	129	c) Grunderwerbsteuer	163
f) Erlöschen	130, 131	d) Umsatzsteuer	164
VI. Die Rechtswirkungen der Eintragung (Abs. 1)	132–140	e) Lohnsteuer	165
		IX. Die Vor-GmbH & Co. KG	166–178
1. Allgemeines	132–134	1. Allgemeines	166–168
a) Schicksal von Rechten und Pflichten	133	2. Grundfälle	169–171
		a) Vorausgehende Gründung der KG mit Handelsgewerbe	170
b) Grundsatzurteile des BGH	134		
2. Übergang der Rechte und Pflichten	135–137	b) „Kleingewerbliche bzw. vermögensverwaltende Kommanditgesellschaft"	171
3. Erlöschen von Verbindlichkeiten aus dem Gründungsstadium	138–140		
a) Persönliche Haftung der Gründer	139	3. Ermächtigung der Geschäftsführer	172, 173
b) Handelndenhaftung	140	4. Haftungsfragen	174–178
VII. Die Einpersonen-Vorgesellschaft	141–151	a) Vorbelastungshaftung	175
		b) Handelndenhaftung	176–178
1. Allgemeines	141–145	**X. Die GmbH „im Aufbau"**	179–185
a) Dogmatische Bedenken	142–144	**XI. Österreichisches Recht**	186–189
b) Praktische Probleme	145		

I. Normzweck

1 Die Vorschrift regelt **lediglich zwei Probleme** des Gründungsstadiums der GmbH: die Entstehung der GmbH als solcher mit der Eintragung (Abs. 1) und die Haftung der vor der Eintragung im Namen der Gesellschaft „Handelnden" (Abs. 2).

2 Mit dieser Regelung folgt das Gesetz dem aktienrechtlichen Vorbild (vgl. § 41 Abs. 1 AktG, auch § 13 GenG). Dieses wiederum stammt aus dem ursprünglich für die Aktiengesellschaft geltenden Konzessionssystem (vgl. dazu Einl. Rn. 2). Seit dem Übergang zu dem System der Normativbestimmungen (vgl. dazu Einl. Rn. 2) im Jahre 1870 ist eine derartige Regelung jedoch nicht mehr sachgerecht.[1] Denn im Gegensatz zum Konzessionssystem erfordert das System der Normativbestimmungen, wie es von Anfang an für die GmbH gegolten hat, eine nähere Regelung des Gründungsstadiums, weil es eine Vorgesellschaft (vgl. Rn. 4 ff.) entstehen lässt. Im Gründungsstadium werden nämlich notwendigerweise bereits die Organe der (künftigen) Gesell-

---

[1] Vgl. dazu eingehend *Rittner* Werdende jP, S. 119 ff.

Rechtszustand vor der Eintragung **§ 11**

schaft tätig und wird ein Vermögen der (künftigen) Gesellschaft gebildet. Der Gesetzgeber hat diese Regelungsaufgabe, von vereinzelten Ausnahmen (zB § 6 Abs. 3) abgesehen, zunächst nicht erkannt und die entstandenen Gesetzeslücken später bewusst nicht geschlossen.[2]

In einer umfangreichen, lange Zeit aber auch recht unsicheren **Rspr.** haben sich 3 besonders das Reichsgericht und der Bundesgerichtshof bemüht, diese Lücken zu schließen. Dies ist inzwischen weitgehend gelungen.[3] Das so entstandene und zT noch entstehende Richterrecht zur Vorgesellschaft wird üblicherweise in den Erläuterungen zu dieser Vorschrift dargestellt. Der Inhalt der Vorschrift selbst tritt infolgedessen hinter diesem Richterrecht weitgehend zurück: zu Abs. 1 (Rechtswirkungen der Eintragung) vgl. Rn. 132 ff., zu Abs. 2 (Handelndenhaftung) vgl. Rn. 106 ff.

II. Die Vorgesellschaft: Grundlagen

1. Begriff, Funktion und Abgrenzungen. Als Vorgesellschaft wird die GmbH in 4 dem Gründungsstadium bezeichnet, das mit der „Errichtung" der Gesellschaft (durch Abschluss des Gesellschaftsvertrages vgl. Vor § 1 Rn. 4) beginnt und mit der Eintragung in das Handelsregister (§ 10 Rn. 17 sowie unten Rn. 32 u. 132) endet. Abweichend dazu hat sich neuerdings *Baumann*[4] für die sog. „GmbH in Anwartschaft" als neuer Zwischenstufe für die Phase zwischen Anmeldung und Eintragung ausgesprochen. Für eine solche Unterteilung des Gründungsstadiums besteht kein Bedürfnis. Die Haftung der Gesellschafter vor Eintragung (vgl. Rn. 91 ff.) wird weder vereinfacht noch gelöst, sondern nur zeitlich auf den Zeitpunkt der Anmeldung verlagert.[5]

a) Gründungsstadium. Zu diesem Gründungsstadium kommt es nach dem System der Normativbestimmungen zwangsläufig **in jedem Fall** einer Gründung, wenn auch mit sehr unterschiedlicher praktischer Relevanz. Um die Voraussetzungen für die Anmeldung (§ 8) und damit auch für die Eintragung zu erfüllen, bedarf es gewisser „Gründungsgeschäfte",[6] mehr oder weniger weitgreifender Aktivitäten der Gründer-Gesellschafter und vor allem der – von ihnen schon in diesem Stadium bestellten – Geschäftsführer (vgl. § 6 Rn. 23 ff.) sowie ggf. des ersten Aufsichtsrats (vgl. § 6 Rn. 30). Im Gründungsstadium entfalten sich auch schon gewisse Tätigkeiten der werdenden Gesellschaft **gegenüber Dritten:** Die Vorgesellschaft hat die Leistungen der Gesellschafter auf die Stammeinlagen entgegenzunehmen (vgl. § 7 Abs. 2), daher jedenfalls für Geldeinlagen Konten einzurichten. Handelt es sich um Sacheinlagen, insbes. um ein Handelsgeschäft, so müssen sogar in der Regel viele Rechtsverhältnisse gegenüber Dritten übernommen, andere neu begründet werden. Die Vorgesellschaft tritt infolgedessen nicht selten bereits wie eine „werbende" Gesellschaft auf. Doch auch dann liegt ihre vornehmliche Aufgabe darin, die Eintragung der Gesellschaft in das Handelsregister herbeizuführen. Wird dieses Ziel aufgegeben, so ist sie keine Vorgesellschaft mehr (vgl. dazu Rn. 22).

b) Charakterisierung durch BGH. Die Vorgesellschaft wird daher vom BGH 6 mit Recht folgendermaßen charakterisiert: „als notwendige Vorstufe zur juristischen

---

[2] So bes. klar die Begr. zum RegE zum GmbHG von 1971 BR-Drucks. 595/71 = BT-Drucks. 7/253, zu § 22 Abs. 1, S. 96; vgl. auch BGHZ 80, 129, 135 f. = NJW 1981, 1373, 1374 = GmbHR 1981, 114, 115; krit. dazu *Fischer* Pro GmbH, S. 161 Fn 68.
[3] Vgl. die Übersicht bei *K. Schmidt* GmbHR 1987, 77; *Müther* MDR 2001, 366.
[4] JZ 1998, 597 ff.
[5] Vgl. auch *Scholz/K. Schmidt* Rn. 21; *Baumbach/Hueck/G. Hueck/Fastrich* Rn. 3.
[6] BGHZ 86, 122, 126 = NJW 1983, 876 = MDR 1983, 379.

Person, ein besonderes, vom Gesetzgeber vorausgesetztes Rechtsgebilde mit einer eigentümlichen zeitlich und sachlich eng begrenzten Aufgabenstellung".[7]

7 **c) Vorgründungsgesellschaft.** Die Vorgesellschaft unterscheidet sich somit von der Vorgründungsgesellschaft (dazu § 2 Rn. 87 f.) schon dadurch, dass sie den Abschluss des GmbH-Vertrages und damit den Beginn des gesetzlich vorgeschriebenen Gründungsverfahrens voraussetzt. Das GmbH-Recht greift weder auf die Vorgründungsgesellschaft hinüber, noch besteht eine Kontinuität zwischen ihr und der Vor-GmbH, geschweige denn mit der GmbH.[8] Zur Frage einer Anwendung des § 11 Abs. 2 auf die Vorgründungsgesellschaft vgl. des näheren Rn. 109.

8 **d) Unechte Vorgesellschaft.** Die Vorgesellschaft unterscheidet sich weiter von einer Gesellschaft, deren Eintragung gar nicht beabsichtigt ist, mag diese auch die Bezeichnung „GmbH" führen, sog. unechte Vorgesellschaft (vgl. dazu Rn. 22). Eine solche Gesellschaft ist idR eine OHG.[9] Hiervon ist jedoch der Fall einer „werbenden" Vorgesellschaft zu unterscheiden, die zwar schon einen Geschäftsbetrieb führt, die Eintragung aber weiterhin betreibt und deswegen (echte) Vorgesellschaft bleibt (vgl. u. Rn. 25).[10]

9 **2. Hauptprobleme des Rechts der Vorgesellschaft.** Der Gesetzgeber hat sich im GmbH-Gesetz wie auch in den parallelen Regelungen (bes. AG, eingetr. Genossenschaft) auf eine überaus lückenhafte Regelung beschränkt, die im Wesentlichen nur die Voraussetzungen für die Eintragung, die Normativbestimmungen, regelt; alle übrigen Fragen überlässt er damit der richterlichen Rechtsergänzung.

10 **a) Rechtsanwendungsprobleme.** Daher stellt das Recht der Vorgesellschaft in erster Linie Rechtsanwendungsprobleme: welche anderen Vorschriften können herangezogen werden, um die Lücken zu schließen?[11] Soweit keine Vorschriften zur Verfügung stehen, die für eine Analogie in Betracht kommen, können die Gesetzeslücken nur aus dem Zusammenhang und dem Sinn und Zweck des Gesetzes, eben das Gründungsstadium zu regeln, gelöst werden.

11 Die **Rspr.** des Reichsgerichts und des Bundesgerichtshofs hat inzwischen einige dieser Lücken geschlossen. Dabei ist es hin und wieder zu Unsicherheiten und auch zu Brüchen gekommen. In den **Grundsatzurteilen** BGHZ 80, 129[12] und BGHZ 80, 182[13] hat der Bundesgerichtshof das Vorbelastungsverbot aufgegeben, nachdem die Handelndenhaftung einem Funktionswandel unterworfen worden war (vgl. Rn. 92). Einige weitere Entscheidungen haben diese Rspr. bestätigt und fortentwickelt.[14] Die in jenen beiden Urteilen von 1981 entwickelte Konzeption des Rechts der Vorgesellschaft ist Ausgangspunkt der weiteren Erläuterungen. Das Schrifttum hat sie zwar noch

---

[7] So BGH NJW 1983, 2822 = DB 1983, 1863 = BB 1983, 1433.
[8] BGHZ 91, 148, 151 = NJW 1984, 2164 = GmbHR 1984, 316, 317; BGH NZG 2001, 561 = MDR 2001, 760; OLG Hamm GmbHR 1993, 105.
[9] Vgl. BGHZ 22, 240, 243 = NJW 1957, 218 = DB 1957, 67.
[10] BayObLG NJW 1965, 2254, 2256 (zur AG) = MDR 1965, 914, 917.
[11] Vgl. *Rittner* Werdende jP, S. 7 ff.; ebenso *Hachenburg/Ulmer* Rn. 25.
[12] = NJW 1981, 1373 m. Anm. *K. Schmidt* S. 1345 und *Flume* S. 1753 sowie *D. Schultz* JuS 1982, 732 und *Ulmer* ZGR 1981, 593.
[13] = NJW 1981, 1452 = MDR 1981, 650.
[14] Vgl. BGH NJW 1982, 932 = LM § 11 Nr. 30; BGH NJW 1983, 2822 = DB 1983, 1863 = BB 1983, 1433; BGHZ 91, 148 = NJW 1984, 2164; BGHZ 105, 300 = NJW 1989, 710 = DB 1989, 217; BGHZ 120, 103 = DB 1993, 271 = GmbHR 1993, 105 = ZIP 1993, 144. Zu der BGH-Rspr. vgl. bes. *Flume* S. 166 ff.; *Fleck* GmbHR 1983, 5; *Hüffer* JuS 1983, 161, 166; *K. Schmidt* ZHR 156 (1992), 93; *Sandberger*, FS Fikentscher, 1998, S. 389; *Raab* WM 1999, 1596.

Rechtszustand vor der Eintragung § 11

nicht einhellig, wohl aber überwiegend anerkannt (vgl. dazu Rn. 17 ff.). Vor allem aber verspricht sie eine sachgerechte Lösung der noch offenen Einzelfragen und geht methodisch in zutreffender Weise vor. Im Grundsatzurteil BGHZ 134, 333[15] hat der BGH diese singulären Lösungsansätze BGHZ 80, 129 und 182 überwindend eine einheitliche Haftungskonzeption der Gesellschafter für Verbindlichkeiten der Vorgesellschaft entwickelt (vgl. dazu Rn. 91 ff.).

b) Hauptprobleme im Einzelnen. Die sachlichen Hauptprobleme der Vorgesellschaft, die die Rspr. dennoch bisher nur zum Teil gelöst hat, sind folgende: 12

aa) Anwendbares Recht. Die Frage nach dem anwendbaren Recht beantwortet 13 der BGH und ihm folgend das BAG seit längerem mit der hM dahingehend, dass die Vorgesellschaft einem Sonderrecht untersteht, das den gesetzlichen und vertraglichen Gründungsvorschriften und dem Recht der eingetragenen GmbH, soweit es nicht die Eintragung voraussetzt, zu entnehmen ist.[16] Die Vorgesellschaft ist also **keine juristische Person.** Auf sie sind, abgesehen von den Gründungsbestimmungen der §§ 1 bis 11 GmbHG sowie den vertraglichen Gründungsvorschriften, die Bestimmungen des GmbHG nur insoweit anzuwenden, wie es dem Sinn und Zweck des Gründungsstadiums entspricht. Deswegen geht es um das Recht der **werdenden juristischen Person,** hier: der werdenden GmbH. Der von *Rittner*[16a] vorgeschlagene Ausdruck soll sowohl auf die mögliche analoge Anwendung des GmbH-Rechts als auch auf den besonderen (Gründungs-)Prozess hinweisen, welcher die gesamte Regelung bestimmt.[17]

bb) Vorbelastungsverbot. Das sog. Vorbelastungsverbot sollte den Unversehrt- 14 heitsgrundsatz sicherstellen. Dieser besagte, dass das Stammkapital im Augenblick der Eintragung der Gesellschaft unversehrt zur Verfügung stehen sollte.[18]

Um die Unversehrtheit des Stammkapitals zu gewährleisten, sollte das Vorbelastungsverbot verhindern, dass die GmbH mit Verbindlichkeiten der Vorgesellschaft belastet und dadurch das Stammkapital noch vor der Eintragung der Gesellschaft vermindert wird. Dieses vom Reichsgericht und auch zunächst vom BGH[19] vertretene Verbot hat BGHZ 80, 129, 133 f.[20] ausdrücklich aufgegeben. Danach wird der Unversehrtheitsgrundsatz[21] nicht mehr absolut verstanden, sondern in dem Sinne, dass die (Bar- und Sach-)Einlagen der Gesellschaft im Zeitpunkt der Eintragung **ihrem Wert nach** jedenfalls den Betrag der übernommenen Stammeinlagen erreichen sollen und eine mögliche Differenz unter bestimmten Voraussetzungen durch eine anteilige Haftung

---

[15] = NJW 1997, 1507 = DStR 1997, 625.
[16] BGHZ 20, 281 [Vor-Genossenschaft] = DB 1956, 474 = NJW 1956, 946, 947; BGHZ 21, 242, 246 = NJW 1956, 1435 = DB 1956, 793; BGHZ 45, 338, 347 = NJW 1966, 1311, 1313 = DB 1966, 853, 854; BGHZ 51, 30, 32 = NJW 1969, 509 = MDR 1969, 293, 293 f.; BGHZ 72, 45, 48, 49 = NJW 1978, 1979 = GmbHR 1978, 232; BAG NJW 1963, 680 = JuS 1963, 290 = AuR 1963, 153; BAG AP § 11 Nr. 2 m. Anm. *Rittner*; BAG NJW 1997, 3331, 3332 = ZIP 1997, 1544, 1545 = GmbHR 1997, 694, 695; zur Vor-AG: AG Karlsruhe NZG 2001, 619; MüKo AktG/Pentz § 41 Rn. 24 mwN.
[16a] *Rittner* Werdende jP, S. 319 ff.
[17] Zust. *Scholz/K. Schmidt* Rn. 24 aE; ähnlich Kölner KommAktG/*Kraft* § 41 Rn. 23, allerdings mit – mE unnötigen – terminologischen Bedenken in Rn. 3.
[18] BGHZ 80, 129, 137.
[19] BGHZ 45, 338, 342 f. = NJW 1966, 1311, 1312 = DB 1966, 853; BGHZ 65, 378, 383 = NJW 1976, 419, 420 = MDR 1976, 295, 296.
[20] = NJW 1981, 1373, 1374 = GmbHR 1981, 114, 115 f.
[21] BGHZ 80, 129, 140 = NJW 1981, 1373, 1375 = GmbHR 1981, 114, 117; BGHZ 105, 300, 302 = NJW 1989, 710 = DB 1989, 217; BGHZ 124, 282, 286 = NJW 1994, 724 = DB 1994, 570.

der Gesellschafter (**Vorbelastungshaftung**, früher allg. **Differenzhaftung**, auch „**Unterbilanzhaftung**") – zum idR äquivoken Gebrauch der Begriffe vgl. Rn. 26 ff.) ausgeglichen wird. Die Verbindlichkeiten der Vorgesellschaft können nunmehr ungeschmälert („nahtlos") auf die GmbH übergehen.[22] Ein **Eintragungsverbot** besteht aber, falls das Gesellschaftsvermögen im Zeitpunkt der Anmeldung (nicht: der Eintragung, str.) der Gesellschaft nicht mehr zur freien Verfügung steht (vgl. § 9c Rn. 30).[23]

15 cc) „**Identitäts**"-**Frage** (von Vorgesellschaft und GmbH). Die Frage nach der Identität hat, wie auch anderswo im Recht, viel Unklarheit dadurch verursacht, dass sie oft lediglich pauschal, also nicht differenziert gestellt wird. Sie geht sachlich immer nur dahin, ob und welche Rechtsfolgen anwendbar bleiben, wenn sich gewisse Rechtsvoraussetzungen ändern.[24] Praktisch handelt es sich bei der Frage der Identität von Vorgesellschaft und GmbH in erster Linie um den **Übergang der Rechte und Pflichten** von der einen auf die andere. Einen solchen Übergang – auch der Verbindlichkeiten – erkennt der BGH grds. an (vgl. Rn. 11 und 14). „Identisch", d. h. sich selbst gleich, bleiben nach der Eintragung vor allem aber die Organisation der Gesellschaft (Geschäftsführer, Gesellschafter sowie ggf. Aufsichtsrat) und die Mitgliedschaften. Andererseits bestehen viele Unterschiede in den Rechtsfolgen zwischen den beiden Gebilden: Die Vorgesellschaft ist (noch) keine juristische Person; das Recht der eingetragenen GmbH kann nicht ohne weiteres auf die Vorgesellschaft angewandt werden (vgl. Rn. 13). Steuerrechtlich wird die Vorgesellschaft als Kapitalgesellschaft betrachtet, wenn sie später als GmbH ins Handelsregister eingetragen wird (vgl. Rn. 155 f.). Zwischen ihr und der ins Handelsregister eingetragenen GmbH besteht nach der Rspr. des BFH Identität.[25]

16 dd) **Haftungsfragen**. Die Haftung der Gründer für Verbindlichkeiten der Vorgesellschaft löst das Gesetz ebenfalls nur zum Teil: Abgesehen von der Differenzhaftung nach § 9 und der Gründerhaftung nach §§ 9a und b, ordnet es in **Abs. 2** eine persönliche und gesamtschuldnerische Haftung derjenigen an, die vor der Eintragung der Gesellschaft in deren Namen handeln. Sämtliche übrigen Fragen lässt das Gesetz offen. Die Fragen hat der BGH durch schrittweise Lückenausfüllung in BGHZ 80, 129[26] und BGHZ 80, 182[27] sowie BGHZ 134, 333[28] gelöst: Einmal die Haftung der Handelnden aus Geschäften, die diese mit Ermächtigung aller Gründer im Namen der Gesellschaft abgeschlossen haben. Zum anderen die Haftung der Gründer, wobei zunächst offen blieb, ob die Gründer für die Verbindlichkeiten der Gesellschaft beschränkt auf die Einlage[29] oder unbeschränkt haften. Dies ist seit dem Grundsatzurteil BGHZ 134, 333 geklärt: Die Gründer haften im Wege der sog. Verlustdeckungshaftung für Verbindlichkeiten der Vorgesellschaft unbeschränkt (vgl. Rn. 91 ff.). Umstritten ist lediglich die Ausgestaltung dieser Haftung als Innen- oder Außenhaftung (vgl. Rn. 96 ff.). Die Handelnhaftung als auch die Verlustdeckungshaftung erlöschen mit Eintragung (vgl. des näheren Rn. 33 f.). Für die Gründer schließt sich nach Eintragung ggf. die Vorbelastungshaftung an, die das Vorbelastungsverbot (vgl. Rn. 14) ersetzt. Erst diese Konzep-

---

[22] So ausdrücklich BGHZ 80, 129, 140 = NJW 1981, 1373, 1375 = GmbHR 1981, 114, 116 f.
[23] *Scholz/Winter* § 9c Rn. 24; aA *Scholz/K. Schmidt* § 11 Rn. 123.
[24] *Rittner* Werdende jP, S. 11, 105, 328 ff.; *Scholz/K. Schmidt* Rn. 25.
[25] BStBl. 1973 II S. 568 = BFHE 109, 190; BStBl. 1993 II S. 352 = NJW 1993, 1222 = DB 1993, 356 mwN.
[26] = NJW 1981, 1373 = GmbHR 1981, 114 ff.
[27] = NJW 1981, 1452 = MDR 1981, 650.
[28] = NJW 1997, 1507 = DStR 1997, 625.
[29] So grds. füher der BGH BGHZ 80, 129 = NJW 1981, 1373 = GmbHR 1981, 114 ff.

tion von Verlustdeckungshaftung und sich anschließender Vorbelastungshaftung rechtfertigt die Teilnahme der Vor-GmbH am Rechtsverkehr.

c) Lösungsansätze in der Literatur. Die Literatur zu diesen Problemen ist nahezu unübersehbar und in Teilen noch immer kontrovers. Das hat seinen Grund nicht zuletzt darin, dass manche Autoren das Problem der Vorgesellschaft nicht – wie der BGH[30] – als Lückenproblem erkennen.[31] Diese Autoren finden infolgedessen ihre Lösungen nicht im Wege der Analogie und der richterlichen Lückenausfüllung. Sie meinen vielmehr, im Wege schlichter Gesetzesauslegung und -anwendung zu zwingenden Ergebnissen für viele oder sogar alle Einzelfragen der Vorgesellschaft kommen zu können. In diesem Zusammenhang spielt dazu das sog. Vorbelastungsverbot (vgl. Rn. 27) eine verhängnisvolle Rolle.

Unergiebig ist deswegen auch die Suche nach der **„Rechtsnatur"** der Vorgesellschaft[32] sowie der hierbei[33] entstandene Streit darüber, ob das Recht einer der **gesetzlich** geregelten Gesellschaftstypen auf die Vorgesellschaft anwendbar sei. Diskutiert wird namentlich das Recht der BGB-Gesellschaft[34] oder das des nichtrechtsfähigen Vereins.[35] Der Streit hat sich freilich dadurch etwas abgeschwächt, dass die Vertreter der kontroversen Standpunkte mittlerweile einräumen, dass die GmbH-spezifischen Sonderregelungen weithin vorgehen.[36]

Dennoch bleibt festzuhalten, dass diese Meinungen, die lange Zeit vorgeherrscht haben,[37] auf einem **falschen methodischen Ansatz** beruhen. Sie verkennen zweierlei: Zum einen, dass die Vorgesellschaft mit dem gesetzlich vorgeschriebenen Gründungsverfahren höchst **eigentümliche Regelungsaufgaben** hat, die deutlich von der Regelung einer auf Dauer angelegten, „werbenden", Gesellschaft, also aller **gesetzlichen** Gesellschaftstypen, abweichen.[38] Zum anderen wird verkannt, dass die Vorgesellschaft bereits **auf die GmbH hin angelegt** ist, die „als solche" mit der Eintragung aus ihr entsteht (vgl. Abs. 1), und dass sie schon wegen dieser „Vorprägung" anders organisiert sein muss als etwa die BGB-Gesellschaft oder der nichtrechtsfähige Verein. Deswegen hat der BGH mit Recht die in den 20er-Jahren in der Literatur[39] begründete Lösung übernommen, nach der die Lücken im Recht der Vorgesellschaft grundsätzlich, d.h. soweit es zulässig ist, durch eine analoge Anwendung der GmbH-Vorschriften zu schließen sind (vgl. Rn. 13). Dem BGH folgt in diesem Punkt inzwischen die ganz überwiegende Lehre.[40]

3. Anwendbares Recht. Auf die Vorgesellschaft ist außer dem Gründungsrecht grundsätzlich das Recht der eingetragenen GmbH anzuwenden, soweit es nicht die

---

[30] Bes. BGHZ 80, 129, 134, 135 = NJW 1981, 1373, 1374 = GmbHR 1981, 114, 115.
[31] So neuerdings noch *Roth/Altmeppen* Rn. 37, der die Gesetzeslücke für eine bloße Behauptung hält, dabei aber wohl die o. – Rn. 10 – Zitierten übersieht.
[32] Vgl. *Hachenburg/Ulmer* Rn. 7.
[33] Nach 1900; vgl. *Rittner* Werdende jP, S. 130 ff.
[34] So im Ansatz noch *Roth/Altmeppen* Rn. 37.
[35] So im Ansatz noch *Flume* S. 155.
[36] Vgl. *Roth/Altmeppen; Flume* S. 156.
[37] *Hachenburg/Ulmer* Rn. 7.
[38] Zutr. bemerkt dazu jetzt *Flume* S. 154: die Vorgesellschaft sei das „Vorstadium einer juristischen Person" und habe „nicht eine Existenz für sich".
[39] Von *O. Schreiber* und *H. E. Feine*, vgl. *Rittner* Werdende jP, S. 134 ff.
[40] Vgl. *Hachenburg/Ulmer* Rn. 8 f.; *Scholz/K. Schmidt* Rn. 24; *Baumbach/Hueck/G. Hueck/Fastrich* Rn. 6; *Lutter/Hommelhoff* Rn. 3; GroßkommAktG/*Barz* § 29 Rn. 4; KölnerKomm/*Kraft* § 29 AktG Rn. 3; MüKo AktG/*Pentz* § 41 Rn. 24; MüKo BGB/*Reuter* §§ 21, 22 Rn. 78 ff.; RGRK/*Steffen* § 21 Rn. 9.

§ 11   1. Abschnitt. Errichtung der Gesellschaft

Eintragung voraussetzt (vgl. Rn. 13). Diese vom BGH zu Recht übernommene Formel hat selbst allerdings nur einen heuristischen Inhalt, d. h. sie zeigt, *wie* man fragen muss, um die Lücken zu füllen. Sie gibt aber selbst noch keine konkrete Lösung für Einzelfragen.

21 **a) Sinn und Zweck des Gründungsstadiums.** Maßgebend für die Anwendbarkeit der §§ 13 ff. GmbHG auf die Vorgesellschaft ist der Sinn und Zweck des Gründungsstadiums, an dessen Ende erst die GmbH als solche, als juristische Person, entsteht. Die Vorgesellschaft kann infolgedessen niemals als juristische Person, vielmehr nur als werdende juristische Person angesehen werden (vgl. Rn. 13 aE). Das hat namentlich für das **Außenrecht** der Vorgesellschaft Bedeutung: Alle Rechtsvorschriften, auch außerhalb des GmbHG, die die Rechtsperson bzw. juristische Person, also die Rechtsfähigkeit, voraussetzen, sind grundsätzlich auf die Vorgesellschaft nicht analog anwendbar. Die Analogiefrage lässt sich aber auch besonders für einzelne rechtliche Fähigkeiten stellen, so zB für die Grundbuchfähigkeit, die Parteifähigkeit im Prozess und die Wechselfähigkeit (vgl. dazu Rn. 80 ff.). Im **Innenrecht** hingegen kann man die GmbH-Bestimmungen eher analog heranziehen, da sie zumeist mit der Rechtsfähigkeit nicht unmittelbar zusammenhängen. Deswegen muss für alle Einzelfragen jedenfalls zwischen dem Innenrecht der Vorgesellschaft (dazu Rn. 35 ff.) und ihrem Außenrecht (dazu Rn. 73 ff.) unterschieden werden. **Strafrechtliche Vorschriften** (insbesondere §§ 81 ff.) können mit Rücksicht auf das Bestimmtheitsgebot des Art. 103 Abs. 2 GG nicht ohne weiteres auf die Gesellschafter, Geschäftsführer oder Liquidatoren der Vorgesellschaft angewandt werden, so insbesondere nicht §§ 84, 85.[41]

22 **b) Unechte Vorgesellschaft.** Ausgenommen hiervon ist jedoch die sog. unechte Vorgesellschaft, d. h. eine als GmbH (oder GmbH in Gründung) betriebene Gesellschaft, deren Eintragung gar nicht oder nicht mehr beabsichtigt ist, die gleichwohl Geschäfte macht. Eine solche Gesellschaft ist, falls sie ein Handelsgewerbe gemäß § 1 Abs. 2 HGB betreibt, eine **OHG** – mit der strengen persönlichen, unbeschränkbaren Haftung jedes Gesellschafters nach § 128 HGB –, in anderen Fällen eine BGB-Gesellschaft[42] nunmehr mit iErg. gleichen Haftungsfolgen.[43] Obwohl der BGH im Vorlagebeschluss zum GmS die Inanspruchnahme der Gesellschafter nach den Grundsätzen der Verlustdeckungshaftung zwecks Entwicklung einer einheitlichen Haftungskonzeption vor Eintragung begrüßte,[44] wurde die Haftung der Gesellschafter einer unechten Vorgesellschaft in der Grundsatzentscheidung BGHZ 134, 333, 341 zunächst ausdrücklich offen gelassen. Nunmehr bejaht der BGH in Übereinstimmung mit der übrigen Rspr.[45] eine unmittelbare unbeschränkte Außenhaftung der Gesellschafter.

---

[41] Vgl. RGSt 43, 430, 431.
[42] Vgl. BGHZ 22, 240, 243 = NJW 1957, 218, 219; BGHZ 51, 30, 33 = NJW 1969, 509; BayObLG NJW 1965, 2254, 2256; BayObLG DB 1986, 106; OLG Düsseldorf GmbHR 1993, 104; KG WiB 1994, 355; OLG Celle GmbHR 1996, 688; BFH GmbHR 1988, 404; *Hachenburg/Ulmer* Rn. 18 f.; *Scholz/K. Schmidt* Rn. 21, 143; *Baumbach/Hueck/G. Hueck/Fastrich* Rn. 30; *K. Schmidt* GmbHR 1973, 149; *Cebulla* NZG 2001, 978 f.; einschränkend *Hey* JuS 1995, 484.
[43] BGHZ 142, 315, 319 ff. = NJW 1999, 3483 f. = DB 1999, 2205 f.
[44] BGH Vorlageentscheidung NJW 1996, 1212; zust. *Goette* DStR 1997, 629.
[45] BGHZ 143, 327, 331 = NJW 2000, 1193, 1194 = DB 2000, 564, 565 = MDR 2000, 465, 466; aA OLG Bremen GmbHR 2001, 25 (n.rk.) m. krit. Anm. *K. Schmidt;* BAG NJW 1998, 628 = NZG 1998, 103; BFH NJW 1998, 2926 = DStR 1998, 1129 = NZG 1999, 723; BSG DStR 2000, 741; OLG Thüringen GmbHR 1999, 772; OLG Dresden GmbHR 1998, 186; LAG Berlin GmbHR 1999, 181; FG Brandenburg GmbHR 1998, 857; LG Dresden EWiR 1999, 171; vgl. auch *Schwarz* ZIP 1996, 2006; *Gummert* DStR 1997, 1010; *Kleindiek* ZGR 1997, 446 f.

Rechtszustand vor der Eintragung § 11

Dasselbe gilt, wenn die Eintragung der Gesellschaft rechtskräftig abgelehnt worden 23
ist und sie den Geschäftsbetrieb trotzdem fortsetzt oder wenn der Gründungszweck gegenüber dem Geschäftsbetrieb völlig zurücktritt.[46]

Im Falle der Einbringung eines kaufmännischen Einzelunternehmens haften die 24
Gesellschafter nach § 28 HGB; diese Vorschrift ist jedoch mangels Anwendbarkeit des HGB weder nach § 28 HGB direkt noch analog auf die Einbringung eines nichtkaufmännischen Einzelunternehmens anzuwenden (diese Unterscheidung eines kaufmännischen oder nichtkaufmännischen Einzelunternehmens spielt in einer echten Vorgesellschaft keine Rolle, vgl. Rn. 100 aE).[47]

Die **Aufnahme des Geschäftsbetriebs** vor der Eintragung, zB nach Einbringung 25
eines Handelsgeschäfts als Sacheinlage, reicht allerdings für die Annahme einer unechten Vorgesellschaft **nicht** aus, solange nur die Eintragung ernsthaft betrieben wird.[48]

Zur Besteuerung vgl. Rn. 158.

4. Vorbelastungshaftung (früher: allg. Differenzhaftung) und Übergangs- 26
fragen. Für die Lösung dieser Probleme ergeben sich aus der neuesten Rspr. des BGH folgende Grundsätze:

a) **Vorbelastungsverbot.** Die Vorgesellschaft wird in ihrem rechtsgeschäftlichen 27
Handeln **nicht** durch ein Vorbelastungsverbot auf (rechtlich oder wirtschaftlich) „notwendige Geschäfte" beschränkt.[49] Eine solche Beschränkung hatte nicht nur schwer lösbare Abgrenzungsprobleme (was ist „notwendig"?) zur Folge. Sie hatte auch im Gesetz keine Stütze und scheiterte vollends bei den Übergangsproblemen.[50] Stattdessen kommt es darauf an, dass die **wertmäßig vollständige Aufbringung** der Einlagen zum Zeitpunkt der Anmeldung, letztlich der Eintragung gewährleistet wird. Dies geschieht hinreichend und wirkungsvoller als durch ein Vorbelastungsverbot durch die beiden Differenzhaftungen der Gründer: die Differenzhaftung für Sacheinlagen nach § 9 (vgl. Rn. 31) und die Vorbelastungshaftung der Gesellschafter (vgl. Rn. 28). Davon zu unterscheiden ist die Frage, ob und wie die Gründungsgesellschafter das Geschäftsrisiko einer bereits tätigen Vor-GmbH, welche nicht in das Handelsregister eingetragen worden ist, zu tragen haben (vgl. Rn. 93 ff.).

b) **Vorbelastungshaftung.** Aufgrund der – richterrechtlich begründeten (vgl. 28
Rn. 26 f.) – Vorbelastungshaftung[51] müssen die Gründer für die Differenz zwischen

---

[46] BayObLG NJW 1965, 2254, 2257; *Kuhn* WM-Sonderbeilage 5/1956, 17; *Ganßmüller* GmbHR 1953, 116, 120.
[47] BGH NJW 2000, 1193 = DB 2000, 564 = MDR 2000, 465.
[48] BGHZ 51, 30, 32 = NJW 1969, 509; BayObLG NJW 1965, 2254, 2257; *Hachenburg/Ulmer* Rn. 20; s. a. *Scholz/K. Schmidt* Rn. 26; aM OLG Hamburg JZ 1952, 436; OLG Oldenburg BB 1955, 713; *Fabricius*, FS Kastner, 1972, S. 112.
[49] So BGHZ 80, 129 = NJW 1981, 1373 = GmbHR 1981, 114, 115 f. unter ausdrücklicher Abkehr von der bisherigen Rspr., vgl. dazu bes. *Fleck* S. 8 f. sowie *Hachenburg/Ulmer* Rn. 51 f.; einige, aber unbegründete Bedenken bei *Geßler/Hefermehl/Eckardt/Kropff* § 41 Rn. 15.
[50] Vgl. *Rittner* Werdende jP, S. 358 f.; *ders.* AP § 11 Nr. 2 sowie *Fleck* S. 8.
[51] BGHZ 124, 282 f. = NJW 1994, 724 f. = DB 1994, 570 f.; *Baumbach/Hueck/G.Hueck/Fastrich* Rn. 56; *Meister*, FS Werner, 1984, S. 527: Vorbelastungshaftung; *Hachenburg/Ulmer* Rn. 81; *Lutter/Hommelhoff* Rn. 9: „Vorbelastungs- oder Unterbilanzhaftung"; unterschiedliche Bedeutungsinhalte von Unterbilanzhaftung und Vorbelastungshaftung bei *Scholz/K. Schmidt* Rn. 126; *ders.* ZHR 156 (1992), 93, 97, 99, 107 ff., 132.; früher noch BGHZ 105, 300 = NJW 1989, 710; OLG Düsseldorf GmbHR 1993, 587 = WM 1993, 1961: allg. Differenzhaftung – andererseits OLG Düsseldorf GmbH 1993, 104: „Differenzhaftung" – sowie *Fleck* GmbHR 1983 S. 11: „Unterbilanzhaftung".

Schmidt-Leithoff

dem Stammkapital und dem Wert des Gesellschaftsvermögens im Zeitpunkt der **Eintragung** anteilig einstehen.[52] Die Haftung folgt aus dem Grundsatz der wertmäßig vollständigen Aufbringung des Stammkapitals: Der Gesellschaft muss bei der **Eintragung** das Gesellschaftsvermögen mindestens in der Höhe des Stammkapitals zur Verfügung stehen, soll der – mit der Eintragung endgültig eintretende – Entfall der Haftung sachlich gerechtfertigt sein. Der Anspruch aus der Vorbelastungsbilanz ist grundsätzlich wie ein Anspruch auf Leistung fehlender Bareinlagen zu behandeln und unterliegt deshalb denselben strengen Regeln der Kapitalaufbringung wie die ursprüngliche Einlageschuld.[53] Die Haftung geht auf **vollen Verlustausgleich,** ist also nicht durch das Stammkapital oder gar durch die einzelnen Stammeinlagen beschränkt.[54] Der Umfang der Haftung ist durch Aufstellung einer Vermögensbilanz (sog. Vorbelastungsbilanz) bezogen auf den Zeitpunkt der Handelsregistereintragung zu ermitteln, vgl. § 41 Rn. 100 ff. Grds. sind die Vermögenswerte der Gesellschaft nach Fortführungsgrundsätzen mit den wirklichen Werten, lediglich bei einer negativen Fortführungsprognose mit den Veräußerungswerten zu bewerten.[55] – Hat die vor Eintragung aufgenommene Geschäftätigkeit bereits zu einer unternehmerischen Organisationseinheit geführt, so ist das Vermögen einschließlich des sog. Geschäfts- oder Firmenwertes nach der Ertragswertmethode zu bewerten.[56] Eigenkapitalersetzende Gesellschaftsdarlehen sind bei Fehlen einer Rangrücktritterklärung als Verbindlichkeiten in der Vorbelastungsbilanz zu passivieren,[57] hingegen sind eigenkapitalersetzende Bürgschaften für Drittdarlehen nicht zu aktivieren.[58] – Die Darlegungs- und Beweislast für die Voraussetzungen einer Vorbelastungshaftung trägt der Kläger, d. h. die GmbH, im Insolvenzfall deren Insolvenzverwalter.[59] – Der Anspruch **verjährt** analog zu § 9 Abs. 2 in fünf Jahren nach der Eintragung der Gesellschaft.[60]

29 Diese Haftung wird vor allem für den Fall einer **Bargründung** praktisch, bei der die Vor-GmbH bereits geschäftliche Aktivitäten entfaltet, und zwar mit ausdrücklichem oder stillschweigendem Einverständnis der Gründer.[61] Die Gründungskosten (insbes. Eintragungs- und Beurkundungsgebühren) gehen jedoch stets zu Lasten der

---

[52] BGHZ 80, 129, 141 = NJW 1981, 1373 = GmbHR 1981, 114, 117; *Meyer-Landrut/ Miller/Niehus* § 9 Rn. 7; *Lutter/Hommelhoff* Rn. 20; differenzierend *Scholz/K. Schmidt* Rn. 126; *ders.* ZHR 156 (1992), 93, der die auf den Anmeldezeitpunkt bezogene Unterbilanzhaftung durch eine Vorbelastungshaftung im Falle der Geschäftätigkeit zwischen Anmeldung und Eintragung ergänzen will.
[53] BGHZ 80, 129, 141 = NJW 1981, 1373 = GmbHR 1981, 114, 117.
[54] BGH GmbHR 1982, 235.
[55] BGH NJW 1998, 223 = DB 1997, 2372 = DStR 1997, 1857; OLG Celle NZG 2000, 1134 f.
[56] BGHZ 140, 35 = NJW 1999, 283 = DB 1999, 37; KG Berlin DB 1997, 1863; *Fleischer* GmbHR 1999, 752.
[57] BGHZ 124, 282 = NJW 1994, 724 = ZIP 1994, 295; OLG Naumburg GmbHR 1999, 665; OLG München NJW-RR 2001, 968; *Baumbach/Hueck/G. Hueck/Fastrich* Rn. 59; vgl. auch dazu *Priester* ZIP 1994, 413; kritisch *Lutter/Hommelhoff* Rn. 20. Zu den bilanzrechtlichen Problemen iE vgl. *Schulze-Osterloh*, FS Goerdeler 1987, S. 531 sowie BGHZ 124, 282, 2851 f. = NJW 1994, 724 = ZIP 1994, 295 zur Qualifizierung der Vorbelastungsbilanz.
[58] OLG München NJW-RR 2001, 968.
[59] BGH NJW 1999, 233 = DB 1997, 2372 = DStR 1997, 1857; OLG Frankfurt/M. ZIP 1992, 765 = DB 1992, 1335 = BB 1992, 1082 = EWiR 1992, 681 m. Anm. *Dreher;* OLG Köln DB 1995, 2262 (LS) = NJW-RR 1995, 930; *Hornstein* GmbHR 1998, 230.
[60] BGHZ 105, 300, 304 = NJW 1989, 710 = DB 1989, 217.
[61] Vgl. BGHZ 80, 129, 140 f. = NJW 1981, 1373, 1375 f. = GmbHR 1981, 114, 117; *Fleck* S. 10 f. bei c.

Rechtszustand vor der Eintragung § 11

GmbH und sind deswegen bei der Differenzrechnung dem Vermögen zuzuschlagen.[62] Die Gesellschafter haften für sämtliche Wertdifferenzen zw. den versprochenen Stammeinlagen und deren tatsächlichen Wert. Darunter fallen vor allem Kapitaleinbußen aus Geschäften, die im Gesetz oder in der Satzung keine Grundlage haben, wie zB infolge Aufnahme der geschäftlichen Tätigkeit, ohne dass ein Betrieb gemäß der Satzung eingebracht worden ist. Ebenso haften sie, soweit das Stammkapital bei Eintragung der GmbH durch Verbrauch der Einlagen nicht mehr gedeckt ist.[63]

Wie Geschäfte im Zusammenhang mit **Sachgründungen** zu behandeln sind, hat der BGH zunächst noch offen gelassen.[64] Vieles spricht dafür, es insoweit bei der Differenzhaftung nach § 9 zu belassen, also lediglich einen etwaigen Verlust des eingebrachten Unternehmens oder auch des eingebrachten Grundstücks bis zur **Anmeldung** nach dieser Vorschrift auszugleichen.[65] Der Rechtsverkehr weiß auf Grund der Satzungsbestimmung (vgl. §§ 5 Abs. 4, 8 Abs. 1 Nr. 4), dass das Stammkapital insoweit durch die Sacheinlage gedeckt werden soll. Er weiß auch, dass der Wert der Sacheinlage durch mannigfache Risiken bedroht ist, die nur bis zur Anmeldung durch die Differenzhaftung nach § 9 ausgeglichen werden.[66] Wertminderungen zwischen Anmeldung und Eintragung werden hingegen von der Vorbelastungshaftung erfasst. – Die Gesellschafter haften in jedem Falle anteilig und daher ggf. auch für den Ausfall nach § 24.[67] 30

c) Differenzhaftung nach § 9. Neben der Vorbelastungshaftung gewährleistet die Differenzhaftung nach § 9, dass jedenfalls der volle Wert der **Sacheinlage** der Gesellschaft im Zeitpunkt der **Anmeldung** zur Verfügung steht. Hierfür ist der Zeitpunkt der Anmeldung – und nicht der Eintragung – maßgebend (vgl. § 9 Rn. 5). Hinzu kommen als weitere Gewährleistungen die Prüfung durch das Registergericht (vgl. § 8 Rn. 30; § 9c Rn. 25f.) sowie die Haftung aus § 9a und die strafrechtlichen Sanktionen des § 82 Abs. 1. 31

5. Die Wirkungen der Eintragung. Mit der Eintragung entsteht die GmbH als juristische Person. Die Rechte und Pflichten der Vorgesellschaft gehen auf die GmbH über. Das ist mittlerweile, nachdem der BGH die haftungsrechtlichen Voraussetzungen hierfür geschaffen hat, so gut wie unstreitig.[68] Ob zwischen den beiden Gebilden eine Identität oder eine Kontinuität vorliegt, kann als **allgemeine** Frage dahingestellt bleiben (vgl. Rn. 15). Es ist gewiss ein und dieselbe Gesellschaft, die aber erst durch die Eintragung rechtsfähig wird. Daraus ist auch die Frage zu beantworten, wem das Gesellschaftsvermögen vor der Eintragung zugeordnet ist. Der BGH nimmt mit der ganz hM ein **Gesamthandsvermögen** der Vorgesellschaft an.[69] Es fragt sich jedoch, ob 32

---

[62] BGHZ 80, 129, 141 = NJW 1981, 1373, 1376 = GmbHR 1981, 114, 117.
[63] BGHZ 105, 300 = NJW 1989, 710f. = DB 1989, 217f.
[64] BGHZ 80, 129, 140f. = NJW 1981, 1373, 1375f. = GmbHR 1981, 114, 117; vgl. dazu *Fleck* S. 10f.; aA wohl *K. Schmidt* NJW 1981, 1346.
[65] Dem von *Scholz/Winter* § 9 Rn. 25 vorgeschlagenen Vorrang der Vorbelastungshaftung ggü. der Differenzhaftung nach § 9 ist nicht zu folgen, andernfalls § 9 obsolet wäre. Vgl. auch *Stimpel*, FS Fleck, 1988, S. 349.
[66] So auch *Fleck* S. 11 bei c; aA *Ulmer* ZGR 1981, 607 Fn. 65; *Hachenburg/Ulmer* § 11 Rn. 87; *Lutter/Hommelhoff* Rn. 22; *Scholz/K. Schmidt* Rn. 130.
[67] Vgl. BGHZ 80, 129, 141 = NJW 1981, 1373, 1376 = GmbHR 1981, 114, 117.
[68] Vgl. BGHZ 80, 129, 137f. = NJW 1981, 1373, 1375 = GmbHR 1981, 114, 116f.; *Hachenburg/Ulmer* Rn. 73f.; *Baumbach/Hueck/G. Hueck/Fastrich* Rn. 50f.; *Scholz/K. Schmidt* Rn. 132f.; *K. Schmidt* NJW 1981, 1345; *Flume* S. 167.
[69] BGHZ 80, 129, 135 = NJW 1981, 1373, 1374 = GmbHR 1981, 114, 115; *Hachenburg/Ulmer* Rn. 30, 74; *Baumbach/Hueck/G. Hueck/Fastrich* Rn. 7; *Lutter/Hommelhoff* Rn. 3; *Flume* S. 156.

diese Analogie – wohl zur BGB-Gesellschaft – sachgerecht ist und ob nicht die Vermögenszuständigkeit besser in der eigentümlichen Weise einer werdenden juristischen Person verstanden wird (vgl. Rn. 59 ff.).[70]

33 Die **unbeschränkte Haftung der Gründer** (sog. Verlustdeckungshaftung) für Verbindlichkeiten der Vorgesellschaft erlischt mit der Eintragung der Gesellschaft in das Handelsregister (vgl. iE Rn. 91 ff.).[71]

34 Die **Handelndenhaftung** aus § 11 Abs. 2 **erlischt** ebenfalls mit der Eintragung der Gesellschaft.[72]

III. Das Innenrecht der Vorgesellschaft

35 **1. Allgemeines.** Das Innenrecht der Vorgesellschaft, d. h. die Pflichten und Rechte der Gründer sowie das Organisationsrecht, bestimmen sich in erster Linie nach dem Gesellschaftsvertrag, in zweiter Linie nach den – insoweit jedoch wenig ergiebigen – §§ 1 bis 10 und in dritter Linie – zur Ausfüllung der Gesetzeslücken – nach dem Recht der GmbH, soweit dies analog anwendbar ist.[73] Der Gesellschaftsvertrag kann besondere Regelungen für die Vorgesellschaft enthalten.[74]

36 **2. Gesellschaftszweck, Gründerrechte und -pflichten. a) „Hauptzweck".** Der „Hauptzweck"[75] der Vorgesellschaft besteht darin, die Eintragung der Gesellschaft herbeizuführen und so die Gründung zu vollenden.[76] Er unterscheidet sich also deutlich vom Zweck der Gesellschaft iSd. § 1 und begrenzt deswegen auch die Geschäftsführungsbefugnis auf andere Weise, und zwar auf die zum Abschluss der Gründung **erforderlichen** Geschäfte. Dies gilt grds. auch für die Sachgründung (vgl. dazu Rn. 38).

37 **b) Zweckerweiterung.** Der Gesellschaftsvertrag oder ein einstimmiger Beschluss der Gründer können den Zweck erweitern, insbesondere die Geschäftsführer beauftragen, die werbende Tätigkeit der GmbH vorzubereiten und zu diesem Zweck Geschäfte abzuschließen.[77] Auch eine stillschweigende Billigung durch die (alle!) Gründer ist möglich und praktisch (bes. bei kleineren Gesellschaften) nicht selten. Wenn der Eintragungszweck aber gegenüber dem Geschäftsbetrieb völlig zurücktritt, sind auf die Vorgesellschaft das Recht der OHG bzw. der BGB-Gesellschaft anzuwenden.[78]

---

[70] Vgl. *Rittner* Werdende jP, S. 321 ff.; *Scholz/K. Schmidt* Rn. 24, 28.

[71] BGHZ 80, 129, 144 = NJW 1981, 1373, 1376 = GmbHR 1981, 114, 118; *Scholz/ K. Schmidt* Rn. 88; *Fleck* GmbHR 1984, 13 bei 4a; *Dreher* DStR 1992,37; aA *Beuthien* ZIP 1996, 362; kritisch *Roth/Altmeppen* Rn. 48, die eine fortdauernde Haftung bejahen, wenn ggü. dem Rechtsverkehr die Rechtsnatur der Vorgesellschaft nicht offenbart wurde.

[72] BGHZ 80, 182 = NJW 1981, 1452 = GmbHR 1981, 192; *Scholz/K. Schmidt* Rn. 118; *Baumbach/Hueck/G. Hueck/Fastrich* Rn. 61; *Lutter/Hommelhoff* Rn. 16; *Fleck* S. 14.

[73] Vgl. Rn. 20 ff.; *Hachenburg/Ulmer* Rn. 22; *Scholz/K. Schmidt* Rn. 39.

[74] RGZ 58, 55, 56; 83, 370, 373.

[75] BayObLG NJW 1965, 2254, 2256 = MDR 1965, 914, 918.

[76] Vgl. auch RGZ 83, 370, 373; 105, 228, 229; BGH NJW 1963, 859 = MDR 1963, 384 = LM § 11 Nr. 12. AA insofern *Scholz/K. Schmidt* Rn. 26, als er ihn mit dem Zweck der späteren GmbH als „deckungsgleich" ansieht, was wohl kaum weiter klärt, als wenn man, wie hier, den „Hauptzweck" der Vor-GmbH von dem Zweck der Gesellschaft selbst unterscheidet; iÜ dürfte dadurch die Vor-GmbH unnötig an die GmbH angenähert werden; zu den Konsequenzen vgl. bes. Rn. 43, 69 aE, 83 aE.

[77] RGZ 58, 55, 56; 83, 370, 373; *Hachenburg/Ulmer* Rn. 25 f.; *Flume* S. 159; *Peetz* GmbHR 2000, 838; aA GroßkommAktG/*Barz* § 41 Rn. 12; *Ballerstedt* ZHR 127 (1965), 100.

[78] Vgl. BayObLG NJW 1965, 2254, 2256 f. = MDR 1965, 914, 918; vgl. Rn. 23.

Rechtszustand vor der Eintragung § 11

c) Zweck bei Sachgründungen. Bei Sachgründungen umfasst der Zweck der 38 Vorgesellschaft zwangsläufig alle Geschäfte und Maßnahmen, die erforderlich sind, um die eingebrachten Gegenstände während des Gründungsstadiums für den Zweck der GmbH in ihrem vollen Wert zu erhalten. Dazu bedarf es weder einer besonderen Satzungsbestimmung noch eines Beschlusses der Gründer; die Satzungsbestimmung gemäß § 5 Abs. 4 genügt. Der Umfang der zulässigen Geschäfte bestimmt sich nach dem Erhaltungsziel: Bei einzelnen Gegenständen, wie zB bei einem Grundstück, beschränkt er sich auf die Erhaltungsmaßnahmen. Bei einem Handelsgeschäft oder einem einzelnen Betrieb gleicht er dem Zweck der werbenden Gesellschaft, da ein eingebrachtes Geschäft oder ein eingebrachter Betrieb nur durch Weiterbetreiben erhalten werden können.[79] Die Geschäftsführungsbefugnis geht daher, was diese Sacheinlagen angeht, ebenso weit wie bei der eingetragenen Gesellschaft.

d) Gründerrechte und -pflichten. Die Gründer sind verpflichtet, an der Vollendung der Gründung mitzuwirken.[80] Sie haben die bedungenen Einlagen zu leisten, die Geschäftsführer sowie ggf. die Aufsichtsratsmitglieder zu bestellen, etwaige Hindernisse bei der Anmeldung zu beseitigen, erforderliche Auskünfte zu erteilen usw. Sie sind auch verpflichtet, Mängel des Gesellschaftsvertrages zu beheben, soweit dies dem einzelnen Gründer zumutbar ist.[81] Zur persönlichen Haftung der Gründer für Vermögensverluste aus bereits aufgenommener Geschäftätigkeit vgl. Rn. 93 ff.

Der Anspruch auf Mitwirkung eines Gründers steht jedenfalls jedem Mitgründer – 40 aus dem Gesellschaftsvertrag – zu.[82] Dass daneben die Vorgesellschaft, vertreten durch die Geschäftsführer, auf Mitwirkung klagen kann, hat die Rspr. bisher nicht anerkannt. Dafür spricht, dass den Geschäftsführern, denen das Vorantreiben der Eintragung aufgegeben ist (vgl. § 7 Rn. 6), auch die hierzu nötigen rechtlichen Mittel gegenüber den Gründern zustehen müssen. Dasselbe gilt für Schadensersatzansprüche gegen die Gründer aus schuldhafter Verletzung ihrer Mitwirkungspflichten.

3. Organisationsrecht: Grundsatz. Das Organisationsrecht der Vorgesellschaft 41 kann, soweit der Gesellschaftsvertrag nichts bestimmt, weitgehend durch analoge Anwendung des GmbH-Rechts gefunden werden (vgl. Rn. 35). Dies gilt auch für die Rechte der Gesellschafter nach §§ 51 a und b.

4. Gesellschafterbeschlüsse. Für Beschlüsse der Gesellschafter gelten grds. die 42 §§ 45 bis 50 analog. Ein Beschluss der Gesellschafter bedarf daher im allgemeinen der Mehrheit der abgegebenen Stimmen, die sich nach den Geschäftsanteilen berechnet.[83] Dies gilt gemäß § 6 Abs. 3 ausdrücklich für die Bestellung der Geschäftsführer,[84] aber darüber hinaus auch für alle übrigen laufenden Angelegenheiten;[85] **Änderungen des**

---

[79] Ähnlich BGH NJW 1963, 859; *Hachenburg/Ulmer* Rn. 30, der vorwiegend auf das Einverständnis der Gesellschafter abstellt; vgl. auch *Scholz/K. Schmidt* Rn. 26.
[80] RGZ 58, 55, 56; 82, 288, 290; 151, 86, 91; *Hachenburg/Ulmer* Rn. 29; *Scholz/K. Schmidt* Rn. 43.
[81] *Hachenburg/Ulmer* Rn. 29; vgl. auch *Scholz/K. Schmidt* Rn. 43; *Baumbach/Hueck/G. Hueck/Fastrich* Rn. 8.
[82] Vgl. *Hachenburg/Ulmer* Rn. 29; *Baumbach/Hueck/G. Hueck/Fastrich* Rn. 8.; *Scholz/K. Schmidt* Rn. 43; *Flume* S. 158.
[83] Vgl. § 47; so auch *Hachenburg/Ulmer* Rn. 33; *Scholz/K. Schmidt* Rn. 46; *Rittner* Werdende jP, S. 343 f.; *Flume* S. 158 f.; aA RGZ 58, 55, 56; *Brodmann* Anm. 2.
[84] Vgl. BGHZ 80, 212, 214 = NJW 1981, 2125 = DNotZ 1982, 171.
[85] *Hachenburg/Ulmer* Rn. 33; *Baumbach/Hueck/G. Hueck/Fastrich* Rn. 9; *Scholz/K. Schmidt* Rn. 46.; aA *Lutter/Hommelhoff* Rn. 6: Einstimmigkeit wegen der mit der Unterbilanzhaftung verbundenen Gefahren.

Gesellschaftsvertrages bedürfen hingegen – außer der notariellen Beurkundung (vgl. § 2 Rn. 36 ff.) – der Zustimmung **aller** Gründer.[86] Doch kann die Satzung bestimmen, dass § 53 (³/₄-Mehrheit) schon vor der Eintragung anwendbar ist. Für die **Auflösung der Gesellschaft** genügt jedoch – nach § 60 Abs. 1 Nr. 2 analog – die Dreiviertelmehrheit, weil es unsinnig wäre, erst die Eintragung herbeiführen zu müssen.[87] Für die Nichtigkeit und Anfechtbarkeit von Gesellschafterbeschlüssen gelten auch im Gründungsstadium dieselben (aktienrechtlichen) Bestimmungen (vgl. § 47 Rn. 85) wie für die GmbH.[88]

43 **Oberstes Organ** der Vorgesellschaft ist – wie bei der GmbH – die **Gesellschaftergesamtheit** (vgl. § 45 Rn. 4 ff.), nicht – wie bei der AG (vgl. §§ 118 ff. AktG) – die Gesellschafterversammlung, wenn auch die Beschlüsse der Gesellschafter gemäß § 48 Abs. 1 regelmäßig in Versammlungen gefasst werden.

44 **5. Geschäftsführung.** Die Geschäftsführer sind notwendige Organe der Vorgesellschaft. Sie müssen im Gründungsstadium bestellt werden (vgl. § 6 Rn. 23 ff.), und zwar entweder im Gesellschaftsvertrag oder durch Gesellschafterbeschluss (Mehrheitsbeschluss).[89] Die Bestimmungen des Gesellschaftsvertrages und des Gesetzes über die Geschäftsführung sind, soweit der Gesellschaftsvertrag (wie regelmäßig) und die §§ 1 bis 10 nichts enthalten, analog anzuwenden.[90] Die Geschäftsführer können daher auch gemäß § 38 Abs. 1 analog grundsätzlich jederzeit abberufen werden.

45 Die **Geschäftsführungsbefugnis** beschränkt sich, wenn Satzung oder Gesellschafterbeschluss nichts anderes bestimmen, auf den Zweck der Vorgesellschaft, das Gründungsstadium durch Eintragung zu vollenden (vgl. Rn. 36 ff.). Sie umfasst aber auch alle Geschäfte und Maßnahmen, die erforderlich sind, um die eingebrachten Gegenstände während des Gründungsstadiums in ihrem vollen Wert zu erhalten (vgl. Rn. 38).[91] Die Geschäftsführungsbefugnis muss sich nach dem „Hauptzweck" der Gesellschaft richten und dieser unterscheidet sich bei der Vorgesellschaft wesentlich von dem der werbenden Gesellschaft (vgl. Rn. 36).

46 Für **Sorgfaltspflichtverletzungen** der Geschäftsführer gilt § 43 analog, soweit nicht § 9 a als Sondervorschrift vorgeht (vgl. § 9 a Rn. 36).[92]

47 **6. Aufsichtsrat.** Ein Aufsichtsrat kann nach dem Gesellschaftsvertrag oder nach dem Gesetz schon für das Gründungsstadium vorgeschrieben sein. Eine den §§ 30, 31 AktG entsprechende Regelung kennt das GmbHG nicht. Diese Vorschriften sind auch nicht ohne weiteres auf die Vor-GmbH anwendbar, weil sie nämlich einen notwendigen Aufsichtsrat (mit gesetzlich vorgeschriebenen Aufgaben) schon im Gründungsstadium voraussetzen. – Im Übrigen ist § 52 die einzige Bestimmung des Gesetzes über den Aufsichtsrat zu berücksichtigen, die ihrerseits wiederum enumerativ auf aktienrechtliche Vorschriften – aber nicht auf §§ 30, 31 AktG – verweist.

---

[86] BGH LM § 11 Nr. 1; *Hachenburg/Ulmer* Rn. 34; § 2 Rn. 20; aA *Scholz/K. Schmidt* Rn. 47; *Priester* ZIP 1987, 280, die §§ 53 ff. anwenden wollen.
[87] So mit Recht *Flume* S. 158; nunmehr auch *Hachenburg/Ulmer* Rn. 39.
[88] Vgl. BGHZ 80, 212, 215 ff. = NJW 1981, 2125, 2126 = GmbHR 1982, 67, 68.
[89] BGHZ 80, 212, 214 = NJW 1981, 2125, 2126 = GmbHR 1982, 67 f.; *Baumbach/Hueck/ G. Hueck/Fastrich* Rn. 10.
[90] Vgl. RGZ 105, 228, 229.
[91] BGHZ 80, 129, 139 = NJW 1981, 1373 = GmbHR 1981, 114, 116; *Hachenburg/Ulmer* Rn. 31; *Scholz/K. Schmidt* Rn. 49.
[92] BGH GmbHR 1986, 302; *Baumbach/Hueck/G. Hueck/Fastrich* Rn. 9; *Scholz/K. Schmidt* Rn. 50.

a) **Fakultativer Aufsichtsrat.** Soweit – wie im Regelfall (Ausnahmen s. Rn. 50 ff.) **48**
– keine zwingende Regelung gilt, stellt das Gesetz (§ 52 Abs. 2) es ausdrücklich frei,
ob der fakultative Aufsichtsrat bereits vor der Eintragung der Gesellschaft in das Handelsregister bestellt wird oder nicht. Notwendig ist die Bestellung vor der Eintragung
nur, wenn nach der Satzung der Aufsichtsrat die Geschäftsführer zu bestellen hat. Werden die Aufsichtsratsmitglieder vor der Eintragung der Gesellschaft bestellt, so gelten
§§ 37 Abs. 4 Nr. 3, 40 Abs. 1 Nr. 4 AktG entsprechend, § 52 Abs. 2 S. 1. Danach sind
der Anmeldung die Urkunden über die Bestellung des Aufsichtsrats (der Beschluss der
Gründer) beizufügen; die Bekanntmachung umfasst auch Namen, Beruf und Wohnort
der Aufsichtsratsmitglieder. Auf den Aufsichtsrat der Vorgesellschaft sind die aktienrechtlichen Bestimmungen nach Maßgabe des § 52 Abs. 1 sowie Abs. 3 ebenfalls analog anzuwenden, soweit die Satzung nichts anderes bestimmt.

Wird der Aufsichtsrat erst **nach** der Eintragung bestellt, so gilt § 52 Abs. 2 S. 2: Die **49**
Geschäftsführer haben die Bestellung der Aufsichtsratsmitglieder unverzüglich bekannt
zu machen und die Bekanntmachung zum Handelsregister einzureichen.

b) **Obligatorischer Aufsichtsrat.** Ein obligatorischer Aufsichtsrat, der für **Kapi- 50
talanlagegesellschaften,** § 3 S. 1 KAGG (früher auch für **gemeinnützige Wohnungsgesellschaften,** § 1 Abs. 1 DVO zum Gesetz über die Gemeinnützigkeit im
Wohnungswesen idF vom 24. November 1969,[93] aufgehoben durch Art. 21 § 1 Nr. 2
Steuerreformgesetz 1990 v. 25. 7. 1988)[94] vorgeschrieben ist, muss bereits im Gründungsstadium gebildet werden, damit er mit der Aufnahme des Geschäftsbetriebes, also
spätestens unmittelbar nach der Eintragung der Gesellschaft in das Handelsregister,
seine Aufgaben wahrnehmen kann. § 52 Abs. 2 S. 1 ist auch auf diese Fälle anzuwenden (vgl. dazu Rn. 48).[95]

c) **Mitbestimmungsgesetze.** Für die Frage des **obligatorischen Aufsichtsrats** – **51**
im Gründungsstadium – nach den Mitbestimmungsgesetzen gibt das Gesetz – anders als
das AktG (vgl. §§ 30, 31) – keine Regelung. Die Frage wird nur praktisch, wenn bei
einer Sachgründung ein Unternehmen oder ein Betrieb mit mehr als 500 bzw. mehr
als 2000 Arbeitnehmern eingebracht wird. In dem einen Fall kämen §§ 77, 77a
BetrVG 1952, in dem anderen Fall das MitbestG 1976 in Betracht. Da nach dem MitbestG (§ 31) der Aufsichtsrat auch die Geschäftsführer zu bestellen und abzuberufen
hat, ist im Folgenden besonders auf diesen Fall abzustellen. – Zu den wohl nur theoretisch möglichen Fälle des Montan-MitbestG von 1951 und des Montan-MitbestErgG
von 1956 vgl. Einl. Rn. 152, 154.

aa) **Gesetzeslücke.** Anders als das AktG (§§ 30, 31) regelt das GmbHG die Fragen **52**
nicht. Der Entwurf für eine große GmbH-Reform hatte im § 13 vorgesehen, dass die
Geschäftsführer in den beiden Fällen verpflichtet sind, ein Verfahren einzuleiten, das
den §§ 97 ff. AktG entspricht. § 27 EGAktG, nach dem §§ 96 Abs. 2, 97 bis 99 AktG
für die GmbH sinngemäß gelten, betrifft nur die bereits entstandene GmbH. Da die
Novelle 1980 sich mit dem Problem nicht befasst hat, besteht eine Gesetzeslücke. Eine
gerichtliche Bestimmung von Aufsichtsratsmitgliedern soll auch nach der Rspr. des
BayObLG[96] in analoger Anwendung von § 104 AktG vor Eintragung nicht in Betracht
kommen. Die Literatur ist gespalten: Einige meinen, der (mitbestimmte) Aufsichtsrat
sei überhaupt erst **nach** der Eintragung der Gesellschaft in das Handelsregister zu bil-

---

[93] BGBl. I S. 2142.
[94] BGBl. I S. 1093; BStBl. I S. 22.
[95] AA *Lutter/Hommelhoff* § 52 Rn. 1 aE.
[96] DB 2000, 1955 = ZIP 2000, 1445.

§ 11   1. Abschnitt. Errichtung der Gesellschaft

den, weil das Mitbestimmungsrecht nur auf die bereits entstandene GmbH anzuwenden sei.[97] Andere wollen § 77 BetrVG 1952 und das MitbestG unmittelbar auf die Vorgesellschaft anwenden (§ 52 Rn. 23).[98] Eine dritte Gruppe schlägt die analoge Anwendung der §§ 30, 31 AktG vor.[99]

53   Die überwiegenden Gründe sprechen für eine **vorsichtige analoge Anwendung der §§ 30, 31 AktG.** Die Mitbestimmungsrechte der Arbeitnehmer sollen, ihrem Sinn entsprechend, in der Gesellschaft verwirklicht werden, sobald die wesentliche Voraussetzung, die Mindestarbeitnehmerzahl, erfüllt ist. Zudem wird das eingebrachte Unternehmen von der Vorgesellschaft nicht anders als von der werbenden Gesellschaft geführt (vgl. Rn. 38). Deswegen kann man mE nicht bis zur Eintragung der GmbH in das Handelsregister warten. Die unmittelbare Anwendung der mitbestimmungsrechtlichen Vorschriften auf die Vorgesellschaft andererseits berücksichtigt die Probleme des Gründungsstadiums nicht. Die §§ 30, 31 AktG enthalten demgegenüber eine einigermaßen sachgerechte Lösung. Jedoch können sie schon deswegen nur vorsichtig analog angewandt werden, weil für die GmbH – anders als für die AG – ein Aufsichtsrat *gesellschaftsrechtlich* nicht zwingend vorgeschrieben ist und er demgemäß auch keinerlei Aufgaben im Gründungsstadium hat. Für die Einzelfragen folgt daraus:

54   **bb) Errichtung ohne Aufsichtsrat.** Die GmbH kann ohne Aufsichtsrat errichtet werden, auch wenn die Einbringung eines Unternehmens mit entsprechender Belegschaftszahl im Gesellschaftsvertrag vereinbart ist. Doch empfiehlt sich bei Gründungen, die die Einbringung eines Unternehmens oder Betriebs mit einer der beiden Mindestarbeitnehmerzahlen vorsehen, den Aufsichtsrat schon dementsprechend in der Satzung zu regeln und alsbald, soweit möglich (vgl. Rn. 56), zu besetzen. Nach dem Gesetz stellt sich aber erst **nach** der Einbringung die Frage nach dem Aufsichtsrat und seiner Besetzung. Dabei ist zu unterscheiden:

55   Entweder hat die Gesellschaft noch **keinen Aufsichtsrat;** er ist in der Satzung nicht vorgesehen und demgemäß auch nicht von den Gründern bestellt. In diesem Fall haben die Geschäftsführer unverzüglich nach der Einbringung des Unternehmens gemäß § 97 AktG bekanntzumachen, nach welchen gesetzlichen Vorschriften ihrer Ansicht nach ein Aufsichtsrat zu bilden und zusammenzusetzen ist (§ 31 Abs. 3 S. 1 AktG analog; vgl. auch § 27 EGAktG, nach dem §§ 97 und 99 AktG auch für die Bildung des Aufsichtsrats der GmbH anzuwenden sind). Wird nicht innerhalb eines Monats nach der Bekanntmachung das Gericht angerufen, so ist der Aufsichtsrat nach der Bekanntmachung zu bilden und zusammenzusetzen (§ 97 Abs. 2 S. 1 AktG). Andernfalls entscheidet das Gericht gemäß §§ 98, 99 AktG.

56   Oder die Gesellschaft hat **bereits einen (fakultativen) Aufsichtsrat,** sei es im Hinblick auf die vereinbarte Sacheinlage, sei es aus anderen Gründen. Dieser Aufsichtsrat wird entsprechend § 52 Abs. 2 GmbHG iVm. § 101 Abs. 1 S. 1 AktG allein von den Gründern bestellt. § 31 Abs. 1 AktG, der eine zunächst unvollständige Besetzung des Aufsichtsrats vorsieht, ist nicht anzuwenden.[100] Doch kann die Satzung auch die Bildung eines unvollständigen Aufsichtsrats entsprechend § 31 Abs. 1 und 2 AktG vorsehen. – In beiden Fällen verfahren die Geschäftsführer, sobald das Unternehmen

---

[97] So *Hachenburg/Ulmer* § 6 Rn. 23; § 11 Rn. 32; *Baumbach/Hueck/G. Hueck/Fastrich* § 6 Rn. 22; *Scholz/K. Schmidt* Rn. 52; *Fitting/Wlotzke/Wißmann* MitbestG § 7 Rn. 18; *Hanau/Ulmer* MitbestG § 6 Rn. 7; *Halm* BB 2000, 1853.
[98] *Hachenburg/Schilling* 7. Aufl. § 52 Rn. 48, 52; *Hachenburg/Raiser* 8. Aufl. Rn. 160; *Th. Raiser* MitbestG § 1 Rn. 22.
[99] *Baumbach/Hueck/Zöllner* § 52 Rn. 88 und bes. *Deutler* DB 1969, 691.
[100] So zutr. *Deutler* DB 1969, 694.

Rechtszustand vor der Eintragung § 11

oder der Betrieb eingebracht ist, entsprechend § 31 Abs. 3 AktG, wobei es freilich nur um die Zusammensetzung und nicht – wie o. (Rn. 55) – erst um die Bildung des Aufsichtsrats geht. Das Amt der bisherigen Aufsichtsratsmitglieder erlischt grundsätzlich gemäß § 97 Abs. 2 S. 3 AktG mit dem Ende der ersten Gesellschafterversammlung, die nach Ablauf der Anrufungsfrist einberufen wird oder spätestens sechs Monate nach Ablauf dieser Frist, d. h. spätestens 20 Monate nach der Bekanntmachung. Ist der Aufsichtsrat jedoch schon anfangs nach § 31 Abs. 1 und 2 AktG gebildet worden, so bleibt auch die Regelung des Abs. 3 S. 2 anwendbar; d. h. die bisherigen Aufsichtsratsmitglieder der Gesellschaft bleiben im Amt, bis es nach der Satzung oder dem Gesetz (vgl. § 6 Abs. 2 S. 1 MitbestG iVm. § 102 AktG) erlischt.[101]

cc) Eintragung in das Handelsregister. Die Eintragung der Gesellschaft in das Handelsregister darf jedoch durch die Anwendung des Mitbestimmungsrechts im Gründungsstadium und die daraus folgenden Verfahren nach §§ 97 ff. AktG nicht verzögert werden. Daher ist § 52 Abs. 2 S. 1 auf die mitbestimmte Vorgesellschaft nur eingeschränkt anwendbar (vgl. auch § 52 Rn. 24).[102] Wird das Verfahren zur Bildung des Aufsichtsrats erst **nach** der Einbringung des Unternehmens begonnen (vgl. Rn. 54) und ist es bis zur Anmeldung nicht abgeschlossen, so kann der Registerrichter weder die Vorlage der Urkunden über die Bestellung des Aufsichtsrats (§ 37 Abs. 4 Nr. 3 AktG) verlangen, noch hat er die Namen usw. der Aufsichtsratsmitglieder gemäß § 40 Abs. 1 Nr. 4 AktG bekanntzumachen. Anders selbstverständlich, wenn bereits ein – auch fakultativer, nicht mitbestimmter – Aufsichtsrat zuvor gebildet worden ist. Das Registergericht hat bei der Eintragung jedenfalls nicht zu prüfen, ob das Unternehmen die fragliche Beschäftigtenzahl erreicht und ein dementsprechender Aufsichtsrat gebildet worden ist.[103] 57

dd) Bestellte Geschäftsführer. Die – von den Gründern oder vom ursprünglichen Aufsichtsrat – **bestellten Geschäftsführer** bleiben im Amt, falls das MitbestG gilt, jedoch nur höchstens fünf Jahre seit ihrer Bestellung (§ 31 Abs. 1 MitbestG iVm. § 84 Abs. 1 S. 1 AktG). Der nach dem MitbestG (neu-)gebildete Aufsichtsrat kann sie nur aus wichtigem Grund abberufen (vgl. § 31 Abs. 1 MitbestG iVm. § 84 Abs. 3 AktG). 58

7. Gesellschaftsvermögen. Im Gründungsstadium wird stets ein Gesellschaftsvermögen gebildet, da die (Mindest-)Bar- sowie die Sacheinlagen vor der Anmeldung erbracht werden müssen (vgl. § 7 Abs. 1 und 2).[104] Wem dieses (Sonder-)Vermögen zusteht, sagt das Gesetz nicht. 59

Die hM nimmt ein **Gesamthandsvermögen** der Gründer an.[105] Soweit sie damit sagen will, dass die Vorgesellschaft keine juristische Person ist, hat sie gewiss Recht. Ob aber daraus der Schluss auf die Gesamthand zwingend folgt, ist eine andere Frage. *Büttner*[106] versucht der so gestellten Alternative dadurch zu entgehen, dass er die Vor- 60

---

[101] Vgl. *Deutler* S. 694.
[102] AA *Scholz/K. Schmidt* Rn. 52.
[103] Vgl. *Hachenburg/Schilling* 7. Aufl. § 52 Rn. 48, 50; *Hachenburg/Raiser* 8. Aufl. Rn. 160 iVm. 15, 161; GK-MitbestG/*Fabricius* § 37 Rn. 41.
[104] BGHZ 80, 129, 135 = NJW 1981, 1373, 1374 = GmbHR 1981, 114, 116.
[105] BGHZ 80, 129, 135 = NJW 1981, 1373, 1374 = GmbHR 1981, 114, 115; *Hachenburg/Ulmer* Rn. 30; *Meyer-Landrut/Miller/Niehus* Rn. 6; *Lutter/Hommelhoff* Rn. 3; *Baumbach/Hueck/G. Hueck/Fastrich* Rn. 7; *Flume* S. 156; *Kuhn* WM Beilage 5/1956, 13; *Lieb* DB 1970, 964 f.; *Wiedemann* Jura 1970, 460.
[106] S. 109 ff.

§ 11 1. Abschnitt. Errichtung der Gesellschaft

gesellschaft für „teilrechtsfähig" hält, will daraus aber vornehmlich nur eine selbstständige Verpflichtungsfähigkeit (= Abkehr vom Vorbelastungsverbot) herleiten.[107]

61 Des fragwürdigen Begriffs der Teilrechtsfähigkeit (vgl. Rn. 73)[108] bedarf es jedoch nicht. Denn es genügt, von einem **Sondervermögen** zu sprechen, das der Vorgesellschaft zusteht und das mit der Eintragung der Gesellschaft in das Handelsregister zum Vermögen der juristischen Person wird, das aber auch – nämlich bei einer Entwicklung zur unechten Vorgesellschaft (vgl. Rn. 22) – Vermögen einer Gesamthand (OHG, BGB-Gesellschaft) werden kann.[109] Es handelt sich um ein **Sondervermögen eigener Art,** einer Art nämlich, die durch die eigentümliche Funktion der Vorgesellschaft bedingt ist.[110] Ein solches Verständnis des Gesellschaftsvermögens vermeidet vorzeitige Schlüsse aus der gesamthänderischen Zuständigkeit und macht die Lücken deutlicher, die der Gesetzgeber auch an dieser Stelle gelassen hat. Die Lücken finden sich namentlich im Außenrecht und werden dort – auch von der hM – überwiegend ohne Rücksicht auf die angeblich vorliegende Gesamthand geschlossen. Ein weiterer Prüfstein ist das Vermögensproblem bei der Einpersonen-Vorgesellschaft, das die hM so nicht lösen kann (vgl. Rn. 143 f.).

62 **8. Änderungen des Gesellschaftsvertrags.** Jede Änderung des Gesellschaftsvertrags bedarf bis zur Eintragung der Gesellschaft in das Handelsregister der Zustimmung **aller** Gesellschafter und nicht bloß – wie nach §§ 53 ff. – der satzungsändernden Mehrheit.[111] Der Gesellschaftsvertrag kann ein anderes bestimmen (vgl. Rn. 42). Doch folgt dies nicht ohne weiteres daraus, dass er für Satzungsänderungen der GmbH eine bestimmte Mehrheit festsetzt. Die Änderung des Gesellschaftsvertrags muss – gemäß § 2 – notariell beurkundet werden. Dies ist nicht mehr erforderlich, wenn die Gründer die Eintragungsabsicht endgültig aufgegeben haben.[111a] Ist die Gesellschaft schon angemeldet, so muss der neu gefasste Gesellschaftsvertrag nachgereicht werden (vgl. § 8 Rn. 2). Ist die Gesellschaft schon eingetragen, so kann der Gesellschaftsvertrag nicht mehr mit rückwirkender Kraft, sondern nur noch nach Maßgabe des § 53 geändert werden, namentlich ein Wechsel von Gesellschaftern nur nach § 15 Abs. 3 erfolgen. Zum Auflösungsbeschluss vgl. Rn. 66.

63 Dies alles gilt auch für den **Beitritt** und für das **Ausscheiden** eines Gesellschafters sowie für den **Gesellschafterwechsel**.[112] Die Vorschriften der §§ 15 ff. über die Übertragung von Geschäftsanteilen sind nicht anwendbar[113] (vgl. auch § 41 Abs. 4 AktG, der aber nur der Klarstellung dient). Wohl aber kann der Geschäftsanteil bereits im Gründungsstadium mit Wirkung für einen Zeitpunkt nach der Eintragung der Ge-

---

[107] Dagegen insbesondere *Lieb* DB 1970, 964 f.; *Fabricius,* FS Kastner, 1972, S. 109 ff.
[108] Dazu *Rittner* Werdende jP, S. 269 f.
[109] Vgl. dazu *Rittner* Werdende jP, S. 321 ff.; ähnlich *Scholz/K. Schmidt* Rn. 28.
[110] Ähnlich *Weimar* AG 1992, 69 f. für die Vor-AG.
[111] HM BGH LM § 11 Nr. 1; *Hachenburg/Ulmer* Rn. 34; *Baumbach/Hueck/G. Hueck/Fastrich* Rn. 8; aA *Scholz/K. Schmidt* Rn. 47.
[111a] OLG Brandenburg NZG 2001, 896.
[112] Vgl. BGHZ 15, 204, 206 = NJW 1955, 219 zum Beitritt; BGHZ 21, 242, 246 = NJW 1956, 1435 zum Ausscheiden; BGHZ 29, 300, 303 = NJW 1959, 934, 935 zum Gesellschafterwechsel; ebenso OLG Dresden GmbHR 1998, 186, 189 = NZG 1998, 311; *Baumbach/Hueck/ G. Hueck/Fastrich* Rn. 8; *Hachenburg/Ulmer* Rn. 35.
[113] Vgl. OLG Frankfurt/M. GmbHR 1997, 896 = NJW-RR 1997, 1062; OLG Dresden GmbHR 1998, 186, 189; *Rittner* Werdende jP, S. 346; *Hachenburg/Ulmer* Rn. 35; *Baumbach/ Hueck/G. Hueck/Fastrich* § 2 Rn. 13; aA *Scholz/K. Schmidt* Rn. 41; *K. Schmidt* GmbHR 1997, 869 ff.

Rechtszustand vor der Eintragung §11

sellschaft übertragen werden (vgl. § 2 Rn. 28 für die Strohmann-Gründung).[114] Ein Austritt oder Ausschluss (aus wichtigem Grund; vgl. dazu § 34 Rn. 71 ff., 75 ff.) aus der Vorgesellschaft muss in besonders gelagerten Fällen (hochgradige Unzumutbarkeit, die Gesellschaft mit dem oder den anderen fortzusetzen, zB vereinbarungswidrige Aufnahme einer Geschäftstätigkeit) zugelassen werden.[115] Hingegen sind die Bestimmungen über die Kaduzierung (§ 21) und die Einziehung (§ 34) von Geschäftsanteilen sowie über die Kapitalherabsetzung (§ 58) im Gründungsstadium nicht anwendbar.

Beim **Ausscheiden** eines Gesellschafters (ohne Eintritt eines anderen mit gleich hohem Geschäftsanteil) müssen die Satzungsbestimmungen über das Stammkapital (vgl. § 5 Abs. 3 S. 3) und die Anmeldung zum Handelsregister (§§ 7, 8) entsprechend geändert werden. Der ausscheidende Gesellschafter haftet für die bis zu seinem Ausscheiden begründeten Verbindlichkeiten der Gesellschaft (vgl. Rn. 91 ff.). **64**

9. Auflösung und Abwicklung. Zur Auflösung der Vorgesellschaft kommt es nicht, wenn die Gesellschaft gemäß § 11 Abs. 1 in das Handelsregister eingetragen wird. In diesem Falle gehen Vermögen und Verbindlichkeiten auf die GmbH über (vgl. Rn. 135 ff.). Eine Auflösung findet auch nicht statt, wenn die Vorgesellschaft die Eintragungsabsicht endgültig aufgibt und sich damit zur OHG bzw. BGB-Gesellschaft wandelt (sog. unechte Vorgesellschaft; vgl. Rn. 22). **65**

a) Auflösungsgründe. Auflösungsgründe für die Vorgesellschaft sind demnach: **66**
– die rechtskräftige Ablehnung des Eintragungsantrags (Unmöglichwerden der Zweckerreichung, entsprechend § 726 2. Alt. BGB);[116]
– Mehrheitsbeschluss gemäß § 60 Abs. 1 Nr. 2 analog (vgl. Rn. 42);[117]
– Auflösungsurteil (Klage der Vorgesellschaft[118] aus wichtigem Grund) gemäß § 61 analog;[119]
– Eröffnung des Insolvenzverfahrens über die Vorgesellschaft (vgl. § 60 Nr. 4).[120]

Hingegen stellen Tod oder die Insolvenz eines Gesellschafters als solche keinen Auflösungsgrund dar.[121] **67**

b) Abwicklung. An die Auflösung schließt sich stets eine Abwicklung (Liquidation) an, da ja ein Sondervermögen gebildet worden ist.[122] **68**

Sehr umstritten hingegen ist die Frage, nach welchen Vorschriften die **Abwicklung** stattfindet. Ursprünglich wendete der BGH in st. Rspr.[123] grds. die Abwicklungsbe- **69**

---

[114] Baumbach/Hueck/G. Hueck/Fastrich § 15 Rn. 2; Lutter/Hommelhoff § 15 Rn. 1.
[115] Hachenburg/Ulmer Rn. 37; OLG Hamm DB 1994, 1232 = GmbHR 1994, 706: Ausschlussklage der Vorgesellschaft – ähnlich § 140 HGB.
[116] Peetz GmbHR 2000, 838.
[117] So Hachenburg/Ulmer Rn. 39; Scholz/K. Schmidt Rn. 55; Lutter/Hommelhoff Rn. 10; Baumbach/Hueck/G. Hueck/Fastrich Rn. 27; Feine S. 208; Flume S. 158.
[118] OLG Hamm DB 1994, 1232.
[119] So Scholz/K. Schmidt Rn. 55; Brodmann Anm. 2; Rittner Werdende jP, S. 347; aA Hachenburg/Ulmer Rn. 39; Lutter/Hommelhoff Rn. 10; Baumbach/Hueck/G. Hueck/Fastrich Rn. 27: Kündigung aus wichtigem Grund.
[120] Das Fehlen eines ordnungsgemäßen Sitzes ist mit der Vermögenslosigkeit der Vor-GmbH nach dem LAG Berlin NZA-RR 2000, 545 nicht vergleichbar.
[121] RGZ 82, 288, 290 f.; Hachenburg/Ulmer Rn. 40; Scholz/K. Schmidt Rn. 42; Baumbach/Hueck/G. Hueck/Fastrich Rn. 27; Rittner Werdende jP, S. 348.
[122] Vgl. BGHZ 13, 320, 323 f. = NJW 1954, 1562; 51, 30, 33 = NJW 1969, 509, 510; 86, 122 = NJW 1983, 876; allgM.
[123] BGHZ 51, 30, 33 = NJW 1969, 509, 510; 86, 122, 127 = NJW 1983, 876, 878 = WM 1983, 86; OLG Dresden GmbHR 1998, 1182.

§ 11   1. Abschnitt. Errichtung der Gesellschaft

stimmungen der BGB-Gesellschaft (§§ 730 ff. BGB) analog an.[124] Das BAG[125] und nunmehr auch der BGH[126] sprechen sich mit der wohl überwiegenden Literatur[127] für die grds. analoge Anwendung der §§ 65 ff. aus. Diese Ansicht ist zu begrüßen, weil sie bei vorsichtig **analoger Anwendung des GmbH-Rechts** eher zu sachgerechten Ergebnissen führt.[128] Sämtliche Bestimmungen, die speziell die Eintragung der Gesellschaft in das Handelsregister voraussetzen, kommen allerdings für die Analogie nicht in Betracht, so namentlich §§ 65, 66 Abs. 2 und 3, 67, 71 Abs. 3, 73, 74 Abs. 1, Abs. 2 S. 2 und Abs. 3 S. 2.

70   **Liquidatoren** der Vorgesellschaft sind gemäß § 66 analog die Geschäftsführer oder besonders dazu bestellte Personen.[129] Dagegen will der BGH[130] sämtliche Gesellschafter zu Liquidatoren berufen, was aber auch keineswegs immer zweckmäßig erscheint. Die Auflösung und die Liquidatoren können allerdings nicht gemäß §§ 65, 67 zur Eintragung in das Handelsregister angemeldet werden, weil es an der Eintragung der Gesellschaft fehlt. Doch lassen sich §§ 68, 69, 70, 71 und 72 mit Bedacht analog anwenden.

71   Andererseits sind nach der Rspr. des BGH die **§§ 730 ff. BGB** auch nicht ohne weiteres anwendbar. So gibt es keine allgemeine Nachschuss- und Verlustausgleichspflicht der Gesellschafter, wie sie § 735 BGB vorsieht.[131] Doch können die Gesellschafter einem Geschäftsführer gegenüber gemäß §§ 675, 670, 421 BGB unbeschränkt haften, wenn die Vorgesellschaft bereits mit einer Geschäftstätigkeit begonnen hat und die Einlagen trotz pflichtgemäßer Geschäftsführung die entstandenen Verluste nicht ausgleichen.[132] Die früher umstrittene Frage, ob und in welchem Umfang die Gesellschafter für Verbindlichkeiten der Vor-GmbH persönlich haften, hat sich durch das Grundsatzurteil des BGH vom 27. 1. 1997[133] weitgehend erledigt: Die Gesellschafter der Vorgesellschaft haften für deren Verbindlichkeiten unbeschränkt in Form einer anteiligen Innenhaftung (vgl. Rn. 93 ff.). Nach Eröffnung des Insolvenzverfahrens folgt die Liquidation den Regeln der InsO.

72   **10. Die fehlerhafte Vorgesellschaft.** Zur fehlerhaften Vor-GmbH vgl. § 2 Rn. 65 ff.

IV. Das Außenrecht der Vorgesellschaft

73   **1. Allgemeines.** Anders als beim Innenrecht (Rn. 35 ff.) lassen sich die Gesetzeslücken im Außenrecht nicht so leicht durch Gesellschaftsvertrag und durch analoge Anwendung des GmbH-Rechts schließen. Die Rücksicht auf den Rechtsverkehr und damit auf Dritte verlangt für das Außenrecht eindeutigere Regeln. Vor allem aber fehlt

---

[124] Ebenso *Meyer-Landrut/Miller/Niehus* Rn. 11; *Riedel* GmbHR 1973, 220; *Fleck* ZGR 1975, 215.
[125] NJW 1963, 680, 681 = AP § 11 Nr. 1; ebenso OLG Hamm WM 1985, 658.
[126] NJW 1998, 1079, 1080 = DB 1998, 302, 303 = DStR 1998, 499, 500.
[127] *Hachenburg/Ulmer* Rn. 42; *Scholz/K. Schmidt* Rn. 56; *Baumbach/Hueck/G. Hueck/Fastrich* Rn. 28; *Lutter/Hommelhoff* Rn. 10; *Ganßmüller* GmbHR 1963, 101; *ders.* 1970, 170, 172; iErg. auch Wallner GmbHR 1998, 1168, 1172 f. mit wenig überzeugender Begründung.
[128] Vgl. *Rittner* Werdende jP, S. 348 f.
[129] So BAG NJW 1963, 680 = AP § 11 Nr. 1; *Hachenburg/Ulmer* Rn. 43; abw. *Scholz/K. Schmidt* Rn. 56, der § 66 direkt anwenden will.
[130] BGHZ 51, 30, 34 = NJW 1969, 509, 510 = MDR 1969, 293; GmbHR 1963, 107.
[131] BGHZ 86, 122, 125 = NJW 1983, 876, 877 = GmbHR 1983, 46, 47; aA *Scholz/K. Schmidt* Rn. 56, der § 735 BGB sinngemäß anwenden will.
[132] BGHZ 86, 122, 125 = NJW 1983, 876, 877 = GmbHR 1983, 46, 47.
[133] BGHZ 134, 333 = NJW 1997, 1507 = DStR 1997, 625.

der Vorgesellschaft, ihrer Bestimmung gemäß, gerade die Eigenschaft, die das Außenrecht der GmbH entscheidend bestimmt, nämlich die Rechtsfähigkeit. Daher kommt eine Behandlung der Vorgesellschaft als **juristische Person keinesfalls** in Betracht; § 13 Abs. 1 ist auf sie nicht anwendbar. Die Vorgesellschaft kann nicht die **allgemeine** (und gleiche) Rechtsfähigkeit haben,[134] wie sie der juristischen Person, dem Gleichheitsgrundsatz entsprechend, eigentümlich ist.[135] Es hilft aber auch wenig, die Vorgesellschaft als gesamthänderische Personenvereinigung zu bezeichnen und daraus Folgerungen zu ziehen.[136] Denn die verschiedenen Gesamthandsgemeinschaften des geltenden Rechts, auch nur des Gesellschaftsrechts (BGB-Gesellschaft, OHG, KG), haben keineswegs sämtlich ein und dieselbe Regelung für das Außenrecht, namentlich nicht die gleiche Rechtssubjektivität (vgl. nur § 124 HGB nach wie vor im Vergleich zur BGB-Gesellschaft). Ebenso wenig führt der Begriff der Teilrechtsfähigkeit weiter, soll er mehr sein als ein Etikett für die Probleme.[137]

Vielmehr kann wohl nur gefragt werden, welche **einzelnen** für die GmbH, also für eine juristische Person, im Außenrecht geltenden Regeln auf die Vorgesellschaft anzuwenden sind, ohne dass dadurch die Funktion des Gründungsstadiums in Frage gestellt wird.[138] Dieser Ansatz dürfte von den sich mittlerweile in der Praxis und der Lehre durchsetzenden Vorstellungen nicht weit entfernt sein. So hält ein Kommentar[139] es für richtig, die Vorgesellschaft „teilweise einer juristischen Person gleichzustellen", ein anderer,[140] sie „als werdende juristische Person ihrer Eigenart nach" zu behandeln. Wieweit diese Anwendung iE gehen soll, muss und kann nur die Rspr. entscheiden. Der BGH vermeidet aber mit Recht, sich vorzeitig auf dogmatische Prämissen festzulegen, sondern trifft einzelne Analogieentscheidungen, wenngleich in der Sicht der Gesamtproblematik.[141] Vielleicht lässt sich von einer **„beschränkten Rechtsfähigkeit"** sprechen, wenn damit nicht mehr gesagt sein soll, als dass die Vorgesellschaft in wesentlicher Hinsicht wie eine juristische Person behandelt wird. Die – zT ebenfalls noch offenen – Fragen der Rechtsstellung des nichtrechtsfähigen Vereins und ihre Lösungen lassen sich nur mit Vorsicht heranziehen.[142] Denn anders als die werdende GmbH ist der nichtrechtsfähige Verein auf Dauer angelegt und hat nur seinen selbstgesetzten Zweck und nicht den Hauptzweck, den Gründungsprozess zu Ende zu bringen (vgl. Rn. 36).

2. Firma oder Name? Die Vorgesellschaft ist namens- und firmenrechtsfähig. Rechtsfähigkeit des Namensträgers ist für den Namens- und Firmenschutz nicht Voraussetzung.[143] Sie darf und muss eine Firma führen, wenn sie bereits – nach Einbringung eines Unternehmens oder Betriebes als Sacheinlage oder auch nach Aufnahme

---

[134] Die Entscheidung BGHZ 146, 341, 343 ff. = MDR 2001, 459 = DB 2001, 423, macht die Außen-GbR nicht zur juristischen Person.
[135] Vgl. dazu *Rittner* Werdende jP, S. 151 ff.
[136] So zB *Hachenburg/Ulmer* Rn. 45; *Baumbach/Hueck/G. Hueck/Fastrich* Rn. 11; *Flume* S. 160.
[137] So wohl auch *Hachenburg/Ulmer* Rn. 45; weitergehend *Büttner* S. 109; dagegen schon *Rittner* Werdende jP, S. 269 f.
[138] Vgl. *Rittner* Werdende jP, S. 131 ff.
[139] *Hachenburg/Ulmer* Rn. 45.
[140] *Scholz/K. Schmidt* Rn. 24.
[141] So zB BGHZ 80, 129, 132 = NJW 1981, 1373 f. = GmbHR 1981, 114 f. = DB 1981, 1032.
[142] Zu ihnen vgl. etwa MüKo BGB/*Reuter* § 54 Rn. 8; *K. Schmidt* NJW 1984, 2249; *Jung* NJW 1986, 157.
[143] BGHZ 120, 103, 106 = DB 1993, 271 = GmbHR 1993, 103.

von Geschäften – ein Handelsgewerbe iSd. § 1 Abs. 2 HGB betreibt (vgl. § 4 Rn. 70). Doch bedarf die Firma eines **Zusatzes,** der auf das Gründungsstadium hinweist. Üblich und ausreichend ist der Zusatz **„in Gründung".** Die Vorgesellschaft kann als solche jedoch nicht in das Handelsregister eingetragen werden, auch nicht in den Fällen der §§ 2, 3 Abs. 2 u. 3 HGB.[144]

76 Soweit sie eine Firma führt, ist die Vorgesellschaft jedenfalls **Kaufmann** iSd. HGB.[145] Die Vorgesellschaft genießt daher, falls sie eine Firma berechtigterweise führt, auch Firmenschutz, insbesondere nach § 37 Abs. 2 HGB. Handelsgesellschaft iSd. § 13 Abs. 3 GmbHG und damit „Formkaufmann" iSd. § 6 HGB ist die Vorgesellschaft jedoch nicht, da dies die Eintragung voraussetzt.[146] Deswegen fand das zwischenzeitlich aufgehobene AbzG Anwendung, wenn die Vor-GmbH Empfänger der Ware ist.[147]

77 Eine Vorgesellschaft, die ein Handelsgewerbe iSd. § 1 Abs. 2 HGB betreibt, kann folgerichtig Prokuristen und Handlungsbevollmächtigte anstellen. Sie unterliegt der kaufmännischen Buchführungspflicht nach §§ 238 ff. HGB[148] sowie den Vorschriften über Handelsgeschäfte der §§ 343 ff. HGB.[149]

78 Eine Vorgesellschaft, die noch kein Handelsgewerbe iSd. § 1 Abs. 2 HGB betreibt, führt die Firma der künftigen GmbH als **Namen,** ebenfalls mit einem auf das Gründungsstadium hinweisenden Zusatz.

Nimmt die Vorgesellschaft ihre geschäftliche Betätigung unter dem Namen, der künftig in der GmbH-Firma verwendet wird, auf, so genießt sie ab dem Zeitpunkt des Tätigkeitsbeginns Namensschutz, unabhängig davon, ob sie bereits Firmenrechtsfähigkeit erworben hatte. Denn das Namensrecht und der mit ihm fortwirkende Prioritätsschutz geht auf die eingetragene GmbH über.[150]

79 3. Die Vorgesellschaft im Rechtsverkehr. Die Vorgesellschaft tritt im Rechtsverkehr, soweit sie an ihm teilhaben kann, ähnlich wie eine juristische Person auf; für ihre Verbindlichkeiten haftet jedenfalls ihr Vermögen (zu diesem vgl. Rn. 59 ff.). Das ist heute allgemein anerkannt; nur über Randfragen wird noch gestritten.[151]

80 a) Einzelheiten. Die Vorgesellschaft kann **schuldrechtliche Verträge** abschließen. Die **Kontofähigkeit** ergibt sich bereits aus §§ 7 Abs. 2 und Abs. 3.[152] (vgl. dazu u. zum „Geschäftsführerkonto" § 7 Rn. 17, 23). Sie kann **Eigentum** und sonstige Rechte an beweglichen Sachen und an Grundstücken erwerben (vgl. auch § 7 Rn. 36). Die **Grundbuchfähigkeit** der Vorgesellschaft erstreckt sich nicht nur auf gründungsnotwendige Sacheinlagen, sondern auch auf alle sonstigen Grundstücksgeschäfte.[153] Die **Grundstücke** werden auf den Namen bzw. die Firma der Vorgesellschaft eingetragen. Nach der Eintragung der Gesellschaft in das Handelsregister wird das Grundbuch be-

---

[144] BayObLG NJW 1965, 2254, 2257.
[145] *Hachenburg/Ulmer* Rn. 47; *Rittner* Werdende jP, S. 359; KölnerKomm/*Kraft* § 41 Rn. 39; GroßkommAktG/*Barz* § 29 AktG Rn. 9.
[146] Weitergehend *Flume* S. 161.
[147] BGH DB 1987, 929.
[148] BGHSt 3, 23, 26; *Lutter/Hommelhoff* Rn. 4; *Peetz* GmbHR 2000, 1087.
[149] *Hachenburg/Ulmer* Rn. 47.
[150] BGHZ 120, 103, 106 f. = DB 1993, 271 = GmbHR 1993, 103.
[151] BGHZ 45, 338 = NJW 1966, 1311; 80, 129 = NJW 1981, 1373 = GmbHR 1981, 114 = DB 1981, 1032; 120, 103 = NJW 1993, 459, 460 = DB 1993, 578 f.; Hachenburg/Ulmer Rn. 45 ff.; *Scholz/K. Schmidt* Rn. 57 ff.; *Rittner* Werdende jP, S. 353 ff.
[152] BGHZ 45, 338, 347 = NJW 1966, 1311, 1313; OLG Naumburg NJW-RR 1998, 1648.
[153] BayOLGZ 1979, 172 = DB 1979, 1500; OLG Hamm OLGZ 1981, 410 = DB 1981, 1973.

Rechtszustand vor der Eintragung **§ 11**

richtigt.[154] Der BGH[155] lässt auch die Eintragung auf den Namen der künftigen GmbH zu, während *Flume*[156] die Eintragung sämtlicher Gründer gemäß § 47 GBO verlangt (vgl. auch § 7 Rn. 36).[157] Dass die Vor-GmbH **Gesellschafter** einer Personengesellschaft sein kann, hat BGHZ 80, 129, 131 f.[158] anerkannt. Damit dürfte der Streit über diese Frage entschieden sein.[159] Die Vor-GmbH kann endlich auch Gesellschafter einer anderen Kapitalgesellschaft sein und auch an der Gründung einer solchen Gesellschaft teilnehmen, wenn die Vertretungsmacht der Geschäftsführer so weit reicht (vgl. dazu Rn. 83 ff.). Die Vor-GmbH ist **wechsel- und scheckfähig**.[160]

b) **Zivilprozess.** Im Zivilprozess ist die Vorgesellschaft entsprechend § 50 Abs. 2 ZPO **aktiv**[161] und **passiv parteifähig**.[162] Auch eine erst während des Prozesses errichtete Vorgesellschaft ist von Anfang an parteifähig, wenn diese den in ihren Namen geführten bisherigen Prozess genehmigt.[163] Die Vorgesellschaft kann im Verfahren der Freiwilligen Gerichtsbarkeit, vornehmlich im Registerverfahren, sowie im Verwaltungsverfahren iSd. §§ 11, 13 VwVfG und Verwaltungsprozess iSd. §§ 61, 63 VwGO Beteiligte sein.[164] Ist hingegen die Eintragung der Vorgesellschaft ins Handelsregister rechtskräftig abgelehnt worden, verliert sie ihre Parteifähigkeit.[165] Zur Zwangsvollstreckung in das Gesamtvermögen ist ein gegen die Vorgesellschaft gerichteter Titel notwendig.[166] Die **Insolvenzfähigkeit** der Vorgesellschaft ist allg. anerkannt.[167] Ob sich die Insolvenzfähigkeit aus § 11 Abs. 1 InsO[168] oder § 11 Abs. 2 Nr. 1 InsO[169] oder

81

---

[154] So zutr. *Hachenburg/Ulmer* Rn. 48; *Scholz/K. Schmidt* Rn. 33; *Baumbach/Hueck/G. Hueck/Fastrich* Rn. 13; *Rittner* Werdende jP, S. 360 f.
[155] BGHZ 45, 338, 348 = NJW 1966, 1311, 1313; BGH NJW 1973, 798.
[156] S. 160.
[157] Zur Auflassungsvormerkung zugunsten der GmbH, vgl. OLG Hamm DB 1981, 1973; zur Auflassungsvormerkung zugunsten einer KG i. G. vgl. BayObLG NJW-RR 1986, 30.
[158] = NJW 1981, 1373 f. für den Komplementär einer KG.
[159] Bejahend *Hachenburg/Ulmer* Rn. 133; *Binz* GmbHR 1976, 29, 35; *U. Huber*, FS Hefermehl, 1976, S. 148, 156; *Ulmer* ZGR 1981, 614 ff.; aA noch BGHZ 63, 45, 47 = NJW 1974, 1905; BayObLG GmbHR 1967, 9, 10; 1969, 22, 23.
[160] BGHZ 117, 323, 326 = NJW 1992, 1824 obiter; *Baumbach/Hefermehl* Einl. WG Rn. 21; *Hachenburg/Ulmer* Rn. 49; *Scholz/K. Schmidt* Rn. 31; *Baumbach/Hueck/G. Hueck/Fastrich* Rn. 14; aA früher noch BGH NJW 1962, 1008.
[161] BGH NJW 1998, 1079 = DB 1998, 302 = BB 1998, 966; OLG Köln GmbHR 1997, 601 = BB 1997, 1119; *Zöller/Vollkommer* ZPO § 50 Rn. 4 b; *Baumbach/Hartmann* ZPO § 50 Rn. 6.
[162] BAG NJW 1963, 680, 681; BGHZ 79, 239, 241 = NJW 1981, 873 = DB 1981, 980; OLG Hamm WM 1985, 658 f. = EWiR 1985, 487 f.; *Hachenburg/Ulmer* Rn. 50; *Scholz/K. Schmidt* Rn. 34 mwN. *Rittner* Werdende jP, S. 268; *Flume* S. 126; *Zöller/Vollkommer* ZPO § 50 Rn. 4 b; *Baumbach/Hartmann* ZPO § 50 Rn. 6.
[163] OLG Köln NZG 2000, 151, 152 = NJW-RR 2000, 490, 491; *Baumbach/Hueck/G. Hueck/Fastrich* Rn. 16.
[164] BGHZ 117, 323 = NJW 1992, 1824 = GmbHR 1992, 451; BayObLG DB 2000, 38 = NJW-RR 2000, 414; *Scholz/K. Schmidt* Rn. 32, 34; *Baumbach/Hueck/G. Hueck/Fastrich* Rn. 16; *Lutter/Hommelhoff* Rn. 4.
[165] OLG Köln GmbHR 1997, 601 = BB 1997, 1119; aA *Fichtelmann* GmbHR 1997, 995 f., der sich für die Beibehaltung der Parteifähigkeit im anschließenden Liquidationsverfahren ausspricht.
[166] *Scholz/K. Schmidt* Rn. 34; *Baumbach/Hueck/G. Hueck/Fastrich* Rn. 16.
[167] *Scholz/K. Schmidt* Rn. 35; *Baumbach/Hueck/G. Hueck/Fastrich* Rn. 16; *Hueck*, FS 100 Jahre GmbHG, S. 127 ff.
[168] So *Haas* DStR 1999, 985 ff.
[169] So wohl *Scholz/K. Schmidt* Rn. 35.

§ 11 1. Abschnitt. Errichtung der Gesellschaft

aus einer Analogie zu § 11 Abs. 1 InsO[170] ergibt, ist eher eine rechtsdogmatische als eine praxisrelevante Frage. Zu den einzelnen Insolvenzgründen vgl. § 63 Rn. 20ff. Zur Konkurs- und Vergleichsfähigkeit vgl. Voraufl. Rn. 79.

82 **c) „Beschränkte Rechtsfähigkeit."** Die „beschränkte Rechtsfähigkeit" (vgl. Rn. 74 aE) der Vorgesellschaft geht mithin nach dem heutigen Stand der Rspr. sehr weit. Nur der Gesetzgeber hätte – durch eine sehr differenzierende Regelung der Einzelfragen – vor allem für Sachgründungen die Entwicklung anders lenken können. Die von ihm offen gelassene Lücke war zu groß, als dass die praktischen Bedürfnisse nicht dazu geführt hätten, die Vorgesellschaft im Rechtsverkehr der GmbH weitgehend gleichzustellen. Das Ergebnis kann im Hinblick auf Sinn und Zweck des Gründungsstadiums nur deswegen gerechtfertigt werden, weil die Vorgesellschaft nur solange Vorgesellschaft bleibt, wie sie die Eintragung anstrebt, andernfalls aber dem Recht der OHG oder der BGB- Gesellschaft unterfällt (vgl. Rn. 22).

83 **4. Die Vertretungsmacht der Geschäftsführer.** Die Geschäftsführer vertreten die Vorgesellschaft, wie sich schon aus § 7 Abs. 2 S. 1, Abs. 3, § 8 Abs. 2 ergibt. Fraglich und umstritten ist jedoch, ob sie für die Vorgesellschaft oder für die künftige GmbH handeln sowie vor allem, ob und in welcher Weise ihre Vertretungsmacht beschränkt ist. Die Abkehr des BGH vom Vorbelastungsverbot (vgl. Rn. 14) und die wachsende Erkenntnis der speziellen Lage der Sachgründung (bes. bei Einbringung eines Betriebes) haben einige Klarheit geschaffen.[171]

84 **a) Vertretungsorgan der Vorgesellschaft.** Die Geschäftsführer handeln als das Vertretungsorgan der Vorgesellschaft[172] grds. für diese. §§ 35, 36 sind analog anwendbar.[173] Einer besonderen Vollmacht bedarf es daher nicht. Dies gilt auch für Rechtsgeschäfte, die erst mit der Eintragung der Gesellschaft in das Handelsregister wirksam werden sollen. Wenn nichts anderes bestimmt ist, gilt gemeinschaftliche Vertretung aller Geschäftsführer (§ 35 Abs. 2 S. 2 analog).

85 **b) Umfang der Vertretungsmacht.** Der Umfang der Vertretungsmacht ergibt sich grds. aus dem Umfang der Geschäftsführungsbefugnis, also aus dem Zweck der konkreten Vorgesellschaft (vgl. dazu Rn. 36ff.). Die gesetzlich zwingende Umfangsbestimmung gemäß § 37 Abs. 2 ist auf die Vorgesellschaft nicht anzuwenden.[174] Die Gegenmeinung wird der Funktion des Gründungsstadiums nicht gerecht. Soweit sie sich auf den Schutz des Rechtsverkehrs beruft, kann die Rechtsscheinhaftung bedenkliche Ergebnisse verhindern (vgl. Rn. 88). Soweit sie sich darauf beruft, dass die Vor-GmbH bereits den Zweck der späteren GmbH, wenn auch nur diesem „deckungsgleich", verfolge,[175] geht sie unnötig über die lex lata hinaus (vgl. Rn. 36 aE).

---

[170] *Baumbach/Hueck/G. Hueck/Fastrich* Rn. 16.
[171] Zum früheren Streitstand vgl. *Hachenburg/Ulmer* 7. Aufl. Rn. 53 ff.; *Scholz/Winter* 6. Aufl. Rn. 7; *Ulmer* ZGR 1981, 593, 596 ff.
[172] So ausdrücklich BGHZ 80, 129, 135 = NJW 1981, 1373, 1374 = DB 1981, 1031, 1033; BGH BB 1990, 86; BayObLG BB 1986, 549; KG GmbHR 1993, 648.
[173] Vgl. *Hachenburg/Ulmer* Rn. 52; *Scholz/K. Schmidt* Rn. 63.
[174] BGHZ 65, 378, 382 = NJW 1976, 419, 420 = DB 1976, 619, 620; BGHZ 72, 45, 50 = NJW 1978, 1978, 1979 = DB 1978, 1634, 1635; BGHZ 80, 129, 139 = NJW 1981, 1373, 1375 = DB 1981, 1032, 1034; BGHZ 86, 122, 125 = NJW 1983, 876, 877 = DB 1983, 278, 279; OLG Naumburg DtZ 1996, 320; *Hachenburg/Hueck/G. Hueck/Fastrich* Rn. 18; *Lutter/Hommelhoff* Rn.8; *Meyer-Landrut/Miller/Niehus* Rn. 8; aA *Scholz/K. Schmidt* Rn. 63 f. mwN; ders. GmbHR 1987, 77, 84; *Beuthien* NJW 1997, 565 f.; *Cebulla* NZG 2001, 975; *Priester* ZHR 165(2001), 383, 389 für die Vor-AG.
[175] *Scholz/K. Schmidt* Rn. 26; ders. GmbHR 1987, 77, 79.

Der Umfang der Vertretungsmacht lässt sich also **nur für die einzelne Vorgesell-** 86
schaft bestimmen, wobei aber auch hier (wie für die Geschäftsführung, vgl. Rn. 44ff.)
eine Differenzierung nach typischen Fällen die Antwort erleichtert:[176] Bei einer gewöhnlichen **Bargründung** geht der Umfang über die Gründungsmaßnahmen (Entgegennahme der Einzahlungen, Anmeldung usw.) nicht hinaus. Bei einer **Sachgründung** erstreckt er sich – kraft ausdrücklicher oder stillschweigender Bestimmung (vgl. Rn. 87) – auf alle für die Werterhaltung der eingebrachten Gegenstände erforderlichen Geschäfte. Nach der Einbringung eines Betriebes kommt der Umfang folglich der umfassenden Vertretungsmacht des GmbH-Geschäftsführers fast gleich (vgl. Rn. 87).

c) Erweiterung der Vertretungsmacht. Eine Erweiterung der Vertretungsmacht 87
ist zulässig, und zwar sowohl durch Gesellschafterbeschluss als auch durch übereinstimmendes Gesellschafterhandeln, sei es ausdrücklich, sei es stillschweigend.[177] Das letztere ist insbesondere bei Sachgründungen anzunehmen sowie in Fällen, in denen die Geschäftsführer mit Kenntnis der Gründer bereits vor der Eintragung den Geschäftsbetrieb aufnehmen. Die Erweiterung bedarf auch nicht der Form des § 2.[178]

Soweit die Vertretungsmacht nicht reicht, die Geschäftsführer gleichwohl im Namen der Vorgesellschaft handeln – also namentlich bei Bargründungen –, kann eine 88
Rechtsscheinhaftung begründet sein.[179] Sie trifft die Gesellschafter, die das Handeln der Geschäftsführer gebilligt oder geduldet haben, unbeschränkt persönlich in Form einer Innenhaftung (vgl. Rn. 91ff.).

d) Handeln im Namen der Vor-GmbH. Die Geschäftsführer handeln im Namen der Vor-GmbH. Ein Handeln namens der (künftigen) GmbH kommt weder 89
rechtlich in Betracht (da die GmbH erst mit der Eintragung entsteht) noch ist es praktisch erforderlich (da die Rechte und Pflichten der Vorgesellschaft mit der Eintragung auf die GmbH übergehen). Die frühere Lehre, die eine solche Möglichkeit bejahte und zum Teil sogar von einer Doppelvertretung der Geschäftsführer – für die Vorgesellschaft und für die GmbH – ausging,[180] wird heute überwiegend und mit Recht abgelehnt.[181] Sie erscheint recht gekünstelt, ist wenig praktikabel und dürfte nach der Abkehr vom Vorbelastungsverbot (vgl. Rn. 14) vollends überflüssig geworden sein. Handeln die Geschäftsführer dennoch im Namen der GmbH, so werden sie gleichwohl als Organ der Vorgesellschaft tätig,[182] wollen damit aber möglicherweise das Rechtsgeschäft unter die Bedingung stellen, dass die GmbH entsteht (vgl. dazu Rn. 90).

Vom Handeln im Namen der GmbH sind Rechtsgeschäfte zu unterscheiden, welche die Geschäftsführer unter der (aufschiebenden) **Bedingung** des Entstehens der 90
GmbH abschließen (vgl. schon Rn. 89 aE). Sie kommen nicht sehr häufig vor, sind

---

[176] Vgl. auch BGHZ 80, 129, 139 = NJW 1981, 1373, 1375 = DB 1981, 1032, 1034.
[177] Vgl. RGZ 58, 55, 56; BGHZ 65, 378, 382 = NJW 1976, 419, 420; BGH WM 1978, 843, 844; BGHZ 80, 129, 139 = NJW 1981, 1373, 1375 = DB 1981, 1032, 1034; *Hachenburg/Ulmer* Rn. 55.
[178] BGHZ 80, 129, 139; *Hachenburg/ Ulmer* Rn. 55, 27; *Lutter/Hommelhoff* Rn. 8; *Baumbach/ Hueck/G. Hueck/Fastrich* Rn.19; *K. Schmidt* NJW 1981, 1345; *Fleck* GmbHR 1983, 9; krit. wegen der Warnfunktion des § 2 Abs. 1 *Ulmer* ZGR 1981, 598ff. sowie *John* BB 1982, 512 Fn. 128.
[179] Vgl. BGHZ 61, 59, 64ff. zur GmbH & Co. KG; *Hachenburg/Ulmer* Rn. 57.
[180] Vgl. zB BGHZ 53, 210, 211 = NJW 1970, 806, 807; *Fleck* ZGR 1975, 220f.
[181] Vgl. *Hachenburg/Ulmer* Rn. 59; *Scholz/K. Schmidt* Rn. 61; *Baumbach/Hueck/ G. Hueck/ Fastrich* Rn. 17; GroßKomm/*Barz* § 4 AktG Rn. 20; *Wiedemann* JurA 1970, 460; *Rittner* Werdende jP, S. 366.
[182] So OLG Celle GmbHR 1990, 398 = NJW-RR 1990, 801.

aber (gemäß § 158 BGB) ohne weiteres zulässig.[183] Von einer solchen Bedingung kann man aber nur sprechen, wenn das Rechtsgeschäft dafür deutliche Anhaltspunkte bietet. So genügt es zB nicht, wenn das Rechtsgeschäft lediglich „mit der künftigen GmbH" geschlossen wird;[184] oder wenn die (eine oder beide) Leistung(en) erst nach der Eintragung erbracht werden sollen.[185]

91 **5. Die Haftung der Gesellschafter.** Für die Verbindlichkeiten der Vorgesellschaft haftet jedenfalls das Gesellschaftsvermögen (vgl. Rn. 79). Sehr umstritten ist jedoch die Frage, ob und, wenn ja, in welchem Umfang die Gründergesellschafter persönlich für die Verbindlichkeiten einstehen müssen. Dabei geht es nicht um die Verbindlichkeiten, welche die Gesellschafter vor der Gründung **persönlich** eingehen, auch wenn die Leistung aus dem Geschäft an die Vorgesellschaft erfolgen soll.[186] Andererseits handelt es sich selbstverständlich nur um Verbindlichkeiten, für die nicht durch ausdrückliche oder stillschweigende Vereinbarung mit dem Vertragspartner die Haftung auf das Gesellschaftsvermögen **beschränkt** ist. Praktisch kommen im Wesentlichen Verbindlichkeiten aus einer geschäftlichen Tätigkeit der Vorgesellschaft in Betracht, sei es, dass sie einen eingebrachten Betrieb fortführt, sei es, dass sie schon vor der Eintragung den Geschäftsbetrieb aufgenommen hat. Für die Gründungskosten einer schlichten Bargründung reichen die Mindesteinzahlungen (nach § 7 Abs. 2) stets aus.

92 Die Problematik der Vorgesellschaft und ihrer Haftung für Verbindlichkeiten hat der Gesetzgeber ursprünglich nicht gesehen und in der GmbHG-Novelle bewusst offengelassen.[187] Aufgrund der weiten Auslegung des Handelndenbegriffs des § 11 Abs. 2 kam es auf die Frage der Gründerhaftung meist gar nicht an, da die Gründer ohnehin durch ihre Zustimmung zum Tätigwerden der Vorgesellschaft nach § 11 Abs. 2 als „Handelnde" hafteten.[188] Erst durch die Einschränkung des Handelndenbegriffs[189] gewann die Frage der Haftung der Gesellschafter für Verbindlichkeiten der Vorgesellschaft an Bedeutung. Positivrechtlich geht es um die Frage, ob § 13 Abs. 2 auf die Vor-GmbH analog anwendbar ist.[190] Eine derartige Haftung der Gründergesellschafter ist streng von der Handelndenhaftung nach § 11 Abs. 2 zu unterscheiden (vgl. dazu Rn. 106 ff.).

93 **a) Persönliche Haftung.** Ob und in welchem Umfang die Gesellschafter für Verbindlichkeiten der Vorgesellschaft persönlich haften, ist seit der **Grundsatzentscheidung BGHZ 134, 333**[191] entschieden, wegen einiger offen gelassener Fragen[192] ist die Diskussion noch nicht beendet.

---

[183] RGZ 32, 97, 99; *Scholz/K. Schmidt* Rn. 61; zT anders OLG Hamm NJW 1974, 1472.
[184] RGZ 32, 97, 99; BGH WM 1978, 843, 844; BAG AP § 11 Nr. 2; *Flume*, FS Geßler, 1971, S. 22; *K. Schmidt* GmbHR 1973, 150; *Scholz/K. Schmidt* Rn. 107; *Baumbach/Hueck/G. Hueck/Fastrich* Rn. 44.
[185] AA *Fleck* ZGR 1975, 222; vgl. Rn. 119.
[186] Vgl. BGH NJW 1983, 2822 = BB 1983, 1433 = DB 1983, 1963.
[187] BT-Drucks. 7/253, zu § 22 S. 96; BGHZ 80, 129, 134 f. = NJW 1981, 1373, 1374 = DB 1981, 1032, 1033; *Dreher* DStR 1992, 34.
[188] Dies betont BGHZ 80, 129, 134 f. = NJW 1981, 1373, 1374 = DB 1981, 1032, 1033.
[189] BGHZ 47, 25, 28 f.; BGHZ 65, 378 ff. = NJW 1976, 419 ff. = DB 1976, 619 f.; BGHZ 66, 359 ff. = NJW 1976, 1685 f. = BB 1976, 900.
[190] So auch *Dreher* DStR 1992, 34.
[191] BGH NJW 1997, 1507 = DStR 1997, 625.
[192] Unklarheiten bestehen hinsichtlich des Entstehungszeitpunktes der Verlustdeckungshaftung bei der Insolvenzeröffnung und der Ausgestaltung der Haftung in den von der Rspr. anerkannten Ausnahmefällen des Binnenhaftungsmodells, vgl. insoweit die Ausführungen von *Michalski/Barth* NZG 1998, 527.

Rechtszustand vor der Eintragung §11

Bis zur Grundsatzentscheidung BGHZ 134, 333 wurden im Wesentlichen vier 94
Auffassungen vertreten. Die *erste* Auffassung[193] lehnte eine persönliche Außenhaftung
der Gründer ab und ließ gegenüber den Gläubigern neben dem Handelnden (zur Handelndenhaftung, vgl. Rn. 106ff.) nur das Vermögen der Vorgesellschaft haften. Eine
solche Vorverlagerung der Gesellschaft mit „beschränkter Haftung" war jedoch mit
den §§ 11 Abs. 1 und § 13 Abs. 2 unvereinbar.[194] – In seiner früheren Rspr. folgte der
BGH[195] einer *vermittelnden* Ansicht, nach der die Gesellschafter gegenüber den Gläubigern unmittelbar beschränkt auf die Höhe ihrer noch nicht geleisteten Einlage hafteten.
– Trotz anfänglicher Zustimmung im Schrifttum[196] waren im Haftungsmodell des
BGH schwer auflösbare Wertungswidersprüche enthalten. Während die Gesellschafter
vor Eintragung nur beschränkt auf die Höhe ihrer noch nicht geleisteten Einlage gegenüber den Gläubigern (unmittelbar) hafteten, mussten die Gesellschafter nach Eintragung gegenüber der Gesellschaft unbeschränkt für sämtliche Verbindlichkeiten
der Vor-GmbH bis zur Wiederauffüllung ihrer versprochenen Stammeinlagen (sog.
Vorbelastungshaftung, vgl. Rn. 28ff.) einstehen.[197] Dadurch konnten sich die Gesellschafter einer verlustreich agierenden Vorgesellschaft allzu leicht veranlasst sehen, ihre
Eintragungsabsicht aufzugeben und die Gesellschaft rechtzeitig zu liquidieren, um sich
der drohenden Vorbelastungshaftung nach Eintragung zu entziehen und das Ausfallrisiko auf die Gläubiger zu verlagern.[198] Überdies war das Ziel der beschränkten
Außenhaftung zur Begrenzung des wirtschaftlichen Risikos der Gründer nicht realisierbar, weil die nach § 11 Abs. 2 Haftenden Rückgriffsansprüche gegen die Gesellschafter haben.[199] – Während sich eine *dritte* Auffassung[200] für eine unbeschränkte

---

[193] *Fleck* GmbHR 1983, 7; *Huber*, FS Fischer, 1979, S. 273ff.; *M. Scholz* 1979, S. 81ff., 163; *Weimar* GmbHR 1988, 289ff.; ebenso *Dreher* DStR 1992, 35, der bzgl. der noch offenen Einlageforderungen anstelle der beschränkten Außenhaftung eine beschränkte Innenhaftung treten lässt. Mit Abweichungen auch *Priester* ZIP 1982, 1151f. und *Jäger* S. 196ff., die eine Außenhaftung der Gesellschafter unter der Voraussetzung nachfolgender Handelsregistereintragung der Gesellschaft ablehnen. Erst im Fall des endgültigen Scheiterns der Eintragung haften die Gesellschafter für alle Verbindlichkeiten der Vorgesellschaft unmittelbar und unbeschränkt.
[194] *Stimpel*, FS Fleck, 1988, S. 345, 354; *Fleck* GmbHR 1983, 5, 7; *Hey* JuS 1995, 486; MüKo AktG/*Pentz* § 41 Rn. 56.
[195] BGHZ 65, 378, 381f. = NJW 1976, 419f. = DB 1976, 619, 620; BGHZ 72, 45, 48f. = NJW 1978, 1978f. = DB 1978, 1634f.; BGHZ 91, 148, 152 = NJW 1984, 2464 = DB 1984, 1716f.; dem folgend BAGE 80, 335 = NZA 1996, 95 = DB 1996, 380; BayOLG DB 1986, 106; OLG Hamburg DB 1985, 2554f. = NJW-RR 1986, 116ff.; OLG Düsseldorf GmbHR 1993, 104 = OLGR Düsseldorf 1992, 227; KG NJW-RR 1994, 494.
[196] *Fleck* ZGR 1975, 212, 228f.; *ders.* GmbHR 1983, 5, 7; *Hey* JuS 1995, 486ff.; *Hüffer* JuS 1980, 488; *ders.* JuS 1983, 161, 167f.; *Lieb* DB 1970, 961, 965f.; *Maulbetsch* DB 1984, 1561ff.; *Meister*, FS Werner, 1984, S. 521, 546ff.; *Rittner* Werdende jP, S. 364f.; *Ulmer*, FS Ballerstedt, 1975, S. 279, 299; *ders.* ZGR 1981, 593, 608ff.; *Werner* AG 1990, 7f.
[197] BGHZ 134, 333, 337 = NJW 1997, 1507 = DB 1997, 867, 868; *Brinkmann* GmbHR 1982, 270; *Ensthaler* BB 1997, 257; *Flume*, FS Geßler, 1971, S. 3, 34; *ders.*, FS v. Caemmerer, 1978, S. 517, 519ff.; *John* BB 1982, 512; *Kleindiek* ZGR 1997, 427, 431; *Lieb*, FS Stimpel, 1985, S. 399, 403ff.; *Meister*, FS Werner, 1984, S. 521, 551; *Roth* ZGR 1984, 597, 622; *K. Schmidt* NJW 1981, 1345, 1347; *Stimpel*, FS Fleck, 1988, S. 345, 360.
[198] *Kleindiek* ZGR 1997, 427, 431; MüKo AktG/*Pentz* § 41 Rn. 56.
[199] *Roth* ZGR 1984, 597, 621f.; *Sandberger*, FS Fikentscher, 1998, S. 398, 408; MüKo AktG/*Pentz* § 41 Rn. 56.
[200] BSG DB 1986, 1291 = ZIP 1986, 645; *Flume*, FS Geßler, S. 33; *ders.* NJW 1981, 1754; *ders.* DB 1998, 45ff.; *John*, Die organisierte Rechtsperson, S. 342; *ders.* BB 1982, 512; *K. Schmidt* Zur Stellung der OHG, S. 317ff.; *ders.* NJW 1978, 1980; *ders.* NJW 1981, 1347; *ders.* ZHR 156 (1992), 17ff.; *ders.* ZIP 1996, 353ff.; *Roth* ZGR 1984, 597ff., der eine gegenüber der Vorgesell-

Schmidt-Leithoff

§ 11   1. Abschnitt. Errichtung der Gesellschaft

Außenhaftung der Gesellschafter aussprach, folgte der **BGH** in seiner Grundsatzentscheidung vom 27. 1. 1997[201] einem zuvor in der Literatur[202] entwickelten **Binnenhaftungsmodell.**

95   Danach haften die Gesellschafter einer Vor-GmbH für deren Verbindlichkeiten gegenüber der Vorgesellschaft unbeschränkt.[203] Aus den „allgemeinen Grundsätzen des bürgerlichen Rechts und des Handelsrechts" folgert der BGH die unbeschränkte Haftung der Gesellschafter,[204] die auf Grund der systematischen Überlegung einer einheitlichen Gründerhaftung vor und nach Eintragung der Gesellschaft in Form einer anteiligen Innenhaftung ausgestaltet ist.[205] Lediglich in den Fällen der Vermögenslosigkeit der Vorgesellschaft, der Existenz nur eines Gläubigers oder einer Einpersonen-Vor-GmbH ist den Gläubigern als Ausnahme der Innenhaftung ein unmittelbarer Zugriff auf die Gesellschafter gestattet (vgl. Rn. 99).[206]

96   **b) Innen- oder Außenhaftung.** Während die Entscheidung bei einem großen Teil der Rspr.[207] und der Literatur[208] Zustimmung gefunden hat, spricht sich eine Gegenansicht[209] für eine **unbeschränkte Außenhaftung** der Gesellschafter aus.

---

schaft subsidiäre unbeschränkte Außenhaftung der Gesellschafter annimmt; *Theobald* Vor-GmbH und Gründerhaftung, Gießen 1983, S. 121 ff.; *Wiedemann* JurA 1970, 456 f.; *Altmeppen* NJW 1997, 3272 ff.; *Brinkmann* GmbHR 1982, 269 ff.; *v. Einem* DB 1987, 621 ff.; *Ensthaler* BB 1997, 257 ff.; *Kleindiek* ZGR 1997, 443 ff.; *Michalski/Barth* NZG 1998, 525 ff.; *Raiser/Veil* BB 1996, 1344 ff.; *Schwarz* ZIP 1996, 2005 ff.; *Steiner* BWNotZ 1999, 10 ff.; *Wilhelm* DB 1996, 921 ff.; *ders.* DStR 1998, 457 ff.

[201] BGHZ 134, 333 ff. = NJW 1997, 1507 = DStR 1997, 625 ff.
[202] *Lieb*, FS Stimpel, 1985, S. 399, 414 f. (ggü. Fn. 196 konkretisierend); *Stimpel*, FS Fleck, 1988, S. 345, 358 ff.; *Dauner-Lieb* GmbHR 1996, 82 ff.; *Schütz* GmbHR 1996, 727, 732 ff.; *Gehrlein* NJW 1996, 1193; *Ulmer* ZIP 1996, 733; *Wilken* ZIP 1995, 1163 ff.
[203] BGHZ 134, 333, 335 = NJW 1997, 1507 = DStR 1997, 625.
[204] BGHZ 134, 333, 335 = NJW 1997, 1507 = DStR 1997, 625.
[205] BGHZ 134, 333, 339 = NJW 1997, 1508 = DStR 1997, 626.
[206] BGHZ 134, 333, 341 = NJW 1997, 1509 = DStR 1997, 628.
[207] BAGE 86, 38 = NJW 1998, 628 f. = ZIP 1997, 2199 ff.; BFHE 185, 356 = NJW 1998, 2926 ff. = DStR 1998, 39 f. mit Anm. *Goette* = GmbHR 1998, 854 ff.; BAG NJW 2001, 2092; BSG KTS 1996, 599; BSG DStR 2000, 744 = NZG 2000, 611 für die Vor-Genossenschaft; LSG Baden-Württemberg ZIP 1997, 1651 ff.; OLG Dresden GmbHR 1998, 186 = NZG 1998, 311 f.; OLG Dresden NZG 2001, 664 = DStR 2001, 1621 für die Vor-Genossenschaft; OLG Koblenz ZIP 1998, 1670 f.; AG Holzminden NJW-RR 1997, 781 f.; FG Köln GmbHR 1997, 867; LG Heidelberg ZIP 1997, 2045 für die AG.
[208] *Dauner-Lieb* GmbHR 1996, 91; *Fleischer* EWiR 1997, 463 f.; *Goette* DStR 1997, 628 ff.; *Kort* EWiR 1998, 123 f.; *Lutter* JuS 1998, 1077; *Wiegand* BB 1998, 1065 ff.; *Wiedemann* ZIP 1997, 2032 f.; *Cebulla* NZG 2001, 975; *Lutter/Hommelhoff* Rn. 9; *Baumbach/Hueck/G. Hueck/Fastrich* Rn. 25; *Koppensteiner* § 2 Rn. 26. Darüber hinausgehend *Hartmann* WiB 1997, 71 und *Monhemius* GmbHR 1997, 390 f., die auch in den vom BGH angenommenen Ausnahmefällen der Außenhaftung nicht vom Innenhaftungskonzept abweichen wollen. Nur im Fall der Einpersonen-Gründung befürwortet *Monhemius* GmbHR 1997, 391 einen Durchgriff auf die Gesellschafter.
[209] OLG Thüringen GmbHR 1999, 772; LAG Köln DStR 1998, 179 m. Anm. *Goette*; LSG Stuttgart NJW-RR 1997, 1463; *Altmeppen* NJW 1997, 3272 ff.; *ders.* ZIP 1997, 273; *Ensthaler* BB 1997, 257 ff.; *Flume* DB 1998, 45 ff.; *Kleindiek* ZGR 1997, 443 ff.; *J. Meyer* Haftungsbeschränkung im Recht der Handelsgesellschaften, S. 519; *Michalski/Barth* NZG 1998, 525 ff.; *K. Schmidt* ZIP 1997, 671; *Steiner* BWNotZ 1999, 10 ff.; *Raab* WM 1999, 1596 ff.; *Wilhelm* DB 1996, 921 ff.; *ders.* DStR 1998, 457 ff.; *Roth/Altmeppen* 3. Aufl. Rn. 51; *Scholz/K. Schmidt* Rn. 82; *K. Schmidt* GesR § 34 III 3 c.

Soweit der BGH aus „den Grundsätzen des bürgerlichen Rechts und des Handelsrechts eine unbeschränkte Haftung desjenigen, der als Einzelperson oder in Gemeinschaft mit anderen Geschäfte betreibt"[210], herleitet, ist dies zu begrüßen. Eine interne anteilige Verlustdeckungshaftung kann jedoch aus dem „Ansatz der unbeschränkten Haftung" nicht abgeleitet werden,[211] sondern bedarf als Ausnahme einer gesetzlichen Regelung.[212] – Ein generelles „Prinzip der Innenhaftung"[213] existiert nicht im GmbHG. Wie die Handelndenhaftung iSd. § 11 Abs. 2 belegt,[214] hat sich der Gesetzgeber für Verbindlichkeiten, die vor Eintragung begründet worden sind, für die unbeschränkte Außenhaftung entschieden.[215] Soweit für eine Innenhaftung der anzustrebende Gleichklang mit der Vorbelastungshaftung angeführt wird,[216] stehen dem die unterschiedlichen dogmatischen Grundlagen der Vorbelastungshaftung und der Gründerhaftung entgegen. Grundlage der Vorbelastungshaftung ist der aus dem Gebot der wertmäßig vollständigen Aufbringung des Stammkapitals abgeleitete Unversehrtheitsgrundsatz (vgl. dazu Rn. 28). Demgegenüber ist die Gründerhaftung, entwickelt aus dem in BGHZ 134, 333 statuierten Grundsatz der unbeschränkten Haftung, ein aliud.[217] Ein aus der wirtschaftlichen „Risikozuweisung an die Gründer" abgeleiteter Überlegung[218] bestätigt insoweit den Ansatz der unbeschränkten Außenhaftung, vermag diesen jedoch dogmatisch nicht zu begründen.

97

Die Außenhaftung führt weder zu einer ungünstigeren prozessualen Ausgangslage[219] noch zu einer übermäßigen Haftungsinanspruchnahme der Gesellschafter.[220] Etwaige Informationsdefizite eines Gesellschafters können durch den gesetzlichen Auskunftsanspruch nach § 51a oder die Möglichkeit der Streitverkündung nach § 72 ZPO beseitigt werden.[221] Überdies bestehen hinsichtlich der Haftungshöhe zwischen der Innen- und der Außenhaftung keine Unterschiede, da auch bei der Binnenhaftung im Endeffekt der Gesellschafter im Wege der Ausfallhaftung iSd. § 24 für die Verbindlichkeiten der Vorgesellschaft unbeschränkt haftet.[222] Zugunsten der unbeschränkten Außenhaftung sprechen auch prozeßökonomische Erwägungen. Während die Gläubiger im Rahmen der Binnenhaftung gezwungen sind, nämlich zweimal zu klagen, einmal gegen die Vorgesellschaft selbst und zum anderen nach Pfändung der Verlustdeckungsansprüche der Vor-GmbH gegen deren Gesellschafter, können die Gläu-

98

---

[210] BGHZ 134, 333, 335 = NJW 1997, 1507 = DStR 1997, 625 ff.
[211] Vgl. MüKo AktG/*Pentz* § 41 Rn. 57; *Flume* DB 1998, 46; in Ansätzen schon *Ensthaler* BB 1997, 257 f.
[212] Vgl. auch LAG Köln ZIP 1997, 1923; *Schwarz* ZIP 1996, 2005, 2007; *Kleindiek* ZGR 1997, 436.
[213] Vgl. *Stimpel* S. 362; *Schütz* GmbHR 1996, 732; *Hartmann* WiB 1997, 71; *Ulmer* ZIP 1996, 738; *Baumbach/Hueck/G. Hueck/Fastrich* Rn. 25.
[214] *Raiser/Veil* BB 1996, 1349; *Michalski/Barth* NZG 1998, 528; *Beuthien* GmbHR 312 f.
[215] *Kleindiek* ZGR 1997, 437; MüKo AktG/*Pentz* § 41 Rn. 60.
[216] AG Holzminden NJW-RR 1997, 872; *Stimpel* S. 362; *Fleischer* EWiR 1998, 63; *Gehrlein* NJW 1996, 1193; *Schütz* GmbHR 1996, 732; *Goette* DStR 1996, 519; *Dauner-Lieb* DZWiR 1996, 115; *Lutter* JuS 1998, 1077.
[217] *Raab* WM 1999, 1610; *Wilhelm* DStR 1998, 458; in Ansätzen schon *Beuthien* GmbHR 1996, 312; *Kleindiek* ZGR 1997, 442; *Kort* ZIP 1996, 115.
[218] MüKo AktG/*Pentz* § 41 Rn. 57.
[219] Vgl. *Stimpel* S. 361; *Ulmer* ZIP 1996, 735; *Wiedemann* ZIP 1997, 2033.
[220] Vgl. *Stimpel* S. 361.
[221] Vgl. *Monhemius* GmbHR 1997, 390; MüKo AktG/*Pentz* § 41 Rn. 62.
[222] *Raab* WM 1999, 1611; *K. Schmidt* ZIP 1996, 357, 359; *Sandberger*, FS Fikentscher, 1998, S. 411; aA *Kleindiek* ZGR 1997, 439; *Monhemius* GmbHR 1997, 391; bestätigend *Ulmer* ZIP 1996, 737; *Hartmann* WiB 1997, 71.

§ 11　　　　　　　　　　　　　　　　　　　　1. Abschnitt. Errichtung der Gesellschaft

biger ihre Forderungen unmittelbar gegenüber den Gesellschaftern geltend machen.[223] Soweit im Wege der Verlustdeckungshaftung ein Wettlauf der Gläubiger verhindert werden soll[224], ist zu entgegnen, dass eine gleichmäßige Befriedigung nur im (realitätsfremden) Fall der zeitgleichen Geltendmachung sämtlicher Gläubigeransprüche zu erwarten ist. Überdies entspräche ein Gläubigerwettlauf dem Prioritätsprinzip der Zwangsvollstreckung.[225] Das Binnenhaftungskonzept ist mithin, wie die von den Vertretern der Innenhaftung anerkannten Ausnahmefälle belegen (vgl. Rn. 99), nicht widerspruchsfrei.[226] Aus alledem folgt, dass die unbeschränkte Außenhaftung der Gesellschafter über die auch vom BGH entwickelten Ausnahmefälle hinaus generell für Verbindlichkeiten der Vorgesellschaft angewandt werden sollte.[227]

99　c) **Ausnahmen der Binnenhaftung.** In den Fällen der Vermögenslosigkeit, der Existenz nur eines Gläubigers und der Einpersonen-Vor-GmbH gestattet der BGH den Gläubigern in seiner Grundsatzentscheidung vom 27. 1. 1997 als Ausnahme der Binnenhaftung einen unmittelbaren Zugriff auf die Gesellschafter.[228] Dies soll auch im Fall der masselosen Insolvenz der Vor-GmbH gelten.[229]

100　Für diese Fälle der ausnahmsweisen Außenhaftung ist umstritten, ob die unmittelbar in Anspruch genommenen Gesellschafter anteilig (pro rata) oder gesamtschuldnerisch haften. Die Urteilsgründe des BGH lassen beide Interpretationsmöglichkeiten zu.[230] Während sich eine Auffassung[231] in konsequenter Anwendung des Binnenhaftungsmodells für eine anteilige Außenhaftung der Gesellschafter ausspricht, nimmt die überwiegende Meinung[232] eine unmittelbare gesamtschuldnerische Haftung der Gesellschafter an. – Abgesehen von den oben dargestellten Erwägungen (vgl. Rn. 97 f.) ist von einer unmittelbaren gesamtschuldnerischen Haftung der Gesellschafter auszugehen, da der

---

[223] LAG Köln DStR 1998, 179; *Michalski/Barth* NZG 1998, 529; *Altmeppen* NJW 1997, 1510; *K. Schmidt* ZIP 1996, 357; *ders.* ZIP 1996, 593 f.; *Schwarz* ZIP 1996, 2007; vgl. auch MüKo AktG/*Pentz* § 41 Rn. 62.

[224] BGH NJW 1999, 1509; *Goette* DStR 1996, 519; *Kort* ZIP 1996, 114; *Lutter* JuS 1998, 1077; *Baumbach/Hueck/G. Hueck/Fastrich* Rn. 25.

[225] LAG Köln ZIP 1997, 1923, 1924; *Beuthien* GmbHR 1996, 314; *K. Schmidt* ZIP 1996, 594.

[226] LAG Köln ZIP 1997, 1923, 1924; *Raab* WM 1999, 1610; *Ensthaler* BB 1997, 259; *Raiser/Veil* BB 1996, 1349; *K. Schmidt* ZHR 156 (1992), 117; ansatzweise auch *Müller* EWiR 1996, 1086.

[227] Vgl. LAG Köln DStR 1998, 178 f.; *Altmeppen* NJW 1997, 3274 f.; *Michalski/Barth* NZG 1998, 725; iÜ erkennt der BGH im Fall eines gescheiterten Vorvereins die unbeschränkte persönliche Haftung der Gründer an, NJW 2001, 748 = DStR 2001, 452.

[228] BGHZ 133, 333, 341 = NJW 1997, 1509 = DStR 1997, 628; BFH NJW 1998, 2926 = NZG 1998, 725; BAG ZIP 1997, 1545; BAG NJW 1998, 629; BAG NJW 2000, 2915; BSG GmbHR 2000, 425; *Dauner-Lieb* GmbHR 1996, 91; *Scholz/K. Schmidt* Rn. 81, *Lutter/Hommelhoff* Rn. 9; einschränkend auf die Fälle der Vermögenslosigkeit und der Einpersonen-Vor-GmbH *Gummert* DStR 1997, 1010.

[229] *Dauner-Lieb* GmbHR 1996, 91; *Ulmer* ZIP 1996, 735; *Scholz/K. Schmidt* Rn. 81. Teilweise werden die Begriffe der masselosen Insolvenz und der Vermögenslosigkeit nicht klar voneinander getrennt bzw. synonym verwandt, vgl. BAG ZIP 1997, 1546. Das LAG Köln DStR 1998, 178 weist zu Recht auf die mangelnde Präzisierung hin.

[230] Vgl. BGHZ 134, 333, 341 = NJW 1997, 1509 = DStR 1997, 628.

[231] BAG NJW 1997, 3331; 2000, 2915; BFH NJW 1998, 2926 = NZG 1998, 725; BSG GmbHR 2000, 425; LAG Berlin BB 1997, 1208 f.; *Lutter/Hommelhoff* Rn. 9.

[232] BAG NJW 1998, 629; LSG Baden-Württemberg DStR 1998, 177; LSG Baden-Württemberg ZIP 1997, 1651; FG Saarland EFG 1998, 261 f.; LAG Hessen GmbHR 1998, 784; LAG Hessen GmbHR 1998, 785 f.; LAG Berlin GmbHR 1999, 181 f.; *Altmeppen* NJW 1997, 3274 f.; *Ensthaler* BB 1997, 1210 f.; *Scholz/K. Schmidt* Rn. 82; von BAG ZIP 1997, 2199 ausdrücklich offen gelassen.

Rechtszustand vor der Eintragung § 11

Gläubiger die Voraussetzungen, unter denen ausnahmsweise eine Außenhaftung zulässig sein soll, nur schwer feststellen kann. Weder weiß der Gläubiger, ob der Vorgesellschafter weitere Mitgesellschafter hat, noch kann er eine Gesellschafterliste – mangels Eintragung – am Registergericht einsehen. Auch die Kenntnis vom Vorliegen einer Einpersonen-GmbH bzw. des Vorhandenseins weiterer Gläubiger hängt von Zufälligkeiten ab.[233] Schließlich legen die Urteilsgründe zu den Ausnahmefällen einer unbeschränkten anteiligen Innenhaftung den Schluss einer unmittelbaren gesamtschuldnerischen Haftung der Gesellschafter nahe.[234]

d) Haftungsvoraussetzungen. Die unbeschränkte Haftung setzt voraus, dass die Geschäftsführer namens der Vorgesellschaft innerhalb ihrer Vertretungsmacht handeln (vgl. Rn. 85 ff.) und die Gründer mit der Aufnahme der Geschäfte vor Eintragung einverstanden waren.[235] Die Haftung erstreckt sich unterschiedslos auf rechtsgeschäftliche[236] und gesetzliche[237] Verbindlichkeiten der Vorgesellschaft.[238] – Nach wohl hM sind die Grundsätze der Verlustdeckungshaftung auf die Fälle der Vorratsgründung (vgl. § 3 Rn. 13) und der Mantelverwendung (vgl. § 3 Rn. 14 und § 15 Rn. 16) nicht übertragbar, da die Ausstattung der Gesellschaft mit dem Mindeststammkapital durch das Registergericht im Zeitpunkt der Eintragung zu überprüfen ist.[239] Davon streng zu unterscheiden ist die Frage der Handelndenhaftung in den Fällen der Vorratsgründung und der Mantelverwendung (vgl. Rn. 109 und § 3 Rn. 13 f.). 101

Eine **Haftungsbeschränkung der Gesellschafter** kann nicht durch ein ausdrückliches Handeln im Namen der „GmbH" bzw. „GmbH i.Gr."[240] (vgl. auch die Ausführungen unter Rn. 91 ff.), sondern nur durch eine individuelle Vereinbarung mit dem jeweiligen Gläubiger erreicht werden.[241] 102

e) Haftung für Altschulden eines eingebrachten Handelsgeschäfts. Für Altschulden eines eingebrachten Handelsgeschäfts haftet nach § 25 HGB jedenfalls die Vorgesellschaft sowie später die GmbH. Nach den bei Rn. 91 ff. entwickelten Grundsätzen haften neben der Vorgesellschaft ihre Gesellschafter unbeschränkt. Die Frage ist aber sehr streitig. Das RG[242] ließ lediglich die GmbH haften,[243] was nach dem 103

---

[233] Vgl. *Altmeppen* NJW 1997, 3274.
[234] Vgl. BGHZ 134, 333, 340 f. = NJW 1997, 1507, 1509 = DB 1997, 867, 869; iErg. auch *Ensthaler* BB 1997, 1210.
[235] BGHZ 65, 378, 381 f. = NJW 1976, 419, 420 = DB 1976, 619 f.; BGH WM 1978, 843, 844; aA *Scholz/K. Schmidt* Rn. 83.
[236] Eine formularmäßige Übernahme der persönlichen unbeschränkten Haftung der Gesellschafter ist nur unter Einhaltung der Vorschriften des AGBG (jetzt §§ 307 ff. BGB nF) wirksam; vgl. OLG Koblenz ZIP 1998, 1670.
[237] BAGE 85, 94 ff. = NJW 1997, 3331 ff. = DB 1997, 1822; BAGE 86, 38 ff. = NJW 1998, 628 ff. = ZIP 1997, 2199; BAG NJW 2000, 2915 = ZIP 2000, 1546 = DB 2000, 1715; BFHE 185, 192 = NJW 1998, 2926= NZG 1998, 723 ff.; BSGE 85, 192 = GmbHR 2000, 425 ff. = DStR 2000, 741; OLG Frankfurt/M. GmbHR 1994, 708.
[238] *Scholz/K. Schmidt* Rn. 84.
[239] *Gummert* DStR 1997, 1011; *Scholz/K. Schmidt* Rn. 83; *Zwissler* GmbHR 1999, 857; zwischen Vorratsgründung und Mantelverwendung differenzierend *Göz/Gehlich* ZIP 1999, 1658; aA *Ahrens* DB 1998, 1009 ff.
[240] BGHZ 134, 333, 335 = NJW 1997, 1507 = DStR 1997, 627; vgl. auch BGHZ 142, 315 = NJW 1999, 3483 = ZIP 1999, 1755 zur Unzulässigkeit der allgemeinen Haftungsbegrenzung bei der GbR durch den Zusatz „GmbH"; aA OLG Stuttgart NZG 2001, 86 (n. rk.).
[241] *Scholz/K. Schmidt* Rn. 86.
[242] RGZ 143, 368, 372.
[243] Ebenso *K. Schmidt* Zur Stellung der OHG, S. 339 f., 343.

§ 11   1. Abschnitt. Errichtung der Gesellschaft

hier zugrunde gelegten Haftungssystem der Vor-GmbH als inkonsequent erscheint. Das OLG Saarbrücken[244] will hingegen die Gründer unbeschränkt haften lassen.[245] – Demgegenüber haften die Vorgesellschafter bei Einbringen eines nichtkaufmännischen Einzelunternehmens in eine Vor-GmbH nach § 28 HGB weder unmittelbar noch analog, da die Vorgesellschaft keine Personengesellschaft, sondern eine Personenvereinigung eigener Art ist (vgl. auch Rn. 18 ff.; zur Haftung der Vorgesellschafter im Rahmen einer *unechten* Vorgesellschaft vgl. Rn. 22).[246]

104 **f) Erlöschen der Verlustdeckungshaftung.** Die Verlustdeckungshaftung erlischt mit der Eintragung der Gesellschaft in das Handelsregister, auch wenn die restlichen Einlagen bis dahin nicht geleistet worden sind.[247] Aus den Sach- und Wertungszusammenhängen des Gründungsrechts ergibt sich, dass nach Eintragung der Gesellschaft nur noch das Gesellschaftsvermögen für Verbindlichkeiten haftet. Zur systemgerechten Vorbelastungshaftung der Gründer für Differenzen zw. dem tatsächlichen und dem versprochenen Wert der Stammeinlagen vgl. Rn. 28. IÜ ist der Zweck der Gründerhaftung, eine unbeschränkte Haftung desjenigen, der vor Eintragung und Überprüfung des tatsächlich vorhandenen Haftungsfonds Rechtsgeschäfte tätigt, zu gewährleisten, mit der Eintragung erfüllt.[248] Die frühere Rspr.,[249] welche die Haftung fortbestehen ließ, ist überholt.

105 **6. Deliktsfähigkeit der Vorgesellschaft.** Auf ein zum Schadenersatz verpflichtendes Handeln des Geschäftsführers einem Dritten gegenüber ist § 31 BGB im Gründungsstadium entsprechend anzuwenden.[250]

V. Die Handelndenhaftung (Abs. 2)

106 **1. Allgemeines.** Die Handelndenhaftung des § 11 Abs. 2 ist sachlich – wie der gesamte § 11 – ein **Relikt aus dem Konzessionssystem,** das nur mit einiger Mühe in das geltende Recht (das System der Normativbestimmungen) eingefügt werden kann (vgl. Rn. 2).[251] Dennoch galt sie lange Zeit[252] als der Schlüssel zur Lösung der Haftungsprobleme der Vor-GmbH, bis der BGH seine Rspr.[253] endgültig änderte. Zur Anwendung des Abs. 2 auf die GmbH & Co. KG vgl. Rn. 168, 176.

---

[244] JZ 1952, 35.
[245] *Ebenso Scholz*/K.Schmidt Rn. 86.
[246] BGH NJW 2000, 1193 f. = BB 2000, 477 = GmbHR 2000, 276; m. krit. Anm. *K. Schmidt* NJW 2000, 1521, 1523 ff.; ebenso *Freitag* EWiR 2000, 339; Servatius NJW 2001, 1696 ff.
[247] BGHZ 80, 129, 144 = NJW 1981, 1373, 1376 = DB 1981, 1032, 1035; *Fleck* GmbHR 1983, 13; *Flume* S. 169; *Dreher* DStR 1992, 37; *Wiedemann* JurA 1970, 456 f.; *K. Schmidt* NJW 1978, 1917 f.; ders. ZHR 156 (1992), 121 ff.; *Ulmer* ZGR 1981, 610; aA OLG Saarbrücken GmbHR 1993, 307 ff.; *Schultz* JuS 1982, 738 f.; *Beuthien* ZIP 1996, 361 f.; *Hachenburg/Ulmer* Rn. 76, für den sich die Frage des Erlöschens der Außenhaftung nach deren prinzipieller Ablehnung nicht mehr stellt.
[248] Vgl. auch *Scholz/K. Schmidt* Rn. 88.
[249] BGHZ 65, 378, 383 f. = NJW 1976, 419, 420 = DB 1976, 619 f.; BGH WM 1978, 843, 844; vgl. auch *Kuhn* S. 14.
[250] HM, vgl. *Hachenburg/Ulmer* Rn. 69; *Scholz/K. Schmidt* Rn. 68; *Flume*, FS Geßler, 1971, S. 42; *Rittner* Werdende jP, S. 362; vgl. auch RGZ 151, 86, 90; 154, 276, 286; OLG Stuttgart NJW-RR 1989, 638; aA GroßkommAktG/*Barz* § 29 Rn. 10.
[251] *Rittner* Werdende jP, S. 111 ff., 365; zust. *Hachenburg/Ulmer* Rn. 96 ff.; *Scholz/K. Schmidt* Rn. 92 f.; MüKo BGB/*Reuter* §§ 21, 22 Rn. 52 ff.
[252] Seit RGZ 55, 302, 305.
[253] BGHZ 47, 25, 28 f. = NJW 1967, 828 f. = DB 1967, 373.

Rechtszustand vor der Eintragung § 11

a) „Notlösung." Der BGH sieht nunmehr in der Haftung eine „Notlösung" für 107
den Fall, dass „die GmbH nicht eingetragen wird oder sie das in ihrem Namen eingegangene Geschäft nicht gegen sich gelten lässt".[254] Sie soll eine **Sicherung für die Gläubiger** im Gründungsstadium, und zwar im Hinblick darauf, dass die Kapitalgrundlage der Gesellschaft noch nicht voll abgesichert ist, darstellen.[255] Das entspricht der heute überwiegenden Lehre. Darüber hinaus wird zT die Existenzberechtigung der Vorschrift – namentlich angesichts der nunmehr so gut wie allgemein anerkannten Haftungsregelung für die Vorgesellschaft (vgl. Rn. 91ff.) – bezweifelt.[256] Jedenfalls sollte sie eng ausgelegt werden.[257] In den durch eine solche Auslegung gezogenen Grenzen wird die Handelndenhaftung bei notleidend gewordenen Gründungen nicht selten praktisch, vor allem wenn einer oder mehrere der „Handelnden" finanziell leistungsfähig sind.

b) **Straffunktion.** Die früher diskutierte und auch von der Rspr. zeitweilig anerkannte Straffunktion der Vorschrift[258] hat schon das Reichsgericht aufgegeben.[259] Als Nebenzweck, aber nur in den engen Grenzen eines solchen, mag noch eine gewisse **Druckfunktion** (auf die Anmeldung der Gesellschaft) sowie eine gewisse **Bremsfunktion** (gegenüber einer unnötigen vollen Geschäftsaufnahme) anerkannt werden.[260] Der Rückgriff auf § 179 Abs. 1 BGB[261] hilft wenig, mag er auch im österreichischen Recht vor der Novelle 1980 angedeutet gewesen sein (vgl. dazu Rn. 188). 108

c) **Vorgründungsstadium.** Für ein Handeln im Vorgründungsstadium (vgl. zu 109
diesem Rn. 7) gilt § 11 Abs. 2 **nicht**.[262] Der vom BGH in ausdrücklicher Rechtsprechungsänderung bezogene Standpunkt entspricht der Funktion des § 11 Abs. 2, die auf das eigentliche Gründungsstadium beschränkt ist und mit einer etwaigen Vorgründungsgesellschaft oder einem sonstigen Handeln vor Errichtung der Gesellschaft nichts zu tun hat.[263] Soweit sich die bisher hM auf den Wortlaut stützt, ist ihr, dieser Funktion entsprechend, entgegenzuhalten, dass die Vorschrift stillschweigend die Errichtung der GmbH als werdender juristischer Person voraussetzt. Das argumentum a majore versagt deshalb, weil jedes Handeln – im Namen der GmbH oder der GmbH i. G. – **vor** der Errichtung sachlich ein Handeln im Namen einer noch nicht (einmal als werdenden) existierenden juristischen Person ist.[264] Die Rechtsfolgen, die an ein solches Handeln geknüpft sind, haben unabhängig davon zu gelten, ob die Errichtung und Eintragung einer GmbH geplant ist oder nicht. Die Gläubiger verdienen in derartigen

---

[254] BGHZ 80, 182, 183 = NJW 1981, 1452.
[255] BGHZ 80, 182, 184 = NJW 1981, 1452; vgl. auch BGH NJW 1982, 932.
[256] Vgl. zB *Lieb*, FS Stimpel, 1985, S. 399, 405; *Weimar* GmbHR 1988, 289; *ders.* AG 1992, 69, 77; *Fleck* Anm. LM § 11 Nr. 20.
[257] So mit Recht *Hachenburg/Ulmer* Rn. 99.
[258] Vgl. auch noch *Riedel* BB 1974, 1459.
[259] RGZ 159, 33, 43; vgl. auch BGHZ 47, 25, 29 = NJW 1967, 828, 829 = DB 1967, 373.
[260] Vgl. zB BGHZ 47, 25, 29 = NJW 1967, 828, 829 = DB 1967, 373; 69, 95, 103 = NJW 1977, 1683, 1685 = DB 1977, 1643, 1644; ähnlich *Hachenburg/Ulmer* Rn. 98; *Scholz/K. Schmidt* Rn. 93.
[261] *Roth/Altmeppen* Rn. 18; *Beuthien* GmbHR 1996, 561 ff.
[262] So BGHZ 91, 148 = NJW 1984, 2164 = GmbHR 1984, 316 = BB 1984, 1315 [ebenso für § 41 AktG OLG Köln NJW-RR 1995, 1503] gegen die frühere Rspr. und hM, auch zu § 41 AktG, zB RGZ 122, 172, 174; 151, 86, 91; BGH NJW 1962, 1008; 1980, 287; 1982, 932; vgl. auch für § 2 Abs. 1 ÖGmbHG OGH NZG 1998, 595.
[263] Zust. *Hachenburg/Ulmer* Rn. 21, 104; *Scholz/K. Schmidt* Rn. 18, 97; *Baumbach/Hueck/G. Hueck/Fastrich* Rn. 42; *Kort* DStR 1991, 1317; zweifelnd noch *Roth/Altmeppen* Rn. 68.
[264] Vgl. dazu *Staudinger/Dilcher* § 179 Rn. 22; *MüKo BGB/Schramm* § 179 Rn. 13.

§ 11   1. Abschnitt. Errichtung der Gesellschaft

Fällen keinen größeren Schutz als sonst beim Handeln für eine (noch) nicht existierende Person. Die bisher hM ging sachlich davon aus, dass das Vorgründungsstadium nicht so scharf von der Vorgesellschaft zu trennen ist, wie der BGH es mit Recht erkannt hat (vgl. Rn. 11). – Bei der **Einpersonen-GmbH** (vgl. § 2 Rn. 3 ff.) beginnt die Handelndenhaftung ebenfalls erst mit der Errichtungserklärung vor dem Notar. – Bei einer **Mantelverwendung** (vgl. dazu § 3 Rn. 13 f.) kommt § 11 Abs. 2 überhaupt nicht zum Zuge, weil keine Gründung vonstatten geht.[265] Für eine analoge Anwendung des § 11 Abs. 2 bei der Mantelverwendung besteht kein Bedürfnis, da bereits eine eingetragene vollwertige Gesellschaft, deren Kapitalaufbringung registergerichtlich geprüft worden ist, existiert.[266] § 11 Abs. 2 findet hingegen auf denjenigen Anwendung, der für eine **ausländische GmbH** handelt, deren Rechtsfähigkeit nach dt. Recht nicht anerkannt wird (zur Sitzverlegung vgl. Einl. Rn. 334 ff.).[267] Dem ist zuzustimmen, da § 11 Abs. 2 im Vergleich zu § 179 Abs. 2 und 3 BGB keine Haftungsausschlüsse enthält und damit den Geschäftsführer frühzeitig veranlassen soll, die ausländische GmbH im dt. Handelsregister einzutragen.

110   **2. Die Handelnden.** Der Begriff des Handelnden wird eng ausgelegt (vgl. Rn. 107) und beschränkt sich auf die Geschäftsführer.[268] Die ältere Rspr., namentlich des Reichsgerichts,[269] die den Begriff zT sehr weit auslegte, ist endgültig überwunden, wenn sie auch noch hier und dort abgewandelt vertreten wurde.[270]

111   **a) Geschäftsführer.** Als Handelnde kommen somit nur die Geschäftsführer in Betracht, also nicht die Gesellschafter als solche (auch wenn sie dem Handeln zugestimmt oder die Entfaltung der Geschäftstätigkeit – auch in maßgeblicher Weise – veranlasst oder gefördert haben)[271] oder gar Angestellte (Prokuristen, Handlungsbevollmächtigte

---

[265] So OLG Karlsruhe DB 1978, 1219, 1220; OLG Hamburg DB 1987, 627 = BB 1987, 505; OLG Koblenz DB 1989, 373 = BB 1989, 315; *Scholz/K. Schmidt* Rn. 99; *Bommert* GmbHR 1983, 209; *Priester* DB 1983, 2291, 2297; *Heerma* GmbHR 1999, 643; aA OLG Hamburg GmbHR 1983, 219 = BB 1983, 1116 f., aber schwerlich zu Recht.

[266] OLG Hamburg BB 1987, 505; *Scholz/K. Schmidt* Rn. 99; *Lutter/Hommelhoff* Rn. 13; *Ahrens* DB 1998, 1073; *Gummert* DStR 1997, 1011; *Göz/Gehlich* ZIP 1999, 1660 ff.; *Heerma* GmbHR 1999, 645; *Werner* NZG 1999, 149; *Peters* Der GmbH-Mantel, S. 113 ff.; *Heerma* Mantelverwertung und Kapitalaufbringungspflichten, S. 142; OLG Brandenburg GmbHR 1998, 1031 bei Kauf der Geschäftsanteile an einer „Vorrats"-GmbH; aA OLG Hamburg BB 1983, 1116; KG NZG 1998, 731; OLG Stuttgart GmbHR 1999, 610; LG Hamburg NJW 1985, 2426; LG Hamburg GmbHR 1997, 895; *Ulmer* BB 1983, 1123 f.; *Baumbach/Hueck/G. Hueck/Fastrich* Rn. 42; differenzierend *Hachenburg/Ulmer* Rn. 103.

[267] OLG Hamburg NJW 1986, 2199; KG NJW 1989, 3100; OLG Oldenburg NJW 1990, 1422; OLG Düsseldorf NJW-RR 1995, 1124; LG Köln GmbHR 1986, 315; LG Marburg NJW-RR 1993, 222; *Kruse* Sitzverlegung von Kapitalgesellschaften in der EG, S. 41 ff.; *Bogler* DB 1991, 348; *Eidmüller/Rehm* ZGR 1997, 99 f.; *K. Schmidt* ZGR 1999, 25; *Scholz/K. Schmidt* Rn. 100; aA *H.-F. Müller* ZIP 1997, 1053 f.; *Lutter/Hommelhoff* Rn. 13.

[268] BGHZ 47, 25, 28 f. = NJW 1967, 828 f. = DB 1967, 373; BGHZ 65, 378 = NJW 1976, 419 = DB 1976, 619; BGHZ 66, 359 = NJW 1980, 287; OLG Hamburg NJW-RR 1986, 116 = DB 1985, 2554; *Hachenburg/Ulmer* Rn. 105; *Lutter/Hommelhoff* Rn. 14; *Scholz/K. Schmidt* Rn. 94, 101 ff.; *Fleck* ZGR 1975, 223 ff.

[269] ZB RGZ 70, 296, 301; vgl. noch BGH NJW 1955, 1228.

[270] Vgl. bes. *Ballerstedt* ZHR 127 (1965), 103; *Riedel-Rabe* NJW 1968, 873.

[271] BGHZ 65, 378, 381 = NJW 1976, 419 m. Anm. *K. Schmidt* = DB 1976, 619 f.; BGH NJW 2001, 2092 = DB 2001, 975 = WM 2001, 903; KG NJW-RR 1994, 494 = WiB 1994, 354 m. Anm. *Gummert*; *Hachenburg/Ulmer* Rn. 107; *Dreher* DStR 1992, 33, 35; *Hüffer* § 41 Rn. 20 für die Vor-AG; MüKo AktG/*Pentz* § 41 Rn. 132 für die Vor-AG; aA *Beuthien* ZIP 1996, 309 ff.; *Wilhelm* DB 1996, 923.

Rechtszustand vor der Eintragung **§ 11**

usw.). Bei der – überholten (vgl. Rn. 109) – Anwendung auf die Vorgründungsgesellschaft kamen ebenfalls nur diejenigen in Betracht, die als Geschäftsführer oder in ähnlicher Weise handelnd für die GmbH auftraten.[272]

b) Unwirksame Bestellung. Ist die Bestellung unwirksam, verdient der Schutz des Rechtsverkehrs den Vorrang, so dass der Handelnde dennoch haftet,[273] es sei denn, die Unwirksamkeit war dem Geschäftspartner bekannt.[274] **112**

c) Beendigung der Geschäftsführung. Der Geschäftsführer haftet jedoch nicht nach § 11 Abs. 2 für Verbindlichkeiten der Gesellschaft, die erst nach der Beendigung seiner Geschäftsführung durch vertragswidriges Verhalten der Gesellschaft entstanden sind.[275] **113**

3. Das Handeln namens der Gesellschaft. Der Geschäftsführer muss im Namen der Gesellschaft, also in fremdem Namen gehandelt haben. Handelt er in eigenem Namen, so haftet *er* als Vertragspartner (vgl. § 164 Abs. 2 BGB). **114**

a) Begriff des Handelns. Unter den Begriff des Handelns fällt ohne weiteres jedes **persönliche** rechtsgeschäftliche Tätigwerden des Geschäftsführers, sei es direkt,[276] sei es durch Boten. Darüber hinaus gehört aber auch jedes rechtsgeschäftliche Handeln **durch Bevollmächtigte** dazu, sei es dass sie allgemein oder für den Einzelfall bevollmächtigt sind.[277] Doch muss der Geschäftsführer in irgendeiner Weise selbst tätig geworden sein, wenn auch nur durch Erteilung einer Vollmacht. Er haftet daher nicht für das Handeln eines Mitgeschäftsführers, an dem er überhaupt nicht beteiligt war, auch dann nicht, wenn er dem Handeln später zustimmt.[278] Noch weniger genügt die bloße Zustimmung eines Geschäftsführers.[279] Wer jedoch als Geschäftsführer auftritt, muss sich auch als solcher behandeln lassen, ausgenommen der Geschäftspartner kennt den Mangel.[280] **115**

b) Vertretungsmacht. Ob mit oder ohne Vertretungsmacht gehandelt wird, ist für die Haftung aus § 11 Abs. 2 unerheblich.[281] Darin vor allem unterscheidet sich § 11 Abs. 2 von §§ 177 ff. BGB (vgl. auch Rn. 123).[282] Fehlt es bei einer Gesamtvertretung an der Geschäftsfähigkeit eines Geschäftsführers, so entfällt allerdings bei Kenntnis der **116**

---

[272] Vgl. BGH NJW 1980, 287, 288 = DB 1980, 74, 75 = BB 1980, 595, 597; NJW 1982, 932 = DB 1981, 2599 = ZIP 1981, 1328.
[273] BGHZ 66, 359 f. = NJW 1976, 1685 = BB 1976, 900; BGH NJW 1980, 287 = DB 1980, 74, 75 = BB 1980, 595, 597; *Hachenburg/Ulmer* Rn. 111.
[274] Vgl. *Scholz/Winter* 6. Aufl. Rn. 21; *Hachenburg/Ulmer* Rn. 111; *Roth/Altmeppen* Rn. 29; aA BGH LM § 11 Nr. 10.
[275] BAG NZG 1998, 776 = GmbHR 1998, 597.
[276] Die bloße Kontoeröffnung bewirkt noch nicht ein haftungsbegründendes Handeln, sondern erst die Veranlassung der späteren Abbuchungen und Überweisungen mit der Folge eines Sollsaldos; OLG Koblenz ZIP 1998, 1670, vgl. auch OLG Brandenburg DB 2001, 2593, 2594.
[277] Vgl. BGHZ 53, 206, 208 = NJW 1970, 1043, 1044; BGHZ 53, 210, 212 = NJW 1970, 806, 807; BGHZ 69, 95, 101 = NJW 1977, 1683, 1684; OLG Hamburg NJW-RR 1986, 116 = WM 1986, 738; *Hachenburg/Ulmer* Rn. 110; *Scholz/K. Schmidt* Rn. 103.
[278] RGZ 70, 296, 302 f.; BGH LM § 11 Nr. 9; *Scholz/K. Schmidt* Rn. 103.
[279] Vgl. BGHZ 47, 25 = NJW 1967, 828 unter ausdrücklicher Aufgabe der älteren Ansicht; OLG Oldenburg NZG 2000, 378, 379.
[280] BGHZ 63, 378, 380 f. = NJW 1976, 419, 420; BGHZ 66, 359, 360 = NJW 1976, 1685.
[281] BGHZ 53, 210, 216 = NJW 1970, 806, 808; BGH LM § 11 Nr. 10 sowie Anm. *Fischer* zu § 11 Nr. 5.
[282] Anders wohl *Roth/Altmeppen* Rn. 18.

Schmidt-Leithoff

Gesamtvertretung die Haftung aus § 11 Abs. 2, weil hier die allgemeinen Vorschriften (über die Rechtsfolgen der Geschäftsfähigkeit) eingreifen.[283]

117 **c) Verschulden.** Ein Verschulden setzt die Haftung ebenfalls **nicht** voraus.[284] Es handelt sich um eine selbstständige Mithaftung des Handelnden – neben der Vorgesellschaft (vgl. zu ihrer Haftung Rn. 79 ff.) –, die in seinem rechtsgeschäftlichen Auftreten begründet ist.

118 **d) Handeln im Namen der Gesellschaft.** Im Namen der Gesellschaft handelt jeder, der namens der – als solche noch nicht existierenden (vgl. Abs. 1) – GmbH tätig wird.[285] Ob dasselbe gilt, wenn der Geschäftsführer für die Vorgesellschaft (die GmbH in Gründung) oder auf andere Weise für das in Entstehung begriffene Gebilde tätig wird, ist umstritten.[286] Die Frage sollte schon deswegen bejaht werden, weil eine derartige Unterscheidung der Praxis schwerfällt und leicht zu unnötigen Unterstellungen führt.[287] So wendet der BGH die Vorschrift auch mit Recht an, wenn für die „GmbH in Gründung" gehandelt worden ist.[288] Anders nur der Fall, in dem das Rechtsgeschäft unter der **Bedingung** der Eintragung der GmbH in das Handelsregister geschlossen wird.[289]

119 Davon zu unterscheiden ist jedoch der Fall, in dem die Gesellschafter **vor** der Gründung, also regelmäßig als Mitglieder einer Vorgründungsgesellschaft (vgl. Rn. 7 sowie § 2 Rn. 87 f.), einen Vertrag mit einem Dritten (zB Kauf eines Handelsgeschäfts) geschlossen haben, in dem sie selbst ausdrücklich als Käufer (mit gesamtschuldnerischer Verpflichtung) auftreten, auch wenn sie für die „GmbH in Gründung"[290] oder der noch nicht existierenden „GmbH" handeln.[291] Des Weiteren können die Gründer als OHG mit der Haftungsfolge des § 128 HGB auftreten.[292] Eine derartige Haftung aus Rechtsverhältnissen **vor** der Gründung der Gesellschaft erlischt auch nicht – anders als die Gründerhaftung und die Haftung aus Abs. 2 (Rn. 138 ff.) – mit der Eintragung der Gesellschaft.[293]

---

[283] So BGHZ 53, 210, 216 = NJW 1970, 806, 808 = DB 1970, 677, 678; iErg. ebenso *Hachenburg/Ulmer* Rn. 111; aA *Riedel* NJW 1971, 351.

[284] Irrig *Wiedemann* S. 540.

[285] Vgl. BGHZ 51, 30 = NJW 1969, 509 = MDR 1969, 293; BGHZ 53, 210 = NJW 1970, 806 = DB 1970, 677; BGHZ 65, 378 = NJW 1976, 419 = DB 1976, 619; BGHZ 66, 359 = NJW 1976, 1685 = BB 1976, 900.

[286] So *Hachenburg/Ulmer* Rn. 109; *Scholz/K. Schmidt* Rn. 107, beide mwN; *Meyer-Landrut/Miller/Niehus* Rn. 19; aA RGZ 70, 296, 298; RGZ 143, 368, 373; BGHZ 72, 45, 47 = NJW 1978, 1978 f. = GmbHR 1978, 232; *Roth/Altmeppen* Rn. 22.

[287] Vgl. zB BAG AP § 11 Nr. 2 m. Anm. *Rittner*; aber auch BGHZ 53, 210, 211 = NJW 1970, 806, 807 = DB 1970, 677, 678; *Fleck* ZGR 1975, 212, 222 f.

[288] BGHZ 91, 148, 152 f. = NJW 1984, 2164 = DB 1984, 1716 unter Aufgabe der früheren Rspr. BGH NJW 1980, 287 = DB 1980, 74 = BB 1980, 595; aA OLG Hamm WM 1985, 658; *Lutter/Hommelhoff* Rn. 14.

[289] Vgl. RGZ 32, 97, 99; BGH WM 1984, 843, 844; BAG AP § 11 Nr. 2; *Flume*, FS Geßler, 1971 S. 22; *K. Schmidt* GmbHR 1973, 150; *Scholz/K. Schmidt* Rn. 107; *Baumbach/Hueck/G. Hueck/Fastrich* Rn. 44; sowie allgemein dazu Rn. 90.

[290] BGHZ 91, 148, 152 f. = NJW 1984, 2164 = DB 1984, 1716; OLG Hamm GmbHR 1993, 105 = BB 1992, 1081.

[291] Vgl. BGH NJW 1998, 2897 = ZIP 1998, 1223 = GmbHR 1998, 1227; BGH ZIP 1998, 646 = NZG 1998, 382.

[292] Vgl. zB LG Münster GmbHR 1983, 73 m. Anm. *K. Schmidt*.

[293] Vgl. BGH NJW 1983, 2822 = DB 1983, 1863 = ZIP 1983, 933; GmbHR 1992, 164; 1993, 105 = BB 1992, 1081; OLG Celle OLGR 1999, 90 = GmbHR 1999, 612; auch LG Münster GmbHR 1983, 73 m. Anm. *K. Schmidt*.

e) **Rechtsgeschäftliches Handeln.** Da ein rechtsgeschäftliches Handeln im Namen der Gesellschaft vorausgesetzt wird, kommt eine Haftung für andere Ansprüche gegen die Vorgesellschaft oder gegen die GmbH nicht in Betracht, also namentlich nicht für Altschulden bei Fortführung eines Handelsgeschäfts (vgl. Rn. 103), für eine Haftung aus § 31 BGB wegen des deliktischen Handelns eines anderen Organträgers (vgl. Rn. 105) oder für Verbindlichkeiten kraft Gesetzes wie Steuern, Gebühren und Abgaben sowie Beiträge.[294] Eine Haftung für **rechtsgeschäftsähnliche** Handlungen (Geschäftsführung ohne Auftrag, ungerechtfertigte Bereicherung o. dgl.) sollte aber anerkannt werden.[295]

f) **Handeln gegenüber Dritten.** Die Vorschrift beschränkt sich, ihrer Funktion entsprechend, auf ein Handeln gegenüber Dritten. Zugunsten von Gesellschaftern greift sie selbst dann nicht ein, wenn es sich um ein von der Gesellschaft unabhängiges rechtsgeschäftliches Verhältnis handelt.[296]

g) **Handeln vor Eintragung.** Das Handeln muss vor der Eintragung der Gesellschaft in das Handelsregister stattgefunden haben. Auf die Kenntnis des Dritten von der Nichteintragung kommt es jedoch nicht an.[297]

4. Die Haftung. a) Selbständige Haftung. § 11 Abs. 2 begründet eine selbständige gesetzliche Verpflichtung des Handelnden, die Verbindlichkeit der Gesellschaft aus seinem Vermögen zu erfüllen. Inhalt und Umfang der Haftung bestimmen sich daher nach dem Geschäft mit dem Dritten.[298] In den Fällen der Zahlungsunfähigkeit oder Überschuldung der Vorgesellschaft kann der Handelnde jedoch nicht einwenden, den Gläubigern dürfe nicht mehr zufließen als bei einer eingetragenen insolvenzreifen GmbH (die idR über kein Vermögen verfügt).[299] Das gilt auch für eine Schiedsgerichtsvereinbarung.[300] Ein Wahlrecht (zwischen Erfüllung und Schadensersatz) wie nach § 179 Abs. 1 BGB hat der Dritte nicht.

Neben der Handelndenhaftung iSd. § 11 Abs. 2 ist eine Haftung nach § 179 Abs. 1 BGB zwar nicht ausgeschlossen, aber nur in dem Fall denkbar, in dem der Handelnde nicht für die Vor-GmbH, sondern für eine andere von ihr verschiedene Gesellschaft handelt.[301]

---

[294] BGHZ 53, 210, 214 = NJW 1970, 806, 808 = GmbHR 1970, 154; BGHZ 65, 378, 380 = DB 1976, 619 f. = GmbHR 1976, 65; BGHZ 76, 320, 325 = DB 1980, 1114 = GmbHR 1980, 202; BSGE 60, 29 = ZIP 1986, 645 f. = BB 1986, 2271; BAGE 85, 94, 97 = ZIP 1997, 1544, 1545 = DB 1997, 1822; für Steuern BFH DStRE 1997, 265 = NV 1997, 4; LAG Frankfurt/M. GmbHR 1992, 178; OLG Saarbrücken GmbHR 1992, 307 – Sozialversicherungsbeiträge – (m. krit. Anm. *Jestaedt*; sowie *ders.* MDR 1996, 541 zum Vorlagebeschluss des BAG v. 23. 8. 1995); *Scholz/K. Schmidt* Rn. 106; *Lutter/Hommelhoff* Rn. 14.

[295] OLG Karlsruhe NJW-RR 1998, 474 = ZIP 1998, 958 zu Bereicherungsansprüchen; *Hachenburg/Ulmer* Rn. 108; *Lutter/Hommelhoff* Rn. 14; *Baumbach Hueck/G. Hueck/Fastrich* Rn. 45; *Michalski* NZG 1998, 248; aA RG LZ 1927, 1473, 1474; *Scholz/K. Schmidt* Rn. 106.

[296] BGH LM § 11 Nr. 1 und 10; OLG Hamm NJW 1974, 1472; *Hachenburg/Ulmer* Rn. 112; zweifelnd *Scholz/K. Schmidt* Rn. 108; aA *Riedel* NJW 1970, 404.

[297] Vgl. BGH LM § 11 Nr. 10; OLG Hamburg GmbHR 1963, 50; *Scholz/K. Schmidt* Rn. 109.

[298] Vgl. BGHZ 53, 210, 214 = NJW 1970, 806, 807; *Hachenburg/Ulmer* Rn. 113; *Scholz/K. Schmidt* Rn. 112 f. mwN; *Baumbach/Hueck/G. Hueck/Fastrich* Rn. 47.

[299] LG Hamburg BB 1996, 1077; *Scholz/K. Schmidt* Rn. 112; *v. Rechenberg* INF 1996, 758; aA für § 179 BGB OLG Hamm MDR 1993, 515.

[300] KG JW 1929, 2163.

[301] Vgl. BGH NJW-RR 1986, 115 = WM 1985, 1364 f.; LAG Köln DB 1988, 864 = GmbHR 1988, 341; *Scholz/K. Schmidt* Rn. 117.

§ 11

1. Abschnitt. Errichtung der Gesellschaft

125 **b) Erschwerung der Verteidigung.** Die Verteidigung des Haftenden ist dadurch erschwert, dass die *Gesellschaft* Partei des Rechtsgeschäfts, also insbesondere Gläubiger der Gegenleistung und Inhaber aller übrigen Rechte, bleibt.[302] Der Haftende kann indes die Unwirksamkeit des Rechtsgeschäfts geltend machen sowie die Einrede des § 320 BGB erheben, solange der Gläubiger nicht geleistet hat.[303] Auch kann er entsprechend § 770 BGB, § 129 Abs. 2 und 3 HGB die Leistung verweigern, solange der Gesellschaft ein Anfechtungs- oder Aufrechnungsrecht zusteht.

126 **c) Haftungsausschluss.** Die Haftung aus § 11 Abs. 2 kann durch Vereinbarung mit den Gläubigern **ausgeschlossen** oder beschränkt werden.[304] Ein stillschweigender Haftungsausschluss darf jedoch nur bei konkreten Hinweisen hierauf und für den Einzelfall angenommen werden.[305] Im Hinblick auf das Erlöschen des Anspruches aus § 11 Abs. 2 mit Eintragung der Gesellschaft (vgl. Rn. 130) ist für diesen Regelfall die Frage des Haftungsausschlusses nur von untergeordneter Bedeutung.[306]

127 Eine **Freistellungsvereinbarung** zwischen dem Handelnden und der Gesellschaft und/oder einzelnen oder allen Gesellschaftern befreit ihn im Innenverhältnis von der Haftung. Sie ist unabhängig davon, ob § 41 Abs. 2 AktG analog anzuwenden ist,[307] zulässig. Zu den Rückgriffsansprüchen des Handelnden vgl. Rn. 129.

128 **d) Gesamtschuldner.** Mehrere Handelnde haften nach Abs. 2 als Gesamtschuldner. Zwischen dem Handelnden und der Gesellschaft besteht gleichfalls Gesamtschuldnerschaft[308] und ebenso im Verhältnis zur Gründerhaftung (zu dieser vgl. Rn. 91 ff.).

129 **e) Rückgriff.** Der Geschäftsführer, der aus § 11 Abs. 2 in Anspruch genommen worden ist, kann vor und nach der Eintragung Rückgriff gegen die Gesellschaft nehmen. Grundlage hierfür ist sein Anstellungsvertrag sowie §§ 670, 675 BGB. **Vor** der Eintragung haften ihm auch die Gesellschafter persönlich nach Maßgabe ihrer Gründerhaftung (vgl. dazu Rn. 91 ff.).[309] Hat der Geschäftsführer seine Befugnisse überschritten, so kann er jedoch nur Ansprüche aus § 683 BGB erheben.[310]

130 **f) Erlöschen.** Der Anspruch gegen den Geschäftsführer aus § 11 Abs. 2 erlischt mit der Eintragung der Gesellschaft in das Handelsregister, da der Zweck der Vorgesellschaft, namentlich die Eintragung herbeizuführen, erreicht ist. Das Grundsatzurteil des BGH von 1981[311] dürfte die vorher sehr umstrittene Frage endgültig und zutreffend in

---

[302] OLG Frankfurt/M. GmbHR 1952, 108, 109; *Hachenburg/Ulmer* Rn. 113 mwN; *Scholz/K. Schmidt* Rn. 111 ff.; *Roth/Altmeppen* Rn. 34; aA KG JW 1937, 46 u. a.

[303] *Kuhn* S. 12; *Hachenburg/Ulmer* Rn. 117 f.; *Scholz/K. Schmidt* Rn. 111.

[304] Vgl. RGZ 72, 401, 403; BGHZ 53, 210, 213 = NJW 1970, 806, 807 = DB 1970, 677; 678; BGH NJW 1973, 798; KG GmbHR 1994, 121; *Hachenburg/Ulmer* Rn. 120; *Scholz/K. Schmidt* Rn. 110; *Jula* BB 1995, 1597 auch zur Vereinbarkeit mit § 138 BGB u. § 9 AGBG (jetzt § 307 BGB nF).

[305] *Ballerstedt* ZHR 127 (1965), 102 f.

[306] Vgl. *Hachenburg/Ulmer* Rn. 120.

[307] Dazu *Hachenburg/Ulmer* Rn. 109.

[308] RGZ 72, 401, 406; *Baumbach/Hueck/G. Hueck/Fastrich* Rn. 47; aA *Scholz/K. Schmidt* Rn. 113.

[309] S. a. *Scholz/K. Schmidt* Rn. 116; *K. Schmidt* GmbHR 1988, 129 ff.; *Baumbach/Hueck* Rn. 49 a; *Meister*, FS Werner, 1984, S. 551; *W.-H. Roth* ZGR 1984, 620; aA *Hachenburg/Ulmer* Rn. 123; *Lutter/Hommelhoff* Rn. 17: einmal bestehe zwischen den Gesellschaftern und den Geschäftsführern keine Rechtsbeziehung, zum anderen mache die Unterbilanzhaftung der Gesellschafter bzw. deren Verlustausgleichspflicht eine Direkthaftung überflüssig (zust. *Dreher* DStR 1992, 33, 36).

[310] Vgl. *Hachenburg/Ulmer* Rn. 122.

[311] BGHZ 80, 182, 185 = NJW 1981, 1452, 1453 = DB 1981, 1036; vgl. auch BGH NJW 1982, 932 = DB 1981, 2599 = ZIP 1981, 1328.

Rechtszustand vor der Eintragung　　　　　　　　　　　　　　　　§ 11

diesem Sinne entschieden haben.[312] Auch in den Fällen, in denen der Handelnde die eingetragene GmbH nicht wirksam verpflichten konnte, erlischt die Handelndenhaftung; die Haftung nach § 179 Abs. 1 BGB (vgl. hierzu Rn. 124) bleibt davon unberührt.[313]

Infolgedessen spielt die früher viel diskutierte Frage eines Weiterbestehens der Haftung bei **Dauerschuldverhältnissen** nunmehr praktisch keine Rolle mehr. Sie wurde nach zutreffender und überwiegender Ansicht verneint.[314] **131**

VI. Die Rechtswirkungen der Eintragung (Abs. 1)

1. Allgemeines. Mit der Eintragung entsteht die GmbH als solche (Abs. 1). Der Gründungsprozess ist abgeschlossen, die Vorgesellschaft erhält die uneingeschränkte Rechtsfähigkeit einer juristischen Person. Auf die Gesellschaft sind nunmehr die Bestimmungen der Satzung sowie die Vorschriften des GmbHG uneingeschränkt und unmittelbar anwendbar. **132**

a) Schicksal von Rechten und Pflichten. Nicht geregelt hat das Gesetz jedoch die Frage, welches Schicksal die Rechte und Pflichten bei der Eintragung haben, die für die Vorgesellschaft begründet worden sind.[315] Gleichfalls hat der Gesetzgeber die Wirkung der Eintragung auf andere Verbindlichkeiten aus dem Gründungsstadium, namentlich aus der Handelndenhaftung des § 11 Abs. 2 und der Gründerhaftung, offen gelassen. **133**

b) Grundsatzurteile des BGH. Die Meinungsverschiedenheiten, die daraus entstanden sind, haben Rspr. und Literatur sehr beschäftigt. Sie haben jedoch erheblich an Gewicht verloren, seitdem der **BGH** in den Jahren 1981 ff. durch einige **Grundsatzurteile** (vgl. Rn. 11) wesentliche Punkte im Wege der richterlichen Lückenausfüllung geklärt hat. Diese Rspr. des BGH hat sich allgemein durchgesetzt und wird weiter ausgebaut. Denn diese Rspr. beruht nicht nur auf einer langen und intensiven wissenschaftlichen Diskussion, sondern sie hat auch im Wesentlichen die Grundvorstellungen verwirklicht, die die Wissenschaft inzwischen überwiegend herausgearbeitet hat,[316] und so ein System des Gründungsrechts entworfen, das in sich konsequent und den Anforderungen der Praxis gewachsen ist. **134**

2. Übergang der Rechte und Pflichten. Mit der Eintragung gehen das Vermögen der Vorgesellschaft und ihre sämtlichen Verbindlichkeiten „nahtlos" auf die GmbH über.[317] Das Sondervermögen der Vorgesellschaft (vgl. dazu Rn. 59 ff.) wird **135**

---

[312] LG Düsseldorf DB 1986, 958 f.; OLG Oldenburg NZG 2001, 811, 812; *Hachenburg/Ulmer* Rn. 118; *Scholz/K. Schmidt* Rn. 118; *Baumbach/Hueck/G. Hueck/Fastrich* Rn. 49; *Lutter/Hommelhoff* Rn. 16; *Roth/Altmeppen* Rn. 31; *Dreher* DStR 1992, 33, 37; *Fleck* GmbHR 1983, 14; *Hüffer* JuS 1983, 168; schon vorher *Rittner* Werdende jP, S. 365 u.a.; vgl. LG Bonn MDR 1997, 759: auch im Fall der Änderung des Unternehmensgegenstandes und der Firma erlischt mit der Eintragung die Handelndenhaftung; aA aber noch OLG Düsseldorf BB 1987, 1624 = GmbHR 1987, 430; LG Münster GmbHR 1983, 73; *Ballerstedt* ZHR 127 (1965), 101; *Schäfer-Gölz* S. 175 f.; *Schulz* JuS 1982, 738 f.; *Sudhoff* GmbHR 1965, 109; *Wiedemann* JurA 1970, 464, diese jedoch vor 1981.
[313] Strittig: zust. *Scholz/K. Schmidt* Rn. 120; aA *Lutter/Hommelhoff* Rn. 16; *Baumbach/Hueck/G. Hueck/Fastrich* Rn. 49.
[314] Vgl. BGH WM 1978, 118, 120 f.; *Hachenburg/Ulmer* Rn. 115, 120; *Scholz/K. Schmidt* Rn. 118, beide mwN; ebenso *Lutter/Hommelhoff* Rn. 15.
[315] Vgl. *Rittner* Werdende jP, S. 105 ff., 363 ff.
[316] Vgl. zusammenfassend *K. Schmidt* GmbHR 1987, 77.
[317] BGHZ 80, 129, 137, 140 = NJW 1981, 1373, 1375 = DB 1981, 1032, 1034.

§ 11   1. Abschnitt. Errichtung der Gesellschaft

Vermögen der juristischen Person; die Verbindlichkeiten der Vorgesellschaft (vgl. dazu Rn. 79 ff.) werden Verbindlichkeiten der GmbH. Der Vorgang ist keine Gesamtrechtsnachfolge,[318] sondern ein Wandel der Rechtsgestalt des Vermögensträgers.[319]

136   Die Verbindlichkeiten gehen **uneingeschränkt** auf die GmbH über, nicht etwa nur diejenigen aus „notwendigen Geschäften", wie eine früher vielfach vertretene Ansicht meinte.[320]

137   Soweit das (Netto-)Vermögen nicht mehr die Einlagen der Gesellschaft deckt, also Verluste im Gründungsstadium aufgetreten sind, sorgt die **Vorbelastungshaftung** der Gesellschafter für einen wertmäßigen Ausgleich (vgl. Rn. 28 ff.).

138   **3. Erlöschen von Verbindlichkeiten aus dem Gründungsstadium.** Durch die Eintragung ist die GmbH entstanden, ausgestattet mit der vorgesehenen Kapitalgrundlage, deren Vorhandensein das Registergericht geprüft hat und deren Erhaltung das Gesetz und die Vorbelastungshaftung sichern. Die während des Gründungsstadiums als Notbehelfe eingesetzten Haftungen können deswegen nunmehr erlöschen.[321] Soweit Verluste das Gesellschaftsvermögen inzwischen geschmälert haben, werden sie durch die Vorbelastungshaftung der Gründer gedeckt (vgl. Rn. 28 ff.).

139   **a) Persönliche Haftung der Gründer.** Die Verlustdeckungshaftung der Gründer aus Gründungsgeschäften erlischt infolgedessen.[322] Dies gilt selbstverständlich nicht, falls sich die Gründer, namentlich als Vorgründungsgesellschaft, in einem Rechtsgeschäft **persönlich** verpflichtet haben (vgl. Rn. 119).[323]

140   **b) Handelndenhaftung.** Die Handelndenhaftung aus § 11 Abs. 2 erlischt ebenfalls.[324]

VII. Die Einpersonen-Vorgesellschaft

141   **1. Allgemeines.** Die Möglichkeit, eine Einpersonen-GmbH zu gründen (vgl. dazu § 2 Rn. 3), hat zwangsläufig die Frage aufkommen lassen, ob eine Einpersonen-Vorgesellschaft überhaupt möglich ist. Der Gesetzgeber von 1980 hat sich die Frage nicht gestellt und so an diesem Punkte der Vor-GmbH noch eine weitere Lücke geschaffen.[325]

142   **a) Dogmatische Bedenken.** Dogmatische Bedenken gegen jene Möglichkeit werden deswegen erhoben, weil die Vorgesellschaft doch ein Gesamthandsvermögen habe, eine Gesamthand eines Einpersonen-Gründers aber undenkbar sei.[326] Da aber der Gesetzgeber ganz offenbar von der Bildung eines Sondervermögens auch im Gründungsstadium der Einpersonen-GmbH ausgeht (vgl. §§ 7 Abs. 2; 8 Abs. 2; 9 c), bleibt

---

[318] So aber BGH NJW 1982, 932 = DB 1981, 2599 = ZIP 1981, 1328; BGHZ 45, 338, 342; 80, 129, 139 f. = NJW 1981, 1373, 1375 = DB 1981, 1032, 1034; BGHZ 105, 300, 303 f. = DB 1989, 217 f. = ZIP 1989, 27, 28; *Hachenburg/Ulmer* Rn. 74; *Baumbach/Hueck/G. Hueck/Fastrich* Rn. 51; *Kübler* § 24 II 3 c.
[319] So zutr. *Flume* S. 167; *Scholz/K. Schmidt* Rn. 133; vgl. auch *Rittner* Werdende jP, S. 325 f., 363.
[320] ZB BGHZ 65, 378, 382 f. = NJW 1976, 419, 420 = DB 1976, 619 f; BGH WM 1978, 843, 844; *Fleck* ZGR 1975, 218 f.
[321] Vgl. *Fleck* S. 13 f.
[322] BGHZ 80, 129, 144 f. = NJW 1981, 1373, 1376 = DB 1981, 1032, 1035.
[323] BGH NJW 1983, 282.
[324] BGHZ 80, 182, 185 = NJW 1981, 1452 = DB 1981, 1036.
[325] Zu dem allg. Lückenproblem der Vorgesellschaft vgl. Rn. 9 ff.
[326] So zB *Lutter/Hommelhoff* Rn. 18.

Rechtszustand vor der Eintragung   § 11

nur die Lösung, ein – von dem Geschäftsführer verwaltetes, dem Gründer gehörendes – **Sondervermögen eigener Art** anzunehmen, und zwar für die Vor-GmbH schlechthin (vgl. Rn. 61).[327]

Diesen Weg versperrt sich die wohl noch überwiegende Meinung dadurch, dass sie **143** an der **Gesamthandsstruktur** für die Vorgesellschaft festhält, von der man freilich für die Einpersonen-Vorgesellschaft keine Ausnahme machen kann.[328] Daraus ergeben sich in der Tat **unlösbare Probleme.** Wenn es nämlich infolge der Unmöglichkeit einer Einpersonen-Gesamthand keine Vorgesellschaft bei der Einpersonen-Gründung gibt, fehlt es während des Gründungsstadiums überhaupt an einem Rechtsträger, der Anspruch auf die Einlagen hätte und die Einlageleistungen entgegennehmen könnte. Die von dem Einpersonen-Gründer geschuldeten Einlagen blieben also in seinem Vermögen und verließen es erst mit der Entstehung der GmbH, also mit der Eintragung, um sodann aus dem Vermögen des Gründers auf die Gesellschaft überzugehen.[329] Die Absurdität dieser Konsequenzen liegt auf der Hand. Ihr Eintritt ist aber unausweichlich, solange man an dem Ausgangspunkt der Gesamthandskonstruktion der Vor-GmbH festhält.

Doch scheint die Bereitschaft, sich von diesem unnötigen, nur historisch zu verstehenden Dogma zu befreien, in der **Lehre** zu wachsen, wenn auch die Vorstellungen und Begründungen im Einzelfall noch sehr verschieden sind.[330] **144**

b) Praktische Probleme. Schwerer wiegen die praktischen Probleme, wie es ge- **145** lingen kann, das Sondervermögen so vom Vermögen des Gründers zu trennen und vor ihm und seinen Gläubigern zu schützen, wie es die Gründungsvorschriften und die Aufgabe der Gründung verlangen. Das gilt besonders für den nicht seltenen Fall, in dem der Gründer auch noch als Alleingeschäftsführer tätig ist. Zur Lösung dieser Fragen reichen die allgemeinen Regeln für die Vorgesellschaft, wie sie das Gesetz enthält und wie sie das Richterrecht bisher ergänzend entwickelt hat, nicht aus. Man wird **zusätzliche Erfordernisse und Regeln** aufstellen müssen, die sich allerdings erst mit der Zeit angesichts praktischer Erfahrungen mit den Einpersonen-Gründungen ergeben können.[331] Als Grundlage dürften aber solche gesetzlichen und richterrechtlichen Regeln nicht nur unerlässlich, sondern auch durchaus geeignet sein.

2. Sondervermögen. Das Sondervermögen der Einpersonen-Vorgesellschaft (vgl. **146** dazu Rn. 142) entsteht mit der Errichtung (ieS; vgl. Vor § 1 Rn. 4) der Gesellschaft und besteht zunächst nur aus den Einlageforderungen (der Vorgesellschaft) gegen den Gründer. Daher wird im Einzelfall der Zeitpunkt seiner Entstehung nicht immer leicht zu klären sein. Das ist aber erträglich. Denn spätestens mit der Leistung seiner Einlagen füllt der Gründer das Sondervermögen mit konkreten Gegenständen an, die damit aus seinem Vermögen ausscheiden.

---

[327] So auch BayObLG GmbHR 1994, 329f. = BB 1994, 530f; OLG Dresden GmbHR 1997, 215, 217 = DZWir 1997, 200, 203 m. Anm. *Mutler*, vgl. auch mwN *Scholz/K. Schmidt* Rn. 147; *Baumbach/Hueck/G. Hueck/Fastrich* Rn. 37; *Roth/Altmeppen* Rn 76; *Hachenburg/Ulmer* Rn. 17.
[328] *Hachenburg/Ulmer* Rn. 15; *Lutter/Hommelhoff* Rn 18; *Ulmer/Ihrig* GmbHR 1988, 374ff.
[329] So bes. *Hüffer* ZHR 145 (1981), 521.
[330] Vgl. *Hachenburg/Ulmer* Rn. 17; *Roth/Altmeppen* Rn. 71; *Fleck* GmbHR 1983, 5, 17; *Flume* DB 1980, 1781, 1783f.; *ders.* ZHR 146 (1982), 205, 208f.; *Geßler* BB 1980, 1385, 1389; *John* BB 1982, 505, 507f.; *ders.* Die Gründung der Einmann-GmbH 1986; *Th. Raiser* Das neue GmbH-Recht in der Diskussion, 1981, S. 21, 38; *ders.* KapG, S. 278; *K. Schmidt* ZHR 145 (1981), 540, 558f.; *Ulmer/Ihrig* GmbHR 1988, 373; *Winter* Pro-GmbH S. 200f.; aA *Fezer* JZ 1981, 608, 615f.; *Hüffer* ZHR 145 (1981), 521, 525ff.; *ders.* JuS 1983, 161, 168ff.
[331] So auch *Fleck* S. 16f.

§ 11 1. Abschnitt. Errichtung der Gesellschaft

147 Wegen der Nähe des Gründers zu dem Sondervermögen müssen die **Übertragungsvorgänge** jedoch so objektiviert werden, dass sie für Dritte, namentlich für die Privat- sowie für die Gesellschaftsgläubiger erkennbar sind.[332] Die Konten, die für die (Vor-)Gesellschaft eingerichtet werden, sind auf ihren Namen zu führen. Grundstücke sind an die Vor-Gesellschaft aufzulassen (vgl. dazu Rn. 80). Sämtliche Übertragungsakte, die für die Gründung (namentlich im Hinblick auf die Anmeldung, § 7 Abs. 2 und 3) nötig sind, vollziehen sich also im Gründungsstadium,[333] nicht erst bei der Eintragung.[334] Dies gilt auch für die Leistung von Sicherheiten nach § 7 Abs. 2 S. 3; einer Einschaltung eines Treuhänders bedarf es nicht.[335] Das Sondervermögen ist für den Gründer und seine Gläubiger Fremdvermögen, nicht anders als im Falle einer Gründung durch mehrere für die Gesellschafter (vgl. Rn. 61).

148 **3. Anwendbarkeit von Sondervorschriften aus dem GmbH-Recht.** In Anbetracht der besonderen Einwirkungsmöglichkeiten des Einpersonen-Gründers auf die Vorgesellschaft liegt der Gedanke nahe, zu ihrem (und ihrer Gläubiger) Schutz die wenigen Vorschriften analog anzuwenden, die das GmbH-Recht für die Einpersonen-Gesellschaft enthält. Dies ist jedoch nur sehr beschränkt möglich. Da **§ 19 Abs. 4** die Eintragung der Gesellschaft voraussetzt, überdies den Fall der Strohmann-Gründung betrifft, kommt die Vorschrift nicht in Betracht. **§ 35 Abs. 4** könnte analog angewandt werden, besonders auf den Fall des allein geschäftsführenden Einpersonen-Gründers. Da die Vorschrift jedoch nur im Gesellschaftsvertrag abbedungen werden kann, ihr Ausschluss also der Registerpublizität unterliegt, passt sie auf die Vorgesellschaft nicht.[336] Indes sollte **§ 48 Abs. 3** (unverzügliche Protokollierung von Gesellschafterbeschlüssen) auf das Gründungsstadium übertragen werden.

149 Darüber hinaus wird die **Rspr.** Normen entwickeln müssen, um Missbräuchen und allzu großer Rechtsunsicherheit vorzubeugen. So meint zB das LG Mosbach,[337] eine Einpersonen-Vorgesellschaft könne – vor der Eintragung in das Handelsregister – nicht eine weitere Einpersonen-GmbH gründen. Die Begründung geht allerdings von der irrigen dogmatischen Vorstellung aus, die Einpersonen-Vorgesellschaft könne kein Gründungsvermögen bilden (vgl. dazu Rn. 146) und löst das Problem sodann mit Hilfe des § 181 BGB. Da der Vorgesellschaft nicht grds. verwehrt ist, sich an der Gründung einer anderen (Kapital-)Gesellschaft zu beteiligen (vgl. Rn. 80), dürfte auch das Ergebnis nicht richtig sein, außer, es läge ein Missbrauch vor.[338]

150 **4. Haftungsfragen.** Der Einpersonen-Gründer haftet wie der Gründer einer Mehrpersonen-Gesellschaft. Dies gilt auch für die Vorbelastungshaftung (vgl. dazu Rn. 28) und für die Differenzhaftung nach § 9.[339] Der Gründer haftet im Rahmen der Verlustdeckungshaftung auch den Gläubigern der Vor-Gesellschaft bei Scheitern der Eintragung (vgl. Rn. 91 ff.).[340] Für eine weitergehende Haftung gibt es auch in diesem

---

[332] Vgl. BayObLG GmbHR 1994, 329 f. = BB 1994, 530 f.; ebenso *Lutter/Hommelhoff* Rn. 18.
[333] Ebenso *Hachenburg/Ulmer* § 7 Rn. 60 ff.
[334] So noch *Roth/Altmeppen* Rn. 74 sowie alle diejenigen, die, wie bes. *Hüffer* einen Rechtsträger im Gründungsstadium nicht anerkennen.
[335] Vgl. dazu *Gersch/Herget/Marsch/Stützle* Rn. 153, aber auch 143.
[336] So zutr. *Baumbach/Hueck/G. Hueck/Fastrich* Rn. 39; *Ekkenga* AG 1985, 40, 45 f.; aA *Scholz/K. Schmidt* Rn. 150.
[337] BB 1984, 1963.
[338] So auch *John* BB 1985, 626; aA *Meyer-Landrut/Miller/Niehus* § 1 Rn. 19.
[339] So auch *Hachenburg/Ulmer* Rn. 68; *Fleck* GmbHR 1983, 17.
[340] *Baumbach/Hueck/G. Hueck/Fastrich* Rn. 40; *Lutter/Hommelhoff* Rn. 18; *Goette* DStR 2001, 1397; aA *Hachenburg/Ulmer* Rn. 68.

Falle keinen zureichenden Grund.³⁴¹ Die Handelnden-Haftung nach § 11 Abs. 2 kommt – für die Geschäftsführer – ebenfalls in Betracht.³⁴²

5. Der Übergang von Rechten und Pflichten. Vermögen und Verbindlichkeiten der Einpersonen-Vorgesellschaft gehen mit der Eintragung wie bei jeder anderen Vorgesellschaft auf die GmbH über (vgl. Rn. 135). Auch hier findet keine Gesamtrechtsnachfolge statt; es wechselt vielmehr nur die Gestalt des Rechtsträgers. Im Falle des **Scheiterns** der Gründung, so namentlich, wenn die Eintragung nicht mehr betrieben wird, löst sich die Einpersonen-Vorgesellschaft von selbst auf, ihr Vermögen fällt im Wege der Gesamtrechtsnachfolge an den Gründer zurück.³⁴³

VIII. Die Steuern der Vorgesellschaft

1. Allgemeines. Noch weniger als die gesellschaftsrechtlichen Gesetze berücksichtigen die Steuergesetze die Vorgesellschaft (zu den Steuern der GmbH vgl. Einl. Rn. 63 ff.). Viele Steuertatbestände unterscheiden zwischen Personengesellschaften (Gesamthandsgesellschaften) und Kapitalgesellschaften (juristische Personen, Körperschaften), so namentlich § 15 Abs. 1 S. 1 Nr. 2 EStG (Mitunternehmerschaft) einerseits und § 1 KStG (Körperschaften nach Maßgabe eines numerus clausus) andererseits. Sie gehen dabei von der gesellschaftsrechtlich definierten Rechtsform aus.³⁴⁴ Wenn aber die Vorgesellschaft, gesellschaftsrechtlich gesehen, weder Personengesellschaft noch Kapitalgesellschaft, sondern werdende juristische Person ist (vgl. Rn. 13 ff.), steht das Steuerrecht vor einer nicht einfach zu schließenden Gesetzeslücke. Denn anders als im Privatrecht kann der Richter Lücken in Steuertatbeständen nicht ohne weiteres im Wege der Analogie schließen.³⁴⁵ Genauer betrachtet stellt die Vorgesellschaft jedoch dem Steuerrecht weniger Analogie- als vielmehr Alternativprobleme: es fragt sich nicht, ob der Sachverhalt der Vorgesellschaft besteuert wird, sondern welcher Steuertatbestand auf ihn anzuwenden ist.

2. Körperschaftsteuer. a) Vorgesellschaft. Obwohl das KStG die Vorgesellschaft nicht als Steuersubjekt nennt, hat schon der RFH sie der Körperschaftsteuer unterworfen.³⁴⁶ Hin und wieder dagegen erhobene Einwände, nach denen die Vorgesellschaft weder der Einkommensteuer noch der Körperschaftsteuer unterliegen³⁴⁷ oder nach § 15 EStG zu besteuern sein³⁴⁸ sollte, konnten sich bisher mit Recht nicht durchsetzen. Sie berufen sich zum Teil auf das angeblich im Steuerrecht bestehende Analogieverbot und übersehen dabei, dass es sich lediglich um ein Alternativproblem handelt (vgl. Rn. 152). Im Übrigen gehen sie regelmäßig von der Ansicht aus, die Vorgesellschaft wäre als BGB-Gesellschaft oder als OHG zu behandeln. Die immer mehr durchdringende Vorstellung von der Vorgesellschaft als werdender juristischer

---
³⁴¹ Anders konsequenterweise *Flume* S. 165.
³⁴² Vgl. *Lutter/Hommelhoff* Rn. 18.
³⁴³ Vgl. BayObLG NJW-RR 1987, 812; *Lutter/Hommelhoff* Rn. 18; *Baumbach/Hueck/ G. Hueck/Fastrich* Rn. 39; *Fichtelmann* GmbHR 1997, 996; *Monheimius* GmbHR 1997, 391; *K. Schmidt* GmbHR 1988, 89; *Ulmer/Ihrig* GmbHR 1988, 373, 383 f.; *Wiegand* BB 1998, 1069; aA *Bode* Die gescheiterte Einmann-GmbH, Diss. 1994.
³⁴⁴ Vgl. BFHE 141, 405 = BStBl. 1984 II S. 751 = NJW 1985, 93; *Jurkat* GmbHR 1983, 224.
³⁴⁵ Vgl. *Tipke/Lang* § 4 Rn. 184 ff. mwN.
³⁴⁶ RFHE 11, 249; 36, 244). Der BFH und die übrige Praxis sind ihm darin gefolgt (BFH BStBl. 1952 III S. 172; 1973 II S. 568 = BFHE 109, 190; BStBl. 1983 II S. 247 = BFHE 137, 265); *Herrmann/Heuer/Raupach* KStG § 1 Rn. 77 u. 84.
³⁴⁷ So *Heckmann* DB 1976, 980, 983.
³⁴⁸ So wohl *Schuhmann* GmbHR 1981, 196, 199.

§ 11   1. Abschnitt. Errichtung der Gesellschaft

Person (vgl. Rn. 13) gibt jedoch diesen Ansichten keine Chance mehr.[349] Die Gründer haften für die Körperschaftsteuer nicht.[350]

154   **b) Vorgründungsgesellschaft.** Die Vorgründungsgesellschaft (vgl. Rn. 7; § 2 Rn. 87) wird jedoch, ihrer unzweifelhaften gesellschaftsrechtlichen Eigenart entsprechend, stets als Mitunternehmerschaft nach § 15 Abs. 1 S. 1 Nr. 2 EStG besteuert.[351] Die Terminologie der steuerlichen Praxis und Literatur wich übrigens irreführenderweise oft von der gesellschaftsrechtlichen ab: Die Vorgesellschaft wurde sehr häufig als „Gründungsgesellschaft", die Vorgründungsgesellschaft als „Vorgesellschaft" bezeichnet.[352] Der BFH hat die gesellschaftsrechtliche Terminologie nunmehr auch für das (Körperschaft)Steuerrecht übernommen.[353]

155   **c) Voraussetzungen der Körperschaftsteuerpflicht.** Die Voraussetzungen der Körperschaftsteuerpflicht sind iE noch umstritten. Der BFH verlangt, dass der Eintragung keine ernsthaften Hindernisse entgegenstehen, dass sie später erfolgt und vor allem, dass die Vorgesellschaft eine nach außen in Erscheinung tretende Tätigkeit aufgenommen hat.[354] Gegen diese einengenden Erfordernisse sind überzeugende Bedenken vorgebracht worden.[355] Die BFH-Rspr. steht insoweit noch unter dem Einfluss der inzwischen (namentlich vom BGH, vgl. Rn. 20 ff.) überwundenen Fehlvorstellungen über die Vorgesellschaft und führt außerdem zu unangemessenen und unpraktischen Ergebnissen. Sie sollte deswegen aufgegeben werden.[356] An dem Erfordernis der späteren Eintragung ins Handelsregister hält der BFH fest.[357] Wesentlich für den Begriff der Vorgesellschaft und damit auch für die Besteuerung als Körperschaft bleibt selbstverständlich, dass die Eintragung ernsthaft angestrebt wird (vgl. Rn. 22). Anderenfalls wird die – unechte – Vorgesellschaft nach § 15 Abs. 1 Nr. 2 EStG zu besteuern sein.

156   **d) Beginn der Steuerpflicht.** Als Beginn der Steuerpflicht ist der Abschluss des notariell beurkundeten Gesellschaftsvertrages anzusehen.[358] Dass der Gesellschaftsvertrag allen privatrechtlichen Erfordernissen genügt, wird jedoch nicht vorausgesetzt.[359] Die **Vorgründungsgesellschaft** kann keinesfalls der Körperschaftsteuerpflicht unter-

---

[349] Vgl. bes. *Stolterfoht* StRK-Anm. § 1 KStG R 74; *Wassermeyer* DStR 1991, 734 *Dörner* Die Steuern der GmbH, 2. Aufl. 1993, Rn. 120.
[350] FG Münster EFG 1983, 380, 381; *Scholz/K. Schmidt* Rn. 182.
[351] BFH BStBl. II 1999, 836; vgl. *Herrmann/Heuer/Raupach* KStG § 1 Rn. 76 u. 83; *Knobbe-Keuk* Bilanz- und Unternehmenssteuerrecht, 9. Aufl. 1993, § 9 II, § 15 III 2; *Kirchhof/Reiß* EStG § 15 Rn. 219 (jedoch Treuhänderstellung für die künftige GmbH mit Zurechnungsfolge zu dieser nicht ausschließend); *Schuhmann* GmbHR 1981, 199; GmbHR 1991 R 29; *L. Schmidt* § 15 Rn. 169; *Peetz* GmbHR 2000, 1084.
[352] Vgl. zB *Tipke* Steuerrecht, 11. Aufl. 1987, S. 334.
[353] BFH BStBl. 1990 II S. 91 f. = DB 1990, 818; vgl. ferner OFD Frankfurt/M. Verf. v. 22. 2. 1994 USt K § 2 USt K S-7104 Karte 10.
[354] Vgl. zB BFH BStBl. 1952 III S. 180; zust. *Blümich/Klein/Steinbring/Stutz* § 1 Rn. 180; *Henninger* GmbHR 1974, 270; zT auch *Scholz/K. Schmidt* Rn. 175.
[355] Vgl. bes. *Streck* BB 1972, 262; *Stolterfoht* StRK-Anm. KStG § 1 Rn. 74; *Herrmann/Heuer/Raupach* KStG § 1 Rn. 80 u. 85; *Tipke/Lang* Steuerrecht § 11 Rn. 9; *Knobbe-Keuk* Bilanz- und Unternehmenssteuerrecht, 9. Aufl., 1993 § 15 II 1; *Hachenburg/Ulmer* Rn. 125; kritisch *Schwarz* ZIP 1996, 2007 f.
[356] Vgl. auch *Streck* KStG § 1 Anm. 8.
[357] BStBl. 1993 II 352 = BFHE 169, 343 = DB 1993, 356 = NJW 1993, 1222 mwN.
[358] So grds. BFH BStBl. 1952 III S. 172; 1973 II S. 568; 1981 II S. 600; 1983 II S. 247; 1990 II S. 91, 468; FG Niedersachsen GmbHR 1992, 391; Abschn. 2 Abs. 3 KStR; vgl. auch *Hachenburg/Ulmer* Rn. 124; *Scholz/K. Schmidt* Rn. 175; GmbHR 1991 R 29.
[359] Vgl. BFH BStBl. 1973 II S. 568 zur formnichtigen Beitrittserklärung.

Rechtszustand vor der Eintragung §11

worfen werden; sie bleibt Mitunternehmerschaft nach § 15 Abs. 1 S. 1 Nr. 2 EStG (vgl. Rn. 154). Sie wird in die Körperschaftsteuerpflicht auch nicht durch die Gründung der GmbH einbezogen,[360] da zwischen ihr und der Vorgesellschaft keine Identität besteht. Sie ist ein eigenes von der Vorgesellschaft isoliert zu behandelndes Steuersubjekt. Gründungskosten der Vorgründungsgesellschaft sind daher nicht bei der Vorgesellschaft abzugsfähig. Auch eine Rückdatierung – etwa bei der Einbringung eines Betriebes – ist steuerlich nicht zu berücksichtigen.[361] Das steuerliche Ergebnis wird gesondert und einheitlich festgestellt (§§ 179, 180 AO) und auf die Gesellschafter der Vorgründungsgesellschaft nach allgemeinen Grundsätzen verteilt, Abschn. 2 Abs. 4 S. 4 KStR.

e) Einpersonen-Vorgesellschaft. Die Einpersonen-Vorgesellschaft ist nicht anders zu behandeln als die Mehrpersonen-Vorgesellschaft.[362] Das Vorstadium der Einpersonen-Vorgesellschaft als werdende juristische Person (vgl. Rn. 13, 21) führt auch hier zu einem sachgerechten Ergebnis. **157**

f) Unechte Vorgesellschaft. Die unechte Vorgesellschaft ist OHG oder BGB-Gesellschaft (vgl. Rn. 22) und wird auch steuerlich so behandelt, d.h. nach § 15 Abs. 1 S. 1 Nr. 2 EStG als Mitunternehmerschaft besteuert.[363] Ausnahmsweise ist die unechte Vorgesellschaft nicht rechtsfähiger Verein, wenn ein größerer Kreis von Personen, eine Verfassung und besondere Organe vorhanden sind.[364] War die Vorgesellschaft zunächst, weil sie die Eintragung ernsthaft betrieb, als Körperschaft zu behandeln und gibt sie später jene Absicht auf (vgl. Rn. 22), so ist das EStG erst vom Zeitpunkt der Zweckänderung an anwendbar. Eine rückwirkende Annahme der Mitunternehmerschaft ist also ausgeschlossen.[365] **158**

g) Identität zwischen Vorgesellschaft und GmbH. Der Besteuerung nach dem KStG ist die Identität zwischen Vorgesellschaft und GmbH zugrunde zu legen (vgl. Rn. 155): Nach der Eintragung der GmbH in das Handelsregister besteht das Steuersubjekt weiter.[366] **159**

3. Sonstige Steuern. Die übrige Besteuerung entspricht im Wesentlichen den Lösungen bei der Körperschaftsteuer. **160**

a) Vermögensteuer. Die Vermögensteuer erfasste ebenfalls bereits die Vorgesellschaft (vgl. Vorauﬂ. Rn. 152). Im Vermögensteuerbeschluss vom 22. 6. 1995[367] hat das BVerfG die Vermögensteuer auf Grund der Bewertungsungleichheit zwischen den einheitswertgebundenen und den zu Gegenwartswerten erfassten Vermögen für verfassungswidrig erklärt und die Anwendung nur bis zum 31. 12. 1996 gestattet.[368] Der Entscheidungswortlaut ließ offen, ob nach dem 1. 1. 1997 überhaupt keine Vermögensteuerbescheide oder ob lediglich keine Bescheide nach dem Veranlagungszeitraum **161**

---

[360] FG Niedersachsen GmbHR 1992, 391.
[361] Vgl. RFH RStBl. 1932, 474; 1934, 835; Herrmann/Heuer/Raupach KStG § 1 Rn. 86.
[362] So auch *Baums* StuW 1980, 301; *Herrmann/Heuer/Raupach* KStG § 1 Rn. 79 u. 84; *Tipke/Lang* § 11 Rn. 9; *Streck* KStG § 1 Anm. 8; *Dörner* Die Steuern der GmbH, 2. Aufl. 1993, Rn. 122; aA *Schuhmann* GmbHR 1981, 196, 199.
[363] *Schmidt,L.* § 15 Rn. 169; *Meyer-Landrut/Miller/Niehus* Rn. 24 aE; Abschn. 2 Abs. 4 S. 8 KStR; aA *Streck* § 1 Anm. 8.
[364] BFH BStBl. 1952 III S. 172; Abschn. 2 Abs. 4 S. 6 KStR.
[365] *Streck* BB 1972, 261; *Eder/Tillmann* GmbH-Handbuch III Rn. 32; *Tipke/Kruse* AO/FGO § 11 Rn. 14b; *Streck* § 1 Anm. 9; aA FG Hamburg EFG 1989, 594.
[366] Vgl. OFH 54, 263; Abschn. 2 Abs. 3 KStR.
[367] BVerfGE 93, 121 = WM 1995, 1506 = GmbHR 1995, 668.
[368] Vgl. iE *Tipke/Lang* § 13 Rn. 71 ff.

1996 erlassen werden dürfen. Unter Hinweis auf die Stichtagsbezogenheit der Vermögensteuer hat das BVerfG entschieden, dass auch nach dem 31. 12. 1996 für frühere Zeiträume noch eine Veranlagung durchgeführt werden kann (vgl. iE Einl. Rn. 88 ff.).[369]

162 **b) Gewerbesteuer.** Die Vorgesellschaft, die den Betrieb aufgenommen hat, ist gewerbesteuerpflichtig.[370] Das bloße Einfordern und Verwalten der Bareinlagen einschließlich deren verzinslicher Anlage löst jedoch noch keine Steuerpflicht aus.[371] Das Gewerbesteuerrecht geht ebenfalls von einer Identität von Vorgesellschaft und GmbH aus.[372] Von der **Eintragung** an ist die GmbH stets gewerbesteuerpflichtig, ohne dass es auf Art und Umfang der Tätigkeit ankommt (vgl. § 2 Abs. 2 S. 1 GewStG).[373]

163 **c) Grunderwerbsteuer.** Die Grunderwerbsteuer fällt beim Erwerb durch die Vorgesellschaft an, nicht bei der Eintragung der Gesellschaft. Vorgesellschaft und GmbH werden auch insofern als identisch angesehen.[374] Dies gilt insbesondere, wenn zunächst die Vorgesellschaft in das Grundbuch eingetragen worden war (vgl. Rn. 80).

164 **d) Umsatzsteuer.** Die Umsatzsteuerpflicht beginnt, sobald die Vorgesellschaft künftige Umsätze vorbereitet.[375] Auf den Übergang von der Vorgründungsgesellschaft in die Vor-GmbH und von dieser in die GmbH ist § 1 Abs. 1a UStG anzuwenden.[376] Soweit es auf den Vorjahresumsatz ankommt (zB für Voranmeldungen) ist der voraussichtliche Jahresumsatz zugrunde zu legen.[377] Vor-GmbH und GmbH sind **ein** Unternehmen iSd. UStG.[378] Nach Auffassung der finanzgerichtlichen Rspr.[379] sowie der Finanzverwaltung[380] ist die GmbH für bereits im Gründungsstadium vorgenommene Rechtsgeschäfte nicht zum Vorsteuerabzug berechtigt, da „keine unternehmensbezogenen Leistungen" erbracht wurden. Nach dem EuGH[381] ist dagegen als Steuerpflichtiger iSd. UStG derjenige anzusehen, der die „durch objektive Anhaltspunkte belegte Absicht hat, eine wirtschaftliche Tätigkeit auszuüben und erste Investitionsaufgaben für diese Zwecke tätigt". Dem ist der BFH[382] gefolgt. Ob dies dazu führen wird, dass die GmbH für von der Vorgründungsgesellschaft in Anspruch genommene Leistungen einen Vorsteuerabzug geltend machen kann, bleibt abzuwarten. Dafür spricht die Vergleichbarkeit der Zielsetzung von Vorgründungsgesellschaft und Vor-GmbH, da erstere auch die Verwirklichung des Unternehmensgegenstandes der GmbH zum Ziel haben kann, sofern sie diesen bereits im Vorgründungsstadium verwirklicht.[383] Eine

---

[369] BVerfG BStBl. 1998 II S. 422; vgl. *Tipke/Lang* § 13 Rn. 72; *Scholz/K. Schmidt* Rn. 179.
[370] BFH BStBl. 1960 III S. 319; Abschn. 18 Abs. 2 S. 6 GewStR.
[371] BGH BStBl. 1990 II S. 1073; Abschn. 18 Abs. 2 S. 7 GewStR.
[372] Vgl. BFH BStBl. 1957 III S. 28; 1960 III S. 319; Abschn. 18 Abs. 2 S. 9 GewStR.
[373] Abschn. 18 Abs. 2 S. 2 GewStR.
[374] Vgl. BFH BStBl. 1957 III S. 28.
[375] OFD Koblenz StEK UStG 1967 § 2 Nr. 104 sowie OFD Frankfurt/M. Verf. v. 22. 2. 1994 UStK § 2 UStG S-7104 Karte 10.
[376] *Bunjes/Geist/Zeuner* UStG, 6. Aufl. 2000, § 1 Rn. 133.
[377] BFH BStBl. 1976 II S. 400.
[378] BFH BStBl. 1978 II S. 486.
[379] BFH BStBl. 1978 II S. 486; FG Hessen DStRE 2000, 763 = EFG 2000, 40 (n. rk.: BFH Az V R 84/99 mit Vorlagebeschluss an den EuGH); FG Saarland EFG 1991, 762; vgl. auch *K. Schmidt* GmbHR 1982, 6 ff.
[380] OFD Erfurt DStR 1997, 1810.
[381] Rs. C-400/98 Rn. 34, UR 2000, 324.
[382] DStR 2001, 700.
[383] FG Hessen DStRE 2000, 763 = EFG 2000, 40 (vgl. Fn. 379); vgl. auch *Grett* DStR 2001, 968 ff.

Haftung der Handelnden nach Abs. 2 (für Umsatzsteuerschulden der Vor-GmbH) kommt nicht in Betracht, weil sich die Haftung auf rechtsgeschäftliches Handeln beschränkt.[384] Die Gründer haften unbeschränkt (vgl. Rn. 101); doch erlischt ihre Haftung mit der Eintragung der GmbH.[385] – Zur Unternehmereigenschaft der Vorgesellschaft (als Voraussetzung für den Vorsteuerabzug) im Falle der Liquidation vgl. BFH BStBl. 1989 II S. 60; 1990 II S. 345.

e) **Lohnsteuer.** Für Lohnsteuerschulden der Vorgesellschaft haften – zunächst gemäß § 34 Abs. 1 iVm. § 69 AO die *Geschäftsführer*, wenn die Ansprüche aus dem Steuerverhältnis infolge vorsätzlich oder grob fahrlässiger Verletzung der ihnen auferlegten steuerrechtlichen Pflichten eines Arbeitgebers nicht oder nicht rechtzeitig festgesetzt oder erfüllt werden. Nach § 34 Abs. 2 AO haben die *Gesellschafter* **diese** Pflichten iSv. Abs. 1 nur zu erfüllen, wenn die Vorgesellschaft ohne Geschäftsführer ist. Seit der Entscheidung BGHZ 134, 333 (vgl. Rn. 94 f.) haften die Gründer nicht nur im Fall einer unechten Vorgesellschaft, sondern entsprechend den allgemeinen Grundsätzen des bürgerlichen Rechts und des Handelsrechts unbeschränkt.[386] Jedenfalls erlischt die Haftung mit der Eintragung der GmbH. 165

IX. Die Vor-GmbH & Co. KG

1. Allgemeines. Die GmbH & Co. KG ist eine Kommanditgesellschaft, die als solche entweder (im Fall des § 1 Abs. 2 HGB) durch Tätigwerden (vgl. § 161 Abs. 1 HGB) oder (in den Fällen der §§ 2, 3 Abs. 2 und 3, 105 Abs. 2, 161 Abs. 2 HGB) durch Eintragung in das Handelsregister entsteht, während sie zuvor BGB-Gesellschaft ist. Die GmbH soll idR einziger Komplementär der KG werden. Da ihre Gründung durchweg einige Zeit in Anspruch nimmt, stellt sich die Frage, ob und ggf. unter welchen Voraussetzungen sich bereits eine Vor-GmbH als Gesellschafter (praktisch: Komplementär) an einer KG beteiligen kann. 166

Der **BGH** hat in dem Grundsatzurteil BGHZ 80, 129, 131 ff.[387] entschieden, dass eine Vor-GmbH grds. persönlich haftender Gesellschafter einer KG sein kann. Vorausgesetzt wird lediglich, dass die Gründer übereinstimmend, wenn auch formlos, den oder die Geschäftsführer ermächtigen „namens der Vorgesellschaft die Komplementärrolle zu übernehmen".[388] Diese Rspr., mit der der BGH seine frühere Ansicht[389] ausdrücklich aufgegeben hat, entspricht im Grundsatz dem gewandelten Verständnis zur Vor-GmbH (vgl. Rn. 11), wie dies teilweise schon zuvor in der Literatur vertreten wurde,[390] und hat überwiegend Zustimmung gefunden.[391] Sie wird deswegen weitergeführt werden, auch wenn sie einige Einzelfragen aufwirft, die noch nicht gelöst worden sind. 167

---

[384] FG Düsseldorf EFG 1981, 535 = UStR 1982, 191.
[385] FG Münster EFG 1983, 380; FG Niedersachsen GmbHR 1984, 51.
[386] Vgl. BFH GmbHR 1998, 854.
[387] = NJW 1981, 1373 = DB 1981, 1032.
[388] So BGHZ aaO S. 139 = NJW 1981, 1373 f. = DB 1981, 1032 f.
[389] Vgl. BGHZ 63, 45, 47 = NJW 1974, 1905 = JZ 1974, 678.
[390] Vgl. *Hachenburg/Ulmer* 7. Aufl. Rn. 102; *Flume* Personengesellschaft S. 337; *Binz* GmbHR 1976, 30 f.; *Hüffer* JuS 1980, 487.
[391] Vgl. auch *Roth/Altmeppen* Rn. 87; *Scholz/K. Schmidt* Rn. 162; *Lutter/Hommelhoff* Rn. 7; *Ulmer* ZGR 1981, 614 ff.; *K. Schmidt* NJW 1981, 1345; *Fleck* GmbHR 1983, 15 f.; sowie ferner *Binz* GmbH & Co. 8. Aufl. 1992, § 3 II 2 a) bb); *Hesselmann/Tillmann* Handbuch der GmbH & Co., 7. Aufl. 1991, Rn. 173.

§ 11   1. Abschnitt. Errichtung der Gesellschaft

168 Einer wesentlichen Frage hat der BGH sich freilich schon in jenem Grundsatzurteil angenommen:[392] Um den Gläubigern der Vor-GmbH & Co. KG einen Ersatz für die mangels (Prüfung und) Eintragung noch nicht voll gewährleistete Haftungsgrundlage (bei der GmbH als einzigem Komplementär!) zu geben, wendet der BGH **§ 11 Abs. 2** unter gewissen Voraussetzungen dergestalt an, dass der Geschäftsführer der Vor-GmbH, auch wenn er (mittelbar) im Namen der KG handelt und damit die Haftung der Vor-GmbH nach § 128 HGB auslöst, persönlich bis zur Eintragung der GmbH in das Handelsregister haftet (vgl. iE Rn. 176 ff.).

169 **2. Grundfälle.** Von den möglichen Fallgestaltungen hatte der BGH bisher nur diejenige zu entscheiden, in der eine (Vor-)GmbH zum Zwecke des **Beitritts** (als Komplementär) zu einer bereits bestehenden KG gegründet wird. Sein Ergebnis lautet: Die Vorgesellschaft kann der KG als Komplementär beitreten; nach der Eintragung der GmbH in das Handelsregister ist sodann die GmbH – „an Stelle" der Vorgesellschaft – Komplementär.[393] Der Fall liegt insofern verhältnismäßig einfach, als er bei der KG keine Eintragungs- und sonstigen Gründungsprobleme stellt. Es ist aber anzunehmen, dass das Urteil auch andere Fälle decken soll.

170 **a) Vorausgehende Gründung der KG mit Handelsgewerbe.** Wird eine KG zuerst gegründet und hat sie ein Handelsgewerbe (§ 1 Abs. 2 HGB) zum Gegenstand, so droht die unbeschränkte Haftung der Kommanditisten nach § 176 HGB, falls die Gesellschaft ihre Geschäfte aufnimmt, bevor sie in das Handelsregister eingetragen ist. Auch wenn die Gesellschaft den Gläubigern gegenüber als KG firmiert hat, reicht dies nicht für eine Haftungsbeschränkung iSd. § 176 Abs. 1 S. 1 aE HGB.[394] Für den Fall einer „GbRmbH" hat der BGH die Möglichkeit einer Haftungsbeschränkung durch einen Namenszusatz oder einen anderen verdeutlichenden Hinweis abgelehnt.[395] Abgesehen von einer individualvertraglichen Vereinbarung kommt eine Haftungsbegrenzung des Kommanditisten nur in der eng umgrenzten Situation des § 176 Abs. 1 Satz 1 aE HGB in Betracht. Deswegen sollte die Eintragung der KG sobald wie möglich erreicht werden. In jedem Fall sollte der Kommanditist seinen Beitritt unter die aufschiebende Bedingung der Handelsregistereintragung stellen.[396] Die KG kann bereits eingetragen werden, wenn die GmbH noch nicht eingetragen, wohl aber errichtet worden ist. Die Gegenansicht[397] ist durch BGHZ 80, 129 überholt.[398] Bei der Eintragung der KG kann die GmbH allerdings nur mit einem auf ihr Gründungsstadium hinweisenden Zusatz (vgl. Rn. 75) eingetragen werden, der später von Amts wegen berichtigt wird.

171 **b) „Kleingewerbliche bzw. vermögensverwaltende Kommanditgesellschaft".** Für eine „kleingewerbliche (Kannkaufmann, §§ 2, 3 Abs. 2 oder Abs. 3; 105 Abs. 2 1. Alt, 161 Abs. 2 HGB) bzw. vermögensverwaltende (§§ 105 Abs. 2 2. Alt, 161 Abs. 2 HGB) Kommanditgesellschaft" die erst mit der Eintragung in das Handelsregister (aus einer BGB-Gesellschaft) entsteht[399] gilt grds. dasselbe:[400] Die Vor-GmbH

---

[392] BGHZ 80, 129, 133 = NJW 1981, 1373, 1374 = DB 1981, 1032 f.
[393] BGHZ 80, 129, 143 = NJW 1981, 1373, 1376 = DB 1981, 1032, 1035.
[394] BGH WM 1986, 1280; *Baumbach/Hopt* § 176 Rn. 4.
[395] BGHZ 142, 315, 319 ff. = NJW 1999, 3483 = GmbHR 1999, 1134 = ZIP 1999, 1755.
[396] Vgl. BGH BGHZ 82, 209, 212 = NJW 1982, 883 f. = DB 1982, 424 f.; NJW 1983, 2258 f.
[397] BayObLG GmbHR 1969, 22, 23; OLG Hamm GmbHR 1976, 241 = DB 1976, 1859 = BB 1976, 1094; gegen sie schon *Hachenburg/Ulmer* 7. Aufl. Rn. 102.
[398] So auch *Hachenburg/Ulmer* Rn. 136; *Ulmer* ZGR 1981, 617; *K. Schmidt* NJW 1981, 1347.
[399] Vgl. BGHZ 69, 95 = NJW 1977, 1683 = DB 1977, 1643.
[400] Vgl. *Fleck* GmbHR 1983, 16; *Ulmer* ZGR 1981, 616.

Rechtszustand vor der Eintragung § 11

wird zunächst Gesellschafter der BGB-Gesellschaft.[401] Die KG sollte hier ebenfalls als erste in das Handelsregister eingetragen werden, damit den Kommanditisten die Haftungsgefahr aus § 176 Abs. 1 S. 1 HGB nicht droht.[402] Solange die KG noch nicht eingetragen ist, führt sie freilich keine Firma, sondern – als BGB-Gesellschaft – allenfalls einen Namen.[403]

3. Ermächtigung der Geschäftsführer. Da die Vertretungsmacht der Geschäftsführer der Vor-GmbH durch deren Zweck begrenzt ist (vgl. Rn. 36 ff.) und der Beitritt zu einer anderen Gesellschaft an sich nicht zum Zwecke einer Vorgesellschaft gehört, bedarf es einer **Erweiterung der Vertretungsmacht**. Eine solche Erweiterung ist zulässig, allerdings nur durch dahingehende Erklärungen sämtlicher Gründer.[404] Obwohl die Erweiterung nicht der Form des § 2 bedarf (vgl. Rn. 87 aE), empfiehlt sich doch ihre Aufnahme in den Gesellschaftsvertrag. Anderenfalls kommt es auf die Auslegung oft nur konkludenter Erklärungen an. Doch wird die Frage nicht selten aus den Umständen zu entscheiden sein, so zB falls bei einer Gesellschaft mit wenigen Mitgliedern diese sich sämtlich, wenn auch in unterschiedlicher Weise, an der KG-Gründung beteiligen. 172

Fehlt es jedoch an einer solchen Ermächtigung, so ist die Vor-GmbH nicht Gesellschafter der KG geworden. Falls die GmbH als einziger Komplementär vorgesehen war, ist die Gründung der KG gescheitert. Soweit die Gesellschaft schon Dritten gegenüber aufgetreten ist, gelten die Grundsätze der Scheingesellschaft. 173

4. Haftungsfragen. Für die Vor-GmbH als Komplementär einer Personenhandelsgesellschaft gilt das Haftungssystem der Vorgesellschaft uneingeschränkt (vgl. Rn. 26 ff., 91 ff.). Daher sind hier nur noch einige Besonderheiten zu vermerken. 174

a) Vorbelastungshaftung. Die Vorbelastungshaftung (vgl. Rn. 28) spielt in diesen Fällen insoweit eine besondere Rolle, als sie es dem BGH überhaupt erst ermöglicht hat, die Komplementärfähigkeit der Vor-GmbH anzuerkennen: Da diese Haftung gewährleistet, dass die GmbH bei ihrer Eintragung über eine hinreichende Vermögensgrundlage verfügt, ermöglicht sie zugleich, dass die Vor-GmbH als (einziger) persönlich haftender Gesellschafter einer KG auftreten kann.[405] Doch hat dies dem BGH im Hinblick auf das Gründungsstadium nicht ausgereicht (vgl. Rn. 167 f.). 175

b) Handelndenhaftung. Der BGH hat nämlich eine besondere Handelndenhaftung (ähnl. § 11 Abs. 2) für die GmbH & Co. KG eingeführt: Der Geschäftsführer der Vor-GmbH haftet auch insoweit nach Maßgabe des § 11 Abs. 2 persönlich und unbeschränkt, als er die **Kommanditgesellschaft** in Ausübung der Vertretungsmacht gemäß § 170 HGB nach außen verpflichtet und hierdurch die Haftung der Vor-GmbH nach § 128 HGB auslöst.[406] Die Gläubiger der KG sollen damit einen Ausgleich dafür erhalten, dass im Gründungsstadium die Kapitalgrundlage des Komplementärs noch nicht in gleichem Maße wie bei der eingetragenen GmbH richtig kontrolliert und abgesichert ist (vgl. Rn. 107). Ob dieses Ergebnis noch innerhalb 176

---

[401] Vgl. MüKo BGB/*Ulmer* § 705 Rn. 65 mwN.
[402] Vgl. hierzu BGHZ 61, 59, 65 ff. = NJW 1973, 1691, 1693 = DB 1973, 1643, 1644; BGHZ 69, 95, 98 f. = NJW 1977, 1683, 1684 = DB 1977, 1643.
[403] Vgl. BGHZ 59, 179, 183 = NJW 1972, 1660; 61, 59, 64 f. = NJW 1973, 1691.
[404] BGHZ 80, 129, 139 = NJW 1981, 1373, 1375 = DB 1981, 1032, 1034; aA *Scholz/K. Schmidt* Rn. 162; vgl. Rn. 85.
[405] Vgl. BGHZ 80, 129, 140 ff. = NJW 1981, 1373, 1375 f. = DB 1981, 1032, 1034.
[406] BGHZ 80, 129, 133 = NJW 1981, 1373, 1374 = DB 1981, 1032 f.

der Auslegung des § 11 Abs. 2 liegt[407] oder eine analoge Erstreckung der Vorschrift darstellt[408] oder, wofür jedenfalls ebenso viel spricht, allein richterlicher Rechtsfortbildung (in Anlehnung an § 11 Abs. 2) entspringt,[409] kann offen bleiben, zumal die vorhandenen Gesetzeslücken die Fortbildung ohne weiteres rechtfertigen und das Ergebnis überzeugt.[410]

177 Die **Handelndenhaftung für KG-Verbindlichkeiten,** wie der neue Tatbestand zur Abgrenzung von § 11 Abs. 2 genannt werden könnte, lässt den Geschäftsführer für die Verbindlichkeiten der KG haften, also einer Gesellschaft, die – anders als bei § 11 Abs. 2 – bereits, wenn auch vielleicht nur als BGB-Gesellschaft, unangreifbar besteht. Seine Haftung tritt neben die Haftung der (Vor-)GmbH aus § 128 HGB, und zwar in derselben Weise, wie die Haftung aus § 11 Abs. 2 neben die Haftung der GmbH tritt (vgl. Rn. 128).

178 Die Handelndenhaftung für die KG **erlischt** mit der **Eintragung der GmbH** in das Handelsregister.[411] Das ergibt sich zwangsläufig aus der Begründung, welche die Haftung trägt (vgl. Rn. 176). BGHZ 80, 129, 143[412] hatte allerdings auf die (Eintragung der) KG abgestellt. Doch dürfte dies durch BGHZ 80, 182 überholt sein.[413] Somit entsteht die Handelndenhaftung für KG-Verbindlichkeiten auch in dem Fall, dass die (Vor-)GmbH gegründet wird, um einer bereits bestehenden (und ggf. eingetragenen) KG beizutreten.[414]

X. Die GmbH „im Aufbau"

179 Durch das Gesetz zur Privatisierung und Reorganisation des volkseigenen Vermögens (TreuhandG) vom 17. 6. 1990[415] wurden **volkseigene Wirtschaftseinheiten** vorzugsweise in GmbH umgewandelt, § 11 Abs. 1 TreuhandG.[416] Diese vAw. ins Handelsregister einzutragenden Gesellschaften (zu den Einzelheiten vgl. § 15 TreuhandG) hatten in ihrer Firma den Zusatz „Gesellschaft mit beschränkter Haftung **im Aufbau**" zu führen. Dieser Zusatz wurde gelöscht, wenn die Gesellschaft die Normativbedingungen des GmbHG bis zum 30. 6. 1991 erfüllt hatte (§§ 19, 21, 22 TreuhandG). Gelang dies der Gesellschaft „im Aufbau" nicht, so war sie mit Ablauf des 30. 6. 1991 aufgelöst (§ 22 TreuhandG).

180 Von der Umwandlung ausgenommen waren allerdings solche Betriebe und Einrichtungen, die Gemeinden, Städten, Ländern oder Kreisen unterstellt waren, § 11 Abs. 3 3. Spiegelstrich TreuhandG.[417] Diesen hatte die vorgängige „Verordnung zur Umwandlung von volkseigenen Kombinaten, Betrieben und Einrichtungen in Kapitalgesellschaften" vom 1. 3. 1990 (UmwVO) die Möglichkeit zur freiwilligen Umwand-

---

[407] So zB *Fleck* S. 15 Fn. 118.
[408] So *Hachenburg/Ulmer* Rn. 140 f.
[409] Deutlich anders auch BGHZ 76, 320, 322 f. = NJW 1980, 1630 f.
[410] Gegen die Haftung *Hesselmann/Tillmann* Handbuch der GmbH & Co., 17. Aufl. 1991, Rn. 186.
[411] BGHZ 80, 182 = NJW 1981, 1452 = DB 1981, 1036; *Ulmer* ZGR 1981, 620; *Fleck* GmbHR 1983, 16.
[412] = NJW 1981, 1373, 1376 = DB 1981, 1032, 1035.
[413] So ausdrücklich *Fleck* S. 16.
[414] Vgl. auch schon BGHZ 80, 129, 141 = NJW 1981, 1373, 1376 = DB 1981, 1032, 1035.
[415] GBl. DDR I S. 300 idF vom 22. 3. 1991, BGBl. I S. 766.
[416] Vgl. *Niederleithinger* GmbHR 1992, 220; *Gutbrod* GmbHR 1993, 622; *Hillmann* DB 1995, 613.
[417] BGH DStR 1999, 943 = WM 1999, 686 = ZIP 1999, 489; BGHZ 141, 1, 4 ff. = DStR 1999, 945 = WM 1999, 906.

Rechtszustand vor der Eintragung § 11

lung eröffnet. Hatten sie hiervon keinen Gebrauch gemacht, fehlt ihnen die Rechtsfähigkeit, da weder § 11 Abs. 1 und Abs. 2 TreuhandG unmittelbar noch analog anwendbar waren.[418] Gab ein solcher VEB die Umwandlungsabsicht auf, führte dies zum Verlust seiner Rechts- bzw. Parteifähigkeit.[419]

Die **Rechtsnatur** der „GmbH im Aufbau" ist ebenso umstritten wie die damit zusammenhängenden Fragen nach einer Gründer- und Handelndenhaftung. Einmal wird die Auffassung vertreten, die GmbH im Aufbau sei ein treuhandlicher Rechtstyp eigener Art, der mit der Vorgesellschaft insoweit vergleichbar sei, als auf sie die gesetzlichen und richterrechtlichen Gründungsvorschriften des GmbH-Rechts anzuwenden seien, soweit nicht die Besonderheiten des TreuhandG zu beachten wären.[420] Zum anderen wird die „GmbH im Aufbau" der Vorgesellschaft gleichgesetzt, ohne hieraus jedoch haftungsrechtliche Folgerungen zu ziehen.[421] Schließlich wird sie als juristische Person angesehen.[422]   181

Der letzteren Ansicht ist zu folgen, denn sie trägt dem vom TreuhandG gewollten Übergangscharakter am ehesten Rechnung. Das Treuhand-Gesetz wollte durch die Umwandlung in „Kapitalgesellschaften im Aufbau"[423] einmal klare Verhältnisse schaffen, ohne zum anderen die Einhaltung der Normativbestimmungen bei der Gründung einer GmbH zu vernachlässigen. Durch diese gesetzliche Zwischenphase[424] sollte es den ehemaligen volkseigenen Wirtschaftseinheiten ermöglicht werden, ihre werbende Tätigkeit im Rahmen einer angemessenen gesellschaftsrechtlichen Organisationsform fortzuführen,[425] andernfalls sie aufzulösen waren. In dieses Bild fügt sich am zwanglosesten die Vorstellung einer juristischen Person ein, der das Vermögen zugeordnet werden kann und die als Trägerin von Rechten und Pflichten diese Aufgabe am ehesten erfüllen konnte.   182

Dieser gesetzlich vorgegebenen Situation entsprechen aber weder die **Handelndenhaftung** noch die **Gründerhaftung** von ihrer Grundlegung her. Anders als bei der werbenden Vorgesellschaft liegt es nicht in der Hand der Gesellschafter der „GmbH im Aufbau", ob sie die werbende Tätigkeit während der Zwischenphase fortsetzen wollen oder nicht. Die „GmbH im Aufbau" ist vielmehr von Gesetzes wegen dazu bestimmt, dies zu tun. Die Art und Weise der Sicherstellung eines Garantiekapitals wird auch nicht durch die allgemeinen Grundsätze des Gründungsrechts bewirkt, sondern folgt nur aus den Sonderbestimmungen der §§ 24, 26 DMBilG. Eine Handelndenhaftung scheitert schließlich daran, dass die juristische Person bereits durch den gesetzlichen Umwandlungsvorgang entstanden ist, § 15 TreuhandG. Hieran ändert sich auch nichts,   183

---

[418] BGHZ 141, 1, 4 ff. = DStR 1999, 946 = WM 1999, 908 f.; iErg. zust., wenn auch mit Bedenken *Terbrack* EWiR 1999, 909 f.

[419] BGH DStR 1999, 943 = WM 1999, 686 = ZIP 1999, 489 bei Umwandlung in eine Einpersonen-GmbH.

[420] *Weimar* BB-Beil. 17/1991, 18; *ders.* GmbHR 1991, 507, 509.

[421] *Timm* ZIP 1991, 413, 416; *Ulmer* in *Hommelhoff* (Hrsg.) Treuhandunternehmen im Umbruch, 1991, S. 39; *Lutter/Hommelhoff* 14. Aufl. Rn. 14.

[422] *Dornberger/Dornberger* DB 1990, 3044; *Horn* Das Zivil- und Wirtschaftsrecht im neuen Bundesgebiet, 1991, S. 336; *Jürgens* DB 1990, 3162; *Scholz/K. Schmidt* 8. Aufl. Rn. 190; BGHZ 126, 340 f. = NJW 1994, 2484 = DB 1994, 1666; OLG Dresden DB 1994, 1768; dazu *Hommelhoff/Spoerr* DZWir 1995, 89.

[423] Zu den Umwandlungsformen, je nachdem, ob es sich um rechtlich selbstständige oder unselbstständige Wirtschaftseinheiten gehandelt hat, vgl. *Scholz/K. Schmidt* 8. Aufl. Rn. 188, 194.

[424] Vgl. *Scholz/K. Schmidt* 8. Aufl. Rn. 188 aE.

[425] Zur steuerlichen Berücksichtigung von Verlusten, die vor Eintragung in das Handelsregister entstanden sind, vgl. BFH DB 1997, 609.

§ 11   1. Abschnitt. Errichtung der Gesellschaft

wenn die nach § 21 TreuhandG aufgelöste Gesellschaft die Voraussetzungen der §§ 19 ff. nachholt.[426]

184 Die „GmbH im Aufbau" haftet hingegen sowohl für Altverbindlichkeiten der ehemaligen Wirtschaftseinheiten als auch für Neuverbindlichkeiten nach den allgemeinen Regelungen des GmbHG.[427]

185 Auf neu aus ehemaligen in der DDR-Zeit enteigneten Produktionsgenossenschaften gegründete GmbHs finden nach § 3 S. 2 UntG[428] uneingeschränkt die Regelungen des GmbHG Anwendung.[429]

XI. Österreichisches Recht

186 § 2 ÖGmbHG enthält in Abs. 1 eine dem § 11 (Abs. 1 und 2) entsprechende Bestimmung, wonach die Gesellschaft vor ihrer Eintragung nicht besteht (S. 1), sowie die Handelndenhaftung (S. 2). Die Vorschrift wurde in den Absätzen 2 und 3 durch die Novelle von 1980 den Bestimmungen des § 34 Abs. 1 bis 3 ÖAktG (entsprechend § 41 Abs. 1 bis 3 AktG) angeglichen.[430] Abs. 2 bestimmt, dass die Gesellschaft Verpflichtungen, die vor ihrer Eintragung in ihrem Namen eingegangen wurden, nur binnen drei Monaten nach der Eintragung ohne Zustimmung der Gläubiger übernehmen kann. Vorleistungen aus Vereinbarungen über Sacheinlagen können nicht übernommen werden (Abs. 3).

187 Die Grund- und Einzelfragen der Vorgesellschaft sind im österreichischen Recht bis zur Novelle von 1980 in enger Verbindung mit der deutschen Rechtsentwicklung behandelt worden.[431] Nach der Angleichung des § 2 ÖGmbHG an die aktienrechtlichen Vorschriften könnte der Fortgang von Rspr. und Wissenschaft in Deutschland hinsichtlich der Haftung der Gründer für ihre vor Eintragung eingegangenen Verpflichtungen (vgl. Rn. 91 ff.) für Österreich von geringerer Bedeutung werden. Die Beurteilung der Vor-GmbH könnte sich an der der Vor-AG orientieren. Bisher gibt es dafür aber keine Anzeichen.[432]

188 Der vor der Novelle von 1980 geltende § 2 Abs. 2 verwies in Satz 2 auf die Haftung des falsus procurator. Ob daraus Folgerungen für den Zweck der Vorschrift zu ziehen sind,[433] kann aber offen bleiben, da die Bestimmung inzwischen weggefallen ist.[434]

189 Mit In-Kraft-Treten des EU-Gesellschaftsrechtsänderungsgesetzes (EU-GesRÄG) müssen an der Gründung der GmbH nicht mehr mindestens zwei Gesellschafter beteiligt sein. Die Einpersonen-GmbH und die Einpersonen-Vorgesellschaft (vgl. Rn. 141 ff.) als deren Vorstufe sind nunmehr zulässig.[435]

---

[426] *Lutter/Hommelhoff* 14. Aufl. Rn. 16.
[427] Vgl. zur Durchgriffshaftung eines ehemaligen Kombinats (AG i. A.) bei Verpachtung des Betriebes der Tochtergesellschaft (GmbH i. A.) OLG Rostock DB 1996, 1818.
[428] Gesetz über die Gründung und Tätigkeit privater Unternehmen und über Unternehmensbeteiligungen (UntG) v. 7. 3. 1990, GBl. DDR I S. 141.
[429] Vgl. BGH GmbHR 2001, 31.
[430] Vgl. dazu *Kastner* JBl. 1980, 617, 624.
[431] *Feil/Igerz* Die GmbH, S. 5 ff., 94 ff.
[432] Vgl. *Reich-Rohrwig* S. 64 ff.
[433] So wohl *Roth/Altmeppen* Rn. 18.
[434] Vgl. auch *Ostheim* JBl. 1978, 337.
[435] *Koppensteiner* Einl. Rn. 2; *Reich-Rohrwig*, S. 65.

§ 12 *[Zweigniederlassung]**

(1) ¹ Auf die Anmeldung der Errichtung einer Zweigniederlassung finden die Bestimmungen in § 8 Abs. 1 und 2 keine Anwendung. ² Der Anmeldung ist eine Abschrift des Gesellschaftsvertrages und der Liste der Gesellschafter beizufügen. ³ Das Gericht des Sitzes hat vor Weitergabe der Anmeldung die bei ihm eingereichte Abschrift des Gesellschaftsvertrages und der Liste der Gesellschafter zu beglaubigen.

(2) ¹ Die Eintragung hat die in § 10 Abs. 1 und 2 bezeichneten Angaben zu enthalten. ² In die Veröffentlichung, durch welche die Eintragung bekanntgemacht wird, sind auch die in § 10 Abs. 3 bezeichneten Bestimmungen aufzunehmen, die nach § 5 Abs. 4 Satz 1 getroffenen Festsetzungen jedoch nur dann, wenn die Eintragung innerhalb der ersten zwei Jahre nach der Eintragung in das Handelsregister des Sitzes der Gesellschaft erfolgt.

Schrifttum: *Balser* Der Doppelsitz von Kapitalgesellschaften, DB 1972, 2049; *Hahnefeld* Neue Regelungen zur Offenlegung bei Zweigniederlassungen, DStR 1993, 1596; *Köbler* Rechtsfragen der Zweigniederlassung, BB 1969, 845; *Kögel* Firmenbildung von Zweigniederlassungen in- und ausländischer Unternehmen, Rpfleger 1993, 8; *Plesse* Neuregelung des Rechts der Offenlegung von Zweigniederlassungen, DStR 1993, 133; *Seibert* Die Umsetzung der Zweigniederlassungsrichtlinie der EG in deutsches Recht, GmbHR 1992, 738; *ders.* Neuordnung des Rechts der Zweigniederlassung im HGB, DB 1993, 1705; *Wendel* Das Handelsregisterrecht der Zweigniederlassungen, DB 1959 Beilage Nr. 1.
Zu Zweigniederlassungen **ausländischer Gesellschaften:** *Balser-Pickura* Zweigniederlassungen ausländischer Kapitalgesellschaften in Deutschland, 1958; *Bockelmann* Die Gründung von Zweigniederlassungen ausländischer Gesellschaften in Deutschland und das deutsche Firmenrecht unter Berücksichtigung des EG-Vertrages, DB 1990, 1024; *Janberg* Zweigniederlassungen ausländischer Firmen, BB 1951, 653; *Kindler* Neue Offenlegungspflichten für Zweigniederlassungen ausländischer Kapitalgesellschaften, NJW 1993, 3301; *Koppensteiner* Internationale Unternehmen im deutschen Gesellschaftsrecht, 1971; *Rotkies* Die Eintragung der Niederlassung eines ausländischen Versicherungsunternehmens im Handelsregister, VerBAV 1953, 202; *Schilling* Zweigniederlassung und Tochtergesellschaft im deutschen Niederlassungsrecht, RIW 1954, 37.

Übersicht

	Rn.		Rn.
I. Neuordnung des Rechts der Zweigniederlassung; Normzweck	1–9	III. Anmeldung der Errichtung von Zweigniederlassungen einer inländischen GmbH (§§ 13 Abs. 1, 13 b Abs. 2 HGB)	30–39
1. Normzweck	1, 2	1. Anmeldung	30–32
2. Neuordnung	3–9	2. Form, Inhalt und Anlagen	33–38
a) Gesetzessystematik	4–6	3. Verfahren beim Handelsregister des Sitzes der Gesellschaft	39
b) § 12 GmbHG aF und § 13 b HGB	7	IV. Verfahren beim Handelsregister der Zweigniederlassung (§§ 13 Abs. 3, 13 b Abs. 2 u. 3 HGB)	40–44
c) Weitere Bestimmungen des HGB	8	1. Prüfung	40
d) Weitere Bestimmungen des GmbHG	9	2. Eintragung	41–43
II. Die Zweigniederlassung	10–29	3. Bekanntmachung	44
1. Begriff	10–17	V. Veränderung. Aufhebung. Sitzverlegung (§§ 13 c, 13 Abs. 5 HGB)	45–49
a) Räumliche Trennung	12	1. Anmeldungen	45, 46
b) Selbständige, auf Dauer angelegte Teilnahme am Rechtsverkehr	13–15	2. Aufhebung	47
c) Abhängigkeit von der Hauptniederlassung	16	3. Sitzverlegung	48
d) Unter-Zweigniederlassungen	17	4. Erzwingung	49
2. Errichtung, Aufhebung, Verlegung	18–20		
3. Firma	21–25		
4. Vertretungsfragen	26, 27		
5. Verfahrensfragen	28, 29		

* § 12 ist durch Art. 2 des Gesetzes zur Durchführung der 11. EG Richtlinie (Zweigniederlassungsrichtlinie) vom 22. 7. 1993 (BGBl. I S. 1282) mit Wirkung zum 1. 11. 1993 aufgehoben worden.

§ 12   1. Abschnitt. Errichtung der Gesellschaft

	Rn.		Rn.
VI. Zweigniederlassungen ausländischer GmbH (§§ 13 d Abs. 1 u. 2; 13 e; 13 g HGB)	50–67	c) Bekanntmachung	61
		d) Mitteilung an (Heimat-)Register?	62
1. Grundsatz	50, 51	5. Änderungen des Gesellschaftsvertrags	63
2. Auslandsrechte – Überblick	52–54	6. Aufhebung	64–66
a) GmbH in der EU	52	a) Aufhebung einer Zweigniederlassung	64
b) GmbH in EU-Beitrittsländern	53	b) Auflösung der ausländischen GmbH	65
c) GmbH in anderen Ländern	54	c) Insolvenzverfahren der ausländischen GmbH	66
3. Anmeldung	55–58	7. Übergangsrecht	67
a) Unterlagen betr. Zweigniederlassung	56	VII. Erzwingungsverfahren. Kosten	68–70
b) Unterlagen betr. ausländische GmbH	57, 58	1. Verfahrensfragen	68, 69
		2. Kosten	70
4. Prüfung, Eintragung, Bekanntmachung	59–62	VIII. Österreichisches Recht	71
a) Deutsches Registerrecht	59	IX. Anhang: Maßgebliche HGB-Vorschriften zur Zweigniederlassung	72
b) Eintragung	60		

I. Neuordnung des Rechts der Zweigniederlassung; Normzweck

1 **1. Normzweck.** Die Vorschrift regelte die handelsregisterrechtlichen Fragen, die sich bei der Errichtung der Zweigniederlassung einer inländischen GmbH ergeben, und ergänzte das allgemeine Recht der kaufmännischen Zweigniederlassung (§§ 13 ff. HGB) durch Sondervorschriften.

2 Zweck der Regelung war, alle Anmeldungen bei einem Registergericht zu konzentrieren, um widersprechende Eintragungen zu verhindern. Bei der (inländischen) GmbH als Handelsgesellschaft ist Registergericht stets das Gericht ihres Sitzes (Hauptniederlassung, vgl. § 4a Rn. 5), § 13 Abs. 1 S. 1 HGB (Zur Entwicklung der Vorschrift vgl. 2. Aufl. Rn. 2).

3 **2. Neuordnung.** An dieser Zielsetzung hat sich nach wie vor nichts geändert.[1] Anlässlich der Transformierung der 11. EG-Richtlinie (Zweigniederlassungsrichtlinie)[2] wurde u. a. § 12 GmbHG aufgehoben und die über mehrere Gesetze verstreute Materie der Registerpublizität in den §§ 13 bis 13 h HGB zusammengefasst.[3]

4 **a) Gesetzessystematik.** Nach der Gesetzessystematik werden die Zweigniederlassungen inländischer und ausländischer Unternehmen getrennt und ohne gegenseitige Verweisung geregelt, wobei beiden Gruppen jeweils eine Grundnorm vorangestellt wird: § 13 für Zweigniederlassungen von Unternehmen mit Sitz im **Inland**; § 13 d für solche mit Sitz im **Ausland,** gleichviel, ob es sich bei dem Sitzstaat um ein EG-Land oder einen Drittstaat handelt, vgl. Rn. 50. §§ 13 b und 13 c ergänzen sodann § 13 für Zweigniederlassungen von GmbH mit Sitz im Inland; §§ 13 e und 13 g ergänzen § 13 d Abs. 1 und Abs. 2 für solche von GmbH mit Sitz im Ausland.[4]

5 Das HRefG v. 22. 6. 1998[5] hat das Veröffentlichungsverfahren für Zweigniederlassungen mit Sitz im Inland durch Streichung des § 13 c Abs. 2 und Neufassung dessen

---
[1] Vgl. BayObLG NJW-RR 1995, 1370 = BB 1995, 1976.
[2] Zu deren Motiven vgl. *Seibert* GmbHR 1992, 738 f.; *ders.* DB 1993, 1705; *Kindler* NJW 1993, 3301 f.
[3] Gesetz v. 22. 7. 1993, BGBl. I S. 1282.
[4] Errichtet umgekehrt ein inländisches Unternehmen eine Zweigniederlassung im Ausland, so sind hinsichtlich der Registerpublizität etc. die dortigen Rechtsvorschriften zu beachten.
[5] BGBl. I S. 1474.

Abs. 3 (jetzt Abs. 2) vereinfacht. Die bisherigen Absätze 4 und 5 wurden in Absätze 3 und 4 umnummeriert. Zudem wurde in der Überschrift des § 13d die gleiche rechtliche Bedeutung von „Sitz" (der Gesellschaft) und „Hauptniederlassung" (des Einzelkaufmanns) durch die Einfügung des Wortes „oder" hergestellt und damit das Redaktionsversehen im Gesetz vom 22. 7. 1993 korrigiert.

Das Gesetz zur Namensaktie und zur Erleichterung der Stimmrechtsübertragung – NaStraG[6] – bewirkt eine weitere Vereinfachung der Bekanntmachungsrechtslage für Zweigniederlassungen: das für diese zuständige Registergericht informiert nur noch über die besonderen Verhältnisse der Zweigniederlassung (vgl. § 13 Abs. 6 nF bezüglich neu anzumeldender Zweigniederlassungen und § 13c Abs. 2 S. 3 nF für Tatsachen bezüglich bestehender Zweigniederlassungen). Die allgemeinen Verhältnisse der GmbH macht lediglich das Registergericht des Sitzes bekannt.[7] Nachdem § 13 Abs. 6 nF als neue zentrale Norm und Ausnahmebestimmung zu § 10 Abs. 1 S. 2 den Umfang der Bekanntmachungen durch das Registergericht der Zweigniederlassung festlegt, wurde die bisher ergänzende Regelung des § 13b Abs. 4[8] als obsolet gestrichen,[9] (vgl. Rn. 44). Die Beschränkung auf die in § 13 Abs. 6 HGB nF aufgeführten Tatsachen übernimmt § 15 Abs. 4 S. 2 HGB nF für die Registerpublizität (vgl. Rn. 19, 43).

b) § 12 GmbHG aF und § 13b HGB. § 12 GmbHG aF und § 13b HGB stimmen textlich teilweise überein:
- § 12 Abs. 1 S. 2 GmbHG aF: § 13b Abs. 2 S. 2 HGB (hinzugefügt wurde das Erfordernis der Vorlage einer *beglaubigten* Abschrift des Gesellschaftsvertrages (vgl. Rn. 35)
- § 12 Abs. 2 S. 1 GmbHG aF: § 13b Abs. 3 HGB
- § 12 Abs. 2 S. 2 GmbHG aF: § 13b Abs. 4 HGB aF,[10] nunmehr § 13 Abs. 6 HGB.

c) Weitere Bestimmungen des HGB. Abgesehen von den §§ 13 bis 13h enthält das HGB folgende weitere neue Bestimmungen zur Publizität von Zweigniederlassungen:
- § 289 Abs. 2 Nr. 4: Einbeziehung in- und ausländischer Zweigniederlassungen in den Lagebericht[11]
- § 325a: Offenlegung der Rechnungsunterlagen von Kapitalgesellschaften mit Sitz in anderen EG-Staaten oder EWR-Vertragsstaaten (vgl. auch Rn. 50ff.).

d) Weitere Bestimmungen des GmbHG. Das GmbHG enthält nach der Reform folgende weitere Bestimmungen zur Publizität:
- § 35a Abs. 4: Angaben auf Geschäftsbriefen und Bestellscheinen von Zweigniederlassungen ausländischer GmbH
- § 54 Abs. 2 S. 2 (noch unter Verweisung auf den aufgehobenen § 13b Abs. 4 HGB aF, vgl. Rn. 6 aE, 44; § 54 Rn. 30): Bekanntgabe von Satzungsänderungen durch das Gericht der Zweigniederlassung
- § 59: Beschränkung der im Falle einer Kapitalerhöhung einzureichenden Urkunden
- § 74 Abs. 1: Anmeldung der Beendigung der Liquidation der ausländischen GmbH zur Eintragung in das Handelsregister der Zweigniederlassung durch die Liquidatoren (vgl. § 74 Rn. 1, 3ff.).[12]

---

[6] V. 18. 1. 2001, BGBl. I S. 123.
[7] Begr. RegE BT-Drucks. 14/4051 S. 1ff., 17f.
[8] Ebenso § 13a Abs. 4 für Zweigniederlassungen der AG.
[9] Vgl. Begr. RegE BT-Drucks. 14/4051 S. 1ff., 18.
[10] Aufgehoben durch NaStraG, vgl. Rn. 6.
[11] Vgl. dazu iE *Hahnefeld* DStR 1993, 596.
[12] *Seibert* DB 1993, 705, 707.

II. Die Zweigniederlassung

10 **1. Begriff.** Die Neuregelung berührt entsprechend ihrer handelsregisterlichen Ausrichtung den Begriff der Zweigniederlassung nicht. Zwischen Zweigniederlassungen in- und ausländischer GmbH ist begrifflich nicht zu unterscheiden, zumal die Zweigniederlassungsrichtlinie (vgl. Rn. 3) entgegen ersten Bestrebungen bei ihrer Aufstellung keine eigene Definition für Zweigniederlassungen ausländischer Unternehmen enthält.[13] Die Zweigniederlassung ist ein Phänomen der **internen Unternehmensorganisation,** die ein Unternehmen in eine Hauptniederlassung und eine oder mehrere weitere Niederlassungen gliedert. Die Praxis nennt sie häufig auch Filiale, Zweigstelle, Geschäftsstelle, Kommandite, je nach Branchenüblichkeit. Das Gesetz definiert die Zweigniederlassung an keiner Stelle. Aus der Funktion der Zweigniederlassung und ihrer gesetzlichen Regelung hat sich jedoch ein allgemein anerkannter Begriff entwickelt:

11 Die Zweigniederlassung setzt eine **räumliche Trennung** von der Hauptniederlassung und ein **selbstständiges, auf Dauer angelegtes** Auftreten im Rechtsverkehr voraus, muss aber als Teil des Unternehmens **von der Hauptniederlassung abhängig** sein.[14] Sie unterscheidet sich damit einerseits von anderen Phänomenen der internen Unternehmensorganisation: so zB von einer **Betriebsabteilung** (die weder räumlich getrennt noch mit einer gewissen Selbständigkeit versehen ist), von einem bloßen **Warenlager** (das zwar möglicherweise räumlich getrennt ist, aber nicht idR selbstständig im Rechtsverkehr auftritt) und von einem nur auf Zeit eingerichteten **Messestand**. Sie unterscheidet sich damit andererseits auch von der **Tochtergesellschaft,** die als selbstständige juristische Person ein eigenes Vermögen hat und nur im konzernrechtlichen Sinn (vgl. § 17 AktG sowie Anhang zu § 52 Rn. 67 ff.) von der Muttergesellschaft abhängig ist. Für die Abgrenzung der einzelnen Merkmale gilt folgendes:

12 a) **Räumliche Trennung.** Die räumliche Trennung ist wesentlich, wie schon die registerrechtliche Regelung der §§ 13 ff. HGB zeigt. Doch kann die Zweigniederlassung in demselben Registerbezirk[15] sowie auch in derselben Gemeinde bestehen wie die Hauptniederlassung.[16] Für die Zweigniederlassung ist nach § 13 Abs. 4 HRV in solchen Fällen ein gesondertes Registerblatt zu verwenden.

13 b) **Selbständige, auf Dauer angelegte Teilnahme am Rechtsverkehr.** Die Zweigniederlassung muss ihrer Organisation nach der Hauptniederlassung gegenüber so selbstständig sein, dass sie – etwa nach Wegfall der Hauptniederlassung – als alleinige Niederlassung fortbestehen könnte.[17] Dazu gehört vor allem eine entsprechende sachliche und personelle Ausstattung sowie der selbstständige Abschluss von Geschäften durch die Zweigniederlassung.[18] Es können auch Geschäfte sein, die in der Hauptniederlassung nicht vorkommen.[19]

14 Die Zweigniederlassung muss gesonderte **Betriebsmittel** haben, die selbstverständlich im Gesellschaftsvermögen der GmbH verbleiben, aber der Zweigniederlassung zur

---

[13] Vgl. dazu *Seibert* GmbHR 1992, 738 Fn. 5; *Kindler* NJW 1993, 3301, 3308.
[14] RGZ 77, 60, 63; BGH NJW 1972, 1859 = BB 1972, 1068; BayObLG DB 1979, 1936 = WM 1979, 1270; *Staub/Hüffer* Vor § 13 Rn. 9; *Scholz/Winter* Rn. 6.
[15] Vor allem nach der Konzentrationsregelung in § 125 Abs. 1 und 2 FGG.
[16] Vgl. nur § 13c Abs. 2 S. 5 HGB.
[17] KG OLG 45, 97; BayObLG DB 1979, 1936 = WM 1979, 1270; *Richert* Rpfleger 1956, 270 f.
[18] RGZ 7, 322, 324; OLG Hamburg OLG 27, 298, 299.
[19] Vgl. OLG Neustadt NJW 1962, 1205: Weinhandelsfiliale einer Weinkellerei.

Zweigniederlassung *(aufgehoben)* § 12

eigenen Verwendung zugewiesen sind.[20] Für sie muss weiter eine gesonderte **Buchführung** bestehen, die insbesondere die internen Geschäftsvorgänge zwischen den einzelnen Niederlassungen erfasst.[21] Die Buchführung kann aber technisch (zB zentrale EDV) woanders (zB bei der Hauptniederlassung) eingerichtet sein.[22] Die Zweigniederlassung muss schließlich einen **Leiter** haben, der sie im Rechtsverkehr vertritt, sei es als Handlungsbevollmächtigter (§ 54 HGB) oder als Prokurist (insbesondere Filialprokurist nach § 50 Abs. 3 HGB).[23] Zu den „ständigen Vertretern" der Zweigniederlassung einer ausländischen GmbH vgl. Rn. 56 (7).

Das Merkmal der selbstständigen Teilnahme am Rechtsverkehr unterscheidet die 15 Zweigniederlassung von schlichten Betriebsstätten (zu diesem erheblich über den Begriff der Zweigniederlassung hinausgehenden Begriff vgl. § 12 AO), wie zB bloße Fabrikations- oder Werkstattbetriebe, Lager, Versand- oder Empfangsstellen, Verwaltungs- oder technische Betriebe sowie Außenstellen.[24] Ladengeschäfte und andere nicht unbedeutende Verkaufsstellen ohne eigenen Einkauf, aber mit einer gewissen Unabhängigkeit im Übrigen, können hingegen Zweigniederlassungen sein.[25] Anders jedoch kleine Verkaufsstellen, die nach genau gegebenen Anweisungen schematisch zu erledigende Geschäfte machen.[26] Das Merkmal der selbstständigen, auf Dauer angelegten Teilnahme am Rechtsverkehr unterscheidet die Zweigniederlassung aber auch von nur vorübergehenden oder örtlich wechselnden Geschäftsbetrieben, wie zB auf Jahrmärkten oder Messen (vgl. Rn. 11), während Saisonbetriebe (zB Verkaufsfilialen an der See) durchaus Zweigstellen sein können.

c) Abhängigkeit von der Hauptniederlassung. Die Abhängigkeit von der 16 Hauptniederlassung ist im Allgemeinen schon darin begründet, dass die Zweigniederlassung keine eigene Rechtspersönlichkeit und daher auch kein eigenes (vielmehr nur ein für ihre Zwecke gesondertes) Vermögen hat. Träger aller Rechte und Pflichten – auch der in der Zweigniederlassung begründeten – ist die GmbH.[27] Die Zweigniederlassung ist infolgedessen stets in die Organisation des Unternehmens (der GmbH) eingegliedert, ihr Leiter den Weisungen der Geschäftsführung unterworfen, mag er auch selbst einer der Geschäftsführer der GmbH sein. Die Zweigniederlassung kann die Hauptniederlassung sogar an geschäftlicher Bedeutung übertreffen. Selbst wenn die **Geschäftsleitung** bei ihr – und nicht bei der Hauptniederlassung (= Sitz der Gesellschaft; vgl. Rn. 2) – eingerichtet ist, bleibt sie eine (ausnahmsweise nicht abhängige) Zweigniederlassung. Anders gesagt: Selbstständige Niederlassungen der GmbH außerhalb ihres Sitzes sind stets Zweigniederlassungen.[28]

---

[20] HM, vgl. KG OLG 45, 97; *Staub/Hüffer* Vor § 13 Rn. 15; *Hachenburg/Ulmer* Rn. 5; Kölner KommAktG/*Kraft* § 42 aF Rn. 15.
[21] Vgl. OLG Hamburg NJW 1949, 467, 469; *Hachenburg/Ulmer* Rn. 5; *Lutter/Hommelhoff* Rn. 2; *Baumbach/Hueck/G. Hueck/Fastrich* Rn. 2; *Ebenroth/Boujong/Joost/Pentz* § 13 Rn. 20; aA *Scholz/Winter* Rn. 12; *Meyer-Landrut/Miller/Niehus* Rn. 3.
[22] Vgl. BayObLG DB 1979, 1936 = BB 1980, 335 = WM 1979, 1270; *Staub/Hüffer* Vor § 13 Rn. 15; *Hachenburg/Ulmer* Rn. 5; aA LG Mainz MDR 1969, 148 = Rpfleger 1969, 20 f. für Bankfiliale; Kölner KommAktG/*Kraft* § 42 aF Rn. 6.
[23] Vgl. KG OLG 27, 297; OLG Hamburg OLG 27, 298 f.
[24] Vgl. hierzu BGH BB 1972, 1068.
[25] AA die hM OLG Hamburg OLG 27, 298, 299; *Staub/Hüffer* Vor § 13 Rn. 13; wohl auch *Hachenburg/Ulmer* Rn. 4.
[26] Vgl. RGZ 50, 428, 429.
[27] RGZ 62, 7, 10; 107, 44, 46.
[28] Vgl. KGJ 13, 42, 45; 39 A, 117, 119; *Staub/Hüffer* Vor § 13 Rn. 24; *Hachenburg/Ulmer* Rn. 8; *Scholz/Winter* Rn. 8.

Schmidt-Leithoff

17 **d) Unter-Zweigniederlassungen.** Sog. „Zweigniederlassungen der Zweigniederlassung" sind zulässig, werden jedoch registergerichtlich wie gewöhnliche Zweigniederlassungen behandelt.[29]

18 **2. Errichtung, Aufhebung, Verlegung.** Die Zweigniederlassung wird durch einen rein tatsächlichen **Akt der Geschäftsführung** errichtet,[30] der die gesellschaftsrechtliche Grundlage nicht berührt.[31] Die **Errichtung** geschieht entweder dadurch, dass ein neuer Geschäftsbetrieb zu diesem Zwecke eingerichtet wird oder dadurch, dass die Gesellschaft einen bereits bestehenden Geschäftsbetrieb (sei es Filiale oder Gesamtbetrieb) von einem anderen Unternehmen, auch im Wege der Einlage eines beitretenden Gesellschafters, erwirbt. Die **Eröffnung** des Geschäftsbetriebes wird von § 13 HGB ebenso wenig verlangt, wie früher von § 12 GmbHG aF.[32] Die **Eintragung** in das Handelsregister wirkt **nur deklaratorisch**.[33] Mangels einschlägiger Bestimmungen im Gesellschaftsvertrag bedarf es zur Errichtung einer Zweigniederlassung nicht der Zustimmung der Gesellschafter oder eines Aufsichtsrats. Doch wird häufig in den Satzungen etwas anderes bestimmt. Die Zahl der Zweigniederlassungen ist von Rechts wegen nicht begrenzt.

19 Die **Aufhebung** der Zweigniederlassung (vgl. § 13 Abs. 5 HGB) geschieht entweder durch Betriebseinstellung oder durch eine Veränderung, welche die Voraussetzungen für eine Zweigniederlassung (vgl. Rn. 10 ff.) entfallen lässt. Sie ist wie die Errichtung ein rein tatsächlicher Vorgang. Die Eintragung wirkt ebenfalls nur deklaratorisch (vgl. Rn. 18). Vorher kann die Aufhebung allerdings Dritten gegenüber nicht geltend gemacht werden, soweit es sich um die in § 13 Abs. 6 aufgeführten Tatsachen handelt, § 15 Abs. 4 S. 2 nF).

20 **Die Verlegung** einer Zweigniederlassung ist ebenso zulässig wie die Aufhebung, auch wenn das HGB nur die Verlegung der Hauptniederlassung (§ 13 h) erwähnt.[34] Zur registergerichtlichen Behandlung vgl. Rn. 48.

21 **3. Firma.** Die Frage der Firmen*bildung* bei Zweigniederlassungen ist, von den Sonderfällen der §§ 30 Abs. 3 und 50 Abs. 3 HGB abgesehen (s. u.) nicht besonders geregelt. Die Gesellschaft ist in der Wahl der Firma der Zweigniederlassung grundsätzlich frei – Ausnahme vom Prinzip der Firmeneinheit.[35]

22 Wird **keine Bestimmung** getroffen, ist die Firma der Zweigniederlassung die Firma der GmbH (vgl. § 4 Rn. 72).[36] Ein **Zusatz**, der auf die Zweigniederlassung hinweist, ist grundsätzlich nicht erforderlich,[37] aber zulässig (vgl. § 13 Abs. 3 S. 3 Halbs. 2,

---

[29] Vgl. *Köhler* BB 1969, 845.
[30] BayObLG BB 1992, 944 = DB 1992, 1080.
[31] BayObLG BB 1992, 944 = DB 1992, 1080; *Staub/Hüffer* Vor § 13 Rn. 16.
[32] Vgl. *Staub/Hüffer* Vor § 13 Rn. 16; *Hachenburg/Ulmer* Rn. 10; *Ebenroth/Boujong/Joost/Pentz* § 13 Rn. 30; aA *Scholz/Winter* Rn. 13; *Vogel* Anm. 3; Kölner KommAktG/*Kraft* § 42 Rn. 11.
[33] Vgl. BayObLG DB 1979, 1936 = GmbHR 1979, 251; *Staub/Hüffer* Vor § 13 Rn. 16.
[34] Vgl. *Staub/Hüffer* Vor § 13a Rn. 9; *Baumbach/Hopt* § 13h Rn. 1 aE.
[35] HM RGZ 113, 213, 217; 114, 318, 320; KG JFG 8, 146; OLG Stuttgart JFG 13, 62; OLG München JFG 14, 488; BayObLG BB 1992, 944 = DB 1992, 1080; *Staub/Hüffer* § 17 Rn. 32 f.; *Hachenburg/Heinrich* § 4 Rn. 72; *Scholz/Emmerich* § 4 Rn. 59; *Baumbach/Hueck/G. Hueck/Fastrich* § 4 Rn. 17; *K. Schmidt* Handelsrecht § 4 III 2 b cc; aA *Brodmann* Anm. 1.
[36] Wird in einem solchen Fall der Firmenidentität die Firma der Gesellschaft geändert, erfasst diese Änderung wegen der rechtlichen Unselbstständigkeit der Zweigniederlassung automatisch auch deren Firma; BayObLG DB 1990, 1607 f. = BB 1990, 1364; BB 1992, 944 = DB 1992, 1080.
[37] RGZ 113, 213, 218; abweichend noch Vorlaufl. Rn. 15.

Zweigniederlassung (aufgehoben) **§ 12**

Abs. 6 Nr. 3 HGB). Zwingend[38] erforderlich ist ein Zusatz mit deutlicher Unterscheidungskraft, wenn anderenfalls die Gefahr der Verwechslung mit einer am Sitz der Zweigniederlassung bereits eingetragenen Firma bestünde, § 30 Abs. 3 HGB, oder als Voraussetzung für die Erteilung einer sog. Filialprokura, § 50 Abs. 3 HGB. Der bloße Hinweis auf die Zweigniederlassung reicht hierzu ebensowenig aus, wie der gemäß § 4 auch für die Firma der Zweigniederlassung erforderliche Rechtsformzusatz[39] oder die Kombination beider.

Wird eine **andere Firma** als die der GmbH gewählt oder der Firma der GmbH für 23 den Bereich der Zweigniederlassung ein *besonderer Zusatz* hinzugefügt, ist die Zugehörigkeit der Zweigniederlassung zur Hauptniederlassung in der Weise klarzustellen, dass die rechtliche Identität der Gesellschaft eindeutig erkennbar bleibt.[40] – Stets sind bei der Firmenbildung die §§ 18 ff. HGB einzuhalten, insbes. das Irreführungsverbot des § 18 Abs. 2 zu beachten.

Führt die GmbH ein von ihr erworbenes Handelsgeschäft als Zweigniederlassung 24 unter der **alten Firma** fort,[41] ist ebenfalls deren Zugehörigkeit zur Hauptniederlassung klarzustellen (vgl. Rn. 23). Auch in diesem wie in jedem anderen Falle (vgl. Rn. 22, 23) ist der Firma der Zweigniederlassung der GmbH-Zusatz beizufügen, vgl. § 4. Der den vorherigen Unternehmensträger kennzeichnende Rechtsformzusatz[42] hat zu entfallen, es sei denn, ein Nachfolgezusatz stellt die nunmehrige Rechtsform zweifelsfrei fest.[43]

Weicht die Firma der Zweigniederlassung von der der GmbH **ab,** so ist sie der für 25 den Geschäftskreis der Zweigniederlassung maßgebende einzige Name der GmbH. Einer Aufnahme der Firma der Zweigniederlassung in den Gesellschaftsvertrag oder deren spätere Bildung durch Satzungsänderung bedarf es aber auch in den Fällen nicht, in denen sie im Firmenkern (vgl. die Gestaltungsvarianten Rn. 23, 24), also nicht nur durch erklärende Zusätze, zB „Filiale NN-Stadt") von der der GmbH abweicht. Die Errichtung der Zweigniederlassung ist eine Geschäftsführungsmaßnahme (vgl. Rn. 18), deren Publizitätsfolgen die §§ 13 ff. HGB regeln. § 3 Abs. 1 Nr. 1 und § 4 (ebenso wie §§ 4; 23 Abs. 3 Nr. 1 AktG) betreffen als Gesellschaftsangelegenheiten die Bestimmung des Namens „der Gesellschaft", d. h. des Unternehmensträgers, nicht aber dessen organisatorische und betriebliche Untergliederungen, auch wenn sie mit einer gewissen Selbständigkeit (vgl. Rn. 11, 13) ausgestattet sind.[44]

4. Vertretungsfragen. Die Rechtsgeschäfte und Rechtshandlungen der Zweignie- 26 derlassung sind stets solche der GmbH, da die Zweigniederlassung keine eigene Rechtspersönlichkeit hat. Folglich sind Rechtsgeschäfte zwischen der GmbH und ihrer Zweigniederlassung oder bei mehreren zwischen letzteren nicht denkbar.[45] Eine auf

---

[38] Die Zustimmung des Inhabers der älteren Firma macht § 30 nicht gegenstandslos, da diese firmenordnungsgerichtliche Bestimmung dem Schutz des Verkehrs vor Verwechslungen dient, BGHZ 46, 7, 11; *Canaris* HR § 11 Rn. 28.

[39] HM vgl. iE § 4 Rn. 55 ff.

[40] Vgl. Fn. 35.

[41] Vgl. RGZ 113, 213, 216; *Scholz/Emmerich* § 4 Rn. 59; *Hachenburg/Heinrich* § 4 Rn. 72.

[42] Vgl. zB § 19 HGB, § 4 AktG, § 4 GmbHG, § 3 GenG.

[43] HM, *Hachenburg/Heinrich* § 4 Rn. 75; *Baumbach/Hueck/G. Hueck/Fastrich* § 4 Rn. 21.

[44] Ebenso *Dirksen/Völkers* BB 1993, 598 f.; *Lutter/Hommelhoff* Rn. 3; GroßkommAktG/*Barz* § 42 aF Anm. 7; Kölner KommAktG/*Kraft* § 4 aF Rn. 13; *v. Godin/Wilhelmi* AktG § 42 Anm. 4; aA BayObLG BB 1990, 1364 = DB 1990, 1607; BB 1992, 944 = DB 1992, 1080; *Hachenburg/Heinrich* § 4 Rn. 73; § 12 Rn. 14; *Scholz/Emmerich* § 4 Rn. 60; *Ebenroth/Boujong/Joost/Pentz* § 13 Rn. 23; *Geßler/Hefermehl/Eckardt/Kropff* § 42 aF Rn. 17.

[45] Vgl. auch *Scholz/Winter* Rn. 15.

die Zweigniederlassung beschränkte Vertretung ist möglich, so besonders für den sog. Filialprokuristen nach § 50 Abs. 3 HGB und desgleichen für einen Handlungsbevollmächtigten. Hingegen kann ein Geschäftsführer (der GmbH) nicht eigens für eine Zweigniederlassung bestellt oder seine Vertretungsmacht auf diese trotz einer solchen internen Geschäftsverteilung[46] beschränkt werden,[47] § 37 Abs. 2.[48] Die Filialprokura ist in das Handelsregister der Zweigniederlassung ohne Beschränkungsvermerk einzutragen, d. h. ohne dass nochmals ausdrücklich die ohnehin mit der Eintragung in dieses Register verbundene Beschränkung der Vertretungsmacht auf den Wirkungskreis der Zweigniederlassung hervorgehoben wird.[49]

27 Die Zweigniederlassung einer Wirtschaftsprüfungsgesellschaft muss wenigstens von einem Wirtschaftsprüfer, die einer Steuerberatungsgesellschaft[50] von einem Steuerberater[51] oder Steuerbevollmächtigten[52] geleitet werden. Ersterer muss seine berufliche Niederlassung am Ort der Zweigniederlassung haben, § 47 S. 1 WPO; letztere können sie auch in deren Nahbereich unterhalten, § 72 Abs. 1 iVm. § 34 Abs. 2 S. 2 StBerG. Die Einhaltung dieser berufsständischen Pflicht braucht das Registergericht nicht zu prüfen.[53]

28 **5. Verfahrensfragen.** Prozesspartei ist stets die GmbH und nicht die Zweigniederlassung.[54] Doch kann die GmbH auch unter der Firma der Zweigniederlassung klagen und verklagt werden.[55] Zusätzlich zum *allgemeinen Gerichtsstand* des *Sitze*s (§ 17 ZPO) begründet § 21 ZPO den besonderen (*Passiv*) – Gerichtsstand der *gewerblichen Niederlassung*.[56] Dort kann die GmbH verklagt werden, wenn sich die Klage auf den Geschäftsbetrieb dieser Niederlassung bezieht.[57] Beim Gericht der Zweigniederlassung kann auch der besondere Gerichtsstand des Erfüllungsortes begründet sein, §§ 29 ZPO, 269 Abs. 2 BGB, wie ebenso diejenigen ausschließlichen nach § 24 UWG und § 6 Abs. 1 UKlaG.[58]

29 Grundbuchfähig ist ebenfalls allein die GmbH. Doch kann die GmbH auch – etwa zur Verdeutlichung der Zuordnung der Betriebsgrundstücke – unter der Firma der

---

[46] Vgl. *Scholz/Winter* Rn. 17.
[47] Anders § 126 Abs. 3 HGB für Personenhandelsgesellschaften.
[48] KGJ 12, 30, 34 zur AG.
[49] BGHZ 104, 61, 64 ff. = NJW 1988, 1840; BayObLGZ 1988, 187 = AG 1989, 100; *Canaris* HR § 14 Rn. 19.
[50] Zweigniederlassungen von Steuerberatungsgesellschaften sind „weitere Beratungsstellen" iS von § 34 Abs. 2 StBerG, LG Frankenthal DB 1990, 826; *Kuhls/Meurers* Steuerberatungsgesetz, Kommentar, 1995, § 50 Rn. 47.
[51] Dies muss gemäß § 34 Abs. 2 S. 2 StBerG ein „anderer" Steuerberater sein als derjenige, der die Gesellschaft gemäß § 3 Abs. 3 verantwortlich führt.
[52] Vgl. OLG Düsseldorf NJW-RR 1997, 313. Das Gebot verantwortlicher Führung der Steuerberatungsgesellschaft durch Steuerberater gemäß § 32 Abs. 3 S. 2 StBerG schränkt § 34 Abs. 2 S. 2 StBerG nicht dahin ein, dass Niederlassungen von Steuerberatungsgesellschaften nur von Steuerberatern geleitet werden dürfen, so aber *Kuhls/Meurers* (Fn. 50), § 50 Rn. 47 f. mwN.
[53] *Ebenroth/Boujong/Joost/Pentz* § 13 Rn. 36 für Wirtschaftsprüfergesellschaften.
[54] Vgl. BGHZ 4, 62, 65.
[55] BGHZ 4, 62, 65.
[56] Die örtliche Zuständigkeit für das von der GmbH betriebene Mahnverfahren wird durch deren allgemeinen Gerichtsstand bestimmt, §§ 699 Abs. 2, 17 ZPO, und nicht durch § 21 ZPO, BGH NJW 1998, 1322.
[57] Vgl. BGH NJW 1975, 2142.
[58] *Baumbach/Lauterbach/Albers/Hartmann* ZPO § 21 Rn. 2; *Zöller/Vollkommer* ZPO, 22. Aufl. 1999, § 21 Rn. 3 noch zur alten Rechtslage des § 14 AGBG.

Zweigniederlassung (aufgehoben) § 12

Zweigniederlassung eingetragen werden.[59] Demgemäß handelt es sich bei der Umschreibung der GmbH-Firma auf die Zweigniederlassungsfirma oder umgekehrt nur um eine Grundbuchberichtigung.[60]

III. Anmeldung der Errichtung von Zweigniederlassungen einer inländischen GmbH (§§ 13 Abs. 1, 13 b Abs. 2 HGB)

1. Anmeldung. Mit der Errichtung der Zweigniederlassung entsteht die Pflicht zu 30 deren Anmeldung. Diese muss stets bei dem **Gericht des Sitzes** der Gesellschaft zur Eintragung in das Handelsregister erfolgen. Dieses Gericht gibt die Anmeldung sodann an das Gericht der Zweigniederlassung weiter (vgl. § 13 Abs. 1 S. 2 HGB). Die Anmeldung kann ausschließlich vom Registergericht des Sitzes gemäß § 14 HGB erzwungen werden (vgl. Rn. 68).

Die Zweigniederlassung kann **gleichzeitig** mit der Gesellschaft angemeldet werden. 31 Das Registergericht trägt dann zunächst die Gesellschaft und sodann die Zweigniederlassung ein.[61]

Die **Anmeldung** erfolgt durch die Geschäftsführer in vertretungsberechtigter Zahl; 32 der einschlägige § 13 b Abs. 2 S. 1 HGB ändert, wie der Textvergleich mit § 78 ergibt, insoweit nichts gegenüber dieser früher – vor Aufhebung des § 12 – zutreffenden Bestimmung; die ursprünglich vorgeschriebene Anmeldung durch sämtliche Gesellschafter hatte bereits die Novelle 1980 durch Weglassung des Verweises auf § 12 gestrichen (vgl. § 78). Unechte Gesamtvertretung (Geschäftsführer mit einem Prokuristen) ist zulässig, sofern der Gesellschaftsvertrag sie vorsieht (vgl. § 78 Rn. 11). Bevollmächtigung in notarieller Beglaubigung, § 12 Abs. 2 HGB, ist zulässig, doch müssen die Unterschriften (§ 13 Abs. 2 HGB, vgl. Rn. 33) von den Geschäftsführern persönlich gezeichnet werden.

2. Form, Inhalt und Anlagen. Die Anmeldung ist gemäß § 12 HGB in **öffent-** 33 **lich beglaubigter** Form einzureichen. Zuständig sind grundsätzlich nur noch die Notare, §§ 129 BGB, 39, 40 BeurkG.[62] Der **Inhalt** der Anmeldung ergibt sich aus § 13 Abs. 1 S. 1 HGB, der § 12 Abs. 1 S. 1 aF entspricht: die Errichtung einer Zweigniederlassung an einem bestimmten Ort und unter einer bestimmten Firma (vgl. hierzu Rn. 21 ff.). Außerdem sind die Vertretungsbefugnisse der Geschäftsführer anzugeben: § 13 b Abs. 3 HGB (§ 12 Abs. 2 S. 1 aF) iVm. § 10 Abs. 1 S. 2 (vgl. auch § 8 Abs. 4).[63] Die Unterschriften sämtlicher Geschäftsführer und ggf. der Prokuristen sind zu zeichnen, soweit es sich nicht nur um für eine andere Zweigniederlassung erteilte Filialprokuren handelt (vgl. § 13 Abs. 2 HGB). §§ 13 und 13 b HGB erwähnen (anders als § 12 Abs. 1 S. 1 aF, der lediglich § 8 Abs. 1 u. 2 ausschloss, und anders als § 13 g Abs. 2 S. 2 HGB) § 8 nicht, ohne dass dadurch eine materielle Änderung gewollt war,[64] so dass

---

[59] Vgl. RGZ 62, 7, 10; KG JW 1937, 1743; LG Bonn NJW 1970, 570, 571; *Hachenburg/Ulmer* Rn. 15; *Scholz/Winter* Rn. 15; *Staub/Hüffer* Vor § 13 Rn. 21.
[60] KG JW 1937, 1743; *Hachenburg/Ulmer* Rn. 15; *Scholz/Winter* Rn. 14.
[61] Vgl. *Staub/Hüffer* § 13 Rn. 3.
[62] Gemäß § 63 BeurkG („andere Personen oder Stellen") können auch beglaubigen in Baden-Württemberg die Ratsschreiber, in Hessen die Vorsteher der Ortsgerichte und in Rheinland-Pfalz die Oberbürgermeister, Gemeinde- und Stadtverwaltungen, vgl. *Keidel/Winkler* Beurkundungsgesetz, Kommentar, 14. Aufl. 1999, § 63 Rn. 1 mwN.
[63] So zutr. *Scholz/Winter* Rn. 23; *Roth/Altmeppen* Rn. 8; *Meyer-Landrut/Miller/Niehus* Rn. 10; *Baumbach/Hueck/G. Hueck/Fastrich* Rn. 4; *Lutter/Hommelhoff* Rn. 5; aA *Hachenburg/Ulmer* Rn. 22; *Staub/Hüffer* § 13 Rn. 3.
[64] BR-Drucks. 690/92 S. 39 ff.

sich das Erfordernis der Angabe der Vertretungsbefugnis aus § 8 Abs. 4 und die Beifügung der Unterschriften aus § 8 Abs. 5 ergeben.

34 Als **Anlagen** sind beizufügen:
35 – Eine öffentlich beglaubigte **Abschrift des Gesellschaftsvertrags** und zwar in der geltenden Fassung, § 13 b Abs. 2 S. 2 HGB (§ 12 Abs. 1 S. 2 aF; vgl. auch § 54 Rn. 11 f.).
36 – Eine öffentlich beglaubigte Abschrift der **Liste der Gesellschafter** nach dem neuesten Stand, § 13 b Abs. 2 S. 2 HGB (§ 12 Abs. 1 S. 2 aF). Die hM ging vor Änderung des § 40 durch das HRefG davon aus, dass der Stand der letzten Gesellschafter-Liste im Sinne des § 40 aF gemeint und die Angabe inzwischen eingetretener Änderungen nicht erforderlich sei,[65] was jedoch allenfalls der Vereinfachung dient und sich nach Wortlaut und Sinn der Vorschrift schwerlich halten ließ. Der Hinweis der hM auf die Beglaubigung durch das Registergericht des Sitzes nach § 12 Abs. 1 S. 3 aF besagte schon früher nicht viel und dessen Wegfall spricht nunmehr eher für die hier vertretene Ansicht. Auf der Grundlage des § 40 nF wird diese Ansicht bestätigt, da nunmehr jede Gesellschafterveränderung unverzüglich zum Handelsregister einzureichen ist. Mithin ist auf den jeweils neuesten Stand der Gesellschafterliste abzustellen.[66]

37 Anders als bei der Anmeldung der Gesellschaft sind **nicht beizufügen:** die in § 8 Abs. 1 und 2 genannten sonstigen Unterlagen, weil sie sich allein auf die Gründung beziehen und bei dieser Gelegenheit bereits geprüft worden sind (vgl. § 12 Abs. 1 S. 1 aF, der dies ausdrücklich ausschloss). Dasselbe gilt für die Versicherungen nach § 8 Abs. 3, eine Vorschrift, die wohl nur irrigerweise nicht ebenfalls auch durch § 12 Abs. 1 aF von der Anwendung ausgeschlossen wurde.[67]

38 Für die Anmeldung ist das **Gericht des Sitzes** der Gesellschaft zuständig, § 13 Abs. 1 S. 1 HGB. Hat die Gesellschaft ausnahmsweise mehrere Sitze (vgl. dazu § 4a Rn. 15), so muss die Zweigniederlassung bei jedem der in Betracht kommenden Gerichte angemeldet werden.[68]

39 **3. Verfahren beim Handelsregister des Sitzes der Gesellschaft.** Das Registergericht des Sitzes **prüft** nicht nur, ob die Anmeldung ordnungsgemäß ist,[69] sondern **auch die materiellen Voraussetzungen,**[70] soweit nicht das ortskundigere Registergericht der Zweigniederlassung gemäß § 13 Abs. 3 S. 1 HGB zuständig ist. Der tatsächliche Schwerpunkt der materiellen Prüfung bleibt freilich bei dem Registergericht der Zweigniederlassung (vgl. Rn. 40 ff.); es gilt das **„Prinzip der verteilten Prüfung".** Nach erfolgreicher Prüfung gibt das Sitzgericht die Anmeldung (mit den Anlagen, Rn. 34 ff. einschl. der gezeichneten Unterschriften zur dortigen Aufbewahrung, § 13 Abs. 2 HGB) gemäß § 13 Abs. 1 S. 2 HGB **unverzüglich an das Gericht der Zweigniederlassung** weiter und fügt eine beglaubigte Abschrift seiner Eintragungen, soweit sie nicht ausschließlich die Verhältnisse anderer Zweigniederlassungen betrifft, bei (sog. Handelsregisterauszug). Lehnt das Gericht die Weitergabe ab, so steht den Anmeldenden die Beschwerde zu.[71]

---

[65] *Scholz/Winter* Rn. 28; *Hachenburg/Ulmer* Rn. 23; *Brodmann* Anm. 1 b; aA *Vogel* Anm. 2.
[66] Ebenso *Baumbach/Hopt* § 13 b Rn. 1.
[67] Vgl. *Ahlers* DNotZ 1981, 290; *Roth/Altmeppen* Rn. 8.
[68] BayObLG GmbHR 1962, 178 f.
[69] So aber wohl *Hachenburg/Ulmer* Rn. 25.
[70] Vgl. OLG Neustadt NJW 1962, 1205 für die Zulässigkeit der Firma; *Baumbach/Hopt* § 13 Rn. 11; *Ebenroth/Boujong/Joost/Pentz* § 13 Rn. 44, 50; *Staub/Hüffer* § 13 Rn. 4; *Schlegelberger/Hildebrandt* § 13 Rn. 11; diese wohl zT weitergehend.
[71] OLG Stuttgart NJW 1953, 748.

IV. Verfahren beim Handelsregister der Zweigniederlassung (§§ 13 Abs. 3, 13 b Abs. 2 u. 3 HGB)

1. Prüfung. Das Registergericht der Zweigniederlassung hat einmal zu prüfen, ob 40 die Zweigniederlassung wirksam **errichtet** wurde, d.h. das Vorliegen der tatsächlichen Voraussetzungen einer Zweigniederlassung,[72] und zum anderen, ob sich die **Firma** von den bereits bestehenden und eingetragenen Firmen gemäß § 30 HGB deutlich unterscheidet (§ 13 Abs. 3 S. 1 HGB). In Zweifelsfällen hat es ein Gutachten der Industrie- und Handelskammer sowie ggf. anderer Kammern (Handwerkskammer u. dgl.) einzuholen (vgl. § 23 S. 2, 3 HRV).[73] Weitergehende Prüfungsrechte hat das Gericht der Zweigniederlassung jedoch nicht.[74] Es muss sich, was die im Handelsregister des Sitzes eingetragenen Tatsachen und die von diesem Gericht übermittelten sonstigen Unterlagen angeht, auf die Prüfung durch jenes Gericht verlassen (§ 13 Abs. 3 S. 2 Halbs. 2 HGB; vgl. hierzu Rn. 39).

2. Eintragung. Bei Vorliegen der Voraussetzungen trägt das Gericht die Zweignie- 41 derlassung ein (§ 13 Abs. 3 S. 2 Halbs. 1 HGB). Jede Zweigniederlassung erhält ein eigenes Registerblatt (§ 13 Abs. 4 HRV) und besondere Registerakten (§ 8 Abs. 2 HRV).

Eingetragen werden folgende **Angaben** (§§ 13 Abs. 3 S. 2; 13b Abs. 3 HGB (§ 12 42 Abs. 2 S. 1 aF) iVm. § 10 Abs. 1 und 2): Firma und Sitz der Gesellschaft, Gegenstand des Unternehmens, Höhe des Stammkapitals, Tag des Abschlusses des Gesellschaftsvertrages, Namen der Geschäftsführer und deren Vertretungsbefugnisse, ggf. Zeitdauer der Gesellschaft. Maßgebend für diese Angaben ist der Handelsregisterauszug des Sitzes, auch wenn das Registergericht der Zweigniederlassung Eintragungen für unzulässig hält.[75] Allerdings kann das Registergericht seine Bedenken dem Sitzgericht mitteilen, wie letzteres bei nicht ordnungsgemäßem Vollzug seiner Eintragungsmitteilung die Beschwerde gemäß § 20 Abs. 1 FGG hat.[76] Darüber hinaus werden gemäß § 13 Abs. 3 S. 3 HGB als Angaben der Zweigniederlassung eingetragen: der Zweigniederlassungszusatz oder die – ggf. abweichende – Firma (vgl. Rn. 21 ff.) sowie der Ort der Niederlassung und ggf. besondere Vertretungsverhältnisse.

Die Eintragung hat lediglich **deklaratorische** Bedeutung. Jedoch ist für die Pub- 43 lizitätswirkung gemäß § 15 Abs. 4 S. 1 HGB zu beachten, dass diese nach dem durch das NaStraG[77] angefügten S. 2 nur für die in § 13 Abs. 6 HGB eingeführten Tatsachen gilt. Die Eintragung wird von Amts wegen dem Gericht des Sitzes mitgeteilt und in dessen Register gebührenfrei (§ 79 Abs. 4 KostO) vermerkt, von ihm jedoch nicht bekanntgemacht (§ 13 Abs. 4 HGB).

3. Bekanntmachung. Die Eintragung wird gemäß § 10 HGB vom Registergericht 44 der Zweigniederlassung in seinen Blättern bekanntgemacht, jedoch ohne Bekanntmachung im Bundesanzeiger, vgl. § 13 c Abs. 2 S. 4 HGB (vgl. dazu § 10 Rn. 6 ff. u. 22 ff.).

---

[72] KG DR 1939, 1453 f.

[73] Die früher „in der Regel" notwendige gutachterliche Beurteilung der Firmenbildung durch die IHK wurde im Interesse einer Verkürzung des Eintragungsverfahrens durch das HRefG auf Zweifelsfälle reduziert, vgl. *Schaefer* DB 1998, 1269, 1275 mwN, was auch früher schon für sonstige Prüfungsfragen, vorliegend die Errichtung der Zweigniederlassung, galt.

[74] BayObLGZ 1988, 187 = AG 1989, 100 = BB 1988, 1540; BayObLG NJW-RR 1995, 1370 = BB 1995, 1976; OLG Karlsruhe NJW-RR 1998, 244, 245; *Staub/Hüffer* § 13 Rn. 6; *Baumbach/Hopt* 13 Nr. 11.

[75] KGJ 44, 137; BayObLG NJW-RR 1995, 1370; BB 1995, 1976, *Scholz/Winter* Rn. 31.

[76] BayObLG GmbHR 1991, 26 = BB 1990, 1364; *Keidel/Kuntze/Winkler* § 20 Rn. 24 ff.

[77] Vgl. Reg. Begr. NaStraG BT-Drucks. 14/4618 S. 1 ff., 18.

§ 12   1. Abschnitt. Errichtung der Gesellschaft

Den Inhalt der Bekanntmachung bestimmt nunmehr abschließend § 13 Abs. 6 HGB nF. § 13 b Abs. 4 HGB wurde infolge dieser Neuregelung als obsolet gestrichen.[78]

V. Veränderung. Aufhebung. Sitzverlegung (§§ 13 c, 13 Abs. 5 HGB)

45   **1. Anmeldungen.** Alle anderen Anmeldungen (neben der der Errichtung, vgl. Rn. 18 ff.) sind ebenfalls **nur bei dem Gericht des Sitzes** zu bewirken, gleichgültig, ob sie die Hauptniederlassung oder eine Zweigniederlassung betreffen (§ 13 c Abs. 1 HGB = § 13 a Abs. 1 S. 1 HGB aF). Dieses Gericht prüft die Anmeldung, trägt sie ein. Sodann teilt das Gericht seine Eintragung den Gerichten der Zweigniederlassungen mit, § 13 c Abs. 2 S. 1 HGB, die sie ohne Nachprüfung in ihr Handelsregister übernehmen, § 13 c Abs. 2 S. 2 HGB, und, soweit sie Tatsachen gem. § 13 Abs. 6 nF HGB betrifft, § 13 c Abs. 2 S. 3 HGB nF, in ihren Blättern bekannt machen, § 10 Abs. 1 S. 1; § 13 c Abs. 2 S. 4 HGB nF. Nur wenn die Anmeldung ausschließlich die Verhältnisse einzelner Niederlassungen betrifft (zB eine Filialprokura), geht die Mitteilung ausschließlich an die betreffenden Zweigniederlassungs-Gerichte (§ 13 c Abs. 3 S. 2 HGB = § 13 a Abs. 4 HGB aF). § 13 c Abs. 2 S. 5 HGB nF sieht für den Fall übereinstimmender Eintragungen für mehrere Zweigniederlassungen im selben Gerichtsbezirk vereinfachend vor, dass die Eintragung „in der Bekanntmachung ... nur einmal wiederzugeben und anzugeben (ist), für welche einzelnen Zweigniederlassungen sie vorgenommen worden ist".

46   Wie schon bei der Errichtung der Zweigniederlassung (vgl. Rn. 40) prüft jedoch im Falle einer **Änderung (allein) der Firma der Zweigniederlassung** das Gericht der Zweigniederlassung die Einhaltung des § 30 HGB[79] und holt in Zweifelsfällen ein Gutachten der IHK ein, § 23 Abs. 2 S. 2 HRV nF (vgl. auch Fn. 73). Die Aufgabe sollte dem ortsnäheren Gericht zufallen. Dies entspricht auch dem § 13 Abs. 3 S. 1 HGB, den der Gesetzgeber bei der Schaffung des früheren § 13 a HGB (jetzt § 13 c HGB) vermutlich übersehen hat.

47   **2. Aufhebung.** Für die Aufhebung (zu dieser vgl. Rn. 19) gelten die Vorschriften über die Errichtung (Rn. 30 ff.) sinngemäß (§ 13 Abs. 5 HGB). Demgemäß ist die Aufhebung beim Gericht des Sitzes anzumelden (§ 13 Abs. 1 S. 1 HGB), das diese an das Gericht der Zweigniederlassung weiterzuleiten hat. Dieses hat die Aufhebung zu prüfen, einzutragen, bekannt zu machen (§ 13 c Abs. 2 S. 3 nF iVm. § 13 Abs. 6 Nr. 1 HGB nF) und hiervon dem Gericht des Sitzes Mitteilung zu machen, das die Aufhebung vermerkt, § 43 Nr. 6 Buchst. l HRV.

48   **3. Sitzverlegung.** Die im Gesetz nicht geregelte (vgl. Rn. 20) Sitzverlegung der Zweigniederlassung kann als solche eingetragen werden.[80] Sie ist nach § 13 c HGB anzumelden,[81] nicht aber nach §§ 13, 13 h HGB.[82]

49   **4. Erzwingung.** Das Gericht des Sitzes und nicht das Gericht der Zweigniederlassung hat zur Anmeldung durch Zwangsgeld anzuhalten, § 14 HGB (vgl. Rn. 68).

---

[78] Reg. Begr. NaStraG BT-Drucks. 14/4051 S. 1 ff., 18.
[79] So *Staub/Würdinger* 3. Aufl. 1967, § 13 a Rn. 6; eingeschränkt auch *Lenz* DJ 1937, 1305, 1307 und wohl auch die Praxis; dagegen *Staub/Hüffer* § 13 a Rn. 8; *Scholz/Winter* Rn. 35, der sich jedoch für eine Anhörungspflicht des Hauptregistergerichts gegenüber dem ortsnäheren Gericht ausspricht.
[80] OLG Stuttgart Rpfleger 1964, 374 = BB 1963, 1152; *Staub/Hüffer* § 13 a Rn. 9; *Hachenburg/Ulmer* Rn. 12; *Scholz/Winter* Rn. 35.
[81] So zutr. *Staub/Hüffer* § 13 a Rn. 9; MüKo HGB/*Bokelmann* § 13 h Rn. 11; *Ebenroth/Boujong/Joost/Pentz* § 13 h Rn. 66; § 13 c Rn. 35; *Baumbach/Hopt* § 13 h Rn. 1 (abw. Vorauf.).
[82] So aber OLG Stuttgart Rpfleger 1964, 374 f. = BB 1963, 1152; *Staub/Würdinger* 3. Aufl. 1967, § 13 c Rn. 9.

Zweigniederlassung (aufgehoben) § 12

VI. Zweigniederlassungen ausländischer GmbH
(§§ 13 d Abs. 1 u. 2; 13 e; 13 g HGB)

1. Grundsatz. Für Zweigniederlassungen ausländischer GmbH in Deutschland gilt 50
die Grundnorm des § 13 d Abs. 1 u. 2 HGB (vgl. zur Neuordnung und Gesetzessystematik Rn. 3 u. 4). Hiernach sind die Anforderungen des deutschen Registerrechts beim Gericht der deutschen Zweigniederlassung vollständig zu erfüllen. Das Gesetz differenziert in § 13 d Abs. 3 HGB, indem es an dessen Stelle für ausländische AG[83] und GmbH entsprechend den insoweit bindenden Vorgaben der Zweigniederlassungsrichtlinie detailliertere Sonderbestimmungen des § 13 e HGB trifft, der seinerseits durch § 13 f (für AG/KGaA) und § 13 g (für GmbH) ergänzt wird. Hierdurch wird die Anwendbarkeit des deutschen Registerrechts weder eingeschränkt noch berührt.

Obwohl jede Zweigniederlassung einer ausländischen GmbH registerrechtlich wie 51
eine Hauptniederlassung behandelt wird,[84] bleibt sie gleichwohl Zweigniederlassung, Teil der ausländischen Gesellschaft. – §§ 13 d HGB ff. unterscheiden grundsätzlich nicht, ob die ausländische Kapitalgesellschaft ihren Sitz in einem Mitgliedstaat der EG, einen EWR-Vertragsstaat oder einen Drittstaat hat mit Ausnahme der §§ 13 e Abs. 2 S. 4 Nr. 4 HGB (Angabe des Rechts bei GmbH-Sitz in einem Drittstaat) und 325 a HGB (Offenlegung von Unterlagen der Rechnungslegung etc. bei GmbH-Sitz in einem EG-Mitgliedstaat oder EWR-Vertragsstaat).[85] Zur Problematik eines EG-Rechtsverstoßes bei Verweigerung der Eintragung der Zweigniederlassungen von Gesellschaften mit Briefkastensitz in einem anderen EU-Land („Centros"-Entscheidung), vgl. iE Einl. Rn. 301 ff.[86]

2. Auslandsrechte – Überblick. a) GmbH in der EU. Ob eine ausländische Ge- 52
sellschaft eine der GmbH entsprechende Rechtsform hat, ergibt sich für den Bereich
der EU gemäß Art. 1 I Zweigniederlassungsrichtlinie aus der 1. (Publizitäts-)Richtlinie sowie der 12. (Einpersonengesellschafts-)Richtlinie.[87] Als GmbH sind anzusehen:[88]

(1) *Belgien:* Société privée à responsabilité limitée – s. p. r. l./SPRL – besloten vennootschap met beperkte aansprakelijkheid – b. v. b. a; Lois Coordonnées sur les Sociétés Commerciales (LCSC) v. 30. 11. 1935 idF v. 1. 8. 1991, Abschn. 6[89]
(2) *Dänemark:* Anpartsselskap – ApS –; Lov on Anpartsselskaber, Gesetz Nr. 371 v. 13. 6. 1973, letzte Änderung November 1993[90]
(3) *Finnland:* Osakeyhtio; Gesetz von 1978; im Rahmen der Umsetzung des EG-Rechts wurde bereits für 1996 ein Gesetz zur Differenzierung zwischen großen und kleinen AG (anstelle einer GmbH) erwartet.

---

[83] Auch KGaA, vgl. *Kindler* NJW 1993, 3303.
[84] Vgl. KG DR 1940, 2007; für die AG BayObLG AG 1986, 165; BayObLG NJW 1999, 654, 656 = DB 1999, 212 = AG 1999, 272 = WM 1999, 1627; *Hachenburg/Ulmer* Rn. 39; *Scholz/Winter* Rn. 39.
[85] Vgl. *Hahnefeld* DStR 1993, 1596.
[86] EuGH DB 1999, 625 = ZIP 1999, 438; zur Sitztheorie und dem Verhältnis zu Art. 52, 58 EGV vgl. auch: BayObLG DB 1998, 2318 = EWiR 1999, 563.
[87] Vgl. *Kindler* NJW 1993, 3301, 3303 f.; *Baumbach/Hopt* § 13 e Rn. 1.
[88] Vgl. dazu iE die Beiträge bei Centrale f. GmbH (Hrsg.) Die GmbH-Rechte in den EG-Staaten, 1993; *Lutter* (Hrsg.). Die Gründung einer Tochtergesellschaft im Ausland, 3. Aufl. 1994; *Herbertstein,* Die GmbH in Europa, 1999; die Übersicht von *Thelen-Trimborn* GmbHR 1994, 782, 786 ff.; sowie die nachfolgend erwähnten Einzeldarstellungen.
[89] Vgl. *Hoffmann* GmbHR 1991, 515; *Peeters* Gesellschaftsrecht in Belgien, 1993.
[90] Vgl. *Cornelius* GmbHR 1991, 188; *Kindler* NJW 1993, 3301, 3304; zur seit dem 1. 1. 1991 gesetzlich zugelassenen Anwalts-GmbH vgl. *Hoj* AnwBl. 1995, 361.

§ 12   1. Abschnitt. Errichtung der Gesellschaft

(4) Frankreich: Société à responsabilité limitée – S. A. R. L. –; loi No 66–537 sur les sociétés v. 24. 7. 1966, Art. 34 ff., 423 ff.; geänd. durch Gesetz Nr. 85–697 v. 11. 7. 1985; Décret No 67–236, Art. 20 ff.[91]
(5) Griechenland: Etairia periorismenis Evthinis – EPE –; Gesetz Nr. 3190/1955 idF des Präsidialdekrets Nr. 419/86 v. 10. 12. 1986 ergänzt durch Ges. 2065/1992 Art. 38[92]
(6) Großbritannien: Private Limited Company – Ltd. –; Gesetz von 1885, geändert durch Companies Act von 1985 und 1989 sowie Insolvenzgesetz von 1989[93]
(7) Irland: Private Company Limited by Shares; Companies Act 1963 idF des Companies Act 1990[94]
(8) Italien: Società a responsabilità limitada – S. r. l. –; Codice Civile v. 21. 4. 1942 Artt. 2247–2554, 2472–2497, geändert und ergänzt u. a. durch Gesetz D. D. L. 127 v. 1991 u. D. Lgs. 88 v. 3. 3. 1993[95]
(9) Luxemburg: Société à Responsabilité Limitée – S. A. R. L. – Loi fondamentale des societés et associations v. 10. 8. 1915 idF des Gesetzes v. 18. 9. 1933, geändert durch Gesetz v. 7. 9. 1987[96]
(10) Niederlande: Besloten Vennootschap met beperkte aansprakelijkheid – B. V. –; Bürgerliches Gesetzbuch, 2. Buch, Artt. 175–284 a[97]
(11) Österreich: Gesellschaft mit beschränkter Haftung – GmbH –; GmbH-Gesetz v. 6. 3. 1906 (RGBl. 58), zuletzt geänd. durch Art. 4 BudgetbegleitG 2001 (BGBl. I 2000/142).[98]
(12) Portugal: Kurzform: Sociedade por quotas oder Limitada, für sociedade por quotas de responsabilidade limitada; Gesetz über die Handelsgesellschaften Nr. 262/ 86 v. 2. 9. 1986 (C. S. C.), Art. 197 ff., zuletzt geändert 1993[99]
(13) Schweden: Anstelle einer GmbH: Aktiebolag – AB –; Companies Act von 1975, reformiert am 1. 1. 1993 mit Beitritt zum EWR-Vertrag, zum 1. 1. 1995 in Anpassung an das EG-Recht
(14) Spanien: Sociedad de Responsabilidad Limitada – S. R. L. – Gesetz v. 17. 7. 1953, geändert durch Gesetz 19/1989 v. 25. 7. 1989; vollständig neugefasst durch Gesetz 2/1995 v. 24. 3. 1995.[100]

---

[91] Vgl. *Maier* GmbHR 1990, 397; *Edelmann* AnwBl. 1995, 71; *Sonnenberger* Französisches Handels- und Wirtschaftsrecht, 2. Aufl. 1991, S. 179 ff.; *Chaussade-Klein* Gesellschaftsrecht in Frankreich, 1993.
[92] *Soufleros* GmbHR 1992, 276.
[93] Vgl. *Shearman* GmbHR 1992, 149; *Kindler* NJW 1993, 3301, 3304; *Güthoff* Gesellschaftsrecht in Großbritannien, 1993.
[94] Vgl. *Conrads-Hassel* GmbHR 1992, 438; *Hänzelmann* IStR 2000, 8 zu Beteiligungen an irischen Companies.
[95] Vgl. *Winkler* GmbHR 1990, 329; *Hofmann* Gesellschaftsrecht in Italien, 1992.
[96] Vgl. *Neuss* GmbHR 1992, 83.
[97] Vgl. *Mehring* GmbHR 1991, 297; *Jansen* GmbHR 1995, 286; *Koen* Gesellschaftsrecht in den Niederlanden, 1995.
[98] Vgl. zum Gesetzestext *Torggler/Torggler* GmbHG, 8. Aufl. 2000; *Arnold* GmbHR 1993, 344 sowie die Kommentare von *Gellis/Feil* 4. Aufl. 2000; *Koppensteiner, Kostner/Umfahrer* 5. Aufl. 1998; *Reich-Rohrwig* 2. Aufl., Bd. I 1997; *Wünsch* ab 1988.
[99] Vgl. *Driesen* GmbHR 1991, 49; *Huber/Driesen* EuZW 1993, 536, 541 f.; *Kindler* NJW 1993, 3301, 3304; *Cremades-Peinado* Gesellschaftsrecht in Portugal, 1993.
[100] Vgl. *Keil* GmbHR 1992, 489; *Cremades* Gesellschaftsrecht in Spanien, 1992; *Meyer* GmbHR 1995, 435; *Reckhorn/Heugemühle* Die neue spanische GmbH, 1993; *Fröhlingsdorf/Zöber/Wendland* Die neue spanische GmbH, 1998; *Sánchez Weickerannt* RIW 2000, 192.

Zweigniederlassung (aufgehoben) § 12

b) GmbH in EU-Beitrittsländern. 53
1. *Polen:* Gesellschaft mit beschränkter Haftung, Art. 158 bis 306 HGB v. 27. 6. 1934 zuletzt geändert durch Gesetz 1999 Nr. 101, Pos. 1178 (abgedruckt in Handbuch WiRO PL).[101]
2. *Tschechien:* Gesellschaft mit beschränkter Haftung (spolecnost s rucenìm omezeným) – GmbH („spol. s. r. o." oder „s. r. o."), §§ 105 bis 153 HGB v. 5. 11. 1991, zuletzt geändert durch Gesetz Nr. 105/2000 Sb (abgedruckt in Handbuch WiRO CS).[102]
3. *Ungarn:* Gesellschaft mit beschränkter Haftung, §§ 121 bis 174 Gesetz Nr. CXLIV v. 1997 über die Wirtschaftsgesellschaften v. 9. 12. 1997 zuletzt geändert durch Gesetz Nr. XXXVIII v. 1999 (GWG) (abgedruckt in Handbuch WiRO UNG).[103]

c) GmbH in anderen Ländern. Im Übrigen lässt sich das Vorhandensein einer 54
mit der GmbH vergleichbaren Rechtsform für viele Rechte, die der deutschen GmbH-Gesetzgebung gefolgt sind (vgl. Einl. Rn. 363 ff.), verhältnismäßig leicht ermitteln, wenngleich es auf die Bezeichnung der Gesellschaft im fremden Recht selbstverständlich nicht ankommt. Dies gilt vor allem für die kontinentalen Rechte. Entscheidend ist, ob die ausländische Gesellschaft im Wesentlichen der deutschen GmbH entspricht (vgl. auch Reg. Begr. zum Transformationsgesetz der 11. (Zweigniederlassungs-)Richtlinie).[104] Hierüber gibt die 12. Richtlinie über Einpersonengesellschaften Aufschluss.[105] Für andere Rechte, wie insbesondere des anglo-amerikanischen Rechtskreises, ist eine Differentialdiagnose einerseits gegenüber der Aktiengesellschaft (für diese gilt § 13 f HGB, § 44 AktG aF), andererseits gegenüber den Personenhandelsgesellschaften erforderlich (vgl. dazu Einl. Rn. 381).[106] Dabei muss bedacht werden, dass die GmbH – anders als die AG – das Produkt einer späten Gesetzgebung, nicht einer langandauernden Rechtsentwicklung ist (vgl. dazu Einl. Rn. 1) und deswegen durchweg nur in den Rechten auftaucht, die sich bewusst dem deutschen Vorbild von 1892 angeschlossen haben. Die britische private limited company, die einen Verwaltungssitz in Großbritannien hat, wird aber im Inland seit dem Companies Act 1985 (vgl. Rn. 52 (6)) als rechtsfähig anerkannt.[107] Für die close corporations des US-Rechts sowie für die sonstigen private limited companies dieses Rechtskreises dürfte hingegen das Aktienrecht angemessen sein.[108] Die im Vordringen befindliche Limited Liability Company

---

[101] Vgl. Überblick zum Investitions- und GmbH-Recht mit Gründungsanleitung *Heiss/Kawecki* Handbuch WiRO PL SYST 10; *Pörnbacher* RIW 2001, 431 ff.

[102] *Drüke* Die Gründung von Unternehmen mit ausländischer Kapitalbeteiligung, Handbuch ViRO CS SYST 11; *Holler/Karmann* WiRO 1999, 361 die wesentlichen Unterschiede zur deutschen GmbH darstellend.

[103] *Winkler/Ziemons* Die Gründung einer Kapitalgesellschaft in Ungarn, Handbuch WiRO UNG SYST 31 Rn. 8–153.

[104] BR-Drucks. 690/92 S. 44.

[105] Zwölfte gesellschaftsrechtliche Richtlinie des Rates der EU betr. GmbH mit einem einzigen Gesellschafter (89/667/EWG), ABl. EG Nr. L 395, 40 v. 30. 12. 1989.

[106] *Staudinger/Großfeld* Int. GesR, Rn. 312, 920; *Staub/Hüffer* § 13 b Rn. 6; iE *Hachenburg/Ulmer* Rn. 33.

[107] BayObLGZ 1985, 272 = AG 1986, 45 = DB 1985, 2670; BayObLGZ 1986, 351 = NJW 1986, 3029, 3030 f. und dazu *Ebke* ZGR 1987, 245; BayObLG AG 1987, 215 = DB 1986, 2530; *Hachenburg/Ulmer* Rn. 33; *Scholz/Winter* Rn. 41; *Meyer-Landrut/Miller/Niehus* Rn. 16 aE.

[108] *Scholz/Winter* Rn. 41; *Lutter/Hommelhoff* Rn. 11; aA *Hachenburg/Ulmer* für die private limited companies nach nordirischem und irischem Recht; *Meyer-Landrut/Miller/Niehus* Rn. 16 aE; vgl. auch Einl. Rn. 379 ff.

§ 12 1. Abschnitt. Errichtung der Gesellschaft

(LLC) ist gesellschaftsrechtlich eine Mischform zwischen Körperschaft und Personengesellschaft,[109] was nicht unwesentlich durch die Art und Weise der steuerrechtlichen Ausgestaltung mitbestimmt wird.[110]

55 **3. Anmeldung.** Die Anmeldung erfolgt durch die Geschäftsführer bzw. Mitglieder des geschäftsführenden Organs (monistisches Verwaltungs-(Board-)System) der ausländischen Gesellschaft, also nicht durch den Leiter der inländischen Niederlassung (vgl. § 13e Abs. 2 S. 1 HGB; früher § 78 GmbHG); in vertretungsberechtigter Zahl;[111] nicht mehr erforderlich ist also die Mitwirkung „sämtlicher" Organmitglieder.[112] Zuständig ist das Gericht, in dessen Bezirk die Zweigniederlassung besteht (§ 13d Abs. 1 HGB). Die Anmeldung ist in deutscher Sprache abzufassen (vgl. § 184 GVG) und öffentlich zu beglaubigen (§ 12 HGB). Für Inhalt und Anlagen der Anmeldung gelten die besonderen Vorschriften des § 13d Abs. 1 u. 2 HGB und anstelle dessen Abs. 3 für Zweigniederlassungen u. a. von GmbH die §§ 13e und 13g HGB.

Zu erklären bzw. der Anmeldung an Unterlagen beizufügen sind:

56 **a) Unterlagen betr. Zweigniederlassung.** Hinsichtlich der Verhältnisse der Zweigniederlassung:

(1) Errichtung der Zweigniederlassung, § 13e Abs. 2 S. 1 HGB
(2) Ort der Zweigniederlassung, § 13d Abs. 2 HGB
(3) Anschrift der Zweigniederlassung, § 13e Abs. 2 S. 3 HGB
(4) Firma der Zweigniederlassung sowie einen evtl. Zusatz zu dieser, § 13d Abs. 2 HGB. Firma und Zusätze haben die zwingenden deutschen Vorschriften (einschließlich § 18 Abs. 2 HGB) einzuhalten (vgl. Rn. 21 ff.)[113] Die Fremdsprachlichkeit der ausländischen Firma hindert die Kennzeichnungsfunktion derselben solange nicht, wie sie dem inländischen Verkehr verständlich ist. Das wird in aller Regel der Fall sein,[114] kann jedoch zB bei Firmen in slawischer Sprache zu Schwierigkeiten führen.[115] Grds. ist die Verwendung lateinischer Buchstaben notwendig.[116]
(5) Gegenstand der Zweigniederlassung, § 13e Abs. 2 S. 3 HGB
(6) Nachweis der ggf. nach deutschem Recht für Deutschland erforderlichen Gewerbezulassung oder Genehmigung für den Betrieb des Unternehmens, der Zweigniederlassung, § 13e Abs. 2 S. 2 HGB (da Gegenstand der Haupt- und der Zweigniederlassung nicht identisch sein müssen)
(7) Die „ständigen Vertreter" der Zweigniederlassung, § 13e Abs. 2 S. 4 Nr. 3 HGB. Bei diesen gewillkürten (Arg. aus § 13e Abs. 4 HGB, der diese neben den gesetzlichen Vertretern aufführt) Vertretern kann es sich wegen der erforderlichen generellen Vertretungs- und Prozessführungsbefugnis neben (Filial-)Prokuristen, § 49 Abs. 1 HGB, nur um Generalhandlungsbevollmächtigte, § 54 Abs. 1 1. Alt.

---

[109] Vgl. *Halm* GmbHR 1995, 576.
[110] Vgl. *Wright/Holland* NJW 1996, 95.
[111] BayObLG AG 1987, 215 = DB 1986, 253.
[112] Zur entgegenstehenden früheren Rechtsauffassung des BayObLG DB 1985, 2670 f., vgl. *Seibert* DB 1993, 1705; *Kindler* NJW 1993, 3301, 3305.
[113] *Baumbach/Hopt* § 13d Rn. 4; *Ebenroth/Boujong/Joost/Pentz* § 13d Rn. 18.
[114] BayObLG BB 1977, 813; *Baumbach/Hopt* § 18 Rn. 4.
[115] Vgl. das von *Kögel* Rpfleger 1993, 8, 9 mwN berichtete Beispiel einer polnischen Firma u. § 4 Rn. 14.
[116] MüKo HGB/*Bokelmann* § 13d Rn. 19 aE; § 17 Rn. 8. Die Verwendung griechischer oder kyrillischer Buchstaben ist grds. ebensowenig zulässig wie die arabischer oder sonstiger Schriftzeichen; vgl. § 4 Rn. 14.

HGB, handeln, die zusätzlich ständig zur Prozessführung ermächtigt sind, § 54 Abs. 2 HGB[117]

b) Unterlagen betr. ausländische GmbH. Hinsichtlich der Verhältnisse der ausländischen GmbH: 57
(8) Nachweis des Bestehens der Gesellschaft nach dem Recht des Staates ihres Sitzes, § 13e Abs. 2 S. 2 HGB. Hier ist dem Registergericht durch Urkunden, zB Handelsregisterauszug, Bescheinigung eines deutschen Konsulats oder auch eines ausländischen Notars nachzuweisen[118]
(9) (Heimat-)Register, sofern vorhanden, bei dem die Gesellschaft geführt wird und die Nummer des Registereintrags (§ 13e Abs. 2 S. 4 Nr. 1 HGB)[119]
(10) Rechtsform der Gesellschaft (§ 13e Abs. 2 S. 4 Nr. 2 HGB)
(11) Das Recht des Staates, dem die Gesellschaft unterliegt, wenn diese ihren Sitz außerhalb der EG und eines EWR-Vertragstaates hat (§ 13e Abs. 2 S. 4 Nr. 4 HGB)
(12) Firma und Sitz der Gesellschaft, Gegenstand ihres Unternehmens sowie Höhe des Stammkapitals (§ 13g Abs. 3 HGB iVm. § 10 Abs. 1)
(13) Gesellschaftsvertrag in öffentlich beglaubigter Abschrift nebst beglaubigter Übersetzung in deutscher Sprache (§ 13g Abs. 2 S. 1 HGB)
(14) Datum des Abschlusses des Gesellschaftsvertrages (§ 13g Abs. 3 HGB iVm. § 10 Abs. 1)
(15) Ggf. die Bestimmung der Zeitdauer der Gesellschaft (§ 13g Abs. 3 HGB iVm. § 10 Abs. 2)
(16) Bei Errichtung der Zweigniederlassung in den ersten zwei Jahren nach Eintragung der Gesellschaft im Handelsregister die nach § 5 Abs. 4 getroffenen Festsetzungen zum Gegenstand der Sacheinlage und den Betrag der Stammeinlage, auf die sich die Sacheinlage bezieht (§ 13g Abs. 2 S. 3 HGB)[120]
(17) Die Legitimation der Geschäftsführer nach den Regeln des ausländischen Rechts,[121] sofern diese nicht im Gesellschaftsvertrag bestellt sind (§§ 13g Abs. 2 S. 2 HGB; 8 Abs. 1 Nr. 2)
(18) Die Vertretungsbefugnis der Geschäftsführer (§§ 13g Abs. 2 S. 2 HGB; 8 Abs. 4)
(19) Zeichnung der Unterschriften der Geschäftsführer zur Aufbewahrung beim deutschen Gericht der Zweigniederlassung (§§ 13g Abs. 2 S. 2 HGB, 8 Abs. 5; in öffentlich beglaubigter Form, § 12 Abs. 1 HGB).
(20) Bei Errichtung mehrerer Niederlassungen kann die ausländische GmbH eines der zuständigen Handelsregister als führendes Register auswählen (§ 13e Abs. 5 HGB).

Nicht beizufügen sind mithin alle Unterlagen, die allein der Gründungsprüfung 58 durch den Registerrichter des Sitzlandes dienen. Nicht in Bezug genommen werden durch § 13g HGB zB die Sacheinlageverträge und der Sachgründungsbericht (§ 8 Abs. 1 Nr. 4), die Unterlagen über den Wert der Sacheinlagen (§ 8 Abs. 1 Nr. 5) – soweit nicht § 13g Abs. 2 S. 3 eingreift – sowie die Versicherungen nach § 8 Abs. 2.

---

[117] Vgl. *Seibert* GmbHR 1992, 738, 740; *Plesse* DStR 1993, 133 f.; *Baumbach/Hopt* § 13e Rn. 2.
[118] *Hachenburg/Ulmer* Rn. 41; *Scholz/Winter* Rn. 48; *Staub/Hüffer* § 13b Rn. 5, 23.
[119] Vgl. die hierzu vom DIHT veröffentlichte Liste über Registrierungsstellen für Unternehmen in einigen EG-Staaten v. 20. 5. 1992, EuZW 1992, 528.
[120] Vgl. *Seibert* GmbHR 1992, 738, 741. Diese Bestimmung wurde anders als der für die Zweigniederlassung der inländischen GmbH gleichlautende § 13b Abs. 4 nicht durch das NaStraG aufgehoben.
[121] Vgl. *Scholz/Winter* Rn. 47.

Eine Straffreiheitserklärung (§ 8 Abs. 3) ist von den Geschäftsführern ausländischer GmbH anlässlich der Anmeldung der Zweigniederlassung ebenso wenig abzugeben[122] wie von denen inländischer GmbH. Es bleibt vielmehr dem jeweiligen Sitz-Staat überlassen, an die Bestellung der Gesellschaftsorgane die Voraussetzungen zu knüpfen, die er für angemessen hält.[123]

59 **4. Prüfung, Eintragung, Bekanntmachung. a) Deutsches Registerrecht.** § 13 d Abs. 1 HGB zielt grundsätzlich ab auf die Sicherstellung der Anforderungen des deutschen Registerrechts auch für Zweigniederlassungen ausländischer GmbH, wobei die Besonderheiten ausländischen Rechts zu berücksichtigen sind.[124] Das Gericht prüft mithin die Anmeldung grundsätzlich in derselben Weise wie bei Errichtung durch eine inländische GmbH, abgesehen von den auf die Gründung selbst bezogenen Tatsachen (vgl. Rn. 58).

60 **b) Eintragung.** Von den in Rn. 56 u. 57 aufgeführten Angaben sind gemäß §§ 13 d Abs. 2 und 13 g Abs. 3 HGB die folgenden einzutragen: Nr. 1, 2, 4, 7, 9, 10, 11, 12, 14, 15, 20 sowie die Personen der Geschäftsführer und ihre Vertretungsbefugnis (§ 13 g Abs. 3 HGB iVm. § 10 Abs. 1).

61 **c) Bekanntmachung.** Bekanntgemacht werden außer dem (vorstehenden) Inhalt der Eintragung auch besondere gesellschaftsvertragliche Bestimmungen über Formen öffentlicher Bekanntmachungen der Gesellschaft (§ 13 g Abs. 4 HGB iVm. § 10 Abs. 3), sowie die nach § 5 Abs. 4 S. 1 getroffenen Festsetzungen (zu Sacheinlagen), wenn zwischen Eintragung der Zweigniederlassung und der Gesellschaft weniger als zwei Jahre verstrichen sind (§ 13 g Abs. 4 HGB).

62 **d) Mitteilung an (Heimat-)Register?** Eine Mitteilung an das (Heimat-)Register des Sitzes des ausländischen GmbH ist trotz der durch § 13 e Abs. 2 S. 4 Nr. 1 HGB geforderten Angabe für das deutsche Registergericht nicht vorgesehen, auch nicht an die deutschen Registergerichte anderer inländischer Zweigniederlassungen (zumal diese auch gar nicht bekannt sein dürften), es sei denn, die ausländische GmbH hätte von ihrem Recht zur Benennung eines führenden Registers Gebrauch gemacht (§ 13 e Abs. 5 HGB). Im letzteren Fall sind die Registergerichte zur Amtshilfe verpflichtet.[125]

63 **5. Änderungen des Gesellschaftsvertrags.** Änderungen des Gesellschaftsvertrags (§ 13 g Abs. 5 HGB iVm. § 54 Abs. 1 u. 2), der Personen der Geschäftsführer sowie die Beendigung ihrer Vertretungsbefugnis sind von den Geschäftsführern (§ 13 g Abs. 6 HGB iVm. § 39 Abs. 1, 2 u. 4) und Änderungen der „ständigen Vertreter" und ihrer Vertretungsbefugnis sind von diesen (§ 13 e Abs. 3 HGB) zur Eintragung anzumelden.

64 **6. Aufhebung. a) Aufhebung einer Zweigniederlassung.** Für die Aufhebung einer Zweigniederlassung bestimmt § 13 g Abs. 7 HGB (entspr. § 13 Abs. 5 HGB für inländische Zweigniederlassungen) die sinngemäße Geltung der Vorschriften über ihre Errichtung. Die Zweigniederlassung als solche kann also nicht nach § 60 aufgelöst werden (vgl. § 60 Rn. 3).

---

[122] Zur früher entgegenstehenden Rechtsauffassung vgl. BayObLG DB 1986, 2530 = AG 1987, 215; OLG Düsseldorf GmbHR 1993, 98 = DB 1992, 1469; dagegen schon Voraufl. Rn. 44; ferner *Ebenroth/Boujong/Joost/Pentz* § 13 g Rn. 8.
[123] Reg. Begr. BT-Drucks. 12/3908 S. 17; *Seibert* DB 1993, 1750 f.; krit. aus rechtspolitischer Sicht *Lutter/Hommelhoff* Rn. 22.
[124] *Baumbach/Hopt* § 13 d Rn. 3.
[125] *Baumbach/Hopt* § 13 e Rn. 2 aE.

Zweigniederlassung (aufgehoben) § 12

b) Auflösung der ausländischen GmbH. Die Auflösung der ausländischen 65
GmbH, die Liquidatoren und der Liquidationsschluss sind ebenfalls zur Eintragung anzumelden, soweit nicht das ausländische Recht Abweichungen nötig macht (§ 13 g
Abs. 6 HGB iVm. §§ 65 Abs. 1 S. 1; 67 Abs. 1, 2 u. 5 sowie 74 Abs. 1 S. 1 GmbHG).

c) Insolvenzverfahren der ausländischen GmbH. Weiterhin sind Eröffnung 66
oder Ablehnung eines Insolvenzverfahrens zur Eintragung anzumelden (§ 13 e Abs. 4),
und zwar durch die „ständigen Vertreter" oder die Geschäftsführer.

7. Übergangsrecht. Die gesetzlichen Vertreter von inländischen Zweigniederlassungen, die bei In-Kraft-Treten des Gesetzes am 1. 11. 1993 (Rn. 2) bereits im Handelsregister eingetragen waren, hatten die durch § 13 e Abs. 2 S. 4 HGB vorgeschriebenen Angaben bis zum 1. 5. 1994 zur Eintragung anzumelden, soweit nicht durch
§ 24 HRV bereits gefordert (Art. 34 Abs. 1 EGHGB). 67

VII. Erzwingungsverfahren. Kosten

1. Verfahrensfragen. Die Anmeldungen können nach § 14 HGB ausschließlich 68
vom Registergericht des Sitzes **erzwungen** werden. Dasselbe gilt für die Einreichung
von Schriftstücken und für die Zeichnung von Unterschriften. Das Verfahren (vgl.
§§ 132 ff. FGG) wird vom Registergericht durch eine **Verfügung** eingeleitet, die die
Verpflichtung möglichst genau bezeichnet,[126] den *Anmeldepflichtigen*, d. h. die Geschäftsführer sowie die in § 13 e Abs. 3 u. 4 HGB genannten Personen, nicht hingegen
die GmbH, auffordert, binnen einer bestimmten (und angemessenen Frist) der Verpflichtung nachzukommen oder das Unterlassen mittels **Einspruch** zu rechtfertigen,
und schließlich ein bestimmtes Zwangsgeld (bis € 5000; § 14 S. 2 HGB) androht für
den Fall, dass weder die Verpflichtung erfüllt noch Einspruch eingelegt wird, noch der
eingelegte Einspruch Erfolg hat. Gegen die Verfügung ist keine Beschwerde gegeben
(§ 132 Abs. 2 FGG).

Die **Anmeldepflicht ausländischer Gesellschaften** kann durch Zwangsgeld nur 69
gegen deren in Deutschland anwesende Geschäftsführer durchgesetzt werden und dürfte
deshalb häufig ins Leere laufen.[127] Sieht man von den Fällen des § 13 e Abs. 3 u. 4
HGB ab, so lässt sich die Anmeldepflicht nicht dadurch erzwingen, dass das Gericht
gegen den Leiter („ständiger Vertreter") der inländischen Zweigniederlassung vorgeht. Dies scheitert angesichts des § 14 HGB am strafrechtlichen Analogieverbot.[128] Jedoch kommt eine Abwesenheitspflegschaft gemäß § 8 ZustErgG vom 7. 8. 1952[129] in
Betracht.

2. Kosten. Der Geschäftswert für die Anmeldung oder Eintragung einer Zweigniederlassung ist gemäß § 26 Abs. 6 S. 1 KostO[130] festzusetzen. Für die Bestimmung des
Wertes in § 26 Abs. 6 S. 1 KostO ergibt der Wortlaut nach der letzten Änderung
durch das HRefG.[131] Die Neufassung bestimmt einen Mindestwert von € 12 500[132]
und einen Höchstwert von € 2 500 000. Dieser Rahmen wird ausgefüllt durch die 70

---

[126] BayObLGZ 1967, 458.
[127] *Scholz/Winter* Rn. 55.
[128] Vgl. *Hachenburg/Ulmer* Rn. 40; *Scholz/Winter* Rn. 55.
[129] BGBl. I S. 407.
[130] Neu gefasst durch Gesetz zur Änderung des Rechtspflege-Anpassungsgesetzes v. 20. 12.
1996, BGBl. I S. 2090.
[131] Art. 24 Z 1–d HRefG v. 22. 6. 1998, BGBl. I S. 1474.
[132] Geändert durch das Gesetz zur Umstellung des Kostenrechts und der Steuerberatergebührenverordnung auf Euro – KostREuroG – v. 27. 4. 2001, BGBl. I S. 751.

§ 12   1. Abschnitt. Errichtung der Gesellschaft

konkrete Berechnung des Geschäftswertes, § 26 Abs. 6 S. 1 KostO, der die Hälfte des nach den Abs. 1–3 zu ermittelnden Wertes beträgt.[133] Bei mehreren Zweigniederlassungen wird der Wert für jede Zweigniederlassung durch Teilung des nach Abs. 6 S. 1 ermittelten Betrages durch die Anzahl der eingetragenen Zweigniederlassungen festgestellt, § 26 Abs. 6 S. 2 KostO. Die Vermerke über die Eintragung oder Aufhebung einer Zweigniederlassung im Register der Hauptniederlassung werden gebührenfrei eingetragen (§ 79 Abs. 4 KostO). Bei der Eintragung einer inländischen Zweigniederlassung eines ausländischen Unternehmens ist zu beachten, dass diese kostenrechtlich wie eine Hauptniederlassung zu behandeln ist, so dass § 26 Abs. 1–5 KostO, nicht Abs. 6, grds. Anwendung finden.[134] Im Rahmen der Kostenberechnung ist stets die festgestellte Europarechtswidrigkeit überhöhter Kosten zu beachten. Die Kosten dürfen danach den tatsächlichen Aufwand nicht übersteigen, vgl. umfassend § 10 Rn. 30.[135]

VIII. Österreichisches Recht

71 Eine dem § 12 entsprechende Bestimmung fehlt im ÖGmbHG. Zur Firma der Zweigniederlassung § 30 Abs. 3 ÖHGB, zur firmenrechtlichen Behandlung § 3 Z 6, § 120 JN und zur Vertretung, § 50 Abs. 3 ÖHGB. Ist die GmbH noch im konventionell geführten Firmenbuch eingetragen, finden die bisherigen Regelungen über Zweigniederlassungen, § 13 bis § 13 c ÖHGB aF, Anwendung.

72 **IX. Anhang: Maßgebliche HGB-Vorschriften[136] zur Zweigniederlassung**

§ 13.[137] **Zweigniederlassungen von Unternehmen mit Sitz im Inland.** (1) ¹Die Errichtung einer Zweigniederlassung ist von einem Einzelkaufmann oder einer juristischen Person beim Gericht der Hauptniederlassung, von einer Handelsgesellschaft beim Gericht des Sitzes der Gesellschaft zur Eintragung in das Handelsregister des Gerichts der Zweigniederlassung anzumelden. ²Das Gericht der Hauptniederlassung oder des Sitzes hat die Anmeldung unverzüglich mit einer beglaubigten Abschrift seiner Eintragungen, soweit sie nicht ausschließlich die Verhältnisse anderer Niederlassungen betreffen, an das Gericht der Zweigniederlassung weiterzugeben.

---

[133] *Lappe* EWiR 1998, 955, 956; aA noch vor In-Kraft-Treten des HRefG insoweit OLG Düsseldorf DB 1998, 2005, 2006 = GmbHR 1998, 1183.

[134] BayObLG NJW 1999, 654, 656 = AG 1999, 272 = WM 1999, 1627, für eine nach dem Recht der USA bestehende AG. Hierbei ist kostenrechtlich der Freundschafts-, Handels- und Schifffahrtsvertrag v. 29. 10. 1954 zwischen der Bundesrepublik Deutschland und den USA (in Kraft getreten am 14. 7. 1956, BGBl. I S. 763) iVm. EG-Gesellschaftssteuerrichtlinie zu beachten, so dass die Gebühren durch die tatsächlich entstandenen Aufwendungen begrenzt werden, vgl. auch *Hartmann* Kostengesetze, 30. Aufl. 2001, § 26 KostO Rn. 29; *Müther* Rpfleger 2000, 320 (Briefkasten-„Zentrale"); aA OLG Köln BB 1999, 436, 437 = NJW 1999, 1342, das dementgegen § 26 Abs. 6 auch bei inländischen Zweigniederlassungen ausländischer Unternehmen anwendet und dies mit dem Hinweis auf eine kostenrechtliche Gleichbehandlungspflicht begründet, ohne jedoch den besonderen Prüfungsaufwand (ausländische Gesellschaften sind nicht im inländischen Register erfasst) zu berücksichtigen. Vgl. KG Düsseldorf Rpfleger 1999, 100.

[135] EuGH ZIP 1998, 206, 209 f.; BayObLG ZIP 1999, 364 = DB 1999, 209; ZIP 1999, 363 = BB 1999, 490, 491 f. = NJW 1999, 652; LG Hildesheim WM 1998; 2373; *Demharter* EWiR 1999, 709.

[136] §§ 13 ff. HGB werden zuletzt geändert durch NaStraG.

[137] § 13 neu gefasst durch Gesetz v. 10. 8. 1937 (RGBl. I S. 897), Überschrift und Abs. 5 neu gefasst durch Gesetz v. 22. 7. 1993 (BGBl. I S. 1282), Abs. 6 angefügt durch Art. 4 NaStraG v. 18. 1. 2001 (BGBl. I S. 123).

Zweigniederlassung (aufgehoben) § 12

(2) Die gesetzlich vorgeschriebenen Unterschriften sind zur Aufbewahrung beim Gericht der Zweigniederlassung zu zeichnen; für die Unterschriften der Prokuristen gilt dies nur, soweit die Prokura nicht ausschließlich auf den Betrieb einer anderen Niederlassung beschränkt ist.

(3) ¹Das Gericht der Zweigniederlassung hat zu prüfen, ob die Zweigniederlassung errichtet und § 30 beachtet ist. ²Ist dies der Fall, so hat es die Zweigniederlassung einzutragen und dabei die ihm mitgeteilten Tatsachen nicht zu prüfen, soweit sie im Handelsregister der Hauptniederlassung oder des Sitzes eingetragen sind. ³Die Eintragung hat auch den Ort der Zweigniederlassung zu enthalten; ist der Firma für die Zweigniederlassung ein Zusatz beigefügt, so ist auch dieser einzutragen.

(4) ¹Die Eintragung der Zweigniederlassung ist von Amts wegen dem Gericht der Hauptniederlassung oder des Sitzes mitzuteilen und in dessen Register zu vermerken; ist der Firma für die Zweigniederlassung ein Zusatz beigefügt, so ist auch dieser zu vermerken. ²Der Vermerk wird nicht veröffentlicht.

(5) Die Vorschriften über die Errichtung einer Zweigniederlassung gelten sinngemäß für ihre Aufhebung.

(6) Die Bekanntmachung von Eintragungen im Handelsregister des Gerichts der Zweigniederlassung beschränkt sich auf
1. die Errichtung und Aufhebung der Zweigniederlassung,
2. die Firma,
3. den Zusatz, wenn der Firma für die Zweigniederlassung ein Zusatz beigefügt ist,
4. den Ort der Zweigniederlassung,
5. den Ort der Hauptniederlassung oder den Sitz und
6. die Tatsachen, die nur die Verhältnisse der Zweigniederlassung betreffen.

§ 13 a.[138] **Zweigniederlassungen von Aktiengesellschaften mit Sitz im Inland.**
(1) Für Zweigniederlassungen von Aktiengesellschaften gelten ergänzend die folgenden Vorschriften.

(2) ¹Die Errichtung einer Zweigniederlassung ist durch den Vorstand anzumelden. ²Der Anmeldung ist eine öffentlich beglaubigte Abschrift der Satzung beizufügen.

(3) Die Eintragung hat auch die Angaben nach § 39 des Aktiengesetzes zu enthalten.

(4) Die Vorschriften über die Zweigniederlassungen von Aktiengesellschaften gelten sinngemäß für die Zweigniederlassungen von Kommanditgesellschaften auf Aktien, soweit sich aus den Vorschriften der §§ 278 bis 290 des Aktiengesetzes oder aus dem Fehlen eines Vorstands nichts anderes ergibt.

§ 13 b.[139] **Zweigniederlassungen von Gesellschaften mit beschränkter Haftung mit Sitz im Inland.** (1) Für Zweigniederlassungen von Gesellschaften mit beschränkter Haftung gelten ergänzend die folgenden Vorschriften.

(2) ¹Die Errichtung einer Zweigniederlassung ist durch die Geschäftsführer anzumelden. ²Der Anmeldung ist eine öffentlich beglaubigte Abschrift des Gesellschaftsvertrages und der Liste der Gesellschafter beizufügen.

---

[138] § 13a eingefügt durch G v. 10. 8. 1937 (RGBl. I S. 897) und neu gefasst durch G v. 22. 7. 1993 (BGBl. I S. 1282), Abs. 4 aufgehoben, bisheriger Abs. 5 wird Abs. 4 durch Art. 4 NaStraG v. 18. 1. 2001 (BGBl. I S. 123).

[139] § 13b eingefügt durch Gesetz v. 10. 8. 1937 (RGBl. I S. 897) und neu gefasst durch Gesetz v. 22. 7. 1993 (BGBl. I S. 1282), Abs. 4 aufgehoben durch Art. 4 NaStraG v. 18. 1. 2001 (BGBl. I S. 123).

§ 12   1. Abschnitt. Errichtung der Gesellschaft

(3) Die Eintragung hat auch die in § 10 Abs. 1 und 2 des Gesetzes betreffend die Gesellschaften mit beschränkter Haftung bezeichneten Angaben zu enthalten.

§ 13 c.[140] **Bestehende Zweigniederlassungen von Unternehmen mit Sitz im Inland.** (1) Ist eine Zweigniederlassung in das Handelsregister eingetragen, so sind alle Anmeldungen, die die Hauptniederlassung oder die Niederlassung am Sitz der Gesellschaft oder die eingetragenen Zweigniederlassungen betreffen, beim Gericht der Hauptniederlassung oder des Sitzes zu bewirken; es sind so viele Stücke einzureichen, wie Niederlassungen bestehen.

(2) ¹Das Gericht der Hauptniederlassung oder des Sitzes hat seine Eintragung unverzüglich mit einem Stück der Anmeldung von Amts wegen den Gerichten der Zweigniederlassungen mitzuteilen. ²Die Gerichte der Zweigniederlassungen haben die Eintragungen ohne Nachprüfung in ihr Handelsregister zu übernehmen. ³Eintragungen im Register der Zweigniederlassungen werden von den Gerichten der Zweigniederlassungen nur bekannt gemacht, soweit sie die in § 13 Abs. 6 angeführten Tatsachen betreffen. ⁴Im Bundesanzeiger wird die Eintragung im Handelsregister der Zweigniederlassung nicht bekanntgemacht. ⁵Sind für mehrere Zweigniederlassungen von demselben Gericht übereinstimmende Eintragungen bekanntzumachen, ist in der Bekanntmachung die Eintragung nur einmal wiederzugeben und anzugeben, für welche einzelnen Zweigniederlassungen sie vorgenommen worden ist.

(3) ¹Betrifft die Anmeldung ausschließlich die Verhältnisse einzelner Zweigniederlassungen, so sind außer dem für das Gericht der Hauptniederlassung oder des Sitzes bestimmten Stück nur so viel Stücke einzureichen, wie Zweigniederlassungen betroffen sind. ²Das Gericht der Hauptniederlassung oder des Sitzes teilt seine Eintragung nur den Gerichten der Zweigniederlassungen mit, deren Verhältnisse sie betrifft. ³Die Eintragung im Register der Hauptniederlassung oder des Sitzes wird in diesem Fall nur im Bundesanzeiger bekanntgemacht.

(4) Absätze 1 bis 3 gelten sinngemäß für die Einreichung von Schriftstücken und die Zeichnung von Unterschriften.

§ 13 d.[141] **Sitz oder Hauptniederlassung im Ausland.** (1) Befindet sich die Hauptniederlassung eines Einzelkaufmanns oder einer juristischen Person oder der Sitz einer Handelsgesellschaft im Ausland, so haben alle eine inländische Zweigniederlassung betreffenden Anmeldungen, Zeichnungen, Einreichungen und Eintragungen bei dem Gericht zu erfolgen, in dessen Bezirk die Zweigniederlassung besteht.

(2) Die Eintragung der Errichtung der Zweigniederlassung hat auch den Ort der Zweigniederlassung zu enthalten; ist der Firma der Zweigniederlassung ein Zusatz beigefügt, so ist auch dieser einzutragen.

(3) Im übrigen gelten für Anmeldungen, Zeichnungen, Einreichungen, Eintragungen und Bekanntmachungen, die die Zweigniederlassung eines Einzelkaufmanns, einer Handelsgesellschaft oder einer juristischen Person mit Ausnahme von Aktiengesellschaften, Kommanditgesellschaften auf Aktien und Gesellschaften mit beschränkter

---

[140] § 13 c eingefügt, bisheriger § 13 c wird § 13 h durch Gesetz v. 22. 7. 1993 (BGBl. I S. 1282), § 13 c Abs. 2 aufgehoben, bisherige Abs. 3 bis 5 werden Abs. 2 bis 4, neuer Abs. 2 Satz 1 neu gefaßt, Satz 3 geändert, Satz 5 angefügt, neuer Abs. 4 geändert durch Art. 3 HRefG v. 22. 6. 1998 (BGBl. I S. 1474), Abs. 2 Satz 3 neu gefaßt durch Art. 4 NaStraG v. 18. 1. 2001 (BGBl. I S. 123).
[141] § 13 d eingefügt durch Gesetz v. 22. 7. 1993 (BGBl. I S. 1282), Überschrift geändert durch Art. 3 HRefG v. 22. 6. 1998 (BGBl. I S. 1474).

Haftung betreffen, die Vorschriften für Hauptniederlassungen oder Niederlassungen am Sitz der Gesellschaft sinngemäß, soweit nicht das ausländische Recht Abweichungen nötig macht.

§ 13 e.[142] **Zweigniederlassungen von Kapitalgesellschafen mit Sitz im Ausland.** (1) Für Zweigniederlassungen von Aktiengesellschaften und Gesellschaften mit beschränkter Haftung mit Sitz im Ausland gelten ergänzend zu § 13d die folgenden Vorschriften.

(2) ¹Die Errichtung einer Zweigniederlassung einer Aktiengesellschaft ist durch den Vorstand, die Errichtung einer Zweigniederlassung einer Gesellschaft mit beschränkter Haftung ist durch die Geschäftsführer zur Eintragung in das Handelsregister anzumelden. ²Bei Anmeldung ist das Bestehen der Gesellschaft als solcher und, wenn der Gegenstand des Unternehmens oder die Zulassung zum Gewerbebetrieb im Inland der staatlichen Genehmigung bedarf, auch diese nachzuweisen. ³Die Anmeldung hat auch die Anschrift und den Gegenstand der Zweigniederlassung zu enthalten. ⁴In der Anmeldung sind ferner anzugeben

1. das Register, bei dem die Gesellschaft geführt wird, und die Nummer des Registereintrags, sofern das Recht des Staates, in dem die Gesellschaft ihren Sitz hat, eine Registereintragung vorsieht;
2. die Rechtsform der Gesellschaft;
3. die Personen, die befugt sind, als ständige Vertreter für die Tätigkeit der Zweigniederlassung die Gesellschaft gerichtlich und außergerichtlich zu vertreten, unter Angabe ihrer Befugnisse;
4. wenn die Gesellschaft nicht dem Recht eines Mitgliedstaates der Europäischen Gemeinschaften oder eines anderen Vertragsstaates des Abkommens über den Europäischen Wirtschaftsraum unterliegt, das Recht des Staates, dem die Gesellschaft unterliegt.

(3) Die in Absatz 2 Satz 4 Nr. 3 genannten Personen haben jede Änderung dieser Personen oder der Vertretungsbefugnis einer dieser Personen zur Eintragung in das Handelsregister anzumelden.

(4) Die in Absatz 2 Satz 4 Nr. 3 genannten Personen oder, wenn solche nicht angemeldet sind, die gesetzlichen Vertreter der Gesellschaft haben die Eröffnung oder die Ablehnung der Eröffnung eines Insolvenzverfahrens oder ähnlichen Verfahrens über das Vermögen der Gesellschaft zur Eintragung in das Handelsregister anzumelden.

(5) ¹Errichtet eine Gesellschaft mehrere Zweigniederlassungen im Inland, so brauchen die Satzung oder der Gesellschaftsvertrag sowie deren Änderungen nach Wahl der Gesellschaft nur zum Handelsregister einer dieser Zweigniederlassungen eingereicht zu werden. ²In diesem Fall haben die nach Absatz 2 Satz 1 Anmeldepflichtigen zur Eintragung in den Handelsregistern der übrigen Zweigniederlassungen anzumelden, welches Register die Gesellschaft gewählt hat und unter welcher Nummer die Zweigniederlassung eingetragen ist.

§ 13 f.[143] **Zweigniederlassungen von Aktiengesellschaften mit Sitz im Ausland.** (1) Für Zweigniederlassungen von Aktiengesellschaften mit Sitz im Ausland gelten ergänzend die folgenden Vorschriften.

---

[142] § 13e eingefügt durch Gesetz v. 22. 7. 1993 (BGBl. I S. 1282), Abs. 2 Satz 2 Nr. 4 geändert durch Art. 2 Gesetz v. 27. 9. 1993 (BGBl. I S. 1666), Abs. 4 geändert durch Art. 40 EGInsO v. 5. 10. 1994 (BGBl. I S. 2911).

[143] § 13f eingefügt durch Gesetz v. 22. 7. 1993 (BGBl. I S. 1282), Abs. 2 Satz 3 und Abs. 4 geändert durch Art. 3 HRefG v. 22. 6. 1998 (BGBl. I S. 1474).

§ 12   1. Abschnitt. Errichtung der Gesellschaft

(2) ¹Der Anmeldung ist die Satzung in öffentlich beglaubigter Abschrift und, sofern die Satzung nicht in deutscher Sprache erstellt ist, eine beglaubigte Übersetzung in deutscher Sprache beizufügen. ²Die Vorschriften des § 37 Abs. 3, 5 und 6 des Aktiengesetzes finden Anwendung. ³Soweit nicht das ausländische Recht eine Abweichung nötig macht, sind in die Anmeldung die in § 23 Abs. 3 und 4, §§ 24, 25 Satz 2 des Aktiengesetzes vorgesehenen Bestimmungen, Bestimmungen der Satzung über die Zusammensetzung des Vorstandes und, wenn die Anmeldung in den ersten zwei Jahren nach der Eintragung der Gesellschaft in das Handelsregister ihres Sitzes erfolgt, auch die Angaben nach § 40 Abs. 1 Nr. 1, 2 und 3 des Aktiengesetzes aufzunehmen. ⁴Der Anmeldung ist die für den Sitz der Gesellschaft ergangene gerichtliche Bekanntmachung beizufügen.

(3) Die Eintragung der Errichtung der Zweigniederlassung hat auch die Angaben nach § 39 des Aktiengesetzes[143] sowie die in § 13e Abs. 2 Satz 4 vorgeschriebenen Angaben zu enthalten.

(4) In die Bekanntmachung der Eintragung sind außer deren Inhalt auch die Angaben nach § 40 Abs. 1 Nr. 1, 2 und 3 des Aktiengesetzes aufzunehmen, soweit sie nach den vorstehenden Vorschriften in die Anmeldung aufzunehmen sind.

(5) ¹Änderungen der Satzung der ausländischen Gesellschaft sind durch den Vorstand zur Eintragung in das Handelsregister anzumelden. ²Für die Anmeldung gelten die Vorschriften des § 181 Abs. 1 und 2 des Aktiengesetzes sinngemäß, soweit nicht das ausländische Recht Abweichungen nötig macht.

(6) Im übrigen gelten die Vorschriften der § 81 Abs. 1, 2 und 4, § 263 Satz 1, § 266 Abs. 1, 2 und 5, § 273 Abs. 1 Satz 1 des Aktiengesetzes sinngemäß, soweit nicht das ausländische Recht Abweichungen nötig macht.

(7) Für die Aufhebung einer Zweigniederlassung gelten die Vorschriften über ihre Errichtung sinngemäß.

(8) Die Vorschriften über Zweigniederlassungen von Aktiengesellschaften mit Sitz im Ausland gelten sinngemäß für Zweigniederlassungen von Kommanditgesellschaften auf Aktien mit Sitz im Ausland, soweit sich aus den Vorschriften der §§ 278 bis 290 des Aktiengesetzes oder aus dem Fehlen eines Vorstands nichts anderes ergibt.

§ 13 g.[144] **Zweigniederlassungen von Gesellschaften mit beschränkter Haftung mit Sitz im Ausland.** (1) Für Zweigniederlassungen von Gesellschaften mit beschränkter Haftung mit Sitz im Ausland gelten ergänzend die folgenden Vorschriften.

(2) ¹Der Anmeldung ist der Gesellschaftsvertrag in öffentlich beglaubigter Abschrift und, sofern der Gesellschaftsvertrag nicht in deutscher Sprache erstellt ist, eine beglaubigte Übersetzung in deutscher Sprache beizufügen. ²Die Vorschriften des § 8 Abs. 1 Nr. 2, Abs. 4 und 5 des Gesetzes betreffend die Gesellschaften mit beschränkter Haftung sind anzuwenden. ³Wird die Errichtung der Zweigniederlassung in den ersten zwei Jahren nach der Eintragung der Gesellschaft in das Handelsregister ihres Sitzes angemeldet, so sind in die Anmeldung auch die nach § 5 Abs. 4 des Gesetzes betreffend die Gesellschaften mit beschränkter Haftung getroffenen Festsetzungen aufzunehmen, soweit nicht das ausländische Recht Abweichungen nötig macht.

(3) Die Eintragung der Errichtung der Zweigniederlassung hat auch die Angaben nach § 10 Abs. 1 und 2 des Gesetzes betreffend die Gesellschaften mit beschränkter Haftung sowie die in § 13e Abs. 2 Satz 4 vorgeschriebenen Angaben zu enthalten.

---

[144] § 13g eingefügt durch Gesetz v. 22. 7. 1993 (BGBl. I S. 1282).

Zweigniederlassung *(aufgehoben)*　　　　　　　　　　　　　　　　　　　§ 12

(4) In die Bekanntmachung der Eintragung sind außer deren Inhalt auch die in § 10 Abs. 3 des Gesetzes betreffend die Gesellschaften mit beschränkter Haftung bezeichneten Bestimmungen aufzunehmen, die dort nach § 5 Abs. 4 Satz 1 getroffenen Festsetzungen jedoch nur dann, wenn die Eintragung innerhalb der Ersten zwei Jahre nach der Eintragung in das Handelsregister des Sitzes der Gesellschaft erfolgt.

(5) ¹ Änderungen des Gesellschaftsvertrages der ausländischen Gesellschaft sind durch die Geschäftsführer zur Eintragung in das Handelsregister anzumelden. ² Für die Anmeldung gelten die Vorschriften des § 54 Abs. 1 und 2 des Gesetzes betreffend die Gesellschaften mit beschränkter Haftung sinngemäß, soweit nicht das ausländische Recht Abweichungen nötig macht.

(6) Im Übrigen gelten die Vorschriften der § 39 Abs. 1, 2 und 4, § 65 Abs. 1 Satz 1, § 67 Abs. 1, 2 und 5, § 74 Abs. 1 Satz 1 des Gesetzes betreffend die Gesellschaften mit beschränkter Haftung sinngemäß, soweit nicht das ausländische Recht Abweichungen nötig macht.

(7) Für die Aufhebung einer Zweigniederlassung gelten die Vorschriften über ihre Errichtung sinngemäß.

§ 13 h.[145] **Verlegung des Sitzes einer Hauptniederlassung im Inland.** (1) Wird die Hauptniederlassung eines Einzelkaufmanns oder einer juristischen Person oder der Sitz einer Handelsgesellschaft im Inland verlegt, so ist die Verlegung beim Gericht der bisherigen Hauptniederlassung oder des bisherigen Sitzes anzumelden.

(2) ¹ Wird die Hauptniederlassung oder der Sitz aus dem Bezirk des Gerichts der bisherigen Hauptniederlassung oder des bisherigen Sitzes verlegt, so hat dieses unverzüglich von Amts wegen die Verlegung dem Gericht der neuen Hauptniederlassung oder des neuen Sitzes mitzuteilen. ² Der Mitteilung sind die Eintragungen für die bisherige Hauptniederlassung oder den bisherigen Sitz sowie die bei dem bisher zuständigen Gericht aufbewahrten Urkunden beizufügen. ³ Das Gericht der neuen Hauptniederlassung oder des neuen Sitzes hat zu prüfen, ob die Hauptniederlassung oder der Sitz ordnungsgemäß verlegt und § 30 beachtet ist. ⁴ Ist dies der Fall, so hat es die Verlegung einzutragen und dabei die ihm mitgeteilten Eintragungen ohne weitere Nachprüfung in sein Handelsregister zu übernehmen. ⁵ Die Eintragung ist dem Gericht der bisherigen Hauptniederlassung oder des bisherigen Sitzes mitzuteilen. ⁶ Dieses hat die erforderlichen Eintragungen von Amts wegen vorzunehmen.

(3) ¹ Wird die Hauptniederlassung oder der Sitz an einen anderen Ort innerhalb des Bezirks des Gerichts der bisherigen Hauptniederlassung oder des bisherigen Sitzes verlegt, so hat das Gericht zu prüfen, ob die Hauptniederlassung oder der Sitz ordnungsgemäß verlegt und § 30 beachtet ist. ² Ist dies der Fall, so hat es die Verlegung einzutragen.

---

[145] Früherer § 13 c wird § 13 h und Überschrift eingefügt durch Gesetz v. 22. 7. 1993 (BGBl. I S. 1282), ursprünglich eingefügt durch Gesetz v. 10. 8. 1937 (RGBl. I S. 897) und neu gefasst durch Gesetz v. 6. 9. 1965 (BGBl. I S. 1185).

Zweiter Abschnitt.
Rechtsverhältnisse der Gesellschaft und der Gesellschafter

§ 13 [Juristische Person; Handelsgesellschaft]

(1) Die Gesellschaft mit beschränkter Haftung als solche hat selbständig ihre Rechte und Pflichten; sie kann Eigentum und andere dingliche Rechte an Grundstücken erwerben, vor Gericht klagen und verklagt werden.

(2) Für die Verbindlichkeiten der Gesellschaft haftet den Gläubigern derselben nur das Gesellschaftsvermögen.

(3) Die Gesellschaft gilt als Handelsgesellschaft im Sinne des Handelsgesetzbuchs.

Schrifttum: *Aigner* Die Selbstermächtigungserklärung des Gesellschafter-Geschäftsführers einer Einmann-GmbH, Diss. Münster 1965; *Altmeppen* Grundlegend Neues zum „qualifiziert faktischen" Konzern und zum Gläubigerschutz in der Einmann-GmbH, ZIP 2001, 1837; *v. Armin* Haftungsdurchgriff im deutschen Kapitalgesellschaftsrecht und Piercing the Corporate Veil im Recht der US-amerikanischen Corporation, NZG 2000, 1001; *André* Die Entwicklung der Einmann-Gesellschaft und die Idee des Einzelunternehmers mit beschränkter Haftung im Deutschen Reich, Diss. Saarbrücken 1975; *Authenrieth* Verschleierte Sachgründung im Konzern, DB 1988, 1101; *Ballerstedt* Gewinn, Kapital und Ausschüttung bei Kapitalgesellschaften, 1949; *Baltzer* Die gesellschaftsrechtliche Treuepflicht im Recht der AG und GmbH, Diss. Freiburg 1967; *Baumgärtner* Rechtsformübergreifende Aspekte der gesellschaftsrechtlichen Treuepflicht, 1990; *Bechtle* Die Kontrollrechte des GmbH-Gesellschafters – zugleich eine allgemeine Untersuchung der Individualkontrollrechte im Gesellschaftsrecht, Diss. München 1969; *Bergmann* Schiedsfähigkeit von Beschlußmängelklagen – Gestaltungsmöglichkeiten in der Satzung (GmbH), RWS-Forum Gesellschaftsrecht 2001, 2001, S. 227; *Berger* Die actio pro socio im GmbH-Recht, ZHR 149 (1985), 599; *Berns* Die Einmann-Gesellschaft mit beschränkter Haftung und das Selbstkontrahieren ihres geschäftsführenden Alleingesellschafters, Diss. Marburg 1964; *Binge* Gesellschafterklagen gegen Maßnahmen der Geschäftsführer in der GmbH, 1994, S. 194 f.; *Binz/Sorg* Die GmbH & Co. Kommanditgesellschaft auf Aktien, BB 1988, 2041; *Bippus* Die staatsvertragliche Anerkennung ausländischer Gesellschaften in Abkehr von der Sitztheorie, DB 1988, 842; *Bittner* Der Anfang vom Ende des „qualifiziert faktischen GmbH-Konzerns", WM 2001, 2133; *Blomeyer* Die teleologische Korrektur des § 181 BGB, AcP 172 (1972), 1 ff.; *Bodenheimer* Das Gleichheitsprinzip im Aktienrecht, 1933; *Brecher* Subjekte und Verband, FS A. Hueck, 1959, S. 233; *Brönner* Die Besteuerung der Gesellschaften, 15. Aufl. 1984; *Buchner* Das Ende der Haftungsbeschränkung der Gesellschafter?, DNotZ 1985, 724; *Bungert* Die Treuepflicht der Mehrheitsaktionäre, DB 1995, 1749; *Bunte* Informationsrechte in der GmbH und im GmbH-Konzern, 1976; *Cohn* Der Grundsatz der gleichmäßigen Behandlung aller Mitglieder im Verbandsrecht, AcP 132 (1930), 129; *Degen* Gegenseitiges Treueverhältnis zwischen Gesellschaftern einer GmbH oder Aktionären einer AG, JW 1929, 1346; *Dreher* Die gesellschaftsrechtliche Treuepflicht bei der GmbH, DStR 1993, 1632; *ders.* Treuepflichten zwischen Aktionären und Verhaltenspflichten bei der Stimmrechtsbündelung, ZHR 157 (1993), 150; *ders.* Die Schadensersatzhaftung bei Verletzung der aktienrechtlichen Treuepflicht durch Stimmrechtsausübung, ZIP 1993, 332; *Drobnig* Haftungsdurchgriff bei Kapitalgesellschaften, 1959; *Drüke* Die Haftung der Muttergesellschaft für die Schulden der Tochtergesellschaft, 1990, S. 42; *Drygala* Der Gläubigerschutz bei der typischen Betriebsaufspaltung, 1991; *Ebenroth* Die Kontrollrechte der GmbH-Gesellschafter – eine methodische Studie zur GmbH-Reform, 1971; *ders.* Die Geschäftsführerkontrolle durch den GmbH-Gesellschafter nach geltendem und künftigem Recht, 1972; *ders.* Die staatsvertragliche Anerkennung ausländischer Gesellschaften in Abkehr von der Sitztheorie, DB 1988, 842; *Eckerle* Die Einmann-Gesellschaft – ihre wirtschaftlichen Motive und ihre rechtliche und rechtspolitische Beurteilung, Diss. Mannheim 1973; *Eder* Das Auskunftsrecht des GmbH-Gesellschafters im jetzigen und künftigen Recht, GmbHR 1966, 271; *Ehlke* Zur Behandlung von Treugeber und Treuhänder an einem Geschäftsanteil, DB 1985, 795; *Eickhoff* Die Gesellschafterklage im GmbH-Recht, 1988, S. 32; *Erlinghagen* Zur Reform unseres Gesellschaftsrechts, FS Rudolf Reinhardt, 1972, S. 211 ff.; *Fabricius* Relativität der Rechtsfähigkeit, 1963;

Juristische Person; Handelsgesellschaft §13

v. *Falkenhausen* Verfassungsrechtliche Grenzen der Mehrheitsherrschaft nach dem Recht der Kapitalgesellschaften, 1967; *Fauser* Die Rechtsnatur der Einmann-Gesellschaft, Diss. Tübingen 1965; *Fechner* Die Treubindungen des Aktionärs, 1942; *Filbinger* Die Schranken der Mehrheitsherrschaft im Aktienrecht und Konzernrecht, 1942; *Fillmann* Die Treuepflichten des Aktionärs, 1991; *R. Fischer* Die personalistische GmbH als rechtspolitisches Problem, FS Walter Schmidt, 1959, S. 117; *ders.* Die Grenzen bei der Ausübung gesellschaftsrechtlicher Mitgliedschaftsrechte, NJW 1954, 777; *ders.* Fragen aus dem Recht der GmbH, JZ 1956, S. 362; *ders.* Die Rechtsprechung des BGH zur Treuepflicht des GmbH-Gesellschafters und des Aktionärs, ZIP 1996, 161; *Fries* Familiengesellschaft und Treuepflicht 1971; *Gadow* Das Recht der Körperschaftsmitglieder auf gleichmäßige Behandlung, LZ 1932, 920; *Gamerdinger/Saupe* Kontrolle ausländischer Direktinvestitionen in der Bundesrepublik – eine Untersuchung der Kriterien, Möglichkeiten und Notwendigkeiten, AG 1976, 29; *Gehrlein* Die Gesellschafterklage und § 46 Nr. 8 GmbHG – ein ungelöstes Problem?, ZIP 1993, 1525; *Geiler* Die Konkretisierung des Rechtsgebots der guten Sitten im modernen Wirtschaftsrecht, Festschrift für Pinner, 1932, S. 254; *v. Gerkan* Die Gesellschafterklage, ZGR 1988, 441; *Gessler* Probleme der GmbH-Rechtsform, GmbHR 1966, 102; *ders.* Reform des GmbH-Rechts, BB 1969, 589; *ders.* Neue Wege im GmbH-Konzernrecht?, DB 1971, 29; *ders.* Grundfragen der GmbH-Reform, BB 1971, 665; *ders.* Neue Vorschläge zum GmbH-Konzern-Recht, DB 1973, 48; *Gloor* Der Treuegedanke im Recht der Handelsgesellschaften, 1943; *Goerdeler/Lutter/Mertens/Rittner/Ulmer/Wietholter/Würdinger* Probleme der GmbH-Reform, 1970; *Göggerle* Die teleologische Reduktion des § 181 BGB unter besonderer Berücksichtigung der Einmann-GmbH mit identischem Gesellschafter Geschäftsführer, Diss. Tübingen 1978; *Griebel* Die Einmann-Gesellschaft, Berlin 1933; *ders.* Die Einmann-Gesellschaft mit beschränkter Haftung, GmbHR 1934, 130 ff., 241 ff., 345 ff., 419 ff.; *Großfeld* in: Die Zukunft der GmbH, 1983, 92; *ders.* Unternehmensbewertung im Gesellschaftsrecht, 2. Aufl. 1987; *Grüter* Gleichbehandlung im Gesellschaftsrecht, Diss. Köln 1959; *Grundmann* Der Treuhandvertrag, 1997; *Grunewald* Die Gesellschafterklage in Personengesellschaften und GmbH, 1990, S. 89; *dies.*, Rechtswidrigkeit und Verschulden bei der Haftung von Aktionären und Personengesellschaftern, FS Kropff, 1997, S. 89; *Habersack* Die Mitgliedschaft – Subjektives und „sonstiges" Recht, 1996, S. 11; *Häsemeyer* Obstruktion von Sanierungen und gesellschaftsrechtliche Treuepflichten, ZHR, 160 (1996), 109; *Happ* Die GmbH im Prozess, 1997; *Hartmann/Cortie* Schadensersatzanspruch der GmbH gegenüber einem Gesellschafter für die Nutzung ihres Fachwissens und ihrer Gesellschaftsverbindungen außerhalb der GmbH, DB 1981, 1073 ff.; *Heining* Das Auskunftsrecht der GmbH-Gesellschafter, GmbHR 1959, 85; *Hennrichs* Treuepflichten im Aktienrecht, AcP 195 (1995), 221; *Henze* Die Treuepflicht im Aktienrecht, BB 1996, 489; *ders.*, Zur Treuepflicht von Aktionären in, FS Kellermann 1991, S. 141; *ders.* Treuepflichten im Kapitalgesellschaftsrecht, ZHR, 162 (1998), 186; *Hölters* Der Beirat in der GmbH – Verantwortlichkeit, Haftung und Rechtsschutz, insbesondere unter dem Gesichtspunkt des Minderheitenschutzes, BB 1977, 105; *Hönn* Die konstitutive Wirkung der Löschung von Kapitalgesellschaften, ZHR 138 (1974), 50; *Hoffmann* Die Klagebefugnis des GmbH-Gesellschafters, GmbHR 1963, 61; *ders.* Die actio pro socio und ihre Anwendung in der GmbH, Diss. Hamburg 1962; *Hoffmann* Die personalistische Kapitalgesellschaft, ZHR 137 (1973), 416; *ders.* Das GmbH-Konzernrecht nach dem „Bremer Vulkan"-Urteil, NZG 2002, 68; *A. Hueck* Rechte der Generalversammlungsbeschlüsse und Aktienrechtsreform, 1933; *ders.* Die Sittenwidrigkeit von Generalversammlungsbeschlüssen RG-Praxis IV. 1929, S. 168; *ders.* Der Treuegedanke im modernen Privatrecht, 1947; *ders.* Mangelhafte Gesellschafterbeschlüsse bei der GmbH, FS Molitor, 1962, S. 401; *G. Hueck* Der Grundsatz der gleichmäßigen Behandlung im Privatrecht, 1958; *Hüffer* Vorgesellschaft, Kapitalaufbringung und Drittbeziehungen bei der Einmann-Gründung – Rechtsfragen nach dem Entwurf der Bundesregierung zur Änderung des GmbH-Gesetzes, ZHR 142 (1978), 486; *ders.* Zur gesellschaftsrechtlichen Treupflicht als richterrechtlicher Generalklausel, FS Steindorff, 1990, S. 59; *Ilgen* Die Einmann-Gesellschaft als atypische Gesellschaftsform im deutschen und französischen Recht, Diss. Köln 1969; *Immenga* Die personalistische Kapitalgesellschaft, 1970; *ders.* Bindung von Rechtsmacht durch Treuepflichten, FS 100 Jahre GmbHG, 1992, S. 189; *ders.* Die Problematik der Anfechtungsklage im GmbH-Recht, GmbHR 1973, 5; *ders.* Zur Zuverlässigkeit einer nachträglichen Stimmrechtsbeschränkung, AG 1976, 293; *Ivens* Das Förderungsgebot des GmbH-Gesellschafters, GmbHR 1988, 249; *Jilg* Die Treuepflicht der Aktionäre, 1996; *John* Die Gründung der Einmann-GmbH, 1986; *Kessler* Kapitalerhaltung und normativer Gläubigerschutz in der Einpersonen-GmbH zum „beiläufigen" Ende des „qualifiziert faktischen" GmbH-Konzerns, GmbHR 2001, 1095; *Kleinmann* Schiedsklauseln in Vereins- und Gesellschaftssatzungen, BB 1970, 1076 ff.; *Knöpfel* Die Treupflicht im Recht der GmbH, Diss. München 1954; *Kollhoser* FS Westermann, 1974, S. 275; *Konow* Der Grundsatz der gleichmäßigen Behandlung der GmbH-Gesellschafter bei der Gewinnverteilung, GmbHR 1973, 121; *Koppensteiner* Treuwidrige Stimmabgabe bei Kapitalgesellschaften, ZIP 1994, 1325 ff.; *Korehnke* Treuwidrige Stimmen im Personengesellschafts- und GmbH-Recht, 1997; *Kort* Actio pro socio auch bei Klagen gegen Nicht-Gesellschafter, DStR 2001, 2162; *Kuchàr* Die vermögenslose Kapitalgesellschaft, Diss. Göttingen, 1952; *Kübler* Rechtsfähigkeit und Verbandsverfassung, 1971; *ders.* Erwerbschancen und Organpflichten, FS Werner, 1984, S. 437; *ders./Waltermann* Geschäftschancen in der Kommanditgesellschaft, ZGR 1991,

§ 13 2. Abschnitt. Rechtsverhältnisse der Gesellschaft und der Gesellschafter

162; *Kühn* Die Minderheitsrechte in der GmbH und ihre Reform, 1964; *ders.* Analoge Anwendung der aktienrechtlichen Minderheitsrechte auf die GmbH, GmbHR 1965, 151 ff.; *Küster* Inhalt und Grenzen der Rechte der Gesellschafter, insbesondere des Stimmrechts im deutschen Gesellschaftsrecht, 1954; O. *Kuhn* Strohmanngründung bei Kapitalgesellschaften, 1964; *Landgrebe* Der Rechtsgedanke der actio pro socio im Recht der GmbH, GmbHR 1967, 227; *ders.* Der Rechtsgedanke der actio pro socio im Recht der GmbH, Diss. Bonn 1966; *Lehmann* Die ergänzende Anwendung von Aktienrecht auf die GmbH, 1970; *Limbach* Theorie und Wirklichkeit der GmbH, 1966; *Limmer* Die Haftungsverfassung des faktischen GmbH-Konzerns, 1992, S. 71; *Lutter* Rechtsverhältnis zwischen den Gesellschaftern und der Gesellschaft in: Probleme der GmbH-Reform 1970, S. 63; *ders.* Theorie der Mitgliedschaft, AcP 180 (1980), 84; *ders.* Die Treuepflicht des Aktionärs, ZHR 153 (1989), 446; *ders.* Treuepflichten und ihre Anwendungsprobleme, ZHR 162 (1998), 164; *M. Lutter* Theorie der Mitgliedschaft, AcP 180 (1980), 84; *ders.* Die Treuepflicht des Aktionärs, ZHR 153 (1989), 446; *ders.*, Treuepflichten und ihre Anwendungsprobleme, ZHR 162 (1998), 164; *Maatz* Geltendmachung von Gesellschaftsansprüchen durch Mitgesellschafter einer GmbH im eigenen Namen, GmbHR 1974, 124; *Martens* Mehrheits- und Konzernherrschaft in der personalistischen GmbH, 1970; *ders.* Die GmbH und der Minderheitenschutz, GmbHR 1984, 265; *Marsch-Barner* Treuepflichten zwischen Aktionären und Verhaltenspflichten bei der Stimmrechtsbündelung ZHR 157 (1993), 172; *ders.* Treuepflicht und Sanierung, ZIP 1996, 853; *Mertens/Cahn* Wettbewerbsverbot und verdeckte Gewinnausschüttung im GmbH-Konzern, FS Heinsius, 1991, S. 545; *Meyer-Cording* Der Kritiker der Einmann-GmbH – ein Rufer in der Wüste?, JZ 1978, 10; *Meyerowitz* Das Recht der Aktionäre auf gleichmäßige Behandlung, 1932; *Möhring* Die Kontrollrechte der Gesellschafter, FS Rittershausen, 1968, S. 357; *Mülbert* Abschied von der „TBB"-Haftungsregel für den qualifiziert faktischen GmbH-Konzern, DStR 2001, 1937; *Mutze* Zum Auskunftsrecht des GmbH-Gesellschafters, GmbHR 1972, 157 ff.; *Nehls* Die gesellschaftsrechtliche Treuepflicht im Aktienrecht, 1993; *Nitschke* Die Geltendmachung von Gesellschaftsforderungen durch den einzelnen Gesellschafter einer Personengesellschaft (Gesamthänderklage), ZHR 128 (1966), 48 ff.; *ders.* Die körperschaftlich strukturierte Personengesellschaft, 1970; *Noack* Gesellschaftervereinbarungen bei Kapitalgesellschaften, 1994, S. 161; *Nodoushani* Die Treuepflicht der Aktionäre und ihrer Stimmrechtsvertreter, 1997; *Obermüller* Die Minderheitsrechte in der Gesellschaft mit beschränkter Haftung (GmbH), DB 1967, 1971; *Ostheim* Die Rechtsfähigkeit von Verbänden im österreichischen bürgerlichen Recht, 1967; *Paschke* Rechtsfragen der Durchgriffsproblematik im mehrstufigen Unternehmensverbund, AG 1988, 196; *Pentz* Die Rechtsstellung der Enkel-AG, 1994, S. 209; *Petersen* Die personengesellschaftliche Struktur der GmbH, Diss. Kiel 1954; *Pfleger* Die Stiftung als Alleingesellschafter der Einmann-GmbH, 1969; *Plander* Geschäfte des Gesellschafter-Geschäftsführers der Einmann-GmbH mit sich selbst, 1969; *Pleyer/Schaudwet* Die Verlesung von Urkunden als Gegenstand des Auskunftsanspruchs, GmbHR 1967, 250; *Polley* Wettbewerbsverbot und Geschäftschancenlehre, 1993; *Priester* Die eigene GmbH als fremder Dritter, ZGR 1993, 512; *L. Raiser* Der Gleichheitsgrundsatz im Privatrecht, FS Nipperdey III (1948), 75; *Th. Raiser* Wettbewerbsverbote als Mittel des konzernrechtlichen Präventivschutzes, FS Stimpel 1985, S. 885; *ders.* Unternehmensrecht als Gegenstand juristischer Grundlagenforschung, FS Potthoff, 1989, S. 331; *ders.* Die Treuepflichten im GmbH-Recht als Beispiel der Rechtsfortbildung, ZHR 151 (1987), 422; *ders.* 100 Bände BGHZ: GmbH-Recht, ZHR 151 (1987), 422; *ders.* Das Recht der Gesellschafterklagen, ZHR 153 (1989), 1; *Rehbinder* Konzernaußenrecht und allgemeines Privatrecht, 1969; *ders.* Treuepflichten im GmbH-Konzern, ZGR 1976, 386; *Reichert/Winter* Vinkulierungsklauseln und gesellschafterliche Treuepflicht, FS GmbHG, 1992, S. 209; *Reuter* Ansätze eines Konzernrechts der Personengesellschaft in der höchstrichterlichen Rechtsprechung, AG 1986, 130; *Riedenklau* Die actio pro socio, Diss. 1959; *Ritter* Gleichmäßige Behandlung der Aktionäre, JW 1934, 3025; *Rittner* Die werdende juristische Person, 1973; *Röhricht* Die GmbH im Spannungsfeld zwischen wirtschaftlicher Dispositionsfreiheit ihrer Gesellschafter und Gläubiger, FS 50 Jahre BGH, 2000, S. 83; *ders.* WPg 1992, 766; *Römermann/Schröder* Aufgabe des qualifiziert faktischen GmbH-Konzerns, Das „Bremer Vulkan"-Urteil des BGH vom 17. 9. 2001, GmbHR 2001, 1015; *Rohde* Juristische Person und Treuhand, 1932; *Roth/Thöni* Treuhand und Unterbeteiligung, FS GmbHG, 1992, S. 245; *Rotondi* Zur Haftungsbeschränkung des Einzelkaufmanns, ZHR 131 (1968), 330 ff.; *Schäfer* Der stimmrechtslose GmbH-Geschäftsanteil, 1997; *Schaudwet/Paul* Die gegenseitigen Treubindungen in der GmbH-Gesellschafter, GmbHR 1970, 5 ff.; *Schilling* Die Einmann-Gesellschaft und das Einzelunternehmen mbH, JZ 1953, 161 ff.; *ders.* Wandlungen des modernen Gesellschaftsrechts, JZ 1953, 489; *H. M. Schmidt* Die gegenseitige Treuepflicht der GmbH-Gesellschafter, GmbHR 1960, 137 ff.; *K. Schmidt* Gesellschaftsrecht, 1986; *ders.* Die Behandlung treuwidriger Stimmen in der Gesellschafterversammlung und im Prozess, GmbHR 1992, 9; *ders.* Konzernrecht, Minderheitenschutz und GmbH-Innenrecht, GmbHR 1979, 121; *ders.* Gesellschafterhaftung und „Konzernhaftung" bei der GmbH, NJW 2001, 3577; *Schönfeld* Zur Ehrenrettung der juristischen Person, AcP 136 (1932), 331 ff.; *Schönle* Die Einmann- und Strohmanngesellschaft, 1957; *Scholz* Die Rechte eines Minderheitsgesellschafters in der GmbH, GmbHR 1955, 36 ff.; *Schopp* Einmann-Gesellschaft mit beschränkter Haftung in Gründung?, GmbHR 1977, 53 ff.; *Serick* Rechtsform und Realität juristischer Personen, 2. Aufl. 1980; *Sester* Treuepflichtverletzungen bei

Juristische Person; Handelsgesellschaft § 13

Widerspruch und Zustimmungsverweigerung im Recht der Personengesellschaften, 1996, S. 59; *Siebert* Einmann-GmbH und Strohmann-Gründung, BB 1954, 417; *Stein* Das faktische Organ, 1984; *Stimpel* Die Rechtsprechung des BGH zur Innenhaftung des herrschenden Unternehmens im GmbH-Konzern, AG 1986, 117; *ders.* „Durchgriffshaftung" bei der GmbH: Tatbestände, Verlustausgleich, Ausfallhaftung, FS Goerdeler, 1987, S. 601; *Sudhoff* Das Informationsrecht des Gesellschafters einer GmbH, DB 1964, 395 ff.; *Teichmann* Zur Reform der GmbH, JZ 1970, 132; *ders.* Gestaltungsfreiheit in Gesellschaftsverträgen, 1970; *ders.* Rechte des einzelnen und Befugnisse der Minderheit, in: GmbH-Reform, 1970, S. 59; *ders.* Gestaltungsfreiheit in Gesellschaftsverträgen, 1970; *Timm* Wettbewerbsverbot und „Geschäftschancen"-Lehre im Recht der GmbH, GmbHR 1981, 177; *ders.* Treuepflichten im Aktienrecht, WM 1991, 481; *ders.* Zur Sachkontrolle von Mehrheitsentscheidungen im Kapital-Gesellschaftsrecht, ZGR 1987, 403; *Tröger* Treupflicht im Konzernrecht, 1999; *Tröster* Die Einmann-GmbH – Ein Beitrag zur Lehre von der Relativität der Rechtsfähigkeit, 1971; *v. Trotha* Zur Formproblematik bei Schiedsabreden von GmbH-Gesellschaftern, DB 1988, 1367 ff.; *ders.* Zur Formproblematik bei Schiedsabreden von GmbH-Gesellschaftern, DB 1988, 1367; *Ulmer* Der Gläubigerschutz im faktischen GmbH-Konzern beim Fehlen von Minderheitsgesellschaftern, ZHR 148 (1984), 391; *ders.* Von „TBB" zum „Bremer Vulkan" – Revolution oder Evolution?, ZIP 2001, 2021; *Verhoeven* GmbH-Konzern-Innenrecht, 1978; *Vonnemann* Die Haftung im qualifizierten faktischen GmbH-Konzern, BB 1990, 217; *Vorwerk/Winners* Treuebindung des Mehrheitsgesellschafters, GmbHR 1998, 717; *M. Weber* Vormitgliedschaftliche Treubindungen, 1999; *Weipert* Verschmelzung und Umwandlung von Kapitalgesellschaften und allgemeine Mitgliedsrechte, ZHR 110 (1944), 23 ff.; *Weisser* Gesellschafterliche Treupflicht bei Wahrnehmung von Geschäftschancen der Gesellschaft durch de facto geschäftsführenden Gesellschafter, DB 1989, 2010; *ders.* Corporate Opportunities, 1991; *Werner* Zur Treuepflicht des Kleinaktionärs, FS Semler, 1993, S. 419; *Wessel* Sitz- und Gründungstheorie im internationalen Gesellschaftsrecht, GmbHR 1988, 423; *Westermann* GmbH-Konzernrecht kraft richterlicher Rechtsfortbildung?, GmbHR 1976, 77; *H. P. Westermann* Vertragsfreiheit und Typengesetzlichkeit im Recht der Personengesellschaften, 1970; *ders.* Schwerpunkte der Fortbildung des GmbH-Rechts, GmbHR 1979, 217; *Wieacker* Zur Theorie der juristischen Person im Privatrecht, FS E. R. Huber, 1973, S. 339 ff.; *ders.* Zur rechtstheoretischen Präzisierung des § 242 BGB, 1956; *Wiedemann* Unternehmensrecht und GmbH-Reform, JZ 1970, 593; *ders.* Die Übertragung und Vererbung von Mitgliedschaftsrechten an Handelsgesellschaften, 1965; *ders.* Juristische Personen und Gesamthand als Sondervermögen, WM 1975, Sonderbeil. 4; *ders.* Unternehmerische Verantwortlichkeit und formale Unternehmensziele in einer zukünftigen Unternehmensverfassung, FS Barz, 1976, S. 561 ff.; *ders.* Zu den Treuepflichten im Gesellschaftsrecht, FS Heinsius, 1991, S. 949; *Wiedemann/Bär/Dabin* Die Haftung des Gesellschafters in der GmbH, 1968; *Wiedemann/Hirte* Die Konkretisierung der Pflichten des herrschenden Unternehmens, ZGR 1986, 163; *Wiethölter* Die GmbH & Co. KG – Chancen und Grenzen, in: Aktuelle Probleme der GmbH & Co., 1967, S. 11 ff.; *Wilhelm* Rechtsform und Haftung bei der juristischen Person, 1981; *Wilken* Cash-Management und qualifiziert faktische Konzernierung, DB 2001, 2383; *Winkler* Die Lückenausfüllung des GmbH-Rechts durch das Recht der Personengesellschaften, 1967; *Winter* Mitgliedschaftliche Treubindung im GmbH-Recht, 1988; *Wittkowski* Haftung und Haftungsvermeidung bei Management Buy-Out einer GmbH, GmbHR 1990, 544; *Wolany* Rechte und Pflichten des Gesellschafters einer GmbH, 1964; *ders.* Soll die Einmann-GmbH beibehalten werden?, GmbHR 1962, 77 ff.; *Worch* Treuepflichten von Kapitalgesellschaftsuntereinander und gegenüber der Gesellschaft, 1983; *Würdinger* Die Einmann-Gesellschaft, in: Dt. Landesreferate zum VII. Internationalen Kongreß für Rechtsvergleichung in Uppsala/1966–67, S. 340 ff.; *H. Ziemons* Die Haftung der Gesellschafter für Einflussnahmen auf die Geschäftsführung der GmbH, 1996, S. 75 ff.; *Zöllner* Die Schranken mitgliedschaftlicher Stimmrechtsmacht bei den privatrechtlichen Personenverbänden, 1963; *ders.* Die sogenannte Gesellschafterklage im Kapitalgesellschaftsrecht, ZGR 1988, 392; *ders.* Schutz der Aktionärsminderheit bei einfacher Konzernierung, FS Kropff 1997, S. 333 – Literatur betreffend Haftungsfragen siehe vor Rn. 122.

Übersicht

	Rn.		Rn.
Einführung	1–3	3. Öffentliches Recht	20, 21
I. Die Rechtspersönlichkeit der GmbH	4–9	4. Ordnungswidrigkeiten- und Strafrecht	22, 23
1. Bedeutung	4	5. Prozessrechtliche Stellung	24–28
2. Inhalt und Wesen	5, 6	6. Vereinbarung eines Schiedsgerichts	29–31
3. Entstehen und Erlöschen	7–9	a) Angeordnetes Schiedsgericht	29, 30
II. Stellung im Rechtsverkehr	10–31	b) Institutionelles Schiedsgericht	31
1. Privatrechtliche Stellung	10–18		
2. Haftungszurechnung, Gefährdungshaftung	19		

	Rn.
III. Die GmbH als Handelsgesellschaft	32–34
IV. Die GmbH als Verbandsperson	35–121
1. Die Treupflicht	35–86
a) Allgemeines	35
b) Grundlagen der Treupflichtbindung	36
c) Schutzrichtungen	37
d) Funktion der Treupflicht	38
e) Zeitliche Komponente	39
f) Intensität der Treupflicht	40
g) Verhältnis der Treupflichten zueinander	41
h) Verhältnis von Anfechtungsklage und Treupflichtverletzung	42
i) Einzelfälle	43–76
aa) Einwirkungsbezogene Pflichten	44
bb) Treupflicht im Gründungs- und Abwicklungsstadium	45
cc) Einfluss der Treupflicht auf finanzielle Pflichten	46
dd) Treupflicht und (Dritt-)Ansprüche von Gesellschaftern	47
ee) Fragen der Geschäftsführung	48, 49
ff) Besetzung von Gesellschaftsorganen	50
gg) Satzungsänderung	51
hh) Aufdeckung von Treuhandverhältnissen	52
ii) Übertragung von Geschäftsanteilen	53
jj) Gesellschafterversammlung	54
kk) Treupflicht und Stimmverhalten	55–58
ll) Treupflicht und Zustimmungsverhalten	59
mm) Pflicht zur Umsetzung von Gesellschafterbeschlüssen	60
nn) Feststellung des Jahresabschlusses, Gewinnverwendung	61
oo) Schädigungsverbot	62
pp) Verbot der verdeckten Gewinnausschüttung	63
qq) Schranken der Rechte aus § 50	64
rr) Schranken der Rechte aus § 51a	65
ss) Treupflichtwidrige Anfechtungsklagen	66
tt) Bezugsrecht bei Kapitalerhöhungen	67

	Rn.
uu) Liquidation der Gesellschaft	68
vv) Ausübung von Kündigungsrechten, Gesellschafterausschluss und vergleichbare Maßnahmen	69
ww) Recht der verbundenen Unternehmen	70–76
(1) (Unter-)Gesellschaft	71–74
α) Schädigungsverbot, Wettbewerbsverbot	72
β) Mitteilungspflichten	73
γ) Beschlusskontrolle bei Abschluss eines Unternehmensvertrags?	74
(2) Obergesellschaft	75, 76
α) Ausgliederung von Unternehmensteilen	75
β) Anteilserwerb, Unternehmensvertrag	76
j) Rechtsfolgen der Verletzung von Treupflichten	77–86
aa) Treuwidrige Stimmabgabe	78
bb) Durchsetzung von Stimmpflichten	79
cc) Unbeachtlichkeit von Maßnahmen	80
dd) Einziehung, Ausschluss, Auflösung	81
ee) Schadensersatzpflicht	82–85
(1) Gesellschaft	83
(2) Gesellschafter	84
(3) Verschuldensmaßstab	85
ff) Eintrittsrecht bei Wettbewerbsverstößen	86
2. Wettbewerbsverbot und Geschäftschancenlehre	87–93
a) Wettbewerbsverbot	87–90
b) Geschäftschancenlehre	91, 92
c) Rechtsfolgen	93
3. Der Gleichbehandlungsgrundsatz	94–108
a) Allgemeines	94
b) Inhalt	95
c) Adressat des Gleichbehandlungsgrundsatzes, Geltungsgrund	96
d) Schutzgegenstand	97
e) Verhältnis zu Satzung und Gesellschafterbeschlüssen	98, 99
f) Auswirkungen	100

	Rn.		Rn.
g) Verstoß gegen den Gleichbehandlungsgrundsatz	101–108	aa) Institutsmissbrauch	132
aa) Ungleichbehandlung	101–104	bb) Unterkapitalisierung	133–140
bb) Sachliche Rechtfertigung	105	(1) Allgemeines	133
		(2) Nominelle Unterkapitalisierung	134
cc) Unbeachtlichkeit des Verstoßes bei Zustimmung des Betroffenen	106	(3) Materielle Unterkapitalisierung	135–140
		α) Allgemeines	135
dd) Rechtsfolgen	107, 108	β) Meinungsstand	136
4. Pflicht des Gesellschafters zur Anerkennung des gesellschaftlichen Eigeninteresses	109–113	γ) Stellungnahme	137–140
		cc) Vermögensvermischung	141
5. Die Gesellschafterklage	114–121	dd) Sphärenvermischung	142
a) actio pro socio/societate	114–120	ee) Beherrschender Gesellschafter/Konzernrecht, Weisungserteilung	143, 144
aa) Dogmatische Einordnung	116, 117	ff) Rechtsfolgen	145
bb) Beschlussnotwendigkeit	118, 119	b) Zurechnungsdurchgriff	146–155
		aa) Normanwendungsfälle	147–154
cc) Prozessuale Fragen	120	bb) Fälle sachgerechter Vertragsauslegung	155
b) Mitgliedschaftsstreit	121	c) „Umgekehrter" Durchgriff	156–158
V. Durchgriff	122–160	aa) Haftung der Gesellschaft für Gesellschafterschulden?	156
1. Allgemeines	122		
2. Methodischer Ansatz	123–129		
a) Meinungsstand	123–127		
aa) Missbrauchslehre	124	bb) Gesellschafterfreundlicher Durchgriff, Reflexschaden	157, 158
bb) Normanwendungstheorien	125		
cc) Rechtsprechung	126	4. Abgrenzung zu sonstigen Rechtsinstituten	159, 160
dd) „Trennungstheorie"	127		
b) Stellungnahme	128, 129	**VI. Steuern**	161–164
3. Einzelfälle	130–158	**VII. Österreichisches Recht**	165, 166
a) Haftungsdurchgriff	131–145		

Einführung

§ 13, seit In-Kraft-Treten des GmbHG nicht geändert, spricht in **Abs. 1** die rechtliche Selbständigkeit der GmbH als juristische Person aus, bestimmt also ihre eigene Rechtspersönlichkeit und die damit zusammenhängenden Rechte und Pflichten. Darüber hinaus ist in **Abs. 2** klarstellend bestimmt, dass für Verbindlichkeiten der GmbH nur ihr Gesellschaftsvermögen haftet. **Abs. 3** bestimmt die Kaufmannseigenschaft der GmbH. **1**

Die Vorschrift des § 13 ist als eine Kernaussage des GmbH-Rechts **zwingendes Recht**. Mit Blick auf den numerus clausus der Gesellschaftsformen können die Gesellschafter auch durch die Satzung wirksam keine anderen Bestimmungen treffen; sie können also beispielsweise nicht vereinbaren, die Gesellschaft solle nicht rechtsfähig sein oder gegenüber ihren Gläubigern als solche nicht haften; eine solche Gesellschaft wäre ihrer Struktur nach keine GmbH, sondern – je nach ihrer konkreten Ausgestaltung – Gesellschaft bürgerlichen Rechts, OHG oder KG. Dies schließt es allerdings nicht aus, dass die Gesellschafter mit den Gläubigern im Wege einer Einzelvereinbarung zusätzliche Haftungsregelungen treffen, etwa des Inhalts, dass sie persönlich neben der Gesellschaft für einen Bankkredit o. Ä. haften sollen. **2**

Systematisch steht die Vorschrift am Anfang des Zweiten Abschnitts des GmbHG, der die §§ 13 bis 34 umfasst und sich mit den Rechtsverhältnissen der Gesellschaft und der Gesellschafter befasst. **3**

I. Die Rechtspersönlichkeit der GmbH

4 **1. Bedeutung. Die GmbH kann als solche Rechte und Pflichten erwerben;** sie hat wie die Aktiengesellschaft (§ 1 AktG) eine eigene Rechtspersönlichkeit und ist damit **nach ihrer Eintragung in das Handelsregister** (argumentum e contrario § 11 Abs. 1) selbstständige juristische Person. Es besteht eine strenge rechtliche Trennung zwischen dem Vermögen der Gesellschaft und demjenigen ihrer Gesellschafter.[1] Als juristische Person unterscheidet sie sich von der Personengesellschaft, bei der es sich nach neuerer und zutreffender Auffassung ebenfalls um eigenständige Zuordnungssubjekte handelt,[2] insbesondere dadurch, dass sie in ihrem Rechtsbestand unabhängig von ihren Gesellschaftern ist. Sie kann – anders als die Personengesellschaft – als Einpersonen-Gesellschaft existieren sowie eigene Anteile erwerben und halten; ebenso können ihr solche auch zufallen (§§ 23, 27 Abs. 3, 33 Abs. 2). Diese Selbständigkeit gegenüber ihren Gesellschaftern reicht bis hin zur rechtlichen Möglichkeit einer sog. „Kein-Mann-Gesellschaft", bei der die Gesellschaft sämtliche Geschäftsanteile selbst hält.[3]

5 **2. Inhalt und Wesen.** Ungeachtet der Eigenschaft der GmbH als juristischer Person ist ihre Erscheinungsform als Personenverband[4] höchst vielgestaltig. Das GmbH-Gesetz überlässt (anders als das auch nach dem Gesetz für Kleine Aktiengesellschaften und zur Deregulierung des Aktienrechts[5] auf die Publikumsgesellschaft angelegte Aktienrecht, vgl. § 23 Abs. 5 AktG) den Gesellschaftern über § 45 einen breiten Spielraum für die Regelung der Rechtsverhältnisse zur Gesellschaft. Hierdurch soll die rechtliche Gestaltung der typischerweise auf einen überschaubaren Gesellschafterkreis angelegten Gesellschaft auf die Bedürfnisse der Gesellschafter und den Zweck des Unternehmens angepasst werden können. Diese bis heute unverändert gebliebene Zweckbestimmung wird schon deutlich in den Ausführungen im Gutachten des Ausschusses des Deutschen Handelstages vom 7. 12. 1888, wonach gefordert wurde, eine neue Rechtsform für gesellschaftliche Privatunternehmen zu schaffen **„welche die Errichtung von individualistischen und kollektivistischen Erwerbsgesellschaften auf der Grundlage der in Anteile zerlegten Mitgliedschaft und der beschränkten Haftbarkeit der Mitglieder zulässt und welche gleichzeitig die Vertragsfreiheit möglichst wenig einschränkt."**[6] Der Gesetzgeber hat diesem Anliegen mit der GmbH entsprochen. Systematisch lässt sich die GmbH als juristische Person des privaten Rechts und als kaufmännische Organisationsform zwischen der Aktiengesellschaft und den Personenhandelsgesellschaften einordnen. Je nach Größe und satzungsgemäßer Ausgestaltung spricht man dabei von einer personalistischen GmbH oder von einer kapitalistisch strukturierten GmbH.[7]

6 Das **Wesen der GmbH** wird in § 13, wie in der aktienrechtlichen Parallelvorschrift des § 1 AktG, nicht abschließend umschrieben. Kennzeichnend für das Wesen der GmbH ist ihre **körperschaftliche Struktur,** die sie von der Personengesellschaft un-

---

[1] *Hachenburg/Raiser* Rn. 2.
[2] Statt anderer *Flume* Die Personengesellschaft § 5, 7 III; MüKo BGB/*Ulmer* § 705 Rn. 127 f.; *K. Schmidt* GesR § 8 III mwN.
[3] *Scholz/Emmerich* Rn. 8; *Hachenburg/Raiser* Rn. 2; *Scholz/Emmerich* Rn. 8; s. auch bei § 33.
[4] *Hachenburg/Raiser* Rn. 3.
[5] Gesetz vom 8. 2. 1994, BGBl. I S. 1961.
[6] Zit. nach *Scholz* 4. Aufl. Einl. I 1; s. auch RT-Drucks./VIII 1. Session 1890/91 Nr. 660 S. 3724, 3728. Zur Geschichte der GmbH s. auch den Überblick bei Einl. Rn. 1 ff. und bei *K. Schmidt* GesR § 33 II.
[7] *Erlinghagen*, FS Rudolf Reinhardt, 1972, S. 211, 218.

terscheidet und die die partielle Heranziehung von Vereinsrecht, aber auch von Aktienrecht zur Lückenfüllung ermöglicht. Die GmbH ist **Kapitalgesellschaft;** ihr **Stammkapital** ist in **Stammeinlagen** eingeteilt (zu beidem s. § 5), nach denen sich gem. § 14 maßgeblich die jeweiligen (abweichend vom Personengesellschaftsrecht gem. § 15 Abs. 1 zwingend vererblichen) Anteile an der Gesellschaft, die sog. **Geschäftsanteile** bestimmen. Als Gesellschaft mit **eigener Rechtspersönlichkeit** ist sie selbst Zuordnungssubjekt von Rechten und Pflichten und **über ihre Organe** (Geschäftsführer, vgl. hierzu §§ 35 ff.) im Rechtsverkehr **handlungsfähig.** Es besteht im Grundsatz keine Haftung der Gesellschafter für Verbindlichkeiten der Gesellschaft (§ 13 Abs. 2, s. aber auch Rn. 122 ff.); es gilt das sog. **Trennungsprinzip,** wonach Gesellschafter und Gesellschaft einander wie Dritte gegenüberstehen. Die Gesellschaft ist unabhängig vom Gegenstand ihres Unternehmens **Handelsgesellschaft** im Sinne des § 6 HGB (§ 13 Abs. 3, hierzu bei Rn. 32 ff.).

3. Entstehen und Erlöschen. Die GmbH entsteht gem. § 11 Abs. 1 mit ihrer Eintragung in das Handelsregister. Das gilt für die originäre Gründung der Gesellschaft wie auch im Falle der Umwandlung einer Gesellschaft anderer Rechtsform oder einer Körperschaft des öffentlichen Rechts in eine GmbH oder auf eine neu zu errichtende GmbH (Näheres s. Anh. nach § 77 Übers. Rn. 1–6). Vor der Eintragung existiert ab dem Zeitpunkt der Errichtung der Gesellschaft durch die Feststellung der Satzung eine sog. Vor-GmbH, deren rechtliche Einordnung i. e. streitig ist. Ob es sich bei der Vor-GmbH und der durch die Eintragung im Handelsregister entstehenden GmbH um ein und denselben Rechtsträger handelt, der nur sein „Rechtskleid" ändert (Identität der Rechtsträger) oder ob insoweit eine Rechtsnachfolge stattfindet, ist ebenfalls streitig. Wegen der Einzelheiten vgl. hierzu die Kommentierung bei § 11. 7

Über das Erlöschen der GmbH enthält das Gesetz keine Bestimmung. Die Auffassungen darüber, wann eine GmbH nicht mehr existent, also erloschen ist, sind geteilt. Klar ist jedenfalls folgendes: Der **Auflösungsbeschluss** der Gesellschafterversammlung (§ 60 Abs. 1 Nr. 2) **und die Nichtigkeitserklärung** gem. §§ 75 ff. führen nicht unmittelbar zum Erlöschen der GmbH, sondern führen **zum Übergang der werbenden Gesellschaft in das Stadium der Liquidation.**[8] Erst mit der vollständigen Verteilung des Vermögens und der Löschung der Gesellschaft im Handelsregister tritt die von der Auflösung zu unterscheidende Vollbeendigung der Gesellschaft ein (str., s. bei Rn. 9); wegen der Einzelheiten s. Erl. zu §§ 60 ff. und §§ 74 ff. Auch die **Eröffnung des Insolvenzverfahrens** über das Vermögen der Gesellschaft gem. § 60 Abs. 1 Nr. 4 führt nicht zum Erlöschen der Gesellschaft, ebenso wenig die sonst in § 60 Abs. 1 genannten oder gem. § 60 Abs. 2 in der Satzung bestimmten Gründe, außer der Löschung nach § 60 Nr. 7, die trotz der irreführenden Formulierung der Bestimmung (jedenfalls im Regelfall) zur Vollbeendigung der Gesellschaft führt. Wegen der Einzelheiten s. die Kommentierung zu § 60. Zur Möglichkeit der Fortsetzung einer aufgelösten GmbH durch Fassung eines **Fortsetzungsbeschlusses,** der nur vor Verteilung des Gesellschaftsvermögens möglich ist, s. hierzu bei § 60. 8

In welchem Zeitpunkt die GmbH als solche nicht mehr existent ist, ist streitig. Im Wesentlichen werden hierzu drei Auffassungen vertreten: Nach der ersten Meinung führt bereits die endgültige Vermögenslosigkeit der Gesellschaft zum Erlöschen der Gesellschaft. Nach anderer Auffassung ist auf den formalen Akt der Löschung der Gesellschaft im Handelsregister abzustellen. Die dritte Auffassung (sog. Lehre vom Doppeltatbestand) verlangt zwei Voraussetzungen: die Löschung der Gesellschaft und ihre 9

---

[8] *Scholz/K. Schmidt* § 60 Rn. 5, 43.

Vermögenslosigkeit. Überzeugend ist die auf die Löschung der Gesellschaft im Handelsregister abstellende zweite Auffassung. Eine juristische Person ohne handelsregisterliche Eintragung ist nicht möglich. Sofern die Gesellschaft trotz der Löschung im Handelsregister noch über Vermögen verfügen sollte, ist deshalb Rechtsträger dieses Vermögens nicht eine (als solche mangels Registereintragung nicht mehr existente) GmbH als juristische Person, sondern spiegelbildlich zur Rechtslage bei der Gründung der Gesellschaft im Falle der Mehrpersonengesellschaft eine Gesellschaft eigener Art in der Form der Gesamthand, im Falle der Einpersonen-Gesellschaft je nach dem, welcher Auffassung man insoweit folgt, entweder der (jetzt ehemalige) Gesellschafter oder eine von ihm zu unterscheidende Organisationsform eigener Art.

II. Stellung im Rechtsverkehr

10   **1. Privatrechtliche Stellung.** Die GmbH kann als **selbstständige Rechtspersönlichkeit** unabhängig von ihren Gesellschaftern Rechte erwerben und ausüben, und sie hat alle Rechte und Pflichten, die sie in ihrer Eigenschaft als am öffentlichen Leben und Wirtschaftsleben teilnehmende Person haben kann; die Aufzählung in § 13 Abs. 1, Halbs. 2 ist nur beispielhaft.[9] Die GmbH ist stets eine juristische Person des privaten Rechts auch dann, wenn ihre Gesellschafter etwa sämtlich Körperschaften des öffentlichen Rechts sind (vgl. § 2 Rn. 17). Hoheitliche Funktionen kann sie allerdings auch in diesem Falle nicht ausüben.

11   Die GmbH hat eine **eigene Firma** (§ 4), die losgelöst vom Namen der Gesellschafter selbstständigen Namensschutz gem. §§ 12 BGB, 37 Abs. 2 HGB, 5, 15 MarkenG genießt.

12   Die GmbH hat ihr eigenes, von dem Vermögen der Gesellschafter **getrenntes Vermögen,** mit dem sie ihren Gläubigern im Grundsatz allein und ausschließlich haftet (Abs. 2). Die Gesellschaft schließt im eigenen Namen Verträge ab, erwirbt eigene Ansprüche und übernimmt selbstständig eigene Verbindlichkeiten. Auch gegenüber ihren Gesellschaftern kann sie sich unabhängig von deren Mitgliedschaftsrechten vertraglich verpflichten. **Eigentum** und sonstige dingliche Rechte erwirbt die Gesellschaft selbst in eigenem Namen, wobei sie durch ihre Geschäftsführer vertreten wird. **Besitz** übt die Gesellschaft durch ihre Geschäftsführer ebenfalls selbst aus;[10] eigenen Besitz haben die Geschäftsführer jedenfalls im Grundsatz nicht.[11]

13   Die Gesellschaft kann **Inhaberin von gewerblichen Schutzrechten** wie Marken, Gebrauchsmuster, Patenten etc. sein. Sie kann mangels der Fähigkeit, Schöpfer iS des § 7 UrhG zu sein, aber **weder selbst Urheber** sein **noch selbst Erfinder,** selbst wenn der Geschäftsführer die Erfindung gemacht hat.[12]

14   Die Gesellschaft kann auch **Erbe und Vermächtnisnehmer** sein.[13] Selbst vererben kann sie demgegenüber nicht, da die Vererbung nach § 1922 BGB an den Tod einer natürlichen Person gebunden ist. Vertragspartei eines Erbvertrags kann sie deshalb ebenfalls sein, solange sie nicht der verfügende Teil ist.[14] Ebenso kann die Gesellschaft wirksam zum **Testamentsvollstrecker** und **Nachlasspfleger** bestellt werden.[15]

---

[9] *Baumbach/Hueck/Fastrich* Rn. 3; *Hachenburg/Raiser* Rn. 10.
[10] BGHZ 56, 73, 77 = NJW 1971, 1358; *Roth/Altmeppen* Rn. 4; *Scholz/Emmerich* Rn. 12; ausführlich MüKo BGB/*Jost* § 854 Rn. 32 ff.
[11] MüKo BGB/*Jost* § 854 Rn. 34.
[12] § 7 UrhG; *Scholz/Emmerich* Rn. 14; *Benkard/Bruchhausen* PatG § 6 Rn. 3.
[13] *Baumbach/Hueck/Fastrich* Rn. 4; *Lutter/Hommelhoff* Rn. 2; *Scholz/Emmerich* Rn. 15.
[14] *Lutter/Hommelhoff* Rn. 2.
[15] *Scholz/Emmerich* Rn. 15.

Juristische Person; Handelsgesellschaft § 13

Vormund und **Pfleger** für natürliche Personen kann die GmbH hingegen **nicht** 15
sein (§§ 1779 Abs. 2; 1915 Abs. 1 BGB), gem. § 56 Abs. 1 InsO auch **nicht Insolvenzverwalter**. Wegen der funktionellen Nähe dieses Amtes zum Insolvenzverwalter kann sie auch **nicht** zum **Nachlassverwalter** bestellt werden.[16] Die GmbH kann **nicht gerichtlicher Sachverständiger** sein, da dies nur natürliche Personen sein können.[17] Die Geschäftsführer der Gesellschaft, die Gesellschafter oder die Angestellten der Gesellschaft können hingegen diese Ämter jederzeit übernehmen.

Die GmbH kann **Gesellschafter** einer anderen Gesellschaft (Gesellschaft bürger- 16
lichen Rechts, OHG, KG, GmbH, AG) sein, auch Komplementär einer KGaA.[18] Sie kann Mitglied eines **Vereins** oder einer **Genossenschaft** sein. Dagegen kann die GmbH **nicht Geschäftsführer** einer GmbH, **Vorstand** oder **Mitglied des Aufsichtsrats** einer Aktiengesellschaft, einer Genossenschaft oder eines Versicherungsvereins auf Gegenseitigkeit oder einer Genossenschaft sein. Zum **Liquidator** von Gesellschaften kann sie demgegenüber bestellt werden, was für die Aktiengesellschaft in § 265 Abs. 2 S. 3 AktG ausdrücklich festgestellt wird (s. noch bei § 66 Rn. 4).

Welche Tätigkeiten die Gesellschaft übernehmen kann, ist in jedem Einzelfall ge- 17
sondert dahin zu prüfen, ob der Berufszweig oder die beruflichen Aufgaben von Gesetzes wegen die Ausübung der Tätigkeit durch eine GmbH zulässt.[19] Schiedsrichter gem. §§ 1025 ff. ZPO kann die GmbH z.B. nicht sein;[20] wohl aber Verfahrensbevollmächtigter in einem Schiedsgerichtsverfahren. Lehrling oder Handlungsgehilfe, Handlungsbevollmächtigter, Prokurist oder sonstiger Arbeitnehmer kann die GmbH nicht sein, wohl aber Handelsvertreter.[21] Teilweise ist die Betätigung in bestimmten Geschäftszweigen der GmbH ebenfalls verwehrt. So kann sie zB nicht ein Versicherungs-, Apotheken- oder Versteigerungsunternehmen betreiben (§ 7 Abs. 1 VAG, § 8 ApothG, § 34b Abs. 3 S. 1 GewO; wegen der Einzelheiten s. bei § 1 Rn. 6). Wohl aber kann sie Versicherungsmakler sein. Bankgeschäfte hingegen darf die GmbH betreiben, dsgl. kann sie Eigentümer eines landwirtschaftlichen Anwesens sein und dies bewirtschaften.

Öffentliche Ämter kann die GmbH nicht einnehmen, sie kann zB nicht Präsident 18
einer Industrie- und Handelskammer sein (§ 5 Abs. 2 iVm. § 6 Abs. 1 des Gesetzes zur vorläufigen Regelung des Rechts der Industrie- und Handelskammern v. 18. 12. 1956, BGBl. I S. 920), wohl aber können ihre Geschäftsführer ein solches Amt bekleiden (aaO § 5 Abs. 2).

2. Haftungszurechnung, Gefährdungshaftung. Die GmbH ist als solche **nicht** 19
deliktsfähig. Sie haftet jedoch für das rechtswidrige Handeln ihrer Organe **entsprechend § 31 BGB**.[22] Eine Zurechnung der Handlungen der Geschäftsführer über § 278 BGB scheidet demgegenüber auch im rechtsgeschäftlichen Bereich aus.[23] Ihre unmittelbare Schadenersatzpflicht folgt auch aus der **Gefährdungshaftung,** etwa gem. § 7 StVG; für die Gefährdung durch ihr gehörende Anlagen haftet die GmbH gem. **§ 22 WHG**.

---

[16] AA insoweit *Vogel* Anm. 3; *Baumbach/Hueck/Fastrich* Rn. 4.
[17] *Zöller/Greger* ZPO § 402 Rn. 6.
[18] BGHZ 134, 392 = NJW 1997, 1923; ausführlich hierzu *Hüffer* § 278 Rn. 8 ff.
[19] *Scholz/Emmerich* Rn. 10.
[20] *Thomas* in *Thomas/Putzo* ZPO § 1035 Rn. 1.
[21] Ausführlich zur GmbH als Handelsvertreter zuletzt *Emde* GmbHR 1999, 1005 ff.
[22] *Baumbach/Hueck/Fastrich* Rn. 3; *Hachenburg/Raiser* Rn. 15; *Scholz/Emmerich* Rn. 17; s. dazu iE Rn. 83.
[23] Str., eingehend hierzu *K. Schmidt* GesR § 10 IV 3; *Soergel/Hadding* § 31 Rn. 4, jeweils mwN.

§ 13   2. Abschnitt. Rechtsverhältnisse der Gesellschaft und der Gesellschafter

20   **3. Öffentliches Recht.** Die GmbH steht unter dem **Schutz des Grundgesetzes.** Die Grundrechte, soweit für juristische Personen anwendbar, gelten auch für sie (Art. 19 Abs. 3 GG). In Betracht kommen Art. 2, Art. 5, Art. 8, Art. 9, Art. 10, Art. 12, Art. 13, Art. 14, Art. 15, Art. 17, Art. 18 und 19 GG.[24] Art. 11 GG findet für die GmbH mit Sitz im Ausland eine gewisse **Einschränkung durch Art. 86 EGBGB,** soweit diese juristischen Personen nicht zu den der Europäischen Wirtschaftsgemeinschaft angehörigen Staaten gehören. Die GmbH genießt Datenschutz hinsichtlich ihrer nicht veröffentlichungspflichtigen internen Vorgänge; dies gilt auch für die Einpersonen-GmbH.[25]

21   Im **Verwaltungsverfahren** ist die GmbH beteiligungsfähig, wobei sie auch hier durch ihre Geschäftsführer vertreten wird, §§ 11 Nr. 1, 12 Abs. 1 Nr. 3 VwVfG. Entsprechendes gilt für das verwaltungsgerichtliche Verfahren und vor dem **BVerfG,** §§ 61 Nr. 1, 62 Nr. 2 VwGO, § 90 BVerfGG. Soweit es, wie etwa im Gaststättenrecht (§ 4 GaststättenG), im öffentlichen Recht auf bestimmte persönliche Voraussetzungen (Zuverlässigkeit) ankommt, ist – was allerdings im Einzelfall durch Auslegung des Gesetzes zu ermitteln ist – häufig auf die Person des Geschäftsführers abzustellen.

22   **4. Ordnungswidrigkeiten- und Strafrecht.** Die GmbH haftet unmittelbar für **Ordnungswidrigkeiten,** die ein Organmitglied der Gesellschaft für diese begangen hat; es kann eine Geldbuße unmittelbar gegen sie festgesetzt werden, **§ 30 OWiG.** Auch Steuerstrafen können unmittelbar gegenüber der GmbH ausgesprochen werden **(§§ 33, 377 AO; 30 OWiG).**

23   Die GmbH ist ihrerseits voll **gegen Straftaten geschützt,** sie ist strafantragsberechtigt iS des § 77 StGB. Es ist ihr Eigentum geschützt und ihr allgemeines Persönlichkeitsrecht, insbesondere genießt sie auch Schutz gegen die Verletzung ihrer Ehre.[26]

24   **5. Prozessrechtliche Stellung.** Die GmbH ist **partei- und prozeßfähig,** sie kann vor Gericht klagen und verklagt werden, § 13 Abs. 1. Während über die Parteifähigkeit der GmbH Einmütigkeit besteht, wird die Prozessfähigkeit der GmbH vielfach, wenngleich zu Unrecht bezweifelt.[27] Die GmbH kann sich indes durch ihre Organe durch Verträge verpflichten (§ 52 Abs. 1 ZPO) und die Organe der Gesellschaft sind ein Teil der juristischen Person,[28] so dass kein Grund ersichtlich ist, die Prozessfähigkeit der GmbH zu verneinen.[29] Im Übrigen ist dieser Streit im Ergebnis ohne Bedeutung.

25   **Vertreten wird die Gesellschaft im Prozess durch ihre Geschäftsführer,** und zwar durch sämtliche, wenn nicht der Gesellschaftsvertrag Einzelvertretung, Vertretung durch zwei Geschäftsführer oder in unechter Gesamtvertretung durch einen Geschäftsführer und einen Prokuristen vorsieht.[30] Ein Gesellschafter kann als solcher – vorbehaltlich einer ausdrücklichen Regelung für den Fall der Vertretung gegenüber dem Geschäftsführer oder Gründern nach § 46 Nr. 8 – die Gesellschaft nicht vertreten, auch nicht der alleinige Gesellschafter. Im Passivprozess hat das Gericht bei Fehlen eines Geschäftsführers und Gefahr im Verzug gem. § 57 Abs. 1 ZPO einen Prozess-

---

[24] Ausführlich *Hachenburg/Raiser* Rn. 22 ff.
[25] BGH WM 1986, 190.
[26] BGHSt 6, 186, 191; *Hachenburg/Raiser* Rn. 12.
[27] BGHZ 38, 71, 75; *Baumbach/Lauterbach/Albers/Hartmann* ZPO § 52 Rn. 2.
[28] *Hachenburg/Raiser* Rn. 16.
[29] *Roth/Altmeppen* Rn. 6; *Baumbach/Hueck/Fastrich* Rn. 6; *Hachenburg/Raiser* Rn. 16; *Scholz/Emmerich* Rn. 23.
[30] *Hachenburg/Raiser* Rn. 17; *Scholz/Emmerich* Rn. 24.

vertreter zu bestellen, bis ein Notgeschäftsführer bestellt ist. Dies gilt auch im Prozess zwischen Gesellschafter und Gesellschaft. Ferner gilt dies im Rechtsstreit zwischen Geschäftsführer und Gesellschaft, sofern die Satzung keine zulässige abweichende Regelung trifft.[31] Bei der mitbestimmten GmbH wird die Gesellschaft in diesem Falle vom Aufsichtsrat vertreten analog § 112 AktG.

Die **Zustellungen an die Gesellschaft** können an einen Geschäftsführer bewirkt werden (§ 35 Abs. 2 S. 3 GmbHG; § 171 Abs. 3 ZPO). Die Geschäftsführer der Gesellschaft können während der Dauer ihres Geschäftsführeramtes im Prozess der Gesellschaft nicht **Zeuge** sein. Die Geschäftsführer sind wie eine Partei gem. § 448 ZPO zu vernehmen[32] und geben auch die eidesstattlichen Versicherungen gem. §§ 807, 883 Abs. 2, 889 ZPO ab.[33] Gegebenenfalls kann es sich deshalb empfehlen, die Geschäftsführer abzuberufen, um sie als Zeugen vernehmen zu lassen.[34] Taugliche Zeugen sind demgegenüber Gesellschafter, die nicht zugleich Geschäftsführer sind, und zwar auch der alleinige Gesellschafter einer Einpersonen-GmbH;[35] der Gesellschafter einer GmbH ist nicht vertretungsberechtigtes Organ einer Gesellschaft und ist rechtlich daher nicht Partei,[36] ein wirtschaftliches Interesse ist ggf. im Rahmen der Beweiswürdigung zu berücksichtigen. Abweichendes gilt dann, wenn der Gesellschafter besonderer Vertreter der Gesellschaft nach § 46 Nr. 8 ist; in diesem Falle vertritt er die Gesellschaft organschaftlich und ist deshalb ebenfalls wie eine Partei zu vernehmen. Ein **Zeugnisverweigerungsrecht** hat der Gesellschafter in Bezug auf Vorgänge in der Gesellschaft nicht.[37] Entsprechendes gilt für die Mitglieder des Aufsichtsrates, sofern sie nicht entsprechend § 112 AktG in einem Rechtsstreit der Gesellschaft als Vertreter gegenüber den Geschäftsführern auftreten. **26**

Der GmbH kann **Prozesskostenhilfe** nur im Umfange des § 116 ZPO gewährt werden, d. h. nur dann, wenn die Kosten weder von der GmbH noch von den wirtschaftlich Beteiligten, also den Gesellschaftern, aufgebracht werden können, und auch nur dann, wenn das Unterlassen der Rechtsverfolgung oder Rechtsverteidigung allgemeinen Interessen zuwiderlaufen würde.[38] Im Übrigen gilt § 116 ZPO nur für inländische juristische Personen. **27**

Der **Gerichtsstand der Gesellschaft** ist zunächst durch ihren Sitz bestimmt, § 17 Abs. 1 ZPO. Maßgeblich ist der statutarische Sitz, also derjenige Sitz, der sich aus der Satzung ergibt. Die Eintragung des Sitzes im Handelsregister muss die Gesellschaft gem. § 15 HGB gegen sich gelten lassen; sie kann sich also nicht etwa darauf berufen, die Bestimmung der Satzung über den Sitz sei, weil die tatsächliche Verwaltung an einem anderen Ort stattfinde, nichtig. Hierneben kann die Satzung einen besonderen Gerichtsstand gem. § 17 Abs. 3 ZPO oder für Klagen, die das Gesellschaftsverhältnis betreffen, auch einen ausschließlichen Gerichtsstand im Wege der Gerichtsstandsklausel bestimmen.[39] **28**

---

[31] *Meyer-Landrut/Miller/Niehus* Rn. 8.
[32] Statt aller *Scholz/Emmerich* Rn. 25.
[33] *Hachenburg/Raiser* Rn. 17.
[34] Vgl. hierzu statt anderer *Happ* Die GmbH im Prozess, 1997, § 8 Rn. 3f. mwN.
[35] *Hachenburg/Mertens* Anh. § 13 Rn 74; *Scholz/Emmerich* Rn. 25; anders noch *Hachenburg/Schilling* 7. Aufl. Anh. I zu § 13 Rn. 61 (mit unzutr. Hinweis auf *R. Fischer* JZ 1957, 362); *ders.* JZ 1957, 93.
[36] *Baumbach/Hueck/Fastrich* Rn. 6; *Hachenburg/Mertens* Anh. § 13 Rn 74; *Scholz/Emmerich* Rn. 25.
[37] *Baumbach/Hueck/Fastrich* Rn. 6.
[38] BGH NJW 1986, 2059; OLG Hamburg MDR 1988, 782.
[39] *Zöller/Vollkommer* ZPO § 17 Rn. 13 mwN.

§ 13   2. Abschnitt. Rechtsverhältnisse der Gesellschaft und der Gesellschafter

29 **6. Vereinbarung eines Schiedsgerichts. a) Angeordnetes Schiedsgericht.** Bestimmt die Satzung, dass alle Streitigkeiten aus dem Gesellschaftsverhältnis zwischen der Gesellschaft und den Gesellschaftern oder auch zwischen den Gesellschaftern untereinander unter Ausschluss des ordentlichen Rechtsweges durch ein Schiedsgericht entschieden werden sollen, so ist dieses sog. angeordnete Schiedsgericht zuständig. Für Form und Inhalt gilt nicht § 1029 ZPO, sondern § 1066 ZPO, so dass die Schiedsklausel nicht in besonderer Urkunde abgefasst, sondern auch in der Satzung enthalten sein kann.[40] Ist die Schiedsgerichtsvereinbarung bereits im Zusammenhang mit der Gründungssatzung getroffen worden, so sind auch künftig eintretende Gesellschafter automatisch an diese Schiedsgerichtsvereinbarung gebunden. Wird das Schiedsgericht später vereinbart, so müssen alle Gesellschafter wegen Art. 101 Abs. 1 S. 2 GG zustimmen.[41]

30 Nicht der schiedsgerichtlichen Entscheidung zugänglich sind auch nach In-Kraft-Treten der Schiedsrechtsnovellierung durch das Gesetz vom 22. 12. 1997 Nichtigkeits- und Anfechtungsklagen gegen Beschlüsse der Gesellschafterversammlung.[42] Diese Klagen sind entsprechend § 246 Abs. 3 S. 1 AktG bei der zuständigen Kammer für Handelssachen des Landgerichts des Sitzes der Gesellschaft anhängig zu machen; ist bei einem Landgericht keine Kammer für Handelssachen eingerichtet, so ist die Zivilkammer zuständig. Wegen der Einzelheiten s. die Kommentierung zu § 47.

31 **b) Institutionelles Schiedsgericht.** Nicht Schiedsgericht iS des Vorgesagten sind sog. **institutionelle Schiedsgerichte,** die satzungsgemäß anstelle sonst zuständiger Organe der Gesellschaft zur Entscheidung berufen sind, etwa bei Vorliegen einer Patt-Situation in der Gesellschafterversammlung. Diese sog. Schiedsgerichte sind Organe der Gesellschaft.[43] Die Entscheidungen solcher Schiedsgerichte sind der Sache nach Beschlüsse, die mit der Nichtigkeits- und Anfechtungsklage vor den ordentlichen Gerichten angegriffen werden können.[44]

III. Die GmbH als Handelsgesellschaft

32 Nach Abs. 3 gilt die GmbH als **Handelsgesellschaft.** Mit dieser unwiderleglichen gesetzlichen Vermutung wird auf § 6 HGB verwiesen, wonach für Handelsgesellschaften die für Kaufleute geltenden Vorschriften anzuwenden sind. Auf das tatsächlich betriebene Gewerbe kommt es mithin nicht an.

33 Da die GmbH **Kaufmann** ist, finden auf sie und ihre Geschäfte die Bestimmungen des 1., 3. und 4. Buches des HGB Anwendung, und es sind entsprechend ihre Geschäfte nach außen stets Handelsgeschäfte iS des § 343 HGB.[45] Für Streitigkeiten ist nach § 95 Abs. 1 Nr. 1 GVG die Kammer für Handelssachen zuständig, sofern es sich für den anderen Teil ebenfalls um ein Handelsgeschäft gehandelt hat. Gleichgültig für die Unterstellung unter das für die Kaufleute geltende Recht ist, ob der Gegenstand des Unternehmens ein Gewerbebetrieb ist oder ob in der Rechtsform der GmbH ein mildtätiges oder sonst soziales Unternehmen oder ein Unternehmen mit sonst ideellen Zwecken betrieben wird. Aufgrund der Verweisung auf das für die Kaufleute geltende

---

[40] HM, statt vieler *Hachenburg/Raiser* Rn. 18.
[41] *Hachenburg/Raiser* Rn. 18; *Scholz/Emmerich* Rn. 31.
[42] Sehr str., vgl. *Happ* Die GmbH im Prozess, 1997, S. 329; zum alten Recht BGHZ 132, 278 = NJW 1996, 1753; mit beachtlichen Gründen abw. zum neuen Recht *Bergmann* RWS-Forum Gesellschaftsrecht 2001, 2001, S. 227 ff.; anders auch OLG Stuttgart BB 2001, 794.
[43] BGHZ 43, 261, 263 f. = NJW 1965, 1378.
[44] *v. Trotha* DB 1988, 1367 ff.; *Hachenburg/Raiser* Rn. 21; *Scholz/Emmerich* Rn. 32.
[45] *Hachenburg/Raiser* Rn. 27; *Scholz/Emmerich* Rn. 34.

Juristische Person; Handelsgesellschaft **§ 13**

Recht finden auf die GmbH insbesondere auch die Rechnungslegungsvorschriften der §§ 238 ff. HGB mit den ergänzenden Vorschriften für Kapitalgesellschaften (§§ 264 bis 335 HGB) Anwendung; hierzu im Einzelnen die Erl. zu § 42.

Auch **handelsrechtliche Vorschriften außerhalb des HGB** gelten stets für die **34** GmbH.[46] Inwieweit sonstige Regelungen auf die GmbH anzuwenden sind, richtet sich nach den Voraussetzungen der jeweiligen Bestimmungen; so findet etwa die Gewerbeordnung nur dann auf die GmbH Anwendung, wenn sie tatsächlich ein Gewerbe im gewerberechtlichen Sinne betreibt.[47] Nach altem Recht galt für die GmbH, gleichgültig, ob sie einen Gewerbebetrieb unterhält oder nicht, die längere **Verjährungsfrist des § 196 Abs. 1 S. 1 iVm. Abs. 2 BGB** aF, also die vierjährige Verjährungsfrist.[48] Das AGB-Recht ist auf die GmbH nur eingeschränkt anwendbar (§ 310 Abs. 1 BGB; früher § 24 AGBG).

IV. Die GmbH als Verbandsperson

1. Die Treupflicht. a) Allgemeines. Die gesellschaftsrechtliche Treupflicht im **35** Sinne einer umfassenden Loyalitätspflicht von Gesellschaft und Gesellschaftern untereinander sowie als gedankliche und sprachliche Zusammenfassung einer Vielzahl von gesellschaftsrechtlichen Verhaltensnormen[49] ist als übergreifendes verbandsrechtliches Prinzip heute im Wesentlichen allgemein anerkannt.[50] Aufgrund dieses Verständnisses kann deshalb auch für das GmbH-Recht auf die zum Personengesellschaftsrecht geltenden Grundsätze zurückgegriffen werden. Die strukturellen Unterschiede zwischen gesellschaftsrechtlicher Gesamthand und juristischer Person veranlassen insoweit keine grundsätzlichen Abweichungen.[51] Mit gewissen Vorbehalten[52] können auch die zum Aktienrecht entwickelten Grundsätze übernommen werden.

b) Grundlagen der Treupflichtbindung. Das Bestehen von Treupflichtbindun- **36** gen zwischen den Gesellschaftern und der Gesellschaft ist bereits früh anerkannt worden; seit der ITT-Entscheidung des BGH[53] geht die nahezu einhellige Auffassung aber auch zu Recht vom Bestehen von Treupflichtbindungen der Gesellschafter untereinander aus.[54] Die **Grundlage** für die Herleitung der Treupflicht im Einzelnen ist streitig. Abgestellt wird auf das mitgliedschaftliche Gemeinschaftsverhältnis, auf § 242 BGB, auf § 705 BGB, auf ein Nebeneinander von § 242 BGB und § 705 BGB, je nach be-

---

[46] *Baumbach/Hueck/Fastrich* Rn. 40.
[47] *Hachenburg/Raiser* Rn. 28.
[48] BGHZ 66, 48, 50 f. = NJW 1976, 514; *Hachenburg/Raiser* Rn. 28; *Scholz/Emmerich* Rn. 35; aA OLG Celle OLGE 28, 42 f.
[49] Hierzu auch *Hüffer* ZHR 153 (1989), 84, 87 f.; *ders.*, FS Steindorff, 1990, S. 59, 72 f.
[50] Statt anderer: *Immenga*, FS 100 Jahre GmbHG, 1992, S. 189 ff.; *K. Schmidt* GesR § 20 IV mwN; *Roth/Altmeppen* Rn. 47 ff.; *Lutter/Hommelhoff* § 14 Rn. 18 ff.; *Hachenburg/Raiser* § 14 Rn. 52 ff.; *Scholz/Winter* § 14 Rn. 50 ff.
[51] Hierzu insbesondere *K. Schmidt* GesR § 20 IV 2; abw. allerdings *Flume* Juristische Person § 8.
[52] Dort setzt die Haftung des Gesellschafters für den Fall der Treupflichtverletzung durch Stimmrechtsausübung anders als im GmbH-Recht (Rn. 82 ff.) nach der Rechtsprechung des BGH Vorsatz voraus, BGHZ 129, 136, 162 = NJW 1995, 1739.
[53] BGHZ 65, 15, 18 = NJW 1976, 191; zur Entwicklung der gesellschaftsrechtlichen Treubindungen *M. Weber* Vormitgliedschaftliche Treubindungen, 1999, § 2; kritisch *Flume* ZIP 1996, 161 ff.; *ders*. Die juristische Person, § 8; zurückhaltend auch *Roth/Altmeppen* Rn. 47 ff.; *Wilhelm* Kapitalgesellschaftsrecht Rn. 483 ff.; 676 ff.
[54] Zur Entwicklung s. die Darstellungen bei *M. Weber* (Fn. 53) § 3 sowie – übergreifend – bei *Krebs* Sonderverbindung und außerdeliktische Schutzpflichten, 2000, S. 440 ff.

troffenem Bereich (Rechtsausübungskontrolle oder Förderungspflicht), und auf ein allgemeines Prinzip, das sich in einer Vielzahl von Regelungen niedergeschlagen habe.[55] Soweit der Bundesgerichtshof in seiner früheren Rechtsprechung maßgeblich auf ein „vom gegenseitigen Vertrauen getragenes Gemeinschaftsverhältnis" und eine personenbezogene Arbeitsgemeinschaft abgehoben hat, ist diese Rechtsprechung zwischenzeitlich als überholt anzusehen.[56] Nach zutreffender Ansicht[57] ist nach der Art der Pflicht zu unterscheiden: Soweit es um besondere Verhaltenspflichten der Gesellschafter geht, bildet die Grundlage die **Förderungspflicht,** die in **§ 705 BGB** als verbandsübergreifendes Prinzip[58] angesprochen ist; soweit es um Ausübungsschranken **(Korrelation von Rechtsmacht und Verantwortung)** und das Rücksichtnahmegebot geht, ist auf **§ 242 BGB** zurückzugreifen. Der hiergegen erhobene Einwand, § 705 BGB sei eine nur den Vertragstyp beschreibende Bestimmung und es sei statt dessen auf ein sich aus einer Vielzahl von Einzelregelungen ergebendes Prinzip abzustellen,[59] steht dies dem hier zugrundegelegten Ansatz nicht entgegen, sofern man auf die dort angesprochene Förderungspflicht und nicht auf die Bestimmung als solche abstellt. Entsprechendes gilt dann auch hinsichtlich der Überlegung, aus § 705 BGB könne sich keine Verpflichtung zur Vertragsänderung ergeben,[60] zumal in diesem Zusammenhang auch der Rückgriff auf die Lehre vom Wegfall der Geschäftsgrundlage in Betracht kommt.[61] Aus dem damit hier zugrunde gelegten, zwischen Förderungspflicht und Korrelation von Rechtsmacht unterscheidenden doppelten Ansatz folgt zugleich, dass hinsichtlich der Erstreckung der Treupflicht im **Konzern** auf Nichtgesellschafter (mittelbar verbundene übergeordnete Unternehmen) allein auf das aus § 242 BGB resultierende Schädigungsverbot abzustellen ist; dem Dritten ist es als Korrelat zu seinen (mittelbaren) besonderen Einwirkungsmöglichkeiten verboten, diese zum Nachteil der Gesellschaft geltend zu machen (s. auch noch bei Rn. 70 ff.). Für die Förderungspflicht ist demgegenüber die Mitgliedschaft in der Gesellschaft unverzichtbar. Auch für die Qualität der Treupflicht der Gesellschaft gegenüber ihren Gesellschaftern (hierzu bei Rn. 37) ist diese Unterscheidung von Bedeutung. Insoweit kann von vornherein nur die über die Mitgliedschaft vermittelte besondere Einflussmöglichkeit und damit die Korrelation zwischen Rechtsmacht und Verantwortung (§ 242 BGB) betroffen sein; für eine Verpflichtung der Gesellschaft, die außergesellschaftlichen Belange des Gesellschafters zu fördern, fehlt es an einem Ansatzpunkt. Entsprechendes gilt im Verhältnis der Gesellschafter untereinander;[62] auch insoweit kann es nur um das Schädigungsverbot gehen, nicht aber um die Pflicht, einen Gesellschafter besonders zu fördern. Die

---

[55] Eingehend zu den unterschiedlichen Ansätzen, aber mit Unterschieden iE *Hennrichs* AcP 195 (1995), 221, 225 ff.; *Hüffer,* FS Steindorff, 1990, S. 59, 61 ff.; *Grundmann* Der Treuhandvertrag, 1997, S. 133 f.; *M. Weber* (Fn. 53) § 5; *M. Winter* Mitgliedschaftliche Treubindungen im GmbH-Recht, 1988, § 3 ff.

[56] Hierzu *Henze,* FS Kellermann, 1991, S. 141, 143 ff.

[57] Grundlegend *Häuser* Unbestimmte Maßstäbe als Begründungselement richterlicher Entscheidungen, 1981, S. 176 ff.; im Anschluss an ihn auch *M. Winter* (Fn. 55) S. 13 ff.; ebenso *Beckerhoff* Treupflichten bei der Stimmrechtsausübung und Eigenhaftung des Stimmrechtsvertreters, 1996, S. 39 f.; ähnlich *Nehls* Die gesellschafterliche Treupflicht im Aktienrecht, 1993, S. 21; *Scholz/ Emmerich* Rn. 36, 37.

[58] Hierzu vor allem *Lutter* AcP 180 (1980), 84, 102 ff.; ders. ZHR 162 (1998), 164, 166 f.

[59] *Hüffer,* FS Steindorff, 1990, S. 59, 71 ff.

[60] *Sester* Treupflichtverletzung bei Widerspruch und Zustimmungsverweigerung im Recht der Personenhandelsgesellschaften, 1996, S. 57 ff. mwN.

[61] Zu diesem Ansatz *Grundmann* Der Treuhandvertrag, 1997, S. 181 ff.

[62] S. auch BGH NJW 1992, 2698.

Juristische Person; Handelsgesellschaft § 13

gesellschafterliche Treupflicht wird durch **schuldrechtliche Nebenabreden** außerhalb der Satzung (insbes. Stimmbindungsverträge) nach streitiger, aber zutreffender Auffassung nicht berührt.[63]

c) **Schutzrichtungen.** Für die Begründung der Treupflicht bedarf es entsprechend 37 ihrem Ansatz keiner ausdrücklichen Satzungsregelung. Sie folgt unmittelbar aus der Mitgliedschaft bzw. den über die Mitgliedschaft vermittelten Einflussmöglichkeiten.[64] Ihrem **persönlichen Anwendungsbereich** nach erfasst die Treupflicht nach dem Vorstehenden die **Gesellschafter** im Verhältnis zur Gesellschaft und untereinander,[65] wegen ihrer besonderen Einflussmöglichkeiten auf die Rechtssphäre ihrer Mitglieder aber auch die **Gesellschaft** im Verhältnis zu den Gesellschaftern. Auch Dritte, die nicht selbst Gesellschafter sind, können – soweit es um die gesellschaftsrechtlich vermittelt besonderen Einwirkungsmöglichkeiten geht – dem aus § 242 BGB folgenden Schädigungsverbot unterliegen (Rn. 36).

d) **Funktion der Treupflicht.** Funktional handelt es sich bei der Treupflicht um 38 **kein reines Minderheitenschutzinstrument.** Zwar handelt es sich bei der Treupflicht um eines der maßgeblichen Instrumente für den Minderheitenschutz; entsprechend ihrem Ansatz verpflichtet die Treupflicht jedoch auch je nach Einflussmöglichkeiten die Gesellschafterminderheit gegenüber der Gesellschaft oder der Gesellschaftermehrheit.[66] Sie bildet damit eine **allgemeine Verhaltensregel** für Gesellschafter und die Gesellschaft bei der Ausübung ihrer Rechte und Einflussmöglichkeiten auf die Rechtssphäre des jeweils anderen und setzt der Gesellschaft und den Gesellschafter Grenzen im Rahmen der ihnen im Grundsatz zustehenden Einwirkungsmöglichkeiten für den gesellschaftsbezogenen Bereich.[67] In der **Einpersonen-Gesellschaft** unterliegt der alleinige Gesellschafter keiner Treupflicht gegenüber der Gesellschaft.[68] Auch der

---

[63] Vgl. hierzu BGH NJW 1983, 1910; *Goette* in *Henze/Timm/Westermann* (Hrsg.) GesR 1995, 1996, S. 113, 126, 128f.; *M. Winter* (Fn. 55) S. 51 f.; *ders.* ZHR 154 (1990), 259, 270; *Hachenburg/Ulmer* § 3 Rn. 124; *ders.* NJW 1987, 1849, 1852; *Hüffer* § 243 Rn. 9; MünchKomm-AktG/*Pentz* § 23 Rn. 193; abw. *Hoffmann-Becking* ZGR 1994, 442, 462; *Noack* Gesellschaftervereinbarungen bei Kapitalgesellschaften, 1994, S. 161 ff.; *Zöllner* in *Henze/Timm/Westermann* (Hrsg.) GesR 1995, 1996, S. 89, 108 ff.

[64] Eingehend *M. Winter* (Fn. 55) S. 69 ff., 325.

[65] Zum Verhältnis der Treupflicht, soweit Gesellschaft und Gesellschafter gleichzeitig betroffen sind, vgl. einerseits *Lutter* ZHR 153 (1989), 446, 468; *ders.* ZHR 162 (1998), 164, 178 ff.; *Hachenburg/Raiser* § 14 Rn. 54 (für Parallelität); andererseits *M. Winter* (Fn. 55) S. 86 ff. (Gesellschaft primäres Zuordnungssubjekt, Treupflicht unter Gesellschaftern nur insoweit von Bedeutung, als nicht zugleich die Interessen der Gesellschaft beeinträchtigt werden), jew. mwN.

[66] Zum Aktienrecht s. etwa BGHZ 129, 136 = NJW 1995, 1739 – Girmes.

[67] S. hierzu auch die Formulierung zur gesellschafterlichen Treupflicht bei *Hüffer,* FS Steindorff, 1990, S. 59, 69: Die Gesellschafter sind verpflichtet, in Ausübung ihrer im Gesellschaftsinteresse begründeten mitgliedschaftlichen Befugnisse diejenigen Handlungen vorzunehmen, die der Förderung des Gesellschaftszwecks dienen, und zuwiderlaufende Maßnahmen zu unterlassen. Bei der Ausübung eigennütziger Mitgliedsrechte sind die Schranken einzuhalten, die sich aus dem Verbot einer willkürlichen oder unverhältnismäßigen Rechtsausübung ergeben. Auf die mitgliedschaftlichen Interessen anderer Gesellschafter ist angemessen Rücksicht zu nehmen.

[68] BGHZ 119, 257, 259 f. = NJW 1993, 193; im Grundsatz auch BGHZ 122, 333, 336 = NJW 1993, 1922; BFH NJW 1996, 950; s. auch BGH NJW-RR 1994, 806; *Roth/Altmeppen* Rn. 66 f.; *Baumbach/Hueck/Fastrich* Rn. 21; *Lutter/Hommelhoff* Rn. 24; abw. *Priester* ZGR 1993, 512, 520; *Tieves* Der Unternehmensgegenstand der Kapitalgesellschaft, 1998, S. 572 ff.; *Ulmer* ZHR 148 (1984), 391, 418 ff.; *Scholz/Schneider* § 37 Rn. 52; *Ziemons* Die Haftung der Gesellschafter für Einflussnahmen auf die Geschäftsführung der GmbH, 1996, S. 97 ff. mwN.

einzige Gesellschafter der GmbH ist jedoch verpflichtet, das auf Existenzsicherung bzw. den Bestandserhalt gerichtete Eigeninteresse der GmbH zu respektieren (hierzu noch bei Rn. 109 ff.).[69]

39 **e) Zeitliche Komponente. In zeitlicher Hinsicht** werden drei Stadien unterschieden: die vormitgliedschaftliche, die mitgliedschaftliche und die nachmitgliedschaftliche Treupflicht.[70] Ob die „vormitgliedschaftliche Treupflicht" als Treupflicht im eigentlichen Sinne anerkannt werden kann, ist zweifelhaft,[71] im Ergebnis aber im Wesentlichen eine terminologische Frage; denn dass auch aus der Anbahnung einer Beteiligung die Pflicht erwachsen kann, die hierdurch gewonnenen Einwirkungsmöglichkeiten bzw. Kenntnisse nicht zum Nachteil der hiervon Betroffenen (Gesellschafter und Gesellschaft) auszunutzen, steht außer Frage.[72] Im Bereich der vormitgliedschaftlichen und der nachmitgliedschaftlichen Treupflicht kommt aus dem durch die Treupflichten erfassten Pflichtenbereich allerdings nur das Schädigungsverbot in Betracht, da für die Förderungspflicht die Mitgliedschaft als unverzichtbare Voraussetzung angesehen werden muss. Es ist dem Nichtgesellschafter deshalb beispielsweise im vormitgliedschaftlichen Bereich verboten, von Einflussmöglichkeiten, die er im Zusammenhang mit einem bevorstehenden Anteilserwerb rechtlich oder faktisch erworben hat, zum Nachteil der Gesellschaft Gebrauch zu machen.[73] Unter den nachmitgliedschaftlichen Treupflichten sind vor allem nachmitgliedschaftliche Verhaltenspflichten eines ausgeschiedenen Gesellschafters zu nennen, die ihn etwa verpflichten können, von Beeinträchtigungen der Gesellschaft bzw. der Gesellschafter abzusehen, beispielsweise also Betriebsgeheimnisse, die er als Gesellschafter in Erfahrung gebracht hat, für eigene Rechnung zu verwerten oder an Dritte weiterzugeben. Im Folgenden werden nur die während der Mitgliedschaft geltenden Treupflichten behandelt.

40 **f) Intensität der Treupflicht.** Die **Intensität** der Treupflicht richtet sich nach den konkreten Umständen des Einzelfalls. Zu den insoweit zu berücksichtigenden Faktoren[74] zählen zunächst der **Gesellschaftszweck**[75] (Gewinnerzielung oder etwa Verfolgung karitativer Zwecke durch den im Unternehmensgegenstand niedergelegten Tätigkeitsbereich) und das **Maß der Einflussnahmemöglichkeiten** (Rechtsmacht).[76] Auch die **Art des auszuübenden Rechts** ist für die Bestimmung der Intensität der Treupflicht von erheblicher Bedeutung. Soweit es um *fremdnützige Rechte* des Gesellschafters geht, insbesondere also um Rechte im Zusammenhang mit der Geschäftsführung als der Umsetzung des gemeinsamen Zwecks, besteht eine strikte Bindung des Gesellschafters an die Interessen der Gesellschaft. Diese Rechte sind ausschließlich am Gesellschafts- und Unternehmensinteresse auszurichten, nicht am subjektiven Interesse des Einzelnen. Geht es demgegenüber um die Wahrnehmung *eigennütziger Rechte*, etwa

---

[69] So im Anschluss an die Arbeiten von *M. Winter* (Fn. 55); *Ulmer* ZHR 148 (1984), 391 ff.; *Priester* ZGR 1993, 512 ff. zutr. *Röhricht*, FS 50 Jahre BGH, 2000, S. 83, 92 ff.

[70] *Wittkowski* GmbHR 1990, 544, 549; zust. *K. Schmidt* GesR § 20 IV 1 b. Eingehend hierzu *M. Weber* (Fn. 53) §§ 7 ff. Zu der hiervon zu unterscheidenden Erstreckung der Kapitalerhaltungsregeln auf zukünftige Gesellschafter s. § 30 Rn. 18.

[71] Auf die Mitgliedschaft abstellend *Lutter* AcP 180 (1980), 84, 156.

[72] So auch *Tröger* Treupflicht im Konzernrecht, 1999, S. 61 f.

[73] *Wittkowski* GmbHR 1990, 544, 549; zust. *K. Schmidt* GesR § 20 IV 1 b; *M. Weber* (Fn. 53) §§ 7 ff.

[74] Hierzu auch *Scholz/Winter* § 14 Rn. 53.

[75] BGHZ 65, 15, 19 = NJW 1976, 191.

[76] RGZ 113, 188, 196; RGZ 132, 149, 163; RGZ 169, 330, 338; BGHZ 65, 15, 20 = NJW 1976, 191; BGHZ 95, 330, 340 = NJW 1986, 181; *Baumbach/Hueck/Fastrich* Rn. 23; *Scholz/Winter* § 14 Rn. 53.

des Gewinn- oder des Austrittsrechts, muss er seine Belange nicht ohne weiteres hinter diejenigen der Gesellschaft zurückstellen. Da der Gesellschafter in jedem Falle, in dem er auf Grund seiner gesellschaftsrechtlichen Stellung in die Interessen der Gesellschaft und der übrigen Gesellschafter eingreifen kann, den **Verhältnismäßigkeitsgrundsatz**[77] zu beachten hat, muss er diesen auch bei der Geltendmachung eigennütziger Rechte berücksichtigen. Ob dieser Grundsatz gewahrt ist, ist anhand der auch zum öffentlichen Recht entwickelten Maßstäbe (Geeignetheit, Erforderlichkeit, Zumutbarkeit) zu überprüfen.[78] Üblicherweise wird schließlich auch die **Realstruktur** der Gesellschaft zu Recht als für die Intensität der Treupflicht maßgeblicher Umstand angesehen.[79] Die Bedeutung dieses Umstandes ist allerdings beschränkt. Von vornherein ohne Bedeutung ist die Realstruktur der Gesellschaft, soweit es um die Ausübung uneigennütziger Rechte geht, die in jedem Falle ausschließlich am Interesse der Gesellschaft zu orientieren sind.[80] Soweit die Interessen der anderen Mitgesellschafter betroffen sind, ist zwischen den außerhalb der Gesellschaft liegenden Privatinteressen, die nicht geschützt sind,[81] und den mitgliedschaftlichen, also gesellschaftsbezogenen Interessen zu unterscheiden; bei letzteren kann die Realstruktur der Gesellschaft durchaus Bedeutung erlangen.[82]

g) Verhältnis der Treupflichten zueinander. Mit der Maßgabe, dass der Umfang der Treupflicht ggf. im konkreten Fall (Geltendmachung eigennütziger Rechte) im Wege der Abwägung der widerstreitenden Interessen zu bestimmen ist, kommen Treupflichten in völlig unterschiedlichen Bereichen zum Tragen. Es können Pflichten der Gesellschaft gegenüber den Gesellschaftern (Rn. 37), aber auch Pflichten der Gesellschafter gegenüber der Gesellschaft und gegenüber ihren Mitgesellschaftern betroffen sein. Häufig wird mit einem treuwidrigen Verhalten der Gesellschaft gegenüber einem Gesellschafter ein treuwidriges Verhalten der übrigen Gesellschafter verbunden sein (Beispiel: Obwohl der hierfür notwendige wichtige Grund erkennbar fehlt, kündigt die Gesellschaft den Geschäftsführerdienstvertrag eines Gesellschafter-Geschäftsführers auf Grund eines von der Mehrheit veranlassten Gesellschafterbeschlusses fristlos, um ihn zum Ausscheiden zu bewegen) oder umgekehrt in einem treuwidrigen Verhalten eines Gesellschafters gegenüber der Gesellschaft ein ebensolches Verhalten gegenüber den Mitgesellschaftern liegen (Beispiel: Der Gesellschafter schädigt die Gesellschaft durch eine Konzernumlage, der keine echten Leistungen gegenüberstehen). In beiden Fällen stellt sich die Frage nach dem Verhältnis der jeweiligen Ansprüche. Richtigerweise ist davon auszugehen, dass beide Ansprüche grundsätzlich gesondert nebeneinander stehen, der Anspruch des Gesellschafters mit Blick auf das Gesellschaftsverhältnis jedoch bestimmten Modifikationen unterliegt. So kann der Gesellschafter entsprechend dem Rechtsgedanken der §§ 117 Abs. 1 S. 2, 317 Abs. 1 S. 2 AktG bei einer Schädigung der Gesellschaft Zahlung nicht an sich selbst, sondern nur in das Gesellschaftsvermögen verlangen; nur soweit der Gesellschafter abgesehen von dem Schaden, den er mittelbar durch die Schädigung der Gesellschaft erleidet, auch einen eigenen unmittelbaren Schaden erlitten hat, kann er Schadensersatz auch an sich selbst

---

[77] Deutlich hierzu BGH NJW 1999, 3197, 3197 zur AG.
[78] S. in diesem Zusammenhang auch *M. Winter* (Fn. 55) S. 141 ff.
[79] *Hachenburg/Raiser* § 14 Rn. 53; *Lutter/Hommelhoff* § 14 Rn. 18; MünchHdB GmbH/*Schiessl* Bd. III § 32 Rn. 13; *M. Winter* (Fn. 55) S. 186 ff.
[80] Zutr. *M. Winter* (Fn. 55) S. 186.
[81] *Lutter* AcP 180 (1980), 84, 129; *M. Winter* (Fn. 55) S. 188.
[82] *M. Winter* (Fn. 55) S. 189 zur Frage der Zustimmung zur Anteilsübertragung bei vinkulierten Geschäftsanteilen bei einem auf enge Zusammenarbeit angelegten Gesellschafterkreis.

verlangen. Die Notwendigkeit, dem Gesellschafter eigene Ansprüche auch in dem Bereich zuzubilligen, wo sich sein (mittelbar erlittener) Schaden mit dem Schaden der Gesellschaft deckt, und insoweit nicht nur von ggf. über die actio pro socio zu verfolgenden (hierzu bei Rn. 114 ff.) Ansprüchen ausschließlich der Gesellschaft auszugehen, zeigt sich insbesondere in den Fällen, in denen eine Leistung an die Gesellschaft dem Kompensationsinteresse des Gesellschafters nicht genügen würde: Ist der Gesellschafter beispielsweise vom Mehrheitsgesellschaftern dazu veranlasst worden, Geschäftsanteile zu übernehmen, und schädigt der Mehrheitsgesellschafter sodann die Gesellschaft in einem Maße, dass über ihr Vermögen das Insolvenzverfahren eröffnet werden muss, ist eine Schadensersatzleistung des Mehrheitsgesellschafters an die Gesellschaft zum Ausgleich der vom hinzugekommenen Gesellschafter erlittenen Schäden nicht ausreichend; in Fällen wie diesen muss es dem mittelbar geschädigten Gesellschafter deshalb möglich sein, Ersatz für seine fehlgeschlagene Investition Zug um Zug gegen Abtretung der erworbenen Geschäftsanteile zu verlangen.

42   **h) Verhältnis von Anfechtungsklage und Treupflichtverletzung.** Die Beeinflussung der Schadensersatzansprüche des Gesellschafters durch das Gesellschaftsverhältnis zeigt sich auch im Zusammenhang mit der (fristgebundenen) **Anfechtungsklage und** der Möglichkeit des Gesellschafters, **Schadensersatzansprüche wegen Treupflichtverletzung** im Zusammenhang mit einer Beschlussanfechtung geltend machen zu können. Überwiegend wird die erfolgreiche Anfechtung eines treuwidrig gefassten Gesellschafterbeschlusses als Voraussetzung für das Entstehen von Schadensersatzansprüchen angesehen, da der Beschluss jedenfalls mit seiner Unanfechtbarkeit verbindlich werde und auch die mit dem Anfechtungserfordernis bezweckte Rechtssicherheit es ausschlössen, Schadensersatzansprüche unbefristet und unabhängig von einer Beschlussanfechtung zuzulassen.[83] Dem ist insoweit zuzustimmen, als es mit dem Sinn und Zweck der Anfechtungsfrist in der Tat unvereinbar wäre, wenn der Gesellschafter diese unter Hinweis auf seine eigenen Ansprüche im Ergebnis unterlaufen könnte. Der Sinn und Zweck der Anfechtungsfrist reicht allerdings nicht soweit, den Gesellschafter zunächst auf einen womöglich langjährigen Anfechtungsrechtsstreit zu verweisen, um Ansprüche aus Treupflichtverletzung geltend machen zu können. Es ist deshalb davon auszugehen, dass die erfolgreiche Beschlussanfechtung nicht Voraussetzung für das Entstehen von Schadensersatzansprüchen ist, sondern dass diese Ansprüche bereits mit der Treupflichtverletzung entstehen und – soweit der Sinn und Zweck der Anfechtungsfrist reicht – nur erlöschen, sofern der treupflichtwidrig gefasste Beschluss bestandskräftig wird, sei es, weil die Anfechtung unterbleibt, sei es, weil eine materiell gerechtfertigte Anfechtungsklage zu Unrecht gleichwohl rechtskräftig abgewiesen wird.

43   **i) Einzelfälle.** Mit der Maßgabe, dass der Inhalt der Treupflicht von dem konkret in Rede stehenden Anwendungsfall sowie der Realstruktur der Gesellschaft abhängig und ggf. erst im Wege der Interessenabwägung zu ermitteln ist (Rn. 40), lassen sich vor allem die nachstehenden Einzelfälle unterscheiden:

44   **aa) Einwirkungsbezogene Pflichten.** Soweit der **Gesellschaft** aus dem Gesellschaftsverhältnis gegenüber den Gesellschaftern besondere Einwirkungsmöglichkeiten zukommen, ist es ihr verboten, diese zum Nachteil der Gesellschafter geltend zu ma-

---

[83] *Berger* ZHR 149 (1985), 599, 610; *Hölters* BB 1977, 111, 112; *Verhoeven* GmbH-Konzern-Innenrecht, 1978, S. 301 ff., 303; *M. Winter* (Fn. 55) S. 320 ff.; *Baumbach/Hueck/Fastrich/Zöllner* § 47 Rn. 75; abw. *Flume* Juristische Person § 8 IV 2 g; *Hachenburg/Hüffer* § 47 Rn. 184; zu den auch in diesem Zusammenhang relevanten Fragen der actio pro socio s. bei Rn. 114 ff.

Juristische Person; Handelsgesellschaft **§ 13**

chen. Im Rahmen dieses Pflichtenbereichs ist die Gesellschaft auf Grund des **Gleichbehandlungsgrundsatzes** verpflichtet, die Gesellschafter unter gleichen Bedingungen gleich zu behandeln (hierzu i.e. Rn. 94ff.). Treupflichtwidrig ist das **Vorenthalten einer** für das steuerliche Anrechnungsverfahren **notwendigen Bescheinigung** über die abgeführten Körperschaft- und Kapitalertragsteuern.[84] In diesem Falle werden regelmäßig auch Rückgriffsansprüche der Gesellschaft gegen den Geschäftsführer aus § 43 gegeben sein, so dass sich die Gesellschaft ihm gegenüber insoweit wegen zu zahlender Schadensersatzleistungen schadlos halten kann.

bb) **Treupflicht im Gründungs- und Abwicklungsstadium.** Die gesellschaftliche Treupflicht besteht bereits im **Gründungsstadium** (hierzu i.e. bei § 11). Sie verpflichtet die Gesellschafter über die ausdrücklich in der Satzung übernommenen Verpflichtungen zur Einlageleistung etc. hinaus, beispielsweise auch an der Beseitigung etwaiger Gründungsmängel mitzuwirken. Die Treupflicht gilt auch im **Abwicklungsstadium** der Gesellschaft,[85] ihr Umfang im Einzelnen ist allerdings unter Berücksichtigung des Abwicklungsstadiums zu bestimmen. 45

cc) **Einfluss der Treupflicht auf finanzielle Pflichten.** Auch im Rahmen der Ausführung von **Nebenleistungspflichten** folgen aus der gesellschaftlichen Treupflicht erhöhte Rücksichtnahmepflichten als sie gegenüber einem Dritten bestehen würden (s. bei § 3 Rn. 44), die allerdings nicht zu einer Leistungsvermehrung zu Lasten des Gesellschafters führen dürfen. Entsprechendes gilt, was vor allem Bedeutung für die Sacheinlage hat, für die Erfüllung der **Einlagepflicht** selbst. Weitere Bedeutung kommt der Treupflicht im Zusammenhang mit der **Einforderung der Resteinlage** und von **Nachschüssen** und ihrer Rückzahlung sowie der hiermit verbundenen Rechte zu (§§ 20ff.; 26ff.; 46 Nr. 2, 3 – wegen der Einzelheiten vgl. jeweils dort). 46

dd) **Treupflicht und (Dritt-)Ansprüche von Gesellschaftern.** Bei **Drittansprüchen,**[86] also Ansprüchen des Gesellschafters aus mit der Gesellschaft ohne Satzungsgrundlage abgeschlossenen Verträgen, unterliegt der Gesellschafter im Grundsatz keinen besonderen Treubindungen; er kann deshalb insoweit auch im Grundsatz seine eigenen Interessen verfolgen.[87] Im Einzelfall kann aber aus der gesellschaftlichen Treupflicht die Pflicht folgen, einen Anspruch gegen die Gesellschaft für einen vorübergehenden Zeitraum nicht geltend zu machen, sofern die Gesellschaft hierdurch in eine bedrohliche Liquiditätskrise käme[88] und ein weiteres Zuwarten mit Blick auf die Verhältnisse des Gesellschafters und der Gesellschaft zumutbar ist. Entsprechendes gilt für den **Gewinnauszahlungsanspruch.** In allen diesen Fällen ist allerdings im Rahmen der vorzunehmenden Interessenabwägung zu berücksichtigen, dass das Stehenlassen von Ansprüchen zur Verstrickung nach dem Recht der eigenkapitalersetzenden Gesellschafterleistungen und damit zum wirtschaftlichen Verlust des Anspruchs für den Gesellschafter führen kann; in diesen Fällen wird es dem Gesellschafter deshalb im Regelfall unzumutbar sein, mit der Durchsetzung seiner Ansprüche zuzuwarten. Abweichendes kann dann gelten, wenn eine Verbesserung der wirtschaftlichen Situation konkret zu erwarten steht. 47

ee) **Fragen der Geschäftsführung.** In Fragen der Geschäftsführung haben sich die Gesellschafter, was einen Spielraum im Rahmen von Zweckmäßigkeitserwägungen 48

---

[84] BGH NJW 1992, 368 m. Anm. *Zimmermann* EWiR 1992, 59.
[85] BGH GmbHR 1971, 112.
[86] S. hierzu auch *M. Winter* (Fn. 55) S. 124ff.
[87] BGH NJW 1989, 166, 167f.
[88] RGZ JW 1937, 1986; OLG Koblenz WM 1984, 1051; *Hachenburg/Raiser* § 14 Rn. 60.

nicht ausschließt,[89] am Interesse der Gesellschaft auszurichten; Abweichendes gilt nur dann, wenn *alle* Gesellschafter hiervon absehen wollen; allerdings haben auch sie das auf Existenzsicherung bzw. Bestandserhalt gerichtete Eigeninteresse der Gesellschaft zu respektieren.[90] Handelt es sich bei dem Gesellschafter zugleich um den Geschäftsführer der Gesellschaft, ist er sowohl auf Grund seiner Organpflichten[91] als auch auf Grund der gesellschafterlichen Treupflicht zur Wahrung der Gesellschaftsinteressen verpflichtet. Bei Verstößen hiergegen haftet er wegen Verletzung seiner Geschäftsführerpflichten, aber auch wegen Verletzung der gesellschafterlichen Treupflicht; die für die Verletzung der Geschäftsführerpflichten geltende Verjährungsfrist des § 43 Abs. 4 verdrängte die für die Treupflichtverletzung früher geltende längere Verjährungsfrist nach § 195 BGB nicht.[92]

49   Eigennützige **Stimmabgaben** im Rahmen einer Beschlussfassung über Geschäftsführungsangelegenheiten sind treuwidrig und damit nichtig (zu den Rechtsfolgen s. Rn. 78). Entsprechendes gilt, wenn einem Gesellschafter auf Grund der Satzung ein **Weisungsrecht** zusteht.[93] Nur wenn sich alle Gesellschafter mit einer nicht am Gesellschaftsinteresse ausgerichteten Stimmabgabe einverstanden erklären, was auch konkludent durch eine entsprechende Beschlussfassung unter Beteiligung aller Gesellschafter erfolgen kann, entfällt diese Bindung an das insoweit verobjektivierte Gesellschaftsinteresse. Steht dem Gesellschafter ein (vom Stimmrecht klar zu unterscheidendes) **Zustimmungsrecht** zu, kommt eine Pflicht zur Erteilung dieser Zustimmung im Grundsatz nicht in Betracht, da der hierdurch geschützte Bereich als individueller Bereich des Gesellschafters der Gesellschaftssphäre entzogen ist; Abweichendes kann lediglich in extremen Sonderfällen gelten.[94]

50   **ff) Besetzung von Gesellschaftsorganen.** Im Rahmen der **Bestellung und Abberufung von Geschäftsführern** gelten entsprechende Grundsätze; insoweit kann die Treupflicht gebieten, einen bestimmten Geschäftsführer nicht (wieder) zu bestellen bzw. abzuberufen.[95] Entsprechendes gilt für die Bestellung oder die Entsendung von **Aufsichtsratsmitgliedern**[96] oder die Bestellung von **Abschlussprüfern**.[97] Die gleichen Maßstäbe gelten schließlich bei Beschlüssen über die Bestellung von **Prokuristen** oder **Handlungsbevollmächtigten** nach § 46 Nr. 7. Treuwidrig ist auch die **Entlastung** eines Geschäftsführers trotz erkennbar pflichtwidriger Handlungen zugunsten einer Gesellschaftergruppe.[98] Auch in diesen Fällen kommt dem Interesse der Gesellschaft Vorrang vor den Interessen des einzelnen Gesellschafters zu.

---

[89] *Baumbach/Hueck/Fastrich* Rn. 27.
[90] So im Anschluss an die Arbeiten von *M. Winter* (Fn. 55); *Ulmer* ZHR 148 (1984), 391 ff.; *Priester* ZGR 1993, 512 ff. zutr. *Röhricht*, FS 50 Jahre BGH, 2000, S. 83, 92 ff.
[91] Zum haftungsrechtlichen Verhältnis zwischen der Verletzung der Organpflichten und der Pflichten aus dem Geschäftsführerdienstvertrag BGH NJW 1997, 741 = DStR 1997, 252 m. Anm. *Goette* = WiB 1997, 247 m. Anm. *v. Reinersdorff*.
[92] BGH NJW 1999, 781.
[93] Zur Treupflichtbindung bei Bestehen von Widerspruchsrechten im Personengesellschaftsrecht, dessen Maßstäbe im Wesentlichen auch in das GmbH-Recht übernommen werden können (Rn. 35), *Sester* (Fn. 60) S. 21 ff.
[94] Zum Ganzen s. *Schäfer* Der stimmrechtslose GmbH-Geschäftsanteil, 1997, S. 35 ff., 56 ff.; s. auch *Raiser* KapitalGesR § 12 Rn. 71 f. mwN.
[95] BGH NJW 1991, 846; *Scholz/Winter* § 14 Rn. 56 a. E.
[96] RGZ 165, 68, 79; *Scholz/Winter* § 14 Rn. 56 mwN.
[97] Zur Abwahl des Abschlussprüfers s. BGH NJW-RR 1992, 167.
[98] BGH GmbHR 1977, 129, 132, allerdings auf die Verfolgung von Sondervorteilen iSd. § 243 Abs. 2 AktG gestützt.

gg) Satzungsänderung. Bei Satzungsänderungen hat die Gesellschaftermehrheit **51** die Belange der Minderheit nach Maßgabe des Verhältnismäßigkeitsgrundsatzes angemessen zu berücksichtigen und darf nicht aus sachfremden Erwägungen berechtigte Belange der Minderheit übergehen.[99] So kann die Gesellschaftermehrheit beispielsweise daran gehindert sein, die satzungsmäßige Ladungsfrist zu verkürzen, wenn Gesellschafter im Ausland wohnen und deshalb für die Wahrnehmung ihrer Rechte auf eine längere Ladungsfrist angewiesen sind. Im Ausnahmefall kann sich die gesellschafterliche Treupflicht auch zu einer **Pflicht zur positiven Stimmabgabe** verdichten.[100] Voraussetzung ist allerdings ein dringendes Bedürfnis zur Satzungsänderung und dass die Änderung den Gesellschaftern unter Berücksichtigung ihrer eigenen Belange zumutbar ist. Ein Beispiel für eine solche Pflicht bot insbesondere die durch die GmbH-Novelle 1980 eingeführte Heraufsetzung des Stammkapitals von 20 000 DM auf 50 000 DM, wonach Gesellschaften mit einem hierunter liegenden Stammkapital mit Ablauf des Jahres 1985 kraft Gesetzes aufgelöst wurden. Hier konnte es uU die gesellschafterliche Treupflicht gebieten, einer entsprechenden Anpassung der Satzung zuzustimmen,[101] wobei im Rahmen der Gesamtabwägung auch die finanziellen Verhältnisse der Gesellschafter mit einzubeziehen waren.[102] Auch eine Mitwirkungspflicht zur **Korrektur einer mangelhaften Satzung** kann nach Lage des Einzelfalls aus Treupflichtaspekten geboten sein.[103] Der Gesellschafter darf in diesen Fällen seine Zustimmung nicht von der Erfüllung mit der zu treffenden Maßnahme nicht in Verbindung stehender Forderungen abhängig machen, auch wenn die Forderungen als solche berechtigt sind.[104] Schließlich hat der Bundesgerichtshof aus den gesetzlich an die Auflösung von Gesellschaften geknüpften Voraussetzungen (insbesondere auch den Beschlussmehrheiten) die Pflicht der Minderheitsgesellschafter abgeleitet, das Interesse der Mehrheit am Fortbestand der Gesellschaft zu respektieren und nicht aus eigennützigen Gründen die ihnen unter Berücksichtigung des Verhältnismäßigkeitsgrundsatzes zumutbare **Sanierung** der Gesellschaft zu verhindern und damit zugleich die Auflösung der Gesellschaft zu erzwingen.[105]

hh) Aufdeckung von Treuhandverhältnissen. Aus der gesellschafterlichen Treu- **52** pflicht kann sich für den Gesellschafter die Pflicht zur Aufdeckung von (geplanten) Treuhandverhältnissen[106] oder sonstigen **Interessenskonflikten** ergeben, etwa wenn

---

[99] RGZ 122, 159, 166f.; RGZ 132, 149, 163f.; BGHZ 71, 40, 44ff. = NJW 1978, 1360; BGHZ 76, 352, 355ff. = NJW 1980, 1278; BGHZ 80, 69, 74 = NJW 1981, 1512; BGHZ 101, 113, 116 = NJW 1987, 2514; *Scholz/Winter* § 14 Rn. 58 aE.
[100] Vgl. hierzu BGH BB 1954, 456; NJW 1960, 434; BGHZ 64, 253, 257 = NJW 1975, 1410; BGH NJW 1987, 952, 953; 1995, 194, 195; *Roth/Altmeppen* Rn. 63; *Baumbach/Hueck/Fastrich* Rn. 30; *K. Schmidt* GesR § 5 IV 2, § 37 V 1; abl. dagegen etwa *Flume*, FS Rittner, 1991, S. 119, 127ff.; *Kollhosser*, FS Westermann, 1974, S. 275ff.; erwägenswert die Überlegungen von *Grundmann* Der Treuhandvertrag, 1997, S. 181ff., der den Ansatz in der Lehre vom Wegfall der Geschäftsgrundlage sieht.
[101] BGHZ 98, 276 = NJW 1987, 189; BGH NJW 1987, 3192; OLG Hamburg NJW 1987, 1896; *Roth/Altmeppen* Rn. 63; *Baumbach/Hueck/Fastrich* Rn. 30; *K. Schmidt* GesR § 35 I 2 d; *M. Winter* (Fn. 55) S. 176, 180f.; *M. Weber* (Fn. 53) § 4 II 1 b; s. hierzu auch noch bei § 53 Rn. 55.
[102] BGH NJW 1987, 3192.
[103] *Lutter/Hommelhoff* Rn. 19.
[104] BGH NJW 1987, 3192.
[105] BGHZ 129, 136, 151ff. = NJW 1995, 1739 zur AG; eingehend hierzu mit Hinweis auf die Unterschiede gegenüber dem GmbH-Recht *Henze* ZHR 162 (1998), 186, 192ff.
[106] OLG Hamburg DB 1993, 1030.

den übrigen Gesellschaftern eine durch § 47 Abs. 4 nicht erfasste Interessensbindung unbekannt oder zumindest nicht allgemein bekannt ist; ggf. ist auch ein bereits begangener Verstoß gegen solche Pflichten offenzulegen.[107] Aus der gesellschafterlichen Treupflicht folgt auch die Verpflichtung, einem Konkurrenten jedenfalls nicht ohne Zustimmung der übrigen Gesellschafter eine **Unterbeteiligung** am Geschäftsanteil einzuräumen.[108]

53 **ii) Übertragung von Geschäftsanteilen.** Hinsichtlich der Übertragung von Geschäftsanteilen kommen Treupflichten in zweierlei Richtung in Betracht. Zum einen kann es die gesellschafterliche Treupflicht gebieten, einen **frei übertragbaren Geschäftsanteil** an einen Erwerber, der hiermit die Mehrheit in der Gesellschaft erlangen bzw. sie in einen Konzern eingliedern will,[109] oder Konkurrenten der Gesellschaft jedenfalls nicht ohne vorheriges Angebot an die übrigen Gesellschafter zu übertragen. Zum anderen kommt der Treupflicht bei der Übertragung von **vinkulierten Geschäftsanteilen** Bedeutung zu. Hier kann sich aus der Treupflicht die Pflicht ergeben, der Übertragung zuzustimmen bzw. die Zustimmung zu versagen[110] (wegen der Einzelheiten s. bei § 15).

54 **jj) Gesellschafterversammlung.** Hinsichtlich der **Ladung zur Gesellschafterversammlung** folgt aus der Treupflicht die Notwendigkeit, soweit möglich auf eine bekannte Verhinderung eines Gesellschafters Rücksicht zu nehmen und die Gesellschafterversammlung unter Berücksichtigung dieses Umstandes so anzusetzen, dass der Gesellschafter hieran teilnehmen kann; dies gilt mit Blick auf sein Teilnahmerecht auch dann, wenn er bei dem zu fassenden Beschluss nach § 47 Abs. 4 vom Stimmrecht ausgeschlossen ist.[111] Sofern ein für die Gesellschafterversammlung geplanter Tagesordnungspunkt vorbereitungsbedürftig ist, ist bei der Bemessung der **Ladungsfrist** hierauf angemessen Rücksicht zu nehmen.[112] Sollen Maßnahmen gegen einen Gesellschafter beschlossen werden (etwa die Abberufung als Geschäftsführer oder Kündigung seines Geschäftsführerdienstvertrages), so ist diesem jedenfalls auf Aufforderung hin rechtzeitig durch **Information** über die gegen ihn erhobenen Vorwürfe Gelegenheit zu geben, sich hierauf sachgerecht vorzubereiten. Bei enger persönlicher Verbundenheit unter den Gesellschaftern kommt im Einzelfall die Pflicht unter Treupflichtaspekten zur **Erläuterung des Beschlusses** gegenüber unerfahrenen Gesellschaftern in Betracht.[113]

55 **kk) Treupflicht und Stimmverhalten.** Inwieweit sich der Gesellschafter bei der **Stimmabgabe** im Rahmen eines Beschlussverfahrens an dem Gesellschaftsinteresse zu orientieren hat und wann er seinen individuellen Interessen Vorrang einräumen kann, richtet sich nach dem jeweiligen Beschlussgegenstand. Insoweit lässt sich zwischen drei Bereichen unterscheiden: dem Bereich der Grundlagenänderung, dem Bereich der Geschäftsführungsangelegenheiten und den sonstigen Gesellschaftsangelegenheiten.

56 Bei **Grundlagenänderungen,** insbesondere Satzungsänderung, kann sich der Gesellschafter im Grundsatz vorrangig an seinen eigenen Interessen orientieren. Aller-

---

[107] *Wiedemann,* FS Heinsius, 1991, S. 949, 954.
[108] Abw. OLG Frankfurt/M. DB 1992, 2489 f.
[109] *Wiedemann* Gesellschaftsrecht § 8 III 3; *Hachenburg/Raiser* Rn. 60.
[110] BGH NJW 1987, 1019; eingehend zur Treupflicht bei vinkulierten Geschäftsanteilen *Reichert/Winter,* FS GmbHG, 1992, S. 209 ff.
[111] BGH WM 1985, 567, 568: Verhinderung wegen Kindstaufe.
[112] Zur Informationspflicht und zur Ankündigungsfrist s. *Hachenburg/Hüffer* § 51 Rn. 20.
[113] BGH NJW 1992, 300, 301.

Juristische Person; Handelsgesellschaft § 13

dings kommen je nach Beschlussgegenstand Ausnahmen in Betracht. So kann beispielsweise die Stimmabgabe zur Verkürzung von Ladungsfristen im Wege der Satzungsänderung treuwidrig sein, wenn andere Gesellschafter, etwa wegen ihres ständigen Aufenthalts im Ausland, für die effektive Wahrnehmung ihrer Gesellschafterrechte auf längere Fristen angewiesen sind (vgl. auch bei Rn. 54). Auch kann der Gesellschafter im Ausnahmefall umgekehrt verpflichtet sein, einer Satzungsänderung zuzustimmen (Rn. 51).

Im Bereich der **Geschäftsführungsangelegenheiten** hat sich der Gesellschafter strikt am Gesellschaftsinteresse auszurichten, sofern nicht alle Gesellschafter an der Abstimmung teilnehmen und einstimmig von dieser Bindung abweichen. Aus der Bindung an den Gesellschaftszweck folgt für die Stimmabgabe im Zusammenhang mit unternehmerischen Entscheidungen, dass die Zustimmung zu unzweckmäßigen unternehmerischen Maßnahmen einen Treupflichtverstoß darstellt und zur Anfechtbarkeit eines Gesellschafterbeschlusses (hierzu noch bei Rn. 78) führt; zu beachten ist allerdings in diesem Zusammenhang das weite gesellschafterliche Ermessen, dessen Überschreitung erst einen Treupflichtverstoß begründet.[114] 57

In **sonstigen Angelegenheiten der Gesellschaft** ist eine generelle Aussage über den Maßstab des Stimmverhaltens nicht möglich. Die Stimmabgabe hat sich hier vielmehr **einzelfallbezogen** am konkreten Beschlussgegenstand und dabei an der Förderungspflicht des Gesellschafters und dem ihn treffenden Schädigungsverbot zu orientieren. So kann der Gesellschafter bei Fragen der **Besetzung von Gesellschaftsorganen** zwar orientiert am Gesellschaftsinteresse (Rn. 50), aber im Übrigen relativ frei entscheiden und beispielsweise den Beirat mit Personen seines Vertrauens besetzen, es sei denn, diese sind der Gesellschaft bzw. den übrigen Gesellschaftern nicht zumutbar, etwa deshalb, weil es sich um Konkurrenten der Gesellschaft handelt. Auch die Geschäftsführung kann er mit Personen seines Vertrauens besetzen, sofern sie die jeweils notwendigen Qualifikationen aufweisen. Liegt gegen einen Geschäftsführer ein wichtiger Grund vor, der seine **Abberufung** sowie ggf. auch die Kündigung seines Dienstvertrages gebieten, muss sich der Gesellschafter am Gesellschaftsinteresse orientieren und an den notwendigen Beschlüssen mitwirken (Rn. 50). Umgekehrt wäre es aber treuwidrig, einen Mitgesellschafter aus nicht sachlich gerechtfertigten gesellschaftsfremden Gründen, etwa aus Rache oder sonstiger Missgunst, und damit willkürlich als Geschäftsführer abzuberufen; allerdings ist auch insoweit, da es grundsätzlich keinen Anspruch auf Beibehaltung einer Geschäftsführerstellung gibt (§ 38 Abs. 1), auf den jeweiligen Einzelfall abzustellen. Die Orientierung an den überindividuellen Gesellschaftsinteressen gilt entsprechend für die Frage der **Einziehung** von Geschäftsanteilen nach § 34 aus wichtigem Grund. Bei der Beschlussfassung über die **Einforderung von Resteinlagen oder Nachschüssen** bzw. die Rückerstattung letzterer kann der Gesellschafter sich an seinen eigenen Interessen orientieren, muss jedoch in diesem Rahmen auch das Finanzierungsinteresse der Gesellschaft berücksichtigen; in besonderen Einzelfällen kann er auch verpflichtet sein, das Interesse der übrigen, von dem Beschluss ebenfalls betroffenen Gesellschaftern in die Abwägung einzustellen (s. auch bei Rn. 46). Zu dem aus der Treupflicht resultierenden Bezugsrecht bei **Kapitalerhöhungen** s. Rn. 67. Im Zusammenhang mit einer Kapitalerhöhung können auch Kapitalerhöhungsbeschlüsse treuwidrig sein, die ohne ein entsprechendes Finanzierungsinteresse der Gesellschaft zwar unter Wahrung des Bezugsrechts der Minderheit beschlossen werden, bei denen jedoch von vornherein feststeht, dass Minderheitsge- 58

---

[114] Zutr. *Baumbach/Hueck/Zöllner* Anh. § 47 Rn. 49 entgegen der ganz überwM; aA *Roth/Altmeppen* § 47 Rn. 108; *Lutter/Hommelhoff* Anh. § 47 Rn. 53; *Scholz/K. Schmidt* § 47 Rn. 30.

sellschafter sich wegen fehlender finanzieller Mittel an ihr nicht beteiligen können, und die damit allein auf ein Zurückdrängen der Minderheit gerichtet sind. Bei Fragen der **Gewinnverwendung** kann sich der Gesellschafter zwar grundsätzlich von seinen eigenen Interessen leiten lassen, muss in diesem Zusammenhang aber auch die Finanzierungsinteressen der Gesellschaft berücksichtigen (Rn. 61).

59 **ll) Treupflicht und Zustimmungsverhalten.** Steht dem Gesellschafter kraft Satzung oder Gesetz ein Zustimmungsrecht zu – in Betracht kommen insoweit etwa § 53 Abs. 3, § 34 Abs. 2, die Zustimmung beim Eingriff in Sonderrechte bzw. den Kernbereich der Mitgliedschaft sowie die Zustimmung im Zusammenhang mit dem Abschluss von Unternehmensverträgen –, kann sich der Gesellschafter bei der Ausübung dieses Rechts vorrangig an seinem individuellen Interesse orientieren. Denn dieses Recht weist den betroffenen Gegenstand der Individualsphäre des Gesellschafters zu. Ausnahmen, in denen er dem Interesse der Gesellschaft vor seinen eigenen Vorrang einzuräumen hat, kommen nur in extremen Ausnahmefällen in Betracht.[115]

60 **mm) Pflicht zur Umsetzung von Gesellschafterbeschlüssen.** Ist ein rechtmäßiger bzw. bestandskräftiger **Gesellschafterbeschluss umsetzungsbedürftig** (etwa die Abberufung von Geschäftsführern oder die Kündigung ihrer Dienstverträge), ist der Gesellschafter auf Grund seiner gesellschafterlichen Treupflicht verpflichtet, an der Umsetzung erforderlichenfalls mitzuwirken. Kommt er dem nicht nach, macht er sich schadensersatzpflichtig.

61 **nn) Feststellung des Jahresabschlusses, Gewinnverwendung.** Sofern nach der Satzung für die Feststellung des Jahresabschlusses die Mitwirkung eines Gesellschafters erforderlich ist, ist er auf Grund seiner Treubindung gegenüber der Gesellschaft und den übrigen Gesellschaftern verpflichtet, an der Feststellung eines ordnungsgemäß aufgestellten Jahresabschlusses mitzuwirken.[116] Bei der Beschlussfassung über die **Gewinnverwendung** kommt der Treupflicht gegenüber der Gesellschaft und unter den Gesellschaftern insoweit Bedeutung zu, als zum einen auf den Liquiditätsbedarf der Gesellschaft Rücksicht genommen werden muss, zum anderen aber auch auf das Interesse der übrigen Gesellschafter am Bezug von Gewinnanteilen; so ist es unzulässig, unverhältnismäßige Rücklagen zu bilden und damit die Gewinnbezugsinteressen der Gesellschafterminderheit zu missachten (iE bei § 29).

62 **oo) Schädigungsverbot.** Das den Gesellschafter treffende Schädigungsverbot gegenüber der Gesellschaft erfasst **rechtliche und faktische**[117] nachteilige **Einflussnahmen.** Soweit es um rechtliche Einflussnahmen geht, handelt es sich hauptsächlich um solche über Gesellschafterbeschlüsse oder im Zusammenhang mit dem Gebrauch von besonderen Weisungs- bzw. sonstigen Gesellschafterrechten. Hinsichtlich der faktischen Einflussnahmen sind vor allem solche auf die Geschäftsführung unter Umgehung der Gesellschafterversammlung zu nennen oder die Nutzung von Sachen bzw. von Rechten der Gesellschaft[118] sowie die verdeckte Gewinnausschüttung (vgl. Rn. 158 ff.). Auch die Pflicht zur **Unterlassung geschäftsschädigender Äußerungen** über die Gesellschaft zählt hierzu.[119] Aus der gesellschafterlichen Treupflicht folgt darüber hinaus die Verpflichtung der Gesellschafter, gesellschaftliche **Geschäftschancen** nicht auf

---

[115] Eingehend zum Ganzen *Schäfer* Der stimmrechtslose GmbH-Geschäftsanteil, 1997, S. 35 ff, 56 ff. mwN.
[116] Zu dieser Problematik s. auch bei § 47 Rn. 17; § 46 Rn. 6.
[117] BGHZ 65, 15 = NJW 1976, 191.
[118] BGH WM 1978, 1205; *M. Winter* (Fn. 55) S. 241; *Hachenburg/Raiser* § 14 Rn. 64.
[119] *Scholz/Winter* § 14 Rn. 59.

Juristische Person; Handelsgesellschaft § 13

sich überzuleiten;[120] übt der Gesellschafter bestimmenden Einfluss auf die Gesellschaft aus, kann er darüber hinaus unter Treupflichtaspekten auch ohne Satzungsgrundlage einem **Wettbewerbsverbot** unterliegen, das sich auch auf mit ihm verbundene Unternehmen erstrecken kann[121] (zu beidem noch bei Rn. 87 ff.).

pp) Verbot der verdeckten Gewinnausschüttung. Aus dem aus der Treupflicht 63 folgenden Verbot, die Gesellschaft und die übrigen Gesellschafter zu schädigen, aber auch aus dem hierauf begründeten Gleichbehandlungsgrundsatz folgt auch das Verbot, einem Gesellschafter offen oder verdeckt Vorteile zu Lasten der Gesellschaft und damit mittelbar auch zu Lasten der übrigen Gesellschafter einzuräumen, sog. **verdeckte Gewinnausschüttung** oder verdeckte Vorteilsgewährung (eingehend bei § 29 Rn. 158 ff.). Gesellschaftsrechtlich unzulässig ist es deshalb auch unabhängig von den durch § 30 gezogenen Schranken, wenn der Mehrheitsgesellschafter die Geschäftsführung der Gesellschaft oder von ihren Tochtergesellschaften veranlasst, an sich bzw. an ein mit ihm verbundenes Unternehmen Konzernumlagen zu zahlen, denen keine oder keine gleichwertige Gegenleistung gegenübersteht.[122] Zur actio pro socio in diesem Zusammenhang s. Rn. 114 ff.

qq) Schranken der Rechte aus § 50. Auch das Einberufungs- und Ankündi- 64 gungsrecht nach § 50 steht nicht nur unter dem Vorbehalt des Missbrauchs, sondern auch unter dem des treugemäßen Verhaltens.[123] Treuwidrig ist die Ausübung der Rechte aus § 50 allerdings nicht bereits dann, wenn der beantragte Gegenstand erkennbar keine Mehrheit finden wird; denn der Gesellschafter ist unter den gesetzlichen Voraussetzungen berechtigt, die Befassung der Gesellschafterversammlung mit seinem Anliegen zu verlangen. Erforderlich ist vielmehr, dass das Begehren des Gesellschafters tatsächlich nur vorgeschoben oder offensichtlich sinnlos ist, insbesondere etwa, weil der beantragte Gegenstand nicht in die Kompetenz der Gesellschafterversammlung fällt. Auch der Umstand, dass es dem Gesellschafter ohne weiteres möglich wäre, den beantragten Gegenstand auf die Tagesordnung einer ohnehin anberaumten und demnächst stattfindenden Gesellschafterversammlung nehmen zu lassen, kann ein Vorgehen nach § 50 treuwidrig und damit unbeachtlich machen. Umgekehrt kann aber auch die **Weigerung der übrigen Gesellschafter,** sich mit einem nach § 50 ordnungsgemäß anberaumten Tagesordnungspunkt zu befassen, treuwidrig sein.

rr) Schranken der Rechte aus § 51 a. Grenzen sind auch der Geltendmachung 65 von Informations- und Einsichtsrechten gem. § 51 a durch die gesellschafterliche Treupflicht gezogen. Da sich aus der Natur dieser Rechte das Informationsbedürfnis als ungeschriebene Voraussetzung[124] bereits von selbst ergibt, sind die konkreten Auswirkungen der Treupflicht in diesem Zusammenhang allerdings beschränkt. So müssen die Rechte aus § 51 a – was angesichts des im Grundsatz stets zu bejahenden Interesses des Gesellschafters im mitgliedschaftlichen Bereich indessen nicht überspannt werden darf – schonend ausgeübt und dürfen nicht als Mittel dafür verwendet werden, sich zum sog. lästigen Gesellschafter zu machen und hierüber die übrigen Gesellschafter zu Zugeständnissen zu zwingen. Des Weiteren ist der Gesellschafter verpflichtet, die über

---

[120] BGH GmbHR 1977, 129; 1985, 1482; 1985, 1484; NJW 1989, 2687; *Kübler,* FS Werner, 1984, S. 437 ff.; *Kübler/Waltermann* ZGR 1991, 162 ff.; *Schiessl* GmbHR 1988, 53 ff.; *Timm* GmbHR 1981, 177 ff.; *Weisser* DB 1989, 2010; *M. Weber* (Fn. 53) § 4 II 1 c.
[121] BGHZ 89, 162 = NJW 1984, 1351.
[122] BGHZ 65, 15, 18 ff. = NJW 1976, 191; s. auch *M. Winter* (Fn. 55) S. 190 ff., 197, 201 f.
[123] *Scholz/K. Schmidt* § 50 Rn. 17; s. auch unten bei § 51 a Rn. 5.
[124] *Baumbach/Hueck/Zöllner* § 51 a Rn. 20 ff.; eingehend unten bei § 51 a.

seine Rechte aus § 51a erlangten Informationen vertraulich zu behandeln (auch gegenüber unterbeteiligten Konkurrenten der Gesellschaft)[125] und sie auch nicht zu eigenen, außergesellschaftlichen Zwecken zu nutzen (s. auch bei Rn. 87ff.).

66   **ss) Treupflichtwidrige Anfechtungsklagen.** Bei Anfechtungsklagen von Gesellschaftern, die aus illoyalen, grob eigennützigen Gründen erhoben werden, kommt es wegen des Verbots des individuellen Rechtsmissbrauchs zu einem Verlust des Anfechtungsrechts; eine erhobene Anfechtungsklage ist ungeachtet der Kontrollfunktion dieses Rechtsinstituts als unbegründet abzuweisen.[126] Typische Beispiele hierfür bilden Anfechtungsklagen, die zu dem Zweck erhoben worden sind, sich die hierdurch erworbene Rechtsstellung abkaufen zu lassen[127] oder sich hierüber zum lästigen Gesellschafter zu machen. Wegen des hierin zugleich liegenden Treupflichtverstoßes ist der betreffende Gesellschafter der Gesellschaft darüber hinaus zum Schadensersatz verpflichtet.[128]

67   **tt) Bezugsrecht bei Kapitalerhöhungen.** Für Kapitalerhöhungen sieht das GmbHG im Gegensatz zum Aktienrecht (§ 186 Abs. 1 AktG) kein ausdrückliches Bezugsrecht vor; das Recht zum Bezug eines Anteils am erhöhten Kapital folgt jedoch aus der gesellschafterlichen Treupflicht (hierzu bei § 55 Rn. 30ff.).

68   **uu) Liquidation der Gesellschaft.** Steht fest, dass die Gesellschaft wirtschaftlich nicht mehr fortzuführen ist, kann sich aus der Treupflicht ein Zwang des Gesellschafters zur **Mitwirkung an der Liquidation** der Gesellschaft ergeben.[129] Bei der Fassung von **Auflösungsbeschlüssen** bestehen über die gesetzlichen bzw. satzungsmäßigen Anforderungen hinaus keine zusätzlichen Voraussetzungen unter dem Aspekt der Treupflicht als Korrelat der Mehrheitsherrschaft.[130] Die Gesellschaftermehrheit ist berechtigt, das investierte Kapital abzuziehen. Treuwidrig kann eine Stimmabgabe des Mehrheitsgesellschafters allerdings dann sein, wenn er im Zusammenhang mit dem Liquidationsbeschluss durch **Vorabsprachen mit den Geschäftsführern** die Interessen der übrigen Gesellschafter dadurch schädigt, dass er im Ergebnis die durch das gesetzliche Liquidationsverfahren gewährleistete Berücksichtigung der Interessen aller Gesellschafter unterläuft und das Unternehmen der Gesellschaft auf sich überleitet.[131] Die **Gesellschafterminderheit** kann dagegen verpflichtet sein, der Auflösung der Gesellschaft zuzustimmen, wenn feststeht, dass die Gesellschaft nicht mehr fortzuführen ist und ein weiterer Betrieb nur noch zu einem weiteren Verlust von Kapital führen würde.[132]

---

[125] OLG Frankfurt/M. DB 1992, 2489; zur Problematik der Unterbeteiligung eines Konkurrenten s. auch bei Rn. 52.

[126] BGHZ 107, 296, 310f. = NJW 1989, 2689; BGH NJW-RR 1992, 1388; für Unzulässigkeit *Scholz/K. Schmidt* § 45 Rn. 137.

[127] Die Diskussion um missbräuchliche Anfechtungsklagen wird hauptsächlich im Aktienrecht geführt, muss jedoch im GmbH-Recht entsprechend behandelt werden; zum aktienrechtlichen Diskussionsstand s. statt anderer *Hüffer* § 245 Rn. 22ff.; zum GmbH-Recht s. etwa *Scholz/K. Schmidt* § 45 Rn. 137.

[128] *Scholz/K. Schmidt* § 45 Rn. 137.

[129] *Lutter/Hommelhoff* § 14 Rn. 16 (allerdings mit nicht überzeugendem Hinweis auf den Rechtsgedanken der §§ 32a, 32b; zust. *M. Weber* (Fn. 53) § 4 II 1 c.

[130] BGHZ 76, 352, 353f. = NJW 1980, 1278; BGHZ 103, 184, 189ff. = NJW 1988, 1579; eingehend *Henze* ZIP 1995, 1473, 1477.

[131] BGHZ 76, 352, 355ff. = NJW 1980, 1278; BGHZ 103, 184, 193ff. = NJW 1988, 1579; hierzu auch *Henze* ZIP 1995, 1473ff.

[132] Hierzu *Henze* ZHR 162 (1998), 186, 196.

Juristische Person; Handelsgesellschaft § 13

vv) Ausübung von Kündigungsrechten, Gesellschafterausschluss und vergleichbare Maßnahmen. Beschränkungen im Zusammenhang mit einem in der Satzung vorgesehenen **Kündigungsrecht** entsprechend dem Rechtsgedanken des § 723 Abs. 2 S. 1 BGB[133] können sich auch im GmbH-Recht aus der gesellschaftlichen Treupflicht ergeben. Die Geltendmachung eines zur Auflösung der Gesellschaft führenden Kündigungsrechts kann auch deshalb treuwidrig sein, weil die Übernahme des Geschäftsanteils des kündigungsberechtigten Gesellschafters zu dem Wert, der auf ihn im Falle einer Liquidation der Gesellschaft entfiele, gesichert ist, die übrigen Gesellschafter die Gesellschaft fortführen wollen und die Fortführung der Gesellschaft durch die übrigen Gesellschafter dem Kündigungsberechtigten objektiv zumutbar ist.[134] Ob Einschränkungen des Kündigungsrechts im konkreten Fall tatsächlich veranlasst sind, ist im Wege der Abwägung zwischen den betroffenen Interessen zu ermitteln, wobei begründungsbedürftig die Einschränkung des Kündigungsrechts, nicht die Zulässigkeit seiner Geltendmachung ist. Der **Gesellschafterausschluss**[135] ist wegen der gegenseitigen gesellschaftlichen Treupflicht nur als letztes Mittel (ultima ratio) zulässig; er ist ausgeschlossen, wenn gegen den den Ausschluss betreibenden Gesellschafter selbst ein Ausschlussgrund vorliegt (wegen der Einzelheiten s. bei § 34). Liegen die für den Ausschluss erforderlichen Voraussetzungen vor, sind die Gesellschafter allerdings verpflichtet, diese Maßnahme zu ermöglichen.[136] Treubindungen sind auch im Rahmen des **Einziehungsrechts** nach § 34 und der **Auflösungsklage** nach § 61 zu beachten.[137] Auch die Geltendmachung eines **Übernahme- bzw. Erwerbsrechts** kann treuwidrig sein, wenn die hierfür notwendigen Voraussetzungen durch den Übernahmeberechtigten selbst treuwidrig herbeigeführt worden sind.[138]

ww) Recht der verbundenen Unternehmen. Besondere Bedeutung hat die gesellschaftliche Treupflicht auch im Zusammenhang mit dem Recht der verbundenen Unternehmen.[139] Insoweit ist zwischen den Rechtsverhältnissen der Unter- (Rn. 71 ff.) und der Obergesellschaft (Rn. 75 ff.) zu unterscheiden:

(1) (Unter-)Gesellschaft. Mehrheitsbeschlüsse, die die **Gesellschaft in die Gefahr der Abhängigkeit** im Sinne des § 16 AktG bringen, sind wegen Treupflichtverstoßes anfechtbar (Rn. 78), sofern sie nicht ausnahmsweise durch besondere Belange der Gesellschaft sachlich gerechtfertigt sind.[140]

α) Schädigungsverbot, Wettbewerbsverbot. Ist die Gesellschaft bereits faktisch abhängig, verbietet es das aus der gesellschaftlichen Treupflicht folgende **Schädigungsverbot,** die hiermit verbundenen Einwirkungsmöglichkeiten zum Nachteil der Gesellschaft auszuüben, beispielsweise durch die Erhebung von Konzernumlagen, denen keine oder keine gleichwertige Gegenleistung gegenübersteht.[141] Auch das aus der Treupflicht für den herrschenden Gesellschafter folgende **Wettbewerbsverbot** (Rn. 87 ff.) wirkt sich insoweit zugunsten einer verbundenen Gesellschaft aus. Ein nur

---
[133] *M. Weber* (Fn. 53) § 4 II c.
[134] *Scholz/Winter* § 14 Rn. 57.
[135] *M. Weber* (Fn. 53) § 4 II c mwN.
[136] *Scholz/Winter* § 14 Rn. 57, 60 mwN.
[137] Hierzu BGH WM 1985, 916; *Hachenburg/Ulmer* § 61 Rn. 4, 9; *Lutter/Hommelhoff* § 61 Rn. 8 sowie die Bem. unten bei § 61.
[138] RGZ 162, 388, 394; BGHZ 30, 195, 201 f. = NJW 1959, 1683, 1685.
[139] Zu den Einzelheiten des Rechts der verbundenen Unternehmen s. bei Anh. § 52.
[140] BGHZ 80, 69 ff. = NJW 1981, 1512 (Befreiung eines Gesellschafters vom Wettbewerbsverbot).
[141] BGHZ 65, 15, 18 ff. = NJW 1976, 191.

mittelbar beteiligtes Unternehmen unterliegt, soweit es das Schädigungsverbot betrifft, den aus der Treupflicht folgenden Schranken bei der Ausübung seines Einflusses auf die Gesellschaft wie ein unmittelbar beteiligtes.[142] Der Ansatz für diese Treupflichterstreckung liegt dabei methodisch in der Korrelation zwischen Einwirkungsmacht und der hiermit einhergehenden Pflichtenbindung (vgl. Rn. 36), nicht in einem Schutzverhältnis zugunsten der Gesellschaft zwischen dem mittelbar und dem unmittelbar verbundenen Unternehmen;[143] ein solcher Ansatz wäre systemwidrig, weil die Treupflicht „von unten" bei der Gesellschaft ansetzt und ein Schutzverhältnis zugunsten Dritter („von oben") der Disposition der übergeordneten Unternehmen unterläge.[144] Der sog. qualifizierte faktische Konzern, der definitionsmäßig dadurch gekennzeichnet ist, dass das herrschende Unternehmen auf die Belange der Gesellschaft keine Rücksicht nimmt und die vorgenommenen Eingriffe nicht einzeln mehr ausgeglichen werden können,[145] stellt daher jedenfalls in der Mehrpersonen-Gesellschaft schon aus diesem Grunde einen Unrechtstatbestand dar.

73 β) **Mitteilungspflichten.** Die aktienrechtliche **Mitteilungspflicht** nach §§ 20 f. AktG ist im GmbH-Recht nicht anwendbar. Eine entsprechende Mitteilungspflicht gegenüber der Gesellschaft und den Gesellschaftern folgt aber für das herrschende Unternehmen aus der gesellschafterlichen Treupflicht.[146]

74 γ) **Beschlusskontrolle bei Abschluss eines Unternehmensvertrags?** Die Frage, ob es im GmbH-Recht einer **Beschlusskontrolle** in dem Sinne bedarf, dass der Beschluss über einen Unternehmensvertrag im Sinne des § 291 AktG unter Treupflichtaspekten einer sachlichen Rechtfertigung bedarf, ist für den Fall zu verneinen, dass die Satzung für einen solchen Fall keine Besonderheiten vorsieht. Denn wegen der mit ihm verbundenen Wirkungen bedarf ein Unternehmensvertrag im GmbH-Recht neben der Dreiviertelmehrheit analog § 53 Abs. 2 der Zustimmung aller Gesellschafter, so dass diese für ihren eigenen Schutz sorgen können. Sofern in der Satzung das Zustimmungserfordernis wirksam abbedungen ist[147] (die Dreiviertelmehrheit entsprechend § 53 Abs. 2 ist unabdingbar), erscheint eine besondere Beschlussrechtfertigung allerdings notwendig, auch wenn eine Verweisung auf die §§ 304, 305 AktG in der Satzung oder dem Unternehmensvertrag vertraglich vorgesehen ist. Da eine Kontrolle der Ausgleichs- und Abfindungsregelungen in einem für die Gesellschafter u. a. kostengünstigen (§ 306 Abs. 7 AktG) und vom Amtsermittlungsprinzip gekennzeichneten FGG-Verfahren mangels Vereinbarkeit eines solchen Verfahrensweges nicht in Betracht kommt, ist mit einem solchen Unternehmensvertrag ein erheblicher Eingriff in die Rechtsstellung der Minderheitsgesellschafter verbunden, was für die Notwendigkeit

---

[142] BGHZ 89, 162, 165 ff. = NJW 1984, 1351; *Hachenburg/Ulmer* Anh. § 77 Rn. 74 mwN.

[143] So *Stimpel* AG 1986, 117, 119; zust. *Paschke* AG 1988, 196, 203; *M. Winter* (Fn. 55) S. 256 ff.

[144] Zum sog. Zurechnungsdurchgriff als dem methodischen Ansatz s. auch *Burbach* Das Recht der konzernabhängigen Personengesellschaft, 1989, S. 389; *Grunewald* BB 1981, 581, 586; *Limmer* Die Haftungsverfassung des faktischen GmbH-Konzerns, 1992, S. 71; *Pentz* Die Rechtsstellung der Enkel-AG, 1994, S. 209 ff.; *Reuter* AG 1986, 130, 131; *Tröger* Treupflicht im Konzernrecht, 1999, S. 49 ff.; *Wiedemann/Hirte* ZGR 1986, 163, 165; *Zöllner*, FS Kropff, 1997, S. 333, 341; *Staub/Ulmer* Anh. § 105 Rn. 53; sowie unten bei Anh. § 52 Rn. 54.

[145] BGHZ 122, 123, 130 ff. = NJW 1993, 1200; wegen der Einzelheiten s. unten bei Anh. § 52.

[146] *Scholz/Emmerich* Anh. KonzernR Rn. 40; *Hachenburg/Ulmer* Anh. § 77 Rn. 67 sowie unten Anh. § 52 Rn. 31.

[147] Zur Frage der Zulässigkeit solcher Satzungsklauseln statt anderer *Hachenburg/Ulmer* § 53 Rn. 151; *Scholz/Emmerich* Anh. KonzernR Rn. 158 f. sowie unten Anh. § 52.

einer besonderen sachlichen, am Verbandsinteresse auszurichtenden Rechtfertigung spricht.

(2) Obergesellschaft. α) Ausgliederung von Unternehmensteilen. Auf der Ebene der Obergesellschaft kann die Treupflicht zunächst vor allem insoweit Bedeutung erlangen, als es um die Ausgliederung von Unternehmensteilen außerhalb des Umwandlungsrechts geht und die ausgegliederten Unternehmensteile dadurch der unmittelbaren Einflussnahmemöglichkeit der Gesellschafter entzogen werden.[148] Jedenfalls dann, wenn es durch eine solche Ausgliederung dazu kommt, dass die ausgegliederten Unternehmensteile im Ergebnis dem Einflussbereich der Gesellschafterminderheit entzogen und allein demjenigen der Gesellschaftermehrheit (ggf. über die von ihr gestellte Geschäftsführung) unterstellt wird, bedarf der Beschluss über eine solche Maßnahme unter Treupflichtaspekten ebenfalls der besonderen sachlichen Rechtfertigung. **75**

β) Anteilserwerb, Unternehmensvertrag. Der schlichte **Anteilserwerb** wird häufig eine ungewöhnliche Geschäftsführungsmaßnahme darstellen und von daher einen Gesellschafterbeschluss erforderlich machen. Unter Treupflichtaspekten gelten insoweit keine Besonderheiten; es bedarf insoweit wegen des Erwerbs als solchem keiner besonderen sachlichen Rechtfertigung. Der **Zustimmungsbeschluss zu einem Unternehmensvertrag** bedarf über die gesetzlichen Voraussetzungen (Zustimmungsbeschluss entsprechend § 293 Abs. 2 AktG) hinaus keiner zusätzlichen sachlichen Rechtfertigung unter dem Aspekt der Treupflicht. Das seinem Kern nach aus der Treupflicht folgende Informationsrecht eines Gesellschafters des herrschenden Unternehmens nach § 51a umfasst auch die Rechtsverhältnisse der Tochtergesellschaften hierzu bei § 51a. **76**

j) Rechtsfolgen der Verletzung von Treupflichten. Hinsichtlich der Rechtsfolgen einer Treupflichtverletzung ist nach der Art der Verletzung zu unterscheiden: **77**

aa) Treuwidrige Stimmabgabe. Eine treuwidrige Stimmabgabe im Rahmen einer Beschlussfassung führt zur Nichtigkeit der Stimme.[149] Ist die Stimme gleichwohl bei der Ermittlung des Beschlussergebnisses mitgezählt worden und beruht die Feststellung des Ergebnisses hierauf, kann der Beschluss im Wege der (fristgebundenen) Anfechtungsklage entsprechend § 243 AktG angefochten werden. Erforderlichenfalls kann die **Anfechtungsklage** mit einer **positiven Beschlussfeststellungsklage** verbunden werden. Auch vorbeugender Rechtsschutz gegen drohende treuwidrige Stimmabgaben oder die Umsetzung treuwidriger Gesellschafterbeschlüsse (zB die Anmeldung einer treuwidrig beschlossenen Kapitalerhöhung zur Eintragung in das Handelsregister) im Wege der **einstweiligen Verfügung** ist möglich.[150] Wegen der Einzelheiten s. die Kommentierung zu § 47. **78**

bb) Durchsetzung von Stimmpflichten. Bestehen auf Grund der Treupflichtbindung positive Stimmpflichten, können diese durch Klage, im Einzelfall auch durch einstweilige Verfügung[151] durchgesetzt werden. **79**

---

[148] Zum Aktienrecht s. BGHZ 83, 122 = NJW 1982, 1703.
[149] BGHZ 102, 172, 178 = NJW 1988, 969; *Scholz/Winter* § 14 Rn. 61; *Baumbach/Hueck/Zöllner* Anh. § 47 Rn. 54a; *Scholz/K. Schmidt* § 47 Rn. 32 mwN; str., aA *Koppensteiner* ZIP 1994, 1325 ff.; *ders.* bei § 47 Rn. 106.
[150] Eingehend hierzu *Happ* Die GmbH im Prozess, 1997, §§ 24 ff.
[151] Hierzu OLG Hamburg GmbHR 1991, 467; OLG Frankfurt/M. GmbHR 1993, 161; OLG Hamm GmbHR 1993, 163; LG München ZIP 1994, 1858; *Happ* (Fn. 150) § 24 Rn. 26; abw. OLG Koblenz GmbHR 1991, 21.

80 **cc) Unbeachtlichkeit von Maßnahmen.** Soweit die Treupflichten außerhalb von Beschlüssen der Gesellschafterversammlung verletzt werden, etwa durch andere Gesellschaftsorgane (Geschäftsführer, Beirat, Aufsichtsrat) oder durch die Geltendmachung von Gesellschafterrechten (etwa Übernahme- bzw. Erwerbsrechte, Rn. 69), führt dies jedenfalls dann zur Unbeachtlichkeit der Maßnahme,[152] wenn mit ihr keine Außenwirkungen verbunden sind.

81 **dd) Einziehung, Ausschluss, Auflösung.** Treupflichtverletzungen, insbesondere wiederholte, können darüber hinaus die (sofern in der Satzung vorgesehen) **Einziehung** der Geschäftsanteile des betroffenen Gesellschafters aus wichtigem Grund gem. § 34, die Erhebung einer **Ausschlussklage** oder ggf. auch einer **Auflösungsklage** nach § 61 rechtfertigen,[153] sofern nicht im Einzelfall ein milderes Mittel (Entzug von Sonderrechten, Einsetzen eines Treuhänders zur Ausübung von Mitverwaltungsrechten) genügt.[154] Wegen der Einzelheiten s. bei § 34 und § 61.

82 **ee) Schadensersatzpflicht.** Bei schuldhafter Verletzung der Treupflicht besteht eine **Schadensersatzpflicht** des Betreffenden gegenüber der Gesellschaft und den Gesellschaftern gem. §§ 249 ff. BGB.[155]

83 **(1) Gesellschaft.** Soweit es um eine von der Gesellschaft gegenüber dem Gesellschafter begangene Treupflichtverletzung geht, schuldet die Gesellschaft dem Gesellschafter selbst unmittelbar Schadensersatz. Ein Handeln ihres Geschäftsführers muss sie sich entsprechend § 31 BGB zurechnen lassen,[156] kann aber gem. § 43 Rückgriff auf ihn wegen Verletzung seiner Organpflichten nehmen. Soweit sich Gesellschafter ebenfalls schadensersatzpflichtig gemacht haben, haften diese gesamtschuldnerisch neben der Gesellschaft, §§ 421 ff. BGB. Im Innenverhältnis haften die Gesellschafter vorrangig, da die Haftung der Gesellschaft sonst darauf hinausliefe, dass der geschädigte Gesellschafter auf Grund der Minderung des Gesellschaftsvermögens mittelbar am Ausgleich seines Schadens beteiligt würde. Jedenfalls soweit die in diesem Zusammenhang bestehenden Ansprüche werthaltig sind oder die Zahlung nicht aus dem zur Erhaltung des Stammkapitals erforderlichen Vermögen erfolgt,[157] bestehen gegen die Geltendmachung der Schadensersatzansprüche des Gesellschafters gegen die Gesellschaft keine Bedenken. Aber auch im Übrigen stehen die Kapitalerhaltungsregeln der Geltendmachung eines solchen Schadensersatzanspruches nicht entgegen; insoweit liegt ein Drittanspruch des Gesellschafters vor, der auch aus dem gebundenen Kapital der Gesellschaft zu erfüllen ist (hierzu § 30 Rn. 31 f.).

84 **(2) Gesellschafter.** Hat ein Gesellschafter sich gegenüber der Gesellschaft und den übrigen Gesellschaftern treuwidrig verhalten,[158] ist, soweit es um die Geltendmachung von Ansprüchen durch einen Gesellschafter geht, entsprechend dem Rechtsgedanken der §§ 117 Abs. 1 S. 2, 317 Abs. 1 S. 2 AktG zu unterscheiden (vgl. auch bereits

---

[152] *Roth/Altmeppen* Rn. 55; *Baumbach/Hueck/Fastrich* Rn. 31; *Hachenburg/Raiser* § 14 Rn. 61; *Scholz/Winter* § 14 Rn. 61.
[153] *Roth/Altmeppen* Rn. 55; *Baumbach/Hueck/Fastrich* Rn. 31; *Hachenburg/Raiser* § 14 Rn. 61; *Lutter/Hommelhoff* § 14 Rn. 29.
[154] BGHZ 16, 317, 322 = NJW 1955, 667; RGZ 164, 257, 262; 169, 330, 333 f.; *Baumbach/Hueck/Fastrich* Rn. 31; *Lutter/Hommelhoff* § 14 Rn. 29.
[155] BGHZ 65, 15, 18 ff. = NJW 1976, 191; *Stimpel* AG 1986, 117 ff.; *Roth/Altmeppen* Rn. 55; *Baumbach/Hueck/Fastrich* Rn. 31; *Hachenburg/Raiser* § 14 Rn. 61; *Lutter/Hommelhoff* § 14 Rn. 29.
[156] BGH NJW 1992, 368, 369.
[157] Hierzu BGH NJW 1992, 368, 369 mit Vorbehalten bezügl. des gebundenen Kapitals.
[158] Zum Verhältnis der Ansprüche s. bei Rn. 41.

Rn. 41): Soweit sich der Schaden der Gesellschaft mit dem (mittelbaren) Schaden des Gesellschafters deckt – Reflexschaden –, kann der Gesellschafter zwar den Ersatz dieses Schadens verlangen, inhaltlich ist der dem Gesellschafter zustehende Anspruch jedoch auf Zahlung an die Gesellschaft gerichtet; nur soweit der Gesellschafter einen über den mittelbaren Schaden hinausgehenden eigenen Schaden erlitten hat, kann er dessen Ersatz unmittelbar an sich verlangen.[159] Entsprechendes gilt bei Schädigung eines verbundenen Unternehmens; auch insoweit muss Leistung an das (Tochter-)Unternehmen, bei dem der Schaden eingetreten ist, selbst verlangt werden.[160]

(3) **Verschuldensmaßstab.** Der Verschuldensmaßstab richtet sich grundsätzlich **85** nach § 276 BGB.[161] Soweit es um Weisungen an die Geschäftsführung geht, ist entsprechend § 43 die Sorgfaltspflicht eines ordentlichen Geschäftsmannes einzuhalten,[162] allerdings mit dem damit verbundenen unternehmerischen Ermessen.[163] Ob in einer personalistisch strukturierten und auf eine Zusammenarbeit angelegten GmbH der Maßstab des § 708 BGB (Sorgfalt in eigenen Angelegenheiten) angewendet werden kann,[164] ist nicht zweifelsfrei.[165] Herzustellen ist im Wege des Schadensersatzes der Zustand, der bestehen würde, wenn sich der Gesellschafter ordnungsgemäß, also treupflichtkonform, verhalten hätte. Zur **Notwendigkeit der Anfechtung** von Gesellschafterbeschlüssen im Zusammenhang mit der Geltendmachung von Schadensersatzansprüchen s. bei Rn. 42. **Mehrere Schädiger** haften als Gesamtschuldner, auch wenn die Verletzung in einer treuwidrigen Stimmabgabe liegt und die Stimme des Einzelnen zur Herbeiführung des Stimmergebnisses allein nicht genügt hätte. Die Ansprüche auf Schadensersatz wegen Treupflichtverletzung **verjähren** gem. § 195 BGB aF in 30 Jahren,[166] nach neuem Recht gem. § 195 nF in drei Jahren, auch wenn sie mit einer Handlung verbunden ist, die der fünfjährigen Verjährung des § 43 Abs. 4 unterliegt.[167] Sie können ggf. auch im Wege der Gesellschafterklage **(actio pro socio)** geltend gemacht werden (wegen der Einzelheiten s. Rn. 114 ff.).

ff) **Eintrittsrecht bei Wettbewerbsverstößen.** Die Rechtsfolgen eines Verstoßes **86** gegen das **Wettbewerbsverbot** (Rn. 87 ff.) bestimmen sich **entsprechend § 113 HGB**.[168] Die Gesellschaft kann hiernach von dem Gesellschafter Unterlassung und Schadensersatz verlangen, aber auch, dass er die verbotswidrig begangenen Geschäfte als für Rechnung der Gesellschaft eingegangen gelten lässt (sog. Eintrittsrecht). Wegen der Einzelheiten s. bei Rn. 93.

---

[159] BGHZ 105, 121, 130 = NJW 1988, 2794; BGH NJW 1992, 368 f.; NJW 1995, 1739, 1746 mwN; *Roth/Altmeppen* Rn. 55; *Baumbach/Hueck/Fastrich* Rn. 31; *Hachenburg/Raiser* Rn. 61.
[160] BGHZ 65, 15, 18 ff. = NJW 1976, 191.
[161] *Hachenburg/Raiser* § 14 Rn. 61; abw. Voraufl. Rn. 20 (entsprechend § 708 BGB).
[162] BGH NJW 1976, 191, 192 (insoweit in BGHZ 65, 15, 18 nicht abgedruckt); *Immenga*, FS 100 Jahre GmbHG, 1992, S. 189, 199; *Ziemons* Die Haftung der Gesellschafter für Einflussnahmen auf die Geschäftsführung der GmbH, 1996, S. 164 f.; *Baumbach/Hueck/Fastrich* Rn. 31; *Hachenburg/Raiser* § 14 Rn. 61; *Scholz/Winter* § 14 Rn. 62; für Anwendung des § 276 BGB *Ulmer* ZHR 148 (1984), 391, 421.
[163] *Hachenburg/Raiser* Rn. 61 mit dem zutr. Hinweis darauf, dass auch ein solcher Geschäftsmann unternehmerische Risiken eingehen kann und muss; zum unternehmerischen Ermessen s. auch BGHZ 135, 244, 253 f. = NJW 1997, 1926.
[164] Erwägend *M. Winter* (Fn. 55) S. 111.
[165] Abl. *Roth/Altmeppen* Rn. 76.
[166] BGH WM 1978, 1205; *Roth/Altmeppen* Rn. 55; *Hachenburg/Raiser* Rn. 61; *Lutter/Hommelhoff* Rn. 29.
[167] BGH NJW 1999, 781.
[168] So auch *Roth/Altmeppen* Rn. 57; *Hachenburg/Raiser* § 14 Rn. 66.

87 **2. Wettbewerbsverbot und Geschäftschancenlehre. a) Wettbewerbsverbot.**
Ein Wettbewerbsverbot ist im GmbHG für den Gesellschafter, der nicht zugleich Geschäftsführer ist,[169] abweichend vom Recht der OHG (§ 112 HGB) nicht vorgesehen. Grundsätzlich kann es in der **Satzung** der Gesellschaft vereinbart werden. Insoweit steht es jedoch unter dem Vorbehalt der § 1 GWB, Art. 81 EGV, § 138 BGB. Kartellrechtlich zulässig ist ein die Marktverhältnisse spürbar[170] beeinflussendes satzungsmäßiges Wettbewerbsverbot nur dann, wenn es in zeitlicher, räumlicher und gegenständlicher Hinsicht für die Gründung und die unternehmerische Tätigkeit der Gesellschaft unerlässlich ist; § 1 GWB erfährt insoweit eine häufig unter dem Stichwort „Immanenztheorie" diskutierte Restriktion.[171] Hiervon unberührt bleibt die kartellrechtliche Zusammenschlusskontrolle nach §§ 35 ff. GWB. Ein Verstoß gegen § 138 BGB iVm. Art. 12 GG liegt vor, wenn der Gesellschafter durch das Wettbewerbsverbot gebunden wird, ohne dass dem ein schutzwürdiges Interesse der Gesellschaft entgegensteht (übermäßige Bindung), was bei einem in zeitlicher, räumlicher oder gegenständlicher Sicht zu weit reichendem Verbot der Fall ist.[172]

88 Inwieweit ein Gesellschafter[173] einem Wettbewerbsverbot auf Grund seiner **Treupflichtbindung** gegenüber der Gesellschaft und den übrigen Gesellschaftern unterliegen kann, ist abschließend noch nicht geklärt. Fest steht lediglich, dass der alleinige Gesellschafter in der **Einpersonen-Gesellschaft** mangels Treupflicht (Rn. 38) keinem solchen Verbot unterliegt.[174] Auch dann, wenn die übrigen Gesellschafter bei seiner Aufnahme von einer bereits bestehenden Konkurrenztätigkeit des Gesellschafters gewusst haben, unterliegt er der Rechtsprechung nach keinem Wettbewerbsverbot.[175]

89 Ob aus der **personalistischen Struktur** der Gesellschaft ein Wettbewerbsverbot hergeleitet werden kann, ist streitig, auf Grund der hier im Vordergrund stehenden Förderungspflicht aber zu bejahen, wenn es sich um eine auf persönliche und vertrauensvolle Zusammenarbeit angelegte Gesellschaft handelt.[176] Auch wenn ein Gesellschafter einen **bestimmenden (herrschenden) Einfluss** auf die Gesellschaft ausübt oder ausüben kann, unterliegt er einem aus der gesellschafterlichen Treupflicht folgenden Wettbewerbsverbot, das sich auch auf verbundene Unternehmen erstreckt, von denen er abhängig im Sinne des § 17 AktG ist, und darüber hinaus den Wettbewerb

---

[169] Der Geschäftsführer unterliegt bereits kraft seiner organschaftlichen Stellung einem Wettbewerbsverbot, s. bei § 43 Rn. 18 mwN; ist er zugleich Gesellschafter folgt das Wettbewerbsverbot – was nach altem Recht vor allem Bedeutung für die Frage der Verjährung hatte (Rn. 85) – hierneben aus einer entsprechenden Anwendung des § 112 HGB, *Hachenburg/Raiser* § 14 Rn. 64.

[170] Hierzu und zur Frage der Beibehaltung dieses Merkmals in der heutigen Fassung des § 1 GWB statt anderer *Emmerich* Kartellrecht § 3, 9; § 37, 5 c mit umfangreichen Nachweisen.

[171] BGHZ 38, 306, 311 = NJW 1963, 646; BGHZ 70, 331, 336 = NJW 1978, 1001; BGHZ 104, 246, 251 = NJW 1988, 2737; aus der neueren Literatur statt anderer *Emmerich* Kartellrecht § 4, 4 b; *K. Schmidt* GesR § 20 V 2; *Hachenburg/Raiser* § 14 Rn. 63, jew. mwN.

[172] S. etwa BGH NJW 1994, 384; NJW-RR 1996, 741 f.; NJW 1997, 3089; allgemein hierzu *Erman/Palm* § 138 Rn. 182 ff., 182 c; *Soergel/Hefermehl* § 138 Rn. 163 ff.

[173] Zum Wettbewerbsverbot eines Unterbeteiligten bzw. Treugebers s. *Roth/Thöni*, FS GmbHG, 1992, S. 245, 281 f. mwN.

[174] Hierzu BGHZ 119, 257 = NJW 1993, 193; BGHZ 122, 333, 336 = NJW 1993, 1922; dann auch BFH NJW 1996, 950 unter Aufgabe seiner bisherigen Rechtsprechung; MünchHdB/*Schiessl* GesR III § 34 Rn. 3; *Lutter/Hommelhoff* § 14 Rn. 24.

[175] BGH GmbHR 1987, 302, 303; *Röhricht* Wpg. 1992, 766, 771 ff.; MünchHdB/*Schiessl* GesR III § 34 Rn. 3.

[176] *Lutter/Timm* NJW 1982, 409, 419; *Raiser*, FS Stimpel, 1985, S: 855, 864 f.; *M. Winter* (Fn. 55) S. 245 ff.; abl. MünchHdB/*Schiessl* GesR III § 34 Rn. 5 ff.

über Tochtergesellschaften verbietet.[177] Indem das Wettbewerbsverbot damit auch präventiv die Gründung von Konkurrenzunternehmen verbietet, wirkt es sich zugleich als Mittel der Konzerneingangskontrolle aus und stellt einen wichtigen Bestandteil des ungeschriebenen **GmbH-Konzernrechts** dar (hierzu iE Anh. § 52 und unten Rn. 113).

Das Wettbewerbsverbot ist auf die Dauer der Mitgliedschaft des Gesellschafters beschränkt. Ein **nachmitgliedschaftliches Wettbewerbsverbot** kann in der **Satzung** vereinbart werden, allerdings nur unter den Zulässigkeitsschranken der § 1 GWB, Art. 81 EGV, § 138 BGB (iVm. Art. 12 GG) in zeitlicher, räumlicher und gegenständlicher Hinsicht, wobei die Rechtsprechung des Bundesgerichtshofs für den Regelfall zu einer zweijährigen Dauer tendiert.[178] Die Festlegung des zeitlich, räumlich und gegenständlich zulässigen Umfangs durch das Gericht bei Vorliegen einer insoweit insgesamt wegen § 138 BGB unzulässigen Bestimmung im Wege der geltungserhaltenden Reduktion entsprechend § 139 BGB kommt nicht in Betracht.[179] Nur wenn sich der Verstoß auf das *zeitliche* Maß beschränkt, kann das Wettbewerbsverbot durch das Gericht auf das zulässige Maß zurückgeführt werden.[180] Im Einzelfall kann sich aber auch im Rahmen der nachwirkenden (nachmitgliedschaftlichen, Rn. 39) **Treupflicht** die Verpflichtung ergeben, von bestimmten Maßnahmen, etwa das Hineindrängen in während der Zeit der Mitgliedschaft vermittelte Geschäfte, zunächst abzusehen. 90

b) Geschäftschancenlehre. Eng verbunden mit dem Wettbewerbsverbot ist das Verbot, gesellschaftliche Geschäftschancen (corporate opportunities) auf sich überzuleiten.[181] Insoweit geht es jedoch nicht um ein allgemeines präventives Verbot, sondern darum, dass es auch einem dem allgemeinen Wettbewerbsverbot nicht unterliegenden Gesellschafter aus Gründen der gesellschafterlichen Treupflicht verboten ist, bestimmte Geschäfte einzugehen; dem Wettbewerbsverbot unterliegenden Gesellschafter ist ein solches Geschäft ohnehin von vornherein verboten. Voraussetzung für das Vorliegen einer Geschäftschance im vorstehenden Sinne ist zunächst, dass die Gesellschaft auf die Geschäftsmöglichkeit überhaupt zugreifen kann; hieran fehlt es etwa dann, wenn (wie insbesondere beim Beteiligungserwerb) dem das GWB oder andere gesetzliche Bestimmungen zwingend entgegenstehen oder der betreffende Geschäftspartner auf keinen Fall mit der Gesellschaft kontrahieren will. Entsprechendes gilt, wenn der Gesellschaft die notwendigen finanziellen Mittel fehlen und diese auch nicht sonst beschafft werden können.[182] Eine außerhalb des Unternehmensgegenstands liegende Geschäftschance, die auch nicht als Hilfsgeschäft angesehen werden kann, wird man ebenfalls nicht zu den gesellschaftlichen Geschäftschancen zählen können. Schließlich handelt es sich nicht (mehr) um eine Geschäftschance der Gesellschaft, wenn die Gesellschafterversammlung den Geschäftsführer angewiesen hat, die Mög- 91

---

[177] BGHZ 89, 162 = NJW 1984, 1351; *von der Osten* GmbHR 1989, 450, 451; *Roth/Altmeppen* Rn. 58; *Baumbach/Hueck/Fastrich* Rn. 29; *Hachenburg/Raiser* § 14 Rn. 64; *Lutter/Hommelhoff* § 14 Rn. 20; *Wiedemann/Hirte* ZGR 1986, 163 ff.; einschränkend *Mertens/Cahn*, FS Heinsius, 1991, 454, 455 ff.; MünchHdB/*Schiessl* GesR III § 34 Rn. 6 ff.

[178] Vgl. BGH NJW-RR 1996, 741, 742.

[179] BGH NJW 1997, 3089 ff.

[180] BGH NJW-RR 1996, 741, 742.

[181] BGH GmbHR 1977, 129, 130; ZIP 1985, 1482; 1985, 1484; NJW 1989, 2687; *Kübler*, FS Werner, 1984, S. 437 ff.; *Kübler/Waltermann* ZGR 1991, 162 ff.; *Schiessl* GmbHR 1988, 53 ff.; *Timm* GmbHR 1981, 177 ff.; *Weisser* Corporate Opportunityies, 1991, S. 166 ff.; 179 ff.; *ders.* DB 1989, 2010; *Polley* Wettbewerbsverbot und Geschäftschancenlehre, 1993; *M. Weber* (Fn. 53) § 4 II 1 c.

[182] BGH ZIP 1989, 1482, 1483, auch zur Pflicht, die Beschaffung von Krediten zu prüfen.

lichkeit nicht wahrzunehmen, die Geschäftschance also fallengelassen hat; allerdings ist im Rahmen der Beschlussfassung hierüber die in diesem Bereich bestehende strikte Verpflichtung der Gesellschafter auf das Gesellschaftsinteresse (Rn. 48) zu beachten, die der Freigabe insoweit entgegenstehen und einen hiermit unvereinbaren Beschluss anfechtbar machen kann (Rn. 78).

92 Liegen die Mindestvoraussetzungen für eine Geschäftschance vor, kommt es auf den Einzelfall an, ob die Geschäftschance bereits insoweit der Gesellschaft zugeordnet ist, dass es auch für einen nicht dem allgemeinen Wettbewerbsverbot unterliegenden Gesellschafter treuwidrig wäre, diese auf sich überzuleiten. Dies ist etwa dann der Fall, wenn der Gesellschafter erst über seine Mitgliedschaft von dieser Möglichkeit erfahren hat und weiß, dass sie von der Gesellschaft genutzt werden soll. Treuwidrig ist es deshalb beispielsweise, die im Zusammenhang mit einem Gesellschafterbeschluss, wonach die Möglichkeit tatsächlich von der Gesellschaft genutzt werden soll, erlangte Kenntnis zum eigenen Nutzen und damit zum Nachteil der Gesellschaft zu verwerten. Gleiches gilt, wenn der Gesellschafter von der Gesellschaft erst mit den Verhandlungen über das betreffende Geschäft beauftragt oder wenn ihm die Möglichkeit des Geschäftsabschlusses allein auf Grund seiner Zugehörigkeit zur Gesellschaft angetragen worden ist.[183]

93 c) **Rechtsfolgen.** Die Rechtsfolgen eines Verstoßes gegen die Beachtung von gesellschaftlichen Geschäftschancen liegen in der Schadensersatzpflicht des insoweit treuwidrig handelnden Gesellschafters nach §§ 249 ff. BGB (allgemein hierzu bereits bei Rn. 84 f.). Herzustellen ist der Zustand, der bestünde, wenn sich der Gesellschafter ordnungsgemäß verhalten hätte. Ist für diesen Fall anzunehmen, dass die Gesellschaft die Geschäftschance dann selbst wahrgenommen hätte, ist der Schadensersatzanspruch inhaltlich auf Herausgabe des treuwidrig Erlangten gerichtet.[184] Hierneben ist § 113 HGB entsprechend anwendbar.[185] Die Ansprüche stehen in elektiver Anspruchskonkurrenz zueinander, können also nicht nebeneinander, sondern nur alternativ geltend gemacht werden.[186]

94 **3. Der Gleichbehandlungsgrundsatz. a) Allgemeines.** Wie die Treupflicht stellt auch der Gleichbehandlungsgrundsatz (zum Verhältnis der Institute Treupflicht und Gleichbehandlungsgrundsatz s. Rn. 96) im Gesellschaftsrecht einen verbandsübergreifenden allgemeinen Grundsatz dar. Im GmbH-Recht ist er anders als im Aktienrecht (vgl. dort § 53a AktG) nicht ausdrücklich geregelt, widerspiegelt sich aber in verschiedenen Vorschriften (vgl. § 14, § 19 Abs. 1; § 24, § 26 Abs. 3; § 29 Abs. 3; § 31 Abs. 3; § 47 Abs. 2; § 53 Abs. 3, § 72). Als allgemeiner Rechtsgrundsatz gilt der Grundsatz der Gleichbehandlung auch unabhängig von seiner ausdrücklichen Normierung oder seiner ausdrücklichen Niederlegung in der Satzung (zum Verhältnis des Gleichbehandlungsgrundsatzes zur Satzung s. noch bei Rn. 98).

95 b) **Inhalt.** Inhaltlich besagt der Gleichbehandlungsgrundsatz, dass im Verhältnis zwischen der Gesellschaft und dem Gesellschafter gleiche Sachverhalte gleich und ungleiche entsprechend ihrer Eigenart zu behandeln sind.[187] Sachgerechte Differenzie-

---

[183] Zu diesem Fall BGH NJW 1989, 2687.
[184] BGH NJW 1989, 2687.
[185] *Kübler*, FS Werner, 1984, S 37, 440; *Schiessl* GmbHR 1988, 53, 56; *Weisser* DB 1989, 2010, 2012.
[186] Zum Begriff der elektiven Anspruchskonkurrenz vgl. statt anderer nur MüKo BGB/ *Keller* § 262 Rn. 15 f.
[187] Statt anderer *K. Schmidt* GesR § 16 II 4 b.

rungen verbietet er nicht. Anders gewendet läuft der Gleichbehandlungsgrundsatz damit auf das Verbot hinaus, Gesellschafter ohne sachlich rechtfertigenden Grund, d. h. willkürlich, ungleich zu behandeln, und spricht damit lediglich ein allgemeines **Willkürverbot** in diesem Sinne aus. Die Bedeutung des Gleichbehandlungsgrundsatzes ist begrenzt und bleibt deutlich hinter dem weitergehenden allgemeinen Institut der Treupflicht zurück.

c) **Adressat des Gleichbehandlungsgrundsatzes, Geltungsgrund.** Adressat des Gleichbehandlungsgrundsatzes ist **nur die Gesellschaft, einschließlich ihrer Organe** (Geschäftsführung und Gesellschafterversammlung, auch einzelne Gesellschafter, sofern ihnen durch die Satzung Befugnisse, für die Gesellschaft zu handeln, eingeräumt worden sind),[188] nicht aber auch die übrigen Gesellschafter als solche. Worin der Gleichbehandlungsgrundsatz seine **Grundlage** findet, ist streitig. Abgestellt wird auf das Vorhandensein von Verteilungsmacht,[189] auf das Bestehen eines Gemeinschaftsverhältnisses[190] und auf einen den Beteiligten zu unterstellenden Willen.[191] Zutreffend erscheint Ersteres; denn die Pflicht zur Gleich*behandlung* kann nur in Frage stehen, soweit die Durchsetzung von Macht ohne Rücksicht auf einen Konsens mit dem Betroffenen möglich ist.[192] So verstanden bildet der Gleichbehandlungsgrundsatz letztlich eine besondere Ausprägung der der Gesellschaft gegenüber dem Gesellschafter obliegenden, aus ihrer Einwirkungsmacht auf seine Interessen folgenden Treupflicht,[193] die allerdings über den Gleichbehandlungsgrundsatz hinausgeht.[194]

96

d) **Schutzgegenstand.** Schutzgegenstand des Gleichbehandlungsgrundsatzes ist die Mitgliedschaft des Gesellschafters vor Eingriffen der Gesellschaft und ihrer Organe. Von diesem Ausgangspunkt aus ist auch sein gegenständlicher Anwendungsbereich zu bestimmen. Er erfasst alle Maßnahmen, durch die die Gesellschaft in seine Rechte durch ungerechtfertigte Ungleichbehandlung eingreifen kann. Er erstreckt sich deshalb auch auf vorgebliche Drittgeschäfte mit dem Gesellschafter, im Rahmen derer ihm mit Rücksicht auf seine Gesellschafterstellung (causa societatis) verdeckt Vermögensvorteile zukommen sollen, die einem gesellschaftsfremden Dritten so nicht gewährt worden wären (verdeckte Gewinnausschüttung durch zu hohe Gegenleistung der Gesellschaft bzw. unangemessen niedrige des Gesellschafters, vgl. hierzu bei § 29 Rn. 158 ff.). Dagegen gilt der Gleichbehandlungsgrundsatz, da er als Korrektiv zu der gesellschaftsrechtlich vermittelten besonderen Einwirkungsmacht anzusehen ist, außerhalb dieses Bereichs nicht. Ob die Gesellschaft mit einem oder mehreren Gesellschaftern der Gesellschafter einen Vertrag abschließt, ist deshalb nach ihrem unternehmerischen Ermessen zu beurteilen, den Abschluss eines **Drittgeschäftes** mit der Gesellschaft auf Grund des Gleichbehandlungsgrundsatzes kann der Gesellschafter nicht verlangen.[195]

97

---

[188] *Baumbach/Hueck/Fastrich* Rn. 38; *Scholz/Winter* § 14 Rn. 44.
[189] *Müller-Erzbach* Das private Recht der Mitgliedschaft als Prüfstein des kausalen Rechtsdenkens, 1948, S. 68 ff.; *L. Raiser* ZHR 111 (1946), 75 ff.; *K. Schmidt* GesR § 16 II 4 b aa; *Wiedemann* Gesellschaftsrecht I S. 428 f.
[190] *G. Hueck* Der Grundsatz der gleichen Behandlung im Privatrecht, 1958, S. 222 ff.
[191] *Cohn* AcP 132 (1930), 129, 154 ff.
[192] *Wiedemann* Gesellschaftsrecht I S. 428 f.; zust. *K. Schmidt* GesR § 16 II 4 a bb.
[193] So auch *Meyer-Landrut/Miller/Niehus* § 14 Rn. 18; *Scholz/Winter* § 14 Rn. 41; anders *Baumbach/Hueck/Fastrich* Rn. 35; *Hachenburg/Raiser* Rn. 69.
[194] S. etwa *Hachenburg/Ulmer* § 53 Rn. 65; *Scholz/Emmerich* Rn. 41.
[195] Statt anderer *Baumbach/Hueck/Fastrich* § 14 Rn. 38; *Scholz/Winter* § 14 Rn. 43; MünchHdB/*Schiessl* GesR III § 31 Rn. 18; abw. *Roth/Altmeppen* Rn. 83.

98 e) **Verhältnis zu Satzung und Gesellschafterbeschlüssen.** In der **Satzung** kann der Gleichbehandlungsgrundsatz *als solcher* nicht abbedungen werden;[196] eine derartige Satzungsregelung wäre nichtig, ebenso ein nachträglicher satzungsändernder Beschluss (entsprechend § 241 Nr. 3 AktG). Dies schließt es allerdings schon wegen der grundsätzlich bestehenden Satzungsfreiheit (§ 45 Abs. 1, 2) nicht aus, die Gesellschafterrechte in der Satzung unterschiedlich auszugestalten,[197] zB Mehrstimmrechte, stimmrechtslose Geschäftsanteile, Gewinnvorrechte, Entsendungsrechte etc. vorzusehen. Mit einer derartigen Satzungsregelung wird aber nicht der Gleichbehandlungsgrundsatz als solcher abbedungen. Er gilt vielmehr unverändert weiter, lediglich der dabei zu beachtende Maßstab ist ein anderer. Die aus dem Gleichbehandlungsgrundsatz resultierende Rechtsposition ist verzichtbar, eine Ungleichbehandlung bedarf aber in jedem Falle der **Zustimmung** des Betroffenen. In der Ursprungssatzung liegt diese Zustimmung allgemein in der Beteiligung an der Errichtung der Gesellschaft. Ein späterer Erwerber erwirbt dann die durch die Satzung gegenüber den übrigen Gesellschaftern ungleich ausgestaltete Mitgliedschaft durch die Übertragung des Geschäftsanteils. Soll die Ungleichbehandlung später durch Satzungsänderung eingeführt werden, bedarf der satzungsändernde Beschluss vorbehaltlich einer ermächtigenden Regelung in der Satzung oder einer gesetzlichen Ermächtigung (Beispiel etwa § 24 S. 2) der Zustimmung des betroffenen Gesellschafters; wird der Beschluss ohne diese gefasst und wird die Zustimmung (was konkludent erfolgen kann) auch nicht nachträglich erteilt, ist er anfechtbar.

99 Der Grundsatz, dass eine weder durch Gesetz noch durch die Satzung gedeckte Ungleichbehandlung der Zustimmung des betroffenen Gesellschafters bedarf, gilt auch für den Bereich der **Beschlüsse** der Gesellschafterversammlung. Ohne die (auch konkludent oder nachträglich mögliche) Zustimmung des Gesellschafters ist ein solcher Gesellschafterbeschluss anfechtbar, nicht unwirksam (Rn. 107). Wird der Beschluss wegen unterlassener (fristgerechter) Anfechtung bestandskräftig (hierzu i. e. bei § 47), bindet er allerdings auch den Gesellschafter.

100 f) **Auswirkungen.** Die Auswirkungen des Gleichbehandlungsgrundsatzes lassen sich in Teilhabe- und Abwehrrechte unterteilen.[198] In positiver Hinsicht **(Teilhaberecht)** gewährt der Gleichbehandlungsgrundsatz einen Anspruch auf Gleichbehandlung, der vor allem im Zusammenhang mit der Zustimmung zur Übertragung vinkulierter Geschäftsanteile oder im Zusammenhang mit dem im GmbH-Recht nicht ausdrücklich geregelten Bezugsrecht der Gesellschafter bei einer Kapitalerhöhung Bedeutung erlangt (hierzu bei § 53 Rn. 30 f.). In negativer Hinsicht **(Abwehrrecht)** folgt aus dem Gleichbehandlungsgrundsatz die Möglichkeit, sich gegen die gleichheitswidrige Bevorzugung anderer Gesellschafter oder die ungleiche Belastung mit Verpflichtungen zur Wehr zu setzen. Einen Anspruch auf **Gleichbehandlung im Unrecht,** etwa dahin, die einem Mitgesellschafter von der Gesellschaft verdeckt zugewandte vermögenswerte Leistung ebenfalls zu erhalten, **gibt es** demgegenüber **nicht.**

101 g) **Verstoß gegen den Gleichbehandlungsgrundsatz. aa) Ungleichbehandlung.** Ein Verstoß gegen den Gleichbehandlungsgrundsatz liegt vor, wenn erstens eine Ungleichbehandlung der Gesellschafter vorliegt (Rn. 103 f.) und diese zweitens sachlich nicht gerechtfertigt ist (Rn. 105). Die **Prüfung** ist sonach **zweistufig** vorzuneh-

---

[196] *G. Hueck* Der Grundsatz der gleichen Behandlung im Privatrecht, 1958, S. 267 f.; *Baumbach/Hueck/Fastrich* Rn. 37; *Lutter/Hommelhoff* § 14 Rn. 30; *Scholz/Winter* Rn. 42; MünchHdB/*Schiessl* GesR III § 31 Rn. 16.

[197] Statt anderer *Roth/Altmeppen* Rn. 80; *Baumbach/Hueck/Fastrich* Rn. 37; *Hachenburg/Raiser* Rn. 67.

[198] Hierzu auch *K. Schmidt* GesR § 16 II 4 b ee.

men. Unbeachtlich ist der Verstoß, wenn der Gesellschafter ihm zugestimmt hat (Rn. 106).

Der **Maßstab für die Gleichbehandlung** der Gesellschafter wird vorrangig durch die Satzung vorgegeben; auch ein Unternehmensvertrag im Sinne des § 291 AktG kann im Rahmen seines Regelungsbereichs auf Grund seiner satzungsüberlagernden Wirkung für die Beurteilung maßgeblich sein. Finden sich keine derartigen besonderen Regelungen, ist auf die betreffende Maßnahme und hierzu vorhandene gesetzliche Regelungen abzustellen. So folgt für das Stimmrecht und die Gewinnverteilung sowie die Verteilung des Liquidationsüberschusses als den sog. **Hauptrechten** aus §§ 47 Abs. 2, 29 Abs. 3 S. 1, 72 die **Maßgeblichkeit der Geschäftsanteile**.[199] Für die sog. **Hilfsrechte,** also das Recht zur Teilnahme an der Gesellschafterversammlung, das Rederecht, das Auskunftsrecht nach § 51a sowie die Befugnis zur Geltendmachung von Beschlussmängeln entsprechend §§ 241 ff. AktG gilt die **Gleichbehandlung nach Köpfen.**[200] Solange diese (oder die durch die Satzung vorgegebenen) Maßstäbe eingehalten werden, liegt eine Ungleichbehandlung nicht vor. Wird dagegen von diesen Vorgaben abgewichen (Beispiel: die Mehrheit beschließt zur Tagesordnung, dass das Rederecht in der Gesellschafterversammlung nur Gesellschaftern mit einer bestimmten Beteiligungshöhe zustehen soll), ist die Maßnahme gleichheitswidrig. 102

Im Rahmen der Ungleichbehandlung lässt sich zwischen **formaler** (schematischer) und **materieller Ungleichbehandlung** unterscheiden.[201] Formal liegt bereits eine Ungleichbehandlung vor, wenn nur einzelne Gesellschafter von der Maßnahme betroffen werden, die Ungleichbehandlung also schon äußerlich vorliegt (Beispiel: bei einer Kapitalerhöhung werden nur einige Gesellschafter zur Übernahme zugelassen). Eine materielle Ungleichbehandlung liegt vor, wenn die Maßnahme zwar formal alle Gesellschafter trifft, sie sich aber auf die Einzelnen unterschiedlich schwer auswirkt (Beispiel:[202] durch eine nachträgliche Einführung von Höchststimmrechten werden theoretisch zwar alle Gesellschafter, materiell stärker aber diejenigen betroffen, die bereits über der Höchstgrenze liegen). Auch in diesem Falle liegt eine Ungleichbehandlung vor.[203] 103

Die Prüfung, ob eine Ungleichbehandlung vorliegt, ist abstrakt, insbesondere unabhängig von der Frage einer sachlichen Rechtfertigung (Rn. 105), ausschließlich nach **objektiven Kriterien** vorzunehmen. **Auf subjektive Gesichtspunkte** wie Schuldhaftigkeit, Kenntnis, Bewusstsein etc. **kommt es nicht an;** sie können die Ungleichbehandlung weder be- noch widerlegen. Das Fehlen einer Ungleichbehandlung schließt die Fehlerhaftigkeit der Maßnahme wegen eines gleichwohl gegebenen **Treupflichtverstoßes** nicht aus. 104

bb) **Sachliche Rechtfertigung.** Das objektive Vorliegen einer Ungleichbehandlung führt für sich gesehen noch nicht zu einem Verstoß gegen den Gleichbehandlungsgrundsatz. Es kommt vielmehr darauf an, ob die **Ungleichbehandlung sachlich** 105

---

[199] Zur Frage des Bezugsrechts bei Kapitalerhöhungen s. § 55 Rn. 30 f.
[200] Die Höhe der Beteiligung kann jedoch im Einzelfall als sachlich rechtfertigender Grund für Differenzierungen herangezogen werden, zB bei der Bemessung der Redezeit, vgl. hierzu Kölner KommAktG/*Lutter/Zöllner* § 53a Rn. 23.
[201] Hierzu Kölner KommAktG/*Lutter/Zöllner* § 53a Rn. 10 f.; *Hüffer* § 53a Rn. 9; s. auch *Wiedemann* Gesellschaftsrecht I S. 429 f.
[202] Nach Kölner KommAktG/*Lutter/Zöllner* § 53a Rn. 11; *Hüffer* § 52a Rn. 9, jew. mwN.
[203] Str., vgl. hierzu einerseits *Lutter/Schneider* ZGR 1975, 182, 194 f.; *Gamerdinger/Saupe* AG 1976, 29, 32; *Immenga* AG 1976, 293, 294; *Hüffer* § 53a Rn. 9; Kölner KommAktG/*Lutter/Zöllner* § 53a Rn. 11, andererseits BGHZ 70, 117, 121 f.; OLG Düsseldorf AG 1976, 215, 216 f.; *Hefermehl/Bungeroth* in *Geßler/Hefermehl/Eckardt/Kropff* AktG § 53a Rn. 15 andererseits.

gerechtfertigt ist. Fehlt es an einer Rechtfertigung in diesem Sinne, liegt eine willkürliche Ungleichbehandlung und damit ein Verstoß gegen den Gleichbehandlungsgrundsatz vor (hierzu bereits bei Rn. 104). Die Frage, ob eine sachliche Rechtfertigung vorliegt, ist im Wege der zu den beweglichen Stimmrechtsschranken[204] entwickelten Maßstäbe zu ermitteln. Sachlich gerechtfertigt ist die Ungleichbehandlung hiernach dann, wenn der Eingriff in die mitgliedschaftliche Position geeignet und erforderlich ist, das zur Begründung herangezogene, im Interesse der Gesellschaft (nicht: einzelner Gesellschafter) liegende Ziel zu erreichen und unter Berücksichtigung der widerstreitenden Interessen von Gesellschafter und Gesellschaft verhältnismäßig erscheint.[205] Die außergesellschaftlichen Verhältnisse der Gesellschafter bleiben dabei unberücksichtigt.[206] Der Prüfungsmaßstab entspricht damit dem der allgemeinen Treupflicht bei Eingriffen in Rechte der anderen Gesellschafter oder der Gesellschaft (Rn. 40). Je schwerer der Eingriff in die mitgliedschaftliche Position ist, umso höher muss das Interesse der Gesellschaft an der Durchführung der Maßnahme wiegen.

106 **cc) Unbeachtlichkeit des Verstoßes bei Zustimmung des Betroffenen.** Der Gleichbehandlungsgrundsatz ist zwar nicht allgemein abdingbar (Rn. 98), der Gesellschafter kann jedoch im Einzelfall auf die ihm hierdurch eingeräumte Rechtsposition verzichten. Unbeachtlich ist die Ungleichbehandlung daher, wenn der Gesellschafter ihr **zustimmt,** was im Rahmen der Stimmabgabe bei einer Beschlussfassung oder auch konkludent erfolgen kann.

107 **dd) Rechtsfolgen.** Die Rechtsfolgen eines Verstoßes gegen den Gleichbehandlungsgrundsatz richten sich nach der Art des Verstoßes. Ein gegen den Gleichbehandlungsgrundsatz verstoßender **Gesellschafterbeschluss** (Beispiel: der Gesellschafter wird zum Bezug eines Geschäftsanteils bei der Kapitalerhöhung nicht zugelassen) ist anfechtbar, nicht aber unwirksam;[207] denn die Ungleichbehandlung als solche stellt, wie auch § 243 Abs. 2 AktG (Verfolgung von Sonderinteressen) bestätigt, keinen Eingriff in die der Mehrheitsherrschaft entzogenen Mitgliedschaftsrechte dar. Dies schließt es allerdings nicht aus, dass der Beschluss aus anderen Gründen[208] – wie etwa im Falle des § 53 Abs. 3 oder bei einem Eingriff in Vorzugs- oder Sonderrechte des Gesellschafters – (schwebend) unwirksam oder aus sonstigen Gründen sogar nichtig ist (zur Beschlussmängellehre allgemein s. bei § 47). Wurde dem Gesellschafter die Zustimmung zur Veräußerung vinkulierter Geschäftsanteile gleichheitswidrig verweigert, hat er gegen die Gesellschaft einen **Anspruch auf Zustimmung.** Hierneben kann ein **Schadensersatzanspruch** wegen Verletzung des Gleichbehandlungsgrundsatzes bzw.

---

[204] Grundlegend hierzu *Zöllner* Die Schranken mitgliedschaftlicher Stimmrechtsmacht bei den privatrechtlichen Personenverbänden, 1963, S. 318 ff.

[205] Zu diesem Kontrollmaßstab s. BGHZ 33, 175, 186 = NJW 1961, 26; BGHZ 70, 117, 120 ff. = NJW 1978, 540; BGHZ 71, 40, 43 f. = NJW 1978, 1316; BGHZ 80, 69, 74 = NJW 1981, 1512; BGHZ 83, 319, 322 = NJW 1982, 2444; BGHZ 103, 184, 189 f. = NJW 1988, 1579 m. Anm. *Timm;* BGHZ 120, 141, 150 ff. = NJW 1993, 400; *Lutter/Hommelhoff* Rn. 30; *Hachenburg/Raiser* § 14 Rn. 71; zur entsprechenden Rechtslage im Aktienrecht *Hüffer* § 52 a Rn. 10; Kölner KommAktG/*Lutter/Zöllner* § 53 a Rn. 15 f.; grundlegend zu diesem Maßstab *Zöllner* (Fn. 204) S. 287 ff.

[206] RGZ 68, 210, 212 f.; MünchHdB/*Schiessl* GesR III § 31 Rn. 16; *Baumbach/Hueck/Fastrich* Rn. 36; *Scholz/Winter* § 14 Rn. 45 a; *Hachenburg/Raiser* § 14 Rn. 70.

[207] BGHZ 111, 224, 225 ff. = NJW 1990, 2625; BGHZ 116, 359, 372 = NJW 1992, 892; hierzu auch unten § 47 Rn. 105 mwN; *Hachenburg/Raiser* § 14 Rn. 73; *Scholz/Winter* Rn. 47; zur entsprechenden Rechtslage im Aktienrecht s. statt anderer *Hüffer* § 53 a Rn. 12; Kölner KommAktG/*Lutter/Zöllner* § 53 a Rn. 32 f.

[208] *Lutter/Hommelhoff* § 14 Rn. 30; *Meyer-Landrut/Miller/Niehus* § 14 Rn. 30.

Juristische Person; Handelsgesellschaft § 13

der gesellschaftlichen Treupflicht bestehen (Rn. 84f.). Eine Verpflichtung der Gesellschaft zum **Ausgleich** gleichheitswidrig nur bestimmten Gesellschaftern zugewandter Vermögensvorteilen (**verdeckte Gewinnausschüttung,** hierzu noch bei § 29) gegenüber den hiervon zunächst nicht begünstigten[209] kommt im Grundsatz nicht in Betracht.[210] Dem steht die auch in diesem Zusammenhang zu berücksichtigende Zweckbindung des Gesellschaftsvermögens entgegen. Abweichendes kann nur gelten, wenn sich alle Gesellschafter über die Zuwendung auch an die übrigen Gesellschafter einig sind und der Zuwendung auch nicht § 30 entgegensteht; erst über einen solchen Beschluss und eine entsprechende Weisung an die Geschäftsführung kann ein Anspruch der zunächst nicht begünstigten Gesellschafter entstehen. Ein Ausgleichsanspruch ohne diese Voraussetzungen liefe auf eine Gleichbehandlung im Unrecht hinaus, für die es an einer Grundlage fehlt. Ohne einen solchen Ausgleich, der zugleich die Billigung der früheren, wegen Verstoßes gegen den Gleichbehandlungsgrundsatz rechtswidrigen Zuwendung beinhaltet, sind die Rechtsfolgen einer unzulässigen Vermögensauskehrung an die Gesellschafter auf eine entsprechende **Rückerstattungspflicht** gegenüber der Gesellschaft beschränkt. Da der Rückerstattungsanspruch in der Bilanz zu berücksichtigen ist und sich auf den zu verteilenden Gewinn auswirkt, kann er auch im Zusammenhang mit einem Gewinnverwendungsbeschluss im Wege der Verrechnung berücksichtigt werden (begünstigter Gesellschafter erhält den Gewinnanteil abzüglich bereits erhaltener – und ggf. verzinster – Zuwendung).[211] Wird ein Gesellschafter unter Verstoß gegen den Gleichbehandlungsgrundsatz in Anspruch genommen, wird die Resteinlage also beispielsweise ohne sachlich rechtfertigenden Grund nur von ihm, nicht aber von den übrigen Gesellschaftern verlangt, steht ihm ein **Leistungsverweigerungsrecht** zu.[212]

Die **Beweislast** für das Vorliegen einer Ungleichbehandlung trägt der Gesellschafter, die für das Vorliegen sachlich rechtfertigender Gründe die Gesellschaft. 108

4. Pflicht des Gesellschafters zur Anerkennung des gesellschaftlichen Eigeninteresses. Auch wenn man keine Treupflicht des alleinigen Gesellschafters gegenüber der GmbH anerkennt (Rn. 38 aE), folgt hieraus noch **keine schrankenlose Dispositionsbefugnis** eines solchen Gesellschafters über die Gesellschaft und die ihr zugeordneten Vermögenswerte. Dies ist zunächst insoweit offensichtlich, als es um das durch § 30 gebundene, zur Erhaltung des Stammkapitals erforderliche Vermögen der Gesellschaft geht. Ein in sich stimmiges Schutzsystem kann sich jedoch nicht auf die Erhaltung des Stammkapitals beschränken.[213] Aus der Funktion der GmbH, mit der den Gesellschaftern die Möglichkeit eingeräumt werden sollte, unter Beschränkung der 109

---

[209] So BGH WM 1972, 931 ff. (Ausgleich unzulässiger verdeckter Gewinnausschüttungen durch Zahlungen aus dem Gesellschaftsvermögen); MünchHdB/*Schiessl* GesR III § 31 Rn. 18; *Baumbach/Hueck/Fastrich* Rn. 39; *Hachenburg/Raiser* § 14 Rn. 72; *Scholz/Winter* § 14 Rn. 48; Rn. 72 mit der Einschränkung, das insoweit bestehende „Wahlrecht" stehe nur der Gesellschaft zu; zu letzterem abw. *Ballerstedt* Kapital, Gewinn und Ausschüttung bei Kapitalgesellschaften, 1949, S. 175; *Lutter* ZGR 1978, 348, 366 ff.
[210] Zutr. *M. Winter* ZHR 148 (1984), 579, 598 ff.
[211] Zur ähnlichen Rechtslage im Aktienrecht s. Kölner KommAktG/*Lutter/Zöllner* § 52a Rn. 39.
[212] *Hachenburg/Raiser* § 14 Rn. 72; *Scholz/Winter* § 14 Rn. 48.
[213] Hierzu und zum folgenden eingehend auch mit ähnlichen Erwägungen *Röhricht*, FS 50 Jahre BGH, 2000, S. 83 ff., im Anschluss an die Überlegungen bei *Ulmer* ZHR 148 (1984), 391 ff.; *Priester* ZGR 1993, 512, 520 ff.; *M. Winter* (Fn. 55) S. 204 ff.; s. in diesem Zusammenhang auch bereits *Stimpel*, FS Goerdeler, 1987, S. 601, 606 ff., allerdings schwerpunktmäßig unter Kapitalschutzerwägungen.

Haftung auf ein bestimmtes Vermögen wirtschaftlich tätig zu werden, sowie aus den Vorgaben der Liquidationsvorschriften, aus denen sich die Wertungsvorgabe ableiten lässt, dass die Aufgabe dieses wirtschaftlichen Handelns zur Gläubigersicherung im Rahmen eines geordneten Verfahrens zu erfolgen hat, folgen auch für den Gesellschafter immanente Schranken, die von ihm im Umgang mit der Gesellschaft zu beachten sind. Dem Gesetz liegt das Modell zu Grunde, dass mit der juristischen Person „GmbH" ein eigenständiges Zuordnungssubjekt in den wirtschaftlichen Verkehr gesetzt wird, dem zum Zwecke seines Wirtschaftens ein gewisses Vermögen zuzuordnen und zu belassen ist. Der Gläubigerschutz selbst wird mittelbar bzw. reflexiv erreicht: Nicht das aufzubringende Stammkapital, das nur ein gewisses Mindestkapital für die unternehmerische Tätigkeit darstellt und gegen dessen Verbrauch im (echten) Geschäftsverkehr die Gläubiger auch in keiner Weise geschützt werden, sorgt primär für den notwendigen Gläubigerschutz, sondern die unternehmerische Tätigkeit der Gesellschaft als solche. Weil an die Gesellschafter nur ein erwirtschafteter Gewinn ausgeschüttet werden darf und diese die Verzinsung ihres eingelegten Kapitals anstreben, kann der Gläubiger nämlich davon ausgehen, dass die Gesellschaft – soweit aus tatsächlichen Gründen möglich – mit wirtschaftlichem Erfolg arbeitet und sich dieser zugleich zu seinen Gunsten auswirkt. Das Verzinsungsinteresse der Gesellschafter als gleichsam der „Motor" der Gesellschaft bietet dem Gläubiger eine gewisse Gewähr dafür, dass die Gesellschaft mit Erfolg arbeiten und er mit seinen Forderungen nicht ausfallen wird. Flankiert wird dieses Modell durch die Insolvenzantragspflichten, die der Idee nach Gewähr leisten, dass die Gesellschaft über so viel Vermögen und Liquidität verfügt, dass sie ihre Verbindlichkeiten ordnungsgemäß erfüllen kann, und über die Liquidationsbestimmungen, denen die Vorstellung zugrunde liegt, dass eine Gesellschaft, die nicht mehr wirtschaftlich erfolgreich ist, von den Gesellschaftern im Rahmen eines die Sicherung der Gläubiger berücksichtigenden Verfahrens liquidiert und damit aus dem Rechtsverkehr („vom Markt") genommen wird.

110 Dieses **Ordnungsmodell**, das Erreichen des notwendigen Gläubigerschutzes über das Wirtschaften der Gesellschaft und das Flankieren dieses Modells über das Insolvenz- und Liquidationsrecht (sowie – über die Kapitalaufbringungs- und Kapitalerhaltungsbestimmungen – das Belassen eines gewissen Mindestkapitals von Seiten der Gesellschafter), ist außer Kraft gesetzt bei Vorliegen eines Beherrschungs- oder Gewinnabführungsvertrages bzw. im qualifizierten faktischen Konzern,[214] aber auch bei Leistungen in der Krise im Sinne von § 32a. Die hiernach bestehenden besonderen Rechtsfolgen (Verlustübernahmepflicht nach § 302 Abs. 1 AktG bzw. die Pflicht zum Belassen der gewährten Leistungen) stellen nichts anderes als die Reaktion in Form einer Ersatzlösung darauf dar, dass in der jeweils zu Grunde liegenden Situation das kapitalgesellschaftsrechtliche Ordnungsmodell ausgehebelt worden ist:

---

[214] Vgl. zur gemeinsamen Grundlage der Verlustübernahme beim Beherrschungs- und dem Gewinnabführungsvertrag *Pentz* (Fn. 144) S. 33 ff., 41 ff., dort auch zum Verhältnis der Bestimmung zu den Grundsätzen der Kapitalerhaltung; zu abw. Auffassungen s. die Nachweise bei MünchKommAktG/*Altmeppen* § 302 Rn. 8 ff., 12; s. auch die Überlegungen bei *Röhricht*, FS 50 Jahre BGH, 2000, S. 83, 86 ff. zu den Grundlagen der Rechtsprechung des BGH zum qualifizierten faktischen Konzern nach der TBB-Entscheidung (BGHZ 122, 123, 130 ff. = NJW 1993, 1200). Der BGH hat die bisherige Rechtsprechung zum qualifizierten faktischen Konzern inzwischen aufgegeben, vgl. BGH NJW 2001, 3622; zu dieser Entscheidung s. etwa *Altmeppen* ZIP 2001, 1837; *Kessler* GmbHR 2001, 1095; *Mülbert* DStR 2001, 1937; *K. Schmidt* NJW 2001, 3577; *Ulmer* ZIP 2001, 2021; *Bitter* WM 2001, 2133; *Römermann/Schröder* GmbHR 2001, 1015; *Hoffmann* NZG 2002, 68; *Wilken* DB 2001, 2383; sowie Rn. 113 aE; s. auch BGH DB 2002, 995, 997.

Juristische Person; Handelsgesellschaft § 13

— Eine unternehmensvertraglich unterworfene oder qualifiziert faktisch konzernierte 111
Gesellschaft bietet auf Grund ihres bei isolierter Betrachtung unter wirtschaftlichen
Aspekten ggf. völlig unvernünftigen Verhaltens keine Gewähr für den Gläubiger,
dass sich ihr wirtschaftliches Handeln wegen des Gewinnstrebens der hinter ihr stehenden (bei Vorliegen eines solchen Vertrages in ihren Vermögensinteressen anderweitig geschützten, vgl. Anh. § 52) Gesellschafter mittelbar auch zu seiner Absicherung auswirken wird. Ist dieser „Gleichlauf" gestört, weil die Gesellschaft sich nach
Vorgaben richtet, die ihrem eigenen Interesse zuwiderlaufen, muss ein Ausgleich
hierfür geschaffen werden; dieser Ausgleich liegt in der Verlustübernahmepflicht.
— Ähnliches gilt für den Kapitalersatz: Auch hier kommt es auf Grund der — bei 112
isolierter Betrachtung — marktfremden Verhaltensweise der Gesellschafter bzw. der
ihnen gleichgestellten Dritten (ein gesellschaftsfremder Dritter würde die konkrete
Leistung nicht mehr gewähren bzw. eine gewährte Leistung abziehen) zu einer
Störung des Prinzips, dass der Gläubiger darauf vertrauen darf, mittelbar über den
wirtschaftlichen Erfolg der Gesellschaft geschützt zu werden, und in diesem Zusammenhang im Grundsatz auch darauf vertrauen darf, es mit einer wirtschaftlich überlebensfähigen Einheit zu tun zu haben; denn ohne die kapitalersetzende Leistung
müsste die Gesellschaft — nach den Kapitalersatzrecht zu Grunde liegenden Krisensituation (vgl. hierzu bei § 32a Rn. 32 ff.) — liquidiert werden bzw. einen Insolvenzantrag stellen. Als Ausgleich für die Störung des dargelegten Prinzips haben die Gesellschafter ihre Leistungen der Gesellschaft zu belassen (bzw. bereits erhaltene
Leistungen zurückzugewähren).

Aus dem vorstehend umrissenen Ordnungsprinzip folgt allerdings keine Verpflich- 113
tung des Gesellschafters, seine Interessen hinter die des von ihm zu unterscheidenden
Rechtsträgers GmbH überhaupt zurückzustellen. Eine solche Sichtweise wäre mit der
Rolle der Gesellschafter als der Kapitalgeber dieses Zuordnungssubjekt unvereinbar.
Aus dem Zweck der diesen zur Verfügung gestellten Rechtsform und der Notwendigkeit des Gläubigerschutzes folgt jedoch die Verpflichtung der Gesellschafter (auch des
alleinigen Gesellschafters), keinen Zustand herbeizuführen, in dem die GmbH die ihr
zugedachte Funktion nicht mehr wahrnehmen kann. Dies bedeutet keineswegs, dass
der Gesellschafter ohne Grundlage in der Satzung Nachschüsse oÄ leisten müsste, also
zu einem positiven Handeln verpflichtet wäre. Er darf lediglich **nicht in die Interessen der Gesellschaft derart eingreifen, dass diese in ihrem Bestand gefährdet
wird.** Zu weit ginge es allerdings auch, jede von den Gesellschaftern veranlasste unternehmerische Fehlentscheidung, die den Bestand der Gesellschaft gefährdet, als haftungsbegründend anzusehen. Deshalb ist es notwendig, zulässige, wenn auch fehlerhafte unternehmerische Entscheidungen von unzulässigen Einflussnahmen abzugrenzen. Als **Abgrenzungsmerkmal zwischen der** (insoweit[215] haftungsunschädlichen)
**unternehmerischen Fehlentscheidung und unzulässiger Beeinträchtigung des
gesellschaftlichen Eigeninteresses** bietet sich die aus dem Steuerrecht stammende
„betriebliche Veranlassung" an. Hieraus folgt, dass eine Haftung der Gesellschafter
dann nicht veranlasst ist, wenn sie bei der betreffenden Maßnahme in Verfolgung des
überindividuell verstandenen Unternehmenszwecks gehandelt haben; denn insoweit
verwirklicht sich lediglich das für jeden Gläubiger bestehende allgemeine Risiko einer
unternehmerischen Fehlentscheidung der maßgeblichen Entscheidungsträger. Haftungsschädlich wäre es aber, wenn sich die Gesellschafter bei ihrer Entscheidung von außergesellschaftlichern Erwägungen haben leiten lassen, und diese Maßnahme zu einer Be-

---

[215] Zu der ggf. in Betracht kommenden Haftung wegen Treupflichtverletzung gegenüber Mitgesellschaftern s. aber bei Rn. 37 ff.

standsgefährdung bzw. zur Existenzvernichtung der Gesellschaft geführt hat. In diesen Fällen war die Maßnahme unzulässig, und die Gesellschafter, denen die Maßnahme zurechenbar ist, hafteten nach bisheriger Rechtsprechung dann **entsprechend** dem Rechtsgedanken des **§ 302 Abs. 1 AktG** gegenüber der Gesellschaft auf Verlustübernahme, ggf. auch in Weiterentwicklung der **§ 303 AktG** zugrundeliegenden Erwägungen unmittelbar den Gläubigern gegenüber. Hierneben kommt eine Haftung wegen Verletzung der gesellschafterlichen **Treupflicht** gegenüber den Gesellschaftern in Betracht, die an der Maßnahme nicht beteiligt und mit ihr nicht einverstanden waren (so auch BGH DB 2002, 995, 997). Auf Grund der Aufgabe der Rechtsprechung des BGH zum qualifizierten faktischen Konzern[215a] stellt sich die Frage nach den auf der Grundlage des neuen Konzepts geltenden Rechtsfolgen. Die Frage kann nach dem derzeitigen Stand der Diskussion noch nicht als ausdiskutiert gelten. Es sprechen jedoch gute Gründe dafür, nicht von einer Schadensersatzpflicht des Gesellschafters gegenüber der GmbH[215b] sondern von einer (Durchgriffs-)Haftung entsprechend §§ 128, 129 HGB (s. hierzu bei Rn. 145) auszugehen.[216]

114 5. Die Gesellschafterklage. a) actio pro socio/societate. Unter der actio pro socio (häufig auch als actio pro societate bezeichnet)[217] wird die Mitgliedschaftsklage eines Gesellschafters verstanden, mit der er als Verbandsmitglied **in eigenem Namen Ansprüche aus dem Gesellschaftsverhältnis gegen ein anderes Verbandsmitglied auf Leistung an die Gesellschaft** geltend macht. Dabei steht im Vordergrund die Geltendmachung von Schadensersatzansprüchen wegen der Verletzung der gesellschafterlichen Treupflicht durch die Minderheit in den Fällen, in denen aus besonderen Gründen (Einfluss der Mehrheit) nicht davon ausgegangen werden kann, dass die Gesellschaft diese in der erforderlichen Art und Weise verfolgt.[218] Insoweit ist die actio pro socio ein spezifisches **Instrument des Minderheitenschutzes**. Den **Gesellschaftern gleichzustellen** sind mit Blick auf die personelle Reichweite der Treupflicht (Rn. 37) **auch mittelbar** an der Gesellschaft **beteiligte Unternehmen**.[219]

115 Die Geltendmachung von Forderungen im Wege der actio pro socio gegen Dritte, auch gegen Geschäftsführer, die nicht zugleich Gesellschafter sind, ist deshalb ausgeschlossen.[220] **Nicht** durch dieses Institut erfasst werden sog. **Drittforderungen** der Gesellschaft, also solche Forderungen, die ihre Grundlage nicht in dem Gesellschaftsverhältnis, sondern in einem unabhängig hiervon mit dem Gesellschafter bestehenden Rechtsverhältnis haben (beispielsweise in einem Kaufvertrag, Darlehensvertrag oder aus Delikt wegen der Beschädigung einer der Gesellschaft gehörenden Sache).[221] Die actio pro socio kann in der Satzung nicht abbedungen werden.[222] Zulässig ist jedoch eine

---

[215a] BGH NJW 2001, 3622; s. hierzu auch Rn. 112 aE.
[215b] Hierfür bes. *Ulmer* ZIP 2001, 2021 ff.
[216] OLG Jena ZIP 2002, 631.
[217] *Wiedemann* Gesellschaftsrecht S. 458; *Lutter/Hommelhoff* Rn. 17; zum Terminus im Sinne von „Klage als Gesellschafter" vgl. *Flume* Juristische Person, § 301 f.
[218] Hierzu auch *Flume* Juristische Person, § 8 V 2; zur Frage der Geltendmachung von Einlageansprüchen durch den Gesellschafter *Zöllner* ZGR 1988, 392, 402.
[219] *Baumbach/Hueck/Fastrich* Rn. 34.
[220] BGH ZIP 1982, 1203 f.; *Roth/Altmeppen* Rn. 46; *Baumbach/Hueck/Fastrich* Rn. 34; *Lutter/Hommelhoff* Rn. 18; abw. *v. Gerkan* ZGR 1988, 441, 449; *Wiedemann* Gesellschaftsrecht S. 462; *Hachenburg/Raiser* § 14 Rn. 46.
[221] *Baumbach/Hueck/Fastrich* Rn. 34; *Scholz/Emmerich* Rn. 47; teilw. abw. *Berger* ZHR 149 (1985), 599, 606; *Kort* DStR 2001, 2162 mwN.
[222] *Scholz/K. Schmidt* § 46 Rn. 161.

Satzungsregelung, wonach vor Erhebung der Gesellschafterklage zunächst ein bei der Gesellschaft bestehender Gesellschafterausschuss, Beirat oder Aufsichtsrat oder auch das satzungsgemäße Schiedsgericht angerufen werden muss.[223]

aa) Dogmatische Einordnung. Die dogmatische Einordnung der actio pro socio 116 ist streitig. Nach der wohl (noch) überwiegenden Auffassung handelt es sich um einen Fall der gesetzlichen – genauer: **quasigesetzlichen**[224] – **Prozessstandschaft**; der Gesellschafter mache in eigenem Namen Rechte der Gesellschaft geltend.[225] Die Gegenmeinung geht von Wahrnehmung **eigener Rechte** des Gesellschafters wegen Verletzung der ihm gegenüber bestehenden gesellschafterlichen Treupflicht aus.[226] Der Meinungsstreit darüber, wer Inhaber des geltend gemachten Anspruchs ist, ist von Bedeutung für die weiteren Voraussetzungen der Zulässigkeit der actio pro socio. Geht man von einer Prozessstandschaft – also der Wahrnehmung fremder Rechte – aus, bedarf es, da es dann um einen der Gesellschaft zustehenden Anspruch geht, einer besonderen Begründung dafür, dass die Voraussetzungen des § 46 Nr. 8 **(Gesellschafterbeschluss)** ganz oder teilweise entbehrlich sein könnten. Geht man dagegen von der Geltendmachung eigener Rechte des Gesellschafters aus, können aus § 46 Nr. 8 unmittelbar keine Einschränkungen für die Verfolgung solcher Ansprüche hergeleitet werden,[227] da die Bestimmung nach ganz überwiegender Auffassung bei eigenen Ansprüchen des Gesellschafters unanwendbar ist;[228] dies schließt es allerdings nicht aus, aus dieser Bestimmung eine entsprechende Wertentscheidung abzuleiten und einen Gesellschafterbeschluss (was ggf. eine Anfechtungsklage in Verbindung mit einer positiven Beschlussfeststellungsklage notwendig macht) als Voraussetzung für die Zulässigkeit der actio pro socio anzusehen.[229] Der Bundesgerichtshof hat sich zu dieser Frage uneinheitlich geäußert und ist einmal von der Geltendmachung eigener Ansprüche,[230]

---

[223] *Wiedemann* Gesellschaftsrecht S. 460, 462; s. auch BGH BB 1985, 1623 für die KG; zu beachten ist insoweit allerdings die Unzulässigkeit einer Schiedsklage im Zusammenhang mit Beschlussmängelstreitigkeiten (hierzu bei Rn. 30).

[224] Quasigesetzlich deshalb, weil auf Richterrecht beruhend.

[225] So BGH NJW 1991, 1884 (s. hierzu aber auch *Henze* Handbuch zum GmbH-Recht, Rn. 918); wohl auch BGH NJW 1998, 1951 zur Geltendmachung eines Bereicherungsanspruchs der Gesellschaft, was sich aber auch als Schadensersatzanspruch des Gesellschafters einordnen ließe, nachdem der in Anspruch genommene Gesellschafter seiner Rückerstattungspflicht nicht nachgekommen ist; OLG Düsseldorf ZIP 1994, 619, 621; *Berger* ZHR 149 (1985), 599, 604; *Binge* Gesellschafterklagen gegen Maßnahmen der Geschäftsführer in der GmbH, 1994, S. 194 f.; *Eickhoff* Die Gesellschafterklage im GmbH-Recht, 1988, S. 32 ff.; *Grunewald* Die Gesellschafterklage in Personengesellschaften und GmbH, 1990, S. 89; *Habersack* Die Mitgliedschaft – Subjektives und „sonstiges" Recht, 1996, S. 11 ff.; *M. Winter* (Fn. 55) S. 312 ff.; *Baumbach/Hueck/Fastrich* Rn. 33; *Hachenburg/Hüffer* § 46 Rn. 89, 109; Voraufl. Rn. 18 sowie unten § 43 Rn. 42 mwN; *Scholz/K. Schmidt* § 46 Rn. 161; *ders.* GesR § 21 IV.

[226] So BGH NJW 1990, 2627, 2628 mit Hinweis auf BGHZ 65, 15, 18 f. = NJW 1976, 191, allerdings mit dem Hinweis auf die primäre Zuständigkeit der Gesellschaft für die Verfolgung derartiger Ansprüche; ebenso insbes. *Tries* Verdeckte Gewinnausschüttung im GmbH-Recht, 1991, S. 277 f.; *Flume* Juristische Person, § 8 V; *Gehrlein* ZIP 1993, 1525, 1530 f.; *Roth/Altmeppen* Rn. 36 ff.; *Hachenburg/Raiser* § 14 Rn. 36 ff.; *ders.* ZHR 153 (1989), 1, 9 ff.; *Zöllner* ZGR 1988, 392, 408 ff.; *Lutter* ZHR 162 (1998), 164, 180; *Lutter/Hommelhoff* Rn. 19, jew. mwN.

[227] So denn auch *Raiser* ZHR 153 (1989), 1, 21 ff.; *Hachenburg/Raiser* § 14 Rn. 43 ff.; *Lutter/Hommelhoff* Rn. 20.

[228] Hierzu statt anderer *Hachenburg/Hüffer* § 46 Rn. 89.

[229] So *Zöllner* ZGR 1988, 392, 409 f.

[230] BGHZ 65, 15, 18 f. = NJW 1976, 191; BGH NJW 1990, 2627, 2628.

ein anderes Mal von einer Prozessstandschaft[231] ausgegangen. Im Grundsatz hält er augenscheinlich einen Gesellschafterbeschluss nach § 46 Nr. 8 für notwendig, will hierauf aber dann verzichten, wenn eine Schadensersatzklage durch die Gesellschaft verweigert oder undurchführbar, durch den Schädiger selbst vereitelt worden oder infolge der Machtverhältnisse in der Gesellschaft so erschwert ist, dass es für den betroffenen Gesellschafter einen unzumutbaren Umweg darstellte, wenn er die Gesellschaft erst zur Klageerhebung zwingen müsste oder dann, wenn die Beschlussfassung (wie in der Zweipersonen-Gesellschaft) auf eine reine Förmlichkeit hinausliefe.[232]

117 Im Rahmen einer **Stellungnahme** ist zunächst davon auszugehen, dass der Schutz der Gesellschafter über die Treupflicht als Korrelat für die Einwirkungsmöglichkeiten von Mehrheitsgesellschaftern zu Recht im Wesentlichen außer Streit steht (Rn. 36). Bei Zugrundelegung dieses Ausgangspunkts ist aber begründungsbedürftig, warum der Gesellschafter mit der actio pro socio nicht eigene, sondern fremde Rechte geltend machen soll. §§ 117 Abs. 1 S. 2, 317 Abs. 1 S. 2 AktG, auf die in diesem Zusammenhang zur Begründung der Geltendmachung fremder Rechte verwiesen wird,[233] lassen sich hierfür nicht heranziehen. Durch diese Regelungen soll nämlich das Verhältnis zweier gleichzeitig bestehender Ansprüche zueinander dergestalt geordnet werden, dass der Ersatz des Schadens dorthin zu erfolgen hat, wo er entstanden ist, und es soll verhindert werden, dass der Gesellschafter der Gesellschaft zuvorkommt und ihr die Durchsetzung ihrer Ansprüche erschwert.[234] Im Gegenteil ergibt sich aus ihnen gerade kein Ausschluss eigener Ansprüche des Gesellschafters. Für die Zuerkennung eigener Ansprüche auf Ersatz des mittelbar entstandenen Schadens und gegen die Verdrängung von Ansprüchen des Gesellschafters spricht zudem, dass dieses Konzept nicht nur in Übereinstimmung mit der Zuordnung der Treupflichtbindungen steht, sondern auch dem Konzept der Prozessstandschaft praktisch überlegen ist. Legt man nämlich das Modell der Prozessstandschaft zugrunde, könnte der Gesellschafter bei Unternehmensverbindungen[235] einen bei einem Tochterunternehmen der Gesellschaft entstandenen Schaden nicht geltend machen, weil es insoweit an den Voraussetzungen der Prozessstandschaft fehlen würde. Es könnte in diesem Falle lediglich daran gedacht werden, den Gesellschafter als befugt anzusehen, eine der Gesellschaft als der Gesellschafterin des Tochterunternehmens zustehende Prozessstandschaft auszuüben, aber auch diese Lösung würde versagen, wenn im Konzern nicht ein Tochterunternehmen, sondern eine Enkelgesellschaft geschädigt worden ist, da der Gesellschaft jedenfalls bei dieser ein solches Recht nicht zustünde und von ihr insoweit auch keine Rechte abgeleitet werden könnten. Dies zeigt, dass bei Zugrundelegung einer Prozessstandschaft der mit der actio pro socio verfolgte Minderheitenschutz entgegen der Funktion dieses Rechtsinstituts weitgehend leerliefe. Hinzu kommt schließlich, dass sich die – auch von der Gegenmeinung angenommenen – prozessualen Folgen der actio pro socio (keine Einrede der Rechtshängigkeit bei nachfolgender Klage der Gesellschaft; keine Rechtskrafterstreckung eines klageabweisenden Urteils)[236] auf der Grundlage

---

[231] BGH NJW 1991, 1884.
[232] BGHZ 65, 15, 21 = NJW 1976, 191; BGH ZIP 1982, 1203, 1204; NJW 1990, 2627, 2628; 1991, 1884; 1998, 1951; *Ulmer* NJW 1976, 192, 193; ebenso *Scholz/K. Schmidt* § 46 Rn. 153, 161 mwN.
[233] *M. Winter* (Fn. 55) S. 86 ff.
[234] S. hierzu die Begründung des Regierungsentwurfs zum AktG 1965 zu § 117 AktG bei *Kropff* Aktiengesetz S. 163, auf die auch in der Begründung zu § 317 AktG verwiesen wird.
[235] Vgl. hierzu auch die Gestaltung bei BGHZ 65, 15 = NJW 1976, 191.
[236] Hierzu statt anderer *Staub/Ulmer* § 105 Rn. 269.

der Geltendmachung eigener Rechte ohne weiteres erklären lassen, zumindest aber nicht ohne weiteres bei Zugrundelegung der Geltendmachung eines fremden Rechts.[237] Es ist deshalb davon auszugehen, dass der Gesellschafter im Rahmen der actio pro socio nicht nur ein eigenes Klagerecht wahrnimmt, sondern auch **eigene Ansprüche** verfolgt. Dem steht nicht entgegen, dass der Bundesgerichtshof einen Gesellschafter als befugt angesehen hat, eine im Zusammenhang mit einer verdeckten Sacheinlage entstandene Bereicherungsforderung der Gesellschaft geltend zu machen;[238] denn die unterlassene Rückgewähr stellt eine Verletzung der gesellschafterlichen Treupflicht gegenüber den übrigen Gesellschaftern dar und gewährt diesen damit auch inhaltsgleiche eigene Schadensersatzansprüche auf Leistung an die Gesellschaft (Rn. 41).

bb) Beschlussnotwendigkeit. Durch die Zuerkennung eigener Ansprüche (Rn. 117) wird ein **Beschluss nach § 46 Nr. 8** allerdings noch nicht entbehrlich. Sieht man den Normzweck dieser Bestimmung nämlich darin, dass zum einen Interna der Gesellschaft nicht ohne den Willen der Gesellschafter nach außen getragen werden sollen,[239] und zum anderen in der Sicherstellung einer funktionsgerechten Ordnung der Entscheidungskompetenz,[240, 241] greift die Bestimmung ihrem Sinn und Zweck nach auch bei der Geltendmachung der hier betroffenen eigenen Ansprüche der Gesellschafter auf Leistung an die Gesellschaft. Auch die Überlagerung der Ansprüche des einzelnen Gesellschafters durch das Gesellschaftsverhältnis (vgl. hierzu schon Rn. 116 f.), die daran deutlich wird, dass die Ansprüche auf Leistung an die Gesellschaft gerichtet sind[242] und sie, jedenfalls soweit es um das Kapitalerhaltungsrecht (§§ 30, 31) geht, durch die Rechtsverhältnisse der Gesellschaft ausgeformt werden, spricht dafür, insoweit von einer primären Zuständigkeit der Gesellschaft und damit für die **Notwendigkeit eines Beschlusses nach § 46 Nr. 8** auszugehen.[243]

Die Notwendigkeit eines Beschlusses gilt allerdings nicht schlechthin; der **Beschluss kann im Einzelfall** auch **entbehrlich** sein. So kann es einem im Wege der actio pro socio in Anspruch genommenen Gesellschafter ggf. gem. § 242 BGB verwehrt sein, sich auf das Fehlen des notwendigen Gesellschafterbeschlusses zu berufen.[244] Auch in den Fällen, in denen – wie dies in der Zweipersonengesellschaft der Fall sein kann – der nach § 46 Nr. 8 erforderliche Beschluss auf eine reine Förmelei hinausliefe, weil der allein stimmberechtigte Gesellschafter zur Klage entschlossen ist, soll der Beschluss nach überwiegender Auffassung den allgemeinen Grundsätzen zu § 46 Nr. 6 entsprechend entbehrlich sein.[245] Ganz zweifelsfrei erscheint die letztere Auffassung allerdings nicht; denn der andere Gesellschafter kann an einem Austausch der unterschiedlichen Meinungen im Rahmen einer Gesellschafterversammlung durchaus Interesse haben, womit der Zweck der Gesellschafterversammlung auch in diesem Falle einschlägig ist.

---

[237] Zu den str. Rechtsfolgen einer gesetzlichen Prozessstandschaft s. statt anderer *Zöller/Vollkommer* ZPO Vor § 50 Rn. 18 ff., 38 ff.
[238] BGH NJW 1998, 1951.
[239] *Hachenburg/Hüffer* § 46 Rn. 87.
[240] *Scholz/K. Schmidt* § 46 Rn. 141.
[241] Zu diesem doppelten Zweck s. unten § 46 Rn. 33; zust. *Raiser* ZHR 153 (1989), 1, 21.
[242] BGHZ 65, 15 ff. = NJW 1976, 191.
[243] Abl. insbes. *Lutter/Hommelhoff* Rn. 21; *Hachenburg/Raiser* § 14 Rn. 39, 44; *ders.* ZHR 153 (1989), 1, 22, die statt dessen den Gesellschafter aus Treupflichtaspekten für verpflichtet halten, der Gesellschaft Mitteilung über die beabsichtigte Klage zu machen und von einer Klage abzusehen, wenn die Gesellschaftermehrheit die Klageerhebung ablehnt und hierfür gewichtige Gründe geltend machen kann.
[244] *Scholz/K. Schmidt* § 46 Rn. 153 mwN.
[245] Vgl. hierzu statt anderer *Zöllner* ZGR 1988, 392, 410; *Scholz/K. Schmidt* § 46 Rn. 153.

Ob schließlich für die Entbehrlichkeit eines Gesellschafterbeschlusses auch genügt, dass auf Grund einer unüberbrückbaren Meinungsverschiedenheit oder gar Feindschaft unter den Gesellschaftern mit einem positiven Beschluss über die Geltendmachung des Anspruchs nicht gerechnet werden kann,[246] ist fraglich,[247] dürfte aber in eindeutigen Fällen[248] auf der Grundlage des § 242 BGB (unzulässiges Berufen auf das Fehlen des grundsätzlich erforderlichen Gesellschafterbeschlusses) zu bejahen sein. Stimmen die übrigen Gesellschafter gegen die Geltendmachung des Anspruchs gegen den betreffenden Gesellschafter,[249] muss der Gesellschafter den Beschluss anfechten; ein wegen unterbliebener Anfechtung bestandskräftiger ablehnender Beschluss steht der Geltendmachung der Ansprüche im Wege der actio pro socio entgegen.[250] Im praktischen Ergebnis wird ein Vorgehen des Gesellschafters im Wege der actio pro socio daher im Wesentlichen nur dann in Betracht kommen, wenn mit der Geltendmachung der Ansprüche durch das zuständige Organ nicht gerechnet werden kann und die Bestellung eines besonderen Vertreters gem. § 46 Nr. 8 am Stimmverhalten der übrigen Gesellschafter scheitert.[251] Mit Blick auf die primäre Zuständigkeit der Gesellschaft und die mit der actio pro socio verbundene Durchbrechung der sonst geltenden Zuständigkeitsverteilung (Tätigwerden des Gesellschafters statt der Geschäftsführung) ist es damit gerechtfertigt, die actio pro socio als **subsidiär** anzusehen.[252]

120 cc) **Prozessuale Fragen.** In prozessualer Hinsicht muss die Klage nach beiden Auffassungen entsprechend dem Rechtsgedanken der §§ 117 Abs. 1 S. 2, 317 Abs. 1 S. 2 AktG **auf Leistung an die Gesellschaft bzw. die geschädigten Tochtergesellschaften**[253] gerichtet sein. Aufgrund der Durchbrechung der sonst geltenden Zuständigkeitsordnung gehören zudem die Voraussetzungen der actio pro socio (Notwendigkeit der Verfolgung der Ansprüche im Wege der actio pro socio wegen Untätigkeit der Geschäftsführung) zu den Zulässigkeitsvoraussetzungen der Klage; sie sind deshalb auch in der Klageschrift schlüssig darzulegen.[254] Der **Einwand der Rechtshängigkeit** kann einer nachfolgenden eigenen Klage der Gesellschaft nicht entgegen gehalten werden; mit ihrer Klage wird jedoch die Klage des Gesellschafters mangels Rechtsschutzbedürfnisses unzulässig. Der Gesellschafter muss in diesem Falle seine Klage für erledigt erklären und ggf. dem Prozess der Gesellschaft als Nebenintervenient beitreten. Da der Gesellschafter ein eigenes Recht geltend macht, erstreckt sich die **Rechtskraft** der in seinem Rechtsstreit ergangenen Entscheidung nicht auf die Gesellschaft. Die **Verfahrenskosten** eines im Wege der actio pro socio geführten Rechtsstreits fallen dem Gesellschafter zur Last; ihre Erstattung kann er von der Gesellschaft nur im Rahmen der Grundsätze über die Geschäftsführung ohne Auftrag (§ 683 BGB)[255] oder über Schadensersatz wegen Treupflichtverletzung von den übrigen Gesellschaftern verlangen; eine Haftung der Gesellschaft für das treuwidrige Verhalten der Gesellschafterversammlung dem Gesellschafter gegenüber dürfte dagegen

---

[246] Hierzu BGH ZIP 1982, 1203, 1204.
[247] Ablehnend etwa *Zöllner* ZGR 1988, 392, 409 f.
[248] Hierzu etwa die Gestaltung in BGH ZIP 1982, 1203, 1204.
[249] Der Gesellschafter ist hier an die Gesellschaftsinteressen im Rahmen der Stimmabgabe gebunden.
[250] OLG Köln NJW-RR 1994, 616 mwN; *Roth/Altmeppen* Rn. 43; s. auch oben Rn. 42.
[251] *Zöllner* ZGR 1988, 392, 410.
[252] S. hierzu auch *Roth/Altmeppen* Rn. 42.
[253] Hierzu BGHZ 65, 15, 18 = NJW 1976, 191.
[254] Hierzu zusammenfassend *Staub/Ulmer* § 105 Rn. 268 a.
[255] *Hachenburg/Raiser* Rn. 45.

ausgeschlossen sein.²⁵⁶ Ein die Klage der Gesellschaft abweisendes Urteil wirkt sich wegen der primären Zuständigkeit der Gesellschaft auch zu Lasten des Gesellschafters aus, umgekehrt wirkt aber ein die Klage des Gesellschafters abweisendes **Urteil** nicht zu Lasten der Gesellschaft.²⁵⁷ Entsprechendes gilt für Verfügungen wie den Verzicht oder Vergleich über die Ansprüche. Verfügungen des Gesellschafters binden die Gesellschaft nicht, umgekehrt ist der Gesellschafter aber wegen der Primärzuständigkeit der Gesellschaft an die von ihr vorgenommenen Verfügungen vorbehaltlich der Möglichkeit, im Beschlusswege getroffene Verfügungen ggf. im Wege der Anfechtungsklage entsprechend §§ 246 AktG zu beseitigen (hierzu bei § 47), gebunden.²⁵⁸

b) Mitgliedschaftsstreit. Zu den Gesellschafterklagen im weiteren Sinne gehört **121** auch die gerichtliche Klärung der Frage, ob eine bestimmte Person Gesellschafter ist oder nicht (sog. Mitgliedschaftsstreit).²⁵⁹ Eine Rolle kann dies beispielsweise dann spielen, wenn der Erbe eines Gesellschafters ohne Anmeldung gem. § 16 seine Gesellschafterstellung behauptet oder wenn ein Mitgesellschafter einen kaduzierten Geschäftsanteil im Rahmen des Rückgriffs nach § 22 Abs. 4 bezahlt hat, aber Streit über die Wirksamkeit der Kaduzierung besteht. In diesen Fällen kann Feststellungsklage gem. § 256 ZPO erhoben werden. Gegner einer von einem Gesellschafter erhobenen Klage können – abweichend vom Personengesellschaftsrecht, in dem Fragen der Mitgliedschaft grundsätzlich nur unter den Gesellschaftern und nicht mit der Gesellschaft zu klären sind – sowohl die Gesellschaft als auch ein oder alle Gesellschafter sein,²⁶⁰ bei Vorliegen des nach § 256 ZPO erforderlichen Feststellungsinteresses auch ein Dritter.²⁶¹ Auch die Gesellschaft kann ihrerseits Feststellungsklage erheben.²⁶² Das nach § 256 ZPO notwendige Feststellungsinteresse wird bei einer Klage der Gesellschaft jedenfalls wegen der ggf. notwendigen Einladungen zu Gesellschafterversammlungen, der Versendung von Jahresabschlüssen oder sonstigen Mitteilungen, der Zulassung zur Gesellschafterversammlung, der Auszahlung des Gewinnanteils etc. vorliegen. Die Rechtskraft eines gegen einen Gesellschafter oder Dritten ergangenen Urteils bindet jedoch nur die am Rechtsstreit beteiligten Personen, also nicht die Gesellschaft, wenn sie nicht selbst Partei des Rechtsstreits gewesen ist.²⁶³ Umgekehrt sind die Gesellschafter und die Gesellschaftsorgane einschließlich der Gesellschafterversammlung jedoch an ein gegen die Gesellschaft ergangenes Urteil gebunden,²⁶⁴ weshalb ihnen von Seiten der Gesellschaft Gelegenheit zur Nebenintervention zu geben ist.

V. Durchgriff

Schrifttum: *Adams* Eigentum, Kontrolle und beschränkte Haftung, 1991; *Albach* Zur Finanzierung von Kapitalgesellschaften durch ihre Gesellschafter, ZgesStW 118 (1962), 653 ff.; *Arbeitskreis GmbH-Reform* Thesen und Vorschläge zur GmbH-Reform Bd II, 1972; *Assmann* Gläubigerschutz im faktischen Konzern – Zu den Strukturprinzipien eines GmbH-Konzernrechts im Anschluß an die „Autokranent-

---

²⁵⁶ Zu dieser Frage *M. Winter* (Fn. 55) S. 92 f. mwN.
²⁵⁷ *Flume* Juristische Person, § 8 V 2; *Roth/Altmeppen* Rn. 39; abw. *Raiser* ZHR 153 (1989), 1, 23 f.
²⁵⁸ OLG Köln NJW-RR 1994, 616; *Roth/Altmeppen* Rn. 41.
²⁵⁹ Hierzu auch *Hachenburg/Raiser* § 14 Rn. 76; *Scholz/Emmerich* Rn. 54.
²⁶⁰ BGH GmbHR 1963, 7; WM 1964, 265; 1969, 1257, 1258; 1975, 512, 514; *Hachenburg/Raiser* § 14 Rn. 76; *Scholz/Emmerich* Rn. 54.
²⁶¹ *Hachenburg/Raiser* § 14 Rn. 76; *Scholz/Emmerich* Rn. 54; abw. OLG Nürnberg BB 1971, 1478.
²⁶² *Hachenburg/Raiser* § 14 Rn. 76; *Scholz/Emmerich* Rn. 54.
²⁶³ BGH LM GmbHG § 13 Nr. 5 = GmbHR 1963, 7.
²⁶⁴ *Scholz/Emmerich* Rn. 54.

§ 13 2. Abschnitt. Rechtsverhältnisse der Gesellschaft und der Gesellschafter

scheidung", JZ 1986, 881, 928; *Ballerstedt* 75 Jahre GmbHG, GmbHR 1967, 66; *Banerjea* Haftungsfragen in Fällen materieller Unterkapitalisierung, ZIP 1999, 1153; *Bauschke* Durchgriff bei juristischen Personen, BB 1975, 1322; *ders.* Mit dem Durchgriff ins kommende Jahrhundert?, BB 1984, 698; *ders.* Grenzen der Rechtspersönlichkeit juristischer Personen im englischen Gesellschaftsrecht, 1975; *Benne* Haftungsdurchgriff bei der GmbH, insbesondere im Fall der Unterkapitalisierung, 1978; *Bernstein* Durchgriff bei juristischen Personen, FS Zweigert, 1981, S. 37; *Boujong* Das Trennungsprinzip des § 13 Abs. 2 GmbHG und seine Grenzen in der neueren Judikatur des Bundesgerichtshofs, FS Odersky, 1996, S. 739; *Brandner* Haftung des Gesellschafter-Geschäftsführers einer GmbH als culpa in contrahendo, FS Werner, 1984, S. 53; *Buchner* Neue Entwicklungen im GmbH-Recht: Das Ende der Haftungsbeschränkung des Gesellschafters?, DNotZ 1985, 724; *Büschgen* Zur Eigenkapitalausstattung der GmbH und GmbH & Co. KG, GmbHR 1974, 25 ff. und 49 ff.; *v. Caemmerer* Unterkapitalisierung und Gesellschafterdarlehen in: Quo vadis, ius societatum?, FS Pieter Sanders, 1972, S. 17; *Canaris* Die Vertrauenshaftung im deutschen Privatrecht, 1971; *Coing* Zum Problem des sog. Durchgriffs bei juristischen Personen, NJW 1977, 1793; *Deutler* Reformfragen der GmbH & Co., DB 1970, 381 und 427; *Drax* Durchgriffs- und Konzernhaftung der GmbH-Gesellschafter – ein Vergleich, 1992; *Drobnig* Haftungsdurchgriff bei Kapitalgesellschaftern 1959; *Eckerle* Die Einmann-Gesellschaft – ihre wirtschaftlichen Motive und ihre rechtliche und rechtspolitische Beurteilung, 1963; *Eder* Rechtsvergleichende Gedanken zur GmbH-Reform, GmbHR 1966, 135; *Ehlke* Konzerninduzierter Haftungsbegriff auf den GmbH-Gesellschafter, DB 1986, 523; *Ehricke*, Zur Begründbarkeit der Durchgriffshaftung in der GmbH, insbesondere aus methodischer Sicht, AcP 199 (1999), 257; *Eltermann* Der verdeckte Kapitalentzug in der GmbH & Co. KG, 1972; *ders.* Zur Zulässigkeit der Einheits-GmbH & Co. unter dem Gesichtspunkt des Gläubigerschutzes, GmbHR 1973, 207; *Emmerich* Das GmbH-Konzernrecht, AG 1975, 253 und 285; *ders.* Der heutige Stand der Lehre vom GmbH-Konzernrecht, GmbHR 1987, 1; *ders.* Nachlese zum Autokran-Urteil des BGH zum GmbH-Konzernrecht, GmbHR 1987, 213; *Erlinghagen* Haftungsfragen bei einer unterkapitalisierten GmbH, GmbHR 1962, 169; *ders.* Gesellschafterdarlehen im Regierungsentwurf eines neuen GmbH-Gesetzes, FS Heinz Kaufmann, 1972, S. 139; *Erman* Zur Frage der Haftung der Hintermänner überschuldeter Gesellschaften, KTS 1959, 129; *Fauer* Die Rechtsnatur der Einmann-Gesellschaft, 1965; *Fessler* Die Behandlung der Gesellschafterdarlehen in den GmbH-Rechten der Europäischen Wirtschaftsgemeinschaft, 1970; *Geißler* Zukunft, Stillstand oder Geltungsverlust für die Durchgriffshaftung im Recht der GmbH?, GmbHR 1993, 71; *Gersch/Herget/Marsch/Stützle* GmbH-Reform 1980; *Geßler* Probleme der GmbH-Rechtsreform, GmbHR 1966, 102; *ders.* Grundfragen der GmbH-Reform, BB 1971, 665; *Göggerle* Die teleologische Reduktion des § 181 BGB unter besonderer Berücksichtigung der Einmann-GmbH mit identischem Gesellschafter- Geschäftsführer, 1974; *Gottschling* Die Einmann-GmbH in der Rechtsprechung des Bundesgerichtshofes und des Bundesfinanzhofes, GmbHR 1959, 194; *Griebel* Die Einmann-Gesellschaft, 1933; *Grossmann* Unterkapitalisierung und Gesellschafterdarlehen – amerikanische Erfahrungen, GmbHR 1978, 77; *Grunewald* Die unbeschränkte Haftung beschränkt haftender Gesellschafter für die Verletzung von Aufklärungspflichten im vorvertraglichen Bereich, ZGR 1986, 580; *Haberlandt* Zur Problematik der Durchgriffshaftung – Identität und Durchgriff, BB 1980, 847; *Hofmann* Zum „Durchgriffs"-Problem bei der unterkapitalisierten GmbH, NJW 1966, 1941; *U. Hübner* Der Durchgriff bei juristischen Personen im europäischen Gesellschafts- und Unternehmensrecht, JZ 1978, 703; *Hunscha* Die GmbH & Co. KG als Alleingesellschafterin ihrer GmbH-Komplementärin, 1974; *Ilgen* Die Einmann-Gesellschaft als atypische Gesellschaftsform im deutschen und französischen Recht, 1969; *Immenga* Die personalistische Kapitalgesellschaft, 1970; *Ippen* Die GmbH & Co. KG als Inhaberin sämtlicher Gesellschaftsanteile ihrer allein persönlich haftenden GmbH-Komplementärin, 1967; *Kahler* Die Haftung des Gesellschafters im Falle der Unterkapitalisierung einer GmbH, BB 1985, 1429; *Kalbe* Herrschaft und Haftung bei juristischen Personen, 1965; *Kalter* Einige Gedanken zur unterkapitalisierten GmbH – ein Fall der Durchgriffshaftung, KTS 1970, 267; *Kamm* Gesellschafterdarlehen an Kapitalgesellschaften nach deutschem Recht unter Berücksichtigung des schweizerischen und französischen Rechts, 1970; *Kamprad* Gesellschafterdarlehen an die GmbH als verdeckte Stammeinlagen, 1968; *ders.* Kapitalersetzende Gesellschafterdarlehen im Konkurs und Vergleich der GmbH in der rechtspolitischen Diskussion, GmbHR 1975, 54; *Kerber* Die Übernahme von Gesellschaften mit beschränkter Haftung im Buy-Out-Verfahren, WM 1989, 473, 513; *Kowalski* Der Ersatz von Gesellschafts- und Gesellschafterschaden, 1990; *Krause* Die Haftungsbeschränkung auf das Gesellschaftsvermögen bei der GmbH, DB 1988; *Kreifels* Haftungsfragen bei der Einmann-GmbH, GmbHR 1956, 81; *G. Kuhn* Haftungsfragen bei der GmbH & Co., Ehrengabe für Bruno Heusinger 1968, 203; *ders.* Haften die GmbH-Gesellschafter für Gesellschaftsschulden persönlich?, FS Robert Fischer, 1979, S. 351; *O. Kuhn* Strohmanngründung bei Kapitalgesellschaften, 1964; *M. Lehmann* Schranken der beschränkten Haftung, GmbHR 1992, 200; *Lehmann* Das Privileg der beschränkten Haftung und der Durchgriff im Gesellschafts- und Konzernrecht, ZGR 1986, 345; *Lieb* Schadensersatzansprüche von Gesellschaftern bei Folgeschäden im Vermögen der Gesellschaft, FS R. Fischer, 1979, S. 385; *Lindemann* Doppelmandat gleich Haftungsdurchgriff, AG 1987, 225; *Löber* Die Durchbrechung der Rechtspersönlichkeit bei Kapitalgesellschaften in den Rechten Österreichs, Deutschlands und der

Juristische Person; Handelsgesellschaft § 13

USA, ZRvgl 7 (1966), 61 und 145; *Lutter* Die Rechtsverhältnisse zwischen den Gesellschaftern und der Gesellschaft in: Probleme der GmbH-Reform 1970, 63; *ders.* Die zivilrechtliche Haftung in der Unternehmensgruppe, ZGR 1982, 244; *ders.* Die Haftung des herrschenden Unternehmens im GmbH-Konzern, ZIP 1985, 1425; *Lutter/Hommelhoff* Nachrangiges Haftkapital und Unterkapitalisierung in der GmbH, ZGR 1979, 31; *Marschal v. Bieberstein* Zum Identitätsproblem bei der Einmann-Gesellschaft im wechselrechtlichen Verkehrsschutz, JZ 1965, 403; *Mertens* Die Einmann-GmbH & Co. KG und das Problem der gesellschaftsrechtlichen Grundtypenvermischung, NJW 1966, 1049; *Messmer* Die durch die Sachlage gebotene Kapitalzuführung im Recht der Gesellschaftsteuer und in dem Entwurf eines GmbH-Gesetzes, BB 1970, 1057; *F. Müller* Die Haftung des Hintermanns bei der Strohmann-GmbH, 1972; *K. Müller* Zur Haftung des Hintermanns im Konkurs der unterkapitalisierten GmbH, ZRP 1975, 101; *Müller-Freienfels* Zur Lehre vom sog. „Durchgriff" bei juristischen Personen im Privatrecht, AcP 156 (1957), 522; *Neflin* Schutz des gutgläubigen Verkehrs vor einem schädigenden Verhalten der hinter einer Kapitalgesellschaft stehenden Kräfte, GmbHR 1963, 41; *Nestele* Grenzen der Rechtsfähigkeit juristischer Personen, 1966; *Nirk* Zur Rechtsfolgenseite der Durchgriffshaftung, FS Stimpel, 1985, S. 443; *Paschke* Rechtsfragen der Durchgriffsproblematik im mehrstufigen Unternehmensverbund, AG 1988, 196; *Pfleger* Die Stiftung als Alleingesellschafter der Einmann-GmbH, 1969; *Plander* Geschäfte des Gesellschafter-Geschäftsführers der Einmann-GmbH mit sich selbst, 1969; *Pleyer* Zur Haftung der Gesellschafter einer unterkapitalisierten Strohmann-GmbH, GmbHR 1963, 206; *Priester* Die eigene GmbH als fremder Dritter – Eigensphäre der Gesellschaft und Verhaltenspflichten ihrer Gesellschafter, ZGR 1993, 512; *ders.* Unbeschränkte Konzernhaftung des GmbH-Gesellschafters, ZIP 1985, 1263; *Raiser* 100 Bände BGHZ: GmbH-Recht, ZHR 151 (1987), 422; *ders.* Die Haftungsbeschränkung ist kein Wesensmerkmal der juristischen Person, FS Lutter, 2000, S. 637; *ders.* Konzernhaftung und Unterkapitalisierungshaftung, ZGR, 1995, 156; *Raupach* Der Durchgriff im Steuerrecht – zugleich ein Beitrag zum Verhältnis des Deutschen und Internationalen Steuerrechts zum Zivil-, Verfassungs- und Völkerrecht, 1968; *Rehbinder* Konzernaußenrecht und allgemeines Privatrecht, 1969; *ders.* Die GmbH als Konzernunternehmung, in: GmbH-Reform 1970, 127; *ders.* Gesellschaftsrechtliche Probleme mehrstufiger Unternehmensverbindungen, ZGR 1977, 581; *ders.* Zehn Jahre Rechtsprechung zum Durchgriff im Gesellschaftsrecht, FS Robert Fischer, 1979, S. 579; *ders.* Minderheiten und Gläubigerschutz im faktischen Konzern, AG 1986, 85; *Reinelt* Schadensersatz des Alleingesellschafters und „Durchgriffshaftung" bei der Einmann-Gesellschaft, BB 1974, 1145; *Reiner* Unternehmerisches Gesellschaftsinteresse und Fremdsteuerung, 1995; *Reinhardt* Gedanken zum Identitätsproblem bei der Einmann-Gesellschaft, FS Heinrich Lehmann, Bd. II, 1956, S. 576; *Rittner* Die werdende juristische Person, 1973; *Rokas* Die Regelung von Gesellschafterdarlehen an die Gesellschaft nach dem griechischen Gesetz betreffend die Gesellschaften mit beschränkter Haftung, ZHR 128 (1965), 297; *G. Roth* Haftungsbeschränkung kontra Gläubigerschutz bei Überschuldung einer GmbH, GesRZ 1985, 1; *ders.* Unterkapitalisierung und persönliche Haftung, ZGR 1993, 170; *Roth* Zur „economic analyses" der beschränkten Haftung, ZGR 1986, 371; *Rowedder* Bestandsschutz im faktischen GmbH-Konzern, ZGR-Sonderheft 6, 1986, 20; *Schanze* Einmann-Gesellschaft und Durchgriffshaftung als Konzeptionalisierungsproblem gesellschaftsrechtlicher Zurechnung, Diss. Frankfurt 1975; *ders.* Durchgriff – Normanwendung oder Organhaftung?, AG 1982, 42; *Schilling* Die Einmann-Gesellschaft und das Einzelunternehmen mbH, JZ 1953, 161; *ders.* Rechtspolitische Gedanken zur GmbH & Co., FG Kunze, 1969, S. 189; *ders.* Die GmbH & Co. KG als Einheitsgesellschaft, FS Barz, 1974, S. 67; *K. Schmidt* Kapitalaufbringung, Kapitalerhaltung und Unterkapitalisierung bei der GmbH & Co., DB 1973, 2227; *ders.* Wohin führt das Recht der Einmann-Gesellschaft?, GmbHR 1974, 178; *ders.* Die Eigenkapitalausstattung der Unternehmen als rechtspolitisches Problem, JZ 1984, 771; *ders.* Zum Haftungsdurchgriff wegen Sphärenvermischung und zur Haftungsverfassung im GmbH-Konzern, BB 1985, 2074; *ders.* Konzernhaftung oder mitgliedschaftliche Haftung des privaten GmbH-Gesellschafters, ZIP 1986, 146; *ders.* Verlustausgleichspflicht und Konzernleitungshaftung im qualifizierten faktischen GmbH-Konzern, ZIP 1989, 545; *Schönle* Die Einmann- und Strohmann-Gesellschaft, 1957; *ders.* Zur Haftung bei einer Strohmann-GmbH, GmbHR 1960, 63; *ders.* Die Eigenkapitalausstattung der Unternehmen als rechtspolitisches Problem, JZ 1984, 771; *ders.* Zum Haftungsdurchgriff wegen Sphärenvermischung und zur Haftungsverfassung im GmbH-Konzern, BB 1985, 2074; *ders.* Konzernhaftung und mitgliedschaftliche Haftung des privaten GmbH-Gesellschafters?, ZIP 1986, 146; *ders.* Zur Durchgriffsbesteuerung der GmbH, ZIP 1994, 837; *Schulte* Rechtsprechungsübersicht zum Trennungsprinzip bei juristischen Personen, WM 1979 Beil. Nr. 1; *J. Schulze-Osterloh* Gläubiger- und Minderheitenschutz bei der steuerlichen Betriebsaufspaltung, ZGR 1983, 123; *Schwark* Die Haftung des herrschenden Unternehmens im qualifizierten faktischen GmbH-Konzern, JuS 1987, 443; *Serick* Durchgriffsprobleme bei Vertragsstörungen unter Berücksichtigung von Organschafts- und Konzernverhältnissen, 1959; *ders.* Rechtsform und Realität juristischer Personen, 2. Aufl. 1980; *Sonnenberger* Das Darlehen des GmbH-Gesellschafters als Mittel der Gesellschafsfinanzierung, NJW 1969, 2033; *Stauder* Gesellschafterdarlehen an Kapitalgesellschaften, GmbHR 1968, 72; *Steffen* Eigenkapitalzuführung durch Gesellschafterdarlehen bei einer GmbH unter besonderer Berücksichtigung des § 49 RegEntw. eines GmbHG, 1974; *Steininger* Die Haftung des Geschäftsführers aus culpa in contrahendo bei wirtschaftlicher Bedrängnis der GmbH, 1986; *Stimpel* Die Rechtsprechung des Bundesgerichtshofs zur Innenhaftung des herrschenden Unternehmens im GmbH-Konzern, AG 1986, 117 ff.; *ders.* „Durchgriffshaftung" bei der GmbH: Tatbestände, Verlustausgleich, Ausfallhaftung, FS Goerdeler, 1987, S. 601; *Strobel* Betriebswirtschaftliche Überlegungen zur Reform der Behandlung von GmbH-Gesellschafterdarlehen im Falle des Konkurses oder Vergleiches, DB 1973, 1961; *Timm* Geklärte und offene Fragen im Vertragskonzernrecht der GmbH, GmbHR 1987, 8; *Tittel* Gesellschafterdarlehen im Konkurs der GmbH, 1969; *Toussanit* Haftungsdurchgriff bei der Einmann-Gesellschaft, 1961; *Tröster* Die Einmann-GmbH – Ein Beitrag zur Lehre von der Relativität der Rechtsfähigkeit, 1971; *Ulmer* Gesellschafterdarlehen und Unterkapitalisierung bei GmbH und GmbH & Co. KG, FS Duden, 1977, S. 661; *ders.* Konkursantragspflicht bei Überschuldung der GmbH und Haftungsrisiken bei Konkursverschleppung, KTS 1981, 469; *ders.* Die GmbH und der Gläubigerschutz, GmbHR 1984, 256; *ders.* Der Gläubigerschutz im faktischen Konzern beim Fehlen von Minderheitengesellschaftern, ZHR 148 (1984), 391; *ders.* Verlustübernahmepflicht des herrschenden Unternehmens als konzernspezifischer Kapitalerhaltungsschutz, AG 1986, 123; *ders.* Gläubigerschutz im GmbH-Konzern, WPg 1986, 685; *ders.* Gläubigerschutz im qualifizierten faktischen Konzern, NJW 1986, 1579; *Unger* Die Inanspruchnahme des verdeckten Kapitalgebers, KTS 1959, 33; *ders.* Unterkapitalisierung in Frankreich und Belgien, 1988; *Versteegen* Das TBB-Urteil als Wegbereiter einer allgemeinen Intransparenzhaftung in der GmbH?, DB 1993, 1225; *Vonnemann* Haftung der GmbH-Gesellschafter wegen materieller Unterkapitalisierung, GmbHR 1992, 77; *Weitbrecht* Haftung der Gesellschafter bei materieller Unterkapitalisierung der GmbH, 1990; *H.P. Westermann* Vertragsfreiheit und Typengesetzlichkeit im Recht der Personengesellschaften, 1970; *ders.* Strukturprobleme des Gesellschaftsrechts, ZvglRW 1973, 176; *Wiechmann* Verlustausgleich bei Mehrmütter-Organschaft, DB 1985, 2031; *Wiedemann* Haftungsbeschränkung und Kapitaleinsatz in der GmbH in: *Wiedemann/Bär/Dabin* Die Haftung des Gesellschafters in der GmbH, 1968, 5; *ders.* Juristische Person und Gesamthand als Sondervermögen – Eine Bestandsaufnahme aus bürgerlich-rechtlicher, handels- und steuerrechtlicher Sicht, WM Sonderbeilage 4/1975; *ders.* Spätlese zur Autokranbesprechung, ZGR 1986, 656; *ders.* Gesellschaftsrechtliche Probleme der Betriebsaufspaltung, ZIP 1986, 1293; *Wiethölter* Die GmbH in einem modernen Gesellschaftsrecht und der Referentenentwurf eines GmbH-Gesetzes, in: Probleme der GmbH-Reform 1970, 11; *Wilhelm* Rechtsform und Haftung bei der juristischen Person, 1981; *ders.* Die Vermögensbindung bei der AG und der GmbH und das Problem der Unterkapitalisierung, FS Flume, Bd. II, 1978, S. 337; *ders.* Rechtsform und Haftung bei der juristischen Person, 1981; *Wilser* Der Durchgriff bei Kapitalgesellschaften im Steuerrecht, 1960; *Winkler* Die Haftung der Gesellschafter einer unterkapitalisierten GmbH, BB 1969, 1202; *ders.* Die Haftungsverfassung der GmbH & Co. (KG), NJW 1969, 1009; *G. Winter* Die Haftung der Gesellschafter im Konkurs der unterkapitalisierten GmbH, 1973; *Woeste* Gesellschafterdarlehen und gesellschafterverbürgte Darlehen an die GmbH in deren Konkurs, GmbHR 1959, 131; *Wolany* Soll die Einmann-Gesellschaft beibehalten werden? GmbHR 1962, 77; *ders.* Rechte und Pflichten der Gesellschafter einer GmbH, 1964; *Wüst* Gläubigerschutz bei der GmbH, 1966; *ders.* Wege des Gläubigerschutzes bei materieller Unterkapitalisierung einer GmbH, DStR 1991, 1388, 1424; *ders.* Das Problem des Wirtschaftens mit beschränkter Haftung, JZ 1992, 710; *ders.* Die unzureichende Kapitalausstattung bei Beschränkthaftern, JZ 1995, 990; *Zaczyk* GmbH-Novelle und Durchgriffshaftung, GmbHR 1977, 175.

122 1. Allgemeines. Unter dem Stichwort Durchgriff werden im Wesentlichen zwei Bereiche diskutiert: Die sog. **Durchgriffshaftung** (auch als Haftungsdurchgriff bezeichnet) und der sog. **Zurechnungsdurchgriff.** Im ersteren Falle geht es um die Frage, ob ein Gesellschafter oder ein hinter ihm stehender Dritter für Verbindlichkeiten der Gesellschaft (begrenzt oder unbegrenzt) nach außen haften kann, ebenso wie es umgekehrt in Frage kommt, dass die Gesellschaft für seine Verbindlichkeiten in Anspruch genommen wird. Im zweiten Falle geht es darum, ob und unter welchen Voraussetzungen bestimmte Eigenschaften, Kenntnisse oder sonst rechtserhebliche Umstände auf Seiten des Gesellschafters der Gesellschaft zugerechnet werden können bzw. inwieweit sich der Gesellschafter das Vorliegen solcher Umstände auf Seiten der Gesellschaft anrechnen lassen muss. In beiden Fällen geht es damit um die Frage, inwieweit und unter welchen Voraussetzungen über die Selbständigkeit der GmbH als juristischer Person (Trennungsprinzip)[265] ausnahmsweise hinweggegangen werden kann, und Verbindlichkeiten, Kenntnisse etc. nicht nur der juristischen Person, sondern auch

---

[265] Nach zutr. Auffassung stellt sich das Durchgriffsproblem in gleicher Weise bei den Gesamthandsgesellschaften, vgl. hierzu *K. Schmidt* GesR § 9 I 2.

Juristische Person; Handelsgesellschaft § 13

den an ihr (ggf. mittelbar) beteiligten Personen zugerechnet werden können und inwieweit dies umgekehrt zulässig ist. Dabei beschränkt sich die Durchgriffsproblematik allerdings nicht nur auf Zurechnungen zu Lasten der Beteiligten; auch eine Zurechnung zu Gunsten des jeweils anderen Zuordnungssubjekts kommt in Betracht.[266]

2. Methodischer Ansatz. a) Meinungsstand. Die **Methode** des so verstandenen Durchgriffs ist streitig.[267] Im Vordergrund stehen vor allem zwei Ansätze, die **Missbrauchslehre** und die **Normanwendungstheorien**,[268] die sich allerdings in ihren Ausprägungen teilweise auch überschneiden.[269] Zum Standpunkt der **Rechtsprechung** vgl. bei Rn. 126, zu der die Notwendigkeit eines Durchgriffs verneinenden **Trennungstheorie** (vgl. bei Rn. 127). 123

aa) Missbrauchslehre. Bei der Missbrauchslehre[270] unterscheidet man die subjektive und die objektive (auch institutionelle) Missbrauchslehre. Beide gehen im Ausgangspunkt davon aus, dass die Selbständigkeit einer juristischen Person auf Grund der gesetzlichen Vorgaben im Grundsatz anzuerkennen ist. Unterschiede bestehen jedoch hinsichtlich der Voraussetzungen eines Haftungsdurchgriffs: Nach der *subjektiven* Missbrauchslehre ist ein haftungsrechtlicher Zugriff auf die Gesellschafter dann zulässig, wenn ein subjektiver Missbrauch der juristischen Person vorliegt; dass der objektive Zweck einer bestimmten Norm nicht erreicht wird, rechtfertigt nach dieser Auffassung den Durchgriff nicht.[271] Nach der *objektiven* (institutionellen) Missbrauchslehre folgt die Möglichkeit, die juristische Person zu relativieren, auf einem institutionellen Verständnis dieser Rechtsform. Die juristische Person wird nach dieser Auffassung durch bestimmte ungeschriebene und übergeordnete Ordnungsgrundsätze begrenzt; da diese Begrenzung als ihrem Wesen immanent angesehen wird, rechtfertigt eine hieran gemessene rechtsinkonforme Verwendung der juristischen Person einen Durchgriff auf die Gesellschafter.[272] 124

bb) Normanwendungstheorien. Die Lehre vom Durchgriff als Normanwendung[273] geht vom Normzweck der jeweils für eine Anwendung in Betracht kommen- 125

---

[266] Hierzu *K. Schmidt* GesR § 9 I 2 c.
[267] Eingehend zu den Fragen des Durchgriffs statt anderer *Flume* Juristische Person, § 3; *Schanze* Einmanngesellschaft und Durchgriffshaftung, 1975, S. 2 ff.; *Wilhelm* Rechtsform und Haftung bei der juristischen Person, 1981, S. 23 f, 285 ff.; *K. Schmidt* GesR § 9; *Hachenburg/Mertens* Anh. § 13 Rn. 28 ff., jew. mwN; umfassend zur methodischen Herleitung der Durchgriffshaftung auch, dieses Institut jedoch insgesamt ablehnend *Ehricke* AcP 199 (1999), 257 ff., 275 ff.
[268] Zu den festzustellenden Überschneidungen bei den unterschiedlichen Theorien s. *K. Schmidt* GesR § 9 II 1 c.
[269] Hierzu *K. Schmidt* GesR § 9 1 c.
[270] Grundlegend *Serick* Rechtsform und Realität juristischer Personen, 1955 (2. unveränd. Aufl. 1980), S. 203 ff.
[271] *Serick* (Fn. 270) S. 14 ff.
[272] So insbes. *O. Kuhn* Strohmanngründung bei Kapitalgesellschaften, 1964, S. 35 ff.; 146 ff.; 199; *Rehbinder* Konzernaußenrecht und allgemeines Privatrecht, 1969, S. 119 f.; *Reinhardt* GesR 1973, S. 333; *ders.*, FS H. Lehmann, 1956, S. 76 ff.; MüKo BGB/*Reuter* Vor § 21 Rn. 20.
[273] Diese Richtung ist maßgeblich auf *Müller-Freienfels* AcP 1956 (1957), 522 zurückzuführen; s. hierzu mit Unterschieden iE *Winkler* BB 1969, 1202 ff.; *Stimpel*, FS Goerdeler, 1987, S. 601, 607 ff.; *Drüke* Die Haftung der Muttergesellschaft für die Schulden der Tochtergesellschaft, 1990, S. 42 ff.; *O. Kuhn* (Fn. 272) 214 ff.; *Immenga* Die personalistische Kapitalgesellschaft, 1970, S. 402 ff., 410 ff.; *Kübler* GesR § 23 I; *Rehbinder* (Fn. 272) S. 122 ff.; *Schanze* Einmanngesellschaft und Durchgriffshaftung, 1975, S. 102 ff.; *K. Schmidt* GesR § 9 II 1; *Wiedemann* Gesellschaftsrecht § 10 IV 3; *Hachenburg/Ulmer* Anh. § 30 Rn. 38 ff.; *Soergel/Hadding* Vor § 21 Rn. 40; *Staudinger/Coing* Einl. §§ 21 bis 89 Rn. 43 ff.

den Vorschrift aus und nicht von der juristischen Person als solcher. Nach ihnen ist – verkürzt formuliert – darauf abzustellen, ob der Zweck der für eine Anwendung in Betracht kommenden Bestimmung ihre Erstreckung auch auf andere Zuordnungssubjekte gebietet. Im Rahmen der Normanwendungstheorien gibt es verschiedene Richtungen, die die Selbständigkeit der juristischen Person unterschiedlich stark betonen. Nach einem Teil dieser Lehre kann es einen Durchgriff im Sinne einer Relativierung der juristischen Person in dem Sinne geben, dass eine Norm, die den Zuordnungs- oder Zurechnungsumfang bei der juristischen Person festlegt, nicht angewendet wird, wenn sie auf den konkreten Tatbestand nicht passt; der hierdurch entstandene „normenleere Raum" wird dann durch die Anwendung der „Auffüllungsnorm" geschlossen (Restriktion der Trennungsnorm und Auffüllung durch eine andere Norm).[274] Andere lösen sich demgegenüber von dem Modell einer Relativierung der juristischen Person und eines Durchgriffs auf die „hinter ihr stehenden" Gesellschafter. Sie sehen beide Zuordnungssubjekte, die juristische Person und die Gesellschafter, als *nebeneinander* stehend (nicht: die Gesellschafter „in" oder „hinter" der Gesellschaft befindlich) an und greifen dieses Näheverhältnis als Anknüpfungspunkt für Zurechnungs-, Auslegungs- und Normanwendungserwägungen auf.[275]

126 cc) Rechtsprechung. Die Rechtsprechung hat sich bislang noch keinem der dogmatischen Ansätze ausdrücklich angeschlossen, sondern hat ihre Ergebnisse auf den Aspekt des treuwidrigen Verhaltens, des Rechtsmissbrauchs oder auf einen Verstoß gegen Treu und Glauben gestützt.[276] Sie betont – ohne dass dem allerdings mehr als eine allgemeine Zurückhaltung gegenüber dem „Durchgriff" zu entnehmen wäre –, dass über die Rechtsfigur der juristischen Person „nicht leichtfertig und schrankenlos hinweggegangen" werden dürfe.[277] Auch die in der Rechtsprechung anzutreffende Formulierung, die Gesellschaft und die Gesellschafter müssten „als Einheit behandelt werden, wenn die Wirklichkeit des Lebens, die wirtschaftlichen Bedürfnisse und die Macht der Tatsachen es dem Richter gebieten, die personen- und vermögensrechtliche Selbständigkeit der GmbH und ihres alleinigen Gesellschafters hintanzusetzen",[278] liefert als solche keinen methodischen Ansatz. Im Ergebnis scheint die ältere Rechtsprechung der objektiven (institutionellen) Missbrauchslehre jedenfalls nahe gestanden zu haben, da dort betont wird, die Rechtsfigur der juristischen Person dürfe „in dem Umfang, keine Beachtung finden, in dem ihre Verwendung dem Zweck der Rechtsordnung widerspricht".[279] Die neuere Rechtsprechung des BGH schwankt, scheint aber derzeit dem „Durchgriff" zurückhaltend gegenüber zu stehen und stellt – unter Relativierung der insoweit notwendigen subjektiven Voraussetzungen – in den für einen Durchgriff in Betracht kommenden Fällen auf § 826 BGB ab.[280]

---

[274] Hierzu *Rehbinder*, FS R. Fischer, 1979, S. 579, 580.
[275] So insbes. *Schanze* (Fn. 273) S. 102 ff.; *K. Schmidt* GesR § 9 II, III, jew. mwN.
[276] BGHZ 20, 4, 13 = NJW 1956, 785; BGHZ 22, 226, 230 = NJW 1957, 181; BGHZ 68, 312, 315 = NJW 1977, 1449.
[277] BGHZ 20, 4, 11 = NJW 1956, 785; BGHZ 26, 31, 37 = NJW 1958, 98; BGHZ 54, 222, 224 = NJW 1970, 2015; relativ großzügig demgegenüber BSG NJW 1984, 2117 m. abl. Anm. *Kahler* GmbHR 1985, 294; BSG NJW-RR 1997, 94.
[278] So oder ähnlich RGZ 99, 232, 234; 129, 50, 52 f.; BGHZ 22, 226, 230 = NJW 1957, 181; BGHZ 29, 385, 392 = NJW 1959, 1082; BGHZ 54, 222, 224 = NJW 1970, 2015.
[279] BGHZ 20, 4, 14 = NJW 1956, 785; BGHZ 22, 226, 231 = NJW 1957, 181; BGHZ 68, 312, 315 = NJW 1977, 1449.
[280] Vgl. hierzu BGH NJW 1979, 2104; DB 1988, 1848; NJW-RR 1991, 1312; zum distanzierten Standpunkt der Rechtsprechung s. auch *Henze* Handbuch zum GmbH-Recht, Rn. 892.

Juristische Person; Handelsgesellschaft § 13

dd) „Trennungstheorie". Die Trennungstheorie[281] steht dem Institut des Durchgriffs ablehnend gegenüber. Nach ihr sollen die in diesem Zusammenhang diskutierten Probleme durch eine Betonung der Selbständigkeit der juristischen Person und – hierauf fußend – durch die Statuierung von besonderen Pflichten der Geschäftsführer und der Gesellschafter gegenüber der Gesellschaft selbst gelöst werden. Im Ergebnis läuft dieser Ansatz auf ein Schuldhaftigkeit voraussetzendes Innenhaftungsmodell hinaus. 127

b) Stellungnahme. Im Rahmen einer Stellungnahme zu den unterschiedlichen Ansätzen ist zunächst zu bemerken, dass das den echten Durchgriffslehren zugrundeliegende Modell eines Durchgriffs im Sinne des Zugreifens auf die „hinter der Gesellschaft stehenden" Gesellschafter der Zuordnung des Rechtsverhältnisses der Gesellschaft widerspricht und aus diesem Grunde abzulehnen ist,[282] und zwar unabhängig vom Verständnis der juristischen Person als solcher.[283] Damit scheidet auch eine Relativierung der juristischen Person methodisch aus. Zutreffend kann es vielmehr nur um ein Modell der Erstreckung von bestimmten Rechtsverhältnissen der Gesellschaft auf die – bildlich gesprochen – „neben" der juristischen Person stehenden Gesellschafter bzw. umgekehrt von den Gesellschaftern auf die Gesellschaft gehen. Dafür bietet es sich an, auf den jeweiligen Zweck der betreffenden Regelung abzustellen und zu untersuchen, inwieweit dieser im Einzelfall eine solche Erstreckung gebietet. Bei Zugrundelegung dieses Verständnisses ist die Bezeichnung „Durchgriff" verfehlt, weil sie die Assoziation weckt, es werde in den in diesem Zusammenhang diskutierten Fällen gleichsam durch eine die Gesellschafter schützende Hülle, die juristische Person, durchgestoßen und auf sie zugegriffen („lifting the corporate veil"), obwohl es tatsächlich darum geht, inwieweit das *Nebeneinander* von Gesellschafter und Gesellschaft und die *Zugehörigkeit* von Personen zu einem Verband zum *Anknüpfungspunkt* für bestimmte Rechtsfolgen gemacht werden kann und auch die Vermögenszuordnung unberührt bleibt.[284] Soweit der Begriff „Durchgriff" aber nur als sprachliche Zusammenfassung für die in diesem Zusammenhang diskutierten Problemlösungen, und nicht als Hinweis auf eine bestimmte Lösungsmethode selbst verwendet wird, erscheint er allerdings akzeptabel[285] und wird deshalb im Folgenden auch zugrundegelegt. 128

Obwohl sich die Ansätze nahe stehen, ist im Zusammenhang mit der Durchgriffshaftung dem Modell, das die Problematik der Durchgriffshaftung durch innergesellschaftliche Sorgfaltspflichten auffangen will (Rn. 127), nicht zu folgen. Zwar trifft die hinter dieser Auffassung stehende Betonung der Verselbstständigung der juristischen Person im Ansatz zu. Die in diesem Zusammenhang aufgestellten, insbesondere im Bereich der Unterkapitalisierung (hierzu Rn. 133 ff.) akut werdenden Pflichten der Gesellschafter gegenüber der Gesellschaft (haftungsbewehrte Sorgfaltspflichten als Gesellschafter, an die wirtschaftlichen Verhältnisse angepasstes Kapital) passen aber nicht zu den gesetzlichen Vorgaben.[286] Ihr stehen insbesondere die nur beschränkte Pflicht 129

---

[281] *Wilhelm* Rechtsform und Haftung bei der juristischen Person, 1981, S. 23 ff. (zum Zurechnungsdurchgriff), S. 285 ff. (zur Haftung); zust. *Roth/Altmeppen* Rn. 23 ff.; s. in diesem Zusammenhang auch *Roth* ZGR 1993, 170, 198 ff.

[282] S. auch *Hüffer* § 1 Rn. 18, der zutr. darauf hinweist, dass die Normanwendungslehren der strukturellen Eigenart des deutschen Rechts entsprechen; zu den Strukturunterschieden s. auch *v. Arnim* NZG 2000, 1001, 1004 ff. mwN; kritisch auch *Stimpel*, FS Goerdeler, 1987, S. 601, 605 f.

[283] S. in diesem Zusammenhang eingehend *Flume* Juristische Person, § 3 I.

[284] S. hierzu auch *Stimpel*, FS Goerdeler, 1987, S. 601, 605 f.

[285] S. auch *K. Schmidt* GesR § 9 II 3: terminologisches Problem, kein Sachproblem.

[286] *Schanze* AG 1982, 42, 43 f.; *Vonnemann* BB 1990, 217 ff.; *Drygala* Der Gläubigerschutz bei der typischen Betriebsaufspaltung, 1991, S. 109 ff., hierzu auch *Hachenburg/Ulmer* Anh. § 30 Rn. 39 f.

der Gesellschafter zur Kapitalaufbringung, das Recht des Kapitalersatzes (hierzu bei § 32a) und die fehlende Treupflicht des alleinigen Gesellschafters gegenüber der Gesellschaft (Rn. 38 aE) entgegen, und zwar selbst dann, wenn man ein auf Bestandserhaltung gerichtetes Eigeninteresse der Gesellschaft gegenüber ihrem Alleingesellschafter bejaht (Rn. 109 ff.).[287] Was das Verhältnis des Haftungsdurchgriffs zu § 826 BGB betrifft, so kann in der Tat zweifelhaft sein, inwieweit neben dieser Bestimmung noch ein Bedürfnis nach einem gesonderten Haftungsdurchgriff besteht. Mit Blick auf die unterschiedlichen Rechtsfolgen (Schadensersatz einerseits, Analogie zu §§ 128, 129 HGB andererseits, vgl. hierzu bei Rn. 137) wird man jedoch zumindest nach dem derzeitigen Diskussionsstand nach wie vor ein Bedürfnis für die Durchgriffshaftung zu bejahen haben.

130 **3. Einzelfälle.** Die im Zusammenhang mit dem Stichwort Durchgriff (zu dem hier zugrundegelegten Verständnis s. soeben Rn. 128) behandelten Fälle lassen sich in zwei Bereiche unterteilen, den **Haftungs-** (Rn. 131 ff.) **und den Zurechnungsdurchgriff** (Rn. 146 ff.).[288] Im ersten Fall geht es um die Haftung weiterer Personen, insbesondere der Gesellschafter, neben der GmbH, im zweiten Fall um die Frage der Zurechnung von bestimmten Verhaltensweisen, Kenntnissen oder Eigenschaften von der Gesellschaft auf die Gesellschafter bzw. umgekehrt. Zur Frage der Zulässigkeit des „umgekehrten Durchgriffs" s. bei Rn. 156 ff.

131 **a) Haftungsdurchgriff.** Im Zusammenhang mit dem Haftungsdurchgriff werden im Wesentlichen fünf Fallgruppen diskutiert, der Institutsmissbrauch, die Unterkapitalisierung, die Vermögens- und Sphärenvermischung und die Fälle beherrschender Gesellschafter.

132 **aa) Institutsmissbrauch.** Vom Institutsmissbrauch wird gesprochen, wenn die Gesellschaft von ihren Gesellschaftern bewusst zum Nachteil der Gläubiger eingesetzt wird, das Rechtsinstitut der GmbH also vorsätzlich zur Verfolgung rechtswidriger Ziele genutzt wird.[289] Sofern man diese Fallgruppe anerkennt,[290] treten die besonderen Rechtsfolgen – Haftung der Gesellschafter neben der Gesellschaft – neben die Haftung aus § 826 BGB, was nicht nur hinsichtlich des Anspruchsinhalts, sondern vor allem auch hinsichtlich der unterschiedlichen Verjährung von Bedeutung ist. Ein Beispiel für diese Fallgruppe bildet die Gestaltung, in der die geschäftlichen Chancen wirtschaftlichen Handelns zwischen Gesellschafter und Gesellschaft dahin aufgeteilt werden, dass die Gesellschaft alle Risiken trägt und keinen Gewinn machen kann, während alle Gewinne beim Gesellschafter anfallen.[291] Häufig werden diese Fälle allerdings auch mit der qualifizierten materiellen Unterkapitalisierung (Rn. 135 ff.) einhergehen.

133 **bb) Unterkapitalisierung. (1) Allgemeines.** Eine Durchgriffshaftung im Zusammenhang mit der Unterkapitalisierung wird nur im Zusammenhang mit der sog. **qualifizierten materiellen Unterkapitalisierung** diskutiert. Von *Unterkapitalisierung* überhaupt wird gesprochen, wenn das Eigenkapital nicht ausreicht, um den nach Art

---

[287] Hierzu *Röhricht*, FS 50 Jahre BGH, 2000, S. 83 ff., 97 ff. mwN.
[288] Hierzu insbes. *Wiedemann* Gesellschaftsrecht § 4 III.
[289] Vgl. hierzu *Wiedemann* Gesellschaftsrecht S. 227 f.; *Lutter* ZGR 1982, 244, 253; *Lutter/Hommelhoff* Rn. 12.
[290] Reserviert *Raiser*, FS Lutter, 2000, S. 637, 650; dieses Institut ganz ablehnend *Ehricke* AcP 199 (1999), 257, 301 ff.
[291] S. hierzu BGH NJW-RR 1992, 1061; NJW 1979, 2104; NJW-RR 1988, 1188; OLG Karlsruhe GmbHR 1990, 303; *Röhricht*, FS 50 Jahre BGH, 2000, S. 83, 107 („Aschenputtel"); *Lutter/Hommelhoff* Rn. 12; *Wiedemann* Gesellschaftsrecht S. 228 mit weiteren Beispielen.

und Umfang der angestrebten oder tatsächlichen Geschäftstätigkeit unter Berücksichtigung der Finanzierungsmethoden bestehenden, nicht durch Kredite Dritter zu deckenden mittel- oder langfristigen Finanzbedarf zu befriedigen.[292] Im Übrigen wird in diesem Zusammenhang zwischen der nominellen und der materiellen Unterkapitalisierung unterschieden, wobei sich letztere noch in die Fälle der einfachen und der qualifizierten materiellen Unterkapitalisierung unterteilt:[293]

(2) Nominelle Unterkapitalisierung. Eine nominelle Unterkapitalisierung liegt vor, wenn die Gesellschaft zwar nicht über Eigenkapital finanziert wird, sie aber ihren Finanzbedarf durch Fremdkapital, insbes. durch Gesellschafterdarlehen, decken kann; solche Gestaltungen bieten nach allgemeiner Auffassung keinen Ansatzpunkt für eine Durchgriffshaftung, wohl aber für eine Anwendung der Regeln über den Eigenkapitalersatz bzw. über den Finanzplankredit (hierzu bei § 32a). **134**

(3) Materielle Unterkapitalisierung. (α) Allgemeines. *Materielle* (auch: tatsächliche, aktuelle) *Unterkapitalisierung* liegt vor, wenn die notwendigen Mittel der Gesellschaft überhaupt fehlen, sie ihr also auch nicht über Darlehen oÄ zugeführt werden. *Qualifizierte materielle* Unterkapitalisierung liegt vor, wenn die Kapitalausstattung der Gesellschaft unter Berücksichtigung etwaiger Gesellschafterdarlehen eindeutig und für Insider klar erkennbar unzureichend ist und einen wirtschaftlichen Misserfolg zu Lasten der Gläubiger bei normalem Geschäftsverlauf mit hoher Wahrscheinlichkeit erwarten lässt.[294] **135**

(β) Meinungsstand. Wie rechtlich auf die Fälle der qualifizierten materiellen Unterkapitalisierung zu reagieren ist, ist streitig. Übereinstimmung besteht im Wesentlichen insoweit, als einerseits die Gesellschafter nicht gezwungen sind, die Gesellschaft angemessen mit Kapital auszustatten, andererseits die Festsetzung des Mindestkapitals in § 5 Abs. 1 aber auch nicht den Schluss zulässt, dass die Gesellschafter über die Rechtsform der GmbH uneingeschränkt das wirtschaftliche Risiko auf die Gläubiger überwälzen dürfen, so dass deshalb rechtlich auf diese Fälle reagiert werden muss. Die **Rechtsprechung** des BGH[295] zu dieser Problematik ist nicht einheitlich. Der VIII. Senat hielt zunächst die Verwendung einer aus eigener Kraft nicht mehr lebensfähigen GmbH, die für den Alleingesellschafter erkennbar die durch ihre geschäftlichen Tätigkeiten begründeten Verbindlichkeiten nicht erfüllen konnte, für einen möglichen Durchgriffsfall.[296] In einer späteren Entscheidung zum Vereinsrecht bejahte der gleiche Senat die Haftung wegen qualifizierter materieller Unterkapitalisierung,[297] nahm dann aber in der Folgezeit eine kritische Haltung zur Durchgriffshaftung ein.[298] Der für das Gesellschaftsrecht zuständige II. Senat zeigte sich in einer unmittelbar auf die letzte Entscheidung des VIII. Senats ergangenen Entscheidung abweichend von seiner früher hierzu eingenommenen Haltung[299] dem Durchgriff wegen qualifizierter materieller Unterkapitalisierung gegenüber aufgeschlossen.[300] Späteren Entscheidungen, die auf **136**

---

[292] So die heute ganz überwiegend übernommene Definition von *Hachenburg/Ulmer* Anh. § 30 Rn. 16.
[293] Eingehend hierzu und zum folgenden *Hachenburg/Ulmer* Anh. § 30 Rn. 20 ff. mwN.
[294] *Hachenburg/Ulmer* Anh. § 30 Rn. 23.
[295] Zur Rechtsprechung des RG s. RGZ 158, 302, 310; 166, 51, 57; RG JW 1938, 462, 464; s. auch BVerfGE 13, 331, 340.
[296] BGH WM 1958, 460.
[297] BGHZ 54, 222, 224 ff. = NJW 1970, 2015.
[298] BGHZ 68, 312, 316 ff. = NJW 1977, 1449.
[299] Eine Haftung abl. BGHZ 31, 258, 268 = NJW 1960, 285; BGH WM 1972, 74, 76.
[300] BGH NJW 1977, 1683, 1686.

§ 13 2. Abschnitt. Rechtsverhältnisse der Gesellschaft und der Gesellschafter

§ 826 BGB gestützt sind, ist aber zu entnehmen, dass der II. Senat seine Auffassung insoweit augenscheinlich geändert hat; allerdings ist der II. Senat hinsichtlich des für § 826 BGB erforderlichen Vorsatzes großzügig und folgert den für die Haftung aus § 826 BGB erforderlichen (zumindest bedingten) Vorsatz schon aus dem Vorliegen der objektiven Tatbestandsvoraussetzungen.[301] Das BAG lehnt das Institut des Haftungsdurchgriffs wegen qualifizierter materieller Unterkapitalisierung augenscheinlich ab,[302] während das BSG die Haftung von Gesellschaftern bereits hieraus hergeleitet hat.[303] Auch die **Literatur** ist gespalten. Während teilweise eine Haftung wegen qualifizierter materieller Unterkapitalisierung überhaupt abgelehnt wird,[304] wird von anderer Seite vorgeschlagen, auf die in diesem Zusammenhang diskutierten Fälle mit einer verschuldensabhängigen Verhaltenshaftung der Gesellschafter gegenüber der Gesellschaft zu reagieren.[305] Die überwiegende Meinung geht – auf der Grundlage der Normzwecklehre – davon aus, dass dem Gesellschafter bei anfänglicher oder nachträglicher qualifizierter materieller Unterkapitalisierung gemäß § 242 BGB ein Berufen auf den aus § 13 Abs. 2 folgenden Haftungsausschluss verwehrt sei, sofern die Gesellschaft sich in der *Insolvenz* befinde, zwischen der Unterkapitalisierung und der Insolvenz ein *Kausalzusammenhang* bestehe, die Unterkapitalisierung dem Gesellschafter *zurechenbar* und der Gläubiger als *schutzwürdig* angesehen werden müsse (was voraussetzt, dass er insbesondere keine Kenntnis von der Unterkapitalisierung gehabt haben darf).[306] Hinsichtlich des Haftungsinhalts ist innerhalb dieser Auffassung streitig, ob die Gesellschafter (ggf. entsprechend § 128 HGB) persönlich unmittelbar gegenüber den Gläubigern haften oder ob ihre Haftung in Anlehnung an den Rechtsgedanken des § 302 Abs. 1 AktG auf eine Verlustübernahme gegenüber der Gesellschaft im Innenverhältnis beschränkt ist.[307]

137 **(γ) Stellungnahme.** Im Rahmen einer **Stellungnahme** hierzu ist zunächst zu bemerken, dass die Notwendigkeit einer besonderen Durchgriffshaftung neben der Haftung aus § 826 BGB nicht ganz zweifelsfrei ist, da in den in diesem Zusammenhang

---

[301] BGH NJW 1979, 2104; DB 1988, 1848; NJW-RR 1991, 1312; zum Standpunkt der Rechtsprechung s. auch *Henze* Handbuch zum GmbH-Recht, Rn. 892 mit Hinweis darauf, dass die Entscheidung BGH NJW-RR 1991, 1312 bei Anerkennung des Rechtsinstituts der materiellen Unterkapitalisierung entscheidungsreif gewesen wäre, vom Senat jedoch zurückverwiesen wurde; s. hierzu auch *Goette* Die GmbH nach der BGH-Rechtsprechung, 1997, § 9 Rn. 31; *Boujong* GmbHR 1992, 207, 208; zur Rechtsprechung der Instanzgerichte s. OLG Hamburg BB 1973, 1231 (best. durch BGH WM 1977, 73); OLG Düsseldorf NJW-RR 1989, 748; restriktiv OLG Köln AG 1978, 17 f.; OLG Hamm BB 1984, 873 f.; OLG München NJW-RR 1996, 746, 747; LG Frankfurt/M. AG 1977, 321.
[302] BAG ZIP 1999, 24, 26 m. Anm. *Altmeppen* und Besprechung *Banerjea* ZIP 1999, 1153.
[303] BSG NJW 1984, 2117, 2119, eine Durchgriffshaftung bejahend; BSG NJW-RR 1997, 94, 95 unter Hinweis auf BGHZ 31, 258, 268 = NJW 1960, 285, wonach eine gewisse Relation zwischen dem Eigenkapital der Gesellschaft und ihrem Finanzbedarf notwendig sei; distanzierter BSG NJW-RR 1995, 730, 731 f.; zu weit BSGE 19, 18, 20 f. (schuldhaft nicht beendete versicherungspflichtige Beschäftigungsverhältnisse).
[304] So vor allem *Ehricke* AcP 199 (1999), 257, 275 ff.; s. auch § 5 Rn. 9; wohl auch *Baumbach/Hueck/Fastrich* § 5 Rn. 6.
[305] *Wilhelm* Rechtsform und Haftung bei der juristischen Person, 1981, S. 308 ff.; *ders.* DB 1986, 2113, 2117 ff.; s. auch *K. Schmidt* GesR § 9 IV 4 c; *ders.* ZIP 1988, 1497, 1506 f.; *ders.* JZ 1985, 301, 304 f.; *Roth/Altmeppen* Rn. 23 ff.
[306] Statt anderer: eingehend *Hachenburg/Ulmer* Anh. § 30 Rn. 50 ff., 55 ff. mwN; *Lutter/Hommelhoff* Rn. 6 ff.; *dies.* ZGR 1979, 31, 57 ff.; *Lutter* ZGR 1982, 244, 249 ff.; *Raiser* Recht der Kapitalgesellschaften, § 29 Rn. 31 f.; *Kübler* GesR § 17 VI 4; *Wiedemann* Gesellschaftsrecht § 10 IV 3, alle mwN.
[307] Vgl. hierzu die Nachweise in Fn. 320.

Juristische Person; Handelsgesellschaft § 13

diskutierten Fällen zumeist die Voraussetzungen des § 826 BGB erfüllt sein dürften. Allerdings erscheint es mit Blick auf die unterschiedlichen Rechtsfolgen (Rn. 129) gerechtfertigt, unabhängig vom Vorliegen einer deliktsrechtlichen Haftung die besonderen Rechtsfolgen der Durchgriffshaftung eingreifen zulassen. Die Durchgriffshaftung durch eine besondere Verschuldenshaftung der Gesellschafter gegenüber der Gesellschaft zu ersetzen, ist nicht angezeigt, da eine solche Haftung mit der Organisationsstruktur der GmbH nicht vereinbar ist.[308] Methodisch ist der Ansatz, den Gesellschaftern im Falle der qualifizierten materiellen Unterkapitalisierung das Berufen auf § 13 Abs. 2 zu versagen, überzeugend. Zwar ist § 13 Abs. 2 vor allem auch als Ausdruck der Eigenständigkeit der GmbH als juristische Person zu verstehen. Da die GmbH als Rechtsform jedoch nicht Spekulationen zu Lasten der Gläubiger zulassen, sondern als eigenständiges Wirtschaftssubjekt tätig sein soll, ist es gerechtfertigt, den allgemeinen Grundsatz eingreifen zulassen, wonach derjenige, der allein oder mit anderen Geschäfte betreibt, hierfür auch persönlich haftet, sofern sich eine Haftungsbeschränkung nicht aus dem Gesetz oder aus vertraglichen Abreden mit dem Gläubiger ergibt.[309] § 13 Abs. 2 steht dem nicht entgegen, weil in den krassen Ausnahmefällen der qualifizierten materiellen Unterkapitalisierung entgegen der gesetzgeberischen Intention und dem dem GmbHG zu Grunde liegenden Modell das Recht der Kapitalaufbringung und -sicherung den erforderlichen Gläubigerschutz nicht bieten kann. Im Ergebnis ist also der Auffassung, die von einer **entsprechenden Anwendung der §§ 128, 129 HGB** ausgeht, zu folgen.

Ob diese Haftungsgrundsätze nur in der **Insolvenz** der Gesellschaft eingreifen, erscheint demgegenüber fraglich. Zwar wird sich die Frage der **Durchgriffshaftung** typischerweise erst im Falle der Insolvenz der Gesellschaft stellen; bei Zugrundelegung des hier gewählten Ansatzes kann sie jedoch materiell **hiervon nicht abhängig** sein. Aufgrund der Analogie zu §§ 128, 129 HGB ist in der Insolvenz der Gesellschaft auch **kein Raum** für die entsprechende Anwendung des **§ 171 Abs. 2 HGB**,[310] da diese Bestimmung auf Vertragserfüllungsansprüche nicht zugeschnitten ist. Unabhängig von der Eröffnung eines Insolvenzverfahrens können die Gläubiger deshalb unmittelbar auf die Gesellschafter zugreifen. 138

Die **nachträgliche Kapitalzufuhr** durch einen Gesellschafter an die Gesellschaft ist für seine Haftung **unerheblich**;[311] da es bei der Durchgriffshaftung um die Außenhaftung der Gesellschafter gegenüber den Gläubigern geht, stellt ein solches Verhalten keine Erfüllung und damit auch keinen Grund für das Erlöschen der Haftung dar. 139

Ob mit der herrschenden Meinung im Falle der *nachträglichen* qualifizierten materiellen Unterkapitalisierung unter dem Aspekt der **Zurechenbarkeit** von den Haftungsgrundsätzen Ausnahmen für diejenigen Gesellschafter in Betracht kommen, denen auf Grund ihrer geringen Beteiligung an der Gesellschaft und der fehlenden internen Mitspracherechte keine Verantwortung für die nachträgliche Unterkapitalisierung zukommt, ist fraglich. Bei dem hier zugrundegelegten Ansatz, wonach die Gesellschafter sich auf die Haftungsbeschränkung des § 13 Abs. 2 nicht berufen können und sich ihre 140

---

[308] S. etwa *Hachenburg/Ulmer* Anh. § 30 Rn. 40 mwN.
[309] Zu diesem Grundsatz BGHZ 134, 333, 335 (allerdings mit hiermit wohl nicht verträglichen Folgerungen hinsichtlich der Gründerhaftung bei der GmbH); s. hierzu auch insbes. *Flume* Juristische Person, § 5 III; *ders.* Personengesellschaft, § 16 IV 4; speziell im Zusammenhang mit dem Durchgriff auch *Stimpel,* FS Goerdeler, 1987, S. 601, 613.
[310] So *Hachenburg/Ulmer* Anh. § 30 Rn. 64.
[311] *Lutter/Hommelhoff* Rn. 7; abw. *Immenga* Die personalistische Kapitalgesellschaft, 1970, S. 411.

Haftung aus dem allgemeinen Grundsatz ergibt, wonach derjenige, der allein oder mit anderen Geschäfte betreibt, hierfür auch persönlich haftet, sofern sich eine Haftungsbeschränkung nicht aus dem Gesetz oder aus vertraglichen Abreden mit dem Gläubiger ergibt (Rn. 137 aE), dürfte für derartige Erwägungen kein Raum sein. Billigkeitserwägungen stehen dieser Sichtweise nicht entgegen: Den Gesellschaftern, denen die Situation der Gesellschaft nicht unmittelbar zugerechnet werden kann, stehen wegen der bei einer qualifizierten materiellen Unterkapitalisierung drohenden persönlichen Inanspruchnahme Unterlassungsansprüche gegen die Gesellschaft zu; nach ihrer Inanspruchnahme von den Gläubigern der Gesellschaft haben sie Schadensersatz- bzw. Freistellungsansprüche gegen diejenigen Gesellschafter, denen die Situation der Gesellschaft zuzurechnen ist. Entsprechende Erwägungen gelten hinsichtlich der Frage, ob die **Kenntnis des Gläubigers** von den Vermögensverhältnissen der Gesellschaft dem Eingreifen dieser Haftungsgrundsätze entgegenstehen kann. Bedeutung dürfte dem im Falle der Inanspruchnahme der Gesellschafter nur im Ausnahmefall unter dem Aspekt des widersprüchlichen Verhaltens (venire contra factum proprium) zukommen können.

141 cc) **Vermögensvermischung.** Vermögensvermischung liegt vor, wenn die Vermögen von Gesellschafter und Gesellschaft derart vermengt werden, dass sich nicht mehr ermitteln lässt, welcher Vermögensgegenstand der Gesellschaft, und welcher dem Gesellschafter zuzuordnen ist. In Betracht kommen derartige, einen Haftungsdurchgriff begründete Fälle vor allem dann, wenn entweder überhaupt keine Buchführung stattgefunden hat oder wenn diese so fehlerhaft oder unübersichtlich ist, dass sie zur Abgrenzung des Gesellschaftsvermögens, insbesondere auch zum Nachvollziehen etwaiger Entnahmen des Gesellschafters, nicht herangezogen werden kann; Zuordnungsschwierigkeiten bei nur einzelnen Gegenständen genügen nicht. Da es in einer solchen Situation an der Grundlage für das Eingreifen der Kapitalsicherungsvorschriften fehlt und diese damit leer laufen, ist eine persönliche Haftung der Gesellschafter hier gerechtfertigt.[312] Auf ein **Verschulden** der Beteiligten kommt es **nicht** an. **Subsidiarität** dieser Haftungsgrundsätze in dem Sinne, dass die Haftung wegen Vermögensvermischung nur dann eintritt, soweit die Gläubiger sich nicht mehr aus dem Gesellschaftsvermögen befriedigen können, ist entgegen der überwiegenden Meinung[313] nicht zu bejahen; da die Vermögensvermischung im Ergebnis zu einer Aufhebung des § 13 Abs. 2 führt, ist für eine solche Subsidiarität kein Raum. Ob diese Grundsätze nur auf solche **Gesellschafter** Anwendung finden, die auf Grund des ihnen gegebenen Einflusses in der Gesellschaft für den Vermögensvermischungstatbestand verantwortlich sind,[314] ist auf Grund des Haftungsansatzes zu verneinen.[315]

---

[312] Vgl. hierzu BGH WM 1958, 463; BGHZ 95, 330, 339f. = NJW 1986, 188; BGH GmbHR 1985, 80; BGHZ 125, 366, 368 = NJW 1994, 1801; *Altmeppen* NJW 1996, 1017, 1025f.; *Priester* ZGR 1993, 512, 529f.; *Versteegen* DB 1993, 1225, 1227ff.; *Stimpel*, FS Goerdeler, 1987, S. 601, 615; *Baumbach/Hueck/Fastrich* Rn. 15; *Lutter/Hommelhoff* Rn. 10; *Hachenburg/Mertens* Anh. § 13 Rn. 49; abl. demgegenüber *Ehricke* AcP 199 (1999), 257, 289ff.

[313] In diesem Sinne BGHZ 125, 366, 368 = NJW 1994, 1801; *Stimpel*, FS Goerdeler, 1987, S. 601, 604; *Boujong*, FS Odersky, 1996, S. 739, 742f.; *Raiser*, FS Lutter, 2000, S. 637, 645.

[314] So die ganz überwM, vgl. nur BGHZ 125, 366, 368 = NJW 1994, 1801 (auch Stellung des Minderheitsgesellschafters als Geschäftsführer noch nicht ausreichend); *Boujong*, FS Odersky, 1996, S. 739, 744f.; *Roth/Altmeppen* Rn. 20; *Baumbach/Hueck/Fastrich* Rn. 15; *Hachenburg/Mertens* Anh. § 13 Rn. 49; *Lutter/Hommelhoff* Rn. 10, alle mwN.

[315] Kritisch auch *Roth* ZGR 1986, Anm. LM GmbHG § 13 Nr. 24; *K. Schmidt* ZIP 1994, 837, 840.

dd) **Sphärenvermischung.** Von Sphärenvermischung wird gesprochen, wenn die 142 Trennung von Gesellschaft und Gesellschafter im organisatorischen Bereich nicht beachtet wird, beispielsweise durch das Führen ähnlicher Namen (Firmen), gleiche Geschäftsräume, gleiches Personal uÄ.[316] Ob die Sphärenvermischung als eigene Fallgruppe der Durchgriffshaftung anerkannt werden sollte, ist streitig.[317] In der Tat dürfte sich in den hierunter diskutierten Fällen bereits eine Haftung aus Rechtsscheinsgesichtspunkten herleiten lassen.[318] Dies spricht dafür, hier das Bedürfnis für eine eigene Fallgruppe der Durchgriffshaftung im echten Sinne zu verneinen. Ob man die Rechtsscheinshaftung in diesem Zusammenhang als „Durchgriffshaftung" bezeichnet, ist eine Frage der Terminologie; zur Vermeidung von Missverständnissen sollte dieser Begriff hier vermieden werden. Im Ergebnis erweist sich das Institut der Rechtsscheinshaftung in den im Zusammenhang mit der Sphärenvermischung diskutierten Fällen dem Institut der Durchgriffshaftung auch insoweit als überlegen, als sich bei Zugrundelegung dieses methodischen Ansatzes die Frage des – wegen der Kapitalerhaltung problematischen – „umgekehrten Durchgriffs" (Rn. 156 ff.) nicht stellt.

ee) **Beherrschender Gesellschafter/Konzernrecht, Weisungserteilung.** Die 143 häufig ebenfalls dem Haftungsdurchgriff zugerechnete Fallgruppe beherrschender Gesellschafter/Konzernrecht wird bei Anh. § 52 ausführlich dargestellt. Auf die dortigen Ausführungen wird verwiesen. Von einem Haftungsdurchgriff sollte in diesen Fällen nicht gesprochen werden, da es in diesem Zusammenhang lediglich um Fragen des Schadensersatzes bzw. einer internen Verlustübernahme nach § 302 Abs. 1 AktG, gegebenenfalls auch um eine über die entsprechende Anwendung des § 303 AktG begründete Außenhaftung geht, nicht aber um eine Durchgriffshaftung in dem Sinne, dass das herrschende Unternehmen entsprechend § 128 HGB auf den gleichen Leistungsinhalt wie das abhängige Unternehmen haftet.

Vermögensverluste der Gesellschaft auf Grund fehlerhafter Geschäftspolitik, mögen 144 sie auch auf Weisung der Gesellschafter oder des Mehrheitsgesellschafters beruhen, genügen zur Begründung eines Haftungsdurchgriffs zugunsten der Gläubiger nicht,[319] auch dann nicht, wenn die verlustreichen Geschäfte auf fahrlässig gegebenen Weisungen der Gesellschafter beruhen.

ff) **Rechtsfolgen.** Die Rechtsfolge des Haftungsdurchgriffs besteht in der **Haftung** 145 **der Gesellschafter neben der Gesellschaft entsprechend §§ 128, 129 HGB,**[320] nicht lediglich in einer auf das Innenverhältnis gerichteten Verlustausgleichspflicht.[321] Dies beruht auf dem methodischen Ansatz, dem Gesellschafter das Berufen auf § 13 Abs. 2 zu versagen und damit den Grundsatz eingreifen zulassen, dass derjenige, der allein oder mit anderen Geschäfte betreibt, hierfür auch persönlich haftet, sofern sich eine Haftungsbeschränkung nicht aus dem Gesetz oder aus einer vertraglichen Abrede

---

[316] *Wiedemann* Gesellschaftsrecht S. 224; *Lutter/Hommelhoff* Rn. 11.
[317] Verneinend GroßKommAktG/*Brändel* § 1 Rn. 114; MünchHdB/*Ingerl* GesR III § 35 Rn 20; *Ehricke* AcP 199 (1999), 257, 299 ff.
[318] Auf den fließenden Übergang zu Rechtsscheinhaftung weist auch *Wiedemann* Gesellschaftsrecht S. 224 hin.
[319] BGHZ 31, 258, 278; OLG Köln AG 1978, 17; *Baumbach/Hueck/Fastrich* Rn. 15.
[320] BGHZ 95, 330, 332 = NJW 1986, 188; *Lutter* DB 1994, 129; *Wiedemann* Gesellschaftsrecht S. 223; *Nirk,* FS Stimpel, 1985, S. 443, 459 ff.; *Baumbach/Hueck/Fastrich* Rn. 15; *Scholz/Emmerich* Rn. 92, jew. mwN.
[321] Für interne Verlustausgleichspflicht *Stimpel,* FS Goerdeler, 1987, S. 601, 612; *Banerjea* ZIP 1999, 1153.

§ 13　　　2. Abschnitt. Rechtsverhältnisse der Gesellschaft und der Gesellschafter

ergibt.³²² Die Haftung erstreckt sich nicht nur auf vertragliche Verpflichtungen, sondern erfasst auch gesetzliche, insbesondere auch Schadensersatzverpflichtungen aus unerlaubter Handlung.³²³ Zu der – zu verneinenden – Frage der Alleinzuständigkeit des Insolvenzverwalters entsprechend § 171 Abs. 2 HGB nach Eröffnung eines Insolvenzverfahrens über das Vermögen der Gesellschaft vgl. Rn. 138.

146　**b) Zurechnungsdurchgriff.** Beim Zurechnungsdurchgriff geht es um die Frage, inwieweit sich die Gesellschaft und Gesellschafter wechselseitig Verhaltensweisen, Kenntnisse oder Eigenschaften des jeweils anderen zurechnen lassen müssen. Methodisch geht es in diesen Fällen um die Auslegung gesetzlicher oder vertraglicher Regelungen (Rn. 147 ff.),³²⁴ so dass auch hier die Verwendung des Begriffs „Durchgriff" Missverständnissen Vorschub leisten kann (zur Verwendung dieses Begriffs vgl. oben bei Rn. 128). Entsprechend diesem methodischen Ansatz lassen sich zwei Gruppen unterscheiden: Normanwendungsfälle (Rn. 147 ff.) und Fälle sachgerechter Vertragsauslegung (Rn. 155 ff.).

147　**aa) Normanwendungsfälle.** Zu den Normanwendungsfällen im Zusammenhang mit dem Zurechnungsdurchgriff zählen beispielsweise:

148　Ein Geschäftspartner kann einen Vertrag, den er mit der Gesellschaft abgeschlossen hat, dieser gegenüber gem. **§ 119 Abs. 2 BGB** anfechten, wenn er sich über die Person bzw. wesentliche Eigenschaften des maßgeblichen Gesellschafters – etwa seine Zuverlässigkeit – geirrt hat.³²⁵ Ein die Gesellschaft beherrschender Gesellschafter gilt, wenn er den Vertragspartner der Gesellschaft täuscht, nicht als Dritter im Sinne des **§ 123 Abs. 2 BGB.**³²⁶

149　Haben Gesellschafter die Vornahme eines Rechtsgeschäfts durch die Gesellschaft veranlasst, so wird ihre Kenntnis bzw. ihre fahrlässige Unkenntnis der Gesellschaft gemäß **§ 166 Abs. 2 BGB** zugerechnet; entsprechendes gilt, wenn der Gesellschafter das Geschäft hätte verhindern können.³²⁷ Hat ein Dritter der Gesellschaft ein Geschenk gemacht, so kann er die Schenkung gem. **§ 530 BGB** jedenfalls dann widerrufen, wenn sich alle Gesellschafter undankbar zeigen.³²⁸ Vermittelt ein Makler ein Geschäft zu Gunsten einer Gesellschaft, an der er maßgeblich beteiligt ist, steht ihm gem. **§ 654 BGB** kein Lohnanspruch zu. Soweit das Gesetz auf den **guten Glauben** einer Vertragspartei abstellt **(§§ 892, 932 ff. BGB; § 366 HGB; Art. 16, 17 WG; Art. 21, 22 ScheckG)**, finden diese Bestimmungen auf Rechtsgeschäfte zwischen der Gesellschaft und dem alleinigen Gesellschafter keine Anwendung, unabhängig davon, wer von beiden als Veräußerer auftritt.³²⁹ Inwieweit unter Durchgriffsgesichtspunkten auch eine

---

³²² Zu diesem Grundsatz BGHZ 134, 333, 335 mwN (allerdings mit hiermit wohl nicht verträglichen Folgerungen hinsichtlich der Gründerhaftung bei der GmbH).

³²³ BGH WM 1977, 73, 75; 1961, 113.

³²⁴ Zum Ansatz vgl. insbes. *Raiser* Recht der Kapitalgesellschaften, § 29 Rn. 5 ff.; *K. Schmidt* GesR § 9 III; *Wiedemann* Gesellschaftsrecht S. 230 ff.; *Baumbach/Hueck/Fastrich* Rn. 16 f.; *Scholz/Emmerich* Rn. 68.

³²⁵ RGZ 143, 429, 431 f.; *Baumbach/Hueck/Fastrich* Rn. 16; *Hachenburg/Mertens* Anh. § 13 Rn. 68; *Scholz/Emmerich* Rn. 73.

³²⁶ *Baumbach/Hueck/Fastrich* Rn. 16; *Hachenburg/Mertens* Anh. § 13 Rn. 69.

³²⁷ *Hachenburg/Mertens* Anh. § 13 Rn. 70; *Scholz/Emmerich* Rn. 72 a; zur Zurechnung vgl. auch BGHZ 132, 30 = NJW 1996, 1339.

³²⁸ *Hachenburg/Mertens* Anh. § 13 Rn. 71; offen gelassen von OLG Düsseldorf NJW 1966, 550; aA *Scholz/Emmerich* Rn. 73.

³²⁹ BGHZ 78, 318 = NJW 1981, 525; zu § 892 BGB vgl. MüKo BGB/*Wacke* § 892 Rn. 42; zu Art. 16, 17 WG, §§ 21, 22 ScheckG *Baumbach/Hefermehl* Art. 17 WG Rn. 24 mwN; *Hachenburg/Mertens* Anh. § 13 Rn. 65; *Scholz/Emmerich* Rn. 74; aA Kölner KommAktG/*Kraft* § 1

Juristische Person; Handelsgesellschaft § 13

Sicherungshypothek gem. § 648 BGB an einem Grundstück verlangt werden kann, das nicht im Eigentum der als Besteller auftretenden Gesellschaft steht, ist streitig, aber dann zu bejahen, wenn der Grundstückseigentümer auch selbst unter Durchgriffsaspekten oder aus einem anderen Verpflichtungsgrund für die Werklohnforderung haftet.[330] Ob Rechtsgeschäfte zwischen der GmbH und ihrem Alleingesellschafter **Vorkaufsrechte** Dritter auslösen können, ist streitig, wegen des Wechsels des Rechtsträgers und der damit verbundenen wirtschaftlichen Zuordnung aber zu bejahen.[331]

Im Versicherungsrecht steht der GmbH kein Anspruch auf die Versicherungsleistung zu, wenn der maßgebende Gesellschafter den Versicherungsfall herbeigeführt hat, **§ 61 VVG**;[332] entsprechendes gilt im Hinblick auf **§§ 102 Abs. 1 Satz 2, 107 c VVG**.[333]

150

Bei **Stimmverboten** (§ 47 Abs. 4; § 136 AktG) ist danach zu unterscheiden, wer an der Gesellschaft beteiligt ist: Ist an der GmbH eine andere Gesellschaft (Drittgesellschaft) beteiligt und ist an dieser Drittgesellschaft eine andere Person maßgeblich beteiligt, unterliegt sie bei der Abstimmung in der Gesellschafterversammlung der GmbH einem Stimmverbot, sofern die an ihr maßgeblich beteiligte Person – wäre sie denn selbst Gesellschafter bei der GmbH – einem solchen Stimmverbot unterläge (Beispiel: Die GmbH ist eine Enkelgesellschaft und die Gesellschafterversammlung soll über Ansprüche beschließen, die gegen die Muttergesellschaft gerichtet sind; hier unterliegt die Tochtergesellschaft als Gesellschafterin der GmbH einem Stimmverbot, obwohl sie nicht selbst von dem in Rede stehenden Geschäft betroffen ist). Entsprechendes gilt, sofern an der GmbH eine natürliche Person Anteile hält, ist, die an einer anderen Gesellschaft maßgeblich beteiligt ist, sofern die andere Gesellschaft – wäre sie denn Gesellschafterin der GmbH – dort einem Stimmverbot unterläge (Beispiel: Der Gesellschafter A ist an der X-GmbH beteiligt, und es soll über die Einleitung eines Rechtsstreits gegen die A-GmbH beschlossen werden, deren Alleingesellschafter A ist). Methodisch handelt es sich insoweit um eine Analogie.

151

Zur Reichweite der Grundsätze zur **Kapitalaufbringung** und zur **Kapitalerhaltung** vgl. bei §§ 19, 30, zur Erstreckung des **Kapitalersatzrechts** auf nahe stehende Personen bei § 32 a. Zu den **Angelegenheiten der Gesellschaft**, über die nach § 51 a Auskunft zu erteilen ist, gehören auch die Angelegenheiten verbundener Unternehmen; wegen der Einzelheiten vgl. die Bemerkungen zu § 51 a.

152

Im **Prozess** kann der Alleingesellschafter einer GmbH zwar als Zeuge vernommen werden (Rn. 26). Prozesshilfe kann ihr jedoch gem. § 116 S. 1 Nr. 2 ZPO nur dann gewährt werden, wenn die wirtschaftlich Beteiligten – zu denen die Gesellschafter gehören – die notwendigen Mittel nicht aufbringen können. Die **Zwangsvollstreckung** aus einem gegen den Alleingesellschafter gerichteten Titel in das Vermögen der GmbH ist nicht möglich;[334] hier muss der Gläubiger ggf. in die Geschäftsanteile vollstrecken und sodann die Liquidation der GmbH betreiben.

153

Rn. 45; *Wilhelm* Rechtsform und Haftung bei der juristischen Person, 1981, S. 266 ff.; im Falle des Erwerbs durch die Gesellschaft auch *Flume* Juristische Person, S. 71.
[330] BGHZ 102, 93 = NJW 1988, 255; zum ganzen auch MüKo BGB/*Soergel* § 648 Rn. 21.
[331] *Griebel* Die Einmanngesellschaft, 1933, S. 120; aA Hachenburg/*Mertens* Anh. § 13 Rn. 61, nach dem erst die Weiterveräußerung des Vermögensgegenstands an einen Dritten das Vorkaufsrecht auslösen soll.
[332] Hachenburg/*Mertens* Anh. § 13 Rn. 73.
[333] Hachenburg/*Mertens* Anh. § 13 Rn. 73.
[334] Hachenburg/*Mertens* Anh. § 13 Rn. 76; aA OLG Hamm NJW 1977, 1159, 1160 zu § 771 ZPO.

§ 13   2. Abschnitt. Rechtsverhältnisse der Gesellschaft und der Gesellschafter

154   In der Insolvenz der GmbH gelten ihre Gesellschafter und deren nahe Angehörige als nahe stehenden Personen im Sinne von **§ 138 Abs. 2 Nr. 1 InsO, § 3 Abs. 2 AnfG** (früher § 31 Nr. 2 KO, § 3 Abs. 1 Nr. 2 AnfG) und umgekehrt.[335]

155   **bb) Fälle sachgerechter Vertragsauslegung.** Zu den Fällen sachgerechter Vertragsauslegung gehören insbesondere die Fälle vertraglicher **Wettbewerbsverbote**. Hier wird sich häufig bei einer personalistischen Struktur der GmbH ergeben, dass sich ein die Gesellschaft treffendes Wettbewerbsverbot auch auf die Gesellschafter erstrecken soll.[336] Umgekehrt ist es nicht möglich, zur Umgehung eines Wettbewerbsverbots eine GmbH zu gründen und über diese die verbotenen Geschäfte zu betreiben.[337] Besteht die GmbH schon, wird sie also nicht zur Umgehung des Wettbewerbsverbots erst gegründet, ist der vom Wettbewerbsverbot betroffene Gesellschafter verpflichtet, auf die Geschäftsführung der GmbH dahin einzuwirken, die ihm verbotenen Geschäfte zu unterlassen; eine solche Pflicht besteht jedoch nur insoweit, als sie mit der dem Gesellschafter der GmbH gegenüber obliegenden Treupflicht vereinbar ist. Verbietet die gesellschafterliche Treupflicht dem Gesellschafter eine solche Einwirkung, ist sein Vertragspartner auf die Geltendmachung von Schadensersatzansprüchen beschränkt,[338] gegebenenfalls kann er jedoch auch von dem Gesellschafter die Veräußerung seiner Gesellschaftsbeteiligung verlangen.[339] Entsprechendes gilt für die Reichweite von **Auskunfts- und Einsichtsrechten.**[340]

156   **c) „Umgekehrter" Durchgriff. aa) Haftung der Gesellschaft für Gesellschafterschulden?** Im Zusammenhang mit dem Stichwort „umgekehrter Durchgriff" geht es im Wesentlichen um zwei Fragen. Zum einen darum, ob die Gesellschaft, was früher insbesondere für die Einpersonengesellschaft angenommen wurde,[341] für Schulden ihres/ihrer Gesellschafter haftet, was heute von der ganz herrschenden Meinung zu Recht wegen der Unvereinbarkeit dieser Auffassung mit dem Kapitalerhaltungsrecht abgelehnt wird.[342] Zur Frage der Erstreckung von Vertragspflichten s. bei Rn. 155 f.

157   **bb) Gesellschafterfreundlicher Durchgriff, Reflexschaden.** Unter dem Stichwort gesellschafterfreundlicher Durchgriff stellt sich zunächst die Frage, ob ein Gesellschafter – etwa im Falle der Einpersonengesellschaft – einen bei der Gesellschaft entstandenen Schaden mit der Begründung geltend machen kann, er sei „bei wertender Betrachtung" oder „wirtschaftlich gesehen" der eigentlich Geschädigte. Dies wird in

---

[335] *Baumbach/Hueck/Fastrich* Rn. 16; zum alten Recht s. BGHZ 58, 20, 24 = NJW 1972, 495; BGH NJW 1986, 1047; BGHZ 81, 311 = GmbHR 1982, 133.
[336] *Baumbach/Hueck/Fastrich* Rn. 17; *Hachenburg/Mertens* Anh. § 13 Rn. 56.
[337] *Siebert* BB 1954, 417 mit Beispielsfällen; *Hachenburg/Mertens* Anh. § 13 Rn. 57; für Anwendung des § 1 UWG (Beteiligung der GmbH am fremden Vertragsbruch) OLG Karlsruhe Urteil vom 8. 10. 1997 – 6 U 256/96 (unveröffentlicht).
[338] S. hierzu RGZ 99, 232; RGZ 160, 257, 263; *Wiedemann* Gesellschaftsrecht S. 230 ff. mwN; *Hachenburg/Mertens* Anh. § 13 Rn. 57; s. aber auch RGZ 142, 219 = JW 1934, 158 m. Anm. *Lehmann.*
[339] *Wiedemann* Gesellschaftsrecht S. 234.
[340] Zur Bilanzvorlage vgl. BGHZ 25, 115, 117 = NJW 1957, 1555; RGZ 99, 232, 234; *Hachenburg/Mertens* Anh. § 13 Rn. 58.
[341] RG Recht 1915 Nr. 743; OLG Karlsruhe DR 1943, 811; OLG Hamm NJW 1977, 1159; *Drobnig* Haftungsdurchgriff bei Kapitalgesellschaften, 1959, S. 68 ff.; *Kuhn* Strohmanngründung bei Kapitalgesellschaften, 1964, S. 189 f.; *Serick* (Fn. 272) S. 32, 79 ff.
[342] BGH NJW-RR 1990, 738; *Roth/Altmeppen* Rn. 28; *Baumbach/Hueck/Fastrich* Rn. 18; *Lutter/Hommelhoff* Rn. 14; *Hachenburg/Mertens* Anh. § 13 Rn. 24; *Scholz/Emmerich* Rn. 96.

der Rechtsprechung zwar teilweise angenommen,[343] überzeugt jedoch im Ergebnis nicht. Zwar erscheint es zutreffend, dass der Gesellschafter als Geschädigter ggf. auch einen ihm mittelbar über seine Beteiligung an der GmbH entstandenen Schaden ersetzt verlangen kann; die Leistung hat jedoch in diesen Fällen entsprechend dem Rechtsgedanken der §§ 117 Abs. 1 S. 2, 317 Abs. 1 S. 2 AktG in das Vermögen der Gesellschaft zu erfolgen, nicht in das eigene Vermögen des Gesellschafters (s. auch oben bei Rn. 41).[344] Ob der GmbH in diesen Fällen unmittelbar eigene Ansprüche gegen den Schädiger zustehen, ist zweifelhaft; auf Grund der gesellschafterlichen Treupflicht wird man aber den Gesellschafter im Einzelfall als verpflichtet ansehen können, seinen auf Leistung in das Vermögen der Gesellschaft gerichteten Anspruch an diese abzutreten, insbesondere, wenn die Gesellschaft Leistungen für ihn erbracht hat (zB Gehaltsfortzahlung an den Gesellschafter/Geschäftsführer). Davon zu unterscheiden sind eigene Ansprüche, die dem Gesellschafter im Einzelfall deshalb zustehen, weil er in den Schutzbereich eines zwischen der Gesellschaft und einem Dritten geschlossenen Vertrages mit einbezogen ist.[345]

Einen Schaden des Gesellschafters kann die GmbH nicht geltend machen, auch dann **158** nicht, wenn es sich um eine Einpersonengesellschaft handelt.[346]

4. Abgrenzung zu sonstigen Rechtsinstituten. Häufig vermischt wird die **159** Durchgriffshaftung mit solchen Ansprüchen von Gläubigern gegen Gesellschafter einer juristischen Person, deren Haftung sich aus unmittelbaren rechtlichen Verpflichtungen ergibt oder aus unmittelbarem schuldhaftem Verhalten, denn allein aus der Beteiligung an der Gesellschaft kann wegen § 13 Abs. 2 noch keine persönliche Haftung hergeleitet werden, selbst nicht bei unmittelbarem Eigeninteresse.[347] Diese Fälle sind keine solchen der Durchgriffshaftung, sie betreffen meist Fälle, die nach den allgemeinen rechtlichen Grundsätzen zu behandeln sind:

Nicht zu den Durchgriffsfällen gehören die von einem Gesellschafter für eine Verpflichtung der GmbH übernommene **Bürgschaft,** die Abgabe eines **Garantieversprechens,** die **Schuldmitübernahme** oder die Abgabe einer **Patronatserklärung** für die Verpflichtung der Gesellschaft sowie die Haftung aus eigener **unerlaubter Handlung** gem. §§ 823 ff. BGB oder nach § 64 Abs. 2 GmbHG.[348] Hierzu gehört auch die Haftung eines an den Vertragsverhandlungen maßgeblich Beteiligten Gesellschafters nach den Grundsätzen der **culpa in contrahendo** (heute §§ 311 Abs. 2, 241 BGB nF). Entgegen der früheren, sehr weiten Rechtsprechung[349] genügt ein wirtschaftliches Eigeninteresse eines Gesellschafters noch nicht, um seine Haftung nach diesen Grundsätzen zu begründen, ebenso wenig die Stellung von Sicherheiten. Not-

---

[343] BGHZ 61, 380 = NJW 1974, 134; BGH NJW-RR 1989, 684; BGHZ 106, 313, 315 = NJW 1989, 2127; BGH NJW-RR 1995, 864.
[344] S. hierzu auch *F. A. Mann* NJW 1974, 492; *ders.* NJW 1977, 2160; *Hüffer* NJW 1977, 1285; *K. Schmidt* GmbHR 1974, 178, 180; *Scholz/Emmerich* Rn. 97; aber auch *Hachenburg/Mertens* Anh. § 13 Rn. 27; differenzierend *Wilhelm* Rechtsform und Haftung bei der juristischen Person, 1981, S. 381 ff.; auch *Roth/Altmeppen* Rn. 29 ff.; jew. mwN.
[345] BGH NJW 2000, 725: Gesellschafter im Schutzbereich eines im Zusammenhang mit einer Kapitalerhöhung zwischen der GmbH und einem Rechtsanwalt geschlossenen Vertrages bei Vorliegen einer verdeckten Sacheinlage (hierzu noch bei § 19).
[346] BGH NJW-RR 1992, 290.
[347] BGH NJW 1986, 586; 1989, 292.
[348] BGHZ 31, 258, 271 = NJW 1960, 285; BGH WM 1977, 73, 74; GmbHR 1978, 171; *Hachenburg/Mertens* Anh. § 13 Rn. 2, 10 ff.; *Scholz/Emmerich* Rn. 61 ff.
[349] Vgl. etwa BGHZ 87, 27, 35 ff. = NJW 1983, 1607; eingehend MüKo BGB/*Emmerich* Vor § 275 Rn. 179 ff.

wendig ist vielmehr, dass der Gesellschafter gleichsam in eigener Sache tätig geworden ist oder ein besonderes persönliches, über das normale Verhandlungsvertrauen hinausreichendes Vertrauen in Anspruch genommen hat.[350] Die Frage einer Haftung von Gesellschaftern nach den Grundsätzen der culpa in contrahendo stellt sich im Wesentlichen im Zusammenhang mit Gesellschafter-Geschäftsführer; wegen der Einzelheiten vgl. deshalb die Bemerkungen bei § 43 Rn. 66.

VI. Steuern

161 Gesellschaft und Gesellschafter sind getrennte Steuerrechtssubjekte. Für die GmbH kommen insbesondere folgende Steuern in Betracht:

162 a) Gemäß § 1 Abs. 1 Nr. 1, § 2 KStG unterliegt die GmbH der **Körperschaftsteuer**.

163 b) Die GmbH unterliegt weiterhin der **Gewerbesteuer** (§ 2 Abs. 1, Abs. 2 Nr. 2 GewStG; Abschnitt 16 der GewStR).

164 c) Sofern die Gesellschaft eine gewerbliche oder berufliche Tätigkeit selbstständig ausübt (§ 2 UStG) und steuerbare Umsätze tätigt (§ 1 UStG), also insbesondere Lieferungen und sonstige Leistungen gegen Entgelt ausführt, fällt die **Umsatzsteuer** an.

VII. Österreichisches Recht

165 Eine fast wortgleiche Regelung trifft § 61 ÖGmbHG. Auch in Österreich ist die GmbH als eigenständige Rechtspersönlichkeit und Zuordnungssubjekt anerkannt; für die Verbindlichkeiten der Gesellschaft haftet ihren Gläubigern nur das Gesellschaftsvermögen, ebenso gilt sie unabhängig vom Gegenstand des Unternehmens als Handelsgesellschaft (§ 61 Abs. 1–3 ÖGmbHG).

166 Die Diskussion um die den Gesellschaftern gegenüber der Gesellschaft und ihren Mitgesellschaftern obliegende Treupflicht, aber auch um die Treupflicht der Gesellschaft gegenüber den Gesellschaftern, entspricht im Wesentlichen dem deutschen Rechtsstand; gleiches gilt hinsichtlich der Durchgriffshaftung.[351]

§ 14 [Geschäftsanteil]

Der Geschäftsanteil jedes Gesellschafters bestimmt sich nach dem Betrage der von ihm übernommenen Stammeinlage.

Schrifttum: *Ballerstedt* Kapital, Gewinn und Ausschüttung bei Kapitalgesellschaften, 1949; *Baltzer* Die gesellschaftliche Treuepflicht im Recht der AG und GmbH, Diss. Freiburg 1967; *Bechtle* Die Kontrollrechte des GmbH-Gesellschafters – zugleich eine allgemeine Untersuchung der Individualkontrollrechte im Gesellschaftsrecht, Diss. München 1969; *Berger* Die actio pro socio im GmbH-Recht, ZHR 149 (1985), 599; *Brönner* Die Besteuerung der Gesellschaften, 15. Aufl. 1984; *Buchwald* Zum Wesen des GmbH-Geschäftsanteils, GmbHR 1962, 25; *Bunte* Informationsrechte in der GmbH und im GmbH-Konzern, 1976; *Cohn* Der Grundsatz der gleichmäßigen Behandlung aller Mitglieder im Verbandsrecht, AcP 1932, 129; *Degen* Gegenseitiges Treueverhältnis zwischen Gesellschaftern einer GmbH oder Aktionären einer AG, JW 1929, 1346; *Dreyer* Körperschaftliche Sonderrechte und die Praxis des Reichsgerichts, Diss. Köln 1934; *Ebenroth* Die Kontrollrechte der GmbH-Gesellschafter – eine methodische Studie zur GmbH-Reform, 1971; *ders.* Die Geschäftsführerkontrolle durch die GmbH-Gesellschafter nach geltendem und künftigem Recht, 1972; *Eder* Das Auskunftsrecht des GmbH-Gesellschafters im jetzigen

---

[350] BGHZ 126, 181, 183 ff. = NJW 1994, 2220; BGH WM 1995, 108; *Scholz/Emmerich* Rn. 64 ff.

[351] Eingehend hierzu *Koppensteiner* ÖGmbHG § 61 Rn. 8 ff.; 34 ff., 26 mit umfangreichen Nachw.

und künftigen Recht, GmbHR 1966, 271; *Ehlke* Zur Behandlung von Treugeber und Treuhänder an einem Geschäftsanteil, DB 1985, 795; *Eller* Zu § 35 BGB, insbesondere zum Begriff der Sonderrechte, Diss. Marburg 1929; *von Falkenhausen* Verfassungsrechtliche Grenzen der Mehrheitsherrschaft nach dem Recht der Kapitalgesellschaften, 1967; *Filbinger* Die Schranken der Mehrheitsherrschaft im Aktienrecht und Konzernrecht, 1942; *R. Fischer* Die unwiderrufliche Stimmrechtsvollmacht in der GmbH, GmbHR 1952, 113; *ders.* Die Grenzen bei der Ausübung gesellschaftlicher Mitgliedschaftsrechte, NJW 1954, 779; *ders.* Fragen aus dem Recht der GmbH, JZ 1956, 362; *Flume* Die juristische Person, 1983; *Gadow* Die Sonderrechte der Körperschaftsmitglieder, Gruch. 66, 514; *ders.* Das Recht der Körperschaftsmitglieder auf gleichmäßige Behandlung, LZ 1932, 920; *Gerlach* Sonderrechte der Vereinsmitglieder, Diss. Göttingen 1932; *Großfeld* in: Die Zukunft der GmbH, 1983, S. 92; *ders.* Unternehmensbewertung im Gesellschaftsrecht, 2. Aufl. 1987; *Grüter* Gleichbehandlung im Gesellschaftsrecht, Diss. Köln 1959; *Habersack* Die Mitgliedschaft – subjektives und „sonstiges" Recht, 1996; *Heinig* Das Auskunftsrecht der GmbH-Gesellschafter, GmbHR 1959, 85; *U. Huber* Vermögensanteil, Kapitalanteil und Gesellschaftsanteil an Personengesellschaften des Handelsrechts, 1970; *A. Hueck* Der Treuegedanke im modernen Privatrecht, 1947; *ders.* Mangelhafte Gesellschafterbeschlüsse bei der GmbH, FS Molitor, 1962, S. 401; *G. Hueck* Der Grundsatz der gleichmäßigen Behandlung im Privatrecht, 1958; *Immenga* Die personalistische Kapitalgesellschaft, 1970; *Knöpfel* Die Treupflicht im Recht der GmbH, Diss. München 1954; *Konow* Der Grundsatz der gleichmäßigen Behandlung der GmbH-Gesellschafter bei der Gewinnverteilung, GmbHR 1973, 121; *Kühn* Die Minderheitsrechte in der GmbH und ihre Reform, 1964; *ders.* Analoge Anwendung der aktienrechtlichen Minderheitsrechte auf die GmbH, GmbHR 1965, 151; *Küster* Inhalt und Grenzen der Rechte der Gesellschafter, insbesondere des Stimmrechts im deutschen Gesellschaftsrecht, 1954; *M. Lehmann* Die ergänzende Anwendung von Aktienrecht auf die GmbH, 1970; *Less* Der Begriff der Sonderrechte nach § 35 BGB, Diss. Göttingen 1928; *M. Lutter* Rechtsverhältnisse zwischen den Gesellschaftern und der Gesellschaft, in: Probleme der GmbH-Reform 1970, S. 63; *Martens* Mehrheits- und Konzernherrschaft in der personalistischen GmbH, 1970; *ders.* Die GmbH und der Minderheitenschutz, GmbHR 1984, 265; *Ph. Möhring* Die nachträgliche Vinkulierung der GmbH-Geschäftsanteile, GmbHR 1963, 201; *Müller/Erzbach* Das private Recht der Mitgliedschaft als Prüfstein eines kausalen Rechtsdenkens, 1948; *Mutze* Zum Auskunftsrecht des GmbH-Gesellschafters, GmbHR 1972, 152; *Neukamp* Die Geschäftsanteile der GmbH, ZHR 57 (1906), 1; *Obermüller* Die Minderheitsrechte in der GmbH, DB 1967, 1971; *Paul* Das Problem der Sonderrechte der Körperschaftsmitglieder und der Begriff der Unterwerfung im inneren Verbandsrecht, Frankfurt/M. 1930; *Pleyer-Schaudwet* Die Verlesung von Urkunden als Gegenstand des Auskunftsanspruchs, GmbHR 1967, 250; *Raiser* Der Gleichheitsgrundsatz im Privatrecht, ZHR 111 (1948), 75; *Ritter* Gleichmäßige Behandlung der Aktionäre, JW 1934, 3025; *Schäfer* Der stimmrechtslose GmbH-Geschäftsanteil, 1997; *Schefer* Welche Rechte enthält der Geschäftsanteil eines GmbH-Gesellschafters?, GmbHR 1961, 81; *Schilling* Wandlungen des modernen Gesellschafters, JZ 1953, 489; *G. Schmidt* Einschränkung der freien Übertragbarkeit von Aktien oder Geschäftsanteilen durch Satzungsänderung, DB 1955, 162; *Scholz* Die Rechte eines Minderheitsgesellschafters in der GmbH, GmbHR 1955, 36; *Semler* Die GmbH auf Aktien als Ausprägung der GmbH für das Publikum, FS Stimpel, 1985, S. 507; *Spitaler* Das Wesen eines Geschäftsanteils in einer GmbH, GmbHR 1950, 153; *Sudhoff* Das Informationsrecht des Gesellschafters einer GmbH, DB 1964, 395; *ders.* Der Gesellschaftsvertrag der GmbH, 1982; *A. Teichmann* Gestaltungsfreiheit in Gesellschaftsverträgen, 1970; *Weipert* Verschmelzung und Umwandlung von Kapitalgesellschaften und allgemeine Mitgliedsrechte, ZHR 110 (1944), 23; *Wiedemann* Die nachträgliche Vinkulierung von Aktien und GmbH-Anteilen, NJW 1964, 282; *ders.* Die Übertragung und Vererbung von Mitgliedschaftsrechten bei Handelsgesellschaften, 1965; *ders.* Unternehmensrecht und GmbH-Reform, JZ 1970, 593; *Winkler* Die Lückenausfüllung des GmbH- Rechts durch das Recht der Personengesellschaften, 1967; *Wolany* Rechte und Pflichten des Gesellschafters einer GmbH, 1964; *Zöllner* Die Schranken mitgliedschaftlicher Stimmrechtsmacht bei den privatrechtlichen Personenverbänden, 1963.

Übersicht

	Rn.		Rn.
I. Der Geschäftsanteil	1–12	2. Spätere Veränderungen	8, 9
1. Mitgliedschaft und Geschäftsanteil	1–7	3. Der Nennbetrag als Beteiligungsmaßstab	10–12
a) Begriff	1–3	**II. Rechte und Pflichten aus dem Geschäftsanteil**	13–25
b) Geschäftsanteil als subjektives Recht	4	1. Rechte	13–24
c) Übertragung des Geschäftsanteils	5	a) Allgemeines	13–16
d) Nur eine Stammeinlage	6, 7	b) Absolut und relativ unentziehbare Mitgliedschaftsrechte	17–24

§ 14   2. Abschnitt. Rechtsverhältnisse der Gesellschaft und der Gesellschafter

	Rn.		Rn.
aa) Absolut unentziehbare (unverzichtbare) Mitgliedschaftsrechte	18–20	6. Übergang des Geschäftsanteils	34
		7. Aufhebung des Sonderrechts	35, 36
bb) Relativ unentziehbare Mitgliedschaftsrechte	21–24	IV. Sonderpflichten	37, 38
		V. Verbriefung der Rechte am Geschäftsanteil	39–45
2. Mitgliedschaftliche Pflichten	25	1. Allgemeines	39
III. Sonderrechte	26–36	2. Anteilscheine	40–42
1. Begriff	26	3. Dividenden- und Genussscheine	43–45
2. Begründung von Sonderrechten	27, 28	VI. Die Bewertung des Geschäftsanteils	46–49
3. Gegenstand von Sonderrechten	29–31	1. Gesellschaftsrechtlich	46–48
4. Dauer und sonstige Ausgestaltung des Sonderrechts	32	2. Steuerrechtlich	49
5. Grenzen	33	VII. Österreichisches Recht	50

I. Der Geschäftsanteil

1 **1. Mitgliedschaft und Geschäftsanteil. a) Begriff.** Der Begriff des Geschäftsanteils wird im Gesetz an mehreren Stellen verwendet (vgl. §§ 14 f., 21 Abs. 2, 23 f., 26 Abs. 2, 27, 29 Abs. 3, 31 Abs. 3, 33 f., 46 Nr. 4, 47 Abs. 2, 50 Abs. 1, 61 Abs. 2, 66 Abs. 2, 72), ohne dass das Gesetz hierfür eine Legaldefinition gäbe.[1] Ausgangspunkt für das Verständnis des Geschäftsanteils ist die Mitgliedschaft des einzelnen Gesellschafters als verdinglichte Gesamtheit aller Rechte und Pflichten des Gesellschafters. Der Geschäftsanteil verkörpert im GmbH-Recht diese Mitgliedschaft[2] wie dies im Aktienrecht die Aktie tut. Anders als die aktienrechtliche Mitgliedschaft kann er allerdings als solcher nicht in einer Urkunde selbst verkörpert werden (zu den Anteilsscheinen s. Rn. 40 ff.).

2 Soweit § 14 davon spricht, dass der Geschäftsanteil sich nach dem Betrag der vom Gesellschafter übernommenen Stammeinlage bestimmt, bedeutet dies keine Gleichsetzung zwischen der im Geschäftsanteil verkörperten Mitgliedschaft mit der Einlage des Gesellschafters, sondern bringt lediglich zum Ausdruck, dass dem Geschäftsanteil ein Nominalbetrag zukommt, der aktienrechtlich dem Nennbetrag der Nennbetragsaktie entsprechen würde und der sich nach dem Betrag der übernommenen Stammeinlage (§ 3 Abs. 1 Nr. 4) richtet. Die Summe der Nennbeträge entspricht dem Betrag des Stammkapitals.[3] § 14 spricht von der „übernommenen Stammeinlage", womit klargestellt ist, **dass der Geschäftsanteil dem Nennbetrag der Stammeinlage entspricht** und nicht dem Betrag, der auf die Stammeinlage tatsächlich eingezahlt ist,[4] und zwar unabhängig davon, ob die Einlagepflicht noch nicht voll erfüllt ist oder ob der Gesellschafter eine Einlage geleistet hat, deren Wert die übernommene Stammeinlage betragsmäßig übersteigt, also mit einem Aufgeld (Agio) verbunden ist. Der dem Betrag der übernommenen Stammeinlage entsprechende Nennbetrag des Geschäftsanteils im Verhältnis zum Betrag des Stammkapitals entspricht grundsätzlich dem Beteiligungsverhältnis des Gesellschafters im Verhältnis zu der Beteiligung der übrigen Gesellschafter. Nennbetrag und anteilige Beteiligung am Geschäftsergebnis fallen allerdings dann auseinander, wenn ein Geschäftsanteil gem. § 34 eingezogen ist und die Anteile zueinander noch nicht angepasst sind.[5] S. auch noch bei Rn. 10.

---

[1] AllgM, vgl. statt anderer: *Baumbach/Hueck* Rn. 1; *Scholz/Winter* Rn. 1, 2.
[2] RGZ 82, 167, 169; *Hachenburg/Raiser* Rn. 4 f.
[3] *Baumbach/Hueck* Rn. 3.
[4] *Hachenburg/Raiser* Rn. 4.
[5] *Baumbach/Hueck* Rn. 3.

Geschäftsanteil § 14

Einen unmittelbaren Anteil an der Vermögenssubstanz des Unternehmens 3
der Gesellschafter verkörpert der Geschäftsanteil nicht.[6] Man kann lediglich von
einer mittelbaren oder „wirtschaftlichen" Beteiligung an den Vermögenswerten der
Gesellschaft sprechen.[7] Eine Beteiligung des einzelnen Gesellschafters an dem Vermögen
der Gesellschaft gibt es nicht, das Gesellschaftsvermögen ist rechtlich ausschließlich der
Gesellschaft, an der der einzelne Gesellschafter nur eine Beteiligung hält, zugeordnet.

b) Geschäftsanteil als subjektives Recht. Der Geschäftsanteil stellt ein subjekti- 4
ves Recht seines Inhabers dar, über das er als Innbegriff aller Rechte und Pflichten im
Rahmen von Gesetz und Satzung verfügen kann; er ist veräußerlich, vererblich und
kann belastet werden.[8] Ob sich sagen lässt, dass der Geschäftsanteil als solcher erst mit
der Eintragung der Gesellschaft in das Handelsregister entsteht,[9] ist eine Frage der
Terminologie, aber nicht eine solche der Mitgliedschaft. Auch im Gründungsstadium
ist der Gesellschafter bereits Inhaber einer Mitgliedschaft an der Vorgesellschaft, die
ihrerseits bereits ein eigenständiges Zuordnungssubjekt darstellt (vgl. hierzu bei § 11).
Dass der Gesellschafter in diesem Stadium hierüber nur im Wege der Satzungsänderung verfügen kann, beruht nicht auf einer fehlenden Verdinglichung dieser Rechtsposition im Gründungsstadium, sondern darauf, dass kapitalgesellschaftsrechtlich aus der
Gründungsurkunde klar ersichtlich sein muss, wer sich an der Gesellschaft als Gründer
wie beteiligt hat. Zum Abspaltungsverbot s. Rn. 15

c) Übertragung des Geschäftsanteils. Hinsichtlich der Verfügung des Gesell- 5
schafters über sein Beteiligungsrecht ist zu unterscheiden: Will der Gesellschafter seine
Beteiligung an der Vorgesellschaft veräußern, so bedarf es der Zustimmung aller Gesellschafter und in diesem Zusammenhang einer entsprechenden Satzungsänderung;
will der Gesellschafter seinen künftigen Geschäftsanteil nach dessen Entstehung, also
nach Eintragung der Gesellschaft in das Handelsregister, veräußern, so richtet sich die
Form der Veräußerung nach § 15 und, sofern die Satzung gem. § 15 Abs. 5 besondere
statutarische Erfordernisse aufstellt, nach diesen Regelungen.[10]

d) Nur eine Stammeinlage. Anders als bei der Aktiengesellschaft, bei deren 6
Gründung auch ohne weiteres mehrere Aktien übernommen werden können (§ 23
Abs. 2 Nr. 2 AktG), kann im GmbH-Recht jeder Gesellschafter bei der Gründung der
Gesellschaft nur einen Geschäftsanteil übernehmen. Das folgt aus dem Zusammenhang
von § 14 und § 3 Nr. 4 und aus § 5 Abs. 2 und erklärt sich materiell daraus, dass die
GmbH-Geschäftsanteile anders als Aktien nicht zum freien Umlauf im Verkehr bestimmt sind (vgl. auch bei § 15). Erwirbt der Gesellschafter später weitere Geschäftsanteile hinzu, werden diese vorbehaltlich einer ausdrücklichen Zusammenlegung (zur
satzungsmäßigen Zusammenlegung sogleich bei Rn. 9) nicht zu einer Einheit mit dem
bei der Gründung übernommenen Geschäftsanteil, sondern bleiben rechtlich selbstständig (§ 15 Abs. 2); der Gesellschafter hält dann mehrere Geschäftsanteile nebeneinander (etwa einen bei der Gründung übernommenen mit einem Nominalbetrag
in Höhe von 20 000 € und einen später erworbenen mit einem Nominalbetrag von
5000 €, womit er nominal insgesamt mit 25 000 € beteiligt ist).

---

[6] So aber *Scholz/Winter* Rn. 3.
[7] *Hachenburg/Raiser* Rn. 4 f.
[8] *Lutter/Hommelhoff* Rn. 1; *Scholz/Winter* Rn. 3, 7; s. a. Erl. zu § 15.
[9] Hierzu und zur Notwendigkeit einer Satzungsänderung für die Übertragung der Mitgliedschaft im Gründungsstadium BGH NJW 1997, 1507; OLG Dresden GmbHR 1997, 186, 189;
OLG Frankfurt/M. NJW-RR 1997, 1062; *Baumbach/Hueck/Fastrich* § 15 Rn. 2; *Scholz/Winter*
Rn. 9; Voraufl. Rn. 1; aA *Scholz/K. Schmidt* § 11 Rn. 41.
[10] *Scholz/Winter* § 15 Rn. 1.

7 Gleiches gilt, wenn bei einer Kapitalerhöhung gem. § 55 ein Gesellschafter eine Stammeinlage auf das erhöhte Kapital übernimmt; er erwirbt dann einen weiteren Geschäftsanteil (§ 55 Abs. 3; s. hierzu die Bem. dort), es sei denn, die Kapitalerhöhung erfolgt im Wege der Erhöhung der Nennbeträge der einzelnen Geschäftsanteile, was ohne weiteres zulässig ist (zu weiteren Veränderungen s. auch sogleich unter Rn. 8 f.).[11]

8 **2. Spätere Veränderungen.** Eine **Änderung des Nennbetrages** des Geschäftsanteils kann eintreten im Zusammenhang mit einer Teilung des Geschäftsanteils gem. § 17, bei einer Zusammenlegung mehrerer Geschäftsanteile, die sich in einer Hand befinden, oder bei einer Kapitalerhöhung aus Gesellschaftsmitteln durch Erhöhung des Nennbetrages. Eine Erhöhung der Nennbeträge der Geschäftsanteile (sog. Aufstockung) ist auch bei der ordentlichen Kapitalerhöhung gem. § 55 möglich, allerdings müssen die auf den ursprünglichen Geschäftsanteil zu leistenden Einlagen voll einbezahlt sein, es darf keine Nachschusspflicht bestehen oder es muss sich der Geschäftsanteil noch im Besitz des Gründungsgesellschafters bzw. seines Gesamtrechtsnachfolgers befinden; denn im Falle eines Rückerwerbs über § 22 Abs. 4 muss der ursprüngliche Anteil unverändert fortbestehen.[12]

9 Die Satzung kann die **Vereinigung von Geschäftsanteilen** vorsehen, ebenso können die Gesellschafter eine solche Vereinigung beschließen; durch eine solche Zusammenlegung wird die Übersichtlichkeit der Beteiligungsrechte erhöht,[13] notwendig ist sie jedoch nicht.

10 **3. Der Nennbetrag als Beteiligungsmaßstab.** Der Geschäftsanteil entspricht dem **Nennbetrag der übernommenen Stammeinlage.** Dies folgt aus der Bestimmung des § 14, die von der übernommenen Stammeinlage spricht. Entsprechend spricht § 3 Nr. 4 von der zu leistenden Einlage (Stammeinlage). Damit ist zweierlei klargestellt: Zum einen gibt der Geschäftsanteil das Verhältnis der Beteiligung zu den Geschäftsanteilen der anderen Gesellschafter an, zum weiteren ist damit festgelegt, dass der Nennbetrag des Geschäftsanteils von der Einzahlung zu unterscheiden ist und nicht dem Betrag entsprechen muss, die der Gesellschafter bei der Übernahme der Stammeinlage auf den Geschäftsanteil geleistet hat. Hat der Gesellschafter beispielsweise nur 50% auf die Stammeinlage eingezahlt, was nach Maßgabe von § 7 Abs. 2, 3 zulässig ist, so bleibt die Verpflichtung, auf Beschluss der Gesellschafterversammlung hin weitere Einzahlungen auf die Stammeinlage vorzunehmen (§ 46 Nr. 2; § 19 Abs. 1), und zwar – sofern nicht noch ein Aufgeld (Agio) vereinbart ist – bis zur Höhe des Nennbetrages des Geschäftsanteils. Ist im Gesellschaftsvertrag gem. §§ 26 ff. bestimmt, dass die Gesellschafter über den Betrag der Stammeinlagen hinaus Nachschüsse zu leisten haben, so ist der Geschäftsanteil mit dieser Nachschusspflicht belastet. Näheres bei § 27 und § 28.

11 Auf den Nennbetrag des Geschäftsanteils hat der Nachschuss, anders als die Kapitalerhöhung durch Erhöhung des Nennbetrages, keinen Einfluss, auch das Verhältnis der Geschäftsanteile zueinander ändert sich nicht; dies folgt aus § 26 Abs. 2 (wegen der Einzelheiten s. dort). Nachschüsse führen daher nicht zu einer Erhöhung des Nennbetrages des Geschäftsanteils; sie sind gem. § 272 Abs. 2 HGB in der Kapitalrücklage auszuweisen.

12 Der Geschäftsanteil muss stets auf einen in Euro (früher: Deutsche Mark, zum Übergangsrecht vgl. bei § 86) lautenden Nennbetrag lauten. Eine **Quotenbeteiligung gibt es** im deutschen GmbH-Recht **nicht.** Über den Wert des Geschäftsanteils (s. noch

---

[11] AllgM, vgl. BGHZ 63, 116 = NJW 1975, 118 f.; BGH WM 1987, 110; OLG Hamm GmbHR 1983, 102; sowie die Bem. bei § 55.
[12] S. hierzu BGHZ 63, 116, 117 f. = NJW 1975, 118 f.; wegen der Einzelheiten s. bei § 55.
[13] RGZ 142, 36, 39 ff.; BGHZ 42, 89, 91 f.; zur Zusammenlegung iE bei § 15.

Rn. 46 ff.) sagt der Nennbetrag nichts aus. Lediglich bei der Gründung der Gesellschaft und bei gleichzeitiger Volleinzahlung oder voller Erbringung der Sacheinlage stimmen Nennbetrag und Wert des Geschäftsanteils überein, allerdings auch nur dann, wenn bei der Ausgabe kein Aufgeld (Agio) gezahlt wird.

II. Rechte und Pflichten aus dem Geschäftsanteil

1. Rechte. a) Allgemeines. Der **Geschäftsanteil verkörpert die Mitgliedschaft** 13 des Gesellschafters an der Gesellschaft und bildet so den Inbegriff der mit dem Geschäftsanteil verbundenen gesetzlichen und gesellschaftsvertraglichen Rechte und Pflichten.[14] Der Geschäftsanteil ist als verdinglichter Gegenstand ein subjektives Recht seines Inhabers und als solcher ein **sonstiges Recht iS des § 823 Abs. 1 BGB**.[15] Eine Verletzung dieses Rechts am Geschäftsanteil verpflichtet dementsprechend zum Schadenersatz.[16] Eine nur mittelbare Schädigung des Geschäftsanteils, etwa durch Verletzung des Vermögens oder des Ertrages der GmbH, genügt demgegenüber nicht.[17]

Da Mitgliedschaftsrechte nur solche Rechte sind, die aus der Mitgliedschaft selbst 14 resultieren, gehören **Ansprüche des Gesellschafters aus schuldrechtlichen Verträgen,** die er mit der Gesellschaft geschlossen hat (beispielsweise Kaufverträge, Mietverträge etc.) und die keine Grundlage in der Satzung haben,[18] nicht zu den Mitgliedschaftsrechten. Die Rechtsverhältnisse aus solchen Drittgeschäften bleiben grundsätzlich von dem Gesellschaftsverhältnis unberührt; lediglich im Ausnahmefall kann die gesellschafterliche Treupflicht auf sie ausstrahlen und zu Beschränkungen bei der Durchsetzbarkeit solcher Ansprüche führen (§ 13 Rn. 47). Haben diese Verträge demgegenüber ihre Grundlage in der Satzung, ist durch Auslegung der Satzung zu ermitteln, ob dem Gesellschafter hierdurch mitgliedschaftliche Rechte eingeräumt werden sollten (beispielsweise auf Bezug bestimmter Rohstoffe durch die GmbH), die damit seine Mitgliedschaft ausformen (materielle Satzungsbestimmung), oder ob diese Rechtsverhältnisse unabhängig von der Mitgliedschaft sein sollten und nur gelegentlich der Satzungserrichtung in die Urkunde aufgenommen worden sind (formelle Satzungsbestimmung). Findet sich keine Erklärung für die Aufnahme solcher Regelungen in die Satzung, so ist bereits die Aufnahme selbst ein wichtiges Indiz für die Annahme einer materiellen Regelung, also einer Ausgestaltung der Mitgliedschaft selbst.

Gekennzeichnet sind die Mitgliedschaftsrechte durch ihre Akzessorietät, das 15 Abspaltungsverbot und – im Grundsatz – durch ihre Abänderbarkeit über die Satzung (zu den Einschränkungen vgl. unten Rn. 17 ff.). **Akzessorietät** in diesem Zusammenhang bedeutet, dass die Mitgliedschaftsrechte in ihrem Entstehen, in ihrer Übertragbarkeit und in ihrem Bestand von der durch den Geschäftsanteil verkörperten Mitgliedschaft abhängig sind. Der Begriff des **Abspaltungsverbots** bringt die Rechtsfolgen aus der Einheitlichkeit der Mitgliedschaft auf einen Nenner, indem er zum Ausdruck

---

[14] *Roth/Altmeppen* Rn. 2; *Baumbach/Hueck* Rn. 4; *Hachenburg/Raiser* Rn. 5; *Lutter/Hommelhoff* Rn. 7; *Scholz/Winter* Rn. 2.

[15] *Roth/Altmeppen* Rn. 4; *Baumbach/Hueck* Rn. 5; *Scholz/Winter* Rn. 8; eingehend hierzu *Habersack* Die Mitgliedschaft – subjektives und „sonstiges" Recht, 1996, S. 113 ff. mit Nachweisen zur Gegenmeinung.

[16] RGZ 100, 278; BGH 110, 323 = NJW 1990, 2877; allgemein hierzu auch *Habersack* (Fn. 15) S. 117 ff.; MüKo BGB/*Mertens* § 823 Rn. 152, jew. mwN.

[17] *Roth/Altmeppen* Rn. 4; *Scholz/Winter* Rn. 8; weitergehend *Habersack* (Fn. 15) S. 152 ff.; hierzu *Hüffer* ZHR 161 (1997), 867 ff.

[18] *Roth/Altmeppen* Rn. 14; *Lutter/Hommelhoff* Rn. 9; *Hachenburg/Raiser* Rn. 30 f.; *Scholz/Winter* Rn. 15 f.

§ 14 2. Abschnitt. Rechtsverhältnisse der Gesellschaft und der Gesellschafter

bringt, dass die aus der Mitgliedschaft resultierenden Verwaltungsrechte als unselbstständige Rechte nicht einzeln abgetreten werden können. Rechtlich unmöglich ist deshalb beispielsweise die Übertragung des Gewinnbezugs- oder Stimmrechts aus dem Geschäftsanteil auf einen Dritten; möglich ist lediglich, die aus dem Gewinnbezugsrecht resultierenden Auszahlungsansprüche (ggf. schon vor Beschlussfassung) abzutreten oder einen Dritten mit der Ausübung des Stimmrechts zu bevollmächtigen. Eine Übertragung dieser Rechte als solche ist nur über die Übertragung der Mitgliedschaft insgesamt möglich. Die **Abänderbarkeit** der Mitgliedschaftsrechte über die Satzung ist eine Folge der Ausgestaltung der Mitgliedschaft durch die Satzung als der Verfassung der Gesellschaft. Zu unterscheiden ist in diesem Zusammenhang allerdings zwischen den absolut und den relativ unentziehbaren Mitgliedschaftsrechten (Rn. 17 ff.).

16 Inhaltlich unterteilen lassen sich die Mitgliedschaftsrechte in Vermögens- und Verwaltungsrechte.[19] Zu den **Vermögensrechten** zählen das Gewinnbezugsrecht (§ 29) und das Recht auf den Liquidationserlös (§ 72); auch das aus der Treupflicht resultierende Recht auf den Bezug von Geschäftsanteilen im Zusammenhang mit einer Kapitalerhöhung (§ 13 Rn. 67 mwN) zählt zu den Vermögensrechten. Zu den **Verwaltungsrechten** gehören vor allem das Recht auf Teilnahme an der Gesellschafterversammlung, das Stimmrecht, das Auskunfts- und Einsichtsrecht gem. § 51a, das Recht zur Geltendmachung von Beschlussmängeln im Wege der Anfechtungs- oder Nichtigkeitsklage entsprechend §§ 241 ff. AktG sowie die Minderheitsrechte nach § 50 und das Recht zur Erhebung der Auflösungsklage gem. § 61. Zu den Sonderrechten vgl. bei Rn. 26 ff.

17 **b) Absolut und relativ unentziehbare Mitgliedschaftsrechte.** Die **Ausgestaltung** der mitgliedschaftlichen Rechte und Pflichten in der Satzung, also des Geschäftsanteils im Einzelnen, ist den Gesellschaftern **gem. § 45 weitgehend freigestellt**. Grenzen werden den Gesellschaftern durch das Gesetz (GmbHG, die allgemeinen Schranken des § 138 BGB und mitbestimmungsrechtliche Bestimmungen) und durch allgemeine (kapital-)gesellschaftsrechtliche Grundsätze gezogen. In diesem Rahmen ist zu unterscheiden zwischen **absolut unentziehbaren (unverzichtbaren) Mitgliedschaftsrechten** und den **relativ unentziehbaren Mitgliedschaftsrechten**. Erstere können auch mit Zustimmung des Gesellschafters in der Satzung nicht abbedungen werden, weil sie nicht der Disposition der Beteiligten unterliegen; letztere können zwar entzogen werden, dies aber nur mit Zustimmung des Gesellschafters. Zu den Sonderrechten vgl. bei Rn. 26 ff.

18 **aa) Absolut unentziehbare (unverzichtbare) Mitgliedschaftsrechte.** Absolut unentziehbare (unverzichtbare) Mitgliedschaftsrechte des Gesellschafters sind solche, von denen in der Satzung zum Nachteil des Gesellschafters auch dann nicht abgewichen werden kann, wenn der Gesellschafter seine Zustimmung hierzu erklärt hat. Zwingend in diesem Sinne ist das Recht zur **Teilnahme an der Gesellschafterversammlung** und der damit verbundenen Mitwirkung auf die Meinungsbildung durch das Recht zur Stellungnahme (Rederecht), das Recht zur Geltendmachung von Beschlussmängeln im Wege der **Anfechtungs- oder Nichtigkeitsklage** sowie das **Auskunfts- und Einsichtsrecht** gem. § 51a (vgl. § 51a Abs. 3).[20] Auch die **actio pro socio** kann in der Satzung nicht abbedungen werden (§ 13 Rn. 116 ff.). Soweit das Stimmrecht des Gesellschafters nicht ausgeschlossen ist (zur Zulässigkeit des Stimmrechtsausschlusses vgl. bei Rn. 19), zählen auch die **Minderheitsrechte nach § 50** zu

---

[19] Hierzu und zu weiteren systematischen bzw. begrifflichen Unterteilungen in der Literatur *Hachenburg/Raiser* Rn. 15 mwN.
[20] Vgl. hierzu *Lutter/Hommelhoff* Rn. 7; *Scholz/Winter* Rn. 32.

den absolut unentziehbaren Mitgliedschaftsrechten. Weiter zählen hierzu das **Preisgaberecht** bei unbeschränkter Nachschusspflicht (§ 27 Abs. 4), das **Austrittsrecht aus wichtigem Grund** (hierzu § 34) das Recht zur Erhebung einer **Auflösungsklage** nach § 61 und das Recht, **Liquidatoren** gem. § 66 Abs. 2 und 3 durch das Gericht **abberufen bzw. bestellen zu lassen.** Unzulässig wäre auch der generelle Verzicht eines Gesellschafters auf die ihm gegenüber obliegende gesellschafterliche Treupflicht der übrigen Gesellschafter und der Gesellschaft. Auch das Zustimmungserfordernis bei Leistungsvermehrungen gem. **§ 53 Abs. 3** kann durch die Satzung nicht generell ausgeschlossen werden.[21]

Das Recht auf einen Gewinnanteil oder die Liquidationsquote sowie auch das Stimmrecht als solches zählen demgegenüber **nicht** zu den absolut unentziehbaren Mitgliedschaftsrechten. Es ist auch zulässig, das Recht auf einen Gewinnanteil und die Liquidationsquote sowie das Stimmrecht kumulativ auszuschließen, mit Blick auf § 138 BGB zumindest dann, wenn dies in irgend einer Weise sachlich gerechtfertigt ist.[22] Das Wesen der GmbH steht dem ebenso wenig entgegen wie hierdurch die Mitgliedschaft des Betroffenen als solche in Frage stünde.[23] Es wäre lediglich unzulässig, sämtliche Stimmrechte insgesamt auszuschließen, da hierdurch das gesetzlich notwendige Organ Gesellschafterversammlung in Wegfall geriete. 19

Gesellschafterbeschlüsse, die absolut unentziehbare Mitgliedschaftsrechte entziehen oder einschränken, sind analog § 241 Nr. 3 AktG nichtig. Sind solche **Bestimmungen** bereits **in der Ursprungssatzung** enthalten, sind sie ebenfalls nichtig, berühren aber als solche nicht den Bestand der Gesellschaft selbst.[24] 20

bb) Relativ unentziehbare Mitgliedschaftsrechte. Relativ unentziehbare Mitgliedschaftsrechte sind solche, die nur mit Zustimmung des betroffenen Gesellschafters entzogen werden können. In diesen Fällen genügt also nicht etwa ein mit Mehrheit oder sogar – ohne die Stimme des Betroffenen – einstimmig gefasster Gesellschafterbeschluss, der Gesellschafter muss vielmehr zur Wirksamkeit des Entzugs seine **Zustimmung** erklären. Die Zustimmungserklärung kann dabei ausdrücklich oder konkludent erfolgen, also auch im Rahmen eines Gesellschafterbeschlusses durch zustimmende Stimmabgabe. Zu den relativ unentziehbaren Mitgliedschaftsrechten gehören das **Stimmrecht,**[25] das **Gewinnbezugsrecht**[26] und das **Recht auf den Liquidationsanteil** gem. § 72.[27] Ein auf Grund eines Gewinnverteilungsbeschlusses entstandener Gewinnauszahlungsanspruch (hierzu § 29) zählt demgegenüber nicht zu den Mitgliedschaftsrechten. Zwar hat dieser Anspruch insoweit seinen Ursprung in der Mitgliedschaft, als sein Entstehen als solcher ohne diese nicht denkbar wäre; inhaltlich ist dieser Anspruch jedoch, einmal entstanden, von der Mitgliedschaft losgelöst und – anders als das Gewinnbezugsrecht – isoliert abtretbar. 21

---

[21] Zur zwingenden Geltung des § 53 Abs. 3 s. statt anderer nur *Baumbach/Hueck/Zöllner* § 53 Rn. 17; *Scholz/Priester* § 53 Rn. 51; für den Fall der Einräumung eines Austrittsrechts entspr. § 27 Abs. 1 einschränkend unten *Zimmermann* § 53 Rn. 54; *Hachenburg/Ulmer* § 53 Rn. 74.

[22] Eingehend *Schäfer* Der stimmrechtslose GmbH-Geschäftsanteil, 1997, S. 130 ff., 136, 137 ff.

[23] Ausführlich hierzu *Schäfer* (Fn. 22) S. 130 ff.; ähnlich *Baumbach/Hueck/Fastrich* Rn. 14; *Scholz/Winter* Rn. 33; der Sache nach auch *Hachenburg/Raiser* Rn. 27; aA BGHZ 14, 264, 270, 273 = NJW 1954, 1563; *Lutter/Hommelhoff* Rn. 7: kumulativer Entzug unzulässig.

[24] Zur ggf. möglichen Heilung einer nichtigen Satzungsbestimmung entsprechend § 242 Abs. 2 AktG und zu der unabhängig davon bestehenden Möglichkeit einer Amtslöschung gem. § 142 Abs. 1, 144 Abs. 2 FGG s. BGH NJW 2000, 2819, 2820.

[25] BGHZ 14, 264, 270, 273 = NJW 1954, 1563; *Hachenburg/Raiser* Rn. 29; *Scholz/Winter* Rn. 36.

[26] BGHZ 14, 264, 270, 273 = NJW 1954, 1563; *Hachenburg/Raiser* Rn. 29; *Scholz/Winter* Rn. 36

[27] BGHZ 14, 264, 270, 273 = NJW 1954, 1563; *Hachenburg/Raiser* Rn. 29; *Scholz/Winter* Rn. 36

§ 14 2. Abschnitt. Rechtsverhältnisse der Gesellschaft und der Gesellschafter

22 **Weitere relativ unentziehbare Mitgliedschaftsrechte** können in der **Satzung** als solche bestimmt werden. Inwieweit statutarisch bestimmten Rechten eine solche Qualität zukommen soll, ist durch Auslegung der Satzung zu ermitteln.[28]

23 Ob auch die **Mitgliedschaft** zu den relativ unentziehbaren Mitgliedschaftsrechten gehört,[29] ist terminologisch fraglich, da sie als Inbegriff aller aus der Beteiligung herrührenden Rechte und Pflichten selbst wohl nicht als Mitgliedschaftsrecht bezeichnet werden kann. In jedem Falle kann sie jedoch auch gegen den Willen des Gesellschafters im Falle der **Kaduzierung** gem. § 21 Abs. 2 und der **Ausschließung** aus wichtigem Grund (hierzu § 34) entzogen werden; keinen Fall der Entziehung der Mitgliedschaft ohne Zustimmung des betroffenen Gesellschafters stellt die **Einziehung** gem. § 34 dar, da der Gesellschafter in diesem Falle seine Zustimmung zu einer solchen Möglichkeit erklärt hat,[30] und zwar entweder als Gründer bei der Errichtung der Gesellschaft oder als Erwerber eines bereits derart ausgestalteten Geschäftsanteils.

24 Während bei den absolut unentziehbaren (unverzichtbaren) Mitgliedschaftsrechten Eingriffe weder in der Ursprungssatzung noch über eine spätere Satzungsänderung möglich sind (Rn. 18), kann die **Ursprungssatzung** im Bereich der relativ unentziehbaren Mitgliedschaftsrechte eines Gesellschafters ohne weiteres Unterschiede vorsehen, beispielsweise also Geschäftsanteile als stimmrechtslose Anteile ausgestalten, bestimmte Geschäftsanteile mit Mehrstimmrechten ausstatten, bestimmte Gewinnvorzüge oder Nebenleistungspflichten vorsehen usw. Der Gleichbehandlungsgrundsatz steht dem nicht entgegen, da mit der Zustimmung zur Ursprungssatzung zugleich die Zustimmung des Gesellschafters mit der in dieser Weise ausgestalteten Gesellschafterstellung erklärt wird; spätere Erwerber des Geschäftsanteils erwerben ihn dann in seiner konkreten Ausgestaltung. Sollen derartige Veränderungen über eine spätere **Satzungsänderung** vorgenommen werden, so bedarf der satzungsändernde Beschluss über die Anforderungen des § 53 Abs. 2 hinaus zu seiner Wirksamkeit der *Zustimmung* des hiervon betroffenen Gesellschafters. Bis zur Erteilung der Zustimmung ist der Gesellschafterbeschluss schwebend, mit ihrer Versagung endgültig unwirksam.[31] Einer Anfechtung des Gesellschafterbeschlusses bedarf es mithin nicht, sie wird allerdings – sofern das erforderliche Rechtsschutzbedürfnis für eine Anfechtungsklage vorliegt – durch das Zustimmungserfordernis auch nicht ausgeschlossen. Zu den umwandlungsrechtlichen Zustimmungserfordernissen vgl. §§ 13 Abs. 2, 50 Abs. 2, 125 S. 1, 193 Abs. 2, 233 Abs. 2, 252 Abs. 2 UmwG; Einzelheiten hierzu bei Anh. § 77.

25 **2. Mitgliedschaftliche Pflichten.** Wie bei der Unterteilung bei den Mitgliedschaftsrechten lassen sich auch die Mitgliedschaftspflichten in Vermögenspflichten und Verwaltungspflichten unterteilen.[32] Zu den **vermögensrechtlichen Pflichten** des Gesellschafters zählen die Pflicht zur **Einlageleistung,** die Haftung für Vorbelastungen (hierzu bei § 11) sowie die **Differenzhaftung** nach § 9a und die gesellschafterliche **(Mit-)Haftung** nach §§ 24, 31; diese Pflichten sind als **zwingend** anzusehen.[33] Zu den Vermögenspflichten zählt außerdem die **Nachschusspflicht** (hierzu bei § 26), die allerdings im Wege der Satzungsänderung beseitigt werden kann und deshalb nicht als

---

[28] RGZ 170, 368; RG LZ 1914, 571; *Scholz/Winter* Rn. 37.
[29] So *Baumbach/Hueck/Fastrich* Rn. 16; *Hachenburg/Raiser* Rn. 29; *Scholz/Winter* Rn. 36; s. aber auch *Schäfer* (Fn. 22) S. 185 ff.
[30] Zutr. *Hachenburg/Raiser* Rn. 29 mit Fn. 88; *Scholz/Winter* Rn. 36.
[31] BGHZ 15, 177, 181 = NJW 1955, 178; BGHZ 48, 141, 143 NJW 1967, 2159; eingehend hierzu *Schäfer* (Fn. 22) S. 248 ff. sowie unten *Zimmermann* zu § 53 Abs. 3.
[32] Hierzu *Hachenburg/Raiser* Rn. 15 mwN.
[33] *Baumbach/Hueck/Fastrich* Rn. 13; *Lutter/Hommelhoff* Rn. 7; *Hachenburg/Raiser* Rn. 50.

zwingend anzusehen ist. Zu den **Verwaltungspflichten** zählen vor allem die dem Gesellschafter gegenüber der Gesellschaft und seinen Mitgesellschaftern, aber auch die der Gesellschaft gegenüber den Gesellschaftern obliegende **Treupflichten** als solche[34] (§ 13 Rn. 35 ff.); die Einhaltung der Treupflicht kann mithin in der Satzung nicht ausgeschlossen werden. Dies steht allerdings einem Verzicht aller Gesellschafter auf die Einhaltung der hieraus resultierenden Pflichten im konkreten Fall ad hoc ebenso wenig entgegen, wie die Gesellschafter daran gehindert sind, von der Verfolgung eines ihnen gegenüber begangenen Treupflichtverstoßes abzusehen. **Eine allgemeine Mitwirkungspflicht schließt die Inhaberschaft des Geschäftsanteils nicht zwingend ein.** Der Besitz eines Geschäftsanteils verpflichtet mithin zumindest im Grundsatz nicht zur Wahrnehmung der Gesellschafterrechte, also nicht zur Teilnahme an der Gesellschafterversammlung oder zur Abgabe der Stimmen in der Gesellschafterversammlung überhaupt oder in einer bestimmten Weise; Einschränkungen können sich jedoch aus der gesellschafterlichen Treupflicht (hierzu bei § 13) ergeben.

III. Sonderrechte

1. Begriff. Als **Sonderrechte** werden heute – anders und deutlich enger als früher, als die Sonderrechtstheorien vornehmlich den Zweck hatten, die der Mehrheitsherrschaft nicht unterworfene Bereiche der Mitgliedschaftsrechte zu beschreiben[35] – **nur noch solche Mitgliedschaftsrechte** bezeichnet, **die einem oder mehreren Gesellschaftern eine Vorzugsstellung gegenüber den anderen Gesellschaftern gewähren.** Geschäftsanteile, die mit einem Sonderrechte verbunden sind, werden heute als Vorzugsanteile bezeichnet. 26

2. Begründung von Sonderrechten. Sonderrechte können wirksam nur in der **Satzung** der Gesellschaft vereinbart werden. Außerhalb der Satzung geregelte „Sonderrechte" sind – da es sich bei Ihnen nicht um Mitgliedschaftsrechte handeln kann – keine Sonderrechte im echten Sinne, mögen sie von den Beteiligten auch als solche bezeichnet werden. 27

Die Einführung von Sonderrechten bedarf – da der Grundsatz der Gleichbehandlung (§ 13 Rn. 94 ff.) insoweit nicht gewahrt wird – der **Zustimmung der hiervon nicht begünstigten Gesellschafter.** Bei der Einführung von Sonderrechten in der **Ursprungssatzung** der Gesellschaft liegt die notwendige Zustimmung bereits in der Beteiligung an der Gründung und dem hiermit verbundenen Einverständnis mit der hervorgehobenen Gesellschafterstellung. Spätere Gesellschafter erwerben die vorhandenen Geschäftsanteile in ihrer konkreten Ausformung durch die Satzung. Sollen die Sonderrechte erst nachträglich im Wege der **Satzungsänderung** eingeführt werden, bedarf die hiermit verbundene Ungleichbehandlung der Gesellschafter des Einverständnisses der hierdurch benachteiligten Gesellschafter. Fehlt das hiernach notwendige Einverständnis, ist ein gleichwohl gefasster Beschluss wegen Treupflichtverletzung anfechtbar, aber nicht nichtig oder schwebend unwirksam; denn es liegt keine Vermehrung der Leistungspflichten im Sinne des § 53 Abs. 3 vor, sondern eine Gesetzesverletzung im Sinne des § 243 Abs. 1 AktG.[36] Anders verhält es sich, wenn durch die Einräumung des Sonderrechts ein bereits bestehendes Sonderrecht eines anderen Ge- 28

---

[34] *Lutter/Hommelhoff* Rn. 7.
[35] Vgl. hierzu vor allem *Zöllner* Die Schranken mitgliedschaftlicher Stimmrechtsmacht bei den privatrechtlichen Personenverbänden, 1963, S. 110 ff.; *Flume* Juristische Person, S. 271 f.; *Wiedemann* Gesellschaftsrecht S. 358 ff.
[36] Zutr. *Scholz/Winter* Rn. 20, 47.

sellschafters beeinträchtigt oder in unentziehbare Mitgliedschaftsrechte eines anderen Gesellschafters eingegriffen wird; in diesem Falle bedarf der Beschluss der Zustimmung des betroffenen Gesellschafters und ist bis zur Erteilung dieser Zustimmung schwebend unwirksam.[37] Insoweit kommt also älteren Rechten von Gesellschaftern Vorrang gegenüber jüngeren zu.

29 **3. Gegenstand von Sonderrechten.** Gegenständlich können sich Sonderrechte angesichts der nach § 45 Abs. 2 weitgehenden Satzungsfreiheit auf völlig unterschiedliche Bereiche beziehen:

30 Im **vermögensrechtlichen Bereich**[38] können sich beispielsweise Sonderrechte auf höhere Gewinnanteile oder einen höheren Liquidationsanteil beziehen. Möglich ist auch ein Bezugsrecht auf von der Gesellschaft hergestellte Produkte oder ein Benutzungsrecht hinsichtlich des Eigentums der Gesellschaft.

31 Im **Bereich der Mitverwaltung** kommen Sonderrechte insbesondere im Zusammenhang mit dem Stimmrecht (Mehrstimmrechte, Vetorechte) in Betracht,[39] aber auch besondere Zustimmungsvorbehalte zu Gunsten des begünstigten Gesellschafters, Weisungsrechte gegenüber der Geschäftsführung, Präsentationsrechte oder Benennungs- bzw. Entsendungsrechte bezüglich der Geschäftsführer, Entsendungsrechte bezüglich des Aufsichtsrates oder Beirats der Gesellschaft usw.[40] Gegen den Willen des Sonderrechtsinhabers können von ihm entsandte Personen aus dem betreffenden Organen grundsätzlich nicht abberufen werden; die Möglichkeit, ein Organmitglied aus wichtigem Grund abzuberufen, bleibt hiervon jedoch unberührt.[41] Ebenso kann sich ein Sonderrecht auf einen Zustimmungsvorbehalt zur Veräußerung eines Geschäftsanteils gem. § 15 Abs. 5 oder auf das Recht zum Erwerb eines anderen Geschäftsanteils beziehen,[42] auf besondere Auskunfts-, Einsichts- oder Prüfungsrechte.[43]

32 **4. Dauer und sonstige Ausgestaltung des Sonderrechts.** Auch hinsichtlich der **Dauer** können Sonderrechte völlig unterschiedlich ausgestaltet sein. Möglich sind sowohl eine zeitliche Beschränkung des Sonderrechts als auch die Einräumung des Rechts für die Dauer des Bestehens der Gesellschaft. Ein Vorrecht, das nach der Satzung ohne Zustimmung des Gesellschafters diesem entzogen werden kann, ist kein auflösend bedingtes Sonderrecht, sondern überhaupt kein Sonderrecht im Rechtssinne,[44] weil es hier am kennzeichnenden Merkmal für Sonderrechte (keine Entziehbarkeit gegen den Willen des Gesellschafters) fehlt.

33 **5. Grenzen** für die zulässigen Gegenstände von Sonderrechten[45] ergeben sich aus zwingendem Gesetzesrecht. Namentlich dürfen Sonderrechte nicht Leistungen in Widerspruch zu § 30 zulassen oder gegen zwingende Zuständigkeitsverteilungen (§§ 26 Abs. 1, 52 Abs. 1, 53 Abs. 1, 60 Abs. 1 Nr. 2, 66 Abs. 1 und 3; §§ 5 f., 8, 12 Montan-

---

[37] *Hachenburg/Raiser* Rn. 21; *Scholz/Winter* Rn. 20.
[38] Hierzu auch *Scholz/Winter* Rn. 21; *Hachenburg/Raiser* Rn. 19.
[39] RGZ 169, 65, 81; *Hachenburg/Raiser* Rn. 19; *Scholz/Winter* Rn. 21.
[40] RGZ 44, 95, 99; 170, 358, 366 ff.; BGH GmbHR 1962, 212 f.; NJW 1969, 131; GmbHR 1973, 279; 1982, 129; 1988, 334, 336; WM 1989, 250; *Hachenburg/Raiser* Rn. 19; *Scholz/Winter* Rn. 21.
[41] *Scholz/Winter* Rn. 21; *Hachenburg/Raiser* Rn. 19.
[42] RGZ 159, 272, 280; *Hachenburg/Raiser* Rn. 19; *Scholz/Winter* Rn. 21.
[43] *Scholz/Winter* Rn. 22.
[44] *Hachenburg/Raiser* Rn. 21; *Scholz/Winter* Rn. 23; aA *Wolany* S. 180.
[45] Vgl. hierzu auch *Hachenburg/Raiser* Rn. 20; *Scholz/Winter* Rn. 21; enger MüKo BGB/*Reuter* § 35 Rn. 3.

Geschäftsanteil **§ 14**

MitbestG; §§ 6 f., 13 MitbestErgG; §§ 6 f., 8, 31 MitBestG, § 77 BertVG 1952) bzw. allgemeine zivilrechtliche Grenzen (§§ 134, 138 BGB) verstoßen. Zu älteren Gesellschafterrechten als Grenzen für die Einräumung späterer Sonderrechte vgl. bereits oben Rn. 28.

6. Übergang des Geschäftsanteils. Welche Folgen die Übertragung des Geschäftsanteils für ein eingeräumtes Sonderrecht hat, ist durch Auslegung der Satzung zu ermitteln. So wird beispielsweise ein Sonderrecht auf Geschäftsführung im Zweifel als höchstpersönliches Recht anzusehen sein und mit der Übertragung des Geschäftsanteils auf einen Dritten erlöschen.[46] 34

7. Aufhebung des Sonderrechts. Für die Aufhebung des Sonderrechts bedarf es zunächst eines **satzungsändernden Beschlusses gem. § 53**. Entsprechend § 35 BGB bedarf der Beschluss, mit dem ein Sonderrecht aufgehoben oder beeinträchtigt werden soll, der **Zustimmung** des betroffenen Gesellschafters. Ohne diese Zustimmung ist der Gesellschafterbeschluss schwebend unwirksam, muss also zur Herbeiführung seiner Unwirksamkeit nicht erst angefochten werden. Mit der Versagung der Zustimmung wird der bis dahin schwebend unwirksame Beschluss endgültig unwirksam. 35

Ausnahmsweise entbehrlich ist die Zustimmung des betroffenen Gesellschafters nach einhelliger Meinung dann, wenn ein wichtiger Grund für die Entziehung oder die Beschränkung der Sonderrechts gegeben ist. Dies beruht allerdings nicht darauf, dass die Entziehung des Sonderrechts ein „Minus" gegenüber der in diesen Fällen ebenfalls möglichen Ausschließung des Gesellschafters wäre, sondern auf der Erwägung, dass die Möglichkeit zur Entziehung der Geschäftsführungsbefugnis aus wichtigem Grund (vgl. § 712 Abs. 1 BGB, § 117 HGB, § 38 Abs. 2) darauf hinweist, dass aus wichtigem Grund grundsätzlich auch in Sonderrechte eingegriffen werden kann.[47] Inwieweit aus dieser Überlegung allerdings allgemeine Schlüsse gezogen werden können, erscheint fraglich; im Ergebnis wird man hier zu fragen haben, ob der Charakter des betroffenen Sonderrechts die Zustimmung des Gesellschafters entbehrlich macht. 36

IV. Sonderpflichten

Als Sonderpflichten kommen in Betracht das Verbot, der Gesellschaft Wettbewerb zu machen, oder etwa die Tätigkeit eines Geschäftsführers oder Rechts- bzw. steuerlichen Beraters auszuüben.[48] Auch derartige Sonderpflichten müssen in der Satzung festgesetzt sein; echte Sonderpflichten mitgliedschaftlicher Art außerhalb der Satzung sind nicht möglich, in Betracht kommt insoweit lediglich eine schuldrechtliche Absprache. Selbst wenn bestimmte Pflichten in der Satzung jedoch festgesetzt sind, ist hier – entsprechend der Rechtslage bei den Sonderrechten – ggf. durch Auslegung zu prüfen, ob es sich um Pflichten mitgliedschaftlicher oder nur schuldrechtlicher Art handelt. Die Aufnahme in die Satzung kann dabei ein Indiz dafür sein, dass die Pflicht mitgliedschaftlichen Charakter haben soll. Die Übernahme von Sonderpflichten bedarf der Zustimmung des betroffenen Gesellschafters. Diese Zustimmung liegt, wenn die Sonderpflichten in der Ursprungssatzung vereinbart werden, bereits in der Mitwirkung an der Gründung. Sollen Sonderpflichten erst später eingeführt oder bestehende erhöht werden, ist die Zustimmung nach § 53 Abs. 3 notwendig. 37

---

[46] *Scholz/Winter* Rn. 24.
[47] Zu diesem Ansatz vgl. mit Unterschieden i. e. *Baumbach/Hueck/Fastrich* Rn. 18; *Hachenburg/Raiser* Rn. 24; *Scholz/Winter* Rn. 27;
[48] *Scholz/Winter* Rn. 29 f., dort auch zum Verhältnis der Sonderpflichten zu den Nebenleistungspflichten im Sinne des § 3 Abs. 2.

§ 14   2. Abschnitt. Rechtsverhältnisse der Gesellschaft und der Gesellschafter

38   Inwieweit Sonderpflichten mit der Übertragung von Geschäftsanteilen auf einen Erwerber übergehen sollen, ist nicht einheitlich zu beantworten, sondern durch Auslegung zu ermitteln. So wird beispielsweise die Sonderpflicht eines Gesellschafters zur Rechtsberatung außerhalb einer Rechtsanwalts-GmbH im Zweifel höchstpersönlicher Natur sein und deshalb auf einen Erwerber nicht mit übergehen; ob die Sonderpflicht des übertragenen Gesellschafters erlischt oder bestehen bleibt, ist ebenfalls durch Auslegung der Satzung zu ermitteln.

V. Verbriefung der Rechte am Geschäftsanteil

39   **1. Allgemeines.** In der Regel wird für den Geschäftsanteil **keine besondere Urkunde iS eines Anteilscheins** ausgestellt; die Ausstellung von Anteilscheinen ist vielmehr die seltene Ausnahme.[49] In keinem Falle verkörpern Anteilscheine die Mitgliedschaft (Rn. 1). Sind **Anteilscheine** ausgegeben, so sollten sie **nur für den gesamten Geschäftsanteil** ausgegeben werden, eine Stückelung in Teilscheine würde dem Wesen des Geschäftsanteils widersprechen;[50] da § 17 Abs. 6 nicht abbedungen werden kann, führen solche Teilscheine insbesondere auch nicht zu einer Teilung des Geschäftsanteils.[51] Unzulässig ist die Ausgabe von Teilscheinen zwar nicht,[52] sie sind aber rechtlich irrelevant und ihre Ausgabe sollte, da sie zur Irreführung geeignet ist, unterbleiben.

40   **2. Anteilscheine.** Ob Anteilscheine nur ausgegeben werden können, wenn die Satzung dies ausdrücklich vorsieht,[53] oder ob auch ein Gesellschafterbeschluss genügt,[54] ist streitig. Angesichts der beschränkten Wirkung solcher Anteilsscheine (Rn. 42) sprechen die besseren Gründe dafür, grundsätzlich einen mit einfacher Mehrheit zu fassenden Gesellschafterbeschluss für ausreichend zu halten. Soll die Übergabe des Anteilsscheins allerdings zur Übertragungsvoraussetzung im Sinne des § 15 Abs. 5 gemacht werden (unten Rn. 42 aE), ist eine Satzungsänderung erforderlich.

41   Sind für die Geschäftsanteile Anteilscheine ausgegeben, so müssen sie die Namen der berechtigten Gesellschafter und den Nennbetrag des Geschäftsanteils sowie die Firma und den Sitz der Gesellschaft bezeichnen; weiter sind anzugeben der Ort und das Datum der Ausstellung.[55] Zu unterzeichnen sind die Anteilscheine von Geschäftsführern in vertretungsberechtigter Zahl; die Unterzeichnung oder Mitzeichnung von Prokuristen und Handlungsbevollmächtigten genügt nicht. Gewährt der Geschäftsanteil, für den der Anteilschein ausgegeben ist, Sonderrechte, so sind diese zweckmäßiger Weise ebenfalls in den Anteilschein aufzunehmen. Das Gleiche gilt für Sonderpflichten des Inhabers des Geschäftsanteils.

42   **Der Anteilschein ist kein Wertpapier und kein Schuldschein; er genießt demgemäß keinen Gutglaubensschutz,** sondern ist **lediglich Beweisurkunde.**[56]

---

[49] *Baumbach/Hueck* Rn. 7; *Meyer-Landrut/Miller/Niehus* Rn. 5.
[50] RGZ 71, 399, 400f.
[51] *Hachenburg/Raiser* Rn. 12.
[52] *Baumbach/Hueck* Rn. 8; *Scholz/Winter* Rn. 64; für Unzulässigkeit von Teilscheinen dagegen *Roth/Altmeppen* Rn. 9; *Hachenburg/Raiser* Rn. 11; s. hierzu auch *Semler*, FS Stimpel, 1985, S. 507 ff.
[53] So *Meyer-Landrut/Miller/Niehus* Rn. 5; grundsätzlich auch Voraufl. Rn. 12 (jedenfalls aber Beschluss mit satzungsändernder Mehrheit erforderlich).
[54] *Baumbach/Hueck* Rn. 7; *Hachenburg/Raiser* Rn. 11; *Lutter/Hommelhoff* Rn. 32.
[55] *Baumbach/Hueck* Rn. 7; *Lutter/Hommelhoff* Rn. 32.
[56] RGZ 57, 414, 415; OLG Köln GmbHR 1995, 293; *Roth/Altmeppen* Rn. 9; *Baumbach/Hueck* Rn. 7; *Hachenburg/Raiser* Rn. 12; *Scholz/Winter* Rn. 64.

Der Geschäftsanteil kann demgemäß grundsätzlich **auch ohne Übergabe des Anteilscheins wirksam abgetreten, ver- oder gepfändet werden**. Bei Verlust des Anteilscheins ist ein Aufgebotsverfahren nach § 946 ZPO nicht statthaft. Der Erwerber des Geschäftsanteils, für den ein Anteilschein ausgegeben ist, wird entsprechend § 952 BGB Eigentümer des Anteilscheins und hat Anspruch auf Aushändigung der Urkunde; dies gilt auch beim Erwerb des Geschäftsanteils in der Zwangsversteigerung oder Zwangsvollstreckung. Es gilt § 402 BGB, nicht jedoch § 405 BGB.[57] Die Gesellschaft kann über § 15 Abs. 5 die Übergabe des Anteilscheins zur Voraussetzung einer wirksamen Abtretung machen.[58]

3. Dividenden- und Genussscheine. Die Satzung kann die Zahlung des Gewinnanteils zulässig an die Vorlage des Anteilscheins oder etwa ausgegebener **Dividendenscheine** knüpfen.[59] Zweckmäßig ist die Ausgabe auch nur bei großen Gesellschaften mit vielen Gesellschaftern, sonst stellt sie eine unnötige Förmelei dar.

Ähnliches gilt für ausgegebene **Genussscheine**. Die in ihnen verbrieften Genussrechte sind allerdings reine Gläubiger- und keine Mitgliedschaftsrechte. Sie können an Gesellschafter, aber auch an Nichtgesellschafter ausgegeben werden. Werden sie an Gesellschafter ausgegeben, so ist bei ihrer Bedienung § 30 Abs. 1 zwingend zu beachten.[60] Einer satzungsmäßigen Grundlage bedürfen Genussscheine allgemeinen Grundsätzen nach dann, wenn das Genussrecht im Rahmen der Gründung gewährt wird, etwa als Gründungsvorteil, als Vergütungsteil bei der gemischten Sacheinlage oder einer Nebenleistungspflicht oder wenn sie für amortisierte Geschäftsanteile gewährt werden sollen.[61] Außerhalb dieses Bereichs ist die Zulassung in der Satzung nicht notwendig, in der Satzung können aber die Modalitäten für Genussscheine näher geregelt werden. Begründet werden die Genussrechte durch einen Vertrag zwischen der Gesellschaft und dem ersten Erwerber, wobei die Gesellschaft hierbei durch die Geschäftsführer in vertretungsberechtigter Zahl vertreten wird.[62] Im Innenverhältnis wird im Regelfall wegen der Ungewöhnlichkeit des Rechtsgeschäfts ein Gesellschafterbeschluss erforderlich sein. Auf die Wirksamkeit der Einräumung dieser Rechte hat dieses Erfordernis wegen § 37 allerdings im Regelfall keine Auswirkung (zu den Grenzen der gesetzlich unbeschränkbaren Vertretungsmacht s. bei § 37).

Näheres zu Dividenden- und Genussscheinen s. bei § 29.

VI. Die Bewertung des Geschäftsanteils

1. Gesellschaftsrechtlich. Der Wert des Geschäftsanteils ist dem Grundsatz nach nur bei Gründung der Gesellschaft und voller Erbringung des nominalen Gegenwertes der Einlage mit dem Nennbetrag identisch, und dies auch nur dann, wenn die Einlagen vollständig erbracht und keine Aufgelder zu leisten sind. Danach **fallen in aller Regel der Wert des Geschäftsanteils und der Nennbetrag des Geschäftsanteils auseinander**. Dies folgt zunächst aus dem Umstand, dass der Wert des Geschäftsanteils sich bestimmt nach dem Gesellschaftsvermögen, das größer oder kleiner sein kann als

---

[57] *Roth/Altmeppen* Rn. 9; *Scholz/Winter* Rn. 64.
[58] Hierzu etwa RGZ 98, 276, 277; *Roth/Altmeppen* Rn. 9; *Lutter/Hommelhoff* Rn. 32; *Hachenburg/Zutt* § 15 Rn. 123.
[59] RGZ 98, 276, 277 f.; *Scholz/Winter* Rn. 64.
[60] *Scholz/Winter* Rn. 69.
[61] *Scholz/Winter* Rn. 69.
[62] RGZ 132, 1999, 206; *Scholz/Winter* Rn. 68.

§ 14 2. Abschnitt. Rechtsverhältnisse der Gesellschaft und der Gesellschafter

das Stammkapital.[63] Der Wert des Geschäftsanteils wird aber nicht nur durch das Gesellschaftsvermögen und die Erträge oder Zukunftserwartungen der Gesellschaft bestimmt, sondern im hohen Maße auch durch die Frage, wie der Geschäftsanteil durch die Satzung ausgestaltet worden ist. So können etwa mit dem Geschäftsanteil verbundene Vor- oder Sonderrechte werterhöhend bzw. Einschränkungen, wie etwa Stimmrechtsbeschränkungen oder Abstriche bei dem Gewinnbezug, sich wertmindernd auswirken.

47 Ausdrücklich vorgeschrieben ist gesellschaftsrechtlich keine bestimmte Bewertungsmethode. Welche Methode für die Bewertung des Geschäftsanteils anzuwenden ist, richtet sich nach den konkreten Umständen des Einzelfalls. Häufig finden sich in der Satzung Vorschriften darüber, nach welcher Methode bei welchen Anlässen der Wert eines Geschäftsanteils zu bemessen sein soll. Auch derartige Bestimmungen entbinden allerdings nicht in jedem Falle von einer Wertbestimmung nach anderen Methoden. Denn bei einem drastischen Auseinanderfallen des nach der Satzung ermittelten und des tatsächlichen Wertes des Anteils kann es der Gesellschaft verwehrt sein, sich auf eine Satzungsbestimmung zu ihren Gunsten zu berufen (hierzu bei § 34).

48 Zur Ermittlung des tatsächlichen Wertes eines Geschäftsanteils hat sich in praxi, zumindest bei nicht andauernd mit Verlusten arbeitenden Unternehmen, die Bewertung nach dem Ertragswertverfahren, das allerdings in verschiedenen Varianten verwendet wird, durchgesetzt.[64] Stark verkürzt formuliert, wird nach dieser Methode aus den zu erwartenden, um Sondereinflüsse bereinigten Erträgen auf den Wert des Unternehmens zurückgeschlossen. Dem Substanzwert der einzelnen Vermögensgegenstände kommt im Rahmen dieses Verfahrens praktisch keine Bedeutung zu; lediglich solches Vermögen, das nicht betriebsnotwendig ist, fließt mit seinem Substanzwert in die Wertermittlung ein. Wegen der Einzelheiten hierzu vgl. bei § 34.

49 **2. Steuerrechtlich.** In steuerlicher Hinsicht erfolgt die Bewertung nach dem **gemeinen Wert des Geschäftsanteils** gem. § 11 Abs. 2 BewG. Dies ist der Preis, der im gewöhnlichen Geschäftsverkehr nach der Beschaffenheit des Geschäftsanteils bei einer Veräußerung zu erzielen wäre. Dieser Wert wird primär aus den Verkäufen im letzten Jahr abgeleitet. Ist dies nicht möglich, ist er unter Berücksichtigung des Vermögens und der Ertragsaussichten der Gesellschaft zu schätzen, wofür die Finanzverwaltung in der Praxis das sog. Stuttgarter Verfahren anwendet. Dieses Verfahren, das vom BFH trotz der hieran im Schrifttum geübten Kritik in ständiger Rechtsprechung als für den Regelfall geeignet anerkannt wird, lässt sich vergröbernd als eine Mischung von Ertragswert- und Substanzwertverfahren beschreiben. Wegen der Einzelheiten s. R 96 ff. ErbStR.

VII. Österreichisches Recht

50 Der deutschen Regelung entspricht inhaltlich § 75 Abs. 1 ÖGmbHG. Sondervorschriften zur Verbriefung des Anteils (Verbot der Ausstellung eines Order- oder Inhaberpapiers) und das Verbot der Ausstellung von Dividendenscheinen, deren Vorlage zur Auszahlung des Gewinnanteils erforderlich ist, finden sich in § 75 Abs. 3 und 4.

---

[63] *Baumbach/Hueck* Rn. 6; *Lutter/Hommelhoff* Rn. 2; *Hachenburg/Raiser* Rn. 6.
[64] *Baumbach/Hueck* Rn. 6; *Scholz/Winter* Rn. 12 f.; ausführlich hierzu bei § 34.

§ 15 [Übertragung von Geschäftsanteilen]

(1) Die Geschäftsanteile sind veräußerlich und vererblich.

(2) Erwirbt ein Gesellschafter zu seinem ursprünglichen Geschäftsanteil weitere Geschäftsanteile, so behalten dieselben ihre Selbständigkeit.

(3) Zur Abtretung von Geschäftsanteilen durch Gesellschafter bedarf es eines in notarieller Form geschlossenen Vertrages.

(4) ¹Der notariellen Form bedarf auch eine Vereinbarung, durch welche die Verpflichtung eines Gesellschafters zur Abtretung eines Geschäftsanteils begründet wird. ²Eine ohne diese Form getroffene Vereinbarung wird jedoch durch den nach Maßgabe des vorigen Absatzes geschlossenen Abtretungsvertrag gültig.

(5) Durch den Gesellschaftsvertrag kann die Abtretung der Geschäftsanteile an weitere Voraussetzungen geknüpft, insbesondere von der Genehmigung der Gesellschaft abhängig gemacht werden.

Übersicht

	Rn.		Rn.
I. Einführung	1–5	a) Inhaberstellung des Erwerbers	46, 47
II. Veräußerungsverträge	6–54	b) Schadensersatzansprüche	48
1. Grundsätzliches	6–8	c) Anmeldung gemäß § 16	49, 50
2. Die Veräußerung als Rechtskauf	9–11	7. Erwerb durch Personenmehrheit	51
a) Anteils- und Unternehmenskauf nach altem Schuldrecht	10	8. Beurkundung im Ausland	52–54
b) Die Schuldrechtsreform	11	III. Der Veräußerung gleichgestellte Rechtsgeschäfte	55–97
3. Die Verschaffungspflicht	12–27	1. Einführung	55
a) Die formgerechte Abtretung	12–15	2. Treuhandstellung und Sicherungsabtretung	56–69
b) Mantelkauf	16, 17	a) Voraussetzung: Notarielle Beurkundung	56, 57
c) Vorkaufsrechte	18–20	b) Außenbeziehung des Treuhänders	58–60
d) Inhaltliche Ausgestaltung des Veräußerungsvertrages	21–27	c) Innenverhältnis	61
aa) Motive und Nebenabreden	21–25	d) Die verdeckte Treuhand	62, 63
bb) Inhaltliche Ausgestaltung	26	e) Gegenseitige Schadensersatzansprüche	64–66
cc) Stellung und Pflichten des Käufers	27	f) Beendigung des Treuhandverhältnisses	67
4. Haftung und Leistungsstörungen	28–35	g) Sicherungsabtretung	68
a) Vorvertragliche Aufklärungspflichten	28–30	h) Abgrenzung zur Unterbeteiligung	69
aa) Umfang und Voraussetzungen	28	3. Nießbrauch	70–81
bb) Rechtsfolgen nach neuem und altem Schuldrecht	29, 30	a) Grundsatz	70
b) Leistungsstörungsrecht nach der Schuldrechtsreform	31, 32	b) Anmeldung bei der Gesellschaft	71
c) Gewährleistungsrecht bei alten Kaufverträgen	33–35	c) Inhaltliche Ausgestaltung	72
aa) Rechtsmängelhaftung	34	d) Nießbrauch und Kapitalerhöhung	73–75
bb) Sachmängelhaftung	35	e) Einbeziehung von Mitgliedschaftsrechten	76, 77
5. Voraussetzungen der Veräußerung	36–45	f) Befugnisse des Nießbrauchers	78, 79
a) Grundsatz: Notarielle Beurkundung	36–39	g) Beendigung des Nießbrauchs	80, 81
b) Ausnahmen	40, 41	4. Verpfändung	82–97
c) Abtretung des Übertragungsanspruchs	42	a) Form und Zweck	82, 83
d) Heilung (Abs. 4 S. 2)	43–45	b) Bedingung	84
6. Folgen formgerechter Abtretung	46–50	c) Verpfändung eines Teils eines Geschäftsanteils	85

§ 15 2. Abschnitt. Rechtsverhältnisse der Gesellschaft und der Gesellschafter

	Rn.
d) Verpfändungsanzeige	86, 87
e) Statutarische Vereinbarungen	88
f) Verwertung des Geschäftsanteils	89, 90
g) Keine Übertragung von Mitgliedschaftsrechten	91, 92
h) Zustimmung der Gesellschaft	93
i) Übertragung und Aufhebung	94
j) Befugnisse des Gesellschafters	95, 96
k) Das Nutzungspfandrecht	97
IV. Familien- und erbrechtliche Probleme	98–133
1. Verfügungen und eheliches Güterrecht	98–106
a) Einleitung	98, 99
b) Zugewinngemeinschaft	100–102
c) Weitere Verfügungen	103
d) Zustimmungsfreie Rechtsakte	104
e) Folgen der Nichtbeachtung des § 1365 BGB	105
f) Sonstige Güterstände	106
2. Verfügung über Geschäftsanteile Minderjähriger und Geschäftsunfähiger	107–113
a) Vertretung durch die Erziehungsberechtigten	107–109
b) Genehmigung des Vormundschaftsgerichts	110–112
c) Vormundschaft, Betreuung, Pflegschaft	113
3. Die Vererblichkeit des Geschäftsanteils	114–125
a) Unabdingbarkeit der Norm	114, 115
b) Möglichkeiten einer statutarischen Einflussnahme	116–119
c) Höhe des Entgelts bei Übertragung	120
d) Beschränkungen der Mitgliedschaftsrechte	121
e) Haftungsfragen	122
f) Vorerbschaft	123, 124
g) Vermächtnis	125
4. Nachlassverwaltung und Testamentsvollstreckung	126–133
a) Nachlassverwaltung	126
b) Testamentsvollstreckung	127–133
aa) Zum Zwecke der Erbauseinandersetzung	127, 128
bb) Verwaltende Testamentsvollstreckung	129, 130
cc) Nutzungs- und Verwaltungsrechte	131
dd) Testamentsvollstreckung und Gesellschaftsbeteiligung	132, 133
V. Die Pfändung des Geschäftsanteils im Wege der Zwangsvollstreckung	134–149
1. Grundsatz	134, 135
2. Reichweite der Pfändung	136–138
3. Doppelpfändung	139
4. Pfändung eines Teils des Geschäftsanteils	140
5. Vorkaufsrecht der Gesellschaft?	141
6. Zwangsversteigerung	142–145
7. Stellung des Gesellschafters	146
8. Bewertungsfragen	147–149
VI. Der Geschäftsanteil im Insolvenzverfahren	150–160
1. Insolvenz des Gesellschafters	150–155
a) Stellung des Gesellschafters	150–152
b) Pflichten des Insolvenzverwalters	153, 154
c) Weiterbestehen der Gesellschaft	155
2. Eigenverwaltung	156
3. Treuhandverhältnisse in der Insolvenz	157, 158
4. Insolvenz der Gesellschaft	159, 160
VII. Die Erschwerung der Veräußerung von Geschäftsanteilen (Abs. 5)	161–189
1. Inhalt und Bedeutung	161–163
2. Grenzen und Reichweite	164–167
3. Übergabe von Anteilscheinen	168
4. Treuhandverhältnisse	169–171
5. Die Genehmigung durch die Gesellschaft	172–186
a) Statutarische Regelungen und Zustimmung der Gesellschaft	172–174
b) Zustimmung „der Gesellschaft"	175, 176
c) Zustimmung „der Gesellschafterversammlung"	177, 178
d) Zustimmung durch „die Gesellschafter"	179
e) Versagung der Genehmigung	180–186
6. Schwebende Unwirksamkeit	187
7. Gleichgestellte Rechtsgeschäfte	188, 189
VIII. Die Vereinigung von Geschäftsanteilen	190–193
1. Die Regelung des Abs. 2	190
2. Voraussetzungen	191, 192
a) Beschluss der Gesellschafterversammlung	191
b) Volleinzahlung der Geschäftsanteile	192
3. Bestimmung über die Vereinigung von Geschäftsanteilen	193
IX. Anfechtung, Nichtigkeit, fehlerhafte Gesellschaft	194–196
X. Steuerrecht	197–199
XI. Österreichisches Recht	200

Übertragung von Geschäftsanteilen § 15

I. Einführung

§ 15 regelt die Verfügungen über die Geschäftsanteile und bestimmt in Abs. 1 dem 1
Grundsatze nach die Veräußerlichkeit und Vererblichkeit. Die Vorschrift ist seit In-Kraft-Treten des GmbHG in der Sache unverändert. Abs. 3 u. Abs. 4 S. 1 sind durch das Gesetz vom 28. 8. 1969 (BGBl. I S. 1513) geändert worden.

Es bedurfte dieser Regelung als Korrelat für das gesetzlich nicht vorgesehene Kündi- 2
gungsrecht der Gesellschafter, wie es bei der Gesellschaft bürgerlichen Rechts in § 723 BGB, bei den Personenhandelsgesellschaften in §§ 131, 132 HGB für die OHG und über § 161 Abs. 2 HGB für die KG ausdrücklich geregelt ist.[1] Abs. 3 und 4 erschweren die Veräußerung durch das Formerfordernis der notariellen Beurkundung des schuldrechtlichen Veräußerungsvertrages und des dinglichen Abtretungsvertrages für den Geschäftsanteil. Gesetzgeberischer Zweck dieser Bestimmung ist in erster Linie, den unerwünschten Handel mit Geschäftsanteilen zu verhindern, aber auch den Beteiligten an der Abtretung eines Geschäftsanteils die wirtschaftliche Bedeutung des Vorganges bewusster zu machen und den Beweis zu erleichtern.[2] Dem Zweck, den Handel mit Geschäftsanteilen wenn nicht zu unterbinden, so doch zu erschweren, dient zusätzlich die Regelung in Abs. 5, die die statutarisch zu begründende Möglichkeit eröffnet, die Abtretung von Geschäftsanteilen **an weitere Voraussetzungen zu knüpfen,** insbesondere von der **Genehmigung der Gesellschaft** abhängig zu machen. Von der **Kann-Bestimmung** des Abs. 5 wird in praxi reichlich Gebrauch gemacht.

Der in neuerer Zeit erhobenen Forderung nach erleichterter Fungibilität der Ge- 3
schäftsanteile einer GmbH hat die GmbH-Reform 1980 nicht entsprochen. Die Begründung zum Regierungsentwurf hat sich seinerzeit der mehrheitlich vertretenen Auffassung angeschlossen, dass eine freie Übertragbarkeit der Geschäftsanteile einer GmbH der Struktur der GmbH entgegenstehe, weil diese in erster Linie eine Organisationsform sei, die eine engere Bindung der Gesellschafter untereinander voraussetze.[3] Diese Überlegung ist zutreffend, zumal Abs. 1 ohnehin die freie Übertragbarkeit der Geschäftsanteile dem Grundsatze nach ausspricht und lediglich Abs. 5 die statutarische Einschränkung der Übertragbarkeit ermöglicht. Was die Übertragbarkeit erschwert, sind dann lediglich die Regelungen in Abs. 3 und 4, die sowohl für den Veräußerungsvertrag als auch für die Abtretung selbst die Beurkundung in notarieller Form zwingend festlegen.

Diese „Erschwernis" und die Anmeldung des Übergangs des Geschäftsanteils gemäß 4
§ 16 Abs. 1 erscheinen auch nicht unangemessen, sie sind vielmehr notwendig, um den an der Abtretung des Geschäftsanteils Beteiligten und der Gesellschaft die Sicherheit zu geben, dass eine ordnungsgemäße Übertragung des Geschäftsanteils stattgefunden hat. Ein Verzicht auf dieses Formerfordernis hätte zur Voraussetzung, dass bei der GmbH Anteilscheine ausgegeben werden, die ähnlich ausgestaltet sind wie die Inhaberaktie gemäß § 10 AktG. Auch hierfür besteht freilich keine Notwendigkeit. Wer die freie Übertragbarkeit von Anteilen wünscht, kann sich angesichts des geringen

---

[1] RGZ 73, 429, 432 f.
[2] RGZ 164, 162, 170; BGHZ 13, 49, 51 f.; BGH WM 1969, 1257, 1258; NJW 1996, 3338, 3339; *Scholz/Winter* Rn. 1; *Lutter/Hommelhoff* Rn. 12; *Meyer-Landrut/Miller/Niehus* Rn. 2; Zweifel an der sachlichen Rechtfertigung des Beurkundungserfordernisses äußert *Heidenhain* ZIP 2001, 721 und 2113; dagegen *Kanzleiter* ZIP 2001, 2105.
[3] *Scholz/Winter* Rn. 1; zur Diskussion über eine Börseneinführung von GmbH-Anteilen vgl. *Baumbach/G. Hueck/Fastrich* Einl. Rn. 13 g und 19 mN.

§ 15   2. Abschnitt. Rechtsverhältnisse der Gesellschaft und der Gesellschafter

Grundkapitals der Aktiengesellschaft von 50 000 € der Rechtsform der AG bedienen, wobei hinzu kommt, dass die Publizitätspflichten durch das Bilanzrichtliniengesetz heute bei der GmbH und der AG praktisch gleich sind, so dass auch insoweit keine Probleme auftreten können (§§ 264 ff. HGB).

5   Auch für die meist in der Rechtsform der GmbH & Co. KG organisierten sog. Publikumsgesellschaften besteht das Bedürfnis nach erleichterter Fungibilität nicht, da die Abtretung der Kommanditanteile bei der GmbH & Co. KG, sofern der Gesellschaftsvertrag dies überhaupt zulässt, ohnehin formfrei ist.

II. Veräußerungsverträge

Schrifttum: *Altmeppen* Verbandshaftung kraft Wissenszurechnung am Beispiel des Unternehmenskaufs, BB 1999, 749; *Baur* Die Gewährleistungshaftung des Unternehmensverkäufers, BB 1979, 381; *Becker* Gesellschaftsrechtliche Probleme der Finanzierung von Leveraged-Buy-Outs, DStR 1998, 1429; *Behr* Die Abtretung, insbesondere die Teilabtretung der Geschäftsanteile bei der GmbH, Diss. Erlangen 1926; *Bihr* Due Diligence: Geschäftsführungsorgane im Spannungsfeld zwischen Gesellschafts- und Gesellschafterinteressen, BB 1998, 1198; *Bredthauer* Zur Wirksamkeit gesellschaftsrechtlicher Beurkundungen im Kanton Zürich, BB 1986, 1864; *Canaris* Leistungsstörungen beim Unternehmenskauf, ZGR 1982, 395; *Dyhr* Das Formgebot bei der Übertragung von GmbH-Geschäftsanteilen (§ 15 Abs. 3 und 4 GmbHG), Diss. Münster 1998; *Eder* Gefahren beim Erwerb von Geschäftsanteilen, GmbHR 1974, 173; *Fischer* Das Recht der oHG als ergänzende Rechtsquelle zum GmbH-Gesetz, GmbHR 1953, 131; *Fleischer* Die Haftung des Verkäufers von Gesellschaftsanteilen – Deutsche Probleme und französische Lösungen, WM 1998, 849; *Gätsch/Schulte* Notarielle Beurkundung bei im Ausland erfolgenden GmbH-Anteilsveräußerungen, ZIP 1999, 1954; *dies.* Notarielle Beurkundung bei der Veräußerung von Anteilen an ausländischen Gesellschaften mbH in Deutschland, ZIP 1999, 1909; *Gessler* Sicherung der Herrschaftsmacht bei Übertragung von Geschäftsanteilen, GmbHR 1974, 202; *Goette* Auslandsbeurkundungen im Kapitalgesellschaftsrecht, DStR 1996, 709; *Götz/Gehlich* Die Haftung von Gesellschafter und Geschäftsführer bei Verwendung eines GmbH-Mantels, ZIP 1999, 1653; *Grau* Lücken im Schutz des gutgläubigen Rechtsverkehrs bei unwirksamer Übertragung von GmbH-Anteilen, FS Oberneck, 1929, S. 173; *Häsemeyer* Die gesetzliche Form des Rechtsgeschäftes, 1971; *Hey/Regel* Firmenbestatter – Strafrechtliche Würdigung eines neuen Phänomens, GmbHR 2000, 115; *Heckelmann* Abfindungsklauseln in Gesellschaftsverträgen, 1973; *Heidenhain* Zum Umfang der notariellen Beurkundung bei der Veräußerung von Geschäftsanteilen, NJW 1999, 3073; *ders.* Aufgabe des Beurkundungserfordernisses bei Verkauf und Abtretung von GmbH-Geschäftsanteilen, ZIP 2001, 721, 2113; *Herberger* Rechtsnatur, Aufgabe und Funktion der Sachmängelhaftung nach dem BGB, 1974; *Hiddemann* Leistungsstörungen beim Unternehmenskauf aus der Sicht der Rechtsprechung, ZGR 1982, 435; *Hohner* Die Bereinigung fehlerhafter GmbH-Anteile, FS Barz, 1974, S. 147; *Hommelhoff* Die Sachmängelhaftung beim Unternehmenskauf, 1975; *ders.* Die Sachmängelhaftung beim Unternehmenskauf durch Anteilserwerb, ZHR 140 (1976), 271; *ders.* Zur Abgrenzung von Unternehmenskauf und Anteilserwerb, ZGR, 1982, 366; *U. Huber* Mängelhaftung beim Kauf von Geschäftsanteilen, ZGR 1972, 395; *A. Hueck* Die Übertragung von Geschäftsanteilen, ZHR 83 (1920), 1 ff.; *Immenga* Die personalistische Kapitalgesellschaft, 1970; *Kanzleiter* Der Zweck der Beurkundungspflicht für Veräußerungsverträge über GmbH-Geschäftsanteile, ZIP 2001, 2105; *Kapp* Der geplatzte Unternehmenskauf: Schadensersatz aus culpa in contrahendo bei formbedürftigen Verträgen (§ 15 Abs. 4 GmbHG), DB 1989, 1225; *Knobbe-Keuk* Inanspruchnahme des arglistig getäuschten Erwerbers eines noch nicht eingezahlten GmbH-Geschäftsanteils, ZIP 1983, 274; *Knur* Die Familiengesellschaft, 1941; *Kröll* Beurkundung gesellschaftsrechtlicher Vorgänge durch einen ausländischen Notar, ZGR 2000, 111; *Kropholler* Auslandsbeurkundungen im Gesellschaftsrecht, ZHR 140 (1976), 394; *Kühn* Gutgläubiger Erwerb von GmbH-Anteilen?, GmbHR 1970, 201; *Lass* Ausschlachtung der GmbH nach mangelbehafteter Übernahme, GmbH 1997, 401; *Lessiak* Formgebundenheit der Übertragung von GmbH-Anteilen im Treuhandverhältnis, Der Gesellschafter 1988, 42; *Lessmann* Vinkulierte Übertragung von GmbH-Geschäftsanteilen, GmbHR 1985, 179; *Lieb* Privatrechtliche Schranken der Perpetuierung von Unternehmen, GmbHR 1973, 274; *Loos* Mängelhaftung für schuldrechtliche Verbindlichkeiten beim Verkauf von Aktien und GmbH-Anteilen, MDR 1962, 172; *Loos* Die Haftung für Rechts- und Sachmängel des Unternehmens beim Kauf von Aktien und GmbH-Anteilen, NJW 1962, 519; *Loritz* Das Recht des GmbH-Gesellschafters auf anteiligen Dividendenbezug nach Anteilsübertragung, DStR 1998, 84; *Lutter/Lein* Kompetenzen von Hauptversammlung und Gesellschafterversammlung beim Verkauf von Unternehmensteilen, ZIP 1998, 225; *Mayer* Mantelkauf und Mantelverwendung – (k)ein Problem?, NJW 2000, 175; *Meller-Hannich* Verwendung von Vorrats- und Mantelkapitalgesellschaften und Prüfung durch das Registergericht, ZIP 2000, 345; *Merkt* Internationaler Unternehmenskauf, 1997; *v. Middendorf* Der Kauf von GmbH-Geschäftsanteilen, Diss. Tübingen

1929; *Möhring* Die nachträgliche Vinkulierung der GmbH-Anteile, GmbHR 1963, 201; *Müller* Zur Haftung des Verkäufers von GmbH-Anteilen für falsche Auskünfte über den Wert des Unternehmens, ZIP 2000, 817; *Neukamp* Die Geschäftsanteile der GmbH, ZHR 57 (1906), 1 ff.; *Neumann-Duesberg* Gewährleistung von Unternehmensmängeln beim Kauf von Geschäftsanteilen, WM 1968, 494 und 1969, 1002; *Petzoldt* Beurkundungspflicht bei Übertragung von GmbH-Anteilen bei gesellschaftsrechtlichen Vorgängen, GmbHR 1976, 81; *Picot* Unternehmenskauf und Restrukturierung. Handbuch zum Wirtschaftsrecht, 2. Aufl. 1998; *Picot/Land* Der internationale Unternehmenskauf, DB 1998, 1601; *Pilger* Präambel im Unternehmenskaufvertrag – ein unterschätztes Gestaltungsmittel, BB 2000, 368; *Pohlmann* Verzicht auf die aufschiebende Bedingung einer GmbH-Anteilsübertragung, NJW 1999, 190; *van Randenborgh/Kallmeyer* Pro und Contra: Beurkundung gesellschaftsrechtlicher Rechtsgeschäfte durch ausländische Notare?, GmbHR 1996, 908; *Reuter* Keine Auslandsbeurkundung im Gesellschaftsrecht, BB 1998, 116; *Roschmann* Haftungsklauseln in Unternehmenskaufverträgen, ZIP 1998, 1941; *Sauter* Die Anwendung der Kaufrechtssätze des Bürgerlichen Gesetzbuches auf den Verkauf von Geschäftsanteilen einer GmbH, Diss. Tübingen 1927; *Schaub* Treuhand an GmbH-Anteilen, DStR 1995, 1634; *Schiemann* Haftungsprobleme bei der Treuhand an Gesellschaftsanteilen, FS Zöllner, 1999, S. 503; *Schlüter* Veräußerung und Abtretung bei Übertragung von GmbH-Geschäftsanteilen als Formproblem, FS Bartholomeyczik, 1973, S. 359; *G. Schmidt* Einschränkung der freien Übertragbarkeit von Aktien oder Geschäftsanteilen durch Satzungsänderung, DB 1955, 162; *K. Schmidt* Die fehlerhafte Anteilsübertragung, BB 1988, 1053; *Scholz* Formnichtigkeit und Arglisteinrede, NJW 1950, 81; *H. Schuhmann* Die Übertragung von Geschäftsanteilen, RdW 1944, 151; *Schwerdtfeger/Kreuzer* Unternehmenskauf und „Due Diligence" – Anspruch des vorkaufsberechtigten Erwerbers?, BB 1998, 1801; *Semler/Volhard* Arbeitshandbuch für Unternehmensübernahmen, 2001/2002; *Serick* Eigentumsvorbehalt unter Sicherungsübereignung, Bd. II, 1965; *Sieger/Hasselbach* Break Fee-Vereinbarung bei Unternehmenskäufen, BB 2000, 625; *Sigle/Maurer* Umfang des Formzwangs beim Unternehmenskauf, NJW 1984, 2657; *Spindler* Der unerwünschte Gesellschafter, GmbHR 1951, 165; *Steindorff* Allgemeine Formvorschriften in Gesellschafts- und Auftragsverhältnissen, ZHR 129 (1967), 21; *Sudhoff* Die Familien-GmbH, GmbHR 1973, 193; *Traumann* Probleme der Vollmacht zum Abschluß der Geschäftsanteils-Veräußerungsverträgen, GmbHR 1985, 78; *Wagner* Abtretung von Geschäftsanteilen einer österreichischen GmbH, DNotZ 1985, 80; *Waldner* Geschäftsanteilsabtretung in der notariellen Praxis, ZNotP 2001, 380; *Westermann* Neuere Entwicklungen beim Kauf von Unternehmensbeteiligungen, ZGR 1982, 45; *Wiedemann* Die nachträgliche Vinkulierung von Aktien und GmbH-Anteilen, NJW 1964, 282; *Wiedemann* Die Übertragung und Vererbung von Mitgliedschaftsrechten bei Handelsgesellschaften, 1965; *Wiedemann* Die Haftung des Verkäufers von Gesellschaftsanteilen für Mängel des Unternehmens, FS Nipperdey, Bd. I, 1965, S. 815; *Wiesmann* Grenzfälle zwischen den §§ 434, 437 ff. und 459 ff. BGB, Diss. Marburg 1932; *Wiesner* Beurkundungspflicht und Heilungswirkung bei Gründung von Personengesellschaften und Unternehmensveräußerung NJW 1984, 95; *Witt* Formbedürftigkeit und Heilung von Formmängeln bei der gleichzeitigen Einbringung von KG- und GmbH-Anteilen in eine Holding-Gesellschaft, ZIP 2000, 1033; *Wollny* Unternehmens- und Praxisübertragungen, 5. Aufl. 2001; *Zeilinger* Das Verhältnis zwischen Veräußerer und Erwerber bei der fehlerhaften rechtsgeschäftlichen Übertragung eines GmbH-Geschäftsanteils, NZG 1999, 1021; *ders.* Das Verhältnis der Parteien zur GmbH und ihren Gesellschaftern bei der fehlerhaften rechtsgeschäftlichen Übertragung eines GmbH-Geschäftsanteils, NZG 2001, 871.

1. Grundsätzliches. Die Zulässigkeit der **Veräußerung** des Geschäftsanteils besagt, dass der Gesellschafter der GmbH berechtigt ist, über **den Geschäftsanteil als Mitgliedschaftsrecht** durch Rechtsgeschäft zu verfügen. Es vollzieht sich auf diese Weise der **Austritt** und der **Eintritt von Gesellschaftern** bei der GmbH. Die Veräußerung ist dabei im weitesten Umfang des Begriffes zu verstehen, sie umfasst den Verkauf, den Tausch, die Schenkung, die Abtretung auf Grund eines Vergleiches, die Einbringung in ein anderes Unternehmen, also jedes auf Übertragung des Geschäftsanteils gerichtetes Rechtsgeschäft.[4] Die Übertragung selbst ist nicht anmeldepflichtig.[5] Im Übrigen ist aber auf § 16 zu verweisen, als Gesellschafter gilt nur, wer bei der Gesellschaft angemeldet ist (s. Erl. zu § 16).

6

Gleichgültig bleibt, ob es sich um ein- oder zweiseitige Verträge handelt, ob die Übertragung aufgrund eines Vergleichs erfolgt oder ob sie im Gesellschaftsvertrag der

7

---

[4] *Hachenburg/Zutt* Rn. 14 und Anh. § 15 Rn. 30; *Baumbach/G. Hueck/Fastrich* Rn. 30; zur Vererbung s. Rn. 114 ff.
[5] BayObLG DB 1985, 1521.

§ 15   2. Abschnitt. Rechtsverhältnisse der Gesellschaft und der Gesellschafter

Gesellschaft selbst vorgesehen ist. Die Verpflichtung zur Veräußerung kann auch zulässig gegenüber dem Vertragsgegner zugunsten eines Dritten erfolgen.[6] Ebenso ist es unerheblich, ob die Verpflichtung zur Veräußerung den ganzen Geschäftsanteil oder nur einen **Teil des Geschäftsanteils** betrifft.[7] Es ist bei der Veräußerung eines Teilgeschäftsanteils dann freilich die in § 17 Abs. 1 zwingend vorgeschriebene Genehmigung (Zustimmung) der Gesellschaft zu beachten. Die Zustimmung der Gesellschaft zur Veräußerung kann auch im vorhinein erfolgen.[8] Auch **ein erst zu schaffender,** also künftiger **Geschäftsanteil** kann Gegenstand des Veräußerungsgeschäfts sein.[9] In gleicher Weise kann ein Bezugsrecht veräußert werden. In den Bedingungen, zu denen der Geschäftsanteil oder ein Bezugsrecht veräußert wird, sind die Beteiligten frei, sofern nicht statutarische Einschränkungen gemäß Abs. 5 bestehen (s. hierzu Rn. 161 ff.).

8   Keine Veräußerung iS des § 15 ist der gesetzliche Übergang eines Geschäftsanteils im Wege einer Gesamtrechtsnachfolge, wie zB bei der errichtenden oder übertragenden Umwandlung oder bei der Verschmelzung.[10] Bei der nur formwechselnden Umwandlung bedarf es ebenfalls keiner Abtretung, da die Identität des Vermögensträgers gewahrt bleibt.[11] Fehlt es am Vorliegen einer Gesamtrechtsnachfolge, so ist eine Abtretung stets erforderlich. Eingehend zur Umwandlung und Verschmelzung Anh. § 77.

9   **2. Die Veräußerung als Rechtskauf.** Der Geschäftsanteil einer GmbH ist nach ganz einhelliger Meinung die Verkörperung eines Rechtes: des Mitgliedschaftsrechts (s. § 14 Rn. 1, 13). Der Kauf eines Geschäftsanteils ist sonach der **Kauf eines Rechtes;**[12] auf den Tausch sind die für den Kauf eines Geschäftsanteils geltenden Vorschriften entsprechend anzuwenden, § 480 BGB nF. Wenn ein Vertragsteil Kaufmann ist und das Geschäft zum Betriebe seines Handelsgewerbes gehört, handelt es sich um einen Handelskauf im Sinne der §§ 343 ff. HGB. Die Vorschriften der §§ 373 bis 380 HGB finden jedoch auf den Erwerb eines Geschäftsanteils keine Anwendung, da der Geschäftsanteil kein Wertpapier iS des § 381 HGB ist,[13] und zwar auch dann nicht, wenn für den Geschäftsanteil ein Anteilschein ausgegeben ist (s. hierzu § 14 Rn. 42 und Rn. 168).

10   **a) Anteils- und Unternehmenskauf nach altem Schuldrecht.** Nach dem bis zum 31. 12. 2001 geltenden Recht war zwischen Sach- und Rechtskauf und zwischen Sachmängel- und Rechtsmängelgewährleistungsrecht wegen unterschiedlicher Voraussetzungen und Rechtsfolgen zu unterscheiden. Bei dem Kauf von Mitgliedschaftsrechten an einer GmbH handelte es sich um den Erwerb von sonstigen Rechten iS des § 437 Abs. 1 BGB aF, also um einen Rechtskauf, für den hinsichtlich der Gewährleistung grundsätzlich nicht die Vorschriften über die Sachmängelhaftung (§§ 459 ff. BGB

---

[6] *Hachenburg/Zutt* Rn. 15.
[7] RGZ 87, 246, 248; *Hachenburg/Zutt* Rn. 27; *Scholz/Winter* Rn. 37 b und § 17 Rn. 10; *Baumbach/G. Hueck/Fastrich* Rn. 2.
[8] *Scholz/Winter* Rn. 99 und § 17 Rn. 33.
[9] RGZ 149, 385, 397; BGHZ 21, 242, 245 und 378, 383; 29, 300, 303; BGH NJW 1987, 2437; *Hachenburg/Zutt* Rn. 26; *Scholz/Winter* Rn. 3 a; *Baumbach/G. Hueck/Fastrich* Rn. 2 u. 23; *Lutter/Hommelhoff* Rn. 1; *Roth/Altmeppen* Rn. 12; zum Gesellschafterwechsel in der Vor-GmbH Rn. 14.
[10] BGHZ 19, 69, 70 f.; *Hachenburg/Zutt* Rn. 80; *Scholz/Winter* Rn. 44.
[11] *Hachenburg/Zutt* Rn. 82.
[12] RG JW 1930, 3740; BGH NJW 1976, 236, 237; 1980, 2408 f.; *Hachenburg/Zutt* Anh. § 15 Rn. 13; *Meyer-Landrut/Miller/Niehus* Rn. 34; *Baumbach/G. Hueck/Fastrich* Rn. 6; *Canaris* ZGR 1982, 395, 401 f.; MüKo BGB/*Roth* § 413 Rn. 10; *Staudinger/Ostler* 11. Aufl. § 437 Rn. 24; *Palandt/Heinrichs* § 413 Rn. 4; aA *U. Huber* ZGR 1972, 395, 404.
[13] So zutr. *Hachenburg/Zutt* Anh. § 15 Rn. 13; *Ebenroth/Boujong/Joost/Müller* § 381 Rn. 1.

aF), sondern diejenigen über die Rechtsmängelhaftung (§§ 437 ff., 440 BGB aF) maßgebend waren. Danach haftete der Verkäufer aber nur für den Bestand und die rechtlichen Eigenschaften des Geschäftsanteils, nicht dagegen für seinen Wert oder für Mängel einzelner Vermögensstücke oder eines von der GmbH betriebenen Unternehmens. Wenn sich der käufliche Erwerb von Geschäftsanteilen allerdings nach wirtschaftlicher Betrachtungsweise als Kauf des von der GmbH betriebenen Unternehmens darstellte, so war er als Unternehmens- und damit als Sachkauf anzusehen mit der Folge, dass auf ihn die Vorschriften über die Sachmängelhaftung entsprechende Anwendung fanden. Die Grenze zwischen Anteilsrechtskauf und Unternehmenssachkauf ist in der Rechtsprechung nicht abschließend festgelegt worden. Zumindest wurde der Erwerb einer satzungsändernden Mehrheit mit der zutreffenden Erwägung verlangt, dass der Erwerb einer **qualifizierten Mehrheit** an einer GmbH dem Erwerber einen so überragenden Einfluss auf die Gesellschaft und damit auf das Unternehmen der Gesellschaft verschafft, dass ein solcher Erwerb einer qualifizierten Mehrheit einem Unternehmenskauf gleich zu erachten sei.[14]

b) Die Schuldrechtsreform. Die Schuldrechtsreform durch das Gesetz zur Modernisierung des Schuldrechts hat nunmehr Sach- und Rechtskauf gleichgestellt:[15] Nach § 453 Abs. 1 BGB in der ab dem 1. 1. 2002 geltenden Fassung finden die Vorschriften über den Kauf von Sachen auf den Kauf von Rechten und sonstigen Gegenständen entsprechende Anwendung. Bezüglich der Rechtsfolgen werden zukünftig auch Rechts- und Sachmängel gleichbehandelt. Die Rechte des Käufers bei Mängeln nach den §§ 437 ff. BGB nF gelten sowohl bei Sach- wie bei Rechtsmängeln. Die Legaldefinition des Sachmangels findet sich in § 434 BGB nF, diejenige des Rechtsmangels in § 435 BGB nF. Hinsichtlich der Rechtsfolgen dürfte die Unterscheidung zwischen Anteilsrechts- und Unternehmenssachkauf damit an Bedeutung verloren haben.[16] Das alte Recht ist aber weiterhin von Bedeutung, weil die neuen Vorschriften gemäß Art. 229 § 5 S. 1 EGBGB nur für neue Verträge gelten sollen. Auf Schuldverhältnisse, die vor dem 1. 1. 2002 entstanden sind, ist das BGB in der bis dahin geltenden Fassung anzuwenden. Etwas anderes gilt für das neue Verjährungsrecht, das teilweise in der seit dem 1. 1. 2002 geltenden Fassung auch auf die an diesem Tage bestehenden und noch nicht verjährten Ansprüche Anwendung findet, Art. 229 § 6 EGBGB. 11

3. Die Verschaffungspflicht. a) Die formgerechte Abtretung. Die dem Verkäufer nach altem Recht gemäß § 433 Abs. 1 S. 2 BGB aF obliegende Pflicht, dem Käufer das Recht zu verschaffen, also den Geschäftsanteil rechtswirksam an den Käufer abzutreten und, falls ein Anteilschein für den Geschäftsanteil vorhanden ist, diesen dem Käufer zu übergeben,[17] folgt nunmehr aus § 433 Abs. 1 S. 1 iVm. § 453 Abs. 1 BGB nF. Dies gilt entsprechend auch dann, wenn der Verkäufer nicht Eigentümer des Geschäftsanteils ist; ihn trifft dann die Pflicht, die Veräußerung des Geschäftsanteils durch den Eigentümer an den Käufer wirksam herbeizuführen.[18] Im Falle der Nichterfüllung bestehen dann nur Ansprüche gegen den Verkäufer.[19] Nichts anderes gilt, wenn der Geschäftsanteil – was ebenfalls zulässig ist (vgl. § 365 BGB) – an Erfüllungs Statt hingegeben wird. 12

---

[14] BGHZ 65, 246, 248 f., 250 = NJW 1976, 236, 237; BGH NJW 1980, 2408, 2409; BGHZ 138, 195, 204 = NJW 1998, 2360; BGH NZG 2001, 751, 752.
[15] Zum neuen Kaufrecht vgl. *H. P. Westermann* JZ 2001, 530 ff.
[16] Vgl. auch *H. P. Westermann* JZ 2001, 530, 532.
[17] *Hachenburg/Zutt* Anh. § 15 Rn. 14; § 14 Rn. 12.
[18] *Scholz/Winter* Rn. 4.
[19] *Scholz/Winter* Rn. 4.

§ 15   2. Abschnitt. Rechtsverhältnisse der Gesellschaft und der Gesellschafter

13 Die Hauptpflicht des Veräußerers besteht demnach nach wie vor in der gehörigen formgerechten Abtretung des Geschäftsanteils an den Erwerber, also dem dinglichen Rechtsgeschäft, das der notariellen Beurkundung gemäß Abs. 3 bedarf.[20] Ist der Verkäufer nicht selbst Inhaber des Geschäftsanteils, so hat er alles Zumutbare zu unternehmen, damit der Inhaber des Geschäftsanteils diesen an den Käufer abtritt. Weigert sich dieser, erfüllt er also den Veräußerungsvertrag nicht, so haftet der Verkäufer dem Käufer. Ein eigener Anspruch des Käufers gegenüber dem Inhaber des Geschäftsanteils besteht mangels Vorhandenseins einer unmittelbaren Vertragsbeziehung zu dem Inhaber nicht. Der Verkäufer kann jedoch seine etwaigen Ansprüche gegen den Inhaber des Geschäftsanteils an den Käufer abtreten, dann kann der Käufer unmittelbar Klage auf Abtretung des Geschäftsanteils erheben.

14 Es kann auch der Geschäftsanteil an einer in Gründung befindlichen Gesellschaft veräußert werden.[21] Davon zu unterscheiden ist aber der Gesellschafterwechsel in der Vor-GmbH. Der Anteil an einer Vorgesellschaft ist nach hM nicht abtretbar; der Gesellschafterwechsel in der Vor-GmbH ist durch Satzungsänderung zu vollziehen.[22] Der Geschäftsanteil einer **überhaupt noch nicht bestehenden Gesellschaft** kann nicht veräußert werden, es fehlt an der für die Veräußerung eines Geschäftsanteils erforderlichen Bestimmbarkeit des Anteils.[23] Bei der Veräußerung eines Geschäftsanteils an einer nicht (mehr) bestehenden Gesellschaft entfällt nach neuem Schuldrecht die Leistungspflicht des Verkäufers nunmehr gemäß § 275 Abs.1 BGB nF (zu den Rechten des Käufers bei Unmöglichkeit s. Rn. 31 f.). Nach altem Recht entstand die Verkäuferpflicht mit der Rechtsfolge der Haftung des Verkäufers gemäß § 437 BGB aF, soweit der Verkäufer aus tatsächlichen Gründen seiner Verschaffungspflicht von vornherein nicht genügen konnte; § 306 BGB aF war nach allgM nur anwendbar, wenn der Bestand oder die Entstehung des Rechts aus rechtlichen, nicht aber aus tatsächlichen Gründen unmöglich war.[24]

15 In **welchem Zustand der Geschäftsanteil** verschafft wird, hängt allein von dem Parteiwillen ab. Der Parteiwille ist durch Auslegung zu ermitteln, er kann zB auch ergeben, dass eine zwischenzeitliche Kapitalerhöhung zu berücksichtigen ist.[25] Der Geschäftsanteil wird in aller Regel mit den Belastungen übertragen werden, die er im Zeitpunkt der Veräußerung hat; er ist also nicht notwendig frei von Rechten Dritter zu verschaffen. Wirksame Vorausverfügungen des Veräußerers etwa über den Gewinnanspruch oder den Liquidationserlös muss der Käufer gegen sich gelten lassen. Dies gilt auch für wirksame Beschlüsse der Gesellschafterversammlung.[26] Freilich müssen die Belastungen und Vorausverfügungen dem Erwerber bekannt sein (zu vorvertraglichen Aufklärungspflichten vgl. Rn. 28).

16 **b) Mantelkauf.** Grundsätzlich zulässig ist der sog. Mantelkauf, d. h. der Erwerb (praktisch) aller Geschäftsanteile einer Gesellschaft, die eine wirtschaftliche Tätigkeit nicht mehr oder noch nicht (Vorratsgründung, vgl. § 3 Rn. 13) ausübt und die möglicherweise sogar vermögenslos ist, da in diesen Fällen die GmbH (noch) besteht und

---

[20] *Scholz/Winter* Rn. 37, 38; s. Rn. 36 ff.
[21] AllgM; BGHZ 21, 242, 245; BGH NJW 1999, 2294, 2295; *Scholz/Winter* Rn. 3 a; *Roth/Altmeppen* Rn. 12.
[22] BGHZ 134, 333 = NJW 1997, 1507; *Scholz/Winter* Rn. 3; *Lutter/Hommelhoff* Rn. 3; *Roth/Altmeppen* § 11 Rn. 57; aA *Scholz/K. Schmidt* § 11 Rn. 41; ders. GmbHR 1997, 869 ff.
[23] Wie hier *Roth/Altmeppen* § 11 Rn. 57; aA wohl *Hachenburg/Zutt* Anh. § 15 Rn. 14.
[24] Vgl. OLG Saarbrücken ZIP 2000, 2054; *Palandt/Putzo* § 437 Rn. 1.
[25] BGH ZIP 1987, 709 = NJW 1987, 2437.
[26] *Hachenburg/Zutt* Rn. 88; s. auch BGHZ 88, 205 ff.

Übertragung von Geschäftsanteilen § 15

ihre Geschäftsanteile vorhanden sind.[27] Umstritten ist allerdings, ob es sich bei dem Erwerb und der Verwendung eines solchen Mantels, die in der Regel eine Änderung des Gesellschaftsvertrages hinsichtlich der Firma und des Unternehmensgegenstandes erfordert und unter Auswechslung der Geschäftsführung erfolgt, um eine wirtschaftliche Neugründung handelt, auf die die Gründungsvorschriften, insbesondere über die Mindestkapitalausstattung aus Gründen des Gläubigerschutzes entsprechend anzuwenden sind,[28] und ob eine Handelndenhaftung entsprechend § 11 Abs. 2 in Betracht kommt.[29] Im neueren Schrifttum überwiegt zu Recht die Ansicht, dass die Mantelverwendung weder die Anwendung der Gründungsvorschriften verlangt noch für eine persönliche Gesellschafter- oder Handelndenhaftung ein Grund besteht;[30] das Registergericht ist zur Kontrolle der Kapitalaufbringung weder berechtigt noch verpflichtet.[31]

Ein steuerlicher Verlustvortrag setzt nach § 8 Abs. 4 S. 1 KStG voraus, dass die Gesellschaft nicht nur rechtlich, sondern auch wirtschaftlich mit derjenigen identisch ist, die die Verluste erlitten hat. Nach § 8 Abs. 4 S. 2 KStG fehlt einer Kapitalgesellschaft die wirtschaftliche Identität, wenn erstens bezogen auf das gezeichnete Kapital mehr als 75 % der Geschäftsanteile übertragen werden, zweitens überwiegend neues Betriebsvermögen zugeführt und drittens der Geschäftsbetrieb wieder aufgenommen wird. Beim Mantelkauf wird es daher in der Regel an der wirtschaftlichen Identität fehlen, so dass ein Verlustvortrag ausscheidet.[32]

17

c) Vorkaufsrechte. Sehr häufig anzutreffen ist die statutarische Vereinbarung eines Vorkaufs- oder Übernahmerechts bei der privatrechtlichen Abtretung eines Geschäftsanteils.[33] Solche Vorkaufs- und Übernahmerechte können auch einzelvertraglich vereinbart werden.[34] Für den Verkauf im Wege der Zwangsvollstreckung oder aus einer Insolvenzmasse kann ein Vorkaufsrecht nicht vereinbart werden, § 471 BGB nF = § 512 BGB aF (iE dazu Rn. 141). Ist die Vorkaufsvereinbarung im Gesellschaftsvertrage festgelegt, so ist durch dessen Errichtung die notarielle Form gewahrt. Dies gilt jedoch nicht, wenn die Abtretung zu anderen als im Gesellschaftsvertrag zugelassenen Bedingungen vereinbart wird.[35] Bei einzelvertraglicher Einräumung eines Vorkaufsrechts bedarf die Vereinbarung der Formvorschrift des Abs. 4,[36] **nicht aber dessen Ausübung.**[37]

18

---

[27] BGHZ 117, 323 = NJW 1992, 1824, 1826; OLG Karlsruhe DB 1978, 1219; *Hachenburg/ Ulmer* § 3 Rn. 38; *Scholz/Emmerich* § 3 Rn. 21; *Lutter/Hommelhoff* § 3 Rn. 8; MüKo AktG/*Pentz* § 23 Rn. 96.
[28] In diese Richtung BGHZ 117, 323 = NJW 1992, 1824, 1826; ebenso *Hachenburg/Ulmer* § 3 Rn. 39; *Ulmer* BB 1983, 1123, 1125 f.; *Priester*, FS 100 Jahre GmbHG, S. 159, 185 f.; *Roth/Altmeppen* § 3 Rn. 18; nach *Lutter/Hommelhoff* § 3 Rn. 8 sollen die neuen Gesellschafter nur der Unterbilanzhaftung in Form der Differenzhaftung unterworfen sein, die sich der Höhe nach auf das Mindestkapital beschränkt; differenzierend nach der Verwendung einer Vorrats-GmbH oder eines gebrauchten GmbH-Mantels *Göz/Gehlich* ZIP 1999, 1653, 1658.
[29] So *Baumbach/G. Hueck/Fastrich* § 3 Rn. 15; *Hachenburg/Ulmer* § 3 Rn. 40 und § 11 Rn. 103.
[30] Vorraufl. § 60 Rn. 7; *Mayer* NJW 2000, 175, 178; *Meller-Hannich* ZIP 2000, 345; *Stein*, FS Lutter, 2000, S. 749 ff. mwN.
[31] BayObLG GmbHR 1999, 607; *Lutter/Hommelhoff* § 3 Rn. 8.
[32] BFH DStR 1997, 1843; 2001, 1974.
[33] BGH BB 1967, 977; 1969, 1242; *Hachenburg/Zutt* Anh. § 15 Rn. 26, 29.
[34] *Hachenburg/Zutt* Rn. 29.
[35] BGH ZIP 1986, 1046 = WM 1986, 823.
[36] *Hachenburg/Zutt* Rn. 29; *Scholz/Winter* Rn. 58; *Lutter/Hommelhoff* Rn. 15; *Baumbach/ G. Hueck/Fastrich* Rn. 30.
[37] BGH NJW 1969, 2049; *Baumbach/G. Hueck/Fastrich* Rn. 30.

§ 15   2. Abschnitt. Rechtsverhältnisse der Gesellschaft und der Gesellschafter

19 Das Vorkaufsrecht kann statutarisch und auch privatrechtlich **zugunsten jedermann** festgelegt sein,[38] so zugunsten der Gesellschaft selbst oder zugunsten aller Gesellschafter, dann meist pro rata ihres Anteils am Stammkapital, oder auch zugunsten eines in der Regel statutarisch dann näher bezeichneten Dritten. Im letzteren Falle liegt ein Vertrag zugunsten Dritter vor. Bei dem Vorkaufsrecht zugunsten der Gesellschaft ist § 33 zu beachten.

20 Zweckmäßigerweise sollte die Satzung eine Regelung enthalten, was zu geschehen hat, wenn das Vorkaufsrecht durch den Dritten nicht ausgeübt wird oder nicht ausgeübt werden kann, weil er etwa als Wettbewerber wegen einer gesellschaftsvertraglichen Regelung nicht Gesellschafter werden kann; sachgerecht ist dann meist die Einziehung des Geschäftsanteils (vgl. bei § 34). Ist eine statutarische Andienungspflicht, die sicherstellen soll, dass die Mitgesellschafter den Eintritt gesellschaftsfremder Dritter in die Gesellschaft verhindern können, verletzt worden, so können nur die Mitgesellschafter die aus der Verletzung der Andienungspflicht folgende Unwirksamkeit der Anteilsübertragung gemäß Abs. 5 mit Erfolg geltend machen.[39]

21 **d) Inhaltliche Ausgestaltung des Veräußerungsvertrages. aa) Motive und Nebenabreden.** Die Motive für die Veräußerung eines Geschäftsanteils sowie die mit dem Erwerb verbundenen Erwartungen sind für die Wirksamkeit des Veräußerungsvertrages unbeachtlich, sofern nur die notarielle Form des Abs. 4 eingehalten ist und sofern nicht der Vertrag gegen gesetzliche Verbote (§ 134 BGB) oder gegen die guten Sitten (§ 138 BGB) verstößt.

22 Der Veräußerungsvertrag kann aber Nebenabreden enthalten, die inter partes weitere Verpflichtungen des Veräußerers oder des Käufers auslösen, aber die Wirksamkeit des Veräußerungsvertrages selbst nicht berühren. Der Vertrag kann unter **aufschiebenden Bedingungen** abgeschlossen werden oder **auflösend durch ein bestimmtes Ereignis bedingt sein**. Der Veräußerungsvertrag kann eine **befristete Übertragung** ebenso vorsehen wie eine **Rückkaufverpflichtung** des Veräußerers oder eine **Rückveräußerungspflicht** des Käufers. Auch solche Nebenabreden bedürfen der notariellen Beurkundung.[40]

23 Im Einzelnen wären beispielhaft zu nennen: Das **Motiv der Erwartung hoher Gewinne** oder des Vorhandenseins neuer Technologien beim Unternehmen der Gesellschaft ist unerheblich, es sei denn, der Verkäufer macht entsprechende Zusicherungen, bezüglich derer der Erwerber zweckmäßig die Aufnahme in die Abtretungsurkunde fordert.[41] Ebenso unerheblich ist etwa die **Erwartung, eine Geschäftsführerstellung** zu erhalten, in den Aufsichtsrat gewählt zu werden oder eine Lebensstellung für den Sohn im Unternehmen der Gesellschaft zu erhalten oder zu sichern, es sei denn, der Veräußerer sichert dies förmlich zu oder es werden auf Veranlassung des Veräußerers von den übrigen Gesellschaftern oder den Geschäftsführern solche Zusicherungen gemacht.

24 Als **Verstoß gegen ein gesetzliches Verbot** ist hauptsächlich die Angabe eines zu geringen Kaufpreises zum Zwecke der „Steuerersparnis" zu nennen, er wird freilich geheilt durch die formgerechte Abtretung, die als zum wahren Preis erfolgt gilt.[42] – Die **Sittenwidrigkeit** gemäß § 138 BGB macht den Veräußerungsvertrag nichtig,[43] meist wird die Sittenwidrigkeit in einer wucherischen Kaufpreisforderung liegen, auch

---

[38] RG JW 1934, 1412, 1413 f.; vgl. RGZ 49, 141, 149; *Hachenburg/Zutt* Anh. § 15 Rn. 26.
[39] BGH NJW-RR 2000, 988, 989.
[40] *Hachenburg/Zutt* Rn. 49.
[41] Vgl. iÜ BGH NJW 1980, 2408; *Baumbach/G. Hueck/Fastrich* Rn. 6 aE.
[42] RGZ 168, 292, 298; *Meyer-Landrut/Miller/Niehus* Rn. 25, 32; *Lutter/Hommelhoff* Rn. 21.
[43] Vgl. auch BGH DB 1989, 33.

Übertragung von Geschäftsanteilen   § 15

Knebelungsauflagen sind denkbar, etwa die Vereinbarung, ein Restkaufgeld mit 25 % p. a. zu verzinsen. Es bleibt im Einzelfall zu prüfen, ob dann gemäß § 139 BGB nur eine Teilnichtigkeit eintritt.

Der **bedingte Kauf eines Geschäftsanteils** ist unbedenklich zulässig und nicht 25 selten anzutreffen. Ein häufiger Fall ist der aufschiebend bedingte Kauf eines Geschäftsanteils für den Fall, dass der Käufer zum Geschäftsführer der Gesellschaft bestellt werden soll. Wird der Käufer in diese Organstellung berufen, so ist die Bedingung eingetreten und der Kaufvertrag ist ohne weiteres wirksam.

Für den umgekehrten Fall des auflösend bedingten Kaufs eines Geschäftsanteils gilt das Vorgesagte entsprechend. Der Veräußerungsvertrag ist auflösend bedingt durch die Nichtbestellung zum Geschäftsführer. Der ebenfalls mögliche befristete Kauf ist eher eine Ausnahme, begegnet aber keinen rechtlichen Bedenken. Bedeutsam ist die schuldrechtliche Rückübertragungspflicht, die eine wichtige Rolle spielt bei einem sicherungshalber übertragenen Geschäftsanteil, der nach Wegfall des Sicherungszwecks zurückzuübertragen ist (s. Rn. 55 ff.).

bb) Inhaltliche Ausgestaltung. Wird der Geschäftsanteil im Wege eines gericht- 26 lichen Vergleichs übertragen, was zulässig ist,[44] so gelten für die Gewährleistungsansprüche gegenüber dem Schuldner ebenfalls die Bestimmungen über den Rechtskauf. Für die **Option,** die ein durch den Eintritt von Bedingungen beschränktes Kauf- oder Rückkaufangebot darstellt, gelten ebenfalls die kaufrechtlichen Grundsätze über den Rechtskauf.[45] **Nicht Gegenstand eines Vertrages** über einen Geschäftsanteil können die **Leihe oder die Miete** sein,[46] weil der Geschäftsanteil keine Sache ist, aber auch ein **Pachtvertrag,** der an sich an einem Recht möglich ist, scheidet für einen Geschäftsanteil an einer GmbH aus, und zwar wegen der personenbezogenen Mitgliedschaftsrechte.[47]

cc) Stellung und Pflichten des Käufers. Die Pflichten des Erwerbers eines Ge- 27 schäftsanteils bestehen in erster Linie in der Zahlung des vereinbarten Kaufpreises und in der Erfüllung der sonst übernommenen Pflichten, etwa der befristeten Leistung einer auf die Stammeinlage eingeforderten Einzahlung zur Vermeidung der Kaduzierung. Ferner trifft den Erwerber die Pflicht, **bei der Abtretung des Geschäftsanteils fristgerecht mitzuwirken.**[48] Diese fristgerechte Mitwirkung bei der Abtretung ist von Bedeutung für den Übergang von Nutzungen und vor allem für den Übergang der Lasten, die, wenn nichts anderes im Veräußerungsvertrag oder bei der Abtretung bestimmt ist, mit der förmlichen Vornahme der Abtretung übergehen und die für die Gesellschaft erst verbindlich werden mit der Anmeldung gemäß § 16. Diese Anmeldung bei der Gesellschaft kann freilich auch der Verkäufer ohne Mitwirkung des Käufers vornehmen (s. § 16 Rn. 10). Erfüllt der Käufer die ihm bei der Abtretung obliegenden Pflichten nicht, so befindet er sich in Gläubigerverzug mit den Folgen aus §§ 293 ff. BGB. Außerdem kann der Käufer auf Annahme der Abtretung verklagt werden. Das rechtskräftige Urteil ersetzt dann die Annahme gemäß § 894 ZPO und der Verkäufer kann durch notarielle Beurkundung der Abtretung unter Einbeziehung des rechtskräftigen Urteils die Abtretung zur vollen Wirksamkeit bringen.[49]

---

[44] OLG Königsberg OLGE 38, 191, 192; *Hachenburg/Zutt* Anh. § 15 Rn. 30; *Baumbach/ G. Hueck/Fastrich* Rn. 21.
[45] Vgl. *Hachenburg/Zutt* Rn. 53.
[46] *Hachenburg/Zutt* Anh. § 15 Rn. 30.
[47] So zutreffend *Hachenburg/Zutt* Anh. § 15 Rn. 30.
[48] *Hachenburg/Zutt* Anh. § 15 Rn. 25.
[49] KG JW 1929, 1104; *Hachenburg/Zutt* Rn. 60.

28 **4. Haftung und Leistungsstörungen. a) Vorvertragliche Aufklärungspflichten. aa) Umfang und Voraussetzungen.** Beim Kauf von GmbH-Geschäftsanteilen wie beim Unternehmenskauf trifft die Vertragspartner wie auch sonst die Pflicht, den anderen Teil über solche Umstände aufzuklären, die den Vertragszweck (des anderen) vereiteln können und daher für seinen Entschluss von wesentlicher Bedeutung sind, sofern er die Mitteilung nach der Verkehrsauffassung erwarten konnte.[50] Da der in der Regel außen stehende Kaufinteressent von der Vollständigkeit und Richtigkeit der ihm erteilten Informationen vor allem zur Umsatz- und Ertragslage des Unternehmens abhängig ist, besteht für den Verkäufer eine gesteigerte Aufklärungspflicht, die sich namentlich auf alle Umstände erstreckt, die die Überlebensfähigkeit des Unternehmens ernsthaft gefährden, insbesondere also drohende oder bereits eingetretene Zahlungsunfähigkeit oder Überschuldung.[51]

29 **bb) Rechtsfolgen nach neuem und altem Schuldrecht.** Nach **altem Schuldrecht** schied beim **Anteilskauf** eine Sachmängelhaftung aus. In Betracht kam nur eine Haftung wegen Verschuldens bei Vertragsverhandlungen, und zwar auch für Fehler oder zusicherungsfähige Eigenschaften des Unternehmens. Der in seinem Vertrauen auf die Richtigkeit und Vollständigkeit der Angaben seines Vertragspartners Enttäuschte konnte nach seiner Wahl am Vertrag festhalten und zusätzlich Schadensersatz beanspruchen oder aber Rückgängigmachung des Vertrages verlangen.[52] Die Rückabwicklung hatte durch Rückabtretung des erworbenen Geschäftsanteils Zug um Zug gegen Rückzahlung des Kaufpreises zu erfolgen. Daneben konnte Ersatz derjenigen Aufwendungen verlangt werden, die im ursächlichen Zusammenhang mit dem beabsichtigten und/oder durchgeführten Erwerb des Geschäftsanteils entstanden waren.[53] Bei arglistiger Täuschung kam ferner eine Rückabwicklung nach den bürgerlich-rechtlichen Anfechtungsvorschriften in Betracht.[54]

30 Beim **Unternehmenskauf** wurde dagegen die Haftung aus culpa in contrahendo bei bloß fahrlässigem Verhalten durch die Sachmängelhaftung verdrängt mit der Folge, dass der Verkäufer für zusicherungsfähige Eigenschaften, die aber im Einzelfall nicht zugesichert waren, beim Verkauf aller Anteile an einem Unternehmen nicht haftete; nur bei vorsätzlichem Verschweigen konnte Ersatz des Vertrauensschadens wegen Verschuldens bei Vertragsschluss verlangt werden.[55] Auch nach **neuem Kaufrecht** bleibt die Abgrenzung zwischen Mängelgewährleistung und Schadensersatz wegen Verletzung vorvertraglicher Aufklärungspflichten relevant. Denn bei mangelhafter Leistung kann der Gläubiger Schadensersatz statt der Leistung grundsätzlich nur verlangen, wenn er dem Schuldner erfolglos eine angemessene Frist zur Leistung oder Nacherfüllung bestimmt hat (vgl. §§ 437 Nr. 3, 280, 281 BGB nF), während dies bei der Verletzung vorvertraglicher Aufklärungspflichten entfällt.[56]

31 **b) Leistungsstörungsrecht nach der Schuldrechtsreform.** Ein Kernstück der Schuldrechtsreform ist die Neuordnung des allgemeinen Leistungsstörungsrechts. § 280 BGB nF ist nunmehr die zentrale Anspruchsgrundlage für jede Pflichtverletzung[57] aus

---

[50] BGH NJW-RR 1996, 429; 1988, 394.
[51] BGH NJW 2001, 2163, 2164 = NZG 2001, 751 m. Anm. *Meyer-Sparenberg* = BB 2001, 1167 m. Anm. *Louven* BB 2001, 2390.
[52] BGHZ 69, 53, 56 = NJW 1977, 1536; BGHZ 111, 75, 82 = NJW 1990, 1659.
[53] BGH NZG 2001, 751, 753.
[54] BGH NJW 1990, 1915; 1999, 1406.
[55] Vgl. BGH NJW 1992, 2564, 2565 f.
[56] Vgl. *H. P. Westermann* JZ 2001, 530, 538.
[57] Vgl. dazu *Lorenz* JZ 2001, 742 ff.; *Schapp* JZ 2001, 583 ff.

jedem Schuldverhältnis, also sowohl für die verspätete, die ausgebliebene oder die mangelhafte Leistung wie für die Verletzung von Nebenpflichten (positive Vertragsverletzung, § 241 Abs. 2 BGB nF) oder vorvertraglichen Pflichten (culpa in contrahendo, § 311 Abs. 3 BGB nF). Das herkömmliche Gewährleistungsrecht im Kauf- und Werkvertrag ist nunmehr durch eine einheitliche Haftungsregelung für Sach- und Rechtsmängel ersetzt, die auf dem allgemeinen Leistungsstörungsrecht aufbaut (vgl. § 437 BGB nF). Der Verkäufer hat dem Käufer die Sache frei von Sach- und Rechtsmängeln zu verschaffen (§ 433 Abs. 1 S. 2 BGB nF). Erfüllt er diese Pflicht nicht, so kann der Käufer entweder Nacherfüllung verlangen (§ 439 BGB nF), vom Vertrag zurücktreten[58] oder mindern, wenn die Nacherfüllung verweigert wird, fehlgeschlagen oder unzumutbar ist (§§ 440, 441 iVm. §§ 323, 326 Abs. 5 BGB nF), oder er kann Schadensersatz (§§ 440, 280, 281, 283, 311a BGB nF) oder Ersatz vergeblicher Aufwendungen (§ 284 BGB nF) verlangen.[59] Die verschiedenen Arten der Unmöglichkeit werden weitgehend gleichgestellt, § 275 Abs. 1–3 BGB nF. Eine besondere Regelung enthält lediglich § 311a Abs. 2 BGB nF für den Fall anfänglicher Unmöglichkeit.[60] Die „wirtschaftliche" Unmöglichkeit wird als Störung der Geschäftsgrundlage (§ 313 BGB nF) angesehen.[61]

Wie die Rechtsprechung die Voraussetzungen und die Rechtsfolgen der neuen Regelungen iE bestimmen und voneinander abgrenzen wird, muss allerdings noch abgewartet werden. Sowohl für den Anteils- wie für den Unternehmenskaufvertrag empfiehlt es sich daher, die wesentlichen Punkte **ausdrücklich vertraglich** zu regeln, insbesondere sollten die Umstände angeführt werden, die zu Gewährleistungsansprüchen oder zum Rücktritt berechtigen sollen. Soweit die Haftung für Mängel ausgeschlossen wird, ist zu beachten, dass sich der Verkäufer nach § 444 BGB nF auf den Haftungsausschluss nicht berufen kann, wenn er eine **Garantie** für die Beschaffenheit der Sache übernommen hat.[62] Ferner sollte die Verjährung iE und genau vertraglich geregelt werden. Nach neuem Recht verjähren Ansprüche auf Nacherfüllung und Schadensersatz wegen Sach- und Rechtsmängeln in zwei Jahren (§§ 438 Abs. 1 Nr. 3, 437 Nr. 1 und 3 BGB nF); der Rücktritt ist nach Verjährung des Nacherfüllungsanspruchs ausgeschlossen (§§ 438 Abs. 4 S. 1, 218 BGB nF). Ansprüche aus der Verletzung vorvertraglicher Pflichten verjähren in drei Jahren, § 195 BGB nF.[63] 32

c) Gewährleistungsrecht bei alten Kaufverträgen. Auf vor dem 1. 1. 2002 geschlossene Kaufverträge ist das alte Schuldrecht anzuwenden, Art. 229 § 5 S. 1 EGBGB. Für solche alten Schuldverhältnisse gilt demnach nach wie vor die Unterscheidung zwischen Anteilsrechtskauf und Unternehmenssachkauf. 33

aa) Rechtsmängelhaftung. Die Haftung des Verkäufers beim bloßen Anteilskauf für mangelhafte Erfüllung des Veräußerungsvertrages ist Rechtsmängelhaftung gemäß §§ 434, 437 BGB aF.[64] Der Veräußerer haftet für den Bestand des Geschäftsanteils so, 34

---

[58] Zum Rücktritt *Kaiser* JZ 2001, 1057 ff.
[59] Zum allgemeinen Leistungsstörungsrecht im SchuldrechtsmodernisierungsG vgl. *Canaris* ZRP 2001, 329 ff. sowie JZ 2001, 499 ff.; ferner *Teichmann* BB 2001, 1485 ff.; *Zimmer* NJW 2002, 1; zur Nacherfüllung durch den Verkäufer *Bitter/Meidt* ZIP 2001, 2114 ff.
[60] Dazu *Grunewald* JZ 2001, 433 ff.
[61] *Canaris* JZ 2001, 499, 501.
[62] Die Reichweite dieser Vorschrift ist allerdings noch unklar; zur Garantiezusage nach altem Recht vgl. BGH NJW 1999, 1542; ZIP 2000, 1385.
[63] Zum Verjährungsrecht *Heinrichs* BB 2001, 1417 ff.; *Leenen* JZ 2001, 552 ff., insbesondere S. 559 f.; *Mansel* NJW 2001, 89.
[64] BGHZ 65, 246, 250; *Hachenburg/Zutt* Anh. § 15 Rn. 20; *Palandt/Putzo* 60. Aufl. § 437 Rn. 10.

wie er ihn dem Käufer vertraglich zugesichert hat. Die Beweislast für den Mangel des veräußerten Geschäftsanteils, etwa die mangelhafte Volleinzahlung, hat im Bestreitensfalle der Käufer (§ 442 BGB aF). Die **Ansprüche des Käufers** wegen eines Rechtsmangels am veräußerten Geschäftsanteil richten sich nach §§ 434, 437, 440, 320 ff. BGB aF.[65] In aller Regel bestehen Schadenersatzansprüche wegen Nichterfüllung oder der Käufer tritt vom Vertrage zurück. Neben diesen Ansprüchen aus Rechtsmängelhaftung können Ansprüche aus unerlaubter Handlung bestehen (§ 823 Abs. 2 BGB iVm. § 263 StGB) sowie das Recht zur Anfechtung wegen Irrtums (§ 119 Abs. 1 BGB) oder arglistiger Täuschung (§ 123 BGB).[66] Die Haftung für Rechtsmängel schließt dabei die Irrtumsanfechtung nicht aus.[67] Ferner kommen Ansprüche aus culpa in contrahendo in Betracht wegen Verletzung vorvertraglicher Pflichten.[68]

35 bb) **Sachmängelhaftung.** Wenn es sich faktisch um einen **Unternehmenskauf** handelt und es damit um die Haftung für die Beschaffenheit des Unternehmens geht, sind die Grundsätze der **Sachmängelhaftung** anzuwenden.[69] Die Sachmängelhaftung gemäß §§ 459 ff. BGB aF besagt, dass der Veräußerer dafür einzustehen hat, dass das Unternehmen, dessen qualifizierte Mehrheit am Stammkapital von einem Käufer erworben wurde, die zugesicherten Eigenschaften, etwa hinsichtlich der Ertragskraft, der Modernität seiner Produktionsanlagen, des Vorhandenseins stiller Reserven, besitzt. Stellen sich die vom Veräußerer beim Verkauf abgegebenen Erklärungen als unrichtig heraus, so kann der Käufer wahlweise wandeln, also den Kauf rückgängig machen, oder den Kaufpreis mindern (§ 462 BGB aF). Statt zu wandeln oder zu mindern kann der Käufer auch Schadenersatzansprüche wegen Nichterfüllung der zugesicherten Eigenschaften geltend machen, vor allem wenn der Veräußerer wesentliche Mängel des Unternehmens, etwa hohe Schadenersatzforderungen wegen Patentverletzung arglistig verschwiegen hat, § 463 BGB aF.[70] Der Sachkauf mit den Folgen der Sachmängelhaftung liegt aber nur vor, wenn die qualifizierte Mehrheit des Geschäftsanteils in **einem** Veräußerungsvorgang verschafft wird, also etwa von einem Gesellschafter oder einer einheitlich handelnden Gesellschaftergruppe **an einen Käufer,** die wiederum auch eine Gruppe, eine Personenhandelsgesellschaft oder eine juristische Person sein kann, veräußert wird. Kauft ein Erwerber oder kauft eine Gruppe nach und nach Geschäftsanteile einer GmbH von mehreren Gesellschaftern auf, so liegt auch dann **kein Unternehmenskauf** und damit kein Sachkauf vor, wenn insgesamt 75 % oder mehr der Geschäftsanteile erworben wurden. Es bleibt dieser Kauf von Geschäftsanteilen aus verschiedenen Händen der Erwerb von Rechten mit der generellen Folge der Rechtsmängelhaftung.

36 5. **Voraussetzungen der Veräußerung. a) Grundsatz: Notarielle Beurkundung.** In allen hiernach zulässigen Veräußerungsverträgen über einen Geschäftsanteil

---

[65] Vgl. *Scholz/Winter* Rn. 112; *Meyer-Landrut/Miller/Niehus* Rn. 34; vgl. zu Anwendungsfällen: *Baumbach/G. Hueck/Fastrich* Rn. 6.

[66] *Hachenburg/Zutt* Anh. § 15 Rn. 10, 11; *Scholz/Winter* Rn. 113; *Meyer-Landrut/Miller/Niehus* Rn. 35.

[67] RG JW 1909, 132; *Hachenburg/Zutt* Anh. § 15 Rn. 8.

[68] BGH NJW 1980, 2408, 2409 f.; *Hachenburg/Zutt* Anh. § 15 Rn. 22; *Roth/Altmeppen* Rn. 4; *Canaris* ZGR 1982, 395, 414 f.

[69] RGZ 120, 283, 287; 150, 397, 400, 402; BGHZ 65, 246, 248, 250 = NJW 1976, 236, 237; BGH NJW 1980, 2408, 2409; *Hachenburg/Zutt* Anh. § 15 Rn. 21; *Scholz/Winter* Rn. 113; *Baumbach/G. Hueck/Fastrich* Rn. 7; *Meyer-Landrut/Miller/Niehus* Rn. 35; *Roth/Altmeppen* Rn. 7; aA wohl *Hommelhoff* Die Sachmängelhaftung beim Unternehmenskauf, 1975, S. 21 und *Baur* BB 1979, 381, 386.

[70] *Hachenburg/Zutt* Anh. § 15 Rn. 20.

Übertragung von Geschäftsanteilen §15

ist Voraussetzung für die Wirksamkeit die notarielle Beurkundung des Veräußerungsvertrages (Abs. 4). Dem Beurkundungszwang unterliegt der gesamte obligatorische Vertrag, einschließlich aller Nebenabreden, die nach dem Willen der Vertragsparteien zu dem schuldrechtlichen Veräußerungsgeschäft gehören, auch solcher über die Modalitäten der Vertragserfüllung und über den Wegfall von Bedingungen, weil dadurch eine stärkere Bindung an den noch nicht vollzogenen Kaufvertrag eintritt.[71] Eine formunwirksame Vereinbarung kann jedoch zur Auslegung einer späteren formgerechten Vereinbarung herangezogen werden.[72] Das Veräußerungsangebot und dessen Annahme können getrennt erfolgen, dann müssen jedoch beide Rechtshandlungen notariell beurkundet sein.[73] Eine Einigung muss dem Bestimmtheitsgrundsatz entsprechen. Ein Verstoß liegt allerdings nicht schon vor, wenn abgetretene Anteile in der Einigung lediglich zusammenfassend als ein Anteil bezeichnet werden.[74] Eine rechtskräftige Verurteilung oder ein Prozessvergleich (§ 127a BGB) ersetzt die Form.

Wird der Veräußerungsvertrag oder das Angebot oder die Annahme durch Bevollmächtigte vorgenommen, so **bedarf die Vollmacht nicht der notariellen Beurkundung, auch nicht der notariellen Beglaubigung der Unterschrift**, § 167 Abs. 2 BGB.[75] Auch die Genehmigung eines durch einen vollmachtlosen Vertreter geschlossenen Veräußerungsvertrages ist formfrei möglich, § 182 Abs. 2 BGB; dies gilt erst recht für die Verpflichtung zur Erteilung einer Genehmigung.[76] Dies gilt freilich nur für die Vollmacht, die speziell für den Abschluss eines Veräußerungsvertrages für einen bestimmten Geschäftsanteil erteilt ist. Gleiches gilt, wenn die Vollmacht zwar unwiderruflich ist und den Bevollmächtigten von den Beschränkungen des § 181 BGB befreit, sofern nur der Käufer in der Vollmachtsurkunde genannt ist.[77] In diesen Fällen ist der Zweck des Formerfordernisses, den leichten und spekulativen Handel mit GmbH-Anteilen zu auszuschließen, nicht berührt.[78] Hingegen ist die **Blankovollmacht** zum generellen Kauf oder Verkauf eines Geschäftsanteils ohne notarielle Beurkundung nach allgM **nichtig**.[79] Für die Blankovollmacht muss dies wegen des Gesetzeszwecks, den Handel mit Geschäftsanteilen zu erschweren, generell gelten, auch wenn sie in notarieller Form erteilt ist.[80] 37

Die Einbringung des Geschäftsanteils einer GmbH als Sacheinlage in eine andere Gesellschaft gleich welcher Rechtsform und die Verpflichtung hierzu bedürfen stets der notariellen Beurkundung gemäß Abs. 4.[81] Auch eine Überführung von Gesamthands- in Bruchteilseigentum und umgekehrt unterfällt dem Formbedürfnis. Andererseits bedarf der Eintritt eines Gesellschafters in eine Gesellschaft, zu deren Gesellschaftsvermö- 38

---

[71] BGH NJW-RR 1989, 291; NJW 1996, 3338, 3339; NZG 2001, 940, 941 = DStR 2001, 2035 m. Anm. *Goette*; *Lutter/Hommelhoff* Rn. 18.
[72] BGH ZIP 1987, 709 = NJW 1987, 2437, 2438.
[73] §§ 128, 152 BGB; *Baumbach/G. Hueck/Fastrich* Rn. 21; *Lutter/Hommelhoff* Rn. 13.
[74] BGH NJW-RR 1987, 807, 808.
[75] *Hachenburg/Zutt* Rn. 54; *Scholz/Winter* Rn. 46; *Meyer-Landrut/Miller/Niehus* Rn. 29; *Lutter/Hommelhoff* Rn. 19.
[76] BGH NJW 1996, 3338, 3339; *Lutter/Hommelhoff* Rn. 19.
[77] BGHZ 13, 49, 53; *Baumbach/G. Hueck/Fastrich* Rn. 22; *Roth/Altmeppen* Rn. 53.
[78] BGHZ 75, 352, 353.
[79] BGHZ 13, 49, 53; *Hachenburg/Zutt* Rn. 55; *Scholz/Winter* Rn. 46; *Baumbach/G. Hueck/Fastrich* Rn. 22
[80] Zutr. *Schilling* JZ 1954, 635 f.; *Hachenburg/Zutt* Rn. 55; *Lutter/Hommelhoff* Rn. 19; aA *Meyer-Landrut/Miller/Niehus* Rn. 29.
[81] AllgM; *Hachenburg/Zutt* Rn. 18; *Petzoldt* GmbHR 1976, 81.

gen ein Geschäftsanteil einer GmbH gehört, nach ebenfalls allgM keiner notariellen Beurkundung.[82] Gleiches gilt dann beim Ausscheiden eines Gesellschafters.

39 Wird bei der Auflösung einer Gesellschaft gleich welcher Rechtsform ein zum Vermögen der Gesellschaft gehöriger Geschäftsanteil einer GmbH auf einen der Gesellschafter übertragen, so ist hingegen wieder das Formerfordernis des Abs. 4 zu beachten.[83] Das Formerfordernis der notariellen Beurkundung des Veräußerungsvertrages gilt auch, wenn die Gesellschaft selbst einen eigenen Geschäftsanteil veräußert, auch dann, wenn diese Veräußerung an einen Gesellschafter erfolgt.[84] – Wegen der Umwandlung und Verschmelzung und der dabei zu beachtenden Formvorschriften s. Anh. § 77.

40 **b) Ausnahmen.** Keiner Form bedarf hingegen der Anfall des Geschäftsanteils nach erfolgter **Kaduzierung,** wenn dieser unverkäuflich geblieben ist (§ 23). Auch der Verzicht auf eine aufschiebend bedingte Abtretung ist formfrei.[85] Entsprechendes gilt beim **Abandon** (§§ 27, 28) sowie im Falle der **Einziehung** gemäß § 34.[86] Das Erfordernis der notariellen Beurkundung des Veräußerungsvertrages besteht iÜ ganz unabhängig davon, ob die Vereinbarung über die Veräußerung eines Geschäftsanteils Haupt- oder Nebenpflicht eines Vertrages ist. Auch wenn hauptsächlicher Gegenstand des Vertrages nicht formbedürftige Vereinbarungen sind, so muss die notarielle Beurkundung als **Wirksamkeitsvoraussetzung für die auch nur als Nebenpflicht bestehende Veräußerung eines Geschäftsanteils** beachtet werden bei Vermeidung der Nichtigkeit des Veräußerungsvertrages (§ 125 BGB).[87] Nicht formbedürftige Vereinbarungen werden allerdings nicht von der Nichtigkeit umfasst, wenn sie auch ohne die Abtretung des Geschäftsanteils getroffen worden wären.[88] Ebenfalls nicht der Form bedarf der Übergang des Geschäftsanteils kraft Gesetzes, also im Falle der Vereinbarung der Gütergemeinschaft gemäß §§ 1415 ff. BGB – dann auch für den späteren Erwerb, sofern dieser nicht Vorbehaltsgut iS des § 1418 BGB ist,[89] im Falle der Erbfolge (s. dazu Rn. 114 ff.) sowie im Falle der Übertragung des versteigerten Geschäftsanteils durch den Gerichtsvollzieher im Wege der Zwangsvollstreckung.[90] Der Vertrag über die Unterbeteiligung bedarf nicht der Form des § 15 Abs. 3 und 4.[91]

41 Eine nur einseitige Verpflichtungserklärung eines Gesellschafters, seinen Geschäftsanteil ganz oder teilweise abzutreten, bedarf nach allgM nicht der notariellen Form. Praktisch spielt diese Art von Verpflichtung keine große Rolle, sie ist bedeutsam bei letztwilligen Verfügungen.[92] Den Anforderungen des § 15 Abs. 4 genügt ferner die bereits in der Satzung niedergelegte Übertragungspflicht, etwa für den Fall der Einziehung des Geschäftsanteils.[93]

42 **c) Abtretung des Übertragungsanspruchs.** Die früher sehr streitige Frage, ob auch die Abtretung des Anspruchs auf Übertragung eines Geschäftsanteils formbedürf-

---

[82] *Hachenburg/Zutt* Rn. 21; vgl. RGZ 82, 160 f.
[83] *Scholz/Winter* Rn. 44.
[84] AllgM; *Hachenburg/Zutt* Rn. 23.
[85] BGH NJW-RR 1989, 291, 292; *Baumbach/G. Hueck/Fastrich* Rn. 34.
[86] *Scholz/Winter* Rn. 24.
[87] RGZ 43, 136, 138 f.; *Scholz/Winter* Rn. 54.
[88] BGH ZIP 1986, 1046 = WM 1986, 1251.
[89] *Scholz/Winter* Rn. 44.
[90] *Scholz/Winter* Rn. 44; *Baumbach/G. Hueck/Fastrich* Rn. 26.
[91] OLG Frankfurt GmbHR 1987, 57.
[92] *Scholz/Winter* Rn. 52; *Baumbach/G. Hueck/Fastrich* Rn. 30; *Meyer-Landrut/Miller/Niehus* Rn. 30; s. auch Rn. 125.
[93] Vgl. BGH NJW 1969, 2049; *Goette* DStR 1998, 539, 540.

Übertragung von Geschäftsanteilen
§ 15

tig ist oder nicht, ist in Hinblick auf den Gesetzeszweck zu bejahen.[94] Dem gesetzgeberischen Zweck, den Handel mit Geschäftsanteilen zu unterbinden, würde es zuwider laufen, wenn ohne Beachtung der Formvorschriften des Abs. 4 die Abtretung des Übertragungsanspruchs formlos erfolgen könnte.

d) Heilung (Abs. 4 S. 2). Indes wird kraft ausdrücklicher Bestimmung in Abs. 4 S. 2 die **Nichtbeachtung der notariellen Beurkundung** des schuldrechtlichen Veräußerungsvertrages geheilt durch den in gehöriger notarieller Form abgeschlossenen Abtretungsvertrag und schließt dann auch ein die nur in dem privatschriftlichen Verpflichtungsgeschäft enthaltenen Nebenabreden.[95] Nur die Nichtbeachtung der Formvorschrift wird also geheilt. Andere Mängel materiellrechtlicher Art werden nicht mitumfasst, ihre Heilung muss in der jeweils gehörigen Form des § 141 BGB nachgeholt werden.[96] Eine Abtretung nach § 15 Abs. 3 heilt nur denjenigen formnichtigen Verpflichtungsvertrag, in dessen Erfüllung sie erfolgt. Eine Heilung tritt demnach nicht ein, wenn der Abtretungsvertrag mit anderen Personen auf der Erwerberseite und zu anderen schuldrechtlichen Bedingungen geschlossen wurde.[97] Ist hingegen etwa im Veräußerungsvertrag ein unrichtiger Kaufpreis beurkundet, so wäre das Rechtsgeschäft zu dem von den Vertragsparteien wirklich gewollten Kaufpreis (§ 117 Abs. 2 BGB) an sich formnichtig. Der Formmangel wird jedoch durch die Abtretung geheilt, weil diese sowohl die beurkundeten als auch die nicht beurkundeten Teile des schuldrechtlichen Geschäftes erfasst.[98] Allerdings müssen zur Heilung alle Wirksamkeitsvoraussetzungen einer Abtretung vorliegen, so dass beispielsweise der Ausfall einer Bedingung bei einer aufschiebend bedingten Aussetzung die Heilung ausschließt.[99] Der aus der Bedingung Begünstigte kann jedoch einseitig durch formfreie und keiner Annahme bedürftige Erklärung auf die Bedingung verzichten. Die Heilungswirkung tritt aber erst ein, wenn der Verzicht wirksam wird; eine rückwirkende Heilung erfolgt also nicht.[100] 43

Freilich wirkt die **Heilung** der nicht beachteten notariellen Form des Veräußerungsvertrages nur **ex nunc,** eine rückwirkende Heilung des Veräußerungsvertrages tritt nicht ein.[101] Umgekehrt tritt bei einem **formungültigen** Abtretungsvertrag und formgerechtem Veräußerungsvertrag keine Heilung ein, der Abtretungsvertrag muss formgerecht wiederholt werden, wozu die Vertragsbeteiligten verpflichtet sind.[102] Ist der Abtretungsvertrag zwar ordnungsgemäß notariell beurkundet, liegen aber andere Mängel des Abtretungsvertrages vor, die diesen nichtig oder unwirksam machen, so tritt eine Heilung nicht ein.[103] Dieser Fall liegt vor, wenn etwa der Abtretungsvertrag mit einer nicht geschäftsfähigen Person abgeschlossen wird oder wenn zB die vormundschaftliche Genehmigung bei einem Minderjährigen versagt wird.[104] 44

Ebenfalls **nicht geheilt** wird durch die wirksame Abtretung ein **formunwirksamer Veräußerungsvertrag, der aufgrund anderer Vorschriften der notariellen** 45

---

[94] BGHZ 75, 352, 354 = BGH NJW 1980, 1100 f.; *Lutter/Hommelhoff* Rn. 12, 14; *Baumbach/ G. Hueck/Fastrich* Rn. 25; *Hachenburg/Zutt* Rn. 39; *Roth/Altmeppen* Rn. 48; aA dagegen *Scholz/ Winter* Rn. 45, der nur bei Vorliegen zusätzlicher Umstände § 15 Abs. 3 analog anwenden will.
[95] BGH NJW-RR 1987, 807.
[96] *Hachenburg/Zutt* Rn. 67; *Scholz/Winter* Rn. 77; *Meyer-Landrut/Miller/Niehus* Rn. 32 aE.
[97] BGH NZG 2001, 940, 941.
[98] BGH NJW 1983, 1843, 1844; DB 1985, 2137 f.; *Baumbach/G. Hueck/Fastrich* Rn. 35.
[99] BGH NJW-RR 1989, 291, 292.
[100] BGHZ 138, 195, 202 ff. = NZG 1998, 514 f. in Ergänzung zu BGHZ 127, 129.
[101] AllgM; *Hachenburg/Zutt* Rn. 71; *Scholz/Winter* Rn. 78; *Baumbach/G. Hueck/Fastrich* Rn. 35.
[102] *Roth/Altmeppen* Rn. 52.
[103] RGZ 137, 350, 352 f. zu § 313 BGB aF; *Hachenburg/Zutt* Rn. 62.
[104] *Hachenburg/Zutt* Rn. 62.

Form bedarf. Ist etwa im Veräußerungsvertrag über einen GmbH-Anteil zugleich ein Grundstück mitverkauft oder gegen den Geschäftsanteil getauscht, so wird durch die ordnungsgemäß notariell beurkundete Abtretung des Geschäftsanteils die mangelnde Form des Veräußerungsvertrages bezüglich des Grundstücks nicht geheilt; es bedarf in einem solchen Falle zur Heilung der Auflassung und Eintragung in das Grundbuch.[105]

46 **6. Folgen formgerechter Abtretung. a) Inhaberstellung des Erwerbers.** Ist die dingliche Abtretung des Geschäftsanteils formgerecht erfolgt (Abs. 3, 4), so ist der Erwerber Inhaber des Geschäftsanteils geworden, doch müssen auch die eventuellen statutarischen Erfordernisse für die Abtretung gemäß Abs. 5 erfüllt sein (s. hierzu Rn. 161 ff.). Die Parteien können schuldrechtlich vereinbaren, dass im Innenverhältnis die Anteilsübertragung bereits vor der Beurkundung wirkt.[106] Der Formzwang bezieht sich auf alle Teile des Abtretungsvertrages.[107] Sind alle Voraussetzungen erfüllt, so ist der Erwerber Gesellschafter.[108] Eine formgerechte Abtretung, und nur diese, hat dann auch zur Folge, dass eine interne Haftungsfreistellung des ausscheidenden Gesellschafters aus einer Bürgschaft zugunsten der Gesellschaft als vereinbart gilt.[109]

47 Probleme können sich ergeben, wenn der Gesellschaftsvertrag – was freilich die seltene Ausnahme sein wird – an die Abtretung des Geschäftsanteils keine weiteren Voraussetzungen knüpft und der Erwerber des Geschäftsanteils – nunmehr Gesellschafter – in seiner Person von Anfang an einen wichtigen Grund gegeben hat und gibt, der die Gesellschaft berechtigt, den Gesellschafter auszuschließen. Beispiele hierfür können sein: ein schon ausgeschlossener Gesellschafter erwirbt von einem Gesellschafter dessen Geschäftsanteil oder ein Wettbewerber des Unternehmens der Gesellschaft erwirbt einen solchen oder etwa der Gesellschafter erfüllt die Voraussetzungen für den Erwerb der Mitgliedschaft in sonstiger Weise nicht, er erwirbt etwa den Geschäftsanteil einer Wirtschaftsprüfungsgesellschaft ohne Wirtschaftsprüfer zu sein. In einem solchen Fall ist abzuwägen. Genügt der Ausschluss von einzelnen Mitgliedschaftsrechten, so ist nur diese Maßnahme zulässig. Reicht dies nicht aus, so kann die Gesellschaft den Erwerber und neuen Gesellschafter sogleich aufgrund der statutarischen Möglichkeiten (Einziehung) oder durch die Ausschlussklage nach den von der Rechtsprechung entwickelten Grundsätzen ausschließen. Es gelten die allgemeinen Regeln (s. hierzu § 34 Rn. 8 ff., 65 ff.).

48 **b) Schadensersatzansprüche.** Es können sich in einem solchen Falle dann Schadensersatzansprüche des Erwerbers gegenüber dem Veräußerer ergeben, wenn der Veräußerer den Umständen nach annehmen musste, dass die übrigen Gesellschafter gewichtige Gründe haben würden, den Erwerber des Geschäftsanteils als Gesellschafter nicht zu akzeptieren (s. Rn. 28 ff. und 164 ff.).

49 **c) Anmeldung gemäß § 16.** Relevant wird die Abtretung des Geschäftsanteils für die Gesellschaft erst in dem Zeitpunkt der Anmeldung gemäß § 16.[110] Solange diese Anmeldung des Erwerbers als Gesellschafter bei der Gesellschaft nicht erfolgt ist, muss die Gesellschaft nicht handeln. Ist der Übergang des Geschäftsanteils bei der Gesellschaft gemäß § 16 angemeldet, so muss die Gesellschaft freilich alsbald etwa die

---

[105] Vgl. auch *Hachenburg/Zutt* Rn. 68.
[106] BGH NJW-RR 1987, 807, 808.
[107] *Hachenburg/Zutt* Rn. 48 f.; *Scholz/Winter* Rn. 40; *Roth/Altmeppen* Rn. 45 f.
[108] *Roth/Altmeppen* Rn. 14.
[109] BGH NJW-RR 1989, 685, 686.
[110] S. hierzu § 16 Rn. 14; *Hachenburg/Zutt* Rn. 134.

Übertragung von Geschäftsanteilen
§ 15

Ausschließung des neuen Gesellschafters betreiben, weil sonst der wichtige Grund als solcher entfallen sein kann.[111] Ist bei einer solchen Abtretung die Abtretungsbeschränkung gemäß Abs. 5 nicht beachtet, so ist die Abtretung schwebend unwirksam und der Erwerber so lange nicht Gesellschafter, bis die erforderliche Zustimmung gemäß Abs. 5 erteilt ist (s. Rn. 172 ff.).

Sind an die Abtretung keine Voraussetzungen geknüpft und lässt die Gesellschaft den Erwerber als Gesellschafter zu, duldet sie etwa die Teilnahme des Erwerbers an der Gesellschafterversammlung und schüttet sie ihm den auf seinen Geschäftsanteil entfallenden Gewinn aus, so kann sich die Gesellschaft auf die mangelnde ausdrückliche Anmeldung nicht berufen (s. § 16 Rn. 7), sie kann dann aber auch nachträglich den Gesellschafter nicht mehr aus wichtigem Grunde ausschließen, es sei denn, er verwirkliche den wichtigen Grund in seiner Person nach Eintritt als Gesellschafter. **50**

7. Erwerb durch Personenmehrheit. Erwirbt eine Personenmehrheit einen Geschäftsanteil, so gelten die Grundsätze des § 15 ohne jede Einschränkung und die weiteren Rechte und Pflichten der Personenmehrheit ergeben sich aus § 18.[112] Erfüllt ein Mitglied der Personenmehrheit nicht die statutarischen Voraussetzungen gemäß Abs. 5, so dürfte es genügen, wenn ein gemeinsamer Vertreter bestellt wird, der die Voraussetzungen erfüllt (str.; s. auch § 18 Rn. 3). **51**

8. Beurkundung im Ausland. Bei Anteilsabtretungen mit Auslandsberührungen richtet sich die Frage, ob die Formvorschriften des § 15 Abs. 3, 4 anwendbar sind und ob sie im Ausland erfüllt werden können, nach Art. 11 Abs. 1 EGBGB.[113] Danach ist ein Rechtsgeschäft formgültig, wenn es die Formerfordernisse des Rechts, das auf das seinen Gegenstand bildende Rechtsverhältnis anzuwenden ist (sog. **Wirkungsstatut** oder Geschäftsrecht), oder des Rechts des Staates erfüllt, in dem es vorgenommen wird (sog. **Ortsstatut**). Das auf seinen Gegenstand anzuwendende Recht ist das Personalstatut der betroffenen Gesellschaft, das an den Sitz oder die Gründung der Gesellschaft anknüpft (sog. Sitz- bzw. Gründungstheorie; dazu Einl. Rn. 301 ff.). Auf die in Deutschland vorgenommene Übertragung von Anteilen an der GmbH vergleichbarer Gesellschaften ausländischen Rechts sind § 15 Abs. 3, 4 daher weder unmittelbar noch entsprechend anwendbar.[114] **52**

Dem Wirkungsstatut, also der nach deutschem Recht erforderlichen notariellen Beurkundung, kann auch durch eine Beurkundung durch einen ausländischen Berufsträger genügen, wenn sie derjenigen durch einen deutschen Notar entspricht.[115] Es kann die Beurkundung somit ohne weiteres im Ausland vorgenommen werden, auch wenn dort kein Wohnort eines Beteiligten besteht und auch wenn der ausländische Ort nur gewählt wird, um Notariatskosten zu sparen.[116] **53**

Ob daneben auch das sog. Ortsstatut genügt, ist äußerst streitig.[117] Nach hM muss das Ortsrecht ein Rechtsgeschäft der fraglichen Art kennen[118] und **die Art der Beur-** **54**

---

[111] S. dazu *Scholz* SJZ 1949, 1 ff.
[112] S. Erl. zu § 18; *Hachenburg/Zutt* Rn. 8.
[113] Eingehend dazu *Kröll* ZGR 2000, 111, 122 ff., 151.
[114] *Baumbach/G. Hueck/Fastrich* Rn. 20; *Gätsch/Schulte* ZIP 1999, 1909, 1911; zum Meinungsstand *Roth/Altmeppen* Rn. 54 mwN.
[115] BGH NJW-RR 1989, 1259, 1261; *Scholz/Westermann* Einl. Rn. 94 ff.
[116] OLG Frankfurt DNotZ 1982, 186; *Hachenburg/Zutt* Rn. 59; *Roth/Altmeppen* Rn. 54; *Palandt/Heldrich* Art. 11 EGBGB Rn. 8.
[117] Zur Problematik *Lutter/Hommelhoff* Rn. 20; *Heidenhain/Meister* Münchener VertragsHdB IV 60 Anm. 5; *Goette*, FS Boujong, S. 131 und DStR 1996, 709 ff.
[118] RGZ 160, 225, 230; BayObLG DB 1977, 2320; OLG Frankfurt DB 1981, 1456.

§ 15　　2. Abschnitt. Rechtsverhältnisse der Gesellschaft und der Gesellschafter

kundung muss gleichwertig sein.[119] In Staaten mit „leichterer Ortsform", wo die Übertragung eines Geschäftsanteils nicht der notariellen Form bedarf, genügt die „leichtere" Beurkundung in der Ortsform nicht.[120]

III. Der Veräußerung gleichgestellte Rechtsgeschäfte

55　**1. Einführung.** Eine ganze Reihe von Rechtsgeschäften, mit denen über den Geschäftsteil an der GmbH verfügt wird, werden der Veräußerung gleich erachtet mit der Folge, dass sowohl die schuldrechtliche Verpflichtung zur Einräumung des Rechts als auch dessen Übertragung der notariellen Form bedürfen. Es sind dies im wesentlichen die Bestellung eines Treuhänders für den Geschäftsanteil, die Verpflichtung zur Sicherungsabtretung, die Bestellung eines Pfandrechts und die Einräumung eines Nießbrauchs am Geschäftsanteil.

2. Treuhandstellung und Sicherungsabtretung

Schrifttum: *Armbrüster* Zur Beurkundungsbedürftigkeit von Treuhandabreden über GmbH-Anteile, DNotZ 1997, 762; *ders.* Treuhänderische GmbH-Beteiligungen, GmbHR 2001, 941, 1021; *ders.* Die treuhänderische Beteiligung an Gesellschaften, 2001; *Becker* Das Stimmrecht bei Sicherungsübertragung, Nießbrauch, Verpfändung, Pfändung, Miete, Pacht, Leihe eines Geschäftsanteils und im Konkurs und Vergleichsverfahren eines Gesellschafters, GmbHR 1935, 803; *Beuthien* Treuhand an Geschäftsanteilen, ZGR 1974, 26; *Böttcher-Zartmann* Stille Gesellschaft und Unterbeteiligung, 2. Aufl. 1971; *Däubler* Die treuhänderische Abtretung des GmbH-Geschäftsanteils, GmbHR 1966, 243; *Ebermann* Die Verwaltungstreuhand an GmbH-Anteilen, Diss. Köln 1970; *Ebermann* Beendigung der Verwaltungstreuhand bei der GmbH, GmbHR 1971, 32; *Eden* Treuhandschaft am Unternehmen und Unternehmensanteilen, 1981; *Ehlke* Zur Behandlung von Treugeber und Treuhänder an einem Geschäftsanteil, DB 1985, 795; *Emmerich* Treuhand an GmbH-Anteilen, GmbHR 1931, 154 und 242; *Esch* Die Unterbeteiligung an Handelsgesellschaften, NJW 1964, 902; *Geyrhalter* Grenzüberschreitende Treuhandvereinbarungen bei GmbH-Beteiligungen, ZIP 1999, 647; *Groß* Stille Gesellschaft und Unterbeteiligung, DB 1950, 424; *Grothus* Das Vorkaufsrecht an GmbH-Anteilen, GmbHR 1959, 24; *Heining* Treuhand an GmbH-Anteilen, GmbHR 1954, 98; *Herzfeld* Die Unterbeteiligung, AcP 1937 (1933), 270; *Hesselmann* Die Unterbeteiligung an GmbH-Anteilen, GmbHR 1964, 26; *Janberg* Die Unterbeteiligung im Gesellschaftsrecht, DB 1953, 77; *Kötz* Trust und Treuhand, 1964; *M. Lehmann* Sicherungsabtretung von Geschäftsanteilen, GmbHR 1953, 143; *Meyer* Die Unterbeteiligung an Handelsgesellschaften, Diss. Münster 1971; *K. Müller* Die Sicherungsübertragung von GmbH-Anteilen, 1969; *Neflin* Mittel und Möglichkeiten gegen Überfremdung einer GmbH, GmbHR 1963, 22; *Paulick* Die Unterbeteiligung in gesellschaftsrechtlicher und steuerrechtlicher Sicht, ZGR 1974, 253; *Post* Die stille Beteiligung am Unternehmen der Kapitalgesellschaft, 1975; *Roth/Thöni* Treuhand und Unterbeteiligung, FS 100 Jahre GmbHG, 1992, 245; *Schaub* Treuhand an GmbH-Anteilen, DStR 1995, 1634; *Scheuermann* Zur Sicherungsübertragung von GmbH-Anteilen, Diss. Heidelberg 1965; *Schiemann* Haftungsprobleme bei der Treuhand an Gesellschaftsanteilen, FS Zöllner 1999, S. 503; *Schilling* Zur Ausübung fremder Gesellschaftsrechte im eigenen Namen, FS W. Schmidt, 1959, S. 208; *Schneider* Über die Unterbeteiligung an Anteilen einer Personengesellschaft als stille Gesellschaft, FS Möhring, 1965, S. 115; *Schulz* Zur Formbedürftigkeit von Vereinbarungs- und Erwerbstreuhand an GmbH-Geschäftsanteilen, GmbHR 2001, 282; *Serick* Eigentumsvorbehalt und Sicherungsübereignung, Bd. II, 1976; *Serick* Sicherungsabtretung von GmbH-Anteilen und anderer Kreditsicherungsmöglichkeiten im Bereich der GmbH, GmbHR 1967, 133; *Seydel-Skibbe* Sicherungsabtretung von GmbH-Anteilen, GmbHR 1955, 169; *Sibert* Das rechtsgeschäftliche Treuhandverhältnis, 1933; *Steckhan* Die Innengesellschaft, 1966; *Wendelstein* Die Unterbeteiligung als zweckmäßige Erbfolgeregelung, BB 1970, 735; *H. P. Westermann* Vertragsfreiheit und Typengesetzlichkeit in dem Recht der Personengesellschaft, 1970; *Wiedemann* Die Übertragung und Vererbung von Mitgliedschaftsrechten bei Handelsgesellschaften, 1965; *Ulmer* Rechts- und Steuerfragen zur Treuhand an GmbH- Anteilen, Wpg. 1963, 120 und 345; *Zahn* Die treuhänderische Übertragung und Verwaltung von Körperschaftsrechten, insbesondere von Aktien, Kuxen und GmbH-Anteilen, 1931; *Ziegler* Die Unterbeteiligung – ihr Wesen und ihre Bedeutung im Steuerrecht unter Berücksichtigung ihrer wirtschaftsrechtlichen Grundlagen, Diss. Mannheim 1959.

---

[119] BGHZ 80, 76; s. iE dazu *Kropholler* Auslandsbeurkundungen im Gesellschaftsrecht, ZHR 140 (1976), 394 ff.
[120] Zur Beglaubigung der Übertragung von Gesellschaftsanteilen durch einen amerikanischen notary public vgl. OLG Stuttgart NZG 2001, 40 m. Anm. *Bauer.*

Übertragung von Geschäftsanteilen § 15

a) **Voraussetzung: Notarielle Beurkundung.** Die Verpflichtung, den Geschäfts- 56
anteil treuhänderisch an einen Dritten zu übertragen, bedarf, da der Treuhänder nach
außen wie der Eigentümer des Geschäftsanteils legitimiert ist, der gleichen Form der
notariellen Beurkundung der Übertragung wie jede andere Verpflichtung zur Abtretung eines Geschäftsanteils gemäß § 15 Abs. 4.[121] Die Vereinbarung, einen bestehenden Geschäftsanteil künftig als Treuhänder für einen Dritten, den Treugeber, halten zu
wollen (sog. **Vereinbarungstreuhand**), ist gleichfalls formbedürftig.[122] Dies folgt aus
dem Sinn der Formvorschrift, zu vereiteln, dass GmbH-Geschäftsanteile Gegenstand
des freien Handelsverkehrs werden, und gilt auch für Treuhandabreden, die nach
Gründung, aber vor Eintragung der GmbH geschlossen werden. Dagegen ist die Vereinbarungstreuhand formfrei, solange weder ein Geschäftsanteil vorhanden ist noch
dessen Entstehen in die Wege geleitet und nur noch von der Eintragung der Gesellschaft in das Handelsregister abhängig ist.[123] Eine vor dem Abschluss des notariellen
Gesellschaftsvertrages getroffene Treuhandabrede ist demnach nicht formbedürftig.[124]

Nach bislang hM soll auch die Vereinbarung, einen Geschäftsanteil treuhänderisch, 57
etwa als Strohmann, für einen anderen erwerben zu wollen (sog. **Erwerbstreuhand**),
nicht formbedürftig sein, weil die für den Treunehmer hiermit im Regelfall verbundene Verpflichtung, den Anteil nach § 667 BGB herauszugeben, sich aus dem Gesetz
ergibt.[125] Nach dem Sinn der Formvorschrift erscheint es aber zweifelhaft, Rechtsgeschäfte nur deshalb von dem Formerfordernis auszunehmen, weil sie die Verpflichtung
zur Geschäftsanteilsübertragung als gesetzliche Rechtsfolge nach sich ziehen.[126] Man
wird daher auch bei der Erwerbstreuhand danach zu unterscheiden haben, ob sich der
Treuhänder vor oder nach Gründung zum Erwerb des Geschäftsanteils verpflichtet; im
letzteren Fall sollte die Treuhandabrede dem Formzwang unterliegen.[127]

b) **Außenbeziehung des Treuhänders.** Die Verpflichtung zur treuhänderischen 58
Übertragung bedarf den **gleichen statutarischen Voraussetzungen** wie die Veräußerung des Geschäftsanteils zu vollem Recht, da der Treuhänder im Verhältnis zur
Gesellschaft und zu den Mitgesellschaftern nach erfolgter Abtretung des Geschäftsanteils, also in der Stellung nach außen, **uneingeschränkt Gesellschafter mit allen
Rechten und Pflichten** ist; er hat sowohl alle Verwaltungsrechte, wie das Stimmrecht und das Recht auf Anfechtung und Kündigung, als auch alle mit dem Mitgliedschaftsrecht sonst verbundenen Gesellschafterrechte, wie Gewinnanspruch, Anspruch
auf den Liquidationserlös usw.[128]

---

[121] *Scholz/Winter* Rn. 15; *Baumbach/G. Hueck/Fastrich* Rn. 24; *Roth/Altmeppen* Rn. 35; *Meyer-Landrut/Miller/Niehus* Rn. 50.
[122] BGHZ 141, 207, 211 f. = NJW 1999, 2594, 2595; *Baumbach/G. Hueck/Fastrich* Rn. 55; aA *Hachenburg/Zutt* Anh. § 15 Rn. 52.
[123] BGHZ 141, 207, 211 f. = NJW 1999, 2594, 2595; BGHZ 19, 69, 70 = NJW 1956, 58.
[124] OLG Celle NZG 2001, 368.
[125] OLG Bamberg NZG 2001, 509, 511; *Baumbach/G. Hueck/Fastrich* Rn. 55; *Hachenburg/Zutt* Anh. § 15 Rn. 52; ebenso Voraufl.; nach *Armbrüster* GmbHR 2001, 941, 945 f. soll vom Formzweck her eine Beurkundung nicht geboten sein.
[126] Ebenso BGH NJW 1999, 2594, 2595; soweit in dieser Entscheidung auf BGHZ 19, 69, 70 Bezug genommen wird, soll offenbar nur daran festgehalten werden, dass ein auf die Beteiligung an einer GmbH-**Gründung** gerichteter Treuhandvertrag formfrei ist.
[127] *Schulz* GmbHR 2001, 282, 285 f.
[128] AllgM; RGZ 138, 106, 108; 153, 350, 352 f.; BGHZ 21, 378, 382; 31, 258, 263 f.; BGH GmbHR 1962, 117; WM 1976, 736, 738; 1977, 73, 75; NJW 1980, 2708, 2709; *Hachenburg/Zutt* Anh. § 15 Rn. 54; *Scholz/Winter* Rn. 15; *Roth/Altmeppen* Rn. 33; eingehend zu den Rechten und Pflichten von Treuhänder und Treugeber in der Gesellschaft *Armbrüster* GmbHR 2001, 1021.

59 Die Stellung des Treuhänders als Gesellschafter bringt gleichwohl Besonderheiten mit sich, die aus der Natur der Treuhandschaft folgen. So ist nach BGHZ 31, 258, 266 f. der **Treugeber** neben dem Treuhänder für die Ansprüche der Gesellschaft aus §§ 19 Abs. 2, 24, 30, 31 **haftbar**. Ebenso soll der Treuhänder kein Stimmrecht haben in den Fällen des § 47 Abs. 4, also in den Fällen, in denen eine Beschlussfassung über ein Rechtsgeschäft mit dem Treugeber erfolgen soll.[129] Diese Auffassung ist nicht unbedenklich. Wenn man einheitlich davon ausgeht, dass der Treuhänder die volle Gesellschafterstellung hat, also alle Rechte und Pflichten, die das Mitgliedschaftsrecht bei einer GmbH mit sich bringt, so ist der **Treugeber nicht Gesellschafter** und kann deswegen auch nicht als Gesellschafter behandelt werden, er haftet nicht und der Treuhänder kann wegen seiner vollen Gesellschafterstellung das Stimmrecht ausüben, auch bei der Beschlussfassung zB über Rechtsgeschäfte der Gesellschaft mit dem Treugeber. Folgt man der entgegenstehenden Auffassung, so hätte der Geschäftsanteil, der dem Treuhänder zusteht, gleichsam zwei Gesellschafter für bestimmte Rechtsvorgänge. Dem kann auch nicht entgegengehalten werden, dass der Treugeber dem Treuhänder im Innenverhältnis Weisungen zB für sein Abstimmungsverhalten geben kann. Derartige Weisungen können auch außerhalb eines Treuhandverhältnisses jederzeit gegeben werden, so zB wenn bei Konsortialabsprachen Stimmrechtsbindungen für verschiedene Gesellschaften vereinbart werden.[130] Andererseits ist nicht zu verkennen, dass durch die Novelle 1980 für bestimmte Fälle die Haftung des Treugebers ausdrücklich festgelegt worden ist, so zB in § 9 a Abs. 4 für die Gründungshaftung und in § 32 a Abs. 3 für die Gesellschafterdarlehen. In diesen Fällen ist die Haftung des Treugebers eben wegen der ausdrücklichen gesetzlichen Regelung gegeben, sie ist zwingendes Recht. Ob der Treugeber iÜ einem Gesellschafter gleichgestellt werden kann, ist eine Frage der analogen Anwendung der jeweiligen Bestimmung.

60 Handelt der Treuhänder als Gesellschafter bei dem Rechtsgeschäft der Gesellschaft mit dem Treugeber schuldhaft gegen die Interessen der Gesellschaft oder verletzt der Treuhänder im alleinigen Interesse des Treugebers vorsätzlich die Interessen der Gesellschaft bei einer Beschlussfassung, so können **Schadenersatzansprüche** den Ausgleich gewähren (s. Rn. 64 ff.). Auch diese bestehen aber nur gegenüber dem Treuhänder (str.).

61 c) **Innenverhältnis.** Das Rechtsverhältnis zwischen Treugeber und Treuhänder richtet sich nach dem Zweck der Treuhandschaft und wird in aller Regel **Auftrag iS der §§ 662 ff. BGB** sein.[131] Die individuelle Ausgestaltung bleibt den Beteiligten überlassen und wird vom Zweck her bestimmt. Hat der Treugeber den Treuhandvertrag in seinem Interesse abgeschlossen, so werden seine Vorstellungen über das Verhalten des Treuhänders in der Gesellschaft überwiegen und der Treugeber kann dem Treuhänder Weisungen für sein Verhalten gegenüber der Gesellschaft zB für die Ausübung des Stimmrechts erteilen.[132] Beruht das Treuhandverhältnis auf einer Sicherungsübereignung an den Treuhänder, so wird dessen wirtschaftliches Interesse im Vordergrund stehen. Bestimmte treuhandspezifische Rechtsvorschriften gibt es nicht.[133] Dass der Treuhänder in aller Regel gemäß den Weisungen seines Treugebers

---

[129] § 47 Rn. 57; *Hachenburg/Zutt* Anh. § 15 Rn. 55; *Th. Raiser* Kapitalges. § 30 Rn. 5, § 33 Rn. 63.
[130] S. § 47 Rn. 28 ff.; vgl. auch *Baumbach/Hueck/Zöllner* § 47 Rn. 77 ff.; str.
[131] RGZ 80, 99, 101; vgl. BGHZ 32, 67, 70; *Hachenburg/Zutt* Anh. § 15 Rn. 56; *Beuthien* ZGR 1974, 26, 40.
[132] *Lutter/Hommelhoff* § 14 Rn. 12.
[133] BGH BB 1969, 1154; *Hachenburg/Zutt* Anh. § 15 Rn. 56.

Übertragung von Geschäftsanteilen   § 15

handelt, liegt in der Natur der Sache und ist daher rechtlich nicht zu beanstanden, solange er der Gesellschaft dadurch keinen Schaden zufügt. Fügt er der Gesellschaft Schaden zu, so hat er hierfür wie ein Gesellschafter einzustehen, auf seine Treuhänderstellung (Strohmann) kann er sich nicht berufen. – Ist für den Geschäftsanteil, der treuhänderisch abgetreten worden ist, ein **Anteilschein** ausgegeben, so hat der Treuhänder auch einen Anspruch auf Übergabe des Anteilscheins.

d) Die verdeckte Treuhand. Ist die Treuhandvereinbarung in Bezug auf den 62 Geschäftsanteil verdeckt abgeschlossen, was nicht selten geschieht, wenn der Geschäftsanteil eine Forderung meist eines Bankinstituts sichert, dies aber nach außen nicht in Erscheinung treten soll, so ist das Kreditinstitut zwar an sich Sicherungsnehmer und Treuhänder, faktisch hat aber der Gesellschafter die Treuhänderstellung inne.[134] Es ist aber auch in einem solchen Fall, um das Treuhandverhältnis wirksam zu begründen, das Verpflichtungsgeschäft notariell zu beurkunden und desgleichen die Abtretung.[135] Unterbleiben muss – aus der Natur der Sache folgend – die Anmeldung des Abtretungsempfängers gemäß § 16 bei der Gesellschaft.

Es kann sich hier die Frage stellen, ob eine solche Abtretung ebenfalls den statutari- 63 schen Voraussetzungen gemäß Abs. 5 entsprechen muss. In solchem Falle widerstreitet freilich die Nachsuchung um Genehmigung der Abtretung dem Umstand, dass die Abtretung verdeckt vorgenommen wurde. Darin kann aber uU eine Verletzung des Gesellschaftsvertrages liegen. Andererseits kann ein Nachteil für die Gesellschaft kaum entstehen, da für sie der als Treuhänder fungierende Gesellschafter derjenige ist, der gemäß § 16 angemeldet wurde und dem gegenüber sie alle Rechte geltend macht und der alle Verpflichtungen zu erfüllen hat.[136]

e) Gegenseitige Schadensersatzansprüche. Aus der Verletzung der Treuhand- 64 vereinbarung können Schadensersatzansprüche sowohl des Treuhänders gegen den Treugeber entstehen als auch umgekehrt. Es gelten die allgemeinen Regelungen der §§ 662 ff. BGB. Der Treuhänder haftet dem Treugeber für jedes Verschulden, auch für leichte Fahrlässigkeit.[137]

Es können aber auch gesellschaftsrechtliche Ansprüche der GmbH gegenüber dem 65 als Treuhänder fungierenden Gesellschafter gegeben sein. Für diese Ansprüche gelten ebenfalls die gesetzlichen Regelungen, wie sie für alle sonstigen Gesellschafter einer GmbH bei Rechtsverletzungen aus dem Gesellschaftsverhältnis heraus gelten. Begeht der Treuhänder die gesellschaftswidrige Treuepflichtverletzung auf Weisung des Treugebers und wird der Treuhänder von der Gesellschaft deswegen auf Schadenersatz in Anspruch genommen, so kann der Treuhänder gegenüber dem Treugeber gegebenenfalls Regress nehmen, wobei freilich auch ein Mitverschulden des Treuhänders gegeben sein kann.

Unmittelbare Ansprüche der Gesellschaft gegen den Treugeber können auf delik- 66 tischer Grundlage (§§ 823 ff., insbesondere § 826 BGB) bestehen.[138]

f) Beendigung des Treuhandverhältnisses. Endet das Treuhandverhältnis, so ist 67 der Geschäftsanteil an den Treugeber **zurückzuübertragen,** wobei wiederum die **Formvorschrift** des § 15 Abs. 3 und etwaige statutarische Bestimmungen aufgrund

---
[134] So zutr. *Roth/Altmeppen* Rn. 33.
[135] *Hachenburg/Zutt* Anh. § 15 Rn. 53; *Scholz/Winter* Rn. 15; *Baumbach/G. Hueck/Fastrich* Rn. 54.
[136] Vgl. dazu *Hachenburg/Zutt* Rn. 54.
[137] *Palandt/Thomas* § 662 Rn. 11; vgl. aber MüKo BGB/*Seiler* § 662 Rn. 63 ff. und BGHZ 32, 67, 70 f.
[138] *Hachenburg/Zutt* Anh. § 15 Rn. 54.

§ 15 Abs. 5 zu beachten sind.[139] Die Rückübertragung kann schon im Wege der Bedingung im Verpflichtungsvertrag vereinbart sein, etwa kann der Wegfall des Sicherungszwecks zur auflösenden Bedingung der Abtretung oder zur aufschiebenden Bedingung einer antizipierten Rückübertragung gemacht werden.[140] Ist dann die Abtretung an den Treuhänder von der Gesellschaft genehmigt, so liegt darin zugleich die Genehmigung der Rückübertragung auf den Treugeber.[141] Formbedürftig ist wegen des Gesetzeszwecks (Rn. 42) auch der Wechsel des Treugebers durch Abtretung des Rückübertragungsanspruchs gegen den Treuhänder auf einen neuen Treugeber.[142] Dagegen ist die mit der Auswechslung des Treuhänders verbundene Abtretung des Anspruchs auf Rückübertragung des Geschäftsanteils formfrei möglich, weil sie nicht dazu dient, den formlosen Handel mit GmbH-Geschäftsanteilen zu ermöglichen.[143]

68 **g) Sicherungsabtretung.** Für den speziellen Fall der Sicherungsabtretung von Geschäftsanteilen gilt das Vorgesagte entsprechend. Der Verpflichtungsvertrag bedarf wie bei der Einräumung eines Treuhandverhältnisses ebenso der notariellen Form wie die Abtretung, und es ist, falls statutarisch vorgesehen, die Zustimmung der Gesellschaft oder ihrer Organe einzuholen.

69 **h) Abgrenzung zur Unterbeteiligung.** Nicht selten wird an einem Geschäftsanteil eine Unterbeteiligung eingeräumt. Durch eine solche Unterbeteiligung wird der Unterbeteiligte nicht Gesellschafter der GmbH,[144] sondern ist gewissermaßen stiller Gesellschafter am Geschäftsanteil des Gesellschafters, wobei das Rechtsverhältnis zwischen dem Haupt- und dem Unterbeteiligten als Innengesellschaft (§§ 705 ff. BGB) oder als treuhänderisches Auftragsverhältnis ausgestaltet sein kann.[145] Entsprechend bedarf die Einräumung einer Unterbeteiligung an einer GmbH keiner Form[146] und demgemäß auch nicht die Auflösung dieser Art von stiller Gesellschaft.[147] Enthält der Unterbeteiligungsvertrag eine Vereinbarung, nach der der Unterbeteiligte nach Zeitablauf oder bei der Auseinandersetzung der Unterbeteiligungsgesellschaft die Übertragung eines Teils des Geschäftsanteils fordern kann, so ist diese gemäß § 15 Abs. 4 formbedürftig.[148]

3. Nießbrauch

Schrifttum: *Becker* Der rechtsgeschäftliche Nießbrauch an einem Geschäftsanteil der GmbH, GmbHR 1928, 46 und 115; *Becker* Das Stimmrecht bei Sicherungsübertragung, Nießbrauch, Verpfändung, Pfändung, Miete, Pacht und Leihe eines Geschäftsanteils und im Konkurs und Vergleichsverfahren eines Gesellschafters, GmbHR 1935, 80; *Brandi/Mühlmeier* Übertragung von Gesellschaftsanteilen

---

[139] BGH LM Nr. 8; vgl. BGH NJW 1980, 1100 f.; *Hachenburg/Zutt* Anh. § 15 Rn. 53; *Scholz/Winter* Rn. 17; *Däubler* GmbHR 1966, 243, 244.

[140] *Roth/Altmeppen* Rn. 36; *Baumbach/G. Hueck/Fastrich* Rn. 56.

[141] AllgM; BGHZ 77, 392, 295 = NJW 1980, 2708, 2709; *Hachenburg/Zutt* Anh. § 15 Rn. 53; *Scholz/Winter* Rn. 17; *Roth/Altmeppen* Rn. 36.

[142] BGHZ 75, 352, 354 = NJW 1980, 1100 f.; *Hachenburg/Zutt* Anh. § 15 Rn. 53; *Baumbach/G. Hueck/Fastrich* Rn. 56; *Roth/Altmeppen* Rn. 35.

[143] BGHZ 19, 69, 72 = NJW 1956, 58; *Baumbach/G. Hueck/Fastrich* Rn. 56; zweifelnd *Roth/Altmeppen* Rn. 35.

[144] BGHZ 50, 316, 320; OLG Frankfurt GmbHR 1987, 57.

[145] Zum Verhältnis von Treuhand und Unterbeteiligung an Gesellschaftsanteilen BGH NJW 1994, 2886; ferner *Hachenburg/Zutt* Anh. § 15 Rn. 35; *Scholz/Winter* Rn. 12 ff.; *Roth/Altmeppen* Rn. 43; vgl. RGZ 50, 316, 320 f.

[146] Zur Umdeutung eines formunwirksamen Treuhandvertrages in eine Unterbeteiligung vgl. OLG Bamberg NZG 2001, 509.

[147] *Hachenburg/Zutt* Anh. § 15 Rn. 36; *Scholz/Winter* Rn. 14.

[148] *Scholz/Winter* Rn. 14; *Roth/Altmeppen* Rn. 43.

im Wege vorweggenommener Erbfolge und Vorbehaltsnießbrauch, GmbHR 1997, 734; *v. Godin* Nutzungsrechte an Unternehmen und Unternehmensbeteiligungen, 1949; *Heidecker* Das Bezugsrecht bei nießbrauchsbelasteten Aktien, NJW 1956, 892; *Hesselmann* Nießbrauch an GmbH-Anteilen, GmbHR 1959, 21; *Körting* Die Ausübung des Stimmrechts bei der GmbH im Falle der Nießbrauchsbestellung am Geschäftsanteil, JW 1934, 1452; *Meilicke* Zivilrecht und Steuerrecht des Nießbrauchs und Nutzungsanspruch an Grundstücken sowie an Anteilen an Kapital- und Kommanditgesellschaften, StbJb. 1972/73, 375; *Milatz/Sonneborn* Nießbrauch an GmbH-Geschäftsanteilen: Zivilrechtliche Vorgaben und ertragsteuerliche Folgen, DStR 1999, 137; *Murray* Der Nießbrauch an GmbH-Anteilen, Diss. Köln 1965; *Petzoldt* Nießbrauch an Kommanditanteilen und GmbH-Geschäftsanteilen, GmbHR 1987, 381; *Reichert/Schlitt* Nießbrauch an GmbH-Anteilen, FS Flick, 1997, S. 241; *Reichert/Schlitt/Düll* Die gesellschafts- und steuerrechtliche Gestaltung des Nießbrauchs an GmbH-Anteilen, GmbHR 1998, 565; *Schilling* Das Nießbrauchsrecht an einer Beteiligung, DB 1954, 561; *Schlodtmann* Nießbrauch und Nutznießung an Geschäftsanteilen einer GmbH, Diss. Rostock 1932; *K. Schmidt* Stimmrecht beim Anteilsnießbrauch, ZGR 1999, 601; *Schön* Der Nießbrauch am Gesellschaftsanteil, ZHR 158 (1994), 229; *Spieß* Nießbrauch an Aktien und GmbH-Geschäftsanteilen, RhNotK 1969, 752; *Sudhoff* Der Nießbrauch am Geschäftsanteil einer GmbH, GmbHR 1971, 53; *ders.* Nochmals: Das Nießbrauchsrecht am Gesellschaftsanteil, NJW 1974, 2205; *Superczynski* Das Stimmrecht beim Nießbrauch an Aktien und GmbH-Geschäftsanteilen, Diss. Köln 1963; *Teichmann* Der Nießbrauch an Gesellschaftsanteilen – gesellschaftsrechtlicher Teile, ZGR 1972, 1 ff.; *Wachter* Vorbehaltsnießbrauch an GmbH-Geschäftsanteilen, GmbH-StB 1999, 172; *H. Weber* Der Nießbrauch an Gesellschaftsanteilen – steuerrechtliche Behandlung, ZGR 1972, 24 ff.; *Wiedemann* Die Übertragung und Vererbung von Mitgliedschaftsrechten bei Handelsgesellschaften, 1965.

a) Grundsatz. Am Geschäftsanteil – auch an einem Teil desselben – als einem Recht kann gemäß § 1068 Abs. 1 BGB ein Nießbrauch bestellt werden. Die Inhaberschaft an dem Geschäftsanteil verbleibt dem Gesellschafter,[149] die daraus folgenden Mitverwaltungsrechte werden vom Nießbrauch nicht berührt. Das gilt insbesondere für das Stimmrecht.[150] Der Nießbrauch ist ein dingliches Recht und entsprechend bedarf die Bestellung eines Nießbrauchs an einem Geschäftsanteil der **notariellen Beurkundung** gemäß Abs. 3. Dies folgt aus § 1069 Abs. 1 BGB.[151] Die Vereinbarung über die Einräumung eines Nießbrauchs kann formlos erfolgen, Abs. 4 gilt nach allgM nicht.[152] Indes gelten **statutarische Abtretungsbeschränkungen** gemäß Abs. 5 in gleicher Weise für die Bestellung eines Nießbrauchs. Schließt der Gesellschaftsvertrag die Veräußerung aus, kann ein Nießbrauch nicht bestellt werden. Bedarf die Veräußerung der Zustimmung der Gesellschafterversammlung, so bedarf die Einräumung eines Nießbrauchs am Geschäftsanteil dieser ebenfalls.[153] Ist für den Geschäftsanteil ein **Anteilschein** ausgegeben, so hat der Inhaber des Geschäftsanteils dem Nießbraucher jedenfalls den Mitbesitz am Anteilschein einzuräumen, mittelbarer Mitbesitz des Nießbrauchberechtigten genügt.[154] Ist ein Dividendenschein (Koupon) ausgegeben, so ist dieser dem Nießbraucher zu übergeben; der Erneuerungsschein (Talon) steht im Mitbesitz.[155]

70

b) Anmeldung bei der Gesellschaft. Der Nießbrauch beginnt mit dem Zeitpunkt, zu dem er eingeräumt wird; ist kein Zeitpunkt angegeben, so wird er mit der notariellen Bestellung wirksam. Zur Wirksamkeit ist die Anmeldung nach § 16 nicht

71

---

[149] Vgl. BGH NJW 1999, 571, 572 für die Personengesellschaft: Der Nießbraucher erhält ein dingliches Nutzungsrecht, wird aber nicht Gesellschafter; eingehend zum Nießbrauch an GmbH-Geschäftsanteilen *Reichert/Schlitt*, FS Flick, S. 217 ff.
[150] *Baumbach/G. Hueck/Fastrich* Rn. 52.
[151] AllgM; *Hachenburg/Zutt* Anh. § 15 Rn. 58; *Scholz/Winter* Rn. 189; *Baumbach/G. Hueck/Fastrich* Rn. 51; *Roth/Altmeppen* Rn. 37; *Petzoldt* GmbHR 1987, 387.
[152] *Scholz/Winter* Rn. 189; *Roth/Altmeppen* Rn. 37.
[153] § 1069 Abs. 2 BGB; allgM; *Hachenburg/Zutt* Anh. § 15 Rn. 58; *Scholz/Winter* Rn. 188.
[154] *Hachenburg/Zutt* Anh. § 15 Rn. 58; *Scholz/Winter* Rn. 189.
[155] *Scholz/Winter* Rn. 189.

§ 15   2. Abschnitt. Rechtsverhältnisse der Gesellschaft und der Gesellschafter

erforderlich. Die Gesellschaft muss aber erst an den Nießbraucher leisten, wenn ihr die Urkunde über die Bestellung des Nießbrauchs vorgelegt wird. Vorher an den Gesellschafter erbrachte Leistungen sind schuldbefreiend, da der **unmittelbare Anspruch des Nießbrauchers gegenüber der Gesellschaft** auf die Nutzung an dem Geschäftsanteil erst mit der Anzeige bei der Gesellschaft entsteht.[156]

72   **c) Inhaltliche Ausgestaltung.** Die **Nutzungen an einem Geschäftsanteil** sind in aller Regel der auf den Geschäftsanteil entfallende Gewinn, den der Nießbraucher unmittelbar nach Ergehen des Gewinnverteilungsbeschlusses bei der Gesellschaft einfordern kann, gegebenenfalls unter Vorlage des Dividendenbezugscheins.[157] Zu den Nutzungen des Geschäftsanteils gehören auch gewinnähnliche Zahlungen, die die Gesellschaft an die Gesellschafter ausschüttet, wie etwa Jubiläumsboni und Sachleistungen, soweit sie nicht auf einer besonderen Gegenleistung des Gesellschafters beruhen.[158] Der Nießbraucher ist zur Tragung öffentlicher Lasten, wie zB der Vermögensteuer für den Geschäftsanteil nicht verpflichtet,[159] wohl aber hat er die Vermögensteuer für den etwa kapitalisierten Nießbrauchwert zu tragen und auf den bezogenen Gewinn auch die Einkommensteuer.

73   **d) Nießbrauch und Kapitalerhöhung.** Streitig ist, **welche Nutzungsrechte** dem Nießbraucher aus Geschäftsanteilen zustehen, die im Wege einer Kapitalerhöhung entstehen. Es gebühren dem Nießbraucher die Gewinnbezugsrechte jedenfalls aus solchen Kapitalerhöhungen, die aus Gesellschaftsmitteln vorgenommen werden, unabhängig davon, ob neue Anteile gebildet oder die alten aufgestockt werden (vgl. § 57h Abs. 1 S. 1).[160]

74   Schwieriger zu beurteilen ist die Frage, welchen Nutzungsanspruch der Nießbraucher besitzt in bezug auf die Geschäftsanteile, für die der Gesellschafter die Gegenleistung in der Form der Bezahlung des Geschäftsanteils erbracht hat. Wird der Geschäftsanteil zum wahren anteiligen Wert bezogen und zahlt der Gesellschafter hierauf den Betrag der Stammeinlage, so wird dieser Geschäftsanteil oder dieser Teil des erhöhten oder neuen Geschäftsanteils vom Nießbrauch nicht erfasst, es sei denn, dass der Gesellschafter und der Nießbraucher sich darauf einigen, dass der Nießbrauch sich auch auf solche Kapitalerhöhungsanteile erstrecken soll. Wenn das Bezugsrecht zu einem geringeren Wert ausgeübt werden kann als der wahre Wert des neuen Geschäftsanteils, hat der Nießbraucher ein anteiliges Nutzungsrecht iS eines anteiligen Gewinnanspruchs, und zwar in Höhe der Differenz, um die der Gesellschafter den neuen Geschäftsanteil unter dem wahren Wert erwerben konnte.[161]

75   Übt der Gesellschafter sein Bezugsrecht nicht aus, so können aus dem Innenverhältnis **Schadenersatzansprüche des Nießbrauchers** gegen den Gesellschafter dann ge-

---

[156] *Baumbach/G. Hueck/Fastrich* Rn. 51; *Hachenburg/Zutt* Anh. § 15 Rn. 58; *Lutter/Hommelhoff* Rn. 48, 49.
[157] AllgM; *Hachenburg/Zutt* Anh. § 15 Rn. 59; *Scholz/Winter* Rn. 190; *Roth/Altmeppen* Rn. 38; *Teichmann* ZGR 1972, 1, 7f.
[158] Vgl. *Teichmann* ZGR 1972, 1, 9.
[159] OLG Karlsruhe DB 1988, 2398.
[160] Wie hier *Scholz/Winter* Rn. 191a; *Baumbach/G. Hueck/Fastrich* Rn. 53; teilweise aA allerdings die hM: BGH GmbHR 1972, 215 zur KG; *Hachenburg/Zutt* Anh. § 15 Rn. 63; *Lutter/Hommelhoff* nehmen einerseits Rn. 50 an, dass der Nießbraucher nur einen Anspruch auf Bestellung des Nießbrauchs am neuen Anteil besitze, während sie andererseits für § 57j Rn. 4 für eine unmittelbare Fortsetzung des Nießbrauchs an der neuen bzw. erhöhten Mitgliedschaft eintreten.
[161] *Scholz/Winter* Rn. 191a; *Baumbach/G. Hueck/Fastrich* Rn. 53; *Lutter/Hommelhoff* Rn. 50; unklar *Meyer-Landrut/Miller/Niehus* Rn. 56; *Teichmann* ZGR 1972, 1, 18f.; aA BGH GmbHR 1972, 215.

geben sein, wenn der Nießbraucher nach dem oben Dargelegten einen Gewinnbezugsanspruch, sei es voll, sei es anteilig in bezug auf den neuen Geschäftsanteil hätte. Einen eigenen Anspruch auf Ausübung des Bezugsrechts besitzt der Nießbraucher in keinem Falle.[162]

e) Einbeziehung von Mitgliedschaftsrechten. Mitgliedschaftsrechte kann der Nießbraucher nach heute überwiegender Meinung auf Grund seines Nießbrauchrechtes **nicht** ausüben,[163] es sei denn, sie wären ausdrücklich mitübertragen. Abweichend wird teilweise zu § 1068 BGB noch die Auffassung vertreten, dass der Nießbrauch auch das Verwaltungsrecht einschließe.[164] Ob insbesondere das Stimmrecht dem Nießbraucher vertraglich zugewiesen werden kann, ist äußerst umstritten.[165] Denkbar und möglich ist in jedem Falle eine **Vollmacht,** die den Nießbraucher berechtigt, das Stimmrecht oder sonstige Verwaltungsrechte auszuüben.[166] Ist eine solche Vollmacht nicht erteilt, hat der Nießbraucher weder das Recht, an der Gesellschafterversammlung teilzunehmen, noch das Stimmrecht etwa schriftlich auszuüben oder sonstige Verwaltungsrechte wahrzunehmen. Sein Anspruch ist **strikt beschränkt auf das Gewinnbezugsrecht,** wie es mit dem Geschäftsanteil verbunden ist.[167] Entsprechend hat der Nießbraucher ohne ausdrückliche Regelung **keinen Anspruch auf Sonderrechte** des Gesellschafters, wie etwa auf Ausübung einer Geschäftsführertätigkeit oder auf einen Sitz im Aufsichtsrat oder Beirat der Gesellschaft. Auch Nebenrechte oder Nebenpflichten gemäß § 3 Abs. 2 stehen ausschließlich dem Gesellschafter zu, der andererseits auch alle gesellschaftsrechtlichen Verpflichtungen gegenüber der Gesellschaft zu erfüllen hat.[168]

76

Allerdings ist einheitlich anerkannt, dass der Gesellschafter sein Mitgliedschaftsrecht, insbesondere sein Stimmrecht nicht dazu missbrauchen darf, um den Anspruch des Nießbrauchers auf den Reingewinn gemäß § 29 zu mindern oder zu vereiteln. Der Gesellschafter hat vielmehr die Pflicht, dafür zu sorgen, dass der Nießbraucher den angemessenen Gewinn aus dem Geschäftsanteil erhält, wie er überhaupt die Interessen des Nießbrauchers zu beachten hat.[169] Allerdings hat der Gesellschafter dabei auch die Interessen der Gesellschaft so wie ein Gesellschafter zu beachten, an dessen Geschäftsanteil ein Nießbrauch nicht besteht. Der Gesellschafter ist also durch den Nießbrauch nicht gehindert, der Bildung von angemessenen Rücklagen und notwendigen Rückstellungen zuzustimmen, wie er auch einen Anspruch darauf besitzt, dass etwa seine Bezüge als Gesellschafter-Geschäftsführer seiner Tätigkeit angemessen sind. Der Gesellschafter muss seine eigenen Interessen insoweit nicht hinter den Interessen des Nießbrauchers zurückstellen, er darf nur nicht missbräuchlich handeln und so das Gewinnbezugsrecht des Nießbrauchers schmälern.[170]

77

---

[162] *Hachenburg/Zutt* Anh. § 15 Rn. 63.
[163] *Hachenburg/Zutt* Anh. § 15 Rn. 61; *Scholz/Winter* Rn. 192; *Baumbach/G. Hueck/Fastrich* Rn. 52; *Hesselmann* GmbHR 1959, 21, 22; vgl. *Sudhoff* GmbHR 1971, 53, 55.
[164] *MüKo BGB/Petzoldt* § 1068 Rn. 36; *Sudhoff* NJW 1974, 2205, 2207; ausführlich hierzu *Scholz/Winter* Rn. 192.
[165] Offengelassen von BGH NJW 1999, 571; vgl. dazu *Lutter/Hommelhoff* Rn. 50, die annehmen, dass dem Nießbraucher auch das Stimmrecht übertragen werden kann; s. hierzu auch *Fleck*, FS Fischer, 1979, S. 107 ff. und *K. Schmidt* ZGR 1999, 601 ff.
[166] OLG Koblenz NJW 1992, 2163, 2165; *K. Schmidt* ZGR 1999, 601, 611.
[167] *Scholz/Winter* Rn. 192; *Baumbach/G. Hueck/Fastrich* Rn. 52.
[168] *Hachenburg/Zutt* Anh. § 15 Rn. 60 f.; *Scholz/Winter* Rn. 193.
[169] *Hachenburg/Zutt* Anh. § 15 Rn. 62.
[170] *Scholz/Winter* Rn. 198, 168 ff.; *Teichmann* ZGR 1972, 1, 15 f.; vgl. *Hachenburg/Zutt* Anh. § 15 Rn. 62.

78 f) Befugnisse des Nießbrauchers. Geht der Geschäftsanteil an Dritte über, so haftet der Nießbrauchverpflichtete dem Nießbraucher dafür, dass er den Erlös aus dem Geschäftsanteil ertragbringend anlegt, wobei der Nutzen wiederum dem Nießbraucher zukommt. Der Gesellschafter oder ehemalige Gesellschafter hat dabei dem Nießbraucher ein angemessenes Mitspracherecht einzuräumen. Abgesehen davon ist der Gesellschafter nicht gehindert, seine Rechte in bezug auf den Geschäftsanteil uneingeschränkt auszuüben, er kann also den Geschäftsanteil abandonnieren, er kann einer Einziehung des Geschäftsanteils zustimmen und er kann auch von seinem Austrittsrecht Gebrauch machen, falls Gründe für den Austritt gegeben sind.[171] Das Fehlen der Zustimmung des Nießbrauchers zu einer Aufhebung des Rechts (§ 1071 BGB) führt nur zur relativen Unwirksamkeit gegenüber dem Nießbraucher.[172]

79 Andererseits darf der Gesellschafter solche Einziehungs- und Abandonnierungsgründe nicht mutwillig und vorsätzlich herbeiführen, ohne gegenüber dem Nießbraucher schadenersatzpflichtig zu werden.[173] Gegen eine Zwangseinziehung etwa aus behaupteten wichtigem Grunde muss der Gesellschafter zur Wahrung der Rechte des Nießbrauchers ggf. gerichtlich vorgehen. An dem Surrogat des Geschäftsanteils setzt sich der Nießbrauch fort, sofern dies nicht bei der Nießbrauchbestellung ausgeschlossen ist. Eine eindeutige Regelung ist wichtig und nötig.[174]

80 g) Beendigung des Nießbrauchs. Die Nießbrauchbestellung endet mit der Zeit, für die der Nießbrauch eingeräumt worden ist, sonst mit dem Tode des Nießbrauchers oder, wenn der Nießbraucher eine juristische Person oder eine Handelsgesellschaft ist, mit deren Liquidation.[175]

81 Durch den Übergang des Geschäftsanteils auf einen Dritten oder auf die Gesellschaft erlischt der Nießbrauch nicht.[176] Gleiches gilt, wenn der Geschäftsanteil im Erbgange auf den Erben übergeht und der den Nießbrauch bestellende Erblasser bestimmt hat, dass der Nießbrauch so lange besteht, wie sich der Geschäftsanteil im Eigentum eines Erben oder auch Nacherben oder dessen Erben befindet. Auch dabei ist eine klare Regelung bei der Nießbrauchbestellung dringend geboten. Der Nießbrauch endet auch, wenn der Nießbraucher den Geschäftsanteil durch Konfusion erwirbt (§§ 1063, 1072 BGB). Nach Beendigung des Nießbrauchs stehen die Rechte aus dem Anteil wieder dem Inhaber zu. Dies gilt auch für Gewinne, die zurückgestellt waren, die nunmehr ausgeschüttet werden, mögen sie auch einen Zeitraum betreffen, in welchem der Nießbrauch bestand.

4. Verpfändung

Schrifttum: *Becker* Das vertragliche Pfandrecht am Geschäftsanteil, GmbHR 1928, 405; *Becker* Das Stimmrecht bei Sicherungsübertragung, Nießbrauch, Verpfändung, Pfändung, Miete, Pacht, Leihe eines Geschäftsanteils und im Konkurs- und Vergleichsverfahren, GmbHR 1935, 803; *Buchwald* Verpfändung und Pfändung von GmbH-Anteilen, GmbHR 1959, 254 und 1960, 5; *Ewald* GmbH-Anteile (Anteilscheine) als Pfandstücke, ZHR 92 (1928), 96; *Heidenhain* Umfang der Beurkundungspflicht bei der Verpfändung von GmbH-Geschäftsanteilen, GmbHR 1996, 275; *Külbs* Pfändung, Verpfändung und Zwangsvollstreckung in den Geschäftsanteil einer GmbH, Diss. Köln 1938; *Mertens* Typische Probleme bei der Verpfändung von GmbH-Anteilen, ZIP 1998, 1787; *K. Müller* Die Verpfändung von GmbH-Anteilen, GmbHR 1969, 4, 34, 57; *Rodewald* Überlegungen im Zusammenhang mit der Verpfändung von GmbH-Anteilen, GmbHR 1995, 418; *Roth* Pfändung und Verpfändung von Gesellschaftsanteilen,

---

[171] *Hachenburg/Zutt* Anh. § 15 Rn. 64.
[172] *Palandt/Bassenge* § 1071 Rn. 1.
[173] S. hierzu *Teichmann* ZGR 1972, 1, 15 f.; vgl. *Hachenburg/Zutt* Anh. § 15 Rn. 64.
[174] Vgl. auch *Hachenburg/Zutt* Anh. § 15 Rn. 59.
[175] *Scholz/Winter* Rn. 196.
[176] *Scholz/Winter* Rn. 194, 165.

ZGR 2000, 187; *Schuler* Die Verpfändung von GmbH-Anteilen, NJW 1956, 689; *Schuler* Die Pfändung von GmbH-Anteilen und die miterfassten Ersatzansprüche, NJW 1960 1423; *Serick* Sicherungsabtretung von GmbH-Anteilen und andere Kreditsicherungsmöglichkeiten im Bereiche der GmbH, GmbHR 1967, 133; *Sieger/Hasselbach* Praktische Probleme bei der Verpfändung von GmbH-Geschäftsanteilen, GmbHR 1999, 633; *Vogel* Die Verpfändung von GmbH-Anteilen, DB 1954, 208; *Wiedemann* Die Übertragung und Vererbung von Mitgliedschaftsrechten bei Handelsgesellschaften, 1965.

a) **Form und Zweck.** Auch die Verpfändung des Geschäftsanteils ist gemäß § 1274 BGB zulässig, soweit nicht der Gesellschaftsvertrag die Verpfändung ausschließt oder von bestimmten Voraussetzungen wie zB der Zustimmung der Gesellschafterversammlung oder eines anderen Organs der Gesellschaft gemäß Abs. 5 abhängig macht.[177] In letzterem Falle erfordert die wirksame Bestellung des Pfandrechts auch die Erfüllung dieser Voraussetzungen (§ 1274 Abs. 2 BGB). Die Bestellung des Pfandrechts erfolgt in der Form des Abs. 3 durch **notarielle Beurkundung,** die Verpflichtung zur Verpfändung des Geschäftsanteils bedarf keiner Form.[178]

82

Die Bestellung eines Pfandrechts kann zu den **verschiedensten Zwecken** erfolgen, in der Regel sichert das Pfandrecht an einem Geschäftsanteil die Forderung eines Dritten oder der Gesellschaft gegen den Inhaber des Geschäftsanteils oder, soweit der Gesellschafter Bürge ist, eine Schuld mitübernommen oder Garantie geleistet hat, für die Schuld eines anderen. Die Bestellung eines Pfandrechts ist so **der Sicherungsabtretung vergleichbar,** doch geht die Bestellung eines Pfandrechts rechtlich gesehen weniger weit, weil zwar ein dingliches Recht eingeräumt wird, aber der Pfandgläubiger anders als der Sicherungsnehmer nicht Gesellschafter mit allen Verpflichtungen wird.[179] Entsprechend wird das Pfandrecht **nur selten zum Zwecke der reinen Pfandverwertung** bestellt, die Verwertung ist vielmehr wie bei der Sicherungsabtretung meist die Folge der Insolvenz des Inhabers des Geschäftsanteils.

83

b) **Bedingung.** Die Verpfändung kann aufschiebend wie auflösend bedingt erfolgen,[180] so etwa unter der **aufschiebenden** Bedingung, dass ein in Anspruch genommener Bankkredit eine bestimmte Kreditlinie überschreitet, oder unter der **auflösenden,** dass der Bankkredit, zu dessen Sicherheit der Geschäftsanteil verpfändet wurde, getilgt ist. Ist die auflösende Bedingung bereits in der notariellen Urkunde über die Pfandbestellung enthalten, so bedarf die Aufhebung des Pfandrechts wie auch sonst keiner besonderen Form.[181]

84

c) **Verpfändung eines Teils eines Geschäftsanteils.** Auch Teile eines Geschäftsanteils können verpfändet werden. Erforderlich ist dann stets die Genehmigung der Gesellschaft gemäß § 17 Abs. 1. Nach allgM steht § 17 Abs. 6 der Verpfändung von Teilen eines Geschäftsanteils nicht entgegen.[182] Die Teilung hat nicht nach Bruchteilen oder Prozenten zu erfolgen, sondern nach dem Teilungsbetrag des Geschäftsanteils, etwa: ein Teil von 100 000 € des Geschäftsanteils von 500 000 €. Möglich ist es auch, **mehrere Teile eines Geschäftsanteils an verschiedene Personen zu verpfän-**

85

---

[177] *Hachenburg/Zutt* Anh. § 15 Rn. 39; *Scholz/Winter* Rn. 154; *Baumbach/G. Hueck/Fastrich* Rn. 47, 48; *Lutter/Hommelhoff* Rn. 48; *Roth/Altmeppen* Rn. 37; *K. Müller* GmbHR 1969, 4, 5.
[178] RGZ 58, 223, 225; RG JW 1937, 2118; *Hachenburg/Zutt* Anh. § 15 Rn. 40; *Scholz/Winter* Rn. 156; *Baumbach/G. Hueck/Fastrich* Rn. 48 aE.
[179] Zu den Rechtsfolgen, insbesondere für die Finanzierungsverantwortung für die Gesellschaft, wenn dem Pfandgläubiger durch Nebenabreden eine gesellschafterähnliche Stellung eingeräumt wird, BGHZ 119, 191.
[180] *Hachenburg/Zutt* Anh. § 15 Rn. 39.
[181] *Hachenburg/Zutt* Anh. § 15 Rn. 40; *Baumbach/G. Hueck/Fastrich* Rn. 48.
[182] *Hachenburg/Zutt* Anh. § 15 Rn. 39; *Scholz/Winter* Rn. 157; *Baumbach/G. Hueck/Fastrich* § 17 Rn. 6; *Wiedemann* S. 423 f.

§ 15 2. Abschnitt. Rechtsverhältnisse der Gesellschaft und der Gesellschafter

den. Zulässig ist es ferner, die Verpfändung des Geschäftsanteils auf einen bestimmten Betrag zu beschränken, etwa: Die Verpfändung erfolgt für eine Schuld bis zu 100 000 €. Dann liegt zwar eine Verpfändung des Geschäftsanteils insgesamt vor, aber im Vertrag zwischen dem Inhaber des Geschäftsanteils und dem Pfandgläubiger ist eine wirksame Beschränkung auf den vereinbarten Höchstbetrag festgelegt. In einem solchen Falle ist § 17 Abs. 1 nicht berührt, es bedarf dann keiner Zustimmung der Gesellschaft zur Teilung des Geschäftsanteils.[183]

86 d) **Verpfändungsanzeige.** Eine Anzeige der Verpfändung gemäß **§ 1280 BGB** bedarf es nach allgM **nicht**, da sich § 1280 BGB nur auf Forderungen, nicht aber auf Mitgliedschaftsrechte bezieht.[184]

87 Es bedarf hingegen der Anzeige der Verpfändung **gegenüber der Gesellschaft gemäß § 16 Abs. 1.** Die Anmeldung gemäß § 16 ist zwar nicht Wirksamkeitsvoraussetzung für die Verpfändung, wohl aber Voraussetzung für die Geltendmachung von Rechten des Pfandgläubigers gegenüber der Gesellschaft, insbesondere beim Nutzungspfandrecht.[185] Die Anmeldung gemäß § 16 Abs. 1 liegt sowohl im Interesse der Gesellschaft als auch im Interesse des Pfandgläubigers, insbesondere dann, wenn ein Nutzungspfandrecht bestellt worden ist.

88 e) **Statutarische Vereinbarungen.** Auch für die Verpfändung gilt Abs. 5. Es können also für die Verpfändung statutarisch **weitere Voraussetzungen** festgelegt werden, insbesondere die Genehmigung der Gesellschaft oder der Gesellschafter oder eines anderen Gesellschaftsorgans als Wirksamkeitsvoraussetzung bestimmt sein. – Es kann ebenso wie bei der Veräußerung die Verpfändung auch **statutarisch ausgeschlossen** werden, § 1274 Abs. 2 BGB.[186] Der Gesellschaftsvertrag kann aber auch die Verpfändung des Geschäftsanteils erleichtern, also geringere statutarische Anforderungen an die Verpfändung stellen als an die Veräußerung.[187]

89 f) **Verwertung des Geschäftsanteils.** Durch die Verpfändung erwirbt der Pfandgläubiger **dem Grundsatze nach** das Recht auf Befriedigung aus dem Geschäftsanteil, d. h. der Gläubiger kann den Geschäftsanteil verwerten und sich für seine Forderung befriedigen, sobald die Forderung fällig ist, für die der Geschäftsanteil verpfändet wurde (Pfandreife).[188] Tritt die Gesellschaft in Liquidation, besitzt er entsprechend § 1287 BGB den Anspruch auf den Liquidationserlös.[189] Ob sich das Pfandrecht insbesondere bei Vereinbarung eines Nutzungspfandrechts entsprechend § 1289 BGB auf das Gewinnbezugsrecht erstreckt oder ob es hierfür einer besonderen Abrede bedarf, ist umstritten.[190] Die Frage sollte daher in der Verpfändungsvereinbarung ausdrücklich geregelt werden.

---

[183] *Hachenburg/Zutt* Anh. § 15 Rn. 39.
[184] RGZ 57, 414, 415; *Hachenburg/Zutt* Anh. § 15 Rn. 42; *Scholz/Winter* Rn. 155; *Müller* GmbHR 1969, 4, 6; *Roth* ZGR 2000, 187, 219.
[185] So zutreffend *Scholz/Winter* Rn. 155; *Baumbach/G. Hueck/Fastrich* Rn. 48; *Lutter/Hommelhoff* Rn. 48; *Roth* ZGR 2000, 187, 219; vgl. ferner *Hachenburg/Zutt* Anh. § 15 Rn. 42, die der Auffassung sind, dass die Anmeldung statutarisch als Wirksamkeitsvoraussetzung vorgesehen werden kann; ebenso *Wiedemann* S. 425 und *Schuler* NJW 1960, 1423, 1424.
[186] *Hachenburg/Zutt* Anh. § 15 Rn. 41; *Scholz/Winter* Rn. 154; *Baumbach/G. Hueck/Fastrich* Rn. 48; *Lutter/Hommelhoff* Rn. 48.
[187] *Hachenburg/Zutt* Anh. § 15 Rn. 41 unter Bezug auf *Schuler* NJW 1956, 689, 690.
[188] *Scholz/Winter* Rn. 160.
[189] *Scholz/Winter* Rn. 162; *Baumbach/G. Hueck/Fastrich* Rn. 50.
[190] Vgl. BGHZ 119, 191, 194; *Baumbach/G. Hueck/Fastrich* Rn. 50; *Scholz/Winter* Rn. 160 einerseits; für eine analoge Anwendung von § 1289 BGB dagegen *Roth* ZGR 2000, 187, 219.

Übertragung von Geschäftsanteilen   § 15

Die Verwertung des verpfändeten Geschäftsanteils setzt einen **vollstreckbaren** 90
Schuldtitel voraus, sofern nicht etwas anderes vereinbart ist, § 1277 BGB. Dies ist in
aller Regel eine notarielle Urkunde gemäß § 794 Abs. 1 Nr. 5 ZPO, die zumeist
gleichzeitig mit der Verpfändung errichtet wird und die dem Pfandgläubiger bei Fälligkeit seiner Forderung die Verwertung des Geschäftsanteils erlaubt. Die Verwertung
erfolgt dabei gemäß § 1277 BGB nach den für die Zwangsvollstreckung geltenden
Vorschriften, sofern die Parteien **nach Fälligkeit der Forderung** nicht eine andere
Art der Verwertung des Geschäftsanteils **vereinbaren,** was zulässig ist. Eine **vor
Pfandreife** vereinbarte andere Verwertung ist nichtig (§§ 1277, 1229, 1245 Abs. 2
BGB). – Danach erfolgt die Verwertung, sofern eine andere Vereinbarung nicht getroffen worden ist, durch öffentliche Versteigerung, doch kann das Gericht auch den
freihändigen Verkauf auf Antrag zulassen.[191]

g) Keine Übertragung von Mitgliedschaftsrechten. Durch die Verpfändung 91
des Geschäftsanteils erhält der Pfandgläubiger dem Grundsatze nach lediglich das
Verwertungsrecht, aber keine weiteren Rechte. Insbesondere erwirbt der
Pfandgläubiger keine Mitgliedschaftsrechte, diese verbleiben vielmehr dem Inhaber
des Geschäftsanteils.[192] Ob der Inhaber des Geschäftsanteils und der Pfandgläubiger
vereinbaren können, dass dem Pfandgläubiger Mitgliedschaftsrechte zustehen sollen,
so insbesondere das Stimmrecht, ist wegen des sog. Abspaltungsverbotes äußerst
zweifelhaft.[193] Mehrheitlich wird jedoch zu Recht eine Bevollmächtigung des Pfandgläubigers zur Ausübung des Stimmrechtes für zulässig erachtet.[194] Dasselbe gilt für
die sonstigen **zum Kernbereich des Mitgliedschaftsrechts gehörenden Rechte**
wie das Anfechtungsrecht und die Minderheitsrechte gemäß § 50, das Kündigungsrecht, das Auskunfts- und Einsichtsrecht gemäß § 51a, das Recht auf Preisgabe (§ 27
Abs. 1), das Recht auf Einberufung einer Gesellschafterversammlung gemäß § 50
Abs. 1 und das Recht, die Auflösung der Gesellschaft gemäß §§ 60, 61 herbeizuführen.[195]

Bei einer **Kapitalerhöhung** sollte wie beim Nießbrauch (Rn. 73 ff.) danach unter- 92
schieden werden, ob die Erhöhung aus Gesellschaftsmitteln oder gegen Einlagen erfolgt. Bei Kapitalerhöhungen aus Gesellschaftsmitteln wird man eine Erstreckung des
Pfandrechts auch auf das Erhöhungskapital anzunehmen haben; denn der Erhöhungsbetrag war dem verpfändeten Geschäftsanteil bereits immanent. Bei der Erhöhung gegen Einlagen erstreckt sich das Pfandrecht entsprechend nur anteilig (Rn. 73 ff.), wenn
die neuen Geschäftsanteile nicht zu einem ihrem wahren Wert entsprechenden Betrag
ausgegeben werden.

h) Zustimmung der Gesellschaft. Hat die Gesellschaft der Verpfändung des Ge- 93
schäftsanteils zugestimmt, so liegt in dieser Zustimmung zugleich die Einwilligung in

---

[191] § 1234 BGB; *Scholz/Winter* Rn. 177.
[192] AllgM; BGHZ 119, 191, 195 f. = NJW 1992, 3035, 3036; *Hachenburg/Zutt* Anh. § 15
Rn. 44; *Scholz/Winter* Rn. 158; *Lutter/Hommelhoff* Rn. 48; *Baumbach/G. Hueck/Fastrich* Rn. 49;
Roth/Altmeppen Rn. 39; dagegen leitet *Roth* ZGR 2000, 187, 217, 220 aus § 1276 BGB das Verbot ab, das Stimmrecht ohne Zustimmung des Pfandgläubigers auszuüben, wenn dessen Pfandrecht dadurch aktuell oder nur potentiell beeinträchtigt wird.
[193] Zum Abspaltungsverbot allgemein § 47 Rn. 24 ff.; zum Streitstand beim Vertragspfandrecht
RGZ 157, 52, 55 f.; BGHZ 3, 354, 357 ff.; 20, 364; *Hachenburg/Zutt* Anh. § 15 Rn. 44 a; *Scholz/
Winter* Rn. 159 f.; *Lehmann* GmbHR 1953, 143.
[194] *Scholz/Winter* Rn. 159a; *Baumbach/G. Hueck/Fastrich* Rn. 49; *Lutter/Hommelhoff* Rn. 48 mit
der Einschränkung, soweit sie den Gesellschafter nicht verdränge.
[195] *Scholz/Winter* Rn. 7, 159a; ausführlich hierzu *Müller* GmbHR 1969, 4, 7 f.

die Verwertung des Geschäftsanteils durch den Pfandgläubiger; die Gesellschaft kann also nicht nachträglich der Verwertung widersprechen.[196]

94 **i) Übertragung und Aufhebung.** Der Pfandgläubiger kann sein Pfandrecht durch Abtretung an einen Dritten übertragen, doch setzt dies voraus, dass auch die Forderung, für die die Verpfändung des Geschäftsanteils erfolgt, mit übergeht, §§ 1273 Abs. 2, 1250 Abs. 1 S. 1 und 2 BGB. Ist die Abtretung der Forderung ausgeschlossen, so kann auch das Pfandrecht nicht abgetreten werden. Die Aufhebung der Verpfändung des Geschäftsanteils erfolgt durch **Einigung** zwischen dem Verpfänder und dem Pfandgläubiger, § 1276 BGB, die nicht formbedürftig ist.[197]

95 **j) Befugnisse des Gesellschafters.** Der Inhaber des verpfändeten Geschäftsanteils ist iÜ nicht gehindert, seine Gesellschafterrechte aus dem Geschäftsanteil im eigenen wie im Interesse der Gesellschaft auszuüben (vgl. Rn. 76 f.). Der Inhaber des verpfändeten Geschäftsanteils muss dabei freilich das Verwertungsrecht oder im Falle des Nutzungspfandrechts das Nutzungsrecht des Pfandgläubigers in einer dem Zweck der Verpfändung entsprechenden Weise berücksichtigen. Entsprechend kann der Inhaber des verpfändeten Geschäftsanteils seine Zustimmung zur Einziehung des Geschäftsanteils (§ 34) ohne Zustimmung des Pfandgläubigers nicht erteilen.[198] Dagegen soll der Gesellschafter den Geschäftsanteil ohne Zustimmung des Pfandgläubigers preisgeben (§ 27) können.[199]

96 Auch Satzungsänderungen kann der Inhaber des verpfändeten Geschäftsanteils zustimmen, doch macht er sich schadenersatzpflichtig, wenn er solchen satzungsändernden Beschlüssen zustimmt, die das Pfandrecht des Pfandgläubigers beeinträchtigen.[200] Nicht gehindert ist der Inhaber des verpfändeten Geschäftsanteils zB einer Änderung des Gesellschaftszwecks zuzustimmen, es sei denn, dies geschähe, um den Wert des verpfändeten Geschäftsanteils zu mindern; dann folgen die Ansprüche des Pfandgläubigers freilich aus § 826 BGB.[201]

97 **k) Das Nutzungspfandrecht.** Das Pfandrecht kann als sog. **Nutzungspfandrecht gemäß** §§ 1273, 1213 Abs. 1 BGB bestellt werden. Dann ist es dem Nießbrauch vergleichbar, und die Nutzungsrechte entsprechen denjenigen, die einem Nießbraucher eingeräumt werden können; insbesondere das Gewinnbezugsrecht ist mitverpfändet.[202] Es kann in diesem Fall auch vereinbart werden, dass die **Verwertung des Geschäftsanteils ausgeschlossen** sein soll.[203] Dann ist freilich die Bestellung eines Pfandrechts am Geschäftsanteil unnötig; es genügt die Abtretung der Nutzungen, die formlos möglich ist.

IV. Familien- und erbrechtliche Probleme

Schrifttum: *Barella* Erbfolge bei GmbH-Gesellschaften, GmbHR 1959, 45; *Baur* „Nutzungen" eines Unternehmens bei Anordnung von Vorerbschaft und Testamentsvollstreckung, JZ 1958, 465; *Baur* Der Testamentsvollstrecker als Unternehmer, FS Dölle, Bd. I, 1963, S. 249; *Becker* Einziehung zwecks

---

[196] *Hachenburg/Zutt* Anh. § 15 Rn. 48; *Lutter/Hommelhoff* Rn. 48 aE; *Schuler* NJW 1956, 689, 690; *Wiedemann* S. 433 f.
[197] *Scholz/Winter* Rn. 167.
[198] RGZ 139, 224, 229 f.; *Hachenburg/Zutt* Anh. § 15 Rn. 44; *Scholz/Winter* Rn. 169, 170; *Baumbach/G. Hueck/Fastrich* Rn. 49; *Roth/Altmeppen* Rn. 40.
[199] HM; *Roth/Altmeppen* Rn. 40; *Scholz/Winter* Rn. 169.
[200] *Scholz/Winter* Rn. 168.
[201] RGZ 139, 224, 230; *Scholz/Winter* Rn. 169.
[202] *Scholz/Winter* Rn. 160; *Baumbach/G. Hueck/Fastrich* Rn. 50; *Müller* GmbHR 1969, 57 f.
[203] *Hachenburg/Zutt* Anh. § 15 Rn. 65.

§ 15 Übertragung von Geschäftsanteilen

Ausschluß der Vererbung an Geschäftsanteilen, GmbHR 1941, 243; *Beitzke* Gesellschaftsvertrag und güterrechtliche Verfügungsbeschränkung, DB 1961, 21; *Biddermann* Der minderjährige Gesellschafter, 1965; *Biddermann* Zur Rechtsstellung des minderjährigen GmbH-Gesellschafters, GmbHR 1966, 4; *Buchwald* Geschäftsanteil und Erbrecht, AcP 154 (1955), 22; *Buchwald* Das Verhältnis von Erbrecht und Gesellschaftsvertrag, JR 1955, 173; *v. Burchard* Die Befugnisse eines Testamentsvollstreckers in einer GmbH, GmbHR 1954, 150; *Däubler* Die Vererbung von Geschäftsanteilen bei der GmbH, 1965; *Däubler* Der Scheinerbe im Recht der GmbH, GmbHR 1963, 181; *Dauner-Lieb* Unternehmen in Sondervermögen. Haftung und Haftungsbeschränkung. Zugleich ein Beitrag zum Unternehmen im Erbgang, 1998; *Dilthey* Unentgeltliche Einziehung von GmbH-Anteilen, Diss. Bonn 1937; *Eiselt* Die Bedeutung des § 1365 BGB für Gesellschaftsverträge, JZ 1960, 562; *Emmerich* Die Testamentsvollstreckung an Geschäftsanteilen, ZHR 132 (1969), 297; *Feller* Zur Vorerbschaft an GmbH-Geschäftsanteilen, Diss. Mainz 1974; *Finger* Einziehung des Geschäftsanteils beim Tode eines Gesellschafters und Nachfolgeregelung, GmbHR 1975, 97; *ders.* Der Ausschluß von Abfindungsansprüchen bei der Nachfolge in Personengesellschaften beim Tode eines Gesellschafters, DB 1974, 27; *Fischer* Kollision zwischen Gesellschaftsrecht und ehelichem Güterrecht, NJW 1960, 937; *ders.* Die Stellung des vermeintlichen Erben in der oHG, FS 150 Jahre Heymanns Verlag, 1965, S. 271; *ders.* Die Beeinträchtigung erbrechtlicher Anwartschaften aufgrund Gesellschafterbeschlüssen in der GmbH, FS Stimpel, 1985, S. 353; *Fleck* Beeinträchtigung erbrechtlicher Anwartschaften aufgrund von Gesellschafterbeschlüssen in der GmbH, FS Stimpel, 1985, S. 353; *Flume* Die Nachfolge in die Mitgliedschaft in eine Personengesellschaft beim Tode eines Gesellschafters, FS Schilling, 1973, S. 23; *Friess* Erfordernisse der vormundschaftlichen Genehmigung bei Verträgen, DB 1957, 957; *Goroney* Gesellschaftsrechtliche Probleme der Zugewinngemeinschaft unter besonderer Berücksichtigung der Bewertungsfragen, Diss. Bonn 1966; *Hadding* Zur Rechtsstellung des Vorerben von GmbH-Geschäftsanteilen, FS Bartholomeyszik, 1973, S. 75; *ders.* Zur Rechtsstellung des Vorerben von GmbH-Geschäftsanteilen, GmbHR 1975, 73; *Haegele* GmbH und Verfügungen der Zugewinngemeinschaft, GmbHR 1965, 187; *ders.* GmbH und Zugewinnausgleich GmbHR 1966, 24; *ders.* Vertragliche Güterrechte und GmbH, GmbHR 1968, 69, 95, 138 und 159; *ders.* Vererbung von GmbH-Geschäftsanteilen, Rpfleger 1969, 186; *ders.* Geschäftsunfähige und beschränkt Geschäftsfähige im GmbH-Recht, GmbHR 1971, 198; *ders.* Rechtsbeziehungen und Wechselwirkungen zwischen GmbH-Satzung und Gesellschaftertestament, GmbHR 1972, 219; *ders.* Erbrechtsfragen zur GmbH, BWNotZ 1976, 53; *Haneke* Veräußerung und Vererbung von GmbH-Anteilen im spanischen und deutschen Recht, 2000; *Heckelmann* Abfindungsklauseln in Gesellschaftsverträgen, 1973; *Heinemann* Mindeststammkapitalerhöhung bei Testamentsvollstreckung, GmbHR 1985, 349; *Heinrichs* Nochmals: Pflichtteilsanspruch und Buchwertabfindung, DB 1973, 1003; *Hennerkes-May* Der Gesellschaftsvertrag des Familienunternehmens, NJW 1988, 2761; *Hörger/Pauli* Nachfolge bei Kapital- und Personengesellschaften, GmbHR 1999, 945; *A. Hueck* Gesellschaftsvertrag und Erbrecht, DNotZ 1952, 550; *ders.* Der Geschäftsanteil der GmbH als Gegenstand eines Vermächtnisses, DB 1956, 735; *Immenga* Die personalistische Kapitalgesellschaft, 1970; *Käppler* Die Steuerung der Gesellschaftererbfolge in der Satzung der GmbH, ZGR 1978, 542; *Knopp* Über die Genehmigungsbedürftigkeit von Änderungen eines Gesellschaftsvertrages bei Beteiligung von Minderjährigen oder Mündeln, BB 1962, 939; *Knur* Die Familiengesellschaft, 1941; *Knur* Zugewinngemeinschaft, Ehevertrag und Verfügung von Todes wegen, DNotZ 1957, 451; *Koch* Zuordnung des vererbten GmbH-Geschäftsanteils, Diss. 1981; *ders.* Kommanditteile und Testamentsvollstreckung, NJW 1983, 1762; *Kraker* Übertragung und Vererbung von GmbH- und Kommanditanteilen, BWNotZ 1961, 2; *Landmann* Zur Regelung der Gesellschafternachfolge in der Satzung der GmbH, Diss. Bonn 1962; *Lenz* Vererbung von GmbH-Geschäftsanteilen, GmbHR 2000, 927; *Lenzen* Der Zugewinnausgleich bei Gesellschaftsbeteiligungen, BB 1974, 1050; *Lessmann* Vinkulierungsklauseln bei der Vererbung von GmbH-Geschäftsanteilen, GmbHR 1986, 409; *Michalski* Die Vor- und Nacherbenschaft in einem OHG- und GmbH-Anteil, DB 1987, Beilage 16; *ders.* Nachfolgeklauseln in der GmbH-Satzung, NZG 1998, 301; *Model* Letztwillige Verfügungen und Gesellschaftsvertrag, GmbHR 1959, 6; *Model/Haegele* Testament und Güterstand des Unternehmers, 1966; *Möhring* Die nachträgliche Vinkulierung der GmbH-Anteile, GmbHR 1963, 201; *W. Müller* Ermächtigung eines Minderjährigen oder Mündels zum selbständigen Betrieb eines Erwerbsgeschäfts, BB 1957, 457; *W. Müller* Zur vormundschaftlichen Genehmigung bei GmbH-Beteiligungen von Minderjährigen, Mündeln und Pfleglingen, JR 1961, 326; *Mülke* Zur Verwaltungsbeschränkung des § 1365 Abs. 1 BGB, AcP 161 (1962), 129; *Nagel* Familiengesellschaft und elterliche Gewalt, 1966; *Nagler* Die zweckmäßige Nachfolgeregelung im GmbH-Vertrag, 1998; *Neflin* Mittel und Möglichkeiten gegen Überfremdung einer GmbH, GmbHR 1963, 22; *Neukirchen* Zuwendungen für die Zeit nach dem Tode in Gesellschaftsvermögen, Diss. Köln 1939; *Niemeier* Rechtstatsachen und Rechtsfragen bei der Einziehung von GmbH-Anteilen; *Ollig* Die Auslegung des § 1365 Abs. 1 BGB und sein Einfluß auf die Gesellschaftsrecht, Diss. Frankfurt/M. 1964; *Petzoldt* Gesellschaftsvertrag und Erbrecht bei der GmbH und der GmbH & Co. KG, GmbHR 1977, 25; *Pinkernelle* Gesellschaft mit beschränkter Haftung und Erbrecht, Diss. Bonn 1960; *Priester* Nachfolgeklauseln im GmbH-Vertrag, GmbHR 1981, 206; *ders.* Testamentsvollstreckung anm

§ 15 2. Abschnitt. Rechtsverhältnisse der Gesellschaft und der Gesellschafter

GmbH-Anteil, FS Stimpel, 1985, S. 463; *Promberger* Auslegung unvollständiger Nachfolgeklauseln in der Satzung einer GmbH, ZHR 150 (1986), 585; *v. Rechenberg* Vererbung von Betriebsvermögen und Anteilen an Familienkapitalgesellschaften, GmbHR 1997, 813; *Rehmann* Testamentsvollstreckung an Geschäftsanteilen, BB 1985, 297; *Reichert* Unternehmensnachfolge aus anwaltlicher Sicht, GmbHR 1998, 257; *Reinicke* Verwaltungsbeschränkungen im Güterstand der Zugewinngemeinschaft und Gesellschaftsrecht, BB 1960, 1002; *Reinicke* Zur Kollision von Gesellschaftsrecht und Erbrecht, NJW 1957, 561; *Rittner* Die Bedeutung des § 1365 BGB im Handelsrecht, FamRZ 1961, 1, 185, 505; *Ronkel-Fedtke* Einzelfragen zur Ehegatten- und Familien-GmbH, GmbHR 1968, 26; *Rosenau* Beteiligungen Minderjähriger an gesellschaftlichen Unternehmensformen, BB 1965, 1393; *Saenger* Beschränkungen hinsichtlich Veräußerung und Vererbung von Geschäftsanteilen einer GmbH, RG-Praxis IV 1929, 17; *Schefer* In welcher Weise kann die Satzung einer GmbH den Erwerb von Geschäftsanteilen ausschließen oder beschränken?, Diss. Mainz 1960; *ders.* Sondererbfolge in den Geschäftsanteil?, GmbHR 1960, 203; *ders.* Wie kann die Satzung einer GmbH die Vererbung von Geschäftsanteilen ausschließen?, DB 1961, 57; *ders.* Kann die Satzung einer GmbH bestimmen, dass ein Geschäftsanteil beim Tod seines Inhabers untergehen soll?, GmbHR 1961, 7; *ders.* Ausschluß des Vererbung von Geschäftsanteilen?, DB 1964, 759; *Schilling* Zur Ausübung fremder Gesellschafterrechte im eigenen Namen, FS W. Schmidt, 1959, S. 208; *ders.* Regelungen der Gesellschafternachfolge in der Satzung, GmbHR 1962, 205; *G. Schmidt* Einschränkung der freien Übertragbarkeit von Aktien oder Geschäftsanteilen durch Satzungsänderung, DB 1955, 162; *Schneider* Der GmbH-Anteil bei der Auseinandersetzung eines Gesamthandvermögens, insbesondere der Erbengemeinschaft, GmbHR 1964, 175; *Scholz* Die Vererbung des GmbH-Anteils, JR 1955, 331; *Siebert* Die Nachfolge von Todes wegen in die Mitgliedschaft des Gesellschafters einer oHG, NJW 1955, 805; *Siegelmann* Die Erbfolge in den Nachlass des verstorbenen Einmann-Gesellschafters einer GmbH, DB 1964, 397; *Siegelmann* Die Erbfolge bei dem Einmann-Gesellschafter einer GmbH, GmbHR 1956, 118; *Sommer* Der Testamentsvollstrecker im Handelsrecht, DNotZ 1936, 937; *ders.* Rechtliche Wege zur Bestands- und Nachfolgeregelung von Familiengesellschaften, Diss. Hamburg 1967; *Soufleros* Ausschluß und Abfindung eines GmbH-Gesellschafters, 1983; *Strickrodt* Die Zukunftssicherung des Unternehmens im Rahmen der GmbH, GmbHR 1955, 157; *Sudhoff* Der Vererbung von GmbH-Anteilen, DB 1963, 1109; *ders.* Pflichtteilsanspruch und Buchwertabfindung, DB 1973, 53; *ders.* Die Familien-GmbH, GmbHR 1973, 193; *Tiedau* Zur Problematik des § 1365 BGB unter besonderer Berücksichtigung des Gesellschaftsrechts, MDR 1961, 721; *ders.* Gesellschaftsrechtliche und erbrechtliche Probleme der Zugewinngemeinschaft, Dt. Notartag 1961, 97; *Töteberg* Die Erbfolge im Geschäftsanteil und Mitgliedschaft bei der GmbH, Diss. Göttingen 1955; *Tubbesing* Zur Auswirkung der Zugewinngemeinschaft auf die Gesellschaftsverträge von Personengesellschaften, BB 1966, 829; *Ulmer* Gesellschafternachfolge und Erbrecht, ZGR 1972, 195, 324; *Vogel* Zur Vererbung eines Geschäftsanteils GmbHR 1971, 132; *Wachter* Testamentsvollstreckung an GmbH-Geschäftsanteilen, ZNotP 1999, 226; *Waldmann* Zur Frage der Notwendigkeit der vormundschaftlichen Genehmigung bei den Kapitalgesellschaften, ZAkDR 1943, 250; *Westermann* Zum Anwendungsbereich von Vinkulierungsklauseln bei der Vererbung von GmbH-Geschäftsanteilen, ZIP 1985, 1249; *Wiedemann* Die nachträgliche Vinkulierung von Aktien und GmbH-Anteilen, NJW 1964, 282; *ders.* Die Übertragung und Vererbung von Mitgliedschaftsrechten bei Handelsgesellschaften, 1965; *ders.* GmbH-Anteile in der Erbengemeinschaft, GmbHR 1969, 247; *Winkler* Die Genehmigung des Vormundschaftsgerichts zu gesellschaftsrechtlichen Akten bei Beteiligung Minderjähriger, ZGR 1973, 177; *Winter* Die Vererbung von GmbH-Anteilen im Zivil- und Steuerrecht, 1997; *Wittek* Die gesellschaftliche Behandlung der Familien-GmbH, Diss. Erlangen-Nürnberg 1969; *Wolany* Rechte und Pflichten des Gesellschafters einer GmbH, 1964; *Zelz* Der Minderjährige in der GmbH, GmbHR 1959, 91.

98   **1. Verfügungen und eheliches Güterrecht. a) Einleitung.** Das eheliche Güterrecht kann erhebliche Auswirkungen auf die Verfügungen über den Geschäftsanteil einer GmbH haben. Im Interesse der Gesellschaft und der Gesellschafter erscheint es geboten, die uU sehr erheblichen Folgen zB des gesetzlichen Güterstandes der Zugewinngemeinschaft für die GmbH durch eindeutige statutarische Regelungen zu ordnen, wie dies gemäß § 15 Abs. 5 zulässig ist (iE Rn. 161 ff.). Es ist durch solche Regelungen zwar nicht möglich, die Mitwirkungsrechte des Ehegatten gemäß §§ 1365 ff. BGB auszuschließen, wohl aber ist es zulässig, im Gesellschaftsvertrag festzulegen, dass Gesellschafter nur werden kann, also einen Geschäftsanteil nur zu erwerben vermag, wer zuvor den Güterstand der Gütertrennung vereinbart hat.[204] Es genügt freilich

---

[204] Wie hier: *Hachenburg/Zutt* Anh. § 15 Rn. 74.

auch, ehevertraglich die Verfügungsbeschränkungen der §§ 1365 ff. BGB auszuschließen. Dies ist gemäß § 1408 BGB möglich und zulässig.[205]

Folgerichtig ist dann in der Satzung festzulegen, dass der Geschäftsanteil eines Gesellschafters, der den Güterstand der Gütertrennung oder die ehevertraglich gemäß § 1408 Abs. 1 BGB vereinbarte Beseitigung der Verfügungsbeschränkungen aufgibt, gemäß § 34 eingezogen werden kann oder dass der Gesellschafter statutarisch verpflichtet wird, den Geschäftsanteil auf eine von der Gesellschaft bezeichnete Person zu übertragen. Es muss ferner einem Gesellschafter, der eine solche gesellschaftsvertragliche Regelung nicht hinnehmen will, ein Austrittsrecht zustehen.[206] 99

b) Zugewinngemeinschaft. Im Falle des gesetzlichen Güterstandes der Zugewinngemeinschaft gemäß §§ 1363 ff. BGB bleibt das Vermögen der Ehegatten getrennt (§ 1363 Abs. 2 S. 1 BGB) und wird selbständig von jedem Ehegatten verwaltet (§ 1364 BGB). Der Ehegatte kann dann allein über seinen Geschäftsanteil verfügen. Diese Regelung versagt aber, wenn der Geschäftsanteil des Ehegatten (nahezu) sein **Vermögen im Ganzen** (§ 1365 BGB) darstellt. Ist das der Fall, so bedürfen die Verfügungen des Gesellschafters über seinen Geschäftsanteil der Zustimmung des Ehegatten, ohne dessen Zustimmung die Verfügung unwirksam ist (§ 1367 BGB). Zwar kann die vom anderen Ehegatten verweigerte Zustimmung gemäß § 1365 Abs. 2 BGB vom Vormundschaftsgericht ersetzt werden, wenn sie ohne ausreichenden Grund verweigert wird, doch ist dies keine praktikable Lösung.[207] Eine statutarische Verpflichtung zu einer abweichenden ehevertraglichen Vereinbarung ist daher sinnvoll und vor allem bei Familiengesellschaften auch verbreitet. 100

Gehört sonach ein Geschäftsanteil einer Person, die im gesetzlichen Güterstand der Zugewinngemeinschaft lebt, und stellt dieser Geschäftsanteil den wesentlichen Teil ihres Aktivvermögens dar – dies ist der Fall, wenn bei kleineren Vermögen weniger als 15 %, bei größeren weniger als 10 % des ursprünglichen Gesamtvermögens verbleiben[208] –, so kann der Gesellschafter über seinen Geschäftsanteil nur wirksam mit Zustimmung seines Ehegatten verfügen. Dies gilt auch, wenn der Gesellschafter seinen Geschäftsanteil etwa in eine andere Gesellschaft als Einlage einbringen möchte oder ihn gegen Aktien zu tauschen beabsichtigt. 101

Der Erwerber des Geschäftsanteils oder der Pfandgläubiger sind also genötigt, sich über den Familienstand des den Geschäftsanteil veräußernden oder ihn verpfändenden Gesellschafters zu unterrichten und auch darüber, ob der Geschäftsanteil das gesamte oder nahezu gesamte Vermögen des Inhabers des Geschäftsanteils ausmacht, **subjektive Einzeltheorie.**[209] Nicht zustimmungsbedürftig ist es, wenn der Gesellschafter seinen Geschäftsanteil gemäß § 17 teilt und nur den neu gebildeten Teilgeschäftsanteil abtritt, sofern dieser nur einen geringen Teil seines Vermögens ausmacht. 102

c) Weitere Verfügungen. Im Weiteren gehören zu den zustimmungsbedürftigen Verfügungen die **Sicherungsabtretung** und die **Verpfändung**.[210] Wird auch bei diesen Rechten nur über einen geringen Teil des Geschäftsanteils verfügt, gilt das oben Ausgeführte, also die Verfügung ist auch ohne Zustimmung des Ehegatten wirksam. Verfügungen iS des § 1365 BGB sind auch die **Kündigung** der Gesellschaft, der 103

---

[205] Vgl. BGH NJW 1997, 2239, 2241; *Palandt/Brudermüller* § 1365 Rn. 1.
[206] *Meyer-Landrut/Miller/Niehus* Rn. 12; s. a. § 34 Rn. 75 ff.
[207] So mit Recht *Scholz/Winter* Rn. 199.
[208] BGH NJW 1991, 1739, 1740.
[209] BGHZ 35, 135, 143; 43, 174, 176 f.
[210] AllgM; *Hachenburg/Zutt* Anh. § 15 Rn. 71; *Scholz/Winter* Rn. 200.

Austritt aus der Gesellschaft, die **Zustimmung zur Einziehung,** die **Preisgabe** des Geschäftsanteils, die Erhebung der **Auflösungsklage.**[211] Nicht dem Zustimmungserfordernis unterliegt nach zutreffender Meinung die Bestellung eines Nießbrauchs am Geschäftsanteil, weil der Nießbrauch seinem Wesen nach niemals den ganzen Geschäftsanteil umfasst.[212] Geht man hiervon aus, so dürfte auch die Bestellung eines Nutzungspfandrechts dann nicht zustimmungspflichtig sein, wenn die Pfandverwertung ausgeschlossen ist (vgl. Rn. 97).

104 d) **Zustimmungsfreie Rechtsakte.** Nicht der Zustimmung des Ehegatten bedürfen die Ausübung der üblichen mit dem Geschäftsanteil verbundenen **Verwaltungsrechte.**[213] Hierher gehören die Mitwirkungsrechte bei der Beschlussfassung in der Gesellschafterversammlung, insbesondere die Ausübung des Stimmrechts, und zwar auch dann, wenn bei dem Beschluss über die Gewinnverwendung der Reingewinn nicht ausgeschüttet, sondern etwa in die Rücklagen eingestellt wird. Der Gesellschafter kann sich trotz der Bestimmung des § 1365 BGB so verhalten und so abstimmen, wie es ein ordentlicher Gesellschafter üblicherweise tut. Anderes kann gelten, wenn der Gesellschafter mit seinem Geschäftsanteil zB deswegen auf Einstellung des Jahresgewinns in die Rücklagen drängt, um seinen Ehegatten zu schädigen, etwa sich der Unterhaltspflicht zu entziehen. In einem solchen Fall können dem Ehegatten Schadenersatzansprüche nach bürgerlich-rechtlichen Regeln zustehen, doch bleibt der Beschluss der Gesellschafterversammlung wirksam. Auch für die Mitwirkung bei Satzungsänderungen und bei der Beschlussfassung über die Auflösung der Gesellschaft gilt nichts anderes; sie fallen nicht unter das Zustimmungserfordernis des § 1365 BGB, es sei denn, es werden die Abfindungsbedingungen wesentlich verändert.[214]

105 e) **Folgen der Nichtbeachtung des § 1365 BGB.** Eine Verletzung der Bestimmung des § 1365 BGB macht die Verfügung des Gesellschafters **unwirksam.** Es handelt sich um ein **absolutes Veräußerungsverbot,**[215] so dass ein gutgläubiger Dritter keinen Vertrauensschutz genießt.[216] Fehlt die erforderliche Einwilligung des Ehegatten und wird das Rechtsgeschäft von ihm auch nicht nachträglich genehmigt, § 1366 BGB, so bleibt es unwirksam. Eine wegen fehlender Zustimmung unwirksame Verpflichtung zur Anteilsabtretung kann der veräußernde Ehegatte nur erfüllen, wenn der andere Ehegatte einwilligt, § 1365 Abs. 1 S. 2 BGB. Die Erteilung der Einwilligung oder Genehmigung des Ehegatten bedarf keiner Form.[217] Auch der Ehegatte des Gesellschafters kann sich auf die Unwirksamkeit berufen, § 1368 BGB. Die Rechtsgrundsätze über die fehlerhafte Gesellschaft gelten nicht (Rn. 194 ff.).

106 f) **Sonstige Güterstände.** Von den sonstigen vertraglichen Güterständen des BGB bedarf derjenige der **Gütertrennung** (§ 1414 BGB) keiner näheren Erläuterung, da die Vermögen der Ehegatten bei diesem Güterstand ohnehin rechtlich getrennt bleiben. Bei der **Gütergemeinschaft** (§§ 1415 ff. BGB) ist zwischen dem gemeinschaftli-

---

[211] Str., wie hier: *Haegele* GmbHR 1965, 187, 190; *Staudinger/Thiele* § 1365 Rn. 67; aA *Hachenburg/Zutt* Anh. § 15 Rn. 71; *Scholz/Winter* Rn. 199, die den Austritt aus wichtigem Grund, die Preisgabe und die Erhebung der Auflösungsklage nicht einbeziehen, weil diese sich nur mittelbar auf den Geschäftsanteil auswirke.
[212] BGH FamRZ 1966, 22; *Hachenburg/Zutt* Anh. § 15 Rn. 71; *Scholz/Winter* Rn. 200 aE.
[213] AllgM; *Hachenburg/Zutt* Anh. § 15 Rn. 71; *Scholz/Winter* Rn. 200.
[214] *Hachenburg/Zutt* Anh. § 15 Rn. 71; *Scholz/Winter* Rn. 200.
[215] BGH FamRZ 1964, 25.
[216] *Palandt/Brudermüller* § 1368 Rn. 2.
[217] *Palandt/Brudermüller* § 1365 Rn. 18; *Scholz/Winter* Rn. 199.

chen Vermögen beider Ehegatten (Gesamtgut, § 1416 BGB) und den vom Gesamtgut ausgeschlossenen selbständigen Vermögensmassen des Sonderguts (§ 1417 BGB) und des Vorbehaltsguts (§ 1418 BGB) zu unterscheiden. Sondergut sind die Gegenstände, die nicht durch Rechtsgeschäft übertragen werden können, § 1417 Abs. 2 BGB. Außerordentlich umstritten ist, ob ein Gegenstand auch dann in das Sondergut fällt, wenn die Übertragbarkeit durch Rechtsgeschäft ausgeschlossen worden ist.[218] Von der Beantwortung dieser Frage hängt es ab, ob der Geschäftsanteil eines Ehegatten Sondergut wird, wenn die Übertragung statutarisch ausgeschlossen ist.[219] Vorbehaltsgut sind Geschäftsanteile, die eheverträglich dazu erklärt, durch den zuwendenden Dritten bei Schenkung oder Erwerb aus Nachlass dazu bestimmt worden oder das Surrogat eines Gegenstands des Vorbehaltsguts sind, § 1418 Abs. 2 Nr. 1–3 BGB. Wird der Geschäftsanteil eines Ehegatten als Gesamtgut gemeinschaftliches Vermögen beider Ehegatten, so hat dies die gesamthänderische Bindung zur Folge, §§ 1416 Abs. 2, 1419 BGB. Wenn die Ehegatten eheverträglich nichts anderes vereinbart haben, ist der Geschäftsanteil von ihnen gemeinschaftlich zu verwalten, § 1421 S. 2 BGB. Es gilt dann § 18, sofern die Gesamthandsberechtigung gemäß § 16 angemeldet ist.[220]

2. Verfügung über Geschäftsanteile Minderjähriger und Geschäftsunfähiger. a) Vertretung durch die Erziehungsberechtigten. Bei der Verfügung über Geschäftsanteile, die Minderjährigen gehören oder solchen Personen, die in der Verfügung über ihr Vermögen beschränkt sind, gilt folgendes: 107

Sind die Eltern eines Minderjährigen, der einen Geschäftsanteil besitzt oder erwirbt, miteinander verheiratet, so stehen ihnen grundsätzlich die elterliche Sorge gemeinsam (§§ 1626, 1626a Abs. 1 Nr. 2 BGB) und damit das Recht der Verfügung über den Geschäftsanteil dem Grundsatze gemeinschaftlich zu (§ 1629 Abs. 1 S. 2 BGB). Die bei der Geburt des Kindes nicht miteinander verheirateten Eltern können durch Sorgeerklärung gemäß § 1626a Abs. 1 Nr. 1 BGB die gemeinsame Sorge übernehmen; iÜ hat die Mutter die elterliche Sorge, § 1626a Abs. 2 BGB. Außerdem kann das alleinige Sorgerecht eines Elternteils entstehen, wenn bei gemeinsamer elterlicher Sorge ein Teil ausfällt (§§ 1673 ff. BGB), ihm das Sorgerecht ganz oder teilweise entzogen wird (§§ 1666, 1666a BGB) oder es bei der Trennung der Eltern einem Teil allein übertragen wird (§§ 1671, 1672 BGB). 108

Üben beide Elternteile das Verfügungsrecht über den Geschäftsanteil aus, so genügt, wenn eine Willenserklärung gegenüber dem Minderjährigen abzugeben ist, die Abgabe gegenüber einem Elternteil, § 1629 Abs. 1 S. 2 BGB. Im übrigen nehmen die Eltern die vollen Mitgliedschaftsrechte ihrer minderjährigen Kinder wahr, wobei sie jeweils unmittelbar für die Minderjährigen handeln. Es geht also beim Gewinnbezug oder einer Kapitalerhöhung der Anspruch unmittelbar auf den Minderjährigen über, wie überhaupt alle Rechte und Pflichten aus dem Geschäftsanteil solche des Minderjährigen sind und die Eltern nur Vertreter des Minderjährigen sind.[221] Die sorgeberechtigten Elternteile sind zur Gesellschafterversammlung einzuladen, sie haben das Recht der Stimmabgabe und wirken auch sonst an allen Beschlüssen der Gesellschafterversammlung mit.[222] Probleme können sich dann ergeben, wenn ein Elternteil oder beide Elternteile ebenfalls Gesellschafter der Gesellschaft sind und etwa ein Elternteil der Ent- 109

---

[218] Dazu MüKo BGB/*Kanzleiter* § 1417 Rn. 3.
[219] Vgl. dazu *Scholz/Winter* Rn. 201 einerseits; *Hachenburg/Zutt* Anh. § 15 Rn. 76; *Lutter* AcP 161, 163; *Haegele* NJW 19638 95, 98 andererseits.
[220] *Lutter/Hommelhoff* § 18 Rn. 2; *Scholz/Winter* Rn. 201 sowie § 18 Rn. 9.
[221] AllgM; *Hachenburg/Zutt* Anh. § 15 Rn. 77; *Scholz/Winter* Rn. 202.
[222] AllgM; *Scholz/Winter* Rn. 202.

lastung zB als Geschäftsführer der Gesellschaft bedarf. Es ist heute anerkannt, dass in diesem Falle die Beschränkung des § 181 BGB nicht eingreift.[223]

110 **b) Genehmigung des Vormundschaftsgerichts.** Ob die Inhaber der elterlichen Sorge für Verfügungen über den Geschäftsanteil des Minderjährigen einer vormundschaftsgerichtlichen Genehmigung bedürfen, bestimmt sich nach bürgerlichem Recht, §§ 1643, 1821, 1822 Nr. 1, 3, 5, 8–11 BGB.[224]

111 Es ist streitig, ob und unter welchen Voraussetzungen der Erwerb und die Veräußerung von Geschäftsanteilen Minderjähriger der **Genehmigung des Vormundschaftsgerichts** bedürfen. Nach der hM bedürfen der **Erwerb und die Veräußerung eines Geschäftsanteils** für einen Minderjährigen dem Grundsatze nach selbst dann nicht der vormundschaftsgerichtlichen Genehmigung, wenn die GmbH ein Erwerbsgeschäft betreibt.[225] Hingegen soll die vormundschaftsgerichtliche Genehmigung nach einer insbesondere in der Kommentarliteratur zu § 1822 Nr. 3 BGB vertretenen Auffassung dann erforderlich sein, wenn der Geschäftsanteil derart ist, dass der Erwerb oder die Veräußerung dem Kauf oder Verkauf des Unternehmens gleichkommt, also etwa dann, wenn der Geschäftsanteil mehr als 75 % des Stammkapitals ausmacht.[226] Ein Teil des Schrifttums nimmt eine Genehmigungsbedürftigkeit gemäß § 1822 Nr. 3 BGB dagegen nur an, wenn es um den Erwerb oder die Veräußerung aller oder nahezu aller Anteile geht.[227]

112 Stets der Genehmigung (nach § 1822 Nr. 10 BGB) bedarf der Erwerb eines Geschäftsanteils für einen Minderjährigen dann, wenn noch Einlageleistungen anderer Gesellschafter ausstehen und wenn die Gefahr einer Haftung des Minderjährigen nach § 24 besteht.[228] – Nicht als Veräußerung wird erachtet die Stimmabgabe für einen Minderjährigen zu einem Auflösungsbeschluss, zur Erhebung der Auflösungsklage oder zur Kündigung der Gesellschaft. Die Eltern bedürfen hierzu keiner Genehmigung des Vormundschaftsgerichts, anders der Vormund gemäß § 1823 BGB.[229]

113 **c) Vormundschaft, Betreuung, Pflegschaft.** Steht der Minderjährige unter Vormundschaft (§§ 1773 ff. BGB), sind für den **Vormund** die Einschränkungen des § 1822 BGB (vormundschaftsgerichtliche Genehmigung für bestimmte Geschäfte) zu beachten. Ist für einen Volljährigen ein **Betreuer** (§§ 1896 ff. BGB) bestellt, ergeben sich seine Befugnisse aus dem ihm obliegenden Aufgabenkreis. Der einem **Pfleger** (§§ 1909 ff. BGB) zukommende Wirkungskreis ist seiner vormundschaftsgerichtlichen Bestallungsurkunde zu entnehmen; er kann sich insbesondere auf die Stimmabgabe, Verfügungen über den Geschäftsanteil oder die Ausübung von Gesellschafterrechten, die durch die Eltern nicht wahrgenommen werden können, erstrecken.[230] Entsprechendes gilt für den **Abwesenheitspfleger** (§ 1911 BGB); er verwaltet den Geschäftsanteil nach Maßgabe der angeordneten Pflegschaft. Der **Nachlasspfleger** (§ 1960

---

[223] BGHZ 65, 93, 96 ff.; *Scholz/Winter* Rn. 202.
[224] Vgl. dazu iE *Palandt/Diederichsen* Erl. zu §§ 1643, 1821 und 1822 BGB.
[225] BGHZ 107, 23, 29; KG NJW 1976, 1946 f.; *Scholz/Winter* Rn. 204; *Baumbach/G. Hueck/Fastrich* Rn. 3.
[226] KG NJW 1976, 1946 f.; OLG Hamm DB 1984, 1822; *Soergel/Zimmermann* § 1822 Rn. 17; MüKo BGB/*Schwab* § 1822 Rn. 18.
[227] *Lutter/Hommelhoff* Rn. 36; *Baumbach/G. Hueck/Fastrich* Rn. 4; *Roth/Altmeppen* Rn. 16; *Scholz/Winter* Rn. 204; zurückhaltend auch *Hachenburg/Zutt* Rn. 130.
[228] BGHZ 107, 23, 26; KG NJW 1962, 54, 55; *Hachenburg/Zutt* Rn. 131; *Scholz/Winter* Rn. 204; *Lutter/Hommelhoff* Rn. 36; aA *Erman/Holzhauer* § 1822 Rn. 25.
[229] BGHZ 52, 316, 319; vgl. hierzu *Scholz/Winter* Rn. 204.
[230] *Scholz/Winter* Rn. 205 a.

Abs. 2 BGB), der den Geschäftsanteil für den noch unbekannten Erben verwaltet, hat dies ebenfalls nach Maßgabe des Umfanges seines vormundschaftsgerichtlich bestimmten Aufgabenkreises vorzunehmen. Der Nachlasspfleger ist gesetzlicher Vertreter des oder der noch ungewissen Erben.[231]

3. Die Vererblichkeit des Geschäftsanteils. a) Unabdingbarkeit der Norm. 114
Der Geschäftsanteil ist gemäß Abs. 1 vererblich. Anders als bezüglich der Veräußerung kann weder statutarisch noch durch Beschluss der Gesellschafterversammlung die Vererblichkeit des Geschäftsanteils ausgeschlossen oder eingeschränkt werden.[232] Der Inhaber eines Geschäftsanteils ist also frei, durch gesetzliche Erbfolge oder durch letztwillige Verfügung den Geschäftsanteil an seine Erben weiterzugeben. Der Geschäftsanteil geht mit dem Tode des Gesellschafters auf den oder die Erben über; **einer Abtretung bedarf es nicht**. Auch muss die letztwillige Verfügung nicht deswegen in notarieller Form erfolgen, weil sich im zukünftigen Nachlass der Geschäftsanteil einer GmbH befindet. Schließlich unterliegt auch die Verfügung über den Miterbenanteil, in welchem sich ein Geschäftsanteil befindet, nicht der Formvorschrift der Abs. 3 u. 4.[233]

Beim Tode des Gesellschafters werden der oder die Erben unmittelbar Inhaber des 115 Geschäftsanteils; einer Anmeldung gemäß § 16 bedarf es nicht (§ 16 Rn. 18). Wenn der Übergang des Geschäftsanteils nicht in notarieller Form erfolgt ist, wird die Gesellschaft die Vorlage eines Erbscheins fordern können.[234] – Erben mehrere Personen den Geschäftsanteil, so regelt sich ihr Rechtsverhältnis zur Gesellschaft nach § 18.[235]

b) Möglichkeiten einer statutarischen Einflussnahme.[236] Zwar können gesell- 116
schaftsvertragliche Regelungen das Erbrecht weder beseitigen noch einschränken, doch ist allgemein anerkannt, dass der Gesellschaftsvertrag Bestimmungen treffen kann, was mit dem Geschäftsanteil nach seinem Anfall beim Erben zu geschehen hat.[237] Es sind dabei die **verschiedenartigsten Bestimmungen denkbar und zulässig,** sie betreffen allein die gesellschaftsrechtliche Behandlung des vererbten Geschäftsanteils und können deswegen **letztwillig nicht abbedungen werden.** Miterben ist es verwehrt, im Wege der Auseinandersetzung der Miterbengemeinschaft gesellschaftsvertragliche Regelungen der Nachfolge in den Gesellschaftsanteil zu ändern oder zu umgehen.[238] Eine statutarische Vinkulierungsklausel ist zulässig. Die Zustimmungspflicht zum Rechtsübergang kann sich jedoch aus Treu und Glauben ergeben.[239]

Der Gesellschaftsvertrag kann sonach im Rahmen der Bestimmung des Abs. 5 wei- 117
testgehende Regelungen über das **Schicksal des vererbten Geschäftsanteils** treffen. Zu den häufigsten Regelungen gehören, dass nur Ehegatten oder Abkömmlinge den

---

[231] BGH LM BGB § 1960 Nr. 2; *Scholz/Winter* Rn. 206.
[232] AllgM; *Hachenburg/Zutt* Rn. 5 f. und Anh. § 15 Rn. 99; *Scholz/Winter* Rn. 21; *Lutter/Hommelhoff* Rn. 2; *Baumbach/G. Hueck/Fastrich* Rn. 9; *Roth/Altmeppen* Rn. 21; *Wiedemann* Die Übertragung und Vererbung eines Geschäftsanteils, S. 99 f.; *Käppler* ZGR 1978, 542, 569; *Th. Raiser* Kapitalges. § 30 Rn. 37; vgl. hierzu auch *Däubler* Die Vererbung des Geschäftsanteils, S. 115 ff.; abweichend RGZ 80, 175, 179 wo noch davon ausgegangen wurde, dass das Statut die Einziehung des Geschäftsanteils für den Fall des Todes des Gesellschafters bestimmen könnte.
[233] BGHZ 92, 386, 393; *Baumbach/G. Hueck/Fastrich* Rn. 11; *Scholz/Winter* Rn. 44.
[234] *Hachenburg/Zutt* Anh. § 15 Rn. 99; *Däubler* GmbHR 1963, 181, 182.
[235] *Hachenburg/Zutt* Anh. § 15 Rn. 100; *Lutter/Hommelhoff* Rn. 3; *Roth/Altmeppen* Rn. 23; s. hierzu Erl. § 18.
[236] *Promberger* ZHR 150, 1986, 585; *Fleck*, FS Stimpel, 1985, S. 354.
[237] BayObLG WM 1989, 138, 142.
[238] BGHZ 92, 386.
[239] OLG Hamm NZG 2000, 1185, 1186; OLG Düsseldorf ZIP 1987, 227 mwN.

Geschäftsanteil behalten und somit Gesellschafter werden können, oder etwa, dass nur Abkömmlinge bestimmter Gesellschafterfamilien, nur Personen einer bestimmten Berufsgruppe, wie etwa Wirtschaftsprüfer oder Steuerberater, Gesellschafter sein können. Es kann im Gesellschaftsvertrag auch festgelegt sein, dass nur jeweils ein Mitglied einer Erbengemeinschaft den Geschäftsanteil als eigenen übernehmen kann.[240]

118 In all diesen Fällen muss derjenige, bei dem die statutarischen Voraussetzungen für die endgültige Übernahme des Geschäftsanteils nicht vorliegen, den Geschäftsanteil in tunlicher Frist und in gehöriger Form an eine Person abtreten, die diese Voraussetzungen erfüllt, wobei der Gesellschaftsvertrag **bestimmte Fristen für die Weiterabtretung vorsehen kann**.[241] Der Gesellschaftsvertrag kann auch vorsehen, dass der Erbe des Geschäftsanteils diesen nicht behalten, sondern den Anteil an eine ganz bestimmte, im Statut bereits benannte oder von der Gesellschafterversammlung durch Beschluss zu bestimmende Person abtreten muss, etwa an einen anderen Gesellschafter oder pro rata an sämtliche anderen Gesellschafter der Gesellschaft oder auch an den Mehrheitsgesellschafter oder endlich, was im Falle von Wirtschaftsprüfungs- und Steuerberatungsgesellschaften regelmäßig anzutreffen ist, an die Gesellschaft selbst.[242] – Die Satzung kann die Abtretung des Geschäftsanteils durch den Erben derart weiter erschweren, dass zusätzlich die **Zustimmung der Gesellschaft zur Abtretung** erforderlich ist.[243]

119 Endlich kann statutarisch vorgesehen werden, dass der Geschäftsanteil nach dem Tode des Gesellschafters und nach dem Übergang kraft Erbrechts einzuziehen ist oder **eingezogen** werden kann;[244] diese Regelung ist ebenfalls oft anzutreffen. Die Einziehung wird häufig vorgesehen, wenn der Erbe der statutarischen oder durch Beschluss der Gesellschafterversammlung festgelegten Pflicht zur Abtretung nicht oder nicht fristgerecht nachkommt. Auch kann der Gesellschaftsvertrag eine Regelung dahingehend vorsehen, dass der oder die Erben die Befugnis besitzen, unter den zum Erwerb von Geschäftsanteilen berechtigten Personen selbst auszuwählen, wem sie den Geschäftsanteil übertragen wollen. Ist im Gesellschaftsvertrag festgelegt, an wen der Erbe den Geschäftsanteil zu übertragen hat, so hat der Begünstigte gegen den Erben einen eigenen Anspruch auf Abtretung des Geschäftsanteils. Diesen Anspruch kann auch die Gesellschaft geltend machen.[245]

120 **c) Höhe des Entgelts bei Übertragung.** Nach überwM soll es auch zulässig sein, dass die Satzung die Höhe des Entgelts festlegt, zu dem der Erbe den Geschäftsanteil weiter zu übertragen oder an die Gesellschaft abzutreten hat.[246] Diese Auffassung ist nicht unbedenklich, weil sie das Erbrecht des Erben wertmäßig beträchtlich schmälern kann. Es muss auch bei einer statutarischen Regelung über die Weiterabtretung eines ererbten Geschäftsanteils oder bei dessen Einziehung grundsätzlich gelten, dass der Verkehrswert des Geschäftsanteils als Gegenwert von dem Erwerber des Geschäftsanteils oder bei der Einziehung von der Gesellschaft geschuldet wird, wenn nicht beson-

---

[240] Vgl. BGHZ 92, 386 ff.; BGHZ 68, 225, 237 f. und NJW 1978, 264 f.; *Hachenburg/Zutt* Rn. 7 und Anh. § 15 Rn. 106; *Scholz/Winter* Rn. 23, 26; *Baumbach/G. Hueck/Fastrich* Rn. 13; *Lutter/Hommelhoff* Rn. 3; *Roth/Altmeppen* Rn. 22, 25 ff.
[241] BGH DB 1985, 268 f.; *Hachenburg/Zutt* Anh. § 15 Rn. 106; *Scholz/Winter* Rn. 26.
[242] RG DR 1943, 812; BayObLG WM 1989, 138, 142; *Hachenburg/Zutt* Anh. § 15 Rn. 107; *Scholz/Winter* Rn. 26; *Priester* GmbHR 1981, 206, 108 f.; *Petzoldt* GmbHR 1977, 27, 30 f.
[243] *Lessmann* GmbHR 1986, 409; *Westermann* ZIP 1985, 1249; s. hierzu Rn. 172 ff.
[244] BGH BB 1977, 563; GmbHR 1977, 81 ff.; *Baumbach/G. Hueck/Fastrich* Rn. 13; *Hachenburg/Zutt* Anh. § 15 Rn. 108; *Scholz/Winter* Rn. 24; *Petzoldt* GmbHR 1977, 27, 29 f.
[245] *Scholz/Winter* Rn. 26.
[246] *Hachenburg/Zutt* Anh. § 15 Rn. 109 f.; *Scholz/Winter* Rn. 27.

Übertragung von Geschäftsanteilen   § 15

dere Umstände eine andere Beurteilung rechtfertigen. Es gelten hier die gleichen Grundsätze, wie sie § 34 Rn. 101 ff. dargelegt worden sind.[247] Ausnahmen wird man nur zulassen können bei Gesellschaften, die Idealzwecke verfolgen oder etwa bei Wirtschaftsprüfungs- und Steuerberatungsgesellschaften, bei denen der Geschäftsanteil mit dem jeweiligen Gesellschafter als Mitarbeiter gekoppelt ist.

d) Beschränkungen der Mitgliedschaftsrechte. Denkbar und zulässig sind Regelungen im Gesellschaftsvertrag, die den Erben eines Gesellschafters hinsichtlich seines Mitgliedschaftsrechts beschränken. So kann statutarisch bestimmt werden, dass der Erbe eines Gesellschafters sein Stimmrecht oder etwa das Bucheinsichtsrecht gemäß § 51 a nur durch einen Bevollmächtigten ausüben darf, etwa wenn er Wettbewerber des Unternehmens der Gesellschaft ist. Es sind in diesem Zusammenhang alle Regelungen denkbar und zulässig, die den Kernbereich des Mitgliedschaftsrechts nicht aushöhlen oder denaturieren und für die es einen sachlich gerechtfertigten Grund gibt. Das Willkürverbot und der Grundsatz der Gleichbehandlung sind auch in bezug auf die Erben eines Gesellschafters stets zu beachten (s. hierzu § 13 Rn. 94 ff.). So kann auch bestimmt werden, dass der Erbe eines Geschäftsanteils das mit dem Geschäftsanteil verbundene Recht auf Geschäftsführertätigkeit verliert oder dass Sonderrechte, die dem Erblasser als Gesellschafter zustanden, entfallen. Andererseits kann auch bestimmt werden, dass der Erbe Nebenpflichten gemäß § 3 Abs. 2 nicht mehr erfüllen muss.[248] Eine besondere erbrechtliche Regelung ist nicht Voraussetzung, es genügt die statutarische Festlegung.[249] 121

e) Haftungsfragen. Die Haftung des Erben des Geschäftsanteils richtet sich zunächst nach den allgemeinen Bestimmungen des Erbrechts, §§ 1967, 1975 ff. BGB.[250] Auch der Erbe eines Geschäftsanteils kann somit die Erbenhaftung in der nach dem BGB zulässigen Weise beschränken. Diese Haftungsbeschränkung besteht dann auch in bezug auf den Geschäftsanteil, solange der Erbe Inhaber des Geschäftsanteils ist, ihn also noch nicht weiterübertragen hat.[251] Auch haben die Gläubiger des Erblassers in dieser Interimszeit die Möglichkeit, den Geschäftsanteil etwa für Nachlassverbindlichkeiten zu pfänden und zu verwerten. Allerdings **haftet der Erbe** während der Interimszeit, also bevor er den Geschäftsanteil weiter abgetreten hat oder bis der Geschäftsanteil eingezogen ist, **für alle gesellschaftsrechtlichen Verbindlichkeiten,** und zwar auch für diejenigen, die entstanden sind, bevor der Erbfall eingetreten war. Der Erbe haftet also sowohl für die Einzahlung auf rückständige Einlagen und für sonstige Nachschusspflichten sowie für Ansprüche gemäß §§ 16 Abs. 3, 19, 22, 24, 26, 31.[252] Dies gilt uneingeschränkt, wenn der Erbe Gesellschafter bleibt, sonst endet die Haftung im Zeitpunkt der Weiterübertragung des Geschäftsanteils oder bei dessen Einziehung.[253] Die Einrede der beschränkten Erbenhaftung bleibt den Erben erhalten (s. § 18 Rn. 20). 122

f) Vorerbschaft. Ist bezüglich des Geschäftsanteils eine Vorerbschaft/Nacherbschaft angeordnet, so gelten hierfür ebenfalls die allgemeinen erbrechtlichen Regelungen des BGB.[254] In diesem Rahmen kann der Vorerbe über den Geschäftsanteil und die Nut- 123

---

[247] S. hierzu BGH GmbHR 1977, 81, 83; WM 1988, 1370; *Priester* GmbHR 1981, 206, 210; *Käppler* ZGR 1978, 542, 566 ff.; diese Regelung fand sich auch bereits in § 209 Abs. 1 RegE 1972 (BT-Drucks. 7/253).
[248] *Scholz/Winter* Rn. 28.
[249] Vgl. auch *Scholz/Winter* Rn. 28.
[250] S. *Hachenburg/Zutt* Anh. § 15 Rn. 103.
[251] Vgl. *Th. Raiser* Kapitalges. § 30 Rn. 39.
[252] *Hachenburg/Zutt* Anh. § 15 Rn. 103; *Baumbach/G. Hueck/Fastrich* Rn. 10.
[253] *Hachenburg/Zutt* Anh. § 15 Rn. 103; s. dazu *Wiedemann* S. 234 ff.
[254] *Michalski* DB 1987, Beil. 16; dazu ferner *Hadding* GmbHR 1975, 73.

§ 15　　2. Abschnitt. Rechtsverhältnisse der Gesellschaft und der Gesellschafter

zungen des Geschäftsanteils frei verfügen sowie die mit dem Geschäftsanteil verbundenen Verwaltungsrechte ausüben.[255] Sich des Geschäftsanteils entledigen, darf der Vorerbe freilich nicht, doch muss er uU eine Einziehung des Geschäftsanteils hinnehmen, wie ihm auch das Recht zum Abandon (der Preisgabe des Geschäftsanteils) verbleibt.[256] Wenn auch dem Vorerben die Nutzungen gebühren, so gilt dies nicht für Surrogate (Ersatzvorteile) nach § 2111 Abs. 1 BGB; diese gehören zur Erbschaft.[257] Ebenso sind unentgeltliche Verfügungen des Vorerben über den Geschäftsanteil nach § 2113 Abs. 2 BGB unwirksam. Dies gilt selbst dann, wenn etwa die Schenkung auf einem Versprechen des Erblassers beruht.[258] Findet während der Vorerbschaft eine Kapitalerhöhung statt, so gebührt dem Nacherben auch der dadurch neu gebildete oder der erhöhte Geschäftsanteil. Ist die Kapitalerhöhung nicht aus Gesellschaftermitteln vorgenommen worden, sondern durch eine neue Einlage des Vorerben aus eigenen Mitteln erfolgt, so hat der Vorerbe einen Ausgleichsanspruch gegen den Nacherben.[259]

124　　Problematisch wird das Vorerbschaft-/Nacherbschaftsverhältnis dann, wenn der Vorerbe etwa nicht die Voraussetzungen für den Eintritt als Gesellschafter besitzt, wohl aber der Nacherbe. Der im Schrifttum vertretenen[260] Auffassung, dass in einem solchen Falle die Einziehung auch mit Wirkung gegen den Nacherben zulässig sein kann, ist zuzustimmen (anders Vorauflage: Einsetzung einer Nachlasspflegschaft gemäß §§ 1960 ff. BGB). Der Vorerbe ist ebenso wie der Nacherbe wahrer Erbe und hat bis zum Eintritt des Nacherbfalles ein ungeteiltes Erbrecht an der Erbschaft.[261] Er wird daher Inhaber des Geschäftsanteils mit allen sich daraus ergebenden Rechten und Pflichten, so dass es gerechtfertigt ist, bei Vorliegen statutarischer Nachfolgeregelungen auf seine Person abzustellen. Im Einzelfall kann die Berufung auf das Fehlen der Nachfolgevoraussetzungen in der Person des Vorerben allerdings rechtsmissbräuchlich sein, wenn der Nacherbe nachfolgeberechtigt ist.[262]

125　　g) **Vermächtnis.** Hat der Gesellschafter als Erblasser seinen Geschäftsanteil letztwillig einem Dritten vermacht, so fällt der Geschäftsanteil zunächst dem Erben zu, doch ist dieser verpflichtet, den Geschäftsanteil an den Vermächtnisnehmer zu übertragen. Es gilt § 2174 BGB. Eines besonderen Verpflichtungsgeschäftes bedarf es nicht, doch hat die Abtretung in der Form des § 15 Abs. 3 zu erfolgen.[263] Erfüllt der Vermächtnisnehmer die Voraussetzungen für den Eintritt als Gesellschafter nicht, so wird es für zulässig angesehen, dass der Vermächtnisnehmer den Geschäftsanteil an einen Dritten überträgt, der die Voraussetzungen als Gesellschafter besitzt.[264] Besitzt der Erbe die Voraussetzungen, um als Gesellschafter einzutreten, aber der Vermächtnisnehmer nicht, so wird ihm der Geschäftsanteil belassen werden müssen und der Vermächtnisnehmer ist entsprechend dem Verkehrswert des Geschäftsanteils zu entschädigen,[265]

---

[255] *Hachenburg/Zutt* Anh. § 15 Rn. 113 f.; 116 f.; *Scholz/Winter* Rn. 35; *Lutter/Hommelhoff* Rn. 5; allgemein zur Beeinträchtigung des Nacherben durch Gesellschafterbeschlüsse: *Fleck*, FS Stimpel, 1985, S. 353.
[256] *Hachenburg/Zutt* Anh. § 15 Rn. 114 ff.
[257] *Baumbach/G. Hueck/Fastrich* Rn. 15.
[258] *Hachenburg/Zutt* Anh. § 15 Rn. 114.
[259] *Hachenburg/Zutt* Anh. § 15 Rn. 118; *Lutter/Hommelhoff* Rn. 5 unter Bezugnahme auf BGH GmbHR 1972, 215 für den Nießbrauch.
[260] Vgl. *Hachenburg/Zutt* Anh. § 15 Rn. 113.
[261] Vgl. nur *Palandt/Edenhofer* § 2100 Rn. 1.
[262] *Scholz/Winter* Rn. 34.
[263] *Hachenburg/Zutt* Anh. § 15 Rn. 112; *Roth/Altmeppen* Rn. 29.
[264] Vgl. BGHZ 32, 35, 41 f.
[265] Ähnlich *Hachenburg/Zutt* Anh. § 15 Rn. 112; *Scholz/Winter* Rn. 31.

auch kann das Vermächtnis in einen Bezug der vermögensrechtlichen Bezüge wie Gewinn- oder Liquidationsguthaben umgedeutet werden.[266] Es gelten iÜ die gleichen Regelungen, wie wenn ein Erbe nicht die Voraussetzungen für die Gesellschafterstellung erfüllt (s. hierzu Rn. 117). – Der Eintritt des Vermächtnisnehmers kann von besonderen Zustimmungserfordernissen gemäß Abs. 5 abhängig gemacht werden. Es gilt das Gleiche wie beim Eintritt eines sonstigen Dritten in die Gesellschaft.

4. Nachlassverwaltung und Testamentsvollstreckung.[267] **a) Nachlassverwaltung.** In gleicher Weise wie der Nachlasspfleger ist der Nachlassverwalter tätig, er wird auf Antrag der Erben oder von Gläubigern des Erblassers vom Nachlassgericht gemäß §§ 1975, 1981 BGB bestellt, wenn Grund zu der Annahme besteht, dass die Befriedigung der Nachlassgläubiger aus dem Nachlass gefährdet wird. Der Nachlassverwalter ist dann allein über den zum Nachlass gehörenden Geschäftsanteil verfügungsberechtigt (§ 1984 BGB). Der Nachlassverwalter übt alle Mitgliedschaftsrechte wie der verstorbene Gesellschafter anstelle der Erben aus, jedoch nicht höchstpersönliche Rechte, die nur dem verstorbenen Gesellschafter zustanden, wie etwa die Geschäftsführerstellung.[268] Andererseits kann der Nachlassverwalter nach Maßgabe der statutarischen Bestimmungen den Geschäftsanteil veräußern, sicherungsübereignen oder verpfänden.[269] Gerade die Verwertung des Geschäftsanteils im Interesse der Gläubiger kann zum Aufgabenkreis des Nachlassverwalters gehören. Ist die Nachlassverwaltung beendet, so haftet der Erbe nach wie vor beschränkt auf den noch vorhandenen Nachlass.[270] Sind nach dem Anfall der Erbschaft Forderungen der GmbH gegen den Erben als Gesellschafter neu entstanden, etwa aufgrund einer vor dem Anfall der Erbschaft beschlossenen Kapitalerhöhung, so haftet der Erbe ohne Beschränkungsmöglichkeit unmittelbar.[271]

126

b) Testamentsvollstreckung. aa) Zum Zwecke der Erbauseinandersetzung. Hat der Erblasser Testamentsvollstreckung angeordnet, so ist mehrfach zu unterscheiden. Ist die Testamentsvollstreckung zwar für den gesamten Nachlass angeordnet, aber nur zum Zwecke der Erbauseinandersetzung, so hat der Testamentsvollstrecker nur bewahrende Funktion und iÜ die Pflicht, den Geschäftsanteil ohne Beeinträchtigung dem oder den Erben oder Vermächtnisnehmern zu übertragen. Bis zur Abtretung des Geschäftsanteils an den oder die letztwillig Begünstigten stehen dem Testamentsvollstrecker die Verwaltungsrechte aus dem Geschäftsanteil zu.[272] Im Falle einer solchen Testamentsvollstreckung zum Zwecke der Erbauseinandersetzung ist der Testamentsvollstrecker nicht befugt, den Geschäftsanteil zu veräußern, der Einziehung desselben zuzustimmen oder ihn gemäß § 27 preiszugeben, ausgenommen der letztwillig mit dem Geschäftsanteil Bedachte stimmt dem zu.[273]

127

Ebenso kann der Testamentsvollstrecker in diesem Falle keine mit dem Geschäftsanteil verbundenen Gesellschafterrechte aufgeben.[274] Anderes gilt, wenn der Erblasser dem Testamentsvollstrecker auch in diesem Falle solche Befugnisse eingeräumt hat, was

128

---

[266] *Baumbach/G. Hueck/Fastrich* Rn. 14.
[267] *Priester*, FS Stimpel, 1985, S. 463.
[268] So zu Recht *Scholz/Winter* Rn. 207.
[269] *Scholz/Winter* Rn. 207.
[270] *Scholz/Winter* Rn. 207.
[271] So auch *Scholz/Winter* Rn. 207 aE.
[272] BGH GmbHR 1959, 256; BayObLG NJW 1976, 1692; *Hachenburg/Zutt* Anh. § 15 Rn. 120; *Scholz/Winter* Rn. 208, 208 a; *Wiedemann* S. 338.
[273] *Wiedemann* S. 338.
[274] *Scholz/Winter* Rn. 208, 208 a.

bei der Testamentsvollstreckung zum Zwecke der Erbauseinandersetzung die Ausnahme bildet.

129 **bb) Verwaltende Testamentsvollstreckung.** Ist eine verwaltende Testamentsvollstreckung angeordnet, so hat der Testamentsvollstrecker unter Ausschluss des Erben alle Rechte des verstorbenen Gesellschafters, soweit solche Rechte nicht statutarisch nur dem verstorbenen Gesellschafter eingeräumt waren. In diesem Fall nimmt der Testamentsvollstrecker die Rechte aus dem Geschäftsanteil für den Erben wahr.[275] Insbesondere kann der Testamentsvollstrecker in einem solchen Falle auch eine Geschäftsführerstellung einnehmen.[276] Ob der Testamentsvollstrecker bei seiner Bestellung zum Geschäftsführer mitstimmen kann, richtet sich zum einen nach der Satzung, zum weiteren danach, was der Erblasser angeordnet hat.[277]

130 Voraussetzung für die verwaltende Testamentsvollstreckung ist in jedem Falle, dass der Gesellschaftsvertrag die Verwaltung des Geschäftsanteils durch den Testamentsvollstrecker nicht ausschließt.[278] Ist im Gesellschaftsvertrag hierüber nichts bestimmt, so wird man die Zulässigkeit der verwaltenden Testamentsvollstreckung am Geschäftsanteil im Zweifel verneinen müssen, doch kann die Auslegung des Erblasserwillens uU dazu führen, dass der Testamentsvollstrecker jedenfalls über die aus dem Geschäftsanteil fließenden vermögensrechtlichen Ansprüche, wie Gewinn oder Liquidationserlös verfügen kann.[279] Es empfiehlt sich daher eine ausdrückliche Regelung in der Satzung vorzusehen. Der Auffassung von *Priester,* der eine verwaltende Testamentsvollstreckung überhaupt ablehnt,[280] ist nicht zu folgen; sie verkennt, dass die verwaltende Testamentsvollstreckung an Geschäftsanteilen der GmbH immer dann erforderlich ist, wenn der oder die Erben nicht die mit dem Geschäftsanteil verbundenen unternehmerischen Erfahrungen besitzen.

131 **cc) Nutzungs- und Verwaltungsrechte.** Wem die Nutzungsrechte aus dem Geschäftsanteil zustehen, bestimmt sich wiederum nach der letztwilligen Verfügung des Erblassers. Ist nichts bestimmt, so ist davon auszugehen, dass die Nutzungen den Erben zustehen. Diese haben auch, falls die letztwillige Verfügung nichts anderes ausweist, darüber zu befinden, ob sie an einer Kapitalerhöhung teilnehmen wollen, wobei dann freilich die Mittel aus der Kapitalerhöhung von den Erben aufzubringen sind. In diesem Falle kann zweifelhaft sein, ob dem Testamentsvollstrecker dann auch die Rechte aus dem aus der Kapitalerhöhung entstandenen Geschäftsanteil zustehen. **Die Gestaltungsmöglichkeiten sind vielfältig.** Es ist zu unterscheiden: Ist die Kapitalerhöhung zB aus Gesellschaftsmitteln vorgenommen worden, so fallen auch die Nutzungen in den Nachlass und sind nach den testamentarischen Bestimmungen oder nach den Vorschriften des bürgerlichen Rechts vom Testamentsvollstrecker zu verwenden. Es gelten insoweit die Bestimmungen des BGB über die Testamentsvollstreckung gemäß §§ 2197 ff. BGB. Schließt der Gesellschaftsvertrag die Ausübung der Rechte aus dem Geschäftsanteil durch einen Testamentsvollstrecker aus, so stehen die Rechte den Erben selber zu, desgleichen dann, wenn die Mittel für die Kapitalerhöhung aus dem freien Vermögen der Erben stammen. Der Gesellschaftsvertrag kann zudem einen

---

[275] BGH NJW 1959, 1820, 1821; *Hachenburg/Zutt* Anh. § 15 Rn. 120; *Scholz/Winter* Rn. 208; *Lutter/Hommelhoff* Rn. 6; *Baumbach/G. Hueck/Fastrich* Rn. 16.
[276] AllgM; *Hachenburg/Zutt* Anh. § 15 Rn. 121; *Scholz/Winter* Rn. 208.
[277] S. hierzu BGHZ 51, 209, 217 f.; 52, 316, 320; *Hachenburg/Hüffer* § 47 Rn. 111.
[278] AllgM; BGH NJW 1959, 1820; *Hachenburg/Zutt* Rn. 119; *Scholz/Winter* Rn. 208; *Baumbach/G. Hueck/Fastrich* Rn. 16.
[279] So zutr. *Hachenburg/Zutt* Anh. § 15 Rn. 119.
[280] FS Stimpel, 1985, S. 464 ff.

Übertragung von Geschäftsanteilen § 15

Ausschluss der Verwaltungsrechte durch den Testamentsvollstrecker vorsehen oder die Rechte eines solchen Außenstehenden einschränken.[281]

dd) Testamentsvollstreckung und Gesellschaftsbeteiligung. Hat der Erblasser 132 den Testamentsvollstrecker ohne Einschränkung mit der Verfügung über den Geschäftsanteil betraut, so ist der Testamentvollstrecker frei in der Verfügung über den Geschäftsanteil; er verfügt über denselben wie der verstorbene Gesellschafter selbst. Zu **unentgeltlichen Verfügungen** über den Geschäftsanteil und über die aus dem Geschäftsanteil folgenden Rechte ist der Testamentsvollstrecker mangels abweichender Regelung in der letztwilligen Verfügung indes nicht befugt, § 2205 S. 2 BGB.[282]

Die **Gesellschaft** ist in ihren Rechten gegenüber dem Testamentsvollstrecker **nicht** 133 **beschränkt**, sie kann alle Maßnahmen gegenüber dem Testamentsvollstrecker vornehmen und Rechte ausüben, wie sie auch gegenüber dem verstorbenen Gesellschafter statutarisch oder aufgrund des Gesetzes möglich und zulässig sind. **Verstößt** eine letztwillige Verfügung in Bezug auf den Geschäftsanteil gegen statutarische Regelungen, so **gehen die gesellschaftsvertraglichen Bestimmungen vor.** Hat etwa der verstorbene Gesellschafter bestimmt, dass der Geschäftsanteil einer bestimmten Person abzutreten sei, die nach den Bestimmungen des Gesellschaftsvertrages nicht Gesellschafter werden kann, so ist diese letztwillige Verfügung gegenüber der Gesellschaft unwirksam.

V. Die Pfändung des Geschäftsanteils im Wege der Zwangsvollstreckung

Schrifttum: *Becker* Welche Sicherungsmöglichkeiten können im Gesellschaftsvertrag vorgesehen werden für den Fall der Zwangsvollstreckung in einen Geschäftsanteil und für den Fall des Konkurses eines Gesellschafters?, GmbHR 1930, 567, 661 und 741; *ders.* Unentgeltliche Einziehung von Geschäftsanteilen für den Fall der Pfändung oder des Konkurses eines Gesellschafters, GmbHR 1934, 425; *ders.* Das Stimmrecht bei Sicherungsübertragung, Nießbrauch, Verpfändung, Pfändung, Miete, Pacht, Leihe eines Geschäftsanteils und im Konkurs- und Vergleichsverfahren eines Gesellschafters, GmbHR 1935, 803; *Behr* Pfändung des GmbH-Geschäftsanteils, JurBüro 1995, 286; *Bischoff* Zur pfändungs- und konkursbedingten Einziehung von GmbH-Anteilen, GmbHR 1984, 61; *Bokelmann* Die Einziehung von GmbH-Anteilen im Falle der Pfändung und des Konkurses, BB 1970, 1235; *Buchwald* Verpfändung und Pfändung von GmbH-Anteilen, GmbHR 1959, 254 und 1960, 5; *Bunte* Die Abschließung der Kapitalgesellschaft gegen Außenstehende in den Niederlanden, Deutschland und der Schweiz, 1969; *Dilthey* Unentgeltliche Einziehung von GmbH- Anteilen, Diss. Bonn 1937; *Dörnig* Gesellschafterschutzbestimmungen und Zwangsvollstreckung, BWNotZ 1980, 152; *Ewald* GmbH-Anteile (Anteilscheine) als Pfandstücke, ZHR 92 (1928), 96; *Fischer* Die Pfändung und Verwertung eines GmbH-Geschäftsanteils, GmbHR 1961, 21; *Heckelmann* Vollstreckungszugriff und GmbH-Statut, ZZP 92 (1979), 28; *Heuer* Der GmbH-Anteil in der Zwangsvollstreckung, ZIP 1998, 405; *A. Hueck* Die Bedeutung der Zwangsamortisation von Geschäftsanteilen für die Sicherung einer Finanzierungs-GmbH, DB 1957, 37; *Knur* Fragen der GmbH-Reform, DNotZ 1961, 299; *Kranz* Der GmbH-Geschäftsanteil in Pfändung und Insolvenz, 1998; *Külbs* Pfändung, Verpfändung und Zwangsvollstreckung in den Geschäftsanteil einer GmbH, Diss. Köln 1938; *Marotzke* Zwangsvollstreckung in Geschäftsanteile nach Abspaltung der Vermögensansprüche, ZIP 1988, 1509; *Mordhorst* Entschädigungslose Ausschließung eines GmbH-Gesellschafters, NJW 1955, 1542; *Müller* Die Verpfändung von GmbH-Anteilen, GmbHR 1969, 4, 34 und 57; *Niemeier* Rechtstatsachen und Rechtsfragen der Einziehung von GmbH-Anteilen, 1982; *Noack* Aktuelle Fragen der Zwangsvollstreckung gegen die GmbH, insbesondere in den Geschäftsanteil, DB 1969, 471; *Noack* Die Versteigerung von Rechten (§ 844 ZPO), insbesondere eines GmbH-Anteils, MDR 1970, 890; *Obermüller* Zur Einziehung von Geschäftsanteilen der GmbH, DB 1961, 598; *Paulick* Einziehungsklausel in der Satzung der GmbH, GmbHR 1978, 121; *Pfaff* Verpfändung des GmbH-Anteils, GmbHR 1964, 92; *Pleyer* Einziehung von GmbH-Anteilen durch Satzungsbestimmung, GmbHR 1960, 124; *Priester* Grundsatzregelung, Wertmaßstäbe und Zahlungsmodalitäten des Einziehungsentgelts für GmbH-Anteile

---

[281] BGH NJW 1959, 1820 f.; *Hachenburg/Zutt* Anh. § 15 Rn. 119; *Barella* GmbHR 1959, 45, 47; s. Rn. 130.
[282] AllgM; *Hachenburg/Zutt* Anh. § 15 Rn. 120; *Scholz/Winter* Rn. 208; *Lutter/Hommelhoff* Rn. 6.

§ 15   2. Abschnitt. Rechtsverhältnisse der Gesellschaft und der Gesellschafter

bei Pfändung oder Konkurs, GmbHR 1976, 5; *Raabe* Unentgeltliche Einziehung eines GmbH-Geschäftsanteils bei Pfändung und im Konkurs, BB 1956, 708; *Reichert* Zustimmungserfordernis zur Abtretung von GmbH-Anteilen in der GmbH, 1984; *Reuter* Einziehung von GmbH-Geschäftsanteilen gegen wirtschaftlich nicht vollwertiges Entgelt, NJW 1973, 22; *Roth* Pfändung und Verpfändung von Gesellschaftsanteilen, ZGR 2000, 187; *Sachs* Zur Einziehung von Geschäftsanteilen wegen Pfändung, GmbHR 1974, 84; *Sachs* Das Entgelt bei der Anteilseinziehung wegen Pfändung, GmbHR 1976, 60; *Schuler* Die Verpfändung von GmbH-Anteilen, NJW 1956, 689; *Schuler* Die Pfändung von GmbH-Anteilen und die miterfassten Ersatzansprüche, NJW 1960 1423; *Schuler* Einziehung gepfändeter GmbH-Anteile, NJW 1961, 2281; *Siebert-Meyer zu Hage* Die Zwangsvollstreckung in GmbH-Anteile, Diss. Jena 1933; *Simon* Einziehung eines gepfändeten Geschäftsanteils nur gegen vollwertiges Entgelt?, GmbHR 1961, 137; *Soufleros* Ausschließung und Abfindung eines GmbH-Gesellschafters, 1983; *Tiedau* Zur Wirksamkeit gesellschaftsrechtlicher Abfindungsklauseln gegenüber Vollstreckungsmaßnahmen, DNotZ 1964, 94; *Ulmer* Die Sicherung der GmbH gegen das Überfremdungsrisiko, ZHR 149 (1985), 28; *Weber* Einziehung von GmbH-Anteilen unter Wert bei Pfändung und Konkurs, BB 1969, 425; *Wertenbruch* Die Haftung von Gesellschaften und Gesellschaftsanteilen in der Zwangsvollstreckung, 2000; *Wiedemann* Die Übertragung und Vererbung von Mitgliedschaftsrechten in Handelsgesellschaften, 1965; *Winkler* Die Lückenausfüllung des GmbH-Rechts durch das Recht der Personalgesellschaften, 1967; *Winter* Die Einziehung gepfändeter Geschäftsanteile auf Grund statutarischer Ermächtigung, GmbHR 1967, 201; *Wolany* Rechte und Pflichten des Gesellschafters einer GmbH, 1964; *ders.* Bedingte Einziehbarkeit gepfändeter GmbH-Geschäftsanteile, FS H. C. Nipperdey, Bd. 1, 1965, S. 975.

134   **1. Grundsatz.** Die Pfändung eines Gesellschaftsanteils im Wege der Zwangsvollstreckung aufgrund einer vollstreckbaren notariellen Urkunde oder aufgrund eines vollstreckbaren Urteils ist uneingeschränkt zulässig, die Satzung kann die Pfändung nicht ausschließen oder erschweren.[283] Über die Art und Weise der Durchführung der Pfändung bestand Streit. Einigkeit bestand lediglich darüber, dass die Pfändung des Geschäftsanteils gemäß § 857 ZPO zu erfolgen hat.[284] Heute ist **allgemein anerkannt,** dass die Pfändung des Geschäftsanteils einer GmbH erst dann bewirkt ist, wenn der Pfändungsbeschluss gemäß § 829 Abs. 3 ZPO nicht nur dem Schuldner, sondern auch der Gesellschaft zugestellt worden ist.[285]

135   Die durchgeführte Pfändung bewirkt zunächst ein **Pfändungspfandrecht** des Vollstreckungsgläubigers mit der Folge, dass der Schuldner **über den Geschäftsanteil als solchen nicht mehr verfügen darf** (§§ 804 Abs. 1, 829 Abs. 1 S. 2 ZPO),[286] doch bleiben ihm die **Verwaltungsrechte** bis zur Pfandverwertung.[287] Veräußert der Gesellschafter seinen Geschäftsanteil gleichwohl, so erwirbt der Dritte den Geschäftsanteil mit dem auf dem Geschäftsanteil lastenden Pfandrecht. Ein guter Glaube schützt ihn nicht, da es guten Glauben an Rechten nicht gibt.[288] Dies gilt auch für den im voraus abgetretenen Anspruch auf die Abfindung oder auf das Auseinandersetzungsguthaben; die sofort wirksame Pfändung des Geschäftsanteils geht der erst mit der Entstehung des Anspruchs auf die Abfindung wirksam werdenden Abtretung vor, so dass dieser Anspruch belastet mit dem Pfändungspfandrecht übergeht.[289]

136   **2. Reichweite der Pfändung.** Das Pfandrecht erstreckt sich auch auf die Surrogate des Geschäftsanteils. Wird die Gesellschaft liquidiert, so lastet das Pfandrecht auch

---

[283] AllgM; BGHZ 32, 151, 155; 65, 22, 26; *Hachenburg/Zutt* Anh. § 15 Rn. 88; *Scholz/Winter* Rn. 179; *Baumbach/G. Hueck/Fastrich* Rn. 60; *Lutter/Hommelhoff* Rn. 51; *Roth/Altmeppen* Rn. 41.
[284] AllgM; *Hachenburg/Zutt* Anh. § 15 Rn. 78; *Scholz/Winter* Rn. 172; *Baumbach/G. Hueck/Fastrich* Rn. 59; *Meyer-Landrut/Miller/Niehus* Rn. 52.
[285] Vgl. hierzu *Scholz/Winter* Rn. 172 mwN; *Lutter/Hommelhoff* Rn. 51; *Baumbach/G. Hueck/Fastrich* Rn. 59; *Baumbach/Lauterbach/Hartmann* ZPO Anh. § 859 Rn. 4.
[286] *Roth/Altmeppen* Rn. 41; *Heuer* ZIP 1998, 405, 408.
[287] *Scholz/Winter* Rn. 174.
[288] AllgM; *Hachenburg/Zutt* Rn. 135 und Anh. § 15 Rn. 81; *Scholz/Winter* Rn. 174; *Baumbach/G. Hueck/Fastrich* Rn. 61.
[289] BGH NJW 1989, 458.

auf dem Liquidationserlös des Gesellschafters. Wird der Gesellschafter ausgeschlossen, hat der Pfandgläubiger Anspruch auf das Abfindungsguthaben.[290] Gleiches gilt für die Ansprüche aus der Einziehung des Geschäftsanteils (§ 34) und aus einem Überschuss bei der Preisgabe (§ 27) desselben.[291]

Inwieweit sich das Pfandrecht auch auf die aus einer **Kapitalerhöhung** herrühren- 137 de Erhöhung der Beteiligung bezieht, ist bisher nicht entschieden. Man wird zu unterscheiden haben: Erfolgt die Kapitalerhöhung aus Gesellschaftsmitteln etwa aus freien Rücklagen nach der Pfändung, so dürfte die Pfändung auch den erhöhten oder neu gebildeten (vgl. § 57h Abs. 1 S. 1) Geschäftsanteil umfassen.[292] Auch bei effektiver Kapitalerhöhung durch zulässige[293] Aufstockung des alten Anteils wird man eine automatische Erstreckung des Pfändungspfandrechts anzunehmen haben. Anders wird dies jedoch zu beurteilen sein, wenn die Kapitalerhöhung aus Mitteln der einzelnen Gesellschafter erfolgt **durch Ausgabe neuer Geschäftsanteile** gemäß § 55 Abs. 3.

Ist der Geschäftsanteil gepfändet worden, so erstreckt sich der Anspruch **nicht** au- 138 tomatisch auch **auf die Nutzungen,** also etwa auf den Gewinnanspruch oder sonstige mit dem Geschäftsanteil verbundene Gläubigerrechte des Gesellschafters.[294] Diese sind vielmehr als Forderungen des Gesellschafters gegen die Gesellschaft gemäß §§ 828 ff. ZPO durch Pfändung und Überweisung gesondert zu pfänden. In diesem Falle ist die Gesellschaft wiederum Drittschuldner, der Pfändungs- und Überweisungsbeschluss ist ihr danach in jedem Falle zuzustellen. Ohne Zustellung an die Gesellschaft ist die Pfändung nicht bewirkt (§ 829 Abs. 2 ZPO). Sind für den Geschäftsanteil Gewinnanteilscheine ausgegeben, so sind auch diese zu pfänden, was durch Wegnahme seitens des Gerichtsvollziehers erfolgt, § 831 ZPO.[295] Da der Gewinnanspruch des Gesellschafters als reines Forderungsrecht nicht von der Pfändung des Geschäftsanteils umfasst wird, ist er selbständig pfändbar, und zwar auch dann, wenn der Geschäftsanteil ohne das Gewinnbezugsrecht bereits gepfändet worden ist.

3. Doppelpfändung. Ist der Geschäftsanteil bereits gepfändet, so bleibt dieses 139 Pfandrecht bestehen, doch ist eine weitere Pfändung ohne weiteres möglich mit der Folge, dass das ältere Pfandrecht dem jüngeren vorgeht.[296]

4. Pfändung eines Teils des Geschäftsanteils. Unterschiedlicher Beurteilung 140 unterliegt die nicht unwichtige Frage, ob auch der Teil eines Geschäftsanteils gepfändet werden kann. Dies wird im Schrifttum bejaht mit der zutreffenden Überlegung, dass anderenfalls wegen einer geringen Forderung uU ein hochwertiger Geschäftsanteil im Ganzen gepfändet werden müsste.[297] Andere bejahen zwar die Möglichkeit, auch einen Teil eines Geschäftsanteils zu pfänden, schränken diese Auffassung jedoch mit der Bemerkung ein, dass eine Beschränkung der Pfändung auf einen Teilanteil nicht notwendig sei, da der Geschäftsanteil ein einheitliches Zugriffsobjekt bilde; der Geschäftsanteil

---

[290] RGZ 95, 231, 232; BGH BB 1972, 10; NJW 1989, 458.
[291] AllgM; *Hachenburg/Zutt* Anh. § 15 Rn. 78 ff.; *Scholz/Winter* Rn. 174.
[292] Ebenso *Baumbach/Hueck/Zöllner* § 57 m Rn. 14; *Hachenburg/Ulmer* Anh. § 57 b § 13 KapErhG Rn. 26 mwN.
[293] Vgl. BGH NJW 1975, 118.
[294] HM; vgl. *Baumbach/G. Hueck/Fastrich* Rn. 61; *Scholz/Winter* Rn. 187; aA *Roth* ZGR 2000, 187, 212 f.; vgl. auch *Heuer* ZIP 1998, 405, 408: Gepfändet werde nicht ein aus dem Geschäftsanteil als „Mantel" fließendes singuläres Recht, sondern der Mantel selbst.
[295] AllgM; *Hachenburg/Zutt* Anh. § 15 Rn. 93.
[296] HM; *Thomas/Putzo* § 826 Rn. 1; *Baumbach/Lauterbach/Hartmann* ZPO § 826 Rn. 2, § 827 Rn. 3.
[297] *Scholz/Winter* Rn. 172; *Baumbach/G. Hueck/Fastrich* Rn. 59; *Schuler* NJW 1960, 1423, 1425.

§ 15   2. Abschnitt. Rechtsverhältnisse der Gesellschaft und der Gesellschafter

könne, wenn auch sein Wert 10 000 € betrage, doch für eine Schuld von 100 € gepfändet werden.[298] Dieser Auffassung ist insoweit nicht zu folgen. Es ist mit dem in § 803 Abs. 1 S. 2 ZPO niedergelegten Grundsatz der Verhältnismäßigkeit nicht zu vereinbaren, wenn ein uU sehr wertvoller Geschäftsanteil wegen einer geringfügigen Forderung insgesamt gepfändet und verwertet wird und so der Gesellschafter seine wertvolle Beteiligung verliert, möglicherweise noch zu einem statutarisch festgelegten geringeren Gegenwert (Näheres Rn. 147 ff.). Es bedarf für den Fall der Pfändung eines Teils eines Geschäftsanteils freilich zur Verwertung der Zustimmung der Gesellschaft gemäß § 17 Abs. 1.[299] Weigert sich die Gesellschaft in einem solchen Falle die Zustimmung zu erteilen, so kann dies rechtsmissbräuchlich sein (str.).

141   **5. Vorkaufsrecht der Gesellschaft?** Gegenüber der Pfändung versagen alle Veräußerungsverbote oder sonstigen Beschränkungen gemäß Abs. 5.[300] Auch wenn der Gesellschaftsvertrag die Veräußerung des Geschäftsanteils schlechthin ausschließt, kann ein Dritter den Geschäftsanteil in der Zwangsvollstreckung wirksam erwerben, er wird damit Gesellschafter (allgM; s. o.). Das einzig wirksame Mittel gegen einen solchen Eintritt eines Dritten als Gesellschafter ist die zulässige statutarische Bestimmung, dass bei Pfändung des Geschäftsanteils dieser gemäß § 34 **eingezogen** wird.[301] Die vielfach in Gesellschaftsverträgen anzutreffende Bestimmung, dass im Falle der Pfändung des Geschäftsanteils ein Vorkaufsrecht der Gesellschaft, der Gesellschafter, einzelner Gesellschafter oder eines von der Gesellschaft bezeichneten Dritten ausgeübt werden soll, ist unwirksam. *Scholz/Winter*[302] halten es aber für zulässig, im Gesellschaftsvertrag für den Pfändungsfall eine Pflicht zur Abtretung des Geschäftsanteils vorzusehen. Dies ist freilich nur eine Umgehung des § 471 BGB nF, wonach das Vorkaufsrecht ausgeschlossen ist, wenn der Verkauf im Wege der Zwangsvollstreckung oder aus einer Insolvenzmasse erfolgt. Mit Zustimmung des Pfandgläubigers ist die Ausübung des Vorkaufsrechts dann selbstverständlich möglich.

142   **6. Zwangsversteigerung.** Wird der gepfändete Geschäftsanteil nicht eingezogen und geht er nicht durch eine vom Pfandgläubiger gebilligte statutarische Bestimmung im Wege eines „Vorkaufsrechtes" auf die Gesellschaft, einen Gesellschafter oder einen Dritten über, so erfolgt die Verwertung des Geschäftsanteils durch Zwangsversteigerung gemäß §§ 814, 816 ZPO. Das Vollstreckungsgericht kann auf Antrag des Gläubigers oder des Schuldners anordnen, dass die Verwertung des Geschäftsanteils auf andere Art, etwa durch freihändigen Verkauf erfolgt (§§ 844, 857 Abs. 5 ZPO). Die Verwertung durch Überweisung (§ 835 ZPO) ist unzulässig.[303]

143   Erwirbt der Erwerber den Geschäftsanteil in der Zwangsversteigerung, so **bedarf es für die Übertragung des Geschäftsanteils nicht der Form des § 15 Abs. 3**, wohl aber bedarf es der notariellen Beurkundung, wenn der Dritte den Geschäftsanteil **im Wege des freihändigen Verkaufs** erwirbt.[304] Erwirbt der Dritte den Geschäfts-

---

[298] *Hachenburg/Zutt* Anh. § 15 Rn. 86.
[299] Ebenso *Scholz/Winter* Rn. 172; *Baumbach/G. Hueck/Fastrich* § 17 Rn. 6.
[300] AllgM; BGHZ 32, 151, 155 = NJW 1960, 1053; 65, 22, 24 = NJW 1975, 1835, 1836; *Hachenburg/Zutt* Anh. § 15 Rn. 88; *Scholz/Winter* Rn. 179; *Baumbach/G. Hueck/Fastrich* Rn. 60.
[301] AllgM; BGHZ 65, 22; *Hachenburg/Zutt* Anh. § 15 Rn. 89; *Scholz/Winter* Rn. 182; *Baumbach/G. Hueck/Fastrich* Rn. 60.
[302] Dort Rn. 181.
[303] HM; vgl. *Baumbach/G. Hueck/Fastrich* Rn. 62; *Scholz/Winter* Rn. 176; aA *Th. Raiser* Kapitalges. § 30 Rn. 34.
[304] AllgM; RGZ 164, 162, 170 f.; *Hachenburg/Zutt* Anh. § 15 Rn. 83; *Scholz/Winter* Rn. 177; *Lutter/Hommelhoff* Rn. 51; *Baumbach/G. Hueck/Fastrich* Rn. 62.

Übertragung von Geschäftsanteilen   § 15

anteil in der Zwangsversteigerung durch Zuschlag, so bedarf es ebenso der Anmeldung gemäß § 16, wie wenn der Erwerber den Geschäftsanteil durch freihändigen Verkauf ersteht.[305] – Statutarische Beschränkungen gemäß Abs. 5, die die Zwangsverwertung des Geschäftsanteils ausschließen, gelten nicht, auch nicht ein in der Satzung verankertes Vorkaufsrecht der Gesellschaft oder der Gesellschafter.[306]

Der Ersteher des Geschäftsanteils kann wegen eines Mangels im Rechte oder wegen **144** eines Mangels der veräußerten Sache keine Gewährleistungsansprüche geltend machen, § 806 ZPO.[307] Ansprüche aus anderen Rechtsgründen, etwa wegen arglistiger Täuschung o. Ä. bleiben indes bestehen.[308]

Im Verhältnis zur Gesellschaft übernimmt der Ersteher des Geschäftsanteils diesen mit allen Pflichten, die auf dem Geschäftsanteil lasten, also insbesondere mit solchen Pflichten, wie sie sich aus §§ 16 Abs. 3, 24, 26, 27, 31 Abs. 3 ergeben. Im Übrigen erwirbt der Ersteher den Geschäftsanteil frei von Rechten Dritter, auch bei einem Erwerb des Geschäftsanteils gemäß § 844 ZPO durch einen vom Gericht angeordneten freihändigen Verkauf.[309] Ergibt sich bei der Versteigerung oder bei dem Verkauf gemäß § 844 ZPO ein Überschuss nach Abzug der Ansprüche des Gläubigers und nach Abzug der Versteigerungs- oder Veräußerungskosten, so gebührt der Mehrerlös dem Schuldner und ehemaligen Inhaber des Geschäftsanteils. Erwirbt der Ersteher den Geschäftsanteil im Wege der Zwangsversteigerung und ist für den Geschäftsanteil ein Anteilschein ausgegeben, so ist der Erwerb auch ohne Übergabe des Anteilscheins wirksam, doch kann der Erwerber vom Schuldner die Herausgabe des Anteilscheins gemäß §§ 402, 413 BGB verlangen, § 952 BGB.[310] **145**

7. Stellung des Gesellschafters. Während der Dauer der Pfändung des Geschäftsanteils bis zu dessen Verwertung bleibt der Schuldner Gesellschafter der Gesellschaft und es bleiben ihm alle Mitgliedschaftsrechte, die mit dem Geschäftsanteil verbunden sind, insbesondere bleibt ihm das Stimmrecht, aber auch das Gewinnbezugsrecht, sofern es nicht mit- oder gesondert gepfändet wurde.[311] Der Schuldner kann also, solange der Geschäftsanteil nicht verwertet worden ist, auch satzungsändernden Beschlüssen der Gesellschafterversammlung zustimmen oder einem Beschluss über die Auflösung der Gesellschaft zustimmen und überhaupt bei allen Beschlussfassungen mitstimmen.[312] Die Grenze ist dort zu ziehen, wo der Schuldner als Gesellschafter nach erfolgter Pfändung Beschlüssen der Gesellschafterversammlung zustimmt, die das Gläubigerrecht des Pfandgläubigers beeinträchtigen.[313] **146**

8. Bewertungsfragen. Bezüglich der Bewertung des Geschäftsanteils, insbesondere bei dessen Einziehung wegen erfolgter Pfändung, sind die Meinungen geteilt. Einigkeit besteht nur insoweit, als nach der gefestigten Rechtsprechung das Einziehungsentgelt für den Fall der Pfändung des Geschäftsanteils nicht geringer bemessen werden kann als **147**

---

[305] *Lutter/Hommelhoff* Rn. 51; *Hachenburg/Zutt* Anh. § 15 Rn. 83; *Scholz/Winter* § 16 Rn. 28; teilweise anders Voraufl.
[306] AllgM; *Scholz/Winter* Rn. 179; *Lutter/Hommelhoff* Rn. 51; *Meyer-Landrut/Miller/Niehus* Rn. 54; *Baumbach/G. Hueck/Fastrich* Rn. 62 aE.
[307] *Hachenburg/Zutt* Anh. § 15 Rn. 84.
[308] *Hachenburg/Zutt* Anh. § 15 Rn. 84.
[309] *Hachenburg/Zutt* Anh. § 15 Rn. 85; *Scholz/Winter* Rn. 184.
[310] *Hachenburg/Zutt* Anh. § 15 Rn. 87; *Scholz/Winter* Rn. 185.
[311] AllgM; RGZ 95, 231, 232; *Hachenburg/Zutt* Anh. § 15 Rn. 81; *Scholz/Winter* Rn. 174.
[312] Nach Ansicht von *Heuer* ZIP 1998, 405, 410 soll der Vollstreckungsschuldner sein Stimmrecht nur mit Zustimmung des Vollstreckungsgläubigers ausüben dürfen.
[313] AllgM; *Hachenburg/Zutt* Anh. § 15 Rn. 81 und 44; *Scholz/Winter* Rn. 174.

bei den sonstigen Fällen der Einziehung des Geschäftsanteils, zB bei der Ausschließung eines Gesellschafters oder aus sonstigen Gründen mit Einwilligung des Gesellschafters.[314]

148 Das Einziehungsentgelt hat dem Grundsatze nach für alle Fälle der Einziehung gleich hoch zu sein und ist nach den gleichen Grundsätzen zu ermitteln, gleichgültig, ob der Geschäftsanteil wegen der Pfändung eingezogen wird oder aus sonstigen Gründen. **Zu orientieren ist das Einziehungsentgelt grundsätzlich am Verkehrswert des Geschäftsanteils.** Hiervon ausgehend besteht ein gewisser statutarisch auszufüllender Spielraum, vor allem in der betriebswirtschaftlichen Ermittlung des Wertes des Geschäftsanteils oder auch im Bewertungsspielraum selbst (Nichtberücksichtigung des Firmenwertes, Nichtauflösung der stillen Reserven bei Ermittlung des Abfindungsguthabens).[315]

149 Die vielfach erwogene Regelung,[316] wonach der Geschäftsanteil im Falle seiner Pfändung auch eingezogen werden kann unter Auszahlung der Forderung des pfändenden Gläubigers, ist in jedem Falle abzulehnen. Eine solche Regelung würde den Schuldner als Inhaber des Geschäftsanteils ohne Rechtsgrund uU in die Gefahr eines erheblichen Vermögensverlustes bringen, wenn nämlich der Geschäftsanteil wegen einer verhältnismäßig geringen Forderung eines Gläubigers gepfändet wird.

VI. Der Geschäftsanteil im Insolvenzverfahren

Schrifttum: siehe vor Rn. 134.

150 **1. Insolvenz des Gesellschafters. a) Stellung des Gesellschafters.** In der Insolvenz des Gesellschafters gilt hinsichtlich der Verwertung des Geschäftsanteils grundsätzlich nichts anderes als bei der Einzelzwangsvollstreckung, so dass im Wesentlichen auf die Erl. zur Einzelzwangsvollstreckung in den Geschäftsanteil (Rn. 134 ff.) verwiesen werden kann. Auch in der Insolvenz bleibt der Gemeinschuldner zunächst und bis zur Verwertung oder Einziehung seines Geschäftsanteils dessen Inhaber[317] mit der Maßgabe, dass der Geschäftsanteil zur Insolvenzmasse gehört (§ 35 InsO) und **nur der Insolvenzverwalter berechtigt ist, über den Geschäftsanteil zu verfügen** und alle mit dem Geschäftsanteil verbundenen Verwaltungsrechte auszuüben, § 80 InsO.[318]

151 Eine Satzungsbestimmung, die dem – etwa für die Ausübung des Stimmrechts – entgegensteht, ist unwirksam. Die vielfach vertretene Auffassung, die Satzung könne vorsehen, dass im Insolvenzfalle das Stimmrecht des Gemeinschuldners ruhe, erscheint nicht in Übereinstimmung mit der Insolvenzordnung und den Rechten des Insolvenzverwalters.[319] Auch reine Gläubigerrechte wie der Anspruch auf rückständigen Gewinn oder auf Rückzahlung von Gesellschafterdarlehen fallen in die Insolvenzmasse. Nicht

---

[314] AllgM; BGHZ 65, 22, 26; OLG Karlsruhe GmbHR 1967, 214; OLG Hamburg ZIP 1982, 1327 f.; *Hachenburg/Zutt* Anh. § 15 Rn. 91; *Scholz/Winter* Rn. 183; *Baumbach/G. Hueck/Fastrich* Rn. 60; *Lutter/Hommelhoff* Rn. 51; ausführlich hierzu *Sachs* GmbHR 1974, 84 ff.; aA allerdings noch die frühere Rechtsprechung, RGZ 142, 373, 376; BGHZ 32, 151, 155: Einziehung nur gegen eine vollwertige Abfindung; ebenso *Heuer* ZIP 1998, 405, 412; *Roth* ZGR 2000, 187, 215 mwN.

[315] Vgl. OLG Hamburg ZIP 1982, 1327; *Lutter/Hommelhoff* Rn. 51; ausführlich hierzu s. § 34 Rn. 101 ff.

[316] *Baumbach/Hueck/G. Hueck/Fastrich* Rn. 60; *Roth/Altmeppen* Rn. 71; *Schuler* NJW 1961, 2281, 2282; *Bokelmann* BB 1970, 1235 f.

[317] Vgl. MüKo InsO/*Lwowski* § 35 Rn. 22.

[318] *Baumbach/G. Hueck/Fastrich* Rn. 63; *Scholz/Winter* Rn. 209.

[319] Str.; aA *Scholz/Winter* Rn. 209; *Baumbach/G. Hueck/Fastrich* Rn. 63.

Übertragung von Geschäftsanteilen   § 15

von der Insolvenzmasse erfasst werden höchstpersönliche Rechte des Gesellschafters, etwa die Geschäftsführerstellung oder der Sitz im Aufsichtsrat oder einem anderen Verwaltungsgremium der Gesellschaft. Eine **rückständige Vergütung** für diese Tätigkeit des Gemeinschuldners gehört hingegen wieder zur Masse und der Insolvenzverwalter kann sie für diese geltend machen. Dies gilt auch für den Vergütungsanspruch aus dieser Tätigkeit für die Zeit nach der Insolvenzeröffnung, da zur Insolvenzmasse nunmehr auch das während des Verfahrens erlangte Vermögen gehört, § 35 InsO.

Zweifelhaft kann die Rechtslage in diesem Falle sein, wenn das Recht, einen Geschäftsführer zu stellen oder einen Sitz im Aufsichtsrat der Gesellschaft einzunehmen, **als Sonderrecht mit dem Geschäftsanteil verbunden** ist derart, dass satzungsgemäß der Inhaber des Geschäftsanteils einen Sitz im Aufsichtsrat beanspruchen kann. In diesem Falle wird man bei sachgerechter Auslegung des § 80 InsO zu dem Ergebnis kommen müssen, dass der Insolvenzverwalter den Sitz einnehmen kann.[320] Es besteht jedoch auch die Möglichkeit, dass der Insolvenzverwalter den Gemeinschuldner zur Ausübung der Tätigkeit ermächtigt.[321]   152

b) Pflichten des Insolvenzverwalters. Der Insolvenzverwalter hat die Verpflichtung, den Geschäftsanteil nach besten Möglichkeiten zu verwerten. An gesellschaftsvertragliche Bestimmungen oder Beschränkungen ist er dabei nicht gebunden.[322] Er hat im Interesse der Masse auf die **bestmögliche Verwertung des Geschäftsanteils** Bedacht zu nehmen, eine Treuepflicht gegenüber der Gesellschaft hat er dabei nicht zu beachten, doch wird die Grenze durch §§ 226, 826 BGB gezogen. Dabei muss etwa der Verkauf des Geschäftsanteils an einen Wettbewerber der Gesellschaft nicht unbedingt schikanös oder sittenwidrig sein, so dass die Gesellschaft dem Verkauf nicht widersprechen kann, wenn der Verkauf nach pflichtgemäßem Ermessen des Insolvenzverwalters erfolgt, etwa weil der Wettbewerber der Gesellschaft einen besonders hohen Preis für den Geschäftsanteil zahlt (str.). Hat der Insolvenzverwalter den Geschäftsanteil im Rahmen der Verwertung der Masse veräußert, so gilt im Verhältnis zur Gesellschaft § 16.[323] Der Insolvenzverwalter kann den Geschäftsanteil auch teilen, etwa zwecks besserer Verwertung. Es bedarf dann für die Teilung der Genehmigung der Gesellschaft gemäß § 17 Abs. 1.[324]   153

War der Geschäftsanteil mindestens einen Monat vor dem Antrag auf Eröffnung des Insolvenzverfahrens (sog. „Rückschlagsperre", vgl. § 88 InsO) in nicht anfechtbarer Weise (vgl. §§ 129 ff. InsO) verpfändet oder im Wege der Zwangsvollstreckung gepfändet, so bleiben diese Rechte bestehen; sie gehen dem Verwertungsrecht des Insolvenzverwalters vor und können zur abgesonderten Befriedigung führen, § 50 InsO.[325]   154

c) Weiterbestehen der Gesellschaft. Aufgelöst wird die Gesellschaft durch die Insolvenz eines Gesellschafters nicht, außer wenn dies im Gesellschaftsvertrag vorgesehen ist.[326] Das ist freilich die seltene Ausnahme. Ganz regelmäßig enthält der Gesellschaftsvertrag einer GmbH die Bestimmung, dass bei Insolvenz eines Gesellschafters dessen Geschäftsanteil eingezogen wird. Eine solche Regelung im Gesellschaftsvertrag ist auch dringend zu empfehlen, um die oben (Rn. 150 ff.) aufgezeigten Schwierigkei-   155

---

[320] Ebenso *Scholz/Winter* Rn. 209.
[321] BGHZ 38, 281, 286.
[322] *Baumbach/G. Hueck/Fastrich* Rn. 63; *Scholz/Winter* Rn. 209b; MüKo InsO/*Lwowski* § 35 Rn. 243.
[323] *Scholz/Winter* Rn. 209b.
[324] S. auch *Hachenburg/Zutt* Rn. 95 aE.
[325] Vgl. *Scholz/Winter* Rn. 209a; zur Freigabe vgl. MüKo InsO/*Lwowski* § 35 Rn. 84 ff.
[326] *Scholz/Winter* Rn. 209b; MüKo InsO/*Lwowski* § 35 Rn. 242.

§ 15 2. Abschnitt. Rechtsverhältnisse der Gesellschaft und der Gesellschafter

ten zu vermeiden. Denn nach Eröffnung des Insolvenzverfahrens kann die Einziehung mit Wirkung gegen den Insolvenzverwalter nicht mehr von der Gesellschafterversammlung beschlossen werden. Für die Abfindungsregelung gelten die gleichen Grundsätze wie sie bei der Einziehung im Falle der Einzelzwangsvollstreckung zu beachten sind (Rn. 147 ff.).

156 **2. Eigenverwaltung.** Wenn das Insolvenzgericht im Eröffnungsbeschluss die Eigenverwaltung (§§ 270 ff. InsO) angeordnet hat, bleibt der Schuldner unter Aufsicht eines Sachwalters zur Ausübung der Verwaltungs- und Verfügungsrechte berechtigt; uU ist er ferner verpflichtet, die Zustimmung des Gläubigerausschusses einzuholen, § 276 InsO. Der Sachwalter ist berechtigt, an der Gesellschafterversammlung teilzunehmen.[327]

157 **3. Treuhandverhältnisse in der Insolvenz.** Besteht bezüglich des Geschäftsanteils ein Treuhandverhältnis, so ist zu unterscheiden: In der **Insolvenz des Treugebers** kann bei der echten uneigennützigen Treuhand (Verwaltungstreuhand) der Insolvenzverwalter von dem Treuhänder Herausgabe des Geschäftsanteils zur Masse verlangen;[328] bei der eigennützigen Treuhand (Sicherungstreuhand) hat der Treuhänder nur ein Absonderungsrecht, § 51 Nr. 1 InsO.[329]

158 In der **Insolvenz des Treuhänders** hat der Treugeber sowohl bei der echten uneigennützigen Treuhand (Verwaltungstreuhand) wie bei der Sicherungstreuhand ein Aussonderungsrecht gemäß § 47 InsO.[330] Bei der unechten Treuhand (Erwerbstreuhand) steht dem Treugeber in der Insolvenz des Treuhänders kein Aussonderungsrecht zu.[331]

159 **4. Insolvenz der Gesellschaft.** Die Insolvenz der Gesellschaft berührt die Veräußerlichkeit des Geschäftsanteils nicht.[332] Etwa statutarisch erforderliche Genehmigungen zur Abtretung gemäß Abs. 5 erteilt aber nicht der Insolvenzverwalter der Gesellschaft, sondern das dafür statutarisch vorgesehene Organ;[333] auch die Anmeldung gemäß § 16 ist nicht gegenüber dem Insolvenzverwalter vorzunehmen, sondern stets gegenüber den Geschäftsführern.[334] Verschweigt der Verkäufer dem Erwerber des Geschäftsanteils, dass die Insolvenz der Gesellschaft bevorsteht, so kann dies Schadenersatzansprüche auslösen.[335] Rechtshandlungen bezüglich des Geschäftsanteils wie Verpfändungen oder Zwangsvollstreckungen werden durch die Insolvenz der Gesellschaft nicht berührt.[336] Hat die in der Insolvenz befindliche Gesellschaft eigene Geschäftsanteile, so ist der Insolvenzverwalter über diese verfügungsberechtigt, wie ihm auch die Verwaltungsrechte ausschließlich zustehen; bei Eigenverwaltung (§ 270 InsO) verfügt der Geschäftsführer über diese.[337]

160 Steht die vom Gesellschafter noch zu erbringende Einlage aus, so fällt der Anspruch der Gesellschaft auf Einzahlung der rückständigen Einlage in die Insolvenzmasse.[338]

---

[327] *Scholz/Winter* Rn. 209.
[328] Vgl. MüKo InsO/*Lwowski* § 35 Rn. 125; MüKo InsO/*Ganter* § 47 Rn. 371 mwN.
[329] MüKo InsO/*Ganter* § 47 Rn. 381.
[330] MüKo InsO/*Ganter* § 47 Rn. 369, 375.
[331] MüKo InsO/*Lwowski* § 35 Rn. 122.
[332] AllgM; RGZ 64, 149, 153 f.; *Scholz/Winter* Rn. 210.
[333] *Hachenburg/Zutt* Rn. 107; *Scholz/Winter* Rn. 210.
[334] *Scholz/Winter* Rn. 210.
[335] RGZ 143, 20, 22; *Scholz/Winter* Rn. 210.
[336] RGZ 64, 149, 153 f.; *Scholz/Winter* Rn. 210.
[337] *Scholz/Winter* Rn. 211.
[338] *Hachenburg/Ulmer* § 63 Rn. 76.

Dies gilt auch für den Anspruch der Gesellschaft auf noch ausstehende Einzahlungen auf eine bereits vor Eröffnung des Insolvenzverfahrens beschlossene und angemeldete Kapitalerhöhung.[339] Da die Einlagen zur Gläubigerbefriedigung benötigt werden, kann sich der Gesellschafter seiner Verpflichtung nicht durch Aufrechnung, Zurückbehaltung oder Pfändung entziehen.[340]

VII. Die Erschwerung der Veräußerung von Geschäftsanteilen (Abs. 5)

Schrifttum: *Assmann/Sethe* Die Auswirkungen von Vorkaufsrechten und Vinkulierungsklauseln auf den Paketerwerb von GmbH-Anteilen, FS Zöllner, 1999, S. 3; *Ballerstedt* Kapital, Gewinn und Ausschüttung bei Kapitalgesellschaften, 1949; *Baltzer* Die gesellschaftliche Treuepflicht im Recht der AG und GmbH, Diss. Freiburg 1967; *Bunte* Die Abschließung der Kapitalgesellschaft gegen Außenstehende in den Niederlanden, Deutschland und der Schweiz, 1969; *Capelle* Schutz von Familienkapitalgesellschaften vor Überfremdung, BB 1954, 1076; *Däubler* Rechtsgeschäftlicher Ausschluß der Veräußerlichkeit von Rechten?, NJW 1968, 1117; *Eder* Zustimmung zur Abtretung von GmbH-Geschäftsanteilen durch den Geschäftsführer, GmbHR 1966, 279; *v. Falkenhausen* Verfassungsrechtliche Grenzen der Mehrheitsherrschaft nach dem Recht der Kapitalgesellschaften, 1967; *Fette* Mehrheitserfordernis bei nachträglicher Vinkulierung von GmbH-Geschäftsanteilen, GmbHR 1986, 73; *Filbinger* Die Schranken der Mehrheitsherrschaft im Aktienrecht und Konzernrecht, 1942; *Fischer* Das Recht der oHG als ergänzende Rechtsquelle zum GmbHG, GmbHR 1953, 131; *Fischer* Die Grenzen bei der Ausübung gesellschaftlicher Mitgliedschaftsrechte, NJW 1954 779; *ders.* Fragen aus dem Recht der GmbH, JZ 1956, 362; *ders.* Die personalistische GmbH als rechtspolitisches Problem, FS W. Schmidt, 1959, S. 117; *Fritze* Genehmigungsform bei der Abtretung eines Teilgeschäftsanteils, GmbHR 1955, 68; *Geiler* Die Konkretisierung des Rechtsgebots der guten Sitten im modernen Wirtschaftsrecht, FS Pinner, 1932, S. 254; *Gessler* Sicherung der Herrschaftsmacht bei Übertragung von Geschäftsanteilen, GmbHR 1974, 202; *Gottschling* Schutz der GmbH vor Überfremdung, GmbHR 1953, 20; *Grothus* Das Vorkaufsrecht an GmbH-Anteilen, GmbHR 1959, 24; *Hänn* Beschränkung in der Veräußerung von Geschäftsanteilen der GmbH durch den Gesellschaftsvertrag, Diss. Jena 1931; *Hengstmann* Die Familiengesellschaft, Diss. Halle-Wittenberg 1935; *Hennerkes-May* Der Gesellschaftsvertrag des Familienunternehmens, NJW 1989, 2761; *Huber* Vermögensanteil, Kapitalanteil und Gesellschaftsanteil an Personalgesellschaften des Handelsrechts, 1970; *A. Hueck* Die Sittenwidrigkeit von Generalversammlungsbeschlüssen an Aktiengesellschaften und die Rechtsprechung des Reichsgerichts in: Die Reichsgerichtspraxis im deutschen Rechtsleben 1929, IV., 167; *ders.* Der Treugedanke im modernen Privatrecht 1947; *G. Hueck* Der Grundsatz der gleichmäßigen Behandlung im Privatrecht, 1958; *ders.* Erwerbsvorrechte im Gesellschaftsrecht, FS Larenz, 1973, S. 749; *Immenga* Die personalistische Kapitalgesellschaft, 1970; *Knur* Die Familiengesellschaft, 1941; *Konow* Der Grundsatz der gleichmäßigen Behandlung der GmbH-Gesellschafter bei der Gewinnverteilung, GmbHR 1973, 121; *Kühn* Die Minderheitsrechte in der GmbH und ihre Reform, 1964; *Küster* Inhalt und Grenzen der Rechte der Gesellschafter, insbesondere des Stimmrechts im deutschen Gesellschaftsrecht, 1954; *M. Lehmann* Die ergänzende Anwendung von Aktienrecht auf die GmbH, 1970; *Lessmann* Vinkulierte Übertragung von GmbH-Geschäftsanteilen, GmbHR 1985, 179; *Limbach* Theorie und Wirklichkeit der GmbH, 1966; *Lutter/Grunewald* Zur Umgehung von Vinkulierungsklauseln in Satzungen von Aktiengesellschaften und Gesellschaften mbH, AG 1989, 109; *Martens* Mehrheits- und Konzernherrschaft in der personalistischen, GmbH 1970; *Möhring* Die nachträgliche Vinkulierung der GmbH-Geschäftsanteile, GmbHR 1963, 201; *K. Müller* Die Sicherungsübertragung von GmbH-Anteilen, 1969; *Neflin* Mittel und Möglichkeiten gegen Überfremdung einer GmbH, GmbHR 1963, 22; *Neukamp* Die Geschäftsanteile der Gesellschaft mit beschränkter Haftung, ZHR 57 (1906), 1; *Obermüller* Die Minderheitenrechte in der GmbH, DB 1967, 1971; *Ohr* Der Ausschluß der Abtretbarkeit von Geschäftsanteilen im Gesellschaftsvertrag, Diss. Mainz 1967; *Otto* Gesellschafterstreit und Anteilsfungibilität in der gesellschaftsrechtlichen Vertragspraxis, GmbHR 1996, 16; *Pastor/Werner* Die Verbindung von Vorkaufsrecht und Genehmigungsvorbehalt bei der Übertragung von GmbH-Geschäftsanteilen, GmbHR 1969, 1418; *Petersen* Die personengesellschaftliche Struktur der GmbH, Diss. Kiel 1954; *Raiser* Der Gleichheitsgrundsatz im Privatrecht, ZHR 111 (1948), 75; *Reichert* Das Zustimmungserfordernis zur Abtretung von Geschäftsanteilen der GmbH, 1984; *ders.* Zulässigkeit der nachträglichen Einführung oder Aufhebung von Vinkulierungsklauseln in der Satzung der GmbH, BB 1985, 1496; *ders.* Folgen der Anteilsvinkulierung für Umstrukturierungen von GmbH und AG nach dem UmwG 1995, GmbHR 1995, 176; *Reichert/Winter* Vinkulierungsklauseln und gesellschaftliche

---

[339] MüKo InsO/*Lwowski* § 35 Rn. 244; zur Wirksamkeit einer Kapitalerhöhung in der Insolvenz BGH WM 1995, 156.

[340] Hachenburg/*Ulmer* § 63 Rn. 85.

§ 15   2. Abschnitt. Rechtsverhältnisse der Gesellschaft und der Gesellschafter

Treuepflicht, FS 100 Jahre GmbHG, 1992, S. 209; *Rittstieg* Zur Problematik von Abfindungsbeschränkungen im GmbH-Recht, GmbHR 1985, 2285; *Saenger* Beschränkungen hinsichtlich Veräußerung und Vererbung von Geschäftsanteilen einer GmbH, RG-Praxis IV 1929, 17; *Schaudwet-Paul* Die gegenseitigen Treubindungen der GmbH-Gesellschafter, GmbHR 1970, 5; *Schilling* Wandlungen des modernen Gesellschaftsrechts, JZ 1953, 489; *G. Schmidt* Einschränkung der freien Übertragbarkeit von Aktien oder Geschäftsanteilen durch Satzungsänderung, DB 1955 162; *H. M. Schmidt* Die gegenseitige Treupflicht der GmbH-Gesellschafter, GmbHR 1960, 137; *Schneider* Die Sicherung der FamilienGmbH vor dem Eindringen Familienfremder, GmbHR 1964, 219; *Semmler* Die Aufhebung satzungsgemäßer Mehrheitserfordernisse im Recht der GmbH, GmbHR 1974, 255; *Teichmann* Gestaltungsfreiheit in Gesellschaftsverträgen, 1970; *Triebner* Die Vinkulierung von Aktien und Geschäftsanteilen der GmbH, Diss. Leipzig 1929; *Wieacker* Zur rechtstheoretischen Präzisierung des § 242, 1956; *Wiedemann* Die nachträgliche Vinkulierung von Aktien und GmbH-Anteilen, NJW 1964, 282; *Wiedemann* Die Übertragung und Vererbung von Mitgliedschaftsrechten bei Handelsgesellschaften, 1965; *Weipert* Verschmelzung und Umwandlung von Kapitalgesellschaften und allgemeine Mitgliedsrechte, ZHR 110 (1944), 23; *Winkler* Die Lückenausfüllung des GmbH-Rechts durch das Recht der Personengesellschaften, 1967; *Wittek* Die gesellschaftsrechtliche Behandlung der Familien-GmbH, Diss. Erlangen-Nürnberg 1969; *Wolany* Rechte und Pflichten des Gesellschafters einer GmbH, 1964; *Zartmann* Schutz von Familienkapitalgesellschaften gegen Überfremdung, BB 1954, 69; *K. Zimmermann* Genehmigung des Geschäftsführers zur Abtretung von GmbH-Geschäftsanteilen, BB 1966, 1171; *Zöllner* Die Schranken mitgliedschaftlicher Stimmrechtsmacht bei den privatrechtlichen Personenverbänden, 1963; *Zwissler* Zustimmungen und andere Erklärungen als Wirksamkeitsvoraussetzung der Übertragung von GmbH-Geschäftsanteilen, GmbHR 1999, 1283.

161   **1. Inhalt und Bedeutung.** Abs. 5 eröffnet den Gesellschaftern die Möglichkeit, die freie Veräußerlichkeit und Vererblichkeit der Geschäftsanteile statutarisch einzuschränken durch die Festlegung, dass die **Abtretung** der Geschäftsanteile an weitere Voraussetzungen geknüpft, insbesondere von der **Genehmigung der Gesellschaft** abhängig gemacht werden kann. Von dieser Vorschrift wird in praxi reichlich Gebrauch gemacht, weil sie gerade bei der GmbH einem dringenden Bedürfnis entspricht und auch dem Wesen der GmbH als einem meist personenbezogenen Verband entgegenkommt. Es ist dabei überwM, dass Abs. 5 dahin auszulegen ist, dass der Gesellschaftsvertrag die **Abtretung der Geschäftsanteile auch ganz ausschließen kann,** dies freilich nur dann, wenn dem Gesellschafter bei einer solchen Satzungsbestimmung ein Austrittsrecht jedenfalls aus wichtigem Grunde eingeräumt ist.[341]

162   Die Einschränkung der Übertragbarkeit von Geschäftsanteilen gemäß Abs. 5 betrifft, wie der Wortlaut sagt, nur die Abtretung des Geschäftsanteils, der **schuldrechtliche Verpflichtungsvertrag kann nicht an statutarisch zu erfüllende Voraussetzungen geknüpft werden.**[342] Die Einschränkung der Abtretung von Geschäftsanteilen bedarf dabei zwingend einer statutarischen Regelung, die iE festlegt, in welchen Fällen die freie Veräußerlichkeit eingeschränkt ist und welches Organ der Gesellschaft in welcher Weise die Befreiung von den Beschränkungen aussprechen kann. Sie muss dem Bestimmtheitsgebot genügen.[343] Der Rahmen für die Beschränkung der Veräußerlichkeit und Vererblichkeit ist durch Abs. 5 weit gesteckt und ermöglicht den Gesellschaftern, im Gesellschaftsvertrag sehr detaillierte Regelungen für denkbar viele Fälle zu treffen, um sicherzustellen, dass der Kreis der Gesellschafter auf bestimmte Personengruppen beschränkt bleibt oder sich das Verhältnis der Beteiligung der einzelnen Gesellschaftergruppen nicht zum Nachteil der einen oder anderen Gruppe verändert.

163   Im Einzelnen sind u. a. folgende Regelungen gemäß Abs. 5 in Gesellschaftsverträgen möglich und denkbar: Der Gesellschaftsvertrag kann bestimmen, dass nur Angehörige

---

[341] RGZ 80, 175, 179; *Hachenburg/Zutt* Rn. 4, 95; *Scholz/Winter* Rn. 102; *Lutter/Hommelhoff* Rn. 39; *Roth/Altmeppen* Rn. 65.
[342] AllgM; RG JW 34, 1412, 1413; RGZ 159, 272, 281; *Hachenburg/Zutt* Rn. 96; *Scholz/Winter* Rn. 79; *Baumbach/G. Hueck/Fastrich* Rn. 36; *Roth/Altmeppen* Rn. 56.
[343] BGHZ 48, 144; *Baumbach/G. Hueck/Fastrich* Rn. 39.

der Gründerfamilien oder nur eheliche Abkömmlinge oder der Ehegatte, aber etwa nicht die Ehegatten der Abkömmlinge Gesellschafter werden können.³⁴⁴ Es kann festgelegt werden, dass nur an Gesellschafter der Gesellschaft abgetreten werden darf, dass etwa nur Personen Gesellschafter werden können, die einem bestimmten Berufszweig angehören, wie zB Wirtschaftsprüfer und Steuerberater, oder auch Personen, die ein bestimmtes Mindestalter haben, oder aber es kann festgelegt werden, dass nicht an Personen abgetreten werden darf, die ein bestimmtes Alter überschritten haben. Die Einschränkung kann auch darin bestehen, dass nur an Personen abgetreten werden darf, die aktiv in der Gesellschaft mitarbeiten, oder nur an solche Personen, die mit dem Geschäftsanteil verbundene Nebenpflichten gemäß § 3 Abs. 2 erfüllen können.³⁴⁵

2. Grenzen und Reichweite. Die Aufzählung ist nur beispielhaft; die Gesellschafter sind **dem Grundsatze nach** frei, im Statut festzulegen, wer durch Abtretung eines Geschäftsanteils Gesellschafter der Gesellschaft werden kann. Eine nachträgliche Einführung von Abtretungsbeschränkungen bedarf nach hM der Zustimmung aller Gesellschafter.³⁴⁶ Dies muss aber auch für die Erleichterung von Abtretungen, auch durch Abänderung einer Vinkulierungsklausel, gelten, weil dadurch uU der Kreis der Gesellschafter etwa gegen den Willen der Mehrheit oder auch der Minderheit verändert werden kann.³⁴⁷ Die **Grenzen der Zulässigkeit** liegen in der Praktizierung reiner Willkür oder reiner Schikane (vgl. hierzu Rn. 182). 164

Der Gesellschaftsvertrag kann aber auch ganz generell Befreiung von einem generellen Abtretungsverbot erteilen. So kann die Satzung vorsehen, dass die Abtretung an Mitgesellschafter ohne Zustimmung der Gesellschaft erfolgen kann, ebenso wie vorgesehen werden darf, dass die Abtretung an Ehegatten, an eheliche Abkömmlinge oder deren Abkömmlinge einer Zustimmung der Gesellschaft nicht bedarf.³⁴⁸ 165

Der Gesellschaftsvertrag kann auch vorsehen, dass der Geschäftsanteil unveräußerlich ist, also nicht entgeltlich abgetreten oder überhaupt nicht an dritte Personen weitergegeben werden darf. Es kann nur die Vererbung zugelassen werden, wobei wiederum einschränkend festgelegt werden kann, dass sie nur an bestimmte Personen, etwa Mitglieder der Familie des Gesellschafters, erfolgen darf, um Umgehungen, etwa durch Erbeinsetzung, zu verhindern. Ebenso können Vorkaufsrechte der Mitgesellschafter vereinbart werden (vgl. Rn. 18 ff.). 166

Auch kann vorgesehen werden, dass die Abtretung nur erfolgen kann an die Gesellschaft oder aber an dritte Personen, die von der Gesellschaft bezeichnet werden.³⁴⁹ Endlich kann festgelegt werden, dass nur entgeltliche Abtretungen zustimmungspflichtig sind.³⁵⁰ Von einer solchen Regelung ist indes abzusehen, da die Umgehungsmöglichkeiten zu naheliegend sind. Sachgerechter ist es, den Personenkreis festzulegen, an 167

---

³⁴⁴ Vgl. *Scholz/Winter* Rn. 86; *Baumbach/G. Hueck/Fastrich* Rn. 37; *Meyer-Landrut/Miller/Niehus* Rn. 12 aE.
³⁴⁵ *Scholz/Winter* Rn. 79; *Baumbach/G. Hueck/Fastrich* Rn. 37.
³⁴⁶ Vgl. § 57 Rn. 28; *Roth/Altmeppen* Rn. 57; *Baumbach/G. Hueck/Fastrich* Rn. 39 mwN; aA etwa *Lutter/Hommelhoff* Rn. 25 mwN.
³⁴⁷ Ebenso *Hachenburg/Zutt* Rn. 102; für bloße satzungsändernde Mehrheit dagegen OLG Hamm GmbHR 2001, 974, 975; *Lutter/Hommelhoff* Rn. 26; *Scholz/Winter* Rn. 81; für Zustimmung des betroffenen Gesellschafters *Roth/Altmeppen* Rn. 57; *Baumbach/G. Hueck/Fastrich* Rn. 39.
³⁴⁸ *Scholz/Winter* Rn. 89.
³⁴⁹ *Scholz/Winter* Rn. 89.
³⁵⁰ *Scholz/Winter* Rn. 89.

den der Geschäftsanteil ohne Genehmigung der Gesellschaft abgetreten werden kann. Überhaupt sollte die statutarische Beschränkung der Abtretung von Geschäftsanteilen eindeutig, und zwar zweckmäßigerweise im Gesellschaftsvertrag und nicht in Nebenabreden, festgelegt werden.

168 **3. Übergabe von Anteilscheinen.** Sind für den Geschäftsanteil Anteilscheine ausgegeben, so kann die Satzung bestimmen, dass die Abtretung nur erfolgen kann unter gleichzeitiger Übergabe des Anteilscheins, unabhängig davon dass dieser nur eine Beweisurkunde ist. Ist eine solche Regelung im Gesellschaftsvertrag getroffen, so ist die Abtretung so lange schwebend unwirksam, bis der Anteilschein übergeben worden ist, wobei die Übertragung des Anteilscheins nach den Regeln des BGB (§§ 929 ff. BGB) erfolgt.[351]

169 **4. Treuhandverhältnisse.** Ist bezüglich des Geschäftsanteils ein Treuhandverhältnis vereinbart, so treffen die besonderen Abtretungsvoraussetzungen nach allgM sowohl den Treugeber als auch den Treuhänder.[352] Das besagt: Enthält der Gesellschaftsvertrag bestimmte vom Erwerber des Geschäftsanteils zu erfüllende Bedingungen, so müssen diese sowohl in der Person des treugebenden Erwerbers des Geschäftsanteils gegeben sein wie auch in der Person des Treuhänders. Es müssen also sowohl der Treugeber wie der Treuhänder die Voraussetzungen erfüllen, die der Gesellschaftsvertrag an den Erwerb des Geschäftsanteils knüpft.[353] Begründet wird dies damit, dass der Treuhänder nach außen, also im Verhältnis zur Gesellschaft, die vollen Mitgliedschaftsrechte habe und die Rechte aus dem Geschäftsanteil ausübe, während uU der Treugeber in Bezug auf den Geschäftsanteil voll weisungsbefugt sei.[354] Folgerichtig müssen bei Abtretungen des Geschäftsanteils zwischen dem Treugeber und einem anderen Treuhänder oder zwischen dem Treuhänder und einem neuen Treuhänder oder dem Treuhänder und einem neuen Treugeber jeweils die statutarischen Voraussetzungen für den Erwerb des Geschäftsanteils vorliegen.

170 Nach RG JW 1931, 2967, 2968[355] soll auch die Rückabtretung zwischen dem Treuhänder und dem Treugeber der Zustimmungspflicht der Gesellschaft unterliegen. Diese Auffassung ist nicht folgerichtig. Haben Treugeber und Treuhänder die Voraussetzungen für den Erwerb des Geschäftsanteils erfüllt, so kann es in einem solchen Falle keiner besonderen Zustimmung für die Rückabtretung vom Treuhänder auf den Treugeber bedürfen.[356] Lediglich wenn der Treugeber eine andere Person zum Treuhänder beruft, müssen auch in dieser Person die Voraussetzungen für den Erwerb des Geschäftsanteils gegeben sein. Im Übrigen ist auch in diesem Zusammenhang eine weitere Unterscheidung zu machen: Hat etwa der Inhaber des Geschäftsanteils diesen einer Bank sicherungshalber abgetreten oder verpfändet und bestellt die Bank nunmehr als Treugeber den ehemaligen Inhaber des Geschäftsanteils zum Treuhänder und liegen in der Person des ehemaligen Inhabers des Geschäftsanteils und jetzigen Treuhänders die statutarischen Voraussetzungen für die Gesellschafterstellung vor, so muss es genügen, dass der Treuhänder, der die Mitgliedschaftsrechte tatsächlich ausübt, diese Voraussetzungen erfüllt, etwa die Nebenleistungen erbringt oder Familienmitglied ist oder

---

[351] RGZ 98, 276, 277 f.; *Hachenburg/Zutt* Rn. 124; *Scholz/Winter* Rn. 86; *Meyer-Landrut/Miller/Niehus* Rn. 17.
[352] *Hachenburg/Zutt* Rn. 97 u. Anh. § 15 Rn. 51 ff.
[353] AllgM; *Hachenburg/Zutt* Anh. § 15 Rn. 53.
[354] RGZ 159, 272, 280 f.; *Hachenburg/Zutt* Anh. § 15 Rn. 53.
[355] Ihm folgend *Däubler* GmbHR 1966, 243, 244.
[356] BGH NJW 1965, 1375 f.; *Hachenburg/Zutt* Anh. § 15 Rn. 53.

was sonst an statutarischen Voraussetzungen für die Gesellschafterstellung gefordert wird.

Bei der verdeckten Treuhandschaft versagen freilich diese Überlegungen, es kommt dann nur darauf an, dass der Treuhänder die besonderen Abtretungsvoraussetzungen erfüllt. 171

5. Die Genehmigung durch die Gesellschaft. a) Statutarische Regelungen und Zustimmung der Gesellschaft. Es ist zu unterscheiden zwischen statutarischen Voraussetzungen für den Erwerb eines Geschäftsanteils und für Zustimmungserfordernisse, die der Gesellschaftsvertrag in bezug auf den Erwerb eines Geschäftsanteils aufstellt. Stellt der Gesellschaftsvertrag lediglich bestimmte Voraussetzungen für den Erwerb eines Geschäftsanteils auf, so genügt der Nachweis, dass der Erwerber des Geschäftsanteils die Voraussetzungen erfüllt. Einer besonderen Zustimmung bedarf es dann nicht mehr. Wenn der Gesellschaftsvertrag dagegen vorsieht, dass in jedem Falle die Abtretung eines Geschäftsanteils der Genehmigung (Zustimmung) bedarf, dann ist die förmliche Zustimmung Wirksamkeitsvoraussetzung für die Abtretung (s. Rn. 187). Wenn durch konkrete Regelungen die Zustimmungsvoraussetzungen klar bestimmt sind, besteht ein Anspruch auf Erteilung der Zustimmung.[357] 172

Weit häufiger als die Beachtung bestimmter Voraussetzungen für die Abtretung des Geschäftsanteils ist in Gesellschaftsverträgen die Bestimmung anzutreffen, dass die **Abtretung eines Geschäftsanteils ganz generell von der Genehmigung (Zustimmung) der Gesellschaft abhängig ist.** Einer solchen Bestimmung ist allgemein der Vorzug zu geben vor einer enumerativen Aufzählung von bestimmten Voraussetzungen für die Abtretung eines Geschäftsanteils, da die enumerative Aufzählung uU nicht alle denkbaren Fälle umfasst, während im Falle der Genehmigung (Zustimmung) zur Abtretung eines Geschäftsanteils durch die von der Gesellschaft hierfür berufenen Organe individuell geprüft werden kann, ob die Zustimmung zur Abtretung gegeben werden kann oder nicht. 173

Das Gesetz verwendet das Wort Genehmigung, doch ist nach allgM dies als Zustimmung iS des § 182 BGB zu erachten. Das GmbHG ist vor dem BGB in Kraft getreten, woraus sich die unterschiedliche Wortwahl ergibt.[358] Die Zustimmung kann vor, bei und nach Abschluss des Abtretungsvertrages erfolgen.[359] 174

b) Zustimmung „der Gesellschaft". Abs. 5 spricht von der Genehmigung „der Gesellschaft", doch besteht Einigkeit darüber, dass die Zustimmung zur Abtretung auch differenziert geregelt werden kann, etwa in dem Sinne, dass die Gesellschaft, vertreten durch die Geschäftsführer, die Zustimmung erteilt, dass hierfür ein vorauszugehender Beschluss der Gesellschafterversammlung vorliegen muss, dass die Gesellschafterversammlung selbst durch Beschluss die Zustimmung ausspricht oder aber dass die Gesellschafterversammlung diese Aufgabe an ein hierfür statutarisch berufenes Organ überträgt, etwa den Aufsichtsrat der Gesellschaft, den Gesellschafterausschuss oder auch an einzelne Mitgliedern solcher Gremien, beispielsweise den Aufsichtsratsvorsitzenden. Es ist auch denkbar, dass der Gesellschaftsvertrag die Zuständigkeit für die Zustimmung zur Abtretung eines Geschäftsanteils einem statutarisch eingerichteten Schiedsgericht überträgt, das dann als Organ der Gesellschaft tätig wird.[360] 175

---

[357] KG NZG 2001, 508; *Baumbach/G. Hueck/Fastrich* Rn. 45 mwN.
[358] AllgM; *Hachenburg/Zutt* Rn. 104; *Scholz/Winter* Rn. 95; *Baumbach/G. Hueck/Fastrich* Rn. 40.
[359] BGHZ 13, 179, 184 f.; *Scholz/Winter* Rn. 99.
[360] BGHZ 22, 101, 106 ff.; 43, 261, 263 ff.; *Hachenburg/Zutt* Rn. 115; *Scholz/Winter* Rn. 91.

176 Im Einzelnen ist zu unterscheiden: Schreibt der Gesellschaftsvertrag vor, dass die Zustimmung zur Abtretung des Geschäftsanteils von der Gesellschaft zu erteilen ist, so wird **die Zustimmung von den Geschäftsführern in vertretungsberechtigter Zahl ausgesprochen**.[361] Der Geschäftsführer bedarf hierzu aber im Innenverhältnis eines zustimmenden Beschlusses der Gesellschafter, falls sich aus der Satzung nichts anderes ergibt.[362] Nach außen ist die Zustimmung auch dann wirksam, wenn die Geschäftsführer sie erteilen, ohne dass der im Innenverhältnis erforderliche Beschluss der Gesellschafterversammlung vorliegt, § 37 Abs. 2.[363] In einem solchen Falle greifen jedoch die Grundsätze über den Missbrauch der Vertretungsmacht ein, wenn der Dritte weiß oder den Umständen nach annehmen muss, dass die Geschäftsführer die Genehmigung erteilen, ohne dass ein Beschluss der Gesellschafterversammlung gefasst ist.[364] Dies soll auch dann gelten, wenn der die Zustimmung erklärende Geschäftsführer Mehrheitsgesellschafter ist und formal über die Mehrheit der Stimmen verfügt.[365] Bei Erklärungen gegenüber einem Gesellschafter gilt der Verkehrsschutz des § 37 Abs. 2 jedoch nicht.[366] – Bei Wirtschaftsprüfungs- und Steuerberatungsgesellschaften ist stets die Genehmigung der Abtretung durch die Gesellschaft erforderlich, § 28 Abs. 5 S. 2 und 3 WPO, § 50 Abs. 5 S. 2 und 3 StBerG.

177 c) **Zustimmung „der Gesellschafterversammlung".** Schreibt der Gesellschaftsvertrag vor, dass die Zustimmung zur Abtretung eines Geschäftsanteils von der Gesellschafterversammlung zu erteilen ist, so bedarf es in jedem Falle eines Beschlusses der Gesellschafterversammlung, der nach allgM mit **einfacher Mehrheit** gefasst wird.[367] Der Gesellschaftsvertrag kann jedoch vorsehen, dass eine qualifizierte Mehrheit oder eine Mehrheit von 90 % oder gar ein einstimmiger Beschluss der Gesellschafterversammlung vorliegen muss. Der betroffene Gesellschafter darf mitstimmen,[368] doch kann die Satzung das Stimmrecht ausschließen. – Zulässig ist es auch, im Gesellschaftsvertrag festzulegen, dass die einfache Mehrheit nur genügt, wenn zudem die Zustimmung von etwa vorhandenen Vorzugsgesellschaftern vorliegt; doch ist eine solche Regelung wenig empfehlenswert.

178 Ist ein anderes Organ der Gesellschaft mit der Zustimmung zur Abtretung beauftragt, so gilt für die Beschlussfassung die Mehrheit, die auch für sonstige Beschlüsse dieses Organs statutarisch vorgesehen ist. Ist nichts geregelt, genügt die einfache Mehrheit. Es kann aber auch die Einstimmigkeit bei der Beschlussfassung dieses Organs vorgeschrieben werden. Auch in diesen Fällen ist die Genehmigungserklärung durch die Geschäftsführer in vertretungsberechtigter Zahl abzugeben.[369] Die gegenteilige Auffassung, dass im Falle der Zuständigkeit eines anderen Organs der Gesellschaft als der Gesellschafterversammlung dann das jeweils zuständige Organ die Zustimmungserklärung abzugeben habe,[370] erscheint nicht gerechtfertigt; sie widerstreitet der grund-

---

[361] BGH NJW 1988, 2241, 2242; *Scholz/Winter* Rn. 96; *Lutter/Hommelhoff* Rn. 27; *Baumbach/G. Hueck/Fastrich* Rn. 41; aA *Meyer-Landrut/Miller/Niehus* Rn. 14.
[362] BGH NJW 1988, 2241, 2242.
[363] Ebenso *Lutter/Hommelhoff* Rn. 27 mwN.
[364] BGH NJW 1988, 2241, 2243.
[365] Vgl. BGH WM 1984, 305, 306.
[366] *Lutter/Hommelhoff* Rn. 27.
[367] BGHZ 48, 163, 167; *Hachenburg/Zutt* Rn. 113; *Scholz/Winter* Rn. 92b; *Baumbach/G. Hueck/Fastrich* Rn. 42.
[368] *Scholz/Winter* Rn. 92b; *Roth/Altmeppen* Rn. 61; für einen Stimmrechtsausschluss *Baumbach/Hueck/Zöllner* § 47 Rn. 58.
[369] Ebenso *Lutter/Hommelhoff* Rn. 28.
[370] *Scholz/Winter* Rn. 97; *Roth/Altmeppen* Rn. 64.

Übertragung von Geschäftsanteilen § 15

sätzlichen Regelung des GmbH-Rechts, wonach Willenserklärungen für die GmbH stets von den Geschäftsführern abzugeben sind.

d) Zustimmung durch „die Gesellschafter". Anzutreffen ist auch die statutarische Regelung, dass die Zustimmung zur Abtretung eines Geschäftsanteils „von den Gesellschaftern" zu erteilen ist. Es bestehen Meinungsverschiedenheiten darüber, ob in einem solchen Falle die einfache Mehrheit bei der Beschlussfassung der Gesellschafterversammlung genügt oder ob alle Gesellschafter zustimmen müssen. Der letzteren Meinung ist, sofern die vorrangige Auslegung der Satzung nichts anders ergibt, der Vorzug zu geben, denn unter dem Sammelbegriff „Gesellschafter" sind im Zweifel **alle Gesellschafter** zu verstehen.[371] Es könnte sonst eindeutiger „der Gesellschafterversammlung" oder „der Gesellschaft" formuliert werden. Von der Aufnahme einer solchen Regelung ist abzuraten, insbesondere dann, wenn durch Vererbung von Geschäftsanteilen oder aus sonstigen Gründen die Gefahr besteht, dass die Zahl der Gesellschafter groß ist. In einem solchen Falle kann ein Gesellschafter mit nur einem geringen Geschäftsanteil die Abtretung an einen wünschenswerten Dritten als Gesellschafter verhindern oder zumindest erschweren. Es sollte in der Satzung für solche Fälle eine eindeutige Regelung getroffen werden, die die Art der Mehrheitserfordernisse präzise festlegt. 179

e) Versagung der Genehmigung. Ist über die Zustimmung zur Abtretung des Geschäftsanteils in der Gesellschafterversammlung abzustimmen, so darf auch der abtre-tende Gesellschafter mitstimmen. § 47 Abs. 4 steht nicht entgegen, da die Beschlussfassung über die Zustimmung oder Verweigerung zur Abtretung eines Geschäftsanteils weder eine Entlastung darstellt noch die Befreiung von einer Verbindlichkeit.[372] 180

Die Versagung der Zustimmung zur Abtretung des Geschäftsanteils bedarf keiner Begründung,[373] doch kann der Gesellschaftsvertrag für die Versagung der Zustimmung bestimmte Fälle bezeichnen. Enthält der Gesellschaftsvertrag eine solche Regelung, so ist durch Auslegung zu ermitteln, ob die im Gesellschaftsvertrag genannten Fälle abschließend gemeint sind oder nur beispielhaft. Im Interesse der Rechtssicherheit sollte davon ausgegangen werden, dass eine Aufzählung von Ablehnungsfällen im Gesellschaftsvertrag eine abschließende Regelung darstellt. Dann bleibt freilich immer noch der wichtige Grund in der Person des Erwerbers des Geschäftsanteils, der die Versagung gleichwohl rechtfertigen kann.[374] Zweckmäßig erscheint daher, im Gesellschaftsvertrag keine Regeln darüber aufzustellen, wann die Zustimmung zu versagen ist und wann nicht. Die Gesellschafterversammlung oder das hierfür berufene Organ ist dann frei in seiner Entschließung. 181

Die Zustimmung darf wegen des generell auch für die GmbH geltenden allgemeinen Willkürverbotes nicht willkürlich verweigert werden. Richtig wird man sagen müssen, dass die Gesellschafterversammlung oder das sonst für die Zustimmung zur Abtretung berufene Organ in der Entscheidung über die Zustimmung frei ist, jedoch gebunden an die Grundsätze von Treu und Glauben und den Gleichbehandlungsgrundsatz. Die Versagung der Zustimmung darf somit niemals missbräuchlich oder 182

---

[371] Abw. die hM; vgl. RGZ 159, 278, 280; OLG Düsseldorf GmbHR 1964, 250; *Hachenburg/Zutt* Rn. 114; *Scholz/Winter* Rn. 93; *Baumbach/G. Hueck/Fastrich* Rn. 43; *Roth/Altmeppen* Rn. 63.
[372] AllgM; BGHZ 48, 163, 166 f.; *Baumbach/G. Hueck/Fastrich* Rn. 41; *Roth/Altmeppen* Rn. 61; s. oben Rn. 176.
[373] *Hachenburg/Zutt* Rn. 116, 117; *Scholz/Winter* Rn. 94.
[374] RG JW 1934, 1412, 1413; *Scholz/Winter* Rn. 94.

§ 15 2. Abschnitt. Rechtsverhältnisse der Gesellschaft und der Gesellschafter

schikanös sein.[375] Ein wichtiger Grund muss dagegen für die Verweigerung der Zustimmung nicht vorliegen.[376]

183 **Antragsberechtigt** für die Erteilung der Zustimmung zur Abtretung ist stets der **abtretende Gesellschafter,** nicht der Erwerber. Wird die Zustimmung von dem zuständigen Organ der Gesellschaft endgültig verweigert, so kann der veräußernde Gesellschafter Klage gegen die Gesellschaft erheben. Das rechtskräftige Urteil ersetzt, wenn es auf Zustimmung zur Abtretung lautet, die fehlende Zustimmung der Gesellschaft gemäß § 894 ZPO.[377]

184 Für die Frage, ob die Gesellschaft die Zustimmung erteilt oder nicht, ist auch von Bedeutung, dass der **Wert eines Geschäftsanteils** nachhaltig von der Möglichkeit seiner Abtretung mitbestimmt wird. Würde man der Gesellschaft das Recht auf willkürliche Verweigerung der Zustimmung zuerkennen, so läge darin eine beträchtliche Wertminderung, wenn nicht wenigstens ein Austrittsrecht des Gesellschafters für einen solchen Fall festgelegt ist. Nach der bisherigen Auffassung soll ein Austrittsrecht nur gegeben sein, wenn der Gesellschaftsvertrag eine Abtretung des Geschäftsanteils überhaupt nicht zulässt.

185 Von wesentlicher Bedeutung für die Abtretungsmöglichkeit ist weiter, zu welchem Wert und somit zu welchem Kaufpreis der Geschäftsanteil aufgrund etwa einer statutarischen Bestimmung abgetreten werden darf. Nach mehrheitlich vertretener Auffassung kann der Veräußerungspreis für einen Geschäftsanteil statutarisch festgelegt werden. Nicht selten findet sich in Gesellschaftsverträgen die weitere Bestimmung, dass die Abtretung eines Geschäftsanteils nur an Mitgesellschafter erfolgen dürfe, oder auch die Regelung, dass die Abtretung nach erfolgter Teilung des Geschäftsanteils pro rata der Beteiligungshöhe an die übrigen Gesellschafter zu erfolgen habe. Eine solche Bestimmung ist sinnvoll, weil dadurch die Mehrheitsverhältnisse in der Gesellschaft in der Regel nicht verändert werden, ausgenommen der Fall, dass ein Gesellschafter mit knapp unter 50 %-Beteiligung durch den ihm pro rata zukommenden Teilgeschäftsanteil die Mehrheit erlangt. Dies kann nur durch eine Satzungsbestimmung vermieden werden, die den Erwerb der Mehrheit durch einen Gesellschafter ausschließt. Das ist zulässig, mindert freilich den Wert eines solchen Geschäftsanteils, weil er die volle Fungibilität des Anteils einschränkt.

186 Zweifelhaft ist die Zulässigkeit einer Satzungsbestimmung, die die Abtretung des Geschäftsanteils unter Gesellschaftern mit der Festlegung des Kaufpreises verbindet, vor allem, wenn etwa die statutarische Festlegung des Preises unter dem Verkehrswert liegt. Eine solche Satzungsbestimmung kann bei einer krassen Unterschreitung des Verkehrswerts auch sittenwidrig und damit nichtig sein. Dem Grundsatze nach sollte die Anbietungspflicht des ausscheidungswilligen Gesellschafters zum wahren Wert, also dem Verkehrswert erfolgen. Lehnen dann die verbleibenden Gesellschafter die Übernahme des ihnen zum Verkehrswert angebotenen Geschäftsanteils ab, so kann der ausscheidungswillige Gesellschafter frei sein, den Geschäftsanteil an einen Dritten abzutreten. Will man dies nicht zulassen, so führt es dazu, dass der veräußerungswillige Gesellschafter den Geschäftsanteil nicht verkaufen kann oder nur an Mitgesellschafter zu einem Wert, der deutlich unter dem Verkehrswert liegt (sehr str.). Im weiteren un-

---

[375] Wie hier LG Düsseldorf DB 1989, 33; OLG Koblenz ZIP 1989, 301; OLG Düsseldorf GmbHR 1964, 250; *Scholz/Winter* Rn. 94; vgl. *Immenga* Rn. 84; s. hierzu die instruktive Entscheidung RG JW 1934, 1412 ff.

[376] *Reichert/Winter*, FS 100 Jahre GmbHG, 1992, S. 209, 223, die in erster Linie auf die gesellschafterliche Treuepflicht abstellen.

[377] LG Düsseldorf DB 1989, 33.

Übertragung von Geschäftsanteilen §15

terliegt der Ausscheidungswillige auch in bezug auf die Veräußerung des Geschäftsanteils an Dritte der gesellschaftsrechtlichen Treuepflicht. Der ausscheidungswillige Gesellschafter darf also zB nicht an einen Wettbewerber des Unternehmens der Gesellschaft veräußern.

6. Schwebende Unwirksamkeit. Bis zur endgültigen Entscheidung ist der abtretende Gesellschafter an seine Pflicht gegenüber dem Erwerber gebunden und hat alles zu unternehmen, um die Zustimmung der Gesellschaft oder des betreffenden Organs der Gesellschaft herbeizuführen. Er darf die Angelegenheit nicht verzögern, schon gar nicht bei der Beschlussfassung gegen die Zustimmung zur Abtretung stimmen.[378] Der Abtretungsvertrag ist bis zur Entschließung der Gesellschaft über die Genehmigung schwebend unwirksam.[379] **Mit der Zustimmung wird die Abtretung wirksam,** im Zweifel rückwirkend vom Zeitpunkt der Abtretung an; wird die Genehmigung verweigert, so ist die Abtretung endgültig unwirksam gemäß den §§ 399, 413 BGB.[380] Die Ansprüche zwischen dem abtretenden Gesellschafter und dem Erwerber regeln sich nach den allgemeinen bürgerlich-rechtlichen Grundsätzen. Den abtretenden Gesellschafter trifft die Verpflichtung, den Erwerber des Geschäftsanteils auf das Erfordernis der Zustimmung der Gesellschaft hinzuweisen. Unterlässt er dies oder klärt er nicht sorgfältig auf, so können sich **Schadensersatzansprüche** aus culpa in contrahendo (jetzt §§ 311 Abs. 2, 280 Abs. 1, 241 BGB) oder auch gemäß §§ 280 ff. BGB[381] ergeben.

187

7. Gleichgestellte Rechtsgeschäfte. Der Abtretung eines Geschäftsanteils gleich erachtet werden in aller Regel die **Verpfändung des Geschäftsanteils** sowie die Bestellung eines vollen **Nießbrauchs** am Geschäftsanteil. Es gelten dann für die Verpfändung und für die Bestellung des Nießbrauchs die oben dargestellten Grundsätze für die Abtretung eines Geschäftsanteils. Wird die Zustimmung versagt, so ist die Abtretung wirkungslos; ist die Zustimmung treuwidrig versagt, so kann **der Veräußerer als Gesellschafter** den Beschluss des hierfür zuständigen Organs anfechten. Der Erwerber hat insoweit keine Rechte und Ansprüche gegen die Gesellschaft. Das rechtskräftige Urteil ersetzt dann die Zustimmung.[382]

188

Nicht von der Regelung des Abs. 5 erfasst werden Verfügungen über reine Gläubigerrechte wie der Abtretung des Gewinnanspruchs oder der Abtretung des Anspruchs auf den Liquidationserlös. Doch können auch statutarisch solche Abtretungen von der Zustimmung der Gesellschaft oder eines ihrer Organe abhängig gemacht werden.[383] – Nicht von den einschränkenden Bedingungen des Abs. 5 erfasst werden **Pfändungen des Geschäftsanteils.** Die Pfändung eines Geschäftsanteils aufgrund eines vollstreckbaren Titels kann niemals durch besondere gesellschaftsvertragliche Voraussetzungen oder die Zustimmung der Gesellschaft gehindert werden, weil sonst das gesetzliche Pfandrecht in nicht zulässiger Weise beeinträchtigt oder richtiger vereitelt würde.[384]

189

VIII. Die Vereinigung von Geschäftsanteilen

Schrifttum: *Jasper/Rust* Die Zusammenlegung von GmbH-Geschäftsanteilen, DB 2000, 1549; *Priester* Die Zusammenlegung von GmbH-Anteilen, GmbHR 1976, 130.

---

[378] AllgM; *Hachenburg/Zutt* Rn. 117 f.
[379] BGHZ 13, 179, 184 f.; 48, 163, 166; *Hachenburg/Zutt* Rn. 118; *Scholz/Winter* Rn. 100.
[380] BGHZ 13, 179, 187; 48, 163, 166; *Hachenburg/Zutt* Rn. 118; *Scholz/Winter* Rn. 100.
[381] *Hachenburg/Zutt* Anh. § 15 Rn. 15.
[382] *Scholz/Winter* Rn. 94.
[383] *Scholz/Winter* Rn. 83.
[384] *Scholz/Winter* Rn. 179; *Baumbach/G. Hueck/Fastrich* Rn. 59.

§ 15   2. Abschnitt. Rechtsverhältnisse der Gesellschaft und der Gesellschafter

190 **1. Die Regelung des Abs. 2.** Nach Abs. 2 bleibt jeder Geschäftsanteil rechtlich selbständig, wenn sich mehrere Geschäftsanteile in einer Hand vereinigen. Gleiches gilt für Geschäftsanteile, die wirksam geteilt wurden, sie bleiben selbständig, auch wenn sie sich wieder in der Hand eines Gesellschafters befinden. Einigkeit besteht darin, dass Abs. 2 nicht zwingend ist, also mehrere Geschäftsanteile in der Hand eines Gesellschafters zusammengefasst (vereinigt) werden können.[385]

191 **2. Voraussetzungen. a) Beschluss der Gesellschafterversammlung.** Es bedarf für die Vereinigung von Geschäftsanteilen nach allgM in jedem Falle eines entsprechenden Beschlusses der Gesellschafterversammlung und der Zustimmung des davon betroffenen Gesellschafters.[386] Streitig ist lediglich, ob der Vereinigung mehrerer Geschäftsanteile zu einem Geschäftsanteil auch eine statutarische Bestimmung zugrunde liegen muss[387] oder ob bei Volleinzahlung der Geschäftsanteile die Vereinigung auch ohne eine entsprechende Satzungsbestimmung, also lediglich durch einen entsprechenden Beschluss der Gesellschafterversammlung zulässig ist.[388] Dieser von der Rechtsprechung entwickelten erleichterten Form der Zulässigkeit der Vereinigung von Geschäftsanteilen ist der Vorzug zu geben, weil sie weniger kompliziert ist und weil die Vereinigung von mehreren Geschäftsanteilen zu einem einzigen Geschäftsanteil weder der Gesellschaft noch den übrigen Gesellschaftern Nachteile bringt.

192 **b) Volleinzahlung der Geschäftsanteile.** Nach allgM wird für die Zulässigkeit der Vereinigung von mehreren Geschäftsanteilen zu einem Geschäftsanteil vorausgesetzt, dass sämtliche Geschäftsanteile voll eingezahlt sein müssen.[389] Diese allgemein vertretene Auffassung wird begründet mit dem Grundsatz der Erhaltung und Beibringung des Stammkapitals, was zutreffend erscheint, aber in dieser Form nicht allgemein richtig ist. Zutreffend ist, dass ein voll eingezahlter Geschäftsanteil nicht mit einem solchen vereinigt werden darf, auf den noch Einzahlungen ausstehen. Anders stellt sich die Situation freilich dar, wenn sämtliche Geschäftsanteile ganz einheitlich etwa nur zu 50 % oder etwa nur zu 75 % eingezahlt sind. In diesem Falle gleichmäßiger Teileinzahlung ist nicht ersichtlich, warum nicht mehrere Geschäftsanteile zu einem Geschäftsanteil vereinigt werden können, wenn **alle** Geschäftsanteile die gleiche Höhe der Einzahlung aufweisen (str.). **Voraussetzung** ist freilich, dass im Einzelfalle **keine Rückgriffsansprüche** gemäß § 22 bestehen.[390]

193 **3. Bestimmung über die Vereinigung von Geschäftsanteilen.** Nach überwM ist die Vereinigung aufgrund eines Beschlusses der Gesellschafterversammlung **zulässig, wenn der betroffene Gesellschafter zustimmt,** der Grundsatz der Gleichbehandlung nicht verletzt wird und die Satzung die Anteilsvereinigung zu-

---

[385] BGHZ 42, 89, 92; *Hachenburg/Zutt* Rn. 140; *Baumbach/G. Hueck/Fastrich* Rn. 18; *Roth/Altmeppen* Rn. 31.
[386] *Hachenburg/Zutt* Rn. 142.
[387] So *Hachenburg/Zutt* Rn. 142; *Scholz/Winter* Rn. 105.
[388] RGZ 142, 36, 40; BGHZ 42, 98, 92; 63, 116, 118; *Baumbach/G. Hueck/Fastrich* Rn. 18; *Lutter/Hommelhoff* Rn. 7.
[389] *Hachenburg/Zutt* Rn. 140; *Scholz/Winter* Rn. 104; *Baumbach/G. Hueck/Fastrich* Rn. 18; *Roth/Altmeppen* Rn. 31.
[390] Zur Problematik der Zusammenlegung mit einem nach § 23 verwerteten kaduzierten Geschäftsanteil oder einem nicht voll eingezahlten Geschäftsanteil, bei dem eine Haftung des Rechtsvorgängers nach § 22 Abs. 3 nicht mehr besteht, vgl. BGHZ 42, 89 ff.; *Scholz/Winter* Rn. 105; *Baumbach/G. Hueck/Fastrich* Rn. 18.

lässt.³⁹¹ Noch richtiger wäre es, dem Gesellschafter, der mehrere Geschäftsanteile besitzt, seine Dispositionsfreiheit vollständig zu belassen derart, dass die Gesellschafterversammlung die Vereinigung von mehreren Geschäftsanteilen zu einem Geschäftsanteil zulassen muss, falls dies von dem betreffenden Gesellschafter gefordert wird (wie hier § 53 Abs. 4 RegE 1972, BT-Drucks. 6/3088, wo vorgesehen war, dass die Vereinigung mehrerer Geschäftsanteile durch notariell beurkundete Erklärung des Gesellschafters gegenüber der Gesellschaft erfolgen kann). **Verweigert der Gesellschafter** die Zusammenlegung, so muss diese unterbleiben.

IX. Anfechtung, Nichtigkeit, fehlerhafte Gesellschaft

Nicht selten haften dem schuldrechtlichen Veräußerungsvertrag oder der Abtretung Mängel an, die den Erwerbsvorgang anfechtbar oder nichtig machen. Ist die Abtretung zB wegen Verletzung von Formvorschriften nichtig, so ist eine Heilung nicht möglich, sondern nur die formgerechte Nachholung, die dann freilich nur ex nunc wirken kann.³⁹² Im Verhältnis zur Gesellschaft ist § 16 Abs. 1 zu beachten.³⁹³ **194**

Anders als bei Mängeln hinsichtlich der Beteiligungserklärung bei der Gründung einer Gesellschaft oder der Kapitalerhöhung sind die Grundsätze über die fehlerhafte Gesellschaft nicht auf die fehlerhafte Übertragung von Geschäftsanteilen zu übertragen. Soweit der BGH ursprünglich im Anschluss an seine Rechtsprechung zur fehlerhaften Anteilsübertragung im Personengesellschaftsrecht diese Grundsätze auch auf die Übertragung von Geschäftsanteilen mit der Begründung, eine derartige Übertragung könne aus dem Rechtsleben nicht mehr gestrichen werden und es könne andernfalls zu unerträglichen Ergebnissen kommen, angewendet und hieraus die ex-nunc-Wirkung einer Anfechtung hergeleitet hat,³⁹⁴ ist diese Rechtsprechung aufgegeben worden³⁹⁵ mit dem Hinweis, dass im Hinblick auf die Bestimmung des § 16 die **Fehlerhaftigkeit des Anteilserwerbs** auf die Rechtsbeziehung zwischen der Gesellschaft und dem Gesellschafter keinen Einfluss habe und auch Schwierigkeiten bei der Rückabwicklung zwischen Veräußerer und Erwerber eine Abweichung von den allgemeinen bürgerlich-rechtlichen Bestimmungen nicht rechtfertigten. Der Auffassung des BGH ist mit der ganz überwiegenden Meinung in der Literatur³⁹⁶ zuzustimmen. Für eine Übernahme der zum Personengesellschaftsrecht entwickelten Grundsätze besteht im Hinblick auf die dort maßgeblichen, für das Recht der GmbH nicht einschlägigen organisationsrechtlichen Erwägungen³⁹⁷ kein Anlass, das Interesse der Gesellschaft und der Gläubiger ist durch die unwiderlegliche Vermutung des § 16 Abs. 1 gewahrt. **195**

Die fehlerhafte Übertragung von GmbH-Anteilen unterliegt somit den allgemeinen bürgerlich-rechtlichen Vorschriften und kann sonach im Verhältnis zwischen Veräußerer und Erwerber bei Vorliegen der erforderlichen Voraussetzungen mit Rückwirkung angefochten werden (§ 142 BGB) bzw. von Anfang an nichtig oder unwirksam **196**

---

³⁹¹ *Hachenburg/Zutt* Rn. 140, 142; vgl. auch *Priester* GmbHR 1976, 130, 132 und RGZ 142, 36, 39; *Lutter/Hommelhoff* Rn. 7; *Baumbach/G. Hueck/Fastrich* Rn. 18; *Scholz/Winter* Rn. 105; *Meyer-Landrut/Miller/Niehus* Rn. 24; offengelassen bei *Roth/Altmeppen* Rn. 31.

³⁹² So zutr. *Baumbach/G. Hueck/Fastrich* Rn. 28 unter Hinweis auf § 141 Abs. 1 BGB; s. ferner BGH DB 1985, 2137 f.

³⁹³ *Hachenburg/Zutt* Anh. § 15 Rn. 6 mwN.

³⁹⁴ BGH NJW 1975, 448.

³⁹⁵ NJW 1990, 1915, 1916; vgl. auch bereits BGHZ 84, 47, 49 ff. = NJW 1982, 2822.

³⁹⁶ S. nur *Hachenburg/Zutt* Anh. § 15 Rn. 3 ff.; *Scholz/Winter* Rn. 109; *Baumbach/G. Hueck/Fastrich* Rn. 28; *Lutter/Hommelhoff* Rn. 43.

³⁹⁷ S. nur *Staub/Ulmer* § 105 Rn. 337 f.

§ 15 2. Abschnitt. Rechtsverhältnisse der Gesellschaft und der Gesellschafter

sein (zB aufgrund §§ 104 ff., § 138, §§ 158 ff. BGB); das Rechtsverhältnis des Erwerbers gegenüber der Gesellschaft bestimmt sich ausschließlich nach § 16 Abs. 1.

X. Steuerrecht

197 Bei der Veräußerung von Geschäftsanteilen kann **Einkommen- oder Körperschaftsteuer** anfallen, ggf. auch **Gewerbesteuer**. Für die steuerliche Behandlung der Veräußerung eines Geschäftsanteils kommt es darauf an, ob der Anteil zum Betriebsvermögen des Gesellschafters gehört oder nicht. Werden Anteile im **Privatvermögen** gehalten, ergibt sich die Steuerbarkeit von entgeltlichen Verfügungen aus § 17 EStG. Bei Anteilen im **Betriebsvermögen** wirkt sich die Veräußerung auf den Gewinn aus und wird herkömmlicherweise durch die §§ 16, 18 Abs. 3 EStG erfasst; ferner kann der durch die Veräußerung erzielte Gewinn bei Kapitalgesellschaften der Gewerbesteuer unterliegen.[398] Der Inhalt der maßgeblichen einkommensteuerlichen Vorschriften ist einem stetigen Wandel unterworfen, so dass zur Ausnutzung der verschiedenen steuerlichen Vergünstigungen auf jeden Fall die Beiziehung eines intensiven Kenners der Materie erforderlich ist. So ist beispielsweise, nachdem der frühere halbe Steuersatz bei Veräußerungsgewinnen gemäß den §§ 16, 18 Abs. 3 EStG mit dem SteuerentlastungsG 1999/2000/2002 abgeschafft worden war, er nunmehr durch das StSenkErgG (Gesetz zur Ergänzung des Steuersenkungsgesetzes vom 19. 12. 2000, BGBl. I S. 1812) in § 34 Abs. 3 EStG wieder eingeführt worden. Für Anteilsveräußerungen gemäß § 17 EStG findet ab dem 31. 12. 2001 das sog. Halbeinkünfteverfahren Anwendung.[399]

198 Bei der Übertragung eines Geschäftsanteils durch Schenkung oder von Todes wegen fällt **Schenkungs- oder Erbschaftssteuer** an, die sich nach dem gemeinen Wert des Geschäftsanteils unter Berücksichtigung des Vermögens und der Ertragsaussichten der Gesellschaft berechnet (§§ 12 Abs. 2 ErbStG, 11 Abs. 2 BewG).

199 Hat die Gesellschaft im Betriebsvermögen Grundbesitz, so ist **Grunderwerbsteuer** zu entrichten, wenn sich durch einen Anteilserwerb mindestens 95 % aller Geschäftsanteile in einer Hand vereinigen oder das Rechtsgeschäft selbst die Veräußerung von 95 % der Anteile zum Gegenstand hat (§ 1 Abs. 3 Nr. 1 und 3 GrEStG).

XI. Österreichisches Recht

200 Als Form des Übergangsakts fordert § 76 Abs. 2 ÖGmbHG die **notarielle Beurkundung.** Die Geschäftsanteile sind nach österreichischem Recht grundsätzlich frei **übertragbar** (§ 76 Abs. 1, 3 ÖGmbHG). Im Gesellschaftsvertrag kann die Übertragung von weiteren Voraussetzungen, insbesondere von der Zustimmung der Gesellschaft abhängig gemacht werden, § 76 Abs. 2 S. 3 ÖGmbHG. Wird die statutarisch geforderte Zustimmung der Gesellschaft einem Gesellschafter, der die Stammeinlage vollständig eingezahlt hat, grundlos verweigert, so kann, wenn ausreichende Gründe für die Verweigerung nicht vorliegen und eine Schädigung der Gesellschaft, der übrigen Gesellschafter und der Gläubiger nicht zu befürchten ist, gemäß § 77 ÖGmbHG die Übertragung durch das Gericht gestattet werden. Nach österreichischem Recht sind die Geschäftsanteile frei **vererblich** (§ 76 Abs. 1 ÖGmbHG). – Der Geschäftsanteil unterliegt in Österreich der **Zwangsvollstreckung** durch die Gläubiger des Gesellschafters (§ 76 Abs. 4 ÖGmbHG).

---

[398] Vgl. dazu *Klein-Blenkers* NZG 2001, 1105, 1112 mwN.
[399] Allgemein zu steuerlichen Neuerungen beim Unternehmenskauf *Klein-Blenkers* NZG 2001, 1105 ff.

§ 16 [Rechtsstellung von Veräußerer und Erwerber]

(1) Der Gesellschaft gegenüber gilt im Fall der Veräußerung des Geschäftsanteils nur derjenige als Erwerber, dessen Erwerb unter Nachweis des Übergangs bei der Gesellschaft angemeldet ist.

(2) Die vor der Anmeldung von der Gesellschaft gegenüber dem Veräußerer oder von dem letzteren gegenüber der Gesellschaft in bezug auf das Gesellschaftsverhältnis vorgenommenen Rechtshandlungen muß der Erwerber gegen sich gelten lassen.

(3) Für die zur Zeit der Anmeldung auf den Geschäftsanteil rückständigen Leistungen ist der Erwerber neben dem Veräußerer verhaftet.

Literatur: *Däubler* Der Scheinerbe im Recht der GmbH, GmbHR 1963, 181 ff.; *ders.* Die Vererbung des Geschäftsanteils bei der GmbH, 1965; *Gottschling* Die GmbH in der Rechtsprechung des Bundesgerichtshofs im Jahre 1960, GmbHR 1961, 120; *Grunewald* Die Anfechtung wegen arglistiger Täuschung bei der Übertragung von GmbH-Geschäftsanteilen, ZGR 1991, 452; *Hesselmann* Nießbrauch an GmbH-Anteilen, GmbHR 1959, 21 ff.; *Hohner* Die Bereinigung fehlerhafter GmbH-Anteile, FS Barz, 1974, S. 147; *Knur* Fragen der GmbH-Reform, DNotZ 1961, 299; *Kremer-Laux* Die Rechtsstellung der vermeintlichen Erben in der GmbH, BB 1992, 159; *Lass* Ausschluß aus der GmbH nach mangelhafteter Übernahme, ZGR 1997, 401; *Limmer* Haftung beim Erwerb von GmbH-Geschäftsanteilen, ZIP 1993, 412; *Michalski* Zustimmung bei Sicherungsabtretung eines Teilgeschäftsanteils, GmbHR 1991, 39; *Klaus Müller* Die Verpfändung von GmbH-Anteilen (I), GmbHR 1969, 4, 34, 57; *K. J. Müller* Haftung des Erwerbers von GmbH-Geschäftsanteilen und Schutz bei anfechtbarer Übertragung, 1996; *Ruth* Eintritt und Austritt von Mitgliedern, ZHR 88 (1926), 454 ff.; *K. Schmidt* Die GmbH-Beteiligung von Gesellschaften bürgerlichen Rechts als Publizitätsproblem, BB 1983, 1697; *ders.* Die fehlerhafte Anteilsübertragung, BB 1988, 1053; *E. Scholz* Die Rechtsnatur der Abtretungsanzeige bei der Übertragung von Geschäftsanteilen, 1928; *F. Scholz* Die Anmeldung des Erwerbs eines Geschäftsanteils, GmbHR 1927, 43 ff.; 127 ff.; 181 ff.; 242 ff.; *Schulze-Osterloh* Die Vorbelastungsbilanz der GmbH auf den Eintragungszeitpunkt und der Ausweis des Anspruchs aus der Vorbelastungshaftung im Jahresabschluß, FS Goerdeler, 1987, S. 531, 548; *Wiedemann* Die Übertragung und Vererbung von Mitgliedschaftsrechten an Handelsgesellschaften, 1965; *Zutt* Rechtsfragen der Anmeldung gem. § 16 GmbHG, FS Oppenhoff, 1985, S. 555.

Übersicht

	Rn.		Rn.
I. Wesen der Anmeldung	1–5	3. Schuldrechtliche Ansprüche, Verwaltungsrechte	23, 24
1. Normzweck, zwingende Geltung, Vermutung	1, 2	4. Sicherungsabtretung	25
2. Verhältnis von Anmeldung und Übertragung	3, 4	V. Bedeutung der Anmeldung	26–36
		1. Folgen der Anmeldung	26–33
3. Rechtsnatur	5	2. Keine Pflicht zur Anmeldung	34, 35
II. Form der Anmeldung	6–13	3. Treuhänderische Abtretung	36
1. Grundsatz	6–8	VI. Adressat der Anmeldung	37, 38
2. Statutarische Regelung	9	VII. Mängel der Anmeldung oder der Veräußerung	39–45
3. Anmeldebefugnis	10–12		
4. Anmeldung durch Bevollmächtigte	13	1. Mängel des zugrunde liegenden Rechtsgeschäfts	40–42
III. Nachweis des Übergangs der Geschäftsanteile	14–17	2. Mangelhafte Anmeldung	43–45
IV. Erfordernis der Anmeldung	18–25	VIII. Insolvenz	46
1. Gesamtrechtsnachfolge	18–21	IX. Österreichisches Recht	47
2. Nießbrauch, Pfandrecht	22		

I. Wesen der Anmeldung

1. Normzweck, zwingende Geltung, Vermutung. Zweck der Vorschrift des § 16 ist, bei Veräußerung eines Geschäftsanteils der Gesellschaft Gewissheit darüber zu geben, wer **offizieller Inhaber ihrer Geschäftsanteile** ist und die Haftung für bereits zum Anmeldezeitpunkt fällige Leistungen sowohl auf den Veräußerer als auch auf den Erwerber zu erstrecken. Die Bestimmung dient dem **Schutz der Gesellschaft vor Unsicherheiten bei einem Gesellschafterwechsel, aber auch dem Schutz von Veräußerer und Erwerber in ihrer Stellung gegenüber der Gesellschaft,** wobei es insoweit auf die Wirksamkeit der Übertragung nicht ankommt.[1] § 16 enthält **zwingendes Recht.** Die Bestimmung kann statutarisch nicht abbedungen, wohl aber verschärft werden, etwa durch die Vorschrift, dass der Übergang des Geschäftsanteils in ein bei der Gesellschaft geführtes „Anteilsbuch" einzutragen ist (s. auch Rn. 9). Der Schutz von Veräußerer und Erwerber wird darin gesehen, dass ihnen die Möglichkeit eingeräumt wird, mit Wirkung gegen die Gesellschaft den Zeitpunkt des Gesellschafterwechsels zu bestimmen.[2] Eine zusätzliche Anmeldepflicht von Veräußerer und Erwerber gegenüber dem Registergericht besteht nicht. Das Registergericht hat insoweit keine Prüfungskompetenz.[3] Die Pflicht der Geschäftsführer zur Einreichung einer aktualisierten Gesellschafterliste ergibt sich aus § 40 (wegen der Einzelheiten s. dort).

§ 16 Abs. 1 bedient sich **einer in Bezug auf die Gesellschaft unwiderlegbaren Vermutung.**[4] Der Annahme einer Fiktion steht entgegen, dass es sich bei dem angemeldeten Gesellschafter um den tatsächlichen Gesellschafter handeln kann, wenn auch nicht muss. Eine Fiktion läge, da sie sich definitionsgemäß auf die Gleichsetzung ungleicher Tatbestände beschränkt, nur dann vor, wenn es sich bei dem Angemeldeten nie um den tatsächlichen Gesellschafter handeln würde.

2. Verhältnis von Anmeldung und Übertragung. Scharf zu trennen von der Anmeldung des Erwerbers eines Geschäftsanteils bei der Gesellschaft ist die Übertragung des Geschäftsanteils selbst, also das der Anmeldung zugrundeliegende Geschäft. Die Übertragung des Geschäftsanteils ist Voraussetzung für die Anmeldung des Übergangs des Geschäftsanteils bei der Gesellschaft. Die Anmeldung setzt also die Übertragung des Geschäftsanteils zwingend voraus, ist allerdings umgekehrt keine Wirksamkeitsvoraussetzung für die Abtretung des Geschäftsanteils.[5] Das folgt daraus, dass der Erwerb des Geschäftsanteils **unter Nachweis des Überganges** zu erfolgen hat (s. Rn. 14 ff.). Eine **fehlerhafte Übertragung** des Geschäftsanteils nach erfolgter Anmeldung des Erwerbs hat **auf die Rechte des Erwerbers gegenüber der Gesellschaft keinen Einfluss.** Von der Gesellschaft ist also der ordnungsgemäß angemeldete Gesellschafter als solcher zu behandeln.[6] Nur der angemeldete Erwerber ist mithin gegenüber der Gesellschaft aus dem Geschäftsanteil berechtigt und verpflichtet, nur er ist in die Liste der Gesellschafter gem. § 40 aufzunehmen. Dieser Zustand ist für die Gesell-

---

[1] BGHZ 84, 47, 49 = NJW 1982, 2822; BGHZ 112, 103, 113 = NJW 1990, 2622; BGH NJW-RR 1991, 926; *Roth/Altmeppen* Rn. 1; *Baumbach/Hueck/Fastrich* Rn. 1; *Lutter/Hommelhoff* Rn. 1 unter Hinweis auf BGH LM § 16 Nr. 3; *Hachenburg/Zutt* Rn. 41.
[2] BGH LM § 16 Nr. 3.
[3] BayObLG BB 1985, 1149.
[4] *Wiedemann* S. 137; *Baumbach/Hueck/Fastrich* Rn. 1.
[5] *Baumbach/Hueck/Fastrich* Rn. 1.
[6] *Hachenburg/Zutt* Rn. 26.

schaft so lange verbindlich, bis bei ihr wiederum gem. § 16 Abs. 1 angemeldet wird, dass der Geschäftsanteil nicht dem angemeldeten Erwerber gehöre, sondern einem Dritten, oder dass er beim Veräußerer verblieben sei.[7]

Der **Widerruf** einer einmal erfolgten Anmeldung des Erwerbers kann nur auf Grund einer übereinstimmenden Erklärung von Veräußerer und Erwerber erfolgen. Rückwirkung kommt ihm allerdings auch in diesem Falle nicht zu.[8] Der Widerruf kann auch in der Form einer Vergleichsvereinbarung, etwa dahin, dass der Veräußerer Inhaber des Geschäftsanteils geblieben sei, ferner durch rechtskräftige gerichtliche, auch schiedsgerichtliche Entscheidung erfolgen.

3. **Rechtsnatur.** Über die Rechtsnatur der Anmeldung sagt § 16 nichts aus. Mit der Rechtsprechung und der überwiegenden Meinung ist davon auszugehen, dass es sich bei ihr um eine **empfangsbedürftige** (Rn. 37), **rechtsgeschäftsähnliche Erklärung (Mitteilung)** handelt, nicht um eine Willenserklärung.[9] Um eine Willenserklärung[10] handelt es sich deshalb nicht, weil die Folgen der Mitteilung nicht auf Grund des Willens des Mitteilenden eintreten, sondern auf Grund Gesetzes. Die Satzung kann vom Erfordernis der Anmeldung nicht befreien.[11]

II. Form der Anmeldung

1. **Grundsatz.** Die Anmeldung des Erwerbers kann formlos gegenüber jedem Geschäftsführer erfolgen,[12] und zwar auch dann, wenn Gesamtvertretung besteht (**§ 35 Abs. 2**). Es muss jedoch für die Gesellschaft, also dem die Anmeldung entgegennehmenden Geschäftsführer, **erkennbar sein, dass eine Anmeldung des Erwerbers eines Geschäftsanteils** der Gesellschaft als Gesellschafter **gewollt ist**.

Auch durch **konkludente Handlung** ist die Anmeldung möglich,[13] so zB wenn Veräußerer oder Erwerber oder beide um die statutarisch erforderliche Genehmigung des bereits erfolgten Übergangs des Geschäftsanteils bei der Gesellschaft nachsuchen[14] oder wenn der Geschäftsführer den Erwerber mit dessen zum Ausdruck gekommenen Willen als Gesellschafter behandelt.[15] Zu beachten ist dabei allerdings, dass die Mitteilung gegenüber der Gesellschaft und damit der Zeitpunkt, zu dem der Wechsel in der Gesellschafterstellung dieser gegenüber wirksam wird, zur Disposition des bisherigen und des neuen Gesellschafters steht. Aus diesem Grund, aber auch auf Grund der mit der Anmeldung verbundenen Rechtsfolgen (Haftung nach § 16 Abs. 3 und § 22 Abs. 3), und der Formulierung des § 16 Abs. 1, der ausdrücklich von der Anmeldung „unter Nachweis des Übergangs" spricht, sind an eine konkludente Anmeldung strenge Anforderungen zu stellen. Sofern eine Mitteilung hiernach nicht eindeutig ist, empfiehlt es sich für die Geschäftsführer, den Sachverhalt durch Nachfrage klarzustellen.

---

[7] BGH BB 1982, 1325 f.; s. auch § 15 Rn. 49 f.
[8] *Roth/Altmeppen* Rn. 12; zur Problematik des Scheinerwerbs s. bei Rn. 39 ff.
[9] BGH NJW-RR 1990, 737, 738; *Roth/Altmeppen* Rn. 4; *Baumbach/Hueck/Fastrich* Rn. 3; *Scholz/Winter* Rn. 14 f.
[10] So *Hachenburg/Zutt* Rn. 7; *Lutter/Hommelhoff* Rn. 5; *K.J. Müller* Haftung des Erwerbers von GmbH-Geschäftsanteilen und Schutz bei anfechtbarer Übertragung, 1996, S. 15 f.
[11] *Meyer-Landrut/Miller/Niehus* Rn. 3.
[12] RGZ 127, 236, 241; *Roth/Altmeppen* Rn. 5; *Baumbach/Hueck/Fastrich* Rn. 3; *Hachenburg/Zutt* Rn. 8; *Scholz/Winter* Rn. 14.
[13] BGH NJW-RR 1991, 926, 927; ZIP 2001, 513, 514; OLG Hamm GmbHR 1985, 22.
[14] *Roth/Altmeppen* Rn. 5; *Baumbach/Hueck/Fastrich* Rn. 3; *Hachenburg/Zutt* Rn. 51 f.; *Scholz/Winter* Rn. 16.
[15] BGH ZIP 2001, 513, 514; *Scholz/Winter* Rn. 15.

§ 16 2. Abschnitt. Rechtsverhältnisse der Gesellschaft und der Gesellschafter

Mit Recht wird daher empfohlen, die Anmeldung schriftlich per Einschreiben vorzunehmen, wie dies nicht selten auch in der Satzung vorgeschrieben ist.

8 Der in § 16 Abs. 1 geforderte Nachweis des Übergangs erfolgt am einfachsten durch die Vorlage der **notariellen Abtretungsurkunde gem. § 15 Abs. 3**,[16] wie dies in der Praxis auch weithin üblich ist. Vorbehaltlich einer abweichenden Satzungsbestimmung hierzu genügt aber auch jede andere Form des Nachweises, etwa die Vorlage einer schriftlichen Erklärung des bisherigen Gesellschafters oÄ. Es ist nicht erforderlich, dass sowohl Veräußerer als auch Erwerber gegenüber der Gesellschaft tätig werden (Rn. 10). Wann der gem. § 16 Abs. 1 notwendige Nachweis erbracht ist, entscheiden die Geschäftsführer nach pflichtgemäßem Ermessen. Nach § 35 Abs. 2 S. 3 genügt der Zugang der Erklärung an einen Geschäftsführer. Das gilt auch, wenn einer der Beteiligten einziger Geschäftsführer der Gesellschaft ist. § 181 BGB steht nicht entgegen; zwar kann auch die Anmeldung des Übergangs eines Geschäftsanteils nach § 16 Abs. 1 als rechtsgeschäftsähnliche Handlung grundsätzlich dem Anwendungsbereich des § 181 BGB unterfallen,[17] es fehlt jedoch an dem in der Bestimmung vorausgesetzten möglichen Interessenkonflikt.[18]

9 **2. Statutarische Regelung. Die Satzung kann** die Bestimmung über die Anmeldung des Rechtsüberganges **nicht erleichtern,** wohl aber kann die Satzung die Anmeldungsformalitäten **erschweren,** etwa durch das Verlangen, dass die Anmeldung schriftlich zu erfolgen habe oder in Schriftform mit notariell beglaubigter Unterschrift oder mit der Festlegung, dass Veräußerer und Erwerber gemeinsam den Rechtsübergang anzumelden haben.[19] Sind Anteilscheine ausgegeben, kann die Gesellschaft fordern, dass der Anteilschein mit der Anmeldung übergeben wird (vgl. auch § 14 Rn. 40 ff.). Die Satzung kann auch vorsehen, dass jedweder Übergang des Geschäftsanteils oder des Rechts am Geschäftsanteil anmeldepflichtig ist, so der Übergang im Wege des Erbganges oder einer sonstigen Gesamtrechtsnachfolge, ferner bei Nießbrauchbestellung oder Verpfändung des Geschäftsanteils (hierzu noch bei Rn. 22).

10 **3. Anmeldebefugnis.** Die Anmeldung gegenüber der Gesellschaft können **sowohl der Veräußerer als auch der Erwerber** vornehmen; der Veräußerer allerdings nur insoweit, als er gegenüber der Gesellschaft selbst angemeldet war.[20] Nach vereinzelt vertretener Auffassung[21] soll der Erwerber nur mit Zustimmung des Veräußerers anmelden können, der Veräußerer aber zur Anmeldung der Zustimmung des Erwerbers nicht bedürfen. Diese Auffassung überzeugt nicht. Da jeder Vertragsteil ein eigenes Interesse an der wirksamen Änderung seines rechtlichen Verhältnisses zur Gesellschaft hat, der Veräußerer, weil er von seinen mit dem Geschäftsanteil verbundenen Pflichten befreit werden will, der Erwerber, weil er die mit dem Geschäftsanteil verbundenen Rechte ausüben möchte, ist mit der hM auch jeder von ihnen als anmeldeberechtigt anzusehen. Die Gefahr, dass der Veräußerer oder der Erwerber unrichtig den Übergang anmelden, ist gering, da die Anmeldung „unter Nachweis des Überganges" zu erfolgen hat (Rn. 14 ff.). Da das Gesetz allein die Anmeldung selbst verlangt, ohne in diesem Zusammenhang besondere Anforderungen zu stellen, ist auch die Anmeldung durch einen **Bevollmächtigten** möglich (Rn. 13). Die Anmeldung durch einen **un-**

---

[16] *Meyer-Landrut/Miller/Niehus* Rn. 2.
[17] Zum Anwendungsbereich des § 181 statt anderer *Soergel/Leptien* § 181 Rn. 14 ff.
[18] Abw. *Hachenburg/Zutt* Rn. 10.
[19] *Baumbach/Hueck/Fastrich* Rn. 3; *Hachenburg/Zutt* Rn. 52; *Scholz/Winter* Rn. 19.
[20] *Roth/Altmeppen* Rn. 6; *Hachenburg/Zutt* Rn. 9; *Lutter/Hommelhoff* Rn. 5; *Scholz/Winter* Rn. 17.
[21] *Wiedemann* S. 138 f.

Rechtsstellung von Veräußerer und Erwerber § 16

beteiligten Dritter, etwa einen anderen Gesellschafter oder den Geschäftsführer der Gesellschaft, ist nicht möglich.[22]

Sind zwischen den Parteien **Abreden über die Art der Anmeldung** getroffen, so 11 sind die Parteien an diese Abreden gebunden. Ein Verstoß gegen die Abrede macht die Anmeldung zwar nicht unwirksam, kann aber Schadenersatzansprüche auslösen. Die vorgenommene Anmeldung bleibt, sofern ihr nicht formelle Mängel anhaften (Rn. 9), wirksam, die Gesellschaft muss den Erwerber des Geschäftsanteils vom Zeitpunkt der ordnungsgemäßen Anmeldung an als Gesellschafter behandeln, und der Angemeldete muss sich als solcher behandeln lassen.[23]

Nachlasspfleger, Nachlassverwalter und Testamentsvollstrecker können, so- 12 fern sich ihre Befugnisse auf einen nachlasszugehörigen Geschäftsanteil erstrecken, nach einer Veräußerung des Geschäftsanteils den Übergang gegenüber der Gesellschaft anmelden. Ein im Güterstand der Zugewinngemeinschaft lebender **Ehegatte** kann die Anmeldung gegenüber der Gesellschaft ebenfalls vornehmen, auch wenn die – von der Anmeldung klar zu unterscheidende – Übertragung des Geschäftsanteils wegen § 1365 BGB der Zustimmung des anderen Ehegatten bedurfte. Entsprechendes gilt im Falle der Gütergemeinschaft für den allein verwaltenden Ehegatten.[24]

4. Anmeldung durch Bevollmächtigte. Die Anmeldung kann, sofern die Sat- 13 zung dies nicht ausschließt, auch durch einen **Bevollmächtigten,** etwa den beurkundenden Notar, erfolgen. Die Vollmacht ist der Gesellschaft auf Verlangen nachzuweisen. Es gilt § 174 BGB und für einen vollmachtslosen Vertreter § 180 BGB.[25] Die Vollmacht für den protokollierenden Notar sollte unbedingt in der Urkunde über die Abtretung des Geschäftsanteils aufgenommen werden, da der beurkundende Notar keine vermutete Vollmacht nach § 129 FGG hat.[26] Auch der versteigernde Gerichtsvollzieher kann den Übergang ohne entsprechende Vollmacht nicht anmelden.[27]

III. Nachweis des Übergangs der Geschäftsanteile

Die **Anmeldung** der Veräußerung des Geschäftsanteils hat **unter Nachweis des** 14 **Übergangs des Geschäftsanteils** zu erfolgen. Wie dieser Nachweis geführt wird, ist im Gesetz nicht gesagt, er kann deshalb auf jede Weise geführt werden. Es sind an diesen Nachweis keine besonderen Anforderungen zu stellen, es genügt vielmehr, **dass die Gesellschaft von dem Rechtsübergang überzeugend unterrichtet worden ist,** wobei Satzungsbestimmungen über die Abtretung zu berücksichtigen sind.[28] War der Veräußerer selbst nicht angemeldet, so muss der Nachweis der Abtretungen lückenlos bis zum letzten gegenüber der Gesellschaft legitimierten Gesellschafter geführt werden; es muss also ggf. die lückenlose Kette von Übertragungen des Geschäftsanteils von einem Gründer oder einem früheren Gesellschafter, der den Geschäftsanteil im Rahmen einer Kapitalerhöhung übernommen hat, oder von einem angemeldeten Gesellschafter nachgewiesen werden.[29] Da die Anmeldung wegen der mit ihr verbunde-

---

[22] *Roth/Altmeppen* Rn. 6.
[23] *Baumbach/Hueck* Rn. 11; *Hachenburg/Zutt* Rn. 26 ff.; *Scholz/Winter* Rn. 32 f.
[24] *Scholz/Winter* Rn. 17.
[25] *Hachenburg/Zutt* Rn. 10; *Scholz/Winter* Rn. 17.
[26] *Scholz/Winter* Rn. 17.
[27] *Scholz/Winter* Rn. 17.
[28] BGH NJW 1960, 628; NJW-RR 1991, 926; 1996, 1377, 1378; *Baumbach/Hueck/Fastrich* Rn. 6; *Hachenburg/Zutt* Rn. 15; *Scholz/Winter* Rn. 18; *K. Schmidt* BB 1983, 1697, 1700.
[29] OLG Dresden DB 1999, 326; *Hachenburg/Zutt* Rn. 16; *Lutter/Hommelhoff* Rn. 7; *Scholz/Winter* Rn. 9.

§ 16 2. Abschnitt. Rechtsverhältnisse der Gesellschaft und der Gesellschafter

nen Rechtsfolgen zur Disposition des Veräußerers und des Erwerbers steht (Rn. 34 f.), steht die anderweitige Kenntniserlangung der Gesellschaft von der Abtretung des Geschäftsanteils der Anmeldung selbst nicht gleich, löst also insbesondere nicht die Folgen des § 16 aus.[30] Ob Zahlungen, die der vermeintliche Gesellschafter gleichwohl geleistet hat, den tatsächlichen Gesellschafter befreien, richtet sich nach § 267 BGB, also danach, wie die Zahlung aus Sicht der Geschäftsführung nach objektiven Gesichtspunkten aufzufassen war.[31]

15   Zweckmäßigerweise wird die **Ausfertigung der notariellen Urkunde** über die Abtretung des Geschäftsanteils gem. § 15 Abs. 3 oder eine notariell beglaubigte Abschrift dieser Urkunde vorgelegt oder, wenn die Abtretung in Form eines gerichtlichen Vergleichs erfolgt, die **Ausfertigung des Protokolls,** das den Vergleich enthält. Im Falle des Erwerbs des Geschäftsanteils im Rahmen einer Zwangsvollstreckung ist der Gesellschaft die Ausfertigung des Versteigerungsprotokolls einzureichen.[32]

16   **Einer Annahme der Anmeldung** des Übergangs des Geschäftsanteils **bedarf es nicht.**[33] Die Notwendigkeit der Annahme der Anmeldung durch die Gesellschaft ist angesichts der Qualifizierung der Anmeldung als einer einseitigen empfangsbedürftigen Rechtshandlung[34] nicht begründbar. Auch die **Zurückweisung der Anmeldung** durch die Gesellschaft **kommt** mit Blick auf diese Einordnung **nicht in Betracht.**[35] Die wirksame Abtretung des Geschäftsanteils bewirkt bereits dessen Übergang auf den Erwerber, und die Anmeldung dieses Rechtsübergangs bei der Gesellschaft hat nur die in § 16 umschriebenen Folgen, ohne dass das Gesetz weitere Voraussetzungen für die Wirksamkeit der Anmeldung vorsieht. Das Erfordernis einer Annahme wäre auch mit dem Umstand unvereinbar, dass es nicht Sache der die Gesellschaft bei der Entgegennahme der Anmeldung vertretenden Geschäftsführer ist, über die Gesellschaftereigenschaft des Angemeldeten gegenüber der Gesellschaft zu entscheiden, was jedoch die Folge einer notwendigen Annahmeerklärung wäre. Besondere Anforderungen für die Wirksamkeit der Abtretung können allein nach § 15 Abs. 5 in der Satzung bestimmt werden, nicht aber über ein besonderes Annahmeerfordernis bei § 16.

17   Das Vorliegen einer ordnungsgemäßen Anmeldung des Übergangs des Geschäftsanteils in Sinne einer „überzeugenden Unterrichtung" der Geschäftsführer beurteilt sich nach **objektiven Kriterien,** die auch gerichtlich überprüfbar sind.[36] Welche Nachweise die Geschäftsführer im Einzelnen für den Nachweis verlangen, haben sie im Rahmen ihres pflichtgemäßen Ermessens zu entscheiden; sie können auf den Nachweis (nicht aber auf die Anmeldung)[37] auch ganz verzichten,[38] was sich allerdings wegen des hiermit verbundenen Haftungsrisikos nicht empfiehlt. Da es insoweit auf objektive Maßstäbe ankommt, bedeutet das Ermessen der Geschäftsführer nicht, dass sie über die Tatsache des Nachweises und damit mit der Anmeldung zugleich über die Gesell-

---

[30] BGH ZIP 2001, 513, 514; NJW-RR 1991, 926, 927; *Baumbach/Hueck/Fastrich* Rn. 3; *Hachenburg/Zutt* Rn. 13; *Lutter/Hommelhoff* Rn. 1.
[31] BGH NJW 1995, 128, 129.
[32] RGZ 127, 336, 340; BayObLG DB 1990, 167, 168; OLG Hamm GmbHR 1993, 660, 661 f.; OLG Düsseldorf DB 1996, 568 f.; *Baumbach/Hueck/Fastrich* Rn. 6; *Scholz/Winter* Rn. 18.
[33] *Roth/Altmeppen* Rn. 9; *Baumbach/Hueck/Fastrich* Rn. 7; *Lutter/Hommelhoff* Rn. 5; *Scholz/Winter* Rn. 20; anders *Hachenburg/Zutt* Rn. 17; *ders.*, FS Oppenhoff, 1985, S. 555, 560 ff.; *Wiedemann* S. 140; offen gelassen bei BGH NJW-RR 1991, 926, 927.
[34] RGZ 127, 236, 240.
[35] *Baumbach/Hueck/Fastrich* Rn. 7.
[36] BGH NJW 1995, 128, 129 mwN; OLG Dresden DB 1999, 326 f.
[37] BGH ZIP 2001, 513, 514; NJW-RR 1991, 926, 927.
[38] BGH ZIP 2001, 513, 514; NJW-RR 1991, 926, 927; WM 1967, 24, 25.

schafterstellung des Angemeldeten entscheiden könnten. Die Anmeldung ist vielmehr wirksam und hat die Folgen des § 16, wenn sich aus ihr der Rechtsübergang in überzeugender Weise ergibt, unabhängig davon, ob sich die Geschäftsführer tatsächlich hiermit zufrieden geben oder nicht. Umgekehrt folgt aus dem Abstellen auf objektive Kriterien, dass jedenfalls dann, wenn gesetzliche oder satzungsmäßige Abtretungsvoraussetzungen ersichtlich nicht gewahrt sind, von einer Anmeldung im Sinne des § 16 nicht ausgegangen werden kann.[39]

IV. Erfordernis der Anmeldung

1. Gesamtrechtsnachfolge. Nicht förmlich anzumelden gem. § 16 ist der **Übergang des Geschäftsanteils im Erbgange**, doch muss der Gesellschafter in geeigneter Weise der Gesellschaft davon Kenntnis geben, dass er Erbe des Geschäftsanteils geworden ist, um künftig als Gesellschafter behandelt zu werden.[40] Um einen Nachweis im Sinne des § 16 handelt es sich dabei allerdings nicht. Die Notwendigkeit einer Mitteilung über den Erwerb des Geschäftsanteils im Erbgange ist auch deswegen erforderlich, weil der Geschäftsanteil auf Grund statutarischer Bestimmungen oft einer besonderen Regelung unterliegt, etwa der Einziehung, oder aber, wenn mehrere Erben vorhanden sind, wegen der Bestimmung des § 18 Abs. 3 S. 1 (s. § 18 Rn. 26 ff.). 18

Auch in den sonstigen Fällen der **Gesamtrechtsnachfolge** ist § 16 nicht anzuwenden, zB nicht bei dem **Eingehen einer ehelichen Gütergemeinschaft**[41] oder bei der **Anwachsung gem. § 738 BGB**.[42] Kein Erbfall liegt vor beim Erwerb des Geschäftsanteils durch **Vermächtnis**; in diesem Falle ist eine Anmeldung erforderlich, um die Wirkung des § 16 eintreten zu lassen.[43] Ferner ist die Anmeldung gem. § 16 erforderlich, wenn eine Erbengemeinschaft oder eine eheliche Gütergemeinschaft, zB die Zugewinngemeinschaft, im Wege der **Auseinandersetzung** den Geschäftsanteil einem der Beteiligten zuweist. 19

Auch im Falle der **Umwandlung** (hierzu eingehend Anh. zu § 77) ist wegen der hier gegebenen Gesamtrechtsnachfolge eine Anmeldung gem. § 16 nicht erforderlich. 20

Ist die **Gesellschaft als Veräußerer oder Erwerber** des Geschäftsanteils an dessen Übergang beteiligt, so ist eine Anmeldung gem. § 16 – weil unnötig – ebenfalls nicht erforderlich;[44] die Bestimmung wird insoweit in ihrem Anwendungsbereich teleologisch reduziert. 21

2. Nießbrauch, Pfandrecht. Streitig ist, ob die Bestellung des **Nießbrauchs** am Geschäftsanteil oder dessen **Verpfändung** gem. § 16 Abs. 1 anzumelden ist. Da es sich bei diesen Vorgängen nicht um Veräußerungen des Geschäftsanteils handelt, gilt die Bestimmung jedenfalls nicht unmittelbar. Mit Blick auf die Unanwendbarkeit des § 1280 BGB (§ 15 Rn. 86) und die damit verbundene Schutzbedürftigkeit der Gesell- 22

---

[39] BGH NJW-RR 1996, 1377, 1378: keine überzeugende Unterrichtung bei Fehlen einer zur Abtretungsvoraussetzung gemachten Unterzeichnung der Abtretungsurkunde; BGH NJW 1995, 128, 129: Kenntnis des Geschäftsführers von der Nichteinhaltung der Form des § 15 Abs. 3.
[40] *Roth/Altmeppen* Rn. 2; *Baumbach/Hueck/Fastrich* Rn. 2; *Hachenburg/Zutt* Rn. 4; *Lutter/Hommelhoff* Rn. 3; *Scholz/Winter* Rn. 29, 31; für entsprechende Anwendung des § 16 bei Erbfolge *Kremer/Laux* BB 1992, 159 mwN.
[41] *Hachenburg/Zutt* Rn. 4; *Lutter/Hommelhoff* Rn. 3.
[42] *Hachenburg/Zutt* Rn. 6; *Lutter/Hommelhoff* Rn. 3.
[43] *Lutter/Hommelhoff* Rn. 3.
[44] *Roth/Altmeppen* Rn. 2; *Baumbach/Hueck/Fastrich* Rn. 2; *Lutter/Hommelhoff* Rn. 3; anders *Hachenburg/Zutt* Rn. 5; *ders.*, FS Oppenhoff, 1985, S. 555, 558, der allerdings für den Regelfall von einer konkludenten Anmeldung ausgeht.

schaft bei Leistungen, die an sich dem Nießbraucher bzw. Pfandgläubiger zustünden oder deren Rechte beeinträchtigen würden, ist § 16 aber entsprechend anzuwenden.[45] Die **Pfändung** des Geschäftsanteils im Wege der Zwangsvollstreckung unterfällt nicht § 16,[46] da zur Wirksamkeit der Pfändung der Pfändungsbeschluss der Gesellschaft ohnehin zugestellt werden muss (§ 15 Rn. 134) und für eine entsprechende Anwendung des § 16 hierneben kein Raum ist.

23   **3. Schuldrechtliche Ansprüche, Verwaltungsrechte.** Nicht anzumelden gem. § 16 ist die **Abtretung rein schuldrechtlicher Ansprüche,** die mit dem Geschäftsanteil verbunden sind wie die Verwaltungsrechte, das Gewinnbezugsrecht oder die Abtretung des Anspruchs auf den Liquidationserlös. Die isolierte Übertragung von Verwaltungsrechten, etwa des Stimmrechts, ist wegen des **Abspaltungsverbots** ausgeschlossen.

24   Selbstverständlich muss die Gesellschaft unterrichtet werden, wenn in Bezug auf den Geschäftsanteil vom Inhaber des Geschäftsanteils **Verfügungen** getroffen werden, die auf die Pflichten der Gesellschaft selbst Einfluss haben, etwa durch Abtretung des Gewinnanteils. Eine solche Mitteilung ist jedoch keine solche gem. § 16, sondern es ist dies eine Anzeige gem. § 409 BGB. Erfolgt eine Anzeige über die Abtretung von Gesellschafterrechten an die Gesellschaft nicht, so verbleibt es bei der generellen Regel, dass nur derjenige die Rechte als Gesellschafter ausüben kann, der zuletzt gem. § 16 bei ihr angemeldet ist.

25   **4. Sicherungsabtretung.** Für die Sicherungsabtretung des Geschäftsanteils gelten die allgemeinen Regeln. Will der Sicherungsnehmer die volle Wirkung der Abtretung erhalten, so ist die Anmeldung bei der Gesellschaft gem. § 16 erforderlich; denn die Sicherungsabtretung stellt eine Veräußerung des Geschäftsanteils selbst dar und unterfällt damit ohne weiteres dem Anwendungsbereich des § 16.[47] Zur treuhänderischen Abtretung eines Geschäftsanteils s. bei Rn. 36.

V. Bedeutung der Anmeldung

26   **1. Folgen der Anmeldung.** Mit dem Zeitpunkt, in dem der Gesellschaft die ordnungsgemäße Anmeldung gem. § 16 zugegangen ist, ist der Veräußerer als Gesellschafter für die Gesellschaft aus dieser ausgeschieden, der angemeldete Erwerber ist als Gesellschafter an seine Stelle getreten mit allen mit dem Geschäftsanteil verbundenen Rechten und Pflichten gegenüber der Gesellschaft (unwiderlegliche Vermutung).[48] Der Veräußerer ist frei von Nebenverpflichtungen und auch von einem etwaigen Wettbewerbsverbot,[49] sofern nicht statutarisch oder einzelvertraglich ein nachvertragliches Wettbewerbsverbot festgelegt ist.

27   Die Haftung für Leistungen auf die Stammeinlage bleibt im Umfange des § 22 bestehen.[50] Für vor der Anmeldung fällig gewordene Leistungen haften der Veräußerer und der Erwerber gem. § 16 Abs. 3 gleichrangig.[51] Sind mit dem Geschäftsanteil

---

[45] RG JW 1934, 976, 977; *Roth/Altmeppen* Rn. 2; *Baumbach/Hueck/Fastrich* Rn. 2; *Scholz/Winter* Rn. 45; aA *Hachenburg/Zutt* Rn. 53 f.
[46] *Roth/Altmeppen* Rn. 2; *Baumbach/Hueck/Fastrich* Rn. 2; *Hachenburg/Zutt* Rn. 54; *Lutter/Hommelhoff* Rn. 3; *Scholz/Winter* Rn. 45.
[47] RGZ 138, 106, 108; OLG Hamm GmbHR 1985, 22, 23.
[48] *Hachenburg/Zutt* Rn. 26 ff.; *Scholz/Winter* Rn. 32 ff.
[49] *Baumbach/Hueck/Fastrich* Rn. 12.
[50] *Baumbach/Hueck/Fastrich* Rn. 12; s. auch bei § 22.
[51] BGHZ 68, 191, 197 = NJW 1977, 1196; *Baumbach/Hueck/Fastrich* Rn. 12; *Hachenburg/Zutt* Rn. 36.

höchstpersönlich zu erbringende Leistungen verbunden und kann der Erwerber diese nicht erbringen, so bleibt der Veräußerer gegenüber der Gesellschaft zu deren Erfüllung verpflichtet.[52] Erwerber eines Teils eines Geschäftsanteils haften indes nur anteilig.[53]

Im Einzelnen gilt: 28

Der Erwerber des Geschäftsanteils haftet nach Abs. 3 **für alle auf den Geschäfts-** 29 **anteil rückständigen Leistungen**; rückständig ist die Leistung, wenn sie fällig ist, oder noch nicht erfüllt ist.[54] Ansprüche nach § 20 werden von § 16 nicht umfasst. Die Mithaftung kann statutarisch nicht ausgeschlossen werden und greift auch bei Anfechtbarkeit des Erwerbs.[55]

Die Haftung ist nicht subsidiär, sondern sie besteht **gesamtschuldnerisch** neben 30 der Haftung des Veräußerers.[56] Ob eine Ausgleichungspflicht gem. § 426 BGB besteht, richtet sich nach den Vereinbarungen im Veräußerungsvertrag. Ist nichts Abweichendes vereinbart, wird dem nach Abs. 3 für rückständige Leistungen in Anspruch genommenen Erwerber regelmäßig ein Anspruch gegen den Veräußerer gem. § 426 BGB zustehen. Umgekehrt hat der Veräußerer Ansprüche gegen den Erwerber, wenn dieser ihm bekannt gegebene Rückstände nicht leistet und der Veräußerer hierfür in Anspruch genommen wird.

Der Umfang der Haftung des Erwerbers bestimmt sich nach den fälligen Rückstän- 31 den am Tage der Anmeldung des Erwerbers bei der Gesellschaft gem. Abs. 1.[57]

In welcher rechtlichen Stellung der Erwerber den Geschäftsanteil erworben hat, ist 32 im Verhältnis zur Gesellschaft gleichgültig. Auch der Sicherungserwerber haftet für die Rückstände gem. Abs. 3,[58] desgl. der Treuhänder (Rn. 36), sofern dieser gegenüber der Gesellschaft angemeldet ist.

Hat der Erwerber den Geschäftsanteil aus einer Gesamthand (Erbengemeinschaft) 33 erworben, so gilt Abs. 3, da es sich auch insoweit um einen Veräußerungsvorgang handelt, ebenfalls. Anderes gilt, wenn der Erwerber den Geschäftsanteil gem. § 23 erworben hat. In diesem Falle entfällt die Haftung des Erwerbers für rückständige Leistungen.[59] Leistungen auf den Geschäftsanteil, die nach der Anmeldung des Erwerbers fällig werden, sind von diesem allein zu erbringen. Insoweit wird der Veräußerer des Geschäftsanteils frei. Die Haftung des Veräußerers bleibt jedoch subsidiär bestehen für Ansprüche gem. § 22.

2. Keine Pflicht zur Anmeldung. Eine **Pflicht zur Anmeldung** des Übergangs 34 des Geschäftsanteils gem. § 16 **besteht nicht**; die Beteiligten sind insoweit frei, die Gesellschaft kann die Anmeldung nicht erzwingen;[60] insoweit liegt lediglich eine Obliegenheit der Beteiligten vor. Der Gesellschaft, den Gesellschaftern oder den Geschäftsführern mag der Übergang des Geschäftsanteils bekannt sein, sie dürfen davon

---

[52] RGZ 84, 75, 76; *Baumbach/Hueck/Fastrich* Rn. 12
[53] *Baumbach/Hueck/Fastrich* Rn. 12 mwN.
[54] OLG Köln ZIP 1989, 174; *Hachenburg/Zutt* Rn. 36; *Lutter/Hommelhoff* Rn. 16 ff.; *Scholz/Winter* Rn. 42.
[55] BGHZ 84, 47 = NJW 1983, 2822; NJW 1990, 1915, 1916; DB 1991, 1218 1219; grds. auch OLG Hamm GmbHR 1998, 591; differenzierend *Baumbach/Hueck/Fastrich* Rn. 12 mwN; *Scholz/Winter* Rn. 42.
[56] BGHZ 68, 191, 197 = NJW 1977, 1196.
[57] *Hachenburg/Zutt* Rn. 36; *Meyer-Landrut/Miller/Niehus* Rn. 16.
[58] OLG Hamm GmbHR 1985, 22 ff.
[59] § 23 Rn. 27 f.
[60] *Baumbach/Hueck/Fastrich* Rn. 5; *Hachenburg/Zutt* Rn. 22; *Lutter/Hommelhoff* Rn. 1; *Scholz/Winter* Rn. 8; einschränkend *Wiedemann* S. 139.

offiziell keine Notiz nehmen, sondern müssen den letzten ordnungsgemäß angemeldeten Gesellschafter allein als solchen behandeln.[61] Behandelt die Gesellschaft den nicht angemeldeten Inhaber des Geschäftsanteils de facto als Gesellschafter, zahlt sie ihm etwa Gewinne aus, so bleibt gleichwohl der letzte angemeldete Gesellschafter gegenüber der Gesellschaft berechtigt, beispielsweise den auf den Geschäftsanteil entfallenden Gewinnanteil zu beziehen; die Gesellschaft kann ihn nicht mit befreiender Wirkung auf den nicht angemeldeten Gesellschafter, der ggf. im Innenverhältnis ungerechtfertigt bereichert sein kann, verweisen. Erbringt umgekehrt der nicht angemeldete Gesellschafter gesellschaftsrechtlich begründete Leistungen an die Gesellschaft, so kann er diese von der Gesellschaft ggf. gem. §§ 812ff. BGB zurückfordern, da er ihr gegenüber nicht als Gesellschafter gilt. Ob er sie vom Veräußerer zurückfordern kann, hängt von der Vereinbarung zwischen Veräußerer und Erwerber im Veräußerungsvertrag und von der Frage ab, ob in diesem ein Stichtag, von dem an Rechte und Pflichten an dem Geschäftsanteil im Innenverhältnis auf den Erwerber übergehen sollen, festgesetzt ist.

35 Es können im Übrigen gute Gründe dafür sprechen, dass ein Erwerber des Geschäftsanteils nicht angemeldet wird. Dies kann der Fall sein bei der Sicherungsabtretung des Geschäftsanteils, wenn der angemeldete Gesellschafter an dem Geschäftsanteil berechtigt und verpflichtet bleiben soll, der Geschäftsanteil zB dem Sicherungsnehmer nur als Sicherheit etwa für eingeräumte Kredite für den Fall der Insolvenz des Gesellschafters dienen soll. In diesem Falle wird regelmäßig der Sicherungsnehmer berechtigt sein, im Falle der Insolvenz des Sicherungsgebers die Anmeldung gem. § 16 vorzunehmen, um so auch gegenüber der Gesellschaft die uneingeschränkte Rechtsstellung als Gesellschafter zu erlangen. Sieht die der Übertragung des Geschäftsanteils zugrunde liegende Vereinbarung zwischen Sicherungsnehmer und Sicherungsgeber die Mitwirkung beider bei der Anmeldung vor oder bestimmt der Gesellschaftsvertrag die Mitwirkung beider, so besitzt der Sicherungsnehmer als Erwerber einen klagbaren Anspruch auf die Mitwirkung des Sicherungsgebers oder im Falle der Insolvenz des Gesellschafters diejenige des Insolvenzverwalters, da inter partes die Abtretung des Geschäftsanteils wirksam vollzogen ist. Dies gilt selbst dann, wenn die Abtretung des Geschäftsanteils der Genehmigung der Gesellschaft oder der Gesellschafterversammlung oder eines ihrer Organe bedarf. Genehmigen diese nicht, so bleibt die Abtretung schwebend unwirksam.

36 **3. Treuhänderische Abtretung.** Bei nur treuhänderischer Abtretung verbleibt es bei den allgemeinen Regeln. Ist der Treuhänder gem. § 16 angemeldet, so ist er Gesellschafter mit allen Rechten und Pflichten; ist er nicht angemeldet, so gilt das oben Gesagte, er ist nicht als Gesellschafter zu behandeln. Das Innenverhältnis zwischen Treugeber und Treuhänder ist für die Gesellschaft unbeachtlich.

VI. Adressat der Anmeldung

37 Die Anmeldung hat zu erfolgen **gegenüber der Gesellschaft, zu Händen der Geschäftsführer,**[62] wobei die Anmeldung gegenüber einem Geschäftsführer genügt (§ 35 Abs. 2 S. 3). Diese Regelung ist zwingendes Recht,[63] kann also statutarisch nicht abbedungen werden, etwa iS einer Verpflichtung zur Vornahme der Anmeldung gegenüber sämtlichen Geschäftsführern; die Anmeldung gegenüber mehreren oder allen

---

[61] *Hachenburg/Zutt* Rn. 25; *Scholz/Winter* Rn. 5.
[62] BGH BB 1967, 95; *Baumbach/Hueck/Fastrich* Rn. 3; *Hachenburg/Zutt* Rn. 13.
[63] *Baumbach/Hueck/Fastrich* Rn. 3.

Geschäftsführern macht diese allerdings nicht unwirksam, da bereits die Anmeldung gegenüber einem Geschäftsführer genügt. Eine Anmeldung gegenüber anderen Organen der Gesellschaft, etwa gegenüber dem Vorsitzenden der Gesellschafterversammlung oder gegenüber dem Mehrheitsgesellschafter oder – sofern vorhanden – dem Vorsitzenden des Aufsichtsrates, ist unwirksam und löst die Wirkungen des § 16 nicht aus.

Die Anmeldung gem. § 16 Abs. 1 kann erst erfolgen nach wirksam vollzogener Abtretung des Geschäftsanteils, eine vorher vorgenommene Anmeldung zeitigt keine Wirkung, die Gesellschaft muss sie unbeachtet lassen. Dass eine Zustimmung zur Abtretung gem. § 15 Abs. 5 noch aussteht, ist unschädlich.[64] Bis zur Erteilung der Genehmigung muss die Gesellschaft den Veräußerer noch als Gesellschafter behandeln, da erst die Genehmigung gem. § 15 Abs. 5 die Abtretung wirksam macht. Eine unbedingt vorgenommene Anmeldung wird, wenn der Übertragungsvertrag aufschiebend bedingt vorgenommen worden ist, mit Eintritt der Bedingung wirksam, sofern die Bedingung für die Gesellschaft bei der Anmeldung erkennbar ist.[65] Aus diesem Grunde ist auch eine bedingte Anmeldung gegenüber der Gesellschaft anzuerkennen; sie wird wirksam, sobald der Bedingungseintritt gegenüber der Gesellschaft erkennbar wird.[66]

VII. Mängel der Anmeldung oder der Veräußerung

Hinsichtlich der mit einer Anmeldung nach § 16 verbundenen Mängel ist zwischen solchen Mängeln, die sich auf die Veräußerung des Anteils selbst beziehen, und solchen zu unterscheiden, die die Anmeldung betreffen:

1. Mängel des zugrunde liegenden Rechtsgeschäfts. Die Mängel des der Anmeldung zugrunde liegenden Rechtsgeschäfts, also die Mängel des Veräußerungsvertrages oder der Abtretung des Geschäftsanteils, **berühren die wirksame Anmeldung gem. § 16 nicht;**[67] eines Rückgriffs auf die Lehre von der fehlerhaften Gesellschaft, deren Grundlagen auch von denen des § 16 abweichen, bedarf es insoweit nicht.[68] Die Anmeldung gem. § 16 heilt aber, da sie nur das Rechtsverhältnis gegenüber der Gesellschaft betrifft, die Nichtigkeit oder Anfechtbarkeit der Übertragung nicht. Eine wirksame Anfechtung oder sonstige Änderung des Grundgeschäftes werden erst mit der darauf folgenden ordnungsgemäßen Anmeldung der Rechtsänderung gegenüber der Gesellschaft wirksam, wirken also im Grundsatz nur ex nunc, also nicht rückwirkend, selbst dann, wenn das Grundgeschäft nichtig war.[69]

Der gem. § 16 Angemeldete haftet der Gesellschaft gegenüber für die zum Zeitpunkt seiner Anmeldung rückständigen (§ 16 Abs. 3) und für die bis zur Anmeldung des wirklichen Gesellschafters bzw. bis zum wirksamen Widerruf (Rn. 4) der Anmeldung fällig gewordenen Leistungen auf den Geschäftsanteil. Streitig ist, ob diese Haftung des Angemeldeten nach dem Widerruf für die bis zu diesem Zeitpunkt fällig gewordenen und rückständigen Beiträge erlischt, was angesichts des Charakters der

---

[64] *Hachenburg/Zutt* Rn. 12.
[65] BGH NJW-RR 1991, 926, 928.
[66] *Hachenburg/Zutt* Rn. 12; aA *Roth/Altmeppen* Rn. 4.
[67] BGHZ 84, 49 = NJW 1982, 2822; *Hachenburg/Zutt* Rn. 41; *Scholz/Winter* Rn. 22; hierzu auch *Lass* ZGR 1997, 401, 402 ff. sowie die Nachw. in Fn. 55
[68] Hierzu BGH NJW 1990, 1915, 1916; *K. Schmidt* BB 1988, 1053, 1058 ff.; *Lass* ZGR 1997, 401, 402 ff. mit Darstellung der früher abweichenden Auffassungen hierzu.
[69] OLG Hamm GmbHR 1985, 23; zur Haftung bei der „Ausplünderung" der Gesellschaft durch den Scheinerwerber s. *Lass* ZGR 1997, 401 ff.

§ 16   2. Abschnitt. Rechtsverhältnisse der Gesellschaft und der Gesellschafter

Bestimmung mit der wohl noch hM zu verneinen ist.[70] Gegenüber der Gesellschaft leistet der zu Unrecht Angemeldete deshalb mit Rechtsgrund und kann seine Zahlungen von dieser nicht nach §§ 812 ff. BGB zurückverlangen; lediglich gegenüber dem tatsächlichen Gesellschafter kommen Rückgriffsansprüche in Betracht (Rn. 34).

42   Wie die Anmeldung selbst bedarf auch die Mitteilung über die Unrichtigkeit der Anmeldung keiner Annahme durch die Gesellschaft. Die unter Hinweis auf § 67 Abs. 3 AktG vertretene Auffassung, die Gesellschaft müsse eine Mitteilung über die Unrichtigkeit der Anmeldung annehmen, könne sie also insbesondere auch zurückweisen, vor allem wenn auf den Geschäftsanteil Leistungen zu erbringen seien,[71] überzeugt nicht. Diese auf der „Anmeldetheorie" von *Wiedemann* basierende Auffassung findet im Gesetz keine Stütze (Rn. 16) und kann deshalb auch nicht umgekehrt auf die Rückgängigmachung der Anmeldung angewendet werden.

43   **2. Mangelhafte Anmeldung.** Die Anmeldung selbst kann abgesehen von offensichtlichen Unrichtigkeiten, denen abgeholfen werden kann, auch aus sonstigen Gründen unwirksam sein oder werden.

44   **Unwirksam** ist die Anmeldung, wenn sie nicht erkennen lässt, wer der Erwerber des Geschäftsanteils oder welcher Geschäftsanteil übertragen worden sein soll. Unwirksam ist auch die Anmeldung durch einen hierzu nicht Berechtigten oder nicht wirksam Handelnden. Hierzu zählen die Fälle der Anmeldung durch einen Geschäftsunfähigen, durch einen beschränkt Geschäftsfähigen, aber auch durch einen vollmachtslosen Dritten oder wenn die Anmeldung gefälscht worden ist bzw. dann, wenn sie auf absoluter Gewalt (vis absoluta) beruht.[72] In allen diesen Fällen fehlt es an der Zurechenbarkeit des gesetzten Rechtsscheins. Auch ein gegen § 33 verstoßender Erwerb steht der Wirksamkeit der Anmeldung entgegen.[73] Gleiches gilt, wenn die Anmeldung nur zum Schein erfolgt ist.[74] Für den so „angemeldeten" Erwerber treten die Wirkungen des § 16 nicht ein. Ob auch ein Verstoß gegen § 1 GWB zur Unwirksamkeit der Anmeldung führt, ist streitig,[75] aber zu bejahen; die Kollision beider Bestimmungen ist dadurch aufzulösen, dass dem Normzweck des § 1 GWB in diesen Fällen damit genügt wird, dass dem Angemeldeten die Ausübung von Gesellschafterrechten verwehrt ist. Kannte die Gesellschaft die Unwirksamkeit der Anmeldung, fehlt es bereits an der notwendigen „überzeugenden Unterrichtung" der Geschäftsführung und damit am Tatbestand der Anmeldung selbst (Rn. 14).

45   Als rechtsgeschäftsähnliche Handlung kann die Anmeldung im Sinne des § 16 der **Anfechtung** gem. §§ 119 ff. BGB unterliegen. Die Anfechtung hat entsprechend § 143 Abs. 3 BGB gegenüber der Gesellschaft, vertreten durch den Geschäftsführer, zu erfolgen.[76] Abweichend von den allgemeinen Regeln kommt der Anfechtung in diesen Fällen allerdings keine Rückwirkung zu, sie beseitigt die Wirkungen der Anmeldung

---

[70] Eingehend hierzu *K. Schmidt* BB 1988, 1053, 1058 f.; *Grunewald* ZGR 1991, 452, 461 f.; ebenso *Meyer-Landrut/Miller/Niehus* Rn. 15; MünchHdB GesR III/*Jasper* § 24 Rn. 241; aA *Müller* GmbHR 1996, 881, 884 ff.; *Roth/Altmeppen* Rn. 18; *Baumbach/Hueck/Fastrich* Rn. 12; *Hachenburg/Zutt* Rn. 45; *ders.,* FS Oppenhoff, 1985, S. 555, 568 f.; *Lutter/Hommelhoff* Rn. 14.
[71] *Wiedemann* S. 140 f.; zust. *Hachenburg/Zutt* Rn. 44.
[72] *Baumbach/Hueck/Fastrich* Rn. 4 f.; *Hachenburg/Zutt* Rn. 49; *Scholz/Winter* Rn. 24 ff.
[73] *Roth/Altmeppen* Rn. 11; *Hachenburg/Zutt* Rn. 43; *Scholz/Winter* Rn. 23.
[74] *Hachenburg/Zutt* Rn. 49; *Scholz/Winter* Rn. 25.
[75] Bejahend OLG Frankfurt/Main DB 1992, 1878; MünchHdB GesR III/*Jasper* § 24 Rn. 232; verneinend *Roth/Altmeppen* Rn. 11; *Baumbach/Hueck/Fastrich* Rn. 4; *Lutter/Hommelhoff* Rn. 15; *Scholz/Winter* Rn. 23.
[76] *Scholz/Winter* Rn. 24.

vielmehr nur ex tunc; der Sache nach stellt sie damit den **Widerruf der Anmeldung** dar. Handlungen, die in der Zwischenzeit von dem angemeldeten Gesellschafter oder von der Gesellschaft ihm gegenüber vorgenommen sind, bleiben wirksam.[77] Einen weiteren Fall des Widerrufs der Anmeldung stellt derjenige dar, in dem der vermeintliche Erwerber gegenüber der Gesellschaft die Unwirksamkeit der Übertragung des Geschäftsanteils auf sich darlegt und sich gleichsam als Gesellschafter „abmeldet", der Sache nach also den tatsächlichen Gesellschafter wieder anmeldet. Die Grundsätze über die Anmeldung des Erwerbs gelten auf diesen Widerruf spiegelbildlich. Notwendig ist mithin der überzeugende Nachweis gegenüber den Geschäftsführern über die Unwirksamkeit bzw. die Rückabwicklung der angemeldeten Übertragung (Rn. 14). Ein einvernehmlicher Widerruf von vermeintlichem Erwerber und Veräußerer ist nicht notwendig, widerrufsberechtigt ist jeder von beiden.[78] Welche Nachweise die Geschäftsführer im Falle eines nur durch einen Beteiligten erklärten Widerrufs bei unklarer Rechtslage verlangen (Zustimmungserklärung des anderer Teils, rechtskräftiges Urteil oÄ), ist eine Frage des Einzelfalls; die generelle Notwendigkeit eines von beiden Seiten erklärten Widerrufs lässt sich hieraus nicht herleiten.

VIII. Insolvenz

Die Eröffnung des **Insolvenzverfahrens** über das Vermögen des Veräußerers oder Erwerbers des Geschäftsanteils spielt für die Anmeldung gem. § 16 Abs. 1 keine entscheidende Rolle. Ist wirksam abgetreten, so gehört der Geschäftsanteil im Falle der Insolvenz des Erwerbers zu dessen Masse, ist nicht wirksam abgetreten, so gehört der Geschäftsanteil nach wie vor dem Veräußerer. Wird über das Vermögen des Veräußerers nach wirksamer Abtretung das Insolvenzverfahren eröffnet, so fällt die Anmeldung auf Seiten des Veräußerers wegen der hiermit verbundenen Haftungsrisiken in den Zuständigkeitsbereich des Insolvenzverwalters;[79] da im Regelfall beide Parteien des Rechtsgeschäfts die Anmeldung nach § 16 vornehmen können, kann ungeachtet dieser Zuständigkeit allerdings auch der Erwerber des Geschäftsanteils die Anmeldung vornehmen (s. Rn. 10).

46

IX. Österreichisches Recht

Der Regelung des § 16 Abs. 1 entsprechend bestimmt § 78 Abs. 1 und Abs. 2 ÖGmbHG, dass im Verhältnis zur Gesellschaft nur der im Anteilbuch Verzeichnete als Gesellschafter gilt. § 16 Abs. 2 hat im österreichischen Recht keine Entsprechung. Nach § 78 Abs. 2 ÖGmbHG haften für die zurzeit der Anmeldung rückständigen Leistungen der Erwerber und der Veräußerer zur ungeteilten Hand; mit rückständigen Leistungen sind die zum maßgeblichen Zeitpunkt fälligen Leistungen gemeint,[80] die Bestimmung entspricht damit § 16 Abs. 3. Abweichend von der Rechtslage in Deutschland erlöschen die Ansprüche der Gesellschaft gegen den Rechtsvorgänger des Angemeldeten gem. § 78 Abs. 3 ÖGmbHG nach fünf Jahren; insoweit hat § 78 Abs. 3 ÖGmbHG allerdings Ähnlichkeit mit § 22 Abs. 3.

47

---

[77] RGZ 157, 52, 59; BGH BB 1982, 1325 f.; *Roth/Altmeppen* Rn. 13; *Baumbach/Hueck/Fastrich* Rn. 4; *Hachenburg/Zutt* Rn. 44, 50; *Scholz/Winter* Rn. 26.
[78] *K.J. Müller* GmbHR 1996, 641, 647 f.; *Baumbach/Hueck/Fastrich* Rn. 5; *Hachenburg/Zutt* Rn. 44; *Lutter/Hommelhoff* Rn. 12; *Scholz/Winter* Rn. 23; für die Notwendigkeit eines beiderseitigen Widerrufs *Wiedemann* S. 142 f.; *Roth/Altmeppen* Rn. 12.
[79] OLG Düsseldorf GmbHR 1996, 443, 446; *Hachenburg/Zutt* Rn. 10; *Lutter/Hommelhoff* Rn. 23; für ein Verbleiben der Anmeldezuständigkeit beim Veräußerer *Scholz/Winter* Rn. 48.
[80] *Koppensteiner* ÖGmbHG § 78 Rn. 9.

§ 17 [Veräußerung von Teilen eines Geschäftsanteils]

(1) Die Veräußerung von Teilen eines Geschäftsanteils kann nur mit Genehmigung der Gesellschaft stattfinden.

(2) Die Genehmigung bedarf der schriftlichen Form; sie muß die Person des Erwerbers und den Betrag bezeichnen, welcher von der Stammeinlage des ungeteilten Geschäftsanteils auf jeden der durch die Teilung entstehenden Geschäftsanteile entfällt.

(3) Im Gesellschaftsvertrag kann bestimmt werden, daß für die Veräußerung von Teilen eines Geschäftsanteils an andere Gesellschafter, sowie für die Teilung von Geschäftsanteilen verstorbener Gesellschafter unter deren Erben eine Genehmigung der Gesellschaft nicht erforderlich ist.

(4) Die Bestimmungen in § 5 Abs. 1 und 3 über den Betrag der Stammeinlagen finden bei der Teilung von Geschäftsanteilen entsprechende Anwendung.

(5) Eine gleichzeitige Übertragung mehrerer Teile von Geschäftsanteilen eines Gesellschafters an denselben Erwerber ist unzulässig.

(6) ¹Außer dem Fall der Veräußerung und Vererbung findet eine Teilung von Geschäftsanteilen nicht statt. ²Sie kann im Gesellschaftsvertrag auch für diese Fälle ausgeschlossen werden.

Literatur: *Becker* Tod des Gesellschafters der GmbH, GmbHR 1937, 215 ff., 248 ff.; *Behr* Die Abtretung, insbesondere die Teilabtretung der Geschäftsanteile bei der GmbH, Diss. Erlangen 1926; *Bunte* Die Abschließung der Kapitalgesellschaft gegen Außenstehende in den Niederlanden, Deutschland und der Schweiz, 1969; *Capelle* Schutz von Familien-Kapitalgesellschaften vor Überfremdung, BB 1954, 1067; *Däubler* Die Vererbung des Geschäftsanteils bei der GmbH, 1965; *Eder* Zustimmung zur Abtretung von GmbH-Geschäftsanteilen durch den Geschäftsführer?, GmbHR 1966, 279; *Eder* Gefahren beim Erwerb von Geschäftsanteilen, GmbHR 1974, 173; *Fritze* Genehmigungsform bei der Abtretung eines Teilgeschäftsanteils, GmbHR 1955, 68; *Gessler* Sicherung der Herrschaftsmacht bei Übertragung von Geschäftsanteilen, GmbHR 1974, 202; *Gottschling* Schutz der GmbH vor Überfremdung – Die Gestaltung des Gesellschaftsvertrages, GmbHR 1953, 20; *Grunewald* Die Rechtsfähigkeit der Erbengemeinschaft, AcP 197 (1997), 305; *Hänn* Beschränkung in der Veräußerung von Geschäftsanteilen der GmbH durch den Gesellschaftsvertrag, Diss. Jena 1931; *U. Huber* Vermögensanteil, Kapitalanteil und Gesellschaftsanteil an Personalgesellschaften des Handelsrechts, 1970; *A. Hueck* Der Geschäftsanteil der GmbH als Gegenstand eines Vermächtnisses, DB 1956, 735; *Immenga* Die personalistische Kapitalgesellschaft, 1970; *Koob-Seefeldt* Die Teilung von Geschäftsanteilen, GmbHR 1961, 140; *Lessmann* Vinkulierungsklauseln bei der Vererbung von GmbH-Geschäftsanteilen, GmbHR 1986, 409; *Limbach* Theorie und Wirklichkeit der GmbH, 1966; *Michalski* Zustimmung bei Sicherungsabtretung eines Teilgeschäftsanteils, GmbHR 1991, 89; *v. Middendorf* Der Kauf von GmbH-Geschäftsanteilen, Diss. Tübingen 1929; *K. Müller* Die Sicherungsübertragung von GmbH-Anteilen, 1969; *Ohr* Der Ausschluß der Abtretbarkeit von Geschäftsanteilen im Gesellschaftsvertrag der GmbH, Diss. Mainz 1967; *Petzoldt* Gesellschaftsvertrag und Erbrecht bei der GmbH und der GmbH & Co. KG, GmbHR 1977, 25; *Saenger* Beschränkungen hinsichtlich Veräußerung und Vererbung von Geschäftsanteilen einer GmbH, RG-Praxis IV 1929, 17; *F. Sauter* Die Anwendung der Kaufrechtssätze des bürgerlichen Gesetzbuches auf den Verkauf von Geschäftsanteilen einer GmbH, 1927; *Schuler* Die Verpfändung von GmbH-Anteilen, NJW 1956, 689 ff.; *ders.* Die Pfändung von GmbH-Anteilen und die miterfaßten Ersatzansprüche, NJW 1960, 1423; *H. Schumann* Die Übertragung von Gesellschaftsanteilen, RdW 1944, 151; *Siegelmann* Die Erbfolge bei dem Einmann-Gesellschafter einer GmbH, GmbHR 1956, 118; *Triebner* Die Vinkulierung von Aktien und GeschAnteilen der GmbH, Diss. Leipzig 1929; *Ulmer* Begründung von Rechten für Dritte in der Satzung einer GmbH?, FS Werner, 1984, S. 911; *ders.* Die Gesamthandsgesellschaft – ein noch immer unbekanntes Wesen?, AcP 198 (1998), 113; *Wiedemann* Die Übertragung und Vererbung von Mitgliedschaftsrechten bei Handelsgesellschaften, 1965; *Winter* Genehmigungsfreie Veräußerung von Teilen eines Geschäftsanteils an Gesellschaften, GmbHR 1960, 88; *Wolany* Rechte und Pflichten des Gesellschafters einer GmbH, 1964; *K. Zimmermann* Genehmigung des Geschäftsführers zur Abtretung von GmbH-Geschäftsanteilen, BB 1966, 1171; *Zöllner* Das Stimmrecht bei Veräußerung vinkulierter Gesellschaftsanteile, GmbHR 1968, 177 ff.; *Zunft* Teilweise Verpfändung und Pfändung von Forderungen, NJW 1955, 441.

Veräußerung von Teilen eines Geschäftsanteils **§ 17**

Übersicht

	Rn.		Rn.
I. Die Teilung von Geschäftsanteilen	1–15	5. Verbot gleichzeitiger Übertragung mehrerer Teile eines Geschäftsanteils (§ 17 Abs. 5)	34–37
1. Normzweck	1	a) Grundsatz	34
2. Realteilung	2	b) Gleichzeitigkeit der Abtretung	35–37
3. Sonderrechte, Teilung nach Nennbeträgen	3–10	**III. Statutarische Regelungen – Modifizierung in der Satzung**	38–41
4. Entbehrlichkeit der Genehmigung, Teilung im Gründungsstadium	11, 12	1. Erleichterung	38
5. Begriff der Veräußerung	13–15	2. Erschwerung	39, 40
II. Voraussetzungen der Teilung	16–37	3. Ausschluss der Teilung (§ 17 Abs. 6 S. 2)	41
1. Zweck: Veräußerung des Geschäftsanteils	16–18	**IV. Wirkungen der Genehmigung**	42–46
2. Anmeldung gem. § 16 als Genehmigungsvoraussetzung	19	1. Grundsatz	42
3. Zustimmung der Gesellschaft	20–27	2. Nebenpflichten	43, 44
a) Allgemeines	20	3. Anteilscheine	45
b) Beschluss der Gesellschafterversammlung	21	4. Stellung des Erwerbers	46
c) Genehmigungserklärung	22–27	**V. Versagung der Genehmigung**	47–50
aa) Vertretungsberechtigung	22–25	1. Allgemeines	47
bb) Schriftform	26, 27	2. Rechtsfolgen der Genehmigungsversagung	48, 49
4. Ausnahmen vom Genehmigungserfordernis (§ 17 Abs. 3)	28–33	3. Arglisteinwand	50
a) Grundsatz	28	**VI. Verpfändung, Pfändung und Nießbrauch**	51–53
b) Gesellschafter	29	1. Verpfändung	51
c) Systematisches Verhältnis der Ausnahmetatbestände zueinander	30, 31	2. Pfändung	52
d) Keine Erstreckung auf Vermächtnisnehmer	32	3. Nießbrauch	53
e) Anmeldeerfordernis gem. § 16	33	**VII. Österreichisches Recht**	54

I. Die Teilung von Geschäftsanteilen

1. Normzweck. Zweck der Regelung des § 17 ist nach allgM bei der GmbH, die 1 typischerweise personalistisch ausgestaltet ist, die Aufspaltung in eine Unzahl von Geschäftsanteilen zu vermeiden und den Handel mit Geschäftsanteilen zu erschweren, um so einer Vermehrung der Gesellschafter entgegenzutreten.[1] Zwar lässt § 17 Abs. 1 auch die Veräußerung von Teilen eines Geschäftsanteils zu. Er knüpft jedoch die Teilung zwingend an die Genehmigung der Gesellschaft und lässt gem. § 17 Abs. 3 Ausnahmen hiervon lediglich für die Veräußerung von Teilen von Geschäftsanteilen an Gesellschafter sowie für die Teilung zur Auseinandersetzung unter Erben eines Gesellschafters zu (i. e. hierzu bei Rn. 28 ff.).

2. Realteilung. Die Veräußerung eines Teiles eines Geschäftsanteils ist Realteilung; 2 es wird ein Geschäftsanteil in zwei oder mehrere Teile zerlegt mit der Folge, dass nach der rechtswirksamen Teilung mehrere, nunmehr selbstständige Geschäftsanteile anstelle des ursprünglichen einheitlichen Geschäftsanteils vorhanden sind. Die Teilung erfolgt ausschließlich nach Nennbeträgen. Eine Aufteilung etwa nach Stimmrecht und Gewinnbezugsrecht ist ebenso unzulässig wie die Teilung nach voll eingezahlten und nicht voll eingezahlten Teilen eines Geschäftsanteils.[2] Zur Frage der Verpfändung s. Rn. 51.

---

[1] BGHZ 14, 25, 34 = NJW 1954, 1401; *Hachenburg/Zutt* Rn. 1; *Lutter/Hommelhoff* Rn. 1; *Meyer-Landrut/Miller/Niehus* Rn. 1; *Scholz/Winter* Rn. 1.
[2] *Baumbach/Hueck/Fastrich* Rn. 3; *Hachenburg/Zutt* Rn. 3, 4; *Scholz/Winter* Rn. 2.

§ 17 2. Abschnitt. Rechtsverhältnisse der Gesellschaft und der Gesellschafter

3 **3. Sonderrechte, Teilung nach Nennbeträgen.** Sonderrechte, die mit einem Geschäftsanteil verbunden sind, können nicht getrennt vom Geschäftsanteil Gegenstand einer Teilung gem. § 17 sein, unabhängig davon, ob die Gesellschaft dies genehmigt oder nicht. Bestimmt etwa die Satzung, dass mit einem Geschäftsanteil das Recht verbunden ist, einen Geschäftsführer der Gesellschaft zu stellen, so kann dieses Recht nicht von dem Geschäftsanteil als selbstständiges Recht abgetrennt werden (wegen der Behandlung der mit dem Geschäftsanteil verbundenen Nebenleistungen gem. § 3 Abs. 2 bei der Teilung vgl. Rn. 43); insoweit bleibt lediglich die Änderung der Rechte im Wege der Satzungsänderung.

4 Eine **Volleinzahlung** auf den Geschäftsanteil **ist nicht Teilungsvoraussetzung,** auch ein nur zur Hälfte eingezahlter Geschäftsanteil etwa kann also zum Zwecke der Veräußerung oder bei Vererbung geteilt werden.

5 Nach der Teilung müssen die Nennbeträge der hierdurch geschaffenen Geschäftsanteile der Summe nach dem Nennbetrag des aufgeteilten Geschäftsanteils entsprechen. Im Übrigen ist gem. § 17 Abs. 4 die Regelung des **§ 5 Abs. 1 und 3** zwingend zu beachten. Insoweit sind auf Grund der Bestimmung des § 86 verschiedene Fälle zu unterscheiden:

6 – Bei Gesellschaften, die vor dem 1. 1. 1999 in das Handelsregister eingetragen worden sind (sog. Altgesellschaften), gelten § 5 Abs. 1 und 3 aF, wonach die Nennbeträge mindestens 500 DM betragen und durch 100 teilbar sein mussten, § 86 Abs. 1 S. 1 1. Halbs., 2 und 3. Ein Geschäftsanteil im Nennbetrag unter 200 DM ist sonach nicht teilbar (§ 5 Abs. 3). Eine Anpassung an den Euro ist gem. § 86 Abs. 1 S. 4 erst dann erforderlich, wenn nach dem 31. 12. 2001 eine Änderung des Stammkapitals erfolgen soll; nach einer solchen Regelung finden die für Neugesellschaften geltenden Bestimmungen Anwendung (hierzu Rn. 8).

7 – Entsprechendes gilt für Gesellschaften, die vor dem 1. 1. 1999 zur Eintragung in das Handelsregister angemeldet, aber erst nach dem 31. 12. 2001 eingetragen worden sind, § 86 Abs. 1 S. 1, Halbs. 2.

8 – Für Gesellschaften, die zwischen dem 1. 1. 1999 und dem 31. 12. 2001 oder nach dem 31. 12. 2001 zum Handelsregister angemeldet und eingetragen worden sind (sog. Neugesellschaften), gelten die Bestimmungen in § 5 Abs. 1, 3 nF, und zwar unabhängig davon, ob das Stammkapital bzw. die Stammeinlagen auf DM (vgl. hierzu § 86 Abs. 2) oder Euro lauten. Der Nennbetrag des durch die Teilung neu geschaffenen Geschäftsanteils muss sonach mindestens 100 € betragen und muss in Euro durch 50 teilbar sein. Daraus folgt, dass ein Geschäftsanteil im Nennbetrag unter 200 € nicht teilbar ist (§ 5 Abs. 3).

9 **Die Verweisung auf § 5 Abs. 1 und 3 ist zwingend.** In der Satzung können deshalb nur höhere Anforderungen (höhere Nennbeträge) für die Teilung vorgesehen werden, keine niedrigeren.

10 Schwierigkeiten bereitet die Bestimmung des § 17 Abs. 4 bei der Teilung von **Geschäftsanteilen, die zulässigerweise abweichend von § 5 Abs. 1, 3 festgesetzt worden sind,** beispielsweise auf den nicht durch 100 DM bzw. 50 € teilbaren Betrag von 1040 DM bzw. €.[3] Derartige Gestaltungen können etwa auf Grund von § 44 Abs. 4 DMBilG (Währungsumstellung),[4] § 57h Abs. 1 S. 2 (Kapitalerhöhung aus Gesellschaftsmitteln), § 58a Abs. 3 S. 2 (Vereinfachte Kapitalherabsetzung), § 86 Abs. 1 S. 4 (Euro-Umstellung) bzw. auf Grund von §§ 46 Abs. 1 S. 3, 55 Abs. 1 S. 2, 125,

---

[3] S. hierzu *Scholz/Winter* Rn. 11 b.
[4] Wirtschaftsgesetzblatt Nr. 32 vom 30. 8. 1949, S. 279.

Veräußerung von Teilen eines Geschäftsanteils §17

139 S. 1, 243 Abs. 3 S. 2, 258 Abs. 2 UmwG[5] eintreten. Auch wenn ein derartiger Geschäftsanteil geteilt werden soll, darf hierdurch kein Anteil mit einem Nennbetrag von unter 500 DM bzw. 100 € entstehen (zu den unterschiedlichen Nennbeträgen s. bei Rn. 6 ff.); der nicht durch 100 DM bzw. 50 € teilbare Spitzenbetrag muss bei einem der Geschäftsanteile ungeteilt verbleiben, die zitierten Bestimmungen lassen es also nicht etwa zu, den Spitzenbetrag ebenfalls aufzuteilen.[6] Im genannten Beispiel dürften also im Wege der Teilung ein Geschäftsanteil über 500 € bzw. 500 DM und ein solcher über 540 € bzw. 540 DM gebildet werden, nicht aber zwei Geschäftsanteile von 520 €/DM.

4. Entbehrlichkeit der Genehmigung, Teilung im Gründungsstadium. In manchen Fällen ist die Genehmigung nach § 17 **entbehrlich**. Hierzu zählt zunächst die Teilung von Geschäftsanteilen durch den Alleingesellschafter.[7] Ebenfalls keiner Genehmigung bedarf es, wenn in einer Zweipersonen-Gesellschaft der eine Gesellschafter einen Teil seines Geschäftsanteils auf den anderen überträgt.[8] Entsprechendes gilt nach dem BGH, wenn bei der Zweipersonengesellschaft der übertragende Gesellschafter im Einverständnis des anderen gehandelt hat und die förmliche Erklärung der Gesellschaft ohne weiteres hätte abgeben können.[9] Wirken alle Gesellschafter bei Teilabtretungen mit, so bedarf es ebenfalls keiner besonderen Genehmigung, weil diese bereits in der Mitwirkung sämtlicher Gesellschafter an dem Teilungsvorgang liegt.[10] Keine Teilung iS des § 17 stellt die Unterbeteiligung Dritter am Geschäftsanteil dar (i. e. hierzu bei § 15).

11

Im **Gründungsstadium**, also im Zeitraum zwischen der Errichtung und der Eintragung der Gesellschaft, sind Teilungen des Geschäftsanteils im Wege der Satzungsänderung möglich. Eine Teilabtretung im Sinne des § 17 scheitert demgegenüber daran, dass nach dem Sinn und Zweck des § 2 abweichend von den allgemeinen Grundsätzen bis zur Eintragung der Gesellschaft über die Mitgliedschaft als solche nicht verfügt werden kann.[11]

12

5. Begriff der Veräußerung. Der Begriff der Veräußerung des § 17 entspricht dem der Abtretung in § 15 Abs. 3. § 17 betrifft mithin die **dingliche Übertragung von Teilen eines bis dahin einheitlichen Geschäftsanteils** von einem Rechtsträger auf einen anderen, **nicht** aber **das schuldrechtliche Geschäft** (Kauf, Schenkung etc.), dessen Wirksamkeit von § 17 unberührt bleibt. Die Erwähnung der Teilung eines Geschäftsanteils im Zusammenhang mit der „Vererbung" bedeutet dabei nicht etwa, dass der Geschäftsanteil durch den Erbfall sich aufspalten und anteilig auf die einzelnen Mitglieder der Erbengemeinschaft übergehen würde. Gemeint ist insoweit allein die zum Zwecke der Auseinandersetzung einer Erbengemeinschaft erfolgende Aufteilung des Geschäftsanteils auf die einzelnen Miterben; § 17 Abs. 6 S. 1 hat insoweit also nur klarstellende Bedeutung, da auch in diesem Falle der Rechtsträger wechselt (die erbrechtliche Gesamthand bzw. die Miterben in ihrer gesamthänderischen

13

---

[5] Zum Umwandlungsrecht eingehend Anh. § 77.
[6] *Roth/Altmeppen* Rn. 11; *Baumbach/Hueck/Fastrich* Rn. 7; *Scholz/Winter* Rn. 11 b; teilweise wohl abw. Vorauf. Rn. 3.
[7] RG JW 1933, 2833; BGH WM 1988, 1335 = GmbHR 1988, 337, 339; BGH GmbHR 1991, 311, 313; *Hachenburg/Zutt* Rn. 32; *Scholz/Winter* Rn. 32.
[8] RGZ 130, 39, 45; *Hachenburg/Zutt* Rn. 32; *Scholz/Winter* Rn. 32.
[9] BGH GmbHR 1988, 337, 339; *Hachenburg/Zutt* Rn. 32; krit. hierzu *Scholz/Winter* Rn. 32 Fn. 75.
[10] BGHZ 15, 324, 329 f. = NJW 1955, 220; *Hachenburg/Zutt* Rn. 32; *Scholz/Winter* Rn. 32.
[11] S. hierzu bei § 11; *Hachenburg/Ulmer* § 11 Rn. 34 f.

§ 17 2. Abschnitt. Rechtsverhältnisse der Gesellschaft und der Gesellschafter

Verbundenheit übertragen Teile des Geschäftsanteils auf einzelne Mitglieder, wegen der Einzelheiten s. noch bei Rn. 28 ff.

14 Notwendig ist ein **rechtsgeschäftliches Handeln.** Der – ohnehin so nicht in Betracht kommende – gesetzliche Übergang von Teilen des Geschäftsanteils unterfällt nicht § 17, insbesondere stellt der erbrechtliche Übergang des Geschäftsanteils auf eine Erbengemeinschaft keinen Übergang von Teilen auf die einzelnen Miterben dar. Zur Anwendbarkeit des § 17 im Rahmen der Auseinandersetzung der Erbengemeinschaft s. noch bei Rn. 28 ff.), zur Verpfändung und der Nießbrauchsbestellung an dem Teil eines Geschäftsanteils s. Rn. 51, 53.

15 **Keine Teilung** eines Geschäftsanteils liegt vor, wenn der Geschäftsanteil als Ganzes an mehrere Personen als Bruchteilgemeinschaft, eine Erbengemeinschaft, an eine eheliche Gütergemeinschaft oder an eine Personengesellschaft (einschließlich der Gesellschaft bürgerlichen Rechts) oder eine juristische Person abgetreten wird.[12] Die Unterbeteiligung an einem Teil eines Geschäftsanteils ist ebenso wenig Teilung iS des § 17 wie die rein schuldrechtliche Verpflichtung, einen Teil des Gewinns eines Geschäftsanteils an einen Dritten abzuführen; auch diese Vereinbarungen fallen nicht unter § 17.[13] Ebensowenig liegt ein Fall des § 17 vor, wenn mehrere Personen an einem Geschäftsanteil gem. § 18 beteiligt sind und einer den Geschäftsanteil unter Auszahlung der übrigen Beteiligten allein behält.[14]

II. Voraussetzungen der Teilung

16 **1. Zweck: Veräußerung des Geschäftsanteils.** Die Teilung eines Geschäftsanteils ist nach § 17 Abs. 6 nur im Falle der Veräußerung des Geschäftsanteils zulässig. Die Veräußerung des Geschäftsanteils von einer Erbengemeinschaft auf einzelne Miterben im Zusammenhang mit der Auseinandersetzung der Erbengemeinschaft stellt einen Unterfall der Übertragung dar, weshalb das Gesetz in Abs. 6 diesen Fall im Zusammenhang mit der Zulässigkeit der Teilung klarstellend ausdrücklich erwähnt (vgl. hierzu noch bei Rn. 28 ff.). Zum Begriff der Veräußerung s. bei Rn. 13.

17 In anderen Fällen als der Veräußerung ist die Teilung des Geschäftsanteils nicht zulässig. Ein **Verstoß** hiergegen führt zur Nichtigkeit der Teilung. Der bloße Wunsch, einen einmal übernommenen Geschäftsanteil in einer Hand zu stückeln etwa um solche Geschäftsanteile auf Vorrat zu besitzen, um sie leichter veräußern zu können, genügt den Teilungsvoraussetzungen des § 17 Abs. 1 nicht.[15] Eine solche Teilung „in einer Hand" ist selbst dann nichtig, wenn die Gesellschaft die Genehmigung erteilt hat.[16]

18 Die **Teilung des Geschäftsanteils tritt zeitgleich mit der wirksamen Übertragung des** betreffenden **Teils ein.** Ist die Genehmigung der Gesellschaft bereits vor der Abtretung erteilt worden, fällt die Wirksamkeit mit dem im Abtretungsvertrag bestimmten Zeitpunkt zusammen. Wird sie erst nachträglich erteilt, wird die zunächst schwebend unwirksame Teilung nachträglich mit Rückwirkung wirksam. Ist ein Teil eines Geschäftsanteils veräußert und die Genehmigung der Gesellschaft erteilt worden und war die Übertragung, aus gleich welchen Gründen nichtig, so ist die Teilung nicht

---

[12] *Hachenburg/Zutt* Rn. 5; *Scholz/Winter* Rn. 4.
[13] *Hachenburg/Zutt* Rn. 6.
[14] *Hachenburg/Zutt* Rn. 5.
[15] *Hachenburg/Zutt* Rn. 7.
[16] KG J 35, A 175, 178 – Nr. 42; OLG Frankfurt WM 1978, 23; *Baumbach/Hueck/Fastrich* Rn. 6; *Hachenburg/Zutt* Rn. 7; *Scholz/Winter* Rn. 6.

wirksam geworden, da es am Tatbestand der Veräußerung fehlt. Der Geschäftsanteil verbleibt als Ganzes in der Hand seines bisherigen Inhabers.[17]

2. Anmeldung gem. § 16 als Genehmigungsvoraussetzung. Voraussetzung der Genehmigung nach § 17 Abs. 1 ist, dass der Gesellschafter, dessen Geschäftsanteil geteilt werden soll, bei der Gesellschaft gem. § 16 angemeldet ist, da auf Grund der unwiderleglichen Vermutung des § 16 Abs. 1 gegenüber der Gesellschaft allein der angemeldete Geschäftsanteilsinhaber als Gesellschafter gilt. In diesem Sinne lässt sich davon sprechen, dass die Anmeldung gem. § 16 Teilungsvoraussetzung ist; in dem Antrag auf Teilung eines Geschäftsanteils wird man allerdings, sofern der um die Genehmigung nach § 17 nachsuchende Gesellschafter bei der Gesellschaft noch nicht angemeldet worden ist, zugleich seine Anmeldung gem. § 16 Abs. 1 zu sehen haben, wie auch allgemein angenommen wird, dass in dem Antrag auf Teilungsgenehmigung zugleich die Anmeldung des Erwerbers des durch die Teilung neu gebildeten Geschäftsanteils zu sehen ist.[18] 19

3. Zustimmung der Gesellschaft. a) Allgemeines. Die Veräußerung von Teilen eines Geschäftsanteils bedarf gem. § 17 Abs. 1, 2 der in jedem einzelnen Falle schriftlich zu erteilenden Genehmigung der Gesellschaft. Der im Plural gehaltene Wortlaut der Bestimmung umfasst dabei auch die Abtretung eines einzigen Teils des Geschäftsanteils.[19] Die Vorschrift ist **zwingend**,[20] Ausnahmen sind nur im Anwendungsbereich des § 17 Abs. 3 möglich (hierzu bei Rn. 28 ff.). Eine Satzungsbestimmung, die ganz generell, also ohne Einzelgenehmigung, die Zulässigkeit der Teilung von Geschäftsanteilen zum Zwecke der Veräußerung vorsieht, ist unwirksam.[21] Enthält die Satzung einer Gesellschaft eine solche Bestimmung, so bedarf die Veräußerung eines Teiles des Geschäftsanteils mithin gleichwohl in jedem Einzelfalle der Genehmigung der Gesellschaft gem. § 17 Abs. 1 und 2. Der **Begriff der „Genehmigung"** in § 17 ist wie in § 15 als „Zustimmung" zu verstehen, umfasst also sowohl die (im Vorhinein zu erteilende) Einwilligung im Sinne des § 183 BGB als auch die (nachträglich zu erteilende) Genehmigung im Sinne des § 184 BGB.[22] **Empfänger der Genehmigung** nach § 17 können – sofern nicht im Einzelfall § 181 BGB entgegensteht (Rn. 22) – sowohl der Veräußerer als auch der Erwerber sein, die Erklärung beiden gegenüber gemeinsam ist nicht erforderlich.[23] Hinsichtlich der Genehmigung der Gesellschaft nach § 17 Abs. 1 selbst ist zwischen dem Innen- (Rn. 21) und dem Außenverhältnis (Rn. 22) zu unterscheiden. 20

b) Beschluss der Gesellschafterversammlung. Im **Innenverhältnis** ist für die Erteilung der Genehmigung gem. § 17 ein Beschluss der Gesellschafterversammlung nach § 46 Nr. 4 erforderlich (s. hierzu bei § 46 Rn. 19 ff.). Der Beschluss bedarf grundsätzlich der einfachen Mehrheit der abgegebenen Stimmen, wobei der teilungswillige übertragende Gesellschafter und auch der Erwerber (sofern dieser bereits Gesellschafter ist) nach überwiegender und zutreffender Auffassung mitstimmen dürfen.[24] Der **Beschluss hat** jedoch **nur Bedeutung für das Innenverhältnis** und ist nicht 21

---

[17] *Baumbach/Hueck/Fastrich* Rn. 4; *Hachenburg/Zutt* Rn. 37.
[18] *Hachenburg/Zutt* Rn. 13, 36; *Scholz/Winter* Rn. 37 f.
[19] *Scholz/Winter* Rn. 16.
[20] *Hachenburg/Zutt* Rn. 22; *Scholz/Winter* Rn. 22.
[21] OLG Hamburg OLGE 37, 3; *Hachenburg/Zutt* Rn. 22.
[22] RGZ 64, 149, 151; OLG Hamburg OLGR 28, 359; *Roth/Altmeppen* Rn. 5; *Baumbach/Hueck/Fastrich* Rn. 9; *Hachenburg/Zutt* Rn. 27; *Lutter/Hommelhoff* Rn. 7; *Scholz/Winter* Rn. 23.
[23] *Roth/Altmeppen* Rn. 5; *Baumbach/Hueck/Fastrich* Rn. 10; *Lutter/Hommelhoff* Rn. 8.
[24] *Baumbach/Hueck/Fastrich* Rn. 10.

§ 17 2. Abschnitt. Rechtsverhältnisse der Gesellschaft und der Gesellschafter

Wirksamkeitsvoraussetzung für die vom Geschäftsführer nach außen zu erklärende Genehmigung der Gesellschaft (hierzu bei Rn. 22 ff.); das Fehlen des notwendigen Beschlusses kann sich jedoch nach den allgemeinen Regeln über den evidenten Missbrauch der Vertretungsmacht (hierzu bei § 37 Rn. 54 ff.) auch auf das Außenverhältnis auswirken.[25] Von der tatsächlichen Struktur der Gesellschaft, personalistisch oder kapitalistisch, hängt die Frage der Außenwirkung nicht ab.[26] Die **Satzung** kann für den Gesellschafterbeschluss strengere Erfordernisse aufstellen, etwa dadurch, dass sie eine Beschlussfassung mit Dreiviertelmehrheit oder sogar einen einstimmigen Beschluss aller Gesellschafter verlangt. Die Satzung kann ferner vorsehen, dass neben der Gesellschafterversammlung auch ein Überwachungsorgan der Gesellschaft, etwa der Beirat oder der Aufsichtsrat, der Genehmigung der Gesellschafterversammlung zustimmen muss (§ 46 Rn. 19 ff.).[27] Die Satzung kann auch bestimmen, dass anstelle der Gesellschafterversammlung, des Beirates oder des Aufsichtsrates der Gesellschaft ein Dritter, etwa ein Schiedsgericht, über die Genehmigung entscheidet.[28] Ob die Genehmigung durch eine Satzungsbestimmung auch allein den Geschäftsführern übertragen werden kann, ist ungeklärt. Für die Zulässigkeit einer solchen Regelung spricht, dass § 45 Abs. 2 eine solche statutarische Regelung nicht ausdrücklich ausschließt und § 46 Nr. 4 dispositiver Natur ist. Ob sich eine solche Regelung allerdings empfiehlt, ist zweifelhaft.

22   c) **Genehmigungserklärung. aa) Vertretungsberechtigung.** Ist die Genehmigung zur Teilung zum Zwecke der Veräußerung von der Gesellschafterversammlung oder dem sonst zuständigen Organ der Gesellschaft erklärt worden, so wird die Genehmigung im **Außenverhältnis** von den Geschäftsführern ausgesprochen. Der Ausspruch stellt die Umsetzung der von der Gesellschafterversammlung erklärten Genehmigung dar. Es müssen dabei nicht sämtliche Geschäftsführer mitwirken, sondern es genügt eine zur Vertretung der Gesellschaft genügende Zahl von Geschäftsführern. Ist einzelnen Geschäftsführern Einzelvertretung erteilt, so erklärt ein solcher Geschäftsführer die Genehmigung allein, vertreten zwei Geschäftsführer die Gesellschaft gemeinsam, so genügt die Genehmigung durch diese beiden Geschäftsführer.[29] Auf die Erteilung der Genehmigung findet **§ 181 BGB** Anwendung. Ein von den Beschränkungen dieser Bestimmung nicht befreiter Geschäftsführer, der selbst an dem Übertragungsgeschäft als Vertragspartner beteiligt ist, kann die Genehmigung sich selbst gegenüber deshalb nicht aussprechen; möglich ist ihm jedoch die Erklärung gegenüber dem jeweils anderen Vertragsteil.[30]

23   Die Genehmigung durch einen einzelvertretungsberechtigten Prokuristen oder etwa im Falle der unechten Gesamtvertretung durch einen Geschäftsführer und einen Prokuristen ist selbst dann nicht ausreichend, wenn die Gesellschaft gemäß den Bestimmungen des Gesellschaftsvertrages auch durch einen Geschäftsführer und einen Proku-

---

[25] RGZ 64, 151; BGHZ 14, 25, 34 = NJW 1954, 1401; *Roth/Altmeppen* Rn. 6; *Hachenburg/Hüffer* § 46 Rn. 36; *Hachenburg/Zutt* Rn. 26; *Lutter/Hommelhoff* Rn. 8; *Scholz/Winter* Rn. 20; wohl auch *Baumbach/Hueck/Fastrich* Rn. 10; für Außenwirkung dagegen *Baumbach/Hueck/Zöllner* § 46 Rn. 19; *Brodmann* Anm. 2c; *Beck'sches HdB GmbH/Kallmeyer* Rn. 1006.
[26] Zutr. *Michalski* GmbHR 1991, 89, 90 f.; *Roth/Altmeppen* Rn. 6; *Lutter/Hommelhoff* Rn. 8; *Scholz/Winter* Rn. 20; anders OLG Nürnberg GmbHR 1990, 166, 168 (bei personalistischer Struktur sei stets auch die Zustimmung der Gesellschafterversammlung erforderlich); offengelassen bei BGHZ 14, 25, 31 = NJW 1954, 1401.
[27] *Scholz/Winter* Rn. 21.
[28] *Scholz/Winter* Rn. 21; allgemein auch *Ulmer*, FS Werner, 1984, S. 923.
[29] *Hachenburg/Zutt* Rn. 25; *Lutter/Hommelhoff* Rn. 8; *Scholz/Winter* Rn. 22.
[30] RGZ 85, 46, 51; *Hachenburg/Zutt* Rn. 26.

Veräußerung von Teilen eines Geschäftsanteils § 17

risten vertreten werden kann. Hingegen genügt die Unterzeichnung der Genehmigungsurkunde durch einen vom Geschäftsführer beauftragten **Bevollmächtigten**,[31] etwa einen die Gesellschaft vertretenden Rechtsanwalt.

Befindet sich die Gesellschaft in **Liquidation,** so wird die Genehmigungserklärung 24 durch den Liquidator abgegeben. Im Falle der **Insolvenz** fällt die Erklärungszuständigkeit nicht in den Aufgabenbereich des Insolvenzverwalters, sondern bleibt bei den Geschäftsführern, die auch insoweit in vertretungsberechtigter Zahl zu handeln haben.[32] Die Zuständigkeit der Geschäftsführer ist zwingend; die Satzung kann deshalb die Zuständigkeit der Gesellschafterversammlung oder eines anderen Gesellschaftsorgans für die Erteilung der Zustimmung nach außen nicht wirksam vorschreiben.[33]

Haben die Geschäftsführer in vertretungsberechtigter Zahl die **Genehmigung** 25 erklärt, **ohne** dass ein wirksamer **Beschluss der Gesellschafterversammlung** oder etwa weiterer satzungsgemäß zuständiger Organe vorliegt, so ist die Genehmigungserklärung der Geschäftsführer gleichwohl wirksam; auch die Teilung des Geschäftsanteils ist aus diesem Grunde nicht anfechtbar.[34] Die Zustimmung der Gesellschafterversammlung hat lediglich Bedeutung für das Innenverhältnis, was allerdings nicht ausschließt, dass die Erklärung nach den Grundsätzen des Missbrauchs der Vertretungsmacht unbeachtlich sein kann (Rn. 21).

bb) Schriftform. Die Genehmigungserklärung bedarf gem. § 17 Abs. 2 zwingend 26 der **Schriftform gemäß § 126 BGB.** Notwendig ist sonach eine von den Geschäftsführern in vertretungsberechtigter Zahl oder durch einen von ihnen hierzu Bevollmächtigten eigenhändig unterschriebene Urkunde.[35] Eine mündliche Erklärung oder eine konkludente Handlung ist anders als im Falle des § 15 Abs. 5 unwirksam, **eine stillschweigende Genehmigung ist** mithin **ausgeschlossen.** Es genügt, wenn die Genehmigungserklärung in einem Rechtsstreit über eine Anteilsteilung von der Gesellschaft schriftsätzlich ausdrücklich erklärt wird;[36] eine nur stillschweigende Billigung genügt dagegen auch in diesem Rahmen nicht.[37]

Inhaltlich muss die schriftliche Erklärung wegen der zwingenden Vorschrift des 27 § 17 Abs. 2 die **Person des Erwerbers** enthalten und den **Betrag** bezeichnen, welcher von der Stammeinlage des ungeteilten Geschäftsanteils auf jeden der durch die Teilung entstehenden Geschäftsanteile entfällt. Dabei genügt es, wenn der ursprüngliche Betrag des gesamten Geschäftsanteils und der Betrag des entstandenen Teils bezeichnet werden, weil sich hieraus der verbleibende Betrag des geteilten Geschäftsanteils errechnen lässt.[38] Die ausdrückliche Bezugnahme auf die Übertragungsurkunde

---

[31] RGZ 81, 1, 2; *Baumbach/Hueck/Fastrich* Rn. 11; *Hachenburg/Zutt* Rn. 25.
[32] *Baumbach/Hueck/Fastrich* Rn. 10; *Hachenburg/Zutt* § 15 Rn. 107; *Scholz/Winter* Rn. 19, § 15 Rn. 92, 211.
[33] RGZ 85, 46, 47; OLG Hamburg OLGR 28, 359; *Hachenburg/Zutt* Rn. 26; *Scholz/Winter* Rn. 21.
[34] RGZ 160, 225, 231; 64, 151; BGHZ 14, 25, 34 = NJW 1954, 1401; *Roth/Altmeppen* Rn. 6; *Hachenburg/Hüffer* § 46 Rn. 36; *Hachenburg/Zutt* Rn. 26; *Lutter/Hommelhoff* Rn. 8; *Scholz/Winter* Rn. 20; wohl auch *Baumbach/Hueck/Fastrich* Rn. 10; für Außenwirkung dagegen *Baumbach/Hueck/Zöllner* § 46 Rn. 19; *Brodmann* Anm. 2c; Beck'sches HdB GmbH/*Kallmeyer* Rn. 1006.; *Hachenburg/Zutt* Rn. 26; *Scholz-Winter* Rn. 20; *Baumbach/Hueck* Rn. 10.
[35] RGZ 130, 39, 47; *Baumbach/Hueck/Fastrich* Rn. 11; *Hachenburg/Zutt* Rn. 25; *Scholz/Winter* Rn. 22.
[36] RGZ 130, 39, 46f.; *Scholz/Winter* Rn. 23.
[37] RG LZ 1915, 356, 1916, 60; *Scholz/Winter* Rn. 23.
[38] RGZ 85, 46, 49; BGHZ 14, 25, 32 = NJW 1954, 1401; *Baumbach/Hueck/Fastrich* Rn. 11; *Hachenburg/Zutt* Rn. 24; *Scholz/Winter* Rn. 26.

Pentz

anstelle der Aufführung der Angaben in der Erklärung selbst ist zulässig, wenn diese die notwendigen Angaben enthält.[39] Der notwendige Inhalt der Erklärung kann aber nicht durch Umstände, die in ihr keinen Niederschlag gefunden haben, also auf sonst außerhalb der Genehmigungsurkunde liegende Umstände ergänzt werden.[40] Eine **Zeitangabe** ist nicht erforderlich.[41] Ein **Verstoß** gegen die notwendigen inhaltlichen Anforderungen macht die Genehmigungserklärung unwirksam.[42] Eine **bedingte Genehmigungserklärung** ist zulässig.[43]

28 **4. Ausnahmen vom Genehmigungserfordernis (§ 17 Abs. 3). a) Grundsatz.**
Gem. § 17 Abs. 3 kann die Satzung in zwei Fällen bestimmen, dass die sonst für die Veräußerung von Teilen eines Geschäftsanteils notwendige Genehmigung gem. § 17 Abs. 1 entbehrlich ist. Freigestellt werden können insoweit zunächst **Übertragungen** von Teilen eines Geschäftsanteils **an Mitgesellschafter**. Weiter lässt es § 17 Abs. 3 zu, in der Satzung für die Teilung von Geschäftsanteilen verstorbener Gesellschafter unter deren Erben von dem Genehmigungserfordernis abzusehen. Hiermit ist nicht gemeint, dass sich im Falle einer derartigen Satzungsbestimmung der Geschäftsanteil im Erbfall automatisch auf die Erben aufteilen würde; gemeint ist vielmehr die Teilung des Geschäftsanteils im Rahmen der Auseinandersetzung unter den Erben hierüber. Die beiden Ausnahmen des § 17 Abs. 3 sind die beiden einzigen Fälle, in denen wirksam von den Anforderungen des § 17 abgewichen werden kann; wegen der insoweit streitigen Erstreckung der Bestimmung auf die Teilung zur Übertragung auf ein Mitglied einer anderen Gesamthand vgl. bei Rn. 31, zur Frage der Teilung zur Erfüllung eines Vermächtnisses bei Rn. 32.

29 **b) Gesellschafter.** Wer **Gesellschafter** im Sinne des § 17 Abs. 3 ist, richtet sich im Grundsatz danach, wer gem. § 16 bei der Gesellschaft angemeldet ist; soweit – wie etwa im Falle der Gesamtrechtsnachfolge bei einer Umwandlung – eine Anmeldung nach § 16 entbehrlich ist (hierzu bei § 16 Rn. 18), ist sie auch im Zusammenhang mit § 17 Abs. 3 nicht notwendig. Wer **Erbe** ist, bestimmt sich nach §§ 1922 ff. BGB; falls Zweifel gegeben sind, hat sich ein Erbe durch Vorlage eines Erbscheins als solcher zu legitimieren.

30 **c) Systematisches Verhältnis der Ausnahmetatbestände zueinander.** Das systematische Verhältnis der beiden Fälle, die Veräußerung an einen Mitgesellschafter und zum Zwecke der Auseinandersetzung von Erben, ist streitig. Nach herrschender Meinung stellt die Teilung unter Miterben nur einen Unterfall der Veräußerung unter Gesellschaftern dar.[44] Nach anderer Auffassung handelt es sich bei dieser Regelung um einen eigenständigen Regelungsbereich.[45] Die Entscheidung der Frage hängt von der Einordnung der erbrechtlichen Gesamthand ab. Geht man mit der herrschenden Meinung davon aus, dass diese kein von den Erben zu unterscheidendes eigenständiges Zuordnungssubjekt darstellt, sind die Erben selbst die Gesellschafter; in diesem Fall läge bei der Teilung zum Zwecke der Erbauseinandersetzung lediglich ein Unterfall der

---

[39] BGHZ 14, 25, 34 = NJW 1954, 1401; *Baumbach/Hueck/Fastrich* Rn. 11; *Hachenburg/Zutt* Rn. 23.
[40] RGZ 85, 95; *Baumbach/Hueck/Fastrich* Rn. 11; *Hachenburg/Zutt* Rn. 23.
[41] OLG München GmbHR 1915, 142; *Scholz/Winter* Rn. 22; abw. Voraufl.
[42] BGHZ 14, 25, 32 = NJW 1954, 1401; *Baumbach/Hueck/Fastrich* Rn. 11.
[43] RGZ 88, 319, 325; *Baumbach/Hueck/Fastrich* Rn. 11; *Hachenburg/Zutt* Rn. 28; *Scholz/Winter* Rn. 26.
[44] BGHZ 32, 35, 39 = NJW 1960, 864; *Baumbach/Hueck/Fastrich* Rn. 13; *Hachenburg/Zutt* Rn. 18; *Lutter/Hommelhoff* Rn. 16; Voraufl. Rn. 14; offen gelassen *Roth/Altmeppen* Rn. 16.
[45] *Scholz/Winter* Rn. 28.

Veräußerung von Teilen eines Geschäftsanteils § 17

Übertragung unter Gesellschaftern vor. Geht man demgegenüber mit der neueren Auffassung[46] von der (Teil-)Rechtsfähigkeit auch der Erbengemeinschaft aus, enthält die die Erbauseinandersetzung betreffende zweite Variante eine eigene Ausnahmeregelung. Bedeutung kommt diesem Meinungsstreit in mehrerer Hinsicht zu. Geht man von einem Unterfall aus, ist die Teilung unter Miterben genehmigungsfrei, auch wenn die Satzung dies nicht ausdrücklich erwähnt, sondern nur die Genehmigungsfreiheit der Abtretung von Teilen von Geschäftsanteilen an Mitgesellschafter vorsieht. Geht man von einer eigenen Regelung aus, muss, da es dann um den Übergang eines Teils des Geschäftsanteils von der Erbengemeinschaft als dem Gesellschafter auf einen neuen Gesellschafter geht, die Genehmigung nach § 17 Abs. 1 erteilt werden. Bei der Annahme einer eigenständigen Ausnahmeregelung stellt sich darüber hinaus die Frage einer analogen Anwendung der Bestimmung bei der Übertragung von Teilen eines Geschäftsanteils von anderen Gesamthandsgemeinschaften/-gesellschaften auf ihre Mitglieder.

Im Rahmen einer **Stellungnahme** hierzu ist zunächst zu bemerken, dass der zweiten Variante in § 17 Abs. 3 das Modell zugrunde liegen dürfte, dass im Erbfall nicht die Erbengemeinschaft als solche, sondern jeder Erbe selbst Gesellschafter wird, wenn auch in gesamthänderischer Verbundenheit mit den übrigen Erben, die ebenfalls je für sich Gesellschafter geworden sind. Denn § 18 Abs. 3 zeigt, dass der Gesetzgeber für die Erbengemeinschaft nicht von einem einzigen Gesellschafter (der Erbengemeinschaft), sondern von einer Mitberechtigung der Erben und damit von mehreren Gesellschaftern ausgegangen ist. Da die gesetzlichen Bestimmungen über die Erbengemeinschaft des BGB jedoch in sich stimmiger erklärt werden können, wenn man von der (Teil-)Rechtsfähigkeit der Erbengemeinschaft ausgeht, ist anzunehmen, dass es sich bei dem zweiten Fall des § 17 Abs. 3 nicht um einen Unterfall des dort zuerst geregelten, sondern um einen eigenständigen Ausnahmefall von § 17 Abs. 1 handelt. Damit ist für die Auseinandersetzung einer Erbengemeinschaft hinsichtlich dieses Geschäftsanteils dann, wenn insoweit keine ausdrückliche Freistellung in der Satzung vorgesehen ist, die Genehmigung der in diesem Zusammenhang erfolgten Teilung nach § 17 Abs. 1 auch dann erforderlich, wenn die Teilung zum Zwecke der Übertragung an einen Mitgesellschafter nach § 17 Abs. 3 in der Satzung genehmigungsfrei gestellt ist. Analogiefähig für den Fall der Übertragung von einer sonstigen Gesamthand auf deren Mitglieder ist die Bestimmung gleichwohl nicht. Denn § 17 Abs. 3 2. Var. liegt erkennbar das Bestreben zugrunde, die Auseinandersetzung der gesetzlich von vornherein auf ihre Auflösung angelegten Erbengemeinschaft nicht zu erschweren, sondern abweichend von den sonst geltenden Grundsätzen weitgehend zu erleichtern. Insoweit unterscheidet sich diese Gestaltung wertungsmäßig von sonstigen Gesamthandsgemeinschaften/-gesellschaften, bei denen dies typischerweise gerade nicht der Fall ist. Auch bei der Teilung eines beispielsweise im Eigentum einer Gesellschaft bürgerlichen Rechts stehenden Geschäftsanteils ist daher die Genehmigung nach § 17 Abs. 1 in jedem Falle erforderlich, und zwar unabhängig davon, ob die Satzung die genehmigungsfreie Teilung für den Fall der Auseinandersetzung der Erbengemeinschaft oder sogar für die Übertragung von der Gesellschaft bürgerlichen Rechts auf einen ihrer Mitgesellschafter vorsieht.

d) Keine Erstreckung auf Vermächtnisnehmer. Streitig ist, ob Vermächtnisnehmer den Erben gleichgestellt werden können, ob also die Freistellung der Teilung zum Zwecke der Erbauseinandersetzung auch den Fall der Teilung zur Erfüllung eines

---

[46] Bejahend *Grunewald* AcP 197 (1997), 305 ff; zuvor bereits etwa *Flume* Personengesellschaft § 4 II F. 48; wegen Fehlens der – allerdings durchaus möglichen – Identitätsausstattung verneinend *Ulmer* AcP 198 (1998), 113, 124 ff.

Vermächtnisses erfasst bzw. ob eine solche Regelung jedenfalls in der Satzung vorgesehen werden kann.[47] Der dies ablehnenden Auffassung ist zu folgen. Eine derartige Erstreckung würde, da sie vom Wortlaut der Bestimmung nicht gedeckt ist, nur im Wege einer entsprechenden Anwendung des § 17 Abs. 3 erreicht werden können, was indessen nicht möglich ist. § 17 Abs. 3 liegt erkennbar das gesetzgeberische Anliegen zugrunde, die Auseinandersetzung der auf ihre Auflösung angelegten Erbengemeinschaft unter Abweichung von den sonst geltenden Grundsätzen nach § 17 Abs. 1 nicht zu erschweren. Mit diesem Fall ist die Teilung zum Zwecke der Erfüllung eines Vermächtnisses wertungsmäßig nicht zu vergleichen. Insoweit bleibt lediglich die Möglichkeit, den vorgesehenen Vermächtnisnehmer testamentarisch ggf. zum Miterben zu machen.

33 **e) Anmeldeerfordernis gem. § 16.** Hat ein Gesellschafter bei Vorliegen einer entsprechenden Satzungsbestimmung einen Teil seines Geschäftsanteils an einen Mitgesellschafter übertragen, so bedarf es einer Anmeldung bei der Gesellschaft gem. § 16, um die Wirkungen des § 16 gegenüber den erwerbenden Mitgesellschaftern auch im Umfang des erworbenen Teilgeschäftsanteils eintreten zu lassen. Dies gilt in gleicher Weise im Falle der Teilung unter den Erben, da die Gesellschaft Klarheit darüber gewinnen muss, welche Mitglieder der Erbengemeinschaft welche Teilanteile übernommen haben.

34 **5. Verbot gleichzeitiger Übertragung mehrerer Teile eines Geschäftsanteils (§ 17 Abs. 5). a) Grundsatz.** Eine gleichzeitige Übertragung mehrerer Teile eines Geschäftsanteils an den gleichen Erwerber ist kraft ausdrücklicher Regelung des § 17 Abs. 5 unzulässig. Die Bestimmung ist **zwingend,** ein Verstoß hiergegen führt zur **Nichtigkeit des dinglichen Rechtsgeschäfts.** Die Satzung kann von der gesetzlichen Bestimmung nicht abweichen; ein Verstoß hiergegen kann deshalb auch nicht durch eine entsprechende Beschlussfassung der Gesellschafterversammlung und/oder die Genehmigung der Geschäftsführer geheilt werden, die Abtretung bleibt insgesamt nichtig.[48] Ob sich das Übertragungsgeschäft teilweise über **§ 139 BGB** aufrecht erhalten lässt, ist eine Frage des Einzelfalls, wird aber praktisch kaum einmal in Betracht kommen.[49] Ob sich – insbesondere bei Vorhandensein einer salvatorischen Klausel, die eine automatische Anpassung des sonst unwirksamen Rechtsgeschäfts vorsieht – der Vertrag dahin aufrecht erhalten lässt, dass der Erwerber einen ungeteilten Geschäftsanteil erwirbt, ist ebenfalls eine Frage des Einzelfalls.[50] Das von dem dinglichen (Übertragungs-)Geschäft zu unterscheidende **schuldrechtliche Geschäft,** der zugrundeliegende Verpflichtungsvertrag, wird durch § 17 Abs. 5 nicht geregelt. Es kann nach § 306 BGB nichtig sein, weil es auf eine rechtlich unmögliche Leistung (Übertragung mehrerer Teile eines Geschäftsanteils) gerichtet ist.[51] Da die Auslegung der Nichtigkeitsregelung vorgeht, ist jedoch vorab zu prüfen, ob der schuldrechtliche Vertrag mit einem anderen Inhalt (etwa dem Erwerb eines einzigen – gesamten – Teils des Geschäftsanteils) aufrechterhalten werden kann.

---

[47] Dafür *Becker* GmbHR 1937, 250; *Winter* GmbHR 1960, 89; *Däubler* Die Vererbung des Geschäftsanteils, 1965, S. 35; *Brodmann* Anm. 3; *Hachenburg/Zutt* Rn. 18; *Scholz/Winter* Rn. 31; Vorauflage Rn. 1, 14; dagegen BGHZ 32, 35, 39 = NJW 1960, 864; *Baumbach/Hueck/Fastrich* Rn. 13; *Lutter/Hommelhoff* Rn. 16.
[48] OLG Braunschweig OLGE 16, 115, 116; *Baumbach/Hueck/Fastrich* Rn. 8.
[49] Wie hier MünchHdB GesR III/*Jasper* § 24 Rn. 12; eine Teilwirksamkeit ganz abl. *Baumbach/Hueck/Fastrich* Rn. 8; *Hachenburg/Zutt* Rn. 11; *Scholz/Winter* Rn. 12.
[50] *Hachenburg/Zutt* Rn. 11.
[51] *Scholz/Winter* Rn. 15 a.

Veräußerung von Teilen eines Geschäftsanteils § 17

b) Gleichzeitigkeit der Abtretung. § 17 Abs. 5 verbietet nur die gleichzeitige 35
Abtretung mehrerer Teile von Geschäftsanteilen an denselben Erwerber. Aus dem
Wortlaut der Bestimmung ergibt sich damit zunächst eine Abgrenzung in personeller
und gegenständlicher Hinsicht: Die gleichzeitige Übertragung mehrerer Teile eines
Geschäftsanteils auf mehrere **Erwerber,** wobei je ein Erwerber einen Teil erwirbt,
unterfällt nicht dem Verbot der Bestimmung. Ebenso wenig verbietet § 17 Abs. 5 die
gleichzeitige Übertragung mehrerer Teile von mehreren **Geschäftsanteilen** auf einen
einzigen Erwerber; hält ein Gesellschafter mehrere Geschäftsanteile, kann er mithin jeden von ihnen teilen und je einen Teil auf ein und denselben Erwerber übertragen, der
dann mehrere eigenständige Geschäftsanteile erwirbt.[52]

Schwierigkeiten bereitet die Reichweite des Verbots von § 17 Abs. 5 in den Fällen 36
des **sukzessiven Erwerbs mehrerer Teile eines Geschäftsanteils durch einen
Erwerber,** wenn also entweder mehrere aufeinander folgende Erwerbe von Geschäftsanteilsteilen bereits in einer Urkunde vorgesehen werden oder wenn aufeinander folgend mehrere Übertragungen von Teilen jeweils gesondert beurkundet werden. Hierzu werden mehrere Auffassungen vertreten: Nach zum Teil vertretener Auffassung soll
in diesen Fällen § 17 Abs. 5 nur dann anzuwenden sein, wenn die Übertragungen der
Teile des Geschäftsanteils in einer Urkunde vorgesehen sind;[53] der Begriff
„gleichzeitig" ist hiernach mithin als „in ein und derselben Urkunde" zu verstehen.
Nach anderer Ansicht kommt es darauf an, ob die Abtretung auf einem einheitlichen
Willensentschluss der Beteiligten beruht.[54] Eine dritte Meinung stellt darauf ab, ob die
Übertragung aus Selbstzweck erfolgt ist oder ob sie wirtschaftlich gerechtfertigt war,[55]
während eine vierte Meinung ähnlich hierzu das Merkmal einer „gleichzeitigen Übertragung" dann als erfüllt ansieht, wenn die Teilveräußerungen in einem „gewissen
zeitlichen und wirtschaftlichen Zusammenhang" stehen.[56] Eine Zwischenstellung nimmt
eine fünfte Meinung ein, nach der es auf eine Absprache und auf die wirtschaftliche
Rechtfertigung ankommen soll.[57]

Im Rahmen einer **Stellungnahme** hierzu ist zunächst zu bemerken, dass sich das 37
Verbot des § 17 Abs. 5 seinem Wortlaut nach nur auf die gleichzeitige Übertragung,
also die Vornahme des Übertragungsakts zur gleichen Zeit, erstreckt und der sukzessive
Erwerb sich damit außerhalb des Gesetzeswortlauts bewegt. Hieraus folgt, dass sich die
Beantwortung der Frage, inwieweit das Verbot über den Wortlaut der Bestimmung
hinaus auch auf zeitlich auseinanderfallende Übertragungen anzuwenden ist, nach den
Grundsätzen der Gesetzesumgehung und damit nach dem Sinn und Zweck der Bestimmung des § 17 Abs. 5 richtet. Da § 17 Abs. 5 den Materialien zufolge die
„willkürliche Vervielfältigung von Geschäftsanteilen" vermeiden will,[58] kann es auf die
Aufnahme des Geschäfts in ein und dieselbe Urkunde nicht ankommen. Da andererseits aber auch nicht die „Vervielfältigung" schlechthin ausgeschlossen werden soll, ge-

---

[52] *Roth/Altmeppen* Rn. 13; *Hachenburg/Zutt* Rn. 10; *Lutter/Hommelhoff* Rn. 17; *Scholz/Winter*
Rn. 12; ohne Begründung anders *Baumbach/Hueck/Fastrich* Rn. 8; *MünchHdB GesR III/Jasper*
§ 24 Rn. 10.
[53] KG OLGE 27, 371; *Koob/Seefeldt* GmbHR 1961, 140, 141; *Wolany* S. 127 f.; *Vogel* Anm. 5;
Meyer-Landrut/Miller/Niehus § Rn. 8.
[54] *Brodmann* Anm. 5.
[55] BGHZ 11, 124, 127 = NJW 1954, 146 = LM § 17 Nr. 1 m. Anm. *Fischer* (geschäftlich bedingt und wirtschaftlich gerechtfertigt); *Hachenburg/Zutt* Rn. 9; *Lutter/Hommelhoff* Rn. 17;
MünchHdB GesR III/*Jasper* § 24 Rn. 14.
[56] *Scholz/Winter* Rn. 15.
[57] *Baumbach/Hueck/Fastrich* Rn. 8.
[58] Vgl. hierzu die Ausführungen von *Fischer* in LM § 17 Nr. 1.

nügt ein zeitlicher Zusammenhang zur Erfüllung des Verbotstatbestands ebenfalls nicht. Nachdem es unter dem Gesichtspunkt der Gesetzesumgehung für die Ermittlung der Reichweite des ausgesprochenen Verbots maßgeblich auf den gesetzlich geregelten Fall ankommt, der in § 17 Abs. 5 eine Willensübereinstimmung zum Zeitpunkt der Übertragung mehrerer Teile eines Geschäftsanteils verlangt, kann auch nicht allein auf objektive Tatbestände abgestellt werden. Der Verbotstatbestand ist unter Berücksichtigung dieser Vorgaben unter Umgehungsaspekten vielmehr **nur dann** erfüllt, **wenn die Übertragung mehrerer Teile eines Geschäftsanteils von den Beteiligten zum gleichen Zeitpunkt gewollt ist und es für eine sukzessive Übertragung keinen sachlich rechtfertigenden Grund gibt.** Die Willensübereinstimmung der Beteiligten kann vermutet werden, wenn die Übertragung in einem engen zeitlichen Zusammenhang erfolgt, wobei sich für eine Abgrenzung insoweit der bei der verdeckten Sacheinlage verbreitet herangezogene Zeitraum von sechs Monaten anbietet. An einer sachlichen Rechtfertigung fehlt es, wenn die Übertragung insgesamt ohne weiteres zu ein und demselben Zeitpunkt hätte erfolgen können. Da das Gesetz keinen Zwang zur Zusammenlegung von Geschäftsanteilen und damit auch keine Notwendigkeit für das Beibehalten der Geschäftsanteile in ihrer historischen Zusammensetzung vorsieht, sondern allein die „willkürliche Vervielfältigung" verbietet, ist mithin auch die Übertragung einer Vielzahl von Teilen eines Geschäftsanteils auf einen Erwerber möglich, sofern hierfür eine sachliche Rechtfertigung besteht. Unter praktischen Gesichtspunkten empfiehlt es sich allerdings in jedem Falle, bei eng aufeinander folgenden Übertragungen mehrerer Teile eines Geschäftsanteils die Hintergründe dieses Vorgangs in der Übertragungsurkunde offen zulegen, um so spätere Auseinandersetzungen über die Wirksamkeit der Teilübertragung zu vermeiden.

III. Statutarische Regelungen – Modifizierung in der Satzung

38 1. **Erleichterung.** Erleichtern kann die Satzung das Genehmigungserfordernis nicht. Es kann der Gesellschaftsvertrag also nicht eine Befreiung von dem Erfordernis der Genehmigung von der Teilung eines Geschäftsanteils vorsehen; dies wäre unzulässig und nichtig.[59]

39 2. **Erschwerung.** Die Gesellschaft kann die Teilung eines Geschäftsanteils erschweren, etwa von einem qualifizierten Mehrheitsbeschluss der Gesellschafterversammlung, einem einstimmigen Gesellschafterbeschluss, von der Zustimmung aller Gesellschafter oder sonstigen Gründen abhängig machen. Geschieht dies in der **Ursprungssatzung** bei der Gründung der Gesellschaft, geht eine solche Regelung auf den Willen aller Gesellschafter zurück; später hinzukommende Gesellschafter müssen diese erschwerte Regelung gegen sich gelten lassen, weil sie die Rechtsverhältnisse so hinzunehmen haben, wie sie vorgefunden haben. Soll die Erschwerung später durch **Satzungsänderung** eingefügt werden, so genügt die Dreiviertelmehrheit des § 53 Abs. 2 nicht; es bedarf vielmehr der Zustimmung aller von der Erschwerung betroffenen Gesellschafter.[60]

40 Die **Aufhebung** einer die Teilung erschwerenden Satzungsbestimmung ist nach zutreffender Auffassung mit der Mehrheit des § 53 Abs. 2 im Wege der Satzungsänderung möglich.[61] Diese Mehheit genügt dagegen uU nicht, wenn die Teilbarkeit

---

[59] OLG Hamburg OLGE 37, 3; *Hachenburg/Zutt* Rn. 21; *Scholz/Winter* Rn. 29; *Zimmermann* BB 1966, 1171, 1172.
[60] *Hachenburg/Zutt* Rn. 35; *Scholz/Winter* Rn. 34; s. auch § 53 Rn. 26, 45.
[61] *Hachenburg/Zutt* Rn. 35; *Scholz/Winter* Rn. 34; s. auch § 53 Rn. 26, 45.

statutarisch für einen Teil der Geschäftsanteile ausgeschlossen ist, für andere nicht; in diesem Fall kann ein mit einem Sonderrecht ausgestatteter Geschäftsanteil vorliegen mit der Folge, dass eine Änderung der Zustimmung der betroffenen Gesellschafter bedarf.[62]

3. Ausschluss der Teilung (§ 17 Abs. 6 S. 2). Die Teilung von Geschäftsanteilen kann gem. § 17 Abs. 6 S. 2 in der Satzung generell ausgeschlossen werden. Enthält die Satzung eine solche Bestimmung, so ist eine Teilung rechtlich nicht möglich. Eine gleichwohl durch die Gesellschafterversammlung erfolgte Genehmigung ist ebenso unwirksam wie eine Genehmigungserklärung der Geschäftsführer.[63]   41

IV. Wirkungen der Genehmigung

1. Grundsatz. Ist die Genehmigung in schriftlicher Form erteilt, so wird aus dem abgeteilten Geschäftsanteil vom Zeitpunkt seiner Übertragung an (Rn. 13) ein selbstständiger Geschäftsanteil mit allen damit verbundenen Rechten und Pflichten, zB gem. §§ 16 Abs. 3, 24, 26.[64] Die Selbständigkeit bleibt bestehen, bis der neue Geschäftsan-teil mit einem anderen zusammengelegt wird. Auch wenn der der Veräußerer später den Geschäftsanteil zurückerwirbt, so bleibt dieser Geschäftsanteil selbstständig.[65]   42

2. Nebenpflichten. In Bezug auf Nebenpflichten gem. § 3 Abs. 2 sind die Rechtsfolgen einer Übertragung im Wege der Auslegung der konkreten Verpflichtung zu ermitteln. Im Einzelnen gilt insoweit Folgendes: Sind die **Nebenpflichten** ohne Veränderung ihres Inhalts **teilbar,** so gehen sie pro rata mit dem veräußerten Geschäftsanteil auf den Erwerber über.[66] Das gilt auch, wenn der ursprüngliche Geschäftsanteil in mehreren Teilen insgesamt an verschiedene Personen veräußert wird. Ist zB der geteilte Geschäftsanteil statutarisch mit einem Wettbewerbsverbot belastet, so lastet dieses Verbot auf jedem Teil des Geschäftsanteils.[67]   43

Ist die **Nebenpflicht höchstpersönlich** zu leisten oder unteilbar, ist etwa ein Fabrikgebäude oder ein Schutzrecht vom Inhaber des Geschäftsanteils zur Verfügung zu stellen bzw. die Leistung von Diensten als Geschäftsführer vorgesehen, so verbleibt diese Nebenpflicht beim Veräußerer der Teile des Geschäftsanteils. Überträgt der Veräußerer alle seine Geschäftsanteile, ist im Wege der Satzungsauslegung zu ermitteln, ob die Nebenpflicht erlischt oder bestehen bleibt. Kann der Erwerber des Teils des Geschäftsanteils die Nebenpflichten seinerseits erbringen, kann die Auslegung ergeben, dass keine höchstpersönliche Pflicht besteht.   44

3. Anteilscheine. Sind für die Geschäftsanteile der Gesellschaft Anteilscheine ausgegeben, so soll entsprechend § 444 BGB bei der Teilung des Geschäftsanteils die Aushändigung einer öffentlich beglaubigten Abschrift des Anteilscheins für den ganzen Anteil genügen.[68] Dieser Auffassung begegnen Bedenken. Durch die Teilung des Geschäftsanteils entstehen neue selbstständige und vollwertige Geschäftsanteile, die nicht mehr „Teilanteile" sind. Man wird deswegen dem Erwerber eines Teilge-   45

---

[62] *Hachenburg/Zutt* Rn. 35.
[63] *Hachenburg/Zutt* Rn. 33.
[64] *Hachenburg/Zutt* Rn. 38 f.; *Lutter/Hommelhoff* Rn. 20; *Meyer-Landrut/Miller/Niehus* Rn. 11.
[65] *Hachenburg/Zutt* Rn. 37; *Scholz/Winter* Rn. 36.
[66] *Hachenburg/Zutt* Rn. 39; *Scholz/Winter* Rn. 40.
[67] *Hachenburg/Zutt* Rn. 39.
[68] *Hachenburg/Zutt* Rn. 13; *Scholz/Winter* Rn. 10.

schäftsanteils das Recht zubilligen müssen, von der Gesellschaft einen selbstständigen Anteilschein auf den Nennbetrag seines neu gebildeten Geschäftsanteils zu verlangen, und zwar auch dann, wenn dies in der Satzung nicht ausdrücklich vorgesehen ist.

46 **4. Stellung des Erwerbers.** Ist die Teilung und Veräußerung eines Teilgeschäftsanteils von der Gesellschaft genehmigt und die Genehmigungserklärung von den Geschäftsführern gegenüber dem Erwerber oder dem Veräußerer erklärt worden, wobei sie mindestens einem von beiden zugehen muss,[69] so ist der Erwerber des Teilgeschäftsanteils mit seinem nunmehr rechtlich selbstständigen Geschäftsanteil Gesellschafter mit allen Rechten und Pflichten und zwar vom Zeitpunkt der Wirksamkeit der Abtretung an.[70]

V. Versagung der Genehmigung

47 **1. Allgemeines.** Die Genehmigung der Gesellschaft (hierzu bei Rn. 20 ff.) ist neben den weiteren Kautelen des § 17 Wirksamkeitsvoraussetzung für die Teilung des Geschäftsanteils. Die Entscheidung über die Erteilung der Genehmigung selbst ist nach pflichtgemäßem (nicht: freiem)[71] Ermessen[72] zu treffen. Was der pflichtgemäßen Ausübung des Ermessens entspricht, ist in erster Linie nach der Satzung und den dort enthaltenen Vorgaben zu beantworten.[73] Bedenken gegen eine dortige Ausgestaltung von Versagungsgründen bestehen nicht, da eine solche Bestimmung in jedem Fall auf die Zustimmung aller Gesellschafter – der Gründer in der Ursprungssatzung oder der Zustimmung aller Gesellschafter bei nachträglicher Einfügung – zurückgeht. Finden sich in der Satzung keine Vorgaben zur Frage der Versagung der Teilungsgenehmigung, darf die Zustimmung jedenfalls nicht willkürlich versagt werden. Im Übrigen ist zu beachten, dass sich die Rechtslage hier von derjenigen bei Vinkulierungsklauseln unterscheidet. Denn während bei der Frage der Zustimmung zur Übertragung von vinkulierten Geschäftsanteilen die Entscheidung der Gesellschafter für die Vinkulierung zu berücksichtigen ist, fehlt ohne eine ausdrückliche Satzungsbestimmung für den Fall der Teilabtretung eine solche Vorgabe. Auch § 17 selbst ist in diesem Zusammenhang zunächst nicht mehr zu entnehmen, als dass die „willkürliche Vervielfältigung" des Geschäftsanteils aus ordnungspolitischen Gründen vermieden werden soll (vgl. bereits bei Rn. 1). Allerdings zeigt die Zuweisung der Genehmigungserklärung an die Gesellschaft als solche bereits unmittelbar, dass diese keine beliebige Erweiterung des Gesellschafterkreises oder Kräfteverschiebung durch Teilung der Geschäftsanteile hinnehmen muss. Andererseits wird das Ermessen durch die die übrigen Gesellschafter und auch die Gesellschaft bindende Treupflicht (§ 13 Rn. 35 ff.) gebunden. Die Interessen der Gesellschaft als der Trägerin des Interesses ihrer Gesellschaftergesamtheit an der Beibehaltung der status quo sind daher in diesem Zusammenhang mit den konkreten Interessen des teilungswilligen Gesellschafters im Einzelfall gegeneinander abzuwägen. Darüber hinaus folgt aus der Treupflicht gegenüber dem teilungswilligen Gesellschafter, dass die Entscheidung der Gesellschaft innerhalb einer angemessenen Frist, bei deren Bestimmung die Notwendigkeit eines Beschlusses nach § 46 Nr. 4 zu berücksichti-

---

[69] RGZ 105, 152, 154.
[70] OLG München GmbHR 1937, 749.
[71] So noch RGZ 88, 319, 325; *Meyer-Landrut/Miller/Niehus* Rn. 5.
[72] *Lutter/Hommelhoff* Rn. 8; *Hachenburg/Zutt* Rn. 30; der Sache nach auch *Scholz/Winter* Rn. 27.
[73] Zutr. *Scholz/Winter* Rn. 27.

Veräußerung von Teilen eines Geschäftsanteils　　　　　　　　　　　　§ 17

gen ist, erfolgen muss;[74] zum Stimmrecht von Veräußerer und Erwerber in diesem Zusammenhang s. bei Rn. 21.

2. Rechtsfolgen der Genehmigungsversagung. Genehmigt die Gesellschaft die 48 Teilung und Abtretung nicht, so ist zu unterscheiden: Hat der Gesellschafter bereits die Verfügung über den bis zur wirksamen Genehmigung noch nicht existenten Teil des Geschäftsanteils vorgenommen, ist diese bis zur Versagung der Genehmigung schwebend und nach Ausspruch der Genehmigungsversagung endgültig unwirksam. Die Unwirksamkeit gilt gegenüber jedermann und nicht nur relativ. Während der Schwebe gegenüber dem Veräußerer vorgenommene Rechtshandlungen in Bezug auf den Anteil bleiben deshalb voll wirksam. Wird in den (mangels Genehmigung nicht existenten) Teil des Geschäftsanteils wegen einer Forderung gegen den Erwerber vollstreckt, geht die Zwangsvollstreckung ins Leere und ist unwirksam.

Hinsichtlich der Rechtsfolgen einer Genehmigungsversagung im Falle des Verkaufs 49 eines Teils eines Geschäftsanteils ist zu unterscheiden: Hat der Verkäufer für den Fall der Versagung der Genehmigung keine ausdrückliche vertragliche Vorsorge getroffen und ergeben sich auch keine konkludent vereinbarten Einschränkungen der Haftung des Verkäufers,[75] haftete er gegenüber dem Käufer nach §§ 433, 437, 440, 320 bis 327 BGB aF. Die Regelung des § 307 BGB aF stand einer Schadensersatzverpflichtung des Verkäufers wegen dessen Haftung nach § 437 BGB aF nicht entgegen;[76] § 307 BGB aF war wegen seiner Anknüpfung an § 306 BGB aF nicht einschlägig. Nach neuem Recht bestimmen sich die Rechte des Käufers nach §§ 453, 437 ff. BGB. Gegebenenfalls kann auch ein Fall der culpa in contrahendo vorliegen, wenn der Veräußerer den zukünftigen Erwerber nicht aufklärt.

3. Arglisteinwand. Die Berufung auf das Fehlen der Genehmigung wird in man- 50 chen Fällen für arglistig und damit unbeachtlich gehalten, etwa wenn bei der Einpersonen-Gesellschaft der einen Teil des Geschäftsanteils veräußernde Gesellschafter keinen Genehmigungsbeschluss fasst,[77] oder wenn in einer Zweipersonen-Gesellschaft die Teilabtretung an den anderen Gesellschafter erfolgt.[78] Diese Auffassung bereitet insoweit konstruktive Schwierigkeiten, als im Ergebnis die von der Geschäftsführung zu erklärende Zustimmung der Gesellschaft aus Gründen, die ihre Ursache bei ihren Gesellschaftern haben, ersetzt wird. Überzeugender erscheint es, hier den Anwendungsbereich des § 17 überhaupt einzuschränken (Rn. 11).

VI. Verpfändung, Pfändung und Nießbrauch

1. Verpfändung. Für die Verpfändung eines Teiles eines Geschäftsanteils gelten die 51 gleichen Grundsätze wie für die Veräußerung (Rn. 13 ff.).[79] Voraussetzung ist mithin zunächst, dass die Teilung von Geschäftsanteilen in der Satzung nicht ausgeschlossen und außerdem die Genehmigung der Gesellschaft zur Teilverpfändung erteilt worden ist. Die Verpfändung als solche führt noch nicht zur Teilung des Geschäftsanteils; erst

---

[74] *Roth/Altmeppen* Rn. 7; *Baumbach/Hueck/Fastrich* Rn. 12; *Hachenburg/Zutt* Rn. 30; *Scholz/Winter* Rn. 27.
[75] Vgl. hierzu die Nachweise bei Soergel/*Huber* § 437 Rn. 25.
[76] Abw. *Hachenburg/Zutt* Rn. 31 und Voraufl. Rn. 23.
[77] RGZ 142, 36, 37.
[78] RGZ 130, 39, 45.
[79] § 1274 Abs. 1 BGB; *Wiedemann* S. 422 f.; *Schuler* NJW 1956, 689, 691 und NJW 1960, 1423, 1425; *Scholz/Winter* § 15 Rn. 157.

im Rahmen der Verwertung des Pfandrechts kommt es zur Teilung, für die die nach § 17 erforderliche Genehmigung der Gesellschaft wegen der Zustimmung zur Teilverpfändung bereits vorliegt.

52 **2. Pfändung.** Wegen der Pfändung eines Teils eines Geschäftsanteils s. zunächst bei § 15 Rn. 134 ff. Die Pfändung eines Teils ist zulässig, aber kaum empfehlenswert, da für die Verwertung die Zustimmung der Gesellschaft nach § 17 erforderlich ist.[80]

53 **3. Nießbrauch.** Auch die Nießbrauchbestellung an einem Teil eines Geschäftsanteils ist zulässig. Es gelten ebenso wie bei der Verpfändung eines Teilgeschäftsanteils die Grundsätze für die Teilveräußerung und im Übrigen die Bestimmungen des § 15 (hierzu bei § 15 Rn. 70 ff.).

VII. Österreichisches Recht

54 Das österreichische Recht gestattet die Teilung eines Geschäftsanteils nur, wenn dem Gesellschafter in der Satzung die Abtretung von Teilen eines Geschäftsanteils gestattet ist; die Zustimmung der Gesellschaft kann vorbehalten werden, auch im Falle der Teilung von Geschäftsanteilen verstorbener Gesellschafter unter den Erben (§ 79 Abs. 1, 2 ÖGmbHG). Die Zustimmung der Gesellschaft bedarf der schriftlichen Form, und sie muss die Person des Erwerbers und den übernommenen Betrag der Stammeinlage bezeichnen. Hinsichtlich der zulässigen Stückelung und die Mindesteinzahlung finden die allgemeinen Vorschriften Anwendung, ebenso die Bestimmungen über die Haftung des Erwerbers, §§ 79 Abs. 4, 78 ÖGmbHG.

§ 18 [Mitberechtigung am Geschäftsanteil]

(1) **Steht ein Geschäftsanteil mehreren Mitberechtigten ungeteilt zu, so können sie die Rechte aus demselben nur gemeinschaftlich ausüben.**

(2) **Für die auf den Geschäftsanteil zu bewirkenden Leistungen haften sie der Gesellschaft solidarisch.**

(3) [1]**Rechtshandlungen, welche die Gesellschaft gegenüber dem Inhaber des Anteils vorzunehmen hat, sind, sofern nicht ein gemeinsamer Vertreter der Mitberechtigten vorhanden ist, wirksam, wenn sie auch nur gegenüber einem Mitberechtigten vorgenommen werden.** [2]**Gegenüber mehreren Erben eines Gesellschafters findet diese Bestimmung nur in bezug auf Rechtshandlungen Anwendung, welche nach Ablauf eines Monats seit dem Anfall der Erbschaft vorgenommen werden.**

Literatur: *Barella* Erbfolge bei GmbH-Gesellschaftern, GmbHR 1959, 45; *Becker* Tod des Gesellschafters der GmbH, GmbHR 1937, 215 ff., 248 ff.; *Buchwald* Gesellschaftsanteil und Erbrecht, AcP 154 (1955), 22; *ders.* Das Verhältnis von Erbrecht und Gesellschaftsvertrag, JR 1955, 173; *Däubler* Die Vererbung des Geschäftsanteils bei der GmbH, 1965; *P. Finger* Einziehung des Geschäftsanteils beim Tode eines Gesellschafters und Nachfolgeregelung, GmbHR 1975, 97; *Haegele* Rechtsbeziehungen und Wechselwirkungen zwischen GmbH-Satzung und Gesellschaftertestament, GmbHR 1972, 219; *Hohner* Zur Beteiligung von Personengesellschaften an Gesellschaften, NJW 1975, 718; *Koch* Die Beteiligung einer Gesellschaft bürgerlichen Rechts an der GmbH-Gründung, ZHR 146 (1982), 118; *Landmann* Zur Regelung der Gesellschafternachfolge in der Satzung einer GmbH, Diss. Bonn 1962; *Neukirchen* Zu-

---

[80] Zutr. *Baumbach/Hueck/Fastrich* Rn. 6.

wendungen für die Zeit nach dem Tode in Gesellschaftsverträgen, Diss. Köln 1939; *Pinkernelle* Gesellschaft mit beschränkter Haftung und Erbrecht, Diss. Bonn 1960; *K. Schmidt* Die obligatorische Gruppenvertretung im Recht der Personen-Gesellschaften in der GmbH, ZHR 146 (1982), 525; *Schneider* Der GmbH-Anteil bei der Auseinandersetzung eines Gesamthandvermögens, insbesondere der Erbengemeinschaft, GmbHR 1964, 157; *Schulze zur Wiesche* Unterbeteiligung an einem GmbH-Anteil, GmbHR 1986, 236 ff.; *Siegelmann* Die Erbfolge bei dem Einmann-Gesellschafter einer GmbH, GmbHR 1956, 118; *Sommer* Rechtliche Wege zur Bestands- und Nachfolgeregelung von Familiengesellschaften, Diss. Hamburg 1967; *Vogel* Zur Vererbung eines Geschäftsanteils, GmbHR 1971, 132; *Wiedemann* Die Übertragung und Vererbung von Mitgliedschaftsrechten bei Handelsgesellschaften, 1965; *ders.* GmbH-Anteile in der Erbengemeinschaft, GmbHR 1969, 247; *Wolany* Rechte und Pflichten des Gesellschafters einer GmbH, 1964.

Übersicht

	Rn.		Rn.
I. Normzweck, Geltungsbereich der Norm	1–4	**V. Solidarische Haftung der Mitberechtigten (§ 18 Abs. 2)**	19–25
1. Normzweck	1	1. Gesamtschuldnerische Haftung der Mitberechtigten	19–23
2. Geltungsbereich der Norm	2–4	2. Weitere Folgen der Nichterfüllung von Gesellschaftspflichten	24
II. Die Gesellschafter als Mitberechtigte	5	3. Interne Ausgleichspflicht	25
III. Gemeinschaftliche Rechtsausübung (§ 18 Abs. 1)	6–10	**VI. Rechtshandlungen der Gesellschaft gegenüber den Mitberechtigten (§ 18 Abs. 3 S. 1, 2)**	26–32
1. Einheitliche Rechtsausübung	6	1. Allgemeines	26, 27
2. Willensbildung und Umsetzung	7–10	2. Begriff der Rechtshandlungen	28–30
IV. Die Ausübung der Gesellschafterrechte durch einen gemeinsamen Vertreter (§ 18 Abs. 3 S. 1)	11–18	3. Sonderfall: Erbengemeinschaft (§ 18 Abs. 3 S. 2)	31, 32
1. Gemeinsamer Vertreter	11, 12	**VII. Österreichisches Recht**	33
2. Die Bestellung des Vertreters	13–18		

I. Normzweck, Geltungsbereich der Norm

1. Normzweck. § 18 bezweckt die Erleichterung des Rechtsverkehrs zwischen der Gesellschaft und den Gesellschaftern für den Fall, dass der Geschäftsanteil mehreren Personen gemeinsam ungeteilt zusteht.[1]   1

2. Geltungsbereich der Norm. Abgrenzungskriterium des § 18 ist die **dingliche Zuordnung des Geschäftsanteils.** Steht er mehreren (nach § 16 angemeldeten) Personen ungeteilt zu, ist § 18 anwendbar. Steht er demgegenüber einem einzigen Zuordnungssubjekt zu, scheidet jedenfalls seine unmittelbare Anwendung aus; zu prüfen bleibt dann allerdings, inwieweit die Bestimmung angesichts ihres Schutzzwecks entsprechend angewendet werden muss.   2

Bei Zugrundelegung dieses Abgrenzungskriteriums ergibt sich hinsichtlich des von § 18 erfassten Kreises von Mitberechtigten Folgendes: **Erfasst** werden von § 18 die **Bruchteilsgemeinschaft** (§§ 741 ff. BGB) und die **eheliche Gütergemeinschaft.** Ebenso findet § 18 Anwendung auf die **Erbengemeinschaft** (§§ 2032 ff. BGB), und zwar selbst dann, wenn man ihr mit einer neueren Auffassung Rechtssubjektivität zusprechen will;[2] dies folgt aus § 18 Abs. 3 S. 3, der ersichtlich von der Anwendbarkeit dieser Bestimmung auf die Erbengemeinschaft ausgeht.   3

---

[1] AllgM; *Baumbach/Hueck/Fastrich* Rn. 1; *Hachenburg/Zutt* Rn. 1.
[2] Bejahend *Grunewald* AcP 197 (1997), 305 ff.; zuvor bereits etwa *Flume* Personengesellschaft § 4 II; wegen Fehlens der – allerdings durchaus möglichen – Identitätsausstattung verneinend *Ulmer* AcP 198 (1998), 113, 124 ff.

4 **Nicht** unter den Anwendungsbereich des § 18 fällt demgegenüber entgegen der nahezu ganz hM die **Gesellschaft bürgerlichen Rechts.**[3] Da auch dieser Gesellschaftsform jedenfalls dann Rechtssubjektivität[4] zukommt, wenn sie über ein Gesamthandsvermögen verfügt, ist für die Annahme einer gemeinschaftlichen Berechtigung der Gesellschafter kein Raum. Auch eine entsprechende Anwendung der Bestimmung mit Blick auf die fehlende Registerpublizität dieser Gesellschaftsform kommt nicht in Betracht. Zum einen kann die gesetzlich zwar vorgeschriebene, für ihr Bestehen aber nicht konstitutive Handelsregisterpublizität auch bei der OHG oder der KG fehlen. Zum anderen besteht aber auch kein Bedürfnis für die Anwendung des § 18: § 18 Abs. 1 hat keinen Anwendungsbereich, weil die Gesellschaft bürgerlichen Rechts ohnehin als (einziger) Inhaber des Geschäftsanteils die Rechte nur einheitlich ausüben kann. Die solidarische (= gesamtschuldnerische, Rn. 19) Haftung der Gesellschafter der Gesellschaft bürgerlichen Rechts ergibt sich aus allgemeinen Grundsätzen und ist in dem hier betroffenen Bereich ohnehin zwingend.[5] Für die Anwendung des § 18 Abs. 3 besteht kein Bedürfnis, weil auch bei der Gesellschaft bürgerlichen Rechts jeder Vertreter (ob gemeinschaftliche Vertretung besteht oder die Gesellschaft durch einen oder mehrere Gesellschafter vertreten wird) zur Entgegennahme empfangsbedürftiger Willenserklärungen ermächtigt ist.[6] Etwaigen Unsicherheiten im Zusammenhang mit dem Ausscheiden eines vertretungsberechtigten Gesellschafters kann durch die Anwendung der §§ 171 Abs. 2, 173 BGB begegnet werden. Für den **nicht rechtsfähigen Verein** (§§ 54, 705 ff. BGB)[7] gilt Entsprechendes; des Rückgriffs auf seine körperschaftliche Organisation bedarf es zur Begründung hierfür entgegen der überwiegenden Meinung nicht. Die **Personenhandelsgesellschaft** (OHG, KG), die **EWIV** und die **Partnerschaftsgesellschaft** fallen ebenfalls nicht unter § 18. Dies folgt aus ihrer Rechtssubjektivität, die in §§ 124, 161 Abs. 2 HGB sowie § 7 Abs. 2 PartGG und § 1 EWiV-AusfG[8] iVm. § 124 Abs. 1 HGB gesetzlich bestimmt ist. Auch die **Vorgesellschaft** (Vor-GmbH, Vor-AG) ist ein eigenständiges, durch ihre Organe vertretenes Zuordnungssubjekt[9] und fällt damit nicht unter den Anwendungsbereich des § 18. Nicht von § 18 erfasst werden weiter die juristischen Personen des öffentlichen und des Privatrechts, wie der **eingetragene Verein,** die **GmbH,** die **Aktiengesellschaft,** die **KGaA,** der **Versicherungsverein auf Gegenseitigkeit,** die **eingetragene Genossenschaft** und **Stiftungen,** da sie als solche, also selbstständig, Rechte und Pflichten erwerben können.[10] § 18 findet auch keine Anwendung auf **Unterbeteiligungen** an

---

[3] Anders noch BGHZ 78, 311, 316 = NJW 1981, 682, 683; *Hohner* NJW 1975, 718, 720; *Roth/Altmeppen* Rn. 3 mit Hinweis auf die – allerdings auch bei der OHG mögliche – fehlende Registereintragung der GbR; *Baumbach/Hueck/Fastrich* Rn. 2; *Lutter/Hommelhoff* Rn. 2; *Hachenburg/Zutt* Rn. 6; *Scholz/Winter* Rn. 3a; zutreffend aA *Koch* ZHR 146 (1982), 118, 130 f.; *Hachenburg/Ulmer* § 2 Rn. 80.

[4] Vgl. hierzu auch BGH NJW 2001, 1056; ZIP 2002, 614 zur Rechtssubjektivität der GbR.

[5] Zur Haftung der Gesellschafter einer GbR s. BGH NJW 1999, 3483; BGH NJW 2001, 1056.

[6] MüKo BGB/*Ulmer* § 714 Rn. 19.

[7] Die Anwendbarkeit des § 18 auf den nicht rechtsfähigen Verein wird von der ganz überwM verneint, vgl. nur *Roth/Altmeppen* Rn. 4; *Baumbach/Hueck/Fastrich* Rn. 2; *Hachenburg/Zutt* Rn. 12; aA *Scholz/Winter* Rn. 3a.

[8] Gesetz zur Ausführung der EWG-VO über die Europäische Wirtschaftliche Interessenvereinigung (EWiV-Ausführungsgesetz) vom 14. 4. 1988, BGBl. I S. 514.

[9] Zur Vor-GmbH s. die Anm. zu § 11 mwN; zur Vor-AG statt anderer MüKo AktG/*Pentz* § 41 Rn. 24, 51.

[10] *Hachenburg/Zutt* Rn. 10; *Meyer-Landrut/Miller/Niehus* Rn. 2.

Mitberechtigung am Geschäftsanteil § 18

einem Geschäftsanteil oder im Falle des Nießbrauchs bzw. der Pfandbestellung; sie gewähren nur schuldrechtliche Ansprüche gegen den Inhaber des Geschäftsanteils, führen aber nicht zum Entstehen eines neuen, eigenständigen Zuordnungssubjekts oder zu einer gemeinschaftlichen Berechtigung am Geschäftsanteil.[11]

II. Die Gesellschafter als Mitberechtigte

5 Jeder Mitberechtigte an dem Geschäftsanteil ist selbst Gesellschafter. Dies folgt aus der fehlenden Rechtssubjektivität der unter § 18 fallenden Gestaltungen. Daraus folgt zugleich, dass jeder Mitberechtigte gem. § 16 bei der Gesellschaft anzumelden und er auch in die Gesellschafterliste gem. § 40 aufzunehmen ist. Außerdem hat dies Folgen für die Anwendung des § 17 Abs. 3; da der anteilig Berechtigte selbst Gesellschafter ist, kann die Veräußerung von Teilen von Geschäftsanteilen bei Vorliegen einer entsprechenden Satzungsbestimmung entbehrlich sein.[12] Soweit die Gesellschaftereigenschaft der einzelnen Teilhaber der Bruchteilsgemeinschaft verneint wird,[13] überzeugt dies wegen der fehlenden Rechtssubjektivität der Gemeinschaft nicht.[14] Die am Geschäftsanteil mitberechtigten Gesellschafter haben demgemäß auch das Recht, an der Gesellschafterversammlung teilzunehmen.

III. Gemeinschaftliche Rechtsausübung (§ 18 Abs. 1)

6 **1. Einheitliche Rechtsausübung.** Der ungeteilte Geschäftsanteil gewährt die aus ihm folgenden Verwaltungsrechte ebenfalls ungeteilt. Die **Verwaltungsrechte aus dem ungeteilten Geschäftsanteil können** deshalb nur gemeinschaftlich und damit **nur einheitlich ausgeübt werden.**[15] Das gilt für jede Rechtshandlung gegenüber der Gesellschaft, wie die Ausübung des Stimmrechts, die Stellung von Anträgen, die Geltendmachung der Auskunfts- und Einsichtsrechte gem. § 51a, das Recht zur Erhebung der Auflösungs-, Anfechtungs- oder Nichtigkeitsklage sowie die Geltendmachung der Vermögensrechte aus dem Geschäftsanteil, wie Gewinnanspruch und Anspruch auf den Liquidationserlös, oder der mit dem Geschäftsanteil verbundenen Sonderrechte, sowie die Geltendmachung eines Austrittsrechts.[16] Getrennte Geltendmachung solcher Rechte derart, dass gleichsam mit dem einen (ideellen) Teil des Geschäftsanteils für die Entlastung der Geschäftsführung gestimmt wird und mit dem anderen Teil gegen die Entlastung, ist danach nicht zulässig. Kommt unter den Mitberechtigten an einem Geschäftsanteil keine Einigung iS einer einheitlichen Stimmabgabe zustande, so kann das Stimmrecht aus dem Geschäftsanteil nicht ausgeübt werden.[17]

7 **2. Willensbildung und Umsetzung.** Von der Notwendigkeit der einheitlichen Stimmabgabe in dem Sinne, dass etwa bei der Bruchteilsgemeinschaft ein ideeller Anteil am Geschäftsanteil keine Stimmausübung mit diesem ideellen Anteil ermöglicht, sondern nur einheitlich insgesamt mit dem aus dem Geschäftsanteil folgenden Stimm-

---

[11] OLG Frankfurt/Main GmbHR 1987, 57; *Baumbach/Hueck/Fastrich* Rn. 2; *Hachenburg/Zutt* Rn. 3; *Scholz/Winter* Rn. 3, 16.
[12] *Baumbach/Hueck/Fastrich* Rn. 4; *Hachenburg/Zutt* Rn. 9; aA *Scholz/Winter* Rn. 12.
[13] *Scholz/Winter* Rn. 12.
[14] Abl. auch *Däubler* S. 22.
[15] Hierzu etwa *Wiedemann* GmbHR 1969, 247, 249.
[16] *Baumbach/Hueck/Fastrich* Rn. 4; *Hachenburg/Zutt* Rn. 18; *Scholz/Winter* Rn. 17ff.; *Lutter/Hommelhoff* Rn. 3.
[17] *Hachenburg/Zutt* Rn. 20.

§ 18   2. Abschnitt. Rechtsverhältnisse der Gesellschaft und der Gesellschafter

recht abgestimmt werden kann, zu unterscheiden ist die Frage, wie die der Stimmausübung zugrundeliegende Willensbildung und die Umsetzung derselben stattzufinden hat. Dies richtet sich nach dem Recht der jeweiligen Organisationsform, in der sich die Mitberechtigten befinden:

8   Steht der Geschäftsanteil mehreren Personen gemeinschaftlich in der Form der **Bruchteilsgemeinschaft** gem. §§ 741 ff. BGB zu, so erfolgt die Willensbildung gem. § 745 BGB mit Stimmenmehrheit. Die Stimmanteile sind gem. § 745 Abs. 1 S. 1 BGB nach der Größe der Anteile der Mitberechtigten zu berechnen. Streitig ist, ob aus der Formulierung des § 18 Abs. 1 („können sie die Rechte aus demselben nur gemeinschaftlich ausüben") folgt, dass die Mitberechtigten sich alle ausdrücklich in einem Sinne hinsichtlich der Stimmabgabe äußern müssen[18] oder ob bei Anwesenheit aller Mitberechtigten das Votum ihrer Mehrheit als einheitliche Stimmabgabe im Sinne des § 18 Abs. 1 gewertet werden kann.[19] Da § 18 nur die Einheitlichkeit der Stimmabgabe sichern will und allein in dem Sinne zu verstehen ist, dass sich das Stimmrecht aus dem Geschäftsanteil nicht auf die einzelnen Bruchteilsberechtigten neu aufteilt, kann der Wortlaut der Bestimmung der zweiten Auffassung nicht entgegen gehalten werden. Auch die Einheitlichkeit der Stimmabgabe ist bei Zulassung des Mehrheitsvotums als Erklärung des maßgeblichen Willens nicht tangiert. Zweifelsfällen in diesem Zusammenhang kann dadurch begegnet werden, dass der Leiter der Gesellschafterversammlung die Stimme nicht mitzählt. Der zweiten Auffassung ist daher zu folgen. Für die ungeteilte **Erbengemeinschaft** (§§ 2032 ff. BGB) gilt dies entsprechend, §§ 2038 Abs. 2, 745 BGB.

9   Besteht eine **eheliche Gütergemeinschaft** gem. §§ 1415 ff. BGB, so übt derjenige Ehegatte das Stimmrecht aus, der im Ehevertrag gem. § 1421 Abs. 1 S. 1 BGB als Verwalter bestimmt ist. Ohne eine solche ehegüterrechtliche Vereinbarung müssen sich die Ehegatten über die Stimmabgabe einigen (§ 1421 S. 2, §§ 1450 ff. BGB); können sie dies nicht, bleibt die Stimme unberücksichtigt.

10   Die Einigung über die Stimmabgabe aus dem ungeteilten Geschäftsanteil unter den Mitberechtigten (hierzu bei Rn. 8) erfolgt, soweit sie sich nicht bereits im Vorfeld der Gesellschafterversammlung geeinigt haben, ad hoc vor der Stimmabgabe selbst. Das ist wenig praktikabel und außerdem lästig. Es ist daher zu empfehlen, durch eine entsprechende **Satzungsbestimmung** vorzuschreiben, dass die Mitberechtigten ihre Gesellschafterrechte nur durch einen gemeinsamen Vertreter ausüben dürfen.[20] Das ist statutarisch uneingeschränkt zulässig, denn Abs. 1 ist abdingbar.[21] Fehlt eine entsprechende Satzungsbestimmung, so bleiben die Mitberechtigten an einem Geschäftsanteil gleichwohl berechtigt, sich durch einen gemeinsamen Vertreter bei der Ausübung ihrer Gesellschafterrechte vertreten zu lassen (§ 18 Abs. 3 S. 1 Halbs. 2). Zulässig ist auch die Bevollmächtigung von zwei oder mehr Personen. Es müssen sich die Mitglieder dieses Organs dann ebenfalls auf die einheitliche Stimmabgabe einigen. Gelingt die Einigung nicht, bleiben auch hier die Stimmen aus dem Geschäftsanteil bei der Abstimmung unberücksichtigt. Es können jedoch die Mitberechtigten vorschreiben oder festlegen, dass die Willensbildung unter den Vertretern mit Mehrheit erfolgt.

---

[18] In diesem Sinne *Hachenburg/Zutt* Rn. 20; *Lutter/Hommelhoff* Rn. 3; *Scholz/Winter* Rn. 20.
[19] So BGHZ 108, 21, 31 = NJW 1989, 2694 zur Erbengemeinschaft; OLG Karlsruhe NJW-RR 1995, 1189, 1190; *Wiedemann* GmbHR 1969, 247, 249; *Roth/Altmeppen* Rn. 11; *Scholz/K. Schmidt* § 47 Rn. 15.
[20] *Lutter/Hommelhoff* Rn. 3; *Hachenburg/Zutt* Rn. 18.
[21] BGH WM 1989, 63; *Hachenburg/Zutt* Rn. 17.

IV. Die Ausübung der Gesellschafterrechte durch einen gemeinsamen Vertreter (§ 18 Abs. 3 S. 1)

1. Gemeinsamer Vertreter. § 18 Abs. 3 S. 1 geht davon aus, dass die an einem **11** ungeteilten Geschäftsanteil mitberechtigten Gesellschafter einen gemeinsamen Vertreter bestellen *können*. Zur Bestellung eines solchen Vertreters verpflichtet sind sie aber vorbehaltlich einer entsprechenden Satzungsbestimmung zumindest im Grundsatz nicht; nur in dem theoretisch denkbaren Fall, dass die Teilnahme aller Mitberechtigten tatsächlich unzumutbar ist, kann sich aus der gesellschaftlichen Treupflicht (§ 13 Rn. 35 ff.) eine Pflicht zur Bestellung ergeben.[22] Die Gesellschaft oder die übrigen Gesellschafter können die Bestellung eines gemeinsamen Vertreters ohne eine sie hierzu ermächtigende Satzungsbestimmung auch nicht verlangen.[23]

Vorbehaltlich einer besonderen Satzungsbestimmung muss dieser gemeinsame Vertreter nicht selbst Mitberechtigter bzw. sonst Gesellschafter sein, es kann sich bei ihm **12** auch um einen sonstigen geschäftsfähigen Dritten, auch eine juristische Person bzw. eine rechtsfähige Personengesellschaft, handeln.[24] Zulässig ist eine **Satzungsbestimmung,** die vorschreibt, dass gemeinsamer Vertreter nur ein Mitgesellschafter sein kann oder eine in wirtschaftlichen Dingen erfahrene Person. Auch weitere **Einschränkungen in Bezug auf die Person des gemeinsamen Vertreters** sind zulässig, so etwa, dass dieser deutscher Staatsangehöriger sein muss oder dass er einem besonderen Berufsstand anzugehören hat, etwa Rechtsanwalt oder Wirtschaftsprüfer ist. Auch die negative Einschränkung ist zulässig, etwa dahin, dass der gemeinsame Vertreter nicht Wettbewerber sein darf oder nicht Abnehmer oder Lieferant der Gesellschaft.

2. Die Bestellung des Vertreters. Die Bestellung des gemeinsamen Vertreters **13** erfolgt **rechtsgeschäftlich.** Die Bestellung ist **formlos** möglich. Soll der Vertreter auch Stimmrechte ausüben, bedarf er jedoch wegen § 47 Abs. 3 zum Zwecke der Abstimmung einer **schriftlichen Vollmacht,** die indes nicht notariell beglaubigt sein muss.[25] Auch einer Anzeige oder Anmeldung, etwa entsprechend **§ 16,** bedarf es nicht; § 16 betrifft nur die gemeinschaftlich Berechtigten als die Gesellschafter selbst und ist auch angesichts des Sinn und Zwecks von § 16 (es drohen hier anders als in den durch § 16 Abs. 1 erfassten Fällen keine konkurrierenden Rechtsbehauptungen)[26] nicht entsprechend auf den Vertreter anzuwenden.[27] Die Bevollmächtigung des Vertreters muss nicht umfassend erfolgen, sie kann auch gegenüber der Gesellschaft für einzelne Rechtsgeschäfte erteilt werden oder zeitlich beschränkt sein. Eine unmittelbare Rechtsausübung durch die Mitberechtigten wird durch die Bestellung des gemeinsamen Vertreters nur dann ausgeschlossen, wenn dies in der Satzung so bestimmt ist[28] oder wenn sich dies aus dem Amt des Vertreters ergibt.

Ist ein **Testamentsvollstrecker** oder ein **Nachlassverwalter** bestellt, übt er die **14** Rechte aus dem Geschäftsanteil allein aus, die Miterben können in diesem Falle keinen gemeinsamen Vertreter im Sinne des § 18 Abs. 3 S. 1 bestellen. Entsprechendes gilt im

---

[22] So auch *Scholz/Winter* Rn. 20; *Scholz/K. Schmidt* § 47 Rn. 13.
[23] *Baumbach/Hueck/Fastrich* Rn. 5.
[24] *Hachenburg/Zutt* Rn. 23; *Lutter/Hommelhoff* Rn. 7; *Scholz/Winter* Rn. 21.
[25] *Baumbach/Hueck/Fastrich* Rn. 5.
[26] Zutr. *Roth/Altmeppen* Rn. 12.
[27] *Roth/Altmeppen* Rn. 12; *Baumbach/Hueck/Fastrich* Rn. 5; *Hachenburg/Zutt* Rn. 24; *Meyer-Landrut/Miller/Niehus* § Rn. 5; aA *Lutter/Hommelhoff* Rn. 8; *Scholz/Winter* Rn. 35.
[28] *Scholz/Winter* Rn. 21.

Rahmen des hiervon jeweils erfassten Bereichs in den Fällen der **Vormundschaft, Betreuung** und **Pflegschaft.**

15 Die **Bestellung des gemeinsamen Vertreters im Einzelnen** richtet sich nach der Rechtsform, in der die am Geschäftsanteil Beteiligten organisiert sind:[29]

16 Steht der Geschäftsanteil mehreren Personen gemeinschaftlich in der Form der **Bruchteilsgemeinschaft** gem. §§ 741 ff. BGB zu, so kann gem. § 745 BGB mit Stimmenmehrheit ein gemeinsamer Vertreter bestellt werden.[30] Die Stimmanteile sind gem. § 745 Abs. 1 S. 1 BGB nach der Größe der Anteile der Mitberechtigten zu berechnen.

17 Besteht eine **eheliche Gütergemeinschaft** gem. §§ 1415 ff. BGB, so ist derjenige Ehegatte gemeinsamer Vertreter, der im Ehevertrag gem. § 1421 Abs. 1 S. 1 BGB als Verwalter bestimmt ist. Besteht eine solche ehegüterrechtliche Vereinbarung nicht, müssen sich die Ehegatten über die Bestellung des gemeinsamen Vertreters einigen, da es sonst bei der gemeinschaftlichen Ausübung der Gesellschafterrechte gem. § 18 Abs. 1 (§ 1421 S. 2, §§ 1450 ff. BGB) bleibt.

18 Für die ungeteilte **Erbengemeinschaft** (§§ 2032 ff. BGB) gilt dem Grundsatz nach nichts anderes. Sie ist Gesamthandsgemeinschaft mit der Folge, dass die Mitglieder einer Erbengemeinschaft, zu deren Vermögen ein Geschäftsanteil gehört, die Rechte aus diesem gem. § 18 Abs. 1 nur gemeinschaftlich ausüben können. Bestellen die Miterben einen gemeinschaftlichen Vertreter, so vertritt dieser die Erbengemeinschaft. Gemäß §§ 2038 Abs. 2 S. 1, 745 BGB kann der gemeinsame Vertreter bei der Erbengemeinschaft mit Mehrheit gewählt werden; bei der Bestellung eines gemeinschaftlichen Vertreters handelt es sich um eine Verwaltungsmaßnahme; eine solche Vereinbarung der Miterben ist zudem durch § 2038 Abs. 1 S. 2 nahegelegt. Maßnahmen, die der Erhaltung des Nachlassgegenstandes, also hier des Geschäftsanteils dienen, kann jeder Miterbe gem. § 2038 Abs. 1 S. 2 BGB auch mit Außenwirkung allein vornehmen.[31] Hierher gehört etwa die Leistung einer eingeforderten Zahlung auf die Stammeinlage, zB um die Folgen der nicht rechtzeitigen Zahlung gem. §§ 21 ff. für alle Miterben zu vermeiden.

V. Solidarische Haftung der Mitberechtigten (§ 18 Abs. 2)

19 **1. Gesamtschuldnerische Haftung der Mitberechtigten.** Die mehreren Mitberechtigten am Geschäftsanteil (zum persönlichen Anwendungsbereich der Bestimmung des § 18 s. bei Rn. 3 ff.) haften für die auf den Geschäftsanteil gegenüber der Gesellschaft zu bewirkenden Leistungen solidarisch, also als **Gesamtschuldner iS des § 421 BGB**. Dabei ist es für die Haftung im Grundsatz gleichgültig, in welcher Rechtsform die gemeinschaftliche Mitberechtigung an dem Geschäftsanteil organisiert ist.[32]

20 Handelt es sich bei der Gemeinschaft der Berechtigten um eine **Erbengemeinschaft,** folgt die gesamtschuldnerische Haftung auch aus § 2058 BGB. Allerdings kann die Erbengemeinschaft nach den Grundsätzen des BGB die Haftung auf den Nachlass beschränken, indem sie eine Nachlasspflegschaft beantragt oder die Nachlassinsolvenz gem. §§ **1975, 1980 BGB** eröffnen lässt in Verbindung mit der Inventarisierung gem. § 2009 BGB. Ebensowenig haftet, wer die Erbschaft fristgemäß ausschlägt (§§ 1942,

---

[29] *Hachenburg/Zutt* Rn. 23 f.; *Lutter/Hommelhoff* Rn. 8; *Scholz/Winter* Rn. 21.
[30] Statt anderer MüKo BGB/*K. Schmidt* § 744, 745 Rn. 5.
[31] Hierzu etwa *Scholz/Winter* Rn. 8.
[32] *Baumbach/Hueck/Fastrich* Rn. 8; *Hachenburg/Zutt* Rn. 26 und Anh. § 15 Rn. 103; *Scholz/Winter* Rn. 25.

1953 BGB). Außerdem kann der einzelne Miterbe am Geschäftsanteil, solange er erbrechtlich noch nicht unbeschränkt haftet und die Erbteilung noch nicht durchgeführt ist, die Einrede der beschränkten Erbenhaftung gem. **§ 2059 Abs. 1 BGB** erheben.[33] Dies gilt auch dann, wenn man davon ausgeht, dass nicht die Erbengemeinschaft als ein eigenes Zuordnungssubjekt in die Gesellschafterstellung einrückt,[34] sondern die Erben je einzeln Gesellschafter werden. Das Erbrecht als Auslöser für die Erben- und damit die Gesellschafterstellung überlagert insoweit § 18 Abs. 2.[35] Unberührt hiervon bleibt die Möglichkeit der Gesellschaft, wegen rückständiger Einlagen oder Nachschüsse die Kaduzierung zu betreiben bzw. nach § 27 Abs. 1 S. 2 vorzugehen (Rn. 24). Die Haftungsbeschränkung gem. **§§ 2060, 2061 BGB** findet in diesen Fällen **keine Anwendung.**[36] Erwirbt ein Erbe im Rahmen der Auseinandersetzung des Nachlasses den Geschäftsanteil, haftet er für rückständige Leistungen wie jeder Erwerber eines Geschäftsanteils gem. § 16 Abs. 3.

Bei der **ehelichen Gütergemeinschaft** ergibt sich die gesamtschuldnerische Haftung nach allgemeinen Regeln nur für den Fall der gemeinschaftlichen Verwaltung des Gesamtguts, §§ 1422 S. 2, 1437 BGB. Ob aus § 18 Abs. 2 bei der Verwaltung des Gesamtguts durch nur einen Ehegatten die gesamtschuldnerische Haftung auch des anderen folgt, ist streitig, mit Blick auf den Wortlaut der Bestimmung aber zu bejahen.[37] **21**

Gegenständlich erstreckt sich die gesamtschuldnerische Haftung auf alle gesellschaftsrechtlichen Ansprüche der Gesellschaft gegenüber den mehreren Mitberechtigten am Geschäftsanteil. Erfasst werden also insbesondere die Verpflichtung zur Leistung der Einlage, Gewährleistungspflichten bei Mängeln der Sacheinlage, die Differenzhaftung,[38] Leistung von Nachschüssen, Haftung gem. §§ 24, 31 Abs. 3.[39] Auch für Nebenleistungspflichten gem. § 3 Abs. 2 haften die mehreren Mitberechtigten gesamtschuldnerisch, es sei denn, es handele sich bei der Nebenleistung um eine höchst persönlich zu erbringende Leistung des früheren Alleininhabers des Geschäftsanteils, wie zB die technische Beratung der Gesellschaft, oder rein schuldrechtliche Verpflichtungen desselben.[40] **22**

§ 18 Abs. 2 ist zwingend. Die gesamtschuldnerische Haftung kann weder durch die Satzung noch durch rechtsgeschäftliche Vereinbarung zwischen der Gesellschaft und den mehreren Mitberechtigten beschränkt werden. Eine interne Abrede unter den Mitberechtigten wirkt nur inter partes, sie ist im Verhältnis zur Gesellschaft ohne Wirkung. Dies gilt für alle nicht abdingbaren Verpflichtungen der Mitberechtigten gegenüber der Gesellschaft.[41] **23**

2. Weitere Folgen der Nichterfüllung von Gesellschaftspflichten. Erfüllen die mehreren Mitberechtigten am Geschäftsanteil oder auch nur einer von ihnen die gesamtschuldnerische Verpflichtung nicht, so treten die gesetzlichen Rechtsfolgen wie **24**

---

[33] *Wiedemann* S. 239; *Baumbach/Hueck/Fastrich* Rn. 8; *Hachenburg/Zutt* Anh § 15 Rn. 103; *Lutter/Hommelhoff* Rn. 6; *Scholz/Winter* Rn. 27.
[34] Zum Streitstand s. bei Rn. 3.
[35] Hierzu auch *Scholz/Winter* Rn. 27; *Hachenburg/Zutt* Rn. 26 und Anh. § 15 Rn. 103; *Hachenburg/Ulmer* § 2 Rn. 81.
[36] *Baumbach/Hueck/Fastrich* Rn. 8; *Hachenburg/Zutt* Rn. 26; *Scholz/Winter* Rn. 26.
[37] *Baumbach/Hueck/Fastrich* § 2 Rn. 36; *Scholz/Winter* Rn. 30; aA *Hachenburg/Ulmer* § 2 Rn. 82.
[38] Hierzu bei § 11.
[39] *Baumbach/Hueck/Fastrich* Rn. 7; *Hachenburg/Zutt* Rn. 25; *Scholz/Winter* Rn. 31.
[40] *Baumbach/Hueck/Fastrich* Rn. 7; *Hachenburg/Zutt* Rn. 25; *Scholz/Winter* Rn. 31.
[41] BGHZ 78, 311 ff. = NJW 1981, 682; *Scholz/Winter* Rn. 25.

§ 18   2. Abschnitt. Rechtsverhältnisse der Gesellschaft und der Gesellschafter

Kaduzierung gem. §§ 21 ff. oder fingierter Abandon gem. § 27 Abs. 1 S. 2 ohne weiteres mit Wirkung gegen alle Mitberechtigten auch dann ein, wenn einzelne Mitberechtigte die auf ihren Anteil entfallende Leistung erbracht haben. Das folgt unmittelbar aus der gesamtschuldnerischen Haftung für die gesamte eingeforderte Leistung. Doch können einzelne Mitberechtigte die Leistung für andere Mitberechtigte wirksam erbringen.[42]

25   **3. Interne Ausgleichspflicht.** Hat ein Mitberechtigter im Rahmen des § 18 Abs. 2 anstelle anderer Mitberechtigter die zu bewirkende Leistung erbracht, so besteht im Innenverhältnis der Mitberechtigten eine Ausgleichspflicht gem. § 426 Abs. 2 BGB.[43]

VI. Rechtshandlungen der Gesellschaft gegenüber den Mitberechtigten (§ 18 Abs. 3 S. 1, 2)

26   **1. Allgemeines.** Nach § 18 Abs. 3 S. 1 kann die Gesellschaft, sofern **kein gemeinsamer Vertreter** bestellt ist, die gegenüber dem Inhaber des Geschäftsanteils vorzunehmenden Rechtshandlung auch gegenüber nur einem Mitberechtigten am Geschäftsanteil vornehmen. Einschränkungen finden sich für den Fall der Miterbengemeinschaft in § 18 Abs. 3 S. 2.

27   Wie diese Vornahme selbst wiederum erfolgt, ist durch § 18 nicht geregelt, sondern richtet sich entsprechend den allgemeinen Bestimmungen nach den Verhältnissen des jeweiligen Empfängers; hat der gemeinschaftlich Berechtigte kraft Gesetzes oder auf Grund einer letztwilligen Verfügung einen gesetzlichen Vertreter, etwa einen Vormund, Betreuer oder Testamentsvollstrecker, sind diese empfangszuständig. Ist ein **gemeinsamer Vertreter** bestellt, können die Rechtshandlungen nur ihm gegenüber vorgenommen werden.

28   **2. Begriff der Rechtshandlungen.** Was unter den Rechtshandlungen iS des § 18 Abs. 3 zu verstehen ist, ist nach dem Sinn und Zweck der Bestimmung dahin abzugrenzen, dass hierunter nur einseitige Handlungen der Gesellschaft fallen.[44] Es fallen unter den **Anwendungsbereich** der Bestimmung daher die einseitigen Willenserklärungen und die geschäftsähnlichen Handlungen wie etwa die Einladungen zur Gesellschafterversammlung, Mahnungen, Kündigungen, Einforderungen bzw. Aufforderungen zur Einzahlung auf den Geschäftsanteil (§ 21), Aufforderung zur Einzahlung von Nachschüssen (§§ 26 ff.), Mängelrügen bei Sacheinlagen.[45] Eine solche Erklärung der Gesellschaft gegenüber auch nur einem Mitberechtigten an dem Geschäftsanteil setzt dementsprechend alle übrigen Mitberechtigten in Verzug, unterbricht auch gegenüber allen anderen die Verjährung usw.[46]

29   **Nicht erfasst** werden von der Regelung des § 18 Abs. 3 finanzielle Leistungen der Gesellschaft an die Gesellschafter, also insbesondere Ausschüttung des auf den Geschäftsanteil entfallenden Gewinns und etwa des anteiligen Liquidationserlöses. Der Gewinnanteil oder auch der Liquidationserlös können sonach von der Gesellschaft mit

---

[42] *Hachenburg/Zutt* Rn. 25; *Scholz/Winter* Rn. 32.
[43] *Hachenburg/Zutt* Rn. 25; *Scholz/Winter* Rn. 32.
[44] *Baumbach/Hueck/Fastrich* Rn. 9; *Hachenburg/Zutt* Rn. 30; *Lutter/Hommelhoff* Rn. 5; *Scholz/Winter* Rn. 34; weitergehend *Roth/Altmeppen* Rn. 14 (auch sonstige Willenserklärungen, soweit die Mitberechtigten in ihrer Eigenschaft als Gesellschafter angesprochen werden, hierzu noch bei Rn. 29 f.).
[45] *Roth/Altmeppen* Rn. 14; *Baumbach/Hueck/Fastrich* Rn. 9; *Lutter/Hommelhoff* Rn. 5; *Hachenburg/Zutt* Rn. 30 ff.; *Scholz/Winter* Rn. 34.
[46] *Baumbach/Hueck/Fastrich* Rn. 11; *Hachenburg/Zutt* Rn. 31; *Scholz/Winter* Rn. 34.

Einzahlungen auf die Stammeinlage § 19

befreiender Wirkung nicht allein an einen Mitberechtigten ausgeschüttet werden, sondern diese Leistungen müssen jedem der Gesellschaft gemeldeten Mitberechtigten am Geschäftsanteil entsprechend seiner Beteiligung am Geschäftsanteil ausgezahlt werden.[47]

Ebenfalls **nicht** unter die Regelung des § 18 fallen Vertragsangebote oder die Annahme solcher Angebote zwischen der Gesellschaft und einzelnen Mitberechtigten am Geschäftsanteil.[48] Dies gilt auch, soweit die Mitberechtigten in ihrer Eigenschaft als Gesellschafter angesprochen sind.[49] Wohl aber fallen unter § 18 Abs. 3 auf Satzung beruhende Verpflichtungen gem. § 3 Abs. 2, sofern sie nicht nur einen einzelnen Mitberechtigten verpflichten. In letztem Falle muss der einzelne Mitberechtigte am Geschäftsanteil unmittelbar zur Leistung aufgefordert werden, und nur er allein besitzt gegebenenfalls Anspruch auf die Gegenleistung.[50] 30

3. Sonderfall: Erbengemeinschaft (§ 18 Abs. 3 S. 2). Die Regelung des § 18 Abs. 3 gilt für jede Form der Mitberechtigung am Geschäftsanteil; sie gilt für alle Mitberechtigten, die der Gesellschaft gem. § 16 gemeldet sind, eine Ausnahme macht § 18 Abs. 3 nur für die Erbengemeinschaft. Gegenüber mehreren Erben eines Gesellschafters findet die Bestimmung des § 18 Abs. 3 erst nach Ablauf eines Monats seit Anfall der Erbschaft Anwendung (Abs. 3 S. 2). Der Zeitpunkt des Anfalls der Erbschaft ist der **Todestag des Erblassers** und nicht der Zeitpunkt, in dem der Miterbe vom Anfall der Erbschaft erfährt.[51] Innerhalb dieser Monatsfrist seit Anfall der Erbschaft muss also die Gesellschaft Rechtshandlungen gegenüber sämtlichen Miterben vornehmen. Ein Nacherbfall löst eine neue Frist aus, Ausschlagungen nicht.[52] 31

Diese Ausnahmeregelung des § 18 Abs. 3 S. 2 gilt nicht, sofern die Mitberechtigten an dem Geschäftsanteil einen **gemeinsamen Vertreter** bestellt haben. Entsprechendes gilt, wenn letztwillig ein Testamentsvollstrecker oder ein Nachlassverwalter bestimmt ist und ferner dann, wenn die mehreren Miterben einen Betreuer oder einen Pfleger haben. 32

VII. Österreichisches Recht

Die § 18 entsprechende Bestimmung findet sich in § 80 ÖGmbHG. § 80 Abs. 1 S. 1 und 2 ÖGmbHG ist inhaltsgleich mit § 18 Abs. 1 und 2. § 80 Abs. 2 ÖGmbHG entspricht § 18 Abs. 3 S. 1, die erbrechtliche Regelung in § 18 Abs. 3 S. 2 hat in Österreich keine Entsprechung. 33

§ 19 [Einzahlungen auf die Stammeinlage]

(1) Die Einzahlungen auf die Stammeinlagen sind nach dem Verhältnis der Geldeinlagen zu leisten.

---

[47] *Baumbach/Hueck/Fastrich* Rn. 9; *Hachenburg/Zutt* Rn. 31 unter Bezug auf § 432 BGB; *Lutter/Hommelhoff* Rn. 15; *Scholz/Winter* Rn. 34.
[48] AllgM; *Lutter/Hommelhoff* Rn. 5; *Hachenburg/Zutt* Rn. 31; anders *Roth/Altmeppen* Rn. 14.
[49] Abw. *Roth/Altmeppen* Rn. 14.
[50] *Hachenburg/Zutt* Rn. 31; *Scholz/Winter* Rn. 34.
[51] *Baumbach/Hueck/Fastrich* Rn. 11; *Lutter/Hommelhoff* Rn. 6; *Hachenburg/Zutt* Rn. 34; *Meyer-Landrut/Miller/Niehus* Rn. 10.
[52] *Roth/Altmeppen* Rn. 16; *Baumbach/Hueck/Fastrich* Rn. 11; *Hachenburg/Zutt* Rn. 34.

§ 19 2. Abschnitt. Rechtsverhältnisse der Gesellschaft und der Gesellschafter

(2) ¹Von der Verpflichtung zur Leistung der Einlagen können die Gesellschafter nicht befreit werden. ²Gegen den Anspruch der Gesellschaft ist die Aufrechnung nicht zulässig. ³An dem Gegenstand einer Sacheinlage kann wegen Forderungen, welche sich nicht auf den Gegenstand beziehen, kein Zurückbehaltungsrecht geltend gemacht werden.

(3) Durch eine Kapitalherabsetzung können die Gesellschafter von der Verpflichtung zur Leistung von Einlagen höchstens in Höhe des Betrags befreit werden, um den das Stammkapital herabgesetzt worden ist.

(4) Vereinigen sich innerhalb von drei Jahren nach der Eintragung der Gesellschaft in das Handelsregister alle Geschäftsanteile in der Hand eines Gesellschafters oder daneben in der Hand der Gesellschaft, so hat der Gesellschafter innerhalb von drei Monaten seit der Vereinigung der Geschäftsanteile alle Geldeinlagen voll einzuzahlen oder der Gesellschaft für die Zahlung der noch ausstehenden Beträge eine Sicherung zu bestellen oder einen Teil der Geschäftsanteile an einen Dritten zu übertragen.

(5) Eine Leistung auf die Stammeinlage, welche nicht in Geld besteht oder welche durch Aufrechnung einer für die Überlassung von Vermögensgegenständen zu gewährenden Vergütung bewirkt wird, befreit den Gesellschafter von seiner Verpflichtung nur, soweit sie in Ausführung einer nach § 5 Abs. 4 Satz 1 getroffenen Bestimmung erfolgt.

Literatur: *Allerkamp* Verrechnungsbefugnis der Kreditinstitute bei Stammeinlagezahlung auf debitorisches Konto der Gesellschaft, WM 1988, 521; *Autenrieth* Die verschleierte Sachgründung im Konzern, DB 1988, 1101; *Ballerstedt* Kapital, Gewinn und Ausschüttung bei Kapitalgesellschaften, 1949; *Banerjea* Die Zinspflicht trotz Heilung verdeckter Sacheinlagen, AG 1998, 498; *Bayer* Abtretung und Pfändung der GmbH-Stammeinlageforderung, ZIP 1989, 8; *ders.* Neue und neuste Entwicklungen zur verdeckten GmbH-Sacheinlage, ZIP 1998, 1985; *Beise* Die Einlageforderung vor, in und nach dem Konkurs der GmbH, GmbHR 1978, 101; *Berger* Das „Vollwertigkeitsprinzip" als Voraussetzung der Pfändung von Einlageforderungen bei Kapitalgesellschaften, ZZP 107 (1994), 29; *Bergmann* Die verschleierte Sacheinlage bei AG und GmbH, AG 1987, 57; *Bergmann/Schürrle* Verdeckte Sacheinlage und Ausschüttungs-Rückholverfahren, DNotZ 1992, 144; *Boctius* Zum Anspruch der GmbH auf die Stammeinlage, DB 1969, 939; *Borgman* Die Abtretbarkeit und Pfändbarkeit des Anspruchs einer GmbH auf Einzahlung der Stammeinlage, Diss. Bonn 1938; *Bork* Die Einlagefähigkeit obligatorischer Nutzungsrechte, ZHR 154 (1990), 205; *Brandner* Verdeckte Sacheinlage – eine Aufgabe für den Gesetzgeber?, FS Boujong, 1996, S. 37; *Buscher/Klusmann* Die Nutzungsüberlassung durch Gesellschafter an die GmbH, ZIP 1991, 10; *Butzke* Die Bedeutung anderweitiger Auffüllung des Stammkapitals für Einlage- oder Erstattungsansprüche der GmbH gegen ihre Gesellschafter, ZHR 154 (1990), 357; *Buyer* Das Ende der Einlagefiktion zu den Fällen der Rückgewähr verdeckter Gewinnausschüttungen, DB 1989, 1697; *Crezelius* Zu den Rechtsfolgen verdeckter Sacheinlagen im GmbH-Recht, DB 1990, 2458; *ders.* Zivilrechtliche Aspekte des Schütt-aus-hol-zurück-Verfahrens, ZIP 1991, 499; *Custodis* Über die Heilung verdeckter Sacheinlagen im GmbH-Recht durch nachträgliche Umwandlung von Geld- in Sacheinlagen, FS Schippel, 1996, S. 387; *Döllerer* Überhöhter Gewinnanteil der GmbH in einer GmbH & Co. KG als verdeckte Einlage, DStR 1991, 1033; *Dreßel* Kapitalaufbringung und -erhaltung in der GmbH, 1988; *Ebenroth/Kräutter* Der Einfluss der 2. gesellschaftsrechtlichen EG-Richtlinie auf die Lehre von der verdeckten Sacheinlage bei der Aktiengesellschaft, DB 1990, 2153 ff.; *Ebenroth/Neiß* Zur Vereinbarkeit der Lehre von der verdeckten Sacheinlage mit EG-Recht, BB 1992, 2085; *Ehlke* Zur Behandlung von Treugeber und Treuhänder an einem Geschäftsanteil, DB 1985, 795; *ders.* Vorausgezahlte Stammeinlage – ein Fall fehlerhafter Kapitalaufbringung in der GmbH?, ZGR 1995, 426; *Einsele* Verdeckte Sacheinlage, Grundsatz der Kapitalaufbringung und Kapitalerhaltung, NJW 1996, 2681; *Elsner* Geschäftsanteil und Stammeinlage im Leben der GmbH, Diss. Heidelberg 1935; *Eppler* Das Quasi-Eigenkapital bei der GmbH als steuerrechtliches Problem, DB 1991, 195; *Fanconi* Die Haftung des Mitglieds einer GmbH nach schweizerischem und deutschem Recht, Diss. Bern 1939; *Finken* Die verdeckte Sacheinlage im Kapitalgesellschaftsrecht, DStR 1992, 359; *Fleck* Kapitalaufbringung, Kapitalerhaltung und Insolvenzprobleme der GmbH, 1982; *Flume* Die Kapitalerhöhung unter Verwendung der Dividende nach Handelsrecht und Kapitalverkehrssteuerrecht, DB 1964, 21; *Frey* Das IBH-Urteil, ZIP 1990, 288; *ders.* Einlagen in Kapitalgesellschaften, 1990; *v. Gerkan* Verdeckte Sacheinlagen in der GmbH, GmbHR 1992, 433; *Gersch/Herget/Marsch/Stützle* GmbH-Reform, 1980; *Geßler* Die Umwandlung von Krediten in haftendes Kapi-

Einzahlungen auf die Stammeinlage § 19

tal, FS Möhring, 1975, S. 173; *Goerdeler* Probleme der Sachgründung bei einer Reform des GmbH-Rechts, FS W. Schmidt, 1959, S. 138; *Groß* Die Lehre von der verdeckten Sacheinlage, AG 1991, 217; *ders.* Heilung verdeckter Sacheinlage in der GmbH durch Umwandlungsbeschluss der Gesellschafter, GmbHR 1996, 721; *Grunewald* Rechtsfolgen verdeckter Sacheinlagen, FS Rowedder, 1994, S. 111; *Gustavus* Kapitalerhöhung durch Einbringung von Darlehensforderungen gegen die Gesellschaft, BB 1977, 212; *Habetha* Verdeckte Sacheinlage, endgültige freie Verfügung, Drittzurechnung und „Heilung" nach fehlgeschlagenen Bareinzahlungen im GmbH-Recht, ZGR 1998, 305; *Hannemann* Zur Bewertung von Forderungen als Sacheinlagen bei Kapitalgesellschaften, DB 1995, 2055; *Heil* Der verdeckte Sacheinlage bei Beteiligung Dritter, NZG 2001, 913; *Heim* Aufrechnung von Geldeinlageforderungen aus einer GmbH-Kapitalerhöhung gegen Gesellschafterforderungen, DNotZ 1955, 358; *Helms* Heilung verdeckter Sacheinlagen und Saldotheorie, GmbHR 2000, 1079; *Henze* Höchstrichterliche Rechtsprechung zum Recht der GmbH, 1993; *ders.* Zur Problematik der „verdeckten (verschleierten) Sacheinlage" im Aktien- und GmbH-Recht, ZHR 154 (1990), 105; *ders.* Die Rechtsprechung des BGH zu den Kapitalaufbringungsgrundsätzen im GmbH- und Aktienrecht, DB 2001, 1469; *Hommelhoff* Eigenkapitalersatz im Konzern und in Beteiligungsverhältnissen, WM 1984, 1105; *Hommelhoff/Kleindick* Schuldrechtliche Verwendungspflichten und „freie Verfügung" bei der Barkapitalerhöhung, ZIP 1987, 477; *Honsell* Umwandlung von Krediten in Haftkapital – „verschleierte" Sacheinlage?, FS Frotz, 1993, S. 307; *Ihrig* Die endgültig freie Verfügung über die Einlage von Kapitalgesellschaften, 1991; *Immenga* Der neue Referentenentwurf zum GmbH-Gesetz, BB 1977, 957; *John* Die Gründung der Einmann-GmbH, 1986, S. 69 ff.; *Joost* Kapitalbegriff und Reichweite der Bindung des aufgebrauchten Vermögens, GmbHR 1983, 285; *ders.* Grundlagen und Rechtsfolgen der Kapitalerhaltungsregeln in der GmbH, ZHR 148 (1984), 27; *ders.* Verdeckte Sacheinlagen, ZIP 1990, 549; *Karger* Pfändung der Ansprüche auf Einzahlung der GmbH-Anteile, GmbHR 1933, 686; *Karollus* Die Umwandlung von Geldkrediten in Grundkapital – eine verdeckte Sacheinlage?, ZIP 1994, 589; *Kiethe/Imbeck* Die Heilung verdeckter Sacheinlagen im GmbH-Recht, DStR 1994, 209; *Kindler* Verdeckte Sacheinlage und Kapitalschutzrichtlinie – Zur Umwandlung von Geldkrediten in Nennkapital der AG, FS Boujong, 1996, S. 299; *Knobbe-Keuk* „Umwandlung" eines Personenunternehmens in eine GmbH und verschleierte Sachgründung, ZIP 1986, 885; *Konow* Die Aufrechnung von Gehaltsansprüchen eines geschäftsführenden Gesellschafters gegen den Anspruch auf Einzahlung der Stammeinlage, GmbHR 1971, 173; *Kreuls* Abgrenzung der Lehre von der verdeckten Sacheinlage vom Grundsatz der endgültigen freien Verfügung, 1996; *Krieger* Zur Heilung verdeckter Sacheinlagen in der GmbH, ZGR 1996, 674; *Kutzer* Die Tilgung der Bareinlageschuld durch den GmbH-Gesellschafter, GmbHR 1987, 297; *Langenfeld* Verschleierte Sacheinlagen bei der GmbH, GmbHR 1981, 53; *Lempenau* Begründet die Verpflichtung zur Rückzahlung einer verdeckten Gewinnausschüttung eine Einlage?, BB 1991, 1095; *Lenz* Die Heilung verdeckter Sacheinlagen bei der Kapitalgesellschaft, 1996; *ders.* Die Heilung verdeckter Sacheinlagen, GmbHR 1990, 161: *Lieb* Abschied von der Handlungshaftung, DB 1970, 961; *Lohaus* Voraussetzungen und Rechtsfolgen verdeckter Sacheinlagen im GmbH-Recht, FS Sandrock, 1995, S. 291; *Loos* Zur verschleierten Sacheinlage bei der Aktiengesellschaft, AG 1989, 381; *Lutter* Kapital, Sicherung der Kapitalaufbringung und Kapitalerhaltung in den Aktien- und GmbH-Rechten der EWG, 1964; *ders.* Die GmbH-Novelle und ihre Bedeutung für die GmbH, die GmbH & Co. KG und die Aktiengesellschaft, DB 1980, 1317; *ders.* Verdeckte Leistungen und Kapitalschutz, FS Stiefel, 1987, S. 505; *ders.* JZ 1996, 912; *ders.* Zum Umfang der Bindung durch Richtlinien, FS Everling Bd. I 1995, S. 765; *Lutter/Gehling* Verdeckte Sacheinlagen, WM 1989, 1445; *Mayer* Ein Beitrag zur „Entschleierung" der verschleierten Sacheinlage im Recht der GmbH, NJW 1990, 2593; *W. Meilicke* Die verschleierte Sacheinlage, 1989; *ders.* Bareinlage, Sacheinlage und ihre Verschleierung im Recht der GmbH, GmbHR 1989, 411; *ders.* Die Kapitalaufbringungsvorschriften als Sanierungsbremse, DB 1989, 1067; *ders.* „Verschleierte Sacheinlage" und EWG-Vertrag, DB 1990, 1173; *ders.* Obligatorische Nutzungsrechte als Sacheinlage, BB 1991, 579; *Meilicke/Meilicke* Nutzungsüberlassung an Gegenständen als offene oder verdeckte Einlage bei Kapitalgesellschaften im Handels-, Bilanz- und Steuerrecht, DB 1977, 927; *Mildner* Bareinlage, Sacheinlage und ihre „Verschleierung" im Recht der GmbH, 1989; *Möhring* Erbringung von Stammeinlagen bei einer GmbH durch Aufrechnung, FS R. Schmidt, 1976, S. 85; *Mülbert* Das „Magische Dreieck der Barkapitalaufbringung", ZHR 154 (1990), 145; *G. Müller* Zur Umwandlung von Geldkrediten in Grundkapital fallierender Gesellschaften, ZGR 1995, 327; *ders.* Die Haftung des Kreditinstituts bei verdeckten Sacheinlagen, ZIP 1998, 137; *K. Müller* Zur Abtretung der Einlageforderung der GmbH, GmbHR 1970, 57, 82; *W. Müller* Die Verwendung von Gesellschafterforderungen zur Erfüllung von Einlagenverpflichtungen bei Gründung und von Übernahmeverpflichtungen bei Erhöhung des Stammkapitals, WPg. 1968, 173; *Müller-Eising* Die verdeckte Sacheinlage Tatbestand und Rechtsfolgen unter besonderer Berücksichtigung von Drittbeteiligungsfällen, 1993; *Niemann* Zu dem Aufrechnungsverbot nach § 19 Abs. 5 GmbHG und zu dem Problem der verdeckten Sacheinlage, DB 1988, 1531; *Oppermann* Verschleierte Sachgründung und § 20 UmwStG, DB 1989, 753; *Pentz* Genehmigtes Kapital, Belegschaftsaktien und Sacheinlagefähigkeit obligatorischer Nutzungsrechte – das adidas-Urteil des BGH, ZGR 2001, 901; *Plander* Die Geschäfte des Gesellschafter-Geschäftsführers der Einmann-GmbH mit sich selbst, 1996, S. 66; *Priester* Die Verwendung von Gesellschafterforderungen zur Kapitalerhöhung bei der GmbH, DB 1976, 1801; *ders.* Gläubigerbefriedigung – Bar- oder Sacheinlage, BB 1987, 208; *ders.* Stammeinlagezahlung auf debitorisches Bankkonto der GmbH, DB 1987, 1473; *ders.* Die Erhöhung des Stammkapitals mit kapitalersetzenden Gesellschafterdarlehen, FS Döllerer, 1988, S. 475; *ders.* Voreinzahlung auf Stammeinlagen bei sanierender Kapitalerhöhung, FS Fleck, 1988, S. 231; *ders.* Die Heilung verdeckter Sacheinlagen im Recht der GmbH, DB 1990, 1753; *ders.* Verdeckte Sacheinlagen: Tatbestand, Rechtsfolgen, Heilungsmöglichkeiten, DStR 1990, 770; *ders.* Kapitalaufbringung bei korrespondierenden Zahlungsvorgängen, ZIP 1991, 345; *ders.* Heilung verdeckter Kapitalerhöhungen aus Gesellschaftsmitteln, GmbHR 1998, 861; *ders.* Zur Wirksamkeit des Verkehrsgeschäfts bei verdeckter Sacheinlage im GmbH-Recht, FS Bezzenberger, 2000, S. 309; *ders.* Heilung verdeckter Sacheinlagen bei der GmbH, ZIP 1996, 1025; *Rasner* Verdeckte Sacheinlage und ihre Heilung, NJW 1993, 186; *ders.* Die verdeckte Sacheinlage, ihre Vermeidung und Heilung, AnwBl. 1993, 490; *Rawert* Heilung verdeckter Sacheinlagen durch nachträgliche Änderung der Einlagedeckung, GmbHR 1995, 87; *Reuter* Probleme der Vollwertigkeit von Gesellschafterforderungen im Zusammenhang mit deren Verwendung zur Kapitalerhöhung bei der GmbH, BB 1978, 1195; *Richter/Schick* Neueste Rechtsprechung des BGH zur verdeckten Sacheinlage – Tatbestandskorrektur auf der Rechtsfolgenseite?, GmbHR 1999, 97; *Röhricht* Das Gesellschaftsrecht in der jüngsten Rechtsprechung des Bundesgerichtshofs, RWS-Forum 1997, 1998, S. 191; *Rospatt* Abtretung, Verpfändung, Pfändung und konkursrechtliche Behandlung rückständiger Einlagen der AG und der GmbH, ZBlH 1932, 30; *Roth* „Schütt aus – hol zurück" als Kapitalerhöhung, NJW 1991, 1913; *Roth/Thöni* Treuhand und Unterbeteiligung, FS 100 Jahre GmbHG, 1992, S. 245; *Rowedder* Die Novelle zum GmbH-Gesetz, ZRP 1979, 196; *Rümker* verdeckte Sacheinlage und Bankenhaftung, ZBB 1991, 176; *Schiessl/Rosengarten* Heilung einer verdeckten Sacheinlage im GmbH-Recht, GmbHR 1997, 772; *K. Schmidt* Zur Bareinlage durch Verrechnung und Aufrechnung in der Kommanditgesellschaft, ZGR 1986, 152; *ders.* Barkapitalaufbringung und „freie Verfügung" bei der Aktiengesellschaft und der GmbH, AG 1986, 106; *ders.* Haftungsrealisierung in der Gesellschaftsinsolvenz, KTS 2001, 373, 379 f.; *ders.* Obligatorische Nutzungsrechte als Sacheinlage?, ZHR 154 (1990), 273; *U. Schneider* Kredite der GmbH an ihre Geschäftsführer, GmbHR 1982, 197; *ders.* Die Gründung von faktischen GmbH-Konzernen – Zuständigkeiten und Finanzierung in: *Hommelhoff/Semler/Doralt/Roth* (Hrsg.), Entwicklungen im GmbH-Konzernrecht, ZGR-Sonderheft Nr. 6, 1986, S. 121; *Schön* Aufrechnung und Kapitalaufbringung im Recht der GmbH, Diss. Hamburg, 1988; *Schumacher* Die Abtretung und Pfändung der Stammeinlageforderung der GmbH, JW 1936, 3153; *Sernetz* Die Folgen der neueren Zivilrechtsprechung zum „Ausschüttungs-Rückhol-Verfahren" für zukünftige Kapitalerhöhungen bei der GmbH, ZIP 1993, 1685; *ders.* Die Folgen der neueren Zivilrechtsprechung zum „Ausschüttungs-Rückhol-Verfahren" für frühere Kapitalerhöhungen bei der GmbH, ZIP 1995, 173; *Skibbe* Dienstleistung als Sacheinlage bei der GmbH, GmbHR 1980, 73; *Steinberg* Die Erfüllung der Bareinlagepflicht nach Eintragung der Gesellschaft und der Kapitalerhöhung, Diss. Köln 1973; *Steinmetz* Die verschleierte Sacheinlage im Aktienrecht aus zivil- und strafrechtlicher Sicht, 1990; *Stöber* Keine Verpflichtung zur Kapitaleinzahlung oder -sicherung (§ 19 Abs. 4 GmbHG) für den Gesellschafter einer am 1. 1. 1981 bereits bestehenden Einmann-GmbH, ZIP 1981, 25; *ders.* Sicherung der Aufbringung des Stammkapitals einer nachträglich entstandenen Einmann-GmbH (§ 19 Abs. 4 GmbHG), ZIP 1981, 357; *Sudhoff* Die Sacheinlage bei Gründung einer GmbH, NJW 1982, 129; *ders.* Die GmbH, 1987, S. 190 ff.; *Teichmann* Die Gesetzesumgehung, 1962; *Tiedemann* Gründungs- und Sanierungsschwindel durch verschleierte Sacheinlagen, FS Lackner, 1987, S. 737; *Ullrich* Kapitalaufbringung und „verdeckte Sacheinlage" im französischen Gesellschaftsrecht, DB 1990, 465; *Ulmer* Die GmbH und der Gläubigerschutz, GmbHR 1984, 265; *ders.* Verdeckte Sacheinlagen im Aktien- und GmbH-Recht, ZHR 154 (1990), 128; *ders.* Zur Treuhand an GmbH-Anteilen: Haftung des Treugebers für Einlageansprüche der GmbH?, ZHR 156 (1992), 377; *Verhoeven* Zur geplanten Novellierung des GmbHG, WM 1977, 807; *Volhard* Zur Heilung verdeckter Sacheinlagen, ZGR 1995, 286; *Weber/Lepper* Das eigenkapitalersetzende Darlehen des GmbH-Gesellschafters, DStR 1991, 980; *Wegemann* Verdeckte Sacheinlagen bei der GmbH, BB 1991, 1006; *Wens* Das Fördergebot des Gesellschafters, GmbHR 1988, 249; *Werner* Umwidmung einer Barkapital- in eine Sachkapitalerhöhung (Heilung einer „verdeckten" Sacheinlage), WiB 1995, 374; *Wertenbruch* Die Haftung von Gesellschafter und Gesellschaftsanteilen in der Zwangsvollstreckung, 2000; *Westermann* Haftungsrisiken bei Gründung und Finanzierung der GmbH, 1984; *ders.* Kapitalersetzende Darlehen eines GmbH-Gesellschafters als Gegenstand von Verrechnungsabreden, FS Oppenhoff, 1985, S. 534; *Wiedemann* Die Erfüllung der Geldeinlagepflicht bei Kapitalerhöhungen im Aktienrecht, ZIP 1991, 1257; *ders.* Entwicklungen im Kapitalgesellschaftsrecht, DB 1993, 141; *Wilhelm* Kapitalaufbringung und Handlungsfreiheit der Gesellschaft nach Aktien- und GmbH-Recht, ZHR 152 (1988), 333; *ders.* Rechtsprechung im Gesellschaftsrecht insbesondere in den Beispielen der verdeckten Sacheinlage und der Vor-GmbH, GS Knobbe-Keuk, 1997, S. 321; *Wolany* Rechte und Pflichten des Gesellschafters einer GmbH, 1964.

Gesetzesmaterialien: Entwurf eines Gesetzes zur Änderung des Gesetzes betreffend die Gesellschaften mit beschränkter Haftung und anderer handelsrechtlicher Vorschriften vom 15. 12. 1977, BT-

Einzahlungen auf die Stammeinlage § 19

Drucks. 8/1347 (RegE); Stellungnahme des Bundesrates und Gegenäußerung der Bundesregierung, BT-Drucks. 8/1347, S. 64 und 72; Beschlussempfehlung und Berichte des Rechtsausschusses (Ausschussbericht) vom 8. 4. 1980, BT-Drucks. 8/3908; Sitzungsbericht des Bundestages über die zweite und dritte Lesung des Gesetzes, Plenarprotokolle 8/216 S. 17373 ff.

Übersicht

	Rn.		Rn.
I. Einführung	1–3	2. Aufrechnung durch den Gesellschafter	66–69
II. Verhältnismäßige Einzahlung auf die Stammeinlage (§ 19 Abs. 1)	4–29	a) Grundsatz	66
1. Anwendungsbereich des § 19 Abs. 1	4, 5	b) Umgehungsverbot	67
2. Mindest- und Resteinlage	6	c) Zulässige Leistungsformen	68
3. Fälligkeitsvoraussetzungen	7–10	d) Insolvenz, Liquidation, Löschung der Gesellschaft	69
a) Satzungsbestimmung oder Gesellschafterbeschluss	7	3. Aufrechnung durch die Gesellschaft	70–83
b) Entbehrlichkeit der formellen Fälligkeitsvoraussetzungen	8–10	a) Allgemeines	70
4. Einforderungszuständigkeit	11	b) Voraussetzungen gemäß §§ 387 ff. BGB	71–74
5. Gleichbehandlungsgebot bei Einlageeinforderungen (§ 19 Abs. 1)	12–18	c) Zusätzliche GmbH-rechtliche Voraussetzungen (Vollwertigkeit, Fälligkeit und Liquidität der Forderungen)	75–78
6. Anfechtbarkeit des Einforderungsbeschlusses	19	aa) Vollwertigkeit	76
7. Abdingbarkeit des § 19 Abs. 1	20, 21	bb) Fälligkeit der Gegenforderung	77
8. Mischeinlage (Gemischte Einlage)	22	cc) Liquidität der Gesellschafterforderung	78
9. Mehrleistungen des Gesellschafters	23, 24	d) Wirtschaftlich der Aufrechnung entsprechende Handlungen	79
10. Kein Zurückbehaltungsrecht wegen Zahlungsunfähigkeit eines anderen Gesellschafters	25	e) Ausnahmen	80–82
		f) Zuständigkeit der Geschäftsführer	83
11. Verjährung und Verwirkung des Einlageanspruchs	26–28	4. Kontokorrent	84
a) Verjährung	26, 27	5. Verrechnungsvertrag	85
b) Verwirkung	28	6. Zulässige Aufrechnung gemäß § 19 Abs. 5	86, 87
12. Beweislast	29	7. Beweislast	88
III. Verbot der Beeinträchtigung der Einlageforderung (§ 19 Abs. 2)	30–61	**V. Befreiung von der Einlagepflicht aufgrund einer Kapitalherabsetzung (§ 19 Abs. 3)**	89, 90
1. Allgemeines	30–32		
2. Geltungsbereich	33–38	**VI. Sicherung der Einlageforderung bei Entstehen einer Einpersonengesellschaft (§ 19 Abs. 4)**	91–102
a) Sachlich	33, 34		
b) Zeitlich	35		
c) Personell	36–38	1. Regelungsgegenstand und Normzweck	91–93
3. Erfüllungsvoraussetzung der Einlageleistung	39	2. Möglichkeiten des Gesellschafters	94–99
4. Unzulässige Befreiung von der Leistungsverpflichtung (§ 19 Abs. 2 S. 1)	40–60	a) Volleinzahlung	95
		b) Bestellung einer Sicherung	96, 97
a) Erlassverbot	40–44	c) Aufnahme eines weiteren Gesellschafters	98, 99
b) Annahme an Erfüllungs statt und erfüllungshalber	45	3. Fristen	100, 101
c) Novation	46–50	4. Einreichen der Gesellschafterliste zum Handelsregister	102
d) Darlehensgewährung, Zahlungen an Gesellschaftsgläubiger	51–54	**VII. Unzulässigkeit der Leistung an Erfüllungs statt (§ 19 Abs. 5)**	103–109
e) Stundung	55, 56	1. Überblick, Regelungsgehalt und Normzweck	103
f) Vergleich	57–60	2. Verbot der Leistung an Erfüllungs statt (§ 19 Abs. 5 1. Var.)	104–107
5. Eingrenzung durch den Normzweck	61		
IV. Aufrechnungsverbot (§ 19 Abs. 2 S. 2)	62–88	3. Zugelassene Aufrechnung (noch § 19 Abs. 5)	108, 109
1. Reichweite	62–65		

	Rn.		Rn.
VIII. Verbot der verdeckten Sacheinlage (noch § 19 Abs. 5)	110–169	ff) Haftung des beurkundenden Notars bzw. des beratenden Rechtsanwalts	135
1. Überblick	110–113	gg) Zusammenfassung der wechselseitigen Ansprüche	136, 137
2. Berechtigung der Lehre von der verdeckten Sacheinlage	114	hh) Verjährung	138, 139
3. Abgrenzung	115, 116	5. Einzelfälle	140–159
4. Einzelheiten	117–139	a) Hin- und Herzahlen	141
a) Grundlagen	117–120	b) Verdeckte gemischte Sacheinlage	142
b) Tatbestand, subjektive Voraussetzungen	121–123	c) Verdeckte Forderungseinbringung	143–147
c) Regelvermutung für das Vorliegen einer Abrede, Ausnahmen	124–126	d) Notwendige Einlagefähigkeit des verdeckt eingebrachten Gegenstandes?	148
aa) Regelvermutung	124, 125	e) Beteiligung Dritter	149–161
bb) Ausnahme von der Regelvermutung	126	aa) Näheverhältnisse	151–156
d) Rechtsfolgen einer verdeckten Sacheinlage	127–139	bb) Vorteile des Gesellschafters	157–159
aa) Keine Erfüllung der Bareinlageverpflichtung	127, 128	f) Dienstvertrag mit einem Gesellschafter	160, 161
bb) Wirksamkeit des dinglichen Rechtsgeschäfts	129, 130	6. „Heilung" der verdeckten Sacheinlage	162–169
cc) Nichtigkeit des schuldrechtlichen Rechtsgeschäfts	131, 132	IX. Abtretung, Verpfändung, Pfändung, Zurückbehaltungsrecht	170–174
dd) Haftung eines bestätigenden Kreditinstituts	133	1. Abtretung, Verpfändung und Pfändung	170–173
ee) Strafrechtliche Verantwortlichkeit	134	2. Zurückbehaltungsrecht	174
		X. Österreichisches Recht	175

I. Einführung

1 § 19, durch die Novelle 1980 durchgreifend geändert, ist eine der wichtigsten Bestimmungen des GmbHG und dient in erster Linie der ordnungsgemäßen Aufbringung des Stammkapitals. Entsprechend sind die Bestimmungen zwingender Natur, soweit sie diesen Bereich betreffen (§ 19 Abs. 2–5, § 19 Abs. 1 betrifft nur das Innenverhältnis), und sind in jedem Falle in dem Sinne auszulegen, dass bei der Interpretation des § 19 alles am **Grundsatz der realen Kapitalaufbringung** zu orientieren ist (vgl. dazu auch §§ 4, 5, 7 Abs. 2 und 3, 9, 9a, 9b, 9c Abs. 1, 30, 31, 32a, 32b, 56, 56a, 57 Abs. 1, 2, 4, 57a, 57d ff., 58 f.).

2 Die meisten **Änderungen,** die § 19 im Zuge der **GmbH-Novelle 1980** erfahren hat, waren lediglich redaktioneller Natur. § 19 **Abs. 1** wurde dahin umformuliert, dass sich die Bestimmung heute nur noch auf Geldeinlagen bezieht. Die Änderung in § 19 **Abs. 2** war rein sprachlicher Natur. § 19 **Abs. 3** wurde, ohne dass hiermit eine Rechtsänderung verbunden gewesen wäre, neu eingefügt, § 19 Abs. 3 aF wurde zu § 19 **Abs. 5.** Neu eingefügt wurde 1980 § 19 **Abs. 4,** der die Vereinigung aller Geschäftsanteile in der Hand eines Gesellschafters innerhalb von drei Jahren nach der Eintragung der Gesellschaft in das Handelsregister betraf. Die in diesem Zusammenhang statuierte Anzeigepflicht der Geschäftsführer gegenüber dem Handelsregister in Satz 2 ist durch das Gesetz vom 18. 12. 1991 zur Durchführung der 12. EG-Richtlinie[1] aufgehoben worden. Eine dieser ursprünglichen Regelung entsprechende wurde zunächst in § 40 Abs. 2 eingefügt, ist aber im Zuge der Neufassung von § 40 Abs. 1 als überflüssig entfallen; wegen der Einzelheiten hierzu s. die Bem. zu § 40.

3 § 19 als (unvollkommener) Ausdruck des Grundsatzes der realen Kapitalaufbringung **findet auf alle Stammeinlageverpflichtungen Anwendung.** Erfasst werden also

---

[1] BGBl. I S. 2206.

Einzahlungen auf die Stammeinlage §19

die Einlagepflichten bei der Gründung und im Zusammenhang mit der Kapitalerhöhung, und zwar sowohl die Bar- als auch die Sacheinlage.

II. Verhältnismäßige Einzahlung auf die Stammeinlage (§ 19 Abs. 1)

1. Anwendungsbereich des § 19 Abs. 1. § 19 Abs. 1, durch die Novelle 1980 4 durch Einfügung des Wortes **„Geldeinlagen"** klarstellend geändert (Rn. 1), bestimmt, dass Einzahlungen auf die Stammeinlage nach dem Verhältnis der Geldeinlage zu leisten sind. Daraus folgt, dass § 19 Abs. 1 ausschließlich auf Geldeinlagen und bei der sog. Mischeinlage (teilweise auch als gemischte Einlage bezeichnet), bei der die Einlagepflicht aus einer Bar- und einer Sacheinlage besteht, hinsichtlich der Bareinlagen Anwendung findet.[2]

Auf **Sacheinlagen** ist § 19 Abs. 1 unanwendbar. Dies ergibt schon der Gesetzes- 5 wortlaut, wo ausdrücklich von Geldeinlagen gesprochen wird. Sacheinlagen sind stets vor der Anmeldung der Gesellschafter zur Eintragung in das Handelsregister voll zu erbringen (§ 7 Abs. 3, wegen der Einzelheiten vgl. dort). § 19 Abs. 1 gilt nach allgM[3] nicht nur für die Einzahlung auf das ursprünglich im Gesellschaftsvertrag festgelegte Stammkapital, sondern auch uneingeschränkt bei Kapitalerhöhungen, die in Geld erfolgen; bei Kapitalerhöhungen in Sacheinlagen gilt das oben Gesagte, sie müssen vor der Anmeldung der Kapitalerhöhung zum Handelsregister voll erbracht sein (s. § 56a Rn. 7).

2. Mindest- und Resteinlage. Während das Gesetz für die *Sacheinlage* in § 7 6 Abs. 3 bestimmt, dass diese vor der Anmeldung der Gesellschaft zum Handelsregister vollständig zur endgültigen freien Verfügung der Geschäftsführer zu leisten sind, sind die Gesellschafter bei *Bareinlagen* nicht verpflichtet, vor der Anmeldung der Gesellschaft ihre volle Einlage zu leisten; die Satzung oder ein Gesellschafterbeschluss kann dies jedoch vorsehen. Fehlt es an einer solchen Satzungsbestimmung bzw. an einem solchen Gesellschafterbeschluss, lässt sich hinsichtlich der zu leistenden Einlage zwischen der vor der Anmeldung der Gesellschaft zur Eintragung in das Handelsregister zu leistenden **Mindesteinlage** und der nach der Eintragung der Gesellschaft zu leistenden **Resteinlage** unterscheiden. Die erste in Geld zu erbringende Einzahlung auf die Stammeinlage (Mindesteinlage) ist in jedem Falle in Höhe eines Viertels gleichmäßig und gleichzeitig auf jeden Stammanteil vorzunehmen (§ 7 Abs. 2 S. 1). Nur bezüglich der darüber hinausgehenden Einzahlungen (Resteinlage) können unterschiedliche Höhe und Zeitpunkte der Einzahlung in der Satzung oder durch Beschluss der Gesellschafterversammlung vorgesehen werden.[4]

3. Fälligkeitsvoraussetzungen a) Satzungsbestimmung oder Gesellschafter- 7 **beschluss.** Die Einzahlungen auf die Stammeinlage werden hinsichtlich ihres Umfanges und des Zeitpunktes der Einlageverpflichtung in aller Regel und zweckmäßigerweise in der **Satzung** festgelegt. Ist dies nicht geschehen, so hat die Einforderung zur Einzahlung durch **Beschluss der Gesellschafterversammlung** zu erfolgen; ein Beschluss über eine Kapitalerhöhung gehört ebenfalls zur Zuständigkeit der Gesellschafterversammlung (§§ 46 Nr. 2; 55; 53 Abs. 1). Eine **Ausnahme** vom Erfordernis des Gesellschafterbeschlusses gilt in der **Insolvenz;** wegen der Funktion dieses Verfahrens

---

[2] *Baumbach/Hueck/Fastrich* Rn. 4; *Hachenburg/Ulmer* Rn. 21; *Scholz/Schneider* Rn. 17; *Gersch/Herget/Marsch/Stützle* Rn. 222 f.

[3] RG JW 1938, 1400 f.; *Roth/Altmeppen* Rn. 1; *Baumbach/Hueck/Fastrich* Rn. 4; *Hachenburg/Ulmer* Rn. 15; *Scholz/Schneider* Rn. 5; *Meyer-Landrut/Miller/Niehus* Rn. 11.

[4] AllgM, vgl. statt anderer nur *Hachenburg/Ulmer* Rn. 12.

kann der Insolvenzverwalter hier auch ohne einen Gesellschafterbeschluss bzw. ohne Vorliegen der sonstigen Satzungsvoraussetzungen ausstehende Einlagen einfordern (Rn. 8).

8 **b) Entbehrlichkeit der formellen Fälligkeitsvoraussetzungen.** Die Voraussetzung gesellschaftsrechtlicher Willensbildung für die Einforderung von Einlagen auf die Stammeinlage entfällt im **Insolvenzverfahren** über das Vermögen der Gesellschaft oder während ihrer **Liquidation.** Der Insolvenzverwalter und die Liquidatoren sind in der Einforderung auf die Stammeinlage frei, müssen freilich ebenfalls den Grundsatz der gleichmäßigen Behandlung beachten.[5] Wegen des Erfordernisses der Einforderung s. bei §§ 63, 69. Zur weiteren Ausnahme vom Gleichbehandlungsgebot im Falle der Pfändung und Überweisung des Einlageanspruchs s. Rn. 16.

9 Eines (erneuten) Gesellschafterbeschlusses bedarf es auch dann nicht, wenn **sämtliche Gesellschafter** – etwa im Falle verdeckter Sacheinlagen – zu Unrecht **der Annahme** sind, **dass die erforderlichen Einlagen geleistet** seien.[6]

10 Streitig ist die Möglichkeit der **Einforderung einer noch nicht fälligen Einlageforderung bei dringendem Kapitalbedarf.** Teilweise wird angenommen, dass im Falle einer Unterbilanz oder eines dringenden Liquiditätsbedürfnisses die Fälligkeit der Resteinlageforderung kraft Gesetzes eintrete, ohne dass es eines entsprechenden Gesellschafterbeschlusses gemäß § 46 Nr. 2 und einer Zahlungsaufforderung oder einer satzungsmäßigen Grundlage hierfür bedürfe.[7] Dieser Auffassung ist nicht zuzustimmen. Gegen sie spricht, dass gerade im Hinblick auf § 46 Nr. 2 und die Frage der Verjährung (s. Rn. 26 f.) die Fälligkeit nicht von Umständen abhängig sein kann, deren Vorliegen im konkreten Einzelfall streitig und zweifelhaft sein könnte, und es für die angenommene Fälligkeit kraft Gesetzes an einem normativen Anhaltspunkt fehlt. Mit der herrschenden Meinung ist daher davon auszugehen, dass die Fälligkeit sich ausschließlich nach der Satzung, mangels Satzungsbestimmung nach einem Gesellschafterbeschluss gemäß § 46 Nr. 2 und entsprechender Aufforderung richtet.[8] Gegebenenfalls kann sich bei dringendem Kapitalbedarf der Gesellschaft für die Gesellschafter unter Treupflichtgesichtspunkten eine Pflicht zur Zustimmung zu einer entsprechenden Satzungsänderung ergeben bzw. im Rahmen eines Einforderungsbeschlusses eine Zustimmungspflicht zu bejahen sein;[9] eine solche Verpflichtung ist im Hinblick darauf, dass sich der Gesellschafter grundsätzlich auf die besonderen Einforderungsbestimmungen innerhalb der Gesellschaft verlassen darf, jedoch nur im Ausnahmefall zu bejahen. Zur abweichenden Rechtslage bei Insolvenz, Liquidation und Forderungspfändung vgl. Rn. 16.

11 **4. Einforderungszuständigkeit.** Vorbehaltlich einer besonderen Satzungsbestimmung können die **Geschäftsführer** die Einforderung nicht bestimmen. Sie sind jedoch für die Umsetzung der betreffenden Satzungsbestimmung bzw. des gesellschafterlichen Einforderungsbeschlusses zuständig und müssen namens der Gesellschaft ent-

---

[5] RGZ 138, 106, 111; *Baumbach/Hueck/Fastrich* Rn. 6; *Hachenburg/Ulmer* Rn. 23; *Scholz/Schneider* Rn. 26 ff.
[6] BGH NJW 1992, 2229.
[7] So *Scholz/Schneider* Rn. 13.
[8] *Baumbach/Hueck/Fastrich* Rn. 14; *Hachenburg/Ulmer* Rn. 51; *Lutter/Hommelhoff* Rn. 14; *Meyer-Landrut/Miller/Niehus* Rn. 20.
[9] *Lutter/Hommelhoff* Rn. 14 mit Hinweis auf die Möglichkeit der Verbindung der bei einem ablehnenden Beschluss notwendigen Anfechtungsklage mit einer positiven Beschlussfeststellungsklage.

Einzahlungen auf die Stammeinlage § 19

sprechend den dortigen Vorgaben und unter Beachtung des Gleichbehandlungsgrundsatzes des § 19 Abs. 1 die Einlagen einfordern.[10]

5. Gleichbehandlungsgebot bei Einlageeinforderungen (§ 19 Abs. 1). Die 12
Bestimmung des § 19 Abs. 1 dient dem Grundsatz der Gleichbehandlung der Gesellschafter durch die Gesellschaft; die Gesellschafter sollen bei der Einforderung von Geldeinlagen auf das Stammkapital gleichmäßig behandelt werden.[11] Gleichmäßige Behandlung bedeutet insoweit, dass bei Einforderungen von Geldeinzahlungen auf die Stammeinlage die Einzahlungstermine für die Gesellschafter auf den gleichen Zeitpunkt festzulegen sind und dass alle Gesellschafter den gleichen prozentualen Anteil entsprechend ihrem nominalen Anteil an den Stammeinlagen zu zahlen haben.[12] § 19 Abs. 1 stellt insoweit eine besondere Ausprägung des gesellschaftsrechtlichen Gleichbehandlungsgrundsatzes (§ 13 Rn. 94 ff.) dar.

Auch ein bei der Gründung oder bei einer Kapitalerhöhung (dort häufiger vorkommendes) zu zahlendes Aufgeld – **Agio** – wird vom Grundsatz der gleichmäßigen Behandlung erfasst, auch wenn das Aufgeld nicht zum Stammkapital der Gesellschaft gehört, sondern in die Kapitalrücklage einzustellen ist. § 19 Abs. 1 gilt insoweit zwar nicht unmittelbar; die Rechtsfolge ergibt sich jedoch aus dem allgemeinen Gleichbehandlungsgebot.[13] 13

Nicht unter die Verpflichtung des § 19 Abs. 1 fallen die Einforderungen von 14
Nachschüssen gemäß § 26 Abs. 2 und eingeforderte Verpflichtungen aus der Ausfallhaftung gemäß § 24[14] sowie Verpflichtungen der Gesellschafter gegenüber der Gesellschaft aus **Zinsansprüchen** und **Vertragsstrafen.**[15]

Bei **Nebenleistungspflichten,** die aus § 3 Abs. 2 folgen, ist der Gleichbehandlungsgrundsatz insoweit zu beachten, als sie den Gesellschaftern insgesamt oder mehreren von ihnen gleichmäßig auferlegt sind; vorrangig sind insoweit jedoch die jeweiligen Bestimmungen in der Satzung.[16] 15

Im Falle einer weder durch einen ordnungsgemäß gefassten Gesellschafterbeschluss 16
(zu anfechtbaren Beschlüssen s. Rn. 19) noch durch eine Satzungsbestimmung gedeckten **Ungleichbehandlung,** wenn also die Einlage nach Zeitpunkt oder Höhe unterschiedlich eingefordert wird, steht den benachteiligten Gesellschaftern ein **Leistungsverweigerungsrecht** bis zu dem für die übrigen Gesellschafter geltenden Zeitpunkt und, sofern eine höhere Einzahlung von ihnen als von den anderen Gesellschaftern gefordert wird, ein Leistungsverweigerungsrecht hinsichtlich des überschießenden Betrages zu; Verzug tritt hierdurch nicht ein.[17] Wird der so eine Zahlung zurückhaltende Gesellschafter von der Gesellschaft auf Zahlung in Anspruch genommen, so kann er einen Verstoß gegen den Gleichbehandlungsgrundsatz einwenden. Dieser Einwand greift gemäß § 404 BGB **grundsätzlich auch gegenüber einem Zessionar** der

---

[10] *Baumbach/Hueck/Fastrich* Rn. 6; *Hachenburg/Ulmer* Rn. 27; *Scholz/Schneider* Rn. 10.
[11] RGZ 65, 432, 434; *Baumbach/Hueck/Fastrich* Rn. 4; *Hachenburg/Ulmer* Rn. 2, 11; *Scholz/Schneider* Rn. 15; *Lutter/Hommelhoff* Rn. 6.
[12] RGZ 132, 392, 396; *Hachenburg/Ulmer* Rn. 9, 11; *Lutter/Hommelhoff* Rn. 6; *Meyer-Landrut/Miller/Niehus* Rn. 11; *Gersch/Herget/Marsch/Stützle* Rn. 224.
[13] Wie hier *Hachenburg/Ulmer* Rn. 17; *Lutter/Hommelhoff* Rn. 6; für eine Erstreckung des § 19 Abs. 1 auf das Agio *Meyer-Landrut/Miller/Niehus* Rn. 15.
[14] *Baumbach/Hueck/Fastrich* Rn. 4; *Hachenburg/Ulmer* Rn. 17; *Scholz/Schneider* Rn. 15.
[15] *Baumbach/Hueck/Fastrich* Rn. 3; *Hachenburg/Ulmer* Rn. 17; *Lutter/Hommelhoff* Rn. 6.
[16] *Baumbach/Hueck/Fastrich* Rn. 3; *Hachenburg/Ulmer* Rn. 17.
[17] AllgM; RGZ 65, 432, 434; *Baumbach/Hueck/Fastrich* Rn. 7; *Hachenburg/Ulmer* Rn. 27; *Scholz/Schneider* Rn. 24.

Gesellschaft, dem die Einlageforderung abgetreten worden ist. **Abweichendes** gilt nach heute ganz herrschender und zutreffender Auffassung **im Rahmen der Zwangsvollstreckung,** wenn also die Einlageforderung der GmbH von einem Gläubiger der Gesellschaft gepfändet und ihm zu Einziehung überwiesen worden ist. In diesem Falle soll das Gläubigerinteresse den Vorrang haben vor dem geschützten Interesse des betroffenen Gesellschafters mit der Folge, dass dieser die Ungleichbehandlung nicht einwenden kann.[18] Die ungleiche Behandlung ist dann im Innenverhältnis zwischen Gesellschafter und Gesellschaft und den übrigen Gesellschaftern zu regeln.[19]

17 Der ungleich behandelte Gesellschafter besitzt zudem ein **Auskunftsrecht** über Höhe und Zeitpunkt der Einforderung bezüglich der übrigen Gesellschafter; er kann bis zur Gewährung der Auskunft ebenfalls die Leistung verweigern.[20]

18 **Unzulässig** ist die Vereinbarung unterschiedlicher Zahlungstermine, **soweit** hiermit ein **Verstoß gegen das Stundungsverbot des § 19 Abs. 2** verbunden wäre, wenn also die Fälligkeitszeitpunkte abweichend von einer gesellschaftsvertraglichen Bestimmung hinausgeschoben werden sollen.[21]

19 **6. Anfechtbarkeit des Einforderungsbeschlusses.** Wird ein Gesellschafter unter Verletzung des Grundsatzes der gleichmäßigen Behandlung nach § 19 Abs. 1 einseitig durch eine Einlageeinforderung belastet, so kann er den Beschluss, auf dem die rechtsverletzende Einforderung beruht, durch Klage anfechten, nichtig ist die Einforderung nicht.[22] Unterlässt der benachteiligte Gesellschafter die Anfechtungsklage, so wird teilweise unterstellt, dass er der Ungleichbehandlung zugestimmt hätte.[23] Dem ist nicht zuzustimmen. Richtig ist es vielmehr, die Bindung des Gesellschafters aus der Bestandskraft des gefassten Beschlusses herzuleiten. Im Hinblick auf diese Bestandskraft seht dem in Anspruch genommenen Gesellschafter auch kein Leistungsverweigerungsrecht zu. Vor Eintritt der Bestandskraft des Beschlusses muss der Gesellschafter wegen der vorläufigen Verbindlichkeit eines festgestellten Beschlusses versuchen, seine Inanspruchnahme über eine Regelungsverfügung nach § 940 ZPO zu verhindern. Zahlt der Gesellschafter und wird der Beschluss auf eine Anfechtungsklage hin für nichtig erklärt, steht dem Gesellschafter ein Rückforderungsanspruch nach § 812 Abs. 1 S. 1, 1. Var. BGB zu; § 30 kann dem nicht entgegengehalten werden.

20 **7. Abdingbarkeit des § 19 Abs. 1.** § 19 Abs. 1 ist nicht zwingend. Die Satzung kann nach Höhe und Zeitpunkt unterschiedliche Einzahlungen zulassen.[24] Trifft die Satzung keine Bestimmungen, so kann die Einforderung auf die Stammeinlage auch durch Beschluss der Gesellschafterversammlung in unterschiedlicher Höhe oder zu unterschiedlichen Zeitpunkten festgelegt werden, solange der in diesem Zusammenhang zu beachtende Gleichbehandlungsgrundsatz gewahrt wird (wegen der Einzelheiten s. die Bem. zu § 46 Nr. 2). Der von der Einforderung betroffene Gesellschafter ist stimmberechtigt, § 47 Abs. 4 findet auf den Einforderungsbeschluss keine Anwendung.

---

[18] BGH NJW 1980, 2253; OLG Köln ZIP 1989, 174; *Hachenburg/Ulmer* Rn. 24; *Scholz/Schneider* Rn. 26; *Beise* GmbHR 1978, 101 f.; aA RGZ 76, 434, 437.
[19] *Hachenburg/Ulmer* Rn. 24; *Scholz/Schneider* Rn. 26.
[20] AllgM; RGZ 65, 432, 435; *Baumbach/Hueck/Fastrich* Rn. 7; *Hachenburg/Ulmer* Rn. 28; *Scholz/Schneider* Rn. 24.
[21] *Hachenburg/Ulmer* Rn. 32; s. auch Rn. 55 f.
[22] *Baumbach/Hueck/Fastrich* Rn. 7; *Hachenburg/Ulmer* Rn. 26; *Scholz/Schneider* Rn. 24; *Gersch/Herget/Marsch/Stützle* Rn. 224.
[23] OLG Köln NJW-RR 1988, 356, 357.
[24] RGZ 149, 293, 300; *Hachenburg/Ulmer* Rn. 31; *Scholz/Schneider* Rn. 20; *Lutter/Hommelhoff* Rn. 3; *Meyer-Landrut/Miller/Niehus* Rn. 10.

Einzahlungen auf die Stammeinlage § 19

Der Beschluss nach § 46 Nr. 2 bedarf vorbehaltlich einer abweichenden Satzungsbestimmung lediglich der einfachen Mehrheit des in der Gesellschafterversammlung vertretenen Stammkapitals. Wird allerdings durch einen solchen Beschluss ein Gesellschafter gegenüber den Grundsätzen des § 19 Abs. 1 oder gegenüber einer bisherigen gleichbehandelnden Regelung nunmehr unterschiedlich behandelt, so bedarf der Beschluss zur Rechtmäßigkeit seiner Zustimmung.[25] Fehlt es an einer hiernach notwendigen Zustimmung, ist der Beschluss wegen Verstoßes gegen § 19 Abs. 1 entsprechend §§ 246, 243 Abs. 1 AktG wegen eines Gesetzesverstoßes anfechtbar; wird der Beschluss nicht rechtzeitig innerhalb der im GmbH-Recht als Regelfrist anzusehenden Monatsfrist des § 246 Abs. 1 AktG bzw. einer in der Satzung vorgesehenen (längeren) Frist angefochten, erwächst er in Bestandskraft und bindet trotz seiner Fehlerhaftigkeit Gesellschaft und Gesellschafter (Rn. 19).

Erfolgt die **Einforderung** auf die Stammeinlage durch den Geschäftsführer, **ohne** 21 dass eine **Satzungsbestimmung oder** ein **Beschluss** der Gesellschafterversammlung zugrunde liegt, so ist die Einforderung **unwirksam,** eine Zahlungspflicht entsteht nicht.[26]

8. Mischeinlage (Gemischte Einlage). § 19 Abs. 1 gilt auch für den in bar zu 22 leistenden Anteil bei einer sog. Mischeinlage (teilweise auch als gemischte Einlage bezeichnet), also einer solchen Einlage, bei der sowohl eine Sach- als auch eine Geldeinlage zu erbringen sind.[27] Hiervon klar zu unterscheiden ist die Differenzhaftung nach § 9 Abs. 1 für den Fall der Überbewertung einer Sacheinlage. Für die dann als Fehlbetrag im Rahmen der Differenzhaftung zu leistende Geldeinlage gilt ebenso die sofortige Einlagepflicht wie dies für die Sacheinlage selbst gilt.[28]

9. Mehrleistungen des Gesellschafters. Hat ein Gesellschafter statutarisch oder 23 aufgrund eines bestandskräftigen Beschlusses der Gesellschafterversammlung mehr als die übrigen Gesellschafter auf seinen Stammanteil einzuzahlen, darf er bei späteren Einforderungen nicht mit Hinweis auf die frühere Zahlung weniger leisten. Hat etwa ein Gesellschafter auf seine Stammeinlage 40% einzuzahlen und die übrigen nur 25 % und werden weitere 20 % eingefordert, so hat er wie die anderen Gesellschafter 20 % auf den Nominalbetrag seines Stammanteils zu leisten.[29]

Hat der Gesellschafter freiwillig oder versehentlich mehr als eingefordert auf seinen 24 Stammanteil einbezahlt, so ist der überschießende Betrag bei der nächsten Einforderung anzurechnen.[30] Einen Rückforderungsanspruch hinsichtlich des zuviel auf den Stammanteil eingezahlten Betrages gibt es nach herrschender Meinung[31] nicht. Dieser Auffassung ist zuzustimmen. Hinsichtlich der *freiwilligen* höheren Einzahlung auf die Einlage folgt dies daraus, dass die Einlageschuld des Gesellschafters bestand, lediglich noch nicht fällig war; der Gesellschafter hat mit befreiender Wirkung auf eine bestehende Schuld gezahlt (§ 271 Abs. 1 und 2 BGB). Entsprechendes gilt, wenn ein Gesellschafter *versehentlich* eine höhere Einlage als eingefordert geleistet hat. Hier ist im

---

[25] RGZ 149, 293, 300 f.; *Hachenburg/Ulmer* Rn. 31; *Scholz/Schneider* Rn. 20.
[26] BGH BB 1961, 953; OLG München GmbHR 1985, 56, 57; *Baumbach/Hueck/Fastrich* Rn. 7; *Scholz/Schneider* Rn. 10; *Meyer-Landrut/Miller/Niehus* Rn. 9.
[27] *Baumbach/Hueck/Fastrich* Rn. 4; *Hachenburg/Ulmer* Rn. 21; *Gersch/Herget/Marsch/Stützle* Rn. 223.
[28] *Baumbach/Hueck/Fastrich* § 9 Rn. 6; *Hachenburg/Ulmer* Rn. 16; *Scholz/Schneider* Rn. 21; aA *Meyer-Landrut/Miller/Niehus* Rn. 12; *Lutter/Hommelhoff* Rn. 1.
[29] *Baumbach/Hueck/Fastrich* Rn. 5; *Scholz/Schneider* Rn. 25.
[30] *Hachenburg/Ulmer* Rn. 30; *Scholz/Schneider* Rn. 25.
[31] *Hachenburg/Ulmer* Rn. 30.

Hinblick auf den Rechtsgedanken des § 813 Abs. 2 Halbs. 1 BGB sowie darauf, dass der Gesellschafter auf eine bestehende Schuld – wenn auch teilweise vor Fälligkeit – gezahlt hat, ein Rückforderungsanspruch gleichermaßen ausgeschlossen.[32]

25 **10. Kein Zurückbehaltungsrecht wegen Zahlungsunfähigkeit eines anderen Gesellschafters.** Ist ein Gesellschafter zahlungsunwillig oder zahlungsunfähig und erbringt er seine eingeforderte Geldeinlage nicht, so wird die Verpflichtung zur Leistung der Einlage durch die anderen Gesellschafter hiervon nicht berührt; sie können also deswegen kein Zurückbehaltungsrecht geltend machen.[33] Der Geschäftsanteil des säumigen Gesellschafters ist ggf. gemäß § 21 zu kaduzieren.

26 **11. Verjährung und Verwirkung des Einlageanspruchs. a) Verjährung.** Der Anspruch der Gesellschaft auf Erbringung der Bareinlage verjährte **nach dem bis zum 31. 12. 2001 geltenden Recht in dreißig Jahren** gemäß §§ 195, 198 BGB.[34] Die Verjährungsfrist begann allgemeinen Grundsätzen entsprechend mit Fälligkeit des Einlageanspruchs zu laufen,[35] wobei die Fälligkeit der Mindesteinlage vorbehaltlich abweichender Satzungsbestimmungen mit Errichtung der Gesellschaft und anschließender Einforderung eintrat; die Fälligkeit der Resteinlage bestimmte sich ebenfalls primär nach der Satzung, bei Fehlen einer besonderen Bestimmung nach Maßgabe eines Gesellschafterbeschlusses gemäß § 46 Nr. 2 und der entsprechenden Einforderung der Geschäftsführer (s. auch die Bem. zu § 20). Die fünfjährige Verjährungsfrist des § 9 Abs. 2 war nach zutreffender Auffassung nicht entsprechend anwendbar.[36] Die Bestimmung des § 9 Abs. 2, der die Verjährung von Differenzansprüchen der Gesellschaft wegen nicht werthaltiger Sacheinlagen betrifft, beruht auf der Erwägung, dass mit zunehmender Dauer die Bewertung einer Sacheinlage schwieriger wird und sich typischerweise nach Ablauf von fünf Jahren gezeigt haben wird, ob sich die Überbewertung der Sacheinlage zum Nachteil der Gläubiger ausgewirkt hat. Beide Aspekte sind auf die Einlageforderung nicht einschlägig.[37]

27 Problematisch ist die Verjährungsfrist **nach neuem Recht**. Ab dem 1. 1. 2002 würde nach neuem Recht gemäß §§ 195, 199 Abs. 1 BGB in der Fassung des Schuldrechtsmodernisierungsgesetzes vom 26. 11. 2001[38] die dreijährige regelmäßige Verjährungsfrist gelten, beginnend mit dem Schluss des Jahres, in dem der Anspruch entstanden ist und der Gläubiger von den den Anspruch begründenden Umständen und der Person des Schuldners Kenntnis erlangt oder ohne grobe Fahrlässigkeit hätte erlangen müssen. Für den Übergang wäre nach der Überleitungsvorschrift des Art. 229 § 6 Abs. 6 EGBGB in der Fassung des SchRModG zu unterscheiden: Grundsätzlich fände das neue Verjährungsrecht gemäß Art. 229 § 5 Abs. 1 S. 1 EGBGB auch auf alte Schuldverhältnisse Anwendung, und zwar uneingeschränkt für ab dem 1. 1. 2002 entstehende Ansprüche. Für bereits entstandene Ansprüche würde, wenn – wie hier – die

---

[32] *Hachenburg/Ulmer* Rn. 30.
[33] RGZ 149, 293, 300; *Scholz/Schneider* Rn. 19.
[34] BGHZ 118, 83, 103 = NJW 1992, 2222; aus der Literatur statt anderer *Baumbach/Hueck/Fastrich* Rn. 9a; *Hachenburg/Ulmer* Rn. 10; gegen eine Verjährung des Einlageanspruchs *Baumbach/Hueck* 16. Aufl. Rn. 9a; *Sernetz* ZIP 1995, 173, 176.
[35] BGH NJW 1992, 2229 zur AG; BGH NJW 1987, 779 obiter; *Hachenburg/Ulmer* Rn. 10; *Lutter/Hommelhoff* Rn. 13; *Joost* ZIP 1990, 549, 561; abw. *Priester* DB 1990, 1753: Entstehung.
[36] BGHZ 118, 83, 101 = NJW 1992, 2222; BGHZ 105, 300, 304 f. = NJW 1989, 710; *Baumbach/Hueck/Fastrich* Rn. 9a; *Hachenburg/Ulmer* Rn. 10.
[37] Vgl. auch die Erwägungen bei BGHZ 118, 83, 101 ff. = NJW 1992, 2222 zur Verjährung bei verdeckten Sacheinlagen.
[38] BGBl. I S. 3138.

alte Verjährungsfrist länger als die nach neuem Recht ist, die neue dreijährige Frist ab dem 1. 1. 2002 berechnet, sofern nicht die alte Verjährungsfrist früher endet; in letzterem Falle wäre der frühere Ablauf nach altem Recht maßgeblich. Eine solche nur dreijährige Verjährungsfrist wäre allerdings wertungsmäßig unvereinbar damit, dass die Differenzhaftungsansprüche nach § 9 Abs. 2 einer fünfjährigen Verjährung unterliegen, ebenso gemäß § 31 Abs. 5 S. 1 die gegen einen gutgläubigen Empfänger einer gegen § 30 verstoßenden Auszahlung gerichteten Ansprüche. Da auch eine fünfjährige Verjährungsfrist analog § 9 Abs. 2 nicht auf Einlageansprüche zugeschnitten ist, ist bis zu einer neuen ausdrücklichen Gesetzesregelung von Folgendem auszugehen:[39] Die neue regelmäßige Verjährungsfrist von drei Jahren nach § 195 BGB nF ist auf Einlageansprüche im Kapitalgesellschaftsrecht nicht zugeschnitten, da ihre Anwendung mit Blick auf §§ 9 Abs. 2, 31 Abs. 5 Satz 2 GmbHG zu einer systemwidrigen Begünstigung desjenigen führen würde, der die geschuldete Einlage überhaupt nicht leistet. Die neue regelmäßige Verjährungsfrist des § 195 BGB nF ist deshalb insoweit unanwendbar. Die Unanwendbarkeit des § 195 BGB nF führt mangels anderer anwendbarer Verjährungsbestimmungen dazu, dass hinsichtlich der Verjährung von Einlageansprüchen im Kapitalgesellschaftsrecht nunmehr bis zu einer gesetzlichen Neuregelung der für diese Ansprüche geltenden Verjährung zu unterscheiden ist: Ist der betreffende Anspruch nach dem 1. 1. 2002, dem In-Kraft-Treten der Schuldrechtsreform, entstanden, ist er nach derzeitigem Recht als unverjährbar anzusehen. Ist der betreffende Anspruch vor dem 1. 1. 2002, dem In-Kraft-Treten der Schuldrechtsreform, entstanden und liefe die für ihn nach altem Recht geltende Verjährungsfrist bei Zugrundelegung des alten Rechts nach dem 1. 1. 2002 länger als drei Jahre, ist aufgrund der Änderung der Verjährungsfristen durch das Schuldrechtsmodernisierungsgesetz davon auszugehen, dass dieser Anspruch seit dem 1. 1. 2002 keiner Verjährung mehr unterliegt; die Verjährbarkeit des Anspruchs ist entfallen. Ist der Betreffende Anspruch vor dem 1. 1. 2002, dem In-Kraft-Treten der Schuldrechtsreform, entstanden und endet die für ihn nach altem Recht geltende Verjährungsfrist bei Zugrundelegung des alten Rechts früher als sie nach neuem Recht enden würde, bewendet es bei der bisherigen Verjährungsfrist und der Verjährbarkeit des Anspruchs. Ist nach altem Recht Verjährung bereits eingetreten, hat der Schuldner jedoch die Verjährungseinrede noch nicht erhoben, ist sie ihm auch nach dem 1. 1. 2002 erhalten geblieben und kann demzufolge nach wie vor ausgeübt werden.

b) Verwirkung. Die Verwirkung des Einlageanspruchs der Gesellschaft wird verbreitet als theoretisch möglich angesehen.[40] Dieser Auffassung ist nicht zuzustimmen. Die Verwirkung ist ein Unterfall des widersprüchlichen Verhaltens und verlangt neben einem gewissen Zeitmoment ein zurechenbares vertrauenbildendes Verhalten des Gläubigers dahin, dass er auf der Geltendmachung seines Rechts nicht bestehen werde.[41] Die **Verwirkung von Einlageansprüchen scheidet** auf dieser Grundlage schon im Ansatz **aus.** Zum einen steht der Anwendung dieses Instituts entgegen, dass Einlageansprüche wegen des zwingenden Kapitalaufbringungsgrundsatzes nicht der Disposition der Gesellschaft unterliegen und ihr Verhalten deshalb rechtlich nicht von Bedeutung sein kann. Zum anderen scheidet wegen des zwingenden Kapitalaufbrin- **28**

---

[39] Wegen der Einzelheiten s. *Pentz* GmbHR 2002, 225 ff.; für Anwendung des § 199 Abs. 4 BGB uF dagegen *Altmeppen* DB 2002, 514 ff.
[40] Vgl. hierzu RGZ 134, 262, 270; *Baumbach/Hueck/Fastrich* Rn. 9a (wegen § 19 Abs. 2 aber äußerste Zurückhaltung); *Hachenburg/Ulmer* Rn. 10 (nach dem Grundgedanken des § 19 Abs. 2 nur in seltenen Ausnahmefällen).
[41] Vgl. nur *Soergel/Teichmann* § 242 Rn. 332 ff., 337 mwN.

gungsrechts aber auch ein schützenswertes Vertrauen des Gesellschafters dahin, dass er nicht mehr in Anspruch genommen werde, aus.

29 **12. Beweislast.** Für die wirksame Einzahlung ist der **Gesellschafter** beweispflichtig. Der Beweis der ordnungsgemäßen Einlageleistung wird durch den Hinweis auf eine vorliegende Buchung oder ein Anerkenntnis der GmbH allein nicht geführt.[42] Der Gesellschafter muss die jeweilige Einlageleistung im Einzelnen darlegen und beweisen. Es genügt deshalb nicht, wenn der Gesellschafter irgendwelche Zahlungen an die Gesellschaft oder an deren Gläubiger nachweist und diese als seine Einlageleistung bezeichnet. Vielmehr ist im Streitfalle darzulegen und erforderlichenfalls auch zu beweisen, dass die betreffende Leistung gerade auf die Einlageverbindlichkeit erfolgt ist, und nicht als Darlehen, schlichte Liquiditätshilfe, verlorener Zuschuss o. Ä. zur Überbrückung von Zahlungsschwierigkeiten oder zur Abwehr des drohenden Insolvenzantrags eines Gläubigers.

III. Verbot der Beeinträchtigung der Einlageforderung (§ 19 Abs. 2)

30 **1. Allgemeines.** § 19 Abs. 2, durch die Novelle 1980 sprachlich geändert (Rn. 1), bildet das Kernstück der Vorschrift in bezug auf den Grundsatz der Erbringung und Erhaltung des Stammkapitals der Gesellschaft. Die Bestimmung wird ergänzt durch die §§ 30, 31. **§ 19 Abs. 2** ist dem Zweck der Vorschrift entsprechend **zwingendes Recht**.[43]

31 § 19 Abs. 2 enthält mehrere Tatbestände, die dem Zweck der Beibringung und Erhaltung des Stammkapitals dienen und eine rechtsgeschäftliche Beeinträchtigung der Einlageforderung verbieten.[44] Die Gesellschafter können von der Erbringung der Geldeinlagen weder ganz noch teilweise befreit werden, sie können ihnen nicht erlassen werden, auch ein Verzicht und eine Stundung sind unzulässig; ein Vergleich über die Einzahlung der Geldeinlage ist ebenfalls nur begrenzt möglich.[45] Bei der GmbH & Co. genügt Einzahlung bei der KG zur Einlageleistung bei der GmbH nicht.[46]

32 Die **Aufrechnung** der Gesellschafter mit einer Gegenforderung ist weder möglich noch ist die Ausübung eines **Zurückbehaltungsrechts** durch die Gesellschafter zulässig. Im Falle der Zurückbehaltung an dem Gegenstand einer Sacheinlage ist das Zurückbehaltungsrecht eingeschränkt auf die Fälle der Verwendungen auf den Gegenwert der Sacheinlage gemäß §§ 273 Abs. 2, 1000 BGB;[47] **§ 7 Abs. 3** bleibt hiervon **unberührt**. Bei Verstoß gegen diese Bestimmungen bleibt die Einlagepflicht ohne Rücksicht auf die Kenntnis des Gesellschafters von der Unzulässigkeit der Aufrechnung bzw. der Zurückbehaltung ohne weiteres durchsetzbar bestehen; ein entsprechender Gesellschafterbeschluss ist nicht erforderlich.[48]

33 **2. Geltungsbereich. a) Sachlich.** In sachlicher Hinsicht umfasst das Verbot der Befreiung der Gesellschafter von der Pflicht zur Erbringung der Einlage nach § 19

---

[42] OLG Köln ZIP 1989, 174.
[43] AllgM; KG J 47, A 108, 111, Nr. 27; *Baumbach/Hueck/Fastrich* Rn. 10; *Hachenburg/Ulmer* Rn. 40; *Scholz/Schneider* Rn. 30; eingehend hierzu bei Rn. 40 ff.
[44] *Lutter/Hommelhoff* Rn. 9.
[45] AllgM; *Hachenburg/Ulmer* Rn. 40 ff.; ausführlich *Scholz/Schneider* Rn. 50 ff.; einschränkend *Lutter/Hommelhoff* Rn. 11; *Meyer-Landrut/Miller/Niehus* Rn. 21; vgl. iE Rn. 57 ff.
[46] OLG Stuttgart ZIP 1985, 476 ff.
[47] *Baumbach/Hueck/Fastrich* Rn. 17; *Hachenburg/Ulmer* Rn. 75; *Scholz/Schneider* Rn. 87; *Lutter/Hommelhoff* Rn. 25; *Roth/Altmeppen* Rn. 35.
[48] AllgM; *Baumbach/Hueck/Fastrich* Rn. 11.

Abs. 2 S. 1 sowohl die **Bar- als auch die Sacheinlage**.[49] Weiter umfasst sind die Neben- und Folgeansprüche, soweit sie der Kapitalaufbringung dienen. Auch **Ansprüche aus** der Ausfallhaftung gemäß **§ 21 Abs. 3**,[50] solche aus § 24, gegen Rechtsvorgänger gemäß §§ 16 Abs. 3, 22 Abs. 1, wegen überbewerteter Sacheinlagen gemäß § 9 oder **Ansprüche wegen Mangelhaftigkeit von Sacheinlagen** sowie Ansprüche aus der **Vorbelastungshaftung** im Zusammenhang mit einer Tätigkeit der Gesellschaft vor ihrer Eintragung in das Handelsregister und Ansprüche aus § 31 Abs. 1 (§ 31 Rn. 12) unterfallen dieser Bestimmung.[51]

Außerhalb des Anwendungsbereichs des § 19 Abs. 2 liegen solche Ansprüche, 34 die nicht unmittelbar der Kapitalaufbringung dienen. Hierzu zählen Nebenleistungspflichten gemäß **§ 3 Abs. 2**, Nachschusspflichten gemäß **§§ 26ff.**, ein etwa zu leistendes Aufgeld **(Agio)**,[52] vereinbarte **Vertragsstrafen, Verzugszinsen**.[53] Im Einzelfall kann die Befreiung von solchen Verpflichtungen jedoch unter dem Aspekt der Kapitalbindung nach § 30 Abs. 1 unzulässig sein (wegen der Einzelheiten s. dort).

b) Zeitlich. In zeitlicher Hinsicht gilt das Verbot des § 19 Abs. 2 jedenfalls für die 35 **eingetragene Gesellschaft** und insoweit auch insbesondere für eingetragene Kapitalerhöhungen.[54] Für die **Vorgründungsgesellschaft** (hierzu bei § 11) gilt das Verbot nicht. Zumindest im Grundsatz gilt § 19 aber für die **Vorgesellschaft,** weil eine solche Befreiung sich mit der Zulässigkeit der beabsichtigten Eintragung in Widerspruch setzen würde. Den Gesellschaftern steht es jedoch im Stadium der Vorgesellschaft offen, durch Änderung der Satzung die jeweiligen Leistungspflichten abweichend von der ursprünglichen Vereinbarung zu bestimmen.[55] § 19 Abs. 2 S. 1 gilt grundsätzlich auch während des Insolvenzverfahrens und der Liquidation der Gesellschaft,[56] allerdings mit durch den Normzweck veranlassten Einschränkungen (s. Rn. 61).

c) Personell. In personeller Hinsicht gilt § 19 Abs. 2 S. 1 seinem Wortlaut nach 36 nur im Verhältnis zwischen der Gesellschaft und ihrem **Gesellschafter.**

Nach ständiger **Rechtsprechung** des BGH[57] soll die Bestimmung jedoch in Treu- 37 handverhältnissen auch entsprechend gegenüber einem **Treugeber** (Hintermann) gelten. Begründet wird dies mit der Notwendigkeit, im Interesse der Gläubiger eine wirksame und praktikable Aufbringung und Erhaltung des Haftungsfonds der Gesellschaft sicherzustellen; es müsse verhindert werden, dass die Kapitalaufbringung dadurch gefährdet werde, dass der Gesellschaft Einwände aus dem Treuhandverhältnis entgegengehalten würden. In der **Literatur** ist diese Erstreckung verbreitet auf Widerspruch gestoßen. Die Lösung des BGH wird dort überwiegend für zu undifferenziert gehalten; die Kapitalaufbringung sei durch den Freistellungs- bzw. Regressanspruch des Treu-

---

[49] Begr. RegE 1977 BT-Drucks. 8/1347 S. 38; *Hachenburg/Ulmer* Rn. 34; *Lutter/Hommelhoff* Rn. 9; *Scholz/Schneider* Rn. 31.
[50] RGZ 78, 276, 277.
[51] *Baumbach/Hueck/Fastrich* Rn. 3; *Lutter/Hommelhoff* Rn. 1; *Hachenburg/Ulmer* Rn. 34; *Scholz/Schneider* Rn. 32.
[52] *Meyer-Landrut/Miller/Niehus* Rn. 15.
[53] *Hachenburg/Ulmer* Rn. 35; *Scholz/Schneider* Rn. 32.
[54] Zur Bedeutung der Eintragung s. § 57 Rn. 30.
[55] *Roth/Altmeppen* Rn. 24; *Hachenburg/Ulmer* Rn. 38; *Scholz/Schneider* Rn. 36; *Meyer-Landrut/Miller/Niehus* Rn. 16; nicht eindeutig BGHZ 80, 129, 133 = NJW 1981, 1373; zu der notwendigen Einstimmigkeit bei Satzungsänderungen im Gründungsstadium iE vgl. bei § 11.
[56] RGZ 149, 293, 297; *Baumbach/Hueck/Fastrich* Rn. 11; *Hachenburg/Ulmer* Rn. 39.
[57] BGHZ 31, 258, 265 = NJW 1960, 285; BGHZ 118, 107, 110ff. = NJW 1992, 2023 m. Anm. *Heidenhain* LM § 19 Nr. 13; BGH DB 1995, 1657; s. auch OLG Hamburg GmbHR 1985, 84.

nehmers (Gesellschafter) gegenüber dem Treugeber gewährleistet, weshalb es keiner unmittelbaren Erstreckung des gesellschaftlichen Innenrechts auf außenstehende Dritte bedürfe.[58]

38 **Stellungnahme:** In der Sache geht es bei der Gleichstellung des Treugebers (Hintermann) um ein Analogieproblem zu § 19. Die Frage ist zunächst, ob der Hintermann im Hinblick auf seine Stellung einem Gesellschafter gleich zu achten ist, und weiter, ob das Vorliegen einer Regelungslücke mit Hinweis auf die dem Treunehmer (Gesellschafter) zustehenden internen Ansprüche oder aufgrund der Überlegung abgelehnt werden kann, dass das Gesetz in § 9a Abs. 4 nur eine verschuldensabhängige Haftung des Hintermannes vorsieht. Die erste Frage, die Gleichstellung des Treugebers (Hintermann) mit einem Gesellschafter, lässt sich mit der Erwägung bejahen, dass diesem über das Treuhandverhältnis im Ergebnis und von den Beteiligten gewollt die gleiche Rechtsstellung zukommt wie einem Gesellschafter; die Erstreckung des Anwendungsbereichs von § 19 lässt sich deshalb nicht von vornherein verneinen. Auch das Vorliegen einer Regelungslücke ist zu bejahen. Der Treugeber eines Gesellschafters steht zur GmbH in einem besonderen (qualifizierten) Näheverhältnis, da seine Position wegen seiner Einflussmöglichkeiten im Ergebnis mit derjenigen eines Gesellschafters bis auf die unmittelbare Inhaberschaft des Geschäftsanteils übereinstimmt und die GmbH im Regelfall eher seine „wirtschaftliche Veranstaltung" darstellt als die des Gesellschafters. Angesichts dieser Entsprechungen überzeugt es nicht, die Haftung des Treugebers an dem nur formalen Aspekt scheitern zu lassen, dass er nicht Inhaber des Geschäftsanteils ist. Auch der Hinweis auf die internen Ansprüche des Treuhänders gegen den Treugeber kann gegen die Haftung des Treugebers als dem „wirtschaftlichen" Gesellschafter nicht entgegengehalten werden. Diese Ansprüche unterliegen nämlich zumindest im Grundsatz der Einwirkungsmöglichkeit der an dem Treuhandvertrag Beteiligten, weshalb der Vorschlag, die Gesellschaft auf diese Ansprüche zu verweisen, kein dem Einlageanspruch entsprechendes Äquivalent darstellen würde; das Verweisen der Gesellschaft auf diese Rückgriffsansprüche wäre auch unter dem Aspekt einer effizienten Rechtsdurchsetzung nicht sachgerecht.[59] § 9a Abs. 4 stellt keine abschließende Regelung der hier betroffenen Haftungsverhältnisse dar und kann deshalb nicht zur Gewinnung eines Umkehrschlusses herangezogen werden; insbesondere lässt sich aus der Ablehnung des Gesetzgebers, eine § 46 Abs. 5 AktG entsprechende Regelung in das GmbHG aufzunehmen,[60] angesichts der in den Materialien hierzu genannten Gründe kein zwingender Schluss gegen das Vorliegen einer Regelungslücke entnehmen.[61] Entgegen der im Schrifttum geäußerten Bedenken unterliegt daher auch der Treugeber eines Gesellschafters wegen der ihm im Verhältnis zur Gesellschaft zukommenden besonderen Rechtsstellung dem Anwendungsbereich des § 19 Abs. 2 S. 1; seine aktive Einflussnahme auf die Gesellschaft ist für die Erstreckung ebenso wenig vorauszusetzen, wie die Anwendbarkeit der Bestimmung auf Gesellschafter hiervon abhängt.

---

[58] *Hachenburg/Ulmer* § 2 Rn. 62 ff., 66; *ders.* ZHR 156 (1992), 377, 381 ff., 386 ff. mit Einschränkungen im Falle der offenen Treuhand; *Scholz/Emmerich* § 2 Rn. 59a; für das Erfordernis einer Einflussnahme des Treugebers auf die Finanzierung der Gesellschaft *Lutter/Hommelhoff* § 14 Rn. 13 f.; weitergehend *Meyer-Landrut/Miller/Niehus* Rn. 17; dem BGH zustimmend *Scholz/Schneider* Rn. 61; s. auch *Roth/Thöni*, FS 100 Jahre GmbHG, 1992, S. 245, 270 f. mit Hinw. auf das ältere Schrifttum sowie § 2 Rn. 26 f.

[59] Ausführlich BGHZ 118, 107, 111 ff. = NJW 92, 2023, s. auch BGH NJW-RR 1995, 1260.

[60] BT-Drucks. 8/1347 S. 66, 73 – Zu 7.

[61] Abw. *Ulmer* ZHR 156 (1992), 377, 381 ff., 386 ff.

Einzahlungen auf die Stammeinlage § 19

3. Erfüllungsvoraussetzung der Einlageleistung. Die vor Eintragung der Ge- 39
sellschaft zu erbringende **Mindesteinlage** nach § 7 Abs. 2 und die nach § 7 Abs. 3 voll
zu leistenden Sacheinlagen sind dergestalt zu erbringen, dass sie **endgültig zur freien
Verfügung der Geschäftsführer** stehen, arg. § 8 Abs. 2.[62] Ob das Erfordernis der
Leistung zur freien Verfügung der Geschäftsführer auch für die bei Bareinlagen ggf.
später zu erbringende **Resteinlage ebenfalls** gilt, ergibt sich aus dem Gesetz nicht, ist
aber schon wegen der organisatorischen Zuständigkeit der Geschäftsführer und aus
Gründen der realen Kapitalaufbringung zu bejahen.[63] Das Erfordernis der freien Verfügbarkeit ist nicht erfüllt, wenn der Gesellschafter seine Verfügungsmacht nicht endgültig und ohne Vorbehalte zugunsten der Gesellschaft aufgibt;[64] hieran fehlt es auch,
wenn der Gesellschaft die Bareinlage mit der Maßgabe der alsbaldigen Rückzahlung an
den Gesellschafter überlassen wird. Von Bedeutung ist die Leistung zur endgültigen
freien Verfügung der Geschäftsführer als Erfüllungsvoraussetzung auch im Zusammenhang mit dem Verbot der verdeckten Sacheinlage; vgl. hierzu Rn. 110 ff. Im Übrigen
wird wegen der Einzelheiten auf die Bemerkungen zu § 7 verwiesen.

4. Unzulässige Befreiung von der Leistungsverpflichtung (§ 19 Abs. 2 S. 1). 40
a) Erlassverbot. Der vom Gesetz verwendete Begriff der Befreiung von der Leistung
ist weit zu fassen.[65] In erster Linie wird unter der Befreiung von der Verpflichtung zur
Leistung der Einlage der **Erlass** verstanden. Ein gleichwohl geschlossener Erlassvertrag
ist nach § 134 BGB nichtig.[66] Ein Erlass von Leistungen auf die Einlage ist dabei nicht
erst der Abschluss eines förmlichen Erlassvertrages (Verzicht) gemäß § 397 BGB, vielmehr jede vorsätzliche auch stillschweigende Nichteinforderung von fälligen Leistungen auf die Stammeinlage[67] sowie **jedes Rechtsgeschäft, das zu einem Erlass vergleichbaren Ergebnissen führt**.[68] Auf eine Ungleichbehandlung der Gesellschafter
kommt es dabei nicht an; auch wenn der Erlass alle Gesellschafter gleichmäßig trifft, ist
er unzulässig, da § 19 Abs. 2 der Kapitalaufbringung und damit dem der Disposition
der Beteiligten nicht unterliegenden Gläubigerschutz dient. Das Erlassverbot gilt **in
zeitlicher Hinsicht** (mit Einschränkungen durch den Normzweck, Rn. 61) uneingeschränkt nach Eintragung der Gesellschaft bzw. einer Kapitalerhöhung im Handelsregister. Zur Zulässigkeit eines Erlasses vor der Eintragung s. Rn. 44, zum Übergang von
einer Form der Einlageverpflichtung auf eine andere s. Rn. 46 ff.

Der **Abschluss eines Erlassvertrags mit einem** neben dem Gesellschafter für die 41
Einlageschuld haftenden **Dritten,** der nicht Treugeber des Gesellschafters ist (zur
Erstreckung der Bindungen des § 19 auf Treugeber s. Rn. 37 ff.), ist **durch § 19
Abs. 2 nicht verboten.** Der Abschluss eines solchen Erlassvertrages wird allerdings
praktisch kaum einmal mit den Sorgfaltspflichten der Geschäftsführer vereinbar sein,

---

[62] Zur rechtlich nicht möglichen Leistung auf die Einlageschuld im Stadium der Vorgründungsgesellschaft s. *Ehlke* ZGR 1995, 426, 454 ff.
[63] IErg. wie hier OLG Düsseldorf BB 1988, 2126 f.; OLG Hamm GmbHR 1985, 326, 327; OLG Frankfurt/M. WM 1984, 1448; *Hachenburg/Ulmer* Rn. 9; *Baumbach/Hueck/Fastrich* Rn. 8; *Priester* DB 1987, 1473, 1475; *Mildner* Bareinlage, Sacheinlage und ihre „Verschleierung", 1989, S. 68 ff.; *Heim* NJW 1959, 1413; nicht ganz eindeutig BGH NJW 1986, 989; ablehnend wohl BGHZ 125, 141, 151 = NJW 1994, 1477 m. Anm. *G. Müller* ZGR 1995, 327; aA *Frey* Einlagen in Kapitalgesellschaften, 1990, S. 187 f.
[64] BGHZ 113, 335, 348 = NJW 1991, 1754; *Hachenburg/Ulmer* § 7 Rn. 47.
[65] *Gersch/Herget/Marsch/Stützle* Rn. 226; *Scholz/Schneider* Rn. 39 f.
[66] *Scholz/Schneider* Rn. 42.
[67] *Scholz/Schneider* Rn 42.
[68] Vgl. zur parallelen Rechtslage in Aktienrecht *Hüffer* AktG § 66 Rn. 4.

insbesondere dann nicht, wenn die Vermögensverhältnisse des Einlageschuldners zweifelhaft sind.

42 Die Abgabe eines **negativen Schuldanerkenntnisses** iS des § 397 Abs. 2 BGB seitens der Gesellschaft gegenüber dem Gesellschafter ist als unzulässiger Erlass anzusehen.[69]

43 Aufgrund der durch den Normzweck gebotenen weiten Auslegung des Erlassbegriffs (Rn. 40) wird durch das Erlassverbot auch das **Unterlassen einer Mängelrüge bei Einbringung einer mängelbehafteten Sacheinlage** erfasst.[70] Wird der Mangel nicht beseitigt, so gilt § 9 Abs. 1, und es sind die notwendigen Maßnahmen zur Festlegung des durch den Mangel sich ergebenden Fehlbetrages vorzunehmen. Dies gilt unabhängig davon, ob das Registergericht die Eintragung der Gesellschaft gemäß § 9c abgelehnt hat oder nicht. Auch die Verminderung einzelner Stammeinlagen bei gleichzeitiger Erhöhung der anderen ist ein Teilerlass.[71]

44 Im **Gründungsstadium und** bei der **Kapitalerhöhung** gilt hinsichtlich des Erlassverbots folgendes: Vor Eintragung der Gesellschaft in das Handelsregister können die Gesellschafter die Leistungspflichten herabsetzen, ohne dass hierin ein Verstoß gegen das Erlassverbot des § 19 Abs. 2 läge; dies beruht auf der Haftungsverfassung der Vor-GmbH (hierzu bei § 11), die den notwendigen Gläubigerschutz im Wege der Gesellschafterhaftung sicherstellt. Die Kapitalerhöhung bedarf als Satzungsänderung zu ihrer Wirksamkeit der Eintragung im Handelsregister.[72] Solange die Satzungsänderung nicht in das Handelsregister eingetragen ist, können die Gesellschafter deshalb im Wege des Änderungsbeschlusses die Einlagepflicht herabsetzen. Hierin liegt ebenfalls keine gegen § 19 Abs. 2 S. 1 verstoßende Befreiung von der Leistung der Einlage.[73]

45 b) **Annahme an Erfüllungs statt und erfüllungshalber.** Unter das Erlassverbot fällt weiter die Annahme einer anderen Leistung an **Erfüllungs Statt**,[74] etwa die Annahme einer Forderung, die der einlageverpflichtete Gesellschafter gegenüber einer dritten Person besitzt, mag die Bonität der Forderung auch außer Zweifel stehen. An Erfüllungs Statt dürfen andere als die geschuldeten Leistungen nicht angenommen werden, vgl. § 19 Abs. 5 S. 1 Halbs. 1 und die Bem. hierzu bei Rn. 104 ff. Die Annahme einer abgetretenen Forderung oder von Schecks, Wechseln oder sonstigen Wertpapieren **erfüllungshalber** führt noch nicht zum Erlöschen der Einlageforderung, § 364 Abs. 2 BGB. Erst wenn der hieraus resultierende Erlös zur freien Verfügung der Geschäftsführer steht, wird der Gesellschafter von seiner Verpflichtung frei. Im Einzelfall kann in der Annahme solcher Leistungen erfüllungshalber eine **unzulässige Stundung** liegen mit der Folge, dass der Gesellschafter sich auf einen hiermit eingeräumten Zahlungsaufschub nicht berufen kann. Zur unbaren Zahlung (Banküberweisung, beglaubigter Bundesbankscheck) und zur Frage ihrer Vereinbarkeit mit § 19 Abs. 5 s. Rn. 107.

46 c) **Novation.** Grundsätzlich (zum Wechsel zwischen Bar- und Sacheinlage s. Rn. 47 ff.) unzulässig und als Erlass zu werten ist die Novation, also die Umschaffung der Einlageforderung in eine Forderung anderer Art, etwa in eine Darlehensforderung,[75] da in diesem Rechtsgeschäft der Sache nach ein Erlass der ursprünglichen Ein-

---

[69] *Hachenburg/Ulmer* Rn. 41; *Gersch/Herget/Marsch/Stützle* Rn. 226.
[70] *Baumbach/Hueck/Fastrich* Rn. 12; *Hachenburg/Ulmer* Rn. 34.
[71] RGZ 130, 43.
[72] Hierzu § 57 Rn. 30.
[73] *Hachenburg/Ulmer* Rn. 37.
[74] KG J 47, A 108, 111 – Nr. 27 –; *Baumbach/Hueck/Fastrich* Rn. 13; *Hachenburg/Ulmer* Rn. 24; *Scholz/Schneider* Rn. 35.
[75] *Hachenburg/Ulmer* Rn. 42; *Scholz/Schneider* Rn. 40; *Lutter/Hommelhoff* Rn. 9.

lageforderung liegt. Darauf, ob die Forderung, die an die Stelle der Einlageforderung treten soll, weniger strengen oder, was die Beteiligten ansonsten vereinbaren könnten, verabredungsgemäß den gleichen Anforderungen wie die Einlageforderung unterliegen soll, kommt es nicht an.[76] Maßgeblich ist nur, dass der Gesellschaft für den Wegfall der Einlageschuld lediglich eine andere Forderung zustünde, ohne dass der Gesellschafter die geschuldete Geldleistung erbracht hätte.[77]

Allgemein verneint wurde die Zulässigkeit eines *nachträglichen*, also nach Eintragung der Gesellschaft in das Handelsregister erfolgenden[78] **Übergangs von der Bar- zur Sacheinlageverpflichtung;**[79] diese Einschränkung ist im Zusammenhang mit der Heilung einer verdeckten Sacheinlage (hierzu Rn. 162 ff.) zwischenzeitlich aufgegeben worden. Der nachträgliche **Übergang von einer Sacheinlage- zu einer Bareinlageverpflichtung** wurde dagegen, wenn die Sacheinlage trotz des Gebotes nach § 7 Abs. 3 nicht vor Eintragung der Gesellschaft vollständig erbracht wurde, überwiegend[80] mit der Erwägung für zulässig erachtet, der Gesellschafter schulde dem Grunde nach immer eine Bareinlage, die Sacheinlage sei lediglich eine nach bestimmten Regeln zulässige datio in solutum.[81] Dem ist im Ergebnis, nicht aber in der Begründung zuzustimmen. Die Auffassung, die Bareinlage sei lediglich eine unter bestimmten Voraussetzungen zulässige datio in solutum verkennt hinsichtlich des **Verhältnisses zwischen Bar- und Sacheinlage,** dass der Gesellschafter im Falle der Übernahme einer Sacheinlageverpflichtung gerade keine Bareinlage erbringen wollte, und zieht aus den Rechtsfolgen einer mangelhaften oder fehlgeschlagenen Sacheinlage zu weitgehende Folgerungen. Bar- und Sacheinlageverpflichtung sind **zwei voneinander unabhängige Einlagearten,** die in keinem Abhängigkeitsverhältnis voneinander stehen.[82] Die Annahme, grundsätzlich sei immer eine Bareinlage geschuldet, ist unzutreffend. Die Bestimmung des § 9 Abs. 1 und die hierzu in § 9 Abs. 2 statuierte fünfjährige Verjährungsfrist zeigen deutlich, dass es sich bei der Differenzhaftung nach § 9 Abs. 1 um einen *Sekundär*anspruch und nicht um den ursprünglichen, nach dem bis zum 31. 12. 2001 geltenden Recht (wegen der Einzelheiten vgl. Rn. 26) einer dreißigjährigen Verjährungsfrist unterliegenden Einlageanspruch handelt. Auch aus § 19 Abs. 5 lässt sich ein solches Verhältnis nicht ableiten (Rn. 105).

Die **Sacheinlageverpflichtung** kann deshalb **keine** nach besonderen Kautelen zulässige **datio in solutum** sein, die einen grundsätzlich bestehenden Bareinlageanspruch unberührt lässt. Die Rechtsfolgen einer mangelhaften oder nicht ordnungsgemäß festgesetzten Sacheinlageverbindlichkeit beruhen auch nicht auf einem Rangverhältnis der beiden Einlagearten, sondern auf dem Grundsatz der realen Kapitalaufbringung, nachdem das Kapital aufgebracht werden muss und mangels entsprechender Festsetzungen in der Satzung überhaupt keine andere Auffüllung des Kapitals als eine solche durch bare Zahlung in Betracht kommt. Es lässt sich auch nicht abstrakt sagen, dass die Bareinlage gegenüber der Sacheinlage die „stärkere" Einlageform ist, da auf Seiten der

---

[76] Abw. wohl *Hachenburg/Ulmer* Rn. 42; *Scholz/Schneider* Rn. 40, die lediglich auf die Novation mit weniger strengen Anforderungen abstellen.
[77] S. auch BGHZ 28, 77 = NJW 1958, 1351; RGZ 98, 276, 277; OLG Köln ZIP 1984, 177.
[78] Zur Rechtslage vor Eintragung der Gesellschaft s. Rn. 44.
[79] Vgl. nur *Hachenburg/Ulmer* Rn. 42 iVm. § 5 Rn. 27, in Rn. 117 einschränkend bei der Frage der Heilung einer missglückten Sacheinlage.
[80] Vgl. hierzu nur *Hachenburg/Ulmer* Rn. 42 iVm. § 5 Rn. 26 mwN.
[81] Statt anderer: *Lutter* Kapital S. 269, 285; *Lutter/Hommelhoff* Rn. 33; s. hierzu auch *Hachenburg/Ulmer* Rn. 86; iErg. auch *Langenfeld* GmbHR 1981, 53, 54; zutr. aA *Scholz/Winter* § 5 Rn. 40.
[82] Eingehend zum Verhältnis von Bar- und Sacheinlage MüKo AktG/*Pentz* § 27 Rn. 13 f.

§ 19　　2. Abschnitt. Rechtsverhältnisse der Gesellschaft und der Gesellschafter

Gesellschaft (etwa bei der Einbringung von Patenten), aber auch auf Seiten der Gläubiger ein erhebliches Interesse daran bestehen kann, dass gerade der zugesagte Sacheinlagegegenstand in die Gesellschaft eingebracht wird.

49　　Dass der **Übergang von der Sach- auf die Bareinlageverpflichtung zulässig ist**,[83] beruht darauf, dass § 19 Abs. 2 nur die Kapitalaufbringung als solche sichern will, nicht aber die hiervon zu unterscheidende gegenständliche Aufbringung des Gesellschaftsvermögens. Da bei der Bareinlage – anders als bei der Sacheinlage – keine Bewertungsschwierigkeiten auftreten können, stehen einem solchen Übergang unter dem allein den Gegenstand des § 19 bildenden Aspekt der Kapitalaufbringung keine Bedenken entgegen. Dies gilt insbesondere dann, wenn man mit dem BGH[84] im Zusammenhang mit der Heilung einer verdeckten Sacheinlage von der Zulässigkeit eines Übergangs von der Bar- zur Sacheinlage ausgeht (hierzu und zu dem dann zu beachtenden Verfahren s. Rn. 162 ff.). Schranken können sich allerdings bei Vorliegen einer Unterbilanz insoweit aus § 30 ergeben (Grenzen der bilanziellen Sichtweise, § 30 Rn. 11). Da die schlicht rechtsgeschäftliche Umwandlung einer Einlageschuld gegen den Vorrang der Satzung und das Erlassverbot verstoßen würde, muss die Umwandlung der Einlagepflicht **in jedem Falle im Wege der Satzungsänderung** erfolgen; ein schlicht rechtsgeschäftlicher Wechsel wäre nach § 134 BGB wegen eines Gesetzesverstoßes nichtig.

50　　Für den Übergang von einer Sacheinlage auf eine andere **(Austausch von Sacheinlagen)** gelten die Ausführungen zum Übergang von der Bar- auf die Sacheinlage entsprechend.[85]

51　　**d) Darlehensgewährung, Zahlungen an Gesellschaftsgläubiger.** Eine Einlagezahlung mit Mitteln der Gesellschaft ist unzulässig, da mit dem Grundsatz der realen Kapitalaufbringung, der den realen Zufluss von Vermögen an die Gesellschaft sichern soll, unvereinbar. Einen unzulässigen Erlass stellt deshalb auch die direkte oder indirekte Aufnahme eines Darlehens oder Kredits durch die Gesellschaft dar, wenn die hierdurch erzielten Mittel dem Gesellschafter zum Zwecke der Erfüllung seiner Einlageverpflichtung zur Verfügung gestellt oder wenn einem Dritten Sicherheiten gewährt werden sollen, mit denen die von ihm dem Gesellschafter darlehenshalber zur Verfügung gestellten Einlagemittel abgesichert werden sollen.[86] Dabei ist es unerheblich, ob der Gesellschafter das von der Gesellschaft aufgenommene Darlehen etwa verzinst oder gar der Gesellschaft einen höheren Zins zahlt als diese leisten muss. Wegen § 82 Abs. 1 ist ein solcher Vorgang auch strafrechtlich relevant (wegen der Einzelheiten s. dort). Bedeutung erlangen diese Grundsätze insbesondere auch in den Fällen der Vorratsgründungen und der mittelbar verdeckten Finanzierung durch beherrschte Konzernunternehmen.[87]

52　　**Erfüllt der Gesellschafter auf Veranlassung der Gesellschaft** die **Forderung eines Gläubigers der Gesellschaft,** so liegt im Falle der **Resteinlage** hierin weder eine Leistung an Erfüllungs Statt noch eine qualitative Änderung der Einlagever-

---

[83] Die abw. Auffassung der Voraufl. Rn. 16 wird aufgegeben.
[84] BGHZ 132, 141, 150 ff. = NJW 1996, 1473.
[85] *Roth/Altmeppen* § 5 Rn. 57; *Baumbach/Hueck/Fastrich* § 5 Rn. 51; *Scholz/Winter* § 5 Rn. 106 ff.
[86] RGZ 98, 276, 277; BGHZ 28, 77, 78 = NJW 1958, 1351; BGH GmbHR 1962, 233; OLG Hamburg ZIP 1985, 148; OLG Hamm GmbHR 1992, 749; OLG Köln WM 1984, 740; LG Essen ZIP 1980, 194; LG Mönchengladbach ZIP 1986, 306; *Hachenburg/Ulmer* Rn. 43; *Scholz/Schneider* Rn. 40.
[87] Hierzu *Scholz/Schneider* Rn. 43; *Schneider* in: *Hommelhoff/Semler/Doralt/Roth* 1986, 136.

Einzahlungen auf die Stammeinlage § 19

bindlichkeit. Es handelt sich dann vielmehr um eine Leistung an einen Dritten zum Zwecke der Erfüllung der Einlageverbindlichkeit, die, da sie mit Zustimmung der Gesellschaft erfolgt, nach § 362 Abs. 2 BGB grundsätzlich zur Befreiung von der Einlageverbindlichkeit führt.[88] **Voraussetzung** einer befreienden Leistung ist unter dem Aspekt des Gebots einer effektiven Kapitalaufbringung allerdings, **dass die Forderung des Dritten** gegen die Gesellschaft **vollwertig, liquide und fällig** ist.[89] Der Gesellschafter ist nicht verpflichtet, einer entsprechenden Anweisung der Gesellschaft Folge zu leisten.[90] Ohne eine derartige Veranlassung der Gesellschaft spätestens zum Zeitpunkt der Leistung an den Dritten ist eine befreiende Leistung auf die Einlageverbindlichkeit jedoch ausgeschlossen,[91] die Leistung des Gesellschafters könnte in Form des Rückgriffsanspruchs nur als Sacheinlage eingebracht werden. Die **Beweislast** für die befreiende Wirkung seiner Leistung trifft den Gesellschafter.[92]

Ob auch die **Mindesteinlage** in der Weise erbracht werden kann, dass der Gesellschafter auf Anweisung der Geschäftsführer statt in das Vermögen der Gesellschaft seine **Zahlung an einen Dritten** erbringt, ist streitig.[93] Nachdem im GmbH-Recht eine § 54 Abs. 3 AktG vergleichbare Bestimmung nicht existiert,[94] dürfte dies jedoch im Hinblick auf die Entwicklung zum Recht der Vor-GmbH zu bejahen sein. Da der Gesellschafter aufgrund einer entsprechenden Anweisung des insoweit frei verfügenden Geschäftsführers tätig wird, steht das Mindestkapital wertmäßig zur freien Verfügung des Geschäftsführers. Auch spricht für die Zulässigkeit einer solchen Leistung, dass der Geschäftsführer seinerseits nicht gehindert wäre, aus der Bareinlage vollwertige und fällige Verbindlichkeiten der Gesellschaft zu tilgen;[95] etwaigen Bedenken gegen diese Lösung unter Gläubigerschutzerwägungen ist mit Hilfe der Differenz-/Vorbelastungshaftung der Gesellschafter[96] zu begegnen. Die Beweislast für die befreiende Wirkung seiner Leistung trifft auch hier den Gesellschafter.[97] 53

Unbedenklich zulässig ist dagegen die **Zahlung der Einlage durch einen Dritten** gemäß § 267 BGB, sofern es sich bei dem Dritten nicht um die Gesellschaft selbst han- 54

---

[88] BGH NJW 1986, 989; OLG Düsseldorf BB 1988, 2126; OLG Köln ZIP 1989, 238, 239; *Baumbach/Hueck* Rn. 9; *Hachenburg/Ulmer* Rn. 44; *Scholz/Schneider* Rn. 112 f.

[89] BGH NJW 1986, 989 m. Anm. *K. Schmidt* EWiR 1986, 159; *Erlinghagen* WuB II C § 19 GmbHG 2.86; OLG Zweibrücken GmbHR 1967, 29; OLG Düsseldorf BB 1988, 2126; OLG Köln NJW-RR 1989, 354; *Baumbach/Hueck/Fastrich* Rn. 9; *Hachenburg/Ulmer* Rn. 44; *Scholz/Schneider* Rn. 113; *Lutter/Hommelhoff* Rn. 27; aA OLG Hamburg GmbHR 1982, 157; *Wilhelm* ZHR 152 (1988), 333, 335.

[90] Zutr. *Lutter/Hommelhoff* Rn. 27.

[91] BGH NJW 1986, 989, 990; *Priester* BB 1987, 208, 209; *Hachenburg/Ulmer* Rn. 44.

[92] *Hachenburg/Ulmer* Rn. 38; zu den jeweiligen Anforderungen vgl. OLG Köln NJW-RR 1989, 354; s. auch OLG Frankfurt/M. GmbHR 1994, 474 (LS).

[93] Bejahend: *Ihrig* Die endgültige freie Verfügung über die Einlage von Kapitalgesellschaften, 1991, S. 276 ff.; *Wertenbruch* Die Haftung von Gesellschaften und Gesellschaftsanteilen in der Zwangsvollstreckung, 2000, S. 396 ff.; *Hachenburg/Ulmer* Rn. 44 jew. mwN; verneinend: BGH NJW 1986, 989; OLG Düsseldorf BB 1988, 2126; OLG Köln ZIP 1989, 238, 239; *Hüffer* ZGR 1993, 474, 478; *Henze* DB 2001, 1469, 1470; *Priester* BB 1987, 208, 211; *Scholz/Schneider* Rn. 112; *Lutter/Hommelhoff* Rn. 27; wohl auch *Stodolkowitz* ZHR 157 (1993), 239, 240.

[94] § 54 Abs. 3 steht im Aktienrecht seiner Entstehungsgeschichte einer Leistung an Dritte auf Geheiß des Vorstands bei der Mindesteinlage entgegen, vgl. nur MüKo AktG/*Pentz* § 36 Rn. 46.

[95] Ausführlich *Hachenburg/Ulmer* § 7 Rn. 38; *Ihrig* Die endgültige freie Verfügung über die Einlage von Kapitalgesellschaften, 1991, S. 276 ff.; *Wertenbruch* Die Haftung von Gesellschaften und Gesellschaftsanteilen in der Zwangsvollstreckung, 2000, S. 396 ff. mwN.

[96] Hierzu *Schmidt-Leithoff* oben bei § 11.

[97] *Hachenburg/Ulmer* Rn. 38.

55 e) Stundung. In gleicher Weise verstößt die heute im Gesetzestext nicht mehr unmittelbar angesprochene Stundung gegen das Befreiungsverbot des § 19 Abs. 2 S. 1.[98] Unter Stundung ist **jedes rechtsgeschäftliche Hinausschieben der Leistung** zu verstehen.[99] Ist die Leistung auf die Einlage eingefordert oder aufgrund einer Satzungsbestimmung fällig, so kann die Gesellschaft die Leistung nicht aufschieben, unabhängig davon, ob ein entsprechender (ggf. satzungsändernder) Beschluss der Gesellschafterversammlung vorliegt oder ob die Gesellschafter die Stundung zulassen.[100] Unerheblich ist auch, ob der Aufschub nur einzelnen oder allen Gesellschaftern gewährt werden soll. Jede derartige Stundung ist gemäß § 134 BGB nichtig.[101]

56 **Keine Stundung** stellt eine unterlassene Abstimmung über einen Einforderungsbeschluss nach § 46 Nr. 2 oder eine Entscheidung der Geschäftsführer dar, aufgrund einer entsprechenden Ermächtigung durch die Satzung oder einen zulässiger Weise gefassten Gesellschafterbeschluss die Einforderung der Einlage aufzuschieben.[102]

57 **f) Vergleich.** Ein Vergleich über die Einlageforderung ist **im Grundsatz ebenfalls verboten**.[103] Der Vergleichsabschluss wird nach überwiegender Auffassung jedoch ausnahmsweise dann als zulässig angesehen, wenn er ernsthaft gemeint ist und einen objektiven Streit über den Wert der Einlage im Wege gegenseitigen Nachgebens (§ 779 BGB) beseitigt.[104] Insoweit sind jedoch wegen des aus § 19 Abs. 2 resultierenden gesetzlichen Verbots Vorbehalte angezeigt. Anzuerkennen ist ein Vergleich bei ernsthaften Meinungsverschiedenheiten über die Bewertung einer Sacheinlage (Einbringung eines Handelsgeschäfts; Einbringung einer Maschine; Einbringung von Schutzrechten) oder begleitenden Zusagen des Gesellschafters, etwa bei Garantieversprechen.[105] Auch bei ernsthaften Zweifeln hinsichtlich des Umfangs von Einlagepflichten (etwa bei der Einlage von Sachgesamtheiten, wie einem Unternehmen) wird man einen Vergleich als zulässig anzusehen haben, ebenso einen Vergleich hinsichtlich ernsthaft zweifelhafter Sekundäransprüche.[106] Außerhalb dieses Bereichs steht das gesetzliche Verbot des § 19 Abs. 2 einem solchen Vergleichsabschluss entgegen. Ob ein nach diesen Maßstäben zulässiger Vergleich gerichtlich oder außergerichtlich abgeschlossen wird, ist gleichgültig.[107] Wegen der sonst im Innenverhältnis bestehenden Regressansprüche der übrigen Gesellschafter wirkt sich ein zulässiger Vergleich auch zugunsten der Mithaftung der übrigen Gesellschafter aus.[108]

---

[98] *Baumbach/Hueck/Fastrich* Rn. 14; *Lutter/Hommelhoff* Rn. 14; *Meyer-Landrut/Miller/Niehus* Rn. 20; *Scholz/Schneider* Rn. 45 ff.
[99] *Hachenburg/Ulmer* Rn. 49; *Scholz/Schneider* Rn. 46.
[100] *Baumbach/Hueck/Fastrich* Rn. 14; *Hachenburg/Ulmer* Rn. 50; *Scholz/Schneider* Rn. 46.
[101] *Scholz/Schneider* Rn. 49.
[102] *Baumbach/Hueck/Fastrich* Rn. 14; *Hachenburg/Ulmer* Rn. 52; *Lutter/Hommelhoff* Rn. 14.
[103] *Baumbach/Hueck/Fastrich* Rn. 15; *Lutter/Hommelhoff* Rn. 11; *Scholz/Schneider* Rn. 50.
[104] RGZ 79, 271, 274; vgl. BGHZ 65, 147, 151; OLG Hamm GmbHR 1988, 308; *Scholz/Schneider* Rn. 50; *Meyer-Landrut/Miller/Niehus* Rn. 21; *Gersch/Herget/Marsch/Stützle* Rn. 227; zweifelnd *Baumbach/Hueck/Fastrich* Rn. 15; *Hachenburg/Ulmer* Rn. 46; s. auch *K. Schmidt* KTS 2001, 373, 379 f. zum Insolvenzverwalter: nur Beliebigkeit verboten, bei ernsten Zweifeln hinsichtlich des Bestands und Umfangs von Einlageschulden erlaubt; kein Zwang zur Ausschöpfung des Rechtswegs.
[105] *Hachenburg/Ulmer* Rn. 46.
[106] Zu Sekundäransprüchen s. *Baumbach/Hueck/Fastrich* Rn. 15; *Hachenburg/Ulmer* Rn. 45.
[107] BGH NJW 1976, 194, 195.
[108] *Hachenburg/Ulmer* Rn. 47; *Scholz/Schneider* Rn. 52; *Lutter/Hommelhoff* Rn. 11.

Einzahlungen auf die Stammeinlage § 19

Ein (Prozess-)Vergleich **wegen Zahlungsunfähigkeit des Gesellschafters** ist **ausgeschlossen**,[109] allerdings entgegen der hM nicht erst wegen der Mithaftung der übrigen Gesellschafter nach § 24 und der Kaduzierungsmöglichkeit nach §§ 31 ff., sondern schon wegen des Verbots nach § 19 Abs. 2. 58

Von der hM wurde früher auch der Vergleich mit dem Einlageschuldner zum Zwecke der Abwendung des Vergleichs und der Zwangsvergleich (**Abwendungsvergleich**, vgl. früher § 82 VglO, § 173 KO) wegen der Zahlungsunfähigkeit des Gesellschafters als zulässig angesehen;[110] Entsprechendes müsste heute für eine **vergleichende Regelung in einem Insolvenzplan** gemäß §§ 217 ff. InsO gelten.[111] Diese Auffassung ist mit dem Normzweck des § 19 Abs. 2 S. 1 nicht vereinbar, da auch ein solcher Vergleich nichts anderes darstellt als einen nach § 19 Abs. 2 S. 1 **verbotenen Teilerlass**.[112] Auch die Wertung der §§ 21 ff., die die Folge verzögerter Einzahlung auf die Stammeinlage regeln, steht dem entgegen; denn ein derartiger Vergleich müsste angesichts der sonst bestehenden Regressansprüche der haftenden Mitgesellschafter auch zur Befreiung der übrigen Gesellschafter von ihrer Mithaftung nach § 24 führen.[113] 59

Vertreten wird die Gesellschaft beim Abschluss des Vergleichs **durch die Geschäftsführer**. Wirksamkeitsvoraussetzung für den Vergleich soll nach herrschender Meinung das Vorliegen eines Gesellschafterbeschlusses sein, was mit einer entsprechenden Anwendung des § 46 Nr. 2[114] bzw. einem Erst-recht-Schluss hieraus[115] begründet wird. Nach anderer Auffassung ist ein derartigen Beschluss nicht erforderlich, weil der Vergleich die Einlageschuld insgesamt tilge und eine Ausfallhaftung der übrigen Gesellschafter nach § 24 nicht in Betracht komme.[116] Letzteres trifft zwar zu, spricht jedoch nicht zwingend gegen das Beschlusserfordernis. Auch die Parallele zu § 46 Nr. 2 überzeugt wegen des abweichenden Regelungsgehaltes dieser Bestimmung nicht. Zutreffend erscheint es vielmehr, das **Erfordernis eines zustimmenden Gesellschafterbeschlusses** unter dem Gesichtspunkt zu bejahen, dass in dem Vergleich ein ungewöhnliches Rechtsgeschäft liegt, für das der Geschäftsführer nach allgemeinen Grundsätzen stets eines entsprechenden Beschlusses bedarf (vgl. hierzu § 37 Rn. 10 ff.). Fehlt es an dem hiernach erforderlichen Beschluss zum Zeitpunkt des Vergleichsabschlusses, ergibt sich die (schwebende) Unwirksamkeit des Vergleichs trotz der grundsätzlich unbeschränkten Vertretungsmacht des Geschäftsführers aus dem Umstand, dass der Gesellschafter um dieses Fehlen weiß und § 37 Abs. 2 nach der Rechtsprechung des BGH bei Rechtsgeschäften mit Gesellschaftern nicht gilt.[117] Die Gesellschafterversammlung kann den Vergleich jedoch im Beschlusswege genehmigen und so seine Wirksamkeit herbeiführen (str., vgl. § 35). 60

---

[109] BayObLG DB 1985, 107; *Roth/Altmeppen* Rn. 22; *Scholz/Schneider* Rn. 51; *Hachenburg/Ulmer* Rn. 48.
[110] *Scholz* 6. Aufl. Rn. 12; heute noch hM im Aktienrecht, vgl. nur *Hefermehl/Bungeroth* in *Geßler/Hefermehl/Eckardt/Kropff* § 66 Rn. 26; GroßkommAktG/*Gehrlein* § 66 Rn. 23; Kölner KommAktG/*Lutter* § 66 Rn. 11; aA *Hüffer* AktG § 66 Rn. 4; für den Zwangsvergleich s. KG OLGE 32, 141.
[111] So konsequent auch GroßkommAktG/*Gehrlein* § 66 Rn. 23.
[112] *Roth/Altmeppen* Rn. 22; *Baumbach/Hueck/Fastrich* Rn. 15; *Scholz/Schneider* Rn. 51; *Hachenburg/Ulmer* Rn. 48
[113] *Lutter/Hommelhoff* Rn. 11; *Hachenburg/Ulmer* Rn. 48; *Scholz/Schneider* Rn. 52.
[114] *Scholz/Schneider* Rn. 53.
[115] *Hachenburg/Ulmer* Rn. 47.
[116] *Lutter/Hommelhoff* Rn. 11.
[117] BGH NJW 1997, 2678 mwN.

§ 19 2. Abschnitt. Rechtsverhältnisse der Gesellschaft und der Gesellschafter

61 **5. Eingrenzung durch den Normzweck.** Das Verbot der Befreiung von der Einlageverpflichtung gemäß § 19 Abs. 2 S. 1 gilt zweckbedingt der Kapitalaufbringung und der Kapitalerhaltung im Interesse der Gläubiger der Gesellschaft und damit auch im Liquidationsstadium.[118] Daraus folgt, dass das **Verbot** von Erlass, Stundung, Verzicht und Zahlungsvergleich nur dann **entfallen kann, wenn keine außenstehenden Gläubiger** der Gesellschaft mehr Ansprüche dieser gegenüber besitzen[119] und der verbleibende Liquidationserlös ausreicht, die übrigen Gesellschafter gemäß § 72 zu befriedigen, oder diese, ohne voll befriedigt zu sein, dem Erlass zustimmen (§ 72 S. 2 iVm. § 53 Abs. 3).

IV. Aufrechnungsverbot (§ 19 Abs. 2 S. 2)

62 **1. Reichweite.** Das Aufrechnungsverbot des Abs. 2 S. 2 ist ebenfalls umfassend und zwingendes Recht.[120] Nach dem Wortlaut des § 19 Abs. 2 S. 2 richtet sich die Bestimmung **in personeller Hinsicht nur gegen die Gesellschafter.** Wer sich eines **Treuhänders** als Gesellschafter bedient, ist unter dem Aspekt des § 19 Abs. 2 wie ein Gesellschafter zu behandeln.[121] **Der Gesellschaft** ist dem Wortlaut der Bestimmung nach die **Aufrechnung erlaubt,** soweit dem nicht § 19 Abs. 5 entgegensteht. Unter dem Aspekt des Gebots der effektiven Kapitalaufbringung kann dies jedoch nicht ohne Einschränkungen gelten; der Gesellschaft ist die Aufrechnung grundsätzlich nur **unter der Voraussetzung** gestattet, **dass die Forderung vollwertig, fällig und liquide** ist und nicht die Grundsätze über die verdeckte Sacheinlage eingreifen.[122]

63 **In sachlicher Hinsicht** erfasst das Aufrechnungsverbot zu Lasten des Gesellschafters ebenso wie das Erlassverbot nach § 19 Abs. 2 S. 1 **sämtliche Ansprüche der Gesellschaft, die der Kapitalaufbringung dienen;** insoweit kann auf die Bemerkungen Rn. 33 verwiesen werden.

64 **In zeitlicher Hinsicht** setzt das Aufrechnungsverbot **bereits vor der Eintragung** der Gesellschaft in das Handelsregister ein und gilt auch im Insolvenzverfahren sowie im Liquidationsverfahren, allerdings mit durch den Normzweck veranlassten Einschränkungen.[123]

65 § 19 Abs. 5 ist **teilweise lex specialis zu § 19 Abs. 2 S. 2** und damit vorrangig. Der Gesellschafter kann daher trotz des Verbots in § 19 Abs. 2 S. 2 die Aufrechnung erklären, wenn dies im Zuge einer formgerecht vereinbarten Sachübernahme – Anrechnung einer aus einem anderen Rechtsgeschäft mit der Gesellschaft stammenden Forderung des Gesellschafters auf seine Einlageverbindlichkeit[124] – geschieht. Die Bestimmung führt allerdings auch zu besonderen Beschränkungen hinsichtlich der der Gesellschaft grundsätzlich eingeräumten Aufrechnungsbefugnis, weil dieser jede Aufrechnung gegen Vergütungsansprüche für eingebrachte Gegenstände untersagt ist, soweit die Aufrechnung nicht in Vollziehung einer formwirksamen Sachübernahmever-

---

[118] RGZ 149, 293, 297; BGH DB 1968, 165, 166; OLG Köln WM 1984, 742; *Hachenburg/Ulmer* Rn. 39; *Scholz/Schneider* Rn. 33.
[119] RGZ 149, 293, 297f.; BGH DB 1968, 165, 166; OLG Köln WM 1984, 742; *Hachenburg/Ulmer* Rn. 39; *Scholz/Schneider* Rn. 33.
[120] *Hachenburg/Ulmer* Rn. 54f.
[121] BGHZ 118, 107, 110ff. = NJW 1992, 2023 m. Anm. *Heidenhain* LM § 19 Nr. 13, s. hierzu auch BGH DB 1995, 1657; *Scholz/Schneider* Rn. 61, str., vgl. bei Rn. 37f.
[122] BGHZ 15, 52, 59 = NJW 1954, 1842; BGHZ 42, 89, 93; BGHZ 90, 370, 373; BGH NJW 1992, 2229, 2231; BGHZ 125, 141, 143 = NJW 1994, 1477.
[123] *Hachenburg/Ulmer* Rn. 55; *Scholz/Schneider* Rn. 59; iE Rn. 61.
[124] Zum Begriff s. § 5 Rn. 4.

Einzahlungen auf die Stammeinlage § 19

einbarung erfolgt.[125] Im Übrigen widerspiegeln sich in beiden Bestimmungen nur Teilbereiche des weitergehenden Kapitalaufbringungsrechts, es handelt sich bei **§ 19 Abs. 2 und 5 nur** um **besondere Ausprägungen des allgemeinen Grundsatzes der realen Kapitalaufbringung.**

2. Aufrechnung durch den Gesellschafter. a) Grundsatz. Der Gesellschafter 66 kann gegen die Einlageforderung der Gesellschaft niemals aufrechnen, auch nicht im Einverständnis mit der Gesellschaft. Jede Aufrechnung gegen die Einlageverpflichtung ist nichtig nach § 134 BGB, gleichgültig aus welchem rechtlichen Grunde die zur Aufrechnung gestellte Forderung des Gesellschafters stammt,[126] gleichgültig, ob die Forderung gesellschaftsrechtlicher Natur ist, auf Schadenersatzansprüchen gegen die Gesellschaft beruht, Gehaltsansprüche eines geschäftsführenden Gesellschafters oder Zahlungsansprüche aus einer erbrachten Nebenleistungspflicht gemäß § 3 Abs. 2 sind.[127] Dies gilt auch, wenn die Gegenforderung nach Errichtung der Gesellschaft entstanden ist.[128] Auch die Berufung auf Treu und Glauben (§ 242 BGB) versagt.[129] Eine Ausnahme gilt lediglich gemäß § 19 Abs. 5 für den Fall, dass der Gesellschafter Ansprüche aus einer ordnungsgemäß nach § 5 Abs. 4 erbrachten Sachübernahme (Rn. 108 f.) besitzt.[130] Das Aufrechnungsverbot gilt auch, wenn der Gesellschafter nach § 24 für eine fremde Einlageschuld haftet.[131]

b) Umgehungsverbot. Ebenso nichtig ist jede Umgehung des Aufrechnungsverbotes wie Erwerb der fälligen Forderung eines Dritten gegen die Gesellschaft,[132] und zwar selbst dann, wenn der Gesellschafter die gegen ihn bestehende Einlageforderung der Gesellschaft aufgrund eines rechtskräftigen Titels gepfändet und sich hat überweisen lassen.[133] 67

c) Zulässige Leistungsformen. Zulässig, weil keine Aufrechnung, ist es, wenn 68 der Gesellschafter an die Gesellschaft **Zahlung ohne Zahlungszweck** geleistet hat, also keine Bestimmung bei der Leistung gemäß § 366 Abs. 1 trifft, und sich die Parteien einig sind, dass die Verwendung des Geldes zunächst in der Schwebe bleiben soll. In diesem Falle kann der Gesellschafter im **nachhinein als Leistungszweck die Tilgung der Einlageschuld bezeichnen,** allerdings nur dann, wenn der gezahlte Betrag der Gesellschaft noch unverbraucht zur Verfügung steht.[134] Eine **rückwirkende Zweckänderung** ist demgegenüber in jedem Falle **unzulässig,** auch wenn der betreffende Gesellschafter im Leistungszeitpunkt angenommen hat, alle Einlagen seien geleistet, und er in Kenntnis dessen, dass seine frühere Leistung (etwa wegen Verstoßes

---

[125] *Hachenburg/Ulmer* Rn. 56, 83; *Lutter/Hommelhoff* Rn. 15; unten Rn. 108 f.
[126] AllgM; RGZ 93, 326, 330; BGHZ 53, 71, 75 = NJW 1970, 469, 471; BGH ZIP 1982, 1320; *Baumbach/Hueck/Fastrich* Rn. 17; *Hachenburg/Ulmer* Rn. 57; *Scholz/Schneider* Rn. 54 ff.; *Meyer-Landrut/Miller/Niehus* Rn. 22, 23.
[127] *Scholz/Schneider* Rn. 55.
[128] LG Hamburg WM 1985, 1525 f.
[129] BGHZ 37, 75, 79 = NJW 1962, 1009; BGH GmbHR 1983, 194; *Baumbach/Hueck/Fastrich* Rn. 17; *Scholz/Schneider* Rn. 55.
[130] BGHZ 15, 52, 57 = NJW 1954, 1842; *Scholz/Schneider* Rn. 51.
[131] S. nur *Baumbach/Hueck/Fastrich* Rn. 17; *Scholz/Schneider* Rn. 56.
[132] BGHZ 53, 71, 74 = BGH NJW 1970, 469.
[133] KG JW 1930, 3779 f.
[134] BGHZ 51, 157, 160 ff., 162 = NJW 1969, 840; BGH NJW 1992, 2229, 2230; OLG Hamburg BB 1994, 1240; *Schön* Aufrechnung und Kapitalaufbringung im Recht der GmbH, 1988, S. 34; *Scholz/Schneider* Rn. 55; aA OLG Oldenburg ZIP 1996, 2026; OLG Schleswig EWiR 1998, 1035 (*v. Gerkan*).

§ 19　2. Abschnitt. Rechtsverhältnisse der Gesellschaft und der Gesellschafter

gegen die Sacheinlagevorschriften) nicht zur Erfüllung der Einlageschuld geführt hat, auf die Einlage geleistet hätte.[135]

69　**d) Insolvenz, Liquidation, Löschung der Gesellschaft.** Das Aufrechnungsverbot gilt grundsätzlich auch im Falle der Insolvenz, der Liquidation oder der Löschung der Gesellschaft im Handelsregister wegen Vermögenslosigkeit.[136] Im Liquidationszustand ist jedoch dann die Aufrechnung zugelassen, wenn alle Gesellschaftsgläubiger befriedigt sind und die Gesellschaft ihren Betrieb eingestellt hat.[137] Im Insolvenzverfahren über das Vermögen der Gesellschaft ist das Aufrechnungsverbot entsprechend auf den Insolvenzzweck (Befriedigung der Gläubiger) begrenzt; die Aufrechnung ist deshalb zulässig, wenn alle Gläubiger befriedigt sind und weitere Verbindlichkeiten der Gesellschaft nicht zu erwarten stehen.[138]

70　**3. Aufrechnung durch die Gesellschaft. a) Allgemeines.** Während das Aufrechnungsverbot der Gesellschafter in § 19 Abs. 2 S. 1 ausdrücklich geregelt ist, fehlt ein entsprechendes Aufrechnungsverbot für die Gesellschaft. Der Gesellschaft ist deshalb die Aufrechnung grundsätzlich, d. h. mit durch den Grundsatz der realen Kapitalaufbringung gebotenen Einschränkungen, erlaubt.[139] Die Gesellschaft kann deshalb zur Erlangung der Einlageschuld gegenüber der Forderung eines Gesellschafters dann aufrechnen, wenn die Einlageforderung vom Gesellschafter trotz Fälligkeit nicht erfüllt ist und wenn der Gesellschafter gegenüber der Gesellschaft eine Forderung in Höhe der eingeforderten Einlageschuld besitzt. Voraussetzung für die Aufrechnung seitens der Gesellschaft ist neben den allgemeinen Aufrechnungsvoraussetzungen (Rn. 71 ff.), dass die von der Gesellschaft **zur Aufrechnung gestellte Forderung** im Zeitpunkt der Aufrechnung gegen die Einlageverpflichtung **vollwertig, fällig und liquide** sein muss.[140] Fehlt es auch nur an einer dieser Voraussetzungen, so ist die Aufrechnung seitens der Gesellschaft unzulässig. **Maßgeblicher Zeitpunkt** für das Vorhandensein dieser Kriterien ist derjenige der Aufrechnung. Ob Vollwertigkeit in diesem Zeitpunkt vorliegt, ist nach **objektivem Maßstab** zu beurteilen, nicht nach der subjektiven Auffassung der Beteiligten.[141] Hinter der Zulässigkeit einer derartigen Aufrechnung steht die Überlegung, dass die Kapitalaufbringung durch sie nicht beeinträchtigt, sondern nur ein nutzloses Hin- und Herzahlen vermieden wird.[142]

Zu den allgemeinen zivilrechtlich und den hier speziell gesellschaftsrechtlich erforderlichen **Voraussetzungen iE** gilt folgendes:

---

[135] BGH NJW 1992, 2229, 2230; ZIP 1982, 1320; BGHZ 37, 75, 79 = NJW 1962, 1009; *Scholz/Schneider* Rn. 55.
[136] BGHZ 15, 52, 56 = NJW 1954, 1842; OLG Köln WM 1984, 742; OLG Hamm GmbHR 1985, 326; *Hachenburg/Ulmer* Rn. 58; *Scholz/Schneider* Rn. 57 ff.; *Gersch/Herget/Marsch/Stützle* Rn. 229.
[137] RGZ 149, 298; RGZ 156, 25; BGH GmbHR 1968, 162, 163; 1976, 205, 206; *Baumbach/Hueck/Fastrich* Rn. 11; *Lutter/Hommelhoff* Rn. 26; *Hachenburg/Ulmer* Rn. 58; *Scholz/Schneider* Rn. 57.
[138] BGH NJW 1979, 216; *Hachenburg/Ulmer* Rn. 59; *Scholz/Schneider* Rn. 58.
[139] *Lutter/Hommelhoff* Rn. 16 ff.; *Hachenburg/Ulmer* Rn. 54, 60 ff.; *Scholz/Schneider* Rn. 54, 71 ff.; s. aber auch zu unzulässigen Umgehungen OLG Düsseldorf NJW-RR 1993, 1257.
[140] BGHZ 15, 52, 57; BGHZ 42, 89, 93; BGHZ 90, 370, 373; BGH NJW 1992, 2229, 2231; BGHZ 125, 141, 143 = NJW 1994, 1477, st. Rspr.; OLG Stuttgart NJW 1987, 1032; vgl. iÜ Rn. 30; *Hachenburg/Ulmer* Rn. 61; *Scholz/Schneider* Rn. 71 ff.; *Lutter/Hommelhoff* Rn. 16 ff.; vgl. auch *Priester* DB 1976, 1801, 1803.
[141] AllgM; RGZ 54, 389, 392; RG JW 1938, 1400, 1401; *Baumbach/Hueck/Fastrich* Rn. 18; *Lutter/Hommelhoff* Rn. 16; *Hachenburg/Ulmer* Rn. 69; *Scholz/Schneider* Rn. 71; ausführlich hierzu *H. P. Westermann*, FS Oppenhoff, 1985, S. 535 ff.
[142] *Hachenburg/Ulmer* Rn. 60 mwN.

Einzahlungen auf die Stammeinlage § 19

b) Voraussetzungen gemäß §§ 387 ff. BGB. Die Aufrechnung seitens der 71 Gesellschaft ist zunächst im Rahmen der Bestimmungen der §§ 387 ff. BGB zu überprüfen. Die **Gesellschaft muss** hiernach **Inhaber einer gegen den Gesellschafter gerichteten Forderung** sein, was sie auch dadurch geworden sein kann, dass sie eine solche Forderung von dritter Seite erworben hat. Die der Gesellschaft zustehende Forderung muss mit derjenigen des Gesellschafters gleichartig sein. **Gleichartigkeit** liegt vor zwischen Geldschulden oder Gattungsschulden anderer Art, nicht aber zwischen €-/DM-Schulden und einer Verbindlichkeit in einer anderen Währung.[143] Weiter muss die zur Aufrechnung herangezogene Forderung **vollwirksam**, also einklagbar und einredefrei sein, und es muss **Fälligkeit** gemäß § 271 BGB vorliegen.

Die **Gegenforderung des Gesellschafters**, gegen die aufgerechnet werden soll, 72 braucht nach allgemeinen Grundsätzen noch nicht fällig zu sein, sondern muss lediglich entstanden sein. Dieser Grundsatz findet im Kapitalaufbringungsrecht wegen der im Rahmen des § 19 Abs. 2 S. 2 gebotenen wirtschaftlichen Betrachtungsweise jedoch eine Einschränkung, s. Rn. 75 ff.

Schließlich darf der Aufrechnung **kein gesetzliches oder vertragliches Aufrech-** 73 **nungsverbot** entgegenstehen. Gegen eine Forderung des Gesellschafters gegen die Gesellschaft aus vorsätzlich unerlaubter Handlung kann nicht aufgerechnet werden (§ 393 BGB). Der Anwendung der Vorschriften des BGB über die Aufrechnung steht nicht entgegen, dass das GmbHG älter ist als das BGB, da das GmbHG die Aufrechnung der Gesellschaft gegen den Gesellschafter in § 19 Abs. 2 nicht regelt und die Zulässigkeit der Aufrechnung durch die Gesellschaft erst später nach In-Kraft-Treten des BGB durch Rechtsprechung und Rechtslehre als möglich erachtet wurde.

Von der Aufrechnung, die als einseitiges Rechtsgeschäft durch empfangsbedürftige 74 Willenserklärung der Gesellschaft gegenüber dem Gesellschafter erfolgt, ist der **Verrechnungsvertrag** zu unterscheiden. Bei letzterem handelt es sich um einen echten Vertrag, also um ein zweiseitiges Rechtsgeschäft, das ebenfalls nur unter den an die Aufrechnung durch die Gesellschaft geknüpften Voraussetzungen zulässig ist;[144] allerdings können sich sowohl für die Aufrechnung als auch für den Verrechnungsvertrag zusätzliche Grenzen aus § 19 Abs. 5 ergeben (Rn. 108 f.).

c) Zusätzliche GmbH-rechtliche Voraussetzungen (Vollwertigkeit, Fällig- 75 **keit und Liquidität der Forderungen).** Die Forderung des Gesellschafters, gegen den die Gesellschaft die Aufrechnung erklären will, muss nach ständiger Rechtsprechung und nahezu einhelliger Meinung in der Literatur vollwertig, fällig und liquide sein.[145] Im Einzelnen gilt insoweit folgendes:

aa) Vollwertigkeit. Vollwertigkeit liegt nur dann vor, wenn das Vermögen der 76 Gesellschaft dazu ausreicht, um alle fälligen Forderungen der Gläubiger zu erfüllen.

---

[143] Vgl. nur *Palandt/Heinrichs* § 387 Rn. 9.
[144] *Scholz/Schneider* Rn. 80; s. auch unten Rn. 108 ff.
[145] Vgl. nur RGZ 41, 120, 124; RGZ 54, 389, 392; RGZ 72, 265, 268; RGZ 85, 351, 354; RGZ 133, 81, 84; RGZ 134, 262, 268; BGHZ 15, 52, 57 = NJW 1954, 1842; BGHZ 42, 89, 93 = NJW 1964, 1954; BGH WM 1982, 1200, 1201; BGH 90, 370, 372 = NJW 1984, 1891; BGH NJW 1992, 2229, 2230; BGHZ 125, 141, 145 f. = NJW 1994, 1477; *G. Müller* ZGR 1995, 327, 333 ff.; *Lutter/Hommelhoff* Rn. 18; *Hachenburg/Ulmer* Rn. 61; *Scholz/Schneider* Rn. 71, alle mwN; aA *Möhring*, FS R. Schmidt, 1976, S. 85, 91 ff.; *Meilicke* Die „verschleierte" Sacheinlage, 1989, S. 29 f.; *ders.* DB 1989, 1119, 1121 f.; *Frey* Einlagen in Kapitalgesellschaften, 1990, S. 49 ff., 51 ff.; krit. auch *Karollus* ZIP 1994, 589, 591.

§ 19   2. Abschnitt. Rechtsverhältnisse der Gesellschaft und der Gesellschafter

Denn sonst sind alle Forderungen wertmäßig gemindert, eine einzelne Forderung könnte nur noch auf Kosten der anderen Gläubiger vollständig befriedigt werden.[146] Offensichtlich ist die mangelnde Vollwertigkeit bei Überschuldung der Gesellschaft.[147] **Bei fehlender Vollwertigkeit** in diesem Sinne kommt es auch zu **keiner anteiligen Tilgung;** die Aufrechnung ist vielmehr insgesamt unwirksam, da die mit einer Teiltilgung verbundenen Unsicherheiten in Widerspruch zu der erforderlichen Sicherung der Kapitalaufbringung stünde.[148]

77 bb) **Fälligkeit der Gegenforderung.** Abweichend von den allgemeinen zivilrechtlichen Grundsätzen (s. bereits Rn. 72) ist die **Fälligkeit der Forderung des Gesellschafters,** gegen die die Aufrechnung erklärt werden soll, notwendig. Dieser Unterschied zu allgemeinen Grundsätzen erklärt sich daraus, dass bei wirtschaftlicher Betrachtungsweise eine vorzeitige Tilgung der Gesellschafterforderung unter wirtschaftlichen Aspekten mit einer Abzinsung verbunden werden müsste, was jedoch nach § 272 BGB ausgeschlossen ist; iÜ würde es bei fehlender Fälligkeit auch an dem die Zulässigkeit der Aufrechnung durch die Gesellschaft rechtfertigenden Moment des nutzlosen Hin- und Herzahlens fehlen.[149] Fehlt es an der Fälligkeit der Gegenforderung, ist die Aufrechnungserklärung wegen Verstoßes gegen die Grundsätze der Kapitalaufbringung unwirksam,[150] der Gesellschafter bleibt zur Zahlung verpflichtet; ebenso bleibt die Forderung der Gesellschaft bestehen.

78 cc) **Liquidität der Gesellschafterforderung.** Liquidität der Gesellschafterforderung, gegen die die Gesellschaft aufrechnen will, bedeutet, dass die Forderung nach Grund und Höhe unbestritten sein muss und ihrer Durchsetzbarkeit seitens der Gesellschaft keinerlei Einwendungen oder Einreden entgegenstehen dürfen; insoweit bestehende objektiv begründete Zweifel stehen der Zulässigkeit und damit auch der Wirksamkeit der Aufrechnung entgegen.[151] Die Gesellschaft darf also unter dem Aspekt der Kapitalaufbringung nicht auf Einwendungen oder Einreden gegen die Gesellschafterforderung verzichten. An der Liquidität der Forderung fehlt es insbesondere, wenn die Gesellschafterforderung eigenkapitalersetzenden Charakter hat, und zwar unabhängig davon, ob das Darlehen unter die Bestimmungen der §§ 32a, 32b oder unter die entsprechend §§ 30, 31 entwickelten Rechtsprechungsregeln fällt.[152] Fehlt es an der hiernach erforderlichen Liquidität der Gesellschafterforderung, ist die Aufrechnungserklärung der Gesellschaft unwirksam.

---

[146] Vgl. nur BGHZ 125, 141, 145 f. = NJW 1994, 1477.

[147] BGHZ 125, 141, 145 f. = NJW 1994, 1477; *Baumbach/Hueck/Fastrich* Rn. 18; *Lutter/Hommelhoff* Rn. 21; *Hachenburg/Ulmer* Rn. 62; *Scholz/Schneider* Rn. 76.

[148] OLG Düsseldorf GmbHR 1993, 292, 293; *Hachenburg/Ulmer* Rn. 63; *Scholz/Schneider* Rn. 64; *Lutter/Hommelhoff* Rn. 21; aA *Priester* DB 1976, 1801, 1805; *Dreßel* Kapitalaufbringung und Kapitalerhaltung in der GmbH, 1988, S. 199.

[149] *Hachenburg/Ulmer* Rn. 64; *Scholz/Schneider* Rn. 74; ähnlich *Lutter/Hommelhoff* Rn. 20 (Liquidität als Vorteil der Gesellschaft).

[150] *Hachenburg/Ulmer* Rn. 64.

[151] *Hachenburg/Ulmer* Rn. 65; *Scholz/Schneider* Rn. 75; *Lutter/Hommelhoff* Rn. 20; vgl. auch BGHZ 125, 141, 147 ff. = NJW 1994, 1477.

[152] Zutr. *Hachenburg/Ulmer* Rn. 66, allerdings für mangelnde Vollwertigkeit im Falle der §§ 32a, 32b; *G. Müller* ZGR 1995, 327, 336; wohl auf Rechtsprechungsdarlehen beschränkt und dort für mangelnde Vollwertigkeit *Scholz/Schneider* Rn. 77; differenzierend *Priester,* FS Döllerer, 1988, S. 475, 479 ff. mwN; zur Undurchsetzbarkeit einer Miet- oder Pachtforderung bei eigenkapitalersetzender Gebrauchsüberlassung s. § 32a Rn. 163; s. auch OLG Köln NJW-RR 1995, 32 m. krit. Anm. *v. Reinersdorff* WiB 1995, 72 f.

Einzahlungen auf die Stammeinlage   § 19

d) Wirtschaftlich der Aufrechnung entsprechende Handlungen. In entspre- 79
chender Anwendung der Bestimmung gelten die gleichen Grundsätze, wenn die Gesellschaft zwar nicht aufrechnet, wirtschaftlich jedoch das gleiche Ziel durch **Hin- und Herzahlen** erreicht, wobei die Rückzahlung auch im Wege der Darlehensgewährung an den Gesellschafter oder an ein mit ihm verbundenes Unternehmen erfolgen kann.[153] Notwendig ist allerdings eine entsprechende, den wirtschaftlichen Zweck des Rechtsgeschäftes umfassende Abrede, die bei Vorliegen eines sachlichen und zeitlichen Zusammenhangs der Leistungen vermutet werden kann.[154]

e) Ausnahmen. Ausnahmen von den dargelegten Grundsätzen werden zu Recht 80
dann zugelassen, wenn die Durchsetzung der Einlageforderung gegen den Gesellschafter gefährdet ist. Dies rechtfertigt sich aus der Überlegung, dass sich in diesem Falle das zum Schutze der Gesellschaft und zur Sicherung der Kapitalaufbringung bestehende Aufrechnungsverbot in sein Gegenteil verkehren würde.[155] Vorrangig ist allerdings das Kaduzierungsverfahren zu betreiben.[156] Erwägenswert erscheint es iÜ, im Hinblick auf den Grundsatz der Kapitalaufbringung der Aufrechnung durch die Gesellschaft in diesem Fall nur insoweit Wirkung bezüglich der Gesellschaftsforderung zuzumessen, als dies der Werthaltigkeit der Gesellschafterforderung entspricht, bestimmt danach, in welcher Höhe die Gläubiger der Gesellschaft zum Aufrechnungszeitpunkt insgesamt noch befriedigt werden könnten.

Das Erfordernis der Vollwertigkeit ist dann entbehrlich, wenn eine unterlassene 81
Aufrechnung und die Erfüllung durch die Gesellschaft ihr einen größeren Schaden zufügen würde, als eine Aufrechnung.[157]

Eine weitere Ausnahme, allerdings in umgekehrter Richtung (Verbot der Aufrech- 82
nung auch zu Lasten der Gesellschaft), ergibt sich aus der Bestimmung in § 19 Abs. 5 Halbs. 2. Zu weit ginge es allerdings, über den unmittelbaren Wortlaut der Vorschrift hinaus der Gesellschaft nicht nur die Aufrechnung gegen Ansprüche des Gesellschafters im Zusammenhang mit nicht ordnungsgemäß verlautbarten Sachübernahmen, sondern auch generell die Aufrechnung gegen solche Forderungen des Gesellschafters zu verwehren, die zum Gegenstand einer Sacheinlage hätten gemacht werden können. Zum einen folgt dies daraus, dass es kein Gebot gibt, solche Forderungen im Wege der Sacheinlage einzubringen, weil es hierdurch – was auch durch den Grundsatz der Kapitalaufbringung nicht mehr gedeckt wäre – unmöglich würde, der Gesellschaft bei Bestehen solcher Forderungen ggf. dringend notwendige Liquidität über eine Kapitalerhöhung zuzuführen. Zum anderen würde sich das Aufrechnungsverbot auch hier sonst in sein Gegenteil verkehren. Das Verbot der verdeckten Sacheinlage, für die eine – ggf. zu vermutende – Abrede erforderlich ist (Rn. 122 ff.), bleibt unberührt. Zum Verrechnungsvertrag s. Rn. 85.

---

[153] BGHZ 125, 141, 143 f. = NJW 1994, 1477, die Entscheidung lässt offen, ob hierbei das Verbot des § 19 Abs. 2 S. 1 oder dasjenige in S. 2 umgangen wird; zum Hin- und Herzahlen im Zusammenhang mit der verdeckten Sacheinlage s. auch unten Rn. 141; OLG Hamm GmbHR 1994, 472 ff.
[154] Offengelassen bei BGHZ 125, 141, 143 f. = NJW 1994, 1477; zu der vergleichbaren Frage im Zusammenhang mit verdeckten Sacheinlagen s. unten Rn. 124 f.
[155] RGZ 141, 204, 212; BGHZ 15, 52, 57 ff. = NJW 1954, 1842; BGH NJW 1979, 216; *Baumbach/Hueck/Fastrich* Rn. 18; *Lutter/Hommelhoff* Rn. 23; *Hachenburg/Ulmer* Rn. 67; *Scholz/Schneider* Rn. 79.
[156] *Baumbach/Hueck/Fastrich* Rn. 18; *Lutter/Hommelhoff* Rn. 23; *Hachenburg/Ulmer* Rn. 67; aA *Scholz/Schneider* Rn. 79.
[157] BGHZ 15, 52, 57 = NJW 1954, 1842; *Baumbach/Hueck/Fastrich* Rn. 18; *Lutter/Hommelhoff* Rn. 23; *Scholz/Schneider* Rn. 79; *Hachenburg/Ulmer* Rn. 67.

83 **f) Zuständigkeit der Geschäftsführer.** Bei der Aufrechnungserklärung handeln die Geschäftsführer nach pflichtgemäßem Ermessen für die Gesellschaft;[158] eine Aufrechnung der Gesellschaft, vertreten durch die Gesellschafterversammlung, ist nicht möglich.[159] Im Rahmen eines Anweisungsbeschlusses zu diesen Rechtsgeschäften unterliegt der Einlageschuldner einem Stimmverbot gemäß § 47 Abs. 4 S. 2.[160] Nach hM ist der Einlageschuldner, der zugleich Geschäftsführer der Gesellschaft ist, in jedem Falle und unabhängig von einer etwaigen Befreiung von den Beschränkungen des § 181 BGB gehindert, eine Aufrechnungserklärung für die Gesellschaft abzugeben oder einen Verrechnungsvertrag mit sich selbst zu schließen.[161] Dem ist zuzustimmen. Die Bestimmung des § 19 Abs. 2 soll die Vermengung der Gesellschafterinteressen an der Befreiung von der Einlageverpflichtung mit dem Interesse der Gesellschaft an einer realen Kapitalaufbringung vermeiden.[162] Damit ist die Vorschrift als objektive Grenze der Verfügungsmacht des Gesellschafters auch dann zu beachten, wenn dieser als Geschäftsführer und damit als Organ der Gesellschaft handelt.

84 **4. Kontokorrent.** Probleme ergibt die Aufrechnung im Rahmen eines bei der Gesellschaft für den Gesellschafter geführten Kontokorrentkontos, auf dem regelmäßig die laufenden Geschäftsvorgänge mit dem Gesellschafter eingestellt und saldiert werden. Hier gilt: Die Einlageforderung ist nicht kontokorrentfähig, weil darin wegen der Undurchsetzbarkeit einer in das Kontokorrent eingestellten Forderung eine unzulässige Stundung liegen würde.[163] Zulässig ist bei Vorliegen eines Kontokorrentvertrages dagegen die Aufrechnung der Gesellschaft mit dem Saldo zugunsten des einlagepflichtigen Gesellschafters, sofern Aufrechnungsvoraussetzungen (Rn. 71 ff., 75 ff.) vorliegen.[164]

85 **5. Verrechnungsvertrag.** Die für die Zulässigkeit der Aufrechnung dargelegten Grundsätze gelten entsprechend für den Abschluss eines Verrechnungsvertrages zwischen der Gesellschaft und dem Gesellschafter.[165] Auch hier wird die Gesellschaft von den Geschäftsführern vertreten.

86 **6. Zulässige Aufrechnung gemäß § 19 Abs. 5.** Einen von der Bestimmung in § 19 Abs. 2 S. 2 abweichenden Fall zulässiger Aufrechnung statuiert § 19 Abs. 5 Halbs. 2, der mit dem ehemaligen § 19 Abs. 3 praktisch wortgleich ist. Die Bestimmung lässt die Aufrechnung mit einer für die Überlassung von Vermögensgegenständen zu gewährenden Vergütung zu, soweit diese in Ausführung einer nach § 5 Abs. 4 S. 1 in der Satzung getroffenen Bestimmung erfolgt. Im Falle der Kapitalerhöhung gilt über § 56 Abs. 1 Entsprechendes. Angesprochen ist mit der Bestimmung die heute in § 5 Abs. 4 S. 1 nicht mehr ausdrücklich erwähnte Sachübernahme,[166] also eine Verein-

---

[158] *Lutter/Hommelhoff* Rn. 22; *Hachenburg/Ulmer* Rn. 68.
[159] OLG Hamburg ZIP 1990, 789, 790.
[160] *Hachenburg/Ulmer* Rn. 68.
[161] OLG Hamm ZIP 1988, 1057; OLG Düsseldorf GmbHR 1990, 135; OLG Hamburg WM 1990, 638; OLG Frankfurt/M. GmbHR 1993, 652; *Lutter/Hommelhoff* Rn. 17; *Scholz/Schneider* Rn. 83; *Hachenburg/Ulmer* Rn. 68; abw. OLG Karlsruhe GmbHR 1971, 146; wohl auch *Plander* Die Geschäfte des Gesellschafter-Geschäftsführers der Einmann-GmbH mit sich selbst, 1969, S. 66.
[162] Eingehend *Konow* GmbHR 1971, 173, 174 f.
[163] HM; RG JW 1930, 2685, 2687; *Baumbach/Hueck/Fastrich* Rn. 20; *Hachenburg/Ulmer* Rn. 72; *Scholz/Schneider* Rn. 82; *Staub/Canaris* 355 Rn. 40.
[164] *Roth/Altmeppen* Rn. 33; *Baumbach/Hueck/Fastrich* Rn. 20; *Scholz/Schneider* Rn. 82; *Hachenburg/Ulmer* Rn. 72; abl. *Lutter/Hommelhoff* Rn. 24.
[165] *Hachenburg/Ulmer* Rn. 60; *Scholz/Schneider* Rn. 80 ff.
[166] *Hachenburg/Ulmer* Rn. 88.

Einzahlungen auf die Stammeinlage § 19

barung, wonach eine Vergütung für Vermögensgegenstände, die die Gesellschaft übernimmt, auf die Stammeinlage „angerechnet" (aufgerechnet oder verrechnet) werden soll. Dies ergibt sich daraus, dass sich die Verpflichtung des Gesellschafters bei formgerechter Sacheinlagevereinbarung außerhalb des Sonderfalls der Sachübernahme von vornherein ohnehin nicht auf eine Geldleistung bezieht. Die Sachübernahmevereinbarung muss formwirksam zustande gekommen, also nach § 5 Abs. 4 ordnungsgemäß verlautbart worden sein. Sind diese Anforderungen erfüllt, können sowohl die Gesellschaft als auch der Gesellschafter die Aufrechnung erklären, ohne dass es wie in § 19 Abs. 2 S. 2 auf die Vollwertigkeit der Gesellschafterforderung ankommt.[167] Die Wertdeckung ist vielmehr durch das mit der Eintragung befasste Registergericht im Rahmen des Eintragungsverfahrens zu überprüfen.[168] Entsprechendes gilt für den Abschluss eines Verrechnungsvertrags.[169]

Zu beachten ist, dass für die Sachübernahme und die Aufrechnung bzw. Verrechnung § 7 Abs. 3 gilt, beides demnach **vor der Anmeldung vollzogen** sein muss.[170] Ist die Sachübernahme nicht formwirksam vereinbart worden, darf auch die Gesellschaft abweichend von den unter Rn. 71 ff., 75 ff. dargelegten Grundsätzen nur im Falle der Gefährdung der Einlageforderung aufrechnen;[171] dem Gesellschafter ist die Aufrechnung in diesem Falle bereits nach § 19 Abs. 2 S. 2 verboten. Ausgeschlossen ist die Aufrechnung sowohl für die Gesellschaft als auch für den Gesellschafter dann, wenn der Tatbestand der verdeckten Sacheinlage (Rn. 103 ff.) erfüllt ist; denn in diesem Falle ist das auf die Sachübernahme gerichtete Austauschgeschäft entsprechend § 27 Abs. 3 AktG unwirksam und hat keinen Vergütungsanspruch des Gesellschafters entstehen lassen können.[172] 87

7. Beweislast. Die Darlegungs- und Beweislast für die Zulässigkeit der von ihm erklärten Aufrechnung trägt im Rahmen des Zumutbaren der Gesellschafter als der Schuldner der Einlage; denn er macht mit dem Einwand, die Einlageforderung sei erloschen, eine für ihn günstige Tatsche geltend.[173] Kenntnis von den konkreten Verhältnissen der Gesellschaft kann sich der Gesellschafter über §§ 51a, 51b verschaffen; stößt er hierbei auf Schwierigkeiten, kann entsprechend den allgemein geltenden Grundsätzen[174] auch eine Umkehrung der Darlegungs- und Beweislast in Betracht kommen. 88

V. Befreiung von der Einlagepflicht aufgrund einer Kapitalherabsetzung (§ 19 Abs. 3)

Als eigener Absatz durch die Novelle 1980 eingefügt worden ist die Bestimmung des § 19 Abs. 3 (früher § 19 Abs. 2 S. 1), wonach die Gesellschafter von ihrer Einlagepflicht anteilig in dem Umfange befreit werden können, in dem das Stammkapital her- 89

---

[167] RGZ 141, 202, 208; *Baumbach/Hueck/Fastrich* Rn. 25; *Hachenburg/Ulmer* Rn. 88.
[168] *Hachenburg/Ulmer* Rn. 88; zur Differenzhaftung des Gesellschafters im Falle überbewerteter Sachübernahmen und gleichwohl erfolgter Eintragung s. § 9 Rn. 7 ff.
[169] *Hachenburg/Ulmer* Rn. 88.
[170] *Hachenburg/Ulmer* Rn. 88; oben § 7 Rn. 37.
[171] RGZ 141, 202, 212; BGHZ 15, 52, 59 = NJW 1954, 1842; *Hachenburg/Ulmer* Rn. 89; hierzu auch oben Rn. 80 ff.; die Bestimmung zT teleologisch reduzierend *Mülbert* ZHR 154 (1990), 145, 164 ff.
[172] *Hachenburg/Ulmer* Rn. 89; Einzelheiten unten bei Rn. 131 f.
[173] BGH NJW 1992, 2229; *Baumbach/Hueck/Fastrich* Rn. 18; *Scholz/Schneider* Rn. 78; *Hachenburg/Ulmer* Rn. 71; abw. für den Fall der Aufrechnung durch die Gesellschaft: *Lutter/Hommelhoff* Rn. 25.
[174] MüKo ZPO/*Peters* § 138 Rn. 21.

§ 19　2. Abschnitt. Rechtsverhältnisse der Gesellschaft und der Gesellschafter

abgesetzt worden ist.[175] § 19 Abs. 3 durchbricht damit das Verbot der Befreiung nach § 19 Abs. 2 S. 1.

90　Voraussetzung für die Leistungsbefreiung ist die gemäß § 58 ordnungsgemäß durchgeführte Herabsetzung des Stammkapitals.[176] Die Leistungsbefreiung gemäß § 19 Abs. 3 wird deshalb erst wirksam, wenn das Kapital ordnungsgemäß nach § 58 herabgesetzt worden ist; wegen der Einzelheiten vgl. § 58 Rn. 3 ff. und 40. Die maximal zulässige Höhe der Einlagebefreiung ergibt sich aus dem Betrag, um den das Kapital herabgesetzt worden ist; eine darüber hinausgehende Einlagebefreiung ist nach § 19 Abs. 2 S. 1 unzulässig.

VI. Sicherung der Einlageforderung bei Entstehen einer Einpersonengesellschaft (§ 19 Abs. 4)

91　**1. Regelungsgegenstand und Normzweck.** § 19 Abs. 4 ist durch die Novelle 1980 neu eingefügt worden. Die Bestimmung betrifft die Folgen des Entstehens einer Einpersonen-Gesellschaft innerhalb von drei Jahren nach Eintragung der Gesellschaft in das Handelsregister, setzt also voraus, dass die Gesellschaft ursprünglich von mehreren Personen gegründet worden ist. Die Einpersonen-Gesellschaft kann dadurch entstehen, dass sich alle Geschäftsanteile der Gesellschaft in der Hand eines Gesellschafters oder sich in der Hand eines Gesellschafters und der Gesellschaft vereinigen. Die Vereinigung aller Geschäftsanteile in einer Hand betrifft dabei nicht nur die einzelne natürliche oder juristische Person, sie gilt ungeachtet der hier bestehenden gesamtschuldnerischen Haftung auch für Personenvereinigungen, wie die BGB-Gesellschaft, die Bruchteilgemeinschaft, die Erbengemeinschaft (str., vgl. bei § 18), die allgemeine Gütergemeinschaft, den nicht rechtsfähigen Verein sowie die OHG und KG, einschließlich der GmbH & Co. KG.[177] Im Falle des § 18 Abs. 2 findet die Bestimmung wegen der dort gesamtschuldnerischen Haftung keine Anwendung.[178]

92　Die Vorschrift ergänzt die ebenfalls durch die Novelle 1980 neu geschaffene Regelung des § 7 Abs. 2. Nach § 7 Abs. 2 S. 3 ist bestimmt, dass bei einer Einpersonen-Gründung im Falle der Bargründung der einzige Gründer der GmbH, sofort als Bareinlage ein Viertel auf die Stammeinlage, mindestens aber 12 500 € einzuzahlen hat und für die restliche Geldeinlage eine Sicherung bestellen muss (wegen der Einzelheiten s. die Bem. zu § 7). § 19 Abs. 4 knüpft hieran ergänzend an und „verlängert" diese Regelung dahin, dass der einzige Gesellschafter, sofern es zu einer Einpersonen-Gesellschaft innerhalb von drei Jahren nach Eintragung der Gesellschaft in das Handelsregister kommt, alle Geldeinlagen innerhalb von drei Monaten nach der Vereinigung der Geschäftsanteile in seiner Hand (oder hierneben in der Hand der Gesellschaft)[179] voll zu leisten oder eine Sicherung hierfür zu bestellen hat bzw. einen Teil der Geschäftsanteile auf einen Dritten übertragen muss. Die Bestimmung soll ihrem **Zweck** nach damit Umgehungen des § 7 Abs. 2 im Wege der Einschaltung eines Strohmannes verhindern; die Wahl der Drei-Jahres-Frist beruht auf der Überlegung, dass GmbH in den ersten drei Jahren insolvenzgefährdeter sind als später.[180]

---

[175] *Gersch/Herget/Marsch/Stützle* Rn. 231.
[176] *Hachenburg/Ulmer* Rn. 53.
[177] *Baumbach/Hueck/Fastrich* Rn. 34; *Scholz/Schneider* Rn. 90; *Hachenburg/Ulmer* Rn. 128; mit Blick auf die gesamtschuldnerische Haftung teilweise aA *Lutter/Hommelhoff* Rn. 31.
[178] *Hachenburg/Ulmer* Rn. 128; aA *Baumbach/Hueck/Fastrich* Rn. 34.
[179] *Gersch/Herget/Marsch/Stützle* Rn. 161; *Baumbach/Hueck/Fastrich* Rn. 34 ff.; *Hachenburg/Ulmer* Rn. 128; *Scholz/Schneider* Rn. 90.
[180] Vgl. den Ausschussbericht, BT-Drucks. 8/3908 S. 73; *Hachenburg/Ulmer* Rn. 125.

Einzahlungen auf die Stammeinlage § 19

Rechtstechnisch liegt § 19 Abs. 4 damit eine **unwiderlegliche Vermutung** dahin 93
zugrunde, dass bei einer innerhalb von drei Jahren nach der Eintragung der Gesellschaft
erfolgenden Vereinigung aller Anteile in der Hand eines Gesellschafters (oder hierneben in der Hand der Gesellschaft) eine Strohmanngründung vorgelegen hat. Ob dem
tatsächlich so war, ist angesichts der typisierenden Bestimmung unerheblich; insbesondere kann aus dem Fehlen einer Treuhandabsprache auch keine Reduktion des Anwendungsbereichs von § 19 Abs. 4 unter teleologischen Aspekten hergeleitet werden.
Wegen § 19 Abs. 4 genügt die in § 7 Abs. 2 geforderte Einzahlung von einem Viertel
der Geldeinlagen beim Entstehen einer Einpersonen-GmbH innerhalb von drei Jahren
nach Eintragung der Gesellschaft in das Handelsregister mithin nicht; vorbehaltlich
einer rechtzeitigen Übertragung eines Teils der Geschäftsanteile verlangt § 19 Abs. 4
vielmehr die volle Einzahlung der Bareinlagen bzw. eine Sicherung in entsprechender
Höhe. Bei der Kapitalerhöhung gilt § 19 Abs. 4 analog auch hinsichtlich des Erhöhungsbetrages, sofern die Kapitalerhöhung in den ersten drei Jahren nach der Eintragung der Gesellschaft in das Handelsregister erfolgt.[181]

2. Möglichkeiten des Gesellschafters. Nach § 19 Abs. 4 hat der Gesellschafter 94
die Wahl zwischen der Volleinzahlung der Einlage, der Bestellung einer Sicherung für
die noch nicht erbrachte Einlage oder der Aufnahme eines weiteren Gesellschafters.
Zwischen diesen Möglichkeiten kann der Gesellschafter wählen. Eine Pflicht des Gesellschafters, eine Maßnahme nach § 19 Abs. 4 zu treffen, besteht nicht, insbesondere
kann die Gesellschaft keine Möglichkeit klageweise durchsetzen. § 19 Abs. 4 statuiert
lediglich **Obliegenheiten des Gesellschafters;** kommt er ihnen nicht nach, droht
allerdings die Auflösung der Gesellschaft nach § 60 Abs. 1 Nr. 5 iVm. § 144b FGG
(Rn. 101).

a) Volleinzahlung. Die Volleinzahlung der noch offenen Einlagen hat wie jede 95
Einlageleistung zur endgültigen freien Verfügung der Geschäftsführer, also insbesondere unter Beachtung des Verbots verdeckter Sacheinlagen (Rn. 110 ff.) zu erfolgen.
Der Höhe nach sind **alle noch offenen Einlageleistungen** zu erbringen. Seinem
Sinn und Zweck nach erstreckt sich § 19 Abs. 4 darüber hinaus aber auch auf **Ansprüche** der Gesellschaft **aus § 9 Abs. 1,**[182] Ansprüche der Gesellschaft wegen nicht
erfüllter Sacheinlageverpflichtungen[183] und auf noch nicht erfüllte Ansprüche aus der
gesellschafterlichen **Vorbelastungshaftung** (hierzu bei § 11). **Entgegenstehende
Satzungsbestimmungen** über die Fälligkeit von Einlageleistungen (Rn. 7) werden
durch § 19 Abs. 4 verdrängt. Zur Drei-Monats-Frist s. Rn. 101.

b) Bestellung einer Sicherung. Anstelle der Volleinzahlung (Rn. 95) kann der 96
alleinige Gesellschafter der Gesellschaft auch eine Sicherung bestellen (zur Aufnahme
eines weiteren Gesellschafters s. Rn. 98 f.).

Als **Sicherung** iS des § 19 Abs. 4 ist dabei nicht die Sicherheitsleistung iS der 97
§§ 232 ff. BGB zu verstehen, es genügt vielmehr jeder als Sicherung geeignete vollwertige Vermögensgegenstand.[184] Hierher gehören Grundschulden und Hypotheken
innerhalb der Deckungsgrenze, börsennotierte Wertpapiere, aber etwa auch eine
Bankbürgschaft. Die Sicherung muss derart sein, dass sie dem Wert der ausstehenden

---

[181] S. hierzu § 56a Rn. 9; für die Anwendung des § 19 Abs. 4 auch im Falle einer Vereinigung aller Geschäftsanteile innerhalb von drei Jahren nach einer Kapitalerhöhung ungeachtet der Eintragung der Gesellschaft selbst BayObLG BB 1986, 760; *Scholz/Schneider* Rn. 92.
[182] *Baumbach/Hueck/Fastrich* Rn. 37; *Scholz/Schneider* Rn. 94.
[183] *Scholz/Schneider* Rn. 94.
[184] *Scholz/Winter* § 7 Rn. 49.

Geldeinlage voll entspricht.[185] Wird die Sicherung durch einen Bürgen erbracht, so kann das Registergericht ggf. einen Bonitätsnachweis verlangen.[186] Geschuldet wird lediglich eine Sicherung, die dem nominellen Wert der nicht eingezahlten Bareinlage entspricht (s. dazu § 7 Rn. 33), ein Agio ist nicht zu berücksichtigen.

98 **c) Aufnahme eines weiteren Gesellschafters.** Statt die Volleinzahlung vorzunehmen oder die Sicherung zu bestellen, kann der alleinige Inhaber aller Geschäftsanteile auch einen weiteren Gesellschafter aufnehmen. Es genügt dabei, wenn der weitere neu aufgenommene Gesellschafter einen Stammanteil in Höhe des Mindestbetrages des § 5 Abs. 1 übernimmt.[187]

99 Der alleinige Gesellschafter kann dem eintretenden Dritten einen Geschäftsanteil oder Teilgeschäftsanteil abtreten. Er kann den Eintritt aber auch, selbst wenn dies im Gesetz nicht erwähnt ist, durch eine Kapitalerhöhung durchführen, bei der der eintretende Gesellschafter den durch die Kapitalerhöhung geschaffenen neuen Geschäftsanteil übernimmt.[188] Die Aufnahme eines neuen Gesellschafters ist so lange möglich, bis die Gesellschaft nach Eintragung des Auflösungsbeschlusses in das Handelsregister mit der Verteilung des Vermögens der Gesellschaft begonnen hat; § 274 Abs. 1, 2 und 4 AktG ist entsprechend anwendbar.[189] Über die Fortsetzung der Gesellschaft ist ein förmlicher Beschluss der Gesellschafterversammlung herbeizuführen. Ist die Anmeldung der Auflösung der Gesellschaft noch nicht in das Handelsregister eingetragen, so hat es dabei sein Bewenden; ist die Auflösung der Gesellschaft in das Handelsregister dagegen bereits eingetragen, so wird der Fortsetzungsbeschluss erst wirksam mit der Eintragung in das Handelsregister des Sitzes der Gesellschaft.[190]

100 **3. Fristen.** Die **Drei-Jahres-Frist beginnt mit der Anzeige** des Anteilsübergangs bei der Gesellschaft **gemäß § 16 Abs. 1**, nicht mit dem Zeitpunkt der Anteilsübertragung selbst; denn bis zu diesem Zeitpunkt gibt es aus Sicht der Gesellschaft aufgrund der unwiderleglichen Vermutung des § 16 Abs. 1 mindestens zwei Gesellschafter.[191] Soweit hiergegen eingewandt wird, bei einer solchen Fristenbestimmung könne es durch Verzögerungen zu Manipulationen bzw. Umgehungen kommen,[192] überzeugt dies nicht. Die Auffassung, es könne zu einer Umgehung bzw. unzulässigen Manipulation kommen, läuft der Sache nach auf eine petitio principii hinaus, da die hierbei als beantwortet vorausgesetzte, ausschlaggebende Frage der (Un-)Zulässigkeit eines möglichen Hinauszögerns gerade erst noch zu beantworten ist. Es ist zwar richtig, dass es für die Beurteilung des für § 19 Abs. 4 ausschlaggebenden Zeitpunkts darauf ankommt, ob nach den Wertungsvorgaben des § 19 Abs. 4 ein die Anmeldung nach § 16 Abs. 1 ggf. mögliches Hinauszögern als zulässig anzusehen ist. Diese Frage ist jedoch entgegen der abweichenden Meinung zu bejahen: Hinter der Drei-Jahres-Frist des § 19 Abs. 4 steht die Überlegung, dass GmbH in den ersten drei Jahren besonders insolvenzanfällig sind (Rn. 92). Ist diese Frist verstrichen und hat die Gesellschaft aufgrund der unwiderleglichen Vermutung des § 16 Abs. 1 in dieser Zeit mehr als einen

---

[185] *Gersch/Herget/Marsch/Stützle* Rn. 152, 155.
[186] BayObLG BB 1988, 1772.
[187] *Gersch/Herget/Marsch/Stützle* Rn. 162.
[188] *Baumbach/Hueck/Fastrich* Rn. 37; *Scholz/Schneider* Rn. 93.
[189] *Scholz/Schneider* Rn. 97.
[190] Analog § 274 Abs. 4 AktG; *Scholz/Schneider* Rn. 97.
[191] Zutr. *Lutter/Hommelhoff* Rn. 31; *Hachenburg/Ulmer* Rn. 130; *Meyer-Landrut/Miller/Niehus* Rn. 48; aA *Baumbach/Hueck/Fastrich* Rn. 35; *MünchHdB GesR III/Gummert* § 51 Rn. 111; Voraufl. Rn. 39.
[192] *Roth/Altmeppen* Rn. 38; *Baumbach/Hueck/Fastrich* Rn. 35; *Scholz/Schneider* Rn. 91.

Einzahlungen auf die Stammeinlage § 19

Gesellschafter, und damit mindestens zwei für die Kapitalaufbringung über § 24 Haftende gehabt, ist der Zweck des § 19 Abs. 4 erfüllt. Hieran zeigt sich, dass die Gesellschaft keinen Anspruch darauf hat, dass Geschäftsanteile zu bestimmten Zeitpunkten übertragen bzw. angemeldet werden. Zugleich folgt hieraus, dass auch der Einwand, § 24 erfasse nur die fälligen Einlageforderungen und es gehe bei § 19 Abs. 4 vor allem um die Sicherung zukünftiger Einlagen,[193] nicht trägt. Da es nur auf die Mithaftung eines weiteren Gesellschafters innerhalb der Drei-Jahres-Frist des § 19 Abs. 4 ankommt, sind auch Treuhandverträge o. Ä., vermittels derer der Gesellschafter eine einem Alleingesellschafter vergleichbare Rechtsstellung innerhalb der Gesellschaft erhält, ohne Belang und können die Rechtsfolgen des § 19 Abs. 4 ebenfalls nicht auslösen.

§ 19 Abs. 4 bestimmt, dass der Gesellschafter innerhalb einer **Drei-Monats-Frist** 101 die betreffende Maßnahme zu treffen hat. Werden die nach § 19 Abs. 4 angeordneten Obliegenheiten nicht erfüllt, hat das Gericht gemäß **§ 144 b FGG** den Gesellschafter unter gleichzeitigem Hinweis auf die Folgen der Nichterfüllung, also die **Auflösung der Gesellschaft gemäß § 60 Abs. 1 Nr. 6,** aufzufordern, seinen Obliegenheiten innerhalb einer vom Gericht zu setzenden Frist nachzukommen oder sein Unterlassen durch Widerspruch gegen die Verfügung zu rechtfertigen. Während des Laufes dieser Frist sind die Maßnahmen des § 19 Abs. 4 zur Vermeidung der Auflösung ohne Rechtsnachteil nachholbar. Das gilt auch noch für die Zeit, während derer ein Rechtsmittel gegen die Auflösungsverfügung des Registergerichts schwebt, und dauert an bis mit der ersten Liquidationshandlung begonnen worden ist (s. Rn. 99).

4. Einreichen der Gesellschafterliste zum Handelsregister. Die ursprünglich 102 in § 19 Abs. 4 S. 3 vorgesehene Anzeigepflicht der Geschäftsführer gegenüber dem Handelsregister war aufgrund der Änderung des § 40 Abs. 1 obsolet und deshalb gestrichen worden; da die Geschäftsführer heute gemäß § 40 Abs. 1 bei jeder Änderung in der Zusammensetzung der Gesellschafter beim Handelsregister unverzüglich eine aktuelle Gesellschafterliste einzureichen haben, konnte auf eine spezielle Regelung für Einpersonen-Gesellschaften verzichtet werden. Wegen der Einzelheiten zu § 40 wird auf die dortigen Bemerkungen verwiesen.

VII. Unzulässigkeit der Leistung an Erfüllungs statt (§ 19 Abs. 5)

1. Überblick, Regelungsgehalt und Normzweck. Nach § 19 Abs. 5 befreit eine 103 nicht in einer Geldzahlung bestehenden Leistung oder eine Aufrechnung mit Ansprüchen für die Überlassung von Vermögensgegenständen auf die Stammeinlage den Einlageschuldner nur insoweit, als diese die an Sacheinlagen gestellten Anforderungen erfüllen. Die Bestimmung **verbietet** damit einerseits mit dem ersten Teil **jede Leistung an Erfüllungs statt,** andererseits **durchbricht** sie mit dem zweiten Teil das den Gesellschafter grundsätzlich treffende **Aufrechnungsverbot aus § 19 Abs. 2 S. 2.** Indem die Bestimmung mittelbar das Fortbestehen der Einlageverpflichtung statuiert, regelt § 19 Abs. 5 auch die Rechtsfolgen eines Verstoßes gegen die Sacheinlagevorschriften; § 19 Abs. 5 enthält in seinem zweiten Teil darüber hinaus Sonderbestimmungen gegenüber § 19 Abs. 2 S. 2 (s. bereits Rn. 65). Der **Zweck** der Vorschrift liegt darin, Umgehungen der Vorschriften über die Sachgründungen gemäß § 5 Abs. 4 bzw. derjenigen über die Sachkapitalerhöhung nach § 56 zu verhindern;[194] anders als durch Erbringung der in der Satzung verlautbarten Bareinlage kann sich der Gesellschafter nicht von seiner Einlageverpflichtung befreien.

---

[193] *Baumbach/Hueck/Fastrich* Rn. 35.
[194] BGHZ 113, 335, 340 f. = NJW 1991, 1754; *Hachenburg/Ulmer* Rn. 76, 84.

§ 19   2. Abschnitt. Rechtsverhältnisse der Gesellschaft und der Gesellschafter

104   **2. Verbot der Leistung an Erfüllungs statt (§ 19 Abs. 5 1. Var.).** § 19 Abs. 5 1. Var. wiederholt nochmals den auch in §§ 5 Abs. 4, § 19 Abs. 2, § 56 Abs. 1 deutlich werdenden allgemeinen Grundsatz, dass aus Gründen der Sicherstellung der realen Kapitalaufbringung eine mangels abweichender Festsetzungen in der Satzung in bar zu erbringende Einlage nur in den hierfür zugelassenen Formen erbracht werden kann und anderen Leistungen keine Erfüllungswirkungen hinsichtlich der Bareinlageverbindlichkeit zukommt. Die Bestimmung steht damit abweichend von den sonst geltenden allgemeinen zivilrechtlichen Grundsätzen jeder auf die in bar zu erbringende Einlage bezogenen Leistung an Erfüllungs statt im Sinne des § 364 Abs. 1 BGB entgegen.[195] Ein Verstoß hiergegen kann nicht zum Erlöschen der Einlageforderung führen, der Gesellschafter bleibt zur Erbringung der geschuldeten Bareinlage verpflichtet. Der Gegenstand der vom Gesellschafter geschuldeten Leistung bestimmt sich ausschließlich nach der entsprechenden Satzungsbestimmung. Auch bei der im Falle einer fehlerhaften Sacheinlagebestimmung oder einer mangelhaften Sacheinlage geschuldeten Geldleistung[196] handelt es sich um Sekundäransprüche der Gesellschaft, die unter Gläubigerschutzaspekten an die Stelle der Sacheinlageverpflichtung treten und insoweit den gleichen Sicherungen wie die Einlageverpflichtung selbst unterliegen.

105   Als Ausdruck eines Rechtssatzes, wonach der Gesellschafter im Grundsatz immer eine Bareinlage schuldet und sich hiervon nur unter Beachtung der §§ 5 Abs. 4 S. 1, 56 auch durch Sachleistung befreien kann, die Sacheinlage damit lediglich eine nach bestimmten Regeln zulässige datio in solutum sei,[197] kann § 19 Abs. 5 nicht verstanden werden. Die Vorschrift knüpft lediglich an die für die Sacheinlage geltenden Vorschriften an, indem sie unter Gläubigerschutzaspekten den Gesellschafter selbst bei einem entgegenstehenden Willen an der in der Satzung öffentlich verlautbarten Bareinlageverpflichtung festhält,[198] und bestimmt gleichzeitig mittelbar die Rechtsfolgen eines Verstoßes hiergegen. Ein Rangverhältnis beider Einlageformen lässt sich dem Gesetz nicht entnehmen und kann auch insbesondere nicht aus den sich aus allgemeinen Überlegungen des Kapitalaufbringungsrechts ergebenden Rechtsfolgen einer fehlgeschlagenen Sacheinlagevereinbarung abgeleitet werden;[199] die gegenteilige Auffassung ist auch mit der für überbewertete Sacheinlagen geltenden Verjährungsfrist nach § 9 Abs. 2 unvereinbar (Rn. 48 f.). Die Verlautbarung der Sacheinlage steht deshalb grundsätzlich auch der Leistung einer Bar- anstelle einer Sacheinlage entgegen,[200] und zwar unabhängig von einem Einverständnis der Gesellschaft bzw. der übrigen Gesellschafter;[201] die Einlageverpflichtung des Gesellschafters kann nur über eine Satzungsänderung umgewandelt werden.

106   **Entsprechende Anwendung** findet § 19 Abs. 5 Halbs. 1 **auf Sacheinlagen,** wenn statt der ursprünglich vereinbarten Sacheinlage eine andere erbracht werden soll; auch insoweit kann anders als durch die zugesagte Sacheinlage keine Erfüllung der Einlage-

---

[195] *Hachenburg/Ulmer* Rn. 86; *Scholz/Schneider* Rn. 102.
[196] Hierzu § 5 Rn. 39.
[197] *Lutter* Kapital S. 269, 285; *Lutter/Hommelhoff* Rn. 33; s. hierzu auch *Hachenburg/Ulmer* Rn. 86; *ders.* in ZHR 154 (1990), 128, 130; zutr. aA *Scholz/Winter* § 5 Rn. 40; eingehend hierzu oben bei Rn. 48.
[198] Ähnlich BGHZ 113, 335, 340 = NJW 1991, 1754; vgl. auch die folgenden Bem. zur entsprechenden Anwendung der Bestimmung auf Sacheinlagen.
[199] IErg. ebenso *Scholz/Winter* § 5 Rn. 40; s. auch oben Rn. 16.
[200] Abw. KG JW 1937, 321; BayObLG WM 1978, 526; *Hachenburg/Ulmer* Rn. 87; *Scholz/Schneider* Rn. 103.
[201] Für ein solches Erfordernis: KG JW 1937, 321, 322; *Scholz/Schneider* Rn. 103.

Einzahlungen auf die Stammeinlage § 19

verbindlichkeit erfolgen.[202] Diese vom Wortlaut der Bestimmung nicht gedeckte Gleichstellung rechtfertigt sich aus dem Zweck der durch § 19 Abs. 5 gewährleisteten Sacheinlagevorschriften, nach denen die Werthaltigkeit der zu erbringenden Sacheinlage einer präventiven Prüfung zu unterziehen ist. Zu der hiervon zu unterscheidenden analogen Anwendung der Bestimmung auf die Fälle der verdeckten Sacheinlage s. Rn. 110 ff.

Erfolgt die auf Geld (§ 7 Abs. 2) gerichtete Leistungshandlung des Gesellschafters 107 nicht durch unmittelbare Barzahlung, ist ebenfalls § 19 Abs. 5 zu beachten. Die Annahme einer abgetretenen Forderung oder von Schecks, Wechseln oder sonstigen Wertpapieren erfolgt nur erfüllungshalber und führt noch nicht zum Erlöschen der Einlageforderung, (vgl. auch § 364 Abs. 2 BGB). Erst wenn der hieraus resultierende Erlös zur freien Verfügung der Geschäftsführer steht, wird der Gesellschafter von seiner Verpflichtung frei.[203] Der Barzahlung steht gleich die Überweisung auf das Gesellschaftskonto, wobei bei Überweisung auf ein debitorisches Konto das kontoführende Kreditinstitut bereit sein muss, der Gesellschaft die Verfügung über die gezahlten Mittel in entsprechender Höhe zu gestatten;[204] fehlt es an diesem Einverständnis, ist keine Erfüllung eingetreten. Auch die Hingabe eines noch nicht verfristeten bestätigten Bundesbankschecks wird der Barzahlung gleichgestellt.[205] Mit Blick auf die für diese Schecks nach § 23 Abs. 3 BBankG[206] geltende Vorlagepflicht von acht Tagen, die diese Hingabe damit letztlich nicht in jedem Falle einer Barzahlung gleichstellt, ist diese Gleichstellung nicht selbstverständlich, wegen der früher in § 54 Abs. 3 AktG enthaltenen ausdrücklichen Zulassung dieser Zahlungsform aber zu bejahen; droht Fristablauf, hat der Geschäftsführer die Zahlung durch einen bestätigten Bundesbankscheck zurückzuweisen. Zur Frage der Zulässigkeit einer Zahlung an Dritte s. Rn. 52.

3. Zugelassene Aufrechnung (noch § 19 Abs. 5). § 19 Abs. 5 2. Var. ermög- 108 licht im Falle der Sachübernahmevereinbarung für die Gesellschaft und auch den Gesellschafter die Aufrechnung mit einer hieraus resultierenden Gesellschafterforderung. Diese partielle Abweichung von dem Verbot des § 19 Abs. 2 S. 2 rechtfertigt sich aus dem Umstand, dass ihre Zulässigkeit die Beachtung der Sacheinlagevorschriften voraussetzt. Sind die Voraussetzungen des § 5 Abs. 4 S. 1 bzw. des § 56 Abs. 1 nicht eingehalten, ist der Gesellschaft die Aufrechnung nur dann möglich, wenn ihre Einlageforderung uneinbringlich bzw. gefährdet ist.[207] Die Bestimmung des § 19 Abs. 5 Halbs. 2 erweitert und verschärft damit bewusst das Aufrechnungsverbot des § 19 Abs. 2 S. 2 zu Lasten der Gesellschaft insoweit, als es um Forderungen des Gesellschafters wegen einer Vergütung für die Überlassung von Gegenständen oder eine im Gründungsstadium entstandene Forderung gegen die Gesellschaft geht, also solche, die zum Gegenstand einer Sacheinlage hätten gemacht werden können.[208] Gründungsaufwand, dessen Übernahme durch die Gesellschaft entsprechend § 26 Abs. 2 AktG in der

---

[202] *Hachenburg/Ulmer* Rn. 86; *Scholz/Schneider* Rn. 103.
[203] *Hachenburg/Ulmer* Rn. 87; s. bereits oben Rn. 39, 55 ff., dort auch zu dem in diesem Zusammenhang ggf. relevant werdenden Stundungsverbot.
[204] BGH NJW 1991, 226; BGHZ 113, 335 347 = NJW 1991, 1754.
[205] *Hachenburg/Ulmer* Rn. 87; *Scholz/Schneider* Rn. 106.
[206] BGBl. 1957 I S. 745.
[207] BGHZ 15, 52, 57 = NJW 1954, 1842; *Hachenburg/Ulmer* Rn. 89; *Henze* Höchstrichterliche Rechtsprechung zum Recht der GmbH, 1993, S. 132; s. auch Rn. 80 ff.
[208] Sog. Altforderungen, vgl. RGZ 141, 204, 210; BGHZ 15, 52, 57 = NJW 1954, 1842; *Hachenburg/Ulmer* Rn. 92, 94 ff.; *Scholz/Schneider* Rn. 117 f.; *Lutter/Hommelhoff* Rn. 34.

§ 19　　　2. Abschnitt. Rechtsverhältnisse der Gesellschaft und der Gesellschafter

Satzung festgesetzt wurde[209] und den der Gesellschafter gezahlt hat, kann mit der Einlageforderung verrechnet werden, ebenso ist die Aufrechnung gegen diesen Anspruch zulässig.[210]

109　Im Falle der **verdeckten Sacheinlage** (Rn. 110 ff.) scheidet eine Aufrechnung angesichts der Nichtigkeit des schuldrechtlichen Geschäfts (Rn. 131 f.) schon wegen Fehlens einer entsprechenden Gesellschafterforderung aus. In **Erweiterung des § 19 Abs. 5** als nicht zulässig und damit als unwirksam anzusehen ist auch die vorweg getroffene Abrede über die Verrechnung von erst noch entstehenden Forderungen des Gesellschafters mit der Einlageforderung,[211] während ohne eine derartige Vereinbarung die Aufrechnung für die Gesellschaft unter den allgemeinen Voraussetzungen (Rn. 62 ff.) zulässig ist; für den Gesellschafter gilt ohnehin das Verbot nach § 19 Abs. 2 S. 2.

VIII. Verbot der verdeckten Sacheinlage (noch § 19 Abs. 5)

110　**1. Überblick.** Das GmbH-Recht knüpft die Erbringung einer Sacheinlage bei Gründung der Gesellschaft und bei der Kapitalerhöhung in §§ 5, 9c, 56 an eine häufig von den Gesellschaftern nicht gewollte, zeitraubende und mit Kosten verbundene Kontrolle, die sichern soll, dass der Wert der Sacheinlage den Nennwert des vom Gesellschafter übernommenen Geschäftsanteils erreicht. Um dieses gegenüber einer Bargründung bzw. Barkapitalerhöhung komplizierte Verfahren zu vermeiden, wird häufig[212] – vor Bekanntwerden der BGH-Rechtsprechung sogar teilweise auf Anregung der Registergerichte – versucht, diese Anforderungen dadurch zu umgehen, dass die tatsächlich beabsichtigte Sachgründung oder Sachkapitalerhöhung in zwei (oder mehr) Vorgänge aufgeteilt wird: Der Gesellschafter übernimmt und leistet zunächst eine Bareinlage und die Gesellschaft erwirbt sodann im Rahmen eines schuldrechtlichen Erwerbsgeschäftes den tatsächlich zur Einbringung bestimmten Gegenstand, oder die Gesellschaft erwirbt zunächst vom Gesellschafter den tatsächlich zur Einlage bestimmten Gegenstand und der Gesellschafter zahlt mit den hierdurch erlangten Mitteln seine Einlage.

111　In dem dargelegten **Aufteilen eines wirtschaftlich einheitlich gewollten** (Rn. 120) **Vorgangs in rechtlich getrennte Geschäfte,** bei dem der Gesellschaft zwar formal Bargeld als Einlage zugeführt, dieses jedoch im Zusammenhang mit einem zweiten Rechtsgeschäft gegen die Zuführung eines anderen Gegenstandes zurückgewährt wird, und mit dem der Gesellschaft im wirtschaftlichen Ergebnis keine Bareinlage, sondern eine Sacheinlage zugeführt wird, sieht die Lehre von der verdeckten Sacheinlage den Tatbestand der verschleierten[213] bzw. (treffender, da es auf ein beabsichtigtes Vertuschen nicht ankommt:)[214] **verdeckten Sacheinlage** verwirklicht. Nach dieser Lehre steht die bezeichnete Aufspaltung des wirtschaftlich einheitlich gewollten Vorgangs in zwei (oder mehr) rechtlich getrennte Geschäfte im Widerspruch zum Sinn und Zweck der Sacheinlagebestimmungen und ist als **unzulässiges Umgehungsgeschäft** anzusehen (iE Rn. 121 ff.).

---

[209] Zu den Anforderungen s. BGHZ 107, 1, 3 ff. = NJW 1989, 1610 und § 5 Rn. 59 ff.

[210] *Hachenburg/Ulmer* Rn. 96; *Henze* (Fn. 206) S. 133; BGH NJW 1970, 469, in BGHZ 53, 71, 72 insoweit nur gekürzt wiedergegeben, ist damit teilweise überholt.

[211] BGH WM 1956, 1029; NJW 1979, 216; *Hachenburg/Ulmer* Rn. 97; Einzelheiten bei Rn. 147.

[212] Vgl. auch die Feststellungen bei *Langenfeld* GmbHR 1981, 53; *Bergmann* AG 1987, 57, 62.

[213] BGH NJW 1982, 2444, 2446 (insoweit in BGHZ 83, 319 nicht abgedruckt); *Bergmann* AG 1987, 57; *Loos* AG 1989, 381.

[214] *Joost* ZIP 1990, 549 f.; *Hüffer* AktG Rn. 11.

Einzahlungen auf die Stammeinlage   § 19

Das Vorliegen einer verdeckten Sacheinlage führt auf der **Rechtsfolgenseite** dazu, **112** dass der Gesellschafter seine Bareinlagepflicht nicht erfüllt hat und nach wie vor zur Einzahlung der Einlage verpflichtet bleibt; denn der Gesellschafter hat seine „Bareinlage" nicht im Sinne von § 7 Abs. 2 zur endgültigen freien Verfügung der Geschäftsführer geleistet, und es liegt ein Verstoß gegen die Anforderungen des § 5 Abs. 4 vor. Das **schuldrechtliche Rechtsgeschäft** (etwa ein Kaufvertrag) ist nach § 134 BGB als Umgehungsgeschäft **nichtig**, das demgegenüber neutrale **dingliche Rechtsgeschäft**, die Übereignung des Gegenstandes, die Abtretung von Rechten o.Ä. ist im GmbH-Recht demgegenüber abweichend von der Rechtslage im Aktienrecht[215] **wirksam**; wegen der Einzelheiten s. Rn. 129ff. Im Hinblick auf die Unwirksamkeit des schuldrechtlichen Geschäfts steht dem Gesellschafter gegen die Gesellschaft ein Bereicherungsanspruch nach § 812 BGB zu; die Auf- bzw. Verrechnung einer hieraus resultierenden Forderung gegen den Einlageanspruch der Gesellschaft ist allerdings unzulässig. Besonders nachteilig kann sich die Unwirksamkeit des Vorgangs für den Gesellschafter in der Insolvenz der Gesellschaft auswirken; denn während der Gesellschafter seinen Bereicherungsanspruch zur Tabelle anmelden muss, bleibt er gegenüber der Gesellschaft zur Erbringung der vollen Bareinlage verpflichtet.

Eine **Haftung** eines am Vorgang beteiligten Kreditinstituts kann sich analog § 37 **113** Abs. 1 S. 4 AktG[216] ergeben (Rn. 133), ebenso kommt eine Haftung des Notars oder anwaltlichen **Beraters** in Betracht (Rn. 135). Eine Bagatellgrenze, wie dies im Schrifttum teilweise in Anlehnung an § 52 AktG vorgeschlagen worden ist, ist nicht anzuerkennen;[217] dem steht das Kapitalaufbringungsrecht sowie der Umstand entgegen, dass § 52 AktG keine Bagatellgrenze entnommen werden kann, sondern das Verbot der verdeckten Sacheinlage unberührt lässt.[218]

2. Berechtigung der Lehre von der verdeckten Sacheinlage. Grundsätzliche **114 Bedenken gegen die Lehre von der verdeckten Sacheinlage** sind entgegen verschiedenen Stimmen in der Literatur[219] **nicht gerechtfertigt**.[220] Den Sacheinlagevorschriften ist die Vorgabe zu entnehmen, dass andere als Bareinlagen einer Offenlegung und der präventiven Kontrolle des Registergerichts zugeführt werden sollen. Diese Grundsätze liefen leer, wenn es den Beteiligten möglich wäre, durch entsprechende Vereinbarungen im Ergebnis eine andere als die Bareinlage zu erbringen; Schadensersatzpflichten der Vertretungsorgane der Gesellschaft im Falle von unausgeglichenen Austauschgeschäften können die durch die Sacheinlagevorschriften gewährleistete prä-

---

[215] Hierzu MüKo AktG/*Pentz* § 27 Rn. 100.
[216] Vgl. hierzu BGHZ 113, 335, 351f. = NJW 1991, 1754; BGHZ 119, 177, 180f. = NJW 1992, 3300; eine Haftung des Kreditinstituts bei der verdeckten Sacheinlage gänzlich ablehnend G. *Müller* ZIP 1998, 137, 140f.
[217] Zutr. *Lutter/Hommelhoff* Rn. 42, allerdings mit abw. Begründung (bei der GmbH typischerweise geringe Kapitalausstattung).
[218] Zum Verhältnis von § 52 AktG zur Lehre von den verdeckten Sacheinlage MüKo AktG/*Pentz* § 52 Rn. 52.
[219] Grundlegend abw. etwa *T. Bergmann* AG 1987, 57, 65ff.; *Einsele* NJW 1996, 2681, 2683f.; *Wilhelm* ZHR 152 (1988), 333, 346ff.; *Meilicke* Die „verschleierte" Sacheinlage, 1989, S. 37ff.; *ders.* DB 1989, 1067, 1068; *ders.* DB 1990, 1173; *Mildner* Bareinlage, Sacheinlage und ihre „Verschleierung" im Recht der GmbH, 1989, S. 38ff. mit Unterschieden iE; vgl. auch die Vorlage des LG Hannover DB 1991, 376, die der EuGH – ZIP 1992, 1076 m. Anm. *Frey* sowie *Ebenroth/Neiß* BB 1992, 2085ff.; s. auch *Kiethe/Imbeck* DStR 1994, 209, 210 – als unzulässig zurückgewiesen hat.
[220] Ausf. hierzu *Hachenburg/Ulmer* Rn. 102ff.; *ders.* ZHR 154 (1990), 128, 131 Fn. 13, 134ff. mit umfangreichen Nachweisen.

ventive Kontrolle nicht ersetzen und widersprechen im Hinblick auf ihr erst nachträgliches Einsetzen der Konzeption des Gesetzes. Der Grundsatz der realen Kapitalaufbringung steht nicht zur Disposition der Beteiligten, sondern beruht auf zwingenden Bestimmungen, die auch die Handlungsfreiheit nach Eintragung der Gesellschaft begrenzen, weshalb auch insoweit keine Bedenken im Hinblick auf eine etwaige Beschneidung der gesellschaftlichen Handlungsfreiheit hergeleitet werden können.[221] Auch unter **europarechtlichen Aspekten** sind Bedenken nicht angezeigt.[222] Da nach zutreffender Auffassung das Umgehungsverbot den Sacheinlagevorschriften immanent ist,[223] können schließlich Bedenken gegen die Lehre von den verdeckten Sacheinlagen mit Blick auf das bei § 82 Abs. 1 Nr. 1 und 3 geltende Analogieverbot gemäß Art. 103 Abs. 2 GG ebenfalls nicht geltend gemacht werden.

115 3. **Abgrenzung.** Abzugrenzen ist die verdeckte Sacheinlage von den (grundsätzlich zulässigen, vgl. hierzu bei § 7) **Verwendungsabreden.** Soweit es um Gegenstände geht, die die Gesellschaft von einem Gründer oder einem ihm nahestehenden Dritten (Rn. 149 ff.) entgeltlich übernehmen soll, kommt es darauf an, ob die Übernahme bereits bei Begründung der Bareinlageverpflichtung verabredet war (Rn. 122 f.). Ist dies der Fall, liegt ohne die dann nach § 5 Abs. 4 erforderliche Festsetzung in der Satzung die Vereinbarung einer verdeckten Sacheinlage vor. Soll der Gegenstand demgegenüber von einem Dritten erworben werden und die Einlage auch nicht mittelbar an den Gesellschafter zurückfließen, handelt es sich um eine rechtlich zulässige Verwendung des eingelegten Betrages.

116 Schuldet der Gesellschafter der Gesellschaft lediglich eine Geldeinlage, soll auf diese aber eine Verbindlichkeit der Gesellschaft aus einem Rechtsgeschäft mit dem Gesellschafter (etwa einem mit ihm abgeschlossenen Kaufvertrag) angerechnet werden, liegt eine **Sachübernahme** vor,[224] die zu ihrer Wirksamkeit, wie sich nicht zuletzt aus § 19 Abs. 5 2. Var. ergibt, ebenfalls der Festsetzung in der Satzung bedarf.

117 4. **Einzelheiten. a) Grundlagen.** Das Verbot der verdeckten Sacheinlage ist im Ergebnis Ausfluss des Grundsatzes der realen Kapitalaufbringung,[225] auf den die Sacheinlagevorschriften zurückgehen (Rn. 118 f.). Die Sicherung der Kapitalaufbringung bei der qualifizierten Gründung, zu der die Sachgründung gehört, erfolgt im Wege eines präventiv ausgelegten Schutzsystems. Diesem System liegen zwei Schutzmechanismen zugrunde:[226]

118 – Die mit § 5 Abs. 4 S. 1, § 56 Abs. 1 bezweckte Publizität soll die betroffenen Verkehrskreise (künftige Gesellschafter und Gläubiger der Gesellschaft) auf das Vorliegen einer Sachgründung und die hiermit verbundenen Belastungen bzw. die

---

[221] Eingehend *Hachenburg/Ulmer* Rn. 104.
[222] Zu der ohnehin nur für Aktiengesellschaften geltende 2. (Kapitalschutz-)Richtlinie BGHZ 110, 47, 68 = NJW 1990, 932 und hierzu *Ebenroth/Kräutter* DB 1990, 2153 ff.; s. auch *Lutter/Gehling* WM 1989, 1445, 1459 f.; *Scholz/Priester* § 56 Rn. 22; aber auch *Joost* ZIP 1990, 549, 564 ff.; auch zum Aktienrecht sind Bedenken nicht gerechtfertigt, vgl. nur *Hüffer* AktG § 27 Rn. 13 mwN; MüKo AktG/*Pentz* § 27 Rn. 87 mwN, dort auch dazu, dass jedenfalls zum Aktienrecht bei nächster Gelegenheit eine Vorlage des BGH an den EuGH zu erwarten steht.
[223] Zutr. *Kindler*, FS Boujong, 1996, S. 299, 301 f.; *Lutter*, FS Everling, 1995, S. 765, 777 ff.; *Habersack* Europäisches GesR, 1999, Rn. 163.
[224] Vgl. hierzu § 5 Rn. 41; zu dem weiterreichenden aktienrechtlichen Sachübernahmebegriff s. statt anderer MüKo AktG/*Pentz* § 27 Rn. 61 ff.
[225] BGHZ 110, 47, 64 = NJW 1990, 982 mit Hinweis auf *Wiedemann* § 10 IV 2.
[226] Vgl. hierzu insbes. *Ulmer* ZHR 154 (1990), 128, 131 f.

Bewertungsschwierigkeiten und die eingeschränkte Disponibilität der Mittel aufmerksam machen.
- Die Registerkontrolle nach § 9c und der bei der Sachgründung zu erstellende Sachgründungsbericht § 5 Abs. 4 S. 2 sollen sicherstellen, dass die Gesellschaft in das Handelsregister nur eingetragen wird und damit nur dann als allein haftende juristische Person zum Entstehen kommt, wenn die Angemessenheit der Leistungen bzw. die Einlagefähigkeit der Gegenstände und auch ihre Vollwertigkeit überprüft worden sind. 119

Bei Vorliegen einer verdeckten Sacheinlage wird dieses Regelungsmodell durch die Aufteilung des wirtschaftlich einheitlich gewollten Vorgangs in zwei Akte (Rn. 111) unterlaufen. Da der mit dem Regelungsmodell bezweckte Schutz nicht der Disposition der Gesellschafter unterliegt und das Gesetz mit seinem Regelungsmodell einen abstrakten und präventiv angelegten Schutz der Kapitalaufbringung bezweckt, der unabhängig von der Werthaltigkeit der eingelegten Mittel gilt, sind die Sachgründungsvorschriften als umgehungsfest anzusehen. Das Sachgründungsrecht enthält mithin ein gesetzliches Verbot, den wirtschaftlichen Erfolg einer Sachgründung auf anderem als dem vorgeschriebenen Weg herbeizuführen. Hieraus folgt, dass eine solche Trennung des einheitlich gewollten wirtschaftlichen Vorgangs in zwei oder mehr Akte eine unzulässige **Umgehung der Sacheinlagevorschriften** darstellt.[227] Diese dogmatische Einordnung ist für die Voraussetzungen für das Vorliegen einer verdeckten Sacheinlage im Einzelnen von Bedeutung: Aus ihr ergibt sich zunächst, dass es auf die Einlagefähigkeit des in Rede stehenden Gegenstands[228] oder die Nämlichkeit der Mittel nicht ankommt (Rn. 142, 159). Zum anderen folgt hieraus auch das Erfordernis subjektiver Voraussetzungen (Rn. 121ff.) und es ergibt sich hieraus auch der für die Annahme einer verdeckten Sacheinlage ausschlaggebende Zeitpunkt, an dem die Voraussetzungen für das Vorliegen einer verdeckten Sacheinlage gegeben sein müssen (Rn. 123). Auf die Reihenfolge des Vorgangs kommt es nicht an. Bei Vorliegen der erforderlichen (ggf. zu vermutenden, Rn. 122f.) subjektiven Voraussetzungen (Rn. 124ff.) ist es deshalb unerheblich, ob zunächst der Einlagebetrag gezahlt und dieser im Rahmen eines nachfolgenden Austauschgeschäfts zurückgewährt wird, oder ob sich der Vorgang umgekehrt abspielt, die Gesellschaft also zuerst den Gegenstand entgeltlich erwirbt und der Gesellschafter mit dem erhaltenen Betrag sodann auf seine Bareinlageschuld zahlt.[229] 120

b) Tatbestand, subjektive Voraussetzungen. Der **Tatbestand** einer verdeckten Sacheinlage ist dadurch gekennzeichnet, dass die gesetzlichen Bestimmungen über die Sacheinlage dadurch umgangen werden, dass die Gesellschafter zwar eine Bareinlage vereinbaren, der Gesellschaft im Ergebnis tatsächlich aber ein anderer Gegenstand als eine Bareinlage zugeführt werden soll; auf die Einlagefähigkeit im Sinne des Sacheinlagerechts kommt es dabei grundsätzlich nicht an (Rn. 148). 121

---

[227] BGHZ 110, 47, 63f. = NJW 1990, 982; BGHZ 132, 133, 135f. = NJW 1996, 1286; OLG Düsseldorf NJW-RR 1997, 485, 486; OLG Hamburg WM 1988, 579; OLG Koblenz AG 1988, 242, 244; LG Mainz ZIP 1987, 512, 514; *Henze* ZHR 154 (1990), 105, 107ff.; *Ulmer* ZHR 154 (1990), 128, 139ff.; *Lutter*, FS Stiefel, 1987 S. 505, 511; *K. Schmidt* GesR § 29 II 1c; *Baumbach/Hueck/Fastrich* Rn. 30ff.; *Roth/Altmeppen* Rn. 47ff.; *Scholz/Schneider* Rn. 139ff.; *Scholz/Winter* § 5 Rn. 76ff.; oben § 5 Rn. 46.
[228] Für die Unerheblichkeit des Einlagefähigkeit auch *Scholz/Winter* § 5 Rn. 78; aA *Richter/Schick* GmbHR 1999, 97, ff.; s. hierzu bei Rn. 148.
[229] BGHZ 28, 314, 319f. = NJW 1959, 383; BGH NJW 1982, 2444, 2446 (insoweit in BGHZ 83, 319 nicht abgedruckt); BGHZ 113, 335, 345 = NJW 1991, 1754; BGHZ 118, 83, 94 = NJW 1992, 2222; BGHZ 132, 133, 138 = NJW 1996, 1286.

122 Entsprechend dem methodischen Ansatz der Lehre von der verdeckten Sacheinlage, der Betrachtung als Umgehungsgeschäfts, setzt sie **in subjektiver Hinsicht keine Umgehungsabsicht** der Beteiligten in dem Sinne voraus, dass es ihnen darauf ankommen muss, die ihnen bekannten Sacheinlagevorschriften zu umgehen. Denn die Frage des Vorliegens eines Umgehungsgeschäfts knüpft, da das gesetzliche Verbot objektiv zu verstehen ist und der Privatautonomie nicht unterliegt, nicht an subjektiv vorwerfbares Verhalten, sondern allein an den Regelungsgehalt der betroffenen Vorschrift an.[230] Zur Bejahung eines Umgehungsgeschäfts ist es jedoch erforderlich, dass sich die Gesellschafter entsprechend der Situation bei der umgangenen Bestimmung des § 5 Abs. 4 hinsichtlich des wirtschaftlichen Ergebnisses einig sind, also eine **Abrede** unter ihnen vorliegt, **die den wirtschaftlichen Erfolg einer Sacheinlage umfasst.**[231] Die nur einseitige Absicht oder die schlichte Erwartung eines von mehreren Gesellschaftern, die Gesellschaft werde mit den eingelegten Mitteln einen Gegenstand von ihm erwerben, genügt demgegenüber nicht.[232] Zwischen den Beteiligten muss Einigkeit dahin bestehen, dass der betreffende Gesellschafter im wirtschaftlichen Ergebnis keine zum Verbleib bei der Gesellschaft bestimmte Bareinlage, sondern eine andere Leistung erbringen soll, die der Gesellschaft auch über Dritte zugeführt werden kann (Rn. 149 ff.). Es genügt, dass die Gesellschafter den Gesamtvorgang in seiner wirtschaftlichen Bedeutung erfasst haben; das Bewusstsein, dass hierdurch die gesetzlichen Bestimmungen unterlaufen werden, ist nicht erforderlich. Bei der Einpersonengründung reicht ein entsprechendes Vorhaben des Gesellschafters.[233] Die Unwirksamkeit der Abrede bzw. des beabsichtigten Vorhabens steht diesem Erfordernis nicht entgegen.[234]

123 Der für die Abrede maßgebliche **Zeitpunkt** ist die Feststellung der Satzung und die hiermit begründete Bareinlageverpflichtung des Gesellschafters bzw. der dem entsprechende Zeitpunkt des Kapitalerhöhungsbeschlusses. Nur wenn sich die Gesellschafter zu diesem Zeitpunkt über das wirtschaftlich der Einbringung einer Sacheinlage entsprechende Geschäft einig sind, handelt es sich um einen der Sacheinlagevereinbarung entsprechenden Fall, der die Anwendung der Lehre von der verdeckten Sacheinlage rechtfertigt.[235] Das Vorliegen einer solchen Abrede ist bei sachlichem und zeitlichem Zusammenhang zu vermuten (Rn. 124 ff.). Treffen die Gesellschafter erst nachträglich

---

[230] Jetzt ganz überwM, eingehend hierzu BGHZ 110, 47, 63 = NJW 1990, 982; *Henze* ZHR 154 (1990), 105, 108 ff.; *Joost* ZIP 1990, 549, 559; *Lutter*, FS Stiefel, 1987, S. 505, 511; *Mülbert* ZHR 154 (1990), 145, 187 ff.; *Ulmer* ZHR 154 (1990), 128, 139 ff., jew. mwN und im Anschluss an die grundlegenden Ausführungen von *Teichmann* Die Gesetzesumgehung, 1962, S. 69; für das Erfordernis der Umgehungsabsicht noch RGZ 152, 292, 300 f.

[231] So jetzt auch BGHZ 132, 133, 139 f. = NJW 1996, 1286 (positiv festgestellt wurde eine Abrede in BGHZ 118, 83, 95 = NJW 1992, 2222); zuvor bereits *Henze* ZHR 154 (1990), 105, 114; *Joost* ZIP 1990, 549, 558 ff.; *Mülbert* ZHR 154 (1990), 145, 187 ff.; *G. Müller* ZGR 1995, 327, 332; *Bayer* ZIP 1998, 1985, 1988; *Ulmer* ZHR 154 (1990), 128, 142; *Priester* ZIP 1991, 345, 351; *Scholz/Winter* § 5 Rn. 77, 79; *Baumbach/Hueck/Fastrich* Rn. 30a; *Hachenburg/Ulmer* Rn. 93 und § 5 Rn. 146 ff.; anders OLG Hamburg ZIP 1988, 372, 373; *Lutter*, FS Stiefel, 1987, S. 505, 512 ff.; *Lutter/Gehling* WM 1989, 1445, 1446 f.; *Lutter/Hommelhoff* § 5 Rn. 40, 43, nach denen der objektive zeitliche und sachliche Zusammenhang genügt.

[232] OLG Koblenz ZIP 1990, 717, 718; OLG Hamm GmbHR 1994, 472, 473; *Henze* ZHR 154 (1990), 105, 114; *Mülbert* ZHR 154 (1990), 145, 187 ff.; *Joost* ZIP 1990, 549, 560.

[233] Hierzu auch *Scholz/Priester* § 56 Rn. 26, der von einem „ins Auge fassen" spricht.

[234] Abweichend zur vergleichbaren Rechtslage im Aktienrecht wohl Kölner KommAktG/*Kraft* § 27 Rn. 43.

[235] *Henze* ZHR 154 (1990), 105, 114; anders *Ulmer* ZHR 154 (1990), 128, 133 f., 140 f.; *Priester* ZIP 1991, 345, 352; iErg. auch *Mülbert* ZHR 154 (1990), 145, 187 ff., 191.

eine entsprechende Vereinbarung oder einigt sich der Gesellschafter mit dem Geschäftsführer bei Zahlung der Bareinlage über das auf die Rückgewähr dieser Einlage und die Einbringung eines Gegenstands hinauslaufende Geschäft, fällt dies nicht mehr unter den Anwendungsbereich der Grundsätze über die verdeckte Sacheinlage. Der befreienden Wirkung einer solchen Leistung steht aber entgegen, dass es hier (ebenfalls) an einer Leistung zur endgültigen freien Verfügung des Geschäftsführers nach § 7 Abs. 2 fehlt (vgl. Rn. 6). Darüber hinaus kann hierin je nach Sachlage ein Verstoß gegen das Aufrechnungsverbot oder das Verbot einer Leistung an Erfüllungs Statt gemäß § 19 Abs. 2 liegen.

c) Regelvermutung für das Vorliegen einer Abrede, Ausnahmen. aa) Regelvermutung. Das Vorliegen einer bei der Errichtung der Gesellschaft getroffenen Abrede wird in der **Regel** vermutet, wenn zwischen der Begründung der Einlagepflicht oder der Leistung der Einlage und dem jeweiligen Rechtsgeschäft ein **zeitlicher und sachlicher Zusammenhang** besteht.[236] Wann dieser Zusammenhang zu bejahen ist, lässt sich nicht allgemeingültig bestimmen, sondern hängt von dem jeweiligen Einzelfall ab. **Indizien** für das Vorliegen des *sachlichen* Zusammenhangs lassen sich insbesondere daraus gewinnen, dass es sich bei dem betreffenden Gegenstand um keine vertretbare Sache handelt, er bereits zum Zeitpunkt der Begründung der Bareinlageverpflichtung Bestandteil des Vermögens des Einlageschuldners war oder zwischen der Einlageschuld und dem Wert des in Rede stehenden Gegenstands (annähernd) Wertgleichheit besteht.[237] Zu beachten ist, dass es sich bei diesen Indizien nur um mittelbare Anhaltspunkte für das Vorliegen einer Abrede handelt.[238] Unrichtig und methodisch fehlerhaft wäre es deshalb, aus ihrem Fehlen im konkreten Fall Rückschlüsse gegen das Vorliegen einer verdeckten Sacheinlage zu ziehen.

Hinsichtlich des *zeitlichen* Zusammenhangs wird verbreitet faustformelartig auf einen Zeitraum von sechs Monaten abgestellt.[239] Der BGH hat den für die Vermutung notwendigen zeitlichen Zusammenhang bei einem Zeitraum von mehr als drei Jahren verneint.[240] Der mit sechs Monaten relativ enge Zeitraum erscheint im Regelfall als grobe Orientierung brauchbar, darf jedoch entgegen einem verbreiteten Verständnis in der Praxis nicht dahin verstanden werden, dass ein Überschreiten dieser Zeitspanne der Vermutung bzw. sogar dem Tatbestand einer verdeckten Sacheinlage entgegenstünde.[241] Auch hier kommt es allein auf den konkreten Einzelfall an. Wird beispielsweise ein Gegenstand, den die Gesellschaft zur Verwirklichung ihres Unternehmensgegenstands benötigt, erst deutlich später als nach Ablauf der sechsmonatigen Frist von ihr erworben, steht das Verstreichen dieser längeren Zeitdauer der Vermutung einer Abrede jedenfalls nicht entgegen, wenn die Gesellschaft (etwa wegen der Errichtung der für den Gegenstand erforderlichen Gebäude o. Ä.) zu einem früheren Zeitpunkt für den Gegenstand ohnehin keine Verwendung gehabt hätte.

---

[236] BGHZ 125, 141, 143 f. = NJW 1994, 1477; BGHZ 132, 133, 139 = NJW 1996, 1286; *Henze* ZHR 154 (1990), 105, 114; *Mülbert* ZHR 154 (1990), 145, 187 ff.; *Ulmer* ZHR 154 (1990), 128, 141.
[237] *Hachenburg/Ulmer* § 5 Rn. 147a.
[238] *Priester* ZIP 1991, 345, 349 f.
[239] *Hachenburg/Ulmer* § 5 Rn. 147a; *Scholz/Priester* § 56 Rn. 25; anders *Autenrieth* DStR 1988, 252, 253: ein Jahr; *Lutter/Gehling* WM 1989, 1445, 1447; *Lutter/Hommelhoff* § 5 Rn. 41: längstens ein Jahr; *Mayer* NJW 1990, 2593, 2598: zwei Jahre.
[240] BGHZ 132, 141, 146 = NJW 1996, 1473.
[241] *Henze* ZHR 154 (1990), 105, 113; *Sernetz* ZIP 1993, 1685, 1693 f.; *Scholz/Priester* § 56 Rn. 25.

§ 19   2. Abschnitt. Rechtsverhältnisse der Gesellschaft und der Gesellschafter

126   **bb) Ausnahmen von der Regelvermutung.** Eine Ausnahme von den dargelegten Grundsätzen zur Vermutung einer verdeckten Sacheinlage gilt bei Vorliegen eines „normalen" (alltäglichen) Umsatzgeschäftes. Dies beruht allerdings nicht auf dem Umstand, dass der Zweck der Bestimmungen über die Kapitalaufbringung ihre Einbeziehung nicht gebiete, weil der Wert solcher Gegenstände leicht und zuverlässig ermittelt werden könne.[242] Für die Zulassung einer solchen Ausnahme fehlt es an einer gesetzlichen Grundlage, da § 5 Abs. 4 unabhängig von der Bestimmbarkeit des Wertes des jeweiligen Gegenstandes seine Festsetzung in der Satzung gebietet; auch kommt es für die Annahme einer verdeckten Sacheinlage nicht auf die Werthaltigkeit des Gegenstands, sondern allein auf die Umgehung der Sacheinlagevorschriften an (Rn. 117 ff.). Die für „normale" Umsatzgeschäfte des täglichen Geschäftsverkehrs geltenden Besonderheiten beruhen vielmehr darauf, dass diese Geschäfte unter dem Aspekt der Lehre der verdeckten Sacheinlage unverdächtig erscheinen, weil sie so auch mit jedem beliebigen Dritten hätten geschlossen werden können, und deshalb die Vermutung für das Bestehen einer Abrede über die Einbringung eines anderen Gegenstandes statt der geschuldeten Geldeinlage nicht tragen können.[243]

127   **d) Rechtsfolgen einer verdeckten Sacheinlage. aa) Keine Erfüllung der Bareinlageverpflichtung.** Liegt der Tatbestand einer verdeckten Sacheinlage vor, fehlt es hinsichtlich der angeblich geleisteten Bareinlage an der Erfüllungswirkung bezüglich der Einlageforderung, da die geleisteten Barmittel nicht zur endgültig freien Verfügung des Geschäftsführers geleistet wurden.[244] Dabei kommt es nicht darauf an, ob der Gesellschafter zuerst auf die Einlage gezahlt hat und es dann zu dem Austauschgeschäft gekommen ist, oder ob sich der Vorgang umgekehrt abgespielt hat.[245] Ebenso wenig kommt es auf die Werthaltigkeit des eingelegten Gegenstands an. Soweit demgegenüber die Auffassung vertreten wird, dem Gesellschafter müsse die Möglichkeit eingeräumt werden, die Vollwertigkeit des tatsächlich geleisteten Gegenstands darzulegen und seine Haftung beschränke sich auf eine möglicherweise vorliegende Differenz zwischen dem Ausgabebetrag und dem Wert des Gegenstands,[246] ist dem nicht zu folgen. Einem solchen Vorgehen steht der präventive Charakter der Sicherungsvorschriften bei der Sachgründung entgegen (Rn. 117 ff.).

128   Da der (vermeintlichen) Leistung der Bareinlage keine Erfüllungswirkung hinsichtlich des Einlageanspruchs der Gesellschaft zukommt, bleibt der Gründer zur Erfüllung der nach wie vor bestehenden **Einlageverbindlichkeit** verpflichtet. **Zinsen**[247] sind

---

[242] So *Henze* ZHR 154 (1990), 105, 112 f.

[243] So auch OLG Hamm BB 1990, 1221, 1222; OLG Karlsruhe ZIP 1991, 27; *Niemann* DB 1988, 1531, 1533; *Wiedemann* DB 1993, 141, 150; *Hachenburg/Ulmer* § 5 Rn. 147a; anders OLG Hamburg DB 1988, 646; *Lutter/Hommelhoff* Rn. 34 (abw. aber bei § 56 Rn. 16); *Scholz/Schneider* Rn. 131.

[244] BGHZ 113, 335, 347 f. = NJW 1991, 1754; BGHZ 119, 177, 188 = NJW 1992, 3300; *Habetha* ZGR 1998, 305, 315 f., 318 f.; *Henze* ZHR 154 (1990), 105, 117 f.; *ders.* DB 2001, 1469, 1474; *Mülbert* ZHR 154 (1990), 145, 185 mit Fn. 147; *Ulmer* ZHR 154 (1990), 128, 137 f.; abw. OLG Koblenz WM 1988, 1013, 1017; *Kreuels* Abgrenzung der Lehre von der verdeckten Sacheinlage vom Grundsatz endgültig freier Verfügung, 1996, S. 134.

[245] BGHZ 113, 335, 347 f. = NJW 1991, 1754; BGHZ 125, 141, 149 ff. = NJW 1994, 1477.

[246] *Einsele* NJW 1996, 2681, 2688 c; *Grunewald*, FS Rowedder, 1994, S. 111, 115 ff.; *Kübler* GesR § 15 I 4c; für eine solche Lösung de lege ferenda auch *Brandner*, FS Boujong, 1996, S. 37, 44 ff.

[247] Eingehend zur Frage der Zinspflicht bei verdeckten Sacheinlage *Banerjea* AG 1998, 498 ff.

von Fälligkeit der Einlageforderung gemäß § 20 zu zahlen (wegen der Einzelheiten s. dort). Ein Zurückbehaltungsrecht nach § 273 BGB im Hinblick auf bestehende Rückforderungsansprüche kann der Gesellschafter nicht geltend machen. Einer **Aufrechnung gegenüber der Einlageforderung** der Gesellschaft durch den Gründer **scheidet wegen § 19 Abs. 2 aus**; etwaige Gegenansprüche können nur – Gleichartigkeit vorausgesetzt – einem Rückforderungsanspruch der Gesellschaft aufgrund des unwirksamen schuldrechtlichen Gegengeschäfts[248] oder der Zinsforderung aus § 20[249] entgegengesetzt werden. Das Gebot von Treu und Glauben kann der Gründer seiner Inanspruchnahme nicht entgegenhalten. Dieser Einrede steht entgegen, dass hier der Bereich der Kapitalaufbringung und damit auch die Interessen Dritter betroffen sind.

bb) Wirksamkeit des dinglichen Rechtsgeschäfts. Während das schuldrechtliche Geschäft gemäß § 134 BGB wegen Gesetzesverstoßes nichtig ist, da es an den in § 5 Abs. 4 vorgeschriebenen Festsetzungen fehlt, wird im GmbH-Recht die **dingliche Übertragung** nach ganz überwiegender Meinung als neutrales Geschäft als **wirksam** angesehen wird;[250] der BGH hat die Frage offen gelassen.[251] Die Wirksamkeit des Verfügungsgeschäfts ist mit Blick auf die abweichende Rechtslage im Aktienrecht (§ 27 Abs. 3 S. 1 AktG) zwar nicht zweifelsfrei,[252] insbesondere wenn man im GmbH-Recht die Nichtigkeit des schuldrechtlichen Geschäfts aus einer entsprechenden Anwendung des § 27 Abs. 3 S. 1 AktG herleitet (hierzu Rn. 131), dürfte aber bei einer Herleitung der Nichtigkeit des schuldrechtlichen Geschäfts aus § 134 BGB (Rn. 131) wegen Fehlens einer der aktienrechtlichen Regelung entsprechenden Bestimmung und der Wertungsvorgabe aus § 33 Abs. 2 S. 3 zu bejahen sein. 129

Ist der verdeckt eingelegte Gegenstand nicht mehr vorhanden, weil die Sache untergegangen oder veräußert worden ist, oder hat im Falle der verdeckt eingebrachten Forderung der Schuldner an die Gesellschaft gezahlt, steht dem Gründer ein **Bereicherungsanspruch nach §§ 812 Abs. 1, 818 BGB** zu. Entsprechendes soll nach der Rechtsprechung des BGH bei der **Einräumung von Nutzungsrechten** als verdeckte Sacheinlage gelten.[253] Diese Auffassung erscheint zunächst bedenklich, weil auf diesem Wege das wirtschaftliche Ergebnis, die Einbringung einer Nutzungsmöglichkeit anstelle von Barmitteln, über das Bereicherungsrecht entgegen dem Sinn und Zweck des § 5 Abs. 4 doch wieder erreicht wird. Da die Einlageforderung wegen § 19 Abs. 2 jedoch aufrechnungsfest erhalten bleibt und nicht in die Saldierung einfließt, ist der Entscheidung gleichwohl zuzustimmen. Soweit gleichartige Leistungen bereicherungsrechtlich rückabzuwickeln sind, erfolgt dies nach der Rechtsprechung des BGH gemäß den Grundsätzen der sog. Saldotheorie.[254] Die Lehre der verdeckten Sacheinlage steht der bereicherungsrechtlichen Rückabwicklung hinsichtlich des Ersatzes für einen untergegangenen Gegenstand nicht entgegen; die Forderung nach § 812 BGB stellt eine sog. Neuforderung dar, hinsichtlich derer es an 130

---

[248] BGH NJW 1998, 1951, 1952.
[249] BGHZ 110, 47, 80 = NJW 1990, 982.
[250] Vgl. nur *Hachenburg/Ulmer* Rn. 114; *Scholz/Schneider* GmbHG Rn. 142 mwN; für die Nichtigkeit *Mülbert* ZHR 154 (1990), 144, 178, 195.
[251] BGH NJW 1998, 1951, 1952.
[252] Hierzu *Mülbert* ZHR 154 (1990), 144, 178, 195.
[253] BGH NJW 1998, 1951, 1952 zur Lizenz.
[254] BGH NJW 1998, 1951, 1952; bei der „Heilung" verdeckter Sacheinlage (Rn. 162ff.) können hierdurch Probleme entstehen, vgl. hierzu *Bayer* ZIP 1998, 1985, 1990f., 1992; *Helms* GmbHR 2000, 1079ff., 1082.

der für das Vorliegen einer verdeckten Sacheinlage erforderlichen Abrede fehlt (Rn. 122 ff.).[255]

131   cc) **Nichtigkeit des schuldrechtlichen Rechtsgeschäfts.** Das im Zusammenhang mit der verdeckten Sacheinlage abgeschlossene schuldrechtliche Grundgeschäft ist nach **§ 134 BGB** als Umgehungsgeschäft insgesamt nichtig;[256] einer Analogie zu § 27 Abs. 3 S. 1 AktG[257] bedarf es insoweit nicht (zur Bedeutung dieses Ansatzes für die Frage der Wirksamkeit des dinglichen Rechtsgeschäfts s. Rn. 129).[258] Das schuldrechtliche Geschäft lässt sich nicht in eine unwirksame Verrechnungsabrede und ein wirksames Rechtsgeschäft aufspalten.[259] Einer Aufspaltung des einheitlichen Geschäfts in eine nichtige Verrechnungsabrede unter Aufrechterhaltung des nach Maßgabe des § 139 BGB ggf. wirksam bleibenden Verkehrsgeschäfts steht der präventive Zweck der Sicherungen bei der Sachgründung entgegen.[260] Das Geschäft ist nach **§§ 812 ff. BGB** rückabzuwickeln, dem Gesellschafter kann also auch ein Erstattungsanspruch hinsichtlich der Nutzungen gemäß § 818 BGB zustehen, auch wenn er (unwirksam) ein Nutzungsrecht eingeräumt hat (wegen der Einzelheiten s. Rn. 130).[261]

132   Die **Nichtigkeit** des schuldrechtlichen Rechtsgeschäfts **hängt nicht davon ab, ob es tatsächlich zu einer Eintragung** der Gesellschaft bzw. der Kapitalerhöhung **im Handelsregister kommt.** Das hierfür denknotwendige Modell einer mit der Eintragung aufschiebend oder mit der Nichteintragung auflösend bedingten Nichtigkeit des schuldrechtlichen Geschäfts wäre mit der Nichtigkeit als Gesetzesfolge gemäß § 134 BGB bzw. – nach anderer Auffassung – analog § 27 Abs. 3 S. 1 AktG unvereinbar. Ebenso wenig ist die **nachträgliche Aufhebung der Bareinlageverpflichtung,** sei es bei der Gründung im Rahmen einer Satzungsänderung, sei es bei der Kapitalerhöhung durch einen den Erhöhungsbeschluss aufhebenden Beschluss, auf die Nichtigkeit des Rechtsgeschäfts von Einfluss. Auch der Wegfall der Bareinlagepflicht ist also **kein Heilungstatbestand;** wie im Falle einer Gesetzesänderung (Wegfall des gesetzlichen Verbots) kann eine nachträgliche Änderung dem nichtigen Geschäft nicht zur Wirksamkeit verhelfen.[262] Sofern die Parteien an dem Rechtsgeschäft festhalten wollen, bleibt nur die Neuvornahme **(„Bestätigung") gemäß § 141 BGB** nach Wegfall der Bareinlagepflicht, erforderlichenfalls im Zusammenhang mit einer Änderung der Bareinlagepflicht in eine Sacheinlageverbindlichkeit (zur „Heilung" der verdeckten Sacheinlage, Rn. 162 ff.).

---

[255] Anders der Handelsrechtsausschuss im DAV, der vom Vorliegen einer verdeckten Sacheinlage ausgeht, wenn die Bereicherungsforderung des Gründers in zeitlichem Zusammenhang mit der (jetzt erstmals wirksam) geleisteten Bareinlage gezahlt wird, WiB 1996, 707, 708.

[256] *Lutter/Hommelhoff* § 5 Rn. 48.

[257] BGHZ 45, 338, 343 = NJW 1966, 1311; *Bayer* ZIP 1998, 1985, 1990; *Mülbert* ZHR 154 (1990), 144, 178; *Scholz/Schneider* Rn. 142; *Hachenburg/Ulmer* Rn. 113.

[258] S. hierzu auch *Knobbe-Keuk* ZIP 1986, 885, 887, 888 Fn. 20; *Richter/Schick* GmbHR 1999, 97, 100; *Priester,* FS Bezzenberger, 2000, S. 309, 312 f.; den Rechtsgrund der Nichtigkeit abw. von seiner früheren Rechtsprechung (Fn. 257) offenlassend BGH NJW 1998, 1951, 1952.

[259] BGH NJW 1998, 1951, 1952; aus der Literatur s. nur *Bayer* ZIP 1998, 1985, 1990; *Baumbach/Hueck/Fastrich* Rn. 30c; *Lutter/Hommelhoff* § 5 Rn. 48; *Hachenburg/Ulmer* Rn. 113, jew. mwN.

[260] BGH NJW 1998, 1951, 1952; anders *Knobbe-Keuk* ZIP 1986, 885, 889; *Priester* DB 1990, 1753, 1755; *ders.,* FS Bezzenberger, 2000, S. 309, 315 ff.; *Scholz/Winter* § 5 Rn. 80d.

[261] BGH NJW 1998, 1951, 1952.

[262] Zur Unerheblichkeit einer Gesetzesänderung bei Nichtigkeit nach § 134 BGB statt anderer *Soergel/Hefermehl* § 134 Rn. 49.

Einzahlungen auf die Stammeinlage   § 19

dd) Haftung eines bestätigenden Kreditinstituts. Ist die Bareinlage bei einem 133
Kreditinstitut eingezahlt worden und hat das Institut eine Bestätigung entsprechend
§ 37 Abs. 1 S. 3 AktG darüber abgegeben, dass der Betrag endgültig zur freien Verfügung des Geschäftsführers stehe, haftet das Institut analog § 37 Abs. 1 S. 4 AktG,[263]
sofern seine Bestätigung inhaltlich unrichtig war.[264]

ee) Strafrechtliche Verantwortlichkeit. Die strafrechtliche Verantwortlichkeit 134
der an einer verdeckten Sacheinlage beteiligten Gesellschafter und Geschäftsführer der
GmbH ergibt sich für die Gründung aus § 82 Abs. 1 Nr. 1. Die strafrechtlichen
Rechtsfolgen bei der Kapitalerhöhung beschränken sich entsprechend der Regelung
zur Anmeldung (§ 78) gemäß § 82 Abs. 1 Nr. 3 auf die Geschäftsführer. Die Bestimmungen sind **Schutzgesetze** im Sinne des § 823 Abs. 2 BGB.[265]

ff) Haftung des beurkundenden Notars bzw. des beratenden Rechtsanwalts. 135
Schließlich ist die Lehre von den verdeckten Sacheinlagen auch für die Frage
der Reichweite der Belehrungspflicht des die Satzung beurkundenden **Notars** und die
hiermit verbundene Haftung von Bedeutung. Bei Vorliegen von Anhaltspunkten dafür, dass unter den Beteiligten statt einer Bareinlage tatsächlich eine unter den Anwendungsbereich der Sacheinlagevorschriften fallende Einlageform vereinbart worden ist,
muss der Notar sich hinsichtlich der Einzelheiten des geplanten Verfahrens vergewissern und die Gesellschafter gemäß § 17 BeurkG über die Rechtslage belehren. Unterlässt er dies, macht er sich ihnen gegenüber schadensersatzpflichtig.[266] Entsprechendes
gilt für einen Rechtsanwalt, der im Zusammenhang mit der Gründung bzw. der Kapitalerhöhung eingeschaltet worden ist. Ein zwischen der GmbH und einem Rechtsanwalt im Zusammenhang mit der Durchführung einer Kapitalerhöhung abgeschlossener
Vertrag entfaltet Schutzwirkung jedenfalls zugunsten der an der Kapitalerhöhung teilnehmenden Altgesellschafter;[267] sofern die sich beteiligenden Neugesellschafter feststehen, ist der Schutzbereich des Vertrages allerdings auch auf sie zu erstrecken.

gg) Zusammenfassung der wechselseitigen Ansprüche. Im Falle eines un- 136
wirksamen Vertrages stehen sich nach dem Vorstehenden folgende Ansprüche gegenüber:

Die **Gesellschaft** ist nach wie vor Inhaber einer nicht erfüllten Einlageforderung, 137
die wegen § 19 Abs. 2 einrede- und aufrechnungsfest ist (Rn. 62 ff.). Des weiteren
kann sie vom Gesellschafter nach §§ 812 ff. BGB Rückgewähr ihrer aufgrund des wegen § 134 BGB nichtigen schuldrechtlichen Rechtsgeschäfts erbrachten Leistung verlangen. Dem **Gesellschafter** steht gemäß §§ 812 ff. BGB wegen der geleisteten „Einlagezahlung" ein Rückgewähranspruch zu, weil diese mangels Erfüllungswirkung ohne
Rechtsgrund geleistet worden ist. Darüber hinaus kann er Herausgabe und Rückübereignung hinsichtlich des übereigneten/übertragenen Gegenstandes und nach § 818 auch
die Herausgabe gezogener Nutzungen verlangen (Rn. 131). Die Forderungen des Ge-

---

[263] Zur entsprechenden Anwendung des § 37 Abs. 1 S. 4 BGHZ 113, 335, 351 = NJW 1991, 1754; zur Haftung nach dieser Bestimmung allgemein BGHZ 119, 177, 180 = NJW 1992, 3300; BGH NJW 1997, 945; eine Haftung des Kreditinstituts bei verdeckten Sacheinlagen ablehnend G. *Müller* ZIP 1998, 137, 140 f.
[264] Zur inhaltlichen Reichweite der Erklärung des Instituts s. MüKo AktG/*Pentz* § 37 Rn. 32 ff.; § 37 Abs. 1 S. 3 ist durch das NaStraG vom 18. 1. 2001 (BGBl. I S. 123) neu gefasst worden.
[265] Hierzu und zu Voraussetzungen iE § 82 Rn. 2 mwN.
[266] Zur Kapitalerhöhung s. BGH NJW 1996, 524 m. Anm. *Döser* LM H 4/1996 BeurkG Nr. 56.; bei der Gründung gilt Entsprechendes.
[267] BGH NJW 2000, 725 = NZG 2000, 254 = LM BGB § 328 Nr. 100 m. Anm. *Roth*.

sellschafters sind in der **Insolvenz der Gesellschaft** nicht bevorrechtigt; er läuft deshalb Gefahr, in der Insolvenz erhebliche Zahlungen erbringen zu müssen und seinerseits auf eine (geringe) Insolvenzquote verwiesen zu werden. Dem Gesellschafter stehen ggf. Regressansprüche gegen den beurkundenden Notar oder den beratenden Rechtsanwalt zu (Rn. 135).

138 hh) **Verjährung.** Der Anspruch der Gesellschaft auf Erbringung der Bareinlage verjährte auch bei Vorliegen einer verdeckten Sacheinlage **nach dem bis zum 31. 12. 2001 geltenden Recht in dreißig Jahren** gemäß § 195, 198 BGB.[268] Eine analoge Anwendung der fünfjährigen Verjährungsfrist des § 9 GmbHG war nach zutreffender Auffassung nicht möglich.[269] Die Bestimmung des § 9 Abs. 2, der die Verjährung von Differenzansprüchen der Gesellschaft wegen nicht werthaltiger Sacheinlagen betrifft, beruht auf der Erwägung, dass mit zunehmender Dauer die Bewertung einer Sacheinlage schwieriger wird und sich typischerweise nach Ablauf von fünf Jahren gezeigt haben wird, ob sich die Überbewertung der Sacheinlage zum Nachteil der Gläubiger ausgewirkt hat. Beide Gesichtspunkte sind bei Vorliegen einer verdeckten Sacheinlage nicht einschlägig.[270] Auch einer Verkürzung der Verjährungsfrist auf zehn Jahre in Anlehnung an die Aufbewahrungsfrist des § 257 Abs. 4 HGB[271] war nach altem Recht abzulehnen; hierfür fehlte es gegenüber den übrigen Fällen der nicht erbrachten Einlage schon im Hinblick auf die Unwirksamkeit der jeweiligen Vorgänge an einer wertungsmäßigen Rechtfertigung.

139 Problematisch ist die Verjährungsfrist **nach neuem Recht.** Hier ist auch für die Fälle der verdeckten Sacheinlage wegen der sonst auftretenden Wertungswidersprüche und der fehlenden Vergleichbarkeit mit § 9 Abs. 2 bis zu einer ausdrücklichen gesetzlichen Neuregelung dieser Frage von einer eingeschränkten Unverjährbarkeit des (nicht erfüllten) Einlageanspruchs auszugehen (vgl. Rn. 27).

140 5. **Einzelfälle.** Die wichtigsten Fälle der verdeckten Sacheinlage bilden die nachfolgenden Gestaltungen:

141 a) **Hin- und Herzahlen.** Der typische Fall der Vereinbarung einer verdeckten Sacheinlage liegt vor, wenn die Gründer bei der Begründung der Bareinlageverpflichtung (Rn. 123) übereinkommen, dass die Gesellschaft umgehend nach Erhalt des auf die Bareinlage geleisteten Betrags diesen dazu verwenden soll, den von der Gesellschaft benötigten Gegenstand vom Gesellschafter oder einem ihm gleichzustellenden Dritten (Rn. 149ff.) zu erwerben. Entsprechendes gilt für den umgekehrten Fall, wenn also der Gründer nicht erst die Einlage leistet und sie dann zurückerhält, sondern die Gesellschaft zunächst eine Forderung des Gründers erfüllt und erst dann die Einlage geleistet wird (Hin- und Herzahlen).[272] Eine offene Verrechnung ist bereits durch § 19 Abs. 2, 5 ausgeschlossen.

142 b) **Verdeckte gemischte Sacheinlage.** An dieser Beurteilung ändert sich auch bei Vorliegen einer gemischten Sacheinlage nichts. Ein solcher Fall liegt etwa vor,

---

[268] BGHZ 118, 83, 103 = NJW 1992, 2222.
[269] Zur Verjährung von Einlageansprüchen s. Rn. 26 f.; für 5-jährige Verjährungsfrist bei der verdeckten Sacheinlage *K. Schmidt* GesR § 37 II 4 b.
[270] BGHZ 118, 83, 101 ff. = NJW 1992, 2222; abw. *Joost* ZIP 1990, 549, 561.
[271] *Scholz/Priester* § 56 Rn. 31.
[272] Zum Ganzen vgl. BGHZ 28, 314, 319 = NJW 1959, 383; BGH LM AktG § 27 Nr. 1; BGH NJW 1982, 2444, 2446 (insoweit in BGHZ 83, 319 nicht abgedruckt); BGHZ 113, 335, 340 ff. = NJW 1991, 1754; BGHZ 118, 83, 94 = NJW 1992, 2222; BGHZ 125, 141, 143 f. = NJW 1994, 1477; BGHZ 132, 141, 143 ff. = NJW 1996, 1473; BGH ZIP 1998, 780, 782 sowie Rn. 120.

Einzahlungen auf die Stammeinlage   § 19

wenn die Gründer im Ergebnis das von einem von ihnen betriebene Unternehmen oder ein in seinem Eigentum stehendes Grundstück in die Gesellschaft einbringen, der Wert dieses Unternehmens bzw. des Grundstücks aber die Einlagepflicht der auf den Gesellschafter entfallenden Geschäftsanteile übersteigt und der Gesellschafter deshalb von der Gesellschaft für den überschießenden Teil eine Vergütung in bar erhalten soll. Eine solche Gestaltung rechtfertigt das Umgehen der Sacheinlagebestimmungen nicht. Für die ordnungsgemäße Einbringung steht hier als Einbringungsform die gemischte Sacheinlage zur Verfügung, also die Einbringung des Gegenstandes, verbunden mit einer Ausgleichspflicht der Gesellschaft; die Gesellschafter müssen sich dieser Einlageform angesichts der mit dieser Einlageform verbundenen Gefahren für die Kapitalaufbringung deshalb auch bedienen.[273] Dem kann nicht entgegengehalten werden, an den Gesellschafter fließe (ggf.) eine andere Leistung als seine Einlagezahlung zurück. Maßgeblich ist allein, dass der Gesellschaft nach dem Willen der Gesellschafter im Ergebnis ein anderer Vermögensgegenstand als die verlautbarte Bareinlage zufließen soll; Nämlichkeit der Mittel ist ohnehin nicht erforderlich (Rn. 120, 159).

c) **Verdeckte Forderungseinbringung.** Die gegen die Gesellschaft gerichtete **143** **Forderung** eines Gründers ist ein tauglicher Sacheinlagegegenstand, der entweder im Wege des Erlassvertrages nach § 397 BGB oder der Forderungsübertragung gemäß § 398 BGB und der hiermit verbundenen Konfusion eingebracht wird. Unter dem Aspekt der verdeckten Sacheinlage ist danach zu unterscheiden, ob die Forderung im Zeitpunkt der Begründung der Einlageverpflichtung bereits besteht oder ob es sich um eine erst zukünftig entstehende Forderung handelt:

Besteht die Forderung bereits zum Zeitpunkt der Begründung der Bareinlagever- **144** pflichtung (sog. **Altforderungen**), was etwa bei der nachträglichen Erhöhung der Einlageverpflichtung des Gesellschafters im Wege der Satzungsänderung der Fall sein kann (zu weiteren Fällen s. Rn. 145 ff.), muss sie im Wege der Sacheinlage eingebracht werden, und zwar ungeachtet der Frage ihrer Werthaltigkeit,[274] sofern der Sache nach ihre Einbringung beabsichtigt ist (Rn. 146). Die Einbringung einer Geldforderung gegen die Gesellschaft stellt schon deshalb eine Sacheinlage dar, weil auch hier die Einlage nicht durch Barzahlung erfolgt und neben der Bar- und der Sacheinlage keine dritte Einlageform existiert. Auch der Normzweck der Sacheinlagevorschriften, Publizität und Prüfung, ist hier einschlägig, da bei der Einbringung einer Forderung ohne die für Sacheinlagen vorgeschriebene Publizität bei den betroffenen Verkehrskreisen der unzutreffende Eindruck einer Zuführung neuer Liquidität der Gesellschaft hervorgerufen würde. Auch die Überlegung, dass bei der Forderungseinbringung, anders als bei der Bareinlage, Bewertungsprobleme entstehen und es mit dem Gesetz unvereinbar wäre, den Beteiligten im Ergebnis die Bewertung der (womöglich nur fiktiven) Forderung zu überlassen, spricht für die Anwendung der Sacheinlagerechts. Soweit dem entgegengehalten wird, die Einbringung als Sacheinlage sei hier deshalb entbehrlich, weil die gegen die Gesellschaft gerichtete Forderung aus ihrer Sicht stets vollwertig sei, da sie in der Bilanz in voller Höhe zu passivieren sei und durch den Forderungswegfall

---

[273] BGH NJW 1998, 1951.
[274] BGHZ 110, 47, 61 = NJW 1990, 982; BGHZ 113, 335, 341 f. = NJW 1991, 1754; BGHZ 118, 83, 93 f. = NJW 1992, 2222; BGHZ 125, 141, 141 = NJW 1994, 1477; statt anderer vgl. hierzu *Henze* ZHR 154 (1990), 105, 120 f.; *Mülbert* ZHR 154 (1990), 145, 164; *G. Müller* ZGR 1995, 327 ff.; *Lutter*, FS Stiefel, 1987, S. 505, 515 ff.; *Ulmer* ZHR 154 (1990), 128, 138; *ders.* in Hachenburg Rn. 94 ff.; *Scholz/Schneider* § 19 Rn. 132, jew. mwN.

§ 19   2. Abschnitt. Rechtsverhältnisse der Gesellschaft und der Gesellschafter

entsprechende Aktiva frei würden,[275] ist dem nicht zu folgen. Denn der Wert der Sacheinlage ist nach objektiven Grundsätzen zu bestimmen, nicht nach den bilanziellen Auswirkungen bei der Gesellschaft. Auch die Prämisse dieser Auffassung, das Freiwerden entsprechender Aktiva, trifft nicht zu, da es hieran fehlt, wenn die Gesellschaft überschuldet ist und damit alle Forderungen der Gläubiger anteilig im Wert gemindert sind.[276] Für die Frage des Vorliegens einer verdeckten Sacheinlage ist bei Vorliegen der erforderlichen (ggf. zu vermutenden, Rn. 124 ff.) subjektiven Voraussetzungen die Reihenfolge des Vorgangs ohne Bedeutung. Es macht keinen Unterschied, ob die Gesellschaft zuerst die eingelegten Barmittel erhält und mit diesen ihre Verbindlichkeit gegenüber dem Gründer tilgt, oder ob sie selbst die Darlehensforderung zunächst tilgt und der Gründer die Einlage erst dann mit den erhaltenen Mitteln erbringt.[277]

145 Für das **„Schütt-aus-hol-zurück"-Verfahren,**[278] das aufgrund der steuerrechtlichen Änderungen in Zukunft vermutlich praktisch weniger relevant sein wird, hat der BGH zu Recht die Beachtung der Sacheinlagevorschriften für notwendig gehalten.[279] Eine **Ausnahme** gilt, wenn in der Sache den Bestimmungen über die Kapitalerhöhung aus Gesellschaftsmitteln (§§ 57c ff.) genügt worden ist.[280] Dieser Auffassung ist angesichts der gesetzlichen Wertungsvorgaben zuzustimmen. Im Zusammenhang mit dem „Schütt-aus-hol-zurück"-Verfahren kann eine Kapitalerhöhung deshalb auch hier ohne Einhaltung der Sacheinlagevorschriften durchgeführt werden, wenn der Vorgang gegenüber dem Registergericht offengelegt wird, entsprechend § 57i Abs. 2 eine höchstens acht Monate alte Bilanz der Anmeldung beigefügt und eine § 57i Abs. 1 S. 2 entsprechende Erklärung dahin abgegeben wird, dass nach Kenntnis der Anmelder seit dem Stichtag der Bilanz keine Vermögensminderung eingetreten ist, die der Kapitalerhöhung entgegenstünde, wenn sie am Tag der Anmeldung beschlossen worden wäre.

146 Fraglich ist, ob ein **Sacheinlagegebot** zu Lasten des Gesellschafters in dem Sinne besteht, dass er verpflichtet ist, die Forderung als Sacheinlage einzubringen, wenn er sie als Sacheinlage einbringen könnte.[281] Nach zutreffender Meinung ist ein solches Gebot im Grundsatz **zu verneinen.** Sofern nicht die Rückzahlung der Forderung mit den Einlagemitteln abgesprochen ist, muss die Möglichkeit bestehen, der Gesellschaft be-

---

[275] So teilw. mit Abweichungen insbes. *Geßler,* FS Möhring, 1975, S. 173 ff., 191; *Honsell,* FS Frotz, 1993, S. 307, 317; *Karollus* ZIP 1994, 589, 595 (für die Umwandlung von Darlehensforderungen); *Meilicke* Die „verschleierte" Sacheinlage, S. 23 ff.; *ders.* DB 1989, 1069, 1072 ff. und 1119 ff.; *Reuter* BB 1978, 1195; *Hannemann* DB 1995, 2055; differenzierend *Bergmann* AG 1987, 57, 68 ff.; *Frey* Einlagen in Kapitalgesellschaften, 1990 S. 156 f.; *Mildner* Bareinlage, Sacheinlage und ihre „Verschleierung" im Recht der GmbH, 1989, S. 38 ff.

[276] *Lutter,* FS Stiefel, 1987, S. 505, 516; s. hierzu auch BGHZ 125, 141, 145 f. = NJW 1994, 1477.

[277] BGHZ 118, 83, 93 f. = NJW 1992, 2222; BGH NJW 1982, 2444, 2446 (insoweit in BGHZ 83, 319 nicht abgedruckt); zur Widerlegung der Vermutung einer Abrede bei langfristigen Darlehen und zur Frage der Zulässigkeit einer Barkapitalerhöhung in diesem Zusammenhang *Joost* ZIP 1990, 549, 562 f.

[278] Zu den hierbei grundsätzlich zu beachtenden Sacheinlagevorschriften s. BGHZ 113, 335, 341 = NJW 1991, 1754.

[279] BGHZ 113, 335, 340 ff. = NJW 1991, 1754; ebenso BGHZ 110, 47 = NJW 1990, 932 zur AG; *Hachenburg/Ulmer* § 56 Rn. 46; *Crezelius* ZIP 1991, 499; *Karollus* ZIP 1994, 583, 597; s. auch § 56 Rn. 57.

[280] BGHZ 135, 381, 384 ff. = NJW 1997, 2516 im Anschluss an *Lutter/Zöllner* ZGR 1996, 164, 178 ff.; vgl. hierzu auch *Priester* GmbHR 1998, 861 ff.

[281] In Sinne eines solchen Sacheinlagegebots OLG Düsseldorf 1991, 164; *Lutter/Gehling* WM 1989, 1445, 1450 f.; ähnlich BGHZ 110, 47, 66 = NJW 1990, 982.

Einzahlungen auf die Stammeinlage § 19

nötigte Liquidität zuzuführen; es kommt mithin auch hier allein auf die Frage einer Abrede (Rn. 122 ff.) unter den Beteiligten an, für die das Bestehen der Forderung und ihre Tilgung in zeitlicher Nähe zur Einlageleistung allerdings ein bedeutsames Indiz bilden können.[282]

Das Verbot der verdeckten Sacheinlage erfasst auch Forderungen des Gründers, die nach der Begründung der Bareinlageverpflichtung entstehen (sog. **Neuforderungen**), sofern ihre Verrechnung unter den Beteiligten abgesprochen worden ist.[283] Fehlt es an der erforderlichen Absprache, bestimmt sich die Zulässigkeit der Verrechnung bezüglich der Resteinlageforderung nach den allgemeinen Grundsätzen (hierzu Rn. 30 ff.). 147

d) Notwendige Einlagefähigkeit des verdeckt eingebrachten Gegenstandes? 148
Die Einlagefähigkeit des verdeckt eingebrachten Gegenstandes ist unerheblich; es kommt nur darauf an, dass der Gesellschaft nach der Abrede der Beteiligten im wirtschaftlichen Ergebnis eine andere als die geschuldete Bareinlage zufließen soll (Rn. 110 ff.). Zu Recht hat der BGH deshalb die Grundsätze der verdeckten Sacheinlage auch auf den Fall angewandt, in dem die Anrechnung von Vergütungsansprüchen für Leistungen des Gründers unter den Beteiligten abgesprochen war, was im wirtschaftlichen Ergebnis nicht nur auf die Einlage von Forderungen, sondern wegen der zugrundeliegenden Vorabsprache auf die Einlage der (nach analog § 27 Abs. 2 **nicht einlagefähigen) Dienste des Gesellschafters** hinauslief[284] (zu den im Einzelfall notwendigen Differenzierungen s. noch Rn. 160 ff.). Gleiches würde aber auch beispielsweise dann gelten, wenn Gegenstand der verdeckten Sacheinlage ein **zeitlich nicht befristetes Nutzungsrecht** wäre. Wegen der notwendigen Sicherstellung der realen Kapitalaufbringung kann es insoweit trotz der fehlenden Einlagefähigkeit[285] eines solchen Rechts nicht darauf ankommen, ob es tatsächlich als Sacheinlage hätte eingebracht werden können; die Anwendung der Lehre von den verdeckten „Sach-"Einlagen (tatsächlich geht es hier nicht mehr um die Umgehung von Sacheinlagebestimmungen, sondern allein um die Umgehung des hinter diesen Bestimmungen stehenden Kapitalschutzes) ist hier im erst-recht-Schluss geboten.

e) Beteiligung Dritter. Die Anwendung der Grundsätze über die verdeckte Sacheinlage kann auch durch die Einschaltung eines Dritten nicht umgangen werden. Entsprechend den allgemeinen Grundsätzen zur verdeckten Sacheinlage muss jedoch auch hier die im wirtschaftlichen Ergebnis gegebene Einbringung eines Gegenstandes anstelle der Bareinlage vorliegen, also ein Austauschgeschäft und der Rückfluss der Bareinlage an den Gesellschafter. Die Beteiligung des Dritten an dem in Rede stehenden Vorgang kann völlig unterschiedlicher Art sein. Zunächst kann sich die Einschaltung des Dritten als bloßer Zwischenschritt darstellen. So macht es für das Vorliegen einer verdeckten Sacheinlage keinen Unterschied, ob der Gesellschafter zunächst ein Darlehen gewährt, das von der Gesellschaft mit den eingelegten Mitteln unmittelbar zurückgewährt wird, oder ob die Gesellschaft zunächst bei einem Dritten die für die Rück- 149

---

[282] Zum Ganzen vgl. *Priester* ZIP 1991, 345, 350 mit Hinweis auf *Frey* ZIP 1990, 288, 291; *ders.* in *Scholz* § 56 Rn. 24; *Scholz/Westermann* Rn. 78; s. auch *Hachenburg/Ulmer* § 5 Rn. 147a.

[283] BGHZ 132, 141, 144 ff. = NJW 1996, 1473; BGHZ 135, 381, 383 f. = NJW 1997, 2516 mwN; zur Vermutung einer Absprache s. Rn. 124 ff.

[284] BGH NJW 1979, 216 zur vorabgesprochenen Verrechnung von Gehaltsansprüchen des Geschäftsführers.

[285] Zur Notwendigkeit einer bestimmten Nutzungsdauer als Voraussetzung für die Sacheinlagefähigkeit von Nutzungsrechten BGH NJW 2000, 2354 = WuB II A. § 27 AktG 1.00 m. Anm. *Ekkenga/J. Schneider* = LM AktG 1965 § 27 Nr. 6 m. Anm. *Noack*; *Pentz* ZGR 2001, 901, 908 ff.; *ders.* in MüKo AktG § 27 Rn. 31, jew. mwN.

führung des vom Gesellschafter gewährten Darlehens erforderlichen Mittel aufnimmt und die hierdurch gegenüber dem Dritten neubegründete Darlehensschuld mit den Einlagemitteln begleicht.[286] Hier führt die Einschaltung des Dritten der Sache nach nur zu einer Verkomplizierung des Sachverhalts.

150 Daneben können sich aus der Beteiligung des Dritten jedoch auch besondere Zurechnungsprobleme ergeben. So kann der Dritte für die rechtliche Betrachtung des Vorgangs aufgrund eines besonderen Näheverhältnisses gleichsam an die Stelle des Gründers treten. Fälle dieser Art liegen vor, wenn der Dritte etwa als **Treuhänder** des Gesellschafters in seinem Auftrag o. Ä. agiert; umgekehrt kann aber auch der Zweck der Sacheinlagevorschriften die Einbeziehung eines **Hintermanns** des Gesellschafters erforderlich machen, wenn der Gesellschafter sich an der Gesellschaft als Treuhänder o. Ä. des Dritten beteiligt hat (hierzu unter aa). Andererseits kann eine Leistung der Gesellschaft an den Dritten aber auch einem Rückfluss der Einlage an den Gesellschafter gleichstehen, etwa weil die Gesellschaft dabei auf Geheiß des Gesellschafters handelt und es keinen Unterschied macht, ob sie zuerst an ihn und der Gesellschafter dann selbst an den Dritten leistet oder ob die Leistung auf Anweisung des Gesellschafters unmittelbar dem Dritten zufließt, oder weil der Gesellschafter durch die Leistung der Gesellschaft von einer ihm dem Dritten gegenüber obliegenden Verpflichtung frei wird (hierzu unter bb). Insoweit sind insbesondere folgende Fälle von Relevanz:

151 **aa) Näheverhältnisse. α) Treuhand, Verwandtschaftsverhältnisse.** Schließt die Gesellschaft ein Austauschgeschäft mit einem Dritten und ist der **Dritte** dabei als **Treuhänder,** Auftragnehmer o. Ä. auf Rechnung **des Gesellschafters** tätig, ist dieser Vorgang ebenso zu behandeln, als ob der Gesellschafter selbst der Geschäftspartner gewesen wäre.[287] Bei Vorliegen der (ggf. zu vermutenden, Rn. 124 ff.) subjektiven Voraussetzungen liegt eine verdeckte Sacheinlage vor. In gleicher Weise ist der umgekehrte Fall zu entscheiden, in dem der **Gesellschafter Treuhänder eines** hinter ihm stehenden **Dritten** ist.[288] Auch hier werden dem Vermögen der Gesellschaft im Ergebnis statt Barmittel Gegenstände zugeführt und der Normzweck der Sacheinlagevorschriften ist aufgrund der erforderlichen Abrede (Rn. 122 f.) sowie der besonderen Nähe des Dritten zur Gesellschaft, durch die sich das Geschäft von einer reinen Mittelverwendung unterscheidet, ebenfalls betroffen. Liegt der für die Vermutung einer Abrede notwendige sachliche und zeitliche Zusammenhang vor (Rn. 124 f.) und wurde ein Treuhand- oder ähnliches Verhältnis zwischen dem Gesellschafter und dem Dritten festgestellt, rechtfertigt dies in Fortführung der ohne die Einschaltung eines Dritten geltenden Grundsätze die Vermutung, dass sich die Abrede von Anfang an auf das Geschäft unter Einbeziehung des Dritten erstreckt hat.

152 Das Bestehen eines **Verwandtschaftsverhältnisses** zwischen dem Gesellschafter und einem Dritten, von dem die Gesellschaft in sachlichem und zeitlichem Zusammenhang einen Gegenstand erwirbt, wird je nach Sachlage häufig ein Indiz für eine getroffene Absprache sein; Familienbeziehungen allein können als solche wegen Art. 6 Abs. 1 jedoch noch nicht zu einer Beweislastumkehr führen.[289] Auch ohne Rückfluss der Einlage an den Gesellschafter hat der BGH eine verdeckte Sacheinlage in dem Fall

---

[286] BGHZ 96, 231, 240 = NJW 1986, 837.
[287] BGHZ 110, 47, 67 f. = NJW 1990, 982; *Groß* AG 1991, 217, 224; *Joost* ZIP 1990, 549, 563; *Hachenburg/Ulmer* § 5 Rn. 150.
[288] BGHZ 110, 47, 66 f. = NJW 1990, 982; zur Erstreckung des Anwendungsbereichs des § 19 auf Dritte s. Rn. 36 ff.
[289] Vgl. auch BGHZ 113, 335, 345 f. = NJW 1991, 1754, in der ebenfalls auf eine Gesamtbetrachtung abgestellt wird.

angenommen, in dem der Gesellschafter zur Beteiligung an einer Kapitalerhöhung von seiner ebenfalls an der Gesellschaft beteiligten Mutter die erforderlichen Mittel zur Verfügung gestellt bekommen hat und mit diesen absprachegemäß sofort ein von der Mutter an die Gesellschaft gewährtes Darlehen zurückgezahlt worden ist.[290] Dem ist zuzustimmen, da der hinzukommende Gesellschafter aufgrund der abgesprochenen Vorgehensweise, die vor allem der Rückführung des gewährten Darlehens diente, ähnlich einem Treuhänder tätig geworden ist und nicht davon ausgegangen werden konnte, dass ihm die Beteiligung auch ohne diesen vorab vereinbarten Rückfluss finanziert worden wäre; das Verwandtschaftsverhältnis allein bietet keine rechtfertigende Grundlage für die Zurechnung.

β) **Unternehmensverbindungen.** Zu vergleichbaren Gestaltungen kann es bei Vorliegen einer **Unternehmensverbindung** kommen. Insoweit ist zunächst zwischen zwei Grundgestaltungen zu unterscheiden: Beteiligt sich ein Tochterunternehmen auf Weisung eines Mutterunternehmens an der Gründung oder einer Kapitalerhöhung bei der Gesellschaft (Enkelunternehmen) und wird das Austauschgeschäft sodann zwischen der Gesellschaft und dem Mutterunternehmen geschlossen, ist dieser Fall bei Vorliegen der erforderlichen subjektiven Voraussetzungen (Rn. 122f.) ebenso zu entscheiden, als ob das Tochterunternehmen als Treuhänder[291] der Mutter gehandelt hätte; der Normzweck der Sacheinlagevorschriften ist auch hier betroffen.[292] Beteiligt sich demgegenüber das Mutterunternehmen an der Gründung der Gesellschaft und schließt diese sodann mit einem Schwesterunternehmen das betreffende Austauschgeschäft ab, kommt es für die Frage des Rückflusses der Bareinlage auf das zwischen dem Mutter- und dem Schwesterunternehmen bestehende Rechtsverhältnis an. Hat das Schwesterunternehmen für Rechnung des Mutterunternehmens gehandelt, liegt eine verdeckte Sacheinlage vor (vgl. auch Rn. 151). Gleiches gilt jedoch auch dann, wenn das Schwesterunternehmen von dem Mutterunternehmen zumindest abhängig im Sinne des § 17 Abs. 1 AktG ist.[293] Erst recht finden diese Grundsätze Anwendung, wenn in diesem Verhältnis ein Konzern im Sinne des § 18 AktG,[294] insbesondere ein Beherrschungs- und Gewinnabführungsvertrag,[295] besteht. Da das Mutterunternehmen in diesen Fällen aufgrund seiner Einflussmöglichkeit gegenüber der Schwestergesellschaft über die von der Gesellschaft an diese geleisteten Mittel ebenso verfügen kann, als ob sie an das Mutterunternehmen unmittelbar gezahlt worden wären, steht die Leistung der Gesellschaft einer unmittelbaren Rückzahlung an den Gründer (das Mutterunternehmen) gleich.

153

Bei mehrstufigen Unternehmensverbindungen ist auf das Vorliegen einer durchlaufenden Kette von Abhängigkeitsverhältnissen abzustellen. Liegt der für die Vermutung einer Abrede notwendige sachliche und zeitliche Zusammenhang vor

154

---

[290] BGHZ 113, 335, 345 f. = NJW 1991, 1754.
[291] BGHZ 110, 47, 66 ff. = NJW 1990, 982; *Müller-Eising* Die verdeckte Sacheinlage, 1993, S. 233 ff., 239.
[292] Vgl. hierzu BGHZ 110, 47, 66 ff. = NJW 1990, 982; iErg. auch *Schneider* in: Entwicklungen des GmbH-Konzernrechts, 1986, ZGR-Sonderheft Nr. 6, S. 121, 147 f.
[293] BGHZ 125, 141, 144 f. = NJW 1994, 1477 zur „maßgeblichen Beteiligung"; anders *Müller-Eising* (Fn. 290) S. 239 f., 257 f.; *Hachenburg/Ulmer* § 5 Rn. 151, die allein auf das Vorliegen einer Unternehmensverbindung abstellen.
[294] BGHZ 110, 47, 67 = NJW 1990, 982; Kölner KommAktG/*Lutter* § 66 Rn. 35 ff.; ders., FS Stiefel, 1987, S. 505, 518 ff.; *Schneider* (Fn. 291) S. 121, 147 ff.; zurückhaltend *Marsch-Barner* WuB II A § 54 AktG 1.88
[295] BGHZ 110, 47, 67 = NJW 1990, 982; grundsätzlich auch *Müller-Eising* (Fn. 290) S. 258 f.

(Rn. 124 ff.) und wurde zwischen dem Gesellschafter und dem Dritten zumindest ein Abhängigkeitsverhältnis festgestellt, rechtfertigt dies in Fortführung der ohne die Einschaltung eines Dritten geltenden Grundsätze auch hier die **Vermutung,** dass sich die Abrede von Anfang an auf das Geschäft unter Einbeziehung des Dritten erstreckt hat. Aufgrund der unterschiedlichen Konstellationen im Rahmen von Unternehmensverbindungen ist diese Vermutung jedoch **nicht** als **unwiderleglich** anzusehen.

155 Darüber hinaus kann sich im Recht der verbundenen Unternehmen auch die Konstellation ergeben, dass nicht die Gesellschaft den Gegenstand erwirbt, sondern der Erwerb absprachegemäß durch eine von ihr abhängige Tochtergesellschaft mit den ihr zur Verfügung gestellten Mitteln aus der Bareinlage erfolgt.[296] Diese Gestaltung kann nicht nur bei Kapitalerhöhungen relevant werden, sondern auch bei der Gründung einer GmbH, wenn neben der Bareinlage auch eine Beteiligung an einer anderen Gesellschaft als Sacheinlage eingebracht wird. Auch bei einem solchen Erwerb durch das Tochterunternehmen anstelle der Gesellschaft liegt eine Sacheinlage vor, weshalb dieser Vorgang ohne Einhaltung der Sacheinlagevorschriften eine verdeckte Sacheinlage bei der Muttergesellschaft darstellt.[297] Der Lösungsansatz liegt hier allerdings nicht in einer gleichsam konsolidierten Betrachtung des Konzerns,[298] sondern wie auch sonst in einer Betrachtung des sich bei der Gesellschaft tatsächlich abspielenden Vorgangs. Denn im wirtschaftlichen Ergebnis soll bei einem gleichzeitigen Rückfluss der Einlage an den Gründer der Muttergesellschaft entweder (bei schenkungsweiser Überlassung der Mittel an das Tochterunternehmen) allein eine Erhöhung des Vermögens des Tochterunternehmens und damit eine Wertsteigerung bei der an ihr bestehenden Beteiligung oder (bei einer darlehensweisen erfolgten Überlassung der Mittel) nur eine Darlehensforderung zufließen; dass der Gesellschafter hier nicht Inhaber des tatsächlich eingebrachten Gegenstands ist, ist wie im Falle der ordnungsgemäß erbrachten Sacheinlage unerheblich.

156 Die Rechtsfolge dieses Vorgangs liegt auch hier in der Nichtigkeit des abgeschlossenen Schenkungs- bzw. Darlehensvertrags und der Wirksamkeit etwaiger dinglichen Geschäfte; ob auch das mit dem Tochterunternehmen abgeschlossene Geschäft von der Nichtigkeit umfasst wird, ist fraglich, dürfte aber wegen des insgesamt vorliegenden Umgehungscharakters des Vorgangs zu bejahen sein. Die Beschränkung der Rechtsfolgen eines solchen Vorgangs auf eine (Differenz-)Haftung des Gesellschafters insoweit, als die Sachleistung nicht werthaltig ist,[299] ist hier ebenso wenig wie in den sonstigen Fällen der verdeckten Sacheinlage zu bejahen (Rn. 127).[300] Entsprechendes gilt, wenn die eingelegten Mittel von der Muttergesellschaft dem Tochterunternehmen zur Rückführung von Verbindlichkeiten gegenüber dem Gesellschafter zur Verfügung gestellt werden.[301]

---

[296] Vgl. *Lutter,* FS Stiefel, 1987, S. 505, 519 ff.; hierzu auch RGZ 152, 292, 299 f.; LG Mainz AG 1987, 91, 93; eingehend zur Problematik auch *Schneider* (Fn. 291) S. 121, 138 ff.
[297] IErg. auch *Lutter,* FS Stiefel, 1987, S. 505, 521 f.; zurückhaltender noch in Kölner Komm AktG/*Lutter* § 66 Rn. 41, mit der Einschränkung, dass der Erwerb durch das Tochterunternehmen auch unternehmerisch vernünftig und wirtschaftlich gewollt sein könne; zust. Hachenburg/ *Ulmer* § 5 Rn. 151.
[298] Hierfür aber Hachenburg/*Ulmer* § 5 Rn. 151 im Anschluss an *Lutter,* FS Stiefel, 1987, S. 505, 520, 522 f.
[299] So *Schneider* (Fn. 291) S. 121, 145 ff.
[300] Gegen *Schneider* zutr. *Lutter,* FS Stiefel, 1987, S. 505, 522 f. (vgl. auch S. 518); Hachenburg/ *Ulmer* § 5 Rn. 151.
[301] Kölner KommAktG/*Lutter* § 66 Rn. 35.

Einzahlungen auf die Stammeinlage § 19

bb) Vorteile des Gesellschafters. Fehlt es an dem bezeichneten Näheverhältnis, 157
kann der Beteiligung des Dritten an dem in Rede stehenden Vorgang unter dem
Aspekt der verdeckten Sacheinlage gleichwohl Bedeutung zukommen. Auch hier ist
zwischen unterschiedlichen Konstellationen zu unterscheiden:

α) **Leistung auf Geheiß des Gesellschafters.** Eine Leistung der Gesellschaft an 158
den Dritten steht einem Rückfluss der Einlage an den Gesellschafter gleich, wenn die
Gesellschaft dabei auf Geheiß des Gesellschafters handelt;[302] denn es macht keinen
Unterschied, ob die Gesellschaft zuerst an den Gesellschafter und dieser dann an den
Dritten leistet oder ob die Leistung auf Anweisung des Gesellschafters unmittelbar an
den Dritten fließt. Zu einem Sonderfall, in dem die Einlage eines hinzukommenden
Gesellschafters absprachegemäß sofort zur Tilgung eines von einem anderen Gesell-
schafter an die Gesellschaft gewährten Darlehens verwendet wird und eine verdeckte
Sacheinlage auch ohne einen (mittelbaren) Rückfluss der Einlage an den Hinzukom-
menden selbst vorliegt, s. oben Rn. 152.

β) **Schuldbefreiung des Gesellschafters.** In gleicher Weise liegt ein Rückfluss 159
der Einlage des Gesellschafters vor, wenn er durch die Leistung der Gesellschaft von
einer ihm dem Dritten gegenüber obliegenden Verpflichtung frei wird;[303] **Nämlichkeit der Mittel** ist **nicht erforderlich** (Rn. 120, 142). Der Tatbestand der verdeckten
Sacheinlage ist deshalb auch erfüllt, wenn eine vor Gründung der Gesellschaft abge-
sprochene Übertragung von Anteilen an einer anderen Gesellschaft zur Befreiung des
Gesellschafters von seiner dort noch offenen Resteinlageverpflichtung führt.[304] Hier ist
im Ergebnis eine andere als die versprochene Bareinlage erbracht und der Gesellschafter mittelbar von einer Verpflichtung befreit worden, womit es nicht nur zur Einlage
eines Gegenstandes, sondern auch zu einem Rückfluss der Einlage an ihn in anderer
Form gekommen ist.

f) **Dienstvertrag mit einem Gesellschafter.** Probleme wirft der Abschluss 160
eines (Geschäftsführer-)Dienstvertrages mit einem Gesellschafter auf. Da in der Praxis
die Bestellung eines Gesellschafters zum Geschäftsführer zumeist von vornherein
feststeht, stellt sich hier die Frage, ob nicht aufgrund dieser Abrede bzw. eines solchen ins-Auge-Fassens (Rn. 122 ff.) der Tatbestand einer verdeckten Sacheinlage deshalb erfüllt wird, weil eine geleistete Einlage an den Gesellschafter als Entgelt für
seine Dienste zurückfließt bzw. eine Vorabsprache hinsichtlich der noch entstehenden Neuforderungen (Rn. 147) angenommen werden muss. Dass die Dienstleistungen des Gesellschafters nicht sacheinlagefähig sind (vgl. hierzu ausdrücklich § 27
Abs. 2 AktG) und die Umgehung der Sacheinlagevorschriften im engeren Sinne
deshalb ausscheidet, spricht nicht gegen die Möglichkeit einer verdeckten „Sach-
"Einlage, da es auf die Einlagefähigkeit des Gegenstands nicht zwingend ankommt
(Rn. 148).[305]

Im Ergebnis ist der Tatbestand der verdeckten Sacheinlage beim Abschluss eines 161
(Geschäftsführer-)Dienstvertrages mit einem Gesellschafter allerdings zu verneinen. Da
der Gesellschafter wegen der mangelnden Sacheinlagefähigkeit von Dienstleistungen
keine Möglichkeit hat, eine ordnungsgemäße Sacheinlage festzusetzen (die Werthaltig-

---

[302] *Hachenburg/Ulmer* § 5 Rn. 150.
[303] BGHZ 132, 133, 135 ff. = NJW 1996, 1286; *Hachenburg/Ulmer* § 5 Rn. 150.
[304] BGHZ 132, 133, 136 ff. = NJW 1996, 1286.
[305] Auch der als „Verlängerung der Sacheinlagevorschriften" angesehene § 52 AktG erfasst
Dienstleistungen, vgl. nur MüKo AktG/*Pentz* § 52 Rn. 17 mwN.

keit solcher Leistungen könnte wegen ihres aleatorischen Charakters[306] durch das Registergericht auch nicht überprüft werden), liefe die Bejahung einer verdeckten Sacheinlage im Ergebnis auf ein Verbot der entgeltlichen Geschäftsführungstätigkeit zu Lasten des Gesellschafters hinaus. Da die GmbH zwingend eines Geschäftsführers bedarf und es auch kein generelles Verbot von Geschäften zwischen der Gesellschaft und dem Gesellschafter gibt, schösse ein solches Verbot über den Zweck der Kapitalaufbringungsvorschriften hinaus und würde den Gesellschafter ungerechtfertigt beeinträchtigen. Die Grundsätze über die verdeckte Sacheinlage sind deshalb in diesem Falle unter teleologischen und systematischen Erwägungen einzuschränken; überhöhte Vergütungen o. Ä. der Gesellschaft können jedoch gegen das aus § 30 resultierende Verbot der Einlagerückgewähr verstoßen (vgl. dort bei Rn. 41).

162 **6. „Heilung" der verdeckten Sacheinlage.** Die insbesondere bei Gutgläubigkeit der Gesellschafter verbreitet als zu hart empfundenen Rechtsfolgen verdeckter Sacheinlagen, aber auch das ggf. bestehende Interesse der Gesellschaft am Erwerb des (verdeckt) eingebrachten Gegenstandes haben zu Überlegungen geführt, eine nachträgliche Ermöglichung („Heilung") der fehlgeschlagenen Sacheinlagevereinbarung in Betracht zu ziehen. Ohne weiteres zulässig, wegen der hieran geknüpften Anforderungen (Gläubigeraufruf, Sperrjahr, Unzulässigkeit des Unterschreitens des Mindestbetrages nach § 5 Abs. 1)[307] jedoch praktisch nur schwer durchführbar ist der Weg der Kapitalherabsetzung nach § 58 mit anschließender Sachkapitalerhöhung,[308] bei dem es sich ohnehin nicht um eine Korrektur oder „Heilung" des ursprünglichen Beschlusses, sondern um eine Neuvornahme handelt. Ähnlich hierzu findet sich der Vorschlag, den Konditionsanspruch des Gesellschafters im Wege der Sachkapitalerhöhung einzubringen und anschließend eine Kapitalherabsetzung zum Zwecke einer Befreiung des Gesellschafters von seiner Bareinlageschuld vorzunehmen;[309] ein solches Vorgehen ist zwar ebenfalls zulässig, aber ebenso mit praktischen Schwierigkeiten verbunden.[310]

163 Abweichend von diesen auf unmittelbarer Gesetzesanwendung beruhenden Vorschlägen wurden eine Vielzahl unterschiedlicher über das Gesetz hinausgehender Möglichkeiten in Erwägung gezogen: Zulässigkeit der Verrechnung der Bareinlageforderung der Gesellschaft mit dem Bereicherungsanspruch des Gesellschafters nach Ablauf einer zweijährigen Frist entsprechend § 52 Abs. 1 AktG,[311] Heilung in entsprechender Anwendung der Voraussetzungen des § 52 AktG,[312] Annahme einer falsa demonstratio im Zusammenhang mit der Einlageverpflichtung,[313] Anerkennung einer vollwertigen Sacheinlage.[314] Diesen Lösungsvorschlägen ist schon im Hinblick auf die gesetzlich vorgesehene präventive Werthaltigkeitskontrolle durch das Handelsregister nicht zu folgen.[315]

---

[306] Hierzu Kölner KommAktG/*Lutter* § 183 Rn. 14, 24; MüKo AktG/*Pentz* § 27 Rn. 20, 33.
[307] Vgl. hierzu § 58 Rn. 14.
[308] Allein dieser Weg wurde vom BayObLG WM 1978, 526, 527, zustimmend OLG Frankfurt/M. DB 1983, 1249; *Scholz/Winter* § 5 Rn. 106 f. für zulässig gehalten.
[309] *Wegemann* BB 1991, 1006, 1009.
[310] § 55 Rn. 57; *Werner* WiB 1995, 374, 376; *Volhard* ZGR 1995, 286, 290.
[311] *Knobbe-Keuck* ZIP 1986, 885, 889; *Aulinger* ZAP 1989, Fach 15, S. 1, 5.
[312] *Lutter/Gehling* WM 1989, 1445, 1455.
[313] *Sernetz* ZIP 1995, 173, 185 ff.
[314] *Grunewald,* FS Rowedder, 1994, S. 111, 114.
[315] Weitere Bedenken bei BGH NJW 1996, 1473, 1475 mwN.

Einzahlungen auf die Stammeinlage **§ 19**

Die **ganz überwiegende Auffassung** in Literatur und Rechtsprechung, der sich 164
zwischenzeitlich auch der **BGH** angeschlossen hat, geht davon aus, dass die ursprüngliche Bareinlage in eine Sacheinlage umgewandelt werden könne.[316] Die (nicht rückwirkende) Umwandlung der Bareinlage in eine Sacheinlage erfolgt hiernach[317] durch einen von der Gesellschafterversammlung mit satzungsändernder Mehrheit[318] zu fassenden **Beschluss** des Inhalts, dass die namentlich zu bezeichnenden Gesellschafter ihre Einlagen statt in Geld in Form der konkret zu bezeichnenden Sacheinlage leisten; eine entsprechende **Satzungsänderung** ist vorzunehmen. **Gegenstand der Sacheinlage** ist der Bereicherungsanspruch des Gesellschafters auf Herausgabe des Gegenstandes der verdeckten Sacheinlage gem. § 812 BGB.[319] Zugrundezulegen ist der **Zeitwert** bezogen auf den Anmeldezeitpunkt;[320] ist Gegenstand der verdeckten Sacheinlage eine Forderung des Gesellschafters, scheidet in der Insolvenz der Gesellschaft eine „Heilung" der verdeckten Sacheinlage damit aus, bei der verdeckten Einlage einer Sache können sich Schwierigkeiten wegen einer zwischenzeitlichen Abnutzung ergeben; hier ist ggf. eine Zuzahlung erforderlich.[321]

Über die Änderung der Einlage ist ein **Bericht** zu erstatten, der von den Geschäfts- 165
führern und den von der Änderung betroffenen Gesellschaftern zu unterzeichnen ist. Die Mitunterzeichnung durch die betroffenen Gesellschafter erscheint in diesem Zusammenhang nicht überzeugend; zu Recht wird in diesem Zusammenhang die Versicherung eines Buchprüfers für ausreichend gehalten.[322] Die Vollwertigkeit der verwendeten Sacheinlage ist durch eine von einem Wirtschaftsprüfer zu testierende **Bilanz** nachzuweisen, der Wert des Gegenstandes ist dabei bezogen auf den Prüfungs-

---

[316] BGHZ 132, 141, 150 ff. = NJW 1996, 1473; OLG Stuttgart 1996, 277; LG Lüneburg GmbHR 1995, 122; LG Bremen GmbHR 1995, 122, 123; LG Berlin GmbHR 1994, 557, 558; *Priester* DB 1990, 1753, 1756 ff.; *ders.* ZIP 1996, 1025, 1028; *ders.* in *Scholz* § 56 Rn. 38; *Joost* ZIP 1990, 549, 561; *Butzke* ZHR 154 (1990), 357, 365; *Axer/Stuirbrink* Wpg 1991, 669, 675; *Stodolkowitz* ZHR 157 (1993), 239 f.; *Rasner* NJW 1993, 186, 187; *ders.* AnwBl. 1993, 490 mwN aus der Rspr.; *Rawert* GmbHR 1995, 87, 89; *Werner* WIB 1995, 374, 376 mit Formulierungsvorschlag aaO S. 407 f.; *Volhard* ZGR 1995, 286, 292 ff.; *Hachenburg/Ulmer* Rn. 117 unter Aufgabe seiner Auffassung bei § 5 Rn. 27, 152; *Baumbach/Hueck* § 5 Rn. 51 a; *K. Schmidt* GesR § 37 I 4 b, jew. mit Unterschieden iE.

[317] BGHZ 132, 141, 150 ff. = NJW 1996, 1473; *Priester* ZIP 1996, 1025, 1028 ff.

[318] Für Einstimmigkeit *Hachenburg/Ulmer* Rn. 117, hiergegen BGHZ 132, 141, 154 = NJW 1996, 1473; *Volhard* ZGR 1995, 286, 296 f.

[319] BGHZ 132, 141, 155 = NJW 1996, 1473; LG Berlin GmbHR 1997, 557; LG Lüneburg GmbHR 1995, 122; *Spielberger* MittBayNotK 1985, 161, 167; *Custodis*, FS Schippel, 1996, S. 387, 412; *Krieger* ZGR 1996, 674, 680 ff.; *Röhricht* RWS-Forum Gesellschaftsrecht 1997, 1998, S. 191, 197 f.; *Schiessl/Rosengarten* GmbHR 1997, 772, 774; *Gummert* WiB 1996, 485, 486; *Bayer* ZIP 1998, 1985, 1990 f., 1992; *Henze* DB 2001, 1469, 1474; *Baumbach/Hueck/Fastrich* § 5 Rn. 52; *Hachenburg/Ulmer* Rn. 117 im Anschluss an *Butzke* ZHR 154 (1990), 357, 365; str., aA *Scholz/Priester* § 56 Rn. 39; *ders.* ZIP 1996, 1025, 1028 f.; *Knobbe-Keuk* ZIP 1986, 885, 889: Forderung aus fehlgeschlagener Einlagezahlung; zu Problemen kann es in diesem Zusammenhang wegen der bei BGH NJW 1998, 1951, 1952 vorgenommenen Saldierung des Rückgewähranspruchs des Gesellschafters hinsichtlich des verdeckt eingelegten Gegenstandes mit dem Anspruch der GmbH auf Rückzahlung der erbrachten Leistung kommen, hierzu *Bayer* ZIP 1998, 1985, 1992; *Helms* GmbHR 2000, 1079 ff., 1082.

[320] BGHZ 132, 141, 155 = NJW 1996, 1473; *Baumbach/Hueck/Fastrich* § 5 Rn. 52; *Hachenburg/Ulmer* Rn. 117; *Lutter* JZ 1996, 913; de lege lata auch *Krieger* ZGR 1996, 674, 683 f.; abw. *Priester* ZIP 1996, 1025, 1031: Bilanz mit max. acht Monate altem Stichtag.

[321] Vgl. hierzu *Krieger* ZGR 1996, 674, 683.

[322] *Priester* ZIP 1996, 1025, 1029; *Krieger* ZGR 1996, 674, 688; *Henze* DB 2001, 1469, 1474.

zeitpunkt, der unmittelbar vor der Anmeldung zum Handelsregister liegen muss, zu ermitteln. Mit Blick auf § 319 Abs. 1 HGB spricht allerdings trotz der Überlegung, dass diese Berater in der Praxis häufig hinter der festgestellten verdeckten Sacheinlage stehen dürften, viel dafür, bei kleinen und mittelgroßen GmbH eine Bestätigung von vereidigten Buchprüfern bzw. Buchprüfungsgesellschaften genügen zu lassen.[323] Erwägenswert erscheint es iÜ, entsprechend § 56i Abs. 1 S. 2 eine Bilanz, deren Stichtag im Anmeldezeitpunkt höchstens acht Monate zurückliegt, ebenfalls genügen zu lassen, wenn die Geschäftsführer versichern, dass nach ihrer Kenntnis seit dem betreffenden Bilanzstichtag bis zum Tage der Anmeldung keine Vermögensminderung eingetreten ist, die der Kapitalerhöhung entgegenstünde, wenn sie am Tag der Anmeldung beschlossen worden wäre.[324]

166 Der Gesellschafterbeschluss ist unter Vorlage des Berichts der Geschäftsführer und der Gesellschafter, der testierten Bilanz und, soweit abgeschlossen, der Verträge, die dem verdeckt geleisteten Sacheinlagegegenstand zugrunde liegen, **zum Handelsregister anzumelden.** Hierbei müssen die Geschäftsführer nach der Entscheidung des BGH (Rn. 164) die **Versicherung** abgeben, dass der eingebrachte Gegenstand werthaltig und der Gesellschaft von den Gesellschaftern überlassen (bzw. bei Forderungen übertragen oder erlassen) worden ist; man wird jedoch eine Versicherung dahin, dass die Einlage bewirkt und Gegenstand sich zur endgültigen freien Verfügung der Geschäftsführer befindet, genügen lassen können.[325] Geht man von der Zulässigkeit der Vorlage einer Bilanz mit einem maximal acht Monate alten Stichtag aus, ist eine Versicherung entsprechend § 56i Abs. 1 S. 2 abzugeben.[326]

167 Das **Registergericht** hat den Vorgang gemäß § 12 FGG zu prüfen und bei Ordnungsgemäßheit des Heilungsvorgangs die Satzungsänderung einzutragen. Ob sich die Prüfungspflicht des Registergerichts auch auf das tatsächliche Vorliegen einer verdeckten Sacheinlage erstreckt, ist fraglich.[327] Da es ohne eine verdeckte Sacheinlage an einem einzulegenden Anspruch aus § 812 BGB (Rn. 164) fehlt und das Registergericht nach allgemeinen Grundsätzen die Ordnungsgemäßheit des Vorgangs zu prüfen hat, spricht alles für eine Erstreckung des Prüfungsrechts, aber auch der Prüfungspflicht auf diese Frage. Das Registergericht darf sich allerdings auf die ihm gegenüber gemachten Angaben grundsätzlich verlassen und hat weitere Ermittlungen nur bei begründeten Zweifeln an ihrer Richtigkeit anzustellen.[328] Praktischen Bedenken in diesem Zusammenhang[329] kann dadurch Rechnung getragen werden, dass die Beteiligten (Gesell-schafter und Gesellschaft) vorsorglich das – im Falle der verdeckten Sacheinlage unwirksame (Rn. 131f.) – schuldrechtliche Geschäft einvernehmlich aufheben und einen unter der Bedingung der Eintragung des Vorgangs stehenden Rückzahlungsanspruch hinsichtlich der wechselseitigen Zahlungen vereinbaren, der Sache nach also entsprechend dem „Heilungsmodell" schlicht von der Bar- zur Sacheinlagepflicht übergehen (zur Zulässigkeit eines solchen Vorgangs auch außerhalb eines Heilungsvorgangs s. Rn. 46ff.). Selbst wenn es nach Auffassung des Registergerichts an

---

[323] In diesem Sinne auch *Priester* ZIP 1996, 1025, 1031; *Henze* DB 2001, 1469, 1474.
[324] *Priester* ZIP 1996, 1025; zust. *Henze* DB 2001, 1469, 1474f. (mit „Gesellschafter" ist dort wegen § 78 ersichtlich „Geschäftsführer" gemeint).
[325] *Priester* ZIP 1996, 1025, 1031; *Krieger* ZGR. 1996, 674, 688f.
[326] *Priester* ZIP 1996, 1025, 1031f.; *Henze* DB 2001, 1469, 1474.
[327] Dafür wohl BGHZ 132, 141, 146f. = NJW 1996, 1473; abw. *Priester* ZIP 1996, 1025, 1027; *Krieger* ZGR 1996, 674, 690f.; *Lutter* JZ 1996, 913.
[328] Zutr. *Schiessl/Rosengarten* GmbHR 1997, 772, 773.
[329] Hierzu nachdrücklich *Priester* ZIP 1996, 1025, 1027.

Einzahlungen auf die Stammeinlage § 19

einer verdeckten Sacheinlage fehlen sollte, kann auf diese Weise sichergestellt werden, dass der Vorgang jedenfalls vom Registergericht zu berücksichtigen ist und die Satzungsänderung bei Vorliegen der sonstigen Voraussetzungen eingetragen wird.

Ein **Schadensersatzanspruch der Gläubiger** gegen die für die verdeckte Sacheinlage verantwortlichen Geschäftsführer und Gesellschafter in dem Fall, dass sie wegen der weniger fungiblen Sacheinlage einen Schaden erleiden,[330] lässt sich wohl kaum begründen und stünde mit der Bejahung der Zulässigkeit eines Übergangs von der Bar- zur Sacheinlagepflicht wertungsmäßig in Widerspruch. Entstandene Zinsansprüche der Gesellschaft (vgl. hierzu bei § 20) bleiben von der Heilung unberührt;[331] die Zulässigkeit eines Erlasses einer Zinsforderung der Gesellschaft bestimmt sich nach § 30. 168

Ob das vorstehende Modell mit dem Grundsatz der präventiven Werthaltigkeitskontrolle durch das Handelsregister und den Bestimmungen in § 19 Abs. 2 S. 1, Abs. 3, § 58 vereinbar ist und ob es hierfür nicht einer Gesetzesänderung bedurft hätte, erscheint nach wie vor fraglich.[332] **Bedenken** gegen dieses Verfahren drängen sich mit Blick auf die aktienrechtlichen Vorgaben in §§ 27 Abs. 4, 183 Abs. 2 S. 4 AktG auf, die nach dem eindeutigen Willen des Gesetzgebers dort eine Heilung auf dem vom BGH gewählten Weg ausschließen.[333] Auch für das GmbH-Recht hätte sich eine Analogie zu § 52 AktG und die hiermit ermöglichte wirksame Vornahme des Rechtsgeschäfts im Wege einer „Nachgründung" angeboten,[334] was zwar die Einlageverbindlichkeit des Gesellschafters unberührt gelassen, ihre Verwendung zum Erwerb des Gegenstandes jedoch ermöglicht hätte. Dass eine § 52 AktG entsprechende Regelung nicht in das GmbH-Recht aufgenommen wurde, steht dem angesichts der Vergleichbarkeit der Fälle unter methodischen Aspekten nicht entgegen. Inwieweit die typischerweise gegebenen Strukturunterschiede zwischen AG und GmbH den vom BGH gewählten Weg rechtfertigen mögen, nachdem sich die GmbH grundsätzlich nicht an ein breiteres Publikum richtet, kann hier dahingestellt bleiben; für die Praxis ist die Rechtslage durch den Beschluss des BGH geklärt. 169

IX. Abtretung, Verpfändung, Pfändung, Zurückbehaltungsrecht

1. Abtretung, Verpfändung und Pfändung. Ob die gegen den Gesellschafter gerichtete Einlageforderung der Gesellschaft von der Gesellschaft abgetreten werden kann, war früher streitig, wird heute jedoch von der Rechtsprechung und der ganz **hM** unter der Voraussetzungen bejaht, dass der Gesellschaft eine **vollwertige Gegenleistung** zufließt, also entweder eine bare Zahlung in entsprechender Höhe erfolgt, oder der Abtretungsempfänger die Gesellschaft von einem gegen sie gerichteten vollwertigen, liquiden und fälligen (Rn. 75 ff.) Zahlungsanspruch befreit.[335] Entsprechen- 170

---

[330] Vgl. hierzu *Hachenburg/Ulmer* Rn. 117; *Krieger* ZGR 1996, 674, 680.
[331] Eingehend zu den hiermit verbundenen Fragen *Banerjea* AG 1998, 498 ff.
[332] Zu Bedenken s. mit Unterschieden iE *Bayer* ZIP 1998, 1985, 1992; *Krieger* ZGR 1996, 674, 679 f.; § 5 Rn. 46 e; § 55 Rn. 57; *Scholz/Winter* § 5 Rn. 106.
[333] Wegen der Einzelheiten s. bei MüKo AktG/*Pentz* § 27 Rn. 106 ff. mwN.
[334] Zur analogen Anwendung des § 52 auf die verdeckte Sacheinlage im Aktienrecht s. MüKo AktG/*Pentz* § 52 Rn. 70.
[335] RGZ 85, 351, 352; 124, 380, 383; 133, 81, 82; 149, 293, 295; 156, 23, 25; BGHZ 53, 71, 72 = BGH NJW 1970, 469; BGHZ 69, 274, 282 = NJW 1978, 160; *Nußbaum* JW 1929, 3006 f.; teilweise zwischen Mindesteinlage (hier unzulässig) und Resteinlage (hier zulässig) unterscheidend: *Roth/Altmeppen* Rn. 12; *Baumbach/Hueck/Fastrich* Rn. 31; *Scholz/Schneider* Rn. 145 ff.; *Hachenburg/Ulmer* Rn. 118 f.; Voraufl. Rn. 59; die Zulässigkeit der Abtretung abl. *Brodmann* Anm. 6 a; *Feine* S. 300; *Rospatt* ZBlHR 1932, 30; *Schumacher* JW 1936, 3156.

§ 19   2. Abschnitt. Rechtsverhältnisse der Gesellschaft und der Gesellschafter

des wird für die Verpfändung und die Pfändung angenommen.[336] **Ausnahmen** werden vom Erfordernis der Vollwertigkeit der Gegenleistung bei Abtretung, Verpfändung und Pfändung dann gemacht, wenn die Gesellschaft ihren Geschäftsbetrieb eingestellt hat, der Zessionar oder Pfandgläubiger der einzige Gläubiger der Gesellschaft ist und die Gesellschaft andere Vermögenswerte nicht mehr besitzt,[337] es sei denn, dass die Eröffnung des Insolvenzverfahrens mangels Masse abgelehnt oder die Gesellschaft wegen Vermögenslosigkeit gemäß § 141a FGG im Handelsregister gelöscht worden ist.[338] Zu der davon zu unterscheidenden Frage der gesellschafterlichen **Gleichbehandlung im Falle der Pfändung** s. Rn. 16, zur Frage der **Notwendigkeit eines Beschlusses** nach § 46 Nr. 2 s. Rn. 10.

171   Der dargestellten **herrschenden Meinung ist nicht zu folgen.**[339] Die Erstreckung von Bindungen aus dem Kapitalaufbringungsrecht auf den Gläubiger entbehrt, soweit es nicht um Gesellschafter oder die ihnen im Rahmen des § 19 gleichzustellenden Dritte geht, an einer gesetzlichen Grundlage, da die Gläubiger der Gesellschaft nicht für die Kapitalaufbringung zuständig sind und die vertretene Erstreckung der Bindungen des § 19 auch mit dem Grundsatz der unbeschränkten Haftung der Gesellschaft mit ihrem Vermögen nicht vereinbart werden kann. Des weiteren zeigen die von der herrschenden Meinung und der Rechtsprechung für notwendig angesehenen Ausnahmen, die in der Praxis nicht selten auf Zufälligkeiten hinauslaufen, dass es der Sache nach um einen Gläubigerschutz geht, der in dieser Form nicht dem allgemeinen Kapitalaufbringungsrecht, sondern dem Insolvenzrecht zuzuordnen ist. Für die Praxis ist allerdings zu beachten, dass es fraglich erscheint, ob die Rechtsprechung von ihrer erst im Jahre 1992 bestätigten Linie[340] in absehbarer Zeit abweichen wird.

172   Hat ein Gläubiger der Gesellschaft eine Einlageforderung erworben oder hat er sie gepfändet und sich zur Einziehung überweisen lassen, kann der Gesellschafter ihm gemäß **§ 404 BGB** die gegen die Gesellschaft begründeten Einreden entgegenhalten, ebenso können von ihm die Aufrechnungsmöglichkeit nach § 406 BGB und **Zurückbehaltungsrechte** ausgeübt werden. Die im Kapitalaufbringungsrecht begründeten Einschränkungen aus **§ 19 Abs. 2** wirken sich mithin **nicht zugunsten des Gläubigers** aus.[341]

173   Einer **Pfändung und Überweisung** der gegen sich selbst gerichteten Einlageschuld **zugunsten des** Gesellschafters (**Einlageschuldners**) selbst steht das Verbot des § 19 Abs. 2 entgegen.[342]

---

[336] RGZ 133, 81; 145, 293, 295; 156, 23, 25; BGH GmbHR 1976, 206; NJW 1980, 2253 f.; 1985, 1768; 1992, 2229; OLG Köln ZIP 1989, 174; *Bayer* ZIP 1989, 8; *Baumbach/Hueck/Fastrich* Rn. 31; *Scholz/Schneider* Rn. 145 ff.; *Hachenburg/Ulmer* Rn. 123 f., alle mwN.

[337] BGH LM Nr. 4; GmbHR 1968, 162, 163; NJW 1992, 2229; OLG Köln ZIP 1989, 174; *Baumbach/Hueck/Fastrich* Rn. 31; *Beise* GmbHR 1978, 101, 102.

[338] RGZ 149, 293, 295; RGZ 156, 23, 25 ff.; *Scholz/Schneider* Rn. 153.

[339] Hierzu und zum Folgenden mit unterschiedlichen Schwerpunkten Großkomm AktG/ *R. Fischer* 2. Aufl. § 66 Anm. 28; *Lieb* DB 1970, 961, 967 Fn. 70; *K. Müller* GmbHR 1970, 57, 58 f.; *Frey* Einlagen in Kapitalgesellschaften, 1990, S. 35; *K. Schmidt* GesR § 37 II 2 f.; *ders.* ZHR 157 (1990), 291, 310 f.; *C. Berger* ZZP 107 (1994), 29, 42; Voraufl. Rn. 63 (zur Pfändung); ausführlich *Wertenbruch* Die Haftung von Gesellschaften und Gesellschaftsanteilen in der Zwangsvollstreckung, 2000, S. 355 ff., 387 ff. mit eingehender Darstellung der Entwicklung dieser Rechtsprechung und der Literaturmeinungen; s. auch bereits *Schumacher* JW 1936, 3153, 3154 ff. zur Zulässigkeit der Pfändung.

[340] BGH NJW 1992, 2229.

[341] *Baumbach/Hueck/Fastrich* Rn. 32; *Scholz/Westermann* Rn. 156.

[342] KG JW 1930, 3779; *Hachenburg/Ulmer* Rn. 124.

2. Zurückbehaltungsrecht. Dem Einlagepflichtigen steht ein Zurückbehaltungs- 174
recht grundsätzlich nicht zu. Das gilt uneingeschränkt für die Zurückbehaltung von in
Geld zu erbringenden Einlageleistungen, was bereits aus § 19 Abs. 2 folgt.[343] Für Sacheinlagen gilt das Zurückbehaltungsverbot mit der Einschränkung, dass die Zurückbehaltung in bezug auf den Gegenstand der Sacheinlage zulässig ist, soweit sie wegen
solcher Ansprüche erfolgt, die sich auf die eingebrachte Sache beziehen (wegen der
Einzelheiten s. Rn. 32). Jede Art von sonstigem Zurückbehaltungsrecht, auch die Ausübung des kaufmännischen Zurückbehaltungsrechts gemäß §§ 369 f. HGB, ist ausgeschlossen.[344]

X. Österreichisches Recht

Das österreichische Recht enthält mit § 63 ÖGmbHG eine § 19 entsprechende Be- 175
stimmung. § 63 Abs. 2 ÖGmbHG gebietet die Gleichbehandlung der Gesellschafter
bei Einforderung der Bareinlagen (Sacheinlagen müssen auch hier vor Anmeldung der
Gesellschaft voll erbracht sein, vgl. § 10 Abs. 1 S. 3 ÖGmbHG, der seinem Wortlaut
nach zwar nur Sachübernahmen erfasst, seinem Sinn nach jedoch auch auf andere
Sacheinlagen anzuwenden ist).[345] § 63 Abs. 2 S. 1, 2 ÖGmbHG entspricht inhaltlich
§ 19 Abs. 2 S. 1, 2; die Aufrechnung durch die Gesellschaft wird ebenfalls nur unter
der Voraussetzung der Vollwertigkeit, Fälligkeit und Liquidität zugelassen;[346] die Grundsätze zur verdeckten Sacheinlage sind ähnlich,[347] § 63 Abs. 4 ÖGmbHG entspricht
§ 19 Abs. 2 S. 3 und § 63 Abs. 5 ÖGmbHG der Vorschrift in § 19 Abs. 5. Ergänzend
bestimmt § 63 Abs. 6 ÖGmbHG die Wirkungslosigkeit von Vorbehalten und Einschränkungen bei der Übernahme oder Zahlung von Stammeinlagen. Hinsichtlich der
Abtretbarkeit, Verpfändung und Pfändung der Einlageforderung gelten die gleichen
Grundsätze wie in Deutschland.[348]

§ 20 [Verzugszinsen]

Ein Gesellschafter, welcher den auf die Stammeinlage eingeforderten Betrag
nicht zur rechten Zeit einzahlt, ist zur Entrichtung von Verzugszinsen von
Rechts wegen verpflichtet.

Schrifttum: *Banerjea* Die Zinspflicht trotz Heilung verdeckter Sacheinlagen, AG 1998, 498

Übersicht

	Rn.		Rn.
I. Einführung	1–3	**II. Einforderung der Stammeinlage**	4–16
1. Anwendungsbereich	1	1. Allgemeines	4
2. Zwingender Charakter	2	2. Einforderung der Mindesteinlage und	
3. Normentwicklung	3	einlagegleicher Ansprüche	5

---

[343] RGZ 83, 266, 267 f.; *Hachenburg/Ulmer* Rn. 74 f.; *Scholz/Schneider* Rn. 84 ff.; s. Rn. 32.
[344] *Baumbach/Hueck/Fastrich* Rn. 22; *Hachenburg/Ulmer* Rn. 74 ff.; *Scholz/Schneider* Rn. 84.
[345] *Koppensteiner* § 10 Rn. 1; *Gellis/Feil* ÖGmbHG § 10 Rn. 2.
[346] *Koppensteiner* § 63 Rn. 19; *Gellis/Feil* ÖGmbHG § 63 Rn. 9.
[347] *Koppensteiner* Rn. 16 ff.; *Gellis/Feil* ÖGmbHG § 6a Rn. 5; aus aktienrechtlicher Sicht
s. MüKo AktG/*Doralt* § 27 Rn. 144 ff. mwN.
[348] *Koppensteiner* § 63 Rn. 23 ebenfalls krit. zur Rechtslage bei Pfändungen; s. hierzu oben
Rn. 170 f.

§ 20   2. Abschnitt. Rechtsverhältnisse der Gesellschaft und der Gesellschafter

	Rn.		Rn.
3. Einforderung der Resteinlage	6–8	**IV. Rechtsfolgen nicht rechtzeitiger Zahlungen**	18–30
a) Grundsatz	6	1. Verzugszinsen	19, 20
b) Ausnahmen	7	2. Weitere Rechtsfolgen	21–27
c) Gesellschafterbeschluss	8	a) Ersatz des Verzugsschadens	21
4. Abweichende statutarische Regelungen	9	b) Statutarisch festgelegte Rechtsfolgen	22–26
5. Anforderung durch die Geschäftsführung	10–12	aa) Vertragsstrafe	22–25
a) Allgemeines	10	bb) Besondere Verzugszinsen	26
b) Art der Anforderung	11	c) Kaduzierung	27
c) Statutarische Vorgaben	12	3. Erlass, Stundung, Aufrechnung	28–30
6. Einwendungen der Gesellschafter	13–16	**V. Verwendung**	31
III. Zahlung „nicht zur rechten Zeit"	17	**VI. Österreichisches Recht**	32

I. Einführung

1 1. Anwendungsbereich. § 20 betrifft **nur die Bareinlage,** also den auf die Stammeinlage zu leistenden Geldbetrag, unabhängig davon, ob es sich um die vor der Anmeldung der Gesellschaft zur Eintragung in das Handelsregister zu leistende Mindesteinlage nach § 7 Abs. 2 oder später zu zahlende Resteinlagen handelt. Die Bestimmung gilt auch, wenn an die Stelle einer fehlgeschlagenen Sacheinlage die Bareinlageverpflichtung der Gesellschafter tritt (vgl. hierzu bei §§ 5, 9); auch die Heilung einer verdeckten Sacheinlage (§ 19 Rn. 150 ff.) lässt als solche die Zinspflicht unberührt.[1] § 20 gilt ferner für Ansprüche aus Differenzhaftung nach § 9,[2] aber auch für die Vorbelastungshaftung.[3] Nicht erfasst werden von § 20 demgegenüber die Sacheinlagen und andere Verpflichtungen gegenüber der Gesellschaft wie solche aus §§ 3 Abs. 2, 16 Abs. 3, 22, 24, auch nicht die Einforderung von Nachschüssen gem. §§ 26 ff. oder die Ansprüche aus einem Agio.[4]

2 2. Zwingender Charakter. § 20 enthält, da er der Einlagesicherung dient, zwingendes Recht. Die Satzung kann die Rechtsfolgen einer nicht rechtzeitigen Zahlung zwar verschärfen, aber nicht ausschließen oder herabsetzen.[5] Davon zu unterscheiden ist die Möglichkeit, entstandene Verbindlichkeiten zu erlassen (Rn. 28).

3 3. Normentwicklung. Die Bestimmung ist seit 1892 unverändert. § 20 Abs. 2, der die Zulässigkeit zusätzlicher Vertragsstrafevereinbarungen vorsah, ist 1897 durch Art. 11 EGHGB gestrichen worden.

II. Einforderung der Stammeinlage

4 1. Allgemeines. Hinsichtlich der Einforderung der auf die Stammeinlage zu zahlenden Beträge ist zunächst zwischen zwei Einforderungen zu unterscheiden: Der Einforderung der vor der Anmeldung der Gesellschaft zur Eintragung in das

---

[1] Eingehend *Banerjea* AG 1998, 498 ff; zur Frage eines Erlasses der Zinsen s. bei Rn. 28.
[2] Hierzu bei § 9 Rn. 7 ff.
[3] *Baumbach/Hueck/Fastrich* Rn. 2; *Lutter/Hommelhoff* Rn. 1; *Scholz/Winter* Rn. 2, 5; zur Vorbelastungshaftung s. bei § 11.
[4] AllgM; *Roth/Altmeppen* Rn. 2; *Baumbach/Hueck/Fastrich* Rn. 2; *Hachenburg/Müller* Rn. 7 f., 10; *Scholz/Winter* Rn. 1.
[5] *Roth/Altmeppen* Rn. 9; *Lutter/Hommelhoff* Rn. 6; *Scholz/Winter* Rn. 18; MünchHdB GesR III/*Gummert* § 51 Rn. 120; abw. *Baumbach/Hueck/Fastrich* Rn. 1; *Hachenburg/Müller* Rn. 6; Voraufl. Rn. 9.

Handelsregister zu leistenden (Mindest-)Einlage und der ihr gleichgestellten einlagegleichen Zahlungen (Rn. 5) und der ggf. hiernach einzufordernden Resteinlage (Rn. 6 ff.).

2. Einforderung der Mindesteinlage und einlagegleicher Ansprüche. Die 5 Einforderung auf die Stammeinlage **vor Eintragung der Gesellschaft** in das Handelsregister erfolgt **stets durch die Geschäftsführer** der Gesellschaft in vertretungsberechtigter Zahl, ohne dass es eines Beschlusses der Gesellschafterversammlung bedarf.[6] Ein besonderer Beschluss der Gesellschafterversammlung ist deshalb nicht erforderlich, weil die erste Einzahlung Voraussetzung für die Anmeldung der Gesellschaft zum Handelsregister und deren Eintragung ist. Entsprechendes gilt für die Einforderung – einlagegleicher – Ansprüche aus Differenz- oder Vorbelastungshaftung, da der hiermit auszugleichende Wert der Gesellschaft von Anfang an hätte zur Verfügung stehen müssen. Die Zahlungsaufforderung stellt eine geschäftsähnliche Handlung dar,[7] keine Willenserklärung.

3. Einforderung der Resteinlage. a) Grundsatz. Weitere Einforderungen der 6 Einzahlung auf die Stammeinlage (Einforderung der Resteinlagen) erfolgen ebenfalls durch die Geschäftsführer in vertretungsberechtigter Zahl. Abweichend von der Rechtslage bzgl. der Mindesteinlage bedürfen sie aber grundsätzlich gem. § 46 Nr. 2 eines **Beschlusses der Gesellschafterversammlung.** Abweichendes gilt nur, wenn in der Satzung feste Einzahlungstermine bestimmt sind oder die Zuständigkeit der Gesellschafterversammlung auf ein anderes Organ verlagert worden ist (Rn. 9) und dies die Fälligkeit in der nach der Satzung vorgeschriebenen Weise herbeigeführt hat. Ohne eine hiernach erforderliche Ermächtigung ist die Einforderung unwirksam und kann insbesondere die Rechtsfolgen des § 20 nicht auslösen. Die Zahlungsaufforderung stellt eine geschäftsähnliche Handlung dar (Rn. 5).

b) Ausnahmen. Abweichendes gilt in der **Insolvenz** und der **Liquidation.** Der 7 Insolvenzverwalter und die Liquidatoren können die Resteinlagen auch ohne einen Gesellschafterbeschluss nach § 46 Nr. 2 einfordern (vgl. hierzu bei § 63 und § 69). Hat ein **Gläubiger** der Gesellschaft den Resteinlageanspruch gepfändet und sich überweisen lassen, kann er vom Gesellschafter ebenfalls ohne Vorliegen eines Beschlusses nach § 46 Nr. 2 Zahlung verlangen.[8]

c) Gesellschafterbeschluss. Der Beschluss der Gesellschafterversammlung bedarf – 8 vorbehaltlich einer abweichenden Satzungsregelung – der einfachen Mehrheit der abgegebenen Stimmen; § 47 Abs. 4 findet keine Anwendung.[9] **Inhaltlich** muss der Beschluss die Höhe der zu leistenden Einlagen und den Leistungszeitpunkt bestimmen; vorbehaltlich einer besonderen Festsetzung kann dabei hinsichtlich des Leistungszeitpunkts auf § 271 Abs. 1 BGB (sofortige Fälligkeit) abgestellt werden. Werden durch den Beschluss unterschiedliche Einzahlungsregelungen getroffen und wird der betreffende Gesellschafter hierdurch benachteiligt, ist der Gesellschafterbeschluss wegen Verstoßes gegen das Gleichbehandlungsgebot anfechtbar.[10] Vorbehaltlich einer abweichenden Satzungsbestimmung oder eines Gesellschafterbeschlusses hat die Einforde-

---

[6] *Baumbach/Hueck/Fastrich* Rn. 3; *Hachenburg/Müller* Rn. 23; *Scholz/Winter* Rn. 8.
[7] Zum Begriff der geschäftsähnlichen Handlung s. statt anderer *Soergel/Hefermehl* Vor § 104 Rn. 20; *Larenz/Wolf* AT § 22 Rn. 23 ff.
[8] RGZ 149, 301.
[9] RGZ 138, 106, 111; RG JW 1915, 195, 196; BGH GmbHR 1990, 452, 453; *Roth/Altmeppen* Rn. 3; *Hachenburg/Müller* Rn. 13; *Scholz/Winter* Rn. 10.
[10] *Hachenburg/Müller* Rn. 20.

rung auf die Stammeinlage sonach für alle Gesellschafter gleichzeitig und in gleicher anteiliger Höhe zu erfolgen; entsprechendes gilt bzgl. der Einzahlungstermine.

9 **4. Abweichende statutarische Regelungen.** § 46 Nr. 2 ist, wie § 45 Abs. 2 zeigt, kein zwingendes Recht. In der Satzung kann deshalb das Recht zur Herbeiführung der Fälligkeit des Resteinlageanspruchs auf ein **anderes Organ** (etwa einen Beirat oder einen Aufsichtsrat) der Gesellschaft übertragen oder an seine Mitwirkung gebunden werden. Zulässig ist aber auch die Übertragung der Zuständigkeit unmittelbar auf die Geschäftsführer oder einen Gesellschafter.[11] In gleicher Weise können besondere Beschlussmehrheiten o. Ä. vorgesehen werden.

10 **5. Anforderung durch die Geschäftsführung. a) Allgemeines.** Die vom zugrundeliegenden Einforderungsbeschluss zu unterscheidende **Anforderung** der Zahlung auf die Stammeinlage, die den Einforderungsbeschluss im Außenverhältnis umsetzt, erfolgt stets **durch die Geschäftsführer** der Gesellschaft. Doch muss der Anforderung, falls eine besondere Satzungsbestimmung fehlt, ein Beschluss der Gesellschafterversammlung vorausgehen (Rn. 8). Grundsätzlich führt erst die Anforderung durch die Geschäftsführer zur Fälligkeit der Einlageverpflichtung. Abweichendes gilt nur dann, wenn bei der Beschlussfassung nach § 46 Nr. 2 alle Gesellschafter anwesend sind und die Zahlungsbedingungen auf Grund des Beschlusses feststehen; in diesem Falle genügt der Einforderungsbeschluss.[12]

11 **b) Art der Anforderung.** Die **Art der Anforderung** ist weder in § 20 noch in § 7 Abs. 2 geregelt. Ist in der Satzung hierüber nichts bestimmt, so ist **jede Form der Anforderung möglich,**[13] freilich mit der Maßgabe, dass die Aufforderung zur Einzahlung als eine empfangsbedürftige rechtsgeschäftsähnliche Erklärung den betroffenen Gesellschaftern entsprechend § 130 BGB zugehen muss, da nur eine zugegangene Zahlungsaufforderung die Verzugsfolgen des § 20 herbeiführt. Bei Mitberechtigung an einem Geschäftsanteil ist § 18 Abs. 3 einschließlich seiner Ausnahmebestimmung in Satz 2 zu beachten. Die Aufforderung ist entbehrlich, wenn in der Satzung feste Regelungen vorgesehen sind, aus deren Wortlaut sich unzweideutig der Zeitpunkt der Einzahlungsverpflichtung ergibt.[14] Vorbehaltlich einer abweichenden Satzungsbestimmung kann die **Anforderung mündlich, schriftlich, auch telegraphisch per Telefax**[15] **oder e-mail** erfolgen. Bei unterschiedlicher Erreichbarkeit der Gesellschafter können ohne weiteres **unterschiedliche Übermittlungsarten** gewählt werden; ein im Ausland lebender Gesellschafter etwa kann deshalb per Fernschreiben zur Zahlung der Einlage aufgefordert werden, ein vor Ort lebender Gesellschafter durch eingeschriebenen Brief. Bei der Wahl der Form der Aufforderung ist jedoch zu berücksichtigen, dass die Gesellschaft im Streitfall die Darlegungs- und Beweislast für die Ordnungsgemäßheit der Aufforderung trägt und die Aufforderung sowie ihr Zugang deshalb dokumentiert werden sollten.

12 **c) Statutarische Vorgaben.** Die Satzung kann und sollte die Form der Anforderung festlegen, wobei wiederum jede Art der Anforderungsform gewählt werden kann, wenn nur dem Zugangserfordernis nach § 130 BGB als Voraussetzung der Verzugsfolgen Rechnung getragen ist. Da der Zugang gewährleistet sein muss, genügt es nicht,

---

[11] RGZ 138, 106, 111; BGH DB 1961, 304; *Hachenburg/Müller* Rn. 31; *Scholz/Winter* Rn. 13.
[12] *Hachenburg/Müller* Rn. 14; *Scholz/Winter* Rn. 11.
[13] *Baumbach/Hueck/Fastrich* Rn. 4; *Hachenburg/Müller* Rn. 15; *Scholz/Winter* Rn. 12.
[14] BGH LM § 16 Nr. 2; OLG Hamburg WM 1988, 579, 581; *Hachenburg/Müller* Rn. 15; *Scholz/Winter* Rn. 12.
[15] Vgl. hierzu *Hachenburg/Müller* Rn. 15; *Scholz/Winter* Rn. 12.

wenn der Gesellschaftsvertrag die Einforderung auch durch **Bekanntmachung in den in der Satzung festgelegten Veröffentlichungsblättern** für zulässig erklärt.[16] Der Rechtsgedanke des § 63 Abs. 1 S. 2 AktG lässt sich gegen diese Auffassung nicht heranziehen, da es im GmbHG zum einen gerade an einer solchen Bestimmung fehlt und zum anderen die aktienrechtliche Regelung auf die Publikumsgesellschaft zugeschnitten ist und ihr damit eine von der hier in Rede stehenden Gestaltung abweichende Interessenabwägung zugrundeliegt.

6. Einwendungen der Gesellschafter. Hinsichtlich der Einwendungen der Gesellschafter ist zwischen solchen gegen den Beschluss, solchen gegen die Einforderung der Geschäftsführer und solchen gegen die Rechtsfolgen nach § 20 zu unterscheiden: 13

Einwendungen dagegen, dass überhaupt über die Einforderung der Resteinlagen beschlossen wird, können die Gesellschafter grundsätzlich nicht erheben, ebenso wenig gegen Zeitpunkt und Höhe der Einforderung; insbesondere können sie nicht einwenden, dass die Gesellschaft die eingeforderten Beträge auf die Stammeinlage nicht oder nicht zu diesem Zeitpunkt oder nicht in der Höhe der Einforderung benötige.[17] Hinsichtlich der **Beschlussmängel** im Übrigen (Nichtigkeit oder Anfechtbarkeit) gelten die allgemeinen Grundsätze (hierzu bei § 47). So kann der Beschluss etwa wegen Verstoßes gegen die Treupflicht anfechtbar sein, wenn die Gesellschafter unterschiedlich in Anspruch genommen werden sollen oder die Gesellschaft keinerlei Geldmittel benötigt und die Einforderung auf die Stammeinlage offensichtlich zu dem Zweck erfolgt, um zahlungsschwache Gesellschafter mit ihrem Geschäftsanteil kaduzieren zu können;[18] der Beschluss muss aber in diesem Falle fristgerecht angefochten werden (zur Anfechtungsfrist s. bei § 47 Rn. 139 f.), da er nach Ablauf der Anfechtungsfrist bestandskräftig wird. 14

Als Einwendung gegen die Anforderung der Resteinlagen durch die Geschäftsführer kommt zunächst in Betracht, dass ein nach **§ 46 Nr. 2** erforderlicher Beschluss fehlt oder ein gefasster Beschluss nichtig ist. Wird demgegenüber geltend gemacht, der Beschluss sei in anfechtbarer Weise zustande gekommen, entscheiden die Geschäftsführer im Rahmen ihres pflichtgemäß auszuübenden Ermessens darüber, ob sie den Beschluss trotz der Gefahr seiner rückwirkenden Beseitigung umsetzen wollen. 15

Soweit es um die Einwendungen gegen die Rechtsfolgen nach § 20 geht, kommen vor allem als Einwendungen des Gesellschafters in Betracht, er habe bereits erfüllt **(Erfüllungseinwand)**, er habe die empfangsbedürftige (Rn. 11) Anforderung nicht erhalten **(fehlende Anforderung)** oder die Gesellschaft befinde sich in **Annahmeverzug**, weil sie sein ordnungsgemäßes Leistungsangebot nicht angenommen habe. 16

III. Zahlung „nicht zur rechten Zeit"

§ 20 setzt weiter voraus, dass die Zahlung des Gesellschafters „nicht zur rechten Zeit" erfolgt ist. Wann dies der Fall ist, bestimmt sich nach dem konkreten Einzelfall: Ist die Zahlung auf Grund einer Anforderung der Geschäftsführer zu leisten und wurde hierbei keine Zahlungsfrist bestimmt, muss die Zahlung gem. § 271 Abs. 1 BGB sofort nach Zugang der Anforderung (Rn. 10 f.) erfolgen. „Sofort" bedeutet dabei Zahlung so schnell wie nach objektiven Gesichtspunkten möglich, auf Verschulden kommt es in- 17

---

[16] Zust. *Scholz/Winter* Rn. 12; zweifelnd *Hachenburg/Müller* Rn. 34; aA RGZ 85, 366, 368; *Baumbach/Hueck/Fastrich* Rn. 4; *Lutter/Hommelhoff* Rn. 3.
[17] Zust. *Hachenburg/Müller* Rn. 21.
[18] *Hachenburg/Müller* Rn. 21.

soweit nicht an;[19] die Zahlung innerhalb einer angemessenen Frist[20] oder ohne schuldhaftes Zögern[21] genügt mithin nicht. Auf Verschulden stellt § 271 BGB nicht ab, Verschulden kann lediglich Bedeutung im Rahmen der Rechtsfolgen nicht rechtzeitiger Zahlung haben (Rn. 21). Wurde mit der Anforderung eine Zahlungsfrist gesetzt, hat die Zahlung innerhalb der gesetzten Frist zu erfolgen. Ergibt sich der Zahlungszeitpunkt aus der Satzung, muss bis zum Ablauf des dort genannten Termins gezahlt worden sein. In jedem Falle kommt es auf den Leistungserfolg, also den Eingang des angeforderten Betrages bei der Gesellschaft an, nicht etwa nur auf die Vornahme der Leistungshandlung.

IV. Rechtsfolgen nicht rechtzeitiger Zahlungen

18 Hinsichtlich der mit einer nicht rechtzeitigen Zahlung der Einlage verbundenen Rechtsfolgen ist zwischen denjenigen nach § 20 und den weiteren, auf Gesetz und Satzung beruhenden Rechtsfolgen zu unterscheiden:

19 **1. Verzugszinsen.** Nach § 20 ist der Gesellschafter, der seine Einlage nicht rechtzeitig eingezahlt hat, „zur Entrichtung von Verzugszinsen von Rechts wegen verpflichtet". Die Verwendung des Begriffs „Verzugszinsen" spricht dafür, die Vorschrift des § 288 Abs. 1 BGB zur Anwendung zubringen, wonach eine Geldschuld während des Verzugs für das Jahr mit fünf Prozentpunkten über dem Basiszinssatz (§ 247 BGB) zu verzinsen ist.[22] Hierdurch kommt es zwar zu einer Diskrepanz mit dem Aktienrecht, wonach fällige Einlagebeträge mit nur fünf Prozent zu verzinsen sind, § 63 Abs. 2 AktG; diese Diskrepanz ist jedoch mit Blick auf die Wortwahl des Gesetzes hinzunehmen.[23] §§ 352, 353 HGB sind nicht anzuwenden, da die Übernahme von Geschäftsanteilen kein beiderseitiges Handelsgeschäft darstellt.[24] Streitig ist, ob die Zinspflicht nach § 20 **Verschulden** voraussetzt. Die ganz überwiegende Meinung[25] lehnt dies unter Hinweis auf die Wendung „Verzugszinsen von Rechts wegen" und die Rechtslage im Aktienrecht (§ 63 Abs. 2 S. 1 AktG: „... haben ihn vom Eintritt *der Fälligkeit* an mit fünf vom Hundert zu verzinsen") ab. Dem ist mit der Vorauflage.[26] nicht beizutreten. Die Wendung „von Rechts wegen" bedeutet nur, dass die Rechtsfolge **unabhängig von einer besonderen Mahnung oder Abrede** eintritt,[27] also zwingendes Recht darstellt.[28] Der Begriff „Verzugszinsen" spricht damit für das Verschuldenserfordernis, nachdem auch vor In-Kraft-Treten des BGB hierfür überwiegend

---

[19] MüKo BGB/*Krüger* § 271 Rn. 30.
[20] Missverständlich insoweit *Roth/Altmeppen* Rn. 6.
[21] *Meyer-Landrut/Miller/Niehus* Rn. 6.
[22] Anders *Baumbach/Hueck/Fastrich* Rn. 6: Zinssatz in Höhe von 4 % nach § 246 BGB.
[23] Abw. *Baumbach/Hueck/Fastrich* Rn. 6 unter Hinweis auf die Genese der aktienrechtlichen Regelung.
[24] OLG Hamburg WM 1988, 579, 581; OLG Köln BB 1995, 426, 427; *Roth/Altmeppen* Rn. 8; *Baumbach/Hueck/Fastrich* Rn. 6; *Hachenburg/Müller* Rn. 36; *Lutter/Hommelhoff* Rn. 6; *Scholz/Winter* Rn. 17; MünchHdB GesR III/*Gummert* § 51 Rn. 120.
[25] *Roth/Altmeppen* Rn. 6; *Scholz/Winter* Rn. 15; *Lutter/Hommelhoff* Rn. 4; *Hachenburg/Müller* Rn. 16.
[26] Voraufl. Rn. 8; ebenso bereits etwa *Scholz* GmbHG, 4. Aufl. 1969, Rn. 5; *Liebmann/Saenger* GmbHG, 7. Aufl. 1927, Anm. 2.
[27] Vgl. hierzu bereits *Makower* ADHGB, 10. Aufl. 1890, Art. 219 Anm. 82 Nr. 1 zur entsprechenden aktienrechtlichen Bestimmung im seinerzeitigen Art. 184 und Hinweis auf die Protokolle bei *Lutz* (Hrsg.), Protokolle der Kommission zur Berathung eines ADHGB, 1858, S. 334.
[28] Zutr. *Scholz* GmbHG, 4. Aufl. 1969, Rn. 5.

Verzugszinsen § 20

Verschulden verlangt wurde.[29] Mit Blick darauf, dass Verschulden im Sinne des § 285 BGB vermutet wird[30] und Geldmangel stets zu vertreten ist,[31] ist die Bedeutung der Streitfrage praktisch allerdings nur selten von Bedeutung, etwa dann, wenn der Gesellschafter sich darauf beruft, ein ihm zugegangener Anforderungsbrief sei, ohne dass er von seinem Inhalt habe Kenntnis nehmen können, vernichtet worden.

Schuldner der Zinsen nach § 20 ist der säumige Gesellschafter; die Haftung seines 20 Rechtsnachfolgers ergibt sich aus § 16 Abs. 3. Die Mitgesellschafter haften für Ansprüche aus § 20 nicht (§ 16 Rn. 29). Der Rechtsvorgänger eines Gesellschafters, dessen Geschäftsanteil nach § 21 kaduziert worden ist, haftet für die vom kaduzierten Gesellschafter verwirkten Zinsen nach § 20 nicht. Mitberechtigte haften gem. § 18 Abs. 2 als Gesamtschuldner.

2. Weitere Rechtsfolgen. a) Ersatz des Verzugsschadens. Als weitere, nicht in 21 § 20 angesprochene Rechtsfolge kommt zunächst der Ersatz des Verzugsschadens gem. § 288 Abs. 4 BGB in Betracht. Er setzt nach § 286 eine Mahnung oder eine kalendermäßig bestimmte/bestimmbare Leistungszeit, eine ernsthafte und endgültige Leistungsverweigerung oder eine besondere sachliche Rechtfertigung voraus sowie – anders als bei § 20 (s. bei Rn. 19) – Verschulden des Gesellschafters, das nach § 286 Abs. 4 BGB jedoch vermutet wird.

b) Statutarisch festgelegte Rechtsfolgen. aa) Vertragsstrafe. Neben der ge- 22 setzlich zwingenden Rechtsfolge des § 20 (vgl. Rn. 19) kann die Satzung für den Fall der nicht rechtzeitigen Zahlung der Einlage weitere Folgen, insbesondere auch Vertragsstrafen vorsehen. § 20 Abs. 2, der die Zulässigkeit zusätzlicher Vertragsstrafen noch ausdrücklich bestimmte, wurde 1897 durch Art. 11 EGHGB gestrichen.[32] Sind die Vertragsstrafen in der Satzung festgelegt, gelten sie für die Einlageverpflichtung allgemein und binden damit auch Rechtsnachfolger der Gesellschafter. Soll die Vertragsstrafe erst nachträglich eingeführt werden, ist zur Wirksamkeit der Satzungsänderung gem. § 53 Abs. 3 die Zustimmung aller Gesellschafter, die hiervon betroffen werden können, erforderlich.[33] Das Verwirken der Vertragsstrafe setzt – vorbehaltlich einer abweichenden Satzungsbestimmung – gem. § 339 BGB **Verschulden** voraus. § 340 Abs. 1 BGB, wonach die Parteien für den Fall der Nichterfüllung vereinbaren können, dass an die Stelle der zu erfüllenden Pflicht die Vertragsstrafe tritt, ist demgegenüber ausgeschlossen. Eine solche Vereinbarung wäre mit dem zwingenden Charakter des Kapitalaufbringungsrechts unvereinbar;[34] eine gleichwohl in der Satzung enthaltene Bestimmung ist nach § 134 BGB nichtig.

Ob die Vertragsstrafe auf die Verzugszinsen nach § 20 anrechenbar sein soll, ist eine 23 Frage der Auslegung der jeweiligen Satzungsbestimmung. Die Kumulierung beider Ansprüche kann in der Satzung vorgesehen werden und sollte dies auch, da die Zinsen nach § 20 ohne eine solche Regelung in der Vertragsstrafe aufgehen, wegen des zwingenden Charakters des § 20 (Rn. 2) allerdings nur, wenn die Vertragsstrafe höher als die Zinsen ist.

---

[29] Vgl. hierzu *Soergel/Wiedemann* § 285 Rn. 1; *Enneccerus/Lehmann* Schuldrecht, 13. Bearb. 1950, S. 209 mit Fn 9.
[30] Statt anderer: *Soergel/Wiedemann* § 285 Rn. 15.
[31] Statt anderer *Palandt/Heinrichs* § 244, 245 Rn. 14.
[32] RGBl. 1897 S. 437.
[33] *Roth/Altmeppen* Rn. 10; *Baumbach/Hueck/Fastrich* Rn. 9; *Lutter/Hommelhoff* Rn. 8; *Scholz/Winter* Rn. 23.
[34] *Roth/Altmeppen* Rn. 11; *Lutter/Hommelhoff* Rn. 8; *Hachenburg/Müller* Rn. 48; eingehend *Scholz/Winter* Rn. 25.

§ 20   2. Abschnitt. Rechtsverhältnisse der Gesellschaft und der Gesellschafter

24   **Inhaltlich** ist die Vertragsstrafe typischerweise auf Geldleistungen gerichtet. Es ist jedoch auch zulässig, andere Leistungen oder nachteilige Folgen vorzusehen, beispielsweise den Verlust des Stimmrechts für die Dauer der Nichtzahlung, Ruhen des Gewinnbezugsrechts ö. Ä. Zulässig ist auch die **unterschiedliche Ausgestaltung der Rechtsfolgen.** Die Satzung kann deshalb beispielsweise nur bezüglich der Einzahlung auf einzelne Stammeinlagen die Vertragsstrafe vorsehen und damit nur einzelne Geschäftsanteile hiermit verbinden oder aber auch die Vertragsstrafe gestaffelt festsetzen nach der Dauer des Säumnisses, etwa in der Art, dass der Gesellschafter, der länger als einen Monat mit der eingeforderten Einlage säumig ist, eine Vertragsstrafe von 10 % des Einzahlungsbetrages zu entrichten hat und wer länger als drei Monat säumig bleibt, den doppelten Betrag.[35]

25   Die **Vertragsstrafe kann nach § 343 BGB** auf Antrag des Gesellschafters durch Urteil **herabgesetzt werden,** wenn sie unverhältnismäßig hoch ist. Streitig ist, ob dies auch dann gilt, wenn der betreffende Gesellschafter Kaufmann ist oder ob hier eine Herabsetzung nach § 348 HGB ausgeschlossen ist. Für eine Anwendung des § 348 HGB auch in diesem Rahmen spricht sich die hM aus.[36] Dem ist mit der Vorauflage indessen nicht zu folgen. Die §§ 343 ff. HGB sind insgesamt nicht auf die Beteiligung an einer Kapitalgesellschaft, sondern nur auf die laufenden Geschäfte eines Kaufmanns zugeschnitten und passen auf gesellschaftsvertragliche Verhältnisse nicht.[37] Auch wenn der Gesellschafter Kaufmann ist, kann er deshalb die Herabsetzung einer überhöhten Vertragsstrafe gem. § 343 BGB verlangen.

26   **bb) Besondere Verzugszinsen.** Die Satzung kann auch bestimmen, dass im Falle des Verzugs von Leistungen auf die Stammeinlage der **Verzugszins höher als der gesetzliche Zins** von 5 % über dem Basiszinssatz ist. Eine solche gesellschaftsvertragliche Abrede ist uneingeschränkt zulässig. Soll die höhere Verzinsung nachträglich erst im Wege der Satzungsänderung eingeführt werden, ist § 53 Abs. 3 zu beachten; es müssen deshalb sämtliche Gesellschafter, die durch die Satzungsbestimmung betroffen werden können, einer solchen Erhöhung des Verzugszinssatzes zustimmen.[38]

27   **c) Kaduzierung.** Nach §§ 21 ff. kann der Geschäftsanteil des säumigen Gesellschafters kaduziert werden, wenn auch auf eine erneute Zahlungsaufforderung mit Fristsetzung hin nicht gezahlt worden ist; wegen der Einzelheiten vgl. die Bem. dort.

28   **3. Erlass, Stundung, Aufrechnung.** Ob die Gesellschaft die Forderung auf Zahlung von Verzugszinsen ganz oder teilweise erlassen oder stunden kann, ist streitig. Die die Zulässigkeit einer solchen Verfügung bejahende Auffassung stützt sich maßgeblich auf den engen Wortlaut von § 19,[39] während die abweichende Meinung auf den zwingenden Charakter von § 20 und seine einlagesichernde Funktion hinweist.[40] Der erstgenannten Auffassung ist zu folgen. Der zwingende Charakter des § 20 hat nur zur Folge, dass eine entsprechende Forderung der Gesellschaft entsteht, womit für die Frage eines Erlasses dieser Verbindlichkeit § 30 berücksichtigt werden muss. Darüber

---

[35] *Hachenburg/Müller* Rn. 45.
[36] *Baumbach/Hueck/Fastrich* Rn. 9; *Lutter/Hommelhoff* Rn. 8; *Hachenburg/Müller* Rn. 49; *Scholz/Winter* Rn. 27.
[37] So zutr. auch *Roth/Altmeppen* Rn. 11 mit Hinweis auf Voraufl. Rn. 10.
[38] *Roth/Altmeppen* Rn. 10; *Baumbach/Hueck/Fastrich* Rn. 9; *Lutter/Hommelhoff* Rn. 8; *Hachenburg/Müller* Rn. 35; *Scholz/Winter* Rn. 23.
[39] *Baumbach/Hueck/Fastrich* Rn. 7; *Meyer-Landrut/Miller/Niehus* Rn. 7; *Hachenburg/Müller* Rn. 38; Voraufl. Rn. 10.
[40] *Roth/Altmeppen* Rn. 9; *Lutter/Hommelhoff* Rn. 6; *Scholz/Winter* Rn. 20; MünchHdB GesR III/*Gummert* § 51 Rn. 120.

hinaus lässt sich aus dem Charakter der Bestimmung nichts ableiten. Auch der Aspekt der Kapitalaufbringung steht einem Erlass nicht entgegen. § 20 soll sicherstellen, dass der Gesellschaft im Falle nicht rechtzeitiger Zahlung mit dem Verzugszins ein Mindestschadensersatz zufließt, es lässt sich der Bestimmung aber nicht entnehmen, dass die Zinsen an der erhöhten Kapitalbindung des von den Gesellschaftern aufzubringenden Stammkapitals teilnehmen sollen. Auch die Möglichkeit, die Zinserträge wieder an die Gesellschafter auszuschütten, und der fehlende Zwang, diese einer gesetzlichen Rücklage zuzuführen, spricht gegen eine Erstreckung der Bindungen des § 19. Die Bestimmung des § 19 ist deshalb auf die Zinsverbindlichkeit nach § 20 auch nicht sinngemäß anwendbar. Ebenfalls zulässig ist die **Aufrechnung** gegen Forderungen aus § 20 oder eine statutarisch festgesetzte Vertragsstrafe; § 19 Abs. 2 findet keine Anwendung.[41] Entsprechendes gilt hinsichtlich etwaiger statutarisch vorgesehener Rechtsfolgen (Vertragsstrafe etc., hierzu bei Rn. 22 ff.).

Der Erlass einer Forderung aus § 20 oder einer vergleichbaren statutarischen Bestimmung ist nur auf der Grundlage eines zustimmenden **Gesellschafterbeschlusses** zulässig. Dies folgt zum einen als Annex aus der Kompetenz der Gesellschafter nach § 46 Nr. 2, zum anderen auch daraus, dass insoweit ein ungewöhnliches Geschäft vorliegt, für das die Geschäftsführer nach allgemeinen Grundsätzen einen Gesellschafterbeschluss herbeiführen müssen. Dieses besondere Zustimmungserfordernis betrifft grundsätzlich nur das Innenverhältnis; es wirkt sich gegenüber einem Gesellschafter aber insoweit auf die Wirksamkeit des Rechtsgeschäfts nach außen aus, als der Betreffende im Regelfall um das Fehlen eines Gesellschafterbeschlusses wissen wird und im Rechtsverkehr mit Gesellschaftern § 37 Abs. 2 keine Anwendung findet.[42] Handelt der Geschäftsführer der Gesellschaft ohne den hiernach notwendigen Gesellschafterbeschluss, macht er sich der Gesellschaft gegenüber nach § 43 schadensersatzpflichtig.[43]   29

Für den Beschluss der Gesellschafterversammlung über den Erlass oder die Stundung ist, ebenso wie bei der Einforderung selbst, der Gleichbehandlungsgrundsatz zu beachten. Ein Verstoß hiergegen macht den Beschluss anfechtbar, ein unangefochten gebliebener Beschluss bindet die Beteiligten gleichwohl.   30

V. Verwendung

Zinserträge aus der Anwendung des § 20 und statutarische Vertragsstrafen müssen nicht in die Rücklage eingestellt werden. In diesem Zusammenhang erbrachte Leistungen stellen einen außerordentlichen Ertrag dar, der bei Vorliegen der hierfür notwendigen Voraussetzungen (§ 29 Rn. 38 ff.) auch an die Gesellschafter ausgeschüttet werden kann.[44]   31

VI. Österreichisches Recht

Das österreichische Recht enthält in § 65 ÖGmbHG eine der deutschen Regelung im Wesentlichen entsprechende Norm. Über die Einforderung von Einzahlungen beschließt vorbehaltlich einer abweichenden Satzungsbestimmung[45] gem. § 35 Abs. 1 Nr. 2 die Gesellschafterversammlung. Bestimmt die Satzung nichts anderes, genügt die   32

---

[41] *Hachenburg/Müller* Rn. 38; *Scholz/Winter* Rn. 29; aA *Lutter/Hommelhoff* Rn. 6; MünchHdB GesR III/*Gummert* § 51 Rn. 120.
[42] BGH NJW 1997, 2678 mwN; abw. *Hachenburg/Müller* Rn. 39, der Wirksamkeit des Rechtsgeschäfts im Außenverhältnis annimmt.
[43] *Hachenburg/Müller* Rn. 39.
[44] Unstr., *Hachenburg/Müller* Rn. 52; *Scholz/Winter* Rn. 31.
[45] *Koppensteiner* ÖGmbHG § 35 Rn. 45 ff., § 63 Rn. 8.

Anforderung durch rekommandiertes Schreiben, § 65 Abs. 2 ÖGmbHG. Wirksamkeitsvoraussetzung ist die Beachtung dieser Form nicht; wird sie nicht beachtet, muss die Gesellschaft den Zugang aber beweisen.[46]

§ 21 [Kaduzierung]

(1) [1] Im Fall verzögerter Einzahlung kann an den säumigen Gesellschafter eine erneute Aufforderung zur Zahlung binnen einer zu bestimmenden Nachfrist unter Androhung seines Ausschlusses mit dem Geschäftsanteil, auf welchen die Zahlung zu erfolgen hat, erlassen werden. [2] Die Aufforderung erfolgt mittels eingeschriebenen Briefes. [3] Die Nachfrist muß mindestens einen Monat betragen.

(2) [1] Nach fruchtlosem Ablauf der Frist ist der säumige Gesellschafter seines Geschäftsanteils und der geleisteten Teilzahlungen zugunsten der Gesellschaft verlustig zu erklären. [2] Die Erklärung erfolgt mittels eingeschriebenen Briefes.

(3) Wegen des Ausfalls, welchen die Gesellschaft an dem rückständigen Betrag oder den später auf den Geschäftsanteil eingeforderten Beträgen der Stammeinlage erleidet, bleibt ihr der ausgeschlossene Gesellschafter verhaftet.

Literatur: *Baumann* Die Ausschließung von GmbH-Gesellschaftern – Möglichkeiten der Satzungsgestaltung, MittRhNotK 1997, 271; *Becker* Die Kaduzierung von GmbH-Anteilen, GmbHR 1935, 857 und 949; *Buchwald* Kaduzierung eines Geschäftsanteils und Abandonrecht, GmbHR 1959, 108; *Fabricius* Sicherung der Aufbringung des Stammkapitals im Recht der GmbH, GmbHR 1970, 193; *Fichtner* Kaduzierung, Einziehung und Ausschließung bei der GmbH, BB 1966, 146; *Fleck* Neuere Entwicklungen im GmbH-Recht, GmbHR 1993, 550; *v. Halem* Die Kaduzierung von Aktien und Geschäftsanteilen einer GmbH, Diss. Köln 1961; *Hörstel* Der Ausschluß des GmbH-Gesellschafters durch Kaduzierung, NJW 1994, 965; *Hohner* Subjektlose Rechte, 1969; *Lutter* Rechtsverhältnisse zwischen den Gesellschaftern und der Gesellschaft, in: Probleme der GmbH-Reform 1969, 63; *Melber* Die Kaduzierung in der GmbH, 1993; *ders.* Zur Kaduzierung des GmbH-Gesellschafters trotz freiwilliger vollständiger Einlageleistung vor Eintragung der GmbH, GmbHR 1991, 563; *Michalski/Schulenburg* Pfändung von Kaduzierungsansprüchen und Kaduzierung bei Einmann-Gesellschaften, NZG 1999, 431; *Polzius* Die Versteigerung von GmbH-Anteilen nach der ZPO und dem GmbHG, DGVZ 1987, 17; *K. Schmidt* Summenmäßige Grenzen der Haftung von Mitgesellschaftern aus rückständigen Einlagen (§ 24 GmbHG) und verbotene Ausschüttungen (§ 31 Abs. 3 GmbHG), BB 1985, 154; *Schuler* Die Kaduzierung von GmbH-Anteilen, GmbHR 1961, 98; *Schulz* Die Kaduzierung eines GmbH-Geschäftsanteils, GmbH-Ztschr. 1934, 13, 41, 81, 133, 215 und 255; *Soufleros* Ausschließung und Abfindung eines GmbH-Gesellschafters, 1983; *Spindler* Die Verwertung des kaduzierten Geschäftsanteils, GmbHR 1950, 177; *Utsch* Die Kaduzierung von GmbH-Anteilen, Diss. Köln 1939.

Übersicht

	Rn.		Rn.
I. Einführung	1–3	c) Angabe des angeforderten Betrags und Kaduzierungsandrohung	15, 16
1. Allgemeines	1, 2	d) Form der Aufforderung und der Kaduzierungsandrohung (§ 21 Abs. 1 S. 2)	17, 18
2. Überblick über die §§ 21 bis 25	3		
II. Inhalt und Zweck der Vorschrift	4–8	e) (Mindest-)Nachfrist (§ 21 Abs. 1 S. 3)	19–21
III. Voraussetzungen der Kaduzierung (§ 21 Abs. 1)	9–31	f) Entbehrlichkeit eines Gesellschafterbeschlusses	22
1. Erste Zahlungsaufforderung	9–12	g) Ermessen und Haftung der Organe	23–25
2. Zweite Zahlungsaufforderung (§ 21 Abs. 1 S. 1)	13–27	h) Umfang der Kaduzierung	26, 27
a) Adressat und Zeitpunkt	13		
b) Zuständigkeit	14		

---

[46] *Koppensteiner* ÖGmbHG § 65 Rn. 1 mwN.

Kaduzierung § 21

	Rn.		Rn.
3. Beendigung des Kaduzierungsverfahrens durch Zahlung	28–31	a) Fehlender Zugang der Kaduzierungserklärung	53
IV. Die Erklärung der Kaduzierung (§ 21 Abs. 2)	32–49	b) Kaduzierungserklärung durch Dritte	54
1. Ermessensentscheidung	32	c) Fehlende Säumnis des Gesellschafters	55
2. Kaduzierungserklärung	33–36	d) Fehlende Fälligkeit der Einlageforderung	56
a) Zuständigkeit	33		
b) Adressat	34	e) Fehlende Spezifikation der Aufforderung	57
c) Inhalt	35		
d) Form und Wirksamwerden	36	f) Fehlende/mangelhafte Kaduzierungsandrohung	58–60
3. Verwirkung	37	2. Folgen einer mangelhaften Kaduzierung	61, 62
4. Bedeutung und Folgen der Kaduzierung	38–43		
5. Schicksal des kaduzierten Geschäftsanteils	44–49	VII. Kaduzierung in der Insolvenz	63–65
		1. Insolvenz des Gesellschafters	64
V. Die Ausfallhaftung (§ 21 Abs. 3)	50, 51	2. Insolvenz der Gesellschaft	65
VI. Mängel der Kaduzierung	52–62	VIII. Steuerrechtliche Behandlung	66
1. Mängel	52–60	IX. Österreichisches Recht	67

I. Einführung

1. Allgemeines. Die in den §§ 21 bis 25 geregelte Ausschließung von Gesellschaftern, die ihre Stammeinlage teilweise nicht erbracht haben, spielt in der Praxis durchaus eine Rolle, hat in der Rechtsprechung aber – augenscheinlich wegen der vorausgesetzten Zahlungsunfähigkeit der betroffenen Gesellschafter – offenbar niemals große Bedeutung gehabt. Nach einer Untersuchung sind vom Reichsgericht von 1902 und bis 1945 nur 21 Fälle dieser Art entschieden wurden, während dem BGH bis heute nur noch zwei Fälle der Kaduzierung vorgelegen hätten, von denen einer nicht einschlägig gewesen sei.[1] 1

Die §§ 21 bis 25 wurden durch die Novelle 1980 nicht geändert. 2

2. Überblick über die §§ 21 bis 25. Die Einleitung des in § 21 geregelten Kaduzierungsverfahrens setzt zunächst voraus, dass der betreffende Gesellschafter sich mit der Einzahlung der Stammeinlage ganz oder teilweise in Verzug befindet; die Einlageforderung muss also fällig und der Gesellschafter muss zur Zahlung aufgefordert worden sein (Rn. 9 ff.). Liegen diese Voraussetzungen vor, kann die Gesellschaft den Gesellschafter unter Setzen einer weiteren Zahlungsfrist von mindestens einem Monat durch eingeschriebenen Brief nochmals zur Zahlung mit der Androhung auffordern, dass er andernfalls ausgeschlossen werde (§ 21 Abs. 1). Zahlt der Gesellschafter auch hierauf nicht, kann die Gesellschaft ihn, ebenfalls durch eingeschriebenen Brief, seines Geschäftsanteils und der hierauf geleisteten Teilzahlungen für verlustig erklären (§ 21 Abs. 2). Mit Zugang dieser Erklärung (Kaduzierungserklärung) bei dem Gesellschafter geht der Geschäftsanteil kraft Gesetzes auf die Gesellschaft über (str., vgl. bei Rn. 44). Für die nach wie vor offene Einlageforderung haften der Gesellschaft die – sofern vorhanden – bei ihr nach § 16 angemeldeten Rechtsvorgänger des Ausgeschlossenen. Die Haftung der Rechtsvorgänger beschränkt sich auf solche Einlagen, die innerhalb von fünf Jahren nach ihrem Ausscheiden fällig werden, und ist im Übrigen abgestuft: Primär haftet der unmittelbare Rechtsvorgänger; kann die Einlageforderung bei ihm nicht realisiert werden, haftet sein Vorgänger usw. bis hin zum Gründungsgesellschafter als dem ersten Inhaber des Geschäftsanteils (§ 22 Abs. 1 bis 3). Zahlt ein Rechtsvorgänger, 3

---

[1] Vgl. *Lutter/Hommelhoff* Rn. 1.

§ 21 2. Abschnitt. Rechtsverhältnisse der Gesellschaft und der Gesellschafter

geht der Geschäftsanteil kraft Gesetzes auf ihn über (§ 22 Abs. 4). Sind keine Rechtsvorgänger vorhanden oder kann die offene Einlageforderung von ihnen nicht erlangt werden, ist der Geschäftsanteil öffentlich zu versteigern oder – sofern der Ausgeschlossene zustimmt – in anderer Weise zu verwerten (§ 23). Erst wenn die offene Einlageforderung weder von den Rechtsvorgängern noch über den Verkauf des Anteils gedeckt werden kann, haften die übrigen Gesellschafter (§ 24). Die Bestimmungen sind zwingend (§ 25).

II. Inhalt und Zweck der Vorschrift

4 Die Kaduzierung eines Geschäftsanteils gemäß § 21 ff. besagt, dass der mit einer Geldeinzahlung auf seinen Stammanteil säumige Gesellschafter mit seinem Geschäftsanteil entschädigungslos ausgeschlossen werden kann. §§ 21 ff. sind grundsätzlich **nur auf Bareinlagen anwendbar,** bei der sog. Mischeinlage (§ 7 Rn. 38) auf den Baranteil. Auf Sacheinlagen findet § 21 deshalb keine Anwendung, weil sie gem. § 7 Abs. 3 ohnehin vor der Anmeldung zum Handelsregister voll erbracht sein müssen; sofern hiergegen verstoßen wird, kann die Bestimmung wegen des ihr zugrunde liegenden Zwecks, der Kapitalaufbringung, entsprechend angewandt werden (str., s. Rn. 26).

5 Der **Zweck** der Bestimmung der §§ 21 ff. liegt in der Gewährleistung der Kapitalaufbringung. Über die mit der Kaduzierung ermöglichte Veräußerung der Geschäftsanteile und dem damit verbundenen Übergang der Einlagepflicht auf den Erwerber soll sichergestellt werden, dass die auf die Anteile entfallende Einlage doch noch aufgebracht werden kann; dem gleichen Zweck dient die Haftungserstreckung auf Rechtsvorgänger nach § 22 und die Ausfallhaftung der Mitgesellschafter nach § 24 sowie diejenige des ausgeschlossenen Gesellschafters nach § 21 Abs. 3. Dass durch die rigiden Folgen der §§ 21 ff. zugleich Druck auf einen zahlungsunwilligen Gesellschafter ausgeübt wird, seine Einlage doch noch zu erbringen, liegt als Nebenfolge außerhalb des eigentlichen Gesetzeszwecks. Aus diesem Zweck folgt zugleich, dass nur die Gesellschaft die Kaduzierung betreiben kann, und dies auch nur dann, wenn ihr der Wert der Einlageleistung auch nicht von anderer Seite zugeflossen ist.

6 Die Regelungen sind wegen ihrer der Kapitalaufbringung dienenden Funktion **zwingend** (§ 25) und können in der Satzung nicht abbedungen, sondern nur verschärft werden.[2] Strafcharakter hat die Kaduzierung demgegenüber nicht.[3] Die aktienrechtliche Parallelvorschrift ist in § 64 AktG enthalten.

7 § 21 Abs. 1 ist, wie der Gesetzestext sagt, eine Kann-Vorschrift. Die Gesellschaft ist also, wenn einer oder mehrere Gesellschafter mit der Erbringung einer eingeforderten Teileinlage säumig sind, berechtigt, aber nicht verpflichtet, die Kaduzierung durchzuführen.[4] Auch ein Dritter (Gläubiger) kann die Kaduzierung nicht erzwingen,[5] insbesondere ist das Kaduzierungsrecht kein der Pfändung durch Gläubiger der Gesellschaft unterliegendes Recht.[6] Die Gesellschaft hat die Wahl, statt der Kaduzierung die ausstehende Einlage klageweise geltend zu machen und ggf. im Vollstreckungswege durchsetzen.

---

[2] *Baumbach/Hueck/Fastrich* Rn. 1; *Lutter/Hommelhoff* Rn. 1.
[3] Anders wohl *Hachenburg/Müller* Vor § 21 Rn. 6.
[4] RGZ 86, 419, 421; *Hachenburg/Müller* Rn. 6; *Scholz/Emmerich* Rn. 2, 3; *Baumbach/Hueck/Fastrich* Rn. 1.
[5] RGZ 86, 419, 421 f.; *Hachenburg/Müller* Rn. 19; *Meyer-Landrut/Miller/Niehus* Rn. 2; *Scholz/Emmerich* Rn. 12; wohl auch OLG Düsseldorf GmbHR 1962, 158.
[6] Eingehend *Michalski/Schulenburg* NZG 1999, 431, 433 f. in Anm. zu der zum ÖGmbHG ergangenen abw. Entscheidung des OGH NZG 1999, 444.

Die Kaduzierung eines Geschäftsanteils ist ein weitreichender Eingriff in die **8** Rechtsstellung eines Gesellschafters. Die Kaduzierung reicht weiter als etwa der Ausschluss eines Gesellschafters. Denn während der Gesellschafter im Falle seines Ausschlusses auch aus wichtigem Grunde eine Abfindung erhält, verfallen bei der Kaduzierung auch sämtliche vermögensrechtlichen Ansprüche des Gesellschafters in Bezug auf den Geschäftsanteil. Ob die Kaduzierung deshalb aber nur dann durchgeführt werden darf, wenn kein anderes Mittel mehr gegeben ist, die eingeforderte Teileinlage von dem säumigen Gesellschafter zu erhalten,[7] ist auch unter Berücksichtigung der Treupflicht zweifelhaft und dürfte zu verneinen sein. Den Interessen des Betroffenen wird dem Gesetz nach dadurch bereits genüge getan, dass die Kaduzierung nur bei Vorliegen ihrer Voraussetzungen wirksam ist und ihm nach § 21 Abs. 1 eine Nachfrist mit einer unmißverständlichen Androhung der Kaduzierung gesetzt werden muss; der Gesellschafter wird mithin von den Folgen seiner (rechtswidrigen) Zahlungssäumnis nicht überrascht und muss mit Blick auf seinen Beitritt zur GmbH und die damit verbundene Unterstellung unter das insoweit geltende Kapitalaufbringungsrecht die mit der Kaduzierung verbundenen Rechtsfolgen hinnehmen. Lediglich unter dem Aspekt des Gleichbehandlungsgrundsatzes kann sich eine Kaduzierung als treuwidrig darstellen, nämlich dann, wenn bei gleicher Situation ohne sachlich rechtfertigenden Grund nur die Geschäftsanteile eines Gesellschafters kaduziert werden, während die anderen Gesellschafter unbehelligt bleiben (vgl. hierzu auch bei Rn. 24).

III. Voraussetzungen der Kaduzierung (§ 21 Abs. 1)

1. Erste Zahlungsaufforderung. Die Kaduzierung eines Geschäftsanteils gemäß **9** § 21 setzt zunächst voraus, dass der betreffende Gesellschafter mit einer Bareinlage säumig ist. Dies ist er dann, wenn er von der Gesellschaft erfolglos zur Einzahlung auf seine noch nicht voll geleistete Stammeinlage aufgefordert worden ist. Zur Bestimmung dieses Zeitpunkts vgl. die zur Zinspflicht nach § 20 entwickelten Grundsätze (vgl. § 20 Rn. 5 ff.). Die Zahlungsaufforderung erfolgt im Regelfall durch die **Geschäftsführer;** wirksam ist die Einforderung grundsätzlich nur, wenn ihr ein Gesellschafterbeschluss nach § 46 Nr. 2 zugrunde liegt (§ 20 Rn. 10 ff.). Hält der Gesellschafter mehrere Geschäftsanteile, muss sich aus der Aufforderung klar ergeben, auf welchen Anteil die Einzahlung gefordert wird.[8] Eine besondere Aufforderung zur Einzahlung auf die Stammeinlage ist **entbehrlich,** wenn der Gesellschafter an einer Gesellschafterversammlung, auf der die unverzügliche Einzahlung der Einlage beschlossen wird, teilnimmt.[9] Gegenüber abwesenden Gesellschaftern ist die Aufforderung durch die Geschäftsführer (in vertretungsberechtigter Zahl) demgegenüber nicht entbehrlich.

Sieht die Satzung für die Zahlung der Resteinlage einen festen Termin vor und zahlt **10** der Gesellschafter nicht fristgerecht, tritt seine Säumnis auch ohne weitere Aufforderung ein.[10] Teilweise wird abweichend hiervon angenommen, dass der erneuten Aufforderung auch dann eine erste Aufforderung vorausgehen muss, wenn für die Leistung der Stammeinlage ein **fester Termin in der Satzung** festgesetzt ist.[11] Dem ist nicht zuzustimmen. Denn sieht der Gesellschaftsvertrag feste Termine zur Zahlung vor, so ist diese Regelung der im Gesetz verlangten erstmaligen Aufforderung jedenfalls gleich-

---

[7] Voraufl. Rn. 4.
[8] *Baumbach/Hueck/Fastrich* Rn. 7; *Scholz/Emmerich* Rn. 18.
[9] OLG Hamburg GmbHR 1991, 578; *Hachenburg/Hüffer* § 46 Rn. 29; *Lutter/Hommelhoff* Rn. 7; anders OLG München GmbHR 1985, 56, 57.
[10] *Hachenburg/Müller* Rn. 24; *Scholz/Emmerich* Rn. 15; *v. Halem* S. 30.
[11] *Fichtner* BB 1966, 146; *Schuler* GmbHR 1961, 98; s. auch OLG München GmbHR 85, 56.

zustellen,[12] da der mit der Aufforderung verfolgte Zweck – Mitteilung der Fälligkeit der Einlageverbindlichkeit – durch eine solche Regelung in entsprechender Weise erreicht wird (vgl. auch die ähnliche Regelung in § 286 Abs. 2 Nr. 1 BGB).

11 **Adressat** der erstmaligen Zahlungsaufforderung, die – anders als die erneute Aufforderung im Sinne des § 21 Abs. 1 S. 1 (hierzu Rn. 13 ff.) – auch vor Eintragung der Gesellschaft in das Handelsregister erfolgen kann,[13] ist der säumige **Gesellschafter**. Ist über sein Vermögen das Insolvenzverfahren eröffnet worden, muss die Erklärung gegenüber dem **Insolvenzverwalter** erfolgen.[14]

12 Einer besonderen **Form** bedarf die erste Aufforderung nicht. Die Zahlungsaufforderung stellt eine geschäftsähnliche Handlung dar,[15] keine Willenserklärung. Da sie empfangsbedürftig ist, ist aber ihr **Zugang** erforderlich. Im Streitfall hat die Gesellschaft die Säumnis des Gesellschafters, also die erste Zahlungsaufforderung und die nicht fristgerechte Zahlung zu beweisen. Zum **Beweis des Zugangs** genügt der Beweis der Einlieferung eines Briefes (etwa durch Vorlage eines Einlieferungsscheins) nicht, da es für den Zugang eingelieferter Briefe keine Vermutung gibt.

13 **2. Zweite Zahlungsaufforderung (§ 21 Abs. 1 S. 1). a) Adressat und Zeitpunkt.** Erst wenn der **Gesellschafter** mit der Einzahlung seiner Einlage säumig ist (Rn. 10), kann die Gesellschaft ihm unter gleichzeitiger erneuter Zahlungsaufforderung die Kaduzierung seines Anteils androhen.[16] Diese zweite Zahlungsaufforderung kann **erst nach der Eintragung** der Gesellschaft in das Handelsregister erfolgen,[17] da bis zu diesem Zeitpunkt nach hM kein zu kaduzierender Geschäftsanteil besteht; im Stadium der Vorgesellschaft gibt es deshalb keine Kaduzierung.[18] Als Gesellschafter gilt gegenüber der Gesellschaft derjenige, der gem. § 16 angemeldet ist. Die Aufforderung wirkt auch ohne weiteres gegenüber den Rechtsnachfolgern.[19] Bei mehreren Mitberechtigten an dem Geschäftsanteil gilt § 18 Abs. 3. Es genügt deshalb eine zweite Aufforderung an einen Mitberechtigten (s. § 18 Rn. 26 ff.). Das Verfahren kann auch gegen die Erben gerichtet werden, selbst wenn sie beschränkt haften (§ 2014 BGB). Sie müssen die gegenüber dem Erblasser vorgenommenen Handlungen gegen sich gelten lassen, da sie in das Verfahren nach dem jeweiligen Stand eintreten. Als Erbe gilt hierbei, wer durch einen Erbschein ausgewiesen ist.[20]

14 **b) Zuständigkeit.** Zuständig für die zweite Aufforderung sind – vorbehaltlich einer abweichenden Regelung in der Satzung (§ 20 Rn. 9) – ebenfalls die **Geschäftsführer** in vertretungsberechtigter Zahl. Auch hier muss sich, wenn der Gesellschafter mehrere Geschäftsanteile hält, aus der Aufforderung klar ergeben, auf welchen Anteil die Einzahlung gefordert wird (zur entsprechenden Rechtslage bei der ersten Aufforderung s. Rn. 9).

15 **c) Angabe des angeforderten Betrags und Kaduzierungsandrohung.** In der Aufforderung zur Zahlung der ausstehenden (und fälligen) Einlage ist der eingeforderte

---

[12] So wohl auch BGH LM § 16 Nr. 2; *Hachenburg/Müller* Rn. 24; *Scholz/Emmerich* Rn. 15.
[13] RGZ 58, 55, 57; *Scholz/Emmerich* Rn. 9; *Hachenburg/Müller* Rn. 18.
[14] RGZ 79, 174, 178.
[15] Zum Begriff der geschäftsähnlichen Handlung s. statt anderer *Soergel/Hefermehl* Vor § 104 Rn. 20; *Larenz/Wolf* AT § 22 Rn. 23 ff.
[16] Die Kaduzierung ist auch in der Einpersonen-Gesellschaft möglich, vgl. hierzu *Michalski/Schulenburg* NZG 1999, 431, 432 f. – Bespr. von OGH NZG 1999, 444.
[17] RGZ 58, 55, 57; *Scholz/Emmerich* Rn. 9; *Hachenburg/Müller* Rn. 21.
[18] *Hachenburg/Müller* Rn. 21.
[19] *Hachenburg/Müller* Rn. 13; *Scholz/Emmerich* Rn. 13; *Baumbach/Hueck/Fastrich* Rn. 7.
[20] *Hachenburg/Müller* Rn. 15; *Scholz/Emmerich* Rn. 13.

Betrag im Einzelnen anzugeben. Die Höhe des ausstehenden Betrags ist grundsätzlich ohne Bedeutung, insbesondere kann die Kaduzierung auch wegen eines geringen noch ausstehenden Betrages betrieben werden, sofern dem nicht ausnahmsweise § 242 BGB entgegensteht.[21] Wird irrtümlich ein zu geringer Betrag eingefordert (**Zuwenigforderung**), ist dies für die Wirksamkeit der Aufforderung ohne Bedeutung; der Gesellschafter vermeidet aber die nach § 21 Abs. 1 für die Kaduzierung notwendige Säumnis bereits dann, wenn er lediglich den eingeforderten geringeren Betrag einzahlt.[22] Umgekehrt soll nach überwiegender Auffassung die Nennung eines überhöhten Betrages (**Zuvielforderung**) für die Wirksamkeit der Einforderung selbst ebenfalls unschädlich sein; die Leistungspflicht des Gesellschafters beschränke sich in diesem Falle jedoch auf die tatsächlich rückständige Einlage.[23] Dem ist in dieser Form nicht zu folgen. Entsprechend der Rechtslage zur Mahnung bei § 286 Abs. 1 BGB ist im Hinblick auf die mit einer verzögerten Zahlung verbundenen einschneidenden Rechtsfolgen vielmehr darauf abzustellen, ob der Gesellschafter die Aufforderung im konkreten Fall als Aufforderung zur Bewirkung der tatsächlich geschuldeten Leistung verstehen kann und die Gesellschaft zur Annahme der tatsächlich geschuldeten (geringeren) Leistung bereit ist.[24]

Die nach § 21 Abs. 1 S. 1 zur Vorbereitung der Kaduzierung notwendige Zahlungsaufforderung muss mit der **Androhung** versehen werden, den Gesellschafter für den Fall, dass er nicht innerhalb der gesetzten Frist zahlt, mit seinem Geschäftsanteil auszuschließen. Der Begriff des Ausschlusses muss nicht verwendet werden, es genügt, wenn dem säumigen Gesellschafter aus der Formulierung klar wird, dass ihm im Falle des Nichteinhaltens der Nachfrist das Kaduzierungsverfahren droht.[25]

d) Form der Aufforderung und der Kaduzierungsandrohung (§ 21 Abs. 1 S. 2). Abweichend von der sonst herrschenden Formfreiheit (Rn. 12) muss die mit der Kaduzierungsandrohung verbundene Zahlungsaufforderung dem Gesellschafter aber mittels eingeschriebenen Briefes zugehen; die in dem Schreiben gesetzte Nachfrist muss mindestens einen Monat betragen. Die Zahlungsaufforderung selbst stellt eine geschäftsähnliche Handlung dar,[26] keine Willenserklärung.[27]

Bei der **Formvorschrift des eingeschriebenen Briefes** handelt es sich, da sie Beweiszwecken dienen soll, um ein „**Attribut**" der geschäftsähnlichen Handlung, nicht um eine „Wirkform".[28] Sofern feststeht, dass der Gesellschafter die Zahlungsaufforderung erhalten hat und diese auch als für ihn bestimmte, ernst gemeinte Aufforderung (und nicht etwa als Briefentwurf) verstanden hat, kann er sich deshalb nicht darauf berufen, dass ihm die Aufforderung nur als **einfaches oder** zB als **Telefax-Schreiben** zugegangen ist. Unabhängig davon kann die Satzung auch strengere Voraussetzungen an den Zugang knüpfen, etwa die Zustellung durch den Gerichtsvollzieher nach § 132

---

[21] *Melber* Die Kaduzierung in der GmbH, 1993, S. 223; *Scholz/Emmerich* Rn. 25.
[22] *Roth/Altmeppen* Rn. 14; *Scholz/Emmerich* Rn. 16; zust. OGH GesRZ 1988, 168.
[23] OLG Hamburg NJW-RR 1994, 1528, 1529; LG Hildesheim NZG 1998, 158; *Baumbach/Hueck* Rn. 5; *Hachenburg/Müller* Rn. 29; *Lutter/Hommelhoff* Rn. 9.
[24] Ähnlich *Roth/Altmeppen* Rn. 18; *Scholz/Emmerich* Rn. 16.
[25] OLG Hamm GmbHR 1993, 360, 361; *Roth/Altmeppen* Rn. 12; *Baumbach/Hueck/Fastrich* Rn. 5; *Scholz/Emmerich* Rn. 18; *Lutter/Hommelhoff* Rn. 11.
[26] Zum Begriff der geschäftsähnlichen Handlung s. statt anderer *Soergel/Hefermehl* Vor § 104 Rn. 20; *Larenz/Wolf* AT § 22 Rn. 23 ff.
[27] Anders die ganz überwM, vgl. etwa *Roth/Altmeppen* Rn. 13; *Baumbach/Hueck/Fastrich* Rn. 8; *Scholz/Emmerich* Rn. 19.
[28] Zur Terminologie *Flume* Allgemeiner Teil des bürgerlichen Rechts § 15 I 1.

§ 21 2. Abschnitt. Rechtsverhältnisse der Gesellschaft und der Gesellschafter

Abs. 1 BGB, ggf. – bei unbekanntem Aufenthalt – auch die öffentliche Zustellung nach § 132 Abs. 2 BGB, nicht aber eine Bekanntmachung in öffentlichen Blättern.[29]

19   e) (Mindest-)Nachfrist (§ 21 Abs. 1 S. 3). Nach § 21 Abs. 1 S. 3 ist dem säumigen Gesellschafter eine Nachfrist von mindestens einem Monat zu setzen. Diese Mindestfrist **beginnt mit Zugang** der Aufforderung bei dem säumigen Gesellschafter.[30] Der Zugang richtet sich nach § 130 BGB und liegt vor, wenn die Erklärung dergestalt in den Bereich des Gesellschafters gelangt ist, dass dieser unter normalen Verhältnissen die Möglichkeit hat, von seinem Inhalt Kenntnis zu nehmen. Das Vorzeigen des Briefes genügt nicht,[31] ebenso wenig das Hinterlassen des Benachrichtigungszettels.[32] Erforderlich ist vielmehr die Aushändigung des Briefs an den Adressaten oder an eine zum Empfang berechtigte Person, auch wenn der Brief absichtlich oder unabsichtlich nicht gelesen wird.[33] Wird der Zugang vereitelt oder sonst schuldhaft verhindert, muss sich der Gesellschafter so behandeln lassen, als ob ihm die Erklärung zugegangen sei.[34] Ist mit der Zusendung der Zahlungsaufforderung zu rechnen, muss der säumige Gesellschafter auf Grund seiner Mitgliedschaft in der GmbH geeignete Vorkehrungen treffen, die den Zugang auch während seiner Abwesenheit – etwa in der Urlaubszeit – sicherstellen. Holt der Gesellschafter den Einschreibebrief trotz Benachrichtigung nicht ab, obwohl ihm dies möglich gewesen wäre, kann dies nach hM zu seinen Lasten gehen;[35] auf Grund der hiermit gleichwohl verbundenen Unsicherheiten hinsichtlich der Anwendbarkeit dieser Grundsätze für den Fristbeginn,[36] sollte jedoch im Zweifel die nachfolgend dargestellte Zustellung durch den Gerichtsvollzieher gewählt werden. Erfolgt die Zugangsvermittlung durch einen **Gerichtsvollzieher** nach den §§ 166 ff. ZPO, wird der Zugang gem. § 132 Abs. 1 S. 1 BGB unwiderleglich vermutet (nach hM fingiert); diese (zulässige, vgl. Rn. 18) Zugangsvermittlung empfiehlt sich daher in jedem Falle.

20   Die **Fristberechnung** erfolgt nach §§ 187 ff BGB. Eine Frist von vier Wochen entspricht dem nicht und ist ungenügend.[37] Das Setzen einer hiernach zu kurz bemessenen Nachfrist führt zwar nicht zur Unwirksamkeit der Aufforderung oder der Fristsetzung überhaupt.[38] Der Gesellschafter kommt deshalb, sofern ihm die erste Aufforderung nicht zugegangen ist, zumindest auf Grund dieser Aufforderung in Verzug und gibt jedenfalls insoweit Anlass für eine gegen ihn gerichtete Klage auf Einzahlung der ausstehenden Einlage. Es gilt auch nicht etwa statt der im Sinne des § 21 Abs. 1 S. 2 zu kurz bemessenen Frist eine angemessene von mindestens einem Monat.[39] Eine zu kurz bemessene Frist führt zur Unwirksamkeit der Kaduzierungsandrohung und damit zur Unwirksamkeit einer nachfolgenden Kaduzierung selbst.

---

[29] *Roth/Altmeppen* Rn. 13; *Baumbach/Hueck/Fastrich* Rn. 8; *Lutter/Hommelhoff* Rn. 8; *Hachenburg/Müller* Rn. 36.
[30] *Scholz/Emmerich* Rn. 17.
[31] RGZ 56, 263.
[32] HM, vgl. *Palandt/Heinrichs* § 130 Rn. 7 mwN.
[33] *Soergel/Hefermehl* § 130 Rn. 9.
[34] Wegen der Einzelheiten statt anderer *Soergel/Hefermehl* § 130 Rn. 27 f.
[35] *Palandt/Heinrichs* § 130 Rn. 18 mwN.
[36] Vgl. hierzu die Unterscheidungen bei BAG NJW 1997, 146, 147 f. mwN.
[37] *Roth/Altmeppen* Rn. 11; *Baumbach/Hueck/Fastrich* Rn. 5; *Hachenburg/Müller* Rn. 29; *Scholz/Emmerich* Rn. 17; aA OLG München OLGR 22, 15, 16; zur vergleichbaren Rechtslage bei der Anfechtung von Gesellschafterbeschlüssen s. OLG Brandenburg GmbHR 1996, 539 ff.
[38] Für Unwirksamkeit der Fristsetzung *Baumbach/Hueck/Fastrich* Rn. 5; *Lutter/Hommelhoff* Rn. 10.
[39] *Baumbach/Hueck/Fastrich* Rn. 5.

Die **Fristsetzung** kann allgemein oder konkret erfolgen. Möglich ist deshalb sowohl die Formulierung „innerhalb einer Frist von einem Monat nach Erhalt dieses Schreibens" als auch die Angabe eines konkreten Datums, bis zu dem die Zahlung zu erfolgen hat. Wegen der Unsicherheiten des Zugangszeitpunkts sollte bei der Angabe eines konkreten Datums allerdings ein gewisser Sicherheitszuschlag bei der Fristbestimmung berücksichtigt werden. Formulierungen wie „unverzüglich", „schnellstens" oder „prompt", genügen dem Erfordernis der Fristsetzung nach § 21 Abs. 1 S. 3 allein nicht. Da es sich um eine gesetzliche Mindestfrist handelt (Rn. 19), kann sie auch über den einmonatigen Zeitraum hinaus erstreckt werden, sofern dies nach pflichtgemäßem Ermessen der Geschäftsführer (hierzu Rn. 23 ff.) mit den Interessen der Gesellschaft vereinbar ist. 21

f) Entbehrlichkeit eines Gesellschafterbeschlusses. Ein Gesellschafterbeschluss ist zur Herbeiführung der Kaduzierung nicht erforderlich, die Gesellschafterversammlung kann aber vorbehaltlich einer abweichenden Satzungsbestimmung auf Grund ihrer allgemeinen Weisungszuständigkeit dem Geschäftsführer Weisungen hinsichtlich der Ein- bzw. Nichteinleitung des Verfahrens erteilen. 22

g) Ermessen und Haftung der Organe. § 21 überlässt es – auch insoweit eine Kannvorschrift – vorbehaltlich einer statutarische Regelung dem pflichtgemäßen Ermessen der zuständigen Organe, ob, wann und mit welchen Modalitäten die Einforderung auf die Stammeinlage erfolgen soll. Es sind lediglich die zwingenden Regelungen des § 21 zu beachten. Ein wirksamer Weisungsbeschluss der Gesellschafter ist von den Geschäftsführern jedoch zu befolgen. 23

Die zuständigen Organe haben sich bei ihrer Entscheidung von den Notwendigkeiten der Gesellschaft leiten zu lassen.[40] Wird die Leistung eines Gesellschafters im Einzelfall nicht sofort benötigt, können Härtefälle berücksichtigt werden, doch darf dadurch der **Grundsatz der Gleichbehandlung** nicht verletzt werden.[41] Unzulässig wäre es deshalb, bei gleichgelagerten Fällen ohne sachliche Rechtfertigung den Anteil des einen Gesellschafters zu kaduzieren, während gleichzeitig die gegen den anderen Gesellschafter gerichteten Ansprüche nicht verfolgt werden. Sachliche Gesichtspunkte, die eine Ungleichbehandlung der Gesellschafter rechtfertigen, können beispielsweise darin bestehen, dass bei einem der Gesellschafter Möglichkeiten einer erfolgreichen Zwangsvollstreckung liegen, während ein solches Vorgehen bei einem anderen Gesellschafter wegen Vermögenslosigkeit aussichtslos erscheint; in diesem Fall können die Geschäftsführer gegen den ersten Gesellschafter Zahlungsklage erheben und das Kaduzierungsverfahren allein gegen den zweiten Gesellschafter einleiten. Ist der Gleichbehandlungsgrundsatz verletzt, steht dem Gesellschafter ein Leistungsverweigerungsrecht zu, da es der Gesellschaft verwehrt ist, sich auf ihr treuwidriges Verhalten zu berufen.[42] 24

Kommt es bei der Einforderung zu **Verzögerungen** und haben diese Nachteile der Gesellschaft zur Folge, so haftet das hierfür verantwortliche Organ. Eine erhöhte Verantwortung trifft in diesem Zusammenhang die Geschäftsführer, die das für die Beschlussfassung über die Einforderung der Einlage zuständige Organ auf die Notwendigkeit der Einforderung weiterer Einlagen auf die Stammeinlage hinzuweisen haben. Eine Unterlassung kann zur Schadenersatzpflicht führen.[43] Anderseits kann Kaduzierung bei einem nur geringfügigen Rückstand rechtsmissbräuchlich und damit unzulässig sein (vgl. noch bei Rn. 22). 25

---

[40] *Hachenburg/Müller* Rn. 7.
[41] *Roth/Altmeppen* Rn. 8; *Baumbach/Hueck/Fastrich* Rn. 7; *Scholz/Emmerich* Rn. 21.
[42] *Scholz/Emmerich* Rn. 6 b.
[43] *Hachenburg/Müller* Rn. 43.

26 **h) Umfang der Kaduzierung.** § 21 betrifft stets nur **Geldeinlagen** und die an die Stelle einer nicht genügend oder überhaupt nicht erbrachten Sacheinlage tretende Geldforderung oder auch eine solche aus der Differenzhaftung oder wegen Vorbelastung bei der Handelsregistereintragung (Rn 1). Bei der Einforderung der Letzteren ist die Verjährungsfrist des § 9 Abs. 2 zu beachten. Hinsichtlich der **Sacheinlagen** gilt folgendes: Seit der Novelle von 1980 ist die Sacheinlage vor der Anmeldung ins Handelsregister vollständig zu leisten (§ 7 Abs. 3), so dass der Verspätungsfall grundsätzlich nicht eintreten kann. Dies könnte nur der Fall sein, wenn die von den Geschäftsführern abzugebende Versicherung nach § 8 Abs. 3 unrichtig wäre (strafbar gem. § 82 Abs. 1 Nr. 1; s. Erl. zu § 82). Mit Blick auf den Sinn und Zweck der Bestimmung, die Sicherung der Kapitalaufbringung, ist die Bestimmung auf diesen Fall über ihren Wortlaut („Einzahlung") hinaus entsprechend anzuwenden.[44] Sonstige Leistungen der Gesellschafter, auch wenn es sich um Geldforderungen handelt und gleichgültig, ob sie in der Satzung oder in Nebenverträgen festgelegt sind, fallen nicht unter § 21. Von § 21 nicht erfasst werden deshalb beispielsweise Verpflichtungen der Gesellschafter zur Hingabe von Gesellschafterdarlehen, Vertragsstrafen zB wegen verspäteter Leistung von Teileinlagen, Nebenleistungen gem. § 3 Abs. 2,[45] Mithaftung nach § 24, Zinspflicht nach § 20 etc.[46] Diese Forderungen der Gesellschaft sind ggf. im Klageverfahren geltend zu machen. Ihre Nichterfüllung kann niemals zur Kaduzierung des Geschäftsanteils gem. § 21 führen, wohl aber kann in der Nichterfüllung ein Grund zur Ausschließung des Gesellschafters aus wichtigem Grunde liegen, nämlich dann, wenn die versprochene, aber nicht geleistete Nebenleistung für die Gesellschaft von existentieller Bedeutung ist (s. dazu § 34).

27 § 21 ist auch auf die sog. **Mischeinlage** (teilw. auch als gemischte Einlage bezeichnet; zum Begriff s. bei 5 Rn. 42; § 7 Rn. 38) anwendbar. Ist hier die Sacheinlage (zur str. Rechtslage, wenn eine Sacheinlage nicht erbracht wird, s. oben Rn. 26) erbracht, die Geldeinlage aber nicht oder nicht in voller Höhe, kann bei Säumigkeit der gesamte Geschäftsanteil kaduziert werden.[47]

28 **3. Beendigung des Kaduzierungsverfahrens durch Zahlung.** Zahlt der säumige Gesellschafter *innerhalb* der Nachfrist, so ist das Kaduzierungsverfahren beendet, der Gesellschafter kann nicht ausgeschlossen werden. Gleiches gilt, wenn der Gesellschafter *nach* Ablauf der gesetzten Nachfrist, aber vor Zugang der Kaduzierungserklärung nach § 21 Abs. 2 zahlt.[48]

29 Erforderlich ist in jedem Falle die Erbringung der **vollen eingeforderten Geldeinlage** zur freien Verfügung der Geschäftsführer; wegen der Einzelheiten zur Leistung zur endgültigen freien Verfügung der Geschäftsführer wird auf die Kommentierung zu § 8 verwiesen. Ist die eingeforderte Geldeinlage vom Gesellschafter innerhalb der Nachfrist nicht voll erbracht oder ist statt des Geldbetrages eine Sachleistung angeboten worden, so kann das Kaduzierungsverfahren ohne weiteres mit dem Ziel fortgesetzt werden, den mangels vollständiger oder richtiger Erfüllung nach wie vor säumigen Gesellschafter seines Geschäftsanteils für verlustig zu erklären. Bei Teilleistung besteht für den betreffenden Gesellschafter zusätzlich die Gefahr, dass auch diese bei der endgültigen Kaduzierung mitverfällt.

---

[44] Abw. *Hachenburg/Müller* Rn. 11; *Scholz/Emmerich* Rn. 5 f.; *Lutter/Hommelhoff* Rn. 3.
[45] *Hachenburg/Müller* Rn. 12; *Scholz/Emmerich* Rn. 5.
[46] *Baumbach/Hueck/Fastrich* Rn. 3.
[47] *Scholz/Emmerich* Rn. 5 a; *Lutter/Hommelhoff* Rn. 3; *Fleck* GmbHR 1993, 550, 552.
[48] *Roth/Altmeppen* Rn. 14 im Anschluss an die Voraufl.

Maßgeblich ist auf den **Eingang** des angeforderten Betrags bei der Gesellschaft abzustellen, da der Gesellschafter als Schuldner Geld auf seine Gefahr und seine Kosten dem Gläubiger, also der Gesellschaft an ihren Sitz zu übermitteln hat (§ 270 BGB). Der säumige Gesellschafter muss also, will er seinen Geschäftsanteil nicht verlieren, dafür Sorge tragen, dass das Geld der Gesellschaft zur freien Verfügung steht, bevor er seines Geschäftsanteils und der geleisteten Teilzahlungen für verlustig erklärt worden ist.[49] 30

Die Übersendung eines Verrechnungsschecks in Höhe der eingeforderten Teilleistung stellt nach § 364 Abs. 2 BGB keine Erfüllung dar und ist deshalb nicht ausreichend, um den Ausschluss des Gesellschafters zu verhindern; Erfüllung tritt erst mit der Gutschrift des Betrages auf dem Konto der Gesellschaft ein. Die Geschäftsführer der Gesellschaft haben allerdings die Pflicht, den Scheck unverzüglich zur Einlösung vorzulegen und sich über die Deckung Gewissheit zu verschaffen. Ein bestätigter Scheck genügt hingegen, da seine Einlösung garantiert ist und er praktisch den Wert von Bargeld hat. Sonst muss der säumige Gesellschafter auf andere Weise sicherstellen, dass die von ihm eingeforderte Leistung auf die Stammeinlage bei der Gesellschaft vorliegt, bevor die Erklärung der Gesellschaft über die Verlustigkeit seines Geschäftsanteils bei ihm eingeht. 31

IV. Die Erklärung der Kaduzierung (§ 21 Abs. 2)

1. Ermessensentscheidung. Zahlt der säumige Gesellschafter nicht innerhalb der ihm gesetzten Frist den eingeforderten Betrag vollständig (Rn. 28 ff.), „ist" er nach § 21 Abs. 2 S. 1 und 2 seines Geschäftsanteils und der geleisteten Teilleistungen mittels eingeschriebenen Briefes für verlustig zu erklären. Die im Gesetz verwendete Formulierung „ist ... verlustig zu erklären" bedeutet nicht, dass die Gesellschaft die Erklärung unmittelbar nach fruchtlosem Ablauf der Nachfrist auch abgeben müsste. Auch die Verlustigkeitserklärung hat nach pflichtgemäßem Ermessen der Geschäftsführer (Rn. 23 ff.) zu erfolgen.[50] Erscheint es ihnen aus Sachgründen gerechtfertigt, die ausstehende Einlage im Klagewege durchzusetzen, können sie auch auf diesem Wege vorgehen. Im Rahmen der hiernach vorzunehmenden Ermessensentscheidung sind bei Gegenforderungen des Gesellschafters die nur eingeschränkten Aufrechnungsmöglichkeiten seitens der Gesellschaft (vgl. bei § 19 Rn. 67 ff.; der Gesellschafter selbst kann wegen § 19 Abs. 2 S. 2 selbst nicht aufrechnen) zu berücksichtigen, aber auch der Umstand, dass die (stundungsähnliche) Zusage gegenüber dem säumigen Gesellschafter, die Einlageforderung für eine bestimmte Zeit nicht geltend zu machen, wegen § 19 unwirksam ist (§ 19 Rn. 52). Schließlich ist auch hier der Gleichbehandlungsgrundsatz zu beachten. Ohne sachlich rechtfertigenden Grund darf deshalb bei mehreren säumigen Gesellschaftern das Kaduzierungsverfahren nicht unterschiedlich gehandhabt werden (zur entsprechenden Rechtslage bei der Einleitung des Verfahrens s. bereits oben bei Rn. 24). 32

2. Kaduzierungserklärung. a) Zuständigkeit. Die Kaduzierungserklärung stellt eine **einseitige empfangsbedürftige Willenserklärung** der Gesellschaft dar. **Zuständig** für die Abgabe der Erklärung sind die Geschäftsführer der Gesellschaft in vertretungsberechtigter Zahl. Ein Gesellschafterbeschluss ist auch hier nicht erforderlich. Liegt jedoch ein Weisungsbeschluss der Gesellschafterversammlung hinsichtlich der abzugebenden Kaduzierungserklärung vor, bindet dieser die Geschäftsführer.[51] Den Ge- 33

---

[49] *Vogel* Anm. 8.
[50] RGZ 51, 416, 417; *Hachenburg/Müller* Rn. 40; *Scholz/Emmerich* Rn. 21; *Meyer-Landrut/Miller/Niehus* Rn. 8.
[51] OLG Düsseldorf GmbHR 1962, 158; ZIP 1984, 1476, 1478; *Melber* Die Kaduzierung in der GmbH, 1993, S. 286 ff.; *Scholz/Emmerich* Rn. 23.

§ 21 2. Abschnitt. Rechtsverhältnisse der Gesellschaft und der Gesellschafter

schäftsführern bleibt freilich die Pflicht, auf etwaige Nachteile für die Gesellschaft bei Nichtabgabe der Verlustigerklärung hinzuweisen.

34 **b) Adressat.** Adressat der Kaduzierungserklärung ist der säumige Gesellschafter. Als Gesellschafter gilt derjenige, der bei der Gesellschaft als solcher nach § 16 angemeldet ist. Ist der Gesellschafter verstorben, muss die Kaduzierungserklärung gegenüber dem Erben des Gesellschafters abgegeben werden; bei der Erbengemeinschaft greift § 18 ein. Ist über das Vermögen des Gesellschafter das Insolvenzverfahren eröffnet worden, muss die Kaduzierungserklärung gegenüber dem Insolvenzverwalter abgegeben werden.

35 **c) Inhalt.** Inhaltlich ist die Kaduzierungserklärung darauf gerichtet, dass der Gesellschafter seines Geschäftsanteils und der hierauf geleisteten Teilleistungen für verlustig erklärt wird. Die Erklärung muss *sowohl den Ausschluss als auch den Verlust bereits geleisteter Teilleistungen* deutlich zum Ausdruck bringen.[52] Die Verwendung der gesetzlichen Formulierung ist zweckmäßig, aber nicht zwingend. Ein pauschaler Hinweis auf die gesetzlichen Folgen genügt demgegenüber nicht.[53]

36 **d) Form und Wirksamwerden.** Die Kaduzierungserklärung hat gem. Abs. 2 in der **Form** des eingeschriebenen Briefes zu erfolgen (vgl. hierzu auch bei Rn. 18). Sie wird **wirksam mit Zugang** bei dem Gesellschafter nach § 130 BGB. Hinsichtlich des **Zeitpunkts** der Kaduzierungserklärung gilt, dass sie erst nach Ablauf der gem. § 21 Abs. 1 S. 1, 3 gesetzten Frist wirksam erklärt werden kann. Unzulässig wäre auch die Abgabe einer gleichsam vorgreifenden Erklärung in dem Sinne, dass der Gesellschafter bereits jetzt für den Fall der nicht rechtzeitigen Zahlung ausgeschlossen und der bereits geleisteten Rechte verlustig erklärt wird.[54] Dies schließt es nicht aus, dass die Kaduzierungserklärung bereits vor dem Ablauf der gesetzten Frist ausgesprochen wird; um wirksam zu sein, muss sie aber auch in diesem Falle dem Gesellschafter erst *nach* Fristablauf zugehen.[55] Geht sie ihm bereits vor Fristablauf zu, ist sie unwirksam und ggf. zu wiederholen.

37 **3. Verwirkung.** Zögert die Gesellschaft nach Ablauf der Nachfrist mit der Verlustigerklärung über längere Zeit, und zwar so lange, dass der säumige Gesellschafter nach objektiven Gesichtspunkten annehmen darf, man werde ihn mit seinem Geschäftsanteil nicht ausschließen, so kann der Verwirkungseinwand gerechtfertigt sein.[56] Ausreichend ist insoweit aber nicht, wenn zwischen der Aufforderung zur Zahlung und der Ausschlusserklärung sechs Monate vergangen sind und es für den säumigen Gesellschafter deutlich gewesen ist, dass eine Kaduzierung weiterhin angestrebt wird.[57] Vielmehr müssen weitere Umstände hinzutreten, die das Vertrauen des säumigen Gesellschafters rechtfertigen, der Berechtigte werde seinen Anspruch nicht mehr geltend machen.[58] Zu denken ist etwa an die Nichtgeltendmachung des Rechts auf Verlustigerklärung über Jahre hinaus, insbesondere wenn der säumige Gesellschafter in Anbetracht dieser Umstände Dispositionen getroffen hat.[59] Die Erhebung des Verwirkungseinwandes hindert die Gesellschaft aber nicht, das Kaduzierungsverfahren dann erneut einzuleiten. Gegenüber dem neuen Verfahren greift der Verwirkungseinwand nicht mehr.

---

[52] *Hachenburg/Müller* Rn. 51; *Scholz/Emmerich* Rn. 24.
[53] *Hachenburg/Müller* Rn. 50, 51; *Lutter/Hommelhoff* Rn. 12.
[54] *Hachenburg/Müller* Rn. 46; *Scholz/Emmerich* Rn. 22a; abw. noch OLG Naumburg GmbHR Bd. II § 21 Nr. 12.
[55] *Roth/Altmeppen* Rn. 15; *Lutter/Hommelhoff* Rn. 12; *Scholz/Emmerich* Rn. 22a.
[56] *Hachenburg/Müller* Rn. 48; *Baumbach/Hueck/Fastrich* Rn. 10; *Meyer-Landrut/Miller/Niehus* Rn. 8.
[57] OLG Hamburg GmbHR 1994, 249; *Lutter/Hommelhoff* Rn. 12.
[58] BGHZ 105, 290, 298.
[59] Vgl. OLG Hamburg GmbHR 1994, 249.

4. Bedeutung und Folgen der Kaduzierung. Nach Zugang der Kaduzierungs- 38
erklärung der Gesellschaft (Rn. 36) ist der Gesellschafter endgültig mit allen seinen aus
dem Gesellschaftsverhältnis herrührenden Rechten aus der Gesellschaft ausgeschieden,
sein Mitgliedschaftsrecht einschließlich der vermögensrechtlichen Gesellschafterrechte ist
erloschen und er geht seines Anteils zugunsten der Gesellschaft verlustig (Rn. 44). Mit
dem Verlust seines Gesellschaftsanteils verliert er alle mit diesem verbundenen Rechte
und Pflichten. Mitverwaltungs- und Vermögensrechte stehen ihm zukünftig nicht mehr
zu; sein Stimmrecht und sein Gewinnanspruch gehen unter. Der laufende Gewinn
steht ihm nicht – auch nicht pro rata temporis – zu, da der Zahlungsanspruch erst mit
dem Verwendungsbeschluss entsteht (s. noch bei Rn. 46 und allgemein bei § 29 Rn. 22).[60]
Aus dem gleichen Grund besteht auch kein Anspruch auf Gewinn für vorausgegangene
Geschäftsjahre, wenn über die Gewinnverwendung nicht bereits beschlossen worden
ist.[61] Auskunfts- und Einsichtsrechte nach § 51a stehen dem Gesellschafter ebenfalls
nicht mehr zu, ggf. kann er aber noch Rechte aus § 810 BGB herleiten.

Anderes gilt hingegen für die bereits entstandenen Rechte und Pflichten. So behält 39
der Kaduzierte den Anspruch auf den Gewinnanteil, wenn der Gewinnverwendungsbeschluss vor der Kadzierung gefasst wurde.[62] Auch Leistungen, die nicht in Verbindung mit der Einlage stehen, wie etwa Darlehensforderungen, Forderungen aus Lieferungen und Leistungen, kann er geltend machen. Ob der Ausschluss einen wichtigen
Grund zur fristlosen Kündigung eines Dauerschuldverhältnisses darstellt, ist eine Frage
des Einzelfalls. Grundsätzlich ist davon auszugehen, dass die Gesellschafterstellung und
das Dauerschuldverhältnis zwei getrennte Rechtsverhältnisse sind, und die Beendigung
der Gesellschafterstellung nicht auf das Dauerschuldverhältnis durchschlägt.[63] Anderes
kann aber gelten, wenn diese beiden Rechtsverhältnisse sehr eng miteinander verknüpft sind.

Ist der Gesellschafter mit seinem Geschäftsanteil im Wege der Kaduzierung ausge- 40
schlossen, so erlöschen, vergleichbar dem Zuschlag in der Zwangsversteigerung, auch
alle Rechte am Geschäftsanteil, wie Nießbrauch, ein gesetzliches oder vertragliches
Pfandrecht sowie das Recht aus einer Sicherungsübereignung u. Ä. Doch besteht für
den am Geschäftsanteil Berechtigten die Möglichkeit, anstelle des Gesellschafters die
eingeforderte Teilleistung fristgerecht zu erbringen, da auch ein Dritter die Leistung
erbringen kann. Der Pfandgläubiger usw. erhält sich so seine Rechte an dem Geschäftsanteil, da durch die Leistung des Dritten das Kaduzierungsverfahren ebenfalls beendet wird.[64]

Ein Gläubiger des Gesellschafters kann nach erfolgter Kaduzierung des Geschäftsan- 41
teils nicht mehr in den Geschäftsanteil vollstrecken, eine nach der Kaduzierung erfolgte
Pfändung ist auf Drittwiderspruchsklage der Gesellschaft gem. § 771 ZPO aufzuheben.[65] In die reinen Gläubigerrechte des durch Kaduzierung ausgeschlossenen Gesellschafters, die diesem erhalten bleiben (Rn. 39), ist die Zwangsvollstreckung auch weiterhin zulässig.

---

[60] *Lutter/Hommelhoff* § 29 Rn. 3.
[61] *Scholz/Emmerich* Rn. 27; *Lutter/Hommelhoff* Rn. 14; aA *Hachenburg/Müller* Rn. 53; OLG Hamm GmbHR 1989, 126.
[62] *Roth/Altmeppen* Rn. 17; *Lutter/Hommelhoff* Rn. 14; *Scholz/Emmerich* Rn. 27; abw. OLG Hamm GmbHR 1989, 126.
[63] *Hachenburg/Müller* Rn. 53.
[64] *Hachenburg/Müller* Rn. 57.
[65] *Roth/Altmeppen* Rn. 20; *Baumbach/Hueck/Fastrich* Rn. 13; *Hachenburg/Müller* Rn. 57; *Scholz/Emmerich* Rn. 28; anders *Melber* (Fn. 51) S. 174 ff., 208 ff.

42 Rückständige Sacheinlagen oder Sonderleistungen gem. § 3 Abs. 2, zu denen sich der Gesellschafter vor der Ausschließung wirksam verpflichtet hatte, sind von ihm ungeachtet der Kaduzierung seines Geschäftsanteils noch zu erbringen.[66]

43 Einer besonderen Mitteilung oder Anmeldung der Kaduzierung selbst zum Handelsregister bedarf es nicht. In der gem. § 40 Abs. 1 einzureichenden Liste der Gesellschafter ist der Ausschluss des Gesellschafters und die hierauf beruhende Inhaberschaft der Gesellschaft aber zu vermerken.

44 **5. Schicksal des kaduzierten Geschäftsanteils.** Inhaberin des kaduzierten Geschäftsanteils wird die GmbH selbst; sie ist in ihrer Verfügungsbefugnis nur gem. §§ 22, 23 beschränkt.[67] Als Treuhänder (für wen?) ist sie nicht anzusehen.[68] Auch ist nicht davon auszugehen, dass der kaduzierte Geschäftsanteil herrenlos wird, denn ein Recht ohne Rechtsträger wäre ein Widerspruch in sich.[69]

45 Der Geschäftsanteil ist in die Bilanz nicht aufzunehmen, auch nicht mit einem Erinnerungsposten, da eine Gesellschaft keine Anschaffungskosten hat.[70] Mit Blick hierauf ist auch kein passivischer Korrekturposten (Rücklage für eigene Anteile nach § 272 Abs. 4 HGB) zu bilden. In dem Jahresabschluss sollte der kaduzierte Geschäftsanteil wie Bürgschaftsverpflichtungen „unter dem Strich" ausgewiesen werden, um ein wahres Bild von der Lage der Gesellschaft zu geben.

46 Auch wenn der kaduzierte Geschäftsanteil nicht untergeht, ruhen doch die aus ihm resultierenden Rechte und Pflichten. Es können aus dem kaduzierten Geschäftsanteil keinerlei Verwaltungsrechte wie zB das Stimmrecht ausgeübt werden.[71] Nach teilweise vertretener Ansicht soll der auf den Geschäftsanteil zukünftig entfallende Gewinn „dem Geschäftsanteil" gutzuschreiben sein, also dem künftigen Erwerber zustehen.[72] Dieser Ansicht kann nicht gefolgt werden. Vielmehr ist davon auszugehen, dass das Gewinnbezugsrecht und der Jahresgewinn den Gesellschaftern im Verhältnis ihrer Anteile zufließt. Hierfür spricht außer praktischen Erwägungen,[73] dass es sich bei den kaduzierten Geschäftsanteilen – nach der hier vertretenen Ansicht – um eigene Anteile der Gesellschaft handelt; Gewinnansprüche können damit schon gar nicht entstehen.[74] Der Geschäftsanteil nimmt an Kapitalerhöhungen aus Gesellschaftermitteln teil,[75] als eigener Anteil jedoch nicht an Kapitalerhöhungen gem. §§ 55 ff.

47 Mit dem Verlust seines Geschäftsanteils wird der Gesellschafter von zukünftigen gesellschaftsrechtlichen Verpflichtungen gegenüber der Gesellschaft frei, so von den Nebenpflichten gem. § 3 Abs. 2, die erst nach der Kaduzierung fällig werden, und von Nachschüssen gem. § 26 ff.[76]

48 Rein schuldrechtliche Verpflichtungen des Gesellschafters, die nicht auf dem Gesellschaftsverhältnis beruhen und keine Nebenpflichten gem. § 3 Abs. 2 sind, etwa

---

[66] AllgM; *Hachenburg/Müller* Rn. 56; *Scholz/Emmerich* Rn. 27; *Lutter/Hommelhoff* Rn. 14.
[67] *Roth/Altmeppen* Rn. 18; *Hachenburg/Müller* Rn. 59; *Lutter/Hommelhoff* Rn. 15.
[68] Ebenso *Roth/Altmeppen* Rn. 18; anders *Baumbach/Hueck/Fastrich* Rn. 12; *Lutter/Hommelhoff* Rn. 15; *Scholz/Emmerich* Rn. 29.
[69] *Hüffer* § 64 Rn. 8; aA RGZ 98, 278; BGHZ 42, 89, 92; *Roth* GmbHG, 2. Aufl., Anm. 4.2; *Hohner* Subjektlose Rechte, 1969, S. 113 ff.
[70] *Roth/Altmeppen* Rn. 19; *Baumbach/Hueck/Fastrich* Rn. 12; *Hachenburg/Müller* Rn. 59.
[71] *Roth/Altmeppen* Rn. 19; *Baumbach/Hueck/Fastrich* Rn. 12; *Scholz/Emmerich* Rn. 30.
[72] *Baumbach/Hueck/Fastrich* Rn. 10; *Scholz/Emmerich* Rn. 30.
[73] Vgl. insoweit *Hachenburg/Müller* Rn. 59.
[74] *Roth/Altmeppen* Rn. 19; *Hachenburg/Müller* Rn. 60; *Hachenburg/Ulmer* § 33 Rn. 53.
[75] *Roth/Altmeppen* Rn. 19; *Scholz/Emmerich* Rn. 30.
[76] *Baumbach/Hueck/Fastrich* Rn. 11; *Hachenburg/Müller* Rn. 53; *Scholz/Emmerich* Rn. 27; *Lutter/Hommelhoff* Rn. 14.

Verpflichtungen zur Lieferung von Rohstoffen, die der Gesellschafter als Warenlieferant mit der Geschäftsführung abgeschlossen hat, sind zu erfüllen, sie haben mit der gesellschaftsrechtlichen Kaduzierung des Geschäftsanteils nichts zu tun; solche Verträge sind auch von der Gesellschaft zu erfüllen.[77] Ob die Gesellschaft gegen solche Ansprüche des ausgeschiedenen Gesellschafters mit fälligen Ansprüchen aus dem bisherigen Gesellschaftsverhältnis aufrechnen kann, etwa wegen rückständiger Zinsen, Vertragsstrafen, in der Vergangenheit nicht geleisteter fälliger Nachschüsse, richtet sich nach den allgemeinen Vorschriften der §§ 387 ff. BGB.

Die geschilderten Folgen der Kaduzierung treten mit Zugang der Ausschließungserklärung zwingend kraft Gesetzes ein; der Ausschluss ist **unwiderruflich.** Allerdings ist es möglich, dass der Gesellschaftsanteil mit Zustimmung der übrigen Gesellschafter an den einstigen säumigen Gesellschafter Zug um Zug gegen Erbringung der Einlage samt Zinsen und etwaiger Kosten zurückübertragen wird.[78] Ein Anspruch des ausgeschlossenen Gesellschafters darauf, dass die Gesellschaft den Anteil ihm gegen Zahlung der bezeichneten Beträge zurücküberträgt, besteht jedoch nicht.

V. Die Ausfallhaftung (§ 21 Abs. 3)

Mit der Kaduzierung des Geschäftsanteils ist die Haftung des ausgeschlossenen Gesellschafters beschränkt auf den sog. Ausfall. Das besagt: Zunächst hat die Gesellschaft zu versuchen, nach § 22 die Rechtsvorgänger in Anspruch zu nehmen bzw. – sofern dies nicht zur Zahlung des vollständigen fälligen Einlagebetrages führt – den Geschäftsanteil nach § 23 versteigern zu lassen. Dass die verbliebenen Gesellschafter gem. § 24 in Anspruch genommen worden sind, ist hingegen *nicht* erforderlich; der ausgeschlossene Gesellschafter haftet also insoweit vor seinen bisherigen Mitgesellschaftern auf den Ausfall.[79] Führt das Vorgehen nach §§ 22, 23 nicht zur Deckung der vollen Einlage auf den Stammanteil, so bleibt der ausgeschlossene Gesellschafter auch weiterhin für den Ausfall sowie für künftig fällig werdende Einlagen auf die Stammeinlage sowie die Kosten der Verwertung des Geschäftsanteils haftbar.[80] Im Falle des § 23 genügt ein ernsthafter Veräußerungsversuch, und auch dieser ist entbehrlich, wenn – wie etwa in der Insolvenz der Gesellschaft – ein solcher Versuch von vornherein aussichtslos wäre.[81] Gegenüber seiner Inanspruchnahme auf Zahlung des Ausfalls kann der ausgeschlossene Gesellschafter einwenden, dass seine Rechtsvorgänger finanziell leistungsfähig seien, oder auch, dass die Versteigerung von der Gesellschaft nicht entschieden genug betrieben worden sei.[82] Erlass, Verzicht, Stundung und eine durch den Gesellschafter erklärte Aufrechnung sind wegen § 19 Abs. 2 unwirksam.[83]

Daneben bleibt der ausgeschiedene Gesellschafter haftbar für die bis zu seinem Ausschluss aufgelaufenen Zinsen gem. **§ 20.**

---

[77] *Hachenburg/Müller* Rn. 53.
[78] Zutr. *Lutter/Hommelhoff* Rn. 16.
[79] OLG Hamm GmbHR 1988, 266 f.; *Baumbach/Hueck/Fastrich* Rn. 15; *Hachenburg/Müller* Rn. 74; *Scholz/Emmerich* Rn. 33; s. auch die Erl. zu §§ 22 bis 24.
[80] *Hachenburg/Müller* Rn. 74; *Scholz/Emmerich* Rn. 33 ff.; *Meyer-Landrut/Miller/Niehus* Rn. 15.
[81] OLG Köln NJW-RR 1994, 1192, 1194; OLG Hamm GmbHR 1993, 360; *Roth/Altmeppen* Rn. 22; *Scholz/Emmerich* Rn. 33; s. auch bei § 23 Rn. 4.
[82] *Hachenburg/Müller* Rn. 74; *Scholz/Emmerich* Rn. 33; s. auch die Erl. zu §§ 22, 23.
[83] *Baumbach/Hueck/Fastrich* Rn. 14.

VI. Mängel der Kaduzierung

52 **1. Mängel.** Hinsichtlich der Rechtsfolgen möglicher Mängel eines Kaduzierungsverfahrens ist zu unterscheiden:

53 **a) Fehlender Zugang der Kaduzierungserklärung.** Fehlt es am Zugang der Aufforderung und der Kaduzierungserklärung, ist eine gleichwohl erklärte Ausschließung unwirksam. Abweichendes gilt im Falle der Zugangsvereitelung, bei der sich der Gesellschafter so behandeln lassen muss, als sei ihm die Erklärung ordnungsgemäß zugegangen (Rn. 19).

54 **b) Kaduzierungserklärung durch Dritte.** Die Einforderung und Kaduzierungsandrohung durch vollmachtslose Vertreter ist entsprechend § 180 BGB wirkungslos. Handeln statt der Geschäftsführer Bevollmächtigte, ist § 174 BGB anwendbar.

55 **c) Fehlende Säumnis des Gesellschafters.** War der Gesellschafter mit der Zahlung der Einlage nicht säumig, etwa weil ihn die erste Zahlungsaufforderung nicht erreicht hat, sind die Voraussetzungen des § 21 Abs. 1 S. 1 nicht erfüllt. Es fehlt an der dort vorausgesetzten verzögerten Einzahlung. Eine gleichwohl erklärte Kaduzierung ist unwirksam.

56 **d) Fehlende Fälligkeit der Einlageforderung.** Entsprechendes gilt, wenn die Einlageverbindlichkeit nicht fällig war, weil ein nach § 46 Nr. 2 notwendiger Beschluss fehlt oder nichtig ist bzw. auf Anfechtungsklage hin (rückwirkend) für nichtig erklärt worden ist; denn dann fehlt es an der Säumigkeit des Gesellschafters. Eine gleichwohl durchgeführte Kaduzierung ist unwirksam.

57 **e) Fehlende Spezifikation der Aufforderung.** Lässt sich der Aufforderung auch im Wege der Auslegung nicht entnehmen, auf welchen von mehreren Anteilen die Zahlung erfolgen soll, oder ist die Höhe des angeforderten Betrags nicht genannt und auch nicht ersichtlich, sind die Aufforderung und Kaduzierungsandrohung unwirksam (Rn. 14), ebenso eine gleichwohl erfolgte Kaduzierung.

58 **f) Fehlende/mangelhafte Kaduzierungsandrohung.** Lässt sich der Aufforderung auch im Wege der Auslegung keine Kaduzierungsandrohung entnehmen, sind die Voraussetzungen des § 21 Abs. 2 nicht erfüllt. Eine gleichwohl erklärte Kaduzierung ist unwirksam (Rn. 15f.).

59 Enthält die Aufforderung eine fehlerhafte Angabe des geforderten Betrages, kommt es darauf an, ob eine Zuwenig- oder eine Zuvielforderung vorliegt. Bei einer Zuwenigforderung kann der Gesellschafter die Kaduzierung bereits durch die Zahlung des eingeforderten (zu geringen) Betrages abwenden (Rn. 15); ggf. ist das Kaduzierungsverfahren dann wegen der ausstehenden Differenz erneut einzuleiten. Bei einer Zuvielforderung ist darauf abzustellen, wie der Gesellschafter die Aufforderung verstehen durfte und ob die Gesellschaft auch zur Entgegennahme des tatsächlich geschuldeten geringeren Betrages bereit ist (wegen der Einzelheiten s. Rn. 15).

60 Der Zugang der Aufforderung und der Kaduzierungsandrohung unter Nichtbeachtung der Form nach § 21 Abs. 1 S. 2 kann unbeachtlich sein (Rn. 18).

61 **2. Folgen einer mangelhaften Kaduzierung.** Eine nach den vorstehenden Ausführungen mangelhafte Kaduzierung ist unwirksam und nötigt zur Wiederholung des Verfahrens. Ein gutgläubiger Erwerb des Geschäftsanteils ist, da es sich bei dem Anteil um ein Recht handelt, ausgeschlossen.[84] Dies gilt auch dann, wenn der Geschäftsanteil gem. § 23 iVm. § 383 Abs. 3 BGB öffentlich versteigert worden ist.[85]

---

[84] *Baumbach/Hueck/Fastrich* Rn. 17; *Scholz/Emmerich* Rn. 32; *Hachenburg/Müller* Rn. 67.
[85] *Lutter/Hommelhoff* Rn. 18.

Für eine Anfechtungklage gegen den Gesellschafterbeschluss (hierzu bei § 47 **62** Rn. 116 ff.) ist in diesen Fällen kein Raum, da die Kaduzierung nicht auf Grund eines Gesellschafterbeschlusses erfolgt. Die Anfechtung eines Gesellschafterbeschlusses kann im Zusammenhang mit dem Kaduzierungsverfahren aber insoweit Bedeutung erhalten, als es um die Beseitigung eines für die Fälligkeit der Einlageverbindlichkeit notwendigen Gesellschafterbeschlusses nach § 46 Nr. 2 geht; wird der Beschluss auf die Anfechtungsklage hin mit Wirkung ex tunc für nichtig erklärt, entzieht dies der Kaduzierung die notwendige Fälligkeit der Verbindlichkeit und macht sie damit ebenfalls unwirksam (vgl. bereits Rn. 56).

VII. Kaduzierung in der Insolvenz

Hinsichtlich der Kaduzierung in der Insolvenz ist zwischen der Insolvenz des säumi- **63** gen Gesellschafters und der Insolvenz der Gesellschaft zu unterscheiden:

1. Insolvenz des Gesellschafters. Ist über das Vermögen des säumigen Gesell- **64** schafters das Insolvenzverfahren eröffnet worden, so sind die Erklärungen nach § 21 dem Insolvenzverwalter gegenüber abzugeben, das Verfahren nimmt trotz der Insolvenz seinen Fortgang.[86] Der Insolvenzverwalter kann die Kaduzierung nur durch Zahlung der vollständigen Quote abwenden; die Zahlung der Konkursquote reicht nicht aus.[87]

2. Insolvenz der Gesellschaft. Ist über das Vermögen der Gesellschaft das Insol- **65** venzverfahren eröffnet worden, so ändert sich das Verfahren nach § 21 nicht. Ab diesem Zeitpunkt ist jedoch allein der Insolvenzverwalter für die Erklärung der Einforderung und der Nachfristsetzung usw. aktiv legitimiert, andere Organe der Gesellschaft besitzen insoweit keine Zuständigkeit mehr.[88]

VIII. Steuerrechtliche Behandlung

Die Kaduzierung löste auch vor dem 1. 1. 1991 bzw. dem 1. 1. 1992 weder Gesell- **66** schaftsteuer aus noch Börsenumsatzsteuer, und zwar weil im ersteren Fall kein Tatbestand des § 2 KVStG erfüllt war und es für den letzteren Fall sich um kein Anschaffungsgeschäft gem. § 18 KVStG handelte.[89]

IX. Österreichisches Recht

Eine dem deutschen Recht im Wesentlichen inhaltsgleiche Regelung findet sich in **67** §§ 66 bis 71 ÖGmbHG.[90] Abweichend von der deutschen Rechtslage (Rn. 3) haftet der säumige Gesellschafter gem. § 69 Abs. 1 und 2 ÖGmbHG aber vor allen anderen und seine Haftung für weitere Einzahlungen erlischt durch den Ausschluss nicht.

---

[86] RGZ 79, 174, 178.
[87] *Baumbach/Hueck/Fastrich* Rn. 9; *Hachenburg/Müller* Rn. 16; einschränkend für den Zwangsvergleich *Scholz/Emmerich* Rn. 14 a.
[88] RGZ 86, 419, 422; OLG Karlsruhe GmbHR 1971, 7, 9.
[89] *Hachenburg/Müller* Rn. 41.
[90] Synopse der Regelungen in NZG 1999, 445.

§ 22 [Haftung der Rechtsvorgänger]

(1) Wegen des von dem ausgeschlossenen Gesellschafter nicht bezahlten Betrages der Stammeinlage ist der Gesellschaft der letzte und jeder frühere, bei der Gesellschaft angemeldete Rechtsvorgänger des Ausgeschlossenen verhaftet.

(2) Ein früherer Rechtsvorgänger haftet nur, soweit die Zahlung von dessen Rechtsnachfolger nicht zu erlangen ist; dies ist bis zum Beweis des Gegenteils anzunehmen, wenn der letztere die Zahlung nicht bis zum Ablauf eines Monats geleistet hat, nachdem an ihn die Zahlungsaufforderung und an den Rechtsvorgänger die Benachrichtigung von derselben erfolgt ist.

(3) ¹Die Haftpflicht des Rechtsvorgängers ist auf die innerhalb der Frist von fünf Jahren auf die Stammeinlage eingeforderten Einzahlungen beschränkt. ²Die Frist beginnt mit dem Tage, an welchem der Übergang des Geschäftsanteils auf den Rechtsnachfolger ordnungsmäßig angemeldet ist.

(4) Der Rechtsvorgänger erwirbt gegen Zahlung des rückständigen Betrages den Geschäftsanteil des ausgeschlossenen Gesellschafters.

Literatur: *Becker* Die Kaduzierung von GmbH-Anteilen, GmbHR 1935, 857 und 949; *Buchwald* Kaduzierung eines Geschäftsanteils und Abandonrecht, GmbHR 1959, 108; *Fabricius* Sicherung der Aufbringung des Stammkapitals im Recht der GmbH, GmbHR 1970, 193; *Fichtner* Kaduzierung, Einziehung und Ausschließung bei der GmbH, BB 1966, 146; *v. Halem* Die Kaduzierung von Aktien und Geschäftsanteilen einer GmbH, Diss. Köln 1961; *Hörstel* Der Ausschluß des GmbH-Gesellschafters durch Kaduzierung, NJW 1994, 965; *Hohner* Subjektlose Rechte, 1969; *Lutter* Rechtsverhältnisse zwischen den Gesellschaftern und der Gesellschaft, in: Probleme der GmbH-Reform 1970, 63; *Melber* Die Kaduzierung in der GmbH, 1992; *K. Schmidt* Summenmäßige Grenzen der Haftung von Mitgesellschaftern aus rückständigen Einlagen (§ 24 GmbHG) und verbotene Ausschüttungen (§ 31 Abs. 3 GmbHG), BB 1985, 154; *Schuler* Die Kaduzierung von GmbH-Anteilen, GmbHR 1961, 98; *Schulz* Die Kaduzierung eines GmbH-Geschäftsanteils, GmbH-Ztschr. 1934, 13, 41, 81, 133, 215 und 255; *Souferlos* Ausschließung und Abfindung eines GmbH-Gesellschafters, 1983; *Spindler* Die Verwertung des kaduzierten Geschäftsanteils, GmbHR 1950, 177; *Utsch* Die Kaduzierung von GmbH-Anteilen, Diss. Köln 1939.

Übersicht

	Rn.		Rn.
I. Normzweck und Bedeutung	1	V. Haftungsumfang, Ausgleichspflichten und Enthaftung der Rechtsvorgänger	21–28
II. Grundsätzliches zur Haftung	2–4		
1. Regressvoraussetzungen	2	1. Haftungsumfang	21–23
2. Verhältnis zu § 16 Abs. 3	3, 4	2. Ausgleichspflicht zwischen den Vormännern	24
III. Die Regressschuldner (§ 22 Abs. 1 und 2)	5–16	3. Enthaftung	25–28
1. Grundsatz: Staffelregress	5	VI. Erwerb des Geschäftsanteils (§ 22 Abs. 4)	29–36
2. Erster Regressschuldner (§ 22 Abs. 1)	6–11	1. Allgemeines	29, 30
a) Letzter Rechtsvorgänger	7–10	2. Voraussetzungen	31, 32
b) Geltendmachung des Anspruchs	11	3. Erwerb der Anteile kraft Gesetzes	33–36
3. Frühere Rechtsvorgänger (§ 22 Abs. 1 und 2)	12–16	VII. Österreichisches Recht	37
IV. Fünfjährige Ausschlussfrist (§ 22 Abs. 3)	17–20		

I. Normzweck und Bedeutung

1   § 22 regelt eine gestaffelte Haftung der Rechtsvorgänger des kaduzierten Gesellschafters wegen der rückständigen Einlagen und stellt damit die zweite Stufe des Kaduzierungsverfahrens dar. Kerngedanke der Vorschrift ist, eine möglichst weite Regress-

möglichkeit gegen viele Personen im Interesse der Kapitalaufbringung zu schaffen.[1] Die Norm ist zwingenden Rechts (§ 25); abweichende Vereinbarungen durch die Gesellschaft oder die Gesellschafter sind unzulässig, ausgenommen Verschärfungen der gesetzlichen Regelung.[2] Erst dann, wenn die Regressnahme gegenüber den Rechtsvorgängern des kaduzierten Gesellschafters gem. § 22 vollständig, also bis zum letzten haftenden Rechtsvorgänger, erfolglos durchgeführt ist, ist die Versteigerung gem. § 23 zulässig. Wegen der Einzelheiten des Kaduzierungsverfahrens und des Überblicks über die §§ 21 bis 25 s. bei § 21 Rn. 3.

II. Grundsätzliches zur Haftung

1. Regressvoraussetzungen. Voraussetzung für die Regressnahme und den damit verbundenen Übergang des Geschäftsanteils an den Rechtsvorgänger des Kaduzierten ist die rechtswirksame Einziehung des Geschäftsanteils.[3] Ist die Einziehung des Geschäftsanteils materiell oder formell fehlerhaft, so erwirbt der zahlende Rechtsvorgänger den Geschäftsanteil nicht. Der Gutglaubensschutz scheidet aus, da ein Geschäftsanteil an einer GmbH keine Sache, sondern ein Recht ist.[4] Auf diese Unwirksamkeit der Kaduzierung kann sich sowohl der mit seinem Geschäftsanteil ausgeschlossene Gesellschafter berufen als auch der von der Gesellschaft im Wege des Regresses in Anspruch genommene Rechtsvorgänger des Kaduzierten; das hat zur Folge, dass der Rechtsvorgänger auf Grund der mängelbehafteten Kaduzierung wegen der ausstehenden Leistungen nicht in Anspruch genommen werden kann. Die Gesellschaft muss erforderlichenfalls das Verfahren gem. § 21 wiederholen. 2

2. Verhältnis zu § 16 Abs. 3. Die Haftungsnormen des § 22 und § 16 Abs. 3 sind nebeneinander anwendbar, denn jede Norm erfüllt einen eigenen Zweck.[5] 3

Nach § 16 Abs. 3 haften Veräußerer und Erwerber gesamtschuldnerisch für alle rückständigen Leistungen (§ 16 Rn. 28 ff.). Im Gegensatz zu § 22 Abs. 4 erwirbt der in Anspruch genommene Rechtsvorgänger aber den Geschäftsanteil nicht. § 22 führt vielmehr eine eigenständige, zusätzliche Haftung der Rechtsvorgänger zur vollständigen Erbringung des Stammkapitals ein.[6] Die Gesellschaft kann unter Berücksichtigung der Notwendigkeiten der Gesellschaft (§ 21 Rn. 24) entscheiden, nach welcher Norm sie vorgehen will; sie hat insoweit ein Wahlrecht, das nach pflichtgemäßem Ermessen der Geschäftsführer auszuüben ist.[7] 4

III. Die Regressschuldner (§ 22 Abs. 1 und 2)

1. Grundsatz: Staffelregress. Ist wirksam kaduziert worden, so haftet jeder Rechtsvorgänger des mit seinem Geschäftsanteil ausgeschlossenen Gesellschafters auf Erfüllung der von der Gesellschaft auf die Stammeinlage eingeforderten Zahlung, und zwar in der Form des sog. Staffelregresses; gemeinschaftlich Berechtigte haften dabei als 5

---

[1] *Hachenburg/Müller* Rn. 1.
[2] AllgM, vgl. nur *Roth/Altmeppen* Rn. 1; *Baumbach/Hueck/Fastrich* Rn. 1; *Scholz/Emmerich* Rn. 3.
[3] *Roth/Altmeppen* Rn. 2; *Hachenburg/Müller* Rn. 4; *Scholz/Emmerich* Rn. 5.
[4] *Hachenburg/Müller* Rn. 8; s. auch bei § 21 Rn. 61; einschränkend *Schuler* GmbHR 1961, 98, 100.
[5] OLG Köln GmbHR 1913, 94; *Baumbach/Hueck/Fastrich* Rn. 2; *Hachenburg/Müller* Rn. 6; *Scholz/Emmerich* Rn. 4; *Lutter/Hommelhoff* Rn. 16; *Meyer-Landrut/Miller/Niehus* Rn. 1.
[6] *Scholz/Winter* Rn. 5.
[7] *Hachenburg/Müller* Rn. 6; *Scholz/Emmerich* Rn. 4.

Gesamtschuldner.[8] Staffelregress bedeutet, dass zunächst der unmittelbare Rechtsvorgänger des Kaduzierten haftet; ist von ihm der von der Gesellschaft auf die Stammeinlage eingeforderte Betrag nicht zu erlangen, so haftet dessen Rechtsvorgänger (sog. Vormann) zurück bis zum ersten Erwerber des Geschäftsanteils, es sei denn, dass der Rückgriffsanspruch erloschen oder verjährt ist (vgl. Rn. 17ff.). Überträgt also der Gründer A den Geschäftsanteil an B, B an C, C an D und wird D ausgeschlossen, haftet zunächst C gegenüber der Gesellschaft; kann von ihm die Zahlung nicht erlangt werden, haftet B; kann auch bei ihm die Zahlung nicht erlangt werden, haftet schließlich A (zur Haftung des Gründers s. noch bei Rn. 13). Ein Sprungregress, also das Übergehen einzelner zahlungsfähiger Rechtsvorgänger, etwa um einem bestimmten Rechtsvorgänger einen Geschäftsanteil zu verschaffen, ist unzulässig und nichtig.[9]

6   **2. Erster Regressschuldner (§ 22 Abs. 1).** Nach § 22 Abs. 1 haften wegen des von dem ausgeschlossenen Gesellschafter nicht bezahlten Betrages der Stammeinlage der letzte und jeder frühere Rechtsvorgänger des nach § 21 ausgeschlossenen Gesellschafters, sofern er bei der Gesellschaft gem. § 16 angemeldet worden ist.

7   **a) Letzter Rechtsvorgänger.** Der erste Regressschuldner ist – nach dem Wortlaut des Gesetzes – der „letzte" Rechtsvorgänger des Ausgeschlossenen. Er haftet unmittelbar, die ihm vorangehenden Inhaber des Anteils nur subsidiär in umgekehrter Reihenfolge ihres Erwerbes. Rechtsvorgänger iS des § 22 ist im **Grundsatz** nur derjenige frühere Inhaber des Geschäftsanteils, der bei der Gesellschaft gem. § 16 angemeldet war. War ein Gesellschafter nicht angemeldet, so kann er grundsätzlich nicht Regressschuldner iS des § 22 sein.[10] Er kann deshalb auch den kaduzierten Geschäftsanteil gem. § 22 Abs. 4 gegen Zahlung der nicht geleisteten Teileinlage selbst dann nicht erwerben, wenn er dies wünscht.[11] Der nicht angemeldete frühere Eigentümer des Geschäftsanteils kann den Geschäftsanteil nur im Wege der öffentlichen Versteigerung gem. § 23 erwerben, falls es zu einer solchen kommt.

8   Von dem Grundsatz, dass Rechtsvorgänger des Kaduzierten nur dann am Verfahren gem. § 22 teilnehmen, wenn sie bei der Gesellschaft gem. § 16 angemeldet sind, gelten verschiedene **Ausnahmen**. Zunächst gilt, dass auch der Gründer, der nicht selbst nach § 16 bei der Gesellschaft angemeldet wird, nach § 22 haftet, sofern bei seinen Rechtsnachfolgern keine Zahlung zu erlangen ist; auch hinsichtlich der Vermutung des § 22 Abs. 2 gilt insoweit keine Ausnahme (Rn. 13). Der Gründergesellschafter, der noch im Gründungsstadium (nach notarieller Beurkundung der Satzung, aber vor Eintragung der Gesellschaft in das Handelsregister) aus der Gesellschaft ausscheidet, haftet demgegenüber nicht.[12] Auch soweit sich der Anteilsübergang kraft Gesetzes vollzieht, insbesondere im Fall der Gesamtrechtsnachfolge, kommt es auf die Anmeldung nicht an: Die Erben eines angemeldeten Gesellschafters sind auch ohne Anmeldung Rechtsvorgänger iS des § 22, ferner solche Personen, die den Geschäftsanteil durch die Vereinbarung einer ehelichen Gütergemeinschaft, durch Umwandlung oder durch „Anwachsung" nach § 738 Abs. 1 S. 1 BGB erworben haben. Sie haften im Rahmen des Staffelregresses wie angemeldete Gesellschafter.[13] Keinen Rechtsübergang stellt die formwechselnde Umwandlung dar (wegen der Einzelheiten s. bei Anh. § 77).

---

[8] *Baumbach/Hueck/Fastrich* Rn. 3.
[9] *Lutter/Hommelhoff* Rn. 4: *Scholz/Emmerich* Rn. 8.
[10] *Baumbach/Hueck/Fastrich* Rn. 4; *Hachenburg/Müller* Rn. 31; *Scholz/Emmerich* Rn. 6; *Meyer-Landrut/Miller/Niehus* Rn. 3; s. auch sogleich noch Rn. 8f. und unten bei Rn. 12ff.
[11] *Baumbach/Hueck/Fastrich* Rn. 4; *Scholz/Emmerich* Rn. 6; *Meyer-Landrut/Miller* Rn. 3.
[12] *Roth/Altmeppen* Rn. 3; *Scholz/Emmerich* Rn. 6.
[13] *Baumbach/Hueck/Fastrich* Rn. 4; *Hachenburg/Müller* Rn. 32; s. auch § 16 Rn. 18ff.

Haftung der Rechtsvorgänger   § 22

Bilden die Erben in Bezug auf den Geschäftsanteil eine ungeteilte Erbengemein- 9
schaft, so haften die Erben gesamtschuldnerisch und im Übrigen mit der Möglichkeit
der beschränkten Erbenhaftung.[14] War einem Miterben später der Geschäftsanteil im
Wege der Erbauseinandersetzung allein zugeteilt, so sind die früheren Miterben seine
Rechtsvorgänger.[15] Steht der Geschäftsanteil mehreren Personen, zB einer Erbengemeinschaft, gemeinschaftlich zu, so gelten die Bestimmungen des § 18; wegen der Einzelheiten vgl. dort. Ist eine Person auf Grund einer wirksamen Abtretung Gesellschafter geworden und gem. § 16 auch bei der Gesellschaft gemeldet gewesen, so bleibt er
auch dann Rechtsvorgänger iS des § 22, wenn er den Geschäftsanteil an den früheren
Gesellschafter zurücküberträgt, zB nach erfolgter Wandlung oder vertraglichem Rücktritt.[16] Abweichendes gilt, wenn die Abtretung nichtig war oder wenn die Abtretung
mit Wirkung ex tunc nach § 123 BGB angefochten worden ist.[17]

Gleichgültig für die Regresshaftung ist es, aus welchem Rechtsgrund der Gesell- 10
schafter den Anteil hält. Auch derjenige, dem der Anteil zur Sicherung übertragen ist,
oder der Treuhänder sind im Sinne des § 22 dann Regressschuldner, wenn sie bei der
Gesellschaft angemeldet waren, und sie bleiben es auch dann, wenn der Anteil an den
Treugeber zurückübertragen worden ist.[18] Ist der Geschäftsanteil im Wege der
Zwangsvollstreckung erworben worden, ist der Vollstreckungsschuldner und nicht der
die Vollstreckung betreibende Gläubiger als Rechtsvorgänger anzusehen.[19] Rechtsvorgänger kann auch eine Person sein, die den Anteil nach einer Kaduzierung gem. § 23
ersteigert hat.[20]

b) Geltendmachung des Anspruchs. Die Gesellschaft muss den Anspruch gegen 11
den Rechtsvorgänger geltend machen. Weitere Voraussetzungen als die Kaduzierung
und die Stellung als angemeldeter Rechtsvorgänger sind nicht erforderlich. Durch die
Kaduzierung tritt ohne weiteres die Verpflichtung des unmittelbaren Rechtsvorgängers
des Ausgeschlossenen ein, den von diesem nicht bezahlten fälligen Betrag der Einlage
zu entrichten. Für die prozessuale Geltendmachung des Anspruchs gelten die allgemeinen Regeln; zuständig ist neben dem Gericht am allgemeinen Gerichtsstand des Beklagten gem. § 12 ZPO das Gericht am Sitz der Gesellschaft nach § 22 ZPO.

3. Frühere Rechtsvorgänger (§ 22 Abs. 1 und 2). Als weitere Regressschuldner 12
haften die Rechtsvorgänger des ersten Regressschuldners („letzter" Rechtsvorgänger,
Rn. 7) und deren Rechtsvorgänger unter der Voraussetzung, dass ihr jeweiliger
Nachmann zahlungsunfähig ist und sie bei der Gesellschaft nach § 16 angemeldet worden sind (**§ 22 Abs. 1 Halbs. 1**; zur Anmeldung s. bei Rn. 8 f.). Die Reihe der früheren Regressschuldner haftet subsidiär in der umgekehrten Reihenfolge ihres Erwerbs
bis hin zum Gründer. **Voraussetzung** der Haftung des jeweiligen Rechtsvorgängers
ist, dass von seinem Rechtsnachfolger – mit Ausnahme des kaduzierten – eine Zahlung
nicht zu erlangen ist.

Die fehlende Erlangbarkeit der Zahlung muss von der GmbH dargetan und ggf. be- 13
wiesen werden. Zu ihren Gunsten greift jedoch die widerlegliche (Rn. 15) **Vermutung des § 22 Abs. 2 Halbs. 2** ein, wenn der Rechtsnachfolger des in Anspruch ge-

---

[14] Statt anderer *Lutter/Hommelhoff* Rn. 3.
[15] *Hachenburg/Müller* Rn. 33; *Scholz/Emmerich* Rn. 7a.
[16] RGZ 127, 236, 238 und 242; *Baumbach/Hueck/Fastrich* Rn. 4; *Hachenburg/Müller* Rn. 28; *Scholz/Emmerich* Rn. 7.
[17] *K. Schmidt* GesR § 37 II 5b; *Baumbach/Hueck/Fastrich* Rn. 4; *Hachenburg/Müller* Rn. 28.
[18] *Baumbach/Hueck/Fastrich* Rn. 4; *Meyer-Landrut/Miller/Niehus* Rn. 3; *Scholz/Emmerich* Rn. 7.
[19] *Scholz/Emmerich* Rn. 7a.
[20] *Hachenburg/Müller* Rn. 27.

nommenen Rechtsvorgängers von der Gesellschaft zur Zahlung aufgefordert und dies dem betreffenden Rechtsvorgänger mitgeteilt worden ist und der Rechtsnachfolger nicht innerhalb eines Monats nach Zugehen der Zahlungsaufforderung bei ihm und dem Rechtsvorgänger die eingeforderte Teileinlage geleistet hat (Beispiel: Der „letzte" Vorgänger des ausgeschlossenen Gesellschafters ist A, der seinerseits den Anteil von B erworben hat; die Gesellschaft fordert A zur Zahlung auf und benachrichtigt B hiervon; zahlt A nicht innerhalb eines Monats nach Zugang der Aufforderung der Gesellschaft bei ihm und bei B, wird vermutet, dass bei A die Zahlung nicht zu erlangen ist). Diese Vermutung gilt entgegen der älteren Rechtsprechung auch zu Lasten eines Gründers; sie eröffnet der Gesellschaft den Zugang zur Möglichkeit der öffentlichen Versteigerung nach § 23 und schließlich zur Inanspruchnahme der übrigen Gesellschafter nach § 24.[21]

14 Die **Zahlungsaufforderung** an die Rechtsvorgänger des kaduzierten Gesellschafters kann **formlos** erfolgen,[22] doch empfiehlt sich zum Nachweis der Monatsfrist des § 22 Abs. 2 die Aufforderung nach § 132 Abs. 1 BGB iVm. § 166 ZPO zuzustellen.[23]

15 Die gesetzliche Vermutung, dass vom Rechtsnachfolger des auf Zahlung in Anspruch genommenen früheren Gesellschafters die eingeforderte Einlage auf den Geschäftsanteil nicht zu erlangen ist, kann von jedem seiner Rechtsvorgänger widerlegt werden. Der Beweis kann mit sämtlichen zulässigen Beweismitteln geführt werden. Beweist der in Anspruch genommene Vorgänger, dass sein Rechtsnachfolger zur Leistung des eingeforderten Teils auf die Stammeinlage in der Lage ist, so führt dies zunächst dazu, dass er selbst im Wege des Regresses von der Gesellschaft nicht in Anspruch genommen werden kann. Die Gesellschaft ist zwar nicht verpflichtet, von ihr für zahlungsunfähig gehaltenen oder zahlungsunwilligen Rechtsnachfolger etwa klageweise in Anspruch zu nehmen;[24] sie kann aber von dem Rechtsvorgänger, der die Zahlungsfähigkeit seines Rechtsnachfolgers bewiesen hat, ihrerseits keine Zahlung verlangen.

16 Wird ein wegen Zahlungsunfähigkeit nicht in Anspruch genommener Vormann wieder zahlungsfähig, so kann die Gesellschaft ihn erneut in Anspruch nehmen.[25] Die Zahlungspflicht seines Rechtsvorgängers erlischt.

IV. Fünfjährige Ausschlussfrist (§ 22 Abs. 3)

17 Die Haftung eines Rechtsvorgängers im Sinne des § 22 Abs. 1 und 2 ist gem. § 22 Abs. 3 auf die innerhalb von **fünf Jahren nach seinem Ausscheiden** eingeforderten Einzahlungen beschränkt (Abs. 3 S. 1); die Mithaftung für früher fällig gewordene Einlageansprüche der Gesellschaft (§ 16 Rn. 28 f.) bleibt von der Ausschlussfrist allerdings unberührt. Diese Frist ist eine Ausschlussfrist, keine Verjährungsfrist, und ist deshalb im Prozess von Amts wegen zu beachten. Eine nach Ablauf dieser Frist eintretende Fälligkeit bzw. Einforderung der Einlageforderung kann keine Haftung zu Lasten des ehemaligen Gesellschafters mehr zur Folge haben.[26] **Fristbeginn** ist der Tag, an

---

[21] *Roth/Altmeppen* Rn. 12; *Baumbach/Hueck/Fastrich* Rn. 6; *Lutter/Hommelhoff* Rn. 5; *Hachenburg/Müller* Rn. 51; *Scholz/Emmerich* Rn. 11; aA RGZ 85, 237, 241.
[22] *Meyer-Landrut/Miller/Niehus* Rn. 7; *Scholz/Emmerich* Rn. 9; *Baumbach/Hueck/Fastrich* Rn. 6; 7.
[23] Zutr. *Hachenburg/Müller* Rn. 48.
[24] *v. Halem* Die Kaduzierung von Aktien und Geschäftsanteilen einer GmbH, 1961, S. 103; *Meyer-Landrut/Miller* Rn. 7.
[25] *Scholz/Emmerich* Rn. 10.
[26] S. auch *Hachenburg/Müller* Rn. 17: „Haftungsbegründungsfrist".

Haftung der Rechtsvorgänger § 22

dem der Übergang des Geschäftsanteils von dem betreffenden Rechtsvorgänger auf seinen Rechtsnachfolger gem. § 16 bei der Gesellschaft ordnungsgemäß angemeldet worden ist. Durch wen die Anmeldung erfolgt, den Veräußerer oder den Erwerber, ist unerheblich. Auch wann die Mitteilung des Rechtsübergangs gegenüber dem Handelsregister nach § 40 erfolgt ist, ist demgegenüber ohne Bedeutung. Die **Fristberechnung** erfolgt nach §§ 187, 188 BGB. Ist der Übergang des Geschäftsanteils also beispielsweise am 1. 3. 2000 bei der Gesellschaft gem. § 16 angemeldet worden, endet die Haftung des Veräußerers am 1. 3. 2005, 24.00 Uhr.

Auf die ursprüngliche Anmeldung ist für die Fristberechnung auch beim Erwerb im Wege der **Gesamtrechtsnachfolge** (hierzu auch oben bei Rn. 8) abzustellen;[27] die Gesamtrechtsnachfolge selbst, und damit die Gesellschafterstellung gegenüber der GmbH, ist von der Anmeldung gem. § 16 nicht abhängig (Rn. 8). Sofern der Erblasser beispielsweise den Geschäftsanteil schon an einen Dritten veräußert und deshalb nur als Rechtsvorgänger gem. § 22 gehaftet hat, haftet sein Erbe unter Anrechnung der bereits von der fünfjährigen Frist verstrichenen Zeit weiter; die Frist beginnt also nicht etwa von neuem zu laufen. Soweit teilweise vertreten wird, die Frist beginne in den Fällen der Gesamtrechtsnachfolge wegen der fehlenden Anmeldefähigkeit dieses Übergangs mit dieser,[28] ist dies mit dem Charakter der Gesamtrechtsnachfolge und dem mit § 16 verfolgten Zweck nicht vereinbar und deshalb abzulehnen. 18

Sind **zwischenzeitliche Veräußerungen nicht angemeldet** worden, ist auf den Tag der letzten Anmeldung abzustellen. Überträgt beispielsweise A seinen Anteil auf B, B auf C, C auf D und schließlich D auf E und wird allein der Erwerb des E bei der Gesellschaft nach § 16 angemeldet, beginnt die für A geltende fünfjährige Frist erst mit der Anmeldung des E bei der Gesellschaft. B, C und D haften mangels Anmeldung gegenüber der Gesellschaft überhaupt nicht. Es ist deshalb von jedem veräußernden Gesellschafter darauf zu achten, dass der Übergang nach § 16 tatsächlich auch angemeldet wird, wenn er die Ausschlussfrist nach § 22 Abs. 3 in Gang setzen will. 19

Für die Haftung des Rechtsvorgängers nach § 22 Abs. 2 genügt die **Einforderung** der fälligen Einlageforderung (§ 20 Rn. 6 ff.) innerhalb der Fünfjahresfrist bei dem derzeitigen Gesellschafter; die Mithaftung für früher fällig gewordene Einlageansprüche der Gesellschaft bleibt von der Ausschlussfrist unberührt. Auf den Zeitpunkt der (ggf. Jahre später erst erfolgenden)[29] Kaduzierung kommt es für die Haftung dagegen nicht an. Ist die Einlage zwar innerhalb der Fünfjahresfrist fällig gewesen, aber erst hiernach eingefordert worden, haftet der ehemalige Gesellschafter hierfür nicht. Die hiervon zu unterscheidende **Verjährungsfrist** des innerhalb des fünfjährigen Zeitraums geltend gemachten Einlageanspruchs beträgt nach § 195 BGB drei Jahre.[30] 20

V. Haftungsumfang, Ausgleichspflichten und Enthaftung der Rechtsvorgänger

1. Haftungsumfang. Der „letzte" Rechtsvorgänger im Sinne des § 22 Abs. 1 haftet nach dieser Bestimmung für jeden nicht bezahlten Betrag der Stammeinlage, der innerhalb der Fünfjahresfrist des § 22 Abs. 3 fällig geworden ist (hierzu bei Rn. 17). Die Haftung erstreckt sich mithin auf alle Ansprüche, wegen derer eine Kaduzierung betrieben werden kann (hierzu bei § 21 Rn. 26), darüber hinaus aber auch auf die- 21

---

[27] *Hachenburg/Müller* Rn. 19.
[28] *Lutter/Hommelhoff* Rn. 7; *Scholz/Emmerich* Rn. 16.
[29] S. zur möglichen Verwirkung des Kaduzierungsrechts aber auch bei § 21 Rn. 37.
[30] *Hachenburg/Müller* Rn. 22; *Scholz/Emmerich* Rn. 17.

§ 22 2. Abschnitt. Rechtsverhältnisse der Gesellschaft und der Gesellschafter

jenigen Beträge, die nach der Kaduzierung bis zur Inanspruchnahme des Vorgängers fällig geworden sind.[31] Für Zinsen, Vertragsstrafen, Agio und Nebenpflichten nach § 3 Abs. 2 haftet der Rechtsvorgänger demgegenüber nicht;[32] eine solche Verpflichtung kann sich für ihn aber aus § 16 Abs. 3 ergeben. Für rückständige Nachschüsse haftet der Rechtsvorgänger nur dann, wenn die Kaduzierung auf die unterlassene Zahlung des Nachschusses zurückgeht, was allein bei der beschränkten Nachschusspflicht in Betracht kommt.[33] Teilleistungen des kaduzierten Gesellschafters, die zu Gunsten der GmbH für verlustig erklärt sind (§ 21 Abs. 2), wirken sich zu Gunsten des Rechtsvorgängers aus. Er ist auch nicht etwa verpflichtet, Leistungen auf die Stammeinlage, die vom kaduzierten Gesellschafter stammen, diesem auszugleichen, selbst wenn er den Anteil damit über § 22 Abs. 4 für eine relativ geringe Leistung erwirbt.

22 Bei der **Mischeinlage,** bei der auf den übernommenen Anteil sowohl eine Bar- als auch eine Sacheinlage zu leisten sind, ist der Sacheinlageanteil gem. § 7 Abs. 3, § 56a vor der Anmeldung vollständig zur freien Verfügung der Geschäftsführer zu leisten, so dass die Sacheinlagepflicht grundsätzlich den Rechtsvorgänger nicht mehr treffen kann. Wurde aber gegen die § 7 Abs. 3, § 56a verstoßen und ist die Sacheinlage deshalb noch nicht erbracht worden, geht diese Einlagepflicht auf den Vormann mit Erwerb des Anteils über (ob sie auch einer Kaduzierung zugrunde liegen kann, ist str., vgl. § 21 Rn. 26). Ist die Erfüllung der Sacheinlageverpflichtung dem Vordermann unmöglich, wird er von dieser Verpflichtung zwar nach § 275 BGB frei, sie wandelt sich nach den Grundsätzen der realen Kapitalaufbringung dann aber in eine Bareinlageverpflichtung um (vgl. hierzu die Bem. zu §§ 9, 19).

23 Die Gesellschaft kann dem zahlungspflichtigen Rechtsvorgänger die eingeforderte Summe nicht stunden oder ihm Teilzahlungen gestatten, weil damit in die Rechtsansprüche des weiteren Vormannes als Leistungspflichtigem, vor allem aber als Erwerbsberechtigten eingegriffen wird. Es gilt § 19 Abs. 2;[34] wegen der Einzelheiten s. die Bem. dort.

24 **2. Ausgleichspflicht zwischen den Vormännern.** Dem Grundsatz des Abs. 4 nach findet ein Ausgleich zwischen den einzelnen Vormännern nicht statt. Die Vorschrift geht davon aus, dass entweder ein Vormann nicht leistet, dann wird im Wege des Staffelregresses dessen Vormann in Anspruch genommen; derjenige, der die fällige Leistung des Kaduzierten erbringt, erwirbt kraft Gesetzes den Geschäftsanteil des ausgeschlossenen Gesellschafters. Nur in Ausnahmefällen kann es sonach zu Ausgleichsansprüchen zwischen Vormännern kommen und auch dann nur auf vertraglicher Basis,[35] etwa wenn ein Vormann seinem Nachfolger im Geschäftsanteil bei Abtretung zugesichert hat, dass er für die Volleinzahlung aufkomme. Im Einzelfall kann auch ein Schadensersatzanspruch in Betracht kommen, wenn etwa ein Vormann seine Zahlungsunfähigkeit vortäuscht, um nicht leisten zu müssen. Ausgleichsansprüche nach § 426 BGB kommen nicht in Betracht, weil die jeweils auf eigene Schuld zahlenden Rechtsvorgänger gestaffelt und nicht gesamtschuldnerisch haften; dies gilt auch, sofern

---

[31] *v. Halem* Die Kaduzierung von Aktien und Geschäftsanteilen einer GmbH, 1961, S. 84; *Baumbach/Hueck/Fastrich* Rn. 3; *Lutter/Hommelhoff* Rn. 3; *Hachenburg/Müller* Rn. 11; *Scholz/Emmerich* Rn. 13.
[32] *Roth/Altmeppen* Rn. 4; *Lutter/Hommelhoff* Rn. 2; *Hachenburg/Müller* Rn. 12; *Scholz/Emmerich* Rn. 13.
[33] *Hachenburg/Müller* Rn. 15; *Scholz/Emmerich* Rn. 13.
[34] OLG Köln WM 1987, 537; *Scholz/Emmerich* Rn. 14.
[35] *Hachenburg/Müller* Rn. 53; *Scholz/Emmerich* Rn. 12.

ein Nachmann Teilleistungen erbringt und sein Vormann durch Zahlung des Restbetrages den Anteil nach § 22 Abs. 4 erwirbt.[36]

3. Enthaftung. Neben der Enthaftung auf Grund des Ablaufs der Ausschlussfrist des § 22 Abs. 3 (Rn. 17 ff.) und der – kaum praktischen – Möglichkeit, sich auf Verjährung (Rn. 20) zu berufen und damit die Leistung zu verweigern, kann es auf mehreren Wegen zu einer Enthaftung eines Rechtsvorgängers kommen: 25

Zunächst erlischt die Haftung nach § 22 mit der wirksamen Versteigerung des Geschäftsanteils nach § 23; denn ein Erwerb nach § 22 Abs. 4 ist hiernach nicht mehr möglich.[37] 26

Einen weiteren Erlöschensgrund der Haftung eines nach § 22 Abs. 2 in Anspruch genommenen ehemaligen Gesellschafters bilden die wiederhergestellte Zahlungsfähigkeit eines seiner Rechtsnachfolger bzw. die Widerlegung der Vermutung des § 22 Abs. 2, Halbs. 2; denn die Nichterlangbarkeit der vollständigen Zahlungen eines seiner Rechtsvorgänger ist Voraussetzung seiner Haftung (Rn. 12 ff.). 27

Teilleistungen eines Rechtsnachfolgers befreien den Rechtsvorgänger in entsprechender Höhe, da er nach § 22 Abs. 2 nur insoweit haftet, als die Zahlung bei seinen Rechtsnachfolgern nicht zu erlangen ist und er deshalb nur auf den noch offenen Rest haftet. 28

VI. Erwerb des Geschäftsanteils (§ 22 Abs. 4)

1. Allgemeines. Durch Zahlung der ausstehenden Bareinlage erwirbt der Rechtsvorgänger gem. § 22 Abs. 4 den Geschäftsanteil des kaduzierten Gesellschafters (Rn. 33 ff.). Nicht ausdrücklich bestimmt, aber bei § 22 Abs. 4 gesetzlich inzidenter vorausgesetzt ist die Wirksamkeit der Kaduzierung (Rn. 31), sowie dass gerade der Zahlende gem. § 22 Abs. 2 an der Reihe ist und er außerdem den vollständigen ausstehenden Betrag zahlt (Rn. 33). 29

Die Rechtsstellung des Vormanns aus § 22 Abs. 4 unterliegt der Pfändung durch seine Gläubiger nach § 851 ZPO; mit dem Übergang des Geschäftsanteils nach § 22 Abs. 4 erwerben die Gläubiger ein Pfandrecht an dem Anteil.[38] 30

2. Voraussetzungen. Voraussetzung des wirksamen Erwerbs nach § 22 Abs. 4 ist zunächst die **Wirksamkeit der Kaduzierung;** hierzu s. zunächst die Bem. bei § 21 Rn. 9 ff. Ist die Kaduzierung fehlerhaft, etwa weil es an der Fälligkeit des Einlageanspruchs gefehlt hat oder die Frist des § 21 Abs. 1 S. 3 nicht gewahrt worden ist, bleibt der Gesellschafter Inhaber des unwirksam kaduzierten Anteils; ein Erwerb durch den nach § 22 Abs. 2 in Anspruch genommenen Rechtsvorgänger auf Grund einer Zahlung kommt nicht in Betracht, insbesondere ist ein gutgläubiger Erwerb im Rahmen des § 22 Abs. 4 ausgeschlossen.[39] Für Zahlungen des in Anspruch genommenen Rechtsvorgängers fehlt es bei einer unwirksamen Kaduzierung an einem Rechtsgrund, er kann die Leistung nach § 812 Abs. 1 S. 1 BGB zurückfordern.[40] 31

---

[36] *Roth/Altmeppen* Rn. 20; *Hachenburg/Müller* Rn. 53; *Scholz/Emmerich* Rn. 12; aA *Lutter/Hommelhoff* Rn. 14, die von einem Anspruch des Nachmannes gegen seine Vormänner ausgehen.

[37] RGZ 85, 237, 241; BGHZ 42, 89, 92 = NJW 1964, 1954; *Roth/Altmeppen* Rn. 6; *Baumbach/Hueck/Fastrich* Rn. 9; *Hachenburg/Müller* Rn. 23; *Lutter/Hommelhoff* Rn. 8; *Scholz/Emmerich* Rn. 17.

[38] *Hachenburg/Müller* Rn. 61; *Scholz/Emmerich* Rn. 21; abw. *Souferlos* Ausschließung und Abfindung eines GmbH-Gesellschafters, 1983, S. 115 f.

[39] *Roth/Altmeppen* Rn. 14; *Baumbach/Hueck/Fastrich* Rn. 11; *Scholz/Emmerich* Rn. 20.

[40] *Roth/Altmeppen* Rn. 14.

§ 22 2. Abschnitt. Rechtsverhältnisse der Gesellschaft und der Gesellschafter

32 Im Rahmen des Staffelregresses **an der Reihe** ist der betreffende Rechtsvorgänger, wenn er nach § 22 Abs. 2 haftet. Wegen der Einzelheiten hierzu s. die Bem. bei Rn. 5 ff. Nach teilweise vertretener Auffassung soll auch ein früherer Rechtsvorgänger (Vormann) für einen seiner späteren Rechtsnachfolger die fälligen Teilleistungen nach § 267 BGB erbringen können mit der Folge, dass dieser Rechtsnachfolger den kaduzierten Geschäftsanteil kraft Gesetzes erwirbt, wenn auch unter der Voraussetzung, dass der Rechtsnachfolger, für den der Vormann zahlt, auch solvent ist, da sonst einem insolventen Rechtsnachfolger der Geschäftsanteil aufgezwungen würde.[41] Diese Meinung ist abzulehnen; sie findet in § 22 auch keine Stütze. Der zwangsweise Erwerb eines Geschäftsanteils durch einen Rechtsvorgänger des Kaduzierten ist für den in Anspruch genommenen früheren Gesellschafter ein so einschneidender und ihn und uU die Gesellschafter belastender Vorgang, dass nur der gesetzliche Weg des Staffelregresses als zulässig angesehen werden darf und die gekennzeichnete Manipulation als unzulässig erachtet werden muss; auch die Ausgestaltung des Verfahrens in § 22 spricht gegen eine solche Möglichkeit.[42] Wegen der Notwendigkeit, den **vollständigen ausstehenden Betrag** zu zahlen, s. bei Rn. 33.

33 **3. Erwerb der Anteile kraft Gesetzes.** Ist die Kaduzierung wirksam durchgeführt worden und hat auch der richtige Rechtsvorgänger vollständig gezahlt, erwirbt dieser den Geschäftsanteil mit allen Rechten und Pflichten im Zeitpunkt des Übergangs[43] kraft Gesetzes. Satzungsänderungen, die zwischen der Kaduzierung und dem Erwerb nach § 22 Abs. 4 stattgefunden haben, muss der Erwerber deshalb gegen sich gelten lassen. Gewinnansprüche aus dieser Zeit können auf den Erwerber nicht übergehen, da während der Zeit, in der die Gesellschaft den kaduzierten Geschäftsanteil hält, auf den kaduzierten Anteil Ansprüche nicht entstehen können (vgl. § 21 Rn. 38 ff.).[44] Nach dem Erwerb des Geschäftsanteils entstehende Gewinnansprüche stehen dem Erwerber wie jedem anderen Gesellschafter zu. Der Erwerb ist nicht nach § 16 anmeldepflichtig.[45]

34 Der in Anspruch genommene Rechtsvorgänger kann weder auf den Geschäftsanteil verzichten, noch den Erwerb ablehnen. Auch statutarische Erwerbsbeschränkungen (Zustimmungsvorbehalte, Vorkaufsrechte etc.) sind wirkungslos.[46] Selbst ein aus wichtigem Grunde ausgeschlossener Gesellschafter muss im Wege des Staffelregresses von der Gesellschaft wegen des rückständigen Teils der Stammeinlage in Anspruch genommen werden und erwirbt kraft Gesetzes nach Zahlung des rückständigen Betrages den Geschäftsanteil, ohne dass die Gesellschafter oder die übrigen Gesellschafter dies verhindern können. Der in Anspruch genommene Rechtsvorgänger, der gegen Zahlung des rückständigen Betrages den Geschäftsanteil erworben hat, kann auch nicht wegen früherer Vorfälle erneut aus wichtigem Grunde ausgeschlossen werden. Es muss in seiner Person nach Erwerb des Geschäftsanteils gem. Abs. 4 ein neuer wichtiger Grund vorhanden sein, um diesen Rechtsvorgänger erneut auszuschließen.

35 Im Anschluss an BGHZ 42, 89, 92 = NJW 1964, 1954 wird überwiegend die Auffassung vertreten, aus dem kraft Gesetzes erfolgenden Erwerb sei außerdem zu schließen, dass der den Geschäftsanteil durch Zahlung erwerbende Rechtsvorgänger keinen

---

[41] *Hachenburg/Müller* Rn. 18; *Scholz/Emmerich* Rn. 19.
[42] IErg. ebenso *Roth/Altmeppen* Rn. 15; *Lutter/Hommelhoff* Rn. 10.
[43] *Roth/Altmeppen* Rn. 18; *Baumbach/Hueck/Fastrich* Rn. 11; *Hachenburg/Müller* Rn. 61.
[44] *Hachenburg/Müller* Rn. 62; *Lutter/Hommelhoff* Rn. 11; auf Grund ihres abw. Verständnisses anders *Baumbach/Hueck/Fastrich* Rn. 12; *Scholz/Emmerich* Rn. 22;
[45] *Hachenburg/Müller* Rn. 66.
[46] *Hachenburg/Müller* Rn. 66; *Scholz/Emmerich* Rn. 20; *Lutter/Hommelhoff* Rn. 11.

Rechtsvorgänger habe, er also auch nicht Rechtsnachfolger des Kaduzierten sei.[47] Dieser Auffassung liegt die unzutreffende Betrachtung zugrunde, dass die Gesellschaft den kaduzierten Geschäftsanteil nicht erwirbt, sondern nur zu ihren Gunsten über ihn verfügen kann;[48] ihr ist deshalb nicht zu folgen. Zur Begründung des hiermit bezweckten Ergebnisses (keine Haftung der Rechtsnachfolger des Erwerbers und der Gesellschaft selbst) ist eine solche Sichtweise auch nicht erforderlich. Denn dass der Kaduzierte, die späteren Rechtsnachfolger des über § 22 Abs. 4 Erwerbenden und die Gesellschaft nicht als Rechtsvorgänger haften, ergibt sich – soweit es den Kaduzierten und die Rechtsnachfolger betrifft – aus dem Staffelregress des § 22 und – soweit es um die Gesellschaft geht – daraus, dass die Gesellschaft nicht ihr eigener Einlageschuldner sein kann. Die Haftung der Rechtsvorgänger des Erwerbers, die auf Grund der Zahlung des Erwerbers nicht selbst in Anspruch genommen worden sind, nach § 22 Abs. 1, 2 bleibt demgegenüber unberührt, setzt aber ein erneutes Kaduzierungsverfahren (gegen den Erwerber) voraus.[49] Auf die Haftung aller früheren Gesellschafter nach § 16 Abs. 3[50] ist der Erwerb nach § 22 Abs. 4 in jedem Falle ohne Einfluss.

Da Rechte von Gläubigern am Geschäftsanteil bereits mit der Kaduzierung erlöschen (str., s. § 21 Rn. 40 f.) und der Übergang nach § 22 Abs. 4 keinen Grund für ihr (konstruktiv auch nicht zu begründendes) Wiederaufleben darstellt, erfolgt der Erwerb nach § 22 Abs. 4 ebenfalls stets lastenfrei. Davon zu unterscheiden ist die Möglichkeit der Gläubiger selbst, auf das Erwerbsrecht und damit auf den Geschäftsanteil zuzugreifen; hierzu bereits bei Rn. 30. 36

VII. Österreichisches Recht

§ 22 Abs. 1 und 3 entspricht § 67 Abs. 1 ÖGmbHG, § 22 Abs. 2 und 4 finden ihre Entsprechung in § 67 Abs. 2 und 3 ÖGmbHG. 37

§ 23 [Versteigerung des Geschäftsanteils]

¹Ist die Zahlung des rückständigen Betrages von Rechtsvorgängern nicht zu erlangen, so kann die Gesellschaft den Geschäftsanteil im Wege öffentlicher Versteigerung verkaufen lassen. ²Eine andere Art des Verkaufs ist nur mit Zustimmung des ausgeschlossenen Gesellschafters zulässig.

Literatur: *Becker* Die Kaduzierung von GmbH-Anteilen, GmbHR 1935, 857 und 949; *Buchwald* Kaduzierung eines Geschäftsanteils und Abandonrecht, GmbHR 1959, 108; *Ehlke* Zur Behandlung von Treugeber und Treuhänder an einem GmbH-Anteil, DB 1985, 561; *Fabricius* Sicherung der Aufbringung des Stammkapitals im Recht der GmbH, GmbHR 1970, 193; *Fichtner* Kaduzierung Einziehung und Ausschließung bei der GmbH, BB 1966, 146; *Guntau* Die Versteigerung eines Geschäftsanteils durch den Gerichtsvollzieher, DGVZ 1982, 161; *v. Halem* Die Kaduzierung von Aktien und Geschäftsanteilen einer GmbH, Diss. Köln 1961; *Hohner* Subjektlose Rechte, 1969; *Lutter* Rechtsverhältnisse zwischen den Gesellschaftern und der Gesellschaft, in: Probleme der GmbH-Reform 1970, 63; *Melber* Die Kaduzierung in der GmbH, 1993; *Polzius* Die Versteigerung von GmbH-Anteilen nach der ZPO und dem GmbHG, DGVZ 1987, 17; *Schuler* Die Kaduzierung von GmbH-Anteilen, GmbHR 1961,

---

[47] BGHZ 42, 89, 92 = NJW 1964, 1954; *Hachenburg/Müller* Rn. 64; *Scholz/Emmerich* Rn. 20; *Baumbach/Hueck/Fastrich* Rn. 12; krit. hierzu *Roth/Altmeppen* Rn. 19.
[48] Deutlich BGHZ 42, 89, 92 = NJW 1964, 1954.
[49] *Roth/Altmeppen* Rn. 19; *Baumbach/Hueck/Fastrich* Rn. 12; *Hachenburg/Müller* Rn. 64; *Scholz/Emmerich* Rn. 23; anders *Lutter/Hommelhoff* Rn. 12; *Schuler* GmbHR 1961, 98, 101.
[50] Zutr. *Hachenburg/Müller* Rn. 64.

§ 23 2. Abschnitt. Rechtsverhältnisse der Gesellschaft und der Gesellschafter

98; *Schulz* Die Kaduzierung eines GmbH-Geschäftsanteils, GmbH-Ztschr. 1934, 13, 41, 81, 133, 215 und 255; *Spindler* Die Verwertung des kaduzierten GeschAnteils, GmbHR 1950, 177; *Stolzins* Die Versteigerung von GmbH-Anteilen nach der ZPO und dem GmbHG, DVGZ 1987, 17; *Utsch* Die Kaduzierung von GmbH-Anteilen, Diss. Köln 1939.

Übersicht

	Rn.		Rn.
I. Grundsätze des Verkaufs gem. § 23	1–9	**III. Rechtsfolgen der Veräußerung** ...	25–32
1. Ermessen der Gesellschaft gem. § 23 ...	1–4	1. Übergang des Anteils	25, 26
2. Formvorschriften, statutarische Verfügungsbeschränkungen und Anmeldung	5–7	2. Haftung des Erwerbers	27, 28
		3. Gesellschafterstellung des Erwerbers ...	29, 30
		4. Der Erlös	31, 32
3. Durchführung des Verkaufs	8, 9	**IV. Forthaftung des kaduzierten Gesellschafters**	33, 34
II. Formen des Verkaufs	10–24	**V. Unverkäuflichkeit des Anteils**	35, 36
1. Die öffentliche Versteigerung	10–18	**VI. Mängel der Veräußerung**	37–41
a) Förmlichkeiten	10–13	1. Unwirksame Kaduzierung	37, 38
b) Durchführung	14–18	2. Fehlerhafter Regress	39, 40
2. Andere Arten des Verkaufs	19–24	3. Mängel der Versteigerung	41
a) Erscheinungsformen	19	**VII. Der Verkauf in der Insolvenz** ...	42
b) Zustimmung des Kaduzierten	20–22	**VIII. Steuerfragen**	43, 44
c) Förmlichkeiten	23	**IX. Österreichisches Recht**	45
d) Inhalt der Vereinbarungen	24		

I. Grundsätze des Verkaufs gem. § 23

1. Ermessen der Gesellschaft gem. § 23. Die durch die Novelle 1980 zum GmbHG nicht geänderte Bestimmung des § 23 ergänzt und regelt als abschließende Bestimmung der Kaduzierungsvorschriften die Folgen der Kaduzierung bei erfolgloser Regressnahme.

Voraussetzung für die Anwendung des § 23 ist nicht nur die wirksame Kaduzierung des mit der Einzahlung säumigen Gesellschafters, sondern darüber hinaus, dass keiner der Vormänner des Kaduzierten gegen Zahlung des rückständigen Betrages auf die Einlage den Geschäftsanteil des Kaduzierten erworben hat. Die öffentliche Versteigerung stellt mithin gleichsam das dritte Stadium des Kaduzierungsverfahrens dar.[1]

Sind diese Bedingungen gegeben, so „kann" die Gesellschaft den kaduzierten Geschäftsanteil im Wege der öffentlichen Versteigerung verkaufen lassen. Ungeachtet der Verwendung des Wortes „kann" im Gesetzeswortlaut ist die Gesellschaft zum Verkauf des Geschäftsanteils verpflichtet, da auch § 23 unter dem Grundsatz der Beibringung des Stammkapitals steht und zwingendes Recht i.S. des § 25 ist.[2] Das Wort „kann" signalisiert demnach lediglich das Recht der für den Verkauf des Geschäftsanteils zuständigen Geschäftsführer, den Verkauf nach pflichtgemäßem Ermessen zu einem Zeitpunkt vorzunehmen, an dem die Verwertung günstig erscheint; es besteht also hinsichtlich des Verkaufszeitpunktes ein gewisser Spielraum.[3]

---

[1] Zutr. *Roth/Altmeppen* Rn. 1.
[2] *Hachenburg/Müller* Rn. 3.
[3] AllgM; KG OLGE 19, 371; *Hachenburg/Müller* Rn. 9; *Lutter/Hommelhoff* Rn. 3; *Scholz/Emmerich* Rn. 4; aA *Baumbach/Hueck/Fastrich* Rn. 3; *Meyer-Landrut/Miller/Niehus* Rn. 3, die keine Verpflichtung der Gesellschaft annehmen. Diese Auffassung berücksichtigt jedoch nicht hinreichend, dass auch § 23 der Kapitalaufbringung dient; *Spindler* GmbHR 1950, 177, 178; weitergehend *v. Halem* 123.

Versteigerung des Geschäftsanteils § 23

Nach ganz herrschender Ansicht sind die Geschäftsführer befugt, den Verkauf gänzlich zu unterlassen, wenn kein Interessent zu erwarten ist, die Verkaufsbemühungen also aussichtslos wären.[4] Dieser Auffassung ist abweichend von der Voraufl. trotz der hiermit verbundenen praktischen Schwierigkeiten und der für die übrigen Gesellschafter nach § 24 verbundenen Haftung zu folgen; ein – zudem zeitraubender – Veräußerungsversuch macht in Fällen, in denen seine Aussichtslosigkeit von vornherein feststeht, keinen Sinn. Für die Aussichtslosigkeit und damit die Entbehrlichkeit einer öffentlichen Versteigerung ist die Gesellschaft beweispflichtig. Ist über das Vermögen der Gesellschaft das Insolvenzverfahren eröffnet worden, kann von der Aussichtslosigkeit eines Versteigerungsversuchs ausgegangen werden.[5] 4

2. Formvorschriften, statutarische Verfügungsbeschränkungen und Anmeldung. Hinsichtlich der Geltung der gesetzlichen Formvorschriften nach § 15 Abs. 3 und 4 sowie etwaiger statutarischer Verfügungsbeschränkungen nach § 15 Abs. 5, insbesondere der Vinkulierung, und der Anmeldung nach § 16 ist zwischen der Rechtslage bei der öffentlichen Versteigerung und der Veräußerung bei einer anderen Art des Verkaufs zu unterscheiden: 5

Bei einer **Versteigerung** des kaduzierten Anteils nach § 23 S. 1 sind die gesetzlichen Formvorschriften und etwaige statutarische Verfügungsbeschränkungen nicht anwendbar. Der Gesellschaftsvertrag kann die Bedingungen der öffentlichen Versteigerung, die ein gesetzlicher Zwangsverkauf ist, nicht einschränken oder erschweren; § 15 Abs. 5 findet auf den Verkauf gem. § 23 keine Anwendung.[6] Die Gesellschaft kann aber die Versteigerungsbedingungen vorschreiben und sich deshalb etwa auch die Genehmigung des Zuschlags vorbehalten.[7] Eine Anmeldung nach § 16 ist bei der öffentlichen Versteigerung nicht erforderlich. 6

Eine **andere Art des Verkaufs** als durch öffentliche Versteigerung kann schon im Gesellschaftsvertrag festgelegt werden.[8] Zu denken ist an einen freihändigen Verkauf[9] oder eine Versteigerung unter Beschränkung des Bieterkreises (zB nur Gesellschafter). Wird eine solche Regelung nachträglich durch Satzungsänderung eingeführt, so müssen ihr alle Gesellschafter zustimmen (vgl. im einzelnen Rn. 20). Auf die Verwertung sind die gesetzlichen Formvorschriften des § 15 Abs. 3 und 4 anzuwenden.[10] Eine teleologische Reduktion der Bestimmungen und damit ihre Nichtgeltung für die Veräußerung nach § 23 S. 2 kommt aus Gründen der Rechtssicherheit nicht in Betracht. Ob auch § 15 Abs. 5 Anwendung findet, ist streitig, aber zu bejahen.[11] Ist nach der Satzung zur Veräußerung eines Geschäftsanteils die Zustimmung der Gesellschaft erforderlich, kann diese im Regelfall in der Veräußerung selbst gesehen wer- 7

---

[4] OLG Hamm GmbHR 1993, 362; OLG Hamm NJW-RR 1994, 611f.; *Roth/Altmeppen* Rn. 5; *Baumbach/Hueck/Fastrich* Rn. 3; *Lutter/Hommelhoff* Rn. 3; *Hachenburg/Müller* Rn. 10; *Meyer-Landrut/Miller/Niehus* Rn. 3.

[5] OLG Hamm GmbHR 1993, 362; OLG Hamm NJW-RR 1994, 611f.; *Roth/Altmeppen* Rn. 5; *Lutter/Hommelhoff* Rn. 3.

[6] *Roth/Altmeppen* Rn. 6; *Baumbach/Hueck/Fastrich* Rn. 4; *Scholz/Emmerich* Rn. 6a; *Hachenburg/Müller* Rn. 23.

[7] *Baumbach/Hueck/Fastrich* Rn. 4; *Scholz/Emmerich* Rn. 7a.

[8] *Scholz/Emmerich* Rn. 8.

[9] BGHZ 42, 89 = NJW 1964, 1954.

[10] *Baumbach/Hueck/Fastrich* Rn. 3; *Hachenburg/Müller* Rn. 29; *Scholz/Emmerich* Rn. 8; zweifelnd *Roth/Altmeppen* Rn. 7.

[11] Wie hier *Ehlke* DB 1995, 561, 564; *Roth/Altmeppen* Rn. 7; *Baumbach/Hueck/Fastrich* Rn. 5; *Hachenburg/Müller* Rn. 29; anders *Scholz/Emmerich* Rn. 9.

§ 23   2. Abschnitt. Rechtsverhältnisse der Gesellschaft und der Gesellschafter

den;[12] verlangt die Satzung demgegenüber die Zustimmung der Gesellschafterversammlung, muss diese zur Wirksamkeit der Übertragung eingeholt werden, sofern die Veräußerung nicht durch einen Einmann-Gesellschafter/Geschäftsführer erfolgt und eine ausdrückliche Entschließung deshalb entbehrlich ist.

8 **3. Durchführung des Verkaufs.** Verantwortlich für den Verkauf und seine Durchführung sind die Geschäftsführer.[13] Sie haben den Verkauf mit der Sorgfalt ordentlicher Geschäftsführer vorzubereiten und durchzuführen und haften gem. § 43 bei Verletzung dieser Pflichten gegenüber der Gesellschaft, ebenso, wenn sie den Verkauf pflichtwidrig überhaupt unterlassen. Der Kaduzierte oder die übrigen Gesellschafter als solche haben ungeachtet der Haftung nach § 21 Abs. 3, 24 keine Möglichkeit, den Geschäftsführer zur Veräußerung zu zwingen; ihnen gegenüber haften die Geschäftsführer aber ggf. aus § 826 BGB. Die Gesellschafterversammlung kann allerdings den Geschäftsführer zur Veräußerung anweisen, hinsichtlich der Art des Verkaufs (öffentliche Versteigerung, sonstige Verwertung) aber nur im Rahmen des § 23 S. 2. Verkaufen die Geschäftsführer auf Grund eines wirksamen Weisungsbeschlusses den Geschäftsanteil und erweist sich der Verkauf als unvorteilhaft, ist eine Haftung der Geschäftsführer ausgeschlossen.

9 Ebenso wie die Geschäftsführer zur Durchführung des Verkaufs überhaupt angewiesen werden können, kann die Gesellschafterversammlung sie auch hinsichtlich der Einzelheiten der Durchführung des Verkaufs anweisen, etwa dahingehend, den Verkauf erst nach einem gewissen Zeitraum durchführen zu lassen oder an einem bestimmten Ort (zur Problematik des Versteigerungsorts noch bei Rn. 12).

II. Formen des Verkaufs

10 **1. Die öffentliche Versteigerung. a) Förmlichkeiten.** Auf die öffentliche Versteigerung sind die Vorschriften der §§ 156, 383 Abs. 3 BGB anwendbar. Danach hat die Versteigerung durch einen für den Versteigerungsort bestellten **Gerichtsvollzieher** (§ 246 GVGA), durch einen **Notar** (§ 20 Abs. 3 BNotO) oder durch einen zur Versteigerung befugten **Beamten** oder durch einen **öffentlich angestellten Versteigerer** zu erfolgen, und es sind **Zeit und Ort der Versteigerung** öffentlich bekannt zu machen. Läßt die Gesellschaft durch eine nicht zur Versteigerung berufene Person den Anteil versteigern, so ist die Versteigerung unwirksam.[14]

11 Die Gesellschaft kann zwischen den genannten, zur Versteigerung befugten Personen frei wählen, muss jedoch eine jeweils örtlich zuständige Person zum Versteigerer bestimmen (s. Rn. 10). Die bevorstehende Versteigerung ist nach Ort und Zeit öffentlich bekannt zu machen unter Angaben des Gegenstandes der Versteigerung, wobei eine gewisse Präzisierung erforderlich ist, also etwa „Geschäftsanteil über nom. 10 000 DM der X-GmbH in Heimstadt". Eine weitere Detaillierung ist unnötig; § 383 Abs. 3 BGB spricht lediglich von „allgemeiner Bezeichnung der Sache".

12 Die **Art der öffentlichen Bekanntmachung** ist im Einzelfalle nach Treu und Glauben zu bestimmen.[15] Hieraus folgt zunächst, dass die Bekanntmachung in öffent-

---

[12] Für ein rechtsmissbräuchliches Berufen auf die fehlende Zustimmung in diesem Falle *Scholz/Emmerich* Rn. 9.
[13] *Spindler* GmbHR 1950, 177, 178; *Baumbach/Hueck/Fastrich* Rn. 3; *Hachenburg/Müller* Rn. 15; *Scholz/Emmerich* Rn. 4; *Meyer-Landrut/Miller/Niehus* Rn. 3.
[14] *Spindler* GmbHR 1950, 177, 179; *Hachenburg/Müller* Rn. 45; *Meyer-Landrut/Miller/Niehus* Rn. 4; s. auch Rn. 41.
[15] *Soergel/Zeiss* § 383 Rn. 3.

Versteigerung des Geschäftsanteils § 23

lichen Publikationsorganen erfolgen muss. Eine Bekanntmachung im Bundesanzeiger oder in den Bekanntmachungsblättern der Gesellschaft gem. § 10 Abs. 3 ist nicht unbedingt erforderlich, kann je nach Sachlage aber zweckmäßig sein. Auf jeden Fall sollte die Veröffentlichung in einem Publikationsorgan an dem Platz veröffentlicht werden, an dem der Geschäftsanteil versteigert werden soll. Der Ort ist so zu wählen, dass die an einem Erwerb interessierten Kreise ihn erreichen werden.

Eine **Frist** zwischen Einrücken der Bekanntmachung im Publikationsorgan und dem Tag der Versteigerung ist nicht festgelegt, doch sollte die Frist angemessen sein, also weder zu knapp vor dem Versteigerungstermin noch zu lange vorher. Eine mehrfache öffentliche Bekanntmachung ist nicht notwendig, aber selbstverständlich zulässig. 13

b) Durchführung. Die Versteigerung muss öffentlich sein. Es ist also Vorsorge zu treffen, dass eine unbestimmte Zahl von Personen an der Versteigerung teilnehmen kann. Bei der Versteigerung können alle Personen mitbieten, auch der Kaduzierte, ein Mitgesellschafter, alle Rechtsvorgänger, auch die Geschäftsführer, sofern die Satzung oder der Anstellungsvertrag oder die Geschäftsordnung ihnen den Besitz von Geschäftsanteilen der Gesellschaft nicht untersagt, was in zulässiger Weise festgelegt werden kann.[16] 14

Die **Gesellschaft selbst kann weder mitbieten noch ersteigern,** da sie selbst Inhaberin des Anteils ist (str., vgl. hierzu bei 44). Würde man dies mit einer teilweise vertretenen Auffassung zulassen, so stünde der Teilnahme der Gesellschaft an der Versteigerung entgegen, dass der Geschäftsanteil noch nicht voll einbezahlt ist und die Gesellschaft nach § 33 Abs. 1 keine nicht voll eingezahlten Geschäftsanteile erwerben kann. Ersteigert die Gesellschaft trotzdem, so ist der Erwerb nichtig.[17] 15

Die Versteigerung erfolgt durch Bieten und Zuschlag, wobei das höhere **Gebot** das geringere ersetzt (§ 156 BGB); ein Zuschlag kann allerdings auch unterbleiben. Ist der **Zuschlag** erteilt, so hat der Ersteigerer den Geschäftsanteil erworben.[18] 16

Auf die Versteigerung ist § 1238 Abs. 1 BGB entsprechend anwendbar. Der Zuschlag darf deshalb nur mit der Bestimmung erfolgen, dass der **Kaufpreis sofort in bar** zu entrichten ist und der Käufer seine Rechte verliert, wenn dies nicht geschieht.[19] Unter „bar" wird man heute nicht mehr nur die Zahlung in Banknoten zu verstehen haben, sondern auch die Hingabe eines bestätigten Bundesbankschecks oder auch die Hingabe eines Bankschecks mit Einlösungsgarantie der betreffenden Bank (§ 21 Rn. 31). In Betracht kommt auch die Zahlung mittels Kreditkarte, wenn die Einlösung des Kaufpreises der Höhe nach garantiert ist. 17

Die Gesellschaft kann sich die **Genehmigung des Zuschlags vorbehalten** (Rn. 6). Der Genehmigungsvorbehalt ist vor allem dann praktisch bedeutsam, wenn etwa ein Wettbewerber der Gesellschaft den Zuschlag erhalten hat. 18

2. Andere Arten des Verkaufs. a) Erscheinungsformen. Neben der öffentlichen Versteigerung sind auch andere Arten des Verkaufs zulässig. Außer dem freihändigen Verkauf, der sich insbesondere anbietet, wenn nur bestimmte Bieter in Betracht kommen,[20] kommen Versteigerungen unter Beschränkung des Bieter- 19

---

[16] *Lutter/Hommelhoff* Rn. 4; *Hachenburg/Müller* Rn. 18.
[17] RGZ 98, 276, 279; *Hachenburg/Müller* Rn. 18; *Scholz/Emmerich* Rn. 7; *Meyer-Landrut/Miller/Niehus* Rn. 4; *Lutter/Hommelhoff* Rn. 4; *v. Halem* Die Kaduzierung von Aktien und Geschäftsanteilen einer GmbH, 1961, S. 113.
[18] *Hachenburg/Müller* Rn. 22; *Scholz/Emmerich* Rn. 6.
[19] *R. Fischer* LM § 15 Nr. 7; *Guntau* DGVZ 1982, 161, 166; *Polzius* DGVZ 1987, 17, 21; *Hachenburg/Müller* Rn. 22; *Scholz/Emmerich* Rn. 7 a.
[20] *Hachenburg/Müller* Rn. 26.

§ 23 2. Abschnitt. Rechtsverhältnisse der Gesellschaft und der Gesellschafter

kreises[21] sowie solche Versteigerungen in Betracht, bei denen von den Verfahrensvorschriften nach Satz 1 abgewichen wird, zB ein nicht in § 383 BGB vorgesehener Versteigerer gewählt wird.[22] Behält sich die Gesellschaft die Genehmigung des Kaufvertrages vor oder wird er unter der Bedingung der Zustimmung des Kaduzierten geschlossen, so liegt ebenfalls eine zulässige andere Art des Verkaufs vor. Gleiches gilt, wenn die wegen Verfahrensfehlern unwirksame Veräußerung im Rahmen einer öffentlichen Versteigerung im Nachhinein genehmigt wird.[23]

20 **b) Zustimmung des Kaduzierten.** Eine andere Art des Verkaufs ist nur mit Zustimmung des kaduzierten Gesellschafters zulässig (§ 23 S. 2). Diese Zustimmung kann generell dadurch erteilt werden, dass das Recht der Gesellschaft, den kaduzierten Geschäftsanteil freihändig oder beschränkt auf den Kreis der Gesellschafter zu verkaufen, in der Satzung festgelegt wird.[24] In der Gründungssatzung ist dies problemlos. Bei einer Satzungsänderung ist die Zustimmung sämtlicher Gesellschafter notwendig, da zumindest theoretisch jeder Gesellschafter ein zukünftig Kaduzierter werden kann und zum freihändigen Verkauf oder zum Verkauf nur an Mitgesellschafter demzufolge seine Zustimmung notwendig ist; § 53 Abs. 3. Ein künftig in die Gesellschaft eintretender Gesellschafter muss nicht zustimmen, er erwirbt den Geschäftsanteil einer Gesellschaft, die bereits eine entsprechende Satzungsbestimmung hat.

21 Die Aufnahme einer **Satzungsbestimmung,** die den Verkauf des Geschäftsanteils auf den Kreis der Mitgesellschafter beschränkt, kann sich im Einzelfall empfehlen, da sie eine größere Gewähr dafür bietet, dass der Geschäftsanteil sachgemäßer veräußert wird als bei einer öffentlichen Versteigerung. Es ist außerdem dadurch gewährleistet, dass der Geschäftsanteil im Kreise der Gesellschafter bleibt. Ein Nachteil solcher Satzungsbestimmungen liegt allerdings darin, dass durch sie ggf. zahlungsfähige Dritte vom Erwerb des Geschäftsanteils abgehalten werden und der Kreis potentieller Erwerber auf womöglich wenig vermögende oder an einem Erwerb nicht interessierte Gesellschafter beschränkt wird.

22 Die vorbehaltlich einer abweichenden Satzungsbestimmung für eine andere Art des Verkaufs notwendige Zustimmung des kaduzierten Gesellschafters kann auch **nachträglich** erteilt werden. Wurde die Zustimmung nachträglich zu einer Versteigerung erteilt, die unter Verletzung der Verfahrenserfordernisse nach Satz 1 erfolgt ist, so liegt eine zulässige andere Art des Verkaufs im Sinne des § 23 S. 2 vor; die Genehmigung „heilt" also Verfahrensfehler bei einer öffentlichen Versteigerung.[25]

23 **c) Förmlichkeiten.** Der freihändige Verkauf bedarf der notariellen Form gem. § 15 Abs. 3 und 4.[26] Soweit die Abtretung der Geschäftsanteile in der Satzung von der Genehmigung der Gesellschaft abhängig ist (§ 15 Abs. 5), muss diese Voraussetzung auch beim freihändigen Verkauf eingehalten werden.[27] Die Zustimmung des Kaduzierten zum freihändigen Verkauf oder zum Verkauf nur an das Mitglied eines bestimmten Personenkreises ist formlos gültig.[28] Gleichwohl empfiehlt es sich schon aus Beweisgründen, die Zustimmungserklärung jedenfalls in Schriftform herbeizuführen.

---

[21] *Scholz/Emmerich* Rn. 8.
[22] *Baumbach/Hueck/Fastrich* Rn. 5; *Hachenburg/Müller* Rn. 25; *Spindler* GmbHR 1950, 178, 179.
[23] *Hachenburg/Müller* Rn. 26.
[24] *Hachenburg/Müller* Rn. 4; *Scholz/Emmerich* Rn. 8.
[25] *Baumbach/Hueck/Fastrich* Rn. 5; *Hachenburg/Müller* Rn. 25; *Scholz/Emmerich* Rn. 8; *v. Halem* (Fn. 17) S. 111.
[26] *Hachenburg/Müller* Rn. 29; *Scholz/Emmerich* Rn. 9; *v. Halem* (Fn. 17) S. 117.
[27] *Baumbach/Hueck/Fastrich* Rn. 5; *Hachenburg/Müller* Rn. 29; aA *Scholz/Emmerich* Rn. 9.
[28] *Hachenburg/Müller* Rn. 25.

Versteigerung des Geschäftsanteils § 23

d) Inhalt der Vereinbarungen. Eine Verkaufsart mit dem Kaduzierten zu vereinbaren, die den Mitgesellschaftern nur Nachteile bringt, etwa deren Haftung gem. § 24 erhöht, stellt einen Verstoß gegen die Pflichten der Geschäftsführer aus § 43 Abs. 1 dar und würde die Geschäftsführer schadenersatzpflichtig machen. Für zulässig wird die Vereinbarung mit dem Käufer über die Stundung des Kaufpreises gehalten.[29] Da der Kaufpreis funktional an die Stelle der Einlage tritt, ist dieser Auffassung mit Blick auf § 19 Abs. 2 jedoch nicht zu folgen (zur Stundung als Unterfall des § 19 Abs. 2 s. dort Rn. 52). Zahlt der Käufer den Kaufpreis nicht oder nur zum Teil, so ist er gleichwohl mit der Übertragung des Geschäftsanteils dessen Inhaber geworden und kann mit dem so erworbenen Anteil kaduziert werden.[30] 24

III. Rechtsfolgen der Veräußerung

1. Übergang des Anteils. Der Übergang des Geschäftsanteils auf den Erwerber vollzieht sich durch Abtretung nach §§ 398, 413 BGB. Dies gilt auch im Falle der Ersteigerung. Denn durch den Zuschlag kommt nur der schuldrechtliche Vertrag zustande,[31] so dass der Anteil gesondert nach § 398 BGB übertragen werden muss. Die Abtretung wird in der Regel konkludent und unmittelbar nach dem Zuschlag erfolgen;[32] die Formvorschriften des § 15 Abs. 3 gelten für diese Übertragung nicht.[33] Der Erwerber erlangt den Anteil in dem Zustand, in dem er sich in der Hand des letzten Inhabers befand, also mit dessen zukünftigen Einlageverpflichtungen. Von der Einlageverpflichtung, bezüglich derer sein Rechtsvorgänger kaduziert wurde, wird er nach allgM frei und haftet insoweit auch nicht.[34] An die Stelle dieser Verpflichtungen tritt vielmehr der Kaufpreis.[35] 25

Der Erwerber erhält den Anteil frei von Rechten Dritter. Etwaige auf dem Geschäftsanteil lastenden Pfandrechte oder etwa ein Nießbrauch oder vergleichbare Belastungen sind mit der Kaduzierung untergegangen und leben durch die Verwertung nicht mehr auf.[36] Hingegen muss er alle in der Zwischenzeit erfolgten Satzungsänderungen gegen sich gelten lassen.[37] 26

2. Haftung des Erwerbers. Der Erwerber des Anteils wird von rückständigen Einzahlungen auf den Geschäftsanteil frei, ebenso werden die Vormänner des früheren Inhabers desjenigen Geschäftsanteils, der kaduziert wurde, befreit.[38] Haftbar für den *Rückstand* bleiben der Kaduzierte und die verbliebenen Mitgesellschafter; letztere haften nach § 24. 27

---

[29] Vgl. hierzu BGHZ 42, 89, 93 = NJW 1964, 1954; *Baumbach/Hueck/Fastrich* Rn. 5; *Hachenburg/Müller* Rn. 35; *Scholz/Emmerich* Rn. 9 a.
[30] BGHZ 42, 89, 93 = NJW 1964, 1954; *Baumbach/Hueck/Fastrich* Rn. 7; *Hachenburg/Müller* Rn. 35; *Scholz/Emmerich* Rn. 13.
[31] Statt anderer *Soergel/Wolf* § 156 Rn. 11.
[32] *Hachenburg/Müller* Rn. 22; *Scholz/Emmerich* Rn. 13.
[33] *Hachenburg/Müller* Rn. 22, 24.
[34] RG JW 1937, 2284, 2285; *Baumbach/Hueck/Fastrich* Rn. 9; *Hachenburg/Müller* Rn. 34; *Scholz/Emmerich* Rn. 15.
[35] BGHZ 42, 89, 93 = NJW 1964, 1954; *Lutter/Hommelhoff* Rn. 8.
[36] *Roth/Altmeppen* Rn. 8; *Baumbach/Hueck/Fastrich* Rn. 7; *Hachenburg/Müller* Rn. 36; *Spindler* GmbHR 1950, 177, 178; anders *Melber* Die Kaduzierung in der GmbH, 1993, S. 174 ff., 208 ff.
[37] *Scholz/Emmerich* Rn. 13.
[38] RGZ, 85, 237, 241; *Roth/Altmeppen* Rn. 9; *Baumbach/Hueck/Fastrich* Rn. 7, 9; *Hachenburg/Müller* Rn. 34; *Scholz/Emmerich* Rn. 15.

28 Für die *künftig fällig werdenden Einlagen* haftet der Erwerber wie jeder andere Gesellschafter, er haftet außerdem für fällig werdende Nebenleistungen gem. § 3 Abs. 2, die mit dem Geschäftsanteil verbunden sind.[39]

29 **3. Gesellschafterstellung des Erwerbers.** Mit der wirksamen Abtretung des Geschäftsanteils ist der Erwerber voll berechtigter Gesellschafter mit allen Rechten und Pflichten geworden, die mit dem Geschäftsanteil verbunden sind. Der Erwerber des Geschäftsanteils erhält den auf den Geschäftsanteil entfallenden Gewinn, wenn dieser erst nach dem Erwerb zur Ausschüttung beschlossen wird. War der Gewinnverteilungsbeschluss freilich schon vor der Kaduzierung gefasst, so steht der Gewinnanspruch dem Kaduzierten zu (§ 21 Rn. 41).

30 In gleicher Weise hat der Erwerber des Geschäftsanteils die mit diesem verbundenen Pflichten zu erfüllen, wie Leistungen der künftigen Einlagen, Leistung von Nachschüssen etc. Er haftet – jedenfalls nach hM – aber nicht als Mitgesellschafter gem. § 24, s. § 24 Rn. 19 f. Wegen der Erbringung der mit dem Geschäftsanteil verbundenen Nebenpflichten s. Rn. 28; § 24 Rn. 28. Eine Anmeldung des neuen Gesellschafters gemäß § 16 ist nach allgM nicht erforderlich.

31 **4. Der Erlös.** Der Erlös aus der Versteigerung bzw. aus dem Verkauf des Geschäftsanteils steht der Gesellschaft zu. Vom Erlös sind zunächst die Kosten des Versteigerungsverfahrens und der Kaduzierung in Abzug zu bringen, nur der hiernach verbleibende Betrag wird auf die fällige Einlageschuld verrechnet.[40] Ist der Erlös geringer als die Einlageforderung der Gesellschaft, so haften primär der Kaduzierte gem. § 21 Abs. 3 und in zweiter Linie die Mitgesellschafter gem. § 24 für einen dann noch bestehenden Rest der Forderung. Der Erwerber des Anteils haftet hingegen nicht für die Deckung des Mindererlöses (vgl. Rn. 30).

32 Sofern der Erlös abzüglich der Kosten der Versteigerung die fällige Einlageforderung übersteigt, ist streitig, wie hinsichtlich des überschießenden Betrages zu verfahren ist. In keinem Fall kann der Betrag auf etwa noch offen stehenden Einlagen der Gesellschafter angerechnet werden, unabhängig davon, ob sie fällig sind oder nicht.[41] Nach wohl überwiegender Meinung steht auch der übersteigende Betrag ausschließlich der Gesellschaft zu, die ihn wie ein Aufgeld (Agio) in die Rücklage nach § 272 Abs. 2 Nr. 1 HGB steuerneutral einzustellen hat.[42] Nach anderer Ansicht soll im Rahmen einer Ausfallhaftung des Kaduzierten nach § 21 Abs. 3 der erzielte Mehrerlös gleichsam als Gutschrift aus Billigkeitsgründen berücksichtigt werden.[43] Der überwiegenden Meinung ist aus Gründen der Sicherung der Kapitalaufbringung, aber auch deshalb zuzustimmen, weil die Gesellschaft als Inhaberin des kaduzierten Anteils (§ 21 Rn. 44) den überschießenden Erlös mit Rechtsgrund (Kaufvertrag) erhalten hat und die Anrechnung des Überschusses im Rahmen der Haftung nach § 21 Abs. 3 sich konstruktiv nicht begründen lässt.

---

[39] *Baumbach/Hueck/Fastrich* Rn. 7; *Hachenburg/Müller* Rn. 33.
[40] *Hachenburg/Müller* Rn. 31, 39; *Lutter/Hommelhoff* Rn. 8.
[41] *Hachenburg/Müller* Rn. 39.
[42] *Baumbach/Hueck/Fastrich* Rn. 8; *Lutter/Hommelhoff* Rn. 8; ebenso die heute einhellige aktienrechtliche Literatur, vgl. statt anderer *Hüffer* § 65 Rn. 10 mwN.
[43] *Roth/Altmeppen* Rn. 9; *Hachenburg/Müller* Rn. 39; *Scholz/Emmerich* Rn. 16 mit Hinweis auf die österreichische Rechtslage.

IV. Forthaftung des kaduzierten Gesellschafters

Ist durch den Erlös des verkauften Geschäftsanteils die eingeforderte Einlage des kaduzierten Gesellschafters nicht voll gedeckt, so ist zunächst der Kaduzierte, der allerdings in der Regel nicht zahlungsfähig sein wird, zur Zahlung aufzufordern. Ob die Geschäftsführer bei dieser Sachlage einen rechtskräftigen Titel gegen den Kaduzierten erwirken wollen, bleibt dem pflichtgemäßen Ermessen der Geschäftsführer überlassen und hat sich an der Beurteilung der künftigen wirtschaftlichen Lage des Kaduzierten auszurichten. Werden die Mitgesellschafter gem. § 24 für den Ausfall in Anspruch genommen und leisten sie, so haben diese ohnehin einen Regressanspruch gegen den Kaduzierten (s. Erl. bei § 24 Rn. 26). 33

Der Kaduzierte bleibt im Weiteren auch für die zukünftigen Einlageforderungen verhaftet, sofern der Erwerber nicht leistet und unter Umständen selbst mit dem Geschäftsanteil kaduziert wird.[44] Wegen des Umfangs der Haftung und die Regressnahme im Falle der Haftung der verbliebenen Gesellschafter siehe auch Rn. 31 f. Die Haftung des Kaduzierten besteht auch und insbesondere dann, wenn der Geschäftsanteil unverkäuflich bleibt.[45] 34

V. Unverkäuflichkeit des Anteils

Die Gesellschaft muss den Verkauf des Geschäftsanteils nicht unverzüglich vornehmen.[46] Sie hat allerdings alles Zumutbare zu unternehmen, um den kaduzierten Geschäftsanteil baldmöglichst und bestmöglichst zu veräußern.[47] Die Geschäftsführer haften hierfür dem Kaduzierten, seinen Rechtsvorgängern und den mithaftenden Gesellschaftern, wenn diese gem. § 24 die Einzahlungen vornehmen müssen. Ein Verbot der Gesellschafterversammlung, den Geschäftsanteil zu verkaufen, wäre im Verhältnis zum Kaduzierten und zu dessen Vormännern ein Verstoß gegen § 826 BGB und nur dann gestattet, wenn etwa durch den Verkauf, zB an einen Wettbewerber, der Gesellschaft und den Gesellschaftern ein erheblicher Schaden droht. Es mag im Einzelfall auf die besondere Interessenlage ankommen, doch kann die Gesellschaft die Haftung des Kaduzierten und der Vormänner nicht aus eigenem Interesse unbeschränkt andauern lassen. Außerdem verstieße das Verkaufsverbot gegen den Grundsatz der Beibringung des Stammkapitals. 35

Bleibt der Geschäftsanteil unverkäuflich, waren also die Verwertungsversuche vergeblich oder stand die Unverwertbarkeit (etwa wegen einer Insolvenz der Gesellschaft) von vornherein fest,[48] so entfällt die Verwertungspflicht und der Anteil fällt endgültig der Gesellschaft zu.[49] Folge dieses endgültigen Anfalls ist allerdings nicht Konfusion und damit das Erlöschen der Einlageforderung.[50] Denn hierzu müsste es ansonsten be- 36

---

[44] BGHZ 42, 93; *Scholz/Emmerich* Rn. 15.
[45] *Scholz/Emmerich* Rn. 17.
[46] KG OLGE 19, 371.
[47] *Lutter/Hommelhoff* Rn. 3; *Scholz/Emmerich* Rn. 4, 5.
[48] Im Regelfall wird man die Vornahme mehrerer Veräußerungsversuche zu verlangen haben, *Hachenburg/Müller* Rn. 48; aA *Lutter/Hommelhoff* Rn. 6, die es ausreichen lassen, wenn bei der Versteigerung kein Gebot abgegeben bzw. beim freihändigen Verkauf kein Angebot gemacht wurde.
[49] RGZ 86, 419, 421; *Roth/Altmeppen* Rn. 12; *Baumbach/Hueck/Fastrich* Rn. 6; *Hachenburg/Müller* Rn. 47; *Lutter/Hommelhoff* Rn. 6; *Meyer-Landrut/Miller/Niehus* Rn. 10; *Scholz/Emmerich* Rn. 17; *v. Halem* (Fn. 17) S. 121.
[50] Anders Voraufl. Rn. 19; *Scholz/Emmerich* Rn. 17.

reits mit der Wirksamkeit der Kaduzierung und dem damit verbundenen Übergang des Geschäftsanteils auf die Gesellschaft kommen, wovon das Gesetz aber in den §§ 21 bis 23 gerade nicht ausgeht. Die Einlageforderung bleibt vielmehr nach wie vor bestehen, unabhängig davon, dass die Gesellschaft schon aus Gründen der realen Kapitalaufbringung nicht ihr eigener Einlageschuldner sein kann. An der Haftung des kaduzierten Gesellschafters nach § 21 Abs. 3 und der übrigen Gesellschafter nach § 24 ändert sich deshalb nichts; ebenso bleibt ein Regress gegen die Rechtsvorgänger nach § 22 möglich. Die Gesellschaft trägt die Beweislast für die Unverkäuflichkeit des Anteils (hierzu bei 4).

VI. Mängel der Veräußerung

37 **1. Unwirksame Kaduzierung.** Die Gesellschaft kann einen Geschäftsanteil im Wege der Zwangsverwertung nur veräußern, wenn ihr die Verfügungsbefugnis über den Anteil zusteht. Ist die Kaduzierung zu Unrecht erfolgt, etwa weil der vermeintlich kaduzierte Inhaber des Geschäftsanteils rechtzeitig oder jedenfalls innerhalb der Fristen gezahlt hat, so kann sich die Gesellschaft zwar durch die öffentliche Versteigerung (Rn. 10ff.) oder den freihändigen Verkauf wirksam verpflichten. Sie kann aber nicht wirksam über den Anteil verfügen, da sie wegen der fehlerhaften Kaduzierung nicht Inhaberin des Geschäftsanteils geworden ist. Der Erwerber kann den Anteil deshalb nicht erlangen; auch ein gutgläubiger Erwerb ist nicht möglich, da der Geschäftsanteil einer GmbH keine Sache, sondern ein Recht ist und der gute Glaube des Käufers in Bezug auf die Verfügungsbefugnis nicht geschützt ist.[51] Eine nachträgliche wirksame Kaduzierung heilt den Mangel nach § 185 Abs. 2 BGB.[52] Erfüllt aber der säumige Gesellschafter im nachgeholten Kaduzierungsverfahren seine Einzahlungspflicht, so kann die Gesellschaft wiederum ihrer Verschaffungspflicht gegenüber dem Erwerber nicht nachkommen. In diesem Falle gilt folgendes:

38 Dem Erwerber stehen die Rechte aus §§ 323ff. BGB (früher: §§ 325, 326 BGB aF) gegen die Gesellschaft zu, da der Kaufvertrag wirksam ist (zum Vertragsabschluss bei der Versteigerung nach § 156 BGB s. Rn. 10), die Gesellschaft ihrer Übertragungspflicht in Bezug auf den Geschäftsanteil jedoch nicht nachkommen kann.[53] Der Gesellschaft bleibt dann nur noch die Möglichkeit, den zu Unrecht Kaduzierten zur Zustimmung zum Verkauf zu ersuchen; willigt er ein, so wird der Verkauf wirksam (§ 185 Abs. 2 BGB, s.o.).

39 **2. Fehlerhafter Regress.** Streitig ist, ob der Ersteigerer Inhaber des Geschäftsanteils wird, wenn infolge des unterlassenen oder fehlerhaften Regresses nach § 22 von der Unwirksamkeit der Verfügung über den Geschäftsanteil auszugehen ist. Die hM verneint wegen der Unwirksamkeit der Verwertung den Erwerb.[54] Dieser Auffassung ist beizutreten. Für sie spricht zunächst der Wortlaut der Bestimmung, der die Nichterlangung der Zahlungen bei den Rechtsvorgängern voraussetzt. Vor allem jedoch spricht trotz der praktischen Schwierigkeiten das Interesse der Rechtsvorgänger an einem Erwerb der Anteile, insbesondere aber das der verbleibenden Gesellschafter an einer Einhaltung des Staffelregresses, von dem ihre Haftung nach § 24 abhängen kann,

---

[51] OLG München OLGE 22, 15; s. auch § 21 Rn. 61.
[52] RGZ 85, 237, 239; *Roth/Altmeppen* Rn. 2; *Baumbach/Hueck/Fastrich* Rn. 10.
[53] *Lutter/Hommelhoff* Rn. 10; *Hachenburg/Müller* Rn. 41; *Scholz/Emmerich* Rn. 12.
[54] Mit Unterschieden iE OLG Hamm GmbHR 1988, 266; *Roth/Altmeppen* Rn. 3; *Baumbach/Hueck/Fastrich* Rn. 10; *Hachenburg/Müller* Rn. 42ff.; *Lutter/Hommelhoff* Rn. 10; anders Voraufl. Rn. 21.

Versteigerung des Geschäftsanteils § 23

dafür, die für den Zwangserwerb gesetzlich aufgestellten Voraussetzungen nicht im Ergebnis in das Belieben der Gesellschaft zu stellen. Da § 23 deshalb wörtlich zu verstehen ist, ist auch ohne Belang, ob die (unwirksame) Veräußerung zum Erlös der ausstehenden Einlage geführt hätte.[55]

Zu beachten ist in diesem Zusammenhang, dass der Rückgriff nach § 22 entbehrlich 40 ist, wenn die Zahlungsunfähigkeit der Vormänner feststeht (§ 22 Rn. 12 f.), und der Rückgriff nicht mehr durchzuführen ist, wenn die Vormänner wegen Ablaufs der fünfjährigen Frist des § 22 Abs. 3 enthaftet sind (hierzu § 22 Rn. 17 ff.). Dem Fall, dass die Zahlungsunfähigkeit des Vormanns feststeht, ist die bis zur Veräußerung des Geschäftsanteils nicht widerlegte Vermutung gem. § 22 Abs. 2 Halbs. 2 gleichzustellen; denn der Sinn und Zweck dieser Vermutung, im Sinne einer möglichst raschen Sicherstellung der Kapitalaufbringung das Vorgehen der Gesellschaft insoweit zu vereinfachen, würde sonst vereitelt.

3. Mängel der Versteigerung. Werden in der Versteigerung nicht die erforder- 41 lichen Formvorschriften beachtet, ist also die öffentliche Bekanntmachung unterblieben oder die Versteigerung durch eine hierzu nicht befugte Person erfolgt, so ist die Veräußerung unwirksam.[56] Genehmigt der Gesellschafter die unwirksame Versteigerung im Nachhinein, soll es sich nach verbreiteter Auffassung bei der unwirksamen Versteigerung um eine dann wirksame „andere Art des Verkaufs" handeln, die allerdings dazu führe, dass der Geschäftsanteil unter Wahrung der Formvorschriften des § 15 Abs. 3 noch übertragen werden müsse.[57] Da es bei der unwirksamen Versteigerung jedoch regelmäßig auch an der Form des § 15 Abs. 4 fehlen wird, kann dem so nicht zugestimmt werden. In der Genehmigung der unwirksamen Versteigerung liegt vielmehr allein die gem. § 23 S. 2 notwendige Zustimmung zur anderen Art der Veräußerung. Der Verkauf und die Verfügung über den Geschäftsanteil müssen in der Form des § 15 Abs. 3 und 4 vorgenommen werden, wobei allerdings die wirksame Übertragung des Geschäftsanteils gem. § 15 Abs. 4 S. 2 zur Heilung des schuldrechtlichen Vertrags führt.

VII. Der Verkauf in der Insolvenz

Auch in der Insolvenz der Gesellschaft ist der Verkauf des kaduzierten Geschäftsan- 42 teils durchzuführen. Zuständig für den Verkauf ist der Insolvenzverwalter, der an Weisungen der Gesellschaftsorgane nicht gebunden werden kann. Zu den für den Nachweis der Unveräußerlichkeit des Geschäftsanteils dann geltenden Erleichterungen s. bei Rn. 36.

VIII. Steuerfragen

Durch das Finanzmarktförderungsgesetz[58] sind die Gesellschaftsteuer (§§ 2 bis 10 43 KVStG) mit Wirkung zum 1. 1. 1992 und die BörsenUSt (§§ 17 bis 25 KVStG) mit Wirkung zum 1. 1. 1991 außer Kraft getreten. Der Erwerb eines kaduzierten Geschäftsanteils kann daher weder Gesellschaftsteuer noch Börsenumsatzsteuer auslösen.

---

[55] Zutr. *Hachenburg/Müller* Rn. 44; anders etwa *Roth/Altmeppen* Rn. 3; *Scholz/Emmerich* Rn. 10.
[56] *Baumbach/Hueck/Fastrich* Rn. 12; *Hachenburg/Müller* Rn. 45; *Scholz/Emmerich* Rn. 11; aA *Lutter/Hommelhoff* Rn. 10, die nur im Falle des Ausschlusses der Öffentlichkeit, nicht aber bei sonstigen Mängeln von der Unwirksamkeit ausgehen.
[57] *Baumbach/Hueck/Fastrich* Rn. 11; *Hachenburg/Müller* Rn. 45; *Scholz/Emmerich* Rn. 10.
[58] Gesetz vom 22. 2. 1990, BGBl. I S. 266, 281 f.

§ 24   2. Abschnitt. Rechtsverhältnisse der Gesellschaft und der Gesellschafter

Sofern der Erwerb vor dem 1. 1. 1991 erfolgte, fiel Börsenumsatzsteuer an, da es sich um ein Anschaffungsgeschäft handelt (§§ 18, 19 Abs. 2 KVStG).[59] Gesellschaftsteuer sollte nach der Finanzrechtsprechung auch bei einem Erwerb vor dem 1. 1. 1992 nicht anfallen, da es sich insoweit weder um einen Ersterwerb (§ 2 Abs. 1 Nr. 2 KVStG) noch um eine freiwillige Leistung eines Gesellschafters (§ 2 Abs. 1 Nr. 4 KVStG) handele.[60]

44 Ein Mehrerlös bei der Versteigerung oder dem Verkauf des kaduzierten Anteils führt nicht zur Körperschaftsteuerpflicht; er wird als gesellschaftliche Einlage betrachtet, die bei der Gesellschaft keine Körperschaftsteuerpflicht auslöst.[61]

IX. Österreichisches Recht

45 § 68 ÖGmbHG bestimmt inhaltsgleich, dass die Gesellschaft den Geschäftsanteil im Wege der öffentlichen Versteigerung verwerten kann. Ein Überschuss ist allerdings – insoweit im Gegensatz zur deutschen Rechtslage (s. Rn. 32) – jedoch zunächst auf den noch unberichtigten Teil der Stammeinlage in Anrechnung zu bringen. Um diesen Betrag vermindert sich die Haftung des kaduzierten Gesellschafters; ein weitergehender Überschuss steht ihm zu.

§ 24 [Aufbringung von Fehlbeträgen]

[1] **Soweit eine Stammeinlage weder von den Zahlungspflichtigen eingezogen, noch durch Verkauf des Geschäftsanteils gedeckt werden kann, haben die übrigen Gesellschafter den Fehlbetrag nach Verhältnis ihrer Geschäftsanteile aufzubringen.** [2] **Beiträge, welche von einzelnen Gesellschaftern nicht zu erlangen sind, werden nach dem bezeichneten Verhältnis auf die übrigen verteilt.**

Literatur: *Ballerstedt* Kapital, Gewinn und Ausschüttung bei Kapitalgesellschaften, 1949; *ders.* Zur Rechtsstellung des Auftragsbebers eines Strohmannes nach GmbH-Recht, JZ 1960, 513; *Becker* Die Kaduzierung von GmbH-Anteilen, GmbHR 1935, 857 und 949; *Buchwald* Kaduzierung eines Geschäftsanteils und Abandonrecht, GmbHR 1959, 108; *Ehlke* Zur Behandlung von Treugeber und Treuhänder an einem GmbH-Anteil, DB 1985, 795; *Fabricius* Sicherung der Aufbringung des Stammkapitals im Recht der GmbH, GmbHR 1970, 193; *Fleck* Neuere Entwicklungen im GmbH-Recht, GmbHR 1993, 550; *Fichtner* Kaduzierung Einziehung und Ausschließung bei der GmbH, BB 1966, 146; *Franconi* Die Haftung des Mitglieds einer GmbH nach schweizerischem und deutschem Recht, Diss. Bern 1939; *Gätsch* Ausfallhaftung von Mitgesellschaftern für rückständige Einlagen und verbotswidrige Ausschüttungen – Summenmäßige Beschränkung?, BB 1999, 701; *Gaiser*, Die Freistellung geringfügig beteiligter Gesellschafter von der Ausfallhaftung nach § 24 in Rahmen einer Kapitalerhöhung, GmbHR 1999, 210; *Grunewald* Die Verantwortlichkeit des gering beteiligten GmbH-Gesellschafters für Kapitalaufbringung und -erhaltung, FS Lutter, 2000, S. 413; *v. Halem* Die Kaduzierung von Aktien und GeschAnteilen einer GmbH, Diss. Köln 1961; *Happ* Kapitalerhöhung und Sacheinlage im GmbH-Recht, BB 1985, 1927; *Hörstel* Der Ausschluß des GmbH-Gesellschafters durch Kaduzierung, NJW 1994, 965; *Hohner* Subjektlose Rechte, 1969; *Joost* Kapitalbegriff und Reichweite der Bindung des aufgebrachten Vermögens, GmbHR 1983, 285; *Junken* Die Deckungspflicht der GmbH-Gesellschafter bei verschiedenen Emissionen und ihre Ausdehnung auf Sacheinlagen, Diss. Tübingen 1937; *Lutter* Rechtsverhältnisse zwischen den Gesellschaftern und der Gesellschaft, in: Probleme der GmbH-Reform 1970, 63; *Melber* Die Kaduzierung in der GmbH, 1993; *Robrecht* Haftungsgefahren der GmbH-Gesellschafter für nicht eingezahlte Stammeinlagen, insbesondere bei Insolvenz der GmbH, DB 1972, 1469; *Roth/Thöni* Treuhand und Unterbeteiligung, FS 100 Jahre GmbHG, 1992, S. 245; *K. Schmidt* Summenmäßige Grenzen

---

[59] FG Niedersachsen BB 1953, 1052, 1053.
[60] FG Niedersachsen BB 1953, 1052 f.; mit guten Gründen aA *Hachenburg/Müller* Rn. 49.
[61] *Hachenburg/Müller* Rn. 52.

der Haftung von Mitgesellschaftern aus rückständigen Einlagen und verbotenen Ausschüttungen, BB 1985, 154; *Schuler* Haftung der Gesellschafter bei Kapitalerhöhungen, GmbHR 1956, 65; *ders.* Die Kaduzierung von GmbH-Anteilen GmbHR 1961, 98; *Schulz* Die Kaduzierung eines GmbH-GeschAnteils, GmbH-Ztschr. 1934, 13, 41, 81, 133, 215 und 255; *Spindler* Die Verwertung des kaduzierten GeschAnteils, GmbHR 1950, 177; *Timm* Anm. zu BGH, Urt. v. 13. 4. 1992 – II ZR 225/91, EWiR 1992, 995, *Ulmer* Zur Treuhand an GmbH-Anteilen: Haftung des Treugebers für Einlageansprüche der GmbH?, ZHR 156 (1992), 377; *Utsch* Die Kaduzierung von GmbH-Anteilen, 1939; *Wiedemann* in: Die Haftung der Gesellschafter in der GmbH, 1968, 5; *Wilhelm* Die Vermögensbindung bei der Aktiengesellschaft und der GmbH und das Problem der Unterkapitalisierung, FS Flume II, 1978, S. 337.

Übersicht

	Rn.		Rn.
I. Solidarhaftung der Mitgesellschafter	1–14	3. Verteilung von Fehlbeträgen	25
		4. Rückgriffsansprüche	26, 27
1. Allgemeines	1–3	5. Begrenzung auf den Ausfall	28
2. Voraussetzungen der Inanspruchnahme	4–10	6. Keine Kaduzierung	29
		7. Haftung bei Kapitalerhöhungen	30, 31
3. Einwendungen der Gesellschafter	11–14	8. Wirkung der Zahlung	32
a) Verfahrensmängel	11	**IV. Durchsetzung der Haftungsansprüche**	33
b) Zahlungsfähigkeit der Vormänner?	12–14		
II. Die Haftungsschuldner	15–21	**V. Übertragbarkeit und Pfändung des Regressanspruchs**	34
1. Die übrigen Gesellschafter	15–17		
2. Treugeber	18	**VI. Gegenrechte**	35
3. Keine Haftung des Erwerbers	19, 20	**VII. Befreiungsverbot**	36, 37
4. Keine Haftung der Gesellschaft	21	**VIII. Verjährung**	38
III. Umfang der Haftung	22–32	**IX. Österreichisches Recht**	39
1. Anteilige Haftung	22		
2. Summenmäßige Beschränkung?	23, 24		

I. Solidarhaftung der Mitgesellschafter

1. Allgemeines. § 24, durch die Novelle 1980 nicht geändert, bildet den Schlussstein der Bestimmungen der §§ 19 bis 24 über die Beibringung des Stammkapitals. Anders als im Aktiengesetz[1] wird durch § 24 eine, wenn auch nicht gesamtschuldnerische, so doch **solidarische Haftung der Gesellschafter** festgelegt, die zusätzlich zur eigenen Leistung auf die übernommene Stammeinlage dann eintritt, wenn die Einzahlung auf die Stammeinlage für andere Geschäftsanteile in dem Verfahren gem. §§ 21 bis 23 nicht erlangt werden kann. § 24 bezieht sich auf von Gesellschaftern geschuldete Bareinlagen, findet aber auch Anwendung auf Ansprüche, die bei Sacheinlagen funktional an die Stelle der Sacheinlagepflicht treten; erfasst vom Anwendungsbereich der Bestimmung werden also auch (vgl. schon bei § 20 Rn. 1) die bei mangelhaften Sacheinlagen auf Grund der Differenzhaftung nach § 9 entstehenden Ansprüche der Gesellschaft sowie ihre Ansprüche bei sonstigen Leistungsstörungen im Zusammenhang mit Sacheinlagen, die Barzahlungspflicht des Gesellschafters bei mangelhaften Sacheinlagefestsetzungen und die Ansprüche der Gesellschaft aus der Unterbilanz- bzw. Vorbelastungshaftung (hierzu bei § 11).[2] 1

Die Ausfallhaftung nach § 24 gilt nur, wenn die Gesellschaft bereits im Handelsregister eingetragen und damit gem. § 11 Abs. 1 als juristische Person entstanden ist. Auf die **Vorgesellschaft** findet die Bestimmung **keine Anwendung**,[3] weil das in diesem Stadium geltende Haftungsrecht die Mithaftung nach § 24 entbehrlich macht, und 2

---
[1] Hierzu auch OLG Celle NJW-RR 1995, 1065.
[2] *Baumbach/Hueck/Fastrich* Rn. 2; *Hachenburg/Müller* Rn. 16; *Scholz/Emmerich* Rn. 3.
[3] Zutr. *Scholz/Emmerich* Rn. 2a; abw. KG 1993, 647, 649.

§ 24　2. Abschnitt. Rechtsverhältnisse der Gesellschaft und der Gesellschafter

zwar unabhängig davon, ob man sich insoweit der Meinung der Rechtsprechung oder der abweichenden Meinung anschließt (wegen der Einzelheiten s. bei § 11).

3　§ 24 ist **zwingendes Recht** (§ 25). Weder durch die Satzung noch durch Gesellschafterbeschluss oder durch Einzelabreden mit der Gesellschaft kann die Regelung des § 24 abbedungen oder auch nur gemildert werden. Eine Verschärfung ist demgegenüber zulässig;[4] ist eine solche Verschärfung nicht schon in der Ursprungssatzung enthalten, sondern soll sie später eingeführt werden, bedarf der insoweit satzungsändernde Beschluss der Zustimmung aller betroffenen Gesellschafter gem. § 53 Abs. 3.

4　**2. Voraussetzungen der Inanspruchnahme.** Die Haftung gem. § 24 ist **subsidiärer Art**; die Mitgesellschafter haften nur, wenn

5　a) der zur Einzahlung auf seinen Geschäftsanteil verpflichtete Gesellschafter nicht gezahlt hat und von ihm Zahlung nicht mehr zu erlangen ist, und wenn er deswegen mit seinem Geschäftsanteil wirksam kaduziert wurde,

6　b) der Kaduzierte wegen der Ausfallhaftung gem. § 21 Abs. 3 vergeblich in Anspruch genommen worden ist oder seine Inanspruchnahme als aussichtslos zu betrachten war,

7　c) die Rechtsvorgänger des Ausgeschlossenen gem. § 22 ohne Erfolg in Anspruch genommen wurden oder ihre Inanspruchnahme aussichtslos war,

8　d) der Zwangsverkauf des Geschäftsanteils gem. § 23 nicht zur Erfüllung der Einlageverpflichtung des Kaduzierten geführt hat bzw. aussichtslos war, also ein Ausfall geblieben ist.

9　Sämtliche dieser Voraussetzungen müssen vorliegen, um die Haftung der Mitgesellschafter eintreten zu lassen. Sind sie gegeben, so ist die Schuld sofort fällig, § 271 BGB.[5]

10　Die **Beweislast** für das Vorliegen dieser Voraussetzungen trägt die Gesellschaft.[6]

11　**3. Einwendungen der Gesellschafter. a) Verfahrensmängel.** Die Gesellschafter können bei einer Inanspruchnahme aus § 24 bestreiten, dass die Voraussetzungen der Ausfallhaftung vorliegen. Sie können sich zB auf eine fehlerhafte Kaduzierung, die Verletzung von Verfahrensvorschriften oder – folgt man der hM (hierzu bei Rn. 13) – auf Fehler bei der Inanspruchnahme der Rechtsvorgänger berufen. Erweisen sich die Einwendungen der in Anspruch genommenen Gesellschafter als begründet, liegt also ein **Mangel des Verfahrens** vor, so muss die Gesellschaft den Mangel beheben und gegebenenfalls das Verfahren gem. §§ 21 bis 23 von dem fehlerhaften Verfahrenspunkt an wiederholen, bis die Voraussetzungen des § 24 voll erfüllt sind. Ist dies nicht möglich, so muss die Gesellschaft, will sie ihre Ansprüche aus § 24 durchsetzen, beweisen, dass das Verfahren nach den §§ 21 ff. tatsächlich doch wirksam durchgeführt worden ist, die behaupteten Fehler also nicht vorgelegen haben.[7] Zu Gegenrechten und Zurückbehaltungsrechten s. bei Rn. 35.

12　**b) Zahlungsfähigkeit der Vormänner?** Fraglich ist, inwieweit die in Anspruch genommenen Gesellschafter ihrer Inanspruchnahme entgegenhalten können, **der Kaduzierte oder seine Vormänner seien finanziell in der Lage gewesen, die fäl-**

---

[4] AllgM; RG, JW 1937, 2284, 2286; *Baumbach/Hueck/Fastrich* Rn. 1; *Hachenburg/Müller* Rn. 9.
[5] *Lutter/Hommelhoff* Rn. 3.
[6] BGH NJW 1996, 2306, 2307; *Baumbach/Hueck/Fastrich* Rn. 3; *Hachenburg/Müller* Rn. 7; *Scholz/Emmerich* Rn. 6; *v. Halem* Die Kaduzierung von Aktien und Geschäftsanteilen einer GmbH, 1961, S. 137; Robrecht DB 1972, 1469, 1471.
[7] OLG Karlsruhe GmbHR 1971, 7; *Scholz/Emmerich* Rn. 6; *Meyer-Landrut/Miller/Niehus* Rn. 10.

Aufbringung von Fehlbeträgen **§ 24**

lige Leistung auf die Einlage zu erbringen, die Gesellschaft sei nicht entschieden genug vorgegangen.

Nach überwiegender Auffassung können sich die Gesellschafter dann nicht mehr 13 darauf berufen, die Veräußerung sei unter Verstoß gegen § 22 erfolgt, wenn der Geschäftsanteil bereits wirksam veräußert worden ist. Nur wenn mangels Verkäuflichkeit des Geschäftsanteils noch die Gesellschaft Inhaber des Anteils ist, soll ein solcher Einwand zulässig sein.[8] Im Rahmen einer Stellungnahme hierzu ist zunächst darauf hinzuweisen, dass ein Verstoß gegen § 22 zur Unwirksamkeit einer Versteigerung des Geschäftsanteils führt, und zwar unabhängig davon, ob der Erlös den Einlagerückstand deckt (§ 23 Rn. 39). Zu der insoweit vorausgesetzten Wirksamkeit der Veräußerung des Geschäftsanteils kann es deshalb nur im Bereich der Vermutung des § 22 Abs. 2 Halbs. 2 kommen. In diesem Falle spricht allerdings der Sinn und Zweck des § 22 Abs. 2 Halbs. 2 – die möglichst rasche Sicherstellung der Kapitalaufbringung – dafür, dem in Anspruch genommenen Gesellschafter das Berufen auf einen tatsächlich doch zahlungsfähigen Vormann zu verweigern. Ist die Gesellschaft demgegenüber noch Inhaber des Geschäftsanteils, kann der in Anspruch genommene Gesellschafter seiner Inanspruchnahme aus § 24 die Zahlungsfähigkeit eines Vormanns dagegen in jedem Falle entgegenhalten.

Die Inanspruchnahme des Kaduzierten **gem. § 21 Abs. 3** für den bei der Ver- 14 äußerung des Geschäftsanteils erlittenen Ausfall und gegebenenfalls für weitere Einzahlung auf die Einlage ist in jedem Falle Voraussetzung für die Haftung der Mitgesellschafter nach § 24. Steht die Zahlungsunfähigkeit des Kaduzierten fest, so muss die Gesellschaft keinen Titel gegen den Kaduzierten erwirken.[9] Beweispflichtig für die Zahlungsunfähigkeit des Kaduzierten ist die Gesellschaft (vgl. Rn. 10).

II. Die Haftungsschuldner

1. Die übrigen Gesellschafter. Haftungsschuldner sind, wenn alle Vorausset- 15 zungen der Haftung gegeben sind, **die übrigen Mitgesellschafter,** soweit sie bei der Gesellschaft gem. § 16 ordnungsgemäß angemeldet sind oder soweit ihre Anmeldung – wie etwa im Falle der Gesamtrechtsnachfolge (§ 16 Rn. 18) – entbehrlich ist. Ist ein der Anmeldepflicht unterliegender Gesellschafter nicht angemeldet, haftet der zuletzt gemeldete Vormann, und zwar nicht als solcher, sondern als angemeldeter Mitgesellschafter.[10] Auch Gesellschafter, gegen die selbst ein Kaduzierungsverfahren eingeleitet, aber noch nicht abgeschlossen ist, haften aus § 24.[11] Da es für die Haftung nach § 24 allein auf die Gesellschaftereigenschaft ankommt, ist die Art der Einlageschuld der in Anspruch genommenen Gesellschafter für ihre Haftung unerheblich; es kann sich deshalb beispielsweise ein Gesellschafter nicht darauf berufen, er könne, da er der Gesellschaft lediglich der Satzung nach eine Sacheinlage schulde, von der Gesellschaft nicht über § 24 auf bare Zahlungen in Anspruch genommen werden.

Eine Freistellung von Gesellschaftern, die mit maximal 10 % an der Gesellschaft be- 16 teiligt sind, ist auch nach der Einführung der sog. **Kleinbeteiligtenschwelle** im Rahmen des Kapitalersatzrechts (§ 32a Abs. 3 S. 2) **nicht angezeigt.** Gegen eine solche Ausweitung spricht der Charakter der Kleinbeteiligtenschwelle als politisch motivierte,

---

[8] *Hachenburg/Müller* Rn. 55; *Scholz/Emmerich* Rn. 8; *v. Halem* (Fn. 6) S. 137 ff.; für die Unbeachtlichkeit dieses Einwands auch im letzten Falle Voraufl. Rn. 3.
[9] *Hachenburg/Müller* Rn. 25 unter Bezug auf KG OLGE 32, 141.
[10] RG JW 1937, 2284, 2286; *Hachenburg/Müller* Rn. 31; *v. Halem* (Fn. 6) S. 143; zum Sonderfall der Übertragung vor Eintragung OLG Köln GmbHR 1997, 546.
[11] LG Hildesheim NZG 1999, 158 m. Anm. *Michalski*.

17 Die Haftung aus § 24 entsteht aufschiebend bedingt mit der Fälligkeit der Stammeinlageforderung. Hinsichtlich des **Zeitpunkts** der Gesellschaftereigenschaft kommt es deshalb auf den Eintritt der Fälligkeit an, nicht darauf, wann die Voraussetzungen der §§ 21 bis 23 erfüllt sind.[13] Eine Übertragung des Geschäftsanteils nach der Fälligkeit der gegen den ausgefallenen Gesellschafter gerichteten Einlageforderung befreit den übertragenden Gesellschafter mithin nicht; er haftet weiter, obwohl er nicht mehr Gesellschafter der forderungsberechtigten Gesellschaft ist. Zur Frage einer der hierneben bestehenden Haftung des Erwerbers s. Rn. 19.

18 **2. Treugeber.** Die Rechtsprechung[14] geht davon aus, dass neben dem Treuhänder oder Strohmann auch der Treugeber hafte. Diese Ansicht wird in der Literatur unter Hinweis auf die fehlende Gesellschafterstellung und die nicht erfolgte Anmeldung (§ 16) abgelehnt.[15] Dieser ablehnenden Auffassung kann jedoch nicht gefolgt werden. Das Tatbestandsmerkmal der Gesellschafterstellung ist, wie insbesondere auch die Vorschrift des § 46 Abs. 5 AktG zeigt, nicht nach formalrechtlichen Kriterien zu bestimmen. Soweit die eine Haftung ablehnende Auffassung auf die Möglichkeit hinweist, Freistellungs- bzw. Regressansprüche aus §§ 669, 670 BGB von der Gesellschaft pfänden und überweisen zu lassen, sind diese Einwendungen nicht überzeugend. Denn derartige – das Innenverhältnis zwischen Treugeber und Treunehmer betreffende – Ansprüche unterliegen im Gegensatz zu den Haftungsansprüchen nach § 24 der Disposition der Beteiligten, und ihnen können Gegenrechte, wie Aufrechnung oder Zurückbehaltungsrecht entgegengehalten werden; ebenso wenig unterliegen diese Ansprüche den Schranken des § 19;[16] die Verweisung der Gesellschaft auf die zwischen Treugeber und Treuhänder womöglich bestehenden Ansprüche kann mithin die vom BGH zu Recht bejahte unmittelbare Haftung des Treugebers nicht ersetzen. Die formalrechtliche Übertragung der Gesellschafterstellung auf einen Treuhänder oder Strohmann verhindert deshalb keine Haftung aus § 24.[17] Treugeber und Treuhänder (Gesellschafter) haften gesamtschuldnerisch.[18]

19 **3. Keine Haftung des Erwerbers.** Derjenige, der den kaduzierten Geschäftsanteil, sei es im Wege der öffentlichen Versteigerung oder auf eine andere Art, erworben hat, gilt nicht als Mitgesellschafter iS des § 24. Dieser Erwerber haftet also nicht, sondern hat mit dem Kaufpreis die Einlageverpflichtung, soweit sie bis zur Kaduzierung seines

---

[12] *Pentz* GmbHR 1999, 437, 439 Fn. 17; iErg. auch *Lutter/Hommelhoff* Rn. 6; abw. *Gaiser* GmbHR 1999, 210 ff. für die Ausfallhaftung bei einer Kapitalerhöhung in der Krise der Gesellschaft; *Grunewald*, FS Lutter, 2000, S. 413, 416 ff.; wohl auch *Scholz/Emmerich* Rn. 17; zu § 32a Abs. 3 S. 2 s. die Bem. dort.

[13] BGHZ 132, 390, 393 f. = NJW 1996, 2306; OLG München ZIP 1993, 1389, 1392; *Roth/Altmeppen* Rn. 4; *Baumbach/Hueck/Fastrich* Rn. 6; *Lutter/Hommelhoff* Rn. 6; *Meyer-Landrut/Miller/Niehus* Rn. 4; jetzt auch *Scholz/Emmerich* Rn. 15; abw. RG JW 1937, 2284, 2286; *Hachenburg/Müller* Rn. 28 f.

[14] BGHZ 31, 258, 267 = NJW 1960, 285; BGHZ 118, 107, 110 = NJW 1992, 2023; OLG Hamburg DB 1984, 1515; aA OLG Düsseldorf GmbHR 1992, 373, 374.

[15] *Ballerstedt* JZ 1960, 513, 515 f.; *Ehlke* DB 1985, 795 ff.; *Roth/Thöni*, FS 100 Jahre GmbHG, 1992, S. 245, 269 mwN; *Ulmer* ZHR 156 (1992), 377, 382 ff.; *Baumbach/Hueck/Fastrich* § 1 Rn. 43; *Hachenburg/Müller* Rn. 33; *Scholz/Emmerich* Rn. 4.

[16] Eingehend BGHZ 118, 107, 111 ff. = NJW 1992, 2023.

[17] Ebenso etwa *Timm* EWiR 1992, 995; *Lutter/Hommelhoff* Rn. 7; *Meyer-Landrut/Miller* Rn. 6.

[18] Zutr. *Lutter/Hommelhoff* Rn. 7.

Vormannes fällig geworden ist, erfüllt.[19] Auch der Rechtsvorgänger des Ausgeschiedenen und der Ausgeschlossene selbst gehören nach der hM nicht zu den Mitgesellschaftern; sie haften also grundsätzlich nicht.[20] Etwas anderes gilt allerdings im Hinblick auf den Ausgeschlossenen, wenn er neben dem Anteil, mit dem er kaduziert wurde, weitere Anteile hält.[21]

Hinsichtlich der **Haftung des Erwerbers** eines Geschäftsanteils ist zu unterscheiden: Für rückständige Einlageansprüche bezüglich des erworbenen Anteils haftet er nicht nach § 24, sondern gem. § 16 Abs. 3.[22] Für später fällig werdende Einlageraten haftet er als Gesellschafter.[23] Für einen Ausfall seiner Mitgesellschafter bezüglich ihrer Einlagepflichten gem. § 24.

4. Keine Haftung der Gesellschaft. Ob die Gesellschaft mit eigenen Anteilen nach § 24 haftet, ist streitig. Nach zum Teil vertretener Auffassung wird eine Mithaftung der Gesellschaft für den ihr zugefallenen kaduzierten Anteil bejaht, sofern sie die Haftungsmittel aus freien Rücklagen aufbringen kann.[24] Dieser Ansicht kann mit der ganz überwiegenden Auffassung nicht gefolgt werden. Gegen sie ›spricht, dass diese Auffassung mit den Grundsätzen der Kapitalaufbringung nach § 19 unvereinbar ist, weil sie im Ergebnis das Erlöschen der Einlageforderung nach sich ziehen würde.[25]

III. Umfang der Haftung

1. Anteilige Haftung. Die Mitgesellschafter haften für den Ausfall nicht gesamtschuldnerisch, sondern anteilsmäßig, also im prozentualen Verhältnis ihres Geschäftsanteils zum Stammkapital der Gesellschaft.[26] Sie haften daher im **Umfang der Nennbeträge** ihrer Geschäftsanteile zum gesamten Stammkapital; wieviel auf sie eingezahlt worden ist oder ob auf sie Sach- oder Bareinlagen erbracht werden, ist gleichgültig. Bei der Berechnung der Haftungsrate bleiben kaduzierte oder eigene Anteile der Gesellschaft unberücksichtigt, ebenso wirksam nach § 34 amortisierte Anteile.[27] Beispiel: Die Gesellschaft hat ein Stammkapital von 100 000 € und hält eigene Anteile in Höhe von 50 000 €. Für die Berechnung der anteiligen Haftung sind damit 100 000 € abzüglich der auf die eigenen Anteile entfallenden 50 000 €, im Ergebnis also 50 000 € zugrundezulegen. Der Geschäftsanteil des in Anspruch genommenen Gesellschafters beträgt 5000 €, also unter Berücksichtigung der eigenen Anteile der Gesellschaft 10 % des Stammkapitals.[28] Der ausstehende Betrag, für den nach § 24 gehaftet wird, beläuft sich auf 25 000 €. Hier haftet der Inhaber des auf 5000 € lautenden Geschäftsanteils in Höhe von 2500 € (= 10 % von 25 000 €).

2. Summenmäßige Beschränkung? Im Zusammenhang mit der Haftung nach § 24 S. 1 streitig ist die Frage, ob die Haftung der übrigen Gesellschafter summenmäßig

---

[19] *Roth/Altmeppen* Rn. 4; *Baumbach/Hueck/Fastrich* Rn. 4; *Hachenburg/Müller* Rn. 36; *Meyer-Landrut/Miller/Niehus* Rn. 4; *Scholz/Emmerich* Rn. 10; *v. Halem* (Fn. 6) S. 144.
[20] *Hachenburg/Müller* Rn. 34, 38; *Lutter/Hommelhoff* Rn. 5 f.
[21] *Scholz/Emmerich* Rn. 13.
[22] RG JW 1937, 2284, 2286; *Hachenburg/Müller* Rn. 37; *Lutter/Hommelhoff* Rn. 8.
[23] *Hachenburg/Müller* Rn. 37.
[24] *Ehrenberg/Feine* S. 334.
[25] Ebenso *Roth/Altmeppen* Rn. 5; *Baumbach/Hueck/Fastrich* Rn. 6; *Hachenburg/Müller* Rn. 40; *Scholz/Emmerich* Rn. 14 (mit unzutr. Hinw. auf Voraufl.).
[26] *Baumbach/Hueck/Fastrich* Rn. 7; *Hachenburg/Müller* Rn. 41; *Scholz/Emmerich* Rn. 18.
[27] *Baumbach/Hueck/Fastrich* Rn. 7; *Hachenburg/Müller* Rn. 44; *Lutter/Hommelhoff* Rn. 4; *Scholz/Emmerich* Rn. 18.
[28] Zur Frage der Anwendbarkeit des § 24 auf sog. Kleinbeteiligte s. oben Rn. 16.

§ 24   2. Abschnitt. Rechtsverhältnisse der Gesellschaft und der Gesellschafter

auf den Betrag der Stammeinlage des ausgefallenen Gesellschafters beschränkt ist oder ob sie auch hierüber hinausgehen kann. Akut werden kann diese Frage beispielsweise dann, wenn der betreffende Gesellschafter ein zunächst unerkannt kontaminiertes Grundstück oder ein überschuldetes Unternehmen, also „weniger als nichts",[29] eingebracht hat und die in diesem Zusammenhang dadurch entstandene Differenzhaftung nach § 9 bei ihm nicht verwirklicht werden kann. Nimmt man hier eine unbeschränkte Ausfallhaftung nach § 24 S. 1 an, kann dies dazu führen, dass die übrigen Gesellschafter summenmäßig in einer Höhe haften, die weit über den Betrag des Stammkapitals hinausgeht.

24 Überwiegend wird zu dieser Frage des **Haftungsumfang**s die Auffassung vertreten, die die übrigen Gesellschafter treffende Haftung müsse summenmäßig auf den Betrag der Stammeinlage beschränkt werden, da sonst die gesetzliche Haftungsbeschränkung nach § 13 Abs. 2 im Ergebnis aufgehoben werde, die Haftung der Mitgesellschafter überschaubar bleiben müsse und die übrigen Gesellschafter auch nicht für Nebenpflichten im Sinne des § 3 Abs. 2 haften müssten.[30] Dieser im Ergebnis auf Billigkeitserwägungen abstellenden Auffassung ist nicht zu folgen. Der Hinweis auf die Haftungsbeschränkung nach § 13 Abs. 2[31] läuft im Kern auf eine petitio principii hinaus, weil sie die Beantwortung der zu klärenden Frage nach dem Haftungsumfang im Rahmen des § 24 vorwegnimmt; denn wenn – was erst zu klären ist – nach den gesetzlichen Vorgaben die Haftung nach § 24 unbeschränkt ist, kann dies keinen Verstoß gegen Wertungen des § 13 Abs. 2 darstellen. Entsprechendes gilt für den Hinweis, die Haftung der Gesellschafter müsse überschaubar bleiben. Verdeutlicht man sich, dass § 24 der Sicherung der Kapitalaufbringung dient und dieser nicht genügt wäre, wenn ein Gesellschafter „weniger als nichts" eingelegt hat und der Gesellschaft im Eintragungszeitpunkt damit weniger als das vorgeschriebene Kapital zu Verfügung stünde, ergibt sich, dass die Haftung aus § 24 summenmäßig nicht auf den Betrag der Stammeinlage des Inferenten beschränkt werden darf, sondern auch einen etwaigen Negativsaldo umfasst. Mit der von der Mehrheitsmeinung abweichenden Auffassung[32] ist deshalb von einer summenmäßig unbeschränkten Ausfallhaftung der übrigen Gesellschafter auszugehen.

25 **3. Verteilung von Fehlbeträgen.** Neben der anteiligen Haftung gem. § 24 S. 1 haftet der Gesellschafter gem. § 24 S. 2, wenn von einem anderen Gesellschafter der auf ihn entfallende Haftungsanteil nicht zu erlangen ist. Im Ergebnis kann diese (sekundäre) Ausfallhaftung dazu führen, dass ein Gesellschafter für sämtliche Ausfälle der anderen Gesellschafter allein haftet. Dass in das Vermögen des Gesellschafters, der seinen Anteil an der Mithaftung nicht erbringen kann, zuvor fruchtlos gepfändet worden ist, ist auch hier nicht vorausgesetzt. Es genügt, dass die Gesellschaft jede zumutbare Anstrengung unternommen hat, von dem haftenden Mitgesellschafter seinen Anteil am Ausfall gem. § 24 Satz 1 zu erlangen.[33] Die Vermutung des § 22 Abs. 2 findet im Rahmen des § 24 S. 2 keine Anwendung.[34] Der Ausfall bzw. die Aussichtslosigkeit

---

[29] Formulierung von *K. Schmidt* GesR § 37 II 5 d.
[30] *Grunewald*, FS Lutter, 2000, S. 413, 416; *K. Schmidt* BB 1985, 154, 155; *ders.* GesR § 37 II 5 d; *Hachenburg/Müller* Rn. 22; *Scholz/Emmerich* Rn. 3 a.
[31] Da es hier um eine Haftung gegenüber der Gesellschaft und nicht gegenüber den Gläubigern geht, ist § 13 Abs. 2 ohnehin nicht unmittelbar einschlägig, sondern kann bestenfalls wertungsmäßig zu berücksichtigen sein.
[32] *Wilhelm*, FS Flume II, 1978, S. 337, 361 f.; *Gätsch* BB 1999, 701, 703 f.; *Lutter/Hommelhoff* Rn. 5.
[33] *Baumbach/Hueck/Fastrich* Rn. 8.
[34] *Scholz/Emmerich* Rn. 20.

Aufbringung von Fehlbeträgen § 24

gerichtlicher Schritte gegen den haftenden Gesellschafter muss also von der Gesellschaft im Streitfall voll bewiesen werden.[35]

4. Rückgriffsansprüche. Soweit ein oder mehrere Gesellschafter für einen Mitgesellschafter Zahlung gem. § 24 S. 1 oder 2 geleistet haben, geht die Forderung der Gesellschaft entsprechend dem Umfange der Leistung auf den oder die leistenden Gesellschafter über; in gleicher Weise haftet ihnen der Kaduzierte.[36] Der Regressanspruch ergibt sich aus dem gesellschaftsrechtlichen Verhältnis.[37] Anspruchsgegner kann auch ein ausgeschiedener Gesellschafter sein (vgl. zur Fälligkeit der Haftung aus § 24 oben Rn. 9). Gegen Rechtsvorgänger im Sinne des § 22 Abs. 4 sind Regressansprüche ausgeschlossen.[38] 26

Gegen Geschäftsführer der Gesellschaft bestehen Schadensersatzansprüche der Gesellschafter entsprechend § 31 Abs. 6, wenn diese die Veräußerung nicht mit der nach § 43 notwendigen Sorgfalt betrieben haben.[39] Eine Haftung der Gesellschaft für diese Ansprüche analog § 31 BGB scheidet aus, da dies mit den Grundsätzen der Kapitalaufbringung unvereinbar wäre. Die Ansprüche gegen die Geschäftsführer verjähren entsprechend § 43 Abs. 4 in fünf Jahren.[40] 27

5. Begrenzung auf den Ausfall. Die Haftung der Mitgesellschafter ist begrenzt auf die nicht beigebrachten Teile der Einlage (iE vgl bei Rn. 23f.), wegen derer der Geschäftsanteil kaduziert wurde, abzüglich eines etwaigen Veräußerungserlöses. Die Mithaftung nach § 24 umfasst nicht die Kosten des Kaduzierungsverfahrens, nicht die Zinsen und keine Vertragsstrafe, auch nicht rückständige Nebenleistungen gem. § 3 Abs. 2 o.ä. 28

6. Keine Kaduzierung. Wegen der Nichterbringung seiner Leistung gem. § 24 kann ein Gesellschafter nicht kaduziert werden; abweichende Satzungsregelungen sind aber zulässig. Der Geschäftsanteil dieses Gesellschafters kann auch von der Gesellschaft oder den haftenden Mitgesellschaftern gepfändet werden.[41] 29

7. Haftung bei Kapitalerhöhungen. Ein besonderes Problem bildet die Haftung gem. § 24, wenn sie auf einer Nichtzahlung einer Teileinlage beruht, die aus einer **Kapitalerhöhung** herrührt. Fest steht insoweit heute, dass ein Kapitalerhöhungsbeschluss trotz der mit ihm mittelbar verbundenen Gefahr der Ausfallhaftung nach § 24 nicht unter § 53 Abs. 3 fällt (hierzu bei § 53 Rn. 49). Im Übrigen werden im Zusammenhang mit der drohenden Haftung nach § 24 im Wesentlichen drei Meinungen vertreten: Nach der ersten Auffassung soll insoweit nach Gruppen aufgeteilt und eine Haftung gem. § 24 nur unter den Gesellschaftern bejaht werden, die an der jeweiligen Kapitalerhöhung teilgenommen haben.[42] Nach der zweiten Auffassung sollen alle Gesellschafter, die an der Kapitalerhöhung teilgenommen haben, gem. § 24 haften, die übrigen (Alt-)Gesellschafter nur dann, wenn sie der Kapitalerhöhung zugestimmt ha- 30

---

[35] *Hachenburg/Müller* Rn. 52; *Scholz/Emmerich* Rn. 20.
[36] OLG Hamm GmbHR 1993, 360, 362; *Roth/Altmeppen* Rn. 12; *Baumbach/Hueck/Fastrich* Rn. 10; *Hachenburg/Müller* Rn. 61f.; *Lutter/Hommelhoff* Rn. 11; *Scholz/Emmerich* Rn. 23.
[37] *Ballerstedt* Kapital, Gewinn und Ausschüttung bei Kapitalgesellschaften, 1949, S. 182ff.
[38] *Roth/Altmeppen* Rn. 12; *Hachenburg/Müller* Rn. 63; *Scholz/Emmerich* Rn. 23.
[39] *Roth/Altmeppen* Rn. 13; *Hachenburg/Müller* Rn. 64; *Scholz/Emmerich* Rn. 24; abw. *Baumbach/Hueck/Fastrich* Rn. 10: Haftung nur Delikt.
[40] Für fünfjährige Verjährungsfrist analog § 31 Abs. 5 *Scholz/Emmerich* Rn. 24.
[41] *Baumbach/Hueck/Fastrich* Rn. 8.
[42] *Ehrenberg/Feine* S. 334ff.; *Hachenburg* LZ 1914, 119; *ders.* JW 1918, 588.

ben.⁴³ Nach der dritten, heute ganz herrschenden Meinung haften alle Gesellschafter für alle rückständigen Einlagen, gleichgültig ob es sich um alte Gesellschafter handelt oder um solche Personen, die erst durch die Kapitalerhöhung Gesellschafter geworden sind. Auch ist es gleichgültig, ob die rückständigen Leistungen alte Anteile betreffen oder solche, die aus der Kapitalerhöhung herrühren.⁴⁴ Der letztgenannten Auffassung ist wegen des auf die Sicherung der Kapitalaufbringung gerichteten Normzwecks von § 24 zu folgen.

31 Zum Ausgleich für das mit einer Kapitalerhöhung für den Gesellschafter verbundene erhöhte Risiko wird angenommen, dass der Gesellschafter, der einer Kapitalerhöhung durch seine Gegenstimme widersprochen hat, ein **Austrittsrecht** besitzt, das er allerdings, um sich der Haftung nach § 24 zu entziehen, unverzüglich nach dem Kapitalerhöhungsbeschluss ausüben muss.⁴⁵ Dieses Austrittsrecht besteht allerdings nur in dem Umfange des generellen Austrittsrechtes eines Gesellschafters, wie es durch Rechtsprechung und Rechtslehre entwickelt worden ist, also als letztes Mittel, wenn dem Gesellschafter die Haftung für Nichteinzahlung von Teileinlagen aus einer Kapitalerhöhung nicht zuzumuten ist.⁴⁶ Ein nach der Kapitalerhöhung eintretender Gesellschafter haftet nach dieser Auffassung hingegen ohne die Möglichkeit eines Austritts wie die übrigen Mitgesellschafter, denn er hat den Geschäftsanteil mit den auf diesem ruhenden Lasten übernommen.⁴⁷ Die Zubilligung des dargestellten Austrittsrechts erscheint **als Lösung** für den dargelegten Konflikt zwischen der Gläubigersicherung und der als unbillig empfundenen Mithaftung der Gesellschafter allerdings **ungeeignet.** Da es für die Haftung des Gesellschafters nach § 24 auf den Zeitpunkt der Fälligkeit der Stammeinlageforderung ankommt (Rn. 17) und der Austritt erst mit der Übertragung des Geschäftsanteils vollzogen ist, hilft der Austritt aus der Gesellschaft dem Gesellschafter für die Haftungsvermeidung nämlich in keiner Weise, wenn die aus der Kapitalerhöhung resultierenden Forderungen vorher fällig geworden sind. Um das Entstehen unbilliger Haftungsrisiken zu Lasten eines überstimmten Gesellschafters über eine Kapitalerhöhung zu vermeiden, wird man diese jedoch als befugt ansehen können, den Kapitalerhöhungsbeschluss unter Treupflichtaspekten **anzufechten,** sofern Zweifel an der Leistungsfähigkeit oder Leistungswilligkeit der Mitgesellschafter bestehen.

32 **8. Wirkung der Zahlung.** Die Gesellschafter, die im Wege der Mithaftung gem. § 24 den nicht beigebrachten Teil der Einlage auf den Geschäftsanteil erbracht haben, erwerben diesen nicht.⁴⁸ Das ist selbstverständlich, wenn der Geschäftsanteil gem. § 23 veräußert wurde, gilt aber auch dann, wenn mangels Veräußerungsmöglichkeit der Geschäftsanteil der Gesellschaft verbleibt.⁴⁹ Dadurch dass die Gesellschaft Inhaber des

---

⁴³ *Liebmann* ZHR 75 (1914), 534, 539f.; *Hollaender* ZHR 76 (1915), 65, 104f.; *Schuler* GmbHR 1956, 65.
⁴⁴ LG Mönchengladbach NJW-RR 1986, 837, 838; *K. Schmidt* BB 1985, 154, 155; *Roth/Altmeppen* Rn. 6; *Baumbach/Hueck/Fastrich* Rn. 5; *Hachenburg/Müller* Rn. 19f.; *Lutter/Hommelhoff* Rn. 6; *Meyer-Landrut/Miller/Niehus* Rn. 2; *Scholz/Emmerich* Rn. 16 mwN; für sog. Kleinbeteiligte im Sinne des § 32a Abs. 3 S. 2 einschränkend *Gaiser* GmbHR 1999, 210ff.; *Grunewald*, FS Lutter, 2000, S. 413, 418f.: entsprechend § 32a Abs. 3 S. 2 keine Haftung der mit 10 % oder weniger beteiligten Gesellschafter (hierzu bereits bei Rn. 16).
⁴⁵ LG Mönchengladbach NJW-RR 1986, 837, 839; *Roth/Altmeppen* Rn. 6; *Baumbach/Hueck/Fastrich* Rn. 5; *Hachenburg/Müller* Rn. 21; *Scholz/Emmerich* Rn. 17.
⁴⁶ *Hachenburg/Müller* Rn. 21; wegen des Austrittsrechts eines Gesellschafters allgemein s. bei § 34.
⁴⁷ RGZ 132, 392, 394f.; *Baumbach/Hueck/Fastrich* Rn. 5; *Hachenburg/Müller* Rn. 21.
⁴⁸ RGZ 86, 419, 420f.; *Hachenburg/Müller* Rn. 60; *Lutter/Hommelhoff* Rn. 9; *Scholz/Emmerich* Rn. 22a.
⁴⁹ *Hachenburg/Müller* Rn. 60.

Aufbringung von Fehlbeträgen § 24

Anteils bleibt, kommt es im wirtschaftlichen (nicht juristischen) Ergebnis mittelbar zu einer Anwachsung des Geschäftsanteils bei den Gesellschaftern im Verhältnis ihrer Beteiligungen.

IV. Durchsetzung der Haftungsansprüche

Die Durchsetzung der gegenüber der Gesellschaft bestehenden Haftungsansprüche 33 aus § 24 erfolgt durch die Geschäftsführer namens der Gesellschaft. Hinsichtlich des dabei zu beachtenden Pflichtenmaßstabs gilt § 43. Eines Gesellschafterbeschlusses bedarf es für die Geltendmachung der Forderungen aus § 24 nicht, die Satzung kann wegen § 25 einen solchen auch nicht wirksam zur Voraussetzung machen. Die Ansprüche nach § 24 sind erforderlichenfalls klageweise durchzusetzen, wobei die Geschäftsführer wegen des Grundsatzes der realen Kapitalaufbringung verpflichtet sind, diese Ansprüche möglichst umgehend geltend zu machen. Unterschiede bei der Inanspruchnahme der einzelnen Gesellschafter sind nur zulässig, sofern dies – was praktisch allerdings kaum einmal relevant werden dürfte – durch sachliche Gründe gerechtfertigt ist. Für die Durchsetzung der Ansprüche ist der besondere Gerichtsstand der Mitgliedschaft nach § 22 ZPO gegeben. Eine Kaduzierung wegen der Ansprüche aus § 24 ist nicht möglich (Rn. 29).

V. Übertragbarkeit und Pfändung des Regressanspruchs

Der Anspruch der Gesellschaft gegenüber den Mitgesellschaftern gem. § 24 kann 34 von den Geschäftsführern der Gesellschaft abgetreten werden, eines Beschlusses der Gesellschafterversammlung bedarf es hierzu nicht.[50] Mit Blick auf die Anwendbarkeit von § 19 auf den Anspruch aus § 24 gelten allerdings insoweit auch die nach hM durch das Kapitalaufbringungsrecht gezogenen Beschränkungen (hierzu bei § 19 Rn. 154 ff.).

VI. Gegenrechte

§ 19 Abs. 2 ist auf § 24 anwendbar, so dass von den in Anspruch genommenen Ge- 35 sellschaftern weder die **Aufrechnung** erklärt noch ein **Zurückbehaltungsrecht** geltend gemacht werden kann.[51] Zur Möglichkeit, in der Liquidation nach Befriedigung aller Gläubiger die Leistung zu verweigern, s. sogleich bei Rn. 37.

VII. Befreiungsverbot

Die Regelung des § 24 ist zwingendes Recht (§ 25). Entsprechend § 19 kann die 36 Gesellschaft die Ansprüche gegen die Mitgesellschafter aus § 24 **weder stunden noch die Gesellschafter von der Haftung befreien oder** auf die Haftung **verzichten,** und zwar selbst dann nicht, wenn sie die Mittel aus der Mithaftung gem. § 24 nicht benötigt.[52]

Nur wenn sich die **Gesellschaft in Liquidation befindet und alle Gläubiger** 37 **befriedigt sind** oder jedenfalls das Vermögen der Gesellschaft ausreicht, um die Gläubiger zu befriedigen, können die Mitgesellschafter die Leistung **verweigern**.[53]

---

[50] Roth/Altmeppen Rn. 7; Baumbach/Hueck/Fastrich Rn. 9; Meyer-Landrut/Miller/Niehus Rn. 8; Hachenburg/Müller Rn. 14.
[51] RGZ 92, 365, 366; 123, 8, 10; RG JW 1937, 2284, 2286; Hachenburg/Müller Rn. 19; Scholz/Emmerich Rn. 21.
[52] RGZ 92, 365, 366; Roth/Altmeppen Rn. 7; Baumbach/Hueck/Fastrich Rn. 9; Hachenburg/Müller Rn. 57, 599.
[53] Köln OLGE 13, 25 f.; Robrecht DB 1972, 1469, 1471; Hachenburg/Müller Rn. 57.

VIII. Verjährung

38 Der Anspruch auf die Ausfallhaftung gem. § 24 verjährte **nach altem Recht** gem. § 195 BGB aF in dreißig Jahren.[54] Da die Haftung nach § 24 der Einlagehaftung nahe steht, ist für sie **nach neuem Recht** bis zu einer Neuregelung dieser Fragen von einer eingeschränkten Unverjährbarkeit auszugehen (§ 19 Rn. 26 f.).

IX. Österreichisches Recht

39 Der deutschen Regelung entsprechen § 70 Abs. 1 und 2 ÖGmbHG. In § 70 Abs. 3 ausdrücklich geregelt ist, dass die Gesellschafter dann, wenn der Geschäftsanteil nicht verkauft worden ist, einen anteiligen Anspruch auf den diesem Geschäftsanteil zufallenden Gewinn und Liquidationserlös haben; bei einem nachträglichen Verkauf des Geschäftsanteils sind aus dem Verkaufserlös den Gesellschaftern die von ihnen geleisteten Beiträge zurückzuerstatten und ein etwaiger Überschuss nach § 68 Abs. 5 ÖGmbHG zu verwenden.

§ 25 [Zwingende Vorschriften]

Von den in den §§ 21 bis 24 bezeichneten Rechtsfolgen können die Gesellschafter nicht befreit werden.

I. Unabdingbarkeit der §§ 21 bis 24

1 Diese Vorschrift bestimmt, dass von den in §§ 21 bis 24 festgelegten Regelungen nicht zugunsten der betroffenen Gesellschafter abgewichen werden kann. Das besagt, dass weder generell, also etwa im Gesellschaftsvertrag, noch durch Gesellschafterbeschluss, noch im Einzelfall etwa durch die Geschäftsführer eine Befreiung von den Vorschriften der §§ 21 bis 24 gewährt werden darf, was sowohl vor als auch nach Eintritt des Haftungsfalles gilt.[1] Entgegenstehende Regelungen sind nichtig, die Geschäftsführer dürfen sie nicht beachten.[2] Mit Blick auf den Wortlaut des § 20 („von Rechts wegen") ist allerdings auch diese Bestimmung als zwingend anzusehen. (§ 20 Rn. 2).

II. Verschärfung der Rechtsfolgen

2 Verschärfungen der Regelungen der §§ 21 bis 24 kann die Satzung vorsehen, etwa dadurch, dass die Haftungspflicht des § 22 verlängert wird oder die Mitgesellschafter gemäß § 24 nicht anteilmäßig, sondern gesamtschuldnerisch haften.[3] Gleiches gilt für satzungsändernde Beschlüsse der Gesellschafterversammlung. Bei nachträglichen Verschärfungen ist allerdings § 53 Abs. 3 zu beachten, wonach eine Leistungsvermehrung der Gesellschafter nur mit ihrer Zustimmung beschlossen werden kann.

---

[54] OLG Köln NJW-RR 194, 1192; LG Hildesheim NJW-RR 1998, 248 = NZG 1998, 158 m. Anm. *Michalski*; *Roth/Altmeppen* Rn. 7; *Hachenburg/Müller* Rn. 58.
[1] *Baumbach/Hueck/Fastrich* Rn. 1.
[2] *Hachenburg/Müller* Rn. 9.
[3] *Baumbach/Hueck/Fastrich* § 24 Rn. 1; *Hachenberg/Müller* Rn. 11; *Meyer-Landrut/Miller/Nichus* Rn. 2.

III. Österreichisches Recht

Das österreichische Recht sieht eine vergleichbare Regelung in § 71 ÖGmbHG vor, wonach die in §§ 67 bis 70 ÖGmbHG bezeichneten Verpflichtungen weder ganz noch teilweise erlassen werden können.

3

§ 26 [Nachschußpflicht]

(1) **Im Gesellschaftsvertrag kann bestimmt werden, daß die Gesellschafter über den Betrag der Stammeinlagen hinaus die Einforderung von weiteren Einzahlungen (Nachschüssen) beschließen können.**

(2) **Die Einzahlung der Nachschüsse hat nach Verhältnis der Geschäftsanteile zu erfolgen.**

(3) **Die Nachschußpflicht kann im Gesellschaftsvertrag auf einen bestimmten, nach Verhältnis der Geschäftsanteile festzusetzenden Betrag beschränkt werden.**

Literatur: Becker Der abandonnierte Geschäftsanteil, GmbHR 1939 S. 571; *Esch* Die gesellschaftsvertragliche Vereinbarung der Rückgewähr ausgeschütteter Gewinne der GmbH, NJW 1978, 2529; *Guntau* Die Versteigerung eines Geschäftsanteils durch den Gerichtsvollzieher in den Fällen der §§ 23, 27 und 28 GmbH-Gesetz sowie des § 65 AktG, DGVZ 1982, 161; *Häusler* Lastentragung und Gewinnverteilung bei der GmbH, Diss. Bonn 1965; *Hommelhof/Kleindiek* Flexible Finanzierungsinstrumente im GmbH-Recht, FS GmbHG, 1992, S. 421; *Melber* Die Kaduzierung in der GmbH, 1993; *K. Müller* Die Verpfändung von GmbH-Anteilen, GmbHR 1969, 4, 34; *Neukamp* Die Geschäftsanteile der GmbH, ZHR 57 (1906), 1; *Polzius* Die Versteigerung von GmbH-Anteilen nach der ZPO und dem GmbHG, DGVZ 1987, 17; *Priester* Körperschaftsteuerreform und Gewinnverwendung – Probleme des Ausschüttungsrückholverfahrens –, ZGR 1977, 445; *Schäfer* Der stimmrechtslose GmbH-Geschäftsanteil, 1997; *Winter* Übersicht über die Ergebnisse der Umfrage zur rechtstatsächlichen Struktur der GmbH, GmbHR 1969, 119, 145.

Übersicht

	Rn.		Rn.
I. Allgemeines	1, 2	5. Regelung der Art und Höhe	26–29
II. Die Nachschusspflicht	3–17	6. Zweckdienlichkeit der Einforderung	30, 31
1. Wesen und Bedeutung	3–6	IV. Einforderung der Nachschüsse	32–40
2. Inhalt	7–11	1. Durchführung des Einforderungsbeschlusses	32
3. Abgrenzung zu sonstigen Leistungen	12–17	2. Gleichbehandlungsgrundsatz	33
a) Nachschusspflichten	13	3. Zahlungspflichtiger Gesellschafter	34, 35
b) Nebenleistungspflichten	14	4. Folgen der Einforderung	36–38
c) Freiwillige Zuschüsse	15	a) Abtretung, Pfändung	36
d) Gesellschafterdarlehen	16	b) Stundung, Verzicht, Aufrechnung	37, 38
e) Satzungsregelungen	17	5. Verzinslichkeit der Nachschussbeträge	39
III. Voraussetzungen	18–31	6. Rückzahlung	40
1. Zulassung in der Satzung	18–20	V. Bilanzierungsfragen	41, 42
2. Nachschusspflicht für einen Teil der Geschäftsanteile	21	VI. Steuerrechtliche Behandlung	43, 44
3. Beschluss der Gesellschafterversammlung	22–24	VII. Österreichisches Recht	45
4. Vorrangige Einforderung des Stammkapitals	25		

I. Allgemeines

1 Die in den §§ 26 bis 28 geregelte Nachschusspflicht der Gesellschafter einer GmbH spielt in der Praxis nur eine geringe Rolle.[1] Ihr **Zweck** liegt vor allem darin, den Gesellschaftern ein Instrument an die Hand zu geben, mit dem sie einen aktuellen Kapitalbedarf der Gesellschaft bedarfsgerecht decken können, ohne das umständliche Verfahren der Kapitalerhöhung durchlaufen und der Gesellschaft gebundenes Kapital zur Verfügung stellen zu müssen.[2]

2 Die Bestimmungen der §§ 26 bis 28 wurden durch die Novelle 1980 nicht geändert.

II. Die Nachschusspflicht

3 **1. Wesen und Bedeutung.** Von der Regelung des § 26 wird in der Praxis nur selten Gebrauch gemacht. Dies liegt vor allem darin begründet, dass im GmbHG für den Fall des zusätzlichen Kapitalbedarfs mit verlorenen Zuschüssen bzw. Gesellschafterdarlehen **einfachere Möglichkeiten der Kapitalbeschaffung** zur Verfügung stehen.[3] Allerdings ist insoweit zu beachten, dass Nachschüsse der Gesellschafter anders als Gesellschafterdarlehen zu einer Verbesserung der Eigenkapitalausstattung führen.[4]

4 Ist der Kapitalbedarf der Gesellschaft von vorübergehender Natur, so wird freilich die – auch statutarisch festlegbare – Hingabe von Gesellschafterdarlehen ein geeigneteres, weil leichter handhabbares Instrument zur Finanzierung der Gesellschaft sein. Denn zum einen besteht bei einer Rückzahlung eines Darlehens nicht die Publizitätspflicht des § 30 Abs. 2 und zum anderen ist das Gesellschafterdarlehen im Grundsatz bei Wegfall des Kapitalbedarfs ohne weiteres rückgewährbar, ohne dass die einschränkenden Bestimmungen des § 30 Abs. 1 beachtet werden müssen (vgl. § 30 Rn. 2); Abweichendes gilt nur dann, wenn das Gesellschafterdarlehen eigenkapitalersetzenden Charakter hat (vgl. dazu die Erl. zu §§ 31, 32a).

5 Ein weiterer Nachteil der Nachschusspflicht liegt in der Möglichkeit, dass Mehrheitsgesellschafter über die Nachschusspflicht weniger leistungsfähige Minderheitsgesellschafter, die die Nachschüsse nicht zu erbringen vermögen, zur Preisgabe ihres Geschäftsanteils oder aber zur Duldung der Kaduzierung nötigen können (s. dazu Erl. zu §§ 21 ff., 27 und 28).

6 Sinnvoll ist die Statuierung einer Nachschusspflicht vor allem bei genossenschaftsähnlich ausgestalteten Gesellschaften sowie im Konzernverbund oder zur Sicherung des Schütt-Aus-/Hol-Zurückverfahrens.[5]

7 **2. Inhalt. Die Nachschusspflicht besagt, dass die Gesellschafter der GmbH,** sofern der Gesellschaftsvertrag dies vorsieht, weitere Einzahlungen der Gesellschafter beschließen können, die **das Vermögen der Gesellschaft erhöhen, aber nicht auf**

---

[1] Hierzu *Fränkel* Die Gesellschaft mit beschränkter Haftung, 1915, S. 102; *Winter* GmbHR 1969, 145, 146 f.; *Kornblum/Kleinle/Baumann/Stefan* GmbHR 1985, 42, 47; *Hommelhoff/Kleindiek*, FS GmbHG, 1992, S. S. 421, 422.

[2] *Hommelhoff/Kleindiek*, FS GmbHG, 1992, S. 421, 422; zum genossenschaftlichen bzw. reedereirechtlichen Vorbild der Bestimmung s. *Scholz/Emmerich* Rn. 1.

[3] *Hommelhoff/Kleindiek*, FS GmbHG, 1992, S. S. 421, 422.

[4] Zutreffend *Hachenburg/Müller* Rn. 5.

[5] *Esch* NJW 1978, 2529, 2534; *Priester* ZGR 1977, 445, 457; *Baumbach/Hueck/Fastrich* Rn. 1; *Hachenburg/Müller* Rn. 6 mit Hinweis auf die 1974 gegründete Liquiditäts-Konsortialbank und ihre Aufgaben.

die Stammeinlage vorgenommen werden. Nachschusszahlungen berühren daher auch nicht den Nominalbetrag der Geschäftsanteile.[6] Nachschüsse sind Geldleistungen, niemals Sachleistungen; doch können auch Sachleistungen an Erfüllungs Statt mit Zustimmung der Gesellschaft angenommen werden.[7] Sie bilden ein variables Zusatzkapital, das der Gesellschaft eine Anpassung ihres Kapitals an die Marktsituation ermöglicht, ohne den umständlichen Weg einer Kapitalerhöhung zu beschreiten. Auch können sie dazu dienen, eine Unterbilanz ohne Kapitalherabsetzung zu beseitigen.[8] Die Verwendung der Nachschüsse steht im Ermessen der Gesellschaft; eine Auflösung des Nachschusskapitals durch Rückzahlung an die Gesellschafter ist in den Grenzen des § 30 Abs. 2 möglich (vgl. bei § 30 Rn. 54 ff.).

Im Einzelnen sind zu unterscheiden: 8
a) die unbeschränkte Nachschusspflicht § 27; (s. Erl. zu § 27), 9
b) die im Gesellschaftsvertrag auf einen bestimmten Betrag beschränkte Nachschusspflicht § 28 (s. Erl. zu § 28), 10
c) die unbeschränkte Nachschusspflicht mit im Gesellschaftsvertrag festgelegtem beschränktem Preisgaberecht (§§ 27 Abs. 4; 28 Abs. 1 S. 2). 11

3. Abgrenzung zu sonstigen Leistungen. Eine Abgrenzung zwischen Nachschüssen, Nebenleistungen iS des § 3 Abs. 2, freiwilligen Zuschüssen und Gesellschafterdarlehen ist von großer praktischer Bedeutung, da nur für die Nachschüsse die §§ 26 f. gelten; auch gehen Nachschüsse bei der Veräußerung des Geschäftsanteils im Gegensatz zu Darlehn mit diesen über. Die Abgrenzung kann im Einzelfalle schwierig sein. Sie ist anhand von Auslegung vorzunehmen. Auf den Wortlaut kommt es hierbei nicht an,[9] selbst das Gesetz verwendet zwei Begriffe für Nachschüsse, nämlich diesen und den Begriff der weiteren Einzahlung. Vielmehr ist auf die Entstehung und den Inhalt der Verpflichtungen abzustellen. 12

a) Nachschusspflichten. Ihr Entstehen setzt zwingend eine Vereinbarung im Gesellschaftsvertrag und einen Gesellschafterbeschluss voraus.[10] Gegenstand der Nachschusspflicht können nur Geldleistungen sein (Rn. 7). Ihre Einzahlung hat grundsätzlich nach dem Verhältnis der Geschäftsanteile zu erfolgen und wird weder verzinst noch zurückgezahlt. Insoweit kann aber anderes durch die Satzung vereinbart werden; im Hinblick auf die Verzinsung und Rückzahlung gilt dies nur unter Beachtung des § 30 Abs. 2.[11] 13

b) Nebenleistungspflichten nach § 3 Abs. 2 (vgl. im Einzelnen bei § 3) unterscheiden sich vor allem dadurch von Nachschusspflichten, dass es für ihr Bestehen keines Gesellschafterbeschlusses bedarf; sie werden unmittelbar in der Satzung begründet.[12] Auch können sie jede Art der Leistung zum Gegenstand haben und brauchen den Gesellschaftern nicht gleichmäßig auferlegt zu werden.[13] 14

c) Freiwillige Zuschüsse. Für freiwillige Zuschüsse etwa zur Sanierung der Gesellschaft gilt in drei wesentlichen Punkten anderes: Sie bedürfen ebenso wenig wie Nebenleistungspflichten eines Gesellschafterbeschlusses, können jegliche Art der Leis- 15

---

[6] *Baumbach/Hueck/Fastrich* Rn. 7; *Lutter/Hommelhoff* Rn. 3; *Meyer-Landrut/Miller/Niehus* Rn. 7.
[7] *Baumbach/Hueck/Fastrich* Rn. 2.
[8] RFHE 2, 47, 49; *Hachenburg/Müller* Rn. 15.
[9] RGZ 81, 368, 369 f.
[10] OLG Frankfurt NJW-RR 1992, 1512.
[11] *Lutter/Hommelhoff* Rn. 5.
[12] *Hachenburg/Müller* Rn. 26; *Scholz/Emmerich* Rn. 6 a.
[13] *Lutter/Hommelhoff* Rn. 4; wegen der Einzelheiten s. bei § 3.

tung zum Gegenstand haben (sie erfolgen häufig in der Form des Forderungserlasses seitens des Gesellschafters) und brauchen nicht gleichmäßig erfolgen. Abweichend von den Nachschuss- und den Nebenleistungsverpflichtungen bedarf es zu ihrer Entstehung keiner Vereinbarung im Gesellschaftsvertrag.[14]

16 **d) Gesellschafterdarlehen.** Gesellschafterdarlehen erfordern ebenso wie freiwillige Leistungen weder eine Satzungsbestimmung noch einen Gesellschafterbeschluss; sie werden auf Grund einer Individualvereinbarung gewährt und werden in aller Regel verzinst und zurückgezahlt. Die Hingabe von Sicherheiten von Seiten der Gesellschaft oder einem Konzernunternehmen für eine Gesellschafterleistung stellt ein Indiz für das Vorliegen eines Darlehens dar, ggf. auch der Umstand, dass die Leistungen nicht entsprechend dem Verhältnis der Gesellschaftsanteile erbracht werden.

17 **e) Satzungsregelungen.** Ist im Gesellschaftsvertrag keine Bestimmung über „Nachschüsse" (weitere Einzahlungen) enthalten, so ist die Geldeinlage einzelner oder aller Gesellschafter niemals ein Nachschuss iS des § 26 Abs. 1, denn **§ 26 Abs. 1 ist zwingendes Recht und „freiwillige Nachschüsse" gibt es nicht.**[15] Spricht die Satzung davon, dass weitere Einforderungen auf die Stammeinlage beschlossen werden können, so wird dies eher für die Annahme eines Nachschusses sprechen als für eine Kapitalerhöhung. Sieht der Gesellschaftsvertrag vor, dass die Gesellschafter zur Hingabe von Darlehen verpflichtet werden können, so bedeutet diese Bestimmung keineswegs, dass damit Nachschüsse gemeint sind.

III. Voraussetzungen

18 **1. Zulassung in der Satzung.** Zwingende Voraussetzung für das Bestehen einer Nachschusspflicht ist, dass diese **im Gesellschaftsvertrag ausdrücklich vorgesehen ist.**[16] Wird sie nachträglich im Wege der Satzungsänderung begründet, so ist die Zustimmung aller betroffenen Gesellschafter nach § 53 Abs. 3 erforderlich, da eine Vermehrung der Leistungen der Gesellschafter erfolgt. Gleiches gilt, wenn eine beschränkte Nachschusspflicht in eine unbeschränkte oder eine zeitlich begrenzte Nachschusspflicht in eine unbegrenzte umgeändert wird.[17] Wird eine unbeschränkte Nachschusspflicht in eine beschränkte umgewandelt, so bedarf es ebenfalls der Zustimmung aller Betroffenen gem. § 53 Abs. 3. Zwar werden die Einzahlungsverpflichtungen der Gesellschafter nicht erhöht; jedoch verlieren die Gesellschafter ihr Preisgaberecht gemäß § 27, was einer Leistungsvermehrung wertungsmäßig gleichsteht.[18] Bei den Satzungsänderungen müssen die Förmlichkeiten der §§ 53 und 54 beachtet werden. Die Zustimmung kann auch nachträglich erteilt werden; ohne ihr Vorliegen darf die Satzungsänderung aber nicht in das Handelsregister eingetragen werden. Die Zustimmung ist nach allgM formfrei (§ 53 Rn. 56), sollte aber wegen des Nachweises gegenüber dem Registergericht schriftlich erklärt werden.

19 Anders liegt der Fall, wenn die Nachschusspflicht völlig beseitigt wird. In diesem Falle bedarf es nicht der Zustimmung aller Betroffenen, weil keine Vermehrung der

---

[14] *Hachenburg/Müller* Rn. 27; *Scholz/Emmerich* Rn. 7.
[15] *Roth/Altmeppen* Rn. 6; *Baumbach/Hueck/Fastrich* Rn. 2; *Scholz/Emmerich* Rn. 7.
[16] OLG Frankfurt NJW-RR 1992, 1512; *Roth/Altmeppen* Rn. 8; *Baumbach/Hueck/Fastrich* Rn. 3; *Scholz/Emmerich* Rn. 9; *Lutter/Hommelhoff* Rn. 6.
[17] *Hachenburg/Müller* Rn. 29; *Scholz/Emmerich* Rn. 9.
[18] *Baumbach/Hueck/Fastrich* Rn. 6; *Hachenburg/Müller* Rn. 29; *Scholz/Emmerich* Rn. 9; abw. *Schäfer* Der stimmrechtslose GmbH-Geschäftsanteil, 1997, S. 198 f.

Leistung gem. § 53 Abs. 3, sondern deren Abschaffung Gegenstand des Beschlusses ist. Freilich handelt es sich um eine Satzungsänderung, so dass die satzungsändernde Mehrheit des § 53 Abs. 2 vorhanden sein muss und der Beschluss ferner der notariellen Beurkundung bedarf.

Fehlt im Gesellschaftsvertrag eine Formulierung über die Einforderung von weiteren Einzahlungen (Nachschüssen), so ist die Beschlussfassung über die Einforderung nichtig; die betroffenen Gesellschafter können Nichtigkeitsklage erheben und haben bis zur Entscheidung über die Klage ein Leistungsverweigerungsrecht. 20

2. Nachschusspflicht für einen Teil der Geschäftsanteile. Der Gesellschaftsvertrag kann vorsehen, dass die Nachschusspflicht auf einen bestimmten Betrag beschränkt wird. So kann sie einen festen Betrag pro Kopf oder Stammeinlage vorsehen, einen Höchstbetrag für alle Nachschüsse festlegen oder nur einen Teil der Geschäftsanteile mit einer Nachschusspflicht belasten; § 26 Abs. 2 ist kein zwingendes Recht.[19] Wird nachträglich eine solche Regelung im Wege der Satzungsänderung eingeführt, bedarf es neben eines **satzungsändernden Beschlusses der Gesellschafterversammlung der Zustimmung der Gesellschafter, für deren Geschäftsanteile eine Nachschusspflicht eingeführt wird.** Eine Zustimmung derjenigen Gesellschafter, die einer Nachschusspflicht nicht unterliegen, bedarf es nicht. 21

3. Beschluss der Gesellschafterversammlung. Die Einforderung von Nachschüssen setzt neben einer zureichend eindeutigen Satzungsbestimmung einen **Beschluss der Gesellschafterversammlung** voraus, der mangels einer abweichenden Satzungsbestimmung mit der **einfachen Stimmenmehrheit** gefasst werden kann.[20] Diese Beschlussfassung über die Einforderung von Nachschüssen ist ein **unentziehbares Recht der Gesellschafterversammlung.** Das folgt aus der insoweit zwingenden Vorschrift des § 26 Abs. 1.[21] Es kann daher die Beschlussfassung über die Einforderung von Nachschüssen keinem anderen Organ der Gesellschaft übertragen werden, weder dem Aufsichtsrat, sei er gesetzlich mitbestimmt oder nicht, keinem Beirat, keinem Verwaltungsrat oder Gesellschafterausschuss, auch nicht den Geschäftsführern.[22] Erst der **Beschluss** der Gesellschafterversammlung **bringt den Anspruch der Gesellschaft zum Entstehen;** der Anspruch kann deshalb vor dem Vorliegen eines Beschlusses wirksam weder abgetreten noch gepfändet werden.[23] Gläubiger der Gesellschaft oder der Insolvenzverwalter können die Forderung auch nicht von sich aus zum Entstehen bringen oder die Einforderung erzwingen.[24] 22

Eine Satzungsbestimmung, die die **Verlagerung der Einforderungskompetenz auf ein anderes Organ** bestimmt, ist jedenfalls insoweit **nichtig** (§ 134 BGB), als es um die Übertragung der Beschlusskompetenz geht. Hinsichtlich der Frage, ob die Nachschussregelung insgesamt nichtig ist, wird teilweise vertreten, dass die Nichtigkeit regelmäßig nur die Übertragung auf ein anderes Organ, nicht aber die Nachschusspflicht 23

---

[19] *Roth/Altmeppen* Rn. 8; *Baumbach/Hueck/Fastrich* Rn. 5; *Hachenburg/Müller* Rn. 51; *Meyer-Landrut/Miller/Niehus* Rn. 7.
[20] *Roth/Altmeppen* Rn. 10; *Baumbach/Hueck/Fastrich* Rn. 7; *Hachenburg/Müller* Rn. 41; *Scholz/Emmerich* Rn. 14.
[21] RGZ 70, 326, 330; *Roth/Altmeppen* Rn. 10; *Hachenburg/Müller* Rn. 40; *Scholz/Emmerich* Rn. 14.
[22] RGZ 70, 326, 328f., 331; OLG Frankfurt/M. NJW-RR 1992, 1512; *Hachenburg/Müller* Rn. 40; *Scholz/Emmerich* Rn. 14.
[23] *Roth/Altmeppen* Rn. 9; *Scholz/Emmerich* Rn. 16.
[24] BGH GmbHR 1994, 710 (LS) = DStR 1994, 1129 (LS) m. Anm. *Goette; Roth/Altmeppen* Rn. 9; *Baumbach/Hueck/Fastrich* Rn. 7; *Scholz/Emmerich* Rn. 16.

§ 26   2. Abschnitt. Rechtsverhältnisse der Gesellschaft und der Gesellschafter

überhaupt betreffe.[25] Dem ist nicht zuzustimmen. Die Nachschusspflicht lässt sich von dem Organ, das die Pflicht alleine zur Entstehung bringen kann, nicht trennen.[26]

24 Die Satzung der Gesellschaft kann allerdings vorsehen, dass der Beschluss der Gesellschafterversammlung über die Einforderung von Nachschüssen als **zusätzliche Voraussetzung** der Zustimmung eines bei der Gesellschaft bestehenden Aufsichtsrats oder Beirats bedarf. Dass die Zuständigkeit der Gesellschafter gem. § 26 Abs. 1 zwingendes Recht ist, steht dem nicht entgegen; denn die wegen der besonderen Bedeutung für die Betroffenen angeordnete Zuständigkeit der Gesellschafterversammlung[27] bleibt in diesem Falle unberührt.[28]

25 **4. Vorrangige Einforderung des Stammkapitals.** Die Einforderung von Nachschüssen darf nur erfolgen, wenn das Stammkapital selbst voll eingefordert ist;[29] nur im Falle der beschränkten Nachschusspflicht kann die Satzung gem. § 28 Abs. 2 eine frühere Einforderung zulassen.[30] Ob auch die Einzahlung schon erfolgt ist, bleibt demgegenüber gleichgültig.[31] Zulässig ist demnach ein Beschluss der Gesellschafterversammlung, wonach die restliche Stammeinlage eingefordert wird und *gleichzeitig* ein bestimmter Nachschuss.

26 **5. Regelung der Art und Höhe.** Der Beschluss der Gesellschafterversammlung über die Einforderung von Nachschüssen muss die nähere **Regelung über Höhe und Zeitpunkt der Einforderung** enthalten, wobei hinsichtlich der Höhe der Nachschusspflicht die etwaigen statutarischen Höchstgrenzen gem. § 26 Abs. 3 zu beachten sind. Wegen der Regelung in § 26 Abs. 2, wonach die Einzahlung der Nachschüsse nach dem Verhältnis der Geschäftsanteile zu erfolgen hat, erscheint es für die Notwendigkeit, die Höhe der jeweiligen Zahlungen festzusetzen, ausreichend, wenn der Beschluss nur einen Gesamtbetrag nennt.[32] Fehlt es an einer ausdrücklichen Bestimmung über den Leistungszeitpunkt, ist von sofortiger Fälligkeit auszugehen (§ 271 Abs. 1 BGB).

27 Von der Notwendigkeit, die Nachschüsse im Verhältnis der Geschäftsanteile zueinander zu bestimmen, kann im Beschluss abgewichen werden, allerdings nur dann, wenn in der Satzung ausdrücklich eine abweichende Regelung festgelegt ist.[33] Ist eine solche Regelung nicht getroffen, so darf der Einforderungsbeschluss von dem Grundsatz der Verhältnismäßigkeit des § 26 Abs. 2 nicht abweichen.[34] Wurde gleichwohl von § 26 Abs. 2 abgewichen, so kann der Beschluss durch die von ihm Betroffenen wegen Gesetzesverstoßes und Verletzung des Gleichbehandlungsgebots (§ 13 Rn. 94 ff.) angefochten werden.

28 Der Beschluss der Gesellschafterversammlung über die Einforderung von Nachschüssen kann auch die Art der Einzahlung differenzierend regeln, also etwa einzelnen Gesellschaftern den Nachschuss verzinslich oder zinslos stunden oder an Zahlung Statt

---

[25] *Hachenburg/Müller* Rn. 40; *Scholz/Emmerich* Rn. 14.
[26] RGZ 70, 326, 329 f.
[27] Hierzu RGZ 70, 326, 329 f.
[28] *Roth/Altmeppen* Rn. 10; *Baumbach/Hueck/Fastrich* Rn. 7; *Lutter/Hommelhoff* Rn. 6; *Scholz/Emmerich* Rn. 14; abw. Voraufl. Rn. 11.
[29] RGZ 87, 179, 180 f.
[30] *Baumbach/Hueck/Fastrich* Rn. 7; s. hierzu auch die Erl. zu § 28 Abs. 2.
[31] RGZ 87, 179, 180 f.; *Baumbach/Hueck/Fastrich* Rn. 7; *Hachenburg/Müller* Rn. 44; *Scholz/Emmerich* Rn. 17.
[32] *Roth/Altmeppen* Rn. 10.
[33] *Baumbach/Hueck/Fastrich* Rn. 8; *Hachenburg/Müller* Rn. 54; *Scholz/Emmerich* Rn. 25.
[34] *Hachenburg/Müller* Rn. 54.

dem anteiligen Nachschuss gleichwertige Sachen, etwa Wertpapiere zum Tageskurs, Kraftfahrzeuge zum amtlichen Schätzwert usw. entgegennehmen.[35] Das widerspricht nicht dem Grundsatz, dass Nachschüsse nur Geldeinlagen sein können, da die Gesellschaft diese ihr an Zahlungs statt gegebenen Sachen zum Marktwert veräußern kann. Die Gesellschaft kann auch gegen eine Forderung des Gesellschafters mit dem Anspruch auf Nachschuss aufrechnen.[36]

Für die Einforderung des Nachschusses ist eine besondere Form nicht vorgesehen. Die Einforderung kann also auch mündlich erfolgen. Mit Rücksicht auf das fristgebundene Preisgaberecht gemäß § 27 Abs. 1 ist allerdings zu raten, die Einforderung schriftlich und mit Zustellungsnachweis, ggf. also durch den Gerichtsvollzieher, vorzunehmen.

6. Zweckdienlichkeit der Einforderung. Dass die Einforderung des Nachschusses wirtschaftlich gerechtfertigt oder zum Zeitpunkt der Einforderung in der verlangten Höhe erforderlich ist, wird in § 26 nicht vorausgesetzt und ist deshalb von den betroffenen Gesellschaftern grundsätzlich auch nicht nachprüfbar; das Fehlen dieser Voraussetzung gewährt deshalb im Grundsatz weder ein Leistungsverweigerungsrecht noch unterliegt der Beschluss aus diesem Grunde der Anfechtung.[37]

Abweichendes gilt dann, wenn eine Mehrheit in der Gesellschafterversammlung mit ihren Stimmen die Einforderung von Nachschüssen beschließt mit der Absicht, auf diese Weise leistungsschwächere Gesellschafter zur Preisgabe ihres Geschäftsanteils gem. § 27 zu nötigen oder bei beschränkter Nachschusspflicht das Kaduzierungsverfahren durchzusetzen. Liegt ein solcher Fall des Mehrheitsmissbrauchs vor, so können die betroffenen Gesellschafter den Beschluss wegen Verstoßes gegen die gesellschafterliche Treupflicht anfechten und bis zur rechtskräftigen Entscheidung der Anfechtungsklage die Einzahlung des Nachschusses verweigern.[38] Ggf. kann auch ein Fall des § 826 BGB vorliegen.[39]

IV. Einforderung der Nachschüsse

1. Durchführung des Einforderungsbeschlusses. Die von der ihr zugrundeliegenden Beschlussfassung zu unterscheidende Einforderung der Nachschüsse als der Beschlussumsetzung erfolgt gemäß dem Inhalt des Einforderungsbeschlusses der Gesellschafterversammlung durch die **Geschäftsführer**. Die Geschäftsführer müssen die Gesellschafter zur Zahlung auffordern. Erst mit dem Zugang der – formlos möglichen – Aufforderung wird der Anspruch **fällig**.[40] Sie haben mit allen rechtlich zulässigen Mitteln dafür zu sorgen, dass die Nachschüsse von den Gesellschaftern geleistet werden. Der Anspruch auf Leistung des Nachschusses **verjährt** gem. § 195 BGB in drei Jahren ab Fälligkeit, nach altem Recht bestand eine dreißigjährige Verjährungsfrist.[41]

2. Gleichbehandlungsgrundsatz. Bei der Einforderung von Nachschüssen ist trotz der Nachgiebigkeit des § 26 Abs. 2 der **Grundsatz der Gleichbehandlung** zu

---

[35] *Baumbach/Hueck/Fastrich* Rn. 2; *Hachenburg/Müller* Rn. 60 ff.; *Meyer-Landrut/Miller/Niehus* Rn. 7.
[36] RGZ 133, 297, 298 ff.
[37] *Hachenburg/Müller* Rn. 39.
[38] Wie hier *Hachenburg/Müller* Rn. 39.
[39] RGZ 87, 179, 183.
[40] *Roth/Altmeppen* Rn. 11; *Hachenburg/Müller* Rn. 58.
[41] *Hachenburg/Müller* Rn. 59.

§ 26   2. Abschnitt. Rechtsverhältnisse der Gesellschaft und der Gesellschafter

beachten.[42] Eine Ungleichbehandlung ist nur zulässig, wenn der oder die benachteiligten Gesellschafter zustimmen; denn es ist mit dem Wesen der Nachschüsse dem Grundsatz nach unvereinbar, wenn nur einzelne Gesellschafter durch Beschluss der Gesellschafterversammlung, zudem mit einfacher Mehrheit, zum Nachschuss verpflichtet werden, andere hingegen nicht. Das schafft selbst dann eine Ungleichbehandlung der Gesellschafter, wenn der Beschluss damit auf die geringere wirtschaftliche Kraft einzelner Gesellschafter Rücksicht nimmt. Unzulässig wäre es etwa, wenn der Mehrheitsgesellschafter mit seinen Stimmen beschließt, dass nur die Minderheitsgesellschafter Nachschüsse zu erbringen haben etwa mit der Begründung, dass von ihm erheblich höhere Gesellschafterdarlehen gewährt worden seien. Ein solcher Beschluss wäre wegen Verstoßes gegen die gesellschafterliche Treupflicht anfechtbar.

34   **3. Zahlungspflichtiger Gesellschafter.** Zahlungspflichtig für den Nachschuss ist der im Zeitpunkt der Fälligkeit der Nachschüsse als Gesellschafter **gem. § 16 bei der Gesellschaft angemeldete Gesellschafter.**[43] Es ist sonach nötig, dass der Einforderungsbeschluss festlegt, wann die Nachschüsse einzuzahlen sind. In Ermangelung einer solchen Festlegung ist gem. § 271 BGB von sofortiger Fälligkeit ab Aufforderung auszugehen. Wird der Anteil nach Fälligkeit der Nachschussverpflichtung veräußert, so gilt § 16 Abs. 3.[44] War der Anteil vor dem genannten Zeitpunkt veräußert worden, so haftet, sofern die Anmeldung rechtzeitig erfolgt ist, allein der Erwerber. Die zahlungspflichtigen Gesellschafter haften dabei für den auf sie entfallenden Betrag des Nachschusses mit ihrem gesamten Vermögen.

35   Zahlt der betroffene Gesellschafter nicht, so tritt anders als bei § 24 keine anteilige Haftung der Mitgesellschafter ein. Wegen der Folgen der Nichtleistung s. Erl. zu §§ 27, 28. Die Satzung kann jedoch eine Mithaftung oder Ausfallhaftung entsprechend § 24 vorsehen.[45]

36   **4. Folgen der Einforderung. a) Abtretung, Pfändung.** Mit dem wirksamen Gesellschafterbeschluss über die Einforderung von Nachschüssen ist der Anspruch der Gesellschaft auf den Nachschuss entstanden (Rn. 22). Damit können die einzufordernden Nachschussbeträge auch von der Gesellschaft **abgetreten,** von den Gläubigern der Gesellschaft **gepfändet** und im Falle der Insolvenz vom Insolvenzverwalter eingefordert werden.[46]

37   **b) Stundung, Verzicht, Aufrechnung.** § 19 Abs. 2 findet auf die Ansprüche nach § 26 keine Anwendung. Es ist deshalb zulässig, die Nachschussbeträge einzelnen Gesellschaftern zu **stunden,** anstelle einer Geldleistung auch Sacheinlagen an Zahlungs statt entgegenzunehmen oder – unter Beachtung des Gleichbehandlungsgrundsatzes (§ 13 Rn. 94 ff.) – auf den Nachschuss überhaupt zu **verzichten.**[47] Durch den Erlass der Nachschusspflicht darf aber wegen des Ausschüttungsverbots des § 30 Abs. 1 in keinem Fall das zur Erhaltung des Stammkapitals erforderliche Vermögen berührt werden. Die Entscheidung über diese Rechtsgeschäfte obliegt ebenso wie diejenige über die Einforderung der Nachschüsse der Gesellschafterversammlung. Die Geschäftsführer

---

[42] *Roth/Altmeppen* Rn. 14; *Baumbach/Hueck/Fastrich* Rn. 8; *Hachenburg/Müller* Rn. 55; *Scholz/Emmerich* Rn. 24; zum Gleichbehandlungsgrundsatz s. § 13 Rn. 94 ff.
[43] *Hachenburg/Müller* Rn. 48; *Scholz/Emmerich* Rn. 21.
[44] *Hachenburg/Müller* Rn. 48; *Scholz/Emmerich* Rn. 21.
[45] *Hachenburg/Müller* Rn. 64.
[46] *Hachenburg/Müller* Rn. 45; *Scholz/Emmerich* Rn. 23.
[47] RGZ 133, 297, 298; *Baumbach/Hueck/Fastrich* Rn. 2; *Hachenburg/Müller* Rn. 60; *Lutter/Hommelhoff* Rn. 7; *Scholz/Emmerich* Rn. 26.

sind lediglich zum Vollzug der Gesellschafterbeschlüsse zuständig. Nehmen sie Sachleistungen an Erfüllungs statt an, stunden oder erlassen sie eingeforderte Nachschüsse ohne die erforderliche Zustimmung der Gesellschafterversammlung, können sie sich gem. § 43 schadensersatzpflichtig machen;[48] das betreffende Rechtsgeschäft selbst ist wirksam, sofern nicht die Grundsätze über den Missbrauch der Vertretungsmacht eingreifen (hierzu bei § 37).

Aufgrund der Unanwendbarkeit des § 19 gilt Entsprechendes für die **Aufrechnung.** 38 Hat ein Gesellschafter der Gesellschaft ein Darlehen gegeben, so kann er, wenn dies nicht vertraglich ausgeschlossen ist, nach Maßgabe der §§ 387 ff. BGB mit seinem Rückforderungsanspruch gegenüber der Gesellschaft gegen den eingeforderten Nachschuss aufrechnen. Umgekehrt kann auch die Gesellschaft, sofern der Gesellschafter seiner Nachschusspflicht nicht nachkommt, mit einer zur Rückzahlung fälligen Forderung des Gesellschafters aus Darlehen oder aus laufender Geschäftsverbindung aufrechnen.

5. Verzinslichkeit der Nachschussbeträge. In der Satzung kann vorgesehen 39 werden, dass geleistete Nachschüsse im Falle ihrer Rückzahlung durch die Gesellschaft verzinslich zurückzuerstatten sind. Das Gesetz, das diese Frage nicht anspricht, steht einer Verzinslichkeit nicht entgegen, ebenso wenig der Zweck und die Rechtsnatur der Nachschüsse. Nachschüsse sind kein Stammkapital[49] und sind unter den Voraussetzungen des § 30 Abs. 2 rückzahlbar. Es steht danach der Gewährung von Zinsen für die Nachschüsse weder der Gesetzeswortlaut noch der Zweck der Vorschrift entgegen. Ihrem Zweck nach kann die Verzinslichkeit von Nachschüssen etwa eine Ungleichbehandlung unter Gesellschaftern ausgleichen, wenn nur einzelne Gesellschafter zu Nachschüssen verpflichtet werden, andere nicht.

6. Rückzahlung. Die Rückzahlung von Nachschüssen kann jederzeit nach 40 pflichtgemäßem Ermessen von der Gesellschafterversammlung beschlossen werden. Die Rückzahlung kann uU auch schon bei dem Beschluss über die Einforderung der Nachschüsse festgelegt werden, was sich indessen wegen der Unwägbarkeit der wirtschaftlichen Entwicklung kaum empfiehlt. Zuständig für die Rückzahlung der geleisteten Nachschüsse (die Umsetzung des Gesellschafterbeschlusses) sind die Geschäftsführer in vertretungsberechtigter Zahl. Die Rückzahlung selbst ist nur unter Beachtung der Vorschriften des § 30 Abs. 2 zulässig (s. dazu die Erl. zu § 30 Abs. 2).

V. Bilanzierungsfragen

Der Nachschuss ist auf der Passivseite der Bilanz in dem Posten „Kapitalrücklage" 41 gesondert auszuweisen (§ 42 Abs. 2). Auf der Aktivseite ist der Betrag der Nachschüsse unter den Forderungen gesondert auszuweisen, sobald der Einforderungsbeschluss gefasst ist und die Leistungen noch nicht erbracht wurden (§ 42 Abs. 2; s. Erl. zu § 42).

Nachschüsse können zur **Kapitalerhöhung** aus Gesellschaftermitteln herangezogen 42 werden; wegen der Einzelheiten s. bei § 57 d.

---

[48] *Hachenburg/Müller* Rn. 62.
[49] *Baumbach/Hueck/Fastrich* Rn. 2; *Hachenburg/Müller* Rn. 19; *Scholz/Emmerich* Rn. 5; *Meyer-Landrut/Miller/Niehus* Rn. 5.

VI. Steuerrechtliche Behandlung

43 Durch das Finanzmarktförderungsgesetz[50] ist die Gesellschaftsteuer mit Wirkung zum 1. 1. 1992 aufgehoben worden. Nachschüsse können daher keine Gesellschaftsteuer mehr auslösen. Bis dahin unterlagen Nachschüsse gem. § 2 Abs. 1 Nr. 2 KVStG der Gesellschaftsteuer.[51]

44 Für die Gesellschaft selbst sind Nachschüsse gesellschaftsrechtlich Einlagen, so dass sie als ergebnisneutrale Leistungen nicht der Körperschaftsteuer unterliegen.

VII. Österreichisches Recht

45 Die Regelung des § 26 entspricht in **Österreich** § 72 ÖGmbHG.

§ 27 [Unbeschränkte Nachschußpflicht]

(1) ¹Ist die Nachschußpflicht nicht auf einen bestimmten Betrag beschränkt, so hat jeder Gesellschafter, falls er die Stammeinlage vollständig eingezahlt hat, das Recht, sich von der Zahlung des auf den Geschäftsanteil eingeforderten Nachschusses dadurch zu befreien, daß er innerhalb eines Monats nach der Aufforderung zur Einzahlung den Geschäftsanteil der Gesellschaft zur Befriedigung aus demselben zur Verfügung stellt. ²Ebenso kann die Gesellschaft, wenn der Gesellschafter binnen der angegebenen Frist weder von der bezeichneten Befugnis Gebrauch macht, noch die Einzahlung leistet, demselben mittels eingeschriebenen Briefes erklären, daß sie den Geschäftsanteil als zur Verfügung gestellt betrachte.

(2) ¹Die Gesellschaft hat den Geschäftsanteil innerhalb eines Monats nach der Erklärung des Gesellschafters oder der Gesellschaft im Wege öffentlicher Versteigerung verkaufen zu lassen. ²Eine andere Art des Verkaufs ist nur mit Zustimmung des Gesellschafters zulässig. ³Ein nach Deckung der Verkaufskosten und des rückständigen Nachschusses verbleibender Überschuß gebührt dem Gesellschafter.

(3) ¹Ist die Befriedigung der Gesellschaft durch den Verkauf nicht zu erlangen, so fällt der Geschäftsanteil der Gesellschaft zu. ²Dieselbe ist befugt, den Anteil für eigene Rechnung zu veräußern.

(4) Im Gesellschaftsvertrag kann die Anwendung der vorstehenden Bestimmungen auf den Fall beschränkt werden, daß die auf den Geschäftsanteil eingeforderten Nachschüsse einen bestimmten Betrag überschreiten.

Literatur: *Becker* Der abandonnierte Geschäftsanteil, GmbHR 1939, 571; *Guntau* Die Versteigerung eines Geschäftsanteils durch den Gerichtsvollzieher in den Fällen der §§ 23, 27 und 28 GmbH-Gesetz sowie des § 65 Akt-Gesetz, DGVZ 1982, 161; *Häusler* Lastentragung und Gewinnverteilung bei der GmbH, Diss. Bonn 1965; *Melber* Die Kaduzierung in der GmbH, 1993; *K. Müller* Die Verpfändung von GmbH-Anteilen, GmbHR 1969, 4, 34; *Neukamp* Die Geschäftsanteile der GmbH, ZHR 57 (1906), 1; *Polzius* Die Versteigerung von GmbH-Anteilen nach der ZPO und dem GmbHG, DGVZ 1987, 17; *Schüller* Die Verpfändung von GmbH-Anteilen, NJW 1956, 689; *Wiedemann* Die Übertragung und Vererbung von Mitgliedschaftsrechten bei Handelsgesellschaften, 1965.

---

[50] Gesetz vom 22. 2. 1990, BGBl. I S. 266, 281 f.
[51] *Hachenburg/Müller* Rn. 68.

Unbeschränkte Nachschußpflicht § 27

Übersicht

	Rn.		Rn.
I. Einführung	1	a) Grundsätzliches	34
II. Voraussetzungen	2–15	b) Ermessen der Gesellschaft	35
1. Überblick	2–7	8. Fristverlängerung	36
2. Unbeschränkte Nachschusspflicht	8–10	9. Der zur Preisgabe berechtigte Gesellschafter	37–39
3. Beschluss der Gesellschafterversammlung	11	IV. Folgen der Abandonnierung	40–51
4. Zahlungsaufforderung	12	1. Die Verwertung (§ 27 Abs. 2)	40–45
5. Vollständige Einzahlung der Stammeinlage	13	a) Allgemeines	40
6. Zahlungsrückstand	14	b) Öffentliche Versteigerung	41
7. Mehrere Inhaber eines Geschäftsanteils	15	c) Andere Art der Verwertung	42, 43
III. Die Preisgabe des Geschäftsanteils	16–39	d) Anfall eines Mehrerlöses, Mindererlöses	44, 45
1. Erklärung durch den Gesellschafter	16–20	2. Folgen des Verkaufs	46–48
2. Sonderfragen	21, 22	a) Stellung des Erwerbers	46
a) Mehrere Geschäftsanteile	21	b) Stellung des ausscheidenden Gesellschafters	47
b) Teilung des Geschäftsanteils	22	c) Erlöschen von Rechten Dritter	48
3. Wirkungen der Preisgabeerklärung	23–28	3. Unverwertbarkeit des Anteils (§ 27 Abs. 3)	49–51
a) Allgemeine Wirkungen	23–25	a) Anfall an die Gesellschaft	49
b) Mangelhafte Preisgabeerklärung	26	b) Zeitpunkt	50
c) Einschränkungen des Aufrechnungsrechts zu Lasten der Gesellschaft	27	c) Veräußerung des Anteils für Rechnung der Gesellschaft (§ 27 Abs. 3 S. 2)	51
d) Preisgabe durch alle Gesellschafter	28	V. Die Beschränkung des Preisgaberechts (§ 27 Abs. 4)	52–56
4. Nachgiebiges Recht	29, 30	VI. Steuer- und Bilanzfragen	57
5. Folgen der Preisgabe	31	VII. Österreichisches Recht	58
6. Rechtsstellung des Gesellschafters bis zu der Veräußerung oder dem Anfall an die Gesellschaft	32, 33		
7. Der fingierte Abandon	34, 35		

I. Einführung

Die Vorschrift des § 27, unverändert seit 1898, regelt die unbeschränkte Nachschusspflicht verbunden mit dem unentziehbaren, also gesellschaftsvertraglich nicht abdingbaren Preisgaberecht (sog. Abandon). Sie gibt dem Gesellschafter die Mittel an die Hand, um sich von der Haftung für die eingeforderten Nachschüsse zu befreien, indem er seinen Geschäftsanteil der Gesellschaft zur Verfügung stellt. 1

II. Voraussetzungen

1. Überblick. Das Recht zur Ausübung der Preisgabe besteht nur, wenn 2
a) eine unbeschränkte Nachschusspflicht besteht, 3
b) der Nachschuss durch Beschluss der Gesellschafterversammlung eingefordert wurde 4
   (§ 26 Abs. 1),
c) der Gesellschafter zur Einzahlung des Nachschusses aufgefordert wurde, 5
d) die Stammeinlage vollständig eingezahlt ist, 6
e) der Gesellschafter seine Nachschussleistung noch nicht geleistet hat. 7

2. Unbeschränkte Nachschusspflicht. In aller Regel ist die unbeschränkte 8
Nachschusspflicht bereits im Gründungsstatut der Gesellschaft festgelegt. Dann ist jeder neu eintretende Gesellschafter an diese Regelung gebunden, denn die Nachschusspflicht ruht auf dem Geschäftsanteil.[1]

---

[1] Vgl. nur *Hachenburg/Müller* Rn. 1.

9 Die unbeschränkte Nachschusspflicht kann aber auch nachträglich durch satzungsändernden Beschluss der Gesellschafterversammlung eingeführt werden. In einem solchen Falle genügt nicht die Dreiviertelmehrheit des § 53 Abs. 2; es ist vielmehr die Zustimmung aller betroffenen Gesellschafter erforderlich, weil durch die Einführung der unbeschränkten Nachschüsse für alle Gesellschafter die ihnen obliegenden Leistungen vermehrt werden (§ 53 Abs. 3; s. auch bei § 26 Rn. 18)

10 Die Satzung kann im Übrigen die Bedingungen des Nachschusses nicht erschweren, auch nicht die Fristen des § 27 Abs. 1 verkürzen oder eine Kaduzierung bei nicht geleistetem Nachschuss vorsehen,[2] wohl aber kann sie die Regelung abmildern, also etwa längere Fristen gewähren.[3] Es kann aber auch eine Einschränkung oder Aufhebung der Nachschusspflicht statutarisch in der Form des § 53 Abs. 2 beschlossen werden.

11 **3. Beschluss der Gesellschafterversammlung.** Enthält die Satzung eine unbeschränkte Nachschusspflicht, so bedarf die Einforderung des Nachschusses, sofern dieser nicht in der Satzung nach Zeitpunkt und betragsmäßigem Umfange genau festgelegt ist, eines Beschlusses der Gesellschafterversammlung, der mit einfacher Mehrheit der Stimmen gefasst wird. Die Gesellschafterversammlung kann die Zuständigkeit für den Einforderungsbeschluss nicht auf ein anderes Organ übertragen, also nicht etwa auf die Geschäftsführung, auch nicht auf einen Aufsichtsrat oder Beirat; lediglich kumulativ kann die Zustimmung eines anderen Organs vorgesehen werden (§ 26 Rn. 23 f.). Der Einforderungsbeschluss muss die Höhe des Nachschusses und den Zeitpunkt, bis zu dem nachzuschießen ist, exakt angeben (§ 26 Rn. 26 ff.). Die von dem den Anspruch der Gesellschaft zum Entstehen bringenden Gesellschafterbeschluss zu unterscheidende Einforderung des Nachschusses, die zur Fälligkeit des Anspruchs führt, erfolgt durch die Geschäftsführung (§ 26 Rn. 32 ff.).

12 **4. Zahlungsaufforderung.** Der Gesellschafter muss zur Zahlung aufgefordert worden sein. Die Aufforderung zur Zahlung, die in den Zuständigkeitsbereich der Geschäftsführer fällt und zur Fälligkeit der Nachschusspflicht führt, kann formlos erfolgen (§ 26 Rn. 32). Sie muss weder mit einer Fristbestimmung versehen sein (vgl. § 26 Rn. 34) noch einen Hinweis auf das Preisgaberecht enthalten; denn beides sieht das Gesetz nicht vor. Ggf. kann sich allerdings aus der auch im Verhältnis zwischen der Gesellschaft und dem Gesellschafter geltenden Treupflicht die Notwendigkeit ergeben, auf das Preisgaberecht hinzuweisen. Zur Möglichkeit des Gesellschafters, sein Preisgaberecht bereits vor Zugang der Zahlungsaufforderung auszuüben, s. bei Rn. 16, 19, 26.

13 **5. Vollständige Einzahlung der Stammeinlage.** Weitere Voraussetzung für die Preisgabe des Geschäftsanteils ist aus Gründen der Kapitalaufbringung, dass der betreffende Geschäftsanteil voll eingezahlt (nicht nur eingefordert) ist. Zinsen, Vertragsstrafen und Nebenleistungen gem. § 3 Abs. 2 zählen nicht hierzu.[4] Ein Gesellschafter, dessen Geschäftsanteil nicht voll eingezahlt ist, kann allerdings innerhalb der Monatsfrist und auch gleichzeitig mit der Preisgabeerklärung die auf den Geschäftsanteil noch einzuzahlende Summe einzahlen und so das Recht zur Preisgabe selbst herbeiführen.[5] Ist der Gesellschafter mit der Zahlung der Einlage in Rückstand, kann die Gesellschaft ggf. den Geschäftsanteil nach § 21 kaduzieren.

14 **6. Zahlungsrückstand.** Schließlich dürfen die eingeforderten Nachschüsse nicht in vollem Umfange eingezahlt worden sein. Denn die vollständige Einzahlung des einge-

---

[2] *Scholz/Emmerich* Rn. 2.
[3] AllgM; *Baumbach/Hueck/Fastrich* Rn. 2; s auch Rn. 30.
[4] *Hachenburg/Müller* Rn. 16; *Scholz/Emmerich* Rn. 7.
[5] *Roth/Altmeppen* Rn. 5; *Baumbach/Hueck/Fastrich* Rn. 3; *Hachenburg/Müller* Rn. 18.

forderten Nachschusses beseitigt das Preisgaberecht.⁶ Teilzahlungen bringen das Preisgaberecht nicht zum Erlöschen. Wurden Teilzahlungen vor Ausübung des Preisgaberechts erbracht, so können sie gem. § 812 Abs. 1 S. 2 2. Alt. BGB, da der mit ihnen erfolgte Zweck verfehlt wurde, zurückverlangt werden.⁷

7. Mehrere Inhaber eines Geschäftsanteils. Steht ein Geschäftsanteil mehreren 15 Personen gemeinsam zu, so bestimmen sich die Rechte und Pflichten im Zusammenhang mit der Leistung des Nachschusses nach § 18. Es müssen dann alle Berechtigten an dem Geschäftsanteil der Preisgabe zustimmen, da die Mitberechtigten für den Nachschuss gesamtschuldnerisch haften (§ 18 Rn. 19 ff.) und die Rechte an dem Geschäftsanteil nur einheitlich ausgeübt werden können (§ 18 Rn. 2). Es bleibt dann ein Problem des Innenverhältnisses, ob die Mitberechtigten den Nachschuss leisten oder abandonnieren wollen, oder ob etwa ein Mitberechtigter den Nachschuss für alle Mitberechtigten leisten kann oder darf.

III. Die Preisgabe des Geschäftsanteils

1. Erklärung durch den Gesellschafter. Ist ein Nachschuss ordnungsgemäß eingefordert, so hat jeder Gesellschafter, der den Nachschuss nicht leisten will oder kann – ob er den Nachschuss leisten will oder nicht, steht in seinem freien Belieben – innerhalb einer **Frist von einem Monat nach Zugang der Zahlungsaufforderung** gem. § 130 BGB das unentziehbare Recht, seinen Geschäftsanteil preiszugeben, also zu abandonnieren, d.h. ihn der Gesellschaft mit der Maßgabe zur Verfügung zu stellen, dass diese durch den Verkaufserlös des Geschäftsanteils den Nachschuss für die Gesellschaft erhält.⁸ Zulässig ist es, die Preisgabe bereits vor Zugang der Zahlungsaufforderung zu erklären, sofern zu diesem Zeitpunkt bereits der Gesellschafterbeschluss über die Einforderung der Nachschüsse vorliegt.⁹ Die Frist kann in der Satzung nur zugunsten des Gesellschafters verlängert, nicht aber verkürzt werden (Rn. 30, dort auch zur Frage einer konkludenten Verlängerung der Frist auf Grund der Festsetzung einer längeren Zahlungsfrist).

Die **Berechnung der Monatsfrist** richtet sich nach §§ 187 Abs. 1, 188 Abs. 2, 193 17 BGB. Ist die Aufforderung am 15. 6. zugegangen, endet die Frist deshalb am 15. 7., sofern dieser Tag nicht auf einen Sonnabend, Sonn- oder anerkannten allgemeinen Feiertag fällt. Innerhalb dieser Monatsfrist muss die Preisgabeerklärung bei der Gesellschaft eingegangen sein. Dabei kommt es nicht darauf an, dass die Erklärung bei der Gesellschaft im Sinne des § 130 BGB zugeht; auf den Zugang stellt das Gesetz nicht ab. Es genügt, dass die Erklärung bis 24.00 Uhr bei der Gesellschaft eingeht. Inwieweit die Erklärung des Gesellschafters widerruflich ist, bestimmt sich nach § 130 Abs. 1 S. 2 BGB.

Rechtsfolge der Nichteinhaltung der Monatsfrist durch den Gesellschafter ist 18 der Verlust seines Preisgaberechts.¹⁰ Mit Blick auf § 27 Abs. 2 wird die Gesellschaft zu Recht allerdings als berechtigt angesehen, auf die Einhaltung der Monatsfrist zu verzichten und die Preisgabe noch nach Ablauf der Frist entgegenzunehmen, was auch kon-

---

⁶ *Hachenburg/Müller* Rn. 19; *Scholz/Emmerich* Rn. 10.
⁷ Für § 812 Abs. 1 S. 2 1. Alt. BGB als Anspruchsgrundlage *Hachenburg/Müller* Rn. 19; im Anschluss hieran auch *Roth/Altmeppen* Rn. 8.
⁸ *Baumbach/Hueck/Fastrich* Rn. 4; *Hachenburg/Müller* Rn. 29 ff.; *Lutter/Hommelhoff* Rn. 2; *Scholz/Emmerich* Rn. 11 ff.
⁹ *Scholz/Emmerich* Rn. 9.
¹⁰ *Hachenburg/Müller* Rn. 29.

kludent (etwa durch die Versteigerung des Geschäftsanteils) erfolgen kann.[11] Kommt es hierzu nicht, bleibt der Gesellschafter zum Nachschuss verpflichtet.

19 Das Recht, den Geschäftsanteil preiszugeben, hat nur der Gesellschafter selbst bzw. derjenige, der nach § 16 bei der Gesellschaft als solcher angemeldet ist (vgl. hierzu Rn. 19, 37; zu den Fällen, in denen eine Anmeldung entbehrlich ist, vgl. Rn. 37). Der Gesellschafter kann diese Erklärung auch schon vor der Aufforderung zur Zahlung abgeben, also etwa bei der Beschlussfassung der Gesellschafterversammlung über den Nachschuss.[12] Ist der Gesellschafter zur Einzahlung aufgefordert und erklärt er innerhalb der Monatsfrist die Preisgabe seines Geschäftsanteiles, so ist er an diese Erklärung grundsätzlich gebunden; ein Widerruf ist nur eingeschränkt möglich (Rn. 17 aE).[13] Sie ist aber anfechtbar gem. den §§ 119 ff. BGB. Wurde die Erklärung angefochten, so kann sich die Gesellschaft zwar durch die öffentliche Versteigerung oder den freihändigen Verkauf wirksam verpflichten. Sie kann aber nicht wirksam über den Anteil verfügen, da ihr wegen der Rückwirkung der Anfechtung von Anfang an die Verfügungsbefugnis fehlt (§ 142 BGB; vgl. iE § 23 Rn. 37). Der Erwerber kann folglich den Anteil nicht erlangen; auch ein gutgläubiger Erwerb ist ausgeschlossen, da der Anteil ein Recht ist und ein gutgläubiger Erwerb von Rechten nicht möglich ist.

20 Die Preisgabeerklärung bedarf keiner **Form**. Sie muss bei der Gesellschaft jedoch in jedem Falle fristgerecht eingehen (Rn. 17) und **inhaltlich** eindeutig den Preisgabewillen des Gesellschafters erkennen lassen.[14] Auch Unmutsäußerungen eines Gesellschafters wie „ich zahle keinen Pfennig, macht mit dem Geschäftsanteil was ihr wollt", können im Einzelfall eine Preisgabeerklärung darstellen. Ob sie tatsächlich so zu verstehen sind, ist im Wege der Auslegung bzw. durch konkrete Nachfrage zu ermitteln. Wegen der weitreichenden Folgen einer Preisgabeerklärung ist insoweit Zurückhaltung geboten; im Regelfall werden deshalb Unmutsäußerungen nicht ohne weiteres als Preisgabeerklärungen auszulegen sein.[15] Die Abandonnierung des Geschäftsanteils ist nämlich nicht nur eine Wohltat für den von einer Nachschusspflicht betroffenen Gesellschafter, sie kann vielmehr zugleich den Verlust eines uU beträchtlichen Vermögenswertes bedeuten, nämlich den Verlust des voll eingezahlten Geschäftsanteils.

21 **2. Sonderfragen. a) Mehrere Geschäftsanteile.** Besitzt der Gesellschafter mehrere Geschäftsanteile, so kann er das Preisgaberecht für die einzelnen Geschäftsanteile verschieden ausüben, etwa nur einen abandonnieren, auf den anderen den eingeforderten Nachschuss leisten.[16]

22 **b) Teilung des Geschäftsanteils.** Ob es zulässig ist, den Geschäftsanteil nach Einforderung des Nachschusses ad hoc zu teilen, um dann einen Teil zu abandonnieren, den anderen Teil nicht, ist streitig.[17] § 17 Abs. 6 steht einem solchen Vorgehen nicht entgegen, da die Preisgabe gem. § 27 Abs. 1 einer Veräußerung gleichgestellt werden kann.[18] Auch der Umstand, dass sich die Nachschusspflicht durch ein solches Vorgehen auf die jeweiligen Teile des Geschäftsanteils aufteilt, steht der Zulässigkeit eines solchen Vorgehens nicht entgegen, da die Gesellschaft sich hiervor dadurch

---

[11] *Roth/Altmeppen* Rn. 7; *Hachenburg/Müller* Rn. 29; *Scholz/Emmerich* Rn. 12.
[12] *Hachenburg/Müller* Rn. 12.
[13] Statt anderer *Hachenburg/Müller* Rn. 33.
[14] *Hachenburg/Müller* Rn. 30; *Scholz/Emmerich* Rn. 15.
[15] Vgl. auch *Hachenburg/Müller* Rn. 30.
[16] *Hachenburg/Müller* Rn. 22; *Lutter/Hommelhoff* Rn. 1; *Scholz/Emmerich* Rn. 4.
[17] Die Zulässigkeit bejahend Voraufl. Rn. 11; im Anschluss hieran auch *Scholz/Emmerich* Rn. 4; ablehnend *Hachenburg/Müller* Rn. 23.
[18] Voraufl. Rn. 11.

Unbeschränkte Nachschußpflicht § 27

schützen kann, dass sie der Teilung nicht zustimmt (§ 17 Abs. 1). Stimmt die Gesellschaft der Teilung zu, steht dem teilweisen Abandonnieren nichts entgegen; ohne die Zustimmung der Gesellschaft ist die Teilung und damit auch die Teilabandonnierung hingegen unwirksam.

3. Wirkungen der Preisgabeerklärung. a) Allgemeine Wirkungen. Ist die 23 (formlos mögliche, empfangsbedürftige und unbedingt abzugebende, Rn. 16 ff.) Preisgabeerklärung der Gesellschaft zugegangen, so ist die Gesellschaft an diese Erklärung gebunden. Wegen der Möglichkeit des Gesellschafters, die Preisgabe gegenstandslos zu machen s. Rn. 17 aE. Einer Annahme der Preisgabeerklärung durch die Gesellschaft bedarf es nicht.[19]

Wie § 27 Abs. 3 S. 1 zeigt, bleibt der Gesellschafter trotz seiner Preisgabeerklärung 24 zunächst Inhaber des Geschäftsanteils und damit auch Gesellschafter der GmbH. Er schuldet zwar der Gesellschaft weiterhin den Nachschuss, haftet hierfür jedoch gegenständlich nur noch mit dem preisgegebenen Geschäftsanteil, § 27 Abs. 1 S. 1; auch von sonstigen bereits entstandenen Verbindlichkeiten wird er durch die Preisgabeerklärung nicht befreit. Im Einzelnen hierzu noch bei Rn. 32 f.

Die Gesellschaft ist berechtigt, über den Geschäftsanteil zu verfügen und hat ihn in- 25 nerhalb eines Monats versteigern zu lassen oder – was allerdings nur mit Zustimmung des Gesellschafters zulässig ist – auf andere Weise zu verkaufen, § 27 Abs. 2. Erst wenn die Befriedigung der Gesellschaft durch den Verkauf nicht zu erlangen ist, fällt der Anteil der Gesellschaft zu, die ihn nun auf eigene Rechnung veräußern kann, § 27 Abs. 3.

b) Mangelhafte Preisgabeerklärung. Ist die Nachschusseinforderung unwirksam, 26 etwa weil eine entsprechende Satzungsbestimmung fehlt oder weil ein Beschluss der Gesellschafterversammlung nicht vorliegt, fehlt es an einer Wirksamkeitsvoraussetzung für die Preisgabeerklärung; die Preisgabeerklärung geht in diesem Falle ins Leere und ist unwirksam.[20] Entsprechendes gilt, wenn die Stammeinlage nicht voll eingezahlt ist oder die Nachschüsse inzwischen in vollem Umfange erbracht worden sind; denn auch insoweit handelt es sich um unverzichtbare Voraussetzungen des Preisgaberechts (zu den Folgen im Verwertungsverfahren § 23 Rn. 25 ff.).

c) Einschränkungen des Aufrechnungsrechts zu Lasten der Gesellschaft. Da 27 die Preisgabeerklärung gesetzlich als Möglichkeit für den Gesellschafter vorgesehen ist, sich von seiner Nachschussverbindlichkeit zu befreien, kann die Gesellschaft, solange die Preisgabe noch möglich ist, mit der Nachschussforderung nicht gegen eine Forderung des Gesellschafters gegenüber der Gesellschaft aufrechnen[21] und ihm so die Ausübung des unentziehbaren Rechts auf Abandonnierung seines Geschäftsanteils unmöglich machen.

d) Preisgabe durch alle Gesellschafter. Rechtlich zulässig ist es, dass sämtliche 28 Gesellschafter ihren Geschäftsanteil preisgeben. In einem solchen Fall treten zunächst die allgemeinen Folgen der Abandonnierung ein, d.h. der Geschäftsführer der Gesellschaft muss versuchen, die Geschäftsanteile gem. Abs. 2 zu verkaufen. Gelingt der Verkauf nicht, so bleibt lediglich die Auflösung der jetzt als sog. Kein-Mann-Gesellschaft fortbestehenden Gesellschaft.[22] Wird beim Verkauf ein Überschuss erzielt, so erhalten diesen Überschuss die ehemaligen Gesellschafter nach Abzug der Verkaufskosten pro

---

[19] *Baumbach/Hueck/Fastrich* Rn. 4; *Hachenburg/Müller* Rn. 33; *Scholz/Emmerich* Rn. 15.
[20] *Hachenburg/Müller* Rn. 9.
[21] *Baumbach/Hueck/Fastrich* Rn. 4; *Hachenburg/Müller* Rn. 34.
[22] *Hachenburg/Müller* Rn. 35; *Scholz/Emmerich* Rn. 5.

rata ihres Anteils am Stammkapital. Zur Problematik der „Kein-Mann-Gesellschaft" allgemein s. bei § 33 Rn. 26 ff.

29 **4. Nachgiebiges Recht.** § 27 Abs. 1 ist zugunsten der Gesellschafter nachgiebiges Recht insofern, als die Fristen und die Rechtsfolgen der Nichteinzahlung des Nachschusses nicht verschärft werden können, wohl aber durch die Satzung oder einen Beschluss der Gesellschafterversammlung und, was die Einforderung betrifft, in gewissem Umfang auch von den Geschäftsführern gemildert werden können:

30 Zunächst kann die **Satzung** von vornherein die Preisgabefrist verlängern, beispielsweise auf drei Monate.[23] Auch im **Beschluss** der Gesellschafterversammlung über die Einforderung eines Nachschusses kann die Preisgabefrist erstreckt werden.[24] Um einen sog. satzungsdurchbrechenden Beschluss (hierzu bei § 53 Rn. 34) handelt es sich bei einem fristverlängernden Beschluss grundsätzlich nicht; er bedarf daher grundsätzlich auch nicht der Dreiviertelmehrheit. Nur wenn die Satzung eine bestimmte Frist (die nicht unter einem Monat liegen darf) vorschreibt und diese Frist erstreckt werden soll, liegt eine Satzungsdurchbrechung vor.[25] Auch den **Geschäftsführern** kann das Recht zur Verlängerung der Preisgabefrist zustehen, wenn die Satzung oder der Beschluss der Gesellschafterversammlung ihnen die Modalitäten der Einforderung des Nachschusses überlassen.[26] Ohne eine derartige Grundlage handeln die Geschäftsführer pflichtwidrig, wenn sie den Nachschuss stunden. Ob eine solche Zahlungserstreckung auch zur Erstreckung der Preisgabepflicht nach § 27 Abs. 1 S. 1 führt, ist fraglich,[27] dürfte aber angesichts der klaren gesetzlichen Regelung zu verneinen sein. Gegebenenfalls hat der Geschäftsführer einen neuen Gesellschafterbeschluss herbeizuführen.

31 **5. Folgen der Preisgabe.** Hat der Gesellschafter seinen Geschäftsanteil ordnungsgemäß preisgegeben, so verliert die Gesellschaft den Anspruch auf Nachschuss; eine bereits erhobene Klage wird unbegründet. Die Gesellschaft ist an die Erklärung des Gesellschafters, dass er preisgebe, zwingend gebunden und kann nach der Preisgabeerklärung den Geschäftsanteil nur gem. § 27 Abs. 2 verwerten.

32 **6. Rechtsstellung des Gesellschafters bis zu der Veräußerung oder dem Anfall an die Gesellschaft.** Bis zum wirksamen Verkauf des Geschäftsanteils oder dem Anfall des Geschäftsanteils an die Gesellschaft gem. § 27 Abs. 3 behält der abandonnierende Gesellschafter im Übrigen seine Rechtsstellung als Gesellschafter bei (Rn. 47), so zB das Stimmrecht, das Gewinnbezugsrecht u. Ä. Auch an Kapitalerhöhungen aus Gesellschaftsmitteln nimmt er auf Grund der nach wie vor bei ihm liegenden Mitgliedschaft teil. Umgekehrt hat er auch seine sonstigen Pflichten als Gesellschafter zu erfüllen, also etwa die Nebenleistungspflichten gemäß § 3 Abs. 2 sowie die Verpflichtungen aus § 16 Abs. 3 und § 24. Außerdem haftet er aus Verbindlichkeiten etwa für rückständige frühere Nachschüsse.[28] Seine Haftung erstreckt sich auch auf die eingeforderten Nachschüsse, allerdings gegenständlich beschränkt auf den preisgegebenen Geschäftsanteil (Rn. 24). Von ihr wird er erst durch die Verwertung des Anteils befreit.[29]

---

[23] *Baumbach/Hueck/Fastrich* Rn. 2; *Hachenburg/Müller* Rn. 29; *Scholz/Emmerich* Rn. 12.
[24] *Hachenburg/Müller* Rn. 29.
[25] Abw. Voraufl. Rn. 13 und *Hachenburg/Müller* Rn. 29, die in jedem Falle eine Satzungsdurchbrechung annehmen.
[26] *Hachenburg/Müller* Rn. 29.
[27] Bejahend Voraufl. Rn. 9; *Hachenburg/Müller* Rn. 29; *Scholz/Emmerich* Rn. 12.
[28] *Baumbach/Hueck/Fastrich* Rn. 6; *Scholz/Emmerich* Rn. 19.
[29] *Baumbach/Hueck/Fastrich* Rn. 6; *Hachenburg/Müller* Rn. 46; *Scholz/Emmerich* Rn. 20.

Da der Gesellschafter nach wie vor für den Nachschuss haftet, kann er noch 33
durch nachträgliche volle Leistung des Nachschusses sich seinen Geschäftsanteil erhalten, ohne dass es einer rechtsgeschäftlichen Erklärung oder etwa einer Rückübertragung des Geschäftsanteils bedürfte,[30] doch muss dies geschehen, bevor die Gesellschaft den Geschäftsanteil verwertet hat oder er ihr nach § 27 Abs. 3 zugefallen ist. Einseitig seine Preisgabeerklärung widerrufen kann der Gesellschafter nicht.

7. Der fingierte Abandon. a) Grundsätzliches. Gibt der Gesellschafter inner- 34
halb der Monatsfrist des § 27 Abs. 1 S. 1 die Preisgabeerklärung nicht ab und leistet er auch den Nachschuss nicht, so kann die Gesellschaft nach Ablauf der Monatsfrist „mittels eingeschriebenen Briefes" dem Gesellschafter gegenüber erklären, dass sie den Geschäftsanteil als zur Verfügung gestellt betrachte. Diese Erklärung wird „fingierter Abandon" bezeichnet. Mit dem Zugang des eingeschriebenen Briefes beim Gesellschafter nach Ablauf der Monatsfrist steht der Geschäftsanteil wie ein freiwillig abandonnierter Geschäftsanteil der Gesellschaft zum Zwecke des Verkaufs zur Verfügung.[31]

b) Ermessen der Gesellschaft. Die Gesellschaft ist nicht verpflichtet, ihrerseits zu 35
erklären, dass sie den Geschäftsanteil als zur Verfügung gestellt betrachte; sie kann dies tun, kann aber auch hiermit noch zuwarten.[32] Die Gesellschaft bleibt, solange der Gesellschafter nicht selbst abandonniert, auch berechtigt, die Nachschussforderung einzuklagen oder gegen eine Forderung des Gesellschafters aufzurechnen, beides jedoch erst nach Ablauf der Monatsfrist des § 27 Abs. 1 (Rn. 27). Ob die Gesellschaft im Wege des sog. fingierten Abandon vorgeht, steht im pflichtgemäßen Ermessen der Geschäftsführer, die ihre Entscheidung danach auszurichten haben, auf welche Weise die Gesellschaft am sichersten zu dem eingeforderten Nachschuss gelangt.[33] Die Gesellschaft kann auch – nach Maßgabe des Gleichbehandlungsgrundsatzes (§ 13 Rn. 94) – mit der Abandonnierung abwarten, wenn sie den Nachschuss nicht dringend benötigt und etwa dem Gesellschafter aus nach den Belangen der Gesellschaft sachlich gerechtfertigten Gründen noch die Gelegenheit zur Leistung geben will, etwa weil der Gesellschafter die erforderlichen Mittel erwartet und die Veräußerung des Geschäftsanteils ohnehin nicht umgehend erfolgen könnte.

8. Fristverlängerung. Der nachschusspflichtige Gesellschafter selbst kann nach 36
Ablauf der Monatsfrist des § 27 Abs. 1 S. 1 oder der von der Gesellschaft gesetzten längeren Frist nicht mehr abandonnieren. Dieses Recht hat er durch die Versäumung der Monatsfrist endgültig verloren.[34] Die Gesellschaft kann hingegen die Frist stillschweigend oder ausdrücklich verlängern, etwa indem sie nach Ablauf der Frist die Preisgabeerklärung des Gesellschafters noch akzeptiert, was auch konkludent geschehen kann etwa durch Versteigerung des Geschäftsanteils (Rn. 41).

9. Der zur Preisgabe berechtigte Gesellschafter. Berechtigt zur Abgabe der 37
Abandonerklärung ist nur der Gesellschafter, der der Gesellschaft gem. § 16 Abs. 1 ordnungsgemäß gemeldet ist oder wer von der Gesellschaft erworben hat oder wer den Geschäftsanteil als Erbe oder sonstiger Gesamtrechtsnachfolger besitzt. Mehrere Mitberechtigte gemäß § 18 müssen sämtlich die Erklärung abgeben.[35] Ein sonst am Ge-

---

[30] *Baumbach/Hueck/Fastrich* Rn. 6; *Hachenburg/Müller* Rn. 45; *Lutter/Hommelhoff* Rn. 2.
[31] *Baumbach/Hueck/Fastrich* Rn. 5; *Hachenburg/Müller* Rn. 37.
[32] *Hachenburg/Müller* Rn. 39.
[33] *Scholz/Emmerich* Rn. 17.
[34] *Hachenburg/Müller* Rn. 29; *Scholz/Emmerich* Rn. 12.
[35] *Scholz/Emmerich* Rn. 13.

schäftsanteil Berechtigter kann die Preisgabeerklärung nicht abgeben, also weder der Nießbraucher noch etwa der Pfandgläubiger.[36] Für Minderjährige oder nicht geschäftsfähige Personen erklären die Preisgabe deren gesetzliche Vertreter, die Inhaber der elterlichen Gewalt, der Vormund oder Pfleger. Eine Genehmigung des Vormundschaftsgerichtes ist, da der Fall in § 1822 BGB nicht aufgeführt ist, nicht erforderlich.[37]

38 Ist nach der Einforderung des Nachschusses, aber vor Ablauf der Preisgabefrist der Geschäftsanteil verkauft worden, so kann auch dann nur der gem. § 16 bei der Gesellschaft angemeldete Gesellschafter abandonnieren, ungeachtet der Haftung von Verkäufer und Erwerber gem. § 16 Abs. 3.[38]

39 Der „fingierte Abandon" erfolgt nach Ablauf der Preisgabepflicht durch die mit eingeschriebenem Brief abzugebende Erklärung der Geschäftsführer an den säumigen Gesellschafter, dass die Gesellschaft den Geschäftsanteil als zur Verfügung gestellt betrachte (s. Rn. 34 f.). Der Text der Erklärung ist nicht wortwörtlich zu nehmen, doch ist wegen der weitgehenden Folgen Eindeutigkeit der Erklärung geboten.[39]

IV. Folgen der Abandonnierung

40 **1. Die Verwertung (§ 27 Abs. 2). a) Allgemeines.** Ist der Geschäftsanteil vom Gesellschafter preisgegeben, so hat die Gesellschaft ihn innerhalb eines Monats nach der Erklärung des Gesellschafters oder bei fingiertem Abandon nach der Erklärung der Gesellschaft durch öffentliche Versteigerung oder durch eine andere Art des Verkaufs im eigenen Namen und für fremde Rechnung verkaufen zu lassen (Abs. 2). Die Frist ist trotz der Verwendung des Hilfsverbs „hat" im Abs. 2 kein zwingendes Recht, kann also durch eine Satzungsbestimmung aber auch durch Vereinbarung mit dem abandonnierenden Gesellschafter – nicht aber durch einfachen Beschluss der Gesellschafterversammlung – verlängert werden.[40] Überschreitet die Gesellschaft die Verwertungsfrist, so macht sie sich ggf. gegenüber dem Gesellschafter schadensersatzpflichtig; die Veräußerung des Anteils ist aber trotz Fristüberschreitung wirksam.[41] Hat der Gesellschafter nicht selbst preisgegeben, so wird die Gesellschaft, wenn die Verwertungschance für den Geschäftsanteil nicht günstig ist und sie keine Einwilligung des Gesellschafters zur Fristverlängerung erhält, mit der Abgabe der Erklärung, dass sie den Geschäftsanteil als zur Verfügung gestellt betrachte, also gleichwohl ggf. abwarten, bis ein besserer Verwertungszeitpunkt gekommen ist.

41 **b) Öffentliche Versteigerung.** Die öffentliche Versteigerung erfolgt wie bei der Versteigerung eines kaduzierten Geschäftsanteils. Die Versteigerung erfolgt, da die Gesellschaft verfügungsbefugt ist, im Namen der Gesellschaft, jedoch, wie § 27 Abs. 3 S. 2 zeigt, für Rechnung des Gesellschafters.[42] Die Gesellschaft kann bei der Versteigerung mitbieten, da der Geschäftsanteil voll einbezahlt ist,[43] allerdings nur nach Maßgabe des § 33 Abs. 2. Auch der Gesellschafter selbst kann mitbieten.[44] Die Gesellschaft kann nach pflichtgemäßem Ermessen, ebenso wie bei der öffentlichen Versteigerung

---

[36] *Roth/Altmeppen* Rn. 9; *Baumbach/Hueck/Fastrich* Rn. 9; *Hachenburg/Müller* Rn. 25; *Scholz/Emmerich* Rn. 3.
[37] *Hachenburg/Müller* Rn. 26.
[38] *Scholz/Emmerich* Rn. 26.
[39] *Hachenburg/Müller* Rn. 30; *Scholz/Emmerich* Rn. 17.
[40] *Hachenburg/Müller* Rn. 52; *Scholz/Emmerich* Rn. 22.
[41] *Hachenburg/Müller* Rn. 52; *Scholz/Emmerich* Rn. 22.
[42] *Hachenburg/Müller* Rn. 54; *Scholz/Emmerich* Rn. 23.
[43] *Hachenburg/Müller* Rn. 54.
[44] *Hachenburg/Müller* Rn. 54.

nach erfolgter Kaduzierung (§ 23 Rn. 10 ff.), den Zuschlag verweigern, wenn die Gebote zu gering sind oder wenn die Bieter Wettbewerber der Gesellschaft sind.[45] Die Gesellschaft darf den Zuschlag aber nicht willkürlich verweigern, etwa um sich in den Besitz des Geschäftsanteils zu bringen. Ein solches Verhalten würde Schadenersatzansprüche des abandonnierenden Gesellschafters gegen die Gesellschaft auslösen. Für die Annahme der Unverwertbarkeit genügt es, wenn die Gesellschaft nur einen Versuch der öffentlichen Versteigerung unternimmt;[46] bei weiteren Versteigerungen erfolgt diese dann gem. § 27 Abs. 3 für Rechnung der Gesellschaft.

c) Andere Art der Verwertung. Ebenso wie bei der Kaduzierung kann der Geschäftsanteil mit Zustimmung des Gesellschafters durch eine andere Art des Verkaufs, insbesondere durch einen freihändigen Verkauf verwertet werden (§ 23 Rn. 19 ff.). Die Zustimmung des Gesellschafters bedarf keiner besonderen Form, und sie kann im Gesellschaftsvertrag im Voraus erteilt werden. Soll eine solche Zustimmung durch Satzungsänderung in den Gesellschaftsvertrag aufgenommen werden, so bedarf es gem. § 53 Abs. 3 der Zustimmung sämtlicher betroffener Gesellschafter. Fehlt es an der Zustimmung des Gesellschafters, so ist der freihändige Verkauf unwirksam (§ 27 Abs. 2 S. 2). 42

Der Verkauf des Geschäftsanteils kann aber auch ganz unterbleiben, sofern der Gesellschafter zustimmt. Die Gesellschaft erwirbt ihn dann ohne weiteres und ohne dass eine Abtretung erfolgen müsste.[47] 43

d) Anfall eines Mehrerlöses, Mindererlöses. Ist versteigert oder freihändig verkauft worden, so ist aus dem erhaltenen Gegenwert zunächst der Nachschuss zu decken, sodann die Kosten der Versteigerung. Ein dann noch verbleibender Mehrerlös steht gem. § 27 Abs. 3 S. 3 dem abandonnierenden Gesellschafter zu. Die Gesellschaft kann jedoch mit etwaigen Forderungen gegen den Gesellschafter aufrechnen, etwa wegen fälliger Vertragsstrafen und Verzugszinsen oder wegen sonstiger schuldrechtlicher Ansprüche.[48] 44

Führt die Verwertung demgegenüber nicht zur vollständigen Befriedigung der Gesellschaft, trägt diese den Ausfall. Der Gesellschafter ist sowohl im Falle des § 27 Abs. 1 S. 1 als auch im Falle des Abs. 1 S. 2 durch die Preisgabe seines Geschäftsanteils nach dessen Veräußerung von der Haftung für den Nachschuss endgültig befreit. 45

2. Folgen des Verkaufs. a) Stellung des Erwerbers. Mit dem Zuschlag in der öffentlichen Versteigerung bzw. der notariellen Beurkundung der Übertragung beim anderweitigen Verkauf wird der Erwerber Inhaber des abandonnierten Geschäftsanteils. Der Übergang des Anteils vollzieht sich durch Abtretung nach § 398 BGB (§ 23 Rn. 25); eine Anmeldung gem. § 16 bei der Gesellschaft ist nicht notwendig. Die Form aus § 15 Abs. 3 ist bei der öffentlichen Versteigerung nicht erforderlich, sie muss jedoch beim freihändigen Verkauf beachtet werden.[49] Der Erwerber erlangt den Anteil in dem Zustand, in dem er sich in der Hand des letzten Inhabers befand, also mit allen auf ihm ruhenden Verpflichtungen. Von der Nachschussverpflichtung, wegen der abandonniert wurde, wird er jedoch frei, und zwar unabhängig davon, ob der Erlös die Höhe des zu leistenden Nachschusses deckt oder nicht.[50] Für Mängel beim Verkauf 46

---

[45] *Hachenburg/Müller* Rn. 58 f.; *Scholz/Emmerich* Rn. 23.
[46] *Hachenburg/Müller* Rn. 62.
[47] *Baumbach/Hueck/Fastrich* Rn. 8; *Scholz/Emmerich* Rn. 24.
[48] *Scholz/Emmerich* Rn. 27.
[49] *Scholz/Emmerich* Rn. 25.
[50] *Hachenburg/Müller* Rn. 55; *Scholz/Emmerich* Rn. 25.

haftet die Gesellschaft dem Erwerber gegenüber, da sie den Anteil im eigenen Namen verkauft.[51] Ist der Verkauf nicht möglich oder mit Zustimmung des abandonnierenden Gesellschafters unterblieben, erfolgt der Übergang des Geschäftsanteils auf die Gesellschaft mit der Mitteilung an den abandonnierten Gesellschafter, der Anteil sei ihr gem. § 27 Abs. 3 S. 1 zugefallen (Rn. 49 ff.). Der abandonnierende Gesellschafter ist mit dieser Erklärung seiner Gesellschafterstellung in Bezug auf diesen Geschäftsanteil verlustig gegangen, er ist insoweit wirksam ausgeschieden. Einer Anmeldung bei der Gesellschaft nach § 16 Abs. 1 bedarf es nicht.[52]

47   b) **Stellung des ausscheidenden Gesellschafters.** Bis zum Ausscheiden ist der abandonnierende Gesellschafter Inhaber eines voll einbezahlten Geschäftsanteils; er hat entsprechend bis zum Tage seines Ausscheidens Anspruch auf alle Gesellschafterrechte, wie Teilnahme an der Gesellschafterversammlung, Stimmrecht und fällig gewordene Gewinnbezugsrechte (vgl. § 21 Rn. 38 ff.), aber auch bis zu diesem Zeitpunkt die mit dem Geschäftsanteil verbundenen Pflichten, etwa Nebenpflichten gem. § 3 Abs. 2. Der Gesellschafter haftet bis zu diesem Zeitpunkt auch für sonstige rückständige Leistungen, etwa gem. §§ 22, 24 oder § 31 Abs. 2. Die Haftung aus § 16 Abs. 3 für rückständige Leistungen bleibt auch nach dem Ausscheiden bestehen;[53] es haften daher sowohl der ausgeschiedene Gesellschafter als auch der Erwerber für rückständige Leistungen auf den Geschäftsanteil; die Haftung für künftige Leistungen trifft dagegen ausschließlich den Erwerber.[54] Nur vom Nachschuss, wegen dessen abandonniert wurde, ist der Gesellschafter frei. Dies gilt auch dann, wenn der Erlös der Verwertung die Nachschussverpflichtung nicht voll deckt.[55] Jedoch bleibt der ausgeschiedene Gesellschafter für früher eingeforderte Nachschüsse verhaftet.

48   c) **Erlöschen von Rechten Dritter.** Mit dem Verkauf des Geschäftsanteils wie auch mit dem Anfall des Geschäftsanteils an die Gesellschaft erlöschen alle Rechte Dritter am Geschäftsanteil, wie etwa ein Pfandrecht oder ein Nießbrauch, entsprechend §§ 1242, 1273 BGB.[56] Dabei ist unerheblich, ob das Pfandrecht bzw. der Nießbrauch vor oder nach Einforderung des Nachschusses, vor oder nach der Abandonnierung begründet wurde; auch auf den Zeitpunkt, zu dem die Möglichkeit der unbeschränkten Nachschusspflicht in die Satzung aufgenommen worden ist, kommt es nicht an.[57] Allerdings wird man den Gesellschafter für verpflichtet halten müssen, den Pfandgläubiger entsprechend zu informieren.[58] Nur soweit bei der Verwertung ein Überschuss erzielt wird, bleibt ein Pfandrecht gem. §§ 1273, 1247 BGB bestehen.[59]

49   3. **Unverwertbarkeit des Anteils (§ 27 Abs. 3). a) Anfall an die Gesellschaft.** Findet sich kein Käufer oder verweigert die Gesellschaft den Zuschlag wegen unangemessen niedrigen Gebots oder weil nur ein Wettbewerber oder ein früher aus wichti-

---

[51] *Hachenburg/Müller* Rn. 55; *Scholz/Emmerich* Rn. 25.
[52] *Scholz/Emmerich* Rn. 30.
[53] *Hachenburg/Müller* Rn. 56; *Scholz/Emmerich* Rn. 26.
[54] *Hachenburg/Müller* Rn. 55; *Scholz/Emmerich* Rn. 26; zweifelnd *Roth/Altmeppen* Rn. 17.
[55] *Baumbach/Hueck/Fastrich* Rn. 7; *Hachenburg/Müller* Rn. 56; *Scholz/Emmerich* Rn. 26.
[56] *Roth/Altmeppen* Rn. 18; *Baumbach/Hueck/Fastrich* Rn. 9; *Hachenburg/Müller* Rn. 57; *Scholz/Emmerich* Rn. 28.
[57] *Hachenburg/Müller* Rn. 57; *Scholz/Emmerich* Rn. 28; abw. *Meyer-Landrut/Miller/Niehus* Rn. 17; *Hachenburg/Goerdeler* 7. Aufl. Rn. 26.
[58] Vgl. hierzu *Wiedemann* Die Übertragung und Vererbung von Mitgliedschaftsrechten bei Handelsgesellschaften, 1965, S. 431; *Scholz/Emmerich* Rn. 28.
[59] *Roth/Altmeppen* Rn. 18; *Baumbach/Hueck/Fastrich* Rn. 9; *Hachenburg/Müller* Rn. 57; *Lutter/Hommelhoff* Rn. 3; *Scholz/Emmerich* Rn. 28.

gem Grund ausgeschlossener Gesellschafter bietet oder unterbleibt die öffentliche Versteigerung wegen Aussichtslosigkeit – was mit Zustimmung des Gesellschafters zulässig ist (Rn. 42; § 27 Abs. 2 S. 2), – so wird die Gesellschaft Inhaberin des Anteils (Abs. 3). Der Anfall des Anteils (der Rechtsübergang) erfolgt kraft Gesetzes; Rechte Dritter erlöschen (Rn. 48).[60] Es bedarf weder der Form des § 15 Abs. 3 noch der Anmeldung gem. § 16. Die Gesellschaft wird anders als bei der Kaduzierung (§ 21 Rn. 44) ohne Verfügungsbeschränkung Inhaberin des Anteils; so kann sie – wie Abs. 2 S. 2 hervorhebt – den Gesellschaftsanteil für eigene Rechnung verkaufen. Verpflichtet hierzu ist sie aber nicht, sie kann den Anteil auch behalten oder einziehen.[61]

b) Zeitpunkt. Bei einer erfolglosen Versteigerung wird die Gesellschaft mit **Schluss der Versteigerung** (Protokollunterzeichnung) Inhaberin des Geschäftsanteils. Unterbleibt die Versteigerung wegen Aussichtslosigkeit, und sind sich die Gesellschaft und der Gesellschafter hierüber einig, so kommt es für den Anfall des Anteils auf den Zeitpunkt des **Zugang**s **der Zustimmung des Gesellschafters** zu der Entbehrlichkeit eines Versteigerungsversuchs an,[62] da durch die Zustimmung das Einverständnis mit dem Übergang des Anteils auf die Gesellschaft manifestiert wird. Sollte der Geschäftsanteil durch freihändigen Verkauf verwertet werden und war dies **aussichtslos**, zB wenn die Gesellschaft verschuldet ist und das Nachschusskapital der Sanierung dient, geht der Geschäftsanteil in dem Zeitpunkt über, in dem die Aussichtslosigkeit feststeht. Angesichts der Bedeutung des maßgeblichen Zeitpunkts, dessen Feststellung im Einzelfall erhebliche Schwierigkeiten bereiten kann,[63] empfiehlt es sich, dass die Gesellschaft den Übergang gegenüber dem Gesellschafter anzeigt.[64] Die **Beweislast** für den Zeitpunkt des Übergangs liegt bei der Gesellschaft.[65] 50

c) Veräußerung des Anteils für Rechnung der Gesellschaft (§ 27 Abs. 3 S. 2). Die Gesellschaft kann nach dem Anfall des Geschäftsanteils frei über diesen verfügen. Veräußert sie den Anteil, so gebührt ihr als Inhaberin des Anteils der Erlös, auch wenn er die rückständigen Nachschussforderungen übersteigt.[66] Der Erwerber des Anteils wird Gesellschafter; einer Anmeldung gem. § 16 bedarf es nicht. Alle Rechte und Pflichten, die mit dem Geschäftsanteil verbunden sind, gehen auf ihn über.[67] Doch haftet er nicht für rückständige Leistungen auf den Anteil, da er Rechtsnachfolger der Gesellschaft und nicht des Gesellschafters ist.[68] 51

V. Die Beschränkung des Preisgaberechts (§ 27 Abs. 4)

Abs. 4 eröffnet für die Gesellschaft die Möglichkeit, das Preisgaberecht auszuschließen, sofern die eingeforderten Nachschüsse einen bestimmten Betrag nicht überschreiten. Das Abandonrecht des Gesellschafters greift in diesem Falle nur dann ein, wenn eine bestimmte Nachschusssumme überschritten wird. Es handelt sich mithin um eine Art Kombination von beschränkter und unbeschränkter Nachschusspflicht.[69] 52

---

[60] *Hachenburg/Müller* Rn. 66; *Scholz/Emmerich* Rn. 30.
[61] *Hachenburg/Müller* Rn. 64.
[62] *Hachenburg/Müller* Rn. 62.
[63] Voraufl. Rn. 28.
[64] *Hachenburg/Müller* Rn. 62.
[65] *Hachenburg/Müller* Rn. 62.
[66] *Roth/Altmeppen* Rn. 21; *Hachenburg/Müller* Rn. 65; *Scholz/Emmerich* Rn. 30.
[67] *Hachenburg/Müller* Rn. 65.
[68] *Roth/Altmeppen* Rn. 21; *Baumbach/Hueck/Fastrich* Rn. 8; *Scholz/Emmerich* Rn. 30; *Hachenburg/Müller* Rn. 65.
[69] *Hachenburg/Müller* Rn. 67.

53 Die Regelung ist in der Satzung genau festzulegen. Notwendig sind zwei Angaben:[70] Zum einen muss die Satzung bestimmen, bis zu welcher Höhe der Nachschuss gefordert werden darf, ohne dass dem Gesellschafter ein Preisgaberecht zusteht. Zum zweiten muss sich aus der Satzung die Möglichkeit ergeben, auch über diesen Betrag hinaus Nachschüsse zu verlangen.

54 Für die Erfüllung dieser Angabe genügt es, wenn sich aus der Satzung der betreffende Betrag, bis zu dem kein Preisgaberecht des Gesellschafters besteht, ermitteln lässt, etwa dadurch, dass das Preisgaberecht nur ausgeschlossen ist, bis die Höhe der Nachschüsse den Betrag der Stammeinlage übersteigt oder dass das Preisgaberecht des Gesellschafters nur besteht, wenn das Zehnfache des Nominalbetrages des Geschäftsanteils überschritten wird.

55 Wird eine Regelung im Sinne des § 27 Abs. 4 erst nachträglich im Wege der Satzungsänderung eingeführt, ist § 53 Abs. 3 zu beachten, weil das generelle Preisgaberecht dadurch entfällt.[71]

56 Soweit die eingeforderten Nachschüsse unterhalb der statutarisch festgelegten Grenze liegen, finden über § 28 Abs. 1 S. 2 die Vorschriften der §§ 21 bis 23 entsprechende Anwendung; oberhalb dieser Grenze ist § 27 Abs. 1 bis 3 anwendbar.

VI. Steuer- und Bilanzfragen

57 Wegen der steuerlichen und bilanzmäßigen Behandlung des der Gesellschaft bei Unverkäuflichkeit anfallenden Geschäftsanteils vgl. § 26 Rn. 43 f.

VII. Österreichisches Recht

58 Im österreichischen Recht ist eine unbeschränkte Nachschusspflicht nicht vorgesehen. Nach § 72 ÖGmbHG muss die Nachschusspflicht auf einen nach Verhältnis der Stammeinlagen bestimmten Betrag beschränkt werden; ohne eine solche Beschränkung ist die Satzungsklausel über die Nachschusspflicht unwirksam.

§ 28 [Beschränkte Nachschußpflicht]

(1) ¹Ist die Nachschußpflicht auf einen bestimmten Betrag beschränkt, so finden, wenn im Gesellschaftsvertrag nicht ein anderes festgesetzt ist, im Fall verzögerter Einzahlung von Nachschüssen die auf die Einzahlung der Stammeinlagen bezüglichen Vorschriften der §§ 21 bis 23 entsprechende Anwendung. ²Das gleiche gilt im Fall des § 27 Abs. 4 auch bei unbeschränkter Nachschußpflicht, soweit die Nachschüsse den im Gesellschaftsvertrag festgesetzten Betrag nicht überschreiten.

(2) Im Gesellschaftsvertrag kann bestimmt werden, daß die Einforderung von Nachschüssen, auf deren Zahlung die Vorschriften der §§ 21 bis 23 Anwendung finden, schon vor vollständiger Einforderung der Stammeinlagen zulässig ist.

Literatur: *Becker* Der abandonnierte Geschäftsanteil, GmbHR 1939 S. 751; *Guntau* Die Versteigerung eines Geschäftsanteils durch den Gerichtsvollzieher in den Fällen der §§ 23, 27 und 28 GmbH-Gesetz sowie des § 65 Akt-Gesetz, DGVZ 1982, 161; *Häusler* Lastentragung und Gewinnverteilung bei der GmbH, Diss. Bonn 1965; *Melber* Die Kaduzierung in der GmbH, 1993; *K. Müller* Die Verpfändung

---

[70] *Hachenburg/Müller* Rn. 67.
[71] *Hachenburg/Müller* Rn. 67.

von GmbH-Anteilen, GmbHR 1969, 4, 34; *Neukamp* Die Geschäftsanteile der GmbH, ZHR 57 (1906), 1; *Polzius* Die Versteigerung von GmbH-Anteilen nach der ZPO und dem GmbHG, DGVZ 1987, 17; *Schüller* Die Verpfändung von GmbH-Anteilen, NJW 1956, 689.

Übersicht

	Rn.		Rn.
I. Norminhalt	1	VI. Konkurrenz mit Kaduzierungsrecht wegen rückständiger Stammeinlagen	9
II. Folgen der Nichtleistung des Nachschusses bei beschränkter Nachschusspflicht (§ 28 Abs. 1 S. 1)	2, 3	VII. Nachschüsse vor Volleinzahlung der Stammeinlage (§ 28 Abs. 2)	10–12
III. Nachgiebiges Recht	4, 5	1. Voraussetzungen	10, 11
IV. Verschärfung der Haftung	6, 7	2. Rückzahlung von Nachschüssen	12
V. Stundung und Erlass	8	VIII. Gestufte Nachschusspflicht (§ 28 Abs. 1 S. 2)	13
		IX. Österreichisches Recht	14

I. Norminhalt

§ 28, durch die GmbH-Novelle 1980 ebenfalls nicht geändert, regelt die **Folgen** **der Nichterfüllung der Nachschusspflicht für zwei Tatbestände,** a) die Nachschusspflicht ist im Gesellschaftsvertrag auf einen bestimmten Betrag beschränkt, b) die Nachschusspflicht ist dem Grundsatz nach unbeschränkt, doch kann der Gesellschafter, wenn die im Gesellschaftsvertrag festgelegte bestimmte Höhe des Nachschusses überschritten wird, nach der Einforderung des übersteigenden Betrages das Preisgaberecht des § 27 ausüben (§ 27 Abs. 4 iVm. § 28 Abs. 1 S. 2). Die Folgen der Nichterfüllung sind für beide Fallgruppen außerordentlich schwerwiegend. Sie umfassen – was bei ihrer Festlegung im Gesellschaftsvertrag oder bei späterer Einführung durch Beschluss der Gesellschafterversammlung besonders sorgfältig bedacht werden sollte - wegen der entsprechenden Anwendung der Kaduzierungsvorschriften der §§ 21 und 23 nicht nur den Geschäftsanteil selbst, sondern auch die bereits auf den Geschäftsanteil geleisteten Nachschüsse. 1

II. Folgen der Nichtleistung des Nachschusses bei beschränkter Nachschusspflicht (§ 28 Abs. 1 S. 1)

Leistet der Gesellschafter bei der beschränkten Nachschusspflicht nicht, so kann die 2 Gesellschaft entweder klagen und vollstrecken oder den Geschäftsanteil gem. §§ 21 bis 23 **kaduzieren,** und zwar mit allen Konsequenzen einer Kaduzierung. Der den Nachschuss nicht leistende Gesellschafter wird mit den Fristen des § 21 Abs. 1 und 2 seines Geschäftsanteils nebst den bereits geleisteten Nachschüssen für verlustig erklärt, **bleibt aber für die nicht geleisteten Einzahlungen auf die Stammeinlage und die bereits eingeforderten Nachschüsse bis zu deren statutarischer Begrenzung weiterhin haftbar,** soweit diese Außenstände nicht durch die Veräußerung gem. § 23 oder durch die Inanspruchnahme der Vormänner des Gesellschafters zu erlangen sind.[1] Da der Anspruch der Gesellschaft auf Nachschuss erst mit der Beschlussfassung entsteht, haftet der kaduzierte Gesellschafter für zukünftige Nachschüsse nicht, sofern der Einforderungsbeschluss noch nicht gefasst worden ist.[2] Er haftet für solche

---
[1] § 21 Abs. 3; *Baumbach/Hueck/Fastrich* Rn. 4; *Hachenburg/Müller* Rn. 6; *Lutter/Hommelhoff* Rn. 2; *Scholz/Emmerich* Rn. 3.
[2] *Roth/Altmeppen* Rn. 4; *Hachenburg/Müller* Rn. 6; *Scholz/Emmerich* Rn. 3; aA *Lutter/Hommelhoff* Rn. 2.

§ 28   2. Abschnitt. Rechtsverhältnisse der Gesellschaft und der Gesellschafter

Nachschüsse nur, sofern der Anspruch der Gesellschaft zwar entstanden, aber erst künftig fällig wird (zur Fälligkeit der Nachschüsse § 26 Rn. 26 ff. Im Übrigen gelten die Erl. zu §§ 21 bis 23 entsprechend.

3 Die Vorschriften der §§ 24, 25 sind mangels Verweisung nicht anwendbar, so dass keine Gesamthaftung der Mitgesellschafter eintritt.[3] Die Satzung kann jedoch eine solche vorsehen.[4]

III. Nachgiebiges Recht

4 § 19 Abs. 2 ist auf die Bestimmung des § 28 nicht anwendbar, was die Möglichkeit eröffnet, sowohl in der Satzung als auch im Einzelfalle die Folgen der Nichteinzahlung des Nachschusses bei beschränkter Nachschusspflicht zu mildern (§ 28 Abs. 1 S. 1).[5] In der Satzung kann die Kaduzierung deshalb auch vollständig ausgeschlossen werden;[6] besteht eine solche Regelung, kann die Gesellschaft wegen des nicht geleisteten Nachschusses nur die Zahlungsklage erheben, wobei dies – weil selbstverständlich – in der Satzung nicht ausdrücklich geregelt sein muss. Weiter kann die Satzung etwa den Regress gegenüber den Vormännern gem. § 22 ausschließen und/oder die Haftung des mit dem Nachschuss säumigen Gesellschafters ganz beseitigen.[7] Die Satzung kann auch anstelle der Kaduzierung des mit dem Nachschuss säumigen Gesellschafters diesem das Preisgaberecht des § 27 einräumen, dies jedoch nur dann, wenn der Geschäftsanteil voll einbezahlt ist[8] und insgesamt dadurch die Erbringung des Stammkapitals nicht gefährdet wird.

5 Ob die Satzung auch die Möglichkeit der gerichtlichen Geltendmachung ausschließen kann, ist mit Blick auf den Sinn und Zweck der Nachschusspflicht fraglich,[9] dürfte aber angesichts der allgemeinen Zulässigkeit eines Ausschlusses der Klagbarkeit zulässig sein.[10] Sinnvoll scheint ein derartiger Ausschluss allerdings nicht.

IV. Verschärfung der Haftung

6 Die Satzung kann auch die **Haftung verschärfen,** etwa die Haftung der Mitgesellschafter gem. § 24 oder die gesamtschuldnerische Haftung der Mitgesellschafter einführen[11] oder eine Kombination dahin anordnen, dass der Regress gegenüber den Vormännern ausgeschlossen und dafür nur die Haftung der Mitgesellschafter gem. § 24 festgelegt wird.

7 Die Satzung kann dem mit dem Nachschuss säumigen Gesellschafter auch besondere Verzugszinsen auferlegen oder Vertragsstrafen festsetzen.

V. Stundung und Erlass

8 Da § 19 Abs. 2 für § 28 nicht gilt (s. Rn. 4), kann die Gesellschaft sowohl in der Satzung als auch für den Einzelfall durch Gesellschafterbeschluss dem mit dem Nach-

---

[3] *Baumbach/Hueck/Fastrich* Rn. 1; *Hachenburg/Müller* Rn. 7; *Lutter/Hommelhoff* Rn. 2.
[4] *Baumbach/Hueck/Fastrich* Rn. 1.
[5] *Baumbach/Hueck/Fastrich* Rn. 1; *Scholz/Emmerich* Rn. 6.
[6] *Baumbach/Hueck/Fastrich* Rn. 1; *Hachenburg/Müller* Rn. 10; *Scholz/Emmerich* Rn. 6.
[7] *Hachenburg/Müller* Rn. 11; *Scholz/Emmerich* Rn. 6.
[8] *Roth/Altmeppen* Rn. 9; *Scholz/Emmerich* Rn. 6.
[9] Abl. Voraufl. Rn. 3 aE.
[10] Zur Problematik eines vertraglichen Ausschlusses der Klagbarkeit allgemein s. *Schumann* in *Stein/Jonas* ZPO Vor § 253 Rn. 90.
[11] *Hachenburg/Müller* Rn. 11; *Scholz/Emmerich* Rn. 6.

schuss säumigen Gesellschafter die Leistung **stunden,** auf seine Leistung **verzichten** oder mit diesem auch **Teilzahlung** vereinbaren.[12] In jedem Falle ist das Gleichbehandlungsgebot (§ 13 Rn. 94 ff.) zu beachten.

VI. Konkurrenz mit Kaduzierungsrecht wegen rückständiger Stammeinlagen

Sind neben den Nachschüssen auch Stammeinlagen rückständig, hat die Kaduzierung wegen der verzögerten Einzahlung der Stammeinlagen im Hinblick auf die auch im Gesetz zum Ausdruck kommende besondere Bedeutung (Ausfallhaftung nach § 29; weder Verzicht auf die Einlageforderung durch die Gesellschaft noch Aufrechnung gegen diese Forderung durch die Gesellschafter möglich) Vorrang;[13] möglich ist auch der Ausschluss des Gesellschafters aus beiden Gründen, nicht aber der Ausschluss allein wegen der nicht geleisteten Nachschüsse. 9

VII. Nachschüsse vor Volleinzahlung der Stammeinlage (§ 28 Abs. 2)

1. Voraussetzungen. Nach § 28 Abs. 2 kann die Satzung bestimmen, dass die Einforderung von Nachschüssen, auf deren Zahlung die §§ 21 bis 23 Anwendung finden, schon vor der vollständigen Einforderung der Einlagen zulässig ist. Hierin liegt eine Abweichung von dem sonst geltenden Grundsatz, dass die Einlagen vor der Geltendmachung von Einschüssen vollständig eingefordert worden sein müssen (§ 26 Rn. 25). Die Ausnahme bedarf zweierlei Voraussetzungen in der Satzung: Zum einen muss die vorzeitige Einforderung der Nachschüsse ausdrücklich zugelassen worden sein. Zum anderen müssen auf die Zahlung der vorzeitig einforderbaren Nachschüsse die §§ 21 bis 23 insgesamt Anwendung finden.[14] 10

Lässt die Satzung demgegenüber die **Abandonnierung** zu, ist die **Volleinzahlung des Geschäftsanteils** wie bei der unbeschränkten Nachschusspflicht zwingend erforderlich, da es sonst über die Möglichkeit, den Geschäftsanteil preiszugeben, zu einer Gefährdung der Kapitalaufbringung käme. 11

2. Rückzahlung von Nachschüssen. Die Rückzahlung von Nachschüssen, die vor der vollständigen Einforderung der Stammeinlage eingezogen worden sind, ist zulässig, setzt jedoch nach § 30 Abs. 2 S. 3 voraus, dass das Stammkapital voll eingezahlt und nicht nur voll eingefordert ist. Für Nachschüsse, die nach der Einforderung des Stammkapitals, jedoch noch vor der Einzahlung sämtlicher Stammeinlagen eingezogen worden sind, gilt das Gleiche.[15] 12

VIII. Gestufte Nachschusspflicht (§ 28 Abs. 1 S. 2)

Besonders geregelt ist in § 28 Abs. 1 S. 2 unter Bezugnahme auf § 27 Abs. 4 der Fall, dass die Satzung eine mit einer beschränkten Nachschusspflicht kombinierte unbeschränkte Nachschusspflicht enthält. § 28 Abs. 1 S. 2 legt für diesen Fall fest, dass bis zur Höhe des in der Satzung festgelegten Betrages bei Nichtleistung des Nachschusses die Vorschriften über die Kaduzierung (§§ 21 bis 23) Anwendung finden und bei Überschreiten dieses Betrages § 27 gilt, dem säumigen Gesellschafter also ein Preisga- 13

---

[12] *Hachenburg/Müller* Rn. 12
[13] *Baumbach/Hueck/Fastrich* Rn. 5; *Hachenburg/Müller* Rn. 9; *Scholz/Emmerich* Rn. 3 a.
[14] RGZ 87, 179, 182; *Baumbach/Hueck/Fastrich* Rn. 5; *Hachenburg/Müller* Rn. 17 f.; *Scholz/ Emmerich* Rn. 7.
[15] RGZ 87, 179, 182 f.; *Hachenburg/Müller* Rn. 19.

berecht zusteht, und zwar im Hinblick auf den gesamten Betrag; die eingeforderten Beträge sind sonach zusammenzuzählen, unabhängig von ihrer Zahlung.[16] Für die Berechnung des Grenzbetrages sind alle eingeforderten Nachschüsse zu addieren, wobei es ohne Bedeutung ist, ob sie auch eingezahlt worden sind.[17] Die Grenze, ab der das Preisgaberecht besteht bzw. ausgeschlossen ist, kann grundsätzlich nach freiem Ermessen in der Satzung festgelegt werden. Führt eine solche Bestimmung des Gesellschaftsvertrages allerdings zu einer Umgehung des § 27, zB wenn eine nicht zu erreichende Grenze festgelegt wird, so ist sie als unwirksam anzusehen.[18] Eine solche Nachschusspflicht wäre bei Auslegung der Satzung tatsächlich als unbeschränkte Nachschusspflicht mit den Rechtsfolgen des § 27 anzusehen.[19]

IX. Österreichisches Recht

14   Zum österreichischen Recht s. bei § 27 Rn. 58.

§ 29 [Gewinnverwendung]

(1) ¹Die Gesellschafter haben Anspruch auf den Jahresüberschuß zuzüglich eines Gewinnvortrags und abzüglich eines Verlustvortrags, soweit der sich ergebende Betrag nicht nach Gesetz oder Gesellschaftsvertrag, durch Beschluß nach Absatz 2 oder als zusätzlicher Aufwand auf Grund des Beschlusses über die Verwendung des Ergebnisses von der Verteilung unter die Gesellschafter ausgeschlossen ist. ²Wird die Bilanz unter Berücksichtigung der teilweisen Ergebnisverwendung aufgestellt oder werden Rücklagen aufgelöst, so haben die Gesellschafter abweichend von Satz 1 Anspruch auf den Bilanzgewinn.

(2) Im Beschluß über die Verwendung des Ergebnisses können die Gesellschafter, wenn der Gesellschaftsvertrag nichts anderes bestimmt, Beträge in Gewinnrücklagen einstellen oder als Gewinn vortragen.

(3) ¹Die Verteilung erfolgt nach Verhältnis der Geschäftsanteile. ²Im Gesellschaftsvertrag kann ein anderer Maßstab der Verteilung festgesetzt werden.

(4) ¹Unbeschadet der Absätze 1 und 2 und abweichender Gewinnverteilungsabreden nach Absatz 3 Satz 2 können die Geschäftsführer mit Zustimmung des Aufsichtsrats oder der Gesellschafter den Eigenkapitalanteil von Wertaufholungen bei Vermögensgegenständen des Anlage- und Umlaufvermögens und von bei der steuerrechtlichen Gewinnermittlung gebildeten Passivposten, die nicht im Sonderposten mit Rücklageanteil ausgewiesen werden dürfen, in andere Gewinnrücklagen einstellen. ²Der Betrag dieser Rücklagen ist entweder in der Bilanz gesondert auszuweisen oder im Anhang anzugeben.

Literatur: *Ascher* Gewinnrealisierung aus Kapitalanteilen, GmbHR 1951, 5 ff.; *Bezzenberger* „Dividendenverzicht" des Großaktionärs, Das Wertpapier 1967, 291; *Biener* Die Rechnungslegung der GmbH nach der Bilanzrichtlinie der EG, GmbHR 1978, 197; *ders.* Die Rechnungslegung der GmbH nach dem RegE eines Bilanzrichtliniengesetzes, GmbHR 1982, 53, 77; *ders.* Die Auswirkungen des Regierungsentwurfs eines Bilanzrichtlinien-Gesetzes auf GmbH und GmbH & Co., GmbHR 1986, 253;

---

[16] *Hachenburg/Müller* Rn. 14; *Lutter/Hommelhoff* Rn. 5.
[17] *Baumbach/Hueck/Fastrich* Rn. 2; *Lutter/Hommelhoff* Rn. 5.
[18] *Hachenburg/Müller* Rn. 15; *Lutter/Hommelhoff* Rn. 5.
[19] *Hachenburg/Müller* Rn. 15.

Gewinnverwendung § 29

Blümich EStG/KStG (Loseblatt); *Boesebeck* „Satzungsdurchbrechungen" im Recht der AG und GmbH, NJW 1960, 2265; *Buchwald* Gewinnausschüttung aus Nichtgewinnen, GmbHR 1953, 167; *Christoffel* Senkung des Körperschaftsteuersatzes – Auswirkungen auf die Anteilsbewertung, BB 1989, 124; *Claussen* Der Genußschein und seine Einsatzmöglichkeiten, FS Werner, 1984, S. 81; *Costede* Familien-GmbH oder Familienpersonengesellschaft? – Steuerrecht-Handelsrecht, GmbHR 1979, 4 ff.; *Crezelius* Gewinnermittlung vs. Gewinnverwendung, FS 100 Jahre GmbHG, 1992, S. 315; *Deupmann* Die vorläufige Handelsregistersperre, NJW 1986, 1846; *Döllerer* Fragen der verdeckten Gewinnausschüttung der Aktiengesellschaft, BB 1967, 1437 ff.; *ders.* Zum Gewinnbegriff des neuen AktG, FS Geßler, 1971, S. 93; *ders.* Die GmbH in der Rechtsprechung des Bundesfinanzhofes, in: Pro GmbH, 1980, S. 169; *ders.* Der Einfluß der Körperschaftsteuer-Reform 1977 auf das Verhältnis zwischen Handelsrecht und Steuerrecht der GmbH, GmbHR 1987, 133; *ders.* Die Rechtsprechung des Bundesfinanzhofs zum Steuerrecht der Unternehmen, ZGR 1986, 518; *Dötsch* Solidaritätszuschlag zur Körperschaftsteuer ab 1995, GmbHR 1994, 592; *Duden* Aktienrechtliche Fragen zur „Organschaft" mit einem Großaktionär, BB 1957, 49 ff.; *Eder* Die Zwischendividende bei der GmbH, GmbHR 1969, 285; *Ehlke* Ergebnisverwendungsregeln in der GmbH nach dem BiRiLiG, DB 1987, 671; *Emmerich* Fortschritt oder Rückschritt – Zur Änderung des § 29 GmbHG durch das BiRiLiG von 1985, FS Seuß, 1987, S. 137; *Ernst* Der Genußschein im deutschen und schweizerischen Aktienrecht, 1963; *ders.* Der Genußschein als Kapitalbeschaffungsmittel, AG 1967, 75 ff.; *Esch* Die gesellschaftsvertragliche Vereinbarung der Rückgewähr ausgeschütteter Gewinne der GmbH, NJW 1978, 2529; *v. Falkenhausen* Verfassungsrechtliche Grenzen der Mehrheitsherrschaft nach dem Recht der Kapitalgesellschaften (AG und GmbH), 1967; *Falkenstein* Grenzen für die Entnahmerechte der GmbH-Gesellschafter, 1992; *Flume* Die Organschaft im Körperschaftsteuerrecht, DB 1956, 455; *ders.* Die Gesellschaft und das Vermögen der Kapitalgesellschaft und die Problematik der verdeckten Gewinnausschüttung, ZHR 144 (1980), 18; *ders.* Die juristische Person, 1983; *Forster/Lutter* Zur Bilanzierung, Reservenbildung und Ausschüttung in der GmbH – Ein Briefwechsel, DB 1979, 1099; *Gail* Die Auflösung von Rückstellungen in der Handels- und Steuerbilanz, BB 1982, 217; *Ganssmüller* Zur Errechnung der Tantieme für GmbH-Geschäftsführer, GmbHR 1965, 92; *Geßler* Zur handelsrechtlichen verdeckten Gewinnausschüttung, FS R. Fischer, 1979, S. 131; *ders.* Unterschiedliche gesetzliche Gewinnansprüche, BB 1986, 227; *Glade,* Die Auswirkungen von Kapitalveränderungen einer GmbH auf die Körperschaftsteueranrechnung, GmbHR 1983, 173; *ders.* Verdeckte Gewinnausschüttung bei Veräußerung von Geschäftsanteilen zu Sonderbedingungen, GmbHG 1986, 128; *Goerdeler* Gewinnverwendung in der GmbH, FS Werner, 1984, S. 153; *Gottlieb* Der Genußschein im deutschen Recht, 1931; *Groh* Gesellschafterbeitrag und Gesellschaftsgewinn, FS Flume, Bd. II, 1978, S. 71; *Grunewald* Wozu dient die Registersperre des § 7 Abs. 2 UmStÄndG?, NJW 1987, 2410; *Gschwendtner* Vorabausschüttungen bei einer GmbH nach Handels- und Steuerrecht, BB 1978, 109; *Gustavus* Sperre des Handelsregisters durch das Bilanzrichtlinien-Gesetz, ZIP 1986, 219; *Gutbrod* Vom Gewinnbezugsrecht zum Gewinnanspruch des GmbH-Gesellschafters, GmbHR 1995, 551; *Häusler* Lastentragung und Gewinnverteilung bei einer GmbH, Diss. Bonn 1965; *Hager* Die verdeckte Gewinnausschüttung in der GmbH, ZGR 1989, 71; *Hartmann* Das neue Bilanzrecht und der Gesellschaftsvertrag, 1986; *Heidenhain* Änderung der bestehenden Ergebnisverwendungs-Verfassung in der GmbH mit einfacher Mehrheit, GmbHR 1987, 293; *Heining* Gewinnbeteiligung von Nichtgesellschaftern bei der GmbH, GmbHR 1950, 166; *ders.* Die Tantieme des Geschäftsführers, GmbHR 1953, 199; *Hennerkes/May* Der Gesellschaftsvertrag des Familienunternehmens, NJW 1988, 2761; *Hennsler* Minderheitenschutz im faktischen GmbH-Konzern, FS Zöllner, 1998, S. 203; *Hepting* Anpassung von GmbH-Satzungen und Minderheitenschutz, BB 1988, 1561; *Heß* Zwangsumgliederung im EK 56, DB 1994, 2364; *Holzapfel* Gewinnverwendung bei der GmbH, GmbHR 1986, 293; *Hommelhoff* Gesellschaftsrechtliche Fragen im Entwurf eines Bilanzrichtlinien-Gesetzes, BB 1981, 944; *ders.* Handelsrecht in: Jahrbuch der Fachanwälte für Steuerrecht 1984/80, 397; *ders.* Die Ergebnisverwendung in der GmbH, ZGR 1986, 418; *ders.* Rechtliche Überlegungen zur Vorbereitung der GmbH, WPg 1984, 629; *ders.* Aspekte der Selbstfinanzierung in der GmbH – Regelungsanstöße im Bilanzrichtliniengesetz, WPg 1987, 217; *ders.* Auszahlungsanspruch und Ergebnisverwendungsbeschluss in der GmbH, FS Rowedder, 1994, S. 171; *Hommelhoff/Hartmann/Hillers* Satzungsklauseln zur Ergebnisverwendung in der GmbH, DNotZ 1986, 323, 395; *Hommelhoff/Priester* Bilanzrichtliniengesetz und GmbH, ZGR-Sonderheft 1986 = ZGR 1986, 463; *A. Hueck* Zur Frage der Rechtswirksamkeit der Organschaftsverträge, DB 1959, 223; *G. Hueck* Gewinnvorschuß in der GmbH, ZGR 1975, 133; *ders.* Minderheitenschutz bei der Ergebnisverwendung in der GmbH, FS Steindorff, 1990, S. 45; *Immenga* Die personalistische Kapitalgesellschaft, 1970; *Joost* Kapitalbegriff und Reichweite der Bindung des aufgebrachten Vermögens, GmbHR 1983, 285; *ders.* Grundlagen und Rechtsfolgen der Kapitalerhaltungsregeln, ZHR 148 (1984), 27; *ders.* Beständigkeit und Wandel im Recht der Gewinnverwendung, FS 100 Jahre GmbHG, 1992, S. 289; *Kallmeyer* Recht der Gewinnverwendung in der GmbH, GmbHR 1992, 788; *Karollus* Die Umwandlung von Geldkrediten in Grundkapital – eine verdeckte Sacheinlage?, ZIP 1994, 589; *Klauss/Mittelbach* Die GmbH, 3. Aufl. 1984; *Knobbe-Keuk* Bilanz- und Unternehmenssteuerrecht, 9. Aufl. 1993; *dies.* Der Tatbestand der verdeckten Gewinnausschüttung und branchengleiche Tätigkeit des Gesell-

§ 29 2. Abschnitt. Rechtsverhältnisse der Gesellschaft und der Gesellschafter

schafter-Geschäftsführers, GmbHR 1992, 333; *Konow* Der Grundsatz der gleichmäßigen Behandlung der GmbH-Gesellschafter bei der Gewinnverteilung, GmbHR 1973, 121; *Kremer* Die Tantieme des GmbH-Geschäftsführers, GmbHR 1959, 233; *Lange* Rückgängigmachung einer verdeckten Gewinnausschüttung, GmbHR 1993, 762; *Laule* Bauzinsen nach dem GmbH-Gesetz, GmbHR 1966, 32; *Lempenau* Verdeckte Gewinnausschüttung – Sorgenkind der Körperschaftsteuerreform, BB 1977, 1209; *Liebs* Zur Neuregelung der Ergebnisverwendung in der GmbH durch das Bilanzrichtlinie-Gesetz, GmbHR 1986, 145; *ders.* Anpassung des Gesellschaftsvertrages der GmbH an das Bilanzrichtlinien-Gesetz, DB 1986, 2421; *Ludewig/Eder* Gelten die neuen aktienrechtlichen Bewertungsvorschriften auch für die Jahresabschlüsse der GmbH? GmbHR 1965, 192; *Lueb/Wartner* Zum Gewinnanspruch der Gesellschafter einer GmbH, GmbHR 1964, 49; *Lutter* Kapital, Sicherung der Kapitalaufbringung und Kapitalerhaltung in den Aktien- und GmbH-Rechten der EWG, 1964; *ders.* Rechtsverhältnisse zwischen den Gesellschaftern und der Gesellschaft, in: Probleme der GmbH-Reform, 1970, 63 ff.; *ders.* Bilanzierung, Reservenbildung und Ausschüttung in der GmbH, DB 1978, 1965; *ders.* Rechnungslegung nach künftigem Recht, DB 1979, 1285; *ders.* Europäisches Gesellschaftsrecht, ZGR, Sonderheft 1, 1979; *Martens* Mehrheits- und Konzernherrschaft in der personalistischen GmbH, 1970; *Maulbetsch* Gesellschaftsrechtlich bedeutsame Vorschriften des Bilanzrichtliniengesetzes und ihre Auswirkung, DB 1986, 953; *Mertens/Cahn* Wettbewerbsverbot und verdeckte Gewinnausschüttung im GmbH-Konzern, FS Heinsius, 1991, S. 545; *Mestmäcker* Verwaltung, Konzerngewalt und Recht der Aktionäre, 1958; *Meyer* Klare und eindeutige Vereinbarung zwischen GmbH und beherrschendem Gesellschafter zur Vermeidung verdeckter Gewinnausschüttungen – Anmerkung zum BFH-Urteil vom 24. 1. 1990, GmbHR 1991, 70; *Meyer/Arndt* Für eine Reform der ungerechten Vorschriften über verdeckte Gewinnausschüttungen, GmbHR 1993, 469; *ders.* Die Strafsteuer auf verdeckte Gewinnausschüttungen muss abgeschafft werden!, GmbHR 1994, 34; *Welf Müller* Die Änderung von Jahresabschlüssen, Möglichkeiten und Grenzen, FS Quack, 1991, S. 359; *Muscheid* Übergangsvorschriften des Bilanzrichtliniengesetzes für den Einzelabschluss, DB 1986, 355; *Nied-Riebler* Genußrechte als Instrument zur Eigenkapitalbeschaffung über den organisierten Kapitalmarkt für die GmbH, 1989; *Orth* Neue Aspekte zum Schütt-aus-hol-zurück-Verfahren, GmbHR 1987, 195; *Peter* Möglichkeiten und Grenzen der Ausschüttung des Jahresgewinns, GmbHR 1968, 144; *Pougin* Genußrechte, FS Oppenhoff, 1985, S. 275; *Priester* Vorabausschüttungen bei der GmbH, DB 1973, 2382; *ders.* Körperschaftsteuerreform und Gewinnverwendung, ZGR 1977, 445; *Raiser* Das Recht der Gesellschafterklagen, ZHR 153 (1989), 1; *Raupach* Die GmbH-Satzung nach der Körperschaftsteuerreform, in: Pro GmbH, 1980, S. 205; *Renkl* Zugriffsmöglichkeiten der Gesellschafter einer GmbH auf das Gesellschaftsvermögen vor Ablauf des Geschäftsjahres, BB 1988, 269; *ders.* Gewinnverwendungsverfassung und Abschlussprüfung in der GmbH, GmbHR 1989, 66; *ders.* Der Gewinnanspruch der Gesellschafter einer GmbH nach der Neuregelung des § 29 GmbHG, DB 1986, 1108; *Reuter* Privatrechtliche Schranken der Perpetuierung von Unternehmen, 1973; *ders.* Der Partizipationsschein als Form der Mitarbeiterbeteiligung, FS R. Fischer, 1979, S. 605 ff.; *ders.* Welche Maßnahmen empfehlen sich, insbesondere im Gesellschafts- und Kapitalmarktrecht, um die Eigenkapitalausstattung der Unternehmen langfristig zu verbessern? Gutachten B zum 55. Deutschen Juristentag, 1984; *ders.* Verbesserung der Risikokapitalausstattung der Unternehmen durch Mitarbeiterbeteiligung?, NJW 1984, 1849; *Rodewald* Schadenersatzanspruch bei verdeckter Gewinnausschüttung, BB 1994, 2013; *Röhrkasten* Die Rückzahlung des Stammkapitals, GmbHR 1974, 36 ff.; *Rosiny* Zum Anspruch des GmbH-Gesellschafters auf Ausschüttung des Reingewinns, GmbHR 1959, 148; *Schäfer* Aktuelle Probleme des neuen Aktienrechts, BB 1966, 229 ff.; *C. Schäfer* Der stimmrechtslose GmbH-Geschäftsanteil, 1997; *Scheidle* Die GmbH & Co. KG als attraktive Unternehmensform nach dem Bilanzrichtliniengesetz, BB 1986, 2065; *ders.* Die Aufgaben des Beraters bei der Vorbereitung der GmbH auf das Bilanzrichtlinien-Gesetz, GmbHR 1985, 319; *Schiffers* Konsequenzen verdeckter Gewinnausschüttungen nach dem Systemwechsel bei der Besteuerung von Kapitalgesellschaften, GmbHR 2001, 885; *Schmahl* Zur vorläufigen Handelsregistersperre nach Art. 12 § 7 Abs. 2 GmbHÄndG, NJW 1986, 2624; *K. Schmidt* Eigenkapitalausstattung, JZ 1984, 771; *Schneider* Mittelbare verdeckte Gewinnausschüttung im GmbH-Konzern, ZGR 1985, 279; *ders.* Die Vertretung der GmbH bei Rechtsgeschäften mit ihren Konzernunternehmen, BB 1986, 201; *Schön* Die Verdeckte Gewinnausschüttung – eine Bestandsaufnahme, FG Flume, 1998, S. 265; *ders.* Bestandskraft fehlerhafter Bilanzen – Information, Gewinnverteilung, Kapitalerhaltung, 50 Jahre Bundesgerichtshof, FG aus der Wissenschaft, 2000, Bd. II, S. 153; *Schulze-Osterloh* Die verdeckte Gewinnausschüttung bei der GmbH als kompetenzrechtliches Problem, FS Stimpel, 1985, S. 487; *ders.* Jahresabschluss, Abschlussprüfung und Publizität der Kapitalgesellschaften nach dem Bilanzrichtlinien-Gesetz, ZHR 150 (1986), 550; *Schulze zur Wiesche* Gewinnverteilungsvereinbarungen bei Körperschaften, DB 1973, 2363, 2420, 2479; *ders.* Geschäftsführervergütung und verdeckte Gewinnausschüttung, GmbHR 1991, 113 (Teil I), 170 (Teil II); *ders.* Tantiemevereinbarungen mit beherrschenden Gesellschafter-Geschäftsführern und die GmbH, GmbHR 1993, 403; *Semetz* Die Folgen der neueren Zivilrechtsprechung zum „Ausschüttungs-Rückhol-Verfahren" für künftige Kapitalerhöhungen bei einer GmbH, ZIP 1993, 1685; *Sieker* Die Verzinsung eigenkapitalersetzender Gesellschafterdarlehen, ZGR 1995, 250; *Skibbe* Gesellschaftsrechtliche Aspekte des Ergebnisabführungsvertrages bei einer

GmbH, GmbHR 1968, 245; *Sommer* Die Behandlung von Dividenden, GmbHR 1985, 224; *Sonnenschein* Organschaft und Konzerngesellschaftsrecht, 1976; *Stengel/Scholderer* Der zivilrechtliche Ausgleich des Steuernachteils einer verdeckten Gewinnausschüttung, ZGR 1997, 41; *Stockmeyer* Aktuelle Probleme der Gewinnausschüttung aus körperschaftsteuerlicher und handelsrechtlicher Sicht, GmbHR 1980, 59; *Streck* Aktuelle Probleme offener und verdeckter Gewinnausschüttungen und Einlagen bei der mittelständischen GmbH, GmbHR 1982, 22; *Sudhoff* Gewinnanspruch und Gesellschaftsvertrag, GmbHR 1961, 118; *ders.* Die Berechnung der Tantieme des GmbH-Geschäftsführers, GmbHR 1963, 3; *ders.* Rechte und Pflichten des Geschäftsführers einer GmbH, 11. Aufl. 1984; *Sudhoff/Sudhoff* Stille Beteiligung an einer GmbH und die Umwandlung dieser Beteiligung, GmbHR 1984, 77; *Tänzer* Die angemessene Vergütung des Geschäftsführers in kleinen GmbH, GmbHR 1993, 728; *Teichmann* Gestaltungsfreiheit in Gesellschaftsverträgen, 1970; *Tieves* Der Unternehmensgegenstand der Kapitalgesellschaft, 1998; *Tillmann* Unüblichkeit der Vereinbarung – ein neues Kriterium der verdeckten Gewinnausschüttung?, GmbHR 1993, 466; *Tipke* Steuerrecht, 1985; *Tries* Verdeckte Gewinnausschüttungen im GmbH-Recht, 1991; *Ulmer* Gesellschafterhaftung gegenüber der GmbH bei Vorteilsgewährung unter Verstoß gegen § 30 Abs. 1 GmbHG, FS 100 Jahre GmbHG, 1992, S. 363; *Vollmer* Der Genußschein – ein Instrument für mittelständische Unternehmen zur Eigenkapitalbeschaffung an der Börse, ZGR 1983, 445 ff.; *ders.* Mehrheitskompetenzen und Minderheitenschutz bei der Gewinnverwendung nach künftigem GmbH-Recht, DB 1983, 93; *Vonnemann* Ausschüttungen an die Gesellschafter einer GmbH, GmbHR 1992, 637; *A. Voss* Verdeckte Gewinnausschüttung bei nicht wesentlicher Beteiligung, GmbHR 1963, 89 ff.; *J. P. Voss* Zur steuerlichen Behandlung des Erwerbs eines Geschäftsanteils an einer GmbH während des laufenden Geschäftsjahres, DB 1985, 1159; *Walk* Die zweckmäßige Gewinnverwendungsklausel in der GmbH, 1993; *v. Wallis* Die Verzinsung eingezahlter Gesellschaftsanteile und nicht ausgeschütteter Gewinne einer GmbH, GmbHR 1958, 52 ff.; *Wassermeyer* Das Wettbewerbsverbot des Gesellschafters und Gesellschafter-Geschäftsführers einer GmbH, GmbHR 1993, 329; *ders.* Reform der „ungerechten" Vorschriften über verdeckte Gewinnausschüttungen – Anmerkung zu den Ausführungen von Meyer/Arndt, GmbHR 1994, 27; *ders.* Verdeckte Gewinnausschüttung – Bundesfinanzhof versus Finanzverwaltung, GmbHR 2002, 1; *Wedel* Der Partizipationsschein als Kapitalbeschaffungsmittel der Aktiengesellschaften, 1969; *Westerfelhaus* Ergebnisverwendung und Gewinnverteilung bei einer GmbH, DB 1987, 2135; *ders.* Die Definition der verdeckten Gewinnausschüttung – eine steuerrechtliche Studie mit Blick auf das Gesellschaftsrecht, GmbHR 1994, 224; *H. P. Westermann* Die GmbH – ein „Allzweck-Instrument"? in: Pro GmbH, 1980, S. 23 ff.; *Wilhelm* Die Vermögensbindung bei der AG und der GmbH und das Problem der Unterkapitalisierung, FS Flume, Bd. II, 1978, S. 337; *Winter* Verdeckte Gewinnausschüttung, ZHR 148 (1984), 579; *Wolany* Rechte und Pflichten des Gesellschafters einer GmbH, 1964; *Woltmann* Wirkungen des Bilanzrichtliniengesetzes auf gesellschaftsrechtliche Grundlagen, WPg 1987, 443; *ders.* Bilanzrichtlinien-Gesetz und Gesellschaftsrecht – Statutenänderung und Unternehmensgestaltung, DB 1986, 1861; *v. Wysocki* Die GmbH und die GmbH & Co. KG und der Entwurf eines BilanzrichtlinienG, GmbHR 1984, 284; *Ziebe* Der Genußschein als kapitalmarktpolitisches Instrument zur Verbesserung der Eigenkapitalausstattung der Unternehmen, BB 1984, 2210; *Zöllner* Die Schranken mitgliedschaftlicher Stimmrechtsmacht bei den privatrechtlichen Personenverbänden, 1963; *ders.* Die Anpassung dividendenbezogener Verpflichtungen von Kapitalgesellschaften bei effektiver Kapitalerhöhung, ZGR 1986, 288; *ders.* Die sogenannten Gesellschafterklagen im Kapitalgesellschaftsrecht, ZGR 1988, 392.

Übersicht

	Rn.		Rn.
I. Regelungsgegenstand und Entwicklung der Norm	1–4	5. Satzungsregelungen zur Gewinnverteilung	18
II. Der Gewinnanspruch des Gesellschafters (§ 29 Abs. 1)	5–9	**IV. Das Gewinnbezugsrecht und der Gewinn(auszahlungs)anspruch des Gesellschafters (noch zu § 29 Abs. 1)**	19–37
1. Gewinnanspruch	5	1. Gewinnbezugsrecht als Teil des Mitgliedschaftsrechts	20, 21
2. Begriffsbestimmung nach dem BiRiLiG	6–9	2. Gewinnanspruch	22–26
III. Die sog. Handelsregistersperre nach § 7 ÄndG zur Anpassung an § 29 nF (noch zu § 29 Abs. 1)	10–18	a) Allgemeines	22
1. Der Grundsatz der Sperre	10–13	b) Nachträgliche Änderung	23–25
2. Einzelfragen der Sperre	14, 15	c) Erlöschen des Anspruchs	26
3. Anmeldung von Satzungsänderungen vor dem 1. 1. 1986	16	3. Fälligkeit	27
4. Minderheitenschutz bei Satzungsänderung über § 7 Abs. 2 ÄndG	17	4. Der Gewinnanspruch in der Insolvenz der Gesellschaft	28
		5. Übertragung	29–32

	Rn.
a) Übertragung des Gewinnbezugsrechts zusammen mit dem Geschäftsanteil	29
b) Keine isolierte Abtretung des Gewinnbezugsrechts	30
c) Abtretung, Verpfändung und Pfändung des Gewinn(auszahlungs)anspruchs, Nießbrauch	31, 32
6. Gewinnanspruch und Liquidität, Kapitalbindung	33–37
a) Liquidität	33
b) Kapitalbindung	34–37
V. Voraussetzungen des Gewinn-(auszahlungs)anspruchs (noch zu § 29 Abs. 1)	38–101
1. Geschäftsjahr	38–41
2. Größenordnungen der Gesellschaften	42–45
a) Kleine Kapitalgesellschaften	43
b) Mittelgroße und große Kapitalgesellschaften	44, 45
3. Aufstellung und Feststellung des Jahresabschlusses	46–52
a) Unterscheidung zwischen Aufstellung und Feststellung	47, 48
b) Vorlage des Jahresabschlusses zur Feststellung	49–52
4. Abschlussprüfung	53–55
5. Grundzuständigkeit der Gesellschafterversammlung für den Feststellungs- und den Ergebnisverwendungsbeschluss	56–59
a) Bilanzaufstellung ohne Berücksichtigung der Ergebnisverwendung	57, 58
b) Bilanzaufstellung mit Berücksichtigung der Ergebnisverwendung	59
6. Verspätete Erstellung	60–64
7. Minderheitsrechte/Zweipersonengesellschaft	65–68
8. Unrichtiger Jahresabschluss	69–82
a) Prüfungspflicht des Feststellungsorgans	69
b) Nichtigkeit und Anfechtbarkeit des Jahresabschlusses	70–81
aa) Nichtigkeit	71–80
bb) Anfechtbarkeit	81
c) Rückzahlungspflichten	82
9. Rücklagenbildung	83–87
10. Rückstellungen	88
11. Wertaufholungen	89–97
a) Eigenkapitalanteil von Wertaufholungen (§ 29 Abs. 4)	90–92
b) Sonderposten mit Rücklagenanteil	93
c) Zuständigkeit	94–96
d) Keine Pflicht zur Bildung einer Wertaufholungsrücklage	97
12. Vorauszahlungen	98–100
13. Bauzinsen	101

	Rn.
VI. Maßstäbe der Gewinnverteilung (§ 29 Abs. 2 und 3)	102–129
1. Allgemeines	102, 103
2. Mehrheitserfordernisse bei Fassung des Gewinnverwendungs- und des Gewinnverteilungsbeschlusses, Frist	104–106
3. Statutarische Regelungen (§ 29 Abs. 3 S. 2)	107–113
4. Gewinngarantie	114–116
5. Verzicht auf den Gewinn	117–119
6. Gewinnvortrag	120
7. Auflösung von Gewinnvorträgen, Rücklagen oder Rückstellungen	121
8. Feste Verzinsung	122
9. Art der Auszahlung	123
10. Idealgesellschaften	124
11. Gewinnanteilscheine (Dividendenscheine, Kupons)	125–129
VII. Exkurs: Gewinnbeteiligungen Dritter	130–155
1. Allgemeines	130
2. Tantiemen	131, 132
3. Stille Beteiligungen, partiarische Rechtsverhältnisse	133–135
a) Stille Beteiligungen	133, 134
b) Partiarische Rechtsverhältnisse	135
4. Gewinnabführungsverträge	136, 137
5. Genussrechte	138–154
a) Allgemeines	138–143
b) Rechtsnatur	144, 145
c) Handels- und steuerrechtliche Relevanz	146
d) Kreis der Anspruchsberechtigten	147
e) Zusammenschluss der Genussrechtsinhaber	148
f) Verbriefung	149
g) Beendigung	150, 151
h) Veräußerung und Vererbung	152
i) Wandelgenussrechte	153
j) Auflösung der Gesellschaft	154
6. Besserungsscheine	155
VIII. Verjährung des Gewinnanspruchs	156, 157
IX. Verdeckte Gewinnausschüttung	158–177
1. Begriff	158–162
2. Fallgruppen	163
3. Rechtliche Behandlung der verdeckten Gewinnausschüttung	164–176
a) Allgemeine Schranken	164, 165
b) Rechtsfolgen bei Fehlen der Zulässigkeitsvoraussetzungen	166–173
aa) Verstoß gegen § 30	167
bb) Verstoß gegen den Gleichbehandlungsgrundsatz, Treupflichtverletzung	168–172
cc) Satzungsbestimmungen	173
c) Verdeckte Gewinnausschüttungen unter Beteiligung Dritter	174–176
4. Einzelfälle	177
X. Österreichisches Recht	178

Gewinnverwendung § 29

I. Regelungsgegenstand und Entwicklung der Norm

§ 29 regelt die Gewinnverwendung bei der GmbH. **§ 29 Abs. 1 S. 1 bzw.** 2 statuieren als Grundsatz den Anspruch der Gesellschafter auf den Jahresüberschuss/den Bilanzgewinn, stellt dies allerdings unter den Vorbehalt satzungsmäßiger oder gesetzlicher Regelungen bzw. eines Beschlusses nach § 29 Abs. 2. **§ 29 Abs. 2** stellt die Befugnis der Gesellschafterversammlung zur Bildung von Gewinnrücklagen und zum Gewinnvortrag klar. **§ 29 Abs. 3** enthält den Maßstab der Gewinnverteilung und orientiert diese unter Vorbehalt einer abweichenden Regelung in der Satzung als Ausprägung des allgemeinen Gleichbehandlungsgrundsatzes am Verhältnis der Geschäftsanteile zueinander. **§ 29 Abs. 4** trifft besondere Bestimmungen für die Rücklagenbildung aus dem Eigenkapitalanteil bestimmter Wertaufholungen.

§ 29 ist durch das BiRiLiG vom 19. 12. 1985 (BGBl. I S. 2355) mit dessen In-Kraft- 2 Treten am 1. 1. 1986 grundlegend geändert worden. Der Text des Gesetzes ist in das HGB (§§ 238 bis 289) eingearbeitet worden. Übergangsvorschriften befinden sich in den Art. 23 bis 28 des EGHGB idF des BiRiLiG.[1] Die Neuregelung gilt dem Grundsatz nach nur für solche Gesellschaften, die nach dem 1. 1. 1986 in das Handelsregister eingetragen worden sind. Dies folgt aus Art. 12 des Änderungsgesetzes zum GmbHG vom 4. 7. 1980 § 7 in der Fassung des Art. 11 Abs. 2 BiRiLiG, allerdings nur für Abs. 1 und 2 betreffend die Verwendung des Jahresergebnisses. § 29 Abs. 4, der die sog. Wertaufholung (Rn. 90 ff.) regelt, ist für sog. Alt-Gesellschaften, die schon am 1. 1. 1986 im Handelsregister eingetragen waren, auch dann anzuwenden, wenn die Anpassung der Gewinnverwendung gemäß Abs. 1 und 2 mangels eines entsprechenden Gesellschafterbeschlusses und dessen Eintragung in das Handelsregister noch nicht wirksam geworden ist.

Die vom Gesetzgeber gewählte Regelung ist ebenso umständlich wie kompliziert,[2] 3 was an der Bestimmung des Art. 12 § 7 des Gesetzes zur Änderung des GmbHG und anderer handelsrechtlicher Vorschriften vom 4. 7. 1980 in der Fassung des Art. 11 Abs. 2 BiRiLiG deutlich wird (im Folgenden § 7 ÄndG). Nach dieser Regelung gilt das Vollausschüttungsprinzip des § 29 Abs. 1 aF für sog. Alt-Gesellschaften fort, also für solche Gesellschaften, die vor dem 31. 12. 1985 in das Handelsregister eingetragen waren. Es tritt jedoch nach § 7 Abs. 2 ÄndG idF von Art. 11 Abs. 2 BiRiLiG eine sog. Handelsregistersperre ein, was bedeutet, dass von der Gesellschafterversammlung beschlossene Satzungsänderungen erst dann in das Handelsregister eingetragen werden dürfen, wenn zugleich eine Satzungsänderung eingetragen wird, mit der die Satzung an die Neuregelungen des § 29 Abs. 1 und 2 durch Beschluss der Gesellschafterversammlung angepasst worden ist. Der letztere Beschluss über die Verwendung des Jahresüberschusses oder im Falle der vorgezogenen teilweisen Ergebnisverwendung des Bilanzgewinns gemäß § 7 Abs. 2 S. 2 ÄndG kann **bei der erstmaligen Änderung** des Gesellschaftsvertrages **mit einfacher Mehrheit** gefasst werden. Dies gilt jedoch nur für den Beschluss der Gesellschafterversammlung in Bezug auf § 29 Abs. 1 und 2; andere Erfordernisse wie etwa Ladungsfristen und die notarielle Beurkundung bleiben hiervon unberührt. Dies folgt im Umkehrschluss aus § 7 Abs. 2 ÄndG, wo lediglich auf die Abs. 1 und 2 des § 29 verwiesen ist.[3]

---

[1] Eingehend zur Entwicklung statt anderer *Emmerich*, FS Seuss, 1987, S. 137, 138 ff.
[2] Eingehend hierzu und zur Entwicklung der Bestimmung *Joost*, FS 100 Jahre GmbHG, 1992, S. 289, 292 ff.
[3] BayObLG DB 1987, 2350; *Baumbach/Hueck/Fastrich* Rn. 110.

§ 29   2. Abschnitt. Rechtsverhältnisse der Gesellschaft und der Gesellschafter

4   In welchem Umfange inzwischen sog. Alt-Gesellschaften von der Regelung des § 7 Abs. 2 ÄndG Gebrauch gemacht, also die Satzungsbestimmung über Gewinnermittlung dem neuen § 29 Abs. 1 angepasst haben, ist nicht bekannt. Die Zahl der Gesellschaften, die gemäß der alten Fassung des § 29 den sog. Reingewinn (Rn. 8) nach dem Vollausschüttungsprinzip verteilt haben, dürfte jedoch gering sein, da fast alle Gesellschaftsverträge von GmbH schon vor In-Kraft-Treten des BiRiLiG und vor der Neufassung des § 29 statutarische Regelungen dahingehend besaßen, dass im Rahmen der Gewinnverwendung ein Teil des Gewinnes in die Rücklagen einzustellen ist.

II. Der Gewinnanspruch des Gesellschafters (§ 29 Abs. 1)

5   **1. Gewinnanspruch.** Der Gewinnanspruch des Gesellschafters ist auch nach § 29 nF dem Grundsatz nach nicht eingeschränkt. Während früher die Formulierung des Gesetzes dahin lautete, dass die Gesellschafter vorbehaltlich einer abweichenden Satzungsregelung Anspruch auf den sich aus der Bilanz ergebenden Reingewinn hatten, spricht das Gesetz heute von einem Anspruch auf den Jahresüberschuss zuzüglich eines Gewinnvortrages und abzüglich eines Verlustvortrages. Materiell neu ist an der Regelung lediglich, dass nunmehr durch das Gesetz in Abs. 2 festgelegt ist, dass vorbehaltlich abweichender Satzungsbestimmungen durch Beschluss der Gesellschafterversammlung das Ergebnis auch durch Einstellung in Gewinnrücklagen oder als Gewinnvortrag verwendet werden kann, und nach Abs. 4 die Geschäftsführer den Eigenkapitalanteil von Wertaufholungen sowohl bei Vermögensgegenständen des Anlage- und Umlaufvermögens als auch bei Auflösung stiller Reserven auf der Passivseite der Bilanz in eine sog. Wertaufholungsrücklage einstellen können (hierzu iE Rn 90 ff.).

6   **2. Begriffsbestimmung nach dem BiRiLiG.** § 29 nF verwendet, bedingt durch das BiRiLiG, gegenüber dem früheren Recht teilweise neue Begriffe.

7   Der jetzt in § 29 Abs. 1 nF verwendete Begriff **Jahresüberschuss** ist deckungsgleich mit dem gleich lautenden Begriff in §§ 275 Abs. 2 Nr. 20, Abs. 3 Nr. 19; 266 Abs. 3 A V HGB. Er stellt das rechnerisch positive (ein negativer Saldo wäre der Jahresfehlbetrag) Ergebnis aller in der Gewinn- und Verlustrechnung ausgewiesenen Erträge und Aufwendungen und der Steuern dar. Dieser Jahresüberschuss ist dann Gegenstand der Ergebnisverwendung durch die Gesellschafterversammlung oder ein dafür statutarisch eingerichtetes Organ der Gesellschaft.

8   Vom Jahresüberschuss begrifflich zu unterscheiden ist der in Abs. 1 nF weiter verwendete Begriff des **Bilanzgewinns.** Dieser Begriff entspricht inhaltlich dem früher verwendeten Begriff des Reingewinns[4] und ist deckungsgleich mit dem in § 268 Abs. 1 HGB verwendeten Begriff und stellt denjenigen Gewinn dar, der verbleibt, wenn auf Grund einer statutarischen Regelung durch die Geschäftsführer oder ein anderes durch gesellschaftsvertragliche Regelung hierzu berufenes Organ ein Teil des Jahresüberschusses bereits verwendet worden ist. Eine solche Ergebnisverwendung kann in der Bildung von Rücklagen oder in deren Auflösung bestehen oder auch in sog. Wertaufholungen gemäß Abs. 4 (s. Rn 90 ff.). Der dann noch verbleibende Bilanzgewinn steht gemäß § 29 Abs. 1 S. 2 zur Beschlussfassung über die Verwendung des Gewinnes durch die Gesellschafterversammlung zur Verfügung.

9   Das in § 29 Abs. 1 S. 1 genannte **Ergebnis** (Jahresergebnis) ist das rechnerische Ergebnis aus Jahresüberschuss zuzüglich Gewinnvortrag bzw. abzüglich Verlustvortrag. Der in § 29 Abs. 1 S. 1 ebenfalls genannte **zusätzliche Aufwand auf Grund des Beschlusses** betrifft vor allem eine höhere Körperschaftsteuerbelastung, zu der es

---

[4] Hierzu *Goerdeler,* FS Werner, 1984, S. 153, 154 mwN.

Gewinnverwendung §29

kommen kann, wenn die Gesellschafter eine von dem aufgestellten Jahresabschluss und der darauf basierenden Steuerberechnung abweichende Verwendung des Ergebnisses beschließen.⁵

III. Die sog. Handelsregistersperre nach § 7 ÄndG zur Anpassung an § 29 nF (noch zu § 29 Abs. 1)

1. Der Grundsatz der Sperre. Die sog. Handelsregistersperre beruht auf § 7 **10** Abs. 2 ÄndG vom 4. 7. 1980 in der Fassung des Art. 11 Abs. 2 BiRiLiG und ist mit diesem am 1. 1. 1986 in Kraft getreten. Zweck der Regelung ist es, die Gesellschafter vor dem Hintergrund des mit dem BiRiLiG verbundenen weitgehenden Verbots der Bildung stiller Reserven möglichst umgehend zu einer Entscheidung darüber zu veranlassen, wie die Gewinnverwendung in der Gesellschaft künftig gestaltet werden soll.⁶
Die Bestimmung lautet: **11**

§ 7 Gewinnverwendung

(2) Haben die Gesellschafter nach Absatz 1 ganz oder teilweise Anspruch auf den Jahresüberschuss oder den Bilanzgewinn, so sind Änderungen des Gesellschaftsvertrages nur in das Handelsregister einzutragen, wenn zugleich eine Änderung des Gesellschaftsvertrags eingetragen wird, durch die dieser Anspruch, die gesetzliche Regelung des § 29 Abs. 2 des Gesetzes betreffend die Gesellschaften mit beschränkter Haftung oder eine davon abweichende Bestimmung in den Gesellschaftsvertrag aufgenommen wird. Die Aufnahme einer solchen Bestimmung in den Gesellschaftsvertrag kann bei der erstmaligen Änderung des Gesellschaftsvertrags nach dem In-Kraft-Treten des Bilanzrichtlinien-Gesetzes mit einfacher Mehrheit beschlossen werden.

Aus § 7 Abs. 2 ÄndG folgt zunächst, dass Gesellschaften, die schon am 1. 1. 1986 in **12** das Handelsregister eingetragen waren (sog. **Altgesellschaften**), eine bereits statutarisch vorhandene Bestimmung über Gewinnverwendung und Gewinnverteilung nach § 29 Abs. 1 aF beibehalten können und hieran durch keine gesetzliche Frist gehindert sind.⁷
Die einzige Einschränkung besteht darin, dass eine Alt-Gesellschaft keine Satzungs- **13** änderung eingetragen erhält, wenn nicht gleichzeitig die statutarische Bestimmung über die Gewinnverwendung der Neufassung des § 29 Abs. 1 und 2 angepasst und angemeldet wird. Die weitere Besonderheit besteht dann darin, dass der Beschluss über die Anpassung der statutarischen Bestimmung über die Gewinnverwendung mit einfacher Mehrheit gefasst werden kann, wobei sich dieses Erfordernis der einfachen Mehrheit nur bezieht auf die Satzungsänderung, die die Gewinnverwendung zum Gegenstand hat.

2. Einzelfragen der Sperre. Die im Zusammenhang mit der Handelsregistersperre **14** zunächst aufgetretenen zahlreichen Streitfragen haben weitestgehend an Bedeutung verloren, nachdem der Bundesgerichtshof klargestellt hat, dass diese **Sperre nur insoweit gilt, als die Satzung die Gewinnverwendung nicht besonders regelt.**⁸ Weiter ist zur Beseitigung der Registersperre trotz der Formulierung des § 7 Abs. 2 S. 1 („zugleich") nicht notwendig, dass die Satzung im Punkt Gewinnverwendung ergänzt *und* noch in weiteren Punkten geändert wird; auch die **isolierte Regelung** der Gewinnverwendung **genügt.**⁹

---

⁵ Vgl. hierzu auch *Baumbach/Hueck/Fastrich* Rn. 17; *Scholz/Emmerich* Rn. 47.
⁶ Hierzu auch BGHZ 105, 206, 209 f. = NJW 1989, 459.
⁷ *Baumbach/Hueck/Fastrich* Rn. 96; *Meyer-Landrut/Miller/Niehus* Rn. 2.
⁸ BGHZ 105, 206, 209 f. = NJW 1989, 459; BGH GmbHR 1989, 413; zust. *Roth/Altmeppen* Rn. 27; *Baumbach/Hueck/Fastrich* Rn. 97; *Hachenburg/Goerdeler/Müller* Rn. 148 f.; *Scholz/Emmerich* Rn. 12 f.
⁹ BGHZ 105, 206, 209 = NJW 1989, 459; heute einhM.

15 Vom BGH ausdrücklich offengelassen wurde die Frage, wie die Rechtslage zu beurteilen ist, wenn die Satzung lediglich eine **Wiederholung des** nach § 29 Abs. 1 aF bestehenden gesetzlichen **Vollausschüttungsgebots** enthält.[10] Nach zutreffender Auffassung ist insoweit zu unterscheiden: Ergibt sich bei objektiver Auslegung der Satzung, dass diese Regelung nur deklaratorisch gemeint ist, also keine eigenständige Regelung enthält, findet § 7 ÄndG Anwendung; bei einer eigenständigen Regelung gilt § 7 ÄndG nicht. Enthält die Satzung einer sog. Alt-Gesellschaft bereits eine **Bestimmung, die den Regelungen des § 29 Abs. 1 und 2 nF entspricht,** also eine Rücklagenbildung gestattet, so fallen solche Gesellschaften ebenfalls nicht unter die sog. Registersperre des § 7 Abs. 2 ÄndG.[11]

16 **3. Anmeldung von Satzungsänderungen vor dem 1. 1. 1986.** Uneinheitlich ist nach wie vor die Auffassung darüber, ob die Sperre des Handelsregisters auch solche Satzungsänderungen betrifft, die noch vor dem 1. 1. 1986 zum Handelsregister angemeldet worden sind, aber erst danach zur Eintragung anstanden. Nach richtiger Auffassung genügt die Anmeldung vor dem 1. 1. 1986, und zwar deshalb, weil die anmeldende Gesellschaft keinen Einfluss darauf hat, wann die Eintragung durch den Registerbeamten erfolgt.[12]

17 **4. Minderheitenschutz bei Satzungsänderung über § 7 Abs. 2 ÄndG.** Dass der Beschluss über die Anpassung des § 29 Abs. 1 und 2 gemäß § 7 Abs. 2 S. 2 ÄndG nur der einfachen Mehrheit bedarf, ist vielfach und zu Recht kritisiert worden, weil dies dem Mehrheitsgesellschafter die Möglichkeit eröffnet, mit einfacher Mehrheit eine Satzungsänderung herbeizuführen, die die Gewinnverwendung in seinem Sinne regelt und bei der die Minderheit in ihrem Gewinnbezugsrecht eingeschränkt werden kann.[13] Derlei führt zu einer Ungleichgewichtigkeit insbesondere dann, wenn der Mehrheitsgesellschafter vorwiegend eigene unternehmerische Ziele verfolgt, eine Minderheit aber ihre Beteiligung unter Ertragsgesichtspunkten hält.[14] Da das Gesetz in diesem Zusammenhang keine Vorgaben gibt, ist die gesellschaftsrechtliche Treuepflicht der einzige gesellschaftsrechtliche Gesichtspunkt, unter dem der Mehrheitsgesellschafter verpflichtet ist, den Gewinnanspruch der Minderheit in angemessener Weise zu berücksichtigen. Inwieweit hier Grenzen gezogen sind, ist jeweils auf den Einzelfall bezogen unter Abwägung der gegenläufigen Interessen nach Verhältnismäßigkeitsgrundsätzen zu bestimmen (§ 13 Rn. 40).

18 **5. Satzungsregelungen zur Gewinnverteilung.** Wird keine Regelung über die Gewinnverwendung getroffen, bleibt es bei der Registersperre. Wegen der hiermit für die Gesellschaft verbundenen Nachteile sind die Gesellschafter auf Grund ihrer Treue-

---

[10] Vgl. hierzu BayObLG BB 1987, 2115; LG Frankfurt GmbHR 1987, 192; LG Essen GmbHR 1989, 85; LG Frankenthal GmbHR 1986, 434; LG München I GmbHR 1987, 191; OLG Karlsruhe BB 1988, 90; *Baumbach/Hueck/Fastrich* Rn. 97a; *Lutter/Hommelhoff* 14. Aufl. Rn. 64; *Scholz/Emmerich* Rn. 12.

[11] OLG Celle DNotZ 1988, 192 f.; LG Osnabrück BB 1988, 646 f.; aA LG Tübingen DNotZ 1986, 700 f. m. Anm. *Hommelhoff*; OLG Oldenburg NJW 1988, 1799; LG Wiesbaden nur bei vollständigem Gewinnausschluss GmbHR 1989, 84; LG Köln GmbHR 1988, 108 nur bei Bestätigungsbeschluss.

[12] OLG Celle DNotZ 1986, 573; LG Traunstein Rpfleger 1986, 227; OLG Hamm DNotZ 1987, 246 = BB 1987, 358 = WM 1987, 405; aM u. a. LG Münster NJW 1987, 264.

[13] OLG Köln GmbHR 1988, 342 zur Unzulässigkeit der Abänderung qualifizierter Mehrheitserfordernisse; s. auch LG Rottweil GmbHR 1989, 83.

[14] Vgl. hierzu insbes. *Baumbach/Hueck/Fastrich* Rn. 110 ff.; *Meyer-Landrut/Miller/Niehus* Rn. 5; *Hommelhoff* ZGR 86, 449 ff.; *Ehlke* DB 87, 671 ff.

pflicht gehalten, bei einer die Gewinnverwendung betreffenden Satzungsänderung mitzuwirken, sofern hierfür wegen der Notwendigkeit anderer eintragungsbedürftiger Beschlüsse ein dringendes Bedürfnis auf Seiten der Gesellschaft besteht und die neue Regelung den Gesellschaftern zumutbar ist.[15] Wie weit eine derartige **Zustimmungspflicht** iE geht, ist streitig. Angesichts der grundlegenden Änderungen gegenüber dem früheren Bilanzrecht erscheint die Auffassung, eine Zustimmungspflicht bestehe nur im Rahmen der Beibehaltung der bislang geltenden Regelungen, zu eng.[16] Richtig ist eine Regelung zu suchen, die ggf. unter Berücksichtigung der bisherigen Verfahrensweise einen den Verhältnissen der Gesellschaft angemessenen und die Belange der Gesellschafter berücksichtigenden Interessensausgleich bildet;[17] wo diese liegt, kann nur unter Berücksichtigung des konkreten Einzelfalls bestimmt werden.

IV. Das Gewinnbezugsrecht und der Gewinn(auszahlungs)anspruch des Gesellschafters (noch zu § 29 Abs. 1)

Hinsichtlich der gewinnrechtlichen Stellung des Gesellschafters ist zwischen dem Gewinnbezugsrecht im Allgemeinen und dem Gewinn(auszahlungs)anspruch (im Folgenden nur noch Gewinnanspruch) im konkreten zu unterscheiden. 19

1. Gewinnbezugsrecht als Teil des Mitgliedschaftsrechts. Das Gewinnbezugsrecht des Gesellschafters als solches folgt unmittelbar aus seinem Mitgliedschaftsrecht und ist mit dem Anspruch auf den Liquidationserlös gemäß § 72 der **bedeutsamste vermögensrechtliche Anspruch** der Gesellschafter.[18] Am Verlust ist der Gesellschafter demgegenüber nicht unmittelbar beteiligt. Eine Verlustbeteiligung besteht lediglich mittelbar insoweit, als die Beteiligung des Gesellschafters bei Verlusten der Gesellschaft im Wert verringert wird, regelmäßig keine Gewinne an ihn ausgeschüttet werden können und die Grenze des § 30 virulent werden kann; sieht die Satzung eine Nachschusspflicht gemäß § 26 vor, kann ein Verlust ggf. auch Ansprüche auf Nachschuss auslösen. Möglich ist auch die Vereinbarung einer Verlustübernahme zugunsten der Gesellschaft mit dieser oder Dritten.[19] 20

Da das Gewinnbezugsrecht zur Mitgliedschaft des Gesellschafters gehört, also gleichsam am Geschäftsanteil als der Verkörperung der Mitgliedschaft „hängt", geht es mit der **Übertragung des Geschäftsanteils** auf den Erwerber über; seine isolierte Übertragung ist nicht möglich, zulässig ist nur die Abtretung künftiger Gewinnansprüche (hierzu Rn. 31). Als Bestandteil der Mitgliedschaft kann das Gewinnbezugsrecht auch nicht isoliert gepfändet werden.[20] Zwischen dem Erwerber und dem Veräußerer des Geschäftsanteils findet – sofern der zugrundeliegende Vertrag keine (notfalls im Wege der Vertragsauslegung zu ermittelnde) Abweichung vorsieht – **§ 101 Nr. 2 BGB** Anwendung. Dies bedeutet, dass ausschließlich der Erwerber als Inhaber des Geschäftsanteils zugleich Inhaber des hiermit zusammenhängenden Gewinnbezugsrechts und des hieraus resultierenden Gewinnanspruchs ist; im internen Verhältnis zum Veräußerer besteht jedoch die Pflicht, diesem einen Anteil des bezogenen Gewinns pro rata tem- 21

---

[15] BGHZ 105, 206, 212 f. = NJW 1989, 459; *Baumbach/Hueck/Fastrich* Rn. 112; *Hachenburg/Goerdeler/Müller* Rn. 156; *Scholz/Emmerich* Rn. 24.
[16] So insbes. *Liebs* GmbHR 1986, 145, 151; *ders.* DB 1986, 2421, 2422 f.; vgl. auch *Ehlke* DB 1987, 671, 674 f.
[17] *Roth/Altmeppen* Rn. 38; *Baumbach/Hueck/Fastrich* Rn. 112; *Hachenburg/Goerdeler/Müller* Rn. 156; *Scholz/Emmerich* Rn. 112; eingehend *Hommelhoff* ZGR 1986, 418, 453 ff., 456.
[18] *Hachenburg/Goerdeler/Müller* Rn. 6; *Lutter/Hommelhoff* Rn. 3; *Scholz/Emmerich* Rn. 25.
[19] RG JW 15, 335; BGH DB 1986, 1512; OLG Nürnberg BB 1981, 1293.
[20] *K. Schmidt* GesR § 37 VI 6a.

poris seiner Beteiligung auszukehren. Erwirbt die Gesellschaft einen Geschäftsanteil als **eigenen Anteil** (zu den Zulässigkeitsgrenzen vgl. bei § 33), ruhen für die Zeit der Inhaberschaft der Gesellschaft alle Rechte aus dem Geschäftsanteil, auch das Gewinnbezugsrecht; das auf den Anteil entfallende Gewinnbezugsrecht wächst also gleichsam den übrigen Gesellschaftern an.[21] Wird der Geschäftsanteil veräußert, steht das Gewinnbezugsrecht und ein hieraus resultierender Gewinnanspruch dem Erwerber allein zu; die Gesellschaft kann keinen Ausgleich nach § 101 Nr. 2 BGB verlangen.[22] **Eingezogene Anteile** gehen mit Wirksamwerden der Einziehung unter. Mit dem Untergang erlischt auch das mit dem Anteil verbundene Gewinnbezugsrecht. Bereits entstandene Gewinnansprüche bleiben jedoch als selbstständige Gläubigerrechte bestehen.

22   **2. Gewinnanspruch. a) Allgemeines.** Vom Gewinnbezugsrecht klar zu unterscheiden ist der Gewinnanspruch. Beschließt die Gesellschafterversammlung über die Verwendung des Gewinns (Rn. 56 ff.), erwächst für den Gesellschafter aus dem mitgliedschaftsrechtlichen Gewinnbezugsrecht ein Anspruch auf Auskehrung des auf seinen Anteil entfallenden Gewinns; dieses Forderungsrecht wird als Gewinnanspruch bezeichnet und stellt ein Gläubigerrecht des Gesellschafters gegenüber der Gesellschaft dar.[23] Das **Entstehen des Anspruchs** hängt vom Gewinnverwendungsbeschluss ab,[24] ohne einen solchen Beschluss kann der Anspruch nicht entstehen (zu der hiermit verbundenen Frage einer Erzwingung des Verwendungsbeschlusses s. Rn. 60 ff.). **Anspruchsberechtigt** ist grundsätzlich der bei der Gesellschaft gemäß § 16 Abs. 1 **angemeldete Gesellschafter.**[25] Der Gesellschaft selbst können aus **eigenen Geschäftsanteilen** keine Gewinnansprüche zustehen, da das aus dem Anteil resultierende Gewinnbezugsrecht für die Dauer der eigenen Inhaberschaft ruht und deshalb auch keine Gewinnansprüche hervorbringen kann.[26] **Eingezogene Geschäftsanteile** gehen mit Wirksamwerden der Einziehung unter. Da hiervon auch das mit der Mitgliedschaft unmittelbar verbundene Gewinnbezugsrecht betroffen ist, können Gewinnansprüche hiernach nicht mehr entstehen; **bereits entstandene Gewinnansprüche** bleiben als selbstständige Gläubigerrechte jedoch bestehen. Auch durch eine **Kaduzierung** können bereits entstandene Gewinnansprüche nicht mehr beeinträchtigt werden.[27]

23   **b) Nachträgliche Änderung.** Da der konkrete Gewinnanspruch, also der Anspruch auf Auszahlung des auf den Anteil entfallenden Gewinns, mit dem (wirksamen) Gewinnverwendungsbeschluss unmittelbar bei dem Gesellschafter als Gläubigerrecht entsteht, kann er gegen den Willen des Gesellschafters weder durch Mehrheitsbeschluss der Gesellschafterversammlung noch durch die Geschäftsführer oder durch ein anderes Organ entzogen, verkürzt oder verändert werden, etwa dahin, dass eine Sachleistung statt Geld geschuldet sein soll.[28]

---

[21] BGH NJW 1995, 1027.
[22] *Scholz/Emmerich* Rn. 26.
[23] RGZ 22, 113, 114 f.; 37, 62, 64 f.; 87, 383, 387; 167, 65, 68; *Roth/Altmeppen* Rn. 46 ff.; *Baumbach/Hueck/Fastrich* Rn. 48 ff.; *Hachenburg/Goerdeler/Müller* Rn. 89; *Meyer-Landrut/Miller/Niehus* Rn. 11; *Scholz/Emmerich* Rn. 25 ff.
[24] Ganz hM, vgl. nur *Roth/Altmeppen* Rn. 47; *Baumbach/Hueck/Fastrich* Rn. 42; *Hachenburg/Goerdeler/Müller* Rn. 89; anders *Lutter/Hommelhoff* Rn. 4, 21; *Hommelhoff*, FS Rowedder, 1994, S. 171, 176 ff.
[25] *Hachenburg/Goerdeler/Müller* Rn. 90.
[26] BGH NJW 1995, 1027; *Baumbach/Hueck/Fastrich* Rn. 54.
[27] Insoweit zutreffend OLG Hamm GmbHR 1989, 126 = DB 1989, 167, das jedoch zu Unrecht von der Fälligkeit ohne Ergebnisverwendungsbeschluss ausgeht.
[28] RGZ 87, 383, 387; *Hachenburg/Goerdeler/Müller* Rn. 6.

Gewinnverwendung　　　　　　　　　　　　　　　　　　　　　　　　　　§ 29

Hinsichtlich der nachträglichen Änderung von Gewinnverwendungsbeschlüssen ist 24
zu unterscheiden:[29] Ist der zugrundeliegende **Jahresabschluss fehlerfrei** und soll der
Gewinnverwendungsbeschluss im Zusammenhang mit der Änderung dieses Jahresabschlusses geändert werden, ist dies jedenfalls dann nur mit Zustimmung jedes einzelnen
Gesellschafters zulässig, wenn der Gewinn hierdurch verringert wird; ein Eingriff in das
bereits entstandene Gläubigerrecht (Anspruch auf anteilige Gewinnausschüttung) ist
ohne die Mitwirkung des einzelnen Gesellschafters nicht mehr möglich. Ist der **Jahresabschluss** demgegenüber **fehlerhaft**, besteht mit Blick auf § 242 Abs. 1 HGB eine
Pflicht zur Korrektur des Abschlusses und damit mittelbar auch des Gewinnverwendungsbeschlusses; die Gesellschafter müssen deshalb auch einer mit der Korrektur verbundenen Änderung ihres Gläubigerrechts zustimmen, ihre Rechte stehen einer Korrektur nicht entgegen. Soweit bereits Zahlungen an sie erfolgt sind, bestimmt sich die
Rückzahlungspflicht nach § 31 Abs. 2, § 32 (Rn. 82). Ein **nichtiger Jahresabschluss**
ist als solcher zwar existent, kann aber auf Grund seiner Wirkungslosigkeit keine taugliche Grundlage für Gläubigerrechte der Gesellschafter sein. Sie können deshalb auch
der Feststellung eines wirksamen Jahresabschlusses und der Fassung eines hierauf beruhenden Gewinnverwendungsbeschlusses nicht entgegenstehen; für bereits bezogene
Gewinne gelten § 31 Abs. 2, § 32 (Rn. 82). Die Heilung eines nichtigen Jahresabschlusses ist analog § 256 Abs. 6 AktG möglich (Rn. 80).

Ist hiernach zur Änderung des Gewinnverwendungsbeschlusses die Zustimmung des 25
Gesellschafters erforderlich und wird der Beschluss nachträglich durch die Gesellschafterversammlung oder durch ein anderes Organ der Gesellschaft ohne diese Zustimmung
geändert, ist diese Änderung insgesamt ohne Wirkung. **Einer Anfechtungsklage bedarf es selbst dann nicht, wenn die Änderung des Gewinnverwendungsbeschlusses durch Mehrheitsbeschluss der Gesellschafterversammlung erfolgt
ist.**[30] Die Anfechtung eines solchen Beschlusses ist deswegen nicht erforderlich, weil
mit Wirksamkeit des Gewinnverwendungsbeschlusses ein obligatorischer Anspruch des
Gesellschafters auf seinen Gewinnanteil entstanden ist, also ein reines Forderungsrecht,
das dem Gesellschafter ohne seine Zustimmung nicht mehr entzogen werden kann,
und die Einwirkung der Gesellschafterversammlung auf derartige Ansprüche außerhalb
ihrer Rechtsmacht liegt. Aus Gründen der Rechtssicherheit kann sich gleichwohl die
Anfechtung des Beschlusses (Gesetzesverstoß entsprechend § 243 Abs. 1, 1. Var. AktG)
empfehlen. Das auch für die Anfechtungsklage notwendige Rechtsschutzbedürfnis folgt
aus der mit ihr bezweckten Rechtssicherheit für das Verhältnis der Gesellschafter untereinander und gegenüber der Gesellschaft.

c) **Erlöschen des Anspruchs.** Außer durch **Erfüllung** im Sinne des § 362 BGB 26
kann der Gewinnanspruch des Gesellschafters den allgemeinen Bestimmungen entsprechend auch in anderer Weise zum Erlöschen gebracht werden, etwa durch **Aufrechnung** gemäß §§ 387 ff. BGB oder durch den Abschluss eines **Verzichtsvertrages**.
Insoweit gelten die allgemeinen bürgerlich-rechtlichen Regelungen.

3. Fälligkeit. Wann der Gewinnanspruch fällig wird, sagt das Gesetz nicht aus- 27
drücklich; die Fälligkeit lässt sich jedoch mittelbar aus ihm ableiten. Voraussetzung für
die Fälligkeit des Anspruchs ist ein Gewinnverwendungsbeschluss der Gesellschafterversammlung oder des für die Ergebnisverwendung nach der Satzung sonst zuständigen
statutarischen Organs der Gesellschaft, §§ 46 Nr. 1; 45 Abs. 2. Mit Wirksamkeit dieses

---

[29] S. in diesem Zusammenhang auch insbes. *Welf Müller*, FS Quack, 1991, S. 359, 363 ff.; *Schön* 50 Jahre BGH, FG aus der Wissenschaft, 2000, Bd. II S. 153, 159 ff. sowie die Bem. zu § 42.
[30] RGZ 87, 387; RG JW 1916, 409, 410; *Roth/Altmeppen* Rn. 49; *Baumbach/Hueck/Fastrich* Rn. 50; *Hachenburg/Goerdeler/Müller* Rn. 89; *Scholz/Emmerich* Rn. 83.

Beschlusses entsteht der Anspruch des Gesellschafters und wird sogleich fällig.[31] Die Bestimmung einer abweichenden Fälligkeit durch Beschluss ist zulässig, bedarf zu ihrer Rechtmäßigkeit aber entweder einer Grundlage in der Satzung oder der Zustimmung aller Gesellschafter.

28 **4. Der Gewinnanspruch in der Insolvenz der Gesellschaft.** Ist über das Vermögen der Gesellschaft das Insolvenzverfahren eröffnet worden, dürfen noch offene Gewinnansprüche der Gesellschafter nach ganz **überwiegender Meinung** nur als **nachrangige Forderungen entsprechend § 39 Abs. 1 Nr. 5 InsO** berücksichtigt werden. Begründet wird dies mit der Erwägung, dass § 30 der Befriedigung eines noch offenen Gewinnanspruchs entgegensteht, sofern dies nur zu Lasten des gebundenen Vermögens gehen könnte. Ob der Auszahlungsanspruch an einen Dritten abgetreten worden ist oder nicht, spielt hiernach keine Rolle; der Gesellschafter darf nach dieser Auffassung nur dann befriedigt werden, wenn alle sonstigen Gläubiger der Gesellschaft befriedigt worden sind.[32] Konsequenter Weise dürfen diese Ansprüche deshalb auch nur nach gerichtlicher Aufforderung gemäß § 174 Abs. 3 InsO angemeldet werden. Diese Auffassung **überzeugt nicht.** § 30 steht der Befriedigung von noch offenen Gewinnansprüchen dann nicht entgegen, wenn der Gewinnverwendungsbeschluss ordnungsgemäß gefasst worden ist, sich also aus der Bilanz tatsächlich ein verteilungsfähiger Gewinn ergeben und zum Zeitpunkt der Beschlussfassung die Vermögenslage der Gesellschaft die Zahlung aus ungebundenem Vermögen zugelassen hat (iE Rn. 34 ff.). Liegen diese Voraussetzungen vor, ist der Anspruch des Gesellschafters ein reines Gläubigerrecht und kann nur dann als nachrangige Forderung angesehen werden, wenn es sich – was im praktischen Ergebnis fast immer der Fall sein wird – nach den Maßstäben des Eigenkapitalersatzrechts um sog. stehengelassene Forderungen handelt (hierzu Rn. 37 und § 32a Rn. 150).

29 **5. Übertragung. a) Übertragung des Gewinnbezugsrechts zusammen mit dem Geschäftsanteil.** Das Gewinnbezugsrecht geht bei einer Abtretung des Geschäftsanteils auf den Erwerber über.[33] Dies gilt auch dann, wenn für abgelaufene Geschäftsjahre noch keine Gewinnverwendungsbeschlüsse gefasst worden sind oder die Abtretung während des Geschäftsjahres erfolgt. Vorbehaltlich einer (ggf. im Wege der Vertragsauslegung zu ermittelnden) abweichenden Absprache unter den Beteiligten sind im Verhältnis zwischen Veräußerer und Erwerber die Gewinne intern nach dem Maßstab des § 101 Nr. 2 BGB aufzuteilen (Rn. 21). Der Gewinn wird mithin im Innenverhältnis zwischen Zedent und Zessionar entsprechend der Dauer der Gesellschaftereigenschaft (pro rata temporis) verteilt. Gegenüber der Gesellschaft kann jedoch nur der nach § 16 Abs. 1 angemeldete Gesellschafter Auszahlung verlangen. Mit Blick auf diese Grundsätze sollte bei der Abtretung von Geschäftsanteilen die Gewinnberechtigung in jedem Falle vertraglich ausdrücklich geregelt werden.

30 **b) Keine isolierte Abtretung des Gewinnbezugsrechts.** Die isolierte Abtretung des Gewinnbezugsrechts ist nicht möglich. Das Gewinnbezugsrecht ist untrennbar mit der im Geschäftsanteil verkörperten Mitgliedschaft des Gesellschafters verbunden (Rn. 20 f.). In Betracht kommt allein die Vorausabtretung von Gewinnansprüchen (Rn. 31).

---

[31] BFH GmbHR 1982, 74, 75; *Baumbach/Hueck/Fastrich* Rn. 49; *Hachenburg/Goerdeler/Müller* Rn. 93; *Scholz/Emmerich* Rn. 84.
[32] *Roth/Altmeppen* Rn. 49; *Baumbach/Hueck/Fastrich* Rn. 56; *Hachenburg/Goerdeler/Müller* Rn. 99; *Mönning* in *Nerlich/Römermann* InsO § 11 Rn. 32.
[33] *Hachenburg/Goerdeler/Müller* Rn. 12 und bereits oben Rn. 21.

Gewinnverwendung   § 29

c) **Abtretung, Verpfändung und Pfändung des Gewinn(auszahlungs)anspruchs, Nießbrauch.** Anders als das einer isolierten **Abtretung** nicht zugängliche Gewinnbezugsrecht als solches können die Gewinnansprüche, also die Ansprüche auf Auszahlung des auf den Geschäftsanteil jeweils entfallenden Gewinns, abgetreten werden. Ist der Gewinnanspruch bereits entstanden, richtet sich seine Abtretung nach §§ 398 ff. BGB. Der **Ausschluss der Abtretbarkeit** durch eine entsprechende Satzungsregelung ist zulässig, § 399 BGB. Vorbehaltlich einer abweichenden Satzungsbestimmung ist auch die **Abtretung künftiger Gewinnansprüche** möglich. Die Ansprüche entstehen – ohne Zwischenerwerb durch den Gesellschafter, sondern unmittelbar zugeordnet der Person des Abtretungsempfängers[34] – auch in diesem Falle allerdings erst mit der Fassung des Gewinnverwendungsbeschlusses. Auf die Interessen des Abtretungsempfängers müssen die Gesellschafter bei der Fassung des Gewinnverwendungsbeschlusses keine Rücksicht nehmen.[35] Ohne die Anzeige der Abtretung kann die Gesellschaft gemäß § 407 BGB mit befreiender Wirkung an den Gesellschafter leisten; inwieweit die Gesellschaft Gegenrechte geltend machen bzw. aufrechnen kann, bestimmt sich nach §§ 404, 406 BGB.   31

Die **Verpfändung** von Gewinnansprüchen, auch künftigen, ist in den durch die Satzung gezogenen Grenzen zulässig, §§ 1273 1274 Abs. 2 BGB. Im Falle der **Pfändung** des Gewinnanspruchs (§§ 829 ff. ZPO) finden die die Übertragung ausschließenden Satzungsregelungen keine Anwendung, § 851 Abs. 2 ZPO. Der **Nießbrauch** am Gewinnanteil (zum Nießbrauch am Geschäftsanteil selbst s. § 15 Rn. 70 ff.) richtet sich nach allgemeinen Grundsätzen (§§ 398, 1069, 1273 BGB), kann also ebenfalls durch die Satzung ausgeschlossen werden.   32

6. Gewinnanspruch und Liquidität, Kapitalbindung. a) Liquidität. Der Anspruch auf Auszahlung des anteiligen Gewinns entsteht mit der Fassung eines wirksamen Gewinnverwendungsbeschlusses (Rn. 56 ff.) als Gläubigerrecht des Gesellschafters. Als solcher ist er grundsätzlich auch dann zu befriedigen, wenn die Gesellschaft nicht über die zu seiner Erfüllung notwendige Liquidität verfügt.[36] Abweichendes kann ausnahmsweise dann gelten, wenn eine spätere Zahlung aus für die Gesellschaft zwingenden Gründen notwendig und dem Gesellschafter unter Abwägung der gegenseitigen Interessen zumutbar ist; in diesem Fall kann sich aus der gesellschafterlichen Treupflicht eine Verpflichtung des Gesellschafters dahin ergeben, mit der Durchsetzung des Anspruchs bis zu einer besseren Liquiditätssituation der Gesellschaft zuzuwarten (§ 13 Rn. 47).   33

b) Kapitalbindung. Soweit es um das Verhältnis des Gewinnanspruchs und sein Verhältnis zur Kapitalbindung nach § 30 geht, ist zwischen drei unterschiedlichen Gestaltungen zu unterscheiden: 34

Verstößt der Gewinnverwendungsbeschluss gegen § 30, weil zum Bilanzstichtag kein verteilungsfähiger Gewinn existiert, ist ein gleichwohl gefasster Gewinnverwendungsbeschluss entsprechend § 241 AktG **nichtig**. Aufgrund der damit verbundenen Wirkungslosigkeit eines derartigen Beschlusses können Gewinnansprüche der Gesellschafter hierdurch nicht entstehen.   35

Hat die Gesellschaft in der Zeit **zwischen dem Bilanzstichtag und der Fassung des Gewinnverwendungsbeschlusses Verluste** erlitten und müssten deshalb Gewinnansprüche aus diesem Grunde ganz oder teilweise zu Lasten des gemäß § 30 gebundenen Vermögens beglichen werden, ist § 30 ebenfalls unmittelbar einschlägig. Der   36

---

[34] *Hachenburg/Goerdeler/Müller* Rn. 10, 91; *Scholz/Emmerich* Rn. 28.
[35] *Hachenburg/Goerdeler/Müller* Rn. 10; *Scholz/Emmerich* Rn. 28.
[36] *Sudhoff* GmbHR 1961, 118; *Scholz/Emmerich* Rn. 85.

Gewinnverwendungsbeschluss darf deshalb keine Ausschüttung vorsehen, die zu Lasten des nach § 30 gebundenen Vermögens ginge. Ein entgegenstehender Beschluss ist entsprechend § 241 AktG nichtig. Die Differenz zwischen festgestelltem und ausgeschüttetem Gewinn ist als Gewinnvortrag auszuweisen.

37 Streitig ist die Frage, ob Gewinnansprüche bedient werden dürfen, wenn die Gesellschaft **nach der Fassung des Gewinnverwendungsbeschlusses Verluste** erleidet und die Ansprüche deshalb zum Zahlungszeitpunkt nur aus gebundenem Vermögen befriedigt werden könnten. Für die Anwendung des § 30 Abs. 1 in diesem Falle spräche der Wortlaut der Bestimmung, die jede Auszahlung von Vermögen, das zur Deckung des Stammkapitals erforderlich ist, an die Gesellschafter verbietet.[37] Entscheidend gegen die Anwendung des § 30 Abs. 1 spricht jedoch der Charakter des Gewinnanspruchs, der nach seinem Entstehen ein Gläubigerrecht des Gesellschafters darstellt und deshalb wie auch sonstige Drittansprüche (etwa eine Kaufpreisforderung des Gesellschafters auf Grund eines Kaufvertrags) aus gebundenem Vermögen befriedigt werden muss. Abweichendes kann sich allerdings unter dem Aspekt des stehengelassenen Anspruchs aus dem Kapitalersatzrecht ergeben (hierzu § 32a Rn. 150). Es besteht deshalb auch kein Anlass, einen noch offenen Gewinnauszahlungsanspruch des Gesellschafters in der Insolvenz der Gesellschaft entsprechend § 39 Abs. 1 Nr. 5 InsO generell als nachrangige Forderung anzusehen;[38] eine solche Qualifizierung ist nur in den Fällen des Eigenkapitalersatzes unter dem Aspekt der stehengelassenen Gesellschafterforderung gerechtfertigt (Rn. 28).

V. Voraussetzungen des Gewinn(auszahlungs)anspruchs (noch zu § 29 Abs. 1)

38 **1. Geschäftsjahr.** Das Geschäftsjahr der Gesellschaft ist die in der Satzung festgelegte Rechnungsperiode. Die **Höchstdauer** des Geschäftsjahres ergibt sich aus § 240 Abs. 2 S. 2 HGB, wonach das Geschäftsjahr einen Zeitraum von zwölf Monaten nicht überschreiten darf. Die **Mindestdauer** ist demgegenüber gesetzlich nicht geregelt. Nach zutreffender Auffassung darf das Geschäftsjahr grundsätzlich nicht kürzer als zwölf Monate sein.[39] Ausnahmen sind nur dann zulässig, wenn dies besonders gerechtfertigt ist. **Rumpfgeschäftsjahre** sind hiernach etwa möglich bei dem ersten Geschäftsjahr, im Zusammenhang mit der Umstellung des Geschäftsjahres (zur notwendigen Zustimmung der Finanzverwaltung zu einer solchen Umstellung s. Rn. 41), mit der Auflösung der Gesellschaft oder Umwandlungsvorgängen (zu Letzterem s. Anh. nach § 77).

39 In der Praxis entspricht das Geschäftsjahr der Gesellschaft in aller Regel dem **Kalenderjahr**, doch sind auch **Abweichungen** vom Kalenderjahr möglich, beispielsweise dahin, dass das Geschäftsjahr etwa vom 1. Oktober eines Jahres bis 30. September des folgenden Jahres läuft. Eine solche Festlegung in der Gründungssatzung ist uneingeschränkt zulässig;[40] zu einer späteren Umstellung des Geschäftsjahres s. Rn. 41.

40 Eine **Änderung des Geschäftsjahres** ist nur im Wege der Satzungsänderung möglich. Notwendig ist mithin ein satzungsändernder Beschluss der Gesellschafterver-

---

[37] So denn auch die ganz überwM, vgl. nur *Roth/Altmeppen* Rn. 49; *Baumbach/Hueck/Fastrich* Rn. 56; *Hachenburg/Goerdeler/Müller* Rn. 95; *Scholz/Emmerich* Rn. 85a; *Falkenstein* Grenzen für die Entnahmerechte der GmbH-Gesellschafter, 1992, S. 64 ff.; aA insbes. *Wilhelm*, FS Flume, Bd. II 1978, S. 337, 357 f.; *Sieker* ZGR 1995, 250, 263 ff.
[38] So die hM, vgl. nur *Roth/Altmeppen* Rn. 49; *Baumbach/Hueck/Fastrich* Rn. 56; *Hachenburg/Goerdeler/Müller* Rn. 99; *Mönning* in Nerlich/Römermann InsO § 11 Rn. 32.
[39] *Budde/Kunz* in BeckBilKomm. § 240 Rn. 60.
[40] *Hachenburg/Goerdeler/Müller* Rn. 15.

sammlung, der die notwendige Mehrheit erreichen und notariell beurkundet werden muss, § 53 Abs. 1 und 2. Eine **nachträgliche Änderung des Geschäftsjahres,** also eine Änderung des Geschäftsjahres nach dessen Ablauf, ist unzulässig.[41] Dies ist unstreitig für den Fall, dass die Satzungsänderung erst nach Ablauf des Geschäftsjahres beschlossen werden soll. Streitig ist in diesem Zusammenhang allerdings, ob es ausnahmsweise genügt, wenn die Satzungsänderung vor dem Ablauf des Geschäftsjahres beschlossen wird, auch wenn die Eintragung erst nach seinem Ablauf erfolgt. Die Frage ist mit der hM dahin zu beantworten, dass auch eine solche Rückwirkung unzulässig ist, weil hierdurch Rechte Dritter beeinträchtigt werden können.[42]

Eine **nachträgliche Umstellung des Geschäftsjahres auf einen Zeitraum, der nicht dem Kalenderjahr entspricht,** ist nach § 8 Abs. 1 KStG iVm. § 4a Abs. 1 Nr. 2 EStG steuerlich nur wirksam, wenn sie im Einvernehmen mit dem Finanzamt erfolgt. In diesen Fällen sollte also *vor* dem satzungsändernden Beschluss eine schriftliche Einverständniserklärung des Finanzamtes eingeholt werden. Eine von Anfang an abweichende Festlegung des Geschäftsjahres bedarf keiner Zustimmung der Finanzverwaltung. 41

2. Größenordnungen der Gesellschaften. Die Bestimmungen über die Aufstellung und Feststellung des Jahresabschlusses sind gegenüber der früheren Rechtslage ebenfalls durch das BiRiLiG geändert worden. Je nach der Größenordnung der GmbH, wie diese in § 267 HGB festgelegt sind, und hiervon ausgehend gemäß Art. 53 Abs. 2 der Vierten EG-Richtlinie alle fünf Jahre angepasst werden sollen, bestehen für die GmbH unterschiedliche Verpflichtungen, was Umfang der Berichtspflicht und Fristen für die Aufstellung und die Vorlage des Jahresabschlusses nebst Lagebericht angehen; wegen der Einzelheiten hierzu wird auf die Vorbemerkung zu §§ 41 bis 42a verwiesen. Gegenwärtig gelten gemäß § 267 HGB folgende, auf das KapCoRiLiG[43] zurückgehende Größenmerkmale: 42

a) Kleine Kapitalgesellschaften. Kleine Kapitalgesellschaften sind solche Gesellschaften, die mindestens zwei der drei nachstehenden Größenmerkmale nicht überschreiten: 43
3.438.000 € Bilanzsumme nach Abzug eines auf der Aktivseite ausgewiesenen Fehlbetrages;
6.875.000 € Umsatzerlöse in den zwölf Monaten vor dem Abschlussstichtag;
50 Arbeitnehmer im Jahresdurchschnitt

b) Mittelgroße und große Kapitalgesellschaften. Mittelgroße Kapitalgesellschaften sind solche Gesellschaften, die mindestens zwei der drei vorstehenden Merkmale überschreiten und mindestens zwei der drei nachstehenden Merkmale nicht überschreiten: 44
13.750.000 € Bilanzsumme nach Abzug eines auf der Aktivseite ausgewiesenen Fehlbetrages;
27.500.000 € Umsatzerlöse in den zwölf Monaten vor dem Abschlussstichtag;
250 Arbeitnehmer im Jahresdurchschnitt.

Eine **große Kapitalgesellschaft** iS des § 267 Abs. 3 HGB ist eine solche, die mindestens zwei der drei Merkmale einer mittelgroßen Kapitalgesellschaft überschreitet; die Sonderbestimmung des § 267 Abs. 3 S. 2 HGB spielt für die GmbH keine Rolle. 45

---

[41] RFH 4, 274, 277; s. auch § 53 Rn. 23, § 54 Rn. 34.
[42] S. hierzu § 53 Rn. 23, § 54 Rn. 32; *Baumbach/Hueck/Zöllner* § 54 30; *Hachenburg/Goerdeler/Müller* Rn. 18; *Lutter/Hommelhoff* Rn. 8; *Scholz/Priester* § 54 Rn. 191 mwN; anders Vorauft. Rn. 24.
[43] Gesetz vom 24. 2. 2000, BGBl. I S. 154.

46 **3. Aufstellung und Feststellung des Jahresabschlusses.** Hinsichtlich des Jahresabschlusses (= Bilanz mit Gewinn- und Verlustrechnung, vgl. § 242 Abs. 3 HGB), der gemäß § 264 Abs. 1 S. 1 HGB bei Kapitalgesellschaften um einen Anhang (Erläuterung nach §§ 284 ff. HGB) zu erweitern ist, ist zwischen seiner Aufstellung und seiner Feststellung zu unterscheiden:

47 **a) Unterscheidung zwischen Aufstellung und Feststellung.** Die **Aufstellung des Jahresabschlusses,** die Erstellung des Jahresabschlusses als solchen, erfolgt nach § 264 Abs. 1 S. 1 HGB durch die Geschäftsführer. Bei mittelgroßen und großen Gesellschaften (zum Begriff Rn. 43 ff.) muss die Aufstellung innerhalb einer **Frist** von drei Monaten nach Ende des Geschäftsjahres erfolgen, bei kleinen Gesellschaften (Rn. 43) verlängert sich die Frist auf höchstens sechs Monate, § 264 Abs. 1 HGB.

48 Die **Feststellung des Jahresabschlusses,** seine für die Gesellschaft verbindliche Festlegung, erfolgt nach § 46 Nr. 1 durch die Gesellschafterversammlung, sofern die Satzung nichts Abweichendes bestimmt. Die Feststellung muss gemäß § 42 a Abs. 2 bei mittelgroßen und großen Gesellschaften (zum Begriff Rn. 43 ff.) innerhalb einer **Frist** von acht Monaten nach Ende des vorangegangenen Geschäftsjahres erfolgen, bei kleinen Gesellschaften (Rn. 43) innerhalb von elf Monaten. Die **Unterzeichnung** des Jahresabschlusses nach § 245 S. 1 HGB hat mit der Feststellung nichts zu tun, sie stellt lediglich eine öffentlich-rechtliche Pflicht der Gesellschaft dar, die insoweit durch ihre Geschäftsführer handelt. Erfolgen darf die Unterzeichnung erst nach Feststellung des Jahresabschlusses. Da der Feststellungsbeschluss indessen auch konkludent gefasst werden kann, kann in der Unterzeichnung des Jahresabschlusses durch alle Gesellschafter-Geschäftsführer seine Feststellung liegen.

49 **b) Vorlage des Jahresabschlusses zur Feststellung.** Hinsichtlich der Vorlage des Jahresabschlusses durch die Geschäftsführer ist danach zu unterscheiden, ob die Gesellschaft nach §§ 316 ff. HGB prüfungspflichtig ist oder nicht, wobei prüfungspflichtig mittelgroße und große Gesellschaften (zum Prüfung selbst s. Rn. 53 ff.) sind:

50 Ist die **Gesellschaft nicht prüfungspflichtig,** handelt es sich bei ihr also um eine kleine Gesellschaft im Sinne des § 267 HGB (Rn. 43 ff.), haben die Geschäftsführer nach § 42 a den Jahresabschluss und den Lagebericht unverzüglich nach der Aufstellung den Gesellschaftern zum Zwecke der Feststellung des Jahresabschlusses (§ 46 Nr. 1) vorzulegen, und zwar in ihrer Eigenschaft als Mitglieder des Beschlussorgans Gesellschafterversammlung. Sieht die Satzung ein anderes Organ für die Feststellung des Jahresabschlusses vor, tritt dieses an die Stelle der Gesellschafter.

51 Ist die **Gesellschaft** als mittelgroße oder große (Rn. 44, 45) Gesellschaft **prüfungspflichtig** (Rn. 53) so haben die Geschäftsführer zunächst die Prüfung durch die Abschlussprüfer zu veranlassen und erst danach den Jahresabschluss zusammen mit dem Prüfungsbericht des Abschlussprüfers den Gesellschaftern vorzulegen. Hat die Gesellschaft einen Aufsichtsrat, so ist dessen Bericht über das Ergebnis seiner Prüfung ebenfalls unverzüglich den Gesellschaftern zuzuleiten. Aufsichtsrat iS des § 42 a ist dabei nur ein solcher, der in der Satzung vorgesehen ist und der Überwachungsfunktion gegenüber der Geschäftsführung hat.

52 Zur anschließenden Feststellung des Jahresabschlusses selbst s. Rn. 56 ff.

53 **4. Abschlussprüfung.** Der von den Geschäftsführern so aufgestellte Jahresabschluss nebst Anhang und Lagebericht ist gemäß § 316 HGB von einem Abschlussprüfer zu prüfen, wenn es sich bei der Gesellschaft um eine **große oder mittelgroße Gesellschaft** handelt (Rn. 44, 45). Diese Verpflichtung ist **zwingender** Natur, kann also durch die Satzung nicht abbedungen werden. Für die kleinen Gesellschaften iS von § 267 Abs. 1 HGB besteht keine Prüfungspflicht, diese Gesellschaften können aber selbstverständlich kraft statutarischer Regelung oder im Einzelfall auf Beschluss der Gesellschafterversammlung eine Abschlussprüfung vornehmen lassen. Enthält die Satzung eine solche Regel, gelten die Bestimmungen der §§ 316 ff. HGB entsprechend, vorbehaltlich einer abweichenden Satzungsbestimmung insbesondere also auch die Einschränkungen hinsichtlich der als Prüfer zugelassenen Personen in § 319 HGB.

Die **Wahl des Abschlussprüfers** soll nach § 318 Abs. 1 S. 3 HGB vor Ablauf des Geschäftsjahres erfolgen, auf das sich sein Prüfungsauftrag erstreckt. Diese Regelung ist nicht zwingend, der Abschlussprüfer kann also auch nach Ablauf des Geschäftsjahres gewählt werden.[44] Zuständig für die Wahl des Abschlussprüfers ist die **Gesellschafterversammlung,** die hierüber vorbehaltlich einer abweichenden Satzungsbestimmung gemäß § 47 Abs. 1 mit einfacher Mehrheit beschließt. Den Prüfungsauftrag selbst erteilen die Geschäftsführer in vertretungsberechtigter Zahl, doch dürfte für die Erteilung des Prüfungsauftrages auch die unechte Vertretung (Geschäftsführer mit einem Prokuristen) ausreichen. Ist der Abschlussprüfer bis zum Abschluss des Geschäftsjahres noch nicht gewählt worden, kann gemäß § 318 Abs. 4 auf Antrag der Geschäftsführer, des Aufsichtsrates oder jedes Gesellschafters die **Bestellung eines Abschlussprüfers durch das Gericht** erfolgen; die Geschäftsführer sind in diesem Falle zu einer solchen Antragstellung nach § 318 Abs. 4 S. 3 HGB verpflichtet. Zuständig ist nicht das Registergericht, sondern das Amtsgericht im Rahmen seiner besonderen Aufgaben nach § 145 FGG. Die Antragsbefugnis steht jeweils dem Organ insgesamt, nicht aber auch jedem einzelnen Mitglied zu. Kommen die Mitglieder der Geschäftsführung ihrer Pflicht aus § 318 Abs. 4 S. 3 HGB nicht nach, kann auf Antrag gemäß § 335 S. 1 Nr. 4 HGB ein Zwangsgeld gegen sie verhängt werden. Wird der Abschlussprüfer noch rechtzeitig vor der gerichtlichen Bestellung von den Gesellschaftern gewählt, wird ein bereits nach § 318 Abs. 4 S. 1 HGB gestellter Antrag unbegründet.[45] Die **gerichtliche Abberufung** eines von der Gesellschafterversammlung bestellten Abschlussprüfers richtet sich nach § 318 Abs. 3 HGB.

Taugliche Abschlussprüfer sind bei großen Gesellschaften iS des § 267 Abs. 3 HGB nur Wirtschaftsprüfer und Wirtschaftsprüfungsgesellschaften. Mittelgroße Gesellschaften können die Abschlussprüfung auch von vereidigten Buchprüfern und Buchprüfungsgesellschaften vornehmen lassen (§ 319 Abs. 1 HGB). Letzteres gilt auch für freiwillige Prüfungen, die kleine Gesellschaften durchführen lassen können, aber nicht müssen (Rn. 53).

5. Grundzuständigkeit der Gesellschafterversammlung für den Feststellungs- und den Ergebnisverwendungsbeschluss. Der von den Geschäftsführern aufgestellte, gegebenenfalls vom Aufsichtsrat gebilligte und vom Abschlussprüfer geprüfte Jahresabschluss ist dann Gegenstand der Beschlussfassung über seine **Feststellung.** Gesellschafter-Geschäftsführer dürfen an dem Feststellungsbeschluss mitwirken, ein Stimmverbot besteht insoweit nicht.[46] Im Anschluss hieran ist über die **Verwendung des Gewinns** zu beschließen (dazu und zur Delegationsmöglichkeit Rn. 48). Dabei ist zu unterscheiden:

a) Bilanzaufstellung ohne Berücksichtigung der Ergebnisverwendung. Fasst die Gesellschafterversammlung satzungsgemäß den Ergebnisverwendungsbeschluss gemäß § 29 Abs. 1 S. 1, so gilt folgendes: Besteht statutarisch oder gemäß § 29 aF der Grundsatz der Vollausschüttung, so haben die Gesellschafter Anspruch auf den Jahres-

---

[44] Statt anderer *Adler/Düring/Schmaltz* HGB § 318 Rn. 136 mwN.
[45] *Adler/Düring/Schmaltz* HGB § 318 Rn. 403 mwN.
[46] RGZ 49, 141, 146 f.; *Hachenburg/Hüffer* § 46 Rn. 10.

überschuss, zuzüglich eines Gewinnvortrags und abzüglich eines Verlustvortrags, soweit der hiernach sich ergebende Betrag nicht als zusätzlicher Aufwand auf Grund des Beschlusses über die Ergebnisverwendung von der Verteilung unter die Gesellschafter ausgeschlossen ist.

58 Auch in einem solchen Falle ist die Gesellschafterversammlung freilich nicht gehindert, bei der Ergebnisverwendung den Jahresüberschuss ganz oder teilweise anders zu verwenden, also ihn etwa in die Rücklage einzustellen oder vorsorgliche Rückstellungen zu bilden oder den Gewinn als Gewinnvortrag ganz oder teilweise stehen zu lassen. Ein Gewinnvortrag kann dann angezeigt sein, wenn eine Liquiditätsenge besteht. Ein vorgetragener Gewinn steht im folgenden Jahr wieder voll verteilungsfähig zur Verfügung (§ 29 Abs. 1 S. 1). Zu beachten ist allerdings, dass vorbehaltlich einer abweichenden Satzungsbestimmung eine solche Gewinnverwendung der Zustimmung aller Gesellschafter bedarf.

59 **b) Bilanzaufstellung mit Berücksichtigung der Ergebnisverwendung.** Wird die Bilanz gemäß § 29 Abs. 1 S. 2 unter Berücksichtigung der teilweisen Ergebnisverwendung aufgestellt oder werden Rücklagen aufgelöst, so steht den Gesellschaftern der Bilanzgewinn zu, der zur Verteilung beschlossen werden kann.

60 **6. Verspätete Erstellung.** Der **Jahresabschluss** und der Lagebericht sind von den Geschäftsführern grundsätzlich innerhalb von drei Monaten ab Ende des Geschäftsjahres aufzustellen. Lediglich bei kleinen Kapitalgesellschaften verlängert sich diese Frist auf sechs Monate, wenn dies einem ordnungsgemäßen Geschäftsgang entspricht (§ 264 Abs. 1 HGB). Der Verwendungsbeschluss muss regelmäßig innerhalb von acht Monaten, bei kleinen Gesellschaften elf Monaten ab Ende des Geschäftsjahres gefasst werden (§ 42a Abs. 2). Diese Fristen sind zwingend. Wird der Jahresabschluss von den Geschäftsführern **nicht fristgemäß aufgestellt,** so hat dies – obgleich die Aufstellung des Jahresabschlusses eine öffentlich-rechtliche Pflicht ist – zunächst keine Folgen;[47] **auf Antrag** kann das nach § 145 FGG zuständige Amtsgericht (nicht: Registergericht) allerdings ein **Zwangsgeld** nach § 335 HGB festsetzen. Im Falle der **Insolvenz** der Gesellschaft sind die Geschäftsführer – und zwar alle – strafrechtlich verantwortlich (hierzu bei § 41). Anstelle des aufgehobenen § 83 GmbHG folgt die Strafbarkeit jetzt aus § 283b StGB.

61 Im Verhältnis zur Gesellschaft folgt die **Verpflichtung der Geschäftsführer zur rechtzeitigen Aufstellung des Jahresabschlusses** aus § 42a Abs. 1 iVm. § 264 HGB. Wird diese Verpflichtung durch die Geschäftsführer verletzt, so haften diese gegenüber der Gesellschaft nach Maßgabe des § 43 solidarisch mit der Möglichkeit einer Exculpation. Eine Haftung gegenüber Dritten besteht nicht.[48]

62 Die Aufstellung des Jahresabschlusses selbst kann von den Gesellschaftern über § 335 HGB **erzwungen** werden. Im Falle schuldhafter Verzögerung bei der Aufstellung des Jahresabschlusses kann auch die **Abberufung** der verantwortlichen Geschäftsführer durch die Gesellschafterversammlung oder durch das sonst dafür zuständigen Organ erfolgen. Die Haftung der Geschäftsführer entfällt nicht dadurch, dass sie auf Weisung Dritter, etwa auf Weisung eines Mehrheitsgesellschafters, gehandelt haben.

63 **Veranlasst der Mehrheitsgesellschafter** schuldhaft **die Verzögerung der Aufstellung** des Jahresabschlusses, so haftet er dem dadurch geschädigten Gesellschafter wegen Treupflichtverletzung auf **Schadenersatz** (§ 13 Rn. 84). Gleiches gilt, wenn der oder die Mehrheitsgesellschafter die Einberufung der Gesellschafterversammlung

---

[47] *Budde/Kunz* in BeckBilKomm. § 264 Rn. 20.
[48] RGZ 73, 30, 34 f.; BGH DB 1964, 1585; iE Erl. zu §§ 41 ff.

Gewinnverwendung **§ 29**

und die Fassung des Gewinnverteilungsbeschlusses schuldhaft verzögern (zu dieser Problematik noch Rn. 65 ff.).

Eine Fristüberschreitung hat nicht zur Folge, dass die Ergebnisverwendung unzulässig wird. § 29 verlangt nur eine ordnungsgemäße Ermittlung des verwendbaren Jahresüberschusses oder Bilanzgewinns, nicht aber die Einhaltung besonderer Fristen.[49] **64**

7. Minderheitsrechte/Zweipersonengesellschaft. Die Problematik einer unterlassenen oder nicht fristgerechten Fassung von Feststellungs- und Gewinnverwendungsbeschlüssen kann sich insbesondere dann stellen, wenn eine Gesellschaftermehrheit die Minderheit hierüber „auszuhungern" beabsichtigt oder wenn in einer Zweipersonengesellschaft mit je hälftiger Beteiligung ein Gesellschafter das Zustandekommen solcher Beschlüsse mit seinen Stimmen verhindert. Wie hierauf reagiert werden kann, ist fraglich: **65**

Sicher ist zunächst, dass eine Minderheit, die mindestens 10 % des Stammkapitals der Gesellschaft hält, die Möglichkeit hat, gemäß § 50 die **Einberufung einer Gesellschafterversammlung** zum Zwecke der Feststellung des Jahresabschlusses und zur Fassung des Gewinnverwendungs- und Gewinnverteilungsbeschlusses zu verlangen oder selbst eine Gesellschafterversammlung einzuberufen (§ 50 Abs. 3). Gesellschafter, die weniger als die hiernach notwendige Minderheitsquote halten, können auf Grund des aus § 29 Abs. 1 resultierenden mitgliedschaftlichen Anspruchs die Gesellschaft klageweise auf Einberufung einer Gesellschafterversammlung zum Zwecke der Fassung eines Feststellungs- und eines Gewinnverwendungsbeschlusses in Anspruch nehmen.[50] Dieser Weg allein hilft der Minderheit allerdings nicht weiter, wenn die Mehrheit auch in diesem Falle von der Fassung der notwendigen Beschlüsse zu den dann angesetzten Tagesordnungspunkten absieht.[51] Wie auf solche Konstellationen reagiert werden kann, ist streitig. Eine erste Auffassung nimmt an, die Minderheitsgesellschafter könnten die Gesellschaft auf positive Feststellung des Jahresabschlusses verklagen, wobei das Gericht ggf. entsprechend §§ 315 ff. BGB nach billigem Ermessen entscheiden könne.[52] Nach der zweiten Auffassung sind die Gesellschafter untereinander zur Mitwirkung verpflichtet und demgemäß notfalls im Klagewege auf Zustimmung zu einem bestimmten Jahresabschluss bzw. zu einer bestimmten Gewinnverwendung in Anspruch zu nehmen,[53] während nach einer dritten Meinung sowohl eine Klage gegen die Gesellschaft auf Feststellung eines bestimmten Jahresabschlusses als auch eine solche gegen die übrigen Mitgesellschafter auf Mitwirkung an den notwendigen Beschlüssen für möglich gehalten wird.[54] Eine vierte Auffassung nimmt an, dass im Falle eines ohne sachliche Rechtfertigung wiederholt unterlassenen Gewinnverwendungsbeschlusses **66**

---

[49] *Hachenburg/Goerdeler/Müller* Rn. 20.
[50] *Hachenburg/Hüffer* § 46 Rn. 15 mit dem zutr. Hinweis, dass der Klage einer Minderheit, die nach § 50 oder der Satzung nach notwendige Mehrheit erreicht, wegen ihrer Selbsthilferechte (§ 50 Abs. 3) das notwendige Rechtsschutzbedürfnis fehlen würde; eingehend hierzu und zu weiteren Fragen in diesem Zusammenhang *Borg/Oepen* ZGR 2002, 241; *Arnold* Der Gewinnauszahlungsanspruch des GmbH-Minderheitengesellschafters, 2001 (passim).
[51] Hierzu etwa *Baumbach/Hueck/Zöllner* § 46 Rn. 8; *Scholz/Emmerich* Rn. 35.
[52] *Zöllner* ZGR 1988, 392, 416 ff.; *Baumbach/Hueck/Zöllner* § 46 Rn. 8; *Raiser* ZHR 153 (1989), 1, 34; *Lutter/Hommelhoff* § 46 Rn. 6; grds. auch *Baumbach/Hueck/Fastrich* Rn. 41 (mit Ausnahme für personalistische Gesellschaften).
[53] *Roth/Altmeppen* § 46 Rn. 7; *Hachenburg/Schilling* 7. Aufl. § 46 Rn. 7; für den Fall einer einzig möglichen Entscheidung auch § 46 Rn. 6.
[54] *G. Hueck*, FS Steindorff, 1990, S. 45, 53 f.; *Baumbach/Hueck/Schulze-Osterloh* § 42 a Rn. 20; für den Fall einer personalistischen Gesellschaft auch *Baumbach/Hueck/Fastrich* Rn. 41.

auch ohne ausdrückliche Beschlussfassung von einem als gefasst anzusehenden Beschluss ausgegangen werden könne[55] bzw. dass man von einem von selbst eintretenden Fälligwerden des Auszahlungsanspruchs ausgehen könne.[56] Eine fünfte Meinung schließlich verneint den Anspruch eines Gesellschafters auf Feststellung eines bestimmten Jahresabschlusses überhaupt und verweist den Gesellschafter auf die Auflösung der Gesellschaft.[57]

67 Im Rahmen einer **Stellungnahme** hierzu ist zunächst zu bemerken, dass aus dem mit der Mitgliedschaft verbundenen Gewinnbezugsrecht unmittelbar ein Anspruch des Gesellschafters auf Fassung eines Feststellungs- und eines Gewinnverwendungsbeschlusses folgt und dieser Anspruch sich sowohl gegen die Gesellschaft als auch gegen die Mitgesellschafter richtet. Die Geltendmachung dieses Anspruchs ist deshalb auch an sich gegen beide möglich, und zwar unabhängig von der Realstruktur der Gesellschaft (personalistisch oder kapitalistisch). Da die Gesellschafterversammlung ein Gesellschaftsorgan darstellt und die übrigen Gesellschafter sich über eine Nebenintervention an dem Verfahren beteiligen können, kann einer Klage gegen die Gesellschaft auch nicht entgegen gehalten werden, die Beschlüsse stünden nicht zu ihrer Disposition.

68 Unter praktischen Aspekten ist iÜ zunächst zu berücksichtigen, dass die Minderheit eine Gesellschafterversammlung mit den notwendigen Tagesordnungspunkten herbeiführen kann (Rn. 66) und die Mitgesellschafter auf Grund der sie treffenden gesellschafterlichen Treupflicht zur Fassung eines positiven Beschlusses über die Feststellung und die Gewinnverwendung verpflichtet sind. Es ist deshalb zunächst darauf abzustellen, auf welche Gründe die Zustimmungsverweigerung gestützt wird. Werden solche nicht genannt oder sind sie sachlich nicht gerechtfertigt, ist die Weigerung unbeachtlich, was zur Nichtigkeit der die Zustimmung verweigernden Stimmabgabe wegen Treupflichtverstoßes führt (§ 13 Rn. 78); der Jahresabschluss wird ist dann, was notfalls im Wege der mit einer Anfechtungsklage verbundenen positiven Beschlussfeststellungsklage zu klären ist (hierzu § 47 Rn. 128, 153), mit den Stimmen der Gesellschafterminderheit festgestellt. Verweigert die Gesellschaftermehrheit die Befassung mit den Tagesordnungspunkten, was wegen der sie treffenden Verpflichtung zur Herbeiführung eines positiven Beschlusses treuwidrig und deshalb unbeachtlich ist, muss die Gesellschafterminderheit sich notfalls hierüber hinwegsetzen und gleichwohl einen Beschluss fassen. Nur soweit dieses Vorgehen nicht zum Erfolg führt, etwa weil die Mehrheit sich an der von der Minderheit initiierten Beschlussfassung beteiligt und diese überstimmt, stellt sich die Frage nach Möglichkeiten der Minderheit, einen (bestimmten) Feststellungsbeschluss und einen Gewinnverwendungsbeschluss herbeizuführen; entsprechendes gilt für den Fall der Zweipersonengesellschaft. Die Möglichkeit, einen Mitgesellschafter auf Zustimmung zur Feststellung des Jahresabschlusses und zur Fassung eines Gewinnverwendungsbeschlusses in Anspruch zu nehmen, kann nicht mit dem Hinweis auf eine Auflösung der Gesellschaft verneint werden. Dieser Hinweis hilft in der Sache nicht weiter, da er nicht geeignet ist, die Situation des betroffenen Gesellschafters als solche zu lösen, und iErg. darauf hinausliefe, den Ansprüchen des Gesellschafters den Rechtsschutz zu versagen. Da wegen der bilanziellen Wahlrechte im Regelfall andere handhabbare Rechtsschutzmöglichkeiten nicht ersichtlich sind, erscheint es hier ungeachtet der in der Tat nicht zweifelsfreien Anknüpfung an § 315

---

[55] *Gutbrod* GmbHR 1995, 551, 556.

[56] *Lutter/Hommelhoff* Rn. 34 auf der Grundlage ihres insoweit abw. Ansatzes, vgl. hierzu bereits oben Rn. 22.

[57] RGZ 49, 141, 146; *Immenga* Die personalistische Kapitalgesellschaft, 1970, S. 338; *Baumbach/Hueck* 13. Aufl. § 46 Anm. 2 A; *Hachenburg/Hüffer* § 46 Rn. 17.

Abs. 3 S. 2 BGB[58] sachgerecht, mit der von *Zöllner*[59] entwickelten Auffassung eine Klage gegen die Gesellschaft dahin zuzulassen, dass der Jahresabschluss durch das Gericht nach billigem Ermessen festgestellt und die Ergebnisverwendung bestimmt wird. Die Gesellschafter sind von der Klage entsprechend der Rechtslage bei der Anfechtung zu unterrichten und können sich hieran als Nebenintervenienten beteiligen. Die Vollstreckung erfolgt nach § 894 ZPO.

8. Unrichtiger Jahresabschluss. a) Prüfungspflicht des Feststellungsorgans. 69
Ist der von den Geschäftsführern aufgestellte Jahresabschluss wegen Verstoßes gegen die Satzung oder das Gesetz fehlerhaft und die Unrichtigkeit für die Gesellschafterversammlung oder für das sonst für den Jahresabschluss feststellende Organ **erkennbar**, so hat das Feststellungsorgan die **Pflicht zur Berichtigung**. Die Gesellschafterversammlung oder das statt ihrer den Jahresabschluss feststellende Organ hat dabei eine eigene Prüfungsverantwortung und muss bei Zweifeln am Zahlenwerk des aufgestellten Jahresabschlusses sich durch Befragung der Geschäftsführer über die Richtigkeit des Jahresabschlusses vergewissern, erforderlichenfalls durch Einsicht in die Geschäftspapiere der Gesellschaft. Ist ein uneingeschränktes Prüfungstestat erteilt (s. Rn. 53 ff. zur Abschlussprüfung), wird sich die Gesellschafterversammlung oder das sonst zuständige Organ auf die Richtigkeit des Jahresabschlusses regelmäßig verlassen dürfen.

b) Nichtigkeit und Anfechtbarkeit des Jahresabschlusses. Wird ein gegen das 70
Gesetz oder die Satzung verstoßender Jahresabschluss festgestellt, so ist dieser Feststellungsbeschluss, unabhängig davon, ob das Beschlussorgan die Unrichtigkeit erkannt hat oder nicht, nach den allgemeinen Grundsätzen je nach Schwere des Mangels entweder **anfechtbar oder nichtig**. Wegen der Einzelheiten zur Geltendmachung von Beschlussmängeln wird auf die Bemerkungen bei § 47 verwiesen. Im Zusammenhang mit der Fehlerhaftigkeit von Jahresabschlüssen ist hervorzuheben:

aa) Nichtigkeit. Auf den GmbH-rechtlichen Jahresabschluss ist **§ 256 AktG** weit- 71
gehend **entsprechend anwendbar**:[60]

Nichtig ist der Jahresabschluss, wenn er durch seinen Inhalt Vorschriften ver- 72
letzt, die ausschließlich oder überwiegend zum Schutz der Gläubiger der Gesellschaft gegeben sind **(§ 256 Abs. 1 Nr. 1 AktG)**; dies ist etwa der Fall[61] bei Verstößen gegen den Grundsatz der formellen Bilanzkontinuität, der Aktivierung nicht entgeltlich erworbener immaterieller Vermögensgegenstände entgegen § 248 Abs. 2 HGB, der fehlenden Aktivierung von Rückgewähransprüchen bei verdeckten Gewinnausschüttungen, von Ansprüchen aus der Differenzhaftung nach § 9 Abs. 1, von Ansprüchen aus der Vorbelastungshaftung (hierzu bei § 11), bei einem Verstoß gegen die Grundsätze über die Zurechnung von Aktivposten oder im Falle des Unterlassens von Angaben im Anhang.

Nichtig ist der Jahresabschluss auch dann, wenn entgegen der Bestimmung des § 316 73
Abs. 1 HGB trotz Prüfungspflicht überhaupt keine Prüfung stattgefunden hat oder wenn der Jahresabschluss einer prüfungspflichtigen Gesellschaft geändert worden ist und entgegen § 316 Abs. 3 HGB keine Nachtragsprüfung stattgefunden hat **(§ 256 Abs. 1 Nr. 2 AktG)**.

---

[58] Kritisch hierzu *Hachenburg/Hüffer* § 46 Rn. 17.
[59] ZGR 1988, 392, 416 ff.
[60] Zu den Folgen eines nichtigen Jahresabschlusses s. etwa *Kropff*, FS Budde, 1995, S. 341 ff.; *Schön* (Fn. 29) S. 153, 159 ff.
[61] Zum Folgenden vgl. die Beispiele bei *Baumbach/Hueck/Schulze-Osterloh* § 42a Rn. 22.

§ 29   2. Abschnitt. Rechtsverhältnisse der Gesellschaft und der Gesellschafter

74   Die Prüfung des Jahresabschlusses durch eine Person, die nicht zum Abschlussprüfer bestellt ist oder nicht die Voraussetzungen des § 319 Abs. 1 HGB erfüllt, führt ebenfalls zur Nichtigkeit des Jahresabschlusses (**§ 256 Abs. 1 Nr. 3 AktG**).

75   Gleiches gilt, wenn der Jahresabschluss unter Verletzung der gesetzlichen Bestimmungen über die Einstellung von Beträgen in Kapital- oder Gewinnrücklagen oder über die Entnahme von Beträgen aus Kapital- oder Gewinnrücklagen (§ 272 Abs. 2, 3, 4 HGB; §§ 58b Abs. 2, 3; 58c S. 2, 42 Abs. 2 S. 3) festgestellt worden ist (**§ 256 Abs. 1 Nr. 4 AktG**).

76   Die Feststellung des Jahresabschlusses in einer Gesellschafterversammlung, die nicht ordnungsgemäß einberufen worden ist, führt zur Nichtigkeit des Jahresabschlusses, es sei denn, es handelt sich um eine Vollversammlung und keiner der Gesellschafter widerspricht der Abhaltung der Gesellschafterversammlung (**§ 256 Abs. 3 Nr. 1 AktG**).

77   Wird der Feststellungsbeschluss auf eine Anfechtungsklage hin für nichtig erklärt, ist der Jahresabschluss ebenfalls nichtig (**§ 256 Abs. 3 Nr. 3 AktG**).

78   Ein Verstoß gegen die Vorschriften über die Gliederung des Jahresabschlusses führt nur dann zu seiner Nichtigkeit, wenn hierdurch die Klarheit und Übersichtlichkeit des Jahresabschlusses wesentlich beeinträchtigt ist (**§ 256 Abs. 4 AktG**).

79   Ein Verstoß gegen die Bewertungsvorschriften führt nur dann zur Nichtigkeit des Jahresabschlusses, wenn entweder Bilanzposten (nicht: einzelne Vermögensgegenstände) überbewertet sind oder aber Bilanzposten unterbewertet sind und dadurch die Vermögens- und Ertragslage der Gesellschaft (auch bedingt) vorsätzlich unrichtig wiedergegeben oder verschleiert wird (**§ 256 Abs. 5 AktG**); nach herrschender Meinung fallen auch die Verstöße gegen Ansatzgebote oder -verbote wegen der entsprechenden Wirkungen unter die Bestimmung (streitig).

80   Die **Heilung eines nichtigen Jahresabschlusses** ist möglich (**§ 256 Abs. 6 S. 1 AktG** mit je nach betroffenem Mangel unterschiedlichen Fristen), eine bereits anhängige Nichtigkeitsklage hemmt jedoch den Fristablauf (§ 256 Abs. 6 S. 2 AktG). Der nichtige Jahresabschluss zeitigt bis zu seiner Heilung keinerlei Wirkungen, seine Nichtigkeit kann bis zur Heilung auch von jedermann geltend gemacht werden. Eine nichtige Bilanz führt zur Nichtigkeit der folgenden Bilanzen.[62] Auch wenn die Fehlerhaftigkeit des Jahresabschlusses entsprechend § 256 Abs. 6 S. 1 AktG geheilt ist, können die Mängel im Rahmen des § 30 gleichwohl zu beachten sein; das Ausschüttungsverbot kann nicht durch Fortschreibung unrichtiger Bilanzansätze umgangen werden.[63]

81   **bb) Anfechtbarkeit.** Anfechtbar ist der Feststellungsbeschluss, wenn er das Gesetz oder die Satzung verletzt.[64] Zu den Gesetzesverstößen zählen auch Verstöße gegen die Grundsätze ordnungsgemäßer Buchführung (GoB), sofern diese Mängel nicht bereits zur Nichtigkeit des Jahresabschlusses führen (Rn. 79), also beispielsweise inhaltliche Verstöße, die nicht von einigem Gewicht sind, ein Verstoß gegen Gliederungsvorschriften, der keine wesentliche Beeinträchtigung der Klarheit und Übersichtlichkeit des Jahresabschlusses zur Folge hat. Auch ein Verstoß gegen die gesellschafterliche Treupflicht (hierzu bei § 13 Rn. 35 ff.) stellt einen Gesetzesverstoß dar. Da sich die Prüfung nach §§ 316 ff. HGB u. a. zum Schutz der Gesellschafter (insbesondere der Gesellschafterminderheit) auswirkt, ist auch die Prüfung durch eine nach § 319 Abs. 2, 3 HGB inhibierte Person als Anfechtungsgrund anzusehen. Einen wichtigen Fall der

---

[62] *Kropff*, FS Budde, 1995, S. 341 ff.; *Schön* (Fn. 29) S. 153; aA augenscheinlich BGH NJW 1997, 196 ff.
[63] Vgl. hierzu *Schön*, (Fn. 29) S. 153, 167 f.
[64] Zu den Anforderungen an den (rechtzeitigen) Klagevortrag in diesem Zusammenhang BGHZ 137, 378, 386 f. = NJW 1998, 1559.

Verletzung der gesellschafterlichen Treupflicht stellt die Beeinträchtigung des Gewinnbezugsrechts eines Minderheitsgesellschafters durch die überhöhte Bildung offener Rücklagen oder die gesetzwidrige Bildung stiller Rücklagen dar. Wird der Anfechtungsklage eines Gesellschafters stattgegeben, führt dies zur Nichtigerklärung des Feststellungsbeschlusses und damit zur Nichtigkeit des Jahresabschlusses selbst entsprechend § 256 Abs. 3 Nr. 3 AktG (vgl. hierzu Rn. 76). Streiten die Parteien lediglich über die Bewertung einzelner Bilanzposten, kann das Gericht – sofern die Rechtslage eindeutig ist – auf entsprechenden Antrag des Gesellschafters an die Stelle des fehlerhaften Jahresabschlusses den zutreffenden setzen. Ist die Anfechtungsklage in einem solchen Falle mit einer Leistungsklage auf Zahlung des Gewinns verbunden, so kann das Gericht auch den Gewinnverteilungsbeschluss durch sein Urteil ersetzen und den Gewinn sogleich zusprechen.[65]

c) Rückzahlungspflichten. Ist auf Grund eines nichtigen oder für unwirksam erklärten Jahresabschlusses oder eines nichtigen Gewinnverteilungsbeschlusses Gewinn an die Gesellschafter ausbezahlt worden, ist zu unterscheiden: Ein **bösgläubiger Empfänger** (§ 31 Rn. 51, § 32 Rn. 18 f.) ist zur Rückzahlung des Empfangenen zur Rückzahlung in voller Höhe verpflichtet. Dies ergibt sich im Falle einer gegen § 30 verstoßenden Auszahlung aus § 31 Abs. 1, in den übrigen Fällen aus §§ 812 ff. BGB. Bei einem **gutgläubiger Empfänger** (§ 31 Rn. 49 ff., § 32 Rn. 10) ist erneut zu differenzieren: Ist die Zahlung unter Verstoß gegen die Bindungen des § 30 erfolgt, kann die Gesellschaft eine Erstattung gemäß § 31 Abs. 2 nur insoweit verlangen, als sie zur Befriedigung der Gesellschaftsgläubiger erforderlich ist (§ 31 Rn. 26 ff.). Ist die Auszahlung aus freiem, also nicht durch § 30 gebundenem Vermögen erfolgt, steht einer Rückzahlungspflicht die Bestimmung des § 32 entgegen;[66] Ansprüche der Gesellschaft aus § 812 BGB o. Ä. werden hierdurch verdrängt (wegen der Einzelheiten s. § 32 Rn. 12). 82

9. Rücklagenbildung. Rücklagen, die zur Stärkung der Eigenmittel der Gesellschaft gebildet werden, erfordern einen Beschluss der Gesellschafterversammlung im Rahmen der Ergebnisverwendung, sofern nicht statutarisch eine bindende Regelung festgelegt ist, nach der der Jahresüberschuss zu einem bestimmten Anteil in die Rücklagen einzustellen ist. 83

In aller Regel enthält der Gesellschaftsvertrag eine Bestimmung darüber, **ob und in welchem Umfang** das Jahresergebnis zur Dotierung der Rücklagen verwendet werden darf. Eine solche Bestimmung vermeidet die willkürliche Rücklagenbildung bei Vorhandensein eines Mehrheitsgesellschafters zu Lasten der Minderheit. Die Aufnahme von derartigen Bestimmungen in die Satzung der Gesellschaft ist auch dringend anzuraten.[67] Denn während nach früherem Recht ein Vollausschüttungsgebot bestand und dem Dividendeninteresse des Gesellschafters hierdurch Rechnung getragen wurde, entscheidet heute gemäß § 29 Abs. 1 S. 1, Abs. 2 die Gesellschafterversammlung durch Beschluss über die Bildung von Rücklagen, und zwar wegen § 29 Abs. 2 auch ohne Vorliegen einer entsprechenden statutarischen Regelung. 84

---

[65] RGZ 80, 330, 335 ff.; *Scholz/Emmerich* Rn. 63; eingehend zur Fehlerhaftigkeit von Beschlüssen § 47 Rn. 85 ff.
[66] *Hachenburg/Goerdeler/Müller* Rn. 39; *Scholz/Emmerich* Rn. 62; zu den Folgen einer Heilung des nichtigen Jahresabschlusses analog § 256 Abs. 6 AktG in diesem Zusammenhang s. *Schön* (Fn. 29) S. 153, 166.
[67] Zu Gewinnverwendungsklauseln vgl. etwa die Vorschläge bei *Ehlke* DB 1987, 671, 676 f.; *Hommelhoff/Hartmann/Hillers* DNotZ 1986, 326 ff.; *Walk* Die zweckmäßige Gewinnverwendungsklausel in der GmbH, 1993, S. 275 ff.

§ 29   2. Abschnitt. Rechtsverhältnisse der Gesellschaft und der Gesellschafter

85   Die gesetzlichen Vorgaben können bei **Mehrheits-Minderheitsverhältnissen** in der Gesellschaft zu dem **Problem** führen, dass die Mehrheit die Minderheit durch das Vorenthalten von Gewinnanteilen „aushungert". Erfolgt die Rücklagenbildung allein oder vorrangig zu dem Zweck, die Minderheit aus der Gesellschaft zu drängen, liegt ein Verstoß der Mehrheit gegen die ihr obliegende gesellschafterliche Treupflicht (§ 13 Rn. 61) vor, ebenso können in diesem Falle die Tatbestandsvoraussetzungen des § 826 BGB erfüllt sein. § 29 steht dem nicht entgegen, da sich aus dieser Bestimmung keine Wertentscheidung dahin ableiten lässt, dass der Gesetzgeber ein derartiges Vorgehen anerkennen wollte.[68]

86   Inwieweit auch außerhalb dieses Bereichs der Minderheit ein **Mindestbezugsrecht** hinsichtlich des Gewinns zusteht, ist streitig. Teilweise wird vorgeschlagen, entsprechend § 58 Abs. 2 AktG von einer Mindestquote zu Gunsten der Minderheit auszugehen.[69] Dieser Auffassung ist mit Blick darauf, dass die Übernahme einer entsprechenden Vorschrift in das GmbHG 1982 gerade nicht Gesetz geworden ist und die starre Bestimmung des § 58 Abs. 2 AktG auf die Verhältnisse bei der GmbH nicht passen,[70] nicht zu folgen. Aus dem Aktienrecht übernahmefähig erscheint jedoch die in § 254 Abs. 1 AktG niedergelegte *Wertung,* wonach die Bildung von Gewinnrücklagen oder ein Gewinnvortrag nur insoweit zulässig ist, als die Einstellung oder der Gewinnvortrag bei vernünftiger kaufmännischer Beurteilung notwendig ist, um die Lebens- und Widerstandsfähigkeit der Gesellschaft für einen hinsichtlich der wirtschaftlichen und finanziellen Notwendigkeiten übersehbaren Zeitraum zu sichern. *Nicht übernahmefähig* ist demgegenüber die *Wertvorgabe* des § 254 Abs. 1 AktG, wonach unter die Gesellschafter ein Gewinn in Höhe von mindestens 4 % des Grundkapitals abzüglich von noch nicht eingeforderten Einlagen zu verteilen ist, und zwar unabhängig von der Realstruktur der Gesellschaft (kapitalistisch oder personalistisch);[71] dem steht der Wille des Gesetzgebers entgegen, im GmbH-Recht aus Gründen der Flexibilität anders als im Aktienrecht bewusst keine derartige Regelung vorzusehen. Auch wenn dies in der Praxis mit Rechtsunsicherheiten verbunden ist, bleibt für das GmbH-Recht angesichts der gesetzlichen Vorgaben nur die einzelfallbezogene Abwägung zwischen dem Finanzierungsinteresse der Gesellschaft, damit also dem Interesse an der langfristigen Erhaltung der Einnahmequelle,[72] und dem Dividendeninteresse der Minderheit. Methodischer Ansatzpunkt für die Inhaltskontrolle des Gewinnverwendungsbeschlusses ist dabei die gesellschafterliche Treupflicht (§ 13 Rn. 35 ff., 61), auf Grund derer die Mehrheit gehalten ist, das Dividendeninteresse der Minderheit als Umstand, der als Gesellschaftsziel in den Gesellschaftszweck einfließt,[73] zu berücksichtigen.

---

[68] Vgl. hierzu nur *Henssler,* FS Zöllner, 1998, S. 203, 210; *Roth/Altmeppen* Rn. 18; *Baumbach/Hueck/Fastrich* Rn. 29 ff.; *Scholz/Emmerich* Rn. 70 f.; abw. etwa *Kallmeyer* GmbHR 1992, 788; *Vonnemann* GmbHR 1992, 637.
[69] So insbes. *Hommelhoff* ZGR 1986, 418, 427 ff.; *Lutter/Hommelhoff* Rn. 28.
[70] Abl. deshalb auch die ganz hM, vgl. nur *Ehlke* DB 1987, 677 f.; *Joost,* FS 100 Jahre GmbHG, 1992, S. 289, 302; *Liebs* DB 1986, 2421; *Roth/Altmeppen* Rn. 18; *Baumbach/Hueck/Fastrich* Rn. 31; *Hachenburg/Goerdeler/Müller* Rn. 64; *Scholz/Emmerich* Rn. 71.
[71] Vgl. hierzu mit Unterschieden iE *Ehlke* DB 1987, 677 f.; *Henssler,* FS Zöllner, 1998, S. 203, 209 f.; *Liebs* DB 1986, 2421 *Hachenburg/Goerdeler/Müller* Rn. 62, 64 f.; *Scholz/Emmerich* Rn. 71; für eine Analogie zu § 254 Abs. 1 AktG bei kapitalistisch strukturierten Gesellschaften demgegenüber *Baumbach/Hueck/Fastrich* Rn. 31; *Baumbach/Hueck/Zöllner* Anh. § 47 Rn. 55.
[72] Zutr. *Hachenburg/Goerdeler/Müller* Rn. 65.
[73] Zum Zweck der Gesellschaft und den hierbei zu berücksichtigenden Komponenten Gesellschaftsziel und Unternehmensgegenstand vgl. eingehend *Tieves* Der Unternehmensgegenstand der Kapitalgesellschaft, 1998, S. 23 ff.; zust. MüKo AktG/*Pentz* § 23 Rn. 76.

Entsprechendes, aber im umgekehrten Sinne, gilt hinsichtlich der Frage eines **An- 87 spruchs** der Minderheit **auf Rücklagenbildung**. Auch hier sind die Gesellschafter, jedenfalls solange wie die Gesellschaft noch nicht aufgelöst ist, im Wege der einzelfallbezogenen Abwägung zwischen dem Finanzierungsinteresse der Gesellschaft und dem Dividendeninteresse der Gesellschafter entsprechend der Wertung von § 254 Abs. 1 AktG gehalten, die Lebens- und Widerstandsfähigkeit der Gesellschaft für einen hinsichtlich der wirtschaftlichen und finanziellen Notwendigkeiten übersehbaren Zeitraum zu sichern.[74]

10. Rückstellungen. Gemäß **§ 249 Abs. 1 S. 1 und 2 HGB** müssen Rückstel- 88 lungen gebildet werden für ungewisse Verbindlichkeiten, drohende Verluste aus schwebenden Geschäften, im Geschäftsjahr unterlassene Aufwendungen für Instandhaltung, die im folgenden Geschäftsjahr innerhalb von drei Monaten nachgeholt werden, für im Geschäftsjahr unterlassene Aufwendungen für Abraumbeseitigung, die im folgenden Geschäftsjahr nachgeholt werden, sowie für Gewährleistungen, die ohne rechtliche Verpflichtung erbracht werden (wegen der Einzelheiten vgl. die Erl. zu § 42). Es besteht also eine Passivierungspflicht. Die **Bildung von Rückstellungen** ist in aller Regel schon bei der Aufstellung des Jahresabschlusses von den Geschäftsführern vorgenommen worden. Da es sich bei ihr um eine gesetzliche Pflicht handelt, bedarf die Bildung von Rückstellungen keiner statutarischen Zulassung. Ist der Rückstellungsbedarf zu hoch angesetzt worden, so kann der festgestellte Jahresabschluss mit der Anfechtungsklage angefochten werden, wobei freilich die gerichtliche Nachprüfung darauf beschränkt ist, ob die Zuweisung zur Rückstellung rechtsmissbräuchlich ist.[75] Die kaufmännische Richtigkeit oder Zweckmäßigkeit kann nach Auffassung des BGH nicht nachgeprüft werden.[76]

11. Wertaufholungen. § 29 Abs. 4 spricht davon, dass die Geschäftsführer mit Zu- 89 stimmung des (soweit vorhanden) Aufsichtsrats oder der Gesellschafter (genauer: der Gesellschafterversammlung) den Eigenkapitalanteil von Wertaufholungen bei Vermögensgegenständen des Anlage- und Umlaufvermögens und von bei der steuerrechtlichen Gewinnermittlung gebildeten Passivposten, die nicht im Sonderposten mit Rücklageanteil ausgewiesen werden dürfen, in andere Gewinnrücklagen einstellen können. Die Bestimmung entspricht praktisch wortgleich § 58 Abs. 2a AktG und regelt **zwei Fälle:**

a) Eigenkapitalanteil von Wertaufholungen (§ 29 Abs. 4). § 29 Abs. 4 S. 1, 90 1. Fall erlaubt, den Eigenkapitalanteil von Wertaufholungen in andere Gewinnrücklagen einzustellen. Nach § 280 Abs. 1 HGB sind Wertaufholungen vorzunehmen, wenn bei einem Vermögensgegenstand eine außerplanmäßige Abschreibung nach § 253 Abs. 2 S. 3, Abs. 3 HGB oder § 254 S. 1 HGB vorgenommen wurde und sich in einem späteren Geschäftsjahr herausstellt, dass der Grund für die **außerplanmäßige Abschreibung** entfallen ist. § 253 Abs. 2 S. 3 HGB betrifft das **Anlagevermögen** und ist für Kapitalgesellschaften nach § 279 Abs. 1 HGB auf Finanzanlagen beschränkt, soweit es sich nicht um eine voraussichtlich dauernde Wertminderung handelt. Hierunter fällt etwa eine Beteiligung an einer anderen GmbH, die in die Krise geraten ist, und sich hierdurch der Wert der Beteiligung im Verhältnis zu ihrem Buchwert reduziert hat.

---

[74] *Hachenburg/Goerdeler/Müller* Rn. 67.
[75] BGH BB 1974, 854; LM § 29 Nr. 3.
[76] BGH WM 1970, 1165; vgl. hierzu auch *Renkl* GmbHR 1989, 66.

91 § 253 Abs. 3 HGB bezieht sich auf das **Umlaufvermögen.** Insoweit kommen außerplanmäßige Abschreibungen in Betracht, wenn zB das Produkt eines Konkurrenten mit großem Erfolg auf dem Markt eingeführt wird und sich abzeichnet, dass das eigene Produkt nicht mehr zu dem ursprünglich kalkulierten Preis absetzbar ist. Eine solche Entwicklung würde eine außerplanmäßige Abschreibung auf die fertigen und die unfertigen Erzeugnisse in diesem Produktionssegment nahe legen.

92 § 254 HGB ist für Kapitalgesellschaften durch § 279 Abs. 2 eingeschränkt und erlaubt Abschreibungen in der Handelsbilanz nur, wenn das Steuerrecht ihre Anerkennung bei der steuerrechtlichen Gewinnermittlung davon abhängig macht, dass sie sich aus der Bilanz ergeben. Kann beispielsweise eine Gesellschaft, an der die Beteiligung gehalten wird, erfolgreich saniert werden oder erweist sich das Konkurrenzprodukt im obigen Beispiel als technisch unausgereift, so zwingt § 280 HGB zur Zuschreibung des Betrages der außerplanmäßigen Abschreibung unter Abzug der planmäßigen Abschreibungen, die zwischenzeitlich möglich gewesen wären (Wertaufholung). § 29 Abs. 4 S. 1 1. Fall ermöglicht in dieser Konstellation die Konsequenzen der Zuschreibung dadurch zu reduzieren, dass der Eigenkapitalanteil der Wertaufholung in eine Gewinnrücklage eingestellt wird. Der Eigenkapitalanteil ist dabei der Wertaufholungsbetrag abzüglich Steuerbelastung, wobei vom Thesaurierungssteuersatz der GmbH auszugehen ist.[77] Die Erhöhung der Aktiva um den so ermittelten Betrag kann also durch einen Passivposten in gleicher Höhe neutralisiert werden, womit offene Rücklagen geschaffen und entsprechende Mittel im Unternehmen gehalten werden. Der Streit, ob auch in **Verlustjahren** die Rücklage gemäß Abs. 4 gebildet werden kann, hat sich weitgehend gelegt. Nach allgemeiner Ansicht ist in Verlustjahren die Rücklagenbildung nicht zulässig, kann aber in späteren Jahren mit positivem Ergebnis nachgeholt werden.[78]

93 b) **Sonderposten mit Rücklagenanteil.** Der zweite Anwendungsfall des § 29 Abs. 4 betrifft §§ 247 Abs. 3, 273 HGB. Nach § 247 Abs. 3 HGB und seiner Einschränkung für Kapitalgesellschaften in § 273 HGB darf der Sonderposten mit Rücklagenanteil in der GmbH nur insoweit gebildet werden, als das Steuerrecht die Anerkennung dieses Postens bei der steuerlichen Gewinnermittlung davon abhängig macht, dass der Sonderposten auch in der Handelsbilanz gebildet wird. Zu einer Rücklage nach § 29 Abs. 4, 2. Fall kann es daher nur kommen, wo der Grundsatz der Maßgeblichkeit der Handels- für die Steuerbilanz (§ 5 Abs. 1 EStG) nicht greift. Dies war bei der Preissteigerungsrücklage von Bedeutung, die jedoch nicht mehr gebildet werden kann. Der zweite Fall von § 29 Abs. 4 hat daher an Bedeutung verloren.[79]

94 c) **Zuständigkeit.** Die Zuständigkeitsregelung für die Einstellung von Wertaufholungen in die Wertaufholungsrücklage ist im Gesetz missverständlich geregelt, wenn es dort heißt, dass die Bildung der Wertaufholungsrücklage durch die Geschäftsführer mit Zustimmung des Aufsichtsrats oder der Gesellschafter vorgenommen werden kann.

95 Richtig ist, dass auch die Verwendung von Beträgen, die bei einer Wertaufholung entstehen, den gesetzlichen Bestimmungen folgen. Die Geschäftsführer haben deshalb den Jahresabschluss gemäß § 42a aufzustellen, gegebenenfalls durch einen Abschlussprüfer prüfen zu lassen, und der Gesellschafterversammlung oder dem sonst dafür ge-

---

[77] *Hachenburg/Goerdeler/Müller* Rn. 139; *Hüffer* § 58 Rn. 18.
[78] *Hachenburg/Goerdeler/Müller* Rn. 140; *Adler/Düring/Schmaltz* § 58 Rn. 95 ff.; *Hüffer* § 58 Rn. 18.
[79] *Hachenburg/Goerdeler/Müller* Rn. 138.

setzlich oder statutarisch vorgesehenen Organ der Gesellschaft zur Feststellung und Gewinnverwendung vorzulegen.[80] Dies folgt aus dem Umstand, dass – vorbehaltlich einer abweichenden Satzungsbestimmung – allein die **Gesellschafterversammlung** darüber befindet, in welcher Weise Wertaufholungen verwendet werden, also etwa dem Gewinn zugerechnet werden oder aber in eine Wertaufholungsrücklage einzustellen sind. Die Geschäftsführer können insoweit nur Vorschläge unterbreiten. Die Satzung kann hierüber abweichende Bestimmungen enthalten, an die dann die Gesellschafterversammlung gebunden ist.

Ist die Gesellschaft mitbestimmt iS des MitbestG vom 4. 5. 1976,[81] so hat der **Aufsichtsrat** gemäß § 52 ein Prüfungsrecht. Die davon zu unterscheidende Feststellung des Jahresabschlusses obliegt dem Aufsichtsrat gemäß dem MitbestG demgegenüber nicht, weil § 172 AktG in § 52 GmbHG nicht aufgeführt ist. Danach ist allein die Gesellschafterversammlung für die Frage zuständig, ob und in welchem Umfange eine Wertaufholungsrücklage gebildet werden soll.[82] Anderes gilt nur, wenn die Satzung das Recht auf Rücklagenbildung einem anderen Organ zugewiesen hat, etwa auch den Geschäftsführern oder dem Aufsichtsrat oder einem ähnlichen Organ der Gesellschaft. Sonst haben diese Organe trotz der missverständlichen Formulierung in § 29 Abs. 4 nur ein Vorschlagsrecht. 96

d) Keine Pflicht zur Bildung einer Wertaufholungsrücklage. Aus dem Vorgesagten folgt zugleich, dass eine Pflicht zur Bildung einer Wertaufholungsrücklage nicht besteht. Die Gesellschafterversammlung kann unabhängig von den Bestimmungen des Gesellschaftsvertrages über den Ertrag aus der Wertaufholung verfügen bzw., falls das Vollausschüttungsprinzip des § 29 Abs. 1 aF beibehalten ist, den Betrag der Wertaufholung gleichwohl in die Rücklage einstellen.[83] 97

12. Vorauszahlungen. Abschlagszahlungen auf den zukünftigen Gewinn – auch als **Zwischendividende** bezeichnet – werden im Grundsatz heute auch ohne eine statutarische Grundlage ganz überwiegend für zulässig erachtet. Sie dürfen jedoch nur dann gezahlt werden, wenn mit Gewissheit feststeht, dass ein Gewinn in Höhe der Abschlagszahlung bei Feststellung des Jahresabschlusses vorhanden sein wird.[84] § 59 Abs. 1 AktG, wonach die Zahlung einer Vorabdividende nur dann zulässig ist, wenn das Geschäftsjahr bereits abgelaufen ist, findet im GmbH-Recht keine Entsprechung und ist auch nicht analog anwendbar.[85] Da Gewinnprognosen in aller Regel schwierig und ungenau sind, sollten Abschlagszahlungen auf den mutmaßlich zur Verteilung kommenden Gewinn nur dann erfolgen, wenn die finanzielle Situation der Gesellschaft unbedenklich gut ist. In jedem Falle ist auch hier die Kapitalbindung des § 30 Abs. 1 zu beachten.[86] Denkbar und **zulässig** ist es auch, **einzelnen Gesell-** 98

---

[80] *Baumbach/Hueck/Fastrich* Rn. 20; *Meyer-Landrut/Miller/Niehus* Rn. 14; *Lutter/Hommelhoff* Rn. 35.
[81] BGBl. I S. 1153.
[82] *Baumbach/Hueck/Fastrich* Rn. 21; *Meyer-Landrut/Miller/Niehus* Rn. 17; *Hommelhoff* ZGR 1996, 418, 436.
[83] *Lutter/Hommelhoff* Rn. 36.
[84] RGZ 85, 43, 44f.; 92, 82; BFH BB 1977, 880; BGH DB 1972, 1575; WM 1977, 1446; *Roth/Altmeppen* Rn. 51 f.; *Baumbach/Hueck/Fastrich* Rn. 60; *Hachenburg/Goerdeler/Müller* Rn. 103 mwN; *Scholz/Emmerich* Rn. 86; *Meyer-Landrut/Miller/Niehus* Rn. 15; *Baumbach/Hueck/Fastrich* Rn. 60; eingehend G. *Hueck* ZGR 1975, 133, 140 f.; aA etwa *Becker* GmbHR 1941, 333, 336 f.
[85] *Hachenburg/Goerdeler/Müller* Rn. 103.
[86] *Scholz/Emmerich* Rn. 86; G. *Hueck* ZGR 1975, 133, 143; *Röhrkasten* GmbHR 1974, 36, 38; *Priester* DB 1973, 2382, 2383.

schaftern unter Berücksichtigung der vorgenannten Grundsätze **Abschlagszahlungen** zu gewähren, etwa weil sie diese für den Lebensunterhalt benötigen. Wegen des Gleichbehandlungsgebots darf dies aber nur mit Zustimmung derjenigen Gesellschafter geschehen, die eine solche Abschlagszahlung nicht erhalten. Ist die Vorabausschüttung bereits ausgezahlt worden, so muss die **Bilanz** unter Berücksichtigung der teilweisen Verwendung des Jahresergebnisses aufgestellt werden (§ 268 Abs. 1 S. 1 HGB).[87]

99 **Zuständig** für die Maßnahme ist die **Gesellschafterversammlung** gemäß § 46 Nr. 1, nicht etwa die Geschäftsführung. Inwieweit eine Zwischenbilanz notwendig ist, richtet sich nach den Besonderheiten des Einzelfalles; im Zweifel sollte eine solche aufgestellt werden.

100 Stellt sich im Nachhinein heraus, dass das für die Ausschüttung notwendige Vermögen tatsächlich doch nicht vorhanden gewesen ist, sind die Gesellschafter zur **Rückerstattung der erhaltenen Beträge** – da Vorauszahlungen unter dem Vorbehalt erfolgen, dass sich aus dem Jahresabschluss tatsächlich ein Gewinn in entsprechender Höhe ergibt – gemäß § 31 bzw. gemäß § 812 Abs. 1 BGB[88] verpflichtet. Auf § 32 (gutgläubig bezogener Gewinn) können sich die Gesellschafter nicht berufen; dem steht der Charakter der Vorabausschüttung als Leistung unter Vorbehalt entgegen.[89] Der **Rückzahlungsanspruch entsteht** mit Ablauf des Bilanzstichtags, weil zu diesem Zeitpunkt feststeht, dass die Voraussetzungen für die Vorabausschüttung tatsächlich nicht vorgelegen haben.[90]

101 **13. Bauzinsen.** Nach früher überwM[91] wurde bei der GmbH die Zahlung von sog. Bauzinsen entsprechend der Rechtslage gemäß § 57 Abs. 3 AktG aF als zulässig angesehen. Bauzinsen stellten der Sache nach eine in der Ursprungssatzung geregelte Einlageverzinsung für den zwischen der Vorbereitung des Unternehmens bis zum Anfang des vollen Betriebs liegenden Zeitraum dar, deren Zulassung auf rechtspolitische Gründe zurückzuführen war.[92] Da die geleisteten Zinsen auf die Herstellungskosten des Anlagevermögens gebucht wurden und der Zinsenabfluss damit durch eine Erhöhung des Anlagevermögens finanziert wurde, wurde in einer derartigen Verfahrensweise kein Verstoß gegen das Verbot der Einlagerückgewähr gesehen.[93] Eine den Bauzinsen entsprechende Einlageverzinsung ist GmbH-rechtlich zulässig, soweit die Grenzen des § 30 eingehalten werden.[94] Ihre praktische Bedeutung ist jedoch gering, da zumindest nach heutigem Bilanzrecht die geschilderte Bilanzpraxis unzulässig ist.[95]

---

[87] Zur bilanziellen Behandlung der Vorabausschüttung iE *Hachenburg/Goerdeler/Müller* Rn. 115 mwN.
[88] Für Anwendung des § 812 Abs. 1 S. 2 2. Fall BGB (Nichteintritt des bezweckten Erfolgs): RGZ 85, 43, 45; für § 812 Abs. 1 S. 2 1. Fall BGB (nachträglicher Wegfall des Rechtsgrundes): *Scholz/Emmerich* Rn. 86; *Hachenburg/Goerdeler/Müller* Rn. 112.
[89] Vgl. nur OLG Hamm GmbHR 1992, 456, 457; *Hachenburg/Goerdeler/Müller* Rn. 112; *Lutter/Hommelhoff* Rn. 46; *Scholz/Emmerich* Rn. 86.
[90] Abw. *Hachenburg/Goerdeler/Müller* Rn. 113: erst mit Feststellung des Jahresabschlusses.
[91] Vgl. etwa *Laule* GmbHR 1966, 32, 34 mwN.
[92] Vgl. hierzu die bei *Schubert/Hommelhoff* 100 Jahre modernes Aktienrecht, ZGR-Sonderheft Nr. 4, 1985, S. 502 abgedruckten Materialien zu Art. 217 der Allgemeinen Begründung zum AktG von 1884.
[93] S. hierzu bei *Schubert/Hommelhoff* (Fn. 92) sowie bei *Laule* GmbHR 1966, 32, 34 mwN.
[94] *Baumbach/Hueck/Fastrich* Rn. 63; *Hachenburg/Goerdeler/Müller* Rn. 119 ff.; *Scholz/Emmerich* Rn. 89.
[95] *Hachenburg/Goerdeler/Müller* Rn. 121.

Gewinnverwendung   § 29

VI. Maßstäbe der Gewinnverteilung (§ 29 Abs. 2 und 3)

1. Allgemeines. Der nach der Ergebnisverwendung verbleibende Gewinn steht für 102
die Gewinnverteilung **zur Disposition der Gesellschafterversammlung**, § 46
Nr. 1. Nach der abdingbaren Regelung des § 29 Abs. 3 erfolgt die Verteilung des Gewinns nach dem Verhältnis der Geschäftsanteile; dies entspricht in der Praxis auch der
Regel.

Nach ganz überwiegender Auffassung kommt es für die Verteilung des Gewinns 103
nicht auf den Umfang der Einzahlung auf die Stammeinlage, sondern auf den **Nominalbetrag** an,[96] der Ausgabebetrag (insbesondere auch ein Agio) ist für die Verteilung
des Gewinns unerheblich. Das Abstellen auf den Nominalbetrag ist jedenfalls für kapitalistisch strukturierte Gesellschaften unbefriedigend, da sie im Falle unterschiedlicher
Einzahlungen auf eine Ungleichbehandlung der Gesellschafter hinausläuft. Es liegt
iErg. eine Bevorzugung einer Gruppe von Gesellschaftern vor, wenn diejenigen Gesellschafter, deren Stammanteil nur zur Hälfte eingezahlt worden ist, den gleichen prozentualen Gewinn auf ihren Geschäftsanteil erhalten wie diejenigen Gesellschafter, die
ihren Geschäftsanteil voll einbezahlt und damit der Gesellschaft das notwendige Kapital
beigesteuert haben. Ist etwa ein Gesellschafter mit der Erbringung auf seine Stammeinlage säumig, kann er zwar gemäß §§ 21 ff. mit seinem Anteil kaduziert werden und muss
auch gemäß § 20 Zinsen entrichten, soll aber gleichwohl den vollen Gewinnanteil erhalten. Beides passt nur schlecht zueinander. Aus diesem Grunde und mit Blick auf die
abweichende Regelung in § 60 Abs. 2 AktG ist fraglich, ob eine solche Ungleichbehandlung, wenn sie nicht statutarisch festgelegt ist, von der Zustimmung der dadurch
benachteiligten Gesellschafter abhängig gemacht werden sollte.[97] Gleichwohl dürften
die besseren Gründe für die herrschenden Meinung sprechen. Denn anders als im Aktienrecht ist die Stellung des Gesellschafters im GmbH-Recht typischerweise nicht nur
kapitalistisch ausgestaltet, sondern häufig auch auf eine Mitarbeit angelegt. Vor diesem
Hintergrund macht es Sinn, im GmbH-Recht das Regel-Ausnahme-Verhältnis umgekehrt auszugestalten und von einer am eingezahlten Betrag orientierten Gewinnverteilung nur dann auszugehen, wenn die Satzung eine entsprechende Regelung gemäß
§ 29 Abs. 3 S. 2 vorsieht. In jedem Falle empfiehlt es sich, die Frage der Rechtsfolgen
unterschiedlicher Einlageleistungen in der Satzung zu regeln.

2. Mehrheitserfordernisse bei Fassung des Gewinnverwendungs- und des 104
Gewinnverteilungsbeschlusses, Frist. Der Beschluss über die Gewinnverteilung
wird, sofern der Gesellschaftsvertrag nichts anderes bestimmt, gemäß §§ 46 Nr. 1, 47
Abs. 1, 29 Abs. 2 mit der **einfachen Mehrheit der abgegebenen Stimmen** gefasst.[98] Gesellschafter-Geschäftsführer dürfen dabei mitstimmen, da ein Fall des § 47
Abs. 4 nicht vorliegt, ebenso von der Gewinnverteilung ausgeschlossene Gesellschafter.[99] Zu den Problemen, die mit der Zuweisung dieser Kompetenz an die Gesellschaftermehrheit verbunden sein können („aushungern"), vgl. Rn. 85 ff. In der Praxis
sieht die **Satzung** in einigen Fällen vor, dass der Beschluss über die Gewinnverwendung und die Gewinnverteilung der qualifizierten Mehrheit, wie sie für Satzungsän-

---

[96] KG OLGE 34 (1917 I), 358 f.; *Baumbach/Hueck/Fastrich* Rn. 51; *Lutter/Hommelhoff* Rn. 38;
Meyer-Landrut/Miller/Niehus Rn. 12; *Scholz/Emmerich* Rn. 76.
[97] So Voraufl. Rn. 52; sympathisierend *Hachenburg/Goerdeler/Müller* Rn. 68.
[98] *Immenga* Die personalistische Kapitalgesellschaft, 1970, S. S. 209; *Wolany* S. 198; *Scholz/
Emmerich* Rn. 60.
[99] *Scholz/Emmerich* Rn. 60.

derungen gemäß § 53 Abs. 2 gilt, bedarf.[100] Solche Regelungen werden oft dann statutarisch getroffen, wenn ein Gesellschafter eine Sperrminorität besitzt und deswegen bei der Gewinnverwendung und Gewinnverteilung seine Stimmen zur Geltung bringen will.

105 Schwierigkeiten bereitet der Ergebnisverwendungs- und Gewinnverteilungsbeschluss dann, wenn an der Gesellschaft nur **zwei Gesellschafter mit je 50 % beteiligt** sind. In diesem Falle empfiehlt es sich, statutarisch festzulegen, dass, sofern keine Einigung über die Gewinnverwendung oder Gewinnverteilung zustande kommt, also ein Beschluss mit einfacher Mehrheit nicht gefasst werden kann, **ein anderes Organ die Ergebnisverwendung und Gewinnverteilung beschließt.** Dies kann ein bei der Gesellschaft bestehender Aufsichtsrat, Beirat oder Gesellschafterausschuss sein, aber auch ein in der Satzung vorgesehenes oder ad hoc zu bildendes Schiedsgericht.[101] Soll ein anderes Organ als die Gesellschafterversammlung im Nichteinigungsfalle der Gesellschafter den Gewinnverwendungs- und Gewinnverteilungsbeschluss fassen, so ist darauf zu achten, dass dieses Beschlussorgan mehrheitsfähig ist, also mit Personen in ungerader Zahl besetzt ist oder eines der Mitglieder ein Recht zum Stichentscheid hat.

106 Hinsichtlich der Frage, innerhalb welcher **Fristen** der Gewinnverwendungsbeschluss zu fassen ist, ist zu unterscheiden: Handelt es sich um eine **kleine Gesellschaft** im Sinne des § 267 Abs. 1 HGB (Rn. 43), muss die Gesellschafterversammlung bis spätestens zum Ablauf der ersten **elf Monaten** des folgenden Geschäftsjahres über die Ergebnisverwendung beschließen; handelt es sich um eine **mittelgroße oder eine große Gesellschaft** (Rn. 44, 45), muss der Beschluss innerhalb der **ersten acht Monate** erfolgen, § 42a Abs. 2 S. 1.

107 **3. Statutarische Regelungen (§ 29 Abs. 3 S. 2).**[102] § 29 Abs. 3 S. 2 lässt eine in der Satzung vorgesehene **Verteilung des Bilanzgewinn nach anderen Maßstäben** als nach dem Verhältnis der Geschäftsanteile ausdrücklich zu. Wegen des mit ihr verbundenen Eingriffs in die Vermögensinteressen der Gesellschafter muss eine solche abweichende Regelung klar und eindeutig formuliert sein.[103] Häufige Fälle der Abweichung von der Regel des § 29 Abs. 3 S. 1 sind zB, dass alle Gesellschafter zunächst eine **feste Verzinsung** etwa von 4 % ihrer geleisteten Einlagen erhalten und dass der dann noch verbleibende Bilanzgewinn nach unterschiedlichen Prozentsätzen verteilt wird.[104] Oft haben Altgesellschafter in diesem Falle ein Vorrecht, nicht selten sind aber auch solche Gesellschafter mit Vorzugsgewinnrechten ausgestattet, die etwa zur Sanierung der Gesellschaft beigetragen haben. Dem neu eintretenden, die Sanierung bewirkenden Gesellschafter kann beispielsweise in der Satzung ein **Vorausgewinn** eingeräumt werden, der zu zahlen ist, bevor die übrigen Geschäftsanteile den anteiligen Gewinn erhalten; dazu, dass eine solche Regelung allerdings Probleme im Zusammenhang mit § 32a Abs. 3 S. 2 nach sich ziehen kann, vgl. § 32a Rn. 91.

108 Zulässig ist auch die **Einteilung von Geschäftsanteilen in bestimmte Kategorien,** etwa „A" und „B" oder in Geschäftsanteile mit Stimmrechten und Geschäftsan-

---

[100] Vgl. hierzu BGH DB 1974, 716, 717.
[101] BGHZ 43, 261, 263f. = NJW 1965, 1378; BGH WM 1966, 1132, 1133.
[102] Vgl. *Walk* Die zweckmäßige Gewinnverwendungsklausel in der GmbH, 1993, S. 275ff. hierzu Besprechung von *Kort* NJW 1994, 1398; *Ehlke* DB 1987, 671, 676f.; *Geßler* BB 1986, 227; *Hommelhoff/Hartmann/Hillers* DNotZ 1986, 326ff.
[103] BayObLG DB 1987, 2350; OLG Köln WM 1987, 375.
[104] *Baumbach/Hueck/Fastrich* Rn. 35f.; *Lutter/Hommelhoff* Rn. 40; *Meyer-Landrut/Miller/Niehus* Rn. 12.

Gewinnverwendung § 29

teile mit Vorzugsrechten, aber ohne Stimmrecht.[105] Oft findet sich die Regelung, dass Geschäftsanteile **in bestimmten Fällen kein Stimmrecht** besitzen, dafür eine Vorzugsdividende in Form eines Zusatzbetrages aus dem zur Verteilung gelangenden Bilanzgewinn erhalten. Zulässig ist es auch, statutarisch vorzusehen, dass das Vorzugsrecht einzelner Geschäftsanteile derart ausgestaltet ist, dass bei geringerem Gewinn zunächst die **Vorzugsrechte mit einer festen Verzinsung** bedient werden, oder dass nach gewinnlosen Jahren die Geschäftsanteile mit den Vorzugsrechten vor Vornahme der ordentlichen Gewinnverteilung zunächst einen festen Zins für die zurückliegenden dividendenlosen Jahre nachgezahlt erhalten.[106]

Da eine solche Regelung mit einer **Ungleichbehandlung der Gesellschafter** verbunden ist, ist sie nur zulässig, wenn alle Gesellschafter ihr zugestimmt haben oder wenn sie bereits in der Ursprungssatzung vorgesehen ist. Wird eine satzungsändernde Bestimmung beschlossen, ohne dass die Zustimmung aller Gesellschafter hierzu vorliegt, ist der Beschluss wegen Verstoßes gegen das Gleichbehandlungsgebot anfechtbar (§ 13 Rn. 78 ff.). 109

Keine Verteilung des Bilanzgewinns und kein Vorrecht stellt es dar, wenn der Gesellschafter-Geschäftsführer einen Teil des Gewinns als **Tantieme** erhält. Die Tantieme ist Bestandteil der Vergütung des Gesellschafter-Geschäftsführers und wird in der Gewinn- und Verlustrechnung nach § 275 Abs. 2 Nr. 6a bzw. Abs. 3 Nr. 5 HGB vor dem Posten Jahresüberschuss berücksichtigt. Hiervon zu unterscheiden ist die Frage, ob in einer überhöhten Tantieme eines Gesellschafter-Geschäftsführers eine unzulässige verdeckte Gewinnausschüttung liegen und zur Anfechtbarkeit eines nach § 46 Nr. 5 gefassten Gesellschafterbeschlusses führen kann, was zu bejahen ist. 110

Unabhängig davon sind die Gesellschafter frei, die Verteilung des Gewinns *unter sich* einvernehmlich – auch abweichend von den Satzungsbestimmungen – zu regeln. 111

Die **Verteilung des Bilanzgewinns** hat für alle Gesellschafter **entsprechend ihrer Beteiligung gleichmäßig und gleichzeitig** zu erfolgen. Unzulässig wäre es, einem Gesellschafter den Gewinn unmittelbar nach dem Gewinnverteilungsbeschluss auszuschütten und andere Gesellschafter erst später mit dem auf sie entfallenden Teil des Bilanzgewinns zu bedienen. 112

Wird einem Gesellschafter der auf seinen Geschäftsanteil entfallende Bilanzgewinn nicht ausgezahlt, so ist dieser dem Gesellschafter auf einem für den Gesellschafter bei der Gesellschaft geführten Konto gutzuschreiben. Die Gesellschaft kann auch einen vom Gesellschafter nicht erhobenen Gewinn unter den Voraussetzungen der §§ 372 ff. BGB hinterlegen. Zulässig ist es, dass einzelne Gesellschafter auf die Zahlung des fällig gewordenen Gewinns ganz oder auf Zeit **verzichten** (s. Rn. 117 ff.). Ein solcher Verzicht ist nach allgemeinen Grundsätzen nur im Wege eines Verzichtsvertrages möglich.[107] Gegebenenfalls kann auch ein Rangrücktritt (§ 32a Rn. 226) o. Ä. gemeint sein. 113

4. Gewinngarantie. In der Praxis kommt es vor, dass die Gesellschaft oder Dritte den Gesellschaftern einen bestimmten Gewinn garantieren. 114

Soweit es um **Zusicherungen** dieser Art von Seiten **der Gesellschaft** geht, ist sie durch **§ 30** begrenzt. Zur Wirksamkeit einer derartigen Garantie ist es mithin notwendig, dass nur Zahlungen aus dem Jahresüberschuss bzw. dem Bilanzgewinn bzw. dem Kapital erfolgen sollen, das nicht zur Erhaltung des Stammkapitals erforderlich 115

---

[105] Eingehend zur Zulässigkeit stimmrechtsloser Geschäftsanteile und zu den hiermit verbundenen Fragen *Schäfer* Der stimmrechtslose GmbH-Geschäftsanteil, 1997, passim.
[106] *Baumbach/Hueck/Fastrich* Rn. 52; *Meyer-Landrut/Miller/Niehus* Rn. 12.
[107] Statt anderer *Palandt/Heinrichs* § 397 Rn. 1.

ist. Ob die Zusage in diesem Sinne gemeint ist, muss ggf. im Wege ihrer Auslegung ermittelt werden. Im Zweifel wird man von einer derartigen Einschränkung ausgehen können.[108] Enthält die Satzung eine Bestimmung, die Garantiezahlungen entgegen § 30 vorsehen, ist eine solche Satzungsbestimmung nichtig. Für die Bejahung der Nichtigkeit der Satzungsklausel genügt jedoch nicht die bloße Möglichkeit, dass Auszahlungen später gegen § 30 verstoßen können. Die Bestimmung muss vielmehr – was ggf. durch Auslegung zu ermitteln ist – Auszahlungen entgegen § 30 ausdrücklich zulassen.[109] Ansonsten ist der Geschäftsführer verpflichtet, Zahlungen, die nach § 30 nicht geleistet werden dürfen, unter Hinweis auf diese Bestimmung zu verweigern (zur Leistungsverweigerungspflicht bei Verstößen gegen die Kapitalbindung vgl. § 30 Rn. 44).

116 **Gewinngarantien Dritter** sind grundsätzlich zulässig. Es lassen sich zwei Fallgestaltungen unterscheiden: Die Garantiezusage kann entweder gegenüber der Gesellschaft oder gegenüber den Gesellschaftern unmittelbar erfolgen. Auch hier können allerdings Probleme hinsichtlich der Kapitalerhaltung auftreten, und zwar entweder dann, wenn der Dritte – beispielsweise auf Grund eines Auftragsverhältnisses – im Rahmen der Reichweitenbestimmung des § 30 mit der Gesellschaft gleichgesetzt werden muss, oder aber – soweit es um die Kapitalerhaltung bei dem Dritten geht – die Leistung an die Gesellschafter eine aus Sicht des Dritten unzulässige Leistung darstellt. Wegen der Einzelheiten vgl. bei § 30.

117 **5. Verzicht auf den Gewinn.** Hinsichtlich eines „Verzichts" eines Gesellschafters auf seinen Gewinnauszahlungsanspruch ist zwischen zwei unterschiedlichen Gestaltungen zu unterscheiden, dem Verzicht zugunsten der Gesellschaft oder zugunsten der Mitgesellschafter:

118 Verzichtet etwa der Mehrheitsgesellschafter ohne Zweckbestimmung auf seinen Gewinnanspruch, so steht dieser der Gesellschaft zu. Der anteilige Gewinn, auf den sich der Verzicht bezieht, ist in die Rücklage einzustellen.

119 Verzichtet der Mehrheitsgesellschafter auf seinen Gewinnanspruch zugunsten der Minderheitsgesellschafter, ist der gesamte zur Verteilung gelangende Gewinn an die Minderheitsgesellschafter auszuschütten. Ein solcher Verzicht erfolgt in der Praxis zuweilen dann, wenn die Gesellschaft nur einen bescheidenen Gewinn erwirtschaftet hat, dessen gleichmäßige Verteilung die Minderheitsgesellschafter nahezu leer ausgehen ließe. Auch Mischformen sind denkbar und zulässig etwa derart, dass der Mehrheitsgesellschafter auf seinen Gewinnanteil verzichtet und die Minderheitsgesellschafter nur eine bestimmte Dividende erhalten, so dass der dann verbleibende Rest des Gewinns in die Rücklage eingestellt oder auf neue Rechnung vorgetragen wird.[110]

120 **6. Gewinnvortrag.** Gemäß § 29 Abs. 2 kann die Gesellschafterversammlung vorbehaltlich einer entgegenstehenden Satzungsbestimmung Beträge auch als Gewinn vortragen. Der Gewinn wird in diesem Falle also nicht in die Rücklage eingestellt, sondern auf neue Rechnung vorgetragen. Dies sollte freilich die Ausnahme sein und in aller Regel nur dann erfolgen, wenn man der Gesellschaft aus Gründen der Erhaltung der Liquidität keine flüssigen Mittel entziehen möchte, andererseits aber auch keine Zuweisung zur Rücklage beschließen will, um keine endgültige Festlegung des an sich zur Verteilung zur Verfügung stehenden Bilanzgewinns vorzuneh-

---

[108] *Baumbach/Hueck/Fastrich* Rn. 62.
[109] *Roth/Altmeppen* Rn. 50; *Baumbach/Hueck/Fastrich* Rn. 62; *Hachenburg/Goerdeler/Müller* Rn. 118.
[110] BGHZ 14, 264 = NJW 1954, 1563; BGH LM § 29 Nr. 1.

men.[111] Ist der Gewinn ganz oder teilweise auf neue Rechnung vorgetragen worden, so steht er **bei der Verteilung des Bilanzgewinns für das folgende Geschäftsjahr uneingeschränkt zur Verteilung** zur Verfügung und ist bei der Ermittlung des dann zu verteilenden Gewinns zu berücksichtigen. Anders als bei der Einstellung in die Gewinnrücklage ist es dann also nicht notwendig, durch Beschluss eine solche aufzulösen.

7. Auflösung von Gewinnvorträgen, Rücklagen oder Rückstellungen. Der 121 zur Verteilung beschlossene Bilanzgewinn muss nicht aus dem Jahresüberschuss des abgelaufenen Geschäftsjahres herrühren, er kann auch durch Auflösung von Rücklagen oder durch die Verwendung eines Gewinnvortrages entstehen.[112] Unzulässig ist es jedoch, gesetzlich zu bildende Rücklagen, wie etwa die Rücklage für eigene Anteile gemäß § 272 Abs. 4 HGB,[113] vor Erledigung des ihnen zugrundeliegenden Zwecks aufzulösen und die hierdurch erzielten Beträge als Gewinn auszuschütten (vgl. etwa § 272 Abs. 4 S. 2 HGB). Zulässig ist die vollständige oder teilweise **Auflösung von anderen Rücklagen,** um auf diese Weise einen verteilungsfähigen Bilanzgewinn zu erhalten.[114] Die hiervon zu unterscheidende **Auflösung von Rückstellungen** setzt demgegenüber voraus, dass der Anlas für die Rückstellung entfallen ist, wenn also beispielsweise im Anlagengeschäft eine befristete Garantie gegeben worden ist und die Garantiefrist abgelaufen ist, ohne dass Mängelrügen geltend gemacht werden, oder auch dann, wenn Rückstellungen für Steuern nach einer Betriebsprüfung nicht mehr benötigt werden. Die Auflösung von Rücklagen oder Rückstellungen bedeutet jedoch nicht, dass das hierdurch freiwerdende Vermögen in jedem Falle ausgeschüttet werden darf; auch hier ist stets die Grenze des § 30 zu beachten.

8. Feste Verzinsung. Grundsätzlich zulässig ist es auch, eine **feste Verzinsung** 122 **der Einlagen** festzulegen.[115] Zulässigkeitsschranken bestehen jedoch auch insoweit auf Grund der Grenze des § 30. Im Übrigen gelten die Bemerkungen zu den Gewinngarantien (Rn. 114 ff.) entsprechend. Zu dem hiermit verwandten Problem der sogenannten Bauzinsen vgl. Rn. 101.

9. Art der Auszahlung. Sofern die Satzung nicht Abweichendes bestimmt, erfolgt 123 die Auszahlung des zur Verteilung beschlossenen Gewinns **in Geld.** Soweit die Satzung dies zulässt, kann aber auch eine sogenannte **Sach- oder Naturaldividende,** also die Ausgliederung von Sachen anstatt von Geld, beschlossen werden. Ohne eine derartige Satzungsermächtigung kann eine Sachdividende nur über eine Satzungsdurchbrechung (hierzu § 53 Rn. 34) beschlossen werden. Ist eine Naturaldividende in der Satzung nicht vorgesehen, ist die Zustimmung der betroffenen Gesellschafter zu dieser Dividendenart erforderlich, da die Naturaldividende nicht nur eine in der Satzung nicht vorgesehene Dividendenart darstellt, sondern den Gesellschafter auch belasten kann. Im Übrigen ist der **Gleichbehandlungsgrundsatz** zu berücksichtigen; es wäre also unzulässig, ohne Zustimmung der betroffenen Gesellschafter teilweise Geld und

---

[111] BFHE 122, 43, 47 f.; *Baumbach/Hueck/Fastrich* Rn. 25; *Scholz/Emmerich* Rn. 72; *Meyer-Landrut/Miller/Niehus* Rn. 9; vgl. auch OLG Düsseldorf NJW 1963, 2080, 2081.
[112] Vgl. nur RGZ 167, 65, 69 f.; BFH 122, 43, 48; OLG Düsseldorf NJW 1963, 2080, 2081; *Scholz/Emmerich* Rn. 42 ff.; *Meyer-Landrut/Miller/Niehus* Rn. 7.
[113] Wegen der Einzelheiten auch hinsichtlich der Auflösung dieser Rücklagen vgl. *Fröschle/Kofahl* in BeckBilKomm. § 272 Rn. 117 ff., 125.
[114] AllgM, vgl. nur RGZ 103, 367, 370; 156, 52, 59; *Scholz/Emmerich* Rn. 44 ff.
[115] *Baumbach/Hueck/Fastrich* Rn. 62; *Scholz/Emmerich* Rn. 80 f.; *Becker* GmbHR 1941, 333; aA RG SDR 1942, S. 40 f.; *Meyer-Landrut/Miller/Niehus* Rn. 19; *v. Wallis* GmbHR 1958, 52 f.

teilweise Sachen zu leisten.[116] Unbenommen bleibt es freilich den Gesellschaftern, von sich aus einer Sachleistung an Erfüllungs Statt zuzustimmen.[117] Soll die Zulässigkeit einer Sachdividende nachträglich in die Satzung eingeführt werden, bedarf dies der Zustimmung aller Gesellschafter.[118]

124   **10. Idealgesellschaften.** Bei Gesellschaften, die ideelle Zwecke verfolgen, ist der Gewinnanspruch der Gesellschafter regelmäßig ausgeschlossen, weil die Gewinne voll zur Erfüllung des Gesellschaftszwecks verwendet werden.[119] Häufig handelt es sich insoweit um Gesellschaften mit einer Stiftung als einzigem Gesellschafter. Im Übrigen vgl. in diesem Zusammenhang auch §§ 52 ff. AO.

125   **11. Gewinnanteilscheine (Dividendenscheine, Kupons).** In seltenen Fällen werden auch bei der GmbH Gewinnsauszahlungsansprüche – nicht das mitgliedschaftliche Gewinnbezugsrecht selbst (hierzu Rn. 19 ff.) – in Gewinnanteilsscheinen (Dividendenschein) verbrieft. Eine derartige Verbriefung ist im GmbH-Recht zwar nicht geregelt, aber ohne weiteres zulässig.[120] Ein solcher Gewinnanteilschein kann mit einem Anteilschein über den Geschäftsanteil verbunden werden, muss dies aber nicht. Möglich ist auch, im Zusammenhang mit einem Geschäftsanteil **mehrere Gewinnanteilscheine** auszustellen, beispielsweise dahin, dass neun Zehntel des Gewinns auf den einen, ein weiteres Zehntel auf einen anderen Schein o. Ä. entfällt.[121] § 18 Abs. 1 steht einer solchen Regelung nicht entgegen, da sich diese Bestimmung auf den Geschäftsanteil und nicht auf die Gewinnsauszahlungsansprüche bezieht.

126   Ausgestaltet kann der Gewinnanteilsschein als reine Beweisurkunde oder auch als Wertpapier sein; was gewollt ist, ist im Zweifel durch Auslegung zu ermitteln. Die **Beweisurkunde** unterscheidet sich dabei vom Wertpapier dadurch, dass in ihr lediglich erklärt wird, dass die Gesellschaft Gewinnsauszahlungen schuldet, während das Wertpapier das Recht selbst verbrieft und zur Geltendmachung des Rechts vorgelegt werden muss. Handelt es sich um ein **Wertpapier,** kann dies unterschiedlich ausgestaltet sein. Es kann sich um ein *Inhaberpapier* handeln; dann ist der Inhaber der Urkunde berechtigt, die verbriefte Forderung geltend zu machen, die ein Recht verbriefende Urkunde selbst wird gemäß §§ 929 ff. BGB übertragen. Es kann sich aber auch um ein (gekorenes) *Orderpapier* nach § 363 Abs. 1 HGB handeln; dann erfolgt die Übertragung durch Indossament, zur Geltendmachung der Forderung ist die Person berechtigt, die im Papier genannt ist oder die die Order als berechtigt ausweist. Schließlich kann es sich um ein *Rektapapier* handeln; in diesem Falle erfolgt die Abtretung des verbriefte Anspruchs nicht durch Übereignung des Papiers, sondern durch Übertragung des Anspruchs als solchem, das Eigentum am Papier folgt dem Recht gemäß § 952 Abs. 2 BGB nach („Das Recht am Papier folgt dem Recht aus dem Papier"). **Mitgliedschaftsrechte** werden durch eine solche Verbriefung **in keinem Falle erfasst.**

127   Für die Ausgabe eines Gewinnanteilscheins ist eine **Grundlage in der Satzung nicht erforderlich,** die Geschäftsführung ist also auch ohne eine entsprechende Sat-

---

[116] *Hachenburg/Goerdeler/Müller* Rn. 94.
[117] *Baumbach/Hueck/Fastrich* Rn. 55; *Hachenburg/Goerdeler/Müller* Rn. 94; s. auch *Scholz/Emmerich* Rn. 84.
[118] *Hachenburg/Goerdeler/Müller* Rn. 94; eingehend zur Sachdividende *Lutter/Leinekugel/Rödder* ZGR 2002, 204.
[119] Vgl. hierzu BGHZ 14, 264, 271 = NJW 1954, 1563.
[120] Ausführlich hierzu *Hachenburg/Goerdeler/Müller* Rn. 158 ff.; s. auch *Baumbach/Hueck/Fastrich* Rn. 87; *Scholz/Winter* § 14 Rn. 66.
[121] *Hachenburg/Goerdeler/Müller* Rn. 161.

zungsermächtigung zur Ausgabe von Gewinnanteilscheinen berechtigt;[122] eine **Unterzeichnung** des Scheins ist ebenfalls **nicht erforderlich**.[123] Einer **staatlichen Genehmigung** bedurfte es auch vor Aufhebung des § 795 BGB[124] für die Ausgabe derartiger Gewinnanteilscheine **nicht**, da der Gewinnanteilschein schon wegen der unterschiedlichen Gewinnhöhen, aber auch wegen § 30 nicht auf eine feste Summe lauten konnte.

Der Gewinnanteilschein kann **abgetreten, verpfändet** und gepfändet werden.[125] **128**
Die **Form der Abtretung** des Gewinnanteilscheins richtet sich nach der rechtlichen Ausgestaltung des Gewinnanteilscheins als Inhaberpapier, Namens- oder Orderpapier (vgl. Rn. 126), die Einhaltung der notariellen Form gemäß § 15 Abs. 3 ist nicht notwendig, weil lediglich der Gewinnauszahlungsanspruch abgetreten wird, nicht aber der Geschäftsanteil.[126] Wird der Gewinnanteilschein vor der Fassung des Gewinnverteilungsbeschlusses übertragen, handelt es sich um die Übertragung einer zukünftigen Forderung.[127] Die **Verpfändung des Gewinnanteilscheins** erfolgt, wenn es sich bei ihm um ein Wertpapier handelt, nach den für die Übertragung geltenden Vorschriften, der Schein selbst ist zu übergeben (§§ 1274, 1292 BGB). Es gilt hier nichts anderes als bei der Abtretung oder Verpfändung in Bezug auf den Gewinnanspruch, allerdings mit der Maßgabe, dass der Gewinnanteilschein mitübergeben werden muss. Liegt kein Wertpapier, sondern eine reine Beweisurkunde vor, vor, ist die Übergabe des Papiers nicht erforderlich, die Verpfändung muss jedoch zu ihrer Wirksamkeit der Gesellschaft gemäß § 1280 BGB angezeigt werden.

Auch die **Pfändung** des Gewinnanteilscheins ist wie die Pfändung des Gewinnanspruchs unabhängig von der Pfändung des Geschäftsanteils möglich und zulässig. Gepfändet wird der Gewinnanteilschein als solcher. Die **Form der Pfändung** richtet sich wie bei der Abtretung oder Verpfändung des Gewinnanteilscheins nach der rechtlichen Ausgestaltung des Gewinnanteilscheins (hierzu Rn. 126). Handelt es sich um ein Wertpapier, ist zu unterscheiden: Liegt ein Orderpapier vor, richtet sich die Pfändung nach § 831 ZPO, handelt es sich um ein Inhaberpapier, nach § 808 Abs. 1 ZPO. Ist der Gewinnanteilschein dagegen eine reine Beweisurkunde, so bedarf es bei der Pfändung des Gewinnanspruchs nicht der Pfändung des Gewinnanteilscheins. **129**

VII. Exkurs: Gewinnbeteiligungen Dritter

1. Allgemeines. Bei Gewinnbeteiligungen Dritter, wie die Tantiemen für Geschäftsführer, Aufsichtsrats- und Beiratsmitglieder, stille Beteiligungen, Rechte aus partiarischen Rechtsverhältnissen und Genussrechte handelt es sich um Kosten (Betriebsausgaben), die nicht der Gewinnverteilung im Sinne des § 29 unterfallen. Sie werden als Aufwand vor dem Ausweis des Jahresüberschusses und damit auch vor dem Bilanzgewinn berücksichtigt.[128] **130**

2. Tantiemen. Tantiemen werden häufig zugunsten von Geschäftsführern, Aufsichtsrats- bzw. Beiratsmitgliedern als zusätzliche Vergütung vereinbart; möglich ist aber auch ihre Vereinbarung als einzige Vergütung überhaupt. Ihr Zweck liegt im Re- **131**

---

[122] *Hachenburg/Goerdeler/Müller* Rn. 164.
[123] KG DNotZ 1926, 28.
[124] Gesetz vom 17. 12. 1990, BGBl. I S. 2839.
[125] *Hachenburg/Goerdeler/Müller* Rn. 170 ff.
[126] *Scholz/Winter* § 14 Rn. 66.
[127] *Baumbach/Hueck/Fastrich* Rn. 87.
[128] Statt anderer *Hachenburg/Goerdeler/Müller* Rn. 76.

gelfall darin, für den Begünstigten einen besonderen Leistungsanreiz darzustellen. Die Berechnungsgrundlage solcher Tantiemen ist aus dem zugrundeliegenden Vertrag zu ermitteln. Die gewinnabhängigen Tantiemen der **Geschäftsführer** sind, wenn nichts anderes bestimmt ist, vom Gesamtbruttogewinn zu berechnen, also vom Gewinn vor Zuweisung zur Rücklage und vor der sonstigen Gewinnverwendung.[129] Wurde dagegen vereinbart, dass die Tantieme sich nach Abzug der zur Einstellung in andere Gewinnrücklagen berechnet, sind dann auch die später bei einer Auflösung einer solchen Gewinnrücklage an die Gesellschafter ausgeschütteten Beträge bei der Ermittlung der Tantieme zu berücksichtigen.[130] Entfällt der Jahresüberschuss auf Grund eines Gewinnabführungsvertrages, ist im Zweifel davon auszugehen, dass an die Stelle des für die Tantieme maßgeblichen Jahresüberschusses der abzuführenden Gewinn tritt.[131] Erhält ein **Aufsichtsgremium** der Gesellschaft eine gewinnabhängige Tantieme, so gilt das Vorgesagte entsprechend; zu beachten ist die sich aus § 52 iVm. § 113 Abs. 3 AktG ergebende Tantiemegrenze, die jedoch nur dann gilt, wenn – was im GmbH-Recht zulässig ist – die Satzung nichts Abweichendes enthält.[132] Für die Gewinnbeteiligung einzelner oder aller **Arbeitnehmer** gelten entsprechende Grundsätze, allerdings ohne die aktienrechtlichen Beschränkungen.[133]

132 Ist bei der Zusage gewinnabhängiger Tantiemen oder Gewinnbeteiligungen nicht geregelt, von welchem Bruttogewinn auszugehen ist, so ist im Zweifel anzunehmen, dass für die Berechnung jeder Tantieme die gewinnabhängigen Tantiemen der anderen nicht in Abzug zu bringen sind.[134] Wegen der in diesem Zusammenhang drohenden Meinungsverschiedenheiten ist in den Anstellungsverträgen der Geschäftsführer, im Bestellungsvertrag für die Beratungs- und Aufsichtsorgane oder auch für die Gewinnbeteiligung der Arbeitnehmer eine eindeutige Regelung zu treffen, damit Auseinandersetzungen über die Tantiemenberechnungen vermieden werden.

133 **3. Stille Beteiligungen, partiarische Rechtsverhältnisse. a) Stille Beteiligungen.** Ist ein Dritter, also ein **Nichtgesellschafter**, als **Stiller** an der Gesellschaft iS der §§ 230 ff. HGB beteiligt, so sind die ihm zufließenden Gewinnanteile Aufwand und steuerrechtlich Betriebsausgaben.[135] Die Ermittlung des Gewinnanteils erfolgt über einen internen (vorläufigen) Abschluss nach Maßgabe der mit dem Stillen getroffenen Vereinbarungen. Die sich hiernach für ihn ergebenden Gewinnanteile sind als Verbindlichkeiten im Jahresabschluss zu verbuchen. Dies hat zur Folge, dass diese an die Stillen zu zahlenden Gewinnanteile mangels einer ausdrücklich abweichenden Regelung für die Ermittlung der Tantiemen oder Gewinnbeteiligungsansprüche der Geschäftsführer, Beratungs- oder Aufsichtsgremien und Arbeitnehmer zu berücksichtigen sind, also vor der Tantiemenberechnung für diesen Personenkreis abgesetzt werden.[136]

134 Nichts anderes gilt, wenn die Gesellschafter selbst **Teile ihres Gewinns** aus früheren Jahren als **stille Beteiligungen oder als Gesellschafterdarlehen** stehengelassen

---

[129] *Sudhoff* GmbHR 1963, 3, 4; *Baumbach/Hueck/Fastrich* Rn. 82; *Hachenburg/Goerdeler/Müller* Rn. 82; *Meyer-Landrut/Miller/Niehus* Rn. 21.
[130] BGHZ 145, 1 = NJW 2000, 2998.
[131] *Hachenburg/Goerdeler/Müller* Rn. 82; zur entsprechenden Rechtslage bei der AG s. BGH NJW 1960, 721, 722.
[132] § 52; RGZ 91, 316, 320; *Scholz/Emmerich* Rn. 82 ff., 93; *Hachenburg/Goerdeler/Müller* Rn. 82; § 113 Abs. 3 AktG.
[133] *Hachenburg/Goerdeler/Müller* Rn. 79.
[134] *Scholz/Emmerich* Rn. 52.
[135] *Hachenburg/Goerdeler/Müller* Rn. 83; *Scholz/Emmerich* Rn. 50.
[136] *Hachenburg/Goerdeler/Müller* Rn. 83.

haben, was vor der Körperschaftsteuerreform nicht selten erfolgte, um den Vorabzug der Körperschaftsteuer auf den Gewinn zu vermeiden. Auch in diesen Fällen sind die Beträge für die stillen Beteiligungen oder die Gesellschafterdarlehen bei der Tantiemenberechnung abzusetzen, weil die so gebildeten stillen Beteiligungen und Gesellschafterdarlehen schon bei der Gewinnverwendung früherer Jahre für die Tantiemen berücksichtigt worden sind.

b) Partiarische Rechtsverhältnisse. Unter partiarischen Rechtsverhältnissen werden Vereinbarungen verstanden, nach denen ein Dritter nach Maßgabe der vertraglichen Vereinbarung gewinnabhängige Zahlungen erhält, etwa Lizenz- oder Zinszahlungen. Auch diese Zahlungen stellen Aufwendungen dar, so dass das zur stillen Beteiligung Dargelegte entsprechend gilt. 135

4. Gewinnabführungsverträge. Die Zulässigkeit des Abschlusses von Gewinnabführungsverträgen im GmbH-Recht ist heute allgemein anerkannt, und zwar unabhängig davon, ob es sich bei der GmbH um die den Gewinn abführende Gesellschaft oder den anderen Vertragsteil handelt. Häufig werden sie zusammen mit Beherrschungsverträgen abgeschlossen; wegen des Weisungsrechts der Gesellschafterversammlung finden sich im GmbH-Recht allerdings mehr isolierte Gewinnabführungsverträge als im Aktienrecht. 136

Der Abschluss eines Gewinnabführungsvertrags als solcher fällt in die Zuständigkeit der Geschäftsführer. Da es sich bei dem Gewinnabführungsvertrag wegen der aus ihm folgenden Außerkraftsetzung der sonst geltenden Gewinnverteilungsvorschriften um einen *die Satzung überlagernden* (Organisations-)Vertrag handelt,[137] ist der Abschluss materiell jedoch nicht durch die Vertretungsmacht nach § 37 gedeckt. Die Verträge bedürfen vielmehr besonderer Wirksamkeitsvoraussetzungen. Zunächst ist analog § 293 Abs. 3 und § 294 AktG im Grundsatz die einfache Schriftform erforderlich und ausreichend. Abweichendes gilt dann, wenn in dem Vertrag ein Erwerbsangebot gegenüber Minderheitsgesellschaftern hinsichtlich ihrer Geschäftsanteile enthalten ist; ist dies der Fall, ergibt sich die Notwendigkeit der notariellen Beurkundung aus § 15 Abs. 4. Handelt es sich bei dem anderen Vertragsteil um eine GmbH, bedarf der dortige Zustimmungsbeschluss zum Gewinnabführungsvertrag der qualifizierten Mehrheit entsprechend § 293 Abs. 2 AktG; notarielle Beurkundung des Zustimmungsbeschlusses ist nicht erforderlich. Auf Seiten der zur Gewinnabführung verpflichteten Gesellschaft ist der dort beurkundungspflichtige Zustimmungsbeschluss ebenfalls mit qualifizierter Mehrheit zu fassen; wegen der auch mit einem solchen Vertrag verbundenen Zweckänderung bedarf er jedoch bei dieser Gesellschaft darüber hinaus der Zustimmung aller außenstehenden Gesellschafter.[138] Entsprechend § 293g Abs. 2 S. 2 AktG sind den Niederschriften der Beschlüsse der Gesellschafterversammlungen der Unternehmensvertrag beizufügen.[139] Im Handelsregister der zur Gewinnabführung verpflichteten Gesellschaft sind neben dem Zustimmungsbeschluss mit Datum der Beschlussfassung auch das Bestehen des konkret zu bezeichnenden Vertrages unter Angabe des anderen Vertragsteils und des Zeitpunktes des Vertragsabschlusses einzutragen; die Eintragung 137

---

[137] Soweit der BGH in BGHZ 105, 324, 333 = NJW 1989, 295 – Supermarkt – beim Unternehmensvertrag von einem Organisationsvertrag spricht, der satzungsgleich den rechtlichen Status der Gesellschaft ändere, ist in der Sache das Gleiche (Satzungsüberlagerung) gemeint; eine Satzungsänderung liegt nicht vor, da diese selbst inhaltlich unberührt bleibt.
[138] Str., vgl. *Emmerich* in *Emmerich/Habersack* Aktien- und GmbH-Konzernrecht, § 293 Rn. 42f.; *Hachenburg/Ulmer* Anh. § 77 Rn. 199.
[139] BGHZ 105, 324, 342f. = NJW 1989, 295 – Supermarkt; BGH NJW 1992, 1452.

hat konstitutive Wirkung.[140] Im Register des anderen Vertragsteils erfolgt keine Eintragung.[141] Auch **Teilgewinnabführungsverträge** sind nach allgM zulässig.[142] Wegen der Einzelheiten zum Gewinnabführungsvertrag und zum Teilgewinnabführungsvertrag s. Anh. § 52.

138   **5. Genussrechte. a) Allgemeines.** Unter Genussrechten sind gegen die Gesellschaft gerichtete vermögensrechtliche Ansprüche zu verstehen, die einen Anteil am Gewinn oder am Liquidationserlös gewähren (s. auch § 14 Rn. 44). Zumeist erfolgt die Ausgabe von Genussscheinen **zum Zwecke der Kapitalbeschaffung,** wenn eine Kapitalerhöhung nicht durchführbar ist oder wenn die Aufnahme weiterer Gesellschafter zum Zwecke der Kapitalbeschaffung vermieden werden soll.[143] Die Ausgabe von Genussrechten ist nicht bedenkenfrei. Abgesehen davon, dass sie keiner Kontrolle unterliegen, ist bei der Ausgabe von Genussrechten durch kleinere GmbH darauf zu achten, dass die nachhaltigen Erträgnisse der Gesellschaft derart sind, dass jedenfalls die Genussrechte im zugesagten Umfang bedient werden können.[144] Die Ausgabe von Genussrechten bedarf einer entsprechenden **statutarischen Grundlage oder Zustimmung der Gesellschafter,** da sie den Gewinn und auch sonstige Ansprüche der Gesellschafter beeinträchtigen.

139   **Inhaltlich** besteht die Gegenleistung des Genussrechtsinhabers in der Regel in Geld, doch ist dies nicht zwingend. Genussrechte können auch ausgegeben werden für die Lieferung von Waren, für die Gewährung oder lizenzweise Überlassung von Schutzrechten oder Fabrikationsverfahren. Besondere Bedeutung könnte die Ausgabe von Genussrechten haben, wenn die Gesellschaft ihre Arbeitnehmer für geleistete Dienste am Ertrag des Unternehmens beteiligen will. Die Arbeitnehmer der Gesellschaft kommen so zu einem Anteil am Ertrag der Gesellschaft, ohne mitgliedschaftsrechtliche Ansprüche zu erhalten.[145] Die Ansprüche aus den Genussrechten können auch gerichtet sein auf die Benutzung von Einrichtungen der Gesellschaft, beispielsweise die Benutzung des Golfplatzes oder der Tennisanlagen etc. der Gesellschaft; gegenüber Gesellschaftern sind die aus § 30 folgenden Grenzen zu beachten.

140   **Zuständig für die Ausgabe** von Genussrechten sind die **Geschäftsführer** der Gesellschaft.[146] Intern bedürfen sie jedoch einer Ermächtigung durch die Satzung oder eines Gesellschafterbeschlusses. Begründet werden die Genussrechte durch **Vertrag mit dem Erwerber.**[147] Es handelt sich dabei um Individualverträge mit den einzelnen Berechtigten. Sind die Bedingungen einheitlich in der Art von Sammelverträgen (Formularverträge) gefasst, unterliegen sie der AGB-rechtlichen Inhaltskontrolle.[148]

---

[140] BGHZ 105, 324, 343 = NJW 1989, 295 – Supermarkt.
[141] Str., vgl. bei *Emmerich* in *Emmerich/Habersack* Aktien- und GmbH-Konzernrecht, § 293 Rn. 46 mwN.
[142] *Emmerich* in *Emmerich/Habersack* Aktien- und GmbH-Konzernrecht, § 292 Rn. 37; *Hachenburg/Goerdeler/Müller* Rn. 88.
[143] Vgl. hierzu *Baumbach/Hueck/Fastrich* Rn. 88; *Scholz/Emmerich* Rn. 70; *Hachenburg/Goerdeler/Müller* Anh. § 29 Rn. 7; ausführlich *Karollus* in *Geßler/Hefermehl/Eckardt/Kropff* § 221 Rn. 236 f.; *Meyer-Landrut/Miller/Niehus* Rn. 23; *Claussen,* FS Werner, 1984, S. 81; *Ziebe* BB 1984, 2210; *Pougin,* FS Oppenhoff, 1985, S. 275; vgl. auch RGZ 49, 10, 14 f.; zur Bedeutung der Genussrechte s. *Reuter* NJW 1984, 1849, 1851 ff. und Gutachten zum 55. DJT, S. B 24 ff.
[144] *Meyer-Landrut/Miller/Niehus* Rn. 23.
[145] *Hachenburg/Goerdeler/Müller* Anh. § 28 Rn. 7.
[146] *Hachenburg/Goerdeler/Müller* Anh. § 29 Rn 24.
[147] RGZ 132, 199, 204; *Hachenburg/Goerdeler/Müller* Anh. § 29 Rn 3.
[148] BGHZ 119, 305 = NJW 1993, 57; *Hachenburg/Goerdeler/Müller* Anh. § 29 Rn. 28.

Gewinnverwendung §29

Die Rechte und Ansprüche der Inhaber von Genussrechten gehen in erster Linie auf **141 Erfüllung des zugesagten Rechtes,** wie Anteile am Jahresertrag, Benutzung der Einrichtungen der Gesellschaft im festgelegten Umfange, Erfüllung der vereinbarten Lieferverpflichtungen der Gesellschaft etc. An diese vertraglichen Pflichten ist die Gesellschaft als Schuldner gebunden, und die Inhaber der Genussrechte haben bei Nichterfüllung einen unmittelbaren klagbaren Anspruch gegen die Gesellschaft auf Erfüllung.[149]

Die Gesellschaft hat die Ansprüche der Genussberechtigten zu erfüllen wie jede andere Verbindlichkeit. Die **Gesellschafterversammlung bleibt in ihren sonstigen gesellschaftsrechtlichen Maßnahmen frei,** sie kann zB das Kapital erhöhen oder herabsetzen, wenn ihr dies erforderlich scheint, sie kann eine Umwandlung der Gesellschaft beschließen oder auch die Satzung ändern.[150] Der Schutz der Genussrechtsinhaber ist vertraglich zu regeln. So kann in den Bedingungen der Genussrechte festgelegt werden, dass einzelne Maßnahmen nur zulässig sind, wenn die Genussberechtigten hierzu ihre Zustimmung erteilen o. Ä.:[151] bei Satzungsänderungen scheidet dies allerdings aus, da diese nicht von der Zustimmung gesellschaftsfremder Dritter abhängig gemacht werden können.[152] Bei **Kapitalerhöhungen aus Gesellschaftsmitteln** ergibt sich der Schutz der Genussrechtsinhaber aus § 57 m Abs. 3 (wegen der Einzelheiten vgl. § 57 m Rn. 8). **142**

Da die Genussrechte in der Regel vom Bruttogewinn der Gesellschaft abhängig **143** sind, darf die Gesellschaft oder die Gesellschafterversammlung den Gewinn **nicht manipulieren,** also etwa unangemessene Rückstellungen bilden, oder etwa ihre Erzeugnisse zu niedrigen Verrechnungspreisen an rechtlich selbstständige Tochtergesellschaften abgeben, um dort den Gewinn entstehen zu lassen. Die Gesellschaft darf auch nicht ohne Zustimmung der Berechtigten die Bilanzierungsgrundsätze ändern, wenn dadurch der Gewinn gemindert wird.[153] Geschieht derlei, so hat jeder Genussberechtigte einen Zahlungsanspruch in Höhe des auf ihn entfallenden Teils des wahren Gewinns, und zwar unter dem rechtlichen Gesichtspunkt des **Schadensersatzes,**[154] ggf. lässt sich auch der Rechtsgedanke des § 162 BGB heranziehen.[155] Die Beweislage für den Rechtsinhaber ist schwierig, da die Genussberechtigten kein Mitgliedschaftsrecht besitzen und somit auch nicht die Rechte nach § 51a. Es besteht jedoch die Möglichkeit, im Zusammenhang mit der Schaffung solcher Rechte zu vereinbaren, dass die Inhaber der Genussrechte einen Anspruch auf Aushändigung des Jahresabschlusses haben oder auch, dass ihnen Rechte entsprechend § 51a bzw. ein Recht auf passive Teilnahme an der Gesellschafterversammlung gewährt wird. Bei der Einräumung derartiger Rechte ist allerdings zu beachten, dass Einsichts- und Teilnahmerechte mit dem Interesse der Gesellschaft an einer vertraulichen Behandlung ihrer Interna kollidieren können;[156] insofern sollten derartige Befugnisse nur im Ausnahmefall eingeräumt werden.

---

[149] Vgl. hierzu auch *Hachenburg/Goerdeler/Müller* Anh. § 29 Rn. 11.
[150] RGZ 83, 295, 298 f.; BGHZ 28, 259, 277= NJW 1959, 39; *Baumbach/Hueck/Fastrich* Rn. 89; *Hachenburg/Goerdeler/Müller* Anh. § 29 Rn. 14; vgl. auch *Zöllner* ZGR 1986, 288 ff.
[151] RGZ 49, 10, 16; 132, 199, 205; *Hachenburg/Goerdeler/Müller* Rn. 11.
[152] S. hierzu § 53 Rn. 35.
[153] *Hachenburg/Goerdeler/Müller* Anh. § 29 Rn. 12.
[154] RGZ 105, 236, 240; *Hachenburg/Goerdeler/Müller* Anh. § 29 Rn. 12.; vgl. auch *Reuter* NJW 1984, 1849, 1853.
[155] Vgl. hierzu *Hachenburg/Goerdeler/Müller* Anh. § 29 Rn. 21; *Vollmer* ZGR 1983, 445, 467.
[156] Vgl. hierzu *Hachenburg/Goerdeler/Müller* Anh. § 29 Rn 9.

144 **b) Rechtsnatur.** Über die Rechtsnatur der Genussrechte besteht Streit. Die Annahme eines Mitgliedschaftsrechtes wird zwar allgemein verneint, doch wird das Genussrecht teilweise als Beteiligungsrecht angesehen.[157] Dem ist nicht zuzustimmen. Das Genussrecht begründet einen rein obligatorischen Anspruch gegen die Gesellschaft.[158]

145 Einigkeit besteht darüber, dass die Ausgabe von Genussrechten ein Dauerschuldverhältnis begründet, so dass die zum Dauerschuldverhältnis entwickelten Grundsätze auf die Genussrechte anzuwenden sind.[159] Im Übrigen ist die Gesellschaft in der Ausgestaltung von Genussrechten frei. Ist eine Serie von Genussrechten ausgegeben, so ist der Gleichbehandlungsgrundsatz zu beachten.[160] Zulässig ist es aber auch, Genussrechte unterschiedlicher Ausgestaltung auszugeben, die je nach dem, was der Genussrechtsinhaber an die Gesellschaft dafür erbracht hat, verschieden hohe Ansprüche gewähren.[161]

146 **c) Handels- und steuerrechtliche Relevanz.** Der Anspruch aus dem Genussrecht bezieht sich üblicherweise auf einen **Anteil am Gewinn der Gesellschaft.** Entsprechend sind die Zahlungen auf Genussrechte handelsrechtlich als **Kosten** und steuerrechtlich als **Betriebsausgaben** anzusehen und daher vor der Ergebnisverwendung abzusetzen und zu passivieren, also schon bei der Aufstellung des Jahresabschlusses durch die Geschäftsführer zu berücksichtigen.[162] Anderes gilt steuerrechtlich, wenn der Genussrechtsinhaber nicht nur am Gewinn, sondern auch am Liquidationserlös beteiligt ist. Für diesen Fall bestimmt § 8 Abs. 3 S. 2 KStG, dass Ausschüttungen auf Genussrechte, mit denen das Recht auf Beteiligung am Gewinn und am Liquidationserlös verbunden ist, das steuerliche Einkommen der Gesellschaft nicht mindern dürfen. Es sind dann die Genussrechte keine Betriebsausgaben, sondern körperschaftsteuerrechtlicher Gewinn und somit dem auf die Geschäftsanteile entfallenden Gewinn gleichgestellt. Gleiches gilt, wenn das Genussrecht mit einer Mindestverzinsung ausgestattet ist.[163] Gesellschaftsrechtlich stellt die Bedienung solcher Genussrechte gleichwohl keinen Akt der Gewinnverwendung dar; die Beträge stehen deshalb ungeachtet dessen, ob sie steuerrechtlich als Gewinn oder als Betriebsausgabe angesehen werden, nicht zur Disposition der Gesellschafterversammlung bei der Ergebnisverwendung.[164]

147 **d) Kreis der Anspruchsberechtigten.** Die Genussrechte können an **Dritte,** aber auch an **Gesellschafter** ausgegeben werden.[165] Sind Bezugsrechte an Gesellschafter ausgegeben, so ist der Gleichbehandlungsgrundsatz (§ 13 Rn. 94 ff.) zu beachten. Zur individuellen Begründung der Genussrechte s. bereits Rn. 140.

148 **e) Zusammenschluss der Genussrechtsinhaber.** Der Zusammenschluss der Genussrechtsinhaber ist zulässig und erfolgt zumeist in der Rechtsform der Gesellschaft bürgerlichen Rechts. Häufig ist vorgesehen, dass aus den Mitgliedern einer solchen Gesellschaft eine oder mehrere Personen in den Aufsichtsrat oder Beirat der GmbH entsandt werden. Möglich und praktikabel ist bei Vorhandensein einer größeren Zahl

---

[157] So noch *Würdinger* Aktien- und Konzernrecht, 3. Aufl. 1973, S. 78.
[158] RGZ 115, 227, 230; *Vollmer* ZGR 1983, 445, 451; *Ernst* AG 1967, 75, 78; *Baumbach/Hueck/Fastrich* Rn. 88; ausführlich zum Meinungsstand *Hachenburg/Goerdeler/Müller* § 29 Anh. Rn. 3 ff.
[159] *Hachenburg/Goerdeler/Müller* Anh. § 29 Rn. 3.
[160] *Vollmer* ZGR 1983, 445, 465 f.; *Reuter* NJW 1984, 1849, 1853.
[161] *Hachenburg/Goerdeler/Müller* Anh. § 29 Rn. 3 ff.
[162] *Hachenburg/Goerdeler/Müller* Anh. § 29 Rn. 31.
[163] *Hachenburg/Goerdeler/Müller* Anh. § 29 Rn. 31.
[164] *Hachenburg/Goerdeler/Müller* Anh. § 29 Rn 24.
[165] *Hachenburg/Goerdeler/Müller* Anh. § 29 Rn 7.

von Inhabern von Genussrechten auch, aus deren Mitte ein statutarisches Gremium, etwa einen Verwaltungsrat, als Organ der GmbH zu bilden.[166]

f) Verbriefung. Genussscheine lauten im Regelfall auf den Namen des Berechtigten, vor allem, wenn kleinere Gesellschaften solche Rechte an eine übersehbare Zahl von Personen gewähren. Die Ausgabe von Urkunden ist zwar nicht erforderlich, aber zulässig und wegen der Beweiserleichterung auch sinnvoll.[167] Die Genussscheine können auch auf den Inhaber lauten oder an Order (§ 363 HGB) gestellt werden, wobei das letztere selten anzutreffen ist.[168]

g) Beendigung. Da die Genussrechte eine vertragliche Grundlage haben, richtet sich die Beendigung der Genussrechte nach den vertraglichen Vereinbarungen.[169] In der Regel sind dann, wenn für die Gewährung der Genussrechte eine Zahlung (Darlehen) erfolgt ist, Rückzahlungen zu leisten. Aus diesem Grunde ist die Laufzeit der Genussrechte meist exakt bestimmt, etwa zehn Jahre, zwanzig Jahre usw. Es kann auch vorgesehen werden, dass die Gesellschaft berechtigt sein soll, die Genussrechte vorzeitig zu beenden, etwa mit einer Bestimmung dahingehend, dass erstmals nach Ablauf von fünf Jahren die Rückzahlung beginnen darf. Soll nur teilweise getilgt werden, so ist gegenüber allen Berechtigten gleichmäßig und gleichzeitig zu tilgen. Sind mehrere Serien von Genussrechten ausgegeben, so kann eine Serie vorzeitig getilgt werden, eine andere nicht oder nicht zu diesem Zeitpunkt. Zulässig ist auch eine vertragliche Bestimmung dahin, dass, wie dies oft bei Pfandbriefen und Obligationen anzutreffen ist, die zu beendenden Genussrechte unter Aufsicht eines Notars ausgelost werden. Denkbar ist auch die Regelung, dass das Genussrecht am Ende der Laufzeit ohne Rückzahlung endet, was in der Praxis allerdings kaum vorkommt.

Für das Genussrecht ausgegebene Urkunden (Genussscheine) sind bei Ende der Laufzeit des Rechtes an die Gesellschaft zurückzugeben. Die Gesellschaft kann eine etwaige Rückzahlung von der Übergabe der Urkunde abhängig machen.

h) Veräußerung und Vererbung. Das Genussrecht ist veräußerlich und vererblich.

i) Wandelgenussrechte. Gelegentlich finden sich auch Wandelgenussrechte, bei denen ähnlich den Wandelschuldverschreibungen bei Aktiengesellschaften vertraglich festgelegt ist, dass diese, meist nach Ablauf einer bestimmten Zeit, in Beteiligungen an der Gesellschaft umgewandelt werden können. Die Umwandlung erfolgt derart, dass eine Kapitalerhöhung bei der Gesellschaft vorgenommen wird oder die Rechtsinhaber bereits bestehende, häufig eigene Geschäftsanteile der Gesellschaft erwerben. Die Umwandlung von Genussrechten in Stammkapital bei der Kapitalerhöhung hat nach den Regeln über die Sachkapitalerhöhung zu erfolgen.

j) Auflösung der Gesellschaft. Bei Auflösung der Gesellschaft sind die Genussrechte, sofern sie eine Rückzahlung beinhalten, als **Verbindlichkeiten der Gesellschaft** gemäß § 70 zu befriedigen.[170] In der Insolvenz der Gesellschaft sind diese Rechte, sofern sie einen Rückerstattungsanspruch begründen, normale **Insolvenzforderungen**. Abweichendes gilt, wenn es sich bei dem Genussrechtsinhaber um einen Gesellschafter oder eine diesem gleichgestellte Person handelt und die Leistung dem Kapitalersatzrecht unterfallen (zum Kapitalersatzrecht s. die Bem. bei § 32a).

---

[166] RGZ 132, 199, 204; *Hachenburg/Goerdeler/Müller* Anh. § 29 Rn 10; s. hierzu auch *Reuter* NJW 1984, 1849, 1854.
[167] *Hachenburg/Goerdeler/Müller* Anh. § 29 Rn 24.
[168] PrOVG OLGE 40, 193, 194; *Baumbach/Hueck/Fastrich* Rn. 89.
[169] *Hachenburg/Goerdeler/Müller* Anh. § 29 Rn 27.
[170] *Hachenburg/Goerdeler/Müller* Anh. § 29 Rn 21.

§ 29   2. Abschnitt. Rechtsverhältnisse der Gesellschaft und der Gesellschafter

155   **6. Besserungsscheine.** Der Begriff des Besserungsscheins ist rechtlich nicht ausgefüllt.[171] Unter ihm werden im Regelfall schriftliche Erklärungen der Gesellschaft verstanden, wonach einem Gesellschaftsgläubiger, der in Zeiten einer wirtschaftlichen Krise der Gesellschaft auf seine Forderungen (teilweise) verzichtet, zugesagt wird, dass er auf seine Forderungen nach einer Verbesserung der wirtschaftlichen Verhältnisse der Gesellschaft (weitere) Zahlungen erhalten werde. Insoweit besteht eine gewisse Nähe zum Genussrecht. Eine Schuldumschaffung (Novation) ist hiermit im Regelfall nicht verbunden; Abweichendes kann sich aber aus einer Auslegung der Vereinbarung ergeben. In manchen Fällen wird die Besserungszusage auch mit der Zusage verbunden, bis zu einem bestimmten Zeitpunkt eine bestimmte Mindestzahlung zu leisten.

VIII. Verjährung des Gewinnanspruchs

156   Der Gewinnanspruch des Gesellschafters verjährte nach dem **bis zum 31. 12. 2001 geltendem Recht** grundsätzlich nach in dreißig Jahren.[172] Eine Ausnahme galt dann, wenn für den Gewinn Gewinnschuldverschreibungen ausgegeben waren. In diesem Falle betrug die Verjährungsfrist vier Jahre, gerechnet vom Schluss des Fälligkeitsjahres an.[173] **Nach neuem Recht** findet die regelmäßige dreijährige Verjährungsfrist nach §§ 195, 199 BGB nF Anwendung, beginnend mit dem Schluss des Jahres, in dem der Anspruch entstanden ist und der Gläubiger von den den Anspruch begründenden Umständen und der Person des Schuldners Kenntnis erlangt oder ohne grobe Fahrlässigkeit hätte erlangen müssen. Im Falle der Gewinnschuldverschreibung gilt § 801 BGB nF, wonach der Anspruch zwei Jahre nach der Vorlage verjährt, der Anspruch aus der Schuldverschreibung selbst erlischt nach 30 Jahren. Zum Übergangsrecht s. Art. 229 §§ 5, 6 EGBGB in der Fassung des SchRModG vom 26. 11. 2001.[174]

157   Die Satzung kann die Verjährung auch abweichend regeln, aber nicht über die Frist von 30 Jahren hinaus verlängern, § 202 Abs. 2 BGB nF.

IX. Verdeckte Gewinnausschüttung

158   **1. Begriff.** Der Tatbestand der verdeckten Gewinnausschüttung ist gesetzlich nicht definiert. Der Begriff selbst stammt aus dem Steuerrecht. § 8 Abs. 2 S. 2 KStG und § 20 Abs. 1 Nr. 1 S. 2 EStG nennen ausdrücklich diese Form der Ausschüttung und § 27 Abs. 3 S. 2 KStG bestimmt das Wirtschaftsjahr, in dem sich die Körperschaftsteuerbelastung bei anderen, nicht auf einem Gewinnverwendungsbeschluss beruhenden Ausschüttungen ändert.

159   Die Definition der verdeckten Gewinnausschüttung ist umstritten.[175] Nach der **steuerrechtlichen Definition des BFH** ist eine verdeckte Gewinnausschüttung eine Vermögensminderung oder verhinderte Vermögensmehrung zugunsten eines Gesellschafters oder eines ihm nahe stehenden Dritten, die durch das Gesellschaftsverhältnis veranlasst ist, sich auf die Höhe des Einkommens der GmbH auswirkt und nicht in

---

[171] Einen festen Sinn hat der Begriff nach den Feststellungen des BGH im Falle des früheren Vergleichsverfahrens, vgl. BGH NJW 1984, 2762, 2763; allgemein zum Besserungsschein *Hachenburg/Goerdeler/Müller* Rn. 85; *Nied-Riebler* Genußrechte als Instrument zur Eigenkapitalbeschaffung über den organisierten Kapitalmarkt für die GmbH, 1989, S. 12.
[172] § 195 BGB aF; RGZ 88, 42, 46; BGHZ 80, 357, 358 f.; *Baumbach/Hueck/Fastrich* Rn. 57; *Scholz/Emmerich* Rn. 84 f.; *Hachenburg/Goerdeler/Müller* Rn. 98; *Lutter/Hommelhoff* Rn. 42.
[173] *Hachenburg/Goerdeler/Müller* Rn. 98.
[174] BGBl. I S. 3138.
[175] Vgl. die Zusammenstellung von *Westerfelhaus* GmbHR 1994, 224, 227; einen einheitlichen Begriff ablehnend *Tries* Verdeckte Gewinnausschüttung im GmbH-Recht, 1991, S. 26.

Zusammenhang mit einer offenen, auf einem Gewinnverteilungsbeschluss beruhenden Ausschüttung steht.[176] Regelmäßig kann von einer durch das Gesellschaftsverhältnis veranlassten Vermögensminderung ausgegangen werden, wenn die Gesellschaft ihrem Gesellschafter oder einer diesem nahe stehenden Person einen Vermögensvorteil zuwendet, den sie bei Anwendung der Sorgfalt eines ordentlichen und gewissenhaften Geschäftsleiters einem gesellschaftsfremden Dritten nicht gewährt hätte.[177] Hierhinter steht das Anliegen, die zu versteuernden Einkünfte der Kapitalgesellschaft voll zu erfassen und es nicht durch Manipulationen durch die Gesellschafter verringern zu lassen.[178] Zur steuerlichen Behandlung der verdeckten Gewinnausschüttung s. auch Einl. Rn. 64 ff.

Der **gesellschaftsrechtliche Begriff** der verdeckten Gewinnausschüttung zielt **160** ebenfalls auf die Erfassung von Vermögensverschiebungen zwischen der Gesellschaft und einem Gesellschafter bzw. einer ihm nahe stehenden Person ab, allerdings nicht vor einem fiskalischen Hintergrund, sondern unter dem Aspekt, dass mit einer solchen Zuwendung die Gefahr einer Beeinträchtigung der Vermögensinteressen anderer Gesellschafter (häufig die der Minderheitsgesellschafter) verbunden ist, und dient zur Unterscheidung von der offenen, d. h. im Zusammenhang mit einer förmlichen Gewinnverwendung vorgenommenen Gewinnausschüttung. Der Abgrenzung zur offenen Gewinnausschüttung dient dabei das Adjektiv „verdeckte"; es kennzeichnet also nicht eine mögliche Unzulässigkeit der Leistung der Gesellschaft wegen Benachteiligung einzelner Gesellschafter. Der Begriff der „Gewinnausschüttung" ist im gesellschaftsrechtlichen Kontext nicht glücklich, weil es nicht darauf ankommt, ob die Gesellschaft die Leistung auch im Rahmen einer offenen Gewinnausschüttung hätte erbringen dürfen; auch eine die Schranken des § 30 verletzende Leistung der Gesellschaft unterfällt dem Begriff der verdeckten Gewinnausschüttung. Präziser wäre deshalb der Begriff der **verdeckten Vermögenszuwendung**. Im Übrigen sind die von der Steuerrechtsprechung gewählten Kriterien auch im Gesellschaftsrecht anwendbar, weshalb sich die verdeckte Gewinnausschüttung (Vermögenszuwendung) generalisierend definieren lässt als **jede außerhalb der offenen Gewinnausschüttung vorgenommene Leistung der Gesellschaft an einen Gesellschafter oder eine ihm nahe stehende Person, die nur durch das Gesellschaftsverhältnis veranlasst ist.**

Die **Veranlassung nur durch das Gesellschaftsverhältnis** ist anzunehmen, wenn **161** der Leistung der Gesellschaft keine gleichwertige Gegenleistung gegenübersteht und diese einem gesellschaftsfremden Dritten nicht gewährt worden wäre **(hypothetischer Drittvergleich)** bzw. – was dem nahe kommt, aber auch Vorgänge mit einschließt, die (wie etwa in Konzernverhältnissen) mit Dritten nicht denkbar sind – betrieblich nicht veranlasst ist **(fehlende betriebliche Veranlassung)**. Als Denkhilfe kann darauf

---

[176] So die Rechtsprechung des BFH seit der Körperschaftsteuerreform 1977, vgl. BFH BStBl. 1989 II S. 633; BFH BStBl. 1989 II S. 857; aus dem umfangreichen Fallmaterial vgl. etwa zuletzt BFH DStR 2001, 1343; GmbHR 2001, 678; BFH/NV 2001, 1048; BFH DStR 2001, 430; NZG 2001, 623, jew. mwN; s. auch Abschn. 31 Abs. 3 KStR; zur neueren Entwicklung der BFH-Rechtsprechung und zum Stand der Finanzverwaltung *Wassermeyer* GmbHR 2002, 1 ff.; s. zur neueren Rechtsprechung des BFH in diesem Zusammenhang auch *Schön*, FG Flume, 1998, S. 265, 273 f.

[177] Vgl. hierzu etwa BFH BStBl. 1993 II S. 311; zu der ähnlichen Abgrenzung unter dem Aspekt der betrieblichen Veranlassung s. BFH BStBl. 1997 II S. 548; BFH BStBl. 1998 II S. 161, krit. zu dieser Vermengung unter steuerrechtlichen Gesichtspunkten *Pezzer* in *Tipke/Lang* Steuerrecht § 11 Rn. 55.

[178] Zu den steuerrechtlichen Folgen einer verdeckten Gewinnausschüttung nach altem Recht s. Voraufl. Rn. 106 ff.; zu den mit dem neuen Körperschaftsteuerrecht verbundenen Folgen s. *Schiffers* GmbHR 2001, 885 ff.

abgestellt werden, ob ein ordentlicher und gewissenhafter Geschäftsleiter der GmbH die Maßnahme ebenfalls getroffen bzw. unterlassen hätte (vgl. auch diese Abgrenzung bei § 317 Abs. 2 AktG);[179] ist dies zu bejahen, entfällt der Tatbestand der verdeckten Gewinnausschüttung. Der damit gewählte **objektive Maßstab** lässt zwar einen gewissen kaufmännischen Ermessensspielraum zu, steht aber der Berücksichtigung subjektiver Vorstellungen der Beteiligten entgegen.[180] Entsprechend der Rechtslage im Steuerrecht kann die Leistung der Gesellschaft nicht nur in der Übertragung eines Vermögensgegenstandes liegen, sondern auch in dem Verzicht auf die Geltendmachung von Ansprüchen o. Ä.

162 Die **Abgrenzung zu** den von der verdeckten Gewinnausschüttung zu unterscheidenden **„normalen" Drittgeschäften** mit einem Gesellschafter bzw. einer ihm nahe stehenden Person erfolgt entsprechend den dargelegten Maßstäben danach, ob die konkrete Maßnahme unter entsprechenden Verhältnissen so auch mit einem gesellschaftsfremden Dritten getroffen bzw. unterlassen worden wäre oder ob sie aus Sicht der Gesellschaft betrieblich veranlasst war.

163 **2. Fallgruppen.** Die Beispiele für verdeckte Gewinnausschüttungen sind zahlreich,[181] lassen sich aber auf zwei Fallgruppen reduzieren:
– Lieferungen und Leistungen der Gesellschaft an den Gesellschafter bzw. an einen ihm gleichgestellten Dritten zu einem unter dem erzielbaren Preis liegenden Entgelt oder ohne Gegenleistung;
– Lieferungen und Leistungen des Gesellschafters bzw. eines ihm gleichgestellten Dritten an die Gesellschaft zu einem über dem Marktpreis liegenden Preis.[182]

164 **3. Rechtliche Behandlung der verdeckten Gewinnausschüttung. a) Allgemeine Schranken.** Die Frage, ob die verdeckte Gewinnausschüttung als solche zulässig ist oder nicht, ist falsch gestellt. Abweichend vom österreichischen Recht (hierzu Rn. 178) und vom Aktienrecht (§ 57 Abs. 3 AktG) kennt das GmbH-Recht zwar **kein generelles Verbot der Ausschüttung von Gesellschaftsvermögen** an die Gesellschafter **außerhalb einer offenen Gewinnausschüttung**. Hieraus folgt jedoch keine Antwort auf die Frage der generellen (Un-)Zulässigkeit einer verdeckten Gewinnausschüttung im GmbH-Recht. Die verdeckte Zuwendung von Gesellschaftsvermögen unterliegt vielmehr den **allgemeinen Zulässigkeitsvoraussetzungen,** die sich aus zwingendem **Kapitalschutzrecht (§ 30),** dem **Gleichbehandlungsgrundsatz** und der gesellschafterlichen Treupflicht ergeben. Verdeckte Gewinnausschüttungen an Gesellschafter bzw. ihnen gleichgestellte Dritte, die aus dem zur Erhaltung des Stammkapitals notwendigen Vermögen erfolgen bzw. eine bereits bestehende Unterbilanz weiter vertiefen (§ 30 Rn. 17 ff.), sind daher in jedem Falle unzulässig. Die verdeckte Gewinnausschüttung kann hierneben auch eine unzulässige Ungleichbehandlung der Gesellschafter darstellen und damit gegen den Gleichbehandlungsgrundsatz (§ 13 Rn. 94 ff.) verstoßen. Dies ist dann der Fall, wenn die Vermögenszuwendung ohne sachliche Rechtfertigung (etwa eine ein Vorzugsrecht beim Warenbezug vorsehende Satzungsbestimmung) nicht gleichmäßig an alle Gesellschafter erfolgt. Ob in den Fällen, in de-

---

[179] In der Definition abweichend, iErg. aber praktisch übereinstimmend: *Roth/Altmeppen* Rn. 55; *Baumbach/Hueck/Fastrich* Rn. 68, *Scholz/Emmerich* Rn. 98; *Hachenburg/Goerdeler/Müller* Rn. 129.
[180] *Baumbach/Hueck/Fastrich* Rn. 70; *Scholz/Emmerich* Rn. 98.
[181] Vgl. Abschn. 31 Abs. 3 KStR und die Beispiele etwa bei *Baumbach/Hueck/Fastrich* Rn. 68 f.; *Hachenburg/Goerdeler/Müller* Rn 127; *Scholz/Emmerich* Rn. 99; s. auch noch Rn. 177.
[182] *Schulze-Osterloh*, FS Stimpel, 1985, S. 487, 489.

Gewinnverwendung § 29

nen die Gesellschafter der Zuwendung nicht zugestimmt haben, zugleich eine aus den gesetzlichen Vorgaben in §§ 29, 46 Nr. 1 abzuleitende **Kompetenzüberschreitung** der Geschäftsführer vorliegt,[183] ist bereits im Ansatz zweifelhaft, da nicht jede das Jahresergebnis berührende Maßnahme einen Kompetenzverstoß darstellt, und – da die verdeckte Gewinnausschüttung auch materiell gesehen keine Gewinnverwendung darstellt – richtigerweise zu verneinen.[184] Auch die auf der Grundlage dieser abzulehnenden Auffassung angenommene Rechtsfolge, die (schwebende) Unwirksamkeit des Rechtsgeschäfts in allen Fällen der verdeckten Gewinnausschüttung, schießt als mit der notwendigen Rechtssicherheit unvereinbar über das Ziel hinaus (ausgeschlossen sind Fälle der schwebenden Unwirksamkeit eines der verdeckten Gewinnausschüttung zugrundeliegenden Rechtsgeschäfts allerdings nicht, vgl. Rn. 168). Insoweit bewendet es deshalb bei einer Treupflichtverletzung des Gesellschafters als dem Leistungsempfänger und einer Pflichtverletzung des betreffenden Geschäftsführers, die ggf. auch auf das Außenverhältnis durchschlagen kann (Rn. 168).

Die **Zulässigkeitsvoraussetzungen** verdeckter Gewinnausschüttungen **stehen** 165 **unabhängig nebeneinander.** So kann die Zuwendung, da sie aus dem gebundenen Vermögen erfolgt, beispielsweise sowohl gegen § 30 verstoßen, als auch, wenn sie nicht an alle Gesellschafter oder ohne ihre Zustimmung erfolgt ist, einen Verstoß gegen den Gleichbehandlungsgrundsatz darstellen. Unterschiede bestehen jedoch hinsichtlich der Rechtsfolgen der jeweiligen Verstöße. Während eine nachträgliche Zustimmung aller Gesellschafter zu der verdeckten Gewinnausschüttung den Verstoß gegen die Verletzung des Gleichbehandlungsverbots heilt, steht das Verbot nach § 30 und die sich aus § 31 ergebenden Rechtsfolgen nicht zur Disposition der Gesellschafter (wegen der Einzelheiten s. dort).

b) Rechtsfolgen bei Fehlen der Zulässigkeitsvoraussetzungen. Hinsichtlich 166 der Rechtsfolgen bei Fehlen der dargelegten Zulässigkeitsvoraussetzungen ist danach zu unterscheiden, worauf die Unzulässigkeit beruht:

aa) Verstoß gegen § 30. Hat die Zuwendung gegen § 30 verstoßen, bestehen 167 Rückerstattungsansprüche nach § 31 Abs. 1 gegen den Empfänger der Leistung, eine subsidiäre Mithaftung der übrigen Gesellschafter nach § 31 Abs. 3 (verbunden mit einem Rückgriffsanspruch gegen den Geschäftsführer gemäß § 31 Abs. 6) und Haftungsansprüche gegen den Geschäftsführer aus § 43 Abs. 1 und 3. Ein Gesellschafterbeschluss, der auf eine gegen § 30 verstoßende Leistung gerichtet ist, ist entsprechend § 241 Abs. 1 Nr. 3 AktG nichtig. Wegen der Einzelheiten hierzu s. § 30 Rn. 48.

bb) Verstoß gegen den Gleichbehandlungsgrundsatz, Treupflichtverlet- 168 **zung.** Ist die verdeckte Gewinnausschüttung unter Verstoß gegen den **Gleichbehandlungsgrundsatz** erfolgt, ist der Empfänger unstreitig zur Rückerstattung der empfangenen Leistung verpflichtet. Streitig ist in diesem Zusammenhang die Rechtsgrundlage dieser Rückerstattungspflicht. Teilweise wird sie aus einer entsprechenden Anwendung von § 31 Abs. 1 (nicht: § 31 Abs. 3) gefolgert,[185] teilweise aus §§ 812

---

[183] So die ganz überwiegende Auffassung, vgl. etwa OLG Brandenburg GmbHR 1997, 750; *Crezelius*, FS 100 Jahre GmbHG, 1992, S. 315, 332; *Ulmer*, FS 100 Jahre GmbHG, 1992, S. 363, 366; *K. Schmidt* GesR § 37 III 2d; *Baumbach/Hueck/Fastrich* Rn. 75; *Lutter/Hommelhoff* Rn. 50; *Scholz/Emmerich* Rn. 104, alle mwN; aA (mit zT unterschiedlicher Begründung) *Wilhelm*, FS Flume, Bd. II, 1978, S. 337, 373; *Fleck* ZIP 1986, 269, 270; *Tries* (Fn. 175) S. 89 ff.

[184] Eingehend hierzu *Tries* (Fn. 175) S. 89 ff. mwN.

[185] *Winter* ZHR 148 (1984), 579, 589; *U. H. Schneider* ZGR 1985, 284 f.; *Lutter/Hommelhoff* Rn. 54; zust. *Stengel/Scholderer* ZGR 1997, 41, 43; für einen gesellschaftsrechtlichen Anspruch „wie nach § 62 AktG, § 31" wegen der Leistung causa societatis *Flume* Juristische Person S. 294 f.

BGB;[186] nach einer dritten Auffassung beruht der Anspruch auf einer unzulässigen Ungleichbehandlung und einer Treupflichtverletzung gegenüber dem benachteiligten Gesellschafter.[187] Zuzustimmen ist der letztgenannten Auffassung. Für eine entsprechende Anwendung des § 31 fehlt es an der notwendigen Regelungslücke, da die einschlägigen Fälle auch ohne diese Analogie erfasst werden können (hierzu sogleich im Text), und an der erforderlichen Ähnlichkeit der Sachverhalte in wertungsmäßiger Hinsicht.[188] Einer *generellen* Anwendung der §§ 812 ff. BGB steht entgegen, dass das der verdeckten Gewinnausschüttung zugrundeliegende Rechtsgeschäft nicht in allen Fällen unwirksam ist. Dies folgt aus der Ablehnung der oben dargestellten Auffassung, die in den Fällen der verdeckten Gewinnausschüttung eine unzulässige Kompetenzüberschreitung sieht (Rn. 164). Das schließt allerdings die Möglichkeit, dass das Rechtsgeschäft *im Einzelfall* unwirksam ist, nicht aus. Die Unwirksamkeit des Rechtsgeschäfts kann sich nach allgemeinen Grundsätzen unter dem Aspekt des Missbrauchs der Vertretungsmacht ergeben, zumal § 37 Abs. 2 bei Rechtsgeschäften zwischen der Gesellschaft und einem Gesellschafter keine Anwendung findet.[189] Da es in diesen (praktisch nicht seltenen) Fällen an dem erforderlichen Rechtsgrund fehlt, sind die **§§ 812 ff. BGB** insoweit anwendbar; ist das dingliche Rechtsgeschäft ebenfalls unwirksam, bestehen Ansprüche aus **§ 985 BGB**. Hat der Gesellschafter im Zusammenhang mit der verdeckten Gewinnausschüttung schuldhaft gehandelt, ist er wegen **Verletzung der gesellschafterlichen Treupflicht** unter schadensersatzrechtlichen Aspekten zur Rückerstattung des Empfangenen an die Gesellschaft verpflichtet; hat der Gesellschafter nicht schuldhaft gehandelt, bewendet es bei den Ansprüchen der Gesellschaft gegen den Geschäftsführer.[190] Die aus dem Verstoß gegen den Gleichbehandlungsgrundsatz und der Treupflichtverletzung resultierenden Ansprüche können die Gesellschafter im Wege der actio pro socio (§ 13 Rn. 114 ff.) geltend machen. Neben dem Gesellschafter als dem Empfänger der unzulässigen Leistung haftet der Geschäftsführer wegen Pflichtverletzung gemäß § 43 gegenüber der Gesellschaft.

169 Die **Wirksamkeit des schuldrechtlichen Grundgeschäfts** richtet sich entsprechend den vorstehend dargelegten Grundsätzen (Rn. 168) danach, ob ein Fall des Missbrauchs der Vertretungsmacht der Geschäftsführer vorgelegen hat. Fehlt es hieran, ist das Rechtsgeschäft wirksam. Hinsichtlich der Frage, ob die Gesellschaft bei einem wirksamen schuldrechtlichen Rechtsgeschäft gegenüber dem Erfüllungsanspruch des Gesellschafters den **Einwand der unzulässigen Rechtsausübung** erheben kann bzw. sogar muss,[191] ist zu unterscheiden: Hat der Gesellschafter schuldhaft gehandelt (in Betracht kommt wegen des sonst vorliegenden kollusiven Zusammenwirkens mit dem Geschäftsführer nur Fahrlässigkeit), wäre er unter schadensersatzrechtlichen Aspekten zur Rückgewähr des Empfangenen an die Gesellschaft verpflichtet (Rn. 168); in diesen Fällen steht der Gesellschaft deshalb nach § 242 BGB der dolo-petit-Einwand zu, da der Gesellschafter das Empfangene umgehend zurückzuerstatten hätte. Hat der Gesellschafter nicht schuldhaft gehandelt, kann die Gesellschaft ihm trotz einer objektiv

---

[186] *Schulze-Osterloh*, FS Stimpel, 1985, S. 487, 493 f.; *K. Schmidt* GesR § 37 III 2d; *Baumbach/Hueck/Fastrich* Rn. 76; *Scholz/Emmerich* Rn. 105.
[187] *Tries* (Fn. 175) S. 140 ff., 223 ff.; *Ulmer*, FS 100 Jahre GmbHG, 1992, S. 363, 368 ff.
[188] Ausführlich auch insoweit *Tries* (Fn. 175) S. 69 ff.; s. auch *Hager* ZGR 1989, 71, 76 f.
[189] *Tries* (Fn. 175) S. 102 ff.; zur Nichtanwendung des § 37 Abs. 2 allgemein BGH NJW 1997, 2678 mwN.
[190] Strenger *Tries* (Fn. 175) S. 220 ff., 226 ff., der eine verschuldensunabhängige Erstattungspflicht des begünstigten Gesellschafters annimmt.
[191] Bejahend *Tries* (Fn. 175) S. 201 ff.

gegebenen Ungleichbehandlung der Gesellschafter den Einwand der unzulässigen Rechtsausübung ebenso wenig entgegensetzen, wie der Gesellschafter in diesem Falle zur Rückerstattung des Empfangenen verpflichtet wäre.[192]

Da durch den Gleichbehandlungsgrundsatz nicht jedes Rechtsgeschäft zwischen der Gesellschaft und dem Gesellschafter verhindert werden soll, sondern nur eine sachlich nicht gerechtfertigte Ungleichbehandlung der Gesellschafter (§ 13 Rn. 101 ff., 105), ist der schuldhaft handelnde Gesellschafter bei Wirksamkeit des schuldrechtlichen Vertrages zur **Abwendung des Rückforderungsanspruchs** der Gesellschaft im Wege des Ausgleichs der ihm zugewandten Wertdifferenz durch bare Nachleistung berechtigt. Dies folgt aus der der Gesellschaft ihm gegenüber bestehenden Treupflichtbindung. Abweichendes gilt dann, wenn der Gesellschaft die Aufgabe des zugewandten Vermögensgegenstandes (etwa ein für ihren Geschäftsbetrieb dringend benötigtes Patent) nicht zugemutet werden kann; in diesem Falle muss der geleistete Gegenstand zurückgewährt werden. 170

Da der Gleichbehandlungsgrundsatz der Disposition der Betroffenen unterliegt (§ 13 Rn. 98), entfällt die Widerrechtlichkeit der Zuwendung, sofern die benachteiligten Gesellschafter dem Rechtsgeschäft ihre **Zustimmung** erteilen. In der Einpersonengesellschaft kann es deshalb zwar begrifflich eine verdeckte (d.h. nicht offene) Gewinnausschüttung geben, die Leistung ist jedoch gesellschaftsrechtlich nicht unzulässig, solange das durch § 30 geschützte Vermögen nicht tangiert wird. Die Zustimmung kann vor oder nach der Vermögenszuwendung an den Gesellschafter erfolgen, im Wege des Gesellschafterbeschlusses oder durch ad hoc gegebene Erklärung; ihr kommt nur gesellschaftsrechtlich Bedeutung zu, die steuerrechtlichen Folgen einer verdeckten Gewinnausschüttung bleiben unberührt. Erfolgt die Zustimmung vor der Leistung an den Gesellschafter, schließt dies vorbehaltlich eines Verstoßes gegen § 30 gesellschaftsrechtlich die Widerrechtlichkeit aus. Ob eine nachträglich erteilte Zustimmung Auswirkung auf bereits entstandene Ansprüche der Gesellschaft gegen den begünstigten Empfänger hat, ist zweifelhaft; vorsorglich sollte insoweit ausdrücklich ein Verzichtsvertrag geschlossen werden. Erfolgt die Billigung durch einen **Gesellschafterbeschluss,** so ist darauf abzustellen, ob alle mittelbar benachteiligten Gesellschafter dem Beschluss zugestimmt haben. Ist dies nicht der Fall, ist der Beschluss wegen Verstoßes gegen den Gleichbehandlungsgrundsatz anfechtbar. Erwächst der Beschluss in Bestandskraft, da er nicht oder nicht rechtzeitig (zur Klagefrist s. § 47 Rn. 139f.) angefochten oder eine gegen ihn erhobene Anfechtungsklage zu Unrecht abgewiesen worden ist, können auch im Zusammenhang mit dem gleichheitswidrigen Rechtsgeschäft keine Ansprüche mehr geltend gemacht werden; auch ein dolo-petit-Einwand der Gesellschaft (Rn. 169) verliert in diesem Falle seine Grundlage. Bei der Beschlussfassung hat der begünstigte Gesellschafter wegen § 47 Abs. 4 kein Stimmrecht.[193] 171

Ein **Recht der benachteiligten Gesellschafter auf Leistung einer Ausgleichszahlung** gegen die Gesellschaft oder den begünstigten Gesellschafter besteht **grundsätzlich nicht.**[194] Die Rückabwicklung findet *rechtlich* über das Gesellschaftsvermögen statt. Die davon zu unterscheidende *tatsächliche* Möglichkeit, die Gesellschafter durch 172

---

[192] Abw. *Tries* (Fn. 175) S. 202 ff.
[193] *Tries* (Fn. 175) S. 207 f. im Anschluss an *Zöllner* Die Schranken mitgliedschaftlicher Stimmrechtsmacht bei den privatrechtlichen Personenverbänden, 1963, S. 262; *Baumbach/Hueck/Zöllner* § 47 Rn. 60 sowie unten § 47 Rn. 66.
[194] *Hager* ZGR 1989, 71, 83f.; *Winter* ZHR 148 (1984), 579, 599; grundsätzlich auch *Scholz/Emmerich* Rn. 108 (nur in Ausnahmefällen über § 242 BGB); für einen Ausgleichsanspruch gegen die Gesellschaft, wenn die Rückforderung unzumutbar oder aus Rechtsgründen ausgeschlossen ist, BGH WM 1960, 1009; 1973, 931, 933; OLG Karlsruhe WM 1984, 656, 661.

Zuwendungen, die diese vermögensmäßig gleichstellen, zur Zustimmung zu der verdeckten Gewinnausschüttung zu veranlassen, wird hierdurch nicht ausgeschlossen. Ein Anspruch der durch die verdeckte Gewinnausschüttung mittelbar benachteiligten Gesellschafter kann sich allerdings dann ergeben, wenn die Leistung an die Gesellschaft die bei den benachteiligten Gesellschaftern entstandenen Nachteile nicht aufwiegen könnte oder sich als überflüssiger Umweg erweisen würde, etwa deshalb, weil die Gesellschaft inzwischen liquidiert und im Handelsregister gelöscht worden ist. In diesen Fällen ist der begünstigte Gesellschafter verpflichtet, den empfangenen Vorteil durch Zahlungen unmittelbar an die benachteiligten Gesellschafter auszugleichen.

173 **cc) Satzungsbestimmungen.** Häufig sieht die Satzung der GmbH Klauseln dazu vor, wie in Fällen der Feststellung einer verdeckten Gewinnausschüttung zu verfahren ist. Der Rückzahlungsanspruch kann dann auch auf diese Satzungsbestimmungen gestützt werden. Nach ständiger Rechtsprechung des BFH kann allerdings auch eine solche Regelung nicht das Vorliegen einer verdeckten Gewinnausschüttung im steuerrechtlichen Sinn ausschließen.[195]

174 **c) Verdeckte Gewinnausschüttungen unter Beteiligung Dritter.** Leistungen der Gesellschaft an Dritte können nur im Ausnahmefall gesellschaftlich (causa societatis) motiviert sein, da die Gesellschaft grundsätzlich keinen Anlass hat, einem gesellschaftsfremden Dritten besondere, nicht betrieblich veranlasste Leistungen zukommen zu lassen. Gleichwohl können auch im Zusammenhang mit Dritten verdeckte Gewinnausschüttungen vorkommen. Insoweit ist zwischen unterschiedlichen Gestaltungen zu unterscheiden:

175 Stellt die Leistung der Gesellschaft der **Sache nach eine Leistung an den Gesellschafter** dar, weil sie sich zu seinen Gunsten auswirkt oder weil sie auf privat motivierte Anweisung des Gesellschafters erfolgt, liegt eine verdeckte Gewinnausschüttung an den Gesellschafter vor; im ersten Fall kommt es zu einem wirtschaftlichen Vorteil bei dem Gesellschafter auf Kosten der Gesellschaft, im zweiten Fall hat der Gesellschafter iErg. über Gesellschaftsvermögen zu eigenen Zwecken verfügt. Ob das zugrundeliegende Vertragsverhältnis zwischen der Gesellschaft und dem Gesellschafter oder zwischen ihr und dem Dritten besteht, ist insoweit unerheblich. Anspruchsgegner der Rückerstattungsansprüche ist grundsätzlich der Gesellschafter; nur wenn der Dritte Strohmann/Treuhänder des Gesellschafters ist oder wenn sich der Dritte einer unerlaubten Handlung schuldig gemacht hat (§§ 823, 826, 830 BGB) kann er unmittelbaren Ansprüchen der Gesellschaft ausgesetzt sein.[196] Im Übrigen erwirbt der Dritte, selbst wenn das Geschäft zwischen dem Gesellschafter und der Gesellschaft in diesen Fällen unwirksam sein sollte (Rn. 168), hier grundsätzlich wirksam Eigentum und ist Ansprüchen der Gesellschaft nicht ausgesetzt. Abweichendes gilt nur bei Bösgläubigkeit oder unentgeltlichem Erwerb (§§ 932 ff., 816 Abs. 1 S. 2 BGB).[197] Zu Ansprüchen nach § 31 s. dort Rn. 12 ff.

176 Eine verdeckte Gewinnausschüttung zu Lasten der Gesellschaft kann auch im Zusammenhang mit der **Leistung eines Dritten** liegen. Letztlich aus dem Gesellschaftsvermögen erfolgt die Leistung des Dritten dann, wenn der Dritte hinsichtlich der von ihm erbrachten Leistungen ganz oder teilweise einen Rückgriffsanspruch gegen die Gesellschaft besitzt.[198]

---

[195] Vgl. hierzu und zur Rückabwicklung etwa BFH GmbHR 1990, 142; 1993, 512; *Lange* GmbHR 1993, 762; *Stengel/Scholderer* ZGR 1997, 41 ff., jew. mwN.
[196] Vgl. *Roth/Altmeppen* Rn. 58; *Lutter/Hommelhoff* Rn. 55; *Scholz/Emmerich* Rn. 110.
[197] Eingehend hierzu *Hager* ZGR 1989, 71, 100 f.
[198] Hierzu auch *Roth/Altmeppen* Rn. 59; *Scholz/Emmerich* Rn. 100.

4. Einzelfälle. Häufige Fälle verdeckter Gewinnausschüttungen bilden **unangemessen hohe Vergütungen** für Gesellschafter-Geschäftsführer oder Zahlungen auf Grund von nicht praktizierten Dienstverträgen, die mit Gesellschaftern oder ihnen nahe stehenden Dritten abgeschlossen worden sind. Verdeckte Gewinnausschüttungen finden sich häufig auch bei Unternehmensverbindungen, etwa im Zusammenhang mit **Konzernumlagen,** denen oft keine echte Gegenleistung gegenübersteht,[199] oder mit **Konzernverrechnungspreisen** (die Gesellschaft verkauft ihre Produkte zu billig bzw. muss die Produkte von Schwestergesellschaften oder des herrschenden Unternehmens zu überhöhten Preisen einkaufen). Eine verdeckte Gewinnausschüttung kann auch in einem ungeahndeten Verstoß gegen ein den Gesellschafter treffendes **Wettbewerbsverbot**[200] oder in dem Verzicht der Gesellschaft auf eine **Geschäftschance** zugunsten eines Gesellschafters oder eines ihm nahe stehenden Dritten (insbesondere einem mit dem Gesellschafter verbundenen Unternehmen) liegen, sofern die Gesellschaft die hierin liegende Freigabe gegenüber einem gesellschaftsfremden Dritten von einer Entgeltzahlung abhängig gemacht hätte.[201] Weitere Beispiele bilden die Lieferung und Leistung durch die Gesellschaft zu einer **zu niedrigen Vergütung,**[202] beispielsweise der Verkauf oder die Vermietung bzw. die sonstige Zurverfügungstellung eines Gegenstandes (etwa eines KFZ o.Ä.), aber auch die Zurverfügungstellung von Diensten von Angestellten der GmbH zu einer zu geringen oder überhaupt keiner Vergütung oder die Gewährung eines Darlehens durch die Gesellschaft gegen eine zu niedrige Verzinsung;[203] die Zahlung einer **zu hohen Vergütung** durch die Gesellschaft,[204] auch die Darlehensaufnahme durch die Gesellschaft zu einem zu hohen Zinssatz[205] oder eine überhöhte Gegenleistung für eine stille Beteiligung;[206] die **Stundung von Verbindlichkeiten** des Gesellschafters gegenüber der Gesellschaft,[207] insbesondere wenn sie zinslos erfolgt (hierin liegt in Höhe der fälligen Schuld ein zinsloses Darlehen) oder ein Verzicht auf Forderungen gegen den Gesellschafter bzw. ihm gleichgestellte Dritte; die **Begleichung von Verbindlichkeiten des Gesellschafters** oder deren Übernahme durch die Gesellschaft bzw. die Eingehung von Verbindlichkeiten im Gesellschafterinteresse.[208]

X. Österreichisches Recht

§ 82 ÖGmbHG kombiniert die Regeln über die Kapitalerhaltung mit der Gewinnverteilung. Nach § 82 Abs. 1 ÖGmbHG sind verdeckte Gewinnausschüttungen gesellschaftsrechtlich unzulässig.[209]

---

[199] Vgl. etwa BGHZ 65, 15, 18 ff. = NJW 1976, 191.
[200] Zur Frage eines Wettbewerbsverbots zu Lasten eines Alleingesellschafters s. BGHZ 122, 333, 336 = NJW 1993, 1922; s. auch BGHZ 119, 257, 259 = NJW 1993, 193; im Anschluss hieran auch BFH NJW 1996, 950 unter Aufgabe seiner bisherigen Rechtsprechung.
[201] *Tries* (Fn. 175) S. 195 ff.; *Lutter/Hommelhoff* Rn. 52.
[202] BGH NJW 1987, 1194; *Baumbach/Hueck/Fastrich* Rn. 68; *Scholz/Emmerich* Rn. 99.
[203] RG JW 1936, 180, 181.
[204] BGHZ 31, 258, 275 = NJW 1960, 285; BGH NJW 1996, 589.
[205] Hierbei ist bei dem notwendigen Drittvergleich (Rn. 161 f.) allerdings auch die Frage von Sicherheiten seitens der Gesellschaft zu beachten.
[206] *Scholz/Emmerich* Rn. 99.
[207] BGHZ 81, 311, 320 f. = NJW 1982, 383.
[208] BGHZ 60, 324, 327 = NJW 1973, 1036; BGH BB 1968, 607.
[209] Vgl. *Koppensteiner* § 82 Rn 15 ff.; *Gellis/Feil* ÖGmbHG § 82 Rn. 5, jew. mwN.

§ 30 [Rückzahlungen]

(1) Das zur Erhaltung des Stammkapitals erforderliche Vermögen der Gesellschaft darf an die Gesellschafter nicht ausgezahlt werden.

(2) ¹Eingezahlte Nachschüsse können, soweit sie nicht zur Deckung eines Verlustes am Stammkapital erforderlich sind, an die Gesellschafter zurückgezahlt werden. ²Die Rückzahlung darf nicht vor Ablauf von drei Monaten erfolgen, nachdem der Rückzahlungsbeschluß durch die im Gesellschaftsvertrag für die Bekanntmachungen der Gesellschaft bestimmten öffentlichen Blätter und in Ermangelung solcher durch die für die Bekanntmachungen aus dem Handelsregister bestimmten öffentlichen Blätter bekanntgemacht ist. ³Im Fall des § 28 Abs. 2 ist die Zurückzahlung von Nachschüssen vor der Volleinzahlung des Stammkapitals unzulässig. ⁴Zurückgezahlte Nachschüsse gelten als nicht eingezogen.

Literatur: *Altmeppen* Der „atypische Pfandgläubiger" – ein neuer Fall des kapitalersetzenden Darlehens?, ZIP 1993, 1677; *ders.* „Dritte" als Adressaten der Kapitalerhaltungs- und Kapitalersatzregeln in der GmbH, FS Kropff, 1997, S. 641; *Ballerstedt* Kapital, Gewinn und Ausschüttung bei Kapitalgesellschaften, 1949; *Barth/Gelsen* Die Sicherheitsleistung der GmbH für Kredite, die Dritte den Gesellschaftern der GmbH gewährt haben, DB 1981, 2265; *Bayer* Zentrale Konzernfinanzierung, Cash Management und Kapitalerhaltung, FS Lutter, 2000, S. 1011; *Brammsen* Strafbare Untreue des Geschäftsführers bei einverständlicher Schmälerung des GmbH-Vermögens?, DB 1989, 1609; *Brandes* Grundsätze der Kapitalerhaltung im Vertragskonzern, FS Kellermann, 1991, S. 25; *Brandner* Wegfall oder Beständigkeit des Erstattungsanspruchs aus § 31 GmbHG bei anderweitiger Wiederherstellung des Stammkapitals?, FS Fleck, 1988, S. 23; *Buchwald* Die Bewertung des zur Deckung des Stammkapitals erforderlichen Vermögens der GmbH, GmbHR 1957, 33; *Büschgen* Zur Eigenkapitalausstattung der GmbH und GmbH & Co. KG, GmbHR 1974, 49; *Butzke* Die Bedeutung anderweitiger Auffüllungen des Stammkapitals für Einlage oder Erstattungsansprüche der GmbH gegen ihre Gesellschafter, ZHR 154 (1990), 357; *Cahn* Kapitalerhaltung im Konzern, 1998; *ders.* Verlustübernahme und Einzelausgleich im qualifizierten faktischen Konzern, ZIP 2001, 2159; *Canaris* Die Rückgewähr von Gesellschaftereinlagen durch Zuwendung an Dritte, FS Robert Fischer, 1979, S. 31; *Dether* Neues zum qualifizierten faktischen GmbH-Konzern, DB 1989, 965; *Ehlke* Zur Behandlung von Treugeber und Treuhänder an einem GmbH-Anteil, DB 1985, 795; *Eltermann* Zur Zulässigkeit der Einheits-GmbH & Co. unter dem Gesichtspunkt des Gläubigerschutzes, GmbHR 1973, 207; *ders.* Der verdeckte Kapitalentzug in der GmbH & Co. KG, Köln 1972; *Emmerich* Zur Problematik der wechselseitigen Beteiligungen namentlich im geltenden und künftigen GmbH-Recht, FS Westermann, 1974, S. 55; *Erlinghagen* Haftungsfragen bei einer unterkapitalisierten GmbH, GmbHR 1962, 169; *Fabritius* Vermögensbindung in der AG und GmbH – tiefgreifender Unterschied oder grundsätzliche Identität?, ZHR 144 (1980), 628; *Fleck* Kapitalaufbringung, Kapitalerhaltung und Insolvenzprobleme in der GmbH, 2. Aufl. 1982; *ders.* Der Grundsatz der Kapitalerhaltung – seine Ausweitung und seine Grenzen, FS 100 Jahre GmbHG, 1992, S. 391; *Flume* Der Gesellschafter und das Vermögen der Kapitalgesellschaft und die Problematik der verdeckten Gewinnausschüttung, ZHR 144 (1980), 18; *Fromm* Gläubigerschutz durch Kapitalaufbringung und Kapitalerhaltung in Kommanditgesellschaft und GmbH, 1979; *Gätsch* Ausfallhaftung von Mitgesellschaftern für rückständige Einlagen und verbotswidrige Ausschüttungen – Summenmäßige Beschränkung?, BB 1999, 701; *v. Gerkan* Schwerpunkte und Entwicklungen im Recht der kapitalersetzenden Gesellschafterleistungen, GmbHR 1986, 218; *v. Gerkan/Hommelhoff* Kapitalersatz im Gesellschafts- und Insolvenzrecht, 4. Aufl. 1996; *Geßler* Zur handelsrechtlichen verdeckten Gewinnausschüttung, FS Fischer, 1979, S. 131; *Glade* Verdeckte Gewinnausschüttung bei Veräußerung von Geschäftsanteilen zu Sonderbedingungen, GmbHR 1986, 128; *Goette* Der Stand der höchstrichterlichen Rechtsprechung zur Kapitalerhaltung und zum Rückgewährverbot im GmbH-Recht, DStR 1997, 1495; *Gonella* Kann die GmbH & Co. KG Inhaberin sämtlicher Geschäftsanteile ihrer allein persönlich haftenden GmbH-Komplementärin sein?, DB 1965, 1165; *Gribbohm* Untreue zum Nachteil der GmbH – Zur Harmonisierung zivil- und strafrechtlicher Pflichten des GmbH-Geschäftsführers und Gesellschafters, ZGR 1990, 1; *Hager* Die verdeckte Gewinnausschüttung in der GmbH – ein Beitrag zu den gesellschaftsrechtlichen Sanktionen, ZGR 1989, 71; *Häuselmann/Rümker/H. P. Westermann* Die Finanzierung der GmbH durch ihre Gesellschafter, 1992; *Hauschka* Wirtschaftliche, arbeits- und gesellschaftsrechtliche Aspekte des Management Buy Out, BB 1987, 2169; *Hees* Die Sicherheitsleistung einer GmbH für Verbindlichkeiten ihres Gesellschafters, DB 1955, 962; *Hommelhoff* Eigenkapital-Ersatz im Konzern und in Beteiligungsverhältnissen,

Rückzahlungen **§ 30**

WM 1984, 1105; *ders.* Zum Wegfall des Erstattungsanspruches aus § 31 GmbHG, FS Kellermann, 1991, S. 165; *G. Hueck* Gewinnvorschuß bei der GmbH, ZGR 1975, 133; *Huncha* Gläubigerschutz und wechselseitig beteiligte GmbH & Co. KG, GmbHR 1975 S. 145; *ders.* Die Anwendung der §§ 30 Abs. 1, 31 GmbHG auf Zahlungen der GmbH & Co. KG an ihre Kommanditisten, GmbHR 1973, 257; *Immenga* Besprechung der Entscheidung BGHZ 60, 324, ZGR 1975, 487; *Ippen* Die GmbH & Co. KG als Inhaberin sämtlicher Geschäftsanteile ihrer allein persönlich haftenden GmbH-Komplementärin, Diss. Münster 1967; *Joost* Grundlagen und Rechtsfolgen der Kapitalerhaltungsregeln im Aktienrecht, ZHR 149 (1985), 419; *ders.* Kapitalbegriff und Reichweite der Bindung des aufgebrachten Vermögens, GmbHR 1983, 285; *ders.* Grundlagen und Rechtsfolgen der Kapitalerhaltungsregeln im GmbH-Recht, ZHR 148 (1984), 27; *ders.* Kapitalsicherung einmal anders, FS Lutter, 2000, S. 473; *Kahler* Die Haftung des Gesellschafters im Falle der Unterkapitalisierung einer GmbH, BB 1985, 1429; *Kamprad* Gesellschafterdarlehen an die GmbH als verdeckte Stammeinlagen, 1968; *Karollus* Gedanken zum Kapitalschutz bei der GmbH & Co. KG, FS Kropff, 1997, S. 669; *Kerber* Die Übernahme von Gesellschaften mit beschränkter Haftung im Buy-Out-Verfahren, WM 1989, 473, 513; *Kircherer/Hannemann* Verdeckte Gewinnausschüttung beim Erwerb von GmbH-Anteilen, BB 1985, 2236; *Kleffner* Erhaltung des Stammkapitals und Haftung nach §§ 30, 31 GmbGH, 1993; *Kohlmann* Untreue zum Nachteil des Vermögens einer GmbH trotz Zustimmung sämtlicher Gesellschafter?, FS Werner, 1984, S. 387; *Koppensteiner* GmbH-rechtliche Probleme des Management Buy Out, ZHR 155 (1991), 97; *Kühbacher* Darlehen an Konzernunternehmen: Besicherung und Vertragsanpassung, 1993; *Kuhn* Haftungsprobleme bei der GmbH & Co., FG Heusinger, 1968, S. 203; *ders.* Haften die GmbH-Gesellschafter für Gesellschaftsschulden persönlich?, FS Fischer, 1979, S. 351; *Lippstreu* Nochmals – Verdeckte Gewinnausschüttung als strafrechtliche Untreue, NJW 1989, 502; *Lutter* Kapital, Sicherung der Kapitalaufbringung und Kapitalerhaltung in den Aktien- und GmbH-Rechten der EWG, 1964; *ders.* Neues zum Gesellschafterdarlehen?, ZIP 1998, 477; *Lutter/Hommelhoff* Nachrangiges Haftkapital und Unterkapitalisierung der GmbH, ZGR 1979, 31; *Maier-Reimer* Kreditsicherung und Kapitalersatz in der GmbH, FS Rowedder, 1994, S. 245; *Meilicke* Verdeckte Gewinnausschüttung, BB 1988, 1261; *Meister* Die Sicherheitsleistung der GmbH für Gesellschafterverbindlichkeiten, WM 1980, 390; *Mertens* Die Einmann-GmbH & Co. KG und das Problem der gesellschaftsrechtlichen Grundtypenvermischung, NJW 1969, 1049; *ders.* Die Geschäftsführung in der GmbH und das ITT-Urteil, FS Fischer, 1979, S. 461; *Mülbert* Sicherheiten einer Kapitalgesellschaft für Verbindlichkeiten ihres Gesellschafters, ZGR 1995, 578; *Oetker* Rückzahlungsverbot (§ 30 Abs. 1 GmbHG) und Sicherheitsleistungen konzernabhängiger GmbHs für Verbindlichkeiten anderer Konzerngesellschaften – am Beispiel der Bürgschaft, KTS 1991, 521; *Peltzer* Rechtliche Problematik der Finanzierung des Unternehmenskaufs beim MBO, DB 1987, 973; *Peltzer/Bell* Sicherung von Gesellschafterkrediten mit dem GmbH-Vermögen?, ZIP 1993, 1757; *Priester* Vorabausschüttung bei der GmbH, DB 1973, 2382; *Radtke* Einwilligung und Einverständnis der Gesellschafter bei der sog. GmbH-rechtlichen Untreue (II), GmbHR 1998, 361; *Reemann* Zur Ausfallhaftung des Gesellschafters für verbotene Auszahlungen der GmbH an andere Gesellschafter, ZIP 1990, 1309; *Rehbinder* Treuepflichten im GmbH-Konzern, ZGR 1976, 386; *Reusch* Eigenkapital und Eigenkapitalersatz im Rahmen der stillen Gesellschaft, BB 1989, 2358; *Röhrkasten* Die Rückzahlung des Stammkapitals, GmbHR 1974, 36; *Roth/Thöni* Treuhand und Unterbeteiligung, FS 100 Jahre GmbHG, 1992, S. 245; *Rümker* Überlegungen zur gesellschaftlichen Finanzierungsverantwortung, ZGR 1988, 494; *G. Rümker/H. P. Westermann* Kapitalsetzende Darlehen, 1987; *Rutke* Haftungsrechtliche Gesichtspunkte beim Buy-Out einer GmbH, WM 1989, 805; *Scheel* Unterschiedlicher Einlagebegriff im Gesellschafts- und Steuerrecht, BB 1988, 1211; *Schilling* Die GmbH & Co. KG als Einheitsgesellschaft in: Wirtschaftsfragen der Gegenwart, FS Barz, 1974, S. 67; *K. Schmidt* Kapitalaufbringung, Kapitalerhaltung und Unterkapitalisierung bei der GmbH & Co., DB 1973, 2227; *ders.* Der gutgläubige Empfang von Scheingewinnen und Kapitalsicherung im Aktienrecht, im Recht der GmbH und im Kommanditgesellschaftsrecht, BB 1984, 1588; *ders.* Summenmäßige Grenzen der Haftung von Mitgesellschaftern aus rückständigen Einlagen (§ 24 GmbHG) und verbotene Ausschüttungen (§ 31 Abs. 3 GmbHG), BB 1985, 154; *ders.* Summenmäßige Begrenzung der Ausfallhaftung nach § 31 Abs. 3 GmbHG, BB 1995, 529; *ders.* Verlustausgleichspflicht und Konzernleitungshaftung im qualifizierten faktischen GmbH-Konzern, ZIP 1989, 545; *ders.* Kapitalsicherung in der GmbH & Co. KG: Schlußbilanz oder Zwischenbilanz einer Rechtsfortbildung?, GmbHR 1989, 141; *ders.* Konkursverschleppungshaftung und Konkursverursachung, ZIP 1988, 1497; *ders.* Haftungsrealisierung in der Gesellschaftsinsolvenz, KTS 2001, 373; *Schneider* Kredite der GmbH an ihre Geschäftsführer, GmbHR 1982, 197; *ders.* Mittelbare verdeckte Gewinnausschüttung im GmbH-Konzern, ZGR 1985, 279; *ders.* Kapitalmindernde Darlehen der GmbH an ihre Gesellschafter, FS Döllerer, 1988, S. 537; *ders.* Das Recht der Konzernfinanzierung, ZGR 1984, 497; *Schmitt* Das Auszahlungsverbot des § 30 Abs. 1 GmbHG und die Sonderposten mit Rücklagenanteil, GmbHR 2002, 349; *Schön* Kreditbesicherung durch abhängige Kapitalgesellschaften, ZHR 159 (1995), 351; *Schultze-Osterloh* Die verdeckte Gewinnausschüttung bei der GmbH als kompetenzrechtliches Problem, FS Stimpel, 1985, S. 487; *Sieker* Die Verzinsung eigenkapitalsetzender Darlehen, ZGR 1995, 250; *Sonnenhol/Groß* Besicherung von Krediten Dritter an Konzernunternehmen, ZHR

159 (1995), 388; *Sonnenhol/Stützle* Bestellung von Sicherheiten durch eine GmbH und der Grundsatz der Erhaltung des Stammkapitals (§ 30 GmbHG), DB 1979, 925; *dies.* Auswirkungen des Verbots der Einlagenrückgewähr auf Nichtgesellschafter, WM 1983, 2; *Steinbeck* Besicherung von Gesellschafterverbindlichkeiten durch die GmbH, WM 1999, 885; *Stimpel* Zum Auszahlungsverbot des § 30 Abs. 1 GmbHG, FS 100 Jahre GmbHG, 1992, S. 335; *Thelen* Der Gläubigerschutz bei Insolvenz der GmbH, ZIP 1987, 1027; *Timm* Pro GmbH – Analysen und Perspektiven des Gesellschafts- und Steuerrechts der GmbH, AG 1981, 133; *Tries* Die verdeckte Gewinnausschüttung im GmbH-Recht, 1991; *Uhlenbruck* Die GmbH & Co. KG in Krise, Konkurs und Vergleich, 2. Aufl. 1988; *Ulmer* Die GmbH und der Gläubigerschutz, GmbHR 1984, 265; *ders.* Gesellschafterpflicht zur Erhaltung des satzungsmäßigen Haftungsfonds der GmbH?, ZGR 1985, 598; *ders.* Schutz der GmbH gegen Schädigung zugunsten ihrer Gesellschafter, FS Pfeiffer, 1988, S. 853; *ders.* Gesellschafterhaftung gegenüber der GmbH bei Vorteilsgewährung unter Verstoß gegen § 30 Abs. 1 GmbHG, FS 100 Jahre GmbHG, 1992, S. 363; *Weber* GmbH-rechtliche Probleme des Management Buy Out, ZHR 155 (1991), 120; *Westermann* Banken als Kreditgeber und Gesellschafter – Zur Entscheidungsfreiheit der Bank im Kreditgeschäft, ZIP 1982, 379; *ders.* Die GmbH – ein „Allzweckinstrument", in: Pro GmbH, 1980, 23; *ders.* GmbH-Konzernrecht kraft richterlicher Rechtsfortbildung?, GmbHR 1976, 77; Haftungsfragen bei Gründung und Finanzierung der GmbH & Co. KG, RWS-Skript 1984; *ders.* Kapitalersetzende Darlehen eines GmbH-Gesellschafters als Gegenstand von Verrechnungsabreden, FS Oppenhoff, 1985, S. 535; *Wiedemann* Gesellschaftsrechtliche Probleme der Betriebsaufspaltung, ZIP 1986, 1293; *Wiedemann/Bär/Dabin* Die Haftung des Gesellschafters in der GmbH, 1968; *Wilhelm* Die Vermögensbindung bei der Aktiengesellschaft und der GmbH und das Problem der Unterkapitalisierung, FS Flume II, 1978, S. 337; *Winkler* Die Haftungsverfassung der GmbH & Co. (KG), NJW 1969, 1009; *Winter* Die Haftung der Gesellschafter im Konkurs der unterkapitalisierten GmbH, 1973; *ders.* Verdeckte Gewinnausschüttung im GmbH-Recht, ZHR 148 (1984), 579; *Wittkowski* Haftung und Haftungsvermeidung bei Management Buy Out einer GmbH, GmbHR 1990, 544; *Wüst* Gläubigerschutz bei der GmbH, 1966; *ders.* Unterkapitalisierung und Überschuldung bei Beschränkthaftern, JZ 1985, 817.

Übersicht

	Rn.		Rn.
I. Normzweck und Bedeutung	1–4	9. Beweislast	43
II. Auszahlung von Gesellschaftsvermögen (Abs. 1)	5–53	10. Rechtsfolgen	44–48
1. Überblick	5	a) Leistungsverbot, Haftung der Gesellschafter und der Geschäftsführer	44
2. Adressaten	6	b) Wirksamkeit von Verpflichtungs- und Erfüllungsgeschäft	45–47
3. Sicherung des nominellen Stammkapitals	7–11	c) Gesellschafterbeschlüsse	48
a) Schutzumfang	7, 8	11. Verhältnis zu anderen Instituten	49–53
b) Bilanzielle Betrachtungsweise	9, 10	a) Verdeckte Gewinnausschüttung	49
c) Reichweite der bilanziellen Betrachtungsweise	11	b) Existenzschutz	50, 51
4. Überschuldung	12–14	c) §§ 134, 812, 823 BGB; Missbrauch der Vertretungsmacht	52, 53
5. Ordnungsgemäße Kapitalaufbringung als ungeschriebene Tatbestandsvoraussetzung?	15, 16	III. Die Rückzahlung von Nachschüssen (Abs. 2)	54–65
6. Auszahlungs-(Leistungs-)Empfänger	17–29	1. Überblick	54–56
a) Gesellschafter	17–20	2. Rückzahlungsvoraussetzungen	57–64
b) Leistungen an Dritte	21–29	a) Materielle Zulässigkeitsvoraussetzungen	58, 59
7. Auszahlung von Gesellschaftsvermögen	30–41	b) Formelle Zulässigkeitsvoraussetzungen	60–62
a) Grundsatz	30–32	c) Rechtslage nach Rückzahlung	63, 64
b) Einzelheiten	33–40	3. Rechtsfolgen unzulässiger Rückzahlung	65
aa) Darlehen	33, 34	IV. Die Anwendung auf die GmbH & Co. KG	66–73
bb) Sicherheitsleistungen	35–37	1. Empfänger ist GmbH-Gesellschafter und Kommanditist	67–71
cc) Stundung, Befristung	38	a) Leistung aus dem GmbH-Vermögen	68
dd) Verzicht auf einen möglichen Gewinn	39	b) Leistung aus dem KG-Vermögen	69–71
ee) Verrechnung, Aufrechnung im Zusammenhang mit kapitalersetzenden Gesellschafterdarlehen	40	2. Empfänger ist nur Kommanditist	72
c) Einzelfälle	41	3. Empfänger ist nur GmbH-Gesellschafter	73
8. Subjektive Tatbestandsvoraussetzungen	42		

	Rn.		Rn.
V. Die Anwendung des § 30 Abs. 1 auf verbundene Unternehmen, wechselseitige Beteiligungen	74–79	2. Faktische Unternehmensverbindungen	76, 77
		3. Wechselseitige Beteiligungen	78, 79
1. Vertragliche Unternehmensverbindungen	75	VI. Österreichisches Recht	80

I. Normzweck und Bedeutung

Die Vorschrift des § 30 ist seit 1892 unverändert und stellt eine zentrale Bestimmung des GmbH-Rechts dar. Sie dient dem **Zweck, die Erhaltung des Stammkapitals der Gesellschaft zu sichern.** Ausschüttungen an die Gesellschafter sind nur insoweit zulässig, als das Vermögen der Gesellschaft nach Abdeckung aller Verbindlichkeiten wertmäßig über den durch die Stammkapitalziffer ausgewiesenen Betrag hinausgeht. Bilanztechnisch wird dieses Ziel dadurch erreicht, dass in der Bilanz der Gesellschaft das Stammkapital als gezeichnetes Kapital in die Passivseite einzustellen ist (§§ 266 Abs. 3 A I; 272 Abs. 1 S. 1 HGB; § 42 Abs. 1). Die Vorschrift dient dem Gläubigerschutz und ist der Disposition der Gesellschafter entzogen; sie ist im Hinblick auf ihre **Gläubigerschutzfunktion zwingend und streng auszulegen**[1] und genießt Umgehungsschutz.[2]

Die Vorschrift des § 30 dient der Kapitalerhaltung und ist als Fortsetzung des Kapitalaufbringungsgebotes (§§ 5 Abs. 4, 7 Abs. 2, 3; 8 Abs. 2, 9, 9a, 9b, 19, 21 bis 25) zu verstehen;[3] § 30 Abs. 2, der die Rückzahlung von Nachschüssen betrifft, steht im Zusammenhang mit den §§ 26 bis 28. Weitere Kapitalerhaltungsvorschriften finden sich in den §§ 33, 34, die Rechtsfolgen eines Verstoßes sind in §§ 31 ff., 43 Abs. 3 geregelt. Als gläubigerschützende Bestimmung kann § 30 nicht entsprechend herangezogen werden, soweit es um die Verletzung von auf das Innenrecht bezogenen Pflichten, etwa verdeckte Gewinnausschüttungen oder Untreue, geht; dies schließt jedoch nicht aus, dass in der Verletzung solcher Pflichten zugleich ein Verstoß gegen § 30 liegt (s. auch Rn. 50).

2

Erweitert wird der Anwendungsbereich des § 30 durch das DMBilG. Soweit in der DM-Eröffnungsbilanz das Eigenkapital das Stammkapital übersteigt, ist dieser Betrag in eine Sonderrücklage einzustellen, auf die nach § 27 Abs. 3 DMBilG die §§ 30 Abs. 1, 31 entsprechend Anwendung finden.[4] Dagegen **verdrängt § 25 DMBilG** die Bestimmungen der §§ 30, 31 (BGH DStR 2002, 508).

3

Zur entsprechenden Anwendung der §§ 30, 31 auf **kapitalersetzende Leistungen** s. § 32a Rn. 213 ff., § 32b Rn. 1.

4

II. Auszahlung von Gesellschaftsvermögen (Abs. 1)

1. Überblick. § 30 Abs. 1 verbietet die Auszahlung des zur Erhaltung des Stammkapitals erforderlichen Vermögens der Gesellschaft an die Gesellschafter. Es muss demnach zu einer Auszahlung (zum Begriff s. Rn. 30 ff.) kommen, durch die das nach Bilanzierungsgrundsätzen (Rn. 9 f.) zu ermittelnde Gesellschaftsvermögen wertmäßig unter den Betrag des Stammkapitals sinkt oder eine bereits vorliegende Unterbilanz noch vertieft wird (Rn. 13) und bei dem Leistungsempfänger muss es sich um einen Gesellschafter oder um einen ihm gleichgestellten Dritten handeln (Rn. 17 ff.). Unter

5

---

[1] *Baumbach/Hueck/Fastrich* Rn. 1; *Lutter/Hommelhoff* Rn. 1; *Hachenburg/Goerdeler/Müller* Rn. 2.
[2] BGHZ 75, 334, 336 = NJW 1980, 592; BGHZ 81, 311, 315 = NJW 1982, 383.
[3] *Hachenburg/Goerdeler/Müller* Rn. 9; *Scholz/Westermann* Rn. 4; *Lutter/Hommelhoff* Rn. 1.
[4] Zu den Einzelheiten vgl. *Hachenburg/Goerdeler/Müller* Rn. 7 f.

teleologischen Gesichtspunkten ist dabei der Anwendungsbereich der Norm auf solche Leistungen zu reduzieren, die ihre Ursache im Gesellschaftsverhältnis haben; sog. Drittgeschäfte liegen außerhalb des Anwendungsbereichs des § 30 (Rn. 31 ff.).

6 **2. Adressaten.** An wen sich das Auszahlungsverbot des § 30 Abs. 1 richtet, ist im Einzelnen streitig. Nach wohl überwiegender Meinung sind die Geschäftsführer Adressaten der Bestimmung;[5] andere Handelnde haften hiernach nur aufgrund einer Verletzung etwaiger Anstellungsverträge oder deliktsrechtlich.[6] Der Wortlaut des § 30, der allgemein nur von Auszahlung spricht, legt es allerdings nahe, dass sich das Verbot primär an die Gesellschaft und damit mittelbar auch an jeden (insbesondere an den Geschäftsführer) richtet, der wirksam über Vermögen der Gesellschaft verfügen kann, und dass die Vorschrift insoweit ein objektives Verbot enthält (zu der hiervon zu unterscheidenden Frage der Wirksamkeit von solchen Verpflichtungs- und Erfüllungsgeschäften, die gegen § 30 verstoßen, s. Rn. 45).[7] Dass die haftungsrechtlichen Folgen einer gegen § 30 verstoßenden Auszahlung außer in dem die Gesellschafterhaftung regelnden § 31 nur in dem die Verletzung von Geschäftsführerpflichten betreffenden § 43 Abs. 3 geregelt sind, spricht nicht gegen die Erstreckung des Verbots auf andere Personen. Gleiches gilt für den Hinweis auf die beschränkte Geschäftsführerhaftung bei Vorliegen eines bindenden Gesellschafterbeschlusses nach § 43 Abs. 3 S. 3;[8] denn über die Bindung des § 30 kann sich die Gesellschafterversammlung nicht bindend hinwegsetzen. Überzeugend ist hingegen der Hinweis des BGH auf die weitreichenden Haftungsfolgen, die mit der Erstreckung des Verbots nach § 30 auf alle zu wirksamen Verfügungen über Gesellschaftsvermögen befugte Personen verbunden wären. Da diese Folgen mit der Aufgabenverteilung in der GmbH nur schwer vereinbar erscheinen, ist abweichend von der Vorauflage der herrschenden Meinung zuzustimmen.

7 **3. Sicherung des nominellen Stammkapitals. a) Schutzumfang.** § 30 Abs. 1 verbietet die Auszahlung von Vermögensteilen der Gesellschaft an die Gesellschafter (oder an bestimmte Dritte, vgl. Rn. 21 ff.), *soweit* durch solche Zahlungen das Vermögen der Gesellschaft unter den nominellen Wert des Stammkapitals sinkt.[9] Verboten sind damit Auszahlungen, die dazu führen, dass das auf der Aktivseite der Bilanz ausgewiesene Vermögen der Gesellschaft betragsmäßig hinter derjenigen Summe zurückbleibt, die sich aus einer Zusammenrechnung der auf der Passivseite ausgewiesenen echten Passiva und dem Stammkapitalbetrag ergibt; für diese Ermittlung zugrunde zu legen sind die fortgeführten Buchwerte; stille Reserven sind – anders als beim Überschuldungsstatus – nicht aufzudecken (iE Rn. 10). Deckt nach diesen Maßstäben das Aktivvermögen den Betrag der Passiva nicht ab, liegt eine **Unterbilanz** vor. Anders als im Aktiengesetz (§ 57 Abs. 1 AktG), das jede auf dem Gesellschaftsverhältnis beruhende Leistung an Aktionäre verbietet, die nicht aus Bilanzgewinn erfolgt oder ausnahmsweise gesetzlich zugelassen ist,[10] ist im GmbH-Recht damit nur das wertmäßig zur De-

---

[5] BGH NZG 2001, 893, 894: keine Erstreckung des Verbots auf den Prokuristen; BGHZ 110, 342, 359 = NJW 1990, 1725; BGHZ 93, 146, 148 = NJW 1985, 1030; *Hachenburg/ Goerdeler/Müller* Rn. 19; *Lutter/Hommelhoff* Rn. 2; *Ulmer* ZGR 1985, 598, 603; *Meyer-Landrut/ Miller/Niehus* Rn. 7.
[6] BGH NZG 2001, 893, 894 f.
[7] Voraufl. Rn. 5; zust. OLG Karlsruhe NZG 1999, 454.
[8] So wohl BGH NZG 2001, 893, 894.
[9] BGHZ 31, 258, 276 = NJW 1960, 285; BGH NJW 1991, 357; *Baumbach/Hueck/Fastrich* Rn. 2.
[10] S. nur *Hüffer* § 57 Rn. 2.

ckung der Stammkapitalziffer und der Passiva erforderliche Vermögen geschützt.[11] Es kommt hierin die unterschiedliche wirtschaftliche und personelle Struktur in beiden Gesellschaftsformen zum Ausdruck.[12]

Hat die Gesellschaft beispielsweise ein auf der Passivseite der Bilanz auszuweisendes **8** Stammkapital (§ 42 Abs. 1; §§ 266 Abs. 3 A I; 272 Abs. 1 S. 1 HGB) von € 100 000 sowie Passiva in Höhe von € 20 000 und hat sie auf der Aktivseite der Bilanz ausgewiesene Vermögenswerte in Höhe von € 150 000, so können nach § 30 Abs. 1 bis zu € 30 000 an Vermögenswerten an die Gesellschafter ausgezahlt werden. Betragen die Aktiva nur € 120 000, entsprechen sie also der Summe von Stammkapitalbetrag und Passiva, ist jede Auszahlung verboten. Gleiches gilt, wenn der in der Bilanz ausgewiesene Wert der Aktiva hinter der Summe der Stammkapitalziffer zuzüglich der Passiva zurückbleibt (Unterbilanz), und zwar unabhängig davon, ob die Gesellschaft rechnerisch überschuldet ist oder bei Auflösung der stillen Reserven ein Überschuss verbleiben würde (iE Rn. 9 ff., 12 ff.).

b) Bilanzielle Betrachtungsweise. Ob die für die **Ermittlung** des geschützten **9** Vermögens erforderliche **bilanzielle Betrachtungsweise** bedeutet, dass eine **Zwischenbilanz** aufgestellt werden muss, ist streitig.[13] Nach zutreffender Auffassung ist eine solche Aufstellung nicht erforderlich. Zwar ist die Zwischenbilanz das zur Ermittlung einer verbotenen Ausschüttung maßgebliche Mittel; hieraus ergibt sich jedoch noch nicht, dass sie auch in jedem Falle zum Zeitpunkt der Auszahlung vorliegen müsste.[14] In praktischer Hinsicht kann es sich jedoch empfehlen, eine solche Stichtagsbilanz zum Zwecke einer späteren Beweisführung über die Zulässigkeit der Auszahlung zu erstellen. Hat der Geschäftsführer Zweifel an der Zulässigkeit der Auszahlung, so muss er vor der Auszahlung eine Bilanz aufstellen; das ihm zustehende Ermessen reduziert sich in diesem Falle zur Aufstellungspflicht.[15] Bis zur Gewissheit über ihre Zulässigkeit hat der Geschäftsführer jede Auszahlung zu unterlassen.

Für die zur Ermittlung der Zulässigkeit zugrunde zu legende bilanzielle Betrach- **10** tungsweise gelten die gleichen Grundsätze wie für die Bilanz des Jahresabschlusses.[16] Stille Reserven sind deshalb nicht aufzudecken,[17] können also insoweit nicht zur Zulässigkeit von Auszahlungen führen. Die Gesellschaft ist an ihre bisherige Bewertungs- und Bilanzierungspraxis gebunden und kann von Wahlrechten nur insoweit Gebrauch machen, als ihr dies im Rahmen einer Jahresbilanz gestattet wäre; macht sie von ihren Wahlrechten allerdings Gebrauch, ist sie hieran auch bei der Bilanz des nächsten Jahresabschlusses gebunden. Schwebende Geschäfte und Dauerschuldverhältnisse sind diesen Grundsätzen entsprechend nur insoweit zu berücksichtigen, wie sie es in der Bilanz des Jahresabschlusses wären. Vorhersehbare Risiken und drohende Verluste sind

---

[11] HM, vgl. nur *Baumbach/Hueck/Fastrich* Rn. 4; *Lutter/Hommelhoff* Rn. 3; *Hachenburg/Goerdeler/Müller* Rn. 20 ff.; *Scholz/Westermann* Rn. 5 f.; aA namentlich *Wilhelm*, FS Flume, 1978, S. 337, 348 ff.; teilweise auch *Flume* ZHR 144 (1980), 18 f.; vermittelnd *Fabritius* ZHR 144 (1980), 628 ff.

[12] *Baumbach/Hueck/Fastrich* Rn. 3; *Hachenburg/Goerdeler/Müller* Rn. 13 ff.; *Scholz/Westermann* Rn. 5 f.; s. auch eingehend zum Ganzen *Joost* ZHR 148 (1984), 27 ff.; ders. ZHR 149 (1985), 419, 437 ff.; ders. GmbHR 1983, 285.

[13] Verneinend *Hachenburg/Goerdeler/Müller* Rn. 43; aA *Röhrkasten* GmbHR 1974, 36; *Meister* WM 1980, 390, 394; wohl auch BGH NJW 1988, 139.

[14] *Hachenburg/Goerdeler/Müller* Rn. 43.

[15] Vgl. *Hachenburg/Goerdeler/Müller* Rn. 43.

[16] HM, BGHZ 109, 334, 337 f. = NJW 1990, 1109; BGH NJW 1988, 139; *Baumbach/Hueck/Fastrich* Rn. 6; *Hachenburg/Goerdeler/Müller* Rn. 29; *Scholz/Westermann* Rn. 14, jeweils mwN.

[17] AA *Sonnenohl/Stützle* DB 79, 925, 927 f.; *Meister* WM 1980, 394.

§ 30 2. Abschnitt. Rechtsverhältnisse der Gesellschaft und der Gesellschafter

zu berücksichtigen (§ 249 Abs. 1 HGB). Wird die Bilanz erst nachträglich aufgestellt, um eine Auszahlung im nachhinein zu überprüfen, sind in ihr alle zu diesem Zeitpunkt, dem Zeitpunkt der Aufstellung, bekannten Risiken zu berücksichtigen, selbst wenn sie zum Zeitpunkt der Leistung noch nicht bekannt waren.[18] Dies kann dazu führen, dass eine ursprünglich für zulässig erachtete Auszahlung sich im Nachhinein als tatsächlich verboten herausstellt, kann allerdings auch im Rahmen des § 31 Abs. 2 (beschränkte Rückzahlungspflicht bei Gutgläubigkeit) von Bedeutung sein. Derivativ erworbene Geschäfts- oder Firmenwerte (§ 255 Abs. 4 HGB) dürfen angesetzt werden;[19] noch ausstehende Gesellschaftereinlagen sind mit dem von ihrer Einbringlichkeit abhängigen tatsächlichen Wert zu aktivieren, **Teileinzahlungen** sind daher im Grundsatz für die Frage der Zulässigkeit von Auszahlungen ohne Belang. Hier ist allerdings sorgfältig zu prüfen, ob die Gesellschafter für die ausstehenden Teile gut sind; nur in diesem Falle sind die Forderungen mit ihrem vollen Wert einzusetzen. **Eigene Anteile** der Gesellschaft müssen auf der Passivseite durch eine entsprechende Rücklage abgedeckt sein (§ 33 Abs. 2, § 272 Abs. 4 HGB). **Sonderposten mit Rücklageanteil** sind in Höhe des Rücklageanteils zu berücksichtigen, die auf sie entfallenden Steuern herauszurechnen.[20] **Gesellschafterdarlehen,** auch kapitalersetzende, sind echte Passiva. Sie sind deshalb grundsätzlich auch in vollem Umfang zu passivieren.[21] Dies gilt auch dann, wenn der Gesellschafter eine Rangrücktrittserklärung abgegeben hat;[22] zur abweichenden Behandlung derartiger Darlehen im Überschuldungsstatus s. die Bem. zu § 63. **Rechnungsabgrenzungsposten** sind in vollem Umfang zu berücksichtigen.

11 **c) Reichweite der bilanziellen Betrachtungsweise.** Streitig ist die Reichweite der bilanziellen Betrachtungsweise. Die Frage konzentriert sich dabei darauf, ob zur Ermittlung der Zulässigkeit einer Auszahlung allein auf die bilanziellen Auswirkungen abgestellt werden kann oder ob nicht darüber hinausgehend Wertungsaspekte berücksichtigt werden müssen. Hierzu wird teilweise die Auffassung vertreten, dass bei Bestehen einer Unterbilanz ein ergebnisneutraler Aktivtausch dann unzulässig ist, wenn dadurch stille Reserven an den Gesellschafter ausgekehrt werden. Unzulässig wäre hiernach beispielsweise bei Vorliegen einer Unterbilanz der Verkauf und die Übertragung eines Grundstücks im Werte von € 500000 an einen Gesellschafter zu dem in der Bilanz ausgewiesenen Buchwert von € 100000. Nach dieser Auffassung ist § 30 Abs. 1 mithin so zu verstehen, dass ab dem Zeitpunkt, ab dem das Vermögen der Gesellschaft wertmäßig lediglich den Betrag der Stammkapitalziffer erreicht oder hierhinter sogar zurückbleibt, das gesamte Gesellschaftsvermögen vor realer Schmälerung geschützt ist.[23] Hiervon abweichend hat der BGH[24] eine Erstattungspflicht eines Gesellschafters, dem eine der Gesellschaft zustehende Forderung in Widerspruch zu § 30 Abs. 1 abgetreten worden war, nur in der Höhe des Betrags bejaht, auf den die Forderung in der Gesellschaftsbilanz abgeschrieben worden war, nicht jedoch in Höhe des tatsächlich eingezogenen Betrags. Der auf die wahren Werte der ausgekehrten Ge-

---

[18] BGH NJW 1988, 139.
[19] *Kerber* WM 1989, 473, 478; *Hachenburg/Goerdeler/Müller* Rn. 35; aA *Lutter/Hommelhoff* Rn. 15.
[20] IE *Hachenburg/Goerdeler/Müller* Rn. 33; *Schmitt* GmbHR 2002, 349 ff.
[21] BGH NJW 1994, 724; *Hachenburg/Goerdeler/Müller* Rn. 36; *Scholz/Westermann* Rn. 15.
[22] Str., vgl. hierzu Anh. § 42a; *Baumbach/Hueck/Schulze-Osterloh* § 42 Rn. 215; *Scholz/Westermann* Rn. 15, jeweils mwN.
[23] Vgl. eingehend *Stimpel*, FS 100 Jahre GmbHG, 1992, S. 335, 340 ff.; s. auch *Baumbach/Hueck/Fastrich* Rn. 7; *Hachenburg/Goerdeler/Müller* Rn. 41 f.; *Scholz/Westermann* Rn. 16.
[24] BGH NJW 1988, 139.

genstände abstellenden Auffassung ist zu folgen. Sie berücksichtigt zutreffend die hinter der Haftungsbeschränkung auf das Gesellschaftsvermögen wertungsmäßig stehende Verpflichtung des Gesellschafters, vor Zugriff auf das Gesellschaftsvermögen ihr das durch die Stammkapitalziffer festgelegte und im Handelsregister offenbare Mindestvermögen als Betriebskapital und Haftungsreserve zu belassen. Mit diesen Grundsätzen wäre es unverträglich, wenn der Gesellschafter bei Vorliegen einer Unterbilanz das Gesellschaftsvermögen noch real mindern dürfte. Zugleich ergibt sich aus diesen Erwägungen jedoch auch die Grenze des Verbots: Es beginnt erst bei Entstehen einer Unterbilanz und endet, sobald die Handelsbilanz ausgeglichen ist,[25] wobei auf den **Zeitpunkt der Leistung der Gesellschaft** abzustellen ist.[26] Hat die Gesellschaft zu diesem Zeitpunkt also etwa ein Stammkapital von € 100 000, Passiva von € 20 000 und ist in der Handelsbilanz ein Restvermögen in Höhe von € 70 000 ausgewiesen, darf ein mit € 30 000 in der Bilanz stehendes Grundstück, das tatsächlich jedoch € 100 000 wert ist, nicht gegen einen unter € 80 000 liegenden Kaufpreis veräußert werden. Wird hiergegen verstoßen, muss die Gesellschaft die Vertragserfüllung mit Hinweis auf § 30 Abs. 1 verweigern; ihr steht nicht lediglich ein Leistungsverweigerungsrecht zu, die Leistung ist verboten (Rn. 44). Erfüllt sie gleichwohl, ist streitig, ob der Gesellschaft ein Rückforderungsanspruch zusteht, den der Gesellschafter durch Zuzahlung abwenden kann, oder ob die Verpflichtung des Gesellschafters sich von vornherein auf Wertausgleich beschränkt. Vorzuziehen ist die erstgenannte Auffassung (iE hierzu § 31 Rn. 13 ff). Die Anwendung der genannten Grundsätze beschränkt sich nicht auf Wirtschaftsgüter, die in der Bilanz ausgewiesen sind. Verboten ist im Stadium der Unterbilanz vielmehr jede Ausschüttung von Vermögenswerten, unabhängig davon, ob diese bilanziell erfasst oder, wie etwa originäre immaterielle Vermögenswerte (Marken, Patente), dort nicht verlautbart sind. Ebenso wenig kommt es auf die abstrakte Bilanzierungsfähigkeit an; auch Dienstleistungen dürfen nicht zu unangemessen niedrigen Preisen erfolgen.[27] Anhand der Bilanz ist deshalb nur zu ermitteln, ab welchem Zeitpunkt das Verbot des § 30 Abs. 1 gilt, nicht jedoch seine gegenständliche Reichweite.

4. Überschuldung. Von der schlichten Unterbilanz zu unterscheiden ist die Überschuldung. Während es für das Bestehen einer Unterbilanz bereits genügt, dass bei Zugrundelegung der Handelsbilanz die Passiva der Gesellschaft unter Berücksichtigung der Stammkapitalziffer ihre Aktiva übersteigen, liegt **Überschuldung** dann vor, wenn die Aktiva der Gesellschaft hinter den echten Passiva zurückbleiben. Zu den echten Passiva zählen in diesem Zusammenhang die Verbindlichkeiten und die Rückstellungen sowie die Verbindlichkeitenanteile der Sonderposten mit Rücklagenanteil.[28] Die Stammkapitalziffer ist hier nicht zu berücksichtigen. Wegen dieser Grundsätze muss die *bilanzielle Überschuldung* nicht bedeuten, dass das Vermögen der Gesellschaft tatsächlich hinter ihren Verbindlichkeiten zurückbleibt. Eine Auflösung der aus der Bilanz nicht ersichtlichen stillen Reserven kann vielmehr trotz Vorliegens der bilanziellen Überschuldung ergeben, dass die Gesellschaft tatsächlich noch über Vermögen verfügt, das die echten Passiva übersteigt. Für die Insolvenzantragspflicht wegen Überschuldung der Gesellschaft gem. § 64 Abs. 1 S. 2 ist – anders als nach altem Recht, unter dem eine zweistufige Prüfung vorzunehmen war[29] – wegen der neuen Begriffsbestimmung in

12

---

[25] Weitergehend *Stimpel,* FS 100 Jahre GmbH-Gesetz, 1992, S. 335, 342.
[26] BGH NJW 1987, 1194.
[27] *Hachenburg/Goerdeler/Müller* Rn. 41.
[28] *Hachenburg/Goerdeler/Müller* Rn. 44.
[29] BGHZ 119, 201, 213 ff. = NJW 1992, 2891 sowie Voraufl. § 63 Rn. 7 ff., 15.

§ 19 Abs. 2 InsO danach zu unterscheiden, ob die Fortführung des Unternehmens überwiegend wahrscheinlich ist (dann Ansatz der Fortführungswerte) oder nicht (dann Ansatz der Liquidationswerte); wegen der Einzelheiten vgl. § 32a Rn. 37 und die Anm. zu § 64 Abs. 1 S. 2.

13 Die Anwendbarkeit des § 30 Abs. 1 auf Auszahlungen, durch die eine Überschuldung der Gesellschaft herbeigeführt oder verstärkt (vertieft) wird, ist im Grundsatz unstreitig und von der Rechtsprechung bereits seit langem anerkannt.[30] Umstritten ist lediglich, ob es sich hierbei um eine im Wege des Erst-recht-Schlusses zu begründende *sinngemäße* Anwendung der Norm handelt oder ob die Bestimmung bereits *unmittelbar* auch Fälle der Überschuldung erfasst. Der BGH hatte sich zunächst für eine nur sinngemäße Anwendung entschieden.[31] Diese Auffassung war mit der § 30 Abs. 1 zugrunde liegenden bilanziellen Betrachtungsweise unvereinbar. Da die Sicherung des Stammkapitals nicht als gegenständlicher, sondern als rechnerischer Schutz angelegt ist, ist der Rechnungsposten „Stammkapital" auch dann noch zu schützen, wenn das Aktivvermögen der Gesellschaft die vorhandenen Verbindlichkeiten sowie den rechnerischen Betrag des Stammkapitals nicht mehr deckt. Zu Recht hat der BGH deshalb inzwischen seine ursprünglich vertretene Auffassung zugunsten einer unmittelbaren Anwendung der Bestimmung aufgegeben.[32]

14 Von der Frage der unmittelbaren oder nur sinngemäßen Anwendung des § 30 Abs. 1 zu unterscheiden ist die Frage des **Umfangs der Ausfallhaftung der Mitgesellschafter** nach § 31 Abs. 3.[33] Während diese Ausfallhaftung nach hM auf die Höhe des Stammkapitals beschränkt ist,[34] soll nach anderen überhaupt keine Haftungsbegrenzung in Betracht kommen[35] oder aber auf die Höhe des Stammeinlagebetrages des Mitgesellschafters, der die Rückzahlung verbotswidrig empfangen hat, beschränkt sein.[36] Mit der herrschenden Meinung ist die Haftung nach § 31 Abs. 3 auf die Höhe der Stammkapitalziffer als Obergrenze zu beschränken. Es wäre im Hinblick auf die Struktur der GmbH ungerechtfertigt, den Mitgesellschaftern im Rahmen des § 31 Abs. 3 ein unkalkulierbares Risiko aufzuerlegen und sie ohne jede Begrenzung haften zu lassen. Eine weitere Haftungsbeschränkung zugunsten des Gesellschafters auf die Höhe der Stammeinlage des Empfängers erscheint dagegen trotz der Parallele zu § 24 nicht veranlasst; gegen die Übernahme des dortigen Rechtsgedankens spricht, dass der

---

[30] BGHZ 60, 324 = NJW 1973, 1036; BGHZ 67, 171, 174 = NJW 1976, 1223; BGHZ 76, 326, 335 = NJW 1980, 1524; BGHZ 81, 252, 259 = NJW 1981, 2570; BGH NJW 1990, 1730.

[31] BGHZ 60, 324, 331 = NJW 1973, 1036; ebenso *Meyer-Landrut/Miller/Niehus* Rn. 3; wohl auch *Lutter/Hommelhoff* Rn. 13.

[32] BGH NJW 1990, 1730, 1731 f.; vgl. auch insbesondere *Joost* GmbHR 1983, 285, 287 ff.; *K. Schmidt* BB 1985, 154, 156; *Wilhelm*, FS Flume, 1978, S. 337, 361; *Immenga* ZGR 1975, 487, 491; *Fabritius* ZHR 144 (1980), 628, 635; *Roth/Altmeppen* Rn. 11; *Baumbach/Hueck/Fastrich* Rn. 9; *Scholz/Westermann* Rn. 18; *Hachenburg/Goerdeler/Müller* Rn. 45 f.

[33] Vgl. hierzu BGHZ 60, 324, 331 f.; offengelassen in BGH NJW 1990, 1730, 1732.

[34] *Roth/Altmeppen* Rn. 13 und § 31 Rn. 10; *Baumbach/Hueck/Fastrich* § 31 Rn. 17; *Hachenburg/Goerdeler/Müller* § 31 Rn. 54; *Joost* GmbHR 1983, 285, 289; *Lutter/Hommelhoff* § 31 Rn. 21; *Raiser* Recht der Kapitalgesellschaften, § 37 Rn. 35; eingehend und mwN *Ulmer*, FS 100 Jahre GmbHG, 1992, S. 363, 370 ff.; sympathisierend *Scholz/Westermann* Rn. 18; einschränkend jetzt *Lutter/Hommelhoff* § 31 Rn. 21: vom Betrag des Stammkapitals sei noch die eigene Einlage des Gesellschafters abzuziehen.

[35] *Wilhelm*, FS Flume, 1978, S. 337, 361 f.; *Fabritius* ZHR 144 (1980), 628, 635; *Immenga* ZGR 1975, 487, 491; *Reemann* ZIP 1990, 1309, 1311; *Wißmann* EWiR 1992, 788.

[36] *K. Schmidt* BB 1985, 154, 157; *ders.* BB 1995, 529, 531 f.

Rückzahlungen   § 30

im Rahmen des § 24 bestehende Zusammenhang zwischen Stammeinlage und Höhe
der Erstattungspflicht bei § 31 fehlt.[37]

5. Ordnungsgemäße Kapitalaufbringung als ungeschriebene Tatbestands- 15
voraussetzung? Nach einer Entscheidung des BGH setzt die Anwendbarkeit der
§§ 30, 31 einen ordnungsgemäß abgeschlossenen Kapitalaufbringungsvorgang voraus;
sofern – im konkreten Fall wegen Hin- und Herzahlens – die Einlage nicht zur endgültig freien Verfügung gezahlt worden sei, könne das Zurückzahlen deshalb auch keinen Erstattungsanspruch nach § 31 auslösen.[38] Diese Auffassung überzeugt nicht. Dass
im Falle des beabsichtigten Hin- und Herzahlens keine Erfüllung des Einlageanspruchs
der GmbH eingetreten ist, trifft zwar zu (vgl. hierzu die Bem. zu §§ 7 Abs. 2, 8
Abs. 2), und es ist auch richtig, dass § 30 durch den hier in Rede stehenden Vorgang
nicht berührt wird. Letzteres beruht hier jedoch nicht auf der Unanwendbarkeit der
§§ 30, 31, sondern darauf, dass die Gesellschaft einen Rechtsanspruch des Gesellschafters erfüllt hat, was nicht unter den Anwendungsbereich des § 30 fällt (Rn. 31 f.): Da
die Leistung des Gesellschafters wegen des in dem vom BGH entschiedenen Fall abgesprochenen Hin- und Herzahlens nicht zur endgültig freien Verfügung der Geschäftsführer erfolgt ist, konnte durch die Zahlung keine Erfüllung des gegen den Gesellschafter gerichteten Einlageanspruchs eintreten. Die Leistung des Gesellschafters ist
deshalb rechtsgrundlos oder ggf. aufgrund der Abrede erfolgt, wonach das Empfangene
umgehend an den Gesellschafter zurückzuerstatten sein sollte. Die Gesellschaft war damit entweder nach § 812 Abs. 1 S. 1 BGB oder aufgrund der Abrede verpflichtet, den
empfangenen Betrag an den Gesellschafter wieder auszukehren. Da das Auszahlungsverbot des § 30 nicht eingreift, wenn der Gesellschafter – was hier der Fall war – einen
Anspruch auf die Auszahlung durch die Gesellschaft hat (Rn. 31 f.), war § 30 in dem
vom BGH entschiedenen Fall von Anfang an nicht berührt.

Dass die Bindungswirkung des § 30 nicht von einer ordnungsgemäßen Kapitalauf- 16
bringung abhängen kann, ergibt sich unabhängig von dem vom BGH entschiedenen
Fall darüber hinaus allgemein aus der Kontrollüberlegung, dass die Gesellschaft sonst
auch bei Vorliegen einer Unterbilanz Vermögen an den Gesellschafter causa societatis
(Rn. 30 ff.) ohne den besonders gesicherten (§ 31 Rn. 44) Rückzahlungsanspruch auskehren könnte, was nur bei einer – rechtlich nicht begründbaren – unbeschränkten
Gesellschafterhaftung wegen unterlassener Kapitalaufbringung als systemkonform angesehen werden könnte. Die Auffassung des BGH, ein ordnungsgemäß abgeschlossener Kapitalaufbringungsvorgang sei Voraussetzung des Eingreifens von §§ 30, 31, überzeugt deshalb nicht, die Bestimmungen sind vielmehr auch bei einer nicht ordnungsgemäß abgeschlossenen Kapitalaufbringung anwendbar.

6. Auszahlungs-(Leistungs-)Empfänger. a) Gesellschafter. Das Verbot des 17
§ 30 Abs. 1 richtet sich seinem Wortlaut nach zunächst allein an die **Gesellschafter**,
setzt also das Bestehen der Mitgliedschaft voraus. Der Anwendungsbereich der Vorschrift ist damit jedoch nicht erschöpft. Nach Sinn und Zweck der Bestimmung sind
auch manche Leistungen *vor* Erwerb und *nach* Verlust der Mitgliedschaft unter das Verbot des § 30 Abs. 1 zu fassen:

Vor Erwerb der Mitgliedschaft gilt das Verbot des § 30 Abs. 1, wenn die Leis- 18
tung im Hinblick auf die künftige Gesellschaftereigenschaft erfolgt.[39] Fälle dieser Art

---
[37] Vgl. *Tries* S. 60 f.; *Ulmer*, FS 100 Jahre GmbHG, 1992, S. 363, 370 ff.; zu den Einzelheiten vgl. § 31 Rn. 38 f.
[38] BGH DStR 2001, 1948 (2. LS).
[39] *Fischer* LM § 30 Nr. 2; *Canaris*, FS Fischer, 1979, S. 31, 32 ff.; *Lutter/Hommelhoff* Rn. 22.

sind insbesondere Auszahlungen, die gerade zur Finanzierung des Kaufpreises der Geschäftsanteile dienen sollen, was vor allem beim sog. **management buy out-Verfahren** zu beachten ist.[40] Werden Leistungen an einen Gesellschafter erst *nach* seinem Ausscheiden aus der Gesellschaft erbracht, kommt es darauf an, wann die Leistung versprochen wurde. Erfolgte das Versprechen noch während der Zugehörigkeit zur Gesellschaft, bleibt § 30 Abs. 1 anwendbar.[41]

19 Vereinbarungen **nach Ausscheiden aus der Gesellschaft** werden grundsätzlich durch § 30 Abs. 1 nicht mehr erfasst. Das Verbot erstreckt sich jedoch ausnahmsweise auch noch auf solche Vereinbarungen, die im Zusammenhang mit dem Ausscheiden getroffen wurden, etwa wenn die Gesellschaft eine Verpflichtung zur Begründung der Verbindlichkeit eingegangen ist oder ein Umgehungsgeschäft vorliegt.[42] Eine feste zeitliche Grenze für die Annahme eines Umgehungsgeschäfts lässt sich dabei nicht ziehen.[43] Ein enger zeitlicher Zusammenhang kann bei ungewöhnlichen Geschäften jedoch ein Indiz dafür sein, dass die Leistung noch im Hinblick auf die Gesellschafterstellung erfolgt ist.

20 Das Tatbestandsmerkmal der **Auszahlung** an einen Gesellschafter erfordert nicht, dass die Leistung unmittelbar an ihn erfolgt. Auch in der Zuwendung an einen Dritten kann eine Leistung an den Gesellschafter liegen. Dies ist etwa dann der Fall, wenn die Gesellschaft aus Sicht des Gesellschafters für ihn eine Leistung erbringt,[44] die Gesellschaft also beispielsweise an den Dritten von sich aus im Einverständnis des Gesellschafters[45] oder auf seine Anweisung hin leistet, wozu bereits schon die Bestellung einer Sicherheit durch die Gesellschaft genügt (iE vgl. Rn. 35 ff.). Entsprechendes gilt, wenn die Leistung der Gesellschaft auf Rechnung des Gesellschafters erfolgt.[46]

21 **b) Leistungen an Dritte.** Leistungen der Gesellschaft an Dritte (zu den hiervon zu unterscheidenden Zuwendungen der Gesellschaft an Dritte, die eine Leistung an den Gesellschafter darstellen vgl. soeben Rn. 20 aE) sind durch die Bestimmung unmittelbar nicht erfasst. Gleichwohl ist allgemein anerkannt, dass auch sie im Hinblick auf den Sinn und Zweck der Vorschrift unter bestimmten Voraussetzungen von diesem Verbot erfasst werden. Zu der hiervon zu unterscheidenden Frage, gegen wen der Gesellschaft Erstattungsansprüche zustehen, ist auf die Anmerkungen bei § 31 Rn. 9 ff. zu verweisen.

22 Hält der Gesellschafter den Geschäftsanteil treuhänderisch für einen **Treugeber** (Hintermann), sind unmittelbare Leistungen an diesen wie Leistungen an einen Gesellschafter anzusehen (Leistungen an den Treuhänder fallen direkt unter § 30 Abs. 1, da dieser Gesellschafter ist). Zur Begründung lässt sich auf den in § 46 Abs. 5 AktG und § 9a Abs. 4 enthaltenen, verallgemeinerungsfähigen Rechtsgedanken abstellen;[47]

---

[40] Zu den Einzelheiten *Scholz/Westermann* Rn. 32; *Hauschka* BB 1987, 2169 ff.; *Peltzer* DB 1987, 973 ff.; *Kerber* WM 1989, 473 ff., 475 ff.; *Wittkowski* GmbHR 1990, 544 ff.; *Koppensteiner* ZHR 155 (1991), 97 ff.; *Weber* ZHR 155 (1991), 120 ff.
[41] BGHZ 13, 49, 54 = NJW 1954, 457; *Goette* DStR 1997, 1495; *Hachenburg/Goerdeler/Müller* Rn. 55; *Lutter/Hommelhoff* Rn. 22.
[42] *Hachenburg/Goerdeler/Müller* Rn. 55.
[43] AA zum Aktienrecht Kölner KommAktG/*Lutter* 2. Aufl. § 57 Rn. 40: bis zu sechs Monate.
[44] *Geßler,* FS Fischer, 1979, S. 131, 145.
[45] BGHZ 81, 252, 260 = NJW 1981, 2570; BGHZ 95, 188, 193 = NJW 1985, 2947.
[46] BGHZ 122, 333, 337 = NJW 1993, 1922.
[47] BGHZ 31, 258, 266 ff. = NJW 1960, 285; vgl. auch BGHZ 75, 334, 336; 95, 188, 193 = NJW 1985, 2947; 107, 7, 12; BGH WM 1989, 60 f.; ZIP 1990, 1593 f.; BGHZ 118, 107, 110 ff. = NJW 1992, 2023; OLG Hamburg DB 1984, 1515; OLG Celle ZIP 1985, 100; *Baumbach/Hueck/Fastrich* Rn. 17; *Hachenburg/Goerdeler/Müller* Rn. 50; *Scholz/Westermann* Rn. 30;

ob offene oder verdeckte Treuhand vorliegt, ist unerheblich.⁴⁸ Steht fest, dass ein Treuhandverhältnis bestanden hat, so trifft den Treugeber die Beweislast für den Wegfall dieses Verhältnisses, wenn er sich hiermit gegen die Gleichstellung mit einem Gesellschafter verteidigt.⁴⁹

Ebenso unterliegen Leistungen an den **Nießbraucher** den Beschränkungen des § 30 Abs. 1, unabhängig davon, wer die Stimmrechte aus dem Geschäftsanteil ausübt.⁵⁰ 23

Leistungen an einen **Strohmann** des Gesellschafters sind Leistungen an den Gesellschafter selbst gleichzusetzen.⁵¹ 24

Bei Leistungen an **Familienangehörige** ist die Rechtslage noch nicht abschließend geklärt. Die besondere Schwierigkeit besteht in dieser Gestaltung darin, dass zwar einerseits aufgrund der verwandtschaftlichen Beziehung ein besonderes Näheverhältnis besteht, es sich andererseits jedoch schon im Hinblick auf Art. 6 Abs. 1 GG verbietet, allein hieraus die Anwendung des § 30 Abs. 1 herzuleiten.⁵² Soweit es um Leistungen an den **Ehegatten und minderjährige Kinder** geht, sind nach ganz überwiegender Meinung die §§ 89 Abs. 3, 115 Abs. 2 AktG als typisierte und verallgemeinerungsfähige Umgehungstatbestände⁵³ entsprechend anzuwenden und das Auszahlungsverbot auch auf sie zu erstrecken,⁵⁴ wobei insoweit teilweise zusätzlich auf die Erwägung abgestellt wird, der Gesellschafter erspare aufgrund der Auszahlung Unterhaltsleistungen.⁵⁵ Entsprechendes gilt, wenn die Leistung an eine **Gesellschaft** gezahlt wird, **an der solche Personen maßgeblich beteiligt** sind, wobei hierzu ein Beherrschungsverhältnis genügt.⁵⁶ Die zu §§ 89 Abs. 3, 115 Abs. 2 AktG gezogene Parallele erscheint im Hinblick auf den unterschiedlichen Regelungsgehalt dieser Vorschriften gegenüber § 30 Abs. 1 zweifelhaft und unter verfassungsrechtlichen Aspekten nicht unproblematisch, entspricht jedoch ständiger Rechtsprechung und ist damit für die Praxis zu beachten; mehr als ein Indiz für eine unzulässige Auszahlung wird man diesem Näheverhältnis indessen nicht entnehmen können (s. auch § 32a Rn. 78). 25

Fleck, FS 100 Jahre GmbHG, 1992, S. 391, 408; *Roth/Thöni,* FS 100 Jahre GmbHG, 1992, S. 245, 268; kritisch *Ehlke* DB 1985, 795.
⁴⁸ *Scholz/Westermann* Rn. 30; *Roth/Thöni,* FS 100 Jahre GmbHG, 1992, S. 245, 270f.
⁴⁹ BGH NJW 1989, 1219.
⁵⁰ *Scholz/Westermann* Rn. 30; *Lutter* ZIP 1989, 477, 482; *Fleck,* FS 100 Jahre GmbHG, 1992, S. 391, 409.
⁵¹ BGHZ 118, 107, 110 = NJW 1992, 2023 mwN; zur Verrechnung eines von dem Hintermann gewährten eigenkapitalersetzenden Darlehns mit der Einlageschuld des Strohmannes als Verstoß gegen § 30 Abs. 1: OLG Celle ZIP 1985, 100, 104 (*Westermann*) EWiR 85, 103.
⁵² *Tries* S. 84ff.; *Fleck,* FS 100 Jahre GmbHG, 1992, S. 391, 413; anders wohl BGH WM 1986, 237, 239; NJW 1987, 1194, 1195; BGH NJW 1995, 326, 330; allgemein zur Erstreckung BGH NJW 1996, 598, 590.
⁵³ *Canaris,* FS Fischer, 1979, S. 31, 38.
⁵⁴ BGHZ 81, 365, 369 = NJW 1982, 386; *Baumbach/Hueck/Fastrich* Rn. 17; *Hachenburg/Goerdeler/Müller* Rn. 52; *Lutter/Hommelhoff* Rn. 25; *Scholz/Westermann* Rn. 29; *Fischer* in Pro GmbH, 1980, S. 137, 151; *Timm* AG 81, 133, 135; zum Ehegatten abweichend *Fleck,* FS 100 Jahre GmbHG, 1992, S. 391, 403.
⁵⁵ *Scholz/Westermann* Rn. 29; *Hachenburg/Goerdeler/Müller* Rn. 52; *Canaris,* FS Fischer, 1979, S. 31, 38f.
⁵⁶ BGH NJW-RR 1986, 579: Beteiligung in Höhe von 97,5 %; allgemein auch BGH NJW 1996, 598, 590; vgl. auch zur entsprechenden Situation im Kapitalersatzrecht BGH ZIP 2001, 115 = DStR 2001, 225 m. Anm. *Goette*: Beteiligung in Höhe von 90,3 %; BGH NJW 1999, 2822: regelmäßig bei einer über 50 % hinausgehenden Beteiligung.

26 Bei Leistungen an **sonstige Verwandte** (auch volljährige Kinder) gelten die dargelegten Grundsätze nicht.[57] Hat der Gesellschafter jedoch die Zuwendung aus privaten Motiven veranlasst, unterliegt die Leistung im Hinblick auf sein hiermit zum Ausdruck gekommenes Interesse an ihrer Gewährung ebenfalls den Bindungen des § 30 Abs. 1.[58]

27 Ein **stiller Gesellschafter,** der nicht selbst Geschäftsanteile an der GmbH hält, steht einem GmbH-Gesellschafter grundsätzlich nicht gleich, da er an der Gesellschaft nicht beteiligt ist.[59] Abweichendes gilt jedoch, wenn er aufgrund der vertraglichen Ausgestaltung seiner Rechtsstellung ähnlich wie ein Gesellschafter die Geschicke der Gesellschaft bestimmt und an ihrem Vermögen sowie am Ertrag beteiligt ist.[60]

28 Für den **Pfandgläubiger** gelten entsprechende Grundsätze; auch er unterliegt den Grundsätzen über die Erhaltung des Stammkapitals im allgemeinen nur dann, wenn er sich zusätzliche Befugnisse einräumen lässt, aufgrund derer er die Geschicke der Gesellschaft ähnlich wie ein Gesellschafter mitbestimmen kann.[61]

29 Zum **Kommanditisten** einer GmbH & Co. KG vgl. Rn. 72, zur Anwendung des § 30 Abs. 1 bei Vorliegen einer **Unternehmensverbindung** vgl. Rn. 74 ff.

30 **7. Auszahlung von Gesellschaftsvermögen. a) Grundsatz.** § 30 Abs. 1 verbietet die Auszahlung von Gesellschaftsvermögen, wenn diese zu einer Unterbilanz führen oder eine bereits bestehende Unterbilanz weiter vertiefen würde (hierzu und zu den Grenzen der bilanziellen Betrachtungsweise im Zusammenhang mit der Frage einer Vertiefung der Unterbilanz vgl. Rn. 9 ff.). Unter Auszahlung in diesem Sinne ist nicht nur das Auskehren von Barmitteln, sondern im Hinblick auf den Sinn und Zweck der Bestimmung **jede Verringerung des Gesellschaftsvermögens** zu verstehen.[62] Darauf, ob die Auszahlung offen oder verdeckt im Rahmen eines Austauschgeschäftes als überhöhte Gegenleistung erfolgt, kommt es nicht an; der *Gesetzeswortlaut* ist insoweit *zu eng* gefasst. Ob die Auszahlung eine vertragliche oder satzungsmäßige Grundlage hat, ist unerheblich. **Keine Auszahlung** in diesem Sinne liegt vor, wenn der Gesellschafter die Gesellschaft bestiehlt oder Unterschlagungen zu ihrem Nachteil begeht; hier fehlt es im Hinblick auf die allein durch das Tätigwerden des Gesellschafters eintretende Vermögensminderung an der im Gesetz vorausgesetzten Leistung der Gesellschaft.[63] Allerdings ist zu beachten, dass das Verbot des § 30 dann eingreift, wenn der Gesellschafter bei Vorliegen einer Unterbilanz von den gegen ihn im Zusammenhang mit dem Diebstahl etc. gerichteten Ansprüchen ohne adäquate Gegenleistung befreit werden soll.

31 *Zu weit* ist der *Gesetzeswortlaut* insofern gefasst, als er jede Auszahlung unterschiedslos zu erfassen scheint. Von dem Verbot erfasst werden nur Auszahlungen, die ihre

---

[57] Offengelassen in BGH NJW-RR 1991, 744.
[58] *Fleck*, FS 100 Jahre GmbHG, 1992, S. 391, 403; s. auch *Cahn* Kapitalerhaltung im Konzern, 1998, S. 19 ff.
[59] BGH WM 1983, 594, 595.
[60] BGHZ 106, 7 = NJW 1989, 982; OLG Hamburg NJW-RR 1991, 105; *Baumbach/Hueck/ Fastrich* Rn. 17; *Lutter/Hommelhoff* Rn. 21; *Reusch* BB 1989, 2358.
[61] BGHZ 119, 191 = NJW 1992, 3035; abw. *Altmeppen* ZIP 1993, 1677, der nur auf eine ggf. mittelbare kapitalmäßige Beteiligung abstellen will; gegen ihn zutr. *Maier-Reimer*, FS Rowedder, 1994, S. 245, 270 Fn. 73.
[62] Unstr., vgl. nur RGZ 136, 260, 264; BGHZ 31, 258, 276 = NJW 1960, 285; BGHZ 31, 258, 276 = NJW 1960, 285; BGH NJW 1988, 139; BGHZ 122, 333, 337 = NJW 1993, 1922; *Baumbach/Hueck/Fastrich* Rn. 12; *Hachenburg/Goerdeler/Müller* Rn. 56; *Meyer-Landrut/Miller/Niehus* Rn. 4.
[63] *Hachenburg/Goerdeler/Müller* Rn. 58

Grundlage im Gesellschaftsverhältnis habe, also causa societatis erfolgen. Diese Voraussetzung ist als ungeschriebenes Tatbestandsmerkmal in die Bestimmung hineinzulesen; das Gesetz verbietet keine Geschäfte zwischen Gesellschafter und Gesellschaft schlechthin.[64]

Ob die Auszahlung ihre Grundlage im Gesellschaftsverhältnis hat, ist anhand von **Indizien** zu ermitteln, für die verschiedene Kriterien entwickelt wurden: Es muss sich bei der Auszahlung zunächst um eine von der Gesellschaft veranlasste Leistung handeln. Nicht erfasst werden daher Auszahlungen, die ihre Grundlage in gesetzlichen Ansprüchen, wie etwa Schadensersatzansprüche aus unerlaubter Handlung oder aus Vertragsverletzung (auch die Verletzung vorvertraglicher Pflichten), Bereicherungsansprüche oder Ansprüche aus Geschäftsführung ohne Auftrag, haben. Gleiches gilt für Ansprüche des Gesellschafters auf Auszahlung von Gewinn, wenn dieser Anspruch auf einem ordnungsgemäß gefassten Gewinnverwendungsbeschluss beruht. Denn durch diesen Beschluss erwirbt der Gesellschafter ein Gläubigerrecht gegen die Gesellschaft, dessen Durchsetzbarkeit auch eine nachträglich eintretende Unterbilanz nicht entgegensteht.[65] Lässt der Gesellschafter allerdings seinen Auszahlungsanspruch in der Gesellschaftskrise stehen, macht er ihn also trotz Fälligkeit nicht geltend, können die Grundsätze der eigenkapitalersetzenden Gesellschafterdarlehen der Zulässigkeit einer Auszahlung entgegenstehen.[66] Hinsichtlich dieses Unterschiedes wurde in der Literatur zutreffend darauf hingewiesen, dass § 30 Abs. 1 eine *Entscheidungsmöglichkeit* der Gesellschaft voraussetzt,[67] die ihr in den genannten Fällen jedenfalls dem Grunde nach nicht zusteht. Im Übrigen wird zur Abgrenzung zwischen Leistungen, deren Grundlage im Gesellschaftsverhältnis liegt, und solchen Leistungen, bei denen dies nicht der Fall ist, auf die Kontrollfrage abgestellt, ob die von der Gesellschaft erbrachte Leistung in dieser Weise auch an einen Dritten erbracht worden wäre bzw., was dem nahe kommt, ob das betreffende Rechtsgeschäft betrieblich veranlasst war. Im Rahmen des hypothetischen Drittvergleichs ist, soweit Austauschgeschäfte in Frage stehen, *zunächst* zu überprüfen, ob es sich bei der zu vergütenden Leistung überhaupt um eine vergütungswürdige Leistung handelt. In einem *zweiten Schritt* ist darauf abzustellen, ob die von der Gesellschaft hierfür erbrachte Gegenleistung als angemessen anzusehen ist.[68] Dieser Abgrenzung entspricht im Wesentlichen die aus dem Steuerrecht stammende Betrachtungsweise, wonach maßgeblich darauf abgestellt wird, ob die von der Gesellschaft erbrachte Zuwendung dazu bestimmt ist, dem Gesellschafter einen wirtschaftlichen Vorteil zu verschaffen, ohne dass diese Zuwendung betrieblich motiviert ist, oder ob sie betrieblichen Zwecken dient.[69] Die auf die betriebliche Motivation abstel-

---

[64] BGHZ 13, 49, 54 = NJW 1954, 1157; *Hachenburg/Goerdeler/Müller* Rn. 59; *Scholz/Westermann* Rn. 19.

[65] S. auch *Sieker* ZGR 1995, 250, 265 ff. sowie § 29 Rn. 28; abw. etwa *Fabritius* ZHR 144 (1980), 628, 633; *Ballerstedt* Kapital, 1949, S. 90 f.; *Hachenburg/Goerdeler/Müller* § 29 Rn. 95; § 30 Rn. 59.

[66] Zu stehengelassenen Forderungen unter dem Aspekt eigenkapitalersetzender Gesellschafterleistungen vgl. § 32 a Rn. 143 ff.

[67] *Hachenburg/Goerdeler/Müller* Rn. 58 mit Hinweis auf die im Gesetz gewählte Formulierung „darf ... nicht".

[68] BGHZ 60, 324, 330 f. = NJW 1973, 1036; BGHZ 67, 171, 174, 179 = NJW 1977, 104; BGH NJW 1987, 1194; 1996, 589; *Hachenburg/Goerdeler/Müller* Rn. 61; *Lutter/Hommelhoff* Rn. 27; *Scholz/Westermann* Rn. 21; s. auch OLG Düsseldorf ZIP 1989, 1458 zum Geschäftsführerdienstvertrag.

[69] Statt anderer *Pezzer* in *Tipke/Lang* Steuerrecht § 11 Rn. 52 ff.; ebenfalls auf die betriebliche Rechtfertigung abstellend BGH NJW 1987, 1194; hierzu auch *Tries* S. 53, 180 mwN.

lende Formulierung geht jedoch über die den Drittvergleich zugrunde liegende Abgrenzung insoweit hinaus, als hiermit auch Gestaltungen erfasst werden können, in denen – wie etwa bei Konzernumlagen – das in Frage stehende Geschäft seinem Wesen nach mit einem Dritten von vornherein nicht abgeschlossen worden wäre. Jedenfalls in solchen Fällen erscheint die aus dem Steuerrecht stammende Abgrenzung vorzugswürdig; im Übrigen ergänzen sich die Abgrenzungsmethoden.

33 b) **Einzelheiten. aa) Darlehen.** Gewährt die Gesellschaft ihrem Gesellschafter bei Vorliegen einer Unterbilanz ein Darlehen, ist streitig, ob bzw. unter welchen Voraussetzungen hierin ein Verstoß gegen § 30 Abs. 1 liegt. Teilweise wird eine Darlehenshingabe zu diesem Zeitpunkt dann als unbedenklich angesehen, wenn das Darlehen angemessen verzinst und der Rückzahlungsanspruch vollwertig ist.[70] Andere wenden § 43 a entsprechend auch auf Gesellschafter an[71] oder bejahen mit Hinweis darauf, dass in einer solchen Situation einem gesellschaftsfremden Dritten kein Darlehen mehr gewährt würde, einen Verstoß gegen § 30 Abs. 1 dann, wenn die Gesellschaft ihrerseits auf eine Darlehensinanspruchnahme angewiesen ist oder sich in der Krise befindet.[72] Wieder andere halten bei Vorliegen einer Unterbilanz die Darlehensgewährung an einen Gesellschafter immer für unzulässig.[73]

34 Im Rahmen einer **Stellungnahme** ist zu unterscheiden: Wird das Darlehen zinslos oder zu einem hinter den marktüblichen Zinsen zurückbleibenden Zinssatz gewährt, liegt hierin hinsichtlich der Zinsen ein Verstoß gegen § 30 Abs. 1; der Gesellschaft entgeht der Nutzungswert des Kapitals, der als solcher bereits unter § 30 Abs. 1 fällt. Im übrigen trifft es zwar zu, dass wirtschaftlich ein Darlehensanspruch der Gesellschaft nicht in jedem Falle mit Kapital vergleichbar ist und auch das Gesetz in §§ 7 Abs. 2, 19 Abs. 2, 31 Abs. 1 einen gegen den Gesellschafter gerichteten Anspruch nicht gezahltem Kapital gleichstellt.[74] Diese Erwägungen rechtfertigen es jedoch nicht, die Darlehensgewährung an einen Gesellschafter bei Vorliegen einer Unterbilanz stets für unzulässig zu halten. Soweit die Einzahlung den Anforderungen des § 8 Abs. 2 S. 1 genügt hat und auch kein Verstoß gegen die Grundsätze der verdeckten Sacheinlage vorliegt (§ 19 Rn. 105 ff.), ist vielmehr der Erwägung, dass Geschäfte zwischen Gesellschafter und Gesellschaft grundsätzlich zulässig sind, soweit sie auch mit Dritten abgeschlossen worden wären oder betrieblich motiviert sind, der Vorrang einzuräumen. Eine strengere Auffassung ist sachlich nicht gerechtfertigt und auch unter Aspekten des Gläubigerschutzes nicht veranlasst; ein solches Verständnis müsste darüber hinaus im Aktienrecht, dessen Kapitalschutz strenger ausgestaltet ist, dazu führen, dass Darlehensgeschäfte zwischen der Gesellschaft und dem Gesellschafter schlechthin unzulässig wären, was indessen nicht der Fall ist.[75] Auch kann, soweit der Rückzahlungsanspruch der Gesellschaft nicht gefährdet ist, eine Darlehensgewährung etwa im Hinblick auf eine günstige Verzinsung durchaus im Interesse der Gesellschaft liegen. Die Hingabe eines Darlehens ist deshalb auch bei Vorliegen einer Unterbilanz dann als zulässig anzusehen, wenn der gegen den Gesellschafter gerichtete Rückzahlungsanspruch vollwertig ist und eine angemessene Verzinsung erfolgt. Ein entsprechende

---

[70] *Schneider,* FS Döllerer, 1988, S. 537, 543 f.
[71] *Schneider* GmbHR 1982, 197, 201.
[72] *Fleck* Jahrbuch der Fachanwälte für Steuerrecht 1985/86, S. 554.
[73] Grundlegend *Stimpel,* FS 100 Jahre GmbHG, 1992, S. 335, 347 ff. mit Hinweis auf BGHZ 81, 311, 321; *Lutter/Hommelhoff* Rn. 33; s. auch BGHZ 122, 333, 339 f. = NJW 1993, 1922 zur unterlassenen Geltendmachung einer fälligen Forderung; wohl auch *Scholz/Westermann* Rn. 25.
[74] Hierzu insbes. *Stimpel,* FS 100 Jahre GmbHG, 1992, S. 335, 347 ff.
[75] Vgl. hierzu nur GroßkommAktG/*Henze* § 57 Rn. 49.

Anwendung des § 43 a auf derartige Rechtsgeschäfte erscheint im Hinblick auf den Normzweck dieser Bestimmung[76] auch nicht im Wege des Erst-recht-Schlusses gerechtfertigt.[77]

bb) Sicherheitsleistungen. Bei Sicherheitsleistungen durch die Gesellschaft ist 35 zwischen zwei Gestaltungen zu unterscheiden:

Verpflichtet sich die Gesellschaft gegenüber ihrem Gesellschafter zur Gewährung 36 einer Sicherheit (Bürgschaft, Garantie, Schuldbeitritt ect.) für einen **Anspruch des Gesellschafters gegen einen Dritten,** liegt hierin entgegen der früher hM[78] noch *kein* Verstoß gegen § 30 Abs. 1.[79] Die Frage der Unterbilanz ist nur hinsichtlich des Umstands von Bedeutung, ob die Gesellschaft die Erfüllung dieser Verpflichtung mit Hinweis auf die Unterbilanz verweigern muss (die Gesellschaft trifft im Anwendungsbereich des § 30 ein Leistungs*verbot,* ihr steht nicht lediglich ein Leistungsverweigerungsrecht zu, s. Rn. 44), wobei das Vorliegen bzw. Entstehen einer Unterbilanz im Falle eines Rechtsstreits durch das Gericht von Amts wegen zu berücksichtigen ist.[80] Die gleichen Grundsätze gelten, wenn ein Dritter für Verbindlichkeiten gegenüber einem Gesellschafter eine Sicherheit gewährt und die Gesellschaft die Regressansprüche des Dritten absichert.[81]

Hiervon zu unterscheiden ist der Fall, in dem die Gesellschaft sich gegenüber einem 37 Dritten zur **Bestellung einer Sicherheit für eine Verbindlichkeit eines Gesellschafters** verpflichtet.[82] In diesem Fall muss sie diese Verpflichtung erfüllen, sofern nicht ein Kollusionsfall vorliegt.[83] Soweit Dritte in den Anwendungsbereich des § 30 Abs. 1 einbezogen sind (Rn. 21 ff.), greift der Einwand aus dieser Bestimmung (Rn. 44) ihnen gegenüber direkt durch, auf Kollusion kommt es insoweit dann nicht an.[84] Gegenüber dem begünstigten Gesellschafter stellt die Eingehung der Verpflichtung und ebenso die folgende Bestellung der Sicherheit eine (mittelbare) Zuwendung dar, da das Gesellschaftsvermögen belastet wird.[85] Der Rückgriffsanspruch gegen den Gesellschafter stellt hierfür kein die Zuwendung ausgleichendes Äquivalent dar, da das Gesetz in § 31 Abs. 1 das Bestehen einer Forderung gegen einen Gesellschafter als mit einer Zahlung nicht gleichwertig ansieht, sondern sofortige Leistung verlangt. Die Gesellschaft darf daher *bei Vorliegen einer Unterbilanz keine Sicherheit* für Verbindlichkeiten ihres Gesellschafters gewähren und hat unabhängig von der Vollwertigkeit des Rückgriffsanspruchs gegen den Gesellschafter bei Verstoß hiergegen einen sofort fälli-

---

[76] § 43 a Rn. 1.
[77] Vgl. hierzu auch *Scholz/Schneider* Rn. 25 und § 43 a Rn. 6 f.
[78] *Scholz* 5. Aufl. Rn. 5; *Fischer* 9. Aufl. Rn. 4; *Baumbach/Hueck* 13. Aufl. Anm. 2 c.
[79] *Peltzer/Bell* ZIP 1993, 1757, 1760; *Stimpel,* FS 100 Jahre GmbHG, 1992, S. 335, 354 ff.; *Baumbach/Hueck/Fastrich* Rn. 19; *Hachenburg/Goerdeler/Müller* Rn. 66; *Lutter/Hommelhoff* Rn. 33; abweichend und auf die bilanzielle Behandlung abstellend *Scholz/Westermann* Rn. 31.
[80] *Stimpel,* FS 100 Jahre GmbHG, 1992, S. 335, 354 ff.; *Bayer,* FS Lutter, 2000, S. 1011, 1023 ff.
[81] KG NZG 2000, 479, 480 m. teilweise abl. Anm. *Kleindiek.*
[82] Eingehend hierzu auch *Steinbeck* WM 1999, 885 ff.
[83] BGH WM 1982, 1402; *Sonnenhol/Stützle* WM 1983, 3, 5; *Stimpel,* FS 100 Jahre GmbHG, 1992, S. 335, 356 f.; *Lutter/Hommelhoff* Rn. 34; *Scholz/Westermann* Rn. 31; abw. wohl *Tries* S. 82.
[84] BGH WM 1982, 1402; *Sonnenhol/Stützle* WM 1983, 3, 5; *Stimpel,* FS 100 Jahre GmbHG, 1992, S. 335, 356 f.; *Lutter/Hommelhoff* Rn. 34; *Scholz/Westermann* Rn. 31; abw. wohl *Tries* S. 82.
[85] *Stimpel,* FS 100 Jahre GmbHG, 1992, S. 335, 356 f.; *Baumbach/Hueck/Fastrich* Rn. 19; *Scholz/Westermann* Rn. 31.

§ 30   2. Abschnitt. Rechtsverhältnisse der Gesellschaft und der Gesellschafter

gen Befreiungsanspruch.[86] Dieser Umstand ist insbesondere auch bei dem sog. **Management buy out-Verfahren** zu beachten.[87]

38   **cc) Stundung, Befristung.** Die Stundung oder Befristung von Forderungen der Gesellschaft gegen den Gesellschafter unterfällt im Geltungsbereich des § 30 Abs. 1 entsprechend den Darlegungen zur Rechtslage bei Darlehn ebenfalls dem Rückgewährverbot, und zwar unabhängig davon, ob sie bei der Berechnung der Forderungshöhe bereits berücksichtigt wurde oder nicht. Der Gesellschaft steht im Hinblick auf die Erwägung, dass Forderungen gegen den Gesellschafter dem Zwang zum sofortigen Wertausgleich unterliegen, unabhängig von der vertraglichen Vereinbarung ein fälliger Anspruch gegen den Gesellschafter zu, ohne dass sich dieser auf die vereinbarte Stundung berufen könnte.[88] Allerdings wird man dem in Anspruch genommenen Gesellschafter zubilligen müssen, einen etwaigen, nachweislich im Hinblick auf die Stundung oder Befristung vorgenommenen Forderungsaufschlag pro rata temporis in Abzug bringen zu dürfen; denn dieser Aufschlag wäre ohne das gewährte Hinausschieben der Leistung unterblieben.

39   **dd) Verzicht auf einen möglichen Gewinn.** Die Frage, ob auch ein Verzicht auf einen möglichen Gewinn (Zuwendungen zu Selbstkosten) bei Vorliegen einer Unterbilanz einen Verstoß gegen das Rückgewährverbot darstellen kann, ist bisher in der Rechtsprechung noch nicht entschieden. In einem solchen Verzicht liegt jedenfalls dann ein Verstoß gegen § 30 Abs. 1, wenn der auf dem Markt erzielbare Preis den von dem Gesellschafter geleisteten zum Zeitpunkt des Vorliegens einer Unterbilanz übersteigt; denn auch hier fehlt es an einer gleichwertigen Leistung des Gesellschafters.[89] Verpflichtet sich ein Gesellschafter zur Abnahme der gesamten Produktion oder eines großen Teils hiervon zum Herstellungspreis, kann dies unter dem Gesichtspunkt der Betriebsnotwendigkeit ausnahmsweise dann gerechtfertigt sein, wenn der hiermit der Gesellschaft zufließende Vorteil, die Sicherstellung der Fortführung des Betriebs, im Rahmen einer Gesamtbetrachtung den Nachteil der Vermögensausschüttung aufwiegt.[90] Ist dies nicht der Fall, ist ein Verstoß gegen § 30 Abs. 1 gegeben.

40   **ee) Verrechnung, Aufrechnung im Zusammenhang mit kapitalersetzenden Gesellschafterdarlehen.** Die Verrechnung eigenkapitalersetzender Gesellschafterdarlehn oder die Aufrechnung mit einer aus einem solchen Geschäft resultierenden Forderung stellen in jedem Falle einen Verstoß gegen § 30 Abs. 1 dar (zu der hiervon zu unterscheidenden unzulässigen Verrechnung von Darlehn mit der Einlageschuld s. die Bemerkungen zu § 19 Rn. 59 ff.). Der Gesellschafter und die Gesellschaft können solche Darlehensforderungen ebenso wenig verwerten, wie der Gesellschafter sie als Forderung durchsetzen könnte.[91]

41   **c) Einzelfälle.** Bei Vorliegen der übrigen Voraussetzungen des § 30 Abs. 1 sind danach beispielsweise folgende Leistungen der Gesellschaft als unzulässige Rückzahlungen

---

[86] Grundlegend *Stimpel*, FS 100 Jahre GmbHG, 1992, S. 335, 356 f.; zust. *Roth/Altmeppen* Rn. 59 ff.; *Lutter/Hommelhoff* Rn. 35; *Kleindiek* NZG 2000, 483, 484.
[87] Zu den Einzelheiten *Scholz/Westermann* Rn. 32; *Hauschka* BB 1987, 2169 ff.; *Peltzer* DB 1987, 973 ff.; *Kerber* WM 1989, 473 ff., 475 ff.; *Wittkowski* GmbHR 1990, 544 ff.; *Koppensteiner* ZHR 155 (1991), 97 ff.; *Weber* ZHR 155 (1991), 120 ff.
[88] BGHZ 81, 311, 321 = NJW 1982, 383; *Stimpel*, FS 100 Jahre GmbHG, 1992, S. 335, 352 f.
[89] *Stimpel*, FS 100 Jahre GmbHG, 1992, S. 335, 345 f.; *Scholz/Westermann* Rn. 24.
[90] *Stimpel*, FS 100 Jahre GmbHG, 1992, S. 335, 345 f.; *Scholz/Westermann* Rn. 24.
[91] Vgl. BGH NJW 1978, 160; 1982, 383, 385; 1982, 386; 1993, 1922; *Scholz/Westermann* Rn. 26; *ders.*, FS Oppenhoff, 1985, 535, 548 ff.; *Joost* ZHR 148 (1984), 27, 43 ff. sowie § 32 a Rn. 201, 218.

anzusehen: Der Verzicht auf Ansprüche;[92] der Verzicht auf einen möglichen Gewinn; die Weggabe von Gesellschaftsvermögen zu einem nach Maßstab eines Drittvergleichs bzw. der betrieblichen Veranlassung (Rn. 30 ff.) zu geringen Veräußerungspreis bzw. der Erwerb von Vermögensgegenständen durch die Gesellschaft zu einem überhöhten Erwerbspreis[93] (s. auch bei Rn. 39); die unentgeltliche bzw. gegen ein zu geringes Entgelt erfolgende Überlassung von Vermögensgegenständen der Gesellschaft zu Nutzung (zur Problematik der steuerrechtlichen verdeckten Gewinnausschüttung in diesem Zusammenhang s. auch § 29 Rn. 159); eine „Gewinn"-Ausschüttung, deren Zulässigkeitsvoraussetzungen nicht gegeben waren und die zu einer Unterbilanz führt;[94] eine Gewinnausschüttung aufgrund eines von Anfang an nichtigen bzw. eines erfolgreich angefochtenen Gewinnverwendungsbeschlusses (vgl. in diesem noch zu § 31 Abs. 2 bei Rn. 21 ff., § 32 Rn. 5 ff.); die Gewährung fester Zinsen auf die Stammeinlage oder die Zahlung von Gewinnvoraus;[95] die Gewährung sog. Bauzinsen;[96] Prämien für mitgliedschaftliche Treue, langjährige Mitgliedschaft etc (nicht aber übliche Prämien an Arbeitnehmer); die Übernahme einer Bürgschaft oder einer Garantie bzw. die Gewährung einer sonstigen Sicherheit für die Verbindlichkeit eines Gesellschafters bei Vorliegen einer Unterbilanz;[97] die Übernahme von Verbindlichkeiten des Gesellschafters;[98] die Kreditgewährung an Gesellschafter (Rn. 33 ff.); eine Stundungsvereinbarung (Rn. 38); der Erwerb eigener Geschäftsanteile unter Verstoß gegen § 33; der Abkauf einer Anfechtungsklage, auch wenn er im Interesse der Gesellschaft liegt;[99] die Rückzahlung im Rahmen einer Kapitalherabsetzung ohne Vorliegen der notwendigen Voraussetzungen (§§ 58 ff.); überhöhte Abfindungen für einen weichenden Gesellschafter oder Gesellschafter-Geschäftsführer bzw. einen angestellten Gesellschafter.

8. Subjektive Tatbestandsvoraussetzungen? Auf subjektive Elemente stellt § 30 Abs. 1 nicht ab. Die Beteiligten müssen weder schuldhaft gehandelt haben noch sich bewusst gewesen sein, dass durch die Auszahlung das zur Deckung des Stammkapitals erforderliche Vermögen berührt wird. Das Erfordernis subjektiver Elemente lässt sich dem Wortlaut der Bestimmung nicht entnehmen und wäre auch mit einem effektiven Gläubigerschutz unvereinbar.[100] **42**

9. Beweislast. Die Beweislast dafür, dass die Auszahlung zu Lasten des zur Deckung des Stammkapitals erforderlichen Vermögens gegangen ist, liegt als anspruchsbegründende Tatsache[101] bei der Gesellschaft. Entsprechendes gilt, wenn sich die Gesellschaft darauf berufen will, die Erbringung der Leistung sei ihr im Hinblick auf § 30 Abs. 1 verboten. Das Vorliegen bzw. Entstehen einer Unterbilanz **43**

---

[92] *Scholz/Westermann* Rn. 24.
[93] RGZ 88, 428 zur Gründervergütung.
[94] BGH WM 1987, 348.
[95] RG HRR 1942, Nr. 259.
[96] *Baumbach/Hueck/Fastrich* Rn. 13; *Meyer-Landrut/Miller/Niehus* Rn. 4.
[97] RGZ 168, 292, 298; BGHZ 13, 49, 54 = NJW 54, 1154; BGH NJW 1976, 751, 752 zu §§ 171, 172 HGB; iE vgl. Rn. 35 ff.
[98] BGHZ 81, 252, 258 = NJW 81, 2570; BGHZ 95, 188, 191 f. = NJW 1985, 2947; *Scholz/Westermann* Rn. 24.
[99] BGH NJW 1992, 2821; zu diesen, hauptsächlich im Aktienrecht praktisch werdenden Problematik vgl. statt anderer nur GroßkommAktG/*Henze* § 57 Rn. 70 f. mwN.
[100] *Hachenburg/Goerdeler/Müller* Rn. 74; *Scholz/Westermann* Rn. 27; wohl auch *Meister* WM 1980, 390, 398.
[101] BGH GmbHR 1953, 58; OLG Hamburg HRR 32, Nr. 1762; *Hachenburg/Goerdeler/Müller* Rn. 64.

ist nicht nur auf Einrede der Gesellschaft im Prozess, sondern *als Einwendung von Amts wegen zu beachten*;[102] dies ergibt sich daraus, dass das Verbot des § 30 Abs. 1 nicht der Parteidisposition unterliegt, sondern zwingend gilt. Zum Beweis der Unzulässigkeit der Leistung genügt eine auf den Leistungszeitpunkt erstellte Stichtagsbilanz.[103]

44 **10. Rechtsfolgen. a) Leistungsverbot, Haftung der Gesellschafter und der Geschäftsführer.** Auszahlungen (Rn. 30 ff.), die zu Lasten des zur Erhaltung des Stammkapitals erforderlichen Vermögens gehen (Rn. 7 ff.), sind verboten. Der Gesellschaft steht nicht lediglich ein Leistungsverweigerungsrecht zu, sie *darf die Auszahlung nicht erbringen*.[104] Wird hiergegen verstoßen und leistet die Gesellschaft gleichwohl, steht ihr ein **Erstattungsanspruch nach § 31** zu (Einzelheiten dort). Der Anspruch ist ein Rückerstattungsanspruch gesellschaftsrechtlicher Art[105] und kein Bereicherungsanspruch; neben dem Anspruch aus § 31 können jedoch auch Ansprüche aus §§ 812 ff. BGB bestehen. Um ein Schutzgesetz handelt es sich bei § 30 Abs. 1 nach heute überwiegender Meinung nicht.[106] Die Bestimmung kann daher nicht in Verbindung mit § 823 Abs. 2 BGB zur Begründung von Schadensersatzansprüchen herangezogen werden.[107] Gegen die Qualifizierung als Schutzgesetz spricht die Überlegung, dass die Gläubiger durch der Gesellschaft zustehenden Anspruch, den sie pfänden und sich überweisen lassen können, genügend geschützt erscheinen und sie eines weiteren deliktsrechtlichen Schutzes hierneben nicht bedürfen. Auch § 62 Abs. 2 AktG, der Gläubigern einer Aktiengesellschaft unmittelbar ein gesetzliches Einziehungs- und Befriedigungsrecht gewährt und der gerade keine Parallele im GmbH-Recht findet, spricht hiergegen; mit der hierdurch zum Ausdruck gekommenen Wertung stünde es in Widerspruch, über § 823 Abs. 2 BGB den Gesellschaftsgläubigern gleichwohl einen unmittelbaren Anspruch gegen die Gesellschafter einzuräumen.[108] Eine unmittelbare **Haftung der Geschäftsführer** gegenüber den Gläubigern besteht daher im Hinblick auf § 30 nicht. Gegenüber der Gesellschaft kommt es nach **§ 43 Abs. 3** zu einer solidarischen Haftung der Geschäftsführer für Zahlungen, die § 30 zuwider geleistet wurden; das Bestehen eines Gesellschafterbeschlusses exkulpiert sie insoweit wegen des zwingenden Charakters des § 30 nicht. Gegenüber den Gesellschaftern kann es zu einer Haftung der Geschäftsführer nach § 31 Abs. 6 iVm. Abs. 3 kommen.

45 **b) Wirksamkeit von Verpflichtungs- und Erfüllungsgeschäft.** Liegt der in Frage stehenden Auszahlung ein schuldrechtliches **Verpflichtungsgeschäft** zugrunde, ist nach nahezu einhelliger Meinung im Falle eines Verstoßes gegen § 30 Abs. 1 bezüglich dessen Wirksamkeit zu differenzieren. Die herrschende Meinung geht davon

---

[102] Vgl. *Stimpel,* FS 100 Jahre GmbHG, 1992, S. 335, 356.
[103] *Hachenburg/Goerdeler/Müller* Rn. 64.
[104] Eingehend *Stimpel,* FS 100 Jahre GmbHG, 1992, S. 335, 356; *Fleck* ZHR 156 (1992), 81, 82; *Lutter/Hommelhoff* Rn. 37; BGH NJW 1996, 1341 ff.: Einwendung; anders – Leistungsverweigerungsrecht – noch BGH LM § 30 Nr. 1 Bl. 2; *Hachenburg/Goerdeler/Müller* Rn. 75; *Scholz/Westermann* Rn. 11 – unter dem Hinweis, dass die Geschäftsführer die Leistung verweigern müssten; ebenso *Baumbach/Hueck/Fastrich* Rn. 21; zu Dritten s. BGH NJW 1996, 589, 590.
[105] BGHZ 31, 258, 265 = NJW 1960, 285.
[106] Zuletzt BGH NZG 2001, 894.
[107] BGH NZG 2001, 894; BGHZ 110, 342, 359 f. = NJW 1990, 1725, = EWiR 1990, 479 (*Bergmann*); s. auch BGH NJW 1995, 326, 330; BGHZ 69, 274, 280 = NJW 1978, 160 zur Verpfändung; *Hachenburg/Goerdeler/Müller* Rn. 16; *Scholz/Westermann* Rn. 10.
[108] Eingehend BGHZ 110, 342, 359 f. = NJW 1990, 1725, = EWiR 1990, 479 (*Bergmann*).

aus, dass § 30 ein gesetzliches Verbot grundsätzlich nicht zu entnehmen ist. Eine Ausnahme hiervon wird allerdings verbreitet dann angenommen, wenn die Vertragsschließenden bewusst gegen die Bindungen des § 30 verstoßen; in diesem Fall sollte das Verpflichtungsgeschäft nach § 134 BGB nichtig sein.[109] Hiervon abweichend werden zwei weitere Auffassungen vertreten. Nach der ersten Meinung soll entsprechend der von der herrschenden Meinung zum Aktienrecht vertretenen Auffassung[110] das Verpflichtungsgeschäft in jedem Falle nach § 134 BGB nichtig sein.[111] Die zweite Meinung, die jetzt auch vom BGH vertreten wird, sieht das Verpflichtungsgeschäft dagegen in jedem Falle, also auch bei bewusstem Verstoß gegen § 30, als wirksam an.[112] Für die Wirksamkeit des Verpflichtungsgeschäfts und gegen die Parallele zum Aktienrecht spricht die im GmbH-Recht schwächer ausgestaltete Kapitalbindung, die nicht das gesamte Gesellschaftsvermögen, sondern nur das zur Erhaltung des Stammkapitals erforderliche Vermögen erfasst. Da regelmäßig nicht absehbar ist, ob zum Zeitpunkt der Leistung die Zuwendung nicht doch zulässigerweise erfolgen kann, und § 31 bereits die Rückgewähr sicherstellt,[113] besteht kein Anlass, Nichtigkeit nach § 134 BGB anzunehmen. Die Parallele zum Aktienrecht ist daher abzulehnen. Im Hinblick auf diese Überlegungen ist jedoch auch dann nicht von Nichtigkeit auszugehen, wenn die Parteien sich bewusst über das Verbot des § 30 hinwegsetzen wollten. Dem Umstand, dass sich die Parteien über das Verbot hinwegsetzen wollten, kann zudem deshalb keine eigenständige Bedeutung zukommen, als § 30 keine subjektiven Tatbestandsmerkmale enthält und auch ein entgegenstehender Wille die Kapitalerhaltung nicht gefährdet, wenn die Zuwendung zum Leistungszeitpunkt nicht zu einer Unterbilanz führt oder eine solche vertieft.[114] Das Verpflichtungsgeschäft ist daher in jedem Falle wirksam, die Gesellschaft trifft lediglich unter den Voraussetzungen des § 30 ein Leistungsverbot (s. Rn. 44).

Entsprechendes gilt für das dingliche **Erfüllungsgeschäft.** Der Annahme der Nichtigkeit steht hier die eingeschränkte Rückgewährpflicht des gutgläubigen Empfängers nach § 31 Abs. 2 entgegen,[115] Gläubiger der Gesellschaft sind durch den Rückgewähranspruch nach § 31 Abs. 1 und die Solidarhaftung nach § 31 Abs. 3 genügend geschützt.[116]

Zu möglichen Einschränkungen der Wirksamkeit der Rechtsgeschäfte unter dem Aspekt des Missbrauchs der Vertretungsmacht s. Rn. 53.

c) Gesellschafterbeschlüsse. Geht dem Verpflichtungsgeschäft ein **Gesellschafterbeschluss** voraus, ist hinsichtlich der Wirksamkeit dieses Beschlusses darauf abzustellen, ob er seinem Inhalt nach ausdrücklich auf eine Auszahlung trotz Verletzung des

---

[109] RGZ 113, 241, 244; 133, 393, 395; 168, 292; RG JW 38, 1176; DR 42, 40; BGH LM § 30 Nr. 1; GmbHR 1953, 58 m. zust. Anm. *Schneider*; BGHZ 69, 274, 280 = NJW 1978, 160; BGHZ 81, 365, 367 = NJW 1982, 386, 387; BGHZ 95, 188, 191 = NJW 1985, 2947; BGH NJW 1988, 139; OLG Düsseldorf GmbHR 1990, 134; *Roth/Altmeppen* Rn. 45; *Hachenburg/Goerdeler/Müller* Rn. 77 – unter Aufgabe ihrer früheren Auffassung; so auch früher *Baumbach/Hueck* Rn. 21; *Scholz/Westermann* Rn. 11; *Meyer-Landrut/Miller/Niehus* Rn. 10.
[110] § 57 AktG, Nachweise etwa bei *Hüffer* § 57 Rn. 23 f.
[111] *Röhrkasten* GmbHR 1974, 36, 37; *Wiedemann* Gesellschaftsrecht S. 442.
[112] BGHZ 136, 125, 129 ff.; *Joost* ZHR 148 (1984), 27, 30 Fn. 12; Voraufl. Rn. 28; jetzt auch *Baumbach/Hueck/Fastrich* Rn. 21; *Baumbach/Hueck/Fastrich* Rn. 11.
[113] Hierzu insbes. *Joost* ZHR 148 (1984), 27, 33.
[114] Zutr. *Joost* ZHR 148 (1984), 27, 30 Fn. 12.
[115] RGZ 168, 292, 302; BGH LM § 30 Nr. 1.
[116] *Roth/Altmeppen* Rn. 45; *Baumbach/Hueck/Fastrich* Rn. 21; *Scholz/Westermann* Rn. 12; *Lutter/Hommelhoff* Rn. 42; *Joost* ZHR 148 (1984), 27, 42, anders *ders.* zur Aufrechnung S. 43 ff.

§ 30   2. Abschnitt. Rechtsverhältnisse der Gesellschaft und der Gesellschafter

Stammkapitals gerichtet ist. Ist dies der Fall, steht er in Widerspruch zu zwingenden Bestimmungen des Gläubigerschutzes und ist damit entsprechend § 241 Nr. 3 AktG nichtig.[117] Liegen diese Voraussetzungen nicht vor, ist der Gesellschafterbeschluss wirksam.

49   **11. Verhältnis zu anderen Instituten. a) Verdeckte Gewinnausschüttung.** Verdeckte Gewinnausschüttungen unterfallen nicht dem Regelungsbereich der §§ 30, 31, solange sie nicht zu Lasten des zur Erhaltung des Stammkapitals erforderlichen Vermögens gehen. Die Bestimmungen sind als gläubigerschützende Vorschriften auch nicht entsprechend auf verdeckte Gewinnausschüttungen anwendbar;[118] bei der verdeckten Gewinnausschüttung erfolgt die Rückabwicklung der Vermögenszuwendung nicht aufgrund des § 31, sondern wegen Verstoßes gegen die gesellschafterliche Treupflicht bzw. das Gleichbehandlungsgebot (hierzu § 13 Rn. 35 ff. und 94 ff.; s. auch § 29 Rn. 164 ff.). Ist die verdeckte Gewinnausschüttung allerdings unter Verstoß gegen § 30 erfolgt, besteht der Rückzahlungsanspruch nach § 31 unabhängig davon, ob hierneben auch gegen innergesellschaftliche Kompetenzen verstoßen wurde. Beide Institute, das Verbot der Einlagerückgewähr und das der verdeckten Gewinnausschüttung, können sich mithin überschneiden, müssen dies aber nicht.

50   **b) Existenzschutz.** Streitig ist, ob im GmbH-Recht und dort außerhalb des Rechts der verbundenen Unternehmen ein weiterer Schutz der Gesellschaft als der durch § 30 gewährleistete besteht. Nach der Rechtsprechung der Strafsenate des BGH soll ein GmbH-Geschäftsführer unter Umständen wegen **Untreue** nach § 266 StGB bestraft werden können, wenn er unter Wahrung des zur Deckung des Stammkapitals erforderlichen Vermögens und trotz eines ihn zur Auskehrung anweisenden einstimmigen Gesellschafterbeschlusses durch die Auszahlung von Gesellschaftsvermögen eine starke Gefahr für die wirtschaftliche Existenz der Gesellschaft herbeiführt.[119] Diese Rechtsprechung ist mit den gesellschaftsrechtlich vorgegebenen Kompetenzzuordnungen und dem insbesondere durch § 30 vorgegebenen, beschränkten Gläubigerschutz unvereinbar und daher mit der herrschenden Meinung abzulehnen. Zu beachten ist allerdings, dass eine **Vermögensbetreuungspflicht** im Sinne des § 266 StGB in einem gewissen Rahmen bereits dann bejaht wird, wenn ein beherrschender Gesellschafter eine abhängige Gesellschaft dazu veranlasst, einem **cash-pool** beizutreten, und dies über § 14 StGB und § 823 Abs. 2 BGB zu einer Haftung der Vertretungsorgane des herrschenden Unternehmens führen kann.[120]

51   Eine von der vorstehend erörterten zu unterscheidende Frage ist, inwieweit das durch die betreffende Maßnahme für die Gesellschaft entstehende Risiko eine **bilanzielle Berücksichtigung und Modifizierung der zu § 30 geltenden Grundsätze** notwendig macht. Insoweit ist in der Literatur vorgeschlagen worden, im Rahmen der Ermittlung der Grenze des § 30 Abs. 1 auf Liquidations- statt auf die bisherigen Fort-

---

[117] Vgl. auch BGHZ 9, 157, 173 f. = NJW 1953, 780; BGHZ 144, 365 = NJW 2000, 2819; BGH DStR 2001, 1898, jeweils zur Einziehung; *Hachenburg/Goerdeler/Müller* Rn. 76.

[118] *Ulmer*, FS 100 Jahre GmbHG, 1992, S. 363, 366; *Henze* Höchstrichterliche Rechtsprechung zum Recht der GmbH, 1993, S. 169; *K. Schmidt* GesR § 37 III 2 d; aA *Flume* Juristische Person § 8 IV 2; *Winter* ZHR 148 (1984), 579, 588 ff.; *Hachenburg/Goerdeler/Müller* § 29 Rn. 134; iE hierzu § 29 Rn. 158 ff.

[119] Vgl. etwa RGSt 42, 278, 282; 71, 353, 355; BGHSt 3, 23, 25; 34, 382; 35, 333; *Gribbohm* ZGR 1990, 1 ff.; kritisch etwa *Kohlmann*, FS Werner, 1984, S. 387 ff. mwN zur Rspr.; *Ulmer*, FS Pfeiffer, 1988, S. 853, 868; *Brammsen* DB 1989, 1609 ff.; *Scholz/Westermann* Rn. 8, 16; eingehend *Radke* GmbHR 1998, 361, 364 ff.; zurückhaltend *Lutter/Hommelhoff* Rn. 7.

[120] BGH NJW 2001, 3622, 3623 f.

setzungswerte abzustellen und hierdurch die mit der Maßnahme für die Gesellschaft drohende Gefahr unter Gesichtspunkten des Gläubigerschutzes zu berücksichtigen, da ein Festhalten an den bis dahin zugrunde zu legenden Fortsetzungswerten in dieser Situation wegen der zweifelhaften Zukunftsprognose nicht sachgerecht sei.[121] Diese Auffassung durchbricht die sonst für § 30 geltenden Grundsätze (Rn. 9ff.) und ist deshalb **abzulehnen**. Die erwogene Durchbrechung erscheint auch nicht notwendig, **nachdem** die neuere und zutreffende Auffassung von einem **Anspruch der GmbH** nicht nur auf Erhaltung ihres Stammkapitals, sondern auch **auf Gewährleistung ihres Bestandsschutzes** ausgeht.[122]

c) **§§ 134, 812, 823 BGB; Missbrauch der Vertretungsmacht.** Beruht der 52 Verstoß gegen § 30 auf einem schuldrechtlichen Rechtsgeschäft zwischen der Gesellschaft und einem Gesellschafter bzw. einem ihm gleichzustellenden Dritten, scheidet eine Anwendung des **§ 134 BGB** hinsichtlich eines schuldrechtlichen bzw. dinglichen Rechtsgeschäfts neben den §§ 30, 31 auch dann aus, wenn es den Beteiligten auf die Umgehung der Kapitalerhaltungsvorschriften ankam (Rn. 45). Da § 30 nicht auf subjektive Umstände abstellt, ist § 134 auch bei einem bewussten Verstoß gegen die Kapitalerhaltungsvorschriften nicht tangiert und § 134 BGB deshalb nicht einschlägig. Die Leistung ist mit Rechtsgrund erfolgt, so dass § 812 BGB ausscheidet.[123] Ist eine Leistung demgegenüber rechtsgrundlos an den Gesellschafter zu Lasten des zur Erhaltung des Stammkapitals notwendigen Vermögens ausgekehrt worden und ist die für § 30 erforderliche (Rn. 30) Leistung der Gesellschaft zu bejahen, wurde beispielsweise unter Verstoß gegen die Beschränkungen des § 33 Abs. 2 ein eigener Anteil erworben, steht einer Anwendung des **§ 812 BGB** ggf. neben § 31 nichts entgegen. Es liefe auf eine nicht gerechtfertigte Besserstellung des Empfängers der Leistung gegenüber sonstigen Leistungsempfängern hinaus, wenn seine gleichzeitige Zugehörigkeit zur Gesellschaft zum Anlass genommen würde, die gegen ihn gerichteten Ansprüche im Ergebnis allein der ggf. kürzeren (vgl. § 31 Abs. 5 S. 1 gegenüber § 852 BGB) Verjährungsfrist zu unterwerfen. Zu Ansprüchen nach § 823 BGB s. Rn. 44, 50.

Die Frage, ob die allgemeinen Grundsätze über den **Missbrauch der Vertre-** 53 **tungsmacht der Geschäftsführer** neben den §§ 30, 31, 43 anwendbar sind, kann nicht nur im Verhältnis zwischen Gesellschaft und Gesellschafter relevant werden, sondern auch dann, wenn der Geschäftsführer namens der Gesellschaft mit einem Dritten unter evidentem Überschreiten der nach § 30 zulässigen Grenzen ein Rechtsgeschäft abschließt, also etwa trotz Vorliegens einer Unterbilanz ohne betriebliche Veranlassung Bankschulden des Gesellschafters tilgt oder zu seinen Gunsten eine Sicherheit bestellt (s. hierzu auch Rn. 35ff.). Ob in derartigen, in der Praxis bei Unternehmensverbindungen häufigen Fällen ein Berufen auf den Missbrauch der Vertretungsmacht möglich ist, ist streitig.[124] Nach zutreffender Auffassung ist die Anwendbarkeit zu bejahen. Angesichts der unterschiedlichen Rechtsfolgen und der unterschiedlichen Adressaten gegenüber § 30 liegt weder ein Fall der Spezialität vor noch ist sonst ein Grund erkennbar, gerade in dem hier betroffenen Bereich von der Anwendung allgemeiner Grundsätze abzusehen; der Wille der Gesellschaft ist angesichts des nicht der Disposition der Gesellschafter unterliegenden Bereichs des § 30 objektiv dahin zu bestimmen,

---

[121] *Ulmer*, FS Pfeiffer, 1988, S. 853, 868ff.; zust. Vorauf. Rn. 31.
[122] BGH NJW 2001, 3622, 3623; vgl. hierzu auch § 13 Rn. 109ff.
[123] BGHZ 136, 125, 129ff.
[124] Verneinend *Joost* ZHR 148 (1984), 27, 30 Fn. 10; *Oetker* KTS 1991, 521, 535; *Schön* ZHR 159 (1995), 351, 366 Fn. 59; *Baumbach/Hueck/Fastrich* Rn. 21.

§ 30   2. Abschnitt. Rechtsverhältnisse der Gesellschaft und der Gesellschafter

dass das zur Erhaltung des Stammkapitals erforderliche Vermögen nicht ausgekehrt werden darf.[125]

III. Die Rückzahlung von Nachschüssen (Abs. 2)

54 **1. Überblick.** § 30 Abs. 2 erlaubt unter bestimmten Voraussetzungen die Rückzahlung von Nachschüssen, soweit diese nicht zur Deckung eines Verlustes am Stammkapital erforderlich sind. Die Bestimmung setzt damit das Bestehen der **Nachschusspflicht gem.** § 26 sowie eine bereits hierauf erfolgte Leistung voraus und regelt die Zulässigkeit von Rückzahlungen dieser Nachschüsse; insoweit knüpft die Vorschrift an §§ 26 bis 28 an.[126] **Freiwillige Zuschüsse** der Gesellschafter, die ohne satzungsrechtliche Verpflichtung erbracht werden, unterfallen nicht dem Anwendungsbereich der Bestimmung;[127] insoweit können sich aber Einschränkungen hinsichtlich der Geltendmachung von Rückforderungsansprüchen aus einem etwaigen Finanzplancharakter der Leistung oder aus dem Kapitalersatzrecht ergeben (hierzu § 32a Rn. 46 ff., 138 ff.).

55 § 30 Abs. 2 S. 1 der Vorschrift unterwirft die geleisteten Nachschüsse unter den dort genannten Voraussetzungen der Bindung des Eigenkapitals. **§ 30 Abs. 2 S. 2** bestimmt das für die Rückzahlung einzuhaltende Verfahren. **§ 30 Abs. 2 S. 3** regelt die Rechtslage im Falle der nach § 28 Abs. 2 statutarisch vorgesehenen Nachschusspflicht vor Volleinzahlung des Stammkapitals. Gemäß **§ 30 Abs. 2 S. 4** gilt nach Rückzahlung des Nachschusses dieser als nicht eingezogen; diese Vorschrift stellt, da der Nachschuss tatsächlich zunächst eingezogen worden ist, eine Fiktion dar und eröffnet die Möglichkeit einer erneuten Einforderung, ohne dass dieser der Erfüllungseinwand entgegengehalten werden könnte. **Die Bestimmung des Abs. 2 ist als Mindestanforderung zwingend;** die Satzung kann für die Rückzahlung der Nachschüsse nur höhere, aber keine geringeren Anforderungen vorsehen. Reichen die Mittel für die Rückzahlung des vollen Nachschusses nicht aus, kann unter Berücksichtigung des § 30 Abs. 1 nur eine Teilrückzahlung erfolgen.

56 Geleisteten Nachschüssen kommt eine Sonderstellung zu, die bereits in ihrer bilanziellen Behandlung deutlich wird. Sie werden in die Kapitalrücklage nach § 266 Abs. 3 A II HGB eingestellt, dürfen jedoch anders als die übrigen Kapitalrücklagen nur unter den erschwerten Bedingungen des § 30 Abs. 2 zurückgezahlt werden. Diese Zwischenstellung erklärt sich daraus, dass es sich bei den Nachschüssen einerseits um unternehmerisches Risikokapital der Gesellschaft handelt,[128] sie jedoch andererseits nicht im Handelsregister verlautbart werden[129] und deshalb auch unter Gläubigerschutzaspekten nicht mit dem Stammkapital gleichgesetzt werden müssen. Aus diesem Grunde sind auch die §§ 19 Abs. 2 und 5, 43 Abs. 2 auf Nachschüsse nicht anzuwenden.[130]

57 **2. Rückzahlungsvoraussetzungen.** Hinsichtlich der Zulässigkeit der Rückzahlung von geleisteten Nachschüssen ist zwischen materiellen und formellen Zulässigkeitsvoraussetzungen zu unterscheiden:

---

[125] Mit ausführlicher Begründung *Steinbeck* WM 1999, 885, 889 ff.; *Kühbacher* Darlehen an Konzernunternehmen: Besicherung und Vertragsanpassung, 1993, S. 71 ff.; bejahend auch *Roth/Altmeppen* Rn. 48; zum Aktienrecht auch GroßkommAktG/*Henze* § 57 Rn. 217.
[126] *Hachenburg/Goerdeler/Müller* Rn. 91; *Scholz/Westermann* Rn. 44.
[127] *Hachenburg/Goerdeler/Müller* Rn. 94; *Scholz/Westermann* Rn. 45.
[128] Zutr. *Lutter/Hommelhoff* Rn. 51.
[129] RGZ 87, 179.
[130] *Hachenburg/Goerdeler/Müller* Rn. 91; *Scholz/Westermann* Rn. 44; zu der deshalb teilweise problematischen Rechtsprechung des BGH zu Finanzplankrediten s. § 32a Rn. 57.

Rückzahlungen | **§ 30**

a) Materielle Zulässigkeitsvoraussetzungen. Nach § 30 Abs. 2 S. 1 können die 58 geleisteten Nachschüsse nur insoweit an die Gesellschafter zurückgezahlt werden, als sie nicht zur Deckung eines Verlustes am Stammkapital erforderlich sind. Eine **Unterbilanz** darf daher durch die Rückzahlung der Nachschüsse nicht entstehen. Das Entstehen einer **Überschuldung** steht dem im Hinblick auf die bei § 30 Abs. 1 zugrunde zu legende bilanzielle Betrachtungsweise (Rn. 7 ff.) gleich. Bei der Ermittlung des Betrags, der zulässigerweise zurückgezahlt werden darf, ist der Gegenwert für Rücklageposten nicht zu berücksichtigen, ebenso wenig muss der auf die (gerade zurückzuzahlenden) Nachschüsse entfallende Gegenwert durch die Aktivseite der Bilanz gedeckt sein.[131] Maßgeblich für die Beurteilung der Zulässigkeit der Zurückzahlung ist dabei entsprechend den allgemeinen Grundsätzen (Rn. 11) der **Zeitpunkt** der Auszahlung.[132] Hat sich die Lage der Gesellschaft zwischen dem Gesellschafterbeschluss (Rn. 60) über die Rückzahlung des Nachschusses und dem Ablauf der Sperrfrist (Rn. 62) derart verschlechtert, dass die Auszahlung zu einer Unterbilanz führen oder eine bereits bestehende vertiefen würde, muss die Auszahlung unterbleiben. Die Gesellschaft trifft dann ein Zahlungsverbot, sie ist nicht etwa nur zur Verweigerung der Auszahlung berechtigt (zur parallelen Bestimmung des Abs. 1 s. Rn. 44). Reichen die zur Verfügung stehenden Mittel nicht aus, um alle Nachschüsse zurückzuzahlen, ist jeder Anspruch anteilig zu kürzen. Stellt sich die Unzulänglichkeit erst heraus, nachdem bereits an einzelne Gesellschafter ausgezahlt wurde, haben sich die Gesellschafter untereinander anteilig auszugleichen.[133]

Weitere materielle Zulässigkeitsvoraussetzungen lassen sich § 30 Abs. 2 S. 3 59 entnehmen. Hiernach ist bei satzungsmäßig vorgesehener Einforderbarkeit von Nachschüssen vor Volleinzahlung des Stammkapitals (§ 28 Abs. 2) eine Rückzahlung unzulässig, wenn das Stammkapital nicht inzwischen voll eingezahlt ist. Über die Zulässigkeit der Rückzahlung in sonstigen Fällen enthält die Bestimmung keine Regelung, bestimmt also nichts darüber, wann eine Rückzahlung außerhalb dieser Gestaltung zulässig ist. Aus der Vorschrift lässt sich jedoch der Erst-recht-Schluss ableiten, dass über ihren Wortlaut hinaus Nachschüsse allgemein nur zurückgezahlt werden dürfen, wenn die Stammeinlagen voll eingezahlt sind. Denn wenn bereits im Falle der noch nicht eingeforderten Stammeinlage (vgl. § 28 Abs. 2) eine Rückzahlung von Nachschüssen unzulässig ist, muss dies erst recht gelten, wenn die Stammeinlage zwar eingefordert, aber bislang noch nicht eingezahlt ist.[134] Die **Volleinzahlung des Stammkapitals** ist damit (ungeschrieben) in jedem Falle materielle **Voraussetzung der Rückzahlbarkeit von Nachschüssen**; auch diese Voraussetzung ist zwingendes Recht und der Disposition der Parteien entzogen. Zu der hieran deutlich werdenden Sonderstellung geleisteter Nachschüsse und ihrer partiellen Gleichstellung mit dem Stammkapital s. Rn. 56.

b) Formelle Zulässigkeitsvoraussetzungen. § 30 Abs. 2 S. 2 setzt das Bestehen 60 eines Rückzahlungsbeschlusses voraus. Es muss daher ein **wirksamer Gesellschafterbeschluss** vorliegen, der vorbehaltlich einer abweichenden Satzungsbestimmung mit einfacher Mehrheit gefasst werden kann (§ 46 Abs. 1 Nr. 3; § 47 Abs. 1). Die Zuständigkeit zur Beschlussfassung kann in der Satzung jedoch auch an ein anderes Organ als

---

[131] *Hachenburg/Goerdeler/Müller* Rn. 96; *Scholz/Westermann* Rn. 47.
[132] *Baumbach/Hueck/Fastrich* Rn. 24; *Hachenburg/Goerdeler/Müller* Rn. 97; *Scholz/Westermann* Rn. 47.
[133] *Hachenburg/Goerdeler/Müller* Rn. 97; *Scholz/Westermann* Rn. 47.
[134] *Baumbach/Hueck/Fastrich* Rn. 25; *Hachenburg/Goerdeler/Müller* Rn. 97; *Scholz/Westermann* Rn. 48; *Meyer-Landrut/Miller/Niehus* Rn. 14.

§ 30 2. Abschnitt. Rechtsverhältnisse der Gesellschaft und der Gesellschafter

die Gesellschafterversammlung übertragen werden, etwa an einen Beirat, einen Aufsichtsrat oder den Geschäftsführer.[135] Der Beschluss muss präzise angeben, in welcher **Höhe** und zu welchem **Zeitpunkt** die Rückzahlung gegebenenfalls an welche Gesellschafter erfolgen soll. Der Beschluss ist Voraussetzung für das Entstehen eines Rückzahlungsanspruchs bei dem Gesellschafter.

61 Liegt ein wirksamer Beschluss der Gesellschafterversammlung vor, so ist der Rückzahlungsbeschluss unter Angabe des Betrags und dem Zeitpunkt der Rückzahlung gemäß § 30 Abs. 2 S. 2 in den in der Satzung genannten öffentlichen Bekanntmachungsblättern der Gesellschaft zu **veröffentlichen**. Welche Blätter die Gesellschaftsblätter sind, ergibt sich aus der Satzung; sind dort – was zulässig ist – keine benannt, hat die Veröffentlichung in den für die Bekanntmachungen des Handelsregisters bestimmten Blättern zu erfolgen, also im Bundesanzeiger und einem weiteren, vom Gericht bestimmten Blatt (§§ 10, 11 HGB).[136]

62 Die Rückzahlung des Nachschusses darf nicht vor dem **Ablauf von drei Monaten,** nachdem der Rückzahlungsbeschluss bekanntgemacht worden ist, erfolgen; § 30 Abs. 2 S. 2. Wird in mehreren Blättern veröffentlicht, beginnt der Fristlauf entsprechend dem Rechtsgedanken in § 10 Abs. 2 HGB mit der Veröffentlichung in dem zuletzt erschienenen Blatt.[137] Diese Frist stellt eine gewisse Sicherheit für diejenigen Gläubiger dar, die im Vertrauen auf das Vorhandensein der Nachschüsse mit der Gesellschaft kontrahiert haben,[138] gleichzeitig gewährleistet sie, dass mögliche Geschäftspartner um die Rückzahlung der womöglich noch in der letzten Bilanz ausgewiesenen Nachschüsse wissen.

63 **c) Rechtslage nach Rückzahlung.** Bei **zulässiger Rückzahlung,** wenn also die Rückzahlung unter Beachtung der materiellen und formellen Voraussetzungen erfolgte, gelten die zurückgezahlten Nachschüsse gemäß § 30 Abs. 2 S. 4 als „nicht eingezogen". Der frühere Einziehungsbeschluss ist durch den Rückzahlungsbeschluss überholt.[139] Die zurückgezahlten Nachschüsse können auf der Grundlage des früheren Beschlusses nicht erneut eingezogen werden, aber auch ein Erfüllungseinwand des Gesellschafters ist im Hinblick auf die Fiktion des § 30 Abs. 2 S. 4 ausgeschlossen und kann einer erneuten Einforderung nicht entgegengehalten werden. Ist die Nachschusspflicht auf einen bestimmten Betrag beschränkt (§ 26 Abs. 3) oder tritt das Abandonrecht erst ab einer bestimmten Höhe ein (§ 27 Abs. 4), werden für die Berechnung des maßgeblichen Betrags die ursprünglich eingeforderten und geleisteten, jetzt aber zurückgezahlten Nachschüsse nicht mitgerechnet. Die Satzung kann jedoch abweichend hiervon bestimmen, dass auch zurückgezahlte Nachschüsse bei der Berechnung der geleisteten Nachschüsse zu berücksichtigen sind und die Nachschusspflicht trotz der Rückzahlung als erloschen gilt.[140]

64 Wer als **empfangsberechtigt** gegenüber der Gesellschaft anzusehen ist, richtet sich nach der Anmeldung gemäß § 16. Da es um das Entstehen des Rückzahlungsanspruchs geht, ist darauf abzustellen, wer zum Zeitpunkt der Beschlussfassung nach § 30 Abs. 2

---

[135] *Hachenburg/Goerdeler/Müller* Rn. 99; *Scholz/Westermann* Rn. 49.

[136] *Hachenburg/Goerdeler/Müller* Rn. 100.

[137] *Baumbach/Hueck/Fastrich* Rn. 24; *Hachenburg/Goerdeler/Müller* Rn. 101; anders *Scholz/Westermann* Rn. 49: Maßgeblichkeit der ersten Veröffentlichung.

[138] *Baumbach/Hueck/Fastrich* Rn. 24.

[139] Ähnlich *Hachenburg/Goerdeler/Müller* Rn. 104: Rückzahlungsbeschluss hebt Einforderungsbeschluss auf; *Scholz/Westermann* Rn. 50: Einforderungsbeschluss erledigt.

[140] *Baumbach/Hueck/Fastrich* Rn. 27; *Hachenburg/Goerdeler/Müller* Rn. 104; *Scholz/Westermann* Rn. 50.

S. 2 Gesellschafter war. Wurde der Nachschuss von einem Rechtsvorgänger des Gesellschafters geleistet, richtet sich die Frage einer etwaigen Erstattung diesem gegenüber nach dem jeweiligen Innenverhältnis; im Zweifel besteht keine Ausgleichspflicht untereinander.[141]

3. Rechtsfolgen unzulässiger Rückzahlung. Wurden die materiellen oder formellen Voraussetzungen einer Rückzahlung nicht beachtet, ist die Rückzahlung der Vorschrift des § 30 zuwider geleistet und als **unzulässige Rückzahlung** nach § 31 zu erstatten.[142]

IV. Die Anwendung auf die GmbH & Co. KG

In der GmbH & Co. KG gelten grundsätzlich die gesetzlichen Vorschriften über die Zulässigkeit und die Rechtsfolgen einer Kapitalrückgewähr (§§ 30 f. GmbHG, §§ 171 f. HGB) jeweils getrennt danach, welche der Gesellschaften die Zahlung erbringt. Dieser Grundsatz wird jedoch durch Ausnahmen im Hinblick auf mittelbare Folgen einer Auszahlung sowohl in personeller Hinsicht (Erstreckung der Haftung auf Kommanditisten) als auch in gegenständlicher Hinsicht (Leistungen aus dem Vermögen der KG) erweitert. Im einzelnen sind hinsichtlich der Anwendung des § 30 auf die GmbH & Co. KG **drei Grundgestaltungen** zu unterscheiden: Auszahlungen an einen Kommanditisten, der zugleich Gesellschafter der Komplementär-GmbH ist (Rn. 67 ff.); Auszahlungen an einen Kommanditisten, der nicht gleichzeitig auch an der GmbH beteiligt ist (Rn. 72); Auszahlungen an einen Gesellschafter, der nur an der GmbH, nicht aber an der KG beteiligt ist (Rn. 73). Zur Frage, welcher Gesellschaft der jeweilige Rückzahlungsanspruch zusteht, vgl. § 31 Rn. 72 ff.

1. Empfänger ist GmbH-Gesellschafter und Kommanditist. Sind die Kommanditisten zugleich Gesellschafter der Komplementär-GmbH, wie dies der Regelfall sein dürfte, ist darauf abzustellen, aus welchem Vermögen die Auszahlung erfolgt ist.

a) Leistung aus dem GmbH-Vermögen. Erhalten die Kommanditisten in ihrer Eigenschaft als GmbH-Gesellschafter von der persönlich haftenden GmbH Auszahlungen von dieser, so ist § 30 unmittelbar anwendbar.[143]

b) Leistung aus dem KG-Vermögen. Erfolgen die **Zahlungen aus dem Vermögen der KG**, sind zwei nebeneinander anwendbare Haftungskomplexe berührt, §§ 172 Abs. 4, 172 Abs. 1 HGB und § 30:[144]

– Eine Auszahlung der Kommanditeinlage nach § 172 Abs. 4 HGB ist zulässig und führt zum Wiederaufleben der Haftung gem. § 171 Abs. 1 HGB. Die Haftung nach §§ 30, 31 (hierzu sogleich Rn. 71) wird hierdurch nicht berührt.[145]

– Soweit die Auszahlung gegen § 30 verstößt, ist sie verboten und führt zu Rückzahlungsansprüchen nach § 31. Ein solcher Verstoß gegen § 30 liegt dann vor, wenn der Kommanditist, der zugleich Gesellschafter der GmbH ist, eine Auszahlung erhält, die mittelbar das zur Erhaltung des Stammkapitals erforderliche Vermögen bei der GmbH beeinträchtigt. Fälle dieser Art sind etwa Auszahlungen der KG, durch die die Beteiligung der GmbH an der KG derart an Wert verliert, dass sie wertberichtigt werden muss und bei der GmbH zu einer Unterbilanz führt bzw. eine sol-

---

[141] Hachenburg/Goerdeler/Müller Rn. 105.
[142] Scholz/Westermann Rn. 51; Hachenburg/Goerdeler/Müller Rn. 103 – unter Aufgabe ihrer früheren Auffassung, nach der zwischen der Art des Fehlers zu differenzieren sein sollte.
[143] Hachenburg/Goerdeler/Müller Rn. 86; Scholz/Westermann Rn. 39.
[144] BGHZ 60, 324, 327 = NJW 1973, 1036.
[145] BGHZ 60, 324, 327 = NJW 1973, 1036.

che vertieft.[146] Eine Unterbilanz kann bei der Komplementär-GmbH jedoch auch dann entstehen, wenn die Auszahlung zu einer Überschuldung der KG geführt hat und die für Gesellschaftsverbindlichkeiten persönlich haftende GmbH (§§ 161 Abs. 2, 128 HGB) deshalb gegen die KG keinen realisierbaren Haftungsfreistellungsanspruch nach §§ 110, 161 Abs. 2 HGB hat; denn in diesem Fall kann die GmbH die auf der Passivseite ihrer Bilanz einzustellenden Verbindlichkeiten gegenüber Dritten nicht durch entsprechende Rückgriffsansprüche auf der Aktivseite ausgleichen.[147] Verfügt die GmbH dagegen auch unter Berücksichtigung dieser mittelbaren Folgen noch über das zur Deckung des Stammkapitals erforderliche Vermögen, ist eine Haftung nach §§ 30, 31 ausgeschlossen; eine etwaige Haftung des Kommanditisten, an den die Auszahlung erfolgt ist, nach §§ 172 Abs. 4, 171 Abs. 1 richtet sich nach den Voraussetzungen dieser Bestimmungen.

72 **2. Empfänger ist nur Kommanditist.** Die Auszahlungssperre des § 30 gilt unter Aspekten des Gläubigerschutzes in entsprechender Anwendung auch dann, wenn der Auszahlungsempfänger Kommanditist, aber nicht zugleich Gesellschafter der Komplementär-GmbH ist. Insoweit bestehen gegenüber der Konstellation, in der der Kommanditist zugleich Gesellschafter der GmbH ist (Rn. 67 ff.), keine Unterschiede, ungeachtet dessen, aus welchem Vermögen die Leistung erfolgt.[148] Auch hier bleibt die Kommanditistenhaftung nach §§ 172 Abs. 4, 171 Abs. 1 HGB unberührt.

73 **3. Empfänger ist nur GmbH-Gesellschafter.** Entsprechendes gilt für Leistungen aus dem Vermögen der KG an eine Person, die nur Gesellschafter der GmbH, nicht aber auch Kommanditist ist. Auch insoweit verbietet § 30 eine Auszahlung, durch die das zur Deckung des Stammkapitals erforderliche Vermögen der GmbH mittelbar geschmälert würde.[149] Soweit es nicht um Leistungen der KG, sondern um solche der GmbH geht, ist § 30 unmittelbar einschlägig.

V. Die Anwendung des § 30 Abs. 1 auf verbundene Unternehmen, wechselseitige Beteiligungen

74 Hinsichtlich der Rechtslage bei verbundenen Unternehmen[150] ist zwischen vertraglichen und faktischen **Unternehmensverbindungen** zu unterscheiden:

---

[146] BGHZ 60, 324, 328 = NJW 1973, 1036; *Hachenburg/Goerdeler/Müller* Rn. 83; *Scholz/Westermann* Rn. 39.

[147] BGHZ 60, 324, 328 = NJW 1973, 1036; BGHZ 69, 274, 280 = NJW 1978, 160; BGHZ 76, 60, 324, 328 ff. = NJW 1980, 1524; BGHZ 110, 342, 346 = NJW 1990, 1725; *Kuhn* Ehrengabe Heusinger, 1968, S. 203, 215; *Hachenburg/Goerdeler/Müller* Rn. 83; *Scholz/Westermann* Rn. 39.

[148] BGHZ 110, 342, 355 ff. = NJW 1990, 1725 gegen die früher hM; *Hunscha* GmbHR 1973, 257, 260; *Roth/Altmeppen* Rn. 75; *Baumbach/Hueck/Fastrich* Rn. 23; *Hachenburg/Goerdeler/Müller* Rn. 85; *Lutter/Hommelhoff* Rn. 49; *dies.* ZGR 1979, 31, 48; *Schlegelberger/K. Schmidt* §§ 171, 172 HGB Rn. 132; *ders.* in *Scholz* §§ 32a, 32b Rn. 206; *Werner* WuB II G § 30 3/91; *Karollus*, FS Kropff, 1997, S. 669, 673: Einbeziehung beruhe auf Charakter der KG als Gesellschaft mit letztlich „beschränkter Haftung"; ähnlich auch *K. Schmidt* GmbHR 1989, 141, 143: Anwendung der §§ 30, 31 auf die GmbH & Co. als solche; *ders.* in *Scholz* §§ 32a, 32b Rn. 214; s. hierzu auch noch § 32a Rn. 255; zweifelnd *Scholz/Westermann* Rn. 40; aA OLG Hamburg GmbHR 1986, 232; *v. Gerkan* GmbHR 1986, 218, 224.

[149] *Hunscha* GmbHR 1973, 257, 259; *Winkler* NJW 1969, 1009; *Kuhn* Ehrengabe Heusinger, 1968, S. 203, 213 f.; *Fleck*, FS 100 Jahre GmbHG, 1992, S. 391, 419; *Hachenburg/Goerdeler/Müller* Rn. 84; *Scholz/Westermann* Rn. 39.

[150] Ausführlich zu den hiermit betroffenen Fragen *Cahn* Kapitalerhaltung im Konzern, 1998, passim.

1. Vertragliche Unternehmensverbindungen. Bei Vorliegen eines isolierten **75** **Gewinnabführungsvertrags** ist ungeachtet der entsprechend § 302 Abs. 1 AktG bestehenden Verlustübernahmepflicht die Grenze des § 30 Abs. 1 zu beachten;[151] dies ergibt sich bereits aus dem Rechtsgedanken des § 301 AktG. Bei **Beherrschungsverträgen** ist die Rechtslage außerordentlich umstritten. Teilweise wird angenommen, die Kapitalbindungsvorschriften seien im Hinblick auf die in diesem Falle gebotene Analogie zu § 302 Abs. 1 AktG unanwendbar.[152] Nach anderer Auffassung soll dies nur dann gelten, wenn der Verlustübernahmeanspruch vollwertig erscheint.[153] Schließlich wird auch vertreten, § 30 Abs. 1 sei in jedem Fall anzuwenden.[154] Nach zutreffender Ansicht ist auch im GmbH-Recht die in § 291 Abs. 3 AktG zum Ausdruck gekommene gesetzgeberische Wertung zu beachten, wonach im Hinblick auf das Bestehen der Verlustausgleichspflicht die Bestimmungen über die Kapitalbindung außer Kraft gesetzt sind. Entsprechend § 291 Abs. 3 AktG ist daher § 30 Abs. 1 *insoweit* unanwendbar, als es um Leistungen geht, die die Gesellschaft aufgrund des Beherrschungsvertrags erbringt. Leistungen, die hierdurch gedeckt sind, unterfallen ausschließlich dem Anwendungsbereich des Rechts der Beherrschungsverträge. Für Zuwendungen außerhalb dieses Bereichs gilt die Kapitalbindung nach § 30 Abs. 1. Dabei ist zu beachten, dass durch den Vertrag nur Weisungen gedeckt sind, die vom anderen Vertragsteil stammen; Dritten steht auch bei Vorliegen einer durchlaufenden Kette von Beherrschungsverträgen kein Weisungsrecht zu.[155]

2. Faktische Unternehmensverbindungen. Das Vorliegen einer faktischen Un- **76** ternehmensverbindung kann Verstöße gegen die Kapitalbindung nach § 30 Abs. 1 nicht rechtfertigen, und zwar unabhängig davon, ob man bei Vorliegen eines qualifizierten faktischen Konzerns von einer Verpflichtung des herrschenden Unternehmens zur Verlustübernahme entsprechend § 302 Abs. 1 AktG ausgeht;[156] soweit sich Verstöße gegen § 30 Abs. 1 isolieren lassen, sind sie gesondert auszugleichen, was sich seinerseits wiederum auf den zu übernehmenden Verlust auswirkt.[157] Hinsichtlich der subjektiven Reichweite des Verbots nach § 30 Abs. 1 ist darauf abzustellen, ob der Empfänger Einfluss auf das Verhalten der Gesellschaft ausüben kann. Die von der Rechtsprechung hierfür geforderte „maßgebliche Beteiligung"[158] bzw. „typische Ein-

---

[151] Ebenso *Sonnenschein* Organschaft und Konzerngesellschaftsrecht, 1976, S. 345.
[152] *Hommelhoff* WM 1984, 1105, 1110; *Fleck* ZGR 1990, 31, 47; *ders.*, FS 100 Jahre GmbHG, 1992, S. 391, 395 – unter Aufgabe seiner gegenteiligen Ansicht in ZHR 149 (1985), 387, 414; wohl auch *Scholz/Westermann* Rn. 35.
[153] *Sonnenhol/Stützle* DB 79, 925, 927; *Meister* WM 1980, 390, 399 f.; *Brandes,* FS Kellermann, 1991, S. 25, 33.
[154] *Hachenburg/Goerdeler/Müller* Rn. 72.
[155] Str., vgl. zu dieser Problematik aus aktienrechtlicher Sicht *Pentz* Die Rechtsstellung der Enkel-AG in einer mehrstufigen Unternehmensverbindung, 1994, S. 111 ff.; *ders.* NZG 2000, 1103, 1106; *Altmeppen* Die Haftung des Managers im Konzern, 1998, S. 121; MüKo AktG/ *Pentz* § 308 Rn. 34 ff., 51 ff.; *Emmerich* in *Emmerich/Habersack* Aktien- und GmbH-Konzernrecht, § 308 Rn. 6; *Habersack* in *Emmerich/Habersack* Aktien- und GmbH-Konzernrecht, § 311 Rn. 18.
[156] Gegen eine solche Verlustübernahmepflicht und statt dessen für einen Anspruch der Gesellschaft auf Gewährleistung ihres Bestandsschutzes in Abkehr von seiner früheren Rechtsprechung BGH NJW 2001, 3622, 3623; s. hierzu auch § 13 Rn. 109 ff.
[157] Die insoweit differenzierende Auffassung von *Cahn* ZIP 2001, 2159, der erst die Verlustübernahme und dann den Einzelausgleich berücksichtigen will, ist mit dem bilanziellen Ansatz von § 302 Abs. 1 AktG nicht vereinbar.
[158] BGHZ 81, 311, 315; BGH NJW 1984, 1036; NJW-RR 1986, 579; NJW 1991, 1057.

flussmöglichkeit"[159] wird in der Regel bei einem herrschenden Unternehmen im Sinne des § 17 AktG[160] zu bejahen sein;[161] in diesen Fällen ist auch eine Veranlassungsvermutung gerechtfertigt, sofern die abhängige GmbH eine betrieblich nicht veranlasste Vermögensauskehrung vorgenommen hat, die sich unmittelbar oder mittelbar zu Gunsten des herrschenden Unternehmens ausgewirkt hat.[162] Wird die Leistung nicht an das herrschende Unternehmen selbst, sondern etwa an eine Schwestergesellschaft erbracht, kommt es darauf an, ob die Leistung auf eine Veranlassung des herrschenden Unternehmens zurückzuführen ist;[163] eine etwaige Werterhöhung des Beteiligungsbesitzes des herrschenden Unternehmens genügt für eine Zurechnung allein noch nicht.[164]

77   Nicht unter den Anwendungsbereich des § 30 Abs. 1 fallen Leistungen des herrschenden Unternehmens in der Rechtsform einer GmbH an eine abhängige Gesellschaft, durch die das zur Erhaltung des Stammkapitals des herrschenden Unternehmens erforderliche Vermögen tangiert wird; solche Leistungen können allerdings im Hinblick auf die Gesellschaft eigenkapitalersetzende Leistungen darstellen (§ 32a). Eine Ausnahme hiervon gilt nur dann, wenn diese Leistung auf Anweisung der Gesellschafter des herrschenden Unternehmens erfolgt und über die Gesellschaft (mittelbar) an diese ausgekehrt wird.

78   **3. Wechselseitige Beteiligungen.** Im Zusammenhang mit wechselseitigen Beteiligungen kann es auf zwei Wegen zu einem Verstoß gegen § 30 Abs. 1 kommen: Übernimmt eine Gesellschaft im Zusammenhang mit einer Kapitalerhöhung bei einer anderen Gesellschaft, die an der ersteren bereits beteiligt ist, Geschäftsanteile, liegt hierin eine Auszahlung von Stammkapital, wenn der erworbene Anteil wertmäßig nicht zumindest die geleistete Einlage erreicht und das geleistete Entgelt aus dem für den Erhalt des Stammkapitals erforderlichen Vermögen geleistet wurde.[165] Entsprechendes kann bei einem derivativen Erwerb gelten. Erwirbt die GmbH von einer an ihr beteiligten Kapitalgesellschaft Anteile von dieser (eigene Anteile), gelten die Bemerkungen zur Rechtslage bei Kapitalerhöhungen in gleicher Weise. Erwirbt die GmbH dagegen die Anteile von einem Gesellschafter der an ihr beteiligten Kapitalgesellschaft, werden diese Anteile durch den endgültigen Kapitalabfluss aus der Unternehmensgruppe hinaus um einen anteiligen Wert vermindert, was zu einer Unterbilanz führen kann.[166] Da § 30 Abs. 1 auch mittelbare Zuwendungen erfasst, liegt in diesem Vorgang zumindest dann ein Verstoß gegen das Verbot der Kapitalrückgewähr, wenn infolge dieser Transaktion bei der Gesellschaft, deren Geschäftsanteile übertragen werden, eine Unterbilanz entsteht. Führt die Übertragung lediglich bei der erwerbenden Gesellschaft zu einer Unterbilanz, ist § 30 Abs. 1 dann verletzt, wenn nach den in Rn. 21 ff. dargelegten

---

[159] BGH NJW-RR 1991, 744.
[160] Vgl. BGH NJW-RR 1986, 579: 97,5 %ige Beteiligung; BGH NJW 1991, 357 m. Anm. *Buchner* DNotZ 1992, 376: 75 %ige Beteiligung.
[161] *Sonnenhol/Stützle* WM 1983, 2, 4; *Fleck* EWiR 85, 297; *Schneider* ZGR 1985, 279, 299; *Lutter* ZIP 1989, 477, 480; *Scholz/Westermann* Rn. 35.
[162] Vgl. hierzu auch *Cahn* Kapitalerhaltung im Konzern, 1998, S. 66 ff.
[163] BGH NJW 1991, 1057; *Scholz/Westermann* Rn. 35; vgl. aber auch *Fleck,* FS 100 Jahre GmbHG, 1992, S. 391, 417 f.; zur Zurechnung einer von einem Vorstandsmitglied einer Bank gehaltenen Beteiligung an dieser vgl. BGHZ 107, 7, 12 = NJW 1989, 1800; s. auch BGH NJW-RR 1986, 1293.
[164] *Schneider* ZGR 1984, 497, 525; *Scholz/Westermann* Rn. 35; vgl. hierzu auch *Cahn* Kapitalerhaltung im Konzern, 1998, S. 23 ff.
[165] *Hachenburg/Goerdeler/Müller* Rn. 67 ff. mit Beispielen; *Scholz/Westermann* Rn. 37.
[166] *Hachenburg/Goerdeler/Müller* Rn. 70 f. mit Beispielen.

Grundsätzen eine Kapitalrückgewähr aufgrund eines Näheverhältnisses bejaht werden kann. Im übrigen spricht jedoch viel dafür, im Falle wechselseitiger Beteiligungen § 33 entsprechend anzuwenden und den Erwerb von Anteilen an einer Kapitalgesellschaft, die bereits an der Gesellschaft beteiligt ist, nur zuzulassen, soweit der Erwerb der Anteile nicht aus gebundenem Vermögen erfolgt.[167]

Zu der hiervon jeweils zu unterscheidenden Frage, wer zur Rückgewähr des Empfangenen verpflichtet ist, vgl. § 31 Rn. 9 ff. **79**

VI. Österreichisches Recht

Die Unzulässigkeit von Zuwendungen, die sich nicht als Gewinnverwendungen **80** darstellen, werden durch § 82 ÖGmbHG verboten. Anders als das deutsche beschränkt das österreichische Recht sich dabei nicht auf den Betrag, der zur Erhaltung des Stammkapitals erforderlich ist, sondern erfasst auch jede Zuwendung der Gesellschaft außerhalb dieses Bereichs.[168] Das Verbot umfasst die offene und verdeckte Auszahlung, ggf. auch eine solche an Dritte,[169] bei Verstoß hiergegen besteht ein Rückzahlungsanspruch der Gesellschaft, für den auch die Geschäftsführer und nachrangig hierzu die übrigen Gesellschafter anteilig haften, § 83 ÖGmbHG. Die Zulässigkeit der Rückzahlung von geleisteten Nachschüssen hängt demgegenüber ebenso wie im deutschen Recht davon ab, dass das zur Erhaltung des Stammkapitals erforderliche Vermögen nicht angegriffen und eine Sperrfrist von drei Monaten nach Veröffentlichung in den Bekanntmachungsblättern eingehalten wird, § 74 iVm. § 55 Abs. 2 S. 1 ÖGmbHG. Unzulässig ist die Rückzahlung vor vollständiger Leistung des Stammkapitals, § 74 Abs. 3 ÖGmbHG. Bei Verstoß gegen diese Zulässigkeitsvoraussetzungen haften der Empfänger, die Geschäftsführer und die übrigen Gesellschafter, § 74 Abs. 4 ÖGmbHG. Eine § 30 Abs. 2 S. 2 entsprechende Bestimmung enthält § 74 Abs. 5 ÖGmbHG.

§ 31 [Erstattung von verbotenen Rückzahlungen]

(1) **Zahlungen, welche den Vorschriften des § 30 zuwider geleistet sind, müssen der Gesellschaft erstattet werden.**

(2) **War der Empfänger in gutem Glauben, so kann die Erstattung nur insoweit verlangt werden, als sie zur Befriedigung der Gesellschaftsgläubiger erforderlich ist.**

(3) **¹Ist die Erstattung von dem Empfänger nicht zu erlangen, so haften für den zu erstattenden Betrag, soweit er zur Befriedigung der Gesellschaftsgläubiger erforderlich ist, die übrigen Gesellschafter nach Verhältnis ihrer Geschäftsanteile. ²Beiträge, welche von einzelnen Gesellschaftern nicht zu erlangen sind, werden nach dem bezeichneten Verhältnis auf die übrigen verteilt.**

(4) **Zahlungen, welche auf Grund der vorstehenden Bestimmungen zu leisten sind, können den Verpflichteten nicht erlassen werden.**

(5) **¹Die Ansprüche der Gesellschaft verjähren in fünf Jahren; die Verjährung beginnt mit dem Ablauf des Tages, an welchem die Zahlung, deren Erstattung**

---

[167] Grundlegend *Lutter* Kapital S. 453 ff., 463; zust. *Verhoeven* GmbHR 1977, 102 mwN; *Hachenburg/Goerdeler/Müller* Rn. 71; *Lutter/Hommelhoff* § 33 Rn. 21; *Scholz/Westermann* Rn. 37.
[168] *Koppensteiner* § 82 Rn. 1.
[169] *Koppensteiner* § 82 Rn. 12 ff., 18.

§ 31   2. Abschnitt. Rechtsverhältnisse der Gesellschaft und der Gesellschafter

beansprucht wird, geleistet ist. ²**Fällt dem Verpflichteten eine bösliche Handlungsweise zur Last, so findet die Bestimmung keine Anwendung.**

(6) Für die in den Fällen des Absatzes 3 geleistete Erstattung einer Zahlung sind den Gesellschaftern die Geschäftsführer, welchen in betreff der geleisteten Zahlung ein Verschulden zur Last fällt, solidarisch zum Ersatz verpflichtet.

Literatur: vgl. Literaturübersicht zu § 30.

Übersicht

	Rn.		Rn.
I. Normzweck	1	2. Haftungsinhalt, Haftungsumfang	37–39
II. Regelungsgehalt von § 31 Abs. 1	2–7	3. Beweislast	40
1. Folgen einer unzulässigen Auszahlung im Sinne des § 30	2–6	4. Regressansprüche	41
2. Verletzung von Formvorschriften	7	5. Rückzahlung bei zu Unrecht erfolgter Einforderung	42
III. Der Erstattungsanspruch	8–19	VI. Erlass (§ 31 Abs. 4), Stundung, Aufrechnung, Abtretung und Vergleich	43–47
1. Auszahlungsempfänger	8	1. Erlass	43
2. Leistung an Dritte; gesamtschuldnerische Haftung mit einem dritten Empfänger	9–11	2. Stundung, Aufrechnung, Abtretung	44
3. Art und Inhalt des Erstattungsanspruchs	12–16	3. Vergleich	45–47
a) Gesellschaftsrechtliche Natur	12	VII. Verschuldenshaftung der Gesellschafter?	48
b) Inhalt	13–16	VIII. Verjährungsfragen (§ 31 Abs. 5)	49–57
4. Wegfall des Erstattungsanspruchs durch anderweitige Wiederherstellung des Stammkapitals?	17–19	1. Gutgläubiger Empfänger	49, 50
IV. Die Haftung des gutgläubigen Empfängers (§ 31 Abs. 2)	20–31	2. Bösgläubiger Empfänger	51–53
1. Allgemeines	20	3. Gegenüber haftenden Mitgesellschaftern	54
2. Begriff und Inhalt des guten Glaubens	21, 22	4. Bei Drittempfängern	55
3. Zeitpunkt der Gutgläubigkeit, Gutgläubigkeit des Empfängers	23–25	5. Hemmung und Streitverkündung	56, 57
4. Rechtsfolge der Gutgläubigkeit: Haftungsreduktion	26–29	IX. Haftung der Geschäftsführer (§ 31 Abs. 6, § 43)	58–71
a) Das zur Befriedigung der Gläubiger Erforderliche	27	1. Die Sonderregelung des § 31 Abs. 6	58–68
b) Maßgeblicher Zeitpunkt	28, 29	a) Haftungsvoraussetzungen	59, 60
5. Beweislast	30, 31	b) Anspruchsinhaber	61, 62
a) Bezüglich des gutgläubigen Empfangs der Leistung	30	c) Verschulden	63–65
b) Bezüglich der Notwendigkeit einer Rückforderung	31	d) Schadensersatzpflicht	66
V. Die Haftung der Mitgesellschafter (§ 31 Abs. 3)	32–42	e) Verjährung	67, 68
1. Haftender Personenkreis, Haftungsvoraussetzungen	32–36	2. Haftung gegenüber der Gesellschaft	69, 70
		3. Gesamtschuldnerische Haftung	71
		X. Anwendung auf die GmbH & Co. KG	72–76
		XI. Österreichisches Recht	77

I. Normzweck

1   § 31 regelt die Folgen eines Verstoßes gegen das Auszahlungsverbot des § 30. Die Bestimmung soll ergänzend zu § 30 sicherstellen, dass Vermögenswerte in Höhe des nominellen Stammkapitals der Gesellschaft den Gläubigern der Gesellschaft ungeschmälert erhalten bleiben. Folgerichtig tritt daher auch eine subsidiäre Haftung der Mitgesellschafter, wie in § 24 bei der Kaduzierung, ein, wenn die Auszahlung vom Empfänger nicht zurückerlangt werden kann (§ 31 Abs. 3). Entsprechend den strengen Grundsätzen des § 30 ist auch § 31 hinsichtlich der Regelung in den Absätzen 1 bis 5

zwingendes Recht.[1] Zu der Erweiterung des Anwendungsbereichs von § 31 durch das DMBilG vgl. § 30 Rn. 3. § 31 ist seit 1892 unverändert.

II. Regelungsgehalt von § 31 Abs. 1

1. Folgen einer unzulässigen Auszahlung im Sinne des § 30. § 31 Abs. 1 regelt die Folgen einer nach § 30 unzulässig erfolgten Auszahlung an einen Gesellschafter oder Auszahlung an einen Dritten zugunsten eines Gesellschafters. Die Regelung des § 31 Abs. 1 ist **nicht abdingbar** und streng auszulegen. Der Wortlaut „müssen ... erstattet werden" stellt dies klar. 2

Die Erstattung hat ausschließlich an die Gesellschaft zu erfolgen. Sie allein ist für die Geltendmachung des Anspruchs gegenüber dem Empfänger der gemäß § 30 unzulässigen Auszahlung legitimiert.[2] Die Geltendmachung **setzt keinen Gesellschafterbeschluss voraus,** sie ist entsprechend ihrer Funktion sofort fällig.[3] 3

Streitig ist, inwieweit die **Abtretbarkeit, Verpfändbarkeit und Pfändbarkeit** eines Anspruchs der Gesellschaft aus § 31 bejaht werden kann. Teilweise wird im Anschluss an die ältere Rechtsprechung vertreten, die Wirksamkeit dieser Rechtsgeschäfte setze voraus, dass der Gesellschaft eine vollwertige Gegenleistung zukommt bzw. die gegen die Gesellschaft gerichtete Gläubigerforderung, zu deren Erfüllung die Forderung aus § 31 abgetreten wird, vollwertig ist, und zwar selbst dann, wenn es sich bei dem Vertragspartner um einen gesellschaftsfremden Dritten handelt.[4] Dem ist mit dem BGH[5] nur insoweit zu folgen, als es um die Vornahme der betreffenden Rechtsgeschäfte mit einem Gesellschafter geht. Bei Geschäften mit gesellschaftsfremden Dritten besteht kein Anlass, diese in den Kreis der den Bindungen des § 30 unterliegenden Personen mit einzubeziehen.[6] Bedenken bezüglich einer etwaigen Ungleichbehandlung der Gläubiger oder Umgehungsgesichtspunkten ist durch die Regeln der Insolvenz- bzw. der Gläubigeranfechtung,[7] ggf. auch durch eine Haftung der Geschäftsführer wegen sorgfaltswidriger Geschäftsführung zu begegnen. 4

Geltend zu machen ist der Anspruch der Gesellschaft durch ihre **Geschäftsführer.** Ein Geltendmachungsrecht der Gläubiger, wie es das Aktienrecht in § 62 Abs. 2 AktG einräumt, ist im GmbH-Recht nicht vorgesehen. Gesellschafter können den Anspruch nur nach den Grundsätzen über die actio pro socio (hierzu bei § 13 Rn. 114 ff.) verfolgen.[8] Ist über das Vermögen der Gesellschaft das **Insolvenzverfahren** eröffnet worden, ist ausschließlich der Insolvenzverwalter einziehungsberechtigt.[9] 5

Zu der Frage, ob die **ordnungsgemäße Aufbringung des Stammkapitals** Voraussetzung für die Anwendbarkeit der §§ 30, 31 ist, vgl. § 30 Rn. 15 f. 6

---

[1] Hachenburg/Goerdeler/Müller Rn. 3.
[2] Baumbach/Hueck/Fastrich Rn. 7; Hachenburg/Goerdeler/Müller Rn. 13; Lutter/Hommelhoff Rn. 2; Meyer-Landrut/Miller/Niehus Rn. 3; Scholz/Westermann Rn. 8.
[3] BGH NJW 1987, 779 = WM 1987, 208; BGHZ 76, 328 = NJW 1980, 1529.
[4] RG HRR 30, 1825; OLG Karlsruhe BB 1991, 1728; Ulmer, FS 100 Jahre GmbHG, 1992, S. 363, 383; zust. v. Gerkan ZHR 157 (1993), 519, 521; zweifelnd Scholz/Westermann Rn. 9.
[5] BGHZ 69, 274, 283 = NJW 78, 160 und BGHZ 53, 71, 74 = NJW 1970, 469, wohl auch BGH NJW 1995, 326, 330; zum Bestimmtheitserfordernis hierbei s. a. BGH NJW 1995, 326, 330.
[6] Baumbach/Hueck/Fastrich Rn. 7; Hachenburg/Goerdeler/Müller Rn. 15; Meyer-Landrut/Miller/Niehus Rn. 3.
[7] Lutter/Hommelhoff Rn. 3; aA Ulmer, FS 100 Jahre GmbHG, 1992, S. 363, 383 mit Hinweis auf eine drohende Umgehung des Erlassverbots nach § 31 Abs. 4; kritisch auch Scholz/Westermann Rn. 9 mwN.
[8] Hachenburg/Goerdeler/Müller Rn. 13; Lutter/Hommelhoff Rn. 4.
[9] OLG Stuttgart NZG 1998, 683 f.; Scholz/Westermann Rn. 8.

7 **2. Verletzung von Formvorschriften.** § 31 Abs. 1 spricht allgemein von „Zahlungen, die den Vorschriften des § 30 zuwider geleistet sind", unterscheidet also nicht danach, ob die Auszahlung allgemein gegen § 30 Abs. 1 oder gegen die Formvorschriften nach § 30 Abs. 2 S. 2 verstoßen hat. Im Hinblick auf diesen umfassenden Gesetzeswortlaut und dem § 30 Abs. 2 auch zugrunde liegenden Ordnungsgedanken ist eine Unterscheidung nach der Art des Verstoßes nicht veranlasst; die Rückzahlungspflicht besteht daher auch dann, wenn lediglich gegen die formalen Anforderungen des § 30 Abs. 2 verstoßen wurde, was auch einer Heilung durch nachträgliche Erfüllung der Förmlichkeiten entgegenstehen dürfte. § 31 Abs. 1 erfasst jedoch nur die aufgrund der §§ 26 bis 28 erbrachten Nachschüsse, also solche, die aufgrund einer Nachschusspflicht erbracht wurden. Freiwillig geleistete Nachschüsse unterfallen nicht der Bestimmung des Abs. 1 (§ 30 Rn. 54); bei der Zurückzahlung solcher Nachschüsse ist allerdings zu prüfen, ob auf sie die Grundsätze über die eigenkapitalersetzenden Gesellschafterdarlehn anwendbar sind und sie entsprechend § 31 Abs. 1 zurückzuzahlen sind (iE vgl. die Bem. zu §§ 32 a, 32 b).

III. Der Erstattungsanspruch

8 **1. Auszahlungsempfänger.** Der Erstattungsanspruch der Gesellschaft richtet sich grundsätzlich (vgl. aber auch Rn. 9 ff.) gegen den Gesellschafter als Empfänger der nach § 30 unzulässigen Zahlung.[10] Dies ergibt sich aus dem Umstand, dass § 30 Abs. 1 die unzulässige Auszahlung an „Gesellschafter" regelt und § 31 die Folgen solcher Auszahlung. Dass § 31 von „Empfänger" spricht, gibt deshalb für die Frage der Erstreckung der Bestimmung auf Dritte unmittelbar nichts her,[11] steht allerdings einer solchen Erstreckung auch nicht entgegen. Nichts anderes gilt, wenn die Gesellschaft die nach § 30 unzulässige Zahlung auf Verlangen des Gesellschafters an einen Dritten geleistet hat. Auch in diesem Falle haftet der Gesellschafter als Empfänger der Leistung.[12] Tritt der Gesellschafter nach Auszahlung seinen Geschäftsanteil ab, bleibt er zur Rückerstattung verpflichtet, die Verpflichtung zur Rückzahlung geht nicht mit dem Geschäftsanteil auf den Erwerber über;[13] diesen kann jedoch die Solidarhaftung nach § 31 Abs. 3 treffen.[14] Ebenso bleibt ein ehemaliger Gesellschafter auch dann zur Rückerstattung nach § 31 Abs. 1 verpflichtet, wenn er zum Zeitpunkt der schuldrechtlichen Begründung der gegen § 30 verstoßenden Auszahlung noch Gesellschafter war. Die Gesellschaftereigenschaft muss nicht zum Zeitpunkt der Auszahlung bestehen.[15] Der Gesellschafter ist auch Anspruchsgegner, wenn ein Dritter für Rechnung des Gesellschafters oder als dessen Vertreter gehandelt

---

[10] HM; *Sonnenhol/Stützle* DB 1979, 925; *Meister* WM 1980, 390, 394; *Baumbach/Hueck/Fastrich* Rn. 9, 10; *Hachenburg/Goerdeler/Müller* Rn. 16; *Meyer-Landrut/Miller/Niehus* Rn. 4; *Scholz/Westermann* Rn. 11; vgl. auch BGH NJW 1984, 1037 f.

[11] *Baumbach/Hueck/Fastrich* Rn. 10.

[12] AllgM; BGHZ 81, 368; WM 1982, 1402; *Baumbach/Hueck/Fastrich* Rn. 9; *Hachenburg/Goerdeler/Müller* Rn. 22; *Meyer-Landrut/Miller/Niehus* Rn. 4; *Scholz/Westermann* Rn. 19.

[13] *Hachenburg/Goerdeler/Müller* Rn. 17; *Scholz/Westermann* Rn. 15.

[14] Zur Verpflichtung der Gesellschaft nach Treu und Glauben zunächst den jetzigen Allein-Gesellschafter auf Rückzahlung in Anspruch zu nehmen, wenn dieser dem früheren Gesellschafter gegenüber für eine Zahlung nach § 31 Abs. 1 regresspflichtig wäre, BGH NJW 1984, 1037; 1988, 139, 140.

[15] BGHZ 13, 49, 54 = NJW 1954, 1154; BGHZ 69, 274, 280 = NJW 1978, 160; BGHZ 81, 252, 258 = NJW 1981, 2570; BGH NJW 1984, 1037; *Hachenburg/Goerdeler/Müller* Rn. 17; s. auch § 30 Rn. 17 ff.

hat.¹⁶ Wird nach einer Abtretung, Verpfändung oder nach Pfändung und Überweisung eines Zahlungsanspruchs, der wegen § 30 nicht erfüllt werden darf, von der Gesellschaft gleichwohl ausgezahlt, ist nach allgemeiner Auffassung der Zessionar oder der Pfändungsgläubiger zur Rückzahlung nach § 31 Abs. 1 verpflichtet, ein gutgläubiger Erwerb der Forderung ist ausgeschlossen;¹⁷ dies gilt allerdings nur, wenn zu diesem Zeitpunkt bereits die Haftungsvoraussetzungen des § 31 Abs. 1 vorgelegen haben.¹⁸ Soweit teilweise hierneben eine Haftung des Gesellschafters mit der Begründung angenommen wird, dieser sei stets mittelbar begünstigt,¹⁹ ist dem nicht zu folgen;²⁰ der Gesellschafter bleibt den Ansprüchen des Dritten ausgesetzt. Steht ein Geschäftsanteil nach § 18 mehreren zu, haftet jeder nach § 31 Abs. 1 auf den Betrag, den er empfangen hat.²¹

2. Leistung an Dritte; gesamtschuldnerische Haftung mit einem dritten Empfänger. Für unzulässige Auszahlungen haftet der Gesellschafter nicht nur dann, wenn die Leistung unmittelbar an ihn erfolgt ist, sondern auch dann, wenn der **Gesellschafter mittelbarer Leistungsempfänger** ist. Hierzu zählen die Fälle, in denen ein Dritter die Leistung als Vertreter des Gesellschafters entgegengenommen hat oder die Leistung der Gesellschaft an den Dritten sich als Auszahlung an den Gesellschafter darstellt.²² Eine Auszahlung an den Gesellschafter durch Leistung an einen Dritten liegt dabei insbesondere vor, wenn die Gesellschaft Verbindlichkeiten des Gesellschafters dem Dritten gegenüber erfüllt hat (iE § 30 Rn. 21 ff.) oder sich die Leistung als solche auf Rechnung des Gesellschafters darstellt.²³ In diesen Fällen ist der Gesellschafter als Leistungsempfänger anzusehen und demgemäß erstattungspflichtig nach § 31 Abs. 1. Der Dritte ist grundsätzlich nicht zur Rückerstattung der empfangenen Leistungen verpflichtet.²⁴

Von Gestaltungen dieser Art zu unterscheiden sind solche, in denen lediglich der **Dritte als Leistungsempfänger** anzusehen ist. Ob auch er zur Rückgewähr verpflichtet sein kann, ist iE umstritten, wird jedoch von der Rechtsprechung bei Vorliegen eines besonderen (qualifizierten) Näheverhältnisses zwischen dem Dritten und dem Gesellschafter zu Recht bejaht. Fälle eines solchen Näheverhältnisses, in denen der Dritte der Sphäre des Gesellschafters zuzurechnen ist, sind insbesondere bei Vorliegen einer Unternehmensverbindung,²⁵ bei Leistungen an Ehegatten oder minderjährige Kinder des Gesellschafters, sofern diesen – ggf. ihren gesetzlichen Vertretern – der Verstoß gegen § 30 bekannt gewesen ist,²⁶ oder bei Leistungen an von diesen be-

---

¹⁶ BGHZ 60, 324, 330 = NJW 1973, 1043; *Hachenburg/Goerdeler/Müller* Rn. 22; *Scholz/Westermann* Rn. 11; *Meyer-Landrut/Miller/Niehus* Rn. 4.
¹⁷ *Baumbach/Hueck/Fastrich* Rn. 11; *Hachenburg/Goerdeler/Müller* Rn. 20; *Lutter/Hommelhoff* Rn. 5; *Meyer-Landrut/Miller/Niehus* Rn. 4; abw. *Scholz/Westermann* Rn. 12.
¹⁸ BGH NJW 1988, 1844, 1845.
¹⁹ *Hachenburg/Goerdeler/Müller* Rn. 20.
²⁰ Ebenso *Baumbach/Hueck/Fastrich* Rn. 11; *Lutter/Hommelhoff* Rn. 5.
²¹ *Baumbach/Hueck/Fastrich* Rn. 9; *Hachenburg/Goerdeler/Müller* Rn. 19; *Scholz/Westermann* Rn. 15.
²² RGZ 136, 266; BGHZ 60, 324, 330 = NJW 1973, 1036; *Hachenburg/Goerdeler/Müller* Rn. 22; *Scholz/Westermann* Rn. 11; *Meyer-Landrut/Miller/Niehus* Rn. 4.
²³ BGHZ 122, 333, 337 = NJW 1993, 1922.
²⁴ BGHZ 81, 365, 368 = NJW 1982, 386; BGH NJW 1991, 357, 358; *Hachenburg/Goerdeler/Müller* Rn. 22; *Lutter/Hommelhoff* Rn. 5; *Scholz/Westermann* Rn. 11.
²⁵ BGHZ 81, 311, 315 f. = NJW 1982, 383; BGHZ 81, 365, 368 = NJW 1982, 386; BGH NJW 1984, 1036; NJW-RR 1986, 1233; NJW 1991, 357; 1991, 1057, 1059; ausführlich hierzu *Cahn* Kapitalerhaltung im Konzern, 1998, S. 39 ff., 51 ff., 81 ff.
²⁶ BGHZ 81, 365, 368 = NJW 1982, 386; BGH NJW-RR 1991, 744.

§ 31   2. Abschnitt. Rechtsverhältnisse der Gesellschaft und der Gesellschafter

herrschte Gesellschaften[27] anzunehmen. Der Gesellschafter haftet in diesen Fällen *gesamtschuldnerisch* neben dem Empfänger, wenn er die Auszahlung veranlasst hat,[28] da in diesen Fällen der Sache nach eine Verfügung des Gesellschafters über das Gesellschaftsvermögen vorliegt.[29] Aber auch außerhalb einer solchen Veranlassung sind Fälle, in denen die Leistung causa societatis erfolgt, denkbar, da ein qualifiziertes Näheverhältnis bei der Gesellschaft zu einer der unzulässigen Zuwendung an einen Gesellschafter entsprechenden Motivationslage führen kann.[30] Zur Ausübung einer dem Empfänger im Falle eines unausgeglichenen Austauschgeschäftes zustehenden Ersetzungsbefugnis (Rn. 14 f.) ist der Gesellschafter jedoch nicht berechtigt; seine Haftung gegenüber der Gesellschaft beschränkt sich erst dann auf die Differenz zwischen Gegenleistung und tatsächlichem Wert des durch den Dritten empfangenen Gegenstandes, wenn der Dritte von seinem Ersetzungsrecht Gebrauch gemacht hat.

11   Soweit ein Dritter, der selbst **nicht Gesellschafter** ist, **kraft seiner besonderen Stellung** gegenüber der Gesellschaft **einem Gesellschafter gleichgestellt** wird, was insbesondere im Falle eines stillen Gesellschafters, Nießbrauchers u. Ä. der Fall sein kann (vgl. § 30 Rn. 21 ff.), findet § 31 Abs. 1 ihm gegenüber entsprechende Anwendung, ohne dass es darauf ankäme, ob er zu einem Gesellschafter ein besonderes Näheverhältnis im oben beschriebenen Sinne besitzt. Zum Kommanditisten einer GmbH & Co. KG s. Rn. 72 ff.

12   **3. Art und Inhalt des Erstattungsanspruchs. a) Gesellschaftsrechtliche Natur.** Der Erstattungsanspruch ist gesellschaftsrechtlicher Art, er folgt aus der Mitgliedschaft, auch wenn er nicht mit dem Geschäftsanteil zusammenhängt (Rn. 8; zur Haftung Dritter s. Rn. 11). Der Erstattungsanspruch ist kein Bereicherungsanspruch,[31] der Empfänger kann sich daher nicht auf §§ 814, 817, 818 Abs. 3 BGB berufen. Sonstige Ansprüche der Gesellschaft gegen den Empfänger, etwa solche aus ungerechtfertigter Bereicherung,[32] unerlaubter Handlung oder Verletzung der gesellschafterlichen Treupflicht bleiben von § 31 unberührt; insoweit besteht Anspruchskonkurrenz.[33] Der Anspruch auf Rückerstattung der Auszahlung bedarf zu seiner Durchsetzung keines Beschlusses der Gesellschafter, sondern ist **sofort fällig**[34] und **darf** auch **nicht gestundet werden** (Rn. 44); § 46 Nr. 2, 3 sind nicht entsprechend anwendbar. Die **Aufrechnung des Gesellschafters** gegen eine Forderung aus § 31 Abs. 1 ist entsprechend § 19 Abs. 2 S. 2 **ausgeschlossen** (BGH NJW 2001, 830).

13   **b) Inhalt.** Inhaltlich ist der Anspruch auf Rückgewähr der unter Verstoß gegen § 30 empfangenen Leistung gerichtet. Dies ist unproblematisch, soweit es sich um die Rückzahlung von empfangenem **Geld** handelt; hier ist der empfangene Betrag zurück-

---

[27] BGH NJW-RR 1986, 579.
[28] *Scholz/Westermann* Rn. 12; weiter *Hachenburg/Goerdeler/Müller* Rn. 21; noch weiter *Meister* WM 80, 390, 395; kritisch *Canaris*, FS Fischer, 1979, S. 31, 55; *Barth/Gelsen* DB 1981, 2265; *Hager* ZGR 1989, 71, 102 f.; *Tries* Die verdeckte Gewinnausschüttung im GmbH-Recht, 1991, S. 84 f.
[29] Vgl. hierzu vor allem *Cahn* Kapitalerhaltung im Konzern, 1998, S. 23 ff.
[30] Eingehend hierzu unter konzernrechtlichem Blickwinkel *Cahn* Kapitalerhaltung im Konzern, 1998, S. 51 ff.
[31] BGHZ 31, 258, 265 = NJW 1960, 285; *Hachenburg/Goerdeler/Müller* Rn. 4; *Scholz/Westermann* Rn. 1, 4; *Meyer-Landrut/Miller/Niehus* Rn. 1.
[32] *Scholz/Westermann* Rn. 4.
[33] BGH (3. Strafsenat) WM 1988, 262; *Meilicke* BB 1988, 1261; *Lippstreu* NJW 1989, 502; *Ulmer*, FS 100 Jahre GmbHG, 1992, S. 363, 365 ff.
[34] BGH NJW 1987, 779.

zuerstatten, *soweit* er zur Auffüllung des zur Erhaltung des Stammkapitals erforderlichen Vermögens benötigt wird. Ein ggf. wegen Verletzung der gesellschafterlichen Treupflicht (§ 13 Rn. 35 ff.) bestehender Anspruch auf Rückgewähr des vollen Betrages, der vom Anspruch nach § 31 klar zu unterscheiden ist (s. auch bei Rn. 16), bleibt hiervon unberührt.

Besteht die Leistung der Gesellschaft in **anderen** Sachen oder **Gegenständen,** stellt 14 sich die Frage, ob dieser Leistungsgegenstand herausgegeben werden muss oder ob § 31 Abs. 1 den Gesellschafter (nur) zum Ausgleich durch Geldzahlung verpflichtet. **Streitstand.** Die überwiegende Meinung sieht den Empfänger grundsätzlich als zur gegenständlichen Herausgabe des Leistungsgegenstandes verpflichtet an; soweit eine Rückabwicklung nicht möglich ist, tritt hiernach an Stelle dieser Verpflichtung eine solche zum Wertersatz. Lediglich dann, wenn die Leistung des Empfängers im Rahmen eines Austauschgeschäftes wertmäßig hinter der Leistung der Gesellschaft zurückbleibt, wird ihm das Recht zugebilligt, durch bare Zuzahlung seine Rückerstattungspflicht abzuwenden.[35] Nach anderen soll der Empfänger im Hinblick auf die nur wertmäßige und nicht gegenständliche Vermögensbindung sowie Bedenken bei Unmöglichkeit einer Rückgewähr im Grundsatz lediglich zum Wertersatz verpflichtet sein.[36]

Stellungnahme: Die erstgenannte Auffassung ist vorzugswürdig.[37] Der Wortlaut 15 des § 31 Abs. 1 stellt auf die „Zahlungen" ab, die verbotswidrig geleistet wurden, und konkretisiert damit den zurückzugewährenden Gegenstand. Darüber hinaus vermeidet diese Auffassung, dass der Gesellschaft der häufig nur schwer zu führende Nachweis des exakten Wertes des überlassenen Gegenstandes obliegt und berücksichtigt auch das Interesse des Gesellschafters insoweit, als ihm hierdurch der Gegenstand nicht gegen einen Wert aufgezwungen wird, den zu leisten er von sich aus nicht bereit gewesen wäre. Die gegen diese Auffassung vorgebrachte Erwägung, die Unmöglichkeit der Rückgewähr könnte hiernach zu einer Befreiung des Gesellschafters von seiner Rückgewährpflicht führen, trifft zwar insoweit zu, als es um den empfangenen Gegenstand geht; an die Stelle der unmöglich gewordenen Rückgewähr tritt jedoch verschuldensunabhängig nach allgemeinen Grundsätzen des Kapitalsicherungsrechts ähnlich der Rechtslage bei Leistungsstörungen im Falle der Sacheinlage die Verpflichtung zum Barausgleich.[38] Kommt es während der Zeit, in der der betreffende Gegenstand der Verfügungsgewalt der Gesellschaft entzogen ist, zu einem Wertverlust, hat der Gesellschafter diesen durch bare Zuzahlung auszugleichen; insoweit trägt der Gesellschafter, nicht die Gesellschaft das Risiko einer Wertschwankung.[39] Es wäre mit dem strengen Kapitalerhaltungsrecht unvereinbar, wenn der Gesellschaft der Nachweis obläge, dass den Gesellschafter an dem Wertverlust ein Verschulden trifft, oder wenn sie beweisen

---

[35] *Baumbach/Hueck/Fastrich* Rn. 13; *Lutter/Hommelhoff* Rn. 7; *Scholz/Westermann* Rn. 2; *Meyer-Landrut/Miller/Niehus* Rn. 2; zur Abwendung der Rückabwicklung bei Austauschgeschäften vgl. auch *Flume* ZHR 144 (1980), S. 18, 23 f.; *Wilhelm,* FS Flume II, 1978, S. 337, 387; aA *Geßler,* FS Fischer, 1979, S. 131, 142; abw. Ansatz bei *Roth/Altmeppen* § 30 Rn. 49: Fälle des Vollmachtsmissbrauchs.

[36] Grundlegend *Joost* ZHR 148 (1984), 27, 54; ihm folgend *Hachenburg/Goerdeler/Müller* Rn. 25; *K. Schmidt* GesR § 37 III 2 a; *Tries* S. 231.

[37] Zum Folgenden insbes. *Hommelhoff,* FS Kellermann, 1991, S. 165, 168 f.; *Ulmer,* FS 100 Jahre GmbHG, 1992, S. 363, 376 ff.; zust. *Baumbach/Hueck/Fastrich* Rn. 13; *Scholz/Westermann* Rn. 2.

[38] Für Analogie zur Differenzhaftung nach § 9 *Ulmer,* FS 100 Jahre GmbHG, 1992, S. 363, 381; im Anschluss hieran auch *Lutter/Hommelhoff* Rn. 13.

[39] BGHZ 122, 333, 339 = NJW 1993, 1922; abw. *Hommelhoff,* FS Kellermann, 1991, S. 165, 167.

müsste, dass die Herausgabe des Gegenstandes dafür ursächlich war, dass der im Zeitpunkt des Verstoßes gegen § 30 vorhandene Wert nicht erhalten geblieben ist.[40] Allerdings wird man in diesem Fall dem Gesellschafter den Nachweis zubilligen müssen, dass es zu dem gleichen Wertverlust gekommen wäre, wenn der betreffende Gegenstand bei der Gesellschaft verblieben wäre.[41]

16 Von der Frage des Gegenstands der Rückgewährpflicht zu unterscheiden ist die Frage, ob dem Gesellschafter die Befugnis zusteht, die Rückgewähr des Gegenstandes dadurch abzuwenden, dass er die Wertdifferenz in bar ausgleicht. Da § 31 Abs. 1 den Gläubigerschutz bezweckt und diesem auch durch eine **Ersetzungsbefugnis des Gesellschafters** genügt wird, lässt sich einer solchen Abwendungsmöglichkeit unter dem Gesichtspunkt des § 31 Abs. 1 nichts entgegenhalten. Die Befugnis des Gesellschafters, durch bare Zuzahlung die Wertdifferenz auszugleichen und hierdurch den Rückerstattungsanspruch der Gesellschaft abzuwenden, ist daher im Grundsatz zu bejahen. Hinsichtlich der *Geltendmachung* dieser Ersetzungsbefugnis ist jedoch zu beachten, dass die Wahlmöglichkeit im Innenverhältnis der Gesellschaft durch die gesellschafterliche Treupflicht überlagert werden und diese im Einzelfall ihrem Gebrauch entgegenstehen kann. So wird es regelmäßig unter Treupflichtaspekten unzulässig sein, einer Gesellschaft etwa eine für ihr Fortbestehen dringend erforderliche und am Markt nicht ohne weiteres wiederbeschaffbare Maschine durch Geltendmachung der Ersetzungsbefugnis zu entziehen.[42] Auch im Zusammenhang mit der Ersatzbefugnis ist allerdings der Wert zugrunde zu legen, der dem Gegenstand im Zeitpunkt des Verstoßes gegen § 30 zukam; liegt der aktuelle Wert höher, kommt es auf diesen an, da die Gesellschaft im Falle eines unterbliebenen Verstoßes gegen die Kapitalbindung über diesen Wert verfügen könnte.

17 **4. Wegfall des Erstattungsanspruchs durch anderweitige Wiederherstellung des Stammkapitals?** Nach der früheren Rechtsprechung des BGH sollte der Anspruch der Gesellschaft auf Rückzahlung des verbotswidrig Empfangenen entfallen, wenn es in der Folgezeit zu einer „nachhaltigen" Beseitigung der Unterbilanz gekommen sei, wobei die Beweislast für das Fortbestehen der Unterbilanz der Gesellschaft obliegen soll.[43] Dieser Auffassung, die in der Literatur zunächst weitgehend Zustimmung gefunden hatte,[44] war nicht zu beizutreten. Zum einen war das Erfordernis der „nachhaltigen" Beseitigung der Unterbilanz bereits zu unbestimmt, um hieran konkrete Rechtsfolgen knüpfen zu können. Zum anderen ließ sich auch das Erlöschen des Anspruchs durch Zweckerreichung oder durch die Annahme einer auflösenden Bedingung konstruktiv nicht begründen und auch die Privilegierung in § 31 Abs. 2 war hiermit kaum vereinbar; ebenso sprach die Nähe des aus § 31 resultierenden Anspruchs zum Einlageanspruch der Gesellschaft gegen ein solches nachträgliches Erlöschen.[45] Zu

---

[40] BGHZ 122, 333, 339 = NJW 1993, 1922 im Anschluss an *Ulmer*, FS 100 Jahre GmbHG, 1992, S. 363, 378 ff., 381.
[41] Offengelassen bei BGHZ 122, 333, 339 = NJW 1993, 1922.
[42] Vgl. auch *Ulmer*, FS 100 Jahre GmbHG, 1992, S. 363, 379; enger – Ersetzungsbefugnis nur bei leicht wiederbeschaffbaren Gegenständen – *Lutter/Hommelhoff* Rn. 7.
[43] BGH NJW 1988, 139, 140; im Anschluss hieran auch OLG Karlsruhe BB 1991, 1278; s. aber auch bereits die auf eine mögliche Rechtsprechungsänderung hinweisenden Andeutungen bei *Stodolkowitz* ZHR 157 (1993), 239, 241.
[44] *Hachenburg/Goerdeler/Müller* Rn. 24; *Butzke* ZHR 154 (1990), 357 ff.; *K. Schmidt* GesR § 37 III 2 b; *Westermann* ZIP 1987, 1115, 1116; *Tries* S. 54 ff.; zuvor bereits *Meister* WM 80, 395; *Meyer-Landrut/Miller/Niehus* Rn. 2.
[45] *Ulmer*, FS 100 Jahre GmbHG, 1992, S. 363, 385 ff.; *Brandner*, FS Fleck, 1988, S. 23, 31; *v. Gerkan* ZHR 157 (1993), 519, 521; *Hommelhoff*, FS Kellermann, 1991, S. 165 ff.; *Baum-*

Erstattung von verbotenen Rückzahlungen § 31

Recht ist der BGH deshalb inzwischen von dieser Rechtsprechung wieder abgerückt.[46] **Die zwischenzeitliche Wiederauffüllung des Stammkapitals lässt** den einmal entstandenen **Anspruch aus § 31 Abs. 1 unberührt,** die Gesellschaft kann deshalb auch noch in diesem Stadium die Rückgabe des geleisteten Gegenstandes fordern. Eine Aufrechnung oder die Erhebung des dolo-petit-Einwandes gegen die Ansprüche der Gesellschaft ist wegen des kapitalsichernden Charakters des § 31 ausgeschlossen;[47] Entsprechendes gilt für die Zug-um-Zug-Einrede.

Die weitere Behandlung dieser Gestaltung hängt bei unausgeglichenen Austauschgeschäften davon ab, ob man im Hinblick auf die Leistung der Gesellschaft Erfüllung des Lieferungsanspruchs des Gesellschafters nach § 362 Abs. 2 BGB annimmt oder wegen § 31 Abs. 1 eine solche Erfüllungswirkung verneint. Soweit der Leistung der Gesellschaft Erfüllungswirkung abgesprochen wird, wird teilweise angenommen, der Gesellschafter müsse bei zwischenzeitlich wiederaufgefülltem Stammkapital seiner Inanspruchnahme durch die Gesellschaft die dolo-petit-Einrede entgegenhalten, weil er wegen seines noch nicht erfüllten Lieferungsanspruchs sogleich nach Rückgabe des Gegenstandes wieder dessen Herausgabe verlangen könnte. Dieses Recht soll ihm allerdings nur solange zustehen, wie es nicht erneut zu einer Unterbilanz kommt; nach Eintritt einer erneuten Unterbilanz entfalle die Durchsetzbarkeit seines Lieferungsanspruchs und damit auch seine Einredemöglichkeit.[48] Auf der Grundlage dieser Auffassung müsste dem Gesellschafter geraten werden, nicht die dolo-petit-Einrede zu erheben, sondern den empfangenen Gegenstand sofort zurückzugeben und im Anschluss daran seinerseits Erfüllung des ihm zustehenden Lieferungsanspruchs (im Ergebnis also Rückgabe des Gegenstandes) zu verlangen. Denn einer hierauf erfolgenden Erfüllungshandlung der Gesellschaft käme bei aufgefülltem Stammkapital ohne weiteres Erfüllungswirkung zu und der Gesellschafter müsste nicht befürchten, bei erneutem Eintritt einer Unterbilanz einem Rückforderungsanspruch ausgesetzt zu sein. Darüber hinaus müsste auch die Gesellschaft einem rückgabewilligen Gesellschafter entgegenhalten können, dass seinem (Kaufpreis-)Rückzahlungsanspruch aus § 812 Abs. 1 S. 2 BGB die dolo-petit-Einrede entgegenstehe, weil sie im Gegenzug wegen des ursprünglichen Vertrags auf Abnahme und Zahlung bestehen könnte. Selbst wenn diese formale Behandlung der Gestaltung damit nicht unbedingt sachgerecht erscheint, ist dieser Auffassung doch mit Blick auf die allgemeinen Grundsätze zu § 362 BGB zu folgen.

Angesichts des Schutzzwecks von § 31 Abs. 1 kann der Gesellschafter allerdings dann, wenn aufgrund der zwischenzeitlichen Entwicklung der Gesellschaft feststeht, dass der gegen den Gesellschafter gerichtete Anspruch auf absehbare Zeit zur Sicherung des Stammkapitals nicht benötigt wird, einen aus dem Sinn und Zweck des abgeschlossenen Vertrags resultierenden Anspruch auf Erfüllung des Vertrags und auf Abschluss eines Verzichtsvertrages hinsichtlich der wechselseitigen Ansprüche verlangen. Diese Ansprüche sind allerdings durch die gesellschafterliche Treupflicht überlagert, können also nicht geltend gemacht werden, wenn es hierdurch zu einer treuwidrigen Ungleichbehandlung zum Nachteil anderer Gesellschafter kommen würde. Zum Einfluss des § 31 Abs. 4 auf die Zulässigkeit eines solchen Verzichts vgl. Rn. 43.

18

19

---

bach/Hueck/Fastrich Rn. 6; Lutter/Hommelhoff Rn. 11; Scholz/Westermann Rn. 7; Voraufl. Rn. 10; für die mehrgliedrige GmbH auch Roth/Altmeppen Rn. 7.

[46] BGHZ 144, 336 = NJW 2000, 2577 = DStR 2000, 1234 m. Anm. Goette = NZG 2000, 883 m. Anm. Altmeppen.

[47] BGHZ 144, 336, 342 = NJW 2000, 2577.

[48] Ulmer, FS 100 Jahre GmbHG, 1992, S. 363, 385 ff., 389; Baumbach/Hueck/Fastrich Rn. 6; Scholz/Westermann Rn. 7; für Erfüllung dagegen Brandner, FS Fleck, 1988, S. 23, 31.

IV. Die Haftung des gutgläubigen Empfängers (§ 31 Abs. 2)

20 **1. Allgemeines.** Hinsichtlich des Haftungsumfangs des Empfängers trifft § 31 Abs. 2 eine **Unterscheidung** danach, ob der Empfänger der Leistung der Gesellschaft guten Glaubens war oder nicht. War er beim Empfang der Leistung, die gegen § 30 verstößt, in gutem Glauben, so kann die Gesellschaft Erstattung von ihm nur insoweit verlangen, als sie das Empfangene benötigt, um Gesellschaftsgläubiger zu befriedigen. Hieraus folgt, dass der gutgläubige Empfänger dann von seiner Leistungspflicht sogar völlig befreit ist, wenn die Gesellschaft das entgegen § 30 Ausgezahlte nicht zur Befriedigung der Gläubiger der Gesellschaft benötigt (wegen der Einzelheiten s. Rn. 27). Für die **Geschäftsführer**, die nach § 43 Abs. 3 S. 1 ebenfalls für die unzulässige Auszahlung haften, gilt die Beschränkung des § 31 Abs. 2 nicht.

21 **2. Begriff und Inhalt des guten Glaubens.** Was unter gutem Glauben iS von § 31 Abs. 2 zu verstehen ist, war früher streitig. Inzwischen besteht weitgehend Einigkeit dahin, dass Gutgläubigkeit im Sinne des § 31 Abs. 2 dann vorliegt, wenn dem Gesellschafter die wegen Verstoßes gegen die Vermögensbindung des § 30 gegebene Unzulässigkeit der Auszahlung unbekannt ist und seine Unkenntnis auch nicht auf grober Fahrlässigkeit beruht. Der Gesellschafter darf also nicht wissen, dass durch die Auszahlung an ihn eine Unterbilanz entsteht bzw. eine solche vertieft wird. Auf die Kenntnis der gesetzlichen Bestimmung des § 30, also auf eine Rechtkenntnis, kommt es nicht an, es genügt die Kenntnis von den tatsächlichen Verhältnissen.[49] Positive Kenntnis oder eine auf grober Fahrlässigkeit beruhende Unkenntnis stehen der Gutgläubigkeit entgegen.

22 Grob fahrlässig handelt, wer im Rechtsverkehr außer Acht lässt, was jedem hätte einleuchten müssen. Rechtskenntnisse muss der Gesellschafter nicht haben (vgl. soeben Rn. 21); sofern der Gesellschafter um die formalen Voraussetzungen der Zulässigkeit einer Rückgewähr von Nachschüssen gemäß § 30 Abs. 2 nicht weiß, steht diese Unkenntnis deshalb seiner Gutgläubigkeit nicht entgegen. Da es bei der unzulässigen Kapitalrückgewähr im Sinne des § 30 darauf ankommt, ob dem Empfänger offen oder verdeckt Vermögen der Gesellschaft ohne (hinreichende) Gegenleistung ausgezahlt wird, erscheint es jedenfalls nicht ausgeschlossen, den Gesellschafter in diesen Fällen als verpflichtet anzusehen, sich aus den ihm zugänglichen Informationsquellen über die Zulässigkeit der Leistung der Gesellschaft zu informieren.[50] Ob eine solche Pflicht besteht und wie weit eine solche Informationsbeschaffung konkret zu gehen hat, ist eine Frage des Einzelfalls;[51] eine generelle Informationspflicht lässt sich demgegenüber nicht bejahen, da diese im Hinblick auf die weitreichenden Informationsrechte des Gesellschafters im Ergebnis auf ein Leerlaufen des § 31 Abs. 2 hinausliefe.[52] So wird man an einen Gesellschafter, dem eine Entnahme aus dem Gesellschaftsvermögen ohne Gegenleistung gestattet wird, höhere Anforderungen zu stellen haben, als an einen Gesellschafter, dem über ein zunächst vertretbar erscheinendes (waren die Leistungen ausgeglichen, fehlt es an einer Verletzung des § 30, § 30 Rn. 30 ff.) Austauschgeschäft

---

[49] OLG München DB 1983, 166, 167; *Roth/Altmeppen* Rn. 9; *Baumbach/Hueck/Fastrich* Rn. 14; *Lutter/Hommelhoff* Rn. 16; *Hachenburg/Goerdeler/Müller* Rn. 29 ff.; abw. *Peltzer/Bell* ZIP 1993, 1757, 1764, die einfache Fahrlässigkeit genügen lassen wollen.
[50] Vgl. hierzu auch *Meister* WM 1980, 390, 399; *Lutter/Hommelhoff* Rn. 16; *Scholz/Westermann* Rn. 19.
[51] Strenger *Lutter/Hommelhoff* Rn. 16; *Scholz/Westermann* Rn. 19.
[52] Zutr. *Hachenburg/Goerdeler/Müller* Rn. 31.

Gesellschaftsvermögen zugewendet wird.[53] Auch wenn dem Gesellschafter die kritische Vermögenslage der Gesellschaft bekannt ist oder er – etwa aufgrund entsprechender Hinweise – Anlass hat, von einer möglicherweise kritischen Situation auszugehen, ist er verpflichtet, sich über die Zulässigkeit der Auszahlung zu informieren.[54]

3. Zeitpunkt der Gutgläubigkeit, Gutgläubigkeit des Empfängers. Die Gutgläubigkeit muss beim Empfänger **im Zeitpunkt der Zahlung** vorhanden sein. Spätere Bösgläubigkeit schadet nicht. 23

Ist der Empfänger – was die Regel sein wird – der **Gesellschafter,** so ergeben sich keine besonderen Probleme. Bei Mitberechtigten (§ 18) ist die Gutgläubigkeit jedes einzelnen Mitberechtigten zu überprüfen, was dazu führen kann, dass einige der Mitberechtigten unbeschränkt, andere nur nach § 30 Abs. 2 beschränkt haften; zu einer Zurechnung der Bösgläubigkeit eines Mitberechtigten zu Lasten der anderen kommt es nicht, da jeder nur auf das selbst Empfangene haftet. 24

Ist Empfänger ein **Dritter,** so ist zu unterscheiden: Stellt die Auszahlung der Gesellschaft der Sache nach eine solche an den Gesellschafter dar (Rn. 9), kommt es auf den guten Glauben des Gesellschafters an.[55] Dies gilt auch dann, wenn der Dritte seinen Anspruch von dem Gesellschafter ableitet, also sein Zessionar oder sein Gläubiger ist, der den Auszahlungsanspruch des Gesellschafters gepfändet hat, oder ein sonst mit der Gesellschaft nicht weiter verbundener Nießbraucher.[56] Handelt der Empfänger als Strohmann oder Vertreter des Gesellschafters oder auf dessen Rechnung, so ist der gute oder böse Glaube des Gesellschafters[57] oder des Strohmanns bei Empfang der Zahlung maßgeblich, der Gesellschafter muss also die Bösgläubigkeit des Strohmannes gegen sich gelten lassen. Ist der Dritte dem Gesellschafter wegen eines qualifizierten Näheverhältnisses gleichzustellen, kommt es auf die Gutgläubigkeit des Gesellschafters oder des Dritten an.[58] 25

4. Rechtsfolge der Gutgläubigkeit: Haftungsreduktion. Hinsichtlich der Rechtsfolgen der Gutgläubigkeit bestimmt § 31 Abs. 2 eine Ausnahme von der grundsätzlich auf volle Rückzahlung gerichteten Haftung des Empfängers einer unzulässigen Leistung. War der Empfänger gutgläubig, kommt es zu einer **Beschränkung der Haftung** des Empfängers dahin, dass er nur *insoweit* zur Erstattung verpflichtet ist, als diese zur Befriedigung der Gläubiger erforderlich ist. Das Gesetz verzichtet also nicht auf den Gläubigerschutz bei der GmbH, sondern nur auf den über diesen Bereich hinausgehenden Schutz des Gesellschaftsvermögens.[59] Im Einzelnen ist in diesem Zusammenhang zwischen den für eine Anspruchsreduktion zu berücksichtigenden Umständen (Rn. 27) und dem für die hierfür notwendige Ermittlung maßgeblichen Zeitpunkt (Rn. 28 f.) zu unterscheiden: 26

a) Das zur Befriedigung der Gläubiger Erforderliche. Aus der Voraussetzung, dass das Empfangene insoweit zu erstatten ist, als es zur Gläubigerbefriedigung erforderlich ist, und dem bezweckten Schutz des Empfängers ergibt sich zunächst, dass auf die konkreten Verhältnisse der Gesellschaft abzustellen ist; das generelle Interesse der 27

---

[53] Hierzu auch *Meister* WM 1980, 390, 398 f.
[54] *Hachenburg/Goerdeler/Müller* Rn. 31.
[55] *Lutter/Hommelhoff* Rn. 17; *Hachenburg/Goerdeler/Müller* Rn. 34.
[56] *Baumbach/Hueck/Fastrich* Rn. 14; *Hachenburg/Goerdeler/Müller* Rn. 34; *Scholz/Westermann* Rn. 20.
[57] *Baumbach/Hueck/Fastrich* Rn. 14.
[58] *Lutter/Hommelhoff* Rn. 17; *Hachenburg/Goerdeler/Müller* Rn. 34; abw. *Baumbach/Hueck/Fastrich* Rn. 14.
[59] Zutr. *Scholz/Westermann* Rn. 22.

§ 31   2. Abschnitt. Rechtsverhältnisse der Gesellschaft und der Gesellschafter

Gläubiger an einem möglichst großen Haftungsfonds ist mithin unbeachtlich. Liegt **Zahlungsunfähigkeit oder Überschuldung** der Gesellschaft vor (hierzu § 32a Rn. 37 sowie bei § 64), ist das Empfangene in jedem Falle zur Gläubigerbefriedigung erforderlich. Mit Blick auf den mit § 31 verfolgten Gläubigerschutz ist die Inanspruchnahme des Empfängers **aber auch schon im Vorfeld dieser Voraussetzungen** angezeigt, also schon bei nicht nur kurzfristigen Zahlungsschwierigkeiten und Verzögerungen.[60] Stehen der Gesellschaft dagegen für die Befriedigung ihrer Gläubiger noch Mittel zur Verfügung, hat sie diese zunächst einzusetzen. Bei Fremdmitteln ist zu unterscheiden: Handelt es sich um bereits aufgenommene und noch vorhandene Fremdmittel, führen diese zur Anspruchsreduktion;[61] müssten solche Mittel erst aufgenommen werden, scheidet eine Anspruchsreduktion dagegen aus.[62] Haben die Gläubiger auf ihre Ansprüche wirksam verzichtet, fehlt es insoweit an der Erforderlichkeit zur Gläubigerbefriedigung;[63] ein solcher Verzichtsvertrag wirkt sich damit mittelbar auch zu Gunsten des Gesellschafters aus.

28   **b) Maßgeblicher Zeitpunkt.** Ob die Erstattung des Empfangenen zur Gläubigerbefriedigung erforderlich ist, soll im Zeitpunkt der Geltendmachung des Anspruchs zu beurteilen sein.[64] Im Falle eines Rechtsstreits soll es für die Frage der Notwendigkeit zur Gläubigerbefriedigung außerdem auf den Zeitpunkt der letzten mündlichen Verhandlung ankommen.[65] Die wirtschaftliche Situation der Gesellschaft im Zeitpunkt der Leistung an den Empfänger wäre damit nur für die Frage eines Verstoßes gegen die Vermögensbindung nach § 30 von Bedeutung, nicht aber für die Frage der Anspruchsreduktion nach § 31 Abs. 2. Dieser Auffassung ist nicht beizutreten. Nachdem der Rückforderungsanspruch der Gesellschaft aus § 31 Abs. 1 sofort fällig wird und der Gesellschafter den Anspruch auch sofort erfüllen müsste, kann es für seine durch § 31 Abs. 2 ausgestaltete Höhe zunächst grundsätzlich nur auf den **Zeitpunkt der gegen § 30 verstoßenden Leistung der Gesellschaft** ankommen; eine spätere Herabsetzung des Anspruchs durch nachfolgende Umstände wäre vor diesem Hintergrund rechtskonstruktiv nicht begründbar und würde angesichts der damit verbundenen Unwägbarkeiten für die Gesellschaft den Wert des Erstattungsanspruchs stark beeinträchtigen. **Nachfolgende Veränderungen können sich** in der Konsequenz hieraus auf den Anspruch deshalb **nur noch erhöhend,** nicht aber mehr verringernd **auswirken.**

29   Wird die Klage der Gesellschaft ganz oder teilweise abgewiesen, weil es zu einer Anspruchsreduktion gemäß § 31 Abs. 2 gekommen ist, steht die **Rechtskraft der Entscheidung** einer erneuten gerichtlichen Geltendmachung nicht entgegen, wenn sich die wirtschaftliche Situation der Gesellschaft später so verschlechtert, dass die unzulässig ausbezahlten Mittel zur Gläubigerbefriedigung erforderlich sind.[66] Anders verhält es sich im Falle der Klageabweisung wegen fehlenden Verstoßes gegen § 30, weshalb die Frage, ob die Klageabweisung auf § 31 Abs. 2 oder auf dem Fehlen der

---

[60] *Roth/Altmeppen* Rn. 5; *Baumbach/Hueck/Fastrich* Rn. 14; *Hachenburg/Goerdeler/Müller* Rn. 37; *Lutter/Hommelhoff* Rn. 18; *Scholz/Westermann* Rn. 22 f.; vgl. auch zur ähnlichen Bestimmung in § 9b *Hachenburg/Ulmer* § 9b Rn. 10.
[61] *Hachenburg/Goerdeler/Müller* Rn. 37 im Anschluss an *Rowedder* 2. Aufl. Rn. 14.
[62] *Hachenburg/Goerdeler/Müller* Rn. 37.
[63] Vgl. hierzu BGHZ 144, 336 = NJW 2000, 2577 = DStR 2000, 1234 m. Anm. *Goette* = NZG 2000, 883 m. Anm. *Altmeppen*.
[64] *Hachenburg/Goerdeler/Müller* Rn. 38.
[65] *Scholz/Westermann* Rn. 23.
[66] *Hachenburg/Goerdeler/Müller* Rn. 38; *Scholz/Westermann* Rn. 23.

Erstattung von verbotenen Rückzahlungen § 31

Voraussetzungen des § 31 beruht, im Urteil auch nicht offen bleiben darf (vgl. noch Rn. 31). Zu der in diesem Zusammenhang ebenfalls zu beachtenden (grundsätzlichen) fünfjährigen Verjährungsfrist nach § 31 Abs. 5 s. Rn. 49 ff.). Wird der Gesellschafter von einem Gläubiger der Gesellschaft, der sich die Forderung aus § 31 hat übertragen oder pfänden und überweisen lassen, unmittelbar in Anspruch genommen, steht ihm der Einwand, die Gesellschaft habe die Mittel zur Gläubigerbefriedigung nicht benötigt, ebenso zu, wie im Falle der Geltendmachung durch die Gesellschaft selbst.[67]

5. Beweislast. a) Bezüglich des gutgläubigen Empfangs der Leistung. Die 30 Beweislast in Bezug auf den guten Glauben beim Empfang der Leistung liegt beim **Empfänger**.[68] Für den guten Glauben des Empfängers kommt es auf den **Zeitpunkt** des Empfanges der Leistung an; später eintretende Bösgläubigkeit schadet nicht (Rn. 23).

b) Bezüglich der Notwendigkeit einer Rückforderung. Die Beweislast für die 31 Notwendigkeit einer Rückforderung der geleisteten Zahlung trifft die **Gesellschaft**. Sie hat gegenüber einem gutgläubigen Empfänger den Beweis zu führen, dass die Leistung gegen § 30 verstoßen hat, und dass, und in welchem Umfang, die empfangene Leistung zur Befriedigung der Gesellschaftsgläubiger erforderlich ist.[69] Bei Mitberechtigten nach § 18 ist der Nachweis jedem gegenüber zu führen. Um zu beweisen, dass die Rückforderung zur Befriedigung der Gläubiger erforderlich ist, muss die Gesellschaft iE nachweisen, dass die vorhandenen Gesellschaftsmittel nicht zur Begleichung der fälligen Schulden genügen; sie muss nicht nachweisen, dass sie bereits verklagt oder eine Zwangsvollstreckung gegen sie eingeleitet wurde. Zur Zahlungsunfähigkeit und Überschuldung s. Rn. 27. Der in Anspruch genommene Gesellschafter kann der Gesellschaft entgegenhalten, die Rückzahlung sei tatsächlich nicht erforderlich, indem er nachweist, dass die zur Begründung herangezogene Gläubigerforderung nicht besteht oder die Gesellschaft aus einem anderen Grunde nicht zur Zahlung verpflichtet ist. Wird die Klage der Gesellschaft nur deshalb abgewiesen, weil feststeht, dass die an den Gesellschafter geleistete Zahlung nicht im Sinne des § 31 Abs. 2 zur Befriedigung der Gläubiger erforderlich ist, muss der Gesellschafter mit seiner erneuten Inanspruchnahme nach Vorliegen dieser Voraussetzungen rechnen. Die Rechtskraft eines klageabweisenden Urteils erstreckt sich anders als in dem Fall, dass die Klage abgewiesen wird, weil es tatsächlich nicht zu einem Verstoß gegen § 30 gekommen ist, nicht auf spätere Inanspruchnahmen. Aus diesem Grunde darf in dem klageabweisenden Urteil auch nicht offen bleiben, ob die Klage wegen Nichterfüllung der Voraussetzungen des § 31 oder als zur Zeit im Hinblick auf § 31 Abs. 2 unbegründet abgewiesen wird; bleibt die Frage gleichwohl offen, ist das Urteil der materiellen Rechtskraft nicht fähig.

V. Die Haftung der Mitgesellschafter (§ 31 Abs. 3)

1. Haftender Personenkreis, Haftungsvoraussetzungen. Nach § 31 Abs. 3 S. 1 32 haften die übrigen Gesellschafter nach dem Verhältnis ihrer Geschäftsanteile für solche Beträge, die von dem Leistungsempfänger zu erstatten, von ihm jedoch nicht zu erlan-

---

[67] *Scholz/Westermann* Rn. 23.
[68] *Roth/Altmeppen* Rn. 9; *Baumbach/Hueck/Fastrich* Rn. 14; *Hachenburg/Goerdeler/Müller* Rn. 36; *Lutter/Hommelhoff* Rn. 16; *Scholz/Westermann* Rn. 21.
[69] *Baumbach/Hueck/Fastrich* Rn. 14; *Hachenburg/Goerdeler/Müller* Rn. 39; *Scholz/Westermann* Rn. 21.

§ 31 2. Abschnitt. Rechtsverhältnisse der Gesellschaft und der Gesellschafter

gen sind, anteilig im Verhältnis ihrer Geschäftsanteile, allerdings nur, soweit die Beträge zur Befriedigung der Gesellschaftsgläubiger erforderlich sind. Die Haftung ist damit an **zwei Voraussetzungen** geknüpft: Zum einen muss die Rückzahlung an die Gesellschaft zur Gläubigerbefriedigung erforderlich sein und zum anderen darf der hierfür benötigte Betrag von dem Gesellschafter (genauer: dem Erstattungspflichtigen, vgl. Rn. 9 f.) nicht zu erlangen sein. Auf (vermutetes) Verschulden stellt die Bestimmung nicht ab,[70] es handelt sich um eine objektive, dem Gläubigerschutz dienende Ausfallhaftung.[71] Auch auf eine etwaige Gutgläubigkeit der übrigen Gesellschafter kommt es nicht an.[72]

33 Wer **Gesellschafter** ist, bestimmt sich nach § 16 Abs. 1, also danach, wer gegenüber der Gesellschaft als solcher angemeldet ist.[73] Mitberechtigte haften nach § 18 Abs. 2 solidarisch, d.h. gesamtschuldnerisch. War der Anspruch aus Abs. 3 bereits fällig, haften spätere Erwerber der Geschäftsanteile nach § 16 Abs. 3 neben dem Veräußerer.[74]

34 Eine **Haftung der Gesellschaft** aus eigenen Geschäftsanteilen wird zum Teil zwar als theoretisch möglich angesehen, jedoch für praktisch kaum relevant gehalten, nachdem aufgrund der vorausgesetzten Unterbilanz regelmäßig die Rücklagen vermögensmäßig nicht mehr aufgefüllt und von der Gesellschaft kein Haftungsbeitrag zu erhalten sei, und die übrigen Gesellschafter daher ohnehin gemäß § 31 Abs. 3 S. 2 haften.[75] Eine Haftung der Gesellschaft ist jedoch **bereits dem Grunde nach zu verneinen**.[76] Ansprüche der Gesellschaft gegen sich selbst können rechtstechnisch nicht bestehen; denkbar wäre nur, den Umfang der Mithaftung der Gesellschafter in Höhe des auf die Anteile der Gesellschaft rechnerisch entfallenden Betrages zu vermindern. Gegen ein solches Vorgehen spricht jedoch das hinter § 31 Abs. 3 stehende Anliegen des Gesetzgebers, im Gläubigerinteresse die Solidarhaftung den hinter der Gesellschaft stehenden Personen aufzuerlegen. Dieser Zweck würde bei einer Mitberücksichtigung der eigenen Anteile der Gesellschaft nicht erreicht. Gegen die abweichende Auffassung spricht auch, dass auf ihrer Grundlage den in Anspruch genommenen Gesellschaftern ein Rückgriff gegen die Gesellschaft möglich wäre (zum Regressanspruch nach einer Inanspruchnahme gemäß § 31 Abs. 3 S. 2 s. Rn. 41), dem die Gesellschaft die Schranke des § 30 nicht entgegenhalten könnte, so dass es hierdurch zu einer Kapitalrückgewähr käme. Die deshalb gebotene Nichtberücksichtigung der eigenen Anteile der Gesellschaft führt zu einer **erhöhten Mithaftung der Gesellschafter,** gilt im Hinblick auf die zugrunde liegenden Überlegungen aber nur **bis zu einer Übertragung der Anteile;** ein Erwerber kann sich deshalb nicht darauf berufen, er hafte ebensowenig wie die Gesellschaft gehaftet habe.

35 Unterschiedlich beurteilt wird die Frage, welcher **Zeitpunkt** für die Mithaftung der „übrigen Gesellschafter" nach § 31 Abs. 3 maßgeblich ist. **Meinungsstand.** Während die herrschende Meinung auf den Zeitpunkt der verbotswidrigen Auszahlung abstellt,[77]

---

[70] Ganz hM, abweichend nur *Reemann* ZIP 1990, 1309 ff., 1314 ff.; gegen ihn etwa *Scholz/Westermann* Rn. 28; *Ulmer,* FS 100 Jahre GmbHG, 1992, S. 363, 370.

[71] *Ulmer,* FS 100 Jahre GmbHG, 1992, S. 363, 370.

[72] *Baumbach/Hueck/Fastrich* Rn. 16; *Hachenburg/Goerdeler/Müller* Rn. 53.

[73] *Hachenburg/Goerdeler/Müller* Rn. 46; *Scholz/Westermann* Rn. 25.

[74] *Baumbach/Hueck/Fastrich* Rn. 15; *Hachenburg/Goerdeler/Müller* Rn. 43; *Scholz/Westermann* Rn. 25.

[75] *Baumbach/Hueck/Fastrich* Rn. 15; *Hachenburg/Goerdeler/Müller* Rn. 48; *Scholz/Westermann* Rn. 26.

[76] So auch *Meyer-Landrut/Miller/Niehus* Rn. 6.

[77] *Roth/Altmeppen* Rn. 10; *Baumbach/Hueck/Fastrich* Rn. 15; *Meyer-Landrut/Miller/Niehus* Rn. 6; *Lutter* Kapital S. 382 Fn. 209.

Erstattung von verbotenen Rückzahlungen § 31

soll es nach der Gegenmeinung auf den Zeitpunkt ankommen, in dem der Ausfall des Zahlungsempfängers feststeht.[78] Relevant wird die Frage, wenn nach unzulässiger Auszahlung aber vor Ausfall des Zahlungsempfängers der Geschäftsanteil übertragen wird. Ist auf den Zeitpunkt der unzulässigen Zahlung abzustellen, haftet der ursprüngliche Gesellschafter, wobei zum Teil hierneben die Haftung des Erwerbers nach § 16 Abs. 3 angenommen wird.[79] Kommt es auf den Zeitpunkt des Ausfalls an, haftet ein Erwerber nach § 31 Abs. 3 unmittelbar, der ursprüngliche Gesellschafter dagegen nicht. Im Rahmen einer **Stellungnahme** ist auf den Sinn und Zweck des § 31 Abs. 3 abzustellen. Nach den Materialien beruht die Ausfallhaftung der Gesellschafter nach § 31 Abs. 3 darauf, dass es bei der GmbH an einer Sicherung der Gläubiger durch eine Verantwortlichkeit besonderer Organe und eine umfassende Öffentlichkeit fehle[80] und es der Billigkeit entspreche, die Gesellschafter hierfür haften zu lassen, weil nur sie eine „Einwirkung auf die Angelegenheiten der Gesellschaft auszuüben vermögen".[81] Berücksichtigt man zu der letztgenannten Erwägung, dass die Einwirkungsmöglichkeiten eines Gesellschafters, insbesondere eines Minderheitsgesellschafters, keineswegs ausreichen, um eine verbotswidrige Zahlung verhindern zu können,[82] wird deutlich, dass es sich bei der Ausfallhaftung nur um eine gläubigerschützende Haftungszuweisung an diejenigen Personen handelt, die der Gesellschaft am nächsten stehen. Dies rechtfertigt es, die Haftung nach § 31 Abs. 3 beiden Beteiligten, dem ursprünglichen und dem jetzigen Gesellschafter, aufzuerlegen, und zwar unabhängig davon, ob der Anspruch aufgrund des Ausfalls des Primärschuldners zum Zeitpunkt der Anteilsübertragung bereits fällig war. Nur wer vor der unzulässigen Auszahlung seinen Geschäftsanteil übertragen hat, haftet nicht. Aus den gleichen Erwägungen ist auch hinsichtlich der Ausfallhaftung nicht zwischen alten und neuen, aus einer Kapitalerhöhung stammenden Geschäftsanteilen zu unterscheiden.[83]

Die **Haftungsverteilung zwischen dem ursprünglichen Gesellschafter und dem Erwerber** bestimmt sich im Innenverhältnis vorrangig nach den zwischen ihnen bestehenden ausdrücklichen schuldrechtlichen Abreden; fehlen solche und lassen sich auch aus dem Vertragsinhalt keine Anhaltspunkte für eine Haftungsverteilung entnehmen, ist die Haftung im Innenverhältnis dem Veräußerer allein aufzuerlegen. 36

2. Haftungsinhalt, Haftungsumfang. Die Haftung nach § 31 Abs. 3 ist **inhaltlich** auf Geld gerichtet, auch dann, wenn die an den Primärschuldner ausgekehrte Leistung in der Übertragung einer Sache o. Ä. bestanden hat,[84] was sich aus der Beschränkung der Haftung nach § 31 Abs. 3 auf den zur Gläubigerbefriedigung erforderlichen Betrag, der nur anteiligen Mithaftung (Rn. 39) und dem Umstand ergibt, dass der Mitgesellschafter regelmäßig zur Rückgewähr des Gegenstandes nicht in der Lage sein wird. Die hinsichtlich des § 31 Abs. 1 geltenden Grundsätze (Rn. 14 f.), wonach vorbehaltlich der Ersetzungsbefugnis des Primärschuldners bei anderen als Geldleistungen der erhaltene Gegenstand zurückzugewähren ist, sind auf die Haftung nach § 31 Abs. 3 insoweit nicht anwendbar. 37

---

[78] *Hachenburg/Goerdeler/Müller* Rn. 42 ff.; *Scholz/Westermann* Rn. 25.
[79] *Baumbach/Hueck/Fastrich* Rn. 15.
[80] Entwurf GmbHG, Amtl. Ausg., 1891, S. 39 f.
[81] Kommissionsbericht zur Vorbereitung des Entwurfs, Stenografischer Bericht über die Verhandlungen des Reichstages, 8. LegPer., I. Sess. 1890/92, 6. AnlBd., 1892, Nr. 744, S. 4009.
[82] Krit. zur Gesetzesbegründung insbes. *Joost* GmbHR 1983, 285, 288.
[83] Vgl. auch RGZ 93, 251, 253; OLG Karlsruhe OLGZ 15, 349 – beide zu § 24, s. auch dort Rn. 30 f.; *Baumbach/Hueck/Fastrich* Rn. 15; *Scholz/Westermann* Rn. 26.
[84] *Scholz/Westermann* Rn. 29.

38 Der **Umfang** der subsidiären Mithaftung nach § 31 Abs. 3 ist umstritten. Nach überwiegender Auffassung ist die Mithaftung nach § 31 Abs. 3 durch den Betrag des Stammkapitals begrenzt.[85] Nach anderen soll die Haftung summenmäßig unbegrenzt bestehen.[86] Nach einer dritten Auffassung schließlich soll die Mithaftung nach § 31 Abs. 3 in Anlehnung an § 24 auf den Nennbetrag der Stammeinlage des Leistungsempfängers beschränkt sein.[87] Der BGH hatte sich zunächst der erstgenannten Auffassung angeschlossen,[88] in einer späteren Entscheidung die Frage des Haftungsumfangs offengelassen und sich jetzt der überwiegenden Meinung angeschlossen.[89] Auch wenn angesichts des Eingreifens der §§ 30, 31 auch bei einer Überschuldung der Gesellschaft (§ 30 Rn. 12 f.) und des Umstandes, dass die GmbH die „wirtschaftliche Veranstaltung" aller ihrer Gesellschafter ist, an sich gute Gründe dafür sprächen, die Mithaftung summenmäßig unbegrenzt auszugestalten, erscheint die herrschende Meinung gleichwohl vorzugswürdig:[90] Für eine Haftungsbeschränkung überhaupt spricht trotz der Bezugnahme des § 31 Abs. 3 auf die Haftung nach § 31 Abs. 1 die Haftungsstruktur der GmbH, der eine gesetzliche Nachschuss- oder Verlustübernahmepflicht unbekannt ist. Auch der Umstand, dass die Geschäftsführer gemäß § 43 Abs. 1, 2 summenmäßig unbegrenzt haften (vgl. die Bem. dort), die Gläubiger also in diesem Rahmen gesichert sind, lässt eine Haftungsbegrenzung der Mitgesellschafter jedenfalls nicht unbillig erscheinen. Für die Höhe einer Begrenzung bietet sich mangels sonstiger Anhaltspunkte angesichts des Umstandes, dass das Gesetz den Gläubigern zumindest Befriedigung in Höhe des Stammkapitals sichern will, dessen Höhe an. Einer Haftungsbeschränkung auf den Nennbetrag der Stammeinlage des Empfängers in Anlehnung an § 24 steht trotz der Verwandtschaft beider Bestimmungen entgegen, dass der die Kapitalaufbringung betreffende § 24 einen Fall regelt, in dem grundsätzlich (vorbehaltlich eines Agios und einer – bei der Entstehung der Vorschrift noch nicht bekannten – Vorbelastungshaftung) ohnehin nur die Stammeinlage des betreffenden Gesellschafters geschuldet ist und sich aus dieser Vorschrift für den Haftungsumfang des § 31 Abs. 3 daher keine Vorgaben ableiten lassen.[91]

39 Die Mitgesellschafter haften **pro rata** entsprechend dem Verhältnis des Nennwertes ihrer Geschäftsanteile (§ 31 Abs. 2 S. 1). Kann von einem Gesellschafter der auf ihn entfallende Betrag nicht erlangt werden, erhöht sich die Mithaftung der übrigen Gesellschafter anteilmäßig ebenfalls in diesem Verhältnis (§ 31 Abs. 2 S. 2).

40 **3. Beweislast.** Die Beweislast für die Voraussetzungen der Ausfallhaftung nach Abs. 3 trifft die Gesellschaft.[92] Sie muss im Streitfall darlegen und beweisen, dass und in welchem Umfang eine Leistung unter Verstoß gegen § 30 vorgelegen hat, dass die

---

[85] *Joost* GmbHR 1983, 285, 289 f.; *Ulmer*, FS 100 Jahre GmbHG, 1992, S. 363, 370 ff.; *Baumbach/Hueck/Fastrich* Rn. 17; *Hachenburg/Goerdeler/Müller* Rn. 54; im Grundsatz ebenso, aber einschränkend *Lutter/Hommelhoff* Rn. 21: Betrag des Stammkapitals abzüglich der eigenen Einlagehöhe.

[86] *Wilhelm*, FS Flume II, 1978, S. 337 ff., 361 ff.; *Fabritius* ZHR 144 (1980), 628 ff., 635; *Wissmann* EWiR 1992, 788; *Kleffner* Erhaltung des Stammkapitals und Haftung nach §§ 30, 31 GmbHR 1993, S. 177; wohl auch *Immenga* ZGR 1975, 487 ff., 491; *Gätsch* BB 1999, 701 ff.

[87] Grundlegend *K. Schmidt* BB 1985, 154, 157; *ders.* BB 1995, 529 ff., 531 ff.; ihm folgend *Scholz/Westermann* Rn. 30.

[88] BGHZ 60, 324 ff. = NJW 1979, 1036.

[89] BGH NJW 1990, 1730, 1732; jetzt auch BGH DB 2002, 995.

[90] Zum Folgenden insbes. *Ulmer*, FS 100 Jahre GmbHG, 1992, S. 363, 370 ff.; zust. BGH DB 2002, 995; vgl. auch *Joost* GmbHR 1983, 285, 289 f.

[91] Vgl. hierzu auch *Tries* S. 60 f.

[92] *Lutter/Hommelhoff* Rn. 19; *Hachenburg/Goerdeler/Müller* Rn. 51.

Rückzahlung der Leistung zur Gläubigerbefriedigung erforderlich ist und die Erstattung von dem primär verpflichteten Leistungsempfänger nicht erlangt werden kann. Der Nachweis, dass die Forderungen des Gläubigers fällig sind und geltend gemacht wurden, genügt; die Gesellschaft muss nicht abwarten, ob sie verklagt oder eine Zwangsvollstreckung gegen sie eingeleitet wird. Nicht erlangt werden kann die Leistung von dem Primärschuldner bereits dann, wenn der Anspruch aus § 31 Abs. 1 mit zumutbaren Mitteln in angemessener Zeit nicht verwirklicht werden kann, etwa weil der Empfänger flüchtig oder bekanntermaßen zahlungsunfähig (pfandlos) ist, das Insolvenzverfahren über sein Vermögen eröffnet bzw. die Eröffnung abgelehnt wurde oder eine Klage gegen ihn aus vergleichbaren Gründen aussichtslos erscheint; die Anforderungen an die notwendigen Darlegungen der Gesellschaft richten sich nach dem jeweiligen Einzelfall. Ein ernsthafter, aber erfolgloser Zwangsvollstreckungsversuch wird zum Nachweis dafür, dass die Leistung vom Primärschuldner nicht erlangt werden kann, im Regelfall genügen; unabdingbare Voraussetzung ist ein solcher Versuch jedoch nicht, in klaren Fällen kann hierauf auch verzichtet werden.[93] Haften ein Dritter und der Gesellschafter gesamtschuldnerisch, muss die Gesellschaft vor einer Inanspruchnahme der übrigen Gesellschafter nachweisen, dass von beiden Anspruchsgegnern Rückerstattung nicht erlangt werden kann.

4. Regressansprüche. Soweit die Gesellschafter nach § 31 Abs. 3 in Anspruch genommen wurden, steht ihnen gegen den Empfänger der verbotswidrigen Leistung ein Regressanspruch zu.[94] Dies rechtfertigt sich unter Gesichtspunkt, dass der Anspruch der Gesellschaft auf Rückzahlung der verbotswidrigen Leistung mit seinem Ausgleich durch die übrigen Gesellschafter erlischt und diese nur nachrangig hinter dem Primärschuldner haften. Hierneben können verschuldensabhängig Schadensersatzansprüche aus Verletzung der gesellschafterlichen Treupflicht bestehen. Entsprechendes gilt, wenn die Gesellschafter anteilig gemäß § 31 Abs. 3 S. 2 die Leistung übernehmen müssen; auch hier können sie den oder die nicht leistenden Gesellschafter in Regress nehmen. Die Regressmöglichkeit dürfte allerdings angesichts der an die Ausfallhaftung gemäß § 31 Abs. 3 S. 1 und 2 geknüpften Voraussetzungen regelmäßig wertlos sein.

5. Rückzahlung bei zu Unrecht erfolgter Einforderung. Hat die Gesellschaft bei den Mitgesellschaftern zu Unrecht eingefordert, wird etwa eine gegen die Gesellschaft gerichtete Zahlungsklage eines Gläubigers nach Einforderung gemäß Abs. 3 rechtskräftig abgewiesen, so hat sie den Gesellschaftern die geleisteten Beiträge zurückzuerstatten, weil diese ohne Rechtsgrund in Anspruch genommen wurden. Die Schranke des § 30 gilt für diese Rückforderungsansprüche nicht, die Gesellschaft hat daher die Beträge auch dann zurückzuzahlen, wenn hierdurch eine Unterbilanz entsteht.

VI. Erlass (§ 31 Abs. 4), Stundung, Aufrechnung, Abtretung und Vergleich

1. Erlass. Nach § 31 Abs. 4 können den Gesellschaftern die „auf Grund der vorstehenden Bestimmungen" zu erbringenden Zahlungsverpflichtungen nicht erlassen werden. Das Verbot erfasst sowohl den Rückzahlungsanspruch gegen den Leistungsempfänger nach § 31 Abs. 1 und 2 als auch die Ansprüche aus der Ausfallhaftung gemäß § 31 Abs. 3. Die Vorschrift enthält **zwingendes Recht,** kann also weder generell

---
[93] *Hachenburg/Goerdeler/Müller* Rn. 51; *Scholz/Westermann* Rn. 27.
[94] *Scholz/Westermann* Rn. 30.

noch im Einzelfall abbedungen werden. Ein entgegenstehendes Rechtsgeschäft ist wegen Verstoßes gegen ein gesetzliches Verbot nichtig (§ 134 BGB). Berücksichtigt man allerdings den Zweck des § 31, die Kapitalerhaltung sicherzustellen, und die Behandlung des Anspruchs in § 31 Abs. 2, so spricht alles dafür, seinen Anwendungsbereich unter teleologischen Gesichtspunkten auf die Zeit des Bestehens einer Unterbilanz zu beschränken. Ein Erlass nach dieser Zeit kann ebenso wenig unzulässig sein, wie eine Wiederausschüttung des vom Gesellschafter zurückgezahlten Betrages dann gegen § 30 verstieße.[95] Schranken können sich allerdings insoweit aus der gesellschafterlichen Treupflicht ergeben, die die Möglichkeiten eines Erlassvertrages überlagern und ihn unzulässig machen kann; diese das Innenverhältnis betreffende Erwägung ist jedoch von dem Verbot des § 31 Abs. 4 klar zu unterscheiden.

44   **2. Stundung, Aufrechnung, Abtretung.** Da im Rahmen des § 31 Abs. 4 eine dem § 19 Abs. 2 vergleichbare Bestimmung fehlt, wird verbreitet die Auffassung vertreten, die Stundung, Aufrechnung oder die Hingabe anderer Vermögensgegenstände an Erfüllungs statt sei zulässig, sofern der Gegenanspruch vollwertig oder die Gegenleistung werthaltig ist.[96] Ein sachlich rechtfertigender Grund dafür, den Empfänger verbotswidriger Zahlungen besser zu stellen als den Einlageschuldner, ist jedoch nicht ersichtlich.[97] Die Vergleichbarkeit der Sachverhalte erfordert es vielmehr, beide auch den gleichen Regelungen zu unterwerfen.[98] Entsprechend der zu § 19 Abs. 2 entwickelten Grundsätze ist dem Gesellschafter daher bis zur Beseitigung der Unterbilanz (vgl. § 30 Rn. 7) die **Aufrechnung** verboten. Die Gesellschaft darf gegen Ansprüche des Gesellschafters ihrerseits nur dann aufrechnen, wenn diese vollwertig, fällig und liquide sind (s. § 19 Rn. 67 ff.); Entsprechendes gilt für **Verrechnungsverträge.** Auch die **Stundung** des Rückzahlungsanspruchs ist unzulässig. Wie in §§ 7 Abs. 2, 19 Abs. 2 deutlich wird, sieht das Gesetz unabhängig von dem Niederschlag der Rückzahlungsansprüche in der Bilanz einen Unterschied, ob der Gesellschafter Zahlungen nur schuldet oder ob er sie bereits erbracht hat.[99] Die Rückzahlungsansprüche nach § 31 Abs. 1–3 sind sofort fällig[100] und die Vereinbarung einer Stundung während der Dauer einer Unterbilanz unwirksam (§ 134 BGB); das Vorliegen einer Stundungsabrede steht der Einforderung dieser Zahlungen daher nicht entgegen.[101] Nach Beseitigung der Unterbilanz ist die Stundung der gleichwohl fortbestehenden Rückzahlungsansprüche im Hinblick auf den Schutzzweck der §§ 30, 31 zulässig.[102] Zur Frage der Zulässigkeit von **Abtretungen** s. Rn. 4.

---

[95] *Ulmer,* FS 100 Jahre GmbHG, 1992, S. 363, 387; s. aber auch die funktionale Gleichstellung des Anspruchs aus § 31 mit dem Einlageanspruch in BGHZ 144, 336, 341 = NJW 2000, 2577 = DStR 2000, 1234 m. Anm. *Goette* = NZG 2000, 883 m. Anm. *Altmeppen.*
[96] *Baumbach/Hueck/Fastrich* Rn. 18; *Hachenburg/Goerdeler/Müller* Rn. 59; *Meyer-Landrut/Miller/Niehus* Rn. 8.
[97] S. auch die Gleichstellung der Ansprüche aus § 31 mit dem Einlageanspruch in funktionaler Hinsicht in BGHZ 144, 336, 341 = NJW 2000, 2577 = DStR 2000, 1234 m. Anm. *Goette* = NZG 2000, 883 m. Anm. *Altmeppen.*
[98] *Lutter* Kapital S. 381 Fn. 205; *Hommelhoff,* FS Kellermann, 1991, S. 166, 175; *Lutter/Hommelhoff* Rn. 24; *Scholz/Westermann* Rn. 32; *Ulmer,* FS 100 Jahre GmbHG, 1992, S. 363, 382.
[99] *Stimpel,* FS 100 Jahre GmbHG, 1992, S. 335, 346 ff., 350 f.; vgl. auch *Hommelhoff,* FS Kellermann, 1991, S. 166, 167.
[100] BGH NJW 1987, 779.
[101] *Goette* DStR 1997, 1495, 1499; *Stimpel,* FS 100 Jahre GmbHG, 1992, S. 335, 351; *Ulmer,* FS 100 Jahre GmbHG, 1992, S. 363, 382; *Lutter/Hommelhoff* Rn. 23; im Grundsatz auch *Scholz/Westermann* Rn. 32, allerdings wohl mit Einschränkungen.
[102] Abw. wohl *Lutter/Hommelhoff* Rn. 23.

3. Vergleich. Zur Frage der Möglichkeit eines Vergleichs zwischen der Gesellschaft 45
und dem Gesellschafter besteht allgemein Einigkeit darüber, dass ein solcher Vertrag
zumindest grundsätzlich zulässig ist, nämlich dann, wenn es sich bei ihm um einen
ernsthaften Vergleich im Sinne des gegenseitigen Nachgebens handelt (§ 779 BGB)
und nicht nur der Gesellschafter von seinen Zahlungsverpflichtungen befreit werden
soll, und wenn die übrigen Gesellschafter dem Vergleich zustimmen, soweit sie durch
ihn wegen ihrer Mithaftung betroffen sind.[103] Diese Auffassung erscheint im Grundsatz
zutreffend, in ihren Einzelheiten jedoch unter zwei Aspekten nicht unbedenklich.
Zum einen bestehen Bedenken im Hinblick darauf, dass die Forderungen aus § 31
Abs. 1–3 während des Bestehens einer Unterbilanz nicht der Disposition der Gesellschaft unterliegen;[104] dies spricht dafür, die Möglichkeit eines Vergleichs weiter einzuschränken. Zum anderen dürfte sich ein Vergleich regelmäßig seinem Inhalt bzw. wegen
der ansonsten intern bestehenden Regressansprüche (Rn. 41) seinem Sinn und Zweck
nach auch auf eine etwaige Mitverpflichtung der übrigen Gesellschafter erstrecken;
dieser Gesichtspunkt weckt Zweifel, ob eine Mitwirkung der Gesellschafter erforderlich ist. Angesichts dieser Bedenken wird man einen Vergleich über Ansprüche aus
§ 31 Abs. 1–3 nur dann als zulässig ansehen können, wenn der Anspruch der Gesellschaft dem Grunde oder seiner Höhe nach derart unsicher ist, dass seine prozessuale Durchsetzung in einem Maße gefährdet erscheint, dass er unter wirtschaftlichen
Aspekten als nahezu wertlos erscheint (zur Parallele bei § 19 Abs. 2 S. 1 s. dort
Rn. 54 ff.). Eine Ausnahme hiervon wird im Hinblick auf ähnliche Vorgaben im Aktienrecht in § 50 S. 2 AktG dann zu machen sein, wenn der Gesellschafter zahlungsunfähig ist und sich zur Abwendung oder Beseitigung des Insolvenzverfahrens mit seinen Gläubigern vergleicht.[105] Wegen der Mithaftung der übrigen Gesellschafter nach
§ 31 Abs. 3 wird es zu dieser Gestaltung jedoch nur in Ausnahmefällen kommen können, etwa dann, wenn solche nicht vorhanden oder selbst zahlungsunfähig sind;
grundsätzlich hat die Gesellschaft wegen der besonderen Bedeutung der Kapitalerhaltung zunächst auf die übrigen Gesellschafter zuzugreifen und diesen die Entscheidung
zu überlassen, ob sie sich hinsichtlich ihrer Regressansprüche (Rn. 41) sodann ihrerseits
mit dem Primärschuldner vergleichen.

Bei dem Vergleichsabschluss wird die Gesellschaft durch den **Geschäftsführer** ver- 46
treten.[106] Das Erfordernis eines internen Gesellschafterbeschlusses ergibt sich dabei aus
dem Umstand, dass ein vergleichsweiser Verzicht ein außergewöhnliches Geschäft darstellt und der Geschäftsführer nach allgemeinen Grundsätzen bei Rechtsgeschäften
dieser Art intern stets einen zustimmenden **Gesellschafterbeschluss** benötigt.[107] Das
Fehlen eines derartigen Beschlusses wird trotz der grundsätzlich unbeschränkten Vertretungsmacht des Geschäftsführers nach § 35 regelmäßig zur Unwirksamkeit des abgeschlossenen Vergleichs führen. Denn der Gesellschafter, mit dem der Vergleich geschlossen wird, kennt das Fehlen des Gesellschafterbeschlusses und den damit verbundenen

---

[103] *Baumbach/Hueck/Fastrich* Rn. 18; *Hachenburg/Goerdeler/Müller* Rn. 60; *Meyer-Landrut/Miller/Niehus* Rn. 9; zum Verständnis der gesetzlichen Beschränkungen s. auch *K. Schmidt* KTS 2001, 373, 378 ff.; strenger *Lutter/Hommelhoff* Rn. 23: entsprechend § 93 Abs. 4 S. 4 AktG nur bei Zahlungsunfähigkeit oder zur Abwendung bzw. Beseitigung eines Konkursverfahrens.
[104] Zu Unrecht aA wohl LG Frankenthal ZIP 1991, 1594 m. abl. Anm. *Timm/Geuting* ZIP 1992, 525.
[105] Für Analogie zu § 93 Abs. 4 S. 4 AktG *Lutter/Hommelhoff* Rn. 23.
[106] *Hachenburg/Goerdeler/Müller* Rn. 60.
[107] Vgl. hierzu § 37 Rn. 10 ff. (*Koppensteiner*); die im Zusammenhang mit Einlageansprüchen bei *Hachenburg/Ulmer* § 19 Rn. 47 gezogene Parallele zu § 46 Nr. 2 trägt wegen der Unanwendbarkeit dieser Bestimmung im Zusammenhang mit Ansprüchen aus § 31 (Rn. 12) hier nicht.

§ 31 2. Abschnitt. Rechtsverhältnisse der Gesellschaft und der Gesellschafter

Verstoß gegen die internen Pflichten des Geschäftsführers,[108] und die Bestimmung des § 37 Abs. 2 findet auf Rechtsgeschäfte mit Gesellschaftern keine Anwendung.[109]

47 Ob der Vergleich außergerichtlich oder im Rahmen eines anhängigen Prozesses geschlossen wird, ist für die Anwendung der vorstehenden Grundsätze ohne Bedeutung.

VII. Verschuldenshaftung der Gesellschafter?

48 Nach der früheren **Rechtsprechung des BGH**[110] bestand eine dem Gesellschafter obliegende und in seiner Mitgliedschaft begründete Pflicht, die Kapitalerhaltungsvorschriften in der GmbH zu respektieren. Verletzte er dieses Gebot schuldhaft, etwa dadurch, dass er sich oder einem Mitgesellschafter eine unzulässige Entnahme verschaffte bzw. eine solche nicht verhinderte, war er der Gesellschaft gegenüber zum Schadensersatz verpflichtet. Solche Pflichtverstöße konnten nicht nur darin liegen, dass der Gesellschafter selbst aus dem Gesellschaftsvermögen Zahlungen erbrachte, es genügte vielmehr, dass er den Geschäftsführer zu einer Auszahlung veranlasste, wobei die Art und Weise der Veranlassung (faktische Einflussnahme oder Beteiligung an einem die Auszahlung herbeiführenden Gesellschafterbeschluss) ohne Belang war; insbesondere war für seine Haftung ohne Belang, dass ein seinem Inhalt nach gegen § 30 verstoßender Gesellschafterbeschluss für den Geschäftsführer unverbindlich ist. Im subjektiven Bereich bestimmte sich der Sorgfaltsmaßstab grundsätzlich nach § 276 BGB; handelte es sich bei dem betreffenden Gesellschafter um ein Unternehmen mit kaufmännisch organisiertem Geschäftsbetrieb, sollte sich der Sorgfaltsmaßstab jedoch aus einer analogen Anwendung des § 43 Abs. 1 ergeben.[111] Der Umfang der hiernach zu leistenden Schadensersatzpflicht war der Höhe nach unbeschränkt. In der Literatur war diese Auffassung stark umstritten, insbesondere wurde geltend gemacht, dass hierdurch im Ergebnis die auf eine Begrenzung des Haftungsrisikos eines Gesellschafters angelegte Bestimmung des § 31 Abs. 3 unterlaufen werde.[112] Der **BGH** hat sich inzwischen dieser Kritik angeschlossen und seine gegenteilige **Rechtsprechung** ausdrücklich **aufgegeben**.[113] Dem ist angesichts der mit der früheren Rechtsprechung verbundenen Wertungswidersprüche gegenüber § 31 Abs. 3 abweichend von der in der Vorauflage vertretenen Auffassung zu folgen. Die Mithaftung eines Gesellschafters für unzulässige Auszahlungen beschränkt sich deshalb grundsätzlich auf seine subsidiäre Ausfallhaftung nach § 31 Abs. 3 (hierzu Rn. 32 ff.); eine weitergehende Haftung kann sich allerdings insoweit ergeben, wenn es sich bei dem Gesellschafter zugleich um den Geschäftsführer der Gesellschaft handelt und dieser nach § 43 Abs. 1, 2 haftet (Rn. 69 f.).

---

[108] lE hierzu § 37 Rn. 10 ff. (*Koppensteiner*).

[109] BGH NJW 1997, 2678; 1994, 317; BGHZ 38, 36 = NJW 1962 = LM HGB § 126 Nr. 3.

[110] BGHZ 93, 146, 149 = NJW 1985, 1030; BGH ZIP 1995, 736; vgl. auch OLG Karlsruhe DB 1991, 1728.

[111] BGHZ 93, 146, 150 mit Hinweis auf BGH NJW 1976, 191, 192 – ITT, insoweit in BGHZ 60, 15 nicht abgedruckt.

[112] Zum seinerzeitigen Meinungsstand vgl. dem BGH grundsätzlich zustimmend *K. Schmidt* GesR § 37 III 3 c; *ders.* ZIP 1988, 1497, 1506; *Ulmer*, FS 100 Jahre GmbHG, 1992, S. 363, 369, 374 ff.; *Fleck*, FS 100 Jahre GmbHG, 1992, S. 391, 407 f.; Voraufl. Rn. 31; kritisch dagegen *Ulmer* ZGR 1985, 598, 600 ff.; *Priester* EWiR § 31 GmbHG 2/1985; *Erlinghagen* WuB II C §§ 30, 31 GmbHG 1/85; *Baumbach/Hueck* 16. Aufl. Rn. 17; *Hachenburg/Goerdeler/Müller* Rn. 57; *Lutter/Hommelhoff* 14. Aufl. Rn. 22; *Scholz/Westermann* Rn. 31.

[113] BGHZ 142, 92, 96 = NJW 1999, 2817 = DStR 1999, 1366 m. Anm. *Goette* = NZG 1999, 1001 m. Anm. *Haas* NZG 1999, 1060 = GmbHR 1999, 921 m. Anm. *Müller* = JZ 1999, 1171 m. Anm. *Noack* = ZIP 1999, 1352 m. Anm. *Altmeppen*; s. auch bereits BGHZ 136, 125 = NJW 1997, 2599 = DStR 1997, 1216 m. Anm. *Goette*.

VIII. Verjährungsfragen (§ 31 Abs. 5)

1. Gutgläubiger Empfänger. Der Anspruch auf Erstattung gemäß § 31 Abs. 1 verjährt gegenüber den gutgläubigen Empfängern in **fünf Jahren,** beginnend mit dem Ablauf des Tages, an dem die gegen § 30 verstoßende Auszahlung vorgenommen wurde (§ 31 Abs. 5 S. 1). Sie gilt bei der GmbH & Co. KG auch für die Leistung durch die KG.[114] Bei der Bestellung einer gegen § 30 verstoßenden Sicherheit ist der Tag der Bestellung maßgeblich.[115]

Daneben bestehende **bürgerlich-rechtliche Ansprüche,** etwa aus ungerechtfertigter Bereicherung oder unerlaubter Handlung, verjähren nach den allgemeinen bürgerlich-rechtlichen Bestimmungen. Nach dem **bis zum 31. 12. 2001 geltenden Recht** galt gemäß § 195 BGB aF im Grundsatz eine 30-jährige Verjährungsfrist. Für ab dem 1. 1. 2002 einschließlich entstandene Ansprüche gilt nach **neuem Recht** gemäß §§ 195, 199 Abs. 1 BGB nF durch das SchRModG die **dreijährige regelmäßige Verjährungsfrist,** beginnend mit dem Schluss des Jahres, in dem der Anspruch entstanden ist und der Gläubiger von den den Anspruch begründenden Umständen und der Person des Schuldners Kenntnis erlangt oder ohne grobe Fahrlässigkeit hätte erlangen müssen. Hinsichtlich des Übergangsrecht kommt es gemäß Art. 229 § 5 EGBGB auf das Entstehen des Schuldverhältnisses an, also auf die gegen § 30 verstoßende Auszahlung. Für den **Übergang** gilt Folgendes: Nach der Überleitungsvorschrift des Art. 229 § 6 Abs. 6 EGBGB in der Fassung des SchRModG vom 26. 11. 2001[116] ist insoweit künftig zu unterscheiden: Grundsätzlich findet das neue Verjährungsrecht gemäß Art. 229 § 5 Abs. 1 S. 1 EGBGB auch auf alte Schuldverhältnisse Anwendung; dies gilt uneingeschränkt für ab dem 1. 1. 2002 entstehende Ansprüche. Für bereits entstandene Ansprüche gilt, wenn – wie hier – die alte Verjährungsfrist länger als die nach neuem Recht ist, die neue dreijährige Frist, berechnet ab dem 1. 1. 2002, sofern nicht die alte Verjährungsfrist früher endet; ist letzteres der Fall, ist der frühere Ablauf nach altem Recht maßgeblich.

2. Bösgläubiger Empfänger. Hat der von der Gesellschaft auf Erstattung in Anspruch Genommene die Zahlung „in böslicher Handlungsweise" erlangt, so finden nach § 31 Abs. 5 S. 2 die kürzeren Verjährungsfristen des § 31 Abs. 5 S. 1 keine Anwendung. Nach **bisherigem Recht** ging die einhellige Meinung zu Recht davon aus, dass es dann bei der allgemeinen **30-jährigen Verjährungsfrist** des § 195 BGB aF blieb.[117]

Nach **neuem Recht** wäre damit für ab dem 1. 1. 2002 entstehende bzw. zu diesem Zeitpunkt noch nicht verjährte Ansprüche gemäß Art. 229 § 6 Abs. 4 EGBGB an die Stelle der 30-jährigen Verjährungsfrist die neue allgemeine Verjährungsfrist von drei Jahren gemäß §§ 195, 199 Abs. 1 BGB in der Fassung des SchRModG vom 26. 11. 2001 getreten (Rn. 50), beginnend mit dem Schluss des Jahres, in dem der Anspruch entstanden ist und der Gläubiger von den den Anspruch begründenden Umständen und der Person des Schuldners Kenntnis erlangt oder ohne grobe Fahrlässigkeit hätte erlangen müssen. Der damit auftretende Wertungswiderspruch dahin, dass im Falle der böslichen Handlungsweise in der Praxis, in der die maßgebliche Kenntnis typischer-

---

[114] OLG München DB 1983, 166; vgl. auch Rn. 72 ff.
[115] RGZ 168, 292, 305; *Hachenburg/Goerdeler/Müller* Rn. 68; *Scholz/Westermann* Rn. 34.
[116] BGBl. I S. 3138.
[117] AllgM, *Baumbach/Hueck/Fastrich* Rn. 20; *Hachenburg/Goerdeler/Müller* Rn. 69; *Scholz/Westermann* Rn. 36; *Meyer-Landrut/Miller/Niehus* Rn. 10 aE.

weise sofort gegeben ist, ggf. eine kürzere Verjährungsfrist als bei fehlender Böslichkeit gelten würde, ist nicht hinnehmbar. Es ist deshalb bis zu einer (für die nächste Zeit anstehenden) ausdrücklichen Rechtsänderung von Folgenden auszugehen (wegen der Einzelheiten s. *Pentz* GmbHR 2002, 225 ff.; abw. auch *Altmeppen* DB 2001, 514 ff.): Die neue regelmäßige Verjährungsfrist von drei Jahren gemäß § 195 BGB nF ist auf Rückgewährungsansprüche bei böslicher Handlungsweise im Sinne von § 31 Abs. 1, 3, 5 S. 2 nicht zugeschnitten, da ihre Anwendung zu einer systemwidrigen Begünstigung des böslichen Empfängers führen würde. Die Unanwendbarkeit des § 195 BGB nF führt mangels anderer anwendbarer Verjährungsbestimmungen dazu, dass hinsichtlich der Verjährung von Rückgewähransprüchen nach § 31 Abs. 1, 3, 5 S. 2 nunmehr bis zu einer gesetzlichen Neuregelung der für diese Ansprüche geltenden Verjährung zu unterscheiden ist: Ist der betreffende Anspruch nach dem 1. 1. 2002, dem In-Kraft-Treten der Schuldrechtsreform, entstanden, ist er bis zu einer Neuregelung dieses Bereichs als unverjährbar anzusehen. Ist der betreffende Anspruch vor dem 1. 1. 2002, dem In-Kraft-Treten der Schuldrechtsreform, entstanden, und liefe die für ihn nach altem Recht geltende Verjährungsfrist bei Zugrundelegung des alten Rechts nach dem 1. 1. 2002 länger als drei Jahre, ist aufgrund der Änderung der Verjährungsfristen durch das Schuldrechtsmodernisierungsgesetz davon auszugehen, dass dieser Anspruch seit dem 1. 1. 2002 keiner Verjährung mehr unterliegt; die Verjährbarkeit des Anspruchs ist entfallen. Ist der betreffende Anspruch vor dem 1. 1. 2002, dem In-Kraft-Treten der Schuldrechtsreform, entstanden und endet die für ihn nach altem Recht geltende Verjährungsfrist bei Zugrungeregelung des alten Rechts früher als sie nach neuem Recht enden würde, bewendet es bei der bisherigen Verjährungsfrist und der Verjährbarkeit des Anspruchs. Ist nach altem Recht Verjährung bereits eingetreten, hat der Schuldner jedoch die Verjährungseinrede noch nicht erhoben, ist sie ihm auch nach dem 1. 1. 2002 erhalten geblieben und kann demzufolge nach wie vor ausgeübt werden.

53 **Böslichkeit** im Sinne des § 30 Abs. 5 S. 2 liegt vor, wenn der Empfänger die Leistung der Gesellschaft in **Kenntnis der Unzulässigkeit** entgegennimmt.[118] Die auf grobe Fahrlässigkeit beruhende Unkenntnis genügt demgegenüber nicht.[119]

54 **3. Gegenüber haftenden Mitgesellschaftern.** Die Verjährungsdauer gegenüber den subsidiär haftenden Mitgesellschaftern richtet sich ebenfalls unmittelbar nach § 31 Abs. 5, hängt also von der Bösgläubigkeit des konkreten Anspruchsgegners ab und ist für jeden konkret festzustellen.[120] Handelt nur der Empfänger der Leistung böslich, verlängert sich die Frist für die Mithaftung nach § 31 Abs. 3 nicht. Gegenüber dem gutgläubigen Mitgesellschafter verjährt also der Erstattungsanspruch ebenfalls in fünf Jahren, auch wenn dem Empfänger der Leistung eine bösliche Handlungsweise bei der Zahlung zur Last fällt. Fällt dem subsidiär haftenden Mitgesellschafter dagegen bösliche Handlungsweise zur Last, etwa weil er an den Handlungen des Empfängers mitgewirkt hat,[121] entfällt auch für ihn die Wohltat der kurzen Verjährungsfrist.

55 **4. Bei Drittempfängern.** Denkbar ist schließlich der Fall, dass der Dritte als Empfänger der Zahlung gutgläubig ist, der subsidiär haftende Mitgesellschafter aber bös-

---

[118] BGH NJW 1997, 2599, 2601; BGHZ 110, 342, 352 = NJW 1990, 1725; BGH NJW 1988, 139, 140; *Baumbach/Hueck/Fastrich* Rn. 20; *Hachenburg/Goerdeler/Müller* Rn. 69; *Lutter/Hommelhoff* Rn. 27; zweifelnd *Scholz/Westermann* Rn. 36; strenger *Tries* Verdeckte Gewinnausschüttung im GmbH-Recht, 1991, S. 62: Hinwirken auf Auszahlung.
[119] BGH NJW 1995, 1961; BGH NJW 1997, 2599, 2601.
[120] *Roth/Altmeppen* Rn. 20; *Baumbach/Hueck/Fastrich* Rn. 20; *Hachenburg/Goerdeler/Müller* Rn. 70; *Lutter/Hommelhoff* Rn. 28; *Scholz/Westermann* Rn. 35.
[121] *Baumbach/Hueck/Fastrich* Rn. 20; *Hachenburg/Goerdeler/Müller* Rn. 70.

gläubig. In diesem Fall verjährt ein ggf. bestehender (Rn. 11) Rückzahlungsanspruch gegen den Empfänger in fünf Jahren und der Anspruch auf subsidiäre Haftung gegenüber dem bösgläubigen Mitgesellschafter nach bisherigem Recht in dreißig Jahren und nach neuem Recht bis zu einer ausdrücklichen Neuregelung überhaupt nicht (Rn. 52). Ist der Rückzahlungsanspruch nicht nur auf § 31 gestützt, besteht Anspruchskonkurrenz; jeder Anspruch verjährt eigenständig.

5. Hemmung und Streitverkündung. Durch Erhebung der Klage gegen den Empfänger der Zahlung wird die Verjährung nur ihm gegenüber gemäß § 204 Abs. 1 Nr. 1 BGB nF (früher § 209 Abs. 1 BGB) gehemmt, gegenüber den subsidiär haftenden Mitgesellschaftern dagegen nicht. Auch hemmt die Streitverkündung gemäß § 204 Abs. 1 Nr. 6 BGB die Verjährung nicht, da die Voraussetzungen einer Streitverkündung nicht vorliegen. Denn die Mithaftung nach § 31 Abs. 3 setzt einen Anspruch der Gesellschaft und den Ausfall hiermit bei dem Leistungsempfänger voraus, nicht ein Unterliegen der Gesellschaft im Rechtsstreit; eine Verjährungshemmung gemäß § 72 ZPO iVm. § 204 Abs. 1 Nr. 6 BGB nF (nach § 209 Abs. 2 Nr. 4 BGB aF Verjährungsunterbrechung) kann deshalb durch eine Streitverkündung nicht eintreten.[122] Droht während des Rechtsstreits gegen den Empfänger der Zahlung eine Verjährung des Anspruchs gegen die subsidiär haftenden Mitgesellschafter, so hilft prozessual nur die Erhebung der Feststellungsklage gemäß § 256 ZPO.[123] Gerichtet werden muss die Klage auf Feststellung der anteiligen Zahlungspflicht des mithaftenden Gesellschafters für den Fall, dass die Erstattung vom primär haftenden Auszahlungsempfänger nicht erlangt werden kann; für das notwendige Feststellungsinteresse ist es als ausreichend anzusehen, dass die Zahlungspflicht vom mithaftenden Gesellschafter nicht anerkannt wird. Das notwendige Rechtsschutzinteresse ist angesichts der drohenden Verjährung zu bejahen.

Vereinbarungen über die Verlängerung von Verjährungsfristen sind nach neuem Recht gemäß § 202 BGB abweichend von der alten Rechtslage (§ 225 BGB aF; zu den hiermit verbundenen Frage s. Voraufl. Rn. 38 aE) bis zur Grenze von 30 Jahren zulässig.

IX. Haftung der Geschäftsführer (§ 31 Abs. 6, § 43)

1. Die Sonderregelung des § 31 Abs. 6. Die Bestimmung des § 31 Abs. 6 trifft für die Haftung des Geschäftsführers eine Sonderregelung. Nach dieser Vorschrift haften die Geschäftsführer den aus § 31 Abs. 3 in Anspruch genommenen Gesellschaftern unmittelbar auf Ersatz des diesen durch die Inanspruchnahme entstandenen Schadens. Eine ausdrückliche Bestimmung in diesem Sinne war notwendig, weil die Sorgfaltspflichten der Geschäftsführer nach § 43 sich auf die Gesellschaft beziehen und ohne § 31 Abs. 6 keine Anspruchsgrundlage für eigene Ansprüche der Gesellschafter gegeben wäre. Neben diese Haftung tritt diejenige gegenüber der Gesellschaft nach § 43 Abs. 1, 3 (Rn. 69).

a) Haftungsvoraussetzungen. Nach § 31 Abs. 6 sind für die in den Fällen des § 31 Abs. 3 geleisteten Zahlungen den hiernach in Anspruch genommenen Gesellschaftern diejenigen Geschäftsführer solidarisch zum Ersatz verpflichtet, denen hinsichtlich der geleisteten Zahlung ein Verschulden zur Last fällt. Die Geschäftsführer haften auf Ersatz der Beträge, die die nach § 31 Abs. 3 in Anspruch genommenen Gesellschafter geleistet haben, diesen gegenüber. Notwendig sind also eine Haftung

---

[122] *Hachenburg/Goerdeler/Müller* Rn. 72; *Scholz/Westermann* Rn. 35.
[123] *Scholz/Westermann* Rn. 35.

des Empfängers nach § 31 Abs. 1 wegen einer § 30 zuwiderlaufenden Auszahlung (hierzu Rn. 2 ff.), eine Inanspruchnahme der übrigen Gesellschafter im Wege der subsidiären Ausfallhaftung gemäß § 31 Abs. 3 (Rn. 32 ff.) und schließlich ein Verschulden des betreffenden Geschäftsführers hinsichtlich dieser unzulässigen Auszahlung (Rn. 63 ff.).

60 Ein den Geschäftsführer anweisender **Gesellschafterbeschluss** entlastet den Geschäftsführer grundsätzlich nicht, da § 30 nicht der Disposition der Gesellschafter unterliegt und der rechtswidrige Gesellschafterbeschluss für ihn keine Bindung zur Folge haben konnte. Im Einzelnen ist jedoch zu unterscheiden:[124] Hat der Geschäftsführer auf die Unzulässigkeit der Auszahlung nach § 30 hingewiesen und haben ihn die Gesellschafter gleichwohl angewiesen, steht seiner Inanspruchnahme durch die Gesellschafter, die für die Auszahlung gestimmt haben, der Einwand der unzulässigen Rechtsausübung wegen widersprüchlichen Verhaltens entgegen. Hatten die Gesellschafter keine Kenntnis von der Unzulässigkeit der Auszahlung, bleibt es bei der Haftung des Geschäftsführers.

61 b) **Anspruchsinhaber.** Die Geschäftsführer haften **gegenüber den Gesellschaftern**, die gemäß § 31 Abs. 3 in Anspruch genommen worden sind, auf Ersatz des diesen hierdurch entstandenen Schadens. Eine Haftung gegenüber dem Empfänger als dem Primärschuldner gemäß § 31 Abs. 1 und 2 sieht das Gesetz nicht vor. Es existiert für die Geschäftsführer auch keine § 31 Abs. 2 vergleichbare Haftungsbeschränkung.

62 Ohne Belang ist, ob der **Geschäftsführer selbst Gesellschafter** ist und deshalb ebenfalls nach § 31 Abs. 3 haftet. Allerdings ist davon auszugehen, dass die Mitgesellschafter in diesem Falle im Innenverhältnis schon vor ihrer Inanspruchnahme von dem Gesellschafter-Geschäftsführer die Freistellung von der Verbindlichkeit nach § 31 Abs. 3 verlangen können, da er im Innenverhältnis wegen § 31 Abs. 6 allein haftet. Die Haftung des Geschäftsführers ist nicht auf den Stammeinlagebetrag des Gesellschafters beschränkt.[125]

63 c) **Verschulden.** Die Geschäftsführer haften nur, soweit sie ein Verschulden an der unzulässigen Auszahlung trifft. Maßstab ist § 43 Abs. 1,[126] wonach die Geschäftsführer die Sorgfalt eines ordentlichen Geschäftsmannes anzuwenden haben. Aufgrund dieses **objektivierten Haftungsmaßstabes** kann sich der Geschäftsführer nicht mit dem Hinweis entlasten, er habe nicht über die zur Beurteilung der Zulässigkeit einer Auszahlung notwendigen Kenntnisse verfügt. Auch ein den Geschäftsführer zur Auszahlung anweisender Gesellschafterbeschluss kann deshalb nicht zu einem Haftungsausschluss des Geschäftsführers wegen fehlenden Verschuldens führen;[127] dies kann lediglich insoweit Bedeutung erlangen, als es den Gesellschaftern verwehrt sein kann, den Geschäftsführer gleichwohl nach § 31 Abs. 6 in Anspruch zu nehmen (Rn. 60).

64 **Verschulden in Betreff der geleisteten Zahlung** bedeutet eine fahrlässige Verkennung des der Auszahlung aus § 30 entgegenstehenden Verbots oder ein vorsätzliches Sich-Hinwegsetzen hierüber. Beides kann auch darin liegen, dass der Geschäfts-

---

[124] Vgl. hierzu *Roth/Altmeppen* Rn. 22; *Baumbach/Hueck/Fastrich* Rn. 22; *Hachenburg/Goerdeler/Müller* Rn. 62, 64; abw. Begr. bei *Scholz/Westermann* Rn. 38: fehlendes Verschulden, hierzu Rn. 63.

[125] *Lutter/Hommelhoff* Rn. 29.

[126] Unstr., vgl. nur *Baumbach/Hueck/Fastrich* Rn. 22; *Lutter/Hommelhoff* Rn. 29; *Hachenburg/Goerdeler/Müller* Rn. 64; *Scholz/Westermann* Rn. 38.

[127] Abw. *Scholz/Westermann* Rn. 38.

führer es unterlässt, in zumutbarer Weise eine drohende Auszahlung zu verhindern.[128] Ein Geschäftsführer kann sich damit exkulpieren, dass er beweisbar der Auszahlung widersprochen und versucht hat, die Auszahlung zu verhindern. Das bloße Vertrauen zB des für die Technik zuständigen Geschäftsführers auf die Erklärung des für die Finanzen zuständigen Geschäftsführers genügt nicht. Jeder Geschäftsführer, gleich welches Ressort er geschäftsordnungsmäßig verwaltet, hat eine selbständige Nachprüfungspflicht; dies folgt aus dem Prinzip der Gesamtgeschäftsführung des § 35 Abs. 2 S. 1. Es genügt auch nicht, wenn der oder die Geschäftsführer einen Beschluss der Gesellschafterversammlung auf Auszahlung nur widersprechen; die Geschäftsführer müssen vielmehr auch gegenüber den Gesellschaftern das Leistungsverbot des § 30 beachten; denn der Beschluss der Gesellschafterversammlung ist bei einem Verstoß gegen die Kapitalerhaltungsvorschriften unverbindlich und darf deswegen nicht ausgeführt werden (Rn. 60).

Ist streitig, ob den Geschäftsführer ein Verschulden trifft, obliegt diesem entsprechend § 93 Abs. 2 S. 2 AktG die **Beweislast** für das Fehlen einer Sorgfaltsverletzung.[129] Dies rechtfertigt sich aus dem hinter dieser Beweislastverteilung stehenden besseren Zugang des Geschäftsführers zu den maßgeblichen Tatsachen; wegen der Einzelheiten hierzu s. bei § 43. **65**

d) **Schadensersatzpflicht.** Aus der Verpflichtung zum **Schadenersatz** folgt, dass die Geschäftsführer gemäß § 43 Abs. 3 die Gesellschaft und nach § 31 Abs. 6 die Gesellschafter, die gemäß Abs. 3 in Anspruch genommen worden sind, so zu stellen haben, wie diese stehen würden, wenn die schuldhaft vorgenommene Auszahlung gemäß § 30 Abs. 1 und 2 nicht erfolgt wäre. Die Gesellschafter können deshalb neben der Summe, die sie geleistet haben, beispielsweise auch Ersatz der ihnen etwa entstandenen Kosten bzw. den Ersatz eines Zinsverlustes verlangen. **66**

e) **Verjährung.** Über die Verjährung der gegen die Geschäftsführer gerichteten Ansprüche aus § 31 Abs. 6 enthält das Gesetz keine ausdrückliche Regelung. Die früher herrschende Auffassung ging deshalb von der allgemeinen Verjährungsfrist von ursprünglich 30 Jahren (§ 195 BGB aF)[130] aus. Die derzeit ganz herrschende Meinung geht von einer fünfjährigen Verjährungsfrist entsprechend § 31 Abs. 5 und § 43 Abs. 4 aus.[131] An dieser auch in der Vorauflage vertretenen Auffassung kann seit Inkrafttreten des SchRModG nicht festgehalten werden. Aufgrund der hinter der dreijährigen Verjährungsfrist des § 195 BGB stehenden gesetzgeberischen Erwägungen[132] und des Wegfalls des mit der langen Verjährungsfrist des § 195 BGB aF verbundenen Wertungswiderspruchs[133] ist vielmehr davon auszugehen, dass die allgemeine dreijährige Verjährungsfrist gemäß §§ 195, 199 Abs. 1 Abs. 1 BGB nF gilt. Nach **neuem, ab dem 1. 1. 2002 einschließlich geltenden Recht** ist deshalb grundsätzlich eine dreijährige Verjährungsfrist einschlägig, beginnend mit dem Schluss des Jahres, in dem der Anspruch entstanden ist und der Gläubiger von den den Anspruch begründenden Umständen und der Person des Schuldners Kenntnis erlangt oder ohne grobe Fahrlässigkeit hätte erlangen müssen. Für den **Übergang** ist nach der Überleitungsvorschrift des Art. 229 § 6 Abs. 6 EGBGB in der Fassung des SchRModG vom 26. 11. **67**

---

[128] Scholz/Westermann Rn. 38.
[129] S. auch Hachenburg/Goerdeler/Müller Rn. 64 (Verschulden werde vermutet).
[130] Vgl. etwa Brodmann Anm. 7b; Hachenburg/Goerdeler/Müller 7. Aufl. Rn. 36.
[131] Roth/Altmeppen Rn. 23; Baumbach/Hueck/Fastrich Rn. 22; Lutter/Hommelhoff Rn. 30; Hachenburg/Goerdeler/Müller Rn. 71; Scholz/Westermann Rn. 39; Voraufl. Rn. 42.
[132] Vgl. hierzu BT-Drucks. 14/6040 S. 95 ff.
[133] Hierzu statt anderer Scholz/Westermann Rn. 39.

§ 31   2. Abschnitt. Rechtsverhältnisse der Gesellschaft und der Gesellschafter

2001[134] zu unterscheiden: Grundsätzlich findet das neue Verjährungsrecht gemäß Art. 229 § 5 Abs. 1 S. 1 EGBGB auch auf alte Schuldverhältnisse Anwendung; dies gilt uneingeschränkt für ab dem 1. 1. 2002 entstehende Ansprüche. Für bereits entstandene Ansprüche gilt, wenn die alte Verjährungsfrist länger als die nach neuem Recht ist, die **neue dreijährige Frist,** berechnet ab dem 1. 1. 2002, sofern nicht die alte Verjährungsfrist früher endet; ist letzteres der Fall, ist der frühere Ablauf nach altem Recht maßgeblich.

68 Streitig ist der **Beginn der Verjährungsfrist.** Während die wohl überwiegende Meinung auf den Zeitpunkt der Zahlung aufgrund der Solidarhaftung abstellt,[135] soll nach anderer Auffassung der Zeitpunkt der Geltendmachung des Anspruchs auf Solidarhaftung gegen den Mitgesellschafter maßgeblich sein.[136] Im Hinblick auf den Wortlaut der Bestimmung, die auf die geleistete Erstattung abstellt, und die kurze Verjährungsfrist erscheint die herrschende Meinung vorzugswürdig; die Verjährungsfrist beginnt daher erst mit Ablauf des Jahres, in dem der Gesellschafter Zahlung geleistet hat und – was in der Praxis regelmäßig hiermit zusammenfallen wird – von der Haftung des Geschäftsführers Kenntnis gehabt hat oder ohne grobe Fahrlässigkeit hätte haben müssen. Wird der Gesellschafter in Anspruch genommen, kann er von dem Geschäftsführer, dem im Hinblick auf die verbotswidrige Zahlung Verschulden zur Last fällt, Befreiung verlangen.

69 **2. Haftung gegenüber der Gesellschaft.** Die Geschäftsführer haften gegenüber der Gesellschaft nach **§ 43 Abs. 3 S. 1** auf Ersatz des ihr durch die rechtswidrige Auszahlung entstandenen Schadens (s. hierzu bei § 43). Sie haften neben den Empfängern der Auszahlung. Während die Empfänger allerdings ggf. mit der Vergünstigung nach § 31 Abs. 2 haften (Rn. 20 ff.), besteht eine dem entsprechende Haftungsvergünstigung für Geschäftsführer nicht; die Geschäftsführer haften nach § 43 unbeschränkt (s. auch BGH NJW 1987, 779).

70 Sind die Geschäftsführer **zugleich Gesellschafter** und haben sie in dieser Eigenschaft nach § 30 unzulässige Leistungen empfangen, so haften sie der Gesellschaft außerdem auf Erstattung der empfangenen Leistungen. Die wegen § 31 Abs. 2 bedeutsame Bösgläubigkeit wird im Regelfall bei einem geschäftsführenden Gesellschafter vermutet werden können. Sie haften ferner als Mitgesellschafter gemäß **§ 31 Abs. 3** für Auszahlungen an andere Gesellschafter (Rn. 32 ff.) und ggf. auch wegen Verletzung der gesellschafterlichen Treupflicht (§ 13 Rn. 35 ff.).

71 **3. Gesamtschuldnerische Haftung.** Die Geschäftsführer haften, sofern sie schuldhaft gehandelt haben (Rn. 63 ff.), gegenüber der Gesellschaft nach § 43 Abs. 2 und gegenüber den nach § 31 Abs. 3 in Anspruch genommenen Gesellschaftern als Gesamtschuldner gemäß §§ 421 ff. BGB. Die Gesellschaft und die in Anspruch genommenen Gesellschafter können daher jeweils bis zur Bewirkung der vollen Leistung jeden Geschäftsführer in Anspruch nehmen. Die Geschäftsführer selbst sind im Innenverhältnis gemäß § 426 BGB zum Ausgleich verpflichtet.

X. Anwendung auf die GmbH & Co. KG

72 Für die GmbH & Co. KG gelten die gleichen Grundsätze in entsprechender Anwendung wie für § 30. Es kann insoweit auf die Erl. zu § 30 verwiesen werden (vgl. § 30 Rn. 66 ff.).

---

[134] BGBl. I S. 3138.
[135] *Hachenburg/Goerdeler/Müller* Rn. 71; *Scholz/Westermann* Rn. 39.
[136] *Lutter/Hommelhoff* Rn. 30.

Hinsichtlich der **Haftung des Kommanditisten** ist zu unterscheiden: Hat er **Auszahlungen von** der persönlich haftenden **Komplementär-GmbH** erhalten, so haftet er dieser gegenüber als Empfänger summenmäßig unbeschränkt.[137] Stammt die Leistung dagegen aus dem Vermögen der **Kommanditgesellschaft,** und hat dies nur mittelbar zu einem Verstoß gegen die bei der GmbH geltende Kapitalbindung geführt, ist die Kommanditgesellschaft Anspruchsinhaber;[138] ggf. lebt, was für die Haftung nach § 31 allerdings unbeachtlich ist, auch die Haftung des Kommanditisten aus §§ 172 Abs. 4, 171 Abs. 1 HGB wieder auf (§ 30 Rn. 70). Zuständig für die Geltendmachung des Erstattungsanspruchs ist die GmbH als Komplementär der KG, es kommt aber auch die Geltendmachung im Wege der actio pro socio (§ 13 Rn. 114ff.) in Betracht.[139] Der Erstattungsanspruch untersteht den allgemeinen Bindungen des Rückerstattungsanspruchs nach § 31 (hierzu Rn. 12). Im übrigen steht nichts entgegen, *hierneben* von einem ebenfalls nur auf Leistung an die KG gerichteten eigenen Anspruch der GmbH gegen den Kommanditisten auszugehen.[140]

73

Die übrigen Kommanditisten haften **entsprechend § 31 Abs. 3**.[141] Streitig ist, ob die Kommanditisten für **Leistungen aus dem KG-Vermögen** gesamtschuldnerisch[142] oder entsprechend ihrer Beteiligung an der KG[143] haften. Bei sinngemäßer Anwendung von § 31 Abs. 3 ist nur eine anteilige Haftung gerechtfertigt. Sind **Leistungen,** die der Vermögensbindung nach § 30 unterlagen, **unmittelbar aus dem GmbH-Vermögen** an einen Kommanditisten geflossen, scheidet eine Mithaftung der Nur-Kommanditisten aus,[144] es haften nur die Gesellschafter der GmbH, zu denen allerdings auch (andere) Kommanditisten gehören können.

74

Der Rückerstattungsanspruch **verjährt** entsprechend § 31 Abs. 5 gegenüber einem gutgläubigen Empfänger in fünf Jahren, bei böslicher Handlungsweise nach derzeitiger Rechtslage dagegen überhaupt nicht (Rn. n).[145] Die Kenntnis vom Wiederaufleben der Haftung nach § 172 Abs. 4 HGB allein begründet noch keine bösliche Handlungsweise.[146]

75

Haftende Geschäftsführer im Sinne des § 31 Abs. 6 sind in diesem Falle die Geschäftsführer der Komplementär-GmbH.

76

XI. Österreichisches Recht

Zum österreichischen Recht s. die Bemerkungen bei § 30 Rn. 80.

77

---

[137] BGHZ 69, 274, 280 = NJW 1978, 160; *Strohn* in *Ebenroth/Boujong/Joost* § 172 Rn. 65 mwN.
[138] BGHZ 60, 324, 329 = NJW 1973, 1036; BGHZ 69, 274, 279 = NJW 1978, 160; BGHZ 110, 342 = NJW 1990, 1725; *Kuhn*, FS Heusinger, 1968, S. 203, 215; *Immenga* ZGR 1975, 487, 493; *Baumbach/Hueck/Fastrich* Rn. 8; *Baumbach/Hopt* § 172a Rn. 35; *K. Schmidt* GesR § 56 V 1b; *Raiser* Kapitalges., § 45 Rn. 15; aA *Winkler* NJW 1969, 1009, 1011; *Wilhelm*, FS Flume II, 1978, S. 337, 363f.; *Hachenburg/Goerdeler/Müller* Rn. 8; *Lutter/Hommelhoff* Rn. 2, 9; *Scholz/Westermann* Rn. 10, die von einem Anspruch der GbH ausgehen; für einen eigenständigen Kapitalschutz der OHG/KG „mit beschränkter Haftung" *Karollus*, FS Kropff, 1997, S. 669, 675; s. auch bereits *K. Schmidt* GmbHR 1989, 141, 143 sowie § 30 Rn. 72.
[139] Vgl. nur *Baumbach/Hueck/Fastrich* Rn. 8.
[140] Eine Berechtigung beider Gesellschaften erwägend *Baumbach/Hueck/Fastrich* Rn. 8.
[141] *Scholz/Westermann* Rn. 25.
[142] So *Schilling*, FS Barz, 1974, S. 67, 76.
[143] So *Canaris*, FS Robert Fischer, 1979, S. 31, 59; zust. *Scholz/Westermann* Rn. 16.
[144] *v. Gerkan* in *Röhricht/v. Westphalen* § 172 Rn. 68 mwN.
[145] BGH NJW 1995, 1960 = DStR 1995, 1117 m. Anm. *Goette* = WiB 1995 m. Anm. *v. Reinersdorff*.
[146] OLG München DB 1983, 167.

§ 32 [Rückzahlung von Gewinn]

Liegt die in § 31 Abs. 1 bezeichnete Voraussetzung nicht vor, so sind die Gesellschafter in keinem Fall verpflichtet, Beträge, welche sie in gutem Glauben als Gewinnanteile bezogen haben, zurückzuzahlen.

Übersicht

	Rn.		Rn.
I. Zweck, Voraussetzungen und Verhältnis zu §§ 30, 31	1–4	2. Begriff	10
		3. Maßgeblicher Zeitpunkt	11
1. Normzweck und Voraussetzungen	1–3	4. Rechtsfolge der Gutgläubigkeit	12
2. Verhältnis zu §§ 30, 31	4	5. Beweislastverteilung	13, 14
II. Regelungsgehalt von § 32	5–8	6. Beteiligung Dritter	15–17
1. Gewinnanteile	5	IV. Bösgläubigkeit des Empfängers	18–20
2. Nicht genügend: Sonstige Zahlungen	6, 7	1. Haftung des Gesellschafters	18, 19
3. Doppelte Gewinnauszahlung	8	2. Einreden des Gesellschafters	20
III. Gutgläubigkeit des Gesellschafters	9–17	V. Verjährung	21
1. Bezugsobjekt	9	VI. Österreichisches Recht	22

I. Zweck, Voraussetzungen und Verhältnis zu §§ 30, 31

1. Normzweck und Voraussetzungen. § 32 soll den gutgläubigen Gesellschafter dahin sichern, dass er einen gutgläubig empfangenen Gewinn, der aufgrund eines formell ordnungsgemäßen Gewinnverteilungsbeschlusses ausgeschüttet worden ist, in jedem Falle behalten kann, sofern durch die Gewinnausschüttung nicht das Aktivvermögen der Gesellschaft in Höhe des nominellen Stammkapitals iS des § 30 angegriffen wird.[1] Die Vorschrift soll mithin den gutgläubigen Gesellschafter vor Mängeln des Gewinnverteilungsbeschlusses außerhalb des Verstoßes gegen das Kapitalerhaltungsgebot des § 30 Abs. 1 schützen.[2] Liegt ein Beschluss vor und ist der Gewinn ausgeschüttet worden, so sind die gutgläubigen Gesellschafter durch § 32 geschützt; sie müssen diesen in gutem Glauben empfangenen Gewinn nicht an die Gesellschaft zurückzahlen. Der Begriff des guten Glaubens ist auch hier in Anlehnung an § 932 Abs. 2 BGB zu bestimmen (Rn. 10).

Bedeutung hat die Vorschrift hauptsächlich für den Fall, dass der Gewinnverteilungsbeschluss Mängel aufweist, die ihn anfechtbar oder nichtig machen.[3] Die Bestimmung ist hinsichtlich des Kapitalschutzes strenger als ihre aktienrechtliche Parallelregelung in § 62 AktG; während dort zu Unrecht bezogene Dividenden nur bei Schuldhaftigkeit zurückerstattet werden müssen, kommt im GmbH-Recht der Kapitalerhaltung Vorrang zu.[4]

§ 32 ist seit 1892 nicht geändert worden.

2. Verhältnis zu §§ 30, 31. § 32 findet nur dann Anwendung, wenn die Voraussetzungen der §§ 30, 31 nicht vorliegen, also die Vermögenswerte der Gesellschaft in Höhe des nominellen Stammkapitals für die Gewinnverteilung nicht angegriffen werden. Ist § 30 durch die Auszahlung verletzt worden, so gilt ausschließlich die Rück-

---

[1] *Hachenburg/Goerdeler/Müller* Rn. 1; krit. zur Privilegierung des § 32 *Joost*, FS Lutter, 2000, S. 473 ff.
[2] *Scholz/Westermann* Rn. 2.
[3] *Baumbach/Hueck/Fastrich* Rn. 1; *Lutter/Hommelhoff* Rn. 2; *Scholz/Westermann* Rn. 2.
[4] *Hachenburg/Goerdeler/Müller* Rn. 2.

Rückzahlung von Gewinn § 32

zahlungspflicht nach § 31;[5] § 30 schließt § 32 sonach aus. Für Fälle der Auszahlung von Gewinnanteilen, bei denen das Vermögen der Gesellschaft in Höhe des Stammkapitals ganz oder teilweise angegriffen wird, kann sonach wegen der Rechtslage auf die Erl. zu §§ 30, 31 verwiesen werden; die Auszahlung von Gewinn ist unzulässig, wenn dadurch Vermögen der Gesellschaft in Höhe des nominellen Stammkapitals in Anspruch genommen werden muss (§ 30 Rn. 7 ff.). Wird durch die Gewinnverteilung nur ein Teil des Vermögens in Höhe des Stammkapitals angegriffen, so ist lediglich dieser Teil des Gewinns entgegen § 30 ausgeschüttet und gemäß § 31 zurückzuzahlen. Der den nach § 31 zurückzuzahlenden Betrag übersteigende Gewinnanteil unterliegt dann allein der Regelung des § 32.[6]

II. Regelungsgehalt von § 32

1. Gewinnanteile. Von der Vorschrift des § 32 umfasst werden ausschließlich Gewinnanteile, die auf einem äußerlich ordnungsgemäßen Gewinnverteilungsbeschluss beruhen; es muss sich also um eine Gewinnverteilung gemäß § 29 handeln.[7] 5

2. Nicht genügend: Sonstige Zahlungen. Nicht von der Rechtswohltat des § 32 erfasst werden sonstige Zahlungen, auch wenn sie gewinnabhängig geleistet werden. Solche Zahlungen sind auch bei Gutgläubigkeit des Empfängers stets an die Gesellschaft zurückzuzahlen. Hierher gehören beispielsweise: Gewinnvorauszahlungen; gewinnabhängige Tantiemen der Geschäftsführer, gleichgültig, ob diese zugleich Gesellschafter sind oder nicht; gewinnabhängige Aufsichtsrats- oder Beiratsvergütungen; gewinnabhängige Zahlungen an Mitarbeiter; Zahlungen aufgrund partiarischer Verhältnisse; Ansprüche aus Genuss- oder Besserungsscheinen oder versehentlich doppelt gezahlte Gewinnanteile (Rn. 8); verdeckte Gewinnausschüttungen oder sonstige, vom Gewinn der Gesellschaft abhängige Zahlungen.[8] 6

Auch **Zinsen** fallen nicht unter § 32. Allerdings ist in diesem Zusammenhang stets zu überprüfen, ob es sich bei den als Zinszahlungen bezeichneten Leistungen tatsächlich um Zins- und nicht etwa um Gewinnauszahlungen handelt. Enthält die Satzung einer GmbH beispielsweise eine Regelung, wonach bei Vorhandensein eines Gewinns eine feste Verzinsung von Geschäftsanteilen zugesagt ist,[9] handelt es sich nicht um eine Verzinsung, sondern um eine Bestimmung zur Gewinnverteilung, womit die hiernach geleisteten Zahlungen vorbehaltlich eines Verstoßes gegen § 30 unter den Anwendungsbereich des § 32 fallen. Ebenso handelt es sich bei einer Vorzugsdividende um Gewinn, auch wenn sie satzungsgemäß nach einem Verlustjahr nachgezahlt wird.[10] 7

3. Doppelte Gewinnauszahlung. Hat ein Gesellschafter versehentlich Gewinnanteile doppelt erhalten, etwa einmal er selbst, zum weiteren der Dividendenzessionar, so liegt kein Fall des § 32 vor. Der Gesellschafter hat den zuviel bezogenen Gewinn zurückzahlen (Rn. 6).[11] 8

---

[5] *Hachenburg/Goerdeler/Müller* Rn. 1; *Lutter/Hommelhoff* Rn. 1; *Scholz/Westermann* Rn. 1.
[6] *Hachenburg/Goerdeler/Müller* Rn. 1; *Scholz/Westermann* Rn. 1.
[7] *Baumbach/Hueck/Fastrich* Rn. 3; *Hachenburg/Goerdeler/Müller* Rn. 9 f.; *Scholz/Westermann* Rn. 6.
[8] Ausführlich hierzu *Hachenburg/Goerdeler/Müller* Rn. 9 ff.
[9] Beispielsweise mit der Bestimmung „die Gesellschafter erhalten vom Gewinn zunächst eine feste Verzinsung ihrer Kapitaleinlagen von 4 % und nach Zuführung von 50 % zur Rücklage den dann noch verbleibenden Gewinn entsprechend ihrem Anteil am Stammkapital.
[10] *Hachenburg/Goerdeler/Müller* Rn. 10.
[11] *Baumbach/Hueck/Fastrich* Rn. 3; *Hachenburg/Goerdeler/Müller* Rn. 11; *Scholz/Westermann* Rn. 4.

III. Gutgläubigkeit des Gesellschafters

9 **1. Bezugsobjekt.** Die Gutgläubigkeit des den Gewinnanteil empfangenden Gesellschafters muß sich auf die Ordnungsgemäßheit des Gewinnbezugs beziehen. § 32 setzt damit die Feststellung des Jahresabschlusses und einen Gewinnverteilungsbeschluss der Gesellschafterversammlung (§ 46 Abs. 1 Nr. 1) bzw. des von der Satzung hierfür bestimmten Organs (hierzu bei § 29) voraus.[12] Der gute Glaube des Gesellschafters muss sich auf die Ordnungsgemäßheit dieser Beschlüsse, also auch auf die richtige Gewinnermittlung, und die richtige anteilsmäßige Verteilung des Gewinns unter die Berechtigten beziehen.

10 **2. Begriff.** Gutgläubigkeit setzt voraus, dass der Gesellschafter (zu Dritten als Zahlungsempfängern s. Rn. 15 ff.) die Fehlerhaftigkeit des Gewinnbezugs weder positiv gekannt noch grob fahrlässig verkannt hat. Grob fahrlässig handelt der Gesellschafter, wenn er bei Prüfung der Frage, ob der Beschluss der Gesellschafterversammlung ordnungsgemäß ist, die im Verkehr erforderliche Sorgfalt in ungewöhnlich hohem Maße verletzt.[13] Insoweit gilt der Maßstab des § 932 Abs. 2 BGB entsprechend.[14] An der Gutgläubigkeit wird es regelmäßig insbesondere dann fehlen, wenn ein offensichtlicher Verstoß gegen die Satzung vorliegt. Bei Gesetzesverstößen ist auf die Art des Verstoßes und die persönlichen Eigenschaften des Gesellschafters abzustellen.

11 **3. Maßgeblicher Zeitpunkt.** Die Gutgläubigkeit muss im Zeitpunkt des **Empfangs des Gewinnanteils** vorliegen.[15] War der Gesellschafter zu diesem Zeitpunkt gutgläubig, so ist er nicht verpflichtet, den bezogenen Gewinn zurückzuzahlen, auch dann nicht, wenn der Gewinnverteilungsbeschluss aufgrund einer Anfechtungsklage (rückwirkend) für nichtig erklärt wird oder wenn der äußerlich ordnungsgemäße Gewinnverteilungsbeschluss materiellrechtlich von vornherein nichtig war.[16] Spätere Bösgläubigkeit schadet nicht.

12 **4. Rechtsfolge der Gutgläubigkeit.** War der Gesellschafter gutgläubig im Sinne von Rn. 10, ist er unter keinem rechtlichen Gesichtspunkt verpflichtet, die empfangenen Gewinnanteile der Gesellschaft zurückzuerstatten. § 32 verdrängt damit alle hinsichtlich einer Rückzahlungsverpflichtung in Betracht kommenden Anspruchsgrundlagen.

13 **5. Beweislastverteilung.** Den **Beweis seines guten Glaubens** hat der Gesellschafter zu führen, der den Gewinn bezogen hat.[17] Soweit dem entgegengehalten wird, die Gesellschaft müsse den durch den Verwendungsbeschluss geschaffenen Eindruck gegen sich gelten lassen und die Bösgläubigkeit des Gesellschafters beweisen,[18] überzeugt dies nicht. Gegen diese Auffassung spricht nicht nur die von § 932 BGB abweichende Formulierung der Bestimmung („... Beträge, welche sie in gutem Glauben als

---

[12] Vgl. nur *Baumbach/Hueck/Fastrich* Rn. 6; *Scholz/Westermann* Rn. 8.
[13] Statt aller *Palandt/Heinrichs* § 276 Rn. 14.
[14] *Hachenburg/Goerdeler/Müller* Rn. 13.
[15] *Baumbach/Hueck/Fastrich* Rn. 6; *Hachenburg/Goerdeler/Müller* Rn. 13; *Scholz/Westermann* Rn. 8.
[16] Wegen der Anfechtbarkeit oder Nichtigkeit von Gesellschafterbeschlüssen vgl. § 47 Rn. 119 ff.
[17] *Roth/Altmeppen* Rn. 5 iVm. § 31 Rn. 9; *Baumbach/Hueck/Fastrich* Rn. 6; *Lutter/Hommelhoff* Rn. 8; *Hachenburg/Goerdeler/Müller* Rn. 16.
[18] *Scholz/Westermann* Rn. 10.

Rückzahlung von Gewinn   § 32

Gewinnanteile bezogen haben"), der keine Vermutung des guten Glaubens entnommen werden kann, sondern auch der Umstand, dass es sich insoweit um eine dem Gesellschafter günstige Tatsache handelt, hinsichtlich derer er nach allgemeinen Grundsätzen beweisbelastet ist.

Den **Beweis der Fehlerhaftigkeit der Auszahlung** der Gewinnanteile muss die 14 Gesellschaft erbringen,[19] da dies Voraussetzung für ihren Rückforderungsanspruch ist.

6. Beteiligung Dritter. § 32 spricht von den Gesellschaftern als denjenigen Personen, auf deren guten Glauben es ankommen soll. Dritte als Zahlungsempfänger werden in der Bestimmung nicht berücksichtigt. Insoweit gilt folgendes: 15

Im **Grundsatz** kommt es nur auf die Gutgläubigkeit des Gesellschafters an. Die Abtretung des Gewinnanspruchs an einen Dritten ändert hieran nichts, da dieser in die Rechtsstellung des Gesellschafters einrückt; es ist nicht auf die Gutgläubigkeit beider abzustellen.[20] War der Gesellschafter danach gutgläubig, ist auch der Dritte vor Rückforderungsansprüchen der Gesellschaft geschützt, selbst wenn er bösgläubig gewesen sein sollte; war der Gesellschafter bösgläubig, hilft dem Dritten auch eigene Gutgläubigkeit nichts. Entsprechendes gilt, wenn der Gesellschafter nach Fassung des Gewinnverwendungsbeschlusses seinen Geschäftsanteil auf einen Dritten überträgt und den in seiner Person bereits entstandenen (§ 29 Rn. 22) Auszahlungsanspruch ebenfalls abtritt; die Verbindung beider Vorgänge ist insoweit unerheblich. 16

Abweichendes gilt, wenn der Dritte selbst unter Ausschluss des Gesellschafters an dem Feststellungs- und dem Verteilungsbeschluss teilgenommen hat, etwa als Nießbraucher, Vormund oder Pfleger aus eigenem Recht oder kraft Vollmacht für den Gesellschafter. In diesem Falle ist nach den Wertungsvorgaben des § 32 auf die Gutgläubigkeit des Dritten abzustellen, dessen Kenntnisse sich der Gesellschafter zuzurechnen lassen hat.[21] 17

IV. Bösgläubigkeit des Empfängers

1. Haftung des Gesellschafters. War der Gesellschafter oder – soweit es auf ihn 18 ankommt – der Dritte als Empfänger (Rn. 15 ff.) bösgläubig, d.h. nicht gutgläubig im Sinne von Rn. 10, entfällt für ihn die Vergünstigung des § 32. War der Feststellungsbeschluss bzw. der auf ihm beruhende Gewinnverteilungsbeschluss nichtig (vgl. hierzu bei § 47 Rn. 94 ff.) haftet der Gesellschafter dann aus ungerechtfertigter Bereicherung gem. §§ 812 ff. BGB auf Rückzahlung der von ihm bezogenen Gewinne.[22] Lag lediglich Anfechtbarkeit vor, ist wegen der vorläufigen Wirksamkeit anfechtbarer Beschlüsse (§ 47 Rn. 117) zunächst ein rechtskräftiges, einer Anfechtungsklage stattgebendes (Gestaltungs-)Urteil zum Entstehen von Rückzahlungsansprüchen erforderlich.

Als weitere Anspruchsgrundlage kommen §§ 823 ff. BGB oder (etwa bei Sachdividenden) § 985 BGB in Frage; die Voraussetzungen dieser Bestimmungen werden allerdings nur im Ausnahmefall erfüllt sein.[23] 19

---

[19] *Baumbach/Hueck/Fastrich* Rn. 7; *Lutter/Hommelhoff* Rn. 8; *Meyer-Landrut/Müller/Niehus* Rn. 5; *Hachenburg/Goerdeler/ Müller* Rn. 16; *Scholz/Westermann* Rn. 10.
[20] *Baumbach/Hueck/Fastrich* Rn. 4; *Lutter/Hommelhoff* Rn. 3, 5; *Hachenburg/Goerdeler/Müller* Rn. 14; *Scholz/Westermann* Rn. 9.
[21] Anders die hM, *Baumbach/Hueck/Fastrich* Rn. 4; *Lutter/Hommelhoff* Rn. 3, 5; *Scholz/Westermann* Rn. 9; im Grundsatz auch *Hachenburg/Goerdeler/Müller* Rn. 14 mit einer Ausnahme für den Fall, dass einem Nießbraucher das Stimmrecht zusteht und der Gesellschafter insoweit ausgeschlossen ist.
[22] *Hachenburg/Goerdeler/Müller* Rn. 4; *Scholz/Westermann* Rn. 3.
[23] *Hachenburg/Goerdeler/Müller* Rn. 4; *Scholz/Westermann* Rn. 3.

20 **2. Einreden des Gesellschafters.** Haftet der bösgläubige Gesellschafter nur aus ungerechtfertigter Bereicherung, so kommen zwei Einreden des Gesellschafters in Betracht. Zum einen kann sich der Gesellschafter auf § 818 Abs. 3 BGB berufen und geltend machen, dass die Bereicherung inzwischen weggefallen sei. Dieser Einwand wird im Regelfall allerdings wegen §§ 819, 818 Abs. 4, 287 S. 2, 291, 292, 989, 987 BGB nicht durchdringen. Des weiteren kann sich der Gesellschafter auf § 814 BGB mit der Begründung berufen, den Organen der Gesellschaft sei bei Auszahlung des Gewinnanteils die fehlende Zahlungsverpflichtung bewusst gewesen. Dann entfällt eine Verpflichtung auch des bösgläubigen Gesellschafters oder des empfangsberechtigten Dritten zur Rückzahlung des Gewinnanspruches;[24] die Gesellschaft muss sich dann an die Geschäftsführer gem. § 43 halten.

V. Verjährung

21 Die Verjährung des Rückforderungsanspruchs der Gesellschaft richtet sich nach den allgemeinen Regeln. Ist der Anspruch vor dem 1. 1. 2002 entstanden, verjährt er in dreißig Jahren gemäß § 195 BGB aF, sofern nicht – wie etwa im Deliktsrecht – für die konkret herangezogene Anspruchsgrundlage im Einzelfall eine kürzere Verjährungsfrist gilt.[25] Rückzahlungsansprüche, die ab dem 1. 1. 2002 einschließlich entstanden sind, unterliegen der neuen Verjährungsfrist nach § 195 nF. Nach der Neufassung der §§ 195, 199 Abs. 1 BGB nF durch das SchRModG vom 26. 11. 2001[26] verjähren die Ansprüche deshalb in drei Jahren, beginnend mit dem Schluss des Jahres, in dem der Anspruch entstanden ist und die Gesellschaft von den den Anspruch begründenden Umständen und der Person des Schuldners Kenntnis erlangt hat oder ohne grobe Fahrlässigkeit hätte erlangen müssen; hinsichtlich des Übergangsrecht kommt es gemäß Art. 229 § 5 EGBGB auf das Entstehen des Schuldverhältnisses an, also auf die zu Unrecht erfolgte Auszahlung.

VI. Österreichisches Recht

22 Eine § 32 entsprechende Bestimmung ist im österreichischen Recht in § 83 Abs. 1 S. 2 enthalten.[27]

§ 32a [Rückgewähr von Darlehen]

(1) **Hat ein Gesellschafter der Gesellschaft in einem Zeitpunkt, in dem ihr die Gesellschafter als ordentliche Kaufleute Eigenkapital zugeführt hätten (Krise der Gesellschaft), statt dessen ein Darlehen gewährt, so kann er den Anspruch auf Rückgewähr des Darlehens im Insolvenzverfahren über das Vermögen der Gesellschaft nur als nachrangiger Insolvenzgläubiger geltend machen.**

(2) **Hat ein Dritter der Gesellschaft in einem Zeitpunkt, in dem ihr die Gesellschafter als ordentliche Kaufleute Eigenkapital zugeführt hätten, statt dessen ein Darlehen gewährt und hat ihm ein Gesellschafter für die Rückgewähr des Darlehens eine Sicherung bestellt oder hat er sich dafür verbürgt, so kann der Dritte**

---

[24] *Hachenburg/Goerdeler/Müller* Rn. 4; *Scholz/Westermann* Rn. 3.
[25] Vgl. nur *Hachenburg/Goerdeler/Müller* Rn. 5.
[26] BGBl. I S. 3138.
[27] Zu den Einzelheiten vgl. *Koppensteiner* § 83 Rn. 10 ff.

im Insolvenzverfahren über das Vermögen der Gesellschaft nur für den Betrag verhältnismäßige Befriedigung verlangen, mit dem er bei der Inanspruchnahme der Sicherung oder des Bürgen ausgefallen ist.

(3) ¹Diese Vorschriften gelten sinngemäß für andere Rechtshandlungen eines Gesellschafters oder eines Dritten, die der Darlehensgewährung nach Absatz 1 oder 2 wirtschaftlich entsprechen. ²Die Regeln über den Eigenkapitalersatz gelten nicht für den nicht geschäftsführenden Gesellschafter, der mit zehn vom Hundert oder weniger am Stammkapital beteiligt ist. ³Erwirbt ein Darlehensgeber in der Krise der Gesellschaft Geschäftsanteile zum Zweck der Überwindung der Krise, führt dies für seine bestehenden oder neugewährten Kredite nicht zur Anwendung der Regeln über den Eigenkapitalersatz.

Literatur: *Ahrenkiel/Lork* Überschuldung trotz kapitalersetzender Bürgschaft, DB 87, 823; *Altmeppen* Der „atypische Pfandgläubiger" – ein neuer Fall des kapitalersetzenden Darlehens?, ZIP 1993, 1677; *ders.* „Dritte" als Adressaten der Kapitalerhaltungs- und Kapitalersatzregeln in der GmbH, FS Kropff, 1997, S. 641; *ders.* die Auswirkungen des KonTraG auf die GmbH, ZGR 1999, 291; *ders.* Neues zum Finanzplan- und zum Sanierungskredit, FS Siegle, 2000, S. 211; *Arnold* Die GmbH im österreichischen Recht, GmbHR 1993, 344; *ders.* Die GmbH & Co. im österreichischen Recht, GmbHR 1994, 371; *Bäcker* Die Vermietung von Betriebsmitteln an die GmbH durch einen Gesellschafter als kapitalersetzende Rechtshandlung gemäß § 32a GmbHG, ZIP 1989, 681; *ders.* Eigenkapitalersetzende Rechtshandlungen der GmbH-Gesellschafter und Dritter, 1990; *Bartl* 4 Jahre GmbH-Novelle, BB 1984, 2154; *Beinert/Hennerkes/Binz* Kapitalersetzende Darlehen und GmbH-Novelle, GmbHR 1981, 10; *Benne* Haftungsdurchgriff bei der GmbH, 1978; *Bentler* Das Gesellschaftsrecht der Betriebsaufspaltung, 1986; *Blaurock* Handbuch der stillen Gesellschaft, 5. Aufl. 1998; *Bock* Kapitalaufbringung mit Gesellschafterdarlehen, 1991; *Bormann* Eigennützige Sanierungsdarlehen und § 32a Abs. 3 S. 3 GmbHG, NZI 1999, 389; *ders.* Passivierungspflicht für eigenkapitalersetzende Gesellschafterdarlehen, GmbHR 2001, 689; *Boujong* Ist die Rechtsprechung des Bundesgerichtshofs zur GmbH noch gesetzeskonform?, JbFfSt. 1996/97, S. 51; *Brandes* Die Rechtsprechung des BGH zur GmbH, WM 1983, 286; *ders.* Die Behandlung von Nutzungsüberlassungen im Rahmen einer Betriebsaufspaltung unter Gesichtspunkten des Kapitalersatzes und der Kapitalerhaltung, ZGR 1989, 244; *Braun* Kapitalersetzende Maßnahme im Sinne von § 32a Abs. 3 GmbHG durch Pachtverträge in der Betriebsaufspaltung?, ZIP 1983, 1175; *ders.* Die Ableitung der Kreditunwürdigkeit gemäß § 32a GmbHG aus dem Jahresüberschuß der Gesellschaft, WPg 1990, 553; *Buchner* Neue Entwicklungen im GmbH-Recht, DNotZ 1985, 724; *Büscher/Klusmann* Die Nutzungsüberlassung von Gesellschaftern an die GmbH, ZIP 1991, 10; *Casper/K. Ullrich* Zur Reichweite des Sanierungsprivilegs in § 32a Abs. 3 S. 3 GmbHG, GmbHR 2000, 472; *Castor* Das Recht der eigenkapitalersetzenden Gesellschafterleistungen unter besonderer Berücksichtigung der Rechtsfolgen nachträglicher Änderungen in den Tatbestandsvoraussetzungen, 1997; *Claussen* Kapitalsetzende Darlehen und Sanierungen durch Kreditinstitute, ZHR 147 (1983), 195; *ders.* Anwendbarkeit des § 32a GmbHG auf Altkredite an DDR-Unternehmen?, ZIP 1990, 1173; *ders* Zeitwende im Kapitalersatzrecht GmbH! 1994, 9; *ders.* Die GmbH braucht eine Deregulierung des Kapitalersatzes, GmbHR 1996, 316; *Dauner-Lieb* Die Freistellung geringfügig beteiligter Gesellschafter von der Kapitalersatzhaftung, DStR 1998, 609; *dies.* Das Sanierungsprivileg des § 32a Abs. 3 S. 3 GmbHG – ein Eingriff in den harten Kern des Kapitalsatzrechts, DStR 1998, 1517; *Dendorfer* Die Feststellung eigenkapitalersetzender Gesellschafterdarlehen i. S. des § 32a Abs. 1 S. 1 GmbHG, 1985; *Deutler* Änderungen des GmbHG und anderer handelsrechtlicher Vorschriften durch die GmbH-Novelle 1980, GmbH-Novelle 1980, 145; *ders.* Die GmbH-Gesetz-Novelle im Überblick, in: Das neue GmbH-Recht in der Diskussion, 1980, S. 3; *Dittmer* Gesellschafter-Dienstleistungen als eigenkapitalersetzende Rechtshandlungen iS des § 32a Abs. 3 GmbHG, 1997; *Dörrie* Das Sanierungsprivileg des § 32a Abs. 3 S. 3 GmbHG, ZIP 1999, 12; *Dostal* Eigenkapitalersatzhaftung bei Übernahme einer Bürgschaft als Komplementär der Gesellschafterin einer GmbH, DB 1997, 613; *Dreher* Kapitalersetzende Darlehen von mittelbar über eine AG an einer GmbH beteiligten Nichtgesellschaften iS § 32a Abs. 3 GmbHG, ZIP 1990, 79; *ders.* Pfandrechtsgläubiger von Geschäftsanteilen als gesellschafterähnliche Dritte im Sinne von § 32a Abs. 3 GmbHG, ZGR 1994, 144; *Drygalla* Gibt es die eigenkapitalersetzende Finanzplan-Nutzungsüberlassung?, GmbHR 1996, 481; *ders.* Der Gläubigerschutz bei der typischen Betriebsaufspaltung, 1991; *ders.* Die Rechtsfolgen eigenkapitalersetzender Nutzungsüberlassung, BB 1992, 80; *Ebenroth/Wilken* Kapitalersatz und Betriebsaufspaltung, BB 1993, 305; *Eichele* Die Reichweite des Kapitalerhaltungsgrundsatzes aus § 30 Abs. 1 GmbHG; die Finanzverantwortung des Gesellschafters und das Eigenkapitalsatzrecht in der GmbH, 1999; *Eidenmüller* Unternehmenssanierung zwischen Markt und Gesetz, 1999; *Elsing* Erweiterte Kommanditistenhaftung und atypische Kommanditgesellschaft, 1977; *Ensthaler* Eigen-

§ 32 a 2. Abschnitt. Rechtsverhältnisse der Gesellschaft und der Gesellschafter

kapitalersetzende Darlehen und Ausgleichsverpflichtung von Gesellschaftern, DB 1991, 1761; *Ensthaler/ Kreher* Haftungspotential unterschiedlicher Finanzierungsformen im Zusammenhang mit qualifiziert faktischen GmbH-Konzernen, BB 1996, 385; *Eppler* Das Quasi-Eigenkapital bei der GmbH als steuerrechtliches Problem, DB 1991, 195; *Fabritius* Die Überlassung von Anlagevermögen an die GmbH durch die Gesellschafter, 1988; *Farrenkopf* „Kapitalersetzende" Gesellschafterdarlehen bei der AG, 1984; *Farrenkopf/Cahn* Die Rechtsprechung des BGH zu den sog. kapitalersetzenden Gesellschafterdarlehen bei der GmbH und §§ 30 f. GmbHG, AG 1983, 151; *Fastrich* Ausfallsicherheiten als eigenkapitalersetzende Leistungen, NJW 1983, 260; *ders.* Ketzerisches zur sogenannten Finanzierungsverantwortung, FS Zöllner, 1998 S. 143; *Feuerborn* Darlehen Dritter gemäß § 32 a Abs. 2 GmbHG bei Doppelbesicherung durch Gesellschafter und GmbH, BB 1982, 401; *ders.* Der BGH zur Doppelbesicherung eigenkapitalersetzender Darlehen durch Gesellschafter und GmbH, Sparkasse 1985, S. 364; *Fichtelmann* Aktuelle Fragen der Betriebsaufspaltung, GmbHR 1984, 344; *Fischer-Lepper* Das Belassen von Gesellschafterdarlehen im Zeitpunkt der Krise – neue Rechtsprechung zu § 32 a GmbHG, ZIP 1986, 1; *Fleck* Das kapitalersetzende Bankdarlehen in der GmbH, FS Werner, 1984, S. 106, 107; *ders.* Die Bilanzierung kapitalersetzender Gesellschafterdarlehen in der GmbH, FS Döllerer, 1988, S. 109; *Fleischer* Finanzplankredite und Eigenkapitalersatzrecht im Gesellschaftsrecht, 1995; *ders.* Eigenkapitalersetzende Gesellschafterdarlehen und Überschuldungsstatus, ZIP 1996, 773; *ders.* Der Finanzplankredit im Gesamtgefüge der einlagegleichen Gesellschafterleistungen, DStR 1999, 1774; *Früh* Eigenkapitalersetzende Gesellschafterkredite, GmbHR 1999, 842; *Gaiser* Die Freistellung geringfügig beteiligter Gesellschafter von der Ausfallhaftung nach § 24 GmbHG im Rahmen einer Kapitalerhöhung, GmbHR 1999, 210; *Gebhard* Kapitalersetzende Gesellschafterdarlehen: Stehenlassen als Gewähren i. S. des § 32 a GmbH, DB 1984, 1385; *Gehde* Kapitalersetzende Gesellschafterleistungen in Deutschland und den USA, 1997; *Gehrlein* Kollision zwischen eigenkapitalersetzender Nutzungsüberlassung und Vollstreckungszugriff durch Gesellschafter-Gläubiger, NZG 1998, 845; *Geißler* Rechtsfragen um die Eigenkapitalersatzfunktion des in der Krise belassenen Gesellschafterdarlehens, GmbHR 1994, 152; *ders.* Fallstudien zum Gläubigerschutz beim eigenkapitalersetzenden Gesellschafterdarlehen, BB 1995, 1145; *Gerhardt* Kapitalersetzende Gesellschafterdarlehen: Stehenlassen als Gewähren iS des § 32 a?, DB 1984, 1385; *v. Gerkan* Kapitalersetzende Darlehen im Konkurs der GmbH, 1987; *ders.* Schwerpunkte und Entwicklungen im Recht der kapitalersetzenden Gesellschafterleistungen, GmbHR 1986, 218; *ders.* Zum Stand der Rechtsentwicklung bei den kapitalersetzenden Gesellschafterleistungen, GmbHR 1990, 384; *ders.* Zur Umqualifizierung stehengelassener kapitalersetzender Gesellschafterkredite zu Eigenkapitalersatz, GmbHR 1996, 400; *ders.* Das Recht des Eigenkapitalersatzes in der Diskussion, ZGR 1997, 173; *ders.* Eigenkapitalersatz, Kapitalmarkt und Wettbewerbsordnung, FS Lutter, 2000, S. 1317; *ders.* Der Entwurf des „Kapitalaufnahmeerleichterungsgesetzes" und das Recht des Eigenkapitalersatzes, GmbHR 1997, 677; *v. Gerkan/Hommelhoff* Kapitalersatz im Gesellschafts- und Insolvenzrecht, 5. Aufl. 1997; *dies.* (Hrsg.) Handbuch des Kapitalersatzrechts, 2000; *Gersch/Herget/Marsch/Stützle* GmbH-Reform 1980, 1980; *Geßler* Die GmbH-Novelle, BB 1980, 1385; *ders.* Zur Problematik der kapitalersetzenden Gesellschafterdarlehen, ZIP 1981, 228; *Glahs* Die Finanzierung der GmbH unter besonderer Berücksichtigung der Gesellschafterfremdfinanzierung, WiB 1994, 257; *Glaßler* Die durch Grundschuld gesicherte Gesellschafterforderung und der Konkurs der Gesellschaft, BB 1996, 1229; *Gnamm* Eigenkapitalersetzende Nutzungsüberlassung – nachteilige Auswirkungen für Grundpfandgläubiger?, WM 1996, 189; *Goertzen* Die Rechtsprechungsgrundsätze zu den kapitalersetzenden Gesellschafterdarlehen, DB 1988, 2445; *Goette* Einige Aspekte des Eigenkapitalersatzrechts aus richterlicher Sicht, ZHR 162 (1998), 223; *ders.* Die höchstrichterliche Rechtsprechung zur Behandlung eigenkapitalersetzender Leistungen im GmbH-Recht, DStR 1997, 2027; *ders.* Die Rechtsfolgen eigenkapitalersetzender Nutzungsüberlassung, DStR 1994, 1658; *Götz/ Hegerl* Die Sanierungsfeindlichkeit des Eigenkapitalersatzrechts und die Sanierungsobjektgesellschaft als Ausweg – Ein Diskussionsbeitrag im Rahmen der anstehenden Novellierung des § 32 a GmbHG, DB 1997, 2365; *Grunewald* Die Finanzierungsverantwortung des Kommanditisten, FS Großfeld, 1999, S. 319; *dies.* Sanierung durch Gesellschafterdarlehen – die neue Regelung von § 32 a Abs. 3 S. 3 GmbHG, FS Bezzenberger, 2000, S. 85; *dies.* Plädoyer für die Abschaffung der Rechtsregeln für eigenkapitalersetzende Gesellschafterdarlehen, GmbHR 1997, 7; *dies.* Die Verantwortlichkeit des gering beteiligten GmbH-Gesellschafters für Kapitalaufbringung und -erhaltung, FS Lutter, 2000, S. 413; *Gschwendtner* Darlehensverluste eines wesentlich an einer Kapitalgesellschaft beteiligten Gesellschafters in der Rechtsprechung des BFH, DStR-Beiheft 1999, 1; *Gummert/Jasper* Kapitalersetzende Gebrauchsüberlassung, WiB 1994, 12; *Haas* Eigenkapitalersetzende Gesellschafterdarlehen und Feststellung der Überschuldung oder Zahlungsunfähigkeit, NZI 1999, 209; *ders.* Fragen zum Adressatenkreis des Kapitalersatzrechts, DZWiR 1999, 177; *ders./Dittrich* Eigenkapitalersetzende Dienstleistungen?, DStR 2001, 623; *Habersack* Der Finanzplankredit und das Recht der eigenkapitalersetzenden Gesellschafterhilfen, ZHR 161 (1997), 457; *ders.* Eigenkapitalersatz im Gesellschaftsrecht ZHR 162 (1998), 201; *Häuselmann/Rümker/Westermann* Die Finanzierung der GmbH durch ihre Gesellschafter, 1992; *v. Hagemeister/Bültmann* Konflikte von Sicherungsinstrumenten und Eigenkapitalersatz bei Projektfinanzierung durch Banken, WM 1997, 549; *Harrer* Die Krise des Eigenkapitalrechts, GesRZ 1998, 183; *Hartung*

Kapitalersetzende Darlehen – eine Chance für Wirtschaftskriminelle?, NJW 1996, 229; *Heckschen* Gestaltungsüberlegungen zur Beteiligungsgrenze beim Eigenkapitalersatz, Gesellschaftsrecht 1999 (RWS-Forum 15), 2000, S. 129; *Hennerkes/Binz* Die GmbH & Co., 7. Aufl. 1984; *Hermans* Dispositionskredite als kapitalersetzende Darlehen, BB 1994, 2363; *Hermann* Fremdfinanzierung durch Gesellschafter aus handelsrechtlicher und konkursrechtlicher Sicht in: 50 Jahre Wirtschaftsprüferberuf 1981, 151; *ders.* Quasi-Eigenkapital im Unternehmens- und Gesellschaftsrecht, 1996; *Herzig* Eigenkapitalersetzende Leistungen bei GmbH und GmbH & Co. im Zivil- und Steuerrecht, 1992; *Heublein* Eigenkapitalersetzende Nutzungsüberlassung von Immobilien im Spannungsfeld von Insolvenz- und Zwangsverwaltung, ZIP 1998, 1899; *Hildebrand* Eigenkapitalersetzende Bankdarlehen: zur Bedeutung der Regelungen über die eigenkapitalersetzenden Gesellschafterdarlehen für das Kreditgeschäft der Banken, 1994; *Hill/Schäfer* Stehenlassen von Gesellschafterdarlehen bis zum Eintritt der Krise, BB 1989, 458; *Hirte* Aktuelle Schwerpunkte im Kapitalersatzrecht in: Gesellschaftsrecht 1997, 1998; *Hommelhoff* Eigenkapitalersatz im Konzern und in Beteiligungsverhältnissen, WM 1984, 1105; *ders.* In die Zukunft der GmbH, 1983, S. 15; *ders.* Zur Haftung bei unternehmerischer Beteiligung an Kapitalgesellschaften, 1984; *ders.* Die Gesellschafterdarlehen als Beispiel institutioneller Rechtsfortbildung, ZGR 1988, 460; *Hommelhoff/Goette* Eigenkapitalersatzrecht in der Praxis, 2000; *Hommelhoff/Habighorst* Staatsbank-Kredite und Eigenkapital-Ersatz, ZIP 1992, 979; *Hommelhoff/Kleindiek* Flexible Finanzierungsinstrumente, FS 100 Jahre GmbH-Gesetz, 1992, S. 421; *Hueck* Die Behandlung von Nutzungsüberlassungen im Rahmen einer Betriebsaufspaltung als Gesellschafterdarlehen, ZGR 1989, 216; *Hüffer* Kapitalersatz durch Gesellschafterdarlehen einer Landesbank und durch Landesbürgschaft im Konkurs der illiquiden GmbH, ZHR 153 (1989), 322; *Immenga* Die personalistische Kapitalgesellschaft, 1970; *Janssen,* Die Rechtsprechung des BGH zu kapitalersetzenden Darlehen, JR 1995, 180; *Joecks* Kapitalersetzende Gesellschafterdarlehen und Pflicht zur Konkursanmeldung, BB 1986, 1681; *Joost* Kapitalbegriff und Reichweite der Bindung des aufgebrachten Vermögens, GmbHR 1983, 285; *ders.* Grundlagen und Rechtsfolgen der Kapitalerhaltungsregeln in der GmbH, ZHR 148 (1984), 27; *ders.* Grundlagen und Rechtsfolgen der Kapitalerhaltungsregeln im Aktienrecht, ZHR 149 (1985), 419; *Jungmann* Das Zusammentreffen von Zwangsverwaltung und eigenkapitalersetzender Nutzungsüberlassung, ZIP 1999, 601; *Junker* Das eigenkapitalersetzende Aktionärsdarlehen, ZHR 156 (1992), 394; *Kahler* Die Haftung des Gesellschafters im Falle der Unterkapitalisierung einer GmbH, BB 1985, 1429; *Kallmeyer* Ungelöste Probleme des Eigenkapitalersatzrechts, GmbHR 1998, 307; *Kamm* Gesellschafterdarlehen an Kapitalgesellschaften, 1970; *Kamprad* Gesellschafterdarlehen an die GmbH und GmbH & Co. KG, 2. Aufl. 1981; *ders.* Bilanz- und steuerrechtliche Folgen aus der Anwendung der §§ 32a, 32b GmbHG auf kapitalersetzende Gesellschafterkredite, GmbHR 1985, 352; *ders.* Die Rechtsentwicklung kapitalersetzender Darlehen seit In-Kraft-Treten der GmbH-Novelle am 1. 1. 1981, GmbHR 1984, 339; *ders.* Gesellschaftsteuer auf verdecktes Nennkapital und auf haftende Gesellschafterdarlehen i. S. der §§ 32a und 32b GmbHG, GmbHR 1989, 127; *Karollus* Zur geplanten Reform des Kapitalersatzrechts, ZIP 1996, 1893; *Kessler* Zivilrechtliche Haftungsrisiken der Betriebsaufspaltung, GmbHR 1993, 541; *Klaus* Die kapitalersetzende Nutzungsüberlassung aus ökonomischer Sicht, DStR 1994, 1059; *ders.* Gesellschaftsfremdfinanzierung und Eigenkapitalersatzrecht bei der Aktiengesellschaft und bei der GmbH, 1994; *Kleindiek* Eigenkapitalersatz und die gesetzestypische Personengesellschaften, FS Lutter, 2000, S. 871; *Knobbe-Keuk* Die Verpachtung von Anlagevermögen und § 32a GmbHG, FS Kellermann, 1991, S. 227; *dies.* Die Verpachtung von Anlagevermögen des Gesellschafters an die GmbH und § 32a GmbH-Gesetz, BB 1984, 1; *dies.* Bilanz- u. Unternehmenssteuerrecht, 9. Aufl., 1993; *dies.* Rangrücktrittsvereinbarung und Forderungserlaß, StuW 1991, 306; *Kollhosser* Kredite als Eigenkapitalersatz bei stillen Kapitalbeteiligungen, WM 1985, 929; *Koppensteiner* Kritik des „Eigenkapitalersatzrechts", AG 1997, 308; *Kreis* Finanzierungsverantwortung bei eigenkapitalersetzenden Gesellschafterdarlehen, 1997; *Kreuzer* Die allgemeinen Gläubigerschutzbestimmungen der GmbH-Novelle, ZIP 1980, 597; *Krink/Maertins* Gesellschafterdarlehen im Handels- und Steuerrecht, DB 1998, 833; *Kruse* Kapitalersetzende Gesellschafterdarlehen in der Krise der GmbH, 1987; *Lauer* Einschränkung des grundpfandrechtlichen Haftungsverbandes bei kapitalersetzender Gebrauchsüberlassung?, WM 1990, 1693; *Linde* Das Kleinbeteiligtenprivileg des § 32a Abs. 3 Satz 2 GmbHG in der GmbH & Co. iSd. §§ 172a, 129a HGB, 2002; *Lutter* Neues zum Gesellschafterdarlehen?, ZIP 1989, 477; *Lutter/Hommelhoff* Nachrangiges Haftungskapital und Unterkapitalisierung in der GmbH, ZGR 1979, 31; *Maier-Reimer* Kreditsicherung und Kapitalersatz in der GmbH, FS Rowedder, 1994, S. 245; *Maser* Gesellschafterdarlehen in der Krise der GmbH, ZIP 1995, 1319; *Mathold/Gimmy* Eigenkapitalersatz und Unternehmensfinanzierung, ZvglRW 92 (1993), 121; *Maurer/Vollmer* Die Eignung von Sanierungsdarlehen zur Abwehr der Überschuldung, DB 1995, 2315; *Mayer* Kapitalersetzende Darlehen im GmbH-Recht aus handels- und konkursrechtlicher Sicht, BB 1990, 1935; *ders.* Der Einfluß der Rechtsprechung des BGH zur kapitalersetzenden Nutzungsüberlassung auf die Betriebsaufspaltung, DStR 1993, 206; *Menzel* Die Bedeutung der BGH-Rechtsprechung zu den Gesellschafterdarlehen für die Unternehmenssanierung, AG 1982, 197; *Michalski/Barth* Kollision von kapitalersetzender Nutzungsüberlassung und Grundpfandrechten, NZG 1999, 277; *Michalski/de Vries* Eigenkapitalersatz, Unternehmerkapitalisierung und Finanzplankredite, NZG 1999, 181; *Mincke* Kreditsicherung und

§ 32a 2. Abschnitt. Rechtsverhältnisse der Gesellschaft und der Gesellschafter

kapitalersetzende Darlehen, ZGR 1987, 521; *Monßen* Darlehen Dritter gemäß § 32a Abs. 2 GmbHG bei Doppelbesicherung durch Gesellschaft und Gesellschafter, DB 1981, 1603; *Moser* Kapitalersetzende Gesellschafterdarlehen bei der GmbH, 1989; *Gerd Müller* Zur Umwandlung von Geldkrediten in Grundkapital fallierender Gesellschaften, ZGR 1995, 327; *K. Müller* Der Tatbestand des kapitalersetzenden Gesellschafterdarlehens in § 32a Abs. 1 GmbHG, GmbHR 1982, 33; *ders.* Ausfallhaftung § 31 Abs. 3 GmbHG bei Rückgewähr kapitalersetzender Leistungen, DB 1998, 1117; *Neuhof* Sanierungsrisiken der Banken: Die Vor-Sanierungsphase, NJW 1998, 3225; *ders.* Sanierungsrisiken der Banken: Die Sanierungsphase, NJW 1999, 20; *Noack* Neues Insolvenzrecht – neues Kapitalersatzrecht?, FS Claussen, 1997, S. 307; *Nowotny* Aktuelle Fragen zur Regelung des Kapitalersatzrechts, FS Koppensteiner, 2001, S. 131; *Obermüller* Patronatserklärungen und kapitalersetzende Darlehen, ZIP 1982, 915; *Oppenhoff* Ausfallhaftung bei Rückzahlung kapitalersetzender Gesellschafterdarlehen, FS Stiefel, 1987, S. 551; *Oppenländer* Eigenkapitalersatz durch Gebrauchs- oder Nutzungsüberlassung an die GmbH, DStR 1993, 1523; *ders.* Folgen der Lagergrundstück-Rechtsprechung für die Beratungspraxis, DStR 1995, 493; *Orth* Die Gesellschafterstellung im Sinne des Eigenkapitalersatzes, 1998; *Ostheim* Eigenkapitalersetzende Gesellschafterdarlehen in der Unternehmenskrise, GesRZ 1989, 122, 173; *ders.* Probleme eigenkapitalersetzender Gesellschafterdarlehen, FS Kastner, 1992, S. 347; *Pape* Die Umqualifizierung stehengelassener Gesellschafterbürgschaften in Eigenkapitalersatz, ZIP 1996, 1409; *Pape/Voigt* Einladung zur Umgehung der Eigenkapitalersatzregeln?, DB 1996, 2113; *Paschke* Rechtsfragen der Durchgriffsproblematik im mehrstufigen Unternehmensverbund, AG 1988, 196; *ders.* Die kommunalen Unternehmen im Lichte des GmbH-Konzernrechts, ZHR 1988 (152), 263; *Peltzer* Besicherte Darlehen von Dritten an Konzerngesellschaften und Kapitalerhaltungsvorschriften, GmbHR 1995, 15; *Pentz* Zur Anwendbarkeit der GmbH-Eigenkapitalersatzregeln auf Leistungen geringfügig beteiligter Gesellschafter, BB 1997, 1265; *ders.* Die Änderungen und Ergänzungen der Kapitalersatzregeln im GmbH-Gesetz, GmbHR 1999, 437; *Peters* Die verfahrenstechnische Stellung des Kreditgebers im Falle gesellschafterbesicherter qualifizierter Darlehen, ZIP 1987, 621; *Pichler* Unternehmenssanierungen auf Grundlage des geänderten § 32a GmbHG, WM 1999, 411; *Picot* Mithaftung der GmbH-Gesellschafter für kapitalersetzende Darlehen, BB 1991, 1360; *Pohlmann* Zusammentreffen von eigenkapitalersetzender Nutzungsüberlassung mit Grundpfandrechten, DStR 1999, 595 *Preissler* Eigenkapitalersetzende Gesellschafterdarlehen und konsortiale Kreditvergabe durch Banken: Rechtsanwendung und ihre Probleme, 1997; *Preuß* Grundsätze der Kapitalaufbringung und Kapitalerhaltung in der GmbH, JuS 1999, 342; *Priester* Die Erhöhung des Stammkapitals mit kapitalersetzenden Gesellschafterdarlehen, FS Döllerer, 1988, S. 475; *ders.* Sind eigenkapitalersetzende Gesellschafterdarlehen Eigenkapital?, DB 1991, 1917; *ders.* Dienstleistungspflichten als Eigenkapitalersatz? DB 1993, 1173; *ders.* Eigenkapitalersetzende Landesbankkredite – Konsolidierung der Rechtsprechung und neue Aspekte, ZBB 1989, 30; *ders.* Gesellschafterdarlehen in der Vorbelastungsbilanz, ZIP 1994, 413; *Reiner* Der deliktische Charakter der „Finanzierungsverantwortung" des Gesellschafters: zu den Ungereimtheiten der Lehre vom Eigenkapitalersatz, FS Boujong, 1996, S. 415; *Remme/Theile* die Auswirkungen von „KonTraG" und „KapAEG" auf die GmbH, GmbHR 1998, 909; *Reusch* Eigenkapital und Eigenkapitalersatz im Rahmen der stillen Gesellschaft, BB 1989, 2358; *Riegger* Die Begrenzung der Finanzierungsfolgenverantwortung in § 32a Abs. 3 S. 3 GmbHG, FS Siegle, 2000, S. 229; *Rittner* Die deutsche GmbH nach der Reform von 1980, ZSR 101 (1980), 171; *Röhricht* Die Rechtsprechungsregeln zum Eigenkapitalersatz bei der GmbH und GmbH & Co. KG, in: Herzig (Hrsg.), Eigenkapitalersetzende Leistungen, 1992, S. 1; *Roth/Thöni* Treuhand und Unterbeteiligung, FS 100 Jahre GmbHG, 1992, S. 245; *Rümker* Bankkredite als kapitalersetzende Gesellschafterdarlehen unter besonderer Berücksichtigung der Sanierungssituation, ZIP 1982, 1385; *ders.* Formen kapitalersetzender Gesellschafterdarlehen in der Bankenpraxis, FS Stimpel, 1985, S. 673; *ders.* Überlegungen zur gesellschafterlichen Finanzierungsverantwortung, ZGR 1988, 494; *Rümker/Denicke* Offene Rechtsfragen des sogenannten Sanierungsprivilegs nach § 32a Abs. 3 Satz 3 GmbHG, FS Lutter, 2000, S. 665; *Rümker/H. P. Westermann* Kapitalersetzende Darlehen, WM-Skript 1987; *Rupprecht* Umfang des personellen Anwendungsbereichs von § 32a GmbHG, Diss. Aachen 1997; *Schäfer* Der stimmrechtslose GmbH-Geschäftsanteil, 1997; *K. Schmidt* Die Kreditfunktion der stillen Einlage, ZHR 140 (1976), 475; *ders.* Grundzüge der GmbH-Novelle, NJW 1980, 1769; *ders.* Fortschritte und Abstimmungsprobleme im Recht der kapitalersetzenden Gesellschafterdarlehen, ZGR 144 (1980), 567; *ders.* Gesellschafterdarlehen als Insolvenzrechtsproblem, ZIP 1981, 689; *ders.* Kapitalersetzende Bankkredite?, ZHR 147 (1983), 165; *ders.* Kapitalersetzende Gesellschafterdarlehen: ein Rechtsproblem nur in der GmbH und der GmbH & Co., AG 1984, 12; *ders.* Kapitalersetzende Kommanditistendarlehen, GmbHR 1986, 337; *ders.* Kapitalsicherung in der GmbH & Co. KG: Schlußbilanz oder Zwischenbilanz einer Rechtsfortbildung, ZIP 1989, 141; *ders.* Verlustausgleichungspflicht und Verlustminderungshaftung im qualifizierten faktischen Konzern, ZIP 1989, 545; *ders.* § 32a GmbHG, ein Allheilmittel gegen unerwünschten Eigenkapitalersatz?, ZIP 1990, 69; *ders.* Eigenkapitalersatz bei unbeschränkter Haftung, ZIP 1991, 1; *ders.* Grenzen der Ausfallhaftung von Mitgesellschaftern wegen Rückgewähr eigenkapitalersetzender Finanzierungsleistungen, DB 1992, 1917; *ders.* Die eigenkapitalersetzende Kreditsicherheit zwischen Gesellschafts- und Konkursrecht, DB 1993, 1505; *ders.* Nutzungsüberlassung, Eigenkapitalersatz und

Rückgewähr von Darlehen § 32a

materielle Unterkapitalisierung, ZIP 1993, 161; *ders.* Eigenkapitalersetzende Darlehen und (Zwangs-)-Vergleich, ZIP 1995, 969; *ders.* Insolvenzordnung und Gesellschaftsrecht, ZGR 1998, 633; *ders.* Kapitalersatz und kein Ende in: Insolvenzrecht 1998 (RWS-Forum 14), 1999, S. 287; *ders.* Zurechnungsprobleme um das Zwerganteilsprivileg des § 32a Abs. 3 S. 2 GmbHG, GmbHR 1999, 1269; *ders.* Eigenkapitalersatz und Überschuldungsfeststellung, GmbHR 1999, 9; *ders.* Quasi-Eigenkapital als haftungsrechtliches und bilanzielles Problem, FS Goerdeler, 1987, S. 487; *ders.* Finanzplanfinanzierung, Rangrücktritt und Eigenkapitalersatz, ZIP 1999, 1241; *K. Schmidt/Uhlenbruck* Die GmbH in Krise, Sanierung und Insolvenz, 2. Aufl. 1999; *Schmidt/Wendt/Ziche* Ausgleichsansprüche gegen Mitgesellschafter bei eigenkapitalersetzenden Gesellschafterdarlehens?, BB 1991, 2235; *Schneider* Mittelbare verdeckte Gewinnausschüttung im GmbH-Konzern, ZGR 1985, 279; *Schröter/Weber* Sanierungsverfahren aus Sicht der Banken, ZIP 1982, 1023; *Schücking* Kapitalersetzende Gesellschafterdarlehen im Internationalen Privatrecht, ZIP 1994, 1156; *Schulze-Osterloh* Gläubiger- und Minderheitenschutz bei der steuerlichen Betriebsaufspaltung, ZGR 1983, 123; *Schummer* Das Eigenkapitalersatzrecht: notwendiges Rechtsinstitut oder Irrweg?, 1998; *Seibert* Einschränkung des Kapitalersatzrechts bei nichtunternehmerischer Beteiligung, DStR 1997, 35; *Sieger/Aleth* Finanzplanungskredite: Stand der Rechtsprechung und offene Fragen, GmbHR 2000, 462; *Sieker* Die Verzinsung eigenkapitalersetzender Darlehen, ZGR 1995, 250; *Smid* Insolvenzrechtliche Probleme des D-Markbilanzgesetzes, DB 1991, 1263; *Sonnenhof/Stützle* Auswirkungen des Verbots der Einlagenrückgewähr, WM 1983, 2; *Spielberger* Kapitalersetzende Nutzungsüberlassung, DStR 1991, 468; *Spoerr* Treuhandanstalt und Treuhandunternehmen zwischen Verfassungs-, Verwaltungs- und Gesellschaftsrecht, 1993; *Steinbeck* Zur systematischen Einordnung des Finanzplankredits, ZGR 2000, 503; *Teller* Rangrücktrittsvereinbarungen zur Vermeidung der Überschuldung bei der GmbH, 2. Aufl. 1995; *Theile/Remmer* Die Auswirkungen von „KonTraG" und „KapAEG" auf die GmbH, GmbHR 1998, 909; *Thelen* Der Gläubigerschutz bei Insolvenz der GmbH, ZIP 1987, 1027; *Thelen/Trimborn* Haftungssituation in der GmbH in den Staaten des Europäischen Wirtschaftsraumes (EWR) und der Schweiz, GmbHR 1994; *Thiel* Im Grenzbereich zwischen Eigen- und Fremdkapital, GmbHR 1992, 20; *Thöne* Behandlung der Gesellschafterdarlehen im Konkurs der Gesellschaft nach der GmbH-Novelle, DB 1980, 2179; *Throm/Groh* Eigenkapitalersatz in der Bilanz, BB 1993, 1882; *Tillmann* Eigenkapitalersetzende Gesellschafterdarlehen und verdecktes Stammkapital, GmbHR 1981, 17; *Timm* Das neue GmbH-Recht in der Diskussion, GmbHR 1980, 286; *ders.* Grundfälle zu den eigenkapitalersetzenden Gesellschafterleistungen, JuS 1991, 652, 738; *Timm/Geuting* Kapitalersatz im Unternehmensverbund und Disponibilität der Kapitalersatzregeln, ZIP 1992, 525; *Uhlenbruck* Die GmbH-Novelle 1980 und ihre Auswirkung auf das Insolvenzrecht, KTS, 1980, 319; *ders.* Privilegierung statt Diskriminierung von Sanierungskrediten de lege lata und als Problem der Insolvenzrechtsreform, GmbHR 1982, 141; *ders.* Insolvenzrechtliche Insiderregeln GmbHR 1986, 109; *ders.* Die GmbH & Co. KG in Krise, Konkurs und Vergleich, 2. Aufl. 1988; *Ullrich* Gesellschafterdarlehen der Banken in der Finanzkrise der GmbH, GmbHR 1983, 133; *Ulmer* Gebrauchsüberlassung an die GmbH als Eigenkapitalersatz. Voraussetzungen und Rechtsfolgen nach § 32a Abs. 3 GmbHG, FS Kellermann, 1991, S. 485; *ders.* Die GmbH und der Gläubigerschutz, GmbHR 1984, 256; *ders.* Umstrittene Fragen im Recht der Gesellschafterdarlehen, ZIP 1984, 1163; *ders.* Die neuen Vorschriften über kapitalersetzende Darlehen und eigene Geschäftsanteile der GmbH in: Das neue GmbH-Recht in der Diskussion 1981, S. 55; *ders.* Der Gläubigerschutz im GmbH-Konzern, WPg 1986, 685; *ders.* Gesellschafterdarlehen und Unterkapitalisierung bei GmbH und GmbH & Co. KG, FS Konrad Duden, 1977, S. 661; *Vollmer/Maurer* Die Eignung von Sanierungsdarlehen zur Abwehr der Überschuldung – Bestandsaufnahme und Neuorientierung, DB 1993, 2315; *Vonnemann* Sinn und Zweck des § 32a GmbHG und die Rechtsprechungsregeln zu den sog. eigenkapitalersetzenden Gesellschafterdarlehen, ZIP 1989, 145; *ders.* Gebrauchsüberlassung als eigenkapitalersetzende Leistung, DB 1990, 261; *Waechter* Zur Risikolage bei Kreditgewährung und Kapitalbeteiligung über bankeigene Beteiligungsgesellschaften, Sparkasse 1987, S. 66; *ders.* Gesellschafterdarlehen und Umgehungsgeschäfte im Konkurs der GmbH, 1985; *Wagner* Altkredite bei Management-Buy-Out-Unternehmen als eigenkapitalersetzende Darlehen, BB 1994, 1580; *Wahlers* Konkurrenz zwischen Zwangsverwalter und Insolvenzverwalter bei der eigenkapitalersetzenden Gebrauchsüberlassung von Grundstücken, GmbHR 1999, 157; *Weber* Die handelsrechtliche Funktion des Gesellschafterdarlehens im Ertragsteuerrecht, BB 1989, 109; *ders.* Eigenkapitalersetzende Darlehen des GmbH-Gesellschafters, BB 1992, 525; *ders.* Finanzierungsmittel naher Angehöriger sowie die Gebrauchsüberlassung durch nahe Angehörige als Eigenkapitalersatz, GmbHR 1992, 354; *Weber/Lepper* Das eigenkapitalersetzende Darlehen des GmbH-Gesellschafters, DStR 1991, 980; *Weimar* Grundfragen zum Kapitalersatzrecht der Treuhandunternehmen, BB 1992, 82; *ders.* Die Treuhandanstalt zwischen Haftung und Privilegierung, BB 1993, 1399; *Weimar/Alfes* Enthaftung der Treuhandanstalt durch Gesetz?, DB 1992, 1225 f; *Weisang,* Eigenkapitalersetzende Gesellschafterleistung in der neuen Rechtsprechung, WM 1997, 197 (Teil 1) und 245 (Teil II); *Wellkamp* Die Einheit von Betriebs- u. Besitzgesellschaft – Zu den Rechtsfolgen eigenkapitalersetzender Nutzungsüberlassung, DB 1993, 1759; *Westermann* Kapitalersetzende Darlehen eines GmbH-Gesellschafters als Gegenstand von Verrechnungsabreden, FS Oppenhoff, 1985, S. 535; *ders.* Banken als Kreditgeber und Gesellschafter, ZIP 1982, 379; *ders.*

§ 32 a   2. Abschnitt. Rechtsverhältnisse der Gesellschaft und der Gesellschafter

Probleme mit der Rechtsrückbildung im Gesellschaftsrecht, FS Zöllner, 1998, S. 607; *Wiedemann* Gesellschaftsrechtliche Probleme der Betriebsaufspaltung, ZIP 1986, 1293; *ders.* Eigenkapital und Fremdkapital – Eine gesellschaftsrechtliche Zwischenbilanz, FS Beusch, 1993, S. 893; *Wiedemann/Hermans* Liquiditätszusagen des GmbH-Gesellschafters, ZIP 1994, 997; *Wilken* Betriebsaufspaltung, Finanzplanmittel und das Kapitalersatzrecht, WiB 1996, 561; *Winter* Die Haftung der Gesellschafter im Konkurs der unterkapitalisierten GmbH, 1973; *Würzberg* Stehengelassene Kredite des GmbH-Gesellschafters als Eigenkapitalersatz, Diss. Göttingen, 1993; *Wüst* Unterkapitalisierung und Überschuldung, JZ 1985, 817; *Ziegler* Kapitalersetzende Gebrauchsüberlassungsverhältnisse und Konzernhaftung bei der GmbH, 1989.

Gesetzesmaterialien: Entwurf eines Gesetzes zur Änderung des Gesetzes betreffend die Gesellschaften mit beschränkter Haftung und anderer handelsrechtlicher Vorschriften vom 15. 12. 1977, BT-Drucks. 8/1347 (RegE); Stellungnahme des Bundesrates und Gegenäußerung der Bundesregierung, BT-Drucks. 8/1347 S. 64 und 72; Beschlussempfehlung und Bericht des Rechtsausschusses (Ausschussbericht) vom 8. 4. 1980, BT-Drucks. 8/3908; Sitzungsbericht des Bundestages über die 2. und 3. Lesung des Gesetzes, Plenarprot. 8/216 S. 17363; Begründung zum Regierungsentwurf der Insolvenzordnung, BT-Drucks. 12/2443 S. 71; Begründung zum Regierungsentwurf des Einführungsgesetzes der Insolvenzordnung, BT-Drucks. 12/3803 S. 55; Entwurf eines Gesetzes zur Kontrolle und Transparenz im Unternehmensbereich (KonTraG), BT-Drucks. 13/9712; Entwurf eines Gesetzes zur Verbesserung der Wettbewerbsfähigkeit deutscher Konzerne an Kapitalmärkten und zur Erleichterung der Aufnahme von Gesellschafterdarlehen (Kapitalaufnahmeerleichterungsgesetz (KapAEG), Anlage 1 zu BT-Drucks. 13/7141.

Übersicht

	Rn.
I. Einleitung	1–30
1. Überblick über das Eigenkapitalersatzrecht	1–5
2. Entstehungsgeschichte und Normentwicklung	6–9
3. Überblick über den Regelungsinhalt von § 32 a	10–16
a) Grundtatbestand des § 32 a Abs. 1	11
b) Gesellschafterbesicherte Darlehen nach § 32 a Abs. 2	12
c) Anwendungsbereich des Eigenkapitalersatzrechts gemäß § 32 a Abs. 3	13–15
d) Anfechtungsrechte innerhalb und außerhalb des Insolvenzverfahrens	16
4. Normzweck	17
5. Abgrenzung	18
6. Verhältnis der §§ 32 a, 32 b zu den Rechtsprechungsgrundsätzen über eigenkapitalersetzende Gesellschafterdarlehen	19
7. Verhältnis zu sonstigen Bestimmungen	20–24
8. Übergangsrecht	25–29
a) Alte Bundesländer	25–28
b) Neue Bundesländer	29
9. Aufbau der Kommentierung	30
II. Eigenkapitalersatz	31–69
1. Gesetzliche Definition der Gesellschaftskrise	32
2. Konkretisierung	33
3. Kriterien für das Vorliegen der Gesellschaftskrise	34
4. Indizien	35–44

	Rn.
a) Sanierungskredite	36–39
b) Kreditunwürdigkeit	40–44
5. Maßgeblicher Zeitpunkt	45
6. Verhältnis zur Finanzplanfinanzierung	46–62
a) Begriff der Finanzplanfinanzierung, Indizien	46, 47
b) Rechtsgrund der Finanzplanfinanzierung	48, 49
c) Rechtliche Behandlung der Finanzplanfinanzierung/Verhältnis zum Kapitalersatzrecht	50
d) Aufhebung der Finanzplanfinanzierung und Rückerstattung von erbrachten Leistungen	51–62
aa) Aufhebung der Verpflichtung	52–58
bb) Rückerstattung von bereits erbrachten Leistungen	59–62
7. Verhältnis zu den Krisendarlehen	63, 64
8. Beendigung der Krise	65, 66
9. Subjektive Voraussetzungen	67
10. Einzelfragen	68, 69
a) Spaltung des Darlehens	68
b) Rückzahlung des Darlehens außerhalb der Krise	69
III. Der erfasste Personenkreis	70–137
1. Gesellschafter	70
2. Gemäß § 32 a Abs. 3 S. 1 gleichgestellte Personenkreise	71–82
a) Treuhand- und Strohmannverhältnisse, Nießbrauch und Pfandgläubiger	74
b) Unterbeteiligung, stille Gesellschaft, Financial Convenants, mittelbare Gesellschafter	75–77

Rückgewähr von Darlehen   § 32a

	Rn.
c) Familienangehörige, nahe Verwandte	78, 79
d) Betriebsaufspaltung	80
e) Verbundene Unternehmen	81, 82
3. Einschränkung des Anwendungsbereichs durch die Kleinbeteiligtenschwelle in § 32a Abs. 3 S. 2	83–108
a) Allgemeines	83–85
b) Freigestellter Personenkreis	86–108
aa) Grundsatz	86
bb) Teleologische Reduktion/Extension der Freistellung	87–99
cc) Änderungen in der Rechtsstellung des Gesellschafters	100–102
dd) Freigestellte Leistungen	103
ee) Übergangsrecht	104–108
4. Einschränkung des Anwendungsbereichs durch das Sanierungsprivileg in § 32a Abs. 3 S. 3	109–136
a) Allgemeines	109
b) Anteilserwerb	110, 111
c) Freigestellter Personenkreis	112–118
d) Sanierungszweck	119–123
e) Erfasste Leistungen	124, 125
f) Dauer der Enthaftung	126, 127
g) Übergangsrecht	128–132
h) Maßgeblicher Zeitpunkt der Gesellschaftereigenschaft	133–136
5. Kreditinstitute, Versicherungsunternehmen	137
IV. Gesellschafterdarlehen und gleichgestellte Rechtshandlungen	**138–169**
1. Übersicht	138
2. Arten des Darlehens gemäß § 32a Abs. 1	139–151
a) Darlehensgewährung	140, 141
b) Darlehensversprechen	142
c) Stehengelassene Darlehen	143–148
aa) Begriff	143
bb) Einzelheiten	144–146
cc) Folgerungen	147, 148
d) Belassene Abfindungsguthaben	149
e) Stehengelassene Gewinne	150
f) Abtretung des Rückzahlungsanspruchs	151
3. Gleichgestellte Rechtshandlungen (§ 32a Abs. 3 S. 1)	152, 153
4. Einzelfälle gleichgestellter Rechtshandlungen	154–169
a) Stille Beteiligung	155
b) Forderungsstundungen und vergleichbare Handlungen	156
c) An- und Vorauszahlungen	157
d) Factoring	158
e) Erwerb einer gestundeten Forderung	159
f) Sale and lease back	160
g) Sicherheiten zugunsten der Gesellschaft	161
h) Eigenkapitalersetzende Gebrauchsüberlassung	162

	Rn.
aa) Verstrickung von Miet- bzw. Pachtzinsraten	163
bb) Verstrickung des Nutzungsrechts	164–166
cc) Zusammentreffen mit Grundpfandrechten	167
i) Eigentumsvorbehalt	168
j) Dienstleistungen	169
V. Kapitalersetzend besicherte Darlehen Dritter (§ 32a Abs. 2)	**170–189**
1. Allgemeines	170–172
2. Sicherungsnehmer und -geber; erfasste Leistungen; Gesellschaftskrise	173–176
a) Sicherungsnehmer	173
b) Darlehen und gleichgestellte Leistungen	174
c) Sicherungsgeber	175
d) Gesellschaftskrise	176
3. Sicherungsarten	177
4. Maßgeblicher Zeitpunkt der Sicherung	178–180
5. Innenverhältnis zwischen Gesellschaft und Gesellschafter	181–185
a) Freistellungsanspruch	182, 183
b) Erstattungsanspruch gemäß § 32b	184
c) Rückgriffsanspruch gegen die Mitgesellschafter	185
6. Doppelbesicherung	186, 187
7. Verzicht des Sicherungsnehmers	188, 189
VI. Rechtsfolgen	**190–212**
1. Alte Rechtslage	190
2. Neue Rechtslage	191–204
a) Nachrangigkeit der erfassten Forderungen	191
b) Insolvenzplanrechtliche Behandlung	192
c) Anfechtung innerhalb des Insolvenzverfahrens (§ 135 InsO)	193–198
d) Anfechtung außerhalb des Insolvenzverfahrens (§ 6 AnfG)	199, 200
e) Durchsetzungssperre	201–203
aa) Aufrechnung	201
bb) Sicherheiten	202, 203
f) Rechtsfolgen nach den Rechtsprechungsgrundsätzen (Verweisung)	204
3. Übergangsrecht	205, 206
4. Ansprüche des Gesellschafters, Rangverhältnisse	207, 208
5. Beweislastfragen	209–212
a) Beweislast für das Vorliegen einer kapitalsetzenden Leistung	209
b) Beweislast für die (fehlende) Kenntnisnahmemöglichkeit	210
c) Beweislastverteilung bei § 32a Abs. 3 S. 2 und 3	211
d) Beweislast für den nachträglichen Wegfall von Tatbestandsvoraussetzungen	212

§ 32 a   2. Abschnitt. Rechtsverhältnisse der Gesellschaft und der Gesellschafter

	Rn.		Rn.
VII. Die sog. Rechtsprechungsgrundsätze zu kapitalersetzenden Gesellschafterleistungen nach §§ 30, 31	213–225	c) Keine Anwendung auf die Vor-GmbH & Co.	235
1. Entwicklung und Verhältnis zu §§ 32a, 32b, § 135 InsO, § 6 AnfG............	213–215	d) Kleinbeteiligtenschwelle und Sanierungsprivileg	236–251
		aa) Kleinbeteiligtenschwelle	237–250
		(1) 10%-Schwelle	238–244
2. Folgerungen	216–225	(2) Fehlendes Geschäftsführeramt	245–250
a) Krise, erfasster Personenkreis, erfasste Leistungen	217	bb) Sanierungsprivileg	251
b) Rechtsfolgen	218–225	3. Weitere Tatbestandsvoraussetzungen der §§ 129 a, 172 a HGB	252
VIII. Rangrücktritt	226–228	4. Rechtsfolgen	253, 254
IX. GmbH & Co.	229–259	5. Rechtsprechungsgrundsätze zu eigenkapitalersetzenden Gesellschafterdarlehen in der GmbH & Co.	255–258
1. Allgemeines	229	
2. Adressatenkreis der §§ 129 a, 172 a HGB	230–251	6. Gesplittete Einlagen	259
a) Leistungen mittelbar beteiligter Gesellschafter	230, 231	**X. Bilanzielle Behandlung**	260, 261
		1. Jahresbilanz	260
b) Leistungen unmittelbar beteiligter Gesellschafter	232–234	2. Vorbelastungsbilanz, Überschuldungsstatus	261
		XI. Österreichisches Recht	262

I. Einleitung

1. Überblick über das Eigenkapitalersatzrecht. Anliegen des Eigenkapitalersatzrechts ist es, Vermögensmittel, die der Sache nach (materiell) Eigenkapital sind, in der Krise der Gesellschaft zu binden und so dem Haftungsfond zugunsten der gesellschaftsfremden Gläubiger zuzuführen. Dies erfolgt durch zwei nebeneinander anzuwendende Regelungsmodelle, das in §§ 32a, 32b kodifizierte Recht und die sog. Rechtsprechungsgrundsätze (Einzelheiten bei Rn. 19, 231 ff.). § 32a und § 32b betreffen dabei nur Ausschnitte des weitergehenden Rechts des Eigenkapitalersatzes; teilweise greifen sie jedoch aufgrund der 1998 eingefügten Neuregelungen, die sog. Kleinbeteiligtenschwelle und das Sanierungsprivileg (hierzu Rn. 83 ff., 109 ff.), aber auch in die Rechtsprechungsgrundsätze ein. Im Überblick gestaltet sich das Eigenkapitalersatzrecht wie folgt:

2 **Grundfall** ist das **eigenkapitalersetzende Gesellschafterdarlehen:** Gewährt ein an der Gesellschaft mit mehr als 10 % beteiligter oder geschäftsführender **Gesellschafter** (§ 32a Abs. 3 S. 2, wegen der Anwendung dieser Bestimmung auf die sog. Rechtsprechungsregeln vgl. Rn. 83 ff.), der nicht unter das Sanierungsprivileg (§ 32a Abs. 3 S. 3) fällt, der Gesellschaft **in der Krise,** also zu einem Zeitpunkt, zu dem die Gesellschaft von dritter Seite zu marktüblichen Bedingungen kein Darlehen mehr erhalten hätte (wegen der Einzelheiten s. Rn. 31 ff.), ein **Darlehen,** hat er das Darlehen entsprechend § 30 Abs. 1 **bis zur Überwindung der Krise** der Gesellschaft **zu belassen,** soweit seine Rückzahlung aus dem zur Deckung des Stammkapitals erforderlichen Vermögen erfolgen würde.

3 Wird das Darlehen dem Gesellschafter gleichwohl in der Krise der Gesellschaft zurückgezahlt, hat er das Empfangene an die Gesellschaft zurückzuerstatten. Diese Rechtsfolge ergibt sich *außerhalb eines Insolvenzverfahrens* über das Vermögen der Gesellschaft nach den sog. Rechtsprechungsregeln aus einer entsprechenden Anwendung von § 31; der Anspruch ist dem Analogieansatz entsprechend auf das Vermögen beschränkt, das – verkürzt formuliert (wegen der Einzelheiten s. Rn. 218 ff.) – zur Erhaltung des Stammkapitals erforderlich ist, und verjährt – vorbehaltlich eines „böslichen" Verhaltens – entsprechend § 31 Abs. 5 in fünf Jahren. Der Geschäftsführer

Rückgewähr von Darlehen § 32 a

haftet für verbotene Rückzahlungen nach § 43 gegenüber der Gesellschaft,[1] für den Gläubiger kann sich nach §§ 1 ff. AnfG ein Anspruch ergeben (Rn. 16).

Ist ein *Insolvenzverfahren* über das Vermögen der Gesellschaft eröffnet, finden die 4 Rechtsprechungsregeln und das normierte Recht parallel Anwendung. Dies bedeutet, dass sich das Rückzahlungsverbot aus **§ 30 analog** mit dem hiernach beschränkten Umfang ergibt. Wegen **§ 32 a Abs. 1** kann der Gesellschafter im Insolvenzverfahren über das Vermögen der Gesellschaft sein Darlehen insgesamt nur als nachrangiger Gläubiger geltend machen, er fällt im wirtschaftlichen Ergebnis also im Regelfall hiermit aus (bis zum 1. 1. 1999 konnte er es im Konkursverfahren nicht geltend machen, vgl. hierzu Rn. 11). Bei einer Rückerstattung der kapitalersetzenden Leistung ergibt sich die Rückzahlungspflicht des Gesellschafters aus der Anfechtungsmöglichkeit des Insolvenzverwalters gemäß **§ 135 Nr. 2 InsO**, der allerdings nur Rückzahlungen innerhalb des vor dem Insolvenzantrag liegenden letzten Jahres erfasst. Hierneben gilt **§ 31 entsprechend** mit seiner zwar beschränkten, aber dafür einer fünfjährigen Verjährungsfrist unterliegenden Rückzahlungspflicht.

Über das Vorstehende hinausgehend erfährt das Recht der eigenkapitalersetzenden 5 Gesellschafterleistungen in personeller und in sachlicher Hinsicht **Erweiterungen** (vgl. zum normierten Recht auch § 32 a Abs. 3 S. 1): Zum einen werden dem Gesellschafter bestimmte **Dritte** (Nichtgesellschafter, vgl. Rn. 71 ff.) gleichgestellt, zum anderen dem Darlehen auch **andere Leistungen**, die dem Darlehen funktional entsprechen (Rn. 152 ff.). Die Rechtsfolgen – Belassen der Leistung bei der Gesellschaft, bei Zuwiderhandlung Rückerstattung – sind der jeweils bestehenden besonderen Situation entsprechend anzupassen (zur eigenkapitalersetzenden Nutzungsüberlassung etwa s. Rn 162 ff.). Schließlich wird das Kapitalersatzrecht auch auf die **GmbH & Co.** angewandt, wobei auch insoweit ein Nebeneinander von normierten Bestimmungen und den sog. Rechtsprechungsregeln besteht (Rn. 213 ff.).

2. Entstehungsgeschichte und Normentwicklung. §§ 32 a, 32 b sind durch 6 die **Novelle vom 4. 7. 1980** (BGBl. I S. 836) in das GmbHG neu eingefügt worden. Mit ihnen sollten die bis dahin in der Rechtsprechung in Analogie zu §§ 30, 31 entwickelten Grundsätze über die eigenkapitalersetzenden Gesellschafterleistungen umgesetzt werden, was indessen nur unvollkommen gelungen ist und zu dem heute geltenden Nebeneinander der gesetzlichen Regelungen und der sog. Rechtsprechungsgrundsätze geführt hat.[2]

§ 32 a Abs. 1 S. 1 aF ist durch Art. 10 Nr. 1 des Gesetzes zur Kontrolle und Trans- 7 parenz im Unternehmensbereich **(KonTraG)** vom 27. 4. 1998 (BGBl. I S. 786) in seinem Relativsatz um den Klammerzusatz „Krise der Gesellschaft" erweitert worden; diese Änderung galt vom 1. 5. 1998 bis zum 31. 12. 1998. Mit Art. 48 Nr. 2 lit. a des Einführungsgesetzes zur Insolvenzordnung (EGInsO) war § 32 a Abs. 1 S. 1 aF für die Zeit ab dem 1. 1. 1999 bereits an die unter der InsO geltende Rechtslage angepasst worden. Da diese Fassung die mit dem KonTraG vorgenommene Einfügung über die „Krise der Gesellschaft" nicht hat berücksichtigen können, ist sie mit Art. 1 Nr. 10 des Gesetzes zur Änderung des Einführungsgesetzes zur Insolvenzordnung und anderer Gesetze **(EGInsO ÄndG)** vom 19. 12. 1998 (BGBl. I S. 3836) unmittelbar vor In-Kraft-Treten der InsO um diesen Klammerzusatz ergänzt worden; der heutige Klam-

---

[1] BGH NZG 2001, 893, 894, der Prokurist unterliegt hiernach demgegenüber nicht dem Auszahlungsverbot analog § 30; aA OLG Karlsruhe NZG 1999, 454 im Anschluss an Voraufl. § 30 Rn. 5.
[2] Ausführlich BGHZ 90, 370, 375 f. = NJW 1984, 1891; *Ulmer*, 50 Jahre BGH, FG aus der Wissenschaft, 2000, S. 273, 296 ff.; wegen der Einzelheiten s. Rn. 213 ff.

§ 32a   2. Abschnitt. Rechtsverhältnisse der Gesellschaft und der Gesellschafter

merzusatz geht mithin, was nicht selten übersehen wird,[3] nicht auf das KonTraG, sondern das EGInsOÄndG zurück.[4]

8   § 32a Abs. 2 S. 2 aF enthielt eine Bestimmung zu den Auswirkungen eines Zwangsvergleichs oder Vergleichs im früheren Vergleichsverfahren. Inhaltlich bedeutete die Bestimmung, dass auch eine kapitalersetzende Forderung durch einen Vergleich entsprechend gekürzt wurde, änderte aber an dem eigenkapitalersetzenden Charakter der Forderung und damit an ihrer Undurchsetzbarkeit nichts.[5] Diese Bestimmung ist mit der Neufassung des § 32a Abs. 2 durch Art. 48 Nr. 2 EGInsO weggefallen. An ihre Stelle ist § 125 InsO getreten.

9   Durch Art. 2 Nr. 1 des Gesetzes zur Verbesserung der Wettbewerbsfähigkeit deutscher Konzerne an Kapitalmärkten und zur Erleichterung der Aufnahme von Gesellschafterdarlehen (Kapitalaufnahmeerleichterungsgesetz, **KapAEG**) vom 20. 4. 1998 (BGBl. I S. 707) ist mit **§ 32a Abs. 3 S. 2** die sog. Kleinbeteiligtenschwelle mit Wirkung vom 24. 4. 1998 eingefügt worden und mit Art. 10 Nr. 2 des Gesetzes zur Kontrolle und Transparenz im Unternehmensbereich (**KonTraG**) vom 27. 4. 1998 (BGBl. I S. 786) mit Wirkung vom 1. 5. 1998 **§ 32a Abs. 3 S. 3,** der das sog. Sanierungsprivileg betrifft. Zum Übergangsrecht s. Rn. 104 ff., 128 ff.

10   **3. Überblick über den Regelungsinhalt von § 32a.** § 32a regelt nur für den Fall des eröffneten Insolvenzverfahrens die Folgen einer eigenkapitalersetzenden Leistung in der Gesellschaftskrise durch einen Gesellschafter oder durch einen dem Gesellschafter gleichgestellten Dritten. **§ 32a Abs. 1** betrifft dabei den gesetzlichen Grundfall (Gesellschafterdarlehen) und **Abs. 3 S. 1** die dem gleichgestellten Formen. § 32a **Abs. 2** regelt die Rechtsfolgen der eigenkapitalersetzenden Sicherung eines Gesellschaftskredits und wird durch § 32b ergänzt. **§ 32a Abs. 3 S. 2** enthält gegenüber der früheren Rechtslage eine allgemeine Einschränkung des Anwendungsbereichs des Eigenkapitalersatzrechts in persönlicher Hinsicht (sog. Kleinbeteiligtenschwelle), **§ 32a Abs. 3 S. 3** eine situationsbezogene Freistellung (sog. Sanierungsprivileg). Die Bestimmung gibt damit nur einen Teil des umfassenderen Rechts der sog. eigenkapitalersetzenden Gesellschafterdarlehen wieder, das weiter durch §§ 39, 135 InsO, § 6 AnfG sowie durch umfangreiche, in Anlehnung an die §§ 30, 31 entwickelten Rechtsprechungsgrundsätze bestimmt wird (Rn. 213 ff.). Außerhalb eines eröffneten Insolvenzverfahrens oder des Vergleichs der Gesellschaft ist § 32a nicht, auch nicht entsprechend anwendbar;[6] in diesem Bereich finden vielmehr die mit §§ 32a, 32b durch den Gesetzgeber nur unzureichend umgesetzten (Rn. 214) Rechtsprechungsgrundsätze zu den eigenkapitalersetzenden Gesellschafterleistungen Anwendung (Rn. 216 ff.).

11   **a) Grundtatbestand des § 32a Abs. 1.** Wird über das Vermögen der Gesellschaft das Insolvenzverfahren eröffnet, können Gesellschafter die von ihnen gewährten Darlehen mit eigenkapitalersetzendem Charakter nur als nachrangige Gläubiger geltend machen. Anders als im Recht vor dem 1. 1. 1999 (vgl. Voraufl. Rn. 3, 71 ff.) gilt mithin nicht mehr eine generelle Durchsetzungssperre, sondern die Darlehensforderungen treten hinter die Forderungen Dritter zurück. Der Gesellschafter ist zwar Insolvenzgläubiger, seine Forderungen sind jedoch gemäß §§ 174 Abs. 3, 177 Abs. 2 InsO nur auf besondere Aufforderung des Insolvenzgerichts hin zur Tabelle anzumelden und zu prüfen (Rn. 191 ff.). Bis zum 31. 12. 1998 einschließlich konnte der Gesellschafter mit

---

[3] *Baumbach/Hueck/Fastrich* Rn. 1; wohl auch *Scholz/K. Schmidt* §§ 32a, 32b Rn. 13.
[4] Zur Entwicklung s. *Pentz* GmbHR 1999, 437 f.
[5] BGH NJW 1995, 1962, 1964; *K. Schmidt* ZIP 1995, 969 ff.
[6] BGHZ 90, 370, 375 f. = NJW 1984, 1891.

seinen Ansprüchen am Konkursverfahren überhaupt nicht teilnehmen, sondern nur dann Rückerstattung seiner Leistungen verlangen, wenn nach Abschluss des betreffenden Verfahrens ein Überschuss an Gesellschaftsvermögen verblieben ist. Gleichwohl bedeutet der Umstand, dass der Gesellschafter als nachrangiger Gläubiger heute am Insolvenzverfahren teilnimmt, im wirtschaftlichen Ergebnis nach wie vor in der Regel den Ausfall der Gesellschafterforderung.[7]

b) Gesellschafterbesicherte Darlehen nach § 32 a Abs. 2. § 32 a Abs. 2 betrifft die sog. mittelbaren Gesellschafterdarlehen. Hierunter versteht man Darlehen, die der Gesellschaft zwar von dritter Seite gewährt wurden, für die ein Gesellschafter jedoch eine Sicherheit bestellt hat. In diesem Falle hat sich der Gesellschaftsgläubiger *in der Insolvenz* nach Abs. 2 primär an die durch den Gesellschafter gewährte Sicherheit zu halten und kann an dem Insolvenzverfahren über das Vermögen der Gesellschaft nur mit dem Betrag teilnehmen, mit dem er bei der Inanspruchnahme des Gesellschafters ausgefallen ist. Hat die Gesellschaft innerhalb eines Jahres vor dem Antrag auf Eröffnung des Insolvenzverfahrens oder noch nach diesem Zeitpunkt das Darlehen an den Dritten zurückgezahlt, steht ihr gegen den Gesellschafter ein Erstattungsanspruch nach § 32b zu, der der Höhe nach auf den Wert der freigewordenen Sicherheit beschränkt ist und durch Herausgabe des Sicherungsgegenstandes abgewendet werden kann. Wie damit an § 32b deutlich wird,[8] richtet sich die Bestimmung des § 32 a Abs. 2 primär nicht an den Dritten, sondern an den Gesellschafter, ist also nicht als Ausdehnung der gesellschafterlichen Finanzierungs(folgen)verantwortung (Rn. 17) auf außergesellschaftliche Kreditgeber zu verstehen. 12

c) Anwendungsbereich des Eigenkapitalersatzrechts gemäß § 32 a Abs. 3. § 32 a Abs. 3 S. 1 regelt einen Umgehungstatbestand, der an die Stelle der enumerativen Aufzählung einzelner Umgehungstatbestände im RegE 1977 getreten ist. Er ist in seiner allgemeinen Fassung weitergehend als die ursprünglich vorgesehene Regelung im Regierungsentwurf. Es ist durch diese Generalklausel sichergestellt, dass durch richterliche Normausfüllung praktisch jeder Umgehungsfall erfasst werden kann. Damit ist zugleich gesichert, dass aufbauend auf der bisherigen Rechtsprechung des BGH zu §§ 30, 31 alle Umgehungstatbestände sicher erfasst werden können.[9] Erweitert wird der Geltungsbereich sowohl hinsichtlich des Personenkreises als auch hinsichtlich der Rechtshandlungen, die wirtschaftlich einer Darlehensgewährung entsprechen. 13

Der 1998 angefügte (Rn. 9) § 32 a Abs. 3 S. 2 enthält die sog. Kleinbeteiligtenschwelle (teilweise auch als „Zwerganteilsprivileg"[10] bezeichnet) und beschränkt damit – abweichend vom bisherigen Recht – den persönlichen Anwendungsbereich des § 32 a auf geschäftsführende oder mit mehr als zehn Prozent am Stammkapital beteiligte Gesellschafter. Mittelbar schränkt die Bestimmung auch den Anwendungsbereich der Rechtsprechungsregeln ein (Rn. 217). Die Vorschrift ist rechtspolitisch bedenklich, das Fehlen einer Übergangsregelung und der Schematismus der Vorschrift führen zu erheblichen Folgeproblemen dieser mit den Grundsätzen des Kapitalersatzrechts unverträglichen Regelung. Wegen der Einzelheiten s. Rn. 83. 14

Der ebenfalls 1998 angefügte (Rn. 9) § 32 a Abs. 3 **S. 3** enthält das sog. Sanierungsprivileg. Er statuiert für den Fall des Anteilserwerbs in der Krise zum Zwecke der Sanierung der Gesellschaft – abweichend vom bisherigen Recht – ebenfalls eine 15

---

[7] *Noack*, FS Claussen, 1997, S. 307, 311 f.; *Ulmer* in *Kübler* (Hrsg.) Neuordnung des Insolvenzrechts, 1989, S. 119, 125.
[8] *K. Schmidt GesR* § 37 IV 3 c; *Hachenburg/Ulmer* § 32 a, b Rn. 130.
[9] Vgl. dazu *Hachenburg/Ulmer* § 32 a, b Rn. 5.
[10] *K. Schmidt* GmbHR 1999, 1269.

§ 32a   2. Abschnitt. Rechtsverhältnisse der Gesellschaft und der Gesellschafter

Einschränkung des Anwendungsbereichs des Kapitalersatzrechts in persönlicher Hinsicht, um Sanierungsvorhaben nicht am Kapitalersatzrecht scheitern zu lassen. Auch diese Vorschrift ist rechtspolitisch bedenklich; wegen des Fehlens einer Übergangsregelung und der unklaren Fassung des Gesetzestextes kommt es zudem zu weiteren Folgefragen. Wegen der Einzelheiten s. Rn. 109 ff.

16 d) Anfechtungsrechte innerhalb und außerhalb des Insolvenzverfahrens. Flankiert werden die Bestimmungen in § 32a Abs. 1, 3 S. 1 durch die §§ 135 InsO, 6 AnfG. Rechtshandlungen, die dem Inhaber einer von § 32a Abs. 1, 3 S. 1 erfassten Forderung *Befriedigung* gewähren, sind nach *§ 135 Nr. 2 InsO* im Insolvenzverfahren anfechtbar, sofern sie im letzten Jahr vor dem Antrag auf Eröffnung des Insolvenzverfahrens oder noch nach diesem Antrag vorgenommen worden sind. Rechtshandlungen, die dem Inhaber einer von § 32a Abs. 1, 3 S. 1 erfassten Forderung *Sicherung* gewähren, sind im Insolvenzverfahren nach *§ 135 Nr. 1 InsO* anfechtbar, sofern sie in den letzten zehn Jahren vor dem Antrag auf Eröffnung des Insolvenzverfahrens oder nach diesem Antrag vorgenommen worden sind. Außerhalb des Insolvenzverfahrens gewährt *§ 6 AnfG* für Vollstreckungsgläubiger entsprechende Anfechtungsrechte, wenn sie in der Zwangsvollstreckung keine vollständige Befriedigung für ihre fälligen Forderungen erlangt haben oder davon auszugehen ist, dass sie dazu nicht führen würde; für die Fristberechnung ist dabei auf die gerichtliche Geltendmachung der Anfechtung abzustellen. Wegen der Einzelheiten s. Rn. 199 f.

17 4. Normzweck. § 32a bezweckt den Gläubigerschutz in der Insolvenz der GmbH.[11] Die Bestimmung basiert auf der (nur unvollkommenen) Übernahme und partiellen Weiterentwicklung der bis 1980 zum Bereich der eigenkapitalersetzenden Gesellschafterdarlehen ergangenen Rechtsprechung und ist Ausdruck der als Finanzierungsverantwortung bzw. – präziser und heute ganz überwiegend – als **Finanzierungsfolgeverantwortung**[12] bezeichneten Pflicht der Gesellschafter einer GmbH. Hiernach trifft die Gesellschafter zwar keine positive Pflicht, der GmbH in der Krise Kapital zuzuführen; ihnen ist jedoch verwehrt, im Falle einer objektiv gebotenen Eigenkapitalzufuhr statt dieser eine andere, ihnen weniger risikoreich erscheinende Finanzierungsform zu wählen. Die Gesellschafter sollen zur Entscheidung darüber gezwungen werden, ob sie von einer weiteren Kapitalzufuhr absehen und die Gesellschaft liquidieren oder ihr die zum Weiterbetrieb des Unternehmens benötigten Mittel – das sog. **funktionale Eigenkapital** – bis zur Überwindung der Krise gewähren bzw. belassen.[13] Ihre Grundlage findet diese Finanzierungsfolgeverantwortung der Gesellschafter nach überwiegender Meinung in dem Anliegen, durch die Darlehensgewährung an eine nach objektiven Gesichtspunkten kreditunwürdige Gesellschaft bei Drit-

---

[11] *Hachenburg/Ulmer* § 32a, b Rn. 8; *Scholz/K. Schmidt* §§ 32a, 32b Rn. 4.
[12] Zur Terminologie s. BGHZ 127, 336, 344 = NJW 1995, 326; *Wiedemann* ZIP 1986, 1293, 1297; *Lutter/Hommelhoff* §§ 32a/b Rn. 3f.; krit. *Eichele* Die Reichweite des Kapitalerhaltungsgrundsatzes aus § 30 Abs. 1 GmbHG, die Finanzverantwortung des Gesellschafters und das Eigenkapitalersatzrecht in der GmbH, 1999, S. 14ff.; *Fastrich*, FS Zöllner, 1998, S. 143, 151 ff.; gegen die dort vorgenommene Schwerpunktverlagerung auf das Insolvenzrecht zutr. *v. Gerkan*, FS Lutter, 2000, S. 1324 ff; eingehend zur Entwicklung der Rechtsprechung *Kleindiek*, FS Lutter, 2000, S. 871, 879 ff.; *Fastrich* aaO S. 143 ff.
[13] Grundlegend BGHZ 90, 381, 389 = NJW 1984, 1893; seit der st. Rspr., vgl. BGHZ 105, 168, 175 f. = NJW 1988, 3143; BGH NJW 1989, 1733; 1991, 357; NJW-RR 1991, 774; NJW 1992, 3034; BGHZ 121, 31, 35 f. = NJW 1993, 392; BGH NJW 1993, 1763; 1993, 3265; 1995, 326; vgl. auch bereits BGHZ 81, 252, 257 = NJW 1981, 2570; BGH WM 1990, 182, 183; *Hachenburg/Ulmer* § 32a, b Rn. 8.

ten nicht den Eindruck einer wirtschaftlich lebensfähigen Gesellschaft hervorzurufen und durch eine Verschleppung der Krise das Gesellschaftsvermögen weiter zu verringern.[14] Da die Anwendung der Grundsätze über die eigenkapitalersetzenden Gesellschafterdarlehen jedoch nicht von einer (weiteren) Verringerung des Gesellschaftsvermögens abhängt, ist die Finanzierungsfolgenverantwortung des Gesellschafters auf den **ordnungspolitischen Gesichtspunkt**[15] zurückzuführen, unter Aspekten des Gläubigerschutzes eigenständig nicht lebensfähige Gesellschaften nicht künstlich überleben zu lassen[16] und aus einer Subventionierung seitens der Gesellschafter durch eine Gleichstellung des von ihnen gewährten Fremdkapitals mit Eigenkapital die in dieser Situation hiernach einzig mögliche Konsequenz (die sog. Folgenverantwortung) zu ziehen (vgl. auch bei § 13 Rn. 109 ff.).[17] Mit anderen Worten: der Gesellschafter soll sich entweder wie ein gesellschaftsfremder Dritter verhalten, und damit die nicht überlebensfähige Gesellschaft vom Markt genommen werden, oder es wird das die Gesellschaftsgläubiger gefährdende Kapital gebunden. Die gesellschafterliche Treupflicht kann dem Abzug des Darlehens in dieser Situation nicht entgegenstehen;[18] der Gesellschafter ist zu einem Belassen des Darlehens ebenso wenig wie zu einem Nachschuss verpflichtet. Hierneben und unabhängig davon kann sich die Gleichstellung des vom Gesellschafter geleisteten Fremdkapitals mit Eigenkapital der Gesellschaft jedoch auch aus einer entsprechenden Widmung durch die Gesellschafter rechtfertigen.[19] Soweit in der früheren Rechtsprechung des BGH[20] allgemein auf die Unzulässigkeit widersprüchlichen Verhaltens[21] bzw. das Verbot, das mit der Beteiligung an einer GmbH verbundene Finanzierungsrisiko auf die Gläubiger überzuwälzen[22] und durch die Hingabe von Darlehen auf deren Rücken zu spekulieren, sowie auf den Zweck der gesetzlichen Kapitalerhaltungsvorschriften[23] und auf § 30 Abs. 1[24] verwiesen wurde, widerspiegelt sich hierin insoweit lediglich das Prinzip der allgemeinen Finanzierungsfolgenverantwortung der Gesellschafter im oben dargelegten Sinn.[25] Entsprechendes

---

[14] *Hachenburg/Ulmer* § 32 a, b Rn. 8 mwN.
[15] Ähnlich auch *v. Gerkan*, FS Lutter, 2000, S. 1317, 1322 ff.: Notwendigkeit der Selbstregulierung durch die Marktkräfte unter Hinweis auf *Lutter* DB 1994, 129, 135 (kreditunwürdige Gesellschaften sollen nicht mehr tätig sein); s. auch *Fastrich*, FS Zöllner, 1998, S. 143, 151: Außerkraftsetzen der sonst durch Fremdkapitalgeber gegebenen Außenkontrolle.
[16] Vgl. auch zur Vermeidung der Umqualifizierung durch rechtzeitigen Konkurs-/Insolvenzantrag BGH NJW 1995, 457, 458 f. m. Anm. *Altmeppen* in ZIP 1995, 24, *Goette* DStR 1995, 190, *Roth* LM § 30 Nr. 46; BGH NJW 1995, 658, 659; ähnlich jetzt auch *Fastrich*, FS Zöllner, 1998, S. 143, 149 f.; zu anderweitigen Erklärungsversuchen s. *dens.* aaO S. 144 ff.; *Scholz/K. Schmidt* §§ 32a, 32b Rn. 8 ff.; sowie – kritisch gegenüber dem Kapitalersatzrecht überhaupt – *Grunewald* GmbHR 1997, 7, 8; *Koppensteiner* AG 1997, 308, 313 ff.; *Reiner*, FS Boujong, 1996, S. 415, 4.
[17] Zu der hiervon zu unterscheidenden Frage, welche Gesichtspunkte die besondere Verantwortung des Gesellschafters und Dritter rechtfertigt, vgl. Rn. 71 ff.
[18] S. auch OLG Stuttgart GmbHR 1994, 620, 623 zur GmbH & Co; *Flume* Juristische Person § 3 II 2; *Scholz/K. Schmidt* §§ 32a, 32b Rn. 9.
[19] Zur Rangrücktrittserklärung und zum Finanzplankredit s. Rn. 226 ff., 46 ff.
[20] Zur reichsgerichtlichen Rechtsprechung *Scholz/K. Schmidt* §§ 32a, 32b Rn. 11.
[21] BGHZ 31, 258, 265; 67, 171, 175; hierzu auch *Altmepppen* ZIP 1993, 1677, 1682.
[22] BGHZ 75, 334, 336 f., 339.
[23] BGHZ 67, 171, 175.
[24] BGHZ 69, 274, 281 = NJW 1978, 160; 75, 334, 336 f., 339 = NJW 1980, 592; 1976, 326, 329.
[25] BGHZ 90, 381, 389 = NJW 1984, 1893 mit Hinweis auf *K. Schmidt* Gutachten zum 54. DJT 1982, D 107 und ZHR 147 (1983), 178 ff.; *Hachenburg/Ulmer* 7. Aufl. § 32 a, b Rn. 12, 84.

§ 32 a   2. Abschnitt. Rechtsverhältnisse der Gesellschaft und der Gesellschafter

gilt hinsichtlich der in der Literatur in gleicher oder ähnlicher Weise herangezogenen Rechtfertigungsgründe für die Gleichstellung von Gesellschafterdarlehen mit haftendem Eigenkapital.[26]

18 5. **Abgrenzung.** § 32 a enthält **kein Verbot** für die Gesellschafter oder die ihnen gleichgestellten Dritten, in der Gesellschaftskrise **Darlehen zu gewähren,** und enthält auch umgekehrt **kein Gebot,** einer GmbH **Eigenkapital** statt Darlehen **zuzuführen.** Den Gesellschaftern steht es offen, ob sie die Gesellschaft in der Krise unterstützen und welche Finanzierungshilfen sie der Gesellschaft zukommen lassen wollen.[27] Dementsprechend handelt es sich bei der Bestimmung auch nicht um ein Schutzgesetz im Sinne des § 823 Abs. 2 BGB.[28] Die Bestimmung enthält auch **keine Regelung über die materielle Unterkapitalisierung** (hierzu bei § 13 Rn. 135 ff.), betrifft also nicht die Frage einer etwaigen Haftung der Gesellschafter wegen überhaupt unzureichender Kapitalzufuhr an die Gesellschaft. Die Frage der Überlassung von Darlehen statt Eigenkapital ist vielmehr eine solche der *nominellen* Unterkapitalisierung (§ 13 Rn. 134), der Überlassung des erforderlichen Kapitals im Wege der Fremdfinanzierung,[29] und die Grundsätze zum Kapitalersatzrecht betreffen **nur die rechtlichen Folgen der Gewährung von kapitalersetzenden Leistungen.**

19 6. **Verhältnis der §§ 32 a, 32 b zu den Rechtsprechungsgrundsätzen über eigenkapitalersetzende Gesellschafterdarlehen.** § 32 a stellt ebenso wie die §§ 135 InsO, 6 AnfG (früher § 32 b, §§ 32 a KO, 3 b AnfG) eine unvollkommene Umsetzung und eine – hinsichtlich der Rechtsfolgen – teilweise Erweiterung der älteren, auf eine entsprechende Anwendung der §§ 30, 31 gestützten Rechtsprechungsgrundsätze zu eigenkapitalersetzenden Gesellschafterdarlehen dar. Beide Regelungskomplexe sind nebeneinander anwendbar, was insbesondere wegen der abweichenden Fristen und Rechtsfolgen von Bedeutung ist (Einzelheiten Rn. 213 ff.). Im Übrigen schlagen jedoch die 1998 eingeführten Einschränkungen in § 32 a Abs. 3 S. 2 und 3 (Kleinbeteiligtenschwelle und Sanierungsprivileg) auch auf die Rechtsprechungsregeln durch. Zu den in diesem Zusammenhang zu berücksichtigenden Übergangsregeln s. Rn. 104 ff.; 128 ff.

20 7. **Verhältnis zu sonstigen Bestimmungen.** Die Regelung des § 32 a ist auf das nach § 30 Abs. 1 bestehende Auszahlungsverbot ohne Einfluss; ebenso lässt sie die auf der Grundlage der §§ 30, 31 entwickelten Rechtsprechungsgrundsätze zu eigenkapitalersetzenden Gesellschafterleistungen unberührt (s. Rn. 214). Soweit es um die insolvenzrechtliche Antragspflicht des Geschäftsführers nach **§ 64** geht, deren Verletzung Schadensersatzpflichten nach §§ 823 Abs. 2 BGB, 64 auslösen,[30] ist zwischen dem Insolvenzgrund der Zahlungsunfähigkeit und demjenigen der Überschuldung zu unterscheiden. Der Zustand der Zahlungsunfähigkeit kann mit der Gewährung eines eigenkapitalersetzenden Gesellschafterdarlehens abgewendet werden. Eine bereits bestehende

---

[26] *Lutter/Hommelhoff* §§ 32 a/b Rn. 3 mwN; teilweise einschränkend *Scholz/K. Schmidt* §§ 32 a, 32 b Rn. 7 ff.

[27] Sog. Finanzierungsfreiheit der Gesellschafter, BGHZ 76, 326, 329 = NJW 1980, 1524; BGHZ 90, 381, 389 = NJW 1984, 1893; BGH NJW 1995, 326.

[28] *Scholz/K. Schmidt* §§ 32 a, 32 b Rn. 7; *Baumbach/Hueck/Fastrich* Rn. 13.

[29] *Scholz/K. Schmidt* §§ 32 a, 32 b Rn. 3; zur Unterscheidung zwischen der materiellen und der nominellen Unterkapitalisierung insbes. *Hachenburg/Ulmer* Anh. § 30 Rn. 21 und oben § 13 Rn. 134 ff.

[30] Vgl. hierzu BGHZ 126, 181 = NJW 1994, 2220 unter Aufgabe der bisherigen Rspr., Einzelheiten bei § 64.

Rückgewähr von Darlehen § 32a

Überschuldung kann demgegenüber durch ein solches Darlehen wegen seiner Berücksichtigung auf der Passivseite in der Bilanz nicht beseitigt werden (Rn. 260). Eine Ausnahme gilt dann, wenn der betreffende Gesellschafter eine Rangrücktrittserklärung abgibt. Eine solche Erklärung ist zu vermuten, wenn der Gesellschafter das Darlehen ausdrücklich gewährt, um eine Überschuldung abzuwenden;[31] in jedem Falle sollte der Geschäftsführer angesichts seiner Pflichten aus § 64 jedoch auf einer ausdrückliche Rangrücktrittserklärung bestehen.

Die Einlage eines stillen Gesellschafters sieht das Gesetz in **§§ 236 HGB, 136 InsO** 21 als Fremdkapital an und billigt ihm, soweit er nicht an dem Verlust teilnimmt, im Insolvenzverfahren über das Vermögen des Inhabers eine Insolvenzforderung zu. Dies gilt indessen nur für den typischen stillen Gesellschafter. Die Einlage des atypischen stillen Gesellschafters wird, wenn er aufgrund der vertraglichen Ausgestaltung seiner Rechtsstellung ähnlich wie ein Gesellschafter die Geschicke der Gesellschaft bestimmt und an ihrem Vermögen sowie am Ertrag beteiligt ist,[32] der Einlage eines Gesellschafters gleichgestellt, was mit §§ 236 HGB, 136 InsO allerdings nichts zu tun hat. Die Anfechtbarkeit langfristiger, nicht eigenkapitalersetzender Darlehen entsprechend § 136 InsO (früher: § 236 HGB)[33] begegnet im Hinblick auf die abschließend gemeinte Aufzählung der insolvenzrechtlichen Anfechtungstatbestände in den §§ 129 ff. InsO Bedenken.[34]

Die Anfechtungsmöglichkeit nach **§§ 135 Nr. 1 InsO, 6 AnfG** läuft deswegen 22 weitgehend leer, weil eine Sicherheit der Gesellschaft für einen Kredit, der haftendem Kapital gleichgestellt ist, ebenso wenig verstrickt sein kann, wie eine Rückzahlung des eigenkapitalersetzenden Kredits verlangt werden könnte.[35] Zur Klarstellung und im Hinblick auf zukünftige Entwicklungen der wirtschaftlichen Situation der Gesellschaft kann sich eine Anfechtung jedoch empfehlen, da sie nicht lediglich eine Geltendmachung verhindert, sondern darüber hinaus auf Aufhebung der Sicherheit gerichtet ist.

Die allgemeinen Anfechtungstatbestände der **§§ 130 ff. InsO, 3 ff. AnfG** bleiben 23 neben den an die Bestimmung des § 32a anknüpfenden §§ 135 Nr. 2 InsO, 6 AnfG anwendbar;[36] sie können insbesondere dann Bedeutung erlangen, wenn die Einordnung des betreffenden Darlehens unter § 32a als zweifelhaft erscheint und sich nicht sicher nachweisen lässt.[37]

Dem Widerruf eines Darlehensversprechens gemäß **§ 610 BGB aF/§ 490 BGB nF** 24 steht das Kapitalersatzrecht nicht entgegen;[38] Beschränkungen können sich jedoch aus

---

[31] *Hachenburg/Ulmer* § 32a, b Rn. 19.
[32] BGHZ 106, 7 = NJW 1989, 982; OLG Hamburg NJW-RR 1991, 105; zu den in diesem Zusammenhang aus der Kleinbeteiligtenschwelle des § 32a Abs. 3 S. 2 zu ziehenden Folgerungen, die auch insoweit zu einer Einschränkung der bisherigen Rechtslage geführt hat, s. aber noch bei Rn. 99.
[33] *Scholz/K. Schmidt* §§ 32a, 32b Rn. 19; *Schlegelberger/K. Schmidt* § 342 Rn. 24; zust. *Benne* Haftungsdurchgriff bei der GmbH, 1978, S. 160f., 190; für Gesellschafterdarlehen auch *Baumbach/Hueck/Fastrich* Rn. 9; zweifelnd *Hachenburg/Ulmer* § 32a, b Rn. 22; abl. *Gersch/Herget/Marsch/Stützle* Rn. 267; *Kollhosser* WM 1985, 932f.
[34] *Hachenburg/Ulmer* § 32a, b Rn. 22 zur KO.
[35] *K. Schmidt* GesR § 37 IV 4c.
[36] *Scholz/K. Schmidt* §§ 32a, 32b Rn. 18; zum alten Recht *Hachenburg/Ulmer* § 32a, b Rn. 21.
[37] *Scholz/K. Schmidt* §§ 32a, 32b Rn. 18.
[38] Vgl. hierzu BGHZ 133, 298 = NJW 1996, 3203; BGH GmbHR 1997, 498; BGHZ 142, 116, 122f. = NJW 1999, 2809, 2811 m. Anm. *Altmeppen*; *Scholz/K. Schmidt* §§ 32a, 32b Rn. 20, 94; s. auch *Habersack* ZHR 161 (1997), 490; abw. Voraufl. Rn. 41.

§ 32a   2. Abschnitt. Rechtsverhältnisse der Gesellschaft und der Gesellschafter

dem Aspekt der Krisenfinanzierung[39] (Rn. 63f.) und den Finanzplanleistungen ergeben (hierzu Rn. 46ff.).

25 **8. Übergangsrecht. a) Alte Bundesländer.** §§ 32a, 32b gelten nur für solche eigenkapitalersetzende Leistungen, die der Gesellschaft nach dem 1. 1. 1981 gewährt worden sind. Für vor diesem Zeitpunkt gewährten Leistungen gelten ausschließlich die Rechtsgrundsätze, die der Bundesgerichtshof zu §§ 30, 31 entwickelt hat.[40] Ist eine vor dem 1. 1. 1981 gewährte Leistung mit eigenkapitalersetzendem Charakter über den 1. 1. 1981 hinaus aufrecht erhalten worden, so findet auf dieses Darlehen neben den §§ 30, 31 auch § 32a Anwendung.[41]

26 Der Klammerzusatz (Krisendefinition) in **§ 32a Abs. 1** galt zunächst in der Zeit vom 1. 5. 1998 bis zum 31. 12. 1998 und ist mit dem EGInsOÄndG in die seit dem 1. 1. 1999 geltende Fassung übernommen worden (s. Rn. 7). § 32a Abs. 1 nF, der die Krisendefinition ebenfalls übernommen hat und der dem Gesellschafter die Teilnahme am Insolvenzverfahren als nachrangigem Gläubiger eröffnet, findet auf alle Insolvenzverfahren Anwendung, also auf solche Verfahren, deren Eröffnung nach dem 31. 12. 1999 beantragt worden ist.

27 Für **§ 32a Abs. 3 S. 2 und 3** gibt es **keine ausdrücklichen Übergangsregelungen.** Die Kleinbeteiligtenschwelle des **§ 32a Abs. 3 S. 2** gilt seit dem 24. 4. 1998 (Rn. 9). Sie wirkt sich auf den Charakter von Leistungen, die zu diesem Zeitpunkt bereits eigenkapitalersetzend waren, nicht aus, führt also zu keiner Entstrickung. Sie erfasst nur solche Leistungen, die von Kleinbeteiligten ab dem 24. 4. 1998 erbracht oder stehengelassen werden (str., s. Rn. 104ff.). Das Sanierungsprivileg in **§ 32a Abs. 3 S. 3** ist am 1. 5. 1998 in Kraft getreten (Rn. 9) und gilt nur für Anteilserwerbe zum Zwecke der Sanierung, die ab diesem Zeitpunkt erfolgt sind. Bis zum 30. 4. 1998 war ein Sanierungsprivileg nicht anzuerkennen (Rn. 128ff.).

28 Zum insolvenzrechtlichen Übergangsrecht s. Rn. 205.

29 **b) Neue Bundesländer.** In den neuen Bundesländern gelten die §§ 32a, 32b seit dem 1. 7. 1990.[42] Auf Kredite vor diesem Zeitpunkt haben die §§ 32a, 32b keine Anwendung gefunden, weil es ihnen an einer Entsprechung im Recht der DDR gefehlt hat. Ob die Rechtsprechungsgrundsätze zu eigenkapitalersetzenden Gesellschafterleistungen auf frühere kapitalersetzende Mittel anwendbar sind, ist streitig, im Ergebnis aber zu bejahen, weil in der DDR das GmbHG von 1892 galt und das Kapitalersatzrecht im Kern älter als die DDR ist.[43] Nach **§ 56e DMBilG**[44] sind aus

---

[39] Zur Unzulässigkeit des Darlehenswiderrufs, wenn das Darlehen zur Erreichung des „Gesellschaftszwecks" erforderlich ist, vgl. BGH GmbHR 1997, 498, 499.
[40] *Scholz/K. Schmidt* §§ 32a, 32b Rn. 24.
[41] Dazu *Scholz/K. Schmidt* §§ 32a, 32b Rn. 24, 143; *Hachenburg/Ulmer* § 32a, b Rn. 186f.; OLG Hamburg WM 1986, 826, 827.
[42] Anlage II Nr. III 4 des Staatsvertrags und § 18 des Gesetzes über die Inkraftsetzung von Rechtsvorschriften der Bundesrepublik Deutschland in der DDR vom 21. 6. 1990 – GBl. DDR I S. 752.
[43] Das RG hatte bereits in JW 1939, 229, 231; RGZ 166, 51, 61 darauf hingewiesen, dass – nach heutiger Terminologie – eigenkapitalersetzende Darlehen „der Sache nach Eigenkapital" seien; für die Anwendung der Rechtsprechungsregeln in der DDR vor dem 1. 7. 1990 *Scholz/ K. Schmidt* §§ 32a, 32b Rn. 27; zust. *Roth/Altmeppen* § 32a Rn. 105; dagegen BGHZ 127, 121, 221 = NJW 1995, 47; *Hommelhoff/Habighorst* ZIP 1992, 981; *Lutter/Hommelhoff* § 32a/b Rn. 162.
[44] Eingeführt durch Art. 11 § 6 des Zweiten Vermögensrechtsänderungsgesetzes vom 14. 7. 1992 – BGBl. I S. 1257; zur Verfassungsmäßigkeit dieser Bestimmung s. BGHZ 127, 121, 221 = NJW 1995, 47; OLG Dresden aaO S. 1767; LG Leipzig WM 1994, 638, 640m. zust. Anm. *Budde/Weisang* WuB II C § 32a 3.94; *Spoerr* Treuhandanstalt und Treuhandunternehmen

Rückgewähr von Darlehen § 32 a

dem Anwendungsbereich der §§ 32 a, b Kredite gemäß Art. 25 Abs. 7 des Einigungsvertrages und solche Kredite herausgenommen, welche die Treuhandanstalt (seit dem 31. 12. 1994: Bundesanstalt für vereinigungsbedingte Sonderaufgaben – BVS) der Gesellschaft nach Art. 25 Abs. 7 des Einigungsvertrages gewährt oder für die sie eine Sicherung bestellt oder sich verbürgt hat. Das Privileg gilt nicht für Kredite, die die Treuhandanstalt der Gesellschaft nach einer Neufestsetzung der Kapitalverhältnisse gewährt oder für die sie nach diesem Zeitpunkt eine Sicherung bestellt oder sich verbürgt hat,[45] erstreckt sich im Übrigen aber auch auf **die sog. Rechtsprechungsregeln** (Rn. 213 ff.).[46] Die Bestimmung findet auch dann Anwendung, wenn die DM-Eröffnungsbilanz nicht fristgerecht erstellt worden ist,[47] und erstreckt sich auch auf über den Zeitpunkt der Neufestsetzung der Kapitalverhältnisse hinaus stehengelassene Kredite[48] und Bürgschaften.[49] Die Verfassungsmäßigkeit dieser Regelung ist vom BGH bejaht worden.[50] Zu beachten ist allerdings, dass das Privileg nicht gilt, wenn nach der Neufestsetzung der Kapitalverhältnisse eine neue Finanzierungsentscheidung getroffen worden ist.[51]

9. Aufbau der Kommentierung. § 32 a verlangt in Abs. 1 die Gewährung eines 30 Darlehens durch einen Gesellschafter zu einem Zeitpunkt, in dem ein ordentlicher Kaufmann der Gesellschaft Eigenkapital zugeführt hätte. Abs. 2 trifft Sonderbestimmungen über gesellschafterbesicherte Darlehen Dritter in dieser Situation. Abs. 3 erweitert den Anwendungsbereich der Bestimmung in personeller und gegenständlicher Hinsicht auf Darlehen Dritter und auf Rechtshandlungen, die der Darlehensgewährung nach Abs. 1 oder 2 wirtschaftlich entsprechen und stellt bestimmte Personen von der Anwendung des Eigenkapitalersatzrechts frei. Zentrales Kriterium des § 32 a ist damit der in Abs. 1 genannte Zeitraum, die sog. *Krise der Gesellschaft*. An der Abgrenzung dieses Zeitraums entscheidet sich nicht nur die Einordnung des gewährten (oder ggf. stehengelassenen, Rn. 143 ff.) Darlehens, er ist auch bei einem Gesellschafterwechsel für die Abgrenzung zwischen den Regelungsbereichen des Abs. 1 und Abs. 3 (Gesellschafter oder Dritter) sowie die Enthaftung des Darlehens von Bedeutung. Auf die Gesellschaftskrise ist deshalb zunächst einzugehen (Rn. 31 ff.). Im Anschluss daran wird der durch die Bestimmung erfasste Personenkreis dargestellt (Rn. 70 ff.), und es werden der Tatbestand des Gesellschafterdarlehens (Rn. 138 ff.) sowie die diesem gleichgestellten Vorgänge (Rn. 152 ff.), die gesellschafterbesicherten Drittdarlehen (Rn. 170 ff.) und die mit eigenkapitalersetzenden Leistungen verbundenen Rechtsfolgen (Rn. 190 ff.) sowie die Rechtsprechungsgrundsätze zu eigenkapitalersetzenden Gesellschafterdarlehen dargestellt (Rn. 213 ff.). Schließlich wird auch die Anwendung dieser Grundsätze auf die GmbH & Co. KG behandelt (Rn. 229 ff.).

S. 303 ff.; abw. AG Halle-Saalkreis ZIP 1993, 961, 963 m. zust. Anm. *Schön* EWiR 1993, 669, 670; *Weimar/Alfes* DB 1992, 1225 f.
[45] Eingehend hierzu *Spoerr* Treuhandanstalt und Treuhandunternehmen zwischen Verfassungs-, Verwaltungs- und Gesellschaftsrecht, 1993, S. 302 ff.; *Lutter/Hommelhoff* §§ 32 a/b Rn. 162 ff.
[46] BGH NJW 1999, 579 = DStR 1999, 465 m. Anm. *Goette*.
[47] BGH BB 1995, 2518 = LM DMBilG § 32 Nr. 7.
[48] BGH NJW 1999, 579 = DStR 1999, 465 m. Anm. *Goette*.
[49] BGHZ 140, 270 = NJW 1999, 1182 = DStR 1999, 467 m. Anm. *Goette*.
[50] BGHZ 127, 212, 221 = NJW 1995, 47, 49; BGHZ 140, 156 = NJW 1999, 579; zum Ganzen auch *Spoerr*.
[51] Vgl. hierzu *Goette* aaO mit Hinweis darauf, dass die Entscheidungen BGH NJW 1999, 579 = DStR 1999, 465 und BGHZ 140, 270 = NJW 1999, 1182 = DStR 1999, 467 in diesem Punkt wohl nicht deckungsgleich sind.

II. Eigenkapitalersatz

31 § 32a gilt als Sonderregelung nur für solche Kredite, die einer im Insolvenzverfahren befindlichen Gesellschaft zu einem Zeitpunkt gewährt worden sind, in dem ihr die Gesellschafter als ordentliche Kaufleute Eigenkapital gewährt hätten. In dieser Situation gewährte Kredite werden als eigenkapitalersetzende Gesellschafterdarlehen bezeichnet. Außerhalb eines Insolvenzverfahrens ist die Bestimmung unanwendbar, die Behandlung solcher Kredite richtet sich dann ausschließlich nach den zu den eigenkapitalersetzenden Gesellschafterdarlehen auf der Grundlage der §§ 30, 31 entwickelten Rechtsprechungsgrundsätzen (Rn. 213 ff.).

32 **1. Gesetzliche Definition der Gesellschaftskrise.** Die Definition des als *Krise der Gesellschaft* bezeichneten Zeitraums in § 32a Abs. 1 dahin, dass es auf eine Eigenkapitalzufuhr durch ordentliche Kaufleute ankommen soll, ist missglückt und soll nichts anderes ausdrücken, als dass das gegebene Darlehen Eigenkapitalersatzfunktion haben muss,[52] soll also der Abgrenzung von eigenkapitalersetzenden zu sonstigen Gesellschafterdarlehen dienen. Ohne Bedeutung für die Qualifizierung ist demgegenüber, ob der darlehensgewährende Gesellschafter Kaufmann ist oder nicht. Das Gesetz will mit der Bezugnahme auf das Finanzierungsverhalten ordentlicher Kaufleute nur deutlich machen, dass es auf einen normativen Beurteilungsmaßstab ankommt.[53] Branchenbedingte oder branchenübliche Finanzierungsbesonderheiten sind daher ebenso unbeachtlich wie besondere Umstände in der Person des kreditierenden Gesellschafters oder des ihm gleichgestellten Dritten.[54]

33 **2. Konkretisierung.** Die Umschreibung der Gesellschaftskrise in § 32a Abs. 1 ist ausfüllungsbedürftig. Zu ihrer Konkretisierung wird heute allgemein auf das von *Ulmer*[55] noch zum alten Recht entwickelte Kriterium der Kreditunwürdigkeit abgestellt. Kreditwürdig ist die Gesellschaft dann, wenn sie überschuldet ist oder von dritter Seite zu marktüblichen Bedingungen ohne Besicherung durch ihre Gesellschafter keinen Kredit mehr erhalten könnte und ohne die Zuführung von Eigenkapital oder Gesellschafterdarlehen liquidiert werden müsste.[56] Die Übernahme dieses für die Rechtsprechungsgrundsätze nach §§ 30, 31 entwickelten Abgrenzungskriteriums in die Bestimmung des § 32a entspricht trotz des hiermit verbundenen Zwischenschritts der Intention des Gesetzgebers, da in der Begründung der Novellenbestimmungen zur Auslegung des Tatbestandsmerkmals des Finanzierungsverhaltens eines ordentlichen Kaufmanns ausdrücklich auf die Abgrenzungskriterien der Recht-

---

[52] *Scholz/K. Schmidt* §§ 32a, 32b Rn. 35; zu stehengelassenen Darlehen s. Rn. 143 ff.
[53] *Hachenburg/Ulmer* § 32a, b Rn. 43; s. hierzu auch *Flume* Juristische Person § 3 II 2.
[54] *Hachenburg/Ulmer* § 32a, b Rn. 43; zur subjektiven Komponente bei der Frage stehengelassener Darlehen s. Rn. 145.
[55] In *Hachenburg* 7. Aufl. II Anh. § 30 Rn. 16, 72, 86; *ders.,* FS Duden, 1977, S. 661, 672 ff.
[56] St. Rspr., BGHZ 76, 326, 329 = NJW 1980, 1524; BGHZ 81, 311, 315 = NJW 1982, 383; BGHZ 81, 365, 368 = NJW 1982, 386; BGHZ 90, 381, 389 = NJW 1984, 1893; BGH BB 1985, 1813; NJW-RR 1986, 834; BGHZ 95, 188, 194 = NJW 1985, 2947, 2948; BGHZ 105, 168, 175 f. = NJW 1988, 3143; BGH NJW 1989, 1733; 1991, 357; BGHZ 119, 201, 206 = NJW 1992, 2891; BGH NJW 1992, 3034; BGHZ 121, 31, 38 = NJW 1993, 392; BGH NJW 1992, 1763; 1992, 3265; 1995, 326, 328; BGHZ 125, 141, 143 ff. = NJW 1994, 1477; aus der Literatur s. nur *Hachenburg/Ulmer* § 32a, b Rn. 42 ff.; *Scholz/K. Schmidt* §§ 32a, 32b Rn. 38; *Lutter/Hommelhoff* § 32a/b Rn. 19; *Baumbach/Hueck/Fastrich* Rn. 43; *Roth/Altmeppen* Rn. 10.

sprechung verwiesen wird.⁵⁷ Entsprechend dieser Umschreibung wird deshalb heute überwiegend zwischen Fällen der Sanierungsfinanzierung (Rn. 36ff.) und der Kreditunwürdigkeit (Rn. 40ff.) unterschieden. Als dritte Fallgruppe wurde hierneben früher ganz überwiegend die mit der Umschreibung nicht erfasste Fallgruppe der Finanzplankredite (Rn. 46ff.) anerkannt, bei denen es sich um solche Kredite handelt, die die Gesellschafter kraft Vereinbarung einlageähnlich gewähren und auf die die Gesellschaft im Rahmen ihrer Kapitalbasis angewiesen ist;⁵⁸ aufgrund der hierzu zwischenzeitlich ergangen Entscheidung des BGH⁵⁹ ist diese Einordnung als überholt anzusehen.

3. Kriterien für das Vorliegen der Gesellschaftskrise. Ob und ab wann sich die 34 Gesellschaft in der Krise befunden hat, ist ex ante zum Zeitpunkt der Darlehensgewährung anhand der Kontrollfrage zu beurteilen, wie sich ein gesellschaftsfremder Dritter als Darlehensgeber in dieser Situation verhalten hätte. Insoweit ist, da es einen allgemeinen Kreditmarkt nicht gibt,⁶⁰ maßgeblich auf die konkrete Einzelfallgestaltung abzustellen.⁶¹ Ausschlaggebend ist daher, ob ein gesellschaftsfremder, wirtschaftlich vernünftig denkender Dritter das konkrete Darlehen seinem Umfang, seiner Laufzeit und der Art seiner Besicherung nach unter Berücksichtigung der finanziellen Planung der Gesellschaft zu diesem Zeitpunkt ebenfalls gewährt hätte. Soweit es um das Stehenlassen von Krediten (Rn. 143 ff.) geht, ist abweichend hiervon darauf abzustellen, ob ein Dritter das Darlehen der Gesellschaft belassen (nicht: einen neuen Kredit eingeräumt) hätte; dieser abweichende Vergleichsmaßstab erklärt sich daraus, dass im Falle der Krise ein Drittgläubiger häufig im eigenen Interesse bereit sein wird, der Gesellschaft den Kredit in der Hoffnung auf eine Sanierung zu belassen und nicht durch seinen Abzug den Zusammenbruch der Gesellschaft herbeizuführen. Bei Warenkrediten kommt es darauf an, ob die Gesellschaft in der Lage gewesen wäre, den in der verspäteten Begleichung liegenden Kredit sich aus eigener Kraft zu beschaffen; auch insoweit ist aber zu prüfen, ob ein wirtschaftlich vernünftig denkender Dritter in der Situation des Gesellschafters diese Kredite im Hinblick auf die Geschäftsfortführung und in der Hoffnung auf einen Abbau der Verbindlichkeiten (ggf. im Wege der Verrechnung) nicht ebenso gewährt hätte.⁶² Bei Rechtshandlungen, die nach § 32a Abs. 3 der Darlehensgewährung gleichgestellt sind, gilt der hiernach erforderliche hypothetische Drittvergleich in entsprechender Weise; auch in diesen Fällen ist darauf abzustellen, ob sich ein gesellschaftsfremder, wirtschaftlich vernünftig denkender Dritter zu dem betreffenden Zeitpunkt ebenfalls in der in Frage stehenden Art und Weise verhalten hätte. **Bei mehreren Darlehen bzw. Rechtshandlungen ist für jeden einzelnen Fall** der Gesellschafterhilfe **konkret der eigenkapitalersetzende Charakter zu ermitteln.**⁶³

4. Indizien. Ob die Gesellschaft sich im fraglichen Zeitpunkt in der Krise befunden 35 hat, lässt sich in der Praxis regelmäßig nur im Wege des Rückschlusses ermitteln. Hin-

---

⁵⁷ BT-Drucks. 8/1347 S. 39.
⁵⁸ Vgl. hierzu Voraufl. Rn. 15 aE.
⁵⁹ BGH NJW 1999, 2809.
⁶⁰ *K. Schmidt* ZHR 147 (1983), 165, 188; *Claussen* ZHR 147 (1983), 195, 218f.; Hachenburg/ Ulmer § 32a, b Rn. 49.
⁶¹ Hachenburg/Ulmer § 32a, b Rn. 49; Scholz/*K. Schmidt* §§ 32a, 32b Rn. 37.
⁶² BGH ZIP 1995, 457, 459; s. auch BGH NJW 1988, 824 m. Anm. *Fleck* EWiR 1987, 67.
⁶³ BGH DStR 2001, 139; BGHZ 119, 212, 206 = NJW 1992, 2891; BGH NJW 1995, 457, 459; betonend auch *Goette* DStR 2001, 139, 140; *v. Gerkan* in *v. Gerkan/Hommelhoff* Handbuch des Kapitalersatzrechts, 2000, Rn. 3.43.

§ 32 a 2. Abschnitt. Rechtsverhältnisse der Gesellschaft und der Gesellschafter

sichtlich der Indizien,[64] die einen solchen Rückschluss ermöglichen, ist zwischen den Fallgruppen der eigenkapitalersetzenden Gesellschafterdarlehen zu unterscheiden, wobei allerdings stets zu berücksichtigen ist, dass es im konkreten Einzelfall einer Gesamtwürdigung aller Umstände bedarf:[65]

36 **a) Sanierungskredite.** Kredite, die von einem Gesellschafter oder einem ihm gleichgestellten Dritten (Rn. 71 ff.) einer überschuldeten oder zahlungsunfähigen Gesellschaft zum Zwecke der Abwendung eines Insolvenzverfahrens gewährt werden, sind stets eigenkapitalersetzend, soweit nicht das sog. Sanierungsprivileg des § 32 a Abs. 3 S. 3 eingreift (hierzu Rn. 109 ff.). Soweit die Rechtsprechung hiervon früher **Ausnahmen** für ganz **kurzfristige Überbrückungsdarlehen** zugelassen hat (Rn. 44),[66] weil diese nicht mit einer Eigenkapitalzufuhr vergleichbar seien, ist diese Sichtweise mit dem Recht des Kapitalersatzes unvereinbar und als **überholt** anzusehen.[67] Diese Einschränkung für kurzfristige Überbrückungskredite sollte ohnehin nur dann gelten, wenn im Zeitpunkt der Einräumung des Kredits aufgrund der wirtschaftlichen Lage des Unternehmens objektiv damit gerechnet werden konnte, dass die Gesellschaft den Kredit in der vorgesehenen kurzen Zeitspanne werde zurückführen können, und darüber hinaus auf insolvenzabwendende Kredite keine Anwendung finden.[68] In einer solchen Situation kann sich zum einen bereits die Frage stellen, ob die Gesellschaft sich tatsächlich in einer Krise befunden hat. Unabhängig davon sind jedoch auch derartige Kredite dazu geeignet, die Überlebensfähigkeit der Gesellschaft künstlich hinaus zu zögern, womit das Recht des Eigenkapitalersatzes seinem Zweck nach unmittelbar einschlägig ist.

37 **Zahlungsunfähigkeit** liegt vor, wenn die Gesellschaft nicht in der Lage ist, ihre fälligen Zahlungspflichten zu erfüllen, was insolvenzrechtlich vermutet wird, wenn sie ihre Zahlungen eingestellt hat (vgl. früher § 102 Abs. 2 KO, heute § 17 Abs. 2 InsO); die Erfüllung geringer Verbindlichkeiten steht dem nicht entgegen. Für die Feststellung der **Überschuldung** in diesem Sinne kam es nach dem sog. zweistufigen Überschuldungsbegriff der Rechtsprechung des BGH entsprechend der Rechtslage zu §§ 63, 64 aF darauf an, ob das Vermögen bei Ansatz von Liquidationswerten unter Aufdeckung der stillen Reserven die bestehenden Verbindlichkeiten nicht deckt (rechnerische Überschuldung) und die Finanzkraft der Gesellschaft nach überwiegender Wahrscheinlichkeit mittelfristig nicht zur Fortführung des Unternehmens genügt (negative Fortbestehensprognose); die nur bilanzielle Unterdeckung oder Überschuldung der Gesellschaft allein erfüllte den Überschuldungsbegriff nicht.[69] Nach dem am 1. 1. 1999 in Kraft getretenen § 19 Abs. 2 InsO ist für die Feststellung der Überschuldung zu unterscheiden: Ist die Fortführung des Unternehmens überwiegend wahrscheinlich, sind die Aktiva mit Fortführungswerten anzusetzen; ist sie dies nicht, sind Liquidationswerte

---

[64] Vgl. in diesem Zusammenhang auch OLG München NZG 1999, 603; KG NZG 2000, 688; OLG Karlsruhe NZG 2000, 791 = DStR 2000, 1529 (LS) m. Anm. *Haas*.
[65] BGHZ 119, 210, 204 ff. = NJW 1992, 2891.
[66] BGHZ 75, 334, 337 = NJW 1980, 592; BGHZ 90, 381, 393 = NJW 1984, 1891; BGH NJW-RR 1990, 230, 232; BGH NJW 1995, 457, 458; BGH NJW 1997, 3171, 3172; im Grundsatz zust. *Roth/Altmeppen* Rn. 27; *Scholz/K. Schmidt* §§ 32 a, 32 b Rn. 43; *Lutter/Hommelhoff* Rn. 34.
[67] Krit. hierzu auch OLG Hamm ZIP 1986, 1321, 1323; OLG Düsseldorf 1989, 586, 587 f.; *Lutter/Hommelhoff* ZGR 1984, 40 f.; *Baumbach/Hueck/Fastrich* Rn. 29; *Hommelhoff/Goette* Eigenkapitalersatzrecht in der Praxis, Rn. 39 mit dem Hinweis, auf die fehlende praktische Relevanz dieser Einschränkung.
[68] BGH NJW-RR 1990, 230.
[69] BGH NJW 1999, 3120, 3121; BGHZ 119, 201, 214 = NJW 1992, 2891.

anzusetzen. Die Fortführungsprognose wirkt sich damit allein auf den Bewertungsansatz und nicht mehr auf die Überschuldung unmittelbar aus, da – abweichend vom bisherigen Recht – die bei Zugrundelegung der Fortführungswerte festgestellte rechnerische Überschuldung zum Insolvenzantrag auch bei positiver Fortführungsprognose verpflichtet. Da es beim Sanierungskredit um die Abwendung der Verfahrenseröffnung geht, sind die Grundsätze des § 19 Abs. 2 InsO auch bei der Prüfung, ob ein eigenkapitalersetzender (Sanierungs-)Kredit vorliegt, anzuwenden; ob und inwieweit dies praktisch zu unterschiedlichen Ergebnissen führt, bleibt abzuwarten.[70]

Rangrücktrittserklärung. Einer besonderen Rangrücktrittserklärung zwischen 38 Gesellschafter und Gesellschaft oder sonstiger weiterer Indizien bedarf es für die Bindung von Leistungen durch das Kapitalersetzrecht nicht.[71] Eine Rangrücktrittserklärung des Inhalts, dass die zugrundeliegende Forderung erst im Range nach allen sonstigen Gläubigerforderungen befriedigt werden soll (eines – auflösend bedingten – Verzichts auf die zugrundeliegende Forderung bedarf es entgegen den Materialien zur InsO nicht),[72] stellt den Kredit aber in jedem Falle kraft der hierin liegenden rechtsgeschäftlichen Widmung haftendem Eigenkapital gleich; andererseits wirkt sich die aus Sanierungsgründen mit einer Rangrücktrittserklärung verbundene Darlehensforderung des Gesellschafters bilanziell nicht aus (s. auch bei Anh. I nach § 42a) und kann deshalb eine Überschuldung abwenden; eine kapitalersetzende Forderung ohne Rangrücktritt ist demgegenüber im Überschuldungsstatus zu berücksichtigen.[73] Wegen der Einzelheiten zum Rangrücktritt s. Rn. 226 ff.

Das Bestehen eines konzernrechtlichen **Verlustübernahmeanspruchs entsprechend § 302 Abs. 1 AktG** (hierzu Anh. § 52) steht wegen seiner erst zum Geschäftsjahresende eintretenden Fälligkeit[74] der Zahlungsunfähigkeit der Gesellschaft nicht entgegen und ist deshalb insoweit auch nicht geeignet, den eigenkapitalersetzenden Charakter der Gesellschafterleistung auszuschließen; Abweichendes kann bei Liquiditätszusagen eines zahlungsstarken Unternehmens anzunehmen sein.[75]

b) Kreditunwürdigkeit. Das Vorliegen der Kreditunwürdigkeit lässt sich **noch** 40 **nicht** allein aus dem Vorliegen einer **Unterbilanz** nach den Grundsätzen einer Jahresbilanz[76] oder der Tatsache ableiten, dass noch nicht alle Einlagen eingezahlt und die

---

[70] Vgl. hierzu *K. Schmidt* ZGR 1998, 633, 653; *Noack* GesR S. 31; zum Überschuldungsbegriff s. auch *Henze* DB 2001, 1469, 1475.
[71] BGHZ 31, 258, 269 ff. = NJW 1960, 285; BGH WM 1972, 74; BGHZ 67, 171, 174 ff. = NJW 1977, 104, 105; BGHZ 75, 334, 336 = NJW 1980, 592; BGHZ 76, 326, 329 = NJW 1980, 1524; BGHZ 105, 168, 181 f. = NJW 1988, 3143; BGH WM 1989, 60, 62; BGHZ 109, 55, 60 = NJW 1990, 516; BGH NJW-RR 1990, 230, 231; BGHZ 109, 55, 59 f. = NJW 1990, 516; BGH NJW 1993, 2179; BGHZ 125, 141, 147 ff. = NJW 1994, 1477; BGHZ 127, 1, 5 f. = NJW 1994, 2349, 2350; BGH NJW 1995, 457, 459; *Eidenmüller* Unternehmenssanierung zwischen Markt und Gesetz, 1999, S. 400; *Fleck*, FS Werner, 1984, S. 107, 123 ff.; *Roth/Altmeppen* Rn. 26; *Hachenburg/Ulmer* § 32 a, b Rn. 47; *Scholz/K. Schmidt* §§ 32 a, 32 b Rn. 39; *Lutter/Hommelhoff* §§ 32 a/b Rn. 39; einschr. OLG Düsseldorf GmbHR 1990, 132, 1994, 317.
[72] BGH NJW 2001, 1280, 1281 f.; abw. BT-Drucks. 12/2443 S. 115.
[73] BGH NJW 2001, 1280, 1281 f.
[74] Hierzu BGHZ 142, 382 = NJW 2000, 210.
[75] S. hierzu BGHZ 105, 168, 184 = NJW 1988, 3143.
[76] BGH NJW 1999, 3120, 3121; BGHZ 119, 201, 206 ff. = NJW 1992, 2891; *Hachenburg/Ulmer* § 32 a, b Rn. 60; *Scholz/K. Schmidt* §§ 32 a, 32 b Rn. 41; *Baumbach/Hueck/Fastrich* Rn. 45; *Lutter/Hommelhoff* §§ 32 a/b Rn. 23; aA *Bartl/Henkes* Rn. 23; *Geßler* ZIP 1981, 228, 232; zur Zulässigkeit der Rückführung eines nicht kapitalersetzenden Darlehens trotz Unterbilanz s. auch OLG Köln GmbHR 2001, 199.

§ 32a 2. Abschnitt. Rechtsverhältnisse der Gesellschaft und der Gesellschafter

Gesellschafter Kredite gewährt haben.[77] Dem Vorliegen einer Unterbilanz kann lediglich indizielle Bedeutung zukommen, sie genügt jedoch nicht dem – von der Gesellschaft bzw. dem Insolvenzverwalter zu führenden – Nachweis der Überschuldung oder der Kreditunwürdigkeit der Gesellschaft, da die Gesellschaft noch über stillen Reserven verfügen kann, die aus der Unterbilanz nicht ersichtlich sind. Erforderlich ist vielmehr ein Vermögensstatus, in dem die stillen Reserven aufgelöst sind.[78]

41 Ebenso wie bei der Einräumung einer Gesellschaftersicherheit (Rn. 42) können sich hieraus lediglich Anhaltspunkte ergeben, die der konkreten Bewertung unter Berücksichtigung der allgemeinen Lage der Gesellschaft bedürfen, um einen Rückschluss auf das Bestehen einer Krise zuzulassen; für sich selbst genommen sind diese Umstände ohne Bedeutung. Indizielle Bedeutung kommt jedoch solchen Umständen zu, die Bezug zur wirtschaftlichen Situation der Gesellschaft haben können und die den betreffenden Vorgang ungewöhnlich erscheinen lassen. Welchen Umständen eine derartige Bedeutung zukommt, ist allgemeingültig nicht zu beantworten, sondern hängt von der konkreten Situation der Gesellschaft ab. **Typisches Indiz für die fehlende Kreditwürdigkeit** der Gesellschaft ist zunächst die über einen längeren Zeitraum andauernde Unfähigkeit der Gesellschaft, ihren Zahlungsverpflichtungen ordnungsgemäß, insbesondere fristgemäß und vollständig nachzukommen.[79] **Weitere Kriterien,** die bei der Frage der Kreditwürdigkeit der Gesellschaft eine Rolle spielen können, sind etwa ungewöhnliche Kreditgeber;[80] ungewöhnlich günstige Darlehensbedingungen im Vertrag mit dem Gesellschafter (Verzinsung, Dauer, Verzicht auf Besicherung); maßgebliche Beteiligung des betreffenden Gesellschafters; Zusammenwirken der Gesellschafter bei der Darlehensgewährung an die Gesellschaft;[81] ungewöhnlich hohe Gesellschafterdarlehen gegenüber niedrigem Stammkapital;[82] die Kündigung eines Kredits durch bisherige Darlehensgeber; die Weigerung professioneller Darlehensgeber, der Gesellschaft Kredite zu gewähren; fehlende Ertragsaussichten der Gesellschaft; fehlende stille Reserven; die Höhe der bei Insolvenzeröffnung ermittelten Überschuldung; das von externen Kreditgebern den maßgeblichen Personen (Geschäftsführern, Gesellschaftern) entgegengebrachte Vertrauen; eine erschöpfte oder überzogene Kreditlinie.[83] Der Anschaffung von langlebigen Gegenständen des Anlagevermögens mit Gesellschafterdarlehen lässt sich demgegenüber nicht ohne weiteres indizielle Bedeutung zumessen; zu sog. Finanzplankrediten s. Rn. 46 ff.

42 Das **Bestellen von Sicherheiten durch einen Gesellschafter** rechtfertigt für sich gesehen noch nicht die Annahme einer kapitalersetzenden Leistung. In der Praxis fordern Banken (insbesondere bei kleineren GmbH) häufig unabhängig von der wirtschaftlichen Situation der Gesellschaft und der Werthaltigkeit der ihnen gewährten Sicherheiten zusätzlich zu den Sicherheiten der Gesellschaft noch solche der Gesellschafter, sei es, weil dies ihren Finanzierungsgepflogenheiten entspricht, sei es, weil sie

---

[77] *Scholz/K. Schmidt* §§ 32a, 32b Rn. 41.
[78] BGH ZIP 2001, 242, 243.
[79] BGHZ 105, 168, 181 f. = NJW 1988, 3143; *Lutter/Hommelhoff* §§ 32a/b Rn. 28; *Braun* Wpg 1990, 553; *Hommelhoff/Goette* Rn. 38.
[80] OLG Karlsruhe ZIP 1989, 588, 590; *Lutter/Hommelhoff* §§ 32a/b Rn. 24.
[81] BGHZ 67, 171, 174 ff. = NJW 1977, 104, 105; OLG Celle NZG 2000, 104 = DStR 2000, 1484 (LS) m. Anm. *Haas.*
[82] *Hachenburg/Ulmer* § 32a, b Rn. 54; *Lutter/Hommelhoff* §§ 32a/b Rn. 24; *v. Gerkan* GmbHR 1986, 218, 220; teilw. abw. *Scholz/K. Schmidt* §§ 32a, 32b Rn. 41.
[83] Vgl. hierzu BGHZ 119, 201, 206 f. = NJW 1992, 2891; BGH NJW 1992, 1166; GmbHR 1995, 381; NJW 1996, 270; 1996, 722; 1998, 1143; zum Ganzen auch *Hommelhoff/Goette* Eigenkapitalersatzrecht in der Praxis, Rn. 38; *Scholz/K. Schmidt* §§ 32a, 32b Rn. 41.

Rückgewähr von Darlehen § 32 a

kein Vertrauen in die Fähigkeiten der Geschäftsführung haben.[84] In diesen Fällen bedarf es daher zur Begründung des eigenkapitalersetzenden Charakters der Sicherheit weiterer Anhaltspunkte. Kann die Gesellschaft zum Zeitpunkt der Kreditaufnahme aus ihrem eigenen Vermögen genügende Sicherheiten bestellen, spricht dies im Regelfall gegen ihre Kreditunfähigkeit.[85] Verfügt die Gesellschaft jedoch selbst nicht (mehr) über ausreichende Sicherheiten, um die erforderlichen Kredite zu besichern und müssen die Gesellschafter deshalb aus ihrem Vermögen Sicherheiten bestellen, ist dies ein Hinweis auf einen eigenkapitalersetzenden Charakter der Sicherheit.[86] Auch der Umstand, dass sich ein Gesellschafter ein der Gesellschaft gewährtes Darlehen durch Sicherheiten der anderen Gesellschafter absichern lässt, kann im Einzelfall als Indiz für den eigenkapitalersetzenden Charakter des Darlehens herangezogen werden.[87] Im Falle der Überschuldung oder der Zahlungsunfähigkeit (zu beidem Rn. 37) ist stets von Kreditunwürdigkeit auszugehen.[88] Zur Wirkung von Rangrücktrittserklärungen s. Rn. 226 ff.

Indizien, die gegen den eigenkapitalersetzenden Charakter der in Betracht kommenden Gesellschafterleistung sprechen, können insbesondere die geringe Beteiligung des betreffenden Gesellschafters sein (zur Kleinbeteiligtenschwelle s. aber noch Rn. 83 ff.) oder die koordinierte und gleichrangige Kreditgewährung mit dritten Kreditgebern.[89] Weitere Indizien gegen das Vorliegen einer Gesellschaftskrise und damit gegen den eigenkapitalersetzenden Charakter der Gesellschafterleistung sind noch ungenutzte Kreditlinien bei Banken oder umfangreiche Bankdarlehen noch nach Gewährung des Gesellschafterkredits[90] sowie das Vorhandensein von Vermögensgütern, die die Gesellschaft im Falle eines Darlehens als Sicherheit hätte gewähren können.[91] 43

Ob die Hingabe eines kurzfristigen **Überbrückungskredits** zur Überwindung eines Liquiditätsengpasses fällt, ist streitig; teilweise wird vertreten, solche Kredite fielen nicht unter den Bereich der eigenkapitalersetzenden Gesellschafterdarlehen, da sie wegen ihrer Kurzfristigkeit nicht geeignet seien, Eigenkapital zu ersetzen.[92] Entsprechendes 44

---

[84] S. auch BGH NJW 1988, 824; NJW-RR 1990, 230, 231; *Scholz/K. Schmidt* §§ 32 a, 32 b Rn. 41; *Lutter/Hommelhoff* §§ 32 a/b Rn. 30; *Fleck*, FS Werner, 1984, S. 106, 117 mwN.
[85] BGH WM 1985, 115; 1985, 1028, 1029; 1986, 1554, 1556; ZIP 1987, 1541, 1542; NJW-RR 1990, 230, 231.
[86] OLG Hamburg ZIP 1984, 584, 585; 1986, 1113, 1119; OLG Frankfurt/M. GmbHR 1993, 436, 438; *Lutter/Hommelhoff* §§ 32 a/b Rn. 29 f.
[87] *Lutter/Hommelhoff* §§ 32 a/b Rn. 30.
[88] BGH NJW 1999, 577 zur Überschuldung; BGHZ 125, 141, 148 = NJW 1994, 1477; OLG Hamburg GmbHR 1991, 109, 110 = ZIP 1990, 1262; *Scholz/K. Schmidt* §§ 32 a, 32 b Rn. 39; zum Verhältnis zwischen Überschuldung und Kreditunwürdigkeit s. aber auch BGH WM 1989, 60, 62.
[89] Anders, wenn der Gesellschafter im Innenverhältnis den übrigen Kreditgebern haftet und es deshalb an der Gleichrangigkeit fehlt: BGH WM 1989, 62; OLG Hamburg WM 1987, 1163, 1168; *Hüffer* ZHR 153 (1989), 322, 332; *Lutter* ZIP 1989, 477, 483; *v. Gerkan* GmbHR 1990, 384, 386; *ders.* in *v. Gerkan/Hommelhoff* Handbuch des Kapitalersatzrechts, 2000, Rn. 3.64; *Hachenburg/Ulmer* § 32 a, b Rn. 55; zum Fehlen der Gleichrangigkeit bei Rangrücktritt des Gesellschafters BGH ZIP 1990, 98, 99 f.
[90] *Hachenburg/Ulmer* § 32 a, b Rn. 55.
[91] *Lutter/Hommelhoff* §§ 32 a/b Rn. 27.
[92] BGH WM 1972, 74; BGHZ 76, 326, 330 = NJW 1980, 1524; BGH NJW-RR 1990, 230, 232; NJW 1995, 457, 458 f.; *Scholz/K. Schmidt* §§ 32 a, 32 b Rn. 43; *Hachenburg/Ulmer* § 32 a, b Rn. 55; *Wiedemann*, FS Beusch, 1993, S. 893, 896; einschr. OLG Düsseldorf GmbHR 1994, 317; abl. *Gehde* Eigenkapitalersetzende Gesellschafterleistungen in Deutschland und den USA, 1997, S. 117; *Jaeger/Henckel* KO § 32 a Rn. 38.

§ 32a   2. Abschnitt. Rechtsverhältnisse der Gesellschaft und der Gesellschafter

wird für eine **kurzfristige Stundung** angenommen, sofern damit gerechnet werden kann, dass die Gesellschaft in der vorgesehenen kurzen Zeit Zahlung wird erbringen können.[93] Diesen Auffassungen ist nicht zu folgen (Rn. 36). In jedem Falle kann ein zunächst nur kurzfristig gemeinter Kredit allerdings kapitalersetzenden Charakter erhalten, wenn er stehengelassen wird. Ebenso kann die **ständige Gewährung von kurzfristigen Krediten** wie etwa dem Lieferantenkredit oder dem cash-pool-Kredit zum Kapitalersatz werden; denn hierin liegt ein dauernder Kredit in Höhe der Gesamtsumme des Durchschnittssaldos.[94] Wurde der kurzfristige Kredit zur Abwendung eines Insolvenzverfahrens gewährt, kommt ihm in Abweichung von diesen Grundsätzen immer eigenkapitalersetzende Funktion zu.[95]

45   **5. Maßgeblicher Zeitpunkt.** Der maßgebliche Zeitpunkt für die Beurteilung der Kreditwürdigkeit der Gesellschaft ist der Zeitpunkt der Gewährung der Gesellschafterleistungen bzw. der Zeitpunkt des Stehenlassens (zu letzterem Rn. 143 ff.).[96]

46   **6. Verhältnis zur Finanzplanfinanzierung. a) Begriff der Finanzplanfinanzierung, Indizien.** Eine sog. Finanzplanfinanzierung[97] liegt vor, wenn die Gesellschafter aufgrund einer gesonderten Vereinbarung der Gesellschaft Leistungen zur Verfügung stellen oder sich zu solchen Leistungen verpflichten, auf die die Gesellschaft ihrer Finanzplanung nach dringend angewiesen ist, weil ihre Finanzierung auf einer Kombination von Eigen- und Fremdfinanzierung durch ihre Gesellschafter beruht („funktional gesellschaftseigenes Kapital";[98] Beispiel in Anlehnung an BGHZ 142, 116 = NJW 1999, 2809: Die Gesellschafter wissen bei der Gründung, dass die von ihnen geleisteten Einlagen in Höhe von 200 000 € zur Deckung des notwendigen Betriebskapitals nicht ausreichen werden, und verpflichten sich deshalb, der Gesellschaft Darlehen in Höhe von weiteren 800 000 € zu gewähren).[99] Dass es sich bei der erbrachten Leistung um ein Darlehen im Rechtssinne handelt **(Finanzplankredit)**, ist nicht notwendig; auch **sonstige Leistungen** der Gesellschafter (Sicherheiten, Nutzungsüberlassungen, stille Beteiligungen etc.) können Gegenstand der Finanzplanfinanzie-

---

[93] BGH NJW 1995, 457, 458 f.
[94] BGH NJW 1995, 457, 458 f.; LG Hamburg GmbHR 1991, 531 zum Lieferantenkredit; *Scholz/K. Schmidt* §§ 32 a, 32 b Rn. 43.
[95] BGH WM 1972, 74; BGHZ 76, 326, 330 = NJW 1980, 1524; BGH NJW-RR 1990, 230, 232; NJW 1995, 457, 458 f.; BGHZ 127, 1, 5 f. = NJW 1994, 1349.
[96] BGHZ 119, 201, 207 f. = NJW 1992, 2891; *Hachenburg/Ulmer* Rn. 49, 57.
[97] Vgl. hierzu BGHZ 142, 116, 121 f. = NJW 1999, 2809; BGHZ 104, 33, 40 = NJW 1988, 1841; BGHZ 119, 2101, 212 = NJW 1992, 2891 sowie mit Unterschieden iE *Altmeppen*, FS Siegle, 2000, S. 211, 212 ff.; *Fleischer* Finanzplankredite und Eigenkapitalersatzrecht in der Gesellschaftsrecht, 1995, S. 9; *ders.* DStR 1999, 1774, 1779; *Habersack* ZHR 161 (1997), 457, 480 ff.; *Sieger/Aleth* GmbHR 2000, 462, 463 f.; *Hommelhoff/Goette* Eigenkapitalersatzrecht in der Praxis, Rn. 94 ff.; s. auch *Hommelhoff/Kleindiek*, FS 100 Jahre GmbHG, 1992, S. 421, 441 ff.; *Michalski/de Vries* NZG 1999, 181, 183 f.; *Baumbach/Hueck/Fastrich* Rn. 46 a; *Lutter/Hommelhoff* Rn. 169 ff.; *Scholz/K. Schmidt* §§ 32 a, 32 b Rn. 86 ff.; s. auch zum steuerrechtlichen Bezug (verlorene Darlehen eines wesentlich beteiligten Gesellschafters als nachträgliche Anschaffungskosten) *Gschwendtner* DStR-Beiheft 1999, 14 ff., alle mwN auch zu den Ansichten vor der Entscheidung BGHZ 142, 116.
[98] GroßkommAktG/*Henze* § 54 Rn. 57.
[99] Vgl. hierzu mit Unterschieden iE *Fleischer* DStR 1999, 1774, 1779 f.; *v. Gerkan* ZGR 1997, 173, 196 f. *Habersack* ZHR 161 (1997), 457, 480 f.; *Michalski/de Vries* NZG 1999, 181, 183 f.; *K. Schmidt*, FS Goerdeler, 1987, S. 487, 491; *Hommelhoff/Kleindiek*, FS 100 Jahre GmbHG, 1992, S. 421, 440 f.; *Baumbach/Hueck/Fastrich* Rn. 46 a; *Lutter/Hommelhoff* §§ 32 a/b Rn. 169; *Scholz/K. Schmidt* §§ 32 a, 32 b Rn. 92; GroßkommAktG/*Henze* § 54 Rn. 57.

rung sein.[100] Unerheblich ist ebenfalls, ob der Kredit auf Dauer oder auf kürzere Zeit, zur Ingangsetzung des Unternehmens oder zu seinem dauernden Betrieb bestimmt ist.

Indizien dafür, dass die gewährte Leistung des Gesellschafters im Rahmen eines Finanzplans der Gesellschaft erfolgt ist, lassen sich vor allem aus der besonderen Bedeutung des Kredits für die unternehmerische Tätigkeit der Gesellschaft entnehmen, wobei bei der Beurteilung dieser Bedeutung entsprechend dem Tatbestand des Finanzplankredits (Rn. 46) maßgeblich die Sicht der Gesellschafter zugrunde zu legen ist.[101] Indizielle Wirkung kommt in diesem Zusammenhang insbesondere der Bindung der Darlehensverpflichtung an die Gesellschafterstellung zu,[102] der beteiligungsproportionalen Verpflichtung,[103] der Verpflichtung zur langfristigen Überlassung,[104] dem Fehlen einer Kündigungsmöglichkeit für den Gesellschafter oder ungewöhnlichen Darlehensbedingungen (insbes. Zinsenregelungen), ggf. auch der Unentbehrlichkeit des Darlehens als Grundlage für die Aufnahme weiterer (Dritt-) Kredite. 47

b) Rechtsgrund der Finanzplanfinanzierung. Der Rechtsgrund für die Leistungen im Rahmen einer Finanzplanfinanzierung ist eine **Abrede** unter den Gesellschafter zugunsten der Gesellschaft oder zwischen den Gesellschaftern und der Gesellschaft. Enthalten sein kann die Abrede in einer Satzungsklausel, insbesondere als Nebenleistungspflicht gemäß § 3 Abs. 2, oder in einer neben der Satzung bestehenden schuldrechtlichen Nebenabrede unter den Gesellschaftern, die auch ad hoc im Rahmen eines Gesellschafterbeschlusses getroffen werden kann.[105] Findet sich der Rechtsgrund für die Finanzplanfinanzierung in der Satzung der Gesellschaft, ist durch Auslegung zu ermitteln, ob es sich um einen materiellen oder nur um einen formellen Satzungsbestandteil (zu dieser Unterscheidung vgl. bei § 2 Rn. 78 ff.) handelt, wobei der Umstand, dass sich die Abrede in der Satzung befindet, zwar ein Indiz für das Vorliegen eines materiellen Satzungsbestandteils darstellt, jedoch nicht zwingend gegen die Annahme einer schuldrechtlichen Abrede spricht.[106] Von Bedeutung ist die Rechtsgrundlage vor allem für die Frage, wie die Verpflichtung zur Gewährung der Leistung aufgehoben werden kann (Rn. 52 ff.). 48

Die Unterscheidung zwischen Finanzplanleistungen einerseits und Kapitalersatz andererseits ist wichtig für die Frage der Anwendung von **§ 32 a Abs. 3 S. 2 und 3** auf den Finanzplankredit. Da die Bindungswirkung bei Finanzplanleistungen auf einer 49

---

[100] BFHE 188, 295 = BStBl. 1999 II S. 559; OLG Karlsruhe EWiR 1996, 553 – *Fleischer, Drygalla* GmbHR 1996, 481; *Fleischer* DStR 1999, 1774, 1779 f.; *Baumbach/Hueck/Fastrich* Rn. 46 a; *Lutter/Hommelhoff* §§ 32 a/b Rn. 169; *Scholz/K. Schmidt* §§ 32 a, 32 b Rn. 92; *v. Gerkan* ZGR 1997, 173, 196 f.

[101] S. auch BGHZ 104, 33, 40 = NJW 1988, 1841; BGHZ 119, 2101, 212 = NJW 1992, 2891 sowie mit Unterschieden iE *Fleischer* DStR 1999, 1774, 1779; *Grunewald*, FS Großfeld, 1999, S. 319, 323; *Habersack* ZHR 161 (1997), 457, 480 ff.; *Michalski/de Vries* NZG 1999, 181, 183 f.; s. auch zum steuerrechtlichen Bezug (verlorene Darlehen eines wesentlich beteiligten Gesellschafters als nachträgliche Anschaffungskosten) *Gschwendtner* DStR 1999, Beiheft zu Heft 32, S. 14 ff.

[102] *Herrmann* in: 50 Jahre Wirtschaftsprüferberuf, 1981, S. 151, 167; GroßkommAktG/*Henze* § 54 Rn. 57.

[103] Vgl. hierzu auch *Priester* DB 1991, 1917, 1921.

[104] BGHZ 121, 31, 41 f. = NJW 1993, 392; GroßkommAktG/*Henze* § 54 Rn. 57.

[105] BGHZ 142, 116, 122 ff. = NJW 1999, 2809; OLG München NZG 1999, 775; *Baumbach/Hueck/Fastrich* Rn. 46 a.

[106] Abw. augenscheinlich *Sieger/Aleth* GmbHR 2000, 462, 471.

§ 32a   2. Abschnitt. Rechtsverhältnisse der Gesellschaft und der Gesellschafter

Abrede und nicht auf Gesetz beruht, können die Einschränkungen des § 32a Abs. 3 S. 2 und 3 auf Finanzplanleistungen keine Anwendung finden.[107] Bei Zugrundelegung der Rechtsprechung des BGH zur Frage der Aufhebung der Finanzplanverpflichtung in der Krise (vgl. Rn. 50) folgt hieraus zugleich, dass eine Krise der Gesellschaft in jedem Falle zu einer Verstrickung der Finanzplanleistungen führt, weil der Gesellschafter eigenkapitalähnliche Leistungen in der Krise stehen lässt (Rn. 143ff.). Dass dem Gesellschafter bei Zugrundelegung der Rechtsprechung des BGH, wonach der Gesellschafter seine Leistung in der Krise nicht mehr abziehen kann,[108] keine Möglichkeit zur Ausübung einer Finanzierungsentscheidung bleibt (hierzu Rn. 145f.), ist insoweit unerheblich, da die Entscheidung über die Qualität der geleisteten Mittel bereits mit der Zuführung der eigenkapitalähnlichen Leistungen im Rahmen des Finanzplans getroffen worden ist.

50   **c) Rechtliche Behandlung der Finanzplanfinanzierung/Verhältnis zum Kapitalersatzrecht.** Welche Folgen die Finanzplanfinanzierung für die Bindung des geleisteten Gegenstandes hat, ist umstritten. Nach der früher hM führt die Vereinbarung der Gesellschafter zur Eigenkapitalersatzfunktion dieses Kredits mit der Folge einer entsprechenden Anwendung der Kapitalersatzregeln.[109] Nach anderer Auffassung unterliegen diese Leistungen zwar keiner dem Kapitalersatzrecht entsprechenden Bindung, aber als gewillkürtes Eigenkapital einer Verstrickung entsprechend §§ 30, 31.[110] Nach der erkennbar insoweit auf eine Klarstellung angelegten Entscheidung des BGH vom 28. 6. 1999 folgt die Bindung der Leistung demgegenüber ausschließlich aus der Vereinbarung der Beteiligten (Gesellschafter untereinander oder mit der Gesellschaft, sei es in der Satzung oder außerhalb hiervon); die Bindung soll aber nur außerhalb der Krise der Gesellschaft und dann allein unter den Voraussetzungen des § 58 möglich sein; nach Kriseneintritt ist die Bindung hiernach nicht mehr aufzuheben.[111] Der Auffassung des BGH ist im Grundsatz zuzustimmen; Bedenken bestehen aber hinsichtlich der Aufhebung der Bindung in der Krise (Rn. 57). Soweit es um das Kapitalersatzrecht geht, führt die Einordnung einer Gesellschafterleistung als Finanzplanleistung mithin zu keinen Besonderheiten. *Außerhalb der Krise* der Gesellschaft finden die Grundsätze des Kapitalersatzrechts keine, auch keine entsprechende Anwendung. Wie die Finanzplanbindung aufgehoben werden kann, richtet sich nach der Art ihrer Vereinbarung (Rn. 52ff.). Eine *in der Krise* gewährte Finanzplanleistung unterliegt dem Kapitalersatzrecht wie jede andere kapitalersetzende Rechtshandlung (hierzu Rn. 190ff.), ohne dass dies eine besondere Folge des Finanzplancharakters der Leistung wäre. Eine außerhalb der Gesellschaftskrise gewährte, aber

---

[107] Zu § 32a Abs. 3 S. 2 *Fleischer* DStR 1999, 1774, 1780; *Baumbach/Hueck/Fastrich* Rn. 46b; *Scholz/K. Schmidt* §§ 32a, 32b Rn. 200; teilweise aA *Lutter/Hommelhoff* Rn. 180 (Freistellung für Sanierungskredite entsprechend § 32a Abs. 3 S. 3).

[108] BGHZ 142, 116, 120f. = NJW 1999, 2809.

[109] Grundlegend *K. Schmidt* ZIP 1981, 689, 691f. im Anschluss an *Wiedemann* § 10 IV 3a; ders., FS Goerdeler, 1987, S. 487, 496; *Baumbach/Hueck* Rn. 46a; *Hachenburg/Ulmer* §§ 32a, b Rn. 48; Voraufl. Rn. 20ff.; *v. Gerkan/Hommelhoff* S. 193ff.; *Hommelhoff/Kleindiek*, FS 100 Jahre GmbHG, 1992, S. 421, 438ff., jew. mwN.

[110] *Habersack* ZHR 161 (1997), 457, 489f.; *Fleischer* Finanzplankredite und Eigenkapitalersatzrecht im Gesellschaftsrecht, 1995, S. 159f.; *Lutter/Hommelhoff* §§ 32a/b Rn. 181.

[111] Grundlegend BGHZ 142, 116 = NJW 1999, 2809 m. Anm. *Altmeppen* = DStR 1999, 1198 m. Anm. *Goette;* = BB 1999, 1672 m. Anm. *Thümmel;* = GmbHR 1999, 911 m. Anm. *Brauer* = NZG 1999, 880 m. Anm. *Heidinger* NZG 1999, 999 = LM BGB § 607 Nr. 170 – *Wilhelm; Dauner*-Lieb JZ 2000, 309; zust. *Scholz/K. Schmidt* §§ 32a, 32b Rn. 91, der dies allerdings zu Unrecht aus dem Klammerzusatz in § 32a Abs. 1 begründet.

bei Eintritt der Krise stehengelassene Finanzplanleistung unterliegt wie jede andere Rechtshandlung den hierzu entwickelten Grundsätzen des Eigenkapitalersatzes (zu stehengelassenen Leistungen s. Rn. 143 ff.). Zu der Frage, inwieweit die *Verpflichtung* eines Gesellschafters zur Erbringung einer noch ausstehenden Finanzplanleistung in der Krise aufgehoben werden kann, vgl. Rn. 57, zur Anwendung von § 30 s. Rn. 60.

d) Aufhebung der Finanzplanfinanzierung und Rückerstattung von erbrachten Leistungen. Im Zusammenhang mit der Aufhebung einer Finanzplanbindung ist zwischen zwei Bereichen zu unterscheiden, der Aufhebung der Verpflichtung des Gesellschafters zur Erbringung einer solchen Leistung und der Rückerstattung einer bereits erbrachten Leistung des Gesellschafters durch die GmbH: 51

aa) Aufhebung der Verpflichtung. Hinsichtlich der Frage, wie die Gesellschafter die *Verpflichtung* zur Gewährung einer Finanzplanleistung rückgängig machen können, ist nach der Grundlage dieser Verpflichtung zu unterscheiden:[112] 52

– Ist die betreffende Verpflichtung in der **Satzung** enthalten, bedarf ihre Aufhebung einer Satzungsänderung gemäß §§ 53 f.[113] Die Zustimmung der Gesellschaft zur Aufhebung ist in diesem Falle nicht erforderlich. Die Aufhebung der Verpflichtung im Wege der Satzungsänderung führt allerdings dann nicht mehr zur Befreiung des Gesellschafters von seiner Leistungspflicht, wenn die Ansprüche der Gesellschaft bereits fällig und von einem Gläubiger gepfändet sowie diesem überwiesen sind. Im Übrigen sind im Zusammenhang mit der Aufhebung der Verpflichtung das Gleichbehandlungsgebot und die gesellschafterliche Treuepflicht zu beachten. So wäre es unzulässig, ohne sachlich rechtfertigenden Grund bzw. ohne die Zustimmung der hierdurch benachteiligten Gesellschafter die Verpflichtung einiger Gesellschafter aufzuheben, die der anderen jedoch zu belassen. Entsprechend verhält es sich, wenn die Verpflichtungen einiger Gesellschafter aufgehoben werden sollen, nachdem andere Gesellschafter bereits ihre Verpflichtungen erfüllt haben. Aufgrund der Nähe dieser Gestaltung zur Leistungsvermehrung im Sinne von § 53 Abs. 3 (es liegt gleichsam ein umgekehrter Fall des § 53 Abs. 3 vor) und des typischerweise gegebenen einheitlichen Rechtsgeschäfts, das der Aufspaltung (Teilbarkeit) in subjektiver Hinsicht entgegensteht, ist es angezeigt, die Wirksamkeit eines solchen Beschlusses von der Zustimmung derjenigen Gesellschafter abhängig zumachen, die ihre Verpflichtungen bereits erfüllt haben. 53

– Ergibt sich die Verpflichtung aus einer **schuldrechtlichen (Neben-)Abrede** unter den Gesellschaftern, bedarf es eines – regelmäßig formlos möglichen[114] – Aufhebungsvertrages, für dessen Abschluss nach allgemeinen Grundsätzen die Zustimmung jedes Beteiligten erforderlich ist.[115] Zustimmen muss also nicht nur die Gesellschaft, sondern auch jeder Gesellschafter, der an der Abrede über die Finanzplanfinanzierung beteiligt gewesen ist. 54

Fraglich ist, ob die Aufhebung einer Finanzplanverpflichtung – unabhängig von ihrer Rechtsgrundlage – in bestimmten Fällen **zusätzlicher Voraussetzungen** bedarf bzw. ob der Möglichkeit, die Verpflichtung aufzuheben, **sonstige Grenzen** gezogen 55

---

[112] BGHZ 142, 116, 123 = NJW 1999, 2809.
[113] BGHZ 142, 116, 123 f. = NJW 1999, 2809; *K. Schmidt* ZIP 1999, 1241, 1250; *ders.* in *Scholz* §§ 32a, 32b Rn. 90, 97; *Baumbach/Hueck/Fastrich* Rn. 46b; abw. *Habersack* ZHR 161 (1997), 457, 482 f.
[114] *Goette* DStR 1999, 1201, 1202.
[115] BGHZ 142, 116, 124 = NJW 1999, 2809.

§ 32a   2. Abschnitt. Rechtsverhältnisse der Gesellschaft und der Gesellschafter

sind. Insoweit ist zwischen der Aufhebung der Verpflichtung außerhalb der Krise, in der Krise und in der Insolvenz zu unterscheiden:

56 – **Vor Eintritt** oder **nach Beendigung einer Krise** der Gesellschaft kann die Finanzplanverpflichtung eines Gesellschafters ohne weiteres aufgehoben werden; die Art und Weise der Aufhebung richtet sich nach der Rechtsgrundlage der Verpflichtung (Rn. 52 ff.).

57 – **In der Krise** der Gesellschaft kann der Gesellschafter nach Auffassung des BGH von der Finanzplanverpflichtung nicht mehr befreit werden; zur Begründung wird auf eine (entsprechende) Anwendung der § 19 Abs. 2 und 3, § 58 abgestellt.[116] Diese Auffassung überzeugt nicht.[117] Zum einen fehlt es bei Finanzplanleistungen an der bei Einlagenverbindlichkeiten vorgesehenen Publizität. Zum anderen würde die Anwendung von § 58 zu einem Wertungswiderspruch führen, weil die §§ 26 bis 28 für die den Finanzplanleistungen funktional entsprechenden Nachschüsse keine Anwendung der Kapitalherabsetzungsregeln vorsehen. Es ist deshalb davon auszugehen, dass der Gesellschafter grundsätzlich auch in der Krise von seiner Finanzplanverpflichtung befreit werden kann. Abweichendes gilt allerdings dann, wenn der Anspruch gegen den Gesellschafter bereits bilanziert ist und der Erlass der Verbindlichkeit zu einer Unterbilanz führt;[118] in diesem Falle ist der Erlass wegen Verstoßes gegen die Kapitalerhaltungsregeln unzulässig (vgl. bei § 30 Rn. 41). Ein Widerruf des Darlehensversprechens gemäß **§ 610 BGB aF** bzw. **§ 490 BGB nF** bzw. ein Anspruch auf Befreiung von der Bürgschaftsverpflichtung gemäß **§ 775 Abs. 1 Nr. 1 BGB** wegen wesentlicher Verschlechterung der Vermögensverhältnisse der Gesellschaft wird, was jedoch im Einzelfall durch Auslegung der Finanzplanverpflichtung zu ermitteln ist, im Regelfall aufgrund des Charakters der Verpflichtung ausgeschlossen sein.[119]

58 – Ist über das Vermögen der Gesellschaft das **Insolvenzverfahren eröffnet** worden, geht die Zuständigkeit für die Verfügung über die Forderungen der Gesellschaft gegen den Gesellschafter gemäß § 80 Abs. 1 InsO auf den Insolvenzverwalter über; die Gesellschafter können in diesem Falle weder durch eine Satzungsänderung noch durch eine Aufhebung der schuldrechtlichen Nebenabrede Verfügungen über die Forderung treffen, sofern die Gesellschaft durch die Abrede eigene Ansprüche erworben hat bzw. an der Abrede beteiligt ist.[120] Mit Blick auf die vertragliche Grundlage des Finanzplankredits kann sich die Aufnahme einer Vertragsregelung dahin empfehlen, dass im Insolvenzverfahren kein Darlehen mehr auszuzahlen ist.[121] Steht der Gesellschaft gegen den Gesellschafter keine eigene Forderung zu, weil die unter den Gesellschaftern getroffene Finanzplanabrede keinen unmittelbaren Forderungserwerb der Gesellschaft vorsieht (also kein echter Vertrag zugunsten Dritter

---

[116] BGHZ 142, 116, 121 = NJW 1999, 2809; zust. *Baumbach/Hueck/Fastrich* Rn. 46b; vorsichtig zust. auch *Dauner-Lieb* in *v. Gerkan/Hommelhoff* Handbuch des Kapitalersatzrechts, 2000, Rn. 915 ff.

[117] Vgl. zum Folgenden auch *K. Schmidt* ZIP 1999, 1241, 1250; ders. in *Scholz* §§ 32a, 32b Rn. 90, 97; *Altmeppen* NJW 1999, 2812f.; eingehend mit weiteren Argumenten *Fleischer* DStR 1999, 1774, 1777 ff.; s. auch *Habersack* ZHR 162 (1998), 452, 455; abl. auch GroßkommAktG/ *Henze* § 54 Rn. 59.

[118] Zutr. *Altmeppen* NJW 1999, 2812f.

[119] S. auch *K. Schmidt* ZIP 1999, 1241, 1250; strenger BGHZ 142, 116, 120f. = NJW 1999, 2809; zum Sanierungskredit s. auch BGH WM 1997, 576.

[120] Ein Forderungsrecht des Insolvenzverwalters unter dem Aspekt der Vertragsauslegung einschränkend *Altmeppen*, FS Siegle, 2000, S. 211, 218 f.

[121] Hierzu *Altmeppen*, FS Siegle, 2000, S. 211, 218 f.

vorliegt), bleibt es entgegen der Auffassung des BGH[122] bei der Verfügungsmöglichkeit der Gesellschafter.[123]

bb) Rückerstattung von bereits erbrachten Leistungen. Auch hinsichtlich der Rückerstattung von bereits erbrachten Finanzplanleistungen eines Gesellschafters ist zwischen der Rückerstattung außerhalb der Krise, in der Krise und in der Insolvenz zu unterscheiden: 59

– **Vor Eintritt** oder **nach Beendigung einer Krise** der Gesellschaft kann die Finanzplanleistung eines Gesellschafters ohne weiteres zurückerstattet werden, sofern die zugrundeliegende Abrede aufgehoben worden ist (hierzu Rn. 52 ff.). Aufgrund der Nähe der Finanzplanleistung zu den Nachschüssen gemäß §§ 26 bis 28 und ihrer funktionalen Entsprechung erscheint es jedoch gerechtfertigt, § 32 Abs. 2 S. 1 entsprechend anzuwenden und die Rückerstattung nur insoweit zuzulassen, als die Leistung nicht zur Deckung eines Verlustes am Stammkapital erforderlich ist; eine entsprechende Anwendung von § 31 Abs. 3 kommt auch nur in diesem Rahmen in Betracht.[124] Eine entsprechende Anwendung von § 30 Abs. 2 S. 1 ist dann angezeigt, wenn die Verpflichtung zur Finanzplanleistung in der Satzung selbst enthalten ist. Eine allgemeine Anwendung der §§ 30, 31 auf den Finanzplankredit scheidet demgegenüber aus.[125] 60

– Ob und inwieweit **in der Krise** der Gesellschaft bereits erbrachte Finanzplanleistungen des Gesellschafters nach Aufhebung der zugrundeliegenden Verpflichtung (hierzu Rn. 52 ff.) an diesen zurückerstattet werden dürfen, richtet sich nach den Grundsätzen des Kapitalersatzrechts (in der Krise gewährte bzw. stehengelassene Gesellschafterleistungen, vgl. hierzu Rn. 143 ff.). 61

– **In der Insolvenz** der Gesellschaft können Finanzplanleistungen nur als nachrangige Forderungen des Gesellschafters geltend gemacht werden. Dies ergibt sich aus dem Eigenkapitalcharakter der gewährten Leistungen.[126] Hiervon abgesehen kann sich die Nachrangigkeit der Forderungen des Gesellschafters aber auch aus § 32 a Abs. 1, 3 ergeben (in der Krise gewährte bzw. stehengelassene Gesellschafterleistung, zu letzterem Rn. 143 ff.). 62

7. Verhältnis zu den Krisendarlehen. Als Krisendarlehen werden Leistungen des Gesellschafters bezeichnet, die von vornherein auf den Fall einer späteren Krise als Krisenfinanzierung angelegt sind.[127] Ihnen *kann* die Qualität einer Finanzplanleistung 63

---

[122] BGHZ 142, 116, 120 f. = NJW 1999, 2809.
[123] S. auch *K. Schmidt* ZIP 1999, 1241, 1250: Umfang der Bindung durch Auslegung zu ermitteln.
[124] AA *Fleischer* Finanzplankredite und Eigenkapitalersatzrecht im Gesellschaftsrecht, 1995, S. 160 f.; *Habersack* ZHR 161 (1997), 457, 489 f.; eine Mithaftung nur der – gegebenenfalls durch billigende Kenntnisnahme – am „Konsens über den Leistungszweck" beteiligten Gesellschafter bejahend *Lutter/Hommelhoff* Rn. 181.
[125] Zutr. *K. Schmidt* ZIP 1999, 1241, 1248 f.; *Altmeppen* NJW 1999, 2812, 2813; aA *Habersack* ZHR 161 (1997), 457, 489 f.
[126] BGHZ 104, 33, 40 = NJW 1988, 1841; für ein Abstellen auf die Wertungsvorgaben des § 32 a *Fleischer* DStR 1999, 1774, 1777.
[127] Vgl. hierzu BGH WM 1986, 1554, 1555; BGHZ 81, 252, 256 = NJW 1981, 2570; BGHZ 104, 33, 38 = NJW 1988, 1841; BGH NJW 1992, 1763, 1764; GmbHR 1997, 498, 499; BGHZ 142, 116, 120 = NJW 1999, 2809; eingehend hierzu *Habersack* ZHR 161 (1997), 457, 465 f.; *Dauner-Lieb* in *v. Gerkan/Hommelhoff* Handbuch des Kapitalersatzrechts, 2000, Rn. 9.18 ff.; zur Frage der Widerrufsmöglichkeit eines solchen Darlehens gemäß § 610 BGB aF bzw. § 490 BGB nF s. Rn. 57.

§ 32a   2. Abschnitt. Rechtsverhältnisse der Gesellschaft und der Gesellschafter

des Gesellschafters zukommen; notwendig ist dies jedoch nicht, da zum einen Finanzplanleistungen nicht krisenbezogen sein müssen (Rn. 48 f.),[128] und zum anderen Krisendarlehen nicht zwangsläufig Bestandteil der Finanzplanung der Gesellschaft sein müssen.

64 Diese sogenannten Krisendarlehen weisen die Besonderheit auf, dass für Ihre Unterstellung unter das Kapitalersatzrecht im Falle des Eintritts der Krise keine Finanzierungsentscheidung (hierzu Rn. 67) erforderlich ist, sondern das Krisendarlehen auch ohne eine solche Entscheidung, also insbesondere auch in dem Fall, dass der Gesellschafter den Kriseneintritt nicht erkennen konnte, dem Kapitalersatzrecht unterliegt. Dies beruht darauf, dass der Gesellschafter die Entscheidung über die einlageähnliche Qualität der geleisteten Mittel bereits mit ihrer Zuführung als Krisendarlehen getroffen hat.[129]

65 **8. Beendigung der Krise.** Eine **Rückzahlung** des Darlehens ist dann **zulässig,** wenn die Gesellschaft nicht mehr zahlungsunfähig bzw. überschuldet oder kreditunwürdig ist.[130] Insoweit gelten die Grundsätze zur Gesellschaftskrise spiegelbildlich. Ebenso wenig, wie der Eintritt der Krise allein vom Vorliegen einer Unterbilanz abhängt, kann das Vorbringen einer Unterbilanz einer solchen Rückzahlung entgegenstehen. Wenn die Gesellschaft zum Zeitpunkt der Rückzahlung auch von dritter Seite ein Darlehen aus eigener Kraft erhalten könnte, besteht für ein Sperren des Rückzahlungsanspruchs kein Anlass mehr. Das Darlehen darf dann zurückgezahlt werden. Auf ein nach Ende der Krise der Gesellschaft belassenes Darlehen finden bei erneutem Kriseneintritt die Grundsätze über die stehengelassenen Darlehen (Rn. 143 ff.) Anwendung. Dem Gesellschafter ist der Einwand, das Darlehen sei in der Zwischenzeit frei geworden, nicht verwehrt,[131] das Belassen des Darlehens kann im Einzelfall jedoch ein Hinweis darauf sein, dass ihm eine auf Eigenkapitalersatz gerichtete Widmung zugrunde liegt.

66 Fraglich ist, ob Besonderheiten dann gelten, wenn die **Rückzahlung eines nachweislich eigenkapitalersetzenden Gesellschafterdarlehens binnen einer Frist von einem Jahr vor der Eröffnung des Insolvenzverfahrens oder vor Anfechtung** an den Gesellschafter erfolgt ist. Nach der auf die Gesetzesmaterialen gestützten Rechtsprechung des BGH besteht in diesem Falle im Hinblick auf die Fristenregelung in den §§ 32b, 135 InsO, 6 AnfG eine *unwiderlegliche Vermutung* dafür, dass das Darlehen diese Funktion auch noch im Zeitpunkt der Rückzahlung hatte.[132] Diese Auffassung überzeugt nicht. In den Materialien ist die Rede davon, dass dann, wenn die Befriedigung *früher* als ein Jahr vor der Eröffnung des Konkursverfahrens erfolgt, davon ausgegangen werden könne, dass dies *nicht mehr* im Hinblick auf ein drohendes Konkursverfahren geschehen sei;[133] für eine unwiderlegliche Vermutung in dem dargestellten Sinne, die sich nur aus einem Umkehrschluss aus diesen Äußerungen herleiten ließe, gibt die Formulierung nichts her. Es wäre auch sachlich nicht gerechtfertigt,

---

[128] *Dauner-Lieb* in *v. Gerkan/Hommelhoff* Handbuch des Kapitalersatzrechts, 2000, Rn. 9.19.
[129] Vgl. hierzu auch *Dauner-Lieb* in *v. Gerkan/Hommelhoff* Handbuch des Kapitalersatzrechts, 2000, Rn. 9.20: „gleichsam vorgezogene Finanzierungsentscheidung".
[130] *Scholz/K. Schmidt* §§ 32a, 32b Rn. 54; nicht ganz eindeutig, aber wohl abw. BGHZ 81, 365, 367 = NJW 1982, 386.
[131] AA *Scholz/K. Schmidt* §§ 32a, 32b Rn. 54: keine neue Stundungsentscheidung erforderlich.
[132] BGHZ 90, 370, 381 = NJW 1984, 1891; s. auch OLG Karlsruhe ZIP 1989, 588, 591; zust. *Lutter/Hommelhoff* §§ 32a/b Rn. 93; Voraufl. Rn. 24.
[133] BR-Drucks. 404/77 S. 41; der Hinweis des BGH auf BT-Drucks. 8/3908 S. 41 ist, worauf bereits *Scholz/K. Schmidt* §§ 32a, 32b Rn. 54 Fn. 261 hingewiesen hat, ein Fehlzitat.

eine im Zeitpunkt ihrer Rückerstattung tatsächlich nicht mehr kapitalsetzende Gesellschafterleistung nachträglich gleichwohl dem Eigenkapitalersatzrecht zu unterwerfen.[134]

9. Subjektive Voraussetzungen. Der Wortlaut des § 32 a „Hat ein Gesellschafter **67** der Gesellschaft in einem Zeitpunkt, in dem ihr die Gesellschafter als ordentliche Kaufleute Eigenkapital zugeführt hätten, *stattdessen* ein Darlehen gewährt" deutet auf eine subjektive Komponente hin. Besondere subjektive Voraussetzungen etwa in dem Sinne, dass der Gesellschafter in der Absicht gehandelt haben muss, Gläubiger zu schädigen oder das Aufbringen eines höheren Stammkapitals zu umgehen, sind jedoch nicht erforderlich. Für derartige Voraussetzungen besteht im Hinblick auf den Rechtsgrund der Umqualifizierung des Darlehens (Rn. 17) kein Bedürfnis. Erforderlich ist aber, dass dem Gesellschafter die wirtschaftlichen Umständen, die die Umqualifizierung begründen (Krise), zumindest erkennbar gewesen sein müssen und ihm im Hinblick auf seine Informierungspflicht diese Umstände auch bekannt sein mussten.[135] Von der Erkennbarkeit der wirtschaftlichen Situation der Gesellschaft ist im Regelfall auszugehen; der Nachweis der unverschuldeten Unkenntnis ist deshalb vom Gesellschafter zu führen.[136] Ein Grund, die Anforderungen an die Darlehensgewährung insoweit anders zu bestimmen als die an das Stehenlassen eines Darlehens (Rn. 145 ff.), besteht nicht.

10. Einzelfragen. a) Spaltung des Darlehens. Teilweise wird die Auffassung **68** vertreten, ein Gesellschafterdarlehen sei in einen eigenkapitalersetzenden und einen nicht eigenkapitalersetzenden Teil aufzuspalten,[137] so dass zB im Insolvenzverfahren bei einem Darlehen in Höhe von € 100 000 ein Teilbetrag von € 40 000 geltend gemacht werden könnten, falls im Zeitpunkt der Hingabe die Gesellschaft nur € 60 000 zur Behebung der Krise benötigte. Dies begegnet bei einem einheitlichen Darlehen schon praktischen Schwierigkeiten.[138] Darüber hinaus unterfällt spätestens im Insolvenzverfahren der restliche Teil, welcher bislang nicht eigenkapitalersetzend war, den Grundsätzen des stehengelassenen Darlehens, so dass im Ergebnis die Unterscheidung nicht greift und deshalb abzulehnen ist. Lediglich in der Konstellation, in der ein Teil des Darlehens wirksam vor der Krise zurückbezahlt wurde, kann eine Spaltung vorgenommen werden.

---

[134] *Lutter/Hommelhoff* §§ 32 a/b Rn. 93; abw. *Roth/Altmeppen* Rn. 23 f.; *Hachenburg/Ulmer* § 32 a, b Rn. 57; *Scholz/K. Schmidt* §§ 32 a, 32 b Rn. 54; *ders.* GesR § 37 IV 4 c: widerlegbare Vermutung, ein Gegenbeweis werde allerdings wegen der Kürze der Frist kaum in Betracht kommen.

[135] So im Anschluss an BGH NJW 1992, 1736; BGHZ 127, 336, 342 ff. = NJW 1995, 326 bereits Vorauf. Rn. 25; eingehend *Habersack* ZHR 162 (1998), 201, 207 f. entgegen der dort in Fn. 22 nachgewiesenen hM; s. hierzu auch das im Diskussionsbericht von *Schäfer* hierzu in ZHR 162 (1998) 232 wiedergegebene Meinungsbild und *Hirte* ZInsO 1998, 147, 153; ebenso jetzt auch *Baumbach/Hueck/Fastrich* Rn. 49; *Lutter/Hommelhoff* §§ 32 a/b Rn. 5; BankR HdB/*Stodolkowitz* § 84 Rn. 43; zu subjektiven Voraussetzungen beim Stehenlassen eines Kredits s. Rn. 145; abw. – subjektive Umstände nur Indiz für das Vorliegen einer Finanzierungsabrede – *Hachenburg/Ulmer* §§ 32 a, b Rn. 56.

[136] Vgl. BGHZ 127, 336, 347 = NJW 1995, 457 zur stehengelassenen Gesellschafterleistung: keine Umqualifizierung des Darlehens bei nicht verschuldeter Unkenntnis einer Bilanzmanipulation durch den Geschäftsführer; BGH NJW 1998, 3200, 3201; für den Beweis des ersten Anscheins demgegenüber BankR HdB/*Stodolkowitz* § 84 Rn. 45.

[137] *Roth/Altmeppen* Rn. 15; *Gersch/Herget/Marsch/Stützle* Rn. 249; aA *Hachenburg/Ulmer* Rn. 51; *Lutter/Hommelhoff* §§ 32 a/b Rn. 92; *Scholz/K. Schmidt* §§ 32 a, 32 b Rn. 53; jetzt auch *Baumbach/Hueck/Fastrich* Rn. 48.

[138] *Hachenburg/Ulmer* §§ 32 a, b Rn. 51.

§ 32a   2. Abschnitt. Rechtsverhältnisse der Gesellschaft und der Gesellschafter

69   **b) Rückzahlung des Darlehens außerhalb der Krise.** Ist die Krise der Gesellschaft behoben, entfällt die Verstrickung des Gesellschafterdarlehens, so dass es zur Rückzahlung frei ist. Es wird allerdings von der Rechtsprechung gefordert, dass zwischen der Behebung der Krise und der Rückzahlung ein gewisser Zeitraum liegen müsse, der es rechtfertige, die Krise der Gesellschaft als wirklich nachhaltig beseitigt anzusehen.[139] Diese Forderung ist nicht in dem Sinne zu verstehen, dass einer Rückzahlung tatsächlich ein bestimmter Zeitraum vorangehen müsste, sondern lediglich in dem Sinne, dass die Krise tatsächlich beseitigt sein muss.

III. Der erfasste Personenkreis

70   **1. Gesellschafter.** Gesellschafter sind die Inhaber der Geschäftsanteile. Auch Gesellschafter, die den Geschäftsanteil – eigennützig oder uneigennützig – als **Treuhänder** halten,[140] und **Strohmänner** sind selbst Gesellschafter. Der hinter ihnen stehende Dritte kann dabei von § 32a Abs. 3 S. 1 erfasst werden (hierzu Rn. 71 ff.). **Seit** der Einführung der sog. Kleinbeteiligtenschwelle und des sog. Sanierungsprivilegs im Jahre **1998 findet das Eigenkapitalersatzrecht** allerdings **nicht mehr auf jeden Gesellschafter Anwendung;** der Anwendungsbereich des § 32a Abs. 1 wird durch § 32a Abs. 3 S. 2 und 3[141] eingeschränkt; hierzu Rn. 83 ff., 109 ff. Der Gesellschafter kann die Anwendung des Kapitalersatzrechts auch nicht durch die **Zwischenschaltung eines von ihm freizustellenden Dritten** als Darlehensgeber umgehen.[142] Wird eine kapitalersetzende Leistung mit Blick auf einen geplanten Beitritt von einem „**Noch-nicht-Gesellschafter**" erbracht, finden die Grundsätze des Kapitalersatzrechts gleichermaßen Anwendung (s. aber noch zum Sanierungsprivileg Rn. 134).

71   **2. Gemäß § 32a Abs. 3 S. 1 gleichgestellte Personenkreise.** Über den Kreis der Gesellschafter hinaus finden die Bestimmungen über eigenkapitalersetzende Gesellschafterdarlehen gemäß § 32a Abs. 3 S. 1 auch auf Darlehen Dritter Anwendung, wenn diese Dritten Gesellschaftern gleichgestellt werden können; die missverständliche Regelung des § 32a Abs. 3 S. 1 darf nicht etwa dahin gedeutet werden, dass nur „andere Rechtshandlungen" eines Dritten, nicht aber die Darlehensgewährung selbst, vom Kapitalersatzrecht erfasst würden. Für die Gleichstellung mit einem Gesellschafter ist maßgeblich darauf abzustellen, ob der betreffende Dritte sich wegen seiner besonderen wirtschaftlichen Nähe zum Gesellschafter *gesellschaftsrechtlich* vermittelte Vorteile von dem Fortbestehen der Gesellschaft verspricht;[143] möglich ist jedoch auch eine Gleichstellung aufgrund von solchen Umständen, die in der besonderen persönlichen Nähe des Darlehensgebers zu dem Gesellschafter begründet sind. IE bedeutet dies, dass entsprechend dem Grundgedanken des Kapitalersatzrechts, nicht überlebensfähige Gesellschaften unter ordnungspolitischen Aspekten nicht künstlich überleben zu lassen

---

[139] BGHZ 90, 370, 380f. = NJW 1984, 1891; *Baumbach/Hueck/Fastrich* Rn. 51; *Rümker/H. P. Westermann* S. 55.

[140] BGHZ 105, 168, 174f. = NJW 1988, 3143; *Hachenburg/Ulmer* §§ 32a, b Rn. 34; *Rümker/H. P. Westermann* S. 33.

[141] Zu systematischen Bedenken hinsichtlich dieser Einordnung s. *Pentz* BB 1997, 1265, 1267 (zu S. 2); *ders.* GmbHR 1999, 437, 440; *Dörrie* ZIP 1999, 12, 15; *Casper/Ullrich* GmbHR 2000, 472, 480; vgl. auch *Kallmeyer* GmbHR 1996, R 177.

[142] BGH NJW 2000, 3278 = DStR 2000, 1524 m. Anm. *Goette* = NZG 1999, 1029 m. Anm. *Heidinger*.

[143] *Hachenburg/Ulmer* § 32a, b Rn. 118; ausführlich, in den Einzelheiten jedoch teilw. abweichend auch *Meier-Reimer*, FS Rowedder, 1994, S. 245, 270; s. auch *Altmeppen* ZIP 1993, 1677, 1682.

(Rn. 17), zunächst **in einem ersten Schritt** bei der Frage der Gleichstellung des Dritten mit einem Gesellschafter **darauf abzustellen ist, ob der Dritte causa societatis geleistet hat;**[144] **in einem zweiten Schritt** ist eine etwaige **Freistellung des Dritten** vom Kapitalersatzrechts **zu überprüfen.**

Hinsichtlich der Ermittlung, ob ein Darlehen als solches **causa societatis** erfolgt ist oder als „Drittdarlehen" (entsprechendes gilt für sonstige Leistungen) gibt es **zwei,** nebeneinander bestehende und sich ergänzende **Ansatzpunkte:** Zum einen kann darauf abgestellt werden, ob der betreffende Dritte eine Rechtsstellung innehat, die (insbesondere hinsichtlich der Einfluss- bzw. Gewinnrechte) derjenigen eines Gesellschafters im wesentlichen entspricht. Nach dieser Methode geht der BGH etwa dann vor, wenn es um die Gleichstellung eines Nießbrauchers oder Pfandgläubigers bzw. die Gleichstellung eines den unmittelbaren Gesellschafter beherrschenden Gesellschafters geht; auch die Treuhandfälle lassen sich in weiterem Sinne hierunter subsumieren. Zum anderen kann aber auch darauf abgestellt werden, ob der betreffende Dritte in einem solchen Näheverhältnis zu dem Gesellschafter steht, dass seine Leistung an die Gesellschaft nicht derjenigen eines „echten" Dritten entspricht, sondern – entsprechend dem Grundfall gemäß § 32a Abs. 1 – nur durch das Näheverhältnis zum Gesellschafter und damit zugleich zur Gesellschaft erklärt werden kann. Darauf, ob die Leistung mittelbar zu Lasten des Vermögens des Gesellschafters geht,[145] ist nicht ausschlaggebend abzustellen. 72

Steht fest, dass der betreffende Dritte einem Gesellschafter nach diesen Maßstäbe gleichgesetzt werden kann, ist seit 1998 in einem zweiten Schritt zu prüfen, ob sich die **Kleinbeteiligtenschwelle** bzw. das **Sanierungsprivileg** (§ 32a Abs. 3 S. 2 und 3) auch zugunsten des Dritten auswirkt. Wegen der Einzelheiten vgl. hierzu Rn. 92ff., 117f. 73

a) Treuhand- und Strohmannverhältnisse, Nießbrauch und Pfandgläubiger. Hält der Gesellschafter den Geschäftsanteil für einen **Treugeber** oder handelt es sich bei dem Gesellschafter nur um einen Strohmann des Hintermannes, sind dessen Darlehen wie Darlehen eines Gesellschafters anzusehen, und zwar unabhängig davon, ob es sich um eigen- oder fremdnützige Treuhand handelt.[146] **Nießbraucher** sind Gesellschaftern jedenfalls dann gleichzustellen, wenn sich ihre Rechte auf den gesamten Geschäftsanteil bzw. auf seinen gesamten Ertrag erstrecken.[147] **Pfandgläubiger** unterfallen dem Anwendungsbereich des § 32a nur dann, wenn ihnen zusätzliche Befugnisse eingeräumt sind, die es ihnen ermöglichen, die Geschicke der Gesellschaft (mit)zubestimmen.[148] 74

b) Unterbeteiligung, stille Gesellschaft, Financial Convenants, mittelbare Gesellschafter. Die für den Pfandgläubiger geltenden Grundsätze finden entsprechen- 75

---

[144] Vgl. zu dieser Abgrenzung gegenüber einem „Drittdarlehen" bereits auch *Karollus* ZIP 1996, 1893, 1894.

[145] So aber wohl die Rechtsprechung des BGH, vgl. bei Rn. 78.

[146] S. nur BGHZ 31, 258, 266f. = NJW 1960, 285; BGHZ 75, 334, 336 = NJW 1980, 592; BGH NJW 1989, 1219: auch zur Beweislast hinsichtlich der Beendigung des Treuhandverhältnisses; *Hachenburg/Ulmer* § 32a, b Rn. 123; *Scholz/K. Schmidt* §§ 32a, 32b Rn. 123; *Roth/Thöni*, FS 100 Jahre GmbHG, 1992, S. 245, 270ff.; zum Darlehen eines Hintermannes bei Strohmannverhältnissen OLG Celle ZIP 85, 100, 104 = EWiR 1985, 103 – *Westermann*.

[147] *Baumbach/Hueck/Fastrich* Rn. 21; *Hachenburg/Ulmer* §§ 32a, b Rn. 126; *Johlke* in *v. Gerkan/Hommelhoff* Handbuch des Kapitalersatzrechts, 2000, Rn. 5.33.

[148] BGHZ 119, 191 = NJW 1992, 3035; *Hachenburg/Ulmer* §§ 32a, b Rn. 126; *Scholz/K. Schmidt* §§ 32a, 32b Rn. 123; *Henze* S. 212; *Dreher* ZGR 1994, 144ff.; abw. *Altmeppen* ZIP 1993, 1677; *Maier-Reimer*, FS Rowedder, 1994, S. 245, 270 Fn. 73.

§ 32 a   2. Abschnitt. Rechtsverhältnisse der Gesellschaft und der Gesellschafter

de Anwendung auf **Unterbeteiligte** mit Kontroll- und Mitwirkungsrechten[149] und **atypische stille Gesellschafter,** die am Vermögen und Ertrag der Gesellschaft beteiligt sind und ähnlich wie ein Gesellschafter die Geschicke der Gesellschaft bestimmen können.[150] Auch diese Personengruppen unterliegen im Hinblick auf ihre besondere Stellung dem Anwendungsbereich des § 32 a; s. aber auch noch bei Rn. 99.

76   Entsprechendes gilt für sonstige Kreditgeber, denen das Recht eingeräumt worden ist, auf die Geschäftsführung und unternehmerische Entscheidungen bei der Gesellschaft Einfluss zu nehmen **(financial convenants).**[151]

77   Bei **mittelbaren Gesellschaftern** ist grundsätzlich (s. aber noch zu §§ 129 a, 172 a HGB Rn. 229 ff.) darauf abzustellen, ob sie den unmittelbaren Gesellschafter beherrschen, also bei ihm unmittelbar oder mittelbar die **Anteils- bzw. Stimmenmehrheit** halten; diese Frage spielt hauptsächlich bei dem Recht der verbundenen Unternehmen eine Rolle, weshalb insoweit auf Rn. 81 f. und die dortigen Nachweise verwiesen wird. Sofern der mittelbare Gesellschafter einen **Freistellungsanspruch gegen den unmittelbaren Gesellschafter** besitzt, wenn also beispielsweise bei einer KG als Gesellschafter der GmbH deren Komplementär in dieser Eigenschaft eine kapitalersetzende Leistung übernommen und deshalb gegen die KG einen Freistellungsanspruch gemäß §§ 161 Abs. 2, 110 HGB hat, kann seine Leistung der Leistung eines Gesellschafters gleichgeachtet werden.[152]

78   c) **Familienangehörige, nahe Verwandte.** Familienangehörige können als Darlehensgeber nicht bereits wegen ihrer verwandtschaftlichen Nähe zu einem Gesellschafter mit diesem gleichgesetzt werden.[153] Auch der BGH hat betont, dass seine Rechtsprechung zur Ausdehnung des Auszahlungsverbots nach § 30 (s. § 30 Rn. 25) für die Frage der Erstreckung des § 32 a auf nahe Verwandte nicht ohne weiteres herangezogen werden könne, und die Auffassung vertreten, das Darlehen eines nahen Angehörigen werde nur dann von § 32 a Abs. 3 erfasst, wenn entweder die Darlehensmittel vom Gesellschafter selbst stammten oder dieser den Geschäftsanteil treuhänderisch für den Kreditgeber halte.[154] Das verwandtschaftliche Näheverhältnis kann jedoch in Verbindung mit weiteren Indizien einen Anscheinsbeweis dahin rechtfertigen, dass das Darlehen causa societatis gewährt wurde. Dies ist etwa dann anzunehmen, wenn der Gesellschafter als gesetzlicher Vertreter seines als Darlehensgeber fungieren-

---

[149] *Hachenburg/Ulmer* §§ 32 a, b Rn. 126.

[150] BGHZ 106, 7, 9 = NJW 1989, 982; OLG Hamm NJW-RR 2001, 247 = NZG 2001, 125; *Hachenburg/Ulmer* §§ 32 a, b Rn. 126, 124; *Scholz/K. Schmidt* §§ 32 a, 32 b Rn. 139; *Reusch* BB 1989, 2358 ff.; *v. Gerkan* GmbHR 1986, 218, 223; *Herrmann* Quasi-Eigenkapital im Unternehmens- und Gesellschaftsrecht, 1996, S. 156; *Johlke* in *v. Gerkan/Hommelhoff* Handbuch des Kapitalersatzrechts, 2000, Rn. 5.18 ff., 2.25 f.

[151] Eingehend hierzu *Fleischer* ZIP 1998, 313, 319 ff.

[152] BGH DStR 1999, 510 m. Anm. *Goette.*

[153] HM, BGHZ 81, 365, 368 ff. = GmbHR 1982, 181; BGH WM 1986, 237, 239; NJW-RR 1991, 744; NJW 1995, 326 = ZIP 1994, 1934 m. Anm. *Altmeppen;* BGH NJW 1999, 2123, 2125 = DStR 1999, 810 m. Anm. *Goette;* OLG Zweibrücken NZG 2000, 49; *Roth/Altmeppen* Rn. 58; *Lutter/Hommelhoff* §§ 32 a/b Rn. 62; *Hachenburg/Ulmer* §§ 32 a, b Rn. 120; *Scholz/K. Schmidt* §§ 32 a, 32 b Rn. 134; aA *v. Gerkan* GmbHR 1986, 218, 223; für Vermutung mit Ausnahmebestimmung noch § 32 a Abs. 6 RegE 1977.

[154] BGH NJW-RR 1991, 744; vgl. auch *Goette* § 4 Rn. 124 f.; *Scholz/K. Schmidt* §§ 32 a, 32 b Rn. 134; zur früheren, auf den Rechtsgedanken der §§ 89 Abs. 3, 115 Abs. 2 AktG, § 31 Nr. 2, 32 Nr. 2 KO, §§ 3 Nr. 2, 4, AnfG aF abstellenden Auffassung des BGH s. BGHZ 81, 311, 315 f. = NJW 1982, 383; BGHZ 81, 365, 368 f. = NJW 1982, 386.

den minderjährigen Kindes auftritt[155] oder der Ehegatte eines Gesellschafters der Gesellschaft in der Krise ein Darlehen gewährt, ohne dass hierfür, insbesondere unter Berücksichtigung der sonstigen finanziellen Verhältnisse des Ehegatten, ein Grund ersichtlich wäre, den auch ein gesellschaftsfremder Dritter zum Anlass für die Gewährung eines solchen Darlehens genommen hätte (vgl. zu diesem Ansatz Rn. 72). Auf sonstige nahe Verwandte (auch volljährige Kinder) lassen sich diese Grundsätze nicht anwenden.[156]

Zu unterscheiden ist diese Gleichstellung von den Fällen, in denen der Gesellschafter **79** nahen Angehörigen oder sonstigen Dritten eigene Mittel mit der Auflage überlässt, diese der Gesellschaft als Darlehen zu gewähren. In derartigen Gestaltungen rechtfertigt sich die Gleichstellung des der Gesellschaft von einem Dritten gewährten Darlehens mit einem Gesellschafterdarlehen unter dem Gesichtspunkt des Umgehungsgeschäfts und der mittelbaren Stellvertretung.[157]

d) Betriebsaufspaltung. Im Falle der Betriebsaufspaltung sind die Gesellschafter **80** des Besitz- und des Betriebsunternehmens personenidentisch. Sowohl die Gesellschafter der als Betriebsunternehmen fungierenden GmbH als auch das in der Rechtsform der Personengesellschaft betriebene Besitzunternehmen als den Gesellschaftern der GmbH nahestehende Person werden deshalb in den Anwendungsbereich der Kapitalerhaltungsregeln einbezogen.[158]

e) Verbundene Unternehmen. Für verbundene Unternehmen im Sinne der **81** §§ 15 ff. AktG[159] vertritt die wohl noch überwiegende Meinung die Auffassung, Darlehen solcher Unternehmen seien wegen der hier gegebenen wirtschaftlichen Einheit der Unternehmen in jedem Falle Darlehen eines Gesellschafters gleichzustellen.[160] § 32a Abs. 5 RegE 1977 hatte diese Fälle als Umgehungsfälle angesehen[161] und Darlehen verbundener Unternehmen den Gesellschafterdarlehen ebenfalls gleichgestellt. Nach neuerer Auffassung lassen sich aus dem Vorliegen einer Unternehmensverbindung dagegen nur Vermutungen für das Vorliegen einer die Gleichstellung rechtfertigenden wirtschaftlichen Einheit ableiten, wobei in diesem Rahmen teilweise weiter differenziert wird: Im Vertragskonzern und im sog. qualifizierten faktischen Konzern sei von einer unwiderleglichen Vermutung der wirtschaftlichen Einheit auszugehen, in

---

[155] BGHZ 81, 365 = NJW 1982, 386; *Hachenburg/Ulmer* §§ 32a, b Rn. 120.
[156] Vgl. hierzu auch *Weber* GmbHR 1992, 354 ff.
[157] *Hachenburg/Ulmer* §§ 32a, b Rn. 119.
[158] BGHZ 121, 31, 33 = NJW 1993, 392; BGHZ 127, 1, 5 = NJW 1994, 2349, 2350; *Hachenburg/Ulmer* §§ 32a, b Rn. 122; *Scholz/K. Schmidt* §§ 32a, 32b Rn. 137; vgl. hierzu auch *Bentler* Das Gesellschaftsrecht der Betriebsaufspaltung, 1986, S. 95; *Drygala* Der Gläubigerschutz bei der typischen Betriebsaufspaltung, 1991, S. 41; *Herrmann* Quasi-Eigenkapital im Unternehmens- und Gesellschaftsrecht, 1996, S. 162.
[159] Zu öffentlich-rechtlichen Vorschriften als Zurechnungsgrundlage s. BGHZ 105, 168, 176 f. = NJW 1988, 3143.
[160] BGHZ 81, 311, 315 = NJW 1982, 383; BGHZ 81, 365, 368 = NJW 1982, 386; BGH NJW 1984, 1036; ZIP 1986, 456, 458; NJW 1987, 1080, 1081; ZIP 1990, 1467, 1468 f.; 1990, 1593, 1595; NJW-RR 1991, 744; NJW 1999, 2822 = NZG 1999, 939 m. Anm. *Schlitt*; BGH ZIP 2001, 115 = DStR 2001, 225 m. Anm. *Goette* (der dortigen Fall betraf allerdings keine verbundenen Unternehmen im Sinne von §§ 15 ff. AktG); s. auch BGH NJW-RR 2001, 1177; der Formulierung nach vorsichtiger BGHZ 105, 168, 176 f. = NJW 1988, 3143; eingehend OLG Düsseldorf GmbHR 1997, 353, 355; *Baumbach/Hueck/Fastrich* Rn. 24; *Hachenburg/Ulmer* §§ 32a, b Rn. 121; *Kamprad* S. 43; *Deutler* GmbHR 1980, 145, 149; ebenso noch *K. Schmidt* ZIP 1981, 689, 694.
[161] BR-Drucks. 404/77 S. 40.

§ 32a 2. Abschnitt. Rechtsverhältnisse der Gesellschaft und der Gesellschafter

den übrigen Fällen (einfacher Konzern, Abhängigkeit, Mehrheitsbeteiligung) könne die Vermutung widerlegt werden.[162]

82 Im Rahmen einer **Stellungnahme** hierzu ist zunächst zu bemerken, dass das Abstellen auf den Begriff der wirtschaftlichen Einheit[163] insoweit nicht weiterführt, als dieser Begriff juristisch nicht ausgefüllt ist.[164] Auch der nicht Gesetz gewordene § 32a Abs. 5 RegE 1977 gibt für die Gleichstellung keine zwingenden Vorgaben, da ihm ausweislich der Materialien[165] eine Vermutung zugrunde liegt, deren Rechtfertigung einer Einzelfallprüfung zugänglich ist. Abzustellen ist deshalb auf die dem Recht der eigenkapitalersetzenden Gesellschafterdarlehen zugrunde liegenden Erwägungen. In diesem Rahmen ist eine unterschiedslose Gleichstellung der dem Unternehmensverband angehörenden Unternehmen mit einem Gesellschafter der GmbH *nicht* anzuerkennen. Der Kreis der von einer Unternehmensverbindung im Sinne der §§ 15 ff. AktG erfassten Unternehmen ist derart weit, dass eine unterschiedslose Gleichstellung der an der Unternehmensverbindung beteiligten Glieder schon im Ausgangspunkt nicht gerechtfertigt ist. Auch macht es einen Unterschied, ob das Darlehen von einem über- oder einem untergeordneten Unternehmen bzw. einem Schwesterunternehmen gewährt wird. Hinsichtlich der Darlehensgewährung durch ein übergeordnetes Unternehmen ist darauf abzustellen, dass bei diesem typischerweise das bei einem Gesellschafter gegebene, über die normalen Interessen eines Kreditgebers hinausgehende gesellschaftsrechtlich vermittelte Interesse vorliegt und damit eine Gleichstellung mit einem Gesellschafter regelmäßig gerechtfertigt erscheint. Soweit es um ein von einem Schwester- oder einem der Gesellschaft untergeordneten Unternehmen gewährtes Darlehen geht, kommt auch eine Gleichstellung unter dem Aspekt der mittelbaren Stellvertretung in Betracht,[166] wobei insoweit allerdings zu beachten ist, dass die auf die Gesellschaft anwendbaren Bestimmungen über eigenkapitalersetzende Gesellschafterdarlehen mit Eigenkapitalerhaltungsbestimmungen (§ 30) bei dem Schwester- bzw. Tochterunternehmen kollidieren können; inwieweit hier der Ersatzanspruch nach § 31 Abs. 3, 6 einen Vorrang der Bestimmungen über den Eigenkapitalersatz rechtfertigen könnte, bedarf noch der Klärung. Jedenfalls erscheint eine undifferenzierte Gleichstellung aller durch ein verbundenes Unternehmen gewährten Darlehen mit Gesellschafterdarlehen schon im Hinblick auf die Vielzahl der möglichen Gestaltungen unangemessen, was dafür spricht, wegen der für Außenstehende nicht zu durchschauenden Verhältnisse entgegen der Rechtsprechung zwar von einer **Vermutung** des Eigenkapitalersatzes auszugehen, diese Vermutung jedoch in jedem Falle als **widerlegbar** anzusehen.

83 **3. Einschränkung des Anwendungsbereichs durch die Kleinbeteiligtenschwelle in § 32a Abs. 3 S. 2. a) Allgemeines.** Während die Rechtsprechung[167] nicht auf ein unternehmerisches Eigeninteresse abgestellt hat und in den Anwendungs-

---

[162] *Lutter/Hommelhoff* §§ 32a/b Rn. 63 ff.; für Widerlegungsmöglichkeit in jedem Falle dagegen *Scholz/K. Schmidt* §§ 32a, 32b Rn. 135 ff.; s. auch mit Unterschieden iE OLG Hamburg ZIP 1989, 373; *Altmeppen,* FS Kropff, 1997, S. 641, 658 ff.; *Hommelhoff* WM 1984, 1105 ff.; *Lutter* ZIP 1989, 477, 480; *Priester* ZBB 1989, 35 f.; *Dreher* ZIP 1990, 79, 80 ff.; *Timm/Geuting* ZIP 1992, 525, 528; *Roth/Altmeppen* Rn. 64; *Scholz/K. Schmidt* §§ 32a, 32b Rn. 135 f.; *Johlke* in *v. Gerkan/Hommelhoff* Handbuch des Kapitalersatzrechts, 2000, Rn. 5.38 ff.
[163] Vgl. hierzu OLG Dresden NJW-RR 1999, 259; OLG Dresden NZG 199, 594; LG Leipzig NJW-RR 1998, 760, 761.
[164] Zutr. *Hüffer* ZHR 153 (1989), 321, 331.
[165] BR-Drucks. 404/77 S. 40.
[166] S. auch *Hachenburg/Ulmer* §§ 32a, b Rn. 121.
[167] Vgl. hierzu BGHZ 105, 168 = NJW 1988, 3143.

bereich des Eigenkapitalersatzrechts jeden Gesellschafter, unabhängig von seiner Beteiligungshöhe, mit einbezogen hat, findet das Eigenkapitalersatzrecht seit der Einfügung des § 32a Abs. 3 S. 2 **nur noch auf solche Gesellschafter** Anwendung, **die entweder Geschäftsführer** der Gesellschaft **oder an ihr mit mehr als zehn Prozent beteiligt** sind. In den Gesetzesmaterialien wurde die Einfügung des § 32a Abs. 3 S. 2 unter Berufung auf die Kommentierung von *Lutter/Hommelhoff*[168] als „Klarstellung" bezeichnet.[169] Dieser Auffassung lagen zwei Missverständnisse zugrunde:[170] Zum einen sollten nach *Lutter/Hommelhoff* nur solche Gesellschafter freigestellt werden, deren Beteiligung *unter* zehn Prozent lag, also gerade nicht die jetzt ebenfalls freigestellten Gesellschafter mit einer Beteiligung von zehn Prozent. Zum anderen wurde übersehen, dass es nach ganz herrschender, zutreffender Meinung, und insbesondere auch nach der Rechtsprechung, kein Kleinbeteiligtenprivileg im Eigenkapitalersatzrecht gab. Die Einführung der Kleinbeteiligtenschwelle stellte mithin entgegen den Gesetzesmaterialien eine Rechtsänderung, und keine „Klarstellung" dar, und führt zudem zu erheblichen Rechtsunsicherheiten und – insbesondere im Bereich der GmbH & Co. KG (Rn. 236 ff.) – zu kaum mehr akzeptablen Abgrenzungsproblemen. Systematisch wären die Einschränkungen in einen neuen Abs. 4 einzuordnen gewesen und nicht in den auf die Erweiterung der Grundsätze über den Kapitalersatz angelegten § 32a Abs. 3,[171] die Verweisung in § 32b S. 1 auf § 32a Abs. 3 hätte als Folgeänderung auf S. 1 beschränkt werden müssen.

Der Reichweite nach beschränkt sich der **Anwendungsbereich** der Regelungen **84** in § 32a Abs. 3 S. 2 und 3 nicht nur auf die gesetzlichen Regelungen, einschließlich § 32b, sondern **erstreckt sich auch auf** die sog. **Rechtsprechungsregeln** (Rn. 213 ff.).[172]

Die Änderung ist trotz der umfangreichen Kritik hieran[173] **mit Wirkung vom 85 24. 4. 1998 in Kraft getreten** (zum Übergangsrecht vgl. noch Rn. 104 ff.); **auf die dogmatischen Grundlagen des Eigenkapitalersatzrechts,** etwa dahin, dass nunmehr im Anschluss an die Materialien[174] eine „mitunternehmerische Verantwortung"

---

[168] *Lutter/Hommelhoff* 14. Aufl. §§ 32a/b Rn. 56.
[169] Zur Einordnung als „Klarstellung" RegE zu Art. 2 KapAEG (Rn. 9) BT-Drucks. 13/7141 = ZIP 1997, 706, 709 f.; anders dann aber die Beschlussfassung des Rechtsausschusses BT-Drucks. 13/0038 zu Art. 9a KonTraG, abgedruckt in ZIP 1998, 487, 491, die im Zusammenhang mit § 32a nicht mehr von einer Klarstellung, sondern von einer „Ausnahme" spricht. Der Einordnung als Klarstellung zu Unrecht zust. *Obermüller* ZInsO 1998, 51, 52; ebenso auch *Seibert* DStR 1997, 35, 36.
[170] Vgl. hierzu *Pentz* BB 1997, 1265, 1266 ff.; *ders.* GmbHR 1999, 437, 438 f.; *Dauner-Lieb* DStR 1998, 609, 613; *Heckschen* GesR 1999, 2000, S. 129, 132 f.
[171] *Pentz* GmbHR BB 1997, 1265, 1268 f.
[172] *Dauner-Lieb* DStR 1998, 609, 616 f.; *Habersack* ZHR 162 (1998), 201, 210 f.; *Pentz* BB 1997, 1265, 1269 (entgegen der Darstellung bei *Hirte* ZInsO 1998, 147, 158 und *H. P. Westermann*, FS Zöllner, 1998, S. 607, 615 nicht für ein richterliches Widerstandsrecht); *ders.* GmbHR 1999, 437, 442 (zu S. 2), 450 (zu S. 3); *Heckschen* GesR 1999, S. 129, 134 f.; *K. Schmidt* GmbHR 1999, 1269; zweifelnd *Karollus* ZIP 1996, 1893, 1895; zu Unrecht einen Eingriff in die – durch die Gesetze begrenzte – Rechtsfortbildungskompetenz der Gerichte annehmen *K. Schmidt* 1996, 1586, 1589.
[173] Vgl. etwa *Altmeppen* ZIP 1996, 1455; *K. Schmidt* ZIP 1996, 1586; *Karollus* ZIP 1996, 1893; *Pape/Voigt* DB 1996, 2113; *v. Gerkan* GmbHR 1997, 677; *Pentz* BB 1997, 1265; *Goette* ZHR 162 (1998), 227; *Dauner-Lieb* DStR 1998, 615 f.; *Hirte* ZInsO 1998, 152.
[174] Art. 2 der Begr. RegE, BT-Druck. 13/7141, auch abgedruckt in ZIP 1997, 706, 709; s. auch die Gegenäußerung der Bundesregierung zu dem Vorschlag des Bundesrates, die Schwelle auf 25 % aufzustocken (abgedruckt in ZIP 1997, 710), in der die gewählte Größe als „systemimmanente Korrektur des Eigenkapitalersatzrechts" bezeichnet wird.

§ 32a 2. Abschnitt. Rechtsverhältnisse der Gesellschaft und der Gesellschafter

notwendig wäre, hat sie als politisch motivierte Ausnahmeregelung **keine Auswirkungen**,[175] ebenso wenig wirkt sie sich auf die Mithaftung nach § 24 aus.[176]

86 b) **Freigestellter Personenkreis. aa) Grundsatz.** § 32a Abs. 3 S. 2 stellt für die Freistellung von Gesellschaftern zwei Voraussetzungen auf: Zum einen darf der Gesellschafter **nicht Geschäftsführer** der Gesellschaft sein, zum anderen darf seine **Beteiligung** an der Gesellschaft **zehn Prozent nicht überschreiten.** Hieraus folgt umgekehrt, dass ein geschäftsführenden Gesellschafter, unabhängig von der Höhe seiner Beteiligung, in jedem Falle dem personellen Anwendungsbereich des Kapitalersatzrechts unterliegt (zum Problem der stimmrechtslosen Geschäftsanteile vgl. sogleich Rn. 90).

87 bb) **Teleologische Reduktion/Extension der Freistellung.** Unter dem Aspekt des § 32a Abs. 3 S. 1 stellt sich zunächst die Frage, inwieweit nach dem Wortlaut der Bestimmung freigestellte Personen gleichwohl unter den Anwendungsbereich des Eigenkapitalersatzrechts fallen können; umgekehrt fragt sich, ob die Freistellung über ihren Wortlaut hinaus angewandt werden kann.

88 Abzustellen ist insoweit auf den **Sinn und Zweck der Freistellung.** Hierzu findet sich in den Gesetzesmaterialien der Hinweis auf eine „mitunternehmerische Verantwortung" der nicht freigestellten Gesellschafter, für die ihre „Insiderstellung" und ihre „Einflussmöglichkeit" kennzeichnend seien.[177] Die „Insiderstellung" wird nach den Materialien durch das Überblicken der Gesellschaftsinterna und der Entwicklung der Gesellschaft charakterisiert, die „Einflussmöglichkeit" durch die Gesellschafterrechte gemäß § 50 Abs. 1 bzw. 2.[178] Beide Aspekte sind für eine Erfassung der „mitunternehmerischen Verantwortung" und eine Abgrenzung des Anwendungsbereichs der Freistellung unbrauchbar:[179] Denn die „Insiderstellung" kommt aufgrund der Unabdingbarkeit des § 51a unabhängig von seiner Beteiligungshöhe jedem Gesellschafter gesetzlich zwingend zu (§ 51a Abs. 3) und die in § 32a Abs. 3 S. 2 freigestellten Gesellschafter mit einer zehnprozentigen Beteiligung besitzen – ebenfalls unabdingbar – die Rechte nach § 50 Abs. 1 bzw. 2 zwangsläufig. Als **Abgrenzungskriterium** für die Reichweite der Freistellung lässt sich danach allein auf die Rechtsstellung abstellen, die einem mit maximal zehn Prozent beteiligten Gesellschafter, der nicht selbst Geschäftsführer ist, typischerweise zukommt; maßgeblich ist deshalb vor allem das Stimmrecht und das Gewinnbezugsrecht. Bei Zugrundelegung dieser (negativen) Abgrenzung ergibt sich für die in der Praxis wichtigsten Fälle folgendes:

89 – Trotz der dem Gesetz zugrundeliegenden Erwägungen („mitunternehmerische Verantwortung") führt das schlichte Desinteresse eines Gesellschafters an seiner Beteiligung, auch nicht die **nachweisliche Nichtausübung der Gesellschafterrechte** über Jahre hinweg, nicht dazu, dass ein mit mehr als zehn Prozent beteiligter Gesellschafter aus dem Anwendungsbereich des Kapitalersatzrechts herausfiele.[180]

---

[175] Vgl. hierzu *Pentz* GmbHR 1999, 437, 439; zu diesem Hintergrund vgl. bereits *Habersack* ZHR 142 (1998), 201, 210; s. in diesem Zusammenhang auch die Darstellung bei *Hirte* ZInsO 1998, 147, 149f.
[176] Str., vgl. § 24 Rn. 16.
[177] Art. 2 Nr. 1 RegE, ZIP 1996, 706, 709.
[178] Letzteres ergibt sich aus dem Hinweis auf die Kommentierung von *Lutter/Hommelhoff* 14. Aufl. §§ 32a/b Rn. 56.
[179] Ausführlich zum folgenden *Pentz* GmbHR 1999, 437, 446; ähnlich *Hirte* ZInsO 1998, 147, 153, der die Zurechnung entsprechend der zu § 20 AktG, §§ 21 ff. WpHG und § 134 Abs. 1 S. 2 AktG geltenden Grundsätzen vornehmen will und damit zumindest teilweise der Sache nach unmittelbar auf § 16 Abs. 4 AktG abhebt.
[180] Näher *Pentz* GmbHR 1999, 437, 447.

Rückgewähr von Darlehen § 32 a

- **Stimmrechtslose Geschäftsanteile**[181] sind bei der Berechnung der zehn Prozent- 90
  Grenze des § 32 a Abs. 3 S. 2 mitzuzählen. Der Inhaber eines stimmrechtslosen Geschäftsanteils in Höhe von zwanzig Prozent liegt deshalb ungeachtet seiner fehlenden Einflussnahmemöglichkeit über das Stimmrecht im Anwendungsbereich des Eigenkapitalersatzrechts.[182]
- Ist der Gesellschafter an der Gesellschaft mit nur zehn Prozent oder weniger beteiligt, 91
  aber sein Geschäftsanteil mit einer **Stimmkraft** versehen, die einem diese Grenze überschreitenden Geschäftsanteil entspricht, ist er nicht gemäß § 32 a Abs. 3 S. 2 freigestellt; entsprechendes gilt, wenn auf seinen Geschäftsanteil ein **höherer Gewinnanteil** entfällt.[183] Auch das (Sonder-)**Recht, einen Geschäftsführer benennen oder diesem Weisungen erteilen zu können**, steht einer Freistellung entgegen.[184]
- Überlässt ein mit mehr als zehn Prozent an der Gesellschaft beteiligter oder ge- 92
  schäftsführender Gesellschafter **(Treugeber)** einem anderen Gesellschafter, der die Voraussetzungen des § 32 a Abs. 3 S. 2 erfüllt (Treunehmer), Mittel mit der Auflage, diese der Gesellschaft als Darlehen zur Verfügung zu stellen, ist das Darlehen im Hinblick auf §§ 670, 667 BGB als vom Treugeber gewährt anzusehen und unterliegt dem Eigenkapitalersatzrecht.[185] Entsprechendes gilt, wenn der Treugeber beispielsweise mit sechs Prozent selbst unmittelbar beteiligt ist, und mittelbar über einen Treuhänder mit weiteren sechs Prozent.[186]
- Gewähren Gesellschafter, die für sich dem Anwendungsbereich des § 32 a Abs. 3 93
  S. 2 unterfallen würden, der Gesellschaft aufgrund einer Absprache Kredit **(koordinierter Kredit)**, sind ihre Beteiligungen zur Beurteilung für die Freistellung nach dem Kleinbeteiligtenprivileg mit der Folge zusammenzurechnen, dass sich die Freistellung nach der gesamten Beteiligung richtet.[187] Auch **Konsortialabreden** und **Stimmbindungsvereinbarungen**[188] unter Gesellschaftern, deren Beteiligung zusammengerechnet die zehn Prozent-Grenze überschreitet, führen zur Anwendung des Eigenkapitalersatzrechts auf jeden einzelnen Gesellschafter, unabhängig von der Höhe seiner eigenen Beteiligung.
- Bei **verbundenen Unternehmen** ist für die Bestimmung der Beteiligungshöhe die 94
  Zurechnungsnorm des § 16 Abs. 4 AktG zu beachten.[189] Bei der **reinen Mehrstufigkeit** (das Mutterunternehmen ist über ein von ihr abhängiges Tochterunternehmen an der GmbH als Enkelgesellschaft beteiligt), kommt es auf die Freistellung des unmittelbar beteiligten Unternehmens (hier also des Tochterunternehmens) an.[190]

---

[181] Eingehend zu dem hiermit mit verbundenen Rechtsfragen *Schäfer* Der stimmrechtslose GmbH-Geschäftsanteil, 1997, S. 24 ff.
[182] *Pentz* GmbHR 1999, 437, 447; aA *Lutter/Hommelhoff* §§ 32 a/b Rn. 68.
[183] *Pentz* GmbHR 1999, 437, 446; krit. hierzu *Heckschen* GesR 1999, S. 129, 144 f.
[184] *Pentz* GmbHR 1999, 437, 446; *K. Schmidt* GmbHR 1999, 1269, 1271; *Heckschen* GesR 1999, S. 129, 143; einschr. *Lutter/Hommelhoff* §§ 32 a/b Rn. 75: nur bei Weisungsrecht.
[185] *v. Gerkan* GmbHR 1997, 677, 680; *Pentz* GmbHR 1999, 437, 444.
[186] *K. Schmidt* GmbHR 1999, 1269, 1271.
[187] *v. Gerkan* GmbHR 1997, 677, 679; *ders.* in *v. Gerkan/Hommelhoff* Handbuch des Kapitalersatzrechts, 2000, Rn. 3.19; *Pentz* GmbHR 1999, 437, 444; *Heckschen* GesR 1999, S. 129, 145 ff.; *Riegger*, FS Siegle, 2000, S. 229; 238 f.; *Scholz/K. Schmidt* §§ 32 a, 32 b Rn. 187; *ders.* GmbHR 1999, 1269, 1271 f.
[188] *K. Schmidt* GmbHR 1999, 1269, 1272; für Banken einschränkend *Pichler* WM 1999, 411, 414.
[189] Zum Folgenden *Pentz* GmbHR 1999, 437, 445.
[190] *Lutter/Hommelhoff* §§ 32 a/b Rn. 69.

§ 32 a   2. Abschnitt. Rechtsverhältnisse der Gesellschaft und der Gesellschafter

Unterfällt dieses der Freistellung des § 32 a Abs. 3 S. 2, ist auch das Mutterunternehmen freigestellt. Ist das zwischengeschaltete Tochterunternehmen demgegenüber nicht freigestellt, scheidet auch eine Freistellung des Mutterunternehmens aus; eine Betrachtung dahin, dass bei einer Beteiligung des Tochterunternehmens an der GmbH mit 12 % ein an der Tochter mit 75 % beteiligtes Mutterunternehmen an der Gesellschaft (mittelbar) selbst nur noch als mit 9 % (= 75 % von 12) beteiligt angesehen werden kann und damit freigestellt wäre,[191] ist nicht möglich, weil es auf die (vermittelte) Beherrschung der Gesellschaft ankommt.[192] Bei **gemischten Verhältnissen** kommt es zu Zusammenrechnungen. Ist also beispielsweise ein Mutterunternehmen unmittelbar mit 5 % und über ein von ihr abhängiges Tochterunternehmen mit 6 % an der GmbH (Enkelgesellschaft) beteiligt, ergibt sich für das Mutterunternehmen eine Beteiligung in Höhe von 11%; das Mutterunternehmen ist damit nicht freigestellt, hinsichtlich des Tochterunternehmens ist wie dargelegt (Rn. 81 f., dort auch zu der strengeren Haltung der Rechtsprechung) zu differenzieren.

95 – Ist an der GmbH eine **juristische Person als Gesellschafter** beteiligt und ist deren Vertretungsorgan zugleich Geschäftsführer der GmbH, entfällt die Freistellung analog § 32 a Abs. 3 S. 2, erste Variante (geschäftsführender Gesellschafter).[193] Entsprechendes gilt im Falle der Beteiligung einer **Personengesellschaft**.

96 – Da das Gesetz auf die Einfluss- und Einsichtsmöglichkeiten abstellt (Rn. 88), sind **faktische Geschäftsführer** den Geschäftsführern im Sinne von § 32 a Abs. 3 S. 2 gleichzustellen, unterliegen also ebenfalls dem Kapitalersatzrecht.[194] Ob **Prokuristen** den Geschäftsführern gleichzustellen sind und deshalb ebenfalls dem Kapitalersatzrecht unterliegen, ist mit Blick auf den Gesetzeswortlaut zwar nicht zweifelsfrei,[195] aber zu bejahen.[196] Gleiches gilt im Falle der **Generalvollmacht.**[197] Die schlichte **Handlungsvollmacht** ist demgegenüber unschädlich.[198]

97 – Den **Geschäftsführern** unter dem Aspekt des § 32 a Abs. 3 S. 2 **gleichzustellen sind die Liquidatoren der Gesellschaft;** handelt es sich bei den Liquidatoren der Gesellschaft um eine juristische Person oder eine Personengesellschaft, gelten die Grundsätze Rn. 95 entsprechend.[199]

98 – Die gleichen Grundsätze finden Anwendung, wenn die **Geschäftsführung** in der Gesellschaft **oder die Liquidation** von einem **Angestellten oder Beauftragten der beteiligten Gesellschaft ausgeübt wird.** Unter Wertungsaspekten kann es

---

[191] So früher v. Gerkan GmbHR 1999, 677, 680, der insoweit allerdings die Grundsätze über die gesellschafterentsprechenden Positionen eingreifen lässt (anders jetzt ders. in v. Gerkan/Hommelhoff Handbuch des Kapitalersatzrechts, 2000, Rn. 3.22); erwägend Altmeppen ZIP 1996, 1455.

[192] Ausführlich Pentz GmbHR 1999, 437, 446; s. auch Hirte ZInsO 1998, 147, 153; Heckschen GesR 1999, S. 129, 141 f.; zust. Riegger, FS Siegle, 2000, S. 229, 241.

[193] Begr. RegE zu Art. 2, BT-Drucks. 13/7141, ZIP 1997, 706, 710; Pentz GmbHR 1999, 437, 445.

[194] v. Gerkan GmbHR 1997, 677, 681; Pentz GmbHR 1999, 437, 446; K. Schmidt GmbHR 1999, 1269, 1271.

[195] Verneinend etwa v. Gerkan in v. Gerkan/Hommelhoff Handbuch des Kapitalersatzrechts, 2000, Rn. 3.26; Lutter/Hommelhoff §§ 32 a/b Rn. 74.

[196] Pentz GmbHR 1999, 437, 447; zust. Riegger, FS Siegle, 2000, S. 229, 246.

[197] Heckschen GesR 1999, S. 129, 142 f.

[198] Lutter/Hommelhoff §§ 32 a/b Rn. 74.

[199] Pentz GmbHR 1999, 437, 445; zust. Riegger, FS Siegle, 2000, S. 229, 246; zur Möglichkeit der Bestellung von juristischen Personen oder Personengesellschaften zu Liquidatoren vgl. § 66 Rn. 4 mwN; ders. zur Anwendung der Grundsätze über den Eigenkapitalersatz in Liquidationsstadium bei § 69 Rn. 5.

keinen Unterschied machen, ob die Geschäftsführung der Gesellschaft durch jeden Gesellschafter oder sein Geschäftsführungsorgan erfolgt oder über eine weisungsabhängige Person.[200]

- Bei **atypischen Pfandgläubigern oder Nießbrauchern,** ist auf den Geschäftsanteil abzustellen, an dem die Berechtigung besteht; erstreckt sich die Berechtigung auf mehrere Geschäftsanteile, sind diese zusammenzurechnen.[201] Bei einem **atypisch beteiligten stillen Gesellschafter** ist darauf abzustellen, ob ihm eine Rechtsposition zukommt, die derjenigen eines mit mehr als zehn Prozent an der Gesellschaft beteiligten Gesellschafters entspricht.[202] 99

cc) **Änderungen in der Rechtsstellung des Gesellschafters.** Bei Änderungen hinsichtlich der Beteiligungshöhe bzw. der Organstellung eines Gesellschafters ist zu unterscheiden: 100

Sinkt die Beteiligung nach der Leistung des Gesellschafters unter die relevante Grenze von zehn Prozent, führt dies nicht zur Entstrickung von eigenkapitalersetzenden Leistungen.[203] Entsprechendes gilt für die **nachträgliche Beendigung des Geschäftsführeramtes.** 101

Übersteigt die Beteiligung aufgrund eines nachträglichen Erwerbs die zehn Prozent-Grenze führt dies nicht automatisch zur Verstrickung bereits bestehender Kredite. Die Verstrickung der bis dahin freien Kredite richtet sich vielmehr nach den Grundsätzen der stehengelassenen Darlehen (Rn. 143 ff.).[204] Entsprechendes gilt für die **Bestellung zum Geschäftsführer.** 102

dd) **Freigestellte Leistungen.** § 32a Abs. 3 S. 2 spricht davon, dass auf den hiernach freigestellten Personenkreis die Regeln über den Eigenkapitalersatz keine Anwendung finden. Dies bedeutet, dass sämtliche Leistungen von Kleinbeteiligten, Darlehen im Sinne von Abs. 1 und gleichgestellte Leistungen im Sinne von Abs. 3 S. 1, von der Freistellung erfasst werden. 103

ee) **Übergangsrecht.** Aufgrund des gesetzgeberischen Missverständnisses über die Bedeutung der Einfügung in § 32a Abs. 3 S. 2 („Klarstellung") ist ausdrücklich davon abgesehen worden, eine Übergangsregelung für die Einführung der Kleinbeteiligtenschwelle vorzusehen. An diesem Konzept ist festgehalten worden, obwohl das Fehlen einer solchen Regelung in der Diskussion beanstandet worden war.[205] Dies führt heute zu einer gespaltenen Rechtslage:[206] 104

- Ist die **Leistung vor dem 24. 4. 1998,** dem In-Kraft-Treten der Kleinbeteiligtenschwelle, kapitalersetzend **erfolgt oder stehengelassen** (Rn. 143 ff.) worden, bleibt es bei dem bisherigen Recht, dem eine Freistellung geringfügig beteiligter 105

---

[200] *Pentz* GmbHR 1999, 437, 445; *Heckschen* GesR 1999, S. 129, 143.
[201] *v. Gerkan* GmbHR 1997, 677, 680.
[202] *Pentz* GmbHR 1999, 437, 447; *Lutter/Hommelhoff* §§ 32a/b Rn. 71; aA *v. Gerkan* in *v. Gerkan/Hommelhoff* Handbuch des Kapitalersatzrechts, 2000, Rn. 3.22, der darauf abstellt, ob die stille Einlage die Schwelle von 10 % Prozent des Stammkapitals übersteigt.
[203] *v. Gerkan* ZGR 1997, 677, 678; *ders.* in *v. Gerkan/Hommelhoff* Handbuch des Kapitalersatzrechts, 2000, Rn. 3.21; *Obermüller* ZInsO 1998, 51, 52; *Pentz* GmbHR 1999, 437, 447; *Heckschen* GesR 1999, S. 129, 137; *H. P. Westermann*, FS Zöllner, 1998, S. 607, 621; *Lutter/Hommelhoff* §§ 32a/b Rn. 70.
[204] *Pentz* GmbHR 1999, 437, 447; *v. Gerkan* in *v. Gerkan/Hommelhoff* Handbuch des Kapitalersatzrechts, 2000, Rn. 3.20; *Lutter/Hommelhoff* §§ 32a/b Rn. 70.
[205] *Pentz* BB 1997, 1265, 1268; *Goette* ZHR 162 (1998), 223, 227; *Hirte* RWS-Forum 10, S. 145, 162; *Habersack* ZHR 162 (1998), 201, 208.
[206] Eingehend zum Folgenden *Pentz* GmbHR 1999, 437, 443 f.

§ 32 a   2. Abschnitt. Rechtsverhältnisse der Gesellschaft und der Gesellschafter

Gesellschafter nicht bekannt war. Dem Gesetz ist keine Grundlage für den Eingriff in bereits entstandene Rechtspositionen der Gesellschaft zu entnehmen,[207] eine Entstrickung der Leistung lässt sich deshalb auch nicht mit Hinweis auf den Sinn und Zweck des § 32 a Abs. 3 S. 2 begründen.[208] Auch der **BGH** geht ohne weitere Diskussion davon aus, dass die Einschränkungen von § 32 a Abs. 3 S. 2 erst für solche Tatbestände des Eigenkapitalersatzes gelten, die ab dem 20. 4. 1998 verwirklicht worden sind.[209]

106 – Ist die **Leistung vor dem 24. 4. 1998** in Widerspruch zum Recht des Eigenkapitalersatzes **zurückerstattet** worden, bleibt es bei den Rückerstattungsansprüchen der Gesellschaft entsprechend § 31 (Rn. 218 f.) bzw. § 135 Nr. InsO iVm. Art. 104, 106 EGInsO iVm. Art 106 EGInsO.[210] Denn zum einen enthält das Gesetz keine Grundlage für einen enteignenden Eingriff in bereits entstandene Forderungen, zum anderen stellt § 135 InsO nur auf die eigenkapitalersetzende Qualität, und nicht auf den Zeitpunkt der Rückgewähr der Leistung ab.[211]

107 – Ist die **Verstrickung nach altem Recht** eingetreten, die **Rückgewähr** aber **nach dem 24. 4. 1998,** also unter der Geltung des neuen Rechts erfolgt, bleibt es bei der Anfechtbarkeit gemäß § 135 InsO, der lediglich auf die eigenkapitalersetzenden Qualität der gewährten Leistung abstellt.[212] Entsprechendes gilt für Ansprüche der Gesellschaft analog § 31 (Rn. 218 f.).

108 – Die Behandlung von **Leistungen, die ab dem 24. 4. 1998 eigenkapitalersetzend gewährt oder stehengelassen** (Rn. 143 ff.) worden sind, richtet sich ausschließlich nach neuem Recht, also nach der Reichweite der Kleinbeteiligtenschwelle (hierzu Rn. 83 ff.).[213]

109 **4. Einschränkung des Anwendungsbereichs durch das Sanierungsprivileg in § 32 a Abs. 3 S. 3. a) Allgemeines.** Eine weitere Einschränkung hat das Eigenkapitalersatzrecht durch die Einfügung von § 32 a Abs. 3 S. 3 erfahren. Nach dieser Bestimmung führt der **Erwerb von Geschäftsanteilen durch einen Darlehensgeber in der Krise der Gesellschaft zum Zweck der Überwindung der Krise** für seine bereits bestehenden oder neugewährten Kredite nicht zur Anwendung der Regeln über den Eigenkapitalersatz. Auch dieser Einfügung kommt rechtsändernde Qualität zu, da die Anwendung der Grundsätze über den Eigenkapitalersatz teilweise zwar als sanierungsfeindlich kritisiert worden war,[214] nach herrschender und auch zutreffender Auffassung jedoch Einigkeit darüber bestand, dass eine Herausnahme von sanierungsbedingten Krediten als den geradezu klassischen Fällen eigenkapitalersetzender Leistun-

---

[207] *Pentz* GmbHR 1999, 437, 443; *v. Gerkan* in *v. Gerkan/Hommelhoff*, Handbuch des Kapitalersatzrechts, 2000, Rn. 3.18; iErg. auch *Lutter/Hommelhoff* §§ 32 a/b Rn. 77 mit der Begründung, dem Gesetz sei keine Entstrickungsabsicht zu entnehmen; aA *Baumbach/Hueck/Fastrich* Rn. 17; *Scholz/K. Schmidt* §§ 32 a, 32 b Rn. 190.
[208] AA *Scholz/K. Schmidt* §§ 32 a, 32 b Rn. 190.
[209] BGH ZIP 2001, 115, 116 zu §§ 32 a, 37 Abs. 1 KO unter Hinweis auf Art. 5 KapAEG
[210] BGH ZIP 2001, 115, 116 zu §§ 32 a, 37 Abs. 1 KO; *Pentz* GmbHR 1999, 437, 443; *Baumbach/Hueck/Fastrich* Rn. 17; *Scholz/K. Schmidt* §§ 32 a, 32 b Rn. 190.
[211] Näher *Pentz* GmbHR 1999, 437, 443.
[212] *Pentz* GmbHR 1999, 437, 443; aA *Scholz/K. Schmidt* §§ 32 a, 32 b Rn. 190.
[213] *Pentz* GmbHR 1999, 437, 443; *Baumbach/Hueck/Fastrich* Rn. 17; *Lutter/Hommelhoff* §§ 32 a/b Rn. 78; *Scholz/K. Schmidt* §§ 32 a, 32 b Rn. 190.
[214] Vgl. etwa *Claussen* ZHR 147 (1983), 194, 196 ff., 216 ff.; *ders.* GmbHR 1996, 316, 323 ff.; *Götz/Hegerl* DB 1997, 2365, 2367 ff.; *Menzel* AG 1982, 197 ff.; *Rümker* ZIP 1982, 1385, 1387 ff.; *Schröter/Weber* ZIP 1982, 1023, 1028; *Uhlenbruck* GmbHR 1982, 141, 150 ff.; *Westermann* ZIP 1982, 379, 386 ff.; s. auch *Dörrie* ZIP 1999, 12, 13.

gen nicht veranlasst war.[215] Mit dem Sanierungsprivileg sollte die Übernahme von Geschäftsanteile an einer GmbH in der Krise zum Zwecke eines Sanierungsversuchs attraktiver gemacht werden.[216] Die Änderung ist **mit Wirkung vom 1. 5. 1998 in Kraft getreten** (zum Übergangsrecht vgl. noch Rn. 128 ff.); **auf die dogmatischen Grundlagen des Eigenkapitalersatzrechts,** etwa in dem Sinne, dass über den Wortlaut des § 32a Abs. 3 S. 3 hinaus und abweichend von der bisherigen Rechtslage in diesem Bereich nun ein irgendwie geartetes Sanierungsprivileg anzuerkennen wäre oder der Sanierungsgedanke künftig stärker berücksichtigt werden müsste, hat sie als politisch motivierte Ausnahmeregelung **keine Auswirkungen.**[217] Auch diese Änderung wäre in einen neuen Abs. 4 einzuordnen gewesen und nicht in den auf die Erweiterung der Grundsätze über den Kapitalersatz angelegten § 32a Abs. 3, auch insoweit hätte die Verweisung in § 32b S. 1 auf § 32a Abs. 3 als Folgeänderung auf Abs. 3 S. 1 beschränkt werden müssen.

b) Anteilserwerb. § 32a Abs. 3 S. 3 verlangt den **Erwerb von Geschäftsanteilen** 110 **in der Krise.** Die **Höhe** der erworbenen Anteile **spielt keine Rolle,**[218] es kommt auch nicht darauf an, ob der Erwerber aufgrund des Erwerbs der Geschäftsanteile die Kontrolle über die Gesellschaft erlangt.[219] Praktische Bedeutung kommt der Bestimmung jedoch nur außerhalb der Kleinbeteiligtenschwelle des § 32a Abs. 3 S. 2 zu, die bei einem Anteilserwerb zu Sanierungszwecken allerdings typischerweise überschritten werden wird. In Zusammenschau mit dem weiteren Merkmal „zum Zwecke der Überwindung der Krise" ergibt sich hieraus, dass es genügt, wenn der Anteilserwerb **Teil eines Gesamtplans zur Überwindung der Krise** ist.[220] Zur Frage, inwieweit sich das Sanierungsprivileg abweichend von den sonst geltenden Grundsätzen auch auf Kredite erstreckt, die im Zusammenhang mit einem geplanten Erwerb von Geschäftsanteilen an einer in der Krise befindliche GmbH gewährt werden, vgl. Rn. 134.

Unerheblich ist, ob der Darlehensgeber **bereits bestehende oder** erst im Wege der 111 Kapitalerhöhung **neu geschaffene Geschäftsanteile** erwirbt. Dass der Erwerb von Geschäftsanteilen nicht auf der Ebene der Gesellschaft, sondern auf der Gesellschafterebene stattfindet, ist ebenso unerheblich, wie der Umstand, dass der Gesellschaft durch den Erwerb bestehender Geschäftsanteile kein neues Kapital zufließt. Denn auch der Erwerb von bereits bestehenden Geschäftsanteilen kann, beispielsweise verbunden mit dem Austausch des Managements, einen wichtigen Teil des Sanierungsplans darstellen.[221] Verzichtbar ist das Merkmal des Anteilserwerbs angesichts des eindeutigen Gesetzeswortlauts allerdings nicht, selbst wenn es – zumal jeglicher Erwerb genügt (Rn. 110) – materiell kaum überzeugt.[222]

---

[215] BGHZ 81, 311 = NJW 1982, 383; *Hachenburg/Ulmer* §§ 32a, b Rn. 59 mwN.
[216] Begr. RegE zu Art. 2, BT-Drucks. 13/7141, ZIP 1997, 706, 710.
[217] Vgl. hierzu *Dauner-Lieb* DStR 1998, 1517, 1522; *Pentz* GmbHR 1999, 437, 440; *Casper/Ullrich* GmbHR 2000, 472, 474.
[218] Hierzu auch *Seibert* GmbHR 1998, 309, 310.
[219] *Früh* GmbHR 1999, 842, 845.
[220] Vgl. hierzu *Pentz* GmbHR 1999, 437, 448.
[221] Vgl. zum Ganzen *Remme/Theile* GmbHR 1998, 909, 914; *Pentz* GmbHR 1999, 437, 448; *Dauner-Lieb* in v. *Gerkan/Hommelhoff* Handbuch des Kapitalersatzrechts, 2000, Rn. 4.33; *Scholz/K. Schmidt* §§ 32a, 32b Rn. 197; *Lutter/Hommelhoff* §§ 32a/b Rn. 82; vgl. auch die der Bestimmung zugrundeliegende Beschlussempfehlung des Rechtsausschusses zu Art. 9a, ZIP 1998, 487, 491.
[222] Wie hier MüKo InsO/*Stodolkowitz* § 135 Rn. 23; aA *Altmeppen* ZGR 1999, 291, 296 ff.; *ders.,* FS Siegle, 2000, S. 211, 221 f.; *Casper/Ullrich* GmbHR 2000, 472, 479; zu dem mit der Verknüpfung an einen Anteilserwerb verbundenen Wertungswiderspruch vgl. auch *Altmeppen* aaO; *Dauner-Lieb* DStR 1998, 1517, 1522; *Casper/Ullrich* GmbHR 2000, 472, 473 f.

§ 32a   2. Abschnitt. Rechtsverhältnisse der Gesellschaft und der Gesellschafter

112 c) **Freigestellter Personenkreis.** Aus dem Gesetz und den Materialien ergibt sich nicht unmittelbar, ob an die Freistellung in personeller Hinsicht besondere Anforderungen an den Erwerber des Geschäftsanteils zu stellen sind; das Gesetz spricht lediglich von einem Darlehensgeber, der in der Krise der Gesellschaft zum Zwecke der Überwindung derselben Geschäftsanteile erwirbt. Insoweit lassen sich verschiedene Fälle unterscheiden:

113 **Personen, die** bislang noch nicht an der Gesellschaft beteiligt sind und **in der Krise erstmals Geschäftsanteile erwerben,** sind unstreitig freigestellt.[223]

114 **(Alt-)Gesellschafter, die nach § 32a Abs. 3 S. 2** als nichtgeschäftsführende Kleinbeteiligte von den Grundsätzen des Kapitalersatzrechts freigestellt sind (Rn. 86 ff.), sind nach wohl ebenfalls einhelliger Auffassung taugliche Adressaten für die Freistellung gemäß § 32a Abs. 3 S. 3.[224]

115 Sehr streitig ist die Frage der Anwendung des Sanierungsprivilegs auf **(Alt-)Gesellschaftern, die durch § 32a Abs. 3 S. 2 nicht freigestellt sind.** Eine verbreitete Meinung verneint die Anwendbarkeit des Sanierungsprivilegs.[225] Dieser Auffassung kann nicht gefolgt werden.[226] Das teilweise verwendete Argument, diesen Gesellschaftern sei die Krise der Gesellschaft objektiv zuzurechnen,[227] ist ohne Aussagekraft, und der Gesetzeswortlaut umfasst auch solche (Alt-)Gesellschafter als „Darlehensgeber", selbst wenn der Gesetzgeber unter Sanierungsaspekten mit der Bestimmung vorrangig das Ziel verfolgt haben mag, vor allem den Erwerb von Geschäftsanteilen durch kreditierende, bislang noch nicht an der Gesellschaft beteiligte Banken zu fördern. Zu einer Einschränkung der Reichweite der Freistellungsregelung entgegen ihrem Wortlaut besteht kein Anlass. Dies wäre nur dann gerechtfertigt, wenn solche Gesellschafter die vom Gesetz gewünschten Sanierungen nicht in gleicher Weise wie gesellschaftsfremde Dritte durchführen könnten, was sich jedoch nicht begründen lässt. Zweifelsfragen hinsichtlich der Ernsthaftigkeit der Sanierungen o. Ä. ist im Rahmen der erforderlichen objektiven und subjektiven Voraussetzungen des Sanierungsprivilegs („zum Zwecke der Überwindung der Krise", hierzu Rn. 119 ff.) zu begegnen. Selbstverständlich ist allerdings, dass sich die Freistellung nur auf solche Kredite erstrecken kann, die noch nicht verstrickt sind bzw. erst noch gewährt werden; denn § 32a Abs. 3 S. 3 verhindert allein die Verstrickung *wegen* des Anteilserwerbs, sieht aber keine *Enthaftung durch* diesen Vorgang vor.[228]

---

[223] *Dörrie* ZIP 1999, 12, 13; *Obermüller* ZInsO 1998, 51, 53; *Pentz* GmbHR 1999, 437, 448; *Baumbach/Hueck/Fastrich* Rn. 19; *Lutter/Hommelhoff* §§ 32a/b Rn. 80; *Scholz/K. Schmidt* §§ 32a, 32b Rn. 195.

[224] *Casper/Ullrich* GmbHR GmbHR 2000, 472, 477 f.; *Dörrie* ZIP 1999, 12, 16; *Obermüller* ZInsO 1998, 51, 53; *Pentz* GmbHR 1999, 437, 449; *Rümker/Denicke*, FS Lutter, 2000, S. 665; 676; *Noack* in *Kübler/Prütting* InsO GesR Rn. 196; *Lutter/Hommelhoff* §§ 32a/b Rn. 80; *Scholz/K. Schmidt* §§ 32a, 32b Rn. 195 (der von „Neugesellschaftern" spricht, aber auch nach § 32a Abs. 3 S. 2 erfasste Altgesellschafter meint); zweifelnd *Baumbach/Hueck/Fastrich* Rn. 19.

[225] *Grunewald*, FS Bezzenberger, 2000, S. 85, 88 f.; *Haas* DZWiR 1999, 177, 180; *Heidinger* ZNotP 1999, 423, 426; *Hirte* ZInsO 1998, 147, 151; *Kindler* NJW 2001, 48, 49; *Obermüller* ZInsO 1998, 51, 53; *v. Gerkan* in *Röhricht/v. Westphalen* HGB § 172a Rn. 82 f.; wohl auch *H. P. Westermann*, FS Zöllner, 1998, S. 607, 623; *Baumbach/Hueck/Fastrich* Rn. 19; *Scholz/K. Schmidt* §§ 32a, 32b Rn. 195.

[226] Vgl. mit Unterschieden iE *Altmeppen*, FS Siegle, 2000, S. 211, 220 f.; *Dörrie* ZIP 1999, 12, 17; *Pentz* GmbHR 1999, 437, 449; *Casper/Ullrich* GmbHR 2000, 472, 478 f.; *Rümker/Denicke*, FS Lutter, 2000, S. 665, 676 f.; *Baumbach/Hopt* § 172a Rn. 12; *Noack* in *Kübler/Prütting* InsO GesR Rn. 196; wohl auch *Früh* GmbHR 1999, 842, 845.

[227] *Lutter/Hommelhoff* §§ 32a/b Rn. 80.

[228] *Pentz* GmbHR 1999, 437, 449.

Fraglich ist, ob die für Gesellschafter geltenden Grundsätze **entsprechende** 116
Anwendung auf die ihnen im Sinne des Kapitalersatzrechts **gleichgestellten**
bzw. **nahestehenden Personen** finden.[229] Bei Zugrundelegung des Wortlauts der
Regelung scheint gegen eine solche Erstreckung zunächst zu sprechen, dass das Gesetz die Freistellung vom Anteilserwerb abhängig macht. Eine solche Sichtweise wäre
indessen nicht überzeugend; richtig erscheint es vielmehr, insoweit zu **differenzieren**:[230]

– Soweit es darum geht, dass ein Dritter einem Gesellschafter wegen der besonderen Ausgestaltung seiner Rechtsstellung gleichgestellt wird, also eine **mitgliedschaftsähnliche Beziehung** zur Gesellschaft besteht (beispielsweise der atypisch stille Gesellschafter, vgl. hierzu Rn. 75), fehlt es an dem das Sanierungsprivileg rechtfertigenden Anteilserwerb; eine Freistellung kommt insoweit nicht in Betracht. Dies muss auch dann gelten, wenn der Dritte deshalb einem Gesellschafter gleichgestellt wird, weil ihm besondere Rechte an dem Geschäftsanteil zustehen (beispielsweise der Nießbraucher mit besonderen Rechten, vgl. hierzu Rn. 74), selbst wenn der Inhaber des Geschäftsanteils selbst gemäß § 32 a Abs. 3 S. 3 freigestellt ist. 117

– Anders verhält es sich, wenn die **Gleichstellung** des Dritten mit dem Gesellschafter 118
auf Umgehungsgesichtspunkte (§ 32 a Abs. 3 S. 1) **zurückgeht** (beispielsweise im Falle von verbundenen Unternehmen, hierzu Rn. 81 f.). Hier führt die Freistellung des Gesellschafters zugleich zur Freistellung des Dritten. Wollte man die Befreiung hier nicht auf die gleichgestellten Dritten erstrecken, läge ein Wertungswiderspruch vor, weil die betreffende Handlung für Gesellschafter selbst keine nachteiligen Folgen hätte und deshalb Umgehungsaspekte nicht tangiert sein können.

d) Sanierungszweck. § 32 a Abs. 3 S. 3 verlangt, dass der Erwerb der Geschäfts- 119
anteile „zum Zweck der Überwindung der Krise" erfolgt. Welche Anforderungen iE hierfür erfüllt sein müssen, ergibt sich aus dem Wortlaut nicht unmittelbar. Aus dem Gesetz und dem Sanierungsprivileg zugrundeliegenden Zweck lassen sich jedoch drei Voraussetzungen ableiten (Rn. 120 ff.). Dass durch diese Anforderungen das Sanierungsprivileg entwertet würde,[231] trifft nicht zu; denn zum einen kann der sanierungswillige Erwerber späteren Zweifelsfragen durch eine Dokumentation vorbeugen (Rn. 123), zum anderen sind diese Voraussetzungen, soll das Sanierungsprivileg überhaupt einen vernünftigen Sinn haben, als dem Gesetz immanent anzusehen. Im Einzelnen müssen folgende Voraussetzungen gegeben sein:

– Zunächst muss die **Sanierung der Gesellschaft objektiv möglich** sein; denn bei 120
einer objektiv nicht sanierungsfähigen Gesellschaft liefe der Sinn und Zweck der Freistellung leer.[232] Probleme werden sich in diesem Zusammenhang allerdings in der Praxis wohl kaum stellen, da im Ergebnis wohl nahezu jede Gesellschaft durch

---

[229] Bejahend *Dörrie* ZIP 1999, 12, 15; *Haas* DZWiR 1999, 179, 180; *Casper/Ullrich* GmbHR 2000, 472, 479; *Dauner-Lieb* in *v. Gerkan/Hommelhoff* Handbuch des Kapitalersatzrechts, 2000, Rn. 4.26; *Scholz/K. Schmidt* §§ 32 a, 32 b Rn. 197.
[230] Vgl. zum Folgenden bereits *Pentz* GmbHR 1999, 437, 449; aA *Dauner-Lieb* in *v. Gerkan/Hommelhoff* Handbuch des Kapitalersatzrechts, 2000, Rn. 4.26.
[231] So *Scholz/K. Schmidt* §§ 32 a, 32 b Rn. 198 mit dem Hinweis, dass Gerichte über das Privileg erst nach dem Scheitern des Sanierungsversuchs zu entscheiden hätten.
[232] *Dörrie* ZIP 1999, 12, 14; *Pentz* GmbHR 1999, 437, 449; *Casper/Ullrich* GmbHR 2000, 472, 475 f.; *Altmeppen*, FS Siegle, 2000, S. 211, 224; *Dauner-Lieb* in *v. Gerkan/Hommelhoff* Handbuch des Kapitalersatzrechts, 2000, Rn. 4.55; *Lutter/Hommelhoff* §§ 32 a/b Rn. 84.

§ 32a 2. Abschnitt. Rechtsverhältnisse der Gesellschaft und der Gesellschafter

die Zuführung entsprechender Liquidität und gegebenenfalls die Erstreckung der Geschäftstätigkeit auf neue Geschäftsfelder als sanierungstauglich angesehen werden dürfte.

121 – Des weiteren ist erforderlich, dass die vom Anteilserwerber **gewählten Maßnahmen in ihrer Gesamtschau zur Sanierung der Gesellschaft im konkreten Fall objektiv geeignet** sein müssen, der Gesamtplan also im konkreten Fall zur Sanierung der Gesellschaft tauglich sein muss.[233] Auch dies folgt aus dem Zweck des Sanierungsprivilegs. Denn das Sanierungsprivileg soll dazu dienen, seriöse Sanierungen[234] zu ermöglichen, nicht aber durch die Wahl von für eine Sanierung offensichtlich untauglichen Maßnahmen eine weitere Gefährdung des Rechtsverkehrs und der Gläubiger durch die Gesellschaft herbeizuführen. Ob die ergriffenen Maßnahmen in ihrer Gesamtschau zur Sanierung der Gesellschaft im konkreten Fall objektiv geeignet waren, ist nicht unter Zugrundelegung einer Betrachtung im nachhinein (ex post) zu ermitteln, sondern es ist die Sichtweise eines ordentlichen Geschäftsmannes zum Zeitpunkt des Anteilserwerbs bzw. der Kreditgewährung als dem ersten Schritt zur Sanierung zugrunde zu legen (Betrachtung ex ante).[235]

122 – Schließlich ist der **auf die Sanierung der Gesellschaft gerichtete subjektive Wille des Anteilserwerbers** erforderlich. Auch dieses Merkmal wird im Regelfall praktisch keine Probleme aufwerfen, da diese Voraussetzung bei einem Anteilserwerb in der Krise vermutet werden kann.[236] Aus welcher Motivation heraus die Sanierung betrieben wird, ist unerheblich, solange lediglich die Sanierung selbst gewollt ist.[237]

123 Die Vorlage eines **Gutachtens,** aus dem sich die Sanierungsfähigkeit der Gesellschaft und die Geeignetheit der geplanten/ergriffenen Maßnahmen ergeben, ist **als solches keine Voraussetzung** für die Erlangung des Sanierungsprivilegs. Wegen der den Gesellschafter treffenden Beweislast (hierzu Rn. 211) **empfiehlt** es **sich jedoch,** ein solches Gutachten rechtzeitig einzuholen, um im Streitfall das Vorliegen der notwendigen Voraussetzungen nachweisen zu können.[238]

124 e) **Erfasste Leistungen.** § 32a Abs. 3 S. 3 spricht hinsichtlich der freigestellten Gesellschafterleistungen allein „Kredite" an und versteht hierunter – wie sich aus der Formulierung „Darlehensgeber" ergibt, augenscheinlich **Darlehen** im Sinne von § 32a Abs. 1 und 2.

125 Über den Wortlaut der Bestimmung hinaus sind jedoch **auch sonstige Leistungen,** die nach § 32a Abs. 3 S. 1 den Darlehen gleichgestellt werden können, als frei-

---

[233] *Pentz* GmbHR 1999, 437, 441, 449; *Casper/Ullrich* GmbHR 2000, 472, 476.
[234] Dies betont vor allem *Dauner-Lieb* in *v. Gerkan/Hommelhoff* Handbuch des Kapitalersatzrechts, 2000, Rn. 4.55 ff.
[235] *Pentz* GmbHR 1999, 437, 449 f.; für eine Betrachtung ex ante auch *Obermüller* ZInsO 1998, 51, 53; *Hirte* ZInsO 1998, 147, 151; *Dauner-Lieb* in *v. Gerkan/Hommelhoff* Handbuch des Kapitalersatzrechts, 2000, Rn. 4.55.
[236] *Pentz* GmbHR 1999, 437, 450; *Casper/Ullrich* GmbHR 2000, 472, 476; *Dauner-Lieb* in *v. Gerkan/Hommelhoff* Handbuch des Kapitalersatzrechts, 2000, Rn. 4.54; strenger wohl *Dörrie* ZIP 1999, 12, 14, der für die Vermutung auf die vorangegangene Prüfung der objektiven Voraussetzungen abstellt.
[237] *Dörrie* ZIP 1999, 12, 14; *Casper/Ullrich* GmbHR 2000, 472, 476; strenger wohl *Claussen* GmbHR 196, 316, 326.
[238] *Dörrie* ZIP 1999, 12, 14; *Pentz* GmbHR 1999, 437, 450; hierzu auch *Dauner-Lieb* in *v. Gerkan/Hommelhoff* Handbuch des Kapitalersatzrechts, 2000, Rn. 4.56; wohl auch *Obermüller* ZInsO 1998, 51, 54.

gestellt anzusehen. Denn eine sachliche Rechtfertigung für eine unterschiedliche Behandlung von Darlehen und sonstigen Leistungen ist mit Blick auf das der Bestimmung zugrundeliegende Anliegen, Sanierungen zu fördern, nicht ersichtlich.[239]

f) Dauer der Enthaftung. Die Dauer der Wirkungen des Sanierungsprivilegs ist streitig. Teilweise wird vertreten, alle einmal in der Krise geleisteten, vom Sanierungsprivileg des § 32a Abs. 3 S. 3 erfassten Gesellschafterleistungen seien auch in einer neuen, nach Beendigung der für die Anwendung des Sanierungsprivilegs maßgeblichen Krise eintretenden Kapitalersatzsituation von der Anwendung des Kapitalersatzrechts ausgeschlossen.[240] Begründet wird dies zum einen mit dem Sinn und Zweck des Sanierungsprivilegs, der ins Leere ginge, wenn ein Kreditgeber alsbald nach Beendigung der Krise seine Leistungen zurückfordern müsse, um ihre spätere Umqualifizierung abzuwenden; zum anderen wird auf die gegenüber § 25 UBGG und § 268 Nr. 2 InsO fehlende zeitliche Beschränkung hingewiesen. Dieser Auffassung kann nicht gefolgt werden.[241] Das Argument, ein Kreditgeber müsse anderenfalls unverzüglich seine Leistungen zurückfordern, und hierdurch würde der Sanierungszweck gefährdet, überzeugt insoweit nicht, als sich hier die Frage stellen würde, ob die Krise tatsächlich überwunden ist. Gegen eine zeitlich unbefristete Privilegierung der freigestellten Leistungen spricht aber vor allem, dass § 32a Abs. 3 S. 3 nicht allgemein eine Spekulation zu Lasten der Gläubiger der Gesellschaft eröffnen will, sondern nur in einer konkreten Gesellschaftskrise einem Anteilserwerber den Anreiz bieten will, die Gesellschaft zu sanieren, und allein zu diesem Zweck eine Einschränkung hinsichtlich des sonst geltenden Eigenkapitalersatzrechts anordnet. 126

Fraglich ist die Rechtslage bei **Fehlschlagen eines seriösen Sanierungskonzepts.** Insoweit stellt sich das Problem, ob das Sanierungsprivileg gemäß § 32a Abs. 3 S. 3 auch in dieser Situation, wenn das Fehlschlagen des Konzepts feststeht, eine Verstrickung verhindert oder ob der bisher freigestellte Sanierungskredit jetzt vorbehaltlich eines rechtzeitigen Abzugs nach den Maßstäben des „stehengelassenen Kredits" (hierzu Rn. 143ff.) verstrickt wird; gute Gründe sprechen für letzteres.[242] 127

g) Übergangsrecht. Wie bei der Kleinbeteiligtenschwelle (Rn. 83ff.) fehlt auch im Zusammenhang mit dem Sanierungsprivileg eine Übergangsregelung, so dass heute auch insoweit eine gespaltene Rechtslage besteht: 128

– Ist die **Leistung vor dem 1. 5. 1998,** dem In-Kraft-Treten des Sanierungsprivilegs, kapitalersetzend **geleistet** oder stehen gelassen (Rn. 143ff.) worden ist, bleibt es bei dem bisherigen Recht, dem eine Freistellung von sanierungsbedingten Leistungen nicht bekannt war.[243] Dem Gesetz ist keine Grundlage für den Eingriff in bereits entstandene Rechtspositionen der Gesellschaft zu entnehmen. 129

---

[239] Vgl. hierzu *Dörrie* ZIP 1999, 12, 15; *Pentz* GmbHR 1999, 437, 448; *Grunewald*, FS Bezzenberger, 2000, S. 90f.; *Hommelhoff/Goette* Eigenkapitalersatzrecht in der Praxis, Rn. 69; *Dauner-Lieb* in *v. Gerkan/Hommelhoff* Handbuch des Kapitalersatzrechts, 2000, Rn. 4.40; *Lutter/Hommelhoff* §§ 32a/b Rn. 86.
[240] *Obermüller* ZInsO 1998, 51, 53.
[241] Vgl. hierzu *Seibert* GmbHR 1998, 309, 310; *Hirte* ZInsO 1998, 147, 151; *Pentz* GmbHR 1999, 437, 450; *Pichler* WM 1999, 418; *Casper/Ullrich* GmbHR 2000, 472, 480; *Grunewald*, FS Bezzenberger, 2000, S. 85, 91; *Dauner-Lieb* in *v. Gerkan/Hommelhoff* Handbuch des Kapitalersatzrechts, 2000, Rn. 4.59ff.; *Baumbach/Hueck/Fastrich* Rn. 19; *Lutter/Hommelhoff* §§ 32a/b Rn. 87; *Scholz/K. Schmidt* §§ 32a, 32b Rn. 200.
[242] Vgl. zu diesem Problem eingehend *Dauner-Lieb* in *v. Gerkan/Hommelhoff* Handbuch des Kapitalersatzrechts, 2000, Rn. 4.61.
[243] *Pentz* GmbHR 1999, 437, 451.

§ 32a 2. Abschnitt. Rechtsverhältnisse der Gesellschaft und der Gesellschafter

130 – Ist die **Leistung vor dem 1. 5. 1998** in Widerspruch zum Recht des Eigenkapitalersatzes **zurückerstattet** worden, bleibt es bei den Rückerstattungsansprüchen der Gesellschaft entsprechend § 31 (Rn. 218f.) bzw. § 135 Nr. InsO iVm. Art. 104, 106 EGInsO.[244] Dies folgt daraus, dass zum einen das Gesetz keine Grundlage für einen enteignenden Eingriff in bereits entstandene Forderungen enthält und zum anderen § 135 InsO nur auf die eigenkapitalersetzende Qualität abstellt, aber nicht auf den Zeitpunkt der Rückgewähr.

131 – Ist die **Verstrickung nach altem Recht** eingetreten, die **Rückgewähr** aber **nach dem 1. 5. 1998,** also unter der Geltung des neuen Rechts erfolgt, bleibt es bei der Anfechtbarkeit gemäß § 135 InsO, der lediglich auf die eigenkapitalersetzenden Qualität der gewährten Leistung abstellt. Entsprechendes gilt für Ansprüche der Gesellschaft analog § 31 (Rn. 218f.).[245]

132 – Die Behandlung von **Leistungen, die nach dem 1. 5. 1998** eigenkapitalersetzend **gewährt** oder stehengelassen (Rn. 143ff.) worden sind, richtet sich ausschließlich nach neuem Recht, also nach der Reichweite des Sanierungsprivilegs (hierzu Rn. 110ff.).[246]

133 **h) Maßgeblicher Zeitpunkt der Gesellschaftereigenschaft.** Im Regelfall des § 32a hat ein Gesellschafter in der Krise ein eigenkapitalersetzendes Darlehen gegeben. Es sind aber auch andere Fallkonstellationen denkbar:

134 Hat jemand **vor dem Erwerb von Geschäftsanteilen** ein Darlehen gewährt und belässt er dieses der Gesellschaft, so wird es – vorbehaltlich der weiteren Anforderungen (Rn. 31ff., 70ff.) – jedenfalls dann eigenkapitalersetzend, wenn die Voraussetzungen für ein Stehenlassen erfüllt sind (hierzu Rn. 143ff.). Hat der Gesellschafter dagegen vor seinem Eintritt ein Darlehen gewährt, um eine *aktuelle* Krise zu beseitigen, kommt es darauf an, ob dieses Darlehen in einem engen sachlichen Zusammenhang mit dem späteren Erwerb der Gesellschafterstellung zu sehen ist; ist dies der Fall, wird das Darlehen grundsätzlich bereits mit seiner Hingabe verstrickt.[247] Mit Blick auf das 1998 eingeführte Sanierungsprivileg kann dies heute jedoch nicht mehr uneingeschränkt gelten.[248] Insoweit ist vielmehr davon auszugehen, dass ein von einem zukünftigen Sanierungsgesellschafter (zu den Voraussetzungen vgl. Rn. 112ff.) in einem engen sachlichen Zusammenhang mit dem Erwerb der Geschäftsanteile gewährtes Darlehen ebenso freigestellt ist, wie es im Falle seiner Gewährung erst nach dem Erwerb der Geschäftsanteile wäre.

135 Die **Übertragung von Geschäftsanteilen** und das damit verbundene Ausscheiden eines Gesellschafters aus der GmbH führt nicht zur Entstrickung bereits kapitalersetzender Gesellschafterleistungen.[249] Unerheblich ist in diesem Zusammenhang, ob der Gesellschafter noch Inhaber der grundsätzlich bestehen gebliebenen Rückforderung ist oder ob er diesen Anspruch an den Erwerber des Geschäftsanteils abgetreten hat.

---

[244] *Pentz* GmbHR 1999, 437, 451.
[245] *Pentz* GmbHR 1999, 437, 451.
[246] *Pentz* GmbHR 1999, 437, 451; ebenso *Dauner-Lieb* in *v. Gerkan/Hommelhoff* Handbuch des Kapitalersatzrechts, 2000, Rn. 4.28.
[247] *Hachenburg/Ulmer* §§ 32a, b Rn. 39; *Scholz/K. Schmidt* §§ 32a, 32b Rn. 35; *Lutter/Hommelhoff* §§ 32a/b Rn. 58.
[248] Vgl. auch *Grunewald*, FS Bezzenberger, 2000, S. 85, 89.
[249] BGH ZIP 2001, 115, 116; NJW 1999, 2822; BGHZ 127, 1, 6f. = NJW 1994, 2349, 2350; *Baumbach/Hueck/Fastrich* Rn. 27; *Hachenburg/Ulmer* §§ 32a, b Rn. 39f.; *Lutter/Hommelhoff* §§ 32a/b Rn. 59; *Scholz/K. Schmidt* §§ 32a, 32b Rn. 34.

Rückgewähr von Darlehen   § 32 a

Davon zu unterscheiden ist der Fall, dass ein **Gesellschafter vor** dem **Eintritt der** 136
Krise aus der Gesellschaft **ausscheidet**. Praktisch relevant ist der Fall der sog. Abfindungsguthaben. Hier kommt es darauf an, ob das Darlehen auf eine Krisenfinanzierung der Gesellschaft angelegt war[250] (näher Rn. 63f.). Nach teilweise vertretener Auffassung soll es auch genügen, dass der Gesellschafter seinen außerhalb der Krise entstandenen, jetzt fälligen Anspruch in der Krise der Gesellschaft prolongiert, um das Überleben der Gesellschaft sicherzustellen.[251] Dem ist nicht zu folgen. Mit seinem Ausscheiden aus der Gesellschaft trifft den Gesellschafter nicht mehr die Finanzierungsfolgenverantwortung (Rn. 17), so dass es nicht mehr gerechtfertigt ist, ihn in den Anwendungsbereich der Regeln über den Eigenkapitalersatzes miteinzubeziehen.[252] Unberührt hiervon bleiben Umgehungsfälle (§ 32 a 3 S. 1).

5. Kreditinstitute, Versicherungsunternehmen. Eine Freistellung von institu- 137
tionellen Kreditgebern vom Anwendungsbereich des Kapitalersatzrechts besteht nicht.[253] Auch Banken, die sich an der Gesellschaft vor oder nach der Gewährung von Darlehen beteiligen, unterliegen den Regeln über eigenkapitalersetzende Gesellschafterdarlehen. Das der Beteiligung zugrunde liegende Motiv ist grundsätzlich bedeutungslos, zu beachten ist jedoch das seit 1998 geltende Sanierungsprivileg (Rn. 109ff.).[254] Gleiches gilt für die Beteiligung von Versicherungsunternehmen. Zu beachten ist in diesem Zusammenhang allerdings die Privilegierung der Banken und Versicherungen nach § 25 UBGG (Gesetz über Unternehmensbeteiligungsgesellschaften v. 17. 12. 1986, BGBl. I S. 2488). Nach dieser Bestimmung werden für die Anwendung der Vorschriften über die eigenkapitalersetzenden Gesellschafterdarlehen den Kreditinstituten und Versicherungsunternehmen, die mit einer Unternehmensbeteiligungsgesellschaft im Sinne des UBGG nach den §§ 15 bis 19 AktG verbunden sind, die der Unternehmensbeteiligungsgesellschaft gehörenden Anteile bis zum Ablauf von vier Jahren nach der erstmaligen Beteiligung dieses Unternehmens an der Gesellschaft nicht zugerechnet, wenn das Darlehen außerhalb der Krise gewährt worden und später der Gesellschaft belassen worden ist.

IV. Gesellschafterdarlehen und gleichgestellte Rechtshandlungen

1. Übersicht. § 32 a fordert in Abs. 1 die Gewährung eines Darlehens durch einen 138
Gesellschafter (oder in Verbindung mit Abs. 3 durch einen diesem gleichgestellten Dritten). Der Darlehensgewährung werden in Abs. 3 Rechtshandlungen gleichgestellt, die einer Darlehensgewährung wirtschaftlich entsprechen (zur Ausweitung des Anwendungsbereichs in personeller Hinsicht s. Rn. 71 ff).

2. Arten des Darlehens gemäß § 32 a Abs. 1. § 32 a Abs. 1 spricht von einem 139
Darlehen, das ein Gesellschafter der Gesellschaft gewährt hat. Der Begriff des Darlehens ist rechtstechnisch im Sinne des **§ 607 BGB aF/§ 488 BGB nF** zu verstehen. Ein Darlehen nach § 32 a Abs. 1 liegt deshalb vor, wenn der Gesellschafter der GmbH Geld oder andere vertretbare Sachen aufgrund eines Darlehensvertrages überlassen und

---

[250] BGH WM 1986, 1554; NJW 1985, 2719.
[251] *Lutter/Hommelhoff* §§ 32 a/b Rn. 59 mwN.
[252] Vgl. hierzu BGH NJW 1985, 2719, 2720; *Scholz/K. Schmidt* §§ 32 a, 32 b Rn. 34; strenger *Hachenburg/Ulmer* §§ 32 a, b Rn. 39.
[253] Statt anderer *v. Gerkan* in *v. Gerkan/Hommelhoff* Handbuch des Kapitalersatzrechts, 2000, Rn. 3.29 mwN auch zur Gegenmeinung.
[254] Zur abweichenden früheren Rechtslage vgl. BGHZ 105, 168 = NJW 1988, 3143; *Hachenburg/Ulmer* §§ 32 a, b Rn. 63; *Fleck,* FS Werner, 1984, S. 107, 125.

§ 32a   2. Abschnitt. Rechtsverhältnisse der Gesellschaft und der Gesellschafter

diese sich zur Rückerstattung verpflichtet hat (§ 607 Abs. 1 BGB aF/§§ 488 Abs. 1 S. 2, 607 BGB nF) oder die Gesellschaft dem Gesellschafter Geld oder andere vertretbare Sachen aus einem anderen Grund schuldet, beide jedoch vereinbaren, dass diese Schuld nunmehr in ein Darlehen umgewandelt werden soll. Auch der Kontokorrentkredit fällt hierunter.[255] Fließt der Gesellschaft tatsächlich kein Darlehen zu, sondern tritt sie nur als Mitdarlehensnehmerin auf, scheidet die Annahme eines kapitalersetzenden Darlehens aus.[256]

140 **a) Darlehensgewährung.** Unter die Bestimmung des § 32a Abs. 1 fallen sonach nicht nur **Darlehen in Geld** sondern auch **Darlehen in vertretbaren Sachen** (Rn. 139), etwa darlehensweise gegebene Rohstoffe, sonstige Waren oder beleihbare Wertpapiere wie Aktien, Pfandbriefe oder auch diskontfähige Wechsel und ähnliche Ersatzformen.[257] Dazu gehören auch die Kreditlinie und das unechte Factoring (Rn. 158).[258] Es kommt nicht darauf an, ob das Darlehen verzinslich oder partiarisch ist,[259] ob es auf unbestimmte Zeit oder für einen bestimmten Zeitraum gewährt wurde.

141 Auch die nach der Darlehensvereinbarung bestehenden **Zins- und sonstige Nebenforderungen** sind durch § 32a Abs. 1 erfasst. Diese Forderungen entstehen zwar, teilen jedoch das Schicksal des Hauptanspruchs und unterliegen damit der Durchsetzungssperre des § 32a Abs. 1. Eine Beschränkung auf gestundete und damit unmittelbar durch Abs. 1 erfasste Nebenansprüche besteht nicht.[260] Der Zins- oder der sonstige Nebenanspruch bleibt bestehen, er kann während der Verstrickung des Hauptanspruchs allerdings ebenso wenig wie dieser durchgesetzt werden.[261] Die Zinsansprüche sind deshalb auch in der Krise zu passivieren.[262] Die Gegenansicht, wonach der Zinsanspruch erlischt und später wiederauflebt,[263] lässt sich konstruktiv nicht begründen und erscheint auch sachlich nicht erforderlich.

142 **b) Darlehensversprechen.** Der Anwendungsbereich des § 32a setzt nach der Rechtsprechung des BGH voraus, dass das Darlehen bereits durch den Gesellschafter tatsächlich überlassen wurde. Darlehensversprechen werden hiernach durch den Anwendungsbereich Abs. 1 nicht erfasst.[264] Ein in der Krise gegebenes Darlehensversprechen kann aber nach den Grundsätzen über die Krisendarlehen zu erfüllen sein, ohne dass der Gesellschafter das Versprechen nach § 610 BGB aF bzw. § 490 BGB nF widerrufen könnte.[265]

---

[255] OLG Celle NZG 2000, 104 = DStR 2000, 1484 (LS) m. Anm. *Haas*.
[256] BGH NJW 1999, 2596 = DStR 1999, 1080m. Anm. *Goette*.
[257] *Baumbach/Hueck/Fastrich* Rn. 28 ff.; *Hachenburg/Ulmer* §§ 32a, b Rn. 24.
[258] *Baumbach/Hueck/Fastrich* Rn. 33; *Hachenburg/Ulmer* §§ 32a, b Rn. 24; *Johlke* in *v. Gerkan/Hommelhoff* Handbuch des Kapitalersatzrechts, 2000, Rn. 5.55.
[259] *Baumbach/Hueck/Fastrich* Rn. 29; *Rümker/H. P. Westermann* S. 21.
[260] Statt anderer *Hachenburg/Ulmer* §§ 32a, b Rn. 69.
[261] BGH NJW 1996, 1341, 1343; BFH BStBl. 1992 II S. 532, 534 ff. = NJW 1992, 2309, 2310 mit umfangreichen Nachweisen; *Hachenburg/Ulmer* §§ 32a, b Rn. 176; ausführlich *Sieker* ZGR 1995, 250, 258 ff.
[262] BFH BStBl. 1992 II S. 532, 534 ff. = NJW 1992, 2309, 2310; allgemein zur Frage der Passivierung eigenkapitalersetzender Leistungen vgl. bei Rn. 260 ff.
[263] So früher *Lutter/Hommelhoff* 14. Aufl. §§ 32a/b Rn. 80; jetzt in Rn. 104 aufgegeben.
[264] BGHZ 142, 116, 119 f. = NJW 1999, 2809; BGHZ 127, 17, 23 = NJW 1994, 2760; wegen der mit einer Liquiditätszusage verbundenen Wirkungen zu Recht aA Vorauf. Rn. 41; MüKo InsO/*Stodolkowitz* § 135 Rn. 52, 20.
[265] BGHZ 142, 116, 121 = NJW 1999, 2809; BGHZ 104, 33 ff. = NJW 1988, 1841.

Rückgewähr von Darlehen § 32a

c) Stehengelassene Darlehen. aa) Begriff. Unter dem Begriff des stehengelasse- 143
nen Gesellschafterdarlehens wird allgemein der Tatbestand verstanden, dass ein Gesellschafter der Gesellschaft in gesunden Verhältnissen ein Darlehen gewährt hat und es ihr in der Krise trotz der Möglichkeit einer Rückforderung belassen hat.[266] Die Erscheinungsformen der hiermit erfassten Gestaltungen sind allerdings vielfältig; sie reichen von ausdrücklich oder konkludent vereinbarten Finanzierungsabreden bis zum rein tatsächlichen Belassen des Darlehens in der Krise und bedürfen jeweils gesonderter Betrachtung.

bb) Einzelheiten. Unter dem Aspekt der eigenkapitalersetzenden Gesellschafter- 144
darlehen unproblematisch sind zunächst diejenigen Fälle, in denen die Parteien eine **rechtsgeschäftliche Abrede** über das Belassen des Kredits getroffen haben. Hierzu zählen etwa Stundungs- und Fälligkeitsabreden, Kreditverlängerung, usw.[267] Auch die „Zurücknahme" der Darlehenskündigung unterfällt dieser Fallgruppe.[268] Derartige Vereinbarungen stellen wegen der in der Abrede enthaltenen weiteren Form der Darlehensgewährung ohne weiteres Darlehen im Sinne des § 32a Abs. 1 dar.[269]

Umstritten ist dagegen der Bereich des **nicht-rechtsgeschäftlichen** Stehenlassens. 145
Hierzu wird teilweise die Auffassung vertreten, die bloße Tatsache der Nichtgeltendmachung einer Darlehensforderung genüge unabhängig von subjektiven Merkmalen für sich genommen in jedem Falle zur Verstrickung des Darlehens nach den Grundsätzen des Kapitalersatzrechts.[270] Nach anderer Auffassung bedarf es neben der Tatsache des Stehenlassens eines besonderen **Zurechnungsgrundes,** wobei weiter unterschieden wird: Ein Teil der Literatur verlangt zumindest eine Verständigung zwischen Gesellschafter und Gesellschaft über die Belassung des Darlehens, die insbesondere eine unverbindliche sein kann; fehlt es hieran, kommt ein Verbot der Rückzahlung des Darlehens nach dieser Auffassung nur unter dem Aspekt der Unzulässigkeit widersprüchlichen Verhaltens in Betracht.[271] Nach der Rechtsprechung und einem anderen Teil der Literatur genügt es zur Verstrickung des Darlehens dagegen, wenn der Gesellschafter von der Krise **Kenntnis** hatte **oder** er wenigstens hätte **Kenntnis haben müssen** und ihm der Abzug des Darlehens möglich war.[272] An die Möglichkeit, die Krise zu erkennen, werden dabei von der Rechtsprechung keine hohen Anforderun-

---

[266] BGH NJW 1999, 2596 = NZG 1999, 720 = DStR 1999, 1080 m. Anm. *Goette;* BGHZ 125, 141, 147 = NJW 1994, 1477; BGHZ 75, 334, 337 = NJW 1980, 592; BGHZ 76, 326, 331 = NJW 1980, 1524; zum Sonderfall der Finanzplankredite s. Rn. 46 ff.
[267] BGHZ 75, 334, 338 = NJW 1980, 592; BGHZ 81, 311, 317 = NJW 82, 383; *Baumbach/Hueck/Fastrich* Rn. 34 ff.
[268] BGH WM 1981, 1200.
[269] OLG Hamburg DB 1986, 1328; *Hachenburg/Ulmer* §§ 32a, b Rn. 28; *Scholz/K. Schmidt* §§ 32a, 32b Rn. 49.
[270] So OLG Hamburg ZIP 1984, 584, 586; *v. Gerkan* GmbHR 1986, 218, 221; *Wiedemann* ZIP 1986, 1293, 1297; *Hill/Schäfer* BB 1989, 458 ff.; *Altmeppen* ZIP 1994, 26, der Härten für den Gesellschafter mit einer analogen Anwendung des § 31 Abs. 2 vermeiden will.
[271] *Hachenburg/Ulmer* §§ 32a, b Rn. 30 ff., 92; *Scholz/K. Schmidt* §§ 32a, 32b Rn. 44, 46; *Baumbach/Hueck/Fastrich* Rn. 38; *Geßler* BB 1980, 1385, 1391; *Hüffer* ZHR 153 (1989), 321, 333 ff., jew. mwN.
[272] BGHZ 75, 334, 338 = NJW 1980, 592; BGH NJW 1985, 2719; BGHZ 105, 168, 186 = NJW 1988, 3143; BGHZ 109, 55, 60 = NJW 1990, 516; BGH NJW 1991, 357; 1992, 1116; 1992, 1763; BGHZ 125, 141, 147 = NJW 1994, 1477; ausdrücklich zur Frage der Bedeutung subjektiver Merkmale: BGH NJW 1995, 326, 329 m. Anm. *Goette* DStR 1994, 1902; *Heidenhain* LM § 32a Nr. 21 – unter Hinweis auf die Finanzierungsfolgeverantwortung des Gesellschafters; fortentwickelt in BGH NJW 1995, 457, 459 m. Anm. *Altmeppen* in ZIP 1995, 24; *Goette* DStR 1995, 190, *Roth* LM § 30 Nr. 46; s. auch *Lutter/Hommelhoff* §§ 32a/b Rn. 45.

§ 32a 2. Abschnitt. Rechtsverhältnisse der Gesellschaft und der Gesellschafter

gen gestellt, der Gesellschafter ist nach dieser Auffassung verpflichtet, sich über die Lage der Gesellschaft zu informieren, wobei hinsichtlich des in diesem Rahmen zu beachtenden Maßstabes § 276 BGB gilt, der bei einem unternehmerischen Gesellschafter allerdings die Maßstäbe des § 43 erreichen kann.[273] § 278 ist in diesem Zusammenhang unanwendbar. Für die Ausübung der Entscheidung, das Darlehen zu belassen oder die Gesellschaft zu liquidieren bzw. das Darlehen aus wichtigem Grund zu kündigen,[274] billigt die Rechtsprechung dem Gesellschafter eine nach den Umständen des Einzelfalls zu bestimmende angemessene Überlegungsfrist zu, die allerdings nicht lang zu bemessen ist.[275] **Verstrickung der Leistung** tritt erst mit Ablauf der Überlegungszeit ein; wird die Leistung nicht innerhalb dieser Zeit abgezogen, unterfällt sie den Grundsätzen des Kapitalersatzrechts.[276]

146 Im Rahmen einer **Stellungnahme** hierzu ist zunächst zu bemerken, dass die in der grundlegenden Entscheidung des BGH[277] dargelegte Begründung für die Verstrickung des Gesellschafterdarlehens auch im Falle der schuldhaften Unkenntnis von der finanziellen Situation der Gesellschaft nicht ganz eindeutig ist. Sie stützt sich maßgeblich auf die Verantwortung des Gesellschafters für eine seriöse Finanzierung der im Rechtsverkehr auftretenden Gesellschaft und scheint damit die dem Gesellschafter als Darlehensgeber auferlegte Pflicht zur Kontrolle der finanziellen Situation der Gesellschaft gefährdungshaftungsähnlich aus der abstrakten Bedrohung der Gläubigerinteressen durch die GmbH herzuleiten. Eine derartige Begründung erscheint sehr weitgehend. Näher liegt es, aus dem Recht der eigenkapitalersetzenden Gesellschafterdarlehen entsprechend der bisherigen Entwicklung (Rn. 17) allgemein den Grundsatz abzuleiten, dass der Gesellschafter gezwungen sein soll, die Gesellschaft so zu behandeln, wie sich ein wirtschaftlich vernünftig denkender Dritter mit den dem Gesellschafter zugänglichen Kenntnissen ihr gegenüber verhalten würde, und der Gesellschafter dann, wenn er sich abweichend hiervon verhält, zu erkennen gibt, dass das gegebene Darlehen eigenkapitalähnlich gemeint war. Denn ein Dritter in diesem Sinne würde sich in der Situation des Gesellschafters über die wirtschaftliche Situation der Gesellschaft ständig informieren und das Darlehen abziehen, wenn es gefährdet erscheint. Gibt der Gesellschafter dagegen durch sein Verhalten zu erkennen, dass ihm die Verwirklichung seines Rückzahlungsanspruchs im Vergleich zu einem gesellschaftsfremden Dritten weniger dringlich erscheint, kümmert er sich insbesondere nicht hinreichend um die wirtschaftliche Entwicklung der Gesellschaft, rechtfertigt dies die Annahme, dass der Charakter des Darlehens über denjenigen eines von dritter Seite gewährten hinausgeht und im Grunde eigenkapitalähnlich der Gesellschaft gewidmet ist.[278] Dem Anliegen des BGH, dem

---

[273] BGH NJW 1995, 326, 329.
[274] Vgl. hierzu BGH NJW 1997, 3026, 3027; WM 1983, 1038; s. hierzu auch *Hachenburg/Ulmer* §§ 32a, b Rn. 32; zum Widerruf einer Darlehenszusage nach § 610 BGB aF/§ 490 BGB nF s. BGH NJW 1978, 2154; BGHZ 93, 159, 161 = NJW 1985, 1468; zur Geltendmachung des Bürgenbefreiungsanspruchs nach § 775 BGB BGH ZIP 1995, 646, 648.
[275] BGH NJW 1995, 658, 659 mit Hinweis auf die drei-Wochen-Frist des § 64 Abs. 1 S. 1: zwei Wochen jedenfalls im Regelfall nicht zu lang; BGH NJW 1998, 3200: Überschreitung der drei-Wochen-Frist des § 64 Abs. 1 nur unter besonderen Umständen; OLG Hamm GmbHR 1992, 181: Zeitraum von über zwei Monaten deutlich zu lang; s. auch *Geißler* GmbHR 1994, 194; *Röhricht* Steuerberater-Jahrbuch 1991/92 S. 313, 327; *Baumbach/Hueck/Fastrich* Rn. 37 ff.; *Lutter/Hommelhoff* §§ 32a/b Rn. 47 ff.; *Scholz/K. Schmidt* §§ 32a, 32b Rn. 49.
[276] BGHZ 121, 31, 36 = NJW 1993, 392; BGH NJW 1991, 357; 1992, 1170, 1173; 1992, 1763; 1764; WM 1994, 2283.
[277] BGHZ 127, 336, 342 ff. = NJW 1995, 326.
[278] Vgl. auch die Überlegungen bei *Habersack* ZHR 161 (1997), 457, 472 f.

Gesellschafter den Einwand abzuschneiden, er habe sich um die Funktion des Darlehens nicht gekümmert, ist auf der Grundlage dieses Genüge getan. Nicht überzeugend erscheint dagegen der von der früher herrschenden Meinung in der Literatur erhobene Einwand, ein schlichtes Stehenlassen sei mit einer Darlehensgewährung im Sinne des Abs. 1 nicht vergleichbar und könne deshalb auch keine wirtschaftlich entsprechende Rechtshandlung im Sinne des Abs. 3 darstellen. Diese Auffassung berücksichtigt nicht hinreichend, dass § 32a Abs. 1 nur die partielle Umsetzung eines deutlich weitergehenden Prinzips darstellt und mit Abs. 3 S. 1, unter den diese Art des Stehenlassens zu subsumieren ist, dem Recht des Eigenkapitalersatzes ein möglichst weiter Anwendungsbereich gesichert werden sollte und die Bestimmung eine solche Fortentwicklung deshalb deckt. Gegen die ausschließlich auf objektive Gesichtspunkte abstellende Auffassung schließlich spricht, dass das Recht der eigenkapitalersetzenden Gesellschafterdarlehen zwar dem Gläubigerschutz dient, seine Rechtfertigung jedoch im Verhalten des Gesellschafters findet[279] und eine Umqualifizierung ohne rechtfertigendes Zurechnungselement iÜ auch verfassungsrechtlichen Bedenken begegnen dürfte. **Ohne Bedeutung** für die Zurechnung ist demgegenüber, ob der Gesellschafter die für eine Liquidation der Gesellschaft notwendige Stimmenmehrheit besitzt.[280]

cc) Folgerungen. Gewährt ein Gesellschafter der GmbH außerhalb eines Finanzplans zu einem Zeitpunkt, in dem die Gesellschaft wirtschaftlich gesund ist, ein Darlehen, trifft ihn die Folgeverantwortung, sich laufend und zuverlässig über die wirtschaftliche Lage der Gesellschaft zu informieren.[281] Die hierbei aufzuwendende Sorgfalt ergibt sich aus § 276 BGB und kann bei unternehmerisch tätigen Gesellschaftern dem Maßstab des § 43 entsprechen.[282] Gerät die Gesellschaft in die Krise, ist danach zu unterscheiden, ob der Gesellschafter Kenntnis hiervon gehabt hat. Hatte er keine Kenntnis von den die Krise begründenden Umständen, kommt es darauf an, ob er vor dem Hintergrund seiner Informationspflicht solche Kenntnisse hätte haben müssen; ist dies der Fall, wovon regelmäßig auszugehen ist, ist das Darlehen verstrickt.[283] Erkennt der Gesellschafter dagegen, dass die Gesellschaft in die Krise geraten ist, kann er die Umqualifizierung seines Darlehens verhindern, indem er (soweit ihm dies möglich ist) die Gesellschaft mit oder ohne Insolvenzverfahren liquidiert oder sie durch Entzug der Mittel zwingt, die Liquidation selbst mit oder ohne Insolvenzverfahren zu betreiben.[284] Entscheidend ist die Beendigung des bestehenden Zustandes.[285] Die dem Gesellschafter dabei zur Verfügung stehende Überlegungsfrist (s. Rn. 145) dürfte vorbehaltlich besonderer Umstände, die eine kürzere Frist rechtfertigen, an der Drei-Wochen-Frist des § 64 Abs. 1 S. 1 zu orientieren sein.[286] Zieht der Gesellschafter seine Leistung nicht innerhalb dieser Frist ab, erhält das Darlehen eigenkapitalersetzenden Charakter.

---

[279] Rn. 17; ausführlich BGH NJW 1995, 326, 329 m. Anm. *Goette* DStR 1994, 1902, *Heidenhain* LM § 32a Nr. 21.
[280] Zutr. hierzu *K. Schmidt* ZIP 1999, 1241, 1244 ff. mwN; abw. *Wiedemann/Fleischer* JZ 1994, 204, 205; *Habersack* ZHR 161 (1997), 457, 471 ff.
[281] BGHZ 127, 336, 342 ff. = NJW 1995, 326 m. Anm. *Goette* DStR 1994, 1902; *Heidenhain* LM § 32a Nr. 21.
[282] BGHZ 127, 336, 342 ff. = NJW 1995, 326.
[283] BGHZ 127, 336, 342 ff. = NJW 1995, 326 m. Anm. *Goette* DStR 1994, 1902; *Heidenhain* LM § 32a Nr. 21; s. aber auch BGH NJW 1995, 457, 459 f.: kein Kennenmüssen bei Bilanzfälschung.
[284] Zur Kündigung wegen Verschlechterung der Vermögensverhältnisse s. BGH NJW 1987, 1080 ff.; vgl. auch BGHZ 109, 55, 61 = NJW 1990, 516; BGH NJW 1997, 3026, 3027.
[285] BGH NJW 1995, 658, 659.
[286] S. hierzu auch BGH NJW 1998, 3200; 1995, 658, 659.

§ 32a   2. Abschnitt. Rechtsverhältnisse der Gesellschaft und der Gesellschafter

148   Die Nichtgeltendmachung einer erst nach Eintritt der Krise fällig gewordenen Forderung unterliegt den gleichen Maßstäben wie das Stehenlassen einer Darlehensforderung.[287]

149   **d) Belassene Abfindungsguthaben.** In der Praxis werden Abfindungsguthaben ausscheidender Gesellschafter häufig nicht sofort, sondern zeitlich versetzt, regelmäßig auch in Raten ausgezahlt. Insoweit ist zunächst in jedem Falle die Grenze des § 30 Abs. 1 zu beachten. Unter dem Aspekt eigenkapitalersetzender Gesellschafterdarlehen ist zu unterscheiden zwischen einer satzungsmäßig vorgesehenen und einer auf Vereinbarung beruhenden Stundung: Beruht die Stundung der Auszahlung des Abfindungsguthabens auf einer gesellschaftsvertraglichen Bestimmung, ist ihre Verstrickung trotz der krisenvermeidenden Funktion einer solchen Satzungsbestimmung zu verneinen. Die Gegenmeinung[288] berücksichtigt nicht hinreichend, dass der Abfindungsanspruch nie in anderer Form entstanden ist, er zum Zeitpunkt des Ausscheidens des Gesellschafters zumindest noch nicht in vollem Umfang fällig ist, der Gesellschafter deshalb von vornherein insoweit auch keine Finanzierungsentscheidung treffen könnte und die krisenvermeidende Funktion der Stundung sich in der hinausgezögerten Zahlung erschöpft. Beruht die Stundung des Abfindungsanspruchs auf einer Vereinbarung und befand sich die Gesellschaft zu diesem Zeitpunkt bereits in der Krise, hat die Stundung eigenkapitalersetzenden Charakter. Kommt es dagegen erst nach der Stundung zur Gesellschaftskrise, unterliegt das Darlehen nur dann der Verstrickung, wenn es von vornherein auf Krisenfinanzierung angelegt war; insoweit kommt es grundsätzlich allein auf den Zeitpunkt des Ausscheidens an.[289]

150   **e) Stehengelassene Gewinne.** Stehengelassene Gewinne werden, insbesondere bei satzungsmäßiger Verpflichtung hierzu, häufig die an die sog. Finanzplankredite geknüpften Voraussetzungen (Rn. 46 ff.) erfüllen und als solche bereits auch außerhalb des Kapitalersatzrechts gebunden sein. Ist das Stehenlassen der Gewinne freiwillig erfolgt, etwa zum Zwecke einer für den Gesellschafter günstigen Verzinsung, hängt die Verstrickung des Darlehens davon ab, ob die Gesellschaft in diesem Zeitpunkt schon kreditunwürdig war und das auf diesem Wege gewährte Darlehen kapitalersetzend stehengelassen worden ist.[290]

151   **f) Abtretung des Rückzahlungsanspruchs.** Ein in der Praxis teilweise vorkommender Versuch, die Bestimmungen über die Behandlung eigenkapitalersetzender Gesellschafterdarlehen zu umgehen, besteht darin, die Rückzahlungsansprüche vor Insolvenzeröffnung noch an einen Dritten abzutreten. An einer bereits erfolgten Verstrickung des Darlehens ändert eine solche Abtretung nichts. Die Gesellschaft kann (und muss) nach § 404 BGB auch dem Abtretungsempfänger das aus § 32a resultierende Rückzahlungsverbot entgegenhalten;[291] die sich aus § 32a ergebende Rückzahlungssperre ist gegen den Anspruch und nicht gegen die Person des Abtretenden gerichtet.[292] Hat der Dritte dagegen die Forderung zu einem Zeitpunkt erworben, zu dem diese noch keinen eigenkapitalersetzenden Charakter hatte, liegt kein Fall des

---

[287] BGH NJW 1995, 457.
[288] *Hachenburg/Ulmer* §§ 32a, b Rn. 39, 48.
[289] *Scholz/K. Schmidt* §§ 32a, 32b Rn. 32; strenger *Hachenburg/Ulmer* §§ 32a, b Rn. 39.
[290] *Hachenburg/Ulmer* §§ 32a, b Rn. 48.
[291] *Hachenburg/Ulmer* §§ 32a, b Rn. 41.
[292] BGHZ 104, 33, 40 = NJW 1988, 1841; *Hachenburg/Ulmer* §§ 32a, b Rn. 41; abw. *K. Schmidt* ZIP 1981, 689, 694 f.: personengebunden.

Rückgewähr von Darlehen § 32a

§ 32a vor. Auch die §§ 30, 31 greifen in diesem Falle nicht, weil es sich bei dem Dritten nicht um einen Gesellschafter handelt.²⁹³

3. Gleichgestellte Rechtshandlungen (§ 32a Abs. 3 S. 1). § 32a Abs. 3 S. 1 **152** stellt generalklauselartig nicht nur Dritte unter bestimmten Voraussetzungen Gesellschaftern gleich (Rn. 71 ff.), die Bestimmung erfasst auch Rechtshandlungen, die keine Darlehensgewährung darstellen, dieser jedoch wirtschaftlich entsprechen. Die Vorschrift ist an die Stelle der in § 32a RegE 1977 vorgesehenen kasuistischen Regelung getreten, um der Rechtsprechung die Fortentwicklung des Rechts der eigenkapitalersetzenden Gesellschafterleistungen zu ermöglichen. Der Gesetzgeber wollte im Hinblick auf die Vielgestaltigkeit der in Frage kommenden Sachverhalte mit der Aufnahme einer Generalklausel verhindern, dass es der Rechtsprechung durch eine zwangsläufig lückenhafte Umschreibung der Tatbestände erschwert würde, wirtschaftlich vergleichbare Sachverhalte unter das Recht der eigenkapitalersetzenden Gesellschafterleistungen zu fassen.²⁹⁴ Dieses gesetzgeberische Anliegen ist bei der Auslegung des Abs. 3 und der Bestimmung seiner Reichweite zu beachten.

Berücksichtigt man das hinter der Generalklausel des Abs. 3 S. 1 stehende Anliegen **153** des Gesetzgebers, so ergibt sich hinsichtlich des Verhältnisses zu Abs. 1, dass es sich bei jener Bestimmung trotz der Bezugnahme hierauf in Abs. 3 S. 1 *nicht* um den Grundtatbestand in dem Sinne handelt, dass allein an dem Darlehenstatbestand die wirtschaftliche Vergleichbarkeit der als eigenkapitalersetzend in Betracht kommenden Leistung gemessen werden könnte. Vielmehr ist diese Bezugnahme lediglich dahin zu lesen, dass solche Rechtshandlungen als eigenkapitalersetzend anzusehen sind, die unter Berücksichtigung der dem Recht der eigenkapitalersetzenden Gesellschafterdarlehen zugrunde liegenden Erwägungen (Rn. 17) als eigenkapitalersetzend anzusehen sind. Anders ausgedrückt handelt es sich bei der Erwähnung des Darlehens in § 32a Abs. 1 nur um einen Beispielsfall eigenkapitalersetzender Gesellschafterleistungen, der auf den seinerzeitigen Stand der Rechtsprechung zurückzuführen ist. Der Gleichstellung mit einer anderen Leistung kann daher insbesondere nicht das Fehlen des im Falle des Abs. 1 gegebenen Vertrages entgegengehalten werden; es kommt ausschließlich auf die funktionale Entsprechung der in Betracht kommenden Rechtshandlung an.²⁹⁵ Der Begriff der Rechtshandlung in Abs. 3 S. 1 ist deshalb weit auszulegen. Er umfasst nicht nur Rechtsgeschäfte, sondern auch sonstige Handlungen oder Unterlassungen.²⁹⁶

4. Einzelfälle gleichgestellter Rechtshandlungen. Zu den wichtigsten für eine **154** Gleichstellung nach Abs. 3 S. 1 in Betracht kommenden Rechtshandlungen gehören folgende:

a) Stille Beteiligung. Eine durch einen Gesellschafter oder eine diesem gleichzu- **155** stellende Person (s. hierzu bei Rn. 71 ff.) geleistete stille Beteiligung, die **in der Krise** gewährt wird, ist wie ein Darlehen nach Abs. 1 zu behandeln.²⁹⁷ Auch § 32a Abs. 7

---

²⁹³ BGH NJW 1988, 1841, 1842.
²⁹⁴ BT-Drucks. 8/3908 S. 73 f.
²⁹⁵ Teilweise enger *Hachenburg/Ulmer* §§ 32a, b Rn. 90 ff.; *Scholz/K. Schmidt* §§ 32a, 32b Rn. 114, 127.
²⁹⁶ S. BGHZ 105, 168, 1185 f. = NJW 1988, 3143; BGHZ 121, 31 = NJW 1993, 392; BGH NJW 1995, 326 f.; 1995, 457 ff. – zu stehengelassenen Darlehen, hierzu auch Rn. 143 ff.; BGH ZIP 1995, 646, 648 – zur aufrecht erhaltenen Bürgschaft; teilw. enger *Hachenburg/Ulmer* §§ 32a, b Rn. 90 ff.; *Scholz/K. Schmidt* §§ 32a, 32b Rn. 113 ff.
²⁹⁷ BGH NJW 1983, 1855; *Hachenburg/Ulmer* §§ 32a, b Rn. 96 f.; *Scholz/K. Schmidt* §§ 32a, 32b Rn. 119.

RegE 1977 hatte diese Beteiligung einem Darlehen gleichgestellt. Sonstige stille Beteiligungen unterfallen nicht den speziellen Regelungen des § 32a, insoweit verbleibt es bei den allgemeinen Bestimmungen nach § 236 HGB.

156 **b) Forderungsstundungen und vergleichbare Handlungen.** Forderungsstundungen, der **Erwerb von Forderungen Dritter durch einen Gesellschafter mit anschließender Stundung** oder ein **pactum de non petendo**[298] entsprechen der Darlehensgewährung und unterfallen damit dem Anwendungsbereich des § 32a Abs. 3;[299] entsprechendes gilt für Fälligkeitsvereinbarungen, soweit diese von den marktüblichen Konditionen abweichen.[300] Zur **Sicherung für solche Forderungen** oder zur Stundung begebene Wechsel sind ebenfalls durch das Auszahlungsverbot erfasst.[301] Wurde ein vertraglicher Zahlungsanspruch gestundet und erklärt der Gesellschafter in der Krise den Rücktritt vom Vertrag, unterliegt ein hierdurch entstehender Nutzungsentschädigungsanspruch wie der ursprüngliche Zahlungsanspruch der Bindungen des Kapitalersatzrechts (vgl. BGH NZG 2001, 895 = DStR 2001, 1577 mit Anm. *Goette*).

157 **c) An- und Vorauszahlungen.** An- und Vorauszahlungen eines Gesellschafters auf Verbindlichkeiten gegenüber der Gesellschaft stellen eine wirtschaftlich entsprechende Handlung im Sinne des § 32a Abs. 3 S. 1 dar, wenn ihnen eine eigene Überlassung des Kapitalwertes zur Nutzung zugrunde liegt und sie nicht im Einzelfall ohnehin als Darlehen im Sinne des § 32a Abs. 1 anzusehen sind[302] (zur Frage, inwieweit solche Leistungen aufgrund ihrer Kurzfristigkeit Eigenkapitalersatz darstellen können, vgl. Rn. 44). Ein Drittvergleich (Rn. 34) ist insoweit allerdings nur bedingt möglich. In der Praxis kommt es häufig vor, dass Gesellschafter Vorauszahlungen auf Verbindlichkeiten leisten, deren Entstehen noch vom Abschluss eines formbedürftigen Vertrages abhängig ist, und zwar deshalb, weil sie aufgrund ihres Einflusses auf die Gesellschaft sicher davon ausgehen, dass der wirksame Abschluss des Vertrags lediglich noch eine reine Formsache darstellt und es mit Sicherheit hierzu kommen wird. In derartigen Fällen kann nicht ohne weiteres von einer eigenkapitalersetzenden Gesellschafterleistung ausgegangen werden, es sind im Streitfall vielmehr von der Gesellschaft (Rn. 209) konkrete Anhaltspunkte darzulegen, die die Gleichstellung nach § 32a Abs. 3 S. 1 rechtfertigen.

158 **d) Factoring.** Das sog. **unechte Factoring,** bei dem der Zessionar nicht das Risiko der Verwirklichung der Forderung trägt, ist auf Forderungseinzug unter zwischenzeitlicher Kreditierung gerichtet und hat demnach Darlehenscharakter.[303] Trägt dagegen der Zessionar das Delkredererisiko, liegt also ein sog. echtes Factoring vor, handelt es sich um einen Kaufvertrag über eine Forderung, der § 32a nicht unterliegt.[304]

159 **e) Erwerb einer gestundeten Forderung.** Der Erwerb einer gestundeten Forderung durch einen Gesellschafter oder einen ihm gleichgestellten Dritten, etwa um einen Gläubiger der Gesellschaft von der Stellung eines Insolvenzantrags abzuhalten,

---

[298] Zum Begriff s. statt anderer nur *Palandt/Heinrichs* § 202 Rn. 8.
[299] BGHZ 76, 326, 329 = NJW 1980, 1524; BGHZ 81, 252, 258 = NJW 81, 2570; ebenso § 32a Abs. 2 RegE 1977.
[300] *Hachenburg/Ulmer* §§ 32a, b Rn. 94; *Scholz/K. Schmidt* §§ 32a, 32b Rn. 116.
[301] *Hachenburg/Ulmer* §§ 32a, b Rn. 93f.; *Scholz/K. Schmidt* §§ 32a, 32b Rn. 115ff.
[302] *Scholz/K. Schmidt* §§ 32a, 32b Rn. 102.
[303] OLG Köln ZIP 1986, 1585; *Scholz/K. Schmidt* §§ 32a, 32b Rn. 116; für Anwendung des Abs. 1 *Hachenburg/Ulmer* §§ 32a, b Rn. 24.
[304] *Hachenburg/Ulmer* §§ 32a, b Rn. 24; *Scholz/K. Schmidt* §§ 32a, 32b Rn. 116; *Häuselmann/Rümker/Westermann* S. 44.

unterfällt § 32a Abs. 3 S. 1, unabhängig von einer weiteren Stundungsabrede mit der Gesellschaft § 32a.[305] Zur Stundung durch den Gesellschafter nach Erwerb der Forderung s. Rn. 156.

f) Sale and lease back. Überträgt die Gesellschaft ihrem Gesellschafter oder einem **160** Dritten, der nach Abs. 3 S. 1 einem Gesellschafter gleichzustellen ist (Rn. 71 ff.), Güter, um diese sodann zurückzumieten (sale and lease back), liegt hierin im Ergebnis häufig die durch § 32a Abs. 3 S. 1 erfasste Überlassung eines Darlehens gegen Übertragung von Sicherheiten;[306] iÜ finden die Grundsätze der eigenkapitalersetzenden Gebrauchsüberlassung (Rn. 162 ff.) Anwendung. Entsprechendes gilt für das Finanzierungsleasing, dem ebenfalls Darlehenscharakter zukommt.[307]

g) Sicherheiten zugunsten der Gesellschaft. Überlässt ein Gesellschafter oder **161** ein ihm gleichgestellter Dritter der Gesellschaft **Gegenstände,** damit diese hierdurch einem kreditierenden Dritten **Sicherheiten** bestellen kann, ist dieser Vorgang im Hinblick auf seine Entsprechung mit den durch Abs. 2 erfassten Tatbeständen ebenfalls als eigenkapitalersetzend im Sinne des Abs. 3 anzusehen. Anders als in dem dort geregelten Fall kann sich der Dritte jedoch mangels vertraglicher Ansprüche nicht an den Gesellschafter selbst halten und ist deshalb auch nicht auf dessen vorrangige Inanspruchnahme zu verweisen.[308] Die der Überlassung der Gegenstände zugrunde liegende Abrede zwischen Gesellschafter und Gesellschaft steht einer Rückforderung des Gesellschafters im Insolvenzfall entgegen, der Insolvenzverwalter ist zur Verwertung der als Sicherheit gewährten Sache in der Weise berechtigt, wie es der Dritte bei Eintritt des Sicherungsfalles gewesen wäre.[309]

h) Eigenkapitalersetzende Gebrauchsüberlassung. Unter eigenkapitalersetzen- **162** der Gebrauchsüberlassung wird allgemein der Fall verstanden, in dem ein Gesellschafter oder ein ihm gleichgestellter Dritter der Gesellschaft in der Krise mit oder ohne zugrunde liegender schuldrechtlicher Abrede (Miete, Pacht, Leihe) **Sachen zum Gebrauch** gewährt. Auch der Fall, dass ein Gesellschafter der Gesellschaft die ihr in wirtschaftlich gesunden Verhältnissen überlassenen Sachen trotz des zwischenzeitlichen Eintritts der Krise und trotz der Möglichkeit, die Sachen abzuziehen, weiter belässt, fällt hierunter. Ein typischer Fall, in dem sich die mit einer eigenkapitalersetzenden Nutzungsüberlassung verbundenen Probleme stellen, ist die sog. Betriebsaufspaltung. Bei der **Betriebsaufspaltung** überlässt eine natürliche Person oder eine Personengesellschaft, das Besitzunternehmen, miet- oder pachtweise an ein im Regelfall in der Rechtsform der GmbH geführtes Betriebsunternehmen die zum Betrieb seines Unternehmens erforderlichen Anlagegüter. Die Betriebsaufspaltung kann zunächst durch Ausgliederung der GmbH aus einer Personengesellschaft oder umgekehrt durch Ausgliederung einer Personengesellschaft aus einer GmbH erfolgen. In beiden Fällen ist die Anwendung des § 32a Abs. 3 unproblematisch. Nicht einschlägig ist die Bestimmung, wenn die beiden Gesellschaften nicht unmittelbar, sondern nur über gemeinsame Gesellschafter verbunden sind, was insbesondere bei der eine sachliche und personelle Verflechtung beider Gesellschaften erfordernden Betriebsaufspaltung im steuerrecht-

---

[305] *Hachenburg/Ulmer* §§ 32a, b Rn. 95; *Scholz/K. Schmidt* §§ 32a, 32b Rn. 118; ebenso § 32a Abs. 2 RegE 1977.
[306] *Baumbach/Hueck/Fastrich* Rn. 33; *Lutter/Hommelhoff* §§ 32a/b Rn. 153; *Hachenburg/Ulmer* §§ 32a, b Rn. 99; s. auch *Scholz/K. Schmidt* §§ 32a, 32b Rn. 121.
[307] *Hachenburg/Ulmer* §§ 32a, b Rn. 100.
[308] *Hachenburg/Ulmer* §§ 32a, b Rn. 103.
[309] IE *Hachenburg/Ulmer* §§ 32a, b Rn. 104.

§ 32a   2. Abschnitt. Rechtsverhältnisse der Gesellschaft und der Gesellschafter

lichen Sinne der Fall ist. Die hiernach erforderliche sachliche Verflechtung liegt dann vor, wenn das überlassene Wirtschaftsgut eine wesentliche Betriebsgrundlage (notwendiges Betriebsvermögen) des Betriebsunternehmens darstellt; personelle Verflechtung setzt bei den an dem Besitz- und an dem Betriebsunternehmen beteiligten Personen einen einheitlichen geschäftlichen Betätigungswillen voraus. Die in diesem Falle gegebene wirtschaftliche Verbindung beider Gesellschaften rechtfertigt zunächst eine Einbeziehung des Besitzunternehmens als den Gesellschaftern der GmbH nahestehende Person über § 32a Abs. 3 S. 1 in den dort geltenden Anwendungsbereich der Kapitalerhaltungsregeln.[310] Auch im Zusammenhang konzerninterner Betriebspacht- oder Betriebsüberlassungsverträge können sich entsprechende Problemgestaltungen ergeben.[311] Unter dem Aspekt kapitalersetzender Leistungen selbst sind diese Konstellationen sowohl hinsichtlich der anfallenden Miet- oder Pachtzinszahlungen als auch der Behandlung der zum Gebrauch überlassenen Sache von Bedeutung:

163   **aa) Verstrickung von Miet- bzw. Pachtzinsraten.** Unstreitig ist die Verstrickung von Miet- bzw. Pachtzinsraten dann, wenn sie der Gesellschaft gestundet wurden. Hier ergibt sich ihr eigenkapitalersetzender Charakter jedenfalls aus der Stundungsabrede (s. auch Rn. 156), ohne dass es besonderer auf die eigenkapitalersetzende Gebrauchsüberlassung zugeschnittener Erwägungen bedürfte. Fehlt es an einer solchen Stundungsabrede und wurden die Raten auch nicht eigenkapitalersetzend stehengelassen (Rn. 143 ff.), richtet sich das Schicksal der Miet- bzw. Pachtzinsansprüche nach demjenigen der überlassenen Sache, können also nach zutr. Auffassung (sogleich unter Rn. 164) im Insolvenzverfahren der Gesellschaft nur nachrangig geltend gemacht werden. Aus dem zur Deckung des Stammkapitals erforderlichen Vermögen dürfen die Miet- oder Pachtzinsen entsprechend § 30 Abs. 1 nicht geleistet werden, bereits gezahlte Beträge sind in der Insolvenz nach § 135 InsO in voller Höhe bzw. außerhalb des Insolvenzverfahrens entsprechend § 31 Abs. 1 in Höhe des zum Ausgleich einer Unterbilanz oder einer Überschuldung erforderlichen Betrages durch den Gesellschafter zurückzuerstatten.[312] Das Vorliegen einer Stundungsabrede oder ein dem gleichgestelltes Stehenlassen ist daher für ein Verstricken der Miet- bzw. Pachtzinsraten nicht erforderlich.[313] Steht das Grundstück im **Miteigentum** und ist nur einer der Miteigentümer an der Gesellschaft beteiligt, müssen sich die Miteigentümer entsprechend den Grundsätzen zum Mitverschulden eines Miteigentümers bei Beschädigung der gemeinsamen Sache gemäß § 242 BGB die wegen des Eingreifens der Kapitalersatzregeln fehlende Durchsetzbarkeit der Miet-/Pachtzinsforderungen in der Höhe entgegenhalten lassen, die der auf dem Miteigentumsverhältnis beruhenden internen Berechtigung des Gesellschafters an dem Mietzinsanspruch entspricht.[314]

164   **bb) Verstrickung des Nutzungsrechts.** Ob die Über- bzw. Belassung von Sachen an die Gesellschaft auch selbst eigenkapitalersetzenden Charakter haben kann

---

[310] BGHZ 121, 31, 34 f. = NJW 1993, 392; BGHZ 127, 1, 5 = NJW 1994, 2349; *Hachenburg/Ulmer* §§ 32a, b Rn. 122; *Scholz/K. Schmidt* §§ 32a, 32b Rn. 137; *Lutter/Hommelhoff* §§ 32a/b Rn. 138, jeweils mwN.

[311] *Lutter/Hommelhoff* §§ 32a/b Rn. 138.

[312] BGHZ 109, 55, 66 = NJW 1990, 516; BGH NJW 1993, 2179, 2180; BGHZ 127, 1, 7 = NJW 1994, 2349, 2350; BGHZ 127, 17, 21 f. = BGH NJW 1994, 2760, 2764; BGH NJW 2001, 252 = DStR 2001, 139 m. Anm. *Goette;* OLG Hamm GmbHR 1992, 754, 756; *Hachenburg/Ulmer* §§ 32a, b Rn. 112; *Lutter/Hommelhoff* §§ 32a/b Rn. 145; aA *Scholz/K. Schmidt* §§ 32a, 32b Rn. 128.

[313] S. auch BGH NJW 1995, 658, 659.

[314] BGH NJW 1997, 3026, 3027.

und welche Rechtsfolgen hieran iE zu knüpfen sind, ist umstritten. Die Anwendung der Grundsätze eigenkapitalersetzender Gesellschafterleistungen wird insbesondere von *K. Schmidt* mit dem Argument abgelehnt, diese Grundsätze passten weder vom Tatbestand noch von den Rechtsfolgen her. Für die Gleichstellung mit einer Darlehensgewährung fehle es an den hierfür charakteristischen Merkmalen des Eigentumswechsels bzw. der Zuführung liquider Mittel, der mit einem Darlehen verbundenen Bildung eines Passivpostens in der Bilanz und der fehlenden Übernahme des Substanzwertrisikos durch den Gesellschafter im Konkurs-/Insolvenzfalle. Nach dieser Auffassung handelt es sich bei den unter dem Begriff der eigenkapitalersetzenden Gebrauchsüberlassung diskutierten Gestaltungen tatsächlich um Fälle der materiellen Unterkapitalisierung, weshalb nicht § 32 a, sondern § 826 BGB einschlägig sei.[315] Soweit demgegenüber die in der Gesellschaftskrise mit der Überlassung bzw. dem Belassen von Gegenständen auftretenden Probleme als solche des Eigenkapitalersatzrechts angesehen werden, ist streitig, welche Rechtsfolgen derartige Überlassungen nach sich ziehen. Teilweise wird vertreten, die Rechtsfolgen seien auf die Verstrickung der Miet- bzw. Pachtzinsen beschränkt.[316] Nach anderen kommt es im Konkurs/in der Insolvenz zu einem Verlust der dem Gesellschafter an der Sache zustehenden dinglichen Rechte, weshalb der Konkurs-/Insolvenzverwalter die überlassenen Sachen ohne weiteres verwerten könne,[317] oder der Gesellschafter sei bei Sachen, die einem Wertverzehr unterliegen, zum Verzicht auf das inhaltsleere Eigentum verpflichtet.[318] Wieder andere sprechen sich für eine Verpflichtung des Gesellschafters aus, der Gesellschaft Wertersatz in Höhe des Substanzwerts der überlassenen Sache zu gewähren, räumen dem Gesellschafter jedoch ähnlich wie im Falle des § 32 b S. 3 die Möglichkeit ein, sich durch Überlassung der Sache an die Gesellschaft von dieser Verpflichtung zu befreien.[319]

165 Nach der überwiegenden Meinung, der sich der BGH im wesentlichen angeschlossen hat, ist nur das **Nutzungsrecht als eigenkapitalersetzende Leistung** anzusehen und die Gestaltung dementsprechend so zu behandeln, als ob der Gesellschafter dieses Nutzungsrecht in Form einer Sacheinlage eingebracht hätte, und zwar unabhängig von der Frage der grundsätzlichen Zulässigkeit einer solchen Sacheinlage. Eigenkapitalersetzender Charakter kommt der Gesellschafterleistung hiernach dann zu, wenn die Gesellschaft zum Zeitpunkt der Überlassung oder des Belassens der Sache überschuldet ist oder ein wirtschaftlich vernünftig denkender Dritter die Sache zum fraglichen Zeitpunkt nicht mehr überlassen bzw. eine bereits überlassene Sache abgezogen hätte (sog. Überlassungsunwürdigkeit), was nach der Art des Gegenstandes unterschiedlich zu beurteilen sein kann.[320] Die Rechtsfolgen einer eigenkapitalersetzenden Nutzungsüberlassung bestehen nach dieser Auffassung bei Vorliegen einer ernsthaften Vereinbarung

---

[315] *K. Schmidt* GesR § 37 IV 3 b; *ders.* in Scholz §§ 32 a, 32 b Rn. 127; *ders.* ZIP 1993, 161 ff.; zust. *Altmeppen* NJW 1994, 2353, 2354; *ders.* ZIP 1995, 26, 28; krit. auch *Haas/Dittrich* in *v. Gerkan/Hommelhoff* Handbuch des Kapitalersatzrechts, 2000, Rn. 8.60.
[316] *Knobbe-Keuk*, FS Kellermann, 1991, S. 227, 239 ff.
[317] *Braun* ZIP 1983, 1175, 1181; *Ebenroth/Wilken* BB 1993, 305, 309; *Keßler* GmbHR 1993, 541, 545; *Schulze-Osterloh* ZGR 1983, 123, 142; *Wiedemann* ZIP 1986, 1293, 1300; *Wellkamp* DB 1993, 1759, 1761; ebenso noch *Lutter/Hommelhoff* ZGR 1979, 31, 52.
[318] *Drygala* S. 70 ff.; *ders.* BB 1992, 80, 81.
[319] *v. Gerkan* GmbHR 1986, 218, 222 f.; *Bäcker* ZIP 1989, 681, 691.
[320] BGHZ 109, 55, 62 ff. = NJW 1990, 516 Lagergrundstück I; BGHZ 121, 31, 41 f. = NJW 1993, 392 Lagergrundstück II; BGH NJW 1993, 2179 f.; BGHZ 127, 1, 5 = NJW 1994, 2349, 2350 Lagergrundstück III; BGHZ 127, 17 = NJW 1994, 2716 Lagergrundstück IV; BGH NJW 1997, 3026 Lagergrundstück V; BGH NJW 2000, 3565; stärker differenzierend *Hachenburg/Ulmer* §§ 32 a, b Rn. 108 ff.

über die Dauer der Nutzungsüberlassung in der Verpflichtung des Gesellschafters zur Belassung der Sache für diese Zeit. Fehlt eine solche Vereinbarung oder ist sie wegen Nichternstlichkeit (§ 118 BGB) unwirksam, bestimmt sich die Überlassungsdauer nach dem hypothetischen Parteiwillen. Anhaltspunkt für die Ermittlung des hypothetischen Parteiwillens ist dabei einerseits das Interesse des Vermieters, seine Investitionskosten zuzüglich eines etwaigen Gewinns abzudecken, andererseits das Interesse der Gesellschaft an der fraglichen Nutzung, das insbesondere im Falle der Nutzung einer Betriebsstätte anders als bei der Nutzung kurzlebiger Wirtschaftsgüter erheblich sein kann. Regelmäßig wird für die Ermittlung der hiernach zugrundezulegenden Nutzungsdauer ein Sachverständiger durch das Gericht hinzuzuziehen sein.[321] Die Gesellschaft kann hiernach das Nutzungsrecht verwerten[322] und die Erlöse zur Befriedigung der Gläubiger verwenden, trägt allerdings auch das Risiko seiner Verwertbarkeit. Eine insolvenzbedingte Kündigungsmöglichkeit des Gesellschafters ist im Hinblick auf den eigenkapitalersetzenden Charakter seiner Leistung ausgeschlossen. Wird der Gesellschaft die Nutzungsmöglichkeit entgegen ihrem Willen entzogen, wandelt sich der Überlassungsanspruch in einen auf Geld gerichteten Anspruch um, dessen Höhe sich nach dem Wert des entzogenen Nutzungsrechts bemisst. Ein Anspruch der Masse auf Ersatz des Verkehrswertes oder des kapitalisierten Wertes der überlassenen Sache besteht hingegen grundsätzlich nicht, es sei denn, der Gesellschafter veräußert die überlassene Sache mit Zustimmung des Konkurs-/Insolvenzverwalters und es lässt sich aus einer (ggf. ergänzenden) Vertragsauslegung entnehmen, dass der Erlös der Masse zustehen soll.[323] Hierneben kann sich die Nichtabziehbarkeit des Nutzungsrechts nach allgemeinen Grundsätzen auch aus dem Umstand ergeben, dass das Recht Bestandteil eines Finanzplans der Gesellschaft ist (zu sog. Finanzplankrediten iE Rn. 46 ff.). Zu belassen ist hiernach das eingeräumte **Nutzungsrecht in seiner** konkret **durch den Vertrag ausgestalteten Form,** also auch auf alle in diesem Zusammenhang eingegangenen Verpflichtungen des Gesellschafters. Sieht der Vertrag etwa vor, dass der Gesellschafter oder der ihm kapitalersatzrechtlich gleichzustellende Dritte ein überlassenes Grundstück mit Wasser, Strom etc. zu versorgen hat, muss dieser das Grundstück in der Krise auch in dieser Weise versorgt halten und kann darüber hinaus einen Erstattungsanspruch, der ihm auf Grund einer vertragsmäßig periodenmäßig vorzunehmenden Abrechnung zusteht, in der Krise nicht durchsetzen.[324]

166 Der von der Rechtsprechung und der herrschenden Meinung vertretenen Auffassung ist im Grundsatz zuzustimmen. Der Umstand, dass das Überlassen bzw. das Belassen der Sache dazu führt, dass die Gesellschaft länger lebensfähig gehalten werden kann als ohne diese Unterstützung, reicht im Hinblick auf den Normzweck des § 32 a (Rn. 17) zur Anwendung der Eigenkapitalersatzbestimmungen aus; einer bilanziellen Berücksichtigung oder der Zuführung liquider Mittel bedarf es für die Gleichstellung

---

[321] BGHZ 127, 1, 12 = NJW 1994, 2349.
[322] Abw. *Häuselmann* DZWiR 1993, 165.
[323] Zum Ganzen ausführlich BGHZ 127, 17, 27 ff. = NJW 1994, 2760; BGHZ 127, 1, 15 = NJW 1994, 2349; BGHZ 109, 55, 60 = NJW 1990, 516 mit eingehender Darstellung des Streitstandes; aus der Literatur insbes. *Brandes* ZGR 1989, 244, 246; *ders.* in *Priester/Timm* Abschied von der Betriebsaufspaltung?, 1990, S. 43, 47; *Priester* in *Priester/Timm* aaO S. 1, 18; *Hachenburg/Ulmer* § 32 a, b Rn. 105; *ders.*, FS Kellermann, 1991, S. 485, 488 ff.; *Hommelhoff/Kleindiek*, FS 100 Jahre GmbHG, 1992, S. 421, 433 ff.; *Lutter/Hommelhoff* §§ 32 a/b Rn. 138; *Hueck* ZGR 1989, 216, 236 ff.; *Vonnemann* DB 1990, 261 ff.; *Büscher/Klusmann* ZIP 1991, 10, 15 f.; *Gummert/Jasper* WiB 1994, 12; *Jasper* WiB 1994, 818; *Goette* DStR 1994, 1658; *Heidenhain* LM HGB § 172 a Nr. 2 mit Unterschieden iE; aus ökonomischer Sicht *Klaus* DStR 1994, 1059 ff.
[324] BGH NJW 2000, 3565 m. Anm. *Friedrich* WuB 2/2000 § 32 a GmbHG 1.01.

nicht.³²⁵ Auch der Einwand, die Bestimmungen über eigenkapitalersetzende Gesellschafterleistungen seien nicht auf Nutzungsüberlassungen zugeschnitten, überzeugt im Hinblick auf die inzwischen hierzu entwickelten Grundsätze nicht. Die Verstrickung des Nutzungsrechts und nicht des Eigentums an der Sache selbst steht in Einklang mit der von dem Gesellschafter erbrachten Leistung und entspricht dem Grundsatz, dass der Gesellschafter nur verpflichtet ist, erbrachte oder stehengelassene Leistungen der Gesellschaft zu belassen, für eine hierüber hinausgehende Einlageverpflichtung jedoch keine Rechtsgrundlage besteht. Für einen Eigentumswechsel lässt sich schließlich § 32a nichts entnehmen; auch insoweit überzeugen die an die Nutzungsüberlassung geknüpften Rechtsfolgen. Bedenken bestehen jedoch hinsichtlich der Auffassung, die Gesellschaft sei zur Verwertung des Nutzungsrechts berechtigt. Das Nutzungsrecht ist mit einem bestimmten Inhalt überlassen, wozu bei mietweiser Überlassung u. a. auch das Verbot der Untervermietung ohne Zustimmung des Vermieters gehört (§ 549 BGB aF/§ 540 BGB nF). Durch die Befugnis, das Nutzungsrecht insbesondere durch Weiterübertragung zu verwerten, würde der konkrete Inhalt des eigenkapitalersetzenden Nutzungsrechts verändert; eine solche Umgestaltung steht jedoch in Widerspruch zu dem Grundsatz,³²⁶ dass der Gesellschafter unter dem Aspekt der Finanzierungsfreiheit nur verpflichtet ist, die erbrachte eigenkapitalersetzende Leistung zu belassen, ihn jedoch keine hierüber hinausgehende Pflicht zur Erbringung einer zusätzlichen Leistung trifft.³²⁷ Dies gilt auch dann, wenn man bei obligatorischen Nutzungsrechten als Voraussetzung ihrer Sacheinlagefähigkeit die Übertrag- und Pfändbarkeit verlangt;³²⁸ denn hierauf kommt es im Rahmen der eigenkapitalersetzenden Nutzungsüberlassung nicht an.³²⁹ Ob das überlassene Nutzungsrecht frei übertragbar sein soll, ist eine Frage des Einzelfalls; uU lassen sich Anhaltspunkte hierfür aus dem Gegenstand (etwa zur Weitervermietung bestimmte Kfz), auf den sich das Nutzungsrecht bezieht, oder aus dem Anliegen des überlassenden Gesellschafters, die Gesellschaft in jedem Falle zu unterstützen, entnehmen. Die Praxis wird sich jedoch im Hinblick auf die Äußerungen des BGH³³⁰ auch ohne derartige Anhaltspunkte auf ein Verwertungsrecht des Insolvenzverwalters einstellen müssen. Der Auffassung, der Gesellschafter müsse das Recht haben, den überlassenen Gegenstand gegen Ersatz des Restnutzwertes herauszuverlangen, ist nicht zuzustimmen; der Abzug des Gegenstandes stünde mit dem Zweck der Überlassung in Widerspruch und kann deshalb nur mit Einverständnis des Insolvenzverwalters erfolgen.³³¹

cc) **Zusammentreffen mit Grundpfandrechten.** Ist ein **kapitalersetzend überlassenes Grundstück mit einem Grundpfandrecht belastet**, ist streitig, ob der kapitalersetzende Charakter einem die Zwangsvollstreckung betreibenden Gläubiger entgegengehalten werden kann. Eine Auffassung lehnt die Auswirkung des Kapital- 167

---

³²⁵ Ausführlich *Ulmer,* FS Kellermann, 1991, S. 485, 489 ff. gegen *K. Schmidt* ZIP 1990, 69, 71 ff.
³²⁶ Betont bei BGHZ 127, 17, 27 ff. = NJW 1994, 2760.
³²⁷ Krit. auch *Häuselmann* DZWiR 1993, 165; *Keßler* GmbHR 1993, 541, 545; enger auch *Kallmeyer* GmbHR 1994, 290, 292.
³²⁸ So *Bork* ZHR 154 (1990), 205, 225 ff.; *K. Schmidt* ZHR 154 (1990), 237 ff.; abw. *Pentz* ZGR 2001, 901, 914 f. mwN.
³²⁹ BGHZ 127, 1, 9 = NJW 1994, 2349; abw. *Priester* DB 1993, 1173, 1175; *Lutter/Hommelhoff* §§ 32a/b Rn. 154 zu Dienstleistungen.
³³⁰ BGHZ 127, 1, 12 = NJW 1994, 2349; BGHZ 127, 17, 26 = NJW 1994, 2760 m. Anm. *Heidenhain* LM HGB § 172a Nr. 3, *Jasper* WiB 1994, 818.
³³¹ S. auch *Altmeppen* NJW 1994, 2353, 2354.

§ 32 a 2. Abschnitt. Rechtsverhältnisse der Gesellschaft und der Gesellschafter

ersatzrechts auf Gläubiger des Gesellschafters überhaupt ab.[332] Andere räumen dem Gläubiger ein Sonderkündigungsrecht ein,[333] während wieder andere von einem Vorrang des Kapitalersatzrechts gegenüber den Interessen der Gläubiger des Gesellschafters ausgehen.[334] Nach der überzeugenden Auffassung des BGH endet die Berechtigung der Gesellschaft bzw. des Insolvenzverwalters entsprechend §§ 146 ff. ZVG, 1123, 1124 Abs. 2 BGB mit der Beschlagnahme des Grundstücks im Wege der Zwangsvollstreckung durch Wirksamwerden des im Wege der Zwangsvollstreckung erlassenen Beschlagnahmebeschlusses.[335] Ab diesem Zeitpunkt hat Insolvenzverwalter dem Grundpfandgläubiger das Nutzungsentgelt in der Höhe zu zahlen, wie es zwischen dem Gesellschafter und der Gesellschaft vereinbart worden ist. Der Gesellschaft steht wiederum ein Erstattungsanspruch gegen den Gesellschafter in Höhe der geleisteten Miet- bzw. Pachtzinszahlungen zu;[336] liegen diese niedriger als der tatsächliche Nutzungswert, ist auch die Differenz zum Nutzungswert zu erstatten. Entsprechendes gilt im Falle der Kündigung durch den Zwangsverwalter[337] bzw. bei der Kündigung durch den Erwerber nach einer Zwangsversteigerung gemäß § 57 a ZVG;[338] zur Höhe der Erstattungspflicht gelten die Rn. 165 für den Fall eines Abzugs der kapitalersetzend überlassenen Sache dargestellten Grundsätze entsprechend.

168 **i) Eigentumsvorbehalt.** Verkauft der Gesellschafter der GmbH unter Eigentumsvorbehalt eine Sache, liegt in der Stundung des Kaufpreises eine eigenkapitalersetzende Kreditierung durch den Gesellschafter.[339] Hinsichtlich der gelieferten Sache stellt die ganz überwiegende Meinung darauf ab, dass diese lediglich den Kaufpreisanspruch sichern solle, und sieht sie deshalb ebenfalls als verstrickt an. Der Gesellschafter könne sich deshalb auch nicht darauf berufen, dass mit der Undurchsetzbarkeit seines Kaufpreisanspruchs die Bedingung für den Kaufpreisanspruch nicht eintreten könne und das Anwartschaftsrecht der Gesellschaft deshalb erloschen sei, der Insolvenzverwalter könne die Sache durch Anfechtung (früher § 32 a KO, heute § 135 InsO) zur Masse ziehen.[340] Diese Auffassung erscheint insoweit zweifelhaft, als ein unter Eigentumsvorbehalt liefernder Verkäufer hinsichtlich der Sache nur von seinem Zurückbehaltungsrecht

---

[332] Vgl. mit Unterschieden iE *Gnamm* WM 1996, 189, 190 f.; *Jedzig* WuB II C. § 32 a GmbHG 3.97; *Lauer* WM 1990, 1693, 1694 f.; *Wenzel* WiB 1997, 1119, 121.

[333] OLG Köln 1998, 828 ff.; *Brandes* in *Priester/Timm* Abschied von der Betriebsaufspaltung?, 1990, S. 43, 45; *ders.* EWiR 1997, 991, 992.

[334] Vgl. hierzu mit Unterschieden etwa OLG Karlsruhe NZG 1998, 77, 78; OLG Düsseldorf NZG 1999, 312; LG München ZIP 1996, 762; *Gehrlein* NZG 1998, 845, 848; *Heublein* ZIP 1998, 1899, 1902; *Paulus* EWiR 1996, 405, 406.

[335] BGHZ 140, 147 = NJW 1999, 577; BGH NJW-RR 2000, 925 m. Anm. *v. Gerkan* WuB 5/2000; vgl. hierzu auch *Depré* DZWIR 1999, 249 ff.; *Goette* DStR 1999, 37 f.; *Habersack* ZGR 1999, 427 ff.; *Jungmann* ZIP 1999, 601 ff.; *Michalski/Barth* NZG 1999, 277 ff.; *Pohlmann* DStR 1999, 595 ff.; *Wahlers* GmbHR 1999, 157 ff.; BankR HdB/*Stodolkowitz* § 84 Rn. 71; für einen Vorrang des Kapitalersatzrechts wohl noch BGHZ 109, 55, 66 = NJW 1990, 516.

[336] *Goette* DStR 1999, 37, 38; *Habersack* ZGR 1999, 427, 437; *Michalski/Barth* NZG 1999, 277, 280; s. auch bereits *Lauer* WM 1990, 1693, 1695; zur streitigen Rechtslage im Falle der Pfändung von Miet-/Pachtzinsforderungen s. OLG München EWiR 2001, 963 m. abl. Anm. *Storz*.

[337] OLG Köln NZG 1998, 828, 829.

[338] *Gehrlein* NZG 1998, 845, 848.

[339] *Hachenburg/Ulmer* §§ 32 a, b Rn. 102, einhM.

[340] OLG Karlsruhe NJW-RR 1989, 739; OLG Hamm GmbHR 1992, 753; *Hachenburg/Ulmer* §§ 32 a, b Rn. 102; *Ziegler* S. 152 f.; iErg. auch *Scholz/K. Schmidt* §§ 32 a, 32 b Rn. 56; OLG Karlsruhe WM 1989, 497, 500; BankR HdB/*Stodolkowitz* § 84 Rn. 65; zweifelnd *Beinert/Hennerkes/Binz* GmbHR 1981, 10, 12; aA *Altmeppen* ZIP 1995, 26, 27; *ders.* NJW 1994, 2353.

Gebrauch macht und insoweit kein Kreditgeschäft abschließt.[341] Zumindest bei zur Weiterveräußerung bestimmten Wirtschaftsgütern erscheint eine Verstrickung der gelieferten Sache daher nicht zutreffend. Soweit die Sache der Gesellschaft zum Zwecke der eigenen Nutzung (insbes. Güter des Anlagevermögens) überlassen wurde, wird eine Verstrickung dagegen regelmäßig unter dem Aspekt der eigenkapitalersetzenden Nutzungsüberlassung (Rn. 162 ff.) gerechtfertigt sein.

j) Dienstleistungen. Dienstleistungen des Gesellschafters werden überwiegend **169** nicht als tauglicher Gegenstand des Eigenkapitalersatzrechts angesehen. Zur Begründung wird darauf abgestellt, dass von Gesellschaftern zu erbringende Dienstleistungen nicht einlagefähig seien und deshalb auch nicht unter § 32 a Abs. 3 fallen könnten;[342] stehengelassene Vergütungsansprüche sollen demgegenüber nach den Grundsätzen des Stehenlassens von Forderungen (Rn. 143 ff.) der Bindung durch das Kapitalersatzrecht unterliegen.[343] Abweichend davon ist das OLG Hamm[344] für den Fall der Geschäftsführertätigkeit von ihrer grundsätzlichen Eignung zum Eigenkapitalersatz ausgegangen. Zur entsprechenden Rechtslage im österreichischen Recht hat der OGH die Überlassung von Personal des Gesellschafters an die GmbH ebenfalls als Kapitalersatz angesehen.[345] Dieser Auffassung ist zuzustimmen.[346] Die Einbeziehung von Gesellschafterleistungen unter die Regeln des Eigenkapitalersatzes hängt nicht davon ab, ob die konkrete Leistung einlagefähig ist oder nicht; die Eigenkapitalersatzregeln knüpfen allein an die Fortsetzung des Geschäftsbetriebs einer aus eigener Kraft nicht überlebensfähigen Gesellschaft an.[347] Dass der Tätigkeit eines Gesellschafters eine solche Wirkung zukommen kann, ist nicht zweifelhaft. Hinsichtlich des Zeitpunkts, wann hiernach von einer Umqualifizierung auszugehen ist, ist analog zu den Grundsätzen der kapitalersetzenden Gebrauchsüberlassung (Rn. 162 ff.)[348] zu unterscheiden: Hat der Gesellschafter seine Tätigkeit zu einem Zeitpunkt aufgenommen, zu dem sich ein wirtschaftlich vernünftig denkender Dritter vor dem Hintergrund der wirtschaftlichen Situation der Gesellschaft hierzu nicht mehr verpflichtet hätte, ist in dem Eingehen der Verpflichtung von Anfang an eine eigenkapitalersetzende Leistung zu sehen. War der Gesellschafter bereits für die Gesellschaft tätig und gerät diese erst dann in die Krise, ist darauf abzustellen, zu welchem Zeitpunkt ein wirtschaftlich vernünftig denkender Dritter die Tätigkeit beendet hätte. Die Bestimmung des Zeitpunkts ist Einzelfallfrage; zu berücksichtigen sind die Bedeutung der Tätigkeit für die Lebensführung des Gesellschafters, seine Absicherung im Insolvenzfalle und die Möglichkeit, eine andere Tätigkeit aufnehmen zu können sowie unter Beachtung seiner Informationspflichten (Rn. 67, 145 aE) die Situation der Gesellschaft zu erkennen. Kommt der Verpflichtung des Gesellschafters zur Erbringung von Tätigkeiten nach diesen Maßstäben eigenkapitalersetzende Wirkung zu, wird man ihn vorbehaltlich abweichender Anhaltspunkte als verpflichtet ansehen müssen, seine Tätigkeit bis zum Zeitpunkt der nächsten ordentlichen

---

[341] Ausführlich *Altmeppen* NJW 1994, 2353.
[342] *Priester* DB 1993, 1173, 1175 f.; im Anschluss an ihn auch *Lutter/Hommelhoff* §§ 32 a/b Rn. 154; abl. auch *K. Schmidt* ZIP 1990, 69, 62 f.; *ders.* in Scholz §§ 32 a, 32 b Rn. 114; m. eingehender Begr. abl. auch *Haas/Dittrich* DStR 2001, 623 ff.
[343] *Baumbach/Hueck/Fastrich* Rn. 33; *Scholz/K. Schmidt* §§ 32 a, 32 b Rn. 115.
[344] GmbHR 1992, 607, 608.
[345] OGH GesRZ 2000, 93, 94.
[346] Mit Unterschieden auch *Weisang* WM 1997, 204; *Dittmer* Gesellschafter-Dienstleistungen als eigenkapitalersetzende Rechtshandlungen iS des § 32 a Abs. 3 GmbHG, 1997, S. 15 ff., 164 ff.
[347] BGHZ 127, 1, 9 = NJW 1994, 2349; s. auch Rn. 17.
[348] Krit. zu diesem Ansatz *Haas/Dittrich* DStR 2001, 623, 628.

Kündigungsmöglichkeit fortzusetzen;[349] die Tätigkeitsentgelte unterliegen während dieser Zeit dem Auszahlungsverbot entsprechend § 30 bzw. dem Rückforderungsanspruch nach § 31 analog, § 135 InsO.[350] Dass diese Auffassung unter sozialen Gesichtspunkten zu Härten führen kann, ist hinzunehmen; dieser Umstand ist unter gesellschaftsrechtlichen Aspekten nicht berücksichtigungsfähig.[351]

V. Kapitalersetzend besicherte Darlehen Dritter (§ 32a Abs. 2)

170 1. **Allgemeines.** Gewährt ein Dritter oder ein ihm insoweit gleichzustellender, gemäß § 32a Abs. 3 S. 2 und 3 vom Anwendungsbereich des Kapitalersatzrechts freigestellter Gesellschafter (Rn. 83 ff., 109 ff.) der Gesellschaft ein Darlehen in einem Zeitpunkt, in dem ein ordentlicher Kaufmann der Gesellschaft Eigenkapital zugeführt hätte, und gewährt ein vom Kapitalersatzrecht nicht freigestellter Gesellschafter für dieses Darlehen dem Dritten eine Sicherheit oder verbürgt sich ein solcher Gesellschafter für die Rückzahlung der Forderung oder garantiert er die Rückzahlung,[352] führt § 32a Abs. 2 zu einer **Einschränkung der Möglichkeiten des Dritten, die** so besicherten **Forderungen im Insolvenzverfahren** über das Vermögen der Gesellschaft **geltend zu machen:** Der Dritte kann die Forderung jedenfalls im Verteilungsverfahren nur insoweit geltend machen, als er die Sicherheit verwertet oder den bürgenden oder garantierenden Gesellschafter in Anspruch genommen hat und diese Maßnahme nicht zur vollen Befriedigung seines Anspruchs geführt hat.[353]

171 Systematisch handelt es sich bei § 32a **Abs. 2** um einen **speziell geregelten Unterfall des § 32a Abs. 3 S. 1.**[354] Wie sich aus dem Wortlaut der Bestimmung ergibt, **gilt sie nur für das eröffnete Insolvenzverfahren** (zu den Rechtsfolgen einer kapitalersetzenden Sicherung außerhalb des Insolvenzverfahrens s. Rn. 184, 223). Begnügt sich der Darlehensgläubiger mit der Sicherheit, die ihm ein Gesellschafter für das Darlehen gewährt hat, meldet er also keine Ausfallforderung im Insolvenzverfahren an, so hat es dabei sein Bewenden, da § 32a nur für solche Forderungen gegen die Gesellschaft gilt, die im Insolvenzverfahren über das Vermögen der Gesellschaft geltend gemacht, also zur Tabelle angemeldet werden.

172 Streitig ist, in welchem **Umfang** der Dritte seine Forderung zur Tabelle anmelden kann: Nur in Höhe des Betrages, mit dem er bei der Inanspruchnahme des Gesellschafters ausgefallen ist,[355] oder in voller Höhe.[356] Mit Blick auf die Ähnlichkeit der Rechtsstellung des Gläubigers einer gesellschafterbesicherten Forderung mit derjenigen eines aussonderungsberechtigten Gläubigers erscheint es zutreffend, mit der letztgenannten Auffassung von der Berechtigung des Gläubigers zur Anmeldung seiner For-

---

[349] Für eine Verpflichtung des Gesellschafters zur unentgeltlichen Erbringung der Dienste bis zum Vertragsende *Dittmer* (Fn. 346) S. 182 ff.
[350] S. hierzu auch *K. Schmidt* ZIP 1990, 69, 73.
[351] Insoweit zutr. *Priester* DB 1993, 1173, 1175 f.
[352] *Hachenburg/Ulmer* §§ 32a, b Rn. 134 ff.; *Scholz/K. Schmidt* §§ 32a, 32b Rn. 143 ff.; *Baumbach/Hueck/Fastrich* Rn. 64 ff.
[353] BGHZ 81, 252, 255 f.; *Brandes* WM 1980, 286, 293; *Hachenburg/Ulmer* §§ 32a, b Rn. 147 ff.; *Scholz/K. Schmidt* §§ 32a, 32b Rn. 155 ff.
[354] *Scholz/K. Schmidt* §§ 32a, 32b Rn. 144.
[355] So die hM, *Baumbach/Hueck/Fastrich* Rn. 68; *Hachenburg/Ulmer* §§ 32a, b Rn. 149; *Lutter/Hommelhoff* §§ 32a/b Rn. 124.
[356] So *Andres* in Nerlich/Römermann InsO § 43 Rn. 7; *Scholz/K. Schmidt* §§ 32a, 32b Rn. 155; *ders.* ZIP 1999, 1821, 1826 f.

derung in voller Höhe auszugehen und ebenso von seinem grundsätzlich vollen Stimmrecht gemäß § 77 InsO, das ggf. nach § 77 Abs. 2 InsO eingeschränkt werden kann.

2. Sicherungsnehmer und -geber; erfasste Leistungen; Gesellschaftskrise. 173
a) Sicherungsnehmer. Im **Grundsatz** kommt als sicherungsnehmender Dritter als Darlehensgeber der Gesellschaft im Sinne des § 32a Abs. 2 jeder mit Ausnahme der Gesellschafter im Sinne des § 32a Abs. 1 oder eine gemäß § 32a Abs. 3 S. 1 gleichgestellte Person in Betracht.[357] Eine **Ausnahme** von diesem Grundsatz gilt insoweit, als Gesellschafter, die nach § 32a Abs. 3 S. 2 und 3 vom Anwendungsbereich des Kapitalersatzrechts freigestellt sind (Kleinbeteiligte und Sanierungsgesellschafter, vgl. Rn. 83 ff. und 109 ff.), trotz ihrer Gesellschaftereigenschaft ebenfalls zu den tauglichen Sicherungsnehmern im Sinne des § 32a Abs. 2 zählen.

b) Darlehen und gleichgestellte Leistungen. Zum **Darlehensbegriff** s. 174 Rn. 139 f. Den Darlehen des Dritten **gleichzustellen** sind, wie in § 32b S. 4 ausdrücklich klargestellt wird, **alle dem Darlehen** im Sinne des § 32a Abs. 3 S. 1 **funktional entsprechenden Finanzierungsformen** (hierzu Rn. 152 ff.).[358] § 32a Abs. 2 gilt für den gewerbsmäßigen Kreditgeber, also etwa für Banken, ebenso wie für den Zulieferanten, der Rohstoffe, Halbzeuge oder sonstige Waren auf Kredit liefert oder Dienstleistungen erbringt und hierfür Sicherheiten von dem oder den Gesellschaftern erhalten hat.

c) Sicherungsgeber. Sicherungsgeber kann neben dem **Gesellschafter** über § 32a 175 Abs. 3 S. 1 auch ein ihm **gleichzustellender Dritter** sein.[359] **Nicht erfasst** wird von § 32a der Fall, dass ein **sonstiger Dritter**, etwa ein Kreditinstitut, der Gesellschaft in der Krise einen Kredit einräumt. Erhält das Kreditinstitut von der Gesellschaft eine Sicherheit, beispielsweise Forderungsabtretungen, Grundpfandrechte, Sicherungsübereignungen, so ist § 32a schon vom Gesetzeswortlaut her nicht einschlägig. Es gelten dann allein die Vorschriften über die insolvenzrechtliche Anfechtung gemäß §§ 129 ff. InsO. Die Kleinbeteiligtenschwelle (Rn. 85 ff.) und das Sanierungsprivileg (Rn. 109 ff.) finden auch auf § 32a Abs. 2 Anwendung.

d) Gesellschaftskrise. § 32a Abs. 2 setzt voraus, dass der Gesellschafter oder der 176 nach Abs. 3 ihm gleichgestellte Dritte die Sicherheit zu einem Zeitpunkt gewährt hat, in dem die Gesellschafter der GmbH als ordentliche Kaufleute Eigenkapital zugeführt hätten. Wie in Abs. 1 soll mit dieser Umschreibung verdeutlicht werden, dass die Gesellschaft sich zum Zeitpunkt der Übernahme der Besicherung durch den Gesellschafter oder den ihm gleichgestellten Dritten in der Krise befunden haben muss, insoweit gelten die Bemerkungen zu Abs. 1 (Rn. 14 ff.) entsprechend, auch wenn Abs. 2 auf die durch das KonTraG bzw. das EGInsOÄndG (Rn. 7) neu eingeführte Krisendefinition des Abs. 1 nicht ausdrücklich abstellt.[360] Maßgeblich ist in Abs. 2 darauf abzustellen, ob die Gesellschaft zu dem fraglichen Zeitpunkt auch ohne die Besicherung durch ihren Gesellschafter den Kredit erhalten hätte.[361] Für die **Feststellung der Kreditunwürdigkeit** der Gesellschaft in diesem Sinne genügt noch nicht das Verlangen des Dritten nach einer Sicherheit durch den Gesellschafter; solche Verlangen sind in der Praxis insbesondere bei der Kreditvergabe durch Banken weitgehend üblich. Dem Verlangen

---

[357] Hachenburg/Ulmer §§ 32a, b Rn. 132.
[358] Scholz/K. Schmidt §§ 32a, 32b Rn. 146.
[359] Scholz/K. Schmidt §§ 32a, 32b Rn. 147; Hachenburg/Ulmer §§ 32a, b Rn. 134 mwN.
[360] Pentz GmbHR 1999, 437, 438.
[361] Hachenburg/Ulmer §§ 32a, b Rn. 133.

§ 32 a   2. Abschnitt. Rechtsverhältnisse der Gesellschaft und der Gesellschafter

des Kreditgebers kommt jedoch *Indizwirkung* zu, die der Gesellschafter noch nicht mit Hinweis auf die Üblichkeit der Besicherung ausräumen kann. Vielmehr muss der Gesellschafter nachweisen, dass die Gesellschaft den Kredit auch ohne die von ihm übernommene Besicherung aus ihrem Vermögen vollwertig hätte besichern können.[362] Da sich Abs. 2 nicht gegen den Dritten wendet, ist dessen Kenntnis um den eigenkapitalersetzenden Charakter der Sicherheit nicht erforderlich.[363]

177   **3. Sicherungsarten.** Der Begriff der „Sicherung" im Sinne des § 32 a Abs. 2 ist dem Gesetzeszweck entsprechend weit auszulegen.[364] Unter „Sicherung" im Sinne des Abs. 2 sind alle gegenständlichen und sonstigen persönlichen Absicherungen, wie Sicherungsübereignungen, Hypotheken- und Grundpfandrechte,[365] Schuldmitübernahme[366] und Ausfallsicherheiten,[367] Bürgschaft und das Garantieversprechen,[368] Ausfallsicherheiten,[369] wechselrechtliche Verpflichtungen, Patronatserklärungen, Ankaufsverpflichtungen,[370] Werthaltigkeitsgarantien,[371] Kautionen,[372] Pfandrechte zu verstehen, die der Gesellschafter für das der Gesellschaft gewährte Darlehen gewährt hat.[373] Zu nicht abgezogenen Sicherheiten s. Rn. 180.

178   **4. Maßgeblicher Zeitpunkt der Sicherung.** Für die Beurteilung, ob ein Darlehen durch einen Gesellschafter oder eine ihm gemäß § 32 a Abs. 3 S. 1 gleichzustellende Person kapitalersetzend abgesichert worden ist, ist zu unterscheiden:

179   Grundsätzlich kommt es auf den **Zeitpunkt der Gewährung der Sicherheiten** an. In diesem Zeitpunkt muss sich die Gesellschaft in der Krise (Rn. 176) befinden. Darüberhinaus setzt § 32 a Abs. 2 voraus, dass die Einräumung der Sicherheit zu einer Kreditverlängerung oder zumindest zu einem Stehenlassen des Kredits führt. Gewährt ein Gesellschafter oder ein ihm gemäß § 32 a Abs. 3 S. 1 gleichzustellender Dritter eine Sicherheit für einen der Gesellschaft neu gewährten Kredit und haftet diese Sicherheit aufgrund von Bankbedingungen auch für einen bereits gewährten Kredit, treten die Bindungen des § 32 a Abs. 2 deshalb nur dann ein, wenn mit der Sicherheitsgewährung zumindest eine faktische Verlängerung des Altkredits verbunden ist.[374]

180   Das **Nichtabziehen von Sicherheiten,** etwa von Bürgschaften,[375] in der Krise ist nach den Grundsätzen der stehengelassenen (Gesellschafter-)Leistungen (Rn. 143 ff.)

---

[362] *Hachenburg/Ulmer* §§ 32 a, b Rn. 133.
[363] *Hachenburg/Ulmer* §§ 32 a, b Rn. 133.
[364] *Roth/Altmeppen* Rn. 51; *Baumbach/Hueck/Fastrich* Rn. 65; *Hachenburg/Ulmer* §§ 32 a, b Rn. 135 ff.; *Scholz/K. Schmidt* §§ 32 a, 32 b Rn. 148.
[365] OLG Hamburg ZIP 1984, 584; DB 1986, 2015.
[366] LG Hamburg ZIP 1981, 730.
[367] *Rümker/H. P. Westermann* S. 60 mwN.
[368] BGHZ 81, 252, 255 = NJW 8175; BGH WM 1986, 447; OLG Hamburg ZIP 1986, 227; BGH DB 1988, 38, selbst bei nachrangiger Bürgschaft.
[369] *Baumbach/Hueck/Fastrich* Rn. 65; *Hachenburg/Ulmer* §§ 32 a, b Rn. 136.
[370] *Goette* DStR 1999, 1410; *Baumbach/Hueck/Fastrich* Rn. 65; *Scholz/K. Schmidt* §§ 32 a, 32 b Rn. 148.
[371] OLG Düsseldorf WM 1986, 1568.
[372] BGH NJW 1989, 1733.
[373] *Baumbach/Hueck/Fastrich* Rn. 65; *Hachenburg/Ulmer* §§ 32 a, b Rn. 135 ff.; *Scholz/K. Schmidt* §§ 32 a, 32 b Rn. 148.
[374] OLG Stuttgart WM 1984, 1135, 1136; *Rümker/H. P. Westermann* S. 57 ff.; *Baumbach/Hueck/Fastrich* Rn. 67; *Hachenburg/Ulmer* §§ 32 a, b Rn. 138; *Scholz/K. Schmidt* §§ 32 a, 32 b Rn. 151.
[375] Zum Stehenlassen von Gesellschafterbürgschaften s. BGH ZIP 1995, 646, 647; OLG Düsseldorf ZIP 1995, 465, 467.

Rückgewähr von Darlehen § 32a

der Gewährung von Sicherheiten gleichzustellen.[376] Zieht der Gesellschafter seine Sicherheitsleistung mithin auch nach einer gewissen Überlegungszeit (Rn. 145 f.) nicht ab, führt dies nach den Grundsätzen der stehengelassenen Gesellschafterhilfe zur Verstrickung der ursprünglich freien Sicherheitsleistung.

5. Innenverhältnis zwischen Gesellschaft und Gesellschafter. Hinsichtlich der 181 Rechtsfolgen des § 32a Abs. 2 ist danach zu unterscheiden, ob der Anspruch des Sicherungsnehmers gegen die Gesellschaft noch offen steht (Rn. 182 f.) oder ob er bereits durch die Gesellschaft befriedigt worden ist Rn. 184; schließlich kommen Ansprüche gegen die Mitgesellschafter in Betracht (Rn. 185):

a) **Freistellungsanspruch.** Hat die Gesellschaft die Forderung des Sicherungsneh- 182 mers noch nicht befriedigt, folgt aus § 32a Abs. 2 mittelbar, dass sie gegen den durch den Anwendungsbereich der Bestimmung erfassten Gesellschafter (Rn. 175) oder den ihm gleichzustellenden Dritter einen selbständigen **Freistellungsanspruch** bezüglich ihrer Rückzahlungsverpflichtung hat.[377] Dieser Anspruch besteht, was insbesondere im Falle der Doppelbesicherung Bedeutung erlangt, auch schon vor dem Zugriff des Gläubigers.[378]

Ein **Regressanspruch des Gesellschafters** aufgrund des zwischen ihm und der 183 Gesellschaft bestehenden Rechtsverhältnisses aus § 670 BGB ist zwar materiellrechtlich nach § 32a Abs. 2 ebenso wenig ausgeschlossen wie ein Forderungsübergang nach §§ 426 Abs. 2, 774, 1143, 1225 BGB. Auch dieser Anspruch unterliegt jedoch der Sperre entsprechend § 30 Abs. 1, § 32a Abs. 1, und kann deshalb in der Krise in den hiernach bestehenden Grenzen nicht geltend gemacht werden.[379] Wurde gleichwohl Regress genommen, bestehen Rückforderungsansprüche entsprechend § 31, § 135 InsO, § 6 AnfG.[380] Entsprechendes gilt für den Regressanspruch des Gesellschafters, der aufgrund von § 32b geleistet hat (vgl. bei § 32b Rn. 16).

b) **Erstattungsanspruch gemäß § 32b.** Hat die Gesellschaft im Falle der § 32a 184 Abs. 2 oder Abs. 3 S. 1 das Darlehen im letzten Jahr vor dem Antrag auf Eröffnung des Insolvenzverfahrens oder nach diesem Antrag zurückgezahlt, steht ihr gegen den Gesellschafter, der für die erfüllte Forderung eine Sicherheit bestellt hat, ein Erstattungsanspruch nach näherer Maßgabe des § 32b zu (wegen der Einzelheiten s. dort). Da diese Bestimmung die Eröffnung eines Insolvenzverfahrens voraussetzt, gilt sie nicht, wenn das Insolvenzverfahren mangels Masse gemäß § 26 InsO nicht eröffnet oder aufgehoben worden ist.[381] In diesen Fällen greift allerdings der unabhängig vom Rückforderungsanspruch aus § 32b bestehende Erstattungsanspruch der Gesellschaft entsprechend § 31 Abs. 1, der allerdings auf den Betrag beschränkt ist, den die Gesellschaft zum Ausgleich einer Unterbilanz oder Überschuldung benötigt und der den Wert der gewährten Sicherheit nicht übersteigen kann (zur Anwendbarkeit der sog. Rechtsprechungsregeln neben den §§ 32a, 32b s. Rn. 213 ff.). Von Interesse ist der aus § 31 resultierende Anspruch vor allem unter zwei Aspekten: Zum einen kann er anders als § 32b auch dann geltend gemacht werden, wenn es nicht zur Eröffnung des Insol-

---

[376] *Baumbach/Hueck/Fastrich* Rn. 65; *Lutter/Hommelhoff* §§ 32a/b Rn. 119.
[377] BGH NJW 1992, 1166; *Roth/Altmeppen* Rn. 55; *Lutter/Hommelhoff* §§ 32a/b Rn. 130; *Scholz/K. Schmidt* §§ 32a, 32b Rn. 165.
[378] BGH NJW 1992, 1166 f. m. Anm. *Roth* LM § 30 Nr. 34; *Scholz/K. Schmidt* §§ 32a, 32b Rn. 165; zur Rechtslage bei Doppelbesicherung Rn. 186 f.
[379] Hierzu auch *Fastrich* NJW 1983, 263; *Scholz/K. Schmidt* §§ 32a, 32b Rn. 165, 166.
[380] *Scholz/K. Schmidt* §§ 32a, 32b Rn. 166.
[381] *Scholz/K. Schmidt* §§ 32a, 32b Rn. 169.

venzverfahrens kommt, zum anderen erfasst er auch Rückzahlungen, die länger als ein Jahr zurückliegen.[382] Wegen der Einzelheiten und des Regressanspruchs der in Anspruch genommenen Gesellschafters s. § 32b Rn. 16.

185 **c) Rückgriffsanspruch gegen die Mitgesellschafter.** Ein Rückgriffsanspruch des Gesellschafters gegen die übrigen Mitgesellschafter kommt ohne einen (im Regelfall nicht gegebenen) selbständigen Rechtsgrund nicht in Betracht. Die gemeinsame Mitgliedschaft in einer insolventen Gesellschaft genügt als Grundlage für Regressansprüche nicht,[383] auch wenn der Gesellschafter bei Nachrangigkeit seines Anspruchs gemäß § 135 InsO im Ergebnis gegenüber den anderen Mitgesellschaftern gesellschaftsrechtlich eine höhere Leistung erbracht hat. Der Gesellschafter ist auf den in der Praxis meist wirtschaftlich wertlosen Anspruch auf nachrangige Befriedigung beschränkt.[384] Stehen dem Gesellschafter jedoch im Einzelfall solche Ansprüche zu, werden diese durch die gegenüber der Gesellschaft bestehende Rückzahlungssperre nicht berührt, weshalb auch auf Sicherheiten, die für diesen Anspruch bestellt wurden, ohne weiteres zugegriffen werden kann.[385]

186 **6. Doppelbesicherung.** Ein besonderes Problem bietet die sog. Doppelbesicherung. Sie liegt dann vor, wenn für ein von einem Dritten in der Krise gewährtes Darlehen sowohl die Gesellschaft dem Dritten eine dingliche Sicherheit eingeräumt hat als auch der Gesellschafter selbst. Da die Fähigkeit der Gesellschaft, sich ein Darlehen unter Hingabe eigener Sicherheiten zu verschaffen, das Vorliegen der Krise ausschließen kann (Rn. 42), bedarf es in diesen Fällen besonderer Prüfung, ob tatsächlich eine kapitalersetzende Sicherung vorgelegen hat.

187 Wie die in der Praxis häufig anzutreffende Doppelsicherung in diesem Sinne rechtlich zu behandeln ist, ist umstritten. Nach der Auffassung des BGH und der herrschenden Meinung in der Literatur sollen nur der schuldrechtliche Darlehensanspruch des Darlehensgebers durch § 32a Abs. 2 erfasst sein und insolvenzfeste Sicherungsrechte unberührt bleiben. Der Darlehensgeber könne daher nach seiner Wahl entweder auf die von der Gesellschaft gewährte oder auf die von dem Gesellschafter eingeräumte Sicherheit zugreifen. Nimmt er die durch die Gesellschaft bestellte Sicherheit in Anspruch, kann der Insolvenzverwalter vom Gesellschafter Erstattung des Wertes dieser Sicherheit verlangen, iÜ ist der Gesellschafter jedoch auch schon vor dem Zugriff des Gläubigers zur Freistellung der Gesellschaft im Innenverhältnis verpflichtet.[386] Nach der Gegenmeinung ist § 32a Abs. 2 auf diese Gestaltung analog anzuwenden und der Gläubiger verpflichtet, Befriedigung vorrangig durch die von dem Gesellschafter eingeräumte Sicherheit zu suchen; nur in Höhe des sich hiernach ergebenden Ausfalls soll ein Zugriff auf die durch die Gesellschaft gestellte Sicherheit zulässig sein.[387] Der

---

[382] BGHZ 81, 252, 259 ff. = NJW 1981, 2570; wegen der Einzelheiten s. bei Rn. 214.
[383] *Hachenburg/Ulmer* §§ 32a, b Rn. 185; vgl. auch *Schmidt-Wendt/Ziche* BB 1991, 2235 ff.
[384] Zum alten Recht abw. *Picot* BB 1991, 1360 ff.; für den Fall der materiellen Unterkapitalisierung auch *Ensthaler* DB 1991, 1761.
[385] *Hachenburg/Ulmer* §§ 32a, b Rn. 185.
[386] BGH NJW 1985, 858; 1986, 429, 430; 1992, 166; OLG Stuttgart ZIP 1984, 992f.; LG Ulm WM 1983, 1120, 1121; *Baumbach/Hueck/Fastrich* Rn. 70; *Hachenburg/Ulmer* §§ 32a, b Rn. 144; *Lutter/Hommelhoff* §§ 32a/b Rn. 131; *v. Gerkan* GmbHR 1986, 218, 223; *Thrum* WM 1983, 1122f.; *Rümker/H.P. Westermann* S. 60; zur Freistellung s. BGH NJW 1992, 1166f.; unentschieden LG Kiel WM 1984, 805.
[387] So insbes. *Scholz/K. Schmidt* §§ 32a, 32b Rn. 163; *ders.* ZIP 1981, 689, 694; s. auch Voraufl. Rn. 70; *Feuerborn* BB 1982, 401, 405 f.; *Herrmann* in: 50 Jahre Wirtschaftsprüferberuf, 1981, S. 151, 176 f.; für unmittelbare Anwendung des Abs. 2: *Monßen* DB 1981, 1603, 1604f.

zweiten Auffassung ist trotz der für die erstgenannte Meinung sprechenden Praktikabilitätserwägungen zu folgen. Gegen sie spricht nicht, dass § 32a Abs. 2 sich in erster Linie gegen den Gesellschafter richtet; denn der Dritte ist auch im unmittelbaren Anwendungsbereich des Abs. 2 durch die mit dieser Bestimmung angeordnete Beschränkung betroffen. Ebenso wenig spricht die Überlegung hiergegen, ein Rangverhältnis zwischen Gesellschafter- und Gesellschaftssicherheit beeinträchtige weiter die Rechtsstellung des Dritten und lege ihm das mit einer Inanspruchnahme des Gesellschafters verbundene Kosten- und Ausfallrisiko auf.[388] Denn diese Feststellung setzt bereits die Beantwortung der Frage voraus, ob es sich bei der Beschränkung um eine zusätzliche oder nicht nur um die (im Analogiewege) gesetzlich vorgegebene handelt. Maßgeblich sind vielmehr die hinter der in Abs. 2 angeordneten vorrangigen Inanspruchnahme des Gesellschafters stehenden gesetzgeberischen Erwägungen. Nach den Materialien[389] sollte durch die Abs. 2 entsprechende Bestimmung in § 32a Abs. 4 S. 1 RegE 1977 eine Konkurrenz des Dritten mit den übrigen Gesellschaftsgläubigern verhindert werden, da der Gesetzgeber hierin eine Benachteiligung der übrigen Gläubiger sah, die er ausschließen wollte. Steht hinter Abs. 2 jedoch das Anliegen, das Gesellschaftsvermögen durch die vorrangige Inanspruchnahme des Gesellschafters zu schonen, ergibt sich für die vorliegende Gestaltung zugleich das Bestehen einer ausfüllungsbedürftigen Regelungslücke, die in Anlehnung an die durch § 32a Abs. 2 vorgegebene Wertentscheidung zu schließen ist. Da die vom BGH angenommene Verpflichtung des Gesellschafters zur rechtzeitigen Freistellung bzw. zum Innenausgleich der vorrangigen Inanspruchnahme des Gesellschafters nicht gleichkommt,[390] kann die Lücke nur durch die sinngemäße Anwendung des § 32a Abs. 2 dahin geschlossen werden, dass der Dritte vorrangig auf die durch den Gesellschafter bestellten Sicherheiten zuzugreifen hat und nur in dem Umfang aus der von der Gesellschaft bestellten Sicherheit Befriedigung suchen kann, in dem er bei der Inanspruchnahme der durch den Gesellschafter bestellten ausgefallen ist.

7. Verzicht des Sicherungsnehmers. Ein Verzicht des Sicherungsnehmers auf die durch den Gesellschafter bzw. einen ihm nach § 32a Abs. 3 S. 1 gleichgestellten Dritten eingeräumte Sicherheit führt nicht dazu, dass der Sicherungsnehmer als Gläubiger nunmehr uneingeschränkt seine Forderung gegen die Gesellschaft geltend machen könnte. Da § 32a Abs. 2 zwingendes Recht enthält, das nicht zur Disposition der Beteiligten steht, kann der Sicherungsnehmer seine Forderung im Insolvenzverfahren insoweit nicht geltend machen, als er aus der aufgegebenen Sicherheit hypothetisch Befriedigung hätte erlangen können.[391] Nach teilweise vertretener Auffassung soll diese Rechtsfolge entsprechend der Rechtslage bei den subjektiven Voraussetzungen für den Kapitalersatz selbst (Rn. 67) nur dann eintreten, wenn der Sicherungsnehmer Kenntnis von der Krise der Gesellschaft gehabt hat oder zumindest hätte haben können.[392] Dieser Einschränkung ist nicht zu folgen. § 32a Abs. 2 stellt keine Erstreckung der Grundsätze über den Kapitalersatz auf den Sicherungsnehmer als gesellschaftsfremden Dritten dar (Rn. 170f.), so dass sich die Notwendigkeit dieser subjektiver Voraussetzungen auf diesem Weg nicht begründen lässt;[393] als Anknüpfung für die Zurechnung

188

---

[388] S. hierzu *Hachenburg/Ulmer* §§ 32a, b Rn. 144 unter Hinweis auf BGH NJW 1985, 858, 859.
[389] BR-Drucks. 404/77 S. 40.
[390] Zutr. *Scholz/K. Schmidt* §§ 32a, 32b Rn. 163.
[391] *Roth/Altmeppen* Rn. 49; *Baumbach/Hueck/Fastrich* Rn. 70; *Hachenburg/Ulmer* §§ 32a, b Rn. 141; *Scholz/K. Schmidt* §§ 32a, 32b Rn. 159; anders noch *Fastrich* NJW 1983, 260, 263.
[392] So BankR HdB/*Stodolkowitz* § 84 Rn. 88.
[393] Anders BankR HdB/*Stodolkowitz* § 84 Rn. 88: Einbeziehung wie ein Gesellschafter.

§ 32 a 2. Abschnitt. Rechtsverhältnisse der Gesellschaft und der Gesellschafter

der mit der Freigabe der Gesellschaftersicherheit zu Lasten des Sicherungsnehmers verbundenen Folgen genügt dessen Entscheidung, den Gesellschafter nicht in Anspruch nehmen zu wollen.

189 **Tilgt die Gesellschaft nach Freigabe der Sicherheiten** durch den Sicherungsnehmer dessen Forderungen ganz oder teilweise, bleibt der Gesellschafter gegenüber der Gesellschaft ungeachtet der Freigabe durch den Sicherungsnehmer zum Ausgleich in Innenverhältnis verpflichtet; da §§ 32a Abs. 2, § 32b zwingendes Recht enthalten und der Gesellschafter zur Befreiung der Gesellschaft verpflichtet gewesen wäre, kann auch der Sicherungsnehmer den Gesellschafter nicht von seinen mit der Übernahme der kapitalersetzenden Sicherheit verbundenen Pflichten befreien.[394] Zum Umfang der Freistellungspflichten vgl. bei § 32b.

VI. Rechtsfolgen

190 **1. Alte Rechtslage.** Nach der bis zum In-Kraft-Treten der InsO geltenden Rechtslage war es den Gesellschaftern und den ihnen gemäß § 32a Abs. 3 S. 1 gleichgestellten Dritten nach § 32a Abs. 1 aF verwehrt, Ansprüche wegen kapitalersetzender Leistungen (einschließlich der Zinsen) im Konkurs der Gesellschaft geltend zu machen. Leistungen der Gesellschaft auf kapitalersetzende Leistungen unterlagen § 32b und § 32a KO, § 3b AnfG aF. Nach § 32a KO waren Rechtshandlungen, die einem Gläubiger einer § 32a Abs. 1, 3 (heute Abs. 3 S. 1) unterfallenden Forderung Sicherung gewährten, gemäß §§ 29ff. KO anfechtbar;[395] Rechtshandlungen, die dem Gläubiger einer solchen Forderung Befriedigung gewährten, waren nach §§ 29ff. KO anfechtbar, sofern sie im Zeitraum von einem Jahr vor Eröffnung des Konkursverfahrens (nicht: vor Konkursantrag) erfolgten. Außerhalb des Konkurses galten entsprechende Grundsätze gemäß § 3b AnfG aF. Wegen der Einzelheiten vgl. Voraufl. Rn. 72ff., zum Übergangsrecht s. Rn. 205.

191 **2. Neue Rechtslage. a) Nachrangigkeit der erfassten Forderungen.** Seit In-Kraft-Treten der InsO (hierzu und zum Übergangsrecht Rn. 205) hat sich die Rechtslage geändert. Kapitalersetzende Forderungen sind einschließlich der hierauf entfallenden Zinsen (§ 39 Abs. 3 InsO) seither nicht mehr undurchsetzbar, sondern nehmen am Insolvenzverfahren teil, allerdings nur als nachrangige Forderungen im Sinne des § 39 InsO. Dies bedeutet zunächst, dass auch solche Gläubiger Insolvenzgläubiger und damit berechtigt sind, einen Insolvenzantrag zu stellen (Rn. 227). Weiter folgt hieraus, dass diese Forderungen zwar am Insolvenzverfahren teilnehmen, jedoch nur nach einer Aufforderung durch das Insolvenzgericht gemäß § 174 Abs. 3 InsO zur Tabelle angemeldet dürfen. Schließlich ergibt sich aus der Beschränkung der Bestimmungen auf Insolvenzverfahren, dass sich für den Geschäftsführer hieraus kein Leistungsverbot ergibt; ein solches kann sich aber aus den innerhalb und außerhalb des Insolvenzverfahrens geltenden Rechtsprechungsregeln analog § 30 ergeben; wegen der Einzelheiten hierzu s. Rn. 213 ff.

192 **b) Insolvenzplanrechtliche Behandlung.** Als nachrangige Forderungen gelten die Forderungen von Insolvenzgläubigern kapitalersetzender Leistungen nach § 225 Abs. 1 InsO grundsätzlich als erlassen. Im Insolvenzplan können jedoch abweichende

---

[394] BGH NJW 1997, 3171, 3172; s. auch OLG Hamm NZG 1999, 1163 = DStR 2000, 984 (LS) m. Anm. *Haas*.
[395] Nach zutreffender Auffassung bedurfte es der Anfechtung nicht, da die zugrundeliegende Forderung undurchsetzbar war und die Sicherheit damit ebenfalls nicht geltend gemacht werden konnte, vgl. BGH NJW 1996, 3203.

Regelungen getroffen werden, §§ 225 Abs. 2, 222 Abs. 1 Nr. 3 InsO. Solche abweichenden Regelungen kommen in Betracht, wenn so hohe Erlöse erzielt werden, dass auch die nachrangigen Gläubiger (teilweise) befriedigt werden können.[396] Durch die Berücksichtigung kapitalersetzender Leistungen im Insolvenzplan entfällt die eigenkapitalähnliche Bindung.[397]

c) Anfechtung innerhalb des Insolvenzverfahrens (§ 135 InsO). Ist über das Vermögen der GmbH das Insolvenzverfahren eröffnet worden (zu den Anfechtungsmöglichkeiten außerhalb des Insolvenzverfahrens s. Rn. 199f.), kann der Insolvenzverwalter bestimmte Rechtshandlungen, die vor der Eröffnung des Insolvenzverfahrens vorgenommen worden sind, gemäß §§ 130ff. InsO anfechten. 193

Anfechtungsgegner ist der Empfänger der anfechtbaren Leistung (bzw. seine Rechtsnachfolger, § 145 InsO). **Ziel der Anfechtung** ist die Rückgewähr der durch die anfechtbare Handlung erlangten Leistung. Es handelt sich mithin um einen **Rückforderungsanspruch,** nicht um ein Gestaltungsrecht, weshalb der Anfechtungsanspruch auch nicht erlischt, sondern gemäß § 146 InsO der (zweijährigen) Verjährung unterliegt. Im Falle des neben den allgemeinen Anfechtungstatbeständen der §§ 130 bis 134 InsO anwendbaren, speziell auf kapitalersetzende Leistungen zugeschnittenen Anfechtungstatbestands des § 135 InsO sind alle **Rechtshandlungen** anfechtbar, durch die dem Gläubiger eines kapitalersetzenden Darlehens oder einer gleichgestellten Rechtshandlung **Sicherheit oder Befriedigung** gewährt worden ist; als weitere Voraussetzung hinzukommen muss gemäß § 128 Abs. 1 InsO eine **objektive Gläubigerbenachteiligung,** für die es genügt, dass die Befriedigungsmöglichkeit der Gläubiger in der Insolvenz in irgendeiner Weise objektiv beeinträchtigt worden ist; an dieser Voraussetzung fehlt es, wenn die Masse für die Befriedigung der Gläubiger ausreicht.[398] 194

Unter dem Begriff der **Rechtshandlung** sind alle Handlungen zu verstehen, die rechtliche Wirkungen auslösen, unabhängig davon, ob diese Wirkungen gewollt waren oder ob sie der Schuldner vorgenommen hat; auch die Wirkungen von rechtsgeschäftsähnlichen Handlungen und die aufgrund eines Titels erwirkten Handlungen (§ 141 InsO) sind deshalb anfechtbar. 195

Eine **Sicherung** liegt vor, wenn dem Gläubiger eine zusätzliche Rechtsposition eingeräumt wird, die neben den Leistungsanspruch tritt und die die Durchsetzbarkeit des Anspruchs befriedigt oder erleichtert. In Betracht kommen insoweit etwa Bürgschaften, Pfandrechte, Sicherungsübereignungen bzw. Sicherungsabtretungen, Grundpfandrechte.[399] In zeitlicher Hinsicht ist gemäß § 135 Nr. 1 InsO jede Sicherungsgewährung anfechtbar, die **in den letzten zehn Jahren vor dem Antrag auf Eröffnung des Insolvenzverfahrens oder hiernach** vorgenommen worden ist (zur zweijährigen Verjährungsfrist des hiervon zu unterscheidenden Anfechtungsanspruchs s. Rn. 194). Da der kapitalersetzende Charakter der Leistung auch der Durchsetzung der gewährten Sicherheit entgegensteht (Rn. 202), kommt der Anfechtung der Sicherung praktisch vor allem insoweit Relevanz zu, als über § 143 InsO die Aufhebung der Sicherung verlangt werden kann. 196

Unter den Begriff der **Befriedigung** fallen alle Rechtshandlungen, die zum Erlöschen des materiellrechtlichen Anspruchs des Gläubigers führen, also nicht nur die Er- 197

---

[396] Vgl. BT-Drucks. 12/2443 S. 201.
[397] *Noack,* FS Claussen, 1997, S. 307, 312.
[398] BGHZ 105, 168, 187 = NJW 1988, 3143 m. Anm. *K. Schmidt.*
[399] Zu den Folgen eines nachträglichen Eintritts der Krise für eine außerhalb der Krise gewährte Sicherheit s. OLG Hamburg ZIP 1986, 227.

§ 32 a 2. Abschnitt. Rechtsverhältnisse der Gesellschaft und der Gesellschafter

füllung, sondern **auch** die **Erfüllungssurrogate**, etwa die Leistung an Erfüllungs Statt, die Aufrechnung, der Abschluss eines Verrechnungsvertrages. Auch die Befriedigung aus Sicherheiten oder im Wege der Zwangsvollstreckung gehört hierher. In zeitlicher Hinsicht ist gemäß § 135 Nr. 2 InsO jede Rechtshandlung anfechtbar, die **im letzten Jahr vor dem Antrag auf Eröffnung des Insolvenzverfahrens oder hiernach Befriedigung** gewährt hat (zur zweijährigen Verjährungsfrist des hiervon zu unterscheidenden Anfechtungsanspruchs s. Rn. 194). Die Anfechtung wird nicht dadurch ausgeschlossen, dass für die betreffende Rechtshandlung ein vollstreckbarer Titel erlangt oder die Handlung durch Zwangsvollstreckung erwirkt worden ist, § 141 InsO. Zur Unwirksamkeit einer im Wege der Zwangsvollstreckung innerhalb eines Monats vor dem Insolvenzantrag erlangten Sicherheit vgl. § 88 InsO, zur Fristberechnung s. § 139 InsO.

198 Ist der empfangene Gegenstand noch unterscheidbar im Vermögen des Anfechtungsgegners vorhanden, ist er zurückzugewähren. Ansonsten ist sein Wert gemäß § 143 Abs. 1 S. 2 InsO iVm. §§ 819, 818 Abs. 4, 292 Abs. 1, 989, 990 BGB in Geld zu ersetzen, auf Entreicherung kann sich der Empfänger gemäß §§ 819 Abs. 1, 818 Abs. 4 BGB nicht berufen. Mit der Rückgewähr der erhaltenen Leistung aufgrund der Anfechtung lebt die Forderung des Leistungsempfängers einschließlich der mit ihr verbundenen Sicherungsrechte rückwirkend wieder auf, wegen § 32 Abs. 1 kann sie jedoch nur als nachrangige Insolvenzforderung geltend gemacht werden; zur rechtlichen Behandlung der Sicherungsrechte s. Rn. 202.

199 **d) Anfechtung außerhalb des Insolvenzverfahrens (§ 6 AnfG).** Die **allgemeinen Möglichkeiten** eines Gläubigers, ihn benachteiligende Rechtshandlungen der GmbH außerhalb eines Insolvenzverfahrens anzufechten, richten sich nach dem AnfG. Anfechtungsberechtigt ist nach § 2 AnfG jeder Gläubiger, der über einen Titel gegen die GmbH verfügt, sofern die Zwangsvollstreckung in das Vermögen der GmbH nicht zu seiner vollständigen Befriedigung geführt hat bzw. wenn zu erwarten steht, dass sie hierzu nicht führen wird. Die Anfechtung richtet sich gegen den Empfänger der anfechtbaren Leistung (bzw. seinen Rechtsnachfolger, § 15 AnfG) und ist auf Zurverfügungstellung gerichtet; ist der empfangene Gegenstand noch unterscheidbar im Vermögen des Anfechtungsgegners vorhanden, ist er zur Duldung der Zwangsvollstreckung, ansonsten zum Wertersatz verpflichtet. Eine vom Anfechtungsgegner etwa an den Schuldner erbrachte Gegenleistung kann er gemäß § 12 AnfG nur vom Schuldner zurückverlangen, ein Zurückbehaltungs- oder Aufrechnungsrecht steht ihm gegen den Gläubiger nicht zu. Die Anfechtung wird nicht dadurch ausgeschlossen, dass für die betreffende Rechtshandlung ein vollstreckbarer Titel erlangt oder die Handlung durch Zwangsvollstreckung erwirkt worden ist, § 10 AnfG.

200 **Für den Bereich des Kapitalersatzrechts** enthält § 6 AnfG eine **spezielle Regelung**. Rechtshandlungen, durch die dem Gläubiger einer Forderung auf Rückgewähr eines kapitalersetzenden Darlehens oder einer gleichgestellten Forderung Sicherung oder Befriedigung gewährt worden ist, können hiernach vom Gläubiger der Gesellschaft angefochten werden. Die materiellen Anfechtungsvoraussetzungen entsprechen damit denjenigen des § 135 InsO (wegen der Einzelheiten vgl. deshalb Rn. 193 ff.). Die nach § 6 Nr. 1 und 2 AnfG im Falle der Sicherung geltende zehnjährige **Frist** bzw. die im Falle der Befriedigung geltende einjährige Frist ist gemäß § 7 Abs. 1 AnfG rückwirkend ab der gerichtlichen Geltendmachung zu berechnen; der Gläubiger kann jedoch schon vor Erlangung eines vollstreckbaren Titels oder vor Fälligkeit seiner Forderung durch schriftliche Unterrichtung des Anfechtungsgegners über seine Anfechtungsabsicht gemäß § 7 Abs. 2 AnfG die Rückrechnung in Gang setzen.

Eine Sonderbestimmung für die Fristberechnung im Zusammenhang mit einem inzwischen beendeten Insolvenzverfahren findet sich in § 18 Abs. 2 AnfG, wonach in diesem Falle für die Fristberechnung der Zeitpunkt der Verfahrenseröffnung maßgeblich ist, sofern die Anfechtung innerhalb eines Jahres nach der Beendigung des Insolvenzverfahrens erfolgt.

e) Durchsetzungssperre. aa) Aufrechnung. Eine Aufrechnung des Gläubigers 201 der Gesellschaft mit einer kapitalersetzenden Forderung gegen eine von der Gesellschaft gegen ihn geltend gemachte Forderung ist ausgeschlossen. Dies ergibt sich aus der Nachrangigkeit der Forderung und dem Sinn und Zweck des Kapitalersatzrechts.

bb) Sicherheiten. Sicherheiten, die für eine kapitalersetzende Forderung **durch** 202 **die Gesellschaft** bestellt worden sind, berechtigen den Gläubiger nicht zur Aus- oder Absonderung gemäß §§ 47 ff. InsO. Dies folgt bei akzessorischen Sicherheiten unmittelbar aus der Akzessorietät (zum Pfandrecht vgl. § 1211 BGB, zur Hypothek § 1137 BGB). Bei nicht-akzessorischen Sicherheiten (Eigentumsvorbehalt, Sicherungsübereignung bzw. -abtretung, Grundschuld) wird sich regelmäßig bereits aus der zugrunde liegenden Sicherungsabrede ableiten lassen, dass durch die Sicherheit nicht mehr Rechte eingeräumt werden sollen, als dem Gesellschafter nach dem Grundverhältnis zustehen. Unabhängig davon folgt das Befriedigungsverbot aber auch aus dem Sinn und Zweck des Kapitalersatzrechts; einer auf die Anfechtbarkeit gemäß § 135 InsO gestützten Einrede des Insolvenzverwalters[400] bedarf es mithin in diesen Fällen nicht,[401] der kapitalersetzende Charakter ist im Prozess von Amts wegen zu berücksichtigen.

Bei **Sicherheiten, die von Dritten oder einem Mitgesellschafter** bestellt worden 203 sind, ist fraglich, ob der Sicherungsgeber im Falle seiner Inanspruchnahme sich auf den kapitalersetzenden Charakter der zugrundeliegenden Leistung berufen kann. Soweit dies für die Bürgschaft vom IX. Senat des BGH unter Hinweis auf die Akzessorietät der Bürgschaft grundsätzlich bejaht worden ist,[402] überzeugt dies in dieser Form nicht; denn die Bestimmungen der §§ 30 (analog), 32a passen angesichts ihres auf den Schutz der Gesellschaft beschränkten Regelungszwecks insoweit nicht.[403] Maßgeblich ist in Anlehnung an den in § 776 BGB deutlich werdenden Rechtsgedanken vielmehr darauf abzustellen, ob die notwenige (Rn. 67) Finanzierungsentscheidung des Gesellschafters bzw. des ihm über § 32a Abs. 3 S. 1 gleichzustellenden Dritten einen Umstand darstellt, der einer Inanspruchnahme des Bürgen entgegensteht. Dies ist jedenfalls dann zu verneinen, wenn der Bürge die Verpflichtung in Kenntnis des kapitalersetzenden Charakters der Forderung übernommen hat.[404] Im Übrigen sind mit Blick darauf, dass den Gläubiger grundsätzlich keine Interessenwahrungspflicht zugunsten des Bürgen trifft, strenge Maßstäbe anzulegen.[405] Entsprechendes gilt für andere akzessorische Sicherheiten. Bei nicht-akzessorischen Sicherheiten können sich ggf. aus der zugrundeliegenden Sicherungsabrede Einschränkungen ergeben.

---

[400] So *Hachenburg/Ulmer* §§ 32a, b Rn. 71 für nicht-akzessorische Sicherheiten.
[401] BGHZ 133, 298, 305 f. = NJW 1996, 3203; BGH NJW 1995, 658; *Scholz/K. Schmidt* §§ 32a, 32b Rn. 60.
[402] BGH NJW 1996, 1341, 1342.
[403] Zutr. OLG Hamm NZG 1998, 551, 552; *Scholz/K. Schmidt* §§ 32a, 32b Rn. 61.
[404] S. auch BGH (IX. Senat) NJW 1996, 1341, 1342, der die Kenntnis der hierfür maßgeblichen tatsächlichen Verhältnisse (Krise und Gesellschaftereigenschaft) genügen lässt.
[405] Allgemein hierzu MüKo BGB/*Habersack* § 765 Rn. 84 ff.; *Staudinger/Horn* § 776 Rn. 1; für den Fall des Rangrücktritts oder der Finanzplanabrede eine Haftung des Bürgen verneinend *Scholz/K. Schmidt* §§ 32a, 32b Rn. 61.

§ 32 a   2. Abschnitt. Rechtsverhältnisse der Gesellschaft und der Gesellschafter

204 **f) Rechtsfolgen nach den Rechtsprechungsgrundsätzen (Verweisung).** Zu den Rechtsfolgen der außerhalb und innerhalb des Insolvenzverfahrens anwendbaren Rechtsprechungsgrundsätzen vgl. Rn. 213 ff.

205 **3. Übergangsrecht.** Die InsO ist gemäß § 335 InsO iVm. Art. 110 EGInsO am 1. 1. 1999 in Kraft getreten. Für die Konkurs-, Vergleichs- und Gesamtvollstreckungsverfahren, die vor dem 1. 1. 1999 beantragt worden sind, gilt gemäß Art. 103 EGInsO das bisherige Recht (vgl. hierzu Voraufl. Rn. 72 ff.; für die nach dem 31. 12. 1998 beantragten **Insolvenzverfahren** die InsO. Die Vorschriften der InsO über die Anfechtung von Rechtshandlungen sind auf die vor dem 1. 1. 1999 vorgenommenen Rechtshandlungen nur insoweit anzuwenden, als dies auch nach dem bis dahin geltenden Recht möglich war; da § 135 InsO nur auf den eigenkapitalersetzenden Charakter der betreffenden Leistung abstellt, spielt diese Differenzierung für das Kapitalersatzrecht keine Rolle.

206 Zum Übergangsrecht im Zusammenhang mit der sog. **Kleinbeteiligtenschwelle** nach § 32 a Abs. 3 S. 2 bzw. dem **Sanierungsprivileg** gemäß § 32 a Abs. 3 S. 3 s. Rn. 104 ff. und 128 ff.

207 **4. Ansprüche des Gesellschafters, Rangverhältnisse.** Während der Gläubiger einer kapitalersetzenden Leistung nach altem Recht im Konkurs- oder Vergleichsverfahren seine Rückgewähransprüche überhaupt nicht geltend machen konnte, hat er nach In-Kraft-Treten der InsO (Rn. 205) gemäß § 32 a Abs. 1, Abs. 3 S. 1 die Stellung eines nachrangigen Insolvenzgläubigers (Rn. 191). Fällt er insoweit aus, weil das Vermögen der Gesellschaft nicht zur Befriedigung nachrangiger Gläubiger ausreicht, hat der Gläubiger **grundsätzlich keine Ausgleichsansprüche** gegen andere Gesellschafter oder ihnen gleichgestellte Dritte.[406] Abweichendes kann sich nur aufgrund eines besonderen Schuldverhältnisses ergeben, etwa aufgrund §§ 778, 670 BGB, § 774, 426 BGB oder – im Falle eines Konsortiums, bei dem der Kredit für gemeinschaftliche Rechnung gegeben wird – über § 735 BGB.[407] Auch im Zusammenhang mit einer Finanzplanfinanzierung (Rn. 46 ff.) können sich ggf. aus der Auslegung der zugrundeliegenden Abrede Ausgleichsansprüche herleiten lassen.

208 Ob diejenigen Ansprüche von Gläubigern, die mit einem **Rangrücktritt** (Rn. 226 ff.) versehen sind, gleichrangig mit den Ansprüchen auf Rückgewähr eigenkapitalersetzender Leistungen oder nachrangig hierzu zu befriedigen sind, ist gemäß § 39 Abs. 2 InsO im Zweifel dahin zu beantworten, dass diese Forderungen im Nachrang zu den Forderungen nach § 39 Abs. 1 Nr. 5 InsO, aber vor einer Ausschüttung von Gesellschaftsvermögen an die Gesellschafter zu berichtigen sind.[408] Eine interessengerechte Auslegung der Rangrücktrittsvereinbarung wird jedoch häufig ergeben, dass die mit dem Rangrücktritt versehenen Ansprüche gleichrangig zu den Ansprüchen nach § 39 Abs. 1 Nr. 5 InsO zu begleichen sind.

209 **5. Beweislastfragen. a) Beweislast für das Vorliegen einer kapitalersetzenden Leistung.** Die Darlegungs- und Beweislast für das **Vorliegen einer kapitalersetzenden Leistung** richtet sich grundsätzlich nach den normalen Beweisregeln. Es hat also derjenige (Gesellschaft, Insolvenzverwalter, Gläubiger, Liquidator), der den eigenkapitalersetzenden Charakter eines Darlehens oder einer dem gleichzustellenden

---

[406] *Hachenburg/Ulmer* §§ 32 a, b Rn. 185; *Scholz/K. Schmidt* §§ 32 a, 32 b Rn. 112.
[407] *Scholz/K. Schmidt* §§ 32 a, 32 b Rn. 112.
[408] Zur Berücksichtigung der mit einem Rangrücktritt versehenen Forderungen vor einer Verteilung des Liquidationserlöses s. BGH NJW 2001, 1280, 1282.

Rückgewähr von Darlehen   § 32 a

Leistung behauptet, dies auch zu beweisen,[409] und zwar sowohl hinsichtlich der Leistung als auch – was bei § 32 a Abs. 3 S. 1 (und S. 2, vgl. sogleich Rn. 211) eine Rolle spielt – die Tatsachen, aus denen sich die Erfassung des Leistenden durch den Anwendungsbereich des Kapitalersatzrechts ergibt. Der Beweis, der für jede in Rede stehende Leistung bzw. Rückgewähr zu führen ist,[410] kann anhand der Rn. 41 dargelegten Indizien im Wege eines Anscheinsbeweises geführt werden.[411] Der Hinweis auf das Vorliegen einer Unterbilanz nach fortgeführten Buchwerten genügt hierfür nicht.[412] Liegen die notwendigen Indizien vor, ist nach den Grundsätzen der Darlegungs- und Beweislast der negative Beweis der Kreditunwürdigkeit der Gesellschaft nur dann zu führen, wenn der in Anspruch genommene Gesellschafter bzw. der ihm gemäß § 32 a Abs. 3 S. 1 gleichgestellte Dritte daraufhin iE darlegt, welche Gegenstände die Gesellschaft zur Kreditbesicherung hätte nutzen können bzw. welche stillen Reserven ihre Kreditfähigkeit noch hätten rechtfertigen sollen.[413] Im Falle der **Überschuldung** (zum Begriff s. Rn. 37) genügt es, wenn die rechnerische Überschuldung dargelegt und ggf. bewiesen wird; es ist dann Sache des in Anspruch genommenen Gesellschafters bzw. des ihm nach § 32 a Abs. 3 S. 1 gleichzustellenden Dritten, eine positive Fortführungsprognose darzulegen und ggf. zu beweisen.[414] Entsprechendes gilt für die objektiven **Voraussetzungen eines kapitalersetzenden Stehenlassens** bereits erbrachter Leistungen.[415]

b) **Beweislast für die (fehlende) Kenntnisnahmemöglichkeit.** Die für die kapitalersetzende Funktion einer Leistung notwendige Kenntnisnahmemöglichkeit (Rn. 67, 145 f.) wird jedenfalls bei einem Gesellschafter vermutet. Dafür, dass die wirtschaftliche Situation der Gesellschaft dem Leistenden unbekannt gewesen ist, trägt deshalb dieser die Beweislast.[416] 210

c) **Beweislastverteilung bei § 32 a Abs. 3 S. 2 und 3.** Auch hinsichtlich der Darlegungs- und Beweislastverteilung im Zusammenhang mit der **Kleinbeteiligtenschwelle** (Rn. 83 ff.) und dem **Sanierungsprivileg** (Rn. 109 ff.) gilt der Grundsatz, dass die Gesellschaft die objektiven Voraussetzungen des eigenkapitalersetzenden Charakters der Leistung trifft und den Gesellschafter bzw. die ihm gleichgestellte Person die Darlegung- und Beweislast dafür, dass die Gesellschaftskrise nicht erkennbar war 211

---

[409] BGH NJW 1988, 824; 1989, 1219; OLG Dresden NZG 1999, 347, 348; *Goette* DStR 1999, 553, 554; *Haas* DStR 2000, 1576; *Baumbach/Hueck/Fastrich* Rn. 52; *Hachenburg/Ulmer* §§ 32 a, b Rn. 64.
[410] Zur Notwendigkeit, den kapitalersetzenden Charakter für jede in Rede stehende Leistung darzulegen und ggf. zu beweisen, vgl. BGH DStR 2001, 139; NJW 1999, 2596; BGHZ 119, 212, 206 = NJW 1992, 2891; BGH NJW 1995, 457, 459; betonend auch *Goette* DStR 2001, 139, 140; *v. Gerkan* in *v. Gerkan/Hommelhoff* Handbuch des Kapitalersatzrechts, 2000, Rn. 3.43.
[411] *Hachenburg/Ulmer* §§ 32 a, b Rn. 64; *Scholz/K. Schmidt* §§ 32 a, 32 b Rn. 56; vgl. auch OLG Frankfurt/M. NZG 2000, 546 = DStR 2000, 1576 (LS) m. Anm. *Haas*.
[412] BGH NJW 2001, 1136 = DStR 2001, 139 m. Anm. *Goette*; BGH NJW 1999, 3120, auch zur Beweislast bei aus dem Jahresabschluss greifbaren Anhaltspunkten für das Vorhandensein stiller Reserven.
[413] BGH NJW 1997, 3171, 3172; BGH NJW 1998, 1143, 1144; BGH NJW 1999, 3120 = NZG 1999, 1059 = GmbHR 1999, 973 m. Anm. *Brauer* = LM § 30 Nr. 65 – *Döser*; *Scholz/K. Schmidt* §§ 32 a, 32 b Rn. 56.
[414] *v. Gerkan* in *v. Gerkan/Hommelhoff* Handbuch des Kapitalersatzrechts, 2000, Rn. 3.46; BankR HdB/*Stodolkowitz* § 84 Rn. 50; s auch zum alten Recht BGHZ 126, 181, 200 = NJW 1994, 2220; BGH NJW 1997, 31171, 3172.
[415] *Scholz/K. Schmidt* §§ 32 a, 32 b Rn. 56; einschränkend *Hachenburg/Ulmer* §§ 32 a, b Rn. 64.
[416] BGH NJW 2000, 3565; 1998, 3200, 3201; BGHZ 127, 336, 343 ff. = NJW 1995, 326; BGH NJW 1992, 1764; *Scholz/K. Schmidt* §§ 32 a, 32 b Rn. 56.

§ 32 a   2. Abschnitt. Rechtsverhältnisse der Gesellschaft und der Gesellschafter

(vgl. soeben Rn. 210). Hinsichtlich des für ihn günstigen Sanierungsprivilegs obliegt es allerdings dem Gesellschafter, die objektive Sanierungsfähigkeit der Gesellschaft und die Geeignetheit der beabsichtigten Maßnahmen hierzu darzulegen und gegebenenfalls auch zu beweisen.[417] Der subjektive Wille zur Sanierung der Gesellschaft kann im Regelfall vermutet werden (Rn. 122). Unter praktischen Aspekten empfiehlt es sich deshalb für den sanierungswilligen Gesellschafter, im Vorgriff auf ein etwaiges Fehlschlagen der Sanierung die objektiven Voraussetzungen (Sanierungsfähigkeit der Gesellschaft, Geeignetheit der beabsichtigten Maßnahmen) durch eine fachkundige Person überprüfen und dokumentieren zu lassen, um sich im Streitfall hierauf berufen zu können.[418]

212   **d) Beweislast für den nachträglichen Wegfall von Tatbestandsvoraussetzungen.** Macht der Gesellschafter bzw. der ihm nach § 32a Abs. 3 S. 1 gleichgestellte Dritte geltend, der unstreitige oder nachgewiesene **kapitalersetzende Charakter** der Leistung sei **nachträglich weggefallen,** trifft ihn die Beweislast.[419] Entsprechendes gilt, wenn der Leistende geltend machen will, er sei im maßgeblichen Zeitpunkt kein Gesellschafter gewesen (hier ist auch § 16 zu beachten) bzw. einem solchen wegen des zwischenzeitlichen **Wegfalls der** dafür ausschlaggebenden **Rechtsposition**[420] nicht gleichzustellen gewesen.[421]

VII. Die sog. Rechtsprechungsgrundsätze zu kapitalersetzenden Gesellschafterleistungen nach §§ 30, 31

213   **1. Entwicklung und Verhältnis zu §§ 32a, 32b, § 135 InsO, § 6 AnfG.** Bis 1980 waren die Grundsätze über eigenkapitalersetzende Gesellschafterdarlehen gesetzlich nicht ausdrücklich geregelt, sondern beruhten ausschließlich auf Richterrecht, das der BGH unter Mithilfe der Literatur herausgebildet hatte. Die Rechtsprechung des BGH[422] stützte sich dabei zunächst maßgeblich auf das Verbot widersprüchlichen Verhaltens. Dem Gesellschafter sei es nach § 242 BGB verwehrt, ein Darlehen, mit dem die Zahlungsunfähigkeit der Gesellschaft habe verhindert werden sollen und das deshalb wie Eigenkapital zu behandeln gewesen sei, vor dem nachhaltigen Erreichen des mit der Darlehenshingabe verfolgten Zwecks abzuziehen; verstoße er hiergegen, sei er zur Rückzahlung nach § 31 Abs. 1 verpflichtet.[423]

214   In der Folgezeit hat der BGH neben diesen Erwägungen vorrangig auf den Zweck der gesetzlichen Kapitalerhaltungsvorschriften und damit auf die §§ 30, 31 abgestellt.[424]

---

[417] Dörrie ZIP 1999, 12, 14; Pentz GmbHR 1999, 437, 450; hierzu auch Dauner-Lieb in v. Gerkan/Hommelhoff Handbuch des Kapitalersatzrechts, 2000, Rn. 4.56; wohl auch Obermüller ZInsO 1998, 51, 54.
[418] Dörrie ZIP 1999, 12, 14; Pentz GmbHR 1999, 437, 450, 451.
[419] BGHZ 90, 370, 380 f. = NJW 1984, 1891; BGH NJW-RR 1997, 606; Roth/Altmeppen Rn. 25; Hachenburg/Ulmer §§ 32a, b Rn. 57, 64a; Scholz/K. Schmidt §§ 32a, 32b Rn. 56; s. aber auch OLG Celle NZG 2000, 145 = DStR 2000, 698 (LS) m. Anm. Haas.
[420] Vgl. zum Einwand des Wegfalls der Treugeberstellung BGH NJW 1989, 1219; Hachenburg/Ulmer §§ 32a, b Rn. 64a.
[421] BGH NJW 1989, 1219; Hachenburg/Ulmer §§ 32a, b Rn. 64a; Scholz/K. Schmidt §§ 32a, 32b Rn. 56.
[422] Zu der auf § 826 BGB gestützten reichsgerichtlichen Rechtsprechung s. RG JW 1938, 862; RGZ 166, 51, 57, aber auch RG JW 1939, 229, 231; RGZ 166, 51, 61: Darlehen der Sache nach Eigenkapital.
[423] BGHZ 31, 258, 271 ff. = NJW 1960, 285.
[424] BGHZ 67, 171, 177, 182 = NJW 1977, 104; BGHZ 75, 334, 336 f., 339 = NJW 1980, 592.

Rückgewähr von Darlehen § 32 a

Zugleich wurde der Zeitpunkt der Darlehensverstrickung präzisiert. Die Bindung des Darlehens trat nach dieser Rechtsprechung dann ein, wenn die Gesellschaft im Zeitpunkt des Darlehens von dritter Seite keinen Kredit zu marktüblichen Konditionen hätte erhalten können und deshalb ohne diese Leistung hätte liquidiert werden müssen.[425] Dem Umfang nach erstreckt sich die Bindung des eigenkapitalersetzenden Gesellschafterdarlehens nach der Rechtsprechung entsprechend der Haftungsherleitung aus §§ 30, 31 auf den Betrag, der zur Beseitigung einer Unterbilanz erforderlich ist. Durch die 1980 eingeführten §§ 32a, 32b, §§ 32a KO, 3b AnfG (zum heutigen Recht s. §§ 135 InsO, 6 AnfG und Rn. 6ff., 190ff.) sollten diese Rechtsprechungsgrundsätze in das Gesetz übernommen und unter Beseitigung bestehender Zweifelsfragen teilweise erweitert werden, wobei diese Neubestimmungen nach der Intention des Gesetzgebers wohl die bisherigen Rechtsprechungsgrundsätze ersetzen sollten.[426] Eine ausschließliche Geltung der Neuregelung und eine Verdrängung der durch den BGH bis dahin bereits entwickelten Grundsätze hätte jedoch einen Rückschritt bei dem auf der Grundlage der §§ 30, 31 erreichten Gläubigerschutz dargestellt. Zwar erstrecken sich die Neuregelungen anders als die auf einer Anwendung der §§ 30, 31 beruhenden Rechtsprechungsgrundsätze auf die volle Höhe des gewährten Darlehens und nicht nur auf den Betrag, der zur Beseitigung einer Unterbilanz bzw. Überschuldung erforderlich ist. Die §§ 32a, 32b, § 32a KO (heute § 135 InsO) setzten jedoch ein Konkurs- bzw. Vergleichsverfahren voraus, während die auf §§ 30, 31 gestützten Rechtsprechungsgrundsätze unabhängig hiervon eingreifen und die hiernach bestehenden Ansprüche auch nicht der in den Neubestimmungen genannten einjährigen Frist unterliegen, sondern der fünfjährigen Verjährungsfrist entsprechend § 31 Abs. 5. Des weiteren bestünde für den Geschäftsführer einer GmbH bei einer ausschließlichen Geltung der §§ 32a, 32b, § 135 InsO, § 6 AnfG (früher: § 32a KO, § 3b AnfG) außerhalb eines Insolvenzverfahrens keine Möglichkeit mehr, die Rückzahlung des eigenkapitalersetzenden Gesellschafterdarlehens zu verlangen bzw. Leistungen unter Hinweis auf den eigenkapitalersetzenden Charakter zu verweigern, und auch die einem Gesellschaftsgläubiger nach § 6 AnfG (früher: § 3b AnfG) eingeräumte Anfechtungsmöglichkeit würde diesen nur unzureichend schützen. Da der Gesetzgeber die Rechte der Gesellschaftsgläubiger mit der Neuregelung nicht schwächen, sondern im Gegenteil stärken wollte und die mit einer ausschließlichen Geltung der Novellenbestimmung verbundenen Nachteile offensichtlich nicht erkannt hatte, hat sich der BGH mit der ganz herrschenden Meinung in der Literatur für ein Nebeneinander der Rechtsprechungsgrundsätze und der Novellenbestimmungen ausgesprochen.[427] Die kodifizierten Regeln sind daher dogma-

---

[425] Grundlegend BGHZ 76, 326, 329 = NJW 1980, 1524; zu dem hierhinter stehenden Grundsatz der Finanzierungsverantwortung der GmbH-Gesellschafter s. BGHZ 90, 370, 376ff. = NJW 1984, 1891 und Rn. 17.
[426] BT-Drucks. 8/1347 S. 39; s. aber auch BGHZ 90, 370, 376ff. = NJW 1984, 1891.
[427] Seit BGHZ 90, 370, 376ff. = NJW 1984, 1891 st. Rspr., s. etwa BGH NJW 1985, 2719; BGHZ 95, 192 = NJW 1985, 2947; BGH NJW 1986, 429, 430; NJW-RR 1986, 834; NJW 1987, 1080; NJW-RR 1987, 806; NJW 1988, 824; 1989, 1733; NJW-RR 1990, 290; NJW 1992, 1191; 1992, 1764; 1992, 2894; 1992, 3035; BGHZ 121, 31 = NJW 1993, 392; BGHZ 123, 289, 296 = NJW 1993, 3265; BGH ZIP 1994, 31; BGH NJW 1995, 457; 1996, 1341, 1342f.; 1997, 3026; 1999, 2596; 1999, 2822; 1999, 3120, 3122; 2000, 3278, 3279; 2000, 3496, 3497; 2001, 1136; 2001, 1280, 1282; aus der Literatur vgl. nur *Roth/Altmeppen* Rn. 40; *Baumbach/Hueck/Fastrich* Rn. 72ff.; *Lutter/Hommelhoff* §§ 32a/b Rn. 7; *Hommelhoff/Kleindiek*, FS 100 Jahre GmbHG, 1992, S. 421, 432; *Hachenburg/Ulmer* §§ 32a, b Rn. 14ff.; *Scholz/K. Schmidt* §§ 32a, 32b Rn. 13, 76ff. alle mit umfangreichen Nachweisen; für eine Verdrängung der Rechtsprechungsgrundsätze im Anwendungsbereich der §§ 32a, 32b dagegen *Timm* JuS 1991, 652, 654.

§ 32a 2. Abschnitt. Rechtsverhältnisse der Gesellschaft und der Gesellschafter

tisch nur als Bestätigung und partielle Weiterentwicklung der Rechtsprechungsgrundsätze anzusehen. Zu beachten ist allerdings, dass die Wertungsvorgaben der **Kleinbeteiligungsschwelle** und des **Sanierungsprivilegs** gemäß § 32a Abs. 3 S. 2 und 3 auch auf die Rechtsprechungsgrundsätze durchschlagen, vgl. hierzu Rn. 84.

215 Von einem „zweistufigen Schutzsystem" statt eines Nebeneinanders[428] kann nicht ausgegangen werden. Die dem zugrundeliegende Sichtweise, wonach die in Analogie zu §§ 30, 31 entwickelten Rechtsprechungsregeln in ihrem Anwendungsbereich das kodifizierte Recht verdrängten, trifft nicht zu, da eine Analogie nur im Bereich einer Regelungs*lücke* zulässig ist. Da das Rückgewährverbot analog § 30 im kodifizierten Recht keine Entsprechung findet, käme ein Stufenverhältnis nur insoweit in Betracht, als es um die Reichweite von Rückzahlungsansprüchen gegen den Gesellschafter bzw. den ihm nach § 32a Abs. 3 S. 1 gleichgestellten Dritten geht. Nachdem die Anfechtungsregeln des kodifizierten Rechts aber keinen Erlöschenstatbestand für die aus einer entsprechenden Anwendung des § 31 resultierenden (älteren) Ansprüche bilden und die Rechtsfolgen des § 31 Abs. 3, 6 durch das kodifizierte Recht ebenfalls nicht aufgefangen werden können, ist mit der herrschenden Meinung von einem Nebeneinander und nicht von einem Stufenverhältnis auszugehen.

216 **2. Folgerungen.** Im Einzelnen ergibt sich aus dem Nebeneinander der Rechtsprechungsgrundsätze und den Novellenregelungen Folgendes:

217 **a) Krise, erfasster Personenkreis, erfasste Leistungen.** Der Maßstab, nach dem der Eintritt der Gesellschaftskrise zu beurteilen ist, stimmt bei beiden Regelungskomplexen überein; gleiches gilt für die erfassten Personenkreise und die erfassten Gesellschafterleistungen. Insoweit kann daher auf Rn. 70 ff., 138 ff. verwiesen werden. Zu beachten ist, dass nach Maßgabe des geltenden Übergangsrechts (Rn. 104 ff. und 128 ff.) die Kleinbeteiligtenschwelle und das Sanierungsprivileg auch auf das Kapitalersatzrecht nach den Rechtsprechungsgrundsätzen Anwendung findet.

218 **b) Rechtsfolgen.** Die Forderung des Gesellschafters oder des ihm gleichzustellenden Dritten bleibt auch nach den Rechtsprechungsregeln in ihrem Bestand einschließlich des Zinslaufs (Rn. 141, 221) unberührt. Unterschiede gegenüber dem kodifizierten Recht bestehen jedoch hinsichtlich der Reichweite der Bindung. Während das kodifizierte Recht die kapitalersetzende Leistung insgesamt bindet, verbieten die Rechtsprechungsgrundsätzen entsprechend **§ 30** eigenkapitalersetzende Leistungen *nur insoweit*, als ihre Rückgewähr bei der Gesellschaft zu Lasten des zur Erhaltung des Stammkapitals erforderlichen Vermögens gehen würde; eine summenmäßige Beschränkung der Haftung auf den Betrag des Stammkapitals besteht dabei – entsprechend der Rechtslage zu § 31 – nicht.[429] Anders formuliert: Durch die Rückzahlung darf das in diesem Zeitpunkt vorhandene Aktivvermögen, das bei Zugrundelegung der fortgeführten Buchwerte zur Deckung der Passiva und des Stammkapitalbetrages notwendig ist, nicht berührt werden; ist kein die Passiva und den Betrag des Stammkapitals deckendes Vermögen vorhanden, liegt also eine Unterbilanz (§ 30 Rn. 12 f.) vor, ist eine Rückzahlung von vornherein unzulässig und der gesamte, unzulässigerweise ausgezahlte Be-

---

[428] *Hommelhoff* in *v. Gerkan/Hommelhoff* Handbuch des Kapitalersatzrechts, 2000, Rn. 1.3 ff.: Trennung zweier aufeinander aufbauender Schutzzonen durch die Stammkapitalziffer; *Lutter/Hommelhoff* §§ 32a/b Rn. 10.

[429] BGHZ 60, 324 = NJW 1973, 1036; BGHZ 67, 171, 174, 179 = NJW 1977, 104; BGHZ 76, 326, 332 = NJW 1980, 1524, 1525; BGHZ 81, 252, 259 = NJW 1981, 2570; BGHZ 81, 311, 319 = NJW 1982, 383; BGH NJW 1990, 1730, 1732; *Hachenburg/Ulmer* §§ 32a, b Rn. 167; *Scholz/K. Schmidt* §§ 32a, 32b Rn. 77.

trag ist analog § 31 Abs. 1 zurückzuerstatten. Der **entsprechend § 31** bestehende **Rückerstattungsanspruch** ist sofort fällig und von den Geschäftsführern unverzüglich geltend zu machen.[430]

Kann der unzulässig ausgezahlte Betrag von dem Empfänger nicht erlangt werden, besteht eine **Mithaftung** der Mitgesellschafter **entsprechend § 31 Abs. 3**. Soweit die Mitgesellschafter allerdings unter die Kleinbeteiligtenschwelle oder das Sanierungsprivileg nach § 32a Abs. 3 S. 2, 3 fallen (Rn. 83 ff., 109 ff.), ist ihre Ausfallhaftung zu verneinen;[431] denn es wäre ein – auch dem gesetzlichen Anliegen zuwiderlaufender – Wertungswiderspruch, sie zwar vom unmittelbaren Anwendungsbereich des Kapitalersatzrechts auszuschließen, mittelbar aber haften zu lassen. 219

Verbindlichkeiten im Zusammenhang mit kapitalersetzenden Leistungen sind, was aus dem Sinn und Zweck der Rechnungslegung folgt, in der **Jahresbilanz** im Rahmen der Passiva zu berücksichtigen, auch wenn für sie ein **Rangrücktritt** erklärt worden ist (vgl. noch Rn. 226 ff.); Abweichendes gilt beim Überschuldungsstatus.[432] 220

Zinsen und sonstige Nebenleistungen unterliegen ebenfalls dem Rückgewährverbot.[433] Der vertragliche Zinslauf wird durch das entsprechend § 30 bestehende Rückgewährverbot hingegen nicht gehemmt.[434] Abweichendes gilt für die Verzugszinsen. Da die §§ 284, 285 BGB aF/§ 286 Abs. 4 BGB nF Verschulden voraussetzen und entsprechend § 30 ein gesetzliches Rückzahlungsverbot besteht, fallen Verzugszinsen während der Dauer der Rückzahlungssperre nicht an. 221

Verboten ist jede Rückgewähr von Gesellschaftsvermögen. Wird die Rückzahlungssperre nicht beachtet, wird das Darlehen also aus dem entsprechend § 30 gebundenen Vermögen zurückgezahlt, steht der Gesellschaft ein der fünfjährigen Verjährung unterliegender **Rückzahlungsanspruch entsprechend § 31 Abs. 1, 5** zu. Eine Aufrechnung gegen diesen Rückforderungsanspruch ist entsprechend § 19 Abs. 2 S. 2 ausgeschlossen;[435] der Geschäftsführer haftet für die hiernach verbotene Rückzahlungen gemäß **§ 43** gegenüber der Gesellschaft, Prokuristen unterliegen dem Verbot des § 30 nicht, können aber ggf. wegen Verletzung ihres Anstellungsvertrags haftbar sein.[436] Wie im Anwendungsbereich des § 32a erstreckt sich das Verbot der Rückzahlung auch auf Ersatzformen (**Erfüllungssurrogate**) wie die Aufrechnung oder Verrechnung mit der Gesellschafterleistung. Wird hiergegen verstoßen, sind die zugrunde liegenden Rechtsgeschäfte zwar nach den zu § 30 geltenden Grundsätzen wirksam, der Gesellschaft stehen jedoch Rückgewähransprüche entsprechend § 31 Abs. 1 zu, hinsichtlich derer auch die übrigen Gesellschafter nach § 31 Abs. 3 haften.[437] Eine andere 222

---

[430] Lutter/Hommelhoff §§ 32a/b Rn. 106.
[431] So auch Müller DB 1998, 1117, 1120; Gaiser GmbHR 1999, 210, 216; Grunewald, FS Lutter, 2000, S. 413, 416f.
[432] Scholz/K. Schmidt §§ 32a, 32b Rn. 77; offen gelassen bei BGHZ 124, 282, 284 = NJW 1994, 724; s. noch bei Rn. 261.
[433] BGHZ 109, 55, 61 = NJW 1990, 516; Hachenburg/Ulmer §§ 32a, b Rn. 167; Scholz/K. Schmidt §§ 32a, 32b Rn. 77.
[434] BGH NJW 1996, 1141, 1343 mwN.
[435] Zum Aufrechnungsausschluß bei Ansprüchen aus § 31 s. BGHZ 146, 105 = NJW 2000, 830 = DStR 2001, 408 m. Anm. Goette = LM § 19 Nr. 22 – Bayer.
[436] BGH NZG 2001, 893, 894; für eine Erstreckung des Auszahlungsverbots analog § 30 auch auf den Prokuristen OLG Karlsruhe NZG 1999, 454 im Anschluss an Vorauf. § 30 Rn. 5.
[437] Hachenburg/Ulmer §§ 32a, b Rn. 168; aA Scholz/K. Schmidt §§ 32a, 32b Rn. 79: Nichtigkeit der Verrechnung; wohl auch BGHZ 90, 370, 374f. = NJW 1984, 1891; die wohl überwiegende Meinung unterscheidet hinsichtlich der Wirksamkeit der betreffenden Rechtsgeschäfte zwischen bewussten und unbewussten Verstößen, s. § 30 Rn. 45 und BGH NJW 1978, 160, 162;

Frage ist die, ob solche Darlehensansprüche auch als (Sach-)Einlage[438] in die Gesellschaft eingebracht werden können; die Frage ist zu verneinen.[439] Zu den Rechtsfolgen der **kapitalersetzenden Nutzungsüberlassung** s. Rn. 163 ff.

223 Hat der Gesellschafter ein der Gesellschaft von dritter Seite gewährtes Darlehen besichert **(kapitalersetzende Sicherheit),** kann der Dritte außerhalb des eröffneten Insolvenzverfahrens auch die Gesellschaft in Anspruch nehmen (ist das Insolvenzverfahren dagegen eröffnet worden, hat der Gläubiger nach § 32a Abs. 2 vorrangig Befriedigung aus den ihm gewährten Sicherheiten zu suchen, vgl. Rn. 170 ff.). Der auf die Rückzahlungssperre des § 30 Abs. 1 gestützte Einwand kann dem Dritten nicht entgegengehalten werden, es sei denn, er ist aufgrund sonstiger Umstände dem Gesellschafter gleichzustellen.[440] Die Gesellschaft kann von dem Gesellschafter, der die Sicherheit bestellt hat, unabhängig vom Vorliegen eines Insolvenzverfahrens **Freistellung** verlangen, soweit sie den Gläubiger aus dem nach § 30 gebundenem Kapital befriedigen müsste;[441] iÜ bestimmt sich die Höhe der Verpflichtung des Gesellschafters nach dem Wert der bestellten Sicherheit bzw. dem Umfang der eingegangenen Bürgschaftsverpflichtung. Hat die Gesellschaft den Gläubiger befriedigt, steht ihr gegen den Gesellschafter in den Grenzen des § 31 Abs. 1 ein **Erstattungsanspruch** hinsichtlich der von ihr an den Dritten erbrachten Zahlungen zu; ein Übergang der Sicherungsrechte auf die Gesellschaft findet nicht statt, sie hat auch gegen den Gläubiger keinen Anspruch auf Übertragung dieser Rechte.[442] Nach Eröffnung des Insolvenzverfahrens konkurrierte dieser Anspruch mit einem Anspruch der Gesellschaft aus § 32b (vgl. dort). Wird der Gesellschafter selbst von dem Dritten aus der Sicherheit in Anspruch genommen, steht seinem Rückgriffsanspruch gegen die Gesellschaft in diesem Rahmen der Einwand des eigenkapitalersetzenden Charakters seiner Leistung ebenso entgegen, wie wenn er das Drittdarlehen nicht nur besichert, sondern selbst gewährt hätte und in der Krise durchsetzen wollte.

224 Wird über das Vermögen der GmbH das **Insolvenzverfahren** eröffnet, ist das eigenkapitalersetzende Gesellschafterdarlehen in voller Höhe, also auch hinsichtlich des nicht zur Erhaltung des Stammkapitals erforderlichen Vermögens gebunden; Rückzahlungsansprüche können gemäß § 32a Abs. 1 im Insolvenzverfahren nur nachrangig geltend gemacht werden (Rn. 191). Wurde das Darlehen im letzten Jahr vor der Eröffnung des Verfahrens zurückgezahlt, ist es in voller Höhe zurückzuerstatten, §§ 32a, 135 Nr. 2 InsO. Dies kann dazu führen, dass ggf. ein vor der Eröffnung des Verfahrens zulässiger Weise, da nicht analog § 30 gebunden, zurückerstatteter Betrag gleichwohl zurückbezahlt werden muss. Soweit sich der nach § 135 Nr. 2 InsO zurückzuzahlende Betrag mit dem entsprechend § 31 zu erstattenden deckt, steht es dem Insolvenzverwalter offen, welche Anspruchsgrundlage er wählt. Zweckmäßigerweise wird er auf § 135 InsO zurückgreifen, um eine Auseinandersetzung um die zumeist schwierige Frage, ob und inwieweit das Stammkapital durch die Rückzahlung angegriffen wurde, zu vermeiden. Einen über das zur Erhaltung des Stammkapitals erforderliche Vermögen hinausgehenden Betrag kann der Insolvenzverwalter nur nach § 135 Nr. 2 InsO

BGHZ 81, 311, 314 f. = NJW 1982, 383; BGHZ 95, 188, 191 f. = NJW 1985, 2947; BGHZ 81, 365, 368 = NJW 1982, 386.
[438] Die Einbringung des Rückgewähranspruchs als Bareinlage scheidet aus, vgl. § 19 Rn. 135.
[439] BGHZ 90, 370, 375 = NJW 1984, 1891; *Scholz/K. Schmidt* §§ 32a, 32b Rn. 79.
[440] *Hachenburg/Ulmer* §§ 32a, b Rn. 175; zur Gleichstellung s. bei Rn. 71 ff.
[441] BGH NJW 1986, 429, 430; 1992, 1166; 1997, 3171, 3172; *Fastrich* NJW 1983, 263; abw. wohl *Hachenburg/Ulmer* §§ 32a, b Rn. 142.
[442] BGH NJW 1986, 429, 430.

fordern; wegen der Einzelheiten hierzu s. Rn. 193 ff. Liegt die Rückzahlung des Darlehens länger als ein Jahr (§ 135 Nr. 2 InsO) zurück, kann es der Insolvenzverwalter nur nach den Rechtsprechungsgrundsätzen und damit in dem Umfang zurückfordern, in dem es zur Zeit seiner Rückzahlung zur Deckung des Stammkapitals erforderlich war.

Ein Gesellschaftsgläubiger, der außerhalb des Insolvenzverfahrens bei der Einzelzwangsvollstreckung ausgefallen ist oder auszufallen droht, kann die Rückzahlung eines eigenkapitalersetzenden Gesellschafterdarlehens gemäß **§ 6 AnfG** anfechten, allerdings nur, wenn sie in dem letzten Jahr vor der Anfechtung erfolgt ist; eine Beschränkung wie unter der Geltung der Rechtsprechungsregeln gilt hier ebenfalls nicht (wegen der Einzelheiten s. Rn. 199 f.). **225**

VIII. Rangrücktritt

Ein Rangrücktritt stellt die Forderung eines Gläubigers (im Regelfall eines Gesellschafters oder eines ihm gleichzustellenden Dritten)[443] im wirtschaftlichen Ergebnis haftendem Eigenkapital gleich.[444] Praktische Bedeutung hat die Rangrücktrittsvereinbarung vor allem deshalb, weil sie dazu führt, dass die Gesellschaft die betreffende Verbindlichkeit im Überschuldungsstatus nicht berücksichtigen muss und die Vereinbarung so eine Überschuldung der Gesellschaft verhindern kann.[445] Eines (auflösend bedingten) Verzichts auf die zugrundeliegende Forderung bedarf es für die insolvenzrechtliche Beachtlichkeit des Rangrücktritts entgegen den Materialien zur InsO nicht.[446] Aus der Formulierung des Rangrücktritts muss deutlich werden, dass der Gläubiger seinen Rückforderungsanspruch insbesondere auch in der Insolvenz der Gesellschaft im Range nach allen anderen Gläubigern geltend machen wird (zum Verhältnis der mit einem Rangrücktritt versehenen Forderung zu den Forderungen von Kapitalersatzgläubigern s. aber Rn. 208).[447] Die Erklärung kann also beispielsweise dahin gehen, dass die Befriedigung der Forderung nur aus Jahresüberschüssen oder Liquidationsüberschüssen bzw. nur insoweit erfolgen darf, als das Stammkapital der Gesellschaft in der Handelsbilanz durch Aktivvermögen gedeckt ist.[448] Die Rangrücktrittserklärung, die nicht nur für Darlehen, sondern auch für stille Einlagen von Gesellschaftern Geltung haben kann, ist deswegen von prinzipieller Bedeutung in der Krise der Gesellschaft, weil sie zur Nichtberücksichtigung der betreffenden Forderung im Überschuldungsstatus führt (vgl. auch Rn. 261). **226**

Im Insolvenzverfahren kann der Gläubiger, der den Rangrücktritt erklärt hat seine Forderung zur Tabelle nicht anmelden,[449] Als Gläubiger ist er aber vor einer Aus- **227**

---

[443] Rangrücktrittsvereinbarungen mit gesellschaftsfremden Dritten sind theoretisch möglich, kommen praktisch aber nicht vor.
[444] Zutr. *Scholz/K. Schmidt* §§ 32 a, 32 b Rn. 99; eingehend zum Ganzen *Teller* Rangrücktrittsvereinbarungen zur Vermeidung der Überschuldung bei der GmbH, 1995.
[445] BGHZ 146, 264, 269 ff. = NJW 2001, 1280 = ZIP 2001, 239 m. Anm. *Altmeppen* = NZG 2001, 361 m. Anm. *Habersack/Mayer* = JZ 2001, 1188 m. Anm. *Fleischer;* hierzu auch *Paulus* ZGR 2001, 320.
[446] BGH NJW 2001, 1280, 1281 f.; abw. BT-Drucks. 12/2443 S. 115.
[447] *Scholz/K. Schmidt* §§ 32 a, 32 b Rn. 99; *Baumbach/Hueck* Rn. 55.
[448] Zu Formulierungsbeispielen s. etwa bei *Scholz/K. Schmidt* §§ 32 a, 32 b Rn. 99 und (allerdings noch zur Rechtslage unter der KO) *Teller* Rangrücktrittsvereinbarungen zur Vermeidung der Überschuldung bei der GmbH, 1995, S. 173 ff.
[449] *Goette* Die GmbH, 2. Aufl. 2002, § 4 Rn. 36; nach altem Recht war die Anmeldung zur Tabelle ebenfalls ausgeschlossen, waren die Forderungen aber gleichwohl angemeldet und zur Tabelle festgestellt worden, konnte der kapitalersetzende Charakter der zugrunde liegenden Leistung nicht mehr entgegengehalten werden, BGHZ 113, 381 = NJW 1991, 1615.

§ 32a 2. Abschnitt. Rechtsverhältnisse der Gesellschaft und der Gesellschafter

schüttung an die Gesellschafter zu befriedigen (aA BGHZ 146, 264, 271). Man wird ihn deshalb auch als zum Insolvenzantrag berechtigt anzusehen haben.

228 Da der Rangrücktritt aufgrund vertraglicher Vereinbarung erfolgt, ist seine vertragliche Aufhebung im Grundsatz ohne weiteres möglich. Die vertragliche Aufhebung hat zur Folge, dass das Darlehen nicht mehr aufgrund Vertrages haftendem Kapital gleichgestellt ist; Bedeutung wird einer solchen Aufhebung jedoch nur außerhalb der Gesellschaftskrise zukommen, da die aufgrund des Kapitalersatzrechts eingetretene Bindung von einer derartigen Aufhebung unberührt bleibt.[450] Bei der Aufhebung der Rangrücktrittsvereinbarung wird die Gesellschaft ebenso wie bei ihrer Begründung durch den Geschäftsführer vertreten, der im Hinblick auf die mit der Aufhebung verbundene Aufnahme der Verbindlichkeit in den Überschuldungsstatus (s. oben und auch Rn. 261) und die hiermit verbundenen insolvenzrechtlichen Folgen (§ 64) allerdings nur im Ausnahmefall zustimmen darf und wegen der Ungewöhnlichkeit dieses Vorgangs im Regelfall eines zustimmenden Gesellschafterbeschlusses bedarf.

IX. GmbH & Co.

229 **1. Allgemeines.** Auch bei der Anwendung der Grundsätze über die Behandlung eigenkapitalersetzender Gesellschafterdarlehen auf die GmbH & Co. findet sich die Parallelität von Gesetzes- und Richterrecht. Teilweise ist das Kapitalersetzrecht für die GmbH & Co. ausdrücklich normiert, teilweise gelten auch hier in Anlehnung an die §§ 30, 31 herausgebildete Rechtsprechungsgrundsätze. Beide Regelungsbereiche sind nebeneinander anwendbar und ergänzen sich. Wie § 32a erfassen die Verweisungen nach §§ 129a, 172a HGB grundsätzlich nur solche Darlehen oder diesen gleichgestellte Rechtshandlungen, die nach dem 31. 12. 1980 gewährt bzw. vorgenommen wurden (Rn. 6); ältere Darlehen oder Rechtshandlungen können den fortgeltenden Rechtsprechungsgrundsätzen unterfallen. Zur Anwendung der Kleinbeteiligtenschwelle und des Sanierungsprivileg s. Rn. 236 ff.

230 **2. Adressatenkreis der §§ 129a, 172a HGB. a) Leistungen mittelbar beteiligter Gesellschafter.** Für die GmbH & Co. OHG bestimmt § 129a HGB die sinngemäße Anwendung der §§ 32a, 32b mit der Maßgabe, dass an die Stelle der Gesellschafter der GmbH die Gesellschafter der an der OHG als Gesellschafter beteiligten Gesellschaften treten. Für die GmbH & Co. KG sieht § 172a HGB eine entsprechende Erstreckung auf die Gesellschafter der Komplementärin und die Kommanditisten vor. Beide Bestimmungen richten sich mithin an die mittelbar beteiligten Gesellschafter (die Gesellschafter der unmittelbar beteiligten Gesellschaft) und stehen unter der Voraussetzung, dass zu den persönlich haftenden Gesellschaftern keine OHG oder KG bzw. (hierzu sogleich im Text) GbR gehört, die ihrerseits über eine natürliche Person als persönlich haftendem Gesellschafter verfügt; denn nur in diesem Falle steht wie bei Kapitalgesellschaften dem Gläubigerzugriff lediglich eine beschränkte Haftungsmasse zur Verfügung. Die sinngemäße Anwendung der Bestimmungen in §§ 32a, 32b bedeutet, dass es um **Darlehen der mittelbaren Gesellschafter an die GmbH & Co.** OHG bzw. die GmbH & Co. KG geht; **Darlehen an die (Komplementär-)GmbH** selbst werden auf der dortigen Ebene über § 32a Abs. 3 S. 1 erfasst.[451]

---

[450] BGH ZIP 1982, 563, 566; *Scholz/K. Schmidt* §§ 32a, 32b Rn. 101; s. auch *Teller* (Fn. 448) S. 144 ff.

[451] Statt anderer *Hachenburg/Ulmer* §§ 32a, b Rn. 190; *v. Gerkan* in *Röhricht/v. Westphalen* HGB § 172a Rn. 14.

Rückgewähr von Darlehen § 32 a

Mit Blick auf den vorstehenden Normzweck findet die bei natürlichen Personen als **231** unbeschränkt Haftenden geltende Freistellung in §§ 129a S. 2, 172a S. 2 HGB **entsprechende Anwendung bei mehrstufigen Unternehmensverbindungen**,[452] wenn also an der GmbH & Co. (KG) als Enkelgesellschaft – auf erster Stufe – zwar kein Gesellschafter mit einem unbeschränkt haftenden Gesellschafter beteiligt ist, aber an dieser (Tochter-)Personengesellschaft wiederum – auf zweiter Stufe – eine (Mutter-)Personengesellschaft beteiligt ist, bei der eine natürliche Person unbeschränkt haftet. Des weiteren sind die §§ 129a S. 2, 172a S. 2 HGB **entsprechend anzuwenden auf die KGaA mit einer natürlichen Person als Komplementär** sowie auf den Fall, dass zwar keine OHG oder KG beteiligt ist, wohl aber eine **Gesellschaft bürgerlichen Rechts**.[453]

b) Leistungen unmittelbar beteiligter Gesellschafter. Von den durch §§ 129a, **232** 172a HGB erfassten kapitalersetzenden Leistungen der mittelbar beteiligten Gesellschafter abzugrenzen sind **kapitalersetzende Leistungen**, die **von** den an der GmbH & Co. (KG) **unmittelbar beteiligten Gesellschaftern** stammen. Insoweit ist zu unterscheiden:

– **Leistungen eines Komplementärs/OHG-Gesellschafters**, der keine natürliche **233** Person ist,[454] fallen nach dem eingeschränkten Wortlaut der §§ 129a, 172a HGB nicht unter die §§ 32a, 32b.[455] Nachdem § 135 Nr. 2 InsO allerdings nur auf den kapitalersetzenden Charakter abstellt und nach zutreffender Auffassung auch nach altem Recht Komplementäre unter den Anwendungsbereich des Kapitalersatzrechts fielen,[456] ist die Anwendung des Kapitalersatzrechts auch auf diesen Adressatenkreis zu bejahen.[457]

– **Leistungen von Kommanditisten** fallen bereits dem Wortlaut des § 172a HGB **234** nach unmittelbar unter den Anwendungsbereich der §§ 32a, 32b.

c) Keine Anwendung auf die Vor-GmbH & Co. Auf die Vor-GmbH & Co. **235** (KG) finden die Bestimmungen wegen der im Ergebnis unbeschränkten Haftung der Gesellschafter der Vor-GmbH (vgl. hierzu die Bemerkungen bei § 11) keine Anwendung.[458]

---

[452] *Staub/Habersack* § 129a Rn. 5; *Hillmann* in *Ebenroth/Boujong/Joost* § 129a Rn. 4; *Schlegelberger/K. Schmidt* § 129a, Rn. 4; aA *v. Gerkan* in *Röhricht/v. Westphalen* HGB § 172a Rn. 1.

[453] *Staub/Habersack* § 129a Rn. 5; zur str. Beteiligungsfähigkeit einer GbR als Komplementär s. *Boujong* in *Ebenroth/Boujong/Joost* HGB § 105 Rn. 102 mwN, zur Haftung der GbR-Gesellschafter BGHZ 142, 315 ff. = NJW 1999, 3483.

[454] Zur Unanwendbarkeit der Kapitalersatzregeln auf Leistungen einer natürlichen Person als Komplementär BGHZ 112, 31, 38 = NJW 1990, 3145.

[455] Die Formulierung „… *die Gesellschafter* oder Mitglieder der Gesellschafter der offenen Handelsgesellschaft treten" bezieht sich nicht auf die Gesellschafter der atypischen OHG, sondern auf den beteiligten Gesellschafter, der entweder Gesellschafter oder Mitglieder im Rechtssinne hat, vgl. nur *Staub/Habersack* § 129a Rn. 1, 11; *v. Gerkan* in *Röhricht/v. Westphalen* HGB § 172a Rn. 4; abw. *Heymann/Emmerich* § 129a Rn. 4f.

[456] *Staub/Habersack* § 129a Rn. 11; *Schlegelberger/K. Schmidt* § 172a Rn. 19; *ders.* ZIP 1991, 1 ff.; *Uhlenbruck* Die GmbH & Co. in Krise, Konkurs und Vergleich, S. 703 f.; aA *Staub/Schilling* § 172a Rn. 6; *Heymann/Horn* § 172a Rn. 14.

[457] Die Anwendung des Kapitalersatzrechts auf Leistungen von Komplementären ebenfalls bejahend *Scholz/K. Schmidt* §§ 32a, 32b Rn. 209; *v. Gerkan* in *v. Gerkan/Hommelhoff* Handbuch des Kapitalersatzrechts, 2000, Rn. 10.16 ff.

[458] AA *v. Gerkan* in *Röhricht/v. Westphalen* § 172a Rn. 14; *ders.* in *v. Gerkan/Hommelhoff* Handbuch des Kapitalersatzrechts, 2000, Rn. 10.10; *Uhlenbruck* (Fn. 456) S. 669.

236 d) Kleinbeteiligtenschwelle und Sanierungsprivileg. Nachdem die §§ 129a, 172a HGB auf die Anwendung des § 32a insgesamt verweisen, erstreckt sich die Verweisung auch auf die 1998 eingeführten Ausnahmen in § 32a Abs. 3 S. 2 und 3 (Kleinbeteiligtenschwelle und Sanierungsprivileg). Vor allem die mit der rechtspolitisch und systematisch verfehlten Bestimmung des § 32a Abs. 3 S. 2 verbundenen Anwendungsprobleme, deren Folge der Gesetzgeber offensichtlich übersehen hat, sind erheblich und haben zu völlig unterschiedlichen Auffassung in der Literatur geführt.

237 aa) Kleinbeteiligtenschwelle. § 32a Abs. 3 S. 2 setzt für die Freistellung vom Anwendungsbereich des Kapitalersatzrechts die (typische, vgl. Rn. 88) maximal 10 %ige Beteiligung eines nicht geschäftsführenden Gesellschafter s voraus. Auch für die in §§ 129a, 172a HGB angeordnete sinngemäße Anwendung dieser Freistellung ist zwischen beiden Tatbestandsmerkmalen zu trennen:

238 (1) 10 %-Schwelle. Die Diskussion um die Bedeutung der Kleinbeteiligtenschwelle im Recht der GmbH & Co. findet hauptsächlich im Zusammenhang mit der gleichzeitigen Beteiligung eines Darlehensgebers als GmbH-Gesellschafter und Kommanditist statt. Insoweit ist außerordentlich streitig, wie die in § 32a Abs. 3 S. 2 statuierte 10 %-Grenze im Rahmen der durch das Gesetz angeordneten sinngemäßen Geltung zu verstehen ist. Teilweise wird vertreten, für die Berechnung der 10-Schwelle komme es auf die Beteiligung an der GmbH an, außer bei einer gesellschaftsvertraglichen Sperrminorität des Kommanditisten.[459] Ähnlich hierzu wird vertreten, bei einer Beteiligung als Kommanditist und GmbH-Gesellschafter komme es allein auf die Beteiligung an der GmbH an, sofern nicht der KG-Vertrag die Entscheidungsmacht den Kommanditisten gegenüber einer weisungsabhängigen Komplementärgesellschaft zuweise; sei dies der Fall, müsse darauf abgestellt werden, ob die Einflussmöglichkeit des Kommanditisten derjenigen eines Sperrminoritärs oder Mehrheitsgesellschafters in der GmbH entspreche.[460] Umgekehrt soll nach einer anderen Meinung in diesem Falle allein die KG-Beteiligung ausschlaggebend sein.[461] Eine weitere Auffassung will die Anteile des jeweiligen Gesellschafters an der KG und ggf. an der GmbH zusammenrechnen, so dass die Regeln über den Kapitalersatz entweder einheitlich anzuwenden oder nicht anzuwenden sein sollen.[462] Soweit die Rechtslage auch außerhalb dieser Gestaltung untersucht wird, wird für die GmbH & Co. OHG vertreten, es komme darauf an, ob der mittelbar beteiligte Gesellschafter an der unmittelbar beteiligten Gesellschaft mehr als eine 10 %ige Beteiligung hält bzw. dort die Geschäftsführung inne hat; dem stehe der Fall gleich, dass die unmittelbar beteiligte Gesellschaft ihrerseits an der GmbH & Co. OHG mit mehr als 10 % beteiligt und nicht geschäftsführend tätig sei.[463] Bei der GmbH & Co. KG sollen die Kommanditisten nach dieser Auffassung nach wie vor dem Anwendungsbereich der §§ 32a, 32b unterliegen, bei einer Beteiligung an der Komplementär-GmbH kommt es nach dieser Meinung wegen der Geschäftsführungstätigkeit dieser Gesellschaft zu keiner Freistellung, unabhängig von der Höhe der Beteiligung der Komplementär-GmbH oder des mittelbar beteiligten Gesellschafters an dieser.[464] Aufgrund der mitgliedschaftlichen Befugnisse eines Komplementärs und die damit verbundene Stellung in der GmbH & Co. KG sei aber auch eine Freistellung

---

[459] *Baumbach/Hopt* § 172a Rn. 32.
[460] *Lutter/Hommelhoff* §§ 32a/b Rn. 72.
[461] *Scholz/K. Schmidt* §§ 32a, 32b Rn. 210.
[462] So, in den Konsequenzen nicht ganz eindeutig, *Strohn* in *Ebenroth/Boujong/Joost* § 172a Rn. 48.
[463] *Staub/Habersack* § 129a Rn. 15.
[464] *Staub/Habersack* § 129a Rn. 16.

Rückgewähr von Darlehen § 32 a

dann nicht veranlasst, wenn die GmbH nicht mit mehr als 10 % beteiligt und auch nicht zur Geschäftsführung berufen sei.[465] Nach wieder anderer Auffassung soll es hinsichtlich der 10 %-Grenze auf die Pflichteinlage bzw. die Gewinnbeteiligung ankommen.[466]

Stellungnahme. Nachdem die §§ 129a, 172a HGB für Darlehen an die GmbH & **239** Co. (KG) gelten und Darlehen an die (Komplementär-)GmbH über § 32a Abs. 3 S. 1 erfasst werden, ist zunächst danach zu unterscheiden, an welche Gesellschaft Leistungen erfolgen. Ausgangspunkt der Überlegungen hat dabei der gesetzlich geregelte Fall des Darlehens eines Kommanditisten an die GmbH & Co. KG zu sein; iÜ gelten die Erläuterungen bei Rn. 87 ff., insbesondere zu der ggf. notwendigen Zusammenrechnung der Beteiligungen bei einer koordinierten Leistung mehrerer Kleinbeteiligter entsprechend.

– **Darlehen an die GmbH & Co. (KG).** Bei einem Darlehen oder einer dem **240** nach § 32a Abs. 3 S. 1 entsprechenden Leistung (Rn. 139 ff., 152 ff.) an die KG folgt für den **unmittelbar beteiligten Kommanditisten** aus der Verweisung auf § 32a Abs. 3 S. 2, dass er an der KG mit maximal 10% beteiligt sein darf (zur Frage der fehlenden Geschäftsführerstellung s. Rn. 86 ff.). An sich wäre es wegen der unterschiedlichen Rechtsstellung eines Kommanditisten gegenüber einem GmbH-Gesellschafter gerechtfertigt, den gesetzestypischen Kommanditisten nie aus dem Anwendungsbereich der sinngemäßen Anwendung des § 32a auszuschließen; angesichts der Reichweite der Verweisung in §§ 129a, 172a HGB, die auch § 32a Abs. 3 S. 2 erfasst, ist eine generelle Herausnahme der Kommanditisten allerdings nicht möglich. Bei sinngemäßer Umsetzung der Kleinbeteiligtenschwelle ist entsprechend der Rechtslage zur GmbH (Rn. 83, 89 ff.) maßgeblich auf die Beteiligung am festen Kapital (Einlage,[467] nicht Haftsumme)[468] abzustellen; Darlehen, stehenzulassene Gewinne etc. sind mithin bei der Berechnung nicht zu berücksichtigen. Darüber hinaus ist erforderlich, dass die Rechtsstellung des Kommanditisten einer gesetzestypischen Rechtsstellung entspricht; zusätzliche Rechte stehen seiner Freistellung über die Kleinbeteiligtenschwelle nach § 32a Abs. 3 S. 2 entgegen (zur entsprechenden Rechtslage bei der GmbH s. Rn. 88, 91).

Auf die 10%ige Beteiligung käme es an sich auch an, soweit es um ein Darlehen **241** oder um eine nach § 32a Abs. 3 S. 1 gleichgestellte Leistung eines **von der Geschäftsführung ausgeschlossenen OHG-Gesellschafters/Komplementärs** (zum geschäftsführenden Gesellschafter s. Rn. 86, 95 ff.) in der Rechtsform einer juristischen Person oder Personengesellschaft ohne natürliche Person als unbeschränkt haftendem Gesellschafter (zu den hierbei zu beachtenden Erweiterungen s. Rn. 231) geht, sofern man nicht Leistungen derartiger Gesellschafter an die GmbH & Co. (KG) generell vom Anwendungsbereich des Kapitalersatzrechts ausschließen will (hierzu Rn. 233). Auf die Beteiligung allein kann insoweit jedoch nicht abgestellt werden, da auch einem von der Geschäftsführung ausgeschlossenen Komplementär eine Rechtsstellung zukommt, die über diejenige eines GmbH-Gesellschafters deutlich hinausgeht (vgl. etwa § 118 HGB gegenüber § 51a; § 119 Abs. 1 HGB gegenüber § 47 Abs. 1). Hieraus folgt, dass auch Leistungen eines von der Geschäftsführung ausgeschlossenen Komplementärs mit

---

[465] *Staub/Habersack* § 129a Rn. 16; diese Erwägungen müssten aber bei der OHG gleichermaßen gelten.
[466] Für Maßgeblichkeit der Pflichteinlage BankR HdB/*Stodolkowitz* § 84 Rn. 111; für ein Abstellen auf die Gewinnbeteiligung *Linde* Kleinbeteiligtenprivileg, 2002, S. 119 ff., 125.
[467] Zutr. deshalb BankR HdB/*Stodolkowitz* § 84 Rn. 111, dort als „Pflichteinlage" bezeichnet.
[468] Zu der Unterscheidung zwischen „Einlage" und „Haftsumme" s. *K. Schmidt* GesR § 54 I.

gesetzestypischer Rechtsstellung dem Kapitalersetzrecht unterfallen. Abweichendes gilt nur dann, wenn die Rechtsstellung des Gesellschafters in der GmbH & Co. (KG) von ihrer gesellschaftsvertraglichen Ausgestaltung derjenigen eines typischen, mit maximal 10 % beteiligten GmbH-Gesellschafters entspricht.

242 Ob Leistungen **mittelbarer Gesellschafter** dem Kapitalersatzrecht unterfallen können, richtet sich zunächst danach, ob die unmittelbar an der GmbH & Co (KG) beteiligte Gesellschaft dem Anwendungsbereich des Kapitalersatzrechts unterliegt (hierzu soeben Rn. 230); fehlt es hieran, greift § 32a nicht ein. Denn es wäre ein Wertungswiderspruch, zwar nicht den unmittelbar beteiligten Gesellschafter, wohl aber den mittelbar beteiligten Gesellschafter, dem die Stellung des unmittelbaren zugerechnet wird, dem Kapitalersatzrecht zu unterstellen (Rn. 94, 118). In einem weiteren Schritt ist aufgrund der in §§ 129a, 172a HGB angeordneten sinngemäßen Anwendung des § 32a Abs. 3 S. 2 darauf abzuheben, ob der mittelbare Gesellschafter an der unmittelbar beteiligten Gesellschaft mit mehr als 10 % oder dort an der Geschäftsführung beteiligt ist; fehlt es hieran, sind Leistungen des Gesellschafters an die GmbH & Co. (KG) freigestellt. Nach den allgemeinen Zurechnungserwägungen im Rahmen des § 32a Abs. 3 S. 2 müßte an sich anstatt auf die 10%ige Beteiligung darauf abgehoben werden, ob die Beteiligung des unmittelbaren Gesellschafters dem mittelbaren (insbes. entsprechend § 16 Abs. 4 AktG) zugerechnet werden kann (Rn. 88). Aufgrund des klaren Wortlauts der §§ 129a, 172a HGB[469] aber, die die Gleichstellung des mittelbaren Gesellschafters hiervon ausdrücklich gerade nicht abhängig machen, kann es hierauf für die Gleichstellung allerdings nicht ankommen; der insoweit festzustellende Bruch bei den Zurechnungsgrundsätzen ist als Folge der ohnehin verfehlten Freistellungsbestimmung hinzunehmen.

243 – **Leistungen an die (Komplementär-)GmbH; mittelbare Beeinträchtigungen des GmbH-Vermögens.** Leistungen eines an der (Komplementär-)GmbH **unmittelbar mit mehr als 10 % beteiligten Gesellschafters** an die (Komplementär-)GmbH unterfallen dem unmittelbaren Anwendungsbereich des § 32a Abs. 3 S. 2. Insoweit wird deshalb auf die Ausführungen bei Rn. 83ff. verwiesen.

244 Hinsichtlich der Frage, ob bei der GmbH & Co. (KG) auch Leistungen von Gesellschaftern dem Kapitalersatzrecht unterliegen, die von einem **Kommanditisten oder** einem an der GmbH & Co. (KG) **mittelbar beteiligten Gesellschafter** stammen, ist darauf abzustellen, ob diesen Personen bei der GmbH mittelbar eine Rechtsstellung zukommt, die derjenigen eines von der Geschäftsführung ausgeschlossenen, mit maximal 10 % beteiligten GmbH-Gesellschafters entspricht. Insoweit wird auf die Bemerkungen bei Rn. 230 verwiesen. Bei der GmbH & Co. KG können sich mithin besondere Einflussrechte der Kommanditisten auf die die Geschäftsführung bei der KG wahrnehmende Komplementär-GmbH als haftungsschädlich auswirken. Entsprechendes gilt, soweit es um den Aspekt der **mittelbaren Beeinträchtigung des Vermögens der GmbH** (Rn. 230) geht.

245 **(2) Fehlendes Geschäftsführeramt.** Soweit es um die weitere (negative) Freistellungsvoraussetzung der Kleinbeteiligtenschwelle in § 32a Abs. 3 S. 2 geht, die fehlende Geschäftsführerstellung, ist ebenfalls zwischen Leistungen an die GmbH & Co. (KG) und Leistungen an die (Komplementär-)GmbH zu unterscheiden; iÜ gelten die

---

[469] § 129a HGB: „... daß an die Stelle der Gesellschafter der Gesellschaft mit beschränkter Haftung die Gesellschafter oder Mitglieder der Gesellschafter der offenen Handelsgesellschaft treten"; § 172a HGB: „... daß an die Stelle der Gesellschafter der Gesellschaft mit beschränkter Haftung die Gesellschafter oder Mitglieder der persönlich haftenden Gesellschafter der Kommanditgesellschaft treten".

Rückgewähr von Darlehen § 32a

Erläuterungen bei Rn. 95 ff., insbesondere zur Gleichstellung anderer Ämter, entsprechend.

— **Leistungen an die untypische OHG/die GmbH & Co. KG.** Leistungen 246 eines geschäftsführungsberechtigten **OHG-Gesellschafters/Komplementärs** an die GmbH & Co. (KG) sind nach der sinngemäßen Anwendung des § 32a Abs. 3 S. 2 vom Anwendungsbereich des Kapitalersatzrechts (zur Frage der Anwendbarkeit s. Rn. 233) in jedem Falle erfasst, ungeachtet seiner Beteiligungshöhe.

Leistungen eines **Kommanditisten** an die GmbH & Co. KG sind nach der sinn- 247 gemäßen Anwendung des § 32a Abs. 3 S. 2 unabhängig von seiner Beteiligungshöhe in jedem Falle vom Anwendungsbereich des Kapitalersatzrechts umfasst, wenn er Geschäftsführer der Komplementär-GmbH ist bzw. dort eine dieser Position gleichzustellende Rechtsstellung (Rn. 96) inne hat. Handelt es sich bei dem Kommanditisten um eine juristische Person oder eine Personengesellschaft, kommt es entsprechend der Rechtslage bei der GmbH (Rn. 95, 97) darauf an, ob ein Mitglied seines Vertretungsorgans oder ein als sein Beauftragter/Arbeitnehmer anzusehender Dritter Geschäftsführer der (Komplementär-)GmbH ist.

Hinsichtlich der Gleichstellung **mittelbarer Gesellschafter** mit einem Geschäfts- 248 führer (auch der Gesellschafter einer Komplementärgesellschaft) muss in mehreren Stufen vorgegangen werden: *Zunächst* ist darauf abzustellen, ob die unmittelbar beteiligte Gesellschaft dem Kapitalersatzrecht bei der untypischen OHG/der GmbH & Co. KG unterliegt; denn es wäre widersprüchlich, den unmittelbar beteiligten Gesellschafter freizustellen, den mittelbar beteiligten Gesellschafter, dem die unmittelbare Beteiligung wertungsmäßig zugerechnet werden soll, jedoch nicht; die Frage der Zurechnung der unmittelbar gehaltenen Beteiligung als solche ist iÜ auch hier angesichts des eindeutigen Gesetzeswortlauts ohne Bedeutung (vgl. deshalb Rn. 230). In einem *zweiten Schritt* ist zu prüfen, ob der mittelbare Gesellschafter bei der unmittelbar beteiligten Gesellschaft ebenfalls dem Anwendungsbereich des Kapitalersatzrechts unterliegt, er an dieser Gesellschaft also mit mindestens 10% beteiligt ist oder die Geschäftsführung inne hat. In einem *dritten Schritt* kommt es bezüglich des für die Anwendbarkeit der Kapitalersatzregeln auf der Stufe der untypischen OHG/der GmbH & Co. KG bedeutsamen Geschäftsführeramtes darauf an, ob die unmittelbar an der untypischen OHG/der GmbH & Co. KG beteiligte Gesellschaft oder der mittelbar beteiligte Gesellschafter dort die Geschäftsführung ausübt. Auf die Ausübung der Geschäftsführung bei der unmittelbar beteiligten Gesellschaft kann es bei sachgerechter Auslegung der Freistellung dagegen nicht ankommen; dieser Aspekt kann nur für die Frage Bedeutung gewinnen, ob der mittelbare Gesellschafter bei der unmittelbar beteiligten Gesellschaft dem Anwendungsbereich der Kapitalersatzregeln unterfällt.

— **Leistungen an die (Komplementär-)GmbH; mittelbare Beeinträchtigun-** 249 **gen des GmbH-Vermögens.** Leistungen eines bei der (Komplementär-)GmbH **unmittelbar beteiligten geschäftsführenden Gesellschafters** an die (Komplementär-)GmbH unterfallen dem direkten Anwendungsbereich des § 32a Abs. 3 S. 2. Insoweit wird deshalb auf die Ausführungen bei Rn. 83 ff. verwiesen.

Hinsichtlich der Frage, ob bei der GmbH auch Leistungen von Gesellschaftern dem 250 Kapitalersatzrecht unterliegen, die von einem **Kommanditisten** oder einem an der untypischen OHG/der GmbH & Co. KG **mittelbar beteiligten Gesellschafter** stammen, ist darauf abzustellen, ob diesen Personen bei der GmbH mittelbar eine Rechtsstellung zukommt, die derjenigen eines von der Geschäftsführung ausgeschlossenen, mit maximal 10% beteiligten GmbH-Gesellschafter entspricht. Insoweit wird auf die Erl. bei Rn. 92, 94, 99 verwiesen. Bei der GmbH & Co. KG können sich mithin besondere Einflussrechte der Kommanditisten auf die Geschäftsführung der KG durch die Komple-

Pentz 957

§ 32a 2. Abschnitt. Rechtsverhältnisse der Gesellschaft und der Gesellschafter

mentär-GmbH haftungsschädlich auswirken. Entsprechendes gilt, soweit es um den Aspekt der **mittelbaren Beeinträchtigung des Vermögens der GmbH** (Rn. 230) geht.

251 **bb) Sanierungsprivileg.** Vergleichsweise geringe Probleme sind mit der in §§ 129a, 172a HGB angeordneten sinngemäßen Umsetzung des in § 32a Abs. 3 S. 3 enthaltenen Sanierungsprivilegs auf die untypische OHG/die GmbH & Co. KG verbunden: Soweit es um den gesetzlich notwendigen **Anteilserwerb** geht, ist **maßgeblich auf die Ebene der GmbH & Co. (KG)** abzustellen.[470] Der Erwerb an einer der an der GmbH & Co. (KG) unmittelbar beteiligten Gesellschaften genügt demgegenüber zur Erlangung des Sanierungsprivilegs auf der Ebene der GmbH & Co. (KG) in keinem Falle, da die GmbH & Co. (KG) ein eigenes, rechtsfähiges Zuordnungssubjekt darstellt, so dass der Erwerb an einem beteiligten Gesellschafter dem unmittelbaren Erwerb an der Gesellschaft selbst nicht gleichgestellt werden kann; ein Erwerb von Anteilen an der (Komplementär-)GmbH führt deshalb bei der KG zu keiner Freistellung über das Sanierungsprivileg. Wie im Ausgangsfall des § 32a Abs. 3 S. 3 (Rn. 110) kommt es dabei auf die **Höhe des hinzuerworbenen Anteils** nicht an. Zur Frage der Reichweite der **Freistellung in subjektiver Hinsicht** und zu den beiden weiteren Tatbestandsmerkmalen **(Sanierungsfähigkeit** und **Sanierungswille)** gelten die Erl. bei Rn. 112 ff. entsprechend.

252 **3. Weitere Tatbestandsvoraussetzungen der §§ 129a, 172a HGB.** Tatbestandlich setzen die §§ 129a, 172a HGB voraus, dass einer OHG/KG ohne natürliche Person als persönlich haftendem Gesellschafter ein eigenkapitalersetzendes Darlehen gewährt wird, wobei das Darlehen von einem Gesellschafter der an der OHG/KG beteiligten Gesellschaften oder einem Kommanditisten stammen muss (Rn. 230). Nicht unmittelbar erfasst sind Darlehen, die die Komplementärgesellschaft selbst aufnimmt; nach dem Sinn und Zweck der Bestimmungen unterfallen solche Darlehen jedoch gemäß § 32a Abs. 3 S. 1 ebenfalls dem Anwendungsbereich des Kapitalersatzrechts. Hinsichtlich der übrigen Voraussetzungen, der Gesellschaftskrise, der Darlehensgewährung bzw. des Stehenlassens von Darlehen sowie sonstiger gleichgestellter Handlungen nach § 32a Abs. 3 S. 1 und des erfassten Personenkreises, gelten die obigen Bemerkungen (Rn. 70 ff., 138 ff.) sinngemäß.

253 **4. Rechtsfolgen.** Die Rechtsfolgen kapitalersetzender Leistungen liegen wie im Falle der unmittelbaren Anwendung des § 32a in der **Nachrangigkeit des Rückzahlungsanspruchs** im Insolvenzverfahrens über das Vermögen der Gesellschaft und in der Verpflichtung des Gläubigers, sich vorrangig aus Gesellschafterbürgschaften oder sonstigen Gesellschaftersicherheiten zu befriedigen. Zur Verweisung auf **§ 32b** s. die Bemerkungen dort.

254 Die auf die §§ 32a, 32b beschränkte Verweisung bedeutet nicht, dass die **§ 135 InsO** und **§ 6 AnfG** keine Anwendung fänden. Da beide Bestimmungen nur von der Forderung auf Rückgewähr eines kapitalersetzenden Darlehens oder einer gleichgestellten Forderung sprechen, folgt die Anwendbarkeit der Bestimmungen ohne weiteres aus ihrem Wortlaut.[471]

---

[470] So auch *v. Gerkan* in *Röhricht/v. Westphalen* HGB § 172a Rn. 82e; *Strohn* in *Ebenroth/Boujong/Joost* § 172a Rn. 49.

[471] IErg. aM, vgl. statt anderer nur *Scholz/K. Schmidt* §§ 32a, 32b Rn. 213 (der allerdings insoweit wie im alten Recht – hierzu Vorauf. Rn. 89 – von einem Redaktionsversehen ausgeht); *Baumbach/Hopt* § 172a Rn. 16 f.; *v. Gerkan* in *Röhricht/v. Westphalen* HGB § 172a Rn. 83 ff., 108; *Strohn* in *Ebenroth/Boujong/Joost* § 172a Rn. 5.

Rückgewähr von Darlehen   § 32 a

5. Rechtsprechungsgrundsätze zu eigenkapitalersetzenden Gesellschafter- 255
darlehen in der GmbH & Co. Der BGH wendet zu eigenkapitalersetzenden Gesellschafterdarlehen in der GmbH & Co. in ständiger Rechtsprechung unbeschadet der Bestimmungen der §§ 129a, 172a HGB die bereits vor 1981 zu §§ 30, 31 herausgebildeten Grundsätze entsprechend an.[472] Die Literatur stimmt dem zu Recht einhellig zu.[473] Hinsichtlich der in diesem Zusammenhang notwendigen **Gesellschaftskrise** (Rn. 32ff.) ist auf die wirtschaftliche Lage der GmbH & Co. (KG) abzustellen. Die Darlehen müssen nach dieser Rechtsprechung von den Gesellschaftern der an der GmbH & Co. (KG) beteiligten Gesellschaften oder den Kommanditisten der GmbH & Co. KG gewährt worden sein und eine Rückzahlung des Darlehens muss dazu führen, dass das zur Deckung des Stammkapitals erforderliche Vermögen der GmbH vermindert wird. Dies ist etwa dann der Fall, wenn der Freistellungsanspruch der persönlich haftenden GmbH gegen die GmbH & Co. (KG) nach § 110 HGB wegen der Vermögenslage (Überschuldung) dieser Gesellschaft nicht realisierbar ist oder eine Kapitalbeteiligung der GmbH an der GmbH & Co. (KG) durch die Auszahlung ihrem Wert nach gemindert wird und es bei ihr hierdurch zu einer Unterbilanz kommt;[474] angesichts der gesetzlichen Wertungsvorgabe in § 129a, § 172a HGB erscheint allerdings angesichts der vergleichbaren Situation (beschränktes Haftkapital) eine sinngemäße Anwendung des Kapitalersatzrechts auf die GmbH & Co. (KG) als solche angezeigt.[475]

Die früher streitige Frage, ob bei der GmbH & Co. KG angesichts des § 172 Abs. 4 256
HGB unter den Anwendungsbereich der §§ 30, 31 nur Gesellschafter fallen, die jedenfalls auch an der Komplementär-GmbH beteiligt sind, oder ob die Grundsätze auch auf **Nur-Kommanditisten** anwendbar sind, hat der BGH entgegen der früher herrschenden Meinung zu Recht in letzterem Sinne entschieden;[476] damit steht zugleich fest, dass die Grundsätze über eigenkapitalersetzende Gesellschafterdarlehen auch auf Darlehen eines Nur-Kommanditisten anwendbar sind.[477] Zur Gesellschaftskrise und den einer Darlehensgewährung wirtschaftlich gleichstehenden Rechtshandlungen kann auf die Bemerkungen bei Rn. 32 ff., 152ff. verwiesen werden.

Zahlt die Gesellschaft das Darlehen trotz seines eigenkapitalersetzenden Charakters 257
zurück, ist **Inhaber des** aus einer entsprechenden Anwendung des § 31 resultierenden **Rückzahlungsanspruchs die GmbH & Co. (KG).** Eine **Ausfallhaftung der Nur-Kommanditisten** entsprechend § 31 Abs. 3 erscheint zweifelhaft und dürfte wegen der Ausgestaltung der Kommanditistenhaftung nach den §§ 171ff. HGB zu verneinen sein; ist der Gesellschafter dagegen zugleich an der GmbH beteiligt, ist seine Mithaf-

---

[472] BGHZ 60, 324, 329 = NJW 1973, 1043; BGHZ 67, 171, 175ff. = NJW 1977, 104; BGHZ 69, 274, 280 = NJW 1978, 160; BGHZ 76, 326, 336ff. = NJW 1980, 1524; BGHZ 81, 252, 260 = NJW 1981, 2570; BGHZ 95, 188, 191 = NJW 1985, 2947; BGHZ 104, 33, 37 = NJW 1988, 1841; BGHZ 121, 31, 41f. = NJW 1993, 392; BGHZ 127, 1, 7 = NJW 1994, 2349; BGHZ 127, 17, 27ff. = NJW 1994, 2760; BGH NJW 1995, 1962, 1963.

[473] S. nur *Roth/Altmeppen* Rn. 103; *Hachenburg/Ulmer* §§ 32a, b Rn. 193; *Scholz/K. Schmidt* §§ 32a, 32b Rn. 214; *Baumbach/Hopt* § 129a Rn. 4; § 172a Rn. 18ff.; *v. Gerkan* in *v. Gerkan/ Hommelhoff* Handbuch des Kapitalersatzrechts, 2000, Rn. 10.1, jew. mit umfangreichen Nachweisen.

[474] Grundlegend BGHZ 60, 324, 329 = NJW 1973, 1043; BGHZ 67, 171, 175ff. = NJW 1977, 104; BGHZ 76, 326 = NJW 1980, 1524, 1525.

[475] Grundlegend und ausführlich hierzu *Schlegelberger/K. Schmidt* § 172a Rn. 51; *ders.* GesR § 56 V 1 b; *ders.* GmbHR 1986, 337ff.; 1989, 141ff.

[476] BGHZ 110, 342 = NJW 1990, 1725.

[477] *Scholz/K. Schmidt* §§ 32a, 32b Rn. 214; *Hachenburg/Ulmer* §§ 32a, b Rn. 196.

§ 32a 2. Abschnitt. Rechtsverhältnisse der Gesellschaft und der Gesellschafter

tung zu bejahen,[478] sofern nicht die Freistellungen in § 32a Abs. 3 S. 2 und 3 eingreifen.

258 Zur Geltung der **Kleinbeteiligtenschwelle** und des **Sanierungsprivilegs** (§ 32a Abs. 3 S. 2 und 3) bei der GmbH & Co. und zum Übergangsrecht s. Rn. 104ff., 128ff.; allgemein zur Erstreckung der hiermit verbundenen Beschränkungen auch auf die Rechtsprechungsregeln Rn. 214 aE.

259 **6. Gesplittete Einlagen.** Zu unterscheiden ist das Recht der eigenkapitalersetzenden Gesellschafterleistungen in der GmbH & Co. (KG) von den sog. gesplitteten Einlagen.[479] Hierunter sind die Fälle zu verstehen, in denen die Finanzierung der Gesellschaft auf einer Kombination von echter Einlage der Kommanditisten und weiteren, von ihnen zu erbringenden Leistungen beruht, etwa auf Darlehen oder auf stillen Einlagen. In diesen Fällen geht die Rechtsprechung davon aus, sich die gesamte Einlage des Kommanditisten im weitere Sinne zusammensetzt aus einer echten Einlage (Einlage im engeren Sinne) und dem weiter zu leistenden Darlehensbetrag bzw. stiller Einlage (insoweit also „gesplittet" ist) und dass die *gesamte* Leistung den Charakter von gesellschaftlichem Eigenkapital hat. Auch wenn die so verstandene Einlage im weiteren Sinne den Betrag der Haftsumme[480] übersteigt, kann der Insolvenzverwalter einen Darlehensanspruch, ohne dass sich der Kommanditist auf § 610 BGB aF/§ 490 BGB nF berufen könnte, insoweit geltend machen, als er zur Befriedigung der Gläubiger erforderlich ist, und ein Kommanditist kann diese Leistungen aufgrund ihres Einlagecharakters in der Insolvenz der Gesellschaft insgesamt nicht geltend machen.[481]

X. Bilanzielle Behandlung

260 **1. Jahresbilanz.** Eigenkapitalersetzende Darlehen/Leistungen stellen ungeachtet der hinsichtlich ihrer Geltendmachung bestehenden Einschränkungen materiell-rechtlich Fremdkapital dar und sind entsprechend in der Jahresbilanz als solches auszuweisen, und zwar unabhängig davon, ob sie den § 32a oder den Rechtsprechungsregeln unterfallen; sie sind mit Zinsen zu passivieren;[482] im Eigenkapital auszuweisen[483] sind sie nicht.[484] Ob die Eigenkapitalersatzfunktion durch einen Vermerk kenntlich zu machen ist, ist streitig,[485] dürfte jedoch dann, wenn der kapitalersetzende Charakter unstreitig

---

[478] *Hachenburg/Ulmer* §§ 32a, b Rn. 196; *Schlegelberger/K. Schmidt* § 172a Rn. 51.
[479] Ausführlich hierzu *Fleischer* Finanzplankredite und Eigenkapitalersatzrecht im Gesellschaftsrecht, 1995, S. 22ff.
[480] Zum Begriff der Haftsumme und ihrer Unterscheidung von der Einlage des Kommanditisten vgl. *K. Schmidt GesR* § 54 I 2.
[481] BGHZ 70, 61, 63 = NJW 1978, 376; BGH WM 1978, 898; 1982, 742; 1981, 761; 1980, 332; 1985, 284; BGHZ 93, 159 = NJW 1985, 1468; BGHZ 104, 33, 38f. = NJW 1988, 1841.
[482] Jetzt hM, vgl. BGHZ 124, 282, 284 = NJW 1994, 724 – jedenfalls bei Fehlen einer Rangrücktrittsabrede; BFH BStBl. 1992 II S. 532, 534ff. = NJW 1992, 2309, 2310; s. Anh. I nach § 42a Rn. 184; *Baumbach/Hopt* § 266 Rn. 17; *Clemm/Nonnenmacher* in BeckBilKomm. § 247 Rn. 300; *Groh* BB 1993, 1882; *Fleck,* FS Döllerer, 1988, S. 109, 110ff.; *K. Schmidt,* FS Goerdeler, 1987, S. 487, 507f.; aA etwa *Bormann* GmbHR 2001, 689, 690ff.; *Lutter/Hommelhoff* ZGR 1979, 52.
[483] So *Lutter/Hommelhoff* ZGR 1979, 31, 53.
[484] S. etwa § 42 Rn. 2; *Scholz/Crezelius* Anh. § 42a Rn. 221; s. in diesem Zusammenhang auch *Bormann* GmbHR 2001, 689ff.
[485] Verneinend zB *Adler/Düring/Schmaltz* GmbHG § 42 Rn. 8; *Clemm/Erle* in BeckBilKomm. § 266 Rn. 188, 255; *Fleck,* FS Döllerer, 1988, S. 109, S. 117; GroßkommAktG/*Henze* § 57 Rn. 150 unter Hinweis auf BGHZ 124, 282, 284 = NJW 1994, 724; bejahend etwa Voraufl. Rn. 91; *Lutter/Hommelhoff* §§ 32a/b Rn. 34ff.; *Baumbach/Hopt* § 266 Rn. 17 mwN.

ist, wegen des notwendigen „true and fair view" zu bejahen sein; jedenfalls bei gleichzeitigem Vorliegen einer Rangrücktrittsvereinbarung ist aufgrund von einer entsprechenden Pflicht zur Kenntlichmachung auszugehen.

2. Vorbelastungsbilanz, Überschuldungsstatus. In der **Vorbelastungsbilanz** 261 zur Ermittlung der Vorbelastungshaftung der Gründer sind kapitalersetzende Darlehen/Leistungen zu berücksichtigen,[486] ebenso im **Überschuldungsstatus**[487] solange keine Rangrücktrittserklärung abgegeben worden ist; wegen der Einzelheiten s. bei § 11 und § 64.

XI. Österreichisches Recht

Nach der Rechtsprechung des OGH Wien und der hM in der österreichischen Li- 262 teratur sind die zum deutschen Recht entwickelten Grundsätze über eigenkapitalersetzende Gesellschafterdarlehen auch in Österreich anzuwenden.[488] Entsprechendes gilt für die Erweiterungen dieser Grundsätze auf Nicht-Gesellschafter und der Darlehensgewährung wirtschaftlich entsprechende Handlungen sowie die GmbH & Co. KG.[489] Von der geplanten Übernahme der §§ 32a, 32b in das österreichische Recht[490] ist abgesehen worden.[491]

§ 32 b [Haftung für zurückgezahlte Darlehen]

¹Hat die Gesellschaft im Fall des § 32a Abs. 2, 3 das Darlehen im letzten Jahr vor dem Antrag auf Eröffnung des Insolvenzverfahrens oder nach diesem Antrag zurückgezahlt, so hat der Gesellschafter, der die Sicherung bestellt hatte oder als Bürge haftete, der Gesellschaft den zurückgezahlten Betrag zu erstatten; § 146 der Insolvenzordnung gilt entsprechend. ²Die Verpflichtung besteht nur bis zur Höhe des Betrags, mit dem der Gesellschafter als Bürge haftete oder der dem Wert der von ihm bestellten Sicherung im Zeitpunkt der Rückzahlung des Darlehens entspricht. ³Der Gesellschafter wird von der Verpflichtung frei, wenn er die Gegenstände, die dem Gläubiger als Sicherung gedient hatten, der Gesellschaft zu ihrer Befriedigung zur Verfügung stellt. Diese Vorschriften gelten sinngemäß für andere Rechtshandlungen, die der Darlehensgewährung wirtschaftlich entsprechen.

Literatur: S. Literaturübersicht zu § 32a.
Gesetzesmaterialien: Entwurf eines Gesetzes zur Änderung des Gesetzes betreffend die Gesellschaften mit beschränkter Haftung und anderer handelsrechtlicher Vorschriften vom 15. 12. 1977, BT-Drucks. 8/1347 (RegE); Stellungnahme des Bundesrates und Gegenäußerung der Bundesregierung, BT-Drucks. 8/1347 S. 64 und 72; Beschlussempfehlung und Bericht des Rechtsausschusses (Ausschussbericht) vom 8. 4. 1980, BT-Drucks. 8/3908; Sitzungsbericht des Bundestages über die 2. und 3. Lesung des Gesetzes, Plenarprot. 8/216 S. 17363 ff.

---

[486] BGHZ 124, 282 = NJW 1994, 724.
[487] BGH NJW 2001, 1280, 1281 f. = DStR 2001, 175 m. Anm. *Goette*.
[488] Vgl. etwa OGH GesRZ 1993, 111; JBl. 1992, 444; WBl. 1991, 398; RdW 1997, 335; RdW 1998, 336; NZG 2000, 1126; zur Literatur vgl. die ausführlichen Nachweise bei *Koppensteiner* § 74 Rn. 10 ff.; *Koziol* 50 Jahre BGH, FG aus der Wissenschaft, 2000, S. 943, 952 ff.
[489] *Koppensteiner* § 74 Rn. 19.
[490] Hierzu *Arnold* GmbHR 1993, 347; die §§ 129a, 172a HGB sollten demgegenüber nie übernommen werden, *Arnold* GmbHR 1994, 371, 373 Fn. 8a.
[491] Vgl. hierzu *Nowotny*, FS Koppensteiner, 2001, S. 131 f.

§ 32 b 2. Abschnitt. Rechtsverhältnisse der Gesellschaft und der Gesellschafter

Übersicht

	Rn.		Rn.
I. Allgemeines, Normzweck	1, 2	4. Verjährung, nachträglicher Wegfall des Erstattungsanspruchs	12, 13
II. Rückzahlung des Darlehens durch die Gesellschaft	3–5	5. Haftung nach den Rechtsprechungsgrundsätzen	14, 15
1. Rückzahlung und Jahresfrist	3, 4		
2. Anwendung nur bei eröffnetem Insolvenzverfahren	5	IV. Regressansprüche des in Anspruch genommenen Gesellschafters	16
III. Der Erstattungsanspruch	6–15		
1. Subjektiver Anwendungsbereich und Reichweite der Haftung	6, 7	V. Der Umgehungstatbestand des § 32 b S. 4	17, 18
2. Höhe der Haftung des Gesellschafters (§ 32 b S. 2)	8	VI. Anwendung auf die GmbH & Co.	19
3. Ersetzungsbefugnis des Gesellschafters (§ 32 b S. 3)	9–11	VII. Österreichisches Recht	20

I. Allgemeines, Normzweck

1 § 32 b, ebenfalls durch die Novelle 1980 zum GmbHG eingeführt und durch Art. 48 Nr. 3 EGInsO mit Wirkung vom 1. 1. 1999 an die InsO angepasst,[1] ergänzt § 32 a, um Umgehungen zu verhindern, die darin bestehen könnten, dass bei voraussehbarer Insolvenz der Gesellschaft diese veranlasst wird, das Darlehen an den Dritten zurückzuzahlen, damit der Gesellschafter, der für dieses Darlehen dem Dritten eine Sicherheit gewährt oder sich verbürgt hat, von dieser Verpflichtung frei wird. Da § 32 b auf die Fälle des § 32 a Abs. 2 und 3 abstellt, sind die sog. Kleinbeteiligtenschwelle und das Sanierungsprivileg auch im Rahmen des § 32 b zu beachten. Die Anwendung des § 32 b setzt damit wie § 32 a die Eröffnung des Insolvenzverfahrens voraus, greift also nicht ein, wenn die Eröffnung des Verfahrens mangels Masse abgelehnt wird. Außerhalb eines Insolvenzverfahrens gelten die §§ 30, 31.[2] Näheres § 32 a Rn. 213 ff. und unten Rn. 14 f.

2 Die Verweisung des § 32 b S. 1 auf Darlehen „im Fall des § 32 a Abs. 2, 3" ist insoweit missverständlich, als nach dem Wortlaut des § 32 a Abs. 3 S. 1 dort gleichgestellte Rechtshandlungen geregelt werden (s. aber auch § 32 a Rn. 71) und in § 32 a Abs. 3 S. 2 und 3 besondere Freistellungsbestimmungen enthalten sind. Nachdem Rechtshandlungen, die der Darlehensgewährung wirtschaftlich entsprechen, bereits durch § 32 b S. 4 vom Regelungsbereich dieser Bestimmung erfasst sind, bezieht sich die Verweisung des § 32 b auf § 32 a Abs. 2 und 3 offensichtlich auf Darlehen, die von einem dem Gesellschafter gleichzustellenden Dritten besichert worden sind. Dass Kleinbeteiligte und Sanierungsgesellschafter bzw. die ihnen gleichzustellenden Dritte durch das Kapitalersatzrecht nicht mehr erfasst werden, folgt aus § 32 a Abs. 3 Satz 2 und 3 unmittelbar (vgl. § 32 a Rn. 84, 109).

II. Rückzahlung des Darlehens durch die Gesellschaft

3 **1. Rückzahlung und Jahresfrist.** § 32 b ist weit zu fassen und ausschließlich nach objektiven Merkmalen anzuwenden; der Begriff der **Rückzahlung** entspricht dem-

---

[1] Zum Übergangsrecht gemäß Art. 103 EGInsO und zur Entwicklung des Kapitalersatzrechts s. § 32 a Rn. 205, 213 ff.
[2] Statt anderer: *Baumbach/Hueck/Fastrich* Rn. 3; zum alten Recht *Hachenburg/Ulmer* §§ 32 a, b Rn. 151.

jenigen der „Rechtshandlung" in §§ 129 ff. InsO.[3] Rückzahlung iS des § 32b ist sonach nicht nur die Rückgewähr gemäß §§ 362 bis 364 BGB, sondern **jede Leistung der Gesellschaft** an den Darlehensgeber iS des § 32a Abs. 2 und 3, **die dazu führt, dass die von dem Gesellschafter hingegebene Sicherheit ganz oder teilweise frei wird.** Zum Begriff der Sicherung vgl. § 32a Rn. 177. Hierher gehören auch die Aufrechnung durch den dritten Darlehensgeber oder die Zwangsvollstreckung, vermittels derer der dritte Darlehensgeber das Darlehen zurückerhält.[4] Im Falle der Doppelbesicherung (§ 32a Rn. 186 f., dort auch zur Notwendigkeit der sorgfältigen Prüfung des Krisentatbestands in diesen Fällen) liegt die Rückzahlung darin, dass der dritte Darlehensgeber die ihm von der Gesellschaft gewährte Sicherheit verwertet hat.[5] Ob das Darlehen zur Rückzahlung fällig ist, spielt dabei keine Rolle.[6] Hat die Gesellschaft dem Dritten innerhalb des letzten Jahres vor der Eröffnung des Insolvenzverfahrens das von einem Gesellschafter verbürgte oder sonst gesicherte Darlehen zurückbezahlt, so treten die Rechtsfolgen des § 32b auch dann ein, wenn das Insolvenzverfahren im Zeitpunkt der Rückzahlung des Darlehens weder abzusehen noch von den Beteiligten in Betracht gezogen war; der Gesetzeswortlaut lässt für subjektive Maßstäbe insoweit keinen Raum (zu den hiervon zu unterscheidenden subjektiven Voraussetzungen beim Kapitalersatz allgemein s. § 32a Rn. 67, 145).

Von § 32b erfasst werden nur „Rückzahlungen" (Rn. 3) der Gesellschaft, die **im** 4 **letzten Jahr vor Antrag auf Eröffnung des Insolvenzverfahrens oder nach diesem Antrag** erfolgen (§ 32b S. 1). Damit ist für eine diese Frist erweiternde Auslegung kein Raum. Die Frist wird rückgerechnet vom Tage der Eröffnung des Insolvenzverfahrens an (§ 187 Abs. 1 BGB), der Tag der Eröffnung selbst ergibt sich nach § 27 Abs. 2 InsO aus dem gerichtlichen Eröffnungsbeschluss. Darüber hinaus ist – wie sich heute aus der Bestimmung unmittelbar ergibt[7] – auch die **einjährige Anfechtungsfrist des § 146 InsO** einzuhalten. Die früher[8] teilweise vertretene Auffassung, die gesetzliche Frist von einem Jahr sei zu kurz, weil zwischen Eröffnungsantrag und Eröffnung meist ein längerer Zeitraum liege, der die Jahresfrist unter Umständen zur Bedeutungslosigkeit zusammenschmelzen lasse, und die es deswegen rechtfertige, die Fünf-Jahres-Frist des § 31 Abs. 5 anzuwenden, findet im Gesetzeswortlaut keine Stütze. Ein Rückgriff auf die fünfjährige Verjährungsfrist des § 31 Abs. 5 wäre nur möglich, wenn in § 32b der Zeitraum vom Gesetzgeber offengelassen worden wäre, was nicht der Fall ist.

2. Anwendung nur bei eröffnetem Insolvenzverfahren. Nach dem eindeuti- 5 gen Gesetzeswortlaut greift § 32b nur im Falle eines eröffneten Insolvenzverfahrens ein.[9] Außerhalb des Insolvenzverfahrens findet die Bestimmung deshalb keine Anwendung, auch wenn etwa die Eröffnung des Insolvenzverfahrens mangels Masse gemäß § 26 InsO abgelehnt worden ist.[10] Insoweit kann jedoch auf die parallel zu § 32b an-

---

[3] *Scholz/K. Schmidt* §§ 32a, 32b Rn. 170
[4] *Baumbach/Hueck/Fastrich* Rn. 2; *Scholz/K. Schmidt* §§ 32a, 32b Rn. 170.
[5] BGH NJW 1985, 858; BB 1988, 824; *Hachenburg/Ulmer* §§ 32a, b Rn. 136; *Scholz/K. Schmidt* §§ 32a, 32b Rn. 170; *Meyer-Landrut/Miller/Niehus* RdNr. 2 aE.
[6] *Hachenburg/Ulmer* §§ 32a, b Rn. 136; *Scholz/K. Schmidt* §§ 32a, 32b Rn. 170.
[7] Entsprechendes galt nach altem Recht, s. Voraufl. Rn. 4.
[8] *Fischer* 10. Aufl. Anm. zu 32b.
[9] Zum alten Recht s. die Erwägungen bei BT-Drucks. 8/1347 S. 40 1. Sp.; S. 41 1. Sp.; BT-Drucks. 8/3908 S. 18.
[10] Zum spezifisch insolvenzrechtlichen Charakter der Bestimmung, der eine Einordnung bei § 135 InsO nahegelegt hätte, *Scholz/K. Schmidt* §§ 32a, 32b Rn. 167.

§ 32 b 2. Abschnitt. Rechtsverhältnisse der Gesellschaft und der Gesellschafter

wendbaren sog. Rechtsprechungsgrundsätze zu §§ 30, 32 zurückgegriffen werden (§ 32a Rn. 213ff.). Zur Rechtslage im Falle der bestandskräftigen Aufhebung des Eröffnungsbeschlusses oder der Beendigung des Insolvenzverfahrens ohne ein anschließendes Nachtragsverteilungsverfahren s. Rn. 13.

III. Der Erstattungsanspruch

6 **1. Subjektiver Anwendungsbereich und Reichweite der Haftung.** Hat die Gesellschaft im letzten Jahr vor der Eröffnung des Insolvenzverfahrens oder hiernach das von einem Dritten der Gesellschaft gewährte Darlehen zurückbezahlt, und hat bezüglich dieses Darlehens ein Gesellschafter dem Dritten eine Sicherheit geleistet oder sich ihm gegenüber verbürgt, so ist der Gesellschafter, der durch die Rückzahlung des Darlehens von seiner Verpflichtung gegenüber dem Dritten frei geworden ist, seinerseits verpflichtet, der Gesellschaft den Betrag zu erstatten, um den er auf Grund der Leistung der Gesellschaft an den Dritten frei geworden ist. Durch § 32b **nicht erfasst** werden Sicherungen, die von **Kleinbeteiligten bzw. Sanierungsgesellschaftern** im Sinne des § 32a Abs. 3 S. 2 und 3 und den ihnen gleichzustellenden Dritten eingeräumt worden sind. Dies ergibt sich daraus, dass diese Personen nach Maßgabe des insoweit geltenden Übergangsrechts (§ 32a Rn. 104ff., 128ff.) nicht mehr dem Kapitalersatzrecht unterliegen und die in § 32b S. 1 vorausgesetzten Darlehen im Sinne des § 32a Abs. 2 nicht vorliegen.

7 Der Rückzahlung durch die Gesellschaft stehen **Erfüllungssurrogate** gleich. Die Verpflichtung des Gesellschafters gilt auch für **Zinsen und Kosten,** die dem Dritten mit der Rückzahlung des Darlehens gewährt worden sind, sofern sich die Haftung des Gesellschafters gegenüber dem Dritten auch hierauf erstreckt hat.[11] Hat der Gesellschafter mit der dem Dritten gewährten Sicherheit oder der übernommenen Bürgschaft nicht für Zinsen und Kosten gehaftet, so kann die Gesellschaft im Insolvenzverfahren von dem Gesellschafter auch dann nicht die Erstattung von Kosten und Zinsen verlangen, wenn sie diese bei Rückzahlung des Darlehens dem Dritten geleistet hat.

8 **2. Höhe der Haftung des Gesellschafters (§ 32b S. 2).** Die Höhe der Erstattungspflicht des Gesellschafters ist nach § 32b S. 2 auf den Betrag beschränkt, mit dem der Gesellschafter als Bürge haftet oder der dem **Wert der** von ihm **bestellten Sicherung im Rückzahlungszeitpunkt** entspricht. Beträgt die zurückgezahlte Darlehensvaluta beispielsweise 80 000 € und beläuft sich der Wert der Sicherheit oder Bürgschaft nur auf 60 000 €, so hat der Gesellschafter nur diesen Betrag an die Gesellschaft zu erstatten. Hat sich der Gesellschafter nur für einen Teil der Verbindlichkeit verbürgt und führt die Gesellschaft den Kredit teilweise zurück, ist der Gesellschafter demgemäß nur insoweit zur Erstattung verpflichtet, als der Erstattungsbetrag zusammen mit dem Betrag, für den er dem Gläubiger weiter verhaftet bleibt, diesen Teil nicht übersteigt.[12] Zu prüfen ist daher zunächst der Umfang der verbliebenen Haftung gegenüber dem Gläubiger; auf dieser Grundlage ist zu ermitteln, inwieweit die Tilgung der Gesellschaft dem Gesellschafter zugute kommt und der Gesellschafter hiernach zur Erstattung an die Gesellschaft verpflichtet ist. Solange sich die Rückzahlung nicht zu seinen Gunsten ausgewirkt hat, bestehen keine Erstattungsansprüche der Gesellschaft. Hat der Gesellschafter eine Realsicherheit bestellt, ist der dieser Sicherheit zukommen-

---

[11] *Baumbach/Hopt* § 172a Rn. 4; *Scholz/K. Schmidt* §§ 32a, 32b Rn. 172; *Meyer-Landrut/Miller/Niehus* Rn. 3.
[12] S. BGH NJW 1990, 2260 zur Höchstbetragsbürgschaft.

Haftung für zurückgezahlte Darlehen § 32 b

de Wert maßgeblich; dem Gesellschafter steht jedoch insoweit gemäß § 32 b S. 3 eine besondere Ersetzungsbefugnis zu (Rn. 9 ff.).

3. Ersetzungsbefugnis des Gesellschafters (§ 32 b S. 3). § 32 b S. 3 gewährt 9 dem Sicherheit leistenden Gesellschafter die Rechtswohltat, dass er statt der Erstattung des von der Gesellschaft dem Dritten zurückgezahlten Betrages der Gesellschaft den Gegenstand seiner Sicherheitsleistung zur Befriedigung zur Verfügung stellen kann. Es handelt sich hierbei um eine dem Gesellschafter zustehende Ersetzungsbefugnis, die Gesellschaft hat ihrerseits keinen Anspruch auf Überlassung der freigewordenen Sicherheiten.[13]

Was unter der **Zurverfügungstellung** zum Zwecke der Befriedigung im einzelnen 10 zu verstehen ist, ergibt sich aus dem Gesetz nicht unmittelbar. Nach dem Sinn und Zweck der Bestimmung ergibt sich jedoch, dass die Verschaffung des Vollrechts an dem Sicherungsgegenstand nicht unbedingt erforderlich ist; es genügt, wenn der Gesellschaft die gleiche Rechtsstellung eingeräumt wird, wie sie auch dem Darlehensgeber vor seiner Befriedigung zukam, und gewährleistet ist, dass die Gesellschaft zur sofortigen Verwertung des Gegenstands berechtigt ist.[14]

Hinsichtlich des **Untergangs des Sicherungsgegenstandes** ist zu unterscheiden: 11 Mit der Überlassung des Gegenstandes an sie geht die Gefahr des Untergangs auf die Gesellschaft über. Es bleibt in diesem Falle deshalb bei der Befreiung des Gesellschafters von seiner Ausgleichsverpflichtung durch die Überlassung der Sicherheit. Geht der Gegenstand dagegen vor seiner Überlassung auf die Gesellschaft unter, entfällt die Befreiungsmöglichkeit des Gesellschafters, es verbleibt bei der Erstattungspflicht nach § 32 b S. 1; die Erklärung über die Ausübung seiner Ersetzungsbefugnis beschränkt die Leistungspflicht des Gesellschafters mithin noch nicht auf den Sicherungsgegenstand, es liegt kein Fall des § 263 Abs. 2 BGB vor.[15]

4. Verjährung, nachträglicher Wegfall des Erstattungsanspruchs. Der Er- 12 stattungsanspruch **verjährt** gemäß § 32 b S. 1 Halbs. 2 iVm. § 146 Abs. 1 InsO in zwei Jahren, beginnend mit der Eröffnung des Insolvenzverfahrens.

Im Falle der bestandskräftigen Aufhebung des Eröffnungsbeschlusses oder der Been- 13 digung des Insolvenzverfahrens ohne ein anschließendes Nachtragsverteilungsverfahren gemäß §§ 203 ff. InsO **entfällt** der Erstattungsanspruch aus § 32 b. Ein hierneben bestehender Anspruch entsprechend § 31 aufgrund der Anwendung der Rechtsprechungsregeln bleibt hingegen unberührt.[16]

5. Haftung nach den Rechtsprechungsgrundsätzen. § 32 b setzt das Vorliegen 14 eines Insolvenzverfahrens voraus, greift also nicht ein, wenn dieses Verfahren mangels Masse nicht eröffnet worden ist oder (noch) kein Antrag auf Eröffnung gestellt worden ist. Weiter erfasst die Bestimmung nur solche Rückzahlungen, die innerhalb eines Jahres vor dem Antrag auf Insolvenzeröffnung erfolgt sind, länger zurückliegende Zahlungen unterfallen der Vorschrift nicht. In beiden Fällen kann der Gesellschaft jedoch gegen den durch die Rückzahlung frei gewordenen Gesellschafter nach den parallel zu § 32 b anwendbaren Rechtsprechungsgrundsätzen (vgl. § 32 a Rn. 213 ff.) ein Erstattungsanspruch entsprechend § 31 Abs. 1 zustehen, der seinem Umfang nach allerdings auf den zum Auffüllen des zur Erhaltung des Stammkapitals erforderlichen

---

[13] BGH NJW 1986, 429; *Baumbach/Hueck/Fastrich* Rn. 5; *Scholz/K. Schmidt* §§ 32 a, 32 b Rn. 174.
[14] *Hachenburg/Ulmer* §§ 32 a, b Rn. 156; *Scholz/K. Schmidt* §§ 32 a, 32 b Rn. 174.
[15] *Hachenburg/Ulmer* § 32 a, b Rn. 156; *Scholz/K. Schmidt* §§ 32 a, 32 b Rn. 174.
[16] *Scholz/K. Schmidt* §§ 32 a, 32 b Rn. 169.

Betrag beschränkt ist.[17] Soweit sich die Anwendungsbereiche decken, wenn also das Insolvenzverfahren eröffnet worden ist und es um Ansprüche in Höhe des zum Erhalt des Stammkapitals erforderlichen Vermögens geht, steht es dem Insolvenzverwalter offen, auf welche Anspruchsgrundlage er den Erstattungsanspruch stützt; zweckmäßigerweise wird er ihn mit § 32b begründen, um nicht näher darlegen zu müssen, dass und in welcher Höhe das zur Erhaltung des Stammkapitals erforderliche Vermögen zum Zeitpunkt der Rückzahlung angegriffen war. Wie bei § 32b ist jedoch auch hier erforderlich, dass die Zahlung der Gesellschaft zu einer (ggf. teilweisen) Befreiung des Gesellschafters geführt hat.[18]

15 Kann der erforderliche Betrag bei dem in Anspruch genommenen Gesellschafter nicht erlangt werden, kommt es zu einer **Mithaftung** der übrigen Gesellschafter **entsprechend § 31 Abs. 3**,[19] dem Umfang nach allerdings begrenzt auf einen Betrag, der der Höhe des Stammkapitals entspricht (sehr str., vgl. § 31 Rn. 38f.). Die Gesellschaft hat bereits vor ihrer Inanspruchnahme durch den Gläubiger im Innenverhältnis einen gegen den Gesellschafter gerichteten Freistellungsanspruch.[20] Ein Regressanspruch des Gesellschafters ist ebenso undurchsetzbar, wie es eine Darlehensforderung des Gesellschafters selbst wäre. Zum Rückforderungsanspruch der Gesellschaft, wenn gleichwohl Regress genommen wurde, s. § 32a Rn. 183. Der auf § 31 gestützte Anspruch ist sofort fällig und unterliegt entsprechend § 31 Abs. 5 im Grundsatz einer fünfjährigen Verjährungsfrist.

IV. Regressansprüche des in Anspruch genommenen Gesellschafters

16 Ist der Gesellschafter nach § 32b oder analog § 31 von der Gesellschaft in Anspruch genommen worden, steht ihm, da der Sinn und Zweck des § 32b nicht dahin geht, die Gesellschaft endgültig zu bereichern, und ein entsprechender Anspruch auch im Falle seiner unmittelbaren Inanspruchnahme durch den Gläubiger bestanden hätte (§ 32a Rn. 183), gegen sie ein Regressanspruch zu.[21] Dieser Regressanspruch unterliegt jedoch den gleichen Beschränkungen wie eine unmittelbare kapitalersetzende Leistung. Er kann deshalb im Insolvenzverfahren nur als nachrangige Forderung im Sinne des § 39 Nr. 5 InsO geltend gemacht werden. Bei Rückzahlungen außerhalb des Insolvenzverfahrens ist die Grenze entsprechend § 30 zu beachten; wird auf den Regressanspruch (teilweise) geleistet und nachfolgend das Insolvenzverfahren eröffnet, gilt § 32a Abs. 1, Abs. 3 S. 1, so dass die empfangene Leistung zurückzugewähren ist.

V. Der Umgehungstatbestand des § 32b S. 4

17 Die Erstreckung des Anwendungsbereichs der Bestimmung in § 32b S. 4 auf andere Rechtshandlungen, die der Darlehensgewährung wirtschaftlich gleich stehen, entspricht derjenigen des § 32a Abs. 3; auf die Erl. dort Rn. 152ff. wird verwiesen.

18 Inwieweit die Bürgschaft oder die Sicherheitsleistung eines Nichtgesellschafters der dem Dritten durch einen Gesellschafter gewährten Sicherung entsprechend den Grund-

---

[17] BGHZ 67, 171, 182f. = NJW 1977, 104, 106; BGHZ 81, 252, 260 = NJW 1981, 2570; BGH NJW 1988, 824, 825; 1990, 2260, 2261; *Hachenburg/Ulmer* §§ 32a, b Rn. 175; *Scholz/K. Schmidt* §§ 32a, 32b Rn. 176.
[18] BGH NJW 1990, 2260, 2261.
[19] BGH NJW 1990, 1730; *Lutter/Hommelhoff* §§ 32a/b Rn. 110; abw. *Oppenhoff*, FS Stiefel, 1987, S. 551, 556: § 31 Abs. 3 unanwendbar.
[20] BGH NJW 1992, 1166f.; s. auch bei § 32a Rn. 182.
[21] *Hachenburg/Ulmer* §§ 32a, b Rn. 156; *Scholz/K. Schmidt* §§ 32a, 32b Rn. 175.

Erwerb eigener Geschäftsanteile **§ 33**

sätzen zu § 32a Abs. 2 gleichzustellen ist, bestimmt sich nach § 32a Abs. 3 S. 1 sowie den allgemeinen Beschränkungen gemäß § 32a Abs. 3 S. 2 und 3; vgl. deshalb § 32a Rn. 71 ff., 83 ff., 109 ff.

VI. Anwendung auf die GmbH & Co.

Für die GmbH & Co. (KG) gilt sinngemäß das in diesem Zusammenhang zu § 32a Ausgeführte. Auf § 32a Rn. 229 ff. wird verwiesen. **19**

VII. Österreichisches Recht

Zur Geltung der Grundsätze über den Kapitalersatz in Österreich s. allgemein § 32a Rn. 262. **20**

§ 33 [Erwerb eigener Geschäftsanteile]

(1) **Die Gesellschaft kann eigene Geschäftsanteile, auf welche die Einlagen noch nicht vollständig geleistet sind, nicht erwerben oder als Pfand nehmen.**

(2) ¹**Eigene Geschäftsanteile, auf welche die Einlagen vollständig geleistet sind, darf sie nur erwerben, sofern der Erwerb aus dem über den Betrag des Stammkapitals hinaus vorhandenen Vermögen geschehen und die Gesellschaft die nach § 272 Abs. 4 des Handelsgesetzbuchs vorgeschriebene Rücklage für eigene Anteile bilden kann, ohne das Stammkapital oder eine nach dem Gesellschaftsvertrag zu bildende Rücklage zu mindern, die nicht zu Zahlungen an die Gesellschafter verwandt werden darf.** ²**Als Pfand nehmen darf sie solche Geschäftsanteile nur, soweit der Gesamtbetrag der durch Inpfandnahme eigener Geschäftsanteile gesicherten Forderungen oder, wenn der Wert der als Pfand genommenen Geschäftsanteile niedriger ist, dieser Betrag nicht höher ist als das über das Stammkapital hinaus vorhandene Vermögen.** ³**Ein Verstoß gegen die Sätze 1 und 2 macht den Erwerb oder die Inpfandnahme der Geschäftsanteile nicht unwirksam; jedoch ist das schuldrechtliche Geschäft über einen verbotswidrigen Erwerb oder eine verbotswidrige Inpfandnahme nichtig.**

(3) **Der Erwerb eigener Geschäftsanteile ist ferner zulässig zur Abfindung von Gesellschaftern nach § 29 Abs. 1, § 125 Satz 1 in Verbindung mit § 29 Abs. 1, § 207 Abs. 1 Satz 1 des Umwandlungsgesetzes, sofern der Erwerb binnen sechs Monaten nach dem Wirksamwerden der Umwandlung oder nach der Rechtskraft der gerichtlichen Entscheidung erfolgt und die Gesellschaft die nach § 272 Abs. 4 des Handelsgesetzbuchs vorgeschriebene Rücklage für eigene Anteile bilden kann, ohne das Stammkapital oder eine nach dem Gesellschaftsvertrag zu bildende Rücklage zu mindern, die nicht zu Zahlungen an die Gesellschafter verwandt werden darf.**

Literatur: *Becker* Der Erwerb eigener Geschäftsanteile der GmbH, GmbHR 1938, 700; *Beuck* Erwerb eigener Anteile, Einziehung, Kaduzierung, Abandon und ihre buchmäßige Behandlung, GmbHR 1961, 123; *Binz* Die GmbH & Co, 8. Aufl. 1992; *Buchwald* Der eigene Anteil der GmbH, GmbHR 1958, 169, *Conella* Kann die GmbH & Co. KG Inhaberin sämtlicher Geschäftsanteile ihrer allein persönlich haftenden GmbH-Komplementärin sein? DB 1965, 1165; *Emmerich* Wechselseitige Beteiligungen bei AG und GmbH, NZG 1998, 622, 625; *Fetsch* Gestaltungsprobleme der GmbH & Co. Synchronisierung der Beteiligungen – Unterkapitalisierung, DNotZ 1969, Sonderbeil.; *Fleck* Kapitalaufbringung, Kapitalerhaltung und Insolvenzprobleme in der GmbH, 1982; *Frotz* Wechselseitige Minderheitsbeteili-

§ 33　　2. Abschnitt. Rechtsverhältnisse der Gesellschaft und der Gesellschafter

gungen im österreichischen Recht der Kapitalgesellschaften, FS Kastner 1992, S. 153; *Gersch/Herget/ Marsch/Stützle* GmbH-Reform, 1980; *Goette* Die neuere Rechtsprechung des Bundesgerichtshofs zum Gesellschaftsrecht, RWS-Forum 1999, 2000, S. 1; *Gonella* Die zukünftige Regelung des Gesellschafterausschlusses in der GmbH, GmbHR 1967, 89; *Grothus* Das Selbstkontrahieren des Gesellschafter-Geschäftsführers einer Ein-Mann-GmbH, GmbHR 1958, 17; *Hachenburg* Zum Erwerb eigener Geschäftsanteile durch die GmbH, FS Cohn, 1915, S. 79 ff.; *Herber* Zum Entwurf einer GmbH Novelle, GmbHR 1978, 25; *Hösel* Eigene Geschäftsanteile der GmbH, DNotZ 1958, 5; *G. Hueck* Erwerbsvorrechte im Gesellschaftsrecht, FS Larenz, 1973, S. 749; *Hunscha* Die GmbH & Co. KG als Alleingesellschafterin ihrer GmbH-Komplementärin, 1974; *Ippen* Die GmbH & Co. KG als Inhaberin sämtlicher Geschäftsanteile ihrer allein persönlich haftenden GmbH-Komplementärin, Diss. 1967; *Kreutz* Von Einmann- zur Keinmann-GmbH, FS Stimpel, 1985; *Lutter* Kapital, Sicherung der Kapitalaufbringung und Kapitalerhaltung in den Aktien- und GmbH-Rechten der EWG, 1964; *ders.* Rechtsverhältnisse zwischen den Gesellschaftern und der Gesellschaft in: Probleme der GmbH-Reform 1970 S. 63; *ders.* Die GmbH-Novelle und ihre Bedeutung für die GmbH, die GmbH & Co. KG und die Aktiengesellschaft, DB 1980, 1317; *Mertens* Die Ein-Mann-GmbH & Co. KG und das Problem der gesellschaftsrechtlichen Grundtypenvermischung, NJW 1966, 1054; *Müller* Änderung des GmbHG und anderer handelsrechtlicher Vorschriften zum 1. Januar 1981, WPG 1980, 376; *Oldenburg* Die Keinmann-GmbH, 1985; *Paulick* Die GmbH ohne Gesellschafter, 1979; *Salus/Pape* Anmeldung der Kaufpreisforderung aus dem Verkauf eines Gesellschaftsanteils an die GmbH im Insolvenzverfahren, ZIP 1997, 577; *Schilling* Die GmbH & Co. KG als Einheitsgesellschaft, FS Barz, 1974, S. 67; *ders.* Entwicklungstendenzen im Konzernrecht, ZHR 140 (1976), 528; *Karsten Schmidt* Grundzüge der GmbH-Novelle, NJW 1980, 1769; *Kerstin Schmidt* Wechselseitige Beteiligungen im Gesellschafts- und Kartellrecht, 1995; *Schuler* Einziehung von GmbH-Anteilen kraft Satzung, GmbHR 1962, 114; *Siemon* Kann die GmbH & Co. KG Inhaberin der Geschäftsanteile ihrer persönlich haftenden Gesellschafterin sein?, DB 1963, 1210; *Ulmer* Die neuen Vorschriften über kapitalersetzende Darlehen und eigene Geschäftsanteile der GmbH in: Das neue GmbH-Recht in der Diskussion, 1981, S. 55; *Verhoeven* GmbH-Konzern-recht: Der Erwerb von Anteilen der Obergesellschaft, GmbHR 1977, 97; *H. P. Westermann* Grundsatzfragen des GmbH-Konzerns in: Der GmbH-Konzern, 1976, S. 25; *Winkler* Der Erwerb eigener Geschäftsanteile durch die GmbH, GmbHR 1972, 73; *Ziebe* Der Erwerb eigener GmbH-Geschäftsanteile in den Staaten der Europäischen Gemeinschaft, GmbHR 1983, 38.

Übersicht

	Rn.
I. Normzweck und Inhalt	1–4
II. Verbot des Erwerbs und der Inpfandnahme nicht voll eingezahlter Geschäftsanteile (§ 33 Abs. 1)	5–22
1. Zulässigkeitsvoraussetzungen eines Erwerbs	5–12
a) Volleinzahlung der Einlage	5–8
b) Der zu erwerbende Geschäftsanteil	9–11
c) Erwerbstatbestand	12
2. Rechtsfolgen eines Verstoßes	13–15
3. Bedingte Rechtsgeschäfte; Aufrechnung mit Kaufpreisanspruch	16, 17
4. Teilung eines Geschäftsanteils	18
5. Erwerb durch Dritte	19
6. Zulässigkeitsvoraussetzungen einer Inpfandnahme	20–22
III. Erwerb und Inpfandnahme voll eingezahlter Geschäftsanteile (§ 33 Abs. 2)	23–39
1. Zulässigkeitsvoraussetzungen	23–32
a) Volleinzahlung der Einlage	23–25
b) Sonderproblem der „Kein-Mann-Gesellschaft"	26–28
c) Inpfandnahme	29–32
2. Befassung der Gesellschafterversammlung	33–35
3. Rechtsfolgen eines Verstoßes	36–39

	Rn.
a) Wirksamer Erwerb durch die Gesellschaft, Nichtigkeit des schuldrechtlichen Rechtsgeschäfts	36, 37
b) Anspruchskonkurrenz zu §§ 30 Abs. 1, 31 Abs. 1	38
c) Haftung der Geschäftsführer	39
IV. Erwerb für Rechnung der Gesellschaft	40–43
V. Rechtliche Behandlung von der Gesellschaft wirksam erworbener Geschäftsanteile	44–49
1. Ruhen der Mitgliedschaftsrechte	44–47
2. Teilnahme an Kapitalerhöhungen	48
3. Konfusion	49
VI. Weiterveräußerung eigener Anteile durch die Gesellschaft	50–55
1. Allgemeines	50
2. Notwendigkeit eines Gesellschafterbeschlusses	51, 52
3. Rechtsfolgen der Weiterveräußerung	53, 54
4. Anmeldung	55
VII. Anwendung auf die GmbH & Co. KG	56–59
VIII. Verbundene Unternehmen und wechselseitige Beteiligung	60–67
1. Verbundene Unternehmen	61–66

Erwerb eigener Geschäftsanteile §33

	Rn.		Rn.
a) Schlichte Aufstockung der Beteiligung eines übergeordneten Unternehmens an der GmbH	61	IX. Verschmelzung, Spaltung, Formwechsel (§ 33 Abs. 3)	68–73
b) Aktiengesellschaft als übergeordnetes Unternehmen	62	X. Bilanzielle Behandlung	74, 75
		XI. Beweislastverteilung	76
c) GmbH als übergeordnetes Unternehmen	63–66	XII. Abgrenzung zur Kaduzierung, Preisgabe und Einziehung	77
2. Einfache wechselseitige Beteiligung	67	XIII. Österreichisches Recht	78

I. Normzweck und Inhalt

§ 33 ist durch die GmbH-Novelle 1980 in Abs. 1 redaktionell geändert und um das 1
Verbot der Inpfandnahme erweitert worden. § 33 Abs. 2 S. 1 ist durch das BiRiLiG
angepasst worden; früher sprach das Gesetz von der Zulässigkeit des Erwerbs aus dem
Vermögen, das über den Betrag des Stammkapitals hinaus vorhanden war. Das zur Erhaltung des Stammkapitals und der Kapitalrücklage nach § 272 Abs. 4 HGB erforderliche Vermögen darf nicht an die Gesellschafter ausgezahlt werden; die Rücklage
neutralisiert insoweit den auf der Aktivseite einzustellenden Wert des erworbenen Geschäftsanteils.

Die Vorschrift hat wie die Bestimmungen der §§ 30 ff. ebenfalls den **Zweck**, den 2
Schutz des zur Erhaltung des Stammkapitals der Gesellschaft notwendigen Vermögens
zu gewährleisten. Dem Grundsatz nach ist die GmbH berechtigt, eigene Geschäftsanteile zu erwerben; die Regelung des § 33 setzt dies als selbstverständlich voraus.[1] Verboten ist der Gesellschaft lediglich der Erwerb oder die rechtsgeschäftliche Inpfandnahme solcher Geschäftsanteile, auf die die Einlage nicht voll geleistet ist. Hinsichtlich
der Rechtsfolgen eines Verstoßes gegen dieses Erwerbsverbot hat der Gesetzgeber in
der GmbH-Novelle 1980 mit der Formulierung „kann" anstelle von „darf" klargestellt,
dass ein Verstoß gegen § 33 Abs. 1 das Rechtsgeschäft sowohl schuldrechtlich als auch
dinglich nichtig macht,[2] was allerdings schon nach altem Recht allgemein angenommen wurde.[3] Für den Erwerb voll eingezahlter Geschäftsanteile bzw. ihre Inpfandnahme enthält § 33 Abs. 2 eine ähnlich kapitalschützende Bestimmung, spricht dort allerdings aus Gründen des Verkehrsschutzes nur die Nichtigkeit des schuldrechtlichen
Geschäfts aus. Durch das strikte Verbot des **§ 33 Abs. 1** soll verhindert werden, dass
die Gesellschaft Einlageforderungen dadurch verliert, dass sie Geschäftsanteile als eigene
erwirbt, auf die die Einlagen noch nicht vollständig geleistet worden sind; das Verbot
der Inpfandnahme solcher Anteile beruht auf der hiermit verbundenen, den Erwerbsfolgen ähnlichen Gefahrenlage (Rn. 20) und der mit einem solchen Geschäft verbundenen Umgehungsgefahren. In den Fällen des **§ 33 Abs. 2** stellt sich die Frage des
Verlustes von Einlageforderungen zwar nicht, da diese tatbestandsmäßig bereits vollständig geleistet sind; es soll aber verhindert werden, dass es im Zusammenhang mit
einem Erwerb bzw. einer Inpfandnahme zu einer (nach § 30 verbotenen) Ausschüttung des zur Erhaltung des Stammkapitals notwendigen Vermögens kommt. **§ 33
Abs. 3** ist mit Wirkung zum 1. 1. 1995 durch Art. 4 Nr. 1 des Gesetzes zur Bereinigung des Umwandlungsrechts[4] eingeführt worden. Hintergrund der Bestimmung ist
die Verpflichtung zur Barabfindung von Gesellschaftern, die den jeweiligen Umwand-

---

[1] *Lutter/Hommelhoff* Rn. 1.
[2] Begr. RegE 1977 BT-Drucks. 8/1347 S. 41.
[3] BGHZ 15, 391, 393 = NJW 1955, 222; *Baumbach/Hueck/Fastrich* Rn. 6; *Hachenburg/Hohner* Rn. 13; *Scholz/Westermann* Rn. 15; *Vogel* Anm. 4; *Feine* S. 414.
[4] BGBl. 1994 I S. 3210.

§ 33   2. Abschnitt. Rechtsverhältnisse der Gesellschaft und der Gesellschafter

lungen (Verschmelzung durch Aufnahme, Spaltung, Formwechsel) widersprochen haben; iE Rn. 68 ff.

3 § 33 ist **zwingendes Recht,** kann also durch die Satzung oder durch Gesellschafterbeschlüsse nicht abbedungen, wohl aber verschärft werden.[5]

4 Die im Regierungsentwurf[6] vorgesehene konzernrechtliche Regelung eines Verbots des Erwerbs von Geschäftsanteilen durch die abhängige GmbH beim herrschenden Unternehmen hat der Rechtsausschuss des Bundestages ebenso wenig übernommen wie die vorgesehene, ohnehin allgemein anerkannte Bestimmung, dass die Gesellschaft aus eigenen Geschäftsanteilen keine Rechte herleiten kann.[7]

II. Verbot des Erwerbs und der Inpfandnahme nicht voll eingezahlter Geschäftsanteile (§ 33 Abs. 1)

5 **1. Zulässigkeitsvoraussetzungen eines Erwerbs. a) Volleinzahlung der Einlage.** § 33 Abs. 1 verbietet (vorbehaltlich der Ausnahme nach § 33 Abs. 3, hierzu Rn. 68 ff.) den Erwerb eigener oder die Inpfandnahme fremder Geschäftsanteile durch die Gesellschaft, sofern die **Einlage** auf diese nicht vollständig eingezahlt ist. Die Einlage und ihre Höhe sind der Satzung der Gesellschaft zu entnehmen. Schädlich ist insoweit jede noch ausstehende Einlage, ungeachtet ihrer Höhe und Einforderung.[8] Der Rückstand **sonstiger Leistungen,** wie etwa das Aufgeld (Agio), Zinsen, Vertragsstrafen oder Nebenleistungen steht der Zulässigkeit des Erwerbs eigener Geschäftsanteile nicht entgegen.[9]

6 Streitig ist die Frage, ob dies auch gilt für die sog. **Differenzhaftung nach § 9 Abs. 1,** (ggf. iVm. § 56 Abs. 2) und die sog. **Vorbelastungshaftung** (wegen der Einzelheiten s. Erl. zu § 9 und § 11). Nach hM[10] steht eine solche Belastung dem Erwerb des Anteils durch die Gesellschaft entgegen, auch wenn er iÜ voll eingezahlt ist. Nach anderer Auffassung liegt in beiden Gestaltungen ein Fall der Ausfallhaftung vor, der keine Einlageverbindlichkeit darstelle.[11] Der hM ist zuzustimmen. Zwar handelt es sich bei der Differenzhaftung nach § 9 Abs. 1 und der Vorbelastungshaftung nicht um eine Einlageverbindlichkeit im unmittelbaren Sinne; die Verpflichtungen stehen dieser jedoch funktional derart nahe, dass eine **entsprechende Anwendung des § 33** gerechtfertigt erscheint. Die Gesellschaft kann deshalb derartige Anteile nicht erwerben.

7 Ist die Einlage zwar voll geleistet worden, aber unter **Verstoß gegen § 30** eine Rückgewähr erfolgt, steht dies der Nichtleistung der Einlage trotz der Ähnlichkeit zwischen dem Einlageanspruch und dem Anspruch aus § 31 nicht gleich.[12] Die Gesellschaft darf den Anteil erwerben, da die Haftung nach § 31 den Leistungsempfänger betrifft und nicht auf den Erwerber übergeht; aus eigenen Anteilen haftet die Gesellschaft nach § 31 Abs. 3 ohnehin nicht.

---

[5] *Baumbach/Hueck/Fastrich* Rn. 1; *Hachenburg/Hohner* Rn. 11; *Scholz/Westermann* Rn. 4.
[6] BT-Drucks. 8/1347.
[7] BT-Drucks. 8/3905 S. 74.
[8] *Baumbach/Hueck/Fastrich* Rn. 2; *Meyer-Landrut/Miller/Niehus* Rn. 2.
[9] *Roth/Altmeppen* Rn. 6; *Baumbach/Hueck/Fastrich* Rn. 2; *Lutter/Hommelhoff* Rn. 2; *Scholz/Westermann* Rn. 5.
[10] *Baumbach/Hueck/Fastrich* Rn. 2; *Hachenburg/Hohner* Rn. 18; *Scholz/Westermann* Rn. 6; *Lutter/Hommelhoff* Rn. 2.
[11] *Meyer-Landrut/Miller/Niehus* Rn. 3.
[12] Str., wie hier *Roth/Altmeppen* Rn. 6; *Baumbach/Hueck/Fastrich* Rn. 2; *Hachenburg/Hohner* Rn. 19; aA *Scholz/Westermann* Rn. 5; *Lutter/Hommelhoff* Rn. 2; Voraufl. Rn. 2.

Erwerb eigener Geschäftsanteile   § 33

Kein Fall des § 33 ist die Kaduzierung gemäß § 21, der Abandon gemäß § 27 sowie 8
die Einziehung gemäß § 34. Im Falle der Kaduzierung erwirbt die Gesellschaft den
Geschäftsanteil gesetzlich mit der Auflage der Weiterveräußerung (hierzu bei § 21).
Beim Abandon bleibt der Gesellschafter als solcher beteiligt, bis sein Geschäftsanteil
weiterveräußert ist. Im Falle der nur bei Volleinzahlung zulässigen Einziehung nach
§ 34 geht der Geschäftsanteil unter.[13]

b) Der zu erwerbende Geschäftsanteil. Die Vollerbringung der Einlage als Vor- 9
aussetzung für den Erwerb oder die Inpfandnahme eines Geschäftsanteils betrifft jeweils
nur den von der Gesellschaft zu erwerbenden Geschäftsanteil. Es müssen also nicht
sämtliche Geschäftsanteile der Gesellschaft voll eingezahlt sein; der Erwerb oder die
Inpfandnahme eines voll eingezahlten Geschäftsanteil ist zulässig, auch wenn andere
Geschäftsanteile nicht voll eingezahlt sein.[14]

Es ist auch zulässig, bei einem noch nicht voll eingezahlten Geschäftsanteil die volle 10
Einlage ad hoc zu erbringen, um so die Voraussetzung für den Erwerb oder die
Inpfandnahme durch die Gesellschaft zu ermöglichen. Entscheidend ist allein die Volleinzahlung des jeweiligen Geschäftsanteils im Zeitpunkt des Erwerbs oder der Inpfandnahme durch die Gesellschaft. Möglich ist auch, den obligatorischen Vertrag und die
dingliche Übertragung unter der Bedingung vorheriger Volleinzahlung zu schließen
(Rn. 16f.). Ausgeschlossen ist es allerdings, die Volleinzahlung aus Mitteln der Gesellschaft vorzunehmen; einem solchen Vorgehen steht das Befreiungsverbot nach § 19
Abs. 2 entgegen. Ausgeschlossen ist auch eine Verrechnung des Kaufpreises mit der
noch ausstehenden Einlage vorzunehmen (Rn. 17).

Die Vorschrift des § 33 Abs. 1 ist streng auszulegen und kann durch Hilfskonstruk- 11
tionen, etwa die Übergabe einer Bürgschaft oder die Leistung einer Sicherheit in Höhe
der auf den Geschäftsanteil noch nicht erbrachten Einlagen, nicht umgangen werden.
Eine Möglichkeit, die Zulässigkeit des Erwerbs herbeizuführen, stellt die **Kapitalherabsetzung** gemäß § 58 dar; notwendig ist, das Kapital der Gesellschaft um den Betrag
der Nichteinzahlung herabzusetzen, da dies zur Befreiung von der Einlageschuld führt
(vgl. auch § 19 Abs. 3). Nach der Kapitalherabsetzung ist dann der Geschäftsanteil voll
eingezahlt und kann von der Gesellschaft erworben werden.[15] Zulässig ist es aber, dass
die Gesellschaft den Verkauf des nicht voll eingezahlten Geschäftsanteils an einen
Dritten lediglich vermittelt, ohne den Geschäftsanteil selbst zu übernehmen oder
Rechte daran zu erwerben.[16] Die Gesellschaft kann auch insoweit gegenüber dem
Dritten die Verschaffungspflicht übernehmen;[17] kann sie die Verpflichtung nicht erfül-
len, haften die Geschäftsführer ihr gegenüber auf Ersatz des hierdurch entstandenen
Schadens gemäß § 43.

c) Erwerbstatbestand. Unter „Erwerb" iS des § 33 ist jede Übernahme eines Ge- 12
schäftsanteils durch die Gesellschaft zu verstehen, also der dingliche Übertragungs-
vorgang. Ob der Erwerb des Geschäftsanteils durch die Gesellschaft entgeltlich oder
unentgeltlich erfolgt, ist gleichgültig. Auch der unentgeltliche Erwerb eines Geschäftsanteils durch die Gesellschaft setzt die Volleinzahlung und die Möglichkeit voraus, den
hierdurch entstehenden Aktivposten durch eine aus ungebundenem Vermögen zu bil-

---

[13] S. iE die Erl. zu §§ 21, 27 und 34; *Baumbach/Hueck/Fastrich* Rn. 4.
[14] *Hachenburg/Hohner* Rn. 15; *Scholz/Westermann* Rn. 5; *Meyer-Landrut/Miller/Niehus* Rn. 2; *Lutter/Hommelhoff* Rn. 2.
[15] *Baumbach/Hueck/Fastrich* Rn. 7; *Scholz/Westermann* Rn. 10.
[16] *Meyer-Landrut/Miller/Niehus* Rn. 3 aE unter Bezug auf RGZ 71, 403.
[17] *Hachenburg/Hohner* Rn. 26.

dende Rücklage nach § 272 Abs. 4 HGB auszugleichen.[18] Das Erwerbsverbot aus § 33 Abs. 1 steht als gesetzliches Verbot auch der Wirksamkeit letztwilliger Verfügungen und einem Erwerb im Wege der Zwangsversteigerung entgegen.[19]

13 **2. Rechtsfolgen eines Verstoßes.** Erwirbt die Gesellschaft einen Geschäftsanteil, der nicht voll eingezahlt ist, so sind sowohl das schuldrechtliche Grundgeschäft als auch das dingliche Erfüllungsgeschäft nichtig.[20] Die Nichtigkeit ist unheilbar;[21] wollen die Parteien an dem Rechtsgeschäft festhalten, bleibt nur die Neuvornahme („Bestätigung") nach § 141 BGB unter Beachtung der Voraussetzungen nach § 33 Abs. 1 und 2. Ein von der Gesellschaft geleisteter Kaufpreis ist ihr nach §§ 812 BGB zurückzuerstatten. Zur Erstreckung des aus § 33 folgenden gesetzlichen Verbots auf letztwillige Verfügungen s. bei Rn. 12.

14 Da die Gesellschaft nicht voll eingezahlte Geschäftsanteile nicht wirksam erwerben kann, kann sie den betreffenden Geschäftsanteil mangels Inhaberschaft auch nicht an einen Dritten weiterveräußern (übertragen); ein gutgläubiger Erwerb des Anteils scheidet aus, da es sich bei ihm nicht um eine Sache, sondern um ein Recht handelt.[22] Der mit dem Dritten ggf. geschlossene schuldrechtliche Vertrag bleibt in seiner Wirksamkeit hiervon unberührt. Der Gesellschafter, der wegen der Nichtigkeit der Übertragung noch Inhaber des Geschäftsanteils geblieben ist, kann im Falle der unwirksamen Übertragung des Geschäftsanteils durch die Gesellschaft deren Verfügung nach Maßgabe der §§ 182 ff. BGB genehmigen und so ihre Wirksamkeit herbeiführen. Ein Verkauf der Gesellschaft an einen Dritten als Vertreter des Gesellschafters o. Ä. ist unbedenklich zulässig.[23]

15 Als weitere Folge eines Verstoßes gegen § 33 Abs. 1 kommt eine Haftung der Geschäftsführer nach § 43 in Betracht (s. auch noch Rn. 39).

16 **3. Bedingte Rechtsgeschäfte; Aufrechnung mit Kaufpreisanspruch.** Keine Nichtigkeit tritt ein, wenn der Vertrag mit der Gesellschaft unter die Bedingung vorheriger Volleinzahlung gestellt wird. Da die Wirksamkeit des Rechtsgeschäfts in diesem Falle mit dem Vorliegen der Zulässigkeitsvoraussetzungen nach § 33 Abs. 1 verknüpft ist, kommt ein Verstoß von vornherein nicht in Betracht.[24]

17 Unzulässig und damit nichtig ist demgegenüber ein Vertrag, nach dem die Gesellschaft durch Aufrechnung mit der Kaufpreisforderung die Einlageforderung zum Erlöschen bringt und dadurch die Volleinziehung selbst herbeiführt.[25] Ein solches Rechtsgeschäft scheitert ungeachtet des Verbots aus § 33 Abs. 1, § 19 Abs. 2 schon daran, dass die zur Aufrechnung herangezogene Forderung wegen der Nichtigkeit des Rechtsgeschäfts fehlt.

18 **4. Teilung eines Geschäftsanteils.** Zulässig ist es, die nach § 17 allerdings genehmigungspflichtige Teilung eines noch nicht voll eingezahlten Geschäftsanteils vor-

---

[18] AllgM; *Baumbach/Hueck/Fastrich* Rn. 3; *Hachenburg/Hohner* Rn. 14; *Scholz/Westermann* Rn. 9; *Meyer-Landrut/Miller/Niehus* Rn. 3.
[19] *Scholz/Westermann* Rn. 9.
[20] RegE 1977 BT-Drucks. 8/1347 S. 41.
[21] RGZ 71, 399, 40; *Hachenburg/Hohner* Rn. 28; *Scholz/Westermann* Rn. 15; *Winkler* GmbHR 1972, 73, 76.
[22] *Baumbach/Hueck/Fastrich* Rn. 6; *Hachenburg/Hohner* Rn. 26; *Meyer-Landrut/Miller/Niehus* Rn. 5.
[23] *Hachenburg/Hohner* Rn. 26; *Scholz/Westermann* Rn. 9.
[24] *Hachenburg/Hohner* Rn. 24; *Scholz/Westermann* Rn. 11.
[25] *Baumbach/Hueck/Fastrich* Rn. 8; *Hachenburg/Hohner* Rn. 25; *Lutter/Hommelhoff* Rn. 4.

Erwerb eigener Geschäftsanteile　　　　　　　　　　　　　　　　　　§ 33

zunehmen, nur einen der so neu gebildeten Geschäftsanteile voll einzuzahlen und diesen an die Gesellschaft zu übertragen.[26] Ein unzulässige Umgehung des § 33 liegt hierin nicht, da bei Teilung eines Geschäftsanteils die geteilten Geschäftsanteile rechtlich selbständig werden (vgl. hierzu bei § 17).

5. Erwerb durch Dritte. Erwirbt ein Dritter den nicht voll eingezahlten Geschäftsanteil für die Gesellschaft, etwa als Strohmann oder Treuhänder, so gilt § 164 Abs. 2 BGB. Der Wille des Dritten, für die Gesellschaft zu handeln, bleibt außer Betracht, der Dritte ist wirksamer Erwerber des Geschäftsanteils geworden. Erklärt der Dritte offen, im eigenen Namen jedoch für die Gesellschaft erwerben zu wollen, so verbleibt es bei der Nichtigkeit des Erwerbs.[27] Erwirbt der Dritte den nicht voll eingezahlten Geschäftsanteil für Rechnung der Gesellschaft, wird er zwar Anteilsinhaber; einer Verpflichtung zur Herausgabe des Anteils nach § 667 BGB steht jedoch der Schutzzweck des § 33 Abs. 1 entgegen.[28] 19

6. Zulässigkeitsvoraussetzungen einer Inpfandnahme. Für die **Inpfandnahme** eines nicht voll eingezahlten Geschäftsanteils gilt sinngemäß das Vorstehende. Die Inpfandnahme eines nicht voll eingezahlten Geschäftsanteils ist ebenso nichtig wie der Erwerb mit allen sich daraus ergebenden oben dargestellten Folgen.[29] Hinter dem Verbot der Inpfandnahme steht die Erwägung, dass diese ähnliche Gefahren wie der Erwerb eigener Anteile in sich birgt und ohne ein solches Verbot das Erwerbsverbot umgangen werden könnte.[30] Seinem aktienrechtlichen Ursprung nach soll das Verbot der Inpfandnahme damit die Beleihung eigener (im GmbH-Recht nur: nicht voll eingezahlter) Anteile mit Mitteln der Gesellschaft vermeiden.[31] 20

Nicht verboten durch § 33 Abs. 1 ist die **Pfändung** des nicht voll eingezahlten Geschäftsanteils im Wege der Zwangsvollstreckung, etwa deshalb, weil die Gesellschaft gegenüber dem Gesellschafter eine fällige titulierte Forderung besitzt.[32] 21

Ebenso wenig fällt unter § 33 Abs. 1 die Bestellung eines **Nießbrauches** zugunsten der Gesellschaft an einem nicht voll eingezahlten Geschäftsanteil;[33] zulässig ist entsprechend auch die **Abtretung von Gewinnansprüchen** aus dem nicht voll eingezahlten Geschäftsanteil an die Gesellschaft. 22

III. Erwerb und Inpfandnahme voll eingezahlter Geschäftsanteile (§ 33 Abs. 2)

1. Zulässigkeitsvoraussetzungen. a) Volleinzahlung der Einlage. Eigene Geschäftsanteile, die voll eingezahlt sind, kann die Gesellschaft danach dem Grundsatze 23

---

[26] *Hachenburg/Hohner* Rn. 16; *Scholz/Westermann* Rn. 5.
[27] *Baumbach/Hueck/Fastrich* Rn. 3; *Scholz/Westermann* Rn. 12.
[28] *Hachenburg/Hohner* Rn. 27; *Scholz/Westermann* Rn. 12; strenger wohl LG Saarbrücken GmbHR 1991, 581, 582: Erwerb für Rechnung der GmbH sei einem Erwerb durch die Gesellschaft selbst gleichzustellen.
[29] *Scholz/Westermann* Rn. 8; *Meyer-Landrut/Miller/Niehus* Rn. 4.
[30] RegE 1977 BT-Drucks. 8/1347 S. 74; zu den der aktienrechtlichen Parallelvorschrift in § 71 d, e zugrundeliegenden Erwägungen s. *Kropff* AktG, Textausgabe mit Begründung des Regierungsentwurfs, Bericht des Rechtsausschusses des Deutschen Bundestages, 1965, S. 91 f.: Wertverlust in Krisenzeiten, Umgehungsgefahr.
[31] Zu diesem Ursprung s. *Hachenburg* in *Düringer/Hachenburg* § 226 Anm. 15.
[32] *Roth/Altmeppen* Rn. 26; *Baumbach/Hueck/Fastrich* Rn. 5; *Gersch/Herget/Marsch/Stützle* Rn. 295; aA *Hachenburg/Hohner* Rn. 9; *Scholz/Westermann* Rn. 8.
[33] *Baumbach/Hueck/Fastrich* Rn. 5; *Hachenburg/Hohner* Rn. 10; *Gersch/Herget/Marsch/Stützle* Rn. 295.

§ 33   2. Abschnitt. Rechtsverhältnisse der Gesellschaft und der Gesellschafter

nach erwerben. Anders als im Aktiengesetz (§ 71 Abs. 1, 2) ist bei der GmbH der Erwerb von eigenen Geschäftsanteilen nicht an einen bestimmten Prozentsatz des Stammkapitals gebunden;[34] **Ausnahmen** finden sich nur in § 33 Abs. 3.[35] Der Erwerb darf stets nur aus freiem Vermögen der Gesellschaft erfolgen, es darf also das zum Erhalt des Stammkapitals erforderliche Vermögen hierfür nicht in Anspruch genommen werden. Anders formuliert: Das Entgelt darf das ausschüttungsfähige Vermögen der Gesellschaft nicht übersteigen (zur Notwendigkeit der Rücklagenbildung s. Rn. 74 f.). Maßgeblich ist insoweit wie bei § 30 die bilanzielle Betrachtung, der Erwerb muss also grundsätzlich nach Maßgabe der bisherigen Bewertungs- und Bilanzierungsgrundsätze zulässig sein (s. § 30 Rn. 10; BGH NJW 1997, 196 ff.).

24   Der Gesetzeswortlaut gibt unmittelbar keine Auskunft darüber, auf welchen **Zeitpunkt** es für die Zulässigkeit des Erwerbs ankommt, wann also das erforderliche Vermögen vorhanden sein muss. In Betracht kommen der Zeitpunkt des Abschlusses des obligatorischen Geschäfts,[36] der Zeitpunkt des Erfüllungsgeschäftes[37] oder beide.[38] Der BGH hat auf den Erwerbszeitpunkt abgestellt und offen gelassen, ob zusätzlich (kumulativ) auf den Zeitpunkt des schuldrechtlichen Geschäfts abzustellen ist.[39] Da § 33 die Kapitalerhaltungsvorschriften ergänzt, ist entsprechend der Rechtslage zu § 30 (§ 30 Rn. 45) zu unterscheiden:[40] Sofern im Zeitpunkt des schuldrechtlichen Geschäfts feststeht, dass die Gesellschaft den Geschäftsanteil nicht zulässiger Weise erwerben kann, ist das schuldrechtliche Geschäft nichtig. Ist das schuldrechtliche Geschäft nach diesem Maßstab wirksam abgeschlossen worden, hat sich aber im Nachhinein die Vermögenslage der Gesellschaft so verschlechtert, dass die Zulässigkeitsvoraussetzungen des § 33 Abs. 2 nicht mehr gegeben sind, darf die Gesellschaft den Vertrag nicht erfüllen, den Geschäftsanteil also nicht erwerben. Nichtig (rückwirkend oder mit Wirkung ex nunc) wird der Vertrag durch eine solche Vermögensverschlechterung nicht, wegen des aus § 33 Abs. 2 folgenden gesetzlichen Verbots verhält sich die Gesellschaft aber nicht schuldhaft vertragswidrig. Im Ergebnis kann es sonach auf die Vermögensverhältnisse zu beiden Zeitpunkten ankommen.

25   Ob eine spätere, nach § 33 Abs. 2 zulässige Übertragung als **Bestätigung** eines nichtigen schuldrechtlichen Vertrags angesehen werden kann,[41] lässt sich nicht allgemeingültig beantworten, sondern ist entsprechend den zu § 141 BGB geltenden Grundsätzen[42] eine Frage des Einzelfalls.

26   **b) Sonderproblem der „Kein-Mann-Gesellschaft".** Hält eine GmbH sämtliche voll eingezahlten Geschäftsanteile, wird sie als sog. Kein-Mann-Gesellschaft bezeichnet. Die Zulässigkeit einer solchen „Kein-Mann-Gesellschaft" war früher außerordentlich umstritten, obgleich kein gesetzliches Verbot den Erwerb auch des letzten, einem

---

[34] AllgM; statt anderer *Hachenburg/Hohner* Rn. 34.
[35] Zu Unrecht aA die (zum Strafrecht ergangene) Entscheidung BGH NJW 1956, 1328 zur alten Fassung der Bestimmung; hierzu *Scholz/Westermann* Rn. 33.
[36] *Scholz/Westermann* Rn. 26.
[37] *Hachenburg/Hohner* Rn. 38; *Meyer-Landrut/Miller/Niehus* Rn. 6; *Lutter/Hommelhoff* Rn. 5.
[38] *Baumbach/Hueck/Fastrich* Rn. 10; s. auch LG Leipzig ZIP 1997, 602; *Salus/Pape* ZIP 1997, 577, 579.
[39] BGH NJW 1998, 3121, 3122 = LM § 33 Nr. 3 (*Wilhelm*), in der dortigen Gestaltung waren schuldrechtlicher und dinglicher Vertrag zusammengefallen; vgl. zu dieser Entscheidung *Henze* BB 1998, 1968, *Voigt* ZInsO 1998, 224; *Goette* RWS-Forum Gesellschaftsrecht 1999, 2000, S. 1, 10 f.
[40] Ähnlich *Roth/Altmeppen* Rn. 11; *Baumbach/Hueck/Fastrich* Rn. 10.
[41] So *Roth/Altmeppen* Rn. 11.
[42] Vgl. hierzu statt anderer *Soergel/Hefermehl* § 141 Rn. 2 ff.

Gesellschafter gehörenden Geschäftsanteils durch die Gesellschaft hindert.[43] Die gegen eine „Kein-Mann-Gesellschaft" erhobenen Bedenken, die dahin gehen, dass die Inhaberschaft aller Geschäftsanteile durch die GmbH selbst gegen das körperschaftsrechtliche Prinzip verstoße, überzeugen nicht. Es ist einer Gesellschaft als Körperschaft nicht wesenseigen, dass sie Gesellschafter hat. Die Stiftung hat ebenfalls keinen Gesellschafter oder keine Mitglieder und ist gleichwohl Körperschaft.

Noch nicht beantwortet ist mit dieser Feststellung die Frage des weiteren Schicksals **27** der Gesellschaft. Soweit die Möglichkeit einer „Kein-Mann-Gesellschaft" anerkannt wird, finden sich drei Auffassungen: Zunächst wird verbreitet die Meinung vertreten, der Rechtszustand der Kein-Mann-Gesellschaft führe zur Auflösung, wenn er nicht alsbald beendet, sondern zum Dauerzustand werde.[44] Nach der zweiten Auffassung soll der Erwerb aller Anteile durch die Gesellschaft dagegen unabhängig von einem etwaigen Übergangszeitraum in jedem Falle zur Auflösung führen.[45] Nach der dritten Meinung soll die „Kein-Mann-Gesellschaft" ohne Einschränkungen auch auf Dauer zulässig sein.[46] Der zweiten Auffassung ist zuzustimmen. Auch wenn die „Kein-Mann-Gesellschaft" durch ihre Geschäftsführer im Rechtsverkehr handlungsfähig ist, führt der Erwerb aller Anteile durch die Gesellschaft zu einem nach den Maßstäben des GmbHG planwidrigen Rechtszustand, da wegen des Umstandes, dass der Gesellschaft aus ihren eigenen Anteilen keine Rechte zustehen, ihre interne Willensbildung vollständig außer Kraft gesetzt ist. Da eine automatische Vollbeendigung der Gesellschaft schon im Hinblick auf das ihr zustehende Vermögen und unter Aspekten des Gläubigerschutzes nicht sachgerecht wäre, kommt nur die Rechtsfolge der **Auflösung** der GmbH in Betracht. Diese Auflösung an die Voraussetzung zu knüpfen, dass der Rechtszustand der „Kein-Mann-Gesellschaft" über eine gewisse Dauer hinweg besteht, überzeugt nicht, weil sich für die konkrete Bestimmung dieses Zeitraumes keine festen Anhaltspunkte finden lassen und das Erfordernis der „unverzüglichen" Beendigung dieses Zustandes durch den Geschäftsführer nur am konkreten Einzelfall beurteilt werden könnte; die sofortige Auflösung vermeidet diese Abgrenzungsschwierigkeiten und ist deshalb vorzugswürdig. Aufgrund dieser automatisch eintretenden Auflösung ist ein Fortsetzungsbeschluss erforderlich, wenn die Gesellschaft von Erwerbern fortgeführt werden soll.[47]

Für die „Kein-Mann-Gesellschaft", also für den Erwerb des letzten Geschäftsanteils **28** durch die Gesellschaft, gilt iÜ nichts von § 33 Abweichendes. Auch insoweit können nur voll eingezahlte Anteile erworben werden bzw. sind die Voraussetzungen des Abs. 2 zu beachten. Kein Fall der „Kein-Mann-Gesellschaft" ist die sog. Einheitsgesellschaft, also eine GmbH & Co. KG, bei der sämtliche Anteile der GmbH durch die KG gehalten werden. Denn die KG und die Komplementär-GmbH sind unterschiedliche Rechtssubjekte.[48]

c) Inpfandnahme. Hinsichtlich der Inpfandnahme voll eingezahlter Geschäftsan- **29** teile unterscheidet das Gesetz in einer kompliziert formulierten Regelung. Hintergrund

---

[43] Für die Zulässigkeit einer solchen Gesellschaft bereits *Hachenburg,* FS Cohn, 1915, S. 79 ff.
[44] *Paulick* Die GmbH ohne Gesellschafter, 1979, S. 92; *Scholz/Westermann* Rn. 44; für das Erfordernis einer „unverzüglichen" Beendigung des Zustandes *Scholz/Emmerich* § 13 Rn. 9.
[45] Vgl. § 60 Rn. 13; *Hachenburg/Hohner* Rn. 91; *Hachenburg/Ulmer* § 60 Rn. 60; *Scholz/ K. Schmidt* § 60 Rn. 32; *Lutter/Hommelhoff* § 60 Rn. 25.
[46] *Kreutz,* FS Stimpel, 1985, S. 379 ff.
[47] Vgl. nur *Hachenburg/Hohner* Rn. 91.
[48] *Hachenburg/Hohner* Rn. 92; wegen der Wirkungen einer solchen Gestaltung abw. *Gonella* DB 1965, 1165; *Winkler* GmbHR 1972, 73, 80.

§ 33   2. Abschnitt. Rechtsverhältnisse der Gesellschaft und der Gesellschafter

der Bestimmung ist das Anliegen, die hinsichtlich des zulässigen Erwerbs voll eingezahlter Geschäftsanteile aufgestellten Voraussetzungen auch für den Fall der Inpfandnahme umgehungsfest zu machen. Als Modell liegt der Bestimmung zugrunde, dass die Gesellschaft Geschäftsanteile nicht als Pfand soll annehmen dürfen, wenn schon im Zeitpunkt der Inpfandnahme feststeht, dass die Gesellschaft diese Anteile wegen § 33 Abs. 2 S. 1 nicht „unter Verrechnung mit der gesicherten Forderung" erwerben dürfte.[49] Der Kapitalschutz wird mit § 33 Abs. 2 S. 2 als auf den Zeitpunkt der Inpfandnahme vorverlagert, der nach § 33 Abs. 2 S. 2 zu ermittelnde Betrag darf das gebundene Vermögen der Gesellschaft schon zu diesem Zeitpunkt nicht tangieren. Angesprochen werden in § 33 Abs. 2 S. 2 **zwei Fälle:**

30 – Zulässig ist die Inpfandnahme voll eingezahlter Geschäftsanteile zunächst, wenn die Gesellschaft über ein freies (also nicht nach § 30 gebundenes) Vermögen in Höhe aller durch die in Pfand genommenen Anteile gesicherten Forderungen verfügt.

31 – Zulässig ist die Inpfandnahme voll eingezahlter Geschäftsanteile außerdem, wenn der Gesamtbetrag der durch das Pfandrecht gesicherten Forderungen zwar höher ist als der Wert der als Pfand genommenen Geschäftsanteile, der Gesellschaft aber ein freies (also nicht nach § 30 gebundenes) Vermögen zu Verfügung steht, das den Wert der als Pfand genommenen Geschäftsanteile zumindest erreicht.

32 Ob sich die gesicherten Forderungen gegen einen Gesellschafter oder gegen einen Dritten richten, ist unerheblich.[50] Mit § 33 Abs. 2 S. 2 soll vermieden werden, dass das Verbot des Erwerbs eigener nicht voll eingezahlter Geschäftsanteile über den Weg der Inpfandnahme umgangen wird (Rn. 29). Für den maßgeblichen **Zeitpunkt** gelten die Ausführungen oben bei Rn. 24 entsprechend; eine nachträgliche Verschlechterung der Vermögenslage der Gesellschaft steht der Umsetzung eines vorausgegangenen schuldrechtlichen Geschäfts entgegen.[51]

33 **2. Befassung der Gesellschafterversammlung.** Die Zuständigkeit für den Erwerb bzw. die Inpfandnahme von Geschäftsanteilen liegt im Außenverhältnis auf Seiten der Gesellschaft bei dem Geschäftsführer. Im Innenverhältnis ist der Geschäftsführer jedoch auch ohne eine Vinkulierungsbestimmung in der Satzung iS des § 15 Abs. 5 verpflichtet, vor einem Erwerb einen Beschluss der die Gesellschafterversammlung hierzu herbeizuführen.[52] Diese im Innenverhältnis bestehende Verpflichtung ergibt sich aus den mit einem solchen Erwerb verbundenen Folgen (Veränderung der Mehrheitsverhältnisse, iErg. Rückzahlung der Einlage, Notwendigkeit einer Rücklage nach § 272 Abs. 4 HGB), also dem Charakter des Erwerbs als ungewöhnlichem Vorgang.

34 Der Beschluss der Gesellschafterversammlung über den Erwerb bedarf der **einfachen Mehrheit.**[53] Das Fehlen eines hiernach notwendigen Beschlusses wird regelmäßig auch auf das Außenverhältnis durchschlagen, da der Veräußerer Gesellschafter ist und § 37 Abs. 2 ihm gegenüber deshalb keine Anwendung findet.[54]

35 Zur Frage der **Anmeldung** des Erwerbs nach § 16 s. die Bem. bei § 16.

---

[49] RegE BT-Drucks. 8/1347 S. 42.
[50] *Baumbach/Hueck/Fastrich* Rn. 12; *Scholz/Westermann* Rn. 25.
[51] *Baumbach/Hueck/Fastrich* Rn. 13.
[52] *Hachenburg/Hohner* Rn. 35; *Scholz/Westermann* Rn. 33; teilw. abw. *Lutter/Hommelhoff* Rn. 15: ausreichend eine Information der Gesellschafter, damit diese über § 50 eine Gesellschafterversammlung herbeiführen können.
[53] *Lutter/Hommelhoff* Rn. 15; *Scholz/Westermann* Rn. 27; für eine qualifizierte Mehrheit *Hachenburg/Hohner* Rn. 35.
[54] BGH NJW 1997, 2678; *Hachenburg/Hohner* Rn. 36.

Erwerb eigener Geschäftsanteile § 33

3. Rechtsfolgen eines Verstoßes. a) Wirksamer Erwerb durch die Gesellschaft, Nichtigkeit des schuldrechtlichen Rechtsgeschäfts. Wird ein voll eingezahlter Geschäftsanteil entgegen der Regelung des § 33 Abs. 2 S. 1 und 2 von der Gesellschaft erworben oder in Pfand genommen, so bleiben der Erwerb oder die Inpfandnahme wirksam. Die **Wirksamkeit des dinglichen Rechtsgeschäftes** bezweckt in erster Linie den Schutz des Dritten, der den Geschäftsanteil danach von der Gesellschaft erwirbt und der in aller Regel die auf dem Verstoß gegen Abs. 1 beruhende Nichtigkeit des Grundgeschäfts zwischen Gesellschaftern und Gesellschaft nicht kennt.[55] **Nichtig** ist nach § 33 Abs. 2 S. 3 lediglich das **schuldrechtliche Verpflichtungsgeschäft**.[56] Hat die Gesellschaft also den Geschäftsanteil wirksam erworben oder als Pfand genommen, ohne dass sie den Gegenwert hierfür aus ihrem freien Vermögen geleistet hat, so bleibt sie gleichwohl Inhaber bzw. Pfandgläubiger hinsichtlich des Geschäftsanteils.[57] Die Gesellschaft ist damit nicht gehindert, einen erworbenen Geschäftsanteil etwa an einen Dritten wirksam weiter zu veräußern.[58] Zu der abweichenden Rechtlage nach § 33 Abs. 1, wenn der erworbene oder in Pfand genommene Geschäftsanteil nicht voll eingezahlt war, s. Rn. 13, 20. 36

Aufgrund der Nichtigkeit des schuldrechtlichen Geschäfts ist die Übertragung bzw. die Verpfändung des Geschäftsanteils ohne Rechtsgrund erfolgt. Das Verhältnis zwischen dem den Geschäftsanteil verkaufenden oder verpfändenden Gesellschafter und der Gesellschaft ist deshalb nach Bereicherungsgrundsätzen gemäß §§ 812 ff. BGB abzuwickeln.[59] Ist die Gesellschaft noch Inhaber des Geschäftsanteils, so hat sie diesen an den Gesellschafter zurückzuübertragen. Hat sie ihn an einen Dritten veräußert, ist sie zum Wertersatz verpflichtet, §§ 812, 818 BGB. Die Gesellschaft schuldet den Wertersatz in Höhe des gemeinen Verkehrswertes des Geschäftsanteils, einen etwaigen Mehrerlös, den sie beim Verkauf des Geschäftsanteils an den Dritten erlöst hat, verbleibt ihr.[60] Hat die Gesellschaft bei der Veräußerung des Geschäftsanteils an den Dritten weniger erlöst als sie dem Gesellschafter gezahlt hat, so schuldet sie nur diesen Mindererlös.[61] Zum Verhältnis der §§ 812 ff. BGB und der §§ 30, 31 sowie den hieraus resultierenden Beschränkungen s. Rn. 38. Einer Anwendung der bereicherungsrechtlichen Saldotheorie stehen § 31 und das Aufrechnungsverbot aus § 19 Abs. 2 entgegen.[62] Die Verpflichtung ist nach § 273 BGB nur **Zug um Zug** gegen Rückerstattung der von ihr erbrachten Gegenleistung zu erfüllen.[63] Lässt die Vermögenslage der Gesellschaft zu einem späteren Zeitpunkt den Erwerb bzw. die Inpfandnahme zu, können die Parteien den Vertrag nach Maßgabe des **§ 141 BGB** bestätigen.[64] 37

---

[55] Begr. RegE 1977 BT-Drucks. 8/1347 S. 42/43.
[56] *Roth/Altmeppen* Rn. 22; *Baumbach/Hueck/Fastrich* Rn. 13; *Hachenburg/Hohner* Rn. 44; *Scholz/Westermann* Rn. 29; abw. *Lutter/Hommelhoff* Rn. wirksam, aber nicht erfüllbar.
[57] *Hachenburg/Hohner* Rn. 44.
[58] *Baumbach/Hueck/Fastrich* Rn. 13; *Scholz/Westermann* Rn. 29; *Meyer-Landrut/Miller/Niehus* Rn. 11.
[59] *Roth/Altmeppen* Rn. 23; *Baumbach/Hueck/Fastrich* Rn. 13; *Scholz/Westermann* Rn. 29; *Gersch/Herget/Marsch/Stützle* Rn. 301; *Ulmer* in: Das neue GmbH-Recht in der Diskussion, 1981, S. 55, 74.
[60] *Palandt/Thomas* § 818 Rn. 19.
[61] § 818 Abs. 3 BGB; RGZ 101, 389, 391.
[62] *Lutter/Hommelhoff* Rn. 9.
[63] *Roth/Altmeppen* Rn. 23; *Baumbach/Hueck/Fastrich* Rn. 13; *Hachenburg/Hohner* Rn. 44; *Lutter/Hommelhoff* Rn. 9; *Scholz/Westermann* Rn. 29.
[64] *Roth/Altmeppen* Rn. 7, 11; *Baumbach/Hueck/Fastrich* Rn. 13.

38 **b) Anspruchskonkurrenz zu §§ 30 Abs. 1, 31 Abs. 1.** Die bereicherungsrechtlichen Ansprüche der Gesellschaft stehen in Anspruchskonkurrenz zu §§ 30, 31, sind also neben diesen anwendbar.[65] In ihrem Überschneidungsbereich überlagern die strengeren Bestimmungen der §§ 30, 31 das Bereicherungsrecht, führen also dazu, dass die Gesellschaft (nach herrschender Meinung) nicht ohne weiteres die Rückerstattungsansprüche abtreten darf.[66] Auch die übrigen aus der Kapitalbindung resultierenden Schranken (Beschränkungen der Aufrechnung etc.) sind bei Verfügungen über diese Ansprüche zu beachten (wegen der Einzelheiten s. § 31 Rn. 4, 44).

39 **c) Haftung der Geschäftsführer.** Die Haftung der Geschäftsführer richtet sich nach § 43, wonach sie insbesondere dann zum Ersatz verpflichtet sind, wenn entgegen § 33 eigene Geschäftsanteile der Gesellschaft erworben worden sind, § 43 Abs. 2 S. 3. Hinsichtlich des hierbei nach § 43 Abs. 1 zu wahrenden Sorgfaltsmaßstabes gilt, dass ein Geschäftsführer vor Erwerb oder Inpfandnahme eines Geschäftsanteils zur Prüfung verpflichtet ist, ob die Gesellschaft den Gegenwert aus dem nicht gebundenen Vermögen erbringen kann. Unterlässt er diese Prüfung, handelt er schon deshalb schuldhaft, selbst wenn er im Einzelfall keine aktuelle Kenntnis von dem Verstoß gehabt haben sollte.[67] Bei einer entsprechenden Weisung der Gesellschafterversammlung ist § 43 Abs. 3 S. 3 zu beachten; Gläubiger der Gesellschaft können den gegen den Geschäftsführer gerichteten Anspruch pfänden und an sich überweisen lassen.[68]

IV. Erwerb für Rechnung der Gesellschaft

40 Erwirbt ein **Treuhänder der Gesellschaft** oder ein sonstiger Dritter den Geschäftsanteil für die Gesellschaft im eigenen Namen, **wird** er **Inhaber des Geschäftsanteils** mit allen damit zusammenhängenden Rechten und Pflichten, insbesondere also auch der Einlagepflicht. Der Treuhänder unterliegt deshalb dem Anwendungsbereich des § 30, was Bedeutung im Hinblick auf Zahlungen der Gesellschaft zur Finanzierung des Kaufpreises schon vor Erwerb der Geschäftsanteile haben kann (vgl. bei § 30). § 33 wird durch diesen Vorgang nicht unmittelbar berührt.

41 Im **Innenverhältnis** zwischen Gesellschaft und Treuhänder gelten die Beschränkungen aus § 33 entsprechend. Da die Bestimmung dem Kapitalschutz dient, ist sie **umgehungsfest.** Hieraus folgt:

42 Dürfte die Gesellschaft den Geschäftsanteil selbst nicht erwerben, weil er nicht voll eingezahlt ist, ist der Treuhandvertrag nach § 134 BGB nichtig und kann weder Grundlage für Aufwendungserstattungsansprüche des Treuhänders noch für eigene Herausgabeansprüche der Gesellschaft sein.[69] Soweit die Gesellschaft nach § 33 Abs. 2 S. 3 wirksam, aber nur rechtsgrundlos erwerben könnte (Rn. 36 f.), gilt Entsprechendes.[70] Da die Wirksamkeit des dinglichen Rechtsgeschäfts nach § 33 Abs. 2 nur den Rechtsverkehr bei einer Verfügung der Gesellschaft schützen soll und diese Schutzüberlegung zwischen Gesellschaft und Treuhänder nicht einschlägig ist, bewendet es bei der Nichtigkeit des Treuhandvertrags als unzulässigem Umgehungsgeschäft. Es wäre auch widersprüchlich, das schuldrechtliche Geschäft nach § 33 Abs. 2 S. 3 im

---

[65] *Hachenburg/Hohner* Rn. 46; *Lutter/Hommelhoff* Rn. 7; *Scholz/Westermann* Rn. 29;
[66] Sehr str., vgl. § 31 Rn. 4; *Scholz/Westermann* Rn. 29.
[67] S. auch *Scholz/Westermann* Rn. 31; *Hachenburg/Hohner* Rn. 47.
[68] *Scholz/Westermann* Rn. 31; *Hachenburg/Hohner* Rn. 47.
[69] Wohl auch *Lutter/Hommelhoff* Rn. 10: Ansprüche aus §§ 670, 667 BGB nur, wenn § 33 dies erlaubt; *Roth/Altmeppen* Rn. 27.
[70] So auch *Roth/Altmeppen* Rn. 27.

Falle des Erwerbs bzw. der Verpfändung als unwirksam anzusehen, einen Treuhandvertrag, aus dem sich im Ergebnis entsprechende Übertragungs- und Aufwandsentschädigungspflichten über §§ 667, 670 BGB ergeben, aber für wirksam zu halten. Soweit der Gesellschaft durch das Geschäft ein Schaden entstanden ist, haften die Geschäftsführer nach Maßgabe des § 43. Das Schicksal der mit dem Geschäftsanteil verbundenen Rechte, insbesondere das Stimmrecht und das Gewinnbezugsrecht, ist fraglich. § 57 Abs. 6 S. 2 RegE[71] sah entsprechend § 71 Abs. 6 aF (heute §§ 71b, 71d S. 4 AktG) vor, dass der Gesellschaft aus eigenen Anteilen keine Rechte zustünden und dies auch für Geschäftsanteile gelte, die einem anderen für Rechnung der Gesellschaft gehörten. Für die aktienrechtliche Parallelregelung in §§ 71b, 71d S. 4 AktG geht die hM auch bei Nichtigkeit des Treuhandverhältnisses von einem Ruhen der Rechte aus.[72] Diese Rechtsfolge erscheint hier nicht sachgerecht, da der Dritte ungeachtet der Nichtigkeit des Treuhandverhältnisses Gesellschafter geworden ist und weder zur Herausgabe der Geschäftsanteile oder der bezogenen Gewinne noch zu einer Befolgung der Weisungen der Gesellschaft verpflichtet ist; auch die Möglichkeit, dass sich die Parteien über die Nichtigkeit des Vertrages hinwegsetzen könnten, rechtfertigt angesichts der vollen Haftung des Treuhänders ohne Rückgriffsmöglichkeit auf die Gesellschaft keine abweichende Beurteilung.[73] Die aus dem Geschäftsanteil erwachsenen Rechte stehen daher im Falle der Nichtigkeit des Treuhandverhältnisses dem Erwerber zu, sie ruhen nicht.

Ist das Treuhandverhältnis nach den Maßstäben entsprechend § 33 Abs. 1, 2 wirksam, spricht die Gleichstellung des Treugebers mit einem Gesellschafter im Rahmen der §§ 30, 31 (vgl. § 30 Rn. 22) dafür, die Gesellschaft zur Bildung einer Rücklage gemäß § 272 Abs. 4 HGB entsprechend § 33 Abs. 2 anzusehen. Verschlechtert sich die Vermögenslage der Gesellschaft, so dass ihr ein Erwerb der Anteile nach § 33 Abs. 2 deshalb verboten wäre, weil die Rücklage nicht aus freiem Vermögen gebildet werden kann, steht dies einer Übernahme des Geschäftsanteils nach § 667 BGB und der Zahlung eines Aufwendungsersatzes nach § 670 BGB entgegen; die Gesellschaft hat nicht nur ein Leistungsverweigerungsrecht, sie muss die Leistung verweigern (§ 30 Rn. 44). Hinsichtlich der mit dem Geschäftsanteil verbundenen Rechte, insbesondere das Stimmrecht und das Gewinnbezugsrecht, sah § 57 Abs. 6 S. 2 RegE[74] entsprechend § 71 Abs. 6 aF (heute §§ 71b, 71d S. 4 AktG) vor, dass der Gesellschaft aus eigenen Anteilen keine Rechte zustünden und dies auch für Geschäftsanteile gelte, die einem anderen für Rechnung der Gesellschaft gehörten. Auch wenn diese Bestimmung nicht Gesetz geworden ist, ist bei Wirksamkeit des Treuhandverhältnisses für das GmbH-Recht entsprechend §§ 71b, 71d S. 4 AktG ebenfalls von einem Ruhen der Rechte auszugehen; dies rechtfertigt sich aus der Überlegung, dass die Rechte bei Gültigkeit des Treuhandverhältnisses nach Weisung der Gesellschaft ausgeübt und Gewinne an sie herausgegeben werden müssten.[75] Zur abweichenden Rechtslage im Falle der Nichtigkeit des Treuhandverhältnisses s. Rn. 42.

---

[71] BT-Drucks. 6/3088 S. 17, 117.
[72] S. etwa *Hüffer* AktG § 71d Rn. 10; Kölner KommAktG/*Lutter* § 71d Rn. 63 mwN; aA *Hefermehl/Bungeroth* in *Geßler/Hefermehl/Eckardt/Kropff* AktG § 66 Rn. 82f.
[73] IErg. ebenso *Scholz/Westermann* Rn. 12, der allerdings von relativer Unwirksamkeit spricht; zum aktienrechtlichen Parallelproblem eingehend *Hefermehl/Bungeroth* in *Geßler/Hefermehl/Eckardt/Kropff* AktG § 66 Rn. 82f.
[74] BT-Drucks. 6/3088 S. 17, 117.
[75] IErg. ebenso *Scholz/Westermann* Rn. 12.

V. Rechtliche Behandlung von der Gesellschaft wirksam erworbener Geschäftsanteile

44 **1. Ruhen der Mitgliedschaftsrechte.** Die Rechte aus den eigenen Geschäftsanteilen der Gesellschaft ruhen, der Geschäftsanteil als solcher bleibt jedoch bestehen (zur Rechtslage bei einem Erwerb für Rechnung der Gesellschaft s. Rn. 42f.).[76]

45 Aus dem Ruhen der Rechte aus dem eigenen Geschäftsanteil folgt für das mit den eigenen Anteilen verbundene Gewinnbezugsrecht, dass die eigenen Geschäftsanteile bei der Gewinnverteilung nicht zu berücksichtigen sind. Im einzelnen ist zu unterscheiden: War der Gewinn auf den eigenen Geschäftsanteil beim Erwerb des Geschäftsanteils durch die Gesellschaft bereits entstanden, weil der Gewinnverwendungsbeschluss gefasst, aber der Gewinn noch nicht ausbezahlt war, so steht der Gewinn vorbehaltlich einer abweichenden Regelung mit dem Veräußerer der Gesellschaft zu.[77] Da die Gesellschaft nicht Gläubiger und Schuldner eines gegen sich selbst gerichteten Anspruchs sein kann, kommt es in diesem Falle zu einer Konfusion, die Forderung erlischt.[78] Am später entstehenden Gewinn nimmt die Gesellschaft nicht teil; insoweit verbleibt es beim Ruhen der Gewinnbezugsrechte.[79] Der Gewinn ist unter den verbleibenden Gesellschaftern zu verteilen.[80] Während bei der Abtretung an einen Dritten der ursprüngliche Gesellschafter gegen den Erwerber vorbehaltlich abweichender Vereinbarungen nach § 101 Nr. 2 Halbs. 2 BGB einen Anspruch auf anteilige Auskehrung des gezogenen Gewinns hat, entfällt diese Möglichkeit bei einem Erwerb durch die Gesellschaft; das Ruhen der Gewinnbezugsrechte führt auch insoweit dazu, dass verteilungsfähige Früchte nicht anfallen.[81] Zur Teilnahme der Gesellschaft an einer Kapitalerhöhung aus Gesellschaftsmitteln s. § 57l und die dortigen Erläuterungen sowie Rn. 48.

46 Ist der Geschäftsanteil der Gesellschaft von dieser mit einem **Nießbrauch** belastet erworben worden, so bleiben diese Rechte bestehen.[82] Entsprechendes soll gelten, wenn das **Gewinnbezugsrecht** vor Erwerb des Geschäftsanteils durch die Gesellschaft im voraus abgetreten worden ist.[83] Diese Auffassung erscheint wegen des auch das Gewinnbezugsrecht erfassenden Abspaltungsverbots schon im Ansatz zweifelhaft und auch iÜ mit dem Ruhen der Rechte aus dem eigenen Geschäftsanteil unvereinbar (s. auch bei § 29). Abtretbar sind lediglich die künftig entstehenden Gewinnauszahlungsansprüche, die jedoch wegen des Ruhens der Rechte aus eigenen Geschäftsanteilen nicht mehr zum Entstehen kommen können.

47 Es ruhen weiter alle sonstigen Mitgliedschaftsrechte, wie das **Recht auf Anfechtung** von Gesellschafterbeschlüssen sowie der Anspruch auf die Ausübung von Min-

---

[76] BGH NJW 1995, 1027, 1028; *Hösel* DNotZ 1958, 5, 9; *Buchwald* GmbHR 1958, 169, 173; *Winkler* GmbHR 1972, 73, 79; *Roth/Altmeppen* Rn. 20; *Baumbach/Hueck/Fastrich* Rn. 18; *Hachenburg/Hohner* Rn. 50ff.; *Scholz/Westermann* Rn. 32; aA *Grothus* GmbHR 1958, 17, 19f.

[77] *Hachenburg/Hohner* Rn. 51; *Scholz/Westermann* Rn. 32.

[78] *Hachenburg/Hohner* Rn. 51; *Scholz/Westermann* Rn. 33.

[79] *Hachenburg/Hohner* Rn. 52; *Lutter/Hommelhoff* Rn. 9.

[80] BGH NJW 1995, 1027, 1028.

[81] BGH NJW 1995, 1027, 1028.

[82] *Baumbach/Hueck/Fastrich* Rn. 20; *Lutter/Hommelhoff* Rn. 9; *Scholz/Westermann* Rn. 33, mit dem Hinweis, dass nach dem Erwerb des Geschäftsanteils durch die Gesellschaft solche Rechte Dritter nicht neu begründet werden können.

[83] *Baumbach/Hueck/Fastrich* Rn. 20; *Lutter/Hommelhoff* Rn. 20; *Hachenburg/Hohner* Rn. 54; *Meyer-Landrut/Miller/Niehus* Rn. 13; *Scholz/Westermann* Rn. 33.

derheitsrechten.[84] Es ruhen auch die mit dem Geschäftsanteil verbundenen **Sonderrechte** wie zB das Recht auf Entsendung eines Mitglieds in den Aufsichtsrat oder Beirat der Gesellschaft, das Recht, einen Geschäftsführer zu benennen etc. Insbesondere ruht auch das Stimmrecht. Stimmberechtigte eigene Geschäftsanteile einer Gesellschaft könnten den Geschäftsführern einen systemwidrigen Einfluss auf die Beschlüsse der Gesellschafterversammlung, und damit die Willensbildung der Gesellschaft geben. Bei der Beschlussfassung der Gesellschafterversammlung werden die Stimmen, die auf die eigenen Geschäftsanteile entfallen würden, nicht mitgerechnet, so dass die Stimmen der Geschäftsanteile, die sich in den Händen der übrigen Gesellschafter befinden, allen Stimmen entsprechen und sich auch die satzungsmäßigen und die gesetzlichen Mehrheitserfordernisse nach diesen berechnen.[85] Durch den Erwerb eigener Anteile kann es damit zu Verschiebungen der Mehrheitsverhältnisse kommen; zu den hieraus zu ziehenden Folgerungen hinsichtlich der Notwendigkeit eines Beschlusses der Gesellschafter vor dem Erwerb der eigenen Anteile s. Rn. 33, zur Rechtslage bei der Veräußerung eigener Geschäftsanteile s. Rn. 50 ff.

2. Teilnahme an Kapitalerhöhungen. Nicht mehr streitig ist die Frage, ob die eigenen Geschäftsanteile der Gesellschaft an Kapitalerhöhungen teilnehmen. Eindeutig ist die Rechtslage bei der Kapitalerhöhung aus Gesellschaftsmitteln. § 57 l Abs. 1 bestimmt, dass auch eigene Geschäftsanteile der GmbH an der Kapitalerhöhung aus Gesellschaftsmitteln teilnehmen. Bei der Kapitalerhöhung gemäß §§ 55 ff., die durch Zuführung neuer Mittel erfolgt, nehmen die eigenen Anteile der Gesellschaft nach allgM nicht teil, die Gesellschaft kann ein satzungsmäßiges Bezugsrecht nicht ausüben und ihr steht auch unter Treupflichtaspekten kein Anspruch darauf zu, an der Kapitalerhöhung teilnehmen zu können.[86] Wegen des Ruhens der Rechte scheidet auch eine isolierte Abtretung eines Bezugsrechts an einen Dritten aus;[87] es kommt bei dieser Form der Kapitalerhöhung lediglich in Betracht, den Dritten im Gesellschafterbeschluss zur Kapitalerhöhung zuzulassen.[88] 48

3. Konfusion. Durch den Erwerb eigener Geschäftsanteile durch die Gesellschaft kommt es zu einem Zusammenfallen von gegen die Gesellschaft gerichteten Ansprüchen und Verbindlichkeiten. Die Gesellschaft kann sich selbst nichts schulden. Auch die Rückzahlung geleisteter Nachschüsse (§ 30 Abs. 2) scheitert hieran. 49

VI. Weiterveräußerung eigener Anteile durch die Gesellschaft

1. Allgemeines. Hat die Gesellschaft eigene Geschäftsanteile rechtswirksam erworben, so bleiben die Geschäftsanteile zwar als solche erhalten, bilden damit ein Aktivum der Gesellschaft und können damit Gegenstand von Rechtsgeschäften sein, zB (insbesondere etwa mit Blick auf § 19 Abs. 4) an Dritte weiterveräußert werden,[89] aber auch verpfändet oder als Sicherheit abgetreten werden. Auch bei der Kein-Mann-Gesellschaft (Rn. 26 ff.) ist die Gesellschaft nicht gehindert, eigene Geschäftsanteile abzutreten, da die Abtretung eines Geschäftsanteils keine Maßnahme ist, die zwingend 50

---

[84] *Scholz/Westermann* Rn. 37; *Baumbach/Hueck* Rn. 19; *Meyer-Landrut/Miller/Niehus* Rn. 13.
[85] *Baumbach/Hueck/Fastrich* Rn. 19; *Hachenburg/Hohner* Rn. 58; *Scholz/Westermann* Rn. 37.
[86] BGHZ 15, 391, 392 f. = NJW 1955, 222; *Baumbach/Hueck/Fastrich* Rn. 21; *Hachenburg/Hohner* Rn. 69; *Scholz/Westermann* Rn. 35.
[87] AA *Scholz/Westermann* Rn. 35 mwN.
[88] *Baumbach/Hueck/Fastrich* Rn. 21.
[89] Vgl. nur *Baumbach/Hueck/Fastrich* Rn. 23; *Hachenburg/Hohner* Rn. 62; *Scholz/Westermann* Rn. 38; *Meyer-Landrut/Miller/Niehus* Rn. 15.

des Beschlusses der Gesellschafterversammlung bedarf; bei der Kein-Mann-Gesellschaft stellt die Veräußerung vielmehr eine reine Geschäftsführungsmaßnahme dar, die gemäß § 35 Abs. 1 in die Kompetenz der Geschäftsführer der Gesellschaft fällt.

51 **2. Notwendigkeit eines Gesellschafterbeschlusses.** Umstritten ist, ob im Zusammenhang mit der *Veräußerung* eigener Geschäftsanteile der Gesellschaft im Innenverhältnis von **Beschränkungen der Geschäftsführer** auszugehen ist, auch wenn eine Vinkulierung nach § 15 Abs. 5 in der Satzung der Gesellschaft nicht vorgesehen ist (zur Befassung der Gesellschafterversammlung mit einem *Erwerb* s. Rn. 33). Während einige von einer unbeschränkten Verfügungsbefugnis des Geschäftsführers ausgehen,[90] sehen andere diesen Vorgang als wirtschaftlich mit einer Kapitalerhöhung vergleichbar an und halten deshalb einen mit einfacher[91] bzw. qualifizierter Mehrheit[92] zu fassenden Zustimmungsbeschluss der Gesellschafter hierüber für erforderlich, wobei teilweise hierneben von einem Bezugsrecht der Gesellschafter hinsichtlich des zu veräußernden Geschäftsanteils ausgegangen wird.[93]

52 Die Parallele zur Kapitalerhöhung überzeugt nicht. Die auf dieser Grundlage entwickelten Anforderungen stehen auch zT in Widerspruch zu § 53 Abs. 2 S. 2 und können ein Bezugsrecht der Gesellschafter schon deshalb nicht begründen.[94] Andererseits ist aber zu beachten, dass die Veräußerung Mehrheitsverhältnisse unter den Gesellschaftern verändern und insofern nicht mehr als Gegenstand gewöhnlicher Geschäftsführertätigkeit angesehen werden kann. Im *Innenverhältnis* ist deshalb entsprechend den allgemeinen Grundsätzen von einer Vorlagepflicht der Geschäftsführer gegenüber der Gesellschafterversammlung auszugehen. Im *Außenverhältnis* kann der Geschäftsführer über die Anteile wegen § 37 Abs. 2 grundsätzlich uneingeschränkt verfügen. Im Einzelfall kann es dem Erwerber jedoch verwehrt sein, sich auf die unbeschränkte Vertretungsmacht des Geschäftsführers zu berufen, so etwa dann, wenn es sich bei dem Erwerber um einen Gesellschafter handelt und diesem das Fehlen des intern erforderlichen Beschlusses bekannt ist.[95] Ein Bezugsrecht steht den Gesellschaftern nicht zu, sie können dem Geschäftsführer jedoch entsprechende Weisung erteilen. Soll der eigene Geschäftsanteil an einen Gesellschafter übertragen werden, können die übrigen Gesellschafter wegen der mit einem solchen Erwerb für sie drohenden Verschiebung der bisherigen Mehrheitsverhältnisse unter Treupflichtaspekten (§ 13 Rn. 35ff.) bzw. unter dem Gesichtspunkt der Gleichbehandlung (§ 13 Rn. 94ff.) verlangen, dass ihnen ein ihrer Beteiligung entsprechender Teil dieses Anteils übertragen wird. Haben nicht alle Gesellschafter an einem solchen Erwerb Interesse, erhöht sich das hiernach bestehende Übernahmerecht der übrigen entsprechend; auf die Zustimmung zur Teilung des eigenen Geschäftsanteils nach § 17 besteht ein auf die Treupflicht begründeter Anspruch, ebenso sind die Gesellschafter verpflichtet, im Rahmen des hierüber zu fassenden Gesellschafterbeschlusses einer solchen Teilung zuzustimmen. In der Kein-Mann-Gesellschaft entfällt die Notwendigkeit einer Beschlussfassung, da die Rechte aus den eigenen Anteilen ruhen.

---

[90] *Bartel/Henkes* 2. Aufl. Rn. 366.
[91] *Baumbach/Hueck/Fastrich* Rn. 23; *Lutter/Hommelhoff* Rn. 13.
[92] *Scholz/Westermann* Rn. 40.
[93] OLG Hamm ZIP 1983, 1332; *Lutter/Hommelhoff* Rn. 13; eingehend *Hachenburg/Hohner* Rn. 63 unter Aufgabe der früheren Auffassung.
[94] Zu der (zu verneinenden) Frage eines Bezugsrechts der Gesellschafter im Falle der Kapitalerhöhung s. § 55 Rn. 30.
[95] Zur Unanwendbarkeit des § 37 Abs. 2 auf Geschäfte mit einem Gesellschafter s. BGH NJW 1997, 2678.

Erwerb eigener Geschäftsanteile § 33

3. Rechtsfolgen der Weiterveräußerung. Wird der Geschäftsanteil von der Ge- 53
sellschaft an einen Dritten veräußert (zur Frage eines in diesem Zusammenhang notwendigen Gesellschafterbeschlusses s. Rn. 51 f.), kommt es zu einem **Wiederaufleben
der mit dem Geschäftsanteil verbundenen Vermögens- und Mitgliedschaftsrechte,** und zwar mit Wirkung **ex nunc.** Für die vor dem Erwerb des Geschäftsanteils
durch den Dritten liegende Zeit sind die mit dem Geschäftsanteil verbundenen vermögensrechtlichen Ansprüche also im Ergebnis den übrigen Gesellschaftern zugeflossen.
Der Erwerber hat vom Zeitpunkt des Erwerbs des Geschäftsanteils an auch sämtliche
mit dem Geschäftsanteil verbundenen Pflichten, die vom Zeitpunkt des Erwerbs an
wiederaufleben.[96]

Für die **Haftung des Erwerbers** gemäß § 16 Abs. 3 gilt Folgendes: Da die Gesell- 54
schaft für ausstehende Leistungen auf den Geschäftsanteil selbst nicht haftet, weil diese
Pflicht durch Konfusion untergegangen ist,[97] erhebt sich die Frage, ob etwa derjenige
ehemalige Gesellschafter, der den Geschäftsanteil an die Gesellschaft abgetreten hat,
nunmehr als Veräußerer im Sinne von § 16 Abs. 3 angesehen werden muss. Die Frage
ist zu verneinen. Auch wenn die Rechte und Pflichten aus dem Geschäftsanteil ruhen,
ist der Erwerber von den Verpflichtungen gemäß § 16 Abs. 3 frei.[98]

4. Anmeldung. Zur Frage der **Anmeldung** des Erwerbers des eigenen Geschäfts- 55
anteils s. bei § 16.

VII. Anwendung auf die GmbH & Co. KG

Bei der GmbH & Co. KG kommt der unter dem Aspekt der Kapitalaufbringung 56
eingeschränkten Zulässigkeit des Erwerbs eigener Geschäftsanteile in unterschiedlichem
Zusammenhang Bedeutung zu:

Nach § 172 Abs. 6 HGB führt die Erbringung einer Kommanditeinlage bei der 57
GmbH & Co. KG ohne natürliche Person als Komplementär durch Übertragung von
Geschäftsanteilen an der persönlich haftenden GmbH nicht zur Befreiung von der
Haftung nach § 171 Abs. 1 HGB; der Kommanditist haftet aus diesem Grunde gegen-
über den Gläubigern der KG in Höhe seiner Haftsumme weiterhin unmittelbar.[99]
Hinter dieser Bestimmung steht die Erwägung, dass die Haftungsmasse der KG bei der
Einlage von Geschäftsanteilen an der persönlich haftenden GmbH effektiv nicht ver-
mehrt wird. Ob die Geschäftsanteile bei Gründung der KG oder später eingebracht
werden, ist unerheblich.[100] Verboten ist die Belegung des Kommanditanteils eines Gesellschafters durch seinen Geschäftsanteil an der persönlich haftenden GmbH nicht, die
Einbringung ist in schuldrechtlicher und dinglicher Hinsicht wirksam.

Erwirbt die KG Geschäftsanteile ihrer eigenen Komplementär-GmbH, kommt es 58
über die KG zu einer mittelbaren Selbstbeteiligung der GmbH an sich selbst und wegen § 128 HGB zu einer Haftung der GmbH für eigene, noch nicht voll geleistete
Einlageforderungen. § 33 Abs. 1 ist auf diesen Fall seinem Sinn und Zweck nach einschlägig,[101] und zwar wegen der Haftung aus § 128 HGB unabhängig von der Frage

---

[96] *Baumbach/Hueck/Fastrich* Rn. 23.
[97] AllgM; *Hachenburg/Hohner* Rn. 57.
[98] *Baumbach/Hueck/Fastrich* Rn. 22, 23; *Scholz/Westermann* Rn. 40; *Meyer-Landrut/Miller/Nie-hus* Rn. 15; aA *Hachenburg/Hohner* Rn. 57; Voraufl. Rn. 36.
[99] *Scholz/Westermann* Rn. 14.
[100] *Roth/Altmeppen* Rn. 31.
[101] *Fetsch* DNotZ 1969, Sonderbeil. S. 119; *Hunscha* Die GmbH & Co. als Alleingesellschafterin
ihrer Komplementärin, 1974, S. 102 f.; *Baumbach/Hueck/Fastrich* Rn. 15; *Scholz/Westermann*
Rn. 14; aA *Binz* Die GmbH & Co. § 14 Rn. 33; *Roth/Altmeppen* Rn. 31; *Hachenburg/Hohner*
Rn. 83; *Staub/Schilling* § 161 Rn. 36.

§ 33   2. Abschnitt. Rechtsverhältnisse der Gesellschaft und der Gesellschafter

einer Konfusion und davon, ob die GmbH einen Kapitalanteil hält. Ein solcher Erwerb nicht voll eingezahlter Geschäftsanteile ist in jedem Falle nichtig. Entsprechendes gilt für die Inpfandnahme.

59 § 33 Abs. 2 ist verletzt und der Erwerb des Geschäftsanteils damit zwar wirksam, aber unzulässig, wenn der Rückgriffsanspruch der für den Kaufpreis nach § 128 HGB haftenden GmbH gegen die KG aus § 110 HGB nicht werthaltig ist und die GmbH über kein freies Vermögen in entsprechender Höhe verfügt.[102] Entsprechendes gilt für die Inpfandnahme. Zur Haftung wegen mittelbarer Rückgewähr des durch § 30 gebundenen GmbH-Vermögens und einer Haftung nach §§ 30, 31 s. dort.

VIII. Verbundene Unternehmen und wechselseitige Beteiligung

60 Im Recht der verbundenen Unternehmen und bei wechselseitigen Beteiligungen gilt in bezug auf die Bestimmung des § 33 folgendes:

61 **1. Verbundene Unternehmen. a) Schlichte Aufstockung der Beteiligung eines übergeordneten Unternehmens an der GmbH.** Ist die GmbH ein in Mehrheitsbesitz stehendes/abhängiges Unternehmen im Sinne der rechtsformübergreifenden Definitionsbestimmungen der §§ 16, 17 AktG, so kann das **herrschende Unternehmen,** gleich welche Rechtsform es besitzt, also auch wenn es eine GmbH ist, gesellschaftsrechtlich[103] **ohne Einschränkung** Geschäftsanteile der abhängigen GmbH erwerben.[104] § 33 ist hierauf nicht einschlägig.

62 **b) Aktiengesellschaft als übergeordnetes Unternehmen.** Erwirbt die GmbH als iS der §§ 16, 17 AktG in Mehrheitsbesitz stehende/abhängige Gesellschaft Anteile des **herrschenden** Unternehmens und ist dieses eine **Aktiengesellschaft,** so gelten die aktienrechtlichen Grundsätze der §§ 71 ff. AktG. Nach §§ 71 Abs. 2, 71 d S. 2 AktG darf die in Mehrheitsbesitz stehende/abhängige GmbH nur in dem Umfang Aktien der herrschenden AG erwerben oder in Pfand nehmen, wie dies der mit Mehrheit beteiligten/herrschenden AG selbst für ihre eigene Gesellschaft nach Abs. 1 und 2 gestattet wäre. Wegen der Einzelheiten wird auf das aktienrechtliche Schrifttum verwiesen.

63 **c) GmbH als übergeordnetes Unternehmen.** Die Anwendbarkeit des Rechtsgedankens von § 33 auf den Anteilserwerb durch eine iS der §§ 16, 17 AktG in Mehrheitsbesitz stehende/abhängige GmbH bzw. eines Unternehmen anderer Rechtsform an einer an ihr mit Mehrheit beteiligten bzw. sie beherrschenden GmbH besitzt (sog. qualifizierte wechselseitige Beteiligung),[105] ist iE streitig:

64 Im **RegE 1977**[106] war die Regelung dieser Frage in § 33 Abs. 3 RegE dahin vorgesehen, dass die in Mehrheitsbesitz stehende/abhängige GmbH Geschäftsanteile der an ihr mit Mehrheit beteiligten/sie beherrschenden GmbH, auf die die Einlage noch nicht vollständig eingezahlt ist, überhaupt nicht erwerben oder als Pfand nehmen durfte. Geschäftsanteile an der mit Mehrheit beteiligten/herrschenden GmbH, auf die die Einlagen vollständig eingezahlt sind, durfte die in Mehrheitsbesitz stehende/

---

[102] *Roth/Altmeppen* Rn. 31; *Baumbach/Hueck/Fastrich* Rn. 15.
[103] Kartellrechtliche Einschränkungen können sich auf nationaler Ebene aus §§ 35 ff. GWB und auf europäischer Ebene aus der Fusionskontrollverordnung (EWG) Nr. 4064/89 in der Fassung der Verordnung (EG) Nr. 1310/97 des Rates vom 30. 6. 1997 (ABl. 1997 L 180/1) ergeben.
[104] *Roth/Altmeppen* Rn. 30; *Scholz/Westermann* Rn. 13.
[105] Zu den Begriffen der Mehrheitsbeteiligung bzw. Beherrschung vgl. die rechtsformübergreifende Definition in §§ 16, 17 AktG; zur einfachen wechselseitigen Beteiligung s. Rn. 67.
[106] BT-Drucks. 8/1347 S. 10 f., 42.

Erwerb eigener Geschäftsanteile § 33

abhängige GmbH nur dann erwerben, wenn der Erwerb aus dem bei ihr freien (also nach § 30 nicht zur Deckung des Stammkapitals erforderlichen) Vermögen geschehen konnte und auch die mit Mehrheit beteiligte/herrschende GmbH die Geschäftsanteile nach § 33 Abs. 2 S. 1 hätte erwerben dürfen; für die Inpfandnahme war eine entsprechende Regelung vorgesehen. Hatte das im Mehrheitsbesitz stehende/abhängige Unternehmen eine andere Rechtsform, richtete sich die Zulässigkeit des Erwerbs danach, ob die mit Mehrheit beteiligte/herrschende GmbH die Geschäftsanteile als eigene gemäß § 33 Abs. 2 hätte erwerben dürfen. Bei einem hiernach verbotswidrigen Erwerb sollte gemäß § 33 Abs. 4 RegE das schuldrechtliche Geschäft nichtig sein, nicht aber die dinglichen Ausführungsgeschäfte. Die Bestimmung ist nicht Gesetz geworden, weil der Fragenkreis der Rechtsprechung überlassen werden sollte.[107] Im **Schrifttum** wird teilweise die Auffassung vertreten, die entsprechende Anwendung von § 33 Abs. 1 komme nicht in Betracht, da diese Bestimmung nur die Konfusion verhindern wolle, zu der es wegen der unterschiedlichen Rechtsträger nicht komme.[108] Nach anderer Auffassung sind beide Absätze von § 33 entsprechend anwendbar.[109]

Stellungnahme. Die Auffassung, die eine entsprechende Anwendung des § 33 Abs. 1 für ausgeschlossen hält, überzeugt nicht. § 33 Abs. 1 will nicht lediglich abstrakt eine Konfusion verhindern; materiell bezweckt ist vielmehr der Kapitalschutz bei der GmbH. Dieser Regelungsgrund ist bei der wechselseitigen Beteiligung wegen der gegebenen mittelbaren Selbstbeteiligung tangiert.[110] § 33 Abs. 1 ist deshalb auf den Erwerb durch ein in Mehrheit stehendes bzw. abhängiges Unternehmen entsprechend anzuwenden. Der Erwerb bzw. die Inpfandnahme nicht voll eingezahlter Geschäftsanteile durch ein in Mehrheitsbesitz der GmbH stehendes bzw. von ihr abhängiges Unternehmen ist mithin unzulässig und analog § 33 Abs. 1 S. nichtig.[111] Die Zulässigkeit eines Erwerbs voll eingezahlter Geschäftsanteile bzw. ihrer Inpfandnahme ist nur zulässig, wenn die in Mehrheitsbesitz stehende bzw. abhängige Gesellschaft die Rücklage nach § 272 Abs. 4 HGB aus freiem Vermögen bilden kann. 65

Die **Teilnahme an einer Kapitalerhöhung** ist der in Mehrheitsbesitz stehenden/abhängigen Gesellschaft **bei der übergeordneten GmbH verboten**. Dies folgt bereits aus den hinter § 33 stehenden Kapitalschutzerwägungen[112] und daraus, dass entsprechend §§ 71d S. 4, 71b AktG der in Mehrheitsbesitz stehenden/abhängigen Gesellschaft bei der übergeordneten Gesellschaft keine Rechte zustehen, wird aber auch aus dem Rechtsgedanken des § 56 Abs. 2 S. 1 AktG bestätigt.[113] Ein Verstoß gegen dieses Verbot steht der Eintragung der Kapitalerhöhung durch das Registergericht entgegen, auch wenn man entsprechend § 56 Abs. 2 S. 2 AktG von der Wirksamkeit der Übernahme ausgeht; dies folgt aus den dem Verbot zugrundeliegenden Kapital- 66

---

[107] Ausschussbericht BT-Drucks. 8/3908 S. 74.
[108] *Roth/Altmeppen* Rn. 29; *Hachenburg/Hohner* Rn. 75.
[109] MünchHdB GesR III/*Kort* § 27 Rn. 47; *Baumbach/Hueck/Fastrich* Rn. 16; *Scholz/Westermann* Rn. 13. mwN; *Hachenburg/Ulmer* Anh. § 77 Rn. 46; im Grundsatz auch *Lutter/Hommelhoff* Rn. 24 (mit Abw. bei den Rechtsfolgen).
[110] So iErg. auch *Scholz/Westermann* Rn. 13.
[111] MünchHdB GesR III/*Kort* § 27 Rn. 46f.; *Baumbach/Hueck/Fastrich* Rn. 16; *Scholz/Westermann* Rn. 13; teilw. aA *Lutter/Hommelhoff* Rn. 24 (Erwerb verboten, aber wirksam, da § 33 Abs. 1 die Konfusion verhindern wolle).
[112] *Lutter/Hommelhoff* Rn. 22.
[113] Für eine analoge Anwendung des § 56 Abs. 2: LG Berlin GmbHR 1987, 395, 396 (zur GmbH & Co. KG); *Verhoeven* GmbHR 1977, 97, 102; *Roth/Altmeppen* Rn. 29; *Hachenburg/Hohner* Rn. 77; unentschieden *Baumbach/Hueck/Fastrich* Rn. 16.

schutzerwägungen.[114] Bleibt der Verstoß unerkannt, ist die Kapitalerhöhung nicht unwirksam; einer solchen Rechtsfolge stünde der Verkehrsschutz entgegen (vgl. auch § 56 Abs. 2 S. 2). Mitgliedschaftsrechte aus den übernommenen Geschäftsanteilen können jedoch nicht ausgeübt werden (§ 71d S. 2 und 4 iVm. § 71b AktG analog, s. auch Rn. 62). Die Geschäftsführer der übergeordneten Gesellschaft haften aber im Falle ihres (gesetzlich vermuteten) Verschuldens analog § 56 Abs. 4 AktG. Dies gilt auch, wenn durch eine gegenseitige Beteiligung an einer Kapitalerhöhung erstmals zwischen zwei Gesellschaften eine wechselseitige Beteiligung herbeigeführt werden soll.[115] Eine **Ausnahme** gilt für die Kapitalerhöhung aus Gesellschaftsmitteln; hier folgt die Teilnahme der in Mehrheitsbesitz stehenden/abhängigen Gesellschaft aus § 57l Abs. 1.

67   **2. Einfache wechselseitige Beteiligung.** Außerhalb der vorstehenden Konstellationen, wenn es also an einer Mehrheitsbeteiligung/einem Abhängigkeitsverhältnis fehlt (sog. einfache wechselseitige Beteiligung), ist das Eingreifen von § 33 streitig. Nach zutreffender Auffassung ist die Anwendung des § 33 nicht vom Vorliegen einer qualifizierten wechselseitigen Beteiligung abhängig, sondern greift entsprechend §§ 19, 328 AktG bereits ab einer Beteiligung ab 25 %.[116] Das Verbot der Teilnahme an einer Kapitalerhöhung bei dem übergeordneten Unternehmen dürfte dagegen mit Blick auf § 56 Abs. 2 AktG trotz der hiermit verbundenen Gefährdung der Kapitalaufbringung erst ab Vorliegen einer Mehrheitsbeteiligung/eines Abhängigkeitsverhältnisses zu bejahen sein.[117]

IX. Verschmelzung, Spaltung, Formwechsel (§ 33 Abs. 3)

68   Die Bestimmung des § 33 Abs. 3 ist durch Art. 4 des Gesetzes zur Bereinigung des Umwandlungsrechts vom 28. 10. 1994[118] eingeführt worden und bezieht sich ihrem Anwendungsbereich nach auf drei der vier im Umwandlungsgesetz 1995 geregelten Umwandlungen:[119] die Verschmelzung, die Spaltung und den Formwechsel; der vierte Umwandlungsfall, die Vermögensübertragung, ist unberücksichtigt geblieben, weil eine Vermögensübertragung iS der §§ 174 ff. UmwG auf eine GmbH nicht in Betracht kommt (vgl. § 175 UmwG). Hintergrund des § 33 Abs. 3 ist die in den dort angesprochenen Umwandlungsfällen bestehende Verpflichtung, Gesellschaftern, die der Umwandlung widersprochen haben, eine angemessene[120] Barabfindung für ihre Geschäftsanteile anzubieten, vgl. §§ 29 Abs. 1, 125 Abs. 1, 207 Abs. 1 UmwG. Durch die Bestimmung soll erreicht werden, dass die in § 33 Abs. 1 und 2 enthaltenen Einschrän-

---

[114] Zur parallelen Rechtslage im Aktienrecht s. *Hüffer* § 56 Rn. 10; Kölner KommAktG/*Lutter* § 56 Rn. 2; GroßkommAktG/*Henze* § 56 Rn. 37.
[115] *Lutter* Kapital, Sicherung der Kapitalaufbringung und Kapitalerhaltung in den Aktien- und GmbH-Rechten der EWG, 1964, S. 191; *Verhoeven* GmbHR 1977, 97, 102; *Lutter/Hommelhoff* Rn. 23.
[116] Eingehend hierzu *Emmerich* in Emmerich/Habersack Aktien- und GmbH-Konzernrecht, § 19 Rn. 21 ff. mwN; aA *Verhoeven* GmbHR 1977, 97, 100; *Roth/Altmeppen* Rn. 29; *Lutter* Kapital, Sicherung der Kapitalaufbringung und Kapitalerhaltung in den Aktien- und GmbH-Rechten der EWG, 1964, S. 57 f.
[117] LG Berlin GmbHR 1987, 395, 396; mit Unterschieden iE auch *Roth/Altmeppen* Rn. 29; *Baumbach/Hueck/Fastrich* Rn. 16; *Scholz/Westermann* Rn. 13; aA *Emmerich* in Emmerich/Habersack Aktien- und GmbH-Konzernrecht, § 19 Rn. 23; ders. NZG 1998, 622, 625.
[118] BGBl. I S. 3210.
[119] Eingehend hierzu im Anhang zu § 77.
[120] Also volle, vgl. BVerfGE 14, 263, 284 – Feldmühle zum Umwandlungsrecht 1956.

kungen einer Umwandlung nicht entgegenstehen, das Verbot des Erwerbs eigener Geschäftsanteile soll also zugunsten der Möglichkeit einer Umwandlung eingeschränkt werden.[121] Zu den hiermit verbundenen Fragen eines möglichen Erlöschens der Einlageansprüche durch Konfusion s. Rn. 49.

§ 33 Abs. 3 lässt die Durchbrechung des Kapitalschutzes nicht uneingeschränkt zu, sondern knüpft die Zulässigkeit des Erwerbs eigener Anteile zum Zwecke der Abfindung widersprechender Gesellschafter an zwei Voraussetzungen. Zum einen muss der Erwerb sechs Monate nach dem Wirksamwerden der Umwandlung oder nach Rechtskraft der gerichtlichen Entscheidung[122] erfolgen. Zum anderen ist es erforderlich, dass die Gesellschaft die nach § 272 Abs. 4 HGB zu bildende Rücklage für eigene Anteile (hierzu Rn. 74 f.) bilden kann, ohne das zum Erhalt des Stammkapitals erforderliche Vermögen anzugreifen, wobei § 33 Abs. 3 diesem solche Rücklagen gleichstellt, die nach der Satzung nicht zu Zahlungen an die Gesellschafter verwandt werden dürfen. Die mit § 33 Abs. 3 verbundene Einschränkung des Kapitalschutzes soll mithin nur für eine begrenzte Zeit nach dem Wirksamwerden der Umwandlung hingenommen werden.[123]

Der Wortlaut des § 33 Abs. 3 spricht davon, dass in den bezeichneten Umwandlungsfällen der Erwerb „ferner zulässig" ist. Diese Formulierung soll nach teilweise vertretener Auffassung[124] im Sinne einer Anknüpfung an die Regelung in § 33 Abs. 2 auszulegen sein, weshalb nicht voll eingezahlte Geschäftsanteile auch nicht dann erworben werden dürften, wenn dies zur Abfindung widersprechender Gesellschafter erforderlich wäre. Dieser Auffassung ist nicht zu folgen, die Bestimmung lässt auch den Erwerb nicht voll eingezahlter Anteile zu. Bereits der Wortlaut der Vorschrift macht deutlich, dass es sich bei § 33 Abs. 3 um einen weiter zugelassenen Fall des Erwerbs und nicht lediglich um eine (überflüssige) Wiederholung der Aussage des § 33 Abs. 2 handelt. Ebenso stellen die Gesetzesmaterialien[125] ausdrücklich klar, dass die durch die Novellierung des Umwandlungsrechts eingefügte Regelung in § 33 Abs. 3 auch den Erwerb nicht voll eingezahlter Geschäftsanteile zulässt. Die hiergegen unter dem Aspekt der Kapitalaufbringung vorgebrachten Bedenken rechtfertigen es angesichts des eindeutigen Wortlauts der Vorschrift und dieser klaren Regelungsabsicht nicht, den Anwendungsbereich des § 33 Abs. 3 auf die Fälle voll eingezahlter Geschäftsanteile zu beschränken. Die noch nicht erfüllte Einlageforderung erlischt durch Konfusion mit Übertragung des Geschäftsanteils auf die Gesellschaft.[126] § 33 Abs. 3 lässt also eine solche Konfusion als Durchbrechung der sonst geltenden Grundsätze zu, was sachlich durch den Gesetzeszweck (weitgehende Ermöglichung von Umwandlungen) und die Notwendigkeit der Rücklagenbildung aus freiem Vermögen sachlich gerechtfertigt wird.

Der für den Fristbeginn des § 33 Abs. 3 maßgebliche **Zeitpunkt** des Wirksamwerdens der Umwandlung ergibt sich aus §§ 20, 131, 135, 202 UmwG. Für die Verschmelzung tritt die Wirksamkeit der Umwandlung mit ihrer Eintragung in das Han-

---

[121] BT-Drucks. 12/6699 S. 175; *Roth/Altmeppen* Rn. 34; *Baumbach/Hueck/Fastrich* Rn. 13b; *Scholz/Westermann* Rn. 45; gegen die Zulässigkeit des Erwerbs nicht voll eingezahlter Geschäftsanteile auch in diesen Fällen *Lutter/Hommelhoff* Rn. 13.
[122] Hiermit ist das Spruch(stellen)verfahren nach §§ 305 ff. UmwG angesprochen.
[123] BT-Drucks. 12/6699 S. 175.
[124] So früher *Lutter/Hommelhoff* 14. Aufl. Rn. 15; anders *dies.* heute Rn. 13.
[125] BT-Drucks. 12/6699 S. 175.
[126] *Baumbach/Hueck* Rn. 13b; *Scholz/Westermann* Rn. 45; *Lutter/Hommelhoff* Rn. 13; aA Voraufl. Rn. 38; zust. *Roth/Altmeppen* Rn. 34.

delsregister am Sitz des übernehmenden Rechtsträgers ein (§ 20 UmwG). Bei der Spaltung stellt das Gesetz auf die Eintragung im Handelsregister des übertragenden Rechtsträgers ab (§§ 131, 135 UmwG). Der Formwechsel wird mit der Eintragung der neuen Rechtsform in das Handelsregister wirksam (§ 202 UmwG). Die gerichtliche Entscheidung ist rechtskräftig, sobald sie nicht mehr mit Rechtsmitteln angreifbar ist.

72 Zum Erfordernis der **Rücklagenbildung** nach § 272 Abs. 4 HGB und zur bilanziellen Behandlung der erworbenen Anteile s. Rn. 74 f.

73 Die **Rechtsfolgen bei einem Verstoß** gegen § 33 Abs. 3 sind im Gesetz nicht ausdrücklich geregelt. Mit Blick auf Rn. 70 kann es dabei allerdings nur um die Rechtsfolgen einer nicht möglichen Rücklagenbildung gehen (bei einer nicht rechtzeitigen Veräußerung sonst zulässig erworbener Anteile bleibt die Veräußerungspflicht bestehen). Aus der Bestimmung lässt sich nur ableiten, dass ein solcher Erwerb jedenfalls nicht zulässig ist. Insoweit erscheint es geboten, in Anlehnung an die allgemeinen Vorgaben in § 33 Abs. 1 und 2 zu differenzieren und im Falle des Erwerbs von nicht voll eingezahlten Anteilen Nichtigkeit nach § 33 Abs. 1 anzunehmen, iÜ jedoch die Rechtsfolgen des § 33 Abs. 2 S. 3 zugrunde zu legen und die Parteien lediglich als zur Rückabwicklung verpflichtet anzusehen (zu den weiteren mit einem unzulässigen Erwerb verbundenen Rechtsfolgen s. Rn. 36 ff.). Dass § 33 Abs. 3 im Grundsatz den Erwerb nicht voll eingezahlter Anteile zulässt (Rn. 70), steht dieser Differenzierung nicht entgegen und rechtfertigt es trotz der hiermit verbundenen partiellen Durchbrechung der strengen Kapitalaufbringungsregeln insbesondere nicht, auch den Erwerb nicht voll eingezahlter Anteile der Regelung des § 33 Abs. 2 S. 3 (Nichtigkeit nur des schuldrechtlichen Geschäfts) zu unterstellen; insoweit ist den Grundsätzen der Kapitalaufbringung und -erhaltung mangels eindeutiger gesetzlicher Ausnahmebestimmungen der Vorrang einzuräumen.

X. Bilanzielle Behandlung

74 Der von der Gesellschaft erworbene eigene Geschäftsanteil ist in der Bilanz auf der Aktivseite einzustellen, und zwar unter dem besonderen Posten „eigene Anteile" (§ 266 Abs. 2 B III Nr. 2 HGB). Außerdem ist gemäß § 272 Abs. 4 S. 1 HGB zwingend gleichzeitig eine Rücklage für eigene Anteile in der Höhe zu bilden, in der der eigene Geschäftsanteil auf der Aktivseite bewertet ist.[127] Entsprechendes gilt im Falle des Erwerbs von Anteilen an einem übergeordneten Unternehmen (Rn. 62 ff.); vgl. auch § 272 Abs. 4 S. 4 HGB. Da das zur Aufbringung dieser Rücklage notwendige Vermögen nicht an die Gesellschafter ausgeschüttet werden darf, wirkt sich die Rücklage mithin als Ausschüttungssperre aus.[128]

75 Für die **Bewertung** des eigenen Geschäftsanteils gelten die allgemeinen Grundsätze. Die Geschäftsanteile sind mit dem Anschaffungswert oder, wenn der gemeine Wert niedriger ist, nach dem Niederstwertprinzip in die Bilanz einzustellen.[129] Es ist außerdem zu beachten, dass, wenn die Gesellschaft Verlust erleidet, dann auch der eigene Geschäftsanteil entsprechend niedriger zu bewerten ist. Hat die Gesellschaft den eigenen Geschäftsanteil unentgeltlich erworben, so soll nach teilweise vertretener Auffassung[130] ein Aktivierungsrecht der Gesellschaft bis zur Höhe des vorsichtig zu

---

[127] Vgl. bei Anh. I nach § 42a sowie *Baumbach/Schulze-Osterloh* § 42 Rn. 148.
[128] *Hachenburg/Hohner* Rn. 68.
[129] *Hachenburg/Hohner* Rn. 66; *Gersch/Herget/Marsch/Stützle* Rn. 306; *Scholz/Westermann* Rn. 41.
[130] *Hachenburg/Hohner* 7. Aufl. ErgBd. Rn. 6.

schätzenden untersten Anschaffungswerts gegeben sein. Mit dem Niederstwertprinzip ist dies jedenfalls im Grundsatz nicht zu vereinbaren, weshalb im Regelfall von einem Ansatz zu Null Euro oder besser von einem Erinnerungswert von 1 Euro auszugehen ist.[131]

XI. Beweislastverteilung

Macht die Gesellschaft die Nichtigkeit des zugrundeliegenden Rechtsgeschäfts geltend und verlangt sie die von ihr erbrachte Leistung nach §§ 812 ff. BGB zurück, trifft sie nach allgemeinen Grundsätzen die Darlegungs- und Beweislast. Gleiches gilt hinsichtlich eines insoweit konkurrierenden Anspruchs aus § 31. Dass der Erwerb eigener Geschäftsanteile wegen § 33 nur eingeschränkt zulässig ist, steht dieser Verteilung der Darlegungs- und Beweislast nicht entgegen.[132] **76**

XII. Abgrenzung zur Kaduzierung, Preisgabe und Einziehung

Es ist zu unterscheiden der Erwerb eigener Geschäftsanteile durch die Gesellschaft von der Kaduzierung gemäß §§ 21 f., der Preisgabe (Abandon) gemäß §§ 27 f. und der Einziehung gemäß § 34. Mit dem Erwerb eines eigenen Geschäftsanteils hat die Gesellschaft einen echten Vermögenswert erhalten, der demgemäß auch mit seinen wahren Werten in dem Jahresabschluss zu aktivieren ist und der ohne gesetzliche Einschränkungen an Dritte veräußert und abgetreten werden kann.[133] Gleiches gilt bei der Preisgabe, wenn der preisgegebene Geschäftsanteil unverkäuflich bleibt (vgl. bei § 27). Bei der Kaduzierung fällt der Geschäftsanteil bei Nichtverwertbarkeit zwar ebenfalls der Gesellschaft zu, er ist jedoch weiterzuveräußern (vgl. hierzu bei § 23). Im Falle der Einziehung des Geschäftsanteils wird der Geschäftsanteil vernichtet, er erlischt (hierzu bei § 34). **77**

XIII. Österreichisches Recht

Nach österreichischem Recht sind Erwerb und Pfandnahme grundsätzlich unzulässig, § 81 ÖGmbHG. Eine Ausnahme besteht für den Erwerb im Exekutionswege zur Hereinbringung eigener Forderungen der Gesellschaft, wozu es kommt, wenn sich die Gesellschaft nach Pfändung des Anteils erfolgreich am Verwertungsverfahren beteiligt.[134] Teilweise wird § 81 ÖGmbHG seinem Anwendungsbereich nach teleologisch dahin reduziert, dass der Erwerb eigener Anteile auch dann zulässig ist, wenn er aus verteilungsfähigem Gewinn der Gesellschaft finanziert wird.[135] Die wechselseitige Beteiligung wird in Österreich als ausnahmslos unzulässig angesehen.[136] **78**

---

[131] Zu den Anschaffungskosten bei unentgeltlichem Erwerb und den hierbei möglichen Ausnahmen iE vgl. *Ellrott/Schmidt-Wend* in BeckBilKomm. § 355 Rn. 99 ff.
[132] BGH NJW 1997, 196, 197; *Baumbach/Hueck/Fastrich* Rn. 13.
[133] *Hachenburg/Hohner* Rn. 61, 96; *Scholz/Westermann* Rn. 3.
[134] IE *Koppensteiner* § 81 Rn. 7.
[135] *Frotz*, FS Kastner, 1992, S. 164 f.; grds. zust. *Koppensteiner* § 81 Rn. 9.
[136] *Koppensteiner* § 81 Rn. 15, 16; zust. *Gellis/Feil* ÖGmbHG § 81 Rn. 7, 8.

§ 34 [Einziehung (Amortisation)]

(1) Die Einziehung (Amortisation) von Geschäftsanteilen darf nur erfolgen, soweit sie im Gesellschaftsvertrag zugelassen ist.

(2) Ohne die Zustimmung des Anteilsberechtigten findet die Einziehung nur statt, wenn die Voraussetzungen derselben vor dem Zeitpunkt, in welchem der Berechtigte den Geschäftsanteil erworben hat, im Gesellschaftsvertrag festgesetzt waren.

(3) Die Bestimmung in § 30 Abs. 1 bleibt unberührt.

Literatur: *Balz* Die Beendigung der Mitgliedschaft in der GmbH, 1984; *Batz* Rechte und Pflichten des Gesellschafters nach Austritt aus der GmbH, DB 1984, 1865; *Baumann* Die Ausschließung von GmbH-Gesellschaftern – Möglichkeiten der Satzungsgestaltung, MittRhNotK 1991, 271; *Bischoff* Zur Pfändung und konkursbedingten Einziehung von Geschäftsanteilen, GmbHR 1984, 61; *Bokelmann* Die Einziehung von GmbH-Anteilen im Falle der Pfändung und des Konkurses, BB 1970, 1235; *Buchwald* Die Einziehung eines Geschäftsanteils, GmbHR 1959, 68; *Damrau-Schröter* Der Ausschluss eines (mißliebigen) Gesellschafters, NJW 1991, 1927; *Esch* Die mitgliedschaftlichen und steuerrechtlichen Wirkungen der Ausschließung oder des Austritts aus einer GmbH aus wichtigem Grund, GmbHR 1981, 25; *Eser* Zur Ausschließung eines Gesellschafters außerhalb der GmbH, GmbHR 1985, 29; *ders.* Zur Ausschließbarkeit eines GmbH-Gesellschafters, DStR 1991, 747; *Fichtner* Kaduzierung, Einziehung und Ausschließung bei der GmbH, BB 1966, 146; *Finger* Einziehung des Geschäftsanteils beim Tode eines Gesellschafters und Nachfolgeregelung, GmbHR 1975, 97; *Fingerhut/Schröder* Die Einziehung eines GmbH-Anteils und Probleme in der Praxis, BB 1997, 1805; *Fischer* Die Pfändung und Verwertung eines GmbH-Geschäftsanteils, GmbHR 1961, 21; *ders.* Die Beeinträchtigung erbrechtlicher Anwartschaften aufgrund Gesellschafterbeschlüssen in der GmbH, FS Stimpel, 1985, S. 353; *Gehrlein* Zum Gewinnbezugsrecht eines GmbH-Gesellschafters nach Einziehung seines Geschäftsanteils, DB 1998, 2355; *Geßler* Zur Buchwertabfindung bei Ausscheiden aus einer GmbH, GmbHR 1984, 29; *Goette* Zum Zeitpunkt des Wirksamwerdens des Zwangseinziehungsbeschlusses, FS Lutter, 2000, S. 399; *Gonnella* Neubildung eines Anteils ohne Kapitalerhöhung anstelle eines eingezogenen Geschäftsanteils, GmbHR 1962, 253; *Großfeld* Unternehmensbewertung im Gesellschaftsrecht, 2. Aufl. 1987; *ders.* Zweckmäßige Abfindungsklauseln, AG 1988, 217; *Grunewald* Der Ausschluss aus Gesellschaft und Verein, 1987; *Harst* Zur Zwangseinziehung von Geschäftsanteilen, GmbHR 1987, 183; *Hartmann* Der ausscheidende Gesellschafter in der Wirtschaftspraxis, 4. Aufl. 1983; *Heckelmann* Abfindungsklauseln in Gesellschaftsverträgen, 1973; *Hösel* Eigene Geschäftsanteile der GmbH, DNotZ 1958, 5; *Hueck* Die Bedeutung der Zwangsamortisation von Geschäftsanteilen für die Sicherung einer Finanzierungs-GmbH, DB 1957, 37; *Käppler* Die Steuerung der Gesellschaftsnachfolge in der Satzung einer GmbH, ZGR 1978, 542; *Kesselmeier* Ausschließungs- und Nachfolgeregelung in der GmbH-Satzung, 1989; *Kulka* Die gleichzeitige Ausschließung mehrerer Gesellschafter aus Personengesellschaften und GmbH, 1983; *Lorenz* Zivilprozessuale Probleme der Zwangseinziehung von GmbH-Anteilen, DStR 1996, 1774; *Meyer-Landrut* Die Auslegung einfacher Kündigungsklauseln in GmbH-Satzung, FS Stimpel, 1985, S. 431; *Michalski* Die Zwangseinziehung eines GmbH-Anteils im Falle der Anteilspfändung, ZIP 1991, 147; *Moxter* Grundsätze ordnungsgemäßer Unternehmensbewertung, 2. Aufl. 1983; *Müller* Folgen der Einziehung eines GmbH-Geschäftsanteils, DB 1999, 2045; *Niemeier* Rechtstatsachen und Rechtsfragen der Einziehung von GmbH-Anteilen, 1982; *ders.* Die Willensbildung über die Einziehung von Geschäftsanteilen, GmbHR 1983, 161; *ders.* Rechtsschutz und Bestandsschutz bei fehlerhafter Einziehung von GmbH-Anteilen, ZGR 1990, 314; *Paulick* Die Einziehungsklausel in der Satzung der GmbH, GmbHR 1978, 121; *Peetz* Voraussetzungen und Folgen der Einziehung von GmbH-Geschäftsanteilen, GmbHR 2000, 749; *Pleyer* Einziehung von GmbH-Anteilen durch Satzungsbestimmung, GmbHR 1960, 124; *Priester* Grundsatzregelung, Wertmaßstäbe und Zahlungsmodalitäten des Einziehungsentgelts für GmbH-Anteile bei Pfändung oder Konkurs, GmbHR 1976, 5; *ders.* Anteilsnennwert und Anteilsneubildung nach Einziehung von Geschäftsanteilen, FS Kellermann, 1991, S. 337; *Raabe* Unentgeltliche Einziehung eines GmbH-Geschäftsanteils bei Pfändung und im Konkurs, BB 1956, 708; *Raiser* 100 Bände BGHZ: GmbH-Recht ZHR 151 (1987), 422; *Reuter* Einziehung von GmbH-Geschäftsanteilen gegen wirtschaftlich nicht vollwertiges Entgelt, NJW 1973, 22; *Rittersieg* Zur Problematik von Abfindungsbeschränkungen im GmbH-Recht, DB 1985, 2285; *Roth* Einziehung des Geschäftsanteils und Dauer der Gewinnbeteiligung, ZGR 1999, 715; *Sachs* Zur Einziehung von Geschäftsanteilen wegen Pfändung, GmbHR 1974, 84; *Sachs* Neue Rechtsprechung zur Einziehung von Geschäftsanteilen, GmbHR 1976, 60 und 1978, 169; *Scheel* Trennung von Minderheitsgesellschaftern durch Auflösung der GmbH kraft

Gesetzes, BB 1985, 2012; *Scheifele* Der Ausschluss aus der Gesellschaft als ultima ratio, BB 1989, 792; *Schuler* Einziehung gepfändeter GmbH-Anteile, NJW 1961, 2281; *Schuler* Einziehung von GmbH-Anteilen kraft Satzung, GmbHR 1962, 114 und 152; *Sieger/Mertens* Die Rechtsfolgen der Einziehung von Geschäftsanteilen einer GmbH, ZIP 1996, 1493; *Simon* Einziehung eines gepfändeten Geschäftsanteils nur gegen vollwertiges Entgelt?, GmbHR 1961, 137; *Soufleros* Ausschließung und Abfindung eines GmbH-Gesellschafters, 1983; *Spitze* Der Ausschluss des GmbH-Gesellschafters aus wichtigem Grund bei Schweigen der Satzung, 1985; *Ulmer* Die Sicherung der GmbH gegen das Überfremdungsrisiko in der Insolvenz eines Gesellschafters, ZHR 149 (1985), 28; *ders.* Zwangseinziehung von Geschäftsanteilen und Ausschließung von GmbH-Gesellschaftern aus wichtigem Grund – Wirksamkeit schon vor Abfindung des Betroffenen?, FS Rittner, 1991, S. 735; *ders.* Abfindungsklauseln in Personengesellschafts- und GmbH-Verträgen – Plädoyer für die Ertragswertklausel, FS Quack, 1991, S. 477; *v. Stetten* Die Ausschließung von Mehrheitsgesellschaftern durch Minderheitsgesellschafter, GmbHR 1982, 105; *Wank* Der Stimmrechtsausschluss im GmbH-Recht in der neueren Rechtsprechung des BGH, ZGR 1979, 222; *H. P. Westermann* Einziehung und Abfindung (§ 34 GmbHG), FS 100 Jahre GmbHG, 1992, S. 447; *Westermann/Pöllath* Abberufung und Ausschließung von Gesellschafter/Geschäftsführer in Personengesellschaften und GmbH, 3. Aufl. 1986; *Winter* Die Einziehung gepfändeter Geschäftsanteile aufgrund statutarischer Ermächtigung, GmbHR 1967, 201; *Wolff* Das Schicksal eingezogener GmbH-Geschäftsanteile und alternative Satzungsregelungen, GmbHR 1999, 958.

Übersicht

	Rn.		Rn.
A. Die Einziehung	1–58	c) Gerichtliche Überprüfung	39
I. Begriff und Wesen der Einziehung	1–7	5. Teileinziehung	40, 41
		6. Einziehung eigener Geschäftsanteile	42
1. Vorbemerkung	1, 2	**IV. Stellung des Gesellschafters während der Einziehung**	43–46
2. Wesen der Einziehung	3		
3. Regelungsgehalt	4	1. Wahrung seiner Rechte	43–45
4. Zweck der Einziehung	5–7	2. Statutarische Regelung	46
II. Allgemeine Voraussetzungen der Einziehung	8–28	**V. Folgen der Einziehung**	47–54
		1. Vernichtung des Geschäftsanteils	47, 48
1. Zulassung im Gesellschaftsvertrag	8–13	2. Erlöschen von Sonderrechten und Sonderpflichten	49
a) Statutarische Vereinbarung	8, 9	3. Keine Änderung des Stammkapitals	50
b) Änderung der Satzung	10	4. Auswirkungen auf die übrigen Gesellschafter	51
c) Zustimmung des betroffenen Gesellschafters	11–13	5. Anpassung der Geschäftsanteile	52
2. Beschlussfassung durch Gesellschaftsorgane	14–16	6. Ausgabe revalorisierter Geschäftsanteile	53, 54
a) Zuständiges Organ	14, 15	**VI. Recht auf Einziehung**	55
b) Erfordernis und Inhalt des Beschlusses	16	**VII. Einziehung bei geschäftsführender GmbH**	56
3. Mitteilung an den betroffenen Gesellschafter	17, 18	**VIII. Folgen eines Verstoßes gegen § 34**	57
4. Grundsatz der Erhaltung des Stammkapitals	19–24	**IX. Steuerfragen**	58
a) Volleinzahlung	19, 20	**B. Ausscheiden eines Gesellschafters**	59–133
b) Keine Beeinträchtigung des Stammkapitals	21	**I. Entwicklung und Grundlagen**	59–70
c) Einziehung nicht voll eingezahlter Anteile	22–24	1. Einführung	59–64
5. Zustimmung oder wichtiger Grund	25	a) Ausschluss aus wichtigem Grund	59, 60
6. Weitere Festlegungen	26, 27	b) Aufgrund der Satzung	61, 62
7. Reihenfolge	28	c) Weitere Fälle	63, 64
III. Arten der Einziehung	29–42	2. Ausschluss aus wichtigem Grund	65–68
1. Freiwillige Einziehung	29	a) Aufgrund der Satzung	65, 66
2. Zwangsweise Einziehung	30–32	b) Weitere Fälle	67, 68
3. Unentgeltliche Einziehung	33, 34	3. Eingrenzung	69, 70
4. Entgeltliche Einziehung	35–39	**II. Der Ausschluss**	71–74
a) Allgemeines	35–37	1. Äußerstes Mittel	71
b) Bewertung des Geschäftsanteils	38		

§ 34   2. Abschnitt. Rechtsverhältnisse der Gesellschaft und der Gesellschafter

	Rn.		Rn.
2. Gesamtwürdigung	72, 73	2. Maßgebender Zeitpunkt	106
3. Die Zwei-Personen-Gesellschaft	74	3. Statutarische Normierung	107–110
III. Der Austritt	75–80	4. Kein Ausschluss eines Gesellschafters ohne Abfindung für den Geschäftsanteil	111–113
1. Voraussetzungen	75–77		
2. Struktur der GmbH	78		
3. Austritt auch ohne Verschulden	79	5. Abfindung in Jahresraten	114
4. Gesetzliches Sonderaustrittsrecht	80	6. Prozessuales zur Abfindung	115
IV. Ablauf des Verfahrens	81–95	7. Zug-um-Zug-Regelung	116
1. Das Ausschlussverfahren	81–88	**VIII. Gerichtliche Überprüfung**	117–125
a) Beschluss der Gesellschafterversammlung	81	1. Der wichtige Grund	117
b) Keine Satzungsregelung	82, 83	2. Abwägung	118, 119
c) Normierung in der Satzung	84	3. Maßgeblicher Zeitpunkt	120
d) Rechtsbehelfe des ausscheidenden Gesellschafters	85	4. Übergang zur Auflösungsklage	121–123
e) Schiedsgerichtsvereinbarung	86	5. Stellung des Gesellschafters nach Erlass des Ausschlussurteils	124, 125
f) Parteistellung	87, 88	**IX. Verwertung des Geschäftsanteils**	126–129
2. Das Austrittsverfahren	89–95	1. Möglichkeiten der Verwertung	126
a) Allgemeines	89	2. Abfindungsanspruch des ausgeschiedenen Gesellschafters	127, 128
b) Das Austrittsverfahren iE	90–95	3. Verfügungsrecht der Gesellschaft	129
V. Die Zwei-Personen-Gesellschaft	96	**X. Teilung und Abtretung des Geschäftsanteils**	130
VI. Stellung des ausscheidenden Gesellschafters während des Verfahrens	97–100	**XI. Keine Anmeldung zum Handelsregister**	131
VII. Die Abfindung	101–116	**XII. Steuerfragen**	132
1. Abfindung nach dem Verkehrswert	101–105	**XIII. Österreichisches Recht**	133
a) Abfindungsguthaben	101		
b) Einzelheiten	102		
c) Ermittlung des Verkehrswerts	103–105		

A. Die Einziehung

I. Begriff und Wesen der Einziehung

1   **1. Vorbemerkung.** § 34 regelt die Einziehung von Geschäftsanteilen und ist für die GmbH die **wichtigste Vorschrift,** um einen Gesellschafter aus der Gesellschaft ausscheiden zu lassen, ohne den Bestand der Gesellschaft selbst aufzugeben. Bis zur Rechtsprechung über die Ausscheidung eines Gesellschafters durch Erhebung der Ausscheidensklage[1] gab es sonst als Möglichkeit des Ausscheidens nur die Abtretung des Geschäftsanteils an einen Dritten oder an die Gesellschaft selbst (§ 33), und als letzte Konsequenz die Auflösung der Gesellschaft durch Gesellschafterbeschluss gemäß § 60 Abs. 1 Nr. 2 oder die Auflösungsklage gemäß § 61 bei Vorliegen eines wichtigen Grundes. Diese Schwierigkeiten lassen sich **im Interesse der Gesellschaft und auch der Gesellschafter durch die Einziehung von Geschäftsanteilen leichter ordnen.**

2   Die **Einziehung eines Geschäftsanteils** bedeutet, dass der Inhaber des Geschäftsanteils aus der Gesellschaft ausscheidet, sofern er nicht über weitere Anteile verfügt, und der Geschäftsanteil als solcher nicht mehr vorhanden ist, er ist amortisiert, wobei aber das Stammkapital der Gesellschaft voll erhalten bleibt,[2] ausgenommen die Einzie-

---

[1] RGZ 169, 330, 333 f.; BGHZ 9, 157, 159 ff.; 16, 317, 322.
[2] *Hachenburg/Ulmer* Rn. 1, 62; *Lutter/Hommelhoff* Rn. 2; *Baumbach/G. Hueck/Fastrich* Rn. 2; *Meyer-Landrut/Miller/Niehus* Rn. 11.

Einziehung (Amortisation) § 34

hung erfolgt bei gleichzeitiger Kapitalherabsetzung, um eine Unterbilanz zu beseitigen (Rn. 22ff.). Die Rechte und Pflichten aus dem eingezogenen und damit vernichteten Geschäftsanteil wachsen den übrigen Gesellschaftern pro rata ihrer nominalen Beteiligung am Stammkapital an, ohne dass sich der Nominalbetrag ihrer Stammeinlage oder ihres Geschäftsanteils ändert (Rn. 50, 51).[3]

2. Wesen der Einziehung. § 34 ist im Wesentlichen eine **Formvorschrift** ohne materiellrechtlichen Gehalt; die Bestimmung schreibt nur die Notwendigkeit einer satzungsmäßigen Grundlage vor, regelt aber ansonsten weder die Voraussetzungen noch die Wirkungen der Einziehung. Die Möglichkeit der Einziehung setzt § 34 ebenso voraus wie den Zweck oder den Grund der Einziehung. **§ 34 eröffnet lediglich ein Verfahren,** mit dem auch die Ausschließung eines Gesellschafters zB bei Vorliegen eines wichtigen Grundes durchgeführt werden kann, es ist die häufigste Form der Ausschließung, neben der es sonst nur die statutarisch zugelassene Abtretung des Geschäftsanteils und die Ausschließungsklage gibt.[4] 3

3. Regelungsgehalt. Die Einziehung des Geschäftsanteils einer GmbH bedeutet die **Vernichtung des Geschäftsanteils.**[5] Die Einziehung ist eine **einseitige rechtsgeschäftliche Handlung der Gesellschaft,** die dem Grundsatz nach (vgl. Abs. 2) der Zustimmung des Inhabers des Geschäftsanteils bedarf.[6] 4

4. Zweck der Einziehung. Der Zweck der Einziehung eines Geschäftsanteils kann **höchst verschieden** sein, da die Vorschrift des § 34 **neutral** ist, die Einziehung gemäß § 34 also nicht auf bestimmte Tatbestände oder Motive beschränkt ist. Die heute **häufigsten Anwendungsfälle** der Einziehung von Geschäftsanteilen sind die Einziehung des Geschäftsanteils eines Gesellschafters im Falle seiner Insolvenz sowie der Einzelzwangsvollstreckung in den Anteil und ferner die Ermöglichung des Austritts eines Gesellschafters ohne Abtretung seines Geschäftsanteils, der statutarische Ausschluss der Vererblichkeit oder der schenkungsweisen Abtretung des Geschäftsanteils, oder die bei weitem wichtigsten Fälle der Zwangseinziehung: die Einziehung des Geschäftsanteils bei Vorliegen eines wichtigen Grundes in der Person des Gesellschafters oder auch die Einziehung, weil dem Gesellschafter selbst ein wichtiger Grund zur Seite steht, aufgrund dessen es ihm nicht zuzumuten ist, länger Gesellschafter zu bleiben. Er kann dann seinen Geschäftsanteil zur Einziehung zur Verfügung stellen, und die Gesellschaft ist bei Vorliegen einer entsprechenden Satzungsbestimmung zur Einziehung verpflichtet.[7] Näheres dazu Rn. 55 und 75 über das Ausscheiden eines Gesellschafters. 5

Der Ausschluss eines Gesellschafters richtet sich im Gegensatz zur Einziehung lediglich persönlich gegen den Gesellschafter und nicht gegen den Geschäftsanteil; die Ausschließung lässt den Geschäftsanteil grundsätzlich unberührt.[8] Die zwangsweise Einziehung des Geschäftsanteils wird jedoch mit dem Ausschluss dadurch verknüpft, dass sie 6

---

[3] Ganz hM, vgl. nur *Hachenburg/Ulmer* Rn. 62 mwN; aA *Lutter/Hommelhoff* Rn. 2, die annehmen, dass der Nominalbetrag der Stammeinlage sich automatisch erhöht; s. dazu Rn. 51.
[4] BGHZ 9, 157, 177; *Hachenburg/Ulmer* Anh. § 34 Rn. 18ff.; *Scholz/H. P. Westermann* Rn. 3; *Meyer-Landrut/Miller/Niehus* Rn. 18ff.
[5] *Hachenburg/Ulmer* Rn. 1; *Scholz/H. P. Westermann* Rn. 6; *Baumbach/G. Hueck/Fastrich* Rn. 2, 16; *Meyer-Landrut/Miller/Niehus* Rn. 11.
[6] *Hachenburg/Ulmer* Rn. 1; *Scholz/H. P. Westermann* Rn. 7; *Baumbach/G. Hueck/Fastrich* Rn. 4; s. auch Rn. 8ff.
[7] RGZ 169, 330, 332ff.; BGHZ 9, 157, 158f.; 16, 317, 322f.; *Hachenburg/Ulmer* Rn. 28; *Scholz/H. P. Westermann* Rn. 2; *Lutter/Hommelhoff* Rn. 1; *Roth/Altmeppen* Rn. 2.
[8] BGHZ 32, 17, 23; GmbHR 1999, 1194, 1195.

§ 34 2. Abschnitt. Rechtsverhältnisse der Gesellschaft und der Gesellschafter

das gesellschaftsvertragliche Bindeglied zur Durchsetzung des Ausschlusses darstellt, da sonst die Ausschließungsklage erhoben werden müsste. In dieser Funktion ist die zwangsweise Einziehung in ihren Voraussetzungen an die Zulässigkeit des Ausschlusses gebunden.[9]

7 Die Einziehung eines Geschäftsanteils hat damit den **Vorzug** vor der sonst unausweichlichen Folge einer Auflösung der Gesellschaft durch Klage gemäß § 61 Abs. 1 oder der Ausschließungsklage eines Gesellschafters.[10] Die **höchstrichterliche Rechtsprechung** hat die Institution der satzungsmäßig vorgesehenen Einziehung eines Geschäftsanteils gemäß § 34 als geeignetes Mittel **zum Zweck des Austritts** eines Gesellschafters oder **des Ausschlusses bei Vorliegen eines wichtigen Grundes** schon früh zugelassen und ausgestaltet.[11]

II. Allgemeine Voraussetzungen der Einziehung

8 1. Zulassung im Gesellschaftsvertrag. a) Statutarische Vereinbarung. **Zwingende Voraussetzung** für die freiwillige oder zwangsweise Einziehung eines Geschäftsanteils ist die Zulassung der Einziehung im Gesellschaftsvertrag.[12] **Ohne** eine solche Bestimmung im Gesellschaftsvertrag ist die Einziehung **selbst mit Zustimmung** des betroffenen Gesellschafters **nicht zulässig;** allerdings genügt eine allgemeine Klausel wie „Die Einziehung von Geschäftsanteilen ist zulässig",[13] zumindest soweit eine freiwillige Einziehung vorliegt.[14] Nach überwM soll es auch genügen, dass sich die Zulässigkeit der Einziehung durch Auslegung des Gesellschaftsvertrages ergibt, etwa wenn von Kündigung oder Rücktritt gesprochen wird.[15]

9 Wenn man berücksichtigt, wie stark eingreifend insbesondere die zwangsweise Einziehung des Geschäftsanteils für den Gesellschafter sein kann und wie bemühend oft die Auslegung eines Gesellschaftsvertrages in einem solchen Falle ist – die angeführten Beispiele vom Rücktritt oder der Kündigung belegen diese Bedenken mehr, als sie sie zerstreuen –, so ist dringend zu empfehlen, in jedem Falle im Gesellschaftsvertrag die Zulässigkeit der Einziehung von Geschäftsanteilen exakt zu regeln, um jeweils bei den Hauptanwendungsfällen der Einziehung wegen Austritts oder Ausschließung von Gesellschaftern oder bei Einziehung wegen Insolvenz eine klare Rechtsgrundlage zu haben.

10 b) Änderung der Satzung. Nicht genügend für die Einziehung ohne eine Satzungsbestimmung **ist ein Gesellschafterbeschluss** auf Einziehung – mag er auch einstimmig und mit den Stimmen des Betroffenen gefasst worden sein; ein solcher Beschluss zeitigt **keinerlei Wirkung**.[16] Es kann jedoch sowohl die freiwillige als auch

---

[9] Vgl. dazu Rn. 65 ff.; *Baumbach/G. Hueck/Fastrich* Rn. 8.
[10] *Roth/Altmeppen* Rn. 2, 3; s. dazu aber BGH WM 1985, 916 f., wo ausgesprochen ist, dass im Ausnahmefall der Auflösungsklage den Vorrang habe, wenn dem Gesellschafter die Übertragung des Anteils nicht zuzumuten ist.
[11] Vgl. RGZ 68, 271, 273 ff.; 93, 326, 327 ff.; 114, 212, 214 ff.; 125, 114, 116 ff.; 169, 330, 332 ff.; BGHZ 9, 157, 170 ff.; 16, 317, 322 ff.; 32, 17, 22 ff.; vgl. hierzu eingehend *Hachenburg/Ulmer* Anh. § 34 Rn. 8 ff. und die dort aufgeführte Lit.; s. weiter Rn. 38.
[12] Bezogen auf den Ausschluss vgl. Rn. 30, 69 ff., allgM; *Hachenburg/Ulmer* Rn. 14 ff.; *Scholz/H. P. Westermann* Rn. 7; *Baumbach/G. Hueck/Fastrich* Rn. 1; *Meyer-Landrut/Miller/Niehus* Rn. 2.
[13] Ebenso *Gehrlein* DB 1999, 2255.
[14] *Baumbach/G. Hueck/Fastrich* Rn. 4.
[15] So *Hachenburg/Ulmer* Rn. 15; *Scholz/H. P. Westermann* Rn. 7; *Baumbach/G. Hueck/Fastrich* Rn. 4.
[16] Vgl. *Scholz/H. P. Westermann* Rn. 7.

die zwangsweise Einziehung von Geschäftsanteilen jederzeit durch Beschluss der Gesellschafterversammlung in die Satzung **eingefügt** werden. Die Regelung in Abs. 2 steht dem auch für die zwangsweise Einziehung nicht entgegen, wenn der neu eingetretene Gesellschafter dieser Satzungsänderung zustimmt.[17] **Meinungsverschiedenheiten** bestehen nur dahingehend, ob für einen solchen satzungsändernden Beschluss die ³/₄-**Mehrheit** des § 53 Abs. 2 **genügt oder** ob wegen der Regelung des § 53 Abs. 3 ein **einstimmiger Beschluss** zu fordern ist. Nach hM ist die ³/₄-Mehrheit bei der Beschlussfassung über die Schaffung einer solchen Satzungsbestimmung zur freiwilligen Einziehung ausreichend mit der Begründung, dass derjenige Gesellschafter, der einen Geschäftsanteil vor Einfügung der Satzungsbestimmung erworben habe, durch § 34 Abs. 2 genügend geschützt sei, weil ohne seinen Willen sein Geschäftsanteil nicht eingezogen werden könne, und weil mit der nachträglichen Zulassung der Einziehung in der Satzung keine Leistungsvermehrung für die verbleibenden Gesellschafter verbunden sei.[18] Diese Auffassung erscheint nicht zutreffend. Sie berücksichtigt nicht hinreichend, dass bei nachträglicher Einfügung der Einziehungsvorschrift in die Satzung zugleich auch die näheren Voraussetzungen der zwangsweisen Einziehung eindeutig geregelt werden müssen und es erst dann der Zustimmung des betroffenen Gesellschafters zur Einziehung seines Anteils nicht mehr bedarf. Unzutreffend ist aber auch die weitere Überlegung, dass im Falle der Einziehung eines Geschäftsanteils auf die verbleibenden Gesellschafter keine vermehrten Leistungen zukommen können. Mag eine Haftung aus § 24 in der Tat ausscheiden, weil nur voll eingezahlte Geschäftsanteile eingezogen werden können, so bleibt jedoch die Haftung nach § 31 Abs. 3, nämlich dann, wenn der Gesellschafter, dessen Anteil eingezogen wird, Leistungen nach § 30 Abs. 1 empfangen hat und wenn von ihm der zu erstattende Betrag nicht erlangt werden kann. Es ist danach anzunehmen, dass der Beschluss der Gesellschafterversammlung über die nachträgliche Einführung der Einziehung in jedem Falle **nur mit den Stimmen aller Gesellschafter** gefasst werden kann.[19]

c) **Zustimmung des betroffenen Gesellschafters.** Wirksam wird die nachträglich in die Satzung eingefügte Regelung über die Einziehung erst mit der Eintragung des Beschlusses in das Handelsregister (§ 54 Abs. 3). Ist die Zulässigkeit der Einziehung im Gesellschaftsvertrag nur dem Grundsatze nach geregelt, sind also die sonstigen Voraussetzungen für die Einziehung nicht iE in der Satzung aufgeführt, so bedarf es zur Einziehung des Geschäftsanteils der **Zustimmung des betroffenen Inhabers des Geschäftsanteils; sie ist zwingend** erforderlich.[20] Im Falle des § 18 müssen alle mitberechtigten Gesellschafter zustimmen. Das gleiche gilt für dinglich Berechtigte (Nießbrauch, Pfandrecht), sofern diese nach § 16 angemeldet waren.[21] 11

Die Zustimmung bedarf **keiner Form.** Sie unterliegt den Regeln der §§ 182 ff. BGB.[22] Auch eine konkludente „Erklärung", etwa durch schweigende Hinnahme des 12

---

[17] AllgM; BGH GmbHR 1978, 131; *Hachenburg/Ulmer* Rn. 16; *Scholz/H. P. Westermann* Rn. 7; *Baumbach/G. Hueck/Fastrich* Rn. 5; *Meyer-Landrut/Miller/Niehus* Rn. 3; *Roth/Altmeppen* Rn. 7; eingehend hierzu: *Paulick* GmbHR 1978, 121.
[18] *Hachenburg/Ulmer* Rn. 16 ff.; *Scholz/H. P. Westermann* Rn. 10 f.; *Roth/Altmeppen* Rn. 7, 8; *Baumbach/G. Hueck/Fastrich* Rn. 5.
[19] BGHZ 9, 157, 160; WM 1976, 206; NJW 1977, 2316; BayObLG DB 1978, 2164 f.; *Lutter/Hommelhoff* Rn. 7; *Paulick* GmbHR 1978, 121, 123 f.
[20] BGH GmbHR 1999, 1194, 1195; *Hachenburg/Ulmer* Rn. 14, 21; *Scholz/H. P. Westermann* Rn. 12; *Baumbach/G. Hueck/Fastrich* Rn. 6; *Lutter/Hommelhoff* Rn. 11.
[21] *Baumbach/G. Hueck/Fastrich* Rn. 6 mwN.
[22] So zutr. *Lutter/Hommelhoff* Rn. 11.

§ 34 2. Abschnitt. Rechtsverhältnisse der Gesellschaft und der Gesellschafter

Einziehungsbeschlusses, kann als Zustimmung genügen,[23] allerdings zu Beweisschwierigkeiten führen. Die Satzung kann jedoch und sollte eine förmliche Regelung wie Schriftlichkeit der Zustimmungserklärung festlegen.

13 Die Zustimmungserklärung kann **vor oder nach dem Einziehungsbeschluss** abgegeben werden.[24] Sie ist gegenüber den Geschäftsführern zu erklären, wobei die Abgabe der Erklärung gegenüber einem Geschäftsführer genügt (§ 35 Abs. 2 S. 3). Es genügt zur Wirksamkeit auch, wenn sie in der Gesellschafterversammlung abgegeben wird, die über die Einziehung Beschluss fasst.[25]

14 **2. Beschlussfassung durch Gesellschaftsorgane. a) Zuständiges Organ.** Zuständig für den Einziehungsbeschluss ist die **Gesellschafterversammlung** (§ 46 Abs. 1 Nr. 4), die, falls die Satzung nichts anderes bestimmt, mit einfacher Mehrheit beschließt, § 47 Abs. 1.[26] Der von der Einziehung betroffene Gesellschafter kann mitstimmen.[27] Dieser Grundsatz wird freilich nur für die einvernehmliche Einziehung zutreffen. In Fällen der zwangsweisen Einziehung aus wichtigem oder sonst in der Person des Gesellschafters liegendem Grund steht § 47 Abs. 4 entgegen.[28] Das Stimmrechtsverbot ist auch erforderlich, da sonst der Geschäftsanteil eines Mehrheitsgesellschafters niemals gegen dessen Willen eingezogen werden könnte.[29]

15 Nach allgM kann die Satzung die Beschlussfassung über die Einziehung des Geschäftsanteils **auch einem anderen Organ der Gesellschaft übertragen,** etwa dem Aufsichtsrat oder dem Beirat oder einem Gesellschafterausschuss, aber auch einem Schiedsgericht, das dann insoweit als Gesellschaftsorgan tätig ist.[30] Nach mehrheitlich vertretener Meinung soll auch den Geschäftsführern der Gesellschaft die Beschlussfassung über die Einziehung übertragen werden können.[31] *K. Schmidt*[32] schränkt die Übertragungsmöglichkeit ein unter Hinweis auf die Funktion der Gesellschafterversammlung als dem obersten Organ der Gesellschaft. Folgt man dieser zutreffenden Auffassung und nimmt man hinzu, dass der RegE 1977 (BT-Drucks. 8/1347) die Einziehung von Geschäftsanteilen unentziehbar der Gesellschafterversammlung zuweisen wollte, so wird man annehmen müssen, dass den Geschäftsführern als Exekutive der Gesellschaft die Beschlussfassung über die Einziehung von Geschäftsanteilen nicht übertragen werden kann.[33]

16 **b) Erfordernis und Inhalt des Beschlusses.** Eine Einziehung **ohne Beschluss,** also eine Art automatische Einziehung ist **nicht zulässig** und ohne Wirkung selbst

---

[23] *Hachenburg/Ulmer* Rn. 22.
[24] *Baumbach/G. Hueck/Fastrich* Rn. 6.
[25] AllgM; *Hachenburg/Ulmer* Rn. 21; *Scholz/H. P. Westermann* Rn. 12.
[26] *Hachenburg/Ulmer* Rn. 49; *Scholz/H. P. Westermann* Rn. 39; *Baumbach/G. Hueck/Fastrich* Rn. 12; *Meyer-Landrut/Miller/Niehus* Rn. 10.
[27] *Baumbach/G. Hueck/Fastrich* Rn. 12; *Roth/Altmeppen* Rn. 44; kritisch *Scholz/H. P. Westermann* Rn. 40.
[28] Vgl. OLG Celle NJW-RR 1998, 175, 176.
[29] So auch *Scholz/H. P. Westermann* Rn. 40; *Baumbach/G. Hueck/Fastrich* Rn. 12; *Meyer-Landrut/Miller/Niehus* Rn. 10; differenzierend *Niemeier* S. 255 f.; 263 f.
[30] BGHZ 43, 261, 263 f. = NJW 1965, 1378 f.; *Hachenburg/Ulmer* Rn. 49, 110; *Scholz/K. Schmidt* § 45 Rn. 13; *Scholz/H. P. Westermann* Rn. 39; *Baumbach/G. Hueck/Fastrich* Rn. 12; s. auch § 45 Rn. 9.
[31] *Hachenburg/Ulmer* Rn. 110; *Scholz/H. P. Westermann* Rn. 39; *Baumbach/G. Hueck/Fastrich* Rn. 12; *Lutter/Hommelhoff* Rn. 8.
[32] In *Scholz* § 45 Rn. 11.
[33] Vgl. ferner *Mertens*, FS Stimpel, 1985, S. 421.

Einziehung (Amortisation) § 34

dann, wenn sie im Gesellschaftsvertrag vorgesehen ist.[34] Der Beschluss muss **inhaltlich** weder den Abfindungsbetrag festsetzen, noch muss er Ausführungen darüber enthalten, wie der Betrag aufgebracht und gezahlt werden soll. Einer Aufnahme dieser Einzelheiten in den Beschluss bedarf es jedoch, wenn der Gesellschaftsvertrag dies vorschreibt.[35] Ist eine solche Regelung nicht vorgesehen, so bestimmen sich Höhe und Zahlungsmodalitäten nach der im Gesellschaftsvertrag getroffenen Regelung.

3. Mitteilung an den betroffenen Gesellschafter. Ist der Beschluss durch das zuständige Organ der Gesellschaft wirksam gefasst, so erfolgt die Mitteilung über die Einziehung an den Betroffenen, die nach allgM **formlos** geschehen kann, aber in jedem Falle **zugehen muss**. Diese Erklärung ist von den Geschäftsführern in vertretungsberechtigter Zahl abzugeben;[36] nach aA ist die Gesellschafterversammlung zuständig.[37] Liegt der Erklärung der Geschäftsführer kein wirksamer Einziehungsbeschluss zugrunde, so zeitigt die Erklärung der Geschäftsführer keinerlei Rechtswirksamkeit, sie ist ein nullum.[38] 17

Ist der von der Einziehung betroffene Gesellschafter in der Sitzung des Organs, das den Einziehungsbeschluss ausspricht, anwesend, so erübrigt sich die Mitteilung an den Gesellschafter durch die Geschäftsführer, doch sollte in einem solchen Falle die Niederschrift über die Beschlussfassung des zuständigen Organs und über die Kenntnisnahme durch den betroffenen Gesellschafter eine entsprechende Feststellung enthalten.[39] Solange der Einziehungsbeschluss dem betroffenen Gesellschafter nicht mitgeteilt worden ist, hat er als empfangsbedürftige Willenserklärung keinerlei Wirkung, so dass er bis dahin von dem für die Einziehung zuständigen Organ auch wieder aufgehoben werden kann.[40] 18

4. Grundsatz der Erhaltung des Stammkapitals. a) Volleinzahlung. Eine **weitere zwingende Voraussetzung** für die Einziehung eines Geschäftsanteils ist die Volleinzahlung des auf den einzuziehenden Geschäftsanteil geschuldeten Stammkapitals. Dies gilt auch im Falle, dass die Satzung die unentgeltliche Einziehung vorsieht. Für Nachschüsse gilt Entsprechendes, ein wirksam eingeforderter Nachschuss muss selbst dann noch geleistet werden, wenn die beabsichtigte Einziehung unentgeltlich erfolgen soll (allgM). Würde dies nicht gefordert, so läge in der einverständlichen oder zwangsweisen Einziehung eines Geschäftsanteils ein gegen § 19 Abs. 2 verstoßender Erlass der Verpflichtung zur Leistung der Einlage; auch wäre § 30 Abs. 1 verletzt.[41] Selbst aus freien Rücklagen darf die Gesellschaft die Volleinzahlung nicht vornehmen, 19

---

[34] *Lutter/Hommelhoff* Rn. 8; *Baumbach/G. Hueck/Fastrich* Rn. 14; *Barella* GmbHR 1959, 45; OLG Hamm GmbHR 1988, 308; aA LG Frankfurt/M. GmbHR 1962, 118; *Schuler* GmbHR 1962, 114, 115; *Niemeier* S. 333 ff.; kritisch *Scholz/H. P. Westermann* Rn. 46 f.; für eine automatische Einziehung in engen Grenzen *Hachenburg/Ulmer* Rn. 49, 111 ff.
[35] BGH ZIP 1995, 835, 836; *Hachenburg/Ulmer* Rn. 50.
[36] *Lutter/Hommelhoff* Rn. 12; *Sieger/Mertens* ZIP 1996, 1494.
[37] *Hachenburg/Ulmer* Rn. 55; *Scholz/H. P. Westermann* Rn. 44; *Baumbach/G. Hueck/Fastrich* Rn. 13.
[38] *Hachenburg/Ulmer* Rn. 54; *Scholz/H. P. Westermann* Rn. 6, 38; *Baumbach/G. Hueck/Fastrich* Rn. 13; *Meyer-Landrut/Miller/Niehus* Rn. 10; *Roth/Altmeppen* Rn. 43.
[39] RG JW 1934, 976, 977; *Hachenburg/Ulmer* Rn. 56; *Scholz/H. P. Westermann* Rn. 43; *Baumbach/G. Hueck/Fastrich* Rn. 13.
[40] *Hachenburg/Ulmer* Rn. 54; *Lutter/Hommelhoff* Rn. 12.
[41] RGZ 93, 326, 329; BGHZ 9, 157, 168; *Hachenburg/Ulmer* Rn. 19; *Baumbach/G. Hueck/Fastrich* Rn. 1, 9; *Lutter/Hommelhoff* Rn. 9; *Roth/Altmeppen* Rn. 10; *Fichtner* BB 1966, 146, 148.

§ 34   2. Abschnitt. Rechtsverhältnisse der Gesellschaft und der Gesellschafter

doch sind **andere Gesellschafter nicht gehindert, die Volleinzahlung aus ihrem Vermögen vorzunehmen,** um dadurch die ihnen erforderlich erscheinende Einziehung des Geschäftsanteils durchführen zu können.

20 Wollte man dies nicht zulassen, so könnte der nicht voll eingezahlte Geschäftsanteil eines lästigen Gesellschafters ohne Kapitalherabsetzung niemals eingezogen werden, auch wenn alle sonstigen Voraussetzungen vorlägen. Es werden durch ein solches Verfahren auch keine allgemeinen Rechte oder Individualrechte verletzt, sondern es wird lediglich die Voraussetzung für die legitime und satzungsgemäß vorgesehene Einziehung geschaffen.

21 **b) Keine Beeinträchtigung des Stammkapitals.** Weiter ist zwingende Voraussetzung für die Einziehung eines Geschäftsanteils, dass durch die Einziehungsvergütung nicht das Aktivvermögen in Höhe des nominalen Stammkapitals der Gesellschaft angegriffen werden darf, § 34 Abs. 3 iVm. § 30 Abs. 1.[42] Die Vorschrift ist **zwingendes Recht.** Ein Beschluss über die Einziehung eines Geschäftsanteils ist **nichtig,** wenn bereits bei der Beschlussfassung feststeht, dass die Entschädigung ganz oder teilweise nur aus gebundenem Vermögen gezahlt werden kann und der Beschluss nicht klarstellt, dass die Zahlung nur bei Vorhandensein ungebundenen Vermögens erfolgen darf.[43] Erfolgt also die Einziehung des Geschäftsanteils gegen Entgelt, was die Regel ist (Rn. 35 ff.), so darf die für die Einziehung zu zahlende Vergütung nur aus den freien, das Vermögen in Höhe des Stammkapitals übersteigenden Vermögenswerten der Gesellschaft bezahlt werden.[44] Für die Beurteilung, **ob solche Vermögenswerte vorhanden sind,** ist die nach ordnungsgemäßen Grundsätzen aufgestellte **Bilanz der Gesellschaft maßgebend.** Ist nach der Vermögenslage der Gesellschaft aufgrund der letzten ordentlichen Jahresbilanz zweifelhaft, ob genügend freies Vermögen vorhanden ist, so ist gegebenenfalls eine **Stichtagbilanz** auf den Tag der Fälligkeit des Einziehungsentgeltes (Abfindungsanspruches) aufzustellen, weil dieser Tag der nach § 30 Abs. 1 maßgebliche Zeitpunkt ist;[45] die hM stellt dagegen auf den Augenblick der Zahlung des Entgelts ab.[46]

22 **c) Einziehung nicht voll eingezahlter Anteile.** Ist der Geschäftsanteil, der eingezogen werden soll, nicht voll einbezahlt, so darf die Einziehung **nur unter gleichzeitiger Kapitalherabsetzung** vorgenommen werden in dem Umfange des auf den Geschäftsanteil noch ausstehenden Einzahlungsbetrages.[47] Die Kapitalherabsetzung hat dabei in den **Formen des § 58** zu erfolgen und die Einziehung des nicht voll eingezahlten Geschäftsanteils darf erst durchgeführt werden, wenn die durchgeführte Kapitalherabsetzung in das Handelsregister eingetragen worden ist.[48]

23 Auch die Einziehung eines Geschäftsanteils zu Lasten des Stammkapitals der Gesellschaft ist nur zulässig, wenn eine **entsprechende Bestimmung in der Satzung** enthalten ist oder wenn sie später durch wirksame Satzungsänderung eingeführt wird. Gerade in diesem Falle ist die Zustimmung aller Gesellschafter zur Einführung der Zulässigkeit der Einziehung des Geschäftsanteils erforderlich, und zwar weil die an sich unerwünschte Einziehung zu Lasten des Stammkapitals eine Kapitalherabsetzung erfor-

---

[42] BGH NJW 2000, 2819, 2820; *Tschernig* GmbHR 1999, 691, 692.
[43] BGH NJW 2000, 2819, 2820.
[44] *Scholz/H. P. Westermann* Rn. 48; *Baumbach/G. Hueck/Fastrich* Rn. 10.
[45] *Hachenburg/Ulmer* Rn. 20, 70, 76.
[46] BGHZ 9, 157, 169; *Scholz/H. P. Westermann* Rn. 48; *Baumbach/G. Hueck/Fastrich* Rn. 33; *Lutter/Hommelhoff* Rn. 10.
[47] *Hachenburg/Ulmer* Rn. 19; *Baumbach/G. Hueck/Fastrich* Rn. 9.
[48] *Scholz/H. P. Westermann* Rn. 44, 57.

dert, die die Gesellschaft in ihrer wirtschaftlichen Betätigung stark beeinträchtigen kann. Eine Einziehung zu Lasten des Stammkapitals liegt vor, wenn das Aktivvermögen der Gesellschaft unter Berücksichtigung der Zahlung eines Einziehungsentgelts das nominelle Stammkapital unterschreiten und damit gegen das Auszahlungsverbot der §§ 30 Abs. 1, 34 Abs. 3 verstoßen würde. In einem solchen Falle kann kraft zwingenden Rechts die Einziehung eines Geschäftsanteils, sei es freiwillig, sei es zwangsweise, nur erfolgen, wenn gleichzeitig eine Kapitalherabsetzung in der Form des § 58 vorweg erfolgt ist.[49] – Wird durch das Einziehungsentgelt das Vermögen in Höhe des Stammkapitals nur **teilweise** angegriffen, so kann die Kapitalherabsetzung gemäß § 58 in dem Umfange des durch sonstige Vermögenswerte nicht gedeckten Teils erfolgen.[50]

Die **Hauptanwendungsfälle der Einziehung zu Lasten des Stammkapitals** 24 unter vorheriger Herabsetzung des Stammkapitals sind, neben der Auszahlung eines Gesellschafters für seinen eingezogenen Geschäftsanteil, die Beseitigung einer **Unterbilanz**. Diesem Zweck der Einziehung ist wesenseigen, dass ein **Einziehungsentgelt nicht gezahlt wird.** Die Einziehung zur Beseitigung einer Unterbilanz kann dabei ganz generell, also für alle Geschäftsanteile, gleichmäßig erfolgen derart, dass sämtlichen Gesellschaftern ohne Entgelt Teile von ihren Geschäftsanteilen eingezogen werden. Es ist in einem solchen Falle aber auch zulässig, dass ein oder mehrere Gesellschafter ihre Geschäftsanteile zur unentgeltlichen Einziehung zur Verfügung stellen. Besteht bei einem Stammkapital von 50 000 € eine Unterbilanz von 10 000 € und wird der Geschäftsanteil eines Gesellschafters in dieser Höhe unter gleichzeitiger Herabsetzung des Stammkapitals gemäß § 58 unentgeltlich eingezogen, so ist die Unterbilanz damit ausgeglichen. Im gleichen Beispiel eines Stammkapitals von 50 000 € und fünf Gesellschaftern mit je einem Stammanteil von 10 000 € und ebenfalls einer Unterbilanz von 10 000 € hat die Teileinziehung von je 2 000 € des Geschäftsanteils das gleiche Ergebnis, die Unterbilanz ist beseitigt. Diese Art der Sanierung ist **häufig** und wird meist **mit einer gleichzeitigen Kapitalerhöhung verbunden,** die dann oft durch Aufnahme eines neuen Gesellschafters erfolgt. Die Einziehung darf auch in einem solchen Falle erst erfolgen, wenn die Kapitalherabsetzung in das Handelsregister eingetragen ist.

5. Zustimmung oder wichtiger Grund. Im Ausblick auf die weiteren Voraussetzungen ist danach zu unterscheiden, ob es sich um eine freiwillige oder um eine Zwangseinziehung handelt. Zur Wirksamkeit der freiwilligen Einziehung ist die Zustimmung des Betroffenen erforderlich (Einzelheiten bei Rn. 29), zur Wirksamkeit der Zwangseinziehung ein wichtiger Grund (Einzelheiten bei Rn. 30 ff.). 25

6. Weitere Festlegungen. Zulässig und üblich ist die **statutarische Festlegung** 26 **der Zahlungsmodalitäten,**[51] also etwa die Auszahlung des Entgeltes in mehreren Jahresraten, wobei freilich die Zahlungsziele nicht unverhältnismäßig lang sein dürfen.[52] Eine Stundungs- oder Ratenvereinbarung für einen über fünf Jahre nach der Einziehung hinausgehenden Zeitraum dürfte erheblichen Bedenken begegnen.[53] Es kommt aber auf die Umstände des Einzelfalls an; eine allgemeingültige absolute Untergrenze gibt es nicht.

---

[49] BGHZ 9, 157, 168; *Hachenburg/Ulmer* Rn. 19; *Scholz/H. P. Westermann* Rn. 44, 57; *Baumbach/G. Hueck/Fastrich* Rn. 9; s. § 58 Rn. 4.
[50] BGHZ 9, 157, 169; *Hachenburg/Ulmer* Rn. 24; *Scholz/H. P. Westermann* Rn. 37.
[51] *Hachenburg/Ulmer* Rn. 84.
[52] BGHZ 32, 151, 158.
[53] *Hachenburg/Ulmer* Rn. 88; *Scholz/H. P. Westermann* Rn. 31: nicht länger als zehn Jahre.

§ 34   2. Abschnitt. Rechtsverhältnisse der Gesellschaft und der Gesellschafter

27   Als zulässig gilt ebenfalls eine Schutzbestimmung, die der Gesellschaft analog § 268 BGB das Recht gibt, bei Pfändung des Geschäftsanteils den Gläubiger zu befriedigen mit anschließender Einziehungsbefugnis mit oder ohne Entgelt gegenüber dem Gesellschafter. – Die statutarisch festgelegte **unentgeltliche Einziehung beim Tode eines Gesellschafters** wird nach heute überwM für zulässig erachtet.[54]

28   **7. Reihenfolge.** Die Einziehung eines Geschäftsanteils ist erst wirksam vollzogen, wenn sämtliche Bedingungen für die Einziehung erfüllt sind, wobei es abgesehen von der Kapitalherabsetzung gleichgültig ist, ob die eine Bedingung vor der anderen erfüllt ist. Es kann also erst die Zustimmung des Gesellschafters zur Einziehung eingeholt werden und dann der Einziehungsbeschluss ergehen; aber auch die umgekehrte Reihenfolge ist möglich. Entscheidend ist allein, dass die **Einziehung erst vollzogen ist, wenn sämtliche Bedingungen** erfüllt sind.[55] Nach hM ist beim Zwangseinziehungsbeschluss auch die vollständige Leistung des Einziehungsentgelts Wirksamkeitsvoraussetzung für die Einziehung.[56] Der durch die Einziehung betroffene Gesellschafter kann das Einziehungsentgelt stunden oder ein Darlehen etwa in Höhe des Entgelts gewähren oder sich etwa in Höhe des Entgelts still beteiligen. Die Wirksamkeit der Einziehung wird dadurch nicht berührt. Wegen der Besonderheit der vorherigen Kapitalherabsetzung vgl. Rn. 22. – Eine Eintragung der Einziehung eines Geschäftsanteils in das Handelsregister findet nicht statt;[57] zur Kapitalherabsetzung, die zu ihrer Wirksamkeit der Eintragung im Handelsregister bedarf, vgl. Rn. 22.

III. Arten der Einziehung

29   **1. Freiwillige Einziehung.** Die freiwillige Einziehung des Geschäftsanteils setzt die **Zustimmung** des Betroffenen voraus. Sie unterliegt den §§ 182 ff. BGB und ist eine formlose empfangsbedürftige Willenserklärung, die gegenüber der Gesellschaft (Geschäftsführern), aber auch in der Gesellschafterversammlung abgegeben werden kann.[58] Die Zustimmung kann konkludent erteilt werden, sie kann insbesondere in der positiven Stimmabgabe des Betroffenen beim Beschluss der Gesellschafterversammlung gesehen werden.[59] Eine vorherige Zustimmung ist nicht erforderlich. Sie kann auch bei oder nach Beschlussfassung erfolgen (allgM). Dagegen ist eine Zustimmung „auf Vorrat" in der Regel wegen Verstoßes gegen § 138 Abs. 1 BGB unwirksam.[60] Im Fall des § 18 ist die Zustimmung aller mitberechtigten Gesellschafter erforderlich. Ebenfalls zustimmen müssen die am Geschäftsanteil dinglich Berechtigten, die nach § 16 Abs. 1 bei der Gesellschaft angemeldet sind.[61] Die freiwillige Einziehung kann zu jedem denkbaren Zweck erfolgen (vgl. Rn. 5 ff.); § 34 schränkt insoweit die Dispositionsfreiheit der Gesellschafter und der Gesellschaft nicht ein. Ein häufiger Einziehungsgrund ist der Wunsch eines Gesellschafters, aus der Gesellschaft auszuscheiden, ohne die

---

[54] *Habersack* ZIP 1990, 624, 625; *Scholz/H. P. Westermann* Rn. 25; *Lutter/Hommelhoff* Rn. 55; *Roth/Altmeppen* Rn. 35.
[55] BGHZ 9, 157, 173 f.; *Hachenburg/Ulmer* Rn. 60; *Scholz/H. P. Westermann* Rn. 43 f.; *Lutter/Hommelhoff* Rn. 12.
[56] AA *Goette,* FS Lutter, 2000, S. 399; dazu Rn. 43.
[57] AllgM; *Scholz/H. P. Westermann* Rn. 44; *Baumbach/G. Hueck/Fastrich* Rn. 15 aE.
[58] RG JW 1934, 977; *Hachenburg/Ulmer* Rn. 21; *Scholz/H. P. Westermann* Rn. 12; *Baumbach/ G. Hueck/Fastrich* Rn. 6.
[59] *Hachenburg/Ulmer* Rn. 22; *Lutter/Hommelhoff* Rn. 11.
[60] *Hachenburg/Ulmer* Rn. 22.
[61] *Hachenburg/Ulmer* Rn. 23; *Scholz/H. P. Westermann* Rn. 35; *Baumbach/G. Hueck/Fastrich* Rn. 6; *Lutter/Hommelhoff* Rn. 11; vgl. auch Rn. 48.

Einziehung (Amortisation) § 34

Existenz der Gesellschaft durch Erhebung der Auflösungsklage zu gefährden, wenn kein Dritter oder kein Gesellschafter bereit ist, den Geschäftsanteil des ausscheidungswilligen Gesellschafters zu übernehmen.

2. Zwangsweise Einziehung. Bedeutsamer ist in praxi die zwangsweise Einziehung eines Geschäftsanteils gemäß Abs. 2. Diese zwangsweise Einziehung ist nur **zulässig, wenn die Einziehungsgründe präzise im Gesellschaftsvertrag festgelegt sind** (zum Sonderfall der ohne Satzungsregelung möglichen Ausschließung des Gesellschafters aus wichtigem Grund mit anschließender Einziehung seines Geschäftsanteils vgl. BGH NJW 1995, 1358, 1359 mwN sowie näher Rn. 59 ff.). Sie müssen so formuliert sein, dass sie in einem gerichtlichen Prozess voll überprüfbar sind.[62] Regelungen über die Höhe und die Zahlungsweise des Einziehungsentgelts sind zwar sinnvoll, aber nicht Voraussetzung für eine wirksame Einziehung.[63] Die unrichtige Ermittlung des Abfindungsbetrages berührt die Wirksamkeit des Einziehungsbeschlusses nicht.[64] Bei Fehlen einer Bestimmung über die Höhe bzw. über die Entgeltlichkeit oder Unwirksamkeit erfolgt eine Abfindung zum vollen Wert.[65]

30

Die Einziehungsgründe müssen so genau formuliert sein, dass sie in einem gerichtlichen Prozess voll nachprüfbar sind[66] und der betroffene Gesellschafter die mit der Klausel verbundenen Risiken einschätzen kann.[67] Als Einziehungsgründe kommen beispielsweise in Betracht: Insolvenz, Pfändung des Geschäftsanteils;[68] Anteilsvererbung an familienfremde Person bei einer Familiengesellschaft[69] oder an andere Person als im Gesellschaftsvertrag vorgesehen,[70] Verlust bestimmter Eigenschaften (zB Zulassung als Arzt, Anwalt oder Wirtschaftsprüfer), Niederlegung der Geschäftsführung oder Mitarbeit,[71] Senilität, im Einzelfall auch Krankheit (einschließlich Alkoholabhängigkeit, Spielsucht), Verstoß gegen Wettbewerbsverbot,[72] schikanöses oder mutwilliges Ausüben der Mitgliedschaftsrechte;[73] die Auflösungsklage gemäß § 61, die Kündigung der Gesellschaft, die Veräußerung des Geschäftsanteils; hinsichtlich der drei zuletzt genannten reicht die Äußerung der Absicht aus.[74] Eine enumerative Aufzählung der Einziehungsfälle in der Satzung ist allerdings nicht erforderlich, es genügen ausfüllbare Generalklauseln wie etwa „Wenn ein wichtiger Grund in der Person des Gesellschafters vorliegt" oder „Wenn er gegen seine Treuepflicht verstößt".[75] Jedoch kann die Satzung die Gesellschaftermehrheit nicht dazu ermächtigen, Mitgesellschafter ohne konkreten Grund nach freiem Ermessen auszuschließen. Eine solche Klausel verstößt ge-

31

---

[62] AllgM; BGH GmbHR 1978, 131 f.; OLG Hamburg GmbHR 1958, 43; *Hachenburg/Ulmer* Rn. 38; *Scholz/H. P. Westermann* Rn. 13 ff.; *Baumbach/G. Hueck/Fastrich* Rn. 7; *Meyer-Landrut/Miller/Niehus* Rn. 5; *Hueck* DB 1957, 37; *Pleyer* GmbHR 1960, 125 f.; *Paulick* GmbHR 1978, 121, 125.
[63] HM; *Hachenburg/Ulmer* Rn. 39; *Scholz/H. P. Westermann* Rn. 22; *Lutter/Hommelhoff* Rn. 15.
[64] OLG Nürnberg GmbHR 2001, 108, 109.
[65] BGH NJW 1983, 2880; WM 1989, 770, 773; *Baumbach/G. Hueck/Fastrich* Rn. 19; *Scholz/H. P. Westermann* Rn. 22; vgl. dazu Rn. 101 ff.
[66] BGH NJW 1977, 2316.
[67] *Hachenburg/Ulmer* Rn. 38; *Lutter/Hommelhoff* Rn. 16.
[68] BGHZ 65, 22; *Michalski* ZIP 1991, 147.
[69] BGH DB 1977, 343.
[70] OLG München ZIP 1984, 1349.
[71] BGH NJW 1983, 2880, 2881.
[72] OLG Nürnberg GmbHR 1994, 252; 2001, 108, 109.
[73] OLG Frankfurt GmbHR 1993, 659 f.
[74] *Scholz/H. P. Westermann* Rn. 14 a.
[75] BGH NJW 1977, 2316; OLG Stuttgart GmbHR 1989, 466, 467.

gen § 138 BGB und ist nichtig, da sie geeignet ist, den betroffenen Gesellschaftern die Entscheidungsfreiheit bei der Ausübung ihrer Mitgliedschaftsrechte zu nehmen, wenn sie nicht ausnahmsweise wegen der besonderen Umstände des Falles gerechtfertigt ist.[76] Von solchen besonderen Umständen ist nach BGHZ 112, 103, 109f. jedenfalls dann auszugehen, wenn der ausschlussberechtigte Gesellschafter wegen enger persönlicher Beziehungen zu seinem Mitgesellschafter die volle Finanzierung der Gesellschaft übernommen und diesem die Stellung als Mehrheitsgesellschafter und alleinigen Geschäftsführer eingeräumt hat.[77] Denn demjenigen Gesellschafter, der das Unternehmen finanziert hat, dessen Gesellschaftsrechte aber nicht ausreichen, um die Machtstellung seines Mitgesellschafters zu beenden, muss die Möglichkeit zustehen, den Anteil seines Mitgesellschafters ohne weitere Voraussetzungen an sich zu ziehen, wenn die persönlichen Bindungen und das darauf gegründete Vertrauen wegfallen. Offengelassen wurde allerdings vom BGH in dieser Entscheidung, ob die **Anteilsschenkung** für sich alleine die Ausschließung ohne sachlichen Grund rechtfertigt.[78]

32 Verbindet der Gesellschaftsvertrag ein **festes Tatbestandsmerkmal**, etwa den Tod des Gesellschafters, mit der Befugnis zur Einziehung und ist diese Befugnis an keine Frist gebunden, so ist von einem Ausschließungsrecht nach freiem Ermessen auszugehen, weil es in das Belieben des ausschlussberechtigten Gesellschafters gestellt ist, ob und wann er von seinem Recht Gebrauch macht. Jedoch kann das gegen § 138 BGB verstoßende unbefristete Ausschließungsrecht in entsprechender Anwendung des § 139 BGB als ein solches zeitlich begrenztes Recht aufrecht erhalten werden.[79] Eine gesellschaftsvertragliche Bestimmung, die von vornherein dazu ermächtigt, Mitgesellschafter nach freiem Ermessen auszuschließen, kann unter Heranziehung derselben Norm mit dem Inhalt einer Ausschließung aus wichtigem Grund aufrecht erhalten werden.[80]

33 **3. Unentgeltliche Einziehung.** Die Einziehung eines Geschäftsanteils kann unentgeltlich erfolgen, wobei die Unentgeltlichkeit die **seltene Ausnahme** bildet[81] und in aller Regel nur vorkommt bei gemeinnützigen Unternehmen, karitativen Einrichtungen oder Geselligkeitsgesellschaften, die in der Rechtsform der GmbH betrieben werden, oder in den Fällen wie zB bei Wirtschaftsprüfungsgesellschaften, bei denen die Tätigkeit als Wirtschaftsprüfer in der Gesellschaft mit der Gesellschafterstellung verbunden ist.[82] Denkbar sind zudem die Fälle, dass die Gesellschaft kein freies, über § 30 Abs. 1 hinausgehendes Vermögen besitzt, also nach § 34 Abs. 3 kein Einziehungsentgelt zahlen darf. Will der Gesellschafter gleichwohl seinen Geschäftsanteil einziehen lassen oder hat er einen wichtigen Grund für die Einziehung gegeben, so kann die unentgeltliche Einziehung ohne weiteres vereinbart werden.

34 Ob eine gesellschaftsvertragliche Vereinbarung, die eine unentgeltliche Einziehung festlegt, ein Schenkungsversprechen enthält, ist umstritten.[83] Die Form des § 518 BGB ist durch den Gesellschaftsvertrag gewahrt, die aus § 2301 BGB folgenden Konsequen-

---

[76] So BGHZ 112, 103, 107 ff. und BGH DB 1994, 829, 830 im Anschluss an die Rspr. zum Personengesellschaftsrecht BGHZ 68, 212, 215; 81, 263, 266 f.; 84, 11, 14; 104, 50, 58 f.; 105, 213, 216 f.; 107, 351; BGH NJW 1985, 2421, 2422; zum Streitstand vgl. *Kesselmeier* S. 99 ff.
[77] BGHZ 112, 103, 109 f.
[78] Zur Personengesellschaft vgl. BGHZ 34, 80, 83; *K. Schmidt* GesR § 50 III 4.
[79] BGHZ 105, 213, 218 ff. zur GmbH & Co. KG.
[80] *Lutter/Hommelhoff* Rn. 18; BGH GmbHR 1989, 462, 464 zur Personengesellschaft.
[81] BGH WM 1989, 783.
[82] So auch *Scholz/H. P. Westermann* Rn. 20.
[83] Zum Streitstand vgl. *Scholz/H. P. Westermann* Rn. 23; zur Diskussion um den Schenkungsgegenstand *Habersack* ZIP 1990, 625, 627.

Einziehung (Amortisation) § 34

zen sind bei Einziehungsregelungen auf den Tod des Gesellschafters ggf. zu beachten.[84] Wegen der Steuerfragen s. Rn. 58. – Eine unentgeltliche Einziehung des Geschäftsanteils ist es auch, wenn **eigene Geschäftsanteile der Gesellschaft eingezogen werden.** Dies ist auch im Hinblick auf das Kapitalerhaltungsgebot unbedenklich, weil sich die Gesellschaft nicht selbst eine Abfindung schulden kann.[85] Vgl. iÜ zur Einziehung eigener Geschäftsanteile Rn. 42.

4. Entgeltliche Einziehung. a) Allgemeines. Bei der die Regel bildenden entgeltlichen Einziehung sollten, auch wenn dies nach der hM nicht zwingend erforderlich ist (vgl. Rn. 30), zweckmäßigerweise die Ermittlung des Entgelts und die Auszahlungsmodalitäten im Gesellschaftsvertrag exakt geregelt werden. Die Erfahrung lehrt, dass selbst bei beabsichtigter einvernehmlicher Einziehung eines Geschäftsanteils bei Fehlen von präzisen Regelungen über den zu zahlenden Gegenwert des einzuziehenden Geschäftsanteils fast immer Schwierigkeiten auftreten. 35

Für die Festlegung oder Ermittlung des Entgelts bei der Einziehung von Geschäftsanteilen gibt es vielfache Regelungen und Wertvorstellungen, je nachdem, ob die Gesellschaft vorrangig die Erhaltung ihrer Vermögenssubstanz im Auge hat oder ob das Interesse des durch die Einziehung seines Geschäftsanteils ausscheidenden Gesellschafters überwiegt, den wahren Gegenwert für seinen Geschäftsanteil zu erhalten. Es ist heute außer Diskussion, dass dem Grundsatze nach jedenfalls bei zwangsweiser Einziehung eines Geschäftsanteils der wahre Wert geschuldet wird. Ein Abschlag kann angemessen sein, wenn der Geschäftsanteil nicht fungibel, sondern seine Abtretung gemäß § 15 Abs. 5 an die Zustimmung der Gesellschafterversammlung oder der Gesellschaft gebunden ist oder zB nur an Mitglieder der Gründerfamilie übertragen werden darf.[86] 36

Dass der Wert eines Unternehmens und damit der Wert eines Geschäftsanteils eine inkommensurable Größe ist, wird heute ernstlich nicht mehr in Zweifel gezogen. Es ist deswegen zweckmäßig im Gesellschaftsvertrag festzulegen, nach welchen Grundsätzen der Wert des Geschäftsanteils und des damit dem ausscheidenden Gesellschafter zu zahlenden Entgeltes ermittelt wird, wie etwa nach der **in der Praxis gebräuchlichen Ertragswertmethode,**[87] nach dem Substanzwert oder zu Liquidationswerten; als ungeeignet wird nunmehr die Anteilsbewertung nach dem sog. „Stuttgarter Verfahren" angesehen.[88] Die Rechtsprechung hat sich bislang auf eine Berechnungsmethode nicht festgelegt, wenn auch die Ertragswertmethode als vorzugswürdig angesehen wird.[89] 37

b) Bewertung des Geschäftsanteils. Es darf **kein Unterschied gemacht werden in der Festlegung des Entgeltes** danach, ob der Gesellschafter selbst das Entgelt erhält, ob der Geschäftsanteil freiwillig oder zwangsweise eingezogen wird oder ob etwa das Entgelt vom Gläubiger des Gesellschafters gepfändet ist oder ob es in die Konkursmasse des Gesellschafters fällt. Das ist heute anerkannte Meinung.[90] Ungeachtet des Vorgesagten kann auch ein **geringeres Entgelt als der wahre Wert (Verkehrswert),** also etwa auch der Buch- oder der Nominalwert evtl. zuzüglich Rück- 38

---

[84] S. dazu und auch zur Frage des „Schenkungsvollzugs" *Scholz/H. P. Westermann* Rn. 25 mwN.
[85] *Scholz/H. P. Westermann* Rn. 36.
[86] Zum Ganzen: *Scholz/H. P. Westermann* Rn. 22 ff.; *Meyer-Landrut/Miller/Niehus* Rn. 9; *Baumbach/G. Hueck/Fastrich* Rn. 19; *Lutter/Hommelhoff* Rn. 42 ff.
[87] Vgl. dazu *Ulmer,* FS Quack, 1991, S. 490 ff.; *Scholz/H. P. Westermann* Rn. 22 mwN.
[88] Vgl. OLG Köln GmbHR 1998, 641; *Lutter/Hommelhoff* Rn. 43.
[89] Vgl. nur BGH NJW 1985, 192; 1992, 892, 895.
[90] Dazu grundsätzlich BGHZ 65, 22 ff. = NJW 1975, 1835 ff.; OLG Hamburg BB 1982, 2007; *Hachenburg/Ulmer* Rn. 90 f.; *Scholz/H. P. Westermann* Rn. 27; *Roth/Altmeppen* Rn. 40 f.; *Meyer-Landrut/Miller/Niehus* Rn. 9; vgl. aber auch BGHZ 123, 281 = NJW 1993, 3193 zur KG.

lagenanteil, im Gesellschaftsvertrag festgesetzt oder als Entgelt vereinbart werden. Dies ist aber nur dann zulässig, wenn dadurch Rechte Dritter, also etwa ein Anspruch des den Geschäftsanteil pfändenden Gläubigers, nicht geschmälert werden.[91] Zum Ganzen s. ausführlich Rn. 107 f.

39 **c) Gerichtliche Überprüfung.** Ist in der Satzung für das zu zahlende Entgelt bei der Einziehung keine präzise oder überhaupt keine Regelung getroffen und setzt ein Organ der Gesellschaft das Entgelt einseitig fest oder wird über den Wert des einzuziehenden Geschäftsanteils und entsprechend für das zu zahlende Entgelt kein Einvernehmen erzielt, **so ist die Höhe des Entgeltes gerichtlich nachprüfbar.** Der statutarische Ausschluss einer gerichtlichen Nachprüfung des Einziehungsentgeltes ist unwirksam.[92] Es kann hierüber aber auch ein satzungsgemäßes oder ein ad hoc vereinbartes **Schiedsgericht** angerufen werden, das dann unter Ausschluss des ordentlichen Rechtsweges für die Nachprüfung der Höhe des Entgelts für den eingezogenen Geschäftsanteil ausschließlich zuständig ist.[93] Die Höhe des Entgelts für einen eingezogenen Geschäftsanteil betrifft einen Vorgang, über den eine schiedsrichterliche Entscheidung vereinbart werden kann, § 1030 Abs. 1 ZPO.[94] Die Schiedsvereinbarung kann als statutarische Schiedsklausel oder in einer selbständigen Schiedsabrede getroffen werden (§§ 1029 Abs. 2, 1066 ZPO), wobei die Schriftform des § 1031 ZPO einzuhalten ist.

40 **5. Teileinziehung.** Reicht das verfügbare freie Vermögen der Gesellschaft nur teilweise aus, um das Einziehungsentgelt zu zahlen, so kommt eine Teileinziehung in Betracht. Die Einziehung eines Teils eines Geschäftsanteils ist **auch sonst zulässig,**[95] sie setzt die **Volleinzahlung des Anteils voraus.** Die Einziehung eines teilweise eingezahlten Anteils scheidet aus, da man den Anteil nicht in einen eingezahlten und einen nicht eingezahlten Teil unterteilen kann.[96] Will man im Ergebnis die Einziehung des „eingezahlten Teils" des Anteils erreichen, so ist dies nur möglich, wenn die Teileinziehung mit einer Kapitalherabsetzung verbunden wird.

41 § 17 greift bei einer Teileinziehung nicht ein, da eine Anteilsvermehrung, die den Rechtsgrund für das Genehmigungserfordernis des § 17 bildet, insoweit nicht vorliegt.[97] Hingegen ist Voraussetzung für die Teileinziehung, dass der Nominalbetrag des verbleibenden Geschäftsanteils nicht unter den Mindestbetrag für einen Geschäftsanteil von 100 € gemäß § 5 Abs. 1 fällt.[98] Der verbleibende Geschäftsanteil muss außerdem durch 50 teilbar sein (§ 5 Abs. 3 S. 2). **Niemals darf die Einziehung** eines Geschäftsanteils **vorgenommen werden,** wenn das dafür zu zahlende Entgelt etwa nur zur Hälfte von der Gesellschaft aufgebracht werden kann und die weitere Hälfte etwa vom ausscheidenden Gesellschafter gestundet ist, weil dann die gestundete Restforderung insoweit zu einer **unzulässigen Unterbilanz der Gesellschaft** führen würde.

42 **6. Einziehung eigener Geschäftsanteile.** Auch eigene Geschäftsanteile der Gesellschaft können eingezogen werden, doch müssen dann ebenfalls **alle Voraus-**

---

[91] Eingehend dazu *Scholz/H. P. Westermann* Rn. 26 ff.
[92] RGZ 57, 156; *Baumbach/G. Hueck/Fastrich* Rn. 8 aE.
[93] *Hachenburg/Ulmer* Rn. 48; *Baumbach/G. Hueck/Fastrich* Rn. 8; *Fichtner* BB 1966, 146, 148; BGH WM 1983, 1207.
[94] Zur Schiedsfähigkeit von Beschlussmängelklagen allgemein *Bergmann* RWS-Forum Gesellschaftsrecht 2001, S. 227 ff.
[95] BGHZ 9, 157, 169; *Hachenburg/Ulmer* Rn. 24; *Scholz/H. P. Westermann* Rn. 37; *Baumbach/G. Hueck/Fastrich* Rn. 15; *Roth/Altmeppen* Rn. 24.
[96] *Hachenburg/Ulmer* Rn. 24; *Scholz/H. P. Westermann* Rn. 37.
[97] *Hachenburg/Ulmer* Rn. 24.
[98] *Hachenburg/Ulmer* Rn. 24; *Scholz/H. P. Westermann* Rn. 37.

Einziehung (Amortisation) § 34

setzungen vorliegen, die auch bei der Einziehung des Geschäftsanteils eines Gesellschafters vorhanden sein müssen, **auch die Zulassung der Einziehung in der Satzung.**[99] Es kann insoweit auf das Vorgesagte verwiesen werden, lediglich die Zustimmung der Gesellschaft entfällt, was aus der Natur der Sache folgt;[100] auch darf **keine Unterbilanz** bestehen.[101] Es gelten iÜ das Verfahren und die Grundsätze des § 33 über den Erwerb eigener Geschäftsanteile durch die Gesellschaft. Auch im Falle der Einziehung eigener Geschäftsanteile bleibt dieser Vorgang wertneutral, da die für eigene Anteile zu bildende Sonderrücklage gemäß § 272 Abs. 4 HGB bei Einziehung der Anteile aufgelöst werden darf.[102]

IV. Stellung des Gesellschafters während der Einziehung

1. Wahrung seiner Rechte. Die im Schrifttum streitige Frage, ob der Einziehungsbeschluss schon mit seiner Bekanntgabe an den Gesellschafter zur Vernichtung des Geschäftsanteils führt oder ob **der Gesellschafter,** dessen Geschäftsanteil eingezogen werden soll, bis zur wirksamen und vollständigen Leistung des Einziehungsentgelts **Gesellschafter mit allen Rechten** bleibt, die die Mitgliedschaft in der Gesellschaft gewähren,[103] ist vom BGH bislang nicht beantwortet worden.[104] Die hM muss einen uU lange dauernden Schwebezustand hinnehmen, in dem der Betroffene grundsätzlich Gesellschafter mit allen Rechten und Pflichten bleibt, obwohl er andererseits durch den Einziehungsbeschluss aus seiner Gesellschafterstellung entfernt werden soll.[105] Zur Vermeidung oder Begrenzung des mit der Gegenansicht[106] verbundenen Nachteils, dass bei Wirksamwerden des Einziehungsbeschlusses mit seiner Verlautbarung uU noch nicht feststeht, ob der Gesellschafter das Einziehungsentgelt auch tatsächlich erhält, sind verschiedene Lösungsvorschläge entwickelt worden, die von der Annahme einer auflösenden Bedingung, die eintritt, wenn der Abfindungszahlung im Fälligkeitszeitpunkt § 30 Abs. 1 entgegensteht,[107] bis zur Anerkennung eines entsprechend § 61 klageweise geltend zu machenden Auflösungsrechts oder zur Gewährung eines Wiedereintrittsrechts für den betroffenen Gesellschafter[108] reichen. Zuletzt ist vorgeschlagen worden, es bei der bestandskräftigen Einziehungsentscheidung zu belassen, die früheren Mitgesellschafter aber pro rata ihrer Beteiligung für das ausgebliebene Einziehungsentgelt haften zu lassen.[109]

---

[99] *Hachenburg/Ulmer* Rn. 27; *Lutter/Hommelhoff* Rn. 48; *Baumbach/G. Hueck/Fastrich* Rn. 11; *Meyer-Landrut/Miller/Niehus* Rn. 8; aA *Scholz/H.P. Westermann* Rn. 36; *Hösel* DNotZ 1958, 12f.

[100] *Baumbach/G. Hueck/Fastrich* Rn. 11.

[101] *Hachenburg/Ulmer* Rn. 25; *Baumbach/G. Hueck/Fastrich* Rn. 11 mwN; aA *Roth/Altmeppen* Rn. 12.

[102] *Baumbach/G. Hueck/Fastrich* Rn. 11; s. iÜ die Erl. zu § 33.

[103] So die hM, vgl. *Lutter/Hommelhoff* Rn. 10a; *Baumbach/G. Hueck/Fastrich* Rn. 16, 35; *Gehrlein* DB 1998, 2355f.; wN zum Streitstand bei *Scholz/H.P. Westermann* Rn. 53ff.

[104] Vgl. BGHZ 139, 299; die Entscheidung BGHZ 9, 157 soll nach *Goette*, FS Lutter, 2000, S. 399, 401 nur die Folgen der ohne satzungsrechtliche Grundlage im Klagewege vorgenommenen Ausschließung betreffen.

[105] Für klare und eindeutige Satzungsregelungen auch des Stimmrechts für diesen Fall daher *Lutter/Hommelhoff* Rn. 10b; vgl. auch *Tschernig* GmbHR 1999, 691, 694.

[106] Vgl. OLG Hamm GmbHR 1993, 743, 746f.; *Roth/Altmeppen* Rn. 20ff.; *Roth* ZGR 1999, 715, 720.

[107] So *Hachenburg/Ulmer* Rn. 61.

[108] Vgl. *Grunewald* GmbHR 1991, 185, 186; *Niemeier* ZGR 1990, 314, 333f.

[109] So insbesondere *Roth/Altmeppen* Rn. 22; zust. *Goette*, FS Lutter, 2000, S. 399, 410.

44 Bis zu dem – je nach Ansicht unterschiedlichen – Zeitpunkt des Wirksamwerdens des Einziehungsbeschlusses bleiben dem Gesellschafter das Gewinnbezugsrecht, das Recht auf einen etwaigen Liquidationserlös und der Anspruch auf zurückgezahlte Nachschüsse, wobei jeder dieser Ansprüche **sich vor dem Wirksamwerden des Einziehungsbeschlusses verselbständigt haben muss**.[110] Kommt es aus Rechts- oder tatsächlichen Gründen zu einem Auseinanderfallen zwischen der Beschlussverlautbarung und seinem Wirksamwerden, so steht dem Gesellschafter bis zu seinem Ausscheiden das Stimmrecht, jedoch wegen der bis dahin bestehenden Treupflicht nur mit folgenden Einschränkungen zu: Bei Beschlüssen, die die Geschäftsführung als solche oder die Bestellung und/oder die Abberufung von Geschäftsführern betreffen, ist er zur Zurückhaltung verpflichtet;[111] gegen Maßnahmen, die seine Vermögensinteressen nicht beeinträchtigen können, darf er nicht ohne triftigen Grund stimmen.[112] Neben den Rechten des Gesellschafters bestehen bis zum Wirksamwerden des Einziehungsbeschlusses auch dessen Pflichten fort, er hat insbesondere die finanziellen Lasten wie Nachschüsse, Ansprüche aus §§ 16 Abs. 3, 22, 24, 31 Abs. 3 zu erfüllen, ebenso solche aus Nebenleistungspflichten.[113]

45 Der Gesellschafter kann weiter während der Dauer des Einziehungsverfahrens seines Erachtens rechtswidrige Beschlüsse der Gesellschafterversammlung mit der **Anfechtungs- oder Nichtigkeitsklage** angreifen, insbesondere den Beschluss, mit dem sein Geschäftsanteil eingezogen worden ist.[114] – Der Gesellschafter kann endlich seinen Geschäftsanteil bis zur wirksamen Einziehung auch veräußern, soweit dies nach dem Gesellschaftsvertrag zulässig ist. Der Käufer erwirbt dann den mit der Einziehung belasteten Geschäftsanteil.

46 **2. Statutarische Regelung.** Der Gesellschaftsvertrag kann jedoch vorsehen, dass während der Dauer des Einziehungsverfahrens **die Rechte und Pflichten aus dem Geschäftsanteil eingeschränkt werden;**[115] § 34 ist insoweit nicht zwingend. Das Stimmrecht als wesentlicher Ausdruck des Mitgliedschaftsrechtes wird man dem Gesellschafter jedoch während des Schwebezustandes auch durch eine Satzungsbestimmung oder einen Gesellschafterbeschluss nicht nehmen können. Doch könnte durch eine einstweilige Verfügung ein solches Stimmrechtsverbot im Falle des Missbrauchs des Stimmrechts bei Zwangseinziehung wegen Vorliegens eines wichtigen, in der Person des Gesellschafters liegenden Grundes für den Zeitraum des Einziehungsverfahrens erwirkt werden.[116]

V. Folgen der Einziehung

47 **1. Vernichtung des Geschäftsanteils.** Die Folge des Wirksamwerdens der Einziehung des Geschäftsanteils ist seine Vernichtung,[117] also sein vollständiger rechtlicher

---

[110] BGHZ 139, 299; *Scholz/H. P. Westermann* Rn. 60; *Baumbach/G. Hueck/Fastrich* Rn. 16; *Meyer-Landrut/Miller/Niehus* Rn. 11; *Roth/Altmeppen* Rn. 50; *Roth* ZGR 1999, 715, 718; vgl. BGH NJW 1984, 489, 490 f.
[111] BGH WM 1983, 1354, 1355.
[112] BGHZ 88, 320, 328; *Scholz/H. P. Westermann* Rn. 56; *Lutter/Hommelhoff* Rn. 10 b.
[113] *Scholz/H. P. Westermann* Rn. 60; *Lutter/Hommelhoff* Rn. 10 b.
[114] BGH WM 1985, 515; *Hachenburg/Ulmer* Rn. 46 f.; *Scholz/H. P. Westermann* Rn. 56; vgl. zum Verhältnis zur Feststellungsklage Rn. 57.
[115] BGHZ 88, 320.
[116] Vgl. *Hachenburg/Ulmer* Anh. § 34 Rn. 29.
[117] BGH WM 1985, 515.

Einziehung (Amortisation) § 34

Untergang.[118] **Ausgenommen** bleibt ein **bereits entstandener Zahlungsanspruch** wie zB der mit Feststellung des Jahresabschlusses und dem Verwendungsbeschluss schon entstandene Gewinnanspruch,[119] der Anspruch auf die Rückzahlung eines Nachschusses oder eines Anteils am Liquidationserlös[120] sowie die Haftung aus § 24. Diese Ansprüche bleiben dem Inhaber des Geschäftsanteils auch nach der Einziehung noch erhalten, **sofern sie vor der Einziehung wirksam entstanden sind und sich gegenüber dem Geschäftsanteil verselbständigt haben.**

Mit dem Untergang des Geschäftsanteils durch die Einziehung **erlöschen** hingegen **alle am Geschäftsanteil sonst bestehenden Rechte und die auf ihm ruhenden Belastungen,** wie zB Pfandrechte oder das Recht auf Nießbrauch.[121] Sie können sich aber am Abfindungserlös als Surrogat gemäß §§ 1075, 1287 BGB fortsetzen.[122] Vor dieser Gefahr sind die dinglich Berechtigten allerdings nur im Fall der freiwilligen Einziehung, nicht aber im Fall der Zwangseinziehung geschützt, da nur für erstere die Zustimmung der dinglich Berechtigten erforderlich ist.[123]

2. Erlöschen von Sonderrechten und Sonderpflichten. Etwaige mit dem Geschäftsanteil verbundene Sonderrechte erlöschen, so etwa das Recht auf Benennung eines Geschäftsführers, das Recht auf Stellung eines Aufsichtsratsmitgliedes, das Recht auf Vorzugsdividende ebenso auch die Pflicht zur Erbringung von **Nebenleistungen** gemäß § 3 Abs. 2.

3. Keine Änderung des Stammkapitals. Durch die Einziehung des Geschäftsanteils wird das nominale Stammkapital der Gesellschaft in keiner Weise berührt, ausgenommen der Einziehung geht eine Kapitalherabsetzung voraus (vgl. Rn. 22 ff.).[124] Hat also eine Gesellschaft ein Stammkapital von 100 000 € und wird von vier Geschäftsanteilen zu je 25 000 € einer eingezogen, so bleibt das Stammkapital der Gesellschaft unverändert 100 000 €. Es vergrößert sich nominell auch nicht die Stammeinlage der verbleibenden drei Gesellschafter. **Es wächst den verbleibenden Gesellschaftern insbesondere nicht anteilmäßig der Betrag des eingezogenen Geschäftsanteils an,** die verbleibenden Gesellschafter behalten ihren nominellen Geschäftsanteil, so wie sie ihn vor der Einziehung besaßen.[125] Der Geschäftsanteil steht also nicht etwa der Gesellschaft selbst zu, es gibt ihn nicht mehr.

4. Auswirkungen auf die übrigen Gesellschafter. Die Folgen der Einziehung des Geschäftsanteils wirken sich nur materiell-rechtlich auf die übrigen Gesellschafter aus. Im angenommenen Beispiel waren die Gesellschafter in Höhe ihres Geschäftsanteils von je 25 % des Stammkapitals jeweils ebenfalls mit 25 % am Vermögen, Gewinn

48

49

50

51

---

[118] Für das Wettbewerbsverbot vgl. OLG Karlsruhe BB 1984, 2015; *Hachenburg/Ulmer* Rn. 57 ff.
[119] BGHZ 139, 299.
[120] AllgM; KG OLGE 42, 220; *Hachenburg/Ulmer* Rn. 57; *Scholz/H. P. Westermann* Rn. 60; *Baumbach/G. Hueck/Fastrich* Rn. 16; *Meyer-Landrut/Miller/Niehus* Rn. 11.
[121] KG OLGE 42, 220; *Hachenburg/Ulmer* Rn. 58; *Scholz/H. P. Westermann* Rn. 64; *Baumbach/G. Hueck/Fastrich* Rn. 16; *Lutter/Hommelhoff* Rn. 2; *Meyer-Landrut/Miller/Niehus* Rn. 11; *Niemeier* S. 354; *Fichtner* BB 1966, 146, 148.
[122] *Lutter/Hommelhoff* Rn. 2; *Niemeier* S. 355; *Scholz/H. P. Westermann* Rn. 64.
[123] *Hachenburg/Ulmer* Rn. 58; *Scholz/H. P. Westermann* Rn. 35, 64.
[124] *Hachenburg/Ulmer* Rn. 62.
[125] *Hachenburg/Ulmer* Rn. 62; *Scholz/H. P. Westermann* Rn. 58, 62; *Baumbach/G. Hueck/Fastrich* Rn. 17; *Meyer-Landrut/Miller/Niehus* Rn. 11; *Roth/Altmeppen* Rn. 51; *Müller* DB 1999, 2045; *Wolff* GmbHR 1999, 958, 961; aA *Lutter/Hommelhoff* Rn. 2, die von einer automatischen Erhöhung des Nennbetrages der verbliebenen Geschäftsanteile bis zur Anpassung an das Stammkapital ausgehen.

§ 34　　2. Abschnitt. Rechtsverhältnisse der Gesellschaft und der Gesellschafter

oder Verlust der Gesellschaft beteiligt; sie sind nach der Einziehung des Geschäftsanteils von 25 000 € nominell weiterhin mit je einer solchen Stammeinlage und einem entsprechenden Geschäftsanteil an der Gesellschaft beteiligt, aber die gesellschaftsrechtlichen Rechte und Pflichten der verbleibenden Gesellschafter sind materiell-rechtlich von 25 % auf 33 1/3 % gestiegen, so die Haftung aus §§ 24, 31 Abs. 3.[126] Auch bei der Abstimmung in der Gesellschafterversammlung sind nunmehr die verbleibenden 75 % = 100 % des Stammkapitals. Dies kann zu einer entscheidenden Verschiebung der Mehrheitsverhältnisse führen, weil dadurch nicht selten ein Gesellschafter die angestrebte einfache oder qualifizierte Mehrheit in der Gesellschafterversammlung erlangen kann. Außerdem ist die Erhöhung der Quote für die Minderheitsrechte (10 % Mindestbeteiligung) der §§ 50 Abs. 1, 61 Abs. 2 von Bedeutung.[127]

52　**5. Anpassung der Geschäftsanteile.** Wächst der eingezogene Geschäftsanteil den verbliebenen Gesellschaftern nicht zu, so ist doch anerkannt, dass durch eine Satzungsanpassung die Geschäftsanteile der verbleibenden Gesellschafter der neuen Lage durch nominelle Anpassung der Geschäftsanteile am Stammkapital berichtigt werden können, sog. **Aufstockung**.[128] Die Berichtigung ist keine Satzungsänderung im materiellen Sinne und bedarf daher zu ihrer Wirksamkeit keines notariell beurkundeten Beschlusses.[129] Die Berichtigung ist aus Gründen der Rechtsklarheit zu empfehlen.

53　**6. Ausgabe revalorisierter Geschäftsanteile.** Der eingezogene Geschäftsanteil kann revalorisiert werden derart, dass **anstelle** des eingezogenen Geschäftsanteils ein **neuer Geschäftsanteil** oder mehrere neue Geschäftsanteile **in Höhe des nominalen Wertes des eingezogenen Geschäftsanteils** gebildet werden, ohne dass eine Kapitalherabsetzung mit anschließender Kapitalerhöhung erfolgt. Es kann also die Wiederausgabe des eingezogenen Geschäftsanteils durch die Gesellschaft ohne weiteres erfolgen.[130] Der neugebildete Geschäftsanteil steht der Gesellschaft als eigener zu.[131]

54　Es bedarf freilich zu dieser Revalorisierung des eingezogenen Geschäftsanteils eines vorausgehenden Beschlusses der Gesellschafterversammlung. Da den übrigen Gesellschaftern der durch die Einziehung des Geschäftsanteils zugefallene Mehrwert dadurch wieder entfällt, ist gemäß § 53 Abs. 3 die **Zustimmung aller Gesellschafter** erforderlich.[132]

VI. Recht auf Einziehung

55　Dem Recht der Gesellschaft auf Einziehung des Geschäftsanteils kann das **statutarische Recht des Gesellschafters** entsprechen, seinerseits die **Einziehung seines**

---

[126] *Hachenburg/Ulmer* Rn. 63 f.; *Scholz/H. P. Westermann* Rn. 62; *Baumbach/G. Hueck/Fastrich* Rn. 18; *Lutter/Hommelhoff* Rn. 2; *Meyer-Landrut/Miller/Niehus* Rn. 11.
[127] *Hachenburg/Ulmer* Rn. 63.
[128] *Hachenburg/Ulmer* Rn. 64; *Scholz/H. P. Westermann* Rn. 63; *Baumbach/G. Hueck/Fastrich* Rn. 17; *Roth/Altmeppen* Rn. 51.
[129] BGH WM 1988, 1335 = NJW 1989, 168; *Hachenburg/Ulmer* Rn. 64; *Scholz/H. P. Westermann* Rn. 63; *Baumbach/G. Hueck/Fastrich* Rn. 17.
[130] *Hachenburg/Ulmer* Rn. 64, 66; *Scholz/H. P. Westermann* Rn. 66; *Baumbach/G. Hueck/Fastrich* Rn. 17; aA *Wolff* GmbHR 1999, 963.
[131] *Baumbach/G. Hueck/Fastrich* Rn. 17.
[132] *Baumbach/G. Hueck/Fastrich* Rn. 17; *Meyer-Landrut/Miller/Niehus* Rn. 11; für qualifizierte Mehrheit *Hachenburg/Ulmer* Rn. 66; *Scholz/H. P. Westermann* Rn. 66, wobei letztere allerdings Einstimmigkeit fordern, wenn der Anteil unter dem Betrag des bezahlten Einziehungsentgelts veräußert wird.

Einziehung (Amortisation) § 34

Geschäftsanteils zu fordern, um auf diese Weise aus der Gesellschaft ausscheiden zu können (vgl. dazu Rn. 75).

VII. Einziehung bei geschäftsführender GmbH

Wegen der Einziehung eines Geschäftsanteils der geschäftsführenden GmbH bei einer GmbH & Co. KG s. Rn. 73. Die Einziehung des GmbH-Anteils ist dann das angemessene zweckmäßig in der Satzung zu verankernde Mittel, den aus der Kommanditgesellschaft ausgeschiedenen Gesellschafter in einfacher Weise auch aus der GmbH ausscheiden zu lassen. 56

VIII. Folgen eines Verstoßes gegen § 34

Sind bei der Einziehung des Geschäftsanteils die zwingenden Vorschriften des § 34 nicht beachtet, zB wenn die Geschäftsführer von sich aus einziehen, so ist die Einziehung **unwirksam**.[133] Dies kann von den Beteiligten durch Feststellungsklage geklärt werden. Klageberechtigt ist der Betroffene sowie all diejenigen, die ein rechtliches Interesse an der Feststellung der Nichtigkeit des Beschlusses haben.[134] Ist der Einziehungsbeschluss der Gesellschafterversammlung gemäß § 46 Nr. 4 oder des zuständigen Organs gemäß § 45 Abs. 2 nicht ordnungsgemäß, fehlt es insbesondere an einem wichtigen Grund, so ist der Beschluss **anfechtbar**.[135] Allerdings kann die Anfechtung im Einzelfall rechtsmissbräuchlich sein, wenn in ihr ein Verstoß gegen die mitgliedschaftliche Treupflicht liegt.[136] Nach Versäumung der Anfechtungsfrist bleibt im Einzelfall nur noch die Arglisteinrede.[137] 57

IX. Steuerfragen

Die Einziehung eines Geschäftsanteils wird beim Gesellschafter steuerrechtlich als **Anteilsveräußerung** behandelt,[138] so dass die bei § 15 Rn. 197 ff. genannten steuerrechtlichen Regelungen Platz greifen. Wird ein eigener Geschäftsanteil der Gesellschaft eingezogen, so fällt **keinerlei Steuer** an, da der Vorgang steuerlich neutral ist. Wird der eingezogene Geschäftsanteil revalorisiert, also der Geschäftsanteil neu gebildet und an einen Dritten abgegeben (Rn. 53), so ist mangels eines Wertzuwachses bei den übrigen Gesellschaftern ein schenkungsteuerpflichtiger Vorgang **nicht** gegeben. 58

B. Ausscheiden eines Gesellschafters

Schrifttum: *Balz* Die Beendigung der Mitgliedschaft in der GmbH, 1984; *Batz* Rechte und Pflichten des Gesellschafters nach Austritt aus der GmbH, DB 1984, 1865; *Baumann* Die Ausschließung von GmbH-Gesellschaftern – Möglichkeiten der Satzungsgestaltung, MittRhNotK 1991, 271; *Becker* Der Austritt aus der GmbH, 1985; *Bösert* Gesetzliches Sonderaustrittsrecht des GmbH-Gesellschafters, GmbHR 1994, 293; *Buchwald* Die Ausschließung eines GmbH-Gesellschafters aus der Gesellschaft, BB 1953, 457; *ders.* Die Einziehung eines Geschäftsanteils, GmbHR 1959, 68 ff.; *Damrau-Schröter* Der Ausschluss eines (mißliebigen) GmbH-Gesellschafters, NJW 1991, 1927; *Dreiss-Eitel-Dreiss* Unfreiwilliges Ausscheiden aus Gesellschaften, insbesondere GmbH, 1971; *Eser* Zur Ausschließung eines Gesellschafters außerhalb der Satzung, DB 1985, 29; *ders.* Zur Ausschließbarkeit eines GmbH-Gesellschafters,

---

[133] *Hachenburg/Ulmer* Rn. 29, 46; *Lutter/Hommelhoff* Rn. 22.
[134] Wohl enger *Hachenburg/Ulmer* Rn. 29, 46; vgl. auch BGH GmbHR 1985, 214, 215.
[135] BGH ZIP 1995, 835, 836 f.
[136] OLG Hamm GmbHR 1994, 256, 257; vgl. hierzu auch *Goette* DStR 1994, 368 ff.
[137] BGH NJW 1987, 2514 = BGHZ 101, 113.
[138] Vgl. *Tillmann* GmbH-Handbuch, Kap. III Rn. 765 mwN; zu den steuerlichen Auswirkungen der Einziehung ferner *Peetz* GmbHR 2000, 749, 753 ff.

§ 34   2. Abschnitt. Rechtsverhältnisse der Gesellschaft und der Gesellschafter

DStR 1991, 747; *Fichtner* Kaduzierung, Einziehung und Ausschließung bei der GmbH, BB 1966, 146; *Fichtner* Austritt und Kündigung bei der GmbH, BB 1967, 17; *R. Fischer* Das Recht der OHG als ergänzende Rechtsquelle zum GmbH-Gesetz, GmbHR 1953, 131; *ders.* Die personalistische GmbH als rechtpolitisches Problem, Festschr. f. W. Schmidt 1959, S. 117; *G. Fischer* Die zwangsweise Ausschließung eines GmbH-Gesellschafters aus wichtigem Grund, Diss. Tübingen 1968; *Freund* Das Recht der Ausschließung von Gesellschaftern aus wichtigem Grund in den Gesetzen betr. die GmbH in den europäischen Staaten, Diss. Köln 1962; *ders.* Die in den europäischen Ländern bestehenden Regelungen des Ausschlusses eines GmbH- Gesellschafters, GmbHR 1962, 231; *Ganßmüller* Gesellschafterausschließung und Wiederaufnahmeverfahren, GmbHR 1956, 129 und 145; *ders.* Ausschließung eines Gesellschafters aus einer GmbH, GmbHR 1963, 65; *Gercke* Die Ausschließung eines Gesellschafters aus der GmbH bei Schweigen eines Gesellschaftsvertrages, Diss. Hamburg 1958; *Gessler* Zur Buchwertabfindung bei Ausscheiden aus einer GmbH, GmbHR 1984, 29; *Goette* Ausschließung und Austritt aus der GmbH in der Rechtsprechung des Bundesgerichtshofs, DStR 2001, 533; *Gonella* Verwertungsmöglichkeiten eines Geschäftsanteils bei zwangsweisem Ausschluss eines GmbH-Gesellschafters aus wichtigem Grund und ihre rechtlichen Auswirkungen, Diss. Freiburg 1965; *ders.* Die zukünftige Regelung des Gesellschafterausschlusses in der GmbH, GmbHR 1967, 89; *Grunewald* Der Ausschluss aus Gesellschaft und Verein, 1987; *dies.* Probleme bei der Aufbringung der Abfindung für ausgetretene GmbH-Gesellschafter, GmbHR 1991, 185; *Habersack* Die unentgeltliche Einziehung des Geschäftsanteils beim Tod des GmbH-Gesellschafters, ZIP 1990, 625; *Haibt* Abfindungsklauseln in GmbH-Verträgen, MittRhNotK 1998, 261; *Horst* Zur Zwangseinziehung von Geschäftsanteilen, GmbHR 1987, 183; *Hartmann* Der lästige Gesellschafter in der Wirtschaftspraxis, 3. Aufl. 1972; *ders.* Der Ausschluss eines GmbH-Gesellschafters, GmbHR 1962, 5; *Heckelmann* Abfindungsklauseln in Gesellschaftsverträgen, 1973; *ders.* Der ausscheidende Gesellschafter in der Wirtschaftspraxis, 4. Aufl. 1983; *Heller* Das Stuttgarter Verfahren in Abfindungsklauseln, GmbHR 1999, 594; *Hermann* Die Bestimmung der Abfindung in der Satzung für die Fälle der Ausschließung eines Gesellschafters und des Austritts aus der GmbH, Diss. Münster 1967; *Hoffmann* Die Klagebefugnis des GmbH-Gesellschafters (actio pro socio), GmbHR 1963, 61; *Hueck* Ausschluss eines Gesellschafters aus einer GmbH, DB 1951, 108 und DB 1953, 776; *ders.* Die Bedeutung der Zwangsamortisation von Geschäftsanteilen für die Sanierung einer Finanzierungs-GmbH, DB 1957, 37; *Hülsmann* Buchwertabfindung des GmbH-Gesellschafters im Lichte aktueller Rechtsprechung, GmbHR 2001, 409; *Immenga* Die personalistische Kapitalgesellschaft, 1970; *Jung* Der Ausschluss, der Austritt von Gesellschaftern aus einer GmbH und die Einziehung von Geschäftsanteilen, MittRhNotK 1969, 806; *Kesselmeier* Ausschließungs- und Nachfolgeregelung in der GmbH-Satzung, 1989; *Kirchner* Klagebefugnis des GmbH-Gesellschafters, GmbHR 1961, 160; *Kühn* Die Minderheitsrechte in der GmbH und ihre Reform, 1964; *Kulka* Die gleichzeitige Ausschließung mehrerer Gesellschafter aus Personengesellschaften und GmbH, 1983; *Lenz* Abfindungsprobleme beim Ausscheiden aus einer GmbH, INF 1999, 560; *Masur* Zum Ausschluss eines Gesellschafters einer GmbH aus wichtigem Grund, NJW 1949, 407; *Mecklenbrauck* Die Abfindung zum Buchwert beim Ausscheiden eines Gesellschafters, 2000; *Mezger* Ausschließung eines Gesellschafters aus einer GmbH, Diss. Hamburg 1960; *ders.* Ausschließung eines Gesellschafters aus einer GmbH, GmbHR 1963, 64 und 106; *Meyer-Landrut* Die Auslegung einfacher Kündigungsklauseln in der GmbH-Satzung, FS Stimpel, 1985, S. 431; *Piltz* Die Unternehmensbewertung in der Rechtsprechung, 3. Aufl. 1994; *ders.* Rechtspraktische Überlegungen zu Abfindungsklauseln in Gesellschaftsverträgen, BB 1994, 1021; *Priester* Grundsatzregelung, Wertmaßstäbe und Zahlungsmodalitäten des Einziehungsentgelts für GmbH-Anteile bei Pfändung oder Konkurs, GmbHR 1976, 5 ff.; *Reimann* Die Bewertung von GmbH-Anteilen im Zivilrecht, DStR 1991, 910; *ders.* Gesellschaftsvertragliche Bewertungsvorschriften in der notariellen Praxis, DNotZ 1992, 472; *Reuter* Nochmals: Das Kündigungsrecht des GmbH-Gesellschafters, GmbHR 1977, 77; *Ritterstieg* Zur Problematik von Abfindungsbeschränkungen im GmbH-Recht, DB 1985, 2285; *Sachs* Zur Einziehung von Geschäftsanteilen wegen Pfändung, GmbHR 1974, 84 ff.; *Sanfleber* Abfindungsklauseln in Gesellschaftsverträgen, 1990; *Schick* Das Mehrheitserfordernis bei Ausschluss eines Minderheitsgesellschafters einer GmbH und Stimmrechtsverbote im Gesellschafterkonsortium, DB 2000, 2105; *Scholz* Der Austritt aus der GmbH, 1931; *ders.* Ausschließung und Austritt aus der GmbH, 3. Aufl. 1950; *ders.* Ausschluss eines Gesellschafters aus der GmbH, GmbHR 1952, 17; *ders.* Die Rechte eines Minderheitsgesellschafters in der GmbH, GmbHR 1955, 36; *Schwerdtner* Das Kündigungsrecht des GmbH- Gesellschafters, GmbHR 1976, 101; *Seydel* Ausschließung eines GmbH-Gesellschafters, GmbHR 1953, 149; *Soufleros* Ausschließung und Abfindung eines GmbH-Gesellschafters, 1983; *Spitze* Der Ausschluss des GmbH-Gesellschafters aus wichtigem Grund bei Schweigen der Satzung, 1985; *v. Stetten* Die Ausschließung von Mehrheitsgesellschaftern durch Minderheitsgesellschafter, GmbHR 1982, 105; *Topf-Schleuning* Einfache Kündigungsklauseln in GmbH-Satzungen, 1993; *Tschernig* Der Ausschluss eines GmbH-Gesellschafters durch Gesellschafterbeschluss, GmbHR 1999, 691; *Ulmer* Abfindungsklauseln in Personengesellschafts- und GmbH-Verträgen – Plädoyer für die Ertragswertklausel, FS Quack, 1991, S. 477; *H. Vogel* Die Ausschließung eines GmbH-Gesellschafters aus der Gesellschaft, BB 1953, 460; *W. Vogel* Die Kündigung der GmbH, FS Knur, 1972, S. 259; *Wellhöfer* Das Ausscheiden eines GmbH-Gesellschafters in der

Gesellschaftspraxis, GmbHR 1994, 212; *H. P. Westermann* Abberufung und Ausschließung von Gesellschaftern/Geschäftsführern in Personengesellschaften und GmbH, 2. Aufl. 1982; *ders.* Einziehung und Abfindung (§ 34 GmbHG), FS 100 Jahre GmbHG, 1992, S. 447; *Westermann-Pöllath* Abberufung und Ausschließung von Gesellschafter/Geschäftsführer in Personengesellschaften und GmbH, 3. Aufl. 1986; *Wiedemann* Die Übertragung und Vererbung von Mitgliedschaftsrechten bei Handelsgesellschaften, 1965; *Winkler* Die Lückenausfüllung des GmbH-Rechts durch das Recht der Personengesellschaften, 1967; *Wolany* Rechte und Pflichten des Gesellschafters einer GmbH, 1964; *Wulff* Das Ausscheiden eines Gesellschafters aus wichtigem Grunde, Diss. Hamburg 1962; *Wolf* Abberufung und Ausschluss in der Zweimann-GmbH, ZGR 1998, 93.

I. Entwicklung und Grundlagen

1. Einführung. a) Ausschluss aus wichtigem Grund. Das Ausscheiden eines Gesellschafters aus einer GmbH hat die Rechtsprechung und die Rechtslehre seit Jahrzehnten nachhaltig beschäftigt. Die besondere Stellung der GmbH als juristische Person mit überschaubarem Gesellschafterkreis hat für das Ausscheiden eines Gesellschafters aus der Gesellschaft mangels einer speziellen gesetzlichen Regelung vielfache Probleme aufgeworden, so beim Ausschluss eines Gesellschafters, wenn der Gesellschafter auf seiner Gesellschafterstellung beharrt, oder beim Austritt eines Gesellschafters, wenn die Gesellschaft dem Ausscheiden des Gesellschafters nicht zustimmt oder sie die Zustimmung zur Abtretung des Geschäftsanteils verweigert. 59

Bei den Personenhandelsgesellschaften des HGB ist in den Bestimmungen der §§ 140 Abs. 1, 133 gesetzlich die Möglichkeit des Ausschlusses eines Gesellschafters bei Vorliegen eines wichtigen Grundes vorgesehen. Bei der Aktiengesellschaft stellt sich in aller Regel das Problem nicht, da die Aktien fast stets auf den Inhaber lauten und damit frei veräußerlich sind und nur selten, etwa bei vinkulierten Namensaktien, unmittelbare gesellschaftsrechtliche Beziehungen zwischen den Aktionären und der Gesellschaft und den Aktionären untereinander bestehen und damit verbunden die Veräußerung solcher Aktien der Zustimmung der Gesellschaft oder der Hauptversammlung oder etwa des Aufsichtsrates bedarf. Minderheitsaktionäre können auf Verlangen eines Hauptaktionärs, dem Aktien in Höhe von 95 % des Grundkapitals gehören, nunmehr gemäß § 327a AktG gegen Gewährung einer angemessenen Barabfindung ausgeschlossen werden. 60

b) Aufgrund der Satzung. Demgegenüber bestand von jeher bei der GmbH **das Problem der engeren Verbundenheit der Gesellschafter mit der Gesellschaft und untereinander** und den darin begründeten möglichen Schwierigkeiten, ohne dass das Gesetz diesen besonderen Umständen Rechnung getragen hätte, ausgenommen bei der Kaduzierung gemäß § 21 und dem Abandon gemäß § 27 sowie wenn der Gesellschaftsvertrag die zwangsweise Einziehung eines Geschäftsanteils bei Vorliegen bestimmter wichtiger Gründe ausdrücklich vorsah.[139] 61

Lagen diese Voraussetzungen nicht vor, so war nur die **Auflösungsklage gemäß § 61 Abs. 1** gegeben, die wiederum nur von Gesellschaftern erhoben werden kann, deren Gesellschaftsanteile insgesamt 10 % betragen (§ 61 Abs. 2), ganz abgesehen von dem bedeutsamen Umstand, dass ein ausscheidungswilliger Gesellschafter in aller Regel keineswegs die Auflösung der Gesellschaft wünscht, sondern nur sein eigenes Ausscheiden, und im Falle des Ausschlusses eines lästigen Gesellschafters die Gesellschaft unter den übrigen bestehen bleiben soll. 62

c) Weitere Fälle. Die Rechtsprechung hat, um dieser Unzulänglichkeit des GmbH-Gesetzes abzuhelfen, schon früh nach Regelungen gesucht, **dem austrittswilligen Gesellschafter eine Möglichkeit des Austritts zu eröffnen** bei Fortbestand 63

---
[139] *Hachenburg/Ulmer* Anh. § 34 Rn. 1.

§ 34   2. Abschnitt. Rechtsverhältnisse der Gesellschaft und der Gesellschafter

der GmbH. Entwickelt wurde die Rechtsprechung zunächst aufgrund des § 8 der Kartellverordnung vom 2. 11. 1923,[140] um ohne Vorliegen der Voraussetzung des § 8 der Kartellverordnung bei drückenden Nebenleistungen der Gesellschafter einer Kartell-GmbH dem einzelnen Gesellschafter den Austritt zu ermöglichen.[141] Den entscheidenden Durchbruch brachte die bemerkenswerte Entscheidung des Reichsgerichts vom 13. 8. 1942,[142] die erstmals eindeutig aussprach, dass der Ausschluss eines Gesellschafters aus einer GmbH auch ohne eine entsprechende Satzungsbestimmung möglich sei, wenn den übrigen Gesellschaftern das Verbleiben des Auszuschließenden in der Gesellschaft nicht mehr zuzumuten sei. Der BGH hat diese Rechtsprechung übernommen und fortentwickelt.[143] *Hachenburg/Ulmer* Anh. § 34 Rn. 1 weisen zutreffend darauf hin, dass das Schrifttum erheblichen Anteil an der Entwicklung des Ausscheidensrechts gehabt hat, namentlich *Scholz* in seiner weithin bekannten Arbeit „Ausschließung und Austritt aus der GmbH", 3. Aufl. 1950. Der RegE 1972 (BT-Drucks. 6/3088 = BT-Drucks. 7/253), der eine praktisch vollständige Neugestaltung des Rechts der GmbH vorsah, aber nicht Gesetz geworden ist, hat in seinen §§ 207 bis 211 das Ergebnis von Rechtsprechung und Rechtslehre zum Ausschluss und Austritt eines Gesellschafters aus einer GmbH sinnvoll formuliert, so dass auf diese „Quasi-Legaldefinitionen" durchaus zurückgegriffen werden kann.[144]

64 Es ist danach heute uneingeschränkt anerkannt, dass auch ohne eine entsprechende Satzungsbestimmung ein Gesellschafter aus einer GmbH ausgeschlossen werden, aber der Gesellschafter auch ohne eine entsprechende Satzungsbestimmung aus der Gesellschaft austreten kann.[145] Seine rechtliche Stütze findet der Ausschluss oder der Austritt eines Gesellschafters aus einer GmbH zum einen in der auch bei der GmbH **bestehenden gesellschaftsrechtlichen Treuepflicht**[146] und zum anderen aus der zutreffenden Überlegung des **Dauerschuldverhältnisses,** das für den einzelnen auflösbar sein muss, wenn die Umstände, nach denen es eingegangen wurde, sich nachhaltig und negativ verändert haben.[147] Dieses **Recht auf Ausschluss oder Austritt** aus der Gesellschaft ist **zwingend** und kann demgemäß durch die Satzung der Gesellschaft zwar **inhaltlich modifiziert, aber niemals vollständig ausgeschlossen werden.**[148] Insbesondere darf eine Abfindungsregelung den Austritt aus wichtigem Grund nicht so erschweren, dass dies praktisch einem Ausschluss des Austrittsrechts gleichkommt.[149]

---

[140] RGZ 114, 212, 217 f.; 125, 114, 118 ff.
[141] RGZ 128, 1, 15 ff.; vgl. hierzu iE *Hachenburg/Ulmer* Anh. § 34 Rn. 1; *Scholz/Winter* § 15 Rn. 114 ff.
[142] RGZ 169, 330, 334.
[143] BGHZ 9, 157, 158 ff.; 16, 317, 322; 32, 17, 22 f.; 80, 346, 347 f.; 116, 359, 369; BGH GmbHR 1987, 302; NJW-RR 1990, 530; NJW 1999, 3779; vgl. auch OLG München GmbHR 1994, 320.
[144] Dazu ausführlich *Hachenburg/Ulmer* Anh. § 34 Rn. 4 ff.
[145] *Hachenburg/Ulmer* Anh. § 34 Rn. 8 ff., 44 ff.; *Scholz/Winter* § 15 Rn. 114b, 130; *Lutter/Hommelhoff* Rn. 24, 36; *Roth/Altmeppen* § 60 Rn. 35; *Baumbach/G. Hueck/Fastrich* Anh. § 34 Rn. 1 mwN.
[146] So besonders deutlich BGH NJW 1999, 3779; *Goette* DStR 2001, 533.
[147] BGHZ 9, 157, 163; *Hachenburg/Ulmer* Anh. § 34 Rn. 9, 44; *Scholz/Winter* § 15 Rn. 115, 130; *Wolany* S. 146 f.
[148] BGHZ 116, 359, 369; *Hachenburg/Ulmer* Anh. § 34 Rn. 17, 65; *Scholz/Winter* § 15 Rn. 114, 152; *Lutter/Hommelhoff* Rn. 36; *Meyer-Landrut/Miller/Niehus* § 15 Rn. 40; *Roth/Altmeppen* § 60 Rn. 39; *Baumbach/G. Hueck/Fastrich* Rn. 1.
[149] HM, BGHZ 116, 359, 368 ff. = NJW 1992, 892; *Baumbach/G. Hueck/Fastrich* Anh. § 34 Rn. 23; zu den Einzelheiten vgl. Rn. 107 ff.

Einziehung (Amortisation) § 34

2. Ausschluss aus wichtigem Grund. a) Aufgrund der Satzung. Es kann die 65
Satzung den wichtigen Grund für einen Ausschluss näher definieren, den Ausschluss zB
nur bei besonders gravierenden Fällen der Verletzung der gesellschaftsrechtlichen
Treuepflicht vorsehen oder den Ausschluss nur bei Eröffnung des Insolvenzverfahrens
über das Vermögen des Gesellschafters oder bei Einzelzwangsvollstreckung in den Geschäftsanteil vorsehen. **Solche in der Satzung aufgeführten Fälle bleiben aber beispielhaft** in dem Sinne, dass in den genannten Fällen der Ausschluss vorgesehen ist.
Eine solche Aufzählung von Ausschlussfällen besagt aber nicht, dass nicht auch andere
schwere Pflichtverletzungen oder sonstige auch **schuldunabhängige Vorgänge** den
Ausschluss aus wichtigem Grunde zulassen. Die Satzung kann den Ausschluss aus
wichtigem Grund an **strengere** oder **mildere** Maßstäbe binden.[150] Zu strenge Maßstäbe dürfen aber nicht dazu führen, dass das Recht zur Ausschließung aus wichtigem
Grund faktisch abgeschafft ist; durch zu milde Maßstäbe darf nicht die Gefahr der im
freien Ermessen der anderen Gesellschafter stehenden Hinauskündigung begründet
werden.[151]

Eine allgemeine Richtlinie bietet der RegE 1972 (BT-Drucks. 7/3088), der Rege- 66
lungen für ein Ausscheiden vorsah und einen Orientierungsmaßstab dafür gab, wann
ein Ausschluss oder Austritt aus einer GmbH erfolgen kann. Die diesbezüglichen Bestimmungen in RegE 1972 lauteten:

§ 207. Voraussetzungen des Ausschlusses. (1) Ein Gesellschafter kann auf Antrag der Gesellschaft
durch gerichtliches Urteil aus der Gesellschaft ausgeschlossen werden, wenn in seiner Person ein wichtiger Grund vorliegt. Ein wichtiger Grund liegt namentlich vor, wenn der Gesellschafter durch seine
Person oder durch sein Verhalten die Erreichung des Gesellschaftszwecks unmöglich macht oder erheblich gefährdet oder wenn sonst die Person des Gesellschafters oder sein Verhalten sein Verbleiben in der
Gesellschaft untragbar erscheinen lässt. Der Ausschuss ist nicht zulässig, wenn die der Gesellschaft drohenden Nachteile durch andere zumutbare Mittel abgewendet werden können.

§ 211. Austritt. (1) Ist einem Gesellschafter aus wichtigem Grund das Verbleiben in der Gesellschaft
nicht zuzumuten, so kann er nach Maßgabe der folgenden Vorschriften aus der Gesellschaft austreten.
Ein wichtiger Grund liegt namentlich vor, wenn die Gesellschaft Maßnahmen trifft, durch die sich ihre
rechtlichen und wirtschaftlichen Verhältnisse in einer für den Gesellschafter nicht zumutbaren Weise
ändern. Der Gesellschafter ist zum Austritt nicht berechtigt, wenn er die ihm drohenden Nachteile
durch andere zumutbare Mittel abwenden kann.

b) Weitere Fälle. Auch diese Definitionen des Entwurfes waren nicht abschließend 67
gemeint, wie die Verwendung des Wortes „namentlich" bei § 207 Abs. 1 S. 2, § 211
Abs. 1 S. 2 des RegE 1972 deutlich macht. Es sind auch **andere wichtige Umstände
denkbare und mögliche Ausscheidungs- oder Austrittsgründe** selbst ohne besondere Satzungsregelung.[152] Es ist dabei auf den Einzelfall abzustellen.[153] Wichtige
Gründe können sich aus den persönlichen Verhältnissen oder aus dem Verhalten des
Gesellschafters ergeben, wenn hierdurch die Erreichung des Gesellschaftszwecks unmöglich gemacht bzw. erheblich gefährdet wird und sein Verbleiben in der Gesellschaft untragbar erscheint.[154]

Als Gründe im Hinblick auf die **persönlichen Verhältnisse** kommen in Be- 68
tracht:[155] Verlust gesellschaftsvertraglich geforderter Eigenschaften[156] oder sonstiger

---
[150] *Baumbach/G. Hueck/Fastrich* Anh. § 34 Rn. 14; *Hachenburg/Ulmer* Anh. § 34 Rn. 17.
[151] *Goette* DStR 2001, 533, 535.
[152] HM; *Baumbach/G. Hueck/Fastrich* Anh. § 34 Rn. 2 mwN.
[153] BGHZ 16, 32; 80, 350; GmbHR 1987, 302.
[154] OLG Hamm GmbHR 1993, 660, 662; OLG München GmbHR 1994, 251, 252.
[155] Siehe hierzu auch *Hachenburg/Ulmer* Anh. § 34 Rn. 11; *Scholz/Winter* § 15 Rn. 134; *Lutter/Hommelhoff* Rn. 25; *Meyer-Landrut/Miller/Niehus* § 15 Rn. 40 ff.
[156] BGHZ 9, 157, 159.

Voraussetzungen wie etwa der Familienzugehörigkeit bei der Aufnahme in eine Familien-Gesellschaft;[157] schwere auf Dauer angelegte Erkrankung[158] nur, wenn der Gesellschafter zur Mitwirkung verpflichtet ist; Fälle dieser Art können auch Senilität sowie Alkoholabhängigkeit darstellen; im Einzelfall auch ungeordnete Vermögensverhältnisse, etwa aufgrund von Spielsucht. Zu den **verhaltensbedingten** Gründen zählen: Schwere Pflichtverletzungen, auch der Treuepflicht,[159] insbesondere unzulässige Entnahmen;[160] Betrug, Untreue, Unterschlagung, Diebstahl, etc. vollendet oder im Versuchsstadium;[161] schwerwiegend geschäftsschädigendes Auftreten in der Öffentlichkeit;[162] Führen von schikanösen oder mutwilligen Rechtsstreitigkeiten gegen die Gesellschaft oder Mitgesellschafter;[163] Geheimnisverrat oder Verleitung eines Angestellten zum Geheimnisverrat;[164] unsittliches Verhalten gegenüber einer Mitarbeiterin;[165] Bezichtigung strafbarer oder ehrenrühriger Handlungen im Hinblick auf einen Mitgesellschafter;[166] Verstoß gegen ein bestehendes Wettbewerbsverbot; Zerstörung des Vertrauensverhältnisses, etwa durch den Versuch, einen Mitgesellschafter über eine finanzamtliche Pfändung seines Geschäftsanteils aus der Gesellschaft zu drängen,[167] mehrfache Schädigung der Gesellschaft und mehrere ungerechtfertigte Strafanzeigen,[168] Zerstörung der Familienbindung nach Ehescheidung verbunden mit der Auflösung des Angestelltenverhältnisses;[169] Unverträglichkeit, gekennzeichnet etwa durch willkürliche Strapazierung der Gesellschafterrechte, wie zB das ständige Geltendmachen von Auskunfts- und Bucheinsichtsrechten (§ 51a); oder das ständige und willkürliche Verlangen nach Einberufung von Gesellschafterversammlungen, schuldhaftes Herbeiführen eines schwerwiegenden Zerwürfnisses zwischen den Gesellschaftern einer personalistisch strukturierten GmbH;[170] die ständige willkürliche Ausnutzung von Mehrheitsrechten, etwa die ständige Verhinderung von Gewinnverteilungsbeschlüssen, eigenmächtige und dem Eigeninteresse dienende Eingriffe eines Mehrheitsgesellschafters in die Geschäftsführung. Weiter kann auch ein Verhalten vor oder bei Abschluss des Gesellschaftsvertrages bzw. Beitritt einen Ausschlussgrund bilden, insbesondere Verschweigen von erheblichen Vorstrafen oder das Vorspiegeln von Fachkenntnissen.[171] Nicht ausreichend für einen Ausschluss aus wichtigem Grund ist hingegen die gerichtliche Geltendmachung berechtigter Zahlungsansprüche gegen die Gesellschaft durch den Gesellschafter sowie die Kündigung des Pachtvertrages gegenüber der Gesellschaft durch ihn, nachdem es auf sein Betreiben hin zur Teilungsversteigerung des Grundstücks kam,[172] da es die Treupflicht nicht gebietet, dass der Gesellschafter in jedem Fall seine Belange hinter diejenigen der Gesellschaft zurück-

---

[157] BGH NJW 1973, 92.
[158] *Scholz/Winter* § 15 Rn. 134.
[159] BGHZ 80, 346, 350; BGH GmbHR 1987, 302, 303.
[160] BGHZ 80, 346, 350.
[161] BGH GmbHR 1987, 302, 303 zum versuchten Betrug.
[162] *Hachenburg/Ulmer* Anh. § 34 Rn. 11; *Baumbach/G. Hueck/Fastrich* Rn. 3.
[163] OLG Frankfurt GmbHR 1993, 559, 660.
[164] Zu Letzterem vgl. BGH GmbHR 1990, 162, 163.
[165] BGHZ 16, 317, 318 f.
[166] Vgl. BGH NJW 1969, 793, 794 für KG; *Lutter/Hommelhoff* Rn. 25.
[167] BGHZ 32, 17, 34.
[168] OLG Frankfurt GmbHR 1980, 56, 57.
[169] BGH GmbHR 1993, 44, 45 zum KG.
[170] RGZ 164, 258; BGHZ 80, 346, 349; BGH GmbHR 1991, 362, 363.
[171] BGH GmbHR 1987, 303.
[172] OLG Frankfurt GmbHR 1993, 559, 560.

Einziehung (Amortisation) § 34

stellt.[173] Im Ergebnis gilt Gleiches für die Einräumung einer Unterbeteiligung an einen unmittelbaren Konkurrenten, wenn eine Unterbeteiligung grundsätzlich zulässig und der Unterbeteiligungsvertrag nicht zu beanstanden ist.[174]

3. Eingrenzung. Niemals darf der Ausschluss nur dazu dienen, sich eines **unerwünschten Gesellschafters** zu entledigen, und niemals kann die sachgerechte auch häufige Wahrnehmung von Gesellschafterrechten, zB Wahrnehmung der Minderheitsrechte, Anlass zum Ausschluss eines Gesellschafters sein.[175] Der Ausschluss bedarf stets eines **sachlich gerechtfertigten Grundes;** sonst verstößt er gegen § 138 BGB.[176] Es sind dabei die Umstände des Einzelfalls zu berücksichtigen.[177] Ein Ausschluss nach freiem Ermessen ist stets sittenwidrig. Allerdings ist jeweils eine geltungserhaltende Auslegung vorzunehmen.[178] So kann insbesondere bei kleineren Gesellschaften mit personalistischer Struktur eine Kündigung der Erben dann sachlich gerechtfertigt sein, wenn der Gesellschaftsvertrag eine entsprechende Klausel vorsieht oder wenn die Unfähigkeit der Erben, die Gesellschafterstellung einzunehmen, evident ist. Es sind freilich stets äußerst strenge Maßstäbe anzulegen. **69**

Im Übrigen setzt die Ausschließung, aber auch der Austritt eines Gesellschafters aus der Gesellschaft **nicht zwingend ein Verschulden** voraus,[179] ein solches kann aber im Rahmen der erforderlichen Abwägung zu berücksichtigen sein. Mitverschulden der übrigen Gesellschafter oder auch eines Gesellschafters kann den wichtigen Grund zum Ausschluss entfallen lassen.[180] Die Unzumutbarkeit des Verbleibens eines Gesellschafters in der Gesellschaft ist an **objektiven Kriterien** zu orientieren. Der wichtige Grund muss dabei nicht unbedingt in dem Verhalten des Gesellschafters iS zB einer Treuepflichtverletzung liegen, wenngleich dies der häufigste Fall sein wird. **70**

II. Der Ausschluss

1. Äußerstes Mittel. Es kommen aber selbst in solchen Fällen auch **weniger weit reichende Maßnahmen** in Betracht, etwa die Abberufung als Geschäftsführer, da die Unfähigkeit zur Geschäftsführung nicht zwangsläufig einen wichtigen Grund zum Ausschluss des Gesellschafters gibt, oder der Verzicht des Gesellschafters auf Einsicht in den Prüfungsbericht bzw. die Wahrnehmung der Gesellschafterrechte, insbesondere diejenigen nach §§ 50, 51a durch eine zur Berufsverschwiegenheit verpflichtete sachkundige Person, wie etwa einen Wirtschaftsprüfer, Steuerberater oder Rechtsanwalt, die sich ihrerseits verpflichtet, Dinge, die von dem Geschäftsführer oder der Gesellschafterversammlung als vertraulich bezeichnet werden, nicht an den Gesellschafter weiterzugeben, etwa Umsatz-, Gewinnrelationen, Neuentwicklungen, Kundschaft etc.[181] Auch die Übertragung des Geschäftsanteils auf einen Treuhänder, die Pfleger- **71**

---

[173] Vgl. auch BGH GmbHR 1991, 362, 363.
[174] OLG Frankfurt DB 1992, 2489, 2491.
[175] S. hierzu OLG München ZIP 1984, 1349 ff.
[176] BGH DB 1989, 219 mwN.
[177] BGH DB 1981, 1974; WM 1985, 772; GmbHR 1987, 302; WM 1989, 133 = DB 1989, 219.
[178] BGH DB 1989, 219.
[179] BGHZ 9, 157, 164; 80, 346, 349; *Hachenburg/Ulmer* Rn. 10; *Scholz/Winter* § 15 Rn. 134; *Baumbach/G. Hueck/Fastrich* Anh. § 34 Rn. 3; *Lutter/Hommelhoff* Rn. 25.
[180] BGHZ 16, 317, 323; 32, 17, 31; 80, 346; BGH WM 1990, 677, 678.
[181] Vgl. RGZ 169, 330, 334; BGHZ 16, 317, 322; 35, 272, 283; *Hachenburg/Ulmer* Anh. § 34 Rn. 15; *Scholz/Winter* § 15 Rn. 136; *Baumbach/G. Hueck/Fastrich* Anh. § 34 Rn. 6; *Meyer-Landrut/Miller/Niehus* § 15 Rn. 43 aE.

bestellung nach den §§ 1911, 1960 BGB bei dauernder Unerreichbarkeit des Gesellschafters bzw. bis zur Annahme der Erbschaft[182] oder der Teilausschluss bei querulatorischer Ausnutzung der Sperrminorität zum Schaden der Gesellschaft[183] kommen in Betracht. – Bei der Zwangsausschließung eines Gesellschafters ist stets zu bedenken, dass es sich dabei um **das äußerste und schwerwiegendste Mittel** handelt, das nur angewendet werden darf, wenn andere Möglichkeiten nicht mehr gegeben sind oder nicht ausreichen.[184]

72 **2. Gesamtwürdigung.** Es kommt bei der Ausschließung auf die Würdigung aller Umstände an.[185] So ist insbesondere zu berücksichtigen, dass eine willkürliche Ungleichbehandlung der Gesellschafter bei der Ausschließung unzulässig ist. Es kann von mehreren Gesellschaftern, die alle für die Gesellschaft untragbar geworden sind, nicht nur einer ausgeschlossen werden, ohne dass dafür ein rechtfertigender Grund vorliegt oder einen das überwiegende Verschulden trifft.[186] Auch kann eine Ausschließung nicht ausgesprochen werden, wenn in der Person der übrigen Gesellschafter oder eines Teils von ihnen ebenfalls Umstände vorliegen, die eine Ausschließung rechtfertigen und der Gesellschafterbeschluss auf ihren Stimmen beruht.[187] Darüber hinaus ist bei der Prüfung, ob ein Ausschlussgrund vorliegt, zu beachten, ob nicht in der Person der übrigen Gesellschafter Umstände vorliegen, die zu einer milderen Beurteilung der Gründe führen, die der vom Ausschluss bedrohte Gesellschafter gesetzt hat.[188] Indessen ist in der Regel bei dem Ausschluss eines neu eingetretenen Gesellschafters nicht das Verhalten seines Rechtsvorgängers von Belang. Anderes kann jedoch gelten, wenn der neu eingetretene Gesellschafter den Ausschluss eines Mitgesellschafters betreibt; dann ist auch das Verhalten des ausgeschiedenen Mitgesellschafters zu berücksichtigen.[189] Auch kommt es darauf an, ob es sich um eine personalistisch strukturierte GmbH handelt, in deren Unternehmen die Gesellschafter mitarbeiten oder ihr jedenfalls sehr nahe stehen, oder aber, ob es sich um eine kapitalistisch ausgestaltete GmbH mit uU vielen Gesellschaftern handelt.[190] Mängel eines Gesellschafters im **außergesellschaftlichen Bereich** können einen Ausschluss nur rechtfertigen, wenn sie Auswirkungen auf die Gesellschafter oder die Beziehung der Gesellschafter untereinander haben.[191] Eine Ehescheidung beispielsweise wird sicher nicht per se zu einem Ausschlussgrund führen; jedoch können Streitigkeiten, die zur Scheidung geführt haben und sich noch weiter im Unternehmen fortsetzen, einen Ausschluss begründen. Davon abgesehen kann bei einer Ehegatten-GmbH auch ohne Scheidung das Verhalten eines Eheteils als Gesellschafter, etwa wegen ständiger gesellschaftsrechtlicher Verstöße, den Ausschluss rechtfertigen, mit der Ehe oder deren Scheidung hat dies freilich nichts zu tun.

73 Ganz generell ist die Ausschließung des Gesellschafters bei der **geschäftsführenden GmbH,** also der persönlich haftenden Gesellschafterin einer GmbH & Co. KG, zulässig, wenn der Gesellschafter als Kommanditist aus der Gesellschaft ausscheidet oder

---

[182] *Scholz/Winter* § 15 Rn. 136; *Baumbach/G. Hueck/Fastrich* Rn. 6.
[183] Vgl. *Hachenburg/Ulmer* Anh. § 34 Rn. 16.
[184] *Hachenburg/Ulmer* Anh. § 34 Rn. 15 ff.; *Scholz/Winter* § 15 Rn. 136; *Baumbach/G. Hueck/Fastrich* Anh. § 34 Rn. 6; *Roth/Altmeppen* § 60 Rn. 44; *Wolany* S. 96.
[185] BGHZ 16, 317, 322 f.; 32, 17, 31; 80, 346, 350; BGH GmbHR 1987, 302, 303.
[186] BGHZ 80, 346, 351 f.; BGH WM 1990, 677, 678.
[187] Vgl. BGHZ 16, 317, 322 sowie BGH WM 1990, 677, 678.
[188] BGH WM 1990, 677, 678.
[189] BGH WM 1958, 49, 50; 1990, 677, 679.
[190] Vgl. *Roth/Altmeppen* Rn. 44.
[191] BGH NJW 1973, 92 für KG.

Einziehung (Amortisation) § 34

gemäß § 140 HGB wegen Vorliegens eines wichtigen Grundes aus der Kommanditgesellschaft als Kommanditist ausgeschlossen wird.[192] Wird die Beteiligung treuhänderisch gehalten, so können auch Gründe in der Person des **Treugebers** beachtlich sein.[193] Darüber hinaus können Gründe in der Person eines **Vertreters** des Gesellschafters einen Ausschluss des Gesellschafters unter der Voraussetzung rechtfertigen, dass die Stellvertretung auf längere Zeit angelegt ist.[194]

3. Die Zwei-Personen-Gesellschaft. Die Ausschließung eines Gesellschafters aus einer zweigliedrigen GmbH ist grundsätzlich zulässig.[195] **Voraussetzung** ist für eine solche neben der Unzumutbarkeit der Fortsetzung der Gesellschaft mit dem auszuschließenden Gesellschafter, dass die Gesellschaft nach dessen Ausschließung **fortbestehen könnte**.[196] Bei der Prüfung der Frage, ob ein wichtiger Grund vorliegt, kann nicht allein auf die Person des auszuschließenden Gesellschafters abgestellt werden, selbst wenn ihn ein überwiegendes Verschulden trifft. Denn aus einer zweigliedrigen GmbH kann ein Gesellschafter nicht ausgeschlossen werden, wenn auch das Verhalten des anderen Gesellschafters, gemessen an dem Verhalten des auszuschließenden Gesellschafters, als ein wichtiger Grund anzusehen ist.[197] Zum Verfahren vgl. Rn. 96. 74

III. Der Austritt

1. Voraussetzungen. Der Austritt ist ebenso wie der Ausschluss ohne eine entsprechende Satzungsbestimmung bei Vorliegen eines wichtigen Grundes zulässig.[198] Auch kann der Austritt nicht durch die Satzung ausgeschlossen werden[199] und ist nur das **äußerste Mittel**, so dass der austrittswillige Gesellschafter zunächst **versuchen muss, den Geschäftsanteil zu veräußern,** wenn nicht ein statutarisch festgelegtes Abtretungsverbot besteht oder die erforderliche Genehmigung nicht erteilt wird.[200] Er muss notfalls auch gewisse finanzielle Opfer hinnehmen, etwa durch Veräußerung seines Geschäftsanteils zu einem statutarisch festgelegten geringeren Preis als dem Verkehrswert, wobei die Grenze im Rahmen des Zumutbaren bleiben muss. Diese Zumutbarkeitsgrenze ist beispielsweise überschritten, wenn der austrittswillige Gesellschafter durch eine Satzungsbestimmung genötigt wird, seinen Geschäftsanteil zum Nominalwert den Mitgesellschaftern oder einem von ihnen abzutreten, obgleich der Verkehrswert ein Vielfaches des Nominalwerts beträgt, wenn die Gesellschaft über Grundbesitz verfügt oder sonst hohe stille oder offene Reserven hat. Die Zumutbarkeitsgrenze wird ebenfalls überschritten sein, wenn der Austrittsgrund nicht in der Sphäre des Gesellschafters, sondern in derjenigen der Gesellschaft liegt.[201] Darüber hinaus muss der 75

---

[192] *Hachenburg/Ulmer* Anh. § 34 Rn. 11.
[193] *Scholz/Winter* Rn. 134b; *Baumbach/G. Hueck/Fastrich* Rn. 5.
[194] RGZ 105, 377.
[195] BGHZ 16, 317, 323; 32, 17, 35; 80, 346, 350 ff.; OLG München GmbHR 1994, 251, 252.
[196] BGHZ 80, 346, 350.
[197] BGHZ 32, 17, 35; vgl. auch OLG München GmbHR 1994, 251, 252; *Hachenburg/Ulmer* Anh. § 34 Rn. 13.
[198] BGHZ 9, 157, 162 f.; BGH ZIP 1992, 237, 240; OLG Karlsruhe BB 1984, 2015, 2016; OLG München GmbHR 1990, 221; OLG Hamm GmbHR 1993, 656, 657; *Hachenburg/Ulmer* Anh. § 34 Rn. 44 ff.; *Scholz/Winter* § 15 Rn. 114 ff.; *Baumbach/G. Hueck/Fastrich* Anh. § 34 Rn. 15; *Meyer-Landrut/Miller/Niehus* § 15 Rn. 40; *Roth/Altmeppen* § 60 Rn. 56 ff.
[199] BGH ZIP 1992, 237, 239 f.
[200] *Hachenburg/Ulmer* Anh. § 34 Rn. 53; *Scholz/Winter* § 15 Rn. 120; *Lutter/Hommelhoff* Rn. 36; *Baumbach/G. Hueck/Fastrich* Anh. § 34 Rn. 18.
[201] *Scholz/Winter* § 15 Rn. 120; *Baumbach/G. Hueck/Fastrich* Anh. § 34 Rn. 18; aA *Hachenburg/Ulmer* Anh. § 34 Rn. 53.

betreffende Gesellschafter den Austritt zunächst durch **zumutbare Mittel,** wie Anfechtungs- oder Nichtigkeitsklage, Kündigung der untragbar gewordenen Nebenleistungspflichten oder Abberufung des pflichtwidrig handelnden Geschäftsführers abwenden.[202] Außerdem müssen bei dem Austritt die **Kapitalerhaltungsvorschriften gewährleistet bleiben,** so dass uU nur die Auflösungsklage bleibt,[203] sofern nicht ein Mitgesellschafter oder ein Dritter sich bereit erklärt, den Anteil zu erwerben. Diesen Weg kann der austretende Gesellschafter auch beschreiten, falls eine Abfindung nicht in angemessener Zeit erfolgt.[204]

76 Die für den Austritt erforderliche Voraussetzung des **wichtigen Grundes** ist erfüllt, wenn Umstände vorliegen, die dem austrittswilligen Gesellschafter den weiteren Verbleib in der Gesellschaft unzumutbar machen.[205] Diese Umstände können in der Person des Gesellschafters, in den Verhältnissen der Gesellschaft oder im Verhalten der Mitgesellschafter liegen.[206] **Zu den wichtigen Gründen zählen:** Nebenleistungspflichten, die sich zu einer unzumutbaren Belastung entwickelt haben und nicht kündbar sind;[207] unzumutbare Erhöhung des Risikos der Ausfallhaftung nach § 24 durch eine Kapitalerhöhung; dringender Geldbedarf etwa zur Existenzgründung;[208] langandauernde kostspielige Krankheit, der Wegzug des Gesellschafters etwa in das Ausland; Unmöglichkeit, die mit dem Geschäftsanteil verbundenen Pflichten eines Geschäftsführers der Gesellschaft zu erfüllen; dauernde Ertragslosigkeit des Geschäftsanteils; die willkürliche Ausübung von Mehrheitsrechten eines Gesellschafters, die uU zu ständigen Anfechtungsklagen nötigen, wobei hier auch ein Ausschlussrecht gegenüber dem Mehrheitsgesellschafter gegeben sein könnte (Rn. 67 f.); die Ausdehnung oder Änderung des Gegenstandes des Unternehmens, wenn diese Ausdehnung oder Änderung mit erheblichen Risiken behaftet ist (vgl. auch RegE 1972 BT-Drucks. 6/3088 § 211 Abs. 1). Auch ein ständiger Streit mit den Mitgesellschaftern kann ein Austrittsrecht begründen.[209]

77 **Nicht ausreichend** für ein Austrittsrecht aus wichtigem Grund ist hingegen der Abschluss eines Unternehmensvertrages; hier wird der notwendige Schutz des Gesellschafters dadurch sichergestellt, dass er diesem Vertrag zustimmen muss. Gleiches gilt für zu geringe Gewinnausschüttungen,[210] angebliche Fehler in der Bilanz, die verspätete Vorlage der Bilanz[211] sowie das Bestehen von offenen Forderungen des austrittswilligen Gesellschafters gegen die Gesellschaft, wenn sie gerichtlich geltend gemacht werden können.[212]

78 **2. Struktur der GmbH. Gleichgültig** ist es für die Zulässigkeit des Austritts grundsätzlich, ob es sich um eine **personalistisch oder kapitalistisch strukturierte**

---

[202] Vgl. *Scholz/Winter* § 15 Rn. 120; *Lutter/Hommelhoff* Rn. 36; *Baumbach/G. Hueck/Fastrich* Anh. § 34 Rn. 18.
[203] *Hachenburg/Ulmer* Anh. § 34 Rn. 47; *Baumbach/G. Hueck/Fastrich* Anh. § 34 Rn. 19.
[204] BGHZ 88, 326; BayObLG BB 1975, 250.
[205] BGH ZIP 1992, 237, 240 mwN.
[206] *Hachenburg/Ulmer* Anh. § 34 Rn. 49 ff.; *Scholz/Winter* § 15 Rn. 119 ff.; *Lutter/Hommelhoff* Rn. 37.
[207] RGZ 128, 1, 17.
[208] *Hachenburg/Ulmer* Anh. § 34 Rn. 50; aA *Scholz/Winter* § 15 Rn. 119 a; *Baumbach/G. Hueck/Fastrich* Anh. § 34 Rn. 16.
[209] *Hachenburg/Ulmer* Anh. § 34 Rn. 52; *Scholz/Winter* § 15 Rn. 119 a; *Baumbach/G. Hueck/Fastrich* Anh. § 34 Rn. 16.
[210] OLG München WM 1990, 556, 558.
[211] OLG Hamm GmbHR 1993, 656, 657.
[212] OLG Hamm GmbHR 1993, 656, 657.

Einziehung (Amortisation) § 34

GmbH handelt, was schon daraus folgt, dass in aller Regel die Gründe für den Austritt aus wichtigem Grunde in der Person des austrittswilligen Gesellschafters liegen. Die Struktur der Gesellschaft ist allerdings bei der Abwägung der Umstände zu berücksichtigen.[213]

3. Austritt auch ohne Verschulden. Auf ein Verschulden als Voraussetzung für 79 das Austrittsrecht eines Gesellschafters kommt es ebenso wenig an wie beim Ausschluss eines Gesellschafters; der Austrittswillige kann also den Grund seines Austritts selbst herbeigeführt haben, aber es kann der Grund auch im Verhalten seiner Mitgesellschafter oder in sachlichen Umständen liegen. Jedoch kann das Verschulden ebenfalls Bedeutung bei der Beurteilung des wichtigen Grundes bekommen (allgM). **Nicht** zum Austritt berechtigt allerdings die **mangelnde Bereitschaft zur Einzahlung auf die Stammeinlage.**[214] Bleibt der Gesellschafter mit der Einzahlung auf seine Stammeinlage säumig, so ist die Folge die Kaduzierung des Geschäftsanteils gemäß § 21 ff. (vgl. Erl. zu §§ 21 ff.). Gleiches gilt für die Verweigerung der Zahlung ordnungsgemäß eingeforderter Nachschüsse. Hier gehen die speziellen Regelungen der §§ 26 ff. dem Austrittsrecht vor.

4. Gesetzliches Sonderaustrittsrecht. Hatte ein Arbeitnehmer im Zusammen- 80 hang mit vermögenswirksamen Leistungen einen Geschäftsanteil einer GmbH erworben, so stand ihm nach § 18 Abs. 3 VermBG idF v. 21. 12. 1993 (BGBl. I S. 2310, 2327) auf den 31. 12. 1994 ein zeitlich begrenzt geltendes Sonderkündigungsrecht zu.[215] Bei der Rechtsformänderung, der Verschmelzung, Aufspaltung, Abspaltung und Vermögensübertragung steht dem widersprechenden Gesellschafter unter bestimmten Voraussetzungen ein außerordentliches Austrittsrecht zu, vgl. §§ 29, 125, 176, 177, 207 UmwG.

IV. Ablauf des Verfahrens

1. Das Ausschlussverfahren. a) Beschluss der Gesellschafterversammlung. 81 Welches Verfahren zum Ausschluss eines Gesellschafters zu ergreifen ist, hängt davon ab, ob die Satzung den Ausschluss durch Gesellschafterbeschluss ausdrücklich vorsieht, also einen Beschluss zum Ausschluss des Gesellschafters aus wichtigem Grund statutarisch genügen lässt, oder ob eine solche Satzungsbestimmung fehlt. Abgesehen von dem Sonderfall der Zweipersonengesellschaft[216] **bedarf** der Ausschluss eines Gesellschafters aus wichtigem Grunde des **Beschlusses der Gesellschafterversammlung.**[217] Es dürfte zulässig sein, dass der Gesellschaftsvertrag die Beschlussfassung über die Ausschließung eines Gesellschafters gemäß § 45 Abs. 2 auf ein anderes Organ der Gesellschaft wie den Aufsichtsrat oder einen Gesellschafterausschuss überträgt, wie dies auch für den Einziehungsbeschluss möglich ist.[218]

b) Keine Satzungsregelung. Sehr streitig ist die Frage, **welcher Mehrheit ein** 82 **Beschluss der Gesellschafterversammlung** für die Ausschließung eines Gesellschafters bedarf. Nach hM ist wie für den Auflösungsbeschluss gemäß § 60 Abs. 1

---

[213] *Hachenburg/Ulmer* Anh. § 34 Rn. 49; *Baumbach/G. Hueck/Fastrich* Anh. § 34 Rn. 16.
[214] RG DR 1943, 811; *Baumbach/G. Hueck/Fastrich* Anh. § 34 Rn. 19; vgl. *Wolany* S. 147 f.
[215] Dazu iE *Bösert* GmbHR 1994, 293 ff.
[216] Dazu BGH NJW 1999, 3779, 3780 unter Hinweis auf BGH NJW-RR 1992, 292 und näher Rn. 96.
[217] AllgM; BGHZ 9, 157, 177; BGH GmbHR 1972, 177; *Hachenburg/Ulmer* Anh. § 34 Rn. 20; *Scholz/Winter* § 15 Rn. 138 ff.; *Baumbach/G. Hueck/Fastrich* Anh. § 34 Rn. 9; *Meyer-Landrut/Miller/Niehus* § 15 Rn. 44.
[218] Vgl. *Hachenburg/Ulmer* Rn. 49, 110; *Scholz/Winter* § 15 Rn. 152.

§ 34   2. Abschnitt. Rechtsverhältnisse der Gesellschaft und der Gesellschafter

Nr. 2 die ³/₄-Mehrheit erforderlich.[219] Die Gegenansicht vertritt die Auffassung, dass für den Ausschließungsbeschluss der Gesellschafterversammlung die einfache Mehrheit genüge,[220] weil dem Gesellschafterbeschluss über die Ausschließung ohnehin die Ausschließungsklage zu folgen habe. Diese Meinung erscheint nicht überzeugend. Der Ausschluss eines Gesellschafters aus der GmbH ist ein bedeutsamer, in die Geschicke der Gesellschaft und des Gesellschafters nachhaltig eingreifender Vorgang, der nur noch mit der Auflösung der Gesellschaft vergleichbar ist. Der Ausschließungsbeschluss **bedarf** daher der ³/₄-**Mehrheit**, sofern nicht die Satzung – was zulässig ist – eine andere Mehrheit vorschreibt, etwa die einfache Mehrheit oder aber auch die Einstimmigkeit. Ist die Beschlussfassung über den Ausschluss einem anderen Gesellschaftsorgan übertragen, so muss der Gesellschaftsvertrag festlegen, mit welcher Mehrheit die Beschlussfassung dieses Organs zu erfolgen hat. Fehlt eine solche Bestimmung, so ist dann ebenfalls die ³/₄-Mehrheit zu fordern. Bei einem Dreier-Gremium müsste man allerdings die ²/₃-Mehrheit genügen lassen. Bei der Beschlussfassung hat der betroffene Gesellschafter mit Rücksicht auf § 47 Abs. 4 **kein Stimmrecht**.[221] Es ist getrennt bei mehreren Gesellschaftern abzustimmen, außer bei gesellschaftlichem Zusammenwirken.[222]

83   Neben der Beschlussfassung über den Ausschluss des Gesellschafters bedarf es dann dem Grundsatze nach noch der Erhebung einer **Ausschließungsklage**.[223] Vgl. dazu auch Rn. 84. Die Fassung des Ausschließungsbeschlusses durch die Gesellschafterversammlung muss dabei als Klagevoraussetzung zur Schlüssigkeit der Klage dargetan und gegebenenfalls bewiesen werden. Die Klage ist **Gestaltungsklage**, entsprechend das Urteil Gestaltungsurteil in dem Sinne, dass durch die richterliche Entscheidung – aufschiebend bedingt durch die Zahlung der festgesetzten Abfindung (dazu Rn. 101 ff., 121) – ein neuer Rechtszustand herbeigeführt wird.[224]

84   c) **Normierung in der Satzung.** Anderes gilt, wenn durch die **Satzung festgelegt ist, dass ein Gesellschafter** bei Vorliegen eines wichtigen Grundes durch Gesellschafterbeschluss oder durch Beschluss des hierfür statutarisch vorgesehenen Organs **aus der Gesellschaft ausgeschlossen werden kann.** Ist eine solche Satzungsbestimmung in genügend präziser Form vorhanden, wobei der BGH die Formulierung „bei Vorliegen eines wichtigen Grundes" unter Hinweis auf § 140 HGB als zureichend erachtet hat,[225] **so bedarf es der Ausschlussklage nicht.** Mit der ordnungsgemäßen

---

[219] BGHZ 9, 157, 177; *Hachenburg/Ulmer* Anh. § 34 Rn. 24; *Lutter/Hommelhoff* Rn. 28; *Roth/Altmeppen* § 60 Rn. 48; *Immenga* S. 308; *Hartmann* GmbHR 1962, 5, 9; *Ganßmüller* GmbHR 1963, 65; *Gonella* GmbHR 1967, 89, 92; *Goette* DStR 2001, 533, 534.
[220] OLG Köln GmbHR 2001, 110, 111 f.; *Scholz/Winter* § 15 Rn. 140; *Baumbach/G. Hueck/Fastrich* Anh. § 34 Rn. 9 mwN; *Hueck* DB 1953, 776, 777; *Mezger* GmbHR 63, 64 und 106; *Wolany* S. 99, 150.
[221] AllgM; BGHZ 9, 157, 178; *Hachenburg/Ulmer* Anh. § 34 Rn. 25; *Baumbach/G. Hueck/Fastrich* Anh. § 34 Rn. 9; *Meyer-Landrut/Miller/Niehus* § 15 Rn. 44; *Wolany* S. 98; *Fichtner* BB 1966, 146, 149.
[222] BGHZ 97, 28.
[223] BGHZ 9, 157, 177; 16, 322; 80, 349; BGH GmbHR 1987, 302; NJW 1999, 3779; *Hachenburg/Ulmer* Anh. § 34 Rn. 27 ff.; *Scholz/Winter* § 15 Rn. 138; *Baumbach/G. Hueck/Fastrich* Anh. § 34 Rn. 8; *Lutter/Hommelhoff* Rn. 29; *Meyer-Landrut/Miller/Niehus* Rn. 44; *Roth/Altmeppen* § 60 Rn. 46.
[224] AllgM; BGHZ 9, 157, 166 f.; 16, 322; 80, 349; BGH GmbHR 1987, 302; OLG Nürnberg BB 1970, 1371 f.; *Hachenburg/Ulmer* Anh. § 34 Rn. 19, 32 ff.; *Scholz/Winter* § 15 Rn. 138; *Baumbach/G. Hueck/Fastrich* Anh. § 34 Rn. 8; *Lutter/Hommelhoff* § 34 Rn. 30; *Meyer-Landrut/Miller/Niehus* Rn. 45.
[225] BGH GmbHR 1978, 131 f.

Einziehung (Amortisation) § 34

Beschlussfassung des hierfür zuständigen Organs ist der Gesellschafter sofort aus der Gesellschaft ausgeschlossen.[226] Anders als bei der Ausschließung durch Urteil (dazu Rn. 101 ff., 121) ist die Beendigung der Gesellschafterstellung daher nicht an die Zahlung einer Abfindung gekoppelt.[227]

d) Rechtsbehelfe des ausscheidenden Gesellschafters. Gegen den Ausschlie- 85 ßungsbeschluss hat der ausgeschlossene Gesellschafter die üblichen Rechtsbehelfe, wie sie allgemein gegen fehlerhafte Gesellschafterbeschlüsse oder sonstige Organbeschlüsse gegeben sind. Das ist in der Regel die Anfechtungsklage, in seltenen Fällen auch die Nichtigkeitsklage (vgl. dazu § 47 Rn. 86 ff.). Bei Versäumung der Anfechtungsfrist bleibt dem Betroffenen allerdings nur in sehr engem Rahmen die Arglisteinrede dahingehend, dass der Einziehungsbeschluss sich als Rechtsmissbrauch darstelle;[228] vgl. iÜ auch Rn. 57. Der Gerichtsstand ergibt sich in allen Fällen aus §§ 17, 22 ZPO. Die Klage ist ebenso wie die Ausschlussklage Handelssache iS des § 95 Abs. 1 Nr. 4a GVG, gehört also vor die Kammer für Handelssachen des für den Sitz der Gesellschaft zuständigen Landgerichts.

e) Schiedsgerichtsvereinbarung. Enthält die Satzung der Gesellschaft eine 86 Schiedsklausel, so ist nach überwM für die Ausschlussklage das statutarisch vereinbarte wie auch **das ad hoc vereinbarte Schiedsgericht** zuständig.[229] Gemäß § 1030 Abs. 1 S. 1 ZPO kann nunmehr jeder vermögensrechtliche Anspruch Gegenstand einer Schiedsvereinbarung sein. Ob die Parteien berechtigt sind, über den Gegenstand des Streites einen Vergleich zu schließen, hat nur noch für nichtvermögensrechtliche Streitigkeiten Bedeutung, § 1030 Abs. 1 S. 2 ZPO.[230] Im Übrigen dürfte kein Streit darüber bestehen, dass sich die Parteien über den Ausschluss oder Austritt eines Gesellschafters und über die Ausscheidensbedingungen vergleichen können.

f) Parteistellung. Klagende Partei bei der Ausschlussklage ist die **Gesellschaft** 87 und nicht der einzelne Gesellschafter.[231] Für die Zwei-Personen-Gesellschaft s. Rn. 96. **Beklagter** ist der auszuschließende Gesellschafter. Ist der Ausschluss aufgrund einer Satzungsbestimmung durch Beschluss erfolgt, so sind die Parteirollen in Anfechtungs- oder Nichtigkeitsprozessen umgekehrt: Der ausgeschlossene Gesellschafter ist Kläger, Beklagte ist die Gesellschaft. Gegenstand der Anfechtungsklage ist der Beschluss der Gesellschafterversammlung.

Vertreten wird die Gesellschaft in jedem Falle durch die Geschäftsführer (§ 35 88 Abs. 1), doch **kann** die Gesellschafterversammlung einen besonderen Prozessvertreter bestimmen.[232] Die Kompetenz der Geschäftsführer reicht in aller Regel aus, weil der maßgebliche Rechtsakt für den Ausschluss der Beschluss der Gesellschafterversammlung oder des statutarisch zuständigen Organs der Gesellschaft ist; er bildet den „weitgehenden Eingriff", die Vertretung im Ausschlussrechtsstreit erfolgt nur in Ausführung

---

[226] BGHZ 32, 17, 22; BGH NJW 1977, 2316 f.; *Hachenburg/Ulmer* Anh. § 34 Rn. 19, 38; *Scholz/Winter* § 15 Rn. 152; *Baumbach/G. Hueck/Fastrich* Anh. § 34 Rn. 14; *Meyer-Landrut/Miller/Niehus* Rn. 46.
[227] *Goette* DStR 2001, 533, 540.
[228] BGHZ 101, 113.
[229] Vgl. BGH NJW 1979, 2367, 2369; WM 1983, 1207; *Scholz/Winter* § 15 Rn. 142, 152; *Baumbach/G. Hueck/Fastrich* Anh. § 34 Rn. 14.
[230] Dazu *Bergmann* RWS-Forum Gesellschaftsrecht 2001, 227 ff. mwN.
[231] AllgM; BGHZ 9, 157, 177; *Hachenburg/Ulmer* Anh. § 34 Rn. 30; *Baumbach/G. Hueck/Fastrich* Anh. § 34 Rn. 8.
[232] *Hachenburg/Ulmer* Anh. § 34 Rn. 30 in Analogie zu § 46 Nr. 8; *Scholz/Winter* § 15 Rn. 139.

§ 34   2. Abschnitt. Rechtsverhältnisse der Gesellschaft und der Gesellschafter

des Beschlusses über die Ausschließung. Es können danach die Geschäftsführer uneingeschränkt bei der Ausschlussklage die Gesellschaft vertreten. Der Gefahr eines Interessenkonfliktes kann im Einzelfall durch Bestellung eines besonderen Prozessvertreters begegnet werden.

89   **2. Das Austrittsverfahren. a) Allgemeines.** Für das Verfahren beim klageweise geltend gemachten Austrittsrecht gilt nichts prinzipiell anderes. Eines Gesellschafterbeschlusses bedarf es aus der Natur der Sache heraus nicht. Die Parteirollen sind umgekehrt, der Austrittswillige ist Kläger, die Gesellschaft, vertreten durch ihre Geschäftsführer, ist Beklagte. Auch in diesem Falle wird man freilich der Gesellschaft das Recht einräumen müssen, einen besonderen Vertreter zu bestellen, etwa dann, wenn der austrittswillige Gesellschafter besonders enge Beziehungen zu den Geschäftsführern unterhalten hat.

90   **b) Das Austrittsverfahren iE.** Das Verfahren nach Abgabe der Austrittserklärung richtet sich gleichfalls danach, ob Regelungen in der Satzung enthalten sind oder nicht. Prinzipiell sind die Regeln über die Ausschließung eines Gesellschafters entsprechend auf den Austritt anzuwenden. Enthält die Satzung keine Abweichungen zum Verfahrensablauf, so vollzieht sich der Austritt in zwei Abschnitten.

91   Zunächst ist die **Austrittserklärung des Austrittswilligen** erforderlich.[233] Eine bestimmte Form wird für die Austrittserklärung nicht gefordert, sie muss aber eindeutig sein. Der Austritt kann auch mündlich erklärt werden.[234] Auf jeden Fall muss die Erklärung der Gesellschaft zugehen; der Austretende trägt für den Zugang die Beweislast. Es empfiehlt sich daher eine eindeutige schriftliche Erklärung verbunden mit einer Empfangsbestätigung der Austrittserklärung der Gesellschaft. Adressat der Austrittserklärung ist die Gesellschaft zu Händen der Geschäftsführer. Einer förmlichen Annahme der Austrittserklärung bedarf es nicht, doch ist die Austrittserklärung nach Zugang bei der Gesellschaft nicht mehr zurücknehmbar.[235] Die übrigen Gesellschafter können sich allerdings mit dem seinen Austritt erklärenden Gesellschafter darüber einigen, dass er uU zu geänderten Bedingungen in der Gesellschaft verbleibt. Erhält der Austrittswillige nunmehr eine bevorzugte Stellung, so bedarf es hierzu einer Satzungsänderung, der alle Gesellschafter wegen der Regelung des § 53 Abs. 3 zustimmen müssen.

92   Hat der Berechtigte den Austritt erklärt, so hat dies zur Folge, dass die Gesellschaft das Recht hat, gegen Zahlung der Abfindung den Geschäftsanteil **einzuziehen** oder die **Abtretung** an einen Dritten oder – nach Teilung – an alle verbleibenden Gesellschafter zu verlangen.[236] Sie kann aber auch den **Geschäftsanteil selbst erwerben,** wenn er voll einbezahlt ist und § 30 Abs. 1 dadurch nicht verletzt wird, also das Stammkapital in Höhe des Nominalwertes nicht angegriffen wird, was auch für den Fall der Einziehung gilt.[237] Erst wenn alle Bedingungen des Austritts von der Gesellschaft erfüllt sind, ist der Austritt vollzogen, der Austrittswillige also wirksam aus der Gesellschaft ausgeschieden. Im übrigen entspricht das Verfahren in bezug auf die Abfindung demjenigen beim Ausschluss eines Gesellschafters (s. dazu Rn. 97 ff.). Allerdings ist die Gesellschaft beim Austritt eines Gesellschafters insofern freier, als sie – so-

---

[233] *Hachenburg/Ulmer* Anh. § 34 Rn. 55; *Scholz/Winter* § 15 Rn. 122; *Lutter/Hommelhoff* Rn. 40.
[234] *Scholz/Winter* § 15 Rn. 122.
[235] OLG Köln GmbHR 1996, 609, 610; *Scholz/Winter* § 15 Rn. 122.
[236] *Hachenburg/Ulmer* Anh. § 34 Rn. 56; *Scholz/Winter* § 15 Rn. 23; *Lutter/Hommelhoff* Rn. 40; *Baumbach/G. Hueck/Fastrich* Anh. § 34 Rn. 20.
[237] S. ferner hierzu BGHZ 88, 322 und die Bem. zu § 33.

Einziehung (Amortisation) § 34

fern keine Satzungsbestimmung sie bindet – die Art der Verwertung des durch den Austritt verfügbaren Geschäftsanteils weitestgehend selbst bestimmen kann.[238]

Hat die Gesellschaft dem Austritt zugestimmt, kommt aber über die Höhe des Abfindungsentgeltes und die Modalitäten der Auszahlung eine Einigung nicht zustande, so kann der Ausgetretene den Rechtsweg beschreiten, wie dies der ausgeschlossene Gesellschafter tun kann (s. Rn. 101 ff.). **Bis zur endgültigen Einigung** über das Abfindungsentgelt oder bis zum Vorliegen eines rechtskräftigen Urteils, das das Abfindungsentgelt endgültig festsetzt, **bleibt der Austretende Gesellschafter mit allen Rechten und Pflichten.**[239] Der Gesellschafter hat bis zu seinem Ausscheiden ein berechtigtes Interesse, an der Verwaltung der Gesellschaft mitzuwirken, insbesondere sein Stimmrecht auszuüben.[240] Für die Annahme des Ruhens der Mitgliedschaftsrechte des ausgetretenen Gesellschafters gibt es keinen zureichenden Grund, da der Geschäftsanteil dem Austrittswilligen zunächst verbleibt und nicht ersichtlich ist, warum die mit dem Geschäftsanteil verbundenen Rechte und Pflichten[241] nicht bestehen bleiben sollen. Das Ruhen wäre allenfalls anzunehmen, wenn über alle Modalitäten des Ausscheidens einschließlich der Zahlung des Abfindungsentgeltes eine Einigung erzielt und lediglich die Zahlung noch nicht erfolgt ist.[242]

93

Nach heute mehrheitlicher Meinung hat der Gesellschafter freilich in dieser Zeit unter dem rechtlichen Gesichtspunkt der Treuepflicht bei der Ausübung des Stimmrechts Zurückhaltung zu bewahren, insbesondere bei Beschlüssen, die seinen Austritt oder etwa auch sein Abfindungsguthaben betreffen.[243]

94

Bei Nebenleistungspflichten kann eine Sonderregelung angebracht sein, wenn der Austretende die Nebenleistung nicht erbringen kann (s. Rn. 98 ff.). Im Weiteren wickelt sich das Verfahren über die Abfindung des Austretenden in gleicher Weise ab wie bei der Ermittlung des Abfindungsentgeltes des Auszuschließenden (s. hierzu Rn. 97 ff.).

95

V. Die Zwei-Personen-Gesellschaft

Meinungsverschiedenheiten bestehen beim Ausschluss aus einer sog. Zwei-Personen-Gesellschaft.[244] War man ursprünglich der Auffassung, dass es bei der Zwei-Personen-Gesellschaft nur die Auflösungsklage gebe, so ist seit BGHZ 32, 17, 22 anerkannt, dass auch bei einer Zwei-Personen-Gesellschaft der **Ausschluss eines Gesellschafters möglich und zulässig ist.** Der Streit betrifft die Fragen, ob es auch in einer Zwei-Personen-Gesellschaft eines **Gesellschafterbeschlusses** bei dem Ausschluss eines Gesellschafters bedürfe und ob die Gesellschaft auch in diesem Falle als Klägerin auftreten müsse. Die traditionelle Auffassung war, dass ein Gesellschafterbe-

96

---

[238] *Scholz/Winter* Rn. 123, 128; *Baumbach/G. Hueck/Fastrich* Anh. § 34 Rn. 20; *Meyer-Landrut/Miller/Niehus* Rn. 41 f.
[239] HM, BGHZ 88, 320, 325 ff.; OLG Celle GmbHR 1983, 273, 274 f.; OLG Köln NZG 1999, 1222, 1223; *Scholz/Winter* § 15 Rn. 123; *Lutter/Hommelhoff* Rn. 40; *Baumbach/G. Hueck/Fastrich* Anh. § 34 Rn. 22; aA *Hachenburg/Ulmer* Anh. § 34 Rn. 57; *Esch* GmbHR 1981, 27 f.; *Fichtner* BB 1967, 18, die der Meinung sind, dass die Mitgliedschaftsrechte bis zur Übertragung oder Einziehung ruhen.
[240] So mit Recht *Scholz/Winter* § 15 Rn. 123.
[241] Auch Nebenleistungspflichten; vgl. BGHZ 88, 320 ff.; OLG Karlsruhe BB 1984, 2015.
[242] Rn. 97; BGHZ 88, 320.
[243] BGHZ 88, 320, 327; OLG Celle GmbHR 1983, 273; *Scholz/Winter* § 15 Rn. 123; *Baumbach/G. Hueck/Fastrich* Anh. § 34 Rn. 22; *Lutter/Hommelhoff* Rn. 40; *Meyer-Landrut/Miller/Niehus* § 15 Rn. 40; s. dazu auch Rn. 97.
[244] Eingehend dazu *Wolf* ZGR 1998, 92.

schluss gleichwohl auch bei der Zwei-Personen-Gesellschaft erforderlich sei[245] und die Gesellschaft die Ausschlussklage erheben müsse.[246] Indes führt diese Auffassung zu dem unbefriedigenden Ergebnis eines „Wettlaufs um die erste Abstimmung" in der Gesellschafterversammlung.[247] Entsprechend wird überwiegend die Auffassung vertreten, dass im Falle der Zwei-Personen-Gesellschaft ein Gesellschafterbeschluss für den Ausschluss entbehrlich sei[248] und dass die **Klage von einem Gesellschafter in Prozessstandschaft** analog der actio pro socio erhoben werden könne.[249] Praktische Gründe sprechen dafür ebenso wie der Umstand, dass die Gesellschaft selbst bei diesem Rechtsstreit, bei dem in aller Regel die Ausschlussklage eine Ausschlusswiderklage nach sich zieht, keine eigenständige Rolle mehr hat. Demjenigen die Klagebefugnis zu geben, der weniger Schuld an dem Zerwürfnis trägt, und bei gleichem Verschulden nur die Auflösung der Gesellschaft durch Auflösungsklage zuzulassen,[250] erscheint wenig praktikabel, weil in praxi ein überwiegendes Verschulden kaum feststellbar sein wird, da jeder Gesellschafter dem anderen Gesellschafter die überwiegende, wenn nicht die alleinige Schuld am Zerwürfnis zuweisen wird. Sinnvoll ist danach allein, dem einzelnen Gesellschafter der Zwei-Personen-Gesellschaft das unmittelbare Klagerecht zu gewähren.[251] Liegen gegenseitige Ausschlussbegehren vor, so lassen sich diese als Klage und Widerklage im gleichen Prozess behandeln.[252] Jedoch ist zu beachten, dass solche Klagen nur zulässig sind, wenn die gegenseitigen Vorwürfe in der Versammlung selbst behandelt und besprochen werden, damit jeder Gesellschafter die Möglichkeit hat, auf das Abstimmungsverhalten des anderen einzuwirken.[253] Können beide Gesellschafter jeweils die Ausschließung des anderen fordern, so kommt nur eine Auflösung der Gesellschaft in Betracht.[254]

VI. Stellung des ausscheidenden Gesellschafters während des Verfahrens

97   Während der Dauer der Ausschlussklage ist der **auszuschließende oder austrittswillige Gesellschafter noch mit seinen vollen Rechten an der Gesellschaft beteiligt;** er hat alle Mitgliedschaftsrechte und alle Vermögensrechte wie sein Stimmrecht und das Gewinnbezugsrecht.[255] Ein Stimmrecht entfällt nur bei solchen Maßnahmen, welche der Durchführung des Ausschlusses dienen,[256] wie zB die Erhebung der Ausschlussklage (vgl. Rn. 82). Ist mit seinem Geschäftsanteil ein Sonderrecht verbunden, etwa ein Sitz im Aufsichtsrat oder das Recht auf Tätigkeit als Geschäftsführer, so behält er auch diese Stellung bei. Ist die Ausübung dieser Tätigkeit oder die Teilnahme an der Gesellschafterversammlung für die übrigen Gesellschafter unzumutbar, so

---

[245] BGHZ 9, 157, 177; 16, 317, 322.
[246] OLG Nürnberg BB 1970, 1371, 1372; *Kirchner* GmbHR 1961, 160 f.
[247] So *Schilling* JZ 1955, 331, 332.
[248] BGH NJW 1999, 3779, 3780 unter Verweis auf NJW-RR 1992, 292; *Hachenburg/Ulmer* Anh. § 34 Rn. 31; *Scholz/Winter* § 15 Rn. 140; *Lutter/Hommelhoff* Rn. 28; *Wolf* ZGR 1998, 104 f.; *Baumbach/G. Hueck/Fastrich* Rn. 9 mwN.
[249] *Lutter/Hommelhoff* Rn. 29; *Roth/Altmeppen* § 60 Rn. 49; *Baumbach/G. Hueck/Fastrich* Rn. 8 mwN; iErg. ebenso *R. Fischer*, FS W. Schmidt, 1959, S. 117, 133 f.
[250] Vgl. *Roth/Altmeppen* Rn. 45.
[251] *Hachenburg/Ulmer* Anh. § 34 Rn. 31; *Scholz/Winter* § 15 Rn. 139; *Baumbach/G. Hueck/Fastrich* Anh. § 34 Rn. 8.
[252] OLG München GmbHR 1994, 251 f.; *Lutter/Hommelhoff* Rn. 29.
[253] OLG München GmbHR 1994, 251 f.
[254] BGH NJW 1995, 1358; 1999, 3779, 3780; NJW-RR 1990, 530.
[255] BGH NJW 1984, 489, 490 f.
[256] BGHZ 9, 176; 88, 320.

muss die Gesellschaft eine einstweilige Verfügung auf Ruhen dieser Rechte erwirken.[257] Ist der auszuschließende Gesellschafter aufgrund von Gesellschafterbeschlüssen Geschäftsführer oder Mitglied des Aufsichtsrates, so kann er durch Beschluss der Gesellschafterversammlung auch vor Ende der Amtszeit abberufen werden, wobei der wichtige Grund für die Abberufung die Tatsache der Ausschlussklage ist. Auf die Schwere der Ausschlussgründe kommt es dabei nicht an, vielmehr ist die durch die Ausschlussklage bedingte besondere Interessenlage ein ausreichender Grund für die Abberufung.

Aus dem Umstand, dass der Auszuschließende bis zur Rechtskraft des Ausschließungsurteils noch Gesellschafter bleibt, folgt weiter, dass er auch **alle Gesellschafterpflichten** wie Nachschusspflichten, Haftung gemäß § 24 oder § 31 Abs. 3 sowie Nebenleistungspflichten gemäß § 3 Abs. 2 zu erfüllen hat.[258] Doch kann uU von der Erfüllung der Nebenleistungspflichten abgesehen werden, wenn der Austrittswillige die Nebenleistung objektiv nicht mehr erbringen kann, etwa weil er nach Übersee verzieht und die Leistung höchstpersönlicher Art ist. Es kann dann uU eine Ausgleichszahlung angemessen sein.

98

Mit dem wirksamen Ausscheiden erlöschen dem Grundsatze nach alle Rechte und Pflichten des Ausgeschiedenen mit Ausnahme der Haftung aus § 16 Abs. 3, wenn der Ausgetretene seinen Geschäftsanteil von einen Dritten rechtsgeschäftlich übernommen hat. Dann bleibt er als Erwerber neben dem Veräußerer für rückständige Leistungen auf den Geschäftsanteil verhaftet. Auch der umgekehrte Fall ist denkbar, dass der Austretende seinen Geschäftsanteil an einen Dritten überträgt, der die auf den Geschäftsanteil noch zu erbringenden Leistungen nicht erfüllt. Dann haftet der Austretende ebenfalls nach § 16 Abs. 3. Hat die Gesellschaft dem Ausgetretenen den Dritten, der den Geschäftsanteil rechtsgeschäftlich erwirbt, bezeichnet und erfüllt der Dritte seine Leistungen nicht, so kann die Gesellschaft in einem solchen Falle schadensersatzpflichtig sein, falls der Ausgeschiedene gemäß § 16 Abs. 3 zu Leistungen herangezogen wird.

99

Als nachvertragliche Pflicht kann auch ein Wettbewerbsverbot satzungsmäßig oder ad hoc vereinbart werden, etwa wenn der ausgeschiedene Gesellschafter während seiner Gesellschafterzeit im Unternehmen der Gesellschaft tätig war und dabei Betriebsgeheimnisse des Unternehmens erfahren hat.

100

VII. Die Abfindung

1. Abfindung nach dem Verkehrswert. a) Abfindungsguthaben. In dem Ausschluss- oder Austrittsurteil ist nach neuerer Auffassung auch zugleich das Abfindungsguthaben des Ausgeschiedenen festzusetzen, und zwar mit der Bedingung, dass das Ausscheiden erst wirksam wird mit der Zahlung des Abfindungsbetrages durch die Gesellschaft innerhalb der im Urteil bestimmten Frist.[259] Nach BGHZ 16, 317, 324f. soll auch die Möglichkeit bestehen, das Abfindungsguthaben erst in einem späteren

101

---

[257] *Hachenburg/Ulmer* Anh. § 34 Rn. 29.
[258] So auch *Hachenburg/Ulmer* Anh. § 34 Rn. 29; *Baumbach/G. Hueck/Fastrich* Rn. 13 mwN; aA *Ganßmüller* GmbHR 1956, 145, 149.
[259] BGHZ 9, 157, 176, 178f.; *Hachenburg/Ulmer* Anh. § 34 Rn. 32ff.; *Scholz/Winter* § 15 Rn. 142a, 145; *Lutter/Hommelhoff* Rn. 30; *Meyer-Landrut/Miller/Niehus* § 15 Rn. 45; kritisch *Goette* DStR 2001, 533, 539; differenzierend *Baumbach/G. Hueck/Fastrich* Anh. § 34 Rn. 12: Verlust der Befugnis zur Ausübung der Gesellschafterrechte bereits mit Rechtskraft des Ausschlussurteils; *Roth/Altmeppen* § 60 Rn. 54: Entscheidung über Abfindung, wenn der Beklagte sie zum Streitgegenstand erhebt; ferner dazu *Immenga* S. 308ff.; *Wolany* S. 150f.; *R. Fischer*, FS W. Schmidt, 1957, S. 132; *Hueck* DB 1953, 776, 777f.

Urteil festzusetzen, wenn die Bewertung des Gesellschaftsanteils des Ausgeschiedenen durchgeführt worden ist.

102 **b) Einzelheiten.** Über die Einzelheiten der Abfindungsregelung bestehen lebhafte Meinungsverschiedenheiten.[260] Die Regelung ist nicht einfach. Es widerstreiten das Interesse der Gesellschaft an einem möglichst raschen Ausschluss des lästigen Gesellschafters oder dem Austritt des Gesellschafters und der Anspruch des Gesellschafters auf das ihm beim Ausscheiden oder bei der Rechtskraft des Ausschlussurteils zustehende Abfindungsguthaben. Es gibt zahllose Lösungsmöglichkeiten, von denen als die gangbarste diejenige erscheint, die im RegE 1972 BT-Drucks. 7/3088, § 209 vorgeschlagen worden war.[261] Sie besagte folgendes: Der ausgeschlossene Gesellschafter kann von der Gesellschaft **als Abfindung den Verkehrswert seines Geschäftsanteils** verlangen nach den wirtschaftlichen Verhältnissen der Gesellschaft **im Zeitpunkt der Erhebung der Ausschließungsklage** (RegE 1972 aaO § 209 Abs. 1). Um langwierige Wertermittlungen im Prozess zu vermeiden, sollte im Urteil zugleich ausgesprochen werden, dass die Gesellschaft verpflichtet ist, dem ausgeschlossenen oder ausgetretenen Gesellschafter binnen sechs Monaten nach Rechtskraft des Urteils eine **vorläufige** Abfindung zu zahlen, die das Gericht festzusetzen hat und die am letzten vor der Klagerhebung festgestellten Einheitswert des Betriebsvermögens zu orientieren ist. Jeder Partei sollte dabei das Recht verbleiben, sich auf veränderte wirtschaftliche Verhältnisse der Gesellschaft in der Zeit zwischen Festsetzung der Vergütung gemäß dem letzten Einheitswert und dem Tag der Klagerhebung zu berufen. Zahlt die Gesellschaft innerhalb der Sechs-Monats-Frist den vom Gericht festgesetzten vorläufigen Abfindungsbetrag, so kann sie über den Geschäftsanteil verfügen. Die Gesellschaft ist bei der Zahlung nicht befugt, Vermögenswerte anzugreifen, die zur Erhaltung des Stammkapitals erforderlich sind, dies mit Rücksicht auf die zwingende Vorschrift des § 30 Abs. 1. Zahlt die Gesellschaft innerhalb der Sechs-Monats-Frist nicht oder nicht voll oder unter Verletzung der Kapitalerhaltungsvorschriften, so steht der Geschäftsanteil dem ausgeschlossenen Gesellschafter wieder uneingeschränkt zu (RegE 1972 aaO § 208 Abs. 5).

103 **c) Ermittlung des Verkehrswerts.** Danach sollte in einer Art Nachverfahren der Verkehrswert des Geschäftsanteils des ausgeschlossenen Gesellschafters vom Gericht ermittelt werden; eine etwaige Differenz ist auszugleichen. Sofern die Gesellschaft einen etwaigen Mehrbetrag nicht oder nur unter Verletzung der Kapitalerhaltungsvorschriften zahlen kann, so ist auf Antrag des ausgeschlossenen Gesellschafters vom Gericht durch Urteil die Auflösung der Gesellschaft auszusprechen. Die Regelung ist kompliziert, aber sie ist ein rechtspolitisch gelungenes Modell für die Lösung des Interessenkonfliktes zwischen dem Ausschließungsinteresse der Gesellschaft und dem Abfindungsinteresse des Gesellschafters.[262] Der Vorzug dieses Vorschlages besteht im Gegensatz zu den Lösungsmöglichkeiten in dem umstrittenen Urteil BGHZ 9, 157, 170 ff. darin, dass das gerichtliche Ausschließungsverfahren nicht mit jahrelang sich hinziehenden Bewertungsfragen für den Geschäftsanteil belastet ist. Man wird daher der im RegE 1972 aaO vorgeschlagenen Methode der Durchführung der Ausschließung den Vorzug geben vor anderen Verfahrensarten; denn die im RegE 1972 vorgesehene Verfahrensart garantiert ein rasches Ausscheiden des lästigen oder des austrittswilligen Gesellschafters und sichert diesem durch die gerichtlich festzusetzende Abschlagszahlung jedenfalls den Grundwert seiner Beteiligung.

---

[260] Nachw. zum Meinungsstand bei *Baumbach/G. Hueck/Fastrich* Rn. 12.
[261] So auch *Hachenburg/Ulmer* Anh. § 34 Rn. 35.
[262] So zutreffend *Hachenburg/Ulmer* Anh. § 34 Rn. 34.

Einziehung (Amortisation) § 34

Auch die Konsequenz einer Nichtzahlung oder Teilzahlung oder einer nach § 30 **104**
Abs. 1 unzulässigen Zahlung und endlich als letzte Konsequenz die Auflösung der Gesellschaft bei Nichtzahlung etc. erscheinen sinnvoll und ausgewogen.[263] Andere halten im Gegensatz zum Vorgesagten das Einheitsverfahren gemäß BGHZ 9, 157, 174f. und 16, 317, 322 de lege lata für hinnehmbar.[264] Dies erscheint nicht zwingend, da die Abfindungsregelung nicht gesetzlich normiert ist, also durchaus der Fortbildung durch die Rechtsprechung zugänglich ist. Ziel aller diesbezüglichen Überlegungen kann angesichts der Schwierigkeiten, mit einem lästigen Gesellschafter zusammenarbeiten zu müssen, nur sein, den Ausschluss oder Austritt durch ein schleuniges Urteil herbeizuführen, und durch ein vereinfachtes und damit ebenfalls schleuniges Verfahren dem auszuschließenden oder austretenden Gesellschafter die Grundsubstanz des Wertes seines Geschäftsanteils zu gewähren. Der Vorschlag, dass mit Rechtskraft des Ausschlussurteils der Gesellschafter Inhaber des Anteils bleibt, aber die Befugnis zur Ausübung seiner Gesellschafterrechte verliert und die Abtretung des Anteils erst Zug um Zug zu erfolgen habe gegen die Zahlung der Abfindung,[265] ist zwar interessant, weil diese Lösung den Vorzug einer raschen Regelung für sich hat. Sie hat aber den Nachteil, dass der ausgeschlossene Gesellschafter an der Willensbildung in der Gesellschafterversammlung nicht mehr mitwirken kann, dass sich dadurch Stimmrechtsverschiebungen ergeben und er noch nicht einmal in der Lage ist, eine unheilvolle Geschäftspolitik durch Ausübung seines Stimmrechts zu beeinflussen. Es könnte hierzu erwogen werden, dass die Gesellschaft dem ausgeschlossenen Gesellschafter bis zur Zahlung des Abfindungsguthabens eine Sicherheit etwa in der Form einer Bankbürgschaft zu leisten hat (alles sehr str.).

Bei der Bemessung der endgültigen Abfindung ist mangels einer anderweitigen Regelung im Gesellschaftsvertrage **vom Verkehrswert des Geschäftsanteils auszugehen,** also von dem Wert, den ein Dritter bereit wäre, für den Geschäftsanteil zu zahlen, unter Berücksichtigung der stillen Reserven und des Geschäftswertes.[266] Lässt sich ein „Angebot" von dritter Seite nicht herbeiführen, so bleibt der meist langwierige Weg über ein Bewertungsgutachten. In einem solchen Falle sind bei der Bewertung – sofern die Satzung dies nicht ausschließt – sowohl der Firmenwert voll zu berücksichtigen als auch die stillen Reserven. Nach moderner Bewertungsmethode wird indes heute zu Recht der nachhaltigen Ertragskraft des Unternehmens die größere Bedeutung bei der Ermittlung eines Unternehmenswertes zugemessen.[267] **105**

2. Maßgebender Zeitpunkt. Maßgebender Stichtag für die Bewertung des Geschäftsanteils ist vorbehaltlich abweichender Satzungsbestimmungen der **Tag der Klageerhebung.**[268] Dem ist im Hinblick auf die Wertung des § 140 Abs. 2 HGB im **106**

---

[263] So im Prinzip schon die Anregung von *Hueck* DB 1953, 776, 777 f.
[264] Vgl. *Scholz/Winter* § 15 Rn. 143; wohl auch *Lutter/Hommelhoff* Rn. 30; zweifelnd *Baumbach/G. Hueck/Fastrich* Rn. 12.
[265] *Baumbach/G. Hueck/Fastrich* Rn. 12.
[266] BGHZ 9, 157, 174, 176; 16, 317, 322 f.; OLG München BB 1987, 2392; *Hachenburg/Ulmer* Anh. § 34 Rn. 39; *Scholz/Winter* § 15 Rn. 150; *Baumbach/G. Hueck/Fastrich* Anh. § 34 Rn. 11; *Meyer-Landrut/Miller/Niehus* § 15 Rn. 44 aE; *Roth/Altmeppen* § 60 Rn. 62; *Goette* DStR 2001, 533, 541.
[267] So auch *Hachenburg/Ulmer* Anh. § 34 Rn. 39.
[268] BGHZ 9, 157, 176 = NJW 1953, 780; BGHZ 16, 317, 322 = NJW 1960, 866; *Baumbach/G. Hueck/Fastrich* Anh. § 34 Rn. 11; *Hachenburg/Ulmer* Anh. § 34 Rn. 40; *Scholz/Winter* § 15 Rn. 150; *Lutter/Hommelhoff* Rn. 42.

Grundsatz zuzustimmen, allerdings mit der Maßgabe, dass dann, wenn der Ausschließungsgrund nicht schon bei Klageerhebung vorgelegen hat oder andere Voraussetzungen der Klage, insbesondere der Gesellschafterbeschluss, erst hiernach eingetreten sind, dieser Zeitpunkt maßgeblich ist.[269] Dem Interesse des Gesellschafters, der Gesellschaft nicht ohne entsprechende gesellschaftsvertragliche Verpflichtung unentgeltlich Kapital zur Verfügung stellen zu müssen, und auch der Notwendigkeit, diese von einer Verzögerung des Prozesses abzuhalten, ist dadurch gerecht zu werden, dass der Abfindungsbetrag durch die Gesellschaft zu verzinsen ist.[270]

107 3. **Statutarische Normierung.** Die Satzung kann für die Bewertung des Geschäftsanteils eines ausscheidenden Gesellschafters verbindliche Richtlinien aufstellen und Bewertungsmethoden festlegen, die dann jedoch unter dem **Gesichtspunkt der Gleichbehandlung** für alle Fälle des Ausscheidens eines Gesellschafters gelten müssen.[271] Dem widerspricht es, bei der Bemessung des Abfindungsentgeltes die etwaigen Verfehlungen des Ausgeschlossenen wertmindernd zu berücksichtigen.[272] Denn der Ausschluss eines Gesellschafters aus einer GmbH trägt keinen Strafcharakter und darf nicht zu einer finanziellen Schädigung des Ausgeschlossenen führen.[273] Es darf danach weder die statutarische Abfindungsregelung noch diejenige im Ausschlussurteil hinsichtlich der Höhe der Abfindungszahlung unterscheiden zwischen einem Ausschluss wegen schuldhaften Handelns eines Gesellschafters und dem Ausschluss ohne Vorliegen von Schuld noch darf in sachlicher Hinsicht bei der Abfindung differenziert werden zwischen dem Tod eines Gesellschafters oder dem Ausscheiden wegen Pfändung seines Anteils.[274] Hat die Gesellschaft durch das schuldhafte Handeln des ausgeschiedenen Gesellschafters einen Schaden erlitten, so kann sie diesen geltend machen und uU mit diesem Schadenersatzanspruch aufrechnen.

108 Bei Berücksichtigung dieser Grundsätze **spricht alles für die Aufnahme einer Abfindungsregelung in die Satzung.** Insbesondere garantieren solche Klauseln im Gesellschaftsvertrag eine rasche Bewertung des Anteils. Die statutarische Abfindungsregelung **kann vom Verkehrswert als Grundsatz abweichen,** etwa den Firmenwert unberücksichtigt lassen[275] oder etwa vorschreiben, dass stille Reserven, die im Grundvermögen der Gesellschaft liegen, nicht aufgelöst werden. Es kann für die Bewertung auch auf anerkannte Methoden abgestellt werden, etwa auf das „Stuttgarter Verfahren"[276] oder es kann der Vermögensteuerwert[277] oder der Einheitswert des Unternehmens als Wert für den Geschäftsanteil festgelegt werden.[278] Voraussetzung ist jedoch, dass die Abfindungsklausel nicht lediglich für den Insolvenzfall oder die Zwangsvollstreckung gilt.[279] Auch darf an den Gesellschafter nicht eine Abfindung gezahlt werden,

---

[269] Zutr. *Hachenburg/Ulmer* Anh. § 34 Rn. 40; *Scholz/Winter* § 15 Rn. 150.
[270] Überzeugend *Hachenburg/Ulmer* Anh. § 34 Rn. 40.
[271] Zur Beschränkung gesellschaftsvertraglicher Abfindungsklauseln für die Berechnung des ehelichen Zugewinnausgleichs vgl. BGH DB 1986, 2427 = BB 1986, 2168.
[272] So aber *Roth* GmbHG, 2. Aufl. 1987, § 60 Anm. 6. 1. 3.
[273] So zu Recht *Baumbach/G. Hueck/Fastrich* Anh. § 34 Rn. 11 unter Hinweis auf BGHZ 9, 157, 167.
[274] BGHZ 65, 22, 28 f.; BGH NJW 2000, 2819, 2820.
[275] BGHZ 65, 22, 26 f.; BGH NJW 1977, 2316; DB 1984, 181; GmbHR 1985, 18; WM 1989, 783; OLG Frankfurt NJW 1978, 328; OLG Hamburg DB 1982, 2344; BayObLG DB 1983, 99; OLG München BB 1987, 2392.
[276] OLG München BB 1987, 2392; BGH BB 1987, 740; s. dazu *Heller* GmbHR 1999, 594.
[277] Vgl. BGH DStR 1992, 1371.
[278] AllgM; vgl. die Nachweise zur Rechtsprechung des BGH bei *Goette* DStR 2001, 533, 541.
[279] BGHZ 65, 22, 28 f.; BGH NJW 2000, 2819, 2820.

Einziehung (Amortisation) § 34

durch die das zur Deckung der Stammkapitalziffer der Gesellschaft erforderliche Vermögen angegriffen wird.[280]

Hinsichtlich der **Wirksamkeit abfindungsbeschränkender Klauseln** ist zu unterscheiden: Beschränkt die Abfindungsklausel **bereits bei ihrer Aufnahme in die Satzung** die Abfindung der Höhe nach auf einen Betrag, der vollkommen außer Verhältnis zum tatsächlichen Wert des Anteils steht und auch in keiner Weise mehr durch das Interesse der Gesellschaft an der Verhinderung eines Abflusses notwendigen Kapitals gerechtfertigt ist, ist die Bestimmung **nach § 138 BGB nichtig.**[281] Wann diese Grenze erreicht ist, ist abschließend noch nicht geklärt. Ob bereits eine Beschränkung auf die Hälfte des tatsächlichen Wertes genügt,[282] erscheint zweifelhaft und dürfte sich nach dem konkreten Einzelfall richten. Ist die Abfindungsbestimmung nach diesen Maßstäben nichtig, tritt an die Stelle der hiernach vorgesehenen eine **Abfindung zum vollen Anteilswert**; eine geltungserhaltende Reduktion der Bestimmung auf einen noch zulässigen Betrag kommt nach zutreffender Auffassung nicht in Betracht.[283] Der Ausschluss der Abfindung ist hiernach nur in Ausnahmefällen gerechtfertigt.[284] 109

Beruht dagegen die Unangemessenheit der statutarisch vorgesehenen Abfindung auf der nachträglichen Entwicklung der Gesellschaft, **war die Bestimmung** also **zum Zeitpunkt ihrer Aufnahme in die Satzung nicht zu beanstanden,** bleibt die Regelung zwar wirksam. Der Gesellschaft ist es jedoch nach Treu und Glauben verwehrt, sich auf sie zu berufen, wenn ein grobes Missverhältnis zwischen der vorgesehenen Abfindung und dem tatsächlichen Wert der Beteiligung besteht und das Recht des austrittswilligen Gesellschafters, sich zum Austritt zu entschließen, hierdurch in unvertretbarer Weise eingeengt wird.[285] Die zum Personengesellschaftsrecht früher vertretene Auffassung, die Abfindungsbestimmung werde unwirksam, hat der BGH inzwischen aufgegeben;[286] entsprechendes hat für das GmbH-Recht zu gelten.[287] Die **Rechtsfolge** des Bestehens eines groben Missverhältnisses liegt darin, dass an die Stelle der vorgesehenen Abfindung eine angemessene tritt, deren Bemessung unter Berücksichtigung der von den Beteiligten mit der Abfindungsregelung verfolgten Zwecke und der zwischenzeitlich eingetretenen Änderung der Verhältnisse, insbesondere der Ertrags- und Vermögenslage der Gesellschaft, zu erfolgen hat.[288] Methodisch wird dieses Ergebnis von der Rechtsprechung im Wege der ergänzenden Vertragsauslegung unter Ermittlung des hypothetischen Parteiwillens begründet, wobei die Regelungslücke mit dem Verbot begründet wird, sich auf die betreffende Abfindungsbestimmung zu beru- 110

---

[280] Vgl. *Goette* DStR 2001, 533, 534 mwN.
[281] BGHZ 116, 359, 368, 372 ff. = NJW 1992, 892 m. Anm. *Heidenhain* LM § 34 Nr. 15; BGHZ 123, 281, 284 = NJW 1993, 3193; NJW 2819, 2820; *Schulze-Osterloh* JZ 1993, 45; *Lutter/Hommelhoff* Rn. 46; *Scholz/H. P. Westermann* Rn. 32; *Hachenburg/Ulmer* Rn. 87.
[282] So *Ulmer/Schäfer* ZGR 1995, 134, 153; vgl. ferner *Lutter/Hommelhoff* Rn. 46 mwN.
[283] BGH NJW 1979, 104; WM 1962, 462, 463; BGHZ 116, 359, 376 = NJW 1992, 892; *Hachenburg/Ulmer* Rn. 105; *Lutter/Hommelhoff* Rn. 47; aA *H. P. Westermann*, FS Stimpel, 1985, S. 69, 81 ff., 91.
[284] *Lutter/Hommelhoff* Rn. 46; zum Ausschluss der Abfindung beim Tode eines Gesellschafters s. BGH LM § 34 Nr. 7; *Habersack* ZIP 1990, 625.
[285] BGHZ 116, 359, 369 = NJW 1992, 892; *Hachenburg/Ulmer* Rn. 92; *Lutter/Hommelhoff* Rn. 48; *Scholz/H. P. Westermann* Rn. 32; Rechtsgedanke des § 723 Abs. 3 BGB.
[286] BGHZ 123, 281 = NJW 1993, 3193.
[287] So nun ausdrücklich BGH NJW 2000, 2819, 2820; vgl. ferner *Goette* DStR 2001, 533, 542.
[288] BGHZ 116, 359, 371 = NJW 1992, 892; *Hachenburg/Ulmer* Rn. 106; *Mayer* BB 1990, 1320; zur zulässigen Staffelung nach dem Zeitraum der Gesellschaftszugehörigkeit vgl. BGH aaO S. 371 f.

fen; überzeugender erscheint jedoch eine Ausübungskontrolle nach § 242 BGB.[289] Einer der für den hiernach zu ermittelnden Betrag heranzuziehenden Anhaltspunkte kann das Verhältnis zwischen vorgesehener Abfindung und tatsächlichem Wert zum Zeitpunkt der (wirksamen) Aufnahme der Bestimmung in die Satzung sein,[290] wobei insoweit allerdings zu beachten ist, dass die Gesellschafter im Regelfall davon ausgehen, dass sich diese Werte auseinanderentwickeln werden. **Buchwertklauseln** ist nicht von vornherein die Wirksamkeit abzusprechen; auch insoweit richtet sich die Wirksamkeit der Abfindungsbestimmung vielmehr ausschließlich nach den oben dargelegten Maßstäben.[291]

111 **4. Kein Ausschluss eines Gesellschafters ohne Abfindung für den Geschäftsanteil.** Die Meinung, dass ein Geschäftsanteil beim Ausschluss oder Austritt eines Gesellschafters aufgrund einer statutarischen Bestimmung zulässig ohne Abfindung auf die Gesellschaft übergehen kann, übersieht, dass der Geschäftsanteil generell einen Vermögenswert mit in aller Regel Gewinnbezugsrechten darstellt. Der Ausschluss oder Austritt ohne Entschädigung oder Abfindung kommt daher einer „privatrechtlichen Enteignung" gleich, wodurch auch die wirtschaftliche Betätigungsfreiheit eingeschränkt werden kann. Ein Gesellschafter mit zum Austritt berechtigenden wichtigen Gründen wird diesen Schritt nicht vollziehen wollen, wenn er keine Abfindung erhält, da durch den Austritt der Gegenstand seines Geschäftsanteils sowie sein Gewinnbezugsrecht wegfällt. Mit dem Interesse der verbleibenden Gesellschafter am „Erhalt der Gesellschaft" lässt sich die Auffassung von der **entschädigungslosen Ausschließung oder dem entschädigungslosen Austritt** jedenfalls nicht rechtfertigen, denn die Gesellschaft erhält beim Ausscheiden den Geschäftsanteil als Vermögenswert, sie kann über ihn vermögenswirksam verfügen, ihn zB veräußern. Es ist hier der rechtliche Gesichtspunkt des § 723 Abs. 3 BGB zu beachten, wonach eine Vereinbarung, durch welche das Kündigungsrecht ausgeschlossen oder unangemessen beschränkt wird, nichtig ist.[292] Andererseits stellt sich das Problem dann nicht, wenn der Geschäftsanteil wegen der wirtschaftlichen Lage der Gesellschaft ohnehin keinen Wert hat, weil dann auch die Abfindung gleich „null" sein würde. Der Grundsatz des „volenti non fit iniuria" hilft wenig; es versagt dieser Gesichtspunkt bereits, wenn der Gesellschafter den Geschäftsanteil etwa geerbt hat.

112 Eine Ausnahme von dem **Grundsatz der Abfindungspflicht** zu angemessenen Bedingungen wird man daher nur zulassen können bei sog. Idealgesellschaften, die keinem Erwerbszweck oder keinem Gewinnstreben der Gesellschafter dienen. Die Abfindungspflicht kann auch entfallen, wenn der Gesellschafter den Geschäftsanteil nur hält wegen seiner Tätigkeit in der Gesellschaft wie dies zB bei Wirtschaftsprüfungsgesellschaften nicht selten der Fall ist, aber auch sonst vorkommt.

113 **Fälligkeit.** Fällig ist der Abfindungsanspruch in der Regel mit dem Tage des Ausscheidens des Gesellschafters. Dieser Grundsatz wird statutarisch meist und zulässig abbedungen. Es folgt dies schon aus der Notwendigkeit, dass die verbleibenden Gesellschafter die für die Abfindung erforderlichen Mittel erst beschaffen oder erwirtschaften müssen.

114 **5. Abfindung in Jahresraten.** Zulässig ist daher auch eine Satzungsbestimmung, wonach das Abfindungsguthaben in mehreren Jahresraten ausgezahlt wird, sofern die

---

[289] Eingehend *Ulmer/Schäfer* ZGR 1995, 134, 144; vgl. auch *Baumbach/G. Hueck/Fastrich* Rn. 24.
[290] BGH NJW 1994, 2536, 2541.
[291] BGH BB 1978, 1333; ZIP 1989, 771, 772; ZIP 2002, 258, 259; eingehend zu den Rechtsprechungsgrundsätzen zur Buchwertabfindung *Hülsmann* GmbHR 2001, 409.
[292] MüKo BGB/*Ulmer* § 723 Rn. 56; aA OLG München NZG 2001, 662.

Einziehung (Amortisation) § 34

Erstreckung nicht über viele Jahre geht[293] oder an das Vorhandensein von Gewinnen gekoppelt ist.[294] Vertragsstrafecharakter tragen Abfindungsbeschränkungen nach allgM nicht, so dass unter Verschuldensgesichtspunkten der Ausgeschlossene keine Herabsetzung seines Abfindungsanspruchs hinnehmen muss. Entsprechend gelten auch die §§ 336 ff. BGB nicht.[295]

6. Prozessuales zur Abfindung. Wird der Gesellschafter durch Beschluss der Gesellschafterversammlung kraft einer Satzungsbestimmung ausgeschlossen oder tritt er aufgrund einer solchen aus, so ist der Abfindungsanspruch der gleiche, entweder ermittelt aufgrund der statutarischen Regelungen oder aber aufgrund einer vom Ausgeschiedenen gegen die Gesellschaft zu richtenden Klage. Folgt man den Überlegungen über die Ermittlung des Abfindungsguthabens im Ausschlussprozess (Rn. 101 ff.), so ist die Klage hinsichtlich des vorläufigen Abfindungsbetrages gemäß dem anteiligen Einheitswert des Betriebsvermögens **Leistungsklage,** hinsichtlich des dann noch zu ermittelnden wahren Wertes ist sie **Feststellungsklage,** da die Bezifferung der Forderung so lange nicht möglich ist, bis der Wert der Anteile festgestellt worden ist. Im Übrigen kann auf die Rn. 101 ff. verwiesen werden. 115

7. Zug-um-Zug-Regelung. Der ausgeschiedene Gesellschafter kann die Abtretung seines Geschäftsanteils von der Zahlung der Abfindungssumme abhängig machen, das führt im Prozess zu einer Verurteilung zur Leistung Zug um Zug.[296] 116

VIII. Gerichtliche Überprüfung

1. Der wichtige Grund. In materiellrechtlicher Hinsicht hat das Gericht als Vorfrage zur Abfindung zu prüfen, **ob der von der auf Ausschluss klagenden Gesellschaft behauptete wichtige Grund vorliegt** (zum wichtigen Grund vgl. Rn. 65 ff.). Das bereitet keine Schwierigkeiten, wenn das Verschulden oder der sonstige wichtige Grund wie etwa Insolvenz, Pfändung des Geschäftsanteils, Vorliegen eines Wettbewerbsverhältnisses zwischen Gesellschafter und Gesellschaft, einseitig beim Auszuschließenden liegt. So sind die Dinge freilich in den seltensten Fällen. In aller Regel wird der auszuschließende Gesellschafter dem Ausschlussbegehren mit der Behauptung entgegentreten, die wichtigen Gründe lägen in Wahrheit nicht vor, man wolle sich seiner Person entledigen, um unter den verbleibenden Gesellschaftern den Nutzen aus den Erträgen des Unternehmens der Gesellschaft zu haben. Hier sind an die Rechtsfindung hohe Anforderungen gestellt, zumal die verbleibenden Gesellschafter nicht Partei sind, also von der klagenden Gesellschaft als Zeugen benannt werden können. Der auszuschließende Beklagte ist Partei und kann nur in dem eingeschränkten Umfange des § 448 ZPO von Amts wegen vernommen werden. 117

2. Abwägung. Regelmäßig wird der Beklagte zudem einwenden, die übrigen Gesellschafter hätten in ähnlicher oder vergleichbarer Weise gehandelt, wie ihm vorgeworfen werde, und auch deswegen könne sein Verhalten keinen wichtigen Grund zum Ausschluss bilden.[297] Das Gericht hat dann auch dieses Vorbringen des Beklagten zu prüfen und gegebenenfalls darüber Beweis zu erheben. Ergibt sich dann, dass die behaupteten wichtigen Gründe nur vorgeschoben waren oder nicht schwerwiegender Natur sind, so ist die Klage abzuweisen. Dabei ist stets und entscheidend zu 118

---

[293] BGH WM 1989, 1073: Erstreckung auf 15 Jahre unzulässig.
[294] BGHZ 32, 151, 158 f.; Hachenburg/Ulmer Rn. 77 ff.
[295] BGH NJW 1977, 2316 f.; Scholz/Winter § 15 Rn. 153.
[296] So sinngemäß Scholz/Winter § 15 Rn. 142 a, 145.
[297] Scholz/Winter § 15 Rn. 135.

§ 34 2. Abschnitt. Rechtsverhältnisse der Gesellschaft und der Gesellschafter

berücksichtigen, dass der Ausschluss eines Gesellschafters die ultima ratio ist und demgemäß nur bei wirklich schwerwiegenden Gründen auszusprechen ist (vgl. Rn. 59 ff., 71).

119 Ergibt das Vorbringen des Beklagten, dass die anderen Gesellschafter in gleicher oder ähnlicher Weise wie der auszuschließende Gesellschafter gehandelt haben, sie etwa selbst die dem Auszuschließenden vorgeworfenen Eigengeschäfte machten, so lässt dies auf laxe Sitten im Geschäftsbetrieb schließen. Dies kann dazu führen, dass solche Eigengeschäfte keinen wichtigen Grund für einen Ausschluss bilden; auch dann ist die Klage abzuweisen.[298]

120 **3. Maßgeblicher Zeitpunkt.** In Konsequenz dessen kommt es für das Vorliegen eines wichtigen, zum Ausschluss aus der Gesellschaft berechtigenden Grund auf den **Zeitpunkt der letzten mündlichen Verhandlung in der Tatsacheninstanz** an.[299] Es können also während des Rechtsstreits noch wichtige Gründe in der Person des Auszuschließenden eintreten, die „nachgeschoben" werden können und die zu berücksichtigen sind.[300]

121 **4. Übergang zur Auflösungsklage.** Die klagende Gesellschaft kann in einem solchen Falle nicht zur Auflösungsklage übergehen, da Kläger der Auflösungsklage kraft zwingender nicht abdingbarer Regelung die Gesellschafter sind und die Klage gegen die Gesellschaft gerichtet werden muss (§ 61 Abs. 2). Wohl aber besitzt der auf Ausschluss verklagte Gesellschafter die Möglichkeit, widerklagend die Auflösung der Gesellschaft zu beantragen. Das setzt freilich voraus, dass sein Geschäftsanteil 10 % des Stammkapitals beträgt (§ 61 Abs. 2 S. 2; vgl. hierzu § 61 Rn. 1).

122 Für die Austrittsklage gilt prozessual nichts anderes. Es kann auf das in Rn. 84 ff. Gesagte verwiesen werden. Nötig ist die Klage naturgemäß nur dann, wenn die Gesellschaft oder die Gesellschafter die Austrittserklärung des Austrittswilligen nicht akzeptieren.[301] Einigen sich der Austrittswillige und die Gesellschaft zwar über seinen Austritt, nicht aber über die entsprechenden Bedingungen, etwa über Höhe und Modalitäten der Abfindung, so muss der Ausgetretene eine Leistungs- und gegebenenfalls Feststellungsklage gegen die Gesellschaft erheben. Auch hier kann auf das in Rn. 85 ff. Gesagte verwiesen werden. Im Rahmen der bloßen Abfindungsklage wird sich das Vorliegen eines Austrittsgrundes kaum klären lassen können.[302] Hat die Gesellschaft dem Austritt zugestimmt und bestehen nur Meinungsverschiedenheiten über die Art und Höhe der Abfindung, dann ist das Recht der Gesellschaft, den Austrittsgrund auf seine Zulässigkeit nachprüfen zu lassen, verbraucht. Hat die Gesellschaft dem Austrittsbegehren nicht zugestimmt, muss der Austrittswillige ohnehin die Austrittsklage erheben, mit der dann die Zulässigkeit des Austritts gerichtlich geprüft wird.

123 Die Urteile sind in jedem Falle – ob Ausschließung oder Austritt – **bedingte Gestaltungsurteile**,[303] nämlich aufschiebend bedingt durch die Zahlung des Abfindungsentgeltes.[304] Es ist deshalb in den Urteilstenor die prozessrechtlich zulässige Bedingung aufzunehmen, dass das Urteil erst mit der Zahlung des vollständigen, im Urteil oder im Nachtragsurteil festzusetzenden Abfindungsentgeltes in Rechtskraft erwächst.

---

[298] S. auch BGH NJW-RR 1990, 530, 531.
[299] *Scholz/Winter* § 15 Rn. 136 a; *Meyer-Landrut/Miller/Niehus* Rn. 40.
[300] BGH GmbHR 1972, 177.
[301] *Hachenburg/Ulmer* Anh. § 34 Rn. 55; *Immenga* S. 312.
[302] Vgl. aber *Hachenburg/Ulmer* Anh. § 34 Rn. 55.
[303] BGHZ 9, 157, 174 ff.; *Scholz/Winter* § 15 Rn. 138 ff.; *Lutter/Hommelhoff* Rn. 30.
[304] *Baumbach/G. Hueck/Fastrich* Anh. § 34 Rn. 8; abw. *Hachenburg/Ulmer* Anh. § 34 Rn. 36: auflösend bedingt.

Einziehung (Amortisation) § 34

5. Stellung des Gesellschafters nach Erlass des Ausschlussurteils. Der Urteils- 124
tenor hat dahin zu lauten, dass der Gesellschafter mit Zahlung des Abfindungsentgeltes
aus der Gesellschaft ausgeschieden ist. Umgekehrt besagt dies, dass der Auszuschließende bis zur vollständigen Bezahlung des Abfindungsguthabens dem Grundsatz nach Gesellschafter bleibt. Diese von der hM vertretene Auffassung ist konsequent, aber für die
verbleibenden Gesellschafter und die Gesellschaft keine sinnvolle Lösung, da schwerlich anzunehmen ist, dass der in aller Regel unbequeme Gesellschafter in dieser Zeit
des Interregnums bereit ist, den Gesellschaftszweck noch zu fördern. Auch das Instrument der einstweiligen Verfügung ist kein geeignetes Mittel, den ausgeschlossenen
Gesellschafter zur Förderung des Gesellschaftszwecks anzuhalten, bietet also auch keine
sinnvolle Alternative. Die praktikabelste Lösung ist die, dass das **Stimmrecht des
Ausgeschlossenen** bis zu seinem endgültigen Ausscheiden **ruht.**[305] Die Nebenpflichten des Ausgeschlossenen ruhen ebenfalls. Es ist nicht sinnvoll und nicht zu erwarten, dass der Ausgeschlossene seine Nebenpflichten nach dem erfolgten Ausschluss
auch sachgerecht erfüllen wird; es erscheint dies auch unzumutbar, zumal dem Ausschluss in aller Regel ein schweres gesellschaftswidriges Verhalten zugrunde liegt.

Zur Frage des der Bewertung des Anteils zugrunde zu legenden Zeitpunkts vgl. 125
Rn. 101 ff.

IX. Verwertung des Geschäftsanteils

1. Möglichkeiten der Verwertung. Nach Ergehen des rechtskräftigen bedingten 126
Ausschlussurteils ist es Sache der Gesellschaft, die endgültige Verwertung des Geschäftsanteils des auszuschließenden Gesellschafters herbeizuführen und die Art der
Verwertung des Geschäftsanteils festzulegen.[306] Es bestehen dabei praktisch **fünf Möglichkeiten:**
a) Die Gesellschaft zieht den Geschäftsanteil ein; dann ist die Volleinzahlung Voraussetzung und es ist § 30 Abs. 1 zu beachten (vgl. Rn. 19 f.).
b) Die Gesellschaft erwirbt den Geschäftsanteil selbst; dann ist ebenfalls Volleinzahlung Voraussetzung und es ist ebenfalls § 30 Abs. 1 zu beachten (vgl. Erl. zu § 33 Rn. 5).
c) Die Gesellschaft teilt den Geschäftsanteil und die verbleibenden Gesellschafter übernehmen die so neu gebildeten Geschäftsanteile pro rata oder auch in einem anderen Verhältnis. Nach § 17 ist dies zulässig, da die Verwertung des Geschäftsanteils eines ausgeschlossenen Gesellschafters der Veräußerung gleich zu erachten ist.
d) Ein Mitgesellschafter übernimmt den Geschäftsanteil.
e) Der Geschäftsanteil wird an einen Dritten veräußert.
In den Fällen c) bis e) ist dann weder die Volleinzahlung erforderlich noch wird § 30 Abs. 1 berührt.

2. Abfindungsanspruch des ausgeschiedenen Gesellschafters. Dem bedingt 127
ausgeschlossenen Gesellschafter bleibt in allen Fällen **die Gesellschaft** hinsichtlich seines Abfindungsguthabens **verpflichtet.** Denn die Gesellschaft schuldet das Abfindungsentgelt und nicht etwa die Gesellschafter, ausgenommen es läge die persönliche
Verpflichtung als Haftungsgrund vor. In den Fällen Rn. 126 c) bis e) kann eine Mithaftung des Erwerbers eintreten, wenn die Gesellschaft dies bei der Abtretung an den
Dritten zur Bedingung gemacht hat. Mit der fristgerechten Zahlung des endgültigen

---

[305] Vgl. dazu auch *Hachenburg/Ulmer* Anh. § 34 Rn. 57 f.; abw. BGHZ 88, 320, 325 ff. = NJW 1984, 489, wonach vorbehaltlich einer abweichenden Satzungsbestimmung die Rechte, insbesondere das Stimmrecht bis zum endgültigen Ausscheiden bestehen bleiben.
[306] Vgl. auch BGH NJW 1983, 2881.

Abfindungsentgeltes durch die Gesellschaft ist dann der Gesellschafter endgültig aus der Gesellschaft ausgeschieden.

128 Es sind dabei auch andere Lösungen denkbar und zulässig. So kann der bedingt ausgeschlossene Gesellschafter der Gesellschaft die Restzahlung oder auch das ganze Abfindungsentgelt stunden oder Ratenzahlung mit oder ohne Sicherheitsleistung durch die Gesellschaft vereinbaren. Auch dann ist die aufschiebende Bedingung eingetreten und der Gesellschafter ist endgültig aus der Gesellschaft ausgeschieden, **er besitzt lediglich noch ein Forderungsrecht in Höhe des gestundeten Abfindungsentgeltes.** Wird über das Vermögen der Gesellschaft nach dem Ausscheiden des ehemaligen Gesellschafters das Insolvenzverfahren eröffnet, so nimmt der ausgeschiedene Gesellschafter mit seinem Abfindungsguthaben **als Insolvenzgläubiger** am Insolvenzverfahren teil. Gleiches gilt für Darlehen, die der ausgeschiedene Gesellschafter stehengelassen hat. Zu beachten ist allerdings, dass in einem derartigen Stehenlassen eine eigenkapitalersetzende Gesellschafterleistung liegen kann (s. § 32a Rn. 143 ff.).

129 **3. Verfügungsrecht der Gesellschaft.** Ist das Abfindungsentgelt gezahlt oder vereinbarungsgemäß gestundet, so ist die Gesellschaft über den Anteil verfügungsberechtigt.[307] Sie kann nach Maßgabe der in Rn. 126 aufgezählten Möglichkeiten über den Geschäftsanteil verfügen, sofern nicht der oder die Mitgesellschafter oder der Dritte den Geschäftsanteil unmittelbar vom Ausscheidenden abgetreten erhalten haben. Das Verfügungsrecht steht zur Disposition der Gesellschafterversammlung, die mangels abweichender statutarischer Regelungen mit einfacher Mehrheit beschließt (§ 46 Nr. 4). Die Gesellschafterversammlung kann die Verwertung des Geschäftsanteils durch Beschluss einem anderen Organ der Gesellschaft übertragen, etwa den Geschäftsführern, dem Aufsichtsrat oder auch einem statutarischen Schiedsgericht, zB dann, wenn sich die Gesellschafter nicht einigen können.

X. Teilung und Abtretung des Geschäftsanteils

130 Die Teilung und Abtretung des Geschäftsanteils bedürfen der notariellen Beurkundung (§ 15 Abs. 3).

XI. Keine Anmeldung zum Handelsregister

131 Eine Anmeldung des Ausschlusses oder des Austritts eines Gesellschafters zum Handelsregister gibt es nicht. Die Änderung im Bestande der Gesellschafter wird aus der jährlich einzureichenden Gesellschafterliste bekannt (§ 40).

XII. Steuerfragen

132 Entsteht beim ausgeschlossenen oder ausgetretenen Gesellschafter durch die Zahlung des Abfindungsentgeltes ein **Veräußerungsgewinn,** so ist dieser gemäß § 17 EStG steuerpflichtig. Erzielt die Gesellschaft bei Weiterveräußerung des Geschäftsanteils einen höheren Erlös, als sie als Abfindungsentgelt bezahlt hat, so unterliegt der Mehrbetrag der **Körperschaftsteuer;** vgl. iÜ Rn. 58.

XIII. Österreichisches Recht

133 Das österreichische Recht kennt keine entsprechenden Regelungen hinsichtlich der Einziehung eines Geschäftsanteils bzw. des Ausscheidens eines Gesellschafters. Ledig-

---

[307] BGHZ 9, 157, 178 f.

Einziehung (Amortisation) § 34

lich bei § 58 ÖGmbHG (Zurückzahlung von Stammeinlagen) wird dieses Problem erörtert.[308] Zu den Voraussetzungen eines auch in Österreich anerkannten Ausschlusses (Ausscheidenmüssens) von Gesellschaftern und der Zulässigkeit eines Austritts vgl. *Koppensteiner* Anh. § 71 Rn. 1 ff., 15 ff. Beides entspricht im Wesentlichen der deutschen Regelung.

---

[308] Vgl. *Gellis* GmbHG, 2. Aufl. 1982, Erl. zu § 58.

Dritter Abschnitt. Vertretung und Geschäftsführung

§ 35 [Vertretung durch Geschäftsführer]

(1) Die Gesellschaft wird durch die Geschäftsführer gerichtlich und außergerichtlich vertreten.

(2) [1] Dieselben haben in der durch den Gesellschaftsvertrag bestimmten Form ihre Willenserklärungen kundzugeben und für die Gesellschaft zu zeichnen. [2] Ist nichts darüber bestimmt, so muß die Erklärung und Zeichnung durch sämtliche Geschäftsführer erfolgen. [3] Ist der Gesellschaft gegenüber eine Willenserklärung abzugeben, so genügt es, wenn dieselbe an einen der Geschäftsführer erfolgt.

(3) Die Zeichnung geschieht in der Weise, dass die Zeichnenden zu der Firma der Gesellschaft ihre Namensunterschrift beifügen.

(4) [1] Befinden sich alle Geschäftsanteile der Gesellschaft in der Hand eines Gesellschafters oder daneben in der Hand der Gesellschaft und ist er zugleich deren alleiniger Geschäftsführer, so ist auf seine Rechtsgeschäfte mit der Gesellschaft § 181 des Bürgerlichen Gesetzbuchs anzuwenden. [2] Rechtsgeschäfte zwischen ihm und der von ihm vertretenen Gesellschaft sind, auch wenn er nicht alleiniger Geschäftsführer ist, unverzüglich nach ihrer Vornahme in eine Niederschrift aufzunehmen.

Literatur: *Ahrend/Förster/Rössler* Zur Anpassung betrieblicher Versorgungsleistungen, BB 1978, Beilage 3; *Altmeppen* Verbandshaftung kraft Wissenszurechnung am Beispiel des Unternehmenskaufs, BB 1999, 749; *ders.* Gestattung zum Selbstkontrahieren in der GmbH, NJW 1996, 1182; *Armbrüster* Verschwiegenheitspflicht des GmbH-Geschäftsführers und Abtretung von Vergütungsansprüchen, GmbHR 1997, 56; *Arteaga* Prüfungsschema für die steuerliche Anerkennung von Pensionszusagen an beherrschende Gesellschafter-Geschäftsführer einer GmbH, GmbHR 1998, 265; *Ax/Harle* Die „unangemessene" Gesellschafter-Geschäftsführervergütung – Hat die verdeckte Gewinnausschüttung im neuen Besteuerungssystem ihren Schrecken verloren?, GmbHR 2001, 763; *Bachmann* Zum Verbot von Insichgeschäften im GmbH-Konzern, ZIP 1999, 85; *Baeck/Hopfner* Schlüssige Aufhebungsverträge mit Organmitgliedern auch nach In-Kraft-Treten des § 623 BGB, DB 2000, 1914; *Bauder* Die Bezüge des GmbH-Geschäftsführers in Krise und Konkurs der Gesellschaft, BB 1993, 369; *J. Bauer* Nur Schriftform bei Beförderung zum Geschäftsführer?, GmbHR 2000, 767; *Bauer* Zuständigkeitsprobleme bei Streitigkeiten der GmbH und GmbH & Co KG mit ihren Geschäftsführern, GmbHR 1981, 109; *Bauer/Diller* Nachvertragliche Wettbewerbsverbote mit GmbH-Geschäftsführern, GmbHR 1999, 885; *dies.* Wettbewerbsverbote 1995; *Bauer/Gragert* Der GmbH-Geschäftsführer zwischen Himmel und Hölle, ZIP 1997, 2177; *Bauer/v. Steinau-Steinrück* Haftung von Organmitgliedern und sanktionierender „Widerruf" von Versorgungszusagen, ZGR 1999, 314; *Baumann* Die Generalvollmacht bei der GmbH, FS Weichler, 1997, S. 1; *Baums* Zuständigkeit für Abschluß, Änderung und Aufhebung von Anstellungsverträgen, Besprechung der Entscheidungen BGHZ 113, 237 und BGH WM 1991, 852, ZGR 1993, 141; *ders.* Der Geschäftsleitervertrag, 1987; *Beuthien* Gibt es eine organschaftliche Stellvertretung?, NJW 1999, 1142; *Beuthien/Gätsch* Einfluß Dritter auf die Organbesetzung und Geschäftsführung bei Vereinen, Kapitalgesellschaften und Genossenschaften, ZHR 157 (1993), 483; *Beuthien/Müller* Gemischte Gesamtvertretung und unechte Gesamtprokura, DB 1995, 461; *Boemke* Das Dienstverhältnis des GmbH-Geschäftsführers zwischen Gesellschafts- und Arbeitsrecht, ZfA 1998, 209; *Bongen/Renaud* Gerichtliche Zuständigkeit für Rechtsstreitigkeiten des Geschäftsführers mit der GmbH, GmbHR 1992, 797; *Bork* Die Haftung des entlohnten Gesellschafter-Geschäftsführers bei der GmbH & Co KG, AcP 1984, 465; *Brandmüller* Der GmbH-Geschäftsführer im Gesellschafts-, Steuer- und Sozialversicherungsrecht, 12. Aufl. 2000; *Brandner* Zur gerichtlichen Vertretung der Gesellschaft gegenüber ausgeschiedenen Vorstandsmitgliedern/Geschäftsführern, FS Quack, 1991, S. 201; *Brändel* Die Auswirkungen der 12. gesellschaftsrechtlichen EG-Richtlinie für die Einmann-AG, FS Kellermann, 1991, S. 15; *Brox* Zur Gesamtvertretung einer Kommanditgesellschaft durch den Komplementär und den Kommanditisten, FS

Westermann, 1974, S. 21; *Buck* Wissen und juristische Person, 2001; *Bühler* Zur (Rechtsschein-)Haftung einer GmbH, GmbHR 1991, 356; *ders.* Die Befreiung des Geschäftsführers der GmbH von § 181 BGB, DNotZ 1983, 588; *Claussen* Grenzen der Insichgeschäfte im Gesellschaftsrecht, 2000; *Diller* Gesellschafter und Gesellschaftsorgane als Arbeitnehmer, 1994; *Drexl* Wissenszurechnung im Konzern, ZHR 161 (1997), 491; *Eckardt* Die Beendigung der Vorstands- und Geschäftsführerstellung in Kapitalgesellschaften, 1989; *Ekkenga* Insichgeschäfte geschäftsführender Organe im Aktien- und GmbH-Recht unter Berücksichtigung der Einmann-Gesellschaft, AG 1985, 40; *Evers/Grätz/Näser* Die Gehaltsfestsetzung bei GmbH-Geschäftsführern, 4. Aufl. 1997; *Felix* Durchführung der Gewinn-Tantieme des GmbH-Geschäftsführers als Maßnahme der Geschäftsführung, GmbHR 1994, 607; *ders.* Die Nur-Pension als angemessenes Voll-Entgelt für die Geschäftsführertätigkeit von GmbH-Gesellschaftern, GmbHR 1990, 98; *ders.* Zur Nur-Pension als angemessenes Vollentgelt des GmbH-Gesellschafter-Geschäftsführers, GmbHR 1990, 323; *ders.* Umsatztantieme als Teil der Tätigkeitsbezüge geschäftsführender GmbH-Gesellschafter, BB 1988, 277; *Fichtelmann* Wann darf der Gesellschafter einer GmbH sein Recht zur Benennung eines Geschäftsführers ausüben?, GmbHR 1999, 813; *Figge* Sozialversicherung von GmbH-Geschäftsführern, GmbHR 1982, 277; *ders.* Sozialversicherungsrechtliche Beurteilung von GmbH-Minderheitsgesellschafter-Geschäftsführern, GmbHR 1987, 338; *Flatten* Dauer von Geschäftsführerverträgen – Ein Leitfaden für Vertragsverhandlungen, GmbHR 2000, 922; *Fleck* Das Dienstverhältnis der Vorstandsmitglieder und Geschäftsführer in der Rechtsprechung des BGH, WM 1994, 1957; *ders.* Schuldrechtliche Verpflichtungen einer GmbH im Entscheidungsbereich der Gesellschafter, ZGR 1988, 104; *ders.* Das Dienstverhältnis der Vorstandsmitglieder und Geschäftsführer in der Rechtsprechung des BGH, WM 1985, 677; *ders.* Die Drittanstellung des GmbH-Geschäftsführers, ZHR 149 (1985), 387; *ders.* Das Organmitglied – Unternehmer oder Arbeitnehmer, FS Hilger-Stumpf, 1983, S. 197; *ders.* Das Dienstverhältnis der Vorstandsmitglieder und Geschäftsführer in der Rechtsprechung des BGH, WM 1981, Sonderbeilage 3; *Flore/A. Schmidt* Checkbuch Geschäftsführervergütungen, 2000; *Frohnwieser* Verhältnis von Pensionszusagen und Barbezügen bei Gesellschafter-Geschäftsführern von Kapitalgesellschaften, DB 1990, 1434; *Gach/Pfüller* Die Vertretung der GmbH gegenüber ihrem Geschäftsführer, GmbHR 1998, 64; *Gansmüller* Zur Errechnung der Tantieme für GmbH-Geschäftsführer, GmbHR 1965, 92; *Gaul* Die Wettbewerbsbeschränkung des Geschäftsführers der GmbH innerhalb und im Anschluß an den stillschweigend verlängerten Vertrag, GmbHR 1991, 144; *ders.* Erfindervergütung an geschäftsführende Gesellschafter?, DB 1990, 671; *ders.* Der leitende Angestellte in Doppelfunktion als Organmitglied, GmbHR 1989, 357; *Geitzhaus* Die Generalbevollmächtigung – empfehlenswertes Instrument der Unternehmensführung?, GmbHR 1989, 229 (Teil I), 278 (Teil II); *Geßler* Die GmbH-Novelle, BB 1980, 1385; *Gissel* Arbeitnehmerschutz für den GmbH-Geschäftsführer, 1987; *Glade* Angemessenheit von Vergütungen an geschäftsführende Gesellschafter, DB 1998, 691; *Göggele* Auflockerung des Selbstkontrahierungsverbotes durch die Rechtsprechung, GmbHR 1979, 79; *Götte* Das Anstellungsverhältnis des GmbH-Geschäftsführers in der Rechtsprechung des BGH, DStR 1998, 1137; *Gravenhorst* Rechtliche Grenzen für die Vereinbarung von nachvertraglichen Wettbewerbsverboten mit GmbH-Geschäftsführern, 1999; *Grobys* Gilt das neue Schriftformerfordernis für die Beendigung oder Befristung von Arbeitsverhältnissen auch für GmbH-Geschäftsführer?, GmbHR 2000, R 137; *Groß* Das Anstellungsverhältnis des GmbH-Geschäftsführers im Zivil-, Arbeits-, Sozialversicherungs- und Steuerrecht, 1987; *ders.* Das Phantom des Arbeitnehmer-Geschäftsführers im Konkursausfallgeldgesetz und in der Konkursordnung, DB 1984, 1447; *Grunewald* Bürgschaft und Schuldbeitritt von Geschäftsführern und Gesellschaftern, FS Kraft, 1998, S. 127; *dies.* Wissenszurechnung bei juristischen Personen, FS Beusch, 1993, S. 301; *Grunsky* Rechtswegzuständigkeit bei Kündigung des Anstellungsvertrags eines GmbH-Geschäftsführers, ZIP 1988, 76; *Gustavus* Probleme mit der GmbH ohne Geschäftsführer, GmbHR 1992, 15; *Haas* Geschäftsführerhaftung und Gläubigerschutz, 1997; *Hänlein* Der mitverpflichtete Gesellschafter-Geschäftsführer als Verbraucher?, DB 2001, 1185; *Hager* Die Vertretung der Aktiengesellschaft im Prozeß mit ihren früheren Vorstandsmitgliedern, NJW 1992, 325; *Hanau/Kemper* Zur Insolvenzsicherung der Ruhegehaltszusagen an Unternehmer, ZGR 1982, 123; *Happ* Die GmbH im Prozeß, 1997; *Härer* Erscheinungsformen und Kompetenzen des Beirates in der GmbH, 1991; *Heinemann* Der Geltungsbereich des § 181 BGB für Rechtsbeziehungen zwischen der GmbH und ihrem Vertretungsorgan unter steuerlicher Relevanz, GmbHR 1985, 176; *Hengeler* Versorgungszusagen in fehlerhaften Vorstandsverträgen, FS Barz, 1974, S. 129; *Helmschrott* Der Notgeschäftsführer – eine notleidende Regelung, ZIP 2001, 636; *Hennerkes/Binz* Insolvenzsicherung von Pensionsansprüchen des Gesellschafter-Geschäftsführers einer GmbH und GmbH & Co, GmbHR 1984, 57; *Henssler* Die gesetzliche Regelung der Rechtsanwalts-GmbH, NJW 1999, 241; Das Anstellungsverhältnis der Organmitglieder, RdA 1992, 289; *Henze* Handbuch zum GmbH-Recht, 2. Aufl. 1997; *Herfs* Einwirkung Dritter auf den Willensbildungsprozeß der GmbH: eine Untersuchung von Mitwirkungsrechten Dritter im Entscheidungsbereich der Gesellschafter aufgrund von Satzungsrechten, Stimmbindungsverträgen oder Verpflichtungen der GmbH, 1994; *Hesselmann/Tillmann* Handbuch der GmbH & Co, 18. Aufl. 1997; *Heubeck* Die Altersversorgung der Geschäftsführer bei GmbH u. GmbH & Co, 3. Aufl. 1991; *Hieb/Leser* Pensionszusagen an den Gesellschafter-Geschäftsführer. Steuerrechtliche Rahmenbedingungen und Finanzierung unter besonderer Berücksichtigung des § 8 b Abs. 2 KStG; *Hümmerich* Grenzfall des Arbeitsrechts; Kündigung des GmbH-Geschäftsführers, NJW 1995, 1177; *Hoffmann* Ergebnisabhängige Geschäftsführer-Tantieme, GmbHR 1994, 329; *Hoffmann-Becking* Nachvertragliche Wettbewerbsverbote für Vorstandsmitglieder und Geschäftsführer, FS Quack, 1991, S. 273; *Hoffmann/Liebs* Der GmbH-Geschäftsführer, 2. Aufl. 2000; *Hohlfeld* GmbHR-Kommentar zu E BayObLG 3 Z BR 158/99 u. 3 Z BR 76/99, GmbHR 1999, 1294; *ders.* Der GmbH-Geschäftsführer im Spannungsverhältnis zwischen Arbeitgeberfunktion und Arbeitnehmereigenschaft, GmbHR 1987, 255; *ders.* Der Notgeschäftsführer der GmbH, GmbHR 1986, 181; *Höfer/Abt* Insolvenzschutz bei vom Pensions-Sicherungs-Verein nicht gesicherten Gesellschafter-Geschäftsführern, DB 1982, 1501; *Hucke* Geschäftsführer – Unternehmensleiter oder Geleitete?, AG 1994, 397; *Hübner* Selbstkontrahieren des Einmanngesellschafters, Jura 1982, 85; *ders.* Zur Zulässigkeit der Generalvollmacht bei Kapitalgesellschaften, ZHR 143 (1979), 1; *ders.* Interessenkonflikt und Vertretungsmacht, 1977; *Hueck* Zur arbeitsrechtlichen Stellung des GmbH-Geschäftsführers, ZfA 1985, 25; *ders.* Bemerkungen zum Anstellungsverhältnis von Organmitgliedern juristischer Personen, FS Hilger-Stumpf, 1983, S. 365; *Jaeger* Der Anstellungsvertrag des GmbH-Geschäftsführers, 4. Aufl. 2001; *Jestaedt* Die Vergütung des Geschäftsführers für unternehmensbezogene Erfindungen, FS Nirk, 1992, S. 493; *John* Die doppelstöckige Einmann-GmbH-Gründung, BB 1985, 626; *Joost* Die Parteirolle der personalistischen GmbH und ihrer Gesellschafter bei gesellschaftsinternen Klagen, ZGR 1984, 71; *Joussen* Die Generalvollmacht im Handels- und Gesellschaftsrecht, WM 1994, 273; *Kieser/Kloster* Wissenszurechnung bei der GmbH, GmbHR 2001, 176; *Kitzinger* Der GmbH-Geschäftsführer zwischen Arbeits- und Gesellschaftsrecht, 2001; *Klamroth* Vertretung der Gesellschaft bei Verträgen mit einem geschäftsführenden Gesellschafter, BB 1975, 851; *Knott/Schröter* Der Aufstieg des leitenden Angestellten zum Geschäftsführer der ausgegliederten Konzerngesellschaft – ein arbeitsrechtliches Problem, GmbHR 1996, 238; *Koegel* Die Not mit der Notgeschäftsführung, NZG 2000, 20; *Konzen* Die Anstellungskompetenz des GmbH-Aufsichtsrats nach dem Mitbestimmungsgesetz, GmbHR 1983, 92; *Krebs* Ungeschriebene Prinzipien der handelsrechtlichen Stellvertretung als Schranken der Rechtsfortbildung speziell für Gesamtvertretungsmacht und Generalvollmacht, ZHR 159 (1995), 635; *Kreußler* Zukunftsicherungsfreibetrag für beherrschende Gesellschafter-Geschäftsführer, DB 1986, 1597; *Kreutz* § 181 BGB im Lichte des § 35 Abs. 4 GmbHG, FS Mühl, 1981, S. 409; *Kukat* Vorsicht ist besser als Nachsicht – Praktische Hinweise zur Vereinbarung nachvertraglicher Wettbewerbsverbote für Geschäftsführer und zur Anrechnung anderweitigen Erwerbs, BB 2001, 951; *Kutzer* Prozesspfleger statt Notgeschäftsführer – ein praktikabler Ausweg in Verfahren gegen organlose Kapitalgesellschaften, ZIP 2000, 654; *Lange* Aktuelle Entwicklungen bei der verdeckten Gewinnausschüttung, GmbHR 1999, 327; *Langohr-Plato* Aktuelle Tendenzen der Finanzverwaltung bei der Prüfung von Pensionszusagen an GmbH-Gesellschafter-Geschäftsführer, GmbHR 1992, 597; *ders.* Angemessenheit der Gesamtbezüge von GmbH-Gesellschafter-Geschäftsführern – Aktuelles aus Finanzverwaltung und Rechtsprechung, GmbHR 1992, 742; *Leiner* Die Generalvollmacht im Recht der Kapital- und Personengesellschaft, Diss. Bielefeld 1998; *Lieb/Eckardt* Der GmbH-Geschäftsführer in der Grauzone zwischen Arbeits- und Gesellschaftsrecht, 1988; *Lindacher* Fragen der Beschlußfassung und -feststellung nach § 46 Nr. 8 GmbHG, ZGR 1987, 121; *Lunk* Rechtliche und taktische Erwägungen bei Kündigung und Abberufung des GmbH-Geschäftsführers, ZIP 1999, 1777; *Manger* Das nachträgliche Wettbewerbsverbot des GmbH-Geschäftsführers, GmbHR 2001, 89; *Martens* Vertretungsorgan und Arbeitnehmerstatus in konzernabhängigen Gesellschaften, FS Hilger-Stumpf, 1983, S. 437; *Mayer* Verletzung des Wettbewerbsverbots durch Gesellschafter und Gesellschafter-Geschäftsführer einer GmbH, DNotZ 1992, 641; *Meier* Steuerliche Behandlung des Verstoßes gegen das Wettbewerbsverbot durch den Gesellschafter-Geschäftsführer einer GmbH, GmbHR 1990, 229; *Meilicke* Abberufung und Kündigung eines Vorstandsmitgliedes: Richtige Klageerhebung bei Unklarheiten über den richtigen Beklagtenvertreter, DB 1987, 1723; *Melchior* Ausländer als GmbH-Geschäftsführer, DB 1997, 413; *Mertens* Verfahrensfragen bei Personalentscheidungen des mitbestimmten Aufsichtsrats, ZGR 1983, 189; *ders.* Sozialakt und Vertretung, AG 1981, 216; *Michel* Die rückwirkende Tätigkeitsvergütung des beherrschenden Gesellschafter-Geschäftsführers im Zivil-, GmbH- und Steuerrecht, 1999; *Mildenberger* Der Geschäftsführervertrag, 2000; *Miller* Zur Abhängigkeit des GmbH-Geschäftsführers, ZIP 1981, 578; *Naendrup* Mitbestimmungsgesetz und Organisationsfreiheit, AuR 1977, 268; *Näser* Das „angemessene" Gehalt von GmbH-Geschäftsführern einer GmbH, GmbHR 1985, 253; *ders.* Vergütungsfestsetzung bei GmbH-Geschäftsführern, GmbHR 1982, 64; *Natschke* Nebenleistungen zum Gehalt eines GmbH-Gesellschafter-Geschäftsführers als verdeckte Gewinnausschüttung, BB 1996, 771; *Neumann* Verdeckte Gewinnausschüttung bei Personenabfindungen an den Gesellschafter-Geschäftsführer einer GmbH, GmbHR 1997, 292; *ders.* Tantiemevereinbarungen mit dem beherrschenden Gesellschafter-Geschäftsführer einer GmbH, GmbHR 1996, 740 (Teil I), 822 (Teil II); *Oldenburg* Anstellungsverträge der Geschäftsführer einer mitbestimmten GmbH: Einzelfragen zur Auswirkung der Reemtsma-Entscheidung des BGH, DB 1984, 1813; *Peetz* Die Angemessenheit der Vergütung von (Gesellschafter-)Geschäftsführern in der Aufbauphase einer GmbH, GmbHR 2001, 699; *Plagemann* Die Versorgung des GmbH-Geschäftsführers: Kriterien für die Sozialversicherungspflicht, WiB 1994, 223; *ders.* Anrechnung von Arbeitslosengeld auf

Vertretung durch Geschäftsführer § 35

die Karenzentschädigung des GmbH-Geschäftsführers?, ZIP 1991, 1121; *Plander* Rechtsgeschäfte zwischen Gesamtvertretern, DB 1975, 1493; *ders.* Die Vertretung der nichtaufsichtsratspflichtigen GmbH bei der Begründung, Änderung und Beendigung von Organstellung und Anstellungsverhältnis der Geschäftsführer, ZHR 133 (1970), 327; *Priester* Drittbindung des Stimmrechts und Satzungsautonomie, FS Werner, 1984, S. 657; *Prühs* Überstundenvergütung für Gesellschafter-Geschäftsführer, DB 1997, 2094; *ders.* GmbH-Geschäftsführer-Vergütung, 1996; *Raiser* Kenntnis und Kennenmüssen von Unternehmen, FS Bezzenberger, 2000, S. 561; *Rauser/Wurzberger* Pensionszusagen an beherrschende Gesellschafter-Geschäftsführer, DB 1983, 960; *Reinecke* Klagen von Geschäftsführern und Vorstandsmitgliedern vor den Arbeitsgerichten, ZIP 1997, 1525; *Reiners/Wierling* Versorgungszusagen an beherrschende Gesellschafter-Geschäftsführer, BB 1995, 87; *Reinicke/Tiedtke* Das Erlöschen der Befreiung von dem Verbot der Vornahme von Insichgeschäften, WM 1988, 441; *Reiserer* Der GmbH-Geschäftsführer in der Sozialversicherung – Scheinselbständiger, arbeitnehmerähnlicher oder freier Unternehmer?, BB 1999, 2026; *dies.* Der GmbH-Geschäftsführer im Arbeits- und Sozialversicherungsrecht, 1995; *Rellermeyer* Der Aufsichtsrat – Betrachtungen zur neueren Rechtsprechung des Bundesgerichtshofes, ZGR 1993, 77; *D. Reuter* Bestellung und Anstellung von Organmitgliedern im Körperschaftsrecht, FS Zöllner, 1998, S. 487; *ders.* Privatrechtliche Schranken bei der Perpetuierung von Unternehmen, 1973; *H. P. Reuter* Direktversicherung für den Geschäftsführer der GmbH und der GmbH & Co KG, GmbHR 1997, 1081; *ders.* Rückdeckungsversicherung für den Geschäftsführer der GmbH und der GmbH & Co KG, GmbHR 1994, 141; *ders.* Direktversicherung für den Geschäftsführer der GmbH und der GmbH & Co KG, GmbHR 1992, 137; *ders.* Direktversicherung für Vorstandsmitglieder oder Geschäftsführer von Kapitalgesellschaften, RIW 1986, Beil. 2; *Richter* Ertragsteuerliche Anerkennungsfragen bei Zuwendungen an den Gesellschafter-Geschäftsführer einer GmbH, GmbHR 1981, 165; *Rischar* Der BFH und die Frage der Angemessenheit von GmbH-Geschäftsführervergütungen, BB 1997, 2302; *Rittner* Die Anstellungsverträge des GmbH-Geschäftsführers und das Mitbestimmungsgesetz, DB 1979, 973; *Römermann* Erste Praxisprobleme mit der Neuregelung der Anwalts-GmbH, GmbHR 1999, 526; *Römer-Collmann* Wissenszurechnung innerhalb juristischer Personen, 1998; *Roquette* Rechtsfragen zur unechten Gesamtvertretung im Rahmen der gesetzlichen Vertretung von Kapitalgesellschaften, FS Oppenhoff, 1985, S. 335; *Rose* Der Schutz leitender Angestellter und der Organmitglieder juristischer Personen nach dem Betriebsrentengesetz, DB 1993, 1286; *Rund* Die Abfindung der Pensionsanwartschaft des Gesellschafter-Geschäftsführers im Zusammenhang mit der Unternehmensveräußerung – Arbeitslohn oder verdeckte Gewinnausschüttung, GmbHR 2001, 417; *Säcker* Rechtsprobleme beim Widerruf der Bestellung von Organmitgliedern und Ansprüche aus fehlerhaften Anstellungsverträgen, FS Müller, 1981, S. 745; *ders.* Kompetenzstrukturen bei Bestellung und Anstellung von Mitgliedern des unternehmerischen Leitungsorgans, BB 1979, 1321; *ders.* Die Anpassung der Satzung der Aktiengesellschaft an das Mitbestimmungsgesetz, DB 1977, 1791; *ders.* Die Anpassung des Gesellschaftsvertrages der GmbH an das Mitbestimmungsgesetz, DB 1977, 1845; *Schall* Organzuständigkeit in der mitbestimmten GmbH, 1996; *Scheuch* „Wissenszurechnung" bei der GmbH und GmbH & Co, GmbHR 1996, 828; *Schick* Anmerkung zum BGH-Beschluß vom 28. 2. 1983 II ZB 8/82, DB 1983, 1193; *Schiedermair* Der ausländische Geschäftsführer in einer GmbH, FS Bezzenberger, 2000, S. 393; *Schimmelpfennig/Hauschka* Die Zulassung der Ein-Personen-GmbH in Europa und die Änderungen des deutschen GmbH-Rechts, NJW 1992, 942; *Schmidt* Grundzüge der GmbH-Novelle, NJW 1980, 1769; *Schmidt-Diemitz* Ist der Pensionsanspruch eines 50 %-Gesellschafter-Geschäftsführers insolvenzgesichert?, DB 1985, 1573; *Schmidt-Räntsch* Wertsicherungsklauseln nach dem Euro-Einführungsgesetz, NJW 1998, 3166; *Schmits* Die Vertretung der Aktiengesellschaft gegenüber ausgeschiedenen Vorstandsmitgliedern, AG 1992, 149; *Schmitz* Die Vernehmung des GmbH-Geschäftsführers im Zivilprozeß, GmbHR 2000, 1140; *Schneider* Gibt es einen Anspruch des Gesellschafter-Geschäftsführers einer GmbH auf Gehaltserhöhung?, FS Semler, 1993, S. 347; *ders.* Der Anstellungsvertrag des Geschäftsführers einer GmbH im Konzern, GmbHR 1993, 10; *ders.* Die Vertretung der GmbH bei Rechtsgeschäften mit ihren Konzernunternehmen, BB 1986, 201; *ders.* Die Geschäftsordnung der GmbH-Geschäftsführer, FS Mühl, 1981, S. 633; *Schnelle* Wettbewerbsverbot für Gesellschafter-Geschäftsführer bei Unternehmensverkauf, GmbHR 2000, 601; *Schoor* Der Anstellungsvertrag des Gesellschafter-Geschäftsführers, GmbHR 1999, 355; *Schüler* Die Wissenszurechnung im Konzern, 2000; *Schuhmann* Zur Schriftformklausel im Vertrag mit einem GmbH-Gesellschafter-Geschäftsführer, GmbHR 1993, 79; *Schulze zur Wiesche* Tantiemevereinbarungen mit beherrschenden Gesellschafter-Geschäftsführern einer GmbH, GmbHR 1993, 403; *ders.* Geschäftsführervergütung und verdeckte Gewinnausschüttung, GmbHR 1991, 113 (Teil I), 170 (Teil II); *Schwab* Das Dienstverhältnis des GmbH-Geschäftsführers insbesondere unter arbeitsrechtlichen Aspekten, NZA 1987, 839; *Schwarz* Die Gesamtvertreterermächtigung – Ein zivil- und gesellschaftsrechtliches Rechtsinstitut, NZG 2001, 530; *ders.* Rechtsfragen der Vorstandsermächtigung nach § 78 Abs. 4 AktG, ZGR 2001, 744; *ders.* Das Gesetz zur Durchführung der Zwölften gesellschaftsrechtlichen EG-Richtlinie – Neuerungen für die Einpersonen-GmbH, DStR 1992, 221; *J. Simon* Die nur teilweise Befreiung vom Selbstkontrahierungsverbot und das Handelsregister, GmbHR 1999, 588; *Sina* Zum nachvertraglichen Wettbewerbsverbot für Vorstandsmitglieder und GmbH-Geschäftsführer, DB 1985, 902; *Spitaler/Niemann* Die Angemessen-

§ 35   3. Abschnitt. Vertretung und Geschäftsführung

heit der Bezüge geschäftsführender Gesellschafter einer GmbH, 7. Aufl. 1999; *Straub* Die Sozialversicherung des GmbH-Geschäftsführers, DB 1992, 1087; *Stuhrmann* Pensionsrückstellung für beherrschende Gesellschafter-Geschäftsführer von Kapitalgesellschaften, BB 1982, 48; *Sudhoff/Sudhoff* Rechte und Pflichten der Geschäftsführer einer GmbH und einer GmbH & Co, 14. Aufl. 1994; *Tänzer* Aktuelle Geschäftsführervergütung in der kleinen GmbH, GmbHR 2000, 596; *ders.* Aktuelle Geschäftsführervergütung in der kleinen GmbH: Angemessene Geschäftsführerbezüge im Unternehmen bis 10 Mio. Jahresumsatz, GmbHR 1997, 1085; *ders.* Die angemessene Vergütung der Geschäftsführer in kleinen GmbH, GmbHR 1993, 728; *ders.* Geschäftsführer: Gehälter und Erfolgsbeteiligung – Aktuelle Geschäftsführervergütung, GmbHR 1987, 342; *ders.* Geschäftsführervergütung in aktueller Sicht, GmbHR 1986, 255; *ders.* Die aktuelle Vergütung der GmbH-Geschäftsführer, GmbHR 1984, 35; *Theisen* Befugnisse der Gesellschafter einer mitbestimmten GmbH, DB 1982, 265; *ders.* Die Aufgabenverteilung in der mitbestimmten GmbH, 1980; *Tiedtke* Zur Form der Gestattung von Insichgeschäften des geschäftsführenden Mitgesellschafters einer GmbH, GmbHR 1993, 385; *ders.* Fortbestand der Befreiung vom Verbot des Selbstkontrahierens bei der Umwandlung einer mehrgliedrigen in eine Einmann-GmbH, ZIP 1991, 355; *Tillmann/Mohr* GmbH-Geschäftsführer-Praktikum, 7. Aufl. 2000; *Tillmann/Schmidt* Vermeidung einer vGA aus Geschäftsführerverträgen, GmbHR 1995, 801; *Ulmer* Die Einmanngründung der GmbH – ein Danaergeschenk?, BB 1980, 1001; *van Venrooy* Beeinträchtigung der dienstvertraglichen Freistellung des GmbH-Geschäftsführers von Weisungen durch den GmbH-Gesellschaftsvertrag und durch Gesellschafterbeschlüsse, GmbHR 1982, 175; *Viehöfer/Eser* Probleme der Vertretungsbefugnis bei der sogenannten unechten Gesamtprokura, BB 1984, 1326; *Wachter* Ausländer als GmbH-Gesellschafter und -Geschäftsführer, ZIP 1999, 1577; *Weber/Burmester* Die Zuständigkeitsverteilung zwischen der Zivil- und Arbeitsgerichtsbarkeit bei Streitigkeiten von Organvertretern mit „ihrer" juristischen Person, GmbHR 1997, 778; *Weber/Dahlbender* Verträge für die GmbH-Geschäftsführer und Vorstände, 2. Aufl. 2000; *Weimar* Grundprobleme und offene Frage um den faktischen GmbH-Geschäftsführer, GmbHR 1997, 473 (Teil I), 538 (Teil II); *Wellkamp* Ausweitung und Einschränkung der Eigenhaftung des GmbH-Geschäftsführers, DB 1994, 869; *Werner* Vertretung der Aktiengesellschaft gegenüber Vorstandsmitgliedern, ZGR 1989, 369; *ders.* Anstellung von GmbH-Geschäftsführern nach dem Mitbestimmungsgesetz, FS Fischer, 1979, S. 821; *Westerhoff* Organ und gesetzlicher Vertreter, 1993; *Westermann/Menger* Gesellschaftsstreitigkeiten im GmbH-Recht, DWiR 1991, 143; *Wiedemann* Zum Widerruf von betrieblichen Versorgungszusagen, FS Stimpel, 1985, S. 955; *Ziche* Die Verweisung des § 35 Abs. 4 GmbHG auf das Verbot der Vornahme von In-Sich-Geschäften, 1991; *Zöllner* GmbH und GmbH & Co KG in der Mitbestimmung, ZGR 1977, 319; *ders.* Die Schranken mitgliedschaftlicher Stimmrechtsmacht bei den privatrechtlichen Personenverbänden, 1963; *Zöllner/Loritz*, Arbeitsrecht, 5. Aufl. 1998; *Zuck* Die berufsrechtliche Zulassung der Anwalts-GmbH, dt. AnwBl. 1999, 297; *ders.* Die Anwalts-GmbH nach §§ 59c ff. BRAO, MDR 1998, 1317.

Übersicht

	Rn.		Rn.
I. Grundlagen	1–5	b) Anstellungsvertrag	17–19
1. Übersicht über den Inhalt des 3. Abschnitts	1–3	c) Vertretung Geschäftsführern gegenüber	20
2. Regelungsinhalt und -zweck ...	4, 5	d) Nichtigkeits- und Anfechtungsklage	21
II. Vertretung bei Vorhandensein eines Geschäftsführers	6–38	e) Vertretung durch beschlussfassende Mehrheit	22
1. Zum Begriff der Vertretung	6, 7	4. Form der Vertretung	23, 24
2. Vertretung der Gesellschaft durch den Geschäftsführer	8–12	5. Wegfall des Geschäftsführers	25
a) Organschaftliche Vertretung	8	6. In-Sich-Geschäfte	26–38
b) Unzulässigkeit einer Generalvollmacht	9	a) Die Regelung des Abs. 4	26–33
		aa) Übersicht	26, 27
c) Vertretung vor Gericht	10, 11	bb) Abs. 4 S. 1	28–31
d) Realakte	12	cc) Abs. 4 S. 2	32, 33
3. Vertretung der Gesellschaft durch andere Organe	13–22	b) Andere In-Sich-Geschäfte ...	34–38
a) Körperschaftsrechtliche Geschäfte	13–16	**III. Vertretung bei Vorhandensein mehrerer Geschäftsführer**	39–62
aa) Grundsatz	13	1. Möglichkeiten	39
bb) Beispiele	14	2. Die gesetzlichen Vertretungsregeln	40–49
cc) Bestellung des Geschäftsführers	15, 16	a) Gesamtvertretung	40

Vertretung durch Geschäftsführer **§ 35**

	Rn.		Rn.
b) Ausübung der Gesamtvertretung	41–48	b) Satzungswidrige Anstellungsverträge	84
aa) Willenserklärung durch alle Gesamtvertreter	41, 42	c) Mitbestimmungsrechtliche Besonderheiten?	85
bb) Ermächtigung	43–48	3. Inhalt des Anstellungsvertrages – Rechte des Geschäftsführers	86–105
c) Passive Vertretung	49	a) Vergütungsanspruch	86–104
3. Abweichende Gestaltungen	50–59	aa) Festvergütung	86, 87
a) Möglichkeiten	50–52	bb) Tantiemen	88–90
b) Bedeutung der Satzung	53	cc) Gratifikationen	91
c) Einzelvertretung; Mischformen	54, 55	dd) Verhinderung des Geschäftsführers und Annahmeverzug der Gesellschaft	92
d) Unechte Gesamtvertretung	56–58	ee) Ruhegehaltsanspruch	93–97
e) Gemischte Gesamtvertretung	59	ff) Höhe des Gehaltes	98
4. Wegfall/Verhinderung von Geschäftsführern	60–62	gg) Steuerrechtliche Schranken	99
IV. Wissens- und Irrtumszurechnung	63–67	hh) Anhebung, Herabsetzung	100
1. Kennen; Kennenmüssen	63–66	ii) Wertsicherung	101, 102
2. Irrtumszurechnung	67	jj) Vollstreckungsschutz, Abtretungsverbot; Insolvenz der Gesellschaft	103, 104
V. Bestellung	68–77	b) Nebenansprüche	105
1. Begriff und Rechtsfolgen	68–70	4. Inhalt des Anstellungsvertrages – Pflichten des Geschäftsführers	106, 107
a) Begriff	68, 69	5. Fehlerhafter Anstellungsvertrag	108
b) Rechtsfolgen	70	**VII. Die Drittbeziehungen des Geschäftsführers**	109, 110
2. Eignungsvoraussetzungen	71, 72	1. Persönliche Stellung	109
3. Bestellungszuständigkeit, -dauer	73, 74	2. Sozialversicherung	110
4. Fehlerhafte Bestellung	75	**VIII. Vertretung bei der GmbH & Co. KG**	111–114
5. Bestellung eines Notgeschäftsführers	76, 77	1. Vertretungsbefugnis	111, 112
VI. Anstellungsvertrag	78–108	2. In-Sich-Geschäfte	113, 114
1. Kennzeichnung	78–80	**IX. Österreichisches Recht**	115
2. Inhalt des Anstellungsvertrages – Verhältnis von Anstellungsvertrag und Organisationsrecht der Gesellschaft	81–85		
a) Vorrang der Satzung	82, 83		

I. Grundlagen

1. Übersicht über den Inhalt des 3. Abschnitts. Der dritte Abschnitt (§§ 35 bis 1 52) enthält den **Kern** des **Organisationsrechts** der GmbH. Geregelt wird die Rechtsstellung der Geschäftsführer, der Gesellschafter und des (fakultativen) Aufsichtsrates, insbesondere ihr Verhältnis zueinander. Für mitbestimmte Gesellschaften, d. h. solche, die dem BetrVG 1952, dem Montan-MitbestG, dem Montan-MitbestErgG und dem MitbestG unterliegen, sind darüber hinaus diese Gesetze zu beachten. Sie schreiben die Bildung eines (obligatorischen) Aufsichtsrates vor, dessen Befugnisse in unterschiedlichem Maße demjenigen der Aktiengesellschaft angeglichen sind. Für Einzelheiten dazu vgl. Rn. 15 ff., § 38 Rn. 20, § 52 Rn. 20 ff.; zur Organstruktur der GmbH im Allgemeinen Einl. Rn. 41 ff.

Etwas **detaillierter** stellt sich der Regelungsgehalt der §§ 35 ff. wie folgt dar: Die 2 Gesellschaft wird durch die Geschäftsführer vertreten (§§ 35, 35a, 36), deren im Prinzip unbeschränkbare Vertretungsmacht (§ 37 Abs. 2) aber nur nach Maßgabe interner Bindungen (§ 37 Abs. 1) ausgeübt werden darf. Die Bestellung zum Geschäftsführer ist widerruflich (§ 38). Personelle Veränderungen im Kreis der Geschäftsführer sind zum

§ 35 3. Abschnitt. Vertretung und Geschäftsführung

Handelsregister anzumelden (§ 39); dort muss jährlich eine Liste der Gesellschafter eingereicht werden (§ 40). Den Geschäftsführern obliegt es, nach Maßgabe der §§ 41 bis 42a für eine ordnungsmäßige Buchführung und die Aufstellung der Bilanz zu sorgen. Der für sie geltende Sorgfaltsmaßstab und Konsequenzen seiner Verletzung ergeben sich aus § 43. § 43a begrenzt die Möglichkeiten der Gesellschaft, den Geschäftsführern oder anderem Führungspersonal der Gesellschaft Kredit zu gewähren. Alle Vorschriften über die Geschäftsführer gelten auch für deren Stellvertreter (§ 44). Die folgenden Bestimmungen über die Gesellschafter heben zunächst (§ 45) deren Befugnis hervor, mit Hilfe des Gesellschaftsvertrags ihre eigenen Rechte in Gesellschaftsangelegenheiten grundsätzlich beliebig festzulegen. Mit dieser Maßgabe liefert § 46 eine Umschreibung des Aufgabenkreises der Gesellschafter. In den §§ 47 bis 51 geht es um die Willensbildung der Gesellschafter, um Gesellschafterversammlungen, Gesellschafterbeschlüsse, um Minderheitenrechte in diesem Zusammenhang. Seit der Novelle 1980 steht jedem Gesellschafter ein Auskunfts- und ein Einsichtsrecht in Gesellschaftsangelegenheiten zu (§§ 51a, 51b). § 52 schließlich enthält die Vorschriften über den fakultativen Aufsichtsrat.

3 Die gesetzliche Regelung ist **lückenhaft.** Verhältnismäßig häufig, insbesondere aber im Bereich des § 35 ist es daher erforderlich, über die Kommentierung des eigentlichen Gesetzestextes hinauszugehen.

4 **2. Regelungsinhalt und -zweck.** Der **Kern** des § 35 besteht in der Aussage, dass die Gesellschaft durch die Geschäftsführer vertreten wird, und in Regelungen darüber, wie dies zu geschehen hat. Der **Zweck** der Bestimmung besteht demgemäß darin, das Organ festzulegen, das für den rechtsgeschäftlichen und für den Prozessverkehr der Gesellschaft mit Dritten zuständig ist. Zu beachten ist, dass § 35 für die aufgelöste Gesellschaft nicht mehr gilt; sie wird durch die Liquidatoren vertreten (§§ 66ff.). Im übrigen bezieht sich die Bestimmung – von einer Randfrage (vgl. Abs. 4) abgesehen – nur darauf, durch wen und wie die Gesellschaft zu vertreten ist, nicht aber darauf, wie weit die Vertretungsmacht der Geschäftsführer reicht. Die dafür maßgebliche Regel findet sich vielmehr in § 37 Abs. 2. Es wäre daher besser gewesen, die mit der Novelle 1980 eingeführte und 1990 ergänzte Bestimmung des Abs. 4 dem § 37 zuzuordnen (Rn. 27). Nachdem § 35 aber nun einmal einen Ausschnitt der Problematik des In-Sich-Geschäftes behandelt, ist es dennoch zweckmäßig, den Gesamtkomplex in diesem Kontext zu erörtern. Zu allen anderen Fragen des Umfangs der Vertretungsmacht vgl. aber § 37 Rn. 46ff.

5 § 35 setzt den **„Geschäftsführer"** voraus. Weder hier noch an anderen Stellen (vgl. aber §§ 6, 46 Nr. 5) enthält das Gesetz eine zusammenhängende Regelung der korporations- und schuldrechtlichen Aspekte des Erwerbs der Geschäftsführerposition. In Anlehnung an eine heute verbreitete Übung[1] werden die einschlägigen Fragen bei der Kommentierung des § 35 daher mitbehandelt.

II. Vertretung bei Vorhandensein eines Geschäftsführers

6 **1. Zum Begriff der Vertretung.** Die GmbH wird vertreten, wann immer in ihrem Namen Willenserklärungen wirksam abgegeben oder entgegengenommen werden.[2] Hierher gehört etwa die Begründung und Aufhebung von Arbeitsverhältnissen einschließlich der Erteilung von Prokura und der Anstellung eines Geschäftsführers, die

---

[1] Vgl. *Hachenburg/Mertens* Rn. 22ff.; *Scholz/Schneider* Rn. 149ff.; *Baumbach/Hueck/Zöllner* Rn. 94ff.
[2] OLG München GmbHR 1992, 535.

Ausübung des Direktionsrechtes gegenüber Arbeitnehmern, ferner auch rechtsgeschäftliches Verhalten im Verhältnis zu anderen Organen oder Organmitgliedern (zB Einforderung von Einlagen auf das Stammkapital), sofern es sich nur um Verhalten der Gesellschaft, d.h. in ihrem Namen abgegebene Erklärungen handelt.[3] Schweigen auf eine Auftragsbestätigung kann als Zustimmung zu werten sein, wenn die GmbH durch denselben Geschäftsführer wie eine im selben Markt tätige Schwestergesellschaft vertreten wird.[4] Abzugrenzen sind Vertretungshandlungen von solchen Erklärungen, die zwar die Gesellschaft betreffen, aber nicht in ihrem Namen abgegeben werden, wie zB Änderungen des Gesellschaftsvertrages. Dagegen bezeichnet das Begriffspaar: organisationsinterne Maßnahmen (sog. Sozialakte) – Vertretung keinen strikten Gegensatz.[5] So handelt es sich bei der Bestellung der Geschäftsführer (nicht dem Abschluss des Anstellungsvertrages) zwar um einen Sozialakt;[6] gleichwohl wird die Gesellschaft in diesem Zusammenhang vertreten.[7] Andererseits ist die Einberufung der Gesellschafterversammlung (§ 49) zwar innerorganisatorische Maßnahme, impliziert aber keinen Vertretungsakt (§ 49 Rn. 2).

Die Vertretung der Gesellschaft **ist Teil der Geschäftsführung.**[8] Gleichwohl ist **7** zwischen Geschäftsführungsbefugnis und Vertretungsmacht streng zu unterscheiden. Während jene den Bereich bezeichnet, in dem gehandelt werden **darf,** ohne interne Bindungen der Gesellschaft gegenüber zu verletzen, meint Vertretungsmacht den Rahmen, innerhalb dessen rechtsgeschäftliche Rechtsfolgen mit Wirkung für und gegen die Gesellschaft herbeigeführt werden **können.** Geschäftsführungsbefugnis und Vertretungsmacht sind bei der GmbH nicht kongruent (iE § 37 Rn. 6 ff., 18 ff.). Zur Haftung der Gesellschaft für Verhalten des Geschäftsführers außerhalb der Vertretungswirkung § 13 Rn. 19.[9]

2. Vertretung der Gesellschaft durch den Geschäftsführer. a) Organschaft- 8 liche Vertretung. Nach Abs. 1 ist es Sache der **Geschäftsführung,** die Gesellschaft „gerichtlich und außergerichtlich" zu vertreten. Es handelt sich um einen Fall organschaftlicher Vertretung, d.h. eine Rechtssituation, in der das Handeln des „Organs" Geschäftsführer als Handeln der Gesellschaft selbst gewertet wird.[10] Nach Auflösung der Gesellschaft wird diese durch den Liquidator (§ 66) vertreten; wird die Gesellschaft wegen Vermögenslosigkeit gelöscht, kommt nur noch ein gerichtlich bestellter Liquidator in Betracht.[11] Organschaftliche schließt rechtsgeschäftliche Vertretung im selben Bereich aus; daher kann der Geschäftsführer nicht zugleich Prokurist der GmbH sein.[12] Zur Rechtslage bei der GmbH & Co. KG vgl. Rn. 112. Der eingetragene Schein-Geschäftsführer ist nicht vertretungsbefugt.[13] Zur Vertretungsbefugnis des „**fakti-**

---

[3] Vgl. *Hachenburg/Mertens* Rn. 45.
[4] BGH EWiR § 164 BGB 2/86, 335 – *Crezelius.* Zu einem ähnlichen Sachverhalt – Zustandekommen eines Scheckbegebungsvertrages mit einer durch denselben Geschäftsführer vertretenen GmbH – OGH DB 2000, 2516 f.
[5] Anders anscheinend *Hachenburg/Mertens* Rn. 45.
[6] BGH WM 1969, 158, 159 mwN.
[7] *Scholz/Schmidt* § 46 Rn. 70; für weitere Beispiele dieser Art *Baumbach/Hueck/Zöllner* Rn. 49; *Lutter/Hommelhoff* Rn. 9.
[8] BGHZ 119, 379, 381 = NJW 1993, 191 = DB 1993, 219.
[9] S. auch *Baumbach/Hueck/Zöllner* Rn. 89 ff.
[10] *Lutter/Hommelhoff* Rn. 1; *K. Schmidt* 197 ff.; vgl. MüKo BGB/*Schramm* Vor § 164 Rn. 6 ff. Vertiefend *Beuthien* NJW 1999, 1142 ff.
[11] BGH WM 1985, 870.
[12] *Scholz/Schneider* Rn. 16.
[13] BGH GmbHR 1990, 53.

schen" Geschäftsführers § 47 Rn. 157.[14] Die Vertretungsbefugnis des Geschäftsführers ist eine ausschließliche in dem Sinne, dass neben ihm nicht auch andere Gesellschaftsorgane vertreten können.[15]

9 **b) Unzulässigkeit einer Generalvollmacht.** Die Rechtsstellung des Geschäftsführers als Vertretungsorgan der Gesellschaft ist, wie sich schon aus § 37 Abs. 2 ergibt, zwingend. Daher ist eine organvertretende Generalvollmacht des Inhalts, dass ein Nichtgeschäftsführer die Gesellschaft unter Verdrängung des Geschäftsführers wie ein solcher vertreten soll, nach allgM stets unzulässig, und zwar auch dann, wenn alle Gesellschafter zugestimmt haben.[16] Unzulässig ist aber auch die Erteilung einer Generalvollmacht an einen Dritten, die die (daneben weiterbestehende) Vertretungsbefugnis des Geschäftsführers unberührt lässt. § 35 Abs. 1 beruht u. a. auf der Erwägung, dass die Vertretung der Gesellschaft in dem dort vorausgesetzten umfassenden Sinne nur durch Personen wahrgenommen werden soll, die das Vertrauen der Gesellschafter (gegebenenfalls des Aufsichtsrats, vgl. Rn. 73) genießen. Die daraus folgenden Zustimmungserfordernisse anlässlich der Erteilung einer Generalvollmacht würden den Rechtsverkehr mangels Einblick in die Interna der Gesellschaft mit einer untragbaren Unsicherheit belasten.[17] Die Möglichkeit, Prokuristen oder Handlungsbevollmächtigte iSd. § 54 HGB zu bestellen, bleibt davon selbstverständlich unberührt.[18] Allerdings ist in diesem Zusammenhang zu beachten, dass stets ausschließlich organschaftliche Vertretung der Gesellschaft möglich sein muss. Bei Vorhandensein nur eines Geschäftsführers ist es daher unzulässig, diesen an die Mitwirkung eines Prokuristen zu binden.[19] Möglich ist aber die umgekehrte Gestaltung, nämlich eine Bestimmung des Inhalts, dass ein Prokurist nur zusammen mit dem Geschäftsführer vertretungsbefugt sein soll.[20]

10 **c) Vertretung vor Gericht.** Das Gesetz hebt überflüssigerweise[21] ausdrücklich hervor, dass die Gesellschaft auch vor **Gericht** durch den Geschäftsführer vertreten wird. Die Regel gilt nicht ausnahmslos, zB nicht im Rechtsstreit zwischen der Gesellschaft und ihrem einzigen Geschäftsführer (zur Vertretung der Gesellschaft bei Fehlen eines Aufsichtsrates unten § 46 Rn. 44 ff., bei Vorhandensein eines Aufsichtsrates Rn. 20, im Rechtsstreit über die Wirksamkeit der Abberufung § 38 Rn. 28 f.). Sie gilt

---

[14] Zur Pflicht eines solchen, den Insolvenzantrag zu stellen, BayObLG BB 1997, 850.
[15] Verkannt von LAG Hamm EWiR § 305 BGB 2/86, 131 – *Plander*.
[16] BGH NJW 1977, 199 f.; KG WuB II C. § 35 GmbHG 1.92 – *Deuchler*; OLG Düsseldorf NZG 1999, 833; *Scholz/Schneider* Rn. 17 mwN; *Roth/Altmeppen* Rn. 11; aA *Joussen* WM 1994, 273, 277 f.
[17] So überzeugend BGH NJW 1977, 199, 200; OLG Naumburg DZWiR 1994, 473 mit kritischer Anm. *Pawlowski*; *Meyer-Landrut/Miller/Niehus* Rn. 7; Grundsätzliche Bedenken gegen die Erweiterung von Prokura/Handlungsvollmacht um die Generalvollmacht bei *Krebs* ZHR 159 (1995) 652 ff.; anders namentlich *Hübner* ZHR 143 (1979), 1, 18 ff.; *Scholz/Schneider* Rn. 18 ff.; *Baumbach/Hueck/Zöllner* Rn. 36 a; *Geitzhaus* GmbHR 1989, 229, 230 ff.; *Baumann*, FS Weichler, 1997, S. 3 ff.; *Hachenburg/Mertens* Rn. 103 bei jederzeitiger Widerruflichkeit. Monographisch *Leiner* S. 41 ff., 70 ff.
[18] Vgl. § 46 Nr. 7; zur diesbezüglichen Konversion einer Generalvollmacht BGH WM 1978, 1047; bedenklich insoweit KG WuB II C. § 35 GmbHG 1.92 – *Deuchler*. Zur Notwendigkeit eigenhändiger Geschäftsführerzeichnung im Steuerrecht s. BFH GmbHR 1999, 248.
[19] AllgM; vgl. *Hachenburg/Mertens* Rn. 86; *Scholz/Schneider* Rn. 72; *Baumbach/Hueck/Zöllner* Rn. 60; *Sudhoff/Sudhoff* 55 f.
[20] Ausführlich BGHZ 62, 166, 170 ff. mwN = NJW 1974, 1194; OLG Hamm DB 1983, 1700, 1701; vgl. auch *Hachenburg/Mertens* Rn. 87; *Scholz/Schneider* Rn. 73; aM etwa OLG Frankfurt GmbHR 1973, 223.
[21] Vgl. *Scholz/Schneider* Rn. 21.

ferner nicht uneingeschränkt im Fall der Nichtigkeitsklage gemäß § 75, wohl aber bei Anfechtungs- oder Nichtigkeitsklagen gegen Gesellschafterbeschlüsse (Rn. 21), und zwar auch in einem Rechtsstreit, in dem Nichtigkeit des Beschlusses behauptet wird, mit dem der Geschäftsführer bestellt wurde.[22] Im Rechtsstreit einer Zwei-Mann-GmbH gegen einen Mehrheitsgesellschafter soll nach OLG München WM 1982, 1061, 1062f. nicht der Geschäftsführer, sondern der Minderheitsgesellschafter vertretungsbefugt sein.

Prozessvertretung durch den Geschäftsführer **bedeutet,** dass er in der Klageschrift anzuführen ist (§§ 253 Abs. 3, 130 Nr. 1 ZPO), dass Zustellungen und Ladungen ihm gegenüber zu erfolgen haben (§ 171 Abs. 3 ZPO),[23] dass er die eidesstattliche Versicherung über die Vermögensverhältnisse der Gesellschaft (§§ 807, 899 ZPO) abzugeben hat.[24] Amtierende Geschäftsführer können nicht als Zeugen, wohl aber als Partei vernommen werden, es sei denn, die Gesellschaft wird im Prozess ausnahmsweise nicht von ihrem Geschäftsführer vertreten.[25] Nach Auffassung des BGH ist es zulässig, einen (sehr hoch beteiligten) Gesellschafter zur Geltendmachung von Ansprüchen der Gesellschaft im eigenen Namen zu ermächtigen.[26] Zu den Konsequenzen der Geschäftsunfähigkeit des Geschäftsführers für die Belastung mit Prozesskosten OLG Düsseldorf GmbHR 1994, 556.

d) **Realakte.** Obwohl kein Vertretungsakt vorliegt, können sich auch Realakte des Geschäftsführers im Außenverhältnis der Gesellschaft auswirken. Zu denken ist in erster Linie an Besitzergreifung und Verarbeitung.[27]

3. Vertretung der Gesellschaft durch andere Organe. a) Körperschaftsrechtliche Geschäfte. aa) Für den Fall der Übernahme einer auf ein erhöhtes Kapital zu leistenden Stammeinlage hat die Rechtsprechung unter Zustimmung des Schrifttums ausgesprochen, es handle sich um einen Vertrag mit „körperschaftsrechtlichem" Charakter, um einen Sozialakt.[28] Dabei werde die Gesellschaft nicht durch die Geschäftsführer, sondern durch die Gesellschafter vertreten.[29] § 35 beziehe sich auf rechtsgeschäftliche Außenakte, nicht aber auf innergesellschaftliche Veränderungen (Innengeschäfte). Indessen ist sowohl die Abgrenzung körperschaftsrechtlicher Geschäfte als auch die Unterscheidung zwischen Innen- und Außengeschäften unklar und umstritten,[30] fraglich sogar, auf welcher Wertung diese Kategorien beruhen. Für einen Teil der Fälle lässt sich nicht einmal mit Bestimmtheit sagen, wie sich die Verlagerung der Vertretungsmacht auf die Gesellschafter dazu verhält, dass das Vorliegen eines Sozialaktes nach hM keineswegs immer zu einem Wechsel der Vertretungszuständigkeit, sondern nur dazu führt, dass der Vertretungsakt des Geschäftsführers ohne zustimmenden Gesellschafterbeschluss keine Außenwirksamkeit erlangt (zu solchen Fällen § 37

---

[22] BGH BB 1981, 199f.; vgl. *Joost* ZGR 1984, 71.
[23] Zur Rechtslage bei Fehlen eines Geschäftslokals OLG Karlsruhe GmbHR 1994, 551.
[24] OLG Hamm ZIP 1984, 1482; für Einzelheiten *Hachenburg/Mertens* Rn. 72.
[25] AllgM, vgl. *Scholz/Schneider* Rn. 144; *Hachenburg/Mertens* Rn. 69; *Baumbach/Hueck/Zöllner* Rn. 51. Zu Versuchen, diese Regel durch kurzzeitige „Abberufung" zu umgehen, *Schmitz* GmbHR 2000, 1140ff.
[26] Vgl. BGH NJW-RR 1987, 57.
[27] *Baumbach/Hueck/Zöllner* Rn. 5.
[28] BGH WM 1966, 1262, 1263; BGHZ 49, 117, 119 = NJW 1968, 398; OLG Frankfurt WM 1981, 1210; *Mertens* AG 1981, 216.
[29] Genauer 1. Aufl. § 55 Rn. 36 mwN.
[30] Vgl. die Übersicht bei *Baumbach/Hueck/Zöllner* Rn. 49. Charakteristisch ist, dass eine moderne Kommentierung (*Hachenburg/Mertens* Rn. 45ff.) nicht einmal versucht, ein übergeordnetes Prinzip zu formulieren.

§ 35 3. Abschnitt. Vertretung und Geschäftsführung

Rn. 49 ff.). Anerkannt ist aber, dass die Gesellschafter dort, wo sie vertretungsbefugt sind, diese Zuständigkeit nicht selbst wahrnehmen müssen, sondern andere Gesellschaftsorgane, auch die Geschäftsführer, zur Vornahme des in Frage stehenden Rechtsgeschäftes ermächtigen können.[31]

14 **bb)** An **Beispielen** für Geschäfte, in deren Zusammenhang die Gesellschaft durch die Gesellschafter vertreten wird, sind außer den bereits angeführten zu nennen: die Bestellung (näher Rn. 15 f., § 46 Rn. 21 ff.) und die Abberufung (§ 38 Rn. 3 f., 17 ff., § 46 Rn. 26) der Geschäftsführer, die Wahl oder Abberufung zusätzlicher Gesellschaftsorgane, etwa eines Beirates, der Abschluss eines sogenannten Generalbereinigungsvertrages mit dem Geschäftsführer (§ 46 Rn. 32), die Bestellung von Prüfungsorganen im Rahmen der Kompetenz nach § 46 Nr. 6 (§ 46 Rn. 33), die Bestellung von Prozessvertretern iSv. § 46 Nr. 8 (§ 46 Rn. 44 f.). Nicht hierher gehört die Entlastung. Denn dabei handelt es sich nicht um einen rechtsgeschäftlichen Akt (§ 46 Rn. 30). Zweifelhaft ist die Vertretungsmacht bei der Genehmigung zur Übertragung des Geschäftsanteils[32] und der Teilungsgenehmigung gemäß § 46 Nr. 4 (vgl. § 46 Rn. 19).[33]

15 **cc)** Abgesehen von der **Bestellung** eines Gesellschafters **zum Geschäftsführer** schon im Gesellschaftsvertrag (§ 6 Rn. 24) ist die Bestellungserklärung in der **nichtmitbestimmten** GmbH von der Gesellschafterversammlung als dem Organ abzugeben, das für die Ausführung von Bestellungsbeschlüssen zuständig ist.[34] Die Bestellungserklärung ist nicht als einfache Mitteilung des Beschlusses, sondern als Rechtsgeschäft aufzufassen, impliziert also einen Vertretungsakt (§ 46 Rn. 23 f.). Da § 46 Nr. 5 nicht zwingend ist, kann die Zuständigkeit zur Bestellung von Geschäftsführern gesellschaftsvertraglich auch anderen Organen (Aufsichtsrat, Beirat, schon vorhandenen Geschäftsführern), einem (oder mehreren) Gesellschafter(n) im Wege des Sonderrechts,[35] schließlich auch außenstehenden Dritten übertragen werden.[36] Ist dies der Fall, wird anzunehmen sein, dass die für die Willensbildung zuständigen Personen (Organe) die Gesellschaft dann auch bei der Bestellungserklärung vertreten. Deshalb ist es möglich, dass die Gesellschaft anlässlich der Bestellung zusätzlicher Geschäftsführer ausnahmsweise durch den schon vorhandenen vertreten wird. Soweit die Delegation der Bestellungskompetenz an andere ins Leere stößt, weil die berufenen Organe (Personen) funktionsunfähig sind oder von ihrer Befugnis keinen Gebrauch machen, lebt die Vertretungsmacht der Gesellschafterversammlung als Ersatzzuständigkeit wieder auf.[37]

16 **Im Anwendungsbereich des Montan-MitbestG und des MitbestG** (§§ 12 Montan-MitbestG, 25, 31 MitbestG) obliegt die Bestellung der Geschäftsführer zwingend dem Aufsichtsrat. Das gilt unstreitig nicht nur hinsichtlich der Willensbildung über, sondern auch für die Ausführung der Bestellung. Die Gesellschaft wird insofern

---

[31] BGHZ 49, 117, 120 = NJW 1968, 398; *Gach/Pfüller* GmbHR 1998, 67 mwN.

[32] Dazu § 15 Rn. 175 ff.; offen BGH WM 1988, 704, 706.

[33] Zur Zuständigkeit der Gesellschafter im Kontext schuldrechtlicher Verpflichtungen auf künftige Bestellung (Anstellung) sowie Abberufung (Kündigung) vgl. *Fleck* ZGR 1988, 104, 120 ff.; zum Ganzen *Baumbach/Hueck/Zöllner* Rn. 49.

[34] BGHZ 52, 316, 321 = NJW 1970, 33; näher § 46 Rn. 22 mwN.

[35] BGH WM 1973, 1295, 1296. Vgl. OLG Stuttgart GmbHR 1999, 537: keine Ausübung des Rechts ohne Beschluss über Anzahl der Geschäftsführer (dazu *Fichtelmann* GmbHR 1999, 812 f.).

[36] BGH NJW 1990, 387 = DB 1989, 25, 28 = GmbHR 1990, 33; OLG Köln DWiR 1991, 253 f.; *Scholz/Schmidt* § 46 Rn. 72; *Hachenburg/Hüffer* § 45 Rn. 18 ff.; *Hueck/Fastrich* in Baumbach/Hueck § 6 Rn. 18; *Sudhoff/Sudhoff* 7; *Härer* S. 62; *Beuthien/Gätsch* ZHR 157 (1993) 483, 492 ff.; *Priester*, FS Werner, 1984, S. 665, *Herfs* S. 117 ff.

[37] *Hachenburg/Mertens* Rn. 52; *Hachenburg/Hüffer* § 46 Rn. 74; *Baums* S. 117; offen gelassen in BGHZ 12, 337, 340 = NJW 1954, 799.

Vertretung durch Geschäftsführer § 35

also durch den Aufsichtsrat vertreten. Unterliegt die Gesellschaft dagegen nur den §§ 76, 77 BetrVG, so verbleibt es bei der Regelung des § 46 Nr. 5. Es gilt daher das in Rn. 13 Gesagte. Zur Frage der Vertretung der Gesellschaft anlässlich der **Abberufung** von Geschäftsführern vgl. § 38 Rn. 5 ff., 17 f., 28 f.

b) Anstellungsvertrag. Beim Abschluss des Anstellungsvertrages (zum Unterschied 17 zwischen Bestellung und Anstellung vgl. Rn. 69) mit Geschäftsführern wird die **nicht mitbestimmte** GmbH nach einer früher verbreiteten,[38] auch von der Rechtsprechung geteilten Auffassung[39] von den Gesellschaftern nur dann vertreten, wenn Bestellung und Anstellung eine Einheit bilden. Demgegenüber hat sich zwischenzeitlich die zutreffende Einsicht durchgesetzt, dass die Gesellschafter wegen des inneren Sachzusammenhanges zwischen Bestellung und Anstellung auch im Kontext der letzteren grundsätzlich stets vertretungsbefugt sind.[40] Das ist auch bei Beurteilung der Frage zu berücksichtigen, ob der Anstellungsvertrag schlüssig zustande gekommen ist.[41] Bei Delegation der Bestellungszuständigkeit (Rn. 73) an andere Organe (Personen) sind diese auch vertretungsbefugt, soweit der Anstellungsvertrag in Frage steht. Insgesamt ist also von einem Gleichlauf von Bestellungs- und Anstellungszuständigkeit in dem Sinne auszugehen, dass die Gesellschaft im Zusammenhang des Anstellungsvertrags von denjenigen Organen (Personen) vertreten wird, die auch für die Bestellung zuständig sind.[42] Doch kann der Gesellschaftsvertrag (oder das Bestellungsorgan) Abweichendes vorsehen, also zB auch den nicht bestellungsbefugten (schon vorhandenen) Geschäftsführer ermächtigen, den Anstellungsvertrag mit einem weiteren Geschäftsführer abzuschließen.[43] Bei Zubilligung einer Sondervergütung dürfte insgesamt Entsprechendes gelten.[44]

In der **montanmitbestimmten** GmbH wird die Gesellschaft wegen der dort aus- 18 drücklich angeordneten Geltung des § 84 AktG durch den Aufsichtsrat vertreten.[45] Nach ganz überwiegender Meinung ist für **Gesellschaften, die dem MitbestG unterliegen,** dasselbe anzunehmen.[46] Der hM, der sich auch der BGH[47] angeschlossen hat, ist der Vorzug zu geben.[48] Zwar regelt das MitbestG die Frage nicht: In den §§ 30 und 31 ist nur von der Bestellung, nicht der Anstellung die Rede; der gemäß § 25

---

[38] Vgl. etwa *Baumbach/Hueck* 13. Aufl. § 46 Anm. 6 B.
[39] BGH LM § 46 Nr. 3; WM 1968, 570; 1968, 1328; vgl. aber auch BGH WM 1976, 379.
[40] Vgl. namentlich BGHZ 113, 237, 239 ff. = NJW 1991, 1727; BGH ZIP 1995, 1169, 1170; NJW-RR 1997, 669 = GmbHR 1997, 547; BB 2000, 1751 = NZG 2000, 983 = ZIP 2000, 1442; OLG Karlsruhe NZG 2001, 371, 372 f. (für Vertragsübernahme); OLG Düsseldorf GmbHR 2000, 278 (für Vertragsänderung); *Plander* ZHR 133 (1970), 327, 366 ff.; *Baums* ZGR 1993, 141, 142 ff.; *Fischer* in Pro GmbH, 1980, 137, 149 f.; *Baums* S. 85 f.; *Hachenburg/Mertens* Rn. 176; *Scholz/Schneider* Rn. 171; *Hachenburg/Hüffer* § 46 Rn. 49 f.; *Scholz/Schmidt* § 46 Rn. 70; zur Unanwendbarkeit von Abs. 4 S. 1 Rn. 25. Zur Haftung des als Vertreter auftretenden Gesellschafters nach § 179 BGB BGH NJW 1990, 387 = DB 1989, 25, 28 = GmbHR 1990, 33 = WuB IV A. § 179 BGB 1.90.
[41] Vgl. LG Frankfurt/Oder GmbHR 2000, 979 (m. zutr. krit. Anm. *Peetz*).
[42] *Hachenburg/Hüffer* § 46 Rn. 49 f.
[43] BGH BB 2000, 1751, 1752 = NZG 2000, 983 = ZIP 2000, 1442; WM 1968, 1328; vgl. auch BGH WM 1968, 570.
[44] Dazu BGH WM 1991, 1301 für AG; s. ferner OLG Nürnberg NZG 1999, 124: Sonderzuwendung bei fehlendem Gesellschafterbeschluß rechtsgrundlos.
[45] *Hachenburg/Mertens* Rn. 180.
[46] *Hachenburg/Mertens* Rn. 181; *Fitting/Wlotzke/Wißmann* § 31 Rn. 35; Einl. Rn. 263, wN in Vorauflage Rn. 15 und bei *Hanau/Ulmer* § 31 Rn. 38; anders *Scholz/Schneider* Rn. 176 f. mwN; mit Einschränkungen auch OLG Hamburg WM 1983, 130, 132 ff.
[47] BGHZ 89, 48, 50 ff. = NJW 1984, 733, 734 ff.; dazu *Oldenburg* DB 1984, 1813.
[48] *Hanau/Ulmer* § 31 Rn. 39.

Abs. 1 Nr. 2 anwendbare § 112 AktG ist nicht einschlägig.[49] Daraus kann aber nicht geschlossen werden, es habe bei der Zuständigkeitsverteilung nach dem GmbHG zu verbleiben. Denn insbesondere die sachlichen Zusammenhänge zwischen Bestellungs- und Anstellungsverhältnis (Möglichkeit, aber Unerwünschtheit von einander unabhängiger Beendigung; Abhängigkeit der Bereitschaft, eine Bestellung zu akzeptieren, von den Bedingungen des Anstellungsvertrages) sprechen mit großem Gewicht dafür, Bestellungs- und Anstellungskompetenz „in einer Hand" zu konzentrieren.[50] Rechtstechnisch ist diesem Befund durch eine Analogie zu § 84 Abs. 1 S. 5 AktG Rechnung zu tragen. Zur Möglichkeit der Delegation aufsichtsrätlicher Vertretungsbefugnis an einen Aufsichtsratsausschuss vgl. § 52 Rn. 36.

19 Zur Vertretung der Gesellschaft im Zusammenhang von **Änderungen** des Anstellungsvertrages Rn. 54; zur Zuständigkeit bei Kündigung desselben § 38 Rn. 43, 49.

20 c) **Vertretung Geschäftsführern gegenüber.** Bei Vorhandensein eines **fakultativen** Aufsichtsrats ist gemäß § 52 – Fehlen einer entgegenstehenden Bestimmung des Gesellschaftsvertrags vorausgesetzt – § 112 AktG entsprechend anzuwenden. Das bedeutet, dass die Gesellschaft Geschäftsführern gegenüber durch den **Aufsichtsrat** vertreten wird. Dasselbe gilt kraft zwingenden Rechts für mitbestimmte Gesellschaften (§ 77 BetrVG, § 3 Abs. 2 Montan-MitbestG, § 25 Abs. 1 Nr. 2 MitbestG).[51] Die Vertretungsbefugnis des Aufsichtsrates erstreckt sich auf **Prozesse** zwischen der Gesellschaft und Geschäftsführern. Sie gilt (bei obligatorischem Aufsichtsrat) auch gegenüber dem **abberufenen** Geschäftsführer im Rechtsstreit über die Wirksamkeit der Abberufung und zwar auch dann, wenn gleichzeitig über Ansprüche aus dem Anstellungsvertrag zu entscheiden ist.[52] Wegen des Normzwecks von § 112 AktG (Sicherstellung einer unbefangenen Vertretung) ist der Aufsichtsrat nach zutreffender neuerer Rechtsprechungsversion auch dann vertretungsbefugt, wenn nur Ansprüche aus dem Anstellungsverhältnis oder aus einem anderen Vertrag Streitgegenstand sind.[53] Hinsichtlich der Vertretung der Gesellschaft im **Prozess** gegen **Geschäftsführer** ist im übrigen § 46 Nr. 8 zu beachten. Vgl. § 46 Rn. 44 ff., zum Verhältnis der Bestimmung zu der in § 52 und im Mitbestimmungsrecht vorgezeichneten Vertretungsregelung § 46 Rn. 46. Im Zusammenhang der Geltendmachung von Ansprüchen der Gesellschaft gegen Aufsichtsratsmitglieder wird die Gesellschaft durch die Geschäftsführer vertreten.[54] Zur Notwendigkeit eines Beschlusses nach § 46 Nr. 8 auch in diesem Fall s. dort Rn. 41.

21 d) **Nichtigkeits- und Anfechtungsklage.** Im Fall einer Nichtigkeitsklage gemäß § 75 wird die Gesellschaft durch den Geschäftsführer vertreten. Mit ihm vertretungsbefugt (**gemeinsame Vertretung;** § 75 Abs. 2) ist der Aufsichtsrat, sofern ein solcher vorhanden ist (vgl. § 75 Rn. 24). Anderes gilt im Zusammenhang von Anfechtungs- und Nichtigkeitsklagen gegen Beschlüsse der Gesellschafterversammlung oder den fest-

---

[49] *Rittner* DB 1979, 973, 974; *Hanau/Ulmer* § 31 Rn. 37.
[50] Vgl. aber OLG Hamburg WM 1983, 130, 134 f.
[51] Zu den Konsequenzen eines Verstoßes vgl. OLG Hamburg DB 1986, 1381; BGH WM 1993, 1630, 1631 f.
[52] BGH BB 1981, 1232, 1233. Zur Heilung eines Vertretungsmangels BGH NJW 1999, 3263 f. = WM 1999, 2026 = NZG 1999, 1215.
[53] BGH WM 1986, 1411; 1988, 413; DB 1989, 971, wo es um Schadensersatzansprüche der Gesellschaft ging. Seither noch BGH WM 1993, 1630, 1631 f.; 1991, 941; OLG Brandenburg NZG 200, 143, 144; dazu *Hager* NJW 1992, 392 ff.; *Brandner,* FS Quack, 1991, S. 201, 207 f.; *Schmits* AG 1992, 149 ff.; *Rellermeyer* ZGR 1993, 77, 78 ff.; s auch *Werner* ZGR 1989, 369, 377 ff. Vgl. § 38 Rn. 28 f. und § 52 Rn. 14. S. noch OLG München AG 1996, 184: keine Anwendung von § 112 AktG im Pensionsprozess mit Witwe eines Vorstandsmitglieds.
[54] *Hachenburg/Schilling* § 46 Rn. 33.

Vertretung durch Geschäftsführer   § 35

gestellten Jahresabschluss (zur Passivlegitimation der Gesellschaft § 47 Rn. 141). Die einschlägigen aktienrechtlichen Vorschriften sind hier wegen § 37 Abs. 2 auch dann nicht entsprechend anzuwenden, wenn die Satzung dies vorsieht. Die Gesellschaft wird hier vielmehr stets durch die Geschäftsführer vertreten. Die dagegen geltend gemachten Bedenken überzeugen letzten Endes nicht. Namentlich können sich die beschlussfassenden Gesellschafter, die von der Erhebung der Klage zu informieren sind,[55] nach § 69 ZPO am Prozess beteiligen.[56]

e) Vertretung durch beschlussfassende Mehrheit. Wo die Gesellschaft nach dem vorstehend Gesagten durch die Gesellschafter oder durch den Aufsichtsrat vertreten wird, fragt sich, ob Gesamtvertretung durch alle Organmitglieder Platz zu greifen hat[57] oder ob Vertretung durch die **beschlussfassende Mehrheit** genügt.[58] Letzterer Auffassung ist wegen der von *Mertens* entwickelten überzeugenden Gründe der Vorzug zu geben. Insbesondere fällt ins Gewicht, dass anderenfalls zunächst ein Urteil nach § 894 ZPO erstritten werden müsste. Ferner passt nur diese Ansicht zu der allgemein akzeptierten Annahme, dass dann, wenn der Erklärungsempfänger bei der Beschlussfassung anwesend ist, mit Fassung des Beschlusses gleichzeitig die zu seiner Ausführung nötige Erklärung bewirkt wird.[59] Zur Delegation der Vertretungszuständigkeit Rn. 13. 22

4. Form der Vertretung. Nach Abs. 2 S. 1 haben die Geschäftsführer ihre Willenserklärungen so kundzugeben und so für die Gesellschaft zu zeichnen, wie dies der Gesellschaftsvertrag vorsieht. Doch handelt es sich bei dieser Bestimmung nicht um eine das äußere Erscheinungsbild von Willenserklärungen regelnde Vorschrift. Denn aus ihrem systematischen Zusammenhang mit Satz 2 und 3 von Abs. 2 folgt, dass das Gesetz nur sagen will, bei Fehlen abweichender Bestimmungen des Gesellschaftsvertrages habe **Gesamtvertretung** durch sämtliche Geschäftsführer Platz zu greifen. Im einzelnen dazu Rn. 40 ff. Bei Vorhandensein nur eines Geschäftsführers ist die Bestimmung gegenstandslos. 23

Eine **Formvorschrift** findet sich dagegen in Abs. 3. Geschäftsführer haben demnach so zu zeichnen, dass sie der Firma der Gesellschaft ihre Unterschrift beifügen.[60] Die Bestimmung entspricht § 51 HGB; wie diese ist sie bloße Ordnungsvorschrift,[61] von deren Einhaltung die Wirksamkeit der Vertretung nicht abhängt (§ 36 Rn. 2). Trotz wirksamer Vertretung kann die Nichtbeachtung von Abs. 3 zu einer Haftung von Geschäftsführern nach Rechtsscheingrundsätzen führen.[62] In Betracht kommt ins- 24

---

[55] BVerfG 60, 12 f.
[56] Wie hier BGH GmbHR 1962, 134; OLG Hamm GmbHR 1985, 119; *Baumbach/Hueck/Zöllner* Anh. § 47 Rn. 82; *Hachenburg/Mertens* Rn. 51; *Lutter/Hommelhoff* Anh § 47 Rn. 34; zweifelnd *Scholz/Schneider* Rn. 140a; mwN auch der Gegenmeinung; ausführlich ablehnend *Joost* ZGR 1984, 71, 97 ff.; vgl. *Lindacher* ZGR 1987, 121, 127 f.
[57] So etwa *Geßler/Hefermehl/Eckardt/Kropff* § 112 Rn. 14; *Gach/Pfüller* GmbHR 1998, 66 f. mwN: wohl auch *Scholz/Schmidt* § 46 Rn. 71.
[58] OLG Frankfurt WM 1981, 1210 ff. im Anschluss an *Mertens*; vgl. AG 1981, 216 ff. Ebenso *Scholz/Schneider* Rn. 172.
[59] Vgl. *Mertens* AG 1981, 216, 217 mwN.
[60] Dazu OLG Frankfurt GmbHR 1986, 47; zur Bedeutung der Vorschrift für die GmbH & Co KG OLG Hamm DNotZ 1985, 173.
[61] *Baumbach/Hueck/Zöllner* Rn. 70; *Bartl/Henkes/Schlarb* Rn. 382; *Roth/Altmeppen* Rn. 21.
[62] Vgl. BGH NJW 1991, 2627 f. m. Anm. *Canaris* = GmbHR 1991, 360; NJW 1996, 2645 = GmbHR 1996, 764 = ZIP 1996, 1511; NJW 1998, 2897 = NZG 1998, 636, 637 = GmbHR 1998, 883; OLG Naumburg GmbHR 1997, 445 f.; OLG Hamm GmbHR 1998, 890; OLG Celle GmbHR 1999, 983, je mwN. Zu mündlichen Erklärungen OLG Köln GmbHR 1994, 123; OLG Hamm GmbHR 1995, 661.

§ 35 3. Abschnitt. Vertretung und Geschäftsführung

besondere die (unvollständige) Verwendung der Firma in einer Weise, die den Eindruck erweckt, für Verbindlichkeiten des Unternehmensinhabers werde unbeschränkt gehaftet.[63] Entsprechendes gilt auch gegenüber dem Geschäftsführer einer Vor-GmbH.[64]

25 **5. Wegfall des Geschäftsführers.** Eine geschäftsführerlose GmbH darf nicht in das Handelsregister eingetragen werden (§ 6 Rn. 3). Fällt der einzige Geschäftsführer nach Eintragung weg, so sind die Gesellschafter gehalten, für unverzügliche Bestellung eines neuen zu sorgen.[65] Ist dies nicht möglich oder nicht zumutbar, so liegt ein wichtiger Auflösungsgrund iSd. § 61, nicht dagegen ein Fall des § 62 vor.[66] Gegebenenfalls kommt auch die Bestellung eines Notgeschäftsführers gemäß § 29 BGB in Betracht.[67] Andere Gesellschaftsorgane können den Geschäftsführer nicht substituieren.[68] Doch kann die Gesellschaft durch gewillkürte Vertreter im Rahmen der ihnen jeweils zustehenden Vertretungsbefugnis vertreten werden, sofern solche im Zeitpunkt des Geschäftsführerwegfalls vorhanden waren.[69] Unabhängig davon ist § 210 BGB (Ablaufhemmung von Verjährungsfristen bei mangelnder gesetzlicher Vertretung) auf die geschäftsführerlose GmbH nicht anzuwenden.[70]

26 **6. In-Sich-Geschäfte. a) Die Regelung des Abs. 4. aa)** Mit der Novelle 1980 wurde § 35 durch einen vierten Absatz ergänzt. Diese Maßnahme hat einen doppelten Hintergrund. Einerseits hatte sich der BGH nach vorher gegenteiliger Praxis dafür entschieden, § 181 auf Rechtsgeschäfte des **geschäftsführenden Alleingesellschafters** mit sich selbst nicht anzuwenden, weil es an der Gefahr einer Interessenkollision fehle.[71] Andererseits wurde mit Recht angenommen, dass mit dem In-Sich-Geschäft des Einmann-Gesellschafter-Geschäftsführers Gefahren für uninformierte Gläubiger verbunden sind.[72] Auf dieser Grundlage hat man sich entgegen den Vorschlägen des Regierungsentwurfs für die geltende Fassung von Abs. 4 S. 1 entschieden. Sie bewirke, dass sich Gläubiger der Gesellschaft wegen § 9 HGB über die Möglichkeit tatbestandsmäßiger Geschäfte und damit verbundener Vermögensverlagerungen informieren können. Generell Schriftform vorzuschreiben, sei unangemessen; diese würde schon aus steuerlichen Gründen im allgemeinen gewahrt. Die Gesetz gewordene Regelung ist im Hinblick auf ihre Zielkonformität **kritisch** beurteilt worden.[73] Jedenfalls in systematischer Hinsicht ist sie verfehlt. Das Verbot des Selbstkontrahierens betrifft nicht die Person des Vertreters, sondern den Umfang der Vertretungsmacht,[74] weil es nicht

---

[63] BGHZ 64, 11, 17 = NJW 1975, 1166, 1511 L; BGHZ 71, 354 = NJW 1978, 2030; BGH WM 1981, 873, 874 f.; GmbHR 1990, 212; AG 1991, 354; *Haas* S. 83 ff.; *Bühler* GmbHR 1991, 356; *Wellkamp* DB 1994, 869; vgl. auch § 4 Rn. 56.
[64] OLG Celle GmbHR 1990, 398.
[65] *Hachenburg/Mertens* Rn. 8; zu den Grenzen dieser Verpflichtung BGH WM 1985, 52 = EWiR § 6 GmbHG 1/85, 97 – *Fleck*.
[66] *Hachenburg/Mertens* Rn. 8.
[67] Zur Anwendbarkeit der Bestimmung auf rechtsfähige Vereine des Handelsrechts vgl. MüKo BGB/*Reuter* § 29 Rn. 1 mwN; vgl. § 6 Rn. 32 und Rn. 76 f.
[68] BGHZ 58, 115, 118 = NJW 1972, 623; *Meyer-Landrut/Miller/Niehus* Rn. 12.
[69] *Hachenburg/Mertens* Rn. 8; *Meyer-Landrut/Miller/Niehus* Rn. 10.
[70] RGZ 156, 291, 300; BGH BB 1971, 369.
[71] BGHZ 56, 97, 100 ff. = NJW 1971, 1355, 1356; BGHZ 65, 358, 359 f.; zum fehlenden Eigeninteresse der Einmann-Gesellschaft weiterführend *Ziche* S. 108 ff.
[72] Dazu Voraufl. Rn. 23; ausführlich *Ziche* S. 96 ff.
[73] Für Nachweise Voraufl. Rn. 24, ferner *Hachenburg/Mertens* Rn. 60.
[74] *Hübner* S. 234; MüKo BGB/*Schramm* § 181 Rn. 37; vgl. auch OLG Hamm DB 1983, 982, 983.

gilt, wenn der Vertretene dem In-Sich-Geschäft zustimmt. Demzufolge gehört Abs. 4 als Teil der Gesamtproblematik des In-Sich-Geschäftes nicht in den Kontext des § 35, sondern des § 37 Abs. 2. Zu den Konsequenzen von Abs. 4 für die Systematik der Kommentierung Rn. 4.

Nach Art. 5 der 12. EG-Richtlinie zur Angleichung des Gesellschaftsrechts müssen **27** Verträge, die zwischen dem einzigen Gesellschafter und der von ihm vertretenen Gesellschaft abgeschlossen werden, in Niederschrift aufgenommen oder schriftlich abgefasst werden. Für unter Normalbedingungen abgeschlossene laufende Geschäfte kann davon abgesehen werden.[75] Abs. 4 S. 2, der 1991 eingeführt wurde, beruht auf der Absicht, die Richtlinie in deutsches Recht umzusetzen, geht aber über ihre Vorgaben in verschiedener Hinsicht hinaus (Rn. 32 f.).[76]

bb) Zu den Voraussetzungen des Abs. 4 S. 1 gehört es zunächst, dass die **28** Gesellschaft bei Geschäften mit dem Geschäftsführer überhaupt durch diesen vertreten wird. Das ist im Anwendungsbereich des BetrVG, des Montan-MitbestG und des MitbestG, ferner dann nicht der Fall, wenn die Gesellschaft einen (fakultativen) Aufsichtsrat hat und § 112 AktG nicht abbedungen ist.[77] Vorausgesetzt wird weiter, dass sich sämtliche Geschäftsanteile in der Hand einer Person befinden, wobei es nicht darauf ankommt, ob die Gesellschaft schon als Einmann-Gesellschaft gegründet wurde (§ 1) oder erst später eine solche geworden ist.[78] Doch genügt es, wenn sich die dem (einzigen) Gesellschafter nicht gehörenden Anteile in der Hand der Gesellschaft befinden (vgl. § 33 Abs. 2). Denn auch in diesem Fall ist der Gesellschafter wirtschaftlicher Alleineigentümer des Unternehmens der GmbH. Die Frage, ob Abs. 4 auch dann anwendbar ist, wenn nicht der Geschäftsführer selbst, wohl aber eine ihm allein gehörende Gesellschaft alle Anteile hält, ist damit noch nicht entschieden, dürfte aber doch zu bejahen sein. Schließlich setzt Abs. 4 S. 1 voraus, dass der einzige Gesellschafter auch einziger Geschäftsführer – oder Liquidator[79] – ist.[80] Ein zureichender Grund für eine Korrektur des Gesetzeswortlautes besteht insoweit nicht. Fehlt eine der mitgeteilten Voraussetzungen, so verbleibt es bei den sonst geltenden Regeln über In-Sich-Geschäfte des Geschäftsführers einer GmbH (dazu für den Alleingeschäftsführer Rn. 34 ff., für mehrere Geschäftsführer Rn. 47).[81]

Teilweise wird angenommen,[82] Abs. 4 sei auch dann anwendbar, wenn nicht mit **29** dem Geschäftsführer selbst, aber mit einer alle Anteile haltenden Muttergesellschaft kontrahiert wird, die denselben Geschäftsführer hat. Dazu bedürfte es indessen einer Analogie, die dann zu befürworten ist, wenn die handelnde Person auch einziger Ge-

---

[75] Dazu etwa *Brändel,* FS Kellermann, 1991, S. 15, 20 f.
[76] Zu kollisionsrechtlichen Grenzen der Anwendung von Abs. 4 OLG Düsseldorf DB 1995, 418 mwN.
[77] Rn. 20; im Wesentlichen wie hier *Hübner* S. 230, 249; zutreffend anders für die Fälle der Mehrvertretung 250 f.
[78] Regierungsbegründung: BT-Drucks. 8/1347 S. 43.
[79] § 69 Rn. 7, BayObLG WM 1987, 982, 983; aA *Ziche* S. 216 ff.
[80] Dagegen *Ekkenga* AG 1985, 40, 43; *Claussen* S. 153 f.; *Baumbach/Hueck/Zöllner* Rn. 78; *Scholz/Schneider* Rn. 107; *Lutter/Hommelhoff* Rn. 23; die Kommentare allerdings nur für den Fall der Gesamtvertretung bzw. bei Vertretung durch den Alleingesellschafter. Wie hier *Hachenburg/Mertens* Rn. 61 mwN.
[81] Zur Anwendbarkeit der Vorschrift vor Eintragung der Gesellschaft vgl. *Ziche* S. 336 ff.; *Ekkenga* AG 1985, 40, 43 f.
[82] *Schneider* BB 1986, 201, 205; vgl. auch *Scholz/Schneider* Rn. 128. Dagegen *Bachmann* ZIP 1999, 88 ff.

§ 35   3. Abschnitt. Vertretung und Geschäftsführung

sellschafter der Muttergesellschaft ist.[83] Mehrfachvertretung wird keineswegs generell erfasst, wohl aber dann, wenn der Geschäftsführer (auch) eine ihm gehörende andere Gesellschaft vertritt.[84] Für die Untervertretung gilt dasselbe wie in anderen Fällen des In-Sich-Geschäftes.[85] Zur Anwendbarkeit von Abs. 4 S. 1 auf Bestellung und Anstellung § 46 Rn. 24f. Auf die Einmann-GmbH & Co. KG ist Abs. 4 S. 1 entsprechend anwendbar.

30 Die **Rechtsfolge** der Bestimmung besteht in der Anwendbarkeit des § 181 BGB. Das bedeutet, dass ein Abs. 4 S. 1 zuzuordnendes Geschäft zwar nicht nichtig, aber **schwebend unwirksam** ist.[86] Diese Rechtsfolge tritt nicht ein, soweit dem Vertreter „nicht ein anderes gestattet ist", soweit der Vertretene also dem In-Sich-Geschäft des Vertreters **zugestimmt** oder dieses nachträglich **genehmigt** hat.[87] Fraglich ist, wer in der Konstellation des Abs. 4 zuständig ist, zuzustimmen oder zu genehmigen und in welcher Form dies zu geschehen hat. Der Ausschussbericht (Rn. 26) nimmt ohne weiteres an, dass hierfür nur der Gesellschaftsvertrag in Betracht kommt.[88] Das trifft jedenfalls für eine **dauernde** Befreiung vom Verbot des Selbstkontrahierens zu.[89] Die Befreiung, auch die nachträgliche, bedarf der Eintragung in das Handelsregister.[90] Unterbleibt dies, greift § 15 HGB Platz.[91]

31 Möglich ist auch eine gesellschaftsvertragliche Ermächtigung, In-Sich-Geschäfte zu gestatten.[92] Eintragung im Handelsregister ist nicht erforderlich.[93] Gegenteiliges gilt, wenn von der Ermächtigung Gebrauch gemacht wird.[94] Fehlt auch eine solche Ermächtigung, so ist ein Vertragsschluss zwischen Alleingesellschafter-Geschäftsführer und Gesellschaft nach heute wohl schon überwiegender Ansicht überhaupt ausge-

---

[83] Wie hier *Bachmann* ZIP 1999, 88, 91f.; *Claussen* S. 86ff.; zur Rechtslage im Vertragskonzern ebenda 80ff.

[84] Teilweise anders *Ziche* S. 190ff.; *Baumbach/Hueck/Zöllner* Rn. 78; *Lutter/Hommelhoff* Rn. 18.

[85] Rn. 34ff., speziell zu Abs. 4 S. 1 *Ziche* S. 293ff.

[86] MüKo BGB/*Schramm* § 181 Rn. 37 mwN; für Relativierung der Unwirksamkeit mit beachtlichen Gründen *Hübner* S. 104ff.; dagegen *Kreutz*, FS Mühl, 1981, S. 409, 422ff. Zu den steuerlichen Konsequenzen eines Verstoßes gegen das Verbot des In-Sich-Geschäftes BFH BB 1996, 2664; GmbHR 1993, 45; *Tiedtke* GmbHR 1993, 385, 389ff.; *Lange* GmbHR 1999, 328 mit weiterer Judikatur.

[87] Zu letzterer Möglichkeit BGHZ 65, 123, 125f. = NJW 1976, 104, 105. Gegen Zulässigkeit einer Genehmigung *Hachenburg/Mertens* Rn. 66; *Bachmann* ZIP 1999, 99 mwN.

[88] Zweifelnd *Geßler* BB 1980, 1385, 1389.

[89] Vgl. BayObLG BB 1981, 869, 870; *Scholz/Schneider* Rn. 115; *Claussen* S. 162ff. mwN; zur Weitergeltung der Befreiung im Liquidationsstadium BFH GmbHR 2001, 927, 931f. mwN und Anm. *Neusel*. S. auch § 68 Rn. 6. Kritisch etwa *Brandmüller* S. 126f.; *Bühler* DNotZ 1983, 588, 595ff.; *Altmeppen* NJW 1996, 1185f.

[90] BGHZ 87, 59, 60 = NJW 1983, 1676f. = DB 1983, 1192 m. Anm. *Schick*; BayObLG BB 1981, 869, 870; WM 1984, 1570, 1571; OLG Köln GmbHR 1980, 129; *Kreutz*, FS Mühl, 1981, S. 409, 427; *Scholz/Schneider* Rn. 118, 124 mwN; zur Anwendbarkeit der Regel im Gründungsstadium *John* BB 1985, 626, 627.

[91] OLG Frankfurt GmbHR 1997, 349, auch für Rechtsnachfolger.

[92] OLG Hamm BB 1998, 1328, 1329 mwN.

[93] OLG Hamm BB 1998, 1328, 1329; GmbHR 1993, 500f.; BayObLG GmbHR 1990, 213, 214; *Scholz/Schneider* Rn. 126; zur Eintragungsfähigkeit einer solchen Bestimmung LG Köln GmbHR 1993, 501f.; dagegen OLG Frankfurt BB 1993, 2113; offen OLG Hamm GmbHR 1993, 500f.

[94] Ebenso *Schick* DB 1983, 1194 mwN; *Hachenburg/Mertens* Rn. 65; *Scholz/Schneider* Rn. 126; OLG Hamm BB 1998, 1328, 1329, je mwN. Der Ermächtigungsbeschluss unterliegt § 48 Abs. 3, vgl. BayObLG DB 1984, 1517.

schlossen.⁹⁵ Als Ausweg bietet sich eine Satzungsänderung samt der damit gegebenenfalls verbundenen Möglichkeit rückwirkender Sanierung eines schon getätigten Geschäftes,⁹⁶ die Bestellung eines zweiten (alleinvertretungsberechtigten) Geschäftsführers,⁹⁷ eventuell auch eines Notgeschäftsführers an.⁹⁸ Nicht eintragungsfähig ist eine Bestimmung, wonach der Geschäftsführer von den Beschränkungen des § 181 BGB befreit sein soll, solange er einziger Gesellschafter ist.⁹⁹ Die dem Geschäftsführer einer mehrgliedrigen Gesellschaft erteilte Befreiung von § 181 BGB erlischt nach jetzt ganz überwiegender Auffassung nicht, wenn dieser Geschäftsführer Alleingesellschafter wird.¹⁰⁰ Nach Eintragung einer Kapitalerhöhung kann sich der Alleingesellschafter bezüglich der Wirksamkeit des Übernahmevertrages nach Ansicht des OLG Köln¹⁰¹ nicht mehr auf § 35 Abs. 4 berufen. Die Bestimmung dürfte in dieser Konstellation allerdings von vornherein unanwendbar sein.¹⁰²

cc) Nach **Abs. 4 S. 2** müssen Rechtsgeschäfte zwischen dem Einmanngesellschafter-Geschäftsführer und der GmbH unverzüglich in eine **Niederschrift** aufgenommen werden. Im Unterschied zu Abs. 1 kommt es nicht darauf an, ob die Gesellschaft noch einen weiteren Geschäftsführer hat, ebensowenig darauf, ob Einzel- oder Gesamtvertretungsmacht vorgesehen ist.¹⁰³ Auch einseitige Rechtsgeschäfte sind gemeint.¹⁰⁴ Die Vorschrift betrifft sämtliche Rechtsgeschäfte; von der in der Richtlinie (Rn. 27) vorgesehenen Möglichkeit, laufende Geschäfte zwischen Alleingesellschafter und Gesellschaft unter normalen Bedingungen vom Erfordernis der Niederschrift auszunehmen, wurde kein Gebrauch gemacht. Ausschlaggebend dafür waren die sonst unvermeidbaren Abgrenzungsschwierigkeiten.¹⁰⁵ Die „Niederschrift" muss das Zustandekommen des Rechtsgeschäfts, seinen Zeitpunkt und seinen Inhalt ausweisen.¹⁰⁶ Eine Unterschrift ist nicht erforderlich, weil der Einsatz von Datenträgern ermöglicht werden sollte.¹⁰⁷

Eine spezielle **Sanktion** bei Verletzung von Abs. 4 S. 2 ist aus dem auch für § 48 Abs. 3 maßgeblichen Grund nicht vorgesehen.¹⁰⁸ Namentlich ist das nicht

---

⁹⁵ Vgl. *Kreutz,* FS Mühl, 1981, S. 409, 428; *Hachenburg/Mertens* Rn. 64; *Scholz/Schneider* Rn. 115 ff. mwN.
⁹⁶ Dazu BGH DB 1991, 1976; OLG Hamm GmbHR 1992, 669; *Roth/Altmeppen* Rn. 66; *Baumbach/Hueck/Zöllner* Rn. 78; anders *Hachenburg/Mertens* Rn 66. S. ferner BGH WM 2000, 35, 36 = DB 2000, 412 = NZG 2000, 207: Nachträglich allgemeine Befreiung von Beschränkung des § 181 BGB ist Satzungsänderung, wenn Verbot des Selbstkontrahierens im ursprünglichen Gesellschaftsvertrag enthalten.
⁹⁷ Vgl. *Hübner* Jura 1982, 85, 87; *Scholz/Schneider* Rn. 111 f.; *Baumbach/Hueck/Zöllner* Rn. 78; dagegen *Ekkenga* AG 1985, 40, 44.
⁹⁸ Dazu *Scholz/Schneider* Rn. 114; anders *Lutter/Hommelhoff* Rn. 20.
⁹⁹ BGHZ 87, 59, 62 f. = NJW 1983, 1676, 1677; vgl. auch OLG Frankfurt BB 1984, 238, 239.
¹⁰⁰ So BGHZ 114, 167, 170 f. = WM 1991, 891 = GmbHR 1991, 261; OLG Düsseldorf DB 1991, 379; BFH GmbHR 1991, 332; *Scholz/Schneider* Rn. 116 mwN; *Tiedtke* ZIP 1991, 355, 356 ff.; anders BayObLG WM 1987, 982, 983 f.
¹⁰¹ EWiR § 19 GmbHG 2/86, 585 – *Crezelius*.
¹⁰² Vgl. Rn. 13; LG Berlin ZIP 1985, 1491, 1492; *Ziche* S. 267 ff.; zur Bedeutung von § 181 BGB im vorliegenden Zusammenhang § 55 Rn. 41; zutreffend verneinend LG Berlin ZIP 1985, 1491, 1492 f. = EWiR § 55 GmbHG 2/86, 273 – *Priester*.
¹⁰³ *Scholz/Schneider* Rn. 131 b; *Claussen* S. 155 f.; *Schimmelpfennig/Hauschka* NJW 1992, 942, 944.
¹⁰⁴ *Scholz/Schneider* Rn. 131 b; *Schwarz* DStR 1992, 221, 222.
¹⁰⁵ *Schimmelpfennig/Hauschka* NJW 1992, 942, 945.
¹⁰⁶ *Scholz/Schneider* Rn. 131 c.
¹⁰⁷ *Schimmelpfennig/Hauschka* NJW 1992, 942, 944.
¹⁰⁸ *Schimmelpfennig/Hauschka* NJW 1992, 942, 945; vgl. § 48 Rn. 23.

dokumentierte Rechtsgeschäft nicht nichtig.[109] Entsteht der Gesellschaft ein Schaden, muss er kompensiert werden. Die Beachtung von Abs. 4 S. 2 empfiehlt sich auch deshalb, weil sonst der Haftungsdurchgriff wegen Vermögensvermischung droht.[110]

34 **b) Andere In-Sich-Geschäfte. Außerhalb** des Anwendungsbereiches **des Abs. 4** sind In-Sich-Geschäfte des einzigen Geschäftsführers ebenfalls nach § 181 BGB zu beurteilen. Es gilt das in Rn. 28 f. und 30 f. Gesagte, und zwar auch hinsichtlich solcher Geschäfte, die der Geschäftsführer mit der durch einen Prokuristen oder Handlungsbevollmächtigten vertretenen Gesellschaft abschließt.[111] Die Gegenansicht[112] verkennt die Abhängigkeit auch dieser Personen vom Geschäftsführer, insbesondere, dass sich dessen Vertretungsmacht auch auf den Widerruf von Prokura und Handlungsvollmacht erstreckt (§ 46 Rn. 36). § 181 BGB greift auch ein, wenn sich der Geschäftsführer als Geschäftsgegner durch seinen Ehegatten vertreten lässt.[113] In-Sich-Geschäfte bedürfen in jedem Fall genauer **Dokumentation.**[114]

35 Die **Zustimmung** zu In-Sich-Geschäften des Geschäftsführers kann schon im Gesellschaftsvertrag erteilt werden. Eine nachträgliche generelle Befreiung ist als Satzungsänderung aufzufassen.[115] Befreiungen ad hoc sind dagegen auch ohne satzungsmäßige Grundlage möglich.[116] Der Gesellschaftsvertrag kann bestimmen, welches Gesellschaftsorgan dafür zuständig sein soll. Ist dies nicht geschehen, so liegt die Entscheidungskompetenz nach Ansicht des BGH[117] bei jenem Organ, das zur Bestellung und Abberufung des Geschäftsführers berufen ist.[118] Soweit es sich dabei um den Aufsichtsrat handelt, ist § 181 BGB allerdings von vornherein unanwendbar, wenn § 112 AktG anzuwenden ist.[119] Zustimmungs-/genehmigungsbefugt sind daher im Regelfall die Gesellschafter. Ein förmlicher Beschluss ist nicht erforderlich.[120] Die Entscheidungskompetenz kann auch ad hoc an ein anderes durch den Gesellschaftsvertrag eingesetztes Organ, etwa einen Beirat, delegiert werden.

36 Ob eine generelle Befreiung vom Verbot des Selbstkontrahierens der Eintragung in das **Handelsregister** bedarf, ist umstritten.[121] Die Frage sollte bejaht werden. Das gilt auch, wenn die Befreiung auf der Grundlage einer in der ursprünglichen Satzung ent-

---

[109] *Scholz/Schneider* Rn. 131 d.
[110] *Schimmelpfennig/Hauschka* NJW 1992, 942, 944; vgl. § 13 Rn. 141.
[111] *Lutter/Hommelhoff* Rn. 18.
[112] *Scholz/Schneider* Rn. 92, *Baumbach/Hueck/Zöllner* Rn. 77; *Hachenburg/Mertens* Rn. 62; vgl. auch BGHZ 91, 334, 336 = NJW 1984, 2085.
[113] OLG Hamm NJW 1982, 1105 f. mwN.
[114] OLG Düsseldorf GmbHR 1993, 583 in Anknüpfung an BGH NJW 1991, 1730.
[115] OLG Celle GmbHR 2000, 1098; OLG Frankfurt WM 1983, 250 f.; OLG Stuttgart GmbHR 1985, 221; OLG Köln NJW 1993, 1018; *Claussen* S. 146 mwN.
[116] *Fleck* WM 1985, 677, 678 mit Judikatur.
[117] BGHZ 33, 189, 192 = NJW 1960, 2285, 2286.
[118] Ebenso BayObLG DB 1980, 2029; *Roth/Altmeppen* Rn. 66; anders für einen Sonderfall BGH ZIP 1994, 129, 131.
[119] Rn. 20; *Hachenburg/Mertens* Rn. 66.
[120] BGH WM 1971, 1082, 1083; NJW 1976, 1538, 1539; BGHZ 75, 358, 362 = NJW 1980, 932; BayObLG DB 1980, 2029; vgl. aber BGHZ 58, 115, 120 = NJW 1972, 623, 624; zum ganzen *Hübner* S. 240 ff.
[121] Dagegen etwa BGHZ 33, 189, 191 f. = NJW 1960, 2285; *Roth/Altmeppen* Rn. 60; *Altmeppen* NJW 1995, 1182 ff.; dafür BGHZ 87, 59, 60 f. = NJW 1983, 1676 f.; BGHZ 114, 167, 170 = NJW 1991, 1731; OLG Frankfurt WM 1983, 250 mwN; BayObLG GmbHR 1985, 392; *Scholz/Schneider* Rn. 125; *Claussen* S. 146 ff. mwN; vgl. ferner *Schick* DB 1983, 1193, 1194.

Vertretung durch Geschäftsführer § 35

haltenen Ermächtigung erfolgte,[122] dagegen wohl nicht, wenn lediglich die Ermächtigung eingetragen werden soll.[123] Zum Ganzen auch § 10 Rn. 13.

Die Zustimmung zu In-Sich-Geschäften des Geschäftsführers kann auf **bestimmte** 37 **Vertragspartner** beschränkt werden. Auch hierfür ist eine gesellschaftsvertragliche Grundlage und Eintragung im Handelsregister erforderlich.[124]

Die Frage, ob die (wirksame) Ausschaltung von § 181 BGB zugunsten des Ge- 38 schäftsführers weitergilt, wenn dieser Liquidator wird und wie ein **Liquidator** von den Beschränkungen jener Bestimmung zu befreien ist, muss in Abhängigkeit von den Gegebenheiten des Einzelfalls differenzierend beantwortet werden.[125]

III. Vertretung bei Vorhandensein mehrerer Geschäftsführer

1. Möglichkeiten. In Gesellschaften, die dem **MitbestG** unterliegen, ist gemäß 39 § 33 leg. cit. ein Arbeitsdirektor „als gleichberechtigtes Mitglied des zur gesetzlichen Vertretung des Unternehmens befugten Organs" zu bestellen. Daraus und aus § 33 Abs. 2 leitet die ganz hM ab, dass Gesellschaften im Anwendungsbereich der genannten Bestimmungen mindestens **zwei** Geschäftsführer haben müssen.[126] Dasselbe wird überwiegend für den Geltungsbereich des **Montan-MitbestG** angenommen.[127] Im übrigen kann auch der Gesellschaftsvertrag mehrere Geschäftsführer vorsehen (§ 6 Abs. 1, vgl. dort Rn. 7). Auch ohne eine solche Bestimmung bleibt es dem jeweils zuständigen Gesellschaftsorgan überlassen, zusätzliche Geschäftsführer zu bestellen. Enthält der Gesellschaftsvertrag jedoch eine Höchstzahl, so ist ein entgegenstehender Beschluss der Gesellschafter anfechtbar, ein solcher des Aufsichtsrats (vgl. Rn. 73) unwirksam.[128]

2. Die gesetzlichen Vertretungsregeln. a) Gesamtvertretung. Aus Abs. 2 S. 2 40 ergibt sich, dass mehrere Geschäftsführer mangels abweichender gesellschaftsvertraglicher Regelung im Rahmen **aktiver Vertretung** als Gesamtvertreter zusammenzuwirken haben (zur Erfassung stellvertretender Geschäftsführer § 44 Rn. 4). Das gilt grundsätzlich auch, wenn ursprünglich nur ein Geschäftsführer vorhanden war, später aber ein weiterer bestellt wurde. Bei Alleinvertretungsmacht des ersten verbleibt es, wenn diese in gesetzlich zulässiger Weise (dazu Rn. 51) eingeräumt worden war. Der nachträglich bestellte Geschäftsführer genießt dann nicht etwa auch Einzelvertretungsbefugnis, sondern ist nur zusammen mit dem anderen vertretungsbefugt.[129] Gesamtvertretung **bedeutet**, dass rechtsgeschäftliche Erklärungen der Gesellschaft grundsätzlich erst wirksam werden, wenn sich alle Geschäftsführer an ihnen beteiligen.[130]

---

[122] OLG Stuttgart GmbHR 1985, 221; wN in Fn. 92.
[123] OLG Hamm DB 1996, 2272; OLG Frankfurt WM 1994, 1207. Zur Eintragungsbedürftigkeit einer partiellen Befreiung vom Verbot des In-Sich-Geschäftes OLG Düsseldorf WM 1994, 2112. Zum Inhalt der Eintragung OLG Stuttgart Justiz 1985, 312; LG Münster NJW 1987, 264.
[124] Dazu OLG Köln GmbHR 1996, 218. Zu registerrechtlichen Problemen in diesem Zusammenhang *Simon* GmbHR 1999, 589 ff.
[125] Dazu OLG Zweibrücken GmbHR 1999, 237 mwN. Verneinend zB OLG Hamm BB 1997, 1127; BayObLG ZIP 1996, 2110 mwN. Zur weiteren Maßgeblichkeit einer Befreiungsermächtigung in der Satzung (bejahend) BayObLG GmbHR 1996, 56.
[126] *Hachenburg/Mertens* Rn. 9; *Hanau/Ulmer* § 30 Rn. 6 m. zahlreichen wN.
[127] Nachweise bei *Hanau/Ulmer* § 30 Rn. 6.
[128] *Hachenburg/Mertens* 7. Aufl. Rn. 27 f.; abweichend wohl *ders.* Rn. 11.
[129] Zu dieser Möglichkeit Rn. 50; im ganzen wie hier *Hachenburg/Mertens* Rn. 83.
[130] Vgl. Rn. 41 ff.; unzutreffend OLG Dresden NJW-RR 1995, 803, 804 f.: Fall des Missbrauchs der Vertretungsmacht.

§ 35   3. Abschnitt. Vertretung und Geschäftsführung

Daher ist die Erklärung insgesamt nichtig, wenn auch nur die Erklärung eines Gesamtvertreters nichtig ist.[131] Bei Fälschung der Unterschrift eines Gesamtvertreters durch einen anderen scheidet auch eine deliktische Haftung gemäß § 31 BGB aus.[132] Der allein handelnde Vertreter haftet entsprechend § 179 BGB,[133] sofern das Geschäft nicht genehmigt wird (dazu Rn. 44). Ausserdem kommt ohne Rücksicht auf § 15 Abs. 2 HGB eine Haftung der Gesellschaft nach Rechtsscheingrundsätzen dann in Betracht, wenn der jeweilige Geschäftsgegner auf Grund des Vorverhaltens der Gesellschaft annehmen durfte, der handelnde Geschäftsführer sei allein imstande, die Gesellschaft zu vertreten.[134] Hinsichtlich der Vertretungsbefugnis mehrerer Geschäftsführer im Verhältnis zu anderen Gesellschaftsorganen ergeben sich keine Besonderheiten. Es gilt das in Rn. 13 ff. Gesagte. Dasselbe trifft hinsichtlich der Form der Vertretung (Rn. 23) zu. Für Sonderprobleme des In-Sich-Geschäftes vgl. Rn. 47.

41   b) Ausübung der Gesamtvertretung. aa) Die Ausübung der Gesamtvertretung kann in verschiedener Weise vor sich gehen. Möglich – und vom Gesetz wohl in erster Linie ins Auge gefasst – ist zunächst die **gemeinschaftliche Abgabe** einer Willenserklärung durch sämtliche Geschäftsführer, etwa im Wege gemeinsamer Zeichnung eines Schriftstückes.[135]

42   Zweitens kommt in Betracht die Abgabe **getrennter,** aber übereinstimmender **Erklärungen** dem Dritten gegenüber. Zu beachten ist dabei, dass Wirksamkeits-, insbesondere Formvoraussetzungen bezüglich jeder dieser Teilerklärungen vorliegen müssen.[136] Nach überwiegender Ansicht müssen sämtliche Gesamtvertreter im Zeitpunkt der zuletzt liegenden Erklärung an dieser festhalten wollen.[137] Doch verdient die Gegenansicht den Vorzug.[138]

43   bb) Gesamtvertretung kann sich ferner dergestalt manifestieren, dass sich Gesamtvertreter mit der Erklärung eines von ihnen **einverstanden** erklären. In der gesellschaftsrechtlichen Literatur wird in diesem Zusammenhang meistens zwischen Zustimmung und Ermächtigung unterschieden.[139] Doch sollte diese Unterscheidung aufgegeben werden: sie hat mit Rücksicht auf die Identität der anwendbaren Regeln jedenfalls keinen praktischen Sinn und erscheint auch hinsichtlich ihrer gedanklichen Grundlagen zweifelhaft.[140]

44   Die Ermächtigung eines Geschäftsführers muss von dem Willen aller gedeckt sein. Sie kann dem Handelnden, aber auch dem Geschäftsgegner gegenüber erklärt werden.[141] Es liegt keine Vollmacht, sondern ein Rechtsakt vor, dessen Wirkung darin besteht, dass dem am Hauptgeschäft beteiligten Gesamtvertreter **organschaftliche Einzelver-**

---

[131] BGHZ 53, 210, 214 = NJW 1970, 806; MüKo BGB/*Schramm* § 164 Rn. 86.
[132] BGH BB 1967, 856; anders GmbHR 1986, 380, 381 f. mwN.
[133] MüKo BGB/*Schramm* § 164 Rn. 85; BGH WM 1988, 216.
[134] Rn. 44; ferner etwa *Hachenburg/Mertens* Rn. 95, 98 mwN.
[135] Zu den Anforderungen an die Gemeinschaftlichkeit der Erklärung im Kontext mündlicher Verhandlungen *Hachenburg/Mertens* Rn. 89.
[136] AllgM; vgl. etwa *Hachenburg/Mertens* Rn. 90; *Scholz/Schneider* Rn. 54.
[137] BGH NJW 1959, 1183; *Hachenburg/Mertens* Rn. 90.
[138] MüKo BGB/*Schramm* § 164 Rn. 85 mwN.
[139] Vgl. zB *Hachenburg/Mertens* Rn. 91, 96.
[140] IErg. wie hier denn auch *Hachenburg/Mertens* Rn. 102; MüKo BGB/*Schramm* § 164 Rn. 84; wohl auch BAG = AP BGB § 174 Nr. 4 = NJW 1981, 2374. Diskussion der verschiedenen Ansichten bei *Schwarz* NZG 2001, 530 ff.
[141] BAG NJW 1981, 2374 mwN.

tretungsbefugnis verschafft wird.[142] Nachträgliche „Ermächtigung" ist möglich;[143] bis dahin ist das Hauptgeschäft schwebend unwirksam. Zur Bindung des Erklärenden selbst Rn. 42. Die Einhaltung einer Form ist in keinem Fall erforderlich, d.h. auch dann nicht, wenn das Hauptgeschäft formbedürftig ist.[144] Das eröffnet die Möglichkeit, formfehlerhafte externe Teilerklärungen (Rn. 42) in Ermächtigungsakte umzudeuten (§ 140 BGB). Konkludente Zustimmung/Genehmigung ist ins Auge zu fassen, aber noch nicht deshalb zu bejahen, weil sich ein Geschäftsführer zeitweilig daran gehindert sieht, seine Aufgaben wahrzunehmen.[145] Die Regeln über Duldungs- und Anscheinsvollmacht sind entsprechend anzuwenden.[146] Zu den Vertretungsverhältnissen bei Fehlen oder Wegfall eines (gesamtvertretungsberechtigten) Geschäftsführers Rn. 60 ff.

Der **Umfang** der Ermächtigung ist variabel. Sie kann sich auf ein Geschäft, auf mehrere schon konkretisierte Geschäfte, aber auch auf bestimmte Arten von Geschäften iSd. §§ 125 Abs. 2, 150 Abs. 2 HGB, 78 Abs. 4, 269 Abs. 3 AktG erstrecken. Andererseits ergeben sich aus dem in jenen Normen kristallisierten Sinn der Gesamtvertretung auch deutliche Grenzen. So kann sich jedenfalls kein Geschäftsführer seiner Verantwortung dadurch entziehen, dass er einem anderen eine „Generalermächtigung" erteilt.[147] Zur Unfähigkeit einzelvertretungsbefugter Geschäftsführer, Dritten generelle Vertretungsmacht zu verschaffen Rn. 9. 45

Auf **einseitige** Erklärungen von Gesamtvertretern (auch der GmbH) ist nach hM § 174 BGB entsprechend anzuwenden.[148] Doch entspricht es der Deutung der Zustimmung unter Gesamtvertretern nicht als Vollmacht, sondern als Verschaffung von Einzelvertretungsbefugnis (Rn. 44) besser, die dadurch bewirkte Rechtsfolge auf § 182 Abs. 3 BGB zu stützen. Nach BAG aaO ist ein einseitiges empfangsbedürftiges Rechtsgeschäft, das ein Gesamtvertreter ohne Ermächtigung der übrigen Gesamtvertreter schließt, in analoger Anwendung von § 180 S. 1 BGB „grundsätzlich nichtig". Dem ist nur mit der Maßgabe zuzustimmen, dass auch § 180 S. 2 und 3 entsprechend heranzuziehen ist.[149] 46

Nach Ansicht des BGH[150] kann einer von zwei gesamtvertretungsberechtigten Geschäftsführern, der mit der Gesellschaft einen Vertrag schließen will, den anderen Geschäftsführer wirksam zur Alleinvertretung der Gesellschaft ermächtigen. Doch folgt aus Sinn und Zweck des § 181 BGB, das **Verbot** des **In-Sich-Geschäfts** auch auf diese Fälle auszudehnen.[151] Das gilt nicht nur dann, wenn der ermächtigte Geschäfts- 47

---

[142] Heute hM; vgl. BGHZ 64, 72, 75 = NJW 1975, 1117; BAG NJW 1981, 2374; *Hachenburg/Mertens* Rn. 100; *Scholz/Schneider* Rn. 55 mwN. Vertiefung bei *Schwarz* ZGR 2001, 749 f.; *ders.* NZG 2001, 534 ff.

[143] MÜKO BGB/*Schramm* § 164 Rn. 85; *Scholz/Schneider* Rn. 58; OLG Köln NZG 2000, 425, 426.

[144] BGH WM 1959, 881, 883; 1976, 1053, 1054 für die OHG.

[145] *Hachenburg/Mertens* Rn. 98; *Scholz/Schneider* Rn. 56.

[146] *Meyer-Landrut/Miller/Niehus* Rn. 39; *Hachenburg/Mertens* Rn. 98 mwN; *Baumbach/Hueck/Zöllner* Rn. 66; vgl. BGH WM 1988, 216 f.

[147] BGH WM 1988, 216, 217; 1986, 315, 316; 1978, 1047; BGHZ 34, 27, 30 = NJW 1961, 506; dort auch Nachweise zur entsprechenden Anwendbarkeit des § 54 HGB; OLG Köln NZG 2000, 425, 426; *Hachenburg/Mertens* Rn. 99; *Scholz/Schneider* Rn. 57; *Roth/Altmeppen* Rn. 48; *Schwarz* ZGR 2001, 756 ff.

[148] Vgl. BAG NJW 1981, 2374 mwN.

[149] MÜKO BGB/*Schramm* § 182 Rn. 22 mwN.

[150] BGHZ 64, 72, 74 ff.

[151] Vgl. BGH DB 1992, 83; *Baumbach/Hueck/Zöllner* Rn. 76; *Klamroth* BB 1975, 851; *Plander* DB 1975, 1493, 1495 f.

führer im Innenverhältnis weisungsgebunden ist.[152] Denn auch darüber hinaus besteht die Gefahr, dass der Ermächtigte den Interessen des Ermächtigenden gegenüber dem Gesellschaftsinteresse den Vorzug gibt. Eine Ausnahme von der Anwendung des § 181 BGB lässt sich aus dieser Perspektive nur für den Fall der „Artermächtigung" und auch nur dann erwägen, wenn diese ganz unabhängig von dem in Frage stehenden Rechtsgeschäft der Gesellschaft mit dem Ermächtigenden erteilt wurde.[153] Ein schwebend unwirksames Geschäft wird saniert, wenn der Geschäftsgegner nicht mehr Geschäftsführer ist und der verbliebene (jetzt einzelvertretungsbefugte) Geschäftsführer genehmigt.[154]

48 Eine einmal erteilte Ermächtigung kann jederzeit **widerrufen** werden (vgl. § 183 BGB). Die Zustimmung des Ermächtigten ist nicht erforderlich. Streitig, aber zu bejahen ist die Frage, ob Widerruf seitens nur eines der Ermächtigenden genügt.[155] Nur so ist garantiert, dass die Reichweite einer Ermächtigung unter den Geschäftsführern mit dem Sinn gesetzlich angeordneter Gesamtvertretung harmoniert.

49 c) **Passive Vertretung.** Nach Abs. 2 S. 3 ist jeder Geschäftsführer passiv vertretungsbefugt. Die Vorschrift ist zwingend. Sie gilt nicht nur für Rechtsgeschäfte stricto sensu, sondern für alle rechtlich erheblichen Erklärungen der Gesellschaft gegenüber, also etwa auch für Fristsetzung, Zahlungsaufforderung, Wechselprotest oder Mängelrüge.[156] Für Zustellungen im Zivilprozess gilt nach § 171 Abs. 3 ZPO Entsprechendes.[157] Mit Zugang der Erklärung bei einem Geschäftsführer ist diese der Gesellschaft zugegangen. Zu verwandten Fragen der Wissens- und Irrtumszurechnung Rn. 63 ff.

50 3. **Abweichende Gestaltungen. a) Möglichkeiten.** Aus dem Wortlaut von Abs. 2 S. 2 selbst ergibt sich, dass Gesamtvertretung der Gesellschaft durch sämtliche Geschäftsführer nur als gesetzlicher Regelfall, **nicht** als **zwingendes** Prinzip konzipiert ist. Es ist daher zulässig, Einzelvertretung der Gesellschaft durch jeden Geschäftsführer allein, Gesamtvertretung jeweils durch einen Teil der Geschäftsführer oder eine Kombination beider Möglichkeiten etwa dergestalt vorzusehen, dass A einzelvertretungsbefugt ist, B und C aber zusammenwirken müssen. Nach billigenswerter hM zulässig ist auch sog. halbseitige Gesamtvertretung, d.h. die Bindung eines gesamtvertretungsberechtigten an die Mitwirkung eines für sich einzelvertretungsbefugten Geschäftsführers.[158] Eine solche Gestaltung hat durchaus einen rechtlichen und praktischen Sinn.[159] Zur Möglichkeit unechter und gemischter Gesamtvertretung bei Mitwirkung eines Prokuristen Rn. 56 f. Zu **registerrechtlichen** Aspekten der Vertretungsbefugnis § 10 Rn. 11 ff.

51 Hinsichtlich der **personellen Verteilung** von Vertretungskompetenzen bestehen grundsätzlich keine Schranken. Zu beachten ist freilich das gegenüber **Arbeitsdirektoren** geltende Nichtdiskriminierungsprinzip.[160] Dieses ist zB verletzt, wenn bei Vorhandensein von nur zwei Geschäftsführern der eine einzelvertretungsbefugt, der Ar-

---

[152] So *Scholz/Schneider* Rn. 94; vgl. auch Rn. 40; *Hachenburg/Mertens* Rn. 68.
[153] Im ganzen wie hier noch MüKo BGB/*Thiele* 2. Aufl. § 181 Rn. 20 mwN; anders jetzt allerdings MüKo BGB/*Schramm* 4. Aufl. § 181 Rn. 22.
[154] BGH ZIP 1994, 129.
[155] So *Hachenburg/Mertens* Rn. 101 mwN.
[156] Vgl. *Hachenburg/Mertens* Rn. 77; *Scholz/Schneider* Rn. 52.
[157] Vgl. BGH WM 1983, 1040 f.
[158] RGZ 90, 21, 22 f. für die OHG; *Hachenburg/Mertens* Rn. 79; *Scholz/Schneider* Rn. 74.
[159] Vgl. neben RGZ 90, 21, 22 f. etwa *Staub/Habersack* § 125 Rn. 39.
[160] §§ 33 Abs. 1 MitbestG, 13 Montan-MitbestG; vgl. *Meyer-Landrut/Miller/Niehus* Rn. 229.

beitsdirektor dagegen nur gesamtvertretungsbefugt sein soll. Andererseits ist strikte Gleichbehandlung aller Geschäftsführer wiederum auch nicht geboten. Zulässig wäre es also etwa, einen „Vorsitzenden der Geschäftsleitung" mit Einzelvertretungsmacht auszustatten, den übrigen Geschäftsführern, einschließlich des Arbeitsdirektors dagegen bloße Gesamtvertretungsbefugnis zuzuweisen.[161]

Die in Rn. 50 besprochenen Variationen der Vertretung der Gesellschaft sind mit Rücksicht auf die Sicherheit des Rechtsverkehrs nur als allgemein geltende Regelungen zulässig. **Unzulässig** ist es nach allgM daher, Einzel- oder Gesamtvertretungsbefugnis auf Geschäftsart oder -bedeutung zu beziehen.[162] Auch kann nicht vorgesehen werden, dass die Befugnisse eines Gesamtvertreters bei Wegfall/Verhinderung des anderen zur Alleinvertretungsmacht erstarken.[163] Zu damit zusammenhängenden Problemen Rn. 60 ff. 52

b) Bedeutung der Satzung. Die **Abänderung** der gesetzlichen Vertretungsverhältnisse muss in allen Fällen **vom Gesellschaftsvertrag gedeckt** sein. Dieser kann eine eigene Regelung enthalten oder ein anderes Gesellschaftsorgan mit der Rechtsmacht ausstatten, die Art und Weise der Vertretung der Gesellschaft abweichend vom Gesetz oder den normalerweise geltenden Bestimmungen des Gesellschaftsvertrags festzulegen.[164] Hierfür in Betracht kommt in erster Linie die Gesellschafterversammlung, gegebenenfalls der Aufsichtsrat. Darüber hinaus ist es aber auch zulässig, die Regelung der Vertretungsverhältnisse den Geschäftsführern selbst zu überlassen. Die Beeinträchtigung von Interessen der Gesellschaft oder der Gesellschafter steht angesichts entsprechenden Satzungsinhaltes nicht in Frage; den Interessen Dritter wird durch § 39 angemessen Rechnung getragen.[165] Zur Bestellung gesamtvertretungsberechtigter Geschäftsführer, wenn die Satzung Einzelvertretung anordnet, OLG Hamm GmbHR 1992, 807 f. 53

c) Einzelvertretung; Mischformen. Bei widersprüchlichem Verhalten einzelvertretungsbefugter Geschäftsführer liegt keine wirksame Erklärung für die Gesellschaft vor (§ 36 Rn. 4). Im übrigen richtet sich die Einzelvertretung der Gesellschaft durch mehrere Geschäftsführer grundsätzlich nach eben den Regeln, die für den einzigen Geschäftsführer gelten (Rn. 8 ff.). Entsprechendes trifft zu, soweit – wenn auch vom Gesetz abweichende – Gesamtvertretung angeordnet ist (Rn. 50). Ergänzend ist hervorzuheben: Nach früherer Auffassung der Rechtsprechung[166] wird die Gesellschaft bei Fehlen eines Aufsichtsrates und mangels anderweitiger Regelung des Gesellschaftsvertrages anlässlich der **Änderung** des **Anstellungsvertrages** eines Geschäftsführers durch den (die) Mitgeschäftsführer vertreten.[167] Zwar trifft es zu, dass eine Änderung des Anstellungsvertrages die Stellung des betreffenden Geschäftsführers als Organ der Gesellschaft nicht berührt. Aber die Gründe, die dafür sprechen, die Bestellungs- **und** 54

---

[161] Zum ganzen *Hachenburg/Mertens* Rn. 81 mwN.
[162] *Hachenburg/Mertens* Rn. 80.
[163] KG JW 1934, 988; *Hachenburg/Mertens* Rn. 80 mwN; anders anscheinend BGH NJW 1975, 1741.
[164] RGZ 164, 177, 182 ff.; *Schneider*, FS Mühl, 1981, S. 633, 638 f.; *Hachenburg/Mertens* Rn. 78; *Scholz/Schneider* Rn. 64; *Baumbach/Hueck/Zöllner* Rn. 54; s auch OLG Hamm GmbHR 1993, 500; anscheinend einschränkend BGH NJW 1975, 1741.
[165] Wie hier *Hachenburg/Mertens* Rn. 78; auch *Scholz/Schneider* Rn. 67; dagegen *Baumbach/Hueck/Zöllner* Rn. 54.
[166] U. a. BGH LM GmbHG § 46 Nr. 3; WM 1958, 675, 676; 1970, 249; vgl. auch OLG Celle GmbHR 1983, 273, 274; wN bei *Scholz/Schneider* 8. Aufl. Rn. 172.
[167] Für höchstrichterlich anerkannte Ausnahmen vgl. BGH WM 1970, 249, 251.

§ 35   3. Abschnitt. Vertretung und Geschäftsführung

Anstellungskompetenz grundsätzlich bei der Gesellschafterversammlung zu konzentrieren (Rn. 17f.), führen dazu, Gleiches auch für die Änderung des Anstellungsvertrages anzunehmen. Die in Frage stehende Judikatur ist daher abzulehnen.[168] Der BGH hat dies anerkannt.[169]

55   Soweit neben gesamtvertretungs- auch einzelvertretungsbefugte Geschäftsführer vorhanden sind, ist eine **erleichterte Ausübung der Gesamtvertretung** möglich. Die in Rn. 44 diskutierte Ermächtigung eines Gesamtvertreters kann in diesem Fall nämlich auch von einem einzelvertretungsbefugten Geschäftsführer erteilt werden.[170]

56   d) **Unechte Gesamtvertretung.** Die §§ 125 Abs. 3 HGB, 78 Abs. 3 AktG sehen die Vertretung der Gesellschaft durch einen Gesellschafter (Vorstandsmitglied) in Gemeinschaft mit einem Prokuristen vor. Im GmbHG fehlt eine entsprechende Regelung. Doch wird unechte Gesamtvertretung auch dort mit Recht allgemein für zulässig gehalten.[171] Dahinter steht das praktische Bedürfnis, die Gesamtvertretung der Gesellschaft durch alle oder mehrere Geschäftsführer dadurch zu erleichtern, dass an die Stelle eines Geschäftsführers auch ein Prokurist treten kann.[172]

57   Demgemäß setzt die unechte Gesamtprokura wie im Recht der Personengesellschaften[173] das **Vorhandensein echter Gesamtvertretung** voraus.[174] Denn jeder Geschäftsführer muss jedenfalls im Zusammenwirken mit anderen in der Lage sein, die Gesellschaft ohne Mitwirkung eines Dritten zu vertreten (zu den Konsequenzen bei Einzelvertretung Rn. 9). Grundlage der Bestellung eines unechten Gesamtprokuristen kann der Gesellschaftsvertrag, ein Gesellschafterbeschluss, aber auch eine Entscheidung der Geschäftsführer sein. Im Unterschied zu dem in Rn. 53 Gesagten ist eine Legitimation durch den Gesellschaftsvertrag hierfür nicht erforderlich.[175] Denn in Frage steht nicht eine Abänderung der gesetzlichen Vertretungsregelung, sondern bloß eine praktische Erleichterung bei der Ausübung der Gesamtvertretung.

58   Die **Vertretungsmacht** des unechten Prokuristen orientiert sich an der der Geschäftsführer; die Beschränkungen des § 49 HGB gelten nicht. Es liegt ein Fall **organschaftlicher** Vertretung vor.[176] Daneben kann (nicht muss) der Prokurist auch einzelvertretungsbefugt sein, dies freilich nur im Rahmen des § 49 HGB. Im Verhältnis zwischen unechten Gesamtvertretern gelten die Grundsätze über die Ermächtigung unter echten (Rn. 43ff.) entsprechend.

59   e) **Gemischte Gesamtvertretung.** Umstritten ist, ob Gesamtvertretung auch dergestalt möglich ist, dass ein Prokurist – ohne Änderung der aus § 49 HGB resultierenden Vertretungsmacht (**rechtsgeschäftliche** Vertretung) – an die Mitwirkung eines

---

[168] Wie hier *Scholz/Schneider* Rn. 171; *Roth/Altmeppen* § 46 Rn. 24; *Baumbach/Hueck/Zöllner* § 46 Rn. 24; *Lutter/Hommelhoff* Anh. § 6 Rn. 8; *Meyer-Landrut/Miller/Niehus* Rn. 142; *Fleck* WM 1985, 677; *Heinemann* GmbHR 1985, 176, 178.
[169] BGH NJW 1991, 1680, 1681 = WM 1991, 852; dazu *Baums* ZGR 1993, 141, 148ff.; ebenso OLG Köln GmbHR 1993, 734, 736.
[170] *Hachenburg/Mertens* Rn. 91.
[171] BGHZ 62, 166, 170 = NJW 1974, 1194; implizit BGHZ 13, 61, 64 = NJW 1954, 1158; ferner etwa *Hachenburg/Mertens* Rn. 84; *Scholz/Schneider* Rn. 71; *Baumbach/Hueck/Zöllner* Rn. 60.
[172] So ausdrücklich BGHZ 26, 330, 333 für eine KG.
[173] Vgl. etwa *Staub/Habersack* § 125 Rn. 57.
[174] BGHZ 26, 330, 332f. = NJW 1958, 668; BGH NJW 1987, 841.
[175] Anders *Lutter/Hommelhoff* Rn. 35; *Scholz/Schneider* Rn. 71.
[176] RGZ 134, 303, 305ff., BGHZ 13, 61, 64 = NJW 1954, 1158; BGH NJW 1987, 841, 842; *Roth/Altmeppen* Rn. 50; *Baumbach/Hueck/Zöllner* Rn. 60; *Scholz/Schneider* Rn. 71. Kritisch mit bedenkenswerten Gründen *Krebs* ZHR 159 (1995), 641ff., 645ff.

Vertretung durch Geschäftsführer § 35

Geschäftsführers gebunden wird.[177] Trotz gewisser Bedenken, die daraus resultieren, dass ein Einzelkaufmann einen Prokuristen wohl nicht wirksam seiner Mitwirkung unterwerfen kann,[178] sollte die Frage aber doch bejaht werden. Dafür spricht neben praktischen Gründen auch der Sinn von Gesamtvertretung. Zu folgen ist dem BGH[179] auch in der weiteren Annahme, dass auch das Zusammenwirken eines Prokuristen mit einem (nur) gesamtvertretungsberechtigten Geschäftsführer genügt.

4. Wegfall/Verhinderung von Geschäftsführern. Der Wegfall oder die Verhinderung eines Geschäftsführers bleibt vertretungsrechtlich konsequenzlos, solange die Gesellschaft durch die verbleibenden noch vertreten werden kann. Das gilt auch für den Fall, dass nicht mehr alle nach Gesetz oder Gesellschaftsvertrag erforderlichen Geschäftsführer vorhanden sind.[180] Beim Wegfall sämtlicher Geschäftsführer gilt das in Rn. 25 Gesagte entsprechend. Fällt ein Geschäftsführer weg, dessen Mitwirkung bei der Vertretung der Gesellschaft unentbehrlich ist, so wird dadurch grundsätzlich keine entsprechende Erweiterung der Vertretungsbefugnis des (der) noch vorhandenen Geschäftsführer(s) ausgelöst.[181] Eine Ausnahme ist allerdings für den Fall anzunehmen, dass die Gesellschaft ursprünglich nur einen Geschäftsführer hatte, nachträglich ein weiterer bestellt wurde und dieser wieder weggefallen ist. Sofern die Satzung nicht verlangt, dass die Gesellschaft mehr als einen Geschäftsführer haben soll, lebt die Alleinvertretungsbefugnis des vorhandenen in diesem Fall wieder auf.[182] Bei bloßer Verhinderung gilt dies allerdings nicht.[183]

Umstritten ist, ob bei Wegfall eines gesamtvertretungsbefugten Geschäftsführers bei gleichzeitigem Vorhandensein eines **unechten Gesamtprokuristen** noch organschaftliche Vertretung möglich ist.[184] Die Frage ist mangels gesetzlicher Grundlage, aber auch wegen Fehlens eines entsprechend intensiven praktischen Bedürfnisses[185] zu verneinen. Vor Berichtigung des Registerstandes (§ 39) und entsprechender Bekanntmachung greift zugunsten gutgläubiger Dritter freilich § 15 Abs. 1 HGB ein.

Ein Gesellschafter, auch ein Mehrheitsgesellschafter, kann einen Geschäftsführer nicht ersetzen. Auch bei Fehlen eines solchen sind Gesellschafter nicht passiv vertretungsbefugt.[186] Vielmehr ist auf Bestellung eines Notgeschäftsführers hinzuwirken.

60

61

62

---

[177] Bejahend u. a. BGHZ 62, 166, 170 ff. = NJW 1974, 1194; BGHZ 99, 76, 77 ff. = NJW 1987, 841 f. = WuB II C § 35 GmbHG 1.87 – *Schneider* gegen OLG Hamm GmbHR 1984, 84; OLG Düsseldorf GmbHR 1987, 22; *Scholz/Schneider* Rn. 73 ff.; *Lutter/Hommelhoff* Rn. 37; *Viehöfer/Eser* BB 1984, 1326; verneinend OLG Frankfurt BB 1973, 677; *Beuthien/Müller* DB 1995, 461, 462 ff. mit abweichender Terminologie; zweifelnd *Baumbach/Hueck/Zöllner* Rn. 61.
[178] Vgl. *Baumbach/Hueck/Zöllner* Rn. 61.
[179] NJW 1987, 841 f.; anders OLG Hamm GmbHR 1984, 84.
[180] *Scholz/Schneider* Rn. 79; *Hachenburg/Mertens* Rn. 10.
[181] RGZ 103, 417, BGHZ 34, 27, 29 = NJW 1961, 506; BGH WM 1975, 157, 158; OLG Hamburg WM 1987, 1298 f.; *Hachenburg/Mertens* Rn. 80; *Scholz/Schneider* Rn. 78; s. auch BGH DB 1993, 1868 für Liquidatoren; vgl. aber OLG Köln NZG 1999, 773.
[182] BGH GmbHR 1960, 185; *Roth/Altmeppen* Rn. 28; *Meyer-Landrut/Miller/Niehus* Rn. 33.
[183] BGHZ 34, 27, 29 f. = NJW 1961, 506; *Scholz/Schneider* Rn. 76; *Baumbach/Hueck/Zöllner* Rn. 58; *Meyer-Landrut/Miller/Niehus* Rn. 33.
[184] Dafür *Scholz/Schneider* Rn. 72; dagegen *Hachenburg/Mertens* Rn. 86; *Roquette*, FS Oppenhoff, 1985, S. 335, 337 ff.
[185] IE *Hachenburg/Mertens* Rn. 86; *Roquette*, FS Oppenhoff, 1985, S. 335, 344 ff.
[186] Anders OLG München GmbHR 1994, 122 = OLGR München 1993, 219.

IV. Wissens- und Irrtumszurechnung

63 **1. Kennen; Kennenmüssen.** Soweit es rechtlich darauf ankommt, ob die Gesellschaft eine Tatsache kennt oder kennen muss, ist danach zu fragen, ob dies auch nur für einen ihrer Geschäftsführer zutrifft. Vorausgesetzt wird dabei nur, dass die Geschäftsführer für die in Frage stehende Angelegenheit zuständig sind. Nicht entscheidend sind dagegen die Vertretungsverhältnisse im Einzelfall: Einzelvertretungsbefugnis wird nicht vorausgesetzt.[187] Nach neuerer Auffassung des BGH,[188] für die gute Gründe sprechen, ist nicht auf konkretes Wissen auch nur eines Geschäftsführers abzustellen, sondern darauf, ob eine erhebliche Tatsache bei ordnungsgemäßer Organisation der gesellschaftsinternen Kommunikation bekannt sein könnte. Daraus lassen sich Grundsätze für die Wissenszurechnung auch innerhalb von Konzernen ableiten.[189]

64 Noch keine einheitliche Meinung hat sich hinsichtlich der Frage gebildet, ob der Geschäftsführer, in dessen Person Kennen oder Kennenmüssen vorliegt, an dem Rechtsakt beteiligt gewesen sein muss, dessen Beurteilung hiervon abhängt. Der verneinenden Auffassung[190] sollte gefolgt werden. Das lässt sich mit der Stellung des Geschäftsführers als Mitglied eines Organs,[191] jedenfalls aber mit einer entsprechenden Heranziehung des in Abs. 2 S. 3 steckenden Rechtsgedankens begründen.

65 Für **Anwendungsbeispiele** der dargelegten Regeln vgl. etwa BGHZ 109, 327 (arglistiges Verschweigen; zur Abgrenzung BGHZ 117, 104 = NJW 1992, 1099); BGH WM 1955, 830 (arglistige Täuschung); RG JW 1935, 2044 (Gutglaubenserwerb); RGZ 110, 145, 146 (Kenntnis von der Kündigung eines Vertrags). Weitere Fälle bei Kölner KommAktG/*Mertens* § 76 Rn. 65.

66 Soweit die Gesellschaft nicht durch die Geschäftsführer, sondern durch ein **anderes Gesellschaftsorgan** vertreten wird, gelten dieselben Regeln. Der BGH[192] hat dies für den Aufsichtsrat ausdrücklich ausgesprochen. Zur Situation anlässlich der Kündigung des Anstellungsvertrages § 38 Rn. 48.

67 **2. Irrtumszurechnung.** Die Möglichkeit einer Anfechtung gemäß § 119 BGB hängt davon ab, dass sich einer der an der Erklärung Beteiligten geirrt hat. Irrtum auch nur eines Gesamtvertreters genügt.[193] Die anderen sind freilich verpflichtet, den Irren-

---

[187] *Roth/Altmeppen* Rn. 75 f. mwN.
[188] BGH BB 2000, 2592; BGHZ 132, 30, 35 = WM 1996, 594, 596 f. = ZIP 1996, 548 = AG 1996, 220 mwN; BGH GmbHR 1996, 294 = BB 1996, 606. Dazu (kritisch) *Altmeppen* BB 1999, 749 ff. mwN; ferner *Scheuch* GmbHR 1996, 828 ff., 831 ff.; *Kieser/Kloster* GmbHR 2001, 179 f. (nach vorhergehender Kritik anderer Ansätze); informativer Überblick über die Entwicklung der Rechtsprechung (samt Analyse) bei *Raiser*, FS Bezzenberger, 2000, S. 561, 564 ff. Tiefgehende Untersuchung oder Zurechnung von Organmitgliederwissen bei *Buck* S. 194 ff.
[189] Näher dazu *Drexl* ZHR 161 (1997), 495 ff. und namentlich die Monographie von *Schüler* S. 128 ff.; s. auch BGH BB 2000, 2593.
[190] Vgl. BGH GmbHR 1995, 522, 523 = NJW 1995, 2159 = DB 1995, 1556; BGHZ 109, 327, 330 f. = NJW 1990, 975; BGHZ 41, 282, 287 = NJW 1964, 1367; BAG AP BGB § 28 Nr. 1 = WM 1985, 305 (für Verein); OLG Stuttgart DB 1979, 884 für den Aufsichtsrat einer AG (abl. *Lutter/Hommelhoff* § 36 Rn. 3); *Meyer-Landrut/Miller/Niehus* Rn. 49; MüKo BGB/ *Schramm* § 166 Rn. 19; grds. auch *Römmer-Collmann* S. 158 ff.; alle mN auch der Gegenansicht; abweichend ferner *Scholz/Schneider* Rn. 83 a ff.; *Baumbach/Hueck/Zöllner* Rn. 85; *Lutter/Hommelhoff* § 36 Rn. 4 ff.; jetzt auch *Hachenburg/Mertens* Rn. 123; *Grunewald*, FS Beusch, 1993, S. 301, 302 ff.; ausführlich *Westerhoff* S. 65 ff.
[191] Dazu insbesondere Kölner KommAktG/*Mertens* § 76 Rn. 12.
[192] BGHZ 41, 282, 287 = NJW 1964, 1367.
[193] RGZ 78, 347, 354; *Roth/Altmeppen* Rn. 75 mwN.

Vertretung durch Geschäftsführer § 35

den aufzuklären, wenn sie die wahre Sachlage und den Irrtum kennen. Unterbleibt dies, so ist die Irrtumsanfechtung rechtsmissbräuchlich.[194] Im Falle einer Ermächtigung (Rn. 43 ff.) kommt es nur auf die Bewusstseinslage des Ermächtigten an.[195]

V. Bestellung

1. Begriff und Rechtsfolgen. a) Begriff. Bei Bestellung von Geschäftsführern **68** handelt es sich um einen **körperschaftlichen** (sozialrechtlichen) **Organisationsakt.** Denn es geht um die Kreierung oder Ergänzung eines notwendigen Gesellschaftsorgans.[196] Zu unterscheiden ist zwischen dem internen Akt der Bestimmung des Geschäftsführers, dem Bestellungsangebot seitens der Gesellschaft und dessen Annahme durch den als Geschäftsführer in Aussicht Genommenen.[197] Erst damit wird die Bestellung wirksam. Zur Unbeachtlichkeit der Eintragung in das Handelsregister in diesem Zusammenhang vgl. § 39 Rn. 7.

Bestellung und **Anstellungsvertrag** sind nach heute ganz überwiegender Mei- **69** nung voneinander zu **unterscheiden.**[198] Letzterer ist nicht geeignet, jemand zum Geschäftsführer zu machen, sondern bezieht sich auf die schuldrechtlichen Elemente des Dienstverhältnisses zwischen Gesellschaft und Geschäftsführer. Beide Rechtsverhältnisse können, wie sich insbesondere aus § 38 ergibt, auch ein unterschiedliches rechtliches Schicksal haben.[199] An der engen inneren Beziehung von Bestellung und Anstellungsvertrag (vgl. auch Rn. 17 f.), die sich insbesondere darin äußert, dass beide es mit den Pflichten des Geschäftsführers zu tun haben und dass der Anstellungsvertrag die Gegenleistung der Gesellschaft für die Wahrnehmung von Geschäftsführungsaufgaben enthält, ändert all dies freilich nichts. Ob es entgegen (fast) allgemeiner Ansicht darüber hinaus zutrifft, das Verhältnis zwischen Anstellungsvertrag und Bestellung wie Verpflichtung und Erfüllung aufzufassen,[200] ist an dieser Stelle nicht klärungsfähig. Die folgende Kommentierung beruht auf der herrschenden, von der Judikatur geteilten Auffassung.

b) Rechtsfolgen. Die **Rechtsfolge** der Bestellung besteht darin, dass der Betref- **70** fende die Befugnisse (§ 37 Rn. 6 ff., 46 ff.) erhält und die Pflichten (dazu § 43 Rn. 7 ff.) zu erfüllen hat, die sich aus der Organstellung als Geschäftsführer, d. h. dem jeweils anwendbaren Organisationsrecht der GmbH ergeben. Zur Präzisierung dieser Pflichten durch den Anstellungsvertrag Rn. 106 f.; zu dessen Bedeutung für den Umfang der Geschäftsführungsbefugnis § 37 Rn. 31, 37. Die Nichterfüllung anstellungsvertraglicher Verpflichtungen durch die Gesellschaft legitimiert nicht dazu, die Erfüllung

---

[194] *Hachenburg/Mertens* Rn. 127; ähnlich *Scholz/Schneider* Rn. 86.
[195] *Baumbach/Hueck/Zöllner* Rn. 83. Zur Auswirkung einer Anfechtung der Ermächtigung auf das Geschäft der Gesellschaft (§ 142 BGB) überzeugend *Hachenburg/Mertens* Rn. 83.
[196] Vgl. § 6 Rn. 3; ferner etwa BGHZ 33, 189, 194 = NJW 1960, 2285; *Zöllner* S. 233; *Hachenburg/Mertens* Rn. 22 mwN; zur Möglichkeit eines Anspruchs auf Bestellung *Baumbach/ Hueck/Zöllner* Rn. 10 a.
[197] Vgl. BGH GmbHR 1973, 279, 280, allerdings nur für einen besonders gelagerten Gesellschaftsvertrag; überzeugend *Scholz/Schmidt* § 46 Rn. 80; für Einzelkonsequenzen aus dieser Rechtslage § 46 Rn. 23 f.
[198] Vgl. nur *Scholz/Schneider* Rn. 150 mwN; ausführliche, hier nicht iE zu würdigende Kritik bei *Baums* passim; antikritisch zB *Eckardt* S. 9 ff. Zum Problem ferner *Mildenberger* S. 17 ff., 64 ff.
[199] Betonung dieses Gesichtspunktes etwa in BGH LM § 46 Nr. 3; BGH AG 1978, 162, 163; vgl. BGHZ 113, 237, 242 = NJW 1991, 1727.
[200] So *Reuter*, FS Zöllner, 1998, S. 487 ff. gegen *Baumbach/Hueck/Zöllner* Rn. 10.

organschaftlicher Geschäftsführerpflichten unter Berufung auf § 320 BGB zu verweigern. Zur Möglichkeit der Niederlegung des Geschäftsführeramtes § 38 Rn. 33 ff. Die Bestellung zum Geschäftsführer einer Tochtergesellschaft ist für sich allein nicht geeignet, ein mit der Gesellschaft bestehendes Arbeitsverhältnis zu beenden.[201]

71 2. **Eignungsvoraussetzungen.** Zu den gesetzlichen Eignungsvoraussetzungen für Geschäftsführer vgl. § 6 Rn. 10 ff.[202] Die Inländereigenschaft gehört nicht dazu.[203] Ein Ausländer muss aber imstande sein, jederzeit nach Deutschland einzureisen.[204] Als Geschäftsführer einer Rechtsanwalts-GmbH kommen (überwiegend) nur Rechtsanwälte in Betracht (§ 59 f BRAO).[205] Mitglieder des Aufsichtsrates können grundsätzlich nicht Geschäftsführer sein.[206] **Nachträglicher Wegfall** einer gesetzlichen Eignungsvoraussetzung führt ipso iure zum Erlöschen des Amtes.[207] In **nichtmitbestimmten** Gesellschaften, einschließlich derjenigen, die dem BetrVG unterliegen, kann der Gesellschaftsvertrag weitere Qualifikationserfordernisse in grundsätzlich beliebigem Ausmaße aufstellen, also etwa bestimmen, dass nur Gesellschafter zu Geschäftsführern bestellt werden können oder dass gewisse Altersgrenzen zu beachten sind.[208] Solche Erfordernisse muss auch der **Notgeschäftsführer** erfüllen.[209] Wer aus wichtigem Grund abberufen wurde, darf bei fehlender Einstimmigkeit grundsätzlich nicht wieder bestellt werden.[210]

72 Heftig umstritten, praktisch allerdings bisher kaum bedeutsam,[211] ist die Frage, ob und inwieweit der Gesellschaftsvertrag **mitbestimmter** Gesellschaften das Auswahlermessen des Aufsichtsrates einengen kann. Im wesentlichen Einigkeit besteht allerdings darüber, dass die gesellschaftsvertraglichen Kriterien für Geschäftsführer nicht so beschaffen sein dürfen, dass dem Aufsichtsrat praktisch keine freie Wahl mehr bleibt.[212] Teilweise wird – sehr viel weitergehend – angenommen, das Auswahlermessen des Aufsichtsrates könne gesellschaftsvertraglich überhaupt nicht gebunden werden;[213] nach anderer Auffassung[214] gilt dies jedenfalls hinsichtlich der Arbeitnehmervertreter im Aufsichtsrat. Eine starke Mittelmeinung hält – mit Schattierungen in den Einzelheiten

---

[201] BAG GmbHR 1996, 289.
[202] Ferner etwa *Hachenburg/Mertens* Rn. 12 ff.; *Lutter/Hommelhoff* § 6 Rn. 11 ff.
[203] OLG Hamm NZG 1999, 1004, 1005 mwN.
[204] OLG Zweibrücken RIW 2001, 784, 785 = GmbHR 2001, 435; OLG Hamm NZG 1999, 1004, 1005; OLG Köln NZG 1999, 269; RIW 1999, 145; LG Gießen EWiR § 6 GmbHG 1/2000 – *Wachter*. Dagegen *Melchior* DB 1997, 414 f.; *Wachter* ZIP 1999, 1577 ff.; sehr zurückhaltend auch *Schiedermair*, FS Bezzenberger, 2000, S. 394 ff.; dahingestellt von OLG Frankfurt GmbHR 2001, 433.
[205] Vgl. etwa *Henssler* NJW 1999, 241; *Römermann* GmbHR 1999, 528 f.; *Zuck* AnwBl. 1999, 300 f.; *ders.* MDR 1998, 1319.
[206] OLG Frankfurt BB 1981, 1542.
[207] BGHZ 115, 78, 80 f. = NJW 1991, 2566 für Wegfall unbeschränkter Geschäftsfähigkeit mit Ausführungen zur Bedeutung von § 15 Abs. 1 HGB; OLG Frankfurt GmbHR 1994, 802, 803 mwN.
[208] *Sudhoff/Sudhoff* 8 ff.; *Hachenburg/Mertens* Rn. 18; *Baumbach/Hueck/G. Hueck/Fastrich* § 6 Rn. 8; *Lutter/Hommelhoff* § 6 Rn. 20; aM *D. Reuter* 168 ff.; dagegen überzeugend *Hachenburg/Mertens* Rn. 18.
[209] BayObLG WM 1981, 75, 78 mwN.
[210] BGH NJW 1991, 846 = DStR 1991, 45 = WM 1991, 97.
[211] Vgl. *Theisen* S. 92 ff.
[212] Für Nachweise *Hanau/Ulmer* § 31 Rn. 10; *Hachenburg/Mertens* Rn. 19.
[213] So etwa *Naendrup* AuR 1977, 268, 271; *Säcker* DB 1977, 1791, 1792 f.; wN bei *Hanau/Ulmer* § 31 Rn. 10; *Hachenburg/Mertens* Rn. 19.
[214] *Hachenburg/Mertens* 7. Aufl. Rn. 38; anders 8. Aufl. Rn. 19.

Vertretung durch Geschäftsführer § 35

– gesellschaftsvertragliche Eignungsmerkmale für Geschäftsführer für zulässig, soweit sie am (gruppenübergreifend verstandenen) Unternehmensinteresse orientiert sind und die Entscheidungsprärogative des Aufsichtsrates nicht übermäßig einengen, beispielsweise dadurch, dass bei Vorliegen gleicher Qualifikation einem Familienmitglied der Vorzug zu geben sei.[215] Dieser Ansicht ist zuzustimmen. Sie entspricht der Stellung des Aufsichtsrates als eines eigenverantwortlichen Unternehmensorgans. Außerdem lässt sie als Folge ihrer Orientierung an einem gruppenübergreifenden Kriterium Arbeitnehmer- und Anteilseignerinteressen unbeeinträchtigt, soweit diese an jenem Kriterium gemessen legitim sind.[216]

3. Bestellungszuständigkeit, -dauer. Die Bestellungs**entscheidung** wird in der **73 nicht** mitbestimmten GmbH – sofern sie nicht schon im Gesellschaftsvertrag verankert ist (dazu § 6 Rn. 25) – im gesetzlichen Regelfall durch Gesellschafterbeschluss getroffen (dazu und zu Möglichkeiten anderweitiger gesellschaftsvertraglicher Bestimmung Rn. 15 f., vgl. auch § 46 Rn. 22).[217] Ein Mehrheitsbeschluss genügt, auch wenn die Gesellschaft noch nicht eingetragen ist.[218] Der **einzige Gesellschafter** kann sich nach Maßgabe von § 48 Abs. 3 trotz § 35 Abs. 4 zum Geschäftsführer bestellen (näher § 46 Rn. 24). In **mitbestimmten** Gesellschaften ist hierfür ein Aufsichtsratsbeschluss erforderlich,[219] und zwar auch in der Insolvenz.[220] Zur **Vertretung** der Gesellschaft anlässlich des Bestellungsaktes Rn. 15 f.

Das GmbHG enthält keine Vorschriften über Höchst- oder Mindest**dauer** der Bestellung (zur damit zusammenhängenden Möglichkeit jederzeitiger Abberufung § 38 Rn. 3 f.). Anders liegt es im Geltungsbereich der Mitbestimmungsgesetze. Wegen der dort angeordneten Geltung des § 84 Abs. 1 AktG (§§ 31 Abs. 1 MitbestG, 12 Montan-MitbestG, 13 Montan-MitbestErgG), können Geschäftsführer auf **höchstens** fünf Jahre bestellt werden.[221] Übergangsregeln enthält § 37 Abs. 2 und 3 MitbestG. Zu letzterer Bestimmung § 38 Rn. 8. **74**

4. Fehlerhafte Bestellung. Bestellungsbeschlüsse in der nichtmitbestimmten GmbH, die mit § 6 Abs. 2 kollidieren, sind nichtig, satzungswidrige anfechtbar.[222] Anfechtbar ist die Bestellung auch dann, wenn gegenüber dem Adressaten ein wichtiger Abberufungsgrund vorliegt.[223] Fehlen der gesellschaftsvertraglich vorgesehenen Protokollierung von Gesellschafterbeschlüssen führt nach bedenklicher Auffassung des OLG Stuttgart[224] zur Unwirksamkeit des Bestellungsbeschlusses (§ 154 Abs. 2 BGB analog). Gesetzwidrige Bestellungsbeschlüsse des Aufsichtsrats (in der mitbestimmten GmbH) **75**

---

[215] *Raiser* § 31 Rn. 9 ff.; *Fitting/Wlotzke/Wißmann* § 31 Rn. 11 ff.; *Hanau/Ulmer* § 31 Rn. 13; *Baumbach/Hueck/Zöllner* Rn. 13 mwN; skeptisch *Hachenburg/Mertens* Rn. 20. S. auch *Schall* 27 f.
[216] Für Einzelfolgerungen, denen allerdings nicht in jedem Punkte zuzustimmen ist, vgl. *Hanau/Ulmer* Rn. 14, 15 mwN.
[217] Zu damit verbundenen Unklarheiten in der Frühzeit der Anwendung des TreuhG Thür-OLG Jena NZG 1998, 351.
[218] BGHZ 80, 212 = NJW 1981, 2125 = ZIP 1981, 609 m. Anm. *K. Schmidt*.
[219] § 6 Rn. 30; zum Beschlussverfahren § 52 Rn. 39; zur Möglichkeit der Delegation an Ausschüsse *Mertens* ZGR 1983, 189, 193 ff.
[220] OLG Nürnberg BB 1991, 1512.
[221] Wegen der Einzelheiten vgl. etwa *Hachenburg/Mertens* 7. Aufl. Rn. 56 ff. mwN.
[222] OLG Naumburg ZIP 2000, 622, 623 (mwN); *Hachenburg/Mertens* Rn. 17 und 21; auch § 6 Rn. 19, 31.
[223] BGH WM 1991, 97 = EWiR § 46 GmbHG 1/91 – *Günther* = WuB II C. § 46 GmbHG 1.91.
[224] BB 1983, 1050.

sind grundsätzlich nichtig (§ 134 BGB), was freilich nur ex nunc festgestellt werden kann.[225] Das Fehlen gesellschaftsvertraglicher Eignungsvoraussetzungen lässt die Wirksamkeit des Bestellungsbeschlusses dagegen unberührt, begründet nach hM aber ein Recht, uU die Pflicht, die Bestellung zu widerrufen.[226] Zu den Rechtsfolgen mangelhafter Bestellung, insbesondere zu den Pflichten des „faktischen" Geschäftsführers[227] vgl. § 43 Rn. 51, 7ff.; zum Entgeltanspruch Rn. 108. Existiert schon ein Anstellungsvertrag, ist die Gesellschaft gehalten, für mangelfreie Bestellung zu sorgen.[228] Gutgläubige Dritte werden nach Maßgabe des § 15 HGB[229] oder der Grundsätze über die Haftung aus zurechenbarem Rechtsschein geschützt.[230]

76 **5. Bestellung eines Notgeschäftsführers.** § 29 BGB gilt nach allgemeiner Auffassung auch für die GmbH.[231] Die Bestimmung wird hinsichtlich mitbestimmter Gesellschaften durch die im wesentlichen inhaltsgleiche Sondernorm des § 85 AktG verdrängt.[232] Demnach kommt unter gewissen Voraussetzungen die amtliche Bestellung eines Notgeschäftsführers in Betracht.[233] Vorausgesetzt wird zunächst, dass ein für die Vertretung der Gesellschaft unentbehrlicher **Geschäftsführer fehlt** oder aus rechtlichen oder tatsächlichen Gründen an der Geschäftsführung gehindert ist.[234] Dieses Erfordernis ist eng auszulegen. Unzweckmäßige oder treuwidrige Handlungen des vorhandenen Amtsinhabers genügen nicht.[235] Erforderlich ist ferner, dass es sich um einen **„dringenden Fall"** handelt. Ein solcher Fall liegt vor, wenn der Gesellschaft oder einem sonst Beteiligten ohne die in Frage stehende amtliche Hilfe ein Schaden droht.[236] Das wird schon dann bejaht, wenn Ansprüche gegen die Gesellschaft sonst nicht geltend gemacht werden könnten, freilich mit der Maßgabe, dass nicht schon ein Prozesspfleger gemäß § 57 ZPO bestellt ist.[237] Ist letzteres nur möglich, darf ein Notgeschäftsführer ebenfalls nicht bestellt werden, soweit es nur darum geht, die Vertretung der Gesellschaft im Passivprozess zu gewährleisten.[238] Einer insolventen GmbH ohne Geschäftsführer kann zum Zweck der Zustellung des Insolvenzantrags wohl ein

---

[225] *Fitting/Wlotzke/Wißmann* § 31 Rn. 47; *Hanau/Ulmer* § 31 Rn. 44. S. ferner OLG Düsseldorf GmbHR 1997, 742: Formmangel, wenn Bestellung mit formnichtiger Übertragung von Geschäftsanteilen verbunden.

[226] *Hanau/Ulmer* § 31 Rn. 44; *Fitting/Wlotzke/Wißmann* § 31 Rn. 47.

[227] Zur Konkretisierung des Begriffs *Weimar* GmbHR 1997, 474 ff. mwN.

[228] So *Reuter,* FS Zöllner, 1998, S. 493 f.

[229] Ausführlich *Baums* 181 ff.

[230] Zu letzterem etwa *Geßler/Hefermehl/Eckardt/Kropff* § 84 Rn. 129 ff.; vgl. *Baums* 177 ff.; *Weimar* GmbHR 1997, 477; zum Versagen dieses Haftungsgrundes bei Geschäftsunfähigen BGHZ 53, 206, 215.

[231] MüKo BGB/*Reuter* § 29 Rn. 1 mwN; *Hohlfeld* GmbHR 1986, 181, 182; § 6 Rn. 32.

[232] § 31 Abs. 1 MitbestG; zur Rechtslage in der Insolvenz BayObLG AG 1988, 301.

[233] Zum Verfahren *Hohlfeld* GmbHR 1986, 181, 183; zu praktischen Problemen *Gustavus* GmbHR 1992, 15 ff.; *Kögel* NZG 2000, 22 f.; *Kutzer* ZIP 2000; 655. Wie hier BayObLG ZIP 1997; 1785 f.

[234] Für Beispiele *Hachenburg/Mertens* Rn. 33; s. auch *Helmschrott* ZIP 2001, 636 f.

[235] OLG Frankfurt GmbHR 1986; 432; vgl. *Hohlfeld* GmbHR 1986, 181, 182 f.

[236] Dazu *Happ* S. 42 f.; vgl. auch *Scholz/Schneider* § 6 Rn. 41; BayObLG BB 1995, 2388: kein dringender Fall, wenn Gesellschafter geistig behinderten Geschäftsführer durch einen anderen ersetzen können. Gegenteilig BayObLG GmbHR 1998, 1123 bei angefochtenem Abberufungsbeschluss.

[237] *Hachenburg/Mertens* Rn. 34.

[238] Strittig. Wie hier MüKo BGB/*Reuter* § 29 Rn. 8; *Lutter/Hommelhoff* Vor § 35 Rn. 15; *Hohlfeld* GmbHR 1986, 181; *Happ* S. 38 f.; anders etwa *Hanau/Ulmer* § 6 Rn. 22; alle mwN.

Vertretung durch Geschäftsführer **§ 35**

Prozesspfleger bestellt werden.[239] Kein dringender Fall liegt vor, wenn der Arbeitsdirektor fehlt.[240] Ebenso liegt es, wenn es (nur) darum geht, Differenzen zwischen den Gesellschaften zu bereinigen.[240a]

Außer einem dringenden Fall setzt § 29 voraus, dass ein **„Beteiligter"** die Bestellung eines Notgeschäftsführers beantragt. Beteiligt sind neben Gesellschaftern und Organmitgliedern auch Dritte, die einen ihnen zustehenden Anspruch gegen die Gesellschaft nicht durchsetzen können, solange es dieser an einem handlungsfähigen Vertretungsorgan fehlt.[241] Der Bestellungsbeschluss soll die Vertretungsregelung des Gesellschaftsvertrages, zB dort angeordnete Gesamtvertretung beachten, ist aber auch bei einem Verstoß gegen dieses Prinzip wirksam.[242] Zur Maßgeblichkeit gesellschaftsvertraglicher Eignungsvoraussetzungen Rn. 71. Die Befugnisse des Notgeschäftsführers werden durch das Gericht bestimmt;[243] sie können auf den Anlassfall eingeschränkt werden;[244] seine Vertretungsmacht richtet sich aber stets nach § 37 Abs. 2, ist also unbeschränkt.[245] Sein Amt erlischt mit der „Behebung des Mangels", also jedenfalls dann, wenn ein regulärer Geschäftsführer bestellt wird.[246] Stellt sich heraus, dass der Bestellte ungeeignet ist, ist er durch das Gericht abzuberufen.[247] Das gilt generell bei Vorliegen eines wichtigen Grundes, wobei freilich umstritten ist, ob Abberufung beantragt werden muss.[248] Abberufung durch Gesellschafterbeschluss ist grundsätzlich ausgeschlossen.[249] Schuldner der **Kosten** des Notgeschäftsführers ist die GmbH,[250] die Gesellschafter selbst dann nicht, wenn die Bestellung eines ordentlichen Geschäftsführers infolge der Illiquidität der Gesellschaft unterblieben ist.[251] Gesellschafter selbst sind ebensowenig wie Dritte zur Annahme des Amtes verpflichtet.[252]

77

---

[239] Dazu *Kutzer* ZIP 2000, 655 f. Für Bestellung eines Notgeschäftsführers zum Zweck der Anhörung vor Eröffnung des Insolvenzverfahrens OLG Köln GmbHR 2000, 390 (ansonsten keine Prozeßfähigkeit als Voraussetzung für Eröffnung des Insolvenzverfahrens).
[240] *Baumbach/Hueck/Zöllner* Rn. 6; anders *Hachenburg/Mertens* Rn. 34 mit mE nicht durchschlagendem Hinweis auf § 33 Abs. 1 MitbestG; s. ferner *Meyer-Landrut/Miller/Niehus* Rn. 13; beide mwN.
[240a] OLG Frankfurt GmbHR 2001, 436 f. m. Anm. *Hohlfeld*.
[241] Für weitere Einzelheiten zum Beteiligtenbegriff MüKo BGB/*Reuter* § 29 Rn. 9; *Lutter/Hommelhoff* Vor § 35 Rn. 16; vgl. auch GmbH-Hdb Rn. 2056.
[242] *Hachenburg/Mertens* Rn. 35 mit Rechtsprechungsnachweisen.
[243] BayObLG NZG 2000, 41; GmbHR 1999, 1291 f.; 1998, 123, 1126.
[244] Für eine einschlägige Pflicht *Hohlfeld* GmbHR 1999, 1294 f. Zur Rechtslage in der Insolvenz BayObLG AG 1988, 301, 303 f.
[245] BayObLG GmbHR 1999, 1291, 1292; DB 1986, 422 = EWiR § 37 GmbHG 1/86, 163 – *Miller; Scholz/Schneider* Rn. 23.
[246] Vgl. BayObLG GmbHR 1999, 1292, 1293 f.; *Hachenburg/Mertens* Rn. 38.
[247] Vgl. BayObLG GmbHR 1999, 1292, 1293 mit Ausführungen zu Rechtsmitteln und zur Rechtsmittelbefugnis = NZG 2000, 98 m. Anm. *Kögel*.
[248] Dazu OLG Düsseldorf GmbHR 1997, 549 f. mwN (lange Zeitdauer der Bestellung allein kein wichtiger Grund).
[249] OLG München GmbHR 1994, 259.
[250] Zu den damit verbundenen Schwierigkeiten überhaupt jemand zu finden, der zur Annahme des Amtes bereit ist, und möglicher Abhilfe *Helmschrott* ZIP 2001, 639 ff. Zur Zuständigkeit der ordentlichen Gerichte für den Vergütungsanspruch BayObLG DB 1988, 1945; dagegen *Lutter/Hommelhoff* Vor § 35 Rn. 21.
[251] BGH WM 1985, 52 f.
[252] BGH WM 1985, 52 f.; KG GmbHR 2000, 660 m. Anm. *Hohlfeld* (für Mehrpersonen-GmbH); ebenso OLG Frankfurt GmbHR 2001, 436 f. m. Anm. *Hohlfeld*; vgl. *Hohlfeld* GmbHR 1986, 181, 184; dagegen für Gesellschafter mit guten Gründen *Gustavus* GmbHR 1992, 15, 18 f. Zur Vorgangsweise, wenn der Antragsteller keine geeignete und zur Übernahme des Amtes bereite Person benennt, OLG Hamm GmbHR 1996, 210.

VI. Anstellungsvertrag

78 1. Kennzeichnung. Soll der Geschäftsführer, wie dies die Regel ist, gegen Entgelt tätig werden, so ist der Anstellungsvertrag als **Dienstvertrag** über eine Geschäftsbesorgung (§§ 611, 675 BGB), sonst als Auftrag (§§ 662 ff. BGB) zu qualifizieren.[253] Entgeltlichkeit wird gemäß § 612 BGB vermutet.[254] Es handelt sich nach herrschender, insbesondere von der Rechtsprechung des BGH[255] geteilter Ansicht **nicht** um einen **Arbeitsvertrag**.[256] In der Tat sind zahlreiche arbeitsrechtliche Normen auf Geschäftsführer kraft ausdrücklicher Bestimmung nicht anwendbar. Das gilt zB für das Arbeitszeitgesetz, das Mutterschutzgesetz,[257] das Bundesurlaubsgesetz, das Arbeitsgerichtsgesetz,[258] das Betriebsverfassungsgesetz, das Vermögensbildungsgesetz.[259] Diese Rechtslage und die damit zusammenhängende Einsicht, dass Geschäftsführerverträge jedenfalls in aller Regel nicht als Arbeitsverträge aufzufassen sind[260] bedeutet andererseits nicht, dass einzelne arbeitsrechtliche Prinzipien, namentlich der Gleichbehand-

---

[253] Dagegen namentlich *Reuter*, FS Zöllner, 1998, S. 487 ff.: „Amtswahrungsvertrag".

[254] Stärker differenzierend *Hachenburg/Stein* Rn. 191 mwN; weiterführende Überlegungen bei *Baums* S. 53 ff.

[255] S. demgegenüber BAG GmbHR 1993, 35, 36; 1999, 925, 926; NJW 1999, 3069 = GmbHR 1999, 816.

[256] Vgl. BGHZ 10, 187, 191 = NJW 1953, 1465; BGHZ 49, 30, 31 = NJW 1968, 396; BGH WM 1978, 1106; LAG Berlin GmbHR 1998, 886; 1997, 839; *Goette* DStR 1998, 1137 (mit weiterreichender Übersicht über die Rechtsprechung des BGH zum Anstellungsverhältnis des Geschäftsführers); *Fleck* WM 1981, Sonderbeilage 3, 3; *Tillmann/Mohr* Rn. 6 ff.; *Baumbach/Hueck/Zöllner* Rn. 97; *Hachenburg/Stein* Rn. 170 mwN; *Lutter/Hommelhoff* Anh. § 6 Rn. 3; *Hueck*, FS Hilger-Stumpf, 1983, S. 365 ff.; *Boemke* ZfA 1998, 212 ff.; *Hümmerich* NJW 1995, 1178; einschränkend BAG GmbHR 1999, 816; 1999, 925; *Scholz/Schneider* Rn. 160 ff.; *Meyer-Landrut/Miller/Niehus* Rn. 140; umfassend *Groß* 51 ff.; *Gissel* 49 ff.; zur unterschiedlichen Rechtslage im Steuerrecht *H.P. Reuter* RIW 1986, Beil. 2; *Kreußler* DB 1986, 1597. Zu den insolvenzrechtlichen Konsequenzen der hM OLG Thüringen GmbHR 2001, 672; GmbHR 2001, 905.

[257] BAG GmbHR 1999, 925 ff. Anders *Reiserer* S. 85 f.

[258] Dazu BAG NJW 1999, 3069 = GmbHR 1999, 816; BAG GmbHR 1999, 816 = NJW 1999, 3069; BAG AP ArbGG 1979 § 5 Nr. 36 = GmbHR 1997, 837; BAG GmbHR 1996, 289 (beide Entscheidungen mit Ausführungen zur andersgearteten Rechtslage bei Abschluss des Anstellungsvertrags mit einem Dritten; vgl. Rn. 79); BAG AP ArbGG 1979 § 5 Nr. 27 = NJW 1996, 2678 = ZIP 1996, 1311 = GmbHR 1996, 681 (zur Vorgesellschaft); *Reinecke* ZIP 1997, 1529 ff. (Fallgruppen zur Abgrenzung von § 5 Abs. 1 S. 3 ArbGG); ähnlich *Weber/Burmester* GmbHR 1997, 778 ff.; *Schwab* NZA 1987, 839 ff.; *Bongen/Renaud* GmbHR 1992, 797 ff.; anders noch BAG AP ArbGG 1979 § 5 Nr. 1 = GmbHR 1981, 113 bei der GmbH & Co. KG; kritisch dazu *Bauer* GmbHR 1981, 109, 111; vgl. auch BAG AP KSchG 1979 § 14 Nr. 1 = WM 1983, 797; 800; BAG EWiR § 38 GmbHG 1/86, 589 – *Miller*; ArbG Freiburg GmbHR 1988, 194; BAG AP ArbGG 1979 § 5 Nr. 6 = GmbHR 1988, 179 zur Zuständigkeit bei Berufung eines Angestellten zum Geschäftsführer; dazu *Grunsky* ZIP 1988, 76, 77 ff.; vgl. LAG Düsseldorf GmbHR 1990, 393. Zur Zuständigkeit der Arbeitsgerichte bei Begründung eines Arbeitsverhältnisses nach Abberufung OLG Frankfurt GmbHR 1999, 859. Zu Sonderkonstellationen (namentlich ruhendes Arbeitsverhältnis) *Lunk* ZIP 1999, 1785. Umfassende Diskussion der Gesamtproblematik jetzt bei *Kitzinger* S. 21 ff.

[259] Zur Nichtanwendbarkeit des Arbeitnehmererfindungsgesetzes BGH GRUR 1965, 302, 304; 1990, 193; s. *Jestaedt*, FS Nirk, 1992, S. 493 ff.; dagegen *Meyer-Landrut/Miller/Niehus* Rn. 182; vgl. *Gaul* DB 1990, 671, des Schwerbehindertengesetzes BGH WM 1978, 320. Ebenso OLG Hamm ZIP 1987, 121, 122, OVG Münster GmbHR 1990, 302 f.; anders *Meyer-Landrut/Miller/Niehus* Rn. 183; zu den erforderlichen Differenzierungen BSG GmbHR 1993, 357 f.; zur (verneinenden) Anwendbarkeit von § 623 BGB nF; *Grobys* GmbHR 2000, R 137 f.

[260] Für stärkere Bejahung der Arbeitnehmereigenschaft *Meyer-Landrut/Miller/Niehus* Rn. 99.

Vertretung durch Geschäftsführer **§ 35**

lungsgrundsatz,[261] nach Lage des Falles[262] nicht auch auf den Geschäftsführer zutreffen könnten.[263] Umstritten ist Geltung oder Weitergeltung arbeitsrechtlicher Grundsätze bei Abschluss des Anstellungsvertrages mit einem Dritten.[264] Bei Bestellung eines Arbeitnehmers zum Geschäftsführer hält das BAG[265] Suspension des Arbeitsverhältnisses für möglich, das nach Abberufung wiederauflebe.[266] Doch hängt insoweit alles von den Umständen des Einzelfalles, bei Fehlen einer ausdrücklichen Vereinbarung also davon ab, was am ehesten dem Willen der Parteien entspricht.

Partner des Anstellungsvertrages sind normalerweise die Gesellschaft und der Geschäftsführer. Zur Vertretung der Gesellschaft beim Abschluss des Vertrages Rn. 17. Bei mitbestimmten Gesellschaften ist das Anstellungsverhältnis mit höchstens fünf Jahren befristet.[267] § 31 Abs. 2 bis 4 MitbestG ist nicht anzuwenden.[268] Vertragspartner des Geschäftsführers kann aber auch ein **Dritter** sein, der nicht einmal Gesellschafter sein muss.[269] In Betracht kommt vor allem ein Abschluss des Anstellungsvertrages mit der Konzernmutter der Gesellschaft[270] oder mit der KG bei der GmbH & Co. KG.[271] Der Anstellungsvertrag braucht in diesen Fällen nicht als echter Vertrag zugunsten Dritter ausgestaltet zu sein.[272] Denn der Anspruch der Gesellschaft auf Erfüllung der **79**

---

[261] Dazu BGH GmbHR 1990, 389.
[262] Vgl. etwa *Hachenburg/Stein* Rn. 169; *Lutter/Hommelhoff* Anh. § 6 Rn. 3; *Hueck* aaO, S. 32 ff.; *Lieb/Eckardt* 85 ff.; *Henssler* RdA 1992, 289, 293 ff.; zurückhaltend *Baumbach/Hueck/Zöllner* Rn. 98 f.
[263] Zur sozialversicherungsrechtlichen Stellung des Geschäftsführers Rn. 110; zur Maßgeblichkeit des § 17 Abs. 3 GKG anstatt des § 9 ZPO bei der Festsetzung des Streitwerts von Gehalts- und Pensionsklagen BGH DB 1981, 1232; zur Anwendbarkeit der Grundsätze über gefahrgeneigte Arbeit § 43 Rn. 7; zum Ganzen ausführlich *Diller* S. 43 ff.; instruktiv auch *Fleck*, FS Hilger-Stumpf, 1983, S. 197 ff.; *Boemke* ZfA 1998, 216 ff.; zur Rechtsprechung des BGH *Henze* 359 ff.
[264] Zu dieser Möglichkeit Rn. 71; befürwortend etwa die Rechtsprechung des BAG (vgl. *Scholz/Schneider* Rn. 105); *Martens*, FS Hilger-Stumpf, 1983, S. 437, 446 ff.; *Hueck* ZfA 1985, 25, 36; ablehnend zB *Fleck* ZHR 149 (1985), 387, 400 ff.; wohl auch *Baumbach/Hueck/Zöllner* Rn. 97.
[265] AP ArbGG 1979 § 5 Nr. 3 = GmbHR 1986, 263; AP ArbGG 1979 § 5 Nr. 17 = GmbHR 1994, 547, 548. Vgl. *Reiserer* S. 23 ff., 79 ff.; *Brandmüller* S. 41 ff.; *Bauer* GmbHR 2000, 767 f.; *Baeck/Hopfner* DB 2000, 1915 (beide zur Relevanz von § 623 BGB nF).
[266] Kritisch *Hohlfeld* GmbHR 1987, 255, 256 f.; zum Problem auch (einschränkend) BAG GmbHR 2000, 1092, 1094 f. = DB 2000, 1918 m. Anm. *Haase*; GmbHR 1993, 35, 36; BAG AP ArbGG 1979 § 5 Nr. 16 = GmbHR 1994, 243 f.; *Gaul* GmbHR 1989, 357, 358 f.; *Henssler* RdA 1992, 289, 298 f.; *Knott/Schröder* GmbHR 1996, 240 ff. unter Bezugnahme auf BAG GmbHR 1996, 289; *Lunk* ZIP 1999, 1782 f., 1784 f.
[267] Vgl. OLG Nürnberg BB 1991, 1512 f. Zu praktischen Fragen bezüglich der Regelung der Dauer von Geschäftsführerverträgen *Flatten* GmbHR 2000, 922 ff.
[268] *Hanau/Ulmer* § 31 Rn. 41 mwN.
[269] BGH GmbHR 1965, 194, 195; *Scholz/Schneider* Rn. 167 ff. mwN; ferner *Baums* S. 58 ff.; *Henssler* RdA 1992, 289, 300 ff.; *Baumbach/Hueck/Zöllner* Rn. 93; vgl. auch *Fleck* ZHR 149 (1985), 387, 388 ff.
[270] Vgl. BGH WM 1964, 1320; BAG GmbHR 2000, 1092 1093 = DB 2000, 1918 mwN der Judikatur des BAG; dazu *Gaul* GmbHR 1989, 357, 359 f.; s. *Hoffmann/Liebs* Rn. 200.1; ausführlich *Schneider* GmbHR 1993, 10 ff; ferner BAG GmbHR 1996, 289: Keine Beendigung eines schon bestehenden Vertrags als Folge der Bestellung, FG Nürnberg EWiR § 42 d EStG 1/2000 – *Mankowski*: keine Pflicht der inländischen Tochter, Lohnsteuer abzuführen.
[271] Vgl. BGHZ 75, 209, 210 = NJW 1980, 535; BGH NJW 1989, 1928; OLG Celle GmbHR 1980, 32; *Binz* S. 192 ff.
[272] *Fleck* ZHR 149 (1985), 387, 393 ff.; *Baums* S. 91.

§ 35   3. Abschnitt. Vertretung und Geschäftsführung

Geschäftsführerpflichten ergibt sich schon aus der Bestellung (Rn. 70). Strittig ist, ob der Anstellungsvertrag mit einem Dritten nur bei Zustimmung der Gesellschaft wirksam wird.[273] Die Frage ist wegen des manifesten Interesses der Gesellschaft am Inhalt des Vertrages zu bejahen.

80   Der Anstellungsvertrag bedarf keiner **Form**.[274] Doch ist schriftliche Fixierung schon aus steuerlichen Gründen dringend zu empfehlen.[275]

81   **2. Inhalt des Anstellungsvertrages – Verhältnis von Anstellungsvertrag und Organisationsrecht der Gesellschaft.** Als Konsequenz rechtswirksamer Bestellung ist der Geschäftsführer berechtigt und verpflichtet, seinen Tätigkeitsbereich auszufüllen, wie sich das aus dem Organisationsrecht der Gesellschaft in seinem jeweiligen Bestand ergibt. Gleichwohl finden sich einschlägige Bestimmungen häufig auch in Anstellungsverträgen. Fraglich und teilweise umstritten sind freilich Zulässigkeit und Wirkungen solcher Vereinbarungen.

82   **a) Vorrang der Satzung.** Modifikationen der Geschäftsführungsbefugnisse sind schuldrechtlich unbedenklich und wirksam, sofern sie sich **innerhalb** des **Spielraums** halten, der durch die jeweilige **Gesetzes-** und **Satzungslage** im Zeitpunkt des Abschlusses des Anstellungsvertrages gesteckt ist.[276] Das ist unbestritten, soweit die Gesellschaft dabei durch die Gesellschafter vertreten wird.[277] In Betracht kommt zunächst die Zusicherung bestimmter Geschäftsführungsbefugnisse, etwa durch Zuweisung eines bestimmten Geschäftsbereiches oder durch Verzicht auf die Erteilung von Weisungen.[278] Überwiegend und zwar zu Recht anerkannt ist, dass damit unvereinbare **Änderungen** des Gesellschaftsvertrages korporationsrechtlich vorgehen.[279] Der Geschäftsführer ist gem. § 37 Abs. 1 verpflichtet, sich an den Gesellschaftsvertrag in seiner jew. Gestalt zu halten, und kann dementsprechend nur Schadensersatz wegen Nichterfüllung geltend machen und/oder den Vertrag kündigen (s. § 38 Rn. 50). Anderes soll nach einem Teil des Schrifttums hinsichtlich anstellungsvertragswidriger Weisung gelten.[280] Dabei wird verkannt, dass § 37 Abs. 1 die Geschäftsführer vorbehaltlich entgegenstehender Bestimmungen des Gesellschaftsvertrages auch an Beschlüsse der Gesellschafterversammlung bindet: Das Organisationsrecht der Gesellschaft geht dem Anstellungsvertrag vor, soweit die Befugnisse des Geschäftsführers in Frage stehen.[281] Daher hat es auch hier bei den Rechtsfolgen anstellungsvertragswidriger Satzungsän-

---

[273] Dafür *Lutter/Hommelhoff* Anh. § 6 Rn. 9; *Hachenburg/Stein* Rn. 175; dagegen *Scholz/Schneider* Rn. 170 mwN.

[274] Dazu BGH NJW RR 1997, 669 = GmbHR 1997, 547, 548.

[275] *Tillmann/Mohr* Rn. 40; vgl. auch *Hachenburg/Stein* Rn. 186. Zur Bedeutung von Schriftformklauseln *Schuhmann* GmbHR 1993, 79, 80 ff. in Auseinandersetzung mit BFH BStBl. 1991 II S. 933. Zum konkludenten Abschluss eines Anstellungsvertrags mit einem Vorstand nach Umwandlung in eine GmbH BGH NJW 1997, 2319 = AG 1997, 418 = ZIP 1997, 1106.

[276] Zur Bedeutung einer Geschäftsordnung *Schneider*, FS Mühl, 1981, S. 633, 640; *Lutter/Hommelhoff* Anh. § 6 Rn. 14.

[277] Vgl. *Hachenburg/Stein* Rn. 161; *Lutter/Hommelhoff* Anh. § 6 Rn. 11 ff.

[278] Für qualifizierte Mehrheit und notarielle Beurkundung des Beschlusses bei sonstiger Unwirksamkeit der Zusage *Fleck* ZGR 1988, 104, 135 f.

[279] *Hachenburg/Stein* Rn. 168; *Tillmann/Mohr* Rn. 127; wohl auch *Scholz/Schneider* Rn. 156 c; für Gegenstimmen *Hachenburg/Stein* Rn. 168; *Meyer-Landrut/Miller/Niehus* Rn. 84; *van Venrooy* GmbHR 1982, 175; *Herfs* S. 207 ff.; s. auch *Mildenberger* S. 107 ff.

[280] *Tillmann/Mohr* Rn. 128; *Fitting/Wlotzke/Wißmann* § 30 Rn. 43; *Lutter/Hommelhoff* Anh. § 6 Rn. 14.

[281] OLG Düsseldorf ZIP 1984, 1476, 1478 f.; BFHE 182, 384; MünchHdB GesR III/*Marsch-Barner/Diekmann* § 43 Rn. 6. Vgl. auch *Reuter*, FS Zöllner, 1998, S. 492 f.

derungen zu bewenden. Identische Grundsätze gelten im übrigen auch dann, wenn der Anstellungsvertrag mit einem Dritten abgeschlossen wurde.[282]

Der Anstellungsvertrag kann die Befugnisse von Geschäftsführern auch **einengen**, 83 beispielsweise dergestalt, dass sich die Gesellschafter ihre Zustimmung auch zu solchen Maßnahmen vorbehalten, die nach der freilich dispositiven Regelung des Gesetzes (§ 37 Rn. 6) der eigenverantwortlichen Entscheidung der Geschäftsführer überlassen sind (für Nachweise § 37 Rn. 31). Demgegenüber könnte geltend gemacht werden, dass – Wirksamkeit solcher Regelungen unterstellt – auch die durch die Bestellung vermittelte organschaftliche Verantwortlichkeit des Geschäftsführers berührt würde. Indes sind die Geschäftsführer im Rahmen des gesetzlichen Regelstatutes der GmbH verpflichtet, Gesellschafterweisungen zu befolgen (§ 37 Rn. 26). Weisungsgemäßes Verhalten entbindet von der sonst bestehenden Verantwortlichkeit (§ 43 Rn. 28). Gesetzesmodifizierende Beschränkungen der Geschäftsführungsbefugnis im Anstellungsvertrag lassen sich als vorweggenommene Weisung deuten. Sie können daher nicht an der Organverantwortung des Geschäftsführers scheitern.

b) Satzungswidrige Anstellungsverträge. Von Anfang an satzungswidrige Re- 84 gelungen des Anstellungsvertrages sollen unwirksam sein, es sei denn, der dem zugrunde liegende Gesellschafterbeschluss enthalte eine nach Form und Mehrheit gültige Satzungsänderung.[283] Anderenfalls werde den Geschäftsführern eine Position eingeräumt, die eine in der Zukunft andauernde ständige Verletzung der Satzung bedeute. Diese Begründung passt zunächst einmal nur für Erweiterungen der Geschäftsführungsbefugnis gegenüber dem Gesellschaftsvertrag. Grundsätzlich vernachlässigt wird, dass die Wirksamkeit entsprechender anstellungsvertraglicher Regelungen nicht bedeutet, dass sie auch organisationsrechtlich beachtlich wären. Letzteres ist in der Tat nicht anzunehmen.[284] Dagegen bleibt es dem Geschäftsführer unbenommen, der Gesellschaft gegenüber die Rechtsfolgen einer Vertragsverletzung geltend zu machen. Umstritten ist die organisationsrechtliche Wirksamkeit satzungswidriger Einschränkungen von Geschäftsführungsbefugnissen im Anstellungsvertrag.[285] Satzungswidrige Weisungen sind nur unter bestimmten Umständen verbindlich (§ 43 Rn. 35), deren Vorliegen sich im Zeitpunkt des Anstellungsvertrages regelmäßig nicht beurteilen lässt. Daher kann der Anstellungsvertrag nichts an der laut Satzung bestehenden Organverantwortlichkeit ändern. Folglich ist davon auszugehen, dass auch die dementsprechenden Befugnisse unberührt bleiben. Das hat auch schuldrechtliche Konsequenzen. Die Gesellschaft kann keine Verletzung des Anstellungsvertrages geltend machen, solange sich der Geschäftsführer im Rahmen der ihm durch die Satzung zugewiesenen Befugnisse hält.[286]

c) Mitbestimmungsrechtliche Besonderheiten? Teilweise wird angenommen, 85 der mit dem **Aufsichtsrat** der mitbestimmten GmbH abgeschlossene Anstellungsvertrag könne überhaupt keine (wirksamen) Regelungen hinsichtlich der Geschäftsführungsbefugnis treffen.[287] Richtig ist die Prämisse dieser These, d.h. die von der Mitbestimmung grundsätzlich (Ausnahme: Arbeitsdirektor, vgl. § 37 Rn. 40f.) unberührte Zuständigkeit der Gesellschafter, den Wirkungsbereich des Geschäftsführers zu bestim-

---

[282] Vgl. *Fleck* ZHR 149 (1985), 387, 398f.
[283] *Hachenburg/Stein* Rn. 164ff.; vgl. auch *Hachenburg/Mertens* 7. Aufl. Rn. 85.
[284] So zutreffend *Scholz/Schneider* 6. Aufl. Rn. 135; vgl. auch OLG Stuttgart DB 1979, 884. Es trifft deshalb nicht zu, wenn *Stein* (aaO Rn. 164) annimmt, die Vertretungsmacht der Gesellschafter sei durch den Gesellschaftsvertrag beschränkt. Anders als hier *Mildenberger* S. 124ff.
[285] Bejahend *Scholz/Schneider* 8. Aufl. § 37 Rn. 56; verneinend *Tillmann/Mohr* Rn. 131.
[286] Zustimmend *Lutter/Hommelhoff* Anh. § 6 Rn. 17.
[287] *Hachenburg/Stein* Rn. 184.

§ 35   3. Abschnitt. Vertretung und Geschäftsführung

men (dazu § 37 Rn. 18ff.). Daraus lässt sich ableiten, dass der Aufsichtsrat die in Frage stehenden Abreden nicht treffen darf,[288] nicht aber, dass er sie nicht treffen kann. Dazu bedürfte es einer Einschränkung seiner Vertretungsmacht, für die es keine ausreichenden Anhaltspunkte gibt.[289] Denn organisationsrechtliche Konsequenzen, die mit Gesetz oder Gesellschaftsvertrag nicht vereinbar sind, treten ebensowenig ein, wie wenn die Gesellschafter den Anstellungsvertrag abschließen. Bloß finanziell negative Folgen der Tätigkeit des Aufsichtsrats muss die Gesellschaft auch in anderen Fällen tragen.

86   **3. Inhalt des Anstellungsvertrages – Rechte des Geschäftsführers. a) Vergütungsanspruch. aa)** Was und wieviel Geschäftsführern als Gegenleistung für ihre Tätigkeit geschuldet werden soll, hängt von den Vereinbarungen der Parteien ab.[290] Von gewissen Grenzen (Rn. 98) abgesehen, besteht hierbei Vertragsfreiheit. Regelmäßig wird eine **Festvergütung** zugrunde gelegt.[291] Bei Fehlen einer entsprechenden Abrede[292] ist im Zweifel die „übliche Vergütung" als vereinbart anzusehen.[293] Dieselbe Regel greift zugunsten des gerichtlich bestellten **Notgeschäftsführers** (Rn. 76 f.) ein. Doch kommt auch eine analoge Anwendung von § 85 Abs. 3 AktG in Betracht.[294] Auch dem Notgeschäftsführer gegenüber haftet nur die Gesellschaft, nicht die Gesellschafter.[295]

87   Bestandteil der Festvergütung können u. a. auch Beiträge der Gesellschaft für eine Lebensversicherung des Geschäftsführers sein (sog. **Versorgungslohn**). Gemäß § 19 BetrAVG in Verbindung mit § 40b EStG sind solche Beiträge uU steuerlich begünstigt.[296] Häufig ist die Überlassung eines PKW zur (auch) privaten Nutzung. Der Gegenwert erhöht das steuerlich maßgebliche Einkommen.[297]

88   **bb) Tantiemen** kommen als gewinn-, mitunter[298] auch als umsatzbezogene Tantiemen vor. Letztere sind rechtlich zulässig,[299] praktisch allerdings nicht frei von Prob-

---

[288] Ausdrücklich anders *Fitting/Wlotzke/Wißmann* § 30 Rn. 43.
[289] Anders anscheinend *Hachenburg/Stein* Rn. 165.
[290] Zur Untauglichkeit des Gesellschaftsvertrags in diesem Zusammenhang *Reuter,* FS Zöllner, 1998, S. 498 f. Für einen Überblick über praktisch vorkommende Entlohnungsvarianten *Scholz/Schneider* Rn. 180; *Sudhoff/Sudhoff* 22 ff.; für wN 2. Aufl. und Rn. 98; informativ namentlich unter steuerlichen Gesichtspunkten auch *Flore/Schmidt* (mit Checklisten). Vertragsmuster bei *Tillmann/Mohr* Rn. 744 ff. *Weber/Dahlbender* S. 11 ff., 41 ff.; *Jaeger* S. 44 ff. (mit Erläuterung möglichen Vergütungsabreden 106 ff.); *Sudhoff* S. 1352 ff. (für GmbH & Co KG) zu zivil- und gesellschaftsrechtlichen Grenzen rückwirkender Vergütungsvereinbarungen *Michel* S. 14 ff., 32 ff. Zu Auslegungsfragen im Zusammenhang mit Erfindungen des Geschäftsführers OLG Düsseldorf GmbHR 1999, 1093.
[291] Rspr. dazu bei *Fleck* WM 1981, Sonderbeilage 3, 6 f.
[292] Zu solchen Fällen *Bauer/Gragert* ZIP 1997, 2178 ff.
[293] § 612 BGB; dagegen für Gesellschafter-Geschäftsführer OLG Frankfurt GmbHR 1993, 358, 359 f.; dem zustimmend *Hachenburg/Stein* Rn. 191, 196. Zur (abgelehnten) Bedeutung der Regel bei vorübergehender Beschäftigung eines Angestellten als Geschäftsführer LG Essen DB 2000, 2421.
[294] Vgl. *Hachenburg/Stein* Rn. 197.
[295] BGH WM 1985, 52. Zur Beschränkung der Vergütung auf eine Versorgungszusage (aus steuerlicher Sicht) *Felix* GmbHR 1990, 98 f.; *ders.* GmbHR 1990, 323 f.; *Frohnwieser* DB 1990, 1434 ff.
[296] Für Einzelheiten vgl. *Hachenburg/Stein* Rn. 226; *Tillmann/Mohr* Rn. 410; *H. P. Reuter* GmbHR 1992, 137 ff.
[297] Zum Anfall von Umsatzsteuer BFH DB 1999, 1786.
[298] Vgl. *Scholz/Schneider* Rn. 185; *Jaeger* 114: selten.
[299] BGH WM 1976, 1226, 1227 = JZ 1977, 267 m. krit. Anm. *Verhoeven*; BGH DB 1992, 1817; vgl. *Felix* BB 1988, 277 f.; *Henze* 362.

Vertretung durch Geschäftsführer   § 35

lemen, weil sie geeignet sein mögen, die Vernachlässigung der Gewinninteressen der Gesellschaft zu begünstigen.[300] Die Vereinbarung einer Fix- oder Mindesttantieme[301] ist in Wahrheit Festvergütung oder deren Bestandteil,[302] im Zweifel allerdings auf eine daneben versprochene gewinn- oder umsatzabhängige Tantieme anzurechnen.[303] In der Praxis macht die Tantieme durchschnittlich ca. ein Viertel der Gesamtbezüge aus.[304]

Die **Berechnungsweise** der Tantieme sollte wegen der sonst drohenden Streitgefahr von vornherein in den Einzelheiten festgelegt werden.[305] Soweit die „Bemessungsgrundlage" zunächst bewusst offengelassen wird, ist § 315 BGB anzuwenden.[306] Im Zweifel ist (für die gewinnbezogene Tantieme) von der Handels-, nicht der Steuerbilanz auszugehen.[307] Die Tantieme selbst bleibt bei der Feststellung des maßgeblichen Gewinns unberücksichtigt.[308] Dasselbe gilt – entgegen § 86 Abs. 2 AktG – für Zuweisungen zu Rücklagen und einen Gewinnvortrag, wie umgekehrt ein Gewinnvortrag aus dem Vorjahr den tantiemenpflichtigen Jahresgewinn nicht erhöht. Dagegen wirken sich Rückstellungen gewinnmindernd aus.[309] Gewinne aus der Auflösung von Rückstellungen sind dann berücksichtigungsfähig, wenn sich diese zu Lasten des Anspruchsprätendenten früher tantiememindernd ausgewirkt haben.[310] Dementsprechend wird ein Verlustvortrag nur dann in Rechnung zu stellen sein, wenn er während der Geltung der maßgeblichen Tantiemevereinbarung entstanden ist.[311] In der Praxis des BGH und der Oberlandesgerichte haben sie bisher – soweit ersichtlich – keine Rolle gespielt. Bei Ein- oder Austritt des Geschäftsführers während des Geschäftsjahres mindert sich der Tantiemeanspruch entsprechend der Relation zwischen dem vollen Geschäftsjahr und der Tätigkeitszeit des Betreffenden.[312]

89

---

[300] Zutreffend einschränkend im Hinblick auf Geschäftsführer, deren Tätigkeitsschwerpunkt in einem umsatzbezogenen Ressort liegt *Hachenburg/Stein* Rn. 216 mit weiteren „Rechtfertigungsgründen" *Sudhoff/Sudhoff* S. 25; zu steuerrechtlichen Schwierigkeiten bei Gesellschafter-Geschäftsführern *Tillmann/Mohr* Rn. 291 ff. im Anschluss an BFH GmbHR 1978, 93; ferner FG Niedersachsen GmbHR 1990, 576; *Schulze zur Wiesche* GmbHR 1993, 403, 408 f.; *Hoffmann* GmbHR 1994, 239 ff.; abschwächend *Felix* BB 1988, 277, 279 f.; s. Rn. 99.
[301] Dazu BGH WM 1975, 94; LG Hannover ZIP 1983, 448.
[302] OLG München DB 1999, 327; Zur Bedenklichkeit der Terminologie *Hachenburg/Stein* Rn. 218.
[303] Zur Möglichkeit inhaltlich unbestimmter, d.h. jährlich konkretisierungsbedürftiger Tantiemeregelungen BGH WM 1975, 761, 762 f.; zur Koppelung des Tantiemeversprechens mit einer Verlustbeteiligung BGH BB 1974, 252.
[304] Vgl. *Tänzer* GmbHR 1987, 342, 343; genauer *Hucke* AG 1994, 397, 401.
[305] Dazu insbesondere *Tillmann/Mohr* Rn. 296 ff.; *Sudhoff/Sudhoff* S. 24 ff.
[306] BGH WM 1994, 1245 f.; OLG Oldenburg NZG 2000, 939, 940 ff. Zu Informationspflichten der Geschäftsführer gegenüber den Gesellschaftern, wenn die Tantiemenvereinbarung unklar ist, *Felix* GmbHR 1994, 607 f.
[307] *Gansmüller* GmbHR 1965, 92; *Scholz/Schneider* Rn. 183; *Hachenburg/Stein* Rn. 222 mwN; zum Vorteil geringerer Manipulationsfähigkeit bei Anknüpfung an die Steuerbilanz *Näser* GmbHR 1982, 64, 66. Zur vertraglichen Bedeutung des Ausdrucks „Steuerbilanzgewinn" FG Köln GmbHR 1990, 584.
[308] BGH LM Nr. 4.
[309] Näher *Hachenburg/Stein* Rn. 222.
[310] BGH WM 1975, 761, 763.
[311] *Scholz/Schneider* Rn. 184; *Hachenburg/Stein* Rn. 222; s. auch BGH BB 2000, 1748. Zu Berechnungsproblemen der Umsatztantieme *Scholz/Schneider* Rn. 185. Zu Auslegungsfragen einer ausschüttungsorientierten Tantieme OLG Düsseldorf NZG 1999, 1110 m. Anm. *Fonk*; zur Anknüpfung an den „Jahresüberschuss" FG Hamburg GmbHR 2001, 680.
[312] *Hachenburg/Stein* Rn. 221 mit Rechtsprechungsnachweisen.

§ 35 3. Abschnitt. Vertretung und Geschäftsführung

90   Die **Abtretung** von Tantiemeansprüchen ist im allgemeinen unproblematisch, kann aber im Hinblick auf § 85 bedenklich sein.[313]

91   cc) **Gratifikationen** sind freiwillige, d. h. nicht auf vertraglicher Abrede beruhende Sonderleistungen der Gesellschaft etwa aus Anlass des Weihnachtsfestes oder von Jubiläen. Durch mehrfach vorbehaltlose Gewährung kann indes ein Anspruch entstehen. Üblichkeit von Gratifikationen zugunsten von Belegschaftsangehörigen reicht freilich nicht aus.[314]

92   dd) Der Vergütungsanspruch bei einer **Verhinderung** des Geschäftsführers, die dieser nicht zu vertreten hat, richtet sich mangels anderweitiger Vereinbarung nach § 616 BGB.[315] Wo die Grenzen der demnach ausschlaggebenden verhältnismäßig nicht erheblichen Zeit liegen, hängt von den Umständen des Einzelfalls, wie etwa Dauer der Tätigkeit des Geschäftsführers oder des Vertragsverhältnisses ab.[316] **Annahmeverzug** der Gesellschaft – deutlicher Widerspruch gegen eine unberechtigte Kündigung oder Beurlaubung genügt jedenfalls[317] – lässt den Vergütungsanspruch mit der Maßgabe unberührt, dass Ersparnisse oder Einnahmen aus anderweitiger Dienstleistung anzurechnen sind (§ 615 BGB).[318] Dasselbe gilt bei Unmöglichkeit der Tätigkeit als Geschäftsführer, sofern diese von der Gesellschaft zu vertreten ist (§ 624 BGB), nach BGH GmbHR 1988, 100 auch dann, wenn dem Geschäftsführer eine unerlaubte Wettbewerbshandlung zur Last fällt.

93   ee) Ein **Ruhegehaltsanspruch** gegenüber der Gesellschaft besteht nur, wenn und soweit er vertraglich vereinbart ist.[319] Eine betriebliche Übung, selbst eine die Geschäftsführer betreffende, reicht grundsätzlich nicht aus.[320] Andererseits bedarf die Pensionszusage keiner Form.[321] Neben der Zusage eines Ruhegehaltes kommt die einer Witwen- und Waisenrente in Betracht. Der Anspruchsumfang wird häufig als Prozentsatz des letzten oder des Durchschnittseinkommens der letzten Jahre festgelegt. Als weiterer wichtiger Maßstab sind Beamtenpensionen zu nennen.[322] In letzterem Fall kommt es mangels anderweitiger Vereinbarung auf das gesamte Gehalt, also einschließ-

---

[313] Näher dazu BGH WM 1999, 2548, 2549 = GmbHR 2000, 85 = ZIP 2000, 75; OLG Köln BB 1999, 2577 f. Allgemein zu Gehaltsansprüchen BGH ZIP 1996, 1341 = GmbHR 1996, 612 = DB 1996, 1715. Dazu *Armbrüster* GmbHR 1997, 56 ff.
[314] *Hachenburg/Stein* Rn. 225; *Scholz/Schneider* Rn. 186 mwN.
[315] *Meyer-Landrut/Miller/Niehus* Rn. 174 mwN.
[316] Zur (zutreffenden) Kritik der weitergehenden Zubilligung von Vergütungsansprüchen durch die Rechtsprechung vgl. *Hachenburg/Stein* Rn. 208 mwN.
[317] BGH NJW-RR 1997, 537 = GmbHR 1997, 647; BGH WM 1968, 611, 612; OLG Koblenz GmbHR 1994, 887, 888.
[318] Zur Einschränkung dieser Regel durch die sogenannte Betriebsrisikolehre etwa *Zöllner/Loritz* § 18 V; vgl. auch *Hachenburg/Stein* Rn. 210.
[319] Für Einzelheiten, insbesondere aus steuerlicher Sicht; vgl. *Spitaler/Niemann* 122, 128 ff.; *Heubeck/Heitmann* 30 ff.; *Brandmüller* 229 ff.; *Reiners/Wierling* BB 1995, 87 ff.; *Tillmann/Schmidt* GmbHR 1995, 801 ff.; *Hoffmann/Liebs* Rn. 251 ff.; Judikaturüberblick bei *Fleck* WM 1981, Sonderbeilage 3, 14 ff.; *ders.* WM 1985, 677, 681 f.; *ders.* WM 1994, 1957, 1967; speziell zu Pensionsrückstellungen für beherrschende Gesellschafter-Geschäftsführer *Rauser/Wurzberger* DB 1983, 960; *Langohr-Plato* GmbHR 1992, 597 mit Praxis.
[320] BGH WM 1969, 686, 688; 1973, 506.
[321] BGH ZIP 1994, 206 = EWiR § 17 BetrAVG 1/94 – *Heubeck/Oster; Reiserer* 99: Schriftform zweckmäßig.
[322] Vgl. zB BGH WM 1984, 900; OLG München GmbHR 1987, 478 f.

lich von Zulagen und Zuschlägen an.[323] Der Anspruch kann versichert werden.[324] Es ist eine Pensionsrückstellung zu bilden, die nach Maßgabe laufender Pensionszahlungen aufgelöst wird.[325]

Zugunsten **arbeitnehmerähnlicher** Geschäftsführer sind gemäß § 17 Abs. 1 S. 2 BetrAVG dessen §§ 1 bis 16 anzuwenden.[326] Die Abgrenzung des geschützten Personenkreises ist im Einklang mit dem Gesetzeszweck und den Materialien (BT-Drucks. 7/1281 S. 30) daran zu orientieren, ob der Begünstigte von seiten der Gesellschaft her auf die Ausgestaltung der Ruhegehaltszusage maßgeblichen Einfluss nehmen konnte. Als arbeitnehmerähnlich sind demnach Fremdgeschäftsführer, ferner Gesellschafter-Geschäftsführer zu qualifizieren, sofern sie weder als Kapitaleigner noch kraft vertraglicher Vereinbarung imstande sind, den Inhalt der Ruhegehaltsvereinbarung zu beeinflussen.[327] Bei der GmbH & Co. KG kommt es auch auf die Einflussmöglichkeiten an, die eine Kommanditbeteiligung vermittelt.[328]

94

Die Anwendbarkeit des BetrAVG **bedeutet** insbesondere, dass die Vereinbarung eines Ruhegehaltes zu einer unverfallbaren,[329] vom vorzeitigen Ausscheiden des Geschäftsführers und dessen Grund[330] unabhängigen **Ruhegehaltsanwartschaft** führt (§ 2 BetrAVG: Beschränkung des Anspruchs auf einen Teil des Ruhegehalts in diesem Fall). Als Leitgedanke dient die Vorstellung, das Ruhegehalt sei Bestandteil des Entgelts für (früher) erbrachte Leistung.[331] Widerrufsvorbehalte sind daher grundsätzlich unwirksam, Ausnahmen nur insoweit anzuerkennen, als die Geltendmachung des Anspruchs grob missbräuchlich wäre.[332] Weitere Regelungselemente des BetrAVG

95

---

[323] BGH NJW 1976, 2342, 2343 f. für einen Mietvertrag; vgl. aber auch BGH DB 1976, 2394; für weitere Einzelheiten zur Berechnung des Ruhegehaltes *Hachenburg/Stein* Rn. 281 ff. Zur Einbeziehung von Pensionszusagen in den Versorgungsausgleich BGH DB 1993, 726.

[324] Dazu *H. P. Reuter* GmbHR 1992, 137 ff.; *ders.* GmbHR 1994, 141 ff.; *ders.* GmbHR 1997, 1081 ff., 1125 ff. S. auch BGHZ 136, 220 = NJW 1998, 312 = GmbHR 1997, 936.

[325] Zur (steuerlichen) Berechnungsweise BFH GmbHR 1999, 932.

[326] Dazu zB OLG Köln DB 1978, 1550 und die Kommentare zum BetrAVG, ferner etwa *Binz* S. 198 ff, MünchHdB GesR III/*Marsch-Barner/Diekmann* § 43 Rn. 41 a mwN. Zu Gesellschaften als Arbeitnehmer (in concreto verneinend) BAG DB 2001, 2102 ff.

[327] Ähnlich BGHZ 77, 94, 100 ff. = NJW 1980, 2254, wo allerdings ausschließlich auf den Beteiligungsumfang abgestellt wird: BetrAVG anwendbar, wenn bloße Minderheitsbeteiligung vorliegt; ferner BGH NJW 1997, 2882 = GmbHR 1997, 843 = WM 1997, 1429; BAG AP BetrAVG § 17 Nr. 25 = GmbHR 1998, 84; BGHZ 77, 233, 239 ff. = NJW 1980, 2257; BGH WM 1981, 647 f.; DB 1981, 1454 f.; ZIP 1991, 1418 f.; BAG AP BetrAVG § 1 Nr. 1 – Unverfallbarkeit = GmbHR 1991, 458 f.; GmbHR 1991, 684; vgl. OLG Stuttgart GmbHR 1998, 684; *Scholz/Schneider* Rn. 203; *Meyer-Landrut/Miller/Niehus* Rn. 187; *Bauer/v. Steinau-Steinrück* ZGR 1999, 318 ff.; *Fleck* WM 1981, Sonderbeilage 3, 20 ff.; *ders.* WM 1994, 1957, 1967 ff.; *Hanau/Kemper* ZGR 1982, 123, 128 ff.; *Hennerkes/Binz* GmbHR 1984, 57 ff.; *Groß* DB 1984, 1447, 1450 ff.; *Schmidt-Diemitz* DB 1985, 1573.

[328] BGHZ 77, 94, 104 ff. = NJW 1980, 2254; BGH DB 1981, 1716; ZIP 1989, 1418, 1419. Für zusätzliche Berücksichtigung der tatsächlichen Ausübung von Einfluss *Hachenburg/Stein* Rn. 152.

[329] Neuere Rechtsprechung dazu bei *Fleck* WM 1985, 677, 681.

[330] *Scholz/Schneider* Rn. 205 mwN.

[331] Dazu etwa BGHZ 55, 274, 278 f. = NJW 1971, 1127; BGHZ 61, 31, 36 = NJW 1973, 1599; BAG AP BGB § 242 Nr. 8 – Ruhegehalt-Unverfallbarkeit = DB 1975, 1274, 1275; BGH GmbHR 1984, 75, 76.

[332] BGH WM 1979, 327; BAG AP BetrAVG § 1 Nr. 1 – Treuebruch = NJW 1980, 1127 f.; BGH DB 1981, 1971; NJW 1984, 1529; *Scholz/Schneider* Rn. 207 f. mwN; ausführlich *Rose* DB 1993, 1286 ff.; zur Bedeutung der Verletzung eines nachvertraglichen Wettbewerbsverbotes in diesem Zusammenhang *Sina* DB 1985, 902, 904 f. S. auch OLG Stuttgart GmbHR 1998, 684: Widerruf nur wirksam, wenn vorher Pensionssicherungsverein eingeschaltet.

§ 35　　　　　　　　　　　　　　　　3. Abschnitt. Vertretung und Geschäftsführung

betreffen die Anrechenbarkeit anderweitigen Einkommens (§ 5), die Verpflichtung zu regelmäßiger Anpassung[333] und die Insolvenzsicherung (§ 7, dazu Rn. 104).[334]

96　Soweit das BetrAVG **nicht** anwendbar ist, wird jedenfalls für nach seinem In-Kraft-Treten abgeschlossene Ruhegehaltsvereinbarungen dennoch angenommen, dass einmal begründete Anwartschaften im Zweifel nicht verfallen sollen.[335] Dem ist mit Rücksicht auf den zwischenzeitlich anerkannten Entgeltcharakter des Ruhegehaltes zuzustimmen.[336] Die Anrechnung anderer Einkommen kann in beliebigem Umfang vereinbart werden; eine über die allgemeinen Vorschriften hinausgehende Insolvenzsicherung greift nicht Platz.[337] Zur Anpassung von Versorgungsleistungen vgl. Rn. 101.

97　Vom BetrAVG nicht berührt wird die Verpflichtung des Geschäftsführers gemäß § 242 BGB, in die **Herabsetzung** des Ruhegehaltes dann einzuwilligen, wenn eine Notlage der Gesellschaft dies erzwingt,[338] sofern damit ein tauglicher Beitrag zur Überwindung der Krise geleistet wird[339] und die Gesellschaft ihrerseits angemessene Maßnahmen ergreift.[340] Die Herabsetzung darf nicht weiter gehen als zur Sanierung des Unternehmens unbedingt erforderlich ist.[341]

98　**ff) Die Höhe des Geschäftsführergehaltes** kann grundsätzlich frei vereinbart werden.[342] Eine Diskriminierung des **Arbeitsdirektors** ist allerdings unzulässig (§ 33 Abs. 1 MitbestG), was sachlich gerechtfertigte Differenzierungen nicht ausschließt.[343] Wird der Anstellungsvertrag durch den Aufsichtsrat abgeschlossen, so ist dieser trotz unstreitiger Unanwendbarkeit des § 87 AktG bei sonst drohendem Schadensersatz verpflichtet, dafür zu sorgen, dass das vereinbarte Entgelt noch im wohlverstandenen Interesse der Gesellschaft liegt.[344] Bei Bezügen eines beherrschenden Gesellschafter-Geschäftsführers kommt ferner ein Missbrauch des Stimmrechts im Zusammenhang

---

[333] § 16; vgl. BAG AP BetrAVG § 16 Nr. 4 = WM 1977, 407 f.; BGH DB 1981, 1454; ferner etwa *Ahrend/Förster/Rössler* BB 1978, Beil. 3; *Hachenburg/Stein* Rn. 267 mwN; zur Bedeutung der wirtschaftlichen Lage der Schuldnerin und eines sie beherrschenden Unternehmens BAG AP BetrAVG § 16 Nr. 32 = ZIP 1995, 491 mwN.

[334] Zum Zeitpunkt der Insolvenzeröffnung muss der Versorgungsanspruch tatsächlich entstanden sein (so BGH NZG 1999, 733, 734).

[335] *Hachenburg/Stein* Rn 275; umfassend *Wiedemann,* FS Stimpel, 1985, S. 955 ff. Für ein Beispiel GmbHR 2000, 1147 f.

[336] Für gleichwohl verbleibende Differenzierungen vgl. BGH DB 1981, 1971 f. mwN; *Hachenburg/Stein* Rn. 289. Zum Verlust bzw. der Kürzung von Versorgungsansprüchen infolge von Verfehlungen während des aktiven Dienstes BGH WM 2000, 358, 359 f.; NJW RR 1997, 348 = WM 1997, 68 = AG 1997, 265: Entfall nur bei „schwersten Verfehlungen"; BGH GmbHR 1984, 75, 76 ff. mwN; ferner OLG Frankfurt BB 2000, 1159; OLG Jena NZG 1999, 1069, 1071 f.; OLG Stuttgart NZG 1998, 994, 996; *Bauer/v. Steinau-Steinrück* ZGR 1999, 324 ff.

[337] Zur Behandlung von Versorgungsanwartschaften einschließlich damit zusammenhängender Versicherungsansprüche BGH NJW 1998, 312 = GmbHR 1997, 936; BGHZ 113, 207 = NJW 1991, 1111 = LM KO § 67 Nr. 1.

[338] Dazu BGH WM 1978, 1402, 1403; OLG Köln NZG 1999, 1008; *Wiedemann,* FS Stimpel, 1985, S. 955, 968 ff.; *Fleck* WM 1985, 677, 683.

[339] BAG AP BGB § 242 Nr. 157: keine Herabsetzung, wenn Insolvenzeröffnung unvermeidlich.

[340] Ausführlich *Hachenburg/Stein* Rn. 290; auch *Scholz/Schneider* Rn. 210.

[341] BAG AP BGB § 242 Nr. 175 – Ruhegehalt = WM 1977, 1287, 1290.

[342] Zu Einzelheiten der Bemessung *Evers/Grätz/Näser,* vgl. auch *Spitaler/Niemann;* ferner etwa noch *Tänzer* GmbHR 1997, 1085. Statistische Angaben für 1999 bei *Feldkamp* Stbg. 2000, 139 ff.; *Tänzer* GmbHR 2000, 596 ff.; s. auch die Tabellen bei *Brandmüller* S. 53 ff. Zahlen für 2000 in GmbHR 2000, R 53 (für kleine GmbHs).

[343] Dazu *Westermann/Menger* DWiR 1991, 143, 148. Zur Bedeutung des arbeitsrechtlichen Gleichbehandlungsgrundsatzes im vorliegenden Zusammenhang BGH WM 1990, 1461, 1462 f.

[344] So zutreffend *Hachenburg/Stein* Rn. 193.

mit dem Gesellschafterbeschluss über den Anstellungsvertrag in Betracht. Das ist zu bejahen, wenn die Bezüge des geschäftsführenden Gesellschafters in einem „deutlichen Missverhältnis" zu der vergüteten Dienstleistung stehen.[345] Die bloße Vereinbarung einer umsatzbezogenen Tantieme (Rn. 88) reicht hierfür allerdings noch nicht aus.[346] Eine absolute Grenze wird indes überschritten, wenn die dem Gesellschafter-Geschäftsführer gezahlte Vergütung in Wahrheit auf eine getarnte Rückzahlung des Stammkapitals hinausläuft.[347] Umgekehrt kommen auch sittenwidrig niedrige Vergütungen vor.[348] Bei der GmbH & Co KG kann § 172 Abs. 4 HGB relevant werden, wenn der Geschäftsführer auch Kommanditist ist.[349]

gg) Faktische Schranken bei der Vereinbarung von Geschäftsführervergütungen errichtet das **Steuerrecht**.[350] So werden unangemessen hohe Vergütungen eines Gesellschafter- Geschäftsführers jedenfalls dann, wenn er mit mehr als 25 % am Unternehmen beteiligt ist, als verdeckte Gewinnausschüttungen steuerlich nicht anerkannt.[351] Das hat zur Folge, dass sie die Gesellschaft insoweit nicht als Betriebsausgabe geltend machen kann. Weitergehend wird eine verdeckte Gewinnausschüttung im Verhältnis zu einem beherrschenden Gesellschafter-Geschäftsführer[352] im Grundsatz auch dann angenommen, wenn Zahlungen nicht auf einer klar und eindeutig im voraus getroffenen Vereinbarung beruhen.[353] Das gilt insbesondere für Gratifikationen.[354] Unabhängig davon sind umsatzorientierte Tantiemen an beherrschende Gesellschafter-Geschäftsführer grundsätzlich als verdeckte Gewinnausschüttung zu behandeln, sofern keine

99

---

[345] BGH WM 1976, 1226, 1227 f.; weitergehend wohl BGHZ 111, 224, 227 f. = NJW 1990, 2625; zum Stimmrecht des Mehrheitsgesellschafters in diesem Zusammenhang § 47 Rn. 71 ff., zum Stimmrechtsmissbrauch § 47 Rn. 126 f. Diskussion der Rechtsfolge bei überhöhter Vergütung bei *Hachenburg/Stein* Rn. 195.

[346] BGH WM 1976, 1226, 1227.

[347] Vgl. OLG Düsseldorf WM 1990, 508, 509 f.; *Baumbach/Hueck/Zöllner* Rn. 100; auch § 30 Rn. 17 ff.; zur Abgrenzung OLG Hamm DB 1992, 673.

[348] Zu einem Fall dieser Art KG Berlin GmbHR 1996, 613.

[349] Vgl. *Bork* AcP 184, 465, 469 ff. mwN.

[350] Informativ dazu *Prühs* passim.

[351] Dazu etwa BFH GmbHR 1999, 133; 1997, 1070; FG Baden-Württemberg GmbHR 2001, 780; FG Saarland GmbHR 1998, 102; FG Niedersachsen GmbHR 2000, 779; für weitere Einzelheiten FG Hamburg 2001, 310 (GmbH muß Teil ihres Geschäftserfolges verbleiben); FG Hessen GmbHR 2000, 448; 2000, 1163; FG München GmbHR 2000, 889; *Brandmüller* S. 246 ff.; *Tillmann/Mohr* Rn. 228 ff.; *Glade* DB 1998, 691 ff.; *Rischar* BB 1997, 2302 ff. (mit Grundsatzkritik der Rechtsprechung); *Langohr-Plato* GmbHR 1992, 742 ff.; *Schulze zur Wiesche* GmbHR 1991, 113, 115, 170 ff.; *Schoor* DStZ 1990, 355 ff.; *H. P. Reuter* GmbHR 1992, 137, 139 f.; *Hachenburg/Stein* Rn. 234 ff. mwN; zur Anwendung des Angemessenheitspostulats in der Aufbauphase eines Unternehmens *Peetz* GmbHR 2001, 701 ff.; zu Sonderproblemen bei der GmbH & Co KG *Bork* AcP 184, 465 ff. Zu Mehrfachbezügen von verschiedenen Gruppengesellschaften FG Nürnberg GmbHR 1999, 1208; FG Köln GmbHR 1999, 555. Zu den Konsequenzen des SteuersenkungsG *Ax/Harle* GmbHR 2001, 763 ff.

[352] Zum Begriff *Schulze zur Wiesche* GmbHR 1991, 113, 114; *Hachenburg/Stein* Rn. 157 ff.

[353] Vgl. *Tillmann/Mohr* Rn. 296 ff.; BFH GmbHR 1992, 148; FG Hamburg GmbHR 2000, 291; zur Bedeutung dieses Grundsatzes bei der Formulierung einer Pensionszusage BFH GmbHR 1999, 987 f. m. Anm. *Fritsche*; BFH GmbHR 1999, 487; zu Gewinntantiemen GmbHR 2000, 715 mit Hinweis auf *Neumann* GmbHR 1996, 740 ff. Zu Grenzen des Grundsatzes FG Niedersachsen GmbHR 2000, 782 (ausnahmsweise keine verdeckte Gewinnausschüttung trotz Unwirksamkeit des Anstellungsvertrags). Zur Bedeutung tatsächlicher Durchführung der Vereinbarung unter dem Gesichtspunkt ihrer Ernsthaftigkeit BFH GmbHR 2001, 678 f. mwN, dazu auch GmbHR 2001, 431 f.

[354] Rn. 91; vgl. *Hachenburg/Stein* Rn. 256.

§ 35   3. Abschnitt. Vertretung und Geschäftsführung

besonderen Gründe vorliegen.[355] Steuerlich nicht anerkennungsfähig ist es ferner, wenn Tätigkeitsvergütungen an Beteiligungsquoten orientiert werden.[356] Dasselbe gilt regelmäßig für Überstundenvergütungen,[357] und dann, wenn versucht wird, der Lohnsteuerabzugspflicht (und Sozialversicherungsbeiträgen) durch eine etwa auf „freie Mitarbeit" gerichtete Vertragsgestaltung zu entgehen.[358]

100 hh) Falls dies zur Herstellung eines angemessenen Ausgleichs unter Mitgesellschaftern infolge geänderter Umstände erforderlich ist, kann der geschäftsführende Gesellschafter eine **Anhebung** seiner Tätigkeitsvergütung aus Gründen der gesellschaftsrechtlichen Treuepflicht verlangen.[359] Erforderlichenfalls ist entsprechend § 315 Abs. 3 BGB vorzugehen. Als Folge einer wesentlichen Verschlechterung der Lage der Gesellschaft können Geschäftsführer umgekehrt gehalten sein, einer **Herabsetzung** ihrer Bezüge zuzustimmen.[360] Zur – günstigeren – Rechtslage des ruhegehaltsberechtigten Ex-Geschäftsführers Rn. 102. Dessen Besserstellung rechtfertigt sich daraus, dass er ein Entgelt für schon geleistete Dienste bezieht.

101 ii) Die Bezüge **aktiver** Geschäftsführer können vertraglich **wertgesichert** werden. Sofern dies durch Bezugnahme auf den Lebenshaltungskostenindex geschieht, ist eine

---

[355] Dazu BFH GmbHR 1999, 484, 486 (mit Einschluss eines Minderheitsgesellschafters und wN); 1999, 486; 1996, 301; 1996, 302; *Tillmann/Mohr* Rn. 294; *Brandmüller* S. 208 ff., 253 ff.; *Langohr-Plato* GmbHR 1992, 742, 743; für wN Rn. 88. Zu **Gewinntantiemen** (am Jahresüberschuß orientierten Tantiemen) BFH BB 2001, 1290, 1291 f.; GmbHR 2001, 115, 116 f.; 2000, 983, 984 ff.; 2000, 1158; FG Hessen GmbHR 2000, 1160, 1161; FG München GmbHR 1999, 1106 ff. mwN; BFH GmbHR 1999, 413, 414 f; 1999, 417 f., 1996, 299; FG Saarland GmbHR 2001, 400; FG Nürnberg GmbHR 2000, 988; 2000, 583; FG Niedersachsen GmbHR 2000, 990; 1998, 899 (Rohgewinntantieme); FG Brandenburg GmbHR 1999, 135; auch FG Köln GmbHR 2000, 581 mit informativer Anm. *Binnewies/Schwedhelm; Lange* GmbHR 1999, 334 f.; *Natschke* BB 1996, 771 f.; *Neumann* GmbHR 1996, 740 ff., 822 ff. (ausführlich). Zu steuerlichen Grenzen von **Pensionszusagen** an Gesellschafter-Geschäftsführer BFH GmbHR 2001, 396 ff. m. Anm. *Hoffman*; GmbHR 2000, 826; 1999, 1306; 2000, 324 (für Sohn des Gesellschafters); 1999, 980; 1999, 667; 1999, 303; 1998, 893; 1996, 701; FG Nürnberg GmbHR 2000, 583 (für Witwenpension); FG Köln GmbHR 1999, 992; OFD Koblenz GmbHR 1999, 1267; FG Köln GmbHR 1999, 552; *Heubeck* Rn. 175 ff.; *Arteaga* GmbHR 1998, 265 ff.; *Lange* GmbHR 1999, 329 ff.; *Neumann* GmbHR 1997, 292 ff.; *Prühs* DB 1997, 2094 ff.; *Langohr-Plato* GmbHR 1992, 597 f.; *Mink* GmbHR 1995, 644 ff.; *Hieb/Leser* GmbHR 2001, 453 ff. (zu steueroptimaler Finanzierung); zu den steuerlichen Folgen einer entgeltlichen Ablöse von Versorgungszusagen BFH GmbHR 1995, 688 f.; *Rund* GmbHR 2001, 417 ff. mwN. Zur Abgrenzung abgeltbarer **Urlaubsansprüche** FG Nürnberg GmbHR 2000, 988, 989. Zum Verhältnis von Verstößen gegen das **Wettbewerbsverbot** und verdeckter Gewinnausschüttung *Meier* GmbHR 1990, 229 ff.; *Mayer* DNotZ 1992, 641 ff. mit Judikatur; für wN § 43 Rn. 19 Fn. 89.

[356] FG Niedersachsen GmbHR 1999, 85.

[357] BFH GmbHR 2001, 777 = DB 2001, 1752; GmbHR 2000, 742; 1997, 711; 1997, 1167; FG Köln GmbHR 2001, 306, 307 ff.; FG Nürnberg GmbHR 1998, 1236; dazu GmbHR 1998, 1121; *Brandmüller* S. 203 f.; *Lange* GmbHR 1999, 332 f.; *Natschke* BB 1996, 772. Andere Tendenz bei Vergütung von Überstunden an mehrere Gesellschafter-Geschäftsführer in BFH GmbHR 2000, 741. Zum ganzen auch *Brandmüller* S. 227 ff. mit weiterer Judikatur.

[358] Dazu BFHE 182, 384.

[359] So *Scholz/Schneider* Rn. 190; *ders.,* FS Semler, 1993, S. 347, 358 ff.; *Hachenburg/Stein* Rn. 203; beide in Anlehnung an die Rechtsprechung zu vergleichbaren Fragen im Recht der Personengesellschaften; vgl. BGH GmbHR 1978, 12 f.; zur analogen Problematik bei Fremdgeschäftsführern *Schneider,* FS Semler, 1993, S. 347, 361 ff.; zur Bedeutung des Gleichbehandlungsgrundsatzes BGH ZIP 1990, 859, 860.

[360] BGH DB 1992, 1817; *Hachenburg/Stein* Rn. 200; *Baumbach/Hueck/Zöllner* Rn. 101; *Reiserer* S. 44; *Bauder* BB 1993, 369 ff.

Vertretung durch Geschäftsführer § 35

Genehmigung erforderlich. Wahrscheinlich mit aus diesem Grunde werden in der Praxis überwiegend sog. Spannungsklauseln verwendet, d. h. Vertragsbestimmungen, die Wertsicherung dadurch realisieren, dass die Geschäftsführerbezüge in Relation zur Entwicklung von Beamten- oder Tarifgehältern gesetzt werden.[361]

Im Geltungsbereich des BetrAVG ist das **Ruhegehalt** des Geschäftsführers ohnehin wertgesichert (Rn. 95). Außerhalb desselben ist ebendies durch Vereinbarungen des vorstehend erörterten Typs erreichbar.[362] Auch bei Fehlen einer solchen Vereinbarung kann ein Anpassungsanspruch immer noch gerechtfertigt sein, wenn der Wert der zugesicherten Pension infolge der Geldwertverdünnung gegenüber dem ursprünglich Versprochenen in ein krasses Missverhältnis getreten ist.[363] 102

jj) Die laufenden Dienst- und Versorgungsbezüge von Fremd- und Gesellschafter-Geschäftsführern ohne wesentliche Beteiligung genießen **Pfändungsschutz** gemäß §§ 850ff. ZPO.[364] Soweit die Bezüge des aktiven beherrschenden Gesellschafter-Geschäftsführers als Vergütungen für persönliche Dienste anzusehen sind, die seine Arbeitskraft jedenfalls zu einem wesentlichen Teil in Anspruch nehmen und insofern seine Existenzgrundlage bilden, ist dasselbe anzunehmen.[365] Das gilt auch hinsichtlich des Ruhegehaltes eines solchen Geschäftsführers, sofern es sich als Teil des Entgelts für geleistete Dienste darstellt.[366] Nach OLG Frankfurt GmbHR 1995, 656 ff. sind Ansprüche aus dem Anstellungsvertrag wegen § 85 GmbHG nicht abtretbar. 103

Von entsprechenden Grundsätzen ist auch in der **Insolvenz** der Gesellschaft auszugehen. Ruhegehaltsansprüche arbeitnehmerähnlicher Geschäftsführer iSd. § 17 Abs. 1 S. 2 BetrAVG sind nach § 7 dieses Gesetzes insolvenzgesichert,[367] soweit sie betrieblich veranlasst sind;[368] bei Ansprüchen anderer Geschäftsführer handelt es sich um gewöhnliche Insolvenzforderungen.[369] Das Konkursvorrecht (auch) arbeitnehmerähnlicher Geschäftsführer (§ 61 Abs. 1 Nr. 1 KO) ist beseitigt worden. 104

b) Nebenansprüche. Mangels anderweitiger vertraglicher Abreden haben Geschäftsführer Anspruch auf **Ersatz** sämtlicher betrieblich bedingter **Aufwendungen** (§§ 675, 670 BGB), die auch vorschussweise geltend gemacht werden können (§§ 675, 669 BGB).[370] Zur Übernahme von **Geldstrafen** kann sich die Gesellschaft nur in engen Grenzen verpflichten, die durch den Zweck der Strafnorm vorgegeben 105

---

[361] *Hachenburg/Stein* Rn. 202; *Tillmann/Mohr* Rn. 281; *Sudhoff/Sudhoff* S. 32 ff. mit Erörterung einzelner Auslegungsfragen. Zum durch das EuroEG geänderten Rechtsrahmen von Wertsicherungsklauseln s. *Scholz/Schneider* Rn. 188; ausführlich *Schmidt-Räntsch* NJW 1998, 3166 ff.
[362] Für nähere Einzelheiten *Fleck* WM 1981, Sonderbeilage 3, 17 ff.; *Hachenburg/Stein* Rn. 267 ff.
[363] Vgl. insbesondere BGHZ 61, 31, 35 ff. = NJW 1973, 1599 in Anknüpfung an die Rechtsprechung des BAG; zur Abgrenzung gegenüber dem Anwendungsbereich des BetrAVG BGH DB 1981, 1454 f.
[364] BGH AG 1978, 162, 166; gegen BGHZ 41, 282, 288 = NJW 1964, 1367; *Reiserer* S. 48 f.; *Roth/Altmeppen* § 6 Rn 41 je mwN.
[365] *Hachenburg/Stein* Rn. 213; *Scholz/Schneider* Rn. 198; *Baumbach/Hueck/Zöllner* Rn. 104.
[366] *Hachenburg/Stein* Rn. 213.
[367] Dazu BGHZ 77, 94 = NJW 1980, 2254; BGH DB 1981, 1716; nicht unbedenklich LG Köln GmbHR 1987, 274.
[368] BGH GmbHR 1982, 207, 209 f.; weitere Einzelheiten bei *Fleck* WM 1985, 677, 682 ff.
[369] Zur Abgrenzung BGHZ 77, 233, 239 ff. = NJW 1980, 2257, 244 ff.; auch Rn. 93. Zu Möglichkeiten des Schutzes in diesen Fällen *Reiserer* S. 110; *Höfer/Abt* DB 1982, 1501; *Scholz/Schneider* Rn. 255 f.
[370] Zur Bestellung einer Sicherungsgrundschuld in diesem Zusammenhang und deren Geschäftsgrundlage OLG München NZG 1999, 890.

§ 35

sind.[371] Die Geschäftsführer haben Anspruch auf angemessenen **Urlaub**.[372] Soweit die Konsumtion des Urlaubs aus betrieblichen Gründen oder infolge Beendigung des Anstellungsverhältnisses nicht möglich ist, kann an seiner Stelle Abgeltung in Geld verlangt werden.[373] Schließlich hat der Geschäftsführer Anspruch auf **Zeugniserteilung**[374] und zwar auch dann, wenn es sich um einen beherrschenden Gesellschafter handelt.[375] Über das Zeugnis ist je nach Anstellungszuständigkeit durch Aufsichtsrats- oder Gesellschafterbeschluss zu befinden.[376]

106   4. Inhalt des Anstellungsvertrages – Pflichten des Geschäftsführers. Die Pflichten des Geschäftsführers resultieren aus seiner Bestellung zum Organ der Gesellschaft (Rn. 69). Der Anstellungsvertrag kann diese Pflichten daher nur konkretisieren bzw. ergänzen. Daraus ergibt sich u. a., dass Weisungen, die auf einen Anstellungsvertrag mit einem Dritten beruhen, nur im Rahmen des § 43, allgemeiner: des jeweilig geltenden Organisationsrechtes der Gesellschaft beachtet werden dürfen.[377] Als zusätzliche, nur anstellungsvertraglich begründbare Pflicht in Betracht kommt insbesondere die Vereinbarung eines **nachvertraglichen Wettbewerbsverbots,** das freilich nur in den Grenzen des § 138 BGB und des § 1 GWB zulässig ist.[378] Ein solches Verbot kann sich auch im Wege ergänzender Vertragsauslegung ergeben.[379] Die Frist beginnt mit dem Zeitpunkt des tatsächlichen Ausscheidens.[380] Die §§ 74 ff. HGB sind grundsätzlich nicht direkt anwendbar,[381] doch kommt die entsprechende Anwendung der dort niedergelegten Rechtsgedanken jedenfalls im Falle arbeitnehmerähnlicher Geschäftsführer in Betracht.[382] **Weitere** Pflichten (z.B. Residenzpflicht, Verbot von Nebentätigkeiten)

---

[371] Vgl. *Hachenburg/Stein* Rn. 307; *Lutter/Hommelhoff* Anh. § 6 Rn. 30; *Baumbach/Hueck/Zöllner* Rn. 35 a.
[372] Für Einzelheiten *Sudhoff/Sudhoff* 29; *Jaeger* S. 100 ff.; *Scholz/Schneider* Rn. 196; *Reiserer* S. 49 f.; *Meyer-Landrut/Miller/Niehus* Rn. 181.
[373] BGH LM Nr. 5; BGH WM 1975, 761, 763; OLG Düsseldorf BB 1987, 567, 569; OLG Celle NZG 1999, 78, 79; OLG Düsseldorf GmbHR 2000, 278, 281.
[374] BGHZ 49, 30, 31 = NJW 1968, 396.
[375] *Hachenburg/Stein* Rn. 309.
[376] *Scholz/Schneider* Rn. 244.
[377] Vgl. *Fleck* ZHR 149 (1985), 387, 406 f.; zum Verhältnis von Anstellungsvertrag und Organisationsrecht Rn. 68 ff.
[378] Zu § 138 BGB BGHZ 91, 1, 6 ff. = NJW 1984, 2366; OLG Hamm GmbHR 1988, 344, 345 f.; 1989, 259 f.; vgl. OLG Düsseldorf DB 1990, 1960; GmbHR 1993, 531; ZIP 1999, 311 (dazu *Manger* GmbHR 2001, 89 ff.); BB 2001, 956; *Sina* DB 1985, 902 f.; für direktes Eingreifen von Art. 12 Abs. 1 GG OLG Düsseldorf NZG 2000, 737 f.; zur Bedeutung des GG, wenn Wettbewerbsverbot nach ausländischem Recht zu beurteilen; OLG Celle NZG 2001, 132; zur Vertragspraxis *Hoffmann-Becking,* FS Quack, 1991, S. 273, 274 ff.; *Jaeger* S. 87 ff.; *Bauer/Diller* GmbHR 1999, 887 ff. *Kukat* BB 2001, 951 ff. Zur Bedeutung dieser Grenzen für Wettbewerbsverbote in Veräußerungsverträgen betreffend den Anteil eines Geschäftsführers *Schnelle* GmbHR 2000, 601 ff. Zur Rechtslage nach Abberufung und Freistellung von anstellungsvertraglichen Pflichten OLG Oldenburg NZG 2000, 1038, 1039 ff.
[379] BGH ZIP 1990, 586. S. auch OLG Köln NZG 2000, 740 f.
[380] OLG Celle GmbHR 1980, 32.
[381] BGHZ 91, 1, 3 ff. = NJW 1984, 2366 (dazu *Bauer/Diller* GmbHR 1999, 886 f.); OLG Frankfurt GmbHR 1973, 58; OLG Koblenz WM 1985, 1484, 1485; kritisch *Gaul* GmbHR 1991, 144, 147 f.; *Groß* S. 361 ff.; *Gissel* S. 135 ff.; zur Anwendbarkeit von § 75 a HGB BGH WM 1992, 653 f. mit Erläuterungen von BGHZ 91, 1 = NJW 1984, 2366; BGH GmbHR 1994, 803, 804; vgl. auch BGH ZIP 1990, 1196 f.
[382] Für Einzelheiten *Tillmann/Mohr* Rn. 478 ff.; *Bauer/Diller* S. 236 ff.; *Reiserer* S. 39 f.; *Meyer-Landrut/Miller/Niehus* Rn. 180; *Hachenburg/Stein* Rn. 314 mwN; dort auch zur Möglichkeit, die

lassen sich nicht, jedenfalls nicht in allen Fällen, aus der Organstellung ableiten und sind dann nur anstellungsvertraglich begründbar.[383] Erfüllungsort für Geldforderungen der GmbH aus dem Arbeitsverhältnis ist deren Sitz.[384]

Der Anstellungsvertrag kann besondere **Sanktionen** der Verletzung von Geschäftsführerpflichten vorsehen, insbesondere eine Vertragsstrafe.[385]   **107**

5. Fehlerhafter Anstellungsvertrag. Mängel des Anstellungsvertrages (kein Zustandekommen, Nichtigkeit, Anfechtbarkeit)[386] können nach den jeweils maßgeblichen Vorschriften des bürgerlichen Rechts uneingeschränkt geltend gemacht werden, solange eine Tätigkeit als Geschäftsführer nicht aufgenommen worden ist. Danach ist dies nur noch mit Wirkung ex nunc möglich: Der „faktische" Geschäftsführer ist für die schon erbrachte Dienstleistung zu bezahlen und zwar grundsätzlich nach Maßgabe des (fehlerhaften) Anstellungsvertrages.[387] Fehlt eine Vergütungsvereinbarung, ist an Bereicherungsansprüche zu denken.[388] Zu Haftungsfragen § 43 Rn. 51. Die Beendigung des fehlerhaften Zustandes erfolgt durch Erklärung eines der dazu Berechtigten, also durch den Aufsichtsrat, wenn diesem die Anstellungszuständigkeit zusteht.[389] Wegen Fehlens rechtlicher Grundlagen der in Frage stehenden Tätigkeit genügt auch bloße Nichtmehrbeschäftigung oder bloßes Nichtmehrtätigwerden. Ruhegehaltszusagen sind indes noch zu erfüllen, sofern ihre Voraussetzungen bei gleichzeitiger Beendigung eines (wirksamen) Anstellungsvertrages vorgelegen hätten. Das folgt daraus, dass das Ruhegehalt als Teil des Entgelts für geleistete Dienste aufzufassen ist.[390] Gegebenenfalls wird in entsprechender Anwendung des § 2 BetrAVG ein Teil des Ruhegehaltes geschuldet.   **108**

Geltung der §§ 74 ff. HGB ausdrücklich zu vereinbaren; dagegen BGHZ 91, 1, 4 f. = NJW 1984, 2366; OLG Düsseldorf NZG 2000, 737; BB 1996, 2377; OLG Köln NZG 2000, 740, 741 je mwN; *Lutter/Hommelhoff* Anh. § 6 Rn. 25; zur Abgrenzung OLG Karlsruhe WM 1986, 1473; offen OLG Hamm aaO; monographische Analyse bei *Gravenhorst* S. 13 ff., 62 ff. (§§ 74 ff. HGB grds. anwendbar). Zur „Verwirkung" einer vereinbarten Abfindung bei Verstoß gegen ein nachvertragliches Wettbewerbsverbot BGH WM 1983, 170; zu einer ähnlichen Problematik OLG Düsseldorf EWiR § 35 GmbHG 1/85, 299 – *Semler*; zur Anwendbarkeit von § 128 a AFG BSG GmbHR 1991, 463; BGH WM 1991, 1260: Kürzung der Karenzentschädigung um erstattungspflichtiges Arbeitsentgelt. Kritisch *Plagemann* ZIP 19991, 1121, 1122 f.

[383] Übersicht bei *Hachenburg/Stein* Rn. 321; s. auch BGH ZIP 1988, 568.
[384] BGH NJW 1985, 1286, 1287.
[385] Dazu RG HRR 1930 Nr. 1602; *Hachenburg/Stein* Rn. 310; *Jaeger* S. 105 f.
[386] Zur Bedeutung der Kompetenzverteilung innerhalb der GmbH in diesem Zusammenhang BGH BB 2000, 1751 f. = ZIP 2000, 1442; *Tillmann/Schmidt* GmbHR 1995, 786 ff.
[387] BGHZ 41, 282, 288 ff. = NJW 1964, 1367 mit ausführlicher Begründung; BGHZ 113, 237, 249 = NJW 1991, 1727; BGH NJW 1995, 1158 = ZIP 1995, 377; OLG Schleswig ZIP 2001, 71, 74 f.; KG NZG 2000, 43; *Scholz/Schneider* Rn. 248; *Meyer-Landrut/Miller/Niehus* Rn. 146; *Lutter/Hommelhoff* Anh. § 6 Rn. 73; vgl. auch BGHZ 65, 190, 194 f.; ferner *Baums* 197 ff.; *Säcker*, FS Müller, 1981, S. 745, 753 ff. mwN.
[388] *Baumbach/Hueck/Zöllner* Rn. 34.
[389] Zutreffend *Hachenburg/Stein* Rn. 189 gegen BGHZ 47, 341, 344 = NJW 1967, 1711, dem zustimmend BGHZ 113, 237, 249 f. = NJW 1991, 1727; dazu *Baums* ZGR 1993, 141, 143 ff. S. auch BGH BB 2000, 1751 f. = NZG 2000, 983 = ZIP 2000, 1442.
[390] Rn. 80; *Hachenburg/Stein* Rn. 188; ähnlich schon *Hengeler*, FS Barz, 1974, S. 129, 141 ff., im Prinzip auch *Säcker*, FS Müller, 1981, S. 745, 757 f.

VII. Die Drittbeziehungen des Geschäftsführers

109 **1. Persönliche Stellung.** Arbeitgeberfunktionen der Gesellschaft werden durch den Geschäftsführer ausgeübt.[391] Das gilt auch gegenüber mitarbeitenden Co-Gesellschaftern.[392] Andererseits ist der Geschäftsführer nicht Kaufmann iSd. HGB.[393] Das hat u. a. zur Folge, dass das VerbrKrG zu seinen Gunsten anzuwenden ist.[394] Für die §§ 3, 9 AGBG trifft dies nicht zu.[395] Der Geschäftsführer kann zum Handelsrichter (§ 109 GVG), Arbeitsrichter (§§ 22, 37, 43 ArbGG) und zum Sozialrichter (§§ 16, 47 SGG) auf Arbeitgeberseite bestellt werden. Auch eine Mitgliedschaft in der Vollversammlung der Industrie- und Handelskammer ist möglich.[396]

110 **2. Sozialversicherung.** Fremdgeschäftsführer und arbeitnehmerähnliche Gesellschafter-Geschäftsführer[397] sind sozialversicherungspflichtig.[398] Für beherrschende Gesellschafter-Geschäftsführer dagegen trifft dies nicht zu.[399] Das gilt auch, wenn ein Alleingesellschafter bloß Angestellter ist.[400] Soweit Sozialversicherungspflicht besteht,

---

[391] Vgl. BGHZ 49, 30, 31 = NJW 1968, 396; BGH DB 1981, 982; OVG Münster GmbHR 1990, 302 f.; wN bei *Hachenburg/Stein* Rn. 170; ferner *Fleck*, FS Hilger-Stumpf, 1983, S. 197, 203 f.; *Hohlfeld* GmbHR 1987, 255 ff.; kritisch *Miller* ZIP 1981, 578 ff. Zu Konsequenzen für die Zuständigkeit der Arbeitsgerichte für auf unerlaubte Handlung gestützte Klage eines Arbeitnehmers der GmbH BGH NJW 1996, 2886 = ZIP 1996, 1522.

[392] BAG AP TVG § 1 Nr. 137 – Tarifverträge: Bau = GmbHR 1991, 460 f.

[393] BGH WM 1986, 939 = EWiR § 765 BGB 6/86, 889. Zur Möglichkeit der Haftung aus Rechtsschein LG Oldenburg GmbHR 1996, 931.

[394] BGHZ 133, 71 = NJW 1996, 2156 = DB 1996, 2069 für Schuldbeitritt zu Kredit-/Leasingvertrag; dazu auch BGH BB 2000, 1693; OLG Köln NZG 2000, 272; BGH NJW 2000, 3133 = DB 2000, 1809, 1810 ff. für eigenen Leasing-Vertrag (neben jenem der GmbH); kritisch dazu *Hänlein* DB 2001, 1186 ff. Zur (fehlenden) Relevanz des Gesetzes bei Bürgschaft für einen der GmbH gewährten Kredit BGH GmbHR 1998, 679; OLG Hamburg GmbHR 1999, 123; anders LG Köln ZIP 1997, 2007. Dementsprechend BGH ZIP 1997, 449: Neuere Rechtsprechung zur Unwirksamkeit weiterer Zweckerklärung nicht anwendbar (dazu auch OLG Köln GmbHR 2001, 922 f. mwN). Zum Ganzen *Grunewald*, FS Kraft, 1998, S. 127 ff.

[395] BGHZ 130, 19, 39 mwN = NJW 1995, 2553 = ZIP 1995, 1244; OLG Frankfurt GmbHR 2000, 666; OLG Hamm GmbHR 1997, 1064 (für Gesamtprokuristen).

[396] Zur Möglichkeit und zu den Grenzen der Zuerkennung von Titeln § 6 Rn. 4; *Baumbach/Hueck/Zöllner* Rn. 1; *Meyer-Landrut/Miller/Niehus* Rn. 16.

[397] Zum Begriff Rn. 94; vgl. auch BSG GmbHR 1998, 1127; 1997, 696 (Bedeutung treuhänderischer Beteiligung); ZIP 1990, 1566; GmbHR 1992, 172; 1992, 810, 811 f. m. Anm. *Figge*; *Hachenburg/Mertens* Rn. 75 f.; *Scholz/Schneider* Rn. 269; *Groß* 164 ff., 385 ff.; *Lieb/Eckardt* S. 87 ff.; *Figge* GmbHR 1987, 338 mit umfassender Aufarbeitung der Rechtsprechung des BSG; *Straub* DB 1992, 1087, 1088 f.

[398] BSG GmbHR 1993, 355 ff.; Schreiben des Bundesministers für Arbeit und Sozialordnung GmbHR 1969, 258; *Brandmüller* 281 ff.; *Tillmann/Mohr* Rn. 702 ff.; *Reiserer* S. 137 ff.; dies. BB 1999, 2026 ff.; zusammenfassend *Hoffmann/Liebs* Rn. 240 ff. Zu den Verhältnissen bei der GmbH & Co KG LSG NRW GmbHR 1992, 174, 175 f.

[399] BSG GmbHR 1977, 131; 1991, 17; 2000, 618: Keine Weisungsunterworfenheit aus familiären Gründen; *Binz* 205 ff. für die gesetzliche Unfallversicherung; BSG BB 1984, 1050; zur Abgrenzung *Plagemann* WiB 1994, 223, 224 f.; BSG GmbHR 1995, 584; FinMin. Baden-Württemberg GmbHR 1997, 970; wN bei *Scholz/Schneider* Rn. 266; zur Möglichkeit freiwilligen Beitritts *Hachenburg/Mertens* Rn. 96. Zu steuerlichen Konsequenzen bei freiwilligen Arbeitgeberbeiträgen OFD Düsseldorf GmbHR 2000, 516.

[400] BSG GmbHR 1990, 300 f. Zur Bedeutung der tatsächlichen Gegebenheit in weniger krassen Fällen BSG GmbHR 2001, 668. Zur Möglichkeit freiwilligen Zugangs zur Sozialversicherung *Hachenburg/Mertens* Rn. 172 mwN.

Vertretung durch Geschäftsführer § 35

hat die Gesellschaft für einen Teil der Kosten aufzukommen (§ 405 Abs. 1 RVO). Der Geschäftsführer ist niemals Unternehmer iSv. § 658 Abs. 2 Nr. 1 RVO; eine Durchgriffshaftung für Beiträge zur Unfallversicherung ist grundsätzlich ausgeschlossen.[401]

VIII. Vertretung bei der GmbH & Co. KG

1. Vertretungsbefugnis. Die KG wird gemäß §§ 161 Abs. 2, 125, 170 HGB durch die Komplementäre vertreten. Diese Regelung ist nach ganz hL zwingend in dem Sinne, dass organschaftliche Vertretung der Gesellschaft durch andere Personen, insbesondere Kommanditisten ausgeschlossen ist.[402] Die GmbH und Co. KG wird daher (auch) durch die GmbH vertreten, es sei denn, sie wäre bei Vorhandensein noch anderer persönlich haftender Gesellschafter gesellschaftsvertraglich von der Vertretung ausgeschlossen worden (§ 125 Abs. 1 HGB). Zur Möglichkeit, Vertretung der KG durch die GmbH nur beim Wegfall der anderen Komplementäre vorzusehen vgl. *Binz* 68. 111

In der Praxis ganz im Vordergrund stehen allerdings die Fälle, wo die GmbH **einzige Komplementärin** der KG ist. Die folgenden Erläuterungen konzentrieren sich auf diese Konstellation. Die Vertretungsbefugnis der GmbH ist hier zwingend. Ausgeübt wird sie durch die Geschäftsführer, welche unmittelbar die GmbH, mittelbar aber die KG vertreten. Geschäftsführer der GmbH können auch Kommanditisten sein; § 170 steht nicht entgegen.[403] Daneben bleibt Raum für Vertretung der KG auf rechtsgeschäftlicher Basis, also etwa durch Prokuristen der GmbH oder der KG; letztere können auch Geschäftsführer der GmbH sein.[404] Unechte Gesamtvertretung scheidet von vornherein aus, wenn die GmbH einziger Komplementär ist, generell, soweit Vertretung durch einen Geschäftsführer zusammen mit einem Prokuristen der KG in Frage steht.[405] 112

2. In-Sich-Geschäfte. Mangels „Gestattung" schließt § 181 BGB Geschäfte zwischen der KG und ihrer Komplementär-GmbH aus. Dasselbe gilt für Geschäfte zwischen GmbH u. Co. KG und den Geschäftsführern der GmbH,[406] und zwar im Hinblick auf die in § 35 Abs. 4 steckende, wenngleich bedenkliche (Rn. 27) Wertung wohl auch dann, wenn sich nicht nur sämtliche Anteile der GmbH, sondern auch der KG in der Hand des einzigen Geschäftsführers befinden. § 181 BGB greift auch Platz, wenn die GmbH Komplementärin mehrerer KGs ist und Geschäfte zwischen diesen in Frage stehen. Schon der Abschluss des Gesellschaftsvertrags der KG ist unter demselben Gesichtspunkt bedenklich, wenn der Geschäftsführer der GmbH auch als Kommanditist beteiligt werden soll. Dann sind auch Gesellschafterbeschlüsse der KG, an denen die GmbH beteiligt ist, von § 181 bedroht.[407] 113

Die **Befreiung** von den Beschränkungen des § 181 BGB kann in den Gesellschaftsverträgen von KG und/oder GmbH ausgesprochen werden. Wirksam ist die Befreiung indes nur, wenn sie im Gesellschaftsvertrag der jeweils vertretenen Gesellschaft enthalten ist. Soweit gesellschaftsvertragliche Bestimmungen dieses Inhalts fehlen, kommt 114

---

[401] BSG BB 1978, 662, 663.
[402] Teilweise anders *Brox*, FS Westermann, 1974, S. 21 ff.
[403] *Baumbach/Duden/Hopt* Anh. § 177 a, Rn. 37; *Schlegelberger/Martens* § 161 Rn. 112.
[404] BayObLG DB 1980, 2232; OLG Hamm BB 1973, 354; dazu *Binz* S. 61 f.
[405] BayObLG BB 1994, 1879; BayObLG BB 1970, 226, 227; *Binz* S. 62 f. Zur Art und Weise der Zeichnung für die GmbH & Co. KG vgl. BGHZ 62, 216, 229 f.
[406] Näher *Hesselmann/Tillmann* Rn. 421 ff.; *Baumbach/Duden/Hopt* Anh. § 177 a Rn. 40. Vgl. BayObLG BB 2000, 1054. Zuletzt OLG Frankfurt GmbHR 2001, 346 f. mwN.
[407] Für Einzelheiten MüKo BGB/*Schramm* § 181 Rn. 18 f.

§ 35 a 3. Abschnitt. Vertretung und Geschäftsführung

freilich noch eine „Gestattung" im Einzelfall in Betracht. Beim Abschluss des Gesellschaftsvertrags und im Zusammenhang mit Gesellschafterbeschlüssen ist Zustimmung (Genehmigung) durch die GmbH erforderlich. Zur Zuständigkeit der Gesellschafterversammlung Rn. 34 ff. Konkludente Zustimmung der Gesellschafter genügt, und zwar auch dann, wenn diese anlässlich einer Gesellschafterversammlung der KG kundgetan wird.[408] Ein Rechtsgeschäft zwischen der GmbH u. Co. KG und dem Geschäftsführer der GmbH kann dagegen nur die KG gestatten.[409] Zuständig ist deren Gesellschafterversammlung, die auch durch konkludenten Beschluss entscheiden kann.[410] Ist der Geschäftsführer zugleich Kommanditist, bedarf es hierzu wiederum eines das Selbstkontrahieren gestattenden Beschlusses der GmbH-Gesellschafter.[411]

IX. Österreichisches Recht

115 Abs. 1 findet eine wortgleiche Entsprechung in § 18 Abs. 1 ÖGmbHG. Der Regelungsgegenstand von Abs. 2 und 3 wird in § 18 Abs. 2 und 4 in einer dem deutschen Recht im Ergebnis voll entsprechenden Weise erfasst. § 18 Abs. 3 ÖGmbHG erklärt die unechte Gesamtprokura ausdrücklich für zulässig. Ein sachlicher Unterschied zum deutschen Recht liegt aber auch insoweit nicht vor (Rn. 56 ff.). Ein Gegenstück zu Abs. 4 kennt das österreichische Recht nicht. In-Sich-Geschäfte des Einpersonengesellschafter-Geschäftsführers sind neuerdings grundsätzlich wirksam (§ 18 Abs. 5 und 6 ÖGmbHG).[412] § 25 Abs. 4 ÖGmbHG enthält im Zusammenhang solcher Geschäfte eine eigene Schadensersatzsanktion. Zur Bestellung der Geschäftsführer vgl. § 6 Rn. 40; auch das österreichische Recht unterscheidet zwischen Bestellung und Anstellung.[413] Zur Stellung des Geschäftsführers im Arbeits- und Sozialrecht *Koppensteiner* § 15 Rn. 28 f. mN.

§ 35 a [Angaben auf Geschäftsbriefen]

(1) ¹**Auf allen Geschäftsbriefen, die an einen bestimmten Empfänger gerichtet werden, müssen die Rechtsform und der Sitz der Gesellschaft, das Registergericht des Sitzes der Gesellschaft und die Nummer, unter der die Gesellschaft in das Handelsregister eingetragen ist, sowie alle Geschäftsführer und, sofern die Gesellschaft einen Aufsichtsrat gebildet und dieser einen Vorsitzenden hat, der Vorsitzende des Aufsichtsrats mit dem Familiennamen und mindestens einem ausgeschriebenen Vornamen angegeben werden.** ²**Werden Angaben über das Kapital der Gesellschaft gemacht, so müssen in jedem Falle das Stammkapital sowie, wenn nicht alle in Geld zu leistenden Einlagen eingezahlt sind, der Gesamtbetrag der ausstehenden Einlagen angegeben werden.**

(2) **Der Angaben nach Absatz 1 Satz 1 bedarf es nicht bei Mitteilungen oder Berichten, die im Rahmen einer bestehenden Geschäftsverbindung ergehen und**

---

[408] BGH NJW 1976, 1538, 1539; zustimmend MüKo BGB/*Schramm* § 181 Rn. 46.
[409] BGHZ 58, 115, 117 = NJW 1972, 623. Zur Eintragungsfähigkeit einer generellen Beteiligung in das Handelsregister der KG BayObLG ZIP 2000, 701; GmbHR 2000, 91; NZG 2000, 684.
[410] MÜKO BGB/*Schramm* § 181 Rn. 45.
[411] BGHZ 58, 115, 118 = NJW 1972, 623, 624; vgl. auch *Binz* S. 68 f.
[412] Für Einzelheiten *Koppensteiner* § 18 Rn. 23 a ff.
[413] *Koppensteiner* § 15 Rn. 18 mwN.

Angaben auf Geschäftsbriefen § 35a

für die üblicherweise Vordrucke verwendet werden, in denen lediglich die im Einzelfall erforderlichen besonderen Angaben eingefügt zu werden brauchen.

(3) ¹Bestellscheine gelten als Geschäftsbriefe im Sinne des Absatzes 1. ²Absatz 2 ist auf sie nicht anzuwenden.

(4) ¹Auf allen Geschäftsbriefen und Bestellscheinen, die von einer Zweigniederlassung einer Gesellschaft mit beschränkter Haftung mit Sitz im Ausland verwendet werden, müssen das Register, bei dem die Zweigniederlassung geführt wird, und die Nummer des Registereintrags angegeben werden; im übrigen gelten die Vorschriften der Absätze 1 bis 3, soweit nicht das ausländische Recht Abweichungen nötig macht. ²Befindet sich die ausländische Gesellschaft in Liquidation, so sind auch diese Tatsache sowie alle Liquidatoren anzugeben.

Literatur: *Einmahl* Die erste gesellschaftsrechtliche Richtlinie des Rates der Europäischen Gemeinschaften und ihre Bedeutung für das deutsche Aktienrecht, AG 1969, 131; *Gruber* Geschäftspapiere als Publizitätsmittel – Glossen zu § 14 HGB, JBl. 1993, 698 (Teil I), 762 (Teil II); *Haas* Geschäftsführerhaftung und Gläubigerschutz, 1997; *Koppensteiner* Internationale Unternehmen im deutschen Gesellschaftsrecht, 1971; *Kreplin* Erweiterte Angabenpflicht auf Geschäftsbriefen für Aktiengesellschaften, Kommanditgesellschaften auf Aktien und Gesellschaften mit beschränkter Haftung, BB 1969, 1112; *Pfister* Europäisches Gesellschaftsrecht, 1993.

Übersicht

	Rn.		Rn.
I. Grundlagen	1–5	2. Die geforderten Angaben	8, 9
1. Inhalt, Zweck, Entstehungsgeschichte	1–3	3. Verstoß	10
		4. Abs. 4	11
2. Räumlicher und sachlicher Anwendungsbereich	4, 5	III. Die Ausnahme (Abs. 2, 3)	12–15
II. Die Regel (Abs. 1)	6–11	IV. Österreichisches Recht	16
1. Voraussetzungen	6, 7		

I. Grundlagen

1. Inhalt, Zweck, Entstehungsgeschichte. Abs. 1 der § 80 AktG entsprechen- 1 den Bestimmung schreibt vor, dass Geschäftsbriefe an bestimmte Adressaten Angaben über besonders wesentliche Daten der Gesellschaft enthalten müssen. Nach Abs. 3 sind Bestellscheine stets Geschäftsbriefe iS dieser Regel. Die von Abs. 1 geforderten Angaben sind entbehrlich, wenn es sich um Mitteilungen (ausgenommen Bestellscheine) handelt, die im Rahmen einer bestehenden Geschäftsverbindung und üblicherweise unter Zuhilfenahme von Vordrucken gemacht werden (Abs. 2).

Der **Zweck** der Bestimmung besteht darin, Dritten schon über die Korrespondenz 2 Aufschlüsse über wesentliche Verhältnisse der Gesellschaft zu geben und ihnen durch Mitteilung handelsregisterlicher Ausgangsdaten die Möglichkeit weiterer Aufklärung zu verschaffen. Dieses Prinzip wird bei Bestellscheinen ausnahmslos durchgeführt. Denn in diesem Zusammenhang sind Informationen über die Gesellschaft offensichtlich besonders wichtig.[1] Die Ausnahme bei der Verwendung von Vordrucken (unter Ausschluss von Bestellscheinen) beruht darauf, dass hier aus praktischen Gründen Erleichterungen am Platze scheinen und dass – wegen der zusätzlichen Voraussetzung einer bestehenden Geschäftsverbindung – ohnehin damit gerechnet werden kann, dass der Adressat im Besitz der in Frage stehenden Informationen ist.

---

[1] Kritisch *Gruber* JBl. 1993, 762, 767.

3 § 35a wurde mit Gesetz vom 15. 8. 1969[2] in das GmbHG eingefügt. Anlass war die Erste Richtlinie des Rates der Europäischen Gemeinschaften zur Koordinierung des Gesellschaftsrechtes.[3] Das Gesetz geht über deren Wortlaut teilweise hinaus (Nennung der leitenden Persönlichkeiten mit Rücksicht auf das schon im AktG 1937 vorgesehene Vorbild), bleibt (Ausnahme des Abs. 2) teilweise allerdings auch dahinter zurück. Letzteres ist aus teleologischen Gründen freilich unbedenklich.[4]

4 **2. Räumlicher und sachlicher Anwendungsbereich.** Die Bestimmung gilt, wie sich aus dem Zweck der Koordinierungsrichtlinie ohne weiteres ergibt, für den Geschäftsverkehr mit dem **EG-Ausland,** mangels zureichender Anhaltspunkte aber auch im Verhältnis zu Adressaten in **anderen** Staaten.[5] Dieselbe Regel greift, wie Abs. 4 jetzt ausdrücklich sagt, auch gegenüber ausländischen Gesellschaften ein, die im Inland eine Zweigniederlassung oder sonstige Betriebsstätte unterhielten, von der aus sie handeln.[6]

5 Auf die **GmbH & Co. KG** ist § 35a nicht direkt anwendbar. Sofern die GmbH einziger Komplementär der KG ist, entspricht die Interessenlage Dritter in den wesentlichen Punkten allerdings der des von § 35a anvisierten Personenkreises. Darauf ist die Neueinführung der §§ 177a, 125a HGB zurückzuführen.[7]

II. Die Regel (Abs. 1)

6 **1. Voraussetzungen.** Zu den Voraussetzungen von Abs. 1 gehört zunächst das Vorliegen eines **„Geschäftsbriefes".** Dieser Ausdruck ist entsprechend dem Zweck der Bestimmung (Rn. 2) weit aufzufassen, d. h. auf sämtliche, nach außen gerichtete, geschäftliche Mitteilungen in schriftlicher Form zu beziehen. Auf die Form solcher Mitteilungen, ob Formular oder nicht, ob Brief oder Postkarte,[8] kommt es nicht an. Nicht hierher gehören allerdings Fernschreiben[9] und Telegramme, wo die von § 35a geforderten Spezifikationen typischerweise nicht erwartet werden. Anders ist dies bei via Telefax oder *electronic mail* gemachten Mitteilungen.[10] Preislisten, Angebote, Lieferscheine, Rechnungen, Empfangsbestätigungen und dergleichen mehr sind daher allesamt Geschäftsbriefe iSv. Abs. 1.[11] Für Bestellscheine wird dies in Abs. 3 ausdrücklich hervorgehoben. Nicht in diese Kategorie gehören dagegen **interne** Mitteilungen auch gegenüber Zweigstellen, anderen Gesellschaftsorganen und einzelnen Gesellschaftern.[12] Dagegen soll Abs. 1 im Verkehr unter **konzernverbundenen** Unternehmen Anwendung finden,[13] was vom Zweck der Bestimmung wohl nicht gedeckt ist.

7 Vorausgesetzt wird ferner, dass es sich um Mitteilung an einen **„bestimmten Empfänger"** handelt. Ausgeschlossen werden damit quasi-öffentliche Bekanntma-

---

[2] BGBl. I S. 1146.
[3] ABl. EG 1968 Nr. L 65/8.
[4] *Scholz/Schneider* Rn. 1.
[5] *Hachenburg/Mertens* 7. Aufl. Rn. 8 mwN.
[6] Dazu Rn. 11.
[7] IErg. ebenso aber schon *Hachenburg/Mertens* 7. Aufl. Rn. 6.
[8] *Baumbach/Hueck/Zöllner* Rn. 7; anders *Lutter/Hommelhoff* Rn. 2.
[9] *Scholz/Schneider* Rn. 3, anders *Lutter/Hommelhoff* Rn. 2.
[10] *Baumbach/Hueck/Zöllner* Rn. 7; *Gruber* JBl. 1993, 698, 707; vgl. *Scholz/Schneider* Rn. 3.
[11] Vgl. *Scholz/Schneider* Rn. 3. Zu Postschecks LG Detmold GmbHR 1991, 23. Kritisch *Gruber* JBl. 1993, 762, 706; *Lutter/Hommelhoff* Rn. 2.
[12] BGH NJW-RR 1997, 669; teilweise anders *Hachenburg/Mertens* Rn. 4.
[13] *Scholz/Schneider* Rn. 5; *Hachenburg/Mertens* Rn. 4; *Lutter/Hommelhoff* Rn. 2; *Baumbach/Hueck/Zöllner* Rn. 7.

chungen wie Postwurfsendungen oder Zeitungsanzeigen. Unerheblich ist dagegen, ob der Inhalt der Mitteilung individuell auf den Empfänger zugeschnitten ist.[14] Mit der namentlichen Bezeichnung des Adressaten stellt die Gesellschaft einen Kontakt her, der dem gesetzlichen Erfordernis eines „bestimmten Empfängers" in jedem Fall genügt.[15]

2. Die geforderten Angaben. Die **Rechtsform** der Gesellschaft darf in abgekürzter Form, also als GmbH mitgeteilt werden.[16] Der **Gesellschaftssitz**, dessen Verlautbarung wegen § 17 ZPO wichtig ist, muss als solcher angegeben werden; der Absendeort genügt nicht, auch wenn er mit dem Gesellschaftssitz übereinstimmt.[17] **Registergericht** und **-nummer** der Gesellschaft können in abgekürzter Form genannt werden, sofern diese eindeutig ist.[18] Anzuführen sind ferner sämtliche **Geschäftsführer** der Gesellschaft einschließlich der stellvertretenden (§ 44), und zwar mit ihrem Familiennamen und mindestens einem ausgeschriebenen Vornamen. Das gilt gegebenenfalls auch für Notgeschäftsführer.[19] Bei Vorhandensein eines **Vorsitzenden** des **Aufsichtsrats** ist dieser in gleicher Weise anzugeben. Entsprechendes gilt, wenn die Gesellschaft ein funktionsähnliches Überwachungsorgan hat.[20]

Sofern Angaben über das **Gesellschaftskapital** gemacht werden, was rechtlich nicht notwendig ist, müssen der Betrag des Stammkapitals und der noch ausstehenden Geldeinlagen angegeben werden. Ob ursprünglich vorhandenes Kapital verloren worden ist, braucht nicht angeführt zu werden.[21]

3. Verstoß. Ein Verstoß gegen Abs. 1 ändert nichts an der **Wirksamkeit** der Erklärung. Als Rechtsfolge kommt lediglich die Festsetzung von Zwangsgeldern (§ 79 Abs. 1) in Betracht, eventuell auch Schadensersatzansprüche aus § 823 Abs. 2 BGB[22] oder culpa in contrahendo. Die Irrtumsanfechtung dürfte fast immer ausscheiden, weil, wenn überhaupt, ein bloßer Motivirrtum vorliegt.[23] Auch die §§ 1, 3 UWG greifen regelmäßig nicht ein.[24] Richtige Beklagte ist die Gesellschaft, nicht der Gesellschafter-Geschäftsführer.[25] Ein Verstoß gegen Abs. 1 ist wegen Fehlen einer persönlichen Aufklärungspflicht auch ungeeignet, ihm gegenüber eine Haftung aus Rechtsschein zu begründen.[26]

4. Abs. 4. Durch die Umsetzung von Art. 6 und 10 der Elften gesellschaftsrechtlichen Richtlinie[27] wurde mit Abs. 4 eine Regel eingeführt, die die in Abs. 1 vorgesehenen Angaben auch für inländische Zweigniederlassungen ausländischer GmbHs zwingend vorschreibt; über die Angaben betreffend die Hauptniederlassung hinausge-

---

[14] *Scholz/Schneider* Rn. 4; aM etwa Kölner KommAktG/*Mertens* § 80 Rn. 6.
[15] Dazu OGH ecolex 1994, 546.
[16] *Scholz/Schneider* Rn. 7; *Hachenburg/Mertens* Rn. 9.
[17] Anders anscheinend *Meyer-Landrut/Miller/Niehus* Rn. 62.
[18] *Scholz/Schneider* Rn. 9.
[19] *Hachenburg/Mertens* Rn. 9.
[20] *Hachenburg/Mertens* Rn. 9.
[21] Mit Recht skeptisch dazu *Einmahl* AG 1969, 131, 134.
[22] *Lutter/Hommelhoff* Rn. 6; *Meyer-Landrut* EWiR § 35 a GmbHG 1/91; *Haas* S. 82 f.; dagegen *Hachenburg/Mertens* Rn. 12; jeweils mwN.
[23] Andeutungsweise anders *Hachenburg/Mertens* Rn. 12.
[24] Vgl. KG GmbHR 1991, 470; LG Berlin WM 1991, 1615 f.; anders *Hachenburg/Mertens* Rn. 12 für gezielt falsche Angaben.
[25] Unzutreffend LG Detmold GmbHR 1991, 23.
[26] Anders LG Heidelberg GmbHR 1997, 446, 447. Wie hier wohl OLG Hamm GmbHR 1998, 890. Vgl. § 35 Rn. 24.
[27] Zweigniederlassungsrichtlinie, 89/666/EWG.

hend müssen zudem das Register und die Nummer des Registereintrags der Zweigniederlassung angeführt sein. Damit wird dem in der Zweigniederlassungsrichtlinie niedergelegten Erfordernis der formellen Publizität Rechnung getragen.[28] Da uU in Rechtsordnungen von Nicht-EU-Mitgliedstaaten keine Registereintragungen vorgesehen sind, wurde in S. 1 Halbs. 2 ein Vorbehalt zugunsten abweichender Regelungen aufgenommen. Die Vorschrift in S. 2 (Liquidation) machte eine Novellierung von § 71 (vgl. dort Rn. 31) entbehrlich[29] und entspricht so dem Willen des Gesetzgebers, das Recht der Zweigniederlassungen zusammenfassend in den §§ 13, 13a ff. HGB zu regeln und nur in unvermeidbaren Fällen ausserhalb dieses Gesetzes Bestimmungen einzuführen.[30] Bei Verstoß gegen Abs. 4 gilt das in Rn. 10 Gesagte sinngemäß.

III. Die Ausnahme (Abs. 2, 3)

12   In den Fällen des Abs. 2 sind die von Abs. 1 geforderten Angaben **nicht** erforderlich. Vorausgesetzt werden zunächst geschäftliche Mitteilungen oder Berichte, für die **üblicherweise Vordrucke** verwendet werden, die im Einzelfall lediglich ergänzt zu werden brauchen (Beispiele: Preise, Mengen, Lieferzeit etc.). Was üblich ist, richtet sich nach den Verhältnissen der betreffenden Branche.[31]

13   Erforderlich ist ferner, dass der Vordruck im Rahmen einer **bestehenden Geschäftsverbindung** verwendet wird. Mit Rücksicht auf den Normzweck (Rn. 2) ist hierfür darauf abzustellen, ob der Adressat zumindest einmal eine nicht zu lange zurückliegende Mitteilung erhalten hatte, die die in Abs. 1 geforderten Angaben enthielt[32] und auch jetzt noch aktuell ist. Kontaktaufnahme durch den Dritten allein genügt nicht.[33]

14   Auf **Bestellscheine** ist Abs. 2 **nicht** anzuwenden (Abs. 3 S. 2). Da es sich hier stets um Geschäftsbriefe handelt (Abs. 3 S. 1) und diese kraft Natur der Sache ausnahmslos an einen bestimmten Empfänger gerichtet sind, greift vielmehr immer Abs. 1 ein. Bestellscheine ohne die dort geforderten Angaben sind daher stets rechtswidrig.

15   Für die Angabepflichten bei **Zweigniederlassungen** bzw. ihren Hauptniederlassungen gelten die Ausnahmen der Abs. 2 und 3 ebenso entsprechend (Abs. 4).

IV. Österreichisches Recht

16   Eine § 35a entsprechende Regelung findet sich (in verallgemeinerter Form) in § 14 Abs. 1, 3, 4 HGB.[34]

---

[28] *Pfister* S. 11.
[29] So die Regierungsbegründung BT-Drucks. 12/3908 S. 20.
[30] BT-Drucks. 12/3908 S. 2.
[31] Regierungsbegründung zu § 80 AktG in *Kropff* AktG 1965, 102; ähnlich *Scholz/Schneider* Rn. 15. Für Beispiele üblicher Vordrucke vgl. *Hachenburg/Mertens* Rn. 7. Zur mangelhaften Abstimmung des Textes mit der Entwicklung der Kommunikationstechnik *Gruber* JBl. 1993, 762, 765.
[32] *Hachenburg/Mertens* Rn. 6; *Scholz/Schneider* Rn. 16.
[33] *Gruber* JBl. 1993, 762, 764.
[34] Dazu *Koppensteiner* § 18 Rn. 11 mN, *Gruber* JBl. 1993, 698 ff., 762 ff.

§ 36 [Wirkung der Vertretung]

Die Gesellschaft wird durch die in ihrem Namen von den Geschäftsführern vorgenommenen Rechtsgeschäfte berechtigt und verpflichtet; es ist gleichgültig, ob das Geschäft ausdrücklich im Namen der Gesellschaft vorgenommen worden ist, oder ob die Umstände ergeben, dass es nach dem Willen der Beteiligten für die Gesellschaft vorgenommen werden sollte.

Literatur: Van Venrooy Widersprüchliche Ausübung des arbeitsrechtlichen Direktionsrechts durch mehrere GmbH-Geschäftsführer, GmbHR 2001, 7.

1. Bedeutung der Norm. § 36 hat **keine** selbständige normative Bedeutung. Denn der Regelungsinhalt der Bestimmung folgt auch aus § 35 Abs. 1 in Verbindung mit § 164 Abs. 1 BGB. Dass § 36 im Unterschied zu jener Vorschrift nicht ausdrücklich Handeln des Geschäftsführers im Rahmen seiner Vertretungsmacht fordert, ist, weil als selbstverständlich vorauszusetzen, ohne Belang. Die aus der Zeit vor In-Kraft-Treten des BGB stammende Bestimmung sollte daher bei nächster Gelegenheit ersatzlos gestrichen werden. Der RegE 1971 wollte in der Tat so vorgehen. 1

2. Voraussetzungen. Wie § 164 Abs. 1 BGB verknüpft § 36 Berechtigung und Verpflichtung der GmbH aus Rechtsgeschäften der Geschäftsführer damit, dass in **ihrem Namen** gehandelt wurde. Wie dort kommt es grundsätzlich nicht darauf an, ob dies ausdrücklich geschehen oder nur aus den Umständen zu erschließen ist.[1] So ist bei Abschluss eines Geschäftes, das zum Gegenstand des Unternehmens der Gesellschaft gehört, im Zweifel anzunehmen, dass es in ihrem Namen abgeschlossen wurde. Die Einhaltung der in § 35 Abs. 3 vorgeschriebenen Zeichnungsform wird nicht vorausgesetzt. Vielmehr genügt es, wenn klargestellt wird, dass der Geschäftsführer ein firmenbezogenes Geschäft tätigen will[2] und dass die Vertretene, dh. die Gesellschaft, individualisiert wird oder wenigstens individualisierbar ist. Letzteres setzt nicht voraus, dass der Geschäftspartner die Firma der Gesellschaft kennt oder weiß, dass er es überhaupt mit einer GmbH zu tun hat.[3] Im zuletzt genannten Fall kommt allerdings eine Irrtumsanfechtung wegen Identitätsirrtum in der Form eines error in persona in Betracht.[4] Glaubt der Kläger zu Unrecht, mit einer GmbH kontrahiert zu haben, kommt das Geschäft mit dem wirklichen Unternehmensträger zustande.[5] 2

Besondere Grundsätze gelten für **wechsel-** und **scheck**rechtliche Erklärungen. Das Fehlen von Hinweisen auf ein Vertretungsverhältnis auf der Urkunde selbst führt dazu, dass die Erklärung dem Zeichner selbst zugerechnet wird.[6] Der BGH[7] lässt dahinge- 3

---

[1] Vgl. OLG München NZG 2000, 1037 m. Anm. *Waldner*; OLG Köln GmbHR 1972, 65; *Meyer-Landrut/Miller/Niehus* Rn. 54.
[2] Dazu etwa BGH WM 1990, 600; OLG Hamm GmbHR 1991, 364; OLG Köln GmbHR 2000, 383; 1999, 410; 1994, 123; OLG Naumburg GmbHR 1997, 445; OLG Hamm GmbHR 1995, 661. Für ein Gegenbeispiel BGH BB 2000, 1209.
[3] Zum Vorstehenden statt vieler MüKo BGB/*Schramm* § 164 Rn. 14 ff.
[4] Dazu MüKo BGB/*Kramer* § 119 Rn. 65.
[5] BGH NZG 1998, 636 f = NJW 1998, 2897 = DStR 1998, 1227 = DB 1998, 1610.
[6] BGH NJW 1992, 1380; BGHZ 65, 218, 219 ff. = NJW 1976, 329; OLG Hamm GmbHR 1993, 159; OLG Frankfurt DB 1981, 2069; BGH GmbHR 1978, 132 für ein Indossament. S. auch OLG Düsseldorf GmbHR 1996, 765: Vertretungswille, wenn Scheck durch zwei Geschäftsführer unterschrieben.
[7] BGHZ 65, 218, 219 = NJW 1976, 329.

stellt, ob diese Regel auch gegenüber dem Partner des Begebungsvertrages gilt, was meistens zu bejahen ist.[8] Auf dieser Grundlage hat das OLG Frankfurt[9] eine GmbH nach Rechtsscheingrundsätzen, also nicht als Ausstellerin, aus einem Scheck haften lassen, den ihr Geschäftsführer im eigenen Namen gezeichnet und der Klägerin übergeben hatte. Maßgebend hierfür war eine Reihe von Umständen außerhalb des Schecks, die allesamt darauf hindeuteten, dass dieser für die GmbH begeben werden sollte. Für Tatsachen, die ausnahmsweise dazu führen können, die Erklärung der Gesellschaft zuzurechnen, ist der Zeichner beweispflichtig.[10]

4   Das Zustandekommen eines Vertrages mit Wirkung für und gegen die GmbH schließt es nicht aus, dass der Geschäftsführer daneben aus **Rechtsschein** haftet (§ 35 Rn. 24). Für andere Vertreter gilt Entsprechendes.[11]

5   **3. Widersprechende Erklärungen.** Widersprechende Erklärungen mehrerer einzelvertretungsbefugter Geschäftsführer heben sich gegenseitig auf, wenn sie gleichzeitig abgegeben wurden bzw. zugegangen sind.[12] Sonst gibt die zeitliche Priorität den Ausschlag. Im Zusammenhang korrigierbarer Erklärungen (Beispiel: Erteilung/Widerruf einer Prokura) gilt stets die jeweils letzte.[13]

6   **4. Vertretung durch andere Gesellschaftsorgane.** In Fällen der Vertretung durch andere Gesellschaftsorgane (vgl. § 35 Rn. 13 ff.) gilt § 36 nicht. Eine Analogie braucht nicht erwogen zu werden, weil sich aus § 164 Abs. 1 BGB ohne weiteres dasselbe ergibt (Rn. 1).

7   **5. Österreichisches Recht.** § 36 entspricht wortgleich § 19 ÖGmbHG.

§ 37 [Beschränkung der Vertretungsbefugnis]

(1) **Die Geschäftsführer sind der Gesellschaft gegenüber verpflichtet, die Beschränkungen einzuhalten, welche für den Umfang ihrer Befugnis, die Gesellschaft zu vertreten, durch den Gesellschaftsvertrag oder, soweit dieser nicht ein anderes bestimmt, durch die Beschlüsse der Gesellschafter festgesetzt sind.**

(2) [1]**Gegen dritte Personen hat eine Beschränkung der Befugnis der Geschäftsführer, die Gesellschaft zu vertreten, keine rechtliche Wirkung.** [2]**Dies gilt insbesondere für den Fall, dass die Vertretung sich nur auf gewisse Geschäfte oder Arten von Geschäften erstrecken oder nur unter gewissen Umständen oder für eine gewisse Zeit oder an einzelnen Orten stattfinden soll, oder dass die Zustimmung der Gesellschafter oder eines Organs der Gesellschaft für einzelne Geschäfte erfordert ist.**

---

[8] So bei Ziehung des Schecks auf ein Privatkonto auch BGH NJW 1992, 1380; ferner OLG Brandenburg GmbHR 1998, 742; vgl. aber OLG Hamm WM 1984, 359.
[9] BB 1981, 519 f.
[10] OLG Frankfurt GmbHR 1993, 158, 159; vgl. auch BGH NJW 1992, 1380, 1381. Zur Haftung des Zeichners aus Art. 8 WG bei Verwendung einer unzutreffenden Firma OLG Köln GmbHR 1995, 127. Zu Unklarheiten anlässlich der Vertretung mehrerer Gesellschaften durch denselben Geschäftsführer vgl. BGH WM 1978, 1151, 1152. Dazu *Scholz/Schneider* Rn. 4 mwN; abweichend *Baumbach/Hueck/Zöllner* Rn. 4.
[11] BGH NJW 1991, 2627 f. m. Anm. *Canaris*.
[12] LG Dortmund BB 1979, 272; *Scholz/Schneider* Rn. 8. Zur widersprüchlichen Ausübung des arbeitsrechtlichen Direktionsrechts *van Venrooy* GmbHR 2001, 7 ff.
[13] *Scholz/Schneider* Rn. 9 mwN; aM OLG Hamm BB 1957, 448.

Beschränkung der Vertretungsbefugnis § 37

Literatur: *Ballerstedt* Das Mitbestimmungsgesetz zwischen Gesellschafts-, Arbeits- und Unternehmensrecht, ZGR 1977, 133; *ders.* Handels- und gesellschaftsrechtliche Probleme der Organschaft, DB 1956, 837; *Baumann* GmbH und Mitbestimmung, ZHR 142 (1978), 557; *Beise* Beschränkung der Prozeßführungsmacht des GmbH-Geschäftsführers in Ausnahmefällen, GmbHR 1987, 259; *Beuthien/Gätsch* Einfluß Dritter auf die Organbesetzung und Geschäftsführung bei Vereinen, Kapitalgesellschaften und Genossenschaften, ZHR 157 (1993), 483; *Brandner* Geschäftsführungsbefugnis, Unternehmensgegenstand und Unternehmenszweck, FS Rowedder, 1994, S. 41; *Bürkle* Rechte Dritter in der Satzung der GmbH, 1991; *Crezelius* Die Stellung der Vertretungsorgane in § 32 MitbestG, ZGR 1980, 359; *Duden* Überwachung: wen oder was?, FS Fischer, 1979, S. 95; *Eckardt* Die Beendigung der Vorstands- und Geschäftsführerstellung in Kapitalgesellschaften, 1989; *Eisenhardt* Zum Weisungsrecht der Gesellschafter in der nicht mitbestimmten GmbH, FS Pfeiffer, 1988, S. 839; *Emmerich/Sonnenschein* Konzernrecht, 6. Aufl. 1997; *Fiedler* Verdeckte Vermögensverlagerungen bei Kapitalgesellschaften, 1994; *Fleck* Schuldrechtliche Verpflichtungen einer GmbH im Entscheidungsbereich der Gesellschafter, ZGR 1988, 104; *ders.* Die Drittanstellung des GmbH-Geschäftsführers, ZHR 149 (1985), 395; *Geßler* Zum Mißbrauch organschaftlicher Vertretungsmacht, FS v. Caemmerer, 1978, S. 531; *Gieseke* Interessenkonflikte der GmbH-Geschäftsführer bei Pflichtenkollisionen, GmbHR 1996, 486; *Grunewald* Rechtsschutz gegen fehlerhafte Maßnahmen der Geschäftsführung, DB 1981, 407; *Gutbrod* Wirksamkeitsvoraussetzungen für den Ergebnisabführungsvertrag der GmbH, BB 1980, 288; *Hager* Die verdeckte Gewinnausschüttung in der GmbH, ZGR 1989, 71; *Herfs* Einwirkung Dritter auf den Willensbildungsprozeß der GmbH: eine Untersuchung von Mitwirkungsrechten Dritter im Entscheidungsbereich der Gesellschafter aufgrund von Satzungsrechten, Stimmbindungsverträgen oder Verpflichtungen der GmbH, 1994; *Hesselmann/Tillmann* Handbuch der GmbH & Co, 18. Aufl. 1997; *Hoffmann-Becking* Arbeitsdirektor der Konzernobergesellschaft oder Konzernarbeitsdirektor?, FS Werner, 1984, S. 302; *Hoffmann/Lehmann/Weinmann* Mitbestimmungsgesetz, 1978; *Hölters* Freiwillige Gesellschaftsorgane bei der mitbestimmten GmbH und GmbH & Co. KG, GmbHR 1980, 50; *ders.* Der Beirat der GmbH und GmbH u. Co. KG, 1979; *ders.* Satzungsgestaltung und Organisationsstruktur von Unternehmen bei Einführung der qualifizierten Mitbestimmung, BB 1975, 797; *Hommelhoff* Die Konzernleitungspflicht, 1982; *ders.* Unternehmensführung in der mitbestimmten GmbH, ZGR 1978, 119; *Hönle* Der außeraktienrechtliche Gewinnabführungsvertrag in gesellschaftsrechtlicher und körperschaftsteuerlichen Sicht, DB 1979, 485; *Hübner* Interessenkonflikt und Vertretungsmacht, 1977; *ders.* Die Prokura als formalisierter Vertrauensschutz – zugleich eine kritische Würdigung von BGHZ 50, 112ff., FS Klingmüller, 1974, S. 173; *Immenga* Zuständigkeiten des mitbestimmten Aufsichtsrats, ZGR 1977, 249; *ders.* Die personalistische Kapitalgesellschaft, 1970; *John* Zum Mißbrauch der Vertretungsmacht durch Gesellschaftsorgane, GmbHR 1983, 90; *ders.* Der Mißbrauch organschaftlicher Vertretungsmacht, FS Mühl, 1981, S. 349; *Jungkurth* Konzernleitung bei der GmbH, 2000; *Kaffiné* Begrenzung der Haftungsrisiken des Geschäftsführers einer GmbH gegenüber der Gesellschaft bei Ausführung wirtschaftlich nachteiliger Weisungen der Gesellschafter, 2001; *Konzen* Geschäftsführung, Weisungsrecht und Verantwortlichkeit in der GmbH und GmbH & Co. KG, NJW 1989, 2977; *ders.* Die Anstellungskompetenz des GmbH-Aufsichtsrats nach dem Mitbestimmungsgesetz, GmbHR 1983, 92; *Koppensteiner* Sonderrechte bei Auflösung, Unternehmensübertragung und verschmelzender Umwandlung im Recht der GmbH, FS Sigle, 2000, S. 163; *Kort* Die Änderung der Unternehmenspolitik durch den GmbH-Geschäftsführer, ZIP 1991, 1274; *Kronke* Organkompetenz in Stiftungen, Kapital- und Personengesellschaft – Gestaltungsprobleme bei unmittelbaren Unternehmensträgerstiftungen, ZGR 1996, 18; *Kunze* Zum Stand der Entwicklung des Unternehmensrechts, ZHR 144 (1980), 100; *Lehmann* Die ergänzende Anwendung von Aktienrecht auf die Gesellschaft mit beschränkter Haftung, 1970; *Lutter* Anmerkung zu OLG Hamm, ZIP 1986, 1195; *ders.* Die „Sterbehaus-Konstruktion", FS Werner, 1984, S. 477; *ders.* Mitbestimmung im Konzern, 1975; *Lutter/Leinekugel* Kompetenzen von Hauptversammlung und Gesellschafterversammlung beim Verkauf von Unternehmensteilen, ZIP 1998, 225; *Mack* Der Gleichlauf von Geschäftsführungsbefugnis und Vertretungsmacht, 1998; *Martens* Mehrheits- und Konzernherrschaft in der personalistischen GmbH, 1970; *Mertens* Der Beirat in der GmbH – besonders der mitbestimmten, FS Stimpel, 1985, S. 417; *Mestmäcker* Verwaltung, Konzerngewalt und Rechte der Aktionäre, 1958; *Michalski* Mißbrauch der Vertretungsmacht bei Überschreiten der Geschäftsführungsbefugnis, GmbHR 1991, 349; *Mülbert* Shareholder Value aus rechtlicher Sicht, ZGR 1997, 129; *Naendrup* Mitbestimmungsgesetz und Organisationsfreiheit, AuR 1977, 225; *Oldenburg* Anstellungsverträge der Geschäftsführer einer mitbestimmten GmbH: Einzelfragen zur Auswirkung der Reemtsma-Entscheidung des BGH, DB 1984, 1813; *Philipp* Die Ausübung von Beteiligungsrechten nach § 32 des Mitbestimmungsgesetzes, DB 1976, 1622; *Rehbinder* Das Mitbestimmungsurteil des Bundesverfassungsgerichts aus unternehmensrechtlicher Sicht, ZGR 1979, 470; *Reich/Lewerenz* Das neue Mitbestimmungsgesetz, AuR 1976, 261; *Reuter* Der Einfluß der Mitbestimmung auf das Gesellschafts- und Arbeitsrecht, AcP 179 (1979), 509; *Reuter/Körnig* Mitbestimmung und gesellschaftsrechtliche Gestaltungsfreiheit, ZHR 140 (1976), 494; *Rinninsland* Die Auswirkungen des MitbestG 1976 auf Gesellschaften mit beschränkter Haftung, 1990; *Römermann* Anwalts-GmbH im Wettbewerb, GmbHR 1998, 969; *Roth* Mißbrauch der Vertretungsmacht durch den GmbH-Geschäftsführer, ZGR 1985, 265;

§ 37   3. Abschnitt. Vertretung und Geschäftsführung

Säcker Der Zuständigkeitsbereich des Arbeitsdirektors und Werkspersonalleiters gemäß § 33 MitbestG, DB 1979, 1925; *ders.* Die Anpassung des Gesellschaftsvertrages der GmbH an das Mitbestimmungsgesetz, DB 1977, 1845; *Schall* Organzuständigkeit in der mitbestimmten GmbH, 1996; *Schneider* Der Anstellungsvertrag des Geschäftsführers einer GmbH im Konzern, GmbHR 1993, 10; *ders.* Gesellschaftsrechtliche und öffentlich-rechtliche Anforderungen an eine ordnungsgemäße Unternehmensorganisation, DB 1993, 1909; *ders.* Die Wahrnehmung öffentlich-rechtlicher Pflichten durch den Geschäftsführer, FS 100 Jahre GmbHG, 1992, S. 473; *ders.* Die Vertretung der GmbH bei Rechtsgeschäften mit ihren Konzernunternehmen, BB 1986, 201; *ders.* Die Geschäftsordnung der GmbH-Geschäftsführer, FS Mühl, 1981, S. 633; *ders.* Konzernleitung als Rechtsproblem, BB 1981, 249; *ders.* Konzernbildung, Konzernleitung und Verlustausgleich im Konzernrecht der Personengesellschaft, ZGR 1980, 511; *Schulze-Osterloh* Die verdeckte Gewinnausschüttung bei der GmbH als kompetenzrechtliches Problem, FS Stimpel, 1985, S. 487; *Sonnenschein* Organschaft und Konzerngesellschaftsrecht, 1976; *Sudhoff/Sudhoff* Rechte und Pflichten des Geschäftsführers einer GmbH und einer GmbH & Co., 14. Aufl. 1994; *Teubner* Der Beirat zwischen Verbandssouveränität und Mitbestimmung – zu den Schranken der Beiratsverfassung in der GmbH, ZGR 1986, 565; *ders.* Unternehmensinteresse – das gesellschaftliche Interesse des Unternehmens „an sich"?, ZHR 149 (1985), 470; *Theisen* Befugnisse der gesellschafter einer mitbestimmten GmbH, DB 1982, 265; *ders.* Weisungsrecht gegen Zustimmungsvorbehaltsrecht in der mitbestimmten GmbH, BB 1980, 1243; *Tieves* Der Unternehmensgegenstand der Kapitalgesellschaft, 1998; *Tillmann* Der Geschäftsführervertrag der GmbH und GmbH & Co., 6. Aufl. 1995; *Timm* Der Abschluß des Ergebnisübernahmevertrags im GmbH-Recht, BB 1981, 1491; *Tomat* Grenzen des Weisungsrechts der GmbH-Gesellschafter, 2001; *Ulmer* Begründung von Rechten für Dritte in der Satzung einer GmbH, FS Werner, 1984, S. 911; *ders.* Der Einfluß des Mitbestimmungsgesetzes auf die Struktur von AG und GmbH, 1979; *ders.* Die Bedeutung des Mitbestimmungsurteils des Bundesverfassungsgerichts für die Auslegung von Mitbestimmungs- und Gesellschaftsrecht, BB 1979, 398; *van Venrooy* Einstimmigkeitsprinzip oder Mehrheitsprinzip in der Geschäftsführung?, GmbHR 1999, 685; *Verhoeven* GmbH-Konzern-Innenrecht, 1978; *Vollmer* Die mitbestimmte GmbH – Gesetzliches Normalstatut, mitbestimmungsrechtliche Satzungsgestaltungen und gesellschaftrechtlicher Minderheitenschutz, ZGR 1979, 135; *Voormann* Die Stellung des Beirates im Gesellschaftsrecht, 2. Aufl. 1990; *Wank* Der Kompetenzkonflikt zwischen Gesellschaftern und Aufsichtsrat in der mitbestimmten GmbH, GmbHR 1980, 121; *Westermann/Menger* Gesellschafterstreitigkeiten im GmbH-Recht, DWiR 1991, 143; *Wilhelm* Rechtsform und Haftung bei der juristischen Person, 1981; *Zacher* Beschränkungen und Mißbrauch der Vertretungsmacht des GmbH-Geschäftsführers, GmbHR 1994, 842; *Ziemons* Die Haftung der Gesellschafter für Einflußnahmen auf die Geschäftsführung der GmbH, 1996; *Zitzmann* Die Vorlagepflichten des GmbH-Geschäftsführers, 1991; *Zöllner* Der Mitbestimmungsgedanke und die Entwicklung des Kapitalgesellschaftsrechts, AG 1981, 13; *ders.* GmbH und GmbH & Co. KG in der Mitbestimmung, ZGR 1977, 319; *ders.* Die Schranken mitgliedschaftlicher Stimmrechtsmacht bei den privatrechtlichen Personenverbänden, 1963.

Übersicht

	Rn.		Rn.
I. Grundlagen	1–4	**III. Einengung der Befugnisse der Geschäftsführer**	18–34
1. Norminhalt	1, 2	1. Gesellschaftsvertrag	18–25
2. Normzweck	3, 4	a) Grundsatz	18–20
II. Geschäftsführung und Geschäftsführungszuständigkeit bei Fehlen anderweitiger Bestimmung durch Gesellschaftsvertrag, Gesellschafter- oder Aufsichtsratsbeschluss	5–17	b) Grenzen	21–25
		aa) Unterscheidung zwischen Gesellschaftsvertrag und Weisung?	21
		bb) Mitbestimmungsfreie Gesellschaften	22
1. Begriff der Geschäftsführung	5	cc) Mitbestimmte Gesellschaften	23–25
2. Die Zuständigkeit der Geschäftsführer	6–15	2. Weisungen	26–30
a) Gesetzliche Ausgangslage	6	a) Der Bereich zulässiger Weisungen	26–29
b) Bindung an Unternehmensgegenstand	7	aa) Grundsatz	26
c) Grundsätze der Geschäftspolitik	8, 9	bb) Bedeutung des Gesellschaftsvertrags	27
d) Außergewöhnliche Maßnahmen	10–12	cc) Weisungsverbote im Anstellungsvertrag	28
e) Begründung und Verwaltung von Unternehmensverbindungen	13–15	dd) Mitbestimmte Gesellschaften	29
3. Gesamtgeschäftsführung	16, 17	b) Weisungssubjekte	30

	Rn.		Rn.
3. Anstellungsvertrag	31	3. Geschäftsverteilung und Verantwortung	45
4. Aufsichtsratsbeschluss	32	VI. Der Umfang der Vertretungsmacht der Geschäftsführer	46–55
5. Organkonflikte	33, 34	1. Die Regel	46–48
IV. Erweiterung der gesetzlichen Geschäftsführungsbefugnis	35–37	2. Außenwirksame Zustimmungserfordernisse	49–52
1. Durch Gesellschaftsvertrag	35	a) §§ 15 MitbestErgG und 32 MitbestG	50
2. Durch Gesellschafterbeschluss	36	b) Unternehmensverträge, Verschmelzung	51
3. Durch Anstellungsvertrag	37	c) Weitere Beispiele	52
V. Geschäftsverteilung unter mehreren Geschäftsführern	38–45	3. Geschäfte mit Mitgliedern anderer Gesellschaftsorgane und Mitgeschäftsführern	53
1. Möglichkeiten	38–41	4. Missbrauch der Vertretungsmacht	54, 55
a) In der nicht mitbestimmten GmbH	38, 39	VII. Geschäftsführung in der GmbH & Co. KG	56, 57
b) Arbeitsdirektor	40, 41	VIII. Österreichisches Recht	58
2. Geschäftsverteilungszuständigkeit	42–44		
a) In der nicht mitbestimmten GmbH	42		
b) In der mitbestimmten GmbH	43, 44		

I. Grundlagen

1. Norminhalt. § 37 enthält seinem Wortlaut nach eine nur die **Vertretung** der 1 Gesellschaft betreffende Regel: Abs. 2 sagt, insofern den §§ 82 AktG, 126 Abs. 2 HGB vergleichbar, dass eine Beschränkung der in § 35 Abs. 1 verankerten Vertretungsmacht der Geschäftsführer Dritten gegenüber nicht möglich ist. Nach Abs. 1 sind die Geschäftsführer im Innenverhältnis aber verpflichtet, die statutarisch oder im Wege des Gesellschafterbeschlusses festgelegten Beschränkungen ihrer Vertretungsmacht einzuhalten.

Da die Vertretung der Gesellschaft zur Führung der Geschäfte gehört, ist § 37 Abs. 1 2 über seinen Wortlaut hinaus indes als allgemeinster gesetzlicher Ausdruck[1] der grundsätzlichen Zuweisung von **Geschäftsführungsbefugnissen** an die Geschäftsführer aufzufassen.[2] Gleichzeitig wird deutlich, dass diese Befugnis weitgehend zur Disposition des Gesellschaftsvertrages (dazu Rn. 18, 35) und von Beschlüssen der Gesellschafter (dazu Rn. 26 ff., 36) steht. Was den Gesellschaftsvertrag angeht, ist zusätzlich § 52 zu beachten, der infolge Verweisung auf § 111 Abs. 4 AktG dazu führen kann, dass die Geschäftsführungsbefugnis der Geschäftsführer auch durch Zustimmungserfordernisse seitens des Aufsichtsrats eingeengt ist (dazu Rn. 32). Bei Gesellschaften, auf die das MitbestG anzuwenden ist, ergibt sich dieselbe Rechtsfolge aus § 25 Abs. 1 Nr. 2 jenes Gesetzes.

2. Normzweck. Der Zweck von Abs. 1 besteht darin, einerseits klarzustellen, dass 3 die Gesellschafter auch bei der GmbH im Normalfall nicht selbst die Geschäfte führen, andererseits aber auch deutlich zu machen, dass ihnen die Kompetenz-Kompetenz zusteht. Der Geschäftsführer der GmbH hat nicht wie der Vorstand der AG (§ 76 Abs. 1 AktG) die Gesellschaft unter eigener Verantwortung zu leiten; er ist vielmehr den gesellschaftsvertraglich oder beschlussmäßig gefassten Entscheidungen der Gesellschafter unterworfen. Gerade in diesem Unterschied drückt sich die eigenständige Konzeption der GmbH im Verhältnis zur AG aus.

Abs. 2 ist wie andere handelsrechtliche Normen, die den Umfang einer Vollmacht 4 zwingend festlegen, von Verkehrsschutzinteressen geprägt. Dritten ist es in der Regel

---

[1] Für speziellere Normen vgl. die §§ 40 ff., 49, 64 und 78.
[2] *Hachenburg/Mertens* Rn. 1.

weder möglich noch zumutbar, sich über die interne Verteilung von Geschäftsführungszuständigkeiten Gewissheit zu verschaffen. Deshalb unterscheidet das Gesetz zwischen Innen- (Geschäftsführungsbefugnis) und Außenverhältnis (Vertretungsmacht) und stellt bezüglich des letzteren eine zwingende Regel auf.

II. Geschäftsführung und Geschäftsführungszuständigkeit bei Fehlen anderweitiger Bestimmung durch Gesellschaftsvertrag, Gesellschafter- oder Aufsichtsratsbeschluss

5   **1. Begriff der Geschäftsführung.** Das GmbHG verzichtet darauf, den Begriff der Geschäftsführung näher zu bestimmen. Im Schrifttum finden sich unterschiedliche Ansätze: Teils wird ein weiterer und ein engerer Begriff unterschieden,[3] teils wird Geschäftsführung iS letzter Variante überhaupt nur mit den Handlungen umschrieben, die zum gewöhnlichen Betrieb des Unternehmens der Gesellschaft gehören.[4] Da das Gesetz den Begriff des Geschäftsführers verwendet, und außerdem – wie HGB und AktG – zwischen Geschäftsführung und Vertretung unterscheidet, erscheint es terminologisch zweckmäßig, unter Geschäftsführung, besser: Geschäftsführungsbefugnis, das zu verstehen, was die Geschäftsführer im Innenverhältnis tun dürfen. Die Frage nach dem Inhalt dieses Begriffes ist demnach identisch mit derjenigen nach der Verteilung von Zuständigkeiten zwischen den Organen der GmbH. Da diese Verteilung variabel ist, kann es eine allgemeine Umschreibung dessen, was Geschäftsführung ausmacht, jedenfalls im Rahmen des GmbHG nicht geben.

6   **2. Die Zuständigkeit der Geschäftsführer. a) Gesetzliche Ausgangslage.** Hinsichtlich einiger Aktivitäten für die Gesellschaft stellt das **Gesetz** selbst klar, dass sie den Geschäftsführern obliegen. Das gilt zB[5] für Buchführung und Bilanzierung (§§ 41, 42), für die jährliche Einreichung der Gesellschafterliste zum Handelsregister (§ 40), für die Einberufung der Gesellschafterversammlung (§ 49), für den Antrag auf Eröffnung eines Insolvenzverfahrens (§ 64), für Anmeldungen zum Handelsregister (§ 78). Im übrigen ist unstrittig, dass den Geschäftsführern bei Fehlen entgegenstehender Bestimmungen durch Gesellschaftsvertrag, Gesellschafter- oder Aufsichtsratsbeschluss jedenfalls die Befugnis zusteht, alles zu veranlassen, was sich im Rahmen des **gewöhnlichen Geschäftsablaufs** des Unternehmens hält.[6] Dazu gehört Planung, Vorbereitung, Abwicklung und Überwachung des laufenden Tagesgeschäfts, Tätigkeiten, deren genauere Ausprägung im einzelnen von Größe und Gegenstand des Unternehmens abhängen.[7]

7   **b) Bindung an Unternehmensgegenstand.** Die Geschäftsführer sind an die Umschreibung des Unternehmensgegenstandes im Gesellschaftsvertrag (§ 3 Abs. 1 Nr. 2) gebunden. Das gilt auch hinsichtlich tatsächlicher Änderungen der Geschäftstätigkeit, die somit von ihrer Geschäftsführungsbefugnis nicht gedeckt werden.[8]

8   **c) Grundsätze der Geschäftspolitik.** Nach heute überwiegender Meinung sind die Geschäftsführer ferner unzuständig für die Formulierung von Grundsätzen der Ge-

---

[3] *Scholz/Schneider* Rn. 2 f.
[4] So *Hachenburg/Mertens* 7. Aufl. Rn. 3, korrigierend aber Rn. 6; s. jetzt *Hachenburg/Mertens* Rn. 3.
[5] Ausführlicher *Meyer-Landrut/Miller/Niehus* Rn. 69.
[6] Vgl. nur *Scholz/Schneider* Rn. 11.
[7] Dazu *Sudhoff/Sudhoff* S. 98 f.
[8] Vgl. § 1 Rn. 6; Anh. § 52 Rn. 44 f.; auch OLG Stuttgart NZG 1999, 1009; *Roth/Altmeppen* Rn. 22; *Brandner*, FS Rowedder, 1994, S. 44 ff.; ausführlich *Tieves* S. 268 ff.

schäftspolitik.⁹ Das wird hauptsächlich aus der Befugnis der Gesellschafter hergeleitet, mittels Feststellung der Jahresbilanz und des Gewinnverteilungsbeschlusses (§ 46 Nr. 1) auch über die Bilanzpolitik und damit über das Ausmaß der Eigenfinanzierung des Unternehmens zu entscheiden. Eine Rolle spielt ferner die Kompetenz der Gesellschafter hinsichtlich der personellen Besetzung der Führungspositionen (§ 46 Nr. 5, 7) und schließlich auch der seit langem akzeptierte Grundsatz, dass die Geschäftsführer nichts tun dürfen, von dem anzunehmen ist, dass die Gesellschafter damit nicht einverstanden sind. **Kritisch** ist demgegenüber zu vermerken, dass die bisherige Diskussion keinerlei Klarheit darüber erbracht hat, was konkret unter Grundsätzen der Geschäftspolitik zu verstehen sei. Diesem Einwand lässt sich im gedanklichen Rahmen der hM nicht entgegenhalten, die Gesellschafter hätten zu klären, was unter solchen Grundsätzen zu verstehen sei.¹⁰ Jedenfalls geht es um Fragen, die im Interesse eines gedeihlichen Betriebs des Unternehmens entschieden werden müssen, weil alle Einzelmaßnahmen davon abhängen. Damit stellt sich die vom Standpunkt der hM aus unbeantwortbare Frage, was zu geschehen hat, wenn die Gesellschafter keine oder unvollständige Grundsätze festlegen.¹¹ Für mitbestimmte Gesellschaften kommt hinzu, dass die Befugnis zur Bestellung und Abberufung von Geschäftsführern dort dem Aufsichtsrat obliegt.¹² Aus diesen Gründen ist anzunehmen, dass das Regelstatut der GmbH **keine** Grundsatzkompetenz der Gesellschafter kennt.¹³ Deren Interessen werden dadurch keineswegs beeinträchtigt, weil es ihnen freisteht, durch Gesellschaftsvertrag (Rn. 18 ff.) oder Weisung (Rn. 26 ff.) dasjenige an „Grundsätzen" festzulegen, was ihnen wünschenswert erscheint. Im übrigen werden „Grundsatzzuständigkeiten" den Gesellschaftern häufig schon deshalb zufallen, weil einschlägige Entscheidungen in den Bereich außergewöhnlicher Maßnahmen fallen (dazu Rn. 10). Unabhängig davon sind die Gesellschafter von den Absichten der Geschäftsführer zu informieren, wenn über Grundsatzfragen der Unternehmenspolitik entschieden werden soll (§ 43 Rn. 14).

Von einigen Vertretern der hM wird angenommen, die Geschäftsführer seien verpflichtet, den Gesellschaftern Vorschläge über die Unternehmenspolitik zu unterbreiten.¹⁴ Das ist vom Standpunkt der hM aus folgerichtig. 9

d) Außergewöhnliche Maßnahmen. Außergewöhnliche Maßnahmen halten sich 10 nach wohl überwiegender Ansicht ebenfalls nicht im Rahmen gesetzlicher Geschäftsführungszuständigkeit.¹⁵ Dem ist zuzustimmen. Einerseits trägt die Regel dem Um-

---

⁹ Mit Unterschieden im Detail *Hommelhoff* ZGR 1978, 119, 124 ff.; *Eisenhardt,* FS Pfeiffer, 1988, S. 839, 842; *Scholz/Schneider* Rn. 10; *Roth/Altmeppen* Rn. 18; GmbH-HdB Rn. 1558; *Meyer-Landrut/Miller/Niehus* Rn. 73; MünchHdB GesR III/*Marsch-Barner/Diekmann* § 44 Rn. 54; s. auch BGH ZIP 1991, 509; dagegen *Baumbach/Hueck/Zöllner* Rn. 6 g; *Kort* ZIP 1991, 1274, 1276; *Ziemons* S. 18 ff.; *Brandner,* FS Rowedder, 1994, S. 44, 47; jetzt auch *Hachenburg/ Mertens* Rn. 11; differenzierend *Lutter/Hommelhoff* Rn. 8.
¹⁰ So aber *Lutter/Hommelhoff* Rn. 8.
¹¹ Für eine „Ersatzzuständigkeit" des Geschäftsführers jetzt *Lutter/Hommelhoff* Rn. 8.
¹² § 31 MitbestG; antikritisch *Hommelhoff* S. 137.
¹³ Ebenso aufgrund ausführlicher Analyse *Zitzmann* S. 64 ff.
¹⁴ *Hommelhoff* ZGR 1978, 119, 124; *Lutter/Hommelhoff* Rn. 9; *Scholz/Schneider* Rn. 10.
¹⁵ BGH DB 1984, 661; BAG AP BGB § 626 Nr. 144 = GmbHR 1998, 931, 932 f.; OLG Frankfurt AG 1988, 335, 336 m. Anm. *Spahn;* OLG München HRR 1940, 1358; *Hommelhoff* ZGR 1978, 119, 123; *Lutter/Hommelhoff* Rn. 10; *Scholz/Schneider* Rn. 12 ff.; anders *Baumbach/ Hueck/Zöllner* Rn. 6 a ff.; *Zitzmann* S. 85 ff.; *Kort* ZIP 1991, 1274, 1277; *Westermann-Menger* DWiR 1991, 143, 148 f.; differenzierend – Einberufung der Gesellschafterversammlung erforderlich – *Eisenhardt,* FS Pfeiffer, 1988, S. 839, 842 ff.; ähnlich *Ziemons* S. 14 ff. S. auch *Hachenburg/ Mertens* Rn. 10 f.

stand Rechnung, dass die Geschäftsführer die Gesellschaft eben nicht in eigener Verantwortung leiten. Andererseits tauchen die Schwierigkeiten, die dazu führen, eine Prärogative der Gesellschafter in Grundsatzfragen der Unternehmenspolitik zu verneinen, hier nicht auf: Die Abgrenzung des Begriffs der ungewöhnlichen Geschäfte (Maßnahmen) ist durch die Erfahrungen bei der Anwendung des § 116 HGB vorgeprägt. Ohne die Festlegung gewisser „Grundsätze" kann man ein Unternehmen nicht sinnvoll betreiben, ein „außergewöhnliches" Geschäft kann dagegen auch unterbleiben.

11 Zum Inhalt der **Abgrenzung** zwischen gewöhnlichen und ungewöhnlichen Maßnahmen ist zunächst auf das Material zu § 116 HGB zu verweisen. Bei der Verwertung dieses Materials ist allerdings Vorsicht geboten, weil die Geschäftsführer der GmbH fremde Interessen zu wahren haben, während der Gesellschafter der OHG stets (auch) im eigenen Interesse handelt. Das Gesetz selbst bringt dies dadurch zum Ausdruck, dass die Entscheidung über die Bestellung von Prokuristen und Generalhandlungsbevollmächtigten gemäß § 46 Nr. 7 im gesetzlichen Regelfall stets Sache der Gesellschafter ist, während § 116 HGB den geschäftsführungsbefugten Gesellschaftern insofern größere Freiheit lässt.[16] Umgekehrt ist zu berücksichtigen, dass bei der GmbH im Unterschied zur OHG Gesamtvertretung Platz greift, wenn nicht etwas anderes bestimmt ist.[17] Im übrigen lassen sich allgemeine und gleichzeitig konkrete Aussagen über den Begriff der ungewöhnlichen Maßnahme kaum formulieren, weil es dafür auf die spezifischen Gegebenheiten des jeweiligen Unternehmens ankommt. Kennzeichnend sind einerseits der über die unternehmerische Routine hinausgehende **Typ** des Geschäftes (Beispiel: Übernahme einer Bürgschaft für einen Lieferanten), andererseits die **Bedeutung** und – damit zusammenhängend – die möglichen Folgen der in Frage stehenden Maßnahmen. Ist etwa über eine Änderung einer langjährig praktizierten Geschäftspolitik zu entscheiden, so muss die Zustimmung der Gesellschafter eingeholt werden.[18] Ebenso liegt es im Prinzip, wenn ein Unternehmensteil veräußert werden soll.[19] Dasselbe soll gelten, wenn mit dem Widerspruch eines Gesellschafters zu rechnen ist.[20]

12 Die Ausübung von Rechten aus **Beteiligungen**, die der Gesellschaft gehören, ist als Teil der laufenden Geschäftsführung grundsätzlich von den Regelbefugnissen der Geschäftsführer gedeckt.[21] Bei mitbestimmten Gesellschaften ist § 15 MitbestErgG und § 32 MitbestG zu beachten. Der Kern beider Bestimmungen, deren Anwendungsbereich im übrigen differiert – nur § 32 MitbestG setzt voraus, dass auch die Untergesellschaft der Mitbestimmung unterliegt –, besteht darin, dass bestimmte Verwaltungsrechte nur mit Zustimmung des Aufsichtsrates der Gesellschaft ausgeübt werden können.[22] Das gilt freilich nur, wenn die Beteiligung der Gesellschaft an dem anderen Unternehmen zumindest ein Viertel beträgt. Zur Frage, ob sich das Mitbestimmungsrecht auch auf die Vertretungsmacht der Geschäftsführer auswirkt Rn. 50.

---

[16] Nicht überzeugend deshalb *Hachenburg/Mertens* Rn. 11: Begrenzung des Geschäftsführers auf (gemeint wohl: „durch") iSv. § 116 HGB ungewöhnliche Geschäfte gehe „zu weit".
[17] *Lutter/Hommelhoff* Rn. 10; *Baumbach/Hueck/Zöllner* Rn. 6a.
[18] BGH WM 1991, 635, 636 = EWiR § 37 GmbHG 1/91 – *Meyer-Landrut*; weitere Beispiele bei *Scholz/Schneider* Rn. 13ff. und *Lutter/Hommelhoff* Rn. 11.
[19] Dazu *Lutter/Leinekugel* ZIP 1998, 231 f.; *Koppensteiner,* FS Sigle, 2000, S. 163.
[20] OLG Frankfurt AG 1988, 335, 336; dagegen *Spahn* (Fn. 15) S. 339.
[21] *Scholz/Schneider* Rn. 17; für Ausnahmen Anh. § 52 Rn. 86f.
[22] Für Einzelheiten vgl. *Crezelius* ZGR 1980, 359; *Philipp* DB 1976, 1622; *Hanau/Ulmer* § 32 Rn. 10 ff.; kritisch *Lutter* S. 69 ff.

e) Begründung und Verwaltung von Unternehmensverbindungen. Fraglich und umstritten sind die Befugnisse der Geschäftsführer bei Begründung und Verwaltung von Unternehmensverbindungen.[23] Ein Teil der damit zusammenhängenden Probleme lässt sich allerdings schon mit den bisher ermittelten Grenzen der Geschäftsführungsbefugnis lösen. So dürfen die Geschäftsführer zB keine Tochtergesellschaft gründen und keine Beteiligung an einem Unternehmen erwerben, deren Unternehmensgegenstand mit dem der Gesellschaft nicht kongruent ist, weil sonst die in Rn. 7 dargelegte Regel unterlaufen werden könnte.[24] Ferner werden der Erwerb von Beteiligungen, insbesondere aber der Abschluss von Unternehmensverträgen in der Mehrzahl der Fälle als ungewöhnliche Maßnahmen zu qualifizieren sein, so dass die Zustimmung der Gesellschafter schon aus diesem Grunde erforderlich ist (vgl. Anh. § 52 Rn. 43).

Im übrigen ist zunächst danach zu fragen, ob die in Frage stehende Maßnahme eine „faktische Satzungsänderung"[25] in dem Sinne bewirkt, dass die tatsächlichen Grundlagen oder Inhalte des Gesellschaftsvertrages verändert werden. Ist diese Frage zu bejahen, so dürfen die Geschäftsführer ohne die Zustimmung der Gesellschafter nicht handeln (vgl. § 43 Rn. 55 f.). Ein offensichtlicher Fall dieser Art liegt etwa vor, wenn sich die Gesellschaft vertraglich verpflichtet, sich der Leitung eines anderen Unternehmens zu unterstellen (Beherrschungsvertrag) oder ihren Gewinn an ein anderes Unternehmen abzuführen (Gewinnabführungsvertrag). Wie die Begründung vertraglicher Konzernherrschaft über ein anderes Unternehmen unter dem genannten Gesichtspunkt zu beurteilen ist, hängt von den damit verknüpften Rechtsfolgen ab. Soweit es sich bei der Untergesellschaft um eine AG mit der Konsequenz des Eingreifens der §§ 300 ff. AktG handelt,[26] ist schon wegen der gebotenen Analogie zu § 293 Abs. 2 AktG (Anh. § 52 Rn. 65) die Zustimmung der Gesellschafter erforderlich. Für die anderen Fälle und die Zuständigkeitsfragen bei der Begründung faktischer Konzerne vgl. Anh. § 52 Rn. 67 f., 42 ff.

Konzernleitung ist funktionell Unternehmensleitung.[27] Das bedeutet, dass sich Fragen der Zuständigkeitsverteilung in der isolierten GmbH auf der Ebene des Konzerns in eben derselben Weise stellen und grundsätzlich dort auch ebenso zu beantworten sind.[28] Einen den Gesellschaftern vorbehaltenen Bereich „Grundsätze der Konzernpolitik" gibt es allerdings nicht, weil eine dementsprechende Zuständigkeit auch in der Einzel-GmbH abzulehnen ist (Rn. 8 f.).

3. Gesamtgeschäftsführung. Hinsichtlich der Vertretung der Gesellschaft bei Vorhandensein mehrerer Geschäftsführer ordnet das Gesetz (§ 35 Abs. 2) ausdrücklich Gesamtvertretung an. Für das Innenverhältnis fehlt eine gesetzliche Regel. Doch wird heute im Anschluss an RGZ 98, 98, 100 fast allgemein angenommen, dass bei Fehlen anderweitiger Bestimmung (dazu Rn. 38 ff.) Gesamtgeschäftsführung Platz zu greifen habe.[29] In der Tat betrifft die gesetzliche Vertretungsregel einen Ausschnitt der Ge-

---

[23] Vgl. *Scholz/Emmerich* Anh. § 44 Rn. 62 ff.; *Zitzmann* S. 44 ff.; *Jungkurth* S. 24 f., 51 ff., je mwN; zu kautelarjuristischen Fragen *Schneider* GmbHR 1993, 10, 15 f.
[24] Vgl. OLG Hamburg ZIP 1980, 1000, 1006 mwN.
[25] Vgl. *Scholz/Schneider* 6. Aufl. Rn. 71.
[26] Vgl. Kölner KommAktG/*Koppensteiner* 2. Aufl. Vor § 291 Rn. 11.
[27] *Hommelhoff* 43 ff.; *Schneider* BB 1981, 249, 250 ff. mwN; vgl. auch *Scholz/Schneider* Rn. 65 ff.; *Lutter/Hommelhoff* Rn. 6.
[28] Für Einzelfolgerungen aus diesem Befund OLG Frankfurt AG 1988, 335, 336; *Schneider* BB 1981, 249, 251 f.; *Scholz/Schneider* Rn. 66 f.; Anh. § 52 Rn. 86, 114.
[29] *Lehmann* S. 51 f.; *Hachenburg/Mertens* § 35 Rn. 106; *Baumbach/Hueck/Zöllner* Rn. 16; *Scholz/Schneider* Rn. 21.

schäftsführung. Wenn dort Gesamthandeln vorgesehen ist, legt dies eine entsprechende Regel für den übrigen Bereich der Geschäftsführung nahe. In die gleiche Richtung weist § 77 Abs. 1 S. 1 AktG, dem gegenüber Differenzierungsgründe im Recht der GmbH nicht ersichtlich sind. § 6 RegE 1971 wollte eine dementsprechende Regel ausdrücklich im Gesetz verankern.

17 Gesamtgeschäftsführung **bedeutet,** dass keiner der Beteiligten ohne die Mitwirkung der anderen handeln darf. Wenn Satzung oder Gesellschafterbeschluss nichts anderes vorsehen, gilt dabei das Einstimmigkeitsprinzip; die gegenteilige Regel der §§ 28, 32 BGB ist nicht anwendbar.[30] Die (auch konkludent mögliche) Zustimmung ist empfangsbedürftige Willenserklärung. Sie kann nach bestrittener, aber zutreffender Ansicht vor Ausführung der in Frage stehenden Maßnahme widerrufen werden, wenn sich die sie tragenden Gegebenheiten geändert haben.[31]

III. Einengung der Befugnisse der Geschäftsführer

18 **1. Gesellschaftsvertrag. a) Grundsatz.** Eine Reihe von Aufgaben sind den Geschäftsführern gesetzlich **zwingend** zugeordnet. Neben den in Rn. 6 erwähnten Beispielen gehört hierher Recht und Pflicht, die Gesellschaft zu vertreten, wie auch die Pflicht, die Kapitalgrundlage der Gesellschaft nach Maßgabe der §§ 30, 33 zu erhalten. Insofern gibt es einen Bereich eigenverantwortlicher Geschäftsführung, der weder durch den Gesellschaftsvertrag noch durch andere gesellschaftsinterne Maßnahmen eingeengt werden kann.

19 Jenseits dieses Bereiches kann der Gesellschaftsvertrag die Befugnisse der Geschäftsführer grundsätzlich (zu möglichen Grenzen Rn. 22 f.) **beliebig einengen.** So ist es etwa zulässig, der Geschäftsführung bestimmte Maßnahmen (Beispiele: Aufnahme von Krediten, Transaktionen über Grundstücke, Investitionen) von vornherein zu verbieten oder von einem Zustimmungsvorbehalt abhängig zu machen. Auch ein Positivkatalog erlaubter Geschäfte (Tätigkeitsbereiche) kommt in Betracht.

20 **Zustimmungsbefugt** sind normalerweise die Gesellschafter. Doch kann die Satzung die Zustimmungsbefugnis auch anderweitig zuordnen.[32] In Betracht kommen der fakultative oder obligatorische Aufsichtsrat (zur zwingend fehlenden Weisungsbefugnis des obligatorischen Aufsichtsrates Rn. 51), ein daneben oder anstatt dessen eingerichteter Beirat (vgl. § 45 Rn. 10), einer oder einzelne Gesellschafter, denen die Zustimmungsbefugnis als Sonderrecht (§ 3 Rn. 51) eingeräumt wird, ja sogar gesellschaftsfremde Dritte. Letztere erhalten durch ihre Einsetzung im Gesellschaftsvertrag Organqualität.[33] Die Gegenauffassung[34] wird hauptsächlich mit der Rechtsnatur der Satzung als eines Organisationsvertrages begründet. Der Wert dieses Arguments ist aber durchaus zweifelhaft.[35] Auch der Hinweis auf das Selbstbestimmungsrecht der Gesellschafter überzeugt nicht.[36] Das gilt jedenfalls dann, wenn mit der ganz überwiegenden

---

[30] *Scholz/Schneider* Rn. 21 mwN. Vgl. auch OLG Brandenburg GmbHR 1996, 453: keine Begründung von Organbesitz bei Uneinigkeit der Geschäftsführer. Anders *van Venrooy* GmbHR 1999, 685 ff.
[31] Kölner KommAktG/*Mertens* § 77 Rn. 7.
[32] Vgl. *Baumbach/Hueck/Zöllner* Rn. 14.
[33] Überzeugend *Hachenburg/Mertens* 7. Aufl. Rn. 21 mwN auch von Gegenstimmen; etwas enger jetzt *ders.* Rn. 17; *Meyer-Landrut/Miller/Niehus* Rn. 75; *Bürkle* S. 70 ff.; *Herfs* S. 136 ff.
[34] *Ulmer*, FS Werner, 1984, S. 911, 922 ff.; *Scholz/Schneider* Rn. 33 f. mwN; differenzierend *Fleck* ZHR 149 (1985), 395, 404; wieder anders *Lutter/Hommelhoff* Rn. 15 f.
[35] Ebenso *Scholz/Schneider* Rn. 33; vgl. auch Kölner KommAktG/*Koppensteiner* Vor § 291 Rn. 68 ff.
[36] Dazu *Teubner* ZGR 1986, 565, 567 ff.; s. auch *Hachenburg/Mertens* 7. Aufl. Rn. 21.

Meinung angenommen wird, Satzungsänderungen seien allein ihre Sache (vgl. auch § 45 Rn. 9).

b) Grenzen. aa) Grenzen der Beschränkung eigenverantwortlicher Geschäftsführung werden vor allem unter dem Gesichtspunkt diskutiert, ob es zulässig sei, autonome Geschäftsführungsbefugnisse jenseits des gesetzlich ohnehin fixierten Bereiches (Rn. 6, 18) schlechthin zu entziehen. Ganz überwiegend unterscheidet man dabei nicht danach, ob solches schon im Gesellschaftsvertrag oder durch entsprechend massierte Einzelweisungen geschieht.[37] Dem ist zuzustimmen. Denn § 37 Abs. 1, in dessen Rahmen die Frage zu entscheiden ist, stellt Beschränkungen des Umfangs gesetzlicher Geschäftsführungsbefugnis durch Gesellschaftsvertrag einerseits, durch Gesellschafterbeschluss andererseits ausdrücklich einander gleich. 21

bb) Für die **mitbestimmungsfreie** GmbH vertritt ein beachtlicher Teil des Schrifttums die These, es gäbe einen unentziehbaren Kernbereich autonomer Geschäftsführerbefugnisse.[38] Da nirgends bestritten wird, dass die Gesellschafter nicht grundsätzlich gehindert sind, auch die Entscheidung von Routinefragen („gewöhnliche" Geschäfte) an sich zu ziehen, sieht sich diese Lehre aber einem mit der erforderlichen Rechtssicherheit nicht lösbaren Abgrenzungsproblem konfrontiert. Außerdem verkennt sie, dass in der GmbH die Gesellschafter die Herren der Gesellschaft sind.[39] Diese These ist daher abzulehnen. Ob dasselbe auch dann gilt, wenn die Geschäftsführungsbefugnis als **Sonderrecht** eingeräumt wurde, ist zweifelhaft.[40] Die Zulässigkeit sog. **Zölibatsklauseln** (Bindung eines von mehreren Geschäftsführern, sich jeder einschlägigen Tätigkeit zu enthalten) wird überwiegend bejaht.[41] Das ist nicht unproblematisch, weil es nicht nur um den Entzug autonomer Entscheidungsmöglichkeiten, sondern um die Beseitigung exekutiver Funktionsmöglichkeiten schlechthin geht. Unberührt bleiben jedenfalls gesetzliche Pflichten und Befugnisse.[42] 22

cc) Praktisch erheblich wichtiger, komplizierter und daher entsprechend intensiv umstritten ist dieselbe Frage für **Gesellschaften, die dem MitbestG unterliegen**.[43] Die Schwierigkeiten rühren von der weitgehenden Offenheit des MitbestG in dieser Frage und von der Ambivalenz der dazu vorliegenden Materialien her.[44] Zu Recht fast allgemein abgelehnt wird allerdings die Ansicht,[45] in der mitbestimmten GmbH seien 23

---

[37] Ausdrücklich anders wohl nur *Hommelhoff* ZGR 1978, 119, 128f. und *Lutter/Hommelhoff* Rn. 14, 18; dagegen *Hachenburg/Mertens* Rn. 20; *Baumbach/Hueck/Zöllner* Rn. 10; *Meyer-Landrut/Miller/Niehus* Rn. 79.

[38] Vgl. *Zöllner* ZGR 1977, 319, 325; *Baumbach/Hueck/Zöllner* Rn. 9, 11; *Wiedemann* § 6 III 2a; etwas zurückhaltender *Hachenburg/Mertens* Rn. 16 m. Fn. 24, alle mwN.

[39] Ausführlicher wie hier *Hachenburg/Mertens* 7. Aufl. Rn. 8f.; ferner *Scholz/Schneider* Rn. 38; *Lutter/Hommelhoff* Rn. 12; *Meyer-Landrut/Miller/Niehus* Rn. 75, 83, alle mwN; ebenso OLG Nürnberg NZG 2000, 154, 155 mit Bezugnahme auf OLG Karlsruhe GmbHR 1996, 208f.; vgl. auch *Beuthien/Gätsch* ZHR 157 (1993), 483, 498.

[40] Dazu *Immenga* S. 96ff.

[41] *Scholz/Schneider* Rn. 37; *Lutter/Hommelhoff* Rn. 39; OLG Hamm ZIP 1986, 1188 m. Anm. *Lutter* = EWiR § 6 GmbHG 2/86, 993 – *Brandner*; dagegen *Baumbach/Hueck/Zöllner* Rn. 7, 9.

[42] Zu damit zusammenhängenden weiteren Rechten *Lutter* ZIP 1986, 1195, 1196. Zu Besonderheiten der Rechtsanwalts-GmbH (§ 59f Abs. 4 BRAO) *Römermann* GmbHR 1998, 969.

[43] Für einen guten Überblick über das Meinungsspektrum vgl. *Eckardt* S. 97ff.

[44] Vgl. BT-Drucks. 7/2172 S. 17; dazu etwa *Hanau/Ulmer* § 25 Rn. 5.

[45] Vgl. *Naendrup* AuR 1977, 225, 232; *Reich/Lewerenz* AuR 1976, 261, 272; in der Tendenz auch *Vollmer* ZGR 1979, 135, 137ff.; für die von ihnen sogenannte Satzungs-Gesellschaft auch *Reuter/Körnig* ZHR 140 (1976), 494, 509.

§ 37   3. Abschnitt. Vertretung und Geschäftsführung

auch satzungslegitimierte Weisungen grundsätzlich ausgeschlossen. Gegen diese Auffassung spricht entscheidend, dass das MitbestG wohl auf § 111, nicht aber auf die §§ 76, 119 Abs. 2 AktG verweist und damit klar zu erkennen gibt, dass Eigenverantwortlichkeit der Geschäftsführer und grundsätzlicher Ausschluss der Gesellschafter von der Entscheidung geschäftsführungserheblicher Fragen nicht gewollt ist. Damit übereinstimmend geht auch das BVerfG davon aus, der Anteilseignerversammlung als oberstem Unternehmensorgan verbleibe die Befugnis, „erheblichen Einfluss auf die Geschäftsführung auszuüben".[46]

24   Eine vermittelnde Ansicht meint im Anschluss an *Säcker*,[47] in der mitbestimmten GmbH sei jedenfalls ein weisungsfreier „Bereich der laufenden Tagesgeschäfte" anzuerkennen.[48] Begründet wird diese Ansicht im wesentlichen mit der durch die Personalkompetenz des Aufsichtsrats veränderten Legitimationsbasis der Geschäftsführung und mit der Unvereinbarkeit des Mitbestimmungszweckes mit einem vollständig von den Gesellschaftern kontrollierten Exekutivorgan.[49] Einzuwenden ist, dass diese Ableitungen auch aus der Perspektive des „Mitbestimmungstelos" keineswegs zwingend sind, weil sich diesem Telos auch durch geeignete Verfahrensregelungen und durch die Entwicklung besonderer Verhaltensmaßstäbe für die Geschäftsführung Rechnung tragen lässt (dazu Rn. 29, 33 f.). De lege lata ausschlaggebend ist indes die Parallele zu § 308 AktG,[50] dessen tatbestandliche Voraussetzungen (Weisungsrecht) der bei der GmbH schon gesetzlich vorgezeichneten Situation entsprechen. Im Rahmen des § 308 steht dem Vorstand der beherrschungsvertraglich gebundenen Gesellschaft ohne Rücksicht auf mitbestimmungsrechtliche Gegebenheiten unstreitig kein Reservat autonomer Entscheidung über laufende Tagesgeschäfte zu. Die gegenteilige Annahme für die mitbestimmte GmbH lässt sich wohl nicht ohne Inkaufnahme eines Wertungswiderspruches vertreten. Da sich ein enger gezogener Kernbereich weisungsfreier Geschäfte auch aus der Perspektive des MitbestG weder normativ zureichend begründen noch mit der erforderlichen Rechtssicherheit abgrenzen lässt (dazu Rn. 22), hat es auch für die mitbestimmte GmbH dabei zu verbleiben, dass der Gesellschaftsvertrag (oder ein entsprechendes Weisungsbündel) die Befugnisse der Geschäftsführung beliebig einengen kann.[51]

25   Für den **Arbeitsdirektor** (vgl. §§ 13 Montan-MitbestG, 33 MitbestG) gelten keine Besonderheiten. Er ist Einwirkungen der Gesellschafter ebenso ausgesetzt wie andere Geschäftsführer.[52] Zum Verhältnis des Arbeitsdirektors zu den anderen Geschäftsführern unten Rn. 40 f.

26   **2. Weisungen. a) Der Bereich zulässiger Weisungen. aa)** Die Gesellschafter können die gesetzlichen Befugnisse der Geschäftsführer nicht nur durch den Gesellschaftsvertrag, sondern auch durch Weisungen einschränken.[53] Möglich sind generelle

---

[46] BVerfGE 50, 290, 346 = NJW 1979, 699, 704; vgl. aber etwa *Rehbinder* ZGR 1979, 470, 475.

[47] DB 1977, 1845, 1846.

[48] Vgl. *Hanau/Ulmer* § 30 Rn. 20; mit Einschränkungen auch *Zöllner* ZGR 1977, 319, 325 f.; *Hommelhoff* ZGR 1978, 119, 138; *Fitting/Wlotzke/Wißmann* § 25 Rn. 63.

[49] *Zöllner* ZGR 1977, 319, 325 f.: „Geschäftsführer als Marionetten der Gesellschafterversammlung".

[50] Überzeugend *Baumann* ZHR 142 (1978), 557, 575 ff.; dagegen aber *Reuter* AcP 179 (1979), 509, 539.

[51] HM, vgl. zB *Scholz/Schneider* Rn. 42; *Hoffmann/Lehmann/Weinmann* § 25 Rn. 92; *Raiser* § 25 Rn. 80; *Eckardt* S. 99 ff.; *Schall* S. 60 ff. mwN; s. auch *Hachenburg/Mertens* Rn. 21.

[52] *Hachenburg/Mertens* Rn. 21; *Scholz/Schneider* Rn. 48; *Raiser* § 33 Rn. 25; *Schall* S. 86 ff., alle mwN.

[53] Empirie bei *Rinninsland* S. 124 ff.

Anordnungen[54] oder solche, die sich auf einzelne Geschäfte beziehen. Die Geschäftsführer sind verpflichtet, sich an solche Weisungen zu halten.[55] Hinsichtlich der Grenzen zulässiger Weisungen gilt im Ansatz dasselbe wie für den Gesellschaftsvertrag.[56] Wie dort gibt es außer den gesetzlich geregelten Fällen (Rn. 6, 18) kein Geschäftsführungsverhalten, das von vornherein weisungsimmun wäre.[57] Doch können sich in Abhängigkeit von den Gegebenheiten des Einzelfalles Sonderschranken aus dem Gesellschaftsvertrag und dem Mitbestimmungsrecht, nicht aber dem Anstellungsvertrag ergeben.

bb) § 37 Abs. 1 selbst ergibt, dass Einschränkungen der Geschäftsführungsbefugnis nur zulässig sind, wenn der **Gesellschaftsvertrag** nichts **anderes** anordnet. Soweit dieser den oder einzelnen Geschäftsführern bestimmte Aufgaben zur autonomen Wahrnehmung überträgt, bedarf eine entgegenstehende Weisung einer vorherigen Satzungsänderung. Ohne eine solche ist der die Weisung enthaltende Gesellschafterbeschluss freilich nicht nichtig, sondern nur anfechtbar (§ 47 Rn. 116 f.; zu den Konsequenzen für die Folgepflicht der Geschäftsführer § 43 Rn. 35). Auch das ist freilich nicht der Fall, wenn ein satzungswidriger „Weisungsbeschluss" einstimmig gefasst wird (§ 47 Rn. 102, § 53 Rn. 34).

27

cc) Weisungsverbote im **Anstellungsvertrag** (vgl. § 35 Rn. 81 ff.), wirken nur schuld-, nicht gesellschaftsrechtlich.[58] Das bedeutet: Eine vertragswidrige Weisung ist gleichwohl bindend – und zwar nicht nur dann, wenn eine Satzungsbestimmung dies zulässt.[59] Andererseits treten zugunsten des (der) betroffenen Geschäftsführer die Rechtsfolgen einer Vertragsverletzung ein. In Betracht kommt insbesondere Kündigung des Anstellungsvertrages, gegebenenfalls gekoppelt mit einem Schadensersatzanspruch (dazu § 38 Rn. 50). Auch kann ein wichtiger Grund für sofortige Amtsniederlegung vorliegen. Nach § 38 Abs. 1 bleiben die Vergütungsansprüche aus dem Anstellungsvertrag hiervon unberührt.[60]

28

dd) In der **mitbestimmten** GmbH werden die Geschäftsführer durch den Aufsichtsrat bestellt und abberufen (vgl. § 35 Rn. 73). In dieser Abweichung vom Normalstatut der GmbH drückt sich unbestrittenermaßen die gesetzgeberische Zielvorstellung aus, die Unternehmensleitung auch durch die Arbeitnehmerseite zu legitimieren. Daraus wird gefolgert, dass die Geschäftsführung nicht nur an den Interessen der Gesellschafter, sondern auch am **Unternehmensinteresse** zu orientieren ist, das die Interessen der Arbeitnehmer inkludiert.[61] Doch ist die Betonung des Unternehmensin-

29

---

[54] ZB eine Geschäftsordnung, dazu etwa *Scholz/Schneider* Rn. 59.
[55] BGHZ 31, 258, 278; *Scholz/Schneider* Rn. 30 mwN.
[56] Rn. 21 f.; dagegen *Hommelhoff* ZGR 1978, 119, 127 ff.; *Lutter/Hommelhoff* Rn. 18.
[57] OLG Düsseldorf ZIP 1984, 1476, 1478; *Eisenhardt*, FS Pfeiffer, 1988, S. 839, 845 f.; *Konzen* NJW 1989, 2977, 2979; *Tomat* S. 10 ff.; *Kaffiné* S. 35 ff.; *Ziemons* S. 21 ff. je mwN auch der Gegenauffassung; (deutlich einschränkend) *Gieseke* GmbHR 1996, 490 ff. Instruktiv OLG Frankfurt GmbHR 1997, 346, 347: Zulässigkeit auch wirtschaftlich nachteiliger Weisungen, sofern nicht greifbar naheliegend Insolvenzgefahr droht.
[58] *Hachenburg/Mertens* 7. Aufl. § 35 Rn. 85 ff., 91 f.; *Eisenhardt*, FS Pfeiffer, 1988, S. 839, 846. Anders *Hachenburg/Stein* Rn. 164: Keine Vertretungsmacht der Gesellschafter, wenn über den Anstellungsvertrag nicht mit satzungsändernder Mehrheit beschlossen.
[59] So aber *Scholz/Schneider* 6. Aufl. Rn. 68.
[60] *Hachenburg/Mertens* Rn. 28.
[61] Vgl. namentlich *Hommelhoff* ZGR 1978, 119, 138; *Ulmer* S. 42 ff., 49; *Fitting/Wlotzke/Wißmann* § 30 Rn. 42. Gegen Anerkennung eines Unternehmensinteresses *Mülbert* ZGR 1997, 147 ff., 151 ff.

teresses nur teilkongruent mit den arbeitnehmerorientierten Zielen des MitbestG,[62] weil sich im Begriff des Unternehmensinteresses nach überwiegender Auffassung über die Belange von Anteilseignern und Arbeitnehmern hinaus auch noch ganz andere Interessen (Geschäftspartner, Gläubiger, Letztverbraucher etc.) bündeln.[63] Besser wäre es daher, in mitbestimmungsrechtlichem Zusammenhang vorrangig auf Anteilseigner- und Arbeitnehmerinteressen abzustellen.[64] Der Begriff des Unternehmensinteresses würde dadurch auf die Funktion eines gemeinsamen Nenners reduziert, der lediglich ausdrückt, dass keine dieser Gruppen eigene Interessen ohne Rücksicht auf die der anderen verfolgen darf. Wie dem auch sei: Für die mitbestimmte GmbH wird aus ihrer Ausrichtung am Unternehmensinteresse im Ergebnis zu Recht gefolgert, dass Weisungen, die kein legitimes Interesse der Gesellschafter zu verwirklichen suchen, aber wesentliche Arbeitnehmerbelange eindeutig beeinträchtigen, nicht ausgesprochen werden dürfen. Sie binden die Geschäftsführer nicht.[65] Die Gegenauffassung weist auf den vorhandenen arbeitsrechtlichen Schutz, insbesondere das Betriebsverfassungsrecht und darauf hin, dass jede einschneidende Geschäftsführerentscheidung (Beispiele: Rationalisierungen, Massenentlassungen) geeignet sei, Arbeitnehmerbelange zu beeinträchtigen. Diese Belange sind aber nur im Rahmen des vorher gekennzeichneten Unternehmensinteresses erheblich. Deshalb liefert der behauptete Rechtssatz durchaus eine den Gesellschaftern zumutbare, dem Mitbestimmungsrecht entsprechende Ergänzung des arbeitsrechtlichen Normengefüges.

30   **b) Weisungssubjekte.** Als Weisungssubjekte kommen in erster Linie die Gesellschafter in Betracht. In der **mitbestimmungsfreien** GmbH kann der Gesellschaftsvertrag entsprechende Befugnisse aber auch einem einzelnen Gesellschafter, dem (fakultativen) Aufsichtsrat, einem Beirat, ja sogar einem Nichtgesellschafter übertragen.[66] In der **mitbestimmten** GmbH ist die Übertragung von Weisungsbefugnissen an den Aufsichtsrat wegen § 25 Abs. 1 Nr. 2 MitbestG, § 111 Abs. 4 AktG dagegen ausgeschlossen.[67] Auch wird für solche Gesellschaften wohl überwiegend angenommen, dass einem Beirat, der nicht ausschließlich aus Gesellschaftern besteht, keine Weisungsrechte übertragen werden können.[68] Nach *Teubner*[69] sind Beiräte in der mitbestimmten GmbH ohne Rücksicht auf ihre Zusammensetzung generell auf Aufsichtsfunktionen zu beschränken. Die dafür angegebenen Gründe rechtstatsächlicher Art müssten aber zu

---

[62] Dazu etwa *Hanau/Ulmer* Einl. Rn. 1 ff.

[63] Statt vieler *Hanau/Ulmer* § 25 Rn. 25 mwN; für die Berücksichtigung von Organisationsinteressen „an sich", aber ohne überzeugende Begründung *Teubner* ZHR 149 (1985) 470 ff.

[64] Vgl. *Kunze* ZHR 144 (1980), 100, 121 f.; in Anknüpfung an das Mitbestimmungsurteil des BVerfG auch *Rehbinder* ZGR 1979, 470, 483.

[65] Vgl. außer den soeben Zitierten etwa noch *Hanau/Ulmer* § 30 Rn. 19; *Scholz/Schneider* Rn. 42; auch § 47 Rn. 101 f.; *Ulmer* ZHR 148 (1984), 391, 395 mwN; aM *Hachenburg/Mertens* Rn. 21 mwN; *Flume* S. 61, *Baumbach/Hueck/Zöllner* Rn. 10; MünchHdB GesR III/*Marsch-Barner/Diekmann* § 44 Rn. 72. Vermittelnd *Schall* S. 72 f., 83 ff.

[66] *Voormann* S. 79 f.; *Baumbach/Hueck/Zöllner* Rn. 15; *Hachenburg/Mertens* Rn. 17; *Herfs* S. 140 ff.; *Beuthien/Gätsch* ZHR 157 (1993) 483, 498 f.; *Konzen* NJW 1989, 2977, 2979 ff.; vgl. Rn. 20; auch § 45 Rn. 7 ff., § 52 Rn. 6 f.

[67] Vgl. *Scholz/Schneider* Rn. 60 f.; *Baumbach/Hueck/Zöllner* Rn. 15; *Lutter/Hommelhoff* Rn. 19; dagegen *Hanau/Ulmer* § 25 Rn. 46.

[68] Ganz hM; vgl. *Säcker* DB 1977, 1845, 1846; *Hölters* GmbHR 1980, 50, 52 f.; *Fitting/Wlotzke/Wißmann* § 25 Rn. 64; *Hanau/Ulmer* § 25 Rn. 143 mwN; abweichend *Hachenburg/Schilling* § 52 Rn. 30; tendenziell auch *Mertens*, FS Stimpel, 1985, S. 417, 424 ff., differenzierend *Voormann* S. 80.

[69] ZGR 1986, 565, 573 ff.

Differenzierungen führen, die aus der Sicht des MitbestG ihrerseits nicht überzeugen könnten. Im übrigen hat das von der hM vorgetragene Argument, die vom Gesetz gewollte Rechtsstellung des Aufsichtsrats werde zweckwidrig verkürzt, wenn sie nicht nur dem Einflussfeld der Gesellschafter als „Veranstalter" des Unternehmens, sondern auch noch dem Dritter unterliege, nach wie vor einiges für sich. Ihm steht die vom MitbestG im Prinzip untangiert gelassene Organisationsautonomie der Gesellschafter und ihr uU starkes Interesse gegenüber, kompetente Dritte in die aktive Gestion der Gesellschaft einzuschalten. Eine zureichende Diskussion der Konsequenzen im einzelnen[70] ist hier nicht möglich. Doch sollte mE der namentlich von *Mertens* begründeten Auffassung gefolgt werden.

3. Anstellungsvertrag. Der Anstellungsvertrag kann den Umfang der Geschäftsführungsbefugnis auch dann beschränken, wenn es dafür keine gesellschaftsvertragliche Grundlage gibt.[71] Überschreitungen solchermaßen beschränkter Geschäftsführungsbefugnis lösen aber wiederum (vgl. Rn. 28) nur schuld-, nicht korporationsrechtliche Konsequenzen aus (näher dazu § 35 Rn. 81 ff.). **31**

4. Aufsichtsratsbeschluss. Bei Bestellung eines (fakultativen) Aufsichtsrates gemäß § 52 und Fehlen einer entgegenstehenden gesellschaftsvertraglichen Bestimmung ist u. a. § 111 Abs. 4 AktG entsprechend anwendbar. Das bedeutet, dass die Vornahme bestimmter Arten von Geschäften durch Gesellschaftsvertrag oder Aufsichtsratsbeschluss von der **Zustimmung des Aufsichtsrats** abhängig gemacht werden kann (für Einzelheiten § 52 Rn. 13). Das eröffnet die Möglichkeit einer weiteren Beschränkung der den Geschäftsführern zustehenden Befugnisse. Dasselbe gilt in der mitbestimmten GmbH kraft zwingenden Rechts (§§ 6 Abs. 1, 25 Abs. 1 Nr. 2 MitbestG; vgl. § 52 Rn. 47 f.). Die von einigen vertretene Ansicht,[72] der Gesellschaftsvertrag könne abschließend festlegen, ob und welche Geschäfte der Zustimmung des Aufsichtsrats bedürfen sollen, ist mit dem Wortlaut des § 111 Abs. 4 AktG („oder") und dem Sinn des MitbestG nicht vereinbar und wird daher überwiegend abgelehnt.[73] Der Aufsichtsrat ist aber durch § 111 Abs. 4 AktG selbst inhaltlich gebunden. Insbesondere darf der Zustimmungsvorbehalt nicht auf Maßnahmen des gewöhnlichen Geschäftsbetriebs ausgedehnt werden.[74] **32**

5. Organkonflikte. Fraglich ist, was zu geschehen hat, wenn der Aufsichtsrat einer durch Gesellschafterweisung angeordneten Geschäftsführungsmaßnahme nicht zustimmt, oder wenn die Gesellschafter eine zunächst von der Geschäftsführung geplante, vom Aufsichtsrat aber nicht gebilligte Maßnahme durch entsprechende Weisung erzwingen wollen.[75] Nach *Wiedemann*[76] verliert der Aufsichtsrat jede Zuständigkeit, wenn die Gesellschafter eine Geschäftsführungsmaßnahme selbst mit der Folge entschieden haben, dass für die Geschäftsführer nur noch die Exekution der Entscheidung übrig bleibt. Dieses Gesetzesverständnis ist abzulehnen. Es lässt sich nicht damit verein- **33**

---

[70] Vgl. *Teubner* ZHR 149 (1985), 470, 578.
[71] *Scholz/Schneider* Rn. 56 a; nicht ganz klar *Hachenburg/Stein* § 35 Rn. 166.
[72] *Hölters* BB 1975, 797, 799; *Zöllner* ZGR 1977, 319, 327; *Hoffmann/Lehmann/Weinmann* § 25 Rn. 93.
[73] Vgl. *Reuter* AcP 179 (1979), 503; *Ballerstedt* ZGR 1977, 133, 152 f.; *Hanau/Ulmer* § 25 Rn. 61; *Baumbach/Hueck/Zöllner* Rn. 15; *Fitting/Wlotzke/Wißmann* § 25 Rn. 48; *Raiser* § 25 Rn. 70; *Schall* S. 121 ff., alle mwN.
[74] Näher Kölner KommAktG/*Mertens* § 111 Rn. 61 ff.
[75] Rechtstatsächlich aufschlussreich *Theisen* BB 1980, 1243 ff.; ferner *Rinninsland* S. 138 ff.
[76] § 11 II 1 (S. 611) mwN; ebenso *Zöllner* AG 1981, 13, 16.

baren, dass der Begriff der „Geschäfte" iSd. § 111 Abs. 4 AktG weit zu interpretieren ist[77] und in dieser Perspektive auch bloße Ausführungshandlungen umfasst. Die gegenteilige Auffassung läuft auch darauf hinaus, dass Mitbestimmung in der GmbH zur Farce gemacht werden könnte.[78] Mit Recht allgemein abgelehnt wird aber auch die entgegengesetzte Ansicht, der Aufsichtsrat sei in der mitbestimmten GmbH auch zur Überwachung von Geschäftsführungsentscheidungen der Gesellschafter berufen.[79]

34 Vielmehr gilt: Maßnahmen, die die Geschäftsführer **in eigener Initiative** durchführen wollen, die aber vom Aufsichtsrat missbilligt werden, müssen unterbleiben. Dasselbe gilt hinsichtlich solcher Maßnahmen, die die Geschäftsführer auf Weisung der Gesellschafter ergreifen sollen. In beiden Fällen haben die Gesellschafter jedoch die Möglichkeit, die fehlende Zustimmung des Aufsichtsrates durch einen Beschluss mit der in § 111 Abs. 4 S. 4 AktG vorgesehenen Dreiviertelmehrheit zu ersetzen.[80] Eine ausdrückliche Anrufung seitens der Geschäftsführer iSd. § 111 Abs. 4 S. 3 ist hierzu nicht erforderlich. Denn diese Regel setzt gedanklich voraus, dass die Anteilseigner grundsätzlich nicht befugt sind, Geschäftsführungsentscheidungen selbst zu treffen, und bedarf bei Anwendung auf die GmbH daher entsprechender Modifizierung.[81] Wegen der umfassenden Weisungsprärogative der Gesellschafter (Rn. 23) und der Verpflichtung der Geschäftsführer (auch) auf deren Interessen, wird darüber hinaus anzunehmen sein, dass die Geschäftsführer verpflichtet sind, die Gesellschafter zu informieren, wenn der Aufsichtsrat einer von ihnen oder den Gesellschaftern geplanten Maßnahme seine Zustimmung versagt. Dieselben Grundsätze gelten gegenüber einem anderen Gesellschaftsorgan, auf das die Satzung Weisungsbefugnisse der Gesellschafterversammlung übertragen hat (zu dieser Möglichkeit § 45 Rn. 7 ff.).

IV. Erweiterung der gesetzlichen Geschäftsführungsbefugnis

35 **1. Durch Gesellschaftsvertrag.** Der Gesellschaftsvertrag kann den **gesetzlichen Wirkungsbereich** der Geschäftsführer (Rn. 6 ff.) verbindlich **fixieren** oder diesen Bereich auch **erweitern**. Das folgt aus der grundsätzlichen Kompetenz-Kompetenz der Gesellschafter (zu deren Grenzen § 45 Rn. 13 ff.). So ist es zB möglich, die Geschäftsführer auch mit der Feststellung des Jahresabschlusses zu betrauen (§ 46 Rn. 3), ihnen die Entscheidung über die Rückzahlung von Nachschüssen (§ 46 Rn. 18) oder die Bestellung von Prokuristen (§ 46 Rn. 36) zu überlassen.[82] Aufgaben im Rahmen des eigentlichen Geschäftsbetriebs, auch solche, deren Erledigung ungewöhnliche Maßnahmen (vgl. Rn. 10 ff.) erfordern, können den Geschäftsführern ebenfalls zu eigenverantwortlicher Wahrnehmung zugewiesen werden.[83] Das gilt freilich nur mit

---

[77] Statt vieler Kölner KommAktG/*Mertens* § 111 Rn. 58.
[78] Wie hier etwa *Baumann* ZHR 142 (1978), 557, 560; *Hanau/Ulmer* § 25 Rn. 65; *Fitting/ Wlotzke/Wißmann* Rn. 68.
[79] So aber *Duden*, FS Fischer, 1979, S. 95, 104; ausführliche Diskussion der Gesamtproblematik bei *Kaffiné* S. 21 ff.
[80] BGHZ 89, 48, 57 = NJW 1984, 733; s. auch BGHZ 135, 48, 55 f. = WM 1997, 1052 = ZIP 1997, 978.
[81] IErg. wie hier die hM; vgl. etwa *Ballerstedt* ZGR 1977, 133, 153 f.; *Ulmer* S. 48; *Hanau/Ulmer* § 25 Rn. 66; *Fitting/Wlotzke/Wißmann* § 25 Rn. 69; *Raiser* § 25 Rn. 81 f.; ausführlich *Schall* 123 ff., alle mwN; für die nicht mitbestimmte GmbH auch *Eisenhardt*, FS Pfeiffer, 1988, S. 839, 848; dagegen *Zöllner* ZGR 1977, 319, 327; *Wank* GmbHR 1980, 121, 125 f.; *Hoffmann/Lehmann/Weinmann* § 25 Rn. 92; zu verfassungsrechtlichen Dimensionen dieses Ergebnisses *Ulmer* BB 1979, 398, 401.
[82] Zur Bestimmung des Geschäftsjahres OLG Stuttgart WM 1993, 1754 f.
[83] Zur Bedeutung dieser Möglichkeit für die Verteilung von Leitungskompetenz zwischen der Geschäftsführung und einer an der GmbH beteiligten Stiftung *Kronke* ZGR 1996, 22 ff.

der **Einschränkung,** dass die nach dem MitbestG möglichen Zustimmungsvorbehalte des Aufsichtsrates (Rn. 32) auch durch gesellschaftsvertragliche Delegation bestimmter Aufgaben an die Geschäftsführer nicht tangiert werden können.

2. Durch Gesellschafterbeschluss. Auch ohne Legitimation durch den Gesellschaftsvertrag sind die Gesellschafter imstande, eine an sich ihnen vorbehaltene Entscheidung **im Einzelfall** an die Geschäftsführer zu delegieren (näher dazu § 45 Rn. 17). 36

3. Durch Anstellungsvertrag. Zur Einräumung bestimmter Geschäftsführungsbefugnisse im Anstellungsvertrag vgl. § 35 Rn. 82. 37

V. Geschäftsverteilung unter mehreren Geschäftsführern

1. Möglichkeiten. a) In der nicht mitbestimmten GmbH. Bei Vorhandensein mehrerer Geschäftsführer greift an sich Gesamtgeschäftsführung Platz (Rn. 16). Doch handelt es sich dabei um **dispositives,** aus offensichtlichen praktischen Gründen meist variiertes Recht:[84] Möglich ist Einzelgeschäftsführungsbefugnis zugunsten aller Geschäftsführer; Geschäftsführungsaufgaben können aber auch ressortmäßig auf die einzelnen Geschäftsführer verteilt werden.[85] Soweit das Gesetz selbst den Geschäftsführern Pflichten auferlegt (vgl. zB § 64), sind damit allerdings immer die Geschäftsführer in ihrer Gesamtheit gemeint.[86] Zuordnung von Geschäftsbereichen an Geschäftsführer bedeutet, dass jeder für „seinen" Bereich einzelgeschäftsführungsbefugt ist. Auch („partielle") Gesamtgeschäftsführung dergestalt ist möglich, dass jeder Geschäftsführer (stets oder unter bestimmten Voraussetzungen) nur zusammen mit einem anderen oder einem Prokuristen handeln darf.[87] 38

Ein **„Nichtdiskriminierungsverbot"** unter den Geschäftsführern gibt es nicht. So können einzelne Geschäftsführer einzelgeschäftsführungs-, andere nur gesamtgeschäftsführungsbefugt sein. Auch Weisungsbefugnis unter Geschäftsführern oder die Ausstattung eines Geschäftsführers mit dem Recht zum Stichentscheid[88] sind möglich. Zur Ernennung eines „Vorsitzenden der Geschäftsführung" Rn. 44. Nach hM unzulässig ist es andererseits, einzelne Geschäftsführer von jeder Geschäftsführungsbefugnis auszuschließen. Das folgt in der Tat schon aus den gesetzlichen Zwangsaufgaben und den mit ihnen notwendigerweise verbundenen Informations- und Kontrollrechten.[89] 39

b) Arbeitsdirektor. Besonderheiten gelten hinsichtlich des Arbeitsdirektors, der in mitbestimmten Gesellschaften als „gleichberechtigtes" Mitglied der Geschäftsleitung zu bestellen ist (§§ 33 MitbestG, 13 Montan-MitbestG). Er darf im Verhältnis zu den anderen Geschäftsführern nicht diskriminiert werden. Das bedeutet sachliche Gleichstellung seines Ressorts einerseits, persönliche Gleichstellung des Ressortinhabers ande- 40

---

[84] Dazu *Baumbach/Hueck/Zöllner* Rn. 16.
[85] Für eine kreditwesenrechtliche Ausnahme vgl. *Brückner* WM 1978, 1118, 1121 f.
[86] *Hachenburg/Mertens* § 35 Rn. 110; *Scholz/Schneider* § 43 Rn. 34 f.; weitergehend *Lutter/Hommelhoff* Rn. 31; präzisierend *Schneider,* FS 100 Jahre GmbHG, 1992, S. 473, 480 f.; *ders.* DB 1993, 1909, 1913 ff.
[87] Zu haftungsrechtlich bedeutsamen Anforderungen an die Eindeutigkeit von Verantwortungsbereichen (Schriftlichkeit) vgl. BFH ZIP 1986, 1247 = EWiR § 43 GmbHG 2/86, 905 – *Weipert.*
[88] Dazu LG Koblenz BB 1972, 113; *Hachenburg/Mertens* § 35 Rn. 111, § 37 Rn. 16.
[89] Rn. 22; ferner *Sudhoff/Sudhoff* S. 69 ff.; *Hachenburg/Mertens* Rn. 15 f. einerseits, *Scholz/Schneider* Rn. 37 andererseits, alle mwN.

rerseits. Entgegenstehende Regelungen sind wegen § 134 BGB nichtig.[90] Zulässig ist es aber etwa, bei Vorhandensein mehrerer Geschäftsführer einen derselben mit dem Recht zum Stichentscheid auszustatten. Anders ist nach hM wieder zu entscheiden, wenn die Gesellschaft nur zwei Geschäftsführer hat.[91] Zur Weisungsgebundenheit des Arbeitsdirektors vgl. Rn. 25.

41 Vom Verhältnis des Arbeitsdirektors zu den anderen Geschäftsführern ist die Frage danach zu entscheiden, ob ihm ein **gesetzlich umschriebener,** dh. privatautonomer Gestaltung entzogener **Wirkungskreis** zugeordnet ist. Im Anschluss an das BVerfG[92] wird diese Frage heute allgemein bejaht: Dem Arbeitsdirektor kommt ein **Kernbereich von Zuständigkeiten** in Personal- und Sozialfragen des Unternehmens zu.[93] Ein Vetorecht des Vorsitzenden der Geschäftsführung gegen Maßnahmen des Arbeitsdirektors hat der BGH, obwohl nicht diskriminierend, als unzulässigen Einbruch in diesen Kernbereich bewertet.[94] Im Hinblick auf die Entstehungsgeschichte fast unstreitig ist ferner, dass dem Arbeitsdirektor nach Maßgabe des Gleichbehandlungsgrundsatzes und seiner Belastung mit dem Personal- und Sozialressort auch zusätzliche Aufgaben übertragen werden dürfen.[95] Starre Grenzen lassen sich nicht ausmachen, weil Einzelelemente dieses Bereiches bei Vorliegen entsprechender sachlicher Gründe dem Arbeitsdirektor auch entzogen werden dürfen, solange nur der Schwerpunkt des Personal- und Sozialbereiches bei ihm verbleibt.[96]

42 **2. Geschäftsverteilungszuständigkeit. a) In der nicht mitbestimmten GmbH.** Zuständig für eine vom gesetzlichen Regelzustand abweichende Geschäftsverteilung unter den Geschäftsführern sind in erster Linie die Gesellschafter, welche darüber schon im Gesellschaftsvertrag oder durch Beschluss entscheiden können. Doch kann der Gesellschaftsvertrag die Geschäftsverteilungskompetenz auch einem anderen Gesellschaftsorgan, zB dem Aufsichtsrat (sofern vorhanden) oder dem Geschäftsführerkollegium selbst zuordnen.[97] Solange derartige Regelungen fehlen, sind die Geschäftsführer auch von sich aus befugt, die ihnen als Gesamtheit obliegenden Aufgaben untereinander aufzuteilen.[98] Freilich wird man hier Einstimmigkeit zu for-

---

[90] OLG Frankfurt AG 1986, 262; LG Frankfurt DB 1984, 1388; zum Ganzen etwa *Fitting/Wlotzke/Wißmann* § 33 Rn. 37 ff., insbesondere Rn. 47 ff.; *Hanau/Ulmer* § 33 Rn. 37 mwN; *Meyer-Landrut/Miller/Niehus* Rn. 229.
[91] *Hachenburg/Mertens* § 35 Rn. 114; *Scholz/Schneider* Rn. 29.
[92] BVerfGE 50, 290, 378 f. = NJW 1979, 699, 711.
[93] *Säcker* DB 1979, 1925 ff.; *Hanau/Ulmer* § 33 Rn. 39; *Hachenburg/Mertens* § 35 Rn. 113; *Scholz/Schneider* Rn. 44 f., alle mwN; vgl. auch LG Frankfurt DB 1984, 1388; OLG Frankfurt AG 1986, 262; OLG Hamburg WM 1983, 130, 135; OLG Oldenburg DB 1984, 1818; *Theisen* DB 1982, 265, 267; *Konzen* GmbHR 1983, 92, 97 f.; anders *Baumbach/Hueck/Zöllner* Rn. 18.
[94] BGHZ 89, 48, 58 ff. = NJW 1984, 733, 736 mwN.
[95] *Hanau/Ulmer* § 33 Rn. 40 mwN. Zur Abgrenzung des Zuständigkeitsbereiches des Arbeitsdirektors iE, insbesondere zur Zuordnung der leitenden Angestellten vgl. *Hanau/Ulmer* § 33 Rn. 42 ff.; *Baumbach/Hueck/Zöllner* Rn. 18.
[96] *Hanau/Ulmer* § 33 Rn. 39. Zur Rechtsstellung des Konzernarbeitsdirektors vgl. *Hoffmann-Becking,* FS Werner, 1984, S. 302; *Fitting/Wlotzke/Wißmann* § 33 Rn. 50 ff.; *Scholz/Schneider* Rn. 47.
[97] *Schneider,* FS Mühl, 1981, S. 633, 642 ff.; vgl. auch § 45 Rn. 7 ff.
[98] BGH NJW 1995, 2850, 2851 = DStR 1995, 1639 = DB 1995, 1852; *Scholz/Schneider* Rn. 62; *Hachenburg/Mertens* § 35 Rn. 122;, *Baumbach/Hueck/Zöllner* Rn. 16; *Lutter/Hommelhoff* Rn. 29; anders *Meyer-Landrut/Miller/Niehus* Rn. 80. Zu einengenden Regeln einer Geschäftsordnung bei kraft Gesetz oder Satzung bestehender Einzelgeschäftsführungsbefugnis vgl. BGHZ 119, 379, 382 = NJW 1993, 191 (für Verein).

dern haben.⁹⁹ Zu Geschäftsverteilungsregelungen im Anstellungsvertrag und deren korporationsrechtlichen Konsequenzen vgl. § 35 Rn. 82, § 37 Rn. 37.

b) In der mitbestimmten GmbH. Das alles gilt nach ganz hM grundsätzlich auch **43** für die mitbestimmte GmbH.¹⁰⁰ Doch soll der Aufsichtsrat dort auch ohne Ermächtigung durch die Satzung mit Rücksicht auf seine Bestellungskompetenz (§ 31 MitbestG) subsidiär zur Aufstellung von Geschäftsverteilungsregeln zuständig sein.¹⁰¹ Indes verträgt sich diese These nicht mit dem zwingenden Charakter des § 31 MitbestG, der, wäre sie tragfähig, generell die Zuständigkeit des Aufsichtsrates begründen müsste. Außerdem ist sie nicht damit zu vereinbaren, dass der vom mitbestimmten Aufsichtsrat abgeschlossene Anstellungsvertrag keine Zusagen über bestimmte Geschäftsführungsbefugnisse enthalten darf.¹⁰²

Umstritten ist, ob die Verweisung des § 31 Abs. 1 MitbestG auf § 84 AktG auch auf **44** dessen Abs. 2 zu beziehen ist, ob der Aufsichtsrat mitbestimmter Gesellschaften also zuständig ist, einen **„Vorsitzenden der Geschäftsführung"** zu ernennen.¹⁰³ Die Frage ist zu verneinen. Denn eine solche Ernennung impliziert eine Geschäftsverteilungsentscheidung wie andere auch, so dass die Gegenansicht in Widerspruch zu ihren eigenen Annahmen gerät. Andererseits liegt entgegen jener Ansicht kein Wertungswiderspruch zwischen der Bestellungskompetenz des Aufsichtsrates und der Ernennungszuständigkeit anderer Gesellschaftsorgane vor. Denn letztere bezieht sich nur auf Personen, die allesamt vom Aufsichtsrat bestellt wurden.

3. Geschäftsverteilung und Verantwortung. Abweichungen vom Prinzip der **45** Gesamtgeschäftsführung entbinden die Beteiligten nicht von der Verantwortung für die Art und Weise der Geschäftsführung insgesamt. Außerhalb des eigenen Zuständigkeitsbereiches manifestiert sich diese Verantwortung aber hauptsächlich in einer allgemeinen Aufsichtspflicht gekoppelt mit der Pflicht, gegebenenfalls gegen rechts- oder auch grob zweckwidriges Verhalten anderer Geschäftsführer einzuschreiten.¹⁰⁴ Von der Verantwortung für die Erledigung gesetzlicher Aufgaben kann ohnehin kein Geschäftsführer entbunden werden (Rn. 6).¹⁰⁵ Die Aufsichtspflicht impliziert ein entsprechendes Aufsichtsrecht.¹⁰⁶ Als Durchsetzungsmittel sollte nicht ein Widerspruchsrecht analog § 115 HGB,¹⁰⁷ sondern ein Recht auf Befassung der Geschäftsführerversammlung angenommen werden.¹⁰⁸

---

⁹⁹ Vgl. *Schneider,* FS Mühl, 1981, S. 633, 647 f.; *Lutter/Hommelhoff* Rn. 29. Anders wie hier *Hachenburg/Mertens* § 35 Rn. 122.
¹⁰⁰ *Hanau/Ulmer* § 30 Rn. 21; *Fitting/Wlotzke/Wißmann* § 30 Rn. 40; einschränkend *Immenga* ZGR 1977, 249, 268 f.
¹⁰¹ *Hanau/Ulmer* § 30 Rn. 21; *Fitting/Wlotzke/Wißmann* § 30 Rn. 40; implizit auch *Hoffmann/Lehmann/Weinmann* § 30 Rn. 28.
¹⁰² § 35 Rn. 72; wie hier *Scholz/Schneider* Rn. 60 f. mwN.
¹⁰³ Dafür etwa *Fitting/Wlotzke/Wißmann* § 30 Rn. 6; *Hanau/Ulmer* § 30 Rn. 9; *Scholz/Schneider* Rn. 29; dagegen *Hoffmann/Lehmann/Weinmann* § 31 Rn. 47.
¹⁰⁴ Vgl. *Hachenburg/Mertens* § 35 Rn. 110; *Scholz/Schneider* Rn. 23, 28, 63; *Roth/Altmeppen* Rn. 29; *Fitting/Wlotzke/Wißmann* § 30 Rn. 40, genauer § 43 Rn. 11; zum Problem auch BGHZ 125, 366, 372 = NJW 1994, 1801; BGH NJW 1995, 2850 = DStR 1995, 1639 = DB 1995, 1852.
¹⁰⁵ Vgl. BGH WM 1994, 1030.
¹⁰⁶ *Lutter/Hommelhoff* Rn. 32.
¹⁰⁷ So aber *Scholz/Schmidt* Rn. 63; OLG Karlsruhe NZG 2000, 264, 266 (für außergewöhnliche Maßnahmen).
¹⁰⁸ *Lutter/Hommelhoff* Rn. 32.

VI. Der Umfang der Vertretungsmacht der Geschäftsführer

46 **1. Die Regel.** Gemäß Abs. 2 ist der Umfang der Vertretungsbefugnis der Geschäftsführer **unbeschränkt** und **unbeschränkbar**. Das gilt selbstverständlich mit der Maßgabe, dass sie überhaupt vertretungsbefugt sind (dazu § 35 Rn. 13 ff.), und dass die im Einzelfall anwendbaren Gesamtvertretungsregeln eingehalten werden (dazu § 35 Rn. 41 ff., 50 ff.). Die Vertretungsmacht erstreckt sich grundsätzlich – für Einschränkungen vgl. Rn. 47 ff. – auf sämtliche gerichtliche und außergerichtliche Rechtshandlungen[109] einschließlich etwa der Bestellung von Prokuristen und Generalhandlungsbevollmächtigten (dazu § 46 Rn. 30 f.) und wohl auch der Teilungsgenehmigung (dazu § 46 Rn. 15). Zur Vertretungsmacht anlässlich der Einforderungen von Einzahlungen auf das Stammkapital vgl. § 46 Rn. 13. Von der Vertretungsbefugnis der Geschäftsführer gedeckt sind in der Regel auch satzungswidrige Rechtsgeschäfte, zB übermäßige Schenkungen, nicht jedoch die Veräußerung des Unternehmens der Gesellschaft.[110] Unbeschränkbarkeit der Vertretungsbefugnis in diesem wie in anderen Fällen heißt freilich nicht, dass die Geschäftsführer selbst nicht imstande wären, Rechtsgeschäfte mit Dritten unter dem Vorbehalt zu schließen, dass ein anderes Gesellschaftsorgan dies genehmigt. Die Erteilung der Genehmigung ist dann Bedingung für die Wirksamkeit des Geschäftes.[111] Zum Umfang der Vertretungsmacht der Geschäftsführer der **Vor-GmbH** vgl. § 11 Rn. 85 ff. Zur Vertretungsmacht des **Notgeschäftsführers** § 35 Rn. 76 f.

47 Andererseits führt Abs. 2 selbstverständlich nicht dazu, dass Geschäftsführer auch dort noch mit Wirkung für die Gesellschaft handeln können, wo es **nicht** mehr um **deren Vertretung** geht. Das schließt insbesondere die Änderung des Gesellschaftsvertrages, zB hinsichtlich der Firma, die Aufnahme weiterer Gesellschafter, die Auflösung aus.[112]

48 Keine Grenze der Vertretungsmacht stricto sensu liegt ferner dort vor, wo die Herbeiführung einer bestimmten Rechtsfolge nicht nur den Geschäftsführern, sondern der Gesellschaft schlechthin **rechtlich unmöglich** ist. Beispiele liefern die Erteilung einer Generalvollmacht an Nichtgeschäftsführer (dazu § 35 Rn. 9 f.) oder der Abschluss eines mit § 43 a unvereinbaren Kreditvertrages.

49 **2. Außenwirksame Zustimmungserfordernisse.** In einer Reihe von Fällen wirken sich Beschränkungen der Geschäftsführungsbefugnis auch auf die Vertretungsmacht aus.

50 **a) §§ 15 MitbestErgG und 32 MitbestG.** Das gilt nach hM hinsichtlich der in den §§ 15 MitbestErgG und 32 MitbestG (vgl. Rn. 12) enthaltenen Regelungen.[113] Maßgebend dafür ist vor allem der Wortlaut des Gesetzes („können"), demgegenüber Erwägungen der Rechtssicherheit[114] nicht den Ausschlag geben können, weil eine sehr

---

[109] Dazu OLG München GmbHR 1992, 534. Zum Widerruf einer Prokura OLG Düsseldorf GmbHR 1998, 743.
[110] Vgl. *Lutter*, FS Werner, 1984, S. 477, 479 ff.; *Tillmann* Rn. 58, *Sudhoff/Sudhoff* S. 65 f.; *Scholz/Schneider* § 35 Rn. 22; zur Unternehmensveräußerung Rn. 49.
[111] Vgl. *Hachenburg/Mertens* Rn. 44 mwN.
[112] *Roth/Altmeppen* § 35 Rn. 13; *Scholz/Schneider* § 35 Rn. 38, beide mwN; zur Möglichkeit schuldrechtlicher Bindungen in diesem Zusammenhang *Fleck* ZGR 1988, 104, 110 ff.; *Herfs* S. 264 ff. mwN.
[113] *Hachenburg/Mertens* § 35 Rn. 55; *Baumbach/Hueck/Zöllner* § 35 Rn. 47; *Hanau/Ulmer* § 32 Rn. 15 ff. mwN auch der Gegenansicht; iErg. wohl auch *Scholz/Schneider* § 35 Rn. 37; dagegen *Meyer-Landrut/Miller/Niehus* Rn. 230.
[114] Dazu insbesondere *Crezelius* ZGR 1980, 359, 365 ff.

Beschränkung der Vertretungsbefugnis § 37

enge, exakt umschriebene und daher kaum täuschungsgeeignete Ausnahme von der Unbeschränkbarkeit der Vertretungsbefugnis in Frage steht.[115]

b) Unternehmensverträge, Verschmelzung. Eine Beschränkung der Vertretungsmacht der Geschäftsführer ist nach heute ganz hM dann anzunehmen, wenn es darum geht, die Gesellschaft der Leitung eines anderen Unternehmens zu unterstellen **(Beherrschungsvertrag)** oder ihren Gewinn an ein anderes Unternehmen abzuführen **(Gewinnabführungsvertrag)**.[116] Dem ist zu folgen. Ausschlaggebend ist allerdings nicht schon die bloße Berufung auf § 293 Abs. 1 AktG. Auch genügt es nicht, den materiell satzungsändernden Charakter der in Frage stehenden Verträge zu betonen. Denn satzungswidrige Rechtsgeschäfte werden im allgemeinen von der Vertretungsmacht der Geschäftsführer gedeckt. Entscheidend dürfte vielmehr sein, dass der Beherrschungsvertrag die Weisungsbefugnis der Gesellschafterversammlung überspielt und der Gewinnabführungsvertrag den Gewinnanspruch gemäß § 29 obsolet macht. Beide Vertragstypen greifen daher unmittelbar in Rechte der Gesellschafter ein und erfordern daher deren Zustimmung.[117] Zu den Beschlusserfordernissen vgl. Anh. § 52 Rn. 53, 54 ff.; zur Frage der Beschränkung der Vertretungsmacht auch in anderen konzernrechtlichen Zusammenhängen Anh. § 52 Rn. 67 f. Auch anlässlich eines **Verschmelzungsvertrages** hängt die Vertretungsmacht der Geschäftsführer von einem Gesellschafterbeschluss ab. Für die *Veräußerung* des gesamten Unternehmens gilt analog § 179 a AktG dasselbe. Auf Kenntnis des Dritten kommt es nicht an.[118] Die Übernahme einer (konkreten) Pflicht zur Satzungsänderung ist zwar zulässig, der Vertretungsakt aber nur wirksam, wenn die Gesellschafter mit qualifizierter Mehrheit zustimmen.[119] Auch ein **Generalbereinigungsvertrag** kommt ohne ermächtigenden Gesellschafterbeschluss nicht zustande.[120]

c) Weitere Beispiele. Die Einforderung von **Einzahlungen** auf das **Stammkapital** ist bei Erforderlichkeit eines Gesellschafterbeschlusses unwirksam, wenn ein solcher Beschluss fehlt (§ 46 Rn. 17). Entsprechendes gilt anlässlich der **Einziehung** von Geschäftsanteilen gemäß § 34 (§ 46 Rn. 20). Zur (umstrittenen) Situation bei der **Teilveräußerung** von Geschäftsanteilen vgl. § 46 Rn. 19. Zur Beschränkung der Vertretungsmacht durch § 181 BGB § 35 Rn. 26 ff.

3. Geschäfte mit Mitgliedern anderer Gesellschaftsorgane und Mitgeschäftsführern. Verkehrsgeschäfte der Gesellschaft mit Geschäftsführern, Gesellschaftern und anderen Organ-, insbesondere Aufsichtsratsmitgliedern sind grundsätzlich zulässig (für eine Ausnahme vgl. § 43 a). Doch ist in dieser Konstellation die Vertretungs- an die Geschäftsführungsbefugnis anzubinden.[121] Denn Organmitglieder sind verpflichtet, die

---

[115] Zur Rechtslage bei weisungswidrigem Verhalten der Geschäftsführer überzeugend *Hanau/Ulmer* § 32 Rn. 19.
[116] Vgl. BGHZ 105, 324, 330 ff. = NJW 1989, 295; BGH WM 1992, 524, 526; OLG Hamm DB 1993, 1866 f.; *Emmerich/Sonnenschein* § 25 IV 2; *Hachenburg/Ulmer* § 53 Rn. 140; *Mack* S. 76 f., 78 f. jeweils mwN; dagegen OLG Düsseldorf WM 1991, 2103, 2104; *Zöllner* S. 250.
[117] Wie hier *Emmerich/Sonnenschein* § 25 IV 2; *Verhoeven* GmbH-Konzern-Innenrecht, 1978.
[118] § 53 Rn. 17; *Hachenburg/Ulmer* § 53 Rn. 38 mwN; *Scholz/Schneider* § 35 Rn. 40; anders 2. Aufl. Rn. 44.
[119] Vgl. *Herfs* S. 264 ff. mwN.
[120] BGH NJW 1998, 1315 = ZIP 1998, 332 = GmbHR 1998, 278; s. § 46 Rn. 32.
[121] So BAG DZWiR 1998, 455, 457 f.; AP BGB § 626 Nr. 117 = GmbHR 1994, 629, 630; BGH NJW 1997, 2678 = GmbHR 1997, 836 = DB 1997, 1663 = ZIP 1997, 1419 = DStR 1997, 1296 je mwN; s. ferner LAG Hessen GmbHR 2001, 298 ff. zu Aufhebungsvertrag; für die Personengesellschaften etwa BGHZ 38, 26, 32 = NJW 1962, 2344; *Schlegelberger/Schmidt* § 126 Rn. 9, 17; *Staub/Habersack* § 126 Rn. 28 ff.; *Baumbach/Duden/Hopt* § 126 Rn. 6 ff.

Grenzen interner Zuständigkeitsverteilung zu beachten; sie dürfen nicht an deren Verletzung mitwirken. Außerdem entfällt ihnen gegenüber kraft Insiderkenntnis normalerweise das Abs. 2 tragende Verkehrsschutzbedürfnis. Diese Norm ist entsprechend den zu § 126 HGB entwickelten Grundsätzen daher teleologisch einzuschränken. Die umstrittene Frage, ob es dabei auf Kenntnis bzw. schuldhafte Unkenntnis der Grenzen der Geschäftsführungsbefugnis ankommt, wird man mit Rücksicht auf den intern zwingenden Charakter der Zuständigkeitsverteilung zu verneinen haben.[122] Entsprechende Regeln gelten bei Vorhandensein einschlägiger dienstvertraglicher Pflichten auch gegenüber **Arbeitnehmern** der Gesellschaft.[123] Sie gelten auch im Zusammenhang von Geschäften der GmbH mit einer wirtschaftlich identischen (100- oder quasi 100-prozentigen Beteiligung) Gesellschaft.[124] Noch nicht zureichend diskutiert ist die Frage, ob interne Beschränkungen der Geschäftsführungsbefugnis auch im **Prozess** (Beispiel: Klage gegen einen Gesellschafter nur auf Beschluss der Gesellschafterversammlung) Außenwirkung entfalten.[125] ME sprechen die besseren Gründe dafür, die Frage zu bejahen (zu einem ähnlichen Problem § 46 Rn. 40).

54   **4. Missbrauch der Vertretungsmacht.** Ein Missbrauch vorhandener Vertretungsmacht liegt unstreitig zunächst dann vor, wenn Geschäftsführer mit Kontrahenten der Gesellschaft in Schädigungsabsicht zusammenwirken **(Kollusion).** Das Geschäft ist in diesem Falle nichtig; die §§ 826, 840 BGB sind anzuwenden.[126] Missbrauch der Vertretungsmacht ist ferner dann anzunehmen, wenn bewußt zum Nachteil der Gesellschaft gehandelt wurde und der Dritte dies wusste.[127] Darüber hinaus hat die Rechtsprechung zwischenzeitlich schuldhafte Unkenntnis des Dritten genügen lassen.[128] Die daran geübte literarische Kritik[129] hat zu einer Verschärfung der Anforderungen geführt: Nach neuerer Auffassung des BGH[130] kommt es darauf an, ob sich dem Dritten das vorsätzlich schädigende Verhalten des Vertreters „geradezu aufdrängen musste". Wird Missbrauch bejaht, so besteht die Rechtsfolge außerhalb der Kollusionsfälle nach Ansicht der Rechtsprechung nicht in der Nichtigkeit des Geschäftes schlechthin, sondern darin, dass sich der Geschäftsgegner wegen § 242 BGB ganz oder teilweise (§ 254 BGB entsprechend) nicht auf dessen Gültigkeit berufen kann.[131] Teil-

---

[122] Ähnlich wie hier *Scholz/Schneider* § 35 Rn. 27 (einschränkend Rn. 28); *Schneider* BB 1986, 201, 202 f.; *Hachenburg/Mertens* Rn. 37 f.; *Roth/Altmeppen* § 35 Rn. 15, § 37 Rn. 41; *Baumbach/Hueck/Zöllner* Rn. 29; aber nur, wenn Geschäftspartner die Beschränkung kennen konnte, ähnlich *Lutter/Hommelhoff* § 35 Rn. 15; für verdeckte Gewinnausschüttungen vgl. *Fiedler* S. 33 ff.; *Schulze-Osterloh*, FS Stimpel, 1985, S. 487, 491 ff.; *Hager* ZGR 1989, 71, 77 ff.; ablehnend *Zacher* GmbHR 1994, 842, 846 f.
[123] *Hachenburg/Mertens* Rn. 39.
[124] Überzeugend OLG Hamburg ZIP 1980, 1000, 1004 mwN; vgl. *Wilhelm* 102 f.; *Scholz/Schneider* § 35 Rn. 29; weitergehend *Schneider* BB 1986, 201, 203 ff.; anders aber wohl BGHZ 83, 122, 132 = NJW 1982, 1703, 1705.
[125] Verneinend *Baumbach/Hueck/Zöllner* Rn. 32; bejahend *Beise* GmbHR 1987, 259.
[126] Vgl. RGZ 145, 311, 315; BGH WM 1985, 997, 998; OLG Hamm GmbHR 1997, 999, 1000; *Scholz/Schneider* § 35 Rn. 133; *Hachenburg/Mertens* Rn. 35 mwN.
[127] BGHZ 50, 112, 114 = NJW 1968, 1379.
[128] BGH aaO: „in schuldhafter Weise nicht bekannt"; BGH NJW 1966, 1911: Gebrauch der Vertretungsmacht „in ersichtlich verdächtiger Weise".
[129] Vgl. etwa *Hübner*, FS Klingmüller, 1974, S. 173, 175 ff.
[130] WM 1976, 658, 659. Ähnlich BGH WM 1980, 953, 954; NJW 1985, 2409, 2410; WM 1988, 704, 706; NJW 1994, 2082, 2083 = DB 1994, 2074 = ZIP 1994, 859; KG WM 1982, 405, 407.
[131] BGHZ 50, 112, 114 = NJW 1968, 1379; *Hachenburg/Mertens* Rn. 33 f.; kritisch *Zacher* GmbHR 1994, 842, 848 f.

weise wird stattdessen freilich ein Schadensersatzanspruch aus culpa in contrahendo oder die entsprechende Anwendung der §§ 177 ff. BGB befürwortet.[132]

Die zuletzt im Vordringen befindliche Ansicht, Missbrauch der Vertretungsmacht sei ohne Rücksicht auf Schädigungsabsicht schon bei Überschreitung der Geschäftsführungsbefugnis und positiver Kenntnis des Dritten davon zu bejahen,[133] wird noch überwiegend abgelehnt.[134] Doch lässt sich solches Gesetzesverständnis schlecht damit vereinbaren, dass Abs. 2 ja gerade Informationsdefiziten des Dritten über Interna der Gesellschaft Rechnung tragen soll (Rn. 4) und daher seinen Anwendungssinn einbüßt, wenn ein solches Defizit nicht vorliegt.[135] Evidenz objektiver Pflichtwidrigkeit des Geschäftsführerhandelns muss genügen, weil sich strikt innere Tatsachen nicht beweisen lassen.[136] Erst recht kommt das Geschäft nicht zustande, wenn es davon abhängig gemacht wird, dass die Gesellschafter zustimmen.[137] 55

VII. Geschäftsführung in der GmbH & Co. KG

Ist die GmbH einzige Komplementärin der KG – das ist die praktisch ganz im Vordergrund stehende Konstellation – so obliegt ihr, mittelbar also ihren Geschäftsführern,[138] die Führung der Geschäfte der KG.[139] Mangels anderweitiger Vereinbarung bedürfen Geschäfte, die über den gewöhnlichen Betrieb des Handelsgewerbes hinausgehen, eines Gesellschafterbeschlusses unter Beteiligung der Kommanditisten.[140] Zur Vertretung der GmbH & Co. KG § 35 Rn. 111 ff. 56

Die dargelegten Zuständigkeitsregelungen sind **dispositiver** Natur. Die Geschäftsführungsbefugnis der Komplementär-GmbH kann daher beliebig eingeschränkt, ja sogar völlig ausgeschlossen werden,[141] letzteres mit der Maßgabe, dass die organschaftliche Vertretung der Gesellschaft zwingend der GmbH zugeordnet ist.[142] Der Aktionsspielraum der Geschäftsführer der GmbH wird dadurch auch dann betroffen, wenn ihr eigenes Statut nichts dergleichen vorsieht. Bei einer größeren Zahl von 57

---

[132] Für Nachweise *Michalski* GmbHR 1991, 349, 355 ff., wonach die §§ 242 und 177 ff. BGB zu kombinieren sind.
[133] So etwa *Hübner* S. 181; *Geßler,* FS v. Caemmerer, 1978, S. 531, 534; *Mack* S. 68; vgl. auch BGH NJW 1984, 1461, 1462: Missbrauch, wenn Dritter annehmen muss, ein zustimmender Gesellschafterbeschluss werde nicht zustande kommen, und BGH NJW 1997, 2678 = GmbHR 1997, 836 = ZIP 1997, 1419; BGH ZIP 1996, 68, 69 = NJW 1996, 589 = DStR 1996, 271 = DB 1996, 266; BGH WM 1988, 704, 706: Missbrauch, wenn Dritter weiß, dass der Geschäftsführer die Grenzen missachtet, die seiner Vertretungsbefugnis im Innenverhältnis gezogen sind; ebenso OLG Frankfurt AG 1988, 335, 336 m. Anm. *Spahn;* OLG Koblenz ZIP 1990, 1570, 1575; KG GmbHR 1995, 52; OLG Stuttgart NZG 1999, 1004, 1005 mwN; in der Tendenz wie hier auch *Roth/Altmeppen* Rn. 41 zu BGH aaO; *Roth* ZGR 1985, 265, 273 ff.; *Baumbach/ Hueck/Zöllner* Rn. 28; *Lutter/Hommelhoff* § 35 Rn. 13 f.
[134] *Scholz/Schneider* § 35 Rn. 134b mwN; *Meyer-Landrut/Miller/Niehus* Rn. 26; *John* GmbHR 1983, 90, 92; *ders.,* FS Mühl, 1981, S. 349, 354 f. mwN; *Michalski* GmbHR 1991, 349, 354 f.; *Zacher* GmbHR 1994, 842, 845 ff.; vgl. auch KG WM 1982, 405, 407.
[135] Dagegen offenbar *Michalski* GmbHR 1991, 349, 353, aber ohne Begründung.
[136] Dazu OLG Stuttgart NZG 1999, 1004, 1005 mwN. S. auch die N in Fn. 130.
[137] BGH NJW 1997, 2678 = GmbHR 1997, 836 = DB 1997, 1663.
[138] Zur Deutung des Geschäftsführervertrages als Vertrag zugunsten der KG BGH NJW 1980, 589 = BGHZ 75, 321, 324 f.
[139] § 164 HGB; dazu BGH DB 1980, 1114 ff., insbes. 1116; vgl. *Grunewald* DB 1981, 407 ff.
[140] RGZ 158, 302, 305; *Hesselmann/Tillmann* Rn. 257; *Baumbach/Duden/Hopt* § 164 Rn. 2.
[141] BGHZ 51, 198, 201 = NJW 1969, 507; *Konzen* NJW 1989, 2977, 2982 f.; *Baumbach/ Duden/Hopt* § 164 Rn. 7 mwN.
[142] § 170 HGB, vgl. § 35 Rn. 111.

Kommanditisten wird häufig ein **Beirat** gebildet, um die Wahrnehmung interner Befugnisse dieser Gesellschaftergruppe zu erleichtern.[143]

VIII. Österreichisches Recht

58 Geschäftsführungsbefugnis und Vertretungsmacht der Geschäftsführer sind im österreichischen Recht im großen und ganzen ebenso geregelt wie im deutschen.[144] Freilich sind die Geschäftsführer ausdrücklich auch an im Zusammenhang mit Kontrollaufgaben oder auf der Grundlage gesellschaftsvertraglicher Ermächtigung mögliche Anordnungen des Aufsichtsrats gebunden.[145] Mehrere Geschäftsführer handeln grundsätzlich als Gesamtgeschäftsführer; bei Gefahr im Verzug greift allerdings Einzelgeschäftsführung Platz.[146] Entsprechend § 115 HGB darf mangels anderer gesellschaftsvertraglicher Regelung einer von mehreren einzelgeschäftsführungsbefugten Geschäftsführern nicht handeln, wenn ein anderer widerspricht.[147]

§ 38 [Widerruf der Bestellung]

(1) **Die Bestellung der Geschäftsführer ist zu jeder Zeit widerruflich, unbeschadet der Entschädigungsansprüche aus bestehenden Verträgen.**

(2) **¹Im Gesellschaftsvertrag kann die Zulässigkeit des Widerrufs auf den Fall beschränkt werden, dass wichtige Gründe denselben notwendig machen. ²Als solche Gründe sind insbesondere grobe Pflichtverletzung oder Unfähigkeit zur ordnungsmäßigen Geschäftsführung anzusehen.**

Literatur: *Bauer* Zuständigkeitsprobleme bei Streitigkeiten der GmbH und GmbH & Co. KG mit ihren Geschäftsführern, GmbHR 1981, 109; *Bauer/Diller* Koppelung von Abberufung und Kündigung bei Organmitgliedern – Zulässige Gestaltung oder sittenwidrige Falle?, GmbHR 1998, 809; *Bauer/Gragert* Der GmbH-Geschäftsführer zwischen Himmel und Hölle, ZIP 1997, 2177; *Baums* Die Auswirkung der Verschmelzung von Kapitalgesellschaften auf die Anstellungsverhältnisse der Geschäftsleiter, ZHR 156 (1992), 248; *ders.* Der Geschäftsleitervertrag, 1987; *Bayer/Rempp* Probleme bei der Kündigung von GmbH-Geschäftsführern, GmbHR 1999, 530; *Beuthien/Gätsch* Einfluß Dritter auf die Organbesetzung und Geschäftsführung bei Vereinen, Kapitalgesellschaften und Genossenschaften, ZHR 157 (1993), 483; *Damm* Einstweiliger Rechtsschutz im Gesellschaftsrecht, ZHR 154 (1990), 413; *Densch/Kahlo* Zur Ausschlussfrist des § 626 Abs. 2 BGB bei fristloser Kündigung eines GmbH-Geschäftsführers durch die Gesellschafterversammlung, DB 1983, 811; *Dernbach* Abberufung und Kündigung des GmbH-Geschäftsführers, BB 1982, 1266; *Eckardt* Die Beendigung der Vorstands- und Geschäftsführerstellung in Kapitalgesellschaften, 1989; *ders.* Koppelung der Beendigung des Anstellungsvertrages eines AG-Vorstandsmitgliedes an den Bestellungswiderruf?, AG 1989, 431; *Eckert* Die Amtsniederlegung des Alleingeschäftsführers einer GmbH, KTS 1990, 33; *Fischer* Die personalistische GmbH als rechtspolitisches Problem, FS W. Schmidt, 1959, S. 117; *Flatten* Dauer von Geschäftsführerverträgen – Ein Leitfaden für Vertragsverhandlungen, GmbHR 2000, 922; *Fleck* Das Dienstverhältnis der Vorstandsmitglieder und Geschäftsführer in der Rechtsprechung des BGH, WM 1994, 1957; *ders.* Die Drittanstellung des GmbH-Geschäftsführers, ZHR 149 (1985), 387; *ders.* Das Dienstverhältnis der Vorstandsmitglieder und Geschäftsführer in der Rechtsprechung des BGH, WM 1985, 677; *ders.* Das Dienstverhältnis der Vorstandsmitglieder und Geschäftsführer in der Rechtsprechung des BGH, WM 1981, Sonderbeilage 3; *ders.* Zur Abberufung des GmbH-Geschäftsführers, GmbHR 1970, 221; *Fonk* Rechtsfragen nach der Abberufung von Vorstandsmitgliedern und Geschäftsführern, NZG 1998, 408; *Gach/Pfüller* Die Vertretung der GmbH gegenüber ihrem Geschäftsführer, GmbHR 1998, 64; *Gaul* Der leitende Angestellte in Doppelfunktion als Organmitglied, GmbHR 1989, 357; *Gissel* Arbeitnehmerschutz für den GmbH-Geschäftsführer, 1987; *Goethe*

---

[143] Dazu insbesondere *Hölters* S. 3 ff.
[144] Vgl. §§ 20, 21 ÖGmbHG.
[145] § 20 Abs. 1 ÖGmbHG, s. *Koppensteiner* § 20 Rn. 12, 18.
[146] § 21 Abs. 1 ÖGmbHG, dazu *Koppensteiner* § 21 Rn. 6.
[147] § 21 Abs. 2 ÖGmbHG, näher *Koppensteiner* § 21 Rn. 9.

Das Organverhältnis des GmbH-Geschäftsführers in der Rechtsprechung des BGH, DStR 1998, 938; *Greger* Der Vergütungsanspruch des abberufenen Geschäftsführers, FS Boujong, 1996, S. 145; *Groß* Das Anstellungsverhältnis des GmbH-Geschäftsführers im Zivil-, Arbeits-, Sozialversicherungs- und Steuerrecht, 1987; *Grunewald* Die Abberufung von Gesellschaftergeschäftsführern in der GmbH, FS Zöllner, 1998, S. 177; *dies.* Wissenszurechnung bei juristischen Personen, FS Beusch, 1993, S. 301; *Gustavus* Probleme mit der GmbH ohne Geschäftsführer, GmbHR 1992, 15; *Happ* Die GmbH im Prozeß, 1997; *Harde* Die Abberufung des Geschäftsführers der GmbH von Geschäftsführung und Vertretung, 1971; *Härer* Erscheinungsformen und Kompetenzen des Beirates in der GmbH, 1991; *Herfs* Einwirkung Dritter auf den Willensbildungsprozeß der GmbH: eine Untersuchung von Mitwirkungsrechten Dritter im Entscheidungsbereich der Gesellschafter aufgrund von Satzungsrechten, Stimmbindungsverträgen oder Verpflichtungen der GmbH, 1994; *Hockemeier* Die Auswirkung der Verschmelzung von Kapitalgesellschaften auf die Anstellungsverhältnisse, 1990; *Hölters* Der Beirat der GmbH und GmbH & Co. KG, 1979; *Hofbauer* Die Kompetenzen des (GmbH)-Beirats, 1996; *Hohlfeld* Der GmbH-Geschäftsführer im Spannungsverhältnis zwischen Arbeitgeberfunktion und Arbeitnehmereigenschaft, GmbH 1987, 255; *Hopt* Zur Abberufung des GmbH-Geschäftsführers bei der GmbH & Co., insbesondere der Publikumskommanditgesellschaft, ZGR 1979, 1; *Hüffer* Organpflicht und Haftung in der Publikums-Personengesellschaft, ZGR 1981, 348; *Hümmerich* Grenzfall des Arbeitsrechts; Kündigung des GmbH-Geschäftsführers, NJW 1995, 1177; *Immenga* Die personalistische Kapitalgesellschaft, 1970; *Khatib-Shahidi/Bögner* Die rechtsmißbräuchliche oder zur Unzeit erklärte Amtsniederlegung des GmbH-Geschäftsführers, BB 1997, 1161; *Kießling/Eichele* Amtsniederlegung des GmbH-Geschäftsführers und Registerlöschung, GmbHR 1999, 1165; *Klamroth* Rowedder-GmbHG (Buchbesprechung), WRP 1992, 62; *Klatte* Die Amtsniederlegung des Geschäftsführers einer GmbH, 1997; *Kothe-Heggemann/Dahlbender* Ist der GmbH-Geschäftsführer nach Abberufung weiterhin zur Arbeitsleistung verpflichtet?, GmbHR 1996, 650; *Krieger* Personalentscheidungen des Aufsichtsrates, 1981; *Kuhn* Die Rechtsprechung des BGH zur GmbH, WM 1976, 754; *Lehmann* Die ergänzende Anwendung von Aktienrecht auf die Gesellschaft mit beschränkter Haftung, 1970; *Lieb/Eckardt* Der GmbH-Geschäftsführer in der Grauzone zwischen Arbeits- und Gesellschaftsrecht, 1988; *Limbach* Nochmals: Zur Abberufung eines Gesellschafter-Geschäftsführers gemäß § 38 Abs. 1 GmbHG, GmbHR 1968, 181; *Littbarski* Einstweiliger Rechtsschutz im Gesellschaftsrecht, 1996; *Lohr* Die fristlose Kündigung des Dienstvertrages eines GmbH-Geschäftsführers, NZG 2001, 826; *Lüders* Beginn der Zwei-Wochen-Frist des § 626 Abs. 2 BGB bei Kenntniserlangung durch Organmitglieder, BB 1990, 790; *Lunk* Rechtliche und taktische Erwägungen bei Kündigung und Abberufung des GmbH-Geschäftsführers, ZIP 1999, 1777; *Lutz* Einstweiliger Rechtsschutz bei Gesellschafterstreit in der GmbH, BB 2000, 833; *Martens* Die außerordentliche Beendigung von Organ- und Anstellungsverhältnis, FS Werner, 1984, S. 495; *Meilicke* Kündigungs- und Abberufungsschutz für Gesellschafter-Geschäftsführer?, DB 1994, 1761; *Meyer-Landrut* Zur Suspendierung eines Vorstandsmitglieds einer Aktiengesellschaft, FS Fischer, 1979, S. 477; *Miller* Zur Abhängigkeit bei GmbH-Geschäftsführern, ZIP 1981, 578; *ders.* Der Anstellungsvertrag des GmbH-Geschäftsführers – Rechtliche Einordnung und gesetzliche Mindestkündigungsfrist, BB 1977, 723; *Morawietz* Die Abberufung der Gesellschafter-Geschäftsführer in der Zweipersonen-GmbH bei tiefgreifendem Zerwürfnis, GmbHR 2000, 637; *K.-D. Müller* Die Bestellung des Geschäftsführers im Gesellschaftsvertrag der GmbH als materieller Satzungsbestandteil, 1999; *Neu* Die Beendigung der Anstellungsverhältnisse von GmbH-Geschäftsführern, 2000; *Noack* Gesellschaftsrecht, 1999; *Peetz* Der GmbHR-Kommentar, GmbHR 2000, 89; *Plander* Die Vertretung der nicht aufsichtsratspflichtigen GmbH bei Begründung, Änderung und Beendigung von Organstellung und Anstellungsverhältnis der Geschäftsführer, ZHR 133 (1970), 327; *Reiserer* Der GmbH-Geschäftsführer im Arbeits- und Sozialversicherungsrecht, 1995; *D. Reuter* Bestellung und Anstellung von Organmitgliedern im Körperschaftsrecht, FS Zöllner, 1998, S. 487; *Röder/Lingemann* Schicksal von Vorstand und Geschäftsführer bei Unternehmensumwandlungen und Unternehmensveräußerungen, DB 1993, 1341; *Säcker* Rechtsprobleme beim Widerruf der Bestellung von Organmitgliedern und Ansprüche aus fehlerhaften Anstellungsverträgen, FS Müller, 1981, S. 745; *ders.* Kompetenzstrukturen bei Bestellung und Anstellung von Mitgliedern des unternehmerischen Leitungsorgans, BB 1979, 1321; *Schneider* Die Zweimann-GmbH, FS Kellermann, 1991, S. 403; *ders.* Die Abberufung des Gesellschafter-Geschäftsführers einer zweigliedrigen GmbH, ZGR 1983, 535; *Schönle/Ennslin* Nochmals: Zur Abberufung eines Gesellschafter-Geschäftsführers gemäß § 38 Abs. 1 GmbHG, GmbHR 1969, 103; *Semler* Einstweilige Verfügungen bei Gesellschafterauseinandersetzungen, BB 1979, 1533; *Slabschi* Die Einhaltung der Frist des § 626 Abs. 2 BGB als Voraussetzung der Wirksamkeit eines Gesellschafterbeschlusses?, ZIP 1999, 391; *Stein* Die neue Dogmatik der Wissensverantwortung bei der außerordentlichen Kündigung von Organmitgliedern der Kapitalgesellschaften, ZGR 1999, 264; *Tillmann/Mohr* GmbH-Geschäftsführer- Praktikum, 7. Aufl. 1999; *Timm* Die Kündigung des Gesellschafter-Geschäftsführers im Konkurs der GmbH, ZIP 1987, 69; *Trölitzsch* Die Amtsniederlegung von Geschäftsführer in der Krise der GmbH, GmbHR 1995, 857; *van Venrooy* Beeinträchtigung der dienstvertraglichen Freistellung des GmbH-Geschäftsführers von Weisungen durch den GmbH-Gesellschaftsvertrag und durch Gesellschafterbeschlüsse?, GmbHR 1982, 175; *Voigt* Die Entlassung des GmbH-Geschäftsführers aus

§ 38

3. Abschnitt. Vertretung und Geschäftsführung

wichtigem Grund, 2001; *Vollmer* Die Abberufung von Geschäftsführern der mitbestimmten GmbH, GmbHR 1984, 5; *Vonwerk* Rechtsschutz bei Abberufung des GmbH-Geschäftsführers, GmbHR 1995, 266; *Winter* Gesellschafterkonflikte in der GmbH, Tagungsband zum RWS-Forum 15, Gesellschaftsrecht 1999, 37; *Wolf* Abberufung und Ausschluss in der Zweimann-GmbH, ZGR 1998, 92; *ders.* Das unheilbare Zerwürfnis als Abberufungsgrund, GmbHR 1998, 1163; *Zwissler* Einstweiliger Rechtsschutz bei Abberufungskonflikten mit dem GmbH-Geschäftsführer, GmbHR 1999, 336.

Übersicht

	Rn.		Rn.
I. Grundlagen	1, 2	6. Amtsniederlegung	33–37
II. Widerruf der Bestellung und andere Amtsbeendigungsgründe	3–40	a) Wegen wichtigen Grundes	33
		b) Fehlen eines wichtigen Grundes	34, 35
1. Die Regel (Abs. 1)	3–8	c) Adressaten der Erklärung	36
a) Jederzeitige Widerruflichkeit	3, 4	d) Wirkung	37
b) Zuständigkeit	5–7	7. Aufhebungsvertrag	38
c) Mitbestimmte Gesellschaften	8	8. Andere Amtsbeendigungsgründe	39
2. Widerruf aus wichtigem Grund	9–20	9. Abberufung bei der GmbH & Co. KG	40
a) Fälle	9	III. Die Beendigung des Anstellungsverhältnisses	41–53
b) Wichtige Gründe	10–15		
aa) Nicht mitbestimmte Gesellschaften	10–14	1. Kündigung durch die Gesellschaft	41–50
bb) Mitbestimmte Gesellschaften	15	a) Ordentliche Kündigung	41–45
		aa) Voraussetzungen	41
c) Fristen	16	bb) Kündigungsfrist	42
d) Zuständigkeit	17–20	cc) Entscheidungszuständigkeit und Vertretungsmacht	43
aa) Nicht mitbestimmte Gesellschaften	17–19	dd) Abberufung als Kündigung?	44
bb) Mitbestimmte Gesellschaften	20	ee) Kündigungsfolgen	45
3. Wirksamwerden des Widerrufs; streitige Situationen	21–30	b) Kündigung aus wichtigem Grund	46–50
a) Wirksamwerden des Widerrufs	21–27	aa) Voraussetzungen	46, 47
aa) Widerruf gemäß Abs. 1	21	bb) Kündigungsfrist	48
bb) Widerruf aus wichtigem Grund	22–26	cc) Entscheidungs- und Vertretungszuständigkeit	49
cc) Einstweiliger Rechtsschutz	27	dd) Abberufung und Kündigung aus wichtigem Grund	50
b) Vertretung der Gesellschaft im Rechtsstreit	28–30	2. Kündigung durch den Geschäftsführer	51
aa) Nicht mitbestimmte Gesellschaften	28, 29	3. Aufhebungsvertrag	52
bb) Mitbestimmte Gesellschaften	30	4. Insolvenz	53
4. Rechtsfolgen des Widerrufs	31	IV. Österreichisches Recht	54, 55
5. Vorläufige Amtsenthebung	32	1. Abberufung	54
		2. Kündigung	55

I. Grundlagen

1 § 38 enthält eine Teilregelung der Abberufung (= Widerruf der Bestellung). Mangels gegenteiliger gesellschaftsvertraglicher Bestimmung kann sie jederzeit ausgesprochen werden (Abs. 1). Möglich ist aber auch eine (gesellschaftsvertragliche) Beschränkung der Abberufungsbefugnis auf das Vorliegen eines wichtigen Grundes. Für Gesellschaften, die den **Mitbestimmungsgesetzen** unterliegen, gilt § 38 **nicht;** maßgebend ist vielmehr § 84 AktG (§§ 12 Montan-MitbestG, 13 Montan-MitbestErgG, 31 MitbestG). Auch sagt die Bestimmung an sich nichts über das Schicksal des Anstellungsvertrages des abberufenen Geschäftsführers (vgl. aber Rn. 44, 50). Da ein Dienstvertrag vorliegt (§ 35 Rn. 78), greifen die §§ 621 ff. BGB Platz. **Notgeschäftsführer** können die Gesellschafter nicht abberufen (vgl. § 35 Rn. 77).

2 Der **Zweck** von Abs. 1 besteht darin, der Gesellschaft die jederzeitige Trennung von Geschäftsführern zu ermöglichen. Dieser Grundsatz ist Konsequenz der Modell-

vorstellung, dass die Gesellschafter in der GmbH die Herren der Gesellschaft sind und sich daher nicht mit einer Geschäftsführung abzufinden brauchen, die – aus welchen Gründen auch immer – nicht mehr ihr Vertrauen genießt. Es entspricht diesem Ausgangspunkt, wenn Abs. 2 eine gesellschaftsvertragliche, dh. durch die Gesellschafter bewirkte Modifizierung des Prinzips jederzeitiger Abberufbarkeit gestattet.[1]

II. Widerruf der Bestellung und andere Amtsbeendigungsgründe

1. Die Regel (Abs. 1). a) Jederzeitige Widerruflichkeit. Der Grundsatz jederzeitiger Widerruflichkeit[2] der Bestellung zum Geschäftsführer gilt im Anwendungsbereich von Abs. 1 (vgl. Rn. 1) uneingeschränkt, es sei denn, der Gesellschaftsvertrag bestimme[3] etwas anderes.[4] Die bloße Bestellung im Gesellschaftsvertrag ist nicht als Vereinbarung dieser Art aufzufassen.[5] Ein Recht auf vorherige Anhörung besteht nicht.[6] Versuche, die Zulässigkeit des Widerrufs vom Vorliegen „vernünftiger sachlicher Gründe" oder jedenfalls davon abhängig zu machen, dass nicht „offenbar unsachliche Gründe" maßgebend sind,[7] haben sich mit Recht nicht durchgesetzt: Die Abberufung braucht nicht begründet zu werden; ganz willkürliche Maßnahmen dieser Art werden mit Rücksicht auf die weiterlaufenden Vergütungsansprüche aus dem Anstellungsvertrag (genauer Rn. 31, 44) kaum jemals vorkommen.[8] Auch in der personalistischen GmbH mit einem Gesellschafter-Geschäftsführer sind mangels Anhaltspunkte im Gesellschaftsvertrag[9] nicht etwa die §§ 117, 127 HGB entsprechend anzuwenden;[10] auch dort gilt vielmehr der Grundsatz freier Widerruflichkeit.[11] Selbst entsprechend intensive Bindungen infolge langjähriger Geschäftsführertätigkeit ändern daran nichts.[12] Aus der Treuepflicht ist indes abzuleiten, dass die völlig willkürliche Abberufung unzulässig ist. Zu verlangen ist mit *Grunewald* eine „einigermaßen nachvollziehbare Entscheidung".[13] 3

Der **Anstellungsvertrag** kann die vorbeschriebene Rechtslage nicht modifizieren,[14] weil ihm Änderungen des Organisationsrechts der Gesellschaft generell versagt sind 4

---

[1] Vgl. *Meyer-Landrut/Miller/Niehus* Rn. 106.
[2] Zutreffende terminologische Kritik bei *Baums* 295: Abberufung.
[3] Wenigstens konkludent; dazu OLG Düsseldorf GmbHR 1994, 245 f.; vgl. BGH DStR 1994, 214 m. Anm. *Goette*; kritisch *Meilicke* DB 1994, 1761 ff.
[4] Zur Möglichkeit eines fristgebundenen Widerrufs *Roth/Altmeppen* Rn. 22; zur Möglichkeit einer Stimmbindungsvereinbarung OLG Köln WM 1988, 974, 977 f.
[5] OLG München GmbHR 1995, 232. Anders *Müller* 92 ff. als Folge der mE unzutreffenden Annahme, die gesellschaftsvertragliche Bestellung sei als materieller Satzungsbestandteil zu werten.
[6] BGH GmbHR 1960, 220.
[7] *Scholz/Schneider* 6. Aufl. Rn. 4 unter unzutreffender Berufung auf BGHZ 13, 188, 192 = NJW 1954, 998; anders 8. Aufl. Rn. 16.
[8] *Dernbach* BB 1982, 1266, 1267; *Hachenburg/Stein* Rn. 20.
[9] Dazu *Scholz/Schneider* Rn. 17 mN.
[10] So aber *Limbach* GmbHR 1968, 181; vgl. auch OLG Karlsruhe GmbHR 1967, 214, 215 für die Zweimann-GmbH; *Baums* S. 314 f.
[11] *Fleck* GmbHR 1970, 221; *Schönle/Ensslin* GmbHR 1969, 103; *Hachenburg/Stein* Rn. 21; *Lieb/Eckardt* 13 f.
[12] *Scholz/Schneider* Rn. 18.
[13] *Grunewald*, FS Zöllner, 1998, S. 178; ähnlich *Hachenburg/Stein* Rn. 30.
[14] HM, zB OLG Stuttgart GmbHR 1995, 229 f.; *Schönle/Ensslin* GmbHR 1969, 103, 106; *Lutter/Hommelhoff* Rn. 13; ausführlich *Hachenburg/Stein* Rn. 28; *Baumbach/Hueck/Zöllner* Rn. 10; *Scholz/Schneider* Rn. 55; *Baums* S. 324 ff.; abweichend *van Venrooy* GmbHR 1982, 175, 179; ausführlich *Herfs* S. 300 ff.

§ 38 3. Abschnitt. Vertretung und Geschäftsführung

(dazu § 35 Rn. 82). Denkbar ist allerdings eine gesellschaftsvertragliche Delegation der Frage an die Parteien des Anstellungsvertrages.[15] Fehlt eine solche, so sind anstellungsvertragliche Widerrufsbeschränkungen zwar nicht unwirksam, begründen wegen des Vorrangs der organisationsrechtlichen Gegebenheiten jedenfalls aber keinen Anspruch auf erneute Berufung.[16] Der Gesellschaftsvertrag kann – allerdings nur zugunsten von Gesellschaftern – Geschäftsführerpositionen auch als **Sonderrecht** einräumen (§ 3 Rn. 50), freilich nicht in der Form, dass auch die Abberufung aus wichtigem Grund ausgeschlossen wird (Rn. 9; zur Rechtslage bei Fehlen eines solchen Grundes Rn. 22 ff.). Die Bestellung durch den Gesellschaftsvertrag selbst (§ 6 Abs. 2) allein ist noch nicht als ein derartiges Sonderrecht zu deuten.[17]

5 **b) Zuständigkeit.** Über die Abberufung von Geschäftsführern gemäß Abs. 1 haben im gesetzlichen Regelfall die **Gesellschafter** zu **befinden** (§ 46 Nr. 5).[18] Der betroffene Gesellschafter-Geschäftsführer ist stimmberechtigt (§ 47 Rn. 69). Einfache Stimmenmehrheit genügt; doch kann der Gesellschaftsvertrag eine qualifizierte Mehrheit vorsehen.[19] Entscheidungszuständigkeit und **Vertretungsmacht** sind koordiniert. Anlässlich der Abberufungserklärung wird die Gesellschaft von den Gesellschaftern vertreten.[20] Zu den Modalitäten der Vertretung § 35 Rn. 22.

6 Der Gesellschaftsvertrag kann die Befugnis, über die Abberufung zu entscheiden und diese zu erklären, auch einem **anderen** Gesellschaftsorgan, zB einem Aufsichts- oder Beirat zuweisen. Ebendies gilt auch im Verhältnis zu einem einzelnen Gesellschafter, ja sogar einem außenstehenden Dritten, der dadurch zum Gesellschaftsorgan wird.[21] Wer Geschäftsführer bestellen kann (§ 35 Rn. 73) ist im Zweifel, freilich nicht notwendigerweise, auch berechtigt, sie wieder abzuberufen.[22]

7 Die gesetzliche Regelung der Abberufungszuständigkeit kann nicht nur durch den Gesellschaftsvertrag, sondern auch durch **Gesellschafterbeschluss** modifiziert werden. Freilich muss es sich dann um eine Ermächtigung an ein in der Satzung vorgesehenes Organ handeln.[23] Das Registergericht kann nicht abberufen, auch nicht im Verfahren über die Bestellung eines Notgeschäftsführers.[24]

---

[15] *Hachenburg/Mertens* 7. Aufl. Rn. 33.

[16] *Lieb/Eckardt* S. 18 mwN; insoweit unzutreffend *Baumbach/Hueck/Zöllner* Rn. 11.

[17] *Roth/Altmeppen* § 6 Rn. 16, 18 mwN; § 53 Rn. 10; vgl. auch *Lutter/Hommelhoff* Rn. 10 ff.; *Baumbach/Hueck/Zöllner* Rn. 5 mit weiteren Kriterien. Zur Stellung des gesellschaftsvertraglich vorgesehenen Repräsentanten einer Gesellschaftergruppe OLG Hamm ZIP 1986, 1188 = EWiR § 6 GmbHG 2/86, 993 – *Brandner*.

[18] Zu den Verhältnissen im Konzern vgl. die interessante Entscheidung OLG Frankfurt AG 1988, 335, 336 m. Anm. *Spahn*.

[19] *Hachenburg/Stein* Rn. 23, 91; *Scholz/Schmidt* § 46 Rn. 73 mwN; § 47 Rn. 17. Zu Zustimmungspflichten im Kontext eines Benennungsrechtes OLG Düsseldorf WM 1990, 265, 266 ff. gegen OLG Hamm ZIP 1986, 1188, 1194 m. Anm. *Lutter*.

[20] BGH BB 1969, 107; *Plander* ZHR 133 (1970), 327, 341 ff.; *Scholz/Schmidt* § 46 Rn. 71; *Baums* S. 306 f., vgl. auch BGH WM 1968, 570.

[21] OLG Köln DWiR 1991, 253, 254 f. für Beirat; *Scholz/Schmidt* 6. Aufl. § 46 Rn. 15 mit umfassenden wN; *Roth/Altmeppen* Rn. 8; dagegen etwa *Scholz/Schneider* Rn. 25; für den Regelfall auch *Lutter/Hommelhoff* Rn. 3. Gegen Kompetenzzuweisung an einen Dritten *Hachenburg/Stein* Rn. 23, 91.

[22] *Hachenburg/Stein* Rn. 84; *Baumbach/Hueck/Zöllner* Rn. 12; *Roth/Altmeppen* Rn. 7; *Scholz/Schneider* Rn. 21.

[23] *Hachenburg/Stein* Rn. 82 f. Ebenso KG NZG 1999, 364 mit Ausführungen zu § 174 BGB. Zur entsprechenden Anwendbarkeit jener Bestimmung auf die Ermächtigung MüKo BGB/*Schramm* § 174 Rn. 2.

[24] BayObLG GmbHR 1998, 1123, 1126.

Widerruf der Bestellung **§ 38**

c) Mitbestimmte Gesellschaften. Jederzeit abberufbar ist auch der Geschäftsführer einer dem **MitbestG** unterliegenden GmbH, sofern er vor dem In-Kraft-Treten dieses Gesetzes bestellt wurde (§ 37 Abs. 3 MitbestG). Entsprechendes gilt für Gesellschaften, auf die das Gesetz nach seinem In-Kraft-Treten erstmalig anzuwenden ist. **Zuständig** ist der Aufsichtsrat, der (alternativ) mit einfacher Mehrheit bzw. mit allen Stimmen der Anteilseigner- oder Arbeitnehmervertreter beschließt.[25]

8

2. Widerruf aus wichtigem Grund. a) Fälle. Nicht jederzeitige Abberufung, sondern nur eine solche aus wichtigem Grund – und zwar auch im Verhältnis zu Fremdgeschäftsführern[26] – ist möglich, wenn der **Gesellschaftsvertrag** dies vorsieht.[27] Im Geltungsbereich der **Mitbestimmungsgesetze** kommt infolge Verweisung auf das Aktiengesetz im Normalfall nur dies in Betracht.[28] Das Vorliegen eines wichtigen Abberufungsgrundes ist ferner erforderlich, wenn die Geschäftsführerposition als **Sonderrecht** eingeräumt wurde (Rn. 4). Dasselbe soll gelten, wenn sich die Gesellschafter außerhalb der Satzung darauf geeinigt haben, einen geschäftsführenden Gesellschafter nur mit seiner Zustimmung abzuberufen.[29] Diese Regeln sind **zwingend** in dem Sinne, dass eine weitere Erschwerung der Abberufung ausgeschlossen ist.[30] Der Gesellschaftsvertrag kann die Abberufungsgründe also nicht abschließend normieren.[31] Dagegen ist es bei der nicht mitbestimmten GmbH zulässig, Abberufungsgründe im Gesellschaftsvertrag als wichtig zu qualifizieren, die dies bei objektiver Betrachtung nicht sind.[32] Das folgt aus dem dort geltenden Grundsatz freier Widerruflichkeit.

9

b) Wichtige Gründe. aa) Der Begriff des wichtigen Grundes ist bezüglich mitbestimmter und **nicht mitbestimmter Gesellschaften** nicht ganz der gleiche. Für letztere nennt Abs. 2 als Beispiele ausdrücklich grobe Pflichtverletzung und Unfähigkeit zur ordnungsgemäßen Geschäftsführung. Dennoch wird allgemein angenommen, nicht nur Gründe in der Person des Geschäftsführers kämen in Betracht.[33] Das passt zu der billigenswerten, wenn auch wenig aussagekräftigen Formel, ein wichtiger Grund sei der Unzumutbarkeit einer weiteren Beibehaltung des Geschäftsführers gleichzusetzen.[34] In diesem Rahmen sind die Gesamtumstände des Einzelfalles unter Berücksichtigung der Interessen beider Beteiligten[35] zu würdigen, also etwa bisherige Verdienste des Geschäftsführers,[36] der Umfang seiner Kapitalbeteiligung, die Restdauer seiner

10

---

[25] *Hanau/Ulmer* § 37 Rn. 31; *Lieb/Eckardt* S. 7.
[26] *Scholz/Schneider* Rn. 40; *Baumbach/Hueck/Zöllner* Rn. 5 a im Einklang mit der hM.
[27] Zur Möglichkeit abweichender Vereinbarung im „Bestellungsvertrag" *Eckardt* S. 95 f.
[28] Ausführlich gegenteilig *Eckardt* S. 96 ff.; zur Ausnahme gemäß § 37 Abs. 3 MitbestG Rn. 8.
[29] BGH WM 1987, 71, 73 = EWiR § 47 GmbHG 1/87, 53 – *Riegger* = WuB II C. § 46 GmbHG 1.87 – *Werner*; dazu § 47 Rn. 120.
[30] *Scholz/Schneider* Rn. 39, für Möglichkeit einer bloßen Einschränkung der Geschäftsführerstellung *Baumbach/Hueck/Zöllner* Rn. 9 c.
[31] Vgl. für die mitbestimmte GmbH *Hanau/Ulmer* § 31 Rn. 29 mwN und Hinweis auf BGHZ 8, 360 f. = NJW 1953, 742, für die nicht mitbestimmte Gesellschaft BGH MDR 1969, 642, RGZ 124, 371, 379, *Hachenburg/Stein* Rn. 26.
[32] *Scholz/Schneider* Rn. 39; *Roth/Altmeppen* Rn. 28; *Baumbach/Hueck/Zöllner* Rn. 4; *Hachenburg/Mertens* 7. Aufl. Rn. 41 mwN.
[33] *Hachenburg/Stein* Rn. 39; *Scholz/Schneider* Rn. 46, *Voigt* S. 167 ff. mit Rechtsprechungsübersicht.
[34] Nachweise bei *Hachenburg/Stein* Rn. 38 f.
[35] BGH WM 1968, 1325, 1326; OLG Naumburg NZG 2000, 44, 46; Kölner KommAktG/*Mertens* § 84 Rn. 103, dagegen *Voigt* S. 75 ff., 167.
[36] Vgl. BGH GmbHR 1969, 37, 38.

Bestellung[37] einerseits, das Schadenspotential der Fehlentwicklung, ihr vorübergehender oder dauernder Charakter andererseits. Wegen der Komplexität dieses Beurteilungsrahmens sind generelle Aussagen zum Vorliegen eines wichtigen Abberufungsgrundes nur mit dem Vorbehalt möglich, dass sie im Einzelfall wegen entsprechend starker gegenläufiger Gesichtspunkte eventuell nicht gelten. Für die zweigliedrige GmbH können sich daraus spezielle Gesichtspunkte ergeben,[38] so etwa gesteigerte Anforderungen an die Wichtigkeit des Grundes bei je hälftig beteiligten Geschäftsführern.[39]

11 Als **„grobe Pflichtverletzung"** kommen zunächst entsprechend intensive Verstöße gegen die von § 43 aufgestellten Verhaltensnormen (vgl. dort Rn. 7 ff.) in Betracht. Beispiele aus der Rechtsprechung: Bestechlichkeit,[40] Falschbuchungen, Fälschung von Abrechnungsbelegen, unrichtige Bilanzerstellung,[41] Ausnützen der Geschäftsführerposition zu eigenen Zwecken,[42] massive Verletzung eines Wettbewerbsverbotes,[43] Geheimhaltung mitteilungsbedürftiger Tatsachen,[44] Tätlichkeit gegenüber einem Mitgeschäftsführer,[45] nicht dagegen die Nichtunterzeichnung einer noch nicht festgestellten Bilanz und die Unterlassung einer Handelsregisteranmeldung.[46] Auch strafbares Verhalten im außerdienstlichen Bereich ist grobe Pflichtverletzung, sofern es die Außenbeziehungen der Gesellschaft oder die interne Vertrauensgrundlage beeinträchtigt.[47] Bei Vorhandensein eines Sonderrechts auf Geschäftsführung soll es nach *Lutter/Hommelhoff* Rn. 23[48] – mE zu Unrecht – zusätzlich darauf ankommen, ob nicht auch ein „milderes Mittel" Abhilfe bewirkt.

12 **Unfähigkeit** zur **ordnungsgemäßen Geschäftsführung** kann vom Geschäftsführer zu vertreten sein (unzureichende Ausbildung, mangelnder Arbeitseinsatz), aber auch, wie zB bei altersbedingten Störungen oder langandauernder Krankheit,[49] einen wichtigen Abberufungsgrund liefern, wenn dies nicht der Fall ist. Ebenso liegt es bei übermäßiger anderweitiger Arbeitsbelastung.[50]

13 **Weitere** wichtige Gründe können sich aus den **Verhältnissen der Gesellschaft** selbst ergeben, zB dann, wenn infolge Fusion, Reorganisation, Geschäftsrückgang Ge-

---

[37] BGH WM 1962, 811, 812.
[38] S BGH WM 1991, 2140, 2143 = WuB II C. § 38 GmbHG 1.92 – *Schneider*; OLG Düsseldorf WM 1992, 14 = WuB II C. § 38 GmbHG 2.92 – *Damm*. Zu prozessualen Aspekten der Geltendmachung wichtiger Gründe vgl. *Hachenburg/Stein* Rn. 42 ff; zum Verhältnis des wichtigen Grundes zur Amtsunfähigkeit iSd. § 6 Abs. 2 vgl. BayObLG ZIP 1987, 1182, 1185.
[39] *Hachenburg/Stein* Rn. 39. S. auch N in Fn. 52.
[40] BGH WM 1967, 679.
[41] BayObLG NJW 1955, 1678, 1679, OLG Hamm GmbHR 1985, 119; vgl. LG Essen GmbHR 1983, 221, 222 f.
[42] BGH WM 1991, 2140; OLG Frankfurt NZG 1999, 213 f.; OLG Zweibrücken GmbHR 1998, 385, 386; OLG Naumburg NZG 2000, 44; OLG Nürnberg NZG 2000, 700 (Versuch, Machtverhältnisse bei einer Tochtergesellschaft im eigenen Interesse zu verändern).
[43] OLG Düsseldorf GmbHR 2000, 1050, 1054.
[44] BGHZ 20, 239, 246 f.; OLG Düsseldorf AG 1982, 225 ff.
[45] OLG Stuttgart GmbHR 1995, 229, 230.
[46] BGH WM 1985, 567, 568 ff. = EWiR § 50 GmbHG 1/85, 301 – *Miller*.
[47] *Scholz/Schneider* Rn. 49. Für weitere Beispiele vgl. *Hachenburg/Stein* Rn. 46 f.; *Scholz/Schneider* Rn. 46; *Meyer-Landrut/Miller/Niehus* Rn. 120.
[48] *Lutter/Hommelhoff* Rn. 23; ebenso *Scholz/Schneider* Rn. 41.
[49] Vgl. BAG AP KSchG § 1 Nr. 1 – Krankheit; NJW 1968, 1693, 1694 zur krankheitsbedingten Kündigung von Arbeitnehmern.
[50] Für einen Ausnahmefall – Übernahme eines Bundestagsmandats – vgl. BGHZ 43, 384, 386 f. = NJW 1965, 1958, 1959 m. Anm. *Ganssmüller*.

Widerruf der Bestellung § 38

schäftsführerpositionen überflüssig werden.[51] Bloße Erfolglosigkeit der Geschäftsführung reicht demgegenüber ebensowenig aus[52] wie ein unsubstantiierter Vertrauensentzug seitens der Gesellschafter. Letzteres liefe nämlich auf freie Widerruflichkeit der Bestellung hinaus.[53] Sind die Meinungsverschiedenheiten zwischen Gesellschaftern und Geschäftsführern dagegen so tiefgreifend, dass eine weitere gedeihliche Zusammenarbeit ausgeschlossen erscheint, liegt ein wichtiger Abberufungsgrund vor.[54] Im Verhältnis zum Gesellschafter-Geschäftsführer einer Zweimann-GmbH genügt auch das nicht; vorauszusetzen ist meistens, wenn auch nicht immer, eine nicht ordnungsgemäße Führung der Geschäfte.[55] Bei einem dauernden Zerwürfnis unter Geschäftsführern, das eine weitere Zusammenarbeit unmöglich macht, kann jeder der Beteiligten abberufen werden.[56]

Schließlich kommt Abberufung aus wichtigem Grund auch dann in Frage, wenn **14** **Drittbeziehungen** der Gesellschaft, insbesondere solche zu maßgeblichen Kunden, Lieferanten, Banken, aus Gründen **gestört** sind, die in der Person des Geschäftsführers liegen. Dabei kommt es nicht entscheidend darauf an, ob der Geschäftsführer dies zu vertreten hat.[57] Denn auch sonst wird auf Unzumutbarkeit schlechthin abgestellt, für deren Vorliegen das Verschulden des Abzuberufenden nur ein Kriterium unter vielen ist.[58]

bb) Auch im Anwendungsbereich der **Mitbestimmungsgesetze,** dh. in dem des **15** § 84 Abs. 3 AktG, hängt das Vorliegen eines wichtigen Abberufungsgrundes im großen und ganzen von eben den Umständen ab, die vorstehend präsentiert wurden. Der wesentliche Unterschied besteht darin, dass Vertrauensentzug durch die Anteilseignerversammlung kraft ausdrücklicher gesetzlicher Anweisung hier im Unterschied zur nicht mitbestimmten GmbH einen Abberufungsgrund liefert.[59] Freilich darf es sich dabei nicht um eine offenbar unsachliche Vorgangsweise handeln.[60] Was unsachlich ist, hängt in mitbestimmungsrechtlichem Zusammenhang auch davon ab, dass das Unternehmensinteresse und daher die Art und Weise der Unternehmensleitung mit von den Belangen der Arbeitnehmer her zu konkretisieren ist (vgl. § 37 Rn. 29). Vertrauensentzug nur deshalb, weil sich der betreffende Geschäftsführer für Arbeitnehmerinteres-

---

[51] *Hachenburg/Stein* Rn. 49; vgl. BGH WM 1975, 761; andere Akzente bei *Meyer-Landrut/Miller/Niehus* Rn. 123.
[52] *Hachenburg/Stein* Rn. 50; *Scholz/Schneider* Rn. 51.
[53] OLG Hamm GmbHR 1989, 257, 258f.; *Hachenburg/Stein* Rn. 52; *Roth/Altmeppen* Rn. 32.
[54] *Baumbach/Hueck/Zöllner* Rn. 8; *Meyer-Landrut/Miller/Niehus* Rn. 122; *Hachenburg/Stein* Rn. 52; mehr verlangend wohl *Lutter/Hommelhoff* Rn. 22.
[55] BGH NJW 1960, 628; OLG Karlsruhe NZG 2000, 264, 266; *Scholz/Schneider* Rn. 53; vgl. auch BGH AG 1975, 242, 244. Zu weiteren Wertungsgesichtspunkten bei der Abberufung eines von zwei je hälftig beteiligten Geschäftsführern OLG Karlsruhe aaO; LG Karlsruhe GmbHR 1998, 684, 685f. (wichtig dazu *Morawietz* GmbHR 2000, 638ff., 640ff. gegen *Wolf* GmbHR 1998, 1163ff.); auch OLG Naumburg GmbHR 1996, 934; OLG Hamm GmbHR 1995, 736, 739.
[56] BGH WM 1984, 29; 1992, 731, 732 = EWiR § 38 GmbHG 3/93 – *Bork* (dazu auch *Goette* DStR 1998, 940); OLG Koblenz ZIP 1986, 1120 = EWiR § 38 GmbHG 3/86, 995 – *Scheuch*; OLG Düsseldorf WM 1988, 1532, 1533f.; GmbHR 1994, 884, 885 = EWiR § 38 GmbHG 1/94 – *Ziegenhain* mit Ausführungen zur Bedeutung des Verhaltens des anderen Geschäftsführers; *Baumbach/Hueck/Zöllner* Rn. 8; *Scholz/Schneider* Rn. 50.
[57] *Scholz/Schneider* Rn. 50; anders wohl *Hachenburg/Stein* Rn. 49.
[58] Zur Zulässigkeit der Abberufung unter dem Druck eines **rechtswidrigen Streiks** *Hachenburg/Stein* Rn. 49 (Fn. 193); 7. Aufl. Rn. 48.
[59] HM; vgl. *Säcker*, FS Müller, 1981, S. 745, 746ff.; *Vollmer* GmbHR 1984, 5, 6f.; *Hachenburg/Stein* Rn. 55; *Hanau/Ulmer* § 31 Rn. 30 mwN.
[60] Zur Beweislastverteilung in diesem Zusammenhang BGH AG 1975, 242, 244.

sen eingesetzt oder vielleicht eine Weisung mit Rücksicht auf solche Interessen nicht ausgeführt hat, wäre daher offenbar unsachlich und für den Aufsichtsrat unerheblich.[61] Zur Frage, ob es bei Vorliegen eines wichtigen Grundes eine **Verpflichtung** zur Abberufung gibt, und wie es mit deren prozessualen Durchsetzbarkeit steht, vgl. *Vollmer* GmbHR 1984, 5, 10.

16 c) **Fristen.** Fristen für die Geltendmachung eines wichtigen Abberufungsgrundes gibt es an sich nicht. Doch greifen die allgemeinen Grundsätze über die Verwirkung ein.[62] Wichtige Gründe, die vor einer Neubestellung bekannt waren, sind unbeachtlich.[63] Anlässlich der Abberufung nicht geltend gemachte Gründe können später im allgemeinen nachgeschoben werden.[64]

17 d) **Zuständigkeit. aa)** Die **Entscheidungs-** und **Vertretungszuständigkeit** im Zusammenhang der Abberufung aus wichtigem Grund ist in der nicht mitbestimmten GmbH im wesentlichen ebenso zugeordnet wie bei Widerruf gemäß Abs. 1 (dazu Rn. 5). Bei Delegation dieser Zuständigkeiten an ein anderes Organ als die Gesellschafterversammlung – oder an einen gesellschaftsfremden Dritten[65] – bleibt diese hier aber doch berechtigt, ihrerseits die Abberufung zu erklären. Das ist bei Funktionsunfähigkeit des Delegationsorgans unbestritten.[66] Wegen der besonders deutlichen Auswirkung der Besetzung von Geschäftsführerpositionen auf die Interessen der Gesellschafter und Fehlen einer gegenteiligen Satzungsregelung ist dasselbe auch für alle übrigen Fälle anzunehmen.[67]

18 An der **Abstimmung** über die Abberufung aus wichtigem Grund darf der betroffene Gesellschafter-Geschäftsführer im Unterschied zur Abstimmung über die Widerrufsentscheidung gemäß Abs. 1 (Rn. 5) nicht teilnehmen (§ 47 Rn. 77). Die übrigen sind gehalten, für Abberufung zu stimmen, wenn die Beibehaltung des Geschäftsführers dem gemeinsamen Interesse eindeutig widerspricht.[68] Geschieht dies nicht, ist wohl eine **einstweilige Verfügung** möglich, mit der die Ausübung der Geschäftsführung vorläufig untersagt wird.[69] Soll die Abberufung nachträglich auf zusätzliche

---

[61] Zutreffend *Hanau/Ulmer* § 31 Rn. 30.
[62] BGH WM 1991, 2140, 2141; OLG Zweibrücken NZG 1999, 1011; *Hachenburg/Mertens* Rn. 63; iErg. strenger *Meyer-Landrut/Miller/Niehus* Rn. 110; für angestelltenähnliche Geschäftsführer auch *Martens,* FS Werner, 1984, S. 495, 513.
[63] BGHZ 13, 188, 194 = NJW 1954, 998; BGH WM 1993, 1593, 1595; vgl. *Lutter/ Hommelhoff* Rn. 19.
[64] Näher dazu BGH WM 1968, 1347; 1991, 2140, 2142 ff. = WuB II C. § 38 GmbHG 1.92 – *Schneider* = EWiR § 38 GmbHG 1/92 – *Fleck; Hachenburg/Stein* Rn. 81 mwN; s. Rn. 17 ff.
[65] Vgl. § 35 Rn. 15; für Unzulässigkeit *Scholz/Schneider* Rn. 25 mwN; vgl. auch *Meyer-Landrut/ Miller/Niehus* Rn. 107. Zu einem Beirat mit Stichentscheidungsbefugnis OLG Nürnberg NZG 2000, 700.
[66] BGHZ 12, 337, 340 = NJW 1954, 799; BGH WM 1970, 249, 251; *Hachenburg/Mertens* Rn. 24; *Scholz/Schneider* Rn. 26; *Baumbach/Hueck/Zöllner* § 46 Rn. 63.
[67] *Hölters* S. 23; *Meyer-Landrut/Miller/Niehus* Rn. 107; *Roth/Altmeppen* Rn. 7; *Scholz/Schmidt* § 46 Rn. 72; *Hofbauer* 135 ff., je mwN auch der Gegenansicht; dagegen *Scholz/Schneider* Rn. 22; *Hachenburg/Stein* Rn. 85; *Baumbach/Hueck/Zöllner* Rn. 12; MünchHdB GesR III/*Ingerl* § 37 Rn. 20; *Beuthien/Gätsch* ZHR 157 (1993), 483, 494 f.; *Härer* S. 63 ff.; differenzierend *Baums* S. 309 f.
[68] Vgl. BGH WM 1991, 97 = WuB II C. § 46 GmbHG 1. 91 – *Soehring*; OLG Düsseldorf WuB II C. § 46 GmbHG 2.90 – *Soehring*; zu Stimmpflichten iA § 47 Rn. 19 f.
[69] Vgl. *Baumbach/Hueck/Zöllner* Rn. 35; *Baums* S. 306, auch *Littbarski* S. 171 f., je mwN zum Problem ferner OLG Jena NZG 1998, 992, 993 m. Anm. *Dierkes*; s. auch OLG Zweibrücken GmbHR 1998, 373: Auf Bestimmung des Versammlungsleiters und Stimmverbot (des Abzuberufenden) gerichtete Verfügung. Zur positiven Beschlussfeststellungsklage in diesem Zusammenhang OLG Celle GmbHR 1999, 81. Vgl. § 47 Rn. 153.

Widerruf der Bestellung **§ 38**

Gründe gestützt werden, so ist darüber grundsätzlich erneut Beschluss zu fassen.[70] Bei zwei je hälftig beteiligten Geschäftsführern kann die vorbeschriebene Rechtslage zu erheblichen praktischen Schwierigkeiten führen, weil die Wirksamkeit des Widerrufs vom Vorliegen eines wichtigen Grundes mit der Folge unklarer Vertretungsverhältnisse abhängt (Rn. 25). Dennoch ist es wohl nicht möglich, anstelle des im GmbHG vorgesehenen Verfahrens mit den §§ 117, 127 HGB analog zu arbeiten.[71]

Umstritten ist, ob der Gesellschaftsvertrag, wenn Abberufung schon nur aus wichtigem **19** Grund möglich ist, hierfür auch noch eine **qualifizierte Mehrheit** vorschreiben darf. Die Frage wird überwiegend mit Recht verneint.[72] Ausschlaggebend ist, dass der Mehrheit ein unzumutbar gewordener Geschäftsführer nicht aufgedrängt werden darf.[73] Entsprechendes gilt in anderen Fällen der Geltendmachung eines wichtigen Grundes.[74]

bb) In **mitbestimmten** Gesellschaften ist es wegen des dort anwendbaren § 84 **20** Abs. 3 AktG ausschließlich Sache des Aufsichtsrates, die Abberufung zu beschließen und zu erklären.[75] Einem Ausschuss kann die Entscheidung nicht überlassen werden.[76] Gemäß § 13 Abs. 1 Montan-MitbestG kann der **Arbeitsdirektor** nicht ohne Zustimmung einer Arbeitnehmervertretermehrheit abberufen werden. Im Geltungsbereich des MitbestG ist nach dessen § 31 Abs. 5 das dreistufige Verfahren gemäß Abs. 2–4 einzuhalten (dazu § 52 Rn. 44). Zur Übergangsregelung des § 37 Abs. 3 MitbestG Rn. 8.

3. Wirksamwerden des Widerrufs; streitige Situationen. a) Wirksamwerden 21 des Widerrufs. aa) Der **Widerruf** der Bestellung **gemäß Abs. 1** wird nicht schon mit dem Beschluss des zuständigen Gesellschaftsorgans, sondern erst mit dem **Zugang** der Widerrufserklärung bei dem betreffenden Geschäftsführer **wirksam**.[77] Die Kündigung des Anstellungsvertrages ist jedenfalls bei Fremdgeschäftsführern auch als Widerruf der Bestellung aufzufassen,[78] es sei denn, der Kündigende ist ausnahmsweise nicht auch für die Abberufung zuständig (vgl. Rn. 45). Doch impliziert der Ablauf des Anstellungsvertrages keineswegs immer auch die Beendigung der Organstellung.[79] Beschlussfassung in Gegenwart des Geschäftsführers ersetzt den Zugang der Abberufungserklärung.[80] Die bloße Anfechtbarkeit des Beschlusses ändert nichts an der Wirksamkeit dieser Erklärung, wohl aber eine erfolgreiche Anfechtungsklage.[81] Eine Abbe-

---

[70] BGH WM 1991, 2140, 2143 f. mit einer Sonderregel für die zweigliedrige Gesellschaft. Zu letzteren auch OLG Naumburg GmbHR 1996, 934.
[71] Anders *Wolff* ZGR 1998, 101 ff. mwN.
[72] Vgl. RGZ 44, 95, 98; 124, 371, 379; BGHZ 86, 177, 179 = NJW 1983, 938; BGH WM 1984, 29; Hachenburg/Stein Rn. 91 mwN; Lutter/Hommelhoff Rn. 16; Meyer-Landrut/Miller/Niehus Rn. 108; dagegen etwa OLG München DB 1956, 938; *Immenga* S. 99 ff.; Baumbach/Hueck/Zöllner Rn. 14 mwN; für den Fall der Einräumung eines Sonderrechts auch Scholz/Schmidt § 46 Rn. 73. Für Notwendigkeit einer Satzungsänderung, mE zu Unrecht, OLG Nürnberg GmbHR 2000, 563.
[73] Dagegen *Baums* S. 318 mit fragwürdiger Parallele zu § 127 HGB.
[74] BGH WM 1984, 29; BGHZ 86, 177, 178 f. = NJW 1983, 938; dazu *Schneider* ZGR 1983, 535.
[75] Vgl. *Krieger* S. 137 ff.; *Vollmer* GmbHR 1984, 5, 7 f.
[76] Hachenburg/Stein Rn. 87; vgl. auch BGHZ 79, 38, 40 ff. = NJW 1981, 757.
[77] Unstrittig; vgl. zB LG Dortmund NZG 1998, 390 m. Anm. *Michalski*; Scholz/Schneider Rn. 30; Baumbach/Hueck/Zöllner Rn. 19.
[78] Hachenburg/Mertens Rn. 25; Meyer-Landrut/Miller/Niehus Rn. 164.
[79] BGH WM 1981, 1200 f.
[80] Scholz/Schneider Rn. 30; zu Zweifelsfragen tatsächlicher Art in diesem Zusammenhang Baumbach/Hueck/Zöllner Rn. 18.
[81] Hachenburg/Stein Rn. 97; Scholz/Schneider Rn. 58 f.; Scholz/Schmidt § 46 Rn. 78 mwN; weitergehend *Fleck* GmbHR 1970, 221, 222.

rufungserklärung auf der Grundlage eines nichtigen Beschlusses ist unwirksam, was im Wege der Feststellungsklage geltend gemacht werden kann.[82] Die gemäß § 39 Abs. 1 erforderliche Anmeldung zum Handelsregister hat keinen Einfluss auf das Wirksamwerden des Widerrufs; doch ist bis zur Eintragung und Bekanntmachung § 15 Abs. 1 HGB zu beachten.

22 **bb)** Ist die Möglichkeit des Widerrufs vom Vorliegen eines **wichtigen Grundes** abhängig, so gilt folgendes: Bei **mitbestimmten** Gesellschaften ist der Widerruf entsprechend § 84 Abs. 3 S. 4 AktG wirksam, bis seine Unwirksamkeit rechtskräftig festgestellt ist. Eine vorläufige Aussetzung des Abberufungsbeschlusses im Wege der einstweiligen Verfügung dürfte nicht möglich sein.[83] Anders ist die Rechtslage dann, wenn Tatsachen glaubhaft gemacht werden, die die Unwirksamkeit des Abberufungsbeschlusses wegen Verstoßes gegen das formelle Recht begründen.[84]

23 Die von einer Mindermeinung befürwortete generelle Anwendung von § 84 Abs. 3 auch in allen Fällen des **Widerrufs** gemäß Abs. 2,[85] also auch für **nicht** mitbestimmte Gesellschaften, wird zumeist abgelehnt.[86] In der Tat erfordern die unterschiedlichen Gestaltungsmöglichkeiten der GmbH „zwischen den beiden Polen personalistischer und kapitalistischer Struktur"[87] schon de lege lata **differenzierende** Lösungen.

24 Ist die Befugnis zur Geschäftsführung als **Sonderrecht** eingeräumt worden, so ist der Abberufungsbeschluss bei Fehlen eines wichtigen Grundes nach hM unwirksam.[88] Das führt zur Unwirksamkeit auch der Abberufungserklärung; zur Klärung diesbezüglicher Zweifel können die Beteiligten auf Feststellung klagen. Die statt dessen vertretene Ansicht, bei einem Sonderrecht auf Geschäftsführung sei die Abberufung von vornherein nur analog §§ 117, 127 HGB möglich,[89] ist mE nicht damit zu vereinbaren, dass auch § 38 Abs. 2 ersichtlich von der Möglichkeit des Widerrufs durch Erklärung ausgeht. Außerdem scheitert die Analogie zu §§ 117, 127 HGB daran, dass die dort vorgesehene Gestaltungsklage sicher auch in der persönlichen Haftung des Betroffenen ihren Grund findet.[90]

25 Die Wirksamkeit der Abberufung des mit **Mehrheit** oder **hälftig** beteiligten Geschäftsführers aus wichtigem Grund richtet sich nach den vorstehenden Grundsätzen,

---

[82] Für Einzelheiten vgl. *Harde* S. 201 ff.
[83] HM, vgl. *Scholz/Schneider* Rn. 74 d (ohne Abstellen auf wichtigen Grund); *Hachenburg/Stein* Rn. 104; *Baumbach/Hueck/Zöllner* Rn. 35 mN gegenteiliger Rechtsprechung; *Meyer-Landrut/Miller/Niehus* Rn. 112; dagegen *Vollmer* GmbHR 1984, 5, 10 f.; *Happ* S. 394; *Lutter/Hommelhoff* Rn. 36 mit unzutreffendem Hinweis auf *Zöllner* aaO.
[84] OLG Stuttgart WM 1985, 600, 601; *Hachenburg/Stein* Rn. 102, 105. Etwas weitergehend *Littbarski* S. 164, 149 ff.
[85] OLG Braunschweig GmbHR 1977, 61; *Lehmann* S. 55 f.; vgl. auch *Scholz/Schmidt* § 46 Rn. 71; *Lieb/Eckardt* S. 23 ff.
[86] Vgl. BGHZ 86, 177, 181 ff. = NJW 1983, 938; *Fleck* GmbHR 1970, 221, 226 ff.; *Scholz/Schneider* Rn. 63 ff.; *Hachenburg/Mertens* Rn. 67 mwN.
[87] *Fleck* GmbHR 1970, 221, 226.
[88] BGHZ 15, 177, 181; 48, 141, 143; BGH WM 1962, 201; *Schneider* ZGR 1983, 535, 543; *Hachenburg/Stein* Rn. 111; *Scholz/Schneider* Rn. 60 a, 66; vgl. auch BGH WM 1968, 1350.
[89] So insbesondere *Hachenburg/Mertens* 7. Aufl Rn. 68.
[90] IErg. wie hier BGHZ 86, 177, 180 f. = NJW 1983, 938; *Baumbach/Hueck/Zöllner* Rn. 33; zustimmend *Schneider* ZGR 1983, 535, 543 f.; für Anwendung der §§ 117, 127 HGB de lege ferenda *Fischer*, FS W. Schmidt, 1959, S. 117, 121 ff.; ähnlich *Fleck* GmbHR 1970, 221, 226 f.; zum österreichischen Recht Rn. 54.

Widerruf der Bestellung   § 38

also danach, ob ein wichtiger Grund vorliegt oder nicht.⁹¹ Das Prinzip des § 84 Abs. 3 AktG passt gegenüber dem Mehrheitsbeteiligten aus praktischen Gründen, gegenüber dem hälftig Beteiligten deshalb nicht, weil ein solcher Geschäftsführer anderenfalls auch ohne Vorhandensein eines wichtigen Grundes im Ergebnis dauerhaft von der Geschäftsführung ausgeschlossen werden könnte.⁹² Auch hier hat es daher bei der Unwirksamkeit der Abberufung dann zu bewenden, wenn ein wichtiger Grund fehlt.

In den verbleibenden Fällen – **Fremdgeschäftsführer** und **Minderheitsgesellschafter-Geschäftsführer** ohne Sondergeschäftsführungsrecht – ist nach überwiegender Auffassung dagegen § 84 Abs. 3 S. 4 AktG entsprechend anzuwenden.⁹³ In der Tat bietet diese Lösung beträchtliche Vorteile im Hinblick auf die mit ihr verbundene Rechtsklarheit. Die Gründe, die dennoch dazu führen, sie für die anderen Konstellationen nicht zu akzeptieren, vor allem die notwendige Rücksichtnahme auf den Geschäftsführer, der infolge Sonderrecht oder Beteiligung besonders intensiv an den Geschicken der Gesellschaft interessiert ist, liegen hier nicht vor. Hinzukommt, dass die Gesellschafterversammlung dem Minderheitsgesellschafter gegenüber die alsbaldige Bestellung eines neuen Geschäftsführers durchsetzen und so für einen ungestörten Fortgang der Geschäfte sorgen kann. Im übrigen ist die Position des Fremdgeschäftsführers und des Gesellschafter-Geschäftsführers aber nicht dieselbe. Nur letzterer kann mit der Anfechtungsklage gegen den Abberufungsbeschluss vorgehen.⁹⁴ Abgesehen von der Nichtigkeit des Beschlusses hat der Fremdgeschäftsführer auch keine anderen prozessualen Möglichkeiten, sein Amt zu konservieren.⁹⁵ **26**

cc) Die vorstehend entwickelten Grundsätze führen dazu, dass der Geschäftsführer seine Position auch bei Vorliegen eines wichtigen Grundes in manchen Fällen nicht schon mit der Abberufung verliert. Außerdem kann der wichtige Grund und damit die Wirksamkeit des Widerrufs streitig sein. Außerhalb der Anwendungsbereiches von § 84 Abs. 3 AktG⁹⁶ ist in diesen Konstellationen **einstweiliger Rechtsschutz** möglich, sei es, dass die Gesellschaft die Weiterführung des Amtes unterbinden will, sei es, dass der Geschäftsführer verlangt, seine frühere Position wieder herzustellen.⁹⁷ Ein **27**

---

⁹¹ BGHZ 86, 177, 181 ff. = NJW 1983, 938 für den hälftig beteiligten Geschäftsführer; ebenso OLG Stuttgart GmbHR 1997, 312; OLG Köln BB 1995, 10; OLG Karlsruhe GmbHR 1993, 154, 155; zu praktischen Unzulänglichkeiten dieser Rechtslage mit daraus abgeleiteter Kritik *Wolff* ZGR 1998, 99 ff.; *Winter* RWS-Forum 15, 44 ff.; s. auch OLG München EWiR § 38 GmbHG 2/94 – *Kort* für nicht festgestellten Beschluss; vgl. § 47 Rn. 145.

⁹² Führend *Fleck* GmbHR 1970, 221, 227 ff.; zustimmend *Schneider* ZGR 1983, 535, 544; *ders.*, FS Kellermann, 1991, S. 403, 420; *Hachenburg/Mertens* Rn. 112; *Scholz/Schneider* Rn. 67; *Lieb/Eckardt* 29 f. Zu Sonderproblemen bei wechselseitiger Abberufung *Baumbach/Hueck/Zöllner* Rn. 36 a ff.

⁹³ *Hachenburg/Mertens* 7. Aufl. Rn. 70; *Scholz/Schneider* Rn. 63 f. mwN; vgl. auch *Fleck* GmbHR 1970, 221, 227; anders, aber ohne Bedeutung für das Ergebnis *Baumbach/Hueck/Zöllner* Rn. 32. Für einen Sonderschutz von Minderheitsgesellschafter-Geschäftsführern in der personalistischen GmbH *Lutter/Hommelhoff* Rn. 33: Gleichstellung mit hälftig Beteiligten. Umfassende Diskussion der Frage bei *Hachenburg/Stein* Rn. 113 ff. mwN: Materielle Rechtslage ausschlaggebend.

⁹⁴ *Lutter/Hommelhoff* Rn. 27, 30.

⁹⁵ Vgl. *Lutter/Hommelhoff* Rn. 27, 30; *Baumbach/Hueck/Zöllner* Rn. 21, 26; *Vorwerk* GmbHR 1995, 266, 270 mwN.

⁹⁶ S. Rn. 22.

⁹⁷ Vgl. BGHZ 86, 177, 183; OLG Rostock NZG 1998, 992; BayObLG EWiR § 37 GmbHG 1/86 – *Miller*; OLG Düsseldorf WM 1988, 1532; OLG Karlsruhe GmbHR 1993, 154; OLG Hamm GmbHR 1993, 744; *Lutter/Hommelhoff* Rn. 36 ff.; *Roth/Altmeppen* Rn. 53 f.; *Hachenburg/Stein* Rn. 124 ff.; *Scholz/Schneider* Rn. 68; *Baumbach/Hueck/Zöllner* Rn. 35 ff.; *Littbarski* S. 165; *Damm* ZHR 154 (1990) 413, 426 ff.; *Lutz* BB 2000, 837 ff.; *Zwissler* GmbHR 1999, 336 ff.; *Vorwerk* GmbHR 1995, 266, 267 ff. Vgl. § 47 Rn. 145.

§ 38

Verfügungsgrund liegt nur vor, wenn die Interessen des Antragstellers ohne gerichtliche Intervention unzumutbar beeinträchtigt würden.[98] Die Verfügung hat sich auf das jeweils mildeste Mittel zu beschränken.

28 **b) Vertretung der Gesellschaft im Rechtsstreit. aa)** Im Rechtsstreit über die Wirksamkeit der Abberufung[99] richtet sich die Vertretung der **nicht mitbestimmten GmbH** nach den §§ 46 Nr. 8, 45 Abs. 2.[100] Das gilt auch in den Fällen (Rn. 22 ff.), in denen die (vorläufige) Wirksamkeit der Abberufung infolge analoger Anwendbarkeit des § 84 Abs. 3 S. 4 AktG feststeht. Denn § 46 Nr. 8 greift auch gegenüber dem ausgeschiedenen Geschäftsführer Platz (§ 46 Rn. 44). Die Anwendbarkeit jener Vorschrift bedeutet, dass die Prozessvertretung der Gesellschaft der Bestimmung der Gesellschafter unterliegt. Der Gesellschaftsvertrag kann insofern vorsorgen, zweckmäßigerweise dergestalt, dass die Vertretung der Gesellschaft im Rechtsstreit über die Wirksamkeit der Abberufung demjenigen Organ anvertraut wird, das für die Abberufung zuständig ist (dazu Rn. 5, 17 ff.). Hat die Gesellschaft einen Aufsichtsrat, so bedarf es einer solchen Vorsorge nicht, weil dann die Vertretungsregelung gemäß §§ 52 Abs. 1, 112 AktG gilt. Zu deren Verhältnis zum Bestimmungsrecht gemäß § 46 Nr. 8 vgl. § 46 Rn. 46. Wird kein Beschluss gefasst, liegt die Vertretungszuständigkeit bei dem/den anderen Geschäftsführern.[101] Eine Vertretung der Gesellschaft durch Gesellschafter ohne Gesellschafterbeschluss kommt wohl in keinem Fall in Betracht.[102]

29 Die Vertretungszuständigkeit im Verfahren über eine **einstweilige Verfügung** richtet sich nach allgemeinen Regeln. Doch wird bei Handlungsunfähigkeit oder -unwilligkeit der Gesellschaft, auch dann, wenn der Abberufungsbeschluss aus anderen Gründen bisher nicht gefasst werden konnte, zunehmend für Zulässigkeit eines Verfügungsantrages durch einen Gesellschafter plädiert, der sich für Abberufung ausgesprochen hat.[103] Dafür sprechen offensichtliche praktische Gründe. Ob das genügt, ist aber zumindest zweifelhaft.

30 **bb)** Für **mitbestimmte Gesellschaften** greift ausnahmslos § 112 AktG ein (§ 35 Rn. 20). Das bedeutet, dass ausschließlich der Aufsichtsrat befugt ist, die Gesellschaft im Rechtsstreit über die Wirksamkeit des Widerrufs der Bestellung zu vertreten.[104]

31 **4. Rechtsfolgen des Widerrufs.** Der (wirksame) Widerruf **bedeutet, dass** der Betroffene ohne weiteres seine Geschäftsführerposition einbüßt. Es enden alle organschaftlichen Rechte und Hauptpflichten, also Geschäftsführungs- und Vertretungsbefugnis.[105] Der **Anstellungsvertrag** bleibt davon an sich unberührt.[106] Doch ist im Einzelfall zu prüfen, ob die Abberufungserklärung auch als Kündigung des Anstellungs-

---

[98] Dazu OLG Rostock NZG 1998, 992.
[99] Zum Streitwert BGH WM 1995, 1316.
[100] Vgl. § 46 Rn. 44 ff.; auch *Scholz/Schneider* Rn. 69; OLG Karlsruhe GmbHR 1993, 154, 155.
[101] BGH WM 1992, 731 ff. = EWiR § 38 GmbHG 3/92 – *Bork*; OLG Köln NZG 1999, 773, wonach in diesem Fall Gesamt- zu Einzelvertretungsmacht erstarken soll.
[102] Anders zu Unrecht *Scholz/Schneider* Rn. 71.
[103] Vgl. *Baumbach/Hueck/Zöllner* Rn. 35 a mwN; auch OLG Hamm GmbHR 1993, 743, 745; OLG Frankfurt NZG 1999, 213 m. Anm. *Eckardt*.
[104] Überzeugend BGH BB 1981, 1232, 1233 mwN, auch der früher gegenteiligen Judikatur.
[105] Dazu OLG Karlsruhe GmbHR 1996, 208. Zu einstweiligen Rechtsschutz Rn. 27. Zu nachwirkenden Verschwiegenheitspflichten OLG Hamm GmbHR 1985, 157; allgemeiner *Baums* S. 335 ff., 345 f.
[106] HM. Vgl. § 35 Rn. 68; ferner etwa BGH WM 1966, 968 f.; AG 1978, 162, 163; DB 1978, 878; OLG Frankfurt GmbHR 1994, 549, 550. Anders *Reuter,* FS Zöllner, 1998, S. 498 f.

Widerruf der Bestellung § 38

verhältnisses aufzufassen ist (dazu Rn. 44, 50). Ob die mit der Abberufung ausgesprochene Kündigung wirksam ist, richtet sich freilich nach deren eigenen Voraussetzungen.[107] Bei bestellungsbedingter Suspension eines schon vor der Bestellung bestehenden Arbeitsverhältnisses wird dieses durch die Abberufung wieder auf seinen ursprünglichen Inhalt zurückgeführt.[108] Im übrigen muss sich der Geschäftsführer darauf einlassen, eine seinen Kenntnissen und Fähigkeiten angemessene andere leitende Position einzunehmen (Rn. 50). Der Anstellungsvertrag kann aber auch einen Weiterbeschäftigungsanspruch ausschließen.[109] Zum Recht des Geschäftsführers, den Anstellungsvertrag in Reaktion auf den Widerruf der Bestellung seinerseits zu kündigen, vgl. Rn. 51. Zur **Anmeldung** der Beendigung des Geschäftsführeramtes zum **Handelsregister** vgl. § 39 Rn. 3.

5. Vorläufige Amtsenthebung. Eine vorläufige Amtsenthebung von Geschäftsführern (etwa zum Zwecke der Klärung von Vorwürfen) mit der Folge der Suspension von Geschäftsführungs- und Vertretungsbefugnissen ist **unzulässig**. Eine solche Maßnahme sieht das Gesetz nicht vor. Sie ist auch praktisch überflüssig, weil sie ohnehin nur in Erwägung gezogen werden kann, wenn auch ein Widerruf mit sofortiger Wirkung möglich wäre.[110] Dann kann aber an die Stelle der Suspension auch die Abberufung, eventuell gekoppelt mit späterer Neubestellung, treten.[111] Möglich ist dagegen eine Weisung des Inhalts, der Geschäftsführer habe sich bis auf weiteres jeder Tätigkeit für die Gesellschaft zu enthalten.[112] Wo eine solche Weisung infolge der Mehrheitsverhältnisse nicht möglich ist, bleibt den beeinträchtigten Gesellschaftern die Möglichkeit, eine **einstweilige Verfügung** zu erwirken.[113] In den anderen Fällen genügt die Weisung, einer einstweiligen Verfügung bedarf es nicht.[114] Entgegenstehende Bestimmungen des Anstellungsvertrages ändern an der Verbindlichkeit der Weisung nichts (§ 35 Rn. 82). Sie hat die Wirkung, dass die Geschäftsführungsbefugnis des Adressaten mit Ausnahme gesetzlicher Verpflichtungen einstweilen aufgehoben ist. Die Vertretungsmacht des Betreffenden bleibt freilich unberührt.

6. Amtsniederlegung. a) Wegen wichtigen Grundes. Geschäftsführer können und dürfen ihre Stellung als Organ der Gesellschaft unstreitig mit sofortiger Wirkung aufgeben, wenn ein wichtiger Grund vorliegt.[115] Darauf, ob ein solcher Grund von der

---

[107] BGH DB 1978, 878 mwN; vgl. Rn. 41, 46f.
[108] BAG EWiR § 38 GmbHG 1/86, 589 – *Miller*; *Gaul* GmbHR 1989, 357, 358f. Zum Problem auch *Bauer/Gragert* ZIP 1997, 2181f.; *Hümmerich* NJW 1995, 1181f. sowie (einschränkend) LAG Berlin GmbHR 1998, 886 mwN; s. auch § 35 Rn. 78 mit weiterem Material.
[109] LG Köln GmbHR 1997, 1104.
[110] Dagegen *Littbarski* S. 171f.
[111] AM insbesondere *Meyer-Landrut*, FS Fischer, 1979, S. 477f.; *Meyer-Landrut/Miller/Niehus* Rn. 127, 71; OLG München AG 1986, 234 für AG; wie hier *Lutter/Hommelhoff* Rn. 39; *Scholz/Schneider* Rn. 95; *Hachenburg/Stein* Rn. 129ff., je mwN, auch der Gegenansicht; für die mitbestimmte GmbH auch BGH WM 1962, 201, 202; *Hachenburg/Mertens* Rn. 66; für die AG dahingestellt in KG AG 1984, 24, 25; für Bejahung der Suspension durch einstweilige Verfügung bei der mitbestimmten GmbH *Vollmer* GmbHR 1984, 5, 11.
[112] *Scholz/Schneider* Rn. 95; *Neu* 146f.; vgl. BGH WM 1987, 71: Unwirksamkeit einer „sofortigen Beurlaubung" bei Kopplung mit einem unwirksamen Widerruf.
[113] BGH BB 1983, 210, 211. Vgl. *Littbarski* S. 171f.; *Zwissler* GmbHR 1999, 337f.; Rn. 29.
[114] So aber GmbH-HdB Rn. 2007.
[115] BGH DB 1961, 268; 1978, 878; NJW 1980, 2415; BayObLG DB 1981, 2219; *Schneider/Schneider* GmbHR 1980, 4, 6f.; *Hachenburg/Mertens* Rn. 75; *Scholz/Schneider* Rn. 85; *Klatte* S. 233ff. mwN.

§ 38 3. Abschnitt. Vertretung und Geschäftsführung

Gesellschaft zu vertreten ist, kommt es nicht an.[116] Als **Beispiele** wichtiger Gründe kommen in Betracht: Kündigung des Anstellungsvertrages,[117] Unzumutbarkeit weiterer Führung der Geschäfte wegen des Risikos eigener Haftung,[118] schwere Störungen des Vertrauensverhältnisses zu anderen Gesellschaftsorganen oder Organmitgliedern,[119] eine chronische Erkrankung oder hohes Alter.[120]

34 b) **Fehlen eines wichtigen Grundes.** Bei Fehlen eines wichtigen Niederlegungsgrundes haben Geschäftsführer bis zur wirksamen Kündigung auch des Anstellungsvertrages im Amt zu verbleiben.[121] Die Gegenansicht[122] verkennt, dass der Anstellungsvertrag, solange er besteht, grundsätzlich zur Wahrnehmung von Geschäftsführungsaufgaben verpflichtet. Die vorzeitige Amtsniederlegung ohne wichtigen Grund verstößt daher jedenfalls gegen den Anstellungsvertrag.[123]

35 Fraglich ist allerdings, ob eine demnach unzulässige Amtsniederlegung wirksam ist.[124] Der BGH[125] hat die Frage zunächst für den Fall bejaht, dass über das Vorliegen behaupteter wichtiger Gründe für die Amtsniederlegung gestritten wird, andererseits aber auch deutlich gemacht, dass er die für die generelle Wirksamkeit der Amtsniederlegung vorgebrachten Gründe nicht für durchschlagend hält. Letzteres ist später korrigiert worden. Die bisherige Rechtsprechung sei mit ihrem gedanklichen Grundansatz – der Beseitigung der Unsicherheit darüber, ob die Amtsniederlegung wirksam sei oder nicht – nicht verträglich. Auf die Behauptung eines wichtigen Grundes könne es daher nicht ankommen; die Niederlegung des Amtes sei unabhängig davon grundsätzlich wirksam.[126] Diese Auffassung hat die besseren Gründe für sich (anders 2. Aufl. Rn. 26). Noch nicht zureichend geklärt ist, ob die Satzung die Wirksamkeit eines Rücktritts ohne wichtigen Grund ausschließen kann.[127] Die **rechtsmissbräuchliche** Amtsniederlegung ist unwirksam.[128] In Betracht kommt namentlich der Rücktritt des Alleingesellschafter-Geschäftsführers bei Nichtbestellung eines Nachfolgers nach Eintritt des

---

[116] *Schneider/Schneider* GmbHR 1980, 4, 7; *Dernbach* BB 1982, 1266, 1270.

[117] Vgl. BGHZ 79, 38 = NJW 1981, 757; LG Frankfurt GmbHR 1996, 939; *Fleck* ZHR 149 (1985), 387, 390; *Baums* S. 391.

[118] Dazu BGH DB 1978, 878.

[119] Vgl. *Schneider/Schneider* GmbHR 1980, 4, 7.

[120] Weitere Beispiele bei *Meyer-Landrut/Miller/Niehus* Rn. 133.

[121] OLG Koblenz GmbHR 1995, 730; *Hachenburg/Mertens* Rn. 75; *Lutter/Hommelhoff* Rn. 41; *Meyer-Landrut/Miller/Niehus* Rn. 132.

[122] *Schneider/Schneider* GmbHR 1980, 4, 7f.; *Scholz/Schneider* Rn. 87 mwN. Ausführlich *Klatte* S. 113 ff.

[123] So zutreffend denn auch *Scholz/Schneider* Rn. 89; s. auch OLG Köln GmbHR 1997, 30.

[124] Dafür *Hachenburg/Mertens* Rn. 75; *Baumbach/Hueck/Zöllner* Rn. 38c; *Lutter/Hommelhoff* Rn. 41; *Scholz/Schneider* Rn. 90 (für rechtsmissbräuchliche Amtsniederlegung); *Roth/Altmeppen* Rn. 58f.; *Baums* S. 404ff.; *Klatte* S. 162ff.; *Eckert* KTS 1990, 33, 34f.; dagegen etwa *Geßler/Hefermehl/Eckhardt/Kropff* § 84 Rn. 103; wN in OLG Frankfurt BB 1983, 1561.

[125] BGHZ 78, 82, 85ff. = NJW 1980, 2415ff.

[126] BGHZ 121, 257, 261f. = NJW 1993, 1198, 1199f. = WuB II C. § 38 GmbHG 2.93 – *Lüttmann* = EWiR § 38 GmbHG 1/93 – *Miller* mit Rechtssicherheitserwägungen; dem grundsätzlich folgend OLG Frankfurt GmbHR 1993, 738, 739; BayObLG DB 1994, 524 = EWiR § 66 GmbHG, 1/94 – *Schulze-Osterloh*; OLG Koblenz GmbHR 1995, 730; zu dieser Entwicklung *Henze* S. 341.

[127] Dafür *Hachenburg/Stein* Rn. 136, 139 mwN.

[128] BayObLG GmbHR 1982, 43; 1992, 671f.; 1999, 980; *Scholz/Schneider* Rn. 90; *Lutter/Hommelhoff* Rn. 44; *Eckert* KTS 1990, 33, 36; *Gustavus* GmbHR 1992, 15, 16. Ablehnend *Hachenburg/Stein* Rn. 137; *Khatib-Shahidi/Bögner* BB 1997, 1162ff.; *Kießling/Eichele* GmbHR 1999, 1165f.

Widerruf der Bestellung   § 38

Insolvenzfalles.[129] In allen Fällen kann die Gesellschaft jedenfalls den Schaden liquidieren, der ihr aus der Untätigkeit des Geschäftsführers entsteht (§ 43). Auch liefert ihr die Amtsniederlegung einen wichtigen Grund, das Anstellungsverhältnis zu kündigen und – bei unwirksamem Rücktritt – die Bestellung zu widerrufen.[130]

c) **Adressaten der Erklärung.** Die Amtsniederlegung ist empfangsbedürftige Willenserklärung. Sie ist dem **Bestellungsorgan** gegenüber zu erklären.[131] Wie in anderen Fällen der Passivvertretung auch ist dabei anzunehmen, dass Zugang bei einem Mitglied des in Betracht kommenden Gesellschaftsorgans genügt.[132]   36

d) **Wirkung.** Die Wirkung der Amtsniederlegung ist dieselbe wie die der Abberufung. Sie besteht in der Beendigung der Geschäftsführerposition, d. h. aller damit verbundenen Befugnisse und Pflichten. Der Ex-Geschäftsführer kann daran allein nichts mehr ändern (§ 130 Abs. 1 S. 2 BGB).[133] Zu Konsequenzen für den Anstellungsvertrag vgl. Rn. 51.   37

7. **Aufhebungsvertrag.** Die Stellung eines Geschäftsführers kann außer durch einseitige Erklärung auch **einverständlich**, d. h. im Wege eines Aufhebungsvertrages beendet werden. Dabei wird die GmbH wiederum durch das Bestellungsorgan vertreten.[134] Die demgegenüber überwiegend befürwortete[135] Anwendung des § 35 Abs. 1 lässt sich bei Fehlen einer zur Vertretung der Gesellschaft ausreichenden Anzahl von Mitgeschäftsführern nicht durchführen. Grundsätzlich verkennt diese Ansicht, dass § 35 für körperschaftsrechtliche Rechtsgeschäfte nicht gilt (§ 35 Rn. 13), und dass sie im Verhältnis zu Abberufungsfällen zu einer höchst unzweckmäßigen Verteilung der Vertretungszuständigkeit führen müsste. Ein Ausschuss des Bestellungsorganes hat in Abhängigkeit von der jeweiligen Satzungslage besondere Zuständigkeitsgrenzen zu beachten.[136]   38

8. **Andere Amtsbeendigungsgründe.** Im Geltungsbereich des § 84 AktG, also bei mitbestimmten Gesellschaften, können Geschäftsführer jeweils nur auf höchstens **5 Jahre** bestellt werden. Im übrigen kann der Gesellschaftsvertrag oder der Bestellungsbeschluss die Bestellungsdauer in beliebiger Weise **befristen**.[137] Das Amt endet ferner, wenn einer der **Ausschlussgründe** des § 6 Abs. 2 (dazu oben § 6 Rn. 10 ff.) nach-   39

---

[129] Zu letzterem OLG Düsseldorf GmbHR 2001, 145 m. (krit.) Anm. *Hohlfeld*; KG GmbHR 2001, 147 (zu zwei Gesellschafter-Geschäftsführern); *Trölitzsch* GmbHR 1995, 859 f. mN.

[130] *Hachenburg/Mertens* Rn. 10; *Scholz/Schneider* Rn. 89. Einschränkend für einen besonders gelagerten Sachverhalt OLG Celle GmbHR 1995, 728, 729.

[131] OLG Düsseldorf NZG 1999, 1066 (trotz anderweitiger Regelung für Kündigung); *Scholz/Schneider* Rn. 91; GmbH-HdB Rn. 2090; *Meyer-Landrut/Miller/Niehus* Rn. 130; ausführlich *Plander* ZHR 133 (1970), 327, 354 ff. mwN; aM etwa *Hachenburg/Mertens* Rn. 76; vgl. auch *Schneider/Schneider* GmbHR 1980, 4, 9. Zur Rechtsnatur der Amtsniederlegung *Klatte* S. 109 ff.

[132] So zutreffend *Plander* ZHR 133 (1970), 327, 360 ff.; zweifelnd *Lutter/Hommelhoff* Rn. 42; wie hier *Meyer-Landrut/Miller/Niehus* Rn. 130; einschränkend *Hachenburg/Stein* Rn. 138: nur, wenn Geschäftsführer nach Treu und Glauben davon ausgehen durfte, die anderen Organmitglieder würden informiert. Offen BGHZ 121, 257, 260 = NJW 1993, 1198, 1199 f. = DB 1993, 830; klärend jetzt BGH ZIP 2001, 2227, 2228; anders *Gach/Pfüller* GmbHR 1998, 68 mwN.

[133] Zutreffend *Peetz* GmbHR 2000, 89.

[134] In diesem Sinne LAG Hessen GmbHR 2001, 298, 299 f. mwN; *Plander* ZHR 133 (1970), 327, 351 ff.; *Scholz/Schneider* Rn. 7. Zu – in concreto verneinten – Aufklärungspflichten des Geschäftsführers betreffend eigene Pflichtverletzungen OLG Düsseldorf WM 2000, 1393, 1397.

[135] Vgl. insbesondere BGH JZ 1961, 545 m. Anm. *Schilling*; wN bei *Plander* ZHR 133 (1970), 327, 351 ff.

[136] Vgl. BGHZ 79, 38, 40 ff.

[137] Vgl. *Baumbach/Hueck/Zöllner* Rn. 37. Zu den Konsequenzen eines befristeten **Anstellungsverhältnisses** für die Organstellung OLG Frankfurt EWiR § 46 GmbHG 1/94 – Steiner.

§ 38   3. Abschnitt. Vertretung und Geschäftsführung

träglich eintritt.[138] Bei Wegfall des Hindernisses, zB Geschäftsunfähigkeit, lebt das Amt nicht wieder auf.[139] Möglich ist auch eine **auflösende Bedingung**.[140] Ein weiterer Beendigungsgrund liegt vor, wenn die Gesellschaft in ein anderes Unternehmen **verschmolzen** wird.[141] Das gilt auch im Fall der formwechselnden Umwandlung.[142] Bei **Auflösung** der Gesellschaft wandelt sich die Position der Geschäftsführer regelmäßig in die von Liquidatoren.[143] Anderes gilt allerdings in der **Insolvenz**. Neben dem Insolvenzverwalter verbleibt der Geschäftsführung freilich nur noch ein äußerst eingeschränkter Tätigkeitsbereich.[144] Wird die Gesellschaft wegen Vermögenslosigkeit im Handelsregister gelöscht, endet die Geschäftsführerstellung.[145] Die Beendigung des **Anstellungsverhältnisses** wirkt sich meistens auch auf das Amt aus (dazu Rn. 45, 50, 51).

40   **9. Abberufung bei der GmbH & Co. KG.** Der Geschäftsführer der Komplementär-GmbH einer GmbH & Co. KG kann nach den für die isolierte GmbH geltenden Regeln abberufen werden. Als „wichtiger Grund" in diesem Zusammenhang kommt auch die Verletzung von Pflichten der GmbH **gegenüber der KG** in Betracht, weil darin zugleich eine Beeinträchtigung von Eigenbelangen der GmbH zu sehen ist. Dagegen wird die Frage, ob auch die Kommanditisten die Abberufung eines ungetreuen oder unfähigen Geschäftsführers erreichen können, fast allgemein verneint.[146] Dieser Befund entspricht zwar dem Umstand, dass Verbleiben oder Entfernung des Geschäftsführers der Komplementär-GmbH ganz eindeutig deren Binnenorganisation betrifft, kann aber gleichwohl zu praktisch höchst unbefriedigenden Zuständen führen. Daran knüpfen Versuche an, den Kommanditisten in analoger Anwendung der §§ 117, 127 HGB die Befugnis einzuräumen, die Tätigkeit des GmbH-Geschäftsführers für die KG zu unterbinden.[147] Solange die erheblichen Folgeprobleme dieses Vorschlags noch nicht umfassend geklärt sind,[148] wird man ihn wohl kaum als schon geltendes Recht anerkennen können.[149] Dafür spricht auch, dass den Kommanditisten bei Sorgfaltsverletzungen des Geschäftsführers der Komplementär-GmbH Schadensersatzansprüche nicht nur gegen diese, sondern auch gegen den Geschäftsführer zustehen.[150]

III. Die Beendigung des Anstellungsverhältnisses

41   **1. Kündigung durch die Gesellschaft. a) Ordentliche Kündigung. aa)** Eine ordentliche Kündigung des Anstellungsvertrages kommt ohne Bestellungswiderruf nur

---

[138] AllgM; vgl. BGHZ 115, 78, 80 = NJW 1991, 2566 = ZIP 1991, 1002; OLG Düsseldorf GmbHR 1994, 114; BayObLG WM 1993, 1184, 1186, je mN.
[139] BayObLG WM 1993, 1184, 1186.
[140] Dazu *Lutter/Hommelhoff* Rn. 40.
[141] Zu letzterem BAG AP ArbGG 1979 § 5 Nr. 17; GmbHR 1994, 547, 548; *Hockemeier* 23 f. mN; *Röder/Lingemann* DB 1993, 1341.
[142] *Baumbach/Hueck/Zöllner* Rn. 38 d.
[143] § 66 Abs. 1; zur Notwendigkeit ihrer Anmeldung beim Register BayObLG ZIP 1987, 1182, 1183.
[144] Vgl. *Noack* S. 125 f.; Näher dazu § 63 Rn. 112 ff., 136.
[145] BGH WM 1985, 870, 871.
[146] Vgl. BGH DB 1970, 389, 390; wN bei *Hopt* ZGR 1979, 1, 2, Fn. 2.
[147] *Hopt* ZGR 1979, 1, 16 ff.; *Hüffer* ZGR 1981, 348, 357, 359.
[148] Dazu allerdings *Hopt* ZGR 1979, 1, 16 ff.
[149] Ebenso *Baums* S. 328 ff.
[150] Vgl. BGHZ 75, 321 = NJW 1980, 589; genauer § 43 Rn. 55 ff. Zur Möglichkeit, der GmbH die Geschäftsführungsbefugnis zu entziehen vgl. BGH WM 1983, 750; *Baums* S. 333; *Binz* S. 322 f.

Widerruf der Bestellung § 38

in Betracht, wenn die Gesellschaft nicht der Mitbestimmung unterliegt.[151] In der mitbestimmten Gesellschaft würde die Möglichkeit einer solchen Vorgangsweise in Widerspruch dazu geraten, dass die Abberufung von Geschäftsführern einen wichtigen Grund voraussetzt. Aus eben diesem Grund ist ordentliche Kündigung auch dann nicht möglich, wenn sich die Notwendigkeit eines wichtigen Abberufungsgrundes aus dem Gesellschaftsvertrag ergibt.[152] Im übrigen kann der Anstellungsvertrag nur ordentlich gekündigt werden, wenn er nicht auf bestimmte Zeit abgeschlossen worden ist[153] oder die Zustimmung des Betroffenen erforderlich ist.[154]

bb) Bei Vereinbarung monatlich fester Bezüge richtet sich die **Kündigungsfrist** 42 mangels besonderer Vereinbarung[155] nach einer Ansicht[156] nach § 621 Nr. 3, nicht nach § 622 BGB nF. Die gegenteilige Auffassung[157] wird im Anschluss an den BGH[158] zunehmend vertreten.[159] Eine Mittelmeinung, der jetzt auch der BGH folgt,[160] stellt gegenüber beiden Ansichten darauf ab, welche Position der Geschäftsführer in der Gesellschaft hat: Der Unternehmer-Geschäftsführer soll nach § 621 Nr. 3 BGB, der arbeitnehmerähnliche Geschäftsführer dagegen nur nach § 622 BGB kündbar sein.[161] Letzteres gilt in allerdings nur analoger Anwendung der Bestimmung[162] nach Auffassung des BGH[163] „zumindest dann", wenn der Geschäftsführer „an der Gesellschaft nicht maßgeblich beteiligt" ist.[164] Im Ansatz ist dieser Mittelmeinung zuzustimmen. Noch nicht abschließend geklärt ist die exakte Fassung des maßgeblichen Abgrenzungskriteriums. Der BGH scheint darauf abstellen zu wollen, ob der Gekündigte – im entschiedenen Fall ein Mehrheitsgesellschafter – die von ihm zu erbringenden Dienstleistungen frei bestimmen konnte.[165] Richtiger erscheint es, wie im Kontext des § 17 BetrAVG (dazu § 35 Rn. 93) danach zu fragen, ob der Betreffende aufgrund seiner gesellschaftlichen Position einen maßgeblichen Einfluss auf die vertragliche Festlegung der Kündigungsfrist oder auf die Kündigung selbst

---

[151] *Eckardt* S. 137 mwN.
[152] *Eckardt* S. 136 f. mwN. S. ferner *Neu* S. 56 f.
[153] Anders bei entsprechender anstellungsvertraglicher Vereinbarung; dazu OLG Hamm NZG 1999, 836.
[154] Dazu BGH NJW 1987, 1890, 1891. Zur Möglichkeit einer Kündigung vor Dienstantritt OLG Hamm BB 1984, 2214.
[155] Zu einer solchen BGH NJW 1998, 1480 = GmbHR 1998, 534 = WM 1998, 712.
[156] OLG Düsseldorf GmbHR 1977, 132 m. abl. Anm. *Ganssmüller*. Zur Anwendbarkeit von § 621 BGB auf die Kündigung eines „faktischen" Dienstverhältnisses OLG München DB 2000, 511.
[157] *Miller* BB 1977, 723, 724 ff.
[158] BGHZ 91, 217, 219 ff. = NJW 1984, 2528.
[159] Vgl. *Lutter/Hommelhoff* Anh. § 6 Rn. 53; *Scholz/Schneider* § 35 Rn. 226; *Meyer-Landrut/Miller/Niehus* Rn. 151.
[160] BGH WM 1987, 650, 651 mit Klarstellung der in diesem Punkt nicht eindeutigen Entscheidung BGHZ 91, 217 = NJW 1984, 2528.
[161] OLG Hamm WM 1992, 914, 916; LAG Köln GmbHR 1999, 818; *Sudhoff/Sudhoff* S. 39 f.; *Hachenburg/Stein* Rn. 9; *Timm* ZIP 1987, 69, 76, *Groß* S. 347 ff.; *Gissel* S. 146 f.; *Lieb/Eckardt* S. 41 ff.; *Neu* S. 63 f.
[162] Kritisch *Miller* ZIP 1981, 578 ff.
[163] BGHZ 79, 291, 293; vgl. auch BGH BB 1981, 1232, 1233; OLG München WM 1984, 896, 897.
[164] Ebenso OLG Hamm ZIP 1987, 121, 124; in BGH WM 1987, 650, 651 ist von dem „herrschenden" Gesellschafter die Rede; ähnlich OLG Hamm WM 1992, 914, 916. Gegen diese Einschränkung LAG Berlin GmbHR 1997, 839, 840.
[165] BGH WM 1987, 650.

§ 38   3. Abschnitt. Vertretung und Geschäftsführung

hat.[166] Auf abhängige Geschäftsführer im vorbeschriebenen Sinn ist § 622 BGB nF anzuwenden.[167] Unter denselben Voraussetzungen sollen auch die Vorschriften über Mutterschutz und Erziehungsurlaub eingreifen.[168] Entsprechende Grundsätze gelten auch dann, wenn der Anstellungsvertrag bei einer GmbH & Co KG unmittelbar mit der KG abgeschlossen wurde.[169]

43   **cc) Entscheidungszuständigkeit und Vertretungsmacht** richten sich bei der ordentlichen Kündigung jedenfalls dann nach den für die Abberufung geltenden Regeln, wenn beide Erklärungen im Zusammenhang stehen.[170] In den anderen Fällen sollen die (anderen) Geschäftsführer entscheidungs- und vertretungsbefugt sein, wenn sie in (noch) ausreichender Zahl vorhanden und nicht verhindert sind.[171] Wegen des stets gegebenen inneren Zusammenhangs zwischen Abberufung und Kündigung ist demgegenüber von einer primär ausschließlichen Zuständigkeit desjenigen Organs auszugehen, das auch für die Abberufung zuständig ist.[172] Das ist nach der gesetzlichen Regel die Gesellschafterversammlung. Doch ist eine Delegation von Entscheidungszuständigkeit und Vertretungsmacht hier ebenso möglich wie im Zusammenhang der Abberufung.[173] Es gilt das in Rn. 6 Gesagte entsprechend. Ist der Anstellungsvertrag mit einem Dritten abgeschlossen worden (zu dieser Möglichkeit § 35 Rn. 79), so kann er auch nur von diesem gekündigt werden.[174] Ausnahmsweise kann hier Abberufungs- und Kündigungskompetenz also auseinanderfallen.

44   **dd)** Die Kündigung ist **empfangsbedürftige Willenserklärung,** die mit der Erklärung des Widerrufs der Bestellung rechtlich nicht identisch ist.[175] Doch wird die

---

[166] Wie hier *Timm* ZIP 1987, 69, 76; iErg. auch *Groß* S. 347ff., anders 1. Aufl. Rn. 32. Zu Konsequenzen für die Rechtslage in der Insolvenz OLG Düsseldorf NZG 2000, 1044, 1045.

[167] So die hM (auch) zum früheren AngKSchG: vgl. BAG EWiR § 38 GmbHG 2/86, 903 – *Miller* für den nicht beteiligten Geschäftsführer; ferner OLG München WM 1984, 896, 897; LG Berlin GmbHR 2001, 301; *Groß* S. 350ff.; *Eckardt* S. 208f.; *Tillmann* Rn. 447; *Hachenburg/Stein* Rn. 9; *Scholz/Schneider* § 35 Rn. 226 (auch für beherrschenden Gesellschafter); *Meyer-Landrut/Miller/Niehus* Rn. 152; *Lutter/ Hommelhoff* Anh. § 6 Rn. 53f.; *Baumbach/Hueck/Zöllner* § 35 Rn. 127f.; für den Fall einer GmbH & Co KG bei Anstellung durch die GmbH vgl. BAG AP KSchG 1969 § 14 Nr. 1 = WM 1983, 797; dagegen *Hohlfeld* GmbHR 1987, 255, 258; *Hümmerich* NJW 1995, 1179ff. unter Berufung auf die Entstehungsumstände von § 622 BGB nF (dagegen *Lunk* ZIP 1999, 1780); zur Abgrenzung BGH WM 1987, 650. Zur (bejahten) Frage, ob eine vertraglich vereinbarte Frist jener des § 622 BGB vorgeht LAG Berlin GmbHR 1997, 839, 843.

[168] Vgl. *Reiserer* S. 85f. gegen die hM. Vgl. § 35 Rn. 76.

[169] BGH WM 1987, 650, 651.

[170] HM; vgl. BGHZ 79, 38 = NJW 1981, 757; BGH WM 1987, 71, 72; OLG Koblenz GmbHR 1981, 160; *Scholz/Schneider* § 35 Rn. 221 mwN.

[171] Vgl. OLG Celle GmbHR 1995, 728, 729; *Fleck* WM 1981, Sonderbeilage 3, 10; *ders.* WM 1985, 677, 679 jeweils mit Judikatur.

[172] So OLG Hamm NZG 1999, 836; OLG Köln DWiR 1991, 253; NZG 2000, 551, 552 m. Anm. *Gitter*; GmbHR 1993, 734, 735f.; *Plander* ZHR 133 (1970), 327, 367ff. mwN; *Baums* S. 386f.; *Scholz/Schneider* § 35 Rn. 221; *Lutter/Hommelhoff* Anh. § 6 Rn. 51; *Hachenburg/Hüffer* § 46 Rn. 49ff.; *Werner* WuB II C § 46 GmbHG 1.87 mwN; zurückhaltender offenbar BGH NJW 1999, 3263, 3264 = WM 1999, 2026 = NZG 1999, 1215; zum Verhältnis zwischen Bestellungs- und Anstellungszuständigkeit § 35 Rn. 17, 79.

[173] BGH (Fn. 172); *Hachenburg/Hüffer* § 46 Rn. 51, 75. Zu den dabei zu beachtenden Förmlichkeiten *Lunk* ZIP 1999, 1777f.

[174] Dazu *Fleck* ZHR 149 (1985), 388, 392f.

[175] Dazu etwa BGH GmbHR 1990, 345, 346 mwN. Zur Unwiderruflichkeit der Erklärung nach Zugang (§ 130 Abs. 1 S. 2 BGB) OLG Naumburg NZG 1999, 317. Schriftform (§ 623 BGB) ist nicht erforderlich (*Lohr* NZG 2001, 828; s. § 35 Rn. 78)

Widerruf der Bestellung **§ 38**

Abberufung in Abhängigkeit von den Umständen des Einzelfalls **häufig** (auch) als **Kündigung** zum nächstzulässigen Termin aufzufassen sein.[176] Das folgt aus der auch für den betroffenen Geschäftsführer erkennbaren typischen Interessenlage der Gesellschaft. Von Kündigung des Anstellungsvertrages ist jedenfalls auszugehen, wenn die Gesellschaft anläßlich der Abberufung zu erkennen gibt, dass sie an einer Weiterbeschäftigung des betreffenden Geschäftsführers in anderer Funktion nicht interessiert ist.[177] Unklarheiten in dieser Hinsicht können allerdings nicht zu Lasten des Ex-Geschäftsführers gehen. Eine Klärung der Frage im Anstellungsvertrag ist zulässig. Dieser kann bestimmen, dass mit der Abberufung im nächstmöglichen Zeitpunkt auch das Anstellungsverhältnis enden soll.[178]

ee) Bezüglich der **Kündigungsfolgen**[179] ist hervorzuheben, dass die Erklärung der **45** Kündigung die Abberufung dann beinhaltet, wenn Kündigungs- und Abberufungszuständigkeit – was regelmäßig der Fall ist (Rn. 43) – vereint sind.[180] Nach Beendigung des Anstellungsverhältnisses hat der Betreffende gemäß §§ 675, 666 BGB Rechnung zu legen. Zum Anspruch auf Zeugniserteilung vgl. § 35 Rn. 105. Zur Frage eines nachvertraglichen Wettbewerbsverbots § 35 Rn. 106. Weitere Kündigungsfolgen (Freistellung, Pflicht zu weiterer Arbeitsleistung, Weitergeltung von Nebenansprüchen, zB auf ein Dienstfahrzeug) sind häufig Gegenstand von Auseinandersetzungen und sollten daher anstellungsvertraglich geregelt werden.[181] Bei **unberechtigter** Kündigung braucht der Gekündigte zwecks Erhaltung seines Gehaltsanspruches seine Dienste nicht besonders anzubieten, wenn er der Kündigung deutlich widerspricht.[182] Kaum zweifelhaft erscheint, dass der gekündigte, aber nicht abberufene Geschäftsführer einen Entlohnungsanspruch haben muss. Zu denken ist in erster Linie an Bereicherungsansprüche. Zur Möglichkeit der Amtsniederlegung Rn. 33.

b) Kündigung aus wichtigem Grund. aa) Die Kündigung aus wichtigem Grund **46** gemäß § 626 BGB ist stets zulässig, wenn ein solcher vorliegt.[183] Dabei kann nicht davon ausgegangen werden, dass ein wichtiger Abberufungsgrund (dazu Rn. 10 ff.) ohne

---

[176] *Hachenburg/Mertens* 7. Aufl. Rn. 10; grundsätzlich auch *Scholz/Schneider* Rn. 34; vgl. *Baums* S. 288 ff.; aM *Dernbach* BB 1982, 1266, 1268 f.; für Interpretation als außerordentliche Kündigung *Hachenburg/Mertens* Rn. 10; in der Tendenz auch *Baumbach/Hueck/Zöllner* § 35 Rn. 111; dagegen *Hachenburg/Stein* Rn. 16.
[177] Für Gegenbeispiele vgl. BGH AG 1978, 162, 163; BGH ZIP 1983, 432, 433.
[178] Dazu BGH NJW 1999, 3263, 3264 = WM 1999, 2026 = NZG 1999, 1215; BGH NJW 1995, 2850 = DStR 1995, 1639 = DB 1995, 1852; BGH GmbHR 1990, 345, 346 = NJW-RR 1990, 1123; BGH DB 1989, 1845; OLG Düsseldorf NZG 2000, 209; OLG Zweibrücken NZG 1999, 1011; ausführlich *Eckardt* S. 147 ff.; *ders.* AG 1989, 431 ff.; s. ferner *Neu* S. 78 ff.; *Bauer/Diller* GmbHR 1998, 810 ff. (auch zur Anwendbarkeit von § 3 AGBG); *Flatten* GmbHR 2000, 924 f. Zur Möglichkeit und Wirkung vertraglicher Kopplung von Geschäftsführer- und Gesellschafterposition BGHZ 112, 103 114 f.
[179] Ausführlich *Scholz/Schneider* § 35 Rn. 243 ff.
[180] Dazu OLG München GmbHR 1994, 549, 550; weitergehend *Baums* S. 292, 351 ff. mit umfassender Analyse, aber ohne Berücksichtigung der Drittanstellung; vgl. demgegenüber *Scholz/Schneider* Rn. 5 f. mwN.
[181] Dazu *Bayer/Rempp* GmbHR 1999, 531 ff.
[182] BGH WM 1968, 611, 612; vgl. § 35 Rn. 92.
[183] Zu dem in diesem Zusammenhang notwendigen Abwägungsprozess vgl. BGH WM 1992, 2142, 2143 f.; *Fleck* WM 1981, Sonderbeilage 3, 12; *Lohr* NZG 2001, 831 f. Zur Entbehrlichkeit einer Abmahnung BGH BB 2001, 2239; ZIP 2000, 667 = GmbHR 2000, 431 = BB 2000, 844 (anders wohl OLG Frankfurt NZG 2000, 738, 740). Zur Sittenwidrigkeit der Kündigung aus ethnischen Gründen LG Frankfurt GmbHR 2001, 925.

§ 38
3. Abschnitt. Vertretung und Geschäftsführung

weiteres auch die außerordentliche Kündigung rechtfertigt.[184] So legitimiert der Entzug des Vertrauens durch die Anteilseignerversammlung (bei mitbestimmten Gesellschaften) wohl den Widerruf der Bestellung (Rn. 15), die Kündigung aber nur dann, wenn ein nicht bloß geringfügiges Verschulden des Betroffenen dahintersteht.[185] Nach anderer Auffassung[186] sollen als wichtige Gründe für die fristlose Kündigung des Anstellungsvertrages überhaupt nur solche in Betracht kommen, die in der Person des Geschäftsführers selbst liegen. In der Tat mussten sich die Gerichte bisher ganz überwiegend mit solchen Gründen beschäftigen.[187] Insofern sind die in Rn. 11 f. genannten Gesichtspunkte auch für die außerordentliche Kündigung erheblich. Die Vernachlässigung der Pflicht, sich laufend über die wirtschaftliche Lage der Gesellschaft zu vergewissern, kann die fristlose Kündigung rechtfertigen, jedenfalls dann, wenn der Geschäftsführer im Innenverhältnis nicht von dieser Pflicht entbunden war.[188] Doch sind auch die Verhältnisse der Gesellschaft berücksichtigungsfähig. So kann infolge eines entsprechend massiven und nicht korrigierbaren Rückgangs der Geschäfte leicht eine Lage eintreten, die es unzumutbar macht, den Geschäftsführer bis zum Zeitpunkt ordentlicher Beendigung des Dienstverhältnisses weiterzubeschäftigen.[189] Je schneller die letztgenannte Möglichkeit greift, desto schärfere Anforderungen sind im Übrigen an die Wichtigkeit des Kündigungsgrundes zu

---

[184] AllgM; vgl. BGHZ 15, 71, 74; BGH WM 1961, 569, 570; 1995, 2064, 2065 = GmbHR 1996, 291; *Hachenburg/Stein* Rn. 57; *Scholz/Schneider* § 35 Rn. 232; *Meyer-Landrut/Miller/Niehus* Rn. 118. Näher *Neu* S. 75 ff.; *Voigt* S. 79 f.

[185] BGH DB 1978, 481, 482; 1981, 1661 1662. Ferner BGH NZG 1998, 634 m. Anm. *Rottnauer* = ZIP 1998, 1269 = WM 1998, 1537: Weigerung, Versammlung einzuberufen, Verunglimpfung des Mehrheitsgesellschafters / seiner Repräsentanten. Zur Zulässigkeit einer „Verdachtskündigung" LAG Berlin GmbHR 1997, 839, 841.

[186] *Hachenburg/Stein* Rn. 57; ebenso *Dernbach* BB 1982, 1266, 1267 und wohl auch OLG Hamm ZIP 1987, 121, 122.

[187] Vgl. die Übersichten bei *Fleck* WM 1981, Sonderbeilage 3, 10 f., *ders.* WM 1985, 677, 680; 1994, 1957, 1965; *Scholz/Schneider* § 35 Rn. 232 b; *Lutter/Hommelhoff* Anh. § 6 Rn. 59; *Neu* S. 71 f.; *Reiserer* S. 91 f.; ausführlich *Voigt* S. 99 ff.; zur ständigen Widersetzlichkeit als Kündigungsgrund OLG Frankfurt GmbHR 1997, 346, 348 f.; OLG Düsseldorf ZIP 1984, 1486; zu Arbeitsverweigerung nach Abberufung OLG Karlsruhe GmbHR 1996, 208; zur Vernachlässigung von Buchführungspflichten OLG Rostock NZG 1999, 216; zu Fehlern bei der Erstellung des Jahresabschlusses OLG Hamburg NJW RR 1998, 468 (kritisch dazu *Müller* EWiR § 626 BGB 1/97); zur Verletzung der Verschwiegenheitspflicht OLG Hamm GmbHR 1985, 157; zur Nichtbefassung der Gesellschafterversammlung BGH GmbHR 1995, 299, 300 f.; zur Auskunftsverweigerung OLG Frankfurt GmbHR 1994, 114, 115; OLG München GmbHR 1994, 551; zu unzutreffender Auskunft OLG München BB 1994, 735, 736; zur Vorteilsbeschaffung auf Kosten der Gesellschaft BGH WiB 1997, 1238 m. Anm. *Reiserer* = GmbHR 1997, 998; BGH WM 1992, 2142, 2143 f.; KG NZG 2001, 325; OLG Hamm GmbHR 1995, 732; OLG Karlsruhe GmbHR 1988, 484; OLG Brandenburg NZG 2000, 143; OLG Köln GmbHR 1996, 290; zu nachhaltigen Verstößen gegen ein Wettbewerbsverbot OLG Düsseldorf GmbHR 2000, 1050, 1054 f.; zur Weigerung weiterer Verfolgung des Gesellschaftszwecks OLG Köln NZG 1999, 773; zur Verunglimpfung des Alleingesellschafters BGH GmbHR 2000, 431 = ZIP 2000, 667 = BB 2000, 844; zur Weigerung, reduzierten Tätigkeitsbereich zu akzeptieren OLG Nürnberg NZG 2000, 154. Wichtiger Grund verneint in BGH NJW 1995, 1358 = WM 1995, 752, 753 f. = DZWiR 1995, 193 m. Anm. *Gehnlein*; OLG Düsseldorf BB 1987, 567; OLG Hamburg AG 1991, 242; OLG Köln GmbHR 1992, 674; KG NZG 2000, 101; OLG Frankfurt NZG 2000, 738 (im Kontext eines Wettbewerbsverbotes).

[188] BGH GmbHR 1995, 299, 300.

[189] Vgl. BGH WM 1975, 761; aber auch OLG Stuttgart ZIP 1981, 1336, 1337; kritisch dazu *Lohr* NZG 2001, 830 f. zur Frage außerordentlicher Kündigung in der Insolvenz Rn. 53.

Widerruf der Bestellung **§ 38**

stellen.[190] Generell gilt, dass ein Vorgehen gemäß § 626 BGB stets eine Abwägung der Interessen der Beteiligten unter Berücksichtigung aller Umstände des Einzelfalls erforderlich macht.[191] Die unberechtigte fristlose ist in eine ordentliche Kündigung umzudeuten, wenn nach der Sachlage anzunehmen ist, dass die Gesellschaft das Anstellungsverhältnis auf jeden Fall beenden will und dies in ihrer Erklärung auch zum Ausdruck kommt.[192]

Ein **vertraglicher Ausschluss** objektiv wichtiger Kündigungsgründe ist unzulässig.[193] Möglich ist bei nicht mitbestimmten Gesellschaften dagegen eine **(umgekehrte)** Vereinbarung des Inhalts, dass bestimmte Sachverhalte ohne weiteres wichtige Gründe iSd. § 626 BGB sein sollen,[194] etwa auch in der Form, dass die Beendigung der Organstellung die Kündigung des Dienstvertrages legitimieren soll (Rn. 44). Im Geltungsbereich des § 622 BGB (Rn. 41) gilt dies freilich nur mit der Maßgabe, dass ein Kündigungsgrund, der nur kraft Vereinbarung ein wichtiger ist, zwar die außerordentliche Auflösung des Dienstverhältnisses gestattet, dies aber nur unter Wahrung der Mindestfrist des § 622 BGB.[195] **47**

bb) Eine Kündigung nach § 626 BGB kann gemäß Abs. 2 nur **innerhalb von zwei Wochen** nach Kenntnis des Kündigungsgrundes erfolgen.[196] Bei juristischen Personen kommt es auf den Informationsstand des kündigungsbefugten Organs an.[197] Nach früher wohl herrschender Auffassung genügte dafür die Kenntnis jedenfalls aller Organmitglieder.[198] Demgegenüber bezieht der BGH neuerdings den Standpunkt, es komme auf den Zeitpunkt an, in dem entschieden werden könne, also darauf, wann der maßgebliche Sachverhalt der Versammlung unterbreitet werde.[199] Denn § 626 **48**

---

[190] Vgl. BGH NJW 1987, 1889, 1890; OLG Jena NZG 1999, 1069, 1070.
[191] S BGH WM 1992, 2142, 2143f.; auch BAG DB 1999, 1324, 1325. Erörterung von Fallgruppen bei *Meyer-Landrut/Miller/Niehus* Rn. 158ff.; zur Verschmelzung *Hockemeier* S. 131 ff.; *Baums* ZHR 156 (1992) 248, 254f.; *Röder/Lingemann* DB 1993, 1341, 1346; zur Amtsniederlegung (ausführlich) *Klatte* S. 253 ff.
[192] BGH WM 2000, 631 = ZIP 2000, 539 = EWiR § 626 BGB 2/2000 – *Bröcker*; BGH NJW 1998, 76 = GmbHR 1997, 1062 = WM 1997, 2031; BGH WM 1995, 752, 754; OLG Düsseldorf NZG 2000, 1044, 1045; KG NZG 1999, 501; LAG Berlin GmbHR 1997, 839, 843 je mwN.
[193] MüKo BGB/*Schwerdtner* § 626 Rn. 50; vgl. *Fleck* WM 1985, 677, 680; *Lieb/Eckardt* S. 58. Zur Nichtigkeit einer Abfindungsvereinbarung (als Kündigungsbeschränkung) BGH BB 2000, 1751, 1752f. = ZIP 2000, 1442.
[194] Vgl. etwa *Hachenburg/Mertens* Rn. 56.
[195] BGHZ 112, 103, 115; ebenso für dienstvertragliche Kopplung von Abberufung und Kündigung BGH WM 1989, 1246, 1249; *Röder/Lingemann* DB 1993, 1341, 1345.
[196] Für teleologische Reduktion der Bestimmung *Martens*, FS Werner, 1984, S. 495, 502ff. Diskussion aller zum Fristbeginn vertretenen Ansichten bei *Neu* S. 95 ff.
[197] BGHZ 139, 89, 92 = ZIP 1998, 1269 = WM 1998, 1537; WM 1992, 2142, 2144; OLG Jena NZG 1999, 1069.
[198] In diesem Sinne BGH WiB 1997, 1238, 1239 m. Anm. *Reiserer* = GmbHR 1997, 998; vgl. auch BAG AP BGB § 626 Nr. 11 – Ausschlussfrist = DB 1978, 353, 354; *Henze* S. 374; Vorufl. Rn. 39; *Hachenburg/Stein* Rn 71ff.; *Meyer-Landrut/Miller/Niehus* Rn. 155; ausführlich *Densch/Kahlo* DB 1983, 811, 812f.; verneinend BAG AP BGB § 28 Nr. 1 m. zust. Anm. *Reuter*; OLG Stuttgart DB 1979, 884, 885; *Lüders* BB 1990, 790, 793ff.; *Scholz/Schneider* 8. Aufl. § 35 Rn. 239 bei Zuständigkeit des Aufsichtsrats, auch (obiter) BGH WM 1990, 1028, 1030; gute Übersicht über den Meinungsstand bei *Eckardt* S. 176ff. Zu den Konsequenzen bei Kündigung des Gesellschafter-Geschäftsführers einer Zweipersonen-GmbH OLG Düsseldorf GmbHR 1999, 549.
[199] BGHZ 139, 89, 92 = NZG 1998, 634 m. Anm. *Rottnauer* = ZIP 1998, 1269 (dazu *Slabschi* ZIP 1999, 391ff.; *Stein* ZGR 1999, 268ff. mwN); ebenso *Lutter/Hommelhoff* Anh. § 6 Rn. 64; OLG Köln NZG 2000, 551, 552 m. Anm. *Gitter*; OLG Zweibrücken NZG 1999, 1011; OLG Jena NZG 1999, 1069.

§ 38

Abs. 2 BGB beruhe auf dem Gedanken, dass der Berechtigte aus seiner Kenntnis Konsequenzen ziehen könne. Dem lässt sich schwerlich etwas Durchgreifendes entgegenhalten. Die Zwei-Wochen-Frist beginnt indes auch ab dem Zeitpunkt zu laufen, zu dem das zuständige Gremium hätte entscheiden können, wenn es ordnungsgemäß einberufen worden wäre.[200] Wer einberufungsbefugt ist, muss eine Sitzung anberaumen, wenn ihm der Kündigungsgrund bekannt wird.[201] Diese Regel wendet sich in erster Linie an den Gesellschafter-Geschäftsführer. Gegebenenfalls ist das in § 50 vorgesehene Verfahren einzuhalten.[202] Läßt sich der Sachverhalt oder sein Gewicht nicht sofort in allen entscheidungserheblichen Punkten übersehen, so genügt es, das Organ erst nach Ablauf der für eine Aufklärung unbedingt benötigten Zeit einzuberufen.[203] Die Beendigung eines Strafverfahrens darf uU abgewartet werden.[204] Überhaupt steht der Ausschluss des Kündigungsrechts als Rechtsfolge einer Fristversäumnis unter dem Vorbehalt von Treu und Glauben.[205] Die außerordentliche Kündigung auf Grund von Dauerzuständen oder fortgesetzten Verhaltens ist zulässig, wenn ein Teil des maßgeblichen Sachverhalts in die Zwei-Wochen-Frist fällt.[206] Sie braucht nicht begründet zu werden. Deshalb ist ein Vorbehalt zulässig, zunächst nicht mitgeteilte Kündigungsgründe später geltend zu machen.[207] Im Anwendungsbereich von § 31 Abs. 5 MitbestG ist Fristeinhaltung wegen des dort vorgeschriebenen Abberufungsverfahrens (dazu § 52 Rn. 44) zusätzlich verkompliziert. Denn ein Beschluss über die Kündigung vor demjenigen über den Widerruf der Bestellung ist in diesen Fällen wegen faktischer Bindungswirkung nicht möglich.[208]

49   cc) Die **Entscheidungs-** und **Vertretungszuständigkeit** im Zusammenhang der außerordentlichen Kündigung richtet sich bei der nicht mitbestimmten GmbH nach denselben Grundsätzen, wie sie für die ordentliche Kündigung gelten (dazu Rn. 43; zur Kündigungsbefugnis des Insolvenzverwalters Rn. 53).[209] Ein betroffener Gesellschafter kann auch hier (vgl. Rn. 17 ff.) nicht mitstimmen (§ 47 Rn. 77).[210] In mitbestimmten Gesellschaften ist der Aufsichtsrat zuständig.[211] Die Kündigungsentscheidung

---

[200] Dazu OLG Jena NZG 1999, 1069; OLG Düsseldorf AG 1982, 225, 227 f.; *Scholz/Schneider* § 35 Rn. 237 d; *Stein* ZGR 1999, 271, 276 ff.; *Grunewald,* FS Beusch, 1993, S. 301; *Eckardt* S. 182 ff.; ablehnend *Lieb/Eckardt* S. 69.

[201] Vgl. OLG Stuttgart GmbHR 1995, 229, 230; KG NZG 2000, 102 f. (Pflicht eines Aufsichtsratsmitgliedes, vom Vorsitzenden Einberufung einer Sitzung zu verlangen); OLG Zweibrücken NZG 1999, 1011. S. auch *Lunk* ZIP 1999, 1781 f.

[202] BGHZ 139, 89, 937 = NZG 1998, 634 m. Anm. *Rottnauer* = ZIP 1998, 1269; vgl. OLG Düsseldorf GmbHR 2000, 1055.

[203] Dazu BGH NJW 1976, 797 mwN; AG 1981, 47 f.; vgl. auch BGH WM 1962, 109, 111; 1984, 1187; OLG Jena NZG 1999, 1069; *Kuhn* WM 1976, 754, 762 f. Zum Fristenlauf bei einer Verdachtskündigung LAG Berlin GmbHR 1997, 839, 841 f. mwN.

[204] BAG NJW 1976, 1766.

[205] BGH GmbHR 1975, 200, 201; vgl. BGH WM 1980, 957; *Scholz/Schneider* § 35 Rn. 237 e.

[206] BGH GmbHR 1975, 200, 201; *Lutter/Hommelhoff* Anh. § 6 Rn. 62; *Hachenburg/Stein* Rn. 70 mwN.

[207] Vgl. BGH WM 1995, 712, 713 f. mwN; OLG Zweibrücken NZG 1999, 1011; *Fleck* WM 1981, Sonderbeilage 3, 14; *Hachenburg/Stein* Rn. 81.

[208] Vgl. *Hanau/Ulmer* § 31 Rn. 43; *Martens,* FS Werner, 1984, S. 509.

[209] Zur Auslegung einer einschlägigen Satzungsklausel BGH NZG 1999, 1215 f. = NJW 1999, 3263 = WM 1999, 2026.

[210] Zur Unterbindung des Kündigungsbeschlusses mittels einstweiliger Verfügung LG München ZIP 1994, 1858, 1859 (vgl. § 47 Rn. 36).

[211] BGHZ 89, 48, 50 ff. = NJW 1984, 733; *Säcker* BB 1979, 1324; *Hachenburg/Stein* Rn. 87; *Hanau/Ulmer* § 31 Rn. 42.

Widerruf der Bestellung **§ 38**

ist nicht in dem Verfahren des § 31 MitbestG, sondern (bloß) mit der Mehrheit des § 29 zu treffen.[212] Bei Delegation von das Anstellungsverhältnis betreffenden Entscheidungszuständigkeiten an einen Ausschuss des abberufenden Organs oder (ausnahmsweise) an ein anderes Gesellschaftsorgan dürfen die Entschlüsse des für den Widerruf der Bestellung zuständigen Gremiums nicht durch vorzeitige Kündigung des Anstellungsverhältnisses präjudiziert werden; eine solche Erklärung wäre unwirksam.[213] Zur Vertretung der Gesellschaft im **Prozess** über die Wirksamkeit der Kündigung vgl. § 46 Rn. 44 ff. Zu Gerichtsstandsfragen § 35 Rn. 78.

dd) Der sofortige **Widerruf der Bestellung** enthält nicht ohne weiteres auch die 50 Erklärung, der **Anstellungsvertrag** werde außerordentlich gekündigt. Die Lage ist hier anders als bei der ordentlichen Kündigung (Rn. 44), weil die Voraussetzungen von Abberufung einerseits und Kündigung andererseits in allen Fällen, in dem des § 38 Abs. 1 sogar sehr erheblich differieren. Aus diesem Grund braucht der Betroffene die Abberufung im Regelfall nicht gleichzeitig auch als Kündigung iSd. § 626 BGB aufzufassen. Diese ist, wenn nicht die Gesamtumstände der Situation ausnahmsweise eine andere Deutung erlauben, also gesondert zu erklären.[214] Ist demnach vom Fortbestand des Anstellungsverhältnisses auszugehen, so muss sich der abberufene Geschäftsführer mit einer anderen angemessenen Tätigkeit zufrieden geben. Sonst liefert er einen Grund für die sofortige Kündigung auch des Anstellungsvertrages.[215] Der Ex-Geschäftsführer muss seine Dienste anbieten, wenn die Gesellschaft nicht eindeutig zu erkennen gegeben hat, dass sie an ihnen keinesfalls mehr interessiert ist.[216]

2. Kündigung durch den Geschäftsführer. Der Geschäftsführer kann unter prin- 51 zipiell **denselben Voraussetzungen** kündigen wie die Gesellschaft.[217] Ergänzend ist § 624 BGB zu beachten.[218] Die Abberufung als Geschäftsführer liefert diesem stets einen wichtigen Grund zur Kündigung des Anstellungsvertrages,[219] ebenso die Ver-

---

[212] AllgM; vgl. *Hanau/Ulmer* § 31 Rn. 41 f. mwN.
[213] Zutreffend BGHZ 79, 38, 41 mwN = NJW 1981, 757; zur Rechtslage bei Drittanstellung *Fleck* ZHR 149 (1985), 387, 391 ff.
[214] BGH WM 1966, 968; AG 1978, 162, 163; OLG Rostock NZG 1999, 216; OLG Köln GmbHR 1993, 734, 735; NZG 2000, 551, 552 m. Anm. *Gitter*; *Meyer-Landrut/Miller/Niehus* Rn. 125; anders *Hachenburg/Mertens* 7. Aufl. Rn. 10; vgl. auch *Scholz/Schneider* Rn. 35; zu Anforderungen an die Deutlichkeit der Erklärung OLG Frankfurt WM 1989, 438, 441; zu den Konsequenzen anstellungsvertraglicher Koppelung von Abberufung und Kündigung OLG Düsseldorf NZG 2000, 209. Ähnlich wie hier *Hachenburg/Stein* Rn. 16.
[215] BGH WM 1966, 968, 969; DB 1978, 878; OLG Karlsruhe GmbHR 1996, 208; *Dernbach* BB 1982, 1266, 1269; *Hachenburg/Stein* Rn. 32. S. auch BGH GmbHR 2000, 85, 86 = WM 1999, 2548 = ZIP 2000, 75; zu praktischen Schwierigkeiten in diesem Zusammenhang *Bayer/Rempp* GmbHR 1999, 532; auch *Fonk* NZG 1998, 410 f. Anders wie hier *Bauer/Gragert* ZIP 1997, 2182 f.: §§ 323 ff. BGB anwendbar; eindringlich *Reuter*, FS Zöllner, 1998, S. 488 ff., 498 ff. (Anstellungs- als „Amtswahrnehmungsvertrag"); ebenso wohl *Fonk* NZG 1998, 409; im Grundsatz auch *Greger*, FS Boujong, 1996, S. 154 f.; für Anwendung von § 615 BGB etwa *Kothe-Heggemann/Dahlbender* GmbHR 1996, 650.
[216] BGH NJW 2001, 287 = NZG 2001, 78 = EWiR § 615 BGB 2101 – *Grimm*. Zur Anrechenbarkeit anderweitigen Verdienstes während der Freistellungszeit neben BGH aaO (§ 615 S. 2 BGB) OLG Oldenburg NZG 2000, 1038, 1040.
[217] Vgl. noch LG Frankfurt NJW-RR 1988, 221: Herabwürdigung durch den Mehrheitsgesellschafter als wichtiger Kündigungsgrund, zur Abgrenzung BGH ZIP 1995, 1134, 1135, zu ungerechtfertigten Vorwürfen durch anderen Geschäftsführer BGH WM 1992, 733 f.
[218] Einseitige Kündigungsmöglichkeit nach fünf Jahren, wenn Dienstverhältnis auf Lebenszeit oder auf länger als fünf Jahre vereinbart; dazu *Scholz/Schneider* § 35 Rn. 227.
[219] Vgl. *Fleck* WM 1981, Sonderbeilage 3, 10, *Reiserer* S. 97, je mit Rechtsprechungsnachweisen.

weigerung der Einsichtnahme in die Buchhaltung,[220] überhaupt die Vorenthaltung wichtiger Informationen über die Lage der Gesellschaft[221] und die anstellungsvertragswidrige Einschränkung anderer zentraler Geschäftsführungsbefugnisse[222] oder eine nicht gerechtfertigte fristlose Kündigung durch die Gesellschaft.[223] Schadensersatz gemäß § 628 Abs. 2 BGB setzt freilich ein vertragswidriges Verhalten der Gesellschaft voraus, das durch eine Abberufung gemäß § 38 grundsätzlich noch nicht realisiert wird.[224] Schadensersatz kann auch aus § 31 BGB geschuldet sein, wenn wegen beleidigenden Verhaltens eines anderen Geschäftsführers gekündigt wurde.[225] Umgekehrt steht der Gesellschaft ein Schadensersatzanspruch aus positiver Vertragsverletzung zu, wenn vor Ablauf der vereinbarten Vertragsdauer ohne zureichenden Grund gekündigt wird.[226] Ist die Gesellschaft auch Partnerin des Anstellungsvertrages, wird dessen Kündigung wohl ausnahmslos auch als Amtsniederlegung aufzufassen sein.[227] Die Empfangszuständigkeit für die Kündigungserklärung richtet sich – Fälle der Drittanstellung ausgenommen – nach den für die Niederlegung des Amtes geltenden Grundsätzen (dazu Rn. 36). In der Amtsniederlegung selbst liegt regelmäßig, aber keineswegs immer, auch die Kündigung des Anstellungsvertrages.[228] Zu den **Kündigungsfolgen** s. Rn. 45. Bei definitiver Kündigung des Anstellungsvertrags aus wichtigem Grund und Einstellung seiner Tätigkeit kann sich der Geschäftsführer später nicht mehr darauf berufen, die Kündigung sei unwirksam. Annahmeverzug der Gesellschaft ist dementsprechend ausgeschlossen.[229]

52 **3. Aufhebungsvertrag.** Außer durch Kündigung kann das Anstellungsverhältnis ebenso wie das Geschäftsführeramt (Rn. 38) auch durch beiderseitige Einigung beendet werden.[230] Zum Vorliegen einer solchen Vereinbarung, wenn ein bisheriger Angestellter Geschäftsführer wird s. § 35 Rn. 78. Die Vertretungszuständigkeit auf seiten der Gesellschaft richtet sich nach den für die Kündigung geltenden Regeln.[231] Wegen der präjudiziellen Wirkungen für die Organposition des Betroffenen ist die Vertretungsmacht eines für das Anstellungsverhältnis an sich zuständigen Ausschusses daher auch hier beschränkt.[232]

---

[220] BGH NJW 1995, 2850 = DStR 1995, 1639 = DB 1995, 1852.
[221] OLG Hamm GmbHR 1996, 939.
[222] OLG Frankfurt GmbHR 1993, 288, 289f.
[223] Vgl. WM 1994, 387.
[224] OLG Frankfurt BB 1981, 265; zum Problem auch LG Frankfurt NJW-RR 1988, 221; zum Umfang des Anspruchs OLG Frankfurt GmbHR 1993, 288, 291.
[225] BGH WM 1992, 733, 734.
[226] OLG Köln GmbHR 1997, 30.
[227] Vgl. *Baums* S. 401f.
[228] Dazu überzeugend BGH DB 1978, 878; vgl. *Dernbach* BB 1982, 1266, 1270.
[229] S. BGH GmbHR 2000, 85, 86 = WM 1999, 2548 = ZIP 2000, 75.
[230] Näher dazu *Hockemeier* S. 36ff.; *Neu* S. 134ff.; *Reiserer* S. 63ff. mit Ausführungen zur Erstattung des Arbeitslosenentgeltes nach § 128 AFG aF; zur Reichweite einer Anspruchsbereinigungsklausel (für Arbeitgeberdarlehen bejaht) OLG Düsseldorf NZG 1998, 33 m. Anm. *Jaeger*; zu einer Karenzentschädigung OLG Köln GmbHR 1997, 743; zu Konsequenzen der Vereinbarung für nicht ausdrücklich erwähnte Altersversorgung OLG Köln NZG 2000, 436m. Anm. *Gitter*; zur Frage, ob der Geschäftsführer gehalten ist, bisher unentdeckte schwere Verfehlungen zu offenbaren, (bedenklich) OLG Düsseldorf BB 2000, 1159.
[231] BGH NJW 1991, 1680f.; OLG SchlH GmbHR 1993, 156; vgl. Rn. 43, 49. Zur Genehmigung eines wegen Vertretungsmangels schwebend unwirksamen Vertrags durch nachfolgende Abberufung OLG Frankfurt GmbHR 1995, 897.
[232] BGHZ 79, 38, 41 = NJW 1981, 757.

Widerruf der Bestellung **§ 38**

4. Insolvenz. Die Eröffnung eines Insolvenzverfahrens wirkt sich auf Organpositionen und Anstellungsvertrag der Geschäftsführer allein noch nicht aus.[233] Das gilt auch gegenüber dem Alleingesellschafter-Geschäftsführer.[234] Doch kann der Insolvenzverwalter den Anstellungsvertrag unter Wahrung der gesetzlichen Frist kündigen (§ 113 InsO).[234a] Auch eine außerordentliche Kündigung kommt in Betracht.[235] Entgegen der wohl hM sollte gegenüber einem beherrschenden Gesellschafter-Geschäftsführer allerdings von vornherein nicht § 113 InsO, sondern § 103 angewendet werden.[236] Kündigungskonnexe Schadensersatzansprüche sind einfache Insolvenzforderungen. Die Kündigung ist auch hier nicht als Abberufung aufzufassen.[237] Denn zuständig ist nicht der Insolvenzverwalter, sondern das auch sonst kompetente Gesellschaftsorgan. Insolvenzeröffnung soll einen wichtigen Grund für Abberufung und Amtsniederlegung liefern.[238] Das ist in dieser Allgemeinheit abzulehnen,[239] zugunsten des Geschäftsführers aber jedenfalls dann zu bejahen, wenn er gekündigt wird oder der Insolvenzverwalter das Dienstverhältnis unter Berufung auf § 103 InsO nicht fortsetzt. Zur Insolvenzsicherung von Ruhegehaltsansprüchen vgl. § 35 Rn. 104. 53

IV. Österreichisches Recht

1. Abberufung. Auch nach österreichischem Recht können Geschäftsführer grundsätzlich jederzeit abberufen werden (§ 16 Abs. 1 ÖGmbHG). Zuständig ist die Gesellschafterversammlung, und zwar auch bei Vorhandensein eines obligatorischen Aufsichtsrates. Die Möglichkeit, die Zulässigkeit des Widerrufs auf wichtige Gründe zu beschränken, wird nur gegenüber Gesellschafter-Geschäftsführern eingeräumt (§ 16 Abs. 3 ÖGmbHG). Der Widerruf ist auch in einem solchen Fall stets wirksam, solange nicht abweichend rechtskräftig entschieden ist. Im Gegensatz zur bisherigen Praxis hat das Gericht – wie § 16 Abs. 3 ÖGmbHG jetzt ausdrücklich anordnet – auch zu prüfen, ob tatsächlich ein wichtiger Grund vorliegt. In allen Fällen des Widerrufs, also auch bei Geltendmachung wichtiger Gründe, sind betroffene Gesellschafter-Geschäftsführer berechtigt, am Abberufungsbeschluss mitzuwirken (§ 39 Abs. 5 ÖGmbHG; zur unterschiedlichen Rechtslage nach deutschem Recht vgl. § 47 Rn. 77). Da deshalb ein Gesellschafter-Geschäftsführer im Besitz einer Sperrminorität praktisch nicht abberufen werden konnte, ist mit der GmbH-Novelle 1980 eine Bestimmung eingefügt worden, wonach entsprechend den §§ 117, 127 HGB auf Abberufung geklagt werden kann (§ 16 Abs. 2 ÖGmbHG). Bei Vorliegen eines Sonderrechts auf Geschäftsführung ist die Bestimmung entsprechend anwendbar.[240] Soll ein Fremdgeschäftsführer aus wichtigem Grund abberufen werden, können widerstrebende Gesellschafter kraft neuerdings aus- 54

---

[233] BGH WM 1983, 120, 121 f. mwN; OLG Düsseldorf NZG 2000, 1044; zu den daraus resultierenden Ansprüchen auf Gehaltsfortzahlung vgl. *Fleck* WM 1981, Sonderbeilage 3, 14.
[234] BGHZ 75, 209, 211 ff. = NJW 1981, 752.
[234a] OLG Hamm DZWiR 2001, 389 f. mwN.
[235] Vgl. BGHZ 75, 209, 212 = NJW 1981, 752; BGH WM 1984, 1187; OLG Hamm ZIP 1987, 121; *Noack* S. 128 f. Zur Frage besonderer Maßstäbe bei Konkretisierung des wichtigen Grundes in Insolvenzfällen BGHZ 75, 209, 212 = NJW 1981, 752; ausführlich *Timm* ZIP 1987, 69, 77 ff.; vgl. auch *Hachenburg/Stein* Rn. 132.
[236] *Noack* S. 128; *Lutter/Hommelhoff* Anh. § 6 Rn. 69; *Timm* ZIP 1987, 69, 70 ff.; *Lieb/Eckardt* S. 75 ff. gegen BGHZ 75, 209 = NJW 1980, 595; OLG Düsseldorf NZG 2000, 1044; OLG Hamm ZIP 1987, 121; *Baums* S. 425 ff.
[237] Anders *Baums* S. 431 f.
[238] *Hachenburg/Mertens* 7. Aufl. Rn. 73.
[239] Vgl. *Hachenburg/Stein* Rn. 132.
[240] *Koppensteiner* § 16 Rn. 23.

§ 39 3. Abschnitt. Vertretung und Geschäftsführung

drücklicher Bestimmung auf Zustimmung geklagt werden. Die **Amtsniederlegung** ist zulässig,[241] kann aber den Anstellungsvertrag verletzen und verpflichtet dann zum Schadensersatz. Sie ist der Generalversammlung bzw. den Gesellschaftern gegenüber zu erklären (§ 16a Abs. 2 ÖGmbHG) und wird bei Fehlen eines wichtigen Grundes erst nach 14 Tagen wirksam (§ 16a Abs. 1 ÖGmbHG).

55 **2. Kündigung.** Abberufung und Kündigung des Anstellungsverhältnisses sind auch nach österreichischem Recht nicht identisch. Die Vertetungszuständigkeit liegt in der Regel beim Abberufungsorgan.[242]

§ 39 [Anmeldung der Geschäftsführer]

(1) **Jede Änderung in den Personen der Geschäftsführer sowie die Beendigung der Vertretungsbefugnis eines Geschäftsführers ist zur Eintragung in das Handelsregister anzumelden.**

(2) **Der Anmeldung sind die Urkunden über die Bestellung der Geschäftsführer oder über die Beendigung der Vertretungsbefugnis in Urschrift oder öffentlich beglaubigter Abschrift für das Gericht des Sitzes der Gesellschaft beizufügen.**

(3) ¹Die neuen Geschäftsführer haben in der Anmeldung zu versichern, dass keine Umstände vorliegen, die ihrer Bestellung nach § 6 Abs. 2 Satz 3 und 4 entgegenstehen und dass sie über ihre unbeschränkte Auskunftspflicht gegenüber dem Gericht belehrt worden sind. ²§ 8 Abs. 3 Satz 2 ist anzuwenden.

(4) **Die Geschäftsführer haben ihre Unterschrift zur Aufbewahrung bei dem Gericht zu zeichnen.**

Literatur: *Bärwaldt* Die Anmeldung des eigenen Ausscheidens als Geschäftsführer, GmbHR 2001, 290; *Baums* Eintragung und Löschung von Gesellschafterbeschlüssen, 1981; *A. Müller* Handelsregisterberichtigung durch den ausgeschiedenen GmbH-Geschäftsführer, BB 1998, 329; *Kuhn* Die Rechtsprechung des BGH zur GmbH, WM 1976, 754; *Wolff* Bestellung und Abberufung von GmbH-Geschäftsführern im Ausland, ZIP 1995, 1489.

Übersicht

	Rn.		Rn.
I. Regelungsinhalt und -zweck	1, 2	III. Anmeldeverpflichtete und -verfahren	7–11
II. Die anzumeldenden Tatsachen	3–6	1. Verpflichtete	7
1. Ausscheiden, Eintreten von Geschäftsführern	3	2. Verfahren	8, 9
2. Änderung persönlicher Daten	4	3. Prüfungspflicht des Gerichts	10, 11
3. Änderung der Vertretungsbefugnis	5, 6	IV. Österreichisches Recht	12

I. Regelungsinhalt und -zweck

1   Aus den §§ 8 und 10 ergibt sich, dass anlässlich der Anmeldung der Gesellschaft zum Handelsregister und deren Eintragung eine Reihe von Rechtshandlungen erforderlich

---

[241] *Koppensteiner* § 16 Rn. 31 mN.
[242] Näher, auch zur Bedeutung arbeitsrechtlicher Gegebenheiten *Koppensteiner* § 16 Rn. 33 ff.; zur Geschäftsführerkündigung Rn. 38.

ist, die die Geschäftsführer betreffen. § 39 ergänzt die diesbezüglichen Vorschriften für den Fall einer nachträglichen Änderung hinsichtlich der personellen Zusammensetzung der Geschäftsführer, ihrer Identitätsmerkmale und ihrer Vertretungsbefugnis. Darin besteht auch der **Zweck** der Bestimmung: sie soll sicherstellen, dass das Handelsregister bzw. die dorthin eingereichten Schriftstücke den jeweils aktuellen Stand reflektieren. Wird eine von § 66 Abs. 1 abweichende Liquidationsvertretung beschlossen, ist § 39 entsprechend anzuwenden.[1] In Fällen der Nichteintragung und -bekanntmachung demnach eintragungsbedürftiger Tatsachen werden gutgläubige Dritte gemäß § 15 Abs. 1 HGB geschützt.[2] Konstitutive Wirkungen haben Eintragungen gemäß § 39 dagegen nicht.[3] Wer zu Unrecht eingetragen wird, ist deshalb nicht vertretungsbefugt. § 15 Abs. 3 HGB ändert daran nichts.[4] Auch besteht in solchen Fällen keine Anmeldepflicht; das Gericht hat nach § 142 FGG von Amts wegen vorzugehen.[5]

Aus der bloß **ergänzenden Funktion** der Vorschrift ergibt sich die Wiederkehr 2 von Regelungselementen, die schon in den Bestimmungen über die Anmeldung der Gesellschaft enthalten sind. So entspricht der erst mit der vorletzten Novelle eingefügte Abs. 3 in jeder Hinsicht § 8 Abs. 3 (dazu daher § 8 Rn. 15 ff.). Abs. 4 ist wortidentisch mit § 8 Abs. 5 (dazu § 8 Rn. 29). In letzterem Zusammenhang ist § 12 Abs. 1 HGB zu beachten.

II. Die anzumeldenden Tatsachen

1. Ausscheiden, Eintreten von Geschäftsführern. Anzumelden ist zunächst das 3 Ausscheiden von Geschäftsführern, gleich ob infolge Todes, Verlust der Amtsfähigkeit, Abberufung, Amtsniederlegung oder Beendigung der Bestellungszeit. Dasselbe gilt hinsichtlich neu eintretender Geschäftsführer.[6] Anzumelden ist auch der Wegfall/die Bestellung stellvertretender (§ 44) und von Notgeschäftsführern (vgl. § 35 Rn. 76 f.). Anzumelden ist ferner der Zeitpunkt des Amtsantritts, wenn er nicht mit der Bestellung zusammenfällt.[7] Personelle Veränderungen, die vor der Anmeldung wieder rückgängig gemacht werden,[8] brauchen nicht angemeldet zu werden, Anmeldung ist wegen § 15 Abs. 1 HGB jedoch zweckmäßig.[9] Ausgeschiedene Geschäftsführer haben darauf einen Anspruch.[10]

---

[1] Überzeugend OLG Köln GmbHR 1985, 23.
[2] OLG München GmbHR 1991, 63, 64 mwN.
[3] Vgl. etwa OLG Hamburg NZG 2000, 698; OLG Frankfurt GmbHR 1995, 301; OLG Köln BB 1993, 89; *Kuhn* WM 1976, 754, 760 mit Rechtsprechungsnachweisen.
[4] BGH GmbHR 1990, 294.
[5] KG NZG 1999, 555. Zur Beteiligung des Geschäftsführers an einem (auch gegen ihn gerichteten) Amtslöschungsverfahren BayObLG DB 1986, 1768.
[6] BGHZ 115, 78, 80 = NJW 1991, 2566; *Hachenburg/Mertens* Rn. 4. Vgl. OLG Düsseldorf NZG 2000, 262 m. Anm. *Waldner*: Keine Anmeldung, wenn Geschäftsführer erst bestellt werden soll. Zur Frage, ob der Wegfall der dem Geschäftsführer vorher eingeräumten Prokura gesonderter Anmeldung bedarf (verneinend) LG Bremen GmbHR 1998, 1129. Für Vorliegen verschiedener Verfahrensgegenstände iSd. KostO bei Anmeldung des Ausscheidens und der Neubestellung von Geschäftsführern OLG Zweibrücken DB 2000, 2211.
[7] HM; vgl. *Hachenburg/Mertens* 7. Aufl. Rn. 3 mwN; dagegen *Meyer-Landrut/Miller/Niehus* Rn. 2.
[8] Wiederernennung eines ausgeschiedenen (dazu RGZ 68, 381, 384), Ausscheiden eines bestellten Geschäftsführers.
[9] Für Anmeldeverpflichtung aber *Lutter/Hommelhoff* Rn. 2; zu den Grenzen des Schutzes nach § 15 Abs. 1 HGB BGHZ 115, 78, 80 f. = NJW 1991, 2566.
[10] *Scholz/Schneider* Rn. 13; *Baumbach/Hueck/Zöllner* Rn. 6.

4 **2. Änderung persönlicher Daten.** Anzumelden sind **Namensänderungen** weiter amtierender Geschäftsführer. Dazu gehört, weil Namensbestandteil, auch der Doktortitel. Die in § 43 Nr. 4 HRegVerf. darüber hinaus genannten Identitätsmerkmale (Wohnort, Beruf) sind – im Zusammenhang von Änderungen – nach hM eintragungs- und daher auch anmeldefähig. Doch besteht keine dahingehende Pflicht.[11] Berufstitel können daher angemeldet werden, sofern sie als Berufsbezeichnung zu qualifizieren sind.

5 **3. Änderung der Vertretungsbefugnis.** Zur sog. **generell-konkreten** Methode bei der Erstanmeldung der Gesellschaft vgl. § 10 Rn. 12.[12] Sie gilt auch bei der Eintragung von Änderungen der Vertretungsbefugnis. **Jede** Änderung muss eingetragen werden (allgM; zur Eintragungsbedürftigkeit der Erweiterung der Vertretungsbefugnis durch Gestattung des Selbstkontrahierens § 8 Rn. 13, § 35 Rn. 30); der insofern engere Wortlaut von Abs. 1 ist überholt.[13] Doch geht Abs. 1 davon aus, dass die Vertretungsbefugnis von Geschäftsführern im Handelsregister (von Anfang an) so verlautbart ist, dass es bei einer Änderung in der Person der Geschäftsführer grundsätzlich keiner besonderen Eintragungen über ihre Vertretungsbefugnis bedarf.[14] Eine solche Eintragung ist daher nur erforderlich, wenn die generelle schon eingetragene Vertretungsregelung insgesamt oder für einzelne Geschäftsführer **modifiziert** werden soll. Im übrigen darf sich der Inhalt einer Änderung nicht nur im Wege einer Schlussfolgerung aus dem Register ableiten lassen, sondern muss **ausdrücklich** verlautbart werden.[15] Daher ist auch die Einzelvertretungsbefugnis des einzigen (verbleibenden) Geschäftsführers anzumelden und einzutragen.[16]

6 **Nicht** anzumelden sind **Ermächtigungen unter Gesamtvertretern,** weil es sich dabei nicht um Globalermächtigungen handeln kann.[17] Wegen § 54 überflüssig ist eine gesonderte Anmeldung gemäß Abs. 1 ferner grundsätzlich dann, wenn eine Änderung der Vertretungsbefugnis auf einer Änderung des **Gesellschaftsvertrages** beruht. Vorauszusetzen ist allerdings, dass der Gesellschaftsvertrag selbst die neue Vertretungsregelung ausdrücklich wiedergibt. Das ist zB nicht der Fall, wenn die bisher vorgesehene Einzelvertretung zugunsten der gesetzlichen Regelung (§ 35 Abs. 2) ersatzlos gestrichen wird.[18] Eine Satzungsänderung muss auch unter den Voraussetzungen des § 35 Abs. 4 eingetragen werden (§ 35 Rn. 31).

III. Anmeldeverpflichtete und -verfahren

7 **1. Verpflichtete.** Befugt und verpflichtet zur Anmeldung nach Abs. 1 sind die **Geschäftsführer** (§ 78), und zwar im Zusammenwirken jeweils so vieler wie zur

---

[11] Vgl. *Baumbach/Hueck/Zöllner* Rn. 4; *Hachenburg/Mertens* Rn. 6; ebenso *Scholz/Schneider* Rn. 4.
[12] S. auch die Nachweise bei *Scholz/Schneider* Rn. 6; ferner BayObLG GmbHR 1981, 59; *Lutter/Hommelhoff* Rn. 5.
[13] Vgl. *Baumbach/Hueck/Zöllner* Rn. 2.
[14] BayObLGZ 1974, 49, 53 f.; BayObLG GmbHR 1981, 59. Vgl. BayObLG NZG 1997, 72 m. Anm. *Gonzáles Vasquez*: Einzelvertretungsbefugnis auch bei Bestellung nur eines Geschäftsführers einzutragen.
[15] BayObLG GmbHR 1981, 59; vgl. auch EuGH 1974, 1500, 1501; OLG Düsseldorf DB 1989, 1279; § 35 Rn. 30.
[16] Dazu BGHZ 63, 261, 265 = NJW 1975, 213; ferner *Hachenburg/Mertens* Rn. 7; *Scholz/Schneider* Rn. 8, beide mwN.
[17] *Hachenburg/Mertens* 7. Aufl. Rn. 7 mwN; vgl. auch § 35 Rn. 45.
[18] Vgl. *Scholz/Schneider* Rn. 9; *Baumbach/Hueck/Zöllner* Rn. 5.

Vertretung der Gesellschaft erforderlich sind (vgl. § 78 Rn. 11).[19] Auch unechte Gesamtvertretung ist möglich.[20] Auf Grund öffentlich beglaubigter Vollmacht (§ 12 Abs. 2 HGB) kann sich ein Geschäftsführer **vertreten** lassen (§ 78 Rn. 15). Ein **neu** bestellter Geschäftsführer ist **schon,** ein **ausgeschiedener nicht mehr** anmeldungsbefugt, weil die Eintragung im Regelfall nicht konstitutiv wirkt (Rn. 1).[21] In dafür geeigneten Fällen, insbesondere im Kontext der Amtsniederlegung, kann die Beendigung der Geschäftsführerposition davon abhängig gemacht werden, dass sie in das Handelsregister eingetragen wird. Der Betreffende ist dann noch anmeldungsbefugt/-verpflichtet.[22] Diese Möglichkeit bietet sich insbesondere dann an, wenn nach einer vertretungsrelevanten Änderung des Gesellschaftsvertrages nicht mehr die nach der alten Satzungslage erforderliche Anzahl von Geschäftsführern vorhanden wäre. Denn diese ist bis zur Eintragung maßgebend (§ 54 Abs. 3). Alternativ kommt hier wie in anderen Fällen nicht mehr möglicher Vertretung die Bestellung eines Notgeschäftsführers (§ 35 Rn. 76f.) zwecks Bewirkung der Anmeldung in Betracht.[23] Zur Erzwingbarkeit der Anmeldung vgl. § 14 HGB.

2. Verfahren. Die Anmeldung ist **persönlich** oder in **öffentlich beglaubigter** 8 Form (§ 12 Abs. 1 HGB)[24] oder mittels **öffentlich beglaubigter Vollmacht** einzureichen. Außerdem sind die **Urkunden,** die erforderlich sind, um die Korrektheit der Anmeldung zu prüfen, gemäß Abs. 2 im Original oder in öffentlich beglaubigter Abschrift vorzulegen, und zwar beim Gericht des Sitzes der Gesellschaft. In Betracht kommen zB Protokolle einschlägiger Gesellschafterbeschlüsse, eine Sterbeurkunde (im Falle des Ausscheidens durch Tod), ein Schreiben, in dem die Amtsniederlegung erklärt wird, nicht dagegen Kündigungsschreiben der einen oder anderen Partei. Denn die Kündigung des Anstellungsvertrages impliziert nicht notwendigerweise das Ende der Geschäftsführerposition.[25] Bei Beteiligung eines Vertreters an einem eintragungsrelevanten Gesellschafterbeschluss ist im allgemeinen auch dessen Vertretungsmacht nachzuweisen.[26] **Mündliche Erklärungen** müssen, etwa in Form eines Bestätigungsschreibens, schriftlich dokumentiert werden. Dagegen ist die Zeichnung der Unterschrift gemäß Abs. 4 nicht Eintragungsvoraussetzung.[27] Sie ist gegebenenfalls nachträglich gemäß § 14 HGB zu erzwingen. Für **Ausländer** gelten keine Besonderhei-

---

[19] Zur Beschwerdeberechtigung des Geschäftsführers bei Ablehnung der Eintragung BayObLG GmbHR 2000, 87; OLG Köln GmbHR 2001, 923. Zur Rolle des Insolvenzverwalters OLG Köln GmbHR 2001, 923; LG Baden-Baden ZIP 1996, 1352; AG Charlottenburg GmbHR 1996, 620.
[20] KG JW 1938, 3121 für die AG; vgl. auch § 35 Rn. 56ff., § 78 Rn. 11.
[21] Ebenso etwa OLG Zweibrücken GmbHR 1999, 479 mwN; OLG Frankfurt BB 1983, 1561; BayObLG GmbHR 1982, 214; einschränkend LG Köln GmbHR 1998, 183 (dazu *Müller* BB 1998, 329f.); auch *Kießling/Eichele* GmbHR 1999, 1166ff. (für sofortige Amtsniederlegung; zu solchen Fällen auch *Bärwaldt* GmbHR 2001, 290f., wonach die Amtsniederlegung an den Zugang der entsprechenden Anmeldung beim Registergericht gekoppelt werden sollte).
[22] Vgl. OLG Zweibrücken GmbHR 1999, 479; OLG Frankfurt BB 1983, 1561; GmbHR 1993, 738, 739; LG München DNotZ 1980, 678; LG Frankenthal GmbHR 1996, 939; *Hachenburg/Mertens* Rn. 9 je mwN.
[23] Näher *Hachenburg/Mertens* Rn. 9.
[24] Vgl. *Scholz/Schneider* Rn. 15; zur Ermittlung von Notarkosten im zweiten Fall OLG Düsseldorf DB 1988, 1377 mwN; KG NZG 2000, 788 (Anmeldung mehrerer Veränderungen).
[25] Richtig *Scholz/Schneider* Rn. 16; vgl. auch § 38 Rn. 45.
[26] Vgl. OLG Köln WM 1988, 1749; einschränkend OLG Hamm GmbHR 1996, 614 mwN.
[27] *Lutter/Hommelhoff* Rn. 8; anders anscheinend *Scholz/Schneider* Rn. 17. s auch OLG Hamm NZG 2001, 942.

§ 39   3. Abschnitt. Vertretung und Geschäftsführung

ten.[28] Das gilt auch bei Nichterfüllung ausländerrechtlicher Erfordernisse, weil diese für die Wirksamkeit der Bestellung nach zutreffender Auffassung regelmäßig irrelevant sind.[29] Zur **Versicherung gemäß Abs. 3** vgl. § 8 Rn. 15 ff.[30]

9   Die Anmeldung hat auch eine **materiellrechtliche** Bedeutung. Denn sie beinhaltet die Zustimmung aller Unterzeichner mit dem Inhalt der Anmeldung.[31] Bei Beteiligung aller Gesellschafter (als Geschäftsführer) wird die einzutragende Tatsache uU also schon durch die Anmeldung bewiesen.[32]

10 **3. Prüfungspflicht des Gerichts.** Das Gericht ist verpflichtet zu prüfen, ob eine **gesetzlich zulässige** Eintragung begehrt wird und ob die **vorgelegten Urkunden** diese rechtfertigen. Liegt der angemeldeten Tatsache ein Gesellschafterbeschluss zugrunde, so ist auch dessen formelle Gültigkeit zu prüfen.[33]

11 Wo für die Wirksamkeit einer Abberufung oder einer Amtsniederlegung ein **wichtiger Grund** vorauszusetzen ist (dazu § 38 Rn. 9, 33 f.), ist deren Eintragung jedenfalls dann abzulehnen, wenn ein solcher Grund offensichtlich nicht vorliegt.[34] Das gilt nicht, wenn die Abberufung ohne Rücksicht auf das Vorhandensein eines wichtigen Grundes zunächst als wirksam behandelt werden muss.[35] Bei bloßen Zweifeln am Vorliegen eines wichtigen Grundes kann dem Gericht eine abschließende Entscheidung freilich auch in den anderen Fällen nicht abverlangt werden.[36] Ist eine Feststellungsklage vor dem ordentlichen Gericht anhängig, so kommt Aussetzung der Verfügung gemäß § 127 S. 1 FGG in Betracht.[37] Anderenfalls kann einem Beteiligten eine Frist zur Erhebung der Klage bestimmt werden.[38] Zur Wiedereintragung eines Geschäftsführers, dessen Eintragung auf zweifelhafter rechtlicher Grundlage gelöscht wurde, BayObLG DB 1984, 114. Zum ganzen vgl. auch § 9 c Rn. 8 ff.

IV. Österreichisches Recht

12 § 17 ÖGmbHG ordnet im großen und ganzen dasselbe an wie § 39. Ein Gegenstück zu § 39 Abs. 3 fehlt allerdings (vgl. § 8 Rn. 32). Anmeldebefugt sind jetzt auch

---

[28] *Baumbach/Hueck/Zöllner* Rn. 9, 12 mwN; *Meyer-Landrut/Miller/Niehus* Rn. 9; vgl. § 6 Rn. 11.

[29] Dazu zB OLG Düsseldorf GmbHR 1978, 110.

[30] Zu damit zusammenhängenden Problemen bei Bestellung/Abberufung im Ausland *Wolff* ZIP 1995, 1490 ff.

[31] BGH GmbHR 1977, 103, 104; *Baumbach/Hueck/Zöllner* Rn. 15; *Hachenburg/Mertens* 7. Aufl. Rn. 1 mwN.

[32] Vgl. BGH WM 1984, 1605, 1606.

[33] § 54 Rn. 19 ff. mwN; OLG Hamm GmbHR 2001, 920, 921 f.; BayObLG GmbHR 1992, 304 ff.; OLG Köln GmbHR 1990, 82 f.; BayObLG ZIP 2001, 70 für unwirksamen Beschluss; zurückhaltender anscheinend OLG Düsseldorf GmbHR 2001, 243, 244; wie hier *Scholz/Schneider* Rn. 18; ebenso, aber nur für „evident nichtige" Beschlüsse *Baums* S. 51 ff.; zur Prüfung der Vertretungsmacht von beschlussbeteiligten Nichtgesellschaftern OLG Köln WM 1988, 1749 f. Vgl. demgegenüber OLG Hamm GmbHR 1996, 614 mwN: Prüfung der Vertretungsmacht nur bei ernsthaften Zweifeln. S. ferner OLG Zweibrücken GmbHR 2001, 435; BayObLG GmbHR 1996, 441: Amtslöschung, wenn Beschluss inhaltlich gegen zwingendes Recht verstößt und seine Beseitigung im öffentlichen Interesse liegt.

[34] BAYOBLG DB 1981, 2219, 2220; *Hachenburg/Mertens* Rn. 14; *Meyer-Landrut/Miller/Niehus* Rn. 9; *Roth/Altmeppen* Rn. 12; dagegen ferner etwa *Balser/Bokelmann/Piorreck* Rn. 205 f.; *Baums* S. 21 ff., wohl auch OLG Köln GmbHR 1982, 211, 212.

[35] Vgl. § 38 Rn. 2 ff.

[36] Vgl. BGH NJW 1980, 2415, 2417; BB 1983, 210, 211.

[37] OLG Hamm NZG 1999, 452 m. Anm *Schaub*; OLG Köln GmbHR 1982, 211, 213.

[38] § 127 S. 2 FGG; zustimmend *Scholz/Schneider* Rn. 21.

abberufene oder zurückgetretene Geschäftsführer (§ 17 Abs. 2 ÖGmbHG). § 17 Abs. 3 ÖGmbHG enthält eine Regel, die im interessierenden Zusammenhang Ähnliches bewirkt wie § 15 Abs. 3 HGB. Im übrigen ist § 10 Abs. 1 FBG zu beachten, der § 17 ÖGmbHG fast jede eigenständige Bedeutung nimmt.[39]

§ 40 Liste der Gesellschafter

(1) ¹Die Geschäftsführer haben nach jeder Veränderung in den Personen der Gesellschafter oder des Umfangs ihrer Beteiligung unverzüglich eine von ihnen unterschriebene Liste der Gesellschafter, aus welcher Name, Vorname, Geburtsdatum und Wohnort der letzteren sowie ihre Stammeinlagen zu entnehmen sind, zum Handelsregister einzureichen. ²Hat ein Notar einen Vertrag über die Abtretung eines Geschäftsanteils nach § 15 Abs. 3 beurkundet, so hat er diese Abtretung unverzüglich dem Registergericht anzuzeigen.

(2) Geschäftsführer, welche die ihnen nach Absatz 1 obliegende Pflicht verletzen, haften den Gläubigern der Gesellschaft für den daraus entstandenen Schaden als Gesamtschuldner.

Literatur: *Fink* Die Gesellschafterliste – ein antiquiertes Relikt des GmbH-Rechts?, Rpfleger 1988, 456; *Frenz* Das Handelsregisterverfahren nach dem Handelsrechtsreformgesetz – Auswirkungen für die Notarpraxis –, ZNotP 1998, 178; *Gustavus* Die Neuregelungen im Gesellschaftsrecht nach dem Regierungsentwurf eines Handelsrechtsreformgesetzes, GmbHR 1998, 17; ders. Ist die Gesellschafterliste reformierbar? Rpfleger 1992, 6; *ders.* Die Gesellschafterpublizität bei der GmbH, FS Quack, 1991, S. 229; *Haase* § 40 GmbHG – Ein Schutzgesetz i. S. d. § 823 Abs. 2 BGB?, BB 1996, 2309; *Ziegler* Die Liste der GmbH-Gesellschafter – ein Stiefkind im Registerwesen, GmbHR 2000, R 201; *ders.* Überlegungen zur Gesellschafterliste, Rpfleger 1989, 181.

I. Regelungsinhalt und -zweck

Nach § 8 Abs. 1 Nr. 3 ist anlässlich der Erstanmeldung der Gesellschaft eine Liste **1** einzureichen, aus der Name, Vorname, Geburtsdatum und Wohnort der **Gesellschafter** sowie der Betrag der von jedem von ihnen übernommenen Stammeinlage hervorgeht. Aus den Registerakten soll demnach ersichtlich sein, wer mit welchem Stammanteil Gesellschafter der GmbH ist. Wegen der Möglichkeit von Änderungen der Ausgangslage war bisher, genauer: bis zum HRefG von 1998, die jährliche Einreichung einer neuen Liste oder einer Leermeldung vorgeschrieben.[1] Wegen offensichtlicher Unzulänglichkeiten dieser Regelung[2] sind die Geschäftsführer nunmehr verpflichtet, das Registergericht **unverzüglich** über jede einschlägige Änderung zu unterrichten. Abs. 1 S. 2 verbessert den Informationsstand des Registergerichts;[3] Abs. 2 soll zusätzlich gewährleisten, dass die Pflicht nach Abs. 1 S. 1 auch erfüllt wird. Die bisherige Leermeldung ist entfallen. Sie war praktisch ineffektiv und ist jedenfalls im Rahmen des jetzt maßgeblichen Regelungsansatzes auch ganz ohne Sinn.

Der **Zweck** der Bestimmung hat sich im Zeitablauf nicht geändert. Er knüpft an jenen **2** von § 8 Abs. 1 Nr. 3 an (s. dort Rn. 5) und besteht darin, dass sich jedermann (§ 9

---
[39] *Koppensteiner* § 17 Rn. 1.
[1] Vgl. Voraufl. Rn. 1. Zur Entwicklungsgeschichte der geltenden Regelung *Gustavus*, FS Quack, 1991, S. 235 ff.
[2] Zu ihnen BT-Drucks. 13/8444 S. 79; *Gustavus*, FS Quack, 1991, S. 233 f.; *ders.* Rpfleger 1992, 6 f.; *Haase* BB 1996, 2312 ff. mwN.
[3] Dazu BT-Drucks. 13/8444 S. 80. Vgl. auch *Fink* Rpfleger 1988, 457.

§ 40 3. Abschnitt. Vertretung und Geschäftsführung

HGB) über den jeweils aktuellen Gesellschafterbestand und dessen Entwicklung unterrichten kann.[4] Abs. 2 zeigt, dass es dabei um den Schutz der **Gesellschaftsgläubiger** geht.[5]

II. Einreichung der Liste

3 **1. Voraussetzungen.** Tatbestandlich wird vorausgesetzt, dass sich in den Personen der Gesellschafter oder im Umfang ihrer Beteiligung etwas geändert hat. Das trifft in allen Fällen der (teilweisen) Einzel- und Gesamtrechtsnachfolge zu, auch beim Erwerb eigener Anteile durch die GmbH. Ebenso liegt es im Fall der Kapitalerhöhung und zwar auch dann, wenn die Beteiligungsquoten gleich bleiben. Erfasst wird darüber hinaus jede Änderung von Tatsachen, die in der Liste enthalten sein müssen, also solche von Name/Firma oder Wohnort/Sitz.[6] Der früher speziell geregelte Fall der Vereinigung aller Anteile in einer Hand ist nun ohne weiteres Abs. 1 S. 1 zuzuordnen. Eine tatbestandsmäßige Änderung liegt auch bei Untergang des Anteils (Einziehung, Ausschluss der Vererblichkeit) vor. In solchen Fällen ist dennoch die Stammeinlage mit einem entsprechenden Vermerk anzuführen.[7] Anderenfalls wäre unklar, was aus dem Anteil geworden ist. Entsprechendes gilt bei Unwirksamkeit der Übernahme des Stammanteils oder im Zusammenhang der Kaduzierung vor Weiterveräußerung gemäß §§ 22 Abs. 4 oder 23.[8]

4 **2. Rechtsfolgen.** Bei Verwirklichung einer der in Rn. 3 beschriebenen Tatsachen sind die **Geschäftsführer** verpflichtet, eine neue Liste zum **Handelsregister** einzureichen. Die Liste muss – abgesehen von der Möglichkeit unechter Gesamtvertretung[9] – von so viel Geschäftsführern **unterschrieben** sein wie zur Vertretung der Gesellschaft erforderlich sind.[10] § 13c Abs. 1 HGB (Einreichung je eines zusätzlichen Stückes pro Zweigniederlassung) ist zu beachten. Beides gilt auch in der Insolvenz der Gesellschaft.[11]

5 **Inhaltlich** muss die Liste sämtliche Gesellschafter zuzüglich der von Abs. 1 S. 1 geforderten Angaben ausweisen. Hinzu kommen die in Rn. 3 mitgeteilten Vermerke bei Untergang des Anteils oder wenn sein weiteres Schicksal noch offen ist. Über den Rechtsgrund der Änderung braucht nichts gesagt zu werden. Wenn wie im Fall des Erbgangs feststeht, dass ein Gesellschafter ausgeschieden ist, aber noch nicht, wer an seine Stelle getreten ist, genügt es zunächst, den bekannten Sachverhalt mitzuteilen.[12]

6 Die Liste ist **unverzüglich** einzureichen, also dann, wenn die Geschäftsführer (einer von ihnen; vgl. § 35 Rn. 63) sichere Kenntnis von einer tatbestandsmäßigen Änderung erlangen.[13] Bei Unsicherheit über den Erwerber des Anteils darf wohl zugewartet werden, wenn mit alsbaldiger Aufklärung zu rechnen ist.[14] Ist versäumt worden, die Liste

---

[4] Zu den dahinter stehenden praktischen Anliegen *Gustavus*, FS Quack, 1991, S. 229 ff.
[5] Zu einschlägigen Informationsbedürfnissen *Gustavus*, FS Quack, 1991, S. 231 f.
[6] Vgl. *Lutter/Hommelhoff* Rn. 3; *Gustavus* GmbHR 1998, 18 f.; für Namensänderungen auch *Scholz/Schneider* Rn. 10.
[7] Dagegen *Meyer-Landrut/Miller/Niehus* Rn. 3; wie hier *Baumbach/Hueck/Zöllner* Rn. 5; *Scholz/Schneider* Rn. 10; *Hachenburg/Mertens* Rn. 4.
[8] Detaillierter *Hachenburg/Mertens* Rn. 94. Zur Vorgangsweise in Fällen des Abandon (§ 27) zutreffend *Hachenburg/Mertens* Rn. 9 gegen *Scholz/Schneider* Rn. 4.
[9] § 35 Rn. 56 ff.
[10] S. § 39 Rn. 7.
[11] *Lutter/Hommelhoff* Rn. 7; *Baumbach/Hueck/Zöllner* Rn. 8.
[12] *Scholz/Schneider* Rn. 11, 19.
[13] *Scholz/Schneider* Rn. 18 f.
[14] *Scholz/Schneider* Rn. 19.

Liste der Gesellschafter § 40

zeitgerecht einzureichen, muss dies sofort nachgeholt werden. Insgesamt müssen die Registerakten nämlich ein lückenloses Bild der Entwicklung vermitteln.[15]

3. Prüfung durch das Registergericht. Das Registergericht hat zu prüfen, ob die 7 Liste den Anforderungen von Abs. 1 S. 1 entspricht und ob sie bruchlos an die letzte Liste anknüpft. Die inhaltliche Richtigkeit der Liste ist dagegen ebensowenig zu prüfen wie der Rechtsgrund der Veränderung. Das ergibt sich daraus, dass dem Gericht keine insoweit einschlägigen Informationen zur Verfügung gestellt zu werden brauchen. Zweifeln darf aber nachgegangen werden. Eine unrichtige Liste ist zu beanstanden.[16] Ob die Gesellschafter Anspruch auf eine richtige Liste haben, ist umstritten, aber wohl zu bejahen.[17]

III. Anzeigepflicht des Notars

Der (neue) Abs. 1 S. 2 verpflichtet (deutsche) Notare, das Registergericht unverzüg- 8 lich zu informieren, wenn die Abtretung eines Geschäftsanteils nach § 15 Abs. 3 beurkundet wurde. Damit soll das Gericht instand gesetzt werden, für die Einreichung einer korrekten Liste zu sorgen. Obwohl dieser Zweck wegen einer Reihe nicht tatbestandlicher Änderungsmöglichkeiten[18] nicht vollständig realisiert wird, dürften die meisten Fälle doch erfasst sein.[19] Der Notar braucht erst anzuzeigen, wenn er – auftragsgemäß – noch fehlende Wirksamkeitsvoraussetzungen der Abtretung verwirklicht hat.[20]

Hinsichtlich des **Inhalts** der Anzeige ist umstritten, ob der Notar nur die Gesell- 9 schaft oder auch anzugeben hat, von wem an wen der Anteil übertragen wurde. Die zweitgenannte Alternative lässt sich besser begründen. Für sie spricht der Wortlaut und dadurch gewährleistete regelmäßig verbesserte Information des Registergerichts. Dass die Übertragung etwa wegen § 15 Abs. 5 unwirksam sein kann oder weitere Transfers möglich bleiben, kann demgegenüber nicht den Ausschlag geben.[21] Die Urkunde selbst braucht nicht vorgelegt zu werden.[22]

IV. Sanktionen

Die Änderungsmitteilung nach Abs. 1 S. 1 kann über § 14 HGB **erzwungen** wer- 10 den.[23] Das gilt auch bei Einreichung einer unrichtigen Liste. In der Vergangenheit hat sich das Zwangsgeld schon wegen der Uninformiertheit des Registergerichts als stumpfe Waffe erwiesen. Wegen Abs. 1 S. 2 sollte sich dies ändern. Der Notar selbst haftet allerdings nur dann, wenn er Gehilfe des Geschäftsführers iSv. § 830 BGB ist.[24]

---

[15] *Lutter/Hommelhoff* Rn. 6.
[16] *Scholz/Schneider* Rn. 22; *Lutter/Hommelhoff* Rn. 13; *Ziegler* Rpfleger 1989, 183; vgl. auch Rn. 10.
[17] *Hachenburg/Mertens* Rn. 11; *Baumbach/Hueck/Zöllner* Rn. 14; zustimmend OGH ÖRdW 1987, 83, 84. Zu verfahrensrechtlichen Konsequenzen OGH aaO einerseits, BayObLG DB 1985, 1521 = EWiR § 40 GmbHG 1/85, 687 – *Gustavus* andererseits.
[18] Anteilsübertragung im Ausland, Austritt, Einziehung, Gesamtrechtsnachfolge; vgl. *Scholz/Schneider* Rn. 25.
[19] Vgl. BT-Drucks. 8444 S. 80. Kritisch *Gustavus* Rpfleger 1992, 8; *Ziegler* Rpfleger 1989, 182.
[20] Näher *Frenz* ZNotP 1998, 182 f.
[21] Wie hier *Lutter/Hommelhoff* Rn. 11; anders OLG Celle GmbHR 1998, 712; *Scholz/Schneider* Rn. 24 mwN.
[22] *Gustavus* GmbHR 1998, 19.
[23] Zu diesbezüglichen Zweifeln, die aber zutreffend verworfen werden; *Ziegler* GmbHR 2000, R 201.
[24] *Lutter/Hommelhoff* Rn. 12; *Scholz/Schneider* Rn. 27.

§ 41

11 Die früher umstrittene Frage, ob schuldhaft handelnde Geschäftsführer wegen Verletzung der Pflicht nach Abs. 1 S. 1 haften,[25] ist durch Abs. 2 jetzt zugunsten der Gläubiger ausdrücklich entschieden. Als Schaden kommen Suchkosten bei der Ermittlung des richtigen Gesellschafters, Kosten bei der Inanspruchnahme des falschen oder auch Einbußen infolge Verjährung in Betracht.[26] Die Verteilung der **Beweislast** ist analog § 93 Abs. 2 S. 2 AktG zu beurteilen, entspricht also den zu § 43 geltenden Grundsätzen.[27]

V. Österreichisches Recht

12 Nach § 26 Abs. 1 ÖGmbHG haben die Geschäftsführer – nach entsprechendem Nachweis – u. a. den Übergang eines Geschäftsanteils und die Änderung einer Stammeinlage unverzüglich zum Firmenbuch anzumelden. Der Normzweck entspricht jenem von § 40 Abs. 1.[28] § 26 Abs. 2 ÖGmbHG bedroht Pflichtverletzung mit Schadensersatz.[29] Im Unterschied zur deutschen Rechtslage sind Änderungen in Anknüpfung an § 11 ÖGmbHG in das Firmenbuch einzutragen.[30]

§ 41 [Buchführung]

(1) **Die Geschäftsführer sind verpflichtet, für die ordnungsmäßige Buchführung der Gesellschaft zu sorgen.**

(2)–(4) *(aufgehoben)*

Literatur: *Altmeppen* Anm. zu BGH vom 13. 4. 1994, DZWir 1994, 378; *ders.* Die Auswirkungen des KonTraG auf die GmbH, ZGR 1999, 291; Arbeitskreis Externe Unternehmensrechnung der Schmalenbach-Gesellschaft, Interpretation des mit dem Kapitalaufnahmeerleichterungsgesetz (KapAEG) neu in das HGB aufgenommenen § 264 Abs. 3 HGB, DB 1999, 493; *Bäcker* Die Möglichkeiten der Bildung von Festwerten nach dem neuen Bilanzrecht, DStZ 1984, 400; *Baetge/Apelt* Bedeutung und Ermittlung der Grundsätze ordnungsmäßiger Buchführung (GoB), in: Handbuch des Jahresabschlusses (HdJ), Abt. I/2, 2. Aufl. 1992; *Baetge/Schulze* Möglichkeiten der Objektivierung der Lageberichterstattung über „Risiken der künftigen Entwicklung", DB 1998, 937; *Bieg* Buchführungspflichten und Buchführungsvorschriften, in Beck'sches Handbuch der Rechnungslegung, A 100; *Biener/Berneke* Bilanzrichtlinien-Gesetz, Düsseldorf 1986; *Biletzki* Die deliktische Haftung des GmbH-Geschäftsführers für fehlerhafte Buchführung, ZIP 1997, 9; *ders.* Außenhaftung des GmbH-Geschäftsführers, BB 2000, 521; *Bitter/Grashoff* Anwendungsprobleme des Kapitalgesellschaften- und Co-Richtlinie-Gesetzes, DB 2000, 833; *Blumers* Neue handels- und steuerrechtliche Bilanzierungsfristen und die Risiken der neuen Rechtslage, DB 1986, 2033; *Böcking/Orth* Offene Fragen und Systemwidrigkeiten bei den neuen Rechnungslegungs- und Prüfungsvorschriften des KonTraG und des KapAEG, DB 1998, 1873; *dies.* Mehr Kontrolle und Transparenz im Unternehmensbereich durch eine Verbesserung der Qualität der Abschlußprüfung?, BFuP 1999, 418; *Brammsen* Strafbare Untreue des Geschäftsführers bei einverständlicher Schmälerung des GmbH-Vermögens?, DB 1989, 1609; *Brandes* Die Rechtsprechung des BGH zur GmbH, WM 1995, 641; *Bruse/Kunz/Nies/Riemer/Schmitz* Stichprobeninventuren, StBp. 1988, 101; *Buchner* Zur Bestimmung der Höhe des Festwerts bei Gegenständen des abnutzbaren Sachanlagevermögens, BB 1995, 816; *ders.* Die Festwertrechnung in der europäischen Rechnungslegung, BB 1995, 2259; *Budde/Förschle* Sonderbilanzen, 2. Aufl. 1999; *dies.* Ausgewählte Fragen zum Inhalt des Anhangs, DB 1988, 1457; *Budde/Steuber* Jahresabschluß – Was soll die Veranstaltung?, FS Claussen, 1997, S. 583;

---

[25] Vgl. Vorauf. Rn. 2.
[26] Vgl. *Lutter/Hommelhoff* Rn. 9; *Gustavus* GmbHR 1998, 19.
[27] S. dort Rn. 36.
[28] Vgl. *Koppensteiner* § 26 Rn. 3.
[29] Näher dazu *Koppensteiner* § 26 Rn. 13 ff.
[30] Dafür bezüglich der deutschen lex ferenda *Gustavus* Rpfleger 1998, 8 f.

§ 41 Buchführung

Büttner/Wenzel Die Bewertung von Wirtschaftsgütern mit einem Festwert, DB 1992, 1893; *Burkel* Möglichkeiten und Grenzen der Lagerinventur mit Hilfe des Stichprobenverfahrens (Stichprobeninventur), DB 1985, 821; *ders.* Zur Problematik der Lagerinventur mittels Stichprobenverfahren, BB 1987, 29; *Canaris* Schutzgesetze – Verkehrspflichten – Schutzpflichten, FS Larenz, 1983, S. 27; *Castan* Rechtsfolgen bei Verstößen gegen die Rechnungslegungsvorschriften in: Beck'sches Handbuch der Rechnungslegung, D 10; *ders.* Gliederung der Bilanz, in Beck'sches Handbuch der Rechnungslegung, B 200; *Crezelius* Die werdende GmbH – Gesellschaftsrechtliche Grundlagen, bilanz- und steuerrechtliche Konsequenzen, DStR 1987, 743; *ders.* Gewinnermittlung vs. Gewinnverwendung, FS 100 Jahre GmbH-Gesetz, 1992, S. 315; *ders.* Jahresabschlußpublizität bei deutscher Kapitalgesellschaft, ZGR 1999, 252; *Döbel* Leitfaden für die Erstellung des Anhangs bei Kapitalgesellschaften, BB 1987, 512; *Dörner* Der Prognosebericht nach § 289 Abs. 2 Nr. 2 HGB – Überlegungen zur Verminderung der Diskrepanz zwischen Publizitätsanforderungen und Publizitätspraxis, FS Ludewig, 1996, S. 217; *Dörner/Schwegler* Anstehende Änderungen der externen Rechnungslegung sowie deren Prüfung durch den Wirtschaftsprüfer, DB 1998, 285; *Dörner/Wirth* Die Befreiung von Tochter-Kapitalgesellschaften nach § 264 Abs. 3 HGB idF des KapAEG hinsichtlich Inhalt, Prüfung und Offenlegung des Jahresabschlusses, DB 1998, 1525; *Eckmann/Peters* Stichprobeninventur mit dem PC, DB 1990, 1832; *dies.* Durchführung der Stichprobeninventur, DB 1996, 488; *Eckstein* Die zivilrechtliche Verantwortlichkeit für die Rechnungslegung von GmbH und GmbH & Co KG nach dem Bilanzrichtlinie-Gesetz und die Möglichkeiten ihrer Versicherung in Deutschland, Frankfurt/M 1986; *Ekkenga* Gibt es ein „wirtschaftliches Eigentum" im Handelsbilanzrecht?, ZGR 1997, 262; *Erle* Unterzeichnung und Datierung des Jahresabschlusses bei Kapitalgesellschaften, WPg. 1987, 637; *Espey/v. Bitter* Haftungsrisiken des GmbH-Geschäftsführers, Düsseldorf 1990; *Farr* Der Jahresabschluß der kleinen GmbH (Teil II), GmbHR 1996, 185; *ders.* Der Jahresabschluß der mittelgroßen GmbH, GmbHR 1996, 755; *ders.* Inventur und Inventar, in: Handbuch des Jahresabschlusses (HdJ), Abt. II/5, 2. Bearbeitung 1998; *ders.* Checkliste für den Anhang im Jahresabschluß der kleinen GmbH unter Berücksichtigung der Neuerungen des KonTraG, KapAEG und EuroEG sowie Ausblick auf das KapCoRiLiG, GmbHR 1999, 1080; *Fey* Die Angabe bestehender Zweigniederlassungen im Lagebericht nach § 289 Abs. 2 Nr. 4 HGB, DB 1994, 485; *Fleischer* Unterbilanzhaftung und Unternehmensbewertung, GmbHR 1999, 752; *Fuhrmann* Die Bedeutung des „faktischen Organs" in der strafrechtlichen Rechtsprechung des Bundesgerichtshofs, FS Tröndle, 1989, S. 139; *Gans/Quick* Inventurvereinfachungen: Vor- oder nachverlegte Inventur, permanente Inventur, DStR 1995, 306; *dies.* Inventurvereinfachungen, insbesondere das Sequentialtestverfahren, DStR 1995, 1162; *Geitzhaus/Delp* Arbeitnehmerbegriff und Bilanzrichtlinien-Gesetz, BB 1987, 367; *Geßler* Nichtigkeit und Anfechtung des GmbH-Jahresabschlusses nach dem Bilanzrichtlinien-Gesetz, FS Goerdeler, 1987, S. 127; *Glade* Praxishandbuch der Rechnungslegung und Prüfung, 2. Aufl. 1995; *Goebel/Fuchs* Rechnungslegung nach den International Accounting Standards vor dem Hintergrund des deutschen Rechnungslegungsrechts für Kapitalgesellschaften, DStR 1994, 874; *Goebel/Ley* Die Auswirkungen der Investor Relations auf die Gestaltung des handelsrechtlichen Jahresabschlusses, DStR 1993, 1679; *Göhner* Zur Anwendung der neuen Größenklassenkriterien nach dem Gesetzentwurf der Bundesregierung zum KapCoRiLiG, BB 1999, 1914; *Groh* Das werdende Bilanzrecht in steuerlicher Sicht, DB 1985, 1849; *Gramich* Die Strafvorschriften des Bilanzrichtliniengesetzes, wistra 1987, 157; *Gribbohm* Untreue zum Nachteil der GmbH, ZGR 1990, 1; *Groß* Deliktische Außenhaftung des GmbH-Geschäftsführers, ZGR 1998, 551; *Guthrod* Vom Gewinnbezugsrecht zum Gewinnanspruch des GmbH-Gesellschafters, GmbHR 1995, 551; *Habersack/Lüssow* Vorbelastungshaftung, Vorbelastungsbilanz und Unternehmensbewertung, NZG 1999, 629; *Hahnefeld* Neue Regelungen zur Offenlegung bei Zweigniederlassungen, DStR 1993, 1596; *Harmann* Anwendung der Festbewertung, BB 1991, 303; *Hartmann* Das neue Bilanzrecht und der Gesellschaftsvertrag der GmbH, Köln 1986; *Hennrichs* Der steuerrechtliche sog. Maßgeblichkeitsgrundsatz gem. § 5 EStG, StuW 1999, 138; *ders.* Vorbelastungshaftung und Unternehmensbewertung nach der Ertragswertmethode, ZGR 1999, 837; *Hinz* Zweck und Inhalt des Jahresabschlusses und Lageberichts, in Beck'sches Handbuch der Rechnungslegung, B 100; *Hölzli* Buchführungssysteme, in Beck'sches Handbuch der Rechnungslegung, A 120; *ders.* Kontenrahmen, in: Beck'sches Handbuch der Rechnungslegung, A 130; *Hommelhoff/Priester* Bilanzrichtliniengesetz und GmbH-Satzung, ZGR 1986, 463; *Hossfeld* Ein Vergleich ausgewählter Bilanzierungsgrundsätze in Deutschland und Frankreich, BB 1996, 1707; *Hüttche* Zur Rechnungslegung der gemeinnützigen GmbH, GmbHR 1997, 1095; *Jansen* Die Sanktionen der Publizitätsverweigerung nach dem Kapitalgesellschaften- und Co-Richtlinie-Gesetz, DStR 2000, 596; *Janz/Schülen* Der Anhang als Teil des Jahresabschlusses und des Konzernabschlusses, WPg. 1986, 57; *Jaspers* Stichprobeninventur in der Praxis: Planung, Durchführung, Dokumentation und Nachprüfung, StBp. 1995, 176, 197; *ders.* Durchführung der Stichprobeninventur, DB 1995, 985; *ders.* Zeitlich verlegte Stichtags- und permanente Stichprobeninventur, BB 1996, 45; *Joswig* Der Stichtag der Gründungsbilanz von Kapitalgesellschaften, DStR 1996, 1907; *Jula* Die Haftung von GmbH-Geschäftsführern und Aufsichtsräten, Berlin/Heidelberg 1998; *Kaiser* Der Lagebericht als Bestandteil der Rechenschaftslegung gegenüber Minderheitsaktionären in Mutter- und Tochterunternehmen, FS Budde, 1995, S. 327; *Klatte* Möglichkeiten des Ver-

§ 41 3. Abschnitt. Vertretung und Geschäftsführung

zichts auf Angabe von Organbezügen und Ergebnisverwendung, BB 1995, 35; *Kohlmann* Die strafrechtliche Verantwortlichkeit des GmbH-Geschäftsführers, 1990; *Kort* Die Eigenhaftung des GmbH-Geschäftsführers gegenüber privatrechtlichen Dritten, DB 1990, 921; *Krawitz* Zur Prüfung des Lageberichts nach neuem Recht, WPg. 1988, 225; *Kropp/Sauerwein* Bedeutung des Aufstellungszeitpunktes für die Rückwirkung der neuen Größenklassenkriterien des § 267 HGB, DStR 1995, 70; *Küting/Hütten* Die Lageberichterstattung über Risiken der künftigen Entwicklung, AG 1997, 250; *Kuhn* Die Berichterstattung über Forschung und Entwicklung im Lagebericht, DStR 1993, 491; *Kunz/Mundt* Rechnungslegungspflichten in der Insolvenz (Teil I), DStR 1997, 620; *Kupsch* Der Anhang, in: *v. Wysocki/Schulze-Osterloh* (Hrsg.), Handbuch des Jahresabschlusses in Einzeldarstellungen (HdJ) IV/4, 2. Bearbeitung 1998; *Kupsch/Achtert* Der Grundsatz der Bewertungseinheitlichkeit in Handels- und Steuerbilanz, BB 1997, 1403; *Lange* Grundsätzliche und unbegrenzte Pflicht zur Berichterstattung im Lagebericht?, BB 1999, 2447; *Lehwald* Die Zahl der Beschäftigten als Abgrenzungsmerkmal im Entwurf eines Bilanzrichtlinie-Gesetzes, BB 1981, 2107; *Liebs* Die Anpassung des Gesellschaftsvertrags der GmbH an das Bilanzrichtlinien-Gesetz, DB 1986, 2421; *Löffeler* Strafrechtliche Konsequenzen faktischer Geschäftsführung, wistra 1989, 121; *Lück* Internes Überwachungssystem (IÜS), WPK-Mitt. 1998, 182; *Lutter* Haftungsrisiken des Geschäftsführers einer GmbH, GmbHR 1997, 329; *Lutz* Der Gegenstand der Aktivierung und seine Zurechnung im Handels- und Steuerrecht, in: *v. Wysocki/Schulze-Osterloh* (Hrsg.), Handbuch des Jahresabschlusses in Einzeldarstellungen (HdJ) I/4, 2. Bearbeitung 1998; *Meister* Zur Vorbelastungsproblematik und zur Haftungsverfassung der Vorgesellschaft bei der GmbH, FS Werner, 1984, S. 521; *Moxter* Die Vorschriften zur Rechnungslegung und Abschlußprüfung im Referentenentwurf eines Gesetzes zur Kontrolle und Transparenz im Unternehmensbereich, BB 1997, 722; *Eberhard Müller* Einführung und rechtliche Grundlagen des Lageberichts in: Beck'sches Handbuch der Rechnungslegung, B 500; *ders.* Inhalt des Lageberichts in: Beck'sches Handbuch der Rechnungslegung, B 510; *Nonnenmacher* Abschlußprüfung und wirtschaftliche Lage des Unternehmens, FS Clemm, 1996, S. 261; *Ohlf* Die bildliche Übereinstimmung nach Handels- und Steuerrecht, BB 1995, 1787; *Ordelheide/Hartle* Rechnungslegung und Gewinnermittlung von Kapitalgesellschaften nach dem Bilanzrichtlinien-Gesetz (I), GmbHR 1986, 9; *Osbahr* Offenlegung und Veröffentlichung des Jahresabschlusses in: Beck'sches Handbuch der Rechnungslegung, B 610; *Ossadnik* Die Darstellung der Finanzlage im Jahresabschluß der Kapitalgesellschaft, BB 1990, 813; *ders.* Wesentlichkeit als Bestimmungsfaktor für Angabepflichten in Jahresabschluß und Lagebericht, BB 1993, 1763; *Pfitzer/Wirth* Die Änderungen des Handelsgesetzbuchs, DB 1994, 1937; *Plagens* Standardisierung der Jahresabschlußerstellung (Teil I), DStR 1993, 1874; *Pößl* Der Grundsatz der zeitgerechten Erfassung, WPg. 1988, 559; *Pohl* Strafbarkeit nach § 283 Abs. 1 Nr. 7 b StGB auch bei Unvermögen zur Bilanzaufstellung?, wistra 1996, 14; *Pooten* Einzelbewertungsgrundsatz und erstmalige Festbewertung von Neubeständen des abnutzbaren Sachanlagevermögens, BB 1996, 839; *Priester* Die Unversehrtheit des Stammkapitals bei Eintragung der GmbH – ein notwendiger Grundsatz?, ZIP 1982, 1142; *ders.* Einheitsbilanzklauseln im GmbH-Vertrag, FS Heinsius, 1991, S. 621; *ders.* Gesellschafterdarlehen in der Vorbelastungsbilanz, ZIP 1994, 413; *Quick* Aufnahmeplan und Inventuranweisungen, BB 1991, 723; *Ransiek* Zur deliktischen Eigenhaftung des GmbH-Geschäftsführers, ZGR 1992, 203; *Reittinger* Der Lagebericht, in: *v. Wysocki/Schulze-Osterloh* (Hrsg.), Handbuch des Jahresabschlusses in Einzeldarstellungen (HdJ) IV/3, 1994; *Remme/Theile* Die Auswirkungen von „KonTraG" und „KapAEG" auf die GmbH, GmbHR 1998, 909; *Renkl* Gewinnverwendungsverfassung und Abschlußprüfung in der GmbH, GmbHR 1989, 66; *Hans Richter* Der Konkurs der GmbH aus der Sicht der Strafrechtspraxis (II), GmbHR 1984, 137; *Rodewald* Der maßgebliche Zeitpunkt für die Aufstellung von GmbH-Eröffnungsbilanzen, BB 1993, 1693; *Salje* Anm. zu BGH II ZR 190/97 vom 9. 11. 1998, NZG 1999, 209; *Sarx* Bilanzierungsfragen im Rahmen einer Gründungsbilanz/Eröffnungsbilanz, DStR 1991, 692, 724; *Schäfer* Die Verletzung der Buchführungspflicht in der Rechtsprechung des BGH, wistra 1986, 200; *Scheffler* Neue Vorschriften zur Rechnungslegung, Prüfung und Offenlegung nach dem Kapitalgesellschaften & Co.-Richtlinie-Gesetz, DStR 2000, 529; *Schindler/Rabenhorst* Auswirkungen des KonTraG auf die Abschlußprüfung (Teil I), BB 1998, 1886; *Schloen* Lagebericht und Unternehmenspotential, DB 1988, 1661; *K. Schmidt* Zur Durchgriffsfestigkeit der GmbH, ZIP 1994, 837; *ders.* Insolvenzordnung und Gesellschaftsrecht, ZGR 1998, 633; *Schülen* Allgemeines zum Anhang, in: Beck'sches Handbuch der Rechnungslegung, B 400; *ders.* Grundsätze für den Inhalt des Anhangs, in: Beck'sches Handbuch der Rechnungslegung, B 410; *ders.* Die Aufstellung des Anhangs, WPg. 1987, 223; *Schulte* Inhalt und Gliederung des Anhangs, BB 1986, 1468; *Schulze-Osterloh* Jahresabschluß, Abschlußprüfung und Publizität der Kapitalgesellschaften nach dem Bilanzrichtlinien-Gesetz, ZHR 150 (1986), 532; *ders.* Die Vorbelastungsbilanz der GmbH auf den Eintragungszeitpunkt und der Ausweis des Anspruchs aus der Vorbelastungshaftung im Jahresabschluß, FS Goerdeler, 1987, S. 531; *ders.* Deutsches Bilanzrecht und Ertragsteuerrecht vor dem Europäischen Gerichtshof, DStZ 1997, 281; *Selchert/Karsten* Inhalt und Gliederung des Anhangs, BB 1995, 1889; *Sieger/Hasselbach* Die Haftung des GmbH-Geschäftsführers bei Unternehmenskäufen, GmbHR 1998, 957; *Siegmann/Vogel* Die Verantwortlichkeit des Strohmanngeschäftsführers einer GmbH, ZIP 1994, 1821; *Siepe/Husemann/Borges* Ist das Index-Verfahren mit den Grundsätzen ordnungsmäßiger Buchführung vereinbar?, WPg. 1995, 365; *Stapelfeld* Die Haftung des

GmbH-Geschäftsführers für Fehlverhalten in der Gesellschaftskrise, Köln 1990; *ders.* Außenhaftung des Geschäftsführers bei Verletzung der Buchführungspflicht, GmbHR 1991, 94; *Stobbe* Der Lagebericht, BB 1988, 303; *Streim* Zum Stellenwert des Lageberichts im System der handelsrechtlichen Rechnungslegung, FS Schneider, 1995, S. 703; *Strieder* Der Lagebericht bei Kapitalgesellschaften und Genossenschaften – insbesondere seine Unterzeichnung, DB 1998, 1677; *Strieder/Habel* Rationalisierung der permanenten Inventur, DB 1996, 1836; *Strobel* Die Neuerungen des KapCoRiLiG für den Einzel- und Konzernabschluss, DB 2000, 53; *Sudhoff/Sudhoff* Rechte und Pflichten des Geschäftsführers einer GmbH und einer GmbH & Co., 14. Aufl. 1994; *Tiedchen* Der Vermögensgegenstand im Handelsbilanzrecht, Köln 1991; *dies.* Posten der aktiven und passiven Rechnungsabgrenzung, in: *v. Wysocki/Schulze-Osterloh* (Hrsg.), Handbuch des Jahresabschlusses in Einzeldarstellungen (HdJ) II/8, 2. Neubearbeitung 1997; *Trappmann* Archivierung von Geschäftsunterlagen, DB 1989, 1482; *ders.* Bewertungsvereinfachungsverfahren für Grundstücke zulässig?, DB 1996, 391; *Uhlig* Grundsätze für die Erstellung des Inventars (Bestandsverzeichnisses), in Beck'sches Handbuch der Rechnungslegung, A 210; *ders.* Vorratsinventur, in: Beck'sches Handbuch der Rechnungslegung, A 220; *ders.* Inventur für andere Vermögensgegenstände und Schulden, in: Beck'sches Handbuch der Rechnungslegung, A 230; *Veit* Zur Bedeutung formeller Bilanzpolitik, DB 1994, 2509; *ders.* Funktion und Aufbau des Berichts zu Zweigniederlassungen, BB 1997, 461; *Weiland* Bestätigungsvermerk oder Bescheinigung durch den Steuerberater bei freiwilliger oder vertraglicher Jahresabschlußprüfung, DStR 1996, 717; *Weimar* Grundprobleme und offene Fragen um den faktischen GmbH-Geschäftsführer (I), GmbHR 1997, 473; *Graf v. Westphalen* Einsatz von optischen Speicherplatten in der Buchführung, DB 1989, 742; *Winnefeld* Bilanz-Handbuch, 2. Aufl. 1999; *Winter* Aktivierungsfähigkeit von Finanzderivaten, BB 1996, 2083; *Wolfsteiner* Für welche Differenz haften die Gründer?, FS Helmrich, 1994, S. 755; *Zepf* Buchführungssysteme und Grundsätze ordnungsmäßiger Buchführung, in: Handbuch des Jahresabschlusses (HdJ), Abt. I/3, 2. Bearb. 1998; *Zöllner/Loritz* Arbeitsrecht, 5. Aufl. 1998.

Übersicht

	Rn.		Rn.
I. Normzweck	1	c) Anzahl der Arbeitnehmer im Jahresdurchschnitt	33
II. Verpflichtete	2–6	3. Kleine GmbH	34
1. Geschäftsführer	2–4	4. Mittelgroße GmbH	35
2. Liquidatoren	5	5. Große GmbH	36
3. Insolvenzverwalter	6	**V. Buchführungspflicht**	37–65
III. Verantwortlichkeit der Geschäftsführer	7–29	1. Allgemeines	37–40
1. Sorgepflicht	7–9	2. Beginn der Buchführungspflicht	41, 42
2. Durchsetzung	10, 11	3. Ende der Buchführungspflicht	43
3. Haftung	12–16	4. Inhalt der Buchführungspflicht	44–65
a) Gegenüber der GmbH	12	a) Allgemeines	44
b) Gegenüber Dritten	13–16	b) Führung der Handelsbücher und sonstigen Aufzeichnungen	45–64
4. Sanktionen	17–29	aa) Allgemeines	45–54
a) Abberufung des Geschäftsführers und fristlose Kündigung des Anstellungsvertrages	17	bb) Doppelte Buchführung	55
		cc) Buchführungssysteme	56–63
b) Festsetzung eines Ordnungsgeldes	18	dd) Buchführung außer Haus	64
c) Ordnungswidrigkeit	19, 20	c) Aufbewahrungspflicht	65
d) Strafbarkeit	21–27	**VI. Inventar**	66–90
aa) § 331 HGB	21–23	1. Begriff und Inhalt	66–69
bb) §§ 283, 283a, 283b StGB	24–26	2. Funktion	70
cc) § 266 StGB	27	3. Eröffnungsinventar und Jahresinventar	71
e) Steuerliche Haftung	28, 29	4. Inventur	72–74
IV. Größenklassen	30–36	5. Inventurverfahren und Bewertungsvereinfachungsverfahren	75–89
1. Allgemeines	30	a) Stichtagsinventur	75
2. Bestimmung der Merkmale	31–33	b) Ausgeweitete Stichtagsinventur	76
a) Bilanzsumme	31		
b) Umsatzerlöse in den zwölf Monaten vor dem Abschlussstichtag	32		

	Rn.		Rn.
c) Vor- oder nachverlegte Stichtagsinventur	77	5. Unterzeichnung	135
d) Permanente Inventur	78	6. Aufstellungsfrist	136
e) Stichprobeninventur	79, 80	7. Aufbewahrungspflicht	137
f) Festwertverfahren	81–85	8. Prüfung; Feststellung; Offenlegung	138
g) Gruppenbewertung	86–89	**XI. Offenlegung; Veröffentlichung und Vervielfältigung**	139–154
6. Aufbewahrungspflicht	90	1. Offenlegung	139–153
VII. Eröffnungsbilanz	91–99	a) Allgemeines	139
1. Allgemeines	91	b) Große Gesellschaften	140–142
2. Stichtag	92, 93	aa) Offenzulegende Unterlagen	140
3. Zweck	94	bb) Art der Offenlegung	141
4. Zuständigkeit	95	cc) Offenlegungsfrist	142
5. Anwendbare Vorschriften	96	c) Mittelgroße Gesellschaften	143–145
6. Aufstellungsfrist	97	aa) Offenzulegende Unterlagen	143
7. Aufbewahrungspflicht	98	bb) Art der Offenlegung	144
8. Prüfung; Feststellung; Offenlegung	99	cc) Offenlegungsfrist	145
VIII. Vorbelastungsbilanz	100–107	d) Kleine Gesellschaften	146, 147
1. Allgemeines	100	aa) Offenzulegende Unterlagen	146
2. Zweck	101	bb) Art der Offenlegung; Offenlegungsfrist	147
3. Ansatz und Bewertung	102–105	e) Kreditinstitute und Finanzdienstleistungsinstitute	148
4. Zuständigkeit; Feststellung	106	f) Gesellschaften, die einen Konzernabschluss aufzustellen haben	149
5. Aufstellungsfrist	107	g) Erleichterungen für Tochtergesellschaften	150
IX. Jahresabschluss	108–126	h) Prüfung durch das Registergericht	151, 152
1. Allgemeines	108–110	aa) Eingereichte Unterlagen	151
2. Zweck	111	bb) Inanspruchnahme größenabhängiger Erleichterungen	152
3. Zuständigkeit	112	i) Sanktionen	153
4. Unterzeichnung	113	2. Veröffentlichung und Vervielfältigung	154
5. Aufstellungsfrist	114	**XII. Aufbewahrungspflicht**	155–158
6. Aufbewahrungspflicht	115	**XIII. Einrichtung eines Überwachungssystems**	159
7. Feststellung; Prüfung; Offenlegung	116	**XIV. Rechenschaftsbericht**	160
8. Erleichterungen für Tochtergesellschaften	117	**XV. Österreichisches Recht**	161–165
9. Die einzelnen Bestandteile des Jahresabschlusses	118–126		
a) Jahresbilanz	118–121		
b) Gewinn- und Verlustrechnung	122, 123		
c) Anhang	124–126		
X. Lagebericht	127–138		
1. Allgemeines	127, 128		
2. Zweck	129		
3. Zuständigkeit	130		
4. Inhalt	131–134		

I. Normzweck

1 Die GmbH gilt gemäß § 13 Abs. 3 GmbHG als **Handelsgesellschaft** im Sinne des Handelsgesetzbuchs. Damit unterliegt sie gemäß § 6 Abs. 1 HGB unabhängig von ihrem Unternehmensgegenstand den für Kaufleute geltenden Vorschriften. Zu diesen gehören die §§ 238 ff. HGB über die **Führung der Handelsbücher**. Die allgemeinen, für alle Kaufleute geltenden Vorschriften in den §§ 238 ff. HGB werden dabei ergänzt durch die Vorschriften für Kapitalgesellschaften in den §§ 264 ff. HGB sowie durch die besonderen Vorschriften für die GmbH in §§ 42, 42a GmbHG. Die danach bestehende handelsrechtliche Buchführungspflicht der GmbH ist eine **öffentlich-**

rechtliche Pflicht.[1] Sie besteht im öffentlichen Interesse und kann daher weder ausgeschlossen noch beschränkt werden.[2] Allerdings kann der Gesellschaftsvertrag[3] **ergänzende Bestimmungen** vorsehen, zB die Erstellung eines Rechenschafts- oder Geschäftsberichts (Rn. 160). Zweck des § 41 ist die **Bestimmung der Zuständigkeit** für die nach den oben genannten Regelungen bestehende Buchführungspflicht.[4] Er legt den Geschäftsführern der GmbH zwar nicht die Pflicht zur Führung der Bücher selbst, wohl aber die Sorgepflicht für die ordnungsmäßige Buchführung der Gesellschaft auf.

II. Verpflichtete

1. **Geschäftsführer.** Die Pflicht nach § 41 trifft in erster Linie den oder die nach den allgemeine Regeln des GmbHG **bestellten Geschäftsführer**.[5] War die Bestellung eines Geschäftsführers unwirksam oder fehlt es an einem Bestellungsakt, so besteht die Pflicht nach § 41 gleichwohl, wenn der unwirksam oder nicht Bestellte tatsächlich Geschäftsführungsaufgaben wahrnimmt (**„faktischer Geschäftsführer"**).[6] Faktische Geschäftsführer sind der GmbH gegenüber grds. ebenso wie ordnungsmäßig bestellte Geschäftsführer gemäß § 43 Abs. 1 zur Anwendung der Sorgfalt eines ordentlichen Geschäftsmannes verpflichtet und haften der GmbH bei Verletzung dieser Pflicht nach § 43 Abs. 2.[7] Soweit eine Verantwortlichkeit nach § 43 GmbHG besteht, ist kein Grund ersichtlich, die betreffende Person von der sich aus § 41 ergebenden Verpflichtung auszunehmen. Unterschiede ergeben sich jedoch bei der strafrechtlichen Verantwortlichkeit sowie im Bereich der Ordnungswidrigkeiten. Hier können nur solche Geschäftsführer in Anspruch genommen werden, bei denen ein – wenn auch uU unwirksamer – Bestellungsakt vorliegt.[8]

Jeder **einzelne Geschäftsführer** ist verpflichtet, für die Erfüllung der Buchführungspflicht der GmbH zu sorgen.[9] Es kommt nicht darauf an, ob der einzelne Geschäftsführer hinreichende Kenntnisse und Fähigkeiten hinsichtlich der Buchführung hat.[10] Wer die Stellung eines Geschäftsführers einer GmbH übernimmt, muss sich mit den damit verknüpften Pflichten vertraut machen und sie übernehmen. Fühlt er sich den Pflichten aufgrund seiner Fähigkeiten nicht gewachsen, darf er die Position nicht annehmen bzw. muss sie niederlegen.

Es ist allerdings nicht zu beanstanden, wenn die Geschäftsführer die Erfüllung der Buchführungspflicht im Rahmen der **Ressortverteilung** einem aus ihrem Kreis über-

---

[1] RGSt. 13, 235, 237; *Adler/Düring/Schmaltz* § 238 HGB Rn. 2; *Baumbach/Hueck/Schulze-Osterloh* Rn. 1; *Crezelius* ZGR 1999, 252, 255 ff.; *Scholz/Crezelius* Rn. 3; *Gribbohm* ZGR 1990, 1, 15; *Hommelhoff/Priester* ZGR 1986, 463, 465; *Priester*, FS Heinsius, 1991, S. 621, 626; aA Kölner KommHGB/*Claussen* § 238 Rn. 6.
[2] *Baumbach/Hueck/Schulze-Osterloh* Rn. 2; *Hachenburg/Mertens* Rn. 2; Beck'sches HdB GmbH/*Langseder* § 9 Rn. 2; *Lutter/Hommelhoff* Rn. 2; *Scholz/Crezelius* Rn. 3; *Hommelhoff/Priester* ZGR 1986, 461, 463.
[3] Zur Frage, welche Bestimmungen in diesem Bereich zweckmäßigerweise im Gesellschaftsvertrag zu regeln sind, *Hommelhoff/Priester* ZGR 1986, 463 ff.
[4] *Scholz/Crezelius* Rn. 4; *Stapelfeld* GmbHR 1991, 94, 95.
[5] *Baumbach/Hueck/Schulze-Osterloh* Rn. 20; *Scholz/Crezelius* Rn. 4.
[6] *Baumbach/Hueck/Schulze-Osterloh* Rn. 20; *Scholz/Crezelius* Rn. 4; zum Begriff des faktischen Geschäftsführers *Weimar* GmbHR 1997, 473, 474 ff.
[7] Vgl. § 43 Rn. 51.
[8] Dazu Rn. 25 für Straftatbestände und Rn. 20 für Ordnungswidrigkeiten.
[9] BGH NJW 1986, 54, 55 = DB 1985, 2291, 2292; *Hommelhoff/Priester* ZGR 1986, 463, 466 m. Fn. 10; *Stapelfeld* GmbHR 1991, 94, 95.
[10] *Scholz/Crezelius* Rn. 7; *Stapelfeld* GmbHR 1991, 94, 95.

tragen.[11] An die **Auswahl** des zuständigen Geschäftsführers sind die allgemeinen Anforderungen an die Sorgfaltspflicht zu stellen, d.h. es muss sich um einen Geschäftsführer handeln, der die Fähigkeit zur ordnungsmäßigen Erfüllung der übertragenen Aufgabe hat.[12] Die anderen Geschäftsführer haben in diesem Fall aber weiterhin die Pflicht, den mit der Buchführung beauftragten Geschäftsführer zu **überwachen**.[13] Sie müssen sich laufend darüber informieren, dass die Buchführungspflicht der Gesellschaft erfüllt wird.[14] Ergeben sich Anhaltspunkte dafür, dass dies nicht der Fall ist, müssen sie geeignete Maßnahmen ergreifen, um allfällige Mängel abzustellen.[15] Werden den anderen Geschäftsführern die für die entsprechende Kontrolle notwendigen Informationen vorenthalten, so haben sie das Recht, aus wichtigem Grund zu kündigen.[16]

5   **2. Liquidatoren.** Während der **Liquidation** trifft die Verpflichtung nach § 41 gemäß § 71 Abs. 4 die Liquidatoren. Dazu und zu den weiteren Rechnungslegungspflichten vgl. § 71.

6   **3. Insolvenzverwalter.** Mit **Eröffnung des Insolvenzverfahrens** hat der Insolvenzverwalter die Pflicht aus § 41 zu erfüllen. Dies stellt die Insolvenzordnung nunmehr in § 155 Abs. 1 S. 2 – deutlicher als zuvor die Konkursordnung – klar;[17] für den Konkursverwalter war die Rechtslage jedoch nicht anders.[18] Auch der Insolvenzverwalter ist jedoch nicht höchstpersönlich zur Erfüllung der Buchführungspflicht verpflichtet, sondern kann sich beispielsweise eines Steuerberaters bedienen.[19]

III. Verantwortlichkeit der Geschäftsführer

7   **1. Sorgepflicht.** Die Geschäftsführer haben die Pflicht, für die ordnungsmäßige Buchführung der Gesellschaft zu sorgen. Das bedeutet, dass sie – bzw. der nach der internen Geschäftsverteilung für die Erfüllung der Buchführungspflicht zuständige Geschäftsführer (Rn. 4) – die Buchführung nicht selbst erstellen, sondern lediglich dafür **Sorge tragen** müssen, dass diese Aufgabe erfüllt wird. Die Führung der Bücher selbst

---

[11] BGH ZIP 1995, 1334, 1336 = DStR 1995, 1639, 1640 m. Anm. *Goette*; Beck'sches HdB Rechnungslegung/*Castan* D 10 Rn. 5; *Baumbach/Hueck/Schulze-Osterloh* Rn. 23; *Biletzki* ZIP 1997, 9, 10; *Hartmann* Das neue Bilanzrecht und der Gesellschaftsvertrag der GmbH, S. 20; Beck'sches HdB GmbH/*Langseder* § 9 Rn. 2; *Lutter/Hommelhoff* Rn. 3; *Scholz/Crezelius* Rn. 5; *Stapelfeld* GmbHR 1991, 94, 95.

[12] BGH ZIP 1995, 1334, 1336 = DStR 1995, 1639, 1640 m. Anm. *Goette*; *Hachenburg/Mertens* Rn. 3; *Biletzki* ZIP 1997, 9, 10; *Stapelfeld* GmbHR 1991, 94, 95.

[13] BGH NJW 1986, 54, 55 = DB 1985, 2291, 2292; BGH ZIP 1995, 1334, 1336 = DStR 1995, 1639, 1640 m. Anm. *Goette*; Beck'sches HdB Rechnungslegung/*Castan* D 10 Rn. 5; *Baumbach/Hueck/Schulze-Osterloh* Rn. 24; *Biletzki* ZIP 1997, 9, 10; *Hachenburg/Mertens* Rn. 3; *Hartmann* (Fn. 11) S. 20; *Hommelhoff/Priester* ZGR 1986, 463, 466; Beck'sches HdB GmbH/*Langseder* § 9 Rn. 2; *Lutter/Hommelhoff* Rn. 3; *Stapelfeld* GmbHR 1991, 94, 95.

[14] BGH ZIP 1995, 1334, 1336 = DStR 1995, 1639, 1640 m. Anm. *Goette*.

[15] BGH NJW 1986, 54, 55 = DB 1985, 2291, 2292; *Lutter/Hommelhoff* Rn. 3; *Stapelfeld* GmbHR 1991, 94, 95.

[16] BGH ZIP 1995, 1334, 1336 = DStR 1995, 1639, 1640 m. Anm. *Goette*; *Baumbach/Hueck/Schulze-Osterloh* Rn. 23; *Hachenburg/Mertens* Rn. 3; *Lutter/Hommelhoff* Rn. 3.

[17] Dazu *K. Schmidt* ZGR 1998, 633, 647f.

[18] Vgl. KG Berlin GmbHR 1997, 897, 898 = DB 1997, 1708, 1709; Beck'sches HdB GmbH/*Langseder* § 9 Rn. 2.

[19] *Kunz/Mundt* DStR 1997, 620, 624.

kann durch **Mitarbeiter der GmbH** oder durch **externe Beauftragte** (Buchführungsgesellschaft, Steuerberater etc.) übernommen werden.[20]

Die Sorgepflicht der Geschäftsführer – bzw. des oder der in erster Linie für die Erfüllung der Buchführungspflicht zuständigen Geschäftsführer – besteht in diesem Fall darin, die mit der Führung der Bücher beauftragten Personen sorgfältig auszuwählen, anzuleiten und zu überwachen.[21] Hinsichtlich der **Art und des Umfangs der Überwachung** lassen sich kaum allgemeingültige Aussagen treffen; sie hängen entscheidend von den Umständen des Einzelfalles, wie etwa der Größe der GmbH und der Qualifikation des Beauftragten, ab. Die jährliche Prüfung durch den Abschlussprüfer nach § 317 Abs. 1 S. 1 HGB ist allerdings keinesfalls geeignet, eigenverantwortliche Überwachungsmaßnahmen der Geschäftsführer zu ersetzen.[22]

Die mit der Führung der Bücher beauftragten Personen sind keine **Erfüllungsgehilfen** iS des § 278 BGB,[23] da in diesem Fall ihr Verschulden den Geschäftsführern wie eigenes Verschulden zugerechnet werden würde. Für Fehler der beauftragten Personen sind die Geschäftsführer vielmehr nach den Grundsätzen des **Organisationsverschuldens** im allgemeinen Deliktsrecht verantwortlich.[24]

2. Durchsetzung. Die **Gesellschafterversammlung** kann den oder die Geschäftsführer mittels ihres nach § 37 bestehenden **Weisungsrechts** zur Erfüllung der Pflicht nach § 41 anhalten.[25] Die Minderheit in der Gesellschafterversammlung kann die Erfüllung der Pflicht uU im Wege der **actio pro socio** durchsetzen.[26] Dies gilt auch für allfällige – von der Verpflichtung nach § 41 selbst nicht erfasste[27] – ergänzende Bestimmungen, die der Gesellschaftsvertrag vorsieht (Rn. 1).

Auf Antrag kann der Geschäftsführer gemäß **§ 335 HGB** idF des KapCoRiLiG[28] durch die Festsetzung eines **Zwangsgeldes** von – ggf. wiederholt – bis zu 5 000 € vom **Registergericht** dazu angehalten werden, seine Pflicht zur Aufstellung eines Jahresabschlusses und Lageberichts, ggf. auch die Pflicht zur Aufstellung eines Konzernabschlusses und Konzernlageberichts, die Pflicht zur unverzüglichen Erteilung eines Prüfungsauftrags, die Pflicht, den Antrag auf gerichtliche Bestellung des Abschlussprüfers zu stellen und die Pflichten gegenüber dem Abschlussprüfer zu erfüllen.

---

[20] *Baumbach/Hueck/Schulze-Osterloh* Rn. 22; *Biletzki* ZIP 1997, 9, 10; Beck'sches HdB Rechnungslegung/*Castan* D 10 Rn. 5; *Eckstein* Die zivilrechtliche Verantwortlichkeit für die Rechnungslegung von GmbH und GmbH & Co KG nach dem Bilanzrichtlinie-Gesetz und die Möglichkeiten ihrer Versicherung in Deutschland, S. 71; *Hachenburg/Mertens* Rn. 3; *Hommelhoff/Priester* ZGR 1986, 463, 465; *Roth/Altmeppen* Rn. 5; *Scholz/Crezelius* Rn. 6; *Stapelfeld* GmbHR 1991, 94, 95; *Sudhoff/Sudhoff* Rechte und Pflichten des Geschäftsführers einer GmbH und einer GmbH & Co., S. 74.
[21] *Baumbach/Hueck/Schulze-Osterloh* Rn. 22; *Biletzki* ZIP 1997, 9, 10; Beck'sches HdB Rechnungslegung/*Castan* D 10 Rn. 5; *Eckstein* (Fn. 20) S. 71; *Roth/Altmeppen* Rn. 5; *Sieger/Hasselbach* GmbHR 1998, 957, 961; *Sudhoff/Sudhoff* (Fn. 20) S. 74.
[22] *Lutter/Hommelhoff* Rn. 5; *Sieger/Hasselbach* GmbHR 1998, 957, 961.
[23] *Lutter/Hommelhoff* Rn. 6; *Roth/Altmeppen* Rn. 5; *Scholz/Crezelius* Rn. 6.
[24] *Roth/Altmeppen* Rn. 5; *Scholz/Crezelius* Rn. 6.
[25] *Scholz/Crezelius* Rn. 8.
[26] *Scholz/Crezelius* Rn. 8.
[27] *Roth/Altmeppen* Rn. 14.
[28] Gesetz zur Durchführung der Richtlinie des Rates der Europäischen Union zur Änderung der Bilanz- und der Konzernbilanzrichtlinie hinsichtlich ihres Anwendungsbereichs (90/605/EWG), zur Verbesserung der Offenlegung von Jahresabschlüssen und zur Änderung anderer handelsrechtlicher Bestimmungen (Kapitalgesellschaften- und Co-Richtlinie-Gesetz – KapCoRiLiG) vom 24. 2. 2000, BGBl. I S. 154.

§ 41   3. Abschnitt. Vertretung und Geschäftsführung

§ 335 HGB ist nicht auf **Kreditinstitute iS des § 340 HGB** anzuwenden; für diese gilt statt dessen § 340 o HGB.

12   **3. Haftung. a) Gegenüber der GmbH.** Gegenüber der GmbH haftet der Geschäftsführer bei Verletzung seiner Pflicht aus § 41 nach § 43 Abs. 2.[29] Gleiches gilt bei der Missachtung von die Buchführungspflicht ergänzenden Bestimmungen (Rn. 1) im Gesellschaftsvertrag.[30] Der Geschäftsführer hat der Gesellschaft den Schaden[31] zu ersetzen, der aus der Pflichtverletzung resultiert. Dazu gehören auch zB die Kosten einer Sonderprüfung,[32] nicht mehr aufklärbare Fehlbeträge, die aufgrund nicht ordnungsmäßiger Buchführung entstanden sind[33] sowie Kosten einer Kreditaufnahme, die nötig wurde, weil Liquiditätsengpässe aufgrund der mangelhaften Buchführung nicht rechtzeitig entdeckt wurden, während sie bei ordnungsmäßiger Buchführung durch Umschichtung hätten vermieden werden können.[34]

13   **b) Gegenüber Dritten.** Gegenüber Dritten haftet der Geschäftsführer nicht nach § 823 BGB. § 41 ist nach zutr., wohl noch hM **kein Schutzgesetz iS des § 823 Abs. 2 BGB**.[35] Die Verpflichtung der Geschäftsführer, für eine ordnungsmäßige Buchführung der GmbH zu sorgen, dient zwar dem Schutz der Gläubiger insgesamt, sie ist jedoch nicht geeignet, einen Schadensersatzanspruch eines einzelnen Gläubigers der Gesellschaft gegen den Geschäftsführer zu begründen.[36] § 41 statuiert die Pflichten der Geschäftsführer so allgemein, dass weder einzelne Verletzungshandlungen noch gerade auf die Pflichtverletzung des Geschäftsführers zurückzuführende Schädigungen eines Gläubigers festgestellt werden können.[37] An dieser Beurteilung ändert auch das von dem BGH festgestellte gewandelte Verständnis von Sinn und Bedeutung der Buchführungspflichten und der richtigen und vollständigen Dokumentation der Vermögenslage des Unternehmens[38] nichts. Die erwähnte Wandlung ging lediglich dahin, zu erkennen, dass die Rechnungslegungsvorschriften nicht allein der Selbstinformation des Kaufmanns, sondern auch der Information seiner aktuellen und potentiellen Gläubiger dienen. Dies verkennt auch die hM nicht, wenn sie davon ausgeht, dass § 41 zwar die Gläubiger der GmbH in ihrer Gesamtheit, nicht aber ein einzelnes Mitglied dieser Gruppe schützt. Die nach Ergehen der genannten Entscheidung erwartete Än-

---

[29] BGH NJW 1974, 1468 = DB 1974, 1619; *Baumbach/Hueck/Schulze-Osterloh* Rn. 3; *Glade* Rechnungslegung und Prüfung nach dem Bilanzrichtlinien-Gesetz, § 41 GmbHG Rn. 4; *Lutter/Hommelhoff* Rn. 4; *Roth/Altmeppen* Rn. 11; *Scholz/Crezelius* Rn. 8.
[30] *Roth/Altmeppen* Rn. 14.
[31] Zum Begriff des Schadens *Eckstein* (Fn. 20) S. 74.
[32] *Eckstein* (Fn. 20) S. 73; Beck'sches HdB Rechnungslegung/*Castan* D 10 Rn. 5.
[33] BGH NJW 1974, 1468 = DB 1974, 1619; BGH NJW 1986, 54, 55 = DB 1985, 2291, 2292; *Espey/v. Bitter* Haftungsrisiken des GmbH-Geschäftsführers, S. 25; *Roth/Altmeppen* Rn. 11; *Sudhoff/Sudhoff* (Fn. 20) S. 74.
[34] *Jula* Die Haftung von GmbH-Geschäftsführern und Aufsichtsräten, S. 40.
[35] RGZ 73, 30, 35; BGHZ 125, 366, 377 ff. = BGH NJW 1994, 1801, 1804 = WM 1994, 896, 898; *Baumbach/Hueck/Schulze-Osterloh* Rn. 3; *Lutter/Hommelhoff* Rn. 4; *Roth/Altmeppen* Rn. 12; *Altmeppen* DZWir 1994, 378, 380; *Brandes* WM 1995, 641, 655; *Canaris*, FS Larenz, 1983, S. 27, 73; *Kort* DB 1990, 921, 923; ebenso wohl *Lutter* GmbHR 1997, 329, 334; aA *Biletzki* ZIP 1997, 9, 11; *ders.* BB 2000, 521, 524 f.; *Eckstein* (Fn. 20) S. 87; *Glade* (Fn. 29) § 41 GmbHG Rn. 4; *Scholz/Schneider* § 43 Rn. 236 a; *K. Schmidt* ZIP 1994, 837, 842; *Sieger/Hasselbach* GmbHR 1998, 957; *Stapelfeld* Die Haftung des GmbH-Geschäftsführers für Fehlverhalten in der Gesellschaftskrise, S. 187 ff.; *ders.* GmbHR 1991, 94, 99; zweifelnd *Scholz/Crezelius* Rn. 8.
[36] *Lutter/Hommelhoff* Rn. 4; *Roth/Altmeppen* Rn. 12.
[37] Ebenso *Roth/Altmeppen* Rn. 12; aA *Biletzki* BB 2000, 521, 526.
[38] BGHZ 125, 366, 378 = BGH NJW 1994, 1801, 1804 = WM 1994, 896, 898.

Buchführung §41

derung der Rspr. hin zur Bejahung des Schutzgesetzcharakters des § 41[39] ist entsprechend bislang ausgeblieben.[40]

In Betracht kommt aber eine Haftung gegenüber Dritten nach § 826 BGB[41] etwa 14 dann, wenn der Geschäftsführer Dritte unter Verwendung unrichtiger Buchführungsunterlagen, Inventare, Bilanzen, Gewinn- und Verlustrechnungen oÄ zu nachteiligen Vermögensdispositionen, zB der Gewährung eines Darlehens, veranlaßt. Soweit in der Literatur in diesem Zusammenhang eine Haftung des Geschäftsführers aus **culpa in contrahendo** diskutiert wird,[42] ist darauf hinzuweisen, dass eine solche sich aus einem bestimmten Geschäftsgebaren oder abgegebenen Erklärungen des Geschäftsführers beim Vertragsschluss, kaum aber aus der Verletzung der Buchführungspflicht selbst ergeben wird.

Die Haftung gegenüber Dritten ist jedoch – anders als die Haftung gegenüber der 15 GmbH aus § 43 Abs. 2 (Rn. 12) – auf die **Verletzung der Sorgepflicht für die ordnungsmäßige Buchführung** der GmbH nach § 41 beschränkt. Weitergehende Bestimmungen in diesem Zusammenhang, die der Gesellschaftsvertrag uU vorsieht (Rn. 1), betreffen nur das Verhältnis der GmbH zu ihrem Geschäftsführer und führen nicht zu einer Außenhaftung des Geschäftsführers.

Bei Verwirklichung der §§ 283 Abs. 1 Nr. 5–7 oder 283b, jeweils iVm. § 14 16 Abs. 1 Nr. 1 StGB sowie des § 331 oder § 334 HGB kommt ebenfalls eine Haftung gegenüber Dritten in Betracht, da diese Vorschriften **Schutzgesetze iS des § 823 Abs. 2 BGB** sind.[43] In den Fällen der Haftung nach § 826 BGB (Rn. 14) wird außerdem regelmäßig zugleich eine Haftung nach **§ 823 Abs. 2 BGB iVm. § 263 StGB**[44] zu bejahen sein.

4. Sanktionen. a) Abberufung des Geschäftsführers und fristlose Kündi- 17 **gung des Anstellungsvertrages.** Verletzt ein Geschäftsführer seine Pflicht nach § 41 oder darüber hinausgehende Bestimmungen im Gesellschaftsvertrag (Rn. 1), so stellt dies eine **grobe Pflichtverletzung** dar, die ein **wichtiger Grund zur Abberufung** nach § 38 Abs. 2 ist.[45] Gleichzeitig kommt eine **fristlose Kündigung des Anstellungsvertrages** gemäß § 626 BGB in Betracht.[46] Die Abberufung kann naturgemäß nur den bestellten Geschäftsführer, nicht einen faktischen Geschäftsführer[47] betreffen.

b) Festsetzung eines Ordnungsgeldes. Verletzt ein Geschäftsführer – sei es ein 18 ordnungsmäßig bestellter oder ein faktischer Geschäftsführer[48] – die Pflicht zur Offenlegung des Jahresabschlusses, des Lageberichts, des Konzernabschlusses, des Konzernlageberichts oder anderer Rechnungslegungsunterlagen oder die Pflicht zur Offenlegung

---

[39] *Groß* ZGR 1998, 551, 555; *K. Schmidt* ZIP 1994, 837, 842.
[40] *Sieger/Hasselbach* GmbHR 1998, 957, 961, gehen sogar – zu Unrecht – davon aus, dass die Änderung der Rspr. mit dieser Entscheidung bereits stattgefunden habe.
[41] *Biletzki* BB 2000, 521, 523; *Lutter/Hommelhoff* Rn. 4; *Roth/Altmeppen* Rn. 12.
[42] *Biletzki* BB 2000, 521, 523 f.; *Eckstein* (Fn. 20) S. 87 f.; *Roth/Altmeppen* Rn. 12.
[43] *Biletzki* BB 2000, 521, 524; für §§ 283, 283b StGB *Baumbach/Hueck/Schulze-Osterloh* Rn. 3; *Stapelfeld* Die Haftung des GmbH-Geschäftsführers für Fehlverhalten in der Gesellschaftskrise, S. 265; *Canaris*, FS Larenz, 1983, S. 27, 73; aA allerdings für den entschiedenen Fall BGHZ 125, 366, 378 = BGH NJW 1994, 1801, 1804 = WM 1994, 896, 898; dazu *Siegmann/Vogel* ZIP 1994, 1821, 1826; für §§ 331, 334 HGB Beck'sches HdB Rechnungslegung/*Castan* D 10 Rn. 135.
[44] Ebenso *Biletzki* BB 2000, 521, 524.
[45] *Lutter/Hommelhoff* Rn. 4; *Scholz/Crezelius* Rn. 8.
[46] OLG Rostock NZG 1999, 216; *Lutter/Hommelhoff* Rn. 4.
[47] Zum Begriff s. Rn. 2.
[48] Zum Begriff s. Rn. 2.

§ 41

3. Abschnitt. Vertretung und Geschäftsführung

der Rechnungslegungsunterlagen einer Hauptniederlassung, so hat das Registergericht auf Antrag gegen ihn gemäß § 335a HGB ein Ordnungsgeld von mindestens 2500 € und höchstens 25000 € festzusetzen.[49] Antragsberechtigt ist jedermann.[50] Das Ordnungsgeld ist im Gegensatz zu einem Zwangsgeld nicht nur ein Druckmittel; es ist vielmehr auch dann zu zahlen, wenn die Offenlegung nachgeholt wird.[51] Für **Kreditinstitute und Finanzdienstleistungsinstitute iS des § 340 HGB** gilt insoweit § 340o HGB.

19   c) **Ordnungswidrigkeit.** Ein Geschäftsführer macht sich einer Ordnungswidrigkeit schuldig, wenn er vorsätzlich bei der Aufstellung oder Feststellung des Jahresabschlusses, der Aufstellung des Konzernabschlusses, der Aufstellung des Lageberichts[52] oder des Konzernlageberichts oder bei der Offenlegung, Veröffentlichung oder Vervielfältigung des Jahresabschlusses eine der in **§ 334 Abs. 1 HGB** genannten Vorschriften verletzt. Gemäß § 334 Abs. 3 HGB kann die Ordnungswidrigkeit mit einer Geldbuße von bis zu € 25000 geahndet werden. § 334 HGB ist gemäß Abs. 4 nicht auf **Kreditinstitute iS des § 340 HGB** anzuwenden; für diese gilt statt dessen § 340n HGB.

20   **Täter** einer Ordnungswidrigkeit gemäß § 334 HGB ist in erster Linie der wirksam bestellte Geschäftsführer der GmbH. Ein faktischer Geschäftsführer[53] kommt gemäß § 9 Abs. 3 OWiG als Täter in Betracht, wenn der Bestellungsakt fehlgeschlagen ist, nicht jedoch dann, wenn es an einem Bestellungsakt überhaupt fehlt.

21   d) **Strafbarkeit. aa) § 331 HGB.** Ein Geschäftsführer macht sich gemäß § 331 HGB strafbar, wenn er die Verhältnisse der GmbH in der Eröffnungsbilanz, dem Jahresabschluss oder dem Lagebericht[54] unrichtig wiedergibt oder verschleiert („Geschäftslagetäuschung").

22   **Täter** kann nur ein Geschäftsführer sein; es handelt sich um ein **Sonderdelikt**.[55] Auf eine interne Ressortverteilung unter mehreren Geschäftsführern kommt es nicht an.[56] Der Geschäftsführer muss noch nicht wirksam bestellt sein; es kann sich auch um einen künftigen Geschäftsführer handeln, dessen Bestellung noch aussteht.[57] Darüber hinaus kommt als Täter in Anlehnung an die Regelung des § 14 Abs. 3 StGB auch ein faktischer Geschäftsführer,[58] dessen Bestellungsakt unwirksam ist, in Betracht,[59] nicht jedoch ein faktischer Geschäftsführer, bei dem es an einem Bestellungsakt überhaupt fehlt.

23   **Verhältnisse der Gesellschaft** sind alle Tatsachen, Vorgänge, Umstände und Daten, die für die Beurteilung der gegenwärtigen Situation und künftigen Entwicklung der Gesellschaft von Bedeutung sein können. Die Verhältnisse der Gesellschaft sind danach nicht nur die wirtschaftlichen, sondern auch ihre sozialen, politischen und sonstigen Verhältnisse. **Unrichtige Wiedergabe** bedeutet, dass die geschilderte Situation der Gesellschaft nicht der tatsächlichen Sachlage entspricht. Dabei erfasst § 331 HGB

---

[49] Zum Verfahren *Bitter/Grashoff* DB 2000, 833f.; *Jansen* DStR 2000, 596, 597; *Scheffler* DStR 2000, 529, 530.
[50] *Baumbach/Hueck/Schulze-Osterloh* Rn. 139, 139b; *Jansen* DStR 2000, 596, 597.
[51] *Baumbach/Hueck/Schulze-Osterloh* Rn. 139.
[52] BeckBilKomm/*Ellrott* § 289 HGB Rn. 49; Beck'sches HdB GmbH/*Langseder* § 9 Rn. 100.
[53] Zum Begriff s. Rn. 2.
[54] BeckBilKomm/*Ellrott* § 289 HGB Rn. 49; Beck'sches HdB GmbH/*Langseder* § 9 Rn. 100.
[55] *Gramich* wistra 1987, 157.
[56] *Gramich* wistra 1987, 157, 158; *Kohlmann* Die strafrechtliche Verantwortlichkeit des GmbH-Geschäftsführers, Rn. 3.
[57] *Heymann/Otto* § 331 Rn. 10; *Kohlmann* (Fn. 56) Rn. 6.
[58] Zum Begriff s. Rn. 2.
[59] *Heymann/Otto* § 331 Rn. 10.

Buchführung **§ 41**

nicht nur die Mitteilung unrichtiger Tatsachen, sondern auch unrichtige Bewertungen, Schätzungen und Prognosen.[60] **Verschleierung** ist demgegenüber eine undeutliche Darstellung der Verhältnisse der Gesellschaft, die einen Einblick in die wirklichen Verhältnisse erschwert.[61] Die Grenze zwischen unrichtiger Wiedergabe und Verschleierung ist dabei fließend.

bb) §§ 283, 283a, 283b StGB. Hat die GmbH ihre Zahlungen eingestellt, ist 24 über ihr Vermögen das Insolvenzverfahren eröffnet oder die Eröffnung mangels Masse abgewiesen worden, so macht der Geschäftsführer[62] sich gemäß §§ 283, 283a, 283b iVm. § 14 Abs. 1 Nr. 1 StGB strafbar, wenn er die Handelsbücher nicht geführt hat oder so geführt oder verändert hat, dass die Übersicht über das Vermögen der GmbH erschwert wird (§§ 283 Abs. 1 Nr. 5, 283b Abs. 1 Nr. 1 StGB), er Handelsbücher oder andere Unterlagen vor Ablauf der Aufbewahrungsfristen beiseite geschafft, verheimlicht, zerstört oder beschädigt hat und dadurch die Übersicht über den Vermögensstand der GmbH erschwert wird (§§ 283 Abs. 1 Nr. 6, 283b Abs. 1 Nr. 2 StGB) oder er Bilanzen oder das Inventar nicht aufstellt[63] oder so aufstellt, dass die Übersicht über das Vermögen der GmbH erschwert wird (§§ 283 Abs. 1 Nr. 7, 283b Abs. 1 Nr. 3 StGB).[64]

Tauglicher **Täter** der §§ 283, 283a, 283b StGB kann nur ein Geschäftsführer sein; 25 es handelt sich um ein Sonderdelikt. Darunter fällt sowohl der wirksam bestellte Geschäftsführer der GmbH, und zwar ohne Rücksicht auf die interne Ressortverteilung, als auch ein künftiger Geschäftsführer, dessen rechtswirksame Bestellung noch aussteht.[65] Darüber hinaus kommt als Täter gemäß § 14 Abs. 3 StGB auch ein faktischer Geschäftsführer,[66] dessen Bestellungsakt unwirksam ist, in Betracht,[67] nicht jedoch ein faktischer Geschäftsführer, bei dem es an einem Bestellungsakt überhaupt fehlt.[68]

Unterlassen der Führung der Handelsbücher iS der §§ 283 Abs. 1 Nr. 5 1. Alt., 26 283b Abs. 1 Nr. 1 1. Alt. StGB liegt nur dann vor, wenn die Buchführung – uU auch nur für einen bestimmten Zeitraum[69] – komplett fehlt.[70] Ist die Buchführung zwar vorhanden, aber nicht als ordnungsmäßig zu bezeichnen, so kommt eine Strafbarkeit des Geschäftsführers nur in Betracht, wenn dadurch die Übersicht über das Vermögen der Gesellschaft erschwert wird (§§ 283 Abs. 1 Nr. 5 2. Alt., 283b Abs. 1 Nr. 1 2. Alt. StGB).

cc) § 266 StGB. Nach § 266 Abs. 1 2. Alt. StGB ist der sog. **Treubruchstat-** 27 **bestand** erfüllt, wenn der Täter eine ihm kraft Gesetzes, Rechtsgeschäfts oder

---

[60] Zum Ganzen *Gramich* wistra 1987, 157, 158 f.
[61] *Gramich* wistra 1987, 157, 159; *Kohlmann* (Fn. 56) Rn. 89.
[62] Zur Verantwortlichkeit eines Strohmann-Geschäftsführers *Siegmann/Vogel* ZIP 1994, 1821, 1823.
[63] Zum Problem der Strafbarkeit nach § 283 Abs. 1 Nr. 7 lit. b StGB in dem Fall, dass dem zur Aufstellung Verpflichteten die notwendigen Kenntnisse dazu fehlen und er nicht über hinreichende Mittel verfügt, um einen Berater mit der Aufstellung zu betrauen, vgl. *Pohl* wistra 1996, 14 ff.; *Hans Richter* GmbHR 1984, 137, 147 und *Schäfer* wistra 1986, 200, 203 f.
[64] Zweifel an der Verfassungsmäßigkeit von § 283 Abs. 1 Nr. 7 lit. b StGB äußert *Blumers* DB 1986, 2033, 2036.
[65] *Kohlmann* (Fn. 56) Rn. 3, 6, 24.
[66] Zum Begriff s. Rn. 2.
[67] *Kohlmann* (Fn. 56) Rn. 12; *Löffeler* wistra 1989, 121, 122; *Schönke/Schröder/Lenckner* § 14 Rn. 42; *Ransiek* ZGR 1992, 203, 209 m. Fn. 31; aA *Roth/Altmeppen* Rn. 4.
[68] *Schönke/Schröder/Lenckner* § 14 Rn. 42; *Ransiek* ZGR 1992, 203, 209 m. Fn. 31; aA *Fuhrmann*, FS Tröndle, 1989, S. 139 ff.; *Hans Richter* GmbHR 1984, 137, 142; vgl. auch BGHSt. 21, 101, 104 für Konkursstraftaten eines faktischen Vorstandsmitglieds einer Aktiengesellschaft.
[69] *Schäfer* wistra 1986, 200, 203; aA BGH, zit. nach *Holtz* MDR 1980, 453, 455.
[70] *Schäfer* wistra 1986, 200, 203.

Tiedchen 1157

eines Treueverhältnisses obliegende Pflicht, fremde Vermögensinteressen wahrzunehmen, verletzt. Den Geschäftsführer einer GmbH trifft grds. eine solche Treuepflicht,[71] und zwar sowohl den wirksam bestellten als auch den faktischen Geschäftsführer.[72] Der Tatbestand wird durch die Verletzung der Buchführungspflicht erfüllt, wenn dadurch der Gesellschaft ein Schaden oder zumindest ein vermögensgefährdender Nachteil entsteht.[73] Dies ist zB dann der Fall, wenn durch unrichtige Buchungen die Geltendmachung von Ansprüchen der Gesellschaft verhindert wird[74] oder ihre Doppelinanspruchnahme durch Gläubiger zu befürchten ist.[75] Der Treubruchstatbestand ist auch erfüllt, wenn die Buchführung so unvollständig oder unrichtig ist, dass die Übersicht über den Vermögensstand der Gesellschaft nicht mehr möglich ist.[76]

28 **e) Steuerliche Haftung.** Mittelbar wird die Verletzung der Buchführungspflicht nach § 41 durch die Haftung der Geschäftsführer für Steuerschulden der GmbH nach §§ 34, 69 AO sanktioniert. Nach diesen Vorschriften haften die Geschäftsführer für die Erfüllung der steuerlichen Pflichten der GmbH, insbesondere für die Entrichtung von Steuern. Zu den steuerlichen Pflichten gehört dabei gemäß § 140 AO auch die Führung von Büchern und die Erstellung von Abschlüssen, und zwar gemäß § 5 Abs. 1 EStG auf der Grundlage der handelsrechtlichen Buchführung.

29 Als **Haftender** für die Steuerschulden der GmbH kommen dabei der wirksam bestellte und der faktische Geschäftsführer,[77] letzterer ohne Rücksicht auf das Vorliegen eines Bestellungsaktes, in Betracht.

IV. Größenklassen

30 **1. Allgemeines.** Die Vorschriften des HGB über Jahresabschluss und Lagebericht sowie deren Prüfung und Offenlegung differenzieren vielfach nach der Größenklasse der Gesellschaft. Auf **größenabhängige Erleichterungen** wird im folgenden in der Kommentierung jeweils hingewiesen. Die Einteilung der Größenklassen ergibt sich aus § 267 HGB, der kleine, mittelgroße und große Kapitalgesellschaften unterscheidet. Maßgeblich für die Einstufung sind die Höhe der Bilanzsumme, die Höhe der Umsatzerlöse in den zwölf Monaten vor dem Abschlussstichtag und die Anzahl der Arbeitnehmer im Jahresdurchschnitt. Diese sog. Schwellenwerte sind gemäß Art. 53 Abs. 2 der 4. EG-Richtlinie alle fünf Jahre zu überprüfen und ggf. anzupassen. Die letzte Anpassung hat durch Art. 1 Nr. 6 KapCoRiLiG stattgefunden. Gemäß Art. 48 Abs. 1 S. 2 EGHGB ist § 267 idF des KapCoRiLiG erstmals auf Jahresabschlüsse für das nach dem 31. Dezember 1998 beginnende Geschäftsjahr anzuwenden. Die Einstufung in eine bestimmte Größenklasse sowie die Änderung der anzuwendenden Größenklasse setzen gemäß § 267 Abs. 4 S. 1 HGB voraus, dass die jeweiligen Merkmale an den Abschlussstichtagen von zwei aufeinanderfolgenden Geschäftsjahren über- bzw. unterschritten werden.[78] Dabei sollen die derzeit geltenden Schwellenwerte schon auf die

---

[71] *Brammsen* DB 1989, 1609, 1613; *Schönke/Schröder/Lenckner* § 266 Rn. 25.
[72] BGHSt. 34, 379, 384 = DB 1987, 1930; *Brammsen* DB 1989, 1609, 1613; *Schönke/Schröder/Lenckner* § 266 Rn. 33.
[73] *Kohlmann* (Fn. 56) Rn. 279; vgl. auch *Gribbohm* ZGR 1990, 1, 15.
[74] Ähnlich *Gribbohm* ZGR 1990, 1, 17; *Hans Richter* GmbHR 1984, 137, 145.
[75] *Kohlmann* (Fn. 56) Rn. 279.
[76] BGHSt. 34, 379, 388 = DB 1987, 1930, 1931; *Kohlmann* (Fn. 56) Rn. 281; aA *Brammsen* DB 1989, 1609, 1613; einschränkend BGH NJW 1989, 112 = DB 1988, 2505.
[77] *Weimar* GmbHR 1997, 473, 479.
[78] Vgl. die tabellarische Darstellung der möglichen Fallkonstellationen bei BeckBilKomm/*Budde/Karig* § 267 HGB Rn. 20.

Werte einer Gesellschaft am 31. Dezember 1998 bezogen werden können.[79] Die jeweilige größenklassenabhängige Erleichterung kann aber in jedem Fall erst in dem nach dem 31. Dezember 1998 beginnenden Geschäftsjahr in Anspruch genommen werden.[80] Bei Umwandlungen oder Neugründungen bestimmt sich die Größenklasse gemäß § 267 Abs. 4 S. 2 HGB nach den Verhältnissen am ersten Abschlussstichtag nach der Umwandlung oder Neugründung.

2. Bestimmung der Merkmale. a) Bilanzsumme. Die Bilanzsumme ist um **31** einen auf der Aktivseite ausgewiesenen, nicht durch Eigenkapital gedeckten Fehlbetrag iS des § 268 Abs. 3 HGB zu kürzen. Im Übrigen kann die Höhe der Bilanzsumme durch die Ausübung von Bilanzierungs- und Bewertungswahlrechten und bestimmte bilanzpolitische Maßnahmen,[81] zB die Art des Ausweises des gezeichneten Kapitals,[82] beeinflusst werden.

b) Umsatzerlöse in den zwölf Monaten vor dem Abschlussstichtag. Die **32** massgebliche Höhe der Umsatzerlöse entspricht zumeist dem in der Gewinn- und Verlustrechnung unter § 275 Abs. 2 Nr. 1 oder Abs. 3 Nr. 1 HGB ausgewiesenen Betrag. Bei Rumpfgeschäftsjahren sind jedoch auch die Umsatzerlöse aus den letzten Monaten des Vorgeschäftsjahrs zu berücksichtigen.[83] Diese werden dann uU doppelt, also für die Ermittlung der Größenklasse auf zwei Abschlussstichtage berücksichtigt.

c) Anzahl der Arbeitnehmer im Jahresdurchschnitt. Die Anzahl der im Jah- **33** resdurchschnitt beschäftigten Arbeitnehmer ist nach § 267 Abs. 5 HGB der vierte Teil der Summe der am 31. März, 30. Juni, 30. September und 31. Dezember beschäftigten Arbeitnehmer einschließlich der im Ausland beschäftigten Arbeitnehmer, jedoch ohne die Auszubildenden. Zu letzteren gehören auch Praktikanten und Volontäre.[84] Teilzeitbeschäftigte[85] und Kurzarbeiter[86] gelten als volle Arbeitnehmer, ebenso Arbeitnehmer, die wegen Mutterschaftsurlaubs oder Wehrübung[87] abwesend sind, nicht jedoch solche, die ihren Grundwehrdienst oder Zivildienst ableisten.[88] Auch arbeitnehmerähnliche Personen[89] sollen mitgerechnet werden.[90]

3. Kleine GmbH. Eine Gesellschaft ist gemäß § 267 Abs. 1 HGB klein, wenn sie **34** nicht nach § 267 Abs. 3 S. 2 HGB als große Gesellschaft gilt (s. Rn. 36) und an zwei aufeinanderfolgenden Abschlussstichtagen mindestens zwei der folgenden Merkmale nicht überschreitet:
– Bilanzsumme € 3 438 000;
– Umsatzerlöse € 6 875 000;
– im Jahresdurchschnitt beschäftigte Arbeitnehmer 50.

---

[79] *Baumbach/Hueck/Schulze-Osterloh* Rn. 7; *Strobel* DB 2000, 53, 57; weitergehend wohl *Göhner* BB 1999, 1914, 1915.
[80] *Göhner* BB 1999, 1914, 1915.
[81] Dazu *Farr* GmbHR 1996, 185, 189; *Veit* DB 1994, 2059.
[82] Dazu § 42 Rn. 4.
[83] BeckBilKomm/*Budde/Karig* § 267 HGB Rn. 8.
[84] *Geitzhaus/Delp* BB 1987, 367, 370.
[85] BeckBilKomm/*Budde/Karig* § 267 HGB Rn. 12.
[86] BeckBilKomm/*Budde/Karig* § 267 HGB Rn. 12; *Geitzhaus/Delp* BB 1987, 367, 368 f.; kritisch dazu *Lehwald* BB 1981, 2107, 2108.
[87] BeckBilKomm/*Budde/Karig* § 267 HGB Rn. 10.
[88] *Geitzhaus/Delp* BB 1987, 367, 369.
[89] Zum Begriff *Zöllner/Loritz* Arbeitsrecht § 4 VI 2, S. 54 ff.
[90] *Geitzhaus/Delp* BB 1987, 367, 369.

35 **4. Mittelgroße GmbH.** Eine Gesellschaft ist gemäß § 267 Abs. 2 HGB mittelgroß, wenn sie an zwei aufeinanderfolgenden Abschlussstichtagen gemäß § 267 Abs. 1 HGB nicht als kleine Gesellschaft einzustufen ist (s. Rn. 34) und mindestens zwei der folgenden Merkmale nicht überschreitet:
- Bilanzsumme € 1 375 000;
- Umsatzerlöse € 2 750 000;
- im Jahresdurchschnitt beschäftigte Arbeitnehmer 250.

36 **5. Große GmbH.** Eine Gesellschaft ist gemäß § 267 Abs. 3 HGB groß, wenn sie weder nach § 267 Abs. 1 HGB als kleine (Rn. 34) noch gemäß § 267 Abs. 2 HGB als mittelgroße (Rn. 35) Gesellschaft einzustufen ist oder wenn sie einen organisierten Markt iS des § 2 Abs. 5 WpHG durch von ihr ausgegebene Wertpapiere iS des § 2 Abs. 1 S. 1 WpHG in Anspruch nimmt oder die Zulassung zum Handel an einem organisierten Markt beantragt hat. Kreditinstitute und Finanzdienstleistungsinstitute gelten gemäß §§ 340a ff. HGB unabhängig von ihrer tatsächlichen Größe weitgehend als große Gesellschaften, vgl. zB §§ 340a Abs. 1, 340l Abs. 1 HGB.

V. Buchführungspflicht

37 **1. Allgemeines.** Die Buchführung der GmbH ist als ordnungsmäßig anzusehen, wenn sie den handelsrechtlichen **Grundsätzen ordnungsmäßiger Buchführung (GoB)** entspricht. GoB sind ein System von Regeln, das von Kaufleuten bei der Rechnungslegung zu beachten ist.[91] Sie beanspruchen Geltung nicht nur für die Buchführung im engeren Sinne, sondern auch für die Aufstellung des Inventars sowie des Jahresabschlusses.[92]

38 Heute ist anerkannt, dass es sich bei den GoB um **unbestimmte Rechtsbegriffe** handelt.[93] Nach jedenfalls noch hM sind die GoB nach der **deduktiven Methode** zu ermitteln, d. h. aus den **Zwecken der Rechnungslegung** herzuleiten.[94] Als Zwecke der Rechnungslegung sind dabei heute Dokumentation, Rechenschaft durch Information aller in Betracht kommenden Interessenten (Anteilseigner, aktuelle und potentielle Gläubiger, Geschäftspartner, Fiskus, Allgemeinheit) sowie Gläubigerschutz durch Kapitalerhaltung anerkannt.[95] Teilweise wird diese deduktive Methode heute zur **hermeneutischen Methode** weiterentwickelt, nach der alle relevanten Determinanten und sämtliche Einflüsse auf die Rechnungslegung zur Ermittlung der GoB einbezogen und verarbeitet werden sollen.[96]

39 Die **GoB** sind weitgehend, aber nicht vollständig **in den §§ 238 ff. HGB kodifiziert.** Es gibt einerseits GoB, die sich nicht in den genannten Vorschriften finden, aber

---

[91] Ähnlich *Adler/Düring/Schmaltz* § 243 HGB Rn. 2; BeckBilKomm/*Budde/Raff* § 243 HGB Rn. 1; *Scholz/Crezelius* Anh. § 42a Rn. 68.

[92] *Adler/Düring/Schmaltz* § 243 HGB Rn. 2; *Baetge/Apelt* HdJ I/2 Rn. 2; *Scholz/Crezelius* Anh. § 42a Rn. 67.

[93] *Adler/Düring/Schmaltz* § 243 HGB Rn. 6f.; Beck'sches HdB Rechnungslegung/*Bieg* A 100 Rn. 19; BeckBilKomm/*Budde/Raff* § 243 HGB Rn. 12; *Scholz/Crezelius* Anh. § 42a Rn. 68.

[94] Beck'sches HdB Rechnungslegung/*Bieg* A 100 Rn. 27 ff.; *Scholz/Crezelius* Anh. § 42a Rn. 70; *Winnefeld* Bilanz-HdB Rn. D 30 f.; zur deduktiven Methode auch *Adler/Düring/Schmaltz* § 243 HGB Rn. 14; *Baetge/Apelt* HdJ I/2 Rn. 24; BeckBilKomm/*Budde/Raff* § 243 HGB Rn. 14.

[95] *Baetge/Apelt* HdJ I/2 Rn. 36 ff.; *Winnefeld* Bilanz-HdB Rn. D 31; ähnlich *Scholz/Crezelius* Anh. § 42a Rn. 38.

[96] Dazu *Adler/Düring/Schmaltz* § 243 HGB Rn. 18 ff.; *Baetge/Apelt* HdJ I/2 Rn. 30; BeckBilKomm/*Budde/Raff* § 243 HGB Rn. 18.

Buchführung § 41

trotzdem weiterhin Geltung beanspruchen, zB der Grundsatz des Nichtausweises schwebender Geschäfte und der Grundsatz der Wesentlichkeit. Auch die Auslegung des Gesetzes sowie die Ausfüllung von Lücken im Gesetz sind weiterhin mithilfe der deduktiven Methode vorzunehmen.[97] Andererseits enthalten die §§ 238 ff. HGB zT auch Bestimmungen, hinsichtlich deren die Ansicht vertreten wird, dass sie mit den GoB nicht vereinbar seien.[98] Die entsprechenden Regelungen sind gleichwohl von den Geschäftsführern der GmbH zu befolgen.[99]

Nach § 140 AO hat die GmbH die handelsrechtlichen Buchführungs- und Aufzeichnungspflichten auch für die **Zwecke der Besteuerung** zu erfüllen. Dabei sind auch die §§ 143 und 144 AO zu beachten, die gewerbliche Unternehmen zur gesonderten Aufzeichnung des Wareneingangs und -ausgangs verpflichten. 40

2. Beginn der Buchführungspflicht. Die Buchführungspflicht nach § 41 beginnt mit dem ersten buchungspflichtigen Geschäftsvorfall nach Abschluss des notariell beurkundeten Gesellschaftsvertrages,[100] also bereits im Stadium der **Vor-GmbH**. Dies folgt auch aus der von der Rspr. entwickelten Formel, dass die Vorschriften dieses Gesetzes auch auf die Vorgesellschaft anzuwenden sind, sofern sie nicht die Eintragung der Gesellschaft voraussetzen.[101] Die **ersten buchungspflichtigen Geschäftsvorfälle** der Vorgesellschaft sind dabei regelmäßig das Entstehen der Einlageforderung[102] sowie die Verpflichtung zur Entrichtung der Notargebühren,[103] sofern diese von der GmbH zu tragen sind.[104] 41

Keine Anwendung findet § 41 hingegen auf die **Vorgründungsgesellschaft**[105] und die sog. **unechte Vorgesellschaft**.[106] Es ist gleichwohl nicht ausgeschlossen, dass diese Gesellschaften jeweils als Handelsgesellschaften nach den §§ 238 ff. HGB zur Führung von Büchern verpflichtet sind. Sie haben jedoch nicht die §§ 264 ff. HGB zu beachten.[107] Auch sind ihre Geschäftsführer nicht nach § 41 verantwortlich. 42

3. Ende der Buchführungspflicht. Die Buchführungspflicht nach § 41 endet nicht mit der Auflösung der GmbH. Mit Eintritt in das Liquidationsstadium geht die Verpflichtung nach § 41 lediglich gemäß § 71 auf die Liquidatoren über (Rn. 5). Erst mit der **Beendigung der Liquidation** gemäß § 74 endet die Buchführungspflicht,[108] denn danach können keine buchführungspflichtigen Geschäftsvorfälle mehr entste- 43

---

[97] *Baumbach/Hueck/Schulze-Osterloh* Rn. 15.
[98] Beispiele bei *Baetge/Apelt* HdJ I/2 Rn. 18; *Winnefeld* Bilanz-HdB Rn. D 34.
[99] *Baumbach/Hueck/Schulze-Osterloh* Rn. 15 aE.
[100] *Baumbach/Hueck/Schulze-Osterloh* Rn. 18; *Küting/Weber/Ellerich* Rechnungslegung § 238 HGB Rn. 9; Beck'sches HdB GmbH/*Langseder* § 9 Rn. 3; *Lutter/Hommelhoff* Rn. 7; *Rodewald* BB 1993, 1693, 1695; *Scholz/Crezelius* Anh. § 42 a Rn. 35; *Crezelius* DStR 1987, 743, 747; *Sudhoff/Sudhoff* (Fn. 20) S. 76; ebenso wohl *Joswig* DStR 1996, 1907, 1909; *Roth/Altmeppen* Rn. 7; aA *Glade* (Fn. 29) § 238 HGB Rn. 16: Tag der Eintragung in das Handelsregister.
[101] BGHZ 21, 242, 246 = NJW 1956, 1435; BGH NJW 2000, 1193, 1194.
[102] *Baumbach/Hueck/Schulze-Osterloh* Rn. 18; Beck'sches HdB GmbH/*Langseder* § 9 Rn. 3; *Lutter/Hommelhoff* Rn. 7; *Scholz/Crezelius* Anh. § 42 a Rn. 35.
[103] *Baumbach/Hueck/Schulze-Osterloh* Rn. 18; Beck'sches HdB GmbH/*Langseder* § 9 Rn. 3; *Scholz/Crezelius* Anh. § 42 a Rn. 35.
[104] Dazu § 5 Rn. 67 f.
[105] S. § 2 Rn. 87.
[106] S. § 11 Rn. 22.
[107] *Scholz/Crezelius* Anh. § 42 a Rn. 34; *Crezelius* DStR 1987, 743, 747.
[108] *Baumbach/Hueck/Schulze-Osterloh* Rn. 19; Beck'sches HdB GmbH/*Langseder* § 9 Rn. 4; *Scholz/Crezelius* Anh. § 42 a Rn. 36.

hen.[109] Auf die Löschung der GmbH gemäß § 74 Abs. 1 S. 3 kommt es dann nicht mehr an.[110] Im Falle einer **Nachtragsliquidation**[111] lebt die Buchführungspflicht der GmbH und damit die Verantwortlichkeit der dann zu bestellenden Liquidatoren[112] entsprechend wieder auf.

44 **4. Inhalt der Buchführungspflicht. a) Allgemeines.** Gemäß § 238 Abs. 1 S. 2 HGB muss die Buchführung so beschaffen sein, dass sie einem **sachverständigen Dritten** innerhalb einer **angemessenen Zeit** einen **Überblick über die Geschäftsvorfälle** und über die **Lage des Unternehmens,** also die Vermögens-, Finanz- und Ertragslage,[113] vermitteln kann.[114] Sachverständig ist dabei, wer nach seinen Kenntnissen in der Lage wäre, die Buchführungspflicht des betrachteten Unternehmens selbst zu erfüllen.[115] Was als angemessene Zeit zur Erlangung des Überblicks über die Geschäftsvorfälle und die Lage des Unternehmens anzusehen ist, hängt von der Größe des Unternehmens und dem Umfang und der Überschaubarkeit der Buchführung ab.[116] Umfang und Überschaubarkeit der Buchführung müssen dabei in einem angemessenen Verhältnis zur Größe des Unternehmens stehen. Der Dritte muss ohne wesentliche Auskünfte oder sonstige Ermittlungen in der Lage sein, sich den Überblick zu verschaffen.[117]

45 **b) Führung der Handelsbücher und sonstigen Aufzeichnungen. aa) Allgemeines.** Art und Umfang der zu führenden **Handelsbücher** bestimmen sich nach den GoB.[118] Die Führung von Grund- und Hauptbüchern dürfte jedoch unverzichtbar sein;[119] zumeist werden daneben noch Nebenbücher (Hilfsbücher) geführt.

46 In den **Grundbüchern** (auch als Journale bezeichnet) werden sämtliche Geschäftsvorfälle in chronologischer Ordnung unter Angabe von Tag, Art des Geschäftsvorfalls, zugehörigem Beleg, Konto, Gegenkonto und Betrag aufgezeichnet.[120]

47 Im **Hauptbuch** werden die Geschäftsvorfälle sachlich geordnet dokumentiert.[121] Das Hauptbuch besteht aus Sachkonten (aktiven und passiven Bestandskonten, Erfolgs-

---

[109] *Baumbach/Hueck/Schulze-Osterloh* Rn. 19.
[110] AA *Küting/Weber/Ellerich* Rechnungslegung § 238 HGB Rn. 10; *Lutter/Hommelhoff* Rn. 8 iVm. § 74 Rn. 6.
[111] Dazu § 74 Rn. 8 ff.
[112] Dazu § 74 Rn. 24.
[113] BeckBilKomm/*Budde/Kunz* § 238 HGB Rn. 67; *Schulze-Osterloh* DStZ 1997, 281, 284; aA *Küting/Weber/Ellerich* Rechnungslegung § 238 HGB Rn. 15 – nur Vermögenslage – und Beck'sches HdB Rechnungslegung/*Bieg* A 100 Rn. 119 – Lage des Unternehmens schlechthin, ohne jedoch zu sagen, inwieweit diese sich von der Vermögens-, Finanz- und Ertragslage unterscheidet –.
[114] Zu den Anforderungen iE Beck'sches HdB Rechnungslegung/*Bieg* A 100 Rn. 83 ff.
[115] *Adler/Düring/Schmaltz* § 238 HGB Rn. 45; enger BeckBilKomm/*Budde/Kunz* § 238 HGB Rn. 66; *Küting/Weber/Ellerich* Rechnungslegung § 238 HGB Rn. 15; *Winnefeld* Bilanz-HdB Rn. A 834: Buchhalter, Wirtschaftsprüfer, Angehörige der steuerberatenden Berufe, für Prüfungstätigkeit ausgebildete Mitarbeiter der Finanzverwaltung.
[116] Ähnlich BeckBilKomm/*Budde/Kunz* § 238 HGB Rn. 66; *Küting/Weber/Ellerich* Rechnungslegung § 238 HGB Rn. 15; *Glade* (Fn. 29) § 238 HGB Rn. 52.
[117] BeckBilKomm/*Budde/Kunz* § 238 HGB Rn. 66; *Glade* (Fn. 29) § 238 HGB Rn. 52.
[118] BeckBilKomm/*Budde/Kunz* § 238 HGB Rn. 68.
[119] *Adler/Düring/Schmaltz* § 239 HGB Rn. 5.
[120] BeckBilKomm/*Budde/Kunz* § 238 HGB Rn. 70; Beck'sches HdB Rechnungslegung/*Hölzli* A 120 Rn. 2; Beck'sches HdB GmbH/*Langseder* § 9 Rn. 12; *Winnefeld* Bilanz-HdB Rn. A 752.
[121] *Adler/Düring/Schmaltz* § 239 HGB Rn. 8; BeckBilKomm/*Budde/Kunz* § 238 HGB Rn. 71; Beck'sches HdB Rechnungslegung/*Hölzli* A 120 Rn. 2.

konten, Kapitalkonto),[122] denen ein bestimmter Kontenplan[123] zugrunde liegt.[124] Dieser kann individuell nach den jeweiligen Bedürfnissen eines Unternehmens gestaltet sein.[125] Am Ende der Abrechnungsperiode werden die Salden der Bestandskonten in die Bilanz und die Salden der Erfolgskonten in die Gewinn- und Verlustrechnung überführt.[126]

Nebenbücher (Hilfsbücher) enthalten Einzelbuchungen, deren Aufnahme in das Hauptbuch dessen Aussagefähigkeit vermindern würde. Es werden daher die einzelnen Buchungen im Neben- oder Hilfsbuch aufgezeichnet und die sich daraus ergebende Sammelbuchung in das Hauptbuch übernommen.[127] Beispiele für verbreitet geführte Nebenbücher sind die Kassen-, Kontokorrent-, Lohn- und Gehalts-, Anlagen-, Lager- und Wechselbuchhaltung sowie Wareneingangs- und Warenausgangsbücher.[128] 48

Sonstige Aufzeichnungen sind solche, die bestimmte Gewerbezweige nach anderen als handelsrechtlichen Vorschriften zu erstellen haben, zB die Auftragsbücher im Bewachergewerbe nach § 11 Abs. 1 BewachVO,[129] die Kehrbücher der Bezirksschornsteinfegermeister nach § 14 Abs. 1 SchornsteinfegerVO[130] und die Aufzeichnungen über die verkauften Blinden- und Zusatzwaren der Blindenwerkstätten nach § 3 Abs. 1 DV BlindenwarenvertrG.[131] Die Anforderungen an die Führung der Handelsbücher und sonstigen Aufzeichnungen im einzelnen sind in **§ 239 HGB** festgelegt. 49

Danach ist die Buchführung gemäß **§ 239 Abs. 1 HGB** – im Unterschied zum Jahresabschluss, der in deutscher Sprache zu erstellen ist (Rn. 110) – in einer **lebenden Sprache** abzufassen. Allgemein wird davon ausgegangen, dass dies nur dann eine andere als die deutsche Sprache sein dürfe, wenn die die Buchführung erstellenden Personen der deutschen Sprache nicht in ausreichendem Maße mächtig sind.[132] Für eine solche einschränkende Auslegung bietet der Gesetzestext jedoch keine Handhabe. Insbesondere gibt es keinen Anhaltspunkt dafür, dass die Verpflichtung zur Buchführung nach den Sprachkenntnissen des Buchführenden zu modifizieren sei, da sie auch in jeder anderen Hinsicht von den persönlichen Fähigkeiten des zur Buchführung Verpflichteten unabhängig ist. Es kann daher der deutschen Tochter-GmbH eines ausländischen Unternehmens nicht verwehrt werden, die Handelsbücher und sonstigen Aufzeichnungen in der Sprache ihrer Muttergesellschaft zu führen, selbst wenn die zur Erfüllung der Buchführungspflicht verpflichteten Geschäftsführer dies auch in deutscher Sprache erledigen könnten. 50

---

[122] Beck'sches HdB GmbH/*Langseder* § 9 Rn. 12; *Winnefeld* Bilanz-HdB Rn. A 753.
[123] Zum Begriff Beck'sches HdB Rechnungslegung/*Hölzli* A 130 Rn. 7.
[124] BeckBilKomm/*Budde/Kunz* § 238 HGB Rn. 71; Beck'sches HdB Rechnungslegung/*Hölzli* A 120 Rn. 2; Beck'sches HdB GmbH/*Langseder* § 9 Rn. 12.
[125] Beck'sches HdB Rechnungslegung/*Hölzli* A 130 Rn. 7.
[126] *Winnefeld* Bilanz-HdB Rn. A 753.
[127] *Adler/Düring/Schmaltz* § 239 HGB Rn. 9; BeckBilKomm/*Budde/Kunz* § 238 HGB Rn. 73; Beck'sches HdB Rechnungslegung/*Hölzli* A 120 Rn. 2; Beck'sches HdB GmbH/*Langseder* § 9 Rn. 12.
[128] *Winnefeld* Bilanz-HdB Rn. A 770 ff.
[129] BGBl. 1976 I S. 1341 idF BGBl. 1979 I S. 1986.
[130] BGBl. 1969 I S. 2363.
[131] BGBl. 1965 I S. 807 idF BGBl. 1979 I S. 1986.
[132] *Baumbach/Hueck/Schulze-Osterloh* Rn. 27; Beck'sches HdB Rechnungslegung/*Bieg* A 100 Rn. 100; *Glade* (Fn. 29) § 239 HGB Rn. 3; *Küting/Weber/Kußmaul* Rechnungslegung § 239 HGB Rn. 1; Beck'sches HdB GmbH/*Langseder* § 9 Rn. 6; aA wohl *Adler/Düring/Schmaltz* § 239 HGB Rn. 14; BeckBilKomm/*Budde/Kunz* § 239 HGB Rn. 2.

§ 41

51   Die Verwendung der gebräuchlichen **Abkürzungen, Ziffern, Buchstaben oder Symbole** ist ohne weiteres zulässig. Werden nicht gebräuchliche Abkürzungen oder Verschlüsselungen verwendet, so muss ein Schlüsselverzeichnis oder eine andere Zusammenstellung deren Bedeutung eindeutig festlegen.[133]

52   Die Bücher und sonstigen Aufzeichnungen müssen – anders als der Jahresabschluss, der zwingend in Euro aufzustellen ist (Rn. 110) – nicht in **Euro** geführt werden; vielmehr ist es zulässig, die Handelsbücher in einer **anderen Währung** zu führen.[134]

53   **§ 239 Abs. 2 HGB** verlangt, dass die **Aufzeichnungen vollständig, richtig, zeitgerecht und geordnet** vorgenommen werden. **Vollständig** bedeutet, dass alle Geschäftsvorfälle[135] einzeln[136] und jeweils für sich vollständig,[137] d. h. unter Angabe von Datum, Belegnummer, Buchungssatz und Betrag, zu erfassen sind. **Richtig** sind die Aufzeichnungen, wenn die Geschäftsvorfälle sachlich zutreffend erfasst wurden.[138] Dabei gilt das **Belegprinzip**: Jede Buchung bedarf eines Buchungsbeleges, aus dem sich alle maßgeblichen Umstände des Geschäftsvorfalls ergeben.[139] **Zeitgerechte Verbuchung** erfordert die chronologische[140] und zeitnahe[141] Erfassung jedes Geschäftsvorfalls in der Buchführung. Dies wird auch als **Journalprinzip** bezeichnet.[142] Dabei wird nur für Bargeldbewegungen in Anlehnung an § 146 Abs. 1 AO grds.[143] die tägliche Verbuchung gefordert, während für alle anderen Geschäftsvorfälle eine periodenmäßige Erfassung – bis hin zu monatlicher Erfassung – als ausreichend angesehen wird.[144] **Geordnete Verbuchung** setzt voraus, dass die Geschäftsvorfälle nach Belegnummer und Datum identifizierbar in einem planmäßig gegliederten Kontensystem erfasst werden.[145] Insoweit wird auch vom **Kontenprinzip** gesprochen.[146]

54   Die **Handelsbücher und sonstigen Aufzeichnungen** dürfen gemäß **§ 239 Abs. 3 HGB** nicht in der Weise **nachträglich geändert** werden, dass der ursprüng-

---

[133] *Adler/Düring/Schmaltz* § 239 HGB Rn. 15; Beck'sches HdB Rechnungslegung/*Bieg* A 100 Rn. 101; BeckBilKomm/*Budde/Kunz* § 239 HGB Rn. 2; *Küting/Weber/Kußmaul* Rechnungslegung § 239 HGB Rn. 2; *Glade* (Fn. 29) § 239 HGB Rn. 7.
[134] *Glade* (Fn. 29) § 239 HGB Rn. 4.
[135] Beck'sches HdB Rechnungslegung/*Bieg* A 100 Rn. 88; BeckBilKomm/*Budde/Kunz* § 239 HGB Rn. 3; *Küting/Weber/Kußmaul* Rechnungslegung § 239 HGB Rn. 3; *Glade* (Fn. 29) § 239 HGB Rn. 14; Beck'sches HdB GmbH/*Langseder* § 9 Rn. 7.
[136] *Adler/Düring/Schmaltz* § 239 HGB Rn. 18.
[137] Beck'sches HdB Rechnungslegung/*Bieg* A 100 Rn. 88.
[138] Beck'sches HdB Rechnungslegung/*Bieg* A 100 Rn. 78 ff.; BeckBilKomm/*Budde/Kunz* § 239 HGB Rn. 4; *Glade* (Fn. 29) § 239 HGB Rn. 17.
[139] *Baumbach/Hueck/Schulze-Osterloh* Rn. 27; Beck'sches HdB Rechnungslegung/*Bieg* A 100 Rn. 102 ff.; *Küting/Weber/Kußmaul* Rechnungslegung § 239 HGB Rn. 5; Beck'sches HdB GmbH/*Langseder* § 9 Rn. 7.
[140] Beck'sches HdB Rechnungslegung/*Bieg* A 100 Rn. 96; *Glade* (Fn. 29) § 239 HGB Rn. 21; *Küting/Weber/Kußmaul* Rechnungslegung § 239 HGB Rn. 31; *Pößl* WPg. 1998, 559; *Winnefeld* Bilanz-HdB Rn. A 831.
[141] *Adler/Düring/Schmaltz* § 239 HGB Rn. 26; Beck'sches HdB Rechnungslegung/*Bieg* A 100 Rn. 91 ff.; *Pößl* WPg. 1998, 559; *Winnefeld* Bilanz-HdB Rn. A 831.
[142] *Winnefeld* Bilanz-HdB Rn. A 280.
[143] Zu möglichen Ausnahmen *Adler/Düring/Schmaltz* § 239 HGB Rn. 27.
[144] *Adler/Düring/Schmaltz* § 239 HGB Rn. 26 f.; *Baumbach/Hueck/Schulze-Osterloh* Rn. 27; BeckBilKomm/*Budde/Kunz* § 239 HGB Rn. 5; *Küting/Weber/Kußmaul* Rechnungslegung § 239 HGB Rn. 32; *Winnefeld* Bilanz-HdB Rn. A 831.
[145] BeckBilKomm/*Budde/Kunz* § 239 HGB Rn. 6; Beck'sches HdB GmbH/*Langseder* § 9 Rn. 7.
[146] *Winnefeld* Bilanz-HdB Rn. A 290.

liche Inhalt nicht mehr feststellbar ist. Bei einer zulässigen Änderung (zB Fehlerberichtigung) muss der Zeitpunkt der Vornahme erkennbar sein.[147] Eine Veränderung der Bücher stellt auch das nachträgliche Einfügen von Aufzeichnungen dar; daher ist es auch verboten, zwischen den Aufzeichnungen unnötige unbeschriebene Zwischenräume zu lassen.[148]

bb) Doppelte Buchführung. Üblich und auch erforderlich ist die Führung der Handelsbücher in Form der doppelten Buchführung,[149] bei der Bestands- und Erfolgskonten eingerichtet sind und alle Geschäftsvorfälle auf mindestens zwei dieser Konten erfasst werden.[150] Einfache Buchführung, bei der die Geschäftsvorfälle chronologisch lediglich als Zu- und Abgänge auf Bestandskonten verbucht werden, reicht demgegenüber nicht aus. Der Grund liegt darin, dass die GmbH als Teil ihres Jahresabschlusses auch eine Gewinn- und Verlustrechnung aufzustellen hat (Rn. 122) und diese aus den nur im Rahmen der doppelten Buchführung vorhandenen Erfolgskonten abgeleitet wird. 55

cc) Buchführungssysteme. α) Buchführung in gebundenen Büchern. Die Buchführung in gebunden Büchern,[151] die heute nur noch selten anzutreffen sein dürfte,[152] wird regelmäßig als **Journalbuchführung** – häufig in Form des „amerikanischen Journals" – geführt.[153] Das Journal enthält sowohl Grund- als auch Hauptbuch: Die Geschäftsvorfälle werden in den einzelnen Zeilen untereinander gebucht; dabei stehen in der ersten Spalte die Buchungsbeträge (Grundbuch) und in den weiteren Spalten die Sachkonten (Hauptbuch).[154] 56

β) Lose-Blatt-Buchführung. Bei der Lose-Blatt-Buchführung[155] werden die Geschäftsvorfälle in einem Grund- und einem Hauptbuch erfasst.[156] Sofern dies im Durchschreibeverfahren geschieht, spricht man auch von **Durchschreibebuchführung**.[157] Wird die Lose-Blatt-Buchführung verwendet, so muss u.a. ein Kontenplan bestehen und es muss über alle in der Buchführung verwendeten losen Blätter ein Nachweis geführt werden.[158] Es müssen Vorkehrungen getroffen werden, die das Entfernen einzelner Blätter verhindern[159] (zB durch Paginierung oder Übertragung des Saldos eines Buchungsblattes auf das nächste). 57

γ) Offene-Posten-Buchführung. Bei der Offene-Posten-Buchführung, die zumeist in Form der **Kontokorrentbuchführung** angewendet wird, werden ein- und ausgehende Rechnungen zunächst nicht gebucht, sondern numeriert und als „Offene 58

---

[147] *Adler/Düring/Schmaltz* § 239 HGB Rn. 42; *Baumbach/Hueck/Schulze-Osterloh* Rn. 27.
[148] Beck'sches HdB Rechnungslegung/*Bieg* A 100 Rn. 98 f.
[149] *Baumbach/Hueck/Schulze-Osterloh* Rn. 25; Beck'sches HdB GmbH/*Langseder* § 9 Rn. 9; *Lutter/Hommelhoff* Rn. 1; *Roth/Altmeppen* Rn. 9; *Scholz/Crezelius* Rn. 9; aA *Küting/Weber/Ellerich* Rechnungslegung § 238 HGB Rn. 11 für GmbH mit Kleingewerbe oder reine Komplementär-GmbH.
[150] Beck'sches HdB Rechnungslegung/*Hölzli* A 120 Rn. 2.
[151] Allgemein zu manuellen Methoden der Buchführung *Plagens* DStR 1993, 1874, 1875 f.
[152] *Winnefeld* Bilanz-HdB Rn. A 660.
[153] *Winnefeld* Bilanz-HdB Rn. A 640.
[154] Beck'sches HdB Rechnungslegung/*Hölzli* A 120 Rn. 20; BeckBilKomm/*Budde/Kunz* § 238 HGB Rn. 85; *Winnefeld* Bilanz-HdB Rn. A 640.
[155] Allgemein zu manuellen Methoden der Buchführung *Plagens* DStR 1993, 1874, 1875 f.
[156] BeckBilKomm/*Budde/Kunz* § 238 HGB Rn. 83.
[157] Dazu Beck'sches HdB Rechnungslegung/*Hölzli* A 120 Rn. 21; *Winnefeld* Bilanz-HdB Rn. A 620 ff.
[158] *Winnefeld* Bilanz-HdB Rn. A 661.
[159] *Küting/Weber/Kußmaul* Rechnungslegung § 239 HGB Rn. 37.

§ 41   3. Abschnitt. Vertretung und Geschäftsführung

Posten" geordnet abgelegt. Mit dem der Rechnung zugehörigen Zahlungsein- oder -ausgang wird ein Offener Posten erledigt[160] und in die Ausgeglichene-Posten-Sammlung abgelegt.[161] Die Ablage der Offenen Posten ersetzt dabei die Personenkonten,[162] der Bestand an Offenen Posten muss regelmäßig mit dem Saldo der Sachkonten abgestimmt werden.[163]

59   δ) **EDV-Buchführung.** Die am häufigsten anzutreffende Form der Buchführung dürfte heute die EDV-gestützte Buchführung sein.[164] Auch sie muss gemäß § 239 Abs. 4 HGB den allgemein an eine ordnungsmäßige Buchführung zu stellenden Anforderungen (s. Rn. 45 ff.) genügen. Insbesondere müssen die Daten während der Dauer der Aufbewahrungsfrist (Rn. 155) verfügbar sein und jederzeit lesbar gemacht werden können. Letzteres ist schon deshalb erforderlich, um es einem sachverständigen Dritten jederzeit zu ermöglichen, sich innerhalb angemessener Zeit einen Überblick über die Lage des Unternehmens zu verschaffen.[165]

60   Für die EDV-Buchführung sind die **Grundsätze ordnungsmäßiger DV-gestützter Buchführungssysteme (GoBS),**[166] die eine Konkretisierung der GoB darstellen[167] und die die **Grundsätze ordnungsmäßiger Speicherbuchführung (GoS)**[168] aus dem Jahr 1978 abgelöst haben, zu beachten. Nach den GoBS sind Beleg-, Journal- und Kontenfunktion (Rn. 53) zu erfüllen, d. h. dass keine Buchung ohne Beleg – der allerdings kein herkömmlicher Papierbeleg sein muss[169] – vorgenommen werden darf **(Belegfunktion),** die ordnungsmäßige Verbuchung jedes Geschäftsvorfalles durch Protokollierung nachgewiesen werden kann **(Journalfunktion)** und die Buchungsdaten in geordneter, übersichtlicher und verständlicher Form dargestellt werden können **(Kontenfunktion).** Außerdem müssen die Querverbindungen zwischen Belegen, Journalen und Konten sichtbar gemacht werden können.[170]

61   Von besonderer Bedeutung für die EDV-Buchführung ist das Vorhandensein eines **Internen Kontrollsystems (IKS).** Das IKS umfasst die Gesamtheit aller Regelungen, Maßnahmen und Kontrollen, durch die sichergestellt wird, dass die Buchungen vollständig, richtig, zeitnah und unveränderbar vorgenommen werden, so dass die Ordnungsmäßigkeit der Buchführung gewährleistet ist.[171] Ein Bestandteil des IKS ist auch die Beschreibung seiner selbst.[172]

---

[160] *Küting/Weber/Kußmaul* Rechnungslegung § 239 HGB Rn. 38; *Winnefeld* Bilanz-HdB Rn. A 650.
[161] Beck'sches HdB Rechnungslegung/*Bieg* A 100 Rn. 118.
[162] BeckBilKomm/*Budde/Kunz* § 239 HGB Rn. 9; *Küting/Weber/Kußmaul* Rechnungslegung § 239 HGB Rn. 38.
[163] *Adler/Düring/Schmaltz* § 239 HGB Rn. 50; *Küting/Weber/Kußmaul* Rechnungslegung § 239 HGB Rn. 39; *Winnefeld* Bilanz-HdB Rn. A 651.
[164] Allgemein zu EDV-gestützter Buchführung *Plagens* DStR 1993, 1874, 1876.
[165] Dazu Rn. 44; ebenso *Zepf* HdJ I/3 Rn. 10.
[166] BStBl. 1995 I S. 740; vgl. auch Stellungnahme FAMA 1/1987 WPg. 1988, 1 idF 1993 (IDW Fachgutachten und Stellungnahmen); ferner künftig Entwurf IDW Stellungnahme zur Rechnungslegung: Grundsätze ordnungsmäßiger Buchführung bei Einsatz von Informationstechnologie (IDW ERS FAIT 1) WPg. 2001, 512.
[167] *Adler/Düring/Schmaltz* § 239 HGB Rn. 61.
[168] BStBl. 1978 I S. 250.
[169] *Küting/Weber/Kußmaul* Rechnungslegung § 239 HGB Rn. 6; *Zepf* HdJ I/3 Rn. 41.
[170] *Winnefeld* Bilanz-HdB Rn. A 676.
[171] BeckBilKomm/*Budde/Kunz* § 239 HGB Rn. 15; *Zepf* HdJ I/3 Rn. 44 f.
[172] *Adler/Düring/Schmaltz* § 239 HGB Rn. 71; BeckBilKomm/*Budde/Kunz* § 239 HGB Rn. 15.

Im Hinblick auf das Verbot der nachträglichen Veränderung des Buchführungsin- 62
halts gemäß § 239 Abs. 3 HGB (Rn. 54) und auf die Aufbewahrungsfrist des § 257
HGB (Rn. 155) ist die **Datensicherheit**[173] zu gewährleisten. Durch geeignete Maßnahmen müssen die gespeicherten Buchungsdaten vor Verlust und vor unberechtigtem Zugriff geschützt werden.

Schließlich bedarf es der **Verfahrensdokumentation,** aus der sich Inhalt, Aufbau 63
und Ablauf des Abrechnungsverfahrens ergeben. Die Verfahrensdokumentation muss folgende Elemente enthalten: die sachlogische Beschreibung des Programms, die programmtechnische Beschreibung, die Beschreibung, wie die Programm-Identität gewahrt wird, und die Beschreibung, wie die Integrität der Daten gewahrt wird. Außerdem muss die Verfahrensdokumentation die Arbeitsanweisungen für den Anwender enthalten.[174] Da die Verfahrensdokumentation zu den nach § 257 Abs. 1 HGB aufbewahrungspflichtigen Unterlagen gehört,[175] muss sie in irgendeiner Weise verkörpert sein; eine rein verbale Verfahrensdokumentation reicht nicht aus.[176]

dd) Buchführung außer Haus. Es ist zulässig, Teile der Buchführungsarbeiten 64
oder auch die Führung der Bücher insgesamt sowie die Erfüllung der Aufbewahrungspflicht nicht im Unternehmen selbst, sondern von **externen Dritten** ausführen zu lassen.[177] Dies setzt insbesondere kleinere Unternehmen in die Lage, sich eines EDV-gestützten Buchführungssystems zu bedienen. Übertragen werden kann dabei jedoch nur die Tätigkeit, nicht die Verantwortlichkeit für die Ordnungsmäßigkeit der Buchführung.[178] Zwischen Auftraggeber (buchführungspflichtiger GmbH) und Auftragnehmer sollten genaue Absprachen über die im einzelnen übertragenen Buchführungsaufgaben (Belegerstellung, Kontierung, Erfassung und Verbuchung der Geschäftsvorfälle) bestehen. Außerdem muss der Auftraggeber die ordnungsmäßige Erfüllung der übertragenen Aufgaben kontrollieren. Bei Einsatz eines EDV-Programms durch den Auftragnehmer bedeutet das zunächst, dass der Auftraggeber sicherstellen muss, dass das Programm die gesetzlichen Aufzeichnungspflichten erfüllen kann. Wird die Aufbewahrungspflicht außer Haus erfüllt, muss der Auftraggeber jederzeit Zugriff auf die aufzubewahrenden Unterlagen haben.

c) Aufbewahrungspflicht. Zur Aufbewahrungspflicht der Buchführungsunterlagen 65
und den dabei einzuhaltenden Aufbewahrungsfristen s. Rn. 155 f.

VI. Inventar

1. Begriff und Inhalt. Nach § 240 HGB ist die GmbH verpflichtet, zu Beginn 66
ihres Handelsgewerbes und für den Schluss eines jeden Geschäftsjahres ein Inventar aufzustellen. Unter Inventar versteht man ein Verzeichnis sämtlicher Vermögensgegenstände und Schulden des Unternehmens nach Art, Menge und Wert.[179] § 240 HGB nennt als Beispiele für Vermögensgegenstände Grundstücke und Forderungen.

---

[173] *Adler/Düring/Schmaltz* § 239 HGB Rn. 72; BeckBilKomm/*Budde/Kunz* § 239 HGB Rn. 16.
[174] Zum Ganzen *Adler/Düring/Schmaltz* § 239 HGB Rn. 73; BeckBilKomm/*Budde/Kunz* § 239 HGB Rn. 18 f.
[175] *Adler/Düring/Schmaltz* § 239 HGB Rn. 74. Zur Aufbewahrungspflicht s. Rn. 155.
[176] AA BeckBilKomm/*Budde/Kunz* § 239 HGB Rn. 18.
[177] *Adler/Düring/Schmaltz* § 238 HGB Rn. 53; BeckBilKomm/*Budde/Kunz* § 238 HGB Rn. 90; Beck'sches HdB GmbH/*Langseder* § 9 Rn. 14; *Winnefeld* Bilanz-HdB Rn. A 191.
[178] *Adler/Düring/Schmaltz* § 238 HGB Rn. 53.
[179] *Baumbach/Hueck/Schulze-Osterloh* Rn. 29; *Farr* HdJ II/5 Rn. 3; *Gans/Quick* DStR 1995, 306; *Winnefeld* Bilanz-HdB Rn. B 2.

§ 41   3. Abschnitt. Vertretung und Geschäftsführung

Allgemein sind **Vermögensgegenstände** rechtliche oder tatsächliche wirtschaftliche Positionen, die selbständig veräußerlich, selbständig bewertbar und selbständig vollstreckungsfähig sind, d. h. Objekt der Einzelzwangsvollstreckung wegen Geldforderungen sein können.[180] Als Vermögensgegenstände kommen danach sowohl körperliche Gegenstände als auch immaterielle Güter in Betracht.[181] Zu den zu inventarisierenden **Schulden** gehören auch die **Rückstellungen**.[182]

67 Es sind **sämtliche Vermögensgegenstände und Schulden** in das Inventar aufzunehmen, also auch solche, die in der Bilanz nicht aktiviert bzw. passiviert werden dürfen, zB nicht entgeltlich erworbene immaterielle Anlagegegenstände,[183] für die § 248 Abs. 2 HGB ein Aktivierungsverbot statuiert, und Forderungen und Verbindlichkeiten aus schwebenden Geschäften,[184] die nach dem Grundsatz des Nichtausweises schwebender Geschäfte (Rn. 39) einem Aktivierungsverbot in der Bilanz unterliegen. **Geringwertige Vermögensgegenstände des Anlagevermögens,** deren Anschaffungs- oder Herstellungskosten weniger als € 410,- betragen, können im Jahr der Anschaffung oder Herstellung voll abgeschrieben werden und auf einem gesonderten Konto verbucht werden. Sie brauchen dann nicht in das Inventar aufgenommen zu werden.[185] Vermögensgegenstände, deren Anschaffungs- oder Herstellungskosten weniger als € 50,- (früher DM 100,–[186]) betragen, und **kurzlebige Vermögensgegenstände des Anlagevermögens,** deren Nutzungsdauer nicht mehr als ein Jahr beträgt,[187] müssen ebenfalls nicht in das Inventar aufgenommen werden.

68 Das Inventar enthält andererseits **nur Vermögensgegenstände und Schulden.** Aktiva und Passiva, die nicht als Vermögensgegenstände bzw. Schulden zu qualifizieren sind, dürfen daher nicht in das Inventar aufgenommen werden. Keine Vermögensgegenstände sind namentlich aktive Rechnungsabgrenzungsposten und Bilanzierungshilfen;[188] keine Schulden sind zB Aufwandsrückstellungen.[189]

69 Schließlich ist Voraussetzung für die Aufnahme eines Vermögensgegenstandes oder einer Schuld in das Inventar, dass die Position der GmbH zuzurechnen ist. Vermö-

---

[180] IE str.; wie hier *Baumbach/Hueck/Schulze-Osterloh* § 42 Rn. 70; *Lutz* HdJ I/4 Rn. 28 ff.; *Tiedchen* Der Vermögensgegenstand im Handelsbilanzrecht, S. 44 ff.; *Winter* BB 1996, 2083, 2086; ähnlich *Ekkenga* ZGR 1997, 262, 269; kritisch zum Merkmal der selbständigen Vollstreckungsfähigkeit hingegen *Hennrichs* StuW 1999, 138, 147; ebenfalls nur auf selbständige Veräußerungsfähigkeit und Bewertbarkeit abstellend *Scholz/Crezelius* Anh. § 42a Rn. 114; BeckBilKomm/ *Förschle/Kofahl* § 247 HGB Rn. 13; für selbständige Verwertungsfähigkeit als maßgebliches Abgrenzungskriterium *Adler/Düring/Schmaltz* § 246 HGB Rn. 28.
[181] BeckBilKomm/*Förschle/Kofahl* § 247 HGB Rn. 10.
[182] *Glade* (Fn. 29) Teil I Rn. 252; *Winnefeld* Bilanz-HdB Rn. B 2.
[183] *Baumbach/Hueck/Schulze-Osterloh* Rn. 29; *Tiedchen* (Fn. 180) S. 46; aA *Adler/Düring/ Schmaltz* § 240 HGB Rn. 15; wohl auch *Farr* (Fn. 179) Rn. 8, 15.
[184] *Baumbach/Hueck/Schulze-Osterloh* Rn. 29; *Tiedchen* (Fn. 180) S. 78.
[185] *Adler/Düring/Schmaltz* § 240 HGB Rn. 17; *Baumbach/Hueck/Schulze-Osterloh* Rn. 29; *Farr* (Fn. 179) Rn. 11; *Glade* (Fn. 29) § 240 HGB Rn. 30; *Winnefeld* Bilanz-HdB Rn. B 9, 33.
[186] *Adler/Düring/Schmaltz* § 240 HGB Rn. 17; *Baumbach/Hueck/Schulze-Osterloh* Rn. 29; *Farr* (Fn. 179) Rn. 11; *Glade* (Fn. 29) § 240 HGB Rn. 31; *Winnefeld* Bilanz-HdB Rn. B 9.
[187] *Glade* (Fn. 29) § 240 HGB Rn. 31; *Winnefeld* Bilanz-HdB Rn. B 33; ähnlich *Adler/Düring/ Schmaltz* § 240 HGB Rn. 17 (ein bis zwei Jahre); *Baumbach/Hueck/Schulze-Osterloh* Rn. 29 (wenig länger als ein Jahr).
[188] *Adler/Düring/Schmaltz* § 240 HGB Rn. 8; *Baumbach/Hueck/Schulze-Osterloh* Rn. 29; BeckBilKomm/*Budde/Kunz* § 240 HGB Rn. 22; *Farr* (Fn. 179) Rn. 17; *Tiedchen* (Fn. 180) S. 47; *Winnefeld* Bilanz-HdB Rn. B 33.
[189] *Adler/Düring/Schmaltz* § 240 HGB Rn. 8; *Baumbach/Hueck/Schulze-Osterloh* Rn. 29; *Farr* (Fn. 179) Rn. 17.

gensgegenstände sind der GmbH grds zuzurechnen, wenn sie zivilrechtliche Eigentümerin ist.[190] Abweichend vom zivilrechtlichen Eigentum wird jedoch auf die sog. **wirtschaftliche Zurechnung** (auch **wirtschaftliches Eigentum** genannt) abgestellt,[191] wenn die GmbH, ohne zivilrechtliche Eigentümerin eines Vermögensgegenstandes zu sein, in einer Position ist, dass ihr der Substanzwert des Gegenstandes zusteht, so dass sie auf Dauer die Befugnis zur Verwertung auf eigene Rechnung hat.[192] Vom zivilrechtlichen Eigentum abweichende wirtschaftliche Zurechnung ist zB gegeben bei unter Eigentumsvorbehalt erworbenen Sachen, die der Käufer zu inventarisieren hat, bei zur Sicherheit übereigneten Gegenständen, die weiterhin beim Sicherungsgeber zu inventarisieren sind, und bei der Inventarisierung von Treugut, dass idR beim Treugeber zu erfassen ist.[193]

2. Funktion. Das Inventar dient dem **Nachweis und der Dokumentation der Bestände**[194] und dadurch der **Kontrolle der Buchführung**[195] sowie dem **Gläubigerschutz**, indem es den Gläubigern einen Überblick über die im Unternehmen vorhandene Substanz verschafft[196] und verhindert, dass im Insolvenzfall Vermögenswerte dem Zugriff der Gläubiger entzogen werden.[197] Insoweit stellt das Inventar die **Vermögenslage** des Unternehmens dar.[198] Außerdem bildet es die **Grundlage für die Erstellung der Bilanz**.[199]

3. Eröffnungsinventar und Jahresinventar. Ein Inventar ist gemäß § 240 Abs. 1 HGB zum Beginn des Handelsgewerbes und gemäß § 240 Abs. 2 S. 1 HGB für den Schluss eines jeden Geschäftsjahres aufzustellen. Das **Eröffnungsinventar** ist dabei auf den Zeitpunkt zu beziehen, zu dem die Buchführungspflicht der GmbH beginnt.[200] In der Folge muss dann für den Schluss eines jeden Geschäftsjahres – auch für Rumpfgeschäftsjahre[201] – ein **Jahresinventar** aufgestellt werden. Ein Geschäftsjahr darf dabei gemäß § 240 Abs. 2 S. 2 HGB nicht länger als zwölf Monate betragen. Über die **Frist zur Aufstellung des Jahresinventars** sagt § 240 Abs. 2 S. 3 HGB lediglich, dass das Inventar „innerhalb der einem ordnungsmäßigen Geschäftsgang entsprechen-

---

[190] *Adler/Düring/Schmaltz* § 240 HGB Rn. 10; BeckBilKomm/*Budde/Kunz* § 240 HGB Rn. 56.
[191] *Adler/Düring/Schmaltz* § 240 HGB Rn. 10; BeckBilKomm/*Budde/Kunz* § 240 HGB Rn. 56; *Farr* (Fn. 179) Rn. 24; Beck'sches HdB Rechnungslegung/*Uhlig* A 210 Rn. 29; *Winnefeld* Bilanz-HdB Rn. B 5.
[192] *Baumbach/Hueck/Schulze-Osterloh* § 42 Rn. 80.
[193] *Farr* (Fn. 179) Rn. 26; *Küting/Weber/Knop* Rechnungslegung § 240 HGB Rn. 22; Beck'sches HdB Rechnungslegung/*Uhlig* A 210 Rn. 29.
[194] *Farr* (Fn. 179) Rn. 20; Beck'sches HdB GmbH/*Langseder* § 9 Rn. 26; Beck'sches HdB Rechnungslegung/*Uhlig* A 210 Rn. 14; *Winnefeld* Bilanz-HdB Rn. B 20.
[195] *Baumbach/Hueck/Schulze-Osterloh* Rn. 29; Beck'sches HdB GmbH/*Langseder* § 9 Rn. 26; *Tiedchen* (Fn. 180) S. 49 f.; *Winnefeld* Bilanz-HdB Rn. B 21.
[196] *Baumbach/Hueck/Schulze-Osterloh* Rn. 29; *Tiedchen* (Fn. 180) S. 50; Beck'sches HdB Rechnungslegung/*Uhlig* A 210 Rn. 14; *Winnefeld* Bilanz-HdB Rn. B 34.
[197] *Farr* (Fn. 179) Rn. 20; Beck'sches HdB Rechnungslegung/*Uhlig* A 210 Rn. 14; *Winnefeld* Bilanz-HdB Rn. B 34.
[198] *Glade* (Fn. 29) Teil I Rn. 242.
[199] *Scholz/Crezelius* Anh. § 42a Rn. 49; *Farr* (Fn. 179) Rn. 19; Beck'sches HdB GmbH/*Langseder* § 9 Rn. 26; Beck'sches HdB Rechnungslegung/*Uhlig* A 210 Rn. 12; *Winnefeld* Bilanz-HdB Rn. B 20. Vgl. auch Rn. 118.
[200] *Baumbach/Hueck/Schulze-Osterloh* Rn. 37; Beck'sches HdB GmbH/*Langseder* § 9 Rn. 25; *Scholz/Crezelius* Anh. § 42a Rn. 43. Zum Beginn der Buchführungspflicht Rn. 41.
[201] *Farr* (Fn. 179) Rn. 1; Beck'sches HdB Rechnungslegung/*Uhlig* A 210 Rn. 7.

§ 41 3. Abschnitt. Vertretung und Geschäftsführung

den Zeit" aufzustellen ist. Da das Inventar auf den Schluss des Geschäftsjahres zu beziehen ist und die Bestände an Vermögensgegenständen und Schulden des Unternehmens sich typischerweise täglich ändern, kommt nur eine möglichst zeitnahe Erstellung in Betracht.[202] Da das Inventar außerdem Grundlage für die Erstellung der Bilanz ist (Rn. 70) und diese als Teil des Jahresabschlusses gemäß § 264 Abs. 1 S. 2 HGB innerhalb der ersten drei Monate – bzw. im Falle kleiner Gesellschaften iS des § 267 Abs. 1 HGB (Rn. 30 ff.) gemäß § 264 Abs. 1 S. 3 HGB innerhalb der ersten sechs Monate – eines Geschäftsjahres aufzustellen ist, muss das Inventar jedenfalls so rechtzeitig gefertigt werden, dass die fristgemäße Aufstellung der Bilanz möglich ist.[203]

72 **4. Inventur.** Die Erstellung des Inventars beruht auf der Inventur (**Bestandsaufnahme**). Für die Durchführung gelten die **Grundsätze ordnungsmäßiger Inventur (GoI)**, die eine Ausprägung der GoB sind.[204] Zu den GoI gehören die Grundsätze der Vollständigkeit, Richtigkeit, Einzelaufnahme und Nachprüfbarkeit. **Vollständigkeit** bedeutet, dass alle dem Unternehmen zuzurechnenden Vermögensgegenstände und Schulden in das Inventar aufzunehmen sind und Doppelerfassungen vermieden werden.[205] **Richtigkeit** ist gegeben, wenn die vorhandenen Vermögensgegenstände und Schulden hinsichtlich ihrer Art, Menge und Wertes zutreffend erfasst worden sind.[206] **Einzelaufnahme** erfordert die Erfassung jedes einzelnen zu inventarisierenden Postens.[207] Die Zusammenfassung gleichartiger Vermögensgegenstände wird allerdings als zulässig angesehen.[208] **Nachprüfbarkeit** setzt voraus, dass eine Dokumentation der Inventur angefertigt wird, die einen sachverständigen Dritten in die Lage versetzt, sich innerhalb angemessener Zeit einen Überblick über das Verfahren der Inventur sowie deren Ergebnis zu verschaffen.[209] Relativiert werden die genannten Grundsätze allerdings durch den **Wirtschaftlichkeitsgrundsatz**.[210] Danach dürfen an die Inventur keine übermäßigen Anforderungen gestellt werden. Im Einzelfall ist das Verhältnis der

---

[202] *Adler/Düring/Schmaltz* § 240 HGB Rn. 61; *Winnefeld* Bilanz-HdB Rn. B 40; ähnlich Beck'sches HdB Rechnungslegung/*Uhlig* A 210 Rn. 18 f.
[203] *Adler/Düring/Schmaltz* § 240 HGB Rn. 61; *Baumbach/Hueck/Schulze-Osterloh* Rn. 39; *Farr* (Fn. 179) Rn. 120; *Küting/Weber/Knop* Rechnungslegung § 240 HGB Rn. 50; Beck'sches HdB GmbH/*Langseder* § 9 Rn. 27; Beck'sches HdB Rechnungslegung/*Uhlig* A 210 Rn. 16.
[204] BeckBilKomm/*Budde/Kunz* § 240 HGB Rn. 17; *Farr* (Fn. 179) Rn. 21.
[205] *Adler/Düring/Schmaltz* § 240 HGB Rn. 20; *Bruse/Kunz/Nies/Riemer/Schmitz* StBp. 1988, 101, 102; BeckBilKomm/*Budde/Kunz* § 240 HGB Rn. 19; *Farr* (Fn. 179) Rn. 27; *Küting/Weber/Knop* Rechnungslegung § 240 HGB Rn. 16; Beck'sches HdB GmbH/*Langseder* § 9 Rn. 29; *Winnefeld* Bilanz-HdB Rn. B 32.
[206] *Adler/Düring/Schmaltz* § 240 HGB Rn. 21; *Bruse/Kunz/Nies/Riemer/Schmitz* StBp. 1988, 101, 102; BeckBilKomm/*Budde/Kunz* § 240 HGB Rn. 23 ff.; *Farr* (Fn. 179) Rn. 29; *Küting/Weber/Knop* Rechnungslegung § 240 HGB Rn. 26; Beck'sches HdB GmbH/*Langseder* § 9 Rn. 29; Beck'sches HdB Rechnungslegung/*Uhlig* A 210 Rn. 34 ff.; *Winnefeld* Bilanz-HdB Rn. B 31.
[207] *Adler/Düring/Schmaltz* § 240 HGB Rn. 22; BeckBilKomm/*Budde/Kunz* § 240 HGB Rn. 27; *Farr* (Fn. 179) Rn. 36.
[208] BeckBilKomm/*Budde/Kunz* § 240 HGB Rn. 27; *Farr* (Fn. 179) Rn. 36; Beck'sches HdB Rechnungslegung/*Uhlig* A 210 Rn. 44.
[209] *Adler/Düring/Schmaltz* § 240 HGB Rn. 24; *Bruse/Kunz/Nies/Riemer/Schmitz* StBp. 1988, 101, 102; BeckBilKomm/*Budde/Kunz* § 240 HGB Rn. 25; *Farr* (Fn. 179) Rn. 38; Beck'sches HdB Rechnungslegung/*Uhlig* A 210 Rn. 45.
[210] *Adler/Düring/Schmaltz* § 240 HGB Rn. 19; *Farr* (Fn. 179) Rn. 41; *Glade* (Fn. 29) Teil I Rn. 260; Beck'sches HdB Rechnungslegung/*Uhlig* A 210 Rn. 23, 33; nur für den Grundsatz der Einzelaufnahme BeckBilKomm/*Budde/Kunz* § 240 HGB Rn. 27.

durch die Bestandsaufnahme vermittelten Erkenntnis zu dem dafür notwendigen Aufwand zu beachten.[211]

Die Inventur ist in erster Linie durch **körperliche Bestandsaufnahme** durchzuführen.[212] Dabei werden Art, Menge und Wert der im Unternehmen vorhandenen körperlichen Vermögensgegenstände durch Zählen, Messen und Wägen festgestellt.[213] Hinsichtlich des Sachanlagevermögens kann eine jährliche körperliche Bestandsaufnahme allerdings durch einen alle zwei bis drei Jahre durchzuführenden Vergleich des Ist-Bestandes mit dem Soll-Bestand ersetzt werden, wenn eine zuverlässige Anlagenkartei vorliegt, aus der sich der Tag der Anschaffung oder Herstellung, die Anschaffungs- oder Herstellungskosten, die betriebsgewöhnliche Nutzungsdauer, die Abschreibungsmethode, uU außerplanmäßige Abschreibungen sowie Zuschreibungen und der Tag des Abgangs ergeben.[214] 73

Bei immateriellen Vermögensgegenständen sowie Schulden ist eine körperliche Bestandsaufnahme nicht möglich. Sie sind ebenfalls im Wege der **Buchinventur** zu erfassen;[215] d.h. der Bestand wird anhand von Buchführungsunterlagen wie Konten, Belegen, Offene-Posten-Listen uä ermittelt.[216] 74

5. Inventurverfahren und Bewertungsvereinfachungsverfahren. a) Stichtagsinventur. Die klassische Art der körperlichen Bestandsaufnahme am Abschlussstichtag selbst bezeichnet man als Stichtagsinventur.[217] Die Stichtagsinventur ist das zuverlässigste Inventurverfahren.[218] Sie ist zwingend durchzuführen bei Beständen, bei denen in besonderem Maße Schwund, Verderb oder Diebstahl drohen, bei Beständen, von denen große Mengen umgeschlagen werden und damit verbunden häufig Differenzen festzustellen sind sowie bei sehr wertvollen Gegenständen.[219] 75

b) Ausgeweitete Stichtagsinventur. Bei der ausgeweiteten Stichtagsinventur wird die körperliche Bestandsaufnahme zeitnah zum Abschlussstichtag vorgenommen. Zeitnah bedeutet dabei nach hM eine Bestandsaufnahme zehn Tage vor oder nach dem Abschlussstichtag.[220] Dabei sind die Bestandsveränderungen zwischen Abschluss- 76

---

[211] *Adler/Düring/Schmaltz* § 240 HGB Rn. 25; *Farr* (Fn. 179) Rn. 41; ähnlich – Verhältnis des Wertes eines Vermögensgegenstandes zum Aufwand der Bestandsaufnahme – *Glade* (Fn. 29) Teil I Rn. 260.
[212] *Farr* (Fn. 179) Rn. 4; Beck'sches HdB Rechnungslegung/*Uhlig* A 210 Rn. 6.
[213] *Adler/Düring/Schmaltz* § 240 HGB Rn. 28; *Winnefeld* Bilanz-HdB Rn. B 41.
[214] BeckBilKomm/*Budde/Kunz* § 240 HGB Rn. 6; *Farr* (Fn. 179) Rn. 47f.
[215] *Adler/Düring/Schmaltz* § 240 HGB Rn. 31; *Farr* (Fn. 179) Rn. 54; Beck'sches HdB Rechnungslegung/*Uhlig* A 210 Rn. 6; *Winnefeld* Bilanz-HdB Rn. B 41.
[216] *Adler/Düring/Schmaltz* § 240 HGB Rn. 31; *Farr* (Fn. 179) Rn. 55; *Winnefeld* Bilanz-HdB Rn. B 41.
[217] *Adler/Düring/Schmaltz* § 240 HGB Rn. 36; BeckBilKomm/*Budde/Kunz* § 240 HGB Rn. 41; *Farr* (Fn. 179) Rn. 61; *Jaspers* BB 1996, 45; *Küting/Weber/Knop* Rechnungslegung § 240 HGB Rn. 94; Beck'sches HdB Rechnungslegung/*Uhlig* A 220 Rn. 2; *Winnefeld* Bilanz-HdB Rn. B 75; HFA IDW Stellungnahme 1/1990 WPg. 1990, 143, 145.
[218] *Farr* (Fn. 179) Rn. 58; *Küting/Weber/Knop* Rechnungslegung § 240 HGB Rn. 94; HFA IDW Stellungnahme 1/1990 WPg. 1990, 143, 145.
[219] *Adler/Düring/Schmaltz* § 240 HGB Rn. 37; BeckBilKomm/*Budde/Kunz* § 241 HGB Rn. 70; *Farr* (Fn. 179) Rn. 59; *Gans/Quick* DStR 1995, 306, 308, 310; *dies.* DStR 1995, 1162, 1164; Beck'sches HdB GmbH/*Langseder* § 9 Rn. 30; Beck'sches HdB Rechnungslegung/*Uhlig* A 220 Rn. 2 und 93f.; *Winnefeld* Bilanz-HdB Rn. B 76; HFA IDW Stellungnahme 1/1990 WPg. 1990, 143, 145.
[220] *Adler/Düring/Schmaltz* § 240 HGB Rn. 38; *Baumbach/Hueck/Schulze-Osterloh* Rn. 31; BeckBilKomm/*Budde/Kunz* § 240 HGB Rn. 43; Beck'sches HdB GmbH/*Langseder* § 9 Rn. 30; Beck'sches HdB Rechnungslegung/*Uhlig* A 220 Rn. 82; HFA IDW Stellungnahme 1/1990

stichtag und Tag der Bestandsaufnahme anhand von Belegen nach Art, Menge und Wert zu erfassen, so dass der Bestand am Abschlussstichtag ermittelt werden kann.[221]

77 **c) Vor- oder nachverlegte Stichtagsinventur.** Von der ausgeweiteten Stichtagsinventur ist die vor- oder nachverlegte Stichtagsinventur[222] gemäß **§ 241 Abs. 3 HGB** zu unterscheiden. Bei letzterer findet eine Bestandsaufnahme nach Art, Menge und Wert der Vermögensgegenstände zu einem Zeitpunkt innerhalb der letzten drei Monate vor oder der ersten beiden Monate nach dem Abschlussstichtag statt; durch Fortschreibung bzw. Rückrechnung wird dann der Wert – nicht die Art oder Menge – der am Abschlussstichtag vorhandenen Vermögensgegenstände ermittelt.[223] Über den Wortlaut des § 241 Abs. 3 HGB, der nur von Vermögensgegenständen spricht, hinaus, wird die vor- oder nachverlegte Stichtagsinventur – einem praktischen Bedürfnis folgend – auch für **Rückstellungen,** insbesondere **Pensionsrückstellungen,** für zulässig gehalten.[224]

78 **d) Permanente Inventur.** Bei der permanenten Inventur[225] gemäß **§ 241 Abs. 2 HGB** entfällt eine körperliche Bestandsaufnahme der Vermögensgegenstände zum Abschlussstichtag. Die Bestandsaufnahme findet vielmehr zu beliebigen Zeitpunkten während des Geschäftsjahres statt; die Bestände zum Abschlussstichtag werden dann mittels eines den GoB entsprechenden Fortschreibungsverfahrens ermittelt.[226] Anders als bei der vor- oder nachverlegten Stichtagsinventur (Rn. 77) ist die Fortschreibung nicht auf die Werte beschränkt; vielmehr werden die Bestände hier art-, mengen- und wertmäßig fortgeschrieben.[227] Über die körperliche Bestandsaufnahme ist ein Aufnahme-Protokoll zu erstellen.[228] Voraussetzung für die Durchführung einer permanenten Inventur ist eine ordnungsgemäß geführte Lagerbuchführung.[229] Darin müssen alle Zu- und Abgänge einzeln nach Tag, Art und Menge erfasst und durch Belege nachgewiesen werden.[230] Außerdem muss grds. jeder Vermögensgegenstand mindestens einmal

---

WPg. 1990, 143, 145; weitergehend *Farr* (Fn. 179) Rn. 62; *Küting/Weber/Knop* Rechnungslegung § 240 HGB Rn. 95: zehn Tage vor und nach dem Abschlussstichtag, also über einen Zeitraum von 20 Tagen.

[221] *Adler/Düring/Schmaltz* § 240 HGB Rn. 39; *Baumbach/Hueck/Schulze-Osterloh* Rn. 31; BeckBilKomm/*Budde/Kunz* § 240 HGB Rn. 44; *Farr* (Fn. 179) Rn. 62.

[222] Zu Einzelheiten der Durchführung der vor- oder nachverlegten Stichtagsinventur *Gans/Quick* DStR 1995, 306 ff.

[223] *Adler/Düring/Schmaltz* § 241 HGB Rn. 32; *Baumbach/Hueck/Schulze-Osterloh* Rn. 32; BeckBilKomm/*Budde/Kunz* § 241 HGB Rn. 53; *Farr* (Fn. 179) Rn. 63; *Gans/Quick* DStR 1995, 306; Beck'sches HdB GmbH/*Langseder* § 9 Rn. 30; Beck'sches HdB Rechnungslegung/*Uhlig* A 220 Rn. 87 ff.; *Küting/Weber/Weiss/Zaich* Rechnungslegung § 241 HGB Rn. 5 f.; HFA IDW Stellungnahme 1/1990 WPg. 1990, 143, 145.

[224] BeckBilKomm/*Budde/Kunz* § 241 HGB Rn. 50; *Farr* (Fn. 179) Rn. 64.

[225] Zur Durchführung der permanenten Inventur und zu deren Rationalisierung vgl. *Strieder/Habel* DB 1996, 1836 ff.; zu Sonderformen der permanenten Inventur *Gans/Quick* DStR 1995, 306, 311.

[226] *Farr* (Fn. 179) Rn. 77; *Küting/Weber/Weiss/Zaich* Rechnungslegung § 241 HGB Rn. 13.

[227] *Gans/Quick* DStR 1995, 306, 309; *Winnefeld* Bilanz-HdB Rn. B 100.

[228] *Adler/Düring/Schmaltz* § 241 HGB Rn. 25; BeckBilKomm/*Budde/Kunz* § 241 HGB Rn. 87; *Farr* (Fn. 179) Rn. 78; *Gans/Quick* DStR 1995, 306, 309; *Küting/Weber/Weiss/Zaich* Rechnungslegung § 241 HGB Rn. 14; HFA IDW Stellungnahme 1/1990 WPg. 1990, 143, 145 f.

[229] *Baumbach/Hueck/Schulze-Osterloh* Rn. 33; *Gans/Quick* DStR 1995, 306, 309; Beck'sches HdB GmbH/*Langseder* § 9 Rn. 30; Beck'sches HdB Rechnungslegung/*Uhlig* A 220 Rn. 98, 100; *Winnefeld* Bilanz-HdB Rn. B 88.

[230] *Farr* (Fn. 179) Rn. 78; *Gans/Quick* DStR 1995, 306, 310; Beck'sches HdB Rechnungslegung/*Uhlig* A 220 Rn. 100; *Küting/Weber/Weiss/Zaich* Rechnungslegung § 241 HGB Rn. 14; *Winnefeld* Bilanz-HdB Rn. B 89; HFA IDW Stellungnahme 1/1990 WPg. 1990, 143, 145.

Buchführung § 41

im Geschäftsjahr körperlich aufgenommen werden.[231] Je zuverlässiger allerdings die Lagerbuchführung und das Fortschreibungssystem sind, desto eher können die Abstände zwischen den einzelnen körperlichen Bestandsaufnahmen uU auch über den Zeitraum eines Geschäftsjahres hinweg ausgedehnt werden.[232]

e) Stichprobeninventur. § 241 Abs. 1 HGB erlaubt die Ermittlung des Bestandes an Vermögensgegenständen nach Art, Menge und Wert mit Hilfe anerkannter mathematisch-statistischer Methoden auf Grund von Stichproben.[233] Das gewählte Verfahren muss allerdings gemäß § 241 Abs. 1 S. 2 HGB den GoB entsprechen, und der Aussagewert des auf diese Weise erstellten Inventars darf nicht hinter dem eines Inventars, das durch körperliche Bestandsaufnahme zustande gekommen ist, zurückbleiben (§ 241 Abs. 1 S. 3 HGB). Darüber hinaus setzt die Zulässigkeit der Stichprobeninventur eine zuverlässige Lagerbuchführung voraus.[234] Anerkannte mathematisch-statistische Verfahren iS des § 241 Abs. 1 S. 1 HGB sind **Zufallsstichprobenverfahren**[235] der statistischen Methodenlehre.[236] Man unterscheidet Schätzverfahren und Testverfahren. Bei den Schätzverfahren[237] wird der Gesamtwert der untersuchten Gesamtheit geschätzt[238] und dem Wert der Lagerbuchführung gegenübergestellt.[239] Bei den Testverfahren,[240] zB dem sog. Sequentialtest,[241] wird die Zuverlässigkeit der Lagerbuchhaltung an Hand einzelner Zufallsstichproben getestet.[242] Man spricht hier auch von Annahmeverfahren,[243] weil die Annahme, die Lagerbuchführung sei zuver-

79

---

[231] *Adler/Düring/Schmaltz* § 241 HGB Rn. 27; *Baumbach/Hueck/Schulze-Osterloh* Rn. 33; BeckBilKomm/*Budde/Kunz* § 241 HGB Rn. 32; *Farr* (Fn. 179) Rn. 78; *Gans/Quick* DStR 1995, 306, 309; *Strieder/Habel* DB 1996, 1836, 1837; Beck'sches HdB Rechnungslegung/*Uhlig* A 220 Rn. 98; *Küting/Weber/Weiss/Zaich* Rechnungslegung § 241 HGB Rn. 14; HFA IDW Stellungnahme 1/1990 WPg. 1990, 143, 145.
[232] Ähnlich *Adler/Düring/Schmaltz* § 241 HGB Rn. 27; *Baumbach/Hueck/Schulze-Osterloh* Rn. 33; BeckBilKomm/*Budde/Kunz* § 241 HGB Rn. 32; *Winnefeld* Bilanz-HdB Rn. B 92; aA *Strieder/Habel* DB 1996, 1836, 1837.
[233] Zu Einzelheiten der Durchführung einer Stichprobeninventur *Jaspers* BB 1996, 45 ff.; ders. StBp. 1995, 176 ff., 197 ff.; ders. DB 1995, 985 ff. mit Replik von *Eckmann/Peters* DB 1996, 488 ff. sowie HFA IDW Stellungnahme 1/1981 idF 1990 WPg. 1990, 649 ff. Zur Durchführung der Stichprobeninventur mit Hilfe elektronischer Datenverarbeitung (EDV) *Eckmann/Peters* DB 1990, 1832 ff.
[234] *Adler/Düring/Schmaltz* § 241 HGB Rn. 5; *Bruse/Kunz/Nies/Riemer/Schmitz* StBp. 1988, 101, 103; BeckBilKomm/*Budde/Kunz* § 241 HGB Rn. 25 ff.; *Farr* (Fn. 179) Rn. 85; *Winnefeld* Bilanz-HdB Rn. B 116, 118.
[235] Zu den einzelnen Verfahren der Zufallsauswahl *Burkel* DB 1985, 821, 823; ders. BB 1987, 29, 31 f.
[236] *Adler/Düring/Schmaltz* § 241 HGB Rn. 6; *Küting/Weber/Weiss/Zaich* Rechnungslegung § 241 HGB Rn. 7; HFA IDW Stellungnahme 1/1990 WPg. 1990, 143, 146.
[237] Dazu *Bruse/Kunz/Nies/Riemer/Schmitz* StBp. 1988, 101, 107 ff.
[238] *Adler/Düring/Schmaltz* § 241 HGB Rn. 7; *Eckmann/Peters* DB 1990, 1832; *Farr* (Fn. 179) Rn. 90; *Gans/Quick* DStR 1995, 1162, 1163; *Küting/Weber/Weiss/Zaich* Rechnungslegung § 241 HGB Rn. 18. Zu den verschiedenen Schätzverfahren auch BeckBilKomm/*Budde/Kunz* § 241 HGB Rn. 8 ff.; Beck'sches HdB Rechnungslegung/*Uhlig* A 220 Rn. 173 ff.
[239] *Farr* (Fn. 179) Rn. 90; Beck'sches HdB Rechnungslegung/*Uhlig* A 220 Rn. 188; *Küting/Weber/Weiss/Zaich* Rechnungslegung § 241 HGB Rn. 18.
[240] Dazu *Bruse/Kunz/Nies/Riemer/Schmitz* StBp. 1988, 101, 109 f.
[241] Einzelheiten bei *Gans/Quick* DStR 1995, 1162, 1165 ff.
[242] *Adler/Düring/Schmaltz* § 241 HGB Rn. 7; BeckBilKomm/*Budde/Kunz* § 241 HGB Rn. 11; *Eckmann/Peters* DB 1990, 1832; *Farr* (Fn. 179) Rn. 90; *Gans/Quick* DStR 1995, 1162, 1163; *Küting/Weber/Weiss/Zaich* Rechnungslegung § 241 HGB Rn. 26 f.
[243] *Burkel* DB 1985, 821, 824; ders. BB 1987, 29, 32.

§ 41 3. Abschnitt. Vertretung und Geschäftsführung

lässig, überprüft wird. Erweist sich die Annahme als zutreffend, werden die Werte der Lagerbuchführung in das Inventar übernommen.[244] Das gewählte Verfahren entspricht den **GoB**, wenn die GoI (Rn. 72), also Vollständigkeit, Richtigkeit und Nachprüfbarkeit, gewahrt sind.[245] **Aussageäquivalenz** iS des § 241 Abs. 1 S. 3 HGB wird angenommen, wenn mit einem Sicherheitsgrad von 95 % davon ausgegangen werden kann, dass der durch die Stichprobeninventur ermittelte Gesamtwert nicht mehr als 1 % vom wirklichen Gesamtwert abweicht.[246]

80 Nicht zulässig ist die Stichprobeninventur bei besonders wertvollen Gegenständen, leicht verderblichen Gegenständen sowie Gegenständen, die unkontrollierbarem Schwund unterliegen.[247]

81 **f) Festwertverfahren.** Gemäß § 240 Abs. 3 HGB können Vermögensgegenstände des Sachanlagevermögens sowie Roh-, Hilfs- und Betriebsstoffe, die regelmäßig ersetzt werden und deren Gesamtwert für das Unternehmen von nachrangiger Bedeutung ist, mit einer gleichbleibenden Menge und einem gleichbleibenden Wert angesetzt werden, sofern ihr Bestand in seiner Größe, seinem Wert und seiner Zusammensetzung nur geringen Veränderungen unterliegt.[248] Alle drei Jahre ist jedoch eine körperliche Bestandsaufnahme vorzunehmen; wenn Grund zu der Annahme besteht, dass der verwendete Festwert zu ändern sein könnte, uU auch eher[249] und in begründeten Ausnahmefällen auch einmal – jedoch nicht ständig – später.[250] Für immaterielle Vermögensgegenstände des Anlagevermögens, Finanzanlagen, fertige und unfertige Erzeugnisse sowie Handelswaren ist das Festwertverfahren nicht anwendbar. Praktisch kommt das Festwertverfahren darüber hinaus nur für bewegliche Anlagegegenstände in Betracht, da Grundstücke typischerweise nicht regelmäßig ersetzt werden (Rn. 83).[251] Für besonders wertvolle Gegenstände ist das Festwertverfahren ebenfalls nicht geeignet.[252]

82 Die zu einem Festwert zusammengefaßten Vermögensgegenstände müssen nicht gleichartig sein; es reicht, dass zwischen ihnen ein **Funktionszusammenhang** besteht.[253] Anwendungsfälle für die Festbewertung sind im Rahmen des Anlagevermögens zB Beleuchtungsanlagen, Gleis- und Signalanlagen, Hotelgeschirr, Gerüstteile, Modelle und Werkzeuge; im Bereich der Roh-, Hilfs- und Betriebsstoffe kommt die Festbewertung zB für Brennstoffe, Büromaterial und Kantinenvorräte in Betracht.

---

[244] BeckBilKomm/*Budde*/*Kunz* § 241 HGB Rn. 12; *Farr* (Fn. 179) Rn. 90; *Küting*/*Weber*/*Weiss*/*Zaich* Rechnungslegung § 241 HGB Rn. 26.

[245] *Adler*/*Düring*/*Schmaltz* § 241 HGB Rn. 9 ff.; BeckBilKomm/*Budde*/*Kunz* § 241 HGB Rn. 17 ff.; *Farr* (Fn. 179) Rn. 91 ff.; *Gans*/*Quick* DStR 1995, 1162, 1163 f.; *Jaspers* StBp. 1995, 176, 177; Beck'sches HdB Rechnungslegung/*Uhlig* A 220 Rn. 136 ff.; *Küting*/*Weber*/*Weiss*/*Zaich* Rechnungslegung § 241 HGB Rn. 37 ff.; HFA IDW Stellungnahme 1/1990 WPg. 1990, 143, 146 und Stellungnahme 1/1981 idF 1990 WPg. 1990, 649 ff.

[246] *Adler*/*Düring*/*Schmaltz* § 241 HGB Rn. 14; *Farr* (Fn. 179) Rn. 98; *Gans*/*Quick* DStR 1995, 1162, 1164; *Küting*/*Weber*/*Weiss*/*Zaich* Rechnungslegung § 241 HGB Rn. 42; HFA IDW Stellungnahme 1/1990 WPg. 1990, 143, 146.

[247] *Burkel* DB 1985, 821, 823; *ders.* BB 1987, 29, 31. S. auch Rn. 75.

[248] Zur historischen Entwicklung des Festwertverfahrens *Buchner* BB 1995, 2259 f.

[249] *Pooten* BB 1996, 839.

[250] *Büttner*/*Wenzel* DB 1992, 1893, 1894; *Harrmann* BB 1991, 303, 305.

[251] *Büttner*/*Wenzel* DB 1992, 1893.

[252] *Groh* DB 1985, 1849.

[253] *Adler*/*Düring*/*Schmaltz* § 240 HGB Rn. 92; *Farr* (Fn. 179) Rn. 126; *Pooten* BB 1996, 839, 840.

Die mittels des Festwertverfahrens zu erfassenden Vermögensgegenstände müssen **regelmäßig ersetzt** werden, d. h. Verbrauch bzw. Abgänge und Abschreibungen müssen betragsmäßig in etwa den Zugängen in dieser Gruppe entsprechen.[254] Umstritten ist dabei, ob eine Festbewertung bereits bei einem Neubestand abnutzbaren Sachanlagevermögens zulässig ist[255] oder ob der Bestand an Vermögensgegenständen erst seine durchschnittliche Nutzungsdauer erreicht haben muss, weil erst dann den Zukäufen entsprechende Abgänge gegenüberstehen.[256] Der letztgenannten Ansicht ist zuzugeben, dass für die Zulässigkeit der Festbewertung auch die Menge der zu einer Gruppe zusammengefassten Vermögensgegenstände in etwa konstant bleiben muss (Rn. 85), jedoch ist dies im Falle eines Neubestandes keineswegs ausgeschlossen, da einerseits die Notwendigkeit von Zukäufen in den ersten Jahren gering sein dürfte und andererseits Abgänge nicht nur durch Verbrauch, sondern zB auch durch Diebstahl oder sonstigen Verlust denkbar sind. Es besteht daher kein Grund, einen Neubestand abnutzbaren Sachanlagevermögens grds. von der Festbewertung auszunehmen. 83

Der **Gesamtwert** der mit einem Festwert bewerteten Vermögensgegenstände muss **für das Unternehmen von nachrangiger Bedeutung** sein. Dabei ist nach zutreffender hM jeweils der einzelne Festwert und nicht die Summe aller gebildeten Festwerte zu betrachten[257] und zur Beurteilung der Bedeutung für das Unternehmen im Verhältnis zur Bilanzsumme und nicht zu dem Wert des einzelnen Bilanzpostens[258] zu sehen. Ein fester Prozentsatz, bis zu dem die Nachrangigkeit zu bejahen ist, lässt sich dabei nicht aufstellen; vielmehr kommt es jeweils auf die besonderen Verhältnisse des Einzelfalles an.[259] 84

Der zu einem Festwert zusammengefasste Bestand an Vermögensgegenständen darf seiner **Größe**, seinem **Wert** und seiner **Zusammensetzung** nach **nur geringen Veränderungen** unterliegen. Mit der Größe des Bestandes ist die Menge gemeint,[260] so dass die Festbewertung nur in Betracht kommt, wenn Abgänge regelmäßig ersetzt 85

---

[254] *Adler/Düring/Schmaltz* § 240 HGB Rn. 77; BeckBilKomm/*Budde/Kunz* § 240 HGB Rn. 84; *Farr* (Fn. 179) Rn. 130; *Pooten* BB 1996, 839, 840.

[255] So *Buchner* BB 1995, 816 ff.

[256] So *Büttner/Wenzel* DB 1992, 1893, 1895; *Pooten* BB 1996, 839, 841.

[257] *Adler/Düring/Schmaltz* § 240 HGB Rn. 79; *Biener/Berneke* Bilanzrichtlinien-Gesetz, S. 50; *Farr* (Fn. 179) Rn. 131; *Pooten* BB 1996, 839, 840; aA BeckBilKomm/*Budde/Kunz* § 240 HGB Rn. 87; Beck'sches HdB Rechnungslegung/*Uhlig* A 230 Rn. 14; *Winnefeld* Bilanz-HdB Rn. B 160. Für eine Kombination von einzelnem Festwert und Summe aller Festwerte *Bäcker* DStZ 1989, 400, 402.

[258] AA *Harrmann* BB 1991, 303, 304; *Küting/Weber/Knop* Rechnungslegung § 240 HGB Rn. 58 – Vergleich mit der Bilanzsumme nur, wenn alle Vermögensgegenstände eines Bilanzpostens mit einem Festwert bewertet werden; anderenfalls Vergleich mit den restlichen Vermögensgegenständen des Bilanzpostens; *Büttner/Wenzel* DB 1992, 1893, 1895 – Festwert im Bereich des Sachanlagevermögens sei im Verhältnis zum restlichen Sachanlagevermögen, Festwert im Bereich der Roh-, Hilfs- und Betriebsstoffe sei im Verhältnis zum restlichen Vorratsvermögen zu betrachten.

[259] *Adler/Düring/Schmaltz* § 240 HGB Rn. 81; *Baumbach/Hueck/Schulze-Osterloh* Rn. 35; aA BeckBilKomm/*Budde/Kunz* § 240 HGB Rn. 87; *Pooten* BB 1996, 839, 840; Beck'sches HdB Rechnungslegung/*Uhlig* A 230 Rn. 14: 5 % der Bilanzsumme; *Winnefeld* Bilanz-HdB Rn. B 160: 10 % der Bilanzsumme im Fünfjahresdurchschnitt der Vorjahre; *Bäcker* DStZ 1989, 400, 402: 10–20 % der Bilanzsumme.

[260] *Adler/Düring/Schmaltz* § 240 HGB Rn. 82; *Baumbach/Hueck/Schulze-Osterloh* Rn. 35; BeckBilKomm/*Budde/Kunz* § 240 HGB Rn. 89; *Farr* (Fn. 179) Rn. 132; *Küting/Weber/Knop* Rechnungslegung § 240 HGB Rn. 60; Beck'sches HdB Rechnungslegung/*Uhlig* A 230 Rn. 17.

§ 41   3. Abschnitt. Vertretung und Geschäftsführung

werden.[261] Wegen des Erfordernisses der nur geringen Wertänderung ist die Festbewertung auch für solche Vermögensgegenstände nicht zulässig, die erheblichen Wert- oder Preisschwankungen unterliegen.[262]

86 **g) Gruppenbewertung. § 240 Abs. 4 HGB** erlaubt es, gleichartige Vermögensgegenstände des Vorratsvermögens sowie andere gleichartige oder annähernd gleichwertige bewegliche Vermögensgegenstände des Anlage- oder Umlaufvermögens und Schulden zu jeweils einer Gruppe zusammenzufassen und mit dem gewogenen Durchschnittswert anzusetzen. Für unbewegliche Vermögensgegenstände des Anlagevermögens kommt die Gruppenbewertung nach dem eindeutigen Wortlaut des § 240 Abs. 4 HGB nicht in Betracht. Umstritten ist die Frage, ob die Gruppenbewertung auf unbewegliche Grundstücke des Vorratsvermögens (zB Grundstücke) anwendbar ist.[263] Der Gesetzeswortlaut ist insoweit nicht eindeutig; allerdings dürfte die Anwendbarkeit der Gruppenbewertung praktisch in den allermeisten Fällen daran scheitern, dass verschiedene Grundstücke nicht gleichartig und annähernd gleichwertig[264] sind.[265] Bei manchen Posten verbietet sich die Gruppenbewertung aus der Natur der Sache heraus, zB für Forderungen, geleistete Anzahlungen und flüssige Mittel.[266]

87 **Vermögensgegenstände des Vorratsvermögens** können im Wege der Gruppenbewertung erfasst werden, wenn sie gleichartig sind. **Gleichartigkeit** bedeutet dabei alternativ Artgleichheit oder Funktionsgleichheit, d. h. die zusammenzufassenden Vermögensgegenstände müssen entweder der gleichen Warengattung angehören oder dem gleichen Verwendungszweck dienen.[267] Zu Recht wird allerdings darauf hingewiesen, dass eine Bewertung zu gewogenen Durchschnittssätzen nur dann mit den GoB im Einklang stehen dürfte, wenn die Vermögensgegenstände der Gruppe – über den Wortlaut des Gesetzes hinaus – auch **annähernd gleichwertig** sind.[268]

88 Für **andere Vermögensgegenstände des Anlage- oder Umlaufvermögens** sowie für **Schulden** ist die Gruppenbewertung zulässig, wenn sie entweder gleichartig oder annähernd gleichwertig sind. **Annähernde Gleichwertigkeit** ist gegeben, wenn die Werte nicht wesentlich voneinander abweichen. Dies ist nach überwM der Fall, wenn zwischen dem höchsten und dem niedrigsten Wert eine Spanne von nicht mehr

---

[261] *Adler/Düring/Schmaltz* § 240 HGB Rn. 83. Dazu auch Rn. 83.
[262] *Adler/Düring/Schmaltz* § 240 HGB Rn. 85; BeckBilKomm/*Budde/Kunz* § 240 HGB Rn. 90; *Büttner/Wenzel* DB 1992, 1893; *Farr* (Fn. 179) Rn. 133; *Harmann* BB 1991, 303, 304; Beck'sches HdB Rechnungslegung/*Uhlig* A 230 Rn. 18.
[263] Grds. dafür *Trappmann* DB 1996, 391, 392; wohl auch *Adler/Düring/Schmaltz* § 240 HGB Rn. 115; dagegen *Baumbach/Hueck/Schulze-Osterloh* Rn. 36; *Küting/Weber/Knop* Rechnungslegung § 240 HGB Rn. 77.
[264] Zu dieser Voraussetzung der Gruppenbewertung s. Rn. 87.
[265] Zutreffend weist *Trappmann* DB 1996, 391, 392, darauf hin, dass jedes Grundstück ein Unikat ist. Anders uU bei der Parzellierung eines Grundstücks in mehrere etwa gleich große Grundstücke.
[266] *Adler/Düring/Schmaltz* § 240 HGB Rn. 114 f.; BeckBilKomm/*Budde/Kunz* § 240 HGB Rn. 134; *Farr* (Fn. 179) Rn. 139.
[267] *Adler/Düring/Schmaltz* § 240 HGB Rn. 120; *Farr* (Fn. 179) Rn. 141; *Küting/Weber/Knop* Rechnungslegung § 240 HGB Rn. 75 f.; *Kupsch/Achtert* BB 1997, 1403, 1408; *Winnefeld* Bilanz-HdB Rn. B 181.
[268] *Adler/Düring/Schmaltz* § 240 HGB Rn. 121 ff.; *Baumbach/Hueck/Schulze-Osterloh* Rn. 36; *Siepe/Husemann/Borges* WPg. 1995, 365, 367; nur für funktionsgleiche Vermögensgegenstände gleicher Ansicht *Küting/Weber/Knop* Rechnungslegung § 240 HGB Rn. 76; aA BeckBilKomm/*Budde/Kunz* § 240 HGB Rn. 136; *Kupsch/Achtert* BB 1997, 1403, 1408; *Winnefeld* Bilanz-HdB Rn. B 181.

als 20 % liegt.[269] Obwohl die annähernde Gleichwertigkeit alternativ neben der Gleichartigkeit der Vermögensgegenstände oder Schulden genannt wird, besteht Einigkeit darüber, dass Vermögensgegenstände oder Schulden nicht allein deshalb zu einer Gruppe zusammengefasst werden dürfen, weil sie zufällig ähnliche Werte haben. Die Bestandteile einer Gruppe müssen vielmehr übereinstimmende Merkmale – wie etwa die Zugehörigkeit zur gleichen Anlagenkategorie bzw. bei Schulden die Ähnlichkeit der Risikoart[270] – haben.[271]

Die gemäß § 240 Abs. 4 HGB zu einer Gruppe zusammengefassten Vermögensgegenstände oder Schulden werden mit dem **gewogenen Durchschnittswert** bewertet. Dabei kann man entweder den **einfach gewogenen Durchschnitt** oder den **gleitend gewogenen Durchschnitt** ermitteln. Beim einfach gewogenen Durchschnitt wird die Summe der Mengen des Anfangsbestandes und der Zugänge der Abrechnungsperiode multipliziert mit ihrem jeweiligen Preis durch die Summe des Anfangsbestandes und der Zugänge dividiert. Beim gleitend gewogenen Durchschnitt wird mit jedem Zugang ein neuer Durchschnittswert nach der genannten Methode ermittelt; jeder Abgang wird mit dem letzten ermittelten Durchschnittswert berücksichtigt.[272] 89

6. Aufbewahrungspflicht. Zur Aufbewahrungspflicht von Inventaren und Inventurunterlagen sowie den einzuhaltenden Aufbewahrungsfristen s. Rn. 155 f. 90

VII. Eröffnungsbilanz

1. Allgemeines. Gemäß **§ 242 Abs. 1 S. 1 HGB** sind die Geschäftsführer verpflichtet, eine Eröffnungsbilanz (in der Literatur teilweise auch als Gründungsbilanz bezeichnet) auf den Tag des Beginns des Handelsgewerbes aufzustellen. Sie ist zu unterscheiden von der Bilanz, die zu Beginn jeden Geschäftsjahres aufgestellt wird und die in § 252 Abs. 1 Nr. 1 HGB ebenfalls Eröffnungsbilanz genannt wird. 91

2. Stichtag. Beginn des Handelsgewerbes ist nach zutreffender hM – ebenso wie für die Aufstellung des Eröffnungsinventars (Rn. 71) – der Zeitpunkt des **Beginns der Buchführungspflicht** der GmbH[273] und nicht der Beginn des Geschäftsbetriebes[274] oder der Zeitpunkt der Eintragung in das Handelsregister.[275] Aufstellung der Eröffnungsbilanz und Beginn der Buchführungspflicht bedingen einander: Einerseits kann 92

---

[269] BeckBilKomm/*Budde/Kunz* § 240 HGB Rn. 137; *Winnefeld* Bilanz-HdB Rn. B 182; strenger *Adler/Düring/Schmaltz* § 240 HGB Rn. 127 f.; wohl auch *Baumbach/Hueck/Schulze-Osterloh* Rn. 36.
[270] BeckBilKomm/*Budde/Kunz* § 240 HGB Rn. 137 aE.
[271] *Adler/Düring/Schmaltz* § 240 HGB Rn. 126; BeckBilKomm/*Budde/Kunz* § 240 HGB Rn. 137; *Farr* (Fn. 179) Rn. 142; *Küting/Weber/Knop* Rechnungslegung § 240 HGB Rn. 76; *Winnefeld* Bilanz-HdB Rn. B 182; wohl auch *Baumbach/Hueck/Schulze-Osterloh* Rn. 36.
[272] Zu beiden Methoden *Adler/Düring/Schmaltz* § 240 HGB Rn. 132 f.; BeckBilKomm/*Budde/Kunz* § 240 HGB Rn. 139; *Farr* (Fn. 179) Rn. 143.
[273] *Adler/Düring/Schmaltz* § 242 HGB Rn. 23; *Baumbach/Hueck/Schulze-Osterloh* Rn. 40; *Glade* (Fn. 29) § 238 HGB Rn. 16 iVm. § 242 HGB Rn. 5; *Habersack/Lüssow* NZG 1999, 629, 630; Beck'sches HdB GmbH/*Langseder* § 9 Rn. 40; *Rodewald* BB 1993, 1693; *Sarx* DStR 1991, 692; *Scholz/Crezelius* Anh. § 42a Rn. 42; *ders.* DStR 1987, 743, 747; *Winnefeld* Bilanz-HdB Rn. N 95. Zum Beginn der Buchführungspflicht s. Rn. 41.
[274] So aber BeckBilKomm/*Budde/Kunz* § 241 HGB Rn. 6; *Joswig* DStR 1996, 1907, 1909 f. für den Fall, daß die Vorgesellschaft bereits eine Vorgesellschaft aufgenommen hat; ebenso wohl *Förschle/Kropp* in: *Budde/Förschle* Sonderbilanzen Rn. E 74.
[275] So aber RGSt. 29, 222, 223; *Joswig* DStR 1996, 1907, 1909 für den Fall, dass die Vorgesellschaft noch nicht geschäftstätig ist.

§ 41

die Eröffnungsbilanz ihren Zweck, die Darstellung der Vermögenslage der Gesellschaft, nur erfüllen, wenn gleichzeitig die Buchführungspflicht beginnt, so dass vor dem Aufstellungszeitpunkt keine buchführungspflichtigen Vorfälle, die die Aussagekraft der Eröffnungsbilanz beeinflussen könnten, stattgefunden haben.[276] Andererseits stützt sich die Buchführung auf die Eröffnungsbilanz, die zB die zu führenden Konten vorgibt und die in der Folgezeit wegen des Grundsatzes der Bewertungsstetigkeit anzuwendenden Bewertungsmethoden festlegt.[277]

93 Der Beginn der Buchführungspflicht der GmbH ist auch dann der maßgebliche Zeitpunkt für die Aufstellung der Eröffnungsbilanz, wenn ein **Unternehmen als Sacheinlage** in die GmbH eingebracht wird und im Gesellschaftsvertrag vereinbart wird, dass die Geschäfte des eingebrachten Unternehmens ab einem Zeitpunkt vor Errichtung der GmbH bereits für Rechnung der GmbH geführt werden sollen.[278]

94 **3. Zweck.** Zweck der Eröffnungsbilanz ist die **Darstellung der Vermögens- und Kapitalverhältnisse der GmbH.**[279] Die Eröffnungsbilanz ist demgegenüber nicht gleichzeitig die Schlussbilanz der Vorgesellschaft, mit der Rechenschaft über die Gründungsphase der GmbH gelegt wird.[280] Dies ist schon deshalb nicht zutreffend, weil die Eröffnungsbilanz nicht zum Zeitpunkt der Eintragung in das Handelsregister, sondern zu Beginn der Buchführungspflicht, also regelmäßig im Stadium der Vorgesellschaft, aufgestellt wird.[281] Im Übrigen setzt Rechenschaft durch eine Schlussbilanz das Vorhandensein einer – weiteren – Eröffnungsbilanz voraus, die es hier aber nicht gäbe.[282]

95 **4. Zuständigkeit.** Zuständig für die Aufstellung der Eröffnungsbilanz sind die **Geschäftsführer.**[283] Zu der Möglichkeit der Übertragung der Aufstellungsarbeit auf Dritte vgl. Rn. 2 ff.;[284] zur Verantwortlichkeit der Geschäftsführer Rn. 7 ff. Die Geschäftsführer haben die Bilanz zu unterzeichnen.[285]

96 **5. Anwendbare Vorschriften.** Nach § 242 Abs. 1 S. 2 HGB sind auf die Eröffnungsbilanz die Vorschriften über die Aufstellung des Jahresabschlusses, soweit sie sich auf die Bilanz beziehen, entsprechend anzuwenden. Dabei handelt es sich um die allgemeinen Vorschriften über die Aufstellung der Bilanz in §§ 243, 244 und 245 HGB, die Vorschriften über Ansatz und Bewertung von Aktiva und Passiva in den §§ 246 bis 256 HGB, die Vorschriften über Aufbewahrung und Vorlage der Bilanzen in §§ 257 bis 261 HGB, die Vorschriften über die Gliederung der Bilanz und über die Bilanz selbst in §§ 265 bis 274 HGB sowie die Generalklausel des § 264 Abs. 2 HGB, weiterhin § 279 HGB betreffend die Nichtanwendbarkeit bestimmter Vorschriften, § 281 HGB über die Berücksichtigung steuerrechtlicher Vorschriften und § 283 HGB über den Wertansatz des Eigenkapitals.[286]

---

[276] *Rodewald* BB 1993, 1693.
[277] *Förschle/Kropp* (Fn. 274) Rn. E 7.
[278] *Baumbach/Hueck/Schulze-Osterloh* Rn. 40; *Scholz/Crezelius* Anh. § 42a Rn. 42; *ders.* DStR 1987, 743, 747; *Sarx* DStR 1991, 692.
[279] *Förschle/Kropp* (Fn. 274) Rn. E 8; *Joswig* DStR 1996, 1907, 1909; *Rodewald* BB 1993, 1693; *Winnefeld* Bilanz-HdB Rn. N 12.
[280] So aber *Winnefeld* Bilanz-HdB Rn. N 12.
[281] Dazu Rn. 92. Ebenso auch *Winnefeld* Bilanz-HdB Rn. N 21.
[282] Unklar insoweit *Winnefeld* Bilanz-HdB Rn. N 21, nach dem „auch" die Vorgesellschaft zur Aufstellung einer Eröffnungsbilanz verpflichtet ist.
[283] *Baumbach/Hueck/Schulze-Osterloh* Rn. 43; *Scholz/Crezelius* Anh. § 42a Rn. 45.
[284] Dazu gerade im Hinblick auf die Eröffnungsbilanz auch *Förschle/Kropp* (Fn. 274) Rn. E 251.
[285] *Baumbach/Hueck/Schulze-Osterloh* Rn. 43; *Förschle/Kropp* (Fn. 274) Rn. E 252; *Scholz/Crezelius* Anh. § 42a Rn. 45; *Winnefeld* Bilanz-HdB Rn. N 100.
[286] *Adler/Düring/Schmaltz* § 242 HGB Rn. 26.

Buchführung § 41

6. Aufstellungsfrist. Die Eröffnungsbilanz ist gemäß § 242 Abs. 1 S. 2 iVm. § 243 **97**
Abs. 3 HGB innerhalb der einem **ordnungsmäßigen Geschäftsgang entsprechenden Zeit** aufzustellen. § 264 Abs. 1 S. 2 und S. 3 HGB sind auf die Eröffnungsbilanz hingegen nicht anzuwenden, da eine Einstufung der GmbH in die Größenklassen zu diesem Zeitpunkt noch nicht möglich ist.[287] In Anlehnung an die Bestimmung des § 264 Abs. 1 S. 2 HGB wird man danach eine Aufstellung der Eröffnungsbilanz innerhalb von drei Monaten nach dem Stichtag (Rn. 92) verlangen müssen.[288]

7. Aufbewahrungspflicht. Zur Aufbewahrungspflicht von Eröffnungsbilanzen so- **98**
wie den dabei einzuhaltenden Aufbewahrungspflichten s. Rn. 155 f.

8. Prüfung; Feststellung; Offenlegung. Für die Eröffnungsbilanz besteht **keine** **99**
Prüfungspflicht nach § 316 Abs. 1 HGB.[289] Die Eröffnungsbilanz wird auch **nicht** gemäß § 46 Nr. 1 von der Gesellschafterversammlung **festgestellt**.[290] Die Gesellschafterversammlung kann dem oder den Geschäftsführern jedoch **Weisungen** hinsichtlich der Aufstellung der Eröffnungsbilanz erteilen.[291] Schließlich ist die Eröffnungsbilanz **nicht** gemäß § 325 HGB **offenzulegen**.[292]

VIII. Vorbelastungsbilanz

1. Allgemeines. Die Gesellschaft hat auf den Eintragungszeitpunkt eine Vorbelas- **100**
tungsbilanz (auch **Differenzhaftungs- oder Kapitalaufbringungsbilanz** genannt) aufzustellen. Die Vorbelastungsbilanz ist von der Eröffnungsbilanz zu unterscheiden. Sie weist hingegen gewisse Ähnlichkeiten zu einem Überschuldungsstatus auf.[293] Die Vorbelastungsbilanz ist eine **Sonderbilanz**.[294] Soweit sie als Zwischenbilanz,[295] und sei es auch als eine solche eigener Art,[296] bezeichnet wird, ist dies insofern missverständlich, als man annehmen könnte, dass ein Bilanzenzusammenhang zu der zuvor aufgestellten Eröffnungsbilanz und der danach aufgestellten Jahresbilanz bestehen würde. Dies ist indes nicht der Fall.[297] Die Vorbelastungsbilanz verfolgt einen anderen Zweck

---

[287] *Baumbach/Hueck/Schulze-Osterloh* Rn. 42; Beck'sches HdB GmbH/*Langseder* § 9 Rn. 42; *Winnefeld* Bilanz-HdB Rn. N 28; aA *Adler/Düring/Schmaltz* § 242 HGB Rn. 27; *Blumers* DB 1986, 2033, 2036; *Förschle/Kropp* (Fn. 274) Rn. E 84; *Küting/Weber/Ellerich* Rechnungslegung § 242 HGB Rn. 6; *Joswig* DStR 1996, 1907, 1911.
[288] Beck'sches HdB GmbH/*Langseder* § 9 Rn. 42; *Winnefeld* Bilanz-HdB Rn. N 28. Ebenso für Sachgründung *Baumbach/Hueck/Schulze-Osterloh* Rn. 42; *Joswig* DStR 1996, 1907, 1911; strenger hingegen für Bargründung *dies.* (Fn. 287).
[289] Dazu § 42a Rn. 16.
[290] RGSt. 29, 222, 223 f.; *Baumbach/Hueck/Schulze-Osterloh* Rn. 43; Beck'sches HdB GmbH/*Langseder* § 9 Rn. 43; *Scholz/Crezelius* Anh. § 42a Rn. 45; aA *Förschle/Kropp* (Fn. 274) Rn. E 253; *Winnefeld* Bilanz-HdB Rn. N 101.
[291] *Baumbach/Hueck/Schulze-Osterloh* Rn. 43.
[292] *Baumbach/Hueck/Schulze-Osterloh* Rn. 43, 129 aE; BeckBilKomm/*Ellrott/Spremann* § 325 HGB Rn. 2; *Förschle/Kropp* (Fn. 274) Rn. E 261; Beck'sches HdB GmbH/*Langseder* § 9 Rn. 43; *Sarx* DStR 1991, 724.
[293] *Priester* ZIP 1994, 413, 415; aA OLG Celle NZG 2000, 1134, 1135: der Eröffnungsbilanz nahestehend.
[294] *Habersack/Lüssow* NZG 1999, 629, 631; *Fleischer* GmbHR 1999, 752, 756; *Winnefeld* Bilanz-HdB Rn. N 191.
[295] *Meister*, FS Werner, 1984, S. 521, 539; *Rodewald* BB 1993, 1693, 1695; *Winnefeld* Bilanz-HdB Rn. N 10; *Wolfsteiner*, FS Helmrich, 1994, S. 755, 762; gegen die Bezeichnung als Zwischenbilanz *Baumbach/Hueck/Schulze-Osterloh* Rn. 44; *ders.*, FS Goerdeler, 1987, S. 531, 538.
[296] *Adler/Düring/Schmaltz* § 242 HGB Rn. 24.
[297] BGHZ 124, 282, 285 = NJW 1994, 724 f. = GmbHR 1994, 176, 177; BGH NJW 1998, 233, 234 = DStR 1997, 1857, 1858; OLG Celle NZG 2000, 1134, 1135; *Baumbach/*

als die Eröffnungsbilanz und die Jahresbilanzen[298] und wird entsprechend nach anderen Grundsätzen aufgestellt.[299]

101 **2. Zweck.** Die Gesellschafter der GmbH, die der Aufnahme der Geschäftstätigkeit vor Eintragung zugestimmt haben, haften dafür, dass das Stammkapital im Zeitpunkt der Eintragung der Gesellschaft nicht durch die Geschäftstätigkeit geschmälert wurde (sog. Vorbelastungshaftung).[300] Die Vorbelastungsbilanz ermöglicht die **Feststellung,** ob und ggf. in welcher Höhe eine **Vorbelastungshaftung** besteht,[301] indem sie den Wert des Gesellschaftsvermögens zum Zeitpunkt der Eintragung angibt. Sie dient damit – ebenso wie die Vorbelastungshaftung selbst – dem Gläubigerschutz.[302] Als Instrument des Gläubigerschutzes ist sie zwingend aufzustellen und auch zB dann nicht entbehrlich, wenn ohne weiteres festgestellt werden kann, dass das Stammkapital am Tag der Eintragung noch vollständig vorhanden ist.[303]

102 **3. Ansatz und Bewertung. Ansprüche gegen Sacheinleger** gemäß § 9 sind wegen des Vorrangs der Wertdeckungspflicht des Sacheinlegers[304] in der Vorbelastungsbilanz zu aktivieren.[305] **Bilanzierungshilfen** – etwa die Kosten der Ingangsetzung des Geschäftsbetriebes gemäß § 269 HGB[306] – dürfen in der Vorbelastungsbilanz nicht aktiviert werden.[307] Dies gilt auch für den **Geschäfts- oder Firmenwert.**[308] Für **Gründungsaufwand,** der auf Grund ausdrücklicher gesellschaftsvertraglicher Regelung von der GmbH zu übernehmen ist, ist ein Aktivposten zu bilden.[309] Die Vorbelastungshaftung der Gesellschafter umfasst nicht den Verlust, der durch in der Satzung festgesetzten und offengelegten Gründungsaufwand entsteht, weil die Gläubiger ohne weiteres erkennen können, dass der entsprechende Aufwand zu Lasten der GmbH entsteht.[310]

Hueck/Schulze-Osterloh Rn. 44; *Fleischer* GmbHR 1999, 752, 756; *Habersack/Lüssow* NZG 1999, 629, 631; *Priester* ZIP 1994, 413, 415; *Rodewald* BB 1993, 1693, 1695; *Winnefeld* Bilanz-HdB Rn. N 191; aA *Wolfsteiner*, FS Helmrich, 1994, S. 755, 762 f.

[298] Zum Zweck der Vorbelastungsbilanz Rn. 101, zum Zweck der Eröffnungsbilanz s. Rn. 94 und zum Zweck des Jahresabschlusses, dessen Teil die Jahresbilanz ist, s. Rn. 111.

[299] *Rodewald* BB 1993, 1693, 1695; *Winnefeld* Bilanz-HdB Rn. N 191; aA *Wolfsteiner*, FS Helmrich, 1994, S. 755, 762.

[300] Grundlegend BGHZ 80, 129 = NJW 1981, 1373.

[301] *Baumbach/Hueck/Schulze-Osterloh* Rn. 40; Beck'sches HdB GmbH/*Langseder* § 9 Rn. 44; *Meister*, FS Werner, S. 1984, 521, 540; *Winnefeld* Bilanz-HdB Rn. N 191.

[302] *Hennrichs* ZGR 1999, 837, 844; *Priester* ZIP 1994, 413, 415.

[303] So aber *Förschle/Kropp* (Fn. 274) Rn. E 62; *Meister*, FS Werner, 1984, S. 521, 539; *Sarx* DStR 1991, 692, 693; iErg. wie hier *Crezelius* DStR 1987, 743, 748.

[304] *Priester* ZIP 1982, 1141, 1143.

[305] *Schulze-Osterloh*, FS Goerdeler, 1987, S. 531, 539 f.; *Crezelius* DStR 1987, 743, 748; *Meister*, FS Werner, 1984, S. 521, 541.

[306] Kosten der Erweiterung des Geschäftsbetriebes, die ebenfalls in § 269 HGB angesprochen sind, dürften im Stadium zwischen Errichtung und Eintragung der Gesellschaft praktisch kaum vorkommen.

[307] *Crezelius* DStR 1987, 743, 749; *Sarx* DStR 1991, 692, 693; *Winnefeld* Bilanz-HdB Rn. N 196; iErg. ebenso *Baumbach/Hueck/Schulze-Osterloh* Rn. 44; *ders.*, FS Goerdeler, 1987, S. 531, 542; aA *Priester* ZIP 1982, 1141, 1143; *Wolfsteiner*, FS Helmrich, 1994, S. 755, 764 f.

[308] *Baumbach/Hueck/Schulze-Osterloh* Rn. 44; *Habersack/Lüssow* NZG 1999, 629, 631. Zur Behandlung des Geschäfts- oder Firmenwertes in dem Fall, dass die Vorgesellschaft bereits zu einem laufenden Unternehmen gediehen ist, vgl. Rn. 105.

[309] *Baumbach/Hueck/Schulze-Osterloh* Rn. 44; *ders.*, FS Goerdeler, 1987, S. 531, 539; *Crezelius* DStR 1987, 743, 748; Beck'sches HdB GmbH/*Langseder* § 9 Rn. 44; *Sarx* DStR 1991, 692, 693; *Winnefeld* Bilanz-HdB Rn. N 196; aA *Habersack/Lüssow* NZG 1999, 629, 632.

[310] BGHZ 80, 129, 141 = NJW 1981, 1373, 1376; aA *Habersack/Lüssow* NZG 1999, 629, 632.

Folglich ist dieser Gründungsaufwand in der Vorbelastungsbilanz durch einen aktiven Ausgleichsposten zu eliminieren. Ist der Gründungsaufwand hingegen von den Gesellschaftern selbst zu tragen, weil eine Übernahme durch die GmbH in der Satzung nicht vorgesehen ist, so kommt eine Aktivierung in der Vorbelastungsbilanz nicht in Betracht;[311] andererseits sind jedoch auch die Aufwendungen nicht als Verbindlichkeiten anzusetzen, weil sie nicht das Gesellschaftsvermögen schmälern.[312]

Entsprechend dem Zweck der Vorbelastungsbilanz sind die **Vermögensgegenstände mit ihren Zeitwerten** anzusetzen, und zwar auch die – in der Jahresbilanz gemäß § 248 Abs. 2 HGB nicht aktivierbaren – nicht entgeltlich erworbenen Vermögensgegenstände des Anlagevermögens.[313] Für die Ermittlung der Zeitwerte ist maßgeblich, ob die Fortführungsprognose[314] für die Gesellschaft positiv oder negativ ausfällt.[315] Im ersteren Fall sind die Fortführungswerte,[316] im letzten Fall die Veräußerungs- oder Zerschlagungswerte[317] anzusetzen. Keinesfalls können hingegen die fortgeführten Buchwerte der Eröffnungsbilanz (also die Werte der Eröffnungsbilanz vermindert um die planmäßigen Abschreibungen) nutzbar gemacht werden,[318] da diese bereits stille Reserven enthalten, welche nach dem Zweck der Vorbelastungsbilanz aufgedeckt werden müssen.

103

Wertaufhellende Tatsachen, also solche Tatsachen, die den Wert einer Bilanzposition betreffen und am Stichtag bereits vorgelegen haben, aber erst später offenbar werden, sind in der Vorbelastungsbilanz zu berücksichtigen.[319] Die Vorbelastungshaftung der Gesellschafter beläuft sich auf den Betrag, um den das Stammkapital tatsächlich geschmälert ist. Wenn nach dem Stichtag der für die Ermittlung dieses Betrages aufzustellenden Bilanz bessere Erkenntnisse über die Verhältnisse am Stichtag verfügbar sind, ist kein Grund gegeben, diese nicht nutzbar zu machen. **Wertbeeinflussende Tatsachen,** also Tatsachen, die erst nach dem Stichtag eintreten, sind hingegen nicht zu berücksichtigen,[320] da gerade der Umfang der Vorbelastungshaftung am Tag der Eintragung ermittelt werden soll.

104

Umstritten ist die Frage, ob eine Vorbelastungsbilanz auch dann aufzustellen ist, wenn die **Vorgesellschaft** sich bereits zu einem **laufenden Unternehmen** entwickelt hat. Die heute wohl hM verneint dies und fordert in diesem Fall eine Bewertung des Unternehmens nach dem **Ertragswertverfahren.**[321] Die Rspr., die zunächst stets die Aufstellung einer Vorbelastungsbilanz, allerdings unter Einbeziehung eines Geschäfts-

105

---

[311] BGH NJW 1998, 233 f. = DStR 1997, 1857, 1858.
[312] *Habersack/Lüssow* NZG 1999, 629, 632.
[313] *Habersack/Lüssow* NZG 1999, 629, 631; *Schulze-Osterloh,* FS Goerdeler, 1987, S. 531, 540; aA *Sarx* DStR 1991, 692, 693; *Wolfsteiner,* FS Helmrich, 1994, S. 755, 764.
[314] Zu der Frage, ob diese nach handelsbilanzrechtlichen Grundsätzen oder nach § 19 Abs. 2 S. 2 InsO aufzustellen ist, *Habersack/Lüssow* NZG 1999, 629, 632.
[315] *Meister,* FS Werner, 1984, S. 521, 541; *Priester* ZIP 1982, 1141, 1142 m. Fn. 26.
[316] BGH NJW 1998, 233, 234 = DStR 1997, 1857, 1858; *Baumbach/Hueck/Schulze-Osterloh* Rn. 44; *Habersack/Lüssow* NZG 1999, 629, 632; *Priester* ZIP 1994, 413, 415.
[317] BGH NJW 1998, 233, 234 = DStR 1997, 1857, 1858; *Baumbach/Hueck/Schulze-Osterloh* Rn. 44; *Habersack/Lüssow* NZG 1999, 629, 632; *Meister,* FS Werner, 1984, S. 521, 542.
[318] So aber *Förschle/Kropp* (Fn. 274) Rn. E 59; *Winnefeld* Bilanz-HdB Rn. N 191.
[319] *Meister,* FS Werner, 1984, S. 521, 543.
[320] *Meister,* FS Werner, 1984, S. 521, 543; aA wohl *Priester* ZIP 1982, 1141, 1143.
[321] *Baumbach/Hueck/Schulze-Osterloh* Rn. 40; Beck'sches HdB GmbH/*Langseder* § 9 Rn. 44; *Salje* NZG 1999, 209; *Winnefeld* Bilanz-HdB Rn. N 191 und 204; einschränkend *Förschle/Kropp* (Fn. 274) Rn. E 61 – nur bei Einbringung oder Übernahme eines bestehenden Geschäftsbetriebes; zweifelnd auch *Rodewald* BB 1993, 1693, 1695.

oder Firmenwertes, gefordert hatte,[322] nähert sich dem an, indem sie nunmehr uU eine „Bewertung des Vermögens in der Vorbelastungsbilanz nach der Ertragswertmethode"[323] für zulässig hält.[324] Nach einer strengeren Ansicht ist stets die Aufstellung einer Vorbelastungsbilanz erforderlich, wobei auch der Ansatz eines Geschäfts- oder Firmenwertes ausgeschlossen sein soll.[325] Dieser letztgenannten Ansicht ist zuzugeben, dass das Ertragswertverfahren allgemein mit zu großen Unsicherheiten behaftet ist, um den Wert des Unternehmens für die Zwecke der Kapitalerhaltung festzustellen.[326] Insbesondere für ein neu gegründetes Unternehmen, wie eine Vorgesellschaft es regelmäßig ist, erscheint das Ertragswertverfahren, das weitgehend Prognosen aufstellt, die auf dem bisherigen Geschäftsverlauf aufbauen, für eine verlässliche Bewertung nicht geeignet.[327] Bezeichnend ist insoweit auch, dass das Ertragswertverfahren für die Zwecke der Ermittlung der Vorbelastungshaftung insbesondere dann in Betracht gezogen wird, wenn die Aufstellung einer Vorbelastungsbilanz nach allgemeinen Regeln eine Vorbelastungshaftung der Gesellschafter zum Ergebnis hat.[328] Hier soll also das für die Gesellschafter ungünstige Ergebnis der Vorbelastungsbilanz – uU zu Lasten der Gläubiger der Gesellschaft – durch eine Prognoserechnung korrigiert[329] werden. Die Vorbelastungshaftung greift jedoch gerade dann ein, wenn am Tag der Eintragung der Gesellschaft das Stammkapital nicht mehr unangetastet vorhanden ist; auf die Frage, ob die GmbH in Zukunft Ergebnisse erwirtschaften wird, die eine Auffüllung möglich oder gar wahrscheinlich machen, kommt es insoweit nicht an. Die Anwendung des Ertragswertverfahrens ist daher für die Ermittlung der Vorbelastungshaftung in jedem Fall abzulehnen. Ebenso ist es zutreffend, dass ein Geschäfts- oder Firmenwert[330] in der Vorbelastungsbilanz auch eines laufenden Unternehmens nicht angesetzt werden darf. Dem steht nicht entgegen, dass in der Vorbelastungsbilanz auch nicht entgeltlich erworbene Vermögensgegenstände des Anlagevermögens anzusetzen und stille Reserven aufzudecken sind (Rn. 103). Der Geschäfts- oder Firmenwert ist kein Vermögensgegenstand und enthält keine stillen Reserven, sondern er ist eine Bilanzierungshilfe.[331] Er verkörpert letztlich die Ertragsaussichten des Unternehmens in der Zukunft. In einer Bilanz, die das Vermögen der GmbH auf den Tag der Eintragung abbilden soll (Rn. 101), ist er daher nicht zu aktivieren.

106 **4. Zuständigkeit; Feststellung.** Zuständig für die Aufstellung der Vorbelastungsbilanz sind die **Geschäftsführer**.[332] Zu der Möglichkeit der Übertragung der Aufstel-

---

[322] KG GmbHR 1997, 1066, 1067. Ebenso *Fleischer* GmbHR 1999, 752, 757; *Förschle/Kropp* (Fn. 274) Rn. E 61 aE.
[323] BGH NJW 1999, 283 = DStR 1999, 206.
[324] *Hennrichs* ZGR 1999, 837, 841, weist allerdings zutr. darauf hin, dass unter dieser höchst missverständlichen Formulierung die Aufstellung einer Vorbelastungsbilanz unter Ansatz eines Geschäfts- oder Firmenwertes in der Höhe, in der der Ertragswert des Unternehmens dessen Substanzwert übersteigt, zu verstehen sein kann.
[325] *Hennrichs* ZGR 1999, 837 ff.
[326] *Hennrichs* ZGR 1999, 837, 851.
[327] *Hennrichs* ZGR 1999, 837, 851 f.; vgl. auch *Habersack/Lüssow* NZG 1999, 629, 634.
[328] *Habersack/Lüssow* NZG 1999, 629, 633.
[329] So ausdrücklich *Habersack/Lüssow* NZG 1999, 629, 633.
[330] *Hennrichs* ZGR 1999, 837, 846, weist dazu iÜ zu Recht darauf hin, dass ein junges Unternehmen wie eine Vorgesellschaft regelmäßig kaum über einen Geschäfts- oder Firmenwert verfügen dürfte.
[331] *Lutz* HdJ I/4 Rn. 37; *Tiedchen* (Fn. 180) S. 171.
[332] *Sarx* DStR 1991, 692, 693; *Schulze-Osterloh*, FS Goerdeler, 1987, S. 531, 543.

Buchführung   § 41

lungsarbeit auf Dritte vgl. Rn. 2 ff.; zur Verantwortlichkeit der Geschäftsführer Rn. 7 ff. Die Vorbelastungsbilanz muss nicht gemäß § 46 Nr. 1 festgestellt werden.[333]

5. Aufstellungsfrist. Mangels anderweitiger Anhaltspunkte im Gesetz ist davon 107 auszugehen, dass die Vorbelastungsbilanz in Anlehnung an §§ 243 Abs. 3, 242 Abs. 1 S. 2 HGB innerhalb von **drei Monaten nach dem Stichtag,** also dem Tag der Eintragung in das Handelsregister, aufzustellen ist.[334] In jedem Fall muss sie vor derjenigen Jahresbilanz aufgestellt werden, in der ein Anspruch aus Vorbelastungshaftung erstmals zu aktivieren ist.[335]

IX. Jahresabschluss

1. Allgemeines. Die GmbH hat gemäß § 242 HGB auf den Schluss eines jeden 108 Geschäftsjahres einen aus **Jahresbilanz** und **Gewinn- und Verlustrechnung** bestehenden Jahresabschluss aufzustellen. Dieser ist gemäß § 264 Abs. 1 S. 1 HGB um einen **Anhang** zu erweitern. Bilanz, Gewinn- und Verlustrechnung und Anhang bilden als gleichrangige Teile des Jahresabschlusses[336] eine Einheit (§ 264 Abs. 1 S. 2 HGB). Eine Reihe von Informationen können daher wahlweise in Bilanz und Gewinn- und Verlustrechnung oder in den Anhang aufgenommen werden.[337] So kann ein Gewinn- oder Verlustvortrag gemäß § 268 Abs. 1 S. 2 HGB entweder in der Bilanz oder im Anhang gesondert angegeben werden, die Entwicklung der einzelnen Posten des Anlagevermögens sowie des Postens „Aufwendungen für die Ingangsetzung und Erweiterung des Geschäftsbetriebs" sind gemäß § 268 Abs. 2 S. 1 HGB entweder in der Bilanz oder im Anhang darzustellen und Abschreibungen sind gemäß § 268 Abs. 2 S. 3 HGB entweder in der Bilanz bei dem betreffenden Posten zu vermerken oder im Anhang in einer der Gliederung des Anlagevermögens entsprechenden Aufgliederung anzugeben. Gemäß § 29 Abs. 4 S. 1 können die Geschäftsführer mit Zustimmung des Aufsichtsrates oder der Gesellschafter den Eigenkapitalanteil von Wertaufholungen bei Vermögensgegenständen des Anlage- oder Umlaufvermögens sowie von bei der steuerlichen Gewinnermittlung gebildeten Passivposten, die nicht im Sonderposten mit Rücklageanteil ausgewiesen werden dürfen, in andere Gewinnrücklagen einstellen. Der Betrag dieser Rücklage ist gemäß § 29 Abs. 4 S. 2 entweder in der Bilanz gesondert auszuweisen oder im Anhang anzugeben. Ausleihungen, Forderungen und Verbindlichkeiten gegenüber Gesellschaftern sind gemäß § 42 Abs. 3 entweder in der Bilanz gesondert auszuweisen oder im Anhang anzugeben.

Ein **Geschäftsjahr** ist regelmäßig zwölf Monate lang; es kann gemäß § 244 Abs. 2 109 S. 2 HGB kürzer, aber nicht länger sein. Das erste Geschäftsjahr wird regelmäßig kürzer sein (Rumpfgeschäftsjahr), weil der gewählte Stichtag selten genau ein Jahr nach dem Stichtag der Eröffnungsbilanz liegen wird. Das Geschäftsjahr muss nicht mit dem Kalenderjahr übereinstimmen. Steuerlich ist ein vom Kalenderjahr abweichendes Geschäftsjahr gemäß § 4a Abs. 1 Nr. 2 S. 2 EStG jedoch an die Zustimmung des Finanzamtes gebunden.

Im Unterschied zu den Handelsbüchern, die in einer beliebigen lebenden Sprache 110 (Rn. 50) und in einer beliebigen Währung (Rn. 52) geführt werden können, ist der Jahresabschluss gemäß § 244 HGB zwingend in **deutscher Sprache** und in **Euro** aufzustellen.

---

[333] *Schulze-Osterloh,* FS Goerdeler, 1987, S. 531, 544; *Winnefeld* Bilanz-HdB Rn. N 206.
[334] *Baumbach/Hueck/Schulze-Osterloh* Rn. 42 aE.
[335] *Baumbach/Hueck/Schulze-Osterloh* Rn. 42 aE.
[336] *Adler/Düring/Schmaltz* § 264 HGB Rn. 13, *Erle* WPg. 1987, 637.
[337] *Adler/Düring/Schmaltz* § 264 HGB Rn. 13; *Baumbach/Hueck/Schulze-Osterloh* Rn. 45.

111 **2. Zweck.** Der Jahresabschluss dient verschiedenen Zwecken:[338] Er hat eine **Informationsfunktion**[339] sowie eine **Ausschüttungsbemessungsfunktion**,[340] außerdem dient er als **Grundlage für die steuerliche Gewinnermittlung**.[341] Die **Informationsfunktion** umfasst dabei gemäß § 264 Abs. 2 HGB die **Dokumentation der Vermögens-, Finanz- und Ertragslage**[342] der Gesellschaft[343] sowie die Selbstinformation des Managements und die Information der Gesellschafter, der Gläubiger und sonstiger Interessenten, zB der Arbeitnehmer.[344] Die **Ausschüttungsbemessungsfunktion** hat zwei Komponenten: die **Ausschüttungssicherungsfunktion** und die **Ausschüttungssperrfunktion.** Die Gesellschafter haben nach § 29 Abs. 1 S. 1 Anspruch auf den Jahresüberschuss zuzüglich eines Gewinnvortrags und abzüglich eines Verlustvortrags bzw. nach S. 2 der Vorschrift auf den Bilanzgewinn; dieser wird durch den Jahresabschluss ermittelt. Insofern liefert der Jahresabschluss den Gesellschaftern die Grundlage für die Beschlussfassung über den auszuschüttenden Betrag (Ausschüttungssicherungsfunktion).[345] Nach § 30 Abs. 1 darf jedoch das zur Erhaltung des Stammkapitals erforderliche Gesellschaftsvermögen nicht ausgeschüttet werden. Der Jahresabschluss ermöglicht die Feststellung, ob und in welcher Höhe das Stammkapital noch vorhanden ist und wie hoch der auszuschüttende Betrag folglich höchstens sein darf (Ausschüttungssperrfunktion).[346] Die Bedeutung des Jahresabschlusses für die steuerliche Gewinnermittlung folgt aus dem in § 5 Abs. 1 S. 1 EStG kodifizierten **Maßgeblichkeitsprinzip,** wonach das Betriebsvermögen nach den handelsrechtlichen Grundsätzen ordnungsmäßiger Buchführung, also auf der Grundlage der Handelsbilanz, anzusetzen ist. Insofern ist jedoch zu beachten, dass durch steuerrechtliche Sonderregelungen im Bereich des Ansatzes[347] und der Bewertung,[348] die den Grundsätzen ordnungsmäßiger Buchführung vorgehen, der Grundsatz der Maßgeblichkeit mehr und mehr ausgehöhlt wird und die Handelsbilanz entsprechend an Bedeutung für die steuerliche Gewinnermittlung verliert. Steuerrechtliche Sonderregelungen, die den Vorschriften des HGB über die Rechnungslegung oder den Grundsätzen ordnungsmäßiger Buchführung widersprechen, dürfen andererseits nicht auf den handelsrechtlichen

---

[338] Zu den Zwecken des Jahresabschlusses einer gemeinnützigen GmbH vgl. *Hüttche* GmbHR 1997, 1095, 1096.

[339] BeckBilKomm/*Budde/Karig* § 264 HGB Rn. 35; *Budde/Steuber,* FS Claussen, 1997, S. 583, 601; *Goebei/Fuchs* DStR 1994, 874, 875; *Goebei/Ley* DStR 1993, 1679, 1680; Beck'sches HdB Rechnungslegung/*Hinz* B 100 Rn. 5, 9 ff.; *Kupsch/Achtert* BB 1997, 1403; Beck'sches HdB GmbH/*Langseder* § 9 Rn. 46; *Streim,* FS Schneider, 1995, S. 703, 705.

[340] BeckBilKomm/*Budde/Karig* § 264 HGB Rn. 35; *Budde/Steuber,* FS Claussen, 1997, S. 583, 601; *Goebei/Fuchs* DStR 1994, 874, 875; *Goebei/Ley* DStR 1993, 1679, 1680; Beck'sches HdB Rechnungslegung/*Hinz* B 100 Rn. 6, 30 ff.; *Kupsch/Achtert* BB 1997, 1403; Beck'sches HdB GmbH/*Langseder* § 9 Rn. 46; *Nonnenmacher,* FS Clemm, 1996, S. 261, 265; *Streim,* FS Schneider, 1995, S. 703, 705.

[341] Beck'sches HdB Rechnungslegung/*Hinz* B 100 Rn. 7, 46 ff.; Beck'sches HdB GmbH/*Langseder* § 9 Rn. 46.

[342] Zur Unbestimmtheit des Begriffs allerdings *Moxter* BB 1997, 722, 725 f.

[343] Beck'sches HdB Rechnungslegung/*Hinz* B 100 Rn. 9 ff.; krit. zur Verwirklichung der Darstellung der Finanzlage durch den Jahresabschluss *Ossadnik* BB 1990, 813 ff.

[344] Beck'sches HdB Rechnungslegung/*Hinz* B 100 Rn. 13 ff.; *Selchert/Karsten* BB 1985, 1889.

[345] Beck'sches HdB Rechnungslegung/*Hinz* B 100 Rn. 41.

[346] Beck'sches HdB Rechnungslegung/*Hinz* B 100 Rn. 30 ff.

[347] ZB § 5 Abs. 3 EStG betreffend Rückstellungen für Schutzrechtverletzungen, § 5 Abs. 4 EStG betreffend Jubiläumsrückstellungen und § 5 Abs. 4a EStG betreffend Rückstellungen für drohende Verluste aus schwebenden Geschäften.

[348] Vgl. §§ 5 Abs. 6, 6 ff. EStG.

Buchführung **§ 41**

Jahresabschluss angewendet werden.³⁴⁹ Entsprechend darf der Gesellschaftsvertrag nicht vorsehen, dass Buchführung und Bilanzierung generell nach steuerlichen Vorschriften erfolgen müssen.³⁵⁰ Zulässig ist hingegen eine Bestimmung im Gesellschaftsvertrag, dass die Bilanz als handels- und steuerrechtliche Einheitsbilanz unter Beachtung der zwingenden Vorschriften des Handelsrechts aufzustellen sei.³⁵¹

3. Zuständigkeit. Zuständig für die Aufstellung des Jahresabschlusses sind die **Geschäftsführer.**³⁵² Es handelt sich dabei um eine **Geschäftsführungsmaßnahme,**³⁵³ so dass die Entscheidung über den Jahresabschluss vorbehaltlich anderweitiger Bestimmungen im Gesellschaftsvertrag einstimmig³⁵⁴ getroffen werden muss.³⁵⁵ Zu der Möglichkeit der Übertragung der Aufstellungsarbeit auf Dritte vgl. Rn. 2 ff.; zur Verantwortlichkeit der Geschäftsführer Rn. 7 ff.³⁵⁶ Die Gesellschafter sind allerdings befugt, den Geschäftsführern **Weisungen,** zB hinsichtlich der Ausübung von Ansatz- und Bewertungswahlrechten,³⁵⁷ zu erteilen.³⁵⁸ Das Weisungsrecht der Gesellschafter wird jedoch durch zwingende gesetzliche Regelungen sowie durch die Bestimmungen des Gesellschaftsvertrages begrenzt.³⁵⁹

112

4. Unterzeichnung. Gemäß § 245 S. 1 HGB ist der Jahresabschluss von den Geschäftsführern – bei Vorhandensein mehrerer Geschäftsführer von allen,³⁶⁰ auch den Stellvertretern³⁶¹ – unter Angabe des Datums zu unterzeichnen. Folglich ist es nicht möglich, ihn mit Hilfe elektronischer Datenverarbeitung zu erstellen; vielmehr ist er zwingend **schriftlich** aufzustellen. Bei Wechsel der Geschäftsführer zwischen Ab-

113

---

³⁴⁹ *Lauth* DStR 1992, 1447.
³⁵⁰ BayObLG NJW 1988, 916 = DB 1988, 171; *Adler/Düring/Schmaltz* § 242 HGB Rn. 33; BeckBilKomm/*Budde/Kunz* § 242 HGB Rn. 2; *Lutter/Hommelhoff* § 42 Rn. 15.
³⁵¹ *Lutter/Hommelhoff* § 42 Rn. 15.
³⁵² *Adler/Düring/Schmaltz* § 264 HGB Rn. 19; *Küting/Weber/Baetge/Commandeur* Rechnungslegung § 264 HGB Rn. 7; *Baumbach/Hueck/Schulze-Osterloh* Rn. 48; BeckBilKomm/*Budde/Karig* § 264 HGB Rn. 1; *Crezelius,* FS 100 Jahre GmbH-Gesetz, 1992, S. 315, 319; *Glade* (Fn. 29) § 242 HGB Rn. 8; *Gutbrod* GmbHR 1995, 551, 552; Beck'sches HdB GmbH/*Langseder* § 9 Rn. 51; *Lutter/Hommelhoff* § 42 Rn. 12; *Winnefeld* Bilanz-HdB Rn. H 5, 15.
³⁵³ *Adler/Düring/Schmaltz* § 264 HGB Rn. 21; *Baumbach/Hueck/Schulze-Osterloh* Rn. 48; *Küting/Weber/Ellerich* Rechnungslegung § 245 HGB Rn. 3; *Glade* (Fn. 29) § 242 HGB Rn. 8; Beck'sches HdB GmbH/*Langseder* § 9 Rn. 51; *Winnefeld* Bilanz-HdB Rn. H 15.
³⁵⁴ Allg. zur Geschäftsführung bei mehreren Geschäftsführern s. § 37 Rn. 16 f.
³⁵⁵ *Adler/Düring/Schmaltz* § 264 HGB Rn. 21, 25; *Baumbach/Hueck/Schulze-Osterloh* Rn. 48; Beck'sches HdB GmbH/*Langseder* § 9 Rn. 51; aA *Glade* (Fn. 29) § 242 HGB Rn. 8: grds. Mehrheitsbeschluss.
³⁵⁶ Dazu gerade im Hinblick auf den Jahresabschluss auch *Baumbach/Hueck/Schulze-Osterloh* Rn. 48; BeckBilKomm/*Budde/Karig* § 264 HGB Rn. 12.
³⁵⁷ Zu Ansatzwahlrechten Anh. I § 42a Rn. 22, zu Bewertungswahlrechten Anh. I § 42a Rn. 66, 71.
³⁵⁸ *Adler/Düring/Schmaltz* § 264 HGB Rn. 25; Beck'sches HdB GmbH/*Ahrenkiel* § 10 Rn. 106; *Baumbach/Hueck/Schulze-Osterloh* Rn. 48; *Crezelius,* FS 100 Jahre GmbH-Gesetz, 1992, S. 315, 319; Beck'sches HdB GmbH/*Langseder* § 9 Rn. 52; *Renkl* GmbHR 1989, 66, 68; *Winnefeld* Bilanz-HdB Rn. H 17.
³⁵⁹ Beck'sches HdB GmbH/*Ahrenkiel* § 10 Rn. 109.
³⁶⁰ *Adler/Düring/Schmaltz* § 245 HGB Rn. 12; *Küting/Weber/Baetge/Commandeur* Rechnungslegung § 264 HGB Rn. 8; BeckBilKomm/*Budde/Karig* § 264 HGB Rn. 14; *Küting/Weber/Ellerich* Rechnungslegung § 245 HGB Rn. 3; *Erle* WPg. 1987, 637, 638; *Lutter/Hommelhoff* § 42 Rn. 14; *Strieder* DB 1997, 1677.
³⁶¹ *Adler/Düring/Schmaltz* § 245 HGB Rn. 12; *Baumbach/Hueck/Schulze-Osterloh* Rn. 55; *Küting/Weber/Ellerich* Rechnungslegung § 245 HGB Rn. 3; *Erle* WPg. 1987, 637, 638.

§ 41　　3. Abschnitt. Vertretung und Geschäftsführung

schlussstichtag und Tag der Unterzeichnung sind zuständig diejenigen Geschäftsführer, die am Tag der Unterzeichnung bestellt sind.[362] **Maßgeblicher Zeitpunkt** ist die **Feststellung des Jahresabschlusses**,[363] nicht bereits die Aufstellung.[364] Die Unterschriften sind unter den letzten der drei Bestandteile des Jahresabschlusses Bilanz, Gewinn- und Verlustrechnung und Anhang zu setzen, wobei eine bestimmte Reihenfolge der Teile nicht vorgeschrieben ist.[365] Sind die Teile des Jahresabschlusses nicht dergestalt miteinander verbunden, dass eine nachträgliche Trennung sichtbar wird, muss jeder Teil unterzeichnet werden.[366]

114 **5. Aufstellungsfrist.** Der Jahresabschluss ist gemäß § 264 Abs. 1 S. 2 HGB in den ersten **drei Monaten** nach dem Abschlussstichtag aufzustellen. Kleine Gesellschaften iSd. § 267 Abs. 1 HGB (Rn. 30 ff.) können den Jahresabschluss gemäß § 264 Abs. 1 S. 3 HGB auch später aufstellen, wenn dies noch einem ordnungsgemäßen Geschäftsgang entspricht.[367] Sie müssen ihn jedoch spätestens sechs Monate nach dem Abschlussstichtag aufstellen. Kreditinstitute sind allerdings unabhängig von der anzuwendenden Größenklasse gemäß § 340 a HGB an die Drei-Monats-Frist des § 264 Abs. 1 S. 2 HGB gebunden. Die jeweils anzuwendende Frist für die Aufstellung des Jahresabschlusses ist **zwingend;** sie kann nicht durch eine Bestimmung des Gesellschaftsvertrages verlängert werden.[368] Die Satzung einer kleinen Gesellschaft iS des § 267 Abs. 1 HGB darf daher nicht vorsehen, dass der Jahresabschluss – ohne Rücksicht auf die Erfordernisse eines ordnungsgemäßen Geschäftsganges – generell innerhalb der ersten sechs Monate nach Abschluss des Geschäftsjahres aufzustellen ist.[369] Eine – für die öffentlich-rechtliche Verpflichtung der GmbH zur Führung der Bücher allerdings unbeachtliche – Verkürzung der Frist durch Satzungsbestimmung ist hingegen zulässig.[370] Entsprechend kann die Satzung einer kleinen Gesellschaft iS des § 267 Abs. 1 HGB vorsehen, dass der Jahresabschluss „innerhalb von drei Monaten, wenn dies einem ordnungsgemäßen Geschäftsgang entspricht, längstens zum Ablauf von sechs Monaten nach Abschluss eines Geschäftsjahres" aufzustellen ist.[371]

---

[362] *Baumbach/Hueck/Schulze-Osterloh* Rn. 55; *Küting/Weber/Ellerich* Rechnungslegung § 245 HGB Rn. 4; *Strieder* DB 1998, 1677, 1678.

[363] BGH DB 1985, 1837 = AG 1985, 188, 189; *Adler/Düring/Schmaltz* § 245 HGB Rn. 7; *Baumbach/Hueck/Schulze-Osterloh* Rn. 55; *Küting/Weber/Ellerich* Rechnungslegung § 245 HGB Rn. 13; Beck'sches HdB GmbH/*Langseder* § 9 Rn. 54; *Liebs* DB 1986, 2421, 2423; nach BeckBilKomm/*Budde/Karig* § 264 HGB Rn. 15 zulässig, aber nicht zwingend.

[364] So aber *Erle* WPg. 1987, 637, 643; *Kropp/Sauerwein* DStR 1995, 70, 72; *Winnefeld* Bilanz-HdB Rn. H 5, I 4.

[365] *Küting/Weber/Ellerich* Rechnungslegung § 245 HGB Rn. 10; *Erle* WPg. 1987, 637, 643.

[366] *Küting/Weber/Ellerich* Rechnungslegung § 245 HGB Rn. 10.

[367] Kritisch zu der Differenzierung nach Größenklassen, insbesondere im Hinblick auf die Aufstellung der Bilanz in der Krise der Gesellschaft, *Blumers* DB 1986, 2033, 2036; *Hartmann* (Fn. 11) S. 53 ff.

[368] BayObLG DB 1987, 978 = GmbHR 1987, 391; *Küting/Weber/Baetge/Commandeur* Rechnungslegung § 264 HGB Rn. 5; *Baumbach/Hueck/Schulze-Osterloh* Rn. 47; *Küting/Weber/Bohl* Rechnungslegung Rn. 54; BeckBilKomm/*Budde/Karig* § 264 HGB Rn. 17; *Glade* (Fn. 29) § 242 HGB Rn. 10; *Hartmann* (Fn. 11) S. 55; *Hommelhoff/Priester* ZGR 1986, 463, 470; Beck'sches HdB GmbH/*Langseder* § 9 Rn. 55; *Ordelheide/Hartle* GmbHR 1986, 9.

[369] BayObLG DB 1987, 978 = GmbHR 1987, 391; *Lutter/Hommelhoff* § 42 Rn. 2.

[370] *Küting/Weber/Baetge/Commandeur* Rechnungslegung § 264 HGB Rn. 5; BeckBilKomm/*Budde/Karig* § 264 HGB Rn. 17; differenzierend *Adler/Düring/Schmaltz* § 264 HGB Rn. 33.

[371] OLG Stuttgart GmbHR 1989, 418; *Adler/Düring/Schmaltz* § 264 HGB Rn. 33; *Glade* (Fn. 29) § 242 HGB Rn. 10.

Buchführung § 41

6. Aufbewahrungspflicht. Zur Aufbewahrungspflicht von Jahresabschlüssen sowie 115
den dabei einzuhaltenden Aufbewahrungsfristen s. Rn. 155 f.

7. Feststellung; Prüfung; Offenlegung. Der Jahresabschluss ist gemäß § 46 Nr. 1 116
von der Gesellschafterversammlung festzustellen. Die Einzelheiten regelt § 42 a.[372] Bei
großen und mittelgroßen Gesellschaften iS des § 267 Abs. 2 und 3 HGB (Rn. 30 ff.)
unterliegt der Jahresabschluss gemäß § 316 HGB der Pflichtprüfung.[373] Zur Offenlegung von Jahresabschlüssen s. Rn. 139 ff.

8. Erleichterungen für Tochtergesellschaften. Gesellschaften, die Tochterunternehmen eines **Mutterunternehmens**[374] sind, das **nach § 290 HGB oder nach 117
§ 11 PublG** zur **Aufstellung eines Konzernabschlusses** verpflichtet ist, brauchen
unter bestimmten Umständen gemäß § 264 Abs. 3 iVm. Abs. 4 HGB die besonderen
Vorschriften für Kapitalgesellschaften der §§ 264 bis 289 HGB nicht zu beachten. Darüber hinaus gelten die §§ 316 bis 324 HGB nicht, d. h. der Jahresabschluss braucht
nicht geprüft zu werden. Gleiches gilt, wenn das Mutterunternehmen nach **§ 340 i
oder § 341 i HGB** zur Aufstellung eines Konzernabschlusses verpflichtet ist.[375] Es
bleibt der GmbH jedoch unbenommen, bei der Aufstellung des Jahresabschlusses die
§§ 264 bis 289 HGB ganz oder teilweise anzuwenden.[376] In jedem Fall muss der von
der Gesellschaft aufgestellte Jahresabschluss zur Konsolidierung geeignet sein.[377] Die
Inanspruchnahme der Befreiung von der Anwendung der §§ 264 bis 289 HGB hat folgende Voraussetzungen:

1. Das Mutterunternehmen muss seinen Sitz im Inland haben.[378]
2. Alle Gesellschafter müssen der Befreiung für das jeweilige Geschäftsjahr zugestimmt haben und der Beschluss muss gemäß § 325 HGB offengelegt worden sein (§ 264 Abs. 3 Nr. 1 HGB). Der Beschluss muss für jedes Geschäftsjahr gesondert getroffen werden; eine Regelung im Gesellschaftsvertrag oder eine Beschlussfassung für mehrere Jahre im Voraus ist danach nicht möglich. Enthaltungen stehen Zustimmungen nicht gleich.[379]
3. Das Mutterunternehmen[380] muss gemäß § 302 AktG verpflichtet sein, die Verluste der Gesellschaft zu übernehmen, oder eine solche Verpflichtung freiwillig übernommen haben. Im letzteren Fall muss die Erklärung, eine solche Verpflichtung zu übernehmen, nach § 325 HGB offengelegt worden sein (§ 264 Abs. 3 Nr. 2 HGB). Auch die Verpflichtung des Mutterunternehmens zur Verlustübernahme analog § 302 AktG reicht aus.
4. Das Tochterunternehmen muss nach den Vorschriften der §§ 264 ff. HGB in den Konzernabschluss des Mutterunternehmens einbezogen werden (§ 264 Abs. 3 Nr. 3

---

[372] § 42 a Rn. 63 ff.
[373] § 42 a Rn. 13 ff.
[374] Zu mehrstufigen Konzernen vgl. Arbeitskreis Externe Unternehmensrechnung der Schmalenbach-Gesellschaft DB 1999, 493, 495; *Dörner/Wirth* DB 1998, 1525, 1526 f.
[375] BeckBilKomm/*Budde/Karig* § 264 HGB Rn. 65; *Dörner/Wirth* DB 1998, 1525, 1526.
[376] *Baumbach/Hueck/Schulze-Osterloh* Rn. 13 d; BeckBilKomm/*Budde/Karig* § 264 HGB Rn. 84; *Dörner/Wirth* DB 1998, 1525, 1526.
[377] *Baumbach/Hueck/Schulze-Osterloh* Rn. 13 d; *Remme/Theile* GmbHR 1998, 909, 913.
[378] *Baumbach/Hueck/Schulze-Osterloh* Rn. 13 c; BeckBilKomm/*Budde/Karig* § 264 HGB Rn. 64; *Dörner/Wirth* DB 1998, 1525.
[379] *Baumbach/Hueck/Schulze-Osterloh* Rn. 13 d; BeckBilKomm/*Budde/Karig* § 264 HGB Rn. 66 f.; *Dörner/Wirth* DB 1998, 1525, 1527 f.
[380] Zur Verlustübernahmepflicht im mehrstufigen Konzern vgl. *Dörner/Wirth* DB 1998, 1525, 1529.

§ 41   3. Abschnitt. Vertretung und Geschäftsführung

HGB). Im Falle der Anwendbarkeit des § 295 HGB (Verbot der Einbeziehung eines Tochterunternehmens in den Konzernabschluss) und der Inanspruchnahme des § 296 HGB (Verzicht auf die Einbeziehung eines Tochterunternehmens in den Konzernabschluss) ist § 264 Abs. 3 HGB daher nicht anwendbar.[381]

5. Die Befreiung des Tochterunternehmens von der Anwendung der §§ 264 bis 289 HGB muss im Anhang des Konzernabschlusses des Mutterunternehmens angegeben werden (§ 264 Abs. 3 Nr. 4 HGB).

6. Die von dem Mutterunternehmen nach den Vorschriften über die Konzernrechnungslegung gemäß § 325 HGB offenzulegenden Unterlagen müssen auch zum Handelsregister des Sitzes der Gesellschaft eingereicht werden (§ 264 Abs. 3 Nr. 5 HGB). Die Tochtergesellschaft muss die entsprechenden Unterlagen nicht nach § 325 HGB offenlegen.[382]

7. Wenn das Mutterunternehmen nach § 11 PublG und nicht nach § 290 HGB zur Aufstellung eines Konzernabschlusses verpflichtet ist, darf es von dem Wahlrecht des § 13 Abs. 3 S. 1 PublG (Nichtanwendung der §§ 279 Abs. 1, 280, 314 Abs. 1 Nr. 5 und 6 HGB) keinen Gebrauch gemacht haben.

118   **9. Die einzelnen Bestandteile des Jahresabschlusses. a) Jahresbilanz.** Die Bilanz dient im Rahmen der gemäß § 264 Abs. 2 HGB gebotenen Darstellung der Vermögens-, Finanz- und Ertragslage (Rn. 111) in erster Linie der Darstellung der Vermögenslage der Gesellschaft.[383] Nach der Definition des § 242 Abs. 1 S. 1 HGB ist sie ein das **Verhältnis des Vermögens und der Schulden darstellender Abschluss**. Sie wird auf der Grundlage der Buchführung[384] und des Inventars (Rn. 70) erstellt, wobei jedoch die einzelnen Positionen zu Gruppen zusammengefasst werden und nur der Wert, nicht die Menge angegeben wird.[385] Auch für die Bilanz ist damit entscheidend, ob ein Posten als Vermögensgegenstand oder Verbindlichkeit zu werten ist (Rn. 68) und ob er der Gesellschaft wirtschaftlich zuzurechnen ist (Rn. 69). Darüber hinaus enthält die Bilanz auch Rechnungsabgrenzungsposten, die weder Vermögensgegenstände noch Schulden sind, die aber erforderlich sind, um eine zutreffende Periodenabgrenzung zwischen den einzelnen Bilanzstichtagen zu gewährleisten, indem sie es ermöglichen, Einnahmen und Ausgaben demjenigen Geschäftsjahr zuzuordnen, in das sie wirtschaftlich gehören.[386] Weiterhin können in der Bilanz auf der Aktivseite Bilanzierungshilfen angesetzt werden, die ebenfalls keine Vermögensgegenstände sind. Die Aktivierung von Bilanzierungshilfen, zB der Kosten der Ingangsetzung oder Erweiterung des Geschäftsbetriebs nach § 269 HGB, wird vom Gesetz in bestimmten Fällen zugelassen, um den Ausweis eines Verlustes zu vermeiden; sie müssen allerdings regelmäßig zwangsweise innerhalb eines bestimmten Zeitraums wieder abgeschrieben werden.[387] Auf der Passivseite enthält die Bilanz das Eigenkapital der Gesellschaft bestehend aus dem Stammkapital sowie uU einer Kapitalrücklage, Gewinnrücklagen, Gewinn- oder Verlustvorträgen sowie dem Jahresüberschuss bzw. Jahresfehlbetrag.

119   Die Bilanz wird gemäß § 266 Abs. 1 S. 1 HGB in **Kontoform** aufgestellt. Sie ist damit auch rein äußerlich eine Gegenüberstellung des Vermögens und der Schulden

---

[381] Arbeitskreis Externe Unternehmensrechnung der Schmalenbach-Gesellschaft DB 1999, 493, 494; BeckBilKomm/*Budde/Karig* § 264 HGB Rn. 78; *Dörner/Wirth* DB 1998, 1525, 1529.
[382] BeckBilKomm/*Budde/Karig* § 264 HGB Rn. 83.
[383] *Adler/Düring/Schmaltz* § 264 HGB Rn. 64; *Goebel/Fuchs* DStR 1994, 874, 877.
[384] *Winnefeld* Bilanz-HdB Rn. G 3.
[385] Beck'sches HdB Rechnungslegung/*Hölzli* A 120 Rn. 4.
[386] *Tiedchen* HdJ II/8 Rn. 7; zu Einzelheiten vgl. Anh. I § 42a Rn. 115f., 315.
[387] Zu Einzelheiten vgl. Anh. I § 42a Rn. 24.

der Gesellschaft. Beide Seiten der Bilanz müssen betragsmäßig stets übereinstimmen. Die Bilanz zeigt damit die Mittelherkunft und die Mittelverwendung,[388] d. h. sie gibt an, inwieweit das Vermögen durch Eigen- und inwieweit durch Fremdkapital finanziert ist.[389]

Bei der Aufstellung der Bilanz ist insbesondere die **Bilanzgliederung** des § 266 HGB zu beachten, die die auszuweisenden Posten und deren Reihenfolge angibt. Die **Gliederung und Bezeichnung der Posten** mit arabischen Zahlen sind jedoch gemäß § 265 Abs. 6 HGB zu **ändern**, wenn dies wegen Besonderheiten der Gesellschaft zur Aufstellung eines klaren und übersichtlichen Jahresabschlusses erforderlich ist. Dies kommt zB bei Gesellschaften der Bauindustrie, bei Reedereien, Mineralölgesellschaften, Bergbaubetrieben, Brauereien und Dienstleistungsunternehmen in Betracht.[390] Die **weitere Untergliederung** der vorgegebenen Posten ist gemäß § 265 Abs. 5 S. 1 HGB zulässig, ebenso gemäß § 265 Abs. 5 S. 2 HGB das **Hinzufügen von Posten**, wenn ihr Inhalt nicht von einem der vorgeschriebenen Posten gedeckt wird. Als zusätzliche Posten kommen hier insbesondere die in § 42 Abs. 3 genannten Ausleihungen an Gesellschafter, Forderungen gegen Gesellschafter sowie Verbindlichkeiten gegenüber Gesellschaftern in Betracht, sofern die entsprechenden Angaben nicht im Anhang gemacht werden. In der Bilanzgliederung vorgesehene **Posten** mit arabischen Zahlen dürfen gemäß § 265 Abs. 7 HGB **zusammengefasst** werden, wenn nicht besondere Formblätter vorgeschrieben sind (Rn. 121) und wenn sie einen Betrag enthalten, der für die Darstellung der Vermögens-, Finanz- und Ertragslage nicht erheblich ist oder durch die Zusammenfassung die Klarheit der Darstellung vergrößert wird. Gemäß § 265 Abs. 8 HGB braucht ein vorgeschriebener Posten, der weder in dem Geschäftsjahr noch im Vorjahr einen Betrag enthielt **(Leerposten)**, nicht aufgeführt zu werden. **Kleine Kapitalgesellschaften** (Rn. 30 ff.) brauchen dabei gemäß § 266 Abs. 1 S. 3 HGB nur eine **verkürzte Bilanz** aufzustellen, in der nur die mit Buchstaben und römischen Zahlen, nicht aber die mit arabischen Zahlen bezeichneten Posten aufgeführt werden müssen.

Für bestimmte Geschäftszweige ist die Verwendung besonderer **Formblätter** vorgeschrieben. Dies ergibt sich für **Kreditinstitute** aus § 340a Abs. 2 HGB iVm. der Verordnung über die Rechnungslegung der Kreditinstitute und Finanzdienstleistungsinstitute, für **Krankenhäuser** aus § 330 HGB iVm. der Krankenhaus-Buchführungsverordnung, für **Pflegeeinrichtungen** aus § 330 HGB iVm. der Verordnung über die Rechnungs- und Buchführungspflichten der Pflegeeinrichtungen, für **Verkehrsunternehmen** aus § 330 HGB iVm. der geänderten Verordnung über die Gliederung des Jahresabschlusses von Verkehrsunternehmen und für **Wohnungsunternehmen** aus § 330 HGB iVm. der geänderten Verordnung über Formblätter für die Gliederung des Jahresabschlusses von Wohnungsunternehmen.

b) Gewinn- und Verlustrechnung. Die Gewinn- und Verlustrechnung (GuV) dient im Rahmen der gemäß § 264 Abs. 2 HGB gebotenen Darstellung der Vermögens-, Finanz- und Ertragslage (Rn. 111) in erster Linie der Darstellung der Ertragslage der Gesellschaft.[391] Nach der Definition des § 242 Abs. 2 HGB ist sie eine **Gegenüberstellung der Aufwendungen und Erträge des Geschäftsjahres.** Der Saldo der Auf-

---

[388] Beck'sches HdB Rechnungslegung/*Hölzli* A 120 Rn. 4.
[389] *Winnefeld* Bilanz-HdB Rn. C 3.
[390] BeckBilKomm/*Budde/Geißler* § 265 HGB Rn. 16; Beck'sches HdB GmbH/*Langseder* § 9 Rn. 64.
[391] BeckBilKomm/*Förschle* § 275 HGB Rn. 7; *Goebei/Fuchs* DStR 1994, 874, 877; *Scholz/Crezelius* Anh. § 42a Rn. 224; *Winnefeld* Bilanz-HdB Rn. G 1, 20.

§ 41　　　　　　　　　　3. Abschnitt. Vertretung und Geschäftsführung

wendungen und Erträge stellt den Gewinn oder Verlust des Geschäftsjahres dar. Er ist stets betragsmäßig identisch mit dem Bilanzposten „Jahresüberschuss" bzw. „Jahresfehlbetrag". Die GuV wird aus den Erfolgskonten der Buchführung abgeleitet (Rn. 55).

123　Die GuV ist gemäß § 275 Abs. 1 S. 1 HGB in **Staffelform** nach dem **Gesamtkostenverfahren**[392] oder dem **Umsatzkostenverfahren**[393] aufzustellen. Ihre **Gliederung** ist durch § 275 Abs. 1 S. 2, Abs. 2 und 3 HGB vorgegeben. Die Bestimmungen des § 265 HGB über die Befolgung der Gliederung (Rn. 120) gelten auch für die GuV. § 276 HGB gestattet kleinen und mittelgroßen Gesellschaften (Rn. 30 ff.) die Zusammenfassung bestimmter Posten. Zu der Notwendigkeit der Verwendung bestimmter **Formblätter** s. Rn. 121.

124　c) Anhang. Der Anhang dient der **Erläuterung der Bilanz und der GuV** sowie ihrer **Ergänzung** durch zusätzliche Angaben.[394] Er gleicht dabei Informationsdefizite der reinen Zahlenwerke Bilanz und GuV durch verbale Erläuterungen und Zusatzinformationen aus.[395] Eine Gesellschaft, die die **Erleichterungen für Tochtergesellschaften** in Anspruch nehmen kann,[396] braucht einen Anhang nicht aufzustellen. Es dürfte jedoch idR erforderlich sein, die entsprechenden Informationen für den Konzernanhang des Mutterunternehmens bereitzustellen.[397]

125　Der zwingende Inhalt des Anhangs ist in §§ 284 und 285 HGB – mit Einschränkungen in den §§ 286 und 287 HGB – aufgeführt **(Pflichtangaben)**. Es handelt sich um die Darstellung der angewandten Bilanzierungs- und Bewertungsmethoden, Abweichungen davon einschließlich der Begründung für die Abweichung, Erläuterungen zu einzelnen Posten der Bilanz und GuV sowie bestimmte zusätzliche Informationen. **Kleine und mittelgroße Gesellschaften** (Rn. 30 ff.) brauchen gemäß § 288 HGB bestimmte Pflichtangaben nicht zu machen. Bestimmte weitere Angaben können wahlweise entweder in der Bilanz und GuV oder im Anhang gemacht werden **(Wahlpflichtangaben)**.[398] Damit kann der Anhang die Bilanz und GuV entlasten, indem er Informationen aufnimmt, die sonst dort zu machen wären.[399] **Zusätzliche Angaben** sind gemäß § 264 Abs. 2 S. 2 HGB in den Anhang aufzunehmen, wenn der Jahresabschluss auf Grund besonderer Umstände ein den tatsächlichen Verhältnissen entsprechendes Bild der Vermögens-, Finanz- und Ertragslage der Gesellschaft nicht vermittelt.[400] Darüber hinaus kann der Anhang **freiwillige Angaben** enthalten, die nicht vorgeschrieben sind.[401] Hinsichtlich der Einschränkungen der Berichterstattung im Anhang ist die **Schutzklausel** des § 286 Abs. 1 HGB von Bedeutung. Danach haben Angaben zu unterbleiben, soweit dies für das Wohl der Bundesrepublik Deutschland oder eines ihrer Länder erforderlich ist. Das ist allerdings nicht bereits dann der

---

[392] Dazu Anh. I § 42 a Rn. 328 ff.
[393] Dazu Anh. I § 42 a Rn. 361 ff.
[394] *Budde/Förschle* DB 1988, 1457; *Kupsch* HdJ IV/4 Rn. 10 ff., 16; Beck'sches HdB Rechnungslegung/*Schülen* B 400 Rn. 12; *ders.* WPg. 1987, 223; *Winnefeld* Bilanz-HdB Rn. J 11.
[395] Ähnlich *Baumbach/Hueck/Schulze-Osteroh* § 42 Rn. 390; *ders.* ZHR 150 (1986), 532, 559.
[396] Zu den Voraussetzungen s. Rn. 117.
[397] BeckBilKomm/*Budde/Karig* § 264 HGB Rn. 85.
[398] Beispiele s. Rn. 108.
[399] *Adler/Düring/Schmaltz* § 264 HGB Rn. 1; *Budde/Förschle* DB 1988, 1457; BeckBilKomm/*Budde/Karig* § 264 HGB Rn. 6; *Kupsch* HdJ IV/4 Rn. 15; *Schulte* BB 1986, 1468, 1469; *Winnefeld* Bilanz-HdB Rn. J 11.
[400] Dazu *Budde/Förschle* DB 1988, 1457, 1459 ff.; *Janz/Schülen* WPg. 1986, 57 f.; *Schulte* BB 1986, 1468, 1470; *Schulze-Osteroh* ZHR 150 (1986), 532, 563 f.
[401] Beck'sches HdB Rechnungslegung/*Schülen* B 410 Rn. 3; *ders.* WPg. 1987, 223, 224; *Schulze-Osteroh* ZHR 150 (1986), 532, 564.

Buchführung   § 41

Fall, wenn wirtschaftliche Interessen der Bundesrepublik oder eines Bundeslandes auf dem Spiel stehen.⁴⁰² Im Falle der Anwendung der Schutzklausel darf der Anhang auch keine Angabe über diese Tatsache enthalten.⁴⁰³

Eine bestimmte **Form** oder **Gliederung** für den Anhang ist nicht vorgeschrieben. **126** Als Teil des Jahresabschlusses muss der Anhang jedoch den Grundsätzen ordnungsmäßiger Buchführung entsprechen. Insbesondere besteht Einigkeit darüber, dass er klar und übersichtlich⁴⁰⁴ sowie verständlich⁴⁰⁵ sein muss. Hinsichtlich der Einzelheiten der Gliederung werden in der Literatur verschiedene Vorschläge gemacht.⁴⁰⁶

X. Lagebericht

1. Allgemeines. Gemäß § 264 Abs. 1 S. 1 HGB ist der Lagebericht neben dem **127** Jahresabschluss aufzustellen. Er ist also nicht Teil des Jahresabschlusses.⁴⁰⁷ Soweit von einem Jahresabschluss iwS unter Einschluss des Lageberichts gesprochen wird,⁴⁰⁸ ist dies angesichts der klaren gesetzlichen Bestimmung nicht weiterführend. Zur Erstellung eines Lageberichts sind gemäß § 264 Abs. 1 S. 1, S. 3 HGB grds. alle **großen und mittelgroßen GmbH** (Rn. 30) sowie gemäß § 340a Abs. 1 HGB die **Kreditinstitute und Finanzdienstleistungsinstitute,** unabhängig von ihrer Größe, verpflichtet. **Kleine Gesellschaften** (Rn. 30ff.) sowie Gesellschaften, die die **Erleichterungen für Tochtergesellschaften** in Anspruch nehmen können,⁴⁰⁹ brauchen einen Lagebericht nicht aufzustellen. Es dürfte jedoch idR erforderlich sein, die entsprechenden Informationen für den Konzernlagebericht des Mutterunternehmens bereitzustellen.⁴¹⁰ Stellt eine nicht dazu verpflichtete GmbH freiwillig einen Lagebericht auf, muss dieser den im folgenden genannten Anforderungen entsprechen.⁴¹¹

Ebenso wie der Jahresabschluss (Rn. 110) ist der Lagebericht in **deutscher Sprache** **128** aufzustellen.⁴¹² Zudem muss er den Anforderungen der GoB⁴¹³ genügen. Das bedeutet, dass er **vollständig** sein muss, also alle Angaben, die für die Beurteilung der Lage der GmbH von Bedeutung sind, enthalten muss.⁴¹⁴ Er muss **richtig** sein, d.h. die An-

---

⁴⁰² *Adler/Düring/Schmaltz* § 286 HGB Rn. 16; *Baumbach/Hueck/Schulze-Osterloh* § 42 Rn. 450.
⁴⁰³ *Adler/Düring/Schmaltz* § 286 HGB Rn. 17; *Baumbach/Hueck/Schulze-Osterloh* § 42 Rn. 450; BeckBilKomm/*Ellrott* § 286 HGB Rn. 4.
⁴⁰⁴ *Baumbach/Hueck/Schulze-Osterloh* § 42 Rn. 393; *Farr* GmbHR 1999, 1080, 1084; *Kupsch* HdJ IV/4 Rn. 41, 43; *Schülen* WPg. 1987, 223, 224.
⁴⁰⁵ *Kupsch* HdJ IV/4 Rn. 42.
⁴⁰⁶ Vgl. zB *Döbel* BB 1987, 512ff.; *Schulte* BB 1986, 1468, 1472ff.; *Selchert/Karsten* BB 1985, 1889, 1890ff.
⁴⁰⁷ BGHZ 124, 111, 122 = BB 1994, 107, 109; BGH BB 1997, 1548, 1549.
⁴⁰⁸ *Goebel/Fuchs* DStR 1994, 874, 877; *Goebel/Ley* DStR 1993, 1679, 1680; *Plagens* DStR 1993, 1874, 1878.
⁴⁰⁹ Zu den Voraussetzungen s. Rn. 117.
⁴¹⁰ BeckBilKomm/*Budde/Karig* § 264 HGB Rn. 85.
⁴¹¹ *Winnefeld* Bilanz-HdB Rn. K 85; aA BeckBilKomm/*Ellrott* § 289 HGB Rn. 5 – nur wenn der Jahresabschluss einen Bestätigungsvermerk einschließlich des § 322 Abs. 3 HGB erhalten soll.
⁴¹² *Adler/Düring/Schmaltz* § 244 HGB Rn. 1; BeckBilKomm/*Budde/Kunz* § 244 HGB Rn. 2; BeckBilKomm/*Ellrott* § 289 HGB Rn. 5; *Reittinger* HdJ IV/3 Rn. 19; IDW RS HFA 1 WPg. 1998, 653, 655.
⁴¹³ *Baetge/Schulze* DB 1998, 937, sprechen speziell von Grundsätzen ordnungsmäßiger Lageberichterstattung (GoL).
⁴¹⁴ *Baetge/Schulze* DB 1998, 937, 938; *Baumbach/Hueck/Schulze-Osterloh* § 42 Rn. 454; BeckBilKomm/*Ellrott* § 289 HGB Rn. 7; Beck'sches HdB GmbH/*Langseder* § 9 Rn. 99; *Reittinger* HdJ IV/3 Rn. 9; *Stobbe* BB 1988, 303, 306; *Winnefeld* Bilanz-HdB Rn. K 20; IDW RS HFA 1 WPg. 1998, 653, 654.

Tiedchen 1191

§ 41 3. Abschnitt. Vertretung und Geschäftsführung

gaben müssen, soweit es sich um Tatsachen handelt, wahr sein bzw., soweit es sich um Beurteilungen, Wertungen oder Prognosen handelt, mit der Sorgfalt eines ordentlichen und gewissenhaften Geschäftsführers gemacht worden sein.[415] Weiter muss der Lagebericht **klar, übersichtlich und verständlich** sein.[416] Die Berichterstattung im Lagebericht hat **vorsichtig** zu erfolgen, so dass größeres Gewicht auf die Risiken als auf die Chancen der künftigen Geschäftsentwicklung zu legen ist.[417] Darauf deutet schon der zweite Halbsatz des § 289 Abs. 1 HGB hin. Entsprechend wächst der Berichtsbedarf mit der Verschlechterung der wirtschaftlichen Lage der GmbH.[418] Schließlich gilt aber auch der **Grundsatz der Wesentlichkeit,** so dass nur Informationen, die für den Adressatenkreis des Lageberichts von Bedeutung sind, aufgenommen werden müssen.[419] Die danach erforderlichen Angaben sind in jedem Lagebericht zu machen. **Verweisungen auf frühere Lageberichte** sind demgegenüber **nicht zulässig.**[420] Schließlich ist bei der Darstellung das **Stetigkeitsgebot** des § 265 Abs. 1 S. 1 HGB zu beachten.[421] Bestimmungen über die **Gliederung** des Lageberichts enthält das Gesetz nicht.[422] Insbesondere beziehen sich die weiteren Bestimmungen des § 265 HGB lediglich auf den Jahresabschluss bzw. Teile desselben und sind für den Lagebericht nicht nutzbar zu machen.[423]

129 **2. Zweck.** Der Lagebericht ist eine **Ergänzung zum Jahresabschluss;**[424] ebenso wie dieser (Rn. 111) dient er der **Information.**[425] Adressaten des Lageberichts sind dabei zB Gesellschafter, Arbeitnehmer und Gläubiger der Gesellschaft sowie die Öf-

---

[415] *Baumbach/Hueck/Schulze-Osterloh* § 42 Rn. 454; BeckBilKomm/*Ellrott* § 289 HGB Rn. 8; Beck'sches HdB GmbH/*Langseder* § 9 Rn. 99; *Reittinger* HdJ IV/3 Rn. 13 f.; *Winnefeld* Bilanz-HdB Rn. K 21; IDW RS HFA 1 WPg. 1998, 653, 655; ähnlich *Baetge/Schulze* DB 1998, 937, 938; *Stobbe* BB 1988, 303, 306.

[416] *Baumbach/Hueck/Schulze-Osterloh* § 42 Rn. 454; BeckBilKomm/*Ellrott* § 289 HGB Rn. 9; Beck'sches HdB GmbH/*Langseder* § 9 Rn. 99; *Reittinger* HdJ IV/3 Rn. 17; *Stobbe* BB 1988, 303, 306; *Winnefeld* Bilanz-HdB Rn. K 22; IDW RS HFA 1 WPg. 1998, 653, 655.

[417] *Winnefeld* Bilanz-HdB Rn. K 25; aA *Stobbe* BB 1988, 303.

[418] So auch *Stobbe* BB 1988, 303, 309; ähnlich *Baumbach/Hueck/Schulze-Osterloh* § 42 Rn. 454; *Winnefeld* Bilanz-HdB Rn. K 24 aE.

[419] BeckBilKomm/*Ellrott* § 289 HGB Rn. 7; *Küting/Hütten* AG 1997, 250, 253; *Lange* BB 1999, 2447, 2450; *Winnefeld* Bilanz-HdB Rn. K 20, 24; ähnlich *Baetge/Schulze* DB 1998, 937, 938.

[420] BeckBilKomm/*Ellrott* § 289 HGB Rn. 4

[421] *Baumbach/Hueck/Schulze-Osterloh* § 42 Rn. 455; BeckBilKomm/*Ellrott* § 289 HGB Rn. 10; *Hossfeld* BB 1996, 1707, 1709; aA *Küting/Weber/H. Weber* Rechnungslegung § 265 HGB Rn. 7.

[422] Vgl. den Vorschlag zur Gliederung bei IDW RS HFA 1 WPg. 1998, 653, 660 ff.

[423] AA wohl *Baumbach/Hueck/Schulze-Osterloh* § 42 Rn. 455; BeckBilKomm/*Ellrott* § 289 HGB Rn. 10.

[424] *Baetge/Schulze* DB 1998, 937, 938; *Böcking/Orth* BfuP 1999, 418, 427; *Dörner/Schwegler* DB 1997, 285; BeckBilKomm/*Ellrott* § 289 HGB Rn. 1 aE; Beck'sches HdB Rechnungslegung/*Hinz* B 100 Rn. 60; *Kaiser,* FS Budde, 1995, S. 327, 328; *Küting/Hütten* AG 1997, 250, 251; *Lange* BB 1999, 2447; Beck'sches HdB Rechnungslegung/*Müller* B 510 Rn. 41; *Reittinger* HdJ IV/3 Rn. 4; *Strieder* DB 1998, 1677, 1678; *Veit* BB 1997, 461; *Winnefeld* Bilanz-HdB Rn. K 5; IDW RS HFA 1 WPg. 1998, 653, 654. Für eine eigenständige Rolle des Lageberichts hingegen *Streim,* FS Schneider, 1995, S. 703 ff.

[425] *Baetge/Schulze* DB 1998, 937, 938; *Scholz/Crezelius* Anh. § 42 a Rn. 241; BeckBilKomm/*Ellrott* § 289 HGB Rn. 3; Beck'sches HdB Rechnungslegung/*Hinz* B 100 Rn. 60; *Kaiser,* FS Budde, 1995, S. 327, 328; *Küting/Hütten* AG 1997, 250, 251; *Lange* BB 1999, 2447; *Reittinger* HdJ IV/3 Rn. 4; *Veit* BB 1997, 461; *Winnefeld* Bilanz-HdB Rn. K 4; IDW RS HFA 1 WPg. 1998, 653, 654.

fentlichkeit.[426] Der Lagebericht enthält Angaben, die sich dem Jahresabschluss nicht entnehmen lassen, und rundet somit das Bild über die Lage der GmbH ab. Im Gegensatz zum Jahresabschluss, der lediglich das vergangene Geschäftsjahr abbildet, bietet der Lagebericht insbesondere auch **Informationen über die in Zukunft zu erwartende Situation** der GmbH.[427] Daneben hat der Lagebericht auch eine **Rechenschaftsfunktion**,[428] da die Geschäftsführer über die wirtschaftliche Lage der GmbH Rechenschaft ablegen müssen.

3. Zuständigkeit. Zuständig für die Aufstellung des Lageberichts sind die **Geschäftsführer**.[429] Es handelt sich dabei um eine **Geschäftsführungsmaßnahme**,[430] so dass die Entscheidung über den Inhalt des Lageberichts vorbehaltlich anderweitiger Bestimmungen im Gesellschaftsvertrag einstimmig[431] getroffen werden muss. Zu der Möglichkeit der Übertragung der Aufstellungsarbeit auf Dritte vgl. Rn. 2 ff.; zur Verantwortlichkeit der Geschäftsführer Rn. 7 ff.[432] Die Gesellschafter sind allerdings befugt, den Geschäftsführern hinsichtlich des Inhalts des Lageberichts **Weisungen** zu erteilen.[433]

130

4. Inhalt. Gemäß § 289 Abs. 1 HGB soll der Lagebericht zumindest den Geschäftsverlauf[434] und die Lage der GmbH[435] so darstellen, dass ein **den tatsächlichen Verhältnissen entsprechendes Bild** vermittelt wird (sog. **Wirtschaftsbericht**[436]). Dabei ist auch auf die Risiken[437] der künftigen Entwicklung (zB Entwicklung der Märkte, Änderung von Produktionsverfahren, neue Technologien, fehlende Innovationen, auslaufende Patente[438]) einzugehen (sog. **Risikobericht**[439]); insbesondere muss deutlich gemacht werden, ob der Fortbestand der Gesellschaft gesichert oder gefährdet

131

---

[426] *Baetge/Schulze* DB 1998, 937, 938; *Kaiser,* FS Budde, 1995, S. 327, 329; *Lange* BB 1999, 2447; *Reittinger* HdJ IV/3 Rn. 33; *Schloen* DB 1988, 1661.
[427] *Baetge/Schulze* DB 1998, 937, 938; *Ballwieser,* FS Baetge, 1997, S. 153, 155; *Böcking/Orth* BfuP 1999, 418, 427; *Dörner/Schwegler* DB 1997, 285; Beck'sches HdB GmbH/*Langseder* § 9 Rn. 90.
[428] *Scholz/Crezelius* Anh. § 42 a Rn. 241; BeckBilKomm/*Ellrott* § 289 HGB Rn. 3; *Veit* BB 1997, 461; *Winnefeld* Bilanz-HdB Rn. K 4.
[429] *Adler/Düring/Schmaltz* § 264 HGB Rn. 19; *Küting/Weber/Baetge/Commandeur* Rechnungslegung § 264 HGB Rn. 7; *Baumbach/Hueck/Schulze-Osterloh* Rn. 48; BeckBilKomm/*Budde/Karig* § 264 HGB Rn. 1; *Glade* (Fn. 29) § 242 HGB Rn. 8; Beck'sches HdB GmbH/*Langseder* § 9 Rn. 51; *Lutter/Hommelhoff* § 42 Rn. 12; Beck'sches HdB Rechnungslegung/*Müller* B 500 Rn. 22; *Winnefeld* Bilanz-HdB Rn. H 5, 15; IDW RS HFA 1 WPg. 1998, 653, 654.
[430] *Adler/Düring/Schmaltz* § 264 HGB Rn. 25; *Baumbach/Hueck/Schulze-Osterloh* Rn. 48; *Glade* (Fn. 29) § 242 HGB Rn. 8.
[431] Allg. zur Geschäftsführung bei mehreren Geschäftsführern s. § 37 Rn. 16 f.
[432] Dazu gerade im Hinblick auf den Jahresabschluss auch *Baumbach/Hueck/Schulze-Osterloh* Rn. 48; BeckBilKomm/*Budde/Karig* § 264 HGB Rn. 12.
[433] *Roth/Altmeppen* § 42 a Rn. 21.
[434] Zum Begriff Beck'sches HdB Rechnungslegung/*Eberhard Müller* B 510 Rn. 13 ff.
[435] Zum Begriff Beck'sches HdB Rechnungslegung/*Eberhard Müller* B 510 Rn. 19 ff.
[436] Zu Einzelheiten *Reittinger* HdJ IV/3 Rn. 36 ff.; *Stobbe* BB 1988, 303, 307; IDW RS HFA 1 WPg. 1998, 653, 656.
[437] Zum Begriff des Risikos iS der Vorschrift *Baetge/Schulze* DB 1998, 937, 939; *Küting/Hütten* AG 1997, 250, 252; IDW RS HFA 1 WPg. 1998, 653, 657.
[438] *Baetge/Schulze* DB 1998, 937, 940; *Schindler/Rabenhorst* BB 1998, 1886, 1891.
[439] *Baetge/Schulze* DB 1998, 937, 939; BeckBilKomm/*Ellrott* § 289 HGB Rn. 25; *Küting/Hütten* AG 1997, 250, 251; vgl. auch *Böcking/Orth* DB 1998, 1873, 1875; *Remme/Theile* GmbHR 1998, 909, 910; *Winnefeld* Bilanz-HdB Rn. K 50 ff.

§ 41   3. Abschnitt. Vertretung und Geschäftsführung

erscheint.[440] Aber auch nur die Entwicklung der Gesellschaft belastende Risiken sind zu erwähnen.[441] Das den tatsächlichen Verhältnissen entsprechende Bild ist nicht nur dasjenige der Vermögens-, Finanz- und Ertragslage, das auch in § 264 Abs. 2 HGB angesprochen ist,[442] sondern umfasst – als Ergänzung zum Jahresabschluss (Rn. 129), der die Vermögens-, Finanz- und Ertragslage abbildet (Rn. 111) – die wirtschaftlichen, rechtlichen, sozialen[443] und technischen Verhältnisse der Gesellschaft einschließlich der Angaben über mit der Tätigkeit der Gesellschaft verbundene Umweltrisiken.[444] Dabei beschränkt sich die Berichterstattung nicht auf die Verhältnisse am Abschlussstichtag,[445] sondern umfasst – wie sich deutlich an § 289 Abs. 2 Nr. 1 HGB sowie dem zur Klarstellung eingefügten[446] 2. Halbs. des § 289 Abs. 1 HGB zeigt – auch die Verhältnisse seither und die zu erwartende wirtschaftliche Entwicklung der GmbH.[447]

132   Nach § 289 Abs. 2 HGB soll der Lagebericht auch eingehen auf
1. Vorgänge von besonderer Bedeutung,[448] die nach dem Schluss des Geschäftsjahres eingetreten sind (**Nachtragsbericht**[449]);
2. die voraussichtliche Entwicklung der Kapitalgesellschaft (**Prognosebericht**[450]);
3. den Bereich der Forschung und Entwicklung (**Forschungs- und Entwicklungsbericht**[451]);
4. bestehende Zweigniederlassungen der Gesellschaft (**Zweigniederlassungsbericht**[452]).

Obwohl § 289 Abs. 2 HGB als **Sollvorschrift** ausgestaltet ist, ist über die genannten Punkte zwingend zu berichten, wenn die entsprechenden Informationen für die Adressaten des Lageberichts von Bedeutung sind.[453]

---

[440] *Baumbach/Hueck/Schulze-Osterloh* § 42 Rn. 456; *Dörner/Schwegler* DB 1997, 285, 286; BeckBilKomm/*Ellrott* § 289 HGB Rn. 29; IDW RS HFA 1 WPg. 1998, 653, 657; ähnlich *Böcking/Orth* DB 1998, 1873, 1875.

[441] *Küting/Hütten* AG 1997, 250, 252; *Schindler/Rabenhorst* BB 1998, 1886, 1891; IDW RS HFA 1 WPg. 1998, 653, 658; ähnlich *Böcking/Orth* DB 1998, 1873, 1875.

[442] So aber BeckBilKomm/*Ellrott* § 289 HGB Rn. 3, 16; *Moxter* BB 1997, 722, 724 f.; *Schulze-Osterloh* ZHR 150 (1986), 532, 564.

[443] *Baumbach/Hueck/Schulze-Osterloh* § 42 Rn. 45; aA Scholz/*Crezelius* Anh. § 42a Rn. 244 – freiwillige Angabe. Zum sog. Sozialbericht vgl. auch BeckBilKomm/*Ellrott* § 289 HGB Rn. 22; Beck'sches HdB Rechnungslegung/*Müller* B 510 Rn. 51 f.; *Reittinger* HdJ IV/3 Rn. 45 ff.

[444] *Baumbach/Hueck/Schulze-Osterloh* § 42 Rn. 456.

[445] So aber BeckBilKomm/*Ellrott* § 289 HGB Rn. 15.

[446] *Moxter* BB 1997, 722.

[447] *Baumbach/Hueck/Schulze-Osterloh* § 42 Rn. 456; *Lange* BB 1999, 2447; 2449; Beck'sches HdB Rechnungslegung/*Müller* B 510 Rn. 60; Scholz/*Crezelius* Anh. § 42a Rn. 245.

[448] Zum Begriff *Krawitz* WPg. 1988, 225, 226.

[449] Zu Einzelheiten *Reittinger* HdJ IV/3 Rn. 48 f.; *Stobbe* BB 1988, 303, 307; IDW RS HFA 1 WPg. 1998, 653, 655.

[450] Zu Einzelheiten *Baetge/Schulze* DB 1998, 937, 941; *Dörner*, FS Ludewig, 1996, S. 217 ff.; Beck'sches HdB Rechnungslegung/*Müller* B 510 Rn. 69 ff.; *Ossadnik* BB 1993, 1763, 1766 f.; *Reittinger* HdJ IV/3 Rn. 50 ff.; *Remme/Theile* GmbHR 1998, 909, 910; IDW RS HFA 1 WPg. 1998, 653, 658.

[451] Zu Einzelheiten *Kuhn* DStR 1993, 491; Beck'sches HdB Rechnungslegung/*Müller* B 510 Rn. 78 ff.; *Reittinger* HdJ IV/3 Rn. 55 f.; IDW RS HFA 1 WPg. 1998, 653, 659.

[452] Zu Einzelheiten *Hahnefeld* DStR 1993, 1596; *Veit* BB 1997, 461 ff.; *Fey* DB 1994, 485; IDW RS HFA 1 WPg. 1998, 653, 659.

[453] *Baumbach/Hopt* § 289 Rn. 2; *Baumbach/Hueck/Schulze-Osterloh* § 42 Rn. 457; *Dörner*, FS Ludewig, 1996, S. 217, 223; *Lange* BB 1999, 2447, 2453; Beck'sches HdB GmbH/*Langseder* § 9 Rn. 94; Scholz/*Crezelius* Anh. § 42a Rn. 243; *Veit* BB 1997, 461; IDW RS HFA 1 WPg. 1998, 653, 658; ähnlich *Adler/Düring/Schmaltz* § 289 HGB Rn. 94; Bonner HdB Rechnungslegung/

Über die von § 289 HGB geforderten Angaben hinaus kann der Lagebericht um **freiwillige Angaben** ergänzt werden.[454] Wenn dies zur Darstellung des den tatsächlichen Verhältnissen entsprechenden Bildes notwendig ist, sind weitergehende Angaben uU sogar geboten.[455] Soweit diese ergänzenden Angaben solche sind, die auch im Anhang gemacht werden könnten, besteht ein Wahlrecht hinsichtlich der Zuordnung.[456] Kein Wahlrecht besteht allerdings hinsichtlich solcher Angaben, die Posten des Jahresabschlusses erläutern; sie sind zwingend im Anhang vorzunehmen.[457]

Eine § 286 Abs. 1 HGB entsprechende **Schutzklausel** (Rn. 125) ist für den Lagebericht nicht vorgesehen.[458] Gleichwohl dürfte in Kollisionsfällen das Wohl der Bundesrepublik Deutschland oder eines Bundeslandes Vorrang vor vollständiger Berichterstattung im Lagebericht beanspruchen können.[459] Zudem sollen solche Angaben unterbleiben dürfen, durch deren Bekanntwerden bei Konkurrenten und anderen Adressaten des Lageberichts der Gesellschaft **erhebliche Nachteile** drohen.[460] Dabei wird man jedoch stets eine sorgfältige Abwägung zwischen dem Interesse der Geschäftsleitung, das Wohlergehen der Gesellschaft nicht zu gefährden, und dem – tendenziell stärker zu gewichtenden – Informationsinteresse der Adressaten des Lageberichts vornehmen müssen.[461]

5. Unterzeichnung. Die Unterzeichnung des Lageberichts ist nach hM nicht erforderlich,[462] sie wird jedoch verschiedentlich für zweckmäßig gehalten, um den Zeitpunkt der Aufstellung festzuhalten.[463] Wegen der Eigenständigkeit des Lageberichts gegenüber dem Jahresabschluss und seiner Bedeutung im Rahmen der Rechnungslegungspflicht ist demgegenüber die Ansicht vorzugswürdig, dass der Lagebericht **in analoger Anwendung des § 245 HGB zu unterzeichnen** ist.[464]

Krawitz § 289 HGB Rn. 72; *Küting/Weber/Lück* Rechnungslegung § 289 Rn. 29; *Reittinger* HdJ IV/3 Rn. 47; *Strieder* DB 1997, 1677, 1678.

[454] *Baumbach/Hueck/Schulze-Osterloh* § 42 Rn. 461; BeckBilKomm/*Ellrott* § 289 HGB Rn. 4, 47; *Scholz/Crezelius* Anh. § 42a Rn. 244; *Winnefeld* Bilanz-HdB Rn. K 85.

[455] *Baumbach/Hueck/Schulze-Osterloh* § 42 Rn. 461; BeckBilKomm/*Ellrott* § 289 HGB Rn. 47; *Winnefeld* Bilanz-HdB Rn. K 85.

[456] *Adler/Düring/Schmaltz* § 289 HGB Rn. 13; *Baumbach/Hueck/Schulze-Osterloh* § 42 Rn. 461; *Winnefeld* Bilanz-HdB Rn. K 11.

[457] *Baumbach/Hueck/Schulze-Osterloh* § 42 Rn. 456.

[458] Für die Anwendung des § 286 Abs. 1 HGB auch auf den Lagebericht gleichwohl Bonner HdB Rechnungslegung/*Krawitz* § 289 Rn. 118.

[459] *Adler/Düring/Schmaltz* § 289 HGB Rn. 54; *Baumbach/Hueck/Schulze-Osterloh* § 42 Rn. 454; *Kuhn* DStR 1993, 491, 492; *Lange* BB 1999, 2447, 2451f.; *Küting/Weber/Lück* Rechnungslegung § 289 HGB Rn. 27; *Reittinger* HdJ IV/3 Rn. 23.

[460] *Scholz/Crezelius* Anh. § 42a Rn. 243; Bonner HdB Rechnungslegung/*Krawitz* § 289 Rn. 119f.; *Winnefeld* Bilanz-HdB Rn. K 26; kritisch zu dieser Einschränkung hingegen *Lange* BB 1999, 2447, 2452.

[461] Ebenso *Küting/Hütten* AG 1997, 250, 255; *Remme/Theile* GmbHR 1998, 909, 911; *Schindler/Rabenhorst* BB 1998, 1886, 1891; ähnlich *Kuhn* DStR 1993, 491, 492. Für eine analoge Anwendung des § 131 Abs. 3 AktG IDW RS HFA 1 WPg. 1998, 653, 655.

[462] BeckBilKomm/*Budde/Karig* § 264 HGB Rn. 16; *Küting/Weber/Ellerich* Rechnungslegung § 245 HGB Rn. 7; BeckBilKomm/*Ellrott* § 289 HGB Rn. 5; Beck'sches HdB GmbH/*Langseder* § 9 Rn. 91; *Lutter/Hommelhoff* § 42 Rn. 14; zweifelnd Bonner HdB Rechnungslegung/*Woltmann/Uecker* § 245 Rn. 14.

[463] BeckBilKomm/*Budde/Karig* § 264 HGB Rn. 16; Beck'sches HdB GmbH/*Langseder* § 9 Rn. 91.

[464] *Baumbach/Hueck/Schulze-Osterloh* Rn. 55; *Strieder* DB 1997, 1677, 1679.

136 **6. Aufstellungsfrist.** Ebenso wie der Jahresabschluss (Rn. 114) ist der Lagebericht **innerhalb von drei Monaten nach Schluss des Geschäftsjahres** aufzustellen.[465] Dies gilt auch für Kreditinstitute,[466] selbst dann, wenn sie kleine Gesellschaften iS des § 267 Abs. 1 HGB sind.

137 **7. Aufbewahrungspflicht.** Zur Aufbewahrungspflicht von Lageberichten sowie den dabei einzuhaltenden Aufbewahrungsfristen s. Rn. 155f.

138 **8. Prüfung; Feststellung; Offenlegung.** Gemäß § 316 Abs. 1 HGB unterliegt der Lagebericht der **Pflichtprüfung.**[467] Die Feststellung des Lageberichts durch die Gesellschafterversammlung ist nicht vorgesehen. Zur Offenlegung von Lageberichten s. Rn. 139 ff.

XI. Offenlegung; Veröffentlichung und Vervielfältigung

139 **1. Offenlegung. a) Allgemeines.** Offenlegungs- oder **Publizitätspflicht** ist die Pflicht zur Einreichung bestimmter Unterlagen zum Handelsregister sowie die Bekanntmachung der Unterlagen selbst oder ihrer Einreichung zum Handelsregister im Bundesanzeiger. Zweck der Publizitätspflicht ist es, allen interessierten Personen die Möglichkeit zu geben, sich aus allgemein zugänglichen Quellen über die Lage eines Unternehmens zu informieren.[468] Die Publizitätspflicht ist in §§ 325 bis 327 HGB geregelt. Sie ist nach Größenmerkmalen der Gesellschaft abgestuft. Durch Bestimmungen im Gesellschaftsvertrag kann die Publizitätspflicht erweitert, aber nicht eingeschränkt werden.[469] Zuständig für die Erfüllung der Publizitätspflicht sind die Geschäftsführer.[470]

140 **b) Große Gesellschaften. aa) Offenzulegende Unterlagen.** Große Gesellschaften iS des § 267 Abs. 3 HGB (Rn. 30 ff.) haben folgende Unterlagen offenzulegen:
– Jahresabschluss.
– Lagebericht.
– Bestätigungsvermerk oder Vermerk über seine Versagung.
– Vorschlag und Beschluss über die Ergebnisverwendung unter Angabe des Jahresüberschusses oder Jahresfehlbetrags, es sei denn, Vorschlag und Beschluss über die Ergebnisverwendung ergeben sich aus dem Jahresabschluss. Die Offenlegung eines Ergebnisverwendungsvorschlages entfällt jedoch, wenn die Geschäftsführer nicht zur Erstellung eines solchen verpflichtet sind.[471] Auch wenn der Jahresüberschuss oder -fehlbetrag zuzüglich des Gewinnvortrags bzw. abzüglich des Verlustvortrags einen negativen Wert ergibt, entfallen die Angaben über die Ergebnisverwendung zumeist, da regelmäßig keine Ausschüttungen oder Einstellungen in Rücklagen stattfinden. Einer Negativanzeige bedarf es in diesem Fall nicht.[472] Ebenso ist es beim Bestehen eines Ergebnisabführungsvertrages.[473] Angaben über die Ergebnisverwendung kön-

---

[465] *Farr* GmbHR 1996, 755, 756; Beck'sches HdB GmbH/*Langseder* § 9 Rn. 90; Beck'sches HdB Rechnungslegung/*Müller* B 510 Rn. 24; *Scholz/Crezelius* Anh. § 42a Rn. 242; *Winnefeld* Bilanz-HdB Rn. K 12.
[466] *Winnefeld* Bilanz-HdB Rn. K 12.
[467] Dazu § 42a Rn. 16, 20.
[468] *Lutter/Hommelhoff* Anh. § 42a Rn. 1.
[469] *Lutter/Hommelhoff* Anh. § 42a Rn. 3.
[470] Beck'sches HdB Rechnungslegung/*Osbahr* B 610 Rn. 7.
[471] BeckBilKomm/*Ellrott/Spremann* § 325 HGB Rn. 14; *Klatte* BB 1995, 35, 38; Beck'sches HdB GmbH/*Langseder* § 9 Rn. 215.
[472] BeckBilKomm/*Ellrott/Spremann* § 325 HGB Rn. 18; *Klatte* BB 1995, 35, 38.
[473] BeckBilKomm/*Ellrott/Spremann* § 325 HGB Rn. 19.

nen schließlich insgesamt unterbleiben, wenn sich an Hand dieser Angaben die Gewinnanteile von natürlichen Personen feststellen lassen, die Gesellschafter sind. Das ist durch die Regeln über die Gewinnverteilung im Gesellschaftsvertrag in Verbindung mit der nach § 40 einzureichenden Gesellschafterliste immer dann der Fall, wenn mindestens einer der Gesellschafter eine natürliche Person ist.[474]
– Prüfungsbericht des Aufsichtsrats,[475] falls die Gesellschaft über einen solchen verfügt.

bb) Art der Offenlegung. Die offenzulegenden Unterlagen sind zunächst im Bundesanzeiger bekanntzumachen, sodann ist die Bekanntmachung in Form eines Belegexemplars des Bundesanzeigers[476] unter Beifügung der Unterlagen zum Handelsregister einzureichen. Die Aufstellung des Anteilsbesitzes gemäß § 287 HGB braucht gemäß § 325 Abs. 2 S. 2 HGB nicht im Bundesanzeiger bekanntgemacht zu werden; sie ist jedoch zum Handelsregister einzureichen. In diesem Fall ist allerdings im Anhang gemäß § 287 S. 3 HGB auf die besondere Aufstellung und den Ort der Hinterlegung hinzuweisen. Nicht zulässig ist es demgegenüber, die Aufstellung des Anteilsbesitzes zum Zwecke der Veröffentlichung im Bundesanzeiger aus dem Anhang herauszunehmen und sie für die Einreichung zum Handelsregister wieder hinzuzufügen.[477] Zuständig für die Offenlegung sind gemäß § 325 Abs. 1 S. 1 HGB die Geschäftsführer.

141

cc) Offenlegungsfrist. Die Offenlegung hat unverzüglich nach Vorlage des Jahresabschlusses an die Gesellschafter, spätestens jedoch vor Ablauf des zwölften Monats des dem Abschlussstichtag nachfolgenden Geschäftsjahres stattzufinden. Maßgebend für die Einhaltung der Frist ist gemäß § 325 Abs. 4 HGB der Zeitpunkt der Einreichung der Unterlagen beim Bundesanzeiger. Die Offenlegung unverzüglich nach Vorlage des Jahresabschlusses an die Gesellschafter führt allerdings im Regelfall dazu, dass es zum Zeitpunkt der Einreichung bei dem Bundesanzeiger noch an dem Feststellungsbeschluss und dem Beschluss über die Ergebnisverwendung der Gesellschafterversammlung fehlt.[478] Ein Zuwarten der Geschäftsführer bis zur Beschlussfassung über den Jahresabschluss und die Ergebnisverwendung ist nach dem eindeutigen Gesetzeswortlaut nicht zulässig,[479] auch dann nicht, wenn Feststellungs- und Ergebnisverwendungsbeschluss unmittelbar nach der Vorlage getroffen werden.[480] Gemäß § 328 Abs. 1 Nr. 2 HGB ist daher auf das Fehlen des Feststellungsbeschlusses hinzuweisen. Der Ergebnisverwendungsbeschluss ist gemäß § 325 Abs. 1 S. 3 HGB nach Beschlussfassung nachzureichen. Auf die Nachreichung des Feststellungsbeschlusses kann verzichtet werden, wenn die Gesellschafterversammlung nicht von dem vorgeschlagenen Jahresabschluss abweicht.[481] Wird der Jahresabschluss zwischen Offenlegung und Feststellung geändert, ist gemäß § 325 Abs. 1 S. 3 Halbs. 2 HGB die Änderung offenzulegen. Auch wenn der Jahresabschluss bei Ablauf der Zwölf-Monats-Frist noch nicht geprüft oder noch nicht festgestellt ist, ist er gemäß § 328 Abs. 1 Nr. 2 HGB zur Fristwahrung gleichwohl bereits offenzulegen. In diesem Fall ist ebenso auf die Tatsache hinzuweisen, dass Prüfung

142

---

[474] *Baumbach/Hueck/Schulze-Osterloh* Rn. 134; BeckBilKomm/*Ellrott/Spremann* § 325 HGB Rn. 21; *Klatte* BB 1995, 35, 39; *Pfitzer/Wirth* DB 1994, 1937, 1940.
[475] Dazu § 42a Rn. 57 ff.
[476] BeckBilKomm/*Ellrott/Spremann* § 325 HGB Rn. 51.
[477] BeckBilKomm/*Ellrott/Spremann* § 325 HGB Rn. 53.
[478] Kritisch *Lutter/Hommelhoff* Anh. § 42a Rn. 6.
[479] *Adler/Düring/Schmaltz* § 42a GmbHG Rn. 37; *Lutter/Hommelhoff* Anh. § 42a Rn. 7; aA *Adler/Düring/Schmaltz* § 325 HGB Rn. 22; *Roth/Altmeppen* § 42a Rn. 34.
[480] AA BeckBilKomm/*Ellrott/Spremann* § 325 HGB Rn. 37.
[481] BeckBilKomm/*Ellrott/Spremann* § 325 HGB Rn. 10; *Lutter/Hommelhoff* Anh. § 42a Rn. 23 iVm. Rn. 19.

§ 41   3. Abschnitt. Vertretung und Geschäftsführung

und Feststellung noch ausstehen.[482] Die noch fehlenden Unterlagen und Beschlüsse sind ebenfalls gemäß § 325 Abs. 1 S. 3 HGB nach ihrem Vorliegen bzw. nach Beschlussfassung nachzureichen. Bei nachträglicher Offenlegung eines Bestätigungsvermerks oder des Vermerks über seine Versagung ist der dazugehörige Jahresabschluss dem Handelsregister mit einzureichen;[483] für die Bekanntmachung im Bundesanzeiger reicht jedoch die Verweisung auf den bereits bekanntgemachten Jahresabschluss.[484] Auch ein Widerruf eines veröffentlichten Bestätigungsvermerks ist, obwohl in § 325 Abs. 1 S. 3 HGB nicht erwähnt, nachträglich offenzulegen.[485]

143 **c) Mittelgroße Gesellschaften. aa) Offenzulegende Unterlagen.** Mittelgroße Gesellschaften iS des § 267 Abs. 2 HGB (Rn. 30 ff.) haben folgende Unterlagen offenzulegen:
- Jahresabschluss. Dabei braucht gemäß § 327 Abs. 1 Nr. 1 HGB die Bilanz nur in der für kleine Gesellschaften vorgeschriebenen verkürzten Form des § 266 Abs. 1 S. 3 HGB (Rn. 120) eingereicht zu werden. Bestimmte danach nicht anzugebende Posten müssen jedoch in der Bilanz oder im Anhang aufgeführt werden. Dazu gehören als Aktiva der Geschäfts- oder Firmenwert, die einzelnen Bestandteile des Sachanlagevermögens, Teile der Finanzanlagen, Forderungen gegen verbundene Unternehmen und Unternehmen, mit denen ein Beteiligungsverhältnis besteht, Anteile an verbundenen Unternehmen sowie eigene Anteile und als Passiva Anleihen, Verbindlichkeiten gegenüber Kreditinstituten sowie Verbindlichkeiten gegenüber verbundenen Unternehmen und Unternehmen, mit denen ein Beteiligungsverhältnis besteht. Der Anhang darf gemäß § 327 Abs. 1 Nr. 2 HGB ohne die nach § 285 Nr. 2, 5, 8 lit. a und 12 HGB erforderlichen Angaben zum Handelsregister eingereicht werden. Hat die Gesellschaft von Erleichterungen für mittelgroße Gesellschaften gemäß §§ 276 HGB, 288 S. 2 HGB bei der Aufstellung des Jahresabschlusses keinen Gebrauch gemacht, kann sie diese noch im Rahmen der Offenlegung nutzen.[486]
- Lagebericht.
- Bestätigungsvermerk oder Vermerk über seine Versagung.
- Vorschlag und Beschluss über die Ergebnisverwendung. Zu den Einzelheiten s. Rn. 140.
- Prüfungsbericht des Aufsichtsrats,[487] falls die Gesellschaft über einen solchen verfügt.

144 **bb) Art der Offenlegung.** Die Geschäftsführer haben gemäß § 325 Abs. 1 S. 1 HGB die offenzulegenden Unterlagen zum Handelsregister des Sitzes der Gesellschaft einzureichen. Unverzüglich nach der Einreichung haben sie gemäß § 325 Abs. 1 S. 2 HGB im Bundesanzeiger bekanntzumachen, bei welchem Handelsregister und unter welcher Nummer die Unterlagen eingereicht worden sind. Dazu sind dem Bundesanzeiger folgende Angaben zu machen: voller Firmenname (§ 17 Abs. 1 HGB) und Sitz der Gesellschaft (§ 3 Abs. 1 Nr. 1), Stichtag des Jahresabschlusses, Datum der Einreichung beim Handelsregister, Amtsgericht, bei dem hinterlegt wurde, Handelsregister-Nummer der Gesellschaft und Umfang der eingereichten Unterlagen.[488]

---

[482] Kritisch zu dieser Vorschrift *Baumbach/Hueck/Schulze-Osterloh* Rn. 130.
[483] *Baumbach/Hueck/Schulze-Osterloh* Rn. 137; *Lutter/Hommelhoff* Anh. § 42 a Rn. 17.
[484] *Baumbach/Hueck/Schulze-Osterloh* Rn. 137.
[485] BeckBilKomm/*Ellrott/Spremann* § 325 HGB Rn. 48.
[486] BeckBilKomm/*Ellrott/Spremann* § 325 HGB Rn. 2, § 327 Rn. 5 und 13; *Farr* GmbHR 1996, 755, 759; Beck'sches HdB GmbH/*Langseder* § 9 Rn. 217; *Lutter/Hommelhoff* Anh. § 42 a Rn. 15.
[487] Dazu § 42 a Rn. 57 ff.
[488] *Farr* GmbHR 1996, 755, 758.

Buchführung **§ 41**

cc) Offenlegungsfrist. Es gilt das zur Offenlegungsfrist bei großen Gesellschaften 145
Gesagte (Rn. 142). Zur Fristwahrung kommt es allerdings auf die Einreichung der
Unterlagen zum Handelsregister an.

d) Kleine Gesellschaften. aa) Offenzulegende Unterlagen. Kleine Gesellschaf- 146
ten iS des § 267 Abs. 1 HGB (Rn. 30ff.) haben gemäß § 326 HGB nur die Bilanz und
den Anhang offenzulegen. Gemäß § 326 S. 2 HGB braucht auch der offenzulegende
Anhang die die Gewinn- und Verlustrechnung betreffenden Angaben[489] nicht zu enthalten. Es empfiehlt sich daher, die die Gewinn- und Verlustrechnung betreffenden
Angaben in einem besonderen Kapitel des Anhangs „Angaben zur GuV" zusammenzufassen, so dass für die Einreichung zum Handelsregister dieses Kapitel insgesamt abgetrennt werden kann.[490] Hat die Gesellschaft von Erleichterungen für kleine Gesellschaften gemäß §§ 266 Abs. 1 S. 3, 274a, 276, 288 S. 1 HGB bei der Aufstellung des
Jahresabschlusses keinen Gebrauch gemacht, kann sie diese noch im Rahmen der Offenlegung nutzen.[491] Ein Lagebericht ist von kleinen Gesellschaften nicht aufzustellen,
so dass die Offenlegung insoweit entfällt. Auch ein freiwillig aufgestellter Lagebericht
braucht nicht offengelegt zu werden,[492] ebensowenig ein Bestätigungsvermerk oder der
Vermerk über dessen Versagung[493] im Falle einer freiwilligen Abschlussprüfung[494] der
Gesellschaft[495] und ein Prüfungsbericht des Aufsichtsrats,[496] falls die Gesellschaft über
einen solchen verfügt.[497]

bb) Art der Offenlegung; Offenlegungsfrist. Es gilt das jeweils zur Offenlegung 147
bei mittelgroßen Gesellschaften Gesagte (Rn 144f.). Allerdings sollte hier nach der
Feststellung des Jahresabschlusses durch die Gesellschafterversammlung gemäß § 325
Abs. 1 S. 3 HGB das Datum der Feststellung offengelegt werden, weil kleine Gesellschaften – anders als mittelgroße – den Ergebnisverwendungsbeschluss nicht offenzulegen brauchen.

e) Kreditinstitute und Finanzdienstleistungsinstitute. Kreditinstitute und 148
Finanzdienstleistungsinstitute, deren Bilanzsumme am Bilanzstichtag 200 Millionen
Euro übersteigt, haben gemäß § 340l Abs. 1 S. 1 HGB den Jahresabschluss und
den Lagebericht sowie den Konzernabschluss und den Konzernlagebericht und die
anderen in § 325 HGB genannten Unterlagen (Bestätigungsvermerk oder Vermerk
über seine Versagung, Vorschlag und Beschluss über die Ergebnisverwendung,
ggf. Bericht des Aufsichtsrats) in der für große Gesellschaften geltenden Form und
Frist offenzulegen (Rn. 141f.). Kreditinstitute und Finanzdienstleistungsinstitute,
deren Bilanzsumme am Bilanzstichtag 200 Millionen Euro nicht übersteigt, haben
gemäß § 340l Abs. 1 S. 1 iVm. Abs. 4 S. 1 HGB die entsprechenden Unterlagen
in der für mittelgroße Gesellschaften geltenden Form und Frist offenzulegen
(Rn. 144f.).

---

[489] Zu Zweifelsfällen *Farr* GmbHR 1999, 1080, 1083f.
[490] *Farr* GmbHR 1999, 1080, 1083.
[491] BeckBilKomm/*Ellrott/Spremann* § 325 HGB Rn. 2; § 326 Rn. 15; *Farr* GmbHR 1996, 185, 188; Beck'sches HdB GmbH/*Langseder* § 9 Rn. 217; *Lutter/Hommelhoff* Anh. § 42a Rn. 11.
[492] *Baumbach/Hueck/Schulze-Osterloh* Rn. 131; *Farr* GmbHR 1996, 185, 187; *Lutter/Hommelhoff* Anh. § 42a Rn. 10.
[493] Zur Offenlegung eines Bestätigungsvermerks im Falle der Inanspruchnahme der Offenlegungserleichterungen des § 326 HGB *Weiland* DStR 1996, 717, 721.
[494] Dazu § 42a Rn. 53ff.
[495] *Baumbach/Hueck/Schulze-Osterloh* Rn. 132; *Lutter/Hommelhoff* Anh. § 42a Rn. 10.
[496] Dazu § 42a Rn. 57ff.
[497] *Baumbach/Hueck/Schulze-Osterloh* Rn. 133; *Lutter/Hommelhoff* Anh. § 42a Rn. 10.

§ 41   3. Abschnitt. Vertretung und Geschäftsführung

149   **f) Gesellschaften, die einen Konzernabschluss aufzustellen haben.** Die Geschäftsführer einer Gesellschaft, die einen Konzernabschluss aufzustellen hat, haben gemäß § 325 Abs. 4 HGB den Konzernabschluss mit dem Bestätigungsvermerk oder dem Vermerk über seine Versagung sowie den Konzernlagebericht in der für große Gesellschaften geltenden Form und Frist offenzulegen (Rn. 141 f.).

150   **g) Erleichterungen für Tochtergesellschaften.** Gesellschaften, die die Erleichterungen für Tochtergesellschaften in Anspruch nehmen können,[498] sind von der Publizitätspflicht befreit. Gemäß § 264 Abs. 3 Nr. 5 HGB haben sie statt dessen die Unterlagen, die das Mutterunternehmen im Rahmen der Konzernrechnungslegung nach § 325 HGB offenzulegen hat, zum Handelsregister einzureichen. Nicht erforderlich ist die Einreichung der Bekanntmachung im Bundesanzeiger.[499]

151   **h) Prüfung durch das Registergericht. aa) Eingereichte Unterlagen.** Das Registergericht hat im Verfahren der Offenlegung gemäß § 329 Abs. 1 HGB zu prüfen, ob die zum Handelsregister einzureichenden Unterlagen vollzählig sind und ob sie, sofern vorgeschrieben, bekanntgemacht worden sind. Ausgeschlossen ist nach dem Gesetzeswortlaut eine inhaltliche Prüfung der Unterlagen,[500] insbesondere die Prüfung, ob der eingereichte Jahresabschluss nichtig ist.[501] Neben der Vollzähligkeit der eingereichten Unterlagen prüft das Gericht auch, ob große Gesellschaften sowie Gesellschaften, die zur Aufstellung eines Konzernabschlusses verpflichtet sind, die offenzulegenden Unterlagen im Bundesanzeiger bekanntgemacht haben.

152   **bb) Inanspruchnahme größenabhängiger Erleichterungen.** Das Registergericht kann nach § 329 Abs. 2 HGB überprüfen, ob die Gesellschaft größenabhängige Erleichterungen zu Recht in Anspruch genommen hat, wenn die Prüfung nach Abs. 1 der Vorschrift dazu Anlass gibt. Anlass zu einer solchen Annahme gibt idR die Höhe der Bilanzsumme.[502] Um die Berechtigung der Inanspruchnahme größenabhängiger Erleichterungen zu überprüfen, kann das Registergericht gemäß § 329 Abs. 2 S. 1 HGB von der Gesellschaft innerhalb angemessener Frist die Mitteilung der Umsatzerlöse nach § 277 Abs. 1 HGB und der durchschnittlichen Zahl der Arbeitnehmer nach § 267 Abs. 5 HGB verlangen. Soweit dies für die Prüfung erforderlich ist, können diese Angaben auch für frühere Geschäftsjahre angefordert werden.[503] Die Bezugnahme auf § 329 Abs. 1 HGB, der eine inhaltliche Prüfung der eingereichten Unterlagen nicht zulässt, macht deutlich, dass lediglich die größenabhängigen Erleichterungen hinsichtlich der Art und des Umfangs der einzureichenden und bekanntzumachenden Unterlagen überprüft werden dürfen.[504] Das Registergericht kann somit zB überprüfen, ob eine Gesellschaft kleine Gesellschaft iS des § 267 Abs. 1 HGB ist und daher zu Recht lediglich die Bilanz und den Anhang eingereicht hat oder ob eine Gesellschaft eine mittelgroße Gesellschaft iS des § 267 Abs. 2 HGB ist und somit berechtigt war, auf eine Bekanntmachung der einzureichenden Unterlagen im Bundesanzeiger zu verzichten. Kommt die Gesellschaft der Aufforderung des Gerichts nach Mitteilung der Umsatzerlöse und der durchschnittlichen Zahl der Arbeitnehmer nicht fristgemäß

---

[498] Zu den Voraussetzungen s. Rn. 117.
[499] *Dörner/Wirth* DB 1998, 1525, 1529; Beck'sches HdB GmbH/*Langseder* § 9 Rn. 214 aE.
[500] *Baumbach/Hueck/Schulze-Osterloh* Rn. 143; BeckBilKomm/*Ellrott/Spremann* § 329 HGB Rn. 5; *Lutter/Hommelhoff* Anh. § 42a Rn. 32.
[501] *Baumbach/Hueck/Schulze-Osterloh* Rn. 143; *Lutter/Hommelhoff* Anh. § 42a Rn. 32.
[502] BeckBilKomm/*Ellrott/Spremann* § 329 HGB Rn. 8.
[503] *Baumbach/Hueck/Schulze-Osterloh* Rn. 144.
[504] *Baumbach/Hueck/Schulze-Osterloh* Rn. 144; BeckBilKomm/*Ellrott/Spremann* § 329 HGB Rn. 7; *Lutter/Hommelhoff* Anh. § 42a Rn. 34.

Buchführung **§ 41**

nach, gelten gemäß § 329 Abs. 2 S. 2 HGB die Erleichterungen als zu Unrecht in Anspruch genommen. Die Gesellschaft unterliegt damit den Regeln über die Offenlegungspflicht einer größeren Gesellschaft und muss ggf. Gewinn- und Verlustrechnung und Lagebericht nachreichen. Ein Bericht des Aufsichtsrats kann allerdings nur eingereicht werden, wenn die Gesellschaft über einen solchen verfügt. Der Bestätigungsvermerk oder Vermerk über seine Versagung sowie der Nachweis der Bekanntmachung im Bundesanzeiger können ebenfalls nur dann eingereicht werden, wenn sie vorliegen, der Bestätigungsvermerk oder der Vermerk über seine Versagung also nur bei durchgeführter Abschlussprüfung und der Nachweis über die Bekanntmachung im Bundesanzeiger nur, wenn die Bekanntmachung stattgefunden hat. Ist dies mangels Verpflichtung der Gesellschaft, eine Abschlussprüfung nach § 316 Abs. 1 HGB zu veranlassen oder die offenzulegenden Unterlagen gemäß § 325 Abs. 2 HGB im Bundesanzeiger bekannt zu machen, nicht der Fall, kann eine Einreichung auch nicht verlangt werden.

i) **Sanktionen.** Zu den Sanktionen für die Verletzung von Offenlegungspflichten s. 153 Rn. 18 f.

2. Veröffentlichung und Vervielfältigung. Unter **Veröffentlichung** iS des 154 § 328 HGB versteht man die Bekanntgabe offenzulegender Unterlagen an die Öffentlichkeit außerhalb der gesetzlichen Verpflichtung zur Offenlegung. **Vervielfältigung** iS des § 328 HGB ist die Herstellung von Reproduktionen für einen bestimmten Personenkreis.[505] Der **Gesellschaftsvertrag** kann eine Veröffentlichung oder Vervielfältigung der offenzulegenden Unterlagen vorsehen. Für diese gelten nach § 328 Abs. 1 S. 1 HGB dieselben Regeln wie für die Offenlegung. Es gelten insoweit die §§ 325 bis 327 HGB. Nicht anwendbar sind allerdings die Fristen für die Offenlegung. **Sonstige Veröffentlichungen oder Vervielfältigungen des Jahresabschlusses** (zB in Tageszeitungen veröffentliche Kurzfassungen von Jahresabschlüssen oder Konzernabschlüssen) können in anderer Form vorgenommen werden. Dazu sieht § 328 Abs. 2 S. 1 HGB allerdings vor, dass dann in der Überschrift darauf hingewiesen werden muss, dass es sich nicht um eine der gesetzlichen Form entsprechende Veröffentlichung handelt. Ein Bestätigungsvermerk darf gemäß § 328 Abs. 2 S. 2 HGB nicht beigefügt werden. Sofern wegen Bestehens einer Prüfungspflicht nach § 316 Abs. 1 HGB eine Prüfung durch einen Abschlussprüfer stattgefunden hat, ist gemäß § 328 Abs. 2 S. 3 HGB anzugeben, ob der Abschlussprüfer dem in der gesetzlichen Form erstellten Jahresabschluss oder Konzernabschluss einen uneingeschränkten oder eingeschränkten Bestätigungsvermerk erteilt oder die Erteilung eines Vermerks versagt hat. Weiter ist nach § 328 Abs. 2 S. 4 HGB anzugeben, bei welchem Handelsregister und in welcher Nummer des Bundesanzeigers die Offenlegung erfolgt ist oder ggf. dass die Offenlegung noch nicht erfolgt ist. Zu **Sanktionen** bei einem Verstoß gegen die Vorschriften über die Veröffentlichung und Vervielfältigung s. Rn. 19.

XII. Aufbewahrungspflicht

§ 257 HGB regelt die **Aufbewahrungspflicht** für Rechnungslegungsunterla- 155 gen und die jeweils einzuhaltenden **Aufbewahrungsfristen.** Verantwortlich für die Einhaltung sind die Geschäftsführer. Buchungsbelege,[506] Handelsbücher, Inventare einschließlich der Inventurunterlagen[507] (Inventuranweisungen, Aufnahmelisten, Anla-

---

[505] BeckBilKomm/*Ellrott/Spremann* § 328 HGB Rn. 2.
[506] Zum Übergang von der sechs- auf die zehnjährige Aufbewahrungsfrist vgl. Art. 47 EGHGB.
[507] BeckBilKomm/*Budde/Kunz* § 257 HGB Rn. 12; *Farr* (Fn. 179) Rn. 145.

genverzeichnisse, Saldenlisten, sowie Tonbänder, falls die Inventur mithilfe eines Diktiergerätes vorgenommen wurde[508]), Eröffnungsbilanzen, Jahresabschlüsse, Lageberichte, Konzernabschlüsse und Konzernlageberichte sowie die zu ihrem Verständnis erforderlichen Arbeitsanweisungen und sonstigen Organisationsunterlagen (zB Kontenpläne, EDV-Programme und die dazugehörigen Programmdokumentationen) sind zehn Jahre, empfangene Handelsbriefe sowie die Wiedergaben der abgesandten Handelsbriefe sechs Jahre aufzubewahren.

156 Der **Fristbeginn** richtet sich nach § 257 Abs. 5 HGB. Die Aufbewahrungsfrist beginnt mit dem Schluss des Kalenderjahres, in dem die letzte Eintragung in ein Handelsbuch gemacht, das Inventar aufgestellt, die Eröffnungsbilanz oder der Jahresabschluss festgestellt, der Konzernabschluss aufgestellt, der Handelsbrief empfangen oder abgesandt worden oder der Buchungsbeleg entstanden ist, und zwar auch dann, wenn das Geschäftsjahr der Gesellschaft nicht mit dem Kalenderjahr übereinstimmt.[509]

157 Die Aufbewahrung hat jeweils geordnet stattzufinden. Eröffnungsbilanzen, Jahresabschlüsse und Konzernabschlüsse sind zwingend **im Original** aufzubewahren. Alle anderen Unterlagen können gemäß § 257 Abs. 3 S. 1 HGB auch als **Wiedergabe auf Bild- oder anderen Datenträgern** (zB Fotokopie, Mikrofiche, Magnetband oder -platte, Diskette) aufbewahrt werden, wenn dies den Grundsätzen ordnungsmäßiger Buchführung entspricht und sichergestellt ist, dass die Wiedergabe oder die Daten innerhalb angemessener Frist lesbar gemacht werden können. Die Wiedergabe oder die Daten in der lesbar gemachten Form müssen mit den empfangenen Handelsbriefen und Buchungsbelegen bildlich und mit den anderen Unterlagen inhaltlich übereinstimmen. Inhaltliche Übereinstimmung bedeutet dabei wortgetreue Übereinstimmung; die Wiedergabe des wesentlichen Inhalts reicht nicht aus.[510] Die Anforderungen an die bildliche Übereinstimmung gehen noch darüber hinaus. Unter Umständen muss selbst die farbliche Übereinstimmung mit dem Originalbeleg gewährleistet sein.[511] Bei gemäß § 239 Abs. 4 S. 1 HGB auf Datenträgern geführter Buchführung können gemäß § 257 Abs. 3 S. 2 HGB statt des Datenträgers selbst auch die Daten in ausgedruckter Form aufbewahrt werden oder eine Aufbewahrungsart nach § 257 Abs. 3 S. 1 HGB gewählt werden.

158 Die steuerliche Vorschrift über die Aufbewahrung von Unterlagen in **§ 147 AO** entspricht im wesentlichen der handelsrechtlichen Regelung. § 147 AO schreibt allerdings keine Aufbewahrungspflicht für Konzernabschlüsse und Konzernlageberichte vor, dafür aber in Abs. 1 Nr. 5 für sonstige Unterlagen, die für die Besteuerung von Bedeutung sind. Letztere sind sechs Jahre lang aufzubewahren. Die Aufbewahrungsfrist für steuerliche Zwecke läuft gemäß § 147 Abs. 3 S. 3 AO nicht ab, soweit und solange die Unterlagen für Steuern von Bedeutung sind, für welche die Festsetzungsfrist noch nicht abgelaufen ist. Dabei bleibt eine Verlängerung der Festsetzungsfrist auf zehn bzw. fünf Jahre wegen Steuerhinterziehung (§ 370 AO) oder leichtfertiger Steuerverkürzung (§ 378 AO) nach § 169 Abs. 2 S. 2 AO allerdings außer Betracht. Bei der Aufbewahrung von Unterlagen auf Bild- oder anderen Datenträgern ist die Gesellschaft nach § 147 Abs. 5 AO außerdem verpflichtet, auf ihre Kosten die Hilfsmittel zur Verfügung zu stellen, die erforderlich sind, um die Unterlagen lesbar zu machen; auf Verlangen der Finanzbehörde hat sie auf ihre Kosten Ausdrucke oder andere ohne Hilfsmittel lesbare Reproduktionen beizubringen.

---

[508] *Quick* BB 1991, 723, 726; Beck'sches HdB Rechnungslegung/*Uhlig* A 210 Rn. 47.
[509] BeckBilKomm/*Budde/Kunz* § 257 HGB Rn. 25.
[510] *Ohlf* BB 1995, 1787; *Trappmann* DB 1989, 1482, 1483.
[511] *Ohlf* BB 1995, 1787, 1788; *Graf v. Westphalen* DB 1989, 742, 743.

XIII. Einrichtung eines Überwachungssystems

Das GmbHG enthält keine § 91 Abs. 2 AktG entsprechende Vorschrift, die die Geschäftsführer verpflichtete, ein **internes Überwachungs- und Früherkennungssystem** einzurichten, um den Fortbestand der Gesellschaft zu sichern. Allerdings gehört es ohnehin zu den Aufgaben der Geschäftsführer, Maßnahmen zu treffen, um Entwicklungen, die den Bestand der Gesellschaft gefährden könnten, frühzeitig zu erkennen. § 91 Abs. 2 AktG hat also eher klarstellende Bedeutung.[512] Entsprechend haben die Geschäftsführer auch ohne eine gesetzliche Regelung wie die in § 91 Abs. 2 AktG getroffene dafür zu sorgen, dass Risiken für den Fortbestand der Gesellschaft erkannt werden. Art und Umfang der dafür erforderlichen Maßnahmen hängen dabei von der Größe und finanziellen Lage der Gesellschaft sowie von ihrem Unternehmensgegenstand, der wirtschaftlichen Lage in ihrer Branche und ähnlichen Faktoren ab.[513]

XIV. Rechenschaftsbericht

Die Geschäftsführer einer GmbH sind berechtigt, aber nicht verpflichtet, einen Rechenschaftsbericht nach Art des von Vorstand und Aufsichtsrat einer AG aufgestellten **Geschäftsberichts** zu erstellen.[514] Darin können zusätzliche Angaben, die über die in Jahresabschluss und Lagebericht enthaltenen Informationen hinausgehen, gemacht werden. Adressat eines solchen Rechenschaftsberichts sind die Gesellschafter. Der Rechenschaftsbericht ist nicht prüfungspflichtig; er kann jedoch auf freiwilliger Basis in die Prüfung miteinbezogen werden.

XV. Österreichisches Recht

§ 22 Abs. 1 ÖGmbHG legt den Geschäftsführern dieselben Pflichten auf wie § 41. Danach haben die Geschäftsführer dafür zu sorgen, dass ein **Rechnungswesen** und ein **internes Kontrollsystem** geführt werden, die den Anforderungen des Unternehmens entsprechen. Damit ist die Pflicht zur Führung der Bücher bzw. bei Delegation dieser Aufgabe an Dritte die Pflicht zu deren Überwachung statuiert.

Bestimmungen über den **Inhalt der Rechnungslegungspflicht** finden sich in den §§ 189 ff. ÖHGB. Die Vorschriften entsprechen weitgehend den §§ 238 ff. HGB.

Nach § 222 Abs. 1 ÖHGB haben die Geschäftsführer in den ersten fünf Monaten des Geschäftsjahres einen **Jahresabschluss,** bestehend aus Bilanz, Gewinn- und Verlustrechnung und Anhang, sowie einen **Lagebericht** aufzustellen. Für kleine und mittelgroße Gesellschaften[515] bestehen größenabhängige Erleichterungen bei der Aufstellung des Anhangs, vgl. § 242 ÖHGB. Kleine Gesellschaften sind darüber hinaus von der Pflicht zur Aufstellung eines Lageberichts befreit. Die Geschäftsführer können gemäß § 125 ÖGmbHG durch Zwangsstrafen zur Erfüllung der nach § 222 Abs. 1 ÖHGB bestehenden Verpflichtung angehalten werden.

Die **Offenlegungspflichten** richten sich für große und mittelgroße GmbHs nach § 277 ÖHGB und für kleine GmbHs nach § 278 ÖHGB. Die Geschäftsführer können gemäß § 283 ÖHGB durch Zwangsstrafen zur Befolgung der Offenlegungspflicht angehalten werden.

---

[512] *Altmeppen* ZGR 1999, 291, 302; vgl. auch die Regierungsbegründung, BT-Drucks. 13/9712, S. 15 – Hervorhebung der allgemeinen Leitungsaufgabe.
[513] *Altmeppen* ZGR 1999, 291, 301; ähnlich *Baumbach/Hueck/Schulze-Osterloh* Rn. 1; *Lück* WPK-Mitt. 1998, 182.
[514] *Meyer* DB 1999, 1913 ff.
[515] Zur Einteilung in Größenklassen vgl. § 221 ÖHGB.

§ 42   3. Abschnitt. Vertretung und Geschäftsführung

165 Die einzuhaltenden **Aufbewahrungspflichten** ergeben sich aus § 212 ÖHGB. Danach sind Handelsbücher, Inventare, Eröffnungsbilanzen, Jahresabschlüsse, Lageberichte, Konzernabschlüsse und -lageberichte, empfangene Handelsbriefe, Abschriften abgesandter Handelsbriefe und Buchungsbelege mindestens sieben Jahre lang aufzubewahren. Die Frist verlängert sich, soweit die Belege für ein anhängiges gerichtliches oder behördliches Verfahren, in dem die Gesellschaft Parteistellung hat, von Bedeutung sind.

§ 42 [Bilanz]

(1) **In der Bilanz des nach den §§ 242, 264 des Handelsgesetzbuchs aufzustellenden Jahresabschlusses ist das Stammkapital als gezeichnetes Kapital auszuweisen.**

(2) [1] **Das Recht der Gesellschaft zur Einziehung von Nachschüssen der Gesellschafter ist in der Bilanz insoweit zu aktivieren, als die Einziehung bereits beschlossen ist und den Gesellschaftern ein Recht, durch Verweisung auf den Geschäftsanteil sich von der Zahlung der Nachschüsse zu befreien, nicht zusteht.** [2] **Der nachzuschießende Betrag ist auf der Aktivseite unter den Forderungen gesondert unter der Bezeichnung „Eingeforderte Nachschüsse" auszuweisen, soweit mit der Zahlung gerechnet werden kann.** [3] **Ein dem Aktivposten entsprechender Betrag ist auf der Passivseite in dem Posten „Kapitalrücklage" gesondert auszuweisen.**

(3) **Ausleihungen, Forderungen und Verbindlichkeiten gegenüber Gesellschaftern sind in der Regel als solche jeweils gesondert auszuweisen oder im Anhang anzugeben; werden sie unter anderen Posten ausgewiesen, so muß diese Eigenschaft vermerkt werden.**

Literatur: *Bordt* Das Grund- und Stammkapital der Kapitalgesellschaften, in: *v. Wysocki/Schulze-Osterloh* (Hrsg.), Handbuch des Jahresabschlusses in Einzeldarstellungen (HdJ) III/1, 2. Bearbeitung 1999; *Küting/Weber* Die Darstellung des Eigenkapitals bei der GmbH nach dem Bilanzrichtlinie-Gesetz, GmbHR 1984, 165.

Übersicht

	Rn.		Rn.
I. Normzweck	1	IV. Ausleihungen, Forderungen und Verbindlichkeiten gegenüber Gesellschaftern	12–18
II. Gezeichnetes Kapital	2–7		
1. Begriff	2, 3		
2. Ausweis	4	1. Allgemeines	12
3. Kapitalveränderungen	5–7	2. Gesellschafter	13
a) Allgemeines	5	3. Ausleihungen	14
b) Kapitalerhöhung	6	4. Forderungen	15
c) Kapitalherabsetzung	7	5. Verbindlichkeiten	16
III. Nachschusskapital	8–11	6. Ausweis	17, 18
1. Allgemeines	8	V. Österreichisches Recht	19–21
2. Eingeforderte Nachschüsse	9, 10		
3. Eingezahlte Nachschüsse	11		

I. Normzweck

1 § 42 ergänzt die allgemeinen Regeln der §§ 238 ff. und 264 ff. HGB im Hinblick auf einige Posten der Bilanz der GmbH.[1] Abs. 1 enthält eine Bestimmung betreffend den

---

[1] Zur Bilanz der GmbH allgemein s. § 41 Rn. 118 ff.

Bilanz   § 42

Ausweis des Eigenkapitals, Abs. 2 regelt die Bilanzierung von Nachschüssen und Abs. 3 enthält Regelungen über den Ausweis von Ausleihungen, Forderungen und Verbindlichkeiten gegenüber Gesellschaftern.

II. Gezeichnetes Kapital

1. Begriff. § 266 Abs. 3 HGB sieht für den Posten Eigenkapital folgende Gliederung vor: 2

A. Eigenkapital
   I. Gezeichnetes Kapital
   II. Kapitalrücklage
   III. Gewinnrücklage
   IV. Gewinnvortrag/Verlustvortrag
   V. Jahresüberschuss/Jahresfehlbetrag

Das **Stammkapital** ist dabei als „Gezeichnetes Kapital" auszuweisen. Mit dieser Bezeichnung und der damit einhergehenden Vereinheitlichung der Terminologie in § 272 Abs. 1 S. 1 HGB, § 152 Abs. 1 S. 1 AktG und § 42 Abs. 1 soll die Verständlichkeit der Bilanzposition, insbesondere im Ausland, sichergestellt werden.[2] § 272 Abs. 1 S. 1 HGB definiert das gezeichnete Kapital als das Kapital, auf das die Haftung der Gesellschafter für die Verbindlichkeiten der Kapitalgesellschaft gegenüber den Gläubigern beschränkt ist. Allerdings haften die Gesellschafter der GmbH selbst den Gesellschaftsgläubigern nicht unmittelbar; die Haftung ist vielmehr auf das Gesellschaftsvermögen beschränkt. Insofern deckt die Definition des § 272 Abs. 1 S. 1 HGB den Begriff „Stammkapital" eigentlich nicht ab.[3] Abs. 1 macht aber deutlich, dass unter dem Begriff „Gezeichnetes Kapital" gerade das Stammkapital der Gesellschaft zu verstehen ist. Der Begriff „Gezeichnetes Kapital" hat dabei den Vorteil, dass er den Unterschied zwischen gezeichnetem und eingezahltem Kapital bereits sprachlich zum Ausdruck bringt.[4] Abs. 1 gilt sowohl für die Jahresbilanzen als auch für die Eröffnungsbilanz[5] der Gesellschaft.[6] Da die Verwendung des Begriffs „Gezeichnetes Kapital" ausdrücklich nur für die Bilanz der Gesellschaft vorgeschrieben ist, wird es andererseits zu Recht als zulässig angesehen, im Anhang und im Lagebericht auch den Begriff „Stammkapital" zu verwenden.[7]

Das gezeichnete Kapital ist gemäß § 283 HGB mit dem **Nennwert** des Stammkapitals, also dem im Gesellschaftsvertrag gemäß § 3 Abs. 1 Nr. 3 festgelegten Betrag, anzusetzen.[8] Maßgeblich ist der am Bilanzstichtag im Handelsregister als Stammkapital eingetragene Betrag.[9] Auf die Höhe der eingezahlten und eingeforderten Beträge kommt es nicht an.[10] Nicht zum gezeichneten Kapital gehören von den Gesellschaftern zu leistende Aufgelder[11] sowie die als Quasi-Eigenkapital bezeichneten 3

---

[2] *Adler/Düring/Schmaltz* § 42 GmbHG Rn. 2; *Bordt* HdJ III/1 Rn. 2; *Lutter/Hommelhoff* Rn. 23; *Scholz/Crezelius* Rn. 3.
[3] *Bordt* HdJ III/1 Rn. 2; aA *Adler/Düring/Schmaltz* § 42 GmbHG Rn. 2.
[4] *Adler/Düring/Schmaltz* § 42 GmbHG Rn. 2; *Küting/Weber* GmbHR 1984, 165, 167; *Scholz/Crezelius* Rn. 3.
[5] Zur Eröffnungsbilanz s. § 41 Rn. 91 ff.
[6] *Adler/Düring/Schmaltz* § 42 GmbHG Rn. 5; *Baumbach/Hueck/Schulze-Osterloh* Rn. 165.
[7] *Adler/Düring/Schmaltz* § 42 GmbHG Rn. 5.
[8] *Adler/Düring/Schmaltz* § 42 GmbHG Rn. 6; *Baumbach/Hueck/Schulze-Osterloh* Rn. 165.
[9] *Scholz/Crezelius* Rn. 4.
[10] *Baumbach/Hueck/Schulze-Osterloh* Rn. 165; *Roth/Altmeppen* Rn. 26.
[11] *Adler/Düring/Schmaltz* § 42 GmbHG Rn. 6; *Lutter/Hommelhoff* Rn. 23.

§ 42   3. Abschnitt. Vertretung und Geschäftsführung

Posten,[12] also Genussrechtskapital, Einlagen stiller Gesellschafter und eigenkapitalersetzende Gesellschafterdarlehen.[13]

4 **2. Ausweis.** § 272 Abs. 1 HGB läßt für den Ausweis des gezeichneten Kapitals und der darauf ausstehenden Einlagen wahlweise die **Bruttomethode** oder die **Nettomethode** zu. Die ausstehenden Forderungen auf das gezeichnete Kapital haben Doppelcharakter: bilanziell sind sie Korrekturposten zu dem Posten „Gezeichnetes Kapital", rechtlich handelt es sich um Forderungen der Gesellschaft gegen ihre Gesellschafter. In jedem Fall ist bei ihnen danach zu unterscheiden, ob sie eingefordert sind oder nicht. Dem liegt die Vorstellung zugrunde, dass erst mit der Einforderung ein Vermögenswert der Gesellschaft vorliegt.[14] Nach der Bruttomethode sind die ausstehenden Einlagen auf das gezeichnete Kapital auf der Aktivseite gesondert auszuweisen; dabei ist zu vermerken, inwieweit die Einlagen eingefordert sind. Nach der Nettomethode sind die nicht eingeforderten ausstehenden Einlagen auf der Passivseite offen von dem Posten „Gezeichnetes Kapital" abzusetzen. Dann sind die eingeforderten Einlagen insgesamt in der Hauptspalte der Passivseite auszuweisen und die eingeforderten, aber noch nicht eingezahlten Einlagen auf der Aktivseite unter den Forderungen gesondert auszuweisen. Wegen der Notwendigkeit dieses gesonderten Ausweises ist die Anwendung der Nettomethode kleinen Gesellschaften iS des § 267 Abs. 1 HGB[15] nur dann möglich, wenn sie von der Erleichterung des § 266 Abs. 1 S. 3 HGB keinen Gebrauch machen.[16]

Bruttomethode:

Aktiva	€	Passiva	€
A. Ausstehende Einlagen auf das gezeichnete Kapital	50 000	A. Eigenkapital I. Gezeichnetes Kapital	100 000
davon eingefordert:	30 000		

Nettomethode:

Aktiva	€	Passiva	€
B. Umlaufvermögen II. Forderungen und sonstige Vermögensgegenstände 5. Eingeforderter, aber noch nicht eingezahlter Betrag der Einlagen	30 000	A. Eigenkapital I. Gezeichnetes Kapital Nicht eingeforderte Einlagen Eingefordertes Kapital	100 000 ./. 20 000 80 000

Die Wahl der Darstellung des gezeichneten Kapitals hat Einfluss auf die Bilanzsumme und kann damit maßgeblich für die Größenklasse[17] sein, in die die Gesellschaft einzustufen ist.[18] Zudem hängt es uU von der Art der Darstellung des gezeichneten Kapitals ab, ob das Eigenkapital bereits verbraucht ist oder nicht. Bei der Wahl der Nettomethode ist dies rechnerisch eher der Fall als bei der Wahl der Bruttomethode.

---

[12] Zum Begriff *Bordt* HdJ III/1 Rn. 7.
[13] *Adler/Düring/Schmaltz* § 42 GmbHG Rn. 8; *Baumbach/Hueck/Schulze-Osterloh* Rn. 165; *Küting/Weber* GmbHR 1984, 165, 168; *Scholz/Crezelius* Rn. 7.
[14] *Scholz/Crezelius* Rn. 9.
[15] Dazu § 41 Rn. 34.
[16] *Lutter/Hommelhoff* Rn. 23.
[17] Allgemein zu den Größenklassen § 41 Rn. 30 ff.
[18] *Scholz/Crezelius* Rn. 10.

Daher wird der Ausweis des gezeichneten Kapitals nach der Nettomethode zT als unzulässig angesehen, wenn dadurch ein nach § 268 Abs. 3 HGB auszuweisender Posten „Nicht durch Eigenkapital gedeckter Fehlbetrag" entstünde oder erhöht würde.[19] ZT wird demgegenüber die Ansicht vertreten, dass in diesem Fall nur die Nettomethode zulässig sei, weil sie durch den offenen Ausweis des nicht durch Eigenkapital gedeckten Fehlbetrages das zutreffende Bild der Vermögens- und Finanzlage vermittle.[20] Richtigerweise wird man es bei dem Wahlrecht der Gesellschaft belassen.[21]

3. Kapitalveränderungen. a) Allgemeines. Veränderungen des Betrages des Stammkapitals durch **Kapitalerhöhung, Kapitalherabsetzung** oder die **Umwandlung von Rücklagen in Stammkapital** gemäß § 57 c wirken sich auch auf den Posten „Gezeichnetes Kapital" aus. Allerdings gilt die Maßgeblichkeit der Handelsregistereintragung (Rn. 3) für den Ausweis des gezeichneten Kapitals auch in diesen Fällen. Durch das zeitliche Auseinanderfallen von Handelsregistereintragung und Zahlungen kann es jedoch zu Ausweisproblemen kommen.

b) Kapitalerhöhung. Eine Kapitalerhöhung wird gemäß § 54 Abs. 3 erst mit der Eintragung in das Handelsregister wirksam. Erst dann darf folglich der Posten „Gezeichnetes Kapital" mit dem erhöhten Betrag ausgewiesen werden.[22] Werden vor der Eintragung einer Kapitalerhöhung gegen Einlagen in das Handelsregister bereits Leistungen darauf erbracht, sind diese Leistungen als gesonderter Passivposten „Zur Durchführung der beschlossenen Kapitalerhöhung geleistete Einlagen" auszuweisen.[23] Wird die Kapitalerhöhung zwar nach dem Bilanzstichtag, aber noch vor der Aufstellung der Bilanz in das Handelsregister eingetragen, ist es gerechtfertigt, diesen Posten unter Beifügung des Datums der Eintragung im Anschluss an das gezeichnete Kapital aufzuführen.[24] Anderenfalls ist der Posten zwischen dem Eigenkapital und den Rückstellungen, im Falle des Bestehens eines Sonderpostens mit Rücklageanteil gemäß § 273 HGB zwischen dem Eigenkapital und diesem, auszuweisen.[25]

c) Kapitalherabsetzung. Auch eine Kapitalherabsetzung wird gemäß § 54 Abs. 3 erst mit der Eintragung in das Handelsregister wirksam, wobei die Anmeldung des Herabsetzungsbeschlusses gemäß § 58 Abs. 1 Nr. 3 erst nach Ablauf des Sperrjahres stattfinden kann. Erst nach der Eintragung der Kapitalherabsetzung darf der Posten „Gezeichnetes Kapital" mit dem verminderten Betrag ausgewiesen werden. Werden vor der Eintragung bereits Rückzahlungen an Gesellschafter getätigt, so sind insoweit auf der Aktivseite unter den sonstigen Vermögensgegenständen Forderungen der Gesellschaft an den oder die betreffenden Gesellschafter auszuweisen.[26]

---

[19] *Baumbach/Hueck/Schulze-Osterloh* Rn. 163.
[20] *Winnefeld* Bilanz-HdB Rn. D 817.
[21] Ebenso *Adler/Düring/Schmaltz* § 268 HGB Rn. 93; BeckBilKomm/*Förschle/Kofahl* § 268 HGB Rn. 82; *Küting/Weber/Knop* Rechnungslegung § 268 HGB Rn. 192; Bonner HdB Rechnungslegung/*Matschke/Schellhorn* § 268 HGB Rn. 90; differenzierend *Bordt* HdJ III/1 Rn. 244.
[22] *Küting/Weber* GmbHR 1984, 165, 168.
[23] *Adler/Düring/Schmaltz* § 42 GmbHG Rn. 10; *Baumbach/Hueck/Schulze-Osterloh* Rn. 165; BeckBilKomm/*Förschle/Kofahl* § 272 HGB Rn. 20; *Küting/Weber* GmbHR 1984, 165, 168; *Scholz/Crezelius* Rn. 6.
[24] *Adler/Düring/Schmaltz* § 272 HGB Rn. 19; *Baumbach/Hueck/Schulze-Osterloh* Rn. 165; noch weitergehend (Einbeziehung in das gezeichnete Kapital) BeckBilKomm/*Förschle/Kofahl* § 272 HGB Rn. 20; *Küting/Weber* GmbHR 1984, 165, 167; aA (Ausweis innerhalb des Eigenkapitals nach den Rücklagen) *Scholz/Crezelius* Rn. 6.
[25] AA *Scholz/Crezelius* Rn. 6 (Ausweis innerhalb des Eigenkapitals nach den Rücklagen).
[26] *Küting/Weber* GmbHR 1984, 165, 168.

III. Nachschusskapital

8 **1. Allgemeines.** Abs. 2 ist im Zusammenhang mit der Nachschusspflicht nach §§ 26 bis 28 zu sehen. Die Vorschrift regelt die Bilanzierung **eingeforderter Nachschüsse,** hat aber auch Bedeutung für **eingezahlte Nachschüsse.** Auf **freiwillige Zuschüsse** der Gesellschafter ist Abs. 2 nicht anwendbar.[27]

9 **2. Eingeforderte Nachschüsse.** Das Recht der Gesellschaft, nach dem Gesellschaftsvertrag Nachschüsse einzufordern, wird in der Bilanz der Gesellschaft nicht erfaßt. Erst mit der Fassung des Einforderungsbeschlusses entsteht ein **Anspruch der Gesellschaft auf Einzahlung** gegen den oder die Gesellschafter,[28] der zum Ausweis einer Forderung führt.[29] Von der Aktivierung ist gemäß Abs. 2 S. 1 aber abzusehen, solange dem Gesellschafter das Recht zusteht, sich gemäß § 27 Abs. 1 von der Zahlung des eingeforderten Nachschusses dadurch zu befreien, dass er innerhalb eines Monats nach der Aufforderung zur Einzahlung der Gesellschaft seinen Geschäftsanteil zur Befriedigung aus demselben zur Verfügung stellt (sog. Abandonrecht[30]). Ein solches Recht steht dem Gesellschafter bei Bestehen einer betragsmäßig beschränkten Nachschusspflicht nie zu, so dass in diesem Fall der Anspruch auf die Einzahlung unmittelbar nach der Einforderung aktiviert werden kann.[31] Bei betragsmäßig unbestimmter Nachschusspflicht ist hingegen die Monatsfrist des § 27 Abs. 1 abzuwarten. Im letzteren Fall ist zu beachten, dass die Gesellschaft ihrerseits gemäß § 27 Abs. 1 S. 2 das Recht hat, den Geschäftsanteil des Gesellschafters als zur Verfügung gestellt zu bezen[32] **Bila**trachten, wenn dieser innerhalb der Monatsfrist keine Zahlung geleistet hat. Mit der Aktivierung einer Forderung nach Abs. 2 erklärt die Gesellschaft jedoch konkludent den Verzicht auf dieses Recht.[33] Wurde der Einforderungsbeschluss vor dem Bilanzstichtag gefasst, läuft aber die Monatsfrist erst nach dem Stichtag ab, so kann der Anspruch gleichwohl aktiviert werden, wenn vor dem Zeitpunkt der Aufstellung der Bilanz Klarheit darüber besteht, dass der Gesellschafter von dem Abandonrecht keinen Gebrauch macht.[34] Liegen die Voraussetzungen der Aktivierung eines Anspruchs auf einen eingeforderten Nachschuss danach vor, besteht entsprechend den allg. Grundsät**nzierungspflicht.**[35] Zusätzlich ist aber in jedem Fall, wie Abs. 2 S. 2 klarstellt, zu prüfen, ob mit der Zahlung tatsächlich gerechnet werden kann oder ob eine Wertberichtigung der Forderung wegen Zahlungsunfähigkeit des Gesellschafters vorzunehmen ist. Auf die Zahlungswilligkeit des Gesellschafters kommt es hingegen nicht an, da deren Fehlen die Durchsetzbarkeit des Anspruchs nicht ausschließt.[36] Im Falle der Aktivierbarkeit ist der entsprechende Betrag zwingend unter der Bezeichnung **„Eingeforderte Nachschüsse"** gesondert unter den Forderungen zu aktivieren, wobei sich der Ausweis zwischen den Posten „Forderungen gegen Unternehmen, mit de-

---

[27] *Scholz/Crezelius* Rn. 13.
[28] Dazu § 26 Rn. 22.
[29] *Adler/Düring/Schmaltz* § 42 GmbHG Rn. 13; *Lutter/Hommelhoff* Rn. 25.
[30] Dazu § 27 Rn. 16 ff.
[31] *Adler/Düring/Schmaltz* § 42 GmbHG Rn. 14.
[32] Dazu Anh. I § 42a Rn. 21.
[33] *Adler/Düring/Schmaltz* § 42 GmbHG Rn. 16; *Roth/Altmeppen* Rn. 29; *Scholz/Crezelius* Rn. 15.
[34] *Adler/Düring/Schmaltz* § 42 GmbHG Rn. 18; *Baumbach/Hueck/Schulze-Osterloh* Rn. 143; aA *Scholz/Crezelius* Rn. 15.
[35] *Adler/Düring/Schmaltz* § 42 GmbHG Rn. 18.
[36] *Adler/Düring/Schmaltz* § 42 GmbHG Rn. 20; aA *Roth/Altmeppen* Rn. 31; *Scholz/Crezelius* Rn. 16.

nen ein Beteiligungsverhältnis besteht" (§ 266 Abs. 2 B. II. 3. HGB) und „Sonstige Vermögensgegenstände" (§ 266 Abs. 2 B. II. 4. HGB) anbietet.

Gleichzeitig ist gemäß Abs. 2 S. 3 auf der **Passivseite** ein dem Aktivposten entsprechender Betrag in dem Posten „Kapitalrücklage" gesondert auszuweisen. Damit wird verhindert, dass das Nachschusskapital Teil des verteilungsfähigen Gewinns wird.[37] Der gesonderte Ausweis erfordert grds. einen eigenen **Unterposten des Postens „Kapitalrücklage"**, zB „Kapitalrücklage aus Nachschüssen" oder „Nachschusskapital". Wenn der Posten Kapitalrücklage nicht weiter untergliedert wurde, ist allerdings auch ein Davon-Vermerk zulässig.[38] Der Passivposten entspricht wertmäßig stets der aktivierten Forderung auf die eingeforderten Nachschüsse. Ist die Nachschussforderung der Gesellschaft wegen Zahlungsunfähigkeit des Gesellschafters abzuwerten, so ist daher auch der Passivposten mit einem entsprechend niedrigeren Wert auszuweisen.[39]

3. Eingezahlte Nachschüsse. Ist der eingeforderte Nachschuss geleistet, so entfällt insoweit die Forderung auf die Einzahlung zugunsten der Erhöhung eines Geldkontos. Der gesonderte Ausweis auf der Passivseite als Unterposten des Postens „Kapitalrücklage" oder als Davon-Vermerk zur Kapitalrücklage bleibt hingegen bestehen,[40] um weiterhin zu verhindern, dass das Nachschusskapital Teil des verteilungsfähigen Gewinns wird. Auch eine Umbuchung auf den Posten „Andere Zuzahlungen der Gesellschafter in das Eigenkapital" gemäß § 272 Abs. 2 Nr. 4 HGB[41] kommt nicht in Betracht, da wegen der besonderen Regelungen über die Möglichkeit der Verwendung des Nachschusskapitals nach § 30 Abs. 2 dessen Höhe bestimmbar bleiben muss und es folglich nicht in einem anderen Unterposten der Kapitalrücklage aufgehen darf.[42] Die Auflösung des Postens „Nachschusskapital" kommt daher nur bei Umwandlung des Nachschusskapitals in Stammkapital im Wege der Kapitalerhöhung aus Gesellschaftsmitteln gemäß § 57c sowie gemäß § 30 Abs. 2 S. 1 bei Verwendung des Nachschusskapitals zur Abdeckung eines Bilanzverlustes oder bei Rückzahlung an die Gesellschafter in Betracht.[43]

IV. Ausleihungen, Forderungen und Verbindlichkeiten gegenüber Gesellschaftern

1. Allgemeines. Abs. 3 regelt den Ausweis von Ansprüchen der Gesellschaft gegen die Gesellschafter oder der Gesellschafter gegen die Gesellschaft. Der Jahresabschluss soll erkennen lassen, dass und inwieweit **geschäftliche Beziehungen zwischen der Gesellschaft und den Gesellschaftern** bestehen.[44]

2. Gesellschafter. Wer Gesellschafter iS des Abs. 3 ist, ist nach materiellem GmbH-Recht zu bestimmen. Danach ist Gesellschafter **der jeweilige Inhaber eines Geschäftsanteils,** sei es, dass er diesen durch Übernahme einer Stammeinlage bei der

---

[37] *Adler/Düring/Schmaltz* § 42 GmbHG Rn. 21; *Scholz/Crezelius* Rn. 12.
[38] *Adler/Düring/Schmaltz* § 42 GmbHG Rn. 22.
[39] *Adler/Düring/Schmaltz* § 42 GmbHG Rn. 23; *Baumbach/Hueck/Schulze-Osterloh* Rn. 171.
[40] *Adler/Düring/Schmaltz* § 42 GmbHG Rn. 25; *Baumbach/Hueck/Schulze-Osterloh* Rn. 171; BeckBilKomm/*Förschle/Kofahl* § 272 HGB Rn. 77.
[41] So *Lutter/Hommelhoff* Rn. 25.
[42] *Adler/Düring/Schmaltz* § 42 GmbHG Rn. 25; *Baumbach/Hueck/Schulze-Osterloh* Rn. 171; BeckBilKomm/*Förschle/Kofahl* § 272 HGB Rn. 77; *Scholz/Crezelius* Rn. 17.
[43] *Adler/Düring/Schmaltz* § 42 GmbHG Rn. 26; *Baumbach/Hueck/Schulze-Osterloh* Rn. 171.
[44] *Adler/Düring/Schmaltz* § 42 GmbHG Rn. 27; *Lutter/Hommelhoff* Rn. 26; *Scholz/Crezelius* Rn. 18.

Gründung der Gesellschaft oder durch Erwerb unter Lebenden oder von Todes wegen erlangt hat. Unerheblich ist dabei, ob der Gesellschafter eine hohe oder nur geringe Beteiligung hält; auch Rechtsbeziehungen zu Gesellschaftern mit **Zwerganteilen** fallen unter Abs. 3.[45] Soweit ein Geschäftsanteil mehreren **Mitberechtigten** zusteht,[46] sind alle Mitberechtigten Gesellschafter iS des Abs. 3.[47] Wird ein Geschäftsanteil treuhänderisch gehalten, so ist der **Treuhänder** Gesellschafter. Aufgrund wirtschaftlicher Betrachtungsweise und im Hinblick auf die Zielsetzung des Abs. 3, die rechtsgeschäftlichen Beziehungen im „innergesellschaftlichen Bereich" transparent zu machen, ist allerdings gleichzeitig auch der **Treugeber** als Gesellschafter anzusehen.[48] Bei einem **Erwerb eines Geschäftsanteils im Wege der Einzelrechtsnachfolge** ist zu beachten, dass gemäß § 16 der Erwerber eines Geschäftsanteils seinen Erwerb unter Nachweis des Übergangs bei der Gesellschaft anzumelden hat. ZT wird daher die Ansicht vertreten, dass als Gesellschafter iS des Abs. 3 stets nur die angemeldeten Gesellschafter anzusehen seien.[49] Auch in diesem Zusammenhang ist jedoch die Zielsetzung des Abs. 3 zu beachten, durch den die Offenlegung von Rechtsbeziehungen zwischen Gesellschaft und Gesellschaftern angestrebt wird. Vorzugswürdig ist danach die Auffassung, dass § 16 zwar grds. auch im Rahmen des Abs. 3 Geltung beansprucht, die Kenntnis der Gesellschaft von einem Gesellschafterwechsel jedoch unabhängig von der Anmeldung des Gesellschafters für den Ausweis von Ausleihungen, Forderungen und Verbindlichkeiten nach Abs. 3 zu beachten ist.[50] Erst recht ist folglich als Gesellschafter iS des Abs. 3 anzusehen, wer vor dem Bilanzstichtag einen Geschäftsanteil erworben hat und sich zwischen dem Bilanzstichtag und dem Zeitpunkt der Aufstellung der Bilanz gemäß § 16 anmeldet.[51]

14 **3. Ausleihungen.** Ausleihungen sind **längerfristige Darlehen.** Forderungen aus Warenlieferungen und Leistungen gehören nicht zu den Ausleihungen. Eine bestimmte Mindestlaufzeit ist nicht vorgesehen; maßgeblich ist allein, ob eine Daueranlage beabsichtigt war. Dabei kommt es jeweils auf die ursprüngliche Laufzeit an; ein Darlehen verliert seinen Charakter als Ausleihung also nicht dadurch, dass die Laufzeit sich ihrem Ende nähert.[52]

15 **4. Forderungen.** Forderungen sind alle **Ansprüche gegen Gesellschafter** mit Ausnahme der Ausleihungen, zB Forderungen aus Lieferungen und Leistungen, kurzfristige Darlehen und Schadensersatzansprüche. Nicht zu den im Rahmen des Abs. 3 auszuweisenden Forderungen gehören jedoch die **ausstehenden Einlagen** und die **eingeforderten Nachschüsse**.[53] Sie sind stets gesondert auszuweisen (Rn. 4, 9).

16 **5. Verbindlichkeiten.** Verbindlichkeiten sind alle **Verpflichtungen der Gesellschaft** gegenüber einem Gesellschafter. Insoweit kann auf § 266 Abs. 3 C. HGB zurückgegriffen werden. Verbindlichkeiten sind danach insbesondere Verbindlichkeiten aus Lieferungen und Leistungen, erhaltene Anzahlungen, Verbindlichkeiten aus der

---

[45] *Adler/Düring/Schmaltz* § 42 GmbHG Rn. 43; *Scholz/Crezelius* Rn. 25.
[46] Vgl. § 18.
[47] *Adler/Düring/Schmaltz* § 42 GmbHG Rn. 40; *Scholz/Crezelius* Rn. 21.
[48] *Adler/Düring/Schmaltz* § 42 GmbHG Rn. 41; *Lutter/Hommelhoff* Rn. 26.
[49] *Scholz/Crezelius* Rn. 22.
[50] *Adler/Düring/Schmaltz* § 42 GmbHG Rn. 44; *Lutter/Hommelhoff* Rn. 26.
[51] *Adler/Düring/Schmaltz* § 42 GmbHG Rn. 45; *Lutter/Hommelhoff* Rn. 26; *Scholz/Crezelius* Rn. 26.
[52] Zum Ganzen *Adler/Düring/Schmaltz* § 42 GmbHG Rn. 29; *Lutter/Hommelhoff* Rn. 27; *Scholz/Crezelius* Rn. 28 f.
[53] *Adler/Düring/Schmaltz* § 42 GmbHG Rn. 32.

Annahme gezogener Wechsel und aus der Ausstellung eigener Wechsel. Nicht zu den Verbindlichkeiten gehören jedoch Verpflichtungen der Gesellschaft, die entweder ihrem Grund oder ihrer Höhe nach noch ungewiss sind und für die gemäß § 249 Abs. 1 HGB demnach eine **Rückstellung** zu bilden ist. Die Gesellschaft kann aber den Posten „Rückstellungen" mit einem Davon-Vermerk („davon Verpflichtungen gegenüber Gesellschaftern betreffend ...") versehen.[54] Auch die **Einlage eines stillen Gesellschafters,** der nicht gleichzeitig einen Geschäftsanteil an der Gesellschaft hält, ist nicht gemäß Abs. 3 als Verbindlichkeit auszuweisen.[55]

6. Ausweis. Abs. 3 sieht drei Möglichkeiten des Ausweises vor, nämlich den **gesonderten Ausweis,** eine **Angabe im Anhang** oder den **Ausweis innerhalb eines anderen Bilanzpostens mit einem Davon-Vermerk.** Über das **Rangverhältnis** zwischen diesen drei Möglichkeiten bestehen unterschiedliche Ansichten. ZT wird die Auffassung vertreten, dass der Ausweis in der Bilanz – sei es gesondert, sei es innerhalb eines anderen Postens mit Davon-Vermerk – der Regelfall, die Angabe im Anhang demgegenüber die Ausnahme sei.[56] Nach aA hat die Gesellschaft die freie Wahl zwischen einem gesonderten Ausweis und einer Angabe im Anhang, während der Ausweis innerhalb eines anderen Bilanzpostens mit Davon-Vermerk nur im Ausnahmefall zulässig sein soll.[57] Die letztgenannte Ansicht ist mit dem Gesetzeswortlaut eher in Einklang zu bringen und daher vorzugswürdig. Allerdings wird die Wahlmöglichkeit zwischen einem gesonderten Ausweis und einer Angabe im Anhang dadurch eingeschränkt, dass stets die Notwendigkeit der möglichst klaren Darstellung des den tatsächlichen Verhältnissen entsprechenden Bildes der Vermögens-, Finanz- und Ertragslage der Gesellschaft zu beachten ist. Danach dürfte die Wahl zwischen den beiden „Regelmöglichkeiten" zumeist zugunsten des gesonderten Ausweises in der Bilanz zu entscheiden sein. Kleine Gesellschaften,[58] die eine gemäß § 266 Abs. 1 S. 3 HGB verkürzte Bilanz aufstellen,[59] haben hingegen nur die Möglichkeit, die entsprechenden Angaben im Anhang zu machen. Ein Ausweis innerhalb eines anderen Bilanzpostens mit Davon-Vermerk ist demgegenüber nur dann zulässig, wenn dies gegenüber den beiden Regelmöglichkeiten zu einer deutlich besseren Darstellung des den tatsächlichen Verhältnissen entsprechenden Bildes der Vermögens-, Finanz- und Ertragslage der Gesellschaft führt.[60] Dies kann zB dann der Fall sein, wenn die Ausleihungen, Forderungen oder Verbindlichkeiten gegenüber Gesellschaftern ihrer Art nach gleichzeitig zu einem anderen Bilanzposten – etwa den Posten Ausleihungen an, Forderungen gegen bzw. Verbindlichkeiten gegenüber verbundenen Unternehmen oder Unternehmen, mit denen ein Beteiligungsverhältnis besteht, wenn der Gesellschafter der GmbH gleichzeitig ein verbundenes Unternehmen ist oder ein gegenseitiges Beteiligungsverhältnis besteht – gehören. Auch wenn die Ausleihungen, Forderungen oder Verbindlichkeiten gegenüber Gesellschaftern betragsmäßig nicht ins Gewicht fallen, dürfte der Ausweis unter dem anderen Posten mit einem Davon-Vermerk die Aussagefähigkeit der Bilanz eher erhöhen als vermindern.

Soweit für **Forderungen** gegenüber Gesellschaftern der **gesonderte Ausweis** gewählt wird, ist innerhalb dieses Postens nicht mehr – wie bei Forderungen gegen ge-

---
[54] *Adler/Düring/Schmaltz* § 42 GmbHG Rn. 38; *Scholz/Crezelius* Rn. 32.
[55] *Adler/Düring/Schmaltz* § 42 GmbHG Rn. 37; *Scholz/Crezelius* Rn. 27.
[56] *Lutter/Hommelhoff* Rn. 29.
[57] *Adler/Düring/Schmaltz* § 42 GmbHG Rn. 48; *Scholz/Crezelius* Rn. 19.
[58] Zu der Einteilung in Größenklassen vgl. § 41 Rn. 30 ff.
[59] § 41 Rn. 120.
[60] Ähnlich *Adler/Düring/Schmaltz* § 42 GmbHG Rn. 48.

sellschaftsfremde Dritte – zwischen „Forderungen aus Lieferungen und Leistungen" und „Sonstigen Vermögensgegenständen" zu trennen, sondern diese Forderungen sind unter einem einheitlichen Posten auszuweisen.[61]

V. Österreichisches Recht

19 Nach § 224 Abs. 3 ÖHGB wird das Eigenkapital wie folgt untergliedert:
 I. Nennkapital (Grund-, Stammkapital)
 II. Kapitalrücklagen:
  1. gebundene;
  2. nicht gebundene;
 III. Gewinnrücklagen:
  1. gesetzliche Rücklage;
  2. satzungsmäßige Rücklage;
  3. andere Rücklagen (freie Rücklagen);
 IV. Bilanzgewinn (Bilanzverlust).

20 Das **Nennkapital** entspricht dabei dem gezeichneten Kapital nach § 272 Abs. 1 HGB. **Nicht eingeforderte ausstehende Einlagen** sind gemäß § 229 Abs. 1 S. 2 ÖHGB offen vom Nennkapital abzusetzen. **Der eingeforderte, aber noch nicht eingezahlte Betrag** ist nach § 229 Abs. 1 S. 3 ÖHGB unter den Forderungen gesondert auszuweisen und entsprechend zu bezeichnen.

21 Gemäß § 225 ÖHGB sind **Forderungen und Verbindlichkeiten gegenüber verbundenen Unternehmen und gegenüber Unternehmen, mit denen ein Beteiligungsverhältnis besteht,** in der Regel als solche jeweils gesondert auszuweisen. Werden sie unter anderen Posten ausgewiesen, so ist dies zu vermerken. Den besonderen Ausweis von **Ausleihungen, Forderungen und Verbindlichkeiten gegenüber Gesellschaftern** sieht das ÖHGB nicht vor.

§ 42a [Vorlage des Jahresabschlusses und des Lageberichts]

(1) ¹Die Geschäftsführer haben den Jahresabschluß und den Lagebericht unverzüglich nach der Aufstellung den Gesellschaftern zum Zwecke der Feststellung des Jahresabschlusses vorzulegen. ²Ist der Jahresabschluß durch einen Abschlußprüfer zu prüfen, so haben die Geschäftsführer ihn zusammen mit dem Lagebericht und dem Prüfungsbericht des Abschlußprüfers unverzüglich nach Eingang des Prüfungsberichts vorzulegen. ³Hat die Gesellschaft einen Aufsichtsrat, so ist dessen Bericht über das Ergebnis seiner Prüfung ebenfalls unverzüglich vorzulegen.

(2) ¹Die Gesellschafter haben spätestens bis zum Ablauf der ersten acht Monate oder, wenn es sich um eine kleine Gesellschaft handelt (§ 267 Abs. 1 des Handelsgesetzbuchs), bis zum Ablauf der ersten elf Monate des Geschäftsjahrs über die Feststellung des Jahresabschlusses und über die Ergebnisverwendung zu beschließen. ²Der Gesellschaftsvertrag kann die Frist nicht verlängern. ³Auf den Jahresabschluß sind bei der Feststellung die für seine Aufstellung geltenden Vorschriften anzuwenden.

(3) Hat ein Abschlußprüfer den Jahresabschluß geprüft, so hat er auf Verlangen eines Gesellschafters an den Verhandlungen über die Feststellung des Jahresabschlusses teilzunehmen.

---

[61] *Adler/Düring/Schmaltz* § 42 GmbHG Rn. 30; *Scholz/Crezelius* Rn. 30.

Vorlage des Jahresabschlusses und des Lageberichts § 42 a

(4) Ist die Gesellschaft zur Aufstellung eines Konzernabschlusses und eines Konzernlageberichts verpflichtet, so ist Absatz 1 mit der Maßgabe anzuwenden, daß es der Feststellung des Konzernabschlusses nicht bedarf.

Literatur: *Baetge/Linßen* Beurteilung der wirtschaftlichen Lage durch den Abschlußprüfer und Darstellung des Urteils im Prüfungsbericht und Bestätigungsvermerk, BFuP 1999, 369; *Benckendorff* Anm. zu OLG Karlsruhe vom 23. November 1995, WPK-Mitt. 1996, 122; *Böcking/Orth* Kann das „Gesetz zur Kontrolle und Transparenz im Unternehmensbereich (KonTraG)", einen Beitrag zur Verringerung der Erwartungslücke leisten? – Eine Würdigung auf Basis von Rechnungslegung und Kapitalmarkt, WPg. 1998, 351; *dies.* Mehr Kontrolle und Transparenz im Unternehmensbereich durch eine Verbesserung der Qualität der Abschlußprüfung?, BFuP 1999, 418; *Budde* Grundsätze ordnungsmäßiger Rechenschaftslegung, FS Semler, 1993, S. 789; *Claussen* Soll das Feststellungsrecht des Jahresabschlusses bei der GmbH reduziert werden?, FS Semler, 1993, S. 97; *Crezelius* Gewinnermittlung vs. Gewinnverwendung, FS 100 Jahre GmbH-Gesetz, 1992, S. 315; *Dörner* Inwieweit schließen sich Erstellung, Beratung und Prüfung von Jahresabschlüssen gegenseitig aus?, FS Stehle, 1997, S. 81; *ders.* Ändert das KonTraG die Anforderungen an den Abschlußprüfer?, DB 1998, 1; *ders.* Von der Wirtschaftsprüfung zur Unternehmensberatung, WPg. 1998, 302; *Dörner/Schwegler* Anstehende Änderungen der externen Rechnungslegung sowie deren Prüfung durch den Wirtschaftsprüfer, DB 1998, 285; *Ebke* Anm. zu BGH v. 21. 4. 1997, WPK-Mitt. 1998, 76; *Elkart/Naumann* Zur Fortentwicklung der Grundsätze für die Erteilung von Bestätigungsvermerken bei Abschlußprüfungen, WPg. 1995, 357; *Erle* Der Bestätigungsvermerk des Abschlußprüfers, 1990; *Farr* Der Jahresabschluß der kleinen GmbH (Teil II), GmbHR 1996, 185; *ders.* Der Jahresabschluß der mittelgroßen GmbH, GmbHR 1996, 755; *Fleischer* Das Doppelmandat des Abschlußprüfers – Grenzen der Vereinbarkeit von Abschlußprüfung und Steuerberatung, DStR 1996, 758; *Forster* Zur Bestellung und Abberufung des Abschlußprüfers, FS Semler, 1993, S. 819; *ders.* Abschlußprüfung nach dem Regierungsentwurf des KonTraG, WPg. 1998, 41; *Geist* Die Pflicht zur Berichtigung nichtiger Jahresabschlüsse bei Kapitalgesellschaften, DStR 1996, 306; *Gelhausen* Reform der externen Rechnungslegung und ihrer Prüfung durch den Wirtschaftsprüfer, AG-Sonderheft 1997, 73; *Glade* Praxishandbuch der Rechnungslegung und Prüfung, 2. Aufl. 1995; *Gutbrod* Vom Gewinnbezugsrecht zum Gewinnanspruch des GmbH-Gesellschafters, GmbHR 1995, 551; *Harder* Die Steuerberatung durch den Abschlußprüfer, DB 1996, 717; *Hartmann* Das neue Bilanzrecht und der Gesellschaftsvertrag der GmbH, 1986; *Hellberg* Prüfung des Jahresabschlusses in: Beck'sches Handbuch der Rechnungslegung, B 600; *Hellwig* Beratungsverträge des Abschlußprüfers – Genehmigungspflicht analog § 144 AktG und Publizitätspflicht analog § 125 Abs. 1 S. 3 AktG, ZIP 1999, 2117; *Heni* Zur Risikolage des Abschlußprüfers bei Mißachtung des Selbstprüfungsverbots, DStR 1997, 1210; *Hommelhoff* Die Ergebnisverwendung in der GmbH nach dem Bilanzrichtliniengesetz, ZGR 1986, 418; *ders.* Zur Mitwirkung des Abschlußprüfers nach § 319 Abs. 2 Nr. 5 HGB, Gedächtnisschrift für Knobbe-Keuk, 1997, S. 471; *ders.* Abschlußprüfung und Abschlußpublizität, ZGR 1997, 550; *Hommelhoff/Priester* Bilanzrichtliniengesetz und GmbH-Satzung, ZGR 1986, 463; *Hopt* Die Haftung des Wirtschaftsprüfers (Teil I), WPg. 1986, 461; *Joost* Beständigkeit und Wandel im Recht der Gewinnverwendung, FS 100 Jahre GmbH-Gesetz, 1992, S. 289; *Jabornegg* (Hrsg.) Kommentar zum Handelsgesetzbuch, Wien 1997; *Kaminski/Marks* Die Qualität der Abschlußprüfung in der internationalen Diskussion, FS Havermann, 1995, S. 247; *Kirsch* Erwartungslücke und Bestätigungsvermerk, FS Baetge, 1997, S. 955; *Kropff* Rechtsfragen in der Abschlußprüfung, FS Havermann, 1995, S. 321; *Kropp/Sauerwein* Bedeutung des Aufstellungszeitpunktes für die Rückwirkung der neuen Größenklassenkriterien des § 267 HGB, DStR 1995, 70; *Lanfermann* Unzulässige Mitwirkung des Abschlußprüfers bei der Erstellung des Abschlusses, WPK-Mitt. 1998, 270; *Langenbucher/Blaum* Die Aufdeckung von Fehlern, dolosen Handlungen und sonstigen Gesetzesverstößen im Rahmen der Abschlußprüfung, DB 1997, 437; *Lehwald* Die Erteilung des Bestätigungsvermerks bei Abschlussprüfungen, DStR 2000, 259; *Lenz/Ostrowski* Kontrolle und Transparenz im Unternehmensbereich durch die Institution Abschlußprüfung, BB 1997, 1523; *Liebs* Die Anpassung des Gesellschaftsvertrags der GmbH an das Bilanzrichtlinien-Gesetz, DB 1986, 2421; *Lingemann/Wasmann* Mehr Kontrolle und Transparenz im Aktienrecht: Das KonTraG tritt in Kraft, BB 1998, 853; *Löcke* Mitwirkung des Abschlußprüfers an der Erstellung des Abschlusses, GmbHR 1997, 1052; *Ludewig* Gedanken zur Berichterstattung des Abschlußprüfers nach der Neufassung des § 321 HGB, WPg. 1998, 595; *Mai* Rechtsverhältnis zwischen Abschlußprüfer und prüfungspflichtiger Kapitalgesellschaft, 1993; *Moxter* Zur Abgrenzung von unzulässiger Mitwirkung und gebotener Einwirkung des Abschlußprüfers bei der Abschlußerstellung, BB 1996, 683; *ders.* Die Vorschriften zur Rechnungslegung und Abschlußprüfung im Referentenentwurf eines Gesetzes zur Kontrolle und Transparenz im Unternehmensbereich, BB 1997, 722; *Mueller-Thuns* Gewinnbezugsrecht und bilanzpolitische Gestaltungsmöglichkeiten in der GmbH, 1989; *Neumann* Abschlussprüfung und Beratung nach der Allweiler-Entscheidung des BGH, ZIP 1998, 1338; *Nonnenmacher* Aufgaben und Umfang der Jahresabschlußprüfung, in: *v. Wysocki/Schulze-Osterloh* (Hrsg.), Handbuch des Jahresabschlusses in Einzeldarstellungen (HdJ) VI/1, 1987; *ders.* Abschlußprüfung und wirtschaftliche Lage des Unternehmens, FS

§ 42 a   3. Abschnitt. Vertretung und Geschäftsführung

Clemm, 1996, S. 261; *Paa* Der Abschlußprüfer im Spannungsverhältnis zwischen Prüfungs- und Beratungstätigkeit, INF 1996, 437; *ders.* Ausschluß des Wirtschaftsprüfers von der Jahresabschlußprüfung aufgrund steuerbilanzpolitisch motivierter Beratungstätigkeit?, INF 1997, 471; *Peemöller/Keller* Änderungen der Überwachung in Kapitalgesellschaften – Der Entwurf eines Gesetzes zur Kontrolle und Transparenz im Unternehmensbereich, DStR 1997, 1986; *Pfitzenmayer* Rechtsfolgen des Unterbleibens der Jahresabschlußprüfung einer Kapitalgesellschaft im Falle der Prüfungspflicht nach § 316 HGB, WPK-Mitt. 1996, 90; *Pougin* Die Entwicklung des Internen Kontrollsystems und ihre Auswirkung auf die Grundsätze ordnungsmäßiger Abschlußprüfung – unter besonderer Berücksichtigung des Einsatzes elektronischer Datenverarbeitungssysteme –, FS v. Wysocki, 1985, S. 221; *Priester* Einheitsbilanzklauseln im GmbH-Vertrag, FS Heinsius, 1991, S. 621; *Quick* Die Haftung des handelsrechtlichen Abschlußprüfers, BB 1992, 1675; *Raff* Prüfungsbericht, Bestätigungsvermerk, Bescheinigung und Schlußbesprechung, in: *v. Wysocki/Schulze-Osterloh* (Hrsg.), Handbuch des Jahresabschlusses in Einzeldarstellungen (HdJ) VI/5, 2. Bearbeitung 1995; *Rauch* Konsequenzen der unterlassenen Pflichtprüfung einer GmbH, WPK 1997, 35; *Renkl* Der Gewinnanspruch der Gesellschafter einer GmbH nach der Neuregelung des § 29 GmbHG, DB 1986, 1108; *ders.* Gewinnverwendungsverfassung und Abschlußprüfung in der GmbH, GmbHR 1989, 66; *Rittner* Der Widerruf des Abschlußprüfers (§ 318 Abs. 3 HGB) bei mittelständischen Gemeinschaftsunternehmen, FS Rowedder, 1994, S. 411; *Röhricht* Beratung und Abschlußprüfung, WPg. 1998, 153; *Sagasser* Die Frist für die Beschlußfassung über die Ergebnisverwendung in § 42 a Abs. 2 GmbHG, DB 1986, 2251; *Sahner/Kammers* Der Lagebericht – Gegenwart und Zukunft, DB 1984, 2309; *Sarx* Bilanzierungsfragen im Rahmen einer Gründungsbilanz/Eröffnungsbilanz, DStR 1991, 692, 724; *ders.* Ausgewählte Einzelfragen zum Bestätigungsvermerk beim Einzelabschluß, FS Clemm, 1996, 337; *Schindler/Rabenhorst* Auswirkungen des KonTraG auf die Abschlußprüfung BB 1998, 1886, 1939; *Peter-J. Schmidt* Überlegungen zur Erweiterung der gesetzlichen Regelungen über die Abschlußprüfung, BFuP 1996, 52; *Schmidtmeier* Vereinbarkeit von Prüfung und (Steuer-)Beratung durch denselben Wirtschaftsprüfer, DB 1998, 1625; *Schulze-Osterloh* Die Vorbelastungsbilanz der GmbH auf den Eintragungszeitpunkt und der Ausweis des Anspruchs aus der Vorbelastungshaftung im Jahresabschluß, FS Goerdeler, 1987, S. 531; *Seitz* Rechtsfolgen der unterlassenen Pflichtprüfung bei einer mittelgroßen GmbH, DStR 1991, 315; *Thiele* Anm. zu BGH v. 21. April 1997, DB 1997, 1396; *Vollmer/Maurer* Beratung durch Aufsichtsratmitglieder oder Abschlußprüfer aufgrund von Zusatzaufträgen, BB 1993, 591; *Vonnemann* Ausschüttungen an die Gesellschafter einer GmbH, GmbHR 1992, 637; *Weiland* Zur Vereinbarkeit von Abschlußprüfung und Beratung, BB 1996, 1211; *ders.* Bestätigungsvermerk oder Bescheinigung durch den Steuerberater bei freiwilliger oder vertraglicher Jahresabschlußprüfung, DStR 1996, 717; *Wichmann* Nichtigkeit des Jahresabschlusses der GmbH im Falle einer verdeckten Gewinnausschüttung, GmbHR 1992, 643; *Wimmer* Die zivil- und strafrechtlichen Folgen mangelhafter Jahresabschlüsse bei GmbH und KG, DStR 1997, 1931; *Windmöller* Unabhängigkeit und Unbefangenheit – Internationales Verständnis und Deutsche Grundsätze, FS Ludewig, 1996, S. 1089.

Übersicht

	Rn.		Rn.
I. **Normzweck**	1	3. Umfang der Prüfung	18–20
II. **Vorlage des Jahresabschlusses und des Lageberichts**	2–12	a) Allgemeines	18
1. Gegenstand der Vorlagepflicht	2, 3	b) Jahresabschluss und Konzernabschluss	19
2. Vorlagefrist	4–6	c) Lagebericht und Konzernlagebericht	20
3. Zur Vorlage Verpflichtete	7	4. Auswahl der Abschlussprüfer	21–29
4. Empfänger	8	a) Anforderungen an den Abschlussprüfer	21
5. Art der Vorlage	9–11	b) Verstoß gegen § 319 Abs. 1 HGB	22
a) Einsichtnahme	9	c) Besondere Ausschlussgründe	23–29
b) Aushändigung	10	aa) Allgemeines	23
c) Einschränkungen	11	bb) Die Ausschlussgründe des § 319 Abs. 2 bis 4 HGB im einzelnen	24–28
6. Durchsetzung der Vorlagepflicht	12	cc) Verstoß gegen einen Ausschlussgrund	29
III. **Die Prüfung des Jahresabschlusses durch einen Abschlussprüfer**	13–56	5. Bestellung und Abberufung der Abschlussprüfer	30–37
1. Pflichtprüfung	13–15	a) Wahl durch die Gesellschafterversammlung	30
a) Allgemeines	13		
b) Rechtsfolgen unterlassener Pflichtprüfung	14		
c) Nachtragsprüfung	15		
2. Gegenstand der Prüfung	16, 17		

	Rn.		Rn.
b) Prüfungsauftrag	31–35	V. Feststellung des Jahresabschlusses	63–84
aa) Erteilung	31	1. Allgemeines	63
bb) Widerruf	32	2. Zuständigkeit	64, 65
cc) Kündigung	33, 34	3. Verfahren	66–68
dd) Tod des Abschlussprüfers	35	4. Frist	69
		5. Änderung des Jahresabschlusses	70–73
c) Bestellung durch das Gericht gemäß § 318 Abs. 3 HGB	36	a) Vor Feststellung des Jahresabschlusses	70
		b) Nach Feststellung des Jahresabschlusses	71
d) Bestellung durch das Gericht gemäß § 318 Abs. 4 HGB	37	c) Nach Fassung des Ergebnisverwendungsbeschlusses	72
6. Vorlage- und Informationspflichten der Geschäftsführer	38, 39	d) Verfahren	73
a) Inhalt der Verpflichtung	38	6. Nichtigkeit des festgestellten Jahresabschlusses	74–83
b) Durchsetzung des Anspruchs	39	a) Nichtigkeitsgründe	75–81
7. Prüfungsbericht	40–44	b) Geltendmachung	82
a) Allgemeines	40	c) Heilung	83
b) Inhalt	41–43	7. Offenlegung	84
c) Unterzeichnung; Vorlage	44	VI. Ergebnisverwendungsbeschluss	85–93
8. Bestätigungsvermerk	45–50	1. Allgemeines	85
a) Allgemeines	45	2. Inhalt	86
b) Überschrift; Inhalt; Unterzeichnung	46	3. Zuständigkeit	87
c) Rechtsfolgen	47	4. Verfahren	88, 89
d) Anspruch auf Bestätigungsvermerk	48	5. Frist	90
		6. Nichtigkeit; Anfechtbarkeit	91, 92
e) Widerruf des Bestätigungsvermerks	49	a) Nichtigkeit	91
		b) Anfechtbarkeit	92
f) Aufhebung der Bestellung eines gerichtlich bestellten Abschlussprüfers	50	7. Offenlegung	93
		VII. Teilnahme des Abschlussprüfers an der Gesellschafterversammlung	94–102
9. Verantwortlichkeit des Abschlussprüfers gegenüber der Gesellschaft	51, 52	1. Allgemeines	94–96
		2. Zweck	97
a) Pflichten des Abschlussprüfers	51	3. Teilnahmeverlangen eines Gesellschafters	98, 99
b) Haftung	52	4. Teilnahme- und Auskunftspflicht des Abschlussprüfers	100–102
10. Freiwillige Prüfung	53–56	a) Teilnahmepflicht	100
a) Grundsatz	53	b) Auskunftspflicht	101
b) Auswahl des Abschlussprüfers	54	c) Folgen der Verletzung der Teilnahme- und Auskunftspflicht	102
c) Bescheinigung/Bestätigungsvermerk	55	VIII. Aufstellung und Vorlage des Konzernabschlusses	103–105
d) Haftung	56	1. Allgemeines	103
IV. Bericht des Aufsichtsrats	57–62	2. Zweck	104
1. Einrichtung eines Aufsichtsrates	57	3. Vorhandensein eines Aufsichtsrates	105
2. Umfang der Prüfung durch den Aufsichtsrat	58–60	IX. Österreichisches Recht	106, 107
3. Berichterstattung durch den Aufsichtsrat	61, 62		

I. Normzweck

Die Vorschrift regelt das **Verfahren nach Aufstellung des Jahresabschlusses** **und Lageberichts** durch die Geschäftsführer. Abs. 1 bestimmt im Anschluss an § 41 Abs. 1 iVm. § 264 Abs. 1 HGB, nach dem die Geschäftsführer einen Jahresabschluss und – bei großen und mittelgroßen Gesellschaften – einen Lagebericht aufzustellen ha- 1

§ 42 a   3. Abschnitt. Vertretung und Geschäftsführung

ben, die Pflicht, diese den Gesellschaftern vorzulegen. Abs. 2 normiert in Übereinstimmung mit § 46 Nr. 1 die Zuständigkeit der Gesellschafter, den Jahresabschluss festzustellen und einen Beschluss über die Ergebnisverwendung zu fassen. Abs. 3 regelt die Verpflichtung des Abschlussprüfers, auf Verlangen eines Gesellschafters an den Verhandlungen über die Feststellung des Jahresabschlusses teilzunehmen. Abs. 4 modifiziert Abs. 1 für die Konzernrechnungslegung.

II. Vorlage des Jahresabschlusses und des Lageberichts

2 **1. Gegenstand der Vorlagepflicht.** Folgende Unterlagen sind von der Vorlagepflicht umfasst:
- Der **Jahresabschluss** bestehend aus Bilanz, Gewinn- und Verlustrechnung sowie Anhang.[1] Sofern die Gesellschaft von Aufstellungserleichterungen Gebrauch macht,[2] ist der Jahresabschluss auch nur in dieser Form vorzulegen. Davon unberührt bleibt jedoch das Auskunfts- und Einsichtsrecht der Gesellschafter nach § 51 a Abs. 1; diese können also verlangen, dass die im Jahresabschluss nicht enthaltenen Angaben ihnen gegenüber gemacht werden.[3]
- Der **Lagebericht,** falls ein solcher aufzustellen war[4] oder ohne das Bestehen einer solchen Verpflichtung aufgestellt wurde.[5]
- Der **Prüfungsbericht des Abschlussprüfers,** falls der Jahresabschluss und ggf. der Lagebericht durch einen solchen zu prüfen waren (Rn. 13). Sofern ein zunächst bestellter Abschlussprüfer den Prüfungsauftrag aus wichtigem Grund gekündigt hat (Rn. 33), umfasst die Vorlagepflicht auch dessen Bericht über das Ergebnis der bisherigen Prüfung (Rn. 34). Über den Wortlaut des Abs. 1 hinaus ist auch ein Prüfungsbericht, der nicht auf einer Pflichtprüfung, sondern auf einer freiwilligen Abschlussprüfung beruht (Rn. 53), vorzulegen,[6] es sei denn, dass der Gesellschaftsvertrag etwas anderes bestimmt.[7]
- Der gemäß § 52 Abs. 1, § 25 Abs. 1 Nr. 2 MitbestG, § 77 Abs. 1 BetrVG 1952 bzw. § 3 KAGG, jeweils iVm. § 171 Abs. 2 AktG zu erstellende **Bericht des Aufsichtsrats über das Ergebnis seiner Prüfung** (Rn. 57 ff.), falls die Gesellschaft über einen Aufsichtsrat oder ein vergleichbares Überwachungsorgan[8] verfügt.
- Die schriftliche **Erklärung der Geschäftsführer zur Bilanzpolitik,** sofern die Geschäftsführer eine solche abgeben. Dazu sind sie jedoch nicht verpflichtet, sondern nur berechtigt.[9]
- Ein **Ergebnisverwendungsvorschlag,** zu dessen Erstellung die Geschäftsführer in Ermangelung einer § 170 Abs. 2 AktG entsprechenden Vorschrift im GmbHG aller-

---

[1] Vgl. § 41 Rn. 108 ff.
[2] Vgl. § 41 Rn. 120 und 123.
[3] *Adler/Düring/Schmaltz* § 42 a GmbHG Rn. 19; *Baumbach/Hueck/Schulze-Osterloh* Rn. 5; Beck'sches HdB GmbH/*Langseder* § 9 Rn. 191.
[4] Zur Pflicht zur Aufstellung eines Lageberichts vgl. § 41 Rn. 127.
[5] *Adler/Düring/Schmaltz* § 42 a GmbHG Rn. 6.
[6] *Adler/Düring/Schmaltz* § 42 a GmbHG Rn. 8; *Baumbach/Hueck/Schulze-Osterloh* Rn. 5; *Hartmann* Das neue Bilanzrecht und der Gesellschaftsvertrag der GmbH, S. 162; *Lutter/Hommelhoff* Rn. 3; einschränkend *Küting/Weber/Bohl* Rechnungslegung § 42 a GmbHG Rn. 10: nur, wenn die Prüfung auf einem Beschluss der Gesellschafter beruht.
[7] *Adler/Düring/Schmaltz* § 42 a GmbHG Rn. 8; *Baumbach/Hueck/Schulze-Osterloh* Rn. 5.
[8] Dazu *Adler/Düring/Schmaltz* § 42 a GmbHG Rn. 11.
[9] *Baumbach/Hueck/Schulze-Osterloh* Rn. 5; aA *Lutter/Hommelhoff* Rn. 7; *Mueller-Thuns* Gewinnbezugsrecht und bilanzpolitische Gestaltungsmöglichkeiten in der GmbH, S. 83 ff.

dings nicht verpflichtet,[10] sondern nur berechtigt[11] sind. Dies gilt auch, wenn die Gesellschaft gemäß § 77 Abs. 1 BetrVG 1952, § 25 Abs. 1 Nr. 2 MitbestG oder § 3 KAGG einen obligatorischen Aufsichtsrat hat.[12] Hat die Gesellschaft jedoch einen fakultativen Aufsichtsrat, so findet über § 52 Abs. 1 § 170 Abs. 2 AktG Anwendung, mit der Folge, dass die Geschäftsführer zwingend einen Ergebnisverwendungsvorschlag aufstellen müssen.[13] Im übrigen kann die Satzung der Gesellschaft eine solche Verpflichtung vorsehen.[14]

Auch ohne eine entsprechende Verpflichtung erforderte **§ 278 HGB** faktisch die Aufstellung eines Ergebnisverwendungsvorschlags durch die Geschäftsführer, solange das Körperschaftsteuersystem eine unterschiedliche Belastung von thesaurierten und ausgeschütteten Gewinnen vorsah, da nach dieser Vorschrift für die Gewinn- und Verlustrechnung der Steueraufwand auf der Grundlage des Beschlusses über die Verwendung des Ergebnisses, hilfsweise des Ergebnisverwendungsvorschlags, berechnet werden musste.[15] Mit der Einführung des Halbeinkünfteverfahrens durch das StSenkG, das eine Definitivbelastung von 25 % auf den Gewinn der Gesellschaft ohne Rücksicht auf das Ausschüttungsverhalten festlegt,[16] ist diese Notwendigkeit jedoch entfallen.[17]

– Bei zur Konzernrechnungslegung verpflichteten Gesellschaften der **Konzernabschluss, Konzernlagebericht** sowie der **Prüfungsbericht des Konzernabschlussprüfers.**

Von der Vorlagepflicht nicht umfasst wird die **Eröffnungsbilanz** der Gesellschaft, 3 denn sie wird nicht von der Gesellschafterversammlung festgestellt.[18] Die Eröffnungsbilanz wird den Gesellschaftern vielmehr zusammen mit dem ersten Jahresabschluss, für den sie die Anfangsbilanz darstellt, vorgelegt.[19]

2. Vorlagefrist. Der **Jahresabschluss** und der **Lagebericht** sind nach Abs. 1 S. 1 4 unverzüglich nach ihrer Aufstellung vorzulegen. Werden Abschluss und Lagebericht aufgrund gesetzlicher Bestimmung (Rn. 13) oder auf freiwilliger Basis (Rn. 53) von einem Abschlussprüfer geprüft,[20] so sind sie nach Abs. 1 S. 2 unverzüglich nach Eingang des **Berichts des Abschlussprüfers** zusammen mit diesem vorzulegen. Hat die Gesellschaft einen Aufsichtsrat, ist dessen Bericht über das Ergebnis seiner Prüfung der Rechnungslegung (Rn. 57 ff.) nach Abs. 1 S. 3 ebenfalls unverzüglich vorzulegen.

---

[10] *Adler/Düring/Schmaltz* § 42a GmbHG Rn. 15; *Baumbach/Hueck/Schulze-Osterloh* Rn. 5; *Gutbrod* GmbHR 1995, 551, 553; Beck'sches HdB GmbH/*Langseder* § 9 Rn. 196; *Küting/Weber/Bohl* Rechnungslegung § 42a GmbHG Rn. 12; *Scholz/Crezelius* Rn. 16; aA *Hartmann* (Fn. 6) S. 161 f.; *Mueller-Thuns* (Fn. 9) S. 90 f.; *Lutter/Hommelhoff* Rn. 6.

[11] *Adler/Düring/Schmaltz* § 42a GmbHG Rn. 15; *Baumbach/Hueck/Schulze-Osterloh* Rn. 5.

[12] *Baumbach/Hueck/Schulze-Osterloh* Rn. 5.

[13] *Baumbach/Hueck/Schulze-Osterloh* Rn. 5; Beck'sches HdB GmbH/*Langseder* § 9 Rn. 196 m. Fn. 299.

[14] *Adler/Düring/Schmaltz* § 42a GmbHG Rn. 15; *Baumbach/Hueck/Schulze-Osterloh* Rn. 5; *Küting/Weber/Bohl* Rechnungslegung § 42a GmbHG Rn. 12; *Scholz/Crezelius* Rn. 16.

[15] *Adler/Düring/Schmaltz* § 42a GmbHG Rn. 15; *Scholz/Crezelius* Rn. 16; aA *Gutbrod* GmbHR 1995, 551, 553.

[16] § 23 KStG nF.

[17] Zum Übergang vom Anrechnungs- zum Halbeinkünfteverfahren s. §§ 36 bis 38 KStG nF.

[18] *Adler/Düring/Schmaltz* § 42a GmbHG Rn. 6; *Baumbach/Hueck/Schulze-Osterloh* Rn. 5; *Scholz/Crezelius* Rn. 3.

[19] *Adler/Düring/Schmaltz* § 42a GmbHG Rn. 6; *Scholz/Crezelius* Rn. 3.

[20] Der Gesetzeswortlaut, der nur von der Prüfung des Jahresabschlusses auszugehen scheint, ist insoweit ungenau.

§ 42 a

Jahresabschluss und Lagebericht sind also zusammen, im Falle der Durchführung einer Abschlussprüfung auch **zusammen** mit dem Prüfungsbericht vorzulegen.

5   Die Pflicht zur Vorlage des **Berichts des Aufsichtsrates** steht hingegen nach dem eindeutigen Gesetzeswortlaut eigenständig neben der Pflicht zur Vorlage der übrigen Unterlagen. Der Eingang des Berichts des Aufsichtsrates scheint damit keinen Einfluss auf die Fristen nach Abs. 1 S. 1 und S. 2 zu haben. Zu bedenken ist jedoch, dass dem Aufsichtsrat zum Zwecke seiner Prüfung von den Geschäftsführern der Jahresabschluss und der Lagebericht (Rn. 58) im Original[21] und von dem Abschlussprüfer der Prüfungsbericht (Rn. 44) vorgelegt werden müssen. Diese Unterlagen stehen den Geschäftsführern demnach erst dann zur Weiterleitung an die Gesellschafterversammlung zur Verfügung, wenn sie sie zusammen mit dem Bericht des Aufsichtsrates von diesem erhalten. Dann kommt auch nur eine Vorlage aller Unterlagen „als Paket" in Betracht.[22] Um die Gesellschafterversammlung nicht ungebührlich spät zu informieren, sollten ihr jedoch Abschriften des Jahresabschlusses und Lageberichts nach der Aufstellung bzw. im Falle der Prüfungspflicht der Gesellschaft zusammen mit einer Abschrift des Prüfungsberichts, wenn dieser beim Aufsichtsrat eingegangen ist, zugeleitet werden. Der Bericht des Aufsichtsrates sollte dann nachgereicht werden.[23]

6   Die genannten Unterlagen sind nach dem Gesetzeswortlaut **unverzüglich** nach Aufstellung bzw. nach Eingang bei der Geschäftsführung vorzulegen. Unverzüglich bedeutet dabei jeweils entsprechend § 121 Abs. 1 S. 1 BGB **ohne schuldhaftes Zögern**. Die Geschäftsführer haben die Unterlagen also nach Fristbeginn ohne Zwischenschaltung von nicht mit der Weiterleitung zusammenhängenden Vorgängen – zB einer eigenen Prüfung des Berichts des Abschlussprüfers oder des Aufsichtsrates – auf den Weg zu bringen. Eine Zeitspanne von einem Monat wird dabei allgemein zu Recht als zu lang angesehen.[24] Angemessen erscheint vielmehr die Frist von einer Woche.[25]

7   **3. Zur Vorlage Verpflichtete.** Die Verpflichtung zur Vorlage der genannten Unterlagen trifft die **Geschäftsführer in ihrer Gesamtheit**[26] **als Organ der Gesellschaft,**[27] nicht jeden einzelnen von ihnen als Person.[28] Allerdings können die Geschäftsführer diese Aufgabe einem einzelnen Mitglied der Geschäftsführung übertragen. Zwar bleiben sie gleichwohl weiterhin für die Erfüllung der Verpflichtung verantwortlich; die Erfüllung der Pflicht durch einen Geschäftsführer befreit jedoch alle anderen.[29]

8   **4. Empfänger.** Die Geschäftsführer haben die genannten Unterlagen **grds. den Gesellschaftern** vorzulegen, und zwar **zum Zwecke der Feststellung des Jahresabschlusses**. Da die Feststellung des Jahresabschlusses der Gesellschafterversammlung obliegt, sind damit ersichtlich die Gesellschafter in ihrer Verbundenheit als Gesell-

---

[21] *Adler/Düring/Schmaltz* § 170 AktG Rn. 7.
[22] So iE *Küting/Weber/Bohl* Rechnungslegung § 42 a GmbHG Rn. 17; *Lutter/Hommelhoff* Rn. 4; *Scholz/Crezelius* Rn. 28.
[23] So auch iE *Adler/Düring/Schmaltz* § 42 a GmbHG Rn. 12; *Baumbach/Hueck/Schulze-Osterloh* Rn. 6; *Hartmann* (Fn. 6) S. 163.
[24] Zum Ganzen *Adler/Düring/Schmaltz* § 42 a GmbHG Rn. 13; *Baumbach/Hueck/Schulze-Osterloh* Rn. 7; *Küting/Weber/Bohl* Rechnungslegung § 42 a GmbHG Rn. 13; *Lutter/Hommelhoff* Rn. 13; *Scholz/Crezelius* Rn. 9.
[25] Ebenso *Lutter/Hommelhoff* Rn. 13.
[26] *Hartmann* (Fn. 6) S. 161.
[27] *Adler/Düring/Schmaltz* § 42 a GmbHG Rn. 4; *Lutter/Hommelhoff* Rn. 12.
[28] So aber *Küting/Weber/Bohl* Rechnungslegung § 42 a GmbHG Rn. 7; *Scholz/Crezelius* Rn. 5.
[29] *Adler/Düring/Schmaltz* § 42 a GmbHG Rn. 4; *Hartmann* (Fn. 6) S. 161; *Lutter/Hommelhoff* Rn. 12.

Vorlage des Jahresabschlusses und des Lageberichts § 42a

schafterversammlung gemeint.[30] Daraus folgt weiter, dass in dem Fall, dass der Gesellschaftsvertrag die Feststellung des Jahresabschlusses einem anderen Organ als der Gesellschafterversammlung überträgt, dieses Organ Empfänger der vorzulegenden Unterlagen ist.[31] Dann sind die vorzulegenden Unterlagen nicht stets gleichzeitig auch den Gesellschaftern vorzulegen.[32] Der Gegenansicht, die darauf verweist, dass die Gesellschafter jedenfalls zum Zwecke der Ausübung ihrer Überwachungspflicht nach § 46 Nr. 6 auf die Vorlage dieser Unterlagen angewiesen seien,[33] ist entgegenzuhalten, dass Abs. 1 die Vorlage ausdrücklich zum Zwecke der Feststellung des Jahresabschlusses und nicht auch zu anderen Zwecken vorsieht. Iü. bleibt das individuelle Auskunfts- und Einsichtsrecht der Gesellschafter nach § 51a Abs. 1 unberührt,[34] so dass die Gesellschafter sich auf diesem Wege alle für die Überwachung der Geschäftsführung notwendigen Informationen beschaffen können.

5. Art der Vorlage. a) Einsichtnahme. Vorlage bedeutet dabei zunächst, dass 9 den Gesellschaftern **Einsicht in die Originalunterlagen**[35] gewährt wird.[36] Dies kann zB in der Weise geschehen, dass die Unterlagen in den Geschäftsräumen der Gesellschaft ausgelegt werden und alle Gesellschafter davon in Kenntnis gesetzt werden.[37] Die Gesellschafter dürfen bei der Einsichtnahme einen **zur Verschwiegenheit verpflichteten Sachverständigen,** zB einen Rechtsanwalt, Wirtschaftsprüfer, Steuerberater oder vereidigten Buchprüfer, hinzuziehen.[38]

b) Aushändigung. Darüber hinaus haben die Gesellschafter aber auch Anspruch 10 auf **Aushändigung von Abschriften**[39] **der Unterlagen,**[40] und zwar unabhängig davon, ob der Gesellschafterkreis überschaubar ist oder nicht.[41] Das Merkmal der Über-

---

[30] *Baumbach/Hueck/Schulze-Osterloh* Rn. 9; *Budde,* FS Semler, S. 789, 803; ähnlich *Adler/Düring/Schmaltz* § 42a GmbHG Rn. 5; *Lutter/Hommelhoff* Rn. 8.

[31] *Adler/Düring/Schmaltz* § 42a GmbHG Rn. 5 aE, 16; *Baumbach/Hueck/Schulze-Osterloh* Rn. 9; *Küting/Weber/Bohl* Rechnungslegung § 42a GmbHG Rn. 22; *Budde,* FS Semler 1993, S. 789, 803; *Hartmann* (Fn. 6) S. 160; *Hommelhoff/Priester* ZGR 1986, 463, 479; *Lutter/Hommelhoff* Rn. 10; *Scholz/Crezelius* Rn. 7.

[32] *Küting/Weber/Bohl* Rechnungslegung § 42a GmbHG Rn. 22 f.; *Scholz/Crezelius* Rn. 7.

[33] *Baumbach/Hueck/Schulze-Osterloh* Rn. 9; *Budde,* FS Semler 1993, S. 789, 803; *Hartmann* (Fn. 6) S. 160; *Hommelhoff/Priester* ZGR 1986, 463, 479; *Lutter/Hommelhoff* Rn. 9; differenzierend *Adler/Düring/Schmaltz* § 42a GmbHG Rn. 16: nur Jahresabschluss und Lagebericht sind auch den Gesellschaftern vorzulegen, nicht der Prüfungsbericht des Abschlussprüfers.

[34] *Küting/Weber/Bohl* Rechnungslegung § 42a GmbHG Rn. 22.

[35] Zur Notwendigkeit der Vorlage von Originalen *Adler/Düring/Schmaltz* § 42a GmbHG Rn. 13; *Baumbach/Hueck/Schulze-Osterloh* Rn. 5 aE; *Küting/Weber/Bohl* Rechnungslegung § 42a GmbHG Rn. 13.

[36] *Adler/Düring/Schmaltz* § 42a GmbHG Rn. 20; *Baumbach/Hueck/Schulze-Osterloh* Rn. 10; *Küting/Weber/Bohl* Rechnungslegung § 42a GmbHG Rn. 24; *Lutter/Hommelhoff* Rn. 15.

[37] Vgl. *Adler/Düring/Schmaltz* § 42a GmbHG Rn. 20; Beck'sches HdB GmbH/*Langseder* § 9 Rn. 193.

[38] *Adler/Düring/Schmaltz* § 42a GmbHG Rn. 22; *Baumbach/Hueck/Schulze-Osterloh* Rn. 12; Beck'sches HdB GmbH/*Langseder* § 9 Rn. 193; *Lutter/Hommelhoff* Rn. 8; zu weitgehend demgegenüber *Küting/Weber/Bohl* Rechnungslegung § 42a GmbHG Rn. 34 und *Scholz/Crezelius* Rn. 12, die die Hinzuziehung nicht nur zur Verschwiegenheit verpflichteter fachkundiger Dritter befürworten.

[39] Für die Aushändigung von Originalen, die allerdings nicht unbegrenzt möglich ist, hingegen *Adler/Düring/Schmaltz* § 42a GmbHG Rn. 23.

[40] *Adler/Düring/Schmaltz* § 42a GmbHG Rn. 21; *Baumbach/Hueck/Schulze-Osterloh* Rn. 11; *Lutter/Hommelhoff* Rn. 16, 18.

[41] AA *Scholz/Crezelius* Rn. 11

Tiedchen

schaubarkeit des Gesellschafterkreises ist zum einen höchst unbestimmt und zum anderen nicht geeignet, die Informationsrechte der Gesellschafter zu determinieren. Auch ist nicht grds. hinsichtlich offenzulegender und nicht offenzulegender Unterlagen zu differenzieren, so dass idR auch der Prüfungsbericht des Abschlussprüfers den Gesellschaftern ausgehändigt werden muss.[42]

11 **c) Einschränkungen.** Allerdings wird in **Analogie zu § 51a Abs. 2** eine Einschränkung des Rechts auf Aushändigung des Prüfungsberichts[43] oder noch weitergehend aller vorzulegender Unterlagen[44] befürwortet, d. h. dass aufgrund Gesellschafterbeschlusses die Aushändigung an einzelne Gesellschafter zu verweigern sein soll, wenn zu besorgen ist, dass diese Gesellschafter den Prüfungsbericht zu gesellschaftsfremdem Zwecken verwenden und dadurch der Gesellschaft oder einem verbundenen Unternehmen ein nicht unerheblicher Nachteil zugefügt wird. Eine solche Einschränkung kommt richtigerweise allenfalls für den Prüfungsbericht in Betracht, da die übrigen vorzulegenden Unterlagen weitgehend offenzulegen sind und insoweit eine Geheimhaltung gegenüber einzelnen Gesellschaftern nicht in Betracht kommt. Auch in dieser Hinsicht begegnet eine analoge Anwendung des § 51a Abs. 2 jedoch durchgreifenden Bedenken. Das Auskunftsrecht nach § 51a Abs. 1 und das Informationsrecht nach § 41 Abs. 1 unterscheiden sich in ihrer Struktur und Zielrichtung: Das Auskunftsrecht nach § 51a Abs. 1 ist ein individuelles Recht eines jeden Gesellschafters und soll ihn in die Lage setzen, die Geschäftsführung gemäß § 46 Nr. 6 zu überwachen; das Informationsrecht nach § 42a Abs. 1 hingegen steht den Gesellschaftern in ihrer Gesamtheit und zudem nur im Zusammenhang mit ihrer Zuständigkeit zur Feststellung des Jahresabschlusses zu (Rn. 8). Insofern kann kaum von materieller Gleichrichtung[45] beider Regelungen gesprochen werden. Auch ist nicht ersichtlich, wie mittels einer Analogie zu § 51a Abs. 2 – wie von der hM gefordert[46] – lediglich das Recht auf Aushändigung des Prüfungsberichts, nicht aber das Recht auf Einsichtnahme in den Prüfungsbericht eingeschränkt werden könnte, da die Vorschrift bereits die Einsichtnahmemöglichkeiten des Gesellschafters beschränkt. Man wird daher Unzuträglichkeiten durch die Verwendung von Informationen aus dem Prüfungsbericht zu gesellschaftsfremden Zwecken besser dadurch vermeiden können, dass man die Feststellung des Jahresabschlusses einem Gremium – sei es ein Aufsichtsrat oder ein anderes Überwachungsorgan, sei es ein Gesellschafterausschuss – überträgt, das aus vertrauenswürdigen Personen besteht, da dann nach hier vertretener Ansicht (Rn. 8) nur diese Personen – und nicht in jedem Fall auch alle Gesellschafter – Zugang zu den nach Abs. 1 vorzulegenden Unterlagen erhalten.

12 **6. Durchsetzung der Vorlagepflicht.** Kommen die Geschäftsführer ihrer Vorlagepflicht nach Abs. 1 nicht nach, so können die Gesellschafter sie zur Erfüllung ihrer Verpflichtung anweisen.[47] Die Geschäftsführer können jedoch nicht durch Festsetzung eines Zwangsgeldes gemäß § 335 HGB gezwungen werden, der Weisung zu folgen.

---

[42] *Adler/Düring/Schmaltz* § 42a GmbHG Rn. 21; *Lutter/Hommelhoff* Rn. 19; aA *Küting/Weber/Bohl* Rechnungslegung § 42a GmbHG Rn. 31.
[43] *Baumbach/Hueck/Schulze-Osterloh* Rn. 11; *Budde*, FS Semler 1993, S. 789, 804; *Hommelhoff/Priester* ZGR 1986, 463, 495; Beck'sches HdB GmbH/*Langseder* § 9 Rn. 193.
[44] *Lutter/Hommelhoff* Rn. 22.
[45] So aber *Scholz/Crezelius* Rn. 13.
[46] Vgl. die in Fn. 43 Genannten. Konsequenterweise für Beschränkung sowohl des Einsichts- als auch des Aushändigungsrechts demgegenüber *Adler/Düring/Schmaltz* § 42a GmbHG Rn. 25; *Scholz/Crezelius* Rn. 13 ff.
[47] *Lutter/Hommelhoff* Rn. 14.

Vorlage des Jahresabschlusses und des Lageberichts §42a

Auch die Durchführung eines Informationserzwingungsverfahrens analog § 51b kommt nicht in Betracht.[48] Die hM verweist die Gesellschafter auf den Weg der **Leistungsklage**.[49] Praktisch dürfte die **Abberufung** der Geschäftsführer[50] der einfachste und schnellste Weg zur Durchsetzung der Vorlagepflicht sein.

III. Die Prüfung des Jahresabschlusses durch einen Abschlussprüfer

1. Pflichtprüfung. a) Allgemeines. Nach § 316 Abs. 1 S. 1 HGB sind der Jahresabschluss und der Lagebericht **großer und mittelgroßer Gesellschaften** von einem Abschlussprüfer zu prüfen. Gleiches gilt, unabhängig von der Größe der Gesellschaft, gemäß § 340k Abs. 1 HGB für **Kreditinstitute und Finanzdienstleistungsinstitute**. Der Gesellschaftsvertrag kann die Prüfungspflicht weder aufheben noch einschränken.[51] **Kleine Gesellschaften** sowie solche, die die **Erleichterungen für Tochtergesellschaften** in Anspruch nehmen können,[52] sind von der Prüfungspflicht befreit. Der Gesellschaftsvertrag einer nicht prüfungspflichtigen Gesellschaft kann jedoch eine **freiwillige Prüfung** nach den §§ 316 ff. HGB vorschreiben.[53] Ebenso kann sich eine nicht prüfungspflichtige Gesellschaft im Einzelfall einer Abschlussprüfung unterziehen.[54]

13

b) Rechtsfolgen unterlassener Pflichtprüfung. Die Prüfung des Jahresabschlusses ist Voraussetzung für seine Feststellung durch die Gesellschafterversammlung nach § 46 Nr. 1 (Rn. 63 ff.). Ein trotz bestehender Prüfungspflicht nicht geprüfter Jahresabschluss kann folglich nicht festgestellt werden, vgl. **§ 316 Abs. 1 S. 2 HGB**. Wird der Jahresabschluss gleichwohl festgestellt, ist er **analog § 256 Abs. 1 Nr. 2 AktG nichtig**.[55]

14

c) Nachtragsprüfung. Die Gesellschafterversammlung ist befugt, den ihr zum Zwecke der Feststellung vorgelegten geprüften Jahresabschluss und Lagebericht zu ändern oder zu ergänzen.[56] Macht sie von diesem Recht Gebrauch, ist eine Nachtragsprüfung nach **§ 316 Abs. 3 HGB** vorzunehmen, d.h. der Abschlussprüfer hat den Jahresabschluss bzw. den Lagebericht erneut zu prüfen, soweit es die Änderung erfordert (§ 316 Abs. 3 S. 1 HGB). Gleiches gilt, wenn die Geschäftsführer den Jahresabschluss oder Lagebericht nach Beendigung der Abschlussprüfung, aber vor Feststellung durch die Gesellschafterversammlung ändern oder ergänzen.[57] Über das Ergebnis der

15

---

[48] So aber *Adler/Düring/Schmaltz* § 42a GmbHG Rn. 27; *Scholz/Crezelius* Rn. 19.
[49] *Adler/Düring/Schmaltz* § 42a GmbHG Rn. 18; *Küting/Weber/Bohl* Rechnungslegung § 42a GmbHG Rn. 41; *Lutter/Hommelhoff* Rn. 14.
[50] Auf diese Möglichkeit weist allein *Küting/Weber/Bohl* Rechnungslegung § 42a GmbHG Rn. 41, hin.
[51] BeckBilKomm/*Förschle/Kofahl* § 316 HGB Rn. 60; *Lutter/Hommelhoff* Anh. § 42 Rn. 25; *Scholz/Crezelius* Anh. § 42a Rn. 259.
[52] Zu den Voraussetzungen § 41 Rn. 117.
[53] Zur freiwilligen Prüfung Rn. 53 ff.
[54] Beck'sches HdB GmbH/*Langseder* § 9 Rn. 152.
[55] *Adler/Düring/Schmaltz* § 316 HGB Rn. 47; *Küting/Weber/Baetge/Fischer* Rechnungslegung § 316 HGB Rn. 22; *Baumbach/Hueck/Schulze-Osterloh* Rn. 24; *Farr* GmbHR 1996, 755, 758; *Hartmann* (Fn. 6) S. 165; *Lutter/Hommelhoff* § 42a Rn. 30; *Pfitzenmayer* WPK-Mitt. 1996, 90; *Raff* HdJ VI/5 Rn. 91; *Rauch* BB 1997, 35, 36.
[56] *Adler/Düring/Schmaltz* § 42a GmbHG Rn. 30; Beck'sches HdB GmbH/*Ahrenkiel* § 10 Rn. 100; *Küting/Weber/Bohl* Rechnungslegung § 42a GmbHG Rn. 43; *Lutter/Hommelhoff* § 42a Rn. 43.
[57] *Lutter/Hommelhoff* Anh. § 42 Rn. 27; zur Zulässigkeit der Änderung oder Ergänzung durch die Geschäftsführer *Küting/Weber/Bohl* Rechnungslegung § 42a GmbHG Rn. 43; *Seitz* DStR 1991, 315, 316.

§ 42 a 3. Abschnitt. Vertretung und Geschäftsführung

Nachtragsprüfung ist – grds. schriftlich[58] – zu berichten; der Bestätigungsvermerk ist entsprechend zu ergänzen (§ 316 Abs. 3 S. 2 HGB).

16 **2. Gegenstand der Prüfung.** Die Abschlussprüfung umfasst gemäß § 317 Abs. 1 S. 1 HGB den **Jahresabschluss** unter Einschluss der **Buchführung** sowie den **Lagebericht**. Zur Buchführung gehören dabei die Handelsbücher sowie bei EDV-gestützter Buchführung das Interne Kontrollsystem (IKS).[59] Der Lagebericht ist auch hinsichtlich der über den Mindestinhalt nach § 289 HGB hinausgehenden Angaben Gegenstand der Prüfung.[60] Nicht ausdrücklich in § 317 Abs. 1 S. 1 HGB genannt, aber gleichwohl in die Prüfung einzubeziehen, ist das **Inventar**.[61] Der Prüfungspflicht unterliegen hingegen nicht der unter Inanspruchnahme von Erleichterungen offenzulegende Jahresabschluss,[62] die **Eröffnungsbilanz**[63] und die **Vorbelastungsbilanz**.

17 Gemäß § 316 Abs. 2 HGB sind auch **Konzernabschluss** und **Konzernlagebericht** zwingend zu prüfen, wenn die Gesellschaft zur Aufstellung verpflichtet ist, und zwar unabhängig von ihrer Größe.[64]

18 **3. Umfang der Prüfung. a) Allgemeines.** § 317 HGB bestimmt den Umfang der Prüfung des Jahresabschlusses und Lageberichts. Es handelt sich dabei um **zwingendes Recht,** d. h. der Gesellschaftsvertrag kann den Umfang der Prüfung nicht einschränken.[65]

19 **b) Jahresabschluss und Konzernabschluss.** Der Jahresabschluss unter Einbeziehung der Buchführung und des Inventars sind gemäß **§ 317 Abs. 1 S. 2 HGB** daraufhin zu prüfen, ob die gesetzlichen Vorschriften einschließlich der nicht kodifizierten Grundsätze ordnungsmäßiger Buchführung[66] und allfällige ergänzende Bestimmungen des Gesellschaftsvertrags beachtet worden sind. § 317 Abs. 1 S. 3 HGB verdeutlicht dies dahingehend, dass die Prüfung so anzulegen ist, dass Unrichtigkeiten und Verstöße gegen gesetzliche oder gesellschaftsvertragliche Bestimmungen, die sich auf die Darstellung des sich nach § 264 Abs. 2 HGB ergebenden Bildes der Vermögens-, Finanz- und Ertragslage des Unternehmens wesentlich auswirken, bei gewissenhafter Berufsausübung erkannt werden.[67] Danach muss insbesondere auch geprüft werden, ob zur Vermittlung des den tatsächlichen Verhältnissen entsprechenden Bildes der Vermögens-, Finanz- und Ertragslage zusätzliche Angaben im Anhang erforderlich sind.[68] Zu

---

[58] *Adler/Düring/Schmaltz* § 316 HGB Rn. 69 f.; Bonner HdB Rechnungslegung/*Grewe* § 316 HGB Rn. 53.

[59] *Adler/Düring/Schmaltz* § 317 HGB Rn. 16; *Baumbach/Hueck/Schulze-Osterloh* § 41 Rn. 58; zum IKS vgl. § 41 Rn. 61; zur Prüfung des IKS *Pougin,* FS v. Wysocki, 1985, S. 221 ff.

[60] *Baumbach/Hueck/Schulze-Osterloh,* § 42 Rn. 461.

[61] BeckBilKomm/*Förschle/Kofahl* § 317 HGB Rn. 5; iErg. ebenso *Baumbach/Hueck/Schulze-Osterloh* § 41 Rn. 58 (Inventar als Teil der Buchführung iS des § 317 Abs. 1 S. 1 HGB).

[62] Beck'sches HdB GmbH/*Langseder* § 9 Rn. 153.

[63] *Baumbach/Hueck/Schulze-Osterloh* § 41 Rn. 43; *Förschle/Kropp* in: *Budde/Förschle* Sonderbilanzen Rn. E 254; Beck'sches HdB GmbH/*Langseder* § 9 Rn. 43; *Sarx* DStR 1991, 724; *Scholz/Crezelius* Anh. § 42 a Rn. 45.

[64] Beck'sches HdB GmbH/*Langseder* § 9 Rn. 150.

[65] *Scholz/Crezelius* Anh. § 42 a Rn. 259.

[66] *Adler/Düring/Schmaltz* § 317 HGB Rn. 26; *Baumbach/Hueck/Schulze-Osterloh* § 41 Rn. 60; BeckBilKomm/*Förschle/Kofahl* § 317 HGB Rn. 12; Beck'sches HdB GmbH/*Langseder* § 9 Rn. 154.

[67] Kritisch zu der Regelung (überflüssig) *Moxter* BB 1997, 722, 724; *Schindler/Rabenhorst* BB 1998, 1886, 1890.

[68] *Baumbach/Hueck/Schulze-Osterloh* § 41 Rn. 60.

Vorlage des Jahresabschlusses und des Lageberichts § 42a

den besonderen Anforderungen des Prüfungsumfangs bei der Prüfung von Jahresabschlüssen von **Kreditinstituten und Finanzdienstleistungsinstituten** s. **§ 29 Abs. 1 KWG**. Hier sind nach S. 1 der Vorschrift insbesondere auch die wirtschaftlichen Verhältnisse des Kreditinstituts oder Finanzdienstleistungsinstituts zu prüfen. Zu den Anforderungen der Prüfung bei Gesellschaften, deren Anteile mehrheitlich in der Hand von Gebietskörperschaften sind, s. **§ 53 HGrG**. Im Falle der Prüfung eines **Konzernabschlusses** sind gemäß **§ 317 Abs. 3 S. 1 HGB** auch die darin zusammengefassten Jahresabschlüsse zu prüfen, es sei denn, diese Jahresabschlüsse unterliegen ihrerseits der Pflichtprüfung oder einer freiwilligen Prüfung (Rn. 53 ff.) nach den §§ 316 ff. HGB (§ 317 Abs. 3 S. 2 HGB).

c) **Lagebericht und Konzernlagebericht.** Die Prüfung des Lageberichts und 20 Konzernlageberichts richtet sich gemäß **§ 317 Abs. 2 HGB** auf die Feststellung, ob der Lagebericht mit dem Jahresabschluss bzw. der Konzernlagebericht mit dem Konzernabschluss sowie mit den bei der Prüfung gewonnenen Erkenntnissen des Abschlussprüfers in Einklang stehen, ob der Lagebericht insgesamt eine zutreffende Vorstellung von der Lage des Unternehmens bzw. der Konzernlagebericht von der Lage des Konzerns vermittelt und ob die Risiken der künftigen Entwicklung zutreffend dargestellt sind.[69] Dabei sind Tatsachen auf ihren Wahrheitsgehalt und Beurteilungen, Wertungen und Prognosen auf ihre Plausibilität zu prüfen.[70] Zur Prüfung der zutreffenden Darstellung der Risiken der künftigen Entwicklung muss der Abschlussprüfer sich zwar ein eigenes Bild von der Lage der Gesellschaft machen;[71] eine eigenständige Prüfung der wirtschaftlichen Lage des Unternehmens[72] bzw. eine eigene Prognose über die Entwicklung des Unternehmens[73] oder gar die Aufstellung eines eigenen Lageberichts[74] sind hingegen nicht gefordert. Auch hier ist demnach eine Plausibilitätsprüfung vorzunehmen.[75]

4. **Auswahl der Abschlussprüfer. a) Anforderungen an den Abschlussprüfer.** 21 Als Abschlussprüfer kommen gemäß § 319 Abs. 1 HGB **Wirtschaftsprüfer** und **Wirtschaftsprüfungsgesellschaften** in der Rechtsform der Aktiengesellschaft, Kommanditgesellschaft auf Aktien, GmbH, offenen Handelsgesellschaft, Kommanditgesellschaft oder Partnerschaft iS des Partnerschaftsgesellschaftsgesetzes (PartGG), nicht jedoch in der Rechtsform der Gesellschaft des bürgerlichen Rechts,[76] in Betracht. Jahresabschlüsse und Lageberichte – nicht hingegen Konzernjahresabschlüsse und Konzernlageberichte[77] – mittelgroßer Gesellschaften können auch von **vereidigten Buch-**

---

[69] Vgl. IDW PS 350 WPg. 1998, 663; zur Prüfung des Risikoberichts *Forster* WPg. 1998, 41, 46; kritisch zu den Anforderungen an den Abschlussprüfer insoweit *Dörner* DB 1998, 1, 2.
[70] *Baumbach/Hueck/Schulze-Osterloh* § 41 Rn. 61; zur Prüfung von Prognosen in diesem Sinn auch Beck'sches HdB Rechnungslegung/*Hellberg* B 600 Rn. 33; *Sahner/Kammers* DB 1984, 2309, 2316.
[71] *Baetge/Linßen* BFuP 1999, 369, 374; *Baumbach/Hueck/Schulze-Osterloh* § 41 Rn. 61; *Böcking/Orth* BFuP 1999, 418, 427; *Kirsch*, FS Baetge, 1997, S. 955, 963.
[72] *Baumbach/Hueck/Schulze-Osterloh* § 41 Rn. 59; *Dörner/Schwegler* DB 1997, 285, 286; *Forster* WPg. 1998, 41, 51; *Nonnenmacher*, FS Clemm, 1996, S. 261.
[73] *Gelhausen* AG-Sonderheft 1997, 73, 79 f.
[74] *Böcking/Orth* BfuP 1999, 418, 427; *Lutter/Hommelhoff* Anh. § 42 Rn. 41.
[75] *Dörner* WPg. 1998, 302, 304; *Schindler/Rabenhorst* BB 1998, 1886, 1891.
[76] VG Düsseldorf WPg. 1965, 321; *Adler/Düring/Schmaltz* § 319 HGB Rn. 23; BeckBilKomm/*Budde/Steuber* § 319 HGB Rn. 2.
[77] BeckBilKomm/*Budde/Steuber* § 319 HGB Rn. 2; Beck'sches HdB GmbH/*Langseder* § 9 Rn. 156.

§ 42 a

prüfern oder **Buchprüfungsgesellschaften** – wobei zur Rechtsform das zu den Wirtschaftsprüfungsgesellschaften Gesagte gilt – geprüft werden. Gesellschaften, bei denen die Mehrheit der Anteile und die Mehrheit der Stimmrechte Genossenschaften oder zur Prüfung von Genossenschaften zugelassenen Prüfungsverbänden zustehen, dürfen sich gemäß **§ 25 Abs. 1 EGHGB** auch von dem Prüfungsverband prüfen lassen, dem sie als Mitglied angehören, wenn mehr als die Hälfte der geschäftsführenden Mitglieder des Vorstands dieses Prüfungsverbandes Wirtschaftsprüfer sind. Hat der Vorstand nur zwei Mitglieder, so reicht es aus, wenn einer von ihnen Wirtschaftsprüfer ist. Der Gesellschaftsvertrag kann **weitere Kriterien** (zB besondere Qualifikation, Branchenkenntnis oä) bestimmen, die der Abschlussprüfer erfüllen muss, jedoch darf diese Bestimmung die Auswahlmöglichkeit nicht derart einengen, dass nur noch ein Prüfer in Betracht kommt.[78]

22 **b) Verstoß gegen § 319 Abs. 1 HGB.** Wählt die Gesellschaft einen Prüfer, der nicht über die nach § 319 Abs. 1 HGB erforderliche Qualifikation sowie allfällige nach dem Gesellschaftsvertrag erforderliche Zusatzqualifikationen verfügt, so ist zunächst die Wahl nichtig.[79] Wurde der Jahresabschluss durch diesen Prüfer geprüft, liegt eine ordnungsmäßige Prüfung iS des § 316 HGB nicht vor,[80] mit der Folge, dass der Jahresabschluss nicht festgestellt werden kann. Wird der Jahresabschluss gleichwohl festgestellt, ist er analog § 256 Abs. 1 Nr. 3 AktG nichtig.[81]

23 **c) Besondere Ausschlussgründe. aa) Allgemeines.** Die Abschlussprüfung ist eine **Tätigkeit im öffentlichen Interesse.**[82] Der Abschlussprüfer wird als Garant der öffentlichen Rechnungslegung[83] oder als „Public Watchdog"[84] bezeichnet. Daher ist es unerlässlich, dass der Abschlussprüfer bzw. bei Prüfungsgesellschaften ihre Vorstandsmitglieder gegenüber der zu prüfenden Gesellschaft unabhängig sind.[85] Entsprechend schreibt § 43 Abs. 1 Wirtschaftsprüferordnung (WPO) vor, dass ein Wirtschaftsprüfer seine Tätigkeit unabhängig und eigenverantwortlich auszuüben hat. § 319 Abs. 2 und 3 HGB sollen die **Unabhängigkeit des Abschlussprüfers** sichern,[86] indem sie zwingende[87] Ausschlussgründe für Abschlussprüfer (Abs. 2) und Prüfungsgesellschaften (Abs. 3) aufstellen. Über die Tatbestände des § 319 Abs. 2 und 3 HGB hinaus sind aber Fälle denkbar, in denen die **berufliche Unabhängigkeit** des Prüfers gefährdet er-

---

[78] *Adler/Düring/Schmaltz* § 318 HGB Rn. 52 f.; BeckBilKomm/*Budde/Steuber* § 318 HGB Rn. 13; *Hartmann* (Fn. 6) S. 75; *Hommelhoff/Priester* ZGR 1986, 463, 481 f.; *Liebs* DB 1986, 2421, 2424; *Scholz/Crezelius* Anh. § 42 a Rn. 256.
[79] *Adler/Düring/Schmaltz* § 318 HGB Rn. 36, § 319 HGB Rn. 243; BeckBilKomm/*Budde/Steuber* § 318 HGB Rn. 12.
[80] *Seitz* DStR 1991, 315, 316.
[81] *Adler/Düring/Schmaltz* § 317 HGB Rn. 35 und § 319 HGB Rn. 28; *Küting/Weber/Baetge/Hense* Rechnungslegung § 319 HGB Rn. 181; *Baumbach/Hueck/Schulze-Osterloh* Rn. 25; *Erle* Der Bestätigungsvermerk des Abschlussprüfers, S. 24; *Mai* Rechtsverhätnis zwischen Abschlussprüfer und prüfungspflichtiger Kapitalgesellschaft, S. 50.
[82] *Adler/Düring/Schmaltz* § 319 HGB Rn. 11; BeckBilKomm/*Budde/Steuber* § 320 HGB Rn. 6; *Hommelhoff* Gedächtnisschrift für Knobbe-Keuk, 1997, S. 471, 473; *Lutter/Hommelhoff* Anh. § 42 Rn. 5; *Mai* (Fn. 81) S. 46; *Peemüller/Keller* DStR 1997, 1986, 1992; *Weiland* BB 1996, 1211, 1213; ähnlich (öffentliche Aufgabe) *Baumbach/Hueck/Schulze-Osterloh* § 41 Rn. 70; *Hellwig* ZIP 1999, 2117, 2123; *Langenbucher/Blaum* DB 1997, 437; *Scholz/Crezelius* Anh. § 42 a Rn. 255.
[83] *Adler/Düring/Schmaltz* § 316 HGB Rn. 16; *Hommelhoff* BB 1998, 2567, 2568.
[84] So *Lenz/Ostrowski* BB 1997, 1523.
[85] *Mai* (Fn. 81) S. 46; *Weiland* BB 1996, 1211, 1213.
[86] *Fleischer* DStR 1996, 758, 760; Bonner HdB Rechnungslegung/*Grewe* § 319 HGB Rn. 4.
[87] BeckBilKomm/*Budde/Steuber* § 319 Rn. 1; *Lutter/Hommelhoff* Anh. § 42 Rn. 9.

Vorlage des Jahresabschlusses und des Lageberichts § 42 a

scheint oder die **Besorgnis der Befangenheit** besteht.[88] Die Besorgnis der Befangenheit setzt voraus, dass Umstände vorliegen, die die Befürchtung rechtfertigen, dass das Prüfungsergebnis durch sachfremde Motive beeinflusst werden wird,[89] zB bei besonderen persönlichen oder geschäftlichen Beziehungen des Prüfers zu Mitgliedern der Geschäftsführung, bei eigenen geschäftlichen Interessen des Prüfers oder bei seiner Beteiligung an Konkurrenzunternehmen.[90] Zur Beurteilung der beruflichen Unabhängigkeit bzw. der Besorgnis der Befangenheit ist auf die Sicht eines vernünftigen Dritten abzustellen.[91] Liegt in der Person eines zu wählenden oder gewählten Abschlussprüfers ein Ausschlusstatbestand des § 319 HGB vor oder ist seine Unabhängigkeit aus anderen Gründen nicht gewährleistet, hat der Wirtschaftsprüfer den oder die ihn beauftragenden Geschäftsführer über diesen Umstand aufzuklären.[92]

bb) Die Ausschlussgründe des § 319 Abs. 2 bis 4 HGB im Einzelnen. Die in 24 § 319 Abs. 2 HGB genannten Ausschlussgründe gelten für **Wirtschaftsprüfer und vereidigte Buchprüfer** sowie für Personen, mit denen der Wirtschaftsprüfer oder vereidigte Buchprüfer seinen Beruf gemeinsam ausübt (sog. **Sozietätsklausel**). Solche Personen müssen nicht selbst Wirtschaftsprüfer oder vereidigte Buchprüfer sein; es kann sich auch um Rechtsanwälte, Steuerberater oder Angehörige anderer freier Berufe sowie um juristische Personen oder Personengesellschaften handeln.[93] § 319 Abs. 3 HGB führt Ausschlussgründe für **Wirtschaftsprüfungsgesellschaften und Buchprüfungsgesellschaften** auf. § 319 Abs. 4 HGB schließlich erweitert den Anwendungsbereich der Absätze 2 und 3 auf Abschlussprüfer von **Konzernabschlüssen.**

Als Abschlussprüfer kommt nicht in Betracht, wer **Anteile an der zu prüfenden** 25 **Gesellschaft besitzt (§ 319 Abs. 2 Nr. 1 HGB).** Als Anteile iS der Nr. 1 sind nur die Geschäftsanteile anzusehen;[94] andere finanzielle Verflechtungen (Darlehen, langfristige Mietverträge oä) können jedoch gleichwohl dazu führen, dass die Unabhängigkeit des Abschlussprüfers nicht gewährleistet erscheint. Ausgeschlossen von der Abschlussprüfung sind weiterhin Prüfer, die selbst **gesetzliche Vertreter, Mitglied des Aufsichtsrates oder Arbeitnehmer der zu prüfenden Gesellschaft** sind oder in den letzten drei Jahren waren **(§ 319 Abs. 2 Nr. 2 HGB)**. Ebenfalls schädlich ist die Mitgliedschaft in einem Überwachungsorgan, das nicht als Aufsichtsrat, sondern zB als Beirat, Verwaltungsrat oder Kuratorium bezeichnet wird.[95] Das Gleiche gilt, wenn der Prüfer gesetzlicher Vertreter, Mitglied des Aufsichtsrates einer juristischen Person, Gesellschafter einer Personengesellschaft oder Inhaber eines Einzelunternehmens ist, das mit der zu prüfenden Gesellschaft verbunden iS des § 271 Abs. 2 HGB ist oder mehr als 20 % der Anteile an ihr besitzt **(§ 319 Abs. 2 Nr. 3 HGB),** und wenn er Arbeit-

---

[88] *Adler/Düring/Schmaltz* § 319 HGB Rn. 51; BeckBilKomm/*Budde/Steuber* § 319 HGB Rn. 7; *Lutter/Hommelhoff* Anh. § 42 Rn. 10.
[89] *Baumbach/Hueck/Schulze-Osterloh* § 41 Rn. 66.
[90] *Adler/Düring/Schmaltz* § 318 HGB Rn. 358 ff.; *Küting/Weber/Baetge/Fröhlich* Rechnungslegung § 318 HGB Rn. 142.
[91] OLG Hamburg BB 1992, 1533; *Adler/Düring/Schmaltz* § 318 HGB Rn. 353; BeckBilKomm/*Budde/Steuber* § 319 HGB Rn. 7.
[92] BeckBilKomm/*Budde/Steuber* § 318 HGB Rn. 15, § 319 HGB Rn. 1.
[93] *Adler/Düring/Schmaltz* § 319 HGB Rn. 58 ff.; *Küting/Weber/Baetge/Hense* Rechnungslegung § 319 HGB Rn. 57; BeckBilKomm/*Budde/Steuber* § 319 HGB Rn. 11.
[94] *Baumbach/Hueck/Schulze-Osterloh* § 41 Rn. 72; weitergehend (auch Optionsscheine, Schuldverschreibungen und eigenkapitalersetzende Darlehen) BeckBilKomm/*Budde/Steuber* § 319 HGB Rn. 14.
[95] *Adler/Düring/Schmaltz* § 319 HGB Rn. 89; BeckBilKomm/*Budde/Steuber* § 319 HGB Rn. 16.

§ 42 a

nehmer eines Unternehmens ist, das mit der zu prüfenden Gesellschaft verbunden ist oder mehr als 20 % der Anteile an ihr besitzt, oder er Arbeitnehmer einer natürlichen Person ist, die mehr als 20 % der Anteile an der zu prüfenden Gesellschaft besitzt (**§ 319 Abs. 2 Nr. 4 HGB**). § 319 Abs. 2 Nr. 3 und 4 HGB stellen nur auf die zur Zeit der Prüfung bestehende Position des Prüfers ab; seine Stellung in der Zeit davon – also auch innerhalb der letzten drei Jahre – ist hingegen unbeachtlich.[96] **§ 319 Abs. 3 Nr. 1, 3 und 5 HGB** überträgt die Regelungen des § 319 Abs. 2 Nr. 1 bis 4 HGB sinngemäß auf Wirtschaftsprüfungsgesellschaften und Buchprüfungsgesellschaften sowie ihre Gesellschafter (bei Gesellschaften, die juristische Personen sind, auf den Gesellschafter, dem 50 % oder mehr der Stimmrechte zustehen), gesetzlichen Vertreter und Aufsichtsratsmitglieder. Gemäß **§ 319 Abs. 4 HGB** gelten die Vorsch für die Prüfung von Konzernabschlüssen.

26 Von besonderer Bedeutung sind die Ausschlusstatbestände des **§ 319 Abs. 2 Nr. 5 und 6 HGB**. Danach kann nicht Abschlussprüfer sein, wer **bei der Führung der Bücher oder der Aufstellung der Jahresabschlüsse** der zu prüfenden Gesellschaft über die Prüfungstätigkeit hinaus **mitgewirkt** hat oder wer gesetzlicher Vertreter, Arbeitnehmer, Mitglied des Aufsichtsrates oder Gesellschafter einer juristischen oder natürlichen Person oder einer Personengesellschaft oder Inhaber eines Unternehmens ist, sofern die juristische oder natürliche Person, Personengesellschaft oder einer ihrer Gesellschafter oder das Unternehmen wegen der Mitwirkung an der Führung der Bücher oder der Aufstellung der Jahresabschlüsse von der Abschlussprüfung ausgeschlossen ist. **§ 319 Abs. 3 Nr. 2, 4 und 5 HGB** überträgt die Regelungen des § 319 Abs. 2 Nr. 5 und 6 HGB sinngemäß auf Wirtschaftsprüfungsgesellschaften und Buchprüfungsgesellschaften sowie ihre Gesellschafter, gesetzlichen Vertreter und Aufsichtsratsmitglieder. Gemäß **§ 319 Abs. 4 HGB** gelten die Vorschriften auch für die Prüfung von Konzernabschlüssen. Mitwirkungshandlungen, die zum Ausschluss des Prüfers führen, sind nach dem Wortlaut des Gesetzes die Aufstellung des Jahresabschlusses und die Führung der Bücher. Gleiches gilt für die Fertigstellung eines dem Prüfer von der Gesellschaft unvollständig vorgelegten Jahresabschlusses,[97] das Erstellen einer Einheitsbilanz,[98] also eines für handels- und steuerliche Zwecke gleichermaßen nutzbar zu machenden Abschlusses, das Erstellen der Hauptabschlussübersicht,[99] des Anhangs[100] oder des Lageberichts,[101] das Führen des Anlagenverzeichnisses,[102] die Berechnung der Rückstellun-

---

[96] Ebenso für Nr. 3 BeckBilKomm/*Budde/Steuber* § 319 HGB Rn. 18.
[97] *Adler/Düring/Schmaltz* § 319 HGB Rn. 124; *Baumbach/Hueck/Schulze-Osterloh* § 41 Rn. 72; *Ebke* WPK-Mitt. 1998, 76, 80; *Heni* DStR 1997, 1210, 1212; *Hommelhoff* Gedächtnisschrift für Knobbe-Keuk, 1997, S. 471, 477; *Röhricht* WPg. 1998, 153, 156 f.; *Schmidtmeier* DB 1998, 1625, 1629.
[98] *Adler/Düring/Schmaltz* § 319 HGB Rn. 123; *Küting/Weber/Baetge/Hense* Rechnungslegung § 319 HGB Rn. 115; *Baumbach/Hueck/Schulze-Osterloh* § 41 Rn. 72; BeckBilKomm/*Budde/Steuber* § 319 HGB Rn. 25; *Harder* DB 1996, 717, 720; *Heni* DStR 1997, 1210, 1213; *Neumann* ZIP 1998, 1338, 1345; *Thiele* DB 1997, 1396, 1397; ähnlich *Moxter* BB 1996, 683, 684.
[99] *Adler/Düring/Schmaltz* § 319 HGB Rn. 133; *Küting/Weber/Baetge/Hense* Rechnungslegung § 319 HGB Rn. 114; *Lanfermann* WPK-Mitt. 1998, 270, 274; *Löcke* GmbHR 1997, 1052, 1056; *Röhricht* WPg. 1998, 153, 159.
[100] *Adler/Düring/Schmaltz* § 319 HGB Rn. 133; *Küting/Weber/Baetge/Hense* Rechnungslegung § 319 HGB Rn. 114; *Lanfermann* WPK-Mitt. 1998, 270, 274.
[101] *Adler/Düring/Schmaltz* § 319 HGB Rn. 133; *Küting/Weber/Baetge/Hense* Rechnungslegung § 319 HGB Rn. 110, 114; BeckBilKomm/*Budde/Steuber* § 319 HGB Rn. 25; *Hommelhoff* Gedächtnisschrift für Knobbe-Keuk, 1997, S. 471, 472; *Lanfermann* WPK-Mitt. 1998, 270, 274; *Löcke* GmbHR 1997, 1052, 1056; *Weiland* BB 1996, 1211, 1214.

Vorlage des Jahresabschlusses und des Lageberichts **§ 42a**

gen[103] einschließlich der Steuerrückstellungen,[104] die Berechnung der Abschreibungen auf das Anlagevermögen,[105] die Ermittlung der Wertberichtigungen des Umlaufvermögens[106] sowie die Durchführung der Inventur.[107] Umstritten ist, ob eine laufende Beratungstätigkeit des Abschlussprüfers in Fragen der Rechnungslegung sowie die **laufende Steuerberatung** der zu prüfenden Gesellschaft und die Aufstellung der (Nur-) Steuerbilanz als Mitwirkung iS des § 319 Abs. 2 Nr. 5 und 6 HGB anzusehen ist. Die Rspr.[108] und die hM[109] halten es in Übereinstimmung mit den Standesrichtlinien des Berufsstandes der Wirtschaftsprüfer[110] für zulässig, dass der Abschlussprüfer Vorschläge zu Fragen der Buchführung und Posten des Jahresabschlusses macht, solange die Gesellschaft selbst die letzte Entscheidung trifft,[111] und zwar auch dann, wenn nach der Gesetzeslage nur eine Entscheidung möglich ist.[112] Auch Steuerberatung und Abschlussprüfung werden als miteinander vereinbare Tätigkeiten angesehen;[113] ebenso die Aufstellung der Steuerbilanz[114] durch den Abschlussprüfer, sofern die Handelsbilanz von der zu prüfenden Gesellschaft selbst erstellt wird.[115] Die Gegenansicht hält insbe-

---

[102] BeckBilKomm/*Budde*/*Steuber* § 319 HGB Rn. 25; *Lanfermann* WPK-Mitt. 1998, 270, 274.

[103] *Küting*/*Weber*/*Baetge*/*Hense* Rechnungslegung § 319 HGB Rn. 114; BeckBilKomm/*Budde*/*Steuber* § 319 HGB Rn. 25; *Lanfermann* WPK-Mitt. 1998, 270, 274; aA für Pensionsrückstellungen *Adler*/*Düring*/*Schmaltz* § 319 HGB Rn. 131; *Dörner*, FS Stehle, 1997, S. 81, 96; *Ebke* WPK-Mitt. 1998, 76, 79 f.; *Glade*, Rechnungslegung und Prüfung nach dem Bilanzrichtlinien-Gesetz, § 319 HGB Rn. 21; *Heni* DStR 1997, 1210, 1213; *Lanfermann* WPK-Mitt. 1998, 270, 274; *Löcke* GmbHR 1997, 1052, 1056; *Röhricht* WPg. 1998, 153, 161.

[104] *Küting*/*Weber*/*Baetge*/*Hense* Rechnungslegung § 319 HGB Rn. 115; BeckBilKomm/*Budde*/*Steuber* § 319 HGB Rn. 26; *Weiland* BB 1996, 1211, 1214; aA *Adler*/*Düring*/*Schmaltz* § 319 HGB Rn. 131; *Löcke* GmbHR 1997, 1052, 1056; *Schmidtmeier* DB 1998, 1625, 1629; wohl auch *Heni* DStR 1997, 1210, 1213.

[105] *Küting*/*Weber*/*Baetge*/*Hense* Rechnungslegung § 319 HGB Rn. 114; BeckBilKomm/*Budde*/*Steuber* § 319 HGB Rn. 25; *Lanfermann* WPK-Mitt. 1998, 270, 274.

[106] BeckBilKomm/*Budde*/*Steuber* § 319 HGB Rn. 25; *Lanfermann* WPK-Mitt. 1998, 270, 274.

[107] BeckBilKomm/*Budde*/*Steuber* § 319 HGB Rn. 25; *Lanfermann* WPK-Mitt. 1998, 270, 274; *Löcke* GmbHR 1997, 1052, 1056; *Röhricht* WPg. 1998, 153, 159.

[108] BGHZ 135, 260, 264.

[109] *Adler*/*Düring*/*Schmaltz* § 319 HGB Rn. 120 ff.; *Küting*/*Weber*/*Baetge*/*Hense* Rechnungslegung § 319 HGB Rn. 118; *Dörner*, FS Stehle, 1997, S. 81, 102; *Benckendorff* WPK-Mitt. 1996, 122, 123 f.; *Kaminski*/*Marx*, FS Havermann, 1995, S. 247, 277 f.; *Lanfermann* WPK-Mitt. 1998, 270, 273; *Löcke* GmbHR 1997, 1052, 1055; *Neumann* ZIP 1998, 1338, 1345; *Nonnenmacher* HdJ VI/1 Rn. 14; *Paa* INF 1997, 471, 473; *Röhricht* WPg. 1998, 153 ff.; *Schmidtmeier* DB 1998, 1625, 1627; *Thiele* DB 1997, 1396; *Weiland* BB 1996, 1211, 1213 f.

[110] Richtlinien für die Berufsausübung der Wirtschaftsprüfer und vereidigten Buchprüfer, Abschnitt I. Richtungweisende Feststellungen Nr. 3; vgl. auch Verlautbarung des Vorstandes der Wirtschaftsprüferkammer zur Abgrenzung von Prüfung und Erstellung (§ 319 Abs. 2 Nr. 5 HGB), WPK-Mitt. 1996, 196.

[111] Entsprechend darf der Abschlussprüfer Weisungen nicht erteilen, vgl. *Hommelhoff* Gedächtnisschrift für Knobbe-Keuk, 1997, S. 471, 474.

[112] BGHZ 135, 260, 264 f.; *Lanfermann* WPK-Mitt. 1998, 270, 273; *Hommelhoff* Gedächtnisschrift für Knobbe-Keuk, 1997, S. 471, 474 f.; ders. ZGR 1998, 550, 560.

[113] *Adler*/*Düring*/*Schmaltz* § 319 HGB Rn. 131; *Benckendorff* WPK-Mitt. 1996, 122, 123; *Lanfermann* WPK-Mitt. 1998, 270, 271 f.; *Löcke* GmbHR 1997, 1052, 1056; *Moxter* BB 1996, 683; *Neumann* ZIP 1998, 1338, 1345; *Paa* INF 1996, 437, 440; ders. INF 1997, 471, 473; differenzierend *Hommelhoff* Gedächtnisschrift für Knobbe-Keuk, 1997, S. 471, 481 ff.; ders. ZGR 1998, 550, 561.

[114] Kritisch insoweit allerdings *Lutter*/*Hommelhoff* Anh. § 42 Rn. 7.

[115] BGHZ 135, 260, 266; *Harder* DB 1996, 717, 720; *Löcke* GmbHR 1997, 1052, 1056; *Neumann* ZIP 1998, 1338, 1346; *Röhricht* WPg. 1998, 153, 161; *Schmidtmeier* DB 1998, 1625, 1629.

§ 42 a 　　　　　　　　　　3. Abschnitt. Vertretung und Geschäftsführung

sondere die Unterscheidung zwischen Vorschlägen und Entscheidungen des Abschlussprüfers nicht für tragfähig[116] und spricht sich dafür aus, jegliche Beratung der zu prüfenden Gesellschaften in Fragen der Rechnungslegung[117] sowie die Steuerberatung der zu prüfenden Gesellschaft[118] als schädliche Mitwirkung iS des § 319 Abs. 2 Nr. 5 und 6 HGB anzusehen. Dies soll auch dann gelten, wenn die Beratungstätigkeit und die Abschlussprüfung von organisatorisch getrennten Abteilungen einer Prüfungsgesellschaft wahrgenommen werden.[119] Nach allgM unschädlich ist es allerdings, wenn der Prüfer bei der Prüfung des Jahresabschlusses auf Mängel und Möglichkeiten zu deren Beseitigung hinweist.[120] Tätigkeiten, die nicht als schädliche Mitwirkung iS des § 319 Abs. 2 Nr. 5 und 6 HGB anzusehen sind, können gleichwohl die **Besorgnis der Befangenheit** des Abschlussprüfers bergen, so zB die Erstellung eines Gutachtens über den Wert des Vermögens der zu prüfenden Gesellschaft durch den späteren Abschlussprüfer.[121] Wird der Abschlussprüfer von der zu prüfenden Gesellschaft mit einer Tätigkeit beauftragt, die mit der Durchführung der Prüfung nach § 319 Abs. 2 Nr. 5 oder 6 HGB unvereinbar ist, ist er verpflichtet, die Gesellschaft auf diesen Umstand hinzuweisen.[122]

27 Ein Abschlussprüfer ist auch dann gemäß § 319 Abs. 2 Nr. 7 HGB von der Prüfung ausgeschlossen, wenn er **bei der Prüfung eine Person beschäftigt,** die ihrerseits nach § 319 Abs. 2 Nr. 1 bis 6 HGB **von der Prüfung ausgeschlossen** ist. Als Person iS des Vorschrift kommen alle sog. Fachkräfte (zB Wirtschaftsprüfer, vereidigte Buchprüfer, Prüfungsgehilfen, Prüfungsassistenten), nicht jedoch die Verwaltungskräfte (zB Schreibkräfte) in Betracht.[123] Die Vorschrift trägt der Tatsache Rechnung, dass jeder bei einer Prüfung eingesetzte Mitarbeiter Einfluss auf Qualität und Ergebnis der Prüfung hat.[124]

28 Nach § 319 Abs. 2 Nr. 8 HGB ist ein Prüfer ausgeschlossen, wenn er **in den letzten fünf Jahren mehr als 30 % der Gesamteinnahmen aus seiner beruflichen Tätigkeit** aus der Prüfung und Beratung der zu prüfenden Gesellschaft und von Unternehmen, an denen die zu prüfende Gesellschaft zu mehr als 20 % beteiligt ist, bezogen hat und dies auch im laufenden Geschäftsjahr zu erwarten ist. Allerdings kann die Wirtschaftsprüferkammer zur Vermeidung von Härtefällen befristete Ausnahmege-

---

[116] *Baumbach/Hueck/Schulze-Osterloh* § 41 Rn. 72; *Fleischer* DStR 1996, 758, 763; *Hommelhoff* ZGR 1997, 550, 553 ff.

[117] *Baumbach/Hueck/Schulze-Osterloh* § 41 Rn. 72; *Hartmann* (Fn. 6) S. 79; ebenso wohl *Mai* (Fn. 81) S. 48 f.

[118] *Baumbach/Hueck/Schulze-Osterloh* § 41 Rn. 72; *Hartmann* (Fn. 6) S. 80; *Fleischer* DStR 1996, 758, 763; differenzierend *Hommelhoff* Gedächtnisschrift für Knobbe-Keuk, 1997, S. 471, 484 – Steuerberatung hinsichtlich bestimmter Einzelfragen zulässig, umfassende Steuerberatung in allen wesentlichen Aspekten hingegen nicht.

[119] *Fleischer* DStR 1996, 758, 764.

[120] *Baumbach/Hueck/Schulze-Osterloh* § 41 Rn. 72; *Benckendorff* WPK-Mitt. 1996, 122, 124; *Fleischer* DStR 1996, 758, 761; *Hartmann* (Fn. 6) S. 78; *Hommelhoff* Gedächtnisschrift für Knobbe-Keuk, 1997, S. 471, 476; *Löcke* GmbHR 1997, 1052, 1055; *Mai* (Fn. 81) S. 48; *Röhricht* WPg. 1998, 153, 156; *Weiland* BB 1996, 1211, 1213; weitergehend *Lanfermann* WPK-Mitt. 1998, 270, 272; *Moxter* BB 1996, 683, 684 und *Röhricht* WPg. 1998, 153, 157 – auch Hinweise auf die Optimierung bestehender Gestaltungen zulässig; ähnlich *Adler/Düring/Schmaltz* § 319 HGB Rn. 128 f.

[121] OLG Hamburg BB 1992, 1533.

[122] BeckBilKomm/*Budde/Steuber* § 319 HGB Rn. 9.

[123] *Adler/Düring/Schmaltz* § 319 HGB Rn. 144; BeckBilKomm/*Budde/Steuber* § 319 HGB Rn. 28.

[124] BeckBilKomm/*Budde/Steuber* § 319 HGB Rn. 29.

Vorlage des Jahresabschlusses und des Lageberichts § 42 a

nehmigungen erteilen.[125] Bei gemeinsamer Berufsausübung durch mehrere Personen sind die Einnahmen aller Personen zu addieren.[126] Die Vorschrift soll der wirtschaftlichen Abhängigkeit des Abschlussprüfers von der zu prüfenden Gesellschaft vorbeugen. Sie gilt in dieser Form erst für Geschäftsjahre, die nach dem 31. Dezember 2001 enden; bis dahin gilt § 319 Abs. 2 Nr. 8 HGB aF, der eine Grenze von 50 % der Einnahmen vorsah, § 46 Abs. 2 EGHGB. Selbst in der neuen Fassung wird die Grenze von 30 % der Einnahmen teilweise als zu hoch bewertet[127] und kritisiert, dass bestehende Umgehungsmöglichkeiten nicht eingeschränkt wurden.[128]

c) Verstoß gegen einen Ausschlussgrund. Der Verstoß gegen einen der in § 319 Abs. 2 bis 4 HGB genannten Ausschlussgründe führt in entsprechender Anwendung des § 241 Nr. 3 AktG zur **Nichtigkeit des Beschlusses der Gesellschafterversammlung über die Wahl des Abschlussprüfers.**[129] Die Nichtigkeit des Beschlusses über die Wahl des Abschlussprüfers kann uU die gleichzeitig gefaßten Beschlüsse über die Feststellung des Jahresabschlusses und die Verwendung des Bilanzgewinns des Vorjahres erfassen.[130] Gemäß § 134 BGB sind auch die **Bestellung des Abschlussprüfers**[131] **und der Prüfungsvertrag**[132] **nichtig.** Damit entfällt der Anspruch des Prüfers auf sein Honorar;[133] der Gesellschaft stehen ihm gegenüber Schadensersatzansprüche zu.[134] Nach hM erfasst die Nichtigkeit jedoch nicht den durch einen ausgeschlossenen Prüfer geprüften **Jahresabschluss.**[135] Die hM verweist dazu zu Recht auf § 256 Abs. 1 Nr. 3 AktG, nach dem ein Jahresabschluss nur dann nichtig ist, wenn er durch eine nicht nach § 319 Abs. 1 HGB qualifizierte Person geprüft wurde,

29

---

[125] Dazu *Adler/Düring/Schmaltz* § 319 HGB Rn. 163.
[126] BeckBilKomm/*Budde/Steuber* § 319 HGB Rn. 31.
[127] *Böcking/Orth* WPg. 1998, 351, 358; *Lenz/Ostrowski* BB 1997, 1523, 1525; *Peter J. Schmidt* BFuP 1996, 52, 56; ebenso wohl *Forster* WPg. 1998, 41, 48; für eine Grenze von 15 % bereits *Kaminski/Marx*, FS Havermann, 1995, S. 247, 276.
[128] *Lenz/Ostrowski* BB 1997, 1523, 1525.
[129] *Adler/Düring/Schmaltz* § 318 HGB Rn. 40, § 319 HGB Rn. 251; *Küting/Weber/Baetge/Fröhlich* Rechnungslegung § 318 HGB Rn. 134; *Küting/Weber/Baetge/Hense* Rechnungslegung § 319 HGB Rn. 186; *Baumbach/Hueck/Schulze-Osterloh* Rn. 74; BeckBilKomm/*Budde/Steuber* § 319 HGB Rn. 54.
[130] BeckBilKomm/*Budde/Steuber* § 319 HGB Rn. 54.
[131] *Baumbach/Hueck/Schulze-Osterloh* § 41 Rn. 74; BeckBilKomm/*Budde/Steuber* § 319 HGB Rn. 53 f.; *Harder* DB 1996, 717; *Lutter/Hommelhoff* Anh. § 42 Rn. 6; *Rauch* BB 1997, 35, 36; *Scholz/Crezelius* Anh. § 42 a Rn. 254; *Weiland* BB 1996, 1211, 1215; aA *Erle* (Fn. 81) S. 24; *Mai* (Fn. 81) S. 55: Wahlbeschluss anfechtbar.
[132] *Adler/Düring/Schmaltz* § 319 HGB Rn. 256; *Baumbach/Hueck/Schulze-Osterloh* § 41 Rn. 74; *Lutter/Hommelhoff* Anh. § 42 Rn. 6; *Scholz/Crezelius* Anh. § 42 a Rn. 254.
[133] BGHZ 118, 142 = NJW 1992, 2021 = DB 1992, 1466; *Adler/Düring/Schmaltz* § 319 HGB Rn. 256; *Baumbach/Hueck/Schulze-Osterloh* § 41 Rn. 74; BeckBilKomm/*Budde/Steuber* § 319 HGB Rn. 54; *Dörner*, FS Stehle, 1997, S. 81, 85, 101; *Forster*, FS Semler, 1993, S. 819, 831 f.; *Harder* DB 1996, 717, 718; *Heni* DStR 1997, 1210; *Löcke* GmbHR 1997, 1052, 1057; *Lutter/Hommelhoff* Anh. § 42 Rn. 6; *Röhricht* WPg. 1998, 153, 155; *Schmidtmeier* DB 1998, 1625.
[134] BeckBilKomm/*Budde/Steuber* § 319 HGB Rn. 54.
[135] BGHZ 118, 142, 150 = NJW 1992, 2021, 2023 = DB 1992, 1466, 1467; *Adler/Düring/Schmaltz* § 319 HGB Rn. 252; *Küting/Weber/Baetge/Fröhlich* Rechnungslegung § 318 HGB Rn. 137; *Küting/Weber/Baetge/Hense* Rechnungslegung § 319 HGB Rn. 182; *Baumbach/Hueck/Schulze-Osterloh* § 41 Rn. 74; *Dörner*, FS Stehle, 1997, S. 81, 85, 101; *Harder* DB 1996, 717; *Hartmann* (Fn. 6) S. 82; *Löcke* GmbHR 1997, 1052, 1057; *Lutter/Hommelhoff* Anh. § 42 Rn. 6; *Mai* (Fn. 81) S. 50; *Schmidtmeier* DB 1998, 1625; aA BeckBilKomm/*Budde/Steuber* § 319 HGB Rn. 54; ebenso bezogen auf einen Verstoß gegen § 319 Abs. 2 Nr. 5 HGB *Rauch* BB 1997, 35, 36.

§ 42 a 3. Abschnitt. Vertretung und Geschäftsführung

nicht aber dann, wenn er durch einen nach § 319 Abs. 2 bis 4 HGB ausgeschlossenen Prüfer geprüft wurde.

30 **5. Bestellung und Abberufung der Abschlussprüfer. a) Wahl durch die Gesellschafterversammlung.** Der Abschlussprüfer wird gemäß § 318 Abs. 1 S. 1 HGB von der Gesellschafterversammlung (bei der Prüfung von Konzernabschlüssen: der Gesellschafterversammlung des Mutterunternehmens) grds. mit einfacher Mehrheit gewählt. Gesellschafter, die gleichzeitig Geschäftsführer sind, sind dabei nicht gemäß § 47 Abs. 4 von der Stimmabgabe ausgeschlossen.[136] Der Gesellschaftsvertrag kann gemäß § 318 Abs. 1 S. 2 HGB hinsichtlich der Wahl abweichende Bestimmungen vorsehen,[137] also zB eine qualifizierte Mehrheit vorschreiben oder die Wahl auf eine bestimmte Gruppe von Gesellschaftern, einen Beirat oder ein sonstiges Gremium übertragen. Eine Wahl durch den oder die Geschäftsführer wird jedoch überwiegend nicht als zulässig angesehen,[138] es sei denn, alle Gesellschafter sind gleichzeitig auch Geschäftsführer.[139] Die Übertragung der Wahl des Abschlussprüfers auf den Mehrheitsgesellschafter, der gleichzeitig Geschäftsführer ist, soll demgegenüber nicht möglich sein.[140] Dem ist zu widersprechen,[141] da die Interessenlage sich in diesem Fall kaum von derjenigen unterscheidet, dass alle Gesellschafter Geschäftsführer sind. Der Prüfer soll **vor Ablauf des Geschäftsjahres** gewählt werden, auf das sich seine Prüfungstätigkeit erstreckt, § 318 Abs. 1 S. 3 HGB; er darf jedoch **nicht vor Beginn dieses Geschäftsjahres** gewählt werden.[142] Der Abschlussprüfer ist stets **nur für einen Prüfungszeitraum**, also für die Prüfung eines Jahresabschlusses, zu wählen;[143] eine abweichende Bestimmung im Gesellschaftsvertrag ist insoweit nicht möglich.[144] Allerdings ist eine Wiederwahl des Abschlussprüfers zulässig.[145] Der Gesellschaftsvertrag kann jedoch die Möglichkeit der Wiederwahl einschränken.[146]

31 **b) Prüfungsauftrag. aa) Erteilung.** Nach der Wahl müssen die Geschäftsführer dem Prüfer gemäß § 318 Abs. 1 S. 4 HGB **unverzüglich den Prüfungsauftrag er-**

---

[136] *Adler/Düring/Schmaltz* § 318 HGB Rn. 118; *Baumbach/Hueck/Schulze-Osterloh* § 41 Rn. 63; BeckBilKomm/*Budde/Steuber* § 318 HGB Rn. 8; *Hartmann* (Fn. 6) S. 85; Beck'sches HdB GmbH/*Langseder* § 9 Rn. 157; *Lutter/Hommelhoff* Anh. § 42 Rn. 12; *Rauch* BB 1997, 35, 37; *Scholz/Crezelius* Anh. § 42 a Rn. 255.

[137] *Mai* (Fn. 81) S. 38.

[138] *Baumbach/Hueck/Schulze-Osterloh* § 41 Rn. 64; BeckBilKomm/*Budde/Steuber* § 318 HGB Rn. 8; Bonner HdB Rechnungslegung/*Grewe* § 318 HGB Rn. 19; *Hartmann* (Fn. 6) S. 90; *Lutter/Hommelhoff* Anh. § 42 Rn. 13; aA *Adler/Düring/Schmaltz* § 318 HGB Rn. 126; *Küting/Weber/Baetge/Fröhlich* Rechnungslegung § 318 HGB Rn. 36.

[139] BeckBilKomm/*Budde/Steuber* § 318 HGB Rn. 8.

[140] *Baumbach/Hueck/Schulze-Osterloh* § 41 Rn. 64; *Hartmann* (Fn. 6) S. 90; *Lutter/Hommelhoff* Anh. § 42 Rn. 13.

[141] Ebenso *Scholz/Crezelius* Anh. § 42 a Rn. 256.

[142] *Adler/Düring/Schmaltz* § 318 HGB Rn. 138; *Hartmann* (Fn. 6) S. 93; *Lutter/Hommelhoff* Anh. § 42 Rn. 12.

[143] *Adler/Düring/Schmaltz* § 318 HGB Rn. 54; *Küting/Weber/Baetge/Fröhlich* Rechnungslegung § 318 HGB Rn. 47; BeckBilKomm/*Budde/Steuber* § 318 HGB Rn. 11; *Lutter/Hommelhoff* Anh. § 42 Rn. 16; *Scholz/Crezelius* Anh. § 42 a Rn. 255.

[144] *Adler/Düring/Schmaltz* § 318 HGB Rn. 55; BeckBilKomm/*Budde/Steuber* § 318 HGB Rn. 11; *Lutter/Hommelhoff* Anh. § 42 Rn. 16; *Scholz/Crezelius* Anh. § 42 a Rn. 255.

[145] *Adler/Düring/Schmaltz* § 318 HGB Rn. 56; *Windmöller*, FS Ludewig, 1996, S. 1089, 1117; kritisch allerdings *Hartmann* (Fn. 6) S. 98, der uU eine mehrjährige Wahl des Prüfers im Hinblick auf dessen Unabhängigkeit für vorzugswürdig hält.

[146] *Hartmann* (Fn. 6) S. 99; *Lutter/Hommelhoff* Anh. § 42 Rn. 16.

Vorlage des Jahresabschlusses und des Lageberichts § 42a

teilen. Hat die Gesellschaft jedoch einen Aufsichtsrat, ist dieser nach § 52 Abs. 1, § 25 Abs. 1 S. 1 Nr. 2 MitbestG oder § 77 Abs. 1 S. 2 BetrVG 1952, jeweils iVm. § 111 Abs. 2 S. 3 AktG für die Erteilung des Prüfungsauftrages zuständig. Entsprechendes gilt, wenn die Gesellschaft zwar keinen Aufsichtsrat, aber ein Gremium mit anderer Bezeichnung (zB Beirat, Verwaltungsrat) hat, das von seiner Funktion her dem Aufsichtsrat vergleichbar ist.[147] Der Aufsichtsrat oder das vergleichbare Gremium kann bei der Auftragserteilung eigene Prüfungsschwerpunkte mit dem Abschlussprüfer vereinbaren.[148] Will der Abschlussprüfer den Auftrag nicht annehmen, muss er dies gemäß § 51 WPO unverzüglich erklären. Mit der **Annahme des Prüfungsauftrages** ist der Prüfer bestellt und der schuldrechtliche Prüfungsvertrag abgeschlossen.[149] Zur Anzeigepflicht bei der Bestellung von Prüfern von **Kreditinstituten und Finanzdienstleistungsinstituten** s. § 28 Abs. 1 KWG. Der Prüfungsauftrag richtet sich an den gewählten Abschlussprüfer **höchstpersönlich,** d.h. er kann zwar Hilfspersonen einschalten, darf die Prüfung selbst und die Verantwortung für diese jedoch nicht vollständig auf einen Dritten übertragen.[150]

bb) Widerruf. Ein **Widerruf des Prüfungsauftrages durch die Gesellschaft** ist gemäß § 318 Abs. 1 S. 5 HGB nur möglich, wenn das Gericht nach § 318 Abs. 3 HGB einen anderen Prüfer bestellt hat (Rn. 36) und diese Entscheidung in formelle Rechtskraft erwachsen ist.[151] Diese Bestimmung soll die Unabhängigkeit des Abschlussprüfers[152] sichern,[153] indem sie es der Gesellschaft verwehrt, einen unliebsamen Prüfer ohne gerichtliche Kontrolle von seinem Auftrag zu entbinden. Zuständig für den Widerruf sind die Geschäftsführer; wenn der Prüfungsauftrag vom Aufsichtsrat der Gesellschaft erteilt wurde, kann der Widerruf auch von diesem erklärt werden.[154] 32

cc) Kündigung. Die **Kündigung des Prüfungsauftrages durch den Abschlussprüfer selbst** setzt gemäß § 318 Abs. 6 HGB das Vorliegen eines wichtigen Grundes voraus und ist nach § 318 Abs. 6 S. 3 schriftlich zu begründen. Die Vorschrift ist zwingend; weder kann die Kündigungsmöglichkeit des Abschlussprüfers erweitert noch sein Kündigungsrecht eingeschränkt werden.[155] Die Kündigung ist demjenigen Organ gegenüber auszusprechen, das den Prüfungsauftrag erteilt hat. Als **wichtiger Grund** sind gemäß § 318 Abs. 6 S. 2 HGB nicht anzusehen Meinungsverschiedenheiten über den Inhalt, die Einschränkung oder Versagung des Bestätigungsvermerks. Ebensowenig sind sonstige Meinungsverschiedenheiten zwischen Abschlußprüfer und Gesellschaftern oder Geschäftsführern als wichtiger Grund anzusehen.[156] Als wichtiger Grund anerkannt ist das Vorliegen von Umständen, die das Registergericht gemäß § 318 Abs. 3 HGB zur Bestellung eines anderen Prüfers (Rn. 36) berechtigen würden.[157] 33

---

[147] *Adler/Düring/Schmaltz* § 318 HGB Rn. 153.
[148] *Adler/Düring/Schmaltz* § 318 HGB Rn. 4; *Baumbach/Hueck/Schulze-Osterloh* § 41 Rn. 65; Beck'sches HdB GmbH/*Langseder* § 9 Rn. 158; *Lutter/Hommelhoff* Anh. § 42 Rn. 15.
[149] *Adler/Düring/Schmaltz* § 318 HGB Rn. 187, 195; *Hartmann* (Fn. 6) S. 84.
[150] *Adler/Düring/Schmaltz* § 318 HGB Rn. 210.
[151] *Adler/Düring/Schmaltz* § 318 HGB Rn. 265.
[152] Zur Notwendigkeit der Unabhängigkeit des Abschlussprüfers s. Rn. 23.
[153] *Adler/Düring/Schmaltz* § 319 HGB Rn. 18; *Hartmann* (Fn. 6) S. 100; *Lutter/Hommelhoff* Anh. § 42 Rn. 23; *Scholz/Crezelius* Anh. § 42a Rn. 257.
[154] *Adler/Düring/Schmaltz* § 318 HGB Rn. 266.
[155] *Adler/Düring/Schmaltz* § 318 HGB Rn. 433; *Küting/Weber/Baetge/Fröhlich* Rechnungslegung § 318 HGB Rn. 186; *Hartmann* (Fn. 6) S. 109 f.
[156] *Adler/Düring/Schmaltz* § 318 HGB Rn. 438; *Lutter/Hommelhoff* Anh. § 42 Rn. 18.
[157] *Baumbach/Hueck/Schulze-Osterloh* § 41 Rn. 65; *Lutter/Hommelhoff* Anh. § 42 Rn. 18.

§ 42 a   3. Abschnitt. Vertretung und Geschäftsführung

Auch das Eintreten von Umständen, die zum Ausschluss des Prüfers gemäß § 319 Abs. 2 bis 4 HGB[158] führen, wird zT als wichtiger Grund angesehen,[159] während die Gegenansicht zutreffend auf die Nichtigkeit des Prüfungsvertrages in diesem Fall hinweist, die keinen Raum für eine Kündigung lässt.[160] Uneinigkeit besteht darüber, ob die Weigerung der Geschäftsführer, ihren Vorlage-, Aufklärungs- und Nachweispflichten nach § 320 HGB nachzukommen, als wichtiger Grund anzusehen ist.[161] Für die Anerkennung als wichtiger Grund wird argumentiert, dass es den Abschlussprüfern uU unzumutbar sei, auf die Pflichtverletzungen der Geschäftsführer lediglich mit der Einschränkung oder Verweigerung des Bestätigungsvermerks reagieren zu können.[162] Maßgeblich gegen diese Ansicht spricht jedoch, dass sie es den Geschäftsführern praktisch ermöglichen würde, sich unliebsamer Abschlussprüfer dadurch zu entledigen, dass sie ihre Pflichten nach § 320 HGB nachhaltig verletzen und dadurch eine Kündigung des Prüfers provozieren.

34 Die **Folgen der Kündigung** regelt § 318 Abs. 6 und 7 HGB. Gemäß § 318 Abs. 6 S. 4 hat der Abschlussprüfer über das **Ergebnis seiner bisherigen Prüfung** zu berichten; dabei sind die Vorschriften des § 321 HGB über den Prüfungsbericht anzuwenden. Danach ist der Bericht den Geschäftsführern,[163] oder, wenn die Gesellschaft über einen Aufsichtsrat verfügt, der den Prüfungsauftrag erteilt hat, diesem vorzulegen, § 321 Abs. 5 HGB. Haben die Geschäftsführer den Prüfungsauftrag erteilt und wurde er folglich ihnen gegenüber gekündigt, haben sie gemäß § 318 Abs. 7 S. 1 HGB die Gesellschafter davon zu unterrichten.[164] § 318 Abs. 7 Sätze 2 und 3 HGB, nach dem der Bericht über die bisherigen Prüfungsergebnisse dem Aufsichtsrat zuzuleiten ist und jedes Aufsichtsratsmitglied das Recht auf Kenntnisnahme hat, ist für GmbH praktisch nahezu ohne Bedeutung, da in den Fällen, in denen ein Aufsichtsrat vorhanden ist, dieser nach § 321 Abs. 5 HGB regelmäßig selbst der Empfänger des Berichts ist. Nur in den vermutlich höchst seltenen Fällen, dass ein Aufsichtsrat zwar existiert, er aber nach der gesellschaftsvertraglichen Regelung nicht zur Erteilung des Prüfungsauftrages zuständig ist, kann § 318 Abs. 7 Sätze 2 und 3 HGB Anwendung finden. Der Bericht ist im Regelfall vielmehr analog Abs. 1 S. 2 den Gesellschaftern vorzulegen.[165] Ebenso haben sie einen Anspruch auf die Mitteilung der schriftlichen Kündigungsgründe.[166] Hat der Aufsichtsrat den Prüfungsauftrag erteilt und ist die Kündigung daher ihm gegenüber auszusprechen, so hat er gemäß § 318 Abs. 7 S. 4 HGB seinerseits die Geschäftsführer von der Kündigung zu unterrichten.

---

[158] Dazu oben Rn. 24.
[159] *Adler/Düring/Schmaltz* § 318 HGB Rn. 441; *Baumbach/Hueck/Schulze-Osterloh* § 41 Rn. 65.
[160] BeckBilKomm/*Budde/Steuber* § 318 HGB Rn. 34.
[161] Dafür *Küting/Weber/Baetge/Göbel* Rechnungslegung § 320 HGB Rn. 62; *Lutter/Hommelhoff* Anh. § 42 Rn. 18; wohl auch *Erle* (Fn. 81) S. 37; dagegen *Adler/Düring/Schmaltz* § 318 HGB Rn. 439, § 320 HGB Rn. 87; *Küting/Weber/Baetge/Fröhlich* Rechnungslegung § 318 HGB Rn. 191; *Baumbach/Hueck/Schulze-Osterloh* § 41 Rn. 65; BeckBilKomm/*Budde/Steuber* § 320 HGB Rn. 34; *Elkart/Naumann* WPg. 1995, 357, 360; Beck'sches HdB GmbH/*Langseder* § 9 Rn. 159; *Mai* (Fn. 81) S. 76, 114 f.
[162] *Lutter/Hommelhoff* Anh. § 42 Rn. 18.
[163] AA Bonner HdB Rechnungslegung/*Grewe* § 318 HGB Rn. 43: Wenn die Gesellschaft keinen Aufsichtsrat hat, soll es keinen Adressaten für den Bericht des bisherigen Prüfers geben.
[164] *Lutter/Hommelhoff* Anh. § 42 Rn. 19; anders *Baumbach/Hueck/Schulze-Osterloh* § 41 Rn. 65: Gesellschafter und Aufsichtsrat.
[165] *Adler/Düring/Schmaltz* § 318 HGB Rn. 461; BeckBilKomm/*Budde/Steuber* § 319 HGB Rn. 35; *Lutter/Hommelhoff* Anh. § 42 Rn. 19.
[166] BeckBilKomm/*Budde/Steuber* § 319 HGB Rn. 35; *Lutter/Hommelhoff* Anh. § 42 Rn. 19.

Vorlage des Jahresabschlusses und des Lageberichts **§ 42 a**

dd) Tod des Abschlussprüfers. Der Prüfungsauftrag endet auch durch den Tod 35
des Abschlussprüfers,[167] da der Prüfer mit der Übernahme des Auftrags eine höchstpersönliche Verpflichtung (Rn. 31) eingegangen ist.

c) Bestellung durch das Gericht nach § 318 Abs. 3 HGB. Das Gericht hat 36
nach § 318 Abs. 3 HGB einen anderen als den gewählten Abschlussprüfer zu bestellen, wenn dies aus einem **in der Person des Prüfers liegenden Grundes**[168] geboten erscheint, insbesondere, wenn die **Besorgnis der Befangenheit** besteht. Zur Besorgnis der Befangenheit s. Rn. 23. Sonstige persönliche Gründe sind zB das Fehlen einer aufgrund einer Bestimmung des Gesellschaftsvertrages erforderlichen besonderen Qualifikation (Rn. 21) wie etwa Branchenkenntnis[169] und nicht hinreichende personelle oder sachliche Ausstattung des Prüfers.[170] Der nachträglicher Eintritt eines Ausschlussgrundes nach § 319 Abs. 2 bis 4 HGB dürfte stets bereits zur Besorgnis der Befangenheit des Prüfers führen.[171] Besteht der Ausschlussgrund bereits im Zeitpunkt der Wahl des Prüfers, ist diese nichtig (Rn. 29), so dass für das Verfahren nach § 318 Abs. 3 HGB kein Raum ist.[172] Zuständig ist gemäß § 145 FGG das Amtsgericht am Sitz der Gesellschaft. Voraussetzung ist ein **Antrag** der Geschäftsführer, eines oder mehrerer Gesellschafter oder, falls vorhanden, des Aufsichtsrats[173] **innerhalb von zwei Wochen seit der Wahl des Abschlussprüfers.** Die Antragsbefugnis ist dabei zwingend geregelt; sie kann durch den Gesellschaftsvertrag weder erweitert noch eingeschränkt werden.[174] Ist die Wahl des Abschlussprüfers nach dem Gesellschaftsvertrag einem anderen Gremium als der Gesellschafterversammlung oder einem Aufsichtsrat übertragen, so ist dieses Gremium nach dem Wortlaut des § 318 Abs. 3 HGB nicht zugleich auch befugt, den Antrag auf Ersetzung des Abschlussprüfers zu stellen.[175] Da das zur Wahl berechtigte Gremium in aller Regel jedoch zumindest teilweise aus Gesellschaftern bestehen wird und diese wiederum antragsbefugt sind, dürfte sich daraus nur in seltenen Fällen ein Problem ergeben. Die Zwei-Wochen-Frist ist eine zwingende Ausschlussfrist; eine Wiedereinsetzung in den vorigen Stand ist dabei nicht möglich.[176] Umstritten ist, ob die Frist erst später zu laufen beginnt, wenn der Ersetzungsgrund erst später eintritt oder erkennbar wird.[177] Man mag dies im Interesse einer ordnungsmäßigen Prüfung für wünschenswert halten; der eindeutige Gesetzeswortlaut spricht jedoch dagegen. Tritt nachträglich ein Ausschlussgrund nach § 319 Abs. 2 bis 4 HGB ein, so liegt die

---

[167] *Adler/Düring/Schmaltz* § 318 HGB Rn. 244.
[168] Zu diesem Merkmal *Rittner*, FS Rowedder, 1994, S. 411, 417 f.
[169] *Adler/Düring/Schmaltz* § 318 HGB Rn. 372; *Baumbach/Hueck/Schulze-Osterloh* § 41 Rn. 66.
[170] *Baumbach/Hueck/Schulze-Osterloh* § 41 Rn. 66; *Lutter/Hommelhoff* Anh. § 42 Rn. 22.
[171] AA *Baumbach/Hueck/Schulze-Osterloh* § 41 Rn. 66 – besonderer persönlicher Grund.
[172] *Adler/Düring/Schmaltz* § 318 HGB Rn. 41, 317; *Küting/Weber/Baetge/Fröhlich* Rechnungslegung § 318 HGB Rn. 134; *Baumbach/Hueck/Schulze-Osterloh* § 41 Rn. 66; BeckBilKomm/*Budde/Steuber* § 318 HGB Rn. 22; *Lutter/Hommelhoff* Anh. § 42 Rn. 23.
[173] Zu dessen Antragsbefugnis *Hartmann* (Fn. 6) S. 103.
[174] *Adler/Düring/Schmaltz* § 318 HGB Rn. 322; *Küting/Weber/Baetge/Fröhlich* Rechnungslegung § 318 HGB Rn. 121.
[175] *Küting/Weber/Baetge/Fröhlich* Rechnungslegung § 318 HGB Rn. 122; BeckBilKomm/*Budde/Steuber* § 318 HGB Rn. 18.
[176] *Adler/Düring/Schmaltz* § 318 HGB Rn. 340.
[177] So *Baumbach/Hueck/Schulze-Osterloh* § 41 Rn. 66; *Hartmann* (Fn. 6) S. 104 f.; *Lutter/Hommelhoff* Anh. § 42 Rn. 23; aA BeckBilKomm/*Budde/Steuber* § 318 HGB Rn. 20; differenzierend *Adler/Düring/Schmaltz* § 318 HGB Rn. 346: analoge Anwendung des § 318 Abs. 3 HGB bei nachträglichem Eintritt eines Ausschlussgrundes, striktes Festhalten an der Frist des § 318 Abs. 3 HGB hingegen bei erst nachträglicher Erkennbarkeit des Ausschlussgrundes.

§ 42 a   3. Abschnitt. Vertretung und Geschäftsführung

Annahme eines nachträglichen Wegfalls des Prüfers iS des § 318 Abs. 4 S. 2 HGB näher,[178] so dass eine Ersetzung des Prüfers nach dieser Vorschrift (Rn. 37) möglich ist. Im übrigen wird man von der Gesellschaft verlangen müssen, rechtzeitig alle Erkenntnismöglichkeiten auszuschöpfen. Vor der Entscheidung des Gerichts sind die Beteiligten und der gewählte Prüfer anzuhören. Mit der **Annahme der gerichtlichen Bestellung** ist der Prüfer bestellt und der schuldrechtliche Prüfungsvertrag mit der Gesellschaft abgeschlossen.[179] Sein Anspruch auf Vergütung und Auslagenersatz ergibt sich aus § 318 Abs. 5 HGB. Gegen die Entscheidung des Gerichts ist die sofortige Beschwerde gemäß § 146 Abs. 2 S. 1 FGG zulässig, § 318 Abs. 3 S. 6. Die Frist für die Beschwerde beträgt zwei Wochen. Beschwerdebefugt ist auch der gewählte Abschlussprüfer.[180] Wird auf die Beschwerde hin die Bestellung des Prüfers nach § 318 Abs. 3 wieder aufgehoben, so bleiben die zwischenzeitlich von diesem Prüfer vorgenommene Prüfung und der Bestätigungsvermerk (Rn. 50) wirksam.[181] § 318 Abs. 3 HGB ist zwingend; der Gesellschaftsvertrag kann insoweit keine Einschränkungen vorsehen.[182] Das Ersetzungsverfahren nach § 318 Abs. 3 HGB schließt die Anfechtung der der Wahl des Abschlussprüfers zugrundeliegenden Gesellschafterbeschlüsse nach allg. Vorschriften nicht aus; beide Verfahren können nebeneinander betrieben werden.[183] Für **Kreditinstitute und Finanzdienstleistungsinstitute** gilt zusätzlich **§ 28 Abs. 2 KWG**.

37   **d) Bestellung durch das Gericht nach § 318 Abs. 4 HGB.** Eine Bestellung des Abschlussprüfers durch das Gericht ist gemäß § 318 Abs. 4 HGB auch dann erforderlich, wenn die Gesellschaft bis zum Ablauf des Geschäftsjahres selbst **keinen Abschlussprüfer gewählt** hat (**§ 318 Abs. 4 S. 1 HGB**) sowie wenn der gewählte Prüfer die **Annahme des Prüfungsauftrages abgelehnt** hat, **weggefallen** oder am **rechtzeitigen Abschluss der Prüfung verhindert** ist und ein anderer Abschlussprüfer nicht gewählt worden ist (**§ 318 Abs. 4 S. 2 HGB**). Ein Wegfall des Prüfers ist zB bei seinem Tod[184] oder Geschäftsunfähigkeit,[185] der Kündigung des Prüfungsauftrages,[186] dem nachträglichen Eintritt eines Ausschlussgrundes nach § 319 Abs. 2 bis 4 HGB[187] und dem Verlust der Qualifikation als Wirtschaftsprüfer oder vereidigter Buchprüfer[188] gegeben. Am rechtzeitigen Abschluss der Prüfung verhindert ist der Prüfer zB bei Krank-

---

[178] BeckBilKomm/*Budde/Steuber* § 318 HGB Rn. 30; aA *Baumbach/Hueck/Schulze-Osterloh* § 41 Rn. 67.
[179] *Baumbach/Hueck/Schulze-Osterloh* § 41 Rn. 68.
[180] *Küting/Weber/Baetge/Fröhlich* Rechnungslegung § 318 HGB Rn. 155; *Baumbach/Hueck/Schulze-Osterloh* § 41 Rn. 66.
[181] *Adler/Düring/Schmaltz* § 318 HGB Rn. 383; *Lutter/Hommelhoff* Anh. § 42 Rn. 24.
[182] *Baumbach/Hueck/Schulze-Osterloh* § 41 Rn. 66.
[183] *Adler/Düring/Schmaltz* § 318 HGB Rn. 318; BeckBilKomm/*Budde/Steuber* § 318 HGB Rn. 17; *Lutter/Hommelhoff* Anh. § 42 Rn. 23; aA LG Köln AG 1997, 431.
[184] *Adler/Düring/Schmaltz* § 318 HGB Rn. 409; *Küting/Weber/Baetge/Fröhlich* Rechnungslegung § 318 HGB Rn. 173; *Baumbach/Hueck/Schulze-Osterloh* § 41 Rn. 67; BeckBilKomm/*Budde/Steuber* § 318 HGB Rn. 30. S. auch Rn. 35.
[185] *Adler/Düring/Schmaltz* § 318 HGB Rn. 409; *Küting/Weber/Baetge/Fröhlich* Rechnungslegung § 318 HGB Rn. 173; *Baumbach/Hueck/Schulze-Osterloh* § 41 Rn. 67; BeckBilKomm/*Budde/Steuber* § 318 HGB Rn. 30.
[186] *Adler/Düring/Schmaltz* § 318 HGB Rn. 411; *Baumbach/Hueck/Schulze-Osterloh* § 41 Rn. 67; BeckBilKomm/*Budde/Steuber* § 318 HGB Rn. 30; zur Kündigung des Prüfungsauftrags s. auch Rn. 33.
[187] BeckBilKomm/*Budde/Steuber* § 318 HGB Rn. 30; aA *Baumbach/Hueck/Schulze-Osterloh* § 41 Rn. 67.
[188] *Adler/Düring/Schmaltz* § 318 HGB Rn. 409; BeckBilKomm/*Budde/Steuber* § 318 HGB Rn. 30.

Vorlage des Jahresabschlusses und des Lageberichts **§ 42 a**

heit oder Arbeitsüberlastung.[189] **Zuständig** ist gemäß § 145 FGG das Amtsgericht am Sitz der Gesellschaft. Hinsichtlich der **Antragsbefugnis** gilt das zu § 318 Abs. 3 HGB Gesagte (Rn. 36), jedoch sind die Geschäftsführer in diesen Fällen nicht nur berechtigt, sondern auch verpflichtet, den Antrag zu stellen, § 318 Abs. 4 S. 3 HGB. Kommen sie ihrer Verpflichtung nicht nach, kann gegen sie gemäß § 335 S. 1 Nr. 4 HGB ein Zwangsgeld festgesetzt werden. Zudem machen sie sich der Gesellschaft gegenüber uU gemäß § 43 Abs. 2 schadensersatzpflichtig.[190] Der Antrag kann wegen des Vorrangs der Zuständigkeit des eigentlich zur Wahl des Abschlussprüfers berufenen Organs erst nach Ablauf des Geschäftsjahres gestellt werden, auf das sich die Prüfung bezieht.[191] In den Fällen des § 318 Abs. 4 S. 2 HGB ist der Prüfer gemäß § 146 Abs. 1 FGG vor der Entscheidung des Gerichts anzuhören. Mit der **Annahme der gerichtlichen Bestellung** ist der Prüfer bestellt und der schuldrechtliche Prüfungsvertrag mit der Gesellschaft abgeschlossen.[192] Sein Anspruch auf Vergütung und Auslagenersatz ergibt sich aus § 318 Abs. 5 HGB. Lehnt das Gericht den Antrag auf Bestellung eines Abschlussprüfers ab, ist gemäß § 146 Abs. 2 S. 1 FGG die sofortige Beschwerde zulässig; die Bestellung des Abschlussprüfers durch das Gericht ist jedoch unanfechtbar.[193] § 318 Abs. 4 HGB ist zwingend; der Gesellschaftsvertrag kann insoweit keine Einschränkungen vorsehen.[194] Wählt die Gesellschaft während des laufenden Verfahrens, aber noch vor seinem Abschluss, einen geeigneten Abschlussprüfer, so hat die Wahl Gültigkeit;[195] der Antrag an das Gericht wird unbegründet.[196] Ist jedoch das gerichtliche Verfahren durch Bestellung eines Abschlussprüfers vor der Wahl eines Prüfers durch die Gesellschaft abgeschlossen, entfaltet die Wahl durch die Gesellschaft keine Wirkungen.[197]

6. Vorlage- und Informationspflichten der Geschäftsführer. a) Inhalt der 38 **Verpflichtung.** Die Geschäftsführer haben dem Abschlussprüfer Jahresabschluss und Lagebericht unverzüglich nach deren Aufstellung vorzulegen (**§ 320 Abs. 1 S. 1 HGB**) und ihm darüber hinaus zu gestatten, die Bücher und Schriften sowie die Vermögensgegenstände und Schulden, insbesondere die Kasse und die Bestände an Wertpapieren und Waren zu prüfen (**§ 320 Abs. 1 S. 2 HGB**). Aufstellung von Jahresabschluss und Lagebericht bedeutet dabei vollständige Fertigstellung.[198] Bücher sind dabei die Buchführung einschließlich der Inventare, soweit sie Gegenstand der Prüfung sind (Rn. 16). Schriften sind Belege, Handelsbriefe, Verträge und Niederschriften über

---

[189] *Adler/Düring/Schmaltz* § 318 HGB Rn. 412; *Baumbach/Hueck/Schulze-Osterloh* § 41 Rn. 67; BeckBilKomm/*Budde/Steuber* § 318 HGB Rn. 31.
[190] *Rauch* BB 1997, 35, 37.
[191] *Küting/Weber/Baetge/Fröhlich* Rechnungslegung § 318 HGB Rn. 163; BeckBilKomm/ *Budde/Steuber* § 318 HGB Rn. 28 f.; nur für die Fälle des § 318 Abs. 4 S. 1 HGB ebenso *Adler/ Düring/Schmaltz* § 318 HGB Rn. 401 iVm. § 416.
[192] *Baumbach/Hueck/Schulze-Osterloh* § 41 Rn. 68.
[193] OLG Düsseldorf GmbHR 1998, 987, 988; *Adler/Düring/Schmaltz* § 318 HGB Rn. 421; *Küting/Weber/Baetge/Fröhlich* Rechnungslegung § 318 HGB Rn. 176.
[194] BeckBilKomm/*Budde/Steuber* § 318 HGB Rn. 26.
[195] Für die Fälle des § 318 Abs. 4 S. 1 HGB ebenso *Adler/Düring/Schmaltz* § 318 HGB Rn. 404; *Küting/Weber/Baetge/Fröhlich* Rechnungslegung § 318 HGB Rn. 169; BeckBilKomm/ *Budde/Steuber* § 318 HGB Rn. 11, 26; *Hartmann* (Fn. 6) S. 106 f.; *Lutter/Hommelhoff* Anh. § 42 Rn. 12. Für die nicht rechtzeitige „Nachwahl" in den Fällen des § 318 Abs. 4 S. 2 HGB kann nichts anderes gelten.
[196] *Baumbach/Hueck/Schulze-Osterloh* § 41 Rn. 67.
[197] *Küting/Weber/Baetge/Fröhlich* Rechnungslegung § 318 HGB Rn. 169; *Baumbach/Hueck/ Schulze-Osterloh* § 41 Rn. 67.
[198] BeckBilKomm/*Budde/Steuber* § 320 HGB Rn. 5.

§ 42 a   3. Abschnitt. Vertretung und Geschäftsführung

Gesellschafterversammlungen sowie ggf. der Sitzungen anderer Gremien oder der Geschäftsführer.[199] Vermögensgegenstände sind abweichend vom bilanzrechtlichen Begriff[200] alle Aktiva, also auch aktive Rechnungsabgrenzungsposten und Bilanzierungshilfen. Entsprechend ist auch der Begriff Schulden weit zu verstehen und umfasst daher auch das Eigenkapital, passive Rechnungsabgrenzungsposten und Rückstellungen.[201] Der Prüfer hat insoweit ein Einsichts-, jedoch kein Untersuchungs- oder Durchsuchungsrecht.[202] Weiter kann der Abschlussprüfer von den Geschäftsführern alle Aufklärungen und Nachweise verlangen, die für eine sorgfältige Prüfung notwendig sind (**§ 320 Abs. 2 S. 1 HGB**). Insbesondere kann er Saldenbestätigungen der Geschäftspartner der Gesellschaft fordern, um den Bestand an Forderungen und Schulden zu verifizieren.[203] Darüber hinaus soll der Abschlussprüfer von den Geschäftsführern eine sog. **Vollständigkeitserklärung** einholen, mit der sie die Vollständigkeit der vorgelegten Bücher und Schriften sowie der von ihnen und ggf. von ihnen mit der Auskunftserteilung betrauten Bediensteten der Gesellschaft[204] gegebenen Auskünfte und Nachweise versichern.[205] Diese Erklärung wird vom Gesetz nicht gefordert, so dass die hM eine entsprechende Verpflichtung der Geschäftsführer verneint.[206] Die Allgemeinen Auftragsbedingungen für Wirtschaftsprüfer und Wirtschaftsprüfungsgesellschaften vom 1. Januar 2002 sehen allerdings in Nr. 3 Abs. 2 einen Anspruch des Abschlussprüfers auf eine schriftliche Bestätigung der Vollständigkeit der vorgelegten Unterlagen und der gegebenen Auskünfte und Erläuterungen vor. Die Rechte nach § 320 Abs. 1 S. 2 sowie Abs. 2 S. 1 HGB stehen dem Prüfer auch schon vor Aufstellung des Jahresabschlusses zu, wenn dies für die Vorbereitung der Prüfung erforderlich ist (**§ 320 Abs. 2 S. 2 HGB, sog. Vor- oder Zwischenprüfung**). Allerdings kann die Gesellschaft die Vorlage von Unterlagen zum Zwecke der Vor- oder Zwischenprüfung verweigern, wenn sie geltend macht, diese Unterlagen für die Erstellung des Jahresabschlusses zu benötigen.[207] Der Abschlussprüfer hat alle genannten Rechte auch gegenüber Mutter- und Tochterunternehmen, wenn dies für die sorgfältige Durchführung der Prüfung erforderlich ist (**§ 320 Abs. 2 S. 3 HGB),** und zwar auch dann, wenn diese ihren Sitz im Ausland haben.[208] Gleiches gilt für Enkelunterneh-

---

[199] *Adler/Düring/Schmaltz* § 320 HGB Rn. 18; *Küting/Weber/Baetge/Göbel* Rechnungslegung § 320 HGB Rn. 14; *Baumbach/Hueck/Schulze-Osterloh* § 41 Rn. 76; BeckBilKomm/*Budde/Steuber* § 320 HGB Rn. 6; Beck'sches HdB GmbH/*Langseder* § 9 Rn. 160.

[200] Dazu § 41 Rn. 66 sowie Anh. I § 42 a Rn. 19.

[201] *Küting/Weber/Baetge/Göbel* Rechnungslegung § 320 HGB Rn. 15 f.; BeckBilKomm/*Budde/Steuber* § 320 HGB Rn. 6.

[202] *Baumbach/Hueck/Schulze-Osterloh* § 41 Rn. 76; BeckBilKomm/*Budde/Steuber* § 320 HGB Rn. 7.

[203] *Adler/Düring/Schmaltz* § 320 HGB Rn. 27; *Baumbach/Hueck/Schulze-Osterloh* § 41 Rn. 77.

[204] Zur Zulässigkeit der Delegation der Auskunftspflicht BeckBilKomm/*Budde/Steuber* § 320 HGB Rn. 11.

[205] Entwurf IDW Prüfungsstandard (IDW EPS 303), Tz. 20 ff. WPg. 2001, 663; *Baumbach/Hueck/Schulze-Osterloh* § 41 Rn. 78; BeckBilKomm/*Budde/Steuber* § 320 HGB Rn. 13.

[206] *Adler/Düring/Schmaltz* § 320 HGB Rn. 34; *Küting/Weber/Baetge/Göbel* Rechnungslegung § 320 HGB Rn. 27; *Baumbach/Hueck/Schulze-Osterloh* § 41 Rn. 78; BeckBilKomm/*Budde/Steuber* § 320 HGB Rn. 13; *Elkart/Naumann* WPg. 1995, 357, 360; Beck'sches HdB GmbH/*Langseder* § 9 Rn. 163; aA *Lutter/Hommelhoff* Anh. § 42 Rn. 31.

[207] *Adler/Düring/Schmaltz* § 320 HGB Rn. 36; BeckBilKomm/*Budde/Steuber* § 320 HGB Rn. 14.

[208] *Adler/Düring/Schmaltz* § 320 HGB Rn. 49; *Küting/Weber/Baetge/Göbel* Rechnungslegung § 320 HGB Rn. 38; BeckBilKomm/*Budde/Steuber* § 320 HGB Rn. 16; Beck'sches HdB GmbH/*Langseder* § 9 Rn. 162.

Vorlage des Jahresabschlusses und des Lageberichts § 42a

men.²⁰⁹ **§ 320 Abs. 3 HGB** regelt die entsprechenden Rechte des Prüfers eines Konzernabschlusses und -lageberichts. **Unrichtige Angaben** der Geschäftsführer in Aufklärungen oder Nachweisen sowie die unrichtige Wiedergabe oder Verschleierung der Verhältnisse der Gesellschaft, eines Tochterunternehmens oder des Konzerns wird durch **§ 331 Nr. 4 HGB** mit Strafe bedroht.

b) Durchsetzung des Anspruchs. Im Falle der Weigerung der Geschäftsführer, 39 ihren Vorlage- und Informationspflichten nachzukommen, kann die **Gesellschafterversammlung** ihnen entsprechende **Weisungen** geben.²¹⁰ Verfügt die Gesellschaft über einen **Aufsichtsrat oder ein ähnliches Überwachungsorgan,** kann die Weisungsbefugnis diesem zustehen. Umgekehrt ist die Weisung an die Geschäftsführer, den Vorlage- und Informationspflichten nicht nachzukommen, unwirksam.²¹¹ Ein **klagbarer Anspruch** des Abschlussprüfers auf Auskunftserteilung **besteht nicht.** Auch ein **Schlichtungsverfahren** gemäß § 324 HGB, das bei Meinungsverschiedenheiten zwischen Abschlussprüfer und Gesellschaft über die gesetzlichen und allfällige gesellschaftsvertragliche Vorschriften über die Rechnungslegung angestrengt werden kann, kommt in diesem Fall nicht in Betracht.²¹² Werden die Geschäftsführer nicht zur Erfüllung ihrer Pflichten angewiesen oder kommen sie der Weisung nicht nach, hat der Abschlussprüfer hierüber in seinem **Prüfungsbericht** zu berichten und uU den **Bestätigungsvermerk** einzuschränken oder gar zu versagen.²¹³ Im Prüfungsbericht ist es auch zu vermerken, wenn die Geschäftsführer die Vollständigkeitserklärung nicht abgegeben haben.²¹⁴ Daneben kommt auf Antrag die **Verhängung eines Zwangsgeldes** gegen die Geschäftsführer durch das Registergericht gemäß **§ 335 S. 1 Nr. 5, S. 2 HGB** in Betracht. Antragsbefugt ist dabei jeder, auch der Abschlussprüfer selbst.²¹⁵ Die Weigerung der Geschäftsführer, ihre Vorlage- und Informationspflichten zu erfüllen, ist hingegen kein wichtiger Grund iS des § 318 Abs. 6 S. 1 HGB, der zu einer Kündigung des Prüfungsauftrages berechtigen würde (Rn. 33). **Unrichtige Angaben** durch die Geschäftsführer sind nach **§ 331 Nr. 4 HGB** mit Strafe bedroht.

7. Prüfungsbericht. a) Allgemeines. Gemäß **§ 321 Abs. 1 S. 1 HGB** hat der 40 Abschlussprüfer über Art, Umfang und Ergebnis der Prüfung schriftlich und mit der gebotenen Klarheit²¹⁶ zu berichten. Der Prüfungsbericht muss außerdem vollständig

---

²⁰⁹ *Adler/Düring/Schmaltz* § 320 HGB Rn. 43; *Küting/Weber/Baetge/Göbel* Rechnungslegung § 320 HGB Rn. 35; BeckBilKomm/*Budde/Steuber* § 320 HGB Rn. 16; zweifelnd allerdings Bonner HdB Rechnungslegung/*Grewe* § 320 HGB Rn. 30.
²¹⁰ Zur Weisungsbefugnis der Gesellschafterversammlung § 37 Rn. 26 ff.
²¹¹ *Lutter/Hommelhoff* Anh. § 42 Rn. 32.
²¹² *Adler/Düring/Schmaltz* § 320 HGB Rn. 82, 86; *Küting/Weber/Baetge/Göbel* Rechnungslegung § 320 HGB Rn. 56; *Baumbach/Hueck/Schulze-Osterloh* § 41 Rn. 81; BeckBilKomm/*Budde/ Steuber* § 320 HGB Rn. 33; aA hinsichtlich des Schlichtungsverfahrens *Lutter/Hommelhoff* Anh. § 42 Rn. 34.
²¹³ *Adler/Düring/Schmaltz* § 320 HGB Rn. 85; *Küting/Weber/Baetge/Göbel* Rechnungslegung § 320 HGB Rn. 60 f.; *Baumbach/Hueck/Schulze-Osterloh* § 41 Rn. 81; BeckBilKomm/*Budde/ Steuber* § 320 HGB Rn. 34 f.; Bonner HdB Rechnungslegung/*Grewe* § 320 HGB Rn. 51; *Lutter/ Hommelhoff* Anh. § 42 Rn. 33; aA *Elkart/Naumann* WPg. 1995, 357, 360: uU überhaupt keine Erteilung eines Bestätigungs- oder Versagungsvermerks.
²¹⁴ *Baumbach/Hueck/Schulze-Osterloh* § 41 Rn. 78; BeckBilKomm/*Budde/Steuber* § 320 HGB Rn. 13.
²¹⁵ *Baumbach/Hueck/Schulze-Osterloh* § 41 Rn. 81.
²¹⁶ *Böcking/Orth* BfuP 1999, 418, 426; *Ludewig* WPg. 1998, 595, 597; kritisch zu diesem Merkmal *Gelhausen* AG-Sonderheft 1997, 73, 80; *Moxter* BB 1997, 722, 727; *Schindler/Rabenhorst* BB 1998, 1939.

§ 42 a 3. Abschnitt. Vertretung und Geschäftsführung

und wahr sein[217] und ist grds. in deutscher Sprache abzufassen.[218] **Zweck des Prüfungsberichtes** ist die Unterrichtung der Gesellschafterversammlung sowie, falls vorhanden, des Aufsichtsrats.[219] Den Geschäftsführern ermöglicht er eine Selbstkontrolle.[220] Außerdem dokumentiert er die Tätigkeit des Abschlussprüfers.[221] Nach seiner Zielsetzung richtet er sich nicht an die Öffentlichkeit, sondern ist **nur für die Gesellschaft bestimmt.**[222] Entsprechend wird er nicht nach den §§ 325 ff. HGB offengelegt. Allerdings ist eine Abschrift des Berichts gemäß § 60 Abs. 3 EStDV der **Steuererklärung der Gesellschaft** beizufügen.

41   b) **Inhalt.** Im Eingangsteil[223] (sog. **Vorwegberichterstattung**) hat der Abschlussprüfer gemäß § 321 Abs. 1 S. 2 HGB zur Beurteilung der Lage des Unternehmens durch die Geschäftsführer Stellung zu nehmen, wobei er unter Berücksichtigung des Lageberichts besonders auf die Beurteilung des Fortbestandes und der künftigen Entwicklung eingehen soll,[224] soweit der Lagebericht und die geprüften Unterlagen dies erlauben. Zudem hat er gemäß § 321 Abs. 1 S. 3 HGB über allfällige bei der Prüfung festgestellte Unrichtigkeiten und Verstöße gegen gesetzliche Vorschriften zu berichten, ebenso über Tatsachen, die den Bestand der Gesellschaft gefährden oder ihre Entwicklung wesentlich beeinträchtigen können. Tatsachen, über die danach zu berichten ist, sind drohende Insolvenzreife[225] oder auch nur die Befürchtung der deutlichen Verschlechterung der wirtschaftlichen Lage,[226] Notwendigkeit der Stillegung oder Veräußerung von Teilbetrieben[227] sowie die bevorstehende Schließung des Betriebes durch eine Behörde.[228] Die Gefahr einer Existenzgefährdung oder -beeinträchtigung reicht aus, der Zustand muss nicht bereits eingetreten sein.[229] Schließlich ist auch über bei der Prüfung festgestellte schwerwiegende Verstöße der gesetzlichen Vertreter oder von Arbeitnehmern gegen das Gesetz oder den Gesellschaftsvertrag zu berichten. Als Gesetzesverstöße kommen dabei nicht nur Verstöße gegen Rechnungslegungsvor-

---

[217] *Adler/Düring/Schmaltz* § 321 HGB Rn. 42 ff.; *Küting/Weber/Breycha/Schäfer* Rechnungslegung § 321 HGB Rn. 9; Bonner HdB Rechnungslegung/*Grewe* § 321 HGB Rn. 28/29 f.
[218] *Adler/Düring/Schmaltz* § 321 HGB Rn. 21.
[219] *Baumbach/Hueck/Schulze-Osterloh* § 41 Rn. 82; *Küting/Weber/Breycha/Schäfer* Rechnungslegung § 321 HGB Rn. 3; Bonner HdB Rechnungslegung/*Grewe* § 321 HGB Rn. 19; *Lutter/Hommelhoff* Anh. § 42 Rn. 40.
[220] *Küting/Weber/Breycha/Schäfer* Rechnungslegung § 321 HGB Rn. 5; *Lutter/Hommelhoff* Anh. § 42 Rn. 40; ähnlich *Baumbach/Hueck/Schulze-Osterloh* § 41 Rn. 82 – Unterrichtung der nicht mit der Rechnungslegung betrauten Geschäftsführer.
[221] *Baumbach/Hueck/Schulze-Osterloh* § 41 Rn. 82; *Küting/Weber/Breycha/Schäfer* Rechnungslegung § 321 HGB Rn. 6.
[222] *Baumbach/Hueck/Schulze-Osterloh* § 41 Rn. 82; *Küting/Weber/Breycha/Schäfer* Rechnungslegung § 321 HGB Rn. 2; BeckBilKomm/*Budde/Kunz* § 321 HGB Rn. 6; Bonner HdB Rechnungslegung/*Grewe* § 321 HGB Rn. 13; *Hartmann* (Fn. 6) S. 120; Lehwald DStR 2000, 259; *Lutter/Hommelhoff* Anh. § 42 Rn. 40; *Scholz/Crezelius* Anh. § 42 a Rn. 261.
[223] Zur Stellung im Prüfungsbericht vgl. *Ludewig* WPg. 1998, 595, 597.
[224] Zum Umfang der Prüfung des Lageberichts Rn. 20.
[225] *Baumbach/Hueck/Schulze-Osterloh* § 41 Rn. 84; ähnlich *Adler/Düring/Schmaltz* § 321 HGB Rn. 75: drohende Zahlungsunfähigkeit.
[226] *Baumbach/Hueck/Schulze-Osterloh* § 41 Rn. 84; einzelne Beispiele dafür bei *Adler/Düring/Schmaltz* § 321 HGB Rn. 75.
[227] *Adler/Düring/Schmaltz* § 321 HGB Rn. 77; BeckBilKomm/*Budde/Kunz* § 321 HGB Rn. 34.
[228] *Baumbach/Hueck/Schulze-Osterloh* § 41 Rn. 84.
[229] *Adler/Düring/Schmaltz* § 321 HGB Rn. 76; *Baumbach/Hueck/Schulze-Osterloh* § 41 Rn. 84; BeckBilKomm/*Budde/Kunz* § 321 HGB Rn. 37.

Vorlage des Jahresabschlusses und des Lageberichts　　　　　　　　§ 42 a

schriften, sondern gegen alle Normen in Betracht. Zu denken ist an Verstöße der Geschäftsführer gegen ihre Pflichten gegenüber der Gesellschaft, Verstöße gegen die Kapitalerhaltungsvorschriften sowie gegen Steuer- und Strafvorschriften. Damit geht die Berichtspflicht allerdings weiter als die Prüfungspflicht, denn letztere erstreckt sich nicht generell auf die Aufdeckung von Gesetzesverletzungen durch Geschäftsführer und Arbeitnehmer. Der Prüfer hat insoweit auch nach § 321 Abs. 1 S. 3 HGB keine gezielten Feststellungen zu treffen; er darf lediglich auf der Hand liegende Gesetzesverstöße nicht ignorieren. Für alle Feststellungen des Eingangsteils hat der Prüfer sich nicht auf Tatsachen zu beschränken, die im zu prüfenden Geschäftsjahr vorlagen, sondern er hat auch **Tatsachen, die nach dem Abschlussstichtag eingetreten sind,** einzubeziehen. Auch der Umstand, dass die **Tatsachen,** über die zu berichten ist, den Empfängern des Prüfungsberichts sicher oder höchstwahrscheinlich **bekannt** sind, entbindet den Prüfer insoweit nicht von der Berichtspflicht. Soweit zu einzelnen Aspekten des Eingangsteils keine Tatsachen festgestellt wurden, ist dies in Form einer **Negativfeststellung** zu erwähnen.[230]

Im **Hauptteil** des Prüfungsberichts hat der Prüfer gemäß § 321 Abs. 2 S. 1 HGB　42 Feststellungen darüber zu treffen, ob die Buchführung und die weiteren geprüften Unterlagen, der Jahresabschluss und der Lagebericht den gesetzlichen Bestimmungen und allfälligen ergänzenden Bestimmungen des Gesellschaftsvertrages entsprechen. Er muss gemäß § 321 Abs. 2 S. 2 HGB darauf eingehen, ob der Jahresabschluss insgesamt unter Beachtung der Grundsätze ordnungsmäßiger Buchführung ein den tatsächlichen Verhältnissen entsprechendes Bild der Vermögens-, Finanz- und Ertragslage der Gesellschaft vermittelt. Die Posten des Jahresabschlusses muss er gemäß § 321 Abs. 2 S. 3 HGB nur dann aufgliedern und erläutern, wenn dadurch die Darstellung der Vermögens-, Finanz- und Ertragslage wesentlich verbessert wird und diese Angaben im Anhang nicht enthalten sind.[231] Zur Vermeidung von Wiederholungen kann im Prüfungsbericht hinsichtlich der Feststellungen zur Rechnungslegung uU auf den Eingangsteil verwiesen werden.[232] Auch der Bericht über die Erfüllung der Vorlage- und Informationspflichten der Geschäftsführer (Rn. 38) findet sich gemäß § 321 Abs. 2 S. 1 HGB im Hauptteil. Nicht nur die Nichterfüllung dieser Pflichten führt zu einer Erwähnung im Prüfungsbericht, sondern auch ihre nur scheinbare Erfüllung durch die Abgabe unrichtiger Informationen; ebenso ist zu berichten, wenn Zweifel an der Richtigkeit der gegebenen Informationen bestehen.[233]

In einem **besonderen Abschnitt** des Berichts hat der Prüfer gemäß § 321 Abs. 3　43 HGB Gegenstand, Art und Umfang der Prüfung zu erläutern.[234] Dabei ergeben sich Gegenstand und Umfang dem Grundsatz nach bereits aus § 317 HGB. Einzugehen ist jedoch auf das Prüfungsverfahren und auf die Prüfungsgrundsätze.[235] Auch allfällige Erweiterungen des Prüfungsauftrags oder besondere Schwerpunkte, die bei der Auftragserteilung durch einen Aufsichtsrat vereinbart werden können (Rn. 31), sind zu erwähnen.[236] Schließlich ist gemäß § 322 Abs. 5 S. 2 HGB der **Bestätigungsver-**

---

[230] Zum Ganzen *Adler/Düring/Schmaltz* § 321 HGB Rn. 71; *Baumbach/Hueck/Schulze-Osterloh* § 41 Rn. 84; BeckBilKomm/*Budde/Kunz* § 321 HGB Rn. 29 f.; *Schindler/Rabenhorst* BB 1998, 1939, 1940.
[231] Kritisch dazu *Ludewig* WPg. 1998, 595, 599.
[232] BeckBilKomm/*Budde/Kunz* § 321 HGB Rn. 47.
[233] *Baumbach/Hueck/Schulze-Osterloh* § 41 Rn. 86.
[234] Kritisch dazu *Gelhausen* AG-Sonderheft 1997, 73, 81; *Ludewig* WPg. 1998, 595, 599.
[235] *Adler/Düring/Schmaltz* § 321 HGB Rn. 132 f.; *Schindler/Rabenhorst* BB 1998, 1939, 1940.
[236] *Adler/Düring/Schmaltz* § 321 HGB Rn. 131; *Schindler/Rabenhorst* BB 1998, 1939, 1940.

§ 42 a 3. Abschnitt. Vertretung und Geschäftsführung

merk oder der Vermerk über seine Versagung[237] in den Prüfungsbericht aufzunehmen.

44 c) **Unterzeichnung; Vorlage.** Der Bericht ist nach § 321 Abs. 5 HGB von dem Abschlussprüfer durch seine Unterschrift unter Beifügung der Berufsbezeichnung[238] zu unterzeichnen und den Geschäftsführern, oder, wenn die Gesellschaft über einen Aufsichtsrat verfügt und dieser den Prüfungsauftrag erteilt hat, dem Aufsichtsrat vorzulegen. Im letzteren Fall ist den Geschäftsführern jedoch vor der Vorlage Gelegenheit zur Stellungnahme zu geben.[239] Dabei ist den Geschäftsführern nicht lediglich ein Entwurf, sondern der fertiggestellte Bericht zur Verfügung zu stellen.[240] Mit der Unterzeichnung des Prüfungsberichts ist die Prüfung beendet.[241]

45 8. **Bestätigungsvermerk. a) Allgemeines.** Gemäß § 322 Abs. 1 S. 1 HGB hat der Abschlussprüfer das Ergebnis der Prüfung in einem Bestätigungsvermerk zusammenzufassen. Je nach dem Ausgang der Prüfung wird ein **uneingeschränkter Bestätigungsvermerk**, ein **eingeschränkter Bestätigungsvermerk** oder ein **Versagungsvermerk** erteilt. Der Bestätigungsvermerk oder der Vermerk über seine Versagung dient der Information der Adressaten des Prüfungsberichts und der Öffentlichkeit.[242] Entsprechend seiner **Informationsfunktion** ist er gemäß § 325 HGB offenzulegen.[243]

46 b) **Überschrift; Inhalt; Unterzeichnung.** Der Bestätigungsvermerk ist zunächst mit dieser Bezeichnung zu überschreiben. Lediglich im Falle der Versagung des Bestätigungsvermerks muss wegen § 322 Abs. 4 S. 2 HGB die Bezeichnung „Versagungsvermerk" gewählt werden.[244] Der Inhalt des Bestätigungsvermerks ist in § 322 HGB näher geregelt. Der Sache nach ist dabei eher ein **Bestätigungsbericht** zu erstatten. Im **einleitenden Abschnitt** wird der Gegenstand der Prüfung[245] beschrieben.[246] Gegenstand der Prüfung sind dabei der Jahresabschluss einschließlich der Buchführung sowie der Lagebericht. Zu nennen sind darüber hinaus das geprüfte Unternehmen, der Abschlussstichtag und das geprüfte Geschäftsjahr.[247] Außerdem ist darauf hinzuweisen, dass die Geschäftsführer für die Rechnungslegung verantwortlich sind, während der

---

[237] Zum Bestätigungsvermerk Rn. 45 ff.
[238] BeckBilKomm/*Budde/Kunz* § 321 HGB Rn. 130.
[239] *Baumbach/Hueck/Schulze-Osterloh* § 41 Rn. 92; *Lutter/Hommelhoff* Anh. § 42 Rn. 42.
[240] *Baumbach/Hueck/Schulze-Osterloh* § 41 Rn. 92; BeckBilKomm/*Budde/Kunz* § 321 HGB Rn. 134; *Lenz/Ostrowski* BB 1997, 1523, 1524 f.; aA *Adler/Düring/Schmaltz* § 321 HGB Rn. 156; *Böcking/Orth* WPg. 1998, 351, 360 m. Fn. 89; *Forster* WPg. 1998, 41, 53; *Peemüller/Keller* DStR 1997, 1986, 1988.
[241] BeckBilKomm/*Budde/Kunz* § 321 HGB Rn. 137.
[242] *Adler/Düring/Schmaltz* § 322 HGB Rn. 17; *Küting/Weber/Breycha/Schäfer* Rechnungslegung § 322 HGB Rn. 3; BeckBilKomm/*Budde/Kunz* § 322 HGB Rn. 6; Bonner HdB Rechnungslegung/*Grewe* § 322 HGB Rn. 12; *Hartmann* (Fn. 6) S. 116; Beck'sches HdB GmbH/*Langseder* § 9 Rn. 174; *Lehwald* DStR 2000, 259; *Lutter/Hommelhoff* Anh. § 42 Rn. 43; *Mai* (Fn. 81) S. 130; *Peemüller/Keller* DStR 1997, 1986, 1991; *Raff* HdJ VI/5 Rn. 82; *Sarx*, FS Clemm, 1996, S. 337, 338; *Scholz/Crezelius* Anh. § 42 a Rn. 263; *Weiland* DStR 1996, 717, 721.
[243] Einzelheiten § 41 Rn. 139 ff.
[244] *Adler/Düring/Schmaltz* § 322 HGB Rn. 95; *Lehwald* DStR 2000, 259.
[245] Kritisch zu diesem Bestandteil des Bestätigungsvermerks *Moxter* BB 1997, 722, 729.
[246] *Adler/Düring/Schmaltz* § 322 HGB Rn. 100; *Baumbach/Hueck/Schulze-Osterloh* § 41 Rn. 98; *Schindler/Rabenhorst* BB 1998, 1939, 1942; aA BeckBilKomm/*Budde/Kunz* § 322 HGB Rn. 17, nach denen der Gegenstand der Prüfung im beschreibenden Abschnitt zu behandeln ist.
[247] *Adler/Düring/Schmaltz* § 322 HGB Rn. 105 ff.; *Baumbach/Hueck/Schulze-Osterloh* § 41 Rn. 98; *Lehwald* DStR 2000, 259, 260; *Schindler/Rabenhorst* BB 1998, 1939, 1942.

Abschlussprüfer lediglich ein Urteil darüber abgibt.[248] Der **beschreibende Abschnitt** behandelt Art und Umfang der Prüfung,[249] allerdings weniger detailliert als der Prüfungsbericht.[250] Darauf folgt das **Urteil des Abschlussprüfers**, das gleichbedeutend mit der **Beurteilung des Prüfungsergebnisses** iS des § 322 Abs. 1 S. 2, Abs. 2 S. 1 HGB sein dürfte.[251] Hat der Prüfer keine oder nur unwesentliche[252] Einwendungen, so erklärt er gemäß § 322 Abs. 1 S. 3 HGB (sog. **Kernsatz**), dass die von ihm nach § 317 HGB durchgeführte Prüfung zu keinen Einwendungen geführt hat und dass der von den Geschäftsführern aufgestellte Jahresabschluss aufgrund seiner bei der Prüfung gewonnenen Erkenntnisse nach seiner Beurteilung[253] unter Beachtung der Grundsätze ordnungsmäßiger Buchführung ein den tatsächlichen Verhältnissen entsprechendes Bild der Vermögens-, Finanz- und Ertragslage der Gesellschaft vermittelt. Damit ist der **uneingeschränkte Bestätigungsvermerk** erteilt. Hat der Abschlussprüfer hingegen wesentliche Einwendungen, so hat er gemäß § 322 Abs. 4 S. 1 HGB die Erklärung entsprechend einzuschränken oder zu versagen. Damit ist ein **eingeschränkter Bestätigungsvermerk** erteilt oder der **Bestätigungsvermerk versagt.** Die Einschränkung kommt in Betracht, wenn einzelne Teile der Rechnungslegung mit nicht unwesentlichen Mängeln behaftet sind[254] oder nicht mit hinreichender Sicherheit beurteilt werden können, während die übrigen Teile zu keinen Einwendungen Anlass geben.[255] Der Bestätigungsvermerk ist hingegen zu versagen, wenn Einwendungen[256] gegen Jahresabschluss und Lagebericht insgesamt bestehen.[257] Ob ein festgestellter Mangel wesentlich oder unwesentlich ist und ob er im ersteren Fall zur Einschränkung oder zur Versagung des Bestätigungsvermerks führt, hat der Prüfer nach **pflichtgemäßem Ermessen** zu entscheiden.[258] Im Fall der Versagung darf der Vermerk gemäß § 322 Abs. 4 S. 2 HGB nicht mehr als Bestätigungsvermerk bezeichnet werden. Die Einschränkung und die Versagung des Bestätigungsvermerks sind zu begründen, wobei bei der Einschränkung die Tragweite erkennbar sein muss, § 322 Abs. 4 S. 3 und S. 4 HGB. Gesondert einzugehen ist gemäß § 322 Abs. 2 S. 2 HGB auf **Risiken, die den**

---

[248] *Adler/Düring/Schmaltz* § 322 HGB Rn. 109 f.; *Baumbach/Hueck/Schulze-Osterloh* § 41 Rn. 98; *Dörner* DB 1998, 1, 4; *Dörner/Schwegler* DB 1997, 285, 288; *Kirsch,* FS Baetge, 1997, S. 955, 966; *Lehwald* DStR 2000, 259, 260; *Lingemann/Wasmann* BB 1998, 853, 858; *Schindler/Rabenhorst* BB 1998, 1939, 1942.

[249] Kritisch zu diesem Bestandteil des Bestätigungsvermerks *Moxter* BB 1997, 722, 729.

[250] *Adler/Düring/Schmaltz* § 322 HGB Rn. 118.

[251] AA wohl *Baumbach/Hueck/Schulze-Osterloh* § 41 Rn. 100 d.

[252] Zur Unschädlichkeit unwesentlicher Beanstandungen *Adler/Düring/Schmaltz* § 322 HGB Rn. 212; *Baumbach/Hueck/Schulze-Osterloh* § 41 Rn. 100 a; *Küting/Weber/Breycha/Schäfer* Rechnungslegung § 322 HGB Rn. 28; BeckBilKomm/*Budde/Kunz* § 322 HGB Rn. 39; Bonner HdB Rechnungslegung/*Grewe* § 322 HGB Rn. 53; *Lehwald* DStR 2000, 259, 261; *Sarx,* FS Clemm, 1996, S. 337, 340.

[253] Kritisch zu dieser Formulierung des Gesetzes *Moxter* BB 1997, 722, 729.

[254] Beispiele bei *Sarx,* FS Clemm, 1996, S. 337, 342 f.

[255] *Lehwald* DStR 2000, 259, 261; ähnlich *Adler/Düring/Schmaltz* § 322 HGB Rn. 227; *Baumbach/Hueck/Schulze-Osterloh* § 41 Rn. 100 b; Bonner HdB Rechnungslegung/*Grewe* § 322 HGB Rn. 54.

[256] Beispiele bei *Sarx,* FS Clemm, 1996, S. 337, 344.

[257] Ähnlich *Adler/Düring/Schmaltz* § 322 HGB Rn. 227; Bonner HdB Rechnungslegung/*Grewe* § 322 HGB Rn. 55; *Lehwald* DStR 2000, 259, 262.

[258] *Adler/Düring/Schmaltz* § 322 HGB Rn. 224; *Küting/Weber/Breycha/Schäfer* Rechnungslegung § 322 HGB Rn. 29, 43; BeckBilKomm/*Budde/Kunz* § 322 HGB Rn. 43; *Sarx,* FS Clemm, 1996, S. 337, 341; ebenso *Baumbach/Hueck/Schulze-Osterloh* § 41 Rn. 100 b und *Kropff,* FS Havermann, 1995, S. 321, 334 für Entscheidung zwischen Einschränkung und Versagung des Bestätigungsvermerks.

§ 42 a 3. Abschnitt. Vertretung und Geschäftsführung

Fortbestand des Unternehmens gefährden, jedoch weniger detailliert als im Prüfungsbericht. Im Regelfall wird der Hinweis auf die entsprechenden Punkte im Lagebericht ausreichen. Enthält der Lagebericht jedoch keine Hinweise zu der Bestandsgefährdung, so sind die Risiken zu benennen und der Bestätigungsvermerk entsprechend einzuschränken oder zu versagen.[259] Weiter muss der Abschlussprüfer im Bestätigungsvermerk gemäß § 322 Abs. 3 HGB Angaben dazu machen, ob der **Lagebericht** insgesamt nach seiner Beurteilung eine **zutreffende Vorstellung von der Lage des Unternehmens vermittelt** und ob die **Risiken der künftigen Entwicklung zutreffend dargestellt** sind. Hier kommt eine verkürzte Darstellung der entsprechenden Feststellungen im Prüfungsbericht in Betracht (Rn. 41). Schließlich hat der Abschlussprüfer den Bestätigungsvermerk oder den Vermerk über seine Versagung gemäß § 322 Abs. 5 HGB unter Angabe von Ort und Datum zu **unterzeichnen** und **in den Prüfungsbericht aufzunehmen.** Der Unterzeichnung ist das Siegel beizufügen.[260] Die Unterschrift des Prüfungsberichts deckt dabei den Bestätigungsvermerk mit ab; eine gesonderte Unterzeichnung ist nicht erforderlich.[261]

47 c) **Rechtsfolgen.** Voraussetzung der **Feststellung des Jahresabschlusses** ist im Falle des Bestehens einer Prüfungspflicht nach § 316 HGB die Durchführung der Prüfung. Diese ist mit der Unterzeichnung des Prüfungsberichts beendet (Rn. 44). Damit ist auch die Entscheidung über die Erteilung des Bestätigungsvermerks oder über dessen Versagung dokumentiert. Die Erteilung eines uneingeschränkten Bestätigungsvermerks ist hingegen keine Voraussetzung der Feststellung des Jahresabschlusses; er kann auch wirksam festgestellt werden, wenn der Bestätigungsvermerk eingeschränkt oder seine Erteilung versagt wurde.[262] Entsprechend kann auch ein wirksamer Gewinnverwendungsbeschluss gefasst[263] und die Dividende an die Gesellschafter ausgeschüttet[264] werden. Anders verhält es sich jedoch im Falle der **Änderung des Jahresabschlusses** durch die Gesellschafterversammlung nach Abschluss der Prüfung. Analog § 173 Abs. 3 AktG werden die gefassten Beschlüsse über die Feststellung des geänderten Jahresabschlusses und die Gewinnverwendung erst wirksam, wenn aufgrund der dann erforderlichen Nachtragsprüfung (Rn. 15) ein hinsichtlich der Änderungen uneingeschränkter Bestätigungsvermerk erteilt worden ist. Auch ein Beschluss über eine **Kapitalerhöhung aus Gesellschaftsmitteln** setzt gemäß § 57f Abs. 2 einen mit einem uneingeschränkten Bestätigungsvermerk versehenen Jahresabschluss voraus. Schließlich hat die Einschränkung oder Versagung des Bestätigungsvermerks **vielfältige wirtschaftliche Folgen,** da die Beurteilung der Gesellschaft durch Geschäftspartner, Kreditgeber, sonstige Gläubiger und die Öffentlichkeit allgemein leidet.

48 d) **Anspruch auf Bestätigungsvermerk.** Die Gesellschaft hat bei ordnungsmäßiger Rechnungslegung **Anspruch auf einen uneingeschränkten Bestätigungsver-**

---

[259] *Baumbach/Hueck/Schulze-Osterloh* § 41 Rn. 100 e; BeckBilKomm/*Budde/Kunz* § 322 HGB Rn. 26 f.; *Schindler/Rabenhorst* BB 1998, 1939, 1943.
[260] *Adler/Düring/Schmaltz* § 322 HGB Rn. 338; *Baumbach/Hueck/Schulze-Osterloh* § 41 Rn. 102; *Küting/Weber/Breycha/Schäfer* Rechnungslegung § 322 HGB Rn. 50.
[261] *Adler/Düring/Schmaltz* § 322 HGB Rn. 348; *Baumbach/Hueck/Schulze-Osterloh* § 41 Rn. 102.
[262] *Adler/Düring/Schmaltz* § 322 HGB Rn. 34; *Baumbach/Hueck/Schulze-Osterloh* § 41 Rn. 104; Beck'sches HdB GmbH/*Langseder* § 9 Rn. 175; Bonner HdB Rechnungslegung/*Grewe* § 322 HGB Rn. 67; *Hartmann* (Fn. 6) S. 169; *Lutter/Hommelhoff* Anh. § 42 Rn. 47; *Raff* HdJ VI/5 Rn. 92; *Sarx,* FS Clemm, S. 337, 344; *Scholz/Crezelius* Anh. § 42a Rn. 263a.
[263] *Sarx,* FS Clemm, 1996, S. 337, 344.
[264] BeckBilKomm/*Budde/Kunz* § 322 HGB Rn. 11; *Lutter/Hommelhoff* Anh. § 42 Rn. 47; *Scholz/Crezelius* Anh. § 42a Rn. 263a.

Vorlage des Jahresabschlusses und des Lageberichts § 42 a

merk.[265] Der Anspruch wird durch Leistungsklage gegen den Abschlussprüfer vor dem Landgericht geltend gemacht[266] und gemäß § 888 Abs. 1 ZPO vollstreckt.[267] Entsprechend hat die Gesellschaft einen **Anspruch auf Erteilung eines eingeschränkten Bestätigungsvermerks,** wenn die Einwendungen gegen die Rechnungslegung dessen Erteilung rechtfertigen.[268] Hat die Prüfung des Jahresabschlusses hingegen Mängel ergeben, die weder die Erteilung eines uneingeschränkten noch eines eingeschränkten Bestätigungsvermerks erlauben, so kann die Gesellschaft die **Erteilung des Vermerks über die Versagung** verlangen, um die Beendigung der Abschlussprüfung nachweisen zu können.[269]

e) **Widerruf des Bestätigungsvermerks.** Der Bestätigungsvermerk kann **widerrufen oder nachträglich eingeschränkt** werden, wenn der Prüfer erkennt, dass er in der erteilten Form nicht hätte erteilt werden dürfen.[270] Der Grund für die zunächst unrichtige Erteilung durch den Prüfer ist dabei unerheblich, es kann sich zB um einen Irrtum des Prüfers, um nachträgliches Bekanntwerden neuer Tatsachen oder um eine Täuschung durch die Gesellschaft handeln.[271] Bei der Entscheidung, ob der Bestätigungsvermerk zu widerrufen oder einzuschränken ist, hat der Prüfer in gleicher Weise wie bei der ursprünglichen Entscheidung (Rn. 46) sein **pflichtgemäßes Ermessen** auszuüben.[272] Eine nachträgliche Korrektur des Jahresabschlusses und dessen Veröffentlichung lassen Widerruf oder nachträgliche Einschränkung des Bestätigungsvermerks nicht verzichtbar werden,[273] denn der geprüfte Jahresabschluss ist nicht mit dem korrigierten identisch, so dass weiterhin ein mit Mängeln behafteter und mit einem entsprechend zu günstigen Bestätigungsvermerk versehener Jahresabschluss in der Welt wäre. Der Widerruf oder die nachträgliche Einschränkung sind schriftlich und mit einer Begründung versehen[274] gegenüber der Gesellschaft, vertreten durch die Ge-

49

---

[265] *Adler/Düring/Schmaltz* § 322 HGB Rn. 130, 355; *Baumbach/Hueck/Schulze-Osterloh* § 41 Rn. 105; BeckBilKomm/*Budde/Kunz* § 322 HGB Rn. 15; *Elkart/Naumann* WPg. 1995, 357, 359; Bonner HdB Rechnungslegung/*Grewe* § 322 HGB Rn. 74; *Lutter/Hommelhoff* Anh. § 42 Rn. 48; *Scholz/Crezelius* Anh. § 42 a Rn. 263 b.

[266] *Adler/Düring/Schmaltz* § 322 HGB Rn. 355; *Baumbach/Hueck/Schulze-Osterloh* § 41 Rn. 105; *Elkart/Naumann* WPg. 1995, 357, 359; *Lutter/Hommelhoff* Anh. § 42 Rn. 48; *Mai* (Fn. 81) S. 134; *Scholz/Crezelius* Anh. § 42 a Rn. 263 b.

[267] *Adler/Düring/Schmaltz* § 322 HGB Rn. 355; *Baumbach/Hueck/Schulze-Osterloh* § 41 Rn. 105; *Scholz/Crezelius* Anh. § 42 a Rn. 263 b.

[268] *Adler/Düring/Schmaltz* § 322 HGB Rn. 360; *Baumbach/Hueck/Schulze-Osterloh* § 41 Rn. 105; BeckBilKomm/*Budde/Kunz* § 322 HGB Rn. 15; *Elkart/Naumann* WPg. 1995, 357, 359; Bonner HdB Rechnungslegung/*Grewe* § 322 HGB Rn. 74; *Lutter/Hommelhoff* Anh. § 42 Rn. 48; *Mai* (Fn. 81) S. 135.

[269] *Baumbach/Hueck/Schulze-Osterloh* § 41 Rn. 105.

[270] *Adler/Düring/Schmaltz* § 322 HGB Rn. 362; *Baumbach/Hueck/Schulze-Osterloh* § 41 Rn. 106; *Küting/Weber/Breycha/Schäfer* Rechnungslegung § 322 HGB Rn. 51; BeckBilKomm/*Budde/Kunz* § 322 HGB Rn. 114; *Lehwald* DStR 2000, 259, 263; *Lutter/Hommelhoff* Anh. § 42 Rn. 49; *Raff* HdJ VI/5 Rn. 144; *Sarx*, FS Clemm, 1996, S. 337, 345.

[271] *Adler/Düring/Schmaltz* § 322 HGB Rn. 365; BeckBilKomm/*Budde/Kunz* § 322 HGB Rn. 115; Bonner HdB Rechnungslegung/*Grewe* § 322 HGB Rn. 77; *Lehwald* DStR 2000, 259, 263; *Lutter/Hommelhoff* Anh. § 42 Rn. 49; *Raff* HdJ VI/5 Rn. 145; *Sarx*, FS Clemm, 1996, 337, 345.

[272] *Sarx*, FS Clemm, 1996, S. 337, 346; *Scholz/Crezelius* Anh. § 42 a Rn. 263 c.

[273] So aber BeckBilKomm/*Budde/Kunz* § 322 HGB Rn. 115.

[274] *Adler/Düring/Schmaltz* § 322 HGB Rn. 369; *Baumbach/Hueck/Schulze-Osterloh* § 41 Rn. 106; BeckBilKomm/*Budde/Kunz* § 322 HGB Rn. 119; *Lehwald* DStR 2000, 259, 263; *Mai* (Fn. 81) S. 137; *Raff* HdJ VI/5 Rn. 149; *Sarx*, FS Clemm, 1996, S. 337, 346.

§ 42a 3. Abschnitt. Vertretung und Geschäftsführung

schäftsführer, zu erklären.[275] Hat der Aufsichtsrat den Prüfungsauftrag erteilt, so ist die Erklärung ihm gegenüber abzugeben.[276] Die Gesellschaft darf sodann den ursprünglich erteilten Bestätigungsvermerk nicht mehr verwenden.[277]

50 **f) Aufhebung der Bestellung eines gerichtlich bestellten Abschlussprüfers.** Wird die Bestellung eines gerichtlich bestellten Abschlussprüfers (Rn. 36 ff.) nachträglich aufgehoben, so bleibt der von diesem Prüfer erteilte **Bestätigungsvermerk** gemäß § 32 FGG gleichwohl **wirksam.**

51 **9. Verantwortlichkeit des Abschlussprüfers gegenüber der Gesellschaft. a) Pflichten des Abschlussprüfers.** § 323 Abs. 1 Sätze 1 und 2 HGB umreißt – teilweise in Übereinstimmung mit § 43 Abs. 1 WPO – die Pflichten des Abschlussprüfers, seiner Gehilfen sowie der bei der Prüfung mitwirkenden gesetzlichen Vertreter einer Prüfungsgesellschaft. Danach ist die Prüfung **gewissenhaft** und **unparteiisch** durchzuführen. Dabei stellt die erforderliche Gewissenhaftigkeit keine besondere Pflicht dar, sondern beschreibt den vom Abschlussprüfer zu beachtenden Sorgfaltsmaßstab.[278] Unparteilichkeit bedeutet, dass der Abschlussprüfer sich nicht von den Interessen der geprüften Gesellschaft oder ihrer Organe leiten lassen darf, sondern auch die Interessen der Gläubiger, Arbeitnehmer und der Allgemeinheit an einer ordnungsmäßigen Rechnungslegung berücksichtigen muss.[279] Den Abschlussprüfer trifft eine **Verschwiegenheitspflicht,** und zwar gegenüber jedem Dritten, im Falle einer Prüfungsgesellschaft auch gegenüber dem Aufsichtsrat und den Mitgliedern des Aufsichtsrates der Prüfungsgesellschaft (§ 323 Abs. 1 S. 1 iVm. Abs. 3 HGB), nicht jedoch gegenüber Organen der geprüften Gesellschaft.[280] Die Verschwiegenheitspflicht bezieht sich auf alle vertraulichen Angaben der geprüften Gesellschaft sowie verbundener Unternehmen.[281] Die Gesellschaft kann den Abschlussprüfer jedoch von der Pflicht zur Verschwiegenheit entbinden.[282] Die Entbindung von der Verschwiegenheitspflicht ist eine Geschäftsführungsmaßnahme;[283] zuständig sind daher die Geschäftsführer,[284] und zwar auch dann, wenn der Abschlussprüfer vom Aufsichtsrat der Gesellschaft beauftragt wurde.[285] Schließlich besteht ein **Verwertungsverbot hinsichtlich der Geschäfts- und Betriebsgeheimnisse,** die der Abschlussprüfer bei seiner Tätigkeit erfährt. Über die Regelung des § 323 Abs. 1 S. 2 HGB hinaus ist dabei § 13 Abs. 1 Nr. 3 WpHG zu beachten, der den Abschlussprüfer als Insider klassifiziert, so dass einem Abschlussprüfer

---

[275] *Baumbach/Hueck/Schulze-Osterloh* § 41 Rn. 106; aA – Wahlrecht zwischen Geschäftsführern, Aufsichtsrat und Gesellschaftern – BeckBilKomm/*Budde/Kunz* § 322 HGB Rn. 119.

[276] *Baumbach/Hueck/Schulze-Osterloh* § 41 Rn. 106.

[277] *Adler/Düring/Schmaltz* § 322 HGB Rn. 372; *Baumbach/Hueck/Schulze-Osterloh* § 41 Rn. 106; *Küting/Weber/Breycha/Schäfer* Rechnungslegung § 322 HGB Rn. 53; BeckBilKomm/*Budde/Kunz* § 322 HGB Rn. 117; *Lehwald* DStR 2000, 259, 263.

[278] *Baumbach/Hueck/Schulze-Osterloh* § 41 Rn. 108; BeckBilKomm/*Budde/Hense* § 323 HGB Rn. 11.

[279] *Adler/Düring/Schmaltz* § 323 HGB Rn. 28; BeckBilKomm/*Budde/Hense* § 323 HGB Rn. 25 f.

[280] *Adler/Düring/Schmaltz* § 323 HGB Rn. 44; BeckBilKomm/*Budde/Hense* § 323 HGB Rn. 35 f.; *Nonnenmacher* HdJ VI/1 Rn. 43.

[281] *Baumbach/Hueck/Schulze-Osterloh* § 41 Rn. 110.

[282] *Baumbach/Hueck/Schulze-Osterloh* § 41 Rn. 110 aE.

[283] *Adler/Düring/Schmaltz* § 323 HGB Rn. 52; BeckBilKomm/*Budde/Hense* § 323 HGB Rn. 44.

[284] *Baumbach/Hueck/Schulze-Osterloh* § 41 Rn. 110; BeckBilKomm/*Budde/Hense* § 323 HGB Rn. 44.

[285] BeckBilKomm/*Budde/Hense* § 323 HGB Rn. 44.

Vorlage des Jahresabschlusses und des Lageberichts § 42 a

auch nach § 14 Abs. 1 WpHG verboten ist, die dort als Insiderinformationen eingestuften Tatsachen und Kenntnisse zu verwerten. Von dem Verwertungsverbot des § 323 Abs. 1 S. 2 HGB kann die Gesellschaft den Abschlussprüfer nicht befreien, da darin eine Zuwendung außerhalb des Prüfungsvertrages zu sehen wäre, die sittenwidrig iS des § 138 BGB wäre.[286] Zudem könnte eine solche Gestattung der Verwertung eines Geschäfts- oder Betriebsgeheimnisses auch eine unerlaubte Verwendung von Insiderinformationen durch die Gesellschaft bzw. das gestattende Organ darstellen.[287]

b) Haftung. Die vorsätzliche oder fahrlässig Verletzung der Pflichten des Abschlussprüfers, seiner Gehilfen oder der bei der Prüfung mitwirkenden gesetzlichen Vertreter einer Prüfungsgesellschaft führt gemäß § 323 Abs. 1 S. 3 HGB zu einer **Schadensersatzpflicht gegenüber der Gesellschaft;** wenn ein verbundenes Unternehmen geschädigt wurde, besteht die Schadensersatzpflicht auch diesem Unternehmen gegenüber. Die Schadensersatzpflicht besteht nicht nur im Falle der Verletzung der in § 323 Abs. 1 S. 1 und S. 2 HGB genannten Pflichten;[288] sie kann vielmehr durch **jegliche Pflichtverletzung** des Abschlussprüfers ausgelöst werden.[289] Die Haftung für **fahrlässige Pflichtverletzungen** ist dabei gemäß § 323 Abs. 2 S. 1 HGB auf DM 2 000 000 beschränkt.[290] Diese Grenze gilt für alle an der Prüfung beteiligten Personen und für alle während einer Prüfung vorkommenden fahrlässigen Pflichtverstöße insgesamt. Sie ist auch bei grober Fahrlässigkeit anwendbar. Die Haftung für **vorsätzliche Pflichtverletzungen** ist hingegen betragsmäßig nicht begrenzt.[291] Die Schadensersatzpflicht des Abschlussprüfers kann allerdings in besonderen Ausnahmefällen[292] durch ein Mitverschulden der geprüften Gesellschaft gemäß § 254 BGB gemindert werden oder ganz entfallen.[293] Mehrere Beteiligte haften gemäß § 323 Abs. 1 S. 4 HGB als Gesamtschuldner. Die Schadensersatzpflicht kann gemäß § 323 Abs. 4 HGB durch Vertrag weder ausgeschlossen noch beschränkt werden. Eine solche vertragliche Bestimmung wäre gemäß § 134 BGB nichtig.[294] Dazu gehört auch, dass die Haftung des Abschlussprüfers für seine Erfüllungsgehilfen gemäß § 278 BGB entgegen S. 2 der Vorschrift nicht ausgeschlossen werden kann.[295] Gemäß § 323 Abs. 5 HGB verjähren die Ansprüche der Gesellschaft in fünf Jahren. Vereinbarungen über die Verjährungsfrist sind nur im Rahmen des § 202 BGB idF v. 2. Januar 2002 zulässig.[296] Die Verjährungsfrist beginnt dabei mit dem Eintritt des Schadens; auf die Kenntnis der Gesellschaft davon kommt es nicht an.[297]

52

---

[286] *Baumbach/Hueck/Schulze-Osterloh* § 41 Rn. 111.
[287] BeckBilKomm/*Budde/Hense* § 323 HGB Rn. 55 aE.
[288] So aber BeckBilKomm/*Budde/Hense* § 323 HGB Rn. 101.
[289] *Adler/Düring/Schmaltz* § 323 HGB Rn. 77; *Baumbach/Hueck/Schulze-Osterloh* § 41 Rn. 112; *Quick* BB 1992, 1675, 1676.
[290] Kritisch zu der gesetzlich festgelegten Obergrenze *Lenz/Ostrowski* BB 1997, 1523, 1527.
[291] *Quick* BB 1992, 1675, 1677.
[292] Zur restriktiven Anwendung des § 254 BGB im Bereich der Haftung des Abschlussprüfers *Hopt* WPg. 1986, 461, 466.
[293] *Adler/Düring/Schmaltz* § 323 HGB Rn. 135; ebenso BeckBilKomm/*Budde/Hense* § 323 HGB Rn. 121; *Quick* BB 1992, 1675, 1676, beide mit Darstellung typischer Fallgestaltungen.
[294] *Quick* BB 1992, 1675, 1678.
[295] BeckBilKomm/*Budde/Hense* § 323 HGB Rn. 135; *Quick* BB 1992, 1675, 1678.
[296] Anders noch BeckBilKomm/*Budde/Hense* § 323 HGB Rn. 142 zu § 225 S. 1 BGB aF.
[297] BGH WM 1994, 33, 36; *Adler/Düring/Schmaltz* § 323 HGB Rn. 167 ff.; *Baumbach/Hueck/Schulze-Osterloh* § 41 Rn. 112; BeckBilKomm/*Budde/Hense* § 323 HGB Rn. 140; Beck'sches HdB GmbH/*Langseder* § 9 Rn. 183; sämtlich zu § 198 BGB aF; nach § 200 BGB idF v. 2. Januar 2002 gilt nichts anderes.

§ 42 a

53 10. Freiwillige Prüfung. a) Grundsatz. Kleine Gesellschaften unterliegen nicht der Pflichtprüfung nach § 316 Abs. 1 HGB. Gleichwohl können sie ihren Jahresabschluss freiwillig prüfen lassen,[298] sei es, dass der **Gesellschaftsvertrag** grds. eine Prüfung vorsieht, sei es, dass ein bestimmter Jahresabschluss aufgrund eines **Beschlusses der Gesellschafterversammlung** geprüft werden soll.[299] Soweit der Gesellschaftsver-trag oder der Beschluss der Gesellschafterversammlung keine abweichenden Bestimmungen treffen, gelten die §§ 317ff. HGB über Person des Abschlussprüfers, Gegenstand, Art und Umfang der Prüfung, den Prüfungsbericht sowie den Bestätigungsvermerk.[300] Der Gesellschaftsvertrag kann aber abweichende Bestimmungen treffen, also zB nicht einen Wirtschaftsprüfer oder vereidigten Buchprüfer als Abschlussprüfer vorsehen, sondern eine andere Person, die der Gesellschaft qualifiziert erscheint.[301] In Betracht kommen dabei zB Angehörige der steuerberatenden Berufe.[302]

54 b) Auswahl des Abschlussprüfers. Bei der Auswahl des Abschlussprüfers sind die Gesellschafter grds. nicht an § 319 HGB gebunden. Auch die Vorschriften über die Bestellung des Prüfers, Widerruf und Kündigung des Prüfungsauftrages sowie die gerichtliche Ersetzung eines gewählten Prüfers sind nicht anwendbar.[303]

55 c) Bescheinigung/Bestätigungsvermerk. Über eine freiwillige Prüfung kann eine **Bescheinigung** ausgestellt werden.[304] Die Bescheinigung enthält den Adressaten, den Auftrag, die Auftragsbedingungen, Gegenstand, Art und Umfang der Prüfung, die Prüfungsgrundsätze einschließlich der zugrundeliegenden Rechtsvorschriften und Unterlagen sowie die Prüfungsfeststellungen.[305] Diese Bestandteile der Bescheinigung können allerdings auch in einen fakultativ aufzustellenden Prüfungsbericht aufgenommen werden.[306] Ein **Bestätigungsvermerk gemäß § 322 HGB** darf hingegen nur erteilt werden, wenn die Voraussetzungen der §§ 317ff. HGB erfüllt sind, d.h. wenn hinsichtlich der Person des Prüfers § 319 HGB beachtet worden ist und der Gegenstand der Prüfung § 317 HGB entspricht.[307] Da die Prüfung nach § 317 Abs. 1 S. 3 HGB insbesondere so anzulegen ist, dass Unrichtigkeiten und Verstöße gegen gesetzliche oder gesellschaftsvertragliche Bestimmungen, die sich auf die Darstellung des sich nach § 264 Abs. 2 HGB ergebenden Bildes der Vermögens-, Finanz- und Ertragslage wesentlich auswirken, bei gewissenhafter Berufsausübung erkannt werden, muss der Jahresabschluss der Gesellschaft also trotz der für sie geltenden Erleichterungen bei der Gliederung der Bilanz, der Aufstellung der Gewinn- und Verlustrechnung sowie der

---

[298] BeckBilKomm/*Förschle/Kofahl* § 316 HGB Rn. 60; *Hartmann* (Fn. 6) S. 64; *Roth/Altmeppen* Rn. 15.
[299] *Farr* GmbHR 1996, 185 f.; *Hartmann* (Fn. 6) S. 67; *Lutter/Hommelhoff* Anh. § 42 Rn. 58.
[300] BGH WM 1991, 1951 = ZIP 1991, 1427; *Baumbach/Hueck/Schulze-Osterloh* § 41 Rn. 121; *Lutter/Hommelhoff* Anh. § 42 Rn. 57.
[301] *Baumbach/Hueck/Schulze-Osterloh* § 41 Rn. 121; *Lutter/Hommelhoff* Anh. § 42 Rn. 57.
[302] *Weiland* DStR 1996, 717, 718.
[303] BGH WM 1991, 1951 = ZIP 1991, 1427; *Adler/Düring/Schmaltz* § 318 HGB Rn. 316 für Abs. 3; BeckBilKomm/*Budde/Steuber* § 318 HGB Rn. 17; *Forster*, FS Semler, 1993, S. 819, 833; *Lutter/Hommelhoff* Anh. § 42 Rn. 58.
[304] BeckBilKomm/*Budde/Kunz* § 321 HGB Rn. 128, § 322 HGB Rn. 85; *Hartmann* (Fn. 6) S. 66; Beck'sches HdB GmbH/*Langseder* § 9 Rn. 177; *Lehwald* DStR 2000, 259, 260; *Lutter/Hommelhoff* Anh. § 42 Rn. 57; *Raff* HdJ VI/5 Rn. 181 und 190ff.; *Weiland* DStR 1996, 717. Zu Einzelfragen der Bescheinigung *Weiland* DStR 1996, 717, 722 f.
[305] BeckBilKomm/*Budde/Kunz* § 321 HGB Rn. 128; *Lehwald* DStR 2000, 259, 260.
[306] BeckBilKomm/*Budde/Kunz* § 321 HGB Rn. 128.
[307] *Hartmann* (Fn. 6) S. 66; *Raff* HdJ VI/5 Rn. 181; *Weiland* DStR 1996, 717.

Vorlage des Jahresabschlusses und des Lageberichts § 42 a

im Anhang zu machenden Angaben³⁰⁸ zumindest ein den tatsächlichen Verhältnissen entsprechendes Bild der Vermögens-, Finanz- und Ertragslage vermitteln.

d) Haftung. Bei der freiwilligen Prüfung gilt § 323 HGB nicht.³⁰⁹ Insbesondere die **56** Regelung über die Haftungsbegrenzung bei fahrlässiger Pflichtverletzung des § 323 Abs. 2 HGB ist nicht anwendbar.³¹⁰ Auch ist es nicht möglich, gemäß § 278 S. 2 BGB die Haftung für Erfüllungsgehilfen auszuschließen. Der Prüfer haftet der Gesellschaft vielmehr nach **allgemeinen zivilrechtlichen Grundsätzen**.³¹¹ Danach kommt insbesondere eine Haftung nach § 280 BGB idF v. 2. Januar 2002 in Betracht.³¹² Ist der Abschlussprüfer allerdings ein Wirtschaftsprüfer oder eine Wirtschaftsprüfungsgesellschaft, so gilt abweichend vom allg. Zivilrecht die Verjährungsfrist des § 51 a WPO von fünf Jahren.

IV. Bericht des Aufsichtsrats

1. Einrichtung eines Aufsichtsrates. Eine GmbH verfügt nicht stets über einen **57** Aufsichtsrat. Lediglich in **§ 77 Abs. 1 BetrVG 1953 iVm. § 129 BetrVG, § 25 Abs. 1 MitbestG und § 3 Montan-MitbestG** ist die Bildung eines Aufsichtsrates für bestimmte Gesellschaften zwingend vorgeschrieben. Wie sich aus § 52 ergibt, steht es iÜ jeder Gesellschaft frei, eine Bestimmung in den Gesellschaftsvertrag aufzunehmen, nach der ein Aufsichtsrat zu bilden ist (sog. **fakultativer Aufsichtsrat**).³¹³ Der Gesellschaftsvertrag kann auch vorsehen, dass ein Organ mit anderer Bezeichnung, etwa Beirat, Verwaltungsrat oä, zu bilden ist. Sofern dieses Organ eine Überwachungsfunktion ausübt, sind die Vorschriften, die den Aufsichtsrat betreffen, anwendbar.³¹⁴

2. Umfang der Prüfung durch den Aufsichtsrat. Der Aufsichtsrat hat gemäß **58** § 77 Abs. 1 BetrVG 1953 iVm. § 129 BetrVG, § 25 Abs. 1 Nr. 2 MitbestG und § 3 Montan-MitbestG bzw. § 52, jeweils iVm. § 171 Abs. 1 AktG den **Jahresabschluss**, den **Lagebericht** und, soweit die Geschäftsführer einen solchen vorgelegt haben (Rn. 2), den **Ergebnisverwendungsvorschlag** zu prüfen. Zu diesem Zweck haben die Geschäftsführer ihm gemäß § 170 AktG³¹⁵ den Jahresabschluss und den Lagebericht vorzulegen. Vom Abschlussprüfer erhält der Aufsichtsrat gemäß § 321 Abs. 5 S. 2 HGB dessen Prüfungsbericht. Ergänzend kann der Aufsichtsrat die Bücher und Schriften der Gesellschaft einsehen und die Geschäftsführer zu weiterer Berichterstattung auffordern.

Anders als der Abschlussprüfer, der gemäß § 317 HGB nur prüft, ob der Jahresab- **59** schluss den gesetzlichen Bestimmungen und ggf. ergänzenden Bestimmungen des Gesellschaftsvertrags entspricht und ob der Lagebericht mit dem Jahresabschluss im Einklang steht (Rn. 19 f.), ist die Prüfung des Aufsichtsrates allerdings nicht nur eine Rechtmäßigkeits-, sondern auch eine **Zweckmäßigkeits- und Wirtschaftlichkeits-**

---

[308] Dazu § 41 Rn. 120, 123 und 125.
[309] BeckBilKomm/*Budde/Hense* § 323 HGB Rn. 5; Beck'sches HdB GmbH/*Langseder* § 9 Rn. 184; *Lutter/Hommelhoff* Anh. § 42 Rn. 58; *Weiland* DStR 1996, 717, 718.
[310] *Lutter/Hommelhoff* Anh. § 42 Rn. 58; *Quick* BB 1992, 1675, 1678.
[311] BeckBilKomm/*Budde/Hense* § 323 HGB Rn. 160.
[312] Abw. noch zur alten Rechtslage Beck'sches HdB GmbH/*Langseder* § 9 Rn. 184; *Wimmer* DStR 1997, 1931, 1933 – Haftung aus positiver Forderungsverletzung wegen Schlechterfüllung des Prüfungsauftrages.
[313] Vgl. § 52 Rn. 6.
[314] *Adler/Düring/Schmaltz* § 42 a GmbHG Rn. 11.
[315] Zur Anwendbarkeit des § 170 AktG trotz Fehlens einer entsprechenden Verweisung in § 77 Abs. 1 BetrVG 1952 und § 25 Abs. 1 Nr. 2 MitbestG zutreffend *Adler/Düring/Schmaltz* § 42 a GmbHG Rn. 10; *Hartmann* (Fn. 6) S. 130 f.

prüfung.³¹⁶ Dies ergibt sich aus der Funktion des Aufsichtsrates als Überwachungsorgan.

60 Die Verpflichtung des Aufsichtsrates zur Prüfung der genannten Unterlagen ist **zwingend;** der Gesellschaftsvertrag kann den Aufsichtsrat nicht von dieser Pflicht befreien. Dies gilt auch im Falle eines fakultativen Aufsichtsrates gemäß § 52. § 52 Abs. 1 stellt zwar die Übernahme der dort genannten aktienrechtlichen Vorschriften zur Disposition der Gesellschaft, nicht jedoch Prüfungspflicht des Aufsichtsrates als solche.³¹⁷

61 **3. Berichterstattung durch den Aufsichtsrat.** Gemäß § 77 Abs. 1 BetrVG 1953 iVm. § 129 BetrVG, § 25 Abs. 1 Nr. 2 MitbestG und § 3 Montan-MitbestG bzw. § 52, jeweils iVm. § 171 Abs. 2 AktG, hat der Aufsichtsrat der Gesellschafterversammlung über das Ergebnis seiner Prüfung einen **schriftlichen Bericht** zu erstatten. Darin muss der Aufsichtsrat zum Ergebnis der Prüfung des Abschlussprüfers Stellung nehmen und erklären, ob er den Jahresabschluss billigt. Zusätzlich hat er darüber zu berichten, wie sich seine Überwachung der Geschäftsführung während des Geschäftsjahres gestaltete.

62 Der Aufsichtsrat hat seinen Bericht gemäß § 77 Abs. 1 BetrVG 1953 iVm. § 129 BetrVG, § 25 Abs. 1 Nr. 2 MitbestG und § 3 Montan-MitbestG bzw. § 52, jeweils iVm. § 171 Abs. 3 AktG **innerhalb eines Monats** ab Zugang der ihm vorzulegenden Unterlagen der Gesellschafterversammlung zuzuleiten. Vorzulegen sind dem Aufsichtsrat nach § 170 Abs. 1 AktG der Jahresabschluss und der Lagebericht. Dies wirft im Falle der Prüfungspflicht der Gesellschaft Probleme auf, denn den Prüfungsbericht des Abschlussprüfers erhält der Aufsichtsrat gemäß § 321 Abs. 5 S. 2 HGB von diesem. Da § 171 Abs. 3 AktG jedoch nicht auf § 321 Abs. 5 S. 2 HGB verweist, ist nach der Gesetzessystematik davon auszugehen, dass der Aufsichtsrat seinen Bericht einen Monat nach Eingang von Jahresabschluss und Lagebericht – ohne Rücksicht auf den Erhalt des Prüfungsberichts des Abschlussprüfers – erstellen müsste.³¹⁸ Dies ist jedoch nicht sachgerecht. Es ist vielmehr anzunehmen, dass ein Redaktionsversehen des Gesetzgebers vorliegt, der bei der Änderung des § 170 Abs. 1 AktG durch das KonTraG, mit der die Verpflichtung des Vorstandes zur Vorlage des Prüfungsberichts an den Aufsichtsrat gestrichen wurde und die Regelung des § 321 Abs. 5 HGB geschaffen wurde, lediglich übersehen hat, die Monatsfrist des § 171 Abs. 3 AktG mit der Vorlage des Prüfungsberichts durch den Abschlussprüfer an den Aufsichtsrat nach § 321 Abs. 5 S. 2 HGB zu verknüpfen. Entsprechend wird man § 171 Abs. 3 AktG so auslegen müssen, dass der Aufsichtsrat seinen Bericht einen Monat nach Erhalt des Jahresabschlusses, des Lageberichts und ggf. auch des Prüfungsberichts des Abschlussprüfers zu erstatten hat. Versäumt der Aufsichtsrat diese Frist, haben die Geschäftsführer ihm gemäß § 171 Abs. 3 S. 2 AktG unverzüglich eine weitere Frist von nicht mehr als einem Monat zu setzen.

V. Feststellung des Jahresabschlusses

63 **1. Allgemeines.** Der von den Geschäftsführern aufgestellte Jahresabschluss ist zunächst nicht mehr als ein Entwurf.³¹⁹ Die Aufstellung dient der Herstellung der Fest-

---

³¹⁶ *Hartmann* (Fn. 6) S. 136; *Vollmer/Maurer* BB 1993, 591, 596.

³¹⁷ *Baumbach/Hueck/Zöllner* § 52 Rn. 60d; ähnlich *Adler/Düring/Schmaltz* § 42a GmbHG Rn. 11.

³¹⁸ So offenbar *Hüffer* § 171 Rn. 15.

³¹⁹ *Adler/Düring/Schmaltz* § 42a GmbHG Rn. 28; *Küting/Weber/Bohl* Rechnungslegung § 42a GmbHG Rn. 43; *Claussen*, FS Semler, 1993, S. 97, 102; *Crezelius*, FS 100 Jahre GmbHG, 1992, S. 315, 316; *Hartmann* (Fn. 6) S. 164; Beck'sches HdB GmbH/*Langseder* § 9 Rn. 199; *Scholz/Crezelius* Rn. 30; aA *Kropp/Sauerwein* DStR 1995, 70, 71.

Vorlage des Jahresabschlusses und des Lageberichts § 42 a

stellungsreife des Jahresabschlusses.³²⁰ Erst mit der Feststellung des Jahresabschlusses macht sich die Gesellschaft den aufgestellten Abschluss zu eigen; er wird damit für Gesellschafter, Geschäftsführer und für das Verhältnis der Gesellschaft zu Dritten **verbindlich**.³²¹ Nur der Jahresabschluss bestehend aus Bilanz, Gewinn- und Verlustrechnung und Anhang ist festzustellen, nicht auch der Lagebericht.³²² Die Feststellung ist Voraussetzung für den Ergebnisverwendungsbeschluss.³²³ Der festgestellte Jahresabschluss bestimmt die Höhe ergebnisabhängiger Ansprüche,³²⁴ wie zB Gewinnanteile stiller Gesellschafter oder Tantiemeansprüche.

2. Zuständigkeit. Die Feststellung des Jahresabschlusses fällt nach der gesetzlichen **64** Konzeption in die Zuständigkeit der **Gesellschafterversammlung,** vgl. § 46 Nr. 1. Der Gesellschaftsvertrag kann jedoch etwas anderes bestimmen.³²⁵ So kann die Feststellung des Jahresabschlusses dem Aufsichtsrat oder einem vergleichbaren Überwachungsorgan³²⁶ ebenso wie einem bestimmten Gesellschafter³²⁷ oder einem aus mehreren Gesellschaftern bestehenden Bilanzausschuss³²⁸ übertragen werden. Überwiegend wird auch die Übertragung der Feststellungskompetenz auf die Geschäftsführung für zulässig gehalten.³²⁹ Dagegen lässt sich nicht einwenden, dass durch die Feststellung des Jahresabschlusses zwingend eine Kontrolle der Geschäftsführung stattfinden müsse,³³⁰ denn die Feststellung ist nicht in erster Linie ein Kontrollinstrument, sondern dient der Verbindlicherklärung des Jahresabschlusses.³³¹

Unabhängig davon, welches Organ für die Feststellung des Jahresabschlusses zustän- **65** dig ist, haben die **Geschäftsführer** dafür zu sorgen, dass alle notwendigen Schritte für

---

³²⁰ Ähnlich für den Jahresabschluss einer KG BGHZ 132, 263, 266 = DB 1996, 926, 927.

³²¹ BGHZ 132, 263, 266 = DB 1996, 926, 927 (für den Jahresabschluss einer KG); *Adler/Düring/Schmaltz* § 42 a GmbHG Rn. 28; *Baumbach/Hueck/Schulze-Osterloh* Rn. 13; *Küting/Weber/Bohl* Rechnungslegung § 42 a GmbHG Rn. 43; *Claussen,* FS Semler, 1993, S. 97, 103; *Crezelius,* FS 100 Jahre GmbHG, 1992, S. 315, 316; *Hommelhoff/Priester* ZGR 1986, 463, 474; Beck'sches HdB GmbH/*Langseder* § 9 Rn. 199; *Scholz/Crezelius* Rn. 30.

³²² *Baumbach/Hueck/Schulze-Osterloh* Rn. 14; Beck'sches HdB GmbH/*Langseder* § 9 Rn. 200; *Lutter/Hommelhoff* Rn. 29; *Scholz/Crezelius* Rn. 38; aA *Hartmann* (Fn. 6) S. 167.

³²³ *Adler/Düring/Schmaltz* § 42 a GmbHG Rn. 29; *Baumbach/Hueck/Schulze-Osterloh* Rn. 13; *Hartmann* (Fn. 6) S. 171; Beck'sches HdB GmbH/*Langseder* § 9 Rn. 199.

³²⁴ *Adler/Düring/Schmaltz* § 42 a GmbHG Rn. 29; *Baumbach/Hueck/Schulze-Osterloh* Rn. 13; Beck'sches HdB GmbH/*Langseder* § 9 Rn. 199.

³²⁵ *Adler/Düring/Schmaltz* § 42 a GmbHG Rn. 33; Beck'sches HdB GmbH/*Ahrenkiel* § 10 Rn. 103; *Baumbach/Hueck/Schulze-Osterloh* Rn. 17; *Küting/Weber/Bohl* Rechnungslegung § 42 a GmbHG Rn. 23; *Hartmann* (Fn. 6) S. 165; Beck'sches HdB GmbH/*Langseder* § 9 Rn. 200; *Scholz/Crezelius* Rn. 33.

³²⁶ *Adler/Düring/Schmaltz* § 42 a GmbHG Rn. 33; *Baumbach/Hueck/Schulze-Osterloh* Rn. 17; *Küting/Weber/Bohl* Rechnungslegung § 42 a GmbHG Rn. 23; *Hartmann* (Fn. 6) S. 165; Beck'sches HdB GmbH/*Langseder* § 9 Rn. 200; *Liebs* DB 1989, 2421, 2424; *Scholz/Crezelius* Rn. 34.

³²⁷ *Adler/Düring/Schmaltz* § 42 a GmbHG Rn. 33; *Küting/Weber/Bohl* Rechnungslegung § 42 a GmbHG Rn. 23; *Hartmann* (Fn. 6) S. 165; *Scholz/Crezelius* Rn. 34.

³²⁸ *Adler/Düring/Schmaltz* § 42 a GmbHG Rn. 33; *Küting/Weber/Bohl* Rechnungslegung § 42 a GmbHG Rn. 23; *Scholz/Crezelius* Rn. 34.

³²⁹ *Baumbach/Hueck/Schulze-Osterloh* Rn. 17; *Küting/Weber/Bohl* Rechnungslegung § 42 a GmbHG Rn. 23; *Claussen,* FS Semler, 1993, S. 97, 103; Beck'sches HdB GmbH/*Langseder* § 9 Rn. 200; *Scholz/Crezelius* Rn. 35; aA *Hartmann* (Fn. 6) S. 165 f.; zweifelnd auch Beck'sches HdB GmbH/*Ahrenkiel* § 10 Rn. 103.

³³⁰ So *Hartmann* (Fn. 6) S. 165 f.

³³¹ Ebenso *Scholz/Crezelius* Rn. 35; ähnlich *Hommelhoff/Priester* ZGR 1986, 463, 477.

§ 42 a   3. Abschnitt. Vertretung und Geschäftsführung

die Feststellung so rechtzeitig eingeleitet werden, dass der Feststellungsbeschluss fristgerecht[332] gefasst werden kann.[333]

66 **3. Verfahren.** Die Feststellung des Jahresabschlusses geschieht durch **Beschluss der Gesellschafterversammlung** nach § 47, wenn diese das für die Feststellung zuständige Organ ist. Gesellschafter, die gleichzeitig Geschäftsführer sind, sind dabei nicht von der Abstimmung ausgeschlossen.[334] Gemäß § 47 Abs. 1 reicht die einfache Stimmenmehrheit aus, jedoch kann der Gesellschaftsvertrag eine strengere Regelung treffen.[335] Ebenso kann der Gesellschaftsvertrag ein erleichtertes Verfahren vorsehen. So kann er zB die Bestimmung enthalten, dass der Jahresabschluss als festgestellt gilt, wenn nicht eine bestimmte Anzahl von Gesellschaftern innerhalb einer bestimmten Frist nach Aufstellung des Jahresabschlusses widerspricht. Wenn alle Gesellschafter gleichzeitig Geschäftsführer sind, reicht auch ohne eine besondere Regelung im Gesellschaftsvertrag die Unterzeichnung des aufgestellten Jahresabschlusses für die Feststellung aus.[336]

67 Ist ein **anderes Organ** als die Gesellschafterversammlung für die Feststellung des Jahresabschlusses zuständig, wird der Gesellschaftsvertrag Regelungen über die Förmlichkeiten der Feststellung enthalten. Im Zweifel wird eine Beschlussfassung durch Abstimmung nach Köpfen in Betracht kommen. Gegen die Feststellung des Jahresabschlusses durch ein gesellschaftsvertraglich bestimmtes anderes Organ als die Gesellschafterversammlung steht den Gesellschaftern ein **Anfechtungsrecht** zu.[337]

68 Eine generelle Verpflichtung der Geschäftsführer, der Gesellschafterversammlung oder einem anderen für die Feststellung des Jahresabschlusses zuständigen Organ die zum Zwecke der Feststellung vorgelegten Unterlagen zu erläutern, besteht in Ermangelung einer § 176 Abs. 1 S. 2 AktG vergleichbaren Bestimmung nicht.[338] Eine solche **Erläuterungspflicht der Geschäftsführer** kann jedoch im Gesellschaftsvertrag festgeschrieben werden. Fehlt eine entsprechende Regelung, bleibt es den Gesellschaftern gleichwohl unbenommen, im Einzelfall punktuelle oder umfassende Auskünfte zu den Unterlagen bei der Geschäftsführung einzuholen.

69 **4. Frist.** Die Frist für die Feststellung des Jahresabschlusses beträgt nach Abs. 2 S. 1 für kleine Gesellschaften **elf Monate** und für mittelgroße und große Gesellschaften **acht Monate** seit Ablauf des letzten Geschäftsjahres. Soweit darauf hingewiesen wird, dass diese Fristen auf die Fristen zur Offenlegung nach §§ 325 f. HGB abgestimmt seien,[339] trifft dies jedenfalls seit In-Kraft-Treten des KapCoRiLiG nicht mehr zu, da danach die Offenlegungsfristen für kleine, mittelgroße und große Gesellschaften vereinheitlicht wurden, während für die Feststellung des Jahresabschlusses weiterhin zwischen kleinen Gesellschaften einerseits und mittelgroßen und großen Gesellschaften andererseits differenziert wird. Die Frist nach Abs. 2 S. 1 kann gemäß Abs. 2 S. 2 nicht verlän-

---

[332] Zu den einzuhaltenden Fristen Rn. 69.
[333] *Adler/Düring/Schmaltz* § 42 a GmbHG Rn. 41; *Küting/Weber/Bohl* Rechnungslegung § 42 a GmbHG Rn. 51; *Hartmann* (Fn. 6) S. 194 ff.
[334] *Baumbach/Hueck/Schulze-Osterloh* Rn. 18; *Hartmann* (Fn. 6) S. 170; Beck'sches HdB GmbH/*Langseder* § 9 Rn. 201.
[335] *Hartmann* (Fn. 6) S. 170; *Hommelhoff/Priester* ZGR 1986, 463, 479; *Scholz/Crezelius* Rn. 37.
[336] *Adler/Düring/Schmaltz* § 42 a GmbHG Rn. 35; *Baumbach/Hueck/Schulze-Osterloh* Rn. 18; *Küting/Weber/Bohl* Rechnungslegung § 42 a GmbHG Rn. 48; *Scholz/Crezelius* Rn. 36.
[337] *Adler/Düring/Schmaltz* § 42 a GmbHG Rn. 33; *Mueller-Thuns* (Fn. 9) S. 124; *Scholz/Crezelius* Rn. 35.
[338] AA – für eine analoge Anwendung des § 176 Abs. 1 S. 2 AktG – *Adler/Düring/Schmaltz* § 42 a GmbHG Rn. 45; *Hommelhoff* ZGR 1986, 418, 423; *Lutter/Hommelhoff* Rn. 32.
[339] *Küting/Weber/Bohl* Rechnungslegung § 42 a GmbHG Rn. 53; *Scholz/Crezelius* Rn. 41.

gert werden; der Gesellschaftsvertrag kann aber eine kürzere Frist vorsehen.[340] Eine Sanktion für die Überschreitung der Feststellungsfrist sieht das Gesetz nicht vor. Der Hinweis auf die Sanktionen für die Verletzung der Offenlegungspflichten[341] führt in diesem Zusammenhang nicht weiter, da die Offenlegungspflicht unabhängig von der Feststellung des Jahresabschlusses zu erfüllen ist.[342] Auch ist ein verspätet gefasster Feststellungsbeschluss nicht wegen der Fristversäumung nichtig oder anfechtbar.[343]

5. Änderung des Jahresabschlusses. a) Vor Feststellung des Jahresabschlus- 70
ses. Bis zur Feststellung des Jahresabschlusses ist eine Änderung[344] jederzeit möglich.[345] Bei prüfungspflichtigen Gesellschaften ist dann allerdings eine Nachtragsprüfung erforderlich (Rn. 15). In jedem Fall darf die Änderung aber nicht dazu führen, dass die Vorschriften, die für die Aufstellung des Jahresabschlusses gelten, also die §§ 242 ff. HGB sowie die Grundsätze ordnungsmäßiger Buchführung, verletzt werden. Dies stellt Abs. 2 S. 3 klar.

b) Nach Feststellung des Jahresabschlusses. Auch nach der Feststellung des Jah- 71
resabschlusses, aber vor der Fassung des Ergebnisverwendungsbeschlusses ist eine Änderung des Jahresabschlusses noch zulässig. Sie ist grds. geboten, wenn der **Jahresabschluss nichtig** ist (Rn. 74 ff.).[346] Dabei wird der Jahresabschluss nicht im eigentlichen Sinne geändert, sondern der keine Rechtswirkungen auslösende nichtige Jahresabschluss wird durch einen wirksamen ersetzt.[347] Eine Ersetzung ist allerdings ausnahmsweise verzichtbar, wenn der Mangel geringfügig ist und nach sechs Monaten geheilt ist.[348] Uneingeschränkt zulässig ist auch die Änderung **fehlerhafter Jahresabschlüsse.**[349] Bei **fehlerfreien Jahresabschlüssen** ist hingegen zwischen dem Interesse der Gesellschaft an der Änderung des Abschlusses und dem Interesse der Jahresabschlussadressaten an dessen Bestand abzuwägen.[350] Gewichtige rechtliche, wirtschaftliche oder steuerliche Gründe, die dabei für die Änderung sprechen können, sind zB die Anpassung des Jahresabschlusses an die Ergebnisse einer steuerlichen Außenprüfung oder nach der Feststellung eingetretene erhebliche Änderungen hinsichtlich der Gewinnerwartung für die nächsten Jahre, die eine abweichende Ausübung von Wahlrechten angezeigt erscheinen lassen. Bei der Ausübung von Wahlrechten ist jedoch stets auch der Grundsatz der Stetigkeit[351] zu beachten, der eine willkürliche Änderung des Ausweises verbietet.

---

[340] *Adler/Düring/Schmaltz* § 42 a GmbHG Rn. 42; *Baumbach/Hueck/Schulze-Osterloh* Rn. 21; *Küting/Weber/Bohl* Rechnungslegung § 42 a GmbHG Rn. 57; *Lutter/Hommelhoff* Rn. 30; *Scholz/Crezelius* Rn. 44.
[341] *Baumbach/Hueck/Schulze-Osterloh* Rn. 21; *Scholz/Crezelius* Rn. 43.
[342] Dazu § 41 Rn. 142.
[343] *Lutter/Hommelhoff* Rn. 31; *Scholz/Crezelius* Rn. 43.
[344] Zu den Ausformungen der Änderung eines Jahresabschlusses IDW ERS HFA 6 WPg. 2000, 713, 714.
[345] Rn. 15; vgl. auch *Claussen,* FS Semler, 1993, S. 97, 102; IDW ERS HFA 6 WPg. 2000, 713, 714.
[346] *Baumbach/Hueck/Schulze-Osterloh* § 42 Rn. 467; *Geist* DStR 1996, 306, 307.
[347] *Geist* DStR 1996, 306, 307; *Pfitzenmayer* WPK-Mitt. 1996, 90, 91; IDW ERS HFA 6 WPg. 2000, 713, 714.
[348] *Baumbach/Hueck/Schulze-Osterloh* § 42 Rn. 467; IDW ERS HFA 6 WPg. 2000, 713, 715; zurückhaltender *Geist* DStR 1996, 306, 307 ff. Zur Heilung Rn. 83.
[349] Beck'sches HdB GmbH/*Langseder* § 9 Rn. 205; ebenso wohl *Adler/Düring/Schmaltz* § 42 a GmbHG Rn. 51; zum Begriff der Fehlerhaftigkeit IDW ERS HFA 6 WPg. 2000, 713, 714 f.
[350] Beck'sches HdB GmbH/*Langseder* § 9 Rn. 204; ähnlich *Adler/Düring/Schmaltz* § 42 a GmbHG Rn. 51; *Baumbach/Hueck/Schulze-Osterloh* § 42 Rn. 468; *Küting/Weber/Bohl* Rechnungslegung § 42 a GmbHG Rn. 45; strenger wohl *Gutbrod* GmbHR 1995, 551, 554.
[351] Dazu Anh. I § 42 a Rn. 57.

§ 42 a 3. Abschnitt. Vertretung und Geschäftsführung

72 **c) Nach Fassung des Ergebnisverwendungsbeschlusses.** Nach Fassung des Beschlusses über die Ergebnisverwendung ist eine Änderung des Jahresabschlusses jedenfalls geboten, wenn er **nichtig** (Rn. 74 ff.) ist.[352] Sie ist weiterhin erforderlich, wenn der **Jahresabschluss fehlerhaft** ist und der Fehler zur Folge hat, dass die Gewinnausschüttung aufgrund des Gewinnverwendungsbeschlusses dazu führt, dass das Stammkapital angegriffen wird. Gemäß § 31 Abs. 1 sind die Gesellschafter dann zur Rückzahlung der erhaltenen Beträge verpflichtet, im Falle ihrer Gutgläubigkeit nach § 31 Abs. 2 jedoch mit der Einschränkung, dass die Erstattung zur Befriedigung der Gesellschaftsgläubiger erforderlich ist. Ist der Jahresabschluss hingegen nicht nichtig und lässt die Gewinnausschüttung aufgrund des fehlerhaften oder fehlerfreien Jahresabschlusses das Stammkapital unangetastet, ist eine Änderung des Jahresabschlusses nur noch mit Zustimmung der Gesellschafter zulässig, die durch den Ergebnisverwendungsbeschluss einen Anspruch auf Bezug eines Anteils am Gewinn erhalten haben.[353] Soweit die Änderung des Jahresabschlusses in Rechte Dritter eingreift, müssen auch diese zustimmen.[354] Die Rechte von Empfängern ergebnisabhängiger Vergütungen werden von einer Änderung des Jahresabschlusses nach der Feststellung grds. nicht berührt, es sei denn, die zugrundeliegende Vereinbarung lässt eine Anpassung zu.[355]

73 **d) Verfahren.** Die Änderung des Jahresabschlusses geschieht durch **Berichtigung durch erneuten Beschluss** gemäß § 46 Nr. 1.[356] Zuvor ist bei prüfungspflichtigen Gesellschaften eine Nachtragsprüfung (Rn. 15) durchzuführen.

74 **6. Nichtigkeit des festgestellten Jahresabschlusses.** Für die Nichtigkeit des Jahresabschlusses gilt mangels eigenständiger Bestimmungen für die GmbH weitgehend **§ 256 AktG sinngemäß**.[357]

75 **a) Nichtigkeitsgründe.** Der Jahresabschluss ist danach insbesondere nichtig, wenn er gegen Gläubigerschutzvorschriften verstößt **(§ 256 Abs. 1 Nr. 1 AktG)**.[358] In Betracht kommen dabei nur Verstöße gegen gesetzliche Bestimmungen, nicht gegen Regelungen des Gesellschaftsvertrages.[359] Letztere sind typischerweise nicht zum Schutze der Gläubiger getroffen worden. Bilanzierungsvorschriften dienen regemäßig dem Gläubigerschutz.[360] Verstöße, die zur Nichtigkeit des Jahresabschlusses führen, sind da-

---

[352] Insoweit gilt das in Rn. 71 Gesagte.
[353] *Adler/Düring/Schmaltz* § 42 a GmbHG Rn. 51; *Baumbach/Hueck/Schulze-Osterloh* § 42 Rn. 467; Beck'sches HdB GmbH/*Langseder* § 9 Rn. 204 f.; *Scholz/Crezelius* Rn. 39; IDW ERS HFA 6 WPg. 2000, 713, 714.
[354] *Adler/Düring/Schmaltz* § 42 a GmbHG Rn. 51; IDW ERS HFA 6 WPg. 2000, 713, 714.
[355] IDW ERS HFA 6 WPg. 2000, 713, 714.
[356] *Baumbach/Hueck/Schulze-Osterloh* § 42 Rn. 467; ähnlich *Küting/Weber/Bohl* Rechnungslegung § 42 a GmbHG Rn. 45 – Aufhebung des ursprüngliche Feststellungsbeschlusses und erneute Beschlussfassung.
[357] *Adler/Düring/Schmaltz* § 264 HGB Rn. 137; *Baumbach/Hueck/Schulze-Osterloh* Rn. 22; *Küting/Weber/Bohl* Rechnungslegung § 42 a GmbHG Rn. 65; *Geist* DStR 1996, 306; MüKo AktG/*Hüffer* § 256 Rn. 83; Beck'sches HdB GmbH/*Langseder* § 9 Rn. 208; *Lutter/Hommelhoff* Anh. § 47 Rn. 24; *Wimmer* DStR 1997, 1931.
[358] *Küting/Weber/Bohl* Rechnungslegung § 42 a GmbHG Rn. 73; Beck'sches HdB GmbH/*Langseder* § 9 Rn. 208; *Lutter/Hommelhoff* Anh. § 47 Rn. 25; *Lauth* DStR 1992, 1447, 1483, 1487; aA § 47 Rn. 109; *Geßler*, FS Goerdeler, 1987, S. 127, 135 f.
[359] *Baumbach/Hueck/Schulze-Osterloh* Rn. 24 f.; Beck'sches HdB GmbH/*Langseder* § 9 Rn. 208.
[360] *Adler/Düring/Schmaltz* § 256 AktG Rn. 5; *Baumbach/Hueck/Schulze-Osterloh* Rn. 23; WP-HdB 2000 I Rn. U 164.

Vorlage des Jahresabschlusses und des Lageberichts § 42 a

her zB Verstöße gegen allgemeine Buchführungs- und Bilanzierungsgrundsätze sowie gegen Ansatzvorschriften³⁶¹ und Vorschriften den Anhang betreffend. Verstöße gegen Vorschriften über die Bildung und Auflösung von Rücklagen werden von § 256 Abs. 1 Nr. 4 AktG erfasst (Rn. 77), Verstöße gegen Bewertungsvorschriften werden von § 256 Abs. 5 AktG besonders geregelt (Rn. 81) und für Verstöße gegen Gliederungsvorschriften gilt vorrangig § 256 Abs. 4 AktG (Rn. 80). Verstöße gegen Vorschriften über den Lagebericht führen nicht zur Nichtigkeit des Jahresabschlusses,³⁶² da der Lagebericht nicht Teil des Jahresabschlusses ist.

Der Jahresabschluss ist auch nichtig, wenn er trotz Bestehens einer gesetzlichen **76** Prüfungspflicht nicht geprüft wurde oder aber von einer Person geprüft wurde, die nicht zum Abschlussprüfer bestellt war oder die nicht den Anforderungen, die § 319 Abs. 1 HGB an den Abschlussprüfer stellt (Rn. 22), entspricht **(§ 256 Abs. 1 Nr. 2, 3 AktG)**.³⁶³ Die Prüfung durch einen Abschlussprüfer, der nach § 319 Abs. 2 bis 4 HGB von der Prüfung ausgeschlossen ist (Rn. 24 ff.), führt hingegen nicht zur Nichtigkeit des Jahresabschlusses.³⁶⁴ § 256 Abs. 1 Nr. 2, 3 AktG spricht ausdrücklich von gesetzlicher Prüfungspflicht; auf eine nach gesellschaftsvertraglicher Regelung bestehende Prüfungspflicht ist die Vorschrift nicht anwendbar.

Nichtigkeit des Jahresabschlusses liegt weiter vor, wenn bei seiner Feststellung die **77** gesetzlichen Bestimmungen über die Einstellung von Beträgen in Kapital- oder Gewinnrücklagen oder über die Entnahme von Beträgen aus Kapital- oder Gewinnrücklagen verletzt worden sind **(§ 256 Abs. 1 Nr. 4 AktG)**.³⁶⁵ In Betracht kommen dabei Verstöße gegen §§ 42 Abs. 2 S. 3, 58b Abs. 2, 58c sowie gegen § 272 Abs. 2 und 4 HGB. Soweit § 256 Abs. 1 Nr. 4 AktG auch Verstöße gegen Vorschriften der Satzung über die Einstellung von Beträgen in Kapital- oder Gewinnrücklagen oder über die Entnahme von Beträgen aus Kapital- oder Gewinnrücklagen als Nichtigkeitsgrund nennt, ist die Vorschrift auf die GmbH nicht analog anwendbar, da bei dieser insoweit die Möglichkeit der Anfechtung des Jahresabschlusses besteht.³⁶⁶

Der Jahresabschluss ist nichtig, wenn der Feststellungsbeschluss in einer Gesellschaf- **78** terversammlung gefasst worden ist, die unter Verstoß gegen §§ 49 Abs. 1, 51 Abs. 1, 3 einberufen worden ist (vgl. **§ 256 Abs. 3 Nr. 1 AktG**),³⁶⁷ es sei denn, alle Gesellschafter waren in der Gesellschafterversammlung anwesend oder vertreten und keiner hat der Beschlussfassung widersprochen.³⁶⁸ Ist ein anderes Gremium als die Gesellschafterversammlung zur Feststellung des Jahresabschlusses berufen, so ist dieser nichtig, wenn eine Person, die danach an der Feststellung mitzuwirken hatte, dazu keine Gelegenheit hatte.³⁶⁹

---

³⁶¹ AA *Wichmann* GmbHR 1992, 643, 647 f.: Fall des § 256 Abs. 5 AktG.
³⁶² Beck'sches HdB GmbH/*Langseder* § 9 Rn. 208.
³⁶³ *Baumbach/Hueck/Schulze-Osterloh* Rn. 24 f.; *Küting/Weber/Bohl* Rechnungslegung § 42 a GmbHG Rn. 67; Beck'sches HdB GmbH/*Langseder* § 9 Rn. 208; *Lutter/Hommelhoff* Anh. § 47 Rn. 25; *Pfitzenmayer* WPK-Mitt. 1996, 90, 91.
³⁶⁴ *Baumbach/Hueck/Schulze-Osterloh* Rn. 25; Beck'sches HdB GmbH/*Langseder* § 9 Rn. 208 m. Fn. 330.
³⁶⁵ *Baumbach/Hueck/Schulze-Osterloh* Rn. 26; Beck'sches HdB GmbH/*Langseder* § 9 Rn. 208; *Lauth* DStR 1992, 1447, 1483, 1487.
³⁶⁶ *Baumbach/Hueck/Schulze-Osterloh* Rn. 26; *Küting/Weber/Bohl* Rechnungslegung § 42 a GmbHG Rn. 68; MüKoAktG/*Hüffer* § 256 Rn. 83. Zur Anfechtbarkeit s. Rn. 79.
³⁶⁷ *Baumbach/Hueck/Schulze-Osterloh* Rn. 27; *Küting/Weber/Bohl* Rechnungslegung § 42 a GmbHG Rn. 66; *Geßler*, FS Goerdeler, 1987, S. 127, 139; aA § 47 Rn. 109.
³⁶⁸ *Baumbach/Hueck/Schulze-Osterloh* Rn. 27; *Lutter/Hommelhoff* Anh. § 47 Rn. 25.
³⁶⁹ *Küting/Weber/Bohl* Rechnungslegung § 42 a GmbHG Rn. 66.

§ 42 a   3. Abschnitt. Vertretung und Geschäftsführung

79 Zudem ist der Jahresabschluss nichtig, wenn der Feststellungsbeschluss aufgrund einer Anfechtungsklage[370] analog § 241 Nr. 5 AktG durch ein Urteil rechtskräftig für nichtig erklärt worden ist **(§ 256 Abs. 3 Nr. 3 AktG)**.[371] Die Feststellung des Jahresabschlusses kann analog § 257 Abs. 1 S. 1 AktG iVm. § 243 AktG wegen Verstoßes gegen das Gesetz oder den Gesellschaftsvertrag angefochten werden.[372] Dabei kann die Anfechtung entgegen § 257 Abs. 1 S. 2 AktG auch auf inhaltliche Mängel des Jahresabschlusses gestützt werden,[373] weil für die Gesellschafter einer GmbH anders als für die einer Aktiengesellschaft nicht die Möglichkeit besteht, eine Sonderprüfung wegen unzulässiger Unterbewertung (§§ 258 ff. AktG) zu veranlassen.[374] Teilweise wird für eine Anfechtungsklage wegen inhaltlicher Mängel des Jahresabschlusses allerdings das Vorliegen eines erheblichen Rechtsverstoßes gefordert.[375] Anfechtungsbefugt sind die Gesellschafter, die dem Feststellungsbeschluss nicht zugestimmt haben.[376] Die Anfechtung kann analog § 246 AktG nur durch Anfechtungsklage gegen die Gesellschaft geltend gemacht werden. Die Monatsfrist des § 246 Abs. 1 AktG für die Erhebung der Anfechtungsklage gilt für die GmbH nicht entsprechend,[377] vielmehr ist die Anfechtungsklage innerhalb angemessener Frist nach der Fassung des Feststellungsbeschlusses zu erheben.[378] Dabei wird eine Frist von einem Monat allerdings vielfach als angemessen angesehen.[379]

80 Der Jahresabschluss ist auch dann nichtig, wenn die Klarheit und Übersichtlichkeit durch einen Verstoß gegen die Vorschriften über die Gliederung des Jahresabschlusses oder wegen Nichtbeachtung von Formblättern, nach denen der Jahresabschluss zu gliedern ist, wesentlich beeinträchtigt wird **(§ 256 Abs. 4 AktG)**.[380]

81 Schließlich ist der Jahresabschluss nichtig, wenn Posten überbewertet worden sind **(§ 256 Abs. 5 Nr. 1 AktG)**,[381] wobei die Überbewertung nach hM wesentlich sein

---

[370] Für den Verzicht auf eine Anfechtungsklage zugunsten einer privatautonomen Form der Mängelrüge de lege ferenda *Claussen,* FS Semler, 1993, S. 97, 112.

[371] *Baumbach/Hueck/Schulze-Osterloh* Rn. 28; *Geßler,* FS Goerdeler, 1987, S. 127, 139; aA § 47 Rn. 109.

[372] *Küting/Weber/Bohl* Rechnungslegung § 42 a GmbHG Rn. 75; *Mueller-Thuns* (Fn. 9) S. 117; *Priester,* FS Heinsius, 1991, S. 621, 633.

[373] BGHZ 137, 378, 386 = DB 1998, 567, 569; Beck'sches HdB GmbH/*Langseder* § 9 Rn. 211; *Lutter/Hommelhoff* Anh. § 47 Rn. 53; *Mueller-Thuns* (Fn. 9) S. 121; *Wimmer* DStR 1997, 1931, 1932; differenzierend *Geßler,* FS Goerdeler, 1987, S. 127, 146 f.: nur bei Verletzung von Bestimmungen über die Einstellung oder Entnahme von Beträgen in Kapital- oder Gewinnrücklagen.

[374] BGHZ 137, 378, 386 = DB 1998, 567, 569; *Wimmer* DStR 1997, 1931, 1932.

[375] Beck'sches HdB GmbH/*Langseder* § 9 Rn. 211; *Lutter/Hommelhoff* Anh. § 47 Rn. 53; aA *Baumbach/Hueck/Schulze-Osterloh* Rn. 33.

[376] *Baumbach/Hueck/Schulze-Osterloh* Rn. 34; weitergehend *Küting/Weber/Bohl* Rechnungslegung § 42 a GmbHG Rn. 75: alle Gesellschafter.

[377] BGH DB 1990, 1456 = GmbHR 1990, 344; BGH DB 1992, 2491; *Küting/Weber/Bohl* Rechnungslegung § 42 a GmbHG Rn. 75.

[378] *Baumbach/Hueck/Schulze-Osterloh* Rn. 34; Beck'sches HdB GmbH/*Langseder* § 9 Rn. 211.

[379] BGH DB 1990, 1456 = GmbHR 1990, 344; BGH DB 1992, 2491; BGHZ 137, 378, 386 = DB 1998, 567, 569; Beck'sches HdB GmbH/*Langseder* § 9 Rn. 211 m. Fn. 335.

[380] *Baumbach/Hueck/Schulze-Osterloh* Rn. 29; *Küting/Weber/Bohl* Rechnungslegung § 42 a GmbHG Rn. 69; MüKo AktG/*Hüffer* § 256 Rn. 83; *Lauth* DStR 1992, 1447, 1483, 1487; *Lutter/Hommelhoff* Anh. § 47 Rn. 25.

[381] *Baumbach/Hueck/Schulze-Osterloh* Rn. 30; *Küting/Weber/Bohl* Rechnungslegung § 42 a GmbHG Rn. 71; MüKo AktG/*Hüffer* § 256 Rn. 83; *Lauth* DStR 1992, 1447, 1483, 1487; *Lutter/Hommelhoff* Anh. § 47 Rn. 25; *Mueller-Thuns* (Fn. 9) S. 116.

muss oder jedenfalls nicht bedeutungslos sein darf.³⁸² Ebenso ist der Jahresabschluss nichtig, wenn Posten unterbewertet worden sind und dadurch die Vermögens- und Ertragslage der Gesellschaft vorsätzlich unrichtig wiedergegeben oder verschleiert wird (**§ 256 Abs. 5 Nr. 2 AktG**).³⁸³ Da § 256 Abs. 5 AktG auf die unrichtige Bewertung von Bilanzposten abstellt, können sich gegenläufige Unrichtigkeiten bei der Bewertung innerhalb eines Bilanzpostens ausgleichen und führen dann nicht zur Nichtigkeit des Jahresabschlusses.³⁸⁴

b) Geltendmachung. Die Nichtigkeit kann von jedermann geltend gemacht werden.³⁸⁵ In Betracht kommt die Erhebung einer **Nichtigkeitsklage** analog § 249 Abs. 1 S. 1 AktG, aber auch jegliche **anderweitige Geltendmachung,** vgl. § 249 Abs. 1 S. 2 AktG.

c) Heilung. Ebenfalls analog anwendbar auf den Jahresabschluss der GmbH ist die Bestimmung über die **Heilung der Nichtigkeit** gemäß **§ 256 Abs. 6 AktG.**³⁸⁶ Danach kann die Nichtigkeit des Jahresabschlusses nach Ablauf von drei Jahren – in den Fällen des § 256 Abs. 1 Nr. 3 und 4 sowie Abs. 3 Nr. 1 AktG³⁸⁷ bereits nach Ablauf von sechs Monaten – seit seiner Bekanntmachung im Bundesanzeiger nicht mehr geltend gemacht werden. Die Heilung ist allerdings gemäß § 256 Abs. 6 S. 2 AktG bereits dann ausgeschlossen, wenn zum Zeitpunkt des Fristablaufs eine Nichtigkeitsklage anhängig ist; nicht erforderlich ist, dass über sie bereits entschieden ist. Der Verstoß gegen die gesetzliche Prüfungspflicht kann nicht geheilt werden.³⁸⁸ Auch die Heilung eines auf eine Anfechtungsklage für nichtig erklärten Jahresabschlusses kommt nicht in Betracht.³⁸⁹

7. Offenlegung. Der Jahresabschluss ist unabhängig von seiner Feststellung innerhalb der von § 325 HGB vorgesehenen Frist offenzulegen. Zur Änderung des Jahresabschlusses zwischen Offenlegung und Feststellung sowie zur Notwendigkeit der Nachreichung des Feststellungsbeschlusses vgl. § 41 Rn. 142.

VI. Ergebnisverwendungsbeschluss

1. Allgemeines. Die Gesellschafter haben gemäß § 29 Anspruch auf den **Jahresüberschuss zuzüglich eines Gewinnvortrages und abzüglich eines Verlustvortrages** oder auf den **Bilanzgewinn.** Die Entscheidung darüber wird durch den Ergebnisverwendungsbeschluss getroffen.³⁹⁰ Der Ergebnisverwendungsbeschluss be-

---

³⁸² BGHZ 83, 341, 347 = NJW 1983, 42 = DB 1982, 1922; *Baumbach/Hueck/Schulze-Osterloh* Rn. 30; *Geßler,* FS Goerdeler, 1987, S. 127, 141; *Wimmer* DStR 1997, 1931.

³⁸³ BGHZ 137, 378, 384 = DB 1998, 567, 569; *Baumbach/Hueck/Schulze-Osterloh* Rn. 30; *Küting/Weber/Bohl* Rechnungslegung § 42a GmbHG Rn. 72; *Geßler,* FS Goerdeler, 1987, S. 127, 142; MüKo AktG/*Hüffer* § 256 Rn. 83; *Lauth* DStR 1992, 1447, 1483, 1487; *Lutter/Hommelhoff* Anh. § 47 Rn. 25; *Mueller-Thuns* (Fn. 9) S. 117.

³⁸⁴ *Baumbach/Hueck/Schulze-Osterloh* Rn. 30.

³⁸⁵ *Wimmer* DStR 1997, 1931.

³⁸⁶ *Baumbach/Hueck/Schulze-Osterloh* Rn. 32; *Küting/Weber/Bohl* Rechnungslegung § 42a GmbHG Rn. 74; Beck'sches HdB GmbH/*Langseder* § 9 Rn. 210; *Lutter/Hommelhoff* Anh. § 47 Rn. 25; *Pfitzenmayer* WPK-Mitt. 1996, 90, 91.

³⁸⁷ Die in § 256 Abs. 6 AktG ebenfalls genannte Nr. 2 des Abs. 3 ist auf die GmbH nicht analog anwendbar, vgl. *Geßler,* FS Goerdeler, 1987, S. 127, 139.

³⁸⁸ *Baumbach/Hueck/Schulze-Osterloh* Rn. 32; Beck'sches HdB GmbH/*Langseder* § 9 Rn. 210; *Pfitzenmayer* WPK-Mitt. 1996, 90, 91; *Rauch* BB 1997, 35, 36.

³⁸⁹ *Baumbach/Hueck/Schulze-Osterloh* Rn. 32.

³⁹⁰ Vgl. auch § 29 Rn. 30.

§ 42 a

gründet einen konkreten Auszahlungsanspruch des einzelnen Gesellschafters.[391] Voraussetzung der Beschlussfassung ist ein ggf. von einem Abschlussprüfer geprüfter (Rn. 13 ff.) und wirksam festgestellter (Rn. 63 ff.) Jahresabschluss. Der Jahresabschluss legt fest, welcher Betrag nach § 29 zur Verteilung an die Gesellschafter zur Verfügung steht. Wird ein Jahresfehlbetrag oder ein Bilanzverlust ausgewiesen, so entfällt ein Ergebnisverwendungsbeschluss.[392] Der Beschluss über die Ergebnisverwendung ist von der Aufstellung und der Feststellung des Jahresabschlusses zu trennen; praktisch werden Feststellungs- und Ergebnisverwendungsbeschluss jedoch häufig miteinander verbunden.[393]

86   **2. Inhalt.** Der Ergebnisverwendungsbeschluss kann die **Einstellung in Gewinnrücklagen** sowie die **Bildung eines Gewinnvortrags,**[394] die **Verteilung an die Gesellschafter** oder die **Verrechnung mit einem Anspruch der Gesellschaft aus der Vorbelastungshaftung**[395] **der Gesellschafter**[396] vorsehen. Die **Auflösung von Kapital- und Gewinnrücklagen** ist im Gegensatz zur Einstellung von Beträgen in Gewinnrücklagen nicht Teil der Gewinnverwendung, sondern stellt eine Änderung des Jahresabschlusses dar.[397] Geschieht sie bei prüfungspflichtigen Gesellschaften nach Beendigung der Abschlussprüfung, so ist eine Nachtragsprüfung gemäß § 316 HGB erforderlich (Rn. 15). Wird der Ergebnisverwendungsbeschluss vor Beendigung der Nachtragsprüfung gefaßt, wird er analog § 173 Abs. 3 AktG erst mit Erteilung eines uneingeschränkten Bestätigungsvermerks wirksam (Rn. 47). Ein eingeschränkter Bestätigungsvermerk oder ein Versagungsvermerk reichen hier nicht aus. Wird der uneingeschränkte Bestätigungsvermerk nicht binnen zwei Wochen nach der Beschlussfassung erteilt, so ist der Ergebnisverwendungsbeschluss nichtig.

87   **3. Zuständigkeit.** Zuständig für die Fassung des Ergebnisverwendungsbeschlusses ist nach der gesetzlichen Konzeption die **Gesellschafterversammlung,** vgl. § 46 Nr. 1. Der Gesellschaftsvertrag kann jedoch etwas anderes bestimmen.[398] So kann die Zuständigkeit einem fakultativen Aufsichtsrat oder einem vergleichbaren Überwachungsorgan ebenso wie einem bestimmten Gesellschafter, einem aus mehreren Gesellschaftern bestehenden Ausschuss, der Geschäftsführung oder gesellschaftsfremden Dritten übertragen werden.[399] Nicht zulässig ist hingegen die Übertragung der Entscheidung über die Gewinnverwendung auf einen nach § 77 Abs. 1 BetrVG 1953 iVm. § 129 BetrVG, § 25 Abs. 1 MitbestG oder § 3 Montan-MitbestG bestehenden Aufsichtsrat.[400]

---

[391] *Crezelius,* FS 100 Jahre GmbHG, 1992, S. 315, 321; *Renkl* DB 1986, 1108.

[392] *Baumbach/Hueck/Schulze-Osterloh* § 42 Rn. 462.

[393] *Adler/Düring/Schmaltz* § 42 a GmbHG Rn. 32; *Crezelius,* FS 100 Jahre GmbHG, 1992, S. 315, 316 f.; *Hartmann* (Fn. 6) S. 216; *Pfitzenmayer* WPK-Mitt. 1996, 90, 91; *Scholz/Crezelius* Rn. 31; vgl. auch *Vonnemann* GmbHR 1992, 637, 638.

[394] Dazu Beck'sches HdB GmbH/*Ahrenkiel* § 10 Rn. 143 f.

[395] Dazu § 11 Rn. 26 ff.

[396] Dazu *Schulze-Osterloh,* FS Goerdeler, 1987, S. 531, 546 f.

[397] *Baumbach/Hueck/Schulze-Osterloh* Rn. 36; *Renkl* GmbHR 1989, 66, 70; aA *Adler/Düring/Schmaltz* § 42 a GmbHG Rn. 31; *Crezelius,* FS 100 Jahre GmbHG, 1992, S. 315, 330; *Lutter/Hommelhoff* § 29 Rn. 30; *Scholz/Crezelius* Rn. 32; *Vonnemann* GmbHR 1992, 637, 639.

[398] *Adler/Düring/Schmaltz* § 42 a GmbHG Rn. 33 f.; Beck'sches HdB GmbH/*Ahrenkiel* § 10 Rn. 104; *Baumbach/Hueck/Schulze-Osterloh* Rn. 38; *Hartmann* (Fn. 6) S. 216; *Vonnemann* GmbHR 1992, 637, 638 m. Fn. 7; mit Einschränkungen ebenso *Hommelhoff/Priester* ZGR 1986, 463, 499 ff.; *Liebs* DB 1986, 2421, 2424.

[399] Beck'sches HdB GmbH/*Ahrenkiel* § 10 Rn. 104; *Baumbach/Hueck/Schulze-Osterloh* Rn. 38; *Hommelhoff/Priester* ZGR 1986, 463, 499.

[400] Beck'sches HdB GmbH/*Ahrenkiel* § 10 Rn. 105.

Vorlage des Jahresabschlusses und des Lageberichts § 42 a

4. Verfahren. Über die Ergebnisverwendung entscheidet grds. die **Gesellschafter-** 88
versammlung durch **Beschluss mit einfacher Mehrheit**. Der Gesellschaftsvertrag
kann jedoch etwas anderes bestimmen,[401] also zB einen Beschluss mit qualifizierter
Mehrheit[402] oder sogar Einstimmigkeit vorsehen. Auch eine konkludente Beschlussfassung kommt in Betracht.[403] Die **Aufhebung** eines einmal gefaßten Ergebnisverwendungsbeschlusses ist nur durch einstimmigen Beschluss der Gesellschafterversammlung möglich.[404]

Ist ein **anderes Organ** als die Gesellschafterversammlung für die Fassung des Erge- 89
bnisverwendungsbeschlusses zuständig, wird der Gesellschaftsvertrag Regelungen über
die einzuhaltenden Förmlichkeiten enthalten. Im Zweifel wird eine Beschlussfassung
durch Abstimmung nach Köpfen in Betracht kommen.

5. Frist. Die Frist für die Fassung des Ergebnisverwendungsbeschlusses beträgt nach 90
Abs. 2 S. 1 für kleine Gesellschaften **elf Monate** und für mittelgroße und große Gesellschaften **acht Monate** seit Ablauf des letzten Geschäftsjahres. Sie kann gemäß
Abs. 2 S. 2 nicht verlängert werden; der Gesellschaftsvertrag kann aber eine kürzere
Frist vorsehen.[405] Eine Sanktion für die Überschreitung der Frist sieht das Gesetz allerdings nicht vor. Insbesondere ist ein verspätet gefasster Ergebnisverwendungsbeschluss
nicht wegen der Fristversäumung nichtig oder anfechtbar.[406]

6. Nichtigkeit; Anfechtbarkeit. a) Nichtigkeit. Fehlt es an einem festgestelltem 91
Jahresabschluss, so ist der gleichwohl gefasste Ergebnisverwendungsbeschluss nichtig.[407]
Ist der festgestellte Jahresabschluss nichtig, so ist der darauf beruhende Ergebnisverwendungsbeschluss ebenfalls nichtig analog § 253 Abs. 1 S. 1 AktG.[408] Wird die Nichtigkeit des Jahresabschlusses geheilt (Rn. 83), tritt auch Heilung der Nichtigkeit des Ergebnisverwendungsbeschlusses ein.[409] Im Übrigen kommen die allgemeinen Regeln
über die Nichtigkeit von Gesellschafterbeschlüssen[410] zur Anwendung.[411]

b) Anfechtbarkeit. Ergebnisverwendungsbeschlüsse sind nach den allg. Regeln 92
über die Anfechtbarkeit von Gesellschafterbeschlüssen[412] angreifbar.[413] Als Anfechtungsgrund kommt u. a. eine Verletzung des Minderheitenschutzes durch übermäßige
Gewinnthesaurierung[414] in Betracht.[415] Auch gegen den Ergebnisverwendungsbe-

---

[401] *Hartmann* (Fn. 6) S. 217; *Hommelhoff/Priester* ZGR 1986, 463, 504; *Liebs* DB 1986, 2421, 2424.
[402] BGH WM 1974, 392, 393.
[403] *Adler/Düring/Schmaltz* § 42 a GmbHG Rn. 32; *Scholz/Crezelius* Rn. 36.
[404] Beck'sches HdB GmbH/*Ahrenkiel* § 10 Rn. 93.
[405] *Baumbach/Hueck/Schulze-Osterloh* Rn. 43; *Scholz/Crezelius* Rn. 44.
[406] *Lutter/Hommelhoff* Rn. 31; *Sagasser* DB 1986, 2251; *Scholz/Crezelius* Rn. 43.
[407] *Baumbach/Hueck/Schulze-Osterloh* Rn. 37; *Seitz* DStR 1991, 315, 317.
[408] *Adler/Düring/Schmaltz* § 42 a GmbHG Rn. 50; *Baumbach/Hueck/Schulze-Osterloh* Rn. 37; Beck'sches HdB GmbH/*Langseder* § 9 Rn. 212; *Lutter/Hommelhoff* Anh. § 47 Rn. 26; *Pfitzenmayer* WPK-Mitt. 1996, 90, 91; *Rauch* BB 1997, 35, 36.
[409] *Lutter/Hommelhoff* Anh. § 47 Rn. 26.
[410] Dazu § 47 Rn. 94 ff.
[411] *Baumbach/Hueck/Schulze-Osterloh* Rn. 43.
[412] Dazu § 47 Rn. 116 ff.
[413] *Adler/Düring/Schmaltz* § 42 a GmbHG Rn. 50; *Baumbach/Hueck/Schulze-Osterloh* Rn. 43.
[414] Dazu *Hommelhoff* ZGR 1986, 418, 425 ff.; *Joost*, FS 100 Jahre GmbHG, 1992, S. 289, 299; *Renkl* DB 1986, 1108, 1109.
[415] *Baumbach/Hueck/Schulze-Osterloh* Rn. 43; *Hartmann* (Fn. 6) S. 203; *Renkl* GmbHR 1989, 66, 69.

§ 42 a   3. Abschnitt. Vertretung und Geschäftsführung

schluss durch ein gesellschaftsvertraglich bestimmtes anderes Organ als die Gesellschafterversammlung steht den Gesellschaftern ein Anfechtungsrecht zu.[416]

93   **7. Offenlegung.** Der Ergebnisverwendungsbeschluss ist von großen und mittelgroßen Gesellschaften grds. offenzulegen. Zu Einzelheiten vgl. § 41 Rn. 139 ff.

VII. Teilnahme des Abschlussprüfers an der Gesellschafterversammlung

94   **1. Allgemeines.** Die Regelung des Abs. 3 ist §§ 171 Abs. 1 S. 2, 176 Abs. 2 AktG vergleichbar, allerdings mit dem Unterschied, dass nach Aktienrecht der Abschlussprüfer stets an den Verhandlungen über die Feststellung des Jahresabschlusses teilzunehmen hat, während dies nach Abs. 3 nur auf Verlangen eines Gesellschafters der Fall ist. In Gesellschaften mit einem Aufsichtsrat gilt § 171 Abs. 1 S. 2 AktG iVm. § 52 Abs. 1, § 77 Abs. 1 BetrVG 1953 iVm. § 129 BetrVG, § 25 Abs. 1 Nr. 2 MitbestG bzw. § 3 Montan-MitbestG, so dass der Abschlussprüfer zusätzlich an der Bilanzsitzung des Aufsichtsrates teilzunehmen hat.

95   Verlangt werden kann nach dem eindeutigen Gesetzeswortlaut nur die **Teilnahme des Abschlussprüfers an den Verhandlungen über die Feststellung des Jahresabschlusses,** nicht auch an den Verhandlungen über die Ergebnisverwendung.[417] Angesichts der praktisch häufigen Verbindung von Feststellungs- und Ergebnisverwendungsbeschluss (Rn. 85) ist es jedoch nicht zu beanstanden, wenn der Abschlussprüfer in diesen Fällen auch bei den Verhandlungen über die Ergebnisverwendung anwesend ist.[418]

96   Als individuelles Auskunftsrecht eines jeden Gesellschafters (Rn. 97) ist das Recht, die Teilnahme des Abschlussprüfers bei den Verhandlungen über die Feststellung des Jahresabschlusses zu verlangen – ebenso wie das allg. Auskunfts- und Einsichtsrecht des Gesellschafters nach § 51 a, vgl. § 51 a Abs. 3 –, **nicht** durch gesellschaftsvertragliche Regelung **abdingbar.**[419] Abs. 3 gilt sowohl für **prüfungspflichtige Gesellschaften** als auch für Gesellschaften, die einer **freiwilligen Abschlussprüfung**[420] unterliegen.[421]

97   **2. Zweck.** Abs. 3 dient der **Information des einzelnen Gesellschafters.**[422] Gleichzeitig können Änderungen des aufgestellten, aber noch nicht festgestellten Jahresabschlusses mit dem Abschlussprüfer abgestimmt werden.[423] Zudem wird die **Vorbereitung** einer uU notwendigen **Nachtragsprüfung** erleichtert.[424]

---

[416] *Hartmann* (Fn. 6) S. 216; *Hommelhoff/Priester* ZGR 1986, 463, 502.
[417] *Baumbach/Hueck/Schulze-Osterloh* Rn. 46; *Scholz/Crezelius* Rn. 53; aA *Küting/Weber/Bohl* Rechnungslegung § 42 a GmbHG Rn. 81; *Lutter/Hommelhoff* Rn. 36.
[418] Ebenso *Scholz/Crezelius* Rn. 53.
[419] *Adler/Düring/Schmaltz* § 42 a GmbHG Rn. 54; *Mai* (Fn. 81) S. 162; *Scholz/Crezelius* Rn. 48; aA *Baumbach/Hueck/Schulze-Osterloh* Rn. 44; *Hommelhoff/Priester* ZGR 1986, 463, 496; *Lutter/Hommelhoff* Rn. 36 – durch einstimmigen Gesellschafterbeschluss abdingbar.
[420] Zur freiwilligen Abschlussprüfung s. Rn. 53.
[421] *Adler/Düring/Schmaltz* § 42 a GmbHG Rn. 54; *Baumbach/Hueck/Schulze-Osterloh* Rn. 44; *Hartmann* (Fn. 6) S. 146; *Lutter/Hommelhoff* Rn. 37; *Mueller-Thuns* (Fn. 9) S. 96; *Scholz/Crezelius* Rn. 47.
[422] *Adler/Düring/Schmaltz* § 42 a GmbHG Rn. 53; *Baumbach/Hueck/Schulze-Osterloh* Rn. 44; *Küting/Weber/Bohl* Rechnungslegung § 42 a GmbHG Rn. 77; *Mai* (Fn. 81) S. 161; *Mueller-Thuns* (Fn. 9) S. 96.
[423] *Adler/Düring/Schmaltz* § 42 a GmbHG Rn. 53; *Küting/Weber/Bohl* Rechnungslegung § 42 a GmbHG Rn. 76; *Mai* (Fn. 81) S. 162; *Scholz/Crezelius* Rn. 46.
[424] *Baumbach/Hueck/Schulze-Osterloh* Rn. 44; *Mai* (Fn. 81) S. 162.

Vorlage des Jahresabschlusses und des Lageberichts § 42 a

3. Teilnahmeverlangen eines Gesellschafters. Die Teilnahme des Abschlussprüfers an den Verhandlungen über die Feststellung des Jahresabschlusses setzt ein entsprechendes Verlangen mindestens eines Gesellschafters voraus. Das **Verlangen** ist **an die Geschäftsführer** zu richten, die daraufhin für die Teilnahme des Abschlussprüfers an der Gesellschafterversammlung zu sorgen haben.[425] Für die Zulässigkeit einer unmittelbaren Aufforderung an den Abschlussprüfer durch einen Gesellschafter besteht danach kein Bedürfnis. Sie wäre auch unzuträglich, da die Geschäftsführer und die Mitgesellschafter uU vom Erscheinen des Abschlussprüfers überrascht werden.

98

Ist ein **anderes Organ** als die Gesellschafterversammlung für die Feststellung des Jahresabschlusses zuständig (Rn. 64), so steht das Recht nach Abs. 3 den Mitgliedern dieses Organs zu.[426] Für ein Recht der Gesellschafter nach Abs. 3 besteht dann kein Bedürfnis.[427]

99

4. Teilnahme- und Auskunftspflicht des Abschlussprüfers. a) Teilnahmepflicht. Auf Verlangen eines Gesellschafters ist der Abschlussprüfer verpflichtet, an den Verhandlungen über die Feststellung des Jahresabschlusses teilzunehmen. Ohne ein solches Verlangen hat der Abschlussprüfer **kein Teilnahmerecht**.[428] Die Teilnahmepflicht des Abschlussprüfers setzt eine **rechtzeitige Ladung** voraus. § 51 Abs. 1 ist insoweit zwar nicht anwendbar;[429] gleichwohl dürfte eine Ladungsfrist von einer Woche idR angemessen sein.

100

b) Auskunftspflicht. Aus dem Zweck des Abs. 3 – Information des einzelnen Gesellschafters – folgt, dass der Abschlussprüfer nicht nur zur Teilnahme an den Verhandlungen über die Feststellung des Jahresabschlusses verpflichtet ist, sondern dass ihn auch eine Auskunftspflicht trifft.[430] Er muss Fragen der Gesellschafter beantworten und uU nähere Erläuterungen zu seinem Prüfungsbericht geben.[431] Die Auskunftspflicht besteht **gegenüber dem einzelnen Gesellschafter,** jedoch nur **innerhalb der Gesellschafterversammlung.**[432] § 176 Abs. 2 S. 2 AktG ist auf die GmbH nicht analog anwendbar.[433] Da es sich um ein individuelles Auskunftsrecht des Gesellschafters handelt, kann die Gesellschafterversammlung **analog § 51 a Abs. 2** beschließen, dass einem Gesellschafter Auskünfte verweigert werden, wenn zu besorgen ist, dass er sie zu gesellschaftsfremden Zwecken verwendet und dadurch der Gesellschaft oder einem verbundenen Unternehmen ein nicht unerheblicher Nachteil zugefügt wird.[434] Dem

101

---

[425] *Adler/Düring/Schmaltz* § 42 a GmbHG Rn. 57; *Baumbach/Hueck/Schulze-Osterloh* Rn. 45; *Küting/Weber/Bohl* Rechnungslegung § 42 a GmbHG Rn. 79; *Lutter/Hommelhoff* Rn. 36; *Mai* (Fn. 81) S. 162.

[426] *Adler/Düring/Schmaltz* § 42 a GmbHG Rn. 56; *Küting/Weber/Bohl* Rechnungslegung § 42 a GmbHG Rn. 80; *Lutter/Hommelhoff* Rn. 35; *Mai* (Fn. 81) S. 162; *Scholz/Crezelius* Rn. 50.

[427] AA *Lutter/Hommelhoff* Rn. 35.

[428] *Adler/Düring/Schmaltz* § 42 a GmbHG Rn. 55; *Baumbach/Hueck/Schulze-Osterloh* Rn. 46; *Lutter/Hommelhoff* Rn. 35; *Mai* (Fn. 81) S. 161, 169 f.; *Scholz/Crezelius* Rn. 49.

[429] *Baumbach/Hueck/Schulze-Osterloh* Rn. 46.

[430] *Adler/Düring/Schmaltz* § 42 a GmbHG Rn. 60; *Baumbach/Hueck/Schulze-Osterloh* Rn. 47; *Mueller-Thuns* (Fn. 9) S. 96; *Scholz/Crezelius* Rn. 52.

[431] *Baumbach/Hueck/Schulze-Osterloh* Rn. 47; *Lutter/Hommelhoff* Rn. 39.

[432] *Adler/Düring/Schmaltz* § 42 a GmbHG Rn. 60, 62; *Lutter/Hommelhoff* Rn. 39; *Mai* (Fn. 81) S. 164; aA *Baumbach/Hueck/Schulze-Osterloh* Rn. 47 – gegenüber Gesellschafterversammlung.

[433] *Adler/Düring/Schmaltz* § 42 a GmbHG Rn. 60; *Baumbach/Hueck/Schulze-Osterloh* Rn. 47; *Küting/Weber/Bohl* Rechnungslegung § 42 a GmbHG Rn. 84; *Mai* (Fn. 81) S. 165.

[434] *Adler/Düring/Schmaltz* § 42 a GmbHG Rn. 61; *Baumbach/Hueck/Schulze-Osterloh* Rn. 47; *Lutter/Hommelhoff* Rn. 40; *Mai* (Fn. 81) S. 165; *Mueller-Thuns* (Fn. 9) S. 96 f.

Abschlussprüfer selbst steht ein Auskunftsverweigerungsrecht nicht zu.[435] Eine analoge Anwendung des § 51a Abs. 2 auf ihn kommt nicht in Betracht; auch die Verschwiegenheitspflicht des § 323 Abs. 1 HGB greift insoweit nicht ein (Rn. 51). Lediglich Auskünfte, die Betriebs- oder Geschäftsgeheimnisse anderer Unternehmen betreffen, muss er gemäß § 323 Abs. 1 HGB verweigern.[436]

102 **c) Folgen der Verletzung der Teilnahme- und Auskunftspflicht.** Nimmt der Abschlussprüfer trotz des Verlangens eines Gesellschafters nicht an den Verhandlungen über die Feststellung des Jahresabschlusses teil, so ist die Gesellschafterversammlung nicht gehindert, den Jahresabschluss festzustellen. Das Fernbleiben des Abschlussprüfers stellt jedoch einen **Anfechtungsgrund des Feststellungsbeschlusses** dar. Den Abschlussprüfer selbst trifft wegen eines Verstoßes gegen den Prüfungsvertrag uU eine **Schadensersatzpflicht**.[437]

VIII. Aufstellung und Vorlage des Konzernabschlusses

103 **1. Allgemeines.** Ist die Gesellschaft Mutterunternehmen iS des § 290 Abs. 1 HGB, haben die Geschäftsführer gemäß § 297 Abs. 1 HGB einen Konzernabschluss, bestehend aus Konzernbilanz, Konzern-Gewinn- und Verlustrechnung und Konzernanhang, sowie nach § 315 HGB einen Konzernlagebericht aufzustellen. Beides ist gemäß § 316 Abs. 2 HGB durch einen Abschlussprüfer zu prüfen. Nach Abs. 4 sind die Geschäftsführer verpflichtet, den Gesellschaftern den Konzernabschluss, Konzernlagebericht sowie den Bericht des Abschlussprüfers unverzüglich[438] nach Eingang des Prüfungsberichts vorzulegen. Empfänger der vorzulegenden Unterlagen sind stets die Gesellschafter, da die Vorlage ihrer Information dient. Zur Art der Vorlage (Rn. 9ff.) sowie zu den Einschränkungen (Rn. 11) und zur Durchsetzung der Vorlage (Rn. 12) gilt wegen der Verweisung auf Abs. 1 das oben Gesagte.

104 **2. Zweck.** Die Vorlage dient nicht der Feststellung des Konzernabschlusses, welche nach Abs. 4, § 46 Nr. 1 ausdrücklich nicht stattfindet, sondern der **Information der Gesellschafter**.[439] Das auf diese Weise erlangte abgerundete Bild über die wirtschaftliche Lage der Gesellschaft erleichtert eine sachgerechte Entscheidung hinsichtlich der Ergebnisverwendung.[440]

105 **3. Vorhandensein eines Aufsichtsrates.** Hat die Gesellschaft einen Aufsichtsrat, so sieht das Gesetz keine Prüfung des Konzernabschlusses durch diesen oder einen Bericht darüber vor, eine entsprechende Verpflichtung kann aber im Gesellschaftsvertrag begründet werden.[441] Einem fakultativen Aufsichtsrat nach § 52 sind allerdings Konzernabschluss und -lagebericht analog § 337 Abs. 1 AktG unverzüglich nach ihrer Aufstellung vorzulegen. Eine Vorlage des Berichts des Abschlussprüfers kommt nicht in Betracht, da der Aufsichtsrat selbst analog § 111 Abs. 2 S. 3 AktG den Prüfungsauftrag erteilt und gemäß § 321 Abs. 4 S. 2 HGB den Prüfungsbericht direkt vom Abschlussprüfer erhält.

---

[435] AA *Scholz/Crezelius* Rn. 54.
[436] *Baumbach/Hueck/Schulze-Osterloh* Rn. 47.
[437] *Adler/Düring/Schmaltz* § 42a GmbHG Rn. 65; *Lutter/Hommelhoff* Rn. 41; *Mai* (Fn. 81) S. 166f.
[438] Zur Bedeutung des Merkmals „unverzüglich" s. Rn. 6.
[439] *Adler/Düring/Schmaltz* § 42a GmbHG Rn. 67; *Baumbach/Hueck/Schulze-Osterloh* Rn. 48.
[440] Ähnlich *Adler/Düring/Schmaltz* § 42a GmbHG Rn. 67.
[441] *Adler/Düring/Schmaltz* § 42a GmbHG Rn. 75; *Baumbach/Hueck/Schulze-Osterloh* Rn. 48.

IX. Österreichisches Recht

Nach § 22 Abs. 2 S. 1 ÖGmbHG ist jedem Gesellschafter ohne Verzug nach Aufstellung des Jahresabschlusses samt Lagebericht eine Abschrift zuzusenden. Die **Prüfung und Feststellung des Jahresabschlusses** sowie die **Verteilung des Bilanzgewinns** unterliegen gemäß § 35 Abs. 1 Nr. 1 ÖGmbHG der **Beschlussfassung der Gesellschafter.** Die Beschlüsse sind in den ersten acht Monaten jedes Geschäftsjahres für das abgelaufene Geschäftsjahr zu fassen. Nach § 34 ÖGmbHG werden sie grds. in der Generalversammlung gefasst, es sei denn, dass alle Gesellschafter mit schriftlicher Abstimmung einverstanden sind. Innerhalb von vierzehn Tagen vor der zur Prüfung des Jahresabschlusses berufenen Versammlung bzw. vor Ablauf der für die schriftliche Abstimmung festgesetzten Frist kann jeder Gesellschafter gemäß § 22 Abs 2 S. 2 ÖGmbHG in die Bücher und Schriften der Gesellschaft Einsicht nehmen. 106

Gemäß § 268 Abs. 1 ÖHGB müssen die Jahresabschlüsse von großen und mittelgroßen GmbHs[442] von einem **Abschlussprüfer** geprüft werden. Die Jahresabschlüsse kleiner GmbHs sind nur dann prüfungspflichtig, wenn die Gesellschaft aufgrund gesetzlicher Bestimmungen einen Aufsichtsrat haben muss. Hat die erforderliche Prüfung nicht stattgefunden, kann der Jahresabschluss nicht festgestellt werden. Ein gleichwohl gefasster Feststellungsbeschluss ist nichtig, ebenso der auf diese Weise „festgestellte" Jahresabschluss und der darauf basierende Gewinnverteilungsbeschluss.[443] § 268 Abs. 3 ÖHGB regelt die Notwendigkeit einer Nachtragsprüfung, wenn der Jahresabschluss, der Konzernabschluss, der Lagebericht oder der Konzernlagebericht nach Vorlage des Prüfungsberichts geändert werden. Gegenstand und Umfang der Abschlussprüfung sind in § 269 ÖHGB geregelt, die Auswahl der Abschlussprüfer in § 271 ÖHGB, ihre Bestellung und Abberufung in § 270 ÖHGB und ihre Verantwortlichkeit in § 275 ÖHGB. In § 272 ÖHGB finden sich Bestimmungen über die Vorlage- und Auskunftspflichten der Geschäftsführer gegenüber dem Abschlussprüfer. § 273 ÖHGB betrifft den Prüfungsbericht und § 274 ÖHGB den Bestätigungsvermerk. 107

---

[442] Zur Einteilung in Größenklassen vgl. § 221 ÖHGB.
[443] *Jabornegg/Geist* § 268 Rn. 3.

Anhang I nach § 42a
Rechnungslegung der GmbH

Literarur: 1. Materialien: BR-Drucks. 872/97 vom 6. 11. 1997, Gesetzentwurf der Bundesregierung, Entwurf eines Gesetzes zur Kontrolle und Transparenz im Unternehmensbereich (KonTraG); BR-Drucks. 967/96 vom 11. 12. 1996, Gesetzentwurf der Bundesregierung, Entwurf eines Gesetzes zur Verbesserung der Wettbewerbsfähigkeit deutscher Konzerne an Kapitalmärkten und zur Erleichterung der Aufnahme von Gesellschafterdarlehen (Kapitalaufnahmeerleichterungsgesetz – KapAEG); BR-Drucks. 871/97 vom 6. 11. 1997, Gesetzentwurf der Bundesregierung, Entwurf eines Gesetzes über die Zulassung von Stückaktien (Stückaktiengesetz – StückAG); BR-Drucks. 725/97 vom 24. 9. 1997, Gesetzentwurf der Bundesregierung, Entwurf eines Gesetzes zur Einführung des Euro (Euro-Einführungsgesetz – EuroEG); BR-Drucks. 458/99 vom 3. 8. 1999, Gesetzentwurf der Bundesregierung, Entwurf eines Gesetzes zur Durchführung der Richtlinie des Rates der Europäischen Union zur Änderung der Bilanz- und der Konzernbilanzrichtlinie hinsichtlich ihres Anwendungsbereichs (90/605/EWG), zur Verbesserung der Offenlegung von Jahresabschlüssen und zur Änderung anderer handelsrechtlicher Bestimmungen (Kapitalgesellschaften- und Co-Richtlinie-Gesetz – KapCoRiLiG); BT-Drucks. 14/6456 vom 27. 6. 2001, Gesetzentwurf der Bundesregierung, Entwurf eines Gesetzes zur Anpassung bilanzrechtlicher Bestimmungen an die Einführung des Euro, zur Erleichterung der Publizität für Zweigniederlassungen ausländischer Unternehmen sowie zur Einführung einer Qualitätskontrolle für genossenschaftliche Prüfungsverbände (Euro-Bilanzgesetz – EuroBilG); BT-Drucks. 10/317 vom 26. 8. 1983, Gesetzentwurf der Bundesregierung, Entwurf eines Gesetzes zur Durchführung der Vierten Richtlinie des Rates der Europäischen Gemeinschaften zur Koordinierung des Gesellschaftsrechts (Bilanzrichtlinie-Gesetz); *Bundesministerium der Justiz* BMJ 3507–30310/84 vom 16. 5. 1984 („Formulierungen"); *dass.* BMJ 3507/10–31002/84 vom 26. 8. 1984 (Nachtrag zu den „Formulierungen" vom 16. 5. 1984); *dass.* BMJ 3507–30946/84 vom 23. 11. 1984 (Entwurf von Vorschriften zur Durchführung der Siebenten und Achten Richtlinie des Rates der Europäischen Gemeinschaften zur Koordinierung des Gesellschaftsrechts durch Ergänzung des Regierungsentwurfs eines Bilanzrichtlinie-Gesetzes/Bundestags-Drucksache 10/317); *Rat der Europäischen Gemeinschaften* Vierte Richtlinie des Rates vom 25. Juli 1978 aufgrund von Artikel 54 Absatz 3 Buchstabe g) des Vertrages über den Jahresabschluß von Gesellschaften bestimmter Rechtsform (78/660/EWG); *ders.* Siebente Richtlinie des Rates vom 13. Juni 1983 aufgrund von Artikel 54 Abs. 3 Buchstabe g) des Vertrages über den konsolidierten Abschluß (83/349/EWG); *ders.* Achte Richtlinie des Rates vom 10. April 1984 aufgrund von Artikel 54 Absatz 3 Buchstabe g) des Vertrages über die Zulassung der mit der Pflichtprüfung der Rechnungslegungsunterlagen beauftragten Personen (84/253/EWG); *ders.* Richtlinie des Rates vom 8. November 1990 zur Änderung der Richtlinien 78/660/EWG und 83/349/EWG über den Jahresabschluß bzw. den konsolidierten Abschluß hinsichtlich ihres Anwendungsbereichs (90/605/EWG); *ders.* Richtlinie des Rates vom 8. November 1990 zur Änderung der Richtlinien 78/660/EWG und 83/349/EWG über den Jahresabschluß bzw. den konsolidierten Abschluß hinsichtlich der Ausnahme für kleinere und mittlere Gesellschaften sowie der Offenlegung von Abschlüssen in ECU (90/604/EWG).

2. Literatur: *Altmeppen* Die Auswirkungen des KonTraG auf die GmbH, ZGR 1999, 291; *Arbeitskreis Externe Unternehmensrechnung der Schmalenbach-Gesellschaft* Interpretation des mit dem Kapitalaufnahmeerleichterungsgesetz (KapAEG) neu in das HGB aufgenommenen § 264 Abs. 3 HGB, DB 1999, 493; *AWV-Schrift Nr. 155* Ausschuß für wirtschaftliche Verwaltung in Wirtschaft und öffentlicher Hand e. V., Aufbewahrungsfristen nach Handels- und Steuerrecht, 3. Aufl. 1979; *Bäcker* Die Möglichkeit der Bildung von Festwerten nach neuem Bilanzrecht, DStZ 1989, 400 ff.; *Baetge/Schulze* Möglichkeiten der Objektivierung der Lageberichterstattung über „Risiken der künftigen Entwicklung", DB 1998, 937; Beck HdR, Beck'sches Handbuch der Rechnungslegung, hrsg. von *Castan, Heymann, Müller, Ordelheide, Scheffler,* 14. Aufl. Stand Juli 2000; *Biener* Die Neufassung handelsrechtlicher Buchführungsvorschriften, DB 1977, 527 ff.; *ders.* AG, KGaA, GmbH, Konzerne; Rechnungslegung, Prüfung und Publizität nach den Richtlinien der EG, 1979; *ders.* Die Transformation der Mittelstands- und der GmbH & Co.-Richtlinie, WPg. 1993, 707 ff.; *Biener/Berneke* Bilanzrichtlinien-Gesetz, Düsseldorf 1986; *Biener/Schatzmann* Konzern-Rechnungslegung, 7. EG-Richtlinie (Konzernbilanzrichtlinie), 1983; *Bitter/Grashoff* Anwendungsprobleme des Kapitalgesellschaften- und Co-Richtlinie-Gesetzes, DB 2000, 833; *Böcking* Bilanzrechtstheorie und Verzinslichkeit, 1988; *Böcking/Orth* Offene Fragen und Systemwidrigkeiten bei den neuen Rechnungslegungs- und Prüfungsvorschriften des KonTraG und des KapAEG, DB 1998, 1873; *Bordewin* Gesetz zur Änderung des Einkommensteuergesetzes, des Körperschaftsteuergesetzes und anderer Gesetze, BB 1980, 1033 ff.; *Breidenbach* Bewertungsproblematik des Festverfahrens im Zusam-

Rechnungslegung der GmbH   **Anh. I nach § 42a**

menhang mit Werkzeugen, WPg. 1975, 109 ff.; *Büchele* Bilanzierung von Verpflichtungen aus Altersteilzeitregelungen nach IAS und HGB, BB 1999, 1483 ff.; *ders.* Die Bilanzierung von Verpflichtungen aus Altersteilzeitverhältnissen in der Handelsbilanz, BB 1998, 1731 ff.; *Buchner* Zur Bestimmung der Höhe des Festwerts bei Gegenständen des abnutzbaren Sachanlagevermögens, BB 1995, 816 ff.; *Budde* in: *Mellwig/Moxter/Ordelheide* (Hrsg.), Einzelabschluß und Konzernabschluß, Beiträge zum neuen Bilanzrecht, Band I, 1988; *Busse von Colbe/Ordelheide* Konzernabschlüsse: Rechnungslegung für Konzerne nach betriebswirtschaftlichen Grundsätzen und gesetzlichen Vorschriften mit Text und Erläuterungen der 7. EG-Richtlinie, 7. Aufl. 1999; *Cattelaens* Steuerentlastungsgesetz 1999/2000/2002: Teilwertabschreibung und Wertaufholung DB 1999, 1185 ff.; *Christiansen* Das Erfordernis der wirtschaftlichen Verursachung ungewisser Verbindlichkeiten vor dem Hintergrund der Rechtsprechung des Bundesfinanzhofs – Versuch einer kritischen Analyse, BFuP 1994, 25 ff.; *Claussen* Das neue Rechnungslegungsrecht der Kreditinstitute, DB 1991, 1129 ff.; *Coenenberg* Aufwandsrückstellungen für Substanzerhaltung?, BB 1986, 910 f.; *Dieterlen/Haun* Gewinnmindernde Rücklagen nach den Übergangsregelungen des Steuerentlastungsgesetzes 1999/2000/2002, BB 1999, 2020 ff.; *Döllerer* Rückstellungen in der Steuerbilanz – Abkehr von der dynamischen Bilanz, DStR 1979, 3 ff.; *Dörner/Wirth* Die Befreiung von Tochter-Kapitalgesellschaften nach § 264 Abs. 3 HGB i. d. F. des KapAEG hinsichtlich Inhalt, Prüfung und Offenlegung des Jahresabschlusses, DB 1998, 1525; *Eibelshäuser* Rückstellungsbildung nach neuem Handelsrecht, BB 1987, 860 ff.; *Eisele* Technik des betrieblichen Rechnungswesens, Buchführung und Bilanzierung, Kosten- und Leistungsrechnung, Sonderbilanzen, 6. Aufl. 1999; *Farr* Checkliste für den Anhang im Jahresabschluß der kleinen GmbH unter Berücksichtigung der Neuerungen des KonTraG, KapAEG und EuroEG sowie Ausblick auf das KapCoRiLiG, GmbHR 1999, 1080; *Fischer* Verschmelzung von GmbH in der Handels- und Steuerbilanz, DB 1995, S. 485 ff.; *Förschle/Naumann* Bilanzielle Behandlung der Altersteilzeitarbeit nach deutschem Handelsrecht und nach den International Accounting Standards, DB 1999, 157 ff.; *Förster/Heger* Altersteilzeit und betriebliche Altersversorgung, DB 1998, 141 ff.; *Gail* Stille Reserven, Unterbewertung und Sonderprüfung, 2. Aufl. 1978; *Gebert* Die Offene-Posten-Buchhaltung und ihre Prüfung, WPg. 1966, 197 ff. und 230 ff.; *Giese* Die Merkmale von Rückstellungen in der EG-Bilanzrichtlinie und dem Vorentwurf eines Bilanzrichtlinie-Gesetzes, DB 1981, 537 ff.; *Goerdeler* Gewinnverwendung bei der GmbH nach geltendem und künftigem Recht, FS Winfried Werner, Handelsrecht und Wirtschaftsrecht in der Bankpraxis, hrsg. von *Hadding, Immenga, Mertens, Pleyer,* 1984; *Haeger* Zur Aufhebung des strengen Wertzusammenhangs im Steuerrecht, DB 1990, S. 541 ff.; *Harrmann* Der Anlagespiegel nach dem Entwurf des Bilanzrichtlinien-Gesetzes und die praktischen Konsequenzen, DB 1984, 1416 ff.; *Havermann* Rechnungslegung im Wandel, Nationale und internationale Entwicklungstendenzen ausgewählter Bereiche, Diss. Köln 1980; *Hennrichs* Der steuerrechtliche sog. Maßgeblichkeitsgrundsatz gem. § 5 EStG, StuW 1999, 138; *Herzig/Rieck* Bilanzsteuerliche Aspekte des Wertaufholungsgebotes im Einzelabschluß und im Steuerrecht, WPg. 1999, 305 ff.; *Heuser* Die neue Bilanz der GmbH, ihre Prüfung und Publizität, 1983; *Hinz* Pensionsgeschäfte und Jahresabschlußpolitik, BB 1995, 971 ff.; *Höfer* Rückstellungen für Altersteilzeitverpflichtungen in der Handels- und Steuerbilanz, DStR 1998, 1 ff.; *Hoffmann* Pensionsgeschäfte als Aktionsparameter der sachverhaltsgestaltenden Jahresabschlußpolitik, BB 1997, 249 ff.; *HRW,* Handwörterbuch des Rechnungswesens, hrsg. von *Chmielewicz, Schweitzer,* 3. Aufl. 1993; *IDW* Die Fachgutachten und Stellungnahmen des Instituts der Wirtschaftsprüfer auf dem Gebiet der Rechnungslegung und Prüfung, (Loseblattsammlung); *ders.* Wirtschaftsprüfer-Handbuch Band I, 12. Aufl. 2000; Wirtschaftsprüfer-Handbuch Band II, 11. Aufl. 1998; *International Accounting Standards Committee,* International Accounting Standards 2001; *Janssen* Überlegungen zum „Going concern concept", WPg. 1984, 341 ff.; *Jonas* Die EG-Bilanzrichtlinie, Grundlagen und Anwendungen in der Praxis, 1980; *ders.* Die in der aktienrechtlichen Handelsbilanz zulässige Rückstellung für ungewisse Verbindlichkeiten, DB 1986, 337 ff. und 389 ff.; *Kessler* Teilwertabschreibung und Wertaufholung in der Kreditwirtschaft nach dem Steuerentlastungsgesetz 1999/2000/2002, DB 1999, 2577 ff.; *ders.* Anpassungen im Bilanzrecht: (Neue?) Grenzwerte für die wirtschaftliche Verursachung, DStR 2001, 1903 ff.; *Knop* Die Bilanzaufstellung nach teilweiser oder vollständiger Ergebnisverwendung, DB 1986, 549 ff.; *Knop/Küting/Weber* Die Bestimmung der Wertuntergrenze der Herstellungskosten nach dem Entwurf eines Bilanzrichtlinien-Gesetzes, DB 1985, 2417 ff.; *KPMG* Rechnungslegungsvorschriften & Publizität für Kapitalgesellschaften und Kapitalgesellschaften & Co., 2. Aufl. 2000; *Kruse* Grundsätze ordnungsmäßiger Buchführung, Rechtsnatur und Bestimmung, 3. Aufl. 1978; *Küting/Hütten* Die Lageberichterstattung über Risiken der künftigen Entwicklung, AG 1997, 250; *Lanfermann/Zilias* Die Neuregelung des Erwerbs und Haltens eigener Aktien, WPg. 1980, 61 ff., 89 ff.; *Lange* Grundsätzliche und unbegrenzte Pflicht zur Berichterstattung im Lagebericht?, BB 1999, 2447; *Leffson* Die Grundsätze ordnungsmäßiger Buchführung, 7. Aufl. 1987; *Leffson/Schmid* Die Erfassungs- und Bewertungsprinzipien des Handelsrechts, in: Handbuch des Jahresabschlusses in Einzeldarstellungen, hrsg. v. *Wysocki/Schulze-Osterloh,* 1984; *Löhr* Factoring und Bilanzierung, WPg. 1975, 457 ff.; *Lück* (Hrsg.) Lexikon der Betriebswirtschaft, 5. Aufl. 1993; *Marx/Recktenwald* Periodengerechtes Bilanzieren von unterverzinslichen Ausleihungen, BB 1992, 1526 ff.; *Mathews* Das Treuhandvermögen und der Gesetzentwurf zur Durchführung der EG-Bankbilanzrichtlinie, BB 1989, 455 ff.; *ders.* Die Behandlung von

Anh. I nach § 42 a   3. Abschnitt. Vertretung und Geschäftsführung

Treuhandverhältnissen im Bilanzrichtlinien-Gesetz und in der Bankbilanzrichtlinie, BB 1993, 642 ff.; *Maul* Aufwandsrückstellungen im neuen Bilanzrecht, BB 1986, 631 ff.; *Mayer-Wegelin* Die wirtschaftliche Verursachung von Verbindlichkeitsrückstellungen, DB 1995, 1241 ff.; *Moxter* Ist bei drohendem Unternehmenszusammenbruch das bilanzrechtliche Prinzip der Unternehmensfortführung aufzugeben?, WPg. 1980, 345 ff.; *ders.* Das Realisationsprinzip – 1884 und heute, BB 1984, 1780 ff.; *ders.* Bilanzlehre Band II Einführung in das neue Bilanzrecht, 3. Aufl. 1986; *ders.* Selbständige Bewertbarkeit als Aktivierungsvoraussetzung, BB 1987, 1846 ff.; *ders.* Die Aktivierungsvoraussetzung „entgeltlicher Erwerb" im Sinne von § 5 Abs. 2 EStG, DB 1978, 1804; *ders.* Rückstellungen für ungewisse Verbindlichkeiten und Höchstwertprinzip, BB 1989, 945 ff.; *ders.* Bilanzrechtsprechung, 3. Aufl. 1993; *ders.* Die Vorschriften zur Rechnungslegung und Abschlußprüfung im Referentenentwurf eines Gesetzes zur Kontrolle und Transparenz im Unternehmensbereich, BB 1997, 722; *ders.* Lifo-Methode: Durch Vereinfachungszweck eingeschränkter Geltungsbereich in der Steuerbilanz? – Anmerkung zum BFH-Urteil vom 20. 6. 2000 VIII R 32/98, DB 2001, 157 ff.; *Naumann* Rechtliches Entstehen und wirtschaftliche Verursachung als Voraussetzung der Rückstellungsbilanzierung, WPg. 1991, 529 ff.; *Neue Wirtschafts-Briefe* Zeitschrift zum Steuer- und Wirtschaftsrecht, Erläuterungen, Kommentare und Gesetzestexte (Loseblatt); *Niehus* Rechnungslegung und Prüfung der GmbH nach neuen Recht, Kommentar zu den die GmbH betreffenden Vorschriften des Bilanzrichtlinie-Gesetzes vom 12. Februar 1982, 1982; *Oser/ Doleczik* Rückstellungen für Altersteilzeitarbeitsverhältnisse in Handels- und Steuerbilanz, DB 1997, 2185 ff.; *Pooten* Einzelbewertungsgrundsatz und erstmalige Festbewertung von Neubeständen des abnutzbaren Sachanlagevermögens, BB 1996, 839 ff.; *Reiß* Zur bilanziellen und umsatzsteuerlichen Behandlung von Mieterein- und umbauten, DStZ 1981, 323 ff.; *Reittinger* Die Prüfung des Lageberichts nach Aktienrecht und nach den Vorschriften der 4. EG-Richtlinie, 1983; *Remme/Theile* Die Auswirkungen von „KonTraG" und „KapAEG" auf die GmbH, GmbHR 1998, 909; *Roolf* Zur Bilanzierung von Werkzeugen, WPg. 1974, 209 ff.; *Scheffler* Neue Vorschriften zur Rechnungslegung, Prüfung und Offenlegung nach dem Kapitalgesellschaften- und Co.-Richtlinie-Gesetz, DStR 2000, 529 ff.; *Schindler/ Rabenhorst* Auswirkungen des KonTraG auf die Abschlußprüfung (Teil I), BB 1998, 1886; *Schmidt* (Hrsg.) Einkommensteuergesetz, Kommentar, 20. Aufl. 2001; *Scholz* Kommentar zum GmbH-Gesetz, 9. Aufl. 2000; *Schulze-Osterloh* Deutsches Bilanzrecht und Ertragsteuerrecht vor dem Europäischen Gerichtshof, DStZ 1997, 281 ff.; *Schuppenhauer* Grundsätze für eine ordnungsmäßige Datenverarbeitung, 5. Aufl. 1998; *Siegel* Echte Aufwandsrückstellungen und der Wandel des Gesellschafterschutzes im neuen Bilanzrecht, BB 1986, 841 ff.; *Strobel* Die Neuerungen des KapCoRiLiG für den Einzel- und Konzernabschluß, DB 2000, 53 ff.; *Theile* Ausweisfragen beim Jahresabschluß der GmbH & Co. KG nach neuem Recht, BB 2000, 555 ff.; *ders.* Kapitalmarktorientierte Rechnungslegung auch für die GmbH zwingend? Zu den Auswirkungen des DRSC-Gesetzentwurfs „Zur Internationalisierung der Rechnungslegung" vom 6. 7. 2001 und dem EU-Verordnungsvorschlag vom 13. 2. 2001 auf die Rechnungslegung der GmbH (& Co. KG), GmbHR 2001, 892 ff.; *Trappmann* Bewertungsvereinfachungsverfahren für Grundstücke zulässig?, DB 1996, 391 f.; *v. Treuberg/Scharpf* Pensionsgeschäfte und deren Behandlung im Jahresabschluß von Kapitalgesellschaften nach § 340 b HGB, DB 1991, 1233 ff.; *Veigel/Lentschig* Der Ansatz von Festwerten, StBp 1994, 81 ff.; *Veit* Zur Bilanzierung von Organisationsausgaben und Gründungsausgaben nach neuem Recht, WPg. 1984, 65 ff.; *Waclawik* Zulässigkeit der Bildung eines Sonderpostens in der Handelsbilanz bei Bildung der Abzinsungsrücklage (§ 52 Abs. 16 Sätze 7 und 10 EStG) in der Steuerbilanz?, DB 2000, 338 ff.; *Waschbusch* Die Rechnungslegung der Kreditinstitute bei Pensionsgeschäften, BB 1993, 172 ff.; *Westermann* „Aufwendungen für bezogene Leistungen" und „sonstige betriebliche Aufwendungen" in der Gesamtkosten-GuV nach dem BiRiLiG, BB 1986, 1120; *Wiedmann* Bilanzrecht 1999; *Wiedmann* Die Stetigkeit nach neuem Recht und ihr Einfluß auf die Bilanzpolitik, BFuP 1988, 37 ff.

Übersicht

	Rn.		Rn.
I. Allgemeines	1–10	c) Aktivierungs- und Passivierungspflicht, Bilanzierungswahlrechte und Bilanzierungshilfen, Rechnungsabgrenzungsposten	26–31
II. Grundlagen der Bilanzierung	11–60		
1. Grundsätze ordnungsmäßiger Buchführung (GoB)	11–22	3. Sonderfragen der Bilanzierung	32–60
a) Rahmengrundsätze	12–14	a) Eigentumsvorbehalt und Sicherungsübereignung/-abtretung	33
b) Abgrenzungsgrundsätze	15–17		
c) Ergänzende Grundsätze	18–22	b) Miet- und Pachtverträge	34
2. Bilanzierungsfähigkeit und Bilanzierungspflicht	23–31	c) Kommissions- und Konsignationsgeschäfte	35, 36
a) Aktivierungsfähigkeit	24	d) Leasing-Geschäfte	37–49
b) Passivierungsfähigkeit	25	e) Factoring	50

	Rn.		Rn.
f) Treuhandgeschäfte	51–54	b) Anlagevermögen	159–185
g) Pensionsgeschäfte	55–58	aa) Immaterielle Vermögensgegenstände	162–166
h) Schwebende Geschäfte	59, 60	bb) Sachanlagen	167–172
III. Grundlagen der Bewertung	61–142	cc) Finanzanlagen	173–180
1. Bewertungsgrundsätze	61–72	dd) Anlagenspiegel	181–185
a) Grundsatz der Bilanzidentität	62	c) Umlaufvermögen	186–213
b) Grundsatz der Fortsetzung der Unternehmenstätigkeit („going-concern-principle")	63	aa) Vorräte	187–193
		bb) Forderungen, sonstige Vermögensgegenstände	194–203
c) Stichtagsprinzip	64	cc) Wertpapiere	204–209
d) Grundsatz der Einzelbewertung	65	dd) Flüssige Mittel	210–213
e) Grundsatz der Vorsicht	66	d) Rechnungsabgrenzungsposten (aktiv)	214–220
f) Grundsatz der Periodenabgrenzung	67	e) Sonderposten und Erweiterungen auf der Aktivseite	221–233
g) Grundsatz der Bewertungsstetigkeit	68	f) Eigenkapital	234–269
		aa) Eigenkapitalausweis bei der GmbH	234–254
h) Weitere Bewertungsgrundsätze	69–72	bb) Eigenkapitalausweis bei der Kapitalgesellschaft & Co.	255–269
2. Bewertungsmaßstäbe	73–110		
a) Anschaffungskosten	73–84	g) Sonderposten mit Rücklageanteil	270–277
b) Herstellungskosten	85–97	h) Rückstellungen	278–318
c) Beizulegender Wert	98–104	i) Verbindlichkeiten	319–336
d) Zulässigkeit von stillen Reserven	105	j) Rechnungsabgrenzungsposten (passiv)	337
e) Fremdwährung	106–110	k) Haftungsverhältnisse	338, 339
3. Bewertungsvereinfachungsverfahren zur Ermittlung der Anschaffungs- oder Herstellungskosten	111–128	l) Sonderposten auf der Passivseite	340
		4. Gewinn- und Verlustrechnung	341–398
a) Festwert	112–114	a) Gliederungsschema	341–350
b) Gruppenbewertung	115–117	b) Inhalt der einzelnen Posten bei Gliederung nach dem Gesamtkostenverfahren (§ 275 Abs. 2 HGB)	351–387
c) Sammelbewertungsverfahren	118–128		
4. Methoden planmäßiger Abschreibung	129–138		
a) Lineare Abschreibung	133	c) Inhalt der einzelnen Posten bei Gliederung nach dem Umsatzkostenverfahren (§ 275 Abs. 3 HGB)	388–398
b) Degressive/Progressive Abschreibung	134		
c) Leistungsbedingte Abschreibung	135	5. Anhang	399–445
d) Kombinationsformen	136	a) Pflichtangaben, freiwillige Erweiterungen, Form	399–402
e) Änderung des Abschreibungsplans	137	b) Erläuterungen der Bilanz und der Gewinn- und Verlustrechnung	403–411
f) Absetzungen für Abnutzung (steuerlich)	138	c) Sonstige Pflichtangaben	412–439
5. Zuschreibungen	139–141	d) Zusätzliche Angaben im Anhang einer Kapitalgesellschaft & Co.	440–445
6. Besonderheiten für Kapitalgesellschaften & Co.	142		
IV. Gliederung und Inhalt des Jahresabschlusses	143–445	**V. Lagebericht**	446
1. Die Generalnorm des § 264 Abs. 2 HGB	143, 144	**VI. Prüfung und Offenlegung des Jahresabschlusses**	447
2. Gliederungsgrundsätze	145–155		
3. Bilanz	156–340	**VII. Österreichisches Recht**	448–456
a) Gliederungsschema	156–158		

I. Allgemeines

Durch das **BiRiLiG** sind die die Rechnungslegung einer GmbH betreffenden Vorschriften im Dritten Buch des HGB vollkommen neu geregelt worden. Im GmbHG finden sich nur noch einige Spezialvorschriften über die Sorgepflicht der Geschäftsführer für die ordnungsmäßige Buchführung der Gesellschaft, Sondervorschriften für die Bilanzierung, Vorschriften über Aufstellung, Vorlage und Feststellung des Jahresabschlusses, über die Abschlussprüfung und über den Konzernabschluss. Maßgebend 1

Anh. I nach § 42a 3. Abschnitt. Vertretung und Geschäftsführung

für den Jahresabschluss und Lagebericht der GmbH sind nunmehr die für alle Kaufleute geltenden Vorschriften der §§ 242 bis 263 HGB sowie die für Kapitalgesellschaften geltenden Sondervorschriften der §§ 264 bis 289 HGB.

2   Die Transformation der **Mittelstandsrichtlinie** (90/604/EWG – ABl. EG Nr. L 317 vom 16. 11. 1990, S. 57–59), die Erleichterungen für kleine Kapitalgesellschaften enthält, und der Richtlinie zur weiteren Anhebung der Größenmerkmale der Vierten Richtlinie (94/9/EG – ABl. EG Nr. L 82 vom 21. 3. 1994, S. 33) in deutsches Recht hat an verschiedenen Stellen im Dritten Buch des HGB zu Veränderungen geführt. Das HGB hat ferner durch das **KonTraG**, das **KapAEG**, das **StückAG** sowie das **EuroEG** umfangreiche Änderungen, insbesondere für die AG, erfahren. Dort, wo die Gesetze auch für die GmbH von Bedeutung sind, wird ausführlich auf die Gesetzesänderungen eingegangen. Mit dem **KapCoRiLiG** wurden europäische Vorgaben in deutsches Recht umgesetzt, wonach OHG und KG, deren persönlich haftende Gesellschafter ausschließlich Kapitalgesellschaften sind, die für Kapitalgesellschaften geltenden Vorschriften zur Rechnungslegung, Prüfung und Offenlegung anwenden müssen. Das KapCoRiLiG geht zurück auf die GmbH & Co.-Richtlinie (90/605/ EWG – ABl. EG Nr. L 317 vom 8. 11. 1990, S. 60), welche bereits die Ausdehnung des Geltungsbereichs der Vierten und Siebten EG-Richtlinie auf die Kapitalgesellschaften & Co. verlangte. Trotz dieser europäischen Vorgaben bedurfte es weiterer zehn Jahre und eines Verfahrens vor dem EuGH,[1] bis die Bundesrepublik Deutschland ihrer Verpflichtung zur Umsetzung der Richtlinie nachgekommen ist. Das KapCoRiLiG, das am 8. 3. 2000 verkündet wurde,[2] setzt diese EU-rechtlichen Vorgaben um.

3   Bis zum In-Kraft-Treten des KapCoRiLiG hatte die Komplementär-GmbH einer GmbH & Co. KG die Bilanzierungsvorschriften für Kapitalgesellschaften (§§ 264 ff. HGB) anzuwenden, die KG als Personenhandelsgesellschaft die §§ 238 ff. HGB. Eine entsprechende Anwendung der für Kapitalgesellschaften geltenden Bilanzierungsvorschriften war nicht möglich.[3] Ausweislich der Gesetzesbegründung[4] wurden mit dem KapCoRiLiG neben der Einbeziehung von Kapitalgesellschaften & Co. in die Bilanzierungspflichten der Kapitalgesellschaften nach §§ 264 ff. HGB weitere Ziele verfolgt. So erfolgte u. a. eine – gleichfalls durch eine Entscheidung des EuGH veranlasste – Verschärfung der Sanktionen bei Verletzung der Offenlegungspflichten, weiterhin wurden die Schwellenwerte für die Größenklassen der Gesellschaften für den Jahresabschluss und die Konzernabschlussbefreiung angepasst und der Anwendungsbereich des § 292a HGB, der einen befreienden Konzernabschluss erlaubt, erweitert.

4   Das KapCoRiLiG dehnt den Anwendungsbereich der für Kapitalgesellschaften geltenden Vorschriften des Ersten bis Fünften Unterabschnitts des Zweiten Abschnitts des HGB auf den in § 264a HGB beschriebenen **Kreis der Kapitalgesellschaften & Co.** aus. Danach sind Personenhandelsgesellschaften (OHG, KG), bei denen nicht wenigstens ein persönlich haftender Gesellschafter eine natürliche Person oder eine OHG, KG oder andere Personengesellschaft mit einer natürlichen Person als persönlich haftendem Gesellschafter ist, verpflichtet, die ergänzenden Vorschriften für Kapitalgesell-

---

[1] EuGH vom 22. 4. 1999, IStR 1999, 317.
[2] Gesetz zur Durchführung der Richtlinie des Rates der Europäischen Union zu Änderungen der Bilanz- und Konzernrichtlinie hinsichtlich ihres Anwendungsbereichs (90/605/EWG), für Verbesserungen der Offenlegungen von Jahresabschlüssen und zur Änderung anderer handelsrechtlicher Bestimmungen (Kapitalgesellschaften- & Co.-Richtlinie-Gesetz – KapCoRiLiG), BGBl. 2000 I S. 154 ff.
[3] Vgl. *Scholz/Crezelius* Anh. § 42a Rn. 6.
[4] Vgl. BR-Drucks. 458/99 S. 20 ff.

schaften (§§ 264 ff. HGB) zu beachten. Damit werden auch Gesellschaften erfasst, deren Komplementärin eine **Stiftung**, eine **Genossenschaft** oder ein **wirtschaftlicher Verein** ist.[5] Eine **Umgehung** der Anwendung der Vorschriften des KapCoRiLiG bspw durch mehrstöckige Kapitalgesellschaften & Co., ist nicht möglich. Die Vorschriften greifen für Kapitalgesellschaften & Co. erstmals für nach dem 31. Dezember 1999 beginnende Geschäftsjahre. Eine (freiwillige) vorherige Anwendung ist möglich, wenn die Vorschriften insgesamt angewandt werden (Art. 48 Abs. 1 EGHGB). Auf Änderungen, die für die Kapitalgesellschaften & Co. (zB GmbH & Co.) von Bedeutung sind, wird an den jeweiligen Stellen hingewiesen (vgl. zB Rn. 142, 255 ff. und 440 ff.).

Wesentlicher Inhalt des EuroBilG, das zum 1. Januar 2002 in Kraft tritt, ist die Umstellung von noch in DM ausgedrückten Geldbeträgen auf Euro in bilanzrechtlichen Bestimmungen des HGB. Daneben erfolgen Änderungen im HGB mit dem Ziel, Zweigniederlassungen ausländischer Kreditinstitute und Kapitalgesellschaften von nicht mehr zeitgemäßen Publizitätsanforderungen zu entlasten sowie weitere Änderungen mit dem Zweck der Euroumstellung in anderen Gesetzen und Verordnungen. **5**

Darüber hinaus sind nach dem 31. 12. 2001 weitere Änderungen des HGB zu erwarten. So liegt zurzeit der Entwurf eines Gesetzes zur weiteren Reform des Aktien- und Bilanzrechts, zu Transparenz und Publizität (Transparenz- und Publizitätsgesetz) vor. Er geht zurück auf die von der Bundesregierung im Mai 2000 eingesetzte Regierungskommission „Corporate Governance – Unternehmensführung – Unternehmenskontrolle – Modernisierung des Aktienrechts". Die Kommission hatte den Auftrag, sich mit möglichen Defiziten des deutschen Systems der Unternehmensführung und -kontrolle zu befassen sowie im Hinblick auf den durch Globalisierung und Internationalisierung der Kapitalmärkte sich vollziehenden Wandel der Unternehmens- und Marktstrukturen Vorschläge für eine Modernisierung des rechtlichen Regelwerkes zu unterbreiten. Soweit das Transparenz- und Publizitätsgesetz Änderungen der handelsrechtlichen Vorschriften vorsieht, gehen diese überwiegend zurück auf Vorschläge des Deutsche Rechnungslegungs Standards Committee (DRSC) aus dem Jahre 2001. Das DRSC hat auf Grundlage des § 342 Abs. 1 Nr. 2 HGB zunächst einen Gesetzesvorschlag zur Internationalisierung der Rechnungslegung durch eine an international anerkannten Normen orientierte Einschränkung von Bilanzierungswahlrechten im Konzernabschluss vorgesehen, der dann zum überwiegenden Teil in den Entwurf des Transparenz- und Publizitätsgesetzes eingeflossen ist. **6**

Mit seinem Gesetzesvorschlag verfolgt der DSRC die Zielsetzung, die Vorschriften zur Konzernrechnungslegung an internationale Entwicklungen, insbesondere an die steigenden Informationsanforderungen der Kapitalmärkte, anzupassen. Seit der Umsetzung der EU-Konzernbilanzrichtlinie (der 7. EU-Richtlinie) in das HGB hat sich das wirtschaftliche Umfeld deutscher Unternehmen grundlegend gewandelt. Die Transformation der 7. EU-Richtlinie in das HGB war von dem Grundgedanken geleitet, die Änderungen für die deutschen Unternehmen so gering wie möglich zu halten. Deswegen wurde das Mitgliedstaatenwahlrecht so ausgeübt, dass die neuen HGB-Vorschriften den bis dahin geltenden aktienrechtlichen Vorschriften und GoB so nahe wie möglich kamen. Aufgrund der in der Zwischenzeit eingetretenen Entwicklungen, insbesondere im Hinblick auf die Pläne der europäischen Kommission zur Anerkennung der International Accounting Standards (IAS) bzw. International Financial Reporting Standards (IFRS) des International Accounting Standards Board (IASB) als einheitliche **7**

---

[5] BeckBilKomm/*Förschle* HGB § 264 a Rn. 11.

Anh. I nach § 42 a 3. Abschnitt. Vertretung und Geschäftsführung

europäische Standards für börsennotierte Unternehmen ab 2005,[6] hält der Deutsche Standardisierungsrat (DSR) nunmehr die Konvergenz zwischen HGB- und internationaler Rechnungslegung für ebenso wünschenswert wie dringlich. Der DSR geht davon aus, dass die Implementierung der Vorschläge kurzfristig möglich sei. Sie beschränken sich bewusst auf den Konzernabschluss und klammern deshalb auch die Verweise der Konzernabschlussvorschriften auf Regelungen im Einzelabschluss aus.[6a] Dadurch bleibt die steuerliche Gewinnermittlung unberührt.

Der Entwurf des Transparenz- und Publizitätsgesetzes enthielt in seiner am 31. 12. 2001 vorgelegten Fassung u. a. folgende, das HGB betreffende Änderungsvorschläge:

- **§ 285 Nr. 9 Buchst. a HGB, Sonstige Pflichtangaben:**
  Klarstellung, dass zu den im Anhang des Jahresabschlusses einer KapGes. anzugebenden Gesamtbezügen der Mitglieder des Geschäftsführungsorgans, eines Aufsichtsrats oder Beirats oder einer ähnlichen Einrichtung auch aktienbasierte Vergütungszusagen sowie die Gewinne aus solchen Zusagen gehören.
- **§ 285 Nr. 16 HGB, Sonstige Pflichtangaben:**
  Unter Nr. 16 ist anzugeben, dass die künftig nach § 161 AktG vorgeschriebene Erklärung abgegeben und den Aktionären zugänglich gemacht worden ist. Hiernach sollen Vorstand und Aufsichtsrat von börsennotierten Gesellschaften jährlich erklären, dass den Verhaltensregeln der Kodex-Kommission zur Unternehmensleitung und -überwachung entsprochen wurde und wird oder welche Verhaltensregeln nicht angewendet werden. Diese zusätzliche Angabe braucht eine GmbH oder KapGes. & Co. nicht zu machen.
- **§ 290 HGB, Pflicht zur Aufstellung eines Konzernabschlusses und Konzernlageberichts:**
  Für die Konsolidierungspflicht wird, wie international üblich, allein auf die Beherrschungsmöglichkeit (Control Concept) abgestellt. Die Konsolidierungspflicht besteht auch, wenn das Mutterunternehmen tatsächlich einen beherrschenden Einfluss ausübt. Das Kriterium der einheitlichen Leitung wird jedoch aufgegeben. Ein Beteiligungsverhältnis ist nicht mehr Voraussetzung für die Definition eines Mutter-Tochter-Verhältnisses.
- **§ 291 HGB, befreiende Wirkung von EU/EWR-Konzernabschlüssen:**
  Für kapitalmarktorientierte Mutterunternehmen von Teilkonzernen wird die Befreiung von der Aufstellungspflicht eines Konzernabschlusses aufgehoben.
- **§ 296 HGB, Verzicht auf die Einbeziehung:**
  Für die Fälle, in denen ein Mutter-Tochter-Verhältnis i. S. d. Rechnungslegungsvorschriften nicht vorliegt, wird das Wahlrecht der Einbeziehung in ein Einbeziehungsverbot geändert.
- **§ 297 HGB, Inhalt des Konzernabschlusses:**
  Der Eigenkapitalspiegel[7] wird als zusätzlicher Bestandteil des Konzernanhangs neben der Kapitalflussrechnung und der Segmentberichterstattung für Konzernabschlüsse solcher Unternehmen eingeführt, die durch sie selbst oder durch ein Tochterunternehmen ausgegebene Wertpapiere einen organisierten Markt in Anspruch nehmen.

---

[6] Europäische Unternehmen, die auch in den USA gelistet sind, erhalten einen Aufschub zur Anwendung der IAS-Regeln bis 2007.

[6a] Zur Bedeutung des Gesetzesvorschlags des DSR vgl. *Theile* GmbHR 2001, 892 ff.

[7] Vgl. den bereits bekannt gemachten Deutschen Rechnungslegungs Standard Nr. 7 (DRS 7) v. 26. 4. 2001.

- **§ 299 HGB, Stichtag für die Aufstellung:**
  Als Stichtag des Konzernabschlusses wird zwingend der Stichtag des Jahresabschlusses des Mutterunternehmens vorgeschrieben, ggf. sind zwingend Zwischenabschlüsse für die Einbeziehung von Tochterunternehmen mit anderen Abschluss-Stichtagen aufzustellen.
- **§ 301 HGB, Kapitalkonsolidierung:**
  Die sog. Anschaffungskostenrestriktion soll ersatzlos gestrichen werden, um auch den Fall zu berücksichtigen, dass die Anschaffungskosten für ein erworbenes Unternehmen niedriger sind als der Saldo der im Rahmen der Erstkonsolidierung anzusetzenden neubewerteten Vermögenswerte (ohne Goodwill) und Schulden.
- **§ 304 HGB, Behandlung der Zwischenergebnisse:**
  Die Ausnahmeregelung, auf eine Zwischenergebniseliminierung bei Lieferungen und Leistungen zu üblichen Marktbedingungen und hohem Aufwand verzichten zu können, wird aufgehoben.
- **§ 308 HGB, einheitliche Bewertung:**
  Die Möglichkeit, nur nach Steuerrecht zulässige Wertansätze in den Konzernabschluss zu übernehmen, wird aufgehoben.
- **§ 313 HGB, Erläuterung der Konzernbilanz und der Konzern-Gewinn- und Verlustrechnung, Angaben zum Beteiligungsbesitz:**
  Das Unternehmenswahlrecht des § 313 Abs. 3 HGB, von Angaben zum Konsolidierungskreis und Konzernanteilsbesitz abzusehen, wenn durch diese Angabe erhebliche Nachteile entstehen können, wird aufgehoben.
- **§ 314 Abs. 1 Nr. 6 HGB, Sonstige Pflichtangaben:**
  Klarstellung, dass entsprechend der in § 285 Nr. 9 Buchst. a HGB vorgesehenen Änderung die im Anhang zum Konzernabschluss eines Mutterunternehmens zu machende Angabe zu den Gesamtbezügen der Mitglieder der Leitungsgremien des Mutterunternehmens ebenfalls aktienbasierte Vergütungszusagen sowie die Gewinne aus solchen Zusagen umfasst.
- **§ 314 Abs. 2 HGB, Sonstige Pflichtangaben:**
  Die Schutzklausel gemäß § 314 Abs. 2 HGB, nach der die Aufgliederung von Umsatzerlösen nach Tätigkeitsbereichen sowie nach geographisch bestimmten Märkten unterbleiben kann, wenn sich aus der Angabe ein erheblicher Nachteil für ein in den Konzernabschluss einbezogenes Unternehmen ergeben dürfte, wird aufgehoben. Die Aufgliederung der Umsatzerlöse, die als Ersatzinformation für eine fehlende Segmentberichterstattung gedacht war, ist bei Unternehmen, die gemäß § 297 Abs. 1 HGB verpflichtet sind, eine Segmentberichterstattung aufzustellen oder dies freiwillig tun, hinfällig. Diese Unternehmen werden daher von der Verpflichtung zur Aufgliederung der Umsatzerlöse (§ 314 Abs. 1 Nr. 3 HGB) befreit.

Das DRSC hat ferner auf Grundlage des § 342 Abs. 1 Nr. 2 HGB einen Gesetzesvorschlag erarbeitet, wie die EU-Richtlinie 2001/65/EG vom 27. 10. 2001, mit der die Vierte und Siebente Richtlinie im Hinblick auf die sog. Fair-value-Bewertung von Finanzinstrumenten geändert werden (ABl. EG Nr. L 283, S. 28–32), bis Ende 2003 unter Ausübung der in der Richtlinie vorgesehenen Mitgliedstaatenwahlrechte in nationales Recht umgesetzt werden kann.

Der Gesetzesvorschlag enthielt in der Fassung, wie er am 31. 12. 2001 vorlag, folgende, das HGB betreffende, für alle Rechtsformen geltende Änderungsvorschläge:
- **§ 246 HGB, Vollständigkeit, Verrechnungsverbot:**
  Eine Definition von Finanzinstrumenten soll nicht in das HGB aufgenommen werden, da dies angesichts des raschen Entstehens immer neuer Finanzinstrumente nicht praktikabel wäre. § 246 HGB soll allerdings dahin ergänzt werden, dass Ansprüche

und Verpflichtungen aus derivaten Finanzinstrumenten auch als Vermögensgegenstände und Schulden gelten.
- **§§ 253 a bis 253 b HGB, Wertansätze von Finanzinstrumenten, Wertansätze gesicherter Grundgeschäfte:**
  Finanzinstrumente sind grundsätzlich mit dem beizulegenden Zeitwert anzusetzen. Warenkontrakte gelten dabei – mit Ausnahmen – als derivative Finanzinstrumente. Vermögensgegenstände oder Schulden, die im Rahmen der Zeitwertbilanzierung von Sicherungsgeschäften als gesichertes Grundgeschäft gelten, sind mit dem nach der Bilanzierung von Sicherungsgeschäften vorgesehenen Wert anzusetzen.
- **§§ 255 a bis 255 b HGB, Beizulegender Zeitwert, Zeitwertänderungen:**
  Finanzinstrumente sind grundsätzlich nach dem feststellbaren Marktpreis zu bewerten. Läßt sich ein Marktpreis für das Finanzinstrument als Ganzes nicht bestimmen, kann er aus den Marktpreisen seiner Bestandteile oder aus dem gleichartiger Finanzinstrumente abgeleitet werden. Ist dies nicht möglich, wird der Zeitwert mit Hilfe allgemein anerkannter Bewertungsmethoden und -modelle bestimmt. Hilfsweise wird nach § 253 HGB bewertet.
  Wertänderungen nach § 253 a HGB sind grundsätzlich in der GuV-Rechnung zu erfassen. In bestimmten Ausnahmen (zB das Finanzinstrument wird im Rahmen einer Bilanzierung von Sicherungsinstrumenten erfasst) ist die Wertänderung direkt im Eigenkapital in einem gesonderten Posten zu erfassen.
- **§ 284 Abs. 3, Abs. 4 HGB, Erläuterungen der Bilanz und der Gewinn- und Verlustrechnung:**
  Werden Finanzinstrumente mit dem Zeitwert bewertet, so sind Angaben zu machen u. a. über die der Bewertung zugrunde liegenden Annahmen, den Zeitwert für jede Gruppe von Finanzinstrumenten, die in der GuV oder im Eigenkapital erfassten Wertänderungen. Ferner sind Angaben erforderlich, wenn Finanzinstrumente über ihrem Zeitwert gem. § 253 a HGB angesetzt wurden, ohne dass von der Möglichkeit Gebrauch gemacht wurde, eine Wertminderung gem. § 253 Abs. 2 Satz 3 HGB vorzunehmen.
- **§ 288 HGB, Größenabhängige Erleichterungen:**
  Es sind Erleichterungen für kleine Kapitalgesellschaften und kleine Kapitalgesellschaften & Co. vorgesehen.
- **§ 298 HGB:**
  Im Lagebericht ist nach § 289 Abs. 2 Nr. 5 HGB in Bezug auf die Verwendung von Finanzinstrumenten auch einzugehen auf die Risikomanagementziele und -methoden einschließlich der Methoden zur Absicherung sowie die Preisänderungs-, Ausfall-, Liquiditäts- und Cash flow-Risiken, denen die Gesellschaft ausgesetzt ist, sofern dies für die Beurteilung der Vermögens-, Finanz- und Ertragslage von Belang ist.
- **§ 313 Abs. 1 a, 1 b HGB, Erläuterung der Konzernbilanz und der Konzern-Gewinn- und Verlustrechnung, Angaben zum Beteiligungsbesitz:**
  Es sind im Anhang der Konzernbilanz entsprechende Angaben wie im Anhang des Jahresabschlusses vorgesehen.
- **§ 315 HGB:**
  Es ist im Konzernlagebericht auf dieselben Sachverhalte wie im Lagebericht einzugehen.
- **§§ 340 e, 341 b HGB, Bewertung von Vermögensgegenständen und Schulden:**
  Daneben sind spezielle Vorschriften zur Bewertung von Finanzinstrumenten bei Kreditinstituten und Versicherungsunternehmen vorgesehen.

Nach § 5 Abs. 1 EStG gilt weiterhin das **Maßgeblichkeitsprinzip,** d. h. die Handelsbilanz ist die Grundlage der Steuerbilanz. Vielfach wird jedoch durch steuerrechtliche Vorschriften der handelsrechtliche Jahresabschluss insofern beeinflusst, als der Ansatz einer steuerfreien Rücklage oder die Inanspruchnahme erhöhter Absetzungen in Form der Abschreibungen von einem entsprechenden Ansatz im handelsrechtlichen Jahresabschluss abhängig gemacht wird **(umgekehrte Maßgeblichkeit).** Es besteht jedoch die Tendenz seitens des Steuergesetzgebers, das Maßgeblichkeitsprinzip immer stärker aufzuweichen und die Steuerbilanz von der Handelsbilanz abzukoppeln. Als Beispiel wird auf die Einfügung eines neuen § 5 Abs. 4a EStG durch das Gesetz zur Fortsetzung der Unternehmenssteuerreform v. 29. 10. 1997[8] verwiesen, wonach Rückstellungen für drohende Verluste aus schwebenden Geschäften steuerlich nicht mehr anerkannt werden. 9

Im Folgenden werden die für die Rechnungslegung der GmbH und Kapitalgesellschaften & Co. maßgeblichen Vorschriften des HGB systematisch erläutert. Bezüglich der Buchführungspflicht, Inventurpflicht, Pflicht zur Aufstellung von Eröffnungsbilanz und Jahresbilanz, Pflicht zur Erstellung eines Lageberichts sowie Pflicht zur Offenlegung wird auf die Kommentierung zu § 41 verwiesen. Die Sondervorschriften bezüglich des Ausweises des Eigenkapitals, Ausleihungen, Forderungen und Verbindlichkeiten gegenüber Gesellschaftern sind bei § 42 bereits kommentiert worden. Bezüglich Fragen zu Aufstellung und Vorlage des Jahresabschlusses, sowie zur Prüfung des Jahresabschlusses durch einen Abschlussprüfer wird auf die Kommentierung zu § 42a verwiesen. 10

II. Grundlagen der Bilanzierung

1. Grundsätze ordnungsmäßiger Buchführung (GoB). Sowohl für die Buchführungspflicht (§ 238 Abs. 1 HGB) als auch für die Aufstellung des Jahresabschlusses (§ 243 Abs. 1 HGB) gelten die GoB. Sie gelten nicht für den Bereich der Gewinnverwendung.[9] Die GoB sind ein System von Regeln, das die gesamte Rechnungslegung umfasst. Sie stellen Regeln dar, nach welchen ein auf fachgerechte Rechnungslegung bedachter Kaufmann verfährt, verfahren kann oder darf, um jederzeit Übersicht über seine Handelsgeschäfte und die Lage seines Vermögen zu behalten und ihre Gewinnung einem sachkundigen Dritten ohne Schwierigkeiten zu ermöglichen.[10] Die **Grundsätze ordnungsmäßiger Bilanzierung** sind der Teil der GoB, der sich auf den Jahresabschluss bezieht. Den GoB kommt Rechtsnormqualität[11] zu; ihre Konkretisierung erfahren sie in formellen und materiellen Bilanzierungs- und Bewertungsprinzipien (Rahmengrundsätze, Abgrenzungsgrundsätze, ergänzende Grundsätze). Auf sie ist zur Klärung einzelner Bilanzierungs- und Bewertungsfragen durch Auslegung Rückgriff zu nehmen (vgl. § 41 Rn. 37 ff.). Nach Auffassung des BFH[12] und der hM im Schrifttum[13] sind die GoB deduktiv zu ermitteln, d. h. maßgebend sind Sinn und Zweck der Rechnungslegungsvorschriften. Zwar wurden durch das BiLiRiG zahlreiche bislang anerkannte GoB kodifiziert (vgl. zB §§ 239 Abs. 1, 246 Abs. 1 HGB), dennoch handelt es sich bei den GoB um ein offenes System, das es zulässt, auch in Zu- 11

---

[8] BGBl. II S. 2590 ff.
[9] *Scholz/Crezelius* Anh. § 42a Rn. 67; BFH BStBl. 1980 II S. 434.
[10] BFH BStBl. 1967 III S. 607; zur Rechtsnatur der GoB vgl. auch *Adler/Düring/Schmaltz* HGB § 243 Rn. 2 ff.; *Wiedmann* HGB § 238 Rn. 28.
[11] Normbefehl in Form eines unbestimmten Rechtsbegriffs, *Kruse* S. 104 mwN.
[12] BStBl. 1967 III S. 607.
[13] Vgl. *Adler/Düring/Schmaltz* HGB § 243 Rn. 10 ff. mwN.

kunft neue Verfahrensweisen als GoB anzuerkennen. GoB, die nicht kodifiziert wurden (zB der Zeitpunkt der Aktivierung und Passivierung, Bilanzierung von schwebenden Geschäften) gelten dennoch weiter.

12 a) **Rahmengrundsätze.** Im Einzelnen lassen sich folgende Rahmengrundsätze unterscheiden: Der **Grundsatz der Richtigkeit und Willkürfreiheit (Bilanzwahrheit)** besagt, dass der Jahresabschluss in Bezug auf die Kriterien Gesetz, GoB, Gesellschaftsvertrag und Bilanzzweck richtig ist und willkürfrei erstellt wurde.[14] Das Prinzip der „Wahrheit" wird somit zum Grundsatz der subjektiven Wahrhaftigkeit (subjektive dokumentationstechnische und inhaltliche Richtigkeit, d. h. kein Ansatz von Werten, die der Bilanzersteller selbst nicht für zutreffend hält, § 239 Abs. 1 HGB) transformiert, neben den der Grundsatz der Richtigkeit als Übereinstimmung der realen wirtschaftlichen Tatbestände mit der Darstellung in Buchführung und Jahresabschluss tritt.[15] Für die Buchführung ist diese Forderung als Grundsatz richtiger Dokumentation der Geschäftsvorfälle aufzufassen, d. h. die Aufzeichnung eines Geschäftsvorfalls entspricht dem zugrundeliegenden Sachverhalt der Sache wie der Höhe nach. Für den Jahresabschluss bedeutet der Grundsatz der Richtigkeit, dass der Abschluss aus richtigen Aufzeichnungen abgeleitet ist, die einzelnen Posten den Tatbeständen entsprechend bezeichnet sind, die Werte nach den sonstigen GoB ermittelt sind, Buchführung und Abschluss alle Geschäftsvorfälle vollständig aufführen (§ 246 Abs. 1 HGB), die Zusammenstellung zu einem richtigen Ausweis des Jahresergebnisses iS der GoB führt.[16]

13 Der Grundsatz der **Klarheit** fordert, dass die Bücher (§ 238 Abs. 1 S. 2 HGB) und Abschlüsse (§ 243 Abs. 2 HGB) verständlich und übersichtlich gestaltet sind (formelle Richtigkeit von Buchführung und Jahresabschluss durch eindeutige Bezeichnung und Ordnung der Posten). Dies bedeutet für den Bereich der Buchführung u. a. sachgerechte Kontierung und Lesbarkeit eindeutig bezeichneter Geschäftsvorfälle. Für die Bilanz ist auf zutreffende Bezeichnung der Vermögensgegenstände und Schulden sowie eine sachgerechte Gliederung der einzelnen Posten abzustellen. In der Gewinn- und Verlustrechnung sind die Aufwands- und Ertragsarten eindeutig zu bezeichnen und nach sachlogischen Gesichtspunkten zu gliedern. Durch den Grundsatz der Klarheit soll eine verschleiernde Darstellung von Bilanz oder einzelnen Geschäftsvorfällen in der GuV verhindert werden.

14 Dem Grundsatz der **Vollständigkeit** wird im ersten Schritt durch die (unverzügliche) Erfassung sämtlicher buchungspflichtiger Geschäftsvorfälle Rechnung getragen. Die **Inventurpflicht** (vgl. § 41 Rn. 72 ff.) ist ebenfalls Teil der Maßnahmen zur Vollständigkeit des Jahresabschlusses; hinzu treten u. a. die Übernahme sämtlicher Konten in den Jahresabschluss, die einen Saldo aufweisen, eine unverkürzte Darstellung der einzelnen Posten, die Berücksichtigung der Ereignisse nach dem Abschlussstichtag und eine kritische Würdigung unter dem Gesichtspunkt der Risikoanalyse. Dabei entspricht es neben dem Grundsatz der Vollständigkeit auch dem in § 243 Abs. 2 HGB niedergelegten Grundsatz der Klarheit, sowohl in der Bilanz als auch in der GuV keine Posten saldiert, sondern brutto auszuweisen (Saldierungsverbot, Bruttoausweis, vgl. § 246 Abs. 2 HGB). Eine **Saldierung** ist nur zulässig, wenn Forderungen und Verbindlichkeiten gegenüber ein und demselben Geschäftspartner bestehen, gleichartig und am Abschlussstichtag fällig sind (oder die Fälligkeiten von Forderungen und Verbindlichkeiten nicht wesentlich voneinander abweichen, ohne fällig zu sein) und eine Verrechnung nicht vertraglich ausgeschlossen

---

[14] *Leffson* S. 200 ff.
[15] *Leffson* S. 199.
[16] *Leffson* S. 201.

ist.¹⁷ Dies gilt auch, wenn bei der Bewertung ungewisser Verbindlichkeiten mangels einer aktivierungsfähigen Rückgriffsforderung eine Rückgriffsmöglichkeit gegen Dritte betragsmindernd berücksichtigt wird.¹⁸ Geboten ist eine Saldierung jedoch bei Vorliegen eines Kontokorrentverhältnisses iS von § 355 HGB oder in Fällen, in denen zwischen den Vertragspartnern von vornherein an ein Abrechnungsverhältnis gedacht ist.¹⁹ Weiterhin ist eine Saldierung immer dann zulässig, wenn Gläubiger und Schuldner identisch und die sich gegenüberstehenden Forderungen gleichartig und fällig sind (Aufrechnungslage nach § 387 HGB) und wenn Verbindlichkeiten erfüllbar sind.²⁰ Die grundsätzliche Pflicht zum Bruttoausweis soll für die Bilanz u. a. die Zusammensetzung der Vermögens- und Kapitalseite, die finanziellen Beziehungen und für die GuV die Erfolgsquellen möglichst weitgehend erkennbar machen.

b) Abgrenzungsgrundsätze. Das **Realisationsprinzip** (§ 252 Abs. 1 Nr. 4 HGB) 15 konkretisiert zum einen den Zeitpunkt, von dem an die Lieferungen und Leistungen der Gesellschaft ertragswirksam ausgewiesen werden können, d. h. als „realisiert" gelten und regelt zum anderen den Wertansatz der noch nicht realisierungsfähigen Lieferungen und Leistungen; letzte Funktion des Realisationsprinzips wird **Anschaffungspreisprinzip** genannt.²¹ – Das Realisationsprinzip bestimmt, dass Erträge erst ausgewiesen werden dürfen – aber dann ausgewiesen werden müssen –, wenn sie durch den Absatzvorgang marktbestätigt sind, d. h. die Lieferung oder Leistung ist aus der Verfügungsmacht des Lieferers abgegangen, wurde von ihm im Wesentlichen vertragsgemäß bewirkt und steht dem Eigentumsübergang sowie einer Nutzung durch den Empfänger offen. Erträge sind daher auszuweisen, sobald die Entstehung der ihnen zugrunde liegenden Forderung mit Sicherheit zu erwarten ist.²² Das Realisationsprinzip ist Teil des umfassenden kaufmännischen **Grundsatzes der Vorsicht;** auf Grund seiner Willkürfreiheit ist es für eine periodengerechte Abgrenzung von Gewinnen und Verlusten von entscheidender Bedeutung.²³ Durch das Realisationsprinzip wird ferner erreicht, dass sich Beschaffungsvorgänge erfolgsneutral auf den Jahresabschluss auswirken, da es in seiner Funktion als Anschaffungspreis-(-wert-)prinzip die Forderung erhebt, beschaffte Güter im Anlage- und Umlaufvermögen höchstens zu Anschaffungs- oder Herstellungskosten anzusetzen, bei den abnutzbaren Anlagegegenständen vermindert um entsprechende Abschreibungen. Auf diese Weise werden Ausgaben neutralisiert, die erst in späteren Perioden zu Aufwand werden und bleiben Wertsteigerungen am ruhenden Vermögen im Jahresabschluss unberücksichtigt.

Das Anschaffungspreisprinzip wirkt als **Höchstwertprinzip** für alle Güter, die im 16 Leistungserstellungsprozess der Gesellschaft noch nicht verbraucht oder aus diesem ausgeschieden sind. Treten zwischen dem Beschaffungszeitpunkt und dem Abschlussstichtag Umstände ein, die durch vorhersehbare Risiken und Verluste eine andere Nutzeneinschätzung des Gutes bedingen, so wird das Realisationsprinzip durch das

---

¹⁷ *Adler/Düring/Schmaltz* HGB § 246 Rn. 466 mwN; BeckBilKomm/*Budde/Karig* HGB § 246 Rn. 83.
¹⁸ BeckBilKomm/*Budde/Karig* HGB § 246 Rn. 85; BFH BB 1993, 1115; BFH GS DB 1997, 1897.
¹⁹ BeckBilKomm/*Budde/Karig* HGB § 246 Rn. 85; *Baumbach/Hueck/Schulze-Osterloh* § 42 Rn. 36.
²⁰ BeckBilKomm/*Budde/Karig* HGB § 246 Rn. 81 f.; *Küting/Weber/Kußmaul* Rechnungslegung HGB § 246 Rn. 22; *Baumbach/Hueck/Schulze-Osterloh* § 42 Rn. 36.
²¹ *Leffson* S. 251 f.
²² *Moxter* BB 1987, 1846, 1850.
²³ *Wiedmann* § 252 Rn. 22.

Niederstwertprinzip ergänzt, welches besagt, dass von zwei möglichen Wertansätzen für einzelne Vermögensgegenstände, zB den Anschaffungs- oder Herstellungskosten einerseits und dem Börsen- oder Marktpreis andererseits, der niedrigere Wert angesetzt werden muss (strenges Niederstwertprinzip beim Umlaufvermögen) oder angesetzt werden kann (gemildertes Niederstwertprinzip beim Anlagevermögen, es sei denn, dass eine voraussichtlich dauernde Wertminderung vorliegt). Analog auf Verbindlichkeiten übertragen bedingt dieses Prinzip den Ansatz des jeweils höheren von zwei möglichen Werten.

17 Da Höchst- und Niederstwertprinzip den Fall voraussichtlich gewinnbringender und voraussichtlich verlustbringender Geschäftsvorfälle unterschiedlich behandeln, wird der daraus abgeleitete Grundsatz als **Imparitätsprinzip** (§ 252 Abs. 1 Nr. 4 HGB) bezeichnet, welches den Grundgedanken der kaufmännischen Vorsicht darstellt. Grundsätzlich sind Aufwendungen auszuweisen, soweit sie durch realisierte Erträge verursacht sind.[24] Durch Aufwandsvorwegnahme (Verlustantizipation) im Zeitpunkt des Erkennens ungünstiger Umstände erfolgt eine Vorverlagerung entstandener oder noch anfallender Anschaffungs- oder Herstellungskosten. Ziel des **Prinzips der verlustfreien Bewertung** ist die Gewinnminderung des abzuschließenden Rechnungslegungszeitraums um bereits erkennbare negative Erfolgsbeiträge der Folgeperiode(n), damit die wirtschaftliche Lage der Gesellschaft nicht besser als in Wirklichkeit dargestellt und der Gefahr begegnet wird, in tatsächlicher Hinsicht nicht verdiente Gewinne der Besteuerung und Auskehrung an die Gesellschafter zu unterwerfen.

18 **c) Ergänzende Grundsätze.** Der Grundsatz der **Stetigkeit** ergibt sich aus der Forderung nach Vergleichbarkeit von aufeinander folgenden Jahresabschlüssen in formeller und materieller Hinsicht. Die Informationsinteressen der Informationsempfänger und die Grundsätze der Klarheit und Willkürfreiheit (vgl. Rn. 12 f.) bedingen den Grundsatz der Stetigkeit, damit Entwicklungen und Entwicklungstendenzen erkennbar werden.[25] Die Forderung nach Stetigkeit ist auf gleiche Gliederung in aufeinander folgenden Jahresabschlüssen und gleiche Inhalte der einzelnen Posten der Jahresabschlüsse (**formale Stetigkeit**, § 252 Abs. 1 Nr. 1 HGB) sowie auf Grundsatzstetigkeit und stetige Fortführung der einzelnen Vermögenswerte (**materielle Stetigkeit**) gerichtet.[26] Formale Stetigkeit bedeutet langfristig gleich bleibende Art der Erfassung bilanzwirksamer Sachverhalte; materielle Stetigkeit bedingt, dass gleiche Sachverhalte in aufeinander folgenden Jahresabschlüssen gleich zu behandeln sind (Grundsatzstetigkeit). Formale Stetigkeit besagt insbesondere, dass die Schlussbilanz eines Geschäftsjahres mit der Anfangsbilanz des nachfolgenden Geschäftsjahres wertmäßig, mengenmäßig und inhaltlich identisch sein muss. Die Aufnahme der auf dem Gewinnverteilungsbeschluss der Gesellschafterversammlung beruhenden Buchungen in die Anfangsbilanz des nachfolgenden Geschäftsjahres stellt keinen Verstoß gegen diesen Grundsatz dar.[27]

19 Die materielle Stetigkeit (materielle Bilanzkontinuität) ist nun in § 252 Abs. 1 Nr. 6 HGB geregelt. Dieser Grundsatz verlangt bei der Bewertung der im Jahresabschluss ausgewiesenen Vermögensgegenstände und Schulden die **Beibehaltung** der auf den vorhergehenden Jahresabschluss angewandten **Bewertungsmethoden.** Damit soll die **Vergleichbarkeit** aufeinander folgender Jahresabschlüsse sichergestellt und verhindert werden, dass die Darstellung der Ertragslage durch Änderungen von Bewertungsme-

---

[24] *Moxter* BB 1984, 1780 ff., 1784.
[25] *Leffson* S. 432 f.
[26] *Leffson/Schmid* Rn. 152.
[27] *Adler/Düring/Schmaltz* HGB § 252 Rn. 15 ff.; dort auch zu weiteren Sonderfällen.

thoden nach der einen oder anderen Seite hin beeinflusst wird.[28] § 252 Abs. 1 Nr. 6 HGB ist zwar dem Wortlaut nach nur als Sollvorschrift ausgestaltet; nach § 252 Abs. 2 HGB ist eine Abweichung von den Vorschriften des Abs. 1 aber nur in begründeten Ausnahmefällen möglich.[29] Dies entspricht nur einer allgemeinen gesetzestechnischen Regelung, wonach von jeder einzelnen Bewertungsvorschrift, nicht nur vom Grundsatz der materiellen Stetigkeit, abgewichen werden darf, wenn es die besonderen Umstände des Einzelfalles erfordern. Zwischen den Vorschriften des § 252 Abs. 1 Nr. 1 bis 5 HGB und der Vorschrift des § 252 Abs. 1 Nr. 6 HGB besteht insoweit kein Unterschied.[30]

Der Grundsatz der Bewertungsstetigkeit greift immer dann ein, wenn es zur Wertfindung mehrere gesetzlich zulässige Verfahren gibt, oder wenn bei der Bewertung Schätzungsspielräume eingeräumt sind. Eine **Schätzungsproblematik** ergibt sich typischerweise bei der Ermittlung der planmäßigen Abschreibung, bei außerplanmäßiger Abschreibung, bei der Bildung von Rückstellungen. Bewertungswahlrechte ergeben sich beispielsweise bei der Wahlmöglichkeit, unterschiedliche Faktoren in die Herstellungskosten einzubeziehen, sowie in der Anwendung von Verfahren zur Ermittlung der Herstellungskosten. Der Kaufmann soll immer, wenn es mehrere Bewertungsverfahren oder Schätzungsspielräume gibt, an die im Vorjahr angewandte Methode gebunden sein. Dies gilt nicht nur für die im Vorjahr vorhanden gewesenen, sondern auch für die im Geschäftsjahr neu zugegangenen, art- und funktionsgleichen Vermögensgegenstände sowie Schulden.[31] Ansatzwahlrechte (zB §§ 247 Abs. 3, 249 Abs. 1 S. 3 und Abs. 2, 250 Abs. 1 S. 2 und Abs. 3, § 269 HGB) werden weder vom formellen noch vom materiellen Stetigkeitsprinzip erfasst.[32] Für Ansatzwahlrechte greift damit nicht das Stetigkeitsgebot, sondern nur das Willkürverbot und das Gebot, ein den tatsächlichen Verhältnissen entsprechendes Bild der Vermögens-, Finanz- und Ertragslage zu vermitteln.

Das in Rn. 15 angeführte kaufmännische **Vorsichtsprinzip**, das in § 252 Abs. 1 Nr. 4 HGB ausgeführt ist, findet auch auf **Schätzungen** für Bilanzierungszwecke Anwendung. Aufgrund unsicherer Erwartungen, zB hinsichtlich der Nutzungsdauer von Anlagen oder der Höhe von Rückstellungen, sind Schätzungen für Abschlusszwecke unvermeidbar. Sie sind so sorgfältig wie möglich zu fundieren (Sicherheitsgrad), um einerseits dem Zweck des Vorsichtsprinzips zu entsprechen, andererseits jedoch einseitig pessimistische, d. h. willkürliche Bilanzansätze zu verhindern. Vorsichtige Bilanzierung verhindert Kapitalentzug durch überhöhten Gewinnausweis; ein nur zum Zweck der Bildung stiller Rücklagen (vgl. Rn. 105) angewandtes unbestimmtes Vorsichtsprinzip hat hingegen als kaufmännisch unvorsichtig zu gelten, da es die Gesellschafter zur Selbsttäuschung verleitet und die Bilanzleser durch die weitgehend unbemerkte Bildung und Auflösung stiller Rücklagen irreführt.[33]

Der aus der angelsächsischen Bilanzierungspraxis stammende **Grundsatz der Wesentlichkeit ("materiality")** hat auch für die deutsche Rechnungslegung Bedeutung erlangt. Der Grundsatz besagt, dass im Jahresabschluss die Tatbestände offenzulegen

---

[28] *Adler/Düring/Schmaltz* HGB § 252 Rn. 103; *Baumbach/Hueck/Schulze-Osterloh* § 42 Rn. 255.
[29] Zu Einzelheiten vgl. IDW Stellungnahme des Hauptfachausschusses 3/1997 unter Ziff. 3.
[30] Vgl. BeckBilKomm/*Budde/Geißler* HGB § 252 Rn. 72; *Adler/Düring/Schmaltz* HGB § 252 Rn. 109; *Wiedmann* BFuP 1988, 44; *Baumbach/Hueck/Schulze-Osterloh* § 42 Rn. 255.
[31] *Baumbach/Hueck/Schulze-Osterloh* § 42 Rn. 257.
[32] Vgl. *Adler/Düring/Schmaltz* HGB § 252 Rn. 110; *Wiedmann* BFuP 1988, 40; *Baumbach/Hueck/Schulze-Osterloh* § 42 Rn. 258.
[33] So auch *Scholz/Crezelius* Anh. 42 a Rn. 83.

sind, die für die Empfänger der Informationen von Bedeutung (material) sind, d. h. unwesentliche Sachverhalte dürfen außer acht gelassen werden, sofern der Jahresabschluss noch ein den tatsächlichen Verhältnissen entsprechendes Bild der Vermögens-, Finanz- und Ertragslage des Unternehmens vermittelt (vgl. Rn. 143). Sie sind zu vernachlässigen, wenn eine Aneinanderreihung von wesentlichen und unwesentlichen Tatbeständen die Informationsempfänger eher verwirren als vernünftig informieren würde.[34] Einen Anhaltspunkt zur Konkretisierung dieses Grundsatzes bietet das Investitionsentscheidungskalkül; danach wird das Verhalten eines „durchschnittlichen" Investors (average investor) beim Kauf oder Verkauf zB von Wertpapieren durch wesentliche Tatbestände beeinflusst, während unwesentliche Sachverhalte unbeachtlich bleiben – und daher nicht anzugeben sind –, es sei denn, dass mehrere unwesentliche Sachverhalte in ihrer Gesamtheit einen wesentlichen, den Jahresabschluss beeinflussenden Tatbestand bilden, der demzufolge offenzulegen ist.[35] Quantitative Richtgrößen zur Bestimmung der Wesentlichkeit können nicht angegeben werden. Im Einzelfall sind daher neben der betragsmäßigen Höhe auch die sich ergebenden Auswirkungen zur Beurteilung heranzuziehen. Aufgrund der relativen Unbestimmtheit des Grundsatzes der Wesentlichkeit ist es sachgerecht, materiality derzeit nicht als Grundsatz ordnungsmäßiger Bilanzierung, sondern eher als allgemeine Voraussetzung bei der Ableitung und Anwendung der GoB aufzufassen.

23   **2. Bilanzierungsfähigkeit und Bilanzierungspflicht.** Die Bestimmung des materiellen Inhalts der Bilanz wirft die Frage nach der Bilanzierungsfähigkeit und der Bewertung (vgl. Rn. 61 ff.) des in sie einzustellenden Vermögens auf. Bilanzierungsfähig sind die in § 246 Abs. 1 HGB angesprochenen „Vermögensgegenstände", „Schulden" und „Rechnungsabgrenzungsposten"; eine Legaldefinition dieser Begriffe wird nicht gegeben. Es ist daher zu fragen, ob bzw. wann Vermögensgegenstände oder Schulden vorliegen, die in die Bilanz aufzunehmen sind – sofern ihnen kein Bilanzierungsverbot entgegensteht – oder eingestellt werden dürfen **(Bilanzierungswahlrecht).** Darüber hinaus sind Bilanzposten zu behandeln, die weder Vermögensgegenstände noch Schulden sind, aber auf Grund gesetzlicher Vorschriften (zB Ausweis des Eigenkapitals als Passivposten, Rechnungsabgrenzungsposten) bilanziert werden. Nachstehend werden folgende Fragen behandelt:
– Was sind Vermögensgegenstände und Schulden?
– Welche Vermögensgegenstände und Schulden sind bilanzierungspflichtig?
– Was ist ein Bilanzierungswahlrecht?
– Was sind Rechnungsabgrenzungsposten?
– Was sind Bilanzierungshilfen?

24   **a) Aktivierungsfähigkeit.** Bei dem Begriff **Vermögensgegenstand** handelt es sich um einen unbestimmten Rechtsbegriff, dessen Inhalt bei konkreter Rechtsanwendung ausgefüllt werden muss. Da die Begriffe Vermögensgegenstand und (aktives) **Wirtschaftsgut** von der Rechtsprechung des BFH gleichgesetzt werden, kann die steuerrechtliche Rechtsprechung zum Begriff des Wirtschaftsguts im Einzelfall für die Auslegung hilfsweise herangezogen werden.[36] Der Wirtschaftsgutbegriff des Steuerrechts (§ 6 Abs. 1 EStG) ist jedoch im Allgemeinen zu weit.[37] Denn im Steuerrecht

---

[34] *Leffson* S. 182.
[35] *Leffson* S. 184.
[36] *L. Schmidt* § 5 Rn. 93 ff.; BFH GS BStBl. 1988 II S. 348, 352; BFH BStBl. 1992 II S. 77; 1999 II S. 547; zur Abgrenzung von Vermögensgegenstand und Wirtschaftsgut BFH BStBl. 1970 II S. 382; 1976 II S. 13; 1979 II S. 262; *L. Schmidt* § 5 Rn. 93 ff.
[37] *Scholz/Crezelius* Anh. § 42 a Rn. 114.

wird ein Wirtschaftsgut bereits dann angenommen, wenn die selbstständige Bewertbarkeit gegeben ist, es periodenübergreifend genutzt wird und zumindest zusammen mit dem Unternehmen übertragbar ist.[38] Bei der Beurteilung der Frage, ob es sich um einen Vermögensgegenstand handelt, ist im Handelsrecht ferner nicht allein auf den bürgerlich-rechtlichen Begriff der Sachen und Rechte abzustellen, sondern darauf, ob nach der allgemeinen Auffassung des wirtschaftlichen Verkehrs ein selbstständig bewertbares, d. h. einzelverkehrsfähiges Gut vorliegt, das in irgendeiner Form dem Unternehmen dient oder zu dienen bestimmt ist. Sachen, Rechte und jegliche sonstigen materiellen und immateriellen wirtschaftlichen Werte, die geeignet sind, Vermögen oder Vermögensbestandteil zu sein, fallen unter diese Begriffsdefinition.[39] Die **selbstständige Übertragbarkeit** auf Grund wirtschaftlichen Verfügungsrechts ist bestimmendes Kriterium für die Annahme eines Vermögensgegenstands. Daraus folgt, dass bloße Verhältnisse oder wirtschaftliche Gegebenheiten wie zB der selbstgeschaffene Firmenwert oder die Kundschaft (anders als die Kundenkartei/Datenbank) nicht als Vermögensgegenstand angesehen werden können und damit nicht bilanzierungsfähig sind, da es sich letztlich um zukünftige (Mehr-)Gewinnerwartungen handelt.

b) Passivierungsfähigkeit. Zur Auslegung des Begriffs **Schulden** (passivierungsfähige Last) können die in Rn. 24 dargelegten Kriterien sinngemäß angewendet werden. Danach sind Schulden selbstständig bewertbare „negative" Güter, d. h. aus rechtlichen oder wirtschaftlichen Gründen zu erfüllende Zahlungs- oder sonstigen Leistungsverpflichtungen.[40] Für die Bilanzierung der Verbindlichkeiten gilt der Grundsatz der **rechtlichen Zugehörigkeit,** so dass insoweit der Ausnahmetatbestand des **wirtschaftlichen Eigentums** für die Passivseite dahingehend auszulegen ist, dass mindestens die rechtlich bestehenden Verbindlichkeiten auszuweisen sind, was heißt, dass im Innenverhältnis getroffene Regelungen zur Schuldtragung für die Bilanzierung unerheblich sind. Die Anwendung der wirtschaftlichen Betrachtungsweise kann jedoch dazu führen, dass weitere Verbindlichkeiten oder Rückstellungen auszuweisen sind, zB wegen faktischer Leistungsverpflichtungen oder soweit zukünftige Lasten dem Grunde oder der Höhe nach ungewiss sind.[41]

c) Aktivierungs- und Passivierungspflicht, Bilanzierungswahlrechte und Bilanzierungshilfen, Rechnungsabgrenzungsposten. Aus der in Rn. 23 ff. vorgenommenen Abgrenzung kann gefolgert werden, dass alle die Vermögensgegenstände und Schulden ansatzpflichtig sind, hinsichtlich derer kein Bilanzierungsverbot eine Aktivierung oder Passivierung untersagt oder ein Bilanzierungswahlrecht eingeräumt ist, welches den Ansatz in das Ermessen des Bilanzierenden stellt. Ansatzverbote auf der Aktivseite sind insbes. Ausfluss des umfassenden kaufmännischen Vorsichtsgrundsatzes (vgl. Rn. 15 f.). So bilden die Aufwendungen für die Gründung und Kapitalbeschaffung als reine Rechengröße keinen selbstständig verkehrsfähigen Vermögensgegenstand und dürfen nach § 248 Abs. 1 HGB nicht aktiviert werden. Derartige Aufwendungen dürfen nicht mit einem Ausgabeaufgeld verrechnet werden.[42] Damit ist ein GoB im HGB positiv geregelt worden. Kosten, die bei Planung der Gesellschaft, Abschluss des Gesellschaftsvertrages und Handelsregistereintragung entstehen sowie Kosten für die Eigenkapitalbeschaffung bei Gründung und bei Kapitalerhöhung sind damit nicht akti-

---

[38] Zu den Voraussetzungen des Wirtschaftsguts BFH BStBl. 1975 II S. 56; 1978 II S. 70; 1982 II S. 695; 1984 II S. 829; 1988 II S. 995.
[39] *Adler/Düring/Schmaltz* HGB § 246 Rn. 911; *Wiedmann* HGB § 246 Rn. 3.
[40] *Meyer-Landrut/Miller/Niehus* §§ 238–335 Rn. 294.
[41] *Baumbach/Hueck/Schulze-Osterloh* § 42 Rn. 214.
[42] *Veit* WPg. 1984, 70.

Anh. I nach § 42 a 3. Abschnitt. Vertretung und Geschäftsführung

vierungsfähig.[43] Von den Gründungskosten – Aktivierungsverbot – sind die Aufwendungen für die Ingangsetzung des Geschäftsbetriebs – Bilanzierungshilfe – zu unterscheiden. Kosten der Fremdkapitalbeschaffung fallen ebenfalls nicht unter § 248 Abs. 1 HGB.

27 Für **selbstgeschaffene immaterielle Vermögensgegenstände des Anlagevermögens** besteht nach § 248 Abs. 2 HGB ein Aktivierungsverbot, da ihr Ansatz wegen der Bewertungsunsicherheit gegen das Vorsichtsprinzip verstoßen würde.[44] Ebenfalls nicht aktiviert werden dürfen nach § 248 Abs. 3 HGB Aufwendungen für den Abschluss von **Versicherungsverträgen. Ansatzwahlrechte** auf der Aktivseite (zB §§ 250 Abs. 1 S. 2, 250 Abs. 3 HGB) wirken auf den Umfang des Vermögens und beeinflussen dadurch den Periodenerfolg, da im Fall der Nichtaktivierung die Anschaffungskosten des Vermögensgegenstandes den Periodenerfolg als Aufwand mindern. Die Nichtausübung von Ansatzwahlrechten auf der Passivseite (zB §§ 247 Abs. 3, 249 Abs. 1 S. 3 und Abs. 2 HGB) würde hingegen den Periodenerfolg erhöhen.

28 Für **entgeltlich erworbene immaterielle Vermögensgegenstände des Anlagevermögens** (Lizenzen, gewerbliche Schutzrechte, Konzessionen) gilt nunmehr wegen des Vollständigkeitsgebots eine **Ansatzpflicht** (Umkehrschluss aus § 248 Abs. 2 HGB). Entgeltlichkeit ist gegeben bei Leistungsaustausch mit Dritten, auch bei **Sacheinlage**.[45] Bei entgeltlichem Erwerb hat sich der Wert des Vermögensgegenstands am Markt konkretisiert und ist somit objektiv nachprüfbar. **Selbstgeschaffene immaterielle Vermögensgegenstände des Umlaufvermögens** sind demgegenüber stets aktivierungspflichtig (zB EDV-Programme, Auftragsforschung), da sie für Dritte erstellt werden und damit ein vereinbartes oder übliches Entgelt (Bewertbarkeit somit gegeben) erwarten lassen.[46]

29 Zu den Ansatzverboten und -wahlrechten treten die **Bilanzierungshilfen** hinzu (derivativer **Geschäfts- oder Firmenwert**, § 255 Abs. 4 HGB; Aufwendungen für die **Ingangsetzung des Geschäftsbetriebes und dessen Erweiterung** § 269 HGB; aktiver Saldo **latenter Steuern**, § 274 Abs. 2 HGB; Aufwendungen für die **Währungsumstellung** auf den Euro, Art. 44 EGHGB). Von ihnen darf, muss aber nicht Gebrauch gemacht werden **(Wahlrecht)**; es ist darauf hinzuweisen, dass ihrem Ansatz kein Vermögensgegenstand im Sinne der in Rn. 24 vorgenommenen Begriffsbestimmung zugrunde liegt.[47] So lässt zB § 255 Abs. 4 HGB die Aktivierung eines **derivativen (erworbenen) Geschäftswertes** zu, um zu vermeiden, dass der beim Erwerb des Unternehmens über den Substanzwert hinaus gezahlte Mehrbetrag (zB wegen höherer Ertragswertschätzungen) sofort als Aufwand zu verbuchen ist und zu einem Verlustausweis führt. § 255 Abs. 4 HGB ist nach allgM GoB. Der in der Vorschrift des § 269 HGB geregelte Tatbestand der Aktivierung der Aufwendungen für die **Ingangsetzung und Erweiterung des Geschäftsbetriebs** (sog. Anlaufkosten) stellt ebenfalls eine Bilanzierungshilfe dar. Voraussetzung für die Aktivierung der Betriebsaufwendungen sowie der Aufwendungen der Betriebs-, Verwaltungs- und Vertriebsorganisation ist nicht, dass in Höhe der aktivierten Beträge mit entsprechenden Erträgen in der Zu-

---

[43] Vgl. BeckBilKomm/*Budde/Karig* HGB § 248 Rn. 2 f.; *Baumbach/Hueck/Schulze-Osterloh* § 42 Rn. 77.
[44] *Moxter* DB 1978, 1804.
[45] BeckBilKomm/*Budde/Karig* HGB § 248 Rn. 12; *Baumbach/Hueck/Schulze-Osterloh* § 42 Rn. 71; aA bei verdeckter Sacheinlage *Adler/Düring/Schmaltz* HGB § 248 Rn. 21.
[46] *Baumbach/Hueck/Schulze-Osterloh* § 42 Rn. 72; BeckBilKomm/*Budde/Karig* HGB § 248 Rn. 6.
[47] Vgl. *Adler/Düring/Schmaltz* HGB § 269 Rn. 1.

kunft gerechnet werden kann, d.h., dass die Abschreibungen auf die aktivierten Beträge künftig verdient werden.[48] Zum Zeitpunkt der Ingangsetzung oder Erweiterung sind solche Ertragserwartungen noch nicht objektivierbar. Zu den Aufwendungen für die Ingangsetzung des Geschäftsbetriebs gehören zB die Kosten für die Organisation des Betriebs (Beratungskosten für Planung, Organisation und Marketing, Reklameaufwendungen als Teil des Aufbaus der Vertriebsorganisation, nicht jedoch laufende Reklameaufwendungen), für die Beschaffung von Arbeitskräften sowie Abschreibungen, Mieten, Zinsen und Personalaufwendungen während der Anlaufphase, also auch solche Aufwendungen, die nach § 248 Abs. 2 HGB nicht aktivierbar wären.[49]

Art. 44 EGHGB, eingefügt durch das EuroEG, sieht vor, dass erstmals in dem nach dem 31. Dezember 1997 endenden Geschäftsjahr die **Aufwendungen** (Herstellungskosten) **für die Währungsumstellung auf den Euro** als Bilanzierungshilfe aktiviert werden dürfen, soweit es sich um selbstgeschaffene immaterielle Vermögensgegenstände des Anlagevermögens (hauptsächlich selbsterstellte Softwareprogramme) handelt („Aufwendungen für die Währungsumstellung auf den Euro", auszuweisen vor dem Anlagevermögen). Nicht aktivierbar sind dagegen Aufwendungen für die Entwicklung neuer Formulare oder für Schulungsveranstaltungen. Der Posten ist in jedem folgenden Geschäftsjahr zu mindestens 25 % abzuschreiben. Mit der Aktivierung geht eine Ausschüttungssperre in entsprechender Höhe einher. Mit der Regelung soll es ermöglicht werden, die im Zusammenhang mit der Euro-Umstellung entstehenden Aufwendungen auf mehrere Jahre zu verteilen. Werden Aufwendungen für selbstgeschaffene immaterielle Vermögensgegenstände des Anlagevermögens aktiviert, ist der Posten im Anhang zu erläutern. Aus der Angabe sollten die Art der aktivierten Aufwendungen sowie die Maßnahme, die zu ihrer Entstehung führten, ersichtlich sein.[50] Eine Befreiung für kleine Kapitalgesellschaften ist nicht vorgesehen. Da es sich bei der Bilanzierungshilfe um kein Wirtschaftsgut iS des Steuerrechts handelt, darf sie in der Steuerbilanz nicht angesetzt werden.[51] 30

Rechnungsabgrenzungsposten sind bilanzierungspflichtige Tatbestände, die weder Vermögensgegenstände oder Schulden noch Bilanzierungshilfen darstellen. Es wird zwischen aktiven und passiven Rechnungsabgrenzungsposten unterschieden.[52] Durch die Vorschrift des § 250 Abs. 1 S. 1 HGB sind als Rechnungsabgrenzungsposten auf der **Aktivseite** nur Ausgaben vor dem Abschlussstichtag auszuweisen, soweit sie Aufwand für eine bestimmte Zeit nach diesem Tage darstellen; auf der **Passivseite** sind nach § 250 Abs. 2 HGB nur Einnahmen vor dem Abschlussstichtag auszuweisen, soweit sie Ertrag für eine bestimmte Zeit nach diesem Tage darstellen. Das **Steuerrecht** folgt dieser Fixierung in § 5 Abs. 5 EStG, indem es ebenfalls nur den Ausweis transitorischer Aktiva und Passiva im engeren Sinne gestattet. 31

3. Sonderfragen der Bilanzierung. Grundsätzlich gilt, dass sich die **Vermögenszugehörigkeit nach wirtschaftlichen Abgrenzungs- und Zurechnungskriterien** bestimmt. Diese umfassende, über die zivilrechtliche Zuordnung hinausgehende und aus den Zwecken des Jahresabschlusses entwickelte Begriffsbestimmung qualifiziert 32

---

[48] *Adler/Düring/Schmaltz* HGB § 269 Rn. 16; BeckBilKomm/*Budde/Karig* HGB § 269 Rn. 8; *Baumbach/Hueck/Schulze-Osterloh* § 42 Rn. 94; aA WP-HdB Bd. I F Rn. 143.
[49] BeckBilKomm/*Budde/Karig* HGB § 269 Rn. 2; *Baumbach/Hueck/Schulze-Osterloh* § 42 Rn. 95.
[50] WP-HdB Bd. I F Rn. 608.
[51] *L. Schmidt* § 6 d Rn. 2.
[52] Zu den in der Bilanzierungspraxis ausgewiesenen Arten von Abgrenzungsposten vgl. die Darstellung bei *Adler/Düring/Schmaltz* HGB § 250 Rn. 7.

einen Ausnahmetatbestand, der einer extensiven Interpretation nicht zugänglich ist. Zur wirtschaftlichen Betrachtungsweise bei **Schulden** vgl. Rn. 25; nachstehende Ausführungen beziehen sich auf die bilanzielle Behandlung folgender Anwendungsfälle: Eigentumsvorbehalt und Sicherungsübereignung/-abtretung, Miet- und Pachtverträge, Kommissionsgeschäfte, Leasinggeschäfte, Treuhandgeschäfte, Pensionsgeschäfte, schwebende Geschäfte.

33 **a) Eigentumsvorbehalt und Sicherungsübereignung/-abtretung.** Unter Eigentumsvorbehalt (EV) gelieferte Gegenstände (§§ 433, 455, 929 S. 1, 158 Abs. 1 BGB) sind nach einhelliger Ansicht ungeachtet der rechtlichen Ausgestaltung des EV beim Vorbehaltskäufer zu bilanzieren, der Lieferant bilanziert die Gegenforderung; ebenso ist im Fall der Sicherungsübereignung/-abtretung von der wirtschaftlichen Zugehörigkeit beim Sicherungsgeber auszugehen.[53] Bei der Sicherungsübereignung/-abtretung wird dies durch das Absonderungsrecht in der Insolvenz (vgl. §§ 49 f. InsO) deutlich; bei Lieferung unter EV ist trotz Aussonderungsrecht des Verkäufers (vgl. § 47 InsO) in der Insolvenz des Käufers eine dingliche Anwartschaft des letzten gegeben, die bilanziell wie das Vollrecht zu behandeln ist. Erst mit endgültiger Geltendmachung dieser Sicherungsrechte – oder wenn deren Geltendmachung droht[54] – kommt bilanziell wieder das juristische Eigentum zum Tragen, so dass entweder ein auf beiden Seiten noch nicht erfülltes schwebendes Geschäft (vgl. Rn. 59) oder im Fall des Rücktritts durch den Verkäufer ein Rückabwicklungsverhältnis vorliegt, so dass der Käufer die Kaufpreisverbindlichkeit nicht mehr zu passivieren hat, wohl aber ggf. Ersatzansprüche des Verkäufers. Bei der Sicherungsübereignung tritt im Verwertungsfalle an Stelle des übereigneten Gegenstands ein Anspruch gegen den Sicherungsnehmer auf den Verwertungserlös, der ggf. mit der Verbindlichkeit gegenüber dem Sicherungsnehmer saldiert werden kann.

34 **b) Miet- und Pachtverträge.** Miet- und Pachtverträge führten nicht zu einer Änderung der wirtschaftlichen Zugehörigkeit der Miet- und Pachtgegenstände und sind auf Grund ihres Charakters als eines schwebenden Geschäftes beim Mieter bzw. Pächter grundsätzlich nicht bilanzierungsfähig.[55] Der Vermieter oder Verpächter hat als Eigentümer die vermieteten oder verpachteten Gegenstände weiterhin zu bilanzieren. Bei **Bauten auf fremden Grundstücken** erfolgt die Aktivierung beim Mieter oder Pächter, wenn die Bauten nur zu einem vorübergehenden Zweck errichtet oder auf Grund eines dinglichen Rechts mit dem Grund und Boden verbunden sind (sog. Scheinbestandteile iSv. § 95 BGB), da auch das zivilrechtliche Eigentum beim Mieter oder Pächter verbleibt. Hingegen liegt bei einer nicht nur zu einem vorübergehenden Zweck oder nicht in Ausübung eines dinglichen Rechts erfolgten Verbindung ein wesentlicher Bestandteil des Grundstücks vor, mit der Folge, dass dieser Eigentum des Grundstückseigentümers wird (§§ 93 f. BGB). In diesem Falle erfolgt die Entscheidung der Bilanzierungsfrage nach den Kriterien des wirtschaftlichen Eigentums, d. h. es sind zB die vertraglichen Vereinbarungen daraufhin zu untersuchen, wem die tatsächliche Verfügungsmacht über das Gebäude auf fremdem Grund und Boden zusteht. Im Fall ihrer Aktivierung beim Mieter oder Pächter sind die gemieteten oder gepachteten Gegenstände von diesem bis zum entschädigungsfreien Anfall an den Vermieter oder Verpächter laufend abzuschreiben. In wesentlichen Fällen ist eine besondere Kennzeich-

---

[53] WP-HdB Bd. I E Rn. 40; BeckBilKomm/*Budde/Karig* HGB § 246 Rn. 7 ff.; BFH BStBl. 1984 II S. 217.
[54] WP-HdB Bd. I E Rn. 41.
[55] WP-HdB Bd. I E Rn. 23.

nung des fremden Eigentums erforderlich.[56] Die gleichen Bilanzierungsgrundsätze gelten auch bei **Einbauten in fremde Bauwerke,** die steuerlich als sog. Mieterein- und -umbauten bezeichnet werden. Unter diesem Begriff werden für Zwecke der Steuerbilanz solche Baumaßnahmen verstanden, die der Mieter eines Gebäudes oder eines Gebäudeteils auf seine Rechnung an dem gemieteten Gebäude oder Gebäudeteil vornehmen lässt, wenn diese Aufwendungen nicht Erhaltungsaufwand sind.[57]

c) Kommissions- und Konsignationsgeschäfte. Bei Kommissions- und Konsignationsgeschäften (§§ 383 ff. HGB) wird der Kommissionär im eigenen Namen, aber für Rechnung des Kommittenten tätig, so dass der Vertrag über die Kommissionsware zwischen dem Kommissionär und dem Dritten zustande kommt und der Kommittent Ansprüche aus Vertrag erst nach Abtretung gegen den Dritten geltend machen kann. Die Bilanzierung derartiger Geschäfte richtet sich nach den Grundsätzen des wirtschaftlichen Eigentums. Bei der **Verkaufskommission** ist der Kommittent zivilrechtlicher und wirtschaftlicher Eigentümer der vom Kommissionär zum Verkauf in Besitz genommenen Warenbestände, die demgemäß bei erstem zu aktivieren sind; der Kommissionär bilanziert keine Kommissionsware und führt über diese lediglich besondere Aufzeichnung zu Abgrenzungszwecken. Erst nach Ausführung der Kommission darf der Kommittent die Gewinnrealisierung vornehmen und eine Forderung gegen den Kommissionär ausweisen.[58]

Bei der **Einkaufskommission** kann der Kommittent die Ware frühestens zu dem Zeitpunkt bilanzieren, zu dem er sie ohne Einschaltung des Kommissionärs aktivieren könnte. Das ist der Zeitpunkt, zu dem die Verfügungsmacht oder Gefahr auf den Kommissionär und damit unmittelbar auch auf den Kommittenten übergeht. Da er diesen Zeitpunkt nicht kennt, wird für ihn im Allgemeinen eine Aktivierung der Ware und Passivierung der Verbindlichkeit erst mit Eingang der Abrechnung seitens des Einkaufskommissionärs in Frage kommen.[59] Der Kommissionär bilanziert die von ihm in einem Konsignationslager gehaltene Ware nicht; er weist die Forderung an den Kommittenten und die Verbindlichkeit gegen den Verkäufer der Kommissionsware aus.

d) Leasing-Geschäfte. Leasing-Geschäfte beruhen auf Leasing-Verträgen (LV), die schuldrechtliche Verträge besonderer Art darstellen, da sie Bestandteile des Kaufs (Eigentumsübertragung) und der Miete (Nutzungsüberlassung) enthalten (Mischverträge). Sie werden über die beweglichen oder unbeweglichen Sachen zwischen dem juristischen Eigentümer, dem Leasing-Geber (LG), und dem Benutzer, dem Leasing-Nehmer (LN), geschlossen. LV weisen idR eine Nähe zum finanzierten Kaufvertrag **(Abzahlungsgeschäft)** auf, vor allem dann, wenn nach Ablauf der Grundmietzeit der LN verpflichtet ist, auf Verlangen des LG die Sache käuflich zu erwerben. Nur ausnahmsweise, wenn eine Abnahmeverpflichtung wahrscheinlich nicht realisiert werden wird, liegt kein verdecktes Abzahlungsgeschäft vor. Dies gilt insbes. auch, wenn der LN das Recht hat, die Sache nach Ablauf der Mietzeit zu Eigentum zu erwerben. Nur im Fall eines eindeutigen Kaufgeschäfts (Abzahlungsgeschäft) hat der LN eigene Gewährleistungsansprüche gegen den Lieferanten. Charakteristikum der meisten LV ist die weitgehende Überwälzung der Pflichten und Gefahren des LG auf den LN.

---

[56] Vgl. *Adler/Düring/Schmaltz* HGB § 246 Rn. 407 ff.
[57] Zur bilanzsteuerlichen Behandlung der Mieterein- und -umbauten vgl. die Darstellung im WP-HdB Bd. I E Rn. 376; zur Rechtsprechung des BFH vgl. BFH BStBl. 1981 II S. 161; 1991 II S. 628; BFH DB 1997, 1311; ferner *Reiß* DStZ 1981, 323 ff.
[58] Vgl. BeckBilKomm/*Clemm/Schulz/Bail* HGB § 247 Rn. 89; BGH BB 1981, 576.
[59] *Adler/Düring/Schmaltz* HGB § 246 Rn. 309; BeckBilKomm/*Budde/Karig* HGB § 246 Rn. 19.

38 Enthält ein als Mietvertrag ausgestalteter LV daneben nur die Verpflichtung des LG gegenüber dem LN, die Sache zu pflegen, zu warten oder ähnliche Serviceleistungen zu erbringen, so spricht man von **Operating-Leasing.** Derartige Verträge sind bspw. für die Leasing-Geschäfte der Automobil- oder der Computer-Branche kennzeichnend; die in der kurzen, unkündbaren Grundmietzeit vereinnahmten Mieten decken nicht den Einsatz des LG. Die Leasing-Gegenstände sind nach Ablauf der Grundmietzeit noch nicht verbraucht, so dass ein sog. second hand-Leasing möglich und auch üblich ist. Die bilanzielle Behandlung derartiger Verträge wirft keine Besonderheiten auf, d.h. auf Grund von Operating-LV vermietete Vermögensgegenstände sind beim LG als zivilrechtlichem Eigentümer zu aktivieren.[60]

39 Vom Operating-Leasing zu unterscheiden ist das **Finanzierungs-Leasing** (Financial Leasing). Gegenstand der LV können Mobilien wie Immobilien sein.[61] Trotz höchstrichterlicher Rechtsprechung, der Stellungnahme des IDW, Verwaltungsmeinung und eingehender Diskussion im handels- und steuerrechtlichen Schrifttum haben sich noch keine festen GoB für die Bilanzierung von LV entwickelt.[62] Nachstehend werden daher nur die steuerrechtlichen Zurechnungsregelungen sowie die Regelungen der Stellungnahme des Hauptfachausschusses des IDW 1/1989 dargestellt (wegen des Ausweises von Leasingverhältnissen im Anhang vgl. Rn. 414).

40 **Finanzierungs-Leasing** ist nach der Verwaltungsmeinung nur anzunehmen, wenn
– der Vertrag über eine bestimmte Zeit **(Grundmietzeit)** abgeschlossen wird und
– während der Grundmietzeit der Vertrag bei vertragsgemäßer Erfüllung für beide Vertragsparteien **unkündbar** ist und
– der LN mit den in der Grundmietzeit zu entrichtenden Raten mindestens die Anschaffungs- oder Herstellungskosten sowie alle Nebenkosten einschließlich der Finanzierungskosten des LG deckt.

Im Wesentlichen lassen sich **fünf Vertragstypen** feststellen:
1. LV, die weder eine **Kauf-** noch eine **Verlängerungsoption** für den LN enthalten. Hierbei sind zwei Fälle zu unterscheiden:
   – Die Grundmietzeit deckt sich mit der betriebsgewöhnlichen Nutzungsdauer des Leasing-Gegenstands;
   – Die Grundmietzeit ist geringer als die betriebsgewöhnliche Nutzungsdauer des Leasing-Gegenstands.
2. LV **mit Kaufoption,** d.h. dem LN steht das Recht zu, den Leasing-Gegenstand nach Ablauf der Grundmietzeit, die idR kürzer ist als seine betriebsgewöhnliche Nutzungsdauer, zu erwerben.
3. LV **mit Mietverlängerungsoption,** d.h. der LN hat das Recht, nach Ablauf der Grundmietzeit, die idR kürzer ist als die betriebsgewöhnliche Nutzungsdauer des Leasing-Gegenstands, das Vertragsverhältnis auf bestimmte oder unbestimmte Zeit

---

[60] *Wiedmann* HGB § 246 Rn. 13.
[61] Zur Bilanzierung haben sich grundlegend geäußert der BFH BStBl. 1970 II S. 264 und 1971 II S. 133; die Finanzverwaltung mit Schreiben des BMF, BStBl. 1971 I S. 264 – betr. Mobilien-Leasing –, des Bundesministers für Wirtschaft und Finanzen, BStBl. 1972 I S. 188 – betr. Immobilien-Leasing –, des BMF, IV B 2 – S 217–161/75 – betr. Mobilien-Leasing-Teilamortisationsverträge, des BMF, BStBl. 1992 I S. 13 – betr. Immobilien-Leasing-Teilamortisationsverträge –; der Hauptfachausschuss des IDW Stellungnahme 1/1989 „Zur Bilanzierung beim Leasinggeber".
[62] *Niehus* Rechnungslegung und Prüfung der GmbH nach neuem Recht, Rn. 173; vgl. auch die von der steuerlichen Behandlung teilweise abweichende Darstellung bei *Baumbach/Hueck/Schulze-Osterloh* § 42 Rn. 84.

zu verlängern. Dies gilt sinngemäß bei automatischer Vertragsverlängerung ohne ausdrückliches Optionsrecht.
4. Verträge über **Spezial-Leasing** (Special Leasing), d. h. Verträge über Leasing-Gegenstände, die speziell auf die Bedürfnisse des LN zugeschnitten und nach Ablauf der Grundmietzeit wirtschaftlich sinnvoll nur bei diesem zu verwenden sind (mit oder ohne Optionsklausel).
5. Verträge, bei denen während der Grundmietzeit nur eine Teilamortisation erfolgt und die rechtliche Amortisation über die Ausübung eines Andienungsrechts oder Abschlusszahlung erfolgt **(Teilamortisationsverträge).**

Die steuerliche Zurechnung des Leasing-Gegenstands bestimmt sich nach der Vertragsgestaltung und deren tatsächlicher Durchführung. Im Einzelnen gilt folgendes: 41

(1) Verträge ohne Optionsrecht 42
– Grund und Boden sind dem LG zuzurechnen.
– Gebäude und Mobilien sind dem LG zuzurechnen, wenn die Grundmietzeit mindestens 40 % und höchstens 90 % der betriebsgewöhnlichen Nutzungsdauer des Leasing-Gegenstands beträgt; sie sind dem LN zuzurechnen, wenn die Grundmietzeit weniger als 40 % oder mehr als 90 % der betriebsgewöhnlichen Nutzungsdauer beträgt.

(2) Verträge mit Kaufoptionen 43
– Nach Auffassung des BFH[63] ist der Leasing-Gegenstand idR dem LN zuzurechnen, wenn die betriebsgewöhnliche Nutzungsdauer erheblich länger als die Grundmietzeit ist und der LN eine Option hat, den Leasing-Gegenstand zu einem Anschlusskaufpreis zu erwerben, der sich lediglich als eine Art Anerkennungsgebühr und nicht als eine echte Gegenleistung darstellt.
– Die Verwaltung hat daraus den Schluss gezogen, dass Grund und Boden sowie Gebäude nur dann dem LG zugerechnet werden können, wenn der für den Fall der Option vorgesehene Gesamtkaufpreis nicht niedriger ist als der unter Anwendung der linearen AfA ermittelte Buchwert des Gebäudes zuzüglich des Buchwerts des Grund und Bodens oder der niedrigere gemeine Wert des Grundstücks zum Zeitpunkt der Veräußerung; der LN hat somit dem LG den wirtschaftlichen Wert, den das Objekt zum Ende der Grundmietzeit noch verkörpert, voll zu vergüten, wenn er Eigentümer werden will.
– Mobilien sind dem LG zuzurechnen, wenn die Grundmietzeit mindestens 40 % und höchstens 90 % der betriebsgewöhnlichen Nutzungsdauer des Leasing-Gegenstands beträgt und der für den Fall der Optionen vorgesehene Gesamtkaufpreis nicht niedriger ist als der unter Anwendung der linearen AfA ermittelte Buchwert oder niedrigere gemeine Wert zum Zeitpunkt der Veräußerung.
– Wird die Höhe des Optionspreises erst nach Abschluss des Vertrages oder nach Ablauf der Grundmietzeit festgelegt oder geändert, so kann sich daraus eine andere Beurteilung der Zurechnungsfrage ergeben.

(3) Verträge mit Mietverlängerungsoptionen 44
– **Grund und Boden** sind dem LG zuzurechnen.
– **Gebäude** können idR nur dann dem LG zugerechnet werden, wenn die Abschlussmiete, d. h. die Miete, die der LN für die Zeit nach Ablauf der Grundmietzeit zahlen muss, mehr als 75 % des Mietentgelts beträgt, das für ein nach Art und Lage der Ausstattung vergleichbares Grundstück üblicherweise gezahlt wird.
– **Mobilien** sind dem **LG** zuzurechnen, wenn die Grundmietzeit mindestens 40 % und höchstens 90 % der betriebsgewöhnlichen Nutzungsdauer des Leasing-Gegenstands beträgt und die Anschlussmiete so bemessen ist, dass sie den Wertver-

---

[63] BStBl. 1970 II S. 264.

zehr für den Leasing-Gegenstand deckt, der sich auf der Basis des unter Berücksichtigung der linearen AfA ermittelten Buchwerts oder des niedrigeren gemeinen Werts und der Restnutzungsdauer lt. amtlicher AfA-Tabelle ergibt.
– Entspricht die **Anschlussmiete** nicht dem noch vorhandenen Wert des Leasing-Objekts, sondern stellt sie sich lediglich als eine Art **Anerkennungsgebühr** und nicht als eine **echte Gegenleistung** dar, so kann nach Auffassung der Finanzverwaltung von vornherein davon ausgegangen werden, dass der Mieter sein Optionsrecht ausüben wird, da es wirtschaftlich unvernünftig wäre, die hohen Mietraten während der Grundmietzeit zu zahlen und danach auf die Weiternutzung des Leasing-Objekts gegen Zahlung der viel niedrigeren Anschlussmiete zu verzichten.

45 **(4) Spezial-Leasing-Verträge**
– **Grund und Boden, Gebäude und Mobilien** sind idR dem LN zuzurechnen, ohne Rücksicht auf das Verhältnis von Grundmietzeit und Nutzungsdauer und ohne Rücksicht auf Optionsklauseln. Neben der Vertragsgestaltung ist auch auf die Beteiligung des LN am Veräußerungserlös des Leasing-Gegenstands abzustellen. Die Übernahme des Risikos der Wertveränderung des Leasing-Objekts ist ein wesentliches Merkmal wirtschaftlichen Eigentums. Jedoch sind an den speziellen Zuschnitt, der zur Zurechnung des Leasing-Gegenstands führt, besonders strenge Anforderungen zu stellen, d.h. die Möglichkeit einer weiteren wirtschaftlichen Verwendung – einschließlich der Möglichkeit der Verschrottung bei entsprechendem Schrottwert – schließt die Annahme von Spezial-Leasing aus.

46 **(5) Teilamortisationsverträge bei Mobilien-Leasing**
Bei Verträgen mit einer unkündbaren Grundmietzeit zwischen 40 bis 90 % der betriebsgewöhnlichen Nutzungsdauer des Leasing-Gegenstandes, jedoch mit nur einer teilweisen Amortisation der Anschaffungs- oder Herstellungskosten, der Nebenkosten und der Finanzierungskosten des LG in der Grundmietzeit durch die Leasing-Raten (Teilamortisationsvertrag) erfolgt die Zurechnung des Leasing-Gegenstandes nach folgenden Grundsätzen:
– Sofern der LG das **Andienungsrecht** hat, dem LN den Leasing-Gegenstand zu einem bereits bei Abschluss des Leasing-Vertrages fest vereinbarten Preis anzudienen, der LN jedoch kein Recht hat, den Leasing-Gegenstand zu erwerben, ist der Leasing-Gegenstand dem LG zuzurechnen. Der LG ist hier wirtschaftlicher Eigentümer, da er im Falle einer Wertsteigerung das Andienungsrecht nicht ausüben muss, sondern das Wirtschaftsgut zu dem über dem Andienungspreis liegenden Marktpreis verkaufen kann;
– Vereinbaren die Parteien, dass nach Ablauf der Grundmietzeit der Leasing-Gegenstand durch den LG veräußert wird und der LN eine **Abschlusszahlung** in Höhe der Differenz zwischen Veräußerungserlös und Restamortisation (Gesamtkosten des LG abzüglich der in der Grundmietzeit entrichteten Leasing-Raten) zu zahlen hat, bei die Restamortisation übersteigenden **Veräußerungserlösen** jedoch 75 % hiervon erhält, ist der Leasing-Vertrag dem LG zuzurechnen. Dadurch dass der LG 25 % des die Restamortisation übersteigenden Veräußerungserlöses erhält, nimmt er wirtschaftlich an den Wertsteigerungen des Leasing-Gegenstandes teil und ist daher wirt. Eigentümer.
– Vereinbaren die Parteien, dass der LN den Leasing-Vertrag frühestens nach Ablauf einer 40 % der betriebsgewöhnlichen Nutzungsdauer entsprechenden Grundmietzeit kündigen kann, bei Kündigung aber eine Abschlusszahlung in Höhe der Restamortisation zu leisten hat und dass auf diese **Abschlusszahlung** 90 % des vom LG erzielten **Veräußerungserlöses** anzurechnen sind, ist der Leasing-Gegenstand dem LG zuzurechnen.

(6) Teilamortisationsverträge bei Immobilien-Leasing 47

Hierunter fallen Verträge über unbewegliche Leasing-Gegenstände, die während einer bestimmten Grundmietzeit nur aus wichtigem Grund gekündigt werden können und bei denen die Leasing-Raten die Anschaffungs- oder Herstellungskosten sowie alle Nebenkosten einschließlich der Finanzierungskosten des LG nur zum Teil decken. Die Zurechnung des unbeweglichen Leasing-Gegenstandes richtet sich nach der Vertragsgestaltung und deren tatsächlicher Durchführung, wobei unter Würdigung der gesamten Umstände im Einzelfall zu entscheiden ist, wem der Leasing-Gegenstand zuzurechnen ist. Im Einzelnen gilt dabei Folgendes:

Grund und Boden ist grundsätzlich demjenigen zuzurechnen, dem das Gebäude zugerechnet wird. Gebäude werden grundsätzlich dem LG zugerechnet, in bestimmten Fällen sind sie jedoch ausnahmsweise dem LN zuzurechnen.

Bei **Spezial-Leasing-Verträgen** sind Gebäude regelmäßig dem LN zuzurechnen, ohne Rücksicht auf das Verhältnis von Grundmietzeit und Nutzungsdauer sowie auf etwaige Optionsklauseln.

Bei **Leasing-Verträgen mit Kaufoption,** bei denen die Grundmietzeit mehr als 90 % der betriebsgewöhnlichen Nutzungsdauer beträgt oder der vorgesehene Kaufpreis geringer als der Restbuchwert unter Berücksichtigung der AfA gemäß § 7 Abs. 4 EStG nach Ablauf der Grundmietzeit ist, werden Gebäude regelmäßig dem LN zugerechnet.

Bei **Leasing-Verträgen mit Mietverlängerungsoption,** bei denen die Grundmietzeit mehr als 90 % der betriebsgewöhnlichen Nutzungsdauer beträgt oder die Anschlussmiete nicht mindestens 75 % des für ein vergleichbares Grundstück üblichen Mietentgelts beträgt, sind Gebäude regelmäßig dem LN zuzurechnen.

Bei **Leasing-Verträgen mit Kauf- oder Mietverlängerungsoption** werden Gebäude stets dem LN zugerechnet, wenn ihm eine der nachfolgenden **besonderen Verpflichtungen** auferlegt wird:

– Der LN trägt die Gefahr des zufälligen ganzen oder teilweisen Untergangs des Leasing-Gegenstandes und die Leistungspflicht aus dem Mietvertrag mindert sich in diesen Fällen nicht.
– Der LN ist bei einer ganzen oder teilweisen Zerstörung des Leasing-Gegenstandes, die er nicht zu vertreten hat, dennoch auf Verlangen des LG zur Wiederherstellung bzw. zum Wiederaufbau auf seine Kosten verpflichtet oder die Leistungspflicht aus dem Mietvertrag mindert sich trotz der Zerstörung nicht.
– Die Leistungspflicht aus dem Mietvertrag mindert sich für den LN nicht, wenn die Nutzung des Leasing-Gegenstandes auf Grund eines Umstandes, den er nicht zu vertreten hat, langfristig ausgeschlossen ist.
– Der LN hat dem LG die bisher nicht gedeckten Kosten ggf. auch einschließlich einer Pauschalgebühr zur Abgeltung von Verwaltungskosten zu erstatten, wenn es zu einer vorzeitigen Vertragsbeendigung kommt, die der LN nicht zu vertreten hat.
– Der LN stellt den LG von sämtlichen Ansprüchen Dritter frei, die diese hinsichtlich des Leasing-Gegenstandes gegenüber dem LG geltend machen, es sei denn, der Anspruch des Dritten ist von dem LN verursacht worden.
– Der LN ist als Eigentümer des Grund und Bodens, auf dem der LG als Erbbauberechtigter den Leasing-Gegenstand errichtet, auf Grund des Erbbaurechtsvertrags unter wirtschaftlichen Gesichtspunkten gezwungen, den Leasing-Gegenstand nach Ablauf der Grundmietzeit zu erwerben.

Bei **wirtschaftlichem Eigentum des LG** ist der Leasing-Gegenstand **von diesem** 48 **als Anlage- oder Umlaufvermögen** (wegen der Besonderheit als Leasing-Vermögen ist idR gesonderter Ausweis innerhalb des Anlage- oder Umlaufvermögens erforderlich) **zu bilanzieren** und mit Anschaffungs- oder Herstellungskosten,[64] vermindert um nach betriebsgewöhnlicher Nutzungsdauer bestimmte AfA, zu bewerten. Für die ergebniswirksame Vereinnahmung der Leasing-Raten und eventuelle sonstige Entgelte ist von den vertraglichen Vereinbarungen auszugehen, soweit diese zu einem sachgerechten Ausgleich von Leistung und Gegenleistung in den einzelnen Perioden führen (Kongruenz von Leasing-Entgelten und Nutzungsverlauf bzw. Aufwandsverlauf). Sofern ein sachgerechter Ausgleich von Leistung und Gegenleistung (zB durch degressive und progressive Ratenvereinbarungen) nicht gegeben ist, ist eine abweichende ergebniswirksame Vereinnahmung (passive Rechnungsabgrenzung fälliger Leasing-Entgelte oder Aktivierung noch nicht fälliger Leasing-Forderungen unter den sonstigen Vermögensgegenständen) erforderlich. Maßgeblich für die etwaige passive Abgrenzung fälliger Leasingentgelte ist der Aufwandsverlauf, für die Aktivierung noch nicht fälliger Leasing-Forderungen der Nutzungsverlauf.[65]

49 Bei **wirtschaftlichem Eigentum des LN** aktiviert der LG eine Kaufpreisforderung an den LN in Höhe der den Leasing-Raten zugrunde gelegten Anschaffungs- oder Herstellungskosten, die der vom LN ausgewiesenen Verbindlichkeit entspricht. Die Leasing-Raten sind in einen **Zins- und Kostenanteil** sowie in einen Anteil „Tilgung der Kaufpreisforderung" **aufzuteilen.** Bei der Aufteilung ist zu berücksichtigen, dass sich infolge der laufenden Tilgung der Zinsanteil verringert und der Tilgungsanteil entsprechend erhöht. Der Zins- und Kostenanteil stellt eine Betriebseinnahme des LG bzw. Betriebsausgabe des LN dar, während der Tilgungsanteil erfolgsneutral mit der Kaufpreisforderung beim LG bzw. Kaufpreisverbindlichkeit beim LN zu verrechnen ist. Die Ausführungen zur Ertragsvereinnahmung bei LG gelten entsprechend.

50 e) **Factoring.**[66] Zu unterscheiden sind echtes und unechtes Factoring. Kennzeichen des **echten Factoring** ist, dass der Forderungskäufer das Ausfallrisiko übernimmt. Die verkauften Forderungen scheiden dementsprechend mit der Abtretung aus dem Vermögen und der Bilanz des Forderungsverkäufers aus. Statt dessen hat ab diesem Zeitpunkt der Forderungskäufer die Forderungen zu bilanzieren. Hierbei sind ggf. Besonderheiten der zugrunde liegenden Verträge zu berücksichtigen (zB Zinsregelung, Sperrbeträge usw.). **Unechtes Factoring** liegt dagegen vor, wenn das Ausfallrisiko beim Forderungsverkäufer verbleibt. Wird in diesem Fall die Forderungsabtretung nicht offengelegt, hat er die verkauften Forderungen bis zur Tilgung auszuweisen und gleichzeitig eine entsprechende Verbindlichkeit gegenüber dem Forderungskäufer zu passivieren. Wird die Forderungsabtretung dagegen offen gelegt, hat der Forderungsverkäufer idR keine Kenntnis über die weitere Entwicklung der Forderungen (volle Realisierbarkeit oder Wertberichtigungsbedarf). In diesem Fall ist wie im Falle des echten Factoring zu bilanzieren, jedoch das beim Forderungsverkäufer verbleibende Ausfallrisiko als Verbindlichkeit aus Gewährleistungsverträgen unter der Bilanz zu vermerken oder eine Rückstellung zu bilden, falls mit Ausfällen der verkauften Forderungen gerechnet werden muss.[67]

51 f) **Treuhandgeschäfte.**[68] Einen einheitlichen Typus des Treuhandgeschäfts gibt es nicht. Die Treuhandschaft ist vielmehr durch Rechtswissenschaft, Rechtsprechung und vor allem die Wirtschaftspraxis entwickelt worden.[69] Bilanzierungsprobleme treten ins-

---

[64] Zu deren Umfang vgl. IDW Stellungnahme des Hauptfachausschusses 1/1989, C.
[65] Vgl. IDW Stellungnahme des Hauptfachausschusses 1/1989, D.
[66] Zur Bilanzierung bei Factoringverträgen *Löhr* WPg. 1975, 457 ff.
[67] WP-HdB Bd. I E Rn. 45; *Adler/Düring/Schmaltz* HGB § 246 Rn. 318 ff.
[68] Zur Bilanzierung von Treuhandvermögen *Mathews* BB 1989, 455 ff. und BB 1987, 642 ff.
[69] WP-HdB Bd. II H Rn. 2.

Rechnungslegung der GmbH   **Anh. I nach § 42 a**

besondere hinsichtlich des Treuhandvermögens auf, d.h. des durch den Treuhänder zu eigenem Recht vom Treugeber erworbenen Vermögens (Treugut). Dazu können bewegliche wie unbewegliche Sachen, aber auch Forderungen und übertragbare Rechte gehören. Kennzeichnend für Treuhandverhältnisse ist, dass der Treuhänder die Rechte aus dem Treuhandvermögen zwar im eigenen Namen, aber nicht (jedenfalls nicht ausschließlich) im eigenen Interesse ausüben soll, d.h. ihm ist im Innenverhältnis zum Treugeber eine unterschiedlich starke Rechtsstellung eingeräumt. Hierbei ist im Wesentlichen zwischen der uneigennützigen oder **Verwaltungstreuhandschaft** sowie der eigennützigen oder **Sicherungstreuhandschaft** zu unterscheiden.

Da das wirtschaftliche Eigentum regelmäßig beim **Treugeber** verbleibt, ist das **52** Treugut bilanziell grundsätzlich dem Treugeber zuzurechnen.[70] Dies gilt uneingeschränkt für die Verwaltungstreuhandschaft und eingeschränkt für die eigennützige Treuhandschaft, d.h. solange, wie im Innenverhältnis der Treuhänder gegenüber dem Treugeber schuldrechtlich gebunden ist. Der wichtigste Fall der Sicherungstreuhand ist die **Sicherungsübereignung/-abtretung** (vgl. Rn. 33), bei der der Kreditnehmer Treugeber ist. Bei der Bilanzierung des Treuhandvermögens beim Treugeber stellt sich die Frage der besonderen Kennzeichnung der betreffenden Vermögensgegenstände in der Bilanz. Für Sicherungstreuhandschaften wird dies im Schrifttum weitgehend bejaht.

Zur **Bilanzierung des Treuguts beim Treuhänder** werden unterschiedliche **53** Auffassungen vertreten (kein Ausweis in dessen Bilanz, aktivischer und passivischer Ausweis in einer Vorspalte; Aktivierung unter gleichzeitigem Ausweis eines Gegenpostens).[71] Nach überwiegender Ansicht besteht keine Verpflichtung, das Treugut in die Bilanz des Treuhänders einzustellen oder in einer Vorspalte auszuweisen.[72] Bei wesentlichem Treuhandvermögen ist bereits de lege lata ein Ausweis „unter dem Strich" zweckmäßig.[73] Bei der **Sicherungsübereignung/-abtretung** ist das Sicherungsgut beim wirtschaftlichen Eigentümer bzw. Inhaber (Kreditnehmer bzw. Sicherungsgeber) zu bilanzieren, d.h. in der Bilanz des Treuhänders (Sicherungsnehmer) erfolgt kein Ausweis.[74]

Im Auftrag des Treugebers übernommene Verbindlichkeiten, d.h. **Verbindlich-** **54** **keiten im eigenen Namen für fremde Rechnung,** sind beim Treuhänder zu passivieren. Den ihm nach Maßgabe des Treuhandvertrags zustehenden Anspruch gegen den Treugeber auf Freistellung von diesen Verbindlichkeiten hat er entsprechend zu aktivieren.[75] Auf der Passivseite gilt der Grundsatz der rechtlichen Zugehörigkeit (vgl. Rn. 25).

g) Pensionsgeschäfte.[76] Pensionsgeschäfte werden in sog. echte und unechte Pen- **55** sionsgeschäfte unterschieden. Eine entsprechende **Legaldefinition** findet sich in § 340b HGB, der zwar vorrangig für Kreditinstitute, jedoch auch in Fällen, in denen Nichtkreditinstitute beteiligt sind, analog gilt.[77] Insoweit haben sich hinsichtlich der Behandlung von Pensionsgeschäften in der Bilanz **GoB** herausgebildet, die von allen

---

[70] *Adler/Düring/Schmaltz* HGB § 246 Rn. 281; *Geßler/Hefermehl/Eckardt/Kropff/Kropff* § 149 Rn. 56; WP-HdB Bd. I E Rn. 39; *Baumbach/Hueck/Schulze-Osterloh* § 42 Rn. 82.
[71] Vgl. *Adler/Düring/Schmaltz* HGB § 246 Rn. 289 f. mwN.
[72] BeckBilKomm/*Budde/Karig* HGB § 246 Rn. 11; *Baumbach/Hueck/Schulze-Osterloh* § 42 Rn. 82; anders aber auf Grund § 6 RechKredV bei Kreditinstituten.
[73] *Geßler/Hefermehl/Eckardt/Kropff/Kropff* § 149 Rn. 56; *Baumbach/Hueck/Schulze-Osterloh* § 42 Rn. 82.
[74] *Adler/Düring/Schmaltz* HGB § 246 Rn. 270; *Baumbach/Hueck/Schulze-Osterloh* § 42 Rn. 81.
[75] *Adler/Düring/Schmaltz* HGB § 246 Rn. 414.
[76] Zur Bilanzierung von Pensionsgeschäften *Hinz* BB 1995, 971 ff.
[77] Zur Rechnungslegung der Kreditinstitute vgl. *Claussen* DB 1991, 1129 ff.

Kessler

Kaufleuten zu beachten sind, wenn diese an Pensionsgeschäften untereinander oder mit Kreditinstituten beteiligt sind.[78]

56 Danach sind Pensionsgeschäfte Geschäfte, durch die ein Kreditinstitut oder ein anderes Unternehmen (Pensionsgeber) Vermögensgegenstände – zB Wechsel, Forderungen, Wertpapiere – gegen Zahlung eines Betrages auf einen anderen (Pensionsnehmer) mit der Maßgabe überträgt, dass

aa) entweder der Pensionsnehmer sie zu einem im Voraus bestimmten oder vom Pensionsgeber noch zu bestimmenden Zeitpunkt gegen Entrichtung des empfangenen oder eines im Voraus vereinbarten anderen Betrages auf den Pensionsgeber zurückzuübertragen hat (**echtes Pensionsgeschäft**)[79] oder

bb) der Pensionsnehmer berechtigt ist, die Rücknahme der Vermögensgegenstände zu einem im Voraus bestimmten oder von ihm noch zu bestimmenden Zeitpunkt gegen Rückzahlung des gezahlten oder gegen Zahlung eines im Voraus vereinbarten anderen Betrages zu verlangen (**unechtes Pensionsgeschäft**).[80]

57 Bei einem **echten Pensionsgeschäft** ist der in Pension gegebene Gegenstand weiter dem Pensionsgeber zuzurechnen, wenn er unter den für die Bilanzierung maßgebenden Gesichtspunkten weiterhin zum Vermögen des Pensionsgebers gehört (analog § 340b Abs. 4 HGB), d. h. wenn feststeht, dass der Gegenstand auch rechtlich wieder in das Vermögen des Pensionsgebers gelangt und dieser daher **Chancen und Risiken der Wertänderung auf Dauer** behält. Dies ist zB der Fall, wenn der in Pension gegebene Gegenstand in erster Linie als Sicherheit für ein Geldgeschäft bestimmt ist oder wenn bei Aktien der Pensionsgeber über die Ausübung des Stimmrechts entscheidet.[81] Dass der Pensionsnehmer in den Genuss der **Erträgnisse** kommt, ist hierbei unbeachtlich.[82] Der Pensionsgeber hat in Höhe des für die Übertragung erhaltenen Betrags eine Verbindlichkeit gegenüber dem Pensionsnehmer zu passivieren (vgl. § 340b Abs. 4 S. 2 HGB). Der Pensionsnehmer weist demgegenüber in entsprechender Höhe eine Forderung aus.

58 Bei einem **unechten Pensionsgeschäft** ist der übertragene Vermögensgegenstand beim Pensionsnehmer auszuweisen (analog § 340b Abs. 5 HGB), da der Pensionsgeber keinen Anspruch auf Rückübertragung hat. In **steuerrechtlicher Hinsicht** wurde durch den Beschluss des Großen Senats des BFH[83] die Frage der Bilanzierung im Rahmen der echten Pensionsgeschäfte letztlich nicht beantwortet, da es nach Auffassung des Großen Senats für die Frage des Zufließens der Zinsen nicht darauf ankommt, wer die Wertpapiere zu bilanzieren hat. Es bleibt insofern bei der Praxis der **Finanzverwaltung,** die auf die Prüfung im Einzelfall abstellt, wem die in Pension gegebenen Wertpapiere nach wirtschaftlicher Betrachtungsweise zuzurechnen sind.[84]

---

[78] HM, vgl. *Adler/Düring/Schmaltz* HGB § 246 Rn. 336; *Hoffmann* BB 1997, 249, 251; *v. Treuberg/Scharpf* DB 1991, 1233.

[79] Vgl. § 340b Abs. 1 iVm. Abs. 2 HGB; *Adler/Düring/Schmaltz* HGB § 246 Rn. 332; *Waschbusch* BB 1993, 172; *v. Treuberg/Scharpf* DB 1991, 1233.

[80] Vgl. § 340b Abs. 1 iVm. Abs. 3 HGB; *Adler/Düring/Schmaltz* HGB § 246 Rn. 332 mwN.

[81] *Baumbach/Hueck/Schulze-Osterloh* § 42 Rn. 81 – nach § 340b Abs. 2, 4 HGB analog unabhängig vom Zweck des Geschäfts Ausweis in der Bilanz des Pensionsgebers.

[82] *Adler/Düring/Schmaltz* HGB § 246 Rn. 339.

[83] BStBl. 1983 II S. 272.

[84] Zu Abgrenzungsfragen bei Pensionsgeschäften vgl. *Adler/Düring/Schmaltz* HGB § 246 Rn. 345 f.; zur Bilanzierung von Sachdarlehen bzw. der Wertpapierleihe vgl. *Adler/Düring/Schmaltz* HGB § 246 Rn. 353 ff., 370, von Finanzinnovationen (Zero-Bonds, Stripped Bonds, Options- und Termingeschäften, Swaps, Caps, Floors) vgl. *Adler/Düring/Schmaltz* HGB § 246 Rn. 361 ff., von Asset Backed Securities-Gestaltungen vgl. *Adler/Düring/Schmaltz* HGB § 246 Rn. 324 ff.

h) **Schwebende Geschäfte.** Unter schwebenden Geschäften werden gegenseitige 59
Verträge verstanden, die noch von keiner Seite vollständig erfüllt sind.[85] Ein schwebendes Geschäft kann aber auch bereits dann vorliegen, wenn durch ein für die Gesellschaft bindendes Angebot ein **Schwebezustand** gegeben ist.[86] Die von beiden Vertragsparteien eingegangenen Verpflichtungen stehen in einem gegenseitigen Abhängigkeitsverhältnis, werden jedoch nach den GoB (vgl. Rn. 11 ff.) nicht verbucht. Begründet ist dies dadurch, dass sich bei einem schwebenden Geschäft zum Zeitpunkt des Vertragsabschlusses Leistung und Gegenleistung idR in gleicher Höhe gegenüberstehen und folglich für keinen der Verpflichteten eine Vermögensvermehrung oder -minderung eingetreten ist.[87] Für die Bilanzierung kommt es dabei nicht auf die formalrechtliche Entstehung eines Rechts oder einer Verbindlichkeit an, vielmehr ist darauf abzustellen, ob wirtschaftlich durch die Zugehörigkeit einer Sache oder eines Rechts eine Vermögensvermehrung oder durch die Belastung mit einer Verbindlichkeit eine Vermögensminderung eingetreten ist. Somit ergibt sich aus schwebenden Geschäften nur dann ein Bilanzierungsgrund, wenn von der Gleichwertigkeit von Leistung und Gegenleistung nicht länger ausgegangen werden kann; das Imparitätsprinzip (vgl. Rn. 14) regelt, dass nur **drohende Verluste** aus schwebenden Geschäften bilanziell berücksichtigt werden.[88]

Werden im Rahmen eines schwebenden Geschäfts von einer Partei **Vorleistungen** 60
erbracht, sind diese als Anzahlungen beim Leistenden zu aktivieren und beim Empfänger zu passivieren.[89] Bilanziell liegt hier ein Kreditgeschäft vor. In Fällen langfristiger Fertigung liegt uE ebenfalls der Fall eines schwebenden Geschäfts vor. Eine Gewinnrealisierung für noch nicht abgerechnete, aber erbrachte Teilleistungen ist somit grundsätzlich unzulässig. Eine **Teilgewinnrealisierung** ist ausnahmsweise jedoch dann möglich, wenn die Leistung vereinbarungsgemäß in selbstständig abrechenbare Teilleistungen gegliedert wird und der Schwebezustand der Teillieferung beendet ist. Aufgrund der Aufteilung in solche Teilabschnitte kommt es auf eventuelle zukünftige Risiken nicht an.

III. Grundlagen der Bewertung

1. Bewertungsgrundsätze. Die Bewertungsvorschriften sind in §§ 252 bis 256 61
und §§ 279 bis 283 HGB sowie in § 240 Abs. 3 und 4 HGB und in den GoB enthalten.

a) **Grundsatz der Bilanzidentität.** Nach § 252 Abs. 1 Nr. 1 HGB muss die eine 62
Rechnungsperiode abschließende Bilanz in ihrem Zahlenwerk grundsätzlich mit der Eröffnungsbilanz für die neue Rechnungsperiode identisch sein. Aufgrund dieses **Grundsatzes der Bilanzidentität** oder auch **Grundsatz der formellen Bilanzkontinuität** dürfen zwischen der Schlussbilanz des Vorjahres und der Eröffnungsbilanz des nächsten Geschäftsjahres keine Buchungen von Geschäftsvorfällen, keine Änderungen des Inhalts der Bilanz und keine Bewertungsänderungen vorgenommen werden.[90]

---

[85] BeckBilKomm/*Clemm/Erle* § 249 Rn. 53; BFH GS BStBl. 1997 II S. 737.
[86] *Geßler/Hefermehl/Eckardt/Kropff/Kropff* § 152 Rn. 71; auch *Baumbach/Hueck/Schulze-Osterloh* § 42 Rn. 90.
[87] BeckBilKomm/*Clemm/Erle* HGB § 249 Rn. 53; *Adler/Düring/Schmaltz* HGB § 249 Rn. 135; BFH BStBl. 1983 II S. 369, 371.
[88] BeckBilKomm/*Clemm/Erle* HGB § 249 Rn. 51 f.; *Baumbach/Hueck/Schulze-Osterloh* § 42 Rn. 90.
[89] BFH BStBl. 1989 II S. 411; II S. 830.
[90] *Adler/Düring/Schmaltz* HGB § 252 Rn. 10.

Zulässige **Durchbrechungen** des Grundsatzes der Bilanzidentität sind zB die Verwendung des Bilanzergebnisses, soweit dieses in der Schlussbilanz des vorhergehenden Geschäftsjahres noch nicht verteilt war, und die Berücksichtigung der Verschmelzung in der Eröffnungsbilanz der übernehmenden Gesellschaft.[91] **Wertkorrekturen** aus Anlass von Änderungen und Berichtigungen von früheren Jahresabschlüssen müssen entweder in einem vorangegangenen Jahresabschluss mit der Folge von Änderungen der folgenden Jahresabschlüsse oder im laufenden Jahresabschluss vorgenommen werden.[92]

63 **b) Grundsatz der Fortsetzung der Unternehmenstätigkeit („going-concern-principle")**. Der in § 252 Abs. 1 Nr. 2 HGB normierte Grundsatz der Fortsetzung der Unternehmenstätigkeit, auch als going-concern-principle bezeichnet, geht für die Anwendung der Bewertungsgrundsätze von der Fortführung der Geschäftstätigkeit aus, sofern dem nicht tatsächliche oder rechtliche Gegebenheiten entgegenstehen. Solange von der Unterstellung einer Fortführung auf unbestimmte Zeit (idR bis zum Ende des auf den Abschluss folgenden Geschäftsjahres)[93] ausgegangen werden kann, ist der Bilanzierung der nicht zur unmittelbaren Veräußerung bestimmten Vermögensgegenstände das Anschaffungspreisprinzip (vgl. Rn. 11) zugrunde zu legen, d.h. abnutzbare Anlagegegenstände werden zu fortgeführten durch Abschreibungen geminderten Anschaffungskosten bewertet und nicht mit Liquidationswerten in den Jahresabschluss eingestellt. Einfluss hat das Prinzip aber auch auf den Ansatz aller anderen Bilanzposten.[94] Der Bilanzierende hat zu jedem Abschlussstichtag zu prüfen, ob die going concern Vermutung zutrifft, und bejahendenfalls die üblichen Bewertungsregeln ohne Modifikation im Hinblick auf den Ansatz von Zerschlagungswerten anzuwenden.[95] Ist dies jedoch nicht der Fall, zB wegen **drohender Zahlungsunfähigkeit** oder **Überschuldung** oder **fehlender Rentabilität,** so verliert das going concern-Prinzip seine Gültigkeit und muss der Prämisse der Zerschlagung weichen, da die Vermögensgegenstände nicht im üblichen Geschäftsgang verwertet werden können. Folglich dürfen auf der Aktivseite höchstens die bei einer stichtagsbezogenen Verwertung erzielbaren Beschaffungs- oder Zerschlagungswerte angesetzt werden und sind auf der Passivseite Rückstellungen für solche zusätzlichen Verbindlichkeiten anzusetzen, die bei einer Liquidation entstehen. Zweifelhaft ist, ob die Bilanzierung unter going concern-Gesichtspunkten auch für ein Unternehmen akzeptabel ist, bei dem ein **Zusammenbruchsrisiko** besteht. Nach neuerer Ansicht rechtfertigt ein lediglich bestehendes Zusammenbruchsrisiko noch kein Abgehen von der going concern-Prämisse, vielmehr ist darauf abzustellen, ob eine Liquidation durch Zerschlagung beabsichtigt[96] oder unabwendbar ist. Selbst eine erhebliche Zusammenbruchsgefahr bedingt für sich alleine noch kein Abgehen von der going concern-Prämisse.[97] Wenn das halbe **Stammkapital durch Verluste aufgebraucht** ist, sind die Geschäftsführer gehalten, die Fortführbarkeit des Unternehmens eingehend zu prüfen (§ 49 Abs. 3). Die Pflicht der Ge-

---

[91] *Adler/Düring/Schmaltz* HGB § 252 Rn. 15 f.; *Baumbach/Hueck/Schulze-Osterloh* § 42 Rn. 18, 242.

[92] *Adler/Düring/Schmaltz* HGB § 252 Rn. 19 f.; *Baumbach/Hueck/Schulze-Osterloh* § 42 Rn. 242; *Wiedmann* HGB § 252 Rn. 9.

[93] BeckBilKomm/*Budde/Geißler* HGB § 252 Rn. 11; *Adler/Düring/Schmaltz* HGB § 252 Rn. 19; *Baumbach/Hueck/Schulze-Osterloh* § 42 Rn. 244; in zeitlicher Hinsicht weitergehend IDW FN 1995, 316.

[94] *Leffson/Schmid* Rn. 148.

[95] *Baumbach/Hueck/Schulze-Osterloh* § 42 Rn. 28; vgl. hierzu auch IDW Stellungnahme des Fachausschusses Recht 1/1996.

[96] *Leffson/Schmid* Rn. 149 im Anschluss an *Moxter* WPg. 1980, 345 ff.

[97] *Janssen* WPg. 1984, 341, 346.

Rechnungslegung der GmbH   Anh. I nach § 42a

schäftsführer, über die angespannte oder bedrohliche Wirtschaftslage oder finanzielle Lage nach § 289 Abs. 2 Nr. 2 HGB im Lagebericht zu informieren, bleibt davon unberührt.[98]

c) **Stichtagsprinzip.** Nach der Vorschrift des § 252 Abs. 1 Nr. 3 HGB sind bei der **64** Aufstellung der Bilanz sämtliche Vermögensgegenstände und Schulden zum Abschlussstichtag einzeln zu bewerten. Für die Bewertung sind somit die **Verhältnisse am Abschlussstichtag** maßgebend, da dieses Prinzip nur die Geschäftsvorfälle im Jahresabschluss berücksichtigen will, die bis zu diesem Zeitpunkt eingetreten sind, um ein zutreffendes Periodenergebnis zu ermitteln. Jedoch folgt aus den Grundsätzen der Vollständigkeit und der Vorsicht (vgl. Rn. 14 ff.), dass davon die Geschäftsvorfälle unterschieden werden müssen, die dem Kaufmann bessere Erkenntnisse über bereits am Abschlussstichtag verwirklichte Tatsachen vermitteln. Es müssen daher alle bis zum Abschlussstichtag eingetretenen, aber erst zwischen Abschlussstichtag und Tag der Bilanzaufstellung bekannt gewordenen Umstände berücksichtigt werden, die Rückschlüsse auf den Ansatz zum Bilanzstichtag ermöglichen (**wertaufhellende Tatsachen**, § 252 Abs. 1 Nr. 4 HGB), während Umstände, die erst in der Zeit zwischen dem Bilanzstichtag und dem Zeitpunkt der Bilanzaufstellung eingetreten und bekannt geworden sind (**wertbeeinflussende Tatsachen**), nicht in die Bewertung einbezogen werden dürfen.[99] Wichtigster Ausnahmefall des Stichtagsprinzips ist die **Werthaltigkeitsgarantie für Forderungen**, die auch bei Abgabe nach dem Bilanzstichtag auf diesen zurückwirken.[100] Für die Bewertung in der **Steuerbilanz** ergeben sich keine Abweichungen.[101]

d) **Grundsatz der Einzelbewertung.** Der Grundsatz der Einzelbewertung von **65** Vermögensgegenständen und Schulden ergibt sich ebenfalls aus § 252 Abs. 1 Nr. 3 HGB. Er dient einer vorsichtigen Bewertung, da er einen **Bewertungsausgleich** zwischen den einzelnen Vermögensgegenständen und Schulden verhindert.[102] Das Einzelbewertungsprinzip schließt aber die anteilige **Verrechnung von Gemeinkosten** als Teil der Herstellungskosten nicht aus.[103] Der Einzelbewertungsgrundsatz ist auf Grund von Rationalisierungsbestrebungen der betrieblichen Praxis eingeschränkt durch die Möglichkeiten der **Festbewertung** (§ 240 Abs. 4 HGB) sowie die **Bewertungsvereinfachungsverfahren** (§ 256 HGB, vgl. Rn. 111 ff.). Da bei Inanspruchnahme dieser Möglichkeiten keine Ausnahmen iS des § 252 Abs. 2 HGB vorliegen, besteht auch keine Berichtspflicht nach § 284 Abs. 2 Nr. 3 HGB. Gerechtfertigte Abweichungen vom Einzelbewertungsprinzip sind ferner die pauschal ermittelten **Rückstellungen für Garantieverpflichtungen** oder das **Produkthaftpflichtrisiko** oder die pauschal ermittelten Einzelwertberichtigungen für einen größeren Forderungsbestand.[104] Hiervon zu unterscheiden ist die zulässige **kompensatorische Bewertung**. Hierbei werden bei der Bewertung einzelner Vermögensgegenstände und Schulden

---

[98] Vgl. § 41 Rn. 131; auch *Baumbach/Hueck/Schulze-Osterloh* § 42 Rn. 245.
[99] *Adler/Düring/Schmaltz* HGB § 252 Rn. 44: den wertbeeinflussenden Tatsachen ist evtl. durch Rücklagenbildung Rechnung zu tragen; ebenso *Baumbach/Hueck/Schulze-Osterloh* § 42 Rn. 247.
[100] OLG Düsseldorf WM 1986, 1568; *Adler/Düring/Schmaltz* HGB § 252 Rn. 47; *Baumbach/Hueck/Schulze-Osterloh* § 42 Rn. 248.
[101] Zur höchstrichterlichen Rechtsprechung vgl. BStBl. 1963 III S. 388; BStBl. 1972 II S. 485; 1978 II S. 497; 1988 II S. 430.
[102] *Adler/Düring/Schmaltz* HGB § 252 Rn. 48; *Wiedmann* HGB § 252 Rn. 16.
[103] *Baumbach/Hueck/Schulze-Osterloh* § 42 Rn. 249.
[104] *Adler/Düring/Schmaltz* HGB § 252 Rn. 57.

gleichzeitig negative und positive Sachverhalte berücksichtigt.[105] Hierzu gehört die Möglichkeit, Forderungen und Verbindlichkeiten bei gleichzeitigem Abschluss von **Kompensationsgeschäften** (im Fremdwährungsbereich und bei Wertpapierkurssicherung) für die Bewertung zusammenzufassen. Bei der Forderungsbewertung hindern zB Sicherheiten Abschreibungen nach § 253 Abs. 3 S. 2 HGB in der Höhe, in der sie für die Forderung bestehen. Im Falle von Drohverlustrückstellungen sind in den Kompensationsbereich wirtschaftliche Vorteile einzubeziehen, die nach den Vorstellungen der Vertragsparteien subjektive Vertragsgrundlage sind.[106] Nicht erforderlich ist die Aktivierbarkeit der Gegenleistung.

66 **e) Grundsatz der Vorsicht.** Das in § 252 Abs. 1 Nr. 4 HGB kodifizierte Vorsichtsprinzip ist Oberbegriff für verschiedene Bewertungsgrundsätze, die im deutschen Bilanzrecht eine lange Tradition haben.[107] Wichtigste Ausprägungen des Vorsichtsgrundsatzes sind das **Realisationsprinzip,** wonach Gewinne im Jahresabschluss nur dann berücksichtigt werden dürfen, wenn sie am Abschlussstichtag bereits realisiert sind (§ 252 Abs. 1 Nr. 4 Halbs. 2 HGB), sowie das **Imparitätsprinzip,** wonach negative Erfolgsbeiträge (Risiken und drohende Verluste), soweit sie dem laufenden Geschäftsjahr zuzurechnen sind, bereits vorwegzunehmen sind. Aus dem Imparitätsprinzip lassen sich wiederum das **Niederstwertprinzip** und das **Prinzip der Berücksichtigung drohender Verluste aus schwebenden Geschäften** ableiten. Nach dem Vorsichtsprinzip ist nicht die ungünstigste, sondern die wahrscheinlichste Entwicklung zu berücksichtigen, wobei dann aber wiederum bei mehreren Schätzungsalternativen stets der pessimistischeren Alternative der Vorzug zu geben ist.[108]

67 **f) Grundsatz der Periodenabgrenzung.** Der Grundsatz der Periodenabgrenzung, der in § 252 Abs. 1 Nr. 5 HGB unter den Bewertungsprinzipien normiert ist, ist eigentlich nur ein den Ausweis von Aufwendungen und Erträgen regelnder Grundsatz. Maßgebend für die Zurechnung von Aufwendungen und Erträgen zu einem bestimmten Geschäftsjahr ist in erster Linie das **Verursachungsprinzip,** unabhängig vom Zeitpunkt der entsprechenden Zahlung.

68 **g) Grundsatz der Bewertungsstetigkeit.** Das Stetigkeitsgebot bedeutet, dass art- und funktionsgleiche Bewertungsobjekte nicht willkürlich unterschiedlich bewertet werden können. Nach dem ausdrücklichen Wortlaut des § 252 Abs. 1 Nr. 6 HGB erstreckt es sich nur auf **Bewertungswahlrechte,** nicht auch auf **Ansatzwahlrechte.** Abweichungen vom Stetigkeitsgebot sind in begründeten Ausnahmefällen möglich. Solche begründete **Ausnahmen** können in der Änderung von Gesetzen, der Satzung oder der handels- und steuerrechtlichen Rechtsprechung, Verbesserung der Darstellung der Vermögens-, Finanz- und Ertragslage, Änderung der Konzernzugehörigkeit, Einleitung von Sanierungsmaßnahmen, grundlegend andere Einschätzung der Unternehmensentwicklung, Änderung der technischen Umwelt, Änderung der Produktionsobjekte bzw. Produktionsverfahren, Änderung im Beschäftigungsgrad sowie in der Finanz- und Kapitalstruktur vorliegen.[109] Wegen weiterer Einzelheiten wird auf

---

[105] *Adler/Düring/Schmaltz* HGB § 252 Rn. 48; *Scholz/Crezelius* Anh. § 42 a Rn. 89.
[106] Zur Einbeziehung von Rückgriffsansprüchen in die Bewertung von Rückstellungen vgl. BFH BStBl. 1993 II S. 437, 439, für die Einbeziehung eines Standortvorteils, den eine Apotheke bei der Anmietung und anschließend mit Verlust erfolgenden Untervermietung von im Nachbargebäude gelegenen Räumen an einen Arzt hatte, Vorlagebeschluss des BFH BStBl. 1993 II S. 855, ablehnend dagegen BFH GS BStBl. 1997 II S. 735.
[107] *Adler/Düring/Schmaltz* HGB § 252 Rn. 60.
[108] *Adler/Düring/Schmaltz* HGB § 252 Rn. 68; *Baumbach/Hueck/Schulze-Osterloh* § 42 Rn. 251.
[109] Vgl. IDW Stellungnahme des Hauptfachausschusses 3/1997.

Rn. 18 verwiesen.[110] Die Inanspruchnahme steuerrechtlicher Vorschriften ist dagegen durch das Stetigkeitsprinzip nicht eingeschränkt.[111] So greift das Stetigkeitsprinzip nicht ein, wenn auf die degressive Abschreibungsmethode umgestellt wird.

h) Weitere Bewertungsgrundsätze. Nominalwertprinzip: Es entspricht dem Anschaffungspreisprinzip (vgl. Rn. 15), den Jahresabschluss als eine **nominelle**, d. h. ohne die Ausschaltung der Einflüsse von Geldwertschwankungen aufgebaute, eine vom Nennwert des Geldes ausgehende Rechnung aufzufassen. Dieser währungs-, handels- und steuerrechtliche Grundsatz (Euro = Euro) kann zum Ausweis von Scheingewinnen führen, die allein auf Preissteigerung beruhen.[112] Eine Rückstellung für das allgemeine Zinsänderungsrisiko ist nicht möglich. **Niederstwertprinzip,** vgl. hierzu Rn. 15. 69

Grundsatz der Einheitlichkeit der Bewertung: Über die Bewertungsstetigkeit hinausgehend dürfen Bewertungswahlrechte sowohl für art- und funktionsgleiche Vermögensgegenstände wie auch für Aktiv- und Passivposten generell nur übereinstimmend ausgeübt werden, sofern inhaltliche Zusammenhänge bestehen und nicht sachliche Gründe für unterschiedliche Ausübung sprechen.[113] **Grundsatz der Wesentlichkeit** (Materiality): vgl. Rn. 22. 70

Grundsatz der Willkürfreiheit: Hiernach muss die Bewertung frei von sachfremden Erwägungen bleiben und auf das Ziel, einen klaren, übersichtlichen und den GoB entsprechenden Jahresabschluss zu erhalten, ausgerichtet sein. Der Grundsatz greift überall dort, wo eine richtige, sachlich zutreffende Wertermittlung unmöglich ist und wo weder eine allgemeine Anerkennung noch eine Normierung der Jahresabschlussansätze möglich oder geboten ist.[114] 71

Grundsatz der Methodenbestimmtheit des Wertansatzes: Der Wertansatz eines bestimmten Vermögensgegenstandes oder einer Schuld muss sich aus einer bestimmten Bewertungsmethode ergeben; ein Zwischenwert aus den sich nach mehreren zulässigen Methoden ergebenden Werten darf nicht gebildet werden.[115] 72

2. Bewertungsmaßstäbe. a) Anschaffungskosten. Anschaffungsvorgänge sind Kauf, Tausch, Schenkung, Werklieferung, Einbringung, Verschmelzung, Spaltung (Aufspaltung, Abspaltung und Ausgliederung), nicht dagegen der Formwechsel. § 255 Abs. 1 HGB definiert Anschaffungskosten als diejenigen Aufwendungen, die geleistet werden, um einen Vermögensgegenstand zu erwerben und ihn in einen betriebsbereiten Zustand zu versetzen, soweit sie dem Vermögensgegenstand einzeln zugeordnet werden können, einschließlich der Nebenkosten sowie der nachträglichen Anschaffungskosten, gemindert um die **Anschaffungspreisminderungen.** Die durch die Höhe der Gegenleistung für den erworbenen Vermögensgegenstand bestimmten Anschaffungskosten sind Bewertungsmaßstab, wenn Vermögensgegenstände von Dritten erworben wurden und im Unternehmen keine Bearbeitung stattgefunden hat; ansonsten sind die Herstellungskosten als Bewertungsmaßstab zugrunde zu legen. Die Anschaffungskosten sind um die hierin enthaltene **Umsatzsteuer** zu kürzen, soweit die Gesellschaft nach § 15 UStG zum Vorsteuerabzug berechtigt ist (§ 9b EStG), da die Vorsteuer wirtschaftlich einen durchlaufenden Posten darstellt.[116] Soweit die Vorsteuer 73

---

[110] Nachweise bei *Baumbach/Hueck/Schulze-Osterloh* § 42 Rn. 259.
[111] *Adler/Düring/Schmaltz* HGB § 252 Rn. 105; *Wiedmann* HGB § 252 Rn. 34.
[112] IDW Stellungnahme des Hauptfachausschusses 2/1975; *Leffson* S. 414 ff.
[113] *Baumbach/Hueck/Schulze-Osterloh* § 42 Rn. 265.
[114] *Küting/Weber/Baetge/Kirsch* Rechnungslegung Rn. 128.
[115] *Adler/Düring/Schmaltz* HGB § 252 Rn. 124; *Baumbach/Hueck/Schulze-Osterloh* § 42 Rn. 266.
[116] Vgl. IDW Stellungnahme des Hauptfachausschusses 1/1985 idF 1990.

nicht abziehbar ist, stellt sie Teil der Anschaffungskosten dar.[117] Grundsätzlich sind auch **überhöhte Anschaffungspreise** Anschaffungskosten iS des § 255 Abs. 1 HGB; sie können allerdings eine außerplanmäßige Abschreibung zum Abschlusszeitpunkt nach § 253 Abs. 2 S. 3 oder Abs. 3 S. 2 HGB[118] erforderlich machen. Der Nettorechnungsbetrag (= Bruttopreis abzüglich abziehbare Vorsteuer) entspricht ideal dem Anschaffungspreis, der abzüglich der Preisnachlässe und zurückgewährten Entgelte sowie zuzüglich der Anschaffungsnebenkosten alle Kosten umfasst, die das Unternehmen zum Erwerb des Gegenstandes aufwenden muss. Wird der Anschaffungspreis in **Fremdwährung** (vgl. Rn. 106 ff.) vereinbart, so entsprechen die Anschaffungskosten bei Vorauszahlung dem tatsächlich in Euro gezahlten Betrag und bei einem Kauf auf Ziel dem zum Zeitpunkt der Anschaffung mit dem Mittelkurs umgerechneten Rechnungsbetrag in Fremdwährung. **Wechselkursänderungen** zwischen Datum des Kaufvertrages- und Buchungs- oder Zahlungstag berühren die Anschaffungskosten nicht mehr, sondern nur noch die Verbindlichkeit aus Lieferung und Leistung.[119]

74 Die Kosten der **Erlangung der Betriebsbereitschaft** sind Teil der Anschaffungskosten, soweit sie dem Vermögensgegenstand einzeln zugeordnet werden können, auch soweit sie erst nach Anschaffung anfallen. Die Versetzung in den Zustand der Betriebsbereitschaft ist erst mit der erstmaligen bestimmungsgemäßen Nutzung des Vermögensgegenstandes beendet.[120] Zu den Kosten der Erlangung der Betriebsbereitschaft gehören daher auch Kosten des Transports an den innerbetrieblichen Einsatzort, Montagekosten und Kosten der Probeläufe.[121] Jedoch gehören nur die diesen Vorgängen direkt zuordenbaren Kosten, nicht auch die damit zusammenhängenden Gemeinkosten[122] zu den Kosten der Erlangung der Betriebsbereitschaft.

75 Die **Anschaffungsnebenkosten** sind ebenso wie der Anschaffungspreis aktivierungsfähig und -pflichtig, damit eine erfolgsneutrale Bilanzierung des Anschaffungsvorgangs und eine periodengerechte Aufwandsverteilung vorgenommen werden kann. Sie umfassen sämtliche Nebenkosten des Erwerbs sowie die Nebenkosten der Anlieferung und Inbetriebnahme. Hierzu rechnen insbesondere Vermittlungs- und Maklergebühren, Provisionen, Courtagen, Kommissionskosten, Gutachtergebühren, Notariats-, Gerichts- und Registerkosten, Anlege- und Erschließungsbeiträge. Auch Abbruchkosten bei einem gekauften Grundstück sind Anschaffungsnebenkosten des Grund- und Bodens, wenn das Grundstück in der Absicht, die alten nicht mehr nutzbaren Baulichkeiten abzureißen und neue dafür aufzubauen, erworben wird.[123] Die Pauschalierung der Anschaffungsnebenkosten als **Vereinfachungsverfahren** zur Erfassung der tatsächlichen Aufwendungen dürfte auch nach § 255 HGB keinen Bedenken begegnen.[124] Die **Gemeinkosten** des Anschaffungsvorgangs, wie zB die Kosten der Ausbildung des Bedienungspersonals oder die Kosten der Einkaufsabteilung für die Einholung von Angeboten gehören nicht zu den Anschaffungsnebenkosten.

---

[117] *Adler/Düring/Schmaltz* HGB § 255 Rn. 20; *Baumbach/Hueck/Schulze-Osterloh* § 42 Rn. 272.
[118] Vgl. WP-HdB Bd. I E Rn. 251; *Baumbach/Hueck/Schulze-Osterloh* § 42 Rn. 282.
[119] BeckBilKomm/*Ellrott/Schmidt-Wendt* HGB § 255 Rn. 55; *Baumbach/Hueck/Schulze-Osterloh* § 42 Rn. 272; BFH BStBl. 1978 II S. 233.
[120] *Adler/Düring/Schmaltz* HGB § 255 Rn. 12; *Wiedmann* HGB § 255 Rn. 6.
[121] *Adler/Düring/Schmaltz* HGB § 255 Rn. 13; *Baumbach/Hueck/Schulze-Osterloh* § 42 Rn. 273.
[122] BFH BStBl. 1968 II S. 22 f.; BeckBilKomm/*Ellrott/Schmidt-Wendt* HGB § 255 Rn. 73; *Moxter* Bilanzrechtsprechung S. 135.
[123] *Adler/Düring/Schmaltz* HGB § 255 Rn. 24; vgl. auch *Baumbach/Hueck/Schulze-Osterloh* § 42 Rn. 273 zu Kosten der Erlangung der Betriebsbereitschaft.
[124] *Küting/Weber/Knop/Küting* Rechnungslegung HGB § 255 Rn. 34; *Adler/Düring/Schmaltz* HGB § 255 Rn. 31.

Rechnungslegung der GmbH   Anh. I nach § 42a

Nachträgliche Anschaffungskosten (§ 255 Abs. 1 S. 2 HGB), wie nachträgliche 76
Aufwendungen für bereits beschaffte Vermögensgegenstände oder nachträgliche Erhöhungen des ursprünglichen Anschaffungspreises, sind Anschaffungskosten; hierunter fallen zB Reparaturarbeiten im Zusammenhang mit dem Erwerb eines Grundstücks,[125] Erschließungsbeiträge,[126] Kanalanschlussgebühren, rückwirkende Kaufpreiserhöhungen aus Urteil oder Vergleich oder aus Änderung der Kaufpreisbemessungsgrundlage.

Die **Anschaffungspreisminderungen** (Preisnachlässe und zurückgewährte Ent- 77
gelte, wie Boni, Rabatte und Skonti) sind vom Anschaffungspreis abzusetzen.[127]

Finanzierungskosten gehören nach allgM nicht zu den Anschaffungskosten, da 78
sich der Wert eines angeschafften Gegenstands nicht dadurch erhöht, dass zu seiner Bezahlung Fremdmittel aufgenommen und verzinst werden müssen. Jedoch sind folgende Einschränkungen zu beachten: Kredite, die dazu dienen, die Herstellung zu beschaffender Neuanlagen mit längerer Bauzeit durch Anzahlungen oder Vorauszahlungen zu finanzieren, sind als Ersetzung von betrieblichen Mitteln des Lieferanten anzusehen, die zu einer Verminderung des vereinbarten Kaufpreises führen.[128] Die Zinsen sind daher zu aktivieren, jedoch nur insoweit, als sie auf den Zeitraum bis zum Abschluss des Anschaffungsvorgangs entfallen.[129]

Eigenkapitalzinsen sind grundsätzlich nicht aktivierungsfähig; ihr Ausweis würde 79
einen Verstoß gegen das Realisationsprinzip darstellen (vgl. Rn. 15). Dies gilt auch dann, wenn das Eigenkapital der Finanzierung von im Bau befindlichen Anlagen dient.
– Dem Grundsatz der Einzelbewertung folgend (vgl. Rn. 65) sind die Anschaffungskosten des einzelnen Vermögensgegenstandes durch Aufteilung zu ermitteln, wenn für den Betrieb mehrerer Gegenstände ein **Gesamtanschaffungspreis** angelegt wurde. Diese Frage ist vor allem beim Kauf von Unternehmen oder von Betriebsteilen sowie beim Erwerb bebauter Grundstücke von Bedeutung. Beim **Unternehmenserwerb** erfolgt zunächst eine Ermittlung des Zeitwerts jedes einzelnen Vermögensgegenstandes. Übersteigt der Gesamtanschaffungspreis die summierten Zeitwerte, so hat der Bilanzierende ein Wahlrecht zum Ansatz des Geschäftswerts (vgl. Rn. 26). Liegt der Gesamtanschaffungspreis hingegen unter der Summe der Zeitwerte, so kann zur Aufteilung des Differenzbetrags von allen Einzelanschaffungswerten prozentual der gleiche Satz abgeschlagen werden.[130]

Bei unentgeltlich erworbenen Vermögensgegenständen besteht ein Aktivie- 80
rungswahlrecht, genauer ein Bewertungswahlrecht.[131] Die Anschaffungskosten dürfen den Zeitwert, d.h. den vorsichtig zu schätzenden sonst üblichen Anschaffungswert

---

[125] Vgl. *Meyer-Landrut/Miller/Niehus* §§ 238–335 Rn. 204.
[126] Vgl. hierzu auch BFH BStBl. 1996 II S. 190.
[127] Zur bilanziellen Behandlung von Zuwendungen (Zulagen, Zuschüsse, Prämien, Beihilfen, Subventionen usw.) vgl. IDW Stellungnahme des Hauptfachausschusses 1/1984 idF 1990 sowie IDW Stellungnahme des Hauptfachausschusses 2/1996. Zur steuerlichen Behandlung vgl. R sowie H 34 EStR 1999.
[128] WP-HdB Bd. I E Rn. 238; *Adler/Düring/Schmaltz* HGB § 255 Rn. 35; hM BeckBilKomm/*Ellrott/Schmidt-Wendt* HGB § 255 Rn. 501; *Wiedmann* HGB § 255 Rn. 15; einschränkend auch *Baumbach/Hueck/Schulze-Osterloh* § 42 Rn. 277.
[129] BFH BStBl. 1981 II S. 466; zur Frage, ob ein Einbeziehungswahlrecht besteht vgl. *Adler/Düring/Schmaltz* HGB § 255 Rn. 38.
[130] *Baumbach/Hueck/Schulze-Osterloh* § 42 Rn. 272; *Adler/Düring/Schmaltz* HGB § 255 Rn. 107.
[131] BeckBilKomm/*Ellrott/Schmidt-Wendt* HGB § 255 Rn. 100; *Adler/Düring/Schmaltz* HGB § 255 Rn. 84; aA für Aktivierungspflicht mit dem Betrag, der im Falle eines entgeltlichen Erwerbs hätte aufgewendet werden müssen, *Baumbach/Hueck/Schulze-Osterloh* § 42 Rn. 280.

nicht übersteigen. Eine Aktivierung kann im Interesse einer zutreffenden Darstellung der Vermögens-, Finanz- und Ertragslage angezeigt sein. Soweit bei einer Schenkung die beiderseitigen Leistungen nach kaufmännischen Überlegungen objektiv im Wert ausgeglichen sind, liegt unabhängig vom Willen der Parteien stets ein entgeltlicher Erwerb vor.[132] Unentgeltlich erworbene **immaterielle Vermögensgegenstände** des Anlagevermögens dürfen nach § 248 Abs. 2 HGB nicht aktiviert werden; dies gilt auch im Fall des unentgeltlichen Erwerbs von einem Dritten.

81 Hinsichtlich der Ermittlung der Anschaffungskosten bei **Tauschgeschäften** oder **tauschähnlichen Geschäften** (in der Unternehmenspraxis hauptsächlich Fälle der Einbringung oder der Ausgliederung nach dem **UmwG** auf der Ebene der übertragenden Gesellschaft bzw. der Verschmelzung ohne Kapitalerhöhung bei der übernehmenden Gesellschaft) liegt nach klassischer, bisher vorherrschender Auffassung kein Umsatz, sondern nur ein Wechsel des verbuchten Gegenstandes vor, was zu einer Bilanzierung ohne Gewinnrealisierung führt. Jedoch hat unter dem Einfluss des sog. **Tauschgutachtens**[133] auch handelsrechtlich die Auffassung zunehmend an Bedeutung gewonnen, die den Tausch als Anschaffungs- und Veräußerungsgeschäft betrachtet und Gewinnrealisierung annimmt.[134] Sofern der Tauschvorgang vernünftigen kaufmännischen Überlegungen entspricht, insbesondere soweit er durch betriebliche Notwendigkeiten bedingt ist, sind auch gegen diese Bilanzierungsmöglichkeit keine Bedenken zu erheben. Die zurzeit wohl **herrschende**, vermittelnde **Auffassung** belässt die Wahl zwischen den beiden genannten Möglichkeiten (**Buchwertfortführung**, d. h. keine Gewinnrealisierung und **Gewinnrealisierung**) und ergänzt sie um eine dritte Alternative, die Methode der **ergebnisneutralen Behandlung**.[135] Im Falle der Buchwertfortführung darf der eingetauschte Vermögensgegenstand – einen entsprechenden Wert unterstellt – höchstens zu dem Betrag angesetzt werden, mit dem der hingegebene Gegenstand zulässigerweise angesetzt war. Im Falle der Gewinnrealisierung kann der eingetauschte Vermögensgegenstand mit dem Zeitwert des hingegebenen Vermögensgegenstands angesetzt werden. Die ergebnisneutrale Behandlung geht grundsätzlich von der Buchwertfortführung aus, lässt aber die Aufdeckung stiller Reserven insoweit zu, als dies zur Neutralisierung der mit dem Tausch verbundenen Ertragsteuerbelastung erforderlich ist.

82 **Bei allen Sacheinlagen** gegen Gewährung von Gesellschaftsrechten (in der Unternehmenspraxis hauptsächlich Fälle der **Einbringung** oder der **Ausgliederung** nach dem UmwG auf der Ebene der übernehmenden Gesellschaft bzw. der **Verschmelzung** mit Kapitalerhöhung bei der übernehmenden Gesellschaft) ist der für die Begebung der Anteile festgesetzte Ausgabebetrag (Nennbetrag oder ein darüber hinausgehender höherer Ausgabebetrag (Nennbetrag zzgl. Agio), maximal jedoch der Zeitwert) als Anschaffungskosten anzusetzen. Ist der Zeitwert der Sacheinlage niedriger, so darf höchstens der Zeitwert angesetzt werden; ist der Zeitwert der Sacheinlage höher, so kann die Sacheinlage mit dem festgesetzten Ausgabebetrag oder mit dem höheren Zeitwert angesetzt werden.[136]

---

[132] BeckBilKomm/*Ellrott/Schmidt-Wendt* HGB § 255 Rn. 91; *Adler/Düring/Schmaltz* HGB § 255 Rn. 84.
[133] BFH BStBl. 1959 III S. 30.
[134] So *Baumbach/Hueck/Schulze-Osterloh* § 42 Rn. 278.
[135] *Adler/Düring/Schmaltz* HGB § 255 Rn. 89 ff. mwN; WP-HdB Bd. I E Rn. 252; BFH BStBl. 1983 II S. 303, 304; BeckBilKomm/*Ellrott/Schmidt-Wendt* HGB § 255 Rn. 132; *Meyer-Landrut/Miller/Niehus* §§ 238–335 Rn. 205.
[136] Vgl. *Adler/Düring/Schmaltz* HGB § 255 Rn. 97; aA *Baumbach/Hueck/Schulze-Osterloh* § 42 Rn. 281.

Rechnungslegung der GmbH **Anh. I nach § 42a**

Zur Bilanzierung bei Umstrukturierungsvorgängen hat der Hauptfachaus- 83
schuss des *IDW* in verschiedenen Stellungnahmen Stellung genommen.[137] Während
jedoch im Falle der Verschmelzung und der Spaltung Anschaffungsvorgänge vorliegen,
fehlt es dagegen im Falle eines Formwechsels an einem solchen, da kein Vermögensübergang zwischen zwei Rechtsträgern stattfindet. Vielmehr ist von der Identität des
formwechselnden Rechtsträgers vor und nach dem Formwechsel auszugehen.

Steuerlich werden der **Tausch** oder bestimmte Fälle **tauschähnlicher Vorgänge** 84
(zB Einbringung eines Einzelwirtschaftsguts in eine GmbH gegen Ausgabe neuer Anteile) dem Kauf grundsätzlich gleichgestellt. Werden **einzelne Wirtschaftsgüter** erworben, bemessen sich die Anschaffungskosten nach dem gemeinen Wert der hingegebenen Gegenstände (§ 6 Abs. 6 EStG idF des StEntlG 1999/2000/2002; H 32a
EStR 1998) mit der Folge, dass beim Tausch von Wirtschaftsgütern des Betriebsvermögens eine steuerrelevante Gewinnrealisierung (Versteuerung der in dem hin-
getauschten Wirtschaftsgut enthaltenen stillen Reserven) eintritt. Das sog. **Tauschgutachten** des BFH, nach dem der **Tausch** von art-, wert- und funktionsgleichen
Anteilen an Kapitalgesellschaften steuerfrei blieb, ist durch § 6 Abs. 6 S. 1 EStG idF des
StEntlG 1999/2000/2002 überholt.[138] Unter bestimmten Voraussetzungen (zB Einbringung einer Mehrheitsbeteiligung an einer Kapitalgesellschaft, eines Betriebs oder
Teilbetriebs bzw. Übertragung von Wirtschaftsgütern in das Gesamthandsvermögen
einer Mitunternehmerschaft) können Wirtschaftsgüter bei **tauschähnlichen Vorgän-
gen** (zB offene Einlage in Kapital- und Personengesellschaften) jedoch auch zu Buch-
werten übertragen werden (vgl. §§ 20, 24 UmwStG, § 6 Abs. 5 EStG idF des
StSenkG). Zur steuerlichen Behandlung von Umstrukturierungsmaßnahmen iS des
UmwG wird auf die Vorschriften des UmwStG sowie auf das Schreiben betr.
UmwStG 1995 v. 25. 3. 1998 verwiesen. Soweit steuerrechtlich eine Übertragung von
Wirtschaftsgütern zu Buchwerten möglich ist, setzt dies in den meisten Fällen voraus,
dass handelsrechtlich ebenfalls zu Buchwerten übertragen wird.

b) Herstellungskosten. Der Herstellungskostenbegriff des § 255 Abs. 2 HGB gilt 85
für Anlage- und Umlaufvermögen. Nach § 255 Abs. 2 HGB sind Herstellungskosten
diejenigen Aufwendungen, die durch den Verbrauch von Gütern und die Inanspruchnahme von Diensten für die Herstellung eines Vermögensgegenstandes, seine Erweiterung oder für eine über seinen ursprünglichen Zustand hinausgehende wesentliche Verbesserung entstehen. Dazu gehören die **Materialkosten,** die **Fertigungskosten** und die
Sonderkosten der Fertigung. Diese Einzelkosten bilden die **Untergrenze** der Herstellungskosten. Für folgende Kostenelemente besteht ein **Einbeziehungswahlrecht:**
– angemessene Teile der notwendigen **Materialgemeinkosten,** der notwendigen
  Fertigungsgemeinkosten und des **Wertverzehrs des Anlagevermögens,** soweit
  er durch die Fertigung veranlasst ist, und soweit diese Aufwendungen auf den Zeitraum der Herstellung entfallen.
– Kosten der allgemeinen **Verwaltung** sowie Aufwendungen für soziale Einrichtungen des Betriebs, für freiwillige soziale Leistungen und für betriebliche Altersversorgung, soweit diese Aufwendungen auf den Zeitraum der Herstellung entfallen.

---
[137] Zur Bilanzierung bei Verschmelzung vgl. IDW Stellungnahme des Hauptfachausschusses
2/1997, bei Spaltung IDW Stellungnahme des Hauptfachausschusses 1/1998 sowie bei Formwechsel IDW Stellungnahme des Hauptfachausschusses 1/1996.
[138] Nach einer Verfügung der OFD Frankfurt v. 21. 5. 2001 bleibt das Tauschgutachten subsidiär anwendbar, soweit die Voraussetzungen der § 20 Abs. 1 S. 2 UmwStG und § 23 Abs. 4
UmwStG nicht erfüllt sind und keine einbringungsgeborenen Anteile Gegenstand des Tausches
sind, EStB 2001, 297.

Kessler

– **Zinsen** für Fremdkapital, das zur Finanzierung der Herstellung eines Vermögensgegenstandes verwendet wird, soweit sie auf den Zeitraum der Herstellung entfallen.

Vertriebskosten und **kalkulatorische Kosten** dürfen nicht in die Herstellungskosten einbezogen werden.

Aufgrund der Einbeziehungswahlrechte besteht ein großer bilanzpolitischer Ermessensrahmen, der allerdings durch den Grundsatz der **Bewertungsstetigkeit** (§ 252 Abs. 1 Nr. 6 HGB) eingeschränkt wird.

86 Durch die detaillierte Regelung der Herstellungskosten ist eine weitgehende Annäherung der handelsrechtlichen Herstellungskosten an die Herstellungskosten von **R 33 EStR 1999** ermöglicht worden. Nach R 33 EStR 1999 sind die angemessenen Teile der notwendigen Materialgemeinkosten, der notwendigen Fertigungsgemeinkosten und des Wertverzehrs des Anlagevermögens, soweit er durch die Fertigung veranlasst ist, in die Herstellungskosten einzubeziehen. Lediglich für die in § 255 Abs. 2 S. 4 HGB genannte Gruppe, nämlich die Kosten der allgemeinen Verwaltung sowie Aufwendungen für soziale Einrichtungen des Betriebs, für freiwillige soziale Leistungen und für betriebliche Altersversorgung besteht auch nach R 33 Abs. 1 EStR 1999 ein Wahlrecht. Ebenso besteht für die Fremdkapitalzinsen handelsrechtlich wie steuerrechtlich ein Wahlrecht. Vertriebskosten dürfen handelsrechtlich wie steuerrechtlich nicht in die Herstellungskosten einbezogen werden.

Die Zusammensetzung der **Herstellungskosten nach Handelsrecht** sowie nach **Steuerrecht** lässt sich wie folgt zusammenfassen:

	HGB	EStR
Eigenkapitalzinsen Vertriebsgemeinkosten	Ansatzverbot	Ansatzverbot
Sondereinzelkosten des Vertriebs Fremdkapitalzinsen Aufwendungen für betriebliche Altersversorgung Aufwendungen für freiwillige soziale Leistungen	Ansatzwahlrecht	Ansatzwahlrecht
Aufwendungen für soziale Einrichtungen des Betriebs	Ansatzwahlrecht	Ansatzwahlrecht
Kosten der allgemeinen Verwaltung	Ansatzwahlrecht	Ansatzwahlrecht
Wertverzehr des Anlagevermögens Fixe Fertigungsgemeinkosten Fixe Materialgemeinkosten	Ansatzwahlrecht	Wertuntergrenze nach Steuerrecht
Variable Fertigungsgemeinkosten Variable Materialgemeinkosten	Ansatzpflicht	Ansatzpflicht

	HGB	EStR	
Sondereinzelkosten der Fertigung Fertigungseinzelkosten Materialeinzelkosten	Ansatzpflicht		Wertuntergrenze nach Handels-Recht

Der bilanzrechtliche Begriff der Herstellungskosten ist ebenso wie der der Anschaffungskosten pagatorischer Natur, d.h. Herstellungskosten sind **Aufwendungen** und keine Kosten im betriebswirtschaftlichen Sinne (vgl. oben). Aufwendungen sind an (tatsächliche) **Ausgaben** geknüpfte, zahlungsorientierte Größen, während Kosten auch kalkulatorischer Natur sein können. Inhaltlich gesehen handelt es sich somit beim bilanzrechtlichen Begriff der Herstellungskosten um Herstellungsaufwendungen.[139]

87

Die Herstellungskosten werden in der Praxis anhand der **Kostenrechnung** und der **Betriebsabrechnung** zu ermitteln sein. Wo die Ermittlung der Herstellungskosten in anderer Weise (zB durch Divisionskalkulation) nicht möglich ist, gehört eine entsprechend ausgebaute innerbetriebliche Abrechnung zu den Buchführungspflichten nach § 238 Abs. 1 HGB.[140] Kostenrechnerisch besteht die Problematik in der Erfassung der Einzelkosten (Wertuntergrenze).[141] Hierbei dürften insbesondere die sogenannten unechten Gemeinkosten Schwierigkeiten bereiten, da es sich hierbei um Einzelkosten handelt, die aus Gründen der Praktikabilität und Wirtschaftlichkeit nicht als solche erfasst werden.[142] Wollen Unternehmen die Wertuntergrenze handelsrechtlich ausnützen, ist für diese eine Zuschlagskalkulation unumgänglich, sofern keine umfangreichen Sonderrechnungen zur Ermittlung der Einzelkosten aufgestellt werden.

88

Einzelkosten sind die Kosten, die der betrieblichen Endleistung direkt zurechenbar sind; sie werden daher auch als **direkte Kosten** bezeichnet. Einem **Kostenträger** direkt zurechenbar sind die **Materialeinzelkosten** (vor allem Roh- und Hilfsstoffe sowie unmittelbar zurechenbare Betriebsstoffe und Verpackungskosten), die **Fertigungseinzelkosten** (vor allem Fertigungslöhne und auf die einzelnen Erzeugnisse aufteilbare Gehälter, gesetzliche und tarifliche Ausfallzeiten und Sozialaufwendungen; wegen § 255 Abs. 2 S. 4 HGB jedoch nicht Aufwendungen für freiwillige soziale Leistungen und für betriebliche Altersversorgung) sowie die Sonderkosten der Fertigung (Modelle, Spezialwerkzeuge und -konstruktionen, auftragsgebundene Entwicklungs- und Versuchskosten, Lizenzgebühren).[143]

89

Gemeinkosten sind die Kosten, die der betrieblichen Endleistung nicht direkt zurechenbar sind; sie werden daher auch als **indirekte Kosten** bezeichnet. Für die Kos-

90

---

[139] Vgl. hierzu *Adler/Düring/Schmaltz* HGB § 255 Rn. 115 ff.; *Baumbach/Hueck/Schulze-Osterloh* § 42 Rn. 288; zur Aktivierung von Herstellungskosten vgl. auch IDW Stellungnahme des Hauptfachausschusses 5/1991.
[140] WP-HdB Bd. I E Rn. 257; *Adler/Düring/Schmaltz* HGB § 255 Rn. 217.
[141] Zur Bestimmung der Wertuntergrenze der Herstellungskosten vgl. *Knop/Küting/Weber* DB 1985, 2517 ff.
[142] Zu den Kriterien der Abgrenzung vgl. *Baumbach/Hueck/Schulze-Osterloh* § 42 Rn. 289 mwN.
[143] Vgl. *Adler/Düring/Schmaltz* HGB § 255 Rn. 142 ff.; BeckBilKomm/*Ellrott/Schmidt-Wendt* HGB § 255 Rn. 346 ff.

tenträgergemeinkosten kann eine Zurechnung auf die Leistung nur mit Hilfe von Schlüsseln oder Zuschlagsätzen erfolgen, welche erst über die **Kostenstellenrechnung** zu gewinnen sind.[144] Zu den Gemeinkosten zählen die **Materialgemeinkosten** (Kosten der Einkaufsabteilung, Materialprüfung und -verwaltung, Rechnungsprüfung, Lagerverwaltung) und die **Fertigungsgemeinkosten** (alle nicht unmittelbar zurechenbaren Kosten des Fertigungsbereichs für Energie, Brennstoffe, Betriebsstoffe, Hilfsstoffe, die weder Werkstoffe noch Betriebsstoffe sind, laufende Instandhaltung von Betriebsbauten, Betriebseinrichtungen, Maschinen, Vorrichtungen, Werkzeuge usw., Anlageabschreibungen auf Fertigungsanlagen bis zur Höhe planmäßiger bilanzieller Abschreibungen, sonstige Kosten wie Sachversicherungsprämien, Post- und Fernsprechgebühren, Reiseauslagen usw., soweit auf den Bereich der Fertigung anrechenbar, Gehälter für Lagerverwaltung, Werkstattverwaltung, Meister, Lohnbüro, Arbeitsvorbereitung, Werkstattkonstrukteure usw., Hilfslöhne für Lagerbetrieb, Förderwesen, Kraftanlagen, Reinigung der Anlagen, Fertigungskontrolle, Werkschutz usw., Beiträge zur Berufsgenossenschaft, Berufsschulaufwendungen).[145]

91 **Außerordentliche Aufwendungen** (betriebsfremde, periodenfremde oder ungewöhnlich hohe), Aufwendungen für Risikorückstellungen, gewinnabhängige Aufwendungen (Körperschaftsteuer, Gewerbeertragsteuer, Tantiemen) und das Delkredere gehören nicht zu den Herstellungskosten; nicht gewinnabhängige Steuern, wie zB die (Grundsteuer) und angefallene Verbrauchsteuern (Mineralölsteuer, Umsatzsteuer auf erhaltene Anzahlungen) sind dagegen anteilig zu den Herstellungskosten zu rechnen.[146]

92 **Der Wertverzehr des Anlagevermögens** ist im Wesentlichen durch die auf Sachanlagen (vgl. Rn. 159 ff.) und immaterielle Anlagegegenstände (vgl. Rn. 162 ff.) wie Patente, Lizenzen und Konzessionen verrechneten Abschreibungen bestimmt.

93 Einbeziehbar in die Herstellungskosten sind nur **angemessene Teile** der **Materialkosten, Materialgemeinkosten, Fertigungsgemeinkosten** und des **Wertverzehrs** des Anlagevermögens. Angemessen bedeutet, dass nur derjenige Teil der Gemeinkosten einem bestimmten Produkt zugerechnet werden kann, der auf seine Herstellung entfällt, d.h. die Zurechnung muss vernünftigen betriebswirtschaftlichen Kriterien entsprechen. Eine willkürliche nur nach Verträglichkeit ausgerichtete Zurechnung ist dadurch ausgeschlossen.[147] Ausgeschlossen sind daher außerplanmäßige Abschreibungen nach § 253 Abs. 2 S. 3 HGB und steuerliche Sonderabschreibungen nach §§ 254, 279 Abs. 2 HGB.[148] Da nur die **notwendigen Materialgemeinkosten** und **Fertigungsgemeinkosten** einbezogen werden dürfen,[149] dürfen Kosten, die durch nachhaltige ungenügende Kapazitätsauslastung entstehen, nicht einbezogen werden.[150]

94 Ein weiteres Einbeziehungswahlrecht besteht nach § 255 Abs. 2 S. 4 HGB bezüglich der **Kosten der allgemeinen Verwaltung.** Hierbei handelt es sich im Wesentlichen um die Gehälter und Löhne des Verwaltungsbereichs (Geschäftsleitung, Rechnungswesen, Rechenzentrum, Finanzabteilung, interne Revision, Rechts-, Steuer- und Versicherungsabteilung, Ausbildungswesen, Patent- und andere Stabsabteilungen), die

---

[144] *Eisele* S. 345.
[145] WP-HdB Bd. I E Rn. 269; *Adler/Düring/Schmaltz* HGB § 255 Rn. 209.
[146] WP-HdB Bd. I E Rn. 272.
[147] Vgl. *Adler/Düring/Schmaltz* HGB § 255 Rn. 157.
[148] BeckBilKomm/*Ellrott/Schmidt-Wendt* HGB § 255 Rn. 428; *Baumbach/Hueck/Schulze-Osterloh* § 42 Rn. 292.
[149] Ausprägung des Angemessenheitsprinzips; vgl. WP-HdB Bd. I E Rn. 266.
[150] Vgl. *Adler/Düring/Schmaltz* HGB § 255 Rn. 162; BeckBilKomm/*Ellrott/Schmidt-Wendt* HGB § 255 Rn. 439.

entsprechenden Abschreibungen, die übrigen Gemeinkosten dieses Bereichs (zB Porti, Telefon- und Fernschreibkosten, Reisekosten, Beratungskosten, Kosten des Aufsichtsrats und der Abschlussprüfung, Versicherung, Gebühren und Beiträge, Energiekosten, Instandhaltung und Reinigung). Kein Einbeziehungswahlrecht besteht hingegen bezüglich gewinnabhängiger Aufwendungen wie Tantiemen und Ertragsteuern. Die **Aufwendungen für soziale Einrichtungen des Betriebs** betreffen insbesondere Betriebskantinen, Sporteinrichtungen, Ferienerholungseinrichtungen; bei den Aufwendungen für **freiwillige soziale Leistungen** sind Jubiläumsgeschenke, Weihnachtszuwendungen und andere freiwillige Beihilfen zu nennen (sofern Pflicht auf Grund von Tarif- oder Anstellungsvertrag besteht, kommt eine Aktivierung als Fertigungskosten oder als allgemeine Verwaltungskosten in Betracht).[151] Die Aufwendungen für **betriebliche Altersversorgung** beinhalten Zuweisungen zu Pensionsrückstellungen, Direktversicherung, Zuwendungen an Pensions- und Unterstützungskassen.[152]

Die **Zinsen für Fremdkapital** gehören nach § 255 Abs. 3 S. 1 HGB nicht zu den 95 Herstellungskosten. Soweit jedoch ein sachlicher und ein zeitlicher Bezug zur Herstellung eines Vermögensgegenstandes besteht, dürfen die Fremdkapitalzinsen als „**Bewertungshilfe**"[153] in die Herstellungskosten einbezogen werden.[154] Ein sachlicher Bezug zur Herstellung eines Vermögensgegenstandes ist zu bejahen, wenn ein Kreditvertrag unter Bezugnahme auf den herzustellenden Gegenstand neu abgeschlossen oder verlängert wird. Ansonsten kann davon ausgegangen werden, dass die einzelnen Vermögensgegenstände entsprechend der Kapitalstruktur des Unternehmens anteilig mit Eigen- und Fremdkapital finanziert sind; die sich damit ergebenden quotalen Fremdkapitalzinsen können den einzelnen Vermögensgegenständen zugerechnet werden, soweit ein zeitanteiliger Bezug gegeben ist.[155] **Zinsen für Eigenkapital** sind kalkulatorische Kosten (da nicht tatsächlich entstanden) und dürfen daher nicht in die Herstellungskosten einbezogen werden.[156]

Vertriebskosten dürfen nach § 255 Abs. 2 S. 6 HGB ebenfalls nicht in die Her- 96 stellungskosten einbezogen werden. Angesichts der Formulierungen ist eine Aktivierbarkeit von **Sondereinzelkosten des Vertriebs** im Gegensatz zum bisherigen Recht nicht mehr zulässig.[157] Zu den nichtaktivierbaren Vertriebskosten rechnen alle Personal- und Sachkosten der Vertriebs-, Werbe- und Marketingabteilung, des Vertreternetzes sowie der Fertigwaren- und Vertriebsläger; ferner Kosten der Werbung, Absatzförderung und Marktforschung, Ausstellungs- und Messekosten, Verkäufer- und Kundenschulung sowie Reisekosten des Vertriebsbereichs und Kosten für Warenproben und Muster. Nicht zu den Vertriebskosten gehören Zölle und Verbrauchsteuern, die als Sondereinzelkosten der Fertigung aktivierbar sind.[158]

Aufwendungen für Grundlagenforschung und für **Forschungs- und Ent- 97 wicklungsarbeiten** gehören nicht zu den Herstellungskosten, da sie als nichtferti-

---

[151] *Adler/Düring/Schmaltz* HGB § 255 Rn. 197f.
[152] Sofern Einzelkosten der Fertigung, besteht Einbeziehungswahlrecht; vgl. *Adler/Düring/Schmaltz* HGB § 255 Rn. 199; *Baumbach/Hueck/Schulze-Osterloh* § 42 Rn. 293.
[153] BT-Drucks. 10/317, S. 88 zu § 260 HGB-E.
[154] Ablehnend zum Begriff „Bewertungshilfe" und zur Schaffung einer neuen Kategorie von Einbeziehungswahlrechten *Adler/Düring/Schmaltz* HGB § 255 Rn. 210.
[155] *Adler/Düring/Schmaltz* HGB § 255 Rn. 204.
[156] H 33 EStR 1999; BFH BStBl. 1955 III S. 238.
[157] *BeckBilKomm/Ellrott/Schmidt-Wendt* HGB § 255 Rn. 449, 455; *Adler/Düring/Schmaltz* HGB § 255 Rn. 211; *Baumbach/Hueck/Schulze-Osterloh* § 42 Rn. 295; IDW Stellungnahme des Hauptfachausschusses 5/1991.
[158] Vgl. Rn. 76; *Baumbach/Hueck/Schulze-Osterloh* § 42 Rn. 290, 295.

gungsbezogene Vorarbeiten anzusehen sind, deren bezwecktes Ergebnis noch nicht mit einem konkreten Erzeugnis so in Zusammenhang steht, dass es als dessen unmittelbare Vor- oder Zwischenstufe anzusehen ist.[159] Ihre Aktivierung würde gegen das Prinzip der kaufmännischen Vorsicht verstoßen (vgl. Rn. 15) und ist auch für Zwecke der Steuerbilanz unzulässig. Dies gilt jedoch auch für die damit in Bewertungseinheit stehenden materiellen Wirtschaftgüter, wie Prototypen.[160] Hingegen sind Aufwendungen für auftrags- oder objektgebundene, d. h. vom Auftraggeber veranlasste und bezahlte Forschungs- und Entwicklungsarbeiten bis zur Höhe des vereinbarten Entgelts handels- und steuerrechtlich aktivierungspflichtig (vgl. Rn. 89).

98 c) **Beizulegender Wert.** Aus § 253 Abs. 2 S. 3 und Abs. 3 S. 2 HGB ergibt sich der **beizulegende Wert** als weiterer Bewertungsmaßstab für Gegenstände des Anlage- und des Umlaufvermögens. Gemäß dem Niederstwertprinzip (vgl. Rn. 15) ist dieser Wert anzusetzen, wenn er unter den Anschaffungs- oder Herstellungskosten (bei abnutzbaren Anlagegegenständen abzüglich planmäßiger Abschreibungen) liegt. Für Gegenstände des Anlagevermögens besteht eine zwingende Notwendigkeit nur bei einer voraussichtlich dauernden Wertminderung (gemildertes Niederstwertprinzip). Der Ansatz erfolgt regelmäßig durch die Vornahme von außerplanmäßigen Abschreibungen. Im Gesetz ist nicht geregelt, wie der beizulegende Wert zu ermitteln ist. Nach dem Sinn und Zweck der Vorschriften ist der beizulegende Wert in erster Linie aus dem künftigen Nutzen, d. h. dem Ertrag, den der Gegenstand für das Unternehmen erbringen kann, abzuleiten. Die Zurechnung des Unternehmensertrags auf die einzelnen Gegenstände stellt jedoch idR ein nicht lösbares Problem dar, weshalb neben dem Ertragswert andere Hilfsmittel wie Wiederbeschaffungs- oder Reproduktionswert, Veräußerungswert, Buchwert und auch (steuerlicher) Teilwert herangezogen werden. Aus dem § 252 Abs. 1 Nr. 4 HGB („allgemeine Bewertungsgrundsätze") ergibt sich, dass auch für Schuldposten (Rückstellungen, Verbindlichkeiten) der beizulegende Wert zu ermitteln ist **(Höchstwertprinzip).**[161] Zur analogen Anwendung des **Niederstwertprinzips** vgl. Rn. 15.

99 Der beizulegende Wert ist zu jedem Bilanzstichtag erneut zu ermitteln. Übersteigt der beizulegende Wert den entsprechenden Wert des Vorjahres, so sind nach Einführung des steuerrechtlichen Wertaufholungsgebots in § 6 Abs. 1 Nr. 1 S. 1 und 2 EStG und § 6 Abs. 1 Nr. 2 S. 1 und 2 EStG durch das StEntlG 1999/2000/2002 **Zuschreibungen** bis hin zu den Anschaffungs- oder Herstellungskosten (bei abnutzbaren Anlagegegenständen abzüglich planmäßiger Abschreibungen) vorzunehmen. Insofern ist **§ 284 Abs. 2 HGB,** nach dem bislang die Zuschreibung unterbleiben durfte, weil die Beibehaltung auch steuerrechtlich zulässig war und das Steuerrecht voraussetzte, dass der niedrigere Wertansatz auch in der Handelsbilanz beibehalten wird (sog. umgekehrte Maßgeblichkeit, § 5 Abs. 1 S. 2 EStG), weitgehend **bedeutungslos** (vgl. hierzu auch Rn. 125).[162]

100 Der Wert als Zukunftserfolgswert nach dem **Ertragswert- oder nach dem Discounted Cash Flow-Verfahren**[163] lässt sich namentlich bei Beteiligungen ermitteln. Sinngemäß gilt dies auch bei immateriellen Anlagewerten (zB Patente auf Grund der

---

[159] WP-HdB Bd. I E Rn. 276; *Adler/Düring/Schmaltz* HGB § 255 Rn. 151.
[160] BFH BStBl. 1979 II S. 634; 1984 II S. 17.
[161] Vgl. hierzu *Moxter* BB 1989, 945 ff.
[162] Vgl. hierzu auch MüKo HGB/*Lange* § 281 Rn. 63 ff., der eine Ausnahme allenfalls für Finanzanlagen sieht, die denen eine dauernde Wertminderung weggefallen ist und weiterhin eine nicht dauernde Wertminderung besteht.
[163] IDW Standard 1, WPg. 2000, 825 ff.

eingehenden Lizenzgebühren), Ausleihungen, Forderungen und Wertpapieren auf Grund der eingehenden Zinsen. Bei unter- oder unverzinslichen Ausleihungen und Forderungen ist zu prüfen, ob andere Vorteile zu berücksichtigen sind.[164] Umgekehrt ist bei überverzinslichen Verbindlichkeiten zu verfahren, wobei in diesem Fall nicht der Ansatz eines höheren Schuldpostens, sondern die Bildung einer Rückstellung in Betracht kommt.[165] Bei Wertpapieren spiegelt sich die Unverzinslichkeit regelmäßig im niedrigeren Börsen- oder Marktpreis wider.

Der gesunkene **Wiederbeschaffungswert** kommt als beizulegender Wert namentlich bei solchen Vermögensgegenständen in Betracht, denen Unternehmenserträge nicht unmittelbar zugerechnet werden können, zB Gegenstände des Sachanlagevermögens, Roh-, Hilfs- und Betriebsstoffe. Gesunkene Wiederbeschaffungswerte deuten auf mögliche künftige Verluste oder Gewinnminderungen hin, wenn auch die Konkurrenz davon profitiert.[166] **101**

Ein niedriger (Einzel-)**Veräußerungswert** wird dann als beizulegender Wert herangezogen, wenn die Gegenstände zur Veräußerung bestimmt sind, zB unfertige und fertige Erzeugnisse und Handelswaren sowie andere Vermögensgegenstände, deren unmittelbare oder baldige Veräußerung beabsichtigt ist.[167] Entsprechend dem Konzept der verlustfreien Bewertung (vgl. Rn. 16) sind von den geschätzten Verkaufserlösen jeweils die noch anfallenden Fertigstellungskosten oder Ausbau-, Abbruch- und Demontagekosten sowie Erlösschmälerungen u. Veräußerungskosten (zB Lager-, Verpackungs- und Vertriebskosten) abzusetzen. **102**

Der sich bei einer der Nutzungskurve entsprechenden Verteilung der Abschreibungen für einen abnutzbaren Gegenstand des Anlagevermögens ergebende **Buchwert** kann ebenfalls als beizulegender Wert in Betracht kommen, zB im Falle einer Anlage, auf die bisher wegen zu lang angenommener Nutzungsdauer zu wenig abgeschrieben wurde.[168] **103**

Der Begriff **Teilwert** wurde vom Steuerrecht entwickelt und bezeichnet den Betrag, den ein Erwerber des ganzen Betriebs im Rahmen des Gesamtkaufpreises für das einzelne Wirtschaftsgut ansetzen würde; dabei ist davon auszugehen, dass der Erwerber den Betrieb fortführt. Obwohl auch im steuerlichen Schrifttum stark umstritten, kommt dem Teilwert im Steuerrecht eine ähnliche Funktion wie dem beizulegenden Wert im Handelsrecht zu, so dass sich beide Wert entsprechen können und die zum Teilwert ergangene Rechtsprechung als Auslegungshilfe für die Bestimmung des beizulegenden Werts herangezogen werden kann.[169] **104**

d) Zulässigkeit von stillen Reserven. Der beizulegende Wert (vgl. Rn. 98ff.) stellt für die GmbH die Wertuntergrenze dar. Die Bildung stiller Reserven in Form von Ermessensreserven nach § 253 Abs. 4 HGB ist für die GmbH nach § 279 Abs. 1 S. 1 HGB unzulässig. Die Möglichkeiten zur Bildung stiller Reserven ergeben sich damit nur bei den Wertansatz- und Methodenwahlrechten, zB bei der Bestimmung der Herstellungskosten, der Vorratsbewertung, der Abschreibungsmethoden oder des **105**

---

[164] Verdeckte Verzinsung; hierzu: BFH BStBl. 1975 II S. 875 ff.; *Böcking* Bilanzrechtstheorie und Verzinslichkeit, S. 215 ff.
[165] Vgl. *Geßler/Hefermehl/Eckardt/Kropff/Kropff* § 156 Rn. 15 f.; *Adler/Düring/Schmaltz* HGB § 253 Rn. 78; BeckBilKomm/*Clemm/Erle* HGB § 253 Rn. 60.
[166] Vgl. *Geßler/Hefermehl/Eckard/Kropff/Kropff* § 155 Rn. 44; *Adler/Düring/Schmaltz* HGB § 253 Rn. 457.
[167] Vgl. *Adler/Düring/Schmaltz* HGB § 253 Rn. 461.
[168] *Geßler/Hefermehl/Eckardt/Kropff/Kropff* § 154 Rn. 29.
[169] *Adler/Düring/Schmaltz* HGB § 253 Rn. 471.

Ansatzes eines entgeltlich erworbenen Firmenwerts. Auch für die GmbH gilt der Grundsatz der Bestimmtheit des Wertansatzes. Deswegen sieht § 29 anstelle der bisher in größerem Rahmen möglichen Bildung stiller Reserven vor, dass die Gesellschafterversammlung mit einfacher Mehrheit Beträge den (offenen) Gewinnrücklagen zuführen kann.[170]

106 **e) Fremdwährung.** Der Jahresabschluss ist grundsätzlich ab 1. 1. 1999 in Euro aufzustellen. Es besteht jedoch eine Übergangsvorschrift, nach der der Jahresabschluss bis für das im Jahr 2001 endende Geschäftsjahr noch in DM aufgestellt werden darf (Art. 42 ff. EGHGB). Soweit daher einzelne Vermögensgegenstände in anderer Währung bewertet sind, sind diese zum Bilanzstichtag, je nachdem, in welcher Währung der Jahresabschluss aufgestellt wird, in DM oder Euro umzurechnen.

107 Die **Währungsumrechnung** bei Vermögens- und Schuldposten, die in fremder Währung valutieren, ist **Teil der Bewertung** im Jahresabschluss. Sie dient der Bestimmung des in inländischer Währung auszudrückenden Anschaffungswertes dieser Posten sowie der beizulegenden Werte an späteren Bilanzstichtagen. Insoweit gelten die gleichen allgemeinen Bewertungsregeln, wie sie für die entsprechenden in inländischer Währung valutierenden Bilanzposten anzuwenden sind (Anschaffungswertprinzip, Realisationsprinzip, Niederstwertprinzip, Imparitätsprinzip sowie Zulässigkeit von stillen Reserven). Hierbei wird jedoch zwischen offenen und geschlossenen Positionen unterschieden.[171]

108 Für die Bestimmung des **Anschaffungswertes** von **offenen** Aktiva oder **offenen** Passiva ist der Wechselkurs im Zeitpunkt der Erstverbuchung maßgeblich. Wurden für Aktiva vorher Anzahlungen geleistet, so ist der Anschaffungswert durch die Kurse der Anzahlungen jeweils anteilig festgelegt. An den späteren Bilanzstichtagen ist durch einen sog. Niederstwerttest festzustellen, ob ggf. ein niedrigerer (Aktiva) bzw. höherer (Passiva) **beizulegender Wert** anzusetzen ist. Hierbei ist entsprechend jeweils zu untersuchen, inwieweit eine Veräußerung oder Wiederbeschaffung in Fremdwährung zu erfolgen hätte und zu welchem Kurs dies möglich wäre.[172]

109 **Bei geschlossenen Devisenpositionen** (aus deckungsfähigen Aktiv- und Passivposten) gleichen sich innerhalb einer Währung Ansprüche und Verpflichtungen betragsmäßig aus, so dass Kursänderungsrisiken grundsätzlich nicht bestehen. Bei der Bewertung sind die betreffenden Aktiv- und Passivposten stets als Einheit zu behandeln,[173] wobei zB der Sicherungskurs oder der Stichtagskurs zugrunde gelegt werden kann.[174]

110 Für die Währungsumrechnung im **Konzernabschluss** bei Einbeziehung von ausländischen Tochtergesellschaften haben sich in der Praxis unterschiedliche Umrechnungsmethoden entwickelt, wobei die Währungsumrechnung entweder als Bewertungs- oder als Transformationsvorgang angesehen wird.[175] Nach dem Entwurf der HFA-Verlautbarung[176] soll die Umrechnung grundsätzlich entweder zum Stichtagskurs (Transformationskonzept) oder nach der Zeitbezugsmethode (temporal principle-Methode) erfolgen.

---

[170] *Scholz/Crezelius* Anh. § 42 a Rn. 163; *Lutter/Hommelhoff* § 42 Rn. 18.

[171] Vgl. IDW Entwurf einer Stellungnahme 1998, 549 ff. zur Währungsumrechnung im Konzernabschluss, WPg.

[172] Vgl. IDW (Fn. 171).

[173] Vgl. IDW (Fn. 171).

[174] Zu den Voraussetzungen der Bildung von Bewertungseinheiten bei Fremdwährungssicherungsgeschäften vgl. IDW (Fn. 171) S. 664 ff.

[175] Vgl. WP-HdB Bd. I M Rn. 259 ff.

[176] IDW (Fn. 171) S. 666 f.

3. Bewertungsvereinfachungsverfahren zur Ermittlung der Anschaffungs- oder Herstellungskosten. Der **Grundsatz der Einzelbewertung** (vgl. Rn. 65) soll einen Bewertungsausgleich zwischen den einzelnen Vermögensgegenständen verhindern und einer vorsichtigen Bilanzierung dienen. Der Gesetzgeber hat jedoch in § 240 Abs. 3 und Abs. 4 HGB dieses Prinzip durchbrochen und aus Vereinfachungs- und Wirtschaftlichkeitsgründen den Ansatz eines **Festwertes** (Abs. 3) sowie die **Gruppenbewertung** (Abs. 4) zugelassen; nach § 256 HGB sind für die Bewertung des Materialverbrauchs **Sammelbewertungsverfahren** zugelassen. Die aus den Bedürfnissen der betrieblichen Praxis heraus entwickelten Methoden sind Vereinfachungen, die darin liegen, dass Gütergruppen gebildet werden dürfen, die summarisch statt einzeln bewertet werden, dass zugrunde liegende Gütermengen geschätzt und Verbrauchsfolgeunterstellungen statt einer genauen Aufzeichnung über den Abgang von Vorratsgütern gemacht werden können; ein nach diesen Verfahren bestimmter Wertansatz darf nicht gegen das Niederstwertprinzip verstoßen (vgl. Rn. 15) und ist nur **für gleichartige** Gegenstände von **annähernd gleichem Wert** zulässig.[177]

a) Festwert. Die Bewertung zum **Festwert** ist gemäß § 240 Abs. 3 HGB zugelassen, soweit der Bestand der Vermögensgegenstände in seiner Größe, seinem Wert und seiner Zusammensetzung nur geringen Veränderungen unterliegt. Voraussetzung ist zusätzlich, dass die Vermögensgegenstände regelmäßig ersetzt werden und dass ihr Gesamtwert für das Unternehmen von nachrangiger Bedeutung ist.[178] Geeignet sind idR solche Anlagegegenstände, die bei Gebrauchsunfähigkeit durch Neuanschaffungen in einem Umfang ersetzt werden müssen, dass die mengen- und wertmäßige Zusammensetzung nahezu unverändert bleibt **(Massegüter).** In der Literatur, durch Rechtsprechung und Anweisung der Finanzverwaltung sind zB Festwerte für Werkzeuge,[179] Modelle, Geschirr, Besteck und Wäsche in Hotelbetrieben, Mess- und Prüfgeräte, Signal- und Gleisanlagen, Formen, Gerüst- und Schalungsteile anerkannt.[180] Der Festwert wird gebildet durch Aktivierung der Anlagegegenstände und Vornahme planmäßiger Abschreibungen bis zum Erreichen des gleich bleibenden Werts; ab diesem Zeitpunkt erfolgt keine weitere Abschreibung mehr, so dass der Bestand in aufeinander folgenden Jahresabschlüssen mit dem gleichen Wert ausgewiesen wird. **Ersatzbeschaffungen** werden als Aufwand verbucht, da unterstellt wird, dass sich die Zugänge und der Verbrauch in jedem Jahr nahezu entsprechen. Durch die altersmäßige Mischung der Anlagegegenstände bedingt, wäre der Ansatz mit den vollen Anschaffungskosten unzulässig, so dass nur ein bestimmter Prozentsatz davon, zB 40 oder 50 % angesetzt werden dürfen.

Der **Anwendungsbereich des Festwertverfahrens** ist auf Gegenstände des Sachanlagevermögens sowie auf Roh-, Hilfs- und Betriebsstoffe des Vorratsvermögens beschränkt. Immaterielle Vermögensgegenstände des Anlagevermögens oder Finanzanlagen sind von der Festbewertung ausgeschlossen. Der Ansatz ist handels- und steuerrechtlich zulässig, wenn nachstehende **Voraussetzungen** erfüllt sind:
1. regelmäßige Ersatzbeschaffung
2. Gesamtwert der betreffenden Vermögensgegenstände von nachrangiger Bedeutung[181]

---

[177] *Eisele* S. 318.
[178] Zur Festbewertung *Pooten* BB 1996, 839 ff.; *Buchner* BB 1995, 816 ff.; *Bäcker* DStZ 1989, 400 ff.; *Veigel/Lentschig* StBp. 1994, 81 ff.
[179] Zur Bilanzierung von Werkzeugen vgl. *Roolf* WPg. 1974, 209 ff.; *Breidenbach* WPg. 1975, 109 ff.
[180] WP-HdB Bd. I E Rn. 350; *Wiedmann* HGB § 240 Rn. 23.
[181] Maximal 5 % der Bilanzsumme; BeckBilKomm/*Budde/Kunz* HGB § 240 Rn. 87; gegen eine generelle Quantifizierung Baumbach/Hueck/*Schulze-Osterloh* § 41 Rn. 35.

3. geringe Veränderungen des Bestands hinsichtlich Größe, Wert und Zusammensetzung, d. h. kein Ansatz zum Ausgleich von Preisschwankungen oder unterschiedlicher Nutzungsdauer

4. idR alle drei Jahre Vornahme einer körperlichen Bestandsaufnahme, spätestens aber an jedem fünften Bilanzstichtag.[182]

114 Übersteigt der für den Aufnahmestichtag ermittelte Wert den bisherigen Festwert um mehr als 10 %, so ist der ermittelte Wert als neuer Festwert maßgebend. Der bisherige Festwert ist so lange um die Anschaffungs- oder Herstellungskosten der im Festwert erfassten und nach dem Bilanzstichtag des vorangegangenen Geschäftsjahres angeschafften oder hergestellten Vermögensgegenstände aufzustocken, bis der neue Festwert erreicht ist. Ist der ermittelte Wert niedriger als der bisherige Festwert, so ist dieser als neuer Festwert anzusetzen. Übersteigt der ermittelte Wert den bisherigen Festwert um nicht mehr als 10 %, so ist insoweit das Erfordernis einer geringen Bestandsveränderung noch erfüllt, d. h. der bisherige Wertansatz kann beibehalten werden.[183]

115 **b) Gruppenbewertung.** Die **Gruppenbewertung** ist gemäß § 240 Abs. 4 HGB für gleichartige Vermögensgegenstände des Vorratsvermögens und für andere gleichartige oder annähernd gleichwertige bewegliche Vermögensgegenstände und Schulden zugelassen. Die Bewertung erfolgt mit dem gewogenen Durchschnittspreis (vgl. Rn. 119). Die Gruppenbewertung dient der Vereinfachung der Bewertungsarbeiten und ist unabhängig davon, ob der Bestand mengenmäßig durch Zählen, Wiegen, Messen oder ein geeignetes Schätzverfahren aufgenommen wird.[184]

116 Der Begriff der **Gleichartigkeit** besagt einerseits, dass die Gegenstände einer gleichen, nicht jedoch derselben Art angehören müssen (Artgleichheit) und erfasst andererseits Gegenstände, die zwar nicht der gleichen Warengattung angehören, aber dem gleichen Verwendungszweck dienen (Funktionsgleichheit);[185] beispielhaft werden für den ersten Fall Bandeisen verschiedener Abmessungen oder Waren erster, zweiter und dritter Wahl und für letzten Fall die Substitution von Metall- durch Plastikkästen zum Transport von Flaschen genannt.[186] Für die Annahme der Gleichartigkeit ist auch die annähernde Preisgleichheit (Gleichwertigkeit) zum Bilanzstichtag von Bedeutung.[187] Bei geringem Einzelwert wird man eine Abweichung von maximal 20 % des höchsten vom niedrigsten Wert als nicht wesentlich ansehen, wobei sich diese Spanne mit steigendem Einzelwert oder in Abhängigkeit von der Bestandsgröße verringert, um der Generalnorm der Rechnungslegung zu entsprechen (vgl. Rn. 143). Die zu einer Gruppe zusammengefassten annähernd gleichwertigen Gegenstände brauchen nicht gleichartig, dürfen aber auch nicht gänzlich verschieden sein, so dass es dem Sinn der Vorschrift widersprechen würde, wenn völlig ungleiche Gegenstände nur deshalb zu einer Gruppe zusammengefasst würden, weil sie zufälligerweise gleiche oder annähernd gleiche Anschaffungs- oder Herstellungskosten haben. Vielmehr ist eine Gruppenbewertung annähernd gleichwertiger Vermögensgegenstände nur dann zulässig, wenn für

---

[182] R 31 Abs. 4 EStR 1999.
[183] WP-HdB Bd. I E Rn. 351; R 31 Abs. 4 EStR 1999.
[184] WP-HdB Bd. I E Rn. 15; zur Anwendbarkeit auf im Umlaufvermögen bilanzierte Grundstücke, *Trappmann* DB 1996, 391 f.
[185] BeckBilKomm/*Budde*/*Kunz* HGB § 240 Rn. 136; *Meyer-Landrut*/*Miller*/*Niehus* §§ 238–335 Rn. 257.
[186] *Adler*/*Düring*/*Schmaltz* HGB § 240 Rn. 120.
[187] *Meyer-Landrut*/*Miller*/*Niehus* §§ 238–335 Rn. 257.

die Zusammenfassung zu einer Gruppe auch andere wichtige gemeinsame Merkmale sprechen, zB Zugehörigkeit zum gleichen Sortiment.[188]

Führt die Bewertung nach § 240 Abs. 4 HGB im Vergleich zu einer Bewertung auf der Grundlage des letzten, vor dem Abschlussstichtag bekannten Börsenkurses oder Marktpreises zu einem erheblichen Unterschied, ist nach § 284 Abs. 2 Nr. 4 HGB der Unterschiedsbetrag im Anhang anzugeben. **117**

c) Sammelbewertungsverfahren. Als Sammelbewertungsverfahren kommen in Betracht: **118**
1. die Durchschnittsmethoden
2. die Verfahren nach § 256 S. 1 HGB
   – Lifo-, Fifo-Methode (Verbrauchsfolgeunterstellungen hinsichtlich der zeitlichen Reihenfolge der Anschaffung)
   – Hifo-, Lofo-Methode (Verbrauchsfolgeunterstellungen hinsichtlich der Höhe der Anschaffungskosten)
   – Kifo-Methode (Verbrauchsfolgeunterstellung auf Grund rechtlicher oder wirtschaftlicher Zugehörigkeit)
3. die retrograde Ermittlung durch Abzug der Bruttospanne.
Diese Methoden lassen sich teilweise auch miteinander kombinieren.[189]

Durchschnittsmethoden zur Bewertung von Gegenständen des Vorratsvermögens sind in der Praxis häufig anzutreffen. Die Erfassung der Bestände kann zum einfachen und gleitenden gewogenen Durchschnitt erfolgen. Der Ansatz des gewogenen Durchschnittspreises ist nicht zulässig, wenn die Anschaffungs- oder Herstellungskosten einwandfrei feststehen oder ohne unverhältnismäßigen Aufwand ermittelt werden können.[190] Den **einfachen gewogenen Durchschnittspreis** errechnet man durch Multiplikation des Anfangsbestandes und der Zugänge – ggf. nur der Zugänge des letzten Quartals oder Semesters bei Beständen mit hoher Umschlagsgeschwindigkeit – mit ihren jeweiligen Anschaffungskosten und anschließender Division der aufaddierten Beträge durch die Gesamtmenge; mit diesem Preis werden dann sowohl die Abgänge als auch der Bestand zum Bilanzstichtag bewertet. Die auch **Skontration** genannte Ermittlung des **gleitenden gewogenen Durchschnitts** stellt eine verfeinerte Rechnung dar, indem der Bestand während des Geschäftsjahres laufend zu gewogenen Durchschnittspreisen erfasst wird, d. h. nach jedem Zugang wird ein neuer Durchschnittspreis errechnet und jeder Abgang zu diesem bewertet; der Inventurwert zum Bilanzstichtag ergibt sich in diesem Fall unmittelbar aus der Lagerkartei.[191] Die weite Verbreitung der Durchschnittsmethoden erklärt sich nicht zuletzt aus der in R 36 Abs. 3 EStR 1999 geregelten steuerrechtlichen Zulässigkeit, wonach sie zweckentsprechende Schätzungsverfahren darstellen. **119**

Die besonderen Bewertungsvereinfachungsverfahren nach § 256 S. 1 HGB verwenden **Verbrauchsfolgeunterstellungen** zur Ermittlung der Anschaffungs- oder Herstellungskosten gleichartiger Gegenstände des Vorratsvermögens. Diese Verfahren können grundsätzlich alle gewählt werden. Bis zur Einfügung von Nr. 2a in § 6 Abs. 1 EStG durch das Steuerreformgesetz 1990 waren sie steuerlich jedoch nur dann zulässig, wenn die tatsächliche Verbrauchsfolge damit übereinstimmte oder das Verfahren durch steuerliche Sonderregelungen (§ 74a EStDV) zugelassen war. Mit der Einführung des § 6 Abs. 1 Nr. 2a EStG ist für alle Wirtschaftsjahre, die nach dem 31. 12. 1989 enden, **120**

---

[188] BeckBilKomm/*Budde/Kunz* HGB § 240 Rn. 137; R 36 Abs. 4 EStR 1999.
[189] *Adler/Düring/Schmaltz* HGB § 255 Rn. 109.
[190] *Meyer-Landrut/Miller/Niehus* §§ 238–335 Rn. 256.
[191] *Adler/Düring/Schmaltz* HGB § 255 Rn. 113.

eine allgemeine Anwendung des Lifo-Verfahrens für Gegenstände des Vorratsvermögens in der Steuerbilanz zulässig. Mit der allgemein steuerlichen Anerkennung des Lifo-Verfahrens hat der Gesetzgeber insbesondere das Ziel verfolgt, dem Ausweis und der Besteuerung von Scheingewinnen entgegenzuwirken.[192] Das Lifo-Verfahren darf jedoch, wie zB bei leicht verderblichen Waren, nicht völlig unvereinbar mit dem betrieblichen Geschehensablauf sein.[193]

121 Das **Lifo-Verfahren (last in – first out)** unterstellt, dass die zuletzt beschafften Bestände zuerst verbraucht oder veräußert werden, so dass sich der Bestand zum Bilanzstichtag nur aus den zuerst beschafften Waren oder Vorräten zusammensetzt. Somit wird der Verbrauch mit den Anschaffungskosten der letzten Lieferungen bewertet, der Endbestand mit den Anschaffungskosten des Anfangsbestandes und der ersten Lieferungen; bei steigenden Preisen erlaubt dieses Verfahren, den Einfluss des Preisanstiegs auf die Vorratsbewertung einzuschränken und den Materialverbrauch in der GuV zu zeitnahen Preisen auszuweisen[194] und führt von daher zu einem niedrigeren Gewinnausweis. Es werden zwei Verfahrensweisen unterschieden, die als **permanentes Lifo** und als **Perioden-Lifo** bezeichnet werden; beim permanenten Lifo erfolgt während der Abrechnungsperiode eine fortlaufende mengen- und wertmäßige Erfassung des Materialverbrauchs entsprechend der Verbrauchsfolgefiktion, während beim Perioden-Lifo der Bestand lediglich zum Ende des jeweiligen Geschäftsjahres bewertet wird.[195] Auch im Rahmen der Lifo-Bewertung gilt das Niederstwertprinzip,[196] das insbesondere bei sinkenden Preisen durch Bewertungsabschläge eine Überbewertung verhindert. Das Lifo-Verfahren ist auch steuerlich zulässig (§ 6 Abs. 1 Nr. 2a EStG; vgl. Rn. 120).

122 Der BFH hat mit Urteil v. 20. 6. 2000 entschieden, dass eine Bewertung nach der Lifo-Methode nicht den handelsrechtlichen GoB entspricht und deshalb auch steuerrechtlich ausgeschlossen ist, wenn Vorräte mit – absolut betrachtet – hohen Erwerbsaufwendungen in Frage stehen, die Anschaffungskosten ohne weiteres identifiziert und den einzelnen Vermögensgegenständen angesichts deren individueller Merkmale ohne Schwierigkeiten zugeordnet werden können.[197] Das Urteil betraf zwar den atypischen Fall eines Gebrauchtwagenhändlers, der das Lifo-Verfahren auf seinen Gebrauchtwagenbestand anwendete. Gleichwohl wird das Urteil allgemeine Bedeutung erlangen. Es ist künftig somit sorgfältig zu prüfen, ob das Lifo-Verfahren Anwendung finden kann. Ein Nichtanwendungserlass zur Vermeidung der Anwendung des Urteils auf andere Fälle oder eine Übergangsregelung sind seitens der Finanzverwaltung zur Zeit nicht vorgesehen. Das Urteil ist im handelsrechtlichen Schrifttum auf Kritik gestoßen.[198]

123 Das **Fifo-Verfahren (first in – first out)** unterstellt, dass zunächst der Anfangsbestand und die ersten Lieferungen verbraucht oder veräußert werden und demgemäß die am Bilanzstichtag vorhandenen Mengen aus den zuletzt erfolgten Lagerzugängen bestehen. Wird diese Verbrauchsfolge auch tatsächlich eingehalten, so wird der Endbestand entsprechend dem Prinzip der Einzelbewertung zu Anschaffungskosten bewertet, da die jeweiligen Zugänge mit den Anschaffungskosten erfasst werden; für die

---

[192] Vgl. BT-Drucks. 11/2157 vom 19. 4. 1988, S. 140.
[193] R 36a Abs. 2 S. 2 EStR 1999; so auch die handelsrechtliche Interpretation: *Adler/Düring/Schmaltz* HGB § 256 Rn. 18.
[194] *Geßler/Hefermehl/Eckardt/Kropff/Kropff* § 155 Rn. 26.
[195] Wegen Einzelheiten vgl. *Adler/Düring/Schmaltz* HGB § 256 Rn. 31 ff.
[196] Vgl. Rn. 11; *Adler/Düring/Schmaltz* HGB § 256 Rn. 53; *Baumbach/Hueck/Schulze-Osterloh* § 42 Rn. 299.
[197] Vgl. BHF BB 2000, S. 2351 ff.
[198] Vgl. *Moxter* DB 2001, 157 ff.

Bewertung des Endverbrauchs ist es daher ohne Einfluss, ob die einzelnen Abgänge laufend oder zusammengefasst am Ende der Abrechnungsperiode ermittelt werden.[199] Fifo führt bei sinkenden Preisen zu einem niedrigeren Gewinnausweis, da der Materialverbrauch in der GuV zu den älteren hohen Beschaffungspreisen erfolgt, die zur Bestandsbewertung nicht herangezogen werden. Auch im Rahmen der Fifo-Bewertung gilt das Niederstwertprinzip.[200]

124 Das **Hifo-Verfahren (highest in – first out)** unterstellt, dass im Abrechnungszeitraum zunächst die Gegenstände mit den höchsten Anschaffungs- und Herstellungskosten verbraucht oder veräußert werden. Daraus folgt, dass für Gegenstände, die in einer bestimmten wertmäßigen Reihenfolge zugegangen sind, eine bestimmte zeitliche Verbrauchs- oder Veräußerungsfolge unterstellt wird.[201] Methodisches Ziel ist der niedrigst mögliche Wertansatz des Bestands zum Bilanzstichtag; dies entspricht dem kaufmännischen Grundsatz der Vorsicht (vgl. Rn. 15f.). Es wird daher der Ansicht von *Adler/Düring/Schmaltz* zu folgen sein, die die Vereinbarkeit des Verfahrens mit den GoB und dem Wortlaut des § 256 S. 1 HGB bejahen. Anwendungsvoraussetzung ist eine sowohl mengen- als auch wertmäßig geführte ordnungsmäßige Lagerbuchführung; die methodische Ausgestaltung des Verfahrens kann als **permanentes Hifo** oder **Perioden-Hifo** erfolgen, woraus sich unterschiedliche Endbestandswerte ergeben.

125 Das **Lofo-Verfahren (lowest in – first out)** unterstellt, dass im Abrechnungszeitraum zunächst die Gegenstände mit den niedrigsten Anschaffungs- oder Herstellungskosten verbraucht oder veräußert werden, so dass für die Bewertung des Bestands zum Bilanzstichtag stets die höchsten Wertansätze zum Ansatz gelangen. Nach allgA widerspricht dieses Verfahren dem kaufmännischen Grundsatz der Vorsicht und führt zu Wertansätzen an der oberen Grenze; die Methode ist mit den GoB und dem Wortlaut des § 256 HGB nicht vereinbar und daher unzulässig.[202]

126 Das **Kifo-Verfahren (Konzern in – first out)** unterstellt, dass im Abrechnungszeitraum zunächst die Gegenstände aus eigener Produktion und aus Lieferungen von Konzernunternehmen verbraucht oder veräußert werden, so dass einbezogene Unternehmen am Bestand zum Bilanzstichtag nicht beteiligt sind, solange der Abgang eines Jahres größer oder gleich den Zugängen aus dem Konsolidierungskreis ist. Diese Fiktion ist für die Aufstellung eines Konzernabschlusses von Bedeutung.[203]

127 Führt die Bewertung mit Hilfe eines Verbrauchsfolgeverfahrens nach § 256 S. 1 HGB im Vergleich zu einer Bewertung auf der Grundlage des letzten vor dem Abschlussstichtag bekannten Börsenkurses oder Marktpreises zu einem erheblichen Unterschied, ist nach § 284 Abs. 2 Nr. 4 HGB der Unterschiedsbetrag im Anhang anzugeben.

128 Das **Verfahren der retrograden Wertermittlung durch Abzug der Bruttospanne** ist handelsrechtlich üblich und vertretbar,[204] namentlich bei Einzelhandelsun-

---

[199] *Meyer-Landrut/Miller/Niehus* §§ 238–335 Rn. 264.
[200] Vgl. Rn. 11; *Adler/Düring/Schmaltz* HGB § 256 Rn. 30; aA wohl *Baumbach/Hueck/Schulze-Osterloh* § 42 Rn. 299.
[201] Zulässigkeit wird bejaht von: *Adler/Düring/Schmaltz* HGB § 256 Rn. 72; BeckBilKomm/*Förschle/Kropp* HGB § 256 Rn. 55 ff.; *Meyer-Landrut/Miller/Niehus* §§ 238–335 Rn. 276; ablehnend *Geßler/Hefermehl/Eckardt/Kropff/Kropff* § 155 Rn. 32 sowie *Baumbach/Hueck/Schulze-Osterloh* § 42 Rn. 299.
[202] *Geßler/Hefermehl/Eckardt/Kropff/Kropff* § 155 Rn. 33; BeckBilKomm/*Förschle/Kropp* HGB § 256 Rn. 59; *Meyer-Landrut/Miller/Niehus* §§ 238–335 Rn. 272; *Baumbach/Hueck/Schulze-Osterloh* § 42 Rn. 299; iErg. wohl auch *Adler/Düring/Schmaltz* HGB § 256 Rn. 73.
[203] *Busse v. Colbe/Ordelheide* S. 205 ff.
[204] *Adler/Düring/Schmaltz* HGB § 255 Rn. 114.

ternehmen, und steuerlich durch ständige Rechtsprechung anerkannt.[205] Bei den genannten Unternehmen ist es vielfach nur schwer möglich, die Anschaffungskosten der einzelnen Gegenstände anhand der Unterlagen festzustellen, da die Waren schon beim Einkauf mit den Verkaufspreisen ausgezeichnet werden. Nach Warengruppen getrennt wird dabei der einheitlich auf ihre Anschaffungskosten angewandte Rohgewinnaufschlagssatz festgestellt und durch Herausrechnung dieser Zuschläge aus den Verkaufspreisen die Anschaffungskosten ermittelt, die ggf. noch um Anschaffungspreisminderungen wie Preisnachlässe und zurückgewährte Entgelte, zB Rabatte, Skonti, Boni zu verringern sind. Formal entspricht die Methode dem Verfahren der verlustfreien Bewertung.[206]

129 **4. Methoden planmäßiger Abschreibung.** Gegenstände des Anlagevermögens, deren Nutzung zeitlich begrenzt ist, sind planmäßig abzuschreiben. Der **Abschreibungsplan** muss die Anschaffungs- oder Herstellungskosten nach einer den GoB entsprechenden Methode auf die Geschäftsjahre verteilen, in denen der Gegenstand voraussichtlich genutzt wird. Abschreibungs- und Entwertungsverlauf sollen dabei grundsätzlich übereinstimmen. Da sich der Entwertungsverlauf im Einzelfall naturgemäß schwer vorherbestimmen lässt, können jeweils mehrere Abschreibungsmethoden nebeneinander zulässig sein.[207]

130 Bei der Schätzung der **Nutzungsdauer** sind technische und wirtschaftliche Entwertungsfaktoren zu berücksichtigen. Die Nutzungsdauer endet spätestens mit dem völligen technischen Verschleiß des Gegenstandes (technische Nutzungsdauer). Dagegen ist die wirtschaftliche Nutzungsdauer oft kürzer zu veranschlagen, zB in Branchen, in denen die Marktverhältnisse eine laufende Anpassung der Produkte oder Produktionsverfahren erfordern und andernfalls Unrentabilität droht. Die jeweils kürzere Nutzungsdauer ist maßgebend. Gemäß dem Grundsatz der Vorsicht ist im Zweifel eher eine zu kurze als eine zu lange Nutzungsdauer anzusetzen. Zur Möglichkeit der Bildung stiller Reserven vgl. Rn. 105.

131 Bei der Bemessung der Abschreibungen kann ein **Restwert** berücksichtigt werden. Hiervon wird jedoch überwiegend abgesehen, da dessen Schätzung schwierig ist und vielfach Ausbau-, Abbruch- oder Veräußerungskosten den Restwert aufzehren.[208]

132 Als **Methoden der planmäßigen Abschreibung** kommen in erster Linie die lineare und die degressive Abschreibungsmethode sowie leistungsbedingte Abschreibung in Betracht. Die progressive Abschreibungsmethode wird dagegen selten angewandt, zB bei besonders langlebigen Anlagen, die erst langsam in ihre volle Nutzung hineinwachsen.[209] Die Wahl der vorsichtigeren Abschreibungsmethode und die damit verbundene Bildung stiller Reserven in den ersten Jahren der Nutzung ist zulässig (vgl. Rn. 105).

133 **a) Lineare Abschreibung.** Die lineare Abschreibungsmethode vollzieht sich technisch in der Form, dass während der Nutzungsdauer ein gleich bleibender Abschreibungsprozentsatz auf die ursprünglichen Anschaffungs- oder Herstellungskosten bezogen wird. Sie hat den Vorzug der rechnerischen Einfachheit. Ihre Anwendung entspricht nicht den GoB, wenn der hierbei unterstellte lineare Entwertungsverlauf vom voraussichtlich tatsächlichen Entwertungsverlauf nachhaltig abweicht.

---

[205] H 32a EStR 1999 „Waren" unter Hinweis auf BFH BStBl. 1984 II S. 35.
[206] *Adler/Düring/Schmaltz* HGB § 255 Rn. 114.
[207] Vgl. *Adler/Düring/Schmaltz* HGB § 253 Rn. 387; *Geßler/Hefermehl/Eckardt/Kropff/Kropff* § 154 Rn. 13.
[208] Vgl. WP-HdB Bd. I E Rn. 289.
[209] Vgl. *Adler/Düring/Schmaltz* HGB § 253 Rn. 401.

b) Degressive/Progressive Abschreibung. Die degressive Abschreibungsmethode, bei welcher der Abschreibungsbetrag von Jahr zu Jahr geringer wird, kommt in Form der geometrisch-degressiven und arithmetisch-degressiven Abschreibungsmethode vor. Bei der **geometrisch-degressiven Methode** wird stets der gleiche Abschreibungssatz auf den Buchwert zu Beginn des Jahres bezogen. Bei der **arithmetisch-degressiven Methode**, sog. **digitale Abschreibung,** erfolgt die Abschreibung mit jährlich in gleicher Höhe fallenden Abschreibungsbeträgen. Die degressive Abschreibung wird in vielen Fällen dem Entwertungsverlauf stärker gerecht als die lineare Abschreibung. Sie hat insbes. den Vorteil, dass sie den Gefahren einer technisch-wirtschaftlichen Überholung, einer Fehlinvestition sowie einer versehentlich zu langen Nutzungsdauerschätzung in stärkerem Maße Rechnung trägt. Bei der **progressiven Abschreibungsmethode** kann der Abschreibungsbetrag analog zur degressiven Abschreibungsmethode von Jahr zu Jahr geometrisch oder arithmetisch ansteigen. Der Anwendung dieser Methode sind durch das Vorsichtsprinzip sowie durch die technisch-wirtschaftliche Überholungsgefahr enge Grenzen gesetzt. 134

c) Leistungsbedingte Abschreibung. Die leistungsbedingte Abschreibungsmethode basiert auf dem Gedanken, dass die Anlagenbeanspruchung oder die Leistung maßgebend für die Entwertung der Anlage sind. Hierbei wird ein Abschreibungsbetrag je Leistungseinheit (zB Maschinenstunde, Stück, km etc.) ermittelt, in dem die Anschaffungs- oder Herstellungskosten durch die voraussichtliche Gesamtleistung dividiert werden. Diese Methode kommt deshalb bei solchen Anlagen in Betracht, deren Gesamtleistung einigermaßen sicher voraussehbar ist. Um die unabhängig von der Leistung eintretende Wertminderung zu erfassen, wird sie vielfach mit einer zeitabhängigen Abschreibungsmethode kombiniert. 135

d) Kombinationsformen. Aus den vorstehend genannten Abschreibungsmethoden haben sich in der Praxis Kombinationsformen entwickelt.[210] So wird vielfach von der degressiven Abschreibung auf die lineare Abschreibung in dem Jahr übergewechselt, in dem die lineare Verteilung des Restbuchwertes auf die restliche Nutzungsdauer höhere Abschreibungsbeträge ergibt als bei Fortführung der degressiven Abschreibungsmethode. Zur Kombination der leistungsbedingten Abschreibungsmethode mit einer zeitabhängigen Abschreibungsmethode vgl. Rn. 135. 136

e) Änderung des Abschreibungsplans. Der Abschreibungsplan ist entsprechend dem Grundsatz der Bewertungsstetigkeit (§ 252 Abs. 1 Nr. 6 HGB) für die gesamte Nutzungsdauer verbindlich. Durch die Stetigkeit der planmäßigen Abschreibung soll die Vergleichbarkeit der Jahresabschlüsse untereinander gesichert werden. Notwendige und freiwillige **Planänderungen** sind zu unterscheiden. Notwendig ist eine Planänderung zB zur Korrektur der Nutzungsdauerschätzung, zur Korrektur der Abschreibungsmethode auf Grund eines abweichenden Entwertungsverlaufs sowie wegen einer Korrektur der Bezugsgröße auf Grund von außerplanmäßigen Abschreibungen (nach §§ 253 Abs. 2 S. 3, 254 S. 1, 253 Abs. 4 HGB) oder auf Grund von Zuschreibungen. Die Korrektur der Nutzungsdauerschätzung und der Abschreibungsmethode ist jedoch nach dem Grundsatz der Wesentlichkeit nur dann obligatorisch und zulässig, wenn es sich um eine wesentliche Abweichung vom ursprünglichen Plan handelt.[211] Bei der Korrektur der Bezugsgröße und der Zuschreibung besteht stets die Notwendigkeit zur 137

---

[210] Vgl. *Adler/Düring/Schmaltz* HGB § 253 Rn. 407 ff.
[211] *Baumbach/Hueck/Schulze-Osterloh* § 42 Rn. 308, will im Einzelfall die Notwendigkeit zur Berichtigung zurückliegender Jahresabschlüsse annehmen.

Anh. I nach § 42a   3. Abschnitt. Vertretung und Geschäftsführung

Planberichtigung.[212] Freiwillige Planänderungen sind wegen des Grundsatzes der Bewertungsstetigkeit nur in begründeten Ausnahmefällen (§ 252 Abs. 2 HGB) zulässig.[213] Ein in wirtschaftlichen Gegebenheiten begründeter Wechsel der Abschreibungsmethode (zur besseren Abbildung des Entwertungsverlaufs) oder eine Neuschätzung der Nutzungsdauer können beispielsweise ein Abweichen vom Grundsatz der Bewertungsstetigkeit begründen. Die Durchbrechung des Grundsatzes der Bewertungsstetigkeit muss jedoch im Anhang nach § 284 Abs. 2 Nr. 3 HGB angegeben und begründet werden. Willkürliche Planänderungen sind unzulässig.

138   **f) Absetzungen für Abnutzung (steuerlich).** Im **Steuerrecht** wird der Begriff „Abschreibung" zum einen für die Vornahme von „Absetzungen für Abnutzung" (AfA) nach § 7 EStG und zum anderen für die Wertminderung verwandt, die sich durch Abschreibung auf den niedrigeren Teilwert nach § 6 EStG ergibt. Nachstehend werden die AfA behandelt, die als planmäßige sowie Absetzungen für außergewöhnliche technische und wirtschaftliche Abnutzung möglich sind. Bei Substanzausbeute, zB Bergbau, Steinbruch, tritt an die Stelle der AfA die Absetzung nach Maßgabe des Substanzverzehrs (Absetzung für Substanzverringerung; AfS). Zum Begriff des Teilwerts vgl. Rn. 104. AfA sind gemäß § 7 Abs. 1 EStG nur zulässig für **abnutzbare Wirtschaftsgüter** des Anlagevermögens (vgl. § 6 Abs. 1 Nr. 1 EStG). Bedeutung bei der Schätzung der Nutzungsdauer kommt den von der Finanzverwaltung herausgegebenen und auf Erfahrungssätzen beruhenden Amtlichen AfA-Tabellen zu, von denen jedoch nach den Umständen des Einzelfalls abgewichen werden darf. Insbesondere nach der Überarbeitung der Tabellen zum Jahresende 2000 ist kritisch zu hinterfragen, ob die dort zugrundegelegten Nutzungsdauern den betriebsgewöhnlichen Nutzungsdauern entsprechen. AfA sind vorzunehmen; bei bewusst oder gewollt unterlassenen AfA ist eine spätere Nachholung mit steuerlicher Wirkung nicht möglich (Nachholverbot). § 7 EStG lässt als **Berechnungsmethode** die lineare Afa, die AfA nach Maßgabe der Leistung sowie die degressive AfA zu; einer progressiven AfA steht der Wortlaut des Gesetzes entgegen. Die lineare AfA nach § 7 Abs. 1 EStG ist – mit Ausnahme der Gebäude – für alle Wirtschaftsgüter zulässig. Zur AfA bei Gebäuden vgl. § 7 Abs. 4 und 5 EStG sowie R 42, 42a EStR 1999. Bei Anwendung der linearen Methode sind auch Absetzungen für außergewöhnliche technische und wirtschaftliche Abnutzung möglich. Die Bemessung der AfA nach **Maßgabe der Leistung** ist bei solchen beweglichen Wirtschaftsgütern wirtschaftlich begründet, deren Leistung idR erheblich schwankt und deren Verschleiß dementsprechend wesentliche Unterschiede aufweist. Sie ist dann zulässig, wenn der auf das einzelne Wirtschaftsgut entfallende Umfang der Leistung nachgewiesen wird, zB bei einer Spezialmaschine durch ein die Anzahl der Arbeitsvorgänge registrierendes Zählwerk oder bei einem Kraftfahrzeug durch den Kilometerzähler (R 44 Abs. 5 EStR 1999). Die **degressive** AfA ist nach § 7 Abs. 2 EStG für abnutzbare bewegliche Wirtschaftsgüter des Anlagevermögens zulässig. Bewegliche Anlagegüter sind nur Sachen; immaterielle Wirtschaftsgüter rechnen nicht dazu. Zu den beweglichen Anlagegütern gehören insbesondere Maschinen und maschinelle Anlagen und sonstige Betriebsvorrichtungen, auch wenn sie wesentliche Bestandteile eines Grundstücks sind, sowie Werkzeuge und Einrichtungsgegenstände. Die degressive AfA wird nach einem gleich bleibenden Hundertsatz vom jeweiligen Buchwert bemessen. Der anzuwendende Hundertsatz darf höchstens das Dreifache (bei Wirtschaftsgütern, die nach dem 31. 12. 2000 angeschafft oder hergestellt worden sind, höchstens das Doppelte, vgl. StSenkG) der linearen AfA betragen und 30 % (20 %)

---

[212] *Adler/Düring/Schmaltz* HGB § 253 Rn. 421 f.
[213] *Adler/Düring/Schmaltz* HGB § 253 Rn. 419.

nicht übersteigen (§ 7 Abs. 2 EStG). Während der Wechsel von der AfA in fallenden Jahresbeträgen zur AfA in gleichen Jahresbeträgen zulässig ist, ist der Umkehrfall unzulässig (§ 7 Abs. 3 EStG).

5. Zuschreibungen. Zuschreibungen sind grundsätzlich unzulässig, weil sie gegen den Grundsatz der Bewertungsstetigkeit verstoßen. In folgenden Ausnahmefällen ist aber nach § 280 Abs. 1 HGB eine Zuschreibung zulässig: 139
– Wegfall der Gründe für außerplanmäßige Abschreibungen bei Vermögensgegenständen des Anlagevermögens
– Wegfall der Gründe für Abschreibungen bei Vermögensgegenständen des Umlaufvermögens (auf niedrigeren Börsen- oder Marktpreis, auf niedrigeren beizulegenden Wert oder zur Vorwegnahme künftiger Wertschwankungen)
– Späterer Wegfall oder Nichtanerkennung einer nur steuerrechtlich zulässigen Abschreibung (§§ 254, 279 Abs. 2 HGB).

Die Wertaufholung muss bis zur Höhe des Wertes, der sich nach Vornahme der inzwischen erforderlichen Abschreibungen ergeben hätte, vorgenommen werden. Anzusetzen ist damit der dem Vermögensgegenstand nunmehr beizulegende Wert.[214] – Wenn der niedrigere Wertansatz bei der steuerrechtlichen Gewinnermittlung beibehalten werden darf und wenn Voraussetzung für die Beibehaltung ist, dass der niedrigere Wertansatz auch in der Handelsbilanz beibehalten wird, besteht ein Beibehaltungswahlrecht nach § 280 Abs. 2 HGB. Für Wirtschaftsjahre, die vor dem 1. 1. 1999 endeten, galt gemäß § 6 Abs. 1 Nr. 1 S. 4 EStG, dass der Teilwert eines Wirtschaftsguts auch dann angesetzt werden konnte, wenn er höher war als der letzte Bilanzansatz. Damit war der Grundsatz des strengen Wertzusammenhangs aufgehoben worden. Die Vorschrift war ferner als Wertaufholungswahlrecht ausgestaltet, so dass die Anwendungsvoraussetzungen des § 280 Abs. 2 HGB erfüllt waren und ein handelsrechtliches Beibehaltungswahlrecht für **abnutzbare Gegenstände des Anlagevermögens** galt.[215] Durch die Einführung des **steuerrechtlichen Wertaufholungsgebots** durch § 6 Abs. 1 Nr. 1 S. 1 und 2 und § 6 Abs. 1 Nr. 2 S. 1 und 2 EStG durch das StEntlG 1999/2000/2002 hat § 280 Abs. 2 HGB für Wirtschaftsjahre, die nach dem 31. 12. 1998 enden, an Bedeutung verloren. Zwar kann auch weiterhin der niedrigere Teilwert angesetzt werden, wenn eine dauerhafte Wertminderung des Wirtschaftsguts gegeben ist. Jedoch ist der Ansatz wieder zu erhöhen, sollte sich in späteren Perioden ein höherer Teilwert ergeben. Zur Minderung der hieraus entstehenden Härten hat der Gesetzgeber in § 52 Abs. 16 S. 3 EStG eine Übergangsregelung geschaffen, die es gestattet, vom entstehenden Gewinn im Erstjahr eine den steuerlichen Gewinn mindernde Rücklage zu bilden, die in den dem Erstjahr folgenden vier Wirtschaftsjahren jeweils mit mindestens einem Viertel gewinnerhöhend aufzulösen ist (Auflösungszeitraum). Voraussetzung hierfür ist, dass auch in der Handelsbilanz ein entsprechender Sonderposten mit Rücklageanteil gebildet wird.[216] Dies gilt wegen § 264a Abs. 1 iVm. § 280 Abs. 1 HGB auch für die KapGes. & Co. 140

Bei **nichtabnutzbaren Gegenständen des Anlagevermögens** und bei Gegenständen des **Umlaufvermögens** konnte ebenfalls in vor dem 1. 1. 1999 endenden Wirtschaftsjahren steuerrechtlich der höhere Teilwert nach § 6 Abs. 1 Nr. 2 S. 3 EStG angesetzt werden. Für nach dem 31. 12. 1998 endende Wirtschaftsjahre gilt nunmehr ebenfalls – wie im Falle abnutzbarer Wirtschaftsgüter des Anlagevermögens – steuerrechtlich ein Wertaufholungsgebot. Die Möglichkeit der Bildung einer steuerfreien 141

---

[214] Vgl. BeckBilKomm/*Budde/Karig* HGB § 280 Rn. 13f.
[215] *Haeger* DB 1990, 543.
[216] BMF Einführungs-Erlass vom 29. 2. 2000 Tz. 37, DB 2000, 546; *L. Schmidt* § 6 Rn. 53.

Rücklage besteht entsprechend wie im Falle des abnutzbaren Anlagevermögens. Im Falle einer Zuschreibung nach § 280 Abs. 1 HGB kann der Eigenkapitalanteil der Zuschreibung nach § 29 Abs. 4 in die anderen Gewinnrücklagen (Wertaufholungsrücklage) eingestellt werden (vgl. hierzu auch Rn. 86).

142   6. Besonderheiten für Kapitalgesellschaften & Co. Für Kapitalgesellschaften & Co. finden zukünftig die bisher ausschließlich für Kapitalgesellschaften geltenden Einschränkungen einzelner Bewertungsvorschriften (zB § 253 Abs. 4 HGB (Abschreibung im Rahmen vernünftiger kaufmännischer Beurteilung), § 253 Abs. 2 S. 3 HGB (Möglichkeit der außerplanmäßigen Abschreibung von Vermögensgegenständen des Anlagevermögens auch bei vorübergehender Wertminderung)) Anwendung (vgl. §§ 264a HGB, 279 Abs. 1 S. 1 u. 2 HGB). Ferner gilt das Wertaufholungsgebot des § 280 Abs. 1 HGB. Durch dessen Geltung wie auch die Anwendung weiterer durch das KapCoRiLiG eingefügter Vorschriften wären die betroffenen Kapitalgesellschaften & Co. verpflichtet gewesen, auf Grund der alten Bestimmungen gelegte stille Reserven aufzulösen. Um dieses Ergebnis zu vermeiden, sind Vereinfachungsmöglichkeiten nach Vorbild der entsprechenden Übergangsregelungen bei In-Kraft-Treten des BiRiLiG vorgesehen.[217] So eröffnet Art. 48 Abs. 2 EGHGB ein Wahlrecht, die im Jahresabschluss für das am 31. Dezember 1999 endende oder laufende Geschäftsjahr im Anlagevermögen angesetzten niedrigeren Werte beizubehalten oder entsprechend den Vorschriften für Kapitalgesellschaften höher zu bewerten. Behält die Kapitalgesellschaft & Co. die niedrigeren Werte bei, befreit Art. 48 Abs. 2 EGHGB für den gesamten an diesem Jahresabschlussstichtag vorhandenen Bestand des Anlagevermögens hinsichtlich außerplanmäßigen Abschreibungen vom Wertaufholungsgebot, auch wenn der Grund für die höhere Bewertung erst im neuen Geschäftsjahr eintritt.[218] Im Falle der Bewertung entsprechend den besonderen Vorschriften für Kapitalgesellschaften muss auf die fortgeführten Anschaffungs- oder Herstellungskosten zugeschrieben werden. Ein Wert zwischen dem niedrigeren Wert und den fortgeführten Anschaffungskosten ist nicht zulässig.[219] Ebenso wenig ist ein willkürliches Ausüben von Wertaufholung und Wertbeibehaltung bei ansonsten gleicher Sachlage durch den Grundsatz der Einzelbewertung (§ 252 Abs. 1 Nr. 3 HGB) gedeckt.[220] Die Übergangsvorschrift in Art. 48 Abs. 3 EGHGB für das Umlaufvermögen entspricht weitgehend jener für das Anlagevermögen. Jedoch dürfen für das Umlaufvermögen die niedrigeren Wertansätze nur beibehalten werden, sofern der niedrigere Wertansatz nicht auf Grund der vernünftigen kaufmännischen Beurteilung (§ 253 Abs. 4 HGB) ermittelt wurde und die Gründe für die Wertminderung nicht nur vorübergehend waren.[221] In den letztgenannten Fällen ist eine Zuschreibung zwingend vorgesehen. Die Zuschreibung kann nicht wie bei Einführung des BiRiLiG erfolgsneutral erfolgen (Art. 24 Abs. 3 HGB), sondern ist Bestandteil des Jahresergebnisses. Ergeben sich infolge erstmaliger Anwendung der Vorschriften für Kapitalgesellschaften Abweichungen von der geforderten Bewertungsste-

---

[217] Vgl. *Adler/Düring/Schmaltz* EGHGB Art. 48 Rn. 5.
[218] Vgl. BeckBilKomm/*Förschle/Hoffmann* EGHGB Art. 48 Rn. 7; ebenso zu der als Vorbild für Art. 48 Abs. 2 EGHGB dienenden Vorschrift des Art. 24 EGHGB: *Adler/Düring/Schmaltz* 5. Aufl. EGHGB Art. 24 Rn. 31; aA *Adler/Düring/Schmaltz* EGHGB Art. 48 Rn. 43.
[219] *Adler/Düring/Schmaltz* EGHGB Art. 48 Rn. 45; BeckBilKomm/*Förschle/Hoffmann* EGHGB Art. 48 Rn. 11.
[220] AA wohl *Adler/Düring/Schmaltz* EGHGB Art. 48 Rn. 47; BeckBilKomm/*Förschle/Hoffmann* EGHGB Art. 48 Rn. 10.
[221] Kritisch zu dieser Abweichung von Art. 24 Abs. 2 EGHGB: BeckBilKomm/*Förschle/Hoffmann* EGHGB Art. 48 Rn. 20 f.

tigkeit (§ 252 Abs. 1 Nr. 6 HGB), ist eine Anhangsangabe nach § 284 Abs. 2 Nr. 3 HGB für die Kapitalgesellschaften & Co gemäß Art. 48 Abs. 4 S. 1 EGHGB entbehrlich. Jene Bewertungsmethoden, deren Änderung nicht durch den Übergang auf die für Kapitalgesellschaften geltenden Regelungen erzwungen ist, sind gemäß § 252 Abs. 1 Nr. 6 HGB beizubehalten.[222] Durch die Änderung der Rechnungslegungsvorschriften ist jedoch ein Ausnahmefall gemäß § 252 Abs. 2 HGB gegeben, der eine Durchbrechung der Bewertungsstetigkeit zulässt.[223] Ergeben sich hieraus Ergebnisauswirkungen, sind diese im Anhang gemäß § 284 Abs. 2 Nr. 3 HGB darzustellen.

IV. Gliederung und Inhalt des Jahresabschlusses

1. Die Generalnorm des § 264 Abs. 2 HGB. Nach der Generalnorm der Rechnungslegung hat der Jahresabschluss unter Beachtung der Grundsätze ordnungsmäßiger Buchführung ein den tatsächlichen Verhältnissen entsprechendes Bild der Vermögens-, Finanz- und Ertragslage der GmbH zu geben. Nach der Regierungsbegründung[224] soll die Generalnorm nur dann herangezogen werden, wenn Zweifel bei Auslegung und Anwendung einzelner Vorschriften entstehen oder Lücken in der gesetzlichen Regelung zu schließen sind. Weder könnten aus der Generalnorm ganz allgemein zusätzliche Anforderungen abgeleitet werden, noch könne unter Berufung auf die Generalnorm Inhalt und Umfang des Jahresabschlusses in Abweichung von den gesetzlichen Vorschriften bestimmt werden. Die Aussagefähigkeit des aus der Buchführung abgeleiteten Jahresabschlusses unterliegt aus der Buchführung sich ergebenden immanenten Beschränkungen; erst wenn der Jahresabschluss ausnahmsweise zu Fehlvorstellungen Anlass gibt, sind auf Grund der Generalnorm zusätzliche Angaben im Anhang erforderlich (§ 264 Abs. 2 S. 2 HGB). Dies könnte dann der Fall sein, wenn die gegebenen Darstellungsmittel so benutzt werden, dass der vermittelte Gesamteindruck zB Entwicklungstendenzen verbirgt oder sogar umkehrt.[225]

143

Die Generalnorm des § 264 Abs. 2 HGB ist nach hM zwar eine Auslegungshilfe, sie schränkt jedoch nicht Ermessensspielräume oder durch Gesetz oder GoB eingeräumte Wahlrechte ein.[226] Die Generalnorm des § 264 Abs. 2 HGB hat daher nur dort konkrete Auswirkungen, wo es um die Kenntlichmachung von Entwicklungstendenzen geht, wo insbesondere die Vermittlung eines zu günstigen oder zu ungünstigen Bildes der Vermögens-, Finanz- und Ertragslage der GmbH korrigiert werden muss.[227] So kann die hinausgeschobene Gewinnrealisierung bei langfristiger Fertigung ein zu ungünstiges, oder der ausgewiesene Jahresabschluss wegen hoher Inflationsrate und dadurch bedingter Scheingewinne ein zu günstiges Bild bieten.[228]

144

2. Gliederungsgrundsätze. Die Gliederung der Bilanz und der Gewinn- und Verlustrechnung ist auch für die GmbH in §§ 265, 266, 268, 274a bis 277 HGB verbindlich vorgeschrieben. Weitergehende Gliederungsvorschriften sind in Spezialgesetzen enthalten. Im Gegensatz zur Bilanz und zur Gewinn- und Verlustrechnung ist für

145

---

[222] Vgl. *Adler/Düring/Schmaltz* EGHGB Art. 48 Rn. 56; aA BeckBilKomm/*Förschle/Hoffmann* EGHGB Art. 48 Rn. 31.
[223] *Adler/Düring/Schmaltz* HGB § 252 Rn. 113; BeckBilKomm/*Förschle/Hoffmann* EGHGB Art. 48 Rn. 31.
[224] BT-Drucks. 10/317 S. 76.
[225] *Adler/Düring/Schmaltz* HGB § 264 Rn. 99.
[226] *Adler/Düring/Schmaltz* HGB § 264 Rn. 107; aA *Baumbach/Hueck/Schulze-Osterloh* § 42 Rn. 29.
[227] Vgl. *Moxter* Bilanzlehre Band II, S. 63 ff.
[228] Weitere Beispiele bei *Baumbach/Hueck/Schulze-Osterloh* § 42 Rn. 33.

den dritten Teil des Jahresabschlusses, den Anhang (§ 264 Abs. 1 S. 1 HGB) eine besondere Gliederung nicht vorgeschrieben.

146 Für Kapitalgesellschaften & Co. haben die bisherigen Vorschriften (§§ 238 bis 263 HGB) nach wie vor Geltung, soweit sie nicht durch die Vorschriften für Kapitalgesellschaften (§§ 264 bis 335 HGB) verdrängt werden. Bei Aufstellung von Bilanz und Gewinn- und Verlustrechnung finden nunmehr die Gliederungsvorschriften des § 266 HGB und § 275 HGB Anwendung. Die Bilanz ist dementsprechend in Kontenform (§ 266 Abs. 1 S. 1 HGB) und nach Maßgabe des Gliederungsschemata der §§ 266 Abs. 2 und 3 HGB aufzustellen, wobei jedoch die rechtsformspezifische Vorschrift des § 264c HGB Beachtung finden muss. Durch die erstmalige Anwendung der Gliederungsvorschriften kann sich die Bilanz und Gewinn- und Verlustrechnung von der des Vorjahres unterscheiden. Darin ist gemäß Art. 48 Abs. 4 S. 1 EGHGB kein Verstoß gegen die Darstellungsstetigkeit des § 265 Abs. 1 HGB zu sehen. Zudem ist die Kapitalgesellschaft & Co. gemäß Art. 48 Abs. 4 S. 2 EGHGB bei der erstmaligen Anwendung der Vorschriften für Kapitalgesellschaften von der Verpflichtung zur Angabe der Vorjahreszahlen nach § 265 Abs. 2 S. 1 HGB befreit.

147 Der in § 243 Abs. 2 HGB normierte **Grundsatz der Klarheit und Übersichtlichkeit** betrifft die äußere Form und die Art der Darstellung des gesamten Jahresabschlusses. Hierdurch soll jede Art von verschleiernder Darstellung verhindert werden.[229] Die gesetzliche Forderung nach Klarheit und Übersichtlichkeit des Jahresabschlusses bedeutet, dass bei mehreren bestehenden Ausweismöglichkeiten stets diejenige zu wählen ist, die der Forderung nach Klarheit und Übersichtlichkeit am nächsten kommt. Andererseits darf aber wegen des zwingenden Charakters der vorgeschriebenen Gliederungsschemata hiervon nicht unter Berufung auf den Grundsatz der Klarheit und Übersichtlichkeit abgewichen werden.[230]

148 Nach dem in § 265 Abs. 1 HGB normierten Grundsatz der Darstellungsstetigkeit ist die einmal gewählte Form der Darstellung beizubehalten, und nur in Ausnahmefällen ist eine Änderung zulässig (vgl. hierzu Rn. 17). Da durch den Grundsatz der Darstellungsstetigkeit eine Vergleichbarkeit der Jahresabschlüsse im Zeitablauf gewährleistet werden soll, ist bei der Ausübung von Ausweiswahlrechten zu Angaben, die wahlweise in der Bilanz/Gewinn- und Verlustrechnung oder im Anhang gemacht werden können, die einmal gewählte Zuordnung in den Folgejahren grundsätzlich beizubehalten.[231] Dies gilt für die GmbH insbesondere im Falle des Ausweises von „Ausleihungen, Forderungen und Verbindlichkeiten gegenüber Gesellschaftern" (§ 42 Abs. 3) sowie „Eigenkapitalanteil von Wertaufholungen" (§ 29 Abs. 4 S. 2). Die Darstellungsstetigkeit ist für den Anhang zwingend, soweit nach § 265 Abs. 7 Nr. 2 HGB Angaben aus Bilanz oder Gewinn- und Verlustrechnung in den Anhang verlagert werden. Auch im Anhang ist grundsätzlich die Strukturierung und die Reihenfolge der Angaben beizubehalten, um dem Leser die Vergleichbarkeit zu erleichtern.[232] Für den Lagebericht gilt der Grundsatz der Darstellungsstetigkeit nicht, auch wenn sich hier eine Darstellungsstetigkeit empfehlen wird.[233] Nach § 265 Abs. 1 HGB sind Abweichungen nur in Ausnahmefällen möglich, soweit sie wegen besonderer Umstände erforderlich sind; die Abweichungen sind dann im Anhang anzugeben und zu begründen. Aus der Begrün-

---

[229] BeckBilKomm/*Budde/Karig* HGB § 243 Rn. 52.
[230] Vgl. *Baumbach/Hueck/Schulze-Osterloh* § 42 Rn. 35.
[231] *Adler/Düring/Schmaltz* HGB § 265 Rn. 13.
[232] Vgl. *Adler/Düring/Schmaltz* HGB § 265 Rn. 13; BeckBilKomm/*Ellrott* HGB § 284 Rn. 26; einschränkend *Wiedmann* HGB § 265 Rn. 4.
[233] *Adler/Düring/Schmaltz* HGB § 265 Rn. 14; *Wiedmann* HGB § 265 Rn. 4.

dung müssen sich Ursache und Notwendigkeit der Durchbrechung erkennen lassen; quantitative Angaben sind nicht erforderlich.

§ 265 Abs. 2 HGB verlangt die **Angabe der Vorjahresbeträge.** Diese Angabepflicht führt dazu, dass die Vorjahresbeträge Bestandteil des Jahresabschlusses sind. Die Pflicht zur Angabe von Vorjahreszahlen gilt auch für Untergliederungen von Posten, auch in Form von davon-Vermerken, sowie für Angaben, die anstatt in der Bilanz oder in der Gewinn- und Verlustrechnung im Anhang gemacht werden. Die Vorjahresbeträge dürfen aber nur übernommen werden, wenn sie mit den entsprechenden Angaben für das laufende Geschäftsjahr vergleichbar sind, d.h. wenn sich der Posteninhalt in seiner Zusammensetzung gegenüber dem Vorjahr nicht verändert hat. Wird der Jahresabschluss erstmals in Euro aufgestellt, sind auch die Vorjahreszahlen in Euro umzurechnen (Art. 42 Abs. 2 S. 1 EGHGB). Hier empfiehlt sich eine Dreispaltendarstellung, die auch die Vorjahreszahlen in Deutsche Mark zeigt. Eine Ausnahme besteht für die Kapitalgesellschaft & Co. KG (vgl. Rn. 146). Änderungen im Ansatz und in der Bewertung der Posten berühren aber nicht die Vergleichbarkeit im Sinne von § 265 Abs. 2 HGB, sondern sind erforderlichenfalls im Rahmen der Angaben von § 284 Abs. 2 Nr. 3 HGB darzustellen.[234] Wird der Vorjahresbetrag angepasst, so ist auch dies im Anhang anzugeben und zu erläutern.[235] Eine Anpassung der Vorjahresbeträge kommt insbesondere dann in Betracht, wenn sich der Posteninhalt gegenüber dem Vorjahr in seiner Zusammensetzung verändert hat, bei einem Wechsel zwischen Gesamtkosten- und Umsatzkostenverfahren sowie einem Wechsel zwischen den unterschiedlichen größenabhängigen Gliederungsschemata.

Bei einer tiefgehenden Bilanzgliederung lässt sich eine Überschneidung der einzelnen Bilanzposten für einen einzelnen Vermögensgegenstand oder eine einzelne Schuld nicht immer vermeiden. In diesem Fall ist nach § 265 Abs. 3 HGB ein **Vermerk der Mitzugehörigkeit** eines Postens der Bilanz zu anderen Posten bei dem Posten, unter dem der Ausweis erfolgt ist, zu vermerken oder im Anhang anzugeben, wenn dies zur Aufstellung eines klaren und übersichtlichen Jahresabschlusses erforderlich ist. Wegen des Materiality-Grundsatzes sind aber unwesentliche und geringfügige Fälle der Mitzugehörigkeit unbeachtlich.[236] Bei qualitativer Vorrangigkeit eines einzelnen Postens sollte der Ausweis bei diesem Posten erfolgen. Für eigene Anteile besteht kein Wahlrecht (§ 265 Abs. 3 S. 2 HGB). Bezüglich der bei der GmbH gesondert auszuweisenden Posten vgl. die Kommentierung zu § 42 Rn. 14 ff. (Ausleihungen, Forderungen und Verbindlichkeiten gegenüber Gesellschaftern) sowie § 42 Rn. 9 ff. (Eingeforderte Nachschüsse). § 265 Abs. 3 HGB ist auf die GuV nicht anwendbar; hier verbleibt es beim Grundsatz der Klarheit und Übersichtlichkeit des Jahresabschlusses.[237]

Hat ein Unternehmen **mehrere Geschäftszweige** und bedingt dies die Gliederung des Jahresabschlusses nach **verschiedenen Gliederungsvorschriften,** so ist der Jahresabschluss nach der für einen Geschäftszweig vorgeschriebenen Gliederung aufzustellen und nach der für die anderen Geschäftszweige vorgeschriebenen Gliederung zu ergänzen (§ 265 Abs. 4 HGB); die Ergänzung ist im Anhang anzugeben und zu begründen. Unterschiedliche Gliederungsschemata können sich insbesondere auf Grund des Unternehmensgegenstandes oder der Beteiligung des Bundes oder von Gebietskör-

---

[234] Wegen weiterer Einzelheiten vgl. IDW Stellungnahme des Hauptfachausschusses 5/88 idF 1998.
[235] *Baumbach/Hueck/Schulze-Osterloh* § 42 Rn. 38.
[236] *Adler/Düring/Schmaltz* HGB § 265 Rn. 42 f.
[237] *Adler/Düring/Schmaltz* HGB § 265 Rn. 41; *Baumbach/Hueck/Schulze-Osterloh* § 42 Rn. 39; für analoge Anwendung BeckBilKomm/*Budde/Geißler* HGB § 265 Rn. 9.

perschaften ergeben. Im Zweifel ist das Gliederungsschema zu wählen, das dem wichtigsten Geschäftszweig der Gesellschaft entspricht.[238]

152 Eine **Erweiterung des Gliederungsschemas** ist nach § 265 Abs. 5 HGB zulässig; dabei ist jedoch die vorgeschriebene Gliederung zu beachten. Durch Hinzufügen neuer Posten können Gliederungserweiterungen vorgenommen werden, wenn ihr Inhalt nicht von einem vorgeschriebenen Posten gedeckt wird, zB Schiffe, Flugzeuge, Bergwerkschächte und Grubenbaue, Energieversorgungsanlagen.[239] Aufgrund § 264 Abs. 2 S. HGB kann in wesentlichen Fällen die Pflicht bestehen, neue Posten hinzuzufügen (zB als Eigenkapital oder als Fremdkapital qualifiziertes Genussrechtskapital.[240] Die Untergliederung eines Postens kann durch Bildung von Vor- und Hauptspalten, durch Aufgliederung eines Postens auf mehrere Teilposten, durch Ausgliederung einzelner Postenbestandteile und durch zusätzliche „Davon"-Vermerke erfolgen.[241] Kleine Kapitalgesellschaften, die nach § 266 Abs. 1 S. 3 HGB eine verkürzte Bilanz aufstellen, dürfen die mit Buchstaben und römischen Zahlen versehenen Posten nicht anders untergliedern, als im Schema des § 266 Abs. 2, 3 HGB vorgesehen, da anderenfalls neue Posten geschaffen würden.[242]

153 Eine **Änderung von Gliederungen und Postenbezeichnungen** ist in der Bilanz und in der Gewinn- und Verlustrechnung geboten, wenn dies wegen Besonderheiten der GmbH zur Aufstellung eines klaren und übersichtlichen Jahresabschlusses erforderlich ist. Mit dieser Vorschrift des § 265 Abs. 6 HGB soll der Vermittlung eines den tatsächlichen Verhältnissen entsprechenden Bildes der Vermögens-, Finanz- und Ertragslage der GmbH Rechnung getragen werden. Die Änderungsmöglichkeit bezieht sich nur auf die in den Gliederungsschemata der §§ 266, 275 HGB mit arabischen Zahlen versehenen Posten. Die Vorschrift des § 265 Abs. 6 HGB ist im Interesse der Vergleichbarkeit des Jahresabschlusses zwischen mehreren Kapitalgesellschaften eng auszulegen; ein abweichendes Gliederungsschema darf daher nur dann gewählt werden, wenn das gesetzliche Gliederungsschema für die Besonderheiten des konkreten Unternehmens unzweckmäßig ist.[243] Postenbezeichnungen können ergänzt werden, wenn die Gliederungsschemata für einen bestimmten Sachverhalt keinen entsprechenden Posten enthalten; sie können entsprechend den branchenbezogenen Besonderheiten geändert werden, wenn dies die Klarheit erhöht. Schließlich können Kurzbezeichnungen gewählt werden, wenn hiermit bilanz- und buchungstechnische Selbstverständlichkeiten ohne Aussagewert entfallen oder wenn durch vertragliche Verkürzung oder durch Wahl eines betriebswirtschaftlich anerkannten Begriffes der Posteninhalt genauer präzisiert wird (zB „Wechselverbindlichkeiten" anstatt „Verbindlichkeiten aus der Annahme gezogener Wechsel und der Ausstellung eigener Wechsel" oder „Herstellungskosten des Umsatzes" anstatt „Herstellungskosten der zur Erzielung der Umsatzerlöse erbrachten Leistungen").[244]

154 Nach § 265 Abs. 7 HGB ist eine **Zusammenfassung von Posten** in folgenden zwei Fällen zulässig:

---

[238] *Adler/Düring/Schmaltz* HGB § 265 Rn. 49; *Baumbach/Hueck/Schulze-Osterloh* § 42 Rn. 40; *Wiedmann* HGB § 265 Rn. 17.
[239] WP-HdB Bd. I F Rn. 69.
[240] IDW Stellungnahme des Hauptfachausschusses 1/1994, Rn. 2.1.3.
[241] *Küting/Weber/Weber* Rechnungslegung HGB § 265 Rn. 45; zu Beispielsfällen: *Adler/Düring/Schmaltz* HGB § 265 Rn. 53 ff.
[242] *Baumbach/Hueck/Schulze-Osterloh* § 42 Rn. 41.
[243] Vgl. WP-HdB Bd. I F Rn. 70 f.
[244] Vgl. *Adler/Düring/Schmaltz* HGB § 265 Rn. 79 f.; einschränkend *Baumbach/Hueck/Schulze-Osterloh* § 42 Rn. 43.

1. die mit arabischen Zahlen versehenen Posten der Bilanz und der Gewinn- und Verlustrechnung weisen einen im Hinblick auf die Generalnorm des § 264 Abs. 2 HGB unerheblichen Betrag aus,
2. durch die Zusammenfassung der Posten wird die Klarheit der Darstellung vergrößert, doch müssen in diesem Fall die zusammengefassten Posten im Anhang gesondert ausgewiesen werden.

Bei Großunternehmen hat sich als Praxis herausgebildet, sämtliche mit arabischen Zahlen versehenen Posten der Bilanz in den Anhang zu verlagern; dies entspricht auch internationaler Übung.[245]

Ein Posten der Bilanz oder der Gewinn- und Verlustrechnung, der keinen Betrag aufweist **(Leerposten),** kann weggelassen werden, es sei denn, dass im vorhergehenden Geschäftsjahr unter diesem Posten ein Betrag ausgewiesen wurde (vgl. § 265 Abs. 8 HGB). 155

3. Bilanz. a) Gliederungsschema. Die Bilanz ist in **Kontoform** aufzustellen. Die große und die mittelgroße GmbH haben dabei die einzelnen Aktiv- und Passivposten unter Verwendung der angegebenen Bezeichnung und in der folgenden Reihenfolge aufzuführen: 156

Aktivseite
A. Anlagevermögen:
   I. Immaterielle Vermögensgegenstände:
     1. Konzessionen, gewerbliche Schutzrechte und ähnliche Rechte und Werte sowie Lizenzen an solchen Rechten und Werten;
     2. Geschäfts- oder Firmenwert;
     3. geleistete Anzahlungen;
   II. Sachanlagen:
     1. Grundstücke, grundstücksgleiche Rechte und Bauten einschließlich der Bauten auf fremden Grundstücken;
     2. technische Anlagen und Maschinen;
     3. andere Anlagen, Betriebs- und Geschäftsausstattung;
     4. geleistete Anzahlungen und Anlagen im Bau;
   III. Finanzanlagen:
     1. Anteile an verbundenen Unternehmen;
     2. Ausleihungen an verbundene Unternehmen;
     3. Beteiligungen;
     4. Ausleihungen an Unternehmen, mit denen ein Beteiligungsverhältnis besteht;
     5. Wertpapiere des Anlagevermögens;
     6. sonstige Ausleihungen.
B. Umlaufvermögen:
   I. Vorräte:
     1. Roh-, Hilfs- und Betriebsstoffe;
     2. unfertige Erzeugnisse, unfertige Leistungen;
     3. fertige Erzeugnisse und Waren;
     4. geleistete Anzahlungen;
   II. Forderungen und sonstige Vermögensgegenstände:
     1. Forderungen aus Lieferungen und Leistungen;
     2. Forderungen gegen verbundene Unternehmen;
     3. Forderungen gegen Unternehmen, mit denen ein Beteiligungsverhältnis besteht;
     4. sonstige Vermögensgegenstände;
   III. Wertpapiere:
     1. Anteile an verbundenen Unternehmen;
     2. eigene Anteile;
     3. sonstige Wertpapiere;
   IV. Kassenbestand, Bundesbankguthaben, Guthaben bei Kreditinstituten und Schecks.
C. Rechnungsabgrenzungsposten.

---

[245] Bejahend WP-HdB Bd. I F Rn. 75.

Passivseite

A. Eigenkapital:
    I. Gezeichnetes Kapital;
    II. Kapitalrücklage;
    III. Gewinnrücklagen:
        1. gesetzliche Rücklage;
        2. Rücklage für eigene Anteile;
        3. satzungsmäßige Rücklagen;
        4. andere Gewinnrücklagen;
    IV. Gewinnvortrag/Verlustvortrag;
    V. Jahresüberschuss/Jahresfehlbetrag.
B. Rückstellungen:
    1. Rückstellungen für Pensionen und ähnliche Verpflichtungen;
    2. Steuerrückstellungen;
    3. sonstige Rückstellungen.
C. Verbindlichkeiten:
    1. Anleihen,
        davon konvertibel;
    2. Verbindlichkeiten gegenüber Kreditinstituten;
    3. erhaltene Anzahlungen auf Bestellungen;
    4. Verbindlichkeiten aus Lieferungen und Leistungen;
    5. Verbindlichkeiten aus der Annahme gezogener Wechsel und der Ausstellung eigener Wechsel;
    6. Verbindlichkeiten gegenüber verbundenen Unternehmen;
    7. Verbindlichkeiten gegenüber Unternehmen, mit denen ein Beteiligungsverhältnis besteht;
    8. sonstige Verbindlichkeiten,
        davon aus Steuern,
        davon im Rahmen der sozialen Sicherheit.
D. Rechnungsabgrenzungsposten.

157 Kleine Kapitalgesellschaften brauchen nur eine verkürzte Bilanz aufzustellen. Die verkürzte Bilanz umfasst nur die mit Buchstaben und römischen Zahlen bezeichneten Posten (§ 266 Abs. 1 S. 3 HGB). Die verkürzte Bilanz für kleine Kapitalgesellschaften hat demnach folgende Struktur:

Aktivseite

A. Anlagevermögen
    I. Immaterielle Vermögensgegenstände
    II. Sachanlagen
    III. Finanzanlagen
B. Umlaufvermögen
    I. Vorräte
    II. Forderungen und sonstige Vermögensgegenstände
    III. Wertpapiere
    IV. Kassenbestand, Bundesbankguthaben, Guthaben bei Kreditinstituten und Schecks
C. Rechnungsabgrenzungsposten

Passivseite

A. Eigenkapital
    I. Gezeichnetes Kapital
    II. Kapitalrücklage
    III. Gewinnrücklagen
    IV. Gewinnvortrag/Verlustvortrag
    V. Jahresüberschuss/Jahresfehlbetrag
B. Rückstellungen
C. Verbindlichkeiten
D. Rechnungsabgrenzungsposten.

158 Das Gliederungsschema des § 266 Abs. 2, Abs. 3 HGB wird uU um folgende Positionen **erweitert:**

Rechnungslegung der GmbH Anh. I nach § 42 a

Aktivseite:
- Ausstehende Einlagen auf das gezeichnete Kapital (§ 272 Abs. 1 S. 2 HGB)
- Aufwendungen für die Ingangsetzung und Erweiterung des Geschäftsbetriebs (§ 269 HGB)
- eingeforderte Nachschüsse, soweit mit Zahlung gerechnet werden kann (§ 42 Abs. 2 S. 2)
- Ausleihungen, Forderungen an Gesellschafter (§ 42 Abs. 3)
- Damnum (§ 250 Abs. 3 HGB)
- Aktiver Saldo latenter Steuern (§ 274 Abs. 2 S. 2 HGB)
- Nicht durch Eigenkapital gedeckter Fehlbetrag (§ 268 Abs. 3 HGB).

Passivseite:
- Rücklage für eingeforderte Nachschüsse (§ 42 Abs. 2 S. 3)
- Gewinnrücklage nach § 29 Abs. 4
- Sonderposten mit Rücklageanteil (§§ 273 S. 1, 281 Abs. 1 S. 1 HGB)
- Passiver Saldo latenter Steuern (§ 274 Abs. 1 HGB)
- Verbindlichkeiten gegenüber Gesellschaftern (§ 42 Abs. 3).

b) Anlagevermögen. Beim Anlagevermögen sind die Gegenstände auszuweisen, **159** die bestimmt sind, dauernd dem Geschäftsbetrieb des Unternehmens zu dienen (§ 247 Abs. 2 HGB). Der Begriff „dauernd" stellt auf die idR objektiv erkennbare **betriebliche Zweckbestimmung** des Vermögensgegenstandes und nicht auf die zeitliche Erstreckung (dauernd = längere Zeit) oder seine Art ab. Bei Fehlen solcher Merkmale ist auf die begründete Auffassung des Bilanzierenden und dessen Ermessen abzustellen.[246] Da die Zweckbestimmung Zuordnungsregel ist, werden zB Grundstücke, die idR Anlagevermögen sind, dem Umlaufvermögen zugerechnet, wenn sie von einer Gesellschaft zur Weiterveräußerung erworben werden. Die tatsächliche Verweildauer des Gegenstands im Geschäftsbetrieb ist für die Einordnung unerheblich, wenn er an sich dazu bestimmt ist, dauernd dem Betrieb zu dienen. Der gebraucht gekaufte PKW, bei dem von vornherein feststeht, dass er nur kurze Zeit dem Geschäftsbetrieb dienen wird, rechnet nach dieser Auffassung zum Anlagevermögen.[247] Auch Maschinen und maschinelle Anlagen, deren Veräußerung in naher Zukunft geplant ist, gehören während ihrer tatsächlichen betrieblichen Nutzung zum Anlagevermögen, d.h. sie sind jedoch im Fall der Nichtnutzung aus dem Anlagevermögen auszugliedern, wenn eine Einbeziehung in das Umlaufvermögen einen niedrigeren Wertansatz erforderlich machen würde. Die Stilllegung einer Anlage allein steht einem Ausweis im Anlagevermögen nicht entgegen, da es entscheidend darauf ankommt, ob das Unternehmen die Anlage zu einem späteren Zeitpunkt (zB einem Umbau) wieder nutzen oder veräußern will.[248]

Dem Geschäftsbetrieb der Gesellschaft dienen nicht nur die Gegenstände, die **160** im eigenen Geschäftsbetrieb verwendet werden, da andernfalls Finanzanlagen kein Anlagevermögen wären;[249] zum Ausweis von Finanzanlagen vgl. Rn. 173 ff. Zweifelhaft ist, ob Gegenstände, die dazu bestimmt sind, **vermietet** zu werden, deshalb kein Anlagevermögen sind, da die unterschiedlichsten Vertragsgestaltungen (zB Miete, Mietkauf, Leasing) auftreten, die nur eine einzelfallbezogene Würdigung zulassen, vor allem im Hinblick auf das nur für das Umlaufvermögen geltende strenge Niederstwertprinzip (vgl. Rn. 15); einen Überblick über das Schrifttum gibt *Kropff* aaO. Zum Einbau in Gegenstände des Anlagevermögens bestimmte **Ersatzteile** können in dieses einbezogen und wie dieses bewertet werden; idR werden sie derjenigen Gruppe

---

[246] *Geßler/Hefermehl/Eckardt/Kropff/Kropff* § 152 Rn. 3; BeckBilKomm/*Hoyos/Schmidt-Wendt* HGB § 247 Rn. 351; *Wiedmann* HGB § 247 Rn. 15.
[247] *Adler/Düring/Schmaltz* HGB § 247 Rn. 110, 115; BeckBilKomm/*Hoyos/Schmidt-Wendt* HGB § 247 Rn. 353.
[248] *Adler/Düring/Schmaltz* HGB § 247 Rn. 120.
[249] *Geßler/Hefermehl/Eckardt/Kropff/Kropff* § 152 Rn. 5; *Wiedmann* HGB § 247 Rn. 16.

Anh. I nach § 42 a 3. Abschnitt. Vertretung und Geschäftsführung

hinzugerechnet, zu deren Einbau sie vorgesehen sind. In der Praxis werden sie allerdings häufig aus Kontrollgründen als Umlaufvermögen unter den Vorräten bilanziert. Spezialreserveteile, die anderweitig nicht mehr verwendet werden können, müssen unter dem Anlagevermögen ausgewiesen werden, es sei denn, ihr Ansatz im Umlaufvermögen erfolgt mit dem Schrottwert.[250]

161   Grundsätzlich ist die Bilanz zum **Abschlussstichtag** aufzustellen; für die Zuordnung eines Gegenstands zum Anlage- oder Umlaufvermögen sind deshalb die Verhältnisse dieses Tages wesentlich.[251] Jedoch handelt es sich hierbei nicht um eine formale Betrachtungsweise, so dass die **Zweckbestimmung am Bilanzstichtag** allein nicht ausschlaggebend ist, da sie nur ausnahmsweise kurzfristig geändert werden kann. Abzustellen ist vielmehr auf die Zweckbestimmung, die der Vermögensgegenstand im Allgemeinen für das bilanzierende Unternehmen hat.[252]

162   **aa) Immaterielle Vermögensgegenstände.** Zu den immateriellen Vermögensgegenständen rechnen Konzessionen, gewerbliche Schutzrechte und ähnliche Rechte und Werte sowie Lizenzen an solchen Rechten und Werten, der Geschäfts- oder Firmenwert (vgl. Rn. 26), Datenverarbeitungsprogramme[253] sowie die auf immaterielle Vermögensgegenstände geleisteten Anzahlungen. Aus der beispielhaften Aufzählung ergibt sich keine Definition des immateriellen Vermögensgegenstandes; zur Beurteilung sind ausschließlich die allgemeinen Kriterien (vgl. Rn. 24) heranzuziehen. Die Aktivierungsfähigkeit setzt den **entgeltlichen** Erwerb von Dritten voraus, d. h. immaterielle Vermögensgegenstände, die nicht entgeltlich erworben wurden, unterliegen einem **Aktivierungsverbot** (§ 248 Abs. 2 HGB).

163   **Als Konzessionen, gewerbliche Schutzrechte und ähnliche Rechte und Werte sowie Lizenzen an solchen Rechten und Werten** sind u. a. Güterverkehrskonzessionen, Patente, Marken-, Urheber- und Verlagsrechte, Gebrauchs- und Geschmacksmuster, Warenzeichen, Zuteilungsquoten, Miet-, Wohn- und Belegungsrechte, Brennrechte, Braurechte, Fischereirechte, Syndikatsrechte, Erfindungen, Rezepte, Geheimverfahren, Know-how, Kundenkarteien zu nennen.[254] **Voraussetzung** für eine Aktivierung derartiger Vermögensgegenstände ist stets der **Erwerb von Dritten, auch Arbeitnehmern, gegen einmaliges Entgelt**, d. h. ein Anschaffungsvorgang. Eine Nutzungsüberlassung gegen wiederkehrende Zahlungen (Miete, Pacht) oder nach Schlüsselgrößen bemessen (umsatzabhängige Lizenzgebühr) berechtigt nicht zum Ausweis unter diesem Posten.[255]

164   Als Geschäfts- oder Firmenwert darf nur der **derivative Geschäfts- oder Firmenwert** (goodwill) angesetzt werden (vgl. § 255 Abs. 4 HGB); vgl. Rn. 26. Es besteht ein Aktivierungswahlrecht. Abschreibung erfolgt handelsrechtlich planmäßig über die Nutzungsdauer (§ 255 Abs. 4 S. 3 HGB; aber: § 7 Abs. 1 S. 3 EStG 15 Jahre) oder aber ab dem der Aktivierung folgenden Geschäftsjahr zu mindestens einem Viertel (§ 255 Abs. 4 S. 2 HGB).

165   **Der Ausweis der geleisteten Anzahlungen** auf immaterielle Vermögensgegenstände ist betriebswirtschaftlich richtig, da die Mittel durch ihre Zweckbestimmung zur

---

[250] *Adler/Düring/Schmaltz* HGB § 247 Rn. 117 ff.
[251] BT-Drucks. 10/4268 S. 98.
[252] Vgl. auch *Geßler/Hefermehl/Eckardt/Kropff/Kropff* § 152 Rn. 3 mwN.
[253] BFH BStBl. 1987 II S. 728, 730 ff.; 1994 II S. 873, 874 f.; *Adler/Düring/Schmaltz* HGB § 246 Rn. 37; aA *Baumbach/Hueck/Schulze-Osterloh* § 42 Rn. 69.
[254] *Adler/Düring/Schmaltz* HGB § 266 Rn. 28.
[255] BeckBilKomm/*Hoyos/Schmidt-Wendt* HGB § 247 Rn. 392 f.; *Baumbach/Hueck/Schulze-Osterloh* § 42 Rn. 104.

Daueranlage geworden sind und als erste Phase einer Investition angesehen werden können; sie sind wie die Anlagewerte, die sie finanzieren, langfristig gebunden.

Verdeckte Einlagen (Einlagen ohne Kapitalerhöhung bei der übernehmenden Gesellschaft) von nicht entgeltlich erworbenen immateriellen Vermögensgegenständen sind bei der übertragenden Gesellschaft nicht als nachträgliche Anschaffungskosten der Beteiligung aktivierbar. Zwar führt auch eine verdeckte Einlage in die Tochtergesellschaft zu einer Werterhöhung der bisherigen Anteile, jedoch geschieht dies nicht auf entgeltlicher Basis. In der Werterhöhung liegt auch keine sonstige nachträgliche Anschaffungskosten begründende Gegenleistung.[256] **166**

bb) Sachanlagen. Zu den Sachanlagen gehören Grundstücke und grundstücksgleiche Rechte und Bauten einschließlich der Bauten auf fremden Grundstücken (zB Miereinbauten), technische Anlagen und Maschinen, andere Anlagen, Betriebs- und Geschäftsausstattung sowie die auf Sachanlagen geleisteten Anzahlungen und Anlagen im Bau. Der Begriff **Grundstücke und grundstücksgleiche Rechte** umfasst die im Eigentum des Unternehmens stehenden bebauten und unbebauten Grundstücke sowie die in bürgerlich-rechtlicher Sicht wie Grundstücke behandelten grundstücksgleichen Rechte (Erbbaurechte) sowie das Miteigentum an einem Grundstück nach dem Wohnungseigentumsgesetz. Obligatorische Rechte wie Miete oder Pacht sind keine grundstücksgleichen Rechte.[257] Unter **Bauten** sind Geschäftsbauten, Fabrikbauten und Wohnbauten auszuweisen. Bei den „Bauten" braucht es sich nicht um aufstehende Bauten zu handeln, auch Eisenbahnanlagen, Straßen, Hafenanlagen, Parkplätze, Schachtanlagen, Steinbrüche oder Braunkohlefelder rechnen hierzu, soweit die betriebliche Zweckbestimmung vorliegt. Zu den Geschäfts-, Fabrik- und Wohnbauten gehören auch die Gebäudeeinrichtungen, die wirtschaftlicher Teil des Gebäudes sind, wie Heizung, Rolltreppen, Fahrstühle, Klimaanlage, Sprinkleranlage, soweit sie nicht zu den als Betriebsvorrichtungen bezeichneten technischen Anlagen und Maschinen gehören. Diese Abgrenzung ist nicht immer einfach; auch hier ist in erster Linie auf die Zweckbestimmung und nicht die rechtliche Qualifizierung abzustellen, d. h. technische Anlagen und Maschinen, die mit der Produktion oder dem sonstigen Unternehmenszweck in Zusammenhang stehen, sind als solche auszuweisen, auch wenn sie mit dem Gebäude fest verbunden und somit wesentlicher Bestandteil des Gebäudes geworden sind.[258] **167**

Als Bauten sind Gebäude und andere selbstständige Grundstückseinrichtungen auf eigenen oder fremden Grundstücken anzusehen. Hierunter fallen auch **Miereinbauten,** d.h. selbstständige bauliche Einrichtungen, die auf Grund eines dinglichen Rechts an einem Grundstück (Grunddienstbarkeit, Nießbrauch, Überbau-Recht) oder auf Grund eines obligatorischen Rechts (Miete, Pacht) auf fremdem Grund und Boden errichtet worden sind und entweder mit dem Grundstück nicht nur vorübergehend, sondern fest verbunden sind, oder nicht fest oder nur zu einem vorübergehenden Zweck verbunden sind.[259] Eine Trennung nach Art der Bauten ist nicht erforderlich. **168**

Zu den **Technischen Anlagen und Maschinen** rechnen die Kraft- und Arbeitsmaschinen, Apparate der chemischen Industrie, Hochöfen, Gießereien, Transportanlagen, Kräne, Umspannwerke, Kokereien, Arbeitsbühnen, Rohrbrücken und Rohrleitungen, Krafterzeugungs- und -verteilungsanlagen, Gasometer, Lagerbehälter sowie alle Fundamente, Stützen und ähnliche Einrichtungen; für den Ausweis unter diesem Pos- **169**

---

[256] *Adler/Düring/Schmaltz* HGB § 248 Rn. 21.
[257] *Geßler/Hefermehl/Eckardt/Kropff/Kropff* § 151 Rn. 19.
[258] *Adler/Düring/Schmaltz* HGB § 266 Rn. 33; BeckBilKomm/*Hoyos/Schmidt-Wendt* HGB § 247 Rn. 461.
[259] *Geßler/Hefermehl/Eckardt/Kropff/Kropff* § 151 Rn. 23f.

Anh. I nach § 42 a   3. Abschnitt. Vertretung und Geschäftsführung

ten ist es nicht entscheidend, ob die einzelnen Gegenstände rechtlich Bestandteil oder Zubehör von Grundstücken oder Gebäuden – auch eines Dritten – sind,[260] d. h. die wirtschaftliche Zugehörigkeit entscheidet.

170   Unter dem Posten **Andere Anlagen, Betriebs- und Geschäftsausstattung** werden Werkstatt- und Büroeinrichtungen, Arbeitsgeräte und Werkzeuge, Transportbehälter, Verteilungsanlagen, Modelle, Muster, Kraftwagen, Fahrzeuge aller Art, Fernsprech- und Rohrpostanlagen ausgewiesen.[261] Auf Abgrenzungsprobleme zu den technischen Anlagen und Maschinen sei hingewiesen.[262]

171   **Geleistete Anzahlungen und Anlagen im Bau** sind zu einem Posten zusammengefasst, weil der betriebswirtschaftlich gebotene getrennte Ausweis im Einzelfall, zB bei gelieferten, aber noch nicht abgerechneten Anlagen, Abgrenzungsschwierigkeiten bereitet. Getrennter Ausweis ist möglich.[263] Anzahlungen sind Vorleistungen eines Vertragspartners auf im Übrigen noch schwebende Geschäfte; der Ausweis der **geleisteten Anzahlungen** im Anlagevermögen ist betriebswirtschaftlich begründet, da die Mittel durch ihre Zweckbestimmung zur Daueranlage geworden sind. Sie können als erste Phase einer Investition angesehen werden und sind wie die Anlagewerte, die sie finanzieren, langfristig gebunden.

172   Die **Anlagen im Bau** umfassen alle zu aktivierenden Aufwendungen, die für noch nicht fertiggestellte Anlagen (Investitionen) bis zum Bilanzstichtag angefallen sind. Dabei ist es unerheblich, ob Fremd- oder Eigenleistungen vorliegen; eine weitere Aufteilung nach den einzelnen Posten des Sachanlagevermögens ist nicht erforderlich.[264]

173   **cc) Finanzanlagen.** Zu den Finanzanlagen gehören Anteile an verbundenen Unternehmen, Ausleihungen an verbundene Unternehmen sowie Beteiligungen, Ausleihungen an Unternehmen, mit denen ein Beteiligungsverhältnis besteht, Wertpapiere des Anlagevermögens sowie sonstige Ausleihungen. Für die Beurteilung der Frage, ob ein Posten zu Finanzanlagen oder Umlaufvermögen gehört, gelten die allgemeinen Abgrenzungskriterien (vgl. Rn. 159).

174   **Verbundene Unternehmen** sind in § 271 Abs. 2 HGB abweichend von § 15 AktG in Anlehnung an den Konsolidierungskreis der Konzernrechnungslegung definiert. Es sind solche Unternehmen, die als Mutter- oder Tochterunternehmen (§ 290 HGB) in den Konzernabschluss eines Mutterunternehmens, das als oberstes Mutterunternehmen den am weitestgehenden Konzernabschluss festzustellen hat, auch wenn die Aufstellung unterbleibt, oder das einen befreienden Konzernabschluss nach § 291 HGB oder nach einer nach § 292 HGB erlassenen Rechtsverordnung aufstellt oder aufstellen könnte, nach den Vorschriften über die Vollkonsolidierung einzubeziehen sind; nach §§ 295, 296 HGB nichteinbezogene Tochterunternehmen sind ebenfalls verbundene Unternehmen.

175   Die Einbeziehung in einen nach dem PublG aufzustellenden Konzernabschluss begründet keine Unternehmensverbindung iS des § 271 Abs. 2 HGB, da Konzernabschlüsse nach dem HGB und Konzernabschlüsse nach dem Publizitätsgesetz andersartigen Voraussetzungen unterliegen.[265] Soweit nur eine anteilmäßige Konsolidierung nach § 310 HGB zulässig ist, besteht keine Unternehmensverbindung iS des § 271 Abs. 2 HGB.[266]

---

[260] *Adler/Düring/Schmaltz* HGB § 266 Rn. 49.
[261] WP-HdB Bd. I F Rn. 156.
[262] Zu den Kriterien *Baumbach/Hueck/Schulze-Osterloh* § 42 Rn. 110 mwN.
[263] WP-HdB Bd. I F Rn. 160.
[264] *Adler/Düring/Schmaltz* HGB § 266 Rn. 64.
[265] WP-HdB Bd. I T 473 ff.; *Baumbach/Hueck/Schulze-Osterloh* § 42 Rn. 117.
[266] Vgl. *Adler/Düring/Schmaltz* HGB § 271 Rn. 41; *Baumbach/Hueck/Schulze-Osterloh* § 42 Rn. 117.

Rechnungslegung der GmbH   **Anh. I nach § 42 a**

Ob das Mutterunternehmen tatsächlich einen Konzernabschluss aufstellt, ist unerheblich.[267] Nach § 271 Abs. 2 Halbs. 2 HGB sind solche Tochterunternehmen, die auf Grund eines Einbeziehungsverbots (§ 295 HGB) oder eines Einbeziehungswahlrechts (§ 296 HGB) in den Konzernabschluss des obersten Mutterunternehmens nicht einbezogen werden, trotzdem den verbundenen Unternehmen gleichgestellt.

Der Ausweis unter den Anteilen an **verbundenen Unternehmen** geht dem Ausweis unter den **Beteiligungen** vor, wenn Anteile an verbundenen Unternehmen gleichzeitig auch Beteiligungen nach § 271 Abs. 1 HGB sind.[268] **176**

Als **Ausleihungen** gelten nur Finanz- und Kapitalforderungen, nicht jedoch Waren- und Leistungsforderungen, auch wenn diese längerfristig sind.[269] Durch die Ausleihung werden eigene Mittel – von vornherein – langfristig außerhalb des eigenen Unternehmens angelegt, d. h. eingefrorene Warenforderungen und ursprünglich kurzfristige Kredite, die notleidend geworden sind, gehören nicht hierher.[270] **Ausleihungen gegenüber GmbH-Gesellschaftern,** die verbundene Unternehmen sind, sind nach § 42 Abs. 3 gesondert auszuweisen (vgl. § 42 Rn. 14). **177**

Beteiligungen sind Anteile an anderen Unternehmen, die bestimmt sind, dem eigenen Geschäftsbetrieb durch Herstellung einer dauernden Verbindung zu jenen Unternehmen zu dienen (§ 271 Abs. 1 HGB). Dabei ist es unerheblich, ob die Anteile in Wertpapieren verbrieft sind oder nicht. Als Beteiligung gelten im Zweifel Anteile an einer KapGes., deren Nennbeträge insgesamt den fünften Teil des Nennkapitals dieser Gesellschaft überschreiten. Auf die Berechnung ist § 16 Abs. 2 und 4 AktG entsprechend anzuwenden. Die Mitgliedschaft in einer eingetragenen Genossenschaft gilt nicht als Beteiligung; Anteile an einer Personengesellschaft gelten immer als Beteiligung. **178**

Folgende **Merkmale** unterscheiden die Beteiligung von Anteilsbesitz ohne Beteiligungsabsicht: **179**
– Die Beteiligung ist wirtschaftliches Miteigentum an einem anderen Unternehmen, im Gegensatz zu einer bloß obligatorischen Rechtsbeziehung. Es kann in – verbrieften oder nicht verbrieften – Anteilsrechten bestehen, zB Aktien, GmbH-Anteile oder in der Stellung als Gesellschafter einer Personengesellschaft (Mitunternehmer), kurz, es muss wirtschaftliches Miteigentum an einem Unternehmen vorliegen, welches mittels einer nach außen in Erscheinung tretenden Organisation Interessen kaufmännischer oder gewerblicher Art verfolgt. Demzufolge sind der gemeinsame Betrieb einzelner Maschinen oder Anlagen im Rahmen einer Kooperation sowie die Arbeitsgemeinschaften des Baugewerbes oder die Konsortien der Emissionsbanken keine Beteiligungen.
– Die Beteiligung ist auf Dauer angelegt, im Gegensatz zu nur vorübergehender Interessennahme. Bei der Beurteilung ist auf die idR objektiv erkennbare betriebliche Zwecksetzung abzustellen oder – bei Fehlen solcher Merkmale – auf die begründete Auffassung des Bilanzierenden (vgl. Rn. 159 f.).
– Die Beteiligung ermöglicht es, unternehmerischen Einfluss im Interesse des eigenen Unternehmens auszuüben, d. h. nicht lediglich Gewinn zu erzielen. Ob das Engagement der unternehmerischen Einflussnahme dient, ist ebenfalls zunächst nach objektiven Merkmalen, zB Vertretung in den Verwaltungsorganen des anderen Unter-

---
[267] WP-HdB Bd. I T Rn. 352; *Baumbach/Hueck/Schulze-Osterloh* § 42 Rn. 120.
[268] *Adler/Düring/Schmaltz* HGB § 266 Rn. 70; *Baumbach/Hueck/Schulze-Osterloh* § 42 Rn. 125.
[269] WP-HdB Bd. I F 168.
[270] *Geßler/Hefermehl/Eckardt/Kropff/Kropff* § 151 Rn. 37.

nehmens oder tatsächliche Einflussnahmen, und erst, wenn solche Kriterien fehlen, nach der Beteiligungsabsicht zu beurteilen.[271]

Zur Beurteilung der Frage, ob der **Anteilsbesitz 20 %** des Nennkapitals des anderen Unternehmens übersteigt, ist § 16 Abs. 2 und 4 AktG heranzuziehen. Die Beteiligungsvermutung greift daher auch dann, wenn der Anteilsbesitz erst zusammen mit dem eines abhängigen Unternehmens 20 % erreicht.[272]

180 Unter **Wertpapiere des Anlagevermögens** fallen alle Namens-, Order- und Inhaberpapiere, bei denen Daueranlageabsicht besteht. Die **sonstigen Ausleihungen** sind ein Restposten für die nicht gesondert ausgewiesenen Ausleihungen an Drittunternehmen oder Privatpersonen. Soweit es sich um Ausleihungen an Geschäftsführer, Aufsichtsräte, Beiräte oder Mitglieder einer ähnlichen Einrichtung der Gesellschaft handelt, besteht Angabepflicht im Anhang (§ 285 Nr. 9c HGB), vgl. Rn. 427.

181 dd) Anlagenspiegel. Nach § 268 Abs. 2 HGB müssen GmbH die **Entwicklung der einzelnen Posten des Anlagevermögens** und des Postens „Aufwendungen für die Ingangsetzung und Erweiterung des Geschäftsbetriebs" in der Bilanz oder im Anhang darstellen **(Anlagenspiegel, Anlagengitter)**. Kleine GmbHs sind von dieser Verpflichtung befreit (§ 274a Nr. 1 HGB). Kapitalgesellschaften & Co. sind erstmals verpflichtet, einen Anlagespiegel nach § 268 Abs. 2 HGB zu erstellen, es sei denn, sie sind gleichfalls als kleine Kapitalgesellschaft davon befreit. Entsprechend der Übergangsregelung zum BiRiLiG (Art. 24 Abs. 6 EGHGB) gestattet auch das KapCoRiLiG in Art. 48 Abs. 5 EGHGB den Kapitalgesellschaften & Co. für den Fall der erstmaligen Anwendung des § 286 Abs. 2 HGB, dass als historische Anschaffungs- und Herstellungskosten auch die Buchwerte der Vermögensgegenstände aus dem Jahresabschluss des vorhergehenden Geschäftsjahrs angesetzt werden können, sollten die Ermittlung der tatsächlichen Anschaffungs- oder Herstellungskosten nicht ohne unverhältnismäßige Kosten oder Verzögerungen möglich sein. Im Hinblick auf die aus steuerrechtlichen Gründen vorhandenen Anlagekarteien dürfte diese Erleichterungsvorschrift für die einzelnen Vermögensgegenstände von nachrangiger Bedeutung sein. In dem vom Gesetzgeber geforderten Anlagengitter sind, sofern nicht eine abweichende Gliederung vorgeschrieben ist, die historischen Anschaffungs- und Herstellungskosten, die Zugänge, Abgänge, Umbuchungen und Zuschreibungen des Geschäftsjahres sowie die Abschreibungen in ihrer gesamten Höhe (kumulierte Beträge einschließlich der auf die laufende Periode entfallenden) gesondert aufzuführen. Die Abschreibungen des Geschäftsjahres sind entweder in der Bilanz bei den betreffenden Posten zu vermerken oder im Anhang in einer der Gliederung des Anlagevermögens entsprechenden Aufgliederung anzugeben.

182 Werden nach § 268 Abs. 2 HGB bei der sog. **direkten Bruttomethode** die Abschreibungen des laufenden Geschäftsjahres in einer gesonderten Spalte gezeigt, so stellt sich das Anlagengitter als ein **Neun-Spalten-Schema** dar:

Postenbezeichnung	Anschaffungs-/ Herstellungskosten €	Zugänge €	Abgänge €	Umbuchungen + ./. €	Abschreibungen (kumuliert)
Postenbezeichnung	Zuschreibungen (kumuliert) €	Restbuchwert 31. 12... €	Restbuchwert Vorjahr €	Abschreibungen im Geschäftsjahr 19.. €	

---

[271] Vgl. *Geßler/Hefermehl/Eckardt/Kropff/Kropff* § 151 Rn. 32, § 152 Rn. 16 ff.
[272] Vgl. *Geßler/Hefermehl/Eckardt/Kropff/Kropff* § 152 Rn. 21.

In der Spalte **Anschaffungs- oder Herstellungskosten** sind die ursprünglichen 183
Anschaffungs- oder Herstellungskosten sämtlicher in den vorangegangenen Rechnungszeiträumen angeschafften oder hergestellten und zu Beginn des Geschäftsjahres aktivierten Vermögensgegenstände einschließlich der Aufwendungen für die Ingangsetzung und Erweiterung des Geschäftsbetriebs in voller Höhe zu erfassen. Art. 24 Abs. 6 EGHGB gestattet den Unternehmen jedoch, die Buchwerte dieser Vermögensgegenstände aus dem Jahresabschluss des vorhergehenden Geschäftsjahres als ursprüngliche Anschaffungs- oder Herstellungskosten zu übernehmen und fortzuführen, wenn bei der erstmaligen Anwendung der Vorschrift des § 268 Abs. 2 HGB die Anschaffungs- oder Herstellungskosten eines Vermögensgegenstandes des Anlagevermögens nicht ohne unverhältnismäßige Kosten oder Verzögerungen feststellbar sind. Die Anwendung der neuen Regelung wird dadurch erheblich erleichtert. Da es das eigentliche Ziel der Regelung ist, die gesamten Anschaffungs- oder Herstellungskosten der im Unternehmen noch vorhandenen Vermögensgegenstände und die darauf vorgenommenen Abschreibungen insgesamt darzustellen, können die Unternehmen statt des Buchwerts des letzten Geschäftsjahres auch jeden anderen Wert zugrunde legen, der diesem Ziel näherkommt; insbes. können sie die Buchwerte eines früheren Geschäftsjahres zugrunde legen oder auch die ursprünglichen Anschaffungs- oder Herstellungskosten schätzen. Eine Neubewertung, die über die ursprünglichen Anschaffungs- oder Herstellungskosten hinausgeht, dürfen sie allerdings nicht vornehmen.[273] Unternehmen, die ihren Jahresabschluss offen zu legen haben, müssen die Anwendung der Ausnahmeregel im Anhang angeben (Art. 24 Abs. 6 EGHGB).

Die direkte Bruttomethode zeigt die ursprünglichen Anschaffungs- oder Herstell- 184
lungskosten sämtlicher aktivierter Vermögensgegenstände, ohne dass damit eine „Bilanzverlängerung" verbunden ist. Die Gesamtsumme der darauf bisher vorgenommenen Abschreibungen umfasst auch die Beträge für das laufende Geschäftsjahr. Zu zeigen sind alle Abschreibungen, d.h. sowohl planmäßige als auch außerplanmäßige Abschreibungen (vgl. Rn. 98, 129 ff.). Der Ausweis hat stets in voller Höhe zu erfolgen, auch dann, wenn sie durch Zuschreibungen teilweise wieder rückgängig gemacht worden sind (vgl. Rn. 64); insofern gilt das allgemeine Verrechnungsverbot (vgl. Rn. 14). Zuschreibungen sind im nächsten Jahresabschluss mit den aufgelaufenen Abschreibungen zu verrechnen.[274] Beim Abgang eines Vermögensgegenstandes sind auch die auf den Gegenstand vorgenommenen kumulierten Abschreibungen auszubuchen. Dazu werden die gesamten Anschaffungs- und Herstellungskosten unter der Spalte „Abgänge" gezeigt. Da sich dieser Wert aus dem Restbuchwert zum Abgangszeitpunkt sowie den kumulierten Abschreibungen zusammensetzt, wird unter den Spalten „Abschreibungen (kumuliert)" und „Restbuchwert 31. 12. ..." mit den entsprechenden Beträgen dagegen gebucht. Dadurch werden die aufgelaufenen Abschreibungen aus den gesamten kumulierten Abschreibungen herausgenommen und der Restbuchwert des ausgeschiedenen Vermögensgegenstandes eliminiert. Jedoch kann dann die Entwicklung der aufgelaufenen Abschreibungen vom Bilanzleser nicht nachvollzogen werden, da lediglich die Veränderung der kumulierten Abschreibungen erkennbar ist und nicht der auf Abgänge entfallende aufgelaufene Abschreibungsbetrag. Es wird deshalb vorgeschlagen, die Entwicklung der kumulierten Abschreibungen und Zuschreibungen wie die Entwicklung der Anschaffungs- oder Herstellungskosten darzustellen und im Anhang zu zeigen.[275]

---

[273] Vgl. Begr. RegE BT-Drucks. 10/317 S. 136.
[274] WP-HdB Bd. I F Rn. 96.
[275] *Harrmann* DB 1984, 1417 mwN.

185 Ein besonderes Problem stellt die Darstellung der Entwicklung bei **geringwertigen Anlagegütern** dar, die im Jahr des Zugangs aktiviert werden müssen, aber zugleich voll abgeschrieben werden dürfen. Sie können im Jahr der Anschaffung oder Herstellung gleichzeitig als Zugang und Abgang behandelt werden.[276] Unter den kumulierten Abschreibungen zum Jahresende ist die Vollabschreibung dann nicht enthalten; sie ist jedoch aus der Angabe der Abschreibungen des Geschäftsjahres ersichtlich.[277] Eine Abstimmbarkeit lässt sich aber bei der freiwilligen Ergänzung des Anlagengitters um einen Abschreibungsspiegel erreichen.

186 **c) Umlaufvermögen.** Vermögensgegenstände, die nicht dazu bestimmt sind, dauernd dem Geschäftsbetrieb des Unternehmens zu dienen, d.h. kein Anlagevermögen darstellen, sind als Umlaufvermögen auszuweisen. Diese noch in § 246 Abs. 1 des Regierungsentwurfes enthaltene negative Begriffsbestimmung stellt klar, dass es auf der Aktivseite keine Vermögensgegenstände gibt, die nicht Anlage- oder Umlaufvermögen sind,[278] und entspricht dem Schrifttum zu § 151 AktG aF. Die Definition des Umlaufvermögens ergibt sich nunmehr aus § 247 Abs. 2 („Anlagevermögen") und § 266 Abs. 2 HGB. Entsprechend der Grundgliederung für die Bilanz (vgl. Rn. 156) gemäß § 266 HGB ist eine Unterteilung des Umlaufvermögens in Vorräte, Forderungen und sonstige Vermögensgegenstände, Wertpapiere und flüssige Mittel vorzunehmen. Bei den einzelnen Posten ist für die mittelgroße und große GmbH jedoch ggf. eine tiefere Aufgliederung vorgeschrieben.

187 **aa) Vorräte.** Die Vorräte umfassen im Gliederungsschema folgende Untergruppen:

1. Roh-, Hilfs- und Betriebsstoffe;

2. unfertige Erzeugnisse, unfertige Leistungen;

3. fertige Erzeugnisse und Waren;

4. geleistete Anzahlungen.

188 Die Gliederung ist auf Produktionsunternehmen zugeschnitten; sie bereitet aber auch bei Produktionsunternehmen und noch mehr bei anderen Geschäftszweigen gelegentlich Abgrenzungsschwierigkeiten, so zB bei teilweiser Weiterverarbeitung, aber auch Verkauf von Erzeugnissen einer Produktionsstufe im Fall der mehrstufigen Produktion.[279] – Bei Handelsunternehmen entfällt idR der Posten „unfertige Erzeugnisse", und sind die Posten „fertige Erzeugnisse und Waren" und „Roh-, Hilfs- und Betriebsstoffe" auf die jeweils letztgenannten beschränkt. Bei Unternehmen, die weder Produktions- noch Handelsunternehmen sind, erfordert der Geschäftszweig vielfach eine abweichende Gliederung, mindestens aber Anpassung der Postenbezeichnung.[280] Da die Abgrenzung zwischen den einzelnen Posten des Vorratsvermögens fließend sein kann, sind gegen eine Aufteilung der Erzeugnisse entsprechend ihrer mutmaßlichen späteren Verwendung auf die einzelnen Bilanzposten oder – im Fall einer nur willkürlich möglichen Aufteilung – gegen einen nach § 265 Abs. 7 Nr. 2 HGB zusammengefassten Ausweis der unfertigen und fertigen Erzeugnisse keine Einwendungen zu erheben.[281]

---

[276] Gemeinsame Stellungnahme der WP-Kammer und des IDW zum Entwurf eines Bilanzrichtliniengesetzes, WPg. 1981, 612; *Baumbach/Hueck/Schulze-Osterloh* § 42 Rn. 55.
[277] *Adler/Düring/Schmaltz* HGB § 268 Rn. 68.
[278] So auch Begr. RegE BT-Drucks. 10/317 S. 81.
[279] *Adler/Düring/Schmaltz* HGB § 266 Rn. 99.
[280] WP-HdB Bd. I F Rn. 70.
[281] *Adler/Düring/Schmaltz* HGB § 266 Rn. 100; *Meyer-Landrut/Miller/Niehus* §§ 238–335 Rn. 463.

Roh-, Hilfs- und Betriebsstoffe sind fremdbezogene Stoffe, die noch unverarbeitet oder nicht verbraucht sind.[282] Der Posten zeigt die Vorräte, die in die Fertigung eingehen sollen, und zwar entweder unmittelbar (Rohstoffe) oder als untergeordnete Bestandteile (Hilfsstoffe) oder als Verbrauchsmaterial für den Fertigungsprozess (Betriebsstoffe); trotz gewisser Bedenken, die sich aus der grundsätzlichen Beschränkung auf den Produktionsprozess ergeben, ist hier auch der Sachaufwand für Verwaltung und Vertrieb, wie Büro- und Heizungsmaterial, Betriebsstoffe für Transportmittel auszuweisen, da die Ausschaltung der nicht produktionsbezogenen Roh-, Hilfs- und Betriebsstoffe häufig kaum lösbare Abgrenzungsschwierigkeiten bereiten würde.[283]

189

Unter dem Posten „**unfertige Erzeugnisse**" sind solche Gegenstände auszuweisen, die einerseits noch nicht den Beständen an Fertigerzeugnissen zugeordnet werden können, für die jedoch durch Be- oder Verarbeitungsprozesse bereits Aufwendungen (zB Löhne und anteilige Gemeinkosten) entstanden sind. Sie gehören daher andererseits nicht mehr zu den Roh-, Hilfs- und Betriebsstoffen. Bei Dienstleistungsbetrieben sind die am Abschlussstichtag in Arbeit befindlichen Leistungen als „**unfertige Leistungen**" auszuweisen. Unfertige Leistungen sind keine körperlichen Gegenstände, sondern Forderungen, die jedoch erst geltend gemacht werden können, wenn die Leistung vollständig erbracht ist und sich insofern von Forderungen aus Umsatzgeschäften unterscheiden.[284]

190

Zu den **fertigen Erzeugnissen** gehören Vorräte erst dann, wenn sie versandfertig sind.[285] Unter diesem Posten sind auch bestellte und zur Ablieferung am Bilanzstichtag bereitgestellte Waren auszuweisen; hinsichtlich eines Ausweises als Forderung vgl. Rn. 195. Außerhalb des normalen Produktionsprogramms liegende Vermögensgegenstände sind nicht in die Fertigerzeugnisse einzustellen, vielmehr gesondert – ggf. unter den sonstigen Vermögensgegenständen – auszuweisen. Dies gilt selbst dann, wenn eine alsbaldige Veräußerung beabsichtigt ist.[286]

191

Die **Waren** umfassen Handelsartikel und Zubehör zu den Fertigerzeugnissen,[287] d.h. Kriterium ist der Fremdbezug. Leihemballagen gehören grundsätzlich zur Betriebs- und Geschäftsausstattung (vgl. Rn. 170); haben die Abnehmer jedoch ein Wahlrecht zwischen Erwerb und Rückgabe, bestehen gegen eine Einbeziehung in die Vorräte keine Bedenken. Bei Berechnung und Ausweis als Forderung ist eine Rückstellung in Höhe des Pfandgeldes zu bilden.[288]

192

Gesondert unter den Vorräten sind die auf Gegenstände des Vorratsvermögens geleisteten **Anzahlungen** auszuweisen. Erhaltene Anzahlungen auf Bestellungen können von den Vorräten offen abgesetzt werden (§ 268 Abs. 5 S. 2 HGB), indem sie in einer Vorspalte mit den ihnen zuzuordnenden Erzeugnissen verrechnet werden.

193

bb) Forderungen, sonstige Vermögensgegenstände. Zu den Forderungen und sonstigen Vermögensgegenständen gehören Forderungen aus Lieferungen und Leistungen, Forderungen gegen verbundene Unternehmen, Forderungen gegen Unternehmen, mit denen ein Beteiligungsverhältnis besteht sowie sonstige Vermögensgegenstände.

194

---

[282] WP-HdB Bd. I F Rn. 184.
[283] *Geßler/Hefermehl/Eckardt/Kropff/Kropff* § 151 Rn. 46; *Meyer-Landrut/Miller/Niehus* §§ 238–335 Rn. 467; *Baumbach/Hueck/Schulze-Osterloh* § 42 Rn. 134.
[284] *Adler/Düring/Schmaltz* HGB § 266 Rn. 108; aA *Baumbach/Hueck/Schulze-Osterloh* § 42 Rn. 135 „Bilanzierungshilfe".
[285] WP-HdB Bd. I F Rn. 184; *Wiedmann* § 266 Rn. 27.
[286] Vgl. *Adler/Düring/Schmaltz* HGB § 266 Rn. 114.
[287] WP-HdB Bd. I F Rn. 184.
[288] WP-HdB Bd. I F Rn. 186 mwN.

195 **Forderungen aus Lieferungen und Leistungen** sind stets gesondert auszuweisen. Zu ihnen rechnen die Ansprüche aus gegenseitigen Verträgen (Kaufverträge, Werklieferungs- und -leistungsverträge, Dienstleistungsverträge), die von dem bilanzierenden Unternehmen bereits erfüllt sind, deren Erfüllung durch den Schuldner jedoch noch aussteht.[289] Es muss sich somit um Forderungen in engem Zusammenhang mit dem Gegenstand des Unternehmens handeln, d. h. Darlehensforderungen, Schadenersatzforderungen und Gewinnansprüche sind hier nicht auszuweisen.[290] Rabatte, Umsatzprämien und Preisnachlässe anderer Art sind von den Forderungen abzuziehen; Umsatzsteuer und Provisionen sind als Rückstellungen oder Verbindlichkeiten zu passivieren.[291] Noch nicht abgerechnete, aber bereits fertiggestellte Aufträge sind unter Forderungen auszuweisen, falls von einer Gewinnrealisation bereits ausgegangen werden kann, andernfalls als Vorräte.[292] Werden Forderungen aus Lieferungen und Leistungen **langfristig gestundet,** so bleibt ihr Charakter als Warenforderung auch dann erhalten und unabhängig davon, ob die Stundung branchenüblich ist.[293]

196 Forderungen mit einer **Restlaufzeit von mehr als einem Jahr** sind gemäß der Vorschrift des § 268 Abs. 4 S. 1 HGB bei jedem gesondert ausgewiesenen Posten betragsmäßig zu vermerken. Der auszuweisende Betrag ist Bestandteil des jeweils anzubringenden Zusatzes „davon mit einer Restlaufzeit von mehr als einem Jahr DM ...".

197 Unabhängig von ihrer Entstehungsursache sind **Forderungen gegen verbundene Unternehmen,** soweit sie nicht dem Anlagevermögen zugeordnet sind, als solche auszuweisen. Daher sind hier nicht nur Forderungen aus Lieferungen und Leistungen, sondern zB auch aus kurzfristigen Darlehen, Gewinnausschüttungen, Gewinnabführungsverträgen auszuweisen.[294] Hierin enthaltene Forderungen gegen Gesellschafter sind nach § 42 Abs. 3 zu vermerken oder im Anhang anzugeben, wenn sie nicht gesondert ausgewiesen werden (hierzu § 42 Rn. 15 ff.). Dem gesonderten Ausweis ist aus Gründen der Übersichtlichkeit der Vorzug zu geben.

198 Unter **Forderungen gegen Unternehmen, mit denen ein Beteiligungsverhältnis** besteht, sind alle Forderungen, soweit sie nicht dem Anlagevermögen zuzurechnen sind, ausgewiesen. Wegen des Beteiligungsverhältnisses vgl. Rn. 178. Forderungen gegen Gesellschafter sind nach § 42 Abs. 3 zu vermerken oder im Anhang anzugeben, wenn sie nicht gesondert ausgewiesen werden.

199 Der **eingeforderte Betrag der ausstehenden Einlagen** ist nach § 272 Abs. 1 S. 3 HGB unter den Forderungen gesondert auszuweisen, wenn die nicht eingeforderten ausstehenden Einlagen von dem Posten „gezeichnetes Kapital" offen abgesetzt werden (vgl. § 42 Rn. 15).

200 **Nachschüsse der Gesellschafter** sind unter den Forderungen auszuweisen. § 42 Abs. 2 GmbHG bestimmt, dass das Recht der Gesellschaft zur Einziehung von Nachschüssen der Gesellschafter insoweit zu aktivieren ist, als die Einziehung bereits beschlossen ist und den Gesellschaftern ein Recht, durch Verweisung auf den Geschäftsanteil sich von der Zahlung der Nachschüsse zu befreien, nicht zusteht. Der nachzuschießende Betrag ist gesondert unter der Bezeichnung „Eingeforderte Nachschüsse" auszuweisen, soweit mit der Zahlung gerechnet werden kann. Ein dem Ak-

---

[289] *WP-HdB* Bd. I F Rn. 191.
[290] *Geßler/Hefermehl/Eckardt/Kropff/Kropff* § 151 Rn. 51 f.; *Baumbach/Hueck/Schulze-Osterloh* § 42 Rn. 139.
[291] *Adler/Düring/Schmaltz* HGB § 266 Rn. 120.
[292] *Adler/Düring/Schmaltz* HGB § 266 Rn. 127.
[293] *Adler/Düring/Schmaltz* HGB § 266 Rn. 122.
[294] *Adler/Düring/Schmaltz* HGB § 266 Rn. 129; *Baumbach/Hueck/Schulze-Osterloh* § 42 Rn. 140.

Rechnungslegung der GmbH   Anh. I nach § 42 a

tivposten entsprechender Betrag ist auf der Passivseite in dem Posten „Kapitalrücklage"
gesondert auszuweisen; vgl. Rn. 236.

Forderungen gegen Gesellschafter sind gemäß § 42 Abs. 3 unter den Forderun- 201
gen gesondert auszuweisen; erfolgt der Ausweis unter einem anderen Posten, so muss
diese Eigenschaft vermerkt werden.

Die **sonstigen Vermögensgegenstände** bilden einen Misch- und Sammelposten 202
für alle nicht an anderer Stelle auszuweisenden Vermögenswerte.[295] Im Einzelnen werden hier erfasst, soweit nicht ein gesonderter Ausweis vorzunehmen ist: Darlehen, Gehaltsvorschüsse, Bausparkassenguthaben, Kostenvorschüsse (soweit nicht Anzahlungen),
Kautionen und sonstige Sicherheitsleistungen, Steuererstattungs- und Vergütungsansprüche, Schadenersatzansprüche, Zins- und Gewinnansprüche, Ansprüche auf Ver-
sicherungsleistungen, Forderungen aus Bürgschaftsübernahmen und Treuhandverhältnissen, Rückdeckungsansprüche aus Lebensversicherungen (soweit nicht Finanzanlagen), Forderungen aus Lieferung vertretbarer Sachen (zB Wertpapierdarlehen,
Ansprüche gegen Lagerhäuser auf Lieferung von Getreide usw.), GmbH- und Genossenschaftsanteile (soweit keine Beteiligungsabsicht besteht), Ansprüche auf Umsatz-
und Treuerabatte, Konsortialguthaben bei Banken, Forderungen aus der Überlassung
und Übereignung ganzer Betriebe oder einzelner Vermögensgegenstände (wie Maschinen, Fahrzeuge, Grundstücke, Waren usw.), Forderungen aus unterwegs befindlicher
Ware (soweit sie nicht in das Vorratsvermögen einzustellen ist).[296]

In den sonstigen Vermögensgegenständen enthaltene Forderungen mit einer **Rest-** 203
laufzeit von mehr als einem Jahr sind nach § 268 Abs. 4 S. 1 HGB zu vermerken.[297] **Antizipative Forderungen** (Forderungen, die rechtlich erst nach dem Abschlussstichtag entstehen), die einen größeren Umfang haben, müssen nach § 268
Abs. 4 S. 2 HGB im Anhang erläutert werden. Da Forderungen nach dem Realisationsprinzip erst nach Realisierung aktiviert werden können, handelt es sich hierbei um
solche Posten, die nach dem Prinzip der Abgrenzung der Zeit nach dem abgelaufenen
Geschäftsjahr zuzurechnen sind, die aber erst nach dem Abschlussstichtag in Rechnung
gestellt werden, zB um abgegrenzte Zinserträge, jahresumsatzbezogene Boni, zeitanteilige Mieten.[298] Resultiert die Forderung nicht aus einem gegenseitigen Vertrag (zB bei
Schadenersatzansprüchen, Dividendenansprüchen usw.), ist für eine Aktivierung entscheidend, dass sie sich zu einem rechtlich gesicherten Anspruch verdichtet hat. Erforderlich ist somit eine bestimmbare Forderung, die auf Grund der Umstände des Einzelfalls als realisierbarer Vermögensgegenstand anzusehen ist.[299] Die **kleine** GmbH ist
zur Erläuterung der antizipativen Forderungen nicht verpflichtet (§ 274 a Nr. 2 HGB).

cc) Wertpapiere. Der Posten Wertpapiere ist gegliedert in Anteile an verbundenen 204
Unternehmen, eigene Anteile, sonstige Wertpapiere. Die Begriffsbestimmung der
Wertpapiere erfasst alle Wertpapiere des Umlaufvermögens, sofern sie nicht unter an-
deren Posten auszuweisen sind; zu den Wertpapieren rechnen – mit Ausnahme des
Unterpostens Nr. 3 – auch nicht verbriefte Anteile an Unternehmen, soweit sie nicht
Anlagevermögen darstellen.[300] Der Begriff „Wertpapier" des Bilanzgliederungsschemas

---

[295] WP-HdB Bd. I F Rn. 204.
[296] *Adler/Düring/Schmaltz* HGB § 266 Rn. 134; *Meyer-Landrut/Miller/Niehus* §§ 238–335
Rn. 485.
[297] *Adler/Düring/Schmaltz* HGB § 268 Rn. 96.
[298] *Adler/Düring/Schmaltz* HGB § 268 Rn. 104 ff.; *Meyer-Landrut/Miller/Niehus* §§ 238–335
Rn. 485.
[299] *Scholz/Crezelius* Anh. § 42 a Rn. 131; BFH BStBl. II 1984, 723, 725 f.
[300] *Baumbach/Hueck/Schulze-Osterloh* § 42 Rn. 146.

umfasst Inhaber- und Orderpapiere, welche nach Art und Ausstattung übertragbar sind, also alle sog. Kapitalmarktpapiere und ihnen gleichgestellte und sammelverwahrungsfähige Wertrechte, wie insbesondere Bundesschatzbriefe.[301]

205 In Abkehr von bisherigen Bilanzierungsgepflogenheiten sind **Wechsel** nur noch insoweit als Wertpapiere zu erfassen, als dem Unternehmen nicht die der Ausstellung zugrunde liegende Forderung (Finanz- oder Finanzierungswechsel) zusteht; sie sind ansonsten bei der zugrunde liegenden Forderung auszuweisen. Als Wertpapiere werden nur noch Wechsel aus reinen Finanzgeschäften einzustellen sein, zB Schatzwechsel des Bundes, der Länder und der Sondervermögen des Bundes sowie die zur Anlage eigener flüssiger Mittel hereingenommenen Privatdiskonte.

206 **Anteile an** anderen **verbundenen Unternehmen,** die gleichzeitig Wertpapiereigenschaft besitzen und nicht zum Anlagevermögen gehören, sind als solche auszuweisen. Zum Begriff „verbundene Unternehmen" ist auf die Definition in § 271 Abs. 2 HGB (vgl. Rn. 174) zu verweisen.

207 Nach dem Bilanzgliederungsschema sind **eigene Anteile** unter dem Umlaufvermögen, unabhängig von ihrer Zweckbestimmung auszuweisen. Zum Begriff des Geschäftsanteils vgl. § 14 Rn. 1, zum Erwerb desselben § 33 Rn. 5 ff. Eigene Geschäftsanteile haben eine Doppelnatur, d. h. einerseits kann in ihnen ein unsicherer Wert, nämlich ein Korrekturposten zum Eigenkapital gesehen werden, mit der Gefahr, dass sie im Falle der Insolvenz bzw. der Liquidation wertlos sind, und andererseits kann dem aktivierten Betrag im Hinblick auf die Möglichkeit ihrer Veräußerung die Eigenschaft eines echten Vermögenswertes zuerkannt werden.[302] Im Falle der Aktivierung der eigenen Anteile ist nach § 272 Abs. 4 S. 1 HGB stets eine **Rücklage für eigene Anteile** in gleicher Höhe einzustellen. Der gesonderte Ausweis auf der Aktivseite – in Durchbrechung des Prinzips der Darstellung des Eigenkapitals auf der Passivseite, vgl. Rn. 234 ff. – soll diese Risiken kenntlich machen; eine Saldierung der eigenen Geschäftsanteile mit der nach § 272 Abs. 4 S. 1 HGB zu bildenden Rücklage für eigene Anteile (vgl. Rn. 245) ist nach § 246 Abs. 2 HGB unzulässig.

208 Soweit die Gesellschaft beim Erwerb eigener Anteile gegen § 33 Abs. 2 S. 1 verstößt, ist das zugrunde liegende schuldrechtliche Geschäft nach § 33 Abs. 2 S. 3 nichtig. Trotzdem wird die Gesellschaft Inhaberin der Anteile, da das dingliche Erwerbsgeschäft rechtswirksam ist. Sofern nicht der Veräußerer wirtschaftlicher Eigentümer geblieben ist, sind daher die Anteile bei der erwerbenden Gesellschaft zu bilanzieren.[303] Die Rechtsfolgen aus der Nichtigkeit des schuldrechtlichen Geschäfts, nämlich Verpflichtung der Gesellschaft zur Rückübertragung der Anteile (§§ 812 ff. BGB), sind zu passivieren (als Rückstellung für ungewisse Verbindlichkeiten), und gleichzeitig ist der Anspruch der Gesellschaft auf Rückzahlung des Entgelts unter den sonstigen Vermögensgegenständen auszuweisen.[304] Falls auch das dingliche Geschäft nach § 33 Abs. 1 nichtig ist, fehlt der Gesellschaft mangels Verwertungsbefugnis das wirtschaftliche Eigentum;[305] zu aktivieren ist in diesem Falle nur der Anspruch auf Rückzahlung des Kaufpreises, soweit dieser bereits hinreichend konkretisiert ist.

---

[301] BeckBilKomm/*Hoyos/Gutike* HGB § 266 Rn. 80; enger mit Beschränkungen auf Order- und Inhaberpapiere *Meyer-Landrut/Miller/Niehus* §§ 238–335 Rn. 487.
[302] *Lanfermann/Zilias* WPg. 1980, 89.
[303] Vgl. WP-HdB Bd. I F Rn. 207.
[304] *Adler/Düring/Schmaltz* HGB § 266 Rn. 140; *Baumbach/Hueck/Schulze-Osterloh* § 42 Rn. 148.
[305] *Baumbach/Hueck/Schulze-Osterloh* § 42 Rn. 148.

Der Posten **sonstige Wertpapiere** ist ein Sammelposten für alle nicht gesondert auszuweisenden oder ausgewiesenen Wertpapiere.

dd) Flüssige Mittel. Nach dem Bilanzgliederungsschema des § 266 Abs. 2 HGB gehören zu den flüssigen Mitteln **Kassenbestand, Bundesbankguthaben, Guthaben bei Kreditinstituten** und **Schecks**. Der Inhalt des Postens entspricht der heutigen Praxis.[306] Eine Aufgliederung der Posten nach einzelnen Bestandteilen ist zulässig, aber nicht erforderlich.[307]

Unter dem Posten **Schecks** sind die im Besitz der Gesellschaft befindlichen Schecks auszuweisen, die der Bank noch nicht zur Gutschrift eingereicht oder von dieser erst in neuer Rechnung gutgebracht werden. Auch vordatierte Schecks sind hier auszuweisen, da sie gemäß Art. 28 Abs. 2 ScheckG am Tage der Vorlage fällig sind.

Unter dem Posten **Kassenbestand** und **Bundesbankguthaben** sind die Bestände der Haupt- und Nebenkassen einschl. Sorten und Wertmarken (zB Brief-, Steuer- und Gerichtskostenmarken) sowie nicht verbrauchte Francotypwerte auszuweisen. Guthaben bei der Bundesbank (einschl. der Außenstellen und Landeszentralbanken) werden wegen ihrer Sicherheit dem Bargeld gleichgestellt und mit diesem ausgewiesen.

Unter dem Posten **Guthaben bei Kreditinstituten** werden Forderungen an Kreditinstitute iS des § 1 KWG ausgewiesen, unabhängig davon, ob es sich um ein inländisches Kreditinstitut oder ein gleichartiges ausländisches Institut aus dem Kreditverkehr handelt. Die Ausweispflicht umfasst sowohl täglich fällige Gelder als auch Festgelder und ist unabhängig davon, ob die Guthaben in In- oder Auslandswährung bestehen. Eingeräumte, aber nicht in Anspruch genommene Kredite bilden keine Guthaben bei Kreditinstituten und sind daher nicht bilanzierungsfähig. Unzulässig ist ferner eine Passivierung der eingeräumten Kreditlinie in voller Höhe unter gleichzeitiger Aktivierung des nicht in Anspruch genommenen Teils als Guthaben.[308] Gleichartige Guthaben und Verbindlichkeiten gegenüber demselben Kreditinstitut sind, soweit sie nicht unterschiedliche Fristigkeiten aufweisen, zu saldieren; im Übrigen ist eine Saldierung unzulässig.[309] Guthaben bei Bausparkassen sind ebenfalls Guthaben bei Kreditinstituten. Bei ausländischen Banken unterhaltene und auf Grund von ausländischen Rechtsvorschriften gesperrte Guthaben sind unter den **sonstigen Vermögensgegenständen** auszuweisen (vgl. Rn. 202). In den Ausweis unter dem Posten Guthaben bei Kreditinstituten sind sämtliche bis zum Bilanztag angefallenen Zinsen, Spesen und Gebühren einzubeziehen.

d) Rechnungsabgrenzungsposten (aktiv). Nach der in Rn. 23 vorgenommenen Unterscheidung stellen **Rechnungsabgrenzungsposten** bilanzierungspflichtige Sachverhalte dar, bei denen es sich weder um Vermögensgegenstände oder Schulden noch um Bilanzierungshilfen handelt (vgl. Rn. 26); zu unterscheiden ist zwischen den aktiven und den passiven Rechnungsabgrenzungsposten. Die Bilanzierung unter den Forderungen, Verbindlichkeiten oder Rückstellungen hat Vorrang gegenüber der Bildung eines aktiven oder passiven Rechnungsabgrenzungspostens.

Nach § 250 Abs. 1 S. 1 HGB sind als **Rechnungsabgrenzungsposten** auf der **Aktivseite** Ausgaben vor dem Abschlussstichtag auszuweisen, soweit sie Aufwand für eine bestimmte Zeit nach diesem Tag darstellen. Die „bestimmte Zeit" muss dabei nach hM kalendermäßig festgesetzt oder zumindest genau bestimmbar

---

[306] Vgl. Begr. RegE BT-Drucks. 10/317 S. 82; zur redaktionellen Änderung des Gliederungspunktes im Rahmen des KapCoRiLiG vgl. Begr. RegE BR-Drucks. 458/99 S. 42.
[307] *Baumbach/Hueck/Schulze-Osterloh* § 42 Rn. 150.
[308] *Adler/Düring/Schmaltz* HGB § 266 Rn. 152.
[309] *Adler/Düring/Schmaltz* HGB § 266 Rn. 153.

sein.[310] Gemäß der Regelung des § 250 Abs. 1 S. 2 HGB dürfen als Rechnungsabgrenzungsposten auch ausgewiesen werden:
1. als Aufwand berücksichtigte Zölle und Verbrauchsteuern, soweit sie auf am Abschlussstichtag auszuweisende Gegenstände des Vorratsvermögens entfallen,
2. als Aufwand berücksichtigte Umsatzsteuer auf am Abschlussstichtag auszuweisende oder von den Vorräten offen abgesetzte Anzahlungen.

Die Regelungen des § 250 Abs. 1 HGB stimmen weitgehend mit der steuerrechtlichen Vorschrift des § 5 Abs. 5 EStG überein.

216 Die unter **Nr. 1** angeführte Vorschrift trifft eine inhaltsgleiche Regelung wie die entsprechende steuerrechtliche Vorschrift (vgl. ebenda, 1. Halbsatz) und ermöglicht den Ansatz der Zölle und Verbrauchssteuern (etwa der Bier-, Branntwein- oder Mineralölsteuer) – soweit sie auf am Abschlussstichtag auszuweisendes Vorratsvermögen entfallen – mit dem Ergebnis, dass die Abgaben in dem Geschäftsjahr als Aufwand behandelt werden, in dem der Hersteller das mit der Abgabe belastete Produkt veräußert und die im Preis einkalkulierte Abgabe vom Abnehmer vergütet erhält.[311] Die durch den Ansatz als Posten der Rechnungsabgrenzung ermöglichte Aufwandsneutralisierung verdeutlicht, dass es sich handelsrechtlich lediglich um einen Korrekturposten und keinen Vermögensgegenstand handelt. Steuerrechtlich liegt hingegen ein (selbstständiger) Aktivposten,[312] d. h. ein Bilanzposten eigener Art vor.

217 Die unter **Nr. 2** angeführte Vorschrift erlaubt den Ansatz von als Aufwand berücksichtigter Umsatzsteuer auf am Abschlussstichtag passivierte oder von den Vorräten offen abgesetzte erhaltene Anzahlungen als Posten der Rechnungsabgrenzung. In steuerlicher Hinsicht handelt es sich wiederum um einen Aktivposten eigener Art.[313] Gegenüber dem Text des Einkommensteuergesetzes ergibt sich eine Änderung insoweit, als zukünftig erhaltene Anzahlungen auf Vorräte auch von diesem Posten auf der Aktivseite offen abgesetzt werden können. Die praktische Bedeutung der Vorschrift ist als gering zu veranschlagen, da die Umsatzsteuer auf erhaltene Anzahlungen gemäß den Grundsätzen der Bilanzierung schwebender Geschäfte und der Systematik des Umsatzsteuergesetzes erfolgsneutral zu behandeln ist.[314]

218 Die Bilanzierung des sog. **Disagios** regelt § 250 Abs. 3 HGB. Wird dieses – rechtsformunabhängige – Aktivierungswahlrecht ausgeübt, so ist der Ausweis als gesonderter Posten unter den Rechnungsabgrenzungsposten auf der Aktivseite unabdingbar.[315] Stattdessen kann das Disagio aber auch im Anhang angegeben werden (§ 268 Abs. 6 HGB). Für **kleine GmbHs** entfällt gemäß § 274a Nr. 4 HGB der gesonderte Ausweis in Bilanz oder Anhang. Der Unterschiedsbetrag zwischen dem Rückzahlungs- und dem Ausgabebetrag von Verbindlichkeiten oder Anleihen kann als Auszahlungsdisagio oder Rückzahlungsagio ausgestaltet sein. Das Damnum bei grundpfandrechtlich gesicherten Krediten entspricht erstem.

219 Wirtschaftlich sind Agio, Disagio oder Damnum ebenso wie der Zins eine im Voraus entrichtete Gegenleistung des Schuldners für die Kapitalüberlassung und werden nachfolgend einheitlich als Disagio bezeichnet. Das Aktivierungswahlrecht kann nur im Ausgabejahr, auch mit einem Teilbetrag, in Anspruch genommen wer-

---

[310] *Adler/Düring/Schmaltz* HGB § 250 Rn. 32; vgl. auch *Baumbach/Hueck/Schulze-Osterloh* § 42 Rn. 151.
[311] *L. Schmidt* § 5 Rn. 259.
[312] Vgl. *L. Schmidt* § 5 Rn. 259.
[313] *L. Schmidt* § 5 Rn. 261.
[314] *Bordewin* BB 1984, 1034.
[315] *Meyer-Landrut/Miller/Niehus* §§ 238–335 Rn. 508.

den.³¹⁶ Bei Aktivierung ist der Unterschiedsbetrag durch planmäßige Abschreibungen, die auf die gesamte Laufzeit verteilt werden dürfen, zu tilgen. Die planmäßige Abschreibung muss mindestens jährlich den Betrag vorsehen, der sich bei einer Verteilung des Disagios entsprechend der vereinbarten Kapitalinanspruchnahme ergibt; Tilgungsmaßstab ist dabei das Verhältnis der auf die einzelnen Jahre entfallenden Zinsen zu den Gesamtzinsen. Höhere planmäßige Abschreibungen sind zulässig. Eine außerplanmäßige Abschreibung kann erforderlich werden, wenn die Verbindlichkeit oder Anleihe vorzeitig zurückgezahlt wird oder sich das Zinsniveau wesentlich ermäßigt.³¹⁷ Nicht zu dem Unterschiedsbetrag gehören zB die Ausgabekosten (Druck- und Werbekosten, Courtage, Börsenumsatzsteuer) einer Anleihe; Emissionskosten sind Aufwand des Geschäftsjahres.³¹⁸

Steuerlich gilt für die Behandlung des Disagios grundsätzlich kein Wahlrecht, sondern ein Aktivierungsgebot mit Verteilung des Unterschiedsbetrags auf die Laufzeit des Darlehens.³¹⁹ 220

e) Sonderposten und Erweiterungen auf der Aktivseite. Wegen der Bilanzierung der **ausstehenden Einlagen** (§ 272 Abs. 1 S. 2 HGB) wird auf die Kommentierung zu § 42 Rn. 15 ff. verwiesen. 221

Die **Aufwendungen für Ingangsetzung des Geschäftsbetriebs** und die **Aufwendungen für Erweiterungen des Geschäftsbetriebs** (vgl. Rn. 26) beinhalten die Aufwendungen für den erstmaligen Aufbau der Betriebs-, Verwaltungs- und Vertriebsorganisation, die nicht nach anderen Vorschriften als Gegenstände des Anlage- oder Umlaufvermögens oder als Rechnungsabgrenzungsposten aktivierungsfähig sind.³²⁰ Hierzu zählen insbesondere Aufwendungen für die Personalbeschaffung und -schulung, für den Aufbau von Beschaffungs- und Absatzwegen, für Organisationsgutachten oder Marktanalysen sowie für Einführungswerbung.³²¹ Die Kosten der Beschaffung von Fremdkapital, die die allgemeinen Kriterien der Ingangsetzungskosten erfüllen, können ebenfalls aktiviert werden.³²² Unter Erweiterungsaufwendungen fallen alle Aufwendungen, die ihrer Art nach den Ingangsetzungsaufwendungen entsprechen, jedoch nicht anlässlich der erstmaligen Ingangsetzung, sondern einer Ausweitung des Geschäftsbetriebs angefallen sind. Die Erweiterung kann durch die Aufnahme neuer Produkte oder Geschäftszweige, durch wesentliche Kapazitätserweiterungen oder Übernahme anderer Unternehmen, durch die Erweiterung der Vertriebsorganisation verursacht sein.³²³ Nicht aktivierungsfähig sind Aufwendungen für Betriebsverlegungen und Kapazitätserweiterungen.³²⁴ Bei den Aufwendungen für die Ingangsetzung und Erweiterung des Geschäftsbetriebs handelt es sich um eine Bilanzierungshilfe (hierzu Rn. 22). Möglich ist, nur einen Teil der Aufwendungen zu aktivieren. Dieses Wahlrecht kann aber nur im Jahr des Anfalls der Aufwendungen wahrgenommen werden. Die nach § 269 S. 1 HGB aktivierungsfähigen Beträge sind in der Bilanz vor dem An- 222

---

[316] *Adler/Düring/Schmaltz* HGB § 250 Rn. 85; WP-HdB Bd. I E Rn. 200; iErg. wohl auch *Geßler/Hefermehl/Eckardt/Kropff/Kropff* § 156 Rn. 22; die Anerkennung eines Teilbetrages ablehnend *Baumbach/Hueck/Schulze-Osterloh* § 42 Rn. 154.
[317] WP-HdB Bd. I E Rn. 201.
[318] *Adler/Düring/Schmaltz* HGB § 250 Rn. 89.
[319] Vgl. H 37 EStR 1999 „Damnum"; BFH BStBl. 1989 II S. 722, 726.
[320] BeckBilKomm/*Budde/Karig* HGB § 269 Rn. 2.
[321] *Adler/Düring/Schmaltz* HGB § 269 Rn. 12.
[322] *Adler/Düring/Schmaltz* HGB § 269 Rn. 12.
[323] *Adler/Düring/Schmaltz* HGB § 269 Rn. 15.
[324] *Scholz/Crezelius* Anh. § 42 a Rn. 134.

Anh. I nach § 42 a 3. Abschnitt. Vertretung und Geschäftsführung

lagevermögen auszuweisen und im Anhang zu erläutern. Die Entwicklung des Postens ist im Anlagespiegel darzustellen (§ 268 Abs. 2 HGB). Die aktivierten Aufwendungen sind nach § 282 HGB ab dem der Aktivierung folgenden Geschäftsjahr mit jährlich mindestens einem Viertel **abzuschreiben.** Eine bestimmte Abschreibungsmethode oder ein Abschreibungsplan ist nicht erforderlich, so dass der Bilanzierende frei ist, den aktivierten Betrag linear mit mindestens 25 % oder mit fallenden bzw. sonst wechselnden Sätzen oder den jeweiligen Vortrag in voller Höhe abzuschreiben.[325]

223   Für Zwecke der steuerrechtlichen Gewinnermittlung besteht mangels aktivierungsfähigem Wirtschaftsgut ein Aktivierungsverbot; die Aufwendungen für die Ingangsetzung und Erweiterung des Geschäftsbetriebs führen damit zu sofort abzugsfähigen Betriebsausgaben.[326] Aus Gründen einer periodengerechten Erfolgsermittlung ist deswegen nach § 274 Abs. 1 HGB eine passivische Steuerabgrenzung vorzunehmen, obwohl der Steuerabgrenzungsposten in diesem Fall keinen Schuldcharakter hat.[327]

224   Soweit Ingangsetzungs- und Erweiterungsaufwendungen aktiviert werden, dürfen Gewinne nur ausgeschüttet werden, wenn die nach der Ausschüttung verbleibenden jederzeit auflösbaren Gewinnrücklagen zuzüglich eines Gewinnvortrags bzw. abzüglich eines Verlustvortrags dem angesetzten Betrag mindestens entsprechen (§ 269 S. 2 HGB). Da auch die Rückstellungsbildung nach § 274 Abs. 1 iVm. § 249 Abs. 1 S. 1 HGB wie eine **Ausschüttungssperre** wirkt, kommt es möglicherweise zu einer **Kumulierung.**[328] Durch die Aktivierung von Ingangsetzungs- und Erweiterungsaufwendungen wird die **Verlustanzeige nach § 49 Abs. 3** hinausgeschoben.[329]

225   Ein **Verschmelzungsmehrwert,** der früher beim Geschäfts- oder Firmenwert gesondert auszuweisen war, ist nach der Neuregelung des Umwandlungsgesetzes nunmehr entfallen.[330]

226   Bezüglich der **Ausleihungen und Forderungen gegenüber Gesellschaftern** wird auf die Kommentierung zu § 42 Rn. 14 ff. sowie Rn. 177, 198 verwiesen. Dieser Posten wird sinnvollerweise zwischen Ausleihungen an verbundene Unternehmen und Beteiligungen oder zwischen Forderungen gegen verbundene Unternehmen und Forderungen gegen Unternehmen, mit denen ein Beteiligungsverhältnis besteht, eingeordnet.

227   **Eingeforderte, noch nicht eingezahlte Einlagen** (§ 272 Abs. 1 S. 3 HGB) sind unter den Forderungen gesondert zu zeigen, wenn auf der Passivseite das eingeforderte Kapital gezeigt wird. Der Ausweis sollte zweckmäßigerweise vor den sonstigen Vermögensgegenständen erfolgen. Im Übrigen wird auf die Kommentierung zu § 42 Rn. 15 ff. und Rn. 198 verwiesen.

228   **Eingeforderte Nachschüsse** werden sinnvollerweise vor den sonstigen Vermögensgegenständen eingeordnet; auf die Kommentierung zu § 42 Rn. 8 ff. sowie Rn. 198 wird verwiesen.

229   Der **aktive Saldo latenter Steuern** (§ 274 Abs. 2 HGB) wird sinnvollerweise vor oder nach den Rechnungsabgrenzungsposten ausgewiesen,[331] wenn die GmbH von der Möglichkeit dieser Bilanzierungshilfe (vgl. Rn. 26) Gebrauch macht. Der Posten ist

---

[325] *Adler/Düring/Schmaltz* HGB § 282 Rn. 10.
[326] BdF-Schreiben vom 27. 4. 1970, BB 1970, 652.
[327] Ebenso BeckBilKomm/*Budde/Karig* HGB § 269 Rn. 11; *Baumbach/Hueck/Schulze-Osterloh* § 42 Rn. 99; *Adler/Düring/Schmaltz* HGB § 274 Rn. 12, 38 mwN.
[328] *Baumbach/Hueck/Schulze-Osterloh* § 42 Rn. 99.
[329] Maßgeblichkeit der Handelsbilanz; vgl. *Baumbach/Hueck/Schulze-Osterloh* § 42 Rn. 101.
[330] *Fischer* DB 1995, 487.
[331] *Adler/Düring/Schmaltz* HGB § 266 Rn. 172.

im Anhang zu erläutern (§ 274 Abs. 2 S. 2 HGB). Ein aktiver Steuerabgrenzungsposten entsteht, wenn folgende Bedingungen vorliegen:
- Niedrigere handelsrechtliche Bilanzwerte auf der Aktivseite infolge unterschiedlicher Bilanzierung und Bewertung,
- höhere handelsrechtliche Bilanzwerte auf der Passivseite infolge unterschiedlicher Bilanzierung und Bewertung,
- das handelsrechtliche Ergebnis vor Ertragsteuern ist infolgedessen kleiner als das zu versteuernde Einkommen,
- der relativ höhere Steueraufwand des Geschäftsjahres und früherer Geschäftsjahre gleicht sich voraussichtlich in späteren Geschäftsjahren aus (keine permanente Abweichung).

Eine unterschiedliche **Bilanzierung und Bewertung** auf der Aktivseite der Bilanz wird durch Vornahme von Abschreibungen, die nach den steuerrechtlichen Vorschriften nicht oder nicht in dieser Höhe vorgenommen werden dürfen, durch niedrigeren Ansatz der Herstellungskosten in der Handelsbilanz auf Grund der Nichtaktivierung von Gemeinkosten, durch Nichtaktivierung des Geschäfts- oder Firmenwerts nach § 255 Abs. 4 S. 1 HGB, durch Nichtaktivierung eines Dividendenanspruchs bei Vorliegen eines Beherrschungsverhältnisses oder durch sofortige Aufwandsverrechnung eines Disagios verursacht. In diesen Fällen ergibt sich in der Steuerbilanz durch die Aktivierung der Gemeinkosten bei den Herstellungskosten, durch die Aktivierung des Geschäfts- oder Firmenwerts, durch die zwingende Aktivierung des Dividendenanspruchs[332] sowie durch Aktivierung des Disagios[333] ein höherer Gewinn als in der Handelsbilanz. Gleiches ergibt sich auf der Passivseite der Bilanz durch Nichtanerkennung von Rückstellungen für steuerliche Zwecke (Drohverlustrückstellungen nach § 249 Abs. 1 S. 1 HGB oder Aufwandsrückstellungen nach § 249 Abs. 2 HGB) und durch Berechnungsunterschiede bei der Ermittlung von Rückstellungen (zB Rechnungszinsfuß bei Pensionsrückstellungen).[334] 230

Eine Steuerabgrenzung ist nur bei temporären Abweichungen, nicht bei permanenten Abweichungen von Handelsbilanz und Steuerbilanz möglich (§ 274 Abs. 2 S. 1 HGB). Die Steuerabgrenzung ist jährlich neu zu berechnen;[335] bei der Ermittlung der Steuerabgrenzung müssen aktivische und passivische Komponenten saldiert werden, wobei ungewisse Steuerverbindlichkeiten, die sich nicht aus temporären Differenzen zwischen Handels- und Steuerbilanz ergeben, nicht einbezogen werden dürfen **(Gesamtdifferenzbetrachtung).**[336] Bei der Berechnung der Steuerentlastung nachfolgender Geschäftsjahre sind erkennbare Veränderungen der Steuersätze zu berücksichtigen. Aus Vereinfachungsgründen werden im Allgemeinen keine Einwendungen zu erheben sein, wenn bei der Steuerberechnung so lange von einer steuerlichen Maximalbelastung ausgegangen wird, als nicht erkennbar ist, dass dies aus speziellen Gründen nicht angebracht ist.[337] 231

Der aktivische Saldo latenter Steuern führt nach § 274 Abs. 2 S. 3 HGB zu einer **Ausschüttungssperre,** d.h. Gewinne dürfen nur ausgeschüttet werden, wenn die 232

---

[332] BFH BStBl. II 1980, 702.
[333] H 37 EStR 1999 „Damnum".
[334] Vgl. hierzu *Adler/Düring/Schmaltz* HGB § 274 Rn. 43 f.
[335] BeckBilKomm/*Hoyos/Fischer* HGB § 274 Rn. 61; *Baumbach/Hueck/Schulze-Osterloh* § 42 Rn. 162.
[336] Vgl. hierzu IDW Stellungnahme des Sonderausschusses BiRiLiG 3/1988.
[337] IDW Stellungnahme des Sonderausschusses BiRiLiG 3/1988; *Adler/Düring/Schmaltz* HGB § 274 Rn. 24 f.

nach der Ausschüttung verbleibenden jederzeit auflösbaren Gewinnrücklagen zuzüglich eines Gewinnvortrags bzw. abzüglich eines Verlustvortrags dem angesetzten Betrag mindestens entsprechen. Der aktive Saldo latenter Steuern ist **aufzulösen,** sobald die Steuerentlastung eintritt oder mit ihr voraussichtlich nicht mehr zu rechnen ist.

233   Nach § 268 Abs. 3 HGB ist für den Fall, dass das Eigenkapital durch Verluste aufgebraucht ist und sich ein Überschuss der Passivposten über die Aktivposten ergibt, der Unterschiedsbetrag am Schluss der Aktivseite der Bilanz gesondert unter der Bezeichnung „**nicht durch Eigenkapital gedeckter Fehlbetrag**" auszuweisen. Durch diese sich rein rechnerisch ergebende **Korrekturgröße zum Eigenkapital** wird die bilanzielle Überschuldung ausgedrückt. Dies kann als Indikator für eine Prüfung angesehen werden, ob der Überschuldungstatbestand gemäß § 64 Abs. 1 S. 2 vorliegt.[338] Die Eigenart des Postens als Restgröße führt dazu, dass das Eigenkapital auf der Passivseite in der Hauptspalte in derartigen Fällen keinen Betrag mehr aufweist; die ggf. anzuwendenden Bestimmungen der Insolvenzordnung bleiben unberührt.

234   **f) Eigenkapital. aa) Eigenkapitalausweis bei der GmbH.** Der Posten **Eigenkapital** ist nach § 247 Abs. 1 HGB gesondert auszuweisen und hinreichend aufzugliedern. Er umfasst:
  I. Gezeichnetes Kapital;
  II. Kapitalrücklage;
  III. Gewinnrücklagen:
    1. gesetzliche Rücklage;
    2. Rücklage für eigene Anteile;
    3. satzungsmäßige Rücklagen;
    4. andere Gewinnrücklagen;
  IV. Gewinnvortrag/Verlustvortrag;
  V. Jahresüberschuss/Jahresfehlbetrag.
   Zweck der Norm ist die deutlichere Darstellung der Eigenkapitalverhältnisse durch Zusammenfassung sämtlicher Bilanzposten mit Eigenkapitalcharakter.

235   Das **Stammkapital** der GmbH ist nach § 42 Abs. 1 als „**gezeichnetes Kapital**" auszuweisen. Auf die Kommentierung zu § 42 Rn. 2 ff. wird verwiesen.

236   Als **Kapitalrücklage** sind gemäß § 272 Abs. 2 HGB auszuweisen:
  1. der Betrag, der bei der Ausgabe von Anteilen einschließlich von Bezugsanteilen über den Nennbetrag hinaus erzielt wird;
  2. der Betrag, der bei der Ausgabe von Schuldverschreibungen für Wandlungsrechte und Optionsrechte zum Erwerb von Anteilen erzielt wird;
  3. der Betrag von Zuzahlungen, die Gesellschafter gegen Gewährung eines Vorzugs für ihre Anteile leisten;
  4. der Betrag von anderen Zuzahlungen, die Gesellschafter in das Eigenkapital leisten.

237   Während der unter 2. genannte Posten mangels einer Vorschrift im GmbHG über die Ausgabe von Wandelschuldverschreibungen entfallen dürfte, sind die gemäß § 42 Abs. 2 eingeforderten und unter den Forderungen ausgewiesenen Nachschüsse der Gesellschafter (vgl. Rn. 198) in gleicher Höhe in dem Posten „Kapitalrücklagen" gesondert auszuweisen. Insofern ist die Postenbezeichnung ggf. in „Kapitalrücklagen" abzuändern (vgl. § 42 Rn. 10 f.).

238   Gemäß § 58b Abs. 2 dürfen aus der Kapitalherabsetzung gewonnene Beträge in die Kapitalrücklage eingestellt werden, soweit diese 10 % des Stammkapitals nicht übersteigt. Wenn sich bei der Aufstellung der Jahresbilanz für das Geschäftsjahr, in dem der

---

[338] Vgl. *Adler/Düring/Schmaltz* HGB § 268 Rn. 86; BeckBilKomm/*Förschle/Kofahl* HGB § 268 Rn. 76.

Beschluss über die Kapitalherabsetzung gefasst wurde, oder für eines der beiden folgenden Geschäftsjahre ergibt, dass Wertminderungen und sonstige Verluste in der angenommenen Höhe tatsächlich nicht eingetreten sind, dann muss der Unterschiedsbetrag in die Kapitalrücklage eingestellt werden (§ 58 c).

Einstellungen in die Kapitalrücklage sind nach § 270 Abs. 1 HGB bereits bei der **239** Aufstellung der Bilanz vorzunehmen; gleiches gilt für ihre Auflösung, sofern die Geschäftsführer durch Satzung oder Beschluss der Gesellschafterversammlung entsprechend ermächtigt sind.[339] Bildung und Auflösung der Kapitalrücklage beeinflussen nicht das Jahresergebnis (§ 275 Abs. 4 HGB).

Bei der **Überpariemission** dürfen die Kosten der Ausgabe von Anteilen nicht vom **240** Einstellungsbetrag abgesetzt werden.[340] Die Festsetzung eines Agios muss bei der GmbH im Fall der Gründung im Gesellschaftsvertrag, im Falle der Kapitalerhöhung im Erhöhungsbeschluss erfolgen. Ein Agio kann sich auch bei Sacheinlagen (§ 56 Abs. 1) ergeben. Ebenso wie das Agio sind die Zuzahlungen bei Gewährung von Vorzügen[341] sowie andere Zuzahlungen in das Eigenkapital, insbesondere nach dem „Schütt-aus-hol-zurück-Verfahren" aufzunehmen.

Das **Schütt-aus-hol-zurück-Verfahren** erlaubte es der Gesellschaft, die unter- **241** schiedlichen Steuersätze auf den thesaurierten Gewinn der GmbH einerseits und das Einkommen des Gesellschafters andererseits bei der Eigenkapital-Finanzierung nutzbar zu machen (vgl. R 77 Abs. 9 KStR). Die Bedeutung des Schütt-aus-hol-zurück-Verfahrens nahm in der Vergangenheit daher regelmäßig dann zu, wenn es auf Grund steuergesetzlicher Änderungen jeweils zum Ende eines Kalenderjahrs zu einer Zwangsumgliederung des steuerlichen verwendbaren Eigenkapitals bei der GmbH kam. Mit Einführung eines einheitlichen Körperschaftssteuersatzes durch das StSenkG (25 %, § 23 Abs. 1 KStG) auf Unternehmensebene, der unabhängig davon gilt, ob die Gewinne ausgeschüttet oder einbehalten werden, sowie des Halbeinkünfteverfahrens gemäß § 3 Nr. 40 Buchst. d EStG für Gesellschafter, die natürliche Personen sind bzw. der vollständigen Steuerfreistellung der Dividenden gemäß § 8 b Abs. 1 KStG für Gesellschafter, die Kapitalgesellschaften sind, ab dem Veranlagungszeitraum 2001, geht die Bedeutung des Schütt-aus-hol-zurück-Verfahrens deutlich zurück. Handelsbilanziell sind die wiedereingelegten Ausschüttungsbeträge in die Kapitalrücklage einzustellen. Bei der Durchführung des Schütt-aus-hol-zurück-Verfahrens ist zu beachten, dass die Wiedereinlage schuldrechtlich oder satzungsrechtlich abgesichert ist und die Wiedereinlage unter Beachtung der Sacheinlagevorschriften erfolgen muss.[342] Werden die Sacheinlagevorschriften nicht eingehalten, handelt es sich um eine verdeckte Sacheinlage, deren Heilung ein aufwändiges Verfahren nach sich zieht. Wird dem Registergericht gegenüber offengelegt, dass die Kapitalerhöhung im Rahmen eines Schütt-aus-hol-zurück-Verfahrens durchgeführt wird, finden die Grundsätze der verdeckten Sacheinlage dagegen keine Anwendung.[343]

Als andere Zuzahlungen in das Eigenkapital (§ 272 Abs. 2 Nr. 4 HGB) kommen **242** auch Sachzuwendungen (zB ein **Forderungsverzicht**) in Frage.[344] Im Falle eines Forderungsverzichts liegt eine andere Zuzahlung in das Eigenkapital dann vor, wenn dies ausdrücklich zwischen Gesellschaft und Gesellschafter vereinbart wurde. Fehlt eine

---

[339] *Baumbach/Hueck/Schulze-Osterloh* § 42 Rn. 167.
[340] *Adler/Düring/Schmaltz* HGB § 272 Rn. 93.
[341] Vgl. hierzu *Meyer-Landrut/Miller/Niehus* §§ 238–335 Rn. 528.
[342] BGHZ 113, 335.
[343] BGHZ 135, 381.
[344] *Adler/Düring/Schmaltz* HGB § 272 Rn. 95.

solche Vereinbarung, ist der Forderungsverzicht ertragswirksam und führt zu einer Erhöhung des Jahresüberschusses bzw. zu einer Minderung des Verlustvortrags. Steuerlich liegt eine Einlage jedoch immer nur in Höhe des werthaltigen Teils der Forderung vor; der nicht werthaltige Teil der Forderung ist ertragswirksam zu vereinnahmen.[345]

243 Nach § 272 Abs. 3 HGB dürfen als **Gewinnrücklagen** nur Beträge ausgewiesen werden, die im Geschäftsjahr oder in einem früheren Geschäftsjahr aus dem Ergebnis gebildet worden sind. Dazu gehören gesetzliche oder auf Gesellschaftsvertrag, Satzung oder Statut beruhende und andere Rücklagen. Da es eine dem § 150 Abs. 1, Abs. 2 AktG vergleichbare Vorschrift für die GmbH nicht gibt, sind bei der GmbH demnach folgende Arten von Gewinnrücklagen möglich:
1. Rücklage für eigene Anteile
2. satzungsmäßige Rücklagen
3. andere Gewinnrücklagen.

244 Zuständig für die Einstellung von Beträgen in die Gewinnrücklage ist nach § 29 Abs. 2 die Gesellschafterversammlung, sofern der Gesellschaftsvertrag nicht etwas anderes bestimmt. Die Gewinnrücklage nach § 29 Abs. 4 kann von den Geschäftsführern im Rahmen der Aufstellung des Jahresabschlusses gebildet werden, bedarf aber der Zustimmung der Gesellschafter durch Feststellungsbeschluss (vgl. § 29 Rn. 83 ff.).

245 In die **Rücklage für eigene Anteile** ist der Betrag einzustellen, der dem auf der Aktivseite der Bilanz für die eigenen Geschäftsanteile oder Anteile eines herrschenden oder eines mit Mehrheit beteiligten Unternehmens (§ 272 Abs. 4 S. 1, S. 4 HGB) entspricht. Die Rücklage ist bereits bei der Aufstellung der Bilanz vorzunehmen und darf aus laufendem Gewinn oder vorhandenen Gewinnrücklagen gebildet werden, soweit diese frei verfügbar sind. Daneben kommt auch eine Einstellung der Kapitalrücklage in die Rücklage für eigene Anteile in Betracht,[346] da bei der GmbH – anders als bei der AG – über die Kapitalrücklage verfügt werden kann. Die Rücklage ist selbst dann zu bilden, wenn die vorhandenen Mittel zu ihrer Bildung nicht ausreichen. In diesem Fall ist ein Bilanzverlust auszuweisen.[347] Mit der dem § 33 Abs. 2 entsprechenden Regelung der Rücklagenbildung für eigene Geschäftsanteile wird eine Ausschüttungssperre bezweckt.[348] Mit der Rücklagenbildung für die Anteile eines herrschenden und eines mit Mehrheit beteiligten Unternehmens soll eine Umgehung des § 272 Abs. 4 S. 1 HGB verhindert werden.

246 Die Zulässigkeit des Erwerbs eigener Anteile richtet sich nach § 33. Hiernach darf die Gesellschaft eigene Anteile nur erwerben, sofern der Erwerb aus dem über den Betrag des Stammkapitals hinaus vorhandenen Vermögen geschehen und die Gesellschaft in ihrem nächsten Jahresabschluss die vorgeschriebene Rücklage für eigene Anteile bilden kann, ohne das Stammkapital oder eine nach dem Gesellschaftsvertrag zu bildende Rücklage zu mindern, die nicht zu Zahlungen an die Gesellschaft verwendet werden darf. Die Voraussetzungen des § 33 Abs. 2 müssen im Erwerbszeitpunkt vorliegen.

247 Die Rücklage für eigene Anteile und die Rücklage für Anteile eines herrschenden oder eines mit Mehrheit beteiligten Unternehmens sind getrennt auszuweisen.[349] Die Rücklage für eigene Anteile darf nur aufgelöst werden, soweit die eigenen Anteile ausgegeben, veräußert, eingezogen oder mit einem niedrigeren Wert nach § 253 Abs. 3

---

[345] BFH GS BStBl. 1998 II S. 307; *L. Schmidt* § 6 Rn. 440 „Forderungsverzicht".
[346] *Adler/Düring/Schmaltz* HGB § 272 Rn. 185; *Scholz/Crezelius* Anh. § 42 a Rn. 189.
[347] BeckBilKomm/*Förschle/Kofahl* HGB § 272 Rn. 120.
[348] BeckBilKomm/*Förschle/Kofahl* HGB § 272 Rn. 118.
[349] Entsprechende Empfehlung findet sich auch bei BeckBilKomm/*Förschle/Kofahl* HGB § 272 Rn. 121; *Baumbach/Hueck/Schulze-Osterloh* § 42 Rn. 173.

Rechnungslegung der GmbH **Anh. I nach § 42 a**

HGB angesetzt werden. Eine Auflösung für andere Zwecke ist nicht zulässig.[350] Bei einer Verminderung des aktivierten Betrags ist von einer zwingenden Auflösungspflicht auszugehen.[351] Insoweit besteht Auflösungskompetenz der Geschäftsführer bereits bei der Aufstellung des Jahresabschlusses.[352] Eine Unterlassung der Rücklagenbildung führt in entsprechender Anwendung von § 256 Abs. 1 Nr. 4 AktG zur Nichtigkeit des Jahresabschlusses.[353]

Der BMF hat mit Erlass vom 2. 12. 1998[354] zur steuerrechtlichen Behandlung des Erwerb eigener Aktien Stellung genommen. Obwohl der Wortlaut des Erlasses ausschließlich auf AG abzielt, enthält er Hinweise, die auch auf die steuerliche Behandlung des Erwerbs eigener Anteile durch eine GmbH Anwendung finden können. 248

Satzungsmäßige Rücklagen sind nur solche Rücklagen, die auf Grund einer bindenden Verpflichtung[355] des Gesellschaftsvertrags über die Dotierung von Rücklagen gebildet werden. Satzungsmäßige Rücklagen sind nach § 270 Abs. 2 HGB bereits bei der Aufstellung der Bilanz zu berücksichtigen.[356] Satzungsmäßige Rücklagen brauchen keinem besonderen Zweck zu dienen. 249

Der als **andere Gewinnrücklagen** bezeichnete Posten bildet eine Restgröße und umfasst die nicht gesondert auszuweisenden Rücklagen. Hierunter fallen insbesondere die auf Grund Ermächtigung im Gesellschaftsvertrag sowie nach § 29 Abs. 2, Abs. 4 zu bildenden Gewinnrücklagen. Nach § 29 Abs. 4 können die Geschäftsführer mit Zustimmung des Aufsichtsrats oder der Gesellschafter den Eigenkapitalanteil von Wertaufholungen bei Vermögensgegenständen des Anlage- und Umlaufvermögens und von bei der steuerrechtlichen Gewinnermittlung gebildeten Passivposten, die nicht im Sonderposten mit Rücklageanteil ausgewiesen werden dürfen, in andere Gewinnrücklagen einstellen. Eine Wertaufholung ist nach § 280 Abs. 1 HGB vorzunehmen, wenn bei einem Vermögensgegenstand eine außerplanmäßige Abschreibung, eine Abschreibung nach dem Niederstwertprinzip oder eine steuerrechtliche Abschreibung vorgenommen wurde und wenn sich in einem späteren Geschäftsjahr herausstellt, dass die Gründe hierfür nicht mehr bestehen. Zur Bedeutung von § 280 Abs. 2 HGB nach den im Rahmen des StEntlG 1999/2000/2002 erfolgten Änderungen vgl. Rn. 99. Durch eine Rücklagenbildung nach § 29 Abs. 4 soll der Zuschreibungsbetrag in Höhe des Eigenkapitalanteils (die wegen der Erhöhung des steuerpflichtigen Gewinns entstehende Steuerbelastung ist als Rückstellung zu berücksichtigen) der Ausschüttung entzogen werden.[357] Der zweite Fall der Rücklagenbildung nach § 29 Abs. 4 betrifft den Eigenkapitalanteil des bei der steuerrechtlichen Gewinnermittlung gebildeten Passivpostens, der nicht im Sonderposten mit Rücklageanteil ausgewiesen werden darf. Die praktische Relevanz der Vorschrift ist gering.[358] 250

Der **Gewinnvortrag** ergibt sich aus dem vergangenen Jahresabschluss und aus dem Gewinnverteilungsbeschluss über das Ergebnis des Vorjahrs. Der **Verlustvortrag** er- 251

---
[350] Vgl. *Lanfermann/Zilias* WPg. 1980, 89, 92.
[351] *Lanfermann/Zilias* WPg. 1980, 89, 93 f.; *Adler/Düring/Schmaltz* HGB § 272 Rn. 158.
[352] *Baumbach/Hueck/Schulze-Osterloh* § 42 Rn. 173.
[353] Vgl. *Baumbach/Hueck* § 42 Rn. 173.
[354] BStBl. 1998 I S. 1509 ff.
[355] Soweit nur ermächtigende Verpflichtung nur Ausweis als andere Gewinnrücklage; vgl. *Adler/Düring/Schmaltz* HGB § 272 Rn. 202; *Baumbach/Hueck/Schulze-Osterloh* § 42 Rn. 174.
[356] BeckBilKomm/*Budde/Raff* HGB § 270 Rn. 26; aA *Baumbach/Hueck/Schulze-Osterloh* § 42 Rn. 17 „keine Verpflichtung zur Rücklagenbildung schon bei Aufstellung".
[357] Vgl. *Baumbach/Hueck/Schulze-Osterloh* § 42 Rn. 175.
[358] Vgl. *Hachenburg/Goerdeler/Müller* 8. Aufl. § 29 Rn. 138; auch *Baumbach/Hueck/Schulze-Osterloh* § 42 Rn. 175, 182.

gibt sich ebenfalls aus dem vorangegangenen Jahresabschluss als negative Restgröße. Der Ausweis entfällt nach § 268 Abs. 1 S. 2 HGB, wenn die Bilanz unter Berücksichtigung der teilweisen Verwendung des Jahresergebnisses aufgestellt wird. Dann ist aber eine gesonderte Angabe in der Bilanz oder im Anhang erforderlich.

252 Der Posten **Jahresüberschuss/Jahresfehlbetrag** ist der Betrag, der sich bei Aufstellung der Bilanz vor der Verwendung des Ergebnisses als Überschuss der Aktivposten über die Passivposten (Jahresüberschuss) oder als Überschuss der Passivposten über die Aktivposten (Jahresfehlbetrag) ergibt. Der Jahresüberschuss/Jahresfehlbetrag ist identisch mit der sich aus der Gewinn- und Verlustrechnung als Saldo von Aufwendungen und Erträgen ergebenden Restgröße. Soweit auf Grund eines Jahresfehlbetrages, eines Verlustvortrages bzw. eines Bilanzverlustes das Eigenkapital negativ würde, ist der überschießende Betrag am Schluss der Bilanz auf der Aktivseite gesondert unter der Bezeichnung „nicht durch Eigenkapital gedeckter Fehlbetrag" auszuweisen (§ 268 Abs. 3 HGB, vgl. Rn. 233).

253 Die Bilanz darf nach § 268 Abs. 1 HGB auch unter Berücksichtigung der vollständigen oder teilweisen Verwendung des Jahresergebnisses aufgestellt werden. Wird die Bilanz unter Berücksichtigung der teilweisen Verwendung des Jahresergebnisses aufgestellt, so tritt an die Stelle der Posten Jahresüberschuss/Jahresfehlbetrag und Gewinnvortrag/Verlustvortrag der Posten **Bilanzgewinn/Bilanzverlust;** ein vorhandener Gewinn- oder Verlustvortrag ist in den Posten Bilanzgewinn/Bilanzverlust einzubeziehen und in der Bilanz oder im Anhang gesondert anzugeben. Die Aufstellung einer Bilanz unter Berücksichtigung der Ergebnisverwendung kommt in Betracht, wenn eine gesetzliche oder gesellschaftsvertragliche Verpflichtung zur Rücklagendotierung besteht oder eine entsprechende Ermächtigung gegeben ist und in Anspruch genommen wird oder eine gesellschaftsvertragliche Verpflichtung zur Auflösung von Rücklagen vorliegt oder eine entsprechende Ermächtigung besteht und in Anspruch genommen wird oder vor Bilanzaufstellung ein Gesellschafterbeschluss zur Ergebnisverwendung vorliegt.[359] Die Verwendung des Jahresergebnisses richtet sich bei der GmbH nach den gesellschaftsvertraglichen Regelungen. Zum Ergebnisverwendungsbeschluss wird auf die Kommentierung zu § 42a Rn. 85 ff. verwiesen.

254 Wie die Darstellung der vollständigen oder teilweisen Verwendung des Jahresergebnisses bei der GmbH erfolgen soll, ist im Gegensatz zur AG (vgl. § 158 Abs. 1 AktG) für die GmbH nicht ausdrücklich geregelt. Eine entsprechende Anwendung des § 158 Abs. 1 AktG auch für die GmbH ist empfehlenswert.[360] Die Darstellung der Verwendung des Jahresergebnisses kann danach in der Gewinn- und Verlustrechnung oder im Anhang erfolgen.

255 **bb) Eigenkapitalausweis bei der Kapitalgesellschaft & Co.** § 266 Abs. 3 Buchst. A HGB sieht für das Eigenkapital eine auf die Verhältnisse von Kapitalgesellschaften abgestimmte Gliederung vor, die durch § 264c Abs. 2 HGB eine Abwandlung erfährt, um den **Besonderheiten** der KapGes. & Co. Rechnung zu tragen. Das Eigenkapital der KapGes. & Co. wird wie folgt gegliedert:
Kapitalanteile
Rücklagen
Gewinnvortrag/Verlustvortrag
Jahresüberschuss/Jahresfehlbetrag

---

[359] *Adler/Düring/Schmaltz* HGB § 268 Rn. 17; *Baumbach/Hueck/Schulze-Osterloh* § 42 Rn. 178.
[360] WP-HdB Bd. I F Rn. 488; *Baumbach/Hueck/Schulze-Osterloh* § 42 Rn. 178; *Knop* DB 1986, 549 ff.

Anstelle des für Kapitalgesellschaften vorgesehenen Postens „gezeichnetes Kapital" ist für die KapGes. & Co. der Posten **„Kapitalanteile"** auszuweisen. Die Anpassung trägt der von den Kapitalgesellschaften abweichenden Haftungsregelung der Personengesellschaften Rechnung.[361] Bei Kapitalgesellschaften signalisiert das gezeichnete Kapital die Haftungsmasse gegenüber Dritten. Bei der KapGes. & Co. ist demgegenüber die Gesellschafterhaftung nicht auf die Summe aller Einlagen beschränkt. Auch ist für den Ausweis des Eigenkapitals die Pflichteinlage und nicht die ggf. höhere, im Handelsregister eingetragene **Hafteinlage** maßgeblich. Im Anhang ist ein etwaiger Differenzbetrag anzugeben, um den die tatsächlich durch den Kommanditisten geleistete Pflichteinlage hinter der Hafteinlage zurückbleibt. **256**

Unter den Kapitalanteilen sind diejenigen Kapitalteile auszuweisen, die auf gesellschaftsrechtlicher Ebene überlassen wurden und Eigenkapitalcharakter haben. Zur Abgrenzung zwischen Eigen- und Fremdkapital sind dabei die allgemein gültigen Kriterien heranzuziehen. Um Eigenkapital handelt es sich bei solchen Mitteln, die dem Unternehmen dauerhaft zur Verfügung stehen, mit künftigen Verlusten des Unternehmens zu verrechnen sind und im Insolvenz- oder Liquidationsfall nicht bzw. erst nach Befriedigung der Gläubiger geltend gemacht werden können.[362] Die in der Praxis zahlreich geführten Kapitalkonten der Gesellschafter sind bei der **erstmaligen Anwendung** der Vorschrift zur **Eigenkapitalgliederung** für KapGes. & Co. anhand dieser Kriterien danach zu untersuchen, ob Eigen- oder Fremdkapital vorliegt. Kritisch sind dabei insbesondere die **Kapitalkonten,** auf denen Gewinnansprüche der Gesellschafter erfasst werden. Kapitalkonten, die Fremdkapitalcharakter haben, sind entsprechend als Verbindlichkeit auszuweisen. Gemäß § 264c Abs. 1 HGB sind solche Verbindlichkeiten gegenüber dem Gesellschafter gesondert auszuweisen ist. **257**

Der Ausweis der Kapitalanteile von **persönlich haftenden Gesellschaftern** und **beschränkt haftenden Gesellschaftern** erfolgt jeweils **gesondert,** wobei das Gesetz jedoch eine Zusammenfassung der Kapitalanteile aller persönlich haftender Gesellschafter wie auch der Kapitalanteile aller **Kommanditisten** zulässt (§ 264c Abs. 2 S. 2 u. 6 HGB). Kommen die persönlich haftenden Gesellschafter ihrer Einlagepflicht nicht nach, ist eine entsprechende Forderung als ausstehende Einlage analog § 272 Abs. 1 HGB auszuweisen. Für die nicht voll geleistete Pflichteinlage eines Kommanditisten gilt dies entsprechend. Bestehen sowohl für Komplementäre als auch für Kommanditisten **ausstehende Einlagen,** sind die entsprechenden Aktivposten getrennt voneinander auszuweisen.[363] **258**

Anfallende Verluste, die den Gesellschaftern anteilig zuzurechnen sind, sind mit den Kapitalanteilen zu verrechnen (§ 264c Abs. 2 S. 3 HGB). Sofern sich dadurch ein **negativer Kapitalanteil** eines persönlich haftenden Gesellschafters ergibt, ist dieser auf der Aktivseite unter den Forderungen gesondert als „Einzahlungsverpflichtung persönlich haftender Gesellschafter" auszuweisen, soweit eine Zahlungsverpflichtung besteht (§ 264c Abs. 2 S. 4 HGB). Besteht keine Zahlungsverpflichtung, ist der negative Kapitalsaldo auf der Aktivseite entsprechend dem nicht durch Eigenkapital gedeckten Fehlbetrag nach § 268 Abs. 3 HGB unter der Postenbezeichnung „Nicht durch Vermögenseinlagen gedeckter Verlustanteil persönlich haftender Gesellschafter" zu zeigen (§ 264 Abs. 2 S. 5 HGB). Gleiches gilt für Kommanditisten. Entsprechend der steuerrechtlichen Regelung (vgl. § 15a EStG) zehren jedoch nicht nur Verluste den Kapitalanteil auf. Vielmehr sind auch einen negativen Kapitalanteil verursachende **259**

---

[361] Vgl. BR-Drucks. 458/99 S. 38; *Adler/Düring/Schmaltz* HGB § 264c Rn. 13.
[362] Vgl. BR-Drucks. 458/99 S. 39.
[363] Vgl. BeckBilKomm/*Förschle/Hoffmann* HGB § 264c Rn. 31; WP-HdB Bd. I F Rn. 141.

Anh. I nach § 42 a   3. Abschnitt. Vertretung und Geschäftsführung

Entnahmen des Kommanditisten als Forderung der KapGes. & Co. auszuweisen (§ 264 c Abs. 2 S. 7 HGB).

260 Der Ausweis der Kapitalanteile der Gesellschafter erfolgt einzelfallbezogen. Sofern ein negativer Kapitalanteil besteht, ist dieser zwingend zu aktivieren. Eine Saldierung mit positiven Kapitalanteilen anderer Kommanditisten oder persönlich haftenden Gesellschaftern ist entsprechend der für die KGaA anerkannten Darstellung nicht zulässig.[364]

261 Rücklagen durch Einstellung von Gewinnanteilen dürfen nur bei Bestehen einer entsprechenden gesellschaftsrechtlichen Vereinbarung wie zB Gesellschaftsvertrag oder Sonderbeschluss der Gesellschafter gebildet werden (§ 264 Abs. 2 S. 8 HGB). Eine Trennung in **Kapital- und Gewinnrücklage** ist nicht erforderlich, da von den Gesellschaftern als Einlage eingezahlte Beträge unmittelbar den Kapitalkonten zugeschrieben werden, so dass ein Ausweis von Kapitalrücklagen nicht möglich ist.[365]

262 Das Gliederungsschema gemäß § 264 c Abs. 2 S. 1 HGB sieht den **Ausweis von Jahresfehlbetrag und Verlustvortrag** in der Bilanz vor. Dies widerspricht dem in § 264 c Abs. 2 S. 3 HGB kodifizierten Gedanken, wonach die Verluste eigentlich bei den Kapitalanteilen abzuziehen sind. Regelmäßig wird daher entsprechend der durch das KapCoRiLiG nicht geänderten gesellschaftsrechtlichen Regelungen des § 120 Abs. 2 iVm. §§ 161 Abs. 2, 167 Abs. 1 HGB eine unmittelbare Verrechnung mit den Kapitalanteilen vorgenommen werden. Die Posten III und IV des § 264 c Abs. 2 HGB (Gewinn-/Verlustvortrag und Jahresüberschuss/Jahresfehlbetrag) können im Normalfall nicht entstehen. Sollte jedoch eine gesellschaftsvertragliche Sonderregelung gegeben sein, die zB eine Beschlussfassung der Gesellschafter hinsichtlich der Gewinnverwendung erfordert, ist der Ausweis des unverteilten Gewinns möglich.

263 Die Vorschrift des § 264 c Abs. 3 S. 1 HGB stellt klar, dass das **Privatvermögen** der Gesellschafter wie auch die damit verbundenen Aufwendungen und Erträge nicht in dem handelsrechtlichen Jahresabschluss der KapGes. & Co. berücksichtigt werden dürfen. Allerdings hat die KapGes. & Co. das Wahlrecht, in die Gewinn- und Verlustrechnung nach dem Posten „Jahresüberschuss/Jahresfehlbetrag" fiktive **persönliche Steuern** der Gesellschafter aufzunehmen. Der **Vermögensabgrenzung** kommt besondere Bedeutung bei dem steuerrechtlich definierten Sonderbetriebsvermögen des einzelnen Gesellschafters zu. Es handelt sich dabei um Vermögen der Gesellschafter, das dem Betrieb der KapGes. & Co. bzw. der Beteiligung des Gesellschafters an derselben dient, sich aber zivilrechtlich im Privatvermögen des Gesellschafters befindet. Folglich dürfen weder in der **Sonderbilanz** erfasste Vermögensgegenstände oder Schulden noch die entsprechenden Positionen in der **Ergänzungsbilanz** der einzelnen Gesellschafter im handelsrechtlichen Jahresabschluss enthalten sein. Ergänzungsbilanzen spiegeln die individuellen Anschaffungskosten des Gesellschafters für den ihm zustehenden Anteil an Vermögen und Schulden wider, ohne jedoch auf die Anschaffungskosten der Gesellschaft Einfluss zu haben.

264 Durch das Wahlrecht, den fiktiven Steueraufwand der Gesellschafter nach dem Jahresüberschuss auszuweisen (§ 264 c Abs. 3 S. 2 HGB), wird den KapGes. & Co. ermöglicht, ihren Jahresüberschuss mit dem Jahresüberschuss einer Kapitalgesellschaft im Hinblick auf die Steuerbelastung vergleichbar zu machen.[366] Zur **Ermittlung des Steueraufwandes** soll ein dem Steuersatz der Komplementärgesellschaft entsprechender Steuersatz verwendet werden. Die Regelung lässt jedoch offen, was unter dem

---

[364] BeckBilKomm/*Förschle/Hoffmann* § 264 c Rn. 52; *Adler/Düring/Schmaltz* HGB § 264 c Rn. 22.
[365] *Adler/Düring/Schmaltz* HGB § 264 c Rn. 26.
[366] Vgl. BR-Drucks. 458/99 S. 39 f.

Steuersatz der Komplementärgesellschaft zu verstehen ist. So könnte eine Steuerbelastung ermittelt werden, die der durchschnittlichen Steuerbelastung der Komplementärgesellschaft entspricht. Diese kann je nach Art ihrer Geschäftstätigkeit – reine Gesellschafterstellung, eigene Geschäftstätigkeit, Höhe der nicht abziehbaren Aufwendungen, der steuerfreien Erträge – jedes Jahr unterschiedlich sein. Teilweise wird auch empfohlen, generell auf den jeweils geltenden deutschen Körperschaftsteuersatz abzustellen.[367] Bei der Ermittlung der Steuerbelastung sollte ferner berücksichtigt werden der Solidaritätszuschlag, nicht jedoch eine fiktive Kirchensteuer. Im Anhang sollte die angewandte Berechnungsmethode erläutert werden. Bei der Ausübung des Wahlrechts und der Steuersatzermittlung ist der Grundsatz der Stetigkeit (§ 252 Abs. 1 Nr. 6 HGB) zu beachten.

Empfehlenswert erscheint es, die Gewinn- und Verlustrechnung gemäß § 265 Abs. 5 HGB um die Posten „Fiktiver Steueraufwand der Gesellschafter" und „Jahresüberschuss nach fiktiven Gesellschaftersteuern" zu verlängern. Auch sollte der Posten „Jahresüberschuss" in „Jahresüberschuss vor fiktiven Gesellschaftersteuern" umbenannt werden, so dass sich folgender **Ausweis** ergeben würde:[368]

Jahresüberschuss vor fiktiven Gesellschaftersteuern
abzügl. fiktiver Steueraufwand der Gesellschafter
Jahresüberschuss nach fiktiven Gesellschaftersteuern. **265**

Sachgerecht erscheint es aus Gründen der Darstellungsstetigkeit gemäß § 265 Abs. 1 HGB, bei Ausübung des Wahlrechts zur Darstellung des fiktiven Steueraufwands einen fiktiven **Erstattungsanspruch** in der Gewinn- und Verlustrechnung ebenfalls abzubilden.

Das Gesetz erlaubt den Ansatz eines fiktiven Steueraufwands der Gesellschafter alleine zu Zwecken der Vergleichbarkeit mit Kapitalgesellschaften. In der handelsrechtlichen Gewinnermittlung darf der fiktive Steueraufwand jedoch keine Berücksichtigung finden. Dementsprechend dürfen in der Steuerabgrenzung nach § 274 HGB, die Bestandteil der handelsrechtlichen Gewinnermittlung ist, auch keine fiktiven Gesellschaftersteuern berücksichtigt werden. Die KapGes. & Co. ist nur bezüglich der Gewerbesteuer Steuersubjekt und hat somit bei der Berechnung latenter Steuern nur den Gewerbesteuersatz zu berücksichtigen.[369] **266**

Für die **Darstellung von Anteilen der KapGes. & Co. an ihrer Komplementärgesellschaft**, idR einer KapGes, sieht § 264c Abs. 4 S. 1 HGB vor, dass die Anteile auf der Aktivseite im Rahmen des Gliederungsschemas nach § 266 Abs. 2 HGB unter den Finanzanlagen als Anteile an verbundenen Unternehmen oder Beteiligungen auszuweisen sind. Entsprechend der aktivierten Beteiligung an der Komplementärgesellschaft ist auf der Passivseite nach dem Posten Eigenkapital ein Sonderposten unter der Bezeichnung **„Ausgleichsposten für aktivierte eigene Anteile"** zu bilden (§ 264c Abs. 4 S. 2 HGB). Der Verweis auf die Regelung zur Rücklage für eigene Anteile (§ 272 Abs. 4 HGB) erscheint folgerichtig, da die KapGes. & Co. durch die Beteiligung an ihrer Komplementärgesellschaft mittelbar Anteile an sich selbst hält. Die Situation ist der eigener Anteile einer KapGes. vergleichbar, für welche die KapGes. eine entsprechende Rücklage zu passivieren hat. Der Gesetzgeber spricht in dieser Vorschrift nur die Kommanditgesellschaft an; gleichwohl erscheint eine entsprechende Anwendung im Falle anderer Rechtsformen der KapGes. & Co. geboten. Auch sollten **267**

---

[367] Vgl. BeckBilKomm/*Förschle/Hoffmann* HGB § 264c Rn. 73; auch *Adler/Düring/Schmaltz* HGB § 264c Rn. 28.
[368] Vgl. auch BeckBilKomm/*Förschle/Hoffmann* HGB § 264c Rn. 75.
[369] Vgl. BeckBilKomm/*Förschle/Hoffmann* HGB § 264c Rn. 71.

für Anteile der KapGes. & Co. an Kommanditisten über den Wortlaut der Regelung hinaus die gleichen Grundsätze gelten.[370]

268 Nehmen KapGes. & Co. **Bilanzierungshilfen** gemäß §§ 269, 274 Abs. 2 HGB in Anspruch, erhöht sich das Jahresergebnis im Jahr ihrer Bildung. Um Ausschüttungen aus diesem erhöhten Jahresergebnis zu vermeiden, sieht § 264c Abs. 4 S. 3 HGB eine Ausschüttungssperre vor. Dies entspricht Sinn und Zweck der Bilanzierungshilfe, durch deren Ansatz ein verbesserter Kapitalausweis erreicht bzw. eine bilanzielle Unterdeckung vermieden werden kann, ohne dass jedoch das Ergebnis beeinflusst werden soll. Bei Kapitalgesellschaften & Co. wird diesem Gedanken dadurch Rechnung getragen, dass nach § 264c Abs. 4 S. 3 HGB nach dem Posten Eigenkapital ein Sonderposten in entsprechender Höhe zu passivieren ist. Dem Sinn und Zweck der Bilanzierungshilfe folgend, kann die Bildung des Sonderpostens nur ergebnisneutral erfolgen.

269 Das KapCoRiLiG sieht in § 264c Abs. 1 HGB entsprechend der Regelung des § 42 Abs. 3 GmbHG vor, dass **Ausleihungen, Forderungen und Verbindlichkeiten** gegenüber Gesellschaftern jeweils gesondert auszuweisen oder im Anhang anzugeben sind. Bei einem Ausweis unter einem anderen Posten ist diese Eigenschaft zu vermerken. Dies soll dazu dienen, die schuldrechtlichen Beziehungen zwischen KapGes. & Co. und Gesellschafter transparenter zu machen. Für die Angabe nennt das Gesetz drei zulässige Methoden: Ausweis in einem eigenen Bilanzposten, Ausweis im Anhang oder ein Ausweis bei einem anderen Bilanzposten mit Vermerk der Eigenschaft als Ausleihung, Forderung oder Verbindlichkeit gegenüber der Gesellschaft. Im Falle des Mitzugehörigkeitsvermerks ist § 265 Abs. 3 HGB zu beachten, der die Angabe der Mitzugehörigkeit zu einem anderen Bilanzposten in der Bilanz oder im Anhang in Form eines davon-Vermerks vorschreibt. Zum Verhältnis der Ausweisalternativen gibt es keine einheitliche Auffassung. Doch sollte dem Ausweis in einem eigenen Bilanzposten oder der alternativen Anhangangabe der Vorzug vor dem Mitzugehörigkeitsvermerk gegeben werden. Die Angaben sind auch dann zu machen, wenn es sich bei dem Gesellschafter um ein verbundenes Unternehmen handelt oder um ein Unternehmen, mit dem ein Beteiligungsverhältnis besteht. Bestehen Forderungen gegen Gesellschafter aus einer Einzahlungsverpflichtung gemäß § 264c Abs. 2 HGB, so erscheint ein getrennter Ausweis der Forderungen gemäß Abs. 1 und Abs. 2 oder die Angabe eines davon-Vermerks sinnvoll.[371]

270 **g) Sonderposten mit Rücklageanteil.** Sonderposten mit Rücklageanteil sind nach § 247 Abs. 3 HGB diejenigen Passivposten, die für Zwecke der Steuern vom Einkommen und vom Ertrag zulässig sind. Sie sind gesondert auf der Passivseite vor den Rückstellungen auszuweisen (§§ 247 Abs. 3, 273 HGB, Art. 43 EGHGB). Als Sonderposten mit Rücklageanteil kommen in erster Linie die steuerfreien Rücklagen (Rücklage für Ersatzbeschaffung gemäß R 35 EStR 1999, Rücklage zur Übertragung stiller Reserven bei der Veräußerung bestimmter Anlagegüter gemäß § 6b EStG, Rücklage für Kapitalanlagen in Entwicklungsländern gemäß §§ 1, 2 und 4 EntwLStG, Rücklage für Zuschüsse gemäß R 34 Abs. 4 EStR 1993, Rücklage für Investitionen gemäß § 7g Abs. 3 EStG) in Betracht, aber auch die steuerrechtlichen Abschreibungen (§ 281 Abs. 1 S. 1 HGB), die keinem echten Wertverlust oder keiner speziellen Risikolage Rechnung tragen sollen, sondern nur eine Steuerstundung bezwecken.[372]

271 Aufgrund des EuroEG ist es in den Jahresabschlüssen mit Stichtag nach dem 31. 12. 1998 des Weiteren möglich, Erträge, die sich aus der Umrechnung von DM in Euro

---

[370] BeckBilKomm/*Förschle*/*Hoffmann* HGB § 264c Rn. 83.
[371] *Theile* BB 2000, 555, 557 f.
[372] WP-HdB Bd. I E Rn. 74.

ergeben, in einen Sonderposten (Rücklage) einzustellen (Ansatz einer **Euroumrechnungsrücklage** gemäß § 6d EStG).

Als weiteres Beispiel für eine steuerfreie Rücklage ist hier zu nennen die Rücklage, 272
die gebildet werden darf, um die steuerlichen Wirkungen abzumildern, die auf Grund der erstmaligen Anwendung des Wertaufholungsgebots (§ 52 Abs. 16 S. 3 iVm. § 6 Abs. 1 Nr. 1 S. 4 und Nr. 2 S. 3 EStG), der geänderten Bewertungsregeln für Verbindlichkeiten (Wertrückführungsgebot, Abzinsungspflicht, § 52 Abs. 16 S. 7 iVm. § 6 Abs. 1 Nr. 3 EStG) sowie der neuen Bewertungsgrundsätze für Rückstellungen (Berücksichtigung von Erfahrungen, Bewertung von Sachleistungsverpflichtungen, Berücksichtigung künftiger Vorteile, zeitanteilige Ansammlung und Abzinsungspflicht, § 52 Abs. 16 S. 10 iVm. § 6 Abs. 1 Nr. 3a EStG) entstehen.

Die Sonderposten mit Rücklageanteil enthalten in Höhe der bei ihrer Auflösung 273
anfallenden künftigen Steuerbelastung eine Rückstellung; eines Ausweises der Rückstellung bedarf es aber nach § 247 Abs. 3 S. 3 HGB nicht. Die Sonderposten stellen betriebswirtschaftlich einen Mischposten aus Eigen- und Fremdkapital dar.[373]

Eine GmbH darf nach § 273 HGB einen Sonderposten mit Rücklageanteil nur in- 274
soweit bilden, als dessen Bildung in der Handelsbilanz Voraussetzung für die Anerkennung des Wertansatzes bei der steuerrechtlichen Gewinnermittlung ist **(umgekehrte Maßgeblichkeit)**.

Mit der Regelung des § 5 Abs. 1 S. 2 EStG 1990 wurde vom Gesetzgeber die Allge- 275
meingültigkeit des Grundsatzes der umgekehrten Maßgeblichkeit umfassend vorgeschrieben. Die umgekehrte Maßgeblichkeit gilt damit grundsätzlich für alle unversteuerten Rücklagen. Jedoch ist die Geltung des Prinzips der umgekehrten Maßgeblichkeit nur in den Fällen angemessen, in denen auch in der Handelsbilanz ein entsprechender Gewinn entsteht (zB bei Wertaufholungen), nicht jedoch in Fällen, bei denen der Gewinn ausschließlich in der Steuerbilanz anfällt (zB bei der handelsrechtlich unzulässigen Abzinsung von Verbindlichkeiten und Rückstellungen). In diesem Fall würde die Bildung des Sonderpostens in der Handelsbilanz zu Aufwand führen, ohne dass dem ein vergleichbarer Ertrag vorangegangen wäre. Die steuerrechtliche Anerkennung des Sonderpostens ist somit nur in denjenigen Fällen von dem Ausweis eines entsprechenden Sonderpostens mit Rücklageanteil in der Handelsbilanz abhängig, in denen auch in dieser durch die jeweilige Maßnahme ein entsprechend höherer Gewinn ausgewiesen wird.[374]

Bei den nur **steuerrechtlich zulässigen Abschreibungen,** für die das umgekehrte 276
Maßgeblichkeitsprinzip gilt, besteht nach § 281 Abs. 1 HGB ein Ausweiswahlrecht, wonach der Unterschiedsbetrag zwischen der nach § 253 HGB iVm. § 279 HGB und der nach § 254 HGB zulässigen Bewertung anstatt der aktivischen Verrechnung in den Sonderposten mit Rücklageanteil eingestellt wird. In der Bilanz oder im Anhang sind die Vorschriften anzugeben, nach denen die Wertberichtigungen gebildet worden sind. Die Auflösung der Wertberichtigung richtet sich zum einen nach steuerrechtlichen Vorschriften, zum anderen danach, ob die Vermögensgegenstände ausscheiden, oder ob die steuerrechtliche Wertberichtigung durch handelsrechtliche Abschreibungen ersetzt wird. Durch die Einstellung in den Sonderposten mit Rücklageanteil kann betriebswirtschaftlich die Höhe der auf steuerlichen Vorschriften beruhenden stillen Reserven sichtbar gemacht werden.[375]

---

[373] WP-HdB Bd. I E Rn. 74.
[374] WP-HdB Bd. I E Rn. 79; vgl. auch *Dieterlen/Haun* BB 1999, 2020, 2022 ff.; *Waclavik* DB 2000, 338 ff.; *Kessler* DB 1999, 2577, 2588; *Cattelaens* DB 1999, 1185, 1186; *Herzig/Riek* WPg. 1999, 305, 310; BMF-Schreiben v. 25. 2. 2000, DB 2000, 546, 548.
[375] *Baumbach/Hueck/Schulze-Osterloh* § 42 Rn. 183.

277 Die Einstellung in den Sonderposten mit Rücklageanteil und dessen Auflösung sind bereits **bei der Aufstellung der Bilanz** vorzunehmen (§ 270 Abs. 1 S. 2 HGB). Zuständig ist hierfür die Geschäftsführung.[376]

278 **h) Rückstellungen.** [377] Rückstellungen dienen der Erfassung von Aufwendungen und Verlusten, die am Bilanzstichtag dem Grunde oder der Höhe nach **ungewissen Verbindlichkeiten** entsprechen und von drohenden **Verlusten aus schwebenden Geschäften** sowie von bestimmten Aufwendungen (sog. **Aufwandsrückstellungen**). Die ungewissen Verbindlichkeiten müssen am Abschlussstichtag rechtlich entstanden oder wirtschaftlich bereits verursacht sein.[378] Soweit die den Rückstellungen zugrunde liegenden Verbindlichkeiten dem Grunde und der Höhe nach gewiss sind, ist auf Verbindlichkeiten umzubuchen. Rückstellungen sind somit weder Verbindlichkeiten, d. h. genau bestimmbare Schulden (vgl. Rn. 319), noch Rücklagen (vgl. Rn. 236 ff.) oder Wertberichtigungen oder Posten der passiven Rechnungsabgrenzung (vgl. Rn. 337). Von den Verbindlichkeiten unterscheidet sich die Rückstellungen dadurch, dass der Grund und/oder die Höhe der Vermögensminderung noch zweifelhaft sind.

279 Den Inhalt des Postens Rückstellungen bestimmt **§ 249 HGB** wie folgt:
„(1) Rückstellungen sind für ungewisse Verbindlichkeiten und für drohende Verluste aus schwebenden Geschäften zu bilden. Ferner sind Rückstellungen zu bilden für
1. im Geschäftsjahr unterlassene Aufwendungen für Instandhaltung, die im folgenden Geschäftsjahr innerhalb von drei Monaten, oder für Abraumbeseitigung, die im folgenden Geschäftsjahr nachgeholt werden,
2. Gewährleistungen, die ohne rechtliche Verpflichtung erbracht werden.
Rückstellungen dürfen für unterlassene Aufwendungen für Instandhaltung auch gebildet werden, wenn die Instandhaltung nach Ablauf der Frist nach S. 2 Nr. 1 innerhalb des Geschäftsjahrs nachgeholt wird.
(2) Rückstellungen dürfen außerdem für ihrer Eigenart nach genau umschriebene, dem Geschäftsjahr oder einem früheren Geschäftsjahr zuzuordnende Aufwendungen gebildet werden, die am Abschlussstichtag wahrscheinlich oder sicher, aber hinsichtlich ihrer Höhe oder des Zeitpunktes ihres Eintritts unbestimmt sind.
(3) Für andere als die in den Absätzen 1 und 2 bezeichneten Zwecke dürfen Rückstellungen nicht gebildet werden. Rückstellungen dürfen nur aufgelöst werden, soweit der Grund hierfür entfallen ist."

280 Der Rückstellungskatalog des § 249 HGB lässt sich wie folgt zusammenfassen:
obligatorisch (§ 249 Abs. 1 S. 1 und 2 HGB)
a) Rückstellungen für ungewisse Verbindlichkeiten
b) Rückstellungen für drohende Verluste aus schwebenden Geschäften
c) Rückstellungen für im Geschäftsjahr unterlassene Aufwendungen für Instandhaltung, die im folgenden Geschäftsjahr innerhalb von drei Monaten nachgeholt werden
d) Rückstellungen für im Geschäftsjahr unterlassene Aufwendungen für Abraumbeseitigung, die im folgenden Geschäftsjahr nachgeholt werden
e) Rückstellungen für Gewährleistungen, die ohne rechtliche Verpflichtung erbracht werden
fakultativ (§ 249 Abs. 1 S. 3 und Abs. 2 HGB)

---

[376] *Baumbach/Hueck/Schulze-Osterloh* § 42 Rn. 184.
[377] Zu Rückstellungen *Eibelshäuser* BB 1987, 860 ff.; *Jonas* DB 1986, 337 ff. u. 389 ff.; *Döllerer* DStR 1979, 3 ff.
[378] WP-HdB Bd. I E Rn. 81; zum Erfordernis wirtschaftlicher Verursachung *Christiansen* BFuP 1994, 25 ff.; *Mayer-Wegelin* DB 1995, 1241 ff.; *Naumann* WPg. 1991, 529 ff.

f) Rückstellungen für im Geschäftsjahr unterlassene Aufwendungen für Instandhaltung, die im folgenden Geschäftsjahr nach Ablauf von drei Monaten nachgeholt werden
g) Rückstellungen für bestimmte, dem Geschäftsjahr oder einem früheren Geschäftsjahr zuzuordnende Aufwendungen (sog. Aufwandsrückstellungen).[379]

Hinsichtlich des Ausweises der Rückstellungen differenziert das Gesetz zwischen 281 großen und mittelgroßen Kapitalgesellschaften einerseits und kleinen Kapitalgesellschaften andererseits (§§ 266 Abs. 1, 274 Abs. 1 HGB). Erstere haben Rückstellungen für Pensionen und ähnliche Verpflichtungen, Steuerrückstellungen, Rückstellungen für latente Steuern und sonstige Rückstellungen gesondert – wenn auch wahlweise in Bilanz oder Anhang – auszuweisen, während kleine Kapitalgesellschaften einen Betrag für Rückstellungen ausweisen können.

Der Eingangswortlaut des § 249 Abs. 3 HGB („Für andere als die in den Absätzen 1 282 und 2 bezeichneten Zwecke dürfen Rückstellungen nicht gebildet werden.") macht deutlich, dass der Gesetzgeber die Rückstellungszwecke abschließend regeln will. Rückstellungen sind bereits bei der Aufstellung der Bilanz vorzunehmen, d.h. unabhängig davon, ob ein Jahresüberschuss oder ein Jahresfehlbetrag erzielt worden ist (so noch ausdrücklich § 243 Abs. 1 HGB-E, der nicht in das BilRiLiG übernommen wurde). Ihr Ansatz darf nicht deshalb unterbleiben, weil ausreichend stille Reserven zur Deckung des Rückstellungsbedarfs vorhanden sind oder weil ggf. gleichwertige Rückgriffsrechte bestehen.[380]

Aus der gesetzlichen Beschreibung der Rückstellungszwecke lassen sich folgende 283 Rückstellungsarten entwickeln:
– Rückstellungen für Pensionen und ähnliche Verpflichtungen (vgl. Rn. 285)
– Steuerrückstellungen (Rn. 295)
– Rückstellungen für unterlassene Aufwendungen für Instandhaltung (vgl. Rn. 297)
– Rückstellungen für unterlassene Aufwendungen für Abraumbeseitigung (vgl. Rn. 300)
– Rückstellungen für Gewährleistungen, die ohne rechtliche Verpflichtung erbracht werden (vgl. Rn. 301)
– Aufwandsrückstellungen (vgl. Rn. 302)
– Rückstellungen für die Steuerabgrenzung (vgl. Rn. 307)
– Sonstige Rückstellungen (vgl. Rn. 310).

Nach dem Bilanzgliederungsschema müssen Rückstellungen für Pensionen und 284 ähnliche Verpflichtungen und Steuerrückstellungen gesondert ausgewiesen werden; beide stellen einen Unterfall der ungewissen Verbindlichkeiten dar. Bei den Steuerrückstellungen können auch die Rückstellungen für die passive Steuerabgrenzung ausgewiesen werden.[381] Die übrigen Rückstellungsarten sind als sonstige Rückstellungen auszuweisen.

Die Bildung von **Rückstellungen für Pensionen und ähnliche Verpflichtun-** 285 **gen** erwächst aus den im Rahmen der betrieblichen Altersversorgung eingegangenen Ruhegeldverpflichtungen. Kennzeichnend für diese auch als Direkt-, Pensions- oder Versorgungszusage bezeichnete Gestaltungsform ist der Erwerb eines gegen den Arbeitgeber, d.h. die Unternehmung gerichteten Anspruchs des Versorgungsempfängers im Versorgungsfall. Pensionsverpflichtungen zählen zu den ungewissen Verbindlichkeiten und unterliegen damit einer Passivierungspflicht.

---

[379] Vgl. WP-HdB Bd. I E Rn. 82.
[380] WP-HdB Bd. I E Rn. 81; Ausnahme jedoch bei schwebenden Geschäften.
[381] Vgl. *Adler/Düring/Schmaltz* HGB § 266 Rn. 209.

286 Dieser bereits bisher im Schrifttum überwiegend vertretenen Auffassung[382] folgte auch das Bilanzrichtliniengesetz, jedoch mit einer Einschränkung für die bisherigen **Altzusagen**. Für Altzusagen gilt das bisherige Passivierungswahlrecht (Art. 28 Abs. 1 S. 1 EGHGB); für **Neuzusagen** besteht nunmehr eine uneingeschränkte Passivierungspflicht. Das Wahlrecht für Altzusagen geht zurück auf die Entscheidung des BGH vom 27. 2. 1961[383] sowie die Auffassung des Gesetzgebers zum AktG 1965.[384] Angesichts der durch das Gesetz zur Verbesserung der betrieblichen Altersversorgung vom 19. 12. 1974[385] geschaffenen grundsätzlichen Unverfallbarkeit betrieblicher Pensionszusagen sowie der Anpassung laufender Bezüge bestehen die betriebswirtschaftlichen Bedenken gegen das Wahlrecht bei Altzusagen fort.[386] Eine Altzusage liegt vor, wenn ein Pensionsberechtigter seinen Rechtsanspruch vor dem 1. 1. 1987 erworben hat oder sich ein vor diesem Zeitpunkt erworbener Rechtsanspruch nach dem 31. 12. 1986 erhöht (Art. 28 Abs. 1 S. 1 EGHGB). Wodurch der Rechtsanspruch erworben wurde, ist unerheblich.

287 Eine Änderung der Gestaltungsform ändert nicht den Charakter der Altzusage, es sei denn, dass eine nur mittelbare Verpflichtung des Unternehmens in eine unmittelbare Zusage des Unternehmens umgewandelt wird.[387] Soweit von dem **Ansatzwahlrecht** für Altzusagen Gebrauch gemacht wird, ist der Fehlbetrag im Anhang anzugeben (Art. 28 Abs. 2 EGHGB).

288 Während sich das Unternehmen bei unmittelbaren Versorgungsleistungen gegenüber dem Begünstigten verpflichtet, die Versorgungsleistung selbst zu erbringen, wird bei **mittelbaren Pensionszusagen** die Verpflichtung gegenüber dem Begünstigten nicht durch das bilanzierende Unternehmen direkt, sondern unter Einschaltung Dritter, nämlich Unterstützungskassen, Pensionskassen oder Versicherungsunternehmen (Direktversicherung) erfüllt. Nach der Rechtsprechung des Bundesarbeitsgerichts zur betrieblichen Altersversorgung müssen Unternehmen ihre rechtlich selbstständigen Unterstützungskassen finanziell so ausstatten, dass diese die übernommenen Pensionsverpflichtungen erfüllen können.[388] Da dies vielfach an der steuerlich begrenzten Dotierungsmöglichkeit für Unterstützungskassen scheitert, sind die Trägerunternehmen dann im Bedarfsfall verpflichtet, ihren Unterstützungskassen laufend die Mittel zuzuführen, die diese zur Zahlung von Pensionsleistungen über deren Vermögen hinaus benötigen (Subsidiärhaftung). Für die Verpflichtung aus der Subsidiärhaftung (mittelbare Verpflichtung iS des Art. 28 Abs. 1 S. 2 EGHGB) besteht auch weiterhin ein Passivierungswahlrecht. Eine solche Subsidiärhaftung besteht jedoch nicht gegenüber Pensionskassen, da diese nach dem Äquivalenzprinzip die Beiträge so zu bemessen haben, dass sie ihre zugesagten Leistungen erbringen und ihre Verwaltungskosten decken können. Ebenfalls keine Subsidiärhaftung besteht gegenüber Versicherungsunternehmen. Soweit also Versicherungsunternehmen und Pensionskassen Forderungen bspw. auf Beitragleistung gegenüber dem Unternehmen haben, sind diese als Verbindlichkeiten zu passivieren.[389]

---

[382] So hat sich bspw. der Berufsstand der Wirtschaftsprüfer Zeit seines Bestehens für eine volle Passivierung ausgesprochen; vgl. WPg. 1983, 20 f. mwN; WPg. 1984, 131.
[383] BGHZ 34, 324
[384] Vgl. zB die Darstellung bei *Geßler/Hefermehl/Eckardt/Kropff/Kropff* § 152 Rn. 64 ff. mwN.
[385] BGBl. I S. 310.
[386] Vgl. WP-HdB Bd. I E Rn. 159.
[387] Vgl. WP-HdB Bd. I E Rn. 158.
[388] ZB BAG BB 1983, 1308.
[389] Vgl. IDW Stellungnahme des Hauptfachausschusses 2/1988; *Baumbach/Hueck/Schulze-Osterloh* § 42 Rn. 210.

Rechnungslegung der GmbH **Anh. I nach § 42a**

Art. 28 Abs. 1 S. 2 EGHGB enthält weiterhin ein Passivierungswahlrecht für **pen-** **289** **sionsähnliche Verpflichtungen,** gibt jedoch hierfür keine Definition. Das Passivierungswahlrecht besteht sowohl für unmittelbare wie für mittelbare pensionsähnliche Verpflichtungen. In Betracht kommen hierfür zB Verpflichtungen gegenüber dem Pensions-Sicherungs-Verein aus von diesem bereits übernommenen, aber noch nicht umgelegten Anwartschaften auf Pensionen, soweit sie nicht in Form von Zuschlägen auf die betrieblichen Renten verrechnet werden, sowie Deputatverpflichtungen und Vorruhestandsverpflichtungen.[390]

Der für laufende Pensionsverpflichtungen anzusetzende Betrag bestimmt sich nach **290** § 253 Abs. 1 S. 2 HGB nach dem mit Hilfe versicherungsmathematischer Grundsätze zu ermittelnden Barwert der künftigen Leistungen. Für die **Ermittlung des Rückstellungsbetrags** für Anwartschaften muss die Mittelansammlung über die Aktivitätsperiode des einzelnen Versorgungsanwärters erfolgen. Für die Verteilung der Mittelansammlung kommen verschiedene versicherungsmathematische Verfahren in Betracht.[391] Es sollte dem Verfahren der Vorzug gegeben werden, bei dem im gegebenen Fall die Belastung des Unternehmens betriebswirtschaftlich angemessen ausgewiesen wird. Grundsätzlich wird dieser Anforderung insbesondere das Teilwertverfahren gerecht.[392]

Für die verwendeten Rechnungsgrundlagen bzw. -annahmen ist von folgenden **291** Festlegungen auszugehen:[393]
– Die biometrischen Grundlagen (Sterbe- und Invalidisierungswahrscheinlichkeiten) müssen unter Verwendung zeitnaher Beobachtungswerte und zulässiger mathematisch-statistischer Methoden erstellt worden sein; sie können allgemein anerkannten Tabellenwerten entnommen werden.
– Bei der Ermittlung der Ausscheidungswahrscheinlichkeit der im Unternehmen tätigen Begünstigten ist die Fluktuation zu berücksichtigen
– Die Altersgrenze ist nach den bestehenden vertraglichen Vereinbarungen und den voraussichtlichen Pensionierungsgewohnheiten festzulegen.
– Die künftigen Pensionsleistungen sind mit dem sich nach den Verhältnissen des Bilanzstichtages ergebenden Betrag anzusetzen; Lohn- und Gehaltssteigerungen (zB auf Grund mehrjähriger Tarifverträge) müssen berücksichtigt werden
– Als Rechnungszinsfuß kommt ein Zinssatz von ca. 3–6 % p.a. in Betracht.

Aus diesen Festlegungen ergibt sich, dass die nach dem Teilwertverfahren nach § 6a EStG mit einem Rechnungszinsfuß von 6 % ermittelten Werte für voll- bzw. teildynamische Verpflichtungen als Minimalwerte anzusehen sind.

Eine **Auflösung** auf Grund des Passivierungswahlrechts gebildeter Pensionsrück- **292** stellungen ist nur zulässig, wenn der Grund für die Rückstellungen entfallen ist (§ 249 Abs. 3 S. 2 HGB). Soweit eine **Rückdeckungsversicherung** für Pensionszusagen besteht, ist der Rückdeckungsanspruch auf der Aktivseite unter den sonstigen Vermögensgegenständen (vgl. Rn. 202) auszuweisen; eine Saldierung mit den Pensionsverpflichtungen ist unzulässig. Eine Untergliederung in Pensionsanwartschaften einerseits und laufende Pensionen andererseits ist nicht erforderlich.[394]

---

[390] Vgl. WP-HdB Bd. I E Rn. 161; nach Auffassung des HFA, WPg. 1984, 331, liegen keine ähnlichen Verpflichtungen vor, da sie Abfindungscharakter haben und damit passivierungspflichtig sind; zum Meinungsstand vgl. *Adler/Düring/Schmaltz* HGB § 249 Rn. 115 f.
[391] Teilwertmethode, Gegenwartswertmethode; vgl. hierzu *Adler/Düring/Schmaltz* HGB § 253 Rn. 301.
[392] Vgl. IDW Stellungnahme des Hauptfachausschusses 2/1988.
[393] Vgl. IDW Stellungnahme des Hauptfachausschusses 2/1988.
[394] *Geßler/Hefermehl/Eckardt/Kropff/Kropff* § 152 Rn. 69 mwN.

293 Zur **steuerlichen** Anerkennung einer Rückstellung für Pensionsverpflichtungen vgl. § 6a EStG sowie die in R 41 EStR 1999 niedergelegte Auffassung der Finanzverwaltung.[395] Das Steuerrecht stellt insbes. auf die Rechtsverbindlichkeit der Pensionsverpflichtung, möglicherweise bestehende und für die steuerliche Anerkennung schädliche/unschädliche Vorbehalte sowie die schriftliche Erteilung der Pensionszusage ab. Der Ansatz der Rückstellung erfolgt zum Teilwert gemäß § 6a Abs. 3 EStG. Führt der Steuerpflichtige in einem Wirtschaftsjahr der Rückstellung den nach § 6a Abs. 4 EStG zulässigen Höchstbetrag nicht zu, so kann er die unterlassene Zuführung zur Rückstellung nur in dem Wirtschaftsjahr nachholen, in dem das Dienstverhältnis unter Aufrechterhaltung der Pensionsanwartschaft endet oder in dem der Versorgungsfall eintritt (Nachholverbot).[396]

294 **Altersteilzeit.** Zur bilanziellen Behandlung von Arbeitsverhältnissen nach dem Altersteilzeitgesetz wird auf die diesbezügliche Stellungnahme des *IDW*[397] verwiesen.

295 Das Bilanzgliederungsschema des § 266 Abs. 3 HGB fordert den gesonderten Ausweis der **Steuerrückstellungen** in der Bilanz der GmbH. Eine Legaldefinition des Begriffs wird nicht gegeben; auch enthalten die Gesetzesmaterialien keine Beschreibung des Posteninhalts. In systematischer Hinsicht sind Steuerrückstellungen eine Untergruppe der Rückstellungen für ungewisse Verbindlichkeiten; sie umfassen die Steuern und Abgaben, die bis zum Ablauf des Geschäftsjahres wirtschaftlich oder rechtlich entstanden sind. – Entscheidend ist die Entstehung der Steuerschuld, was nach steuerrechtlichen Normen zu beurteilen ist.

296 Rechtskräftig veranlagte Steuern sind nicht unter den Steuerrückstellungen zu erfassen, sondern als **Steuerverbindlichkeiten** unter den sonstigen Verbindlichkeiten (vgl. Rn. 335) auszuweisen.[398] Für das sich auf Grund der Vornahme von Außenprüfungen erfahrungsgemäß ergebende Steuerrisiko ist durch Rückstellungen Vorsorge zu treffen;[399] nach allgA darf der Rückstellungsbedarf in dem Posten Steuerrückstellungen erfasst werden. Im Einzelfall kann auch die Einbeziehung in eine Rückstellung für allgemeine Risiken begründet sein.

297 Nach der Vorschrift des § 249 Abs. 1 S. 2 Nr. 1 HGB sind **Rückstellungen für im Geschäftsjahr unterlassene Aufwendungen für Instandhaltung,** bilden, die im folgenden Geschäftsjahr innerhalb von drei Monaten nachgeholt werden. Damit wurde das in § 152 Abs. 7 AktG aF normierte Wahlrecht aufgegeben und zu einer **Bilanzierungspflicht** umgestaltet, um die steuerrechtliche Anerkennung nicht zu gefährden.[400] Der steuerlichen Regelung des R 31c Abs. 11 EStR 1999 folgend wird der Nachholungszeitraum auf drei Monate beschränkt;[401] Nachteile entstehen dadurch jedoch nicht, weil § 249 Abs. 1 S. 3 HGB für die restlichen neun Monate des folgenden Geschäftsjahres ein Wahlrecht im bisherigen Umfang einräumt.

---

[395] Vgl. ferner zur steuerrechtlichen Situation der betrieblichen Altersversorgung im Hinblick auf Art. 28 EGHGB BMF BStBl. 1987 I S. 365.

[396] Wegen Einzelheiten vgl. WP-HdB Bd. I E Rn. 172.

[397] IDW Stellungnahme zur Rechnungslegung des Hauptfachausschusses, 3; vgl. ferner die Darstellung im WP-HdB Bd. I E Rn. 102 ff.; zur Frage der steuerrechtlichen Zulässigkeit der Bildung von „Rückstellungen für Verpflichtungen zur Gewährung von Vergütungen für die Zeit der Arbeitsfreistellung sowie Jahreszusatzleistungen im Jahr des Eintritts des Versorgungsfalls vgl. BMF DB 1999, 2385 f.; vgl. ferner *Büchele* BB 1998, 1731 ff.; *ders.* BB 1999, 1483 ff.; *Förschle/Naumann* DB 1999, 157 ff.; *Oser/Doleczik* DB 1997, 2185 ff.; *Förster/Heger* DB 1998, 141 ff.; *Höfer* DStR 1998, 1 ff.

[398] WP-HdB Bd. I E Rn. 140 mwN.

[399] Steuerlich jedoch nicht anerkannt, vgl. BFH BStBl. 1966 III S. 189.

[400] So jedenfalls Begr. RegE BT-Drucks. 10/317 S. 83.

[401] Vgl. BFH BStBl. 1984 II S. 277.

Rechnungslegung der GmbH **Anh. I nach § 42a**

Die Bildung der Rückstellung ist an das Vorliegen folgender **Voraussetzungen** geknüpft: 298
(1) Es muss ein unterlassener Aufwand vorliegen. Die Verursachung einer später nach weiterem Gebrauch notwendig werdenden Reparatur genügt nicht.
(2) Der Aufwand muss im letzten Geschäftsjahr unterlassen worden sein (Nachholungsverbot für frühere Jahre).
(3) Die Arbeiten müssen im folgenden Geschäftsjahr nachgeholt werden. Erscheint die Nachholung innerhalb des folgenden Geschäftsjahres bei vernünftiger kaufmännischer Beurteilung ausgeschlossen, so kommt insoweit eine Rückstellungsbildung nicht in Betracht.[402]

Die im R 31c Abs. 11 EStR 1999 enthaltene **steuerrechtliche Regelung** stimmt 299 hiermit überein. Instandhaltungen, zu denen die Gesellschaft gegenüber Dritten rechtlich verpflichtet ist, sind als Verbindlichkeiten oder als Rückstellungen für ungewisse Verbindlichkeiten auszuweisen.[403] Keine Instandhaltung stellen ferner die aktivierungspflichtigen Herstellungskosten dar. Soweit die Instandhaltung im folgenden Geschäftsjahr nicht nachgeholt wird, besteht ein Fortführungsverbot; die Rückstellung ist aufzulösen.[404] Evtl. kommt eine Umbuchung auf Aufwandsrückstellungen in Betracht.

Die **Rückstellung für im Geschäftsjahr unterlassene Aufwendungen für** 300 **Abraumbeseitigung** betrifft Unternehmen, die Bodenschätze im Tagebau fördern.[405] Soweit die unterlassenen Aufwendungen im folgenden Geschäftsjahr nachgeholt werden (§ 249 Abs. 1 S. 2 Nr. 1 HGB), besteht Rückstellungspflicht. Hinsichtlich der Voraussetzungen gelten die Ausführungen zu den im Geschäftsjahr unterlassenen Aufwendungen für Instandhaltung sinngemäß. Sofern die Abraumbeseitigung im anschließenden Geschäftsjahr nicht nachgeholt wird, kommt eine Aufwandsrückstellung (§ 249 Abs. 2 HGB) in Frage. Soweit jedoch eine öffentlich-rechtliche oder vertragliche Verpflichtung zur Abraumbeseitigung besteht, besteht auch für frühere Geschäfte Rückstellungspflicht nach § 249 Abs. 1 S. 1 HGB.[406]

Nach § 249 Abs. 1 S. 2 Nr. 2 müssen Rückstellungen für **Gewährleistungen, die** 301 **ohne rechtliche Verpflichtung erbracht werden** (sog. faktische Verpflichtungen), gebildet werden. Bei diesen sog. Rückstellungen für Kulanzleistungen dürfte es sich in tatsächlicher Hinsicht häufig um Rückstellungen für ungewisse Verbindlichkeiten (vgl. Rn. 192) handeln, da sich die Gesellschaft in vielen Fällen der Kulanzleistung aus wirtschaftlichen Überlegungen nicht wird entziehen können. Als Kulanzrückstellungen sind nur solche Rückstellungen auszuweisen, die eindeutig ohne eine rechtliche Verpflichtung erbracht werden.[407] Steuerlich sind Rückstellungen für Kulanzleistungen unter bestimmten Voraussetzungen gleichfalls zulässig (R 31c Abs. 12 EStR 1999).

§ 249 Abs. 2 HGB erlaubt den Ansatz bestimmter **Aufwandsrückstellungen.**[408] 302 Danach ist die Bildung von Rückstellungen für ihrer Eigenart nach genau umschriebene (Aufwandsumschreibung), dem Geschäftsjahr oder einem früheren Geschäftsjahr zu-

---

[402] WP-HdB Bd. I E Rn. 179 mwN.
[403] BeckBilKomm/*Clemm/Erle* HGB § 249 Rn. 101.
[404] BeckBilKomm/*Clemm/Erle* HGB § 249 Rn. 106; *Baumbach/Hueck/Schulze-Osterloh* § 42 Rn. 197.
[405] *Baumbach/Hueck/Schulze-Osterloh* § 42 Rn. 198.
[406] Vgl. BeckBilKomm/*Clemm/Erle* HGB § 249 Rn. 111; *Baumbach/Hueck/Schulze-Osterloh* § 42 Rn. 198.
[407] WP-HdB Bd. I E Rn. 181.
[408] Zu Aufwandsrückstellungen *Maul* BB 1986, 631 ff.; *Siegel* BB 1986, 841 ff.; *Coenenberg* BB 1986, 910 f.

Kessler

zuordnende (Aufwandsverursachung) Aufwendungen zugelassen, die am Abschlussstichtag wahrscheinlich oder sicher (Aufwandserwartung), aber hinsichtlich ihrer Höhe oder des Zeitpunkts ihres Eintritts unbestimmt (Aufwandsunsicherheit) sind. Es handelt sich somit um Rückstellungen, die nicht Verbindlichkeiten des Unternehmens gegenüber Dritten betreffen, sondern die ihre Ursache nur in zukünftigem innerbetrieblichen Aufwand haben. Die Aufwandsrückstellungen sind nach § 285 Nr. 12 HGB im Anhang zu erläutern, wenn sie einen nicht unerheblichen Umfang haben.

303 Mit dem Kriterium der Aufwandsumschreibung und der Aufwandsverursachung soll sichergestellt werden, dass nur für genau zu bezeichnende Aufwendungen Rückstellungen gebildet werden, die betriebswirtschaftlich verursacht sind.[409] In Frage kommen damit alle unterlassenen Instandhaltungen und Abraumbeseitigungen, die nicht in den Fristen des § 249 Abs. 1 HGB nachgeholt werden, sowie Großreparaturen aber auch regelmäßig wiederkehrende Reparaturen wie Überholung des Maschinenparks, Renovierung von Wohnungen;[410] nicht hierzu gehören wegen fehlender Aufwandsverursachung künftige Aufwendungen für Forschung und Entwicklung[411] sowie der Mehraufwand für künftige Wiederbeschaffungskosten.[412]

304 Eine Passivierung der Aufwandsrückstellung führt zur Reservenbildung und kann daher wegen Beeinträchtigung von Gewinnausschüttungsinteressen und Einwirkung auf Abfindungsansprüche im Verhältnis der Gesellschafter untereinander ganz oder teilweise unzulässig sein.[413] Ein einmal ausgeübtes Wahlrecht muss aber wegen des Grundsatzes der Bewertungsstetigkeit in den folgenden Geschäftsjahren fortgesetzt werden.[414]

305 Die Nachholung von Aufwandsrückstellungen für weiter als ein Jahr zurückliegende Geschäftsjahre dürfte im Hinblick auf die Generalklausel des § 264 Abs. 2 S. 1 HGB nur schwer begründbar sein.[415]

306 Die Bildung der Aufwandsrückstellungen nach § 249 Abs. 2 HGB ist **ertragsteuerlich** unbeachtlich,[416] da handelsrechtliche Passivierungswahlrechte hiernach zu steuerrechtlichen Passivierungsverboten führen.[417]

307 Den Ausweis der sog. **latenten Steuern** durch Bildung einer **Rückstellung zur Steuerabgrenzung** regelt § 274 Abs. 1 HGB. Auf die Ausführungen zum aktiven Saldo latenter Steuern (vgl. Rn. 229) wird verwiesen. Ein passiver Saldo latenter Steuern (Rückstellung) entsteht, wenn der dem Geschäftsjahr oder einem früheren Geschäftsjahr zuzurechnende Steueraufwand im Verhältnis zum Jahresergebnis zu niedrig ist, weil der nach den steuerrechtlichen Vorschriften zu versteuernde Gewinn niedriger als das handelsrechtliche Jahresergebnis ist und sich der zu niedrige Steueraufwand des Geschäftsjahres oder früherer Geschäftsjahre in späteren Geschäftsjahren voraussichtlich ausgleicht. Bei einem zu niedrigen Steueraufwand ist in Höhe der voraussichtlichen Steuerbelastung nachfolgender Geschäftsjahre die Bildung einer gesondert auszuweisenden Rückstellung zwingend vorgeschrieben, um eine entsprechende Korrektur des Steueraufwands vorzunehmen. In Betracht kommen steuerliche Bewertungserleichte-

---

[409] WP-HdB Bd. I E Rn. 185.
[410] WP-HdB Bd. I E Rn. 185.
[411] BeckBilKomm/*Clemm/Erle* HGB § 249 Rn. 323.
[412] WP-HdB Bd. I E Rn. 188.
[413] *Baumbach/Hueck/Schulze-Osterloh* § 42 Rn. 201.
[414] BeckBilKomm/*Clemm/Erle* HGB § 249 Rn. 310.
[415] *Baumbach/Hueck/Schulze-Osterloh* § 42 Rn. 202; weniger restriktiv *Lutter/Hommelhoff* § 42 Rn. 21.
[416] Vgl. BFH GS BStBl. 1969 II S. 291.
[417] Vgl. auch H 31 c Abs. 3 EStR 1999 „Aufwandsrückstellungen"; ferner BFH BStBl. 1988 II S. 57; BStBl. 1992 II S. 600.

rungen, die unabhängig von einer entsprechenden Bilanzierung in der Handelsbilanz der KapGes. nicht berücksichtigt werden können, wie zB die Rücklage nach dem Gesetz über steuerliche Maßnahmen bei der Stilllegung von Steinkohlebergwerken.

Weitere Beispielsfälle sind die Vornahme steuerlich zwingender Abschreibungen, die handelsrechtlich nicht geboten sind und wegen Fehlens der umgekehrten Maßgeblichkeit (§ 279 Abs. 2 HGB) nicht möglich sind (zB AfA nach § 7 Abs. 4 S. 1 Nr. 1 EStG idF des Steuersenkungsgesetzes mit 3 % p.a.), der Ansatz von Fremdkapitalzinsen nach § 255 Abs. 3 S. 2 HGB (soweit auf den Zeitraum der Herstellung entfallend), die steuerlich wegen fehlendem Nachweis des unmittelbaren wirtschaftlichen Zusammenhangs mit der Herstellung eines Wirtschaftsguts nicht aktiviert werden können, der Dividendenanspruch bei Vorliegen eines Beherrschungsverhältnisses[418] sowie Aktivierung der Aufwendungen für die Ingangsetzung des Geschäftsbetriebs und dessen Erweiterung, soweit sie steuerrechtlich sofort abzugsfähige Betriebsausgabe sind.[419]

308

Eine passive Steuerabgrenzung ist ebenso wie die aktive Steuerabgrenzung nur möglich, wenn sich die Abweichungen zwischen Handels- und Steuerbilanz in späteren Geschäftsjahren ausgleichen, wenn also keine **permanente Differenz** vorliegt. Eine solche permanente Differenz kann aber bei der Steuerfreiheit bestimmter Ertragsbestandteile wie Investitionszulagen oder steuerfreien Zinsen vorliegen.[420] Die Rückstellung für eine Steuerabgrenzung ist aufzulösen, sobald die höhere Steuerbelastung eintritt oder mit ihr voraussichtlich nicht mehr zu rechnen ist (§ 274 Abs. 1 S. 2 HGB).

309

Unter den Posten „**Sonstige Rückstellungen**" fallen alle Rückstellungen, soweit sie nicht als „Rückstellungen für Pensionen und ähnliche Verpflichtungen" oder „Steuerrückstellungen" auszuweisen sind. Zu den sonstigen Rückstellungen gehören die Rückstellungen für ungewisse Verbindlichkeiten, die Rückstellungen für drohende Verluste aus schwebenden Geschäften, die Rückstellungen für unterlassene Instandhaltung und Abraumbeseitigung, die Rückstellungen für Gewährleistungen ohne rechtliche Verpflichtung sowie die sog. Aufwandsrückstellungen. Der Posten „Sonstige Rückstellungen" nimmt damit – restfrei – die Rückstellungen auf, die nicht gesondert auszuweisen sind. Für die Rückstellungen für ungewisse Verbindlichkeiten und für drohende Verluste aus schwebenden Geschäften besteht in der Handelsbilanz Passivierungszwang (zur steuerlichen Nichtanerkennung von Drohverlustrückstellungen vgl. § 5 Abs. 4a EStG).

310

Charakteristika der **Rückstellungen für ungewisse Verbindlichkeiten** sind zum einen der Schuldcharakter (Vorliegen einer Verpflichtung gegenüber einem Dritten oder einer öffentlich-rechtlichen oder privatrechtlichen Verpflichtung), und zum anderen die Ungewissheit über Bestehen, Entstehen und/oder Höhe der Verbindlichkeit (zum Begriff der Verbindlichkeit vgl. Rn. 193). Wesentlich für den Schuldcharakter ist, dass am Bilanzstichtag das Vermögen mit einer Verpflichtung belastet ist, deren Erfüllung sich die Gesellschaft nicht mehr zu entziehen vermag.[421] Der Bilanzausweis wird somit durch den **Leistungszwang** bestimmt; dabei ist es unerheblich, ob dieser auf rechtlichen Gründen oder wirtschaftlichen Gegebenheiten beruht.[422] Ungewissheit bedeutet, dass der zu klärende Sachverhalt (Höhe, Bestehen oder Entstehen einer Ver-

311

---

[418] Vgl. *Adler/Düring/Schmaltz* HGB § 274 Rn. 43; BFH GS DB 2000, 1993.
[419] *Adler/Düring/Schmaltz* HGB § 274 Rn. 37 f.; BeckBilKomm/*Hoyos/Fischer* HGB § 274 Rn. 21 ff.; *Baumbach/Hueck/Schulze-Osterloh* § 42 Rn. 204.
[420] *Baumbach/Hueck/Schulze-Osterloh* § 42 Rn. 205.
[421] Vgl. IDW Stellungnahme des Hauptfachausschusses 2/1973 idF 1990.
[422] So auch *Geßler/Hefermehl/Eckardt/Kropff/Kropff* § 152 Rn. 50; OLG Celle BB 1983, 2229, 2233; *Baumbach/Hueck/Schulze-Osterloh* § 42 Rn. 189.

bindlichkeit) nicht abschließend beurteilt werden kann. Dies bedeutet jedoch, dass der Sachverhalt, aus dem die Verbindlichkeit folgt, bestimmt, d. h. seiner Art nach festgelegt sein muss. Ferner muss die ungewisse Verbindlichkeit am Bilanzstichtag wirksam entstanden oder zumindest im abgelaufenen Geschäftsjahr wirtschaftlich verursacht sein. Während nach der bisherigen Auffassung des BFH[423] eine Rückstellung für ungewisse Verbindlichkeiten nur angesetzt werden konnte, wenn sowohl das rechtliche Entstehen der Verpflichtung wie auch deren wirtschaftliche Verursachung vor dem Bilanzstichtag lagen, soll es nach dem Urteil v. 27. 6. 2001 ausreichen, wenn die Verpflichtung im abgelaufenen Geschäftsjahr rechtlich entstanden ist.[424] Entsteht dagegen die rechtliche Verpflichtung erst nach dem Bilanzstichtag, ist für deren Passivierung zusätzlich erforderlich, dass zumindest ihr wirtschaftlicher Bezugspunkt zeitlich vor dem jeweiligen Bilanzstichtag liegt. Dies bedeutet, dass die Ursachen, die zur Verpflichtung führen, im alten Geschäftsjahr gelegt worden sein müssen und der Prozess der Entstehung der Verbindlichkeit ein Stadium erreicht hat, das am Stichtag als bestehende Belastung anzusehen ist. Die Rückstellung ist nur zu passivieren, wenn das Entstehen der Verpflichtung überwiegend wahrscheinlich ist (Wahrscheinlichkeitsprognose). Der BFH kommt damit zur Passivierungspflicht nach einer 51 %-Formel,[425] d. h. wenn mehr Gründe für das Entstehen als dagegen sprechen.

312 Für die Bildung von **Rückstellungen für ungewisse Verbindlichkeiten** kommen insbes. in Betracht: Rückstellungen für
– Boni, Skonti und Rabatte
– Provisionen, Gratifikationen, Tantiemen, Gewinnbeteiligungsansprüche
– ausstehende Lieferantenrechnungen
– rückständigen Urlaub
– Überstundenlöhne und -gehälter
– Berufsgenossenschaftsbeiträge
– Haftungsrisiken (Wechselobligo, Bürgschaften, Gewährleistungsverträge, Dividenden- und ähnliche Garantien, Haftung für fremde Verbindlichkeiten)
– Jahresabschluss- und Prüfungskosten
– Zuweisungen an Unterstützungskassen
– Ausgleichsanspruch des Handelsvertreters
– Bergschäden
– Betriebliche Berufsausbildung
– Dekontaminierungskosten
– Deputatverpflichtungen
– Gruben- und Schachtversatz
– Heimfallverpflichtungen
– Patent- und Markenzeichenverletzungen
– Prozessrisiken
– Sozialplanverpflichtungen
– Verlustabdeckung und Ausgleichszahlungen
– Wiederherstellungsverpflichtungen und ähnliche Verpflichtungen
– Zuschüsse.[426]

---

[423] Vgl. BFH BStBl. 1969 II, S. 581; BStBl. 1980 II S. 297, BStBl. 1983 II S. 375; BStBl. 1994 II S. 158; NV 2001, S. 686 f.; DstRE 2000, S. 843.
[424] Vgl. BFH DStR 2001, 1384 ff.; zu den Folgen des BFH-Urteils vgl. *Kessler* DStR 2001, 1903 ff.
[425] BFH BStBl. 1985 II S. 44.
[426] Vgl. WP-HdB Bd. I E Rn. 99 mwN.

Zu Verpflichtungen, die nur zu erfüllen sind, soweit künftig Einnahmen oder Gewinne anfallen (§ 5 Abs. 2a EStG),[427] zu Verpflichtungen wegen Verletzung fremder Patent-, Urheber- oder ähnlicher Schutzrechte (§ 5 Abs. 3 EStG), zu Verpflichtungen zu Zuwendungen anlässlich eines Dienstjubiläums (§ 5 Abs. 4 EStG; H 31c Abs. 4 EStR 1999) sowie zu Aufwendungen, die (zB nachträgliche) Anschaffungs- oder Herstellungskosten für ein Wirtschaftsgut sind (§ 5 Abs. 4b S. 1 EStG)[428] sowie zu Verpflichtungen zur schadlosen Verwertung radioaktiver Reststoffe sowie ausgebauter oder abgebauter radioaktiver Anlagenteile (§ 5 Abs. 4b S. 2 EStG) existieren steuerliche Sondervorschriften. 313

Zur Bewertung von Rückstellungen gibt es steuerrechtliche Sondervorschriften in § 6 Abs. 1 Nr. 3a EStG (zB § 6 Abs. 1 Nr. 3a Buchst. b EStG, Rückstellungen für gleichartige Verpflichtungen sowie für Sachleistungsverpflichtungen). Bei der Bewertung einer Rückstellung sind künftige Vorteile, die mit der Erfüllung der Verpflichtung voraussichtlich verbunden sein werden, wertmindernd zu berücksichtigen, soweit sie nicht als Forderung zu aktivieren sind (§ 6 Abs. 1 Nr. 3a Buchst. c EStG). Rückstellungen für Verpflichtungen, für deren Entstehen im wirtschaftlichen Sinne der laufende Betrieb ursächlich ist (zB Abbruchverpflichtungen) sind zeitanteilig in gleichen Raten anzusammeln (§ 6 Abs. 1 Nr. 3a Buchst. d EStG). Rückstellungen für Verpflichtungen, deren Laufzeit am Bilanzstichtag zwölf Monate oder mehr beträgt, sind generell mit einem Zinssatz von 5,5 % abzuzinsen (§ 6 Abs. 1 Nr. 3a Buchst. e EStG). Sie waren nach § 6 Abs. 1 Nr. 3a EStG neu zu bewerten, wenn sie bereits zum Ende eines vor dem 1. 1. 1999 endenden Wirtschaftsjahrs gebildet worden sind. Waren die Rückstellungen in der Vergangenheit zu hoch, so war im Erstjahr ein Gewinn auszuweisen, der in Höhe von neun Zehntel in eine gewinnmindernde Rücklage eingestellt werden konnte.[429] Voraussetzung der steuerlichen Anerkennung der Rücklage ist, dass in der Handelsbilanz ebenso verfahren wird (vgl. Rn. 139). 314

Rückstellungen für drohende Verluste aus schwebenden Geschäften nehmen entsprechend dem Imparitätsprinzip (vgl. Rn. 16) künftig erst eintretende Verluste vorweg.[430] Unter schwebenden Geschäften werden gegenseitige Verträge verstanden, die noch von keiner Seite vollständig erfüllt sind (vgl. Rn. 59). Die Rückstellungsbildung setzt voraus, dass aus dem Geschäft ein Verlust droht, d.h. es müssen Tatsachen vorliegen, die nach vernünftiger kaufmännischer Beurteilung einen Verlust nicht unwahrscheinlich machen; das Vorliegen eines allgemeinen Risikos genügt nicht.[431] 315

Bei **Beschaffungsgeschäften** sind Rückstellungen für drohende Verluste zu bilden, wenn und soweit der Wert des Lieferungs- oder Leistungsanspruchs am Bilanzstichtag niedriger ist als der Wert der Gegenleistungsschuld.[432] Nicht maßgebend ist hierbei der nach §§ 254, 279 Abs. 2 HGB anzusetzende niedrigere steuerliche Wert. Bei Absatzgeschäften sind Rückstellungen für drohende Verluste zu bilden, wenn und soweit der Wert der Lieferungs- oder Leistungsverpflichtung am Bilanzstichtag über dem Wert des Anspruchs auf Gegenleistung liegt. Dazu kann es kommen, wenn ein Verlustgeschäft bewusst eingegangen wurde, die kalkulierten Kosten nicht eingehalten werden 316

---

[427] ZB bedingt entstehende Verbindlichkeiten wie etwa aus Bürgschaften oder Besserungsscheinen, vgl. *L. Schmidt* § 5 Rn. 314 f.
[428] ZB aus Patronatserklärungen, die zu einer Einlageverpflichtung in eine Tochtergesellschaft führen, vgl. *L. Schmidt* § 5 Rn. 369.
[429] § 52 Abs. 16 S. 8 u. 9 EStG, vgl. *L. Schmidt* § 6 Rn. 409.
[430] Vgl. *Moxter* Bilanzrechtsprechung S. 114.
[431] Vgl. *Geßler/Hefermehl/Eckardt/Kropff/Kropff* § 152 Rn. 72.
[432] BeckBilKomm/*Clemm/Erle* HGB § 249 Rn. 73.

können oder der Wert der Gegenleistung (zB wegen einer Wechselkurs- oder Zinsänderung) gestiegen ist.[433]

317 Rückstellungen für drohende Verluste aus schwebenden **Absatzgeschäften** können sowohl auf Basis von Vollkosten als auch von variablen Kosten gebildet werden,[434] nach IDW Stellungnahme zur Rechnungslegung des Hauptfachausschusses 4 vom 28. 6. 2000 Rn. 35 ff. in Anlehnung an internationale Grundsätze nur noch auf Basis von Vollkosten, jedoch ohne allgemeine Verwaltungs- und Vertriebskosten.

318 Der BFH hatte sich grundsätzlich für eine Verlustantizipierung auf Vollkostenbasis entschieden, rechnete also die durch den schwebenden Vertrag nicht verursachten ungedeckten fixen Kosten ebenfalls ein.[435] Die Frage hat seit der Einfügung des § 5 Abs. 4a iVm. § 52 Abs. 13 EStG durch das Gesetz zur Fortsetzung der Unternehmenssteuerreform vom 29. 10. 1997,[436] nach dem Rückstellungen für drohende Verluste aus schwebenden Geschäften für Wirtschaftsjahre, die nach dem 31. 12. 1996 enden, nicht mehr gebildet werden dürfen, für die Steuerbilanz keine Bedeutung mehr. Vorher zulässigerweise gebildete Rückstellungen dürfen jedoch beibehalten werden, sind jedoch in den sechs Wirtschaftsjahren von 1997 bis 2002 mit mindestens 25 % im ersten und jeweils 15 % in den Folgejahren aufzulösen.[437]

319 **i) Verbindlichkeiten.** Als Verbindlichkeiten sind die am Bilanzstichtag der Höhe und Fälligkeit nach feststehenden Verpflichtungen der Gesellschaft auszuweisen.[438] Zum Zeitpunkt des Ausweises einer Verbindlichkeit aus schwebendem Geschäft vgl. Rn. 59. § 266 Abs. 3 HGB führt als unter diese Posten gehörend auf: „Anleihen", „Verbindlichkeiten gegenüber Kreditinstituten", „erhaltene Anzahlungen auf Bestellungen", soweit diese Anzahlungen nicht von dem Posten „Vorräte" offen abgesetzt werden, „Verbindlichkeiten aus Lieferungen und Leistungen", „Verbindlichkeiten aus der Annahme gezogener Wechsel und der Ausstellung eigener Wechsel", „Verbindlichkeiten gegenüber verbundenen Unternehmen", „Verbindlichkeiten gegenüber Unternehmen, mit denen ein Beteiligungsverhältnis besteht", sowie die „sonstigen Verbindlichkeiten" einschließlich der Verbindlichkeiten aus Steuern und der Verbindlichkeiten im Rahmen der sozialen Sicherheit. Auszuweisen sind hier nur die der **Höhe nach feststehenden Verbindlichkeiten**; für Verbindlichkeiten von ungewisser Höhe sind Rückstellungen (vgl. Rn. 310) zu bilden. Aus der in Rn. 23 ff. entwickelten Begriffsabgrenzung wird deutlich, dass nicht jede zivilrechtliche Schuld zu einer Passivierung führt, vielmehr eine Vermögensbelastung der Gesellschaft und damit eine bilanzrechtliche Schuld vorliegen muss. Die Verbindlichkeit ist auch dann zu passivieren, wenn die Verpflichtung rechtlich nicht durchsetzbar ist. Hier kommt es auf die Erfüllungsbereitschaft an.[439]

320 **Aufschiebend bedingte Verbindlichkeiten** sind bereits vor Bedingungseintritt zu passivieren, wenn die künftigen Ausgaben in der Vergangenheit wirtschaftlich verur-

---

[433] Vgl. BeckBilKomm/*Clemm/Erle* HGB § 249 Rn. 74; BFH DB 1998, 126.
[434] *Baumbach/Hueck/Schulze-Osterloh* § 42 Rn. 194.
[435] BFH BStBl. 1984 II S. 56; BStBl. 1986 II S. 788, 790; zur Frage der Einrechnung von am Bilanzstichtag zu erwartenden Kostensteigerungen bejahend BeckBilKomm/*Clemm/Erle* HGB § 253 Rn. 174; WP-HdB Bd. I E Rn. 84; verneinend BFH BStBl. 1975 II S. 480; BStBl. 1983 II S. 104; DStR 1995, 980; H 38 EStR 1998 „Preisänderungen"; *L. Schmidt* § 5 Rn. 424.
[436] BGBl. I S. 2590.
[437] BMF BB 1998, 264.
[438] WP-HdB Bd. I F Rn. 327 mwN; *Moxter* Bilanzrechtsprechung S. 68; *Wiedmann* § 266 Rn. 48.
[439] BFH BStBl. 1989 II S. 359, 361.

sacht sind und der Eintritt der Bedingung hinreichend wahrscheinlich ist. In diesem Fall ist vor Eintritt der Bedingung eine Rückstellung für ungewisse Verbindlichkeiten zu bilden.[440] Im Übrigen gilt die Passivierungspflicht erst mit Eintritt der Bedingung.[441] Werden unter dem Posten Beträge für Verbindlichkeiten ausgewiesen, die erst nach dem Abschlussstichtag rechtlich entstehen, so müssen Beträge, die einen größeren Umfang haben, im Anhang erläutert werden (§ 268 Abs. 5 S. 3 HGB). Für die **kleine** GmbH besteht diese Verpflichtung nicht (§ 274a Nr. 3 HGB).

Verbindlichkeiten aus **Besserungsscheinen** dürfen vor Eintritt der aufschiebenden Bedingungen im Interesse der periodengerechten Erfolgsermittlung nicht passiviert werden.[442] Dies gilt insbesondere für Verbindlichkeiten, die nur aus dem Sanierungsgewinn oder Liquidationsgewinn zu tilgen sind,[443] Werden zB im Falle von Besserungsscheinen später Gewinne erzielt, sind die aus dem Gewinn zu tilgenden Verpflichtungen als Verbindlichkeiten zu passivieren, dh erst dann und soweit der erforderliche Gewinn erzielt wurde. 321

Eine andere Art einer aufschiebend bedingten Verpflichtung stellt das **Genussrecht** dar. Es beruht auf einem schuldrechtlichen Vertrag, in dem der Genussrechtsemittent dem Genussrechtsinhaber als Gegenleistung für die Überlassung von Kapital oder zur Abgeltung sonstiger Ansprüche Vermögensrechte gewährt, wie sie sonst typischerweise nur im Verhältnis zu Gesellschaftern bestehen (Beteiligung am Gewinn und/oder am Liquidationserlös). Das überlassene Genussrechtskapital kann die GmbH – je nach Ausgestaltung der Genussrechte – als Fremdkapital passivieren, unmittelbar in das Eigenkapital einstellen oder erfolgswirksam vereinnahmen. Als **Eigenkapital** ist es auszuweisen bei Nachrangigkeit des Genussrechtskapitals, Erfolgsabhängigkeit der Vergütung, Teilnahme des Genussrechtskapitals bis zur vollen Höhe am Verlust der Gesellschaft sowie Längerfristigkeit der Kapitalüberlassung.[444] Zur Erfüllung des Kriteriums der Längerfristigkeit der Kapitalüberlassung darf das Genussrechtskapital nicht innerhalb von zehn Jahren seit der Begabe rückzahlbar sein.[445] Ansonsten ist das Genussrechtskapital als **Fremdkapital** auszuweisen. In diesem Fall liegt eine Anleihe iSv. § 266 Abs. 3 HGB vor.[446] Vorzuziehen ist jedoch ein Ausweis gemäß § 265 Abs. 5 S. 2 HGB in einem neuen Posten unter „C. Verbindlichkeiten", etwa mit der Bezeichnung „Genussrechtskapital".[447] 322

Die Einlage eines stillen Gesellschafters ist jeweils als Verbindlichkeit auszuweisen, und zwar auch dann, wenn der stille Gesellschafter an den stillen Reserven des Anlagevermögens beteiligt ist.[448] 323

Verbindlichkeiten brauchen nicht auf Leistung in Geld, sondern können auch auf Sachleistung gerichtet sein. In diesen Fällen ist der Wert der Sachleistung in Geld zu passivieren.[449] 324

---

[440] BeckBilKomm/*Clemm/Erle* HGB § 247 Rn. 224; ähnlich auch *Baumbach/Hueck/Schulze-Osterloh* § 42 Rn. 214.
[441] BFH BStBl. 1992 II S. 488.
[442] HM, vgl. *Adler/Düring/Schmaltz* HGB § 266 Rn. 188 ff.; BeckBilKomm/*Clemm/Erle* HGB § 247 Rn. 223 ff.; *L. Schmidt* § 5 Rn. 314 f.; zur steuerrechtlichen Problematik BFH BStBl. 1997 II S. 320; BStBl. 1988 II S. 307; *L. Schmidt* § 6 EStG Rn. 440 „Forderungserlass".
[443] Vgl. WP-HdB Bd. I F Rn. 245 und 330; *Baumbach/Hueck/Schulze-Osterloh* § 42 Rn. 215; *Adler/Düring/Schmaltz* HGB § 266 Rn. 235.
[444] Vgl. IDW Stellungnahme des Hauptfachausschusses 1/1994.
[445] Zur erfolgswirksamen Vereinnahmung vgl. IDW Stellungnahme des Hauptfachausschusses 1/1994 Tz. 2.1.2.
[446] BeckBilKomm/*Clemm/Erle* HGB § 266 Rn. 216.
[447] BeckBilKomm/*Clemm/Erle* HGB § 266 Rn. 216 mwN.
[448] *Baumbach/Hueck/Schulze-Osterloh* § 42 Rn. 217.

325 Die **Bewertung** der Verbindlichkeiten hat zu ihrem Rückzahlungsbetrag zu erfolgen; das evtl. angefallene Agio kann aktivisch abgegrenzt werden (§ 250 Abs. 3 HGB). Rentenverpflichtungen sind zum Barwert der zukünftigen Auszahlungen anzusetzen (§ 253 Abs. 1 S. 2 HGB). Der Rückzahlungsbetrag ist idR identisch mit dem Betrag, zu dem die Verbindlichkeit eingegangen wurde (Ausgabebetrag); zur Frage des Ausweises eines Agios oder eines Disagios unter den Posten der Rechnungsabgrenzung vgl. Rn. 218.

326 Steuerrechtlich gilt gemäß § 6 Abs. 1 Nr. 3 EStG, dass zB unverzinsliche Verbindlichkeiten mit einem Zinssatz von 5,5 % abzuzinsen sind, wenn ihre Laufzeit am Bilanzstichtag zwölf Monate oder mehr beträgt. Für Verbindlichkeiten gilt gemäß § 6 Abs. 1 Nr. 3 EStG in entsprechender Weise wie für Vermögensgegenstände ein „Wertaufholungsgebot", d.h. Verbindlichkeiten, die zum Ende einer vor dem 1.1. 1999 endenden Wirtschaftsjahr zum Teilwert angesetzt werden konnten, sind nunmehr zum niedrigeren Nennwert anzusetzen und abzuzinsen. Gemäß § 52 Abs. 16 S. 6 und 7 EStG konnte in Höhe von neun Zehntel des Gewinns, der sich aus der Neubewertung der Verbindlichkeiten ergibt, eine den Gewinn mindernde Rücklage gebildet werden.[450] Voraussetzung für die steuerliche Anerkennung war, dass in der Handelsbilanz entsprechend verfahren wurde (vgl. Rn. 139).

327 **Währungsverbindlichkeiten** sind grundsätzlich mit dem Rückzahlungsbetrag anzusetzen. Eine erfolgsneutrale Kompensation von Kursverlusten bei Forderungen und Kursgewinnen bei Verbindlichkeiten ist unter bestimmten Voraussetzungen zulässig.[451]

328 Eine dem früheren aktienrechtlichen Gliederungsschema vergleichbare Unterteilung in Verbindlichkeiten mit einer **Laufzeit** von mindestens vier Jahren (langfristige Verbindlichkeiten) und andere Verbindlichkeiten (kurzfristige Verbindlichkeiten) erfolgt nicht mehr. Statt dessen ist bei jedem gesondert ausgewiesenen Verbindlichkeitenposten der Betrag der Verbindlichkeiten mit einer Restlaufzeit bis zu einem Jahr zu vermerken (§ 268 Abs. 5 S. 1 HGB). Darüber hinaus ist im Anhang der Gesamtbetrag der Verbindlichkeiten mit einer Restlaufzeit von mehr als fünf Jahren (§ 285 Nr. 1a HGB) sowie der Gesamtbetrag der Verbindlichkeiten, die durch Pfandrechte oder ähnliche Rechte gesichert sind, unter Angabe von Art und Form der Sicherheiten anzugeben (§ 285 Nr. 1b HGB).

329 **Anleihen** sind langfristige Verbindlichkeiten, die auf dem Kapitalmarkt aufgenommen worden sind. Hierunter fallen Schuldverschreibungen, Wandel- und Optionsanleihen, Gewinnschuldverschreibungen sowie als Fremdkapital anzusehende Genussrechte.[452] Wandelschuldverschreibungen und Optionsanleihen, bei denen das Optionsrecht von der Anleihe getrennt und separat gehandelt werden kann, können von der GmbH nicht ausgegeben werden.[453] Daher entfällt auch der Vermerk „davon konvertibel".

330 Die **Verbindlichkeiten gegenüber Kreditinstituten** werden unabhängig von der Laufzeit in einem Posten stets gesondert ausgewiesen (vgl. Rn. 156). Zum Kreis der Kreditinstitute vgl. Rn. 213.

331 **Erhaltene Anzahlungen auf Bestellungen** werden passiviert oder beim Posten Vorräte offen abgesetzt (§ 268 Abs. 5 S. 2 HGB), bis die betreffende Lieferung oder Leistung abgerechnet ist.

---

[449] *Geßler/Hefermehl/Eckardt/Kropff/Kropff* § 151 Rn. 95.
[450] Vgl. *L. Schmidt* § 6 Rn. 403.
[451] Vgl. hierzu geänderter Entwurf einer Verlautbarung des Hauptfachausschusses zur Währungsumrechnung, WPg. 1986, 664 ff.
[452] *Adler/Düring/Schmaltz* HGB § 266 Rn. 218; *Wiedmann* HGB § 266 Rn. 49.
[453] *Meyer-Landrut/Miller/Niehus* §§ 238–335 Rn. 616.

Für die **Verbindlichkeiten aus Lieferungen und Leistungen** gelten die Ausführungen zum Gegenposten Forderungen aus Lieferungen und Leistungen (Rn. 195) sinngemäß. Hat der Vertragspartner die Hauptleistung noch nicht erbracht, gelten die Regeln über schwebende Geschäfte. 332

Verbindlichkeiten aus der Annahme gezogener Wechsel und der Ausstellung eigener Wechsel sind gesondert auszuweisen. Hierunter fallen auch Gefälligkeitsakzepte.[454] Sicherheits- oder Kautionswechsel sind nicht hierunter zu erfassen, wenn mit einer wechselmäßigen Inanspruchnahme nicht zu rechnen ist. Bei der Weitergabe von Wechseln an verbundene Unternehmen oder Unternehmen, mit denen ein Beteiligungsverhältnis besteht, ist Mitzugehörigkeit zu den anderen Posten zu vermerken. 333

Bezüglich der Verbindlichkeiten gegenüber verbundenen Unternehmen sowie der Verbindlichkeiten gegenüber Unternehmen, mit denen ein Beteiligungsverhältnis besteht, wird auf die Ausführungen zu den Gegenposten (Rn. 197f.) hingewiesen. 334

Als **sonstige Verbindlichkeiten** sind alle Verbindlichkeiten auszuweisen, die nicht unter einem der anderen Verbindlichkeitenposten zu erfassen sind. Hierbei sind die Verbindlichkeiten aus Steuern sowie Verbindlichkeiten im Rahmen der sozialen Sicherheit gesondert zu vermerken. Hierunter sind insbesondere Steuerschulden, abzuführende Sozialabgaben, rückständige Bezüge von Arbeitnehmern, Verbindlichkeiten aus Pensionszusagen, Versicherungsprämien, Rückzahlungsverpflichtungen gegenüber Kunden, Darlehen von Nicht-Kreditinstituten, Einlagen eines stillen, nicht an der Geschäftsführung beteiligten Gesellschafters auszuweisen.[455] 335

Unter den Verbindlichkeiten sind auch nach § 42 Abs. 3 die **Verbindlichkeiten gegenüber Gesellschaftern** auszuweisen; hierzu wird auf die Kommentierung zu § 42 Rn. 16ff. verwiesen. Darlehen der Gesellschafter, auch wenn sie eigenkapitalersetzenden Charakter haben, sind grundsätzlich hier auszuweisen. Soweit mit dem eigenkapitalersetzenden Darlehen aus Sanierungsgründen jedoch ein Rangrücktritt in der Weise verbunden ist, so dass das Darlehen nur aus künftigen Gewinnen zu tilgen ist, entfällt im Interesse der periodengerechten Ergebnisermittlung und zur Erreichung des Sanierungserfolges eine Passivierung.[456] – Auch Gesellschafterdarlehen, die in entsprechender Anwendung des § 30 nicht geltend gemacht werden können, sind weiterhin zu passivieren.[457] 336

j) Rechnungsabgrenzungsposten (passiv). Analog zu den aktiven Rechnungsabgrenzungsposten (vgl. Rn. 214f.) sind als Rechnungsabgrenzungsposten auf der Passivseite Einnahmen vor dem Abschlussstichtag auszuweisen, soweit sie Ertrag für eine bestimmte Zeit nach dem Bilanzstichtag darstellen (§ 250 Abs. 2 HGB). Im Übrigen wird auf die Ausführungen zu den aktiven Rechnungsabgrenzungsposten hingewiesen (Rn. 214f.). 337

k) Haftungsverhältnisse. Soweit nicht eine Passivierung zu erfolgen hat, werden die Eventualverbindlichkeiten unter der Bilanz gesondert vermerkt (§ 251 HGB). Hierbei handelt es sich um Verbindlichkeiten, aus denen die Gesellschaft nur unter bestimmten Umständen, mit deren Eintritt sie nicht rechnet, in Anspruch genommen werden kann. Dazu zählen: 338
– Verbindlichkeiten aus der Begebung und Übertragung von Wechseln (Wechselobligo),

---

[454] Vgl. WP-HdB Bd. I F Rn. 338.
[455] Vgl. *Baumbach/Hueck/Schulze-Osterloh* § 42 Rn. 225.
[456] Vgl. *Baumbach/Hueck/Schulze-Osterloh* § 42 Rn. 226; aA *Lutter/Hommelhoff* § 42 Rn. 41.
[457] *Baumbach/Hueck/Schulze-Osterloh* § 42 Rn. 226; *Lutter/Hommelhoff* § 42 Rn. 40, die sich zudem für eine Kennzeichnung des eigenkapitalersetzenden Charakters aussprechen.

- Verbindlichkeiten aus Bürgschaften, Wechsel- und Scheckbürgschaften,
- Verbindlichkeiten aus Gewährleistungsverträgen,[458]
- Haftungsverhältnisse aus der Bestellung von Sicherheiten für fremde Verbindlichkeiten.

339 Die Haftungsverhältnisse sind von einer GmbH auf Grund der Bestimmung in § 268 Abs. 7 HGB entweder in der Bilanz oder im Anhang gesondert nach den Arten der Haftungsverhältnisse anzugeben. Für jeden einzelnen Posten sind außerdem evtl. bestehende Pfandrechte und sonstige Sicherheiten anzugeben. Gesondert sind nach § 268 Abs. 7 Halbs. 2 HGB Haftungsverhältnisse gegenüber verbundenen Unternehmen anzugeben. Auch insoweit besteht Wahlrecht zum Ausweis unter der Bilanz oder im Anhang.[459] Dies gilt nach dem Wortlaut der Vorschrift grundsätzlich auch für kleine Kapitalgesellschaften. Da diese ihre Verbindlichkeiten gegenüber verbundenen Unternehmen unter den Verbindlichkeiten nicht gesondert ausweisen müssen, ist § 268 Abs. 7 HGB nicht anwendbar.[460]

340 l) **Sonderposten auf der Passivseite.** Die **Rücklage für eingeforderte Nachschüsse** (§ 42 Abs. 2 S. 3) ist als gesonderter Posten innerhalb der Kapitalrücklage auszuweisen; vgl. Rn. 236. Die **Rücklage für den Eigenkapitalanteil von Wertaufholungen und von nicht in der Handelsbilanz ausgewiesenen steuerfreien Rücklagen** (§ 29 Abs. 4) kann unter den anderen Gewinnrücklagen gesondert oder mit Hilfe eines „davon-Vermerks" ausgewiesen werden, vgl. Rn. 243, 250. Wird die Bilanz unter Berücksichtigung der teilweisen Verwendung des Jahresergebnisses aufgestellt, so tritt an die Stelle der Posten „Jahresüberschuss/Jahresfehlbetrag" und „Gewinnvortrag/Verlustvortrag" der Posten **„Bilanzgewinn/Bilanzverlust"** (§ 268 Abs. 1 S. 2 HGB). Der **Sonderposten mit Rücklageanteil** ist nach § 273 S. 2 HGB vor den Rückstellungen auszuweisen, vgl. Rn. 255 ff. Zu **Rückstellungen für die Steuerabgrenzung** vgl. Rn. 307. Die **Verbindlichkeiten gegenüber Gesellschaftern** nach § 42 Abs. 3 sind als solche jeweils gesondert auszuweisen, vgl. Rn. 336.

341 4. **Gewinn- und Verlustrechnung. a) Gliederungsschema.** Die Gewinn- und Verlustrechnung wird in **Staffelform** nach dem **Gesamtkostenverfahren** oder nach dem **Umsatzkostenverfahren** (§ 275 Abs. 1 S. 1 HGB) aufgestellt. Mit dem Umsatzkostenverfahren soll es deutschen Unternehmen ermöglicht werden, „sich in einer international vergleichbaren Form darzustellen".[461]

342 **Gesamtkostenverfahren (§ 275 Abs. 2 HGB):**
1. Umsatzerlöse
2. Erhöhung oder Verminderung des Bestands an fertigen und unfertigen Erzeugnissen
3. andere aktivierte Eigenleistungen
4. sonstige betriebliche Erträge
5. Materialaufwand:
   a) Aufwendungen für Roh-, Hilfs- und Betriebsstoffe und für bezogene Waren
   b) Aufwendungen für bezogene Leistungen
6. Personalaufwand:
   a) Löhne und Gehälter

---

[458] Insbes. „harte" Patronatserklärungen, vgl. hierzu IDW Stellungnahme des Hauptfachausschusses 2/1976 idF 1990.
[459] BeckBilKomm/*Ellrott* HGB § 268 Rn. 127.
[460] *Adler/Düring/Schmaltz* HGB § 268 Rn. 125; BeckBilKomm/*Ellrott* HGB § 268 Rn. 127.
[461] RegBegr. zu § 238 HGB-E, BT-Drucks. 10/317 S. 77.

b) soziale Abgaben und Aufwendungen für Altersversorgung und für Unterstützung,
   davon für Altersversorgung
7. Abschreibungen:
   a) auf immaterielle Vermögensgegenstände des Anlagevermögens und Sachanlagen sowie auf aktivierte Aufwendungen für die Ingangsetzung und Erweiterung des Geschäftsbetriebs
   b) auf Vermögensgegenstände des Umlaufvermögens, soweit diese die in der Kap.-Ges. üblichen Abschreibungen überschreiten
8. sonstige betriebliche Aufwendungen
9. Erträge aus Beteiligungen,
   davon aus verbundenen Unternehmen
10. Erträge aus anderen Wertpapieren und Ausleihungen des Finanzanlagevermögens,
    davon aus verbundenen Unternehmen
11. sonstige Zinsen und ähnliche Erträge,
    davon aus verbundenen Unternehmen
12. Abschreibungen auf Finanzanlagen und auf Wertpapiere des Umlaufvermögens
13. Zinsen und ähnliche Aufwendungen,
    davon an verbundene Unternehmen
14. Ergebnis der gewöhnlichen Geschäftstätigkeit
15. außerordentliche Erträge
16. außerordentliche Aufwendungen
17. außerordentliches Ergebnis
18. Steuern vom Einkommen und vom Ertrag
19. sonstige Steuern
20. Jahresüberschuss/Jahresfehlbetrag.

Beim **Gesamtkostenverfahren,** das auch dem Gewinn- und Verlustrechnungs-Gliederungsschema des früheren AktG zugrunde lag, werden den Umsatzerlösen nicht die Gesamtkosten der abgesetzten Betriebsleistungen, sondern die der in der Abrechnungsperiode produzierten Leistungen gegenübergestellt. Es ist deshalb bei diesem Verfahren notwendig, die Bestandsveränderungen an Halb- und Fertigfabrikaten bei der Ermittlung des Betriebsergebnisses zu berücksichtigen. Das Gesamtkostenverfahren ist relativ einfach anzuwenden, da es auf Kosten- bzw. Aufwandsarten aufbaut und deshalb keiner ausgebauten Kosten- und Leistungsrechnung bedarf. Die der Gesamtleistung gegenüberstehenden Aufwendungen lassen sich den Aufwandskonten der Finanzbuchhaltung direkt entnehmen. Notwendig ist lediglich eine Bestandsrechnung der Vorräte. Nach dem Gesamtkostenverfahren werden für die Beurteilung der Ertragslage wichtige Aufwendungen wie Abschreibungen, Material- und Personalaufwand gesondert in der Gewinn- und Verlustrechnung ausgewiesen. 343

Umsatzkostenverfahren (§ 275 Abs. 3 HGB): 344
1. Umsatzerlöse
2. Herstellungskosten der zur Erzielung der Umsatzerlöse erbrachten Leistungen
3. Bruttoergebnis vom Umsatz
4. Vertriebskosten
5. allgemeine Verwaltungskosten
6. sonstige betriebliche Erträge
7. sonstige betriebliche Aufwendungen
8. Erträge aus Beteiligungen,
   davon aus verbundenen Unternehmen

9. Erträge aus anderen Wertpapieren und Ausleihungen des Finanzanlagevermögens,
   davon aus verbundenen Unternehmen
10. sonstige Zinsen und ähnliche Erträge,
    davon aus verbundenen Unternehmen
11. Abschreibungen auf Finanzanlagen und auf Wertpapiere des Umlaufvermögens
12. Zinsen und ähnliche Aufwendungen,
    davon an verbundene Unternehmen
13. Ergebnis der gewöhnlichen Geschäftstätigkeit
14. außerordentliche Erträge
15. außerordentliche Aufwendungen
16. außerordentliches Ergebnis
17. Steuern vom Einkommen und vom Ertrag
18. sonstige Steuern
19. Jahresüberschuss/Jahresfehlbetrag.

345 Bei dem Umsatzkostenverfahren werden den Umsatzerlösen die entsprechenden (Umsatz-)Kosten, d.h. nur die Herstellungskosten der abgesetzten Betriebsleistungen zuzüglich der in der Abrechnungsperiode angefallenen allgemeinen Verwaltungs- und Vertriebskosten, gegenübergestellt. Aktivierte Kosten, die für die Produktion noch nicht verkaufter Erzeugnisse oder für Eigenleistungen entstanden sind, erscheinen daher nicht in der Gewinn- und Verlustrechnung unter den Aufwandsartenbezeichnungen. Bei Anwendung des Umsatzkostenverfahrens müssen jedoch von der mittelgroßen und großen GmbH zusätzlich im Anhang der Materialaufwand und der Personalaufwand des Geschäftsjahres entsprechend der Gliederung des Gesamtkostenverfahrens angegeben werden (§ 285 Nr. 8 HGB). Das Umsatzkostenverfahren zeigt deutlicher als das Gesamtkostenverfahren, welche Herstellungskosten zur Erstellung der in die Umsatzerlöse eingeflossenen Güter und Dienstleistungen aufgewendet werden.

346 Die Übersicht auf Seite 1365 zeigt die **Erfolgsquellen** im Gesamtkosten- und Umsatzkostenverfahren.

347 Die kleine und die mittelgroße GmbH (§ 267 Abs. 1, 2 HGB) dürfen die Posten Nr. 1–5 des Gesamtkostenverfahrens bzw. Nr. 1–3 und 6 des Umsatzkostenverfahrens zu einem Posten unter der Bezeichnung „Rohergebnis" zusammenfassen (§ 276 HGB). Für den Fall, dass mehrere Geschäftszweige vorhanden sind und dies die Gliederung nach verschiedenen Gliederungsvorschriften bedingt, ist die Gewinn- und Verlustrechnung nach der für einen Geschäftszweig vorgeschriebenen Gliederung aufzustellen und nach der für die anderen Geschäftszweige vorgeschriebenen Gliederung zu ergänzen (§ 265 Abs. 4 S. 1 HGB). Die Ergänzung ist im Anhang anzugeben und zu begründen. Die Gliederung ist nach § 277 Abs. 3 S. 2 HGB weiterhin zu ergänzen, wenn Erträge auf Grund einer Gewinngemeinschaft, eines Gewinnabführungs- oder Teilgewinnabführungsvertrages oder aber Aufwendungen aus Verlustübernahme zu berücksichtigen sind.[462] Untergliederungen von Posten sind zulässig; dabei ist jedoch die vorgeschriebene Gliederung zu beachten. Neue Posten dürfen hinzugefügt werden, wenn ihr Inhalt nicht von einem vorgeschriebenen Posten gedeckt wird.[463]

---

[462] Einzelheiten bei *Baumbach/Hueck/Schulze-Osterloh* § 42 Rn. 371 ff.

[463] § 265 Abs. 5 HGB; zu Beispielen von zusätzlichen Posten vgl. *Adler/Düring/Schmaltz* HGB § 275 Rn. 42 ff.

Rechnungslegung der GmbH   Anh. I nach § 42 a

Gesamtkostenverfahren	Umsatzkostenverfahren		
Umsatzerlöse	Umsatzerlöse		
Bestandsveränderung	Kosten der Umsätze		
andere aktivierte Eigenleistungen	Vertriebskosten		
sonstige betriebliche Erträge	allgemeine Verwaltungskosten	Betriebsergebnis	
Materialaufwand	sonstige betriebliche Erträge		
Personalaufwand			Ergebnis der gewöhnlichen Geschäftstätigkeit
Abschreibungen			
sonstige betriebliche Aufwendungen	sonstige betriebliche Aufwendungen		
Erträge aus Beteiligungen	Erträge aus Beteiligungen		
Erträge aus Wertpapieren und Ausleihungen	Erträge aus Wertpapieren und Ausleihungen		
sonstige Zinsen und ähnliche Erträge	sonstige Zinsen und ähnliche Erträge	Finanzergebnis	
Abschreibungen auf Finanzanlagen und Wertpapiere	Abschreibungen auf Finanzanlagen und Wertpapiere		
Zinsen und ähnliche Aufwendungen	Zinsen und ähnliche Aufwendungen		
außerordentliche Erträge	außerordentliche Erträge	außerordentliches Ergebnis	
außerordentliche Aufwendungen	außerordentliche Aufwendungen		
Steuern vom Einkommen und vom Ertrag	Steuern vom Einkommen und vom Ertrag	Steuern	
sonstige Steuern	sonstige Steuern		
Jahresüberschuss/Jahresfehlbetrag	Jahresüberschuss/Jahresfehlbetrag		

Die im Gesamtkosten- und Umsatzkostenverfahren vorgesehenen Posten sind jeweils gesondert auszuweisen. Von diesem Grundsatz darf nur aus den in § 265 Abs. 7 HGB genannten Gründen abgewichen werden, wenn **348**
– die Posten einen Betrag enthalten, der für die Vermittlung eines den tatsächlichen Verhältnissen entsprechenden Bildes im Sinne des § 264 Abs. 2 HGB nicht erheblich ist, oder
– dadurch die Klarheit der Darstellung vergrößert wird; in diesem Falle müssen die zusammengefassten Posten jedoch im Anhang gesondert ausgewiesen werden.

Entsprechend der Praxis in Großbritannien, Niederlande und Dänemark, die Gewinn- und Verlustrechnung auf die wichtigsten Posten zu beschränken[464] dürfte die **Zusammenfassung einzelner Posten** zu Rohergebnis, Bestandsveränderung und **349**

---

[464] *Biener/Berneke* HGB § 265 S. 141 Fn. 6; Bedenken gegen diese Praxis WP-HdB Bd. I F Rn. 358 f., S. 37.

andere aktivierte Eigenleistungen, Materialaufwand, Personalaufwand, Abschreibungen, Erträge aus Finanzanlagen und sonstige Zinsen, Beteiligungsergebnis, Zinsergebnis, Finanzergebnis, außerordentliches Ergebnis zulässig sein.[465] **Leerposten** brauchen nicht ausgewiesen zu werden, es sei denn, dass im Vorjahr ein Betrag unter dem gleichen Posten auszuweisen war (§ 265 Abs. 8 HGB).

350 Die Darstellung der Gewinn- und Verlustrechnung unterliegt dem Grundsatz der **Darstellungsstetigkeit** (§ 265 Abs. 1 S. 1 HGB), soweit nicht in Ausnahmefällen wegen besonderer Umstände Abweichungen erforderlich sind. Durch das Stetigkeitsgebot wird ein Wechsel zwischen den beiden zulässigen Ausweisverfahren erschwert.[466] Das Stetigkeitsgebot gilt auch in Bezug auf den Inhalt der Posten, jedoch nicht bezüglich der Beibehaltung einmal eingeführter Untergliederungen oder der Zusammenfassung von Posten.[467]

351 **b) Inhalt der einzelnen Posten bei Gliederung nach dem Gesamtkostenverfahren (§ 275 Abs. 2 HGB). Nr. 1. Umsatzerlöse.** Die Umsatzerlöse sind nach § 277 Abs. 1 HGB definiert als „die Erlöse aus dem Verkauf und der Vermietung oder Verpachtung von für die gewöhnliche Geschäftstätigkeit der KapGes. typischen Erzeugnissen und Waren sowie aus von für die gewöhnliche Geschäftstätigkeit der KapGes. typischen Dienstleistungen nach Abzug von Erlösschmälerungen und der Umsatzsteuer"; es sind also nur die Nettoerlöse auszuweisen.[468]

352 Was als **für die gewöhnliche Geschäftstätigkeit typisch** anzusehen ist, bestimmt sich nicht so sehr nach dem im Gesellschaftsvertrag angegebenen Gegenstand der Gesellschaft, als vielmehr nach dem tatsächlichen Erscheinungsbild.[469] Folglich sind als Umsatzerlöse nur Erträge aus betriebstypischen Geschäften auszuweisen, während Erträge aus nicht betriebstypischen Nebengeschäften, zB Kantinenerlöse, Weiterberechnungen für die Inanspruchnahme von Verwaltungseinrichtungen der Gesellschaft, unter die sonstigen betrieblichen Erträge fallen.

353 Zu den **Erlösschmälerungen** gehören zB Preisnachlässe, Zuführungen zu Rückstellungen für Preisnachlässe, zurückgewährte Entgelte, Gewährleistungen, und die Abzinsungsbeträge bei langfristigen minder- oder unverzinslichen Waren- und Leistungsforderungen.[470] – Erlösschmälerungen, die frühere Geschäftsjahre betreffen und für die keine Rückstellung gebildet war, sind ebenfalls von den Umsatzerlösen abzusetzen. Ebenso sind periodenfremde Erträge zu berücksichtigen. Jedoch sind periodenfremde Erträge und Erlösschmälerungen nach § 277 Abs. 4 S. 3 HGB hinsichtlich ihres Ertrages und ihrer Art im Anhang zu erläutern, soweit die Beträge für die Beurteilung der Ertragslage nicht von untergeordneter Bedeutung sind.[471] Umsatzsteuer ist abzusetzen, nicht jedoch Verbrauch- und Verkehrsteuern.[472]

354 **Nr. 2. Erhöhung oder Verminderung des Bestands an fertigen und unfertigen Erzeugnissen.** Hierzu gibt § 277 Abs. 2 HGB folgende Definition: „Als Bestandsveränderungen sind sowohl Änderungen der Menge als auch solche des Wertes

---

[465] *Adler/Düring/Schmaltz* HGB § 275 Rn. 48.
[466] WP-HdB Bd. I F Rn. 363; *Wiedmann* BFuP 1988, 41.
[467] *Adler/Düring/Schmaltz* HGB § 275 Rn. 50; WP-HdB Bd. I Rn. 363.
[468] IDW Stellungnahme des Hauptfachausschusses 1/1985 idF 1990.
[469] Vgl. *Adler/Düring/Schmaltz* HGB § 277 Rn. 6; *Baumbach/Hueck/Schulze-Osterloh* § 42 Rn. 345.
[470] Vgl. *Adler/Düring/Schmaltz* HGB § 277 Rn. 30 ff.
[471] *Adler/Düring/Schmaltz* HGB § 277 Rn. 34; *Baumbach/Hueck/Schulze-Osterloh* § 42 Rn. 345 f.
[472] WP-HdB Bd. I F Rn. 391; *Adler/Düring/Schmaltz* HGB § 277 Rn. 37 f.; *Baumbach/Hueck/Schulze-Osterloh* § 42 Rn. 347.

zu berücksichtigen; Abschreibungen jedoch nur, soweit diese die in der KapGes. sonst üblichen Abschreibungen nicht überschreiten."

Die in der Gewinn- und Verlustrechnung auszuweisende Bestandsveränderung muss grundsätzlich mit der Bestandsveränderung, wie sie sich aus der Jahresbilanz gegenüber dem letzten Abschluss ergibt, übereinstimmen. Jedoch geht eine Bestandsveränderung der Handelswaren, auch wenn diese üblicherweise in der Bilanz zusammen mit den fertigen Erzeugnissen ausgewiesen werden, nicht in den Posten Nr. 2 des Gesamtkostenverfahrens ein. Sie stellt keinen Aufwands- oder Ertragsposten dar; der Verbrauch an Handelswaren ist unter dem Posten Nr. 5a, ggf. auch unter Nr. 7b auszuweisen.[473] Eine weitere Abweichung von der Bestandsveränderung, wie sie sich aus der Jahresbilanz gegenüber dem letzten Abschluss ergibt, kann sich dadurch ergeben, dass das Unternehmen auf fertige und unfertige Erzeugnisse Abschreibungen vorgenommen hat, die die im Unternehmen sonst üblichen übersteigen.[474] Die Abgrenzung richtet sich nach der bisher üblichen Praxis, so dass auch Abschreibungen nach § 253 Abs. 3 S. 3 HGB zu den üblichen gehören können.[475]

355

Nr. 3. Andere aktivierte Eigenleistungen. Dieser Posten resultiert aus der Aktivierung von Eigenleistungen des Unternehmens im Anlagevermögen, für die die Aufwendungen unter den verschiedenen Aufwandsposten der Gewinn- und Verlustrechnung ausgewiesen sind. Die Aufwendungen dürfen also nicht um die aktivierten Beträge gekürzt, sondern müssen selbstständig ausgewiesen werden. Aus dem bilanztechnisch bedingten Charakter des Ausgleichspostens als Gegenposten zu den verschiedenen Aufwandsposten folgt, dass Aktivierung von Eigenleistungen, die die Aufwendungen früherer Perioden betreffen und zu dieser Zeit nicht aktiviert wurden, grundsätzlich keine aktivierten Eigenleistungen iS des Posten Nr. 3 darstellen; für eine solche Nachaktivierung (zB auf Grund steuerlicher Betriebsprüfung) kommen grundsätzlich nur die Posten Nr. 4 und 15 in Betracht.[476] Im Wesentlichen fallen unter andere aktivierte Eigenleistungen selbst erstellte Anlagen, aktivierte Großreparaturen sowie nach § 269 HGB aktivierte Aufwendungen für die Ingangsetzung und Erweiterung des Geschäftsbetriebs[477] sowie Aufwendungen für die Währungsumstellung auf den Euro. Bestandsveränderungen bei selbsterzeugten Roh-, Hilfs- und Betriebsstoffen, die als solche in der Bilanz ausgewiesen sind, sind nicht hier, sondern unter Nr. 2 auszuweisen.[478] Direkt auf den betreffenden Anlagenkonten aktivierte Zulieferungen und Fremdleistungen können nicht unter andere aktivierte Eigenleistungen erfasst werden, da ihnen in der Gewinn- und Verlustrechnung keine entsprechenden Aufwendungen gegenüberstehen;[479] hingegen ist die Brutto-Methode auch bezüglich fremd bezogenem Material nur dann angebracht, wenn es sich überwiegend um Eigenleistungen handelt, bei denen die Fremdmaterialien nicht ins Gewicht fallen.

356

Nr. 4. Sonstige betriebliche Erträge. Zu den sonstigen betrieblichen Erträgen gehören alle Erträge aus der gewöhnlichen Geschäftstätigkeit, soweit sie nicht in vor-

357

---

[473] *Adler/Düring/Schmaltz* HGB § 275 Rn. 55; WP-HdB Bd. I Rn. 398; *Meyer-Landrut/Miller/Niehus* §§ 238–235 Rn. 778.
[474] *Adler/Düring/Schmaltz* HGB § 275 Rn. 55, 132 ff.; WP-HdB Bd. I F Rn. 396; *Baumbach/Hueck/Schulze-Osterloh* § 42 Rn. 349.
[475] *Baumbach/Hueck/Schulze-Osterloh* § 42 Rn. 349.
[476] *Adler/Düring/Schmaltz* HGB § 275 Rn. 60; WP-HdB Bd. I F Rn. 400.
[477] *Adler/Düring/Schmaltz* HGB § 275 Rn. 61; WP-HdB Bd. I F Rn. 399.
[478] *Adler/Düring/Schmaltz* HGB § 275 Rn. 66; WP-HdB Bd. I F Rn. 399.
[479] Netto-Methode; vgl. WP-HdB Bd. I F Rn. 399; *Adler/Düring/Schmaltz* HGB § 275 Rn. 63.

hergehenden Posten enthalten sind oder zum Finanzergebnis gehören. Hierzu gehören insbesondere;[480]
- Erlöse aus Nebenumsätzen,
- Erträge aus der Auflösung nicht mehr benötigter Rückstellungen,
- Ausgleichsposten bei der Inanspruchnahme von solchen Rückstellungen, die über sonstige betriebliche Aufwendungen gebildet worden sind,
- Erträge aus Zuschreibungen und aus Wertaufholungen,
- Zahlungseingänge auf in früheren Jahren ausgebuchte Forderungen,
- Schuldnachlässe,
- Buchgewinne aus dem Abgang von Gegenständen des Anlagevermögens,
- Buchgewinne aus dem Verkauf von Wertpapieren des Umlaufvermögens oder von Bezugsrechten dieser Wertpapiere,
- Erträge aus dem Einsatz von derivativen Finanzinstrumenten,
- Kursgewinne aus Währungen,
- Kostenerstattungen sowie Rückvergütungen und Gutschriften für frühere Jahre,
- Steuererstattungen auf Grund eines Verlustrücktrags,
- Erträge aus Schadensersatzleistungen,
- Erträge aus Sozialeinrichtungen,
- nicht als Umsatzerlöse auszuweisende Miet- und Pachteinnahmen, Patent- und Lizenzgebühren,
- Magazinverkäufe und ähnliche Erträge,
- Umrechnungsgewinne aus der Euro-Einführung,
- Heraufsetzung von Festwerten.

358 Soweit diese Erträge die Kriterien der **außerordentlichen Erträge** (§ 277 Abs. 4 HGB) erfüllen, sind sie unter dem Posten Nr. 15 auszuweisen. Soweit diese Erträge einem anderen Geschäftsjahr zuzurechnen sind (§ 277 Abs. 4 S. 3 HGB), sind sie im Anhang hinsichtlich ihres Betrages und ihrer Art zu erläutern, soweit die ausgewiesenen Beträge für die Beurteilung der Ertragslage nicht von untergeordneter Bedeutung sind.

359 In den Posten sonstige betriebliche Erträge sind auch Erträge aus der **Auflösung von Sonderposten mit Rücklageanteil** einzubeziehen. Diese Erträge sind gesondert, d. h. als Untergliederung durch „davon"-Vermerk anzugeben, es sei denn, dass sie im Anhang angegeben werden (§ 281 Abs. 2 S. 2 HGB). Die Auflösungsbeträge sind brutto zu erfassen, dürfen also nicht um anfallende Ertragssteuern gekürzt werden.[481]

360 Rückstellungen, die nicht mehr benötigt werden, sind aufzulösen (§ 249 Abs. 3 S. 2 HGB). Es würde gegen das Verrechnungsverbot (§ 246 Abs. 2) verstoßen, wenn der Ertrag aus der **Auflösung der nicht mehr benötigten Rückstellung** mit dem betreffenden Aufwandsposten verrechnet würde. Aus den gleichen Gründen ist es nicht zulässig, eine für einen bestimmten Zweck gebildete Rückstellung nach ihrem Freiwerden für einen anderen Zweck zu benutzen, ohne sie über den Posten Nr. 4 zu vereinnahmen. Rückstellungen können nur für den Zweck in Anspruch genommen werden, für den sie gebildet wurden. Zulässig ist daher nur die Verwendung einer in früheren Jahren gebildeten Rückstellung für ein neu auftretendes Rückstellungserfordernis, das aufwandsmäßig früheren Jahren zuzurechnen ist, soweit die frühere Rückstellung und die neu zu bildende Rückstellung die gleiche Aufwandsart betreffen.[482] Soweit Rückstellungen bestimmungsgemäß verbraucht werden, liegt eine Auflösung

---

[480] Vgl. WP-HdB Bd. I F Rn. 401.
[481] *Adler/Düring/Schmaltz* HGB § 275 Rn. 80; WP-HdB Bd. I F Rn. 403.
[482] Vgl. *Adler/Düring/Schmaltz* HGB § 275 Rn. 77.

Rechnungslegung der GmbH **Anh. I nach § 42a**

im Sinne des Ertragspostens Nr. 4 nicht vor. Sind zB Rückstellungen zu Lasten der sonstigen betrieblichen Aufwendungen gebildet worden, weil noch nicht bekannt war, welche Aufwandsarten im Einzelnen anzusprechen sind, so werden bei Inanspruchnahme der Rückstellungen dann die Löhne und Gehälter, sozialen Abgaben, Roh-, Hilfs- und Betriebsstoffe als Primäraufwand in voller Höhe unter den jeweiligen Aufwandsposten ausgewiesen; gleichzeitig ist ein Ausgleichsposten, der dem Verbrauch der Rückstellung entspricht, unter den sonstigen betrieblichen Erträgen auszuweisen; im Ergebnis erscheint damit der Auflösungsbetrag ebenso unter dem Posten sonstige betriebliche Erträge, wie der Ertrag beim Freiwerden einer Rückstellung.[483]

Beim **Abgang von Vermögensgegenständen des Anlagevermögens** genügt es, 361 den Verkaufserlös um die Erlösschmälerungen und die Umsatzsteuer (§ 277 Abs. 1 HGB) zu mindern und mit dem Buchwert des verkauften Gegenstandes zu saldieren. Das Ergebnis wird dann unter sonstige betriebliche Erträge oder sonstige betriebliche Aufwendungen ausgewiesen. Auf der Grundlage der steuerlichen Regelungen (§ 6b EStG, R 35 EStR 1999) kann der Buchgewinn erfolgsmäßig neutralisiert werden in Form von Sonderabschreibungen auf Ersatz- oder Neuanschaffungen im gleichen Geschäftsjahr oder durch Bildung eines Sonderpostens mit Rücklageanteil. Zur Frage, inwieweit es sich bei diesen Erträgen um außerordentliche Erträge handelt, vgl. Rn. 379.

Nr. 5a. Aufwendungen für Roh-, Hilfs- und Betriebsstoffe und für bezo- 362 **gene Waren.** Entsprechend der zu Umsatzerlösen getroffenen Abgrenzung ist hierunter in erster Linie der gesamte Materialverbrauch aus dem Fertigungsbereich des Unternehmens einzustellen, also Fertigungsstoffe, Brenn- und Heizungsstoffe, Reinigungsmaterial, Reparaturstoffe, Baumaterial (soweit ein Gegenposten und andere aktivierte Eigenleistungen eingestellt wurden), Reserveteile, Werksgeräte, Verpackungsmaterial (ohne Versandpackung) sowie die Einstandswerte verkaufter Handelswaren.[484] – Nach hM besteht ein Wahlrecht, Aufwendungen, die den Bereichen Verwaltung und Vertrieb zugerechnet werden können, unter dem Posten Nr. 5a oder unter dem Posten Nr. 8 (sonstige betriebliche Aufwendungen) auszuweisen.[485]

Die Aufwendungen bemessen sich nach den Einstandspreisen der verbrauchten Ma- 363 terialien und Leistungen ohne die Umsatzsteuer, die erfolgsneutral mit der Steuerschuld verrechnet wird. Unter dem Posten Materialaufwand werden darüber hinaus auch Inventur- und Bewertungsdifferenzen erfasst, die sich aus Schwund, Qualitätsverlusten, rückläufigen Marktpreisen oder anderen Ursachen ergeben. Beschaffungen von Gegenständen für Festwertposten werden auch als Materialaufwand ausgewiesen; ebenso die Veränderungen von Festwerten, wobei bei Festwertposten des Anlagevermögens auch ein Ausweis unter den sonstigen betrieblichen Erträgen (Nr. 4) oder den sonstigen betrieblichen Aufwendungen (Nr. 8) in Betracht kommt.[486] Die Einbeziehung von Abschreibungen in den Posten Nr. 5a findet ihre Grenze in dem Posten Nr. 7b; Abschreibungen, soweit diese die in der GmbH üblichen Abschreibungen überschreiten, müssen in den Posten 7b einbezogen werden.[487]

---

[483] *Adler/Düring/Schmaltz* HGB § 275 Rn. 78.
[484] Vgl. WP-HdB Bd. I F Rn. 405.
[485] *Adler/Düring/Schmaltz* HGB § 275 Rn. 83; *Biener/Berneke* HGB § 275 Rn. 5; BeckBilKomm/*Förschle* HGB § 275 Rn. 115; nach *Baumbach/Hueck/Schulze-Osterloh* § 42 Rn. 352; *Meyer-Landrut/Miller/Niehus* §§ 238–335 Rn. 787 kommt nur eine Einbeziehung in den Posten Nr. 5a in Betracht.
[486] Vgl. BeckBilKomm/*Budde/Kunz* HGB § 240 Rn. 119.
[487] *Baumbach/Hueck/Schulze-Osterloh* § 42 Rn. 352.

Anh. I nach § 42 a 3. Abschnitt. Vertretung und Geschäftsführung

364 **Nr. 5 b. Aufwendungen für bezogene Leistungen.** Bei den Aufwendungen für bezogene Leistungen handelt es sich im Wesentlichen um die Aufwendungen des Fertigungsbereichs, wie zB Aufwendungen für von Fremden durchgeführte Lohnarbeit, Be- und Verarbeitung von Fertigungsstoffen und Erzeugnissen. Hierunter fallen nicht andere Fremdleistungen, wie zB Beratungsgebühren, Werbekosten, Büromaschinenmieten.[488] Die Einbeziehung von Lizenzen und Fremdreparaturen in den Posten Aufwendungen für bezogene Leistungen oder in den Posten sonstige betriebliche Aufwendungen kann nur im Einzelfall beurteilt werden.[489]

365 **Nr. 6 a. Löhne und Gehälter.** Dieser Posten umfasst alle Leistungen (Bruttobezüge) der GmbH für ihre Arbeitnehmer unter Einschluss der Geschäftsführer sowie Nachzahlungen für Vorjahre, soweit hierfür nicht Rückstellungen bestehen. Der Posten umfasst sowohl den Fertigungsbereich wie auch den Vertriebs- und Verwaltungsbereich. Auch Abfindungen an Lohn- und Gehaltsempfänger sowie Sozialplan-Aufwendungen gehören zu Löhnen und Gehältern, soweit es sich hier wegen erheblicher Beträge für künftige Geschäftsjahre nicht um außerordentliche Aufwendungen (§ 277 Abs. 4 S. 3 HGB) handelt. Nicht unter Löhne und Gehälter fallen erstattete Barauslagen und Spesen sowie die Aufsichtsratsbezüge (Ausweis unter sonstige betriebliche Aufwendungen). Rückstellungen für Löhne und Gehälter, soweit sie im Geschäftsjahr geleistete, aber noch nicht bezahlte Arbeiten betreffen, werden aufwandsmäßig unter Nr. 6 a Löhne und Gehälter erfasst; Rückstellungen für nach dem Abschlussstichtag anfallende Lohnaufwendungen (zB für Garantiearbeiten) sollten unter sonstige betriebliche Aufwendungen ausgewiesen werden.[490] Zu Lasten von Löhnen und Gehältern gebildete Rückstellungen berühren bei der Auflösung nicht mehr die Gewinn- und Verlustrechnung. Wurden jedoch Rückstellungen zu Lasten von sonstigen betrieblichen Aufwendungen verrechnet, so sind im Geschäftsjahr des Anfalls der Löhne und Gehälter die tatsächlich entstandenen Löhne und Gehälter unter Nr. 6 a auszuweisen und die Rückstellung über Posten Nr. 4 (sonstige betriebliche Erträge) aufzulösen.[491]

366 **Nr. 6 b. Soziale Abgaben und Aufwendungen für Altersversorgung und für Unterstützung.** Als soziale Abgaben sind nur gesetzliche Pflichtabgaben, d. h. Arbeitgeberanteile der Beiträge an die Sozialversicherung sowie an die Berufsgenossenschaft anzusehen. Weiterhin fallen hierunter die Beiträge zur Insolvenzsicherung von betrieblichen Versorgungszusagen an den Pensionssicherungsverein sowie die Firmenbeiträge zu Lebensversicherungen, die zur Befreiung von der Pflichtversicherung abgeschlossen wurden, wenn und soweit ohne Abschluss der Lebensversicherung gesetzliche Pflichtabgaben zu leisten wären.[492] Von der Gesellschaft freiwillig übernommene Beiträge der Arbeitnehmer sind unter Löhne und Gehälter auszuweisen. Zu den **Aufwendungen für Altersversorgung** gehören
– Pensionszahlungen, soweit sie nicht zu Lasten von Pensionsrückstellungen geleistet werden,
– Zuführungen zu Pensionsrückstellungen,
– Zuweisungen an Unterstützungs- und Pensionskassen und von der Gesellschaft übernommene Versicherungsprämien für die künftige Altersversorgung der Mitar-

---

[488] Abweichend wird zum Teil die Einbeziehung aller Fremdleistungen in dem Posten 5 b, soweit sie nicht dem Materialaufwand zuzurechnen sind, befürwortet; vgl. *Westermann* BB 1986, 1120, 1121; *Baumbach/Hueck/Schulze-Osterloh* § 42 Rn. 353.
[489] WP-HdB Bd. I F Rn. 411; *Adler/Düring/Schmaltz* HGB § 275 Rn. 96 ff.
[490] Vgl. *Adler/Düring/Schmaltz* HGB § 275 Rn. 106; WP-HdB Bd. I F Rn. 413.
[491] Vgl. WP-HdB Bd. I F Rn. 413.
[492] WP-HdB Bd. I F Rn. 201; *Adler/Düring/Schmaltz* HGB § 275 Rn. 117.

beiter, wenn der Anspruch aus dem Versicherungsvertrag den Arbeitnehmern direkt zusteht sowie
— Beiträge an den Pensionssicherungsverein.[493]

Die Aufwendungen für die Altersversorgung sind durch einen „davon-Vermerk" 367 gesondert anzugeben. – Die **Aufwendungen für Unterstützung** sind begrenzt auf die Unterstützung für tätige und nicht mehr tätige Betriebsangehörige sowie deren Hinterbliebene. Es handelt sich um freiwillige, ohne konkrete Gegenleistung gewährte Unterstützungszahlungen, zB Arzt-, Kur- oder Krankenhauskostenerstattung, Heirats- und Geburtshilfen sowie Zuführung zu Sozial- und Unterstützungseinrichtungen.

Nr. 7a. Abschreibungen auf immaterielle Vermögensgegenstände des An- 368 **lagevermögens und Sachanlagen sowie auf aktivierte Aufwendungen für die Ingangsetzung und Erweiterung des Geschäftsbetriebs.** Unter diesem Posten sind sämtliche Abschreibungen auf die Bilanzposten gemäß § 266 Abs. 2 A I, II HGB sowie zu den Ingangsetzungs- und Erweiterungsaufwendungen zu erfassen. Hierzu gehören auch die Abschreibungen auf den Verschmelzungsmehrwert nach dem zwischenzeitlich aufgehobenen § 27 Abs. 2 KapErhG, soweit er bis zum 31. 12. 1994 gebildet worden ist.[494] Der ausgewiesene Betrag muss mit den in der Bilanz oder im Anhang vermerkten Abschreibungen des Geschäftsjahres übereinstimmen.[495] Allein nach steuerrechtlichen Vorschriften sich ergebende Abschreibungen sind gesondert anzugeben, soweit sie sich nicht bereits aus der Bilanz ergeben oder im Anhang aufgeführt und begründet werden (§ 281 Abs. 2 S. 1 HGB). Außerplanmäßige Abschreibungen, die nach § 253 Abs. 2 S. 3 HGB anfallen, sind nach § 277 Abs. 3 S. 1 HGB als Untergliederung oder als „davon-Vermerk" gesondert auszuweisen oder im Anhang anzugeben. Steuerrechtliche Abschreibungen können auch in den Sonderposten mit Rücklageanteil eingestellt werden und rechnen dann nach § 281 Abs. 2 S. 2 HGB zu den sonstigen betrieblichen Aufwendungen.[496]

Nr. 7b. Abschreibungen auf Vermögensgegenstände des Umlaufvermö- 369 **gens, soweit diese die in der Gesellschaft üblichen Abschreibungen überschreiten.** Die üblichen Abschreibungen auf unfertige und fertige Erzeugnisse sowie unfertige Leistungen werden unter Posten Nr. 2, Abschreibungen auf Roh-, Hilfs- und Betriebsstoffe und Waren unter Posten Nr. 5a, Abschreibungen auf Forderungen, auf sonstige Vermögensgegenstände und flüssige Mittel unter Nr. 8 und auf Wertpapiere des Umlaufvermögens unter Nr. 12 verrechnet.[497] Abschreibungen, die den sonst im Unternehmen üblichen Rahmen überschreiten, werden unter Posten Nr. 7b ausgewiesen, und, sofern sie nach § 277 Abs. 4 HGB außerordentliche Aufwendungen darstellen, im Rahmen dieses Postens gesondert ausgewiesen oder im Anhang angegeben. Die Üblichkeit der Abschreibungen wird dort überschritten, wo von den bisherigen Abschreibungsmethoden abgewichen wird mit der Folge höherer Abschreibungsbeträge oder wo ungewöhnliche seltene Abschreibungen vorliegen.[498] Unübliche Abschreibungen auf Wertpapiere des Umlaufvermögens sind unter § 275 Abs. 2 Nr. 12 HGB auszuweisen.[499]

---

[493] WP-HdB Bd. I F Rn. 420.
[494] *Baumbach/Hueck/Schulze-Osterloh* § 42 Rn. 356.
[495] WP-HdB Bd. I F Rn. 425; *Adler/Düring/Schmaltz* HGB § 275 Rn. 124; dazu iE *Otto* BB 1988, 1703 ff.
[496] WP-HdB Bd. I Rn. 425; *Adler/Düring/Schmaltz* HGB § 275 Rn. 125.
[497] *Baumbach/Hueck/Schulze-Osterloh* § 42 Rn. 357.
[498] *Adler/Düring/Schmaltz* HGB § 275 Rn. 132; WP-HdB Bd. I F Rn. 429.
[499] *Baumbach/Hueck/Schulze-Osterloh* § 42 Rn. 357.

370 Nr. 8. Sonstige betriebliche Aufwendungen. Der Posten ist ein Sammelposten. Er umfasst alle Aufwendungen der gewöhnlichen Geschäftstätigkeit, soweit sie nicht in den vorhergehenden Posten enthalten sind, und auch nicht als Abschreibungen auf Finanzanlagen und auf Wertpapiere des Umlaufvermögens oder als Zinsen und ähnliche Aufwendungen auszuweisen sind. Hierzu gehören insbesondere bei der Gesellschaft übliche Abschreibungen auf Forderungen und sonstige Vermögensgegenstände, Buchverluste aus dem Abgang von Vermögensgegenständen des Anlage- und des Umlaufvermögens (soweit nicht außerordentlich), Reklameaufwendungen, Provisionen, Büromaterial, Mieten und Pachten, Prüfungskosten, Beiträge an Berufsvertretungen, Post-, Telefon- und Fernschreibkosten, Versicherung, Gebühren und Spenden, Ausbildungs-, Bewirtungs- und Betreuungskosten, Kosten des Aufsichtsrates, Kosten der Gesellschafterversammlung, Kosten des Jahresabschlusses, Kosten sozialer Einrichtungen, Kosten des Zahlungsverkehrs, Abwertungsverluste bei Valutaforderungen und -schulden, Verluste aus Schadensfällen.[500] Auch die Zuführung zu den sogenannten Aufwandsrückstellungen und die Einstellung in den Sonderposten mit Rücklageanteil rechnen hierher. Einstellungen in den Sonderposten mit Rücklageanteil haben nach § 281 Abs. 2 S. 2 HGB gesondert, d. h. als Unterposten oder „davon-Vermerk zu erfolgen, es sei denn, dass eine entsprechende Angabe im Anhang erfolgt. Die Betriebssteuern sind unter Posten Nr. 19 auszuweisen.[501]

371 Nr. 9. Erträge aus Beteiligungen. Zum Begriff der in § 271 Abs. 1 HGB definierten Beteiligungen vgl. Rn. 178. Erträge aus Beteiligungen, die auf verbundene Unternehmen entfallen (§ 271 Abs. 2 HGB), sind als Untergliederung oder als „davon-Vermerk anzugeben. Zu den Erträgen aus Beteiligungen gehören Dividenden von Kapitalgesellschaften und Gewinnanteile von Personengesellschaften und stillen Gesellschaften und Zinsen auf beteiligungsähnliche Darlehen.[502] Es sind stets die Bruttoerträge auszuweisen, d. h. eine einbehaltene Kapitalertragsteuer darf nicht abgesetzt werden. Die körperschaftsteuerlichen Anrechnungsbeträge nach § 36 Abs. 2 Nr. 3 EStG gehören ebenfalls zu den Beteiligungserträgen;[503] § 36 Abs. 2 Nr. 3 EStG wurde durch das Steuersenkungsgesetz aufgehoben. Im Veranlagungszeitraum 2001 gelangen jedoch noch die Vorschriften des Anrechnungsverfahrens zur Anwendung, da Ausschüttungen in 2001 für das Jahr 2000 noch nach dem alten Körperschaftsteuersystem erfolgen. Bei abweichendem Wirtschaftsjahr der ausschüttenden KapGes. gilt dies auch noch für den Veranlagungszeitraum 2002. Zu beachten ist jedoch § 37 Abs. 3 KStG, wonach sich bei der dividendenempfangenden Gesellschaft Körperschaftsteuer und Körperschaftsteuerguthaben erhöhen, soweit die Dividende bei der ausschüttenden Gesellschaft zu einer Körperschaftsteuerminderung geführt hat und sie die Dividende steuerfrei gemäß § 8b Abs. 1 KStG vereinnahmt). Buchgewinne aus einer Veräußerung von Beteiligungen sowie Erträge aus Wertaufholungen (§ 280 HGB) auf Beteiligungsbuchwerte gehören in den Posten Nr. 4.[504]

372 Gewinnanteile aus Beteiligungen an einer Personengesellschaft sind mit Ablauf des Geschäftsjahres entstanden und gelten damit den Gesellschaftern als zugeflossen.[505]

373 Der **Dividendenanspruch gegen eine KapGes.**, die im Mehrheitsbesitz der beteiligten Gesellschaft steht, kann bereits dann aktiviert werden, wenn der Jahresab-

---

[500] Vgl. WP-HdB Bd. I F Rn. 431; *Adler/Düring/Schmaltz* HGB § 275 Rn. 141.
[501] Vgl. *Adler/Düring/Schmaltz* HGB § 275 Rn. 143.
[502] WP-HdB Bd. I F Rn. 434.
[503] Vgl. IDW Stellungnahme des Hauptfachausschusses 2/1977 idF 1990.
[504] Vgl. *Adler/Düring/Schmaltz* HGB § 275 Rn. 148.
[505] IDW Stellungnahme des Hauptfachausschusses 1/1991.

schluss der Tochtergesellschaft festgestellt ist, der Abschlussstichtag nicht nach dem des Jahresabschlusses der Muttergesellschaft liegt und ein entsprechender Gewinnverwendungsvorschlag vorliegt.[506] Diese Praxis ist auch mit Art. 31 Abs. 1c aa der 4. EG-Richtlinie vereinbar,[507] wurde aber dennoch vom Bundesfinanzhof nicht geteilt.[508] In der Folgezeit erging seitens der Finanzverwaltung eine Anwendungsregelung, wonach die **phasengleiche Aktivierung von Dividendenansprüchen** nicht beanstandet wird, solange noch das Anrechnungsverfahren gilt.[509]

Nr. 10. Erträge aus anderen Wertpapieren und Ausleihungen des Finanzanlagevermögens. Unter diesen Posten fallen Erträge aus Ausleihungen an verbundene Unternehmen (vgl. Rn. 174), aus Ausleihungen an Unternehmen, mit denen ein Beteiligungsverhältnis besteht (Rn. 177), aus Ausleihungen an Gesellschafter (Rn. 176) sowie Erträge aus sonstigen Ausleihungen und Wertpapieren des Anlagevermögens (Rn. 179). Erträge, die aus verbundenen Unternehmen (§ 271 Abs. 2 HGB) stammen, sind als Unterposten oder als „davon-Vermerk anzugeben. Erträge aus Wertpapieren des Umlaufvermögens sowie aus im Umlaufvermögen ausgewiesenen Anteilen an verbundenen Unternehmen gehören zu Posten Nr. 11. Die Beträge sind brutto auszuweisen. In Betracht kommen vornehmlich Zinsen, Dividenden, aber auch periodisch erfolgende Aufzinsungen langfristiger Ausleihungen.[510] Soweit die Erträge aus Wertaufholung nach § 280 HGB oder aus der Veräußerung von anderen Wertpapieren und Ausleihungen des Finanzanlagevermögens sowie Bezugsrechtserlösen stammen, sind sie unter den sonstigen betrieblichen Erträgen auszuweisen.[511]

374

Nr. 11. Sonstige Zinsen und ähnliche Erträge. Hierbei handelt es sich um Zinsen aus Guthaben, Forderungen und Wertpapieren des Umlaufvermögens sowie um Aufzinsungsbeträge für unverzinsliche oder niedrigverzinsliche Forderungen. Erträge aus der Aktivierung von Fremdkapitalzinsen nach § 255 Abs. 3 S. 2 HGB gehören zur Nr. 2 (Vorräte) oder Nr. 3.[512] Als ähnliche Erträge kommen Erträge aus einem Agio, Disagio oder Damnum, Kreditprovisionen, Erträge für Kreditgarantien in Frage. – Es gilt das Saldierungsverbot (§ 246 Abs. 2 HGB). Wenn bei der Einräumung eines Kredites der Kredit auf einem besonderen Konto belastet wird, und die Bank den Gegenwert auf ein laufendes Konto überträgt, liegt jedoch keine Saldierung vor. Auch sind von der Bank abgerechnete Diskontaufwendungen für weitergegebene Kundenwechsel mit den entsprechenden Diskonterträgen zu verrechnen.[513]

375

Nr. 12. Abschreibungen auf Finanzanlagen und auf Wertpapiere des Umlaufvermögens. Der Posten umfasst sämtliche Abschreibungen auf die in der Postenbezeichnung genannten Vermögensposten, d. h. auf die in § 266 Abs. 2 HGB aufgeführten Anteile an verbundenen Unternehmen, Ausleihungen an verbundene Unternehmen, Beteiligungen, Ausleihungen an Unternehmen, mit denen ein Beteiligungsverhältnis besteht, Ausleihungen an Gesellschafter, Wertpapiere, sonstige Ausleihungen sowie

376

---

[506] BGHZ 65, 230, 233 ff.; BGH WM 1988, 510; IDW Hauptfachausschuss WPg. 1998, 427; *Adler/Düring/Schmaltz* HGB § 275 Rn. 152.
[507] Vgl. BGH WM 1994, 1536; EuGH DB 1996, 1400 und DB 1997, 1513.
[508] Bereits einschränkend BFH DB 1998, 508; Vorlagebeschluss v. 16. 12. 1998, BB 1999, 1206; ablehnend schließlich BFH GS DB 2000, 1993; jüngst BFH/NF 2001, 442.
[509] Bei mit dem Kalenderjahr übereinstimmendem Wirtschaftsjahr bis 31. 12. 2000, bei vom Kalenderjahr abweichendem Wirtschaftsjahr bis zum Ende des im Jahr 2001 endenden abweichenden Wirtschaftsjahres 2000/2001; vgl. BMF v. 1. 11. 2000, IV A 6 – S 2134–9/00.
[510] *Adler/Düring/Schmaltz* HGB § 275 Rn. 155.
[511] *Adler/Düring/Schmaltz* HGB § 275 Rn. 155.
[512] Vgl. WP-HdB Bd. I F Rn. 451.
[513] WP-HdB Bd. I F Rn. 452.

eigene Anteile. Außerplanmäßige Abschreibungen auf Finanzanlagen nach § 253 Abs. 2 S. 3 HGB sowie Abschreibungen auf Wertpapiere des Umlaufvermögens nach § 253 Abs. 3 S. 3 HGB sind unter Posten Nr. 12[514] und nach § 277 Abs. 3 S. 1 HGB gesondert auszuweisen oder im Anhang anzugeben. Buchverluste aus dem Abgang von Finanzanlagen und Wertpapieren des Umlaufvermögens sind nicht unter Posten 12, sondern unter sonstigen betrieblichen Aufwendungen (Nr. 8) auszuweisen.[515] Abzinsungsbeträge auf langfristige Ausleihungen sind, soweit sie bei der erstmaligen Einbuchung vorgenommen werden, unter sonstigen betrieblichen Aufwendungen (Nr. 8) zu erfassen, da andernfalls in der Bilanz der volle Zugang ausgewiesen werden müsste.[516]

377 **Nr. 13. Zinsen und ähnliche Aufwendungen.** Hierunter fallen sämtliche Zinsen für geschuldete Kredite (gleich welcher Art), Diskontbeträge für Wechsel und Schecks, Kreditprovisionen, Überziehungsprovisionen, Verwaltungskostenbeiträge, Kreditbereitstellungsgebühren, Bürgschaftsprovisionen, Fracht- und Stundungsgebühren, Abschreibungen auf aktiviertes Agio, Disagio oder Damnum.[517] Nicht als zinsähnliche Aufwendungen gelten Bankspesen, Einlösungsprovisionen für Schuldverschreibungen sowie mit der Überwachung des Kredits in Zusammenhang stehende Kosten. Kundenskonti sind nicht hier, sondern bei den entsprechenden Erträgen zu verrechnen. Der Aufwand für die Abzinsung unverzinslicher oder niedrigverzinslicher Aktiva ist hingegen bei den sonstigen betrieblichen Aufwendungen (Nr. 8) oder bei Abschreibungen auf Finanzanlagen (Nr. 12) auszuweisen. Zum Saldierungsverbot mit Zinserträgen, vgl. Rn. 375; allerdings dürfen erhaltene Zinszuschüsse der öffentlichen Hand mit den entsprechenden Zinsaufwendungen verrechnet werden. Die verbundene Unternehmen betreffenden Zinsen und ähnliche Aufwendungen sind auch hier gesondert zu vermerken.

378 **Nr. 14. Ergebnis der gewöhnlichen Geschäftstätigkeit.** Der Posten stellt den Saldo der vorhergehenden Ertrags- und Aufwandsposten dar und grenzt zugleich den Bereich der gewöhnlichen Geschäftstätigkeit gegenüber dem außerordentlichen Bereich und dem Steueraufwand ab. Soweit das Ergebnis der gewöhnlichen Geschäftstätigkeit negativ ist, empfiehlt sich die Bezeichnung „Fehlbetrag aus der gewöhnlichen Geschäftstätigkeit".[518]

379 **Nr. 15. Außerordentliche Erträge.** Unter den Posten „außerordentliche Erträge" und „außerordentliche Aufwendungen" sind Erträge bzw. Aufwendungen auszuweisen, die außerhalb der gewöhnlichen Geschäftstätigkeit des Unternehmens anfallen. Maßstab ist die tatsächliche nachhaltige Geschäftstätigkeit der Gesellschaft.[519] Auf die Periodenfremdheit kommt es im Gegensatz zum früheren Recht nicht mehr an. Auch der Tatbestand, dass ein ansonsten für den normalen Geschäftsverlauf typischer Posten größenmäßig anormal ist und nicht regelmäßig anfällt, bedeutet nicht, dass der Posten außerordentlich ist. Die Außerordentlichkeit wird nicht allein durch die Art des Ereignisses oder Geschäftsvorfalls bestimmt, sondern durch die Art des Ereignisses oder Geschäftsvorfalls im Verhältnis zur normalen Geschäftstätigkeit des Unternehmens (vgl. IAS Nr. 8).

---

[514] Vgl. WP-HdB Bd. I F Rn. 454; *Adler/Düring/Schmaltz* HGB § 275 Rn. 167.
[515] *Baumbach/Hueck/Schulze-Osterloh* § 42 Rn. 362.
[516] WP-HdB Bd. I F Rn. 455; aA *Marx/Recktenwald* BB 1992, 1526, 1532.
[517] Wobei bei sofortiger Aufwandsverrechnung ein Ausweis unter den sonstigen Aufwendungen empfehlenswert sein dürfte, vgl. WP-HdB Bd. I F Rn. 459.
[518] WP-HdB Bd. I F Rn. 463.
[519] *Baumbach/Hueck/Schulze-Osterloh* § 42 Rn. 365.

Außerordentliche Erträge oder Aufwendungen können danach zB Gewinne oder 380
Verluste aus Verschmelzungen oder der Aufgabe eines Unternehmensbereiches,
Schuldnachlässe sowie andere Erträge und Aufwendungen mit einem hohen Maß an
Abnormität sein.[520] Es muss sich also um Vorkommnisse, die ungewöhnlich in der Art,
selten im Vorkommen und von einiger materieller Bedeutung sind, handeln.[521] Damit
kommen als außerordentliche Erträge Gewinne aus der Veräußerung ganzer Betriebe,
Betriebsteile, Erträge auf Grund des Ausgangs eines für das Unternehmen existentiellen
Prozesses oder einmalige Zuschüsse der öffentlichen Hand zur Umstrukturierung von
Branchen in Betracht. Alle außerordentlichen Erträge sind hinsichtlich ihres Betrages
und ihrer Art im Anhang zu erläutern, soweit sie für die Beurteilung der Ertragslage
nicht von untergeordneter Bedeutung sind (§ 277 Abs. 4 S. 2 HGB); diese Erläuterungspflicht gilt auch für periodenfremde Erträge und Aufwendungen (§ 277 Abs. 4
S. 3 HGB). Kleine GmbHs brauchen die in § 277 Abs. 4 S. 2 und 3 HGB verlangten
Erläuterungen im Anhang nicht zu machen (§ 276 S. 2 HGB).

Nr. 16. Außerordentliche Aufwendungen. Es gilt das zu außerordentlichen Erträgen Ausgeführte entsprechend. Außerordentliche Aufwendungen können sein: 381
Verluste aus der Veräußerung ganzer Betriebe oder Betriebsteile, außerplanmäßige
Abschreibungen aus Anlass eines außergewöhnlichen Ereignisses, außergewöhnliche
Schadensfälle, Aufwendungen auf Grund eines für das Unternehmen existentiellen
Prozesses.

Nr. 17. Außerordentliches Ergebnis. Dieser Posten stellt den Saldo von außer- 382
ordentlichen Erträgen und außerordentlichen Aufwendungen dar. Soweit der Saldo
negativ ist, dürfte sich hier wiederum die Bezeichnung „Fehlbetrag aus den außerordentlichen Posten"[522] empfehlen.

Nr. 18. Steuern vom Einkommen und vom Ertrag. Als Steuern vom Ein- 383
kommen und vom Ertrag sind die Beträge auszuweisen, die das Unternehmen vom
Einkommen und vom Ertrag zu entrichten hat, oder die auf die Steuerschuld angerechnet werden. Steuern vom Vermögen (Grundsteuer, Erbschaftsteuer, Schenkungsteuer) sind nicht zusammen mit den Steuern vom Einkommen (Körperschaftsteuer)
und vom Ertrag (Gewerbeertragsteuer) auszuweisen, sondern unter den sonstigen
Steuern. Da der Posten Nr. 18 die gesamte Steuerbelastung der Gesellschaft durch Ertragsteuern aufzeigen soll, sind hier alle Aufwendungen und Erträge eines Jahres, die
die Steuern vom Einkommen und vom Ertrag betreffen, auszuweisen, unabhängig davon, ob sie auf das laufende Jahr oder auf Vorjahre entfallen.[523] In den Posten Nr. 18
sind auch die jeweiligen Aufwendungen und Erträge aus Steuerabgrenzungen nach
§ 274 HGB einzubeziehen.[524] Die Körperschaftsteuer ist brutto, d. h. vor Abzug etwaiger Kapitalertragsteuer und etwaiger Anrechnungsbeträge nach § 36 Abs. 2 Nr. 3 EStG
(vgl. zur Aufhebung von § 36 Abs. 2 Nr. 3 EStG Rn. 371) auszuweisen. Zur Vereinnahmung der entsprechenden Erträge sowie zur Möglichkeit der offenen Absetzung
vgl. Rn. 371. Zur Frage, inwieweit bei der Ermittlung des Körperschaftsteueraufwands
die Verwendung des Jahresergebnisses berücksichtigt werden darf, bestimmt § 278
HGB, dass die Steuern vom Einkommen und vom Ertrag auf der **Grundlage des
Beschlusses über die Verwendung des Ergebnisses** zu berechnen sind. Liegt ein

---

[520] Vgl. *Biener/Berneke* S. 232.
[521] *Adler/Düring/Schmaltz* HGB § 277 Rn. 79.
[522] WP-HdB Bd. I F Rn. 467.
[523] *Adler/Düring/Schmaltz* HGB § 275 Rn. 187; *Meyer-Landrut/Miller/Niehus* § 238–335
Rn. 823 f.; *Baumbach/Hueck/Schulze-Osterloh* § 42 Rn. 368.
[524] *Adler/Düring/Schmaltz* HGB § 275 Rn. 190.

solcher Beschluss zum Zeitpunkt der Feststellung des Jahresabschlusses noch nicht vor, so ist vom Vorschlag über die Verwendung des Ergebnisses auszugehen. Weicht der Beschluss über die Verwendung des Ergebnisses vom Vorschlag ab, so braucht der Jahresabschluss nicht geändert zu werden. Ein zusätzlicher Ertragsteueraufwand ist daher nur im Beschluss über die Verwendung des Ergebnisses aufzuführen, der in gleicher Weise wie der Jahresabschluss offen zu legen ist (§ 325 Abs. 1 und 2 HGB). Soweit sich auf Grund des Gewinnverwendungsbeschlusses ein Ertrag ergibt und dieser nicht in die Ausschüttung einbezogen wird, entsteht ein entsprechender Gewinnvortrag für das nächste Jahr.[525] Aufgrund der Änderung des § 23 KStG durch das Steuersenkungsgesetz gilt in Zukunft für Thesaurierung und Ausschüttung ein einheitlicher Körperschaftsteuersatz von 25 % (§ 23 Abs. 1 KStG; bis 31. 12. 2000 gilt noch der gesplittete Tarif von 40 % Thesaurierungs- und 30 % Ausschüttungsbelastung).

384 Bei **Organschaftsverhältnissen** wird der Gesamtsteueraufwand, soweit er nicht auf eigenes Einkommen der Organgesellschaft entfällt, beim Organträger ausgewiesen. Zulässigerweise[526] weiterbelastete Steuern stellen beim Organträger sonstige betriebliche Erträge und bei der Organgesellschaft sonstige betriebliche Aufwendungen dar. Es ist aber zulässig, beim Organträger die weiterbelasteten Steuern offen von den betreffenden Steuern abzusetzen und bei der Organgesellschaft die weiterbelasteten Steuern unter einem gesonderten Unterposten der Steueraufwendungen zu zeigen. Im Anhang ist nach § 285 Nr. 6 HGB anzugeben, in welchem Umfang die Steuern vom Einkommen und vom Ertrag das Ergebnis der gewöhnlichen Geschäftstätigkeit und das außerordentliche Ergebnis belasten.

385 **Nr. 19. Sonstige Steuern.** Hierunter fallen alle übrigen Steuern, die nicht unter Nr. 18 auszuweisen sind, und die von der Gesellschaft direkt getragen werden und Aufwendungen darstellen, wie zB:
- **Verbrauchsteuern:** Biersteuer, Branntweinsteuer, Stromsteuer, Mineralölsteuer, Schaumweinsteuer, Kaffeesteuer, Tabaksteuer.
- **Verkehrsteuern:** Ausfuhrzölle, Rennwett- und Lotteriesteuer, Versicherungsteuer.
- **Vermögensteuern:** Erbschaftsteuer, Grundsteuer.
- **Sonstige Steuern:** Getränkesteuer, Hundesteuer, Jagdsteuer, Kraftfahrzeugsteuer, Vergnügungsteuer.[527]

386 Die Umsatzsteuer ist nach § 277 Abs. 1 HGB von den Umsatzerlösen abzusetzen; sie wird damit als durchlaufender Posten behandelt und berührt die Gewinn- und Verlustrechnung nicht. Hiervon gilt dann eine Ausnahme, soweit bei Organschaftsverhältnissen eine Weiterbelastung der von der Obergesellschaft zu tragenden USt an das Organ unterblieben ist; in diesem Falle ist sie bei der Obergesellschaft unter Nr. 19 auszuweisen.[528] – Nicht zu den sonstigen Steuern iS des Postens Nr. 19 gehören Abgaben, Gebühren, Bußgelder, pauschalierte Lohnsteuer, die das Unternehmen für seine Mitarbeiter übernimmt[529] sowie Verspätungszuschläge und Säumnisgelder (Posten Nr. 13). – Als Anschaffungsnebenkosten zu aktivierende Steuern gehören nicht zum Posten Nr. 19.

---

[525] *Adler/Düring/Schmaltz* HGB § 275 Rn. 196.
[526] Vgl. hierzu BGHZ 141, 79 ff. = DB 1999, 951 ff.; hiernach kann bei Fehlen eines Beherrschungsvertrages die Zahlung einer Steuerumlage Nachteilszufügung sein, die zur Schadensersatzhaftung der herrschenden Unternehmens führt.
[527] Vgl. auch *Adler/Düring/Schmaltz* HGB § 275 Rn. 197; WP-HdB Bd. I F Rn. 478.
[528] IDW Stellungnahme des Hauptfachausschusses 1/1985 idF 1990.
[529] Ausweis unter sonstige betriebliche Aufwendungen bzw. Löhne und Gehälter; *Adler/Düring/Schmaltz* HGB § 275 Rn. 200.

Nr. 20. Jahresüberschuss/Jahresfehlbetrag. Der Posten weist den Gewinn oder 387
Verlust, der im Geschäftsjahr erzielt wurde, vor Rücklagenbewegungen aus. Sofern der
Jahresabschluss nicht unter Berücksichtigung einer vollständigen oder teilweisen Verwendung des Jahresergebnisses aufgestellt wird (§ 29 Abs. 1 S. 2), endet das gesetzliche
Gliederungsschema mit dem Posten Nr. 20. Die GmbH kann jedoch wie die AG die
Veränderung der Kapital- und Gewinnrücklagen nach dem Posten Jahresüberschuss/Jahresfehlbetrag wie folgt ausweisen (§ 158 Abs. 1 AktG):
1. Gewinnvortrag/Verlustvortrag aus dem Vorjahr
2. Entnahmen aus der Kapitalrücklage
3. Entnahmen aus Gewinnrücklagen
   a) aus der gesetzlichen Rücklage
   b) aus der Rücklage für eigene Anteile
   c) aus satzungsmäßigen Rücklagen
   d) aus anderen Gewinnrücklagen
4. Einstellungen in Gewinnrücklagen
   a) in die gesetzliche Rücklage
   b) in die Rücklage für eigene Anteile
   c) in satzungsmäßige Rücklagen
   d) in andere Gewinnrücklagen
5. Bilanzgewinn/Bilanzverlust.

Der als Bilanzgewinn/Bilanzverlust ausgewiesene Betrag muss mit dem gleich lautenden Posten der Bilanz übereinstimmen.

c) Inhalt der einzelnen Posten bei Gliederung nach dem Umsatzkosten- 388
verfahren (§ 275 Abs. 3 HGB). Nr. 1. Umsatzerlöse. Der Posten stimmt inhaltlich mit dem entsprechenden Posten Nr. 1 des Gesamtkostenverfahrens überein (vgl.
Rn. 351).

Nr. 2. Herstellungskosten der zur Erzielung der Umsatzerlöse erbrachten 389
Leistungen. Die nicht ganz glückliche Postenbezeichnung stellt eine Übersetzung der
anglo-amerikanischen „cost of sales" dar. Fraglich ist, ob der in § 275 Abs. 3 HGB
verwendete Begriff der Herstellungskosten mit dem Begriff der Herstellungskosten in
§ 255 Abs. 2 HGB identisch ist. – Der Umfang der Herstellungskosten nach § 255
Abs. 2 HGB ist weitgehend von der Ausübung von Bewertungswahlrechten abhängig.
Demgegenüber sollen im Umsatzkostenverfahren die gesamten Herstellungskosten ausgewiesen werden; es würde daher keinen Sinn machen, wenn der Umfang der unter
Posten Nr. 2 auszuweisenden Beträge durch die Art der Ausnutzung von Bewertungswahlrechten in der Bilanz bestimmt würde. Zu den Herstellungskosten gehören daher
grundsätzlich alle Verwaltungskosten, die im Rahmen der Herstellungskosten aktivierbar sind, so dass unter Posten Nr. 5 nur diejenigen allgemeinen Verwaltungskosten
auszuweisen sind, die nicht in die Herstellungskosten einrechenbar sind. Auch die im
weiteren Sinne dem Herstellungsbereich zuzurechnenden Kosten, wie zB Kosten der
Forschung und Produktentwicklung, Gewährleistung, Kosten der Produkthaftpflicht,
soweit sie nicht auf Vertriebskosten oder allgemeine Verwaltungskosten entfallen, sowie in der Bilanz nicht aktivierbare Gemeinkosten und Abschreibungen auf nicht voll
genutzte Anlagen, können in den Posten Nr. 2 einbezogen werden.[530]

Die **Herstellungskosten** ergeben sich damit wie folgt:[531] 390
– Im Geschäftsjahr verkaufte, zu Beginn des Jahres vorhandene fertige Erzeugnisse und
fertige Leistungen Bilanzansatz des letzten Jahresabschlusses

---
[530] WP-HdB Bd. I F Rn. 515.
[531] *Adler/Düring/Schmaltz* HGB § 275 Rn. 221 ff.; WP-HdB Bd. I F Rn. 516.

- Im Geschäftsjahr verkaufte, zu Beginn des Jahres vorhandene und in der Zwischenzeit fertiggestellte unfertige Erzeugnisse und unfertige Leistungen Bilanzansatz des letzten Jahresabschlusses zuzüglich der im laufenden Jahr angefallenen Herstellungskosten im weiteren Sinne
- Im Geschäftsjahr produzierte und verkaufte Erzeugnisse und erbrachte Leistungen Herstellungskosten im weiteren Sinne.

391 Dieses Vorgehen führt bei einer Bewertung der Bestände zu Vollkosten zum Ausweis der vollen Herstellungskosten der verkauften Produkte und Leistungen. Soweit eine Aktivierung nur mit Teilkosten erfolgt, können die nicht aktivierten Herstellungskosten in die sonstigen betrieblichen Aufwendungen (Nr. 7) oder – unabhängig von der Ausübung der Bilanzierungswahlrechte in § 255 Abs. 2 HGB – in den Posten Nr. 2 einbezogen werden.[532] Die Einbeziehung in den Posten Nr. 2 entspricht der internationalen Übung, unter „cost of sales" die vollen Herstellungskosten zu erfassen. Aufwandszinsen und betriebliche Steuern können entsprechend unter Posten Nr. 12 bzw. Posten Nr. 18 erfasst oder aber zulässigerweise dem Posten Nr. 2 zugerechnet werden;[533] soweit eine Zurechnung von betrieblichen Steuern zu Posten Nr. 2 erfolgt, sollte der Posten Nr. 18 „sonstige Steuern" – wie in der Vierten EG-Richtlinie vorgesehen – um den Zusatz „soweit nicht unter obigen Posten enthalten" erweitert werden.[534]

392 In die Herstellungskosten sind alle Abschreibungen, die sich auf den Fertigungsbereich beziehen, einzubeziehen, wobei es unerheblich ist, ob sie das Anlage- oder das Umlaufvermögen betreffen. Einbezogen werden können auch das übliche Maß übersteigenden Abschreibungen, da das Umsatzkostenverfahren hierfür keinen eigenen Posten vorsieht.[535] Außerplanmäßige Abschreibungen sowie allein nach steuerrechtlichen Vorschriften vorgenommene Abschreibungen sind jeweils gesondert durch „Davon"-Vermerk oder Untergliederung auszuweisen, soweit sie nicht aus dem Anhang hervorgehen.

393 **Nr. 3. Bruttoergebnis vom Umsatz.** Der Posten ergibt sich als Saldo aus den Posten Nr. 1 und 2. Liegt hier ein Sollsaldo vor, sollte dies im Interesse der Klarheit des Jahresabschlusses (§ 243 Abs. 2 HGB) durch ein entsprechendes Vorzeichen oder durch eine geänderte Postenbezeichnung verdeutlicht werden.[536]

394 **Nr. 4. Vertriebskosten.** Hierunter müssen alle während des abgelaufenen Geschäftsjahres entstandenen Vertriebskosten,[537] die dem Vertriebsbereich direkt oder über Schlüsselungen/Umlagen zuzurechnen sind, ausgewiesen werden. Zu den Vertriebskosten gehören die Aufwendungen der Verkaufs-, Werbe- und Marketing-Abteilungen, des Vertreternetzes sowie die unterschiedlichen Formen der Absatzförderung. Als **Vertriebseinzelkosten,** die direkt einzelnen Produkten zurechenbar sind, kommen Verpackungs- und Transportkosten sowie Provisionen in Betracht; zu den **Vertriebsgemeinkosten** gehören die Personalkosten der genannten Abteilungen, Marktforschungskosten, Werbungen und Absatzförderungen, Kundenschulung, kos-

---

[532] WP-HdB Bd. I F Rn. 517; *Adler/Düring/Schmaltz* HGB § 275 Rn. 223; für Einbeziehung in den Posten Nr. 7: BeckBilKomm/*Förschle* HGB § 275 Rn. 269; *Meyer-Landrut/Miller/Niehus* §§ 238–335 Rn. 839.
[533] *Adler/Düring/Schmaltz* HGB § 275 Rn. 231 ff.; aA *Baumbach/Hueck/Schulze-Osterloh* § 42 Rn. 379.
[534] *Adler/Düring/Schmaltz* HGB § 275 Rn. 233.
[535] *Adler/Düring/Schmaltz* HGB § 275 Rn. 228.
[536] WP-HdB Bd. I F Rn. 520; *Adler/Düring/Schmaltz* HGB § 275 Rn. 235.
[537] D. h. periodenbezogene Ermittlung; vgl. *Baumbach/Hueck/Schulze-Osterloh* § 42 Rn. 383.

tenlose Warenproben, Messe- und Ausstellungskosten, Reisekosten, Kosten der Auslieferungs- und Verteilungsläger, anteilige Abschreibungen und Materialkosten sowie ein angemessener Teil der Verwaltungskosten.[538]

Nr. 5. Allgemeine Verwaltungskosten. Zu den allgemeinen Verwaltungskosten zählen die Kosten der Geschäftsführung, des Rechnungswesens, des Rechenzentrums, der Personalverwaltung, der Finanzabteilung sowie der Stabsabteilungen, soweit sie nicht anteilig zu den Herstellungskosten oder Vertriebskosten zu rechnen sind.[539] Bezüglich der Abgrenzung zu Posten Nr. 7 „Sonstige betriebliche Aufwendungen" gilt, dass in Zweifelsfällen dem Ausweis unter Nr. 5 der Vorrang zu geben ist.[540] Allgemeine Verwaltungskosten sind periodenbezogen auszuweisen.[541] In den allgemeinen Verwaltungskosten enthaltene **außerplanmäßige Abschreibungen** auf das Anlagevermögen und auf das Umlaufvermögen sind nach § 277 Abs. 3 S. 1 HGB gesondert auszuweisen. 395

Nr. 6. Sonstige betriebliche Erträge. Der Posten stimmt inhaltlich weitgehend mit dem entsprechenden Posten Nr. 4 des Gesamtkostenverfahrens überein (vgl. Rn. 357). 396

Nr. 7. Sonstige betriebliche Aufwendungen. Der Sammelposten für alle nicht unter anderen Posten der Gewinn- und Verlustrechnung auszuweisenden Aufwendungen ist nach dem theoretischen Konzept des Umsatzkostenverfahrens eigentlich überflüssig, da theoretisch alle Aufwendungen auf die Bereiche Produktion, Vertrieb und Verwaltung verteilt werden können.[542] Für einen Ausweis unter dem Posten Nr. 7 kommen jedoch die Aufwendungen für solche Nebenleistungen in Betracht, deren Erlös unter Posten Nr. 6 „Sonstige betriebliche Erträge" ausgewiesen wird, sowie diejenigen nichtaktivierten Herstellungskosten noch nicht veräußerter Produkte, die nicht in die Herstellungskosten des Postens Nr. 2 einbezogen werden. 397

Nr. 8–19. Übrige Posten des Umsatzkostenverfahrens. Die Posten Nr. 8–19 des Umsatzkostenverfahrens stimmen in der Bezeichnung und weitgehend auch inhaltlich mit den entsprechenden Posten Nr. 9–20 des Gesamtkostenverfahrens überein (vgl. Rn. 371 ff.). **Abweichungen** können sich beim Posten Nr. 11 (Abschreibungen auf Finanzanlagen und auf Wertpapiere des Umlaufvermögens) ergeben, wo auch die Abschreibungen, die die in der Gesellschaft üblichen überschreiten, ausgewiesen werden müssen, während sie beim Gesamtkostenverfahren unter Nr. 7b gesondert gezeigt werden (vgl. Rn. 369). Außerdem sind **Zinsen und Kostensteuern,** die den Posten 2, 4 oder 5 zugerechnet werden, von den Posten Nr. 12 bzw. 18 abzusetzen, wenn kein Gegenposten unter Nr. 6 gebildet wird.[543] 398

5. Anhang. a) Pflichtangaben, freiwillige Erweiterungen, Form. Nach § 264 Abs. 1 S. 1 HGB hat die GmbH den Jahresabschluss um einen Anhang zu erweitern, der mit der Bilanz und der Gewinn- und Verlustrechnung eine Einheit bildet. In den Anhang sind diejenigen Angaben aufzunehmen, die zu den einzelnen Posten der Bilanz und der Gewinn- und Verlustrechnung vorgeschrieben sind, oder die im Anhang zu machen sind, weil sie in Ausübung eines Wahlrechts nicht in die Bilanz oder in die Gewinn- und Verlustrechnung aufgenommen wurden (**Pflichtangaben;** § 284 Abs. 1 HGB). Für die kleine und mittelgroße GmbH bestehen für den Anhang nach § 274a, 276 S. 2, 288 HGB Aufstellungserleichterungen und nach §§ 326, 327 HGB Offenle- 399

---

[538] WP-HdB Bd. I F Rn. 522.
[539] *Wiedmann* HGB § 275 Rn. 49.
[540] WP-HdB Bd. I F Rn. 524.
[541] *Baumbach/Hueck/Schulze-Osterloh* § 42 Rn. 384.
[542] *Baumbach/Hueck/Schulze-Osterloh* § 42 Rn. 386.
[543] WP-HdB Bd. I F Rn. 530; *Wiedmann* HGB § 275 Rn. 52.

gungserleichterungen. Mit Hilfe des Anhangs sollen entsprechend den im anglo-amerikanischen Kreis üblichen „notes to the financial statements" Informationen zur Vermögens-, Finanz- und Ertragslage der GmbH sowie Erläuterungen zu Posten der Bilanz und der Gewinn- und Verlustrechnung gegeben werden sowie darüber hinausgehende Angaben zu grundsätzlichen Fragen wie zB Bilanzierungs- und Bewertungsmethoden sowie zu Unterbrechungen der Darstellungs- und Bewertungsstetigkeit gemacht werden. Darüber hinaus sind im Anhang nach § 264 Abs. 2 S. 2 HGB zusätzliche Angaben zu machen, falls der Jahresabschluss auf Grund besonderer Umstände ein den tatsächlichen Verhältnissen entsprechendes Bild der Vermögens-, Finanz- und Ertragslage nicht vermittelt.

400 Die den Anhang betreffenden Regelungen sind im Gesetz unübersichtlich enthalten. Zusätzlich zu den erforderlichen Angaben nach §§ 284 bis 288 HGB befinden sich in **Einzelvorschriften** weitere Verpflichtungen zu Angaben. Ferner sehen einzelne Ausweisregelungen vor, dass bestimmte für Bilanz- oder Gewinn- und Verlustrechnung vorgesehene Angaben auch wahlweise im Anhang gemacht werden können. In der Praxis dürfte es daher hilfreich sein, die im WP-Handbuch[544] enthaltene tabellarische Übersicht über die gesetzlichen Vorschriften, die Angaben im Anhang vorschreiben, als Anhalt zu nutzen.

401 Der Anhang kann um weitergehende **freiwillige Angaben** erweitert werden.[545] Soweit diese freiwilligen Angaben im Anhang gemacht werden, bilden sie eine Einheit mit dem Anhang und unterliegen auch der Prüfung durch den Abschlussprüfer (§ 316 Abs. 1 HGB) sowie der Offenlegungspflicht (§ 325 HGB). Als freiwillige Erläuterungen kommen in erster Linie Angaben über die Zusammensetzung der einzelnen Posten der Bilanz und der Gewinn- und Verlustrechnung, Darlegungen der Auswirkung von Geldwertverschlechterungen,[546] eine Kapitalflussrechnung[547] sowie Prognoserechnungen, soweit sie nicht bereits Teil des Lageberichts sind (§ 289 Abs. 2 Nr. 2 HGB), in Betracht.

402 Die Pflichtangaben nach §§ 284 Abs. 2, 285 HGB können auch bei den einzelnen Posten der Bilanz oder der Gewinn- und Verlustrechnung vermerkt werden, wenn es sich nur um ganz kurze Angaben handelt. Die Angaben sind auch in Form von Fußnoten zur Bilanz und Gewinn- und Verlustrechnung möglich, wenn der mitzuteilende Sachverhalt dadurch vollständig, klar und übersichtlich wiedergegeben wird; im Anhang sollte auf diese Form der Darstellung hingewiesen werden.[548]

403 **b) Erläuterungen der Bilanz und der Gewinn- und Verlustrechnung.** Angabe der Bilanzierungs- und Bewertungsmethoden (§ 284 Abs. 2 Nr. 1 HGB). Im Anhang müssen die auf die Posten der Bilanz und der Gewinn- und Verlustrechnung angewandten Bilanzierungs- und Bewertungsmethoden angegeben werden. Die Abschreibungsmethoden sind (vgl. Überschrift Vor § 279 HGB) Teil der Bewertungsmethoden. Die Bilanzierungsmethoden sind nur anzugeben, soweit sie erforderlich sind, um ein den tatsächlichen Verhältnissen entsprechendes Bild der Vermögens-, Finanz- und Ertragslage zu vermitteln. Damit sind nur solche Bilanzierungsmethoden anzugeben, für die Alternativen bestehen, oder die nur in Sonderfällen zur Anwendung kommen und deshalb einer ausdrücklichen Erwähnung bedürfen.[549] Angabepflichtig

---

[544] WP-HdB Bd. I F Rn. 565.
[545] Ausschussbericht BT-Drucks. 10/4268 S. 110.
[546] IDW Stellungnahme des Hauptfachausschusses 2/1975.
[547] IDW Stellungnahme des Hauptfachausschusses 1/1995.
[548] WP-HdB Bd. I F Rn. 553.
[549] WP-HdB Bd. I F Rn. 571.

sind weiterhin die Aktivierungs- und Passivierungswahlrechte, die im Einzelnen mit folgenden Sachverhalten verbunden sein können:[550]
- Ansatz von Aufwendungen für die Ingangsetzung und Erweiterung des Geschäftsbetriebs
- Ansatz von Aufwendungen für die Währungsumstellung auf den Euro
- Ansatz eines derivativen Geschäfts- oder Firmenwerts
- Ansatz eines aktiven Steuerabgrenzungspostens
- Einbeziehung von Zöllen, Verbrauchsteuern und Umsatzsteuer in einen aktiven Rechnungsabgrenzungsposten
- Einbeziehung eines Disagios in einen aktiven Rechnungsabgrenzungsposten
- Bildung von Rückstellungen für unterlassene Aufwendungen für Instandhaltung, die im folgenden Geschäftsjahr nach Ablauf von drei Monaten, aber noch innerhalb des Geschäftsjahres nachgeholt werden
- Bildung von Aufwandsrückstellungen
- unterlassene Bildung von Pensionsrückstellungen auf Grund der Übergangsvorschriften
- unterlassene Bildung von Rückstellungen für mittelbare Pensionsverpflichtungen und ähnliche Verpflichtungen.

Bewertungsmethoden sind alle in ihrem Ablauf definierten Verfahren der Wertfindung;[551] ohne ihre Angabe ist die Vermittlung eines den tatsächlichen Verhältnissen entsprechenden Bildes der Vermögens-, Finanz- und Ertragslage nicht möglich. Bewertungsmethoden können sich beziehen auf die Ermittlung der Anschaffungs- oder Herstellungskosten, auf die Einbeziehung von Gemeinkosten in die Herstellungskosten, evtl. Abgrenzung der notwendigen Fertigungsgemeinkosten von Leerkosten, Angabe der Abschreibungsmethoden bei Gegenständen des Anlagevermögens (linear, degressiv, progressiv; Behandlung geringwertiger Anlagegüter; Inanspruchnahme steuerrechtlicher Abschreibungen; Vornahme oder Unterbleib von Zuschreibungen auf Grund des Wertaufholungsgebots). Ebenso ist bei den Vorräten anzugeben, wie die Herstellungskosten ermittelt worden sind (Einstandswert, Durchschnittsmethoden, Verfahren nach § 256 S. 1 HGB, retrograde Ermittlung durch Abzug der Bruttospanne, Ausübung der Einbeziehungswahlrechte für Gemeinkosten nach § 255 Abs. 2 S. 3 und 4, Abs. 3 HGB). Die Anwendung des Niederstwertprinzips bzw. von Abschreibungen wegen künftiger Wertschwankungen (§ 253 Abs. 3 S. 1 und 2 HGB, Abs. 3 S. 3 HGB) ist ebenso wie die Anwendung des Wertaufholungsgebots (§ 280 Abs. 1 HGB) berichtspflichtig. Bei Forderungen ist die Anwendung des Niederstwertprinzips, die Umrechnung von Valuten sowie die Ausübung des Wertaufholungsgebots angabepflichtig. Auf der Passivseite sollten vor allem über die Sonderposten mit Rücklageanteil, über die Rückstellungen für Pensionen und ähnliche Verpflichtungen, für andere Rückstellungen sowie zu Valutaverpflichtungen Angaben gemacht werden. Bei den Pensionsrückstellungen sind die Berechnungsgrundlagen (Zinsfuß, Sterbetafel), die Berechnungsmethoden (Teilwertmethode, Gegenwartswertmethode) anzugeben; soweit Fehlbeträge bestehen (Art. 28 Abs. 2 EG-HGB) oder von der Drittelungsmethode (§ 6 a Abs. 4 EStG) Gebrauch gemacht wird, ist dies ebenfalls anzugeben.

Angaben über Grundlagen für Währungsumrechnung in Euro (§ 284 Abs. 2 Nr. 2 HGB). Der Jahresabschluss ist für Abschlussstichtage nach dem 31. 12. 2001 gem. § 244 HGB in Euro aufzustellen. Daher sind Geschäftsvorfälle in Fremdwährung sowie deren Auswirkungen in Euro umzurechnen. Abs. 2 Nr. 2 ist zu be-

---
[550] WP-HdB Bd. I F Rn. 573.
[551] IDW Stellungnahme des Hauptfachausschusses 3/1997, Ziff. 2.

achten, sofern im Jahresabschluss Posten enthalten sind, denen fremde Währungen zugrunde liegen, die auf fremde Währungen lauten oder ursprünglich lauteten. Die Umrechnungsmethode (Stichtagsprinzip, Zeitbezugsmethode) ist anzugeben; sofern mehrere Methoden gleichzeitig angewendet worden sind, ist evtl. eine Differenzierung nach Posten des Jahresabschlusses erforderlich. Die Angabe von Kursen ist nicht erforderlich.[552] Soweit Kompensationen gegenläufiger Auswirkungen der Kursentwicklungen bei Forderungen und Verbindlichkeiten erfolgt sind, ist auch hierüber zu berichten.[553]

406 **Angabe der Abweichungen von Bilanzierungs- und Bewertungsmethoden (§ 284 Abs. 2 Nr. 3 HGB).** Die Berichtspflicht umfasst im Einzelnen die Angabe der Abweichungen von Bilanzierungs- und Bewertungsmethoden, die Begründung der Abweichungen von Bilanzierungs- und Bewertungsmethoden sowie die Darstellung des Einflusses der Abweichungen auf die Vermögens-, Finanz- und Ertragslage. Eine Abweichung von **Bilanzierungsmethoden** ist nur im Rahmen von gesetzlichen Ansatzwahlrechten (siehe Rn. 26) zulässig. Für die Ansatzwahlrechte gilt nach dem Wortlaut des § 252 Abs. 1 Nr. 6 HGB das Stetigkeitsgebot nicht.[554] Gleichwohl unterliegt dieses Wahlrecht der allgemeinen Willkürgrenze; seine Ausübung ist nach § 284 Abs. 2 Nr. 3 HGB angabepflichtig. Unter die Angabepflicht fallen Abweichungen bei Bilanzierungshilfen.[555]

407 **Bewertungsmethoden** sind alle in ihrem Ablauf definierten Verfahren der Wertfindung; hierzu gehören die Anwendung gesetzlich vorgeschriebener Werte (zB niedrigerer Tageswert), Wahlrechte bei der Einbeziehung von Kostenelementen (zB Einbeziehung von Gemeinkosten in die Herstellungskosten, Verteilung der Gemeinkostenzuschläge, vernünftige kaufmännische Beurteilung bei der Rückstellungsbildung) sowie auch die Inanspruchnahme steuerrechtlicher Abschreibungen (§ 254 HGB). Zwingende Abweichungen auf Grund von Einzelvorschriften, zB außerplanmäßige Abschreibungen bei abnutzbaren Anlagegegenständen, berühren das Stetigkeitsprinzip nicht. Nach § 252 Abs. 2 HGB kann vom Stetigkeitsgebot nur bei Vorliegen eines begründeten Ausnahmefalles abgewichen werden. Daher sind die auf den vorhergehenden Jahresabschluss angewendeten Bewertungsmethoden beizubehalten. Diese Verpflichtung besteht nicht nur bezüglich der bereits im vorhergehenden Jahresabschluss zu bilanzierenden Vermögensgegenstände und Schulden, sondern auch in Bezug auf zwischenzeitlich zugegangene oder entstandene Vermögensgegenstände und Schulden, sofern gleichartige Vermögensgegenstände und Schulden unter vergleichbaren Umständen im vorhergehenden Jahresabschluss zu bewerten waren.[556] Im Rahmen der Angabe- und Begründungspflicht ist daher darzulegen, inwiefern ein besonderer Ausnahmefall vorliegt bzw. welche Überlegungen und Argumente zur abweichenden Methode geführt haben. Auch über einen Wechsel der Bilanzierungsmethoden, zB erstmalige Bildung einer Rückstellung für Großreparaturaufwendung, ist zu berichten.

408 Der Einfluss der Methodenänderung auf die **Vermögens-, Finanz- und Ertragslage** ist gesondert darzustellen. Grundsätzlich dürften hier verbale Angaben des Sachverhalts genügen; im Einzelfall kann jedoch eine quantitative Aufgliederung oder Erläuterung erforderlich sein. Ohne die Angabe zumindest der absoluten oder relativen

---

[552] BeckBilKomm/*Ellrott* HGB § 284 Rn. 136.
[553] BeckBilKomm/*Ellrott* HGB § 284 Rn. 137.
[554] Vgl. IDW Stellungnahme des Hauptfachausschusses 3/1997 Ziff. 3.
[555] BeckBilKomm/*Ellrott* HGB § 284 Rn. 146; *Baumbach/Hueck/Schulze-Osterloh* § 42 Rn. 400.
[556] Vgl. IDW Stellungnahme des Hauptfachausschusses 3/1997, Ziff. 3.

Größenordnung der zusammengefassten Auswirkungen aller Methodenänderungen wird der Umfang des Einflusses auf die Vermögens-, Finanz- und Ertragslage nicht genügend erkennbar.[557] Dabei ist die reine Saldierung aller Änderungen unzureichend.[558]

Angabe der Unterschiedsbeträge bei Anwendung von Bewertungsvereinfachungsverfahren (§ 284 Abs. 2 Nr. 4 HGB). Bewertungsreserven, die durch die Anwendung von Bewertungsvereinfachungsverfahren nach §§ 240 Abs. 4, 256 S. 1 HGB (Gruppenbewertung, Verbrauchsfolgeverfahren) entstehen, sind anzugeben, wenn der Unterschied gegenüber einer Bewertung auf der Grundlage des letzten vor dem Abschlussstichtag bekannten Börsen- oder Marktpreises erheblich ist. Für die **kleine** GmbH entfällt diese Angabepflicht (§ 288 S. 1 HGB). Liegt der letzte bekannte Börsen- oder Marktpreis zB auf Grund von Preissteigerungen über den Anschaffungskosten, so sind entsprechende, vorsichtig bemessene Abschläge sowie die üblichen Abschreibungen zB wegen eingeschränkter Verwertbarkeit etc. zulässig.[559]   409

Der Unterschiedsbetrag ist nur anzugeben, wenn er **erheblich** ist. In diesem gesetzlich geregelten Falle des „Grundsatzes der Wesentlichkeit" ist auf die Umstände des Einzelfalles, zB Unterschiedsbetrag im Verhältnis zu dem für die „jeweilige Gruppe" ausgewiesenen Betrag, Verhältnis des für die jeweilige Gruppe ausgewiesenen Betrags zum Bilanzposten, Bedeutung der soeben genannten Faktoren im Verhältnis zur Bilanz[560] abzustellen. Dem Unterschiedsbetrag soll erhebliche Bedeutung zukommen, wenn er sich auf mehr als 10 % des Wertes der vereinfacht bewerteten Vermögensgegenstände beläuft.[561]   410

Angaben über die Einbeziehung von Zinsen für Fremdkapital in die Herstellungskosten (§ 284 Abs. 2 Nr. 5 HGB). Zinsen für Fremdkapital, das zur Finanzierung der Herstellung eines Vermögensgegenstandes verwendet wird (Auftragsfinanzierung, § 255 Abs. 3 S. 2 HGB), dürfen angesetzt werden, soweit sie auf den Zeitraum der Herstellung entfallen. In diesem Falle müssen die betroffenen Bilanzposten benannt und angegeben werden, ob Zinsen ganz oder teilweise einbezogen worden sind;[562] betragsmäßige Angaben werden nur in außergewöhnlichen Fällen in Betracht kommen.[563]   411

c) Sonstige Pflichtangaben. Angaben zu den Restlaufzeiten und Sicherheiten der Verbindlichkeiten (§ 285 Nr. 1 und 2 HGB). In der Bilanz ist   412
a) der Gesamtbetrag der Verbindlichkeiten mit einer Restlaufzeit von mehr als fünf Jahren
b) der Gesamtbetrag der Verbindlichkeiten, die durch Pfandrechte oder ähnliche Rechte gesichert sind, unter Angabe von Art und Form der Sicherheiten anzugeben.

Die Aufgliederung der Angaben über eine Restlaufzeit von mehr als fünf Jahren und die Sicherung durch Pfandrechte oder ähnliche Rechte ist für jeden Posten der Verbindlichkeiten nach dem vorgeschriebenen Gliederungsschema vorzunehmen, soweit die entsprechenden Angaben nicht bereits in der Bilanz erfolgt sind. Für **kleine GmbHs** entfällt nach § 288 S. 1 HGB die Verpflichtung zur Aufgliederung.

---

[557] Vgl. IDW Stellungnahme des Hauptfachausschusses 3/1997, Ziff. 6 c.
[558] *Baumbach/Hueck/Schulze-Osterloh* § 42 Rn. 400.
[559] WP-HdB Bd. I F Rn. 604.
[560] *Adler/Düring/Schmaltz* HGB § 284 Rn. 155.
[561] *Adler/Düring/Schmaltz* HGB § 284 Rn. 155; aA *Baumbach/Hueck/Schulze-Osterloh* § 42 Rn. 401, der die 10 %-Grenze auf die jeweilige Gruppe vereinfacht bewerteter Vermögensgegenstände bezieht.
[562] *Baumbach/Hueck/Schulze-Osterloh* § 42 Rn. 402.
[563] WP-HdB Bd. I F Rn. 611.

413 Für die Berechnung der **Restlaufzeit** ist der Abschlussstichtag maßgebend; bei Verbindlichkeiten, die in Teilbeträgen fällig werden, sind nur die nach Ablauf von fünf Jahren fälligen Beträge anzugeben. Maßgebend für den **Gesamtbetrag** der gesicherten Verbindlichkeiten sowie für **Art und Form der Sicherheiten** ist der Betrag der gesicherten Verbindlichkeit mit seinem Bilanzausweis, nicht der Betrag bzw. Wert der Sicherheit. Bei Eigentumsvorbehalten und branchenüblichen Pfandrechten wird eine beschreibende Darstellung genügen;[564] soweit solche Eigentumsvorbehalte oder Pfandrechtsbestellungen unüblich sind, und der Geschäftsverkehr daher mit ihnen nicht zu rechnen braucht, ist eine vollständige Angabe erforderlich.[565]

414 **Angaben zu sonstigen finanziellen Verpflichtungen (§ 285 Nr. 3 HGB).** Diese Angaben haben ihre Bedeutung für die Beurteilung der Finanzlage, für die die Bilanz und Gewinn- und Verlustrechnung alleine nicht ausreichen. Anzugeben sind insbesondere schwebende Verpflichtungen im Zusammenhang mit Investitionsvorhaben (sog. Bestellobligo), mehrjährige Verpflichtungen aus Miet- und Leasingverträgen, insbesondere solchen, die aus sale-and-lease-back-Verträgen entstanden sind, anstehende Großreparaturen, Verpflichtungen aus notwendig werdenden Umweltschutzmaßnahmen sowie sonstige Haftungsverhältnisse (soweit sie nicht unter § 251 HGB fallen). Auch aus Unternehmensbeziehungen, die eine Verlustübernahme begründen,[566] können sich angabepflichtige finanzielle Verpflichtungen ergeben.[567] Verpflichtungen, die aus der Haftung oder Mithaftung für fremde Verbindlichkeiten erwachsen können, sind ebenfalls angabepflichtig, wenn das Haftungsschuldverhältnis nicht bereits in der Bilanz oder als Vermerk unter der Bilanz zu berücksichtigen ist.

415 Der Gesamtbetrag der sonstigen finanziellen Verpflichtungen muss für die **Beurteilung der Finanzlage** von Bedeutung sein. Die Verteilung von Verpflichtungen über einen längeren Zeitraum (zB Teilzahlung) kann dazu führen, dass der verteilte Betrag für die Beurteilung der Finanzlage an Bedeutung verliert.[568] Bei einem Dauerschuldverhältnis reicht in der Regel die Angabe der jährlich zu zahlenden Beträge und die Dauer der Verpflichtung.[569] Es erfolgt dann ein getrennter Ausweis neben dem Gesamtbetrag der einmaligen Verpflichtungen.[570] Maßgebend für die Angabe sind die Verhältnisse des Abschlussstichtages.

416 Verpflichtungen gegenüber **verbundenen Unternehmen** sind gesondert anzugeben (§ 285 Nr. 3 Halbs. 2 HGB).

417 Eine **kleine GmbH** muss den Gesamtbetrag der sonstigen finanziellen Verpflichtungen nicht angeben (§ 288 S. 1 HGB).

418 **Aufgliederung der Umsatzerlöse § 285 Nr. 4 HGB.** Eine Aufgliederung der Umsatzerlöse nach Tätigkeitsbereichen (Sparten) und geographisch bestimmten Märkten (Absatzgebiete) ist erforderlich, soweit sich die Sparten und Absatzmärkte erheblich unterscheiden; Kriterium hierfür ist die Organisation des Verkaufs der für die Geschäftstätigkeit der GmbH üblichen Umsatzträger. Bei der Aufgliederung der Absatzmärkte wird auf die interne Organisation abzustellen sein; Angaben zum Inland/Ausland

---

[564] Vgl. WP-HdB Bd. I F Rn. 628.
[565] Ebenso BeckBilKomm/*Ellrott* HGB § 285 Rn. 12; *Baumbach/Hueck/Schulze-Osterloh* § 42 Rn. 410.
[566] Vgl. zB Autokran-Urteil des BGH, WPg. 1985, 608 f.
[567] *Baumbach/Hueck/Schulze-Osterloh* § 42 Rn. 423.
[568] IDW Stellungnahme des Sonderausschusses BiRiLiG 3/1986, Ziff. 7; WP-HdB Bd. I F Rn. 641.
[569] IDW Stellungnahme des Sonderausschusses BiRiLiG 3/1986, Ziff. 7.
[570] Vgl. *Baumbach/Hueck/Schulze-Osterloh* § 42 Rn. 424.

werden in der Regel nicht genügen. Zulässig ist es, die Bundesrepublik als einen Markt und zB nach restlichen europäischen Märkten, USA, Fernost etc. zu differenzieren. Schwieriger ist die Differenzierung nach **Tätigkeitsbereichen.** Gewollt ist hier eine Aufgliederung der Umsatzerlöse nach Wirtschaftszweigen oder Produktionsarten zB Produkten, Dienstleistung und Handel oder PKW und LKW-Fertigung. Bei Artverwandtheit der Produktgruppen und Absatz über den gleichen Absatzweg an die gleiche Kundengruppe (zB Hörfunkgeräte und Fernsehgeräte) besteht keine Angabepflicht.

Erforderlich ist die Aufgliederung der Umsatzerlöse durch Angabe absoluter Zahlen oder durch Angabe von Prozentzahlen.[571] Für die Aufgliederung der Umsatzerlöse kann die **Schutzklausel** (§ 286 Abs. 2 HGB) in Anspruch genommen werden. Abzuwägen ist das Geheimhaltungsinteresse der Gesellschaft gegen das Informationsinteresse der Adressaten des Jahresabschlusses.[572] – Die **kleine und die mittelgroße GmbH** sind zur Aufgliederung der Umsatzerlöse nicht verpflichtet (§ 288 HGB). 419

Angaben über die Beeinflussung des Jahresergebnisses durch die Vornahme oder Beibehaltung steuerrechtlicher Abschreibungen und die Bildung von Sonderposten mit Rücklageanteil sowie Angaben über daraus resultierende künftige Belastungen (§ 285 Nr. 5 HGB). Soweit bei Vermögensgegenständen im Geschäftsjahr oder in früheren Geschäftsjahren 420
– eine steuerrechtliche Abschreibung nach § 254 HGB
– eine Einstellung in den Sonderposten mit Rücklageanteil nach § 273 HGB
vorgenommen wurden, ist das Ausmaß der Beeinflussung des Jahresergebnisses anzugeben. In diesen „Netto-Saldo"[573] sind auch die Folgewirkungen zu erfassen, die sich aus Maßnahmen des Vorjahres ergeben. Das Ausmaß der künftigen Belastung muss dahin verdeutlicht werden, dass der Umfang der Beeinflussung des Jahresergebnisses sichtbar wird. Das WP-HdB schlägt hierzu etwa folgende Formulierung vor:

„Aufgrund steuerrechtlicher Abschreibungen und des Saldos aus Einstellungen und Auflösungen von Sonderposten mit Rücklageanteil und der daraus resultierenden Beeinflussung unseres Steueraufwands liegt der ausgewiesene Jahresgewinn um etwa ein Fünftel unter dem Betrag, der sonst auszuweisen gewesen wäre."
oder:
„Die in früheren Jahren vorgenommenen steuerrechtlichen Abschreibungen wirken sich im vorliegenden Abschluss in erheblich niedrigeren laufenden Abschreibungen aus; dies hat zu einem entsprechend höheren Steueraufwand geführt, der verbleibende Saldo hat das Jahresergebnis fast verdoppelt."[574]

Unterschiede zwischen Handels- und Steuerbilanz sind nur im Rahmen der Steuerabgrenzung (§ 274 HGB) zu erörtern. Die Auswirkung von Maßnahmen in der Zeit vor der erstmaligen Anwendung des BiRiLiG müssen miteinbezogen werden, soweit sich hieraus in den Folgejahren noch Auswirkungen ergeben; wenn ihre Ermittlung jedoch mit unverhältnismäßigen Kosten verbunden ist, entfällt evtl. ihre Einbeziehung bzw. genügt eine grobe Schätzung.[575] 421

Die **kleine GmbH** braucht die Angaben nicht zu machen (§ 288 S. 1 HGB). Die **mittelgroße GmbH** kann die Angaben bei der Offenlegung weglassen (§ 327 Nr. 2 HGB). 422

Aufgliederung der Ertragsteuern auf das ordentliche und außerordentliche Ergebnis (§ 285 Nr. 6 HGB). Eine größenordnungsmäßige Angabe darüber, in wel- 423

---

[571] *Adler/Düring/Schmaltz* HGB § 285 Rn. 95.
[572] *Baumbach/Hueck/Schulze-Osterloh* § 42 Rn. 413.
[573] WP-HdB Bd. I F Rn. 673.
[574] WP-HdB Bd. I F Rn. 678.
[575] WP-HdB Bd. I F Rn. 677.

chem Umfang die Steuern vom Einkommen und vom Ertrag das Ergebnis der gewöhnlichen Geschäftstätigkeit und das außerordentliche Ergebnis belasten, ist erforderlich. Die Angabe kann auch verbal erfolgen.[576] Die **kleine GmbH** braucht diese Angabe nicht zu machen (§ 288 S. 1 HGB). Bei teilweiser Ausschüttung und teilweiser Thesaurierung des Jahresergebnisses ist für die Zuordnung des Steueraufwandes zu ordentlichem und außerordentlichem Ergebnis ein unterschiedlicher Steuersatz (je nach Ausschüttung und Thesaurierung) proportional bei beiden Ergebnissen zu berücksichtigen.[577] Zu den Änderungen auf Grund des Steuersenkungsgesetzes vgl. Rn. 383.

424 **Angabe der durchschnittlichen Zahl der während des Geschäftsjahres beschäftigten Arbeitnehmer getrennt nach Gruppen (§ 285 Nr. 7 HGB).** Es empfiehlt sich, das in § 267 Abs. 5 HGB verwendete Verfahren zu übernehmen, indem die Summe der am Ende eines jeden Quartals beschäftigten Arbeitnehmer durch 4 geteilt wird. Für kleine GmbHs entfällt die Angabepflicht (§ 288 S. 1 HGB). Die Arbeitnehmereigenschaft ist nach arbeitsrechtlichen Grundsätzen zu beurteilen; daher zählen die Mitglieder der Geschäftsführung nicht zu Arbeitnehmern. Unklar ist zurzeit, ob auch Scheinselbständige iSd. Gesetzes zu Korrekturen in der Sozialversicherung und zur Sicherung der Arbeitnehmerrechte[578] zu den Arbeitnehmern iSd. Vorschrift gehören.[579] Da der Umfang der Beziehungen zwischen Unternehmern und Arbeitnehmern offengelegt werden soll, sind auch Teilzeitbeschäftigte voll zu zählen.[580] – Gruppenuntergliederungen dürften nach Angestellten und Arbeitern, aber auch nach Tarifangestellten und außertariflichen Angestellten, Männern und Frauen in Betracht kommen.

425 **Angabe des Materialaufwands und des Personalaufwands bei Anwendung des Umsatzkostenverfahrens (§ 285 Nr. 8 a und b HGB).** Beide Aufwandsarten sind in der Gliederung, wie sie sich aus dem Gesamtkostenverfahren ergibt, im Anhang anzugeben:
– Materialaufwand:
 a) Aufwendungen für Roh-, Hilfs- und Betriebsstoffe und für bezogene Waren
 b) Aufwendungen für bezogene Leistungen
– Personalaufwand:
 a) Löhne und Gehälter
 b) soziale Abgaben und Aufwendungen für Altersversorgung und für Unterstützung, davon für Altersversorgung.

426 Die **kleine GmbH** muss nur die Angaben zum Personalaufwand erbringen (§ 288 S. 1 HGB). Die **mittelgroße GmbH** kann die Angaben zum Materialaufwand bei der Offenlegung weglassen (§ 327 Nr. 2 HGB).

427 **Angabe der Bezüge und bestimmter anderer Leistungen an Organmitglieder (§ 285 Nr. 9 HGB).** Zu den Gesamtbezügen der Mitglieder der Geschäftsführung zählen alle vertraglich und freiwillig geleisteten Zahlungen wie Gehälter, Gewinnbeteiligungen, Bezugsrechte, Tantiemen, Sondervergütungen, Ersparnisse auf Grund zinslos gewährter Kredite und Verkauf von Vermögenswerten der GmbH unter Zeitwert.[581] Aufgrund der Ergänzung des KonTraG sind künftig auch den Organmit-

---

[576] WP-HdB Bd. I Rn. 686.
[577] *Adler/Düring/Schmaltz* HGB § 285 Rn. 133.
[578] Vgl. BGBl. 1998 I S. 3843.
[579] Vgl. MüKo HGB/*Lange* § 285 Rn. 117.
[580] WP-HdB Bd. I F Rn. 698.
[581] Vgl. u. a. WP-HdB Bd. I F Rn. 701.

gliedern gewährte Bezugsrechte anzugeben. Typischer Fall ist zB die Gewährung von Bezugsrechten iS des § 192 Abs. 2 Nr. 3 AktG an Mitglieder der Geschäftsleitung einer Tochter-GmbH seitens der Muttergesellschaft im Rahmen eines Aktienbezugsrechtsplans (Stock Option Plan) der Muttergesellschaft. Nicht angabepflichtig sind die mit der Eigenschaft als Geschäftsführer nicht im Zusammenhang stehenden Zahlungen (zB Darlehen, Miete), soweit sie nicht ein verdecktes Entgelt darstellen. Zum Entgelt gehören ebenso Zahlungen an Lebens- und Pensionsversicherungen, sofern dem Mitglied der Anspruch aus dem Versicherungsvertrag zusteht, nicht jedoch, wenn die Versicherung auf den Namen der Gesellschaft lautet. Die gesetzlichen Arbeitgeberanteile zur Sozialversicherung der Geschäftsführer und für befreiende Lebensversicherungen gehören nicht zu den angabepflichtigen Bezügen.[582] Naturalbezüge, wie zur Verfügungstellung einer Wohnung, von Personal, Kraftwagen, Strom etc. zählen in Höhe des einkommensteuerpflichtigen Betrages ebenfalls zu den angabepflichtigen Bezügen. Von verbundenen Unternehmen gezahlte Bezüge für die Tätigkeit für die Gesellschaft oder für das verbundene Unternehmen sind nicht mehr angabepflichtig.

Anzugeben sind auch die **Bezüge früherer Mitglieder** der Geschäftsführung, eines Aufsichtsrats, eines Beirats oder einer ähnlichen Einrichtung und deren Hinterbliebene. Hierunter fallen Abfindungen, Ruhegehälter, Hinterbliebenenbezüge sowie ähnliche Leistungen.[583] Anzugeben ist auch der Betrag der Rückstellungen für laufende Pensionen und Anwartschaften, die für frühere Mitglieder der genannten Gremien gebildet wurden bzw. die Fehlbeträge nach Art. 28 Abs. 2 EGHGB. – Die Angaben über die Gesamtbezüge der oben genannten Personen können unterbleiben, wenn sich anhand dieser Angaben die Bezüge eines Mitglieds dieser Organe feststellen lassen (§ 286 Abs. 4 HGB). 428

Anzugeben sind weiterhin **Vorschüsse, Kredite, Haftungsverhältnisse,** die zugunsten von Mitgliedern von Geschäftsführung, Aufsichtsrat, Beirat oder ähnlichen Einrichtungen gewährt wurden. Angabepflichtig sind die Vorschüsse, auch auf spätere Ansprüche (zB Tantiemeansprüche, Gehaltsansprüche); nicht jedoch Kredite an Angehörige. Aufzuführen sind auch die typischen Bedingungen für die Kredite je Personengruppe (wie Zinssätze oder Laufzeiten). – Die Bezüge, früheren Bezüge sowie Vorschüsse, Kredite und Haftungsverhältnisse brauchen betragsmäßig nur für die jeweilige **„Personengruppe",** nicht jedoch für die einzelnen Mitglieder der genannten Personengruppe angegeben zu werden. 429

Die **kleine GmbH** muss die Angaben zu den Bezügen von aktiven und früheren Mitgliedern der Geschäftsführung, Aufsichtsrat, Beirat und ähnlichen Einrichtungen sowie zur Pensionsrückstellung für diesen Personenkreis nicht machen (§ 288 S. 1 HGB). Die Angaben über die Gesamtbezüge der in Nr. 9 bezeichneten Personen können gem. § 286 Abs. 4 HGB unterbleiben, wenn sich anhand dieser Angaben die Bezüge eines Mitglieds dieser Organe feststellen lassen. Dies ist der Fall, wenn das jeweilige Organ nur aus einer Person besteht oder bestimmte Leistungen nur an eine Person geleistet werden und andere Bezüge der jeweiligen Gruppe gar nicht gewährt wurden. Nach Auffassung des Bundesministers der Justiz waren Datenschutzgründe bei der Regelung in Abs. 4 maßgebend, so dass die Vorschrift über die beschriebenen Fälle hinaus immer dann anwendbar ist, wenn die Größenordnung der Bezüge eines Mitglieds geschätzt werden könnten. Die Grenze von Abs. 4 sei dort, wo zwischen den einzelnen Organmitgliedern Unterschiede von solchem Gewicht bestünden, dass die einzelnen Bezüge wesentlich von dem durch den Rechenvorgang gefundenen Durchschnittsbe- 430

---

[582] IDW Stellungnahme des Hauptfachausschusses 1/1969.
[583] WP-HdB Bd. I F Rn. 715.

trag abweichen würden.[584] Die Rechtsprechung teilt diese Auffassung nicht in vollem Umfang.[585]

431 **Angabe der Mitglieder des Geschäftsführungsorgans und eines Aufsichtsrats (§ 285 Nr. 10 HGB).** Die Namen sämtlicher ordentlicher und stellvertretender Mitglieder der Geschäftsführung (vgl. § 44, wonach stellvertretende Mitglieder denselben Vorschriften unterworfen sind wie ordentliche Mitglieder), sind mit dem Familiennamen und mindestens einem ausgeschriebenen Vornamen anzugeben, soweit sie dem Geschäftsführungsorgan oder dem Aufsichtsrat angehören oder während des Geschäftsjahres angehört haben. Aufgrund der Ergänzung des KonTraG ist bei Mitgliedern des Aufsichtsrats nunmehr auch jeweils der ausgeübte Beruf (d.h. die ausgeübte hauptberufliche Tätigkeit, bei Angestellten das jeweilige Unternehmen) anzugeben. Der Vorsitzende des Aufsichtsrats, seine Stellvertreter und ein etwaiger Vorsitzender der Geschäftsführung sind als solche zu bezeichnen.

432 **Angaben zu Unternehmen, an denen ein Anteilsbesitz von mehr als einem Fünftel besteht (§ 285 Nr. 11 HGB).** Angabepflichtig sind alle Unternehmen, von denen die GmbH oder eine für Rechnung der GmbH handelnde Person mindestens 20 % der Anteile besitzt; ob darüber hinaus eine Beteiligung nach § 271 Abs. 1 HGB vorliegt, ist unerheblich. Angabepflichtig sind:
– Name und Sitz
– Höhe des Anteils am Kapital (in %; bei Personengesellschaften Anteil am gesamthänderisch gebundenen Vermögen),
– Eigenkapital und Ergebnis des letzten Geschäftsjahres, für das ein Jahresabschluss vorliegt, Angabe in Landeswährung genügt.[586]

433 Die Angaben zur Höhe des Anteils am Kapital sind für jede Beteiligungsgesellschaft möglichst genau zu machen, da gerade hierdurch die Qualität des Beteiligungsbesitzes ersichtlich wird.[587] Für die **Berechnung der Anteile** ist § 16 Abs. 2 und 4 des AktG entsprechend anzuwenden. Nach § 286 Abs. 3 HGB können die Angaben zu Unternehmen, an denen ein Anteilsbesitz von mehr als 20 % besteht, unterbleiben, soweit sie
1. für die Darstellung der Vermögens-, Finanz- und Ertragslage der KapGes. nach § 264 Abs. 2 HGB von untergeordneter Bedeutung sind oder
2. nach vernünftiger kaufmännischer Beurteilung geeignet sind, der GmbH oder dem anderen Unternehmen einen erheblichen Nachteil zuzufügen.

434 Die Anwendung der **Schutzklausel** ist im Anhang anzugeben (§ 286 Abs. 3 S. 3 HGB) soweit sie sich auf den unter 2. dargestellten Grund bezieht. Die Angabe des Eigenkapitals und des Jahresergebnisses kann unterbleiben, wenn das Unternehmen, über das zu berichten ist, seinen Jahresabschluss nicht offenzulegen hat und die berichtende GmbH weniger als die Hälfte der Anteile besitzt.

435 Die Angaben zu Unternehmen, an denen ein Anteilsbesitz von 20 % oder mehr besteht, können auch in einer Aufstellung des **Anteilsbesitzes** (§ 287 HGB) erfolgen. Die **große GmbH** braucht die Aufstellung des Anteilsbesitzes nicht im Bundesanzei-

---

[584] Vgl. BMJ DB 1995, 639.
[585] Vgl. LG Köln DB 1997, 320 f., wonach eine mögliche Ermittlung von Durchschnittsbezügen das Weglassen von Angaben nach § 264 Abs. 3 HGB nicht rechtfertigt; nach OLG Düsseldorf DB 1997, 1609, greift der Datenschutz erst dann, wenn sich die Bezüge des einzelnen Mitglieds hinreichend verlässlich schätzen lassen, zB wenn die Bezüge der Organmitglieder nur unbedeutend voneinander abweichen und diese Information bekannt ist.
[586] AA *Baumbach/Hueck/Schulze-Osterloh* § 42 Rn. 438.
[587] ZB 25,1 oder 49,9 %; vgl. *Adler/Düring/Schmaltz* HGB § 285 Rn. 231; *Baumbach/Hopt* § 285 Rn. 11; BeckBilKomm/*Ellrott* HGB § 285 Rn. 221.

Rechnungslegung der GmbH   Anh. I nach § 42a

ger bekannt zu machen (§ 325 Abs. 2 S. 2 HGB). Die Aufstellung des Anteilsbesitzes ist zusammen mit dem Jahresabschluss **dem Handelsregister einzureichen** (§ 325 Abs. 1 HGB).

Angaben zu „Sonstigen Rückstellungen" (§ 285 Nr. 12 HGB). Die „sonsti- 436 gen Rückstellungen" des Gliederungsschemas des § 266 Abs. 3 B 3 HGB sind, sofern sie einen nicht unerheblichen Umfang haben, verbal darzustellen. Ob eine unter den sonstigen Rückstellungen ausgewiesene Rückstellung einen **nicht unerheblichen Umfang** hat, beurteilt sich nach ihrer Größenordnung im Verhältnis zum Gesamtbild der Bilanz.[588] Bei der Erläuterung sind Art und Zweck der Rückstellung bzw. die für ihre Bildung maßgeblichen Gründe darzustellen; auch wird es erforderlich sein, die größten Posten der sonstigen Rückstellungen anzugeben.[589]

Angabe der Gründe für die planmäßige Abschreibung des Geschäfts- oder 437 **Firmenwerts (§ 285 Nr. 13 HGB).** Sofern der Geschäfts- oder Firmenwert nicht in jedem der Aktivierung folgenden Geschäftsjahr zu mindestens einem Viertel durch Abschreibung getilgt wird (§ 255 Abs. 4 S. 2 HGB), sondern die Abschreibung planmäßig auf einen längeren Zeitraum verteilt wird, sind die Gründe hierfür anzugeben. Soweit die Abschreibung nach § 7 Abs. 1 S. 3 EStG erfolgt, genügt der Hinweis auf diese Vorschrift.[590]

Angaben zu Mutterunternehmen (§ 285 Nr. 14 HGB). Anzugeben ist: 438
— Name und Sitz des Mutterunternehmens, das den Konzernabschluss für den größten Kreis von Unternehmen aufstellt (idR Konzernspitze)
— Name und Sitz des Mutterunternehmens, das den Konzernabschluss für den kleinsten Kreis von Unternehmen aufstellt (idR unmittelbare Muttergesellschaft)
— im Falle der Offenlegung der von den Mutterunternehmen aufgestellten Konzernabschlüsse, der Ort, wo diese erhältlich sind (Handelsregister mit Nummern bzw. bei ausländischen Mutterunternehmen evtl. Börsenaufsicht o.ä.).

Auch **ausländische** Mutterunternehmen sind anzugeben. Für die Angabepflicht 439 nach Nr. 14 ist entscheidend, dass das Mutterunternehmen einen Konzernabschluss **tatsächlich aufstellt.** Sofern die Aufstellung unterbleibt (zB auf Grund von Einbeziehungsverboten oder -wahlrechten, wegen größenabhängiger Befreiungen oder wegen Befreiung nach §§ 291, 292 HGB), verlagert sich die Angabe auf Namen und Sitz des nächst höheren Mutterunternehmens.[591]

d) Zusätzliche Angaben im Anhang einer Kapitalgesellschaft & Co. Bei der 440 Aufstellung des Anhangs ergeben sich Besonderheiten im Wesentlichen durch die im Rahmen des KapCoRiLiG eingefügten Vorschriften § 285 Nr. 11a und Nr. 15 HGB. § 285 Nr. 11a HGB sieht vor, dass die Aufstellung des **Anteilsbesitzes** einer KapGes. um Name, Sitz und Rechtsform der Unternehmen zu erweitern ist, deren unbeschränkt haftender Gesellschafter sie ist. Die KapGes. & Co. muss korrespondierend dazu im Anhang Name, Sitz und das gezeichnete Kapital der persönlich haftenden Gesellschafter nennen (§ 285 Nr. 15 HGB).

Eine zusätzliche Angabepflicht ergibt sich für **Altzusagen im Rahmen der be-** 441 **trieblichen Altersversorgung.** Gem. Art. 28 Abs. 2 EGHGB besteht für alle Gesellschaften die Möglichkeit, für laufende Pensionen oder Anwartschaften auf eine **Pension** auf Grund einer unmittelbaren Zusage keine Rückstellung zu passivieren, sofern

---

[588] WP-HdB Bd. I F Rn. 616.
[589] *Adler/Düring/Schmaltz* HGB § 285 Rn. 242f.
[590] *Adler/Düring/Schmaltz* HGB § 285 Rn. 245; aA *Baumbach/Hueck/Schulze-Osterloh* § 42 Rn. 403.
[591] WP-HdB Bd. I F Rn. 745; *Adler/Düring/Schmaltz* HGB § 285 Rn. 251.

Kessler   1389

die Gesellschaft die entsprechende Zusage vor dem 1. Januar 1987 gegeben hatte. Nehmen Kapitalgesellschaften dieses Wahlrecht in Anspruch, müssen sie den nicht ausgewiesenen Betrag gemäß Art. 28 Abs. 2 EGHGB im Anhang beziffern. Eine entsprechende Angabepflicht der Kapitalgesellschaften & Co. begründet Art. 48 Abs. 6 EGHGB hinsichtlich der Jahresabschlüsse für nach dem 31. Dezember 1999 beginnende Geschäftsjahre.

442 Besonderheiten ergeben sich auch für § 285 Nr. 9a HGB, soweit es um die Angabe von **Geschäftsführerbezügen** geht. Geschäftsführer bei Kapitalgesellschaften & Co. ist die KapGes. als persönlich haftender Gesellschafter (§ 114 HGB), diese wiederum vertreten durch ihren Geschäftsführer. Die KapGes. erhält von der KapGes. & Co. idR nur eine Haftungsvergütung und/oder im Rahmen eines Umlageverfahrens ihre Aufwendungen ersetzt. Regelmäßig trägt damit die KapGes. & Co. mittelbar auch die **Aufwendungen für den Geschäftsführer der KapGes.**, der nach § 264a Abs. 2 HGB als gesetzlicher Vertreter der Personenhandelsgesellschaft gilt.

443 Bei der KapGes. & Co. werden die **Haftungsvergütung** und die **Umlagen** je nach Art der Darstellung der Gewinn- und Verlustrechnung (Gesamtkosten- oder Umsatzkostenverfahren) unter den sonstigen betrieblichen Aufwendungen oder unter den jeweiligen Funktionskosten ausgewiesen. Bei Umlagen speziell für die Geschäftsführung handelt es sich um Verwaltungskosten.

444 Ob jedoch § 285 Nr. 9 HGB zu einer Angabe der **Geschäftsführergehälter** im Anhang der KapGes. & Co. zwingt, ermittelt sich alleine anhand der Anhangvorschrift. Unproblematisch ist der Fall, wenn die KapGes. & Co. die Geschäftsführer direkt bezahlt. Unmittelbare Leistungen der Gesellschaften an den Geschäftsführer unterliegen der Angabepflicht.[592] Jedoch ist bereits dann eine Angabepflicht anzunehmen, wenn der Geschäftsführer einer Tochtergesellschaft als Angestellter des Mutterunternehmens bezahlt wird, und dieser Aufwand vom Mutterunternehmen an das Tochterunternehmen weiterbelastet wird.[593] Wenn demnach bereits bei einer **Doppelfunktion** – Geschäftsführer und Angestellter – eine Angabe beim Tochterunternehmen erfolgen soll, erscheint es sachgerecht, auch bei einer KapGes. & Co. eine Angabe der für die Geschäftsführung belasteten Aufwendungen im Anhang zu verlangen.[594] Gleiches muss gelten, wenn die KapGes. über einen eigenen Geschäftsbetrieb verfügt. Die Geschäftsführung umfasst dann zwei Aufgabenbereiche, die Geschäftsführung der KapGes. und der KapGes. & Co. Der KapGes. & Co. dafür in Rechnung gestellte Aufwendungen sind im Anhang als bei ihr angefallene Aufwendungen für die Geschäftsführung anzusehen. Etwas anderes gilt aber, wenn keine Geschäftsführungsumlagen bei der KapGes. & Co. erfasst sind. Maßgeblich für die Angabepflicht ist die Ergebnisbelastung. Auf die Tatsache, dass die KapGes. nur für die KapGes. & Co. tätig wird, kann es nicht ankommen. Ebensowenig führt eine Bezahlung von zur Geschäftsführung berechtigten Kommanditisten zur Angabe nach § 285 Nr. 9 HGB, da es sich bei den Kommanditisten nicht um die gesetzlichen Vertreter der Gesellschaft handelt.[595]

445 Im Anhang sollte darauf hingewiesen werden, dass die Geschäftsführungsvergütung nicht im Personalaufwand, sondern in den sonstigen betrieblichen Aufwendungen bzw. in den Verwaltungskosten ausgewiesen wird, um die Klarheit und Übersichtlichkeit bei der Darstellung der Ertragslage zu gewährleisten. Eine Angabe kann grundsätzlich bei kleinen Gesellschaften unterbleiben und bei Gesellschaften anderer Größen-

---

[592] BeckBilKomm/*Ellrott* HGB § 285 Rn. 168 f.
[593] *Adler/Düring/Schmaltz* HGB § 285 Rn. 172.
[594] Ebenso *Adler/Düring/Schmaltz* HGB § 264a Rn. 65.
[595] AA wohl *Adler/Düring/Schmaltz* HGB § 264a Rn. 65.

klasse, wenn sich dadurch die Bezüge des einzelnen Geschäftsführers ermitteln lassen (§ 286 Abs. 4 HGB, vgl. Rn. 430).

V. Lagebericht

Es wird auf die Ausführungen zu § 41 Rn. 127–138 verwiesen. **446**

VI. Prüfung und Offenlegung des Jahresabschlusses

Zur Prüfung des Jahresabschlusses wird auf die Kommentierung zu § 42a Rn. 13– **447**
56, zur Offenlegung des Jahresabschlusses wird auf die Kommentierung zu § 41 Rn. 139–154 verwiesen.

VII. Österreichisches Recht

Das Rechnungslegungsgesetz 1990 orientiert sich an den internationalen Vorbildern **448**
der EG-Richtlinien und des deutschen Bilanzrichtlinien-Gesetzes. Das **EU-Gesellschaftsrechtsänderungsgesetz** (EU-GesRÄG) 1996 bringt die weitere Anpassung der österreichischen handelsrechtlichen Rechnungslegungsvorschriften in ihren bis dahin noch nicht EU-konformen Bestimmungen an das Richtlinienrecht. Eine Reform zur Einführung des Euro stellt § 7 SchillingG dar, nach dem die Unternehmen den Zeitpunkt der Umstellung der Buchführung auf Euro in einer Übergangsphase wählen können. Weitere Veränderungen ergeben sich aus dem 1. Euro-Justiz-Begleitgesetz, dem 1. Euro-Finanzbegleitgesetz und dem Konzernabschlussgesetz. Aufgrund der fortschreitenden europäischen Harmonisierung kann bei der Auslegung des ÖHGB auf die einschlägige europäische, insbesondere deutsche Literatur und Rechtsprechung zurückgegriffen werden.

Die Vorschriften über **Buchführung und Inventar** enthalten die §§ 189 bis 192 **449**
ÖHGB. Die Stichprobeninventur und die vor- und nachverlegte Stichtagsinventur sind im § 192 ÖHGB verankert.

Die Vorschriften zu **Eröffnungsbilanz und Jahresabschluss** sind in §§ 193 bis **450**
200 ÖHGB enthalten. **Bilanzierungsverbote** bestehen für Aufwendungen für die Gründung des Unternehmens und für die Beschaffung des Eigenkapitals sowie für immaterielle Vermögensgegenstände des Anlagevermögens, die nicht entgeltlich erworben wurden (vgl. § 197 ÖHGB). Nach § 198 Abs. 3, Abs. 7 ÖHGB besteht ein **Aktivierungswahlrecht** für die Aufwendungen für das Ingangsetzen und Erweitern eines Betriebes sowie das Disagio. Umstellungsaufwendungen sind seit In-Kraft-Treten des EU-GesRÄG (dh für Geschäftsjahre mit Beginn ab 1. 7. 1996) nicht mehr aktivierbar. Die Regelung entspricht insoweit § 269 HGB. Die Definition von Rechnungsabgrenzungsposten entspricht § 250 Abs. 1 S. 1, Abs. 2 HGB.

Die **Bewertungsvorschriften** der §§ 201 bis 211 ÖHGB enthalten das materielle **451**
Stetigkeitsprinzip, das going-concern-principle, den Grundsatz der Einzelbewertung und den Grundsatz der Vorsicht (§ 201 ÖHGB). Die Definition der Anschaffungskosten in § 203 Abs. 2 ÖHGB entspricht § 255 Abs. 1 HGB. Bei den Herstellungskosten waren bis zum In-Kraft-Treten des EU-GesRÄG neben den Einzelkosten auch angemessene Teile der Material- und Fertigungsgemeinkosten einzubeziehen. Nunmehr besteht bei Geschäftsjahren, die nach dem 30. Juni 1996 begonnen haben, insoweit ein Wahlrecht. Im Gegensatz zu § 255 Abs. 2 S. 3 HGB wird jedoch die Notwendigkeit der Gemeinkosten in § 203 Abs. 3 ÖHGB nicht als Aktivierungsvoraussetzung verlangt. Wie in § 255 Abs. 3 S. 2 HGB dürfen ebenfalls die Fremdkapitalzinsen in die Herstellungskosten einbezogen werden.

452 Bei **Abschreibungen** auf Gegenstände des Anlagevermögens besteht insoweit ein Unterschied, als dem § 253 Abs. 4 HGB entsprechende Abschreibungen nicht möglich sind. Für den Bereich des Umlaufvermögens ist mit § 207 Abs. 2 idF des EU-GesRÄG dagegen eine Rechtsangleichung erfolgt. **Steuerrechtliche Sonderabschreibungen** von Vermögensgegenständen des Anlagevermögens (Bewertungsreserve, § 205 ÖHGB) sind als unversteuerte Rücklagen auf der Passivseite auszuweisen. Bei **langfristiger Fertigung** dürfen nach der ausdrücklichen Vorschrift des § 206 Abs. 3 ÖHGB angemessene Teile der Verwaltungs- und Vertriebskosten angesetzt werden, falls eine verlässliche Kostenrechnung vorliegt und aus der weiteren Auftragsabwicklung keine Verluste drohen. Das **Niederstwertprinzip** beim Umlaufvermögen sowie Abschreibungen auf den **beizulegenden Wert** sind in § 207 Abs. 1 ÖHGB normiert, der insoweit dem § 253 Abs. 3 S. 1 und S. 2 HGB entspricht. Die Anerkennung steuerrechtlicher Abschreibungen (vgl. §§ 254, 279 Abs. 2 HGB), wo Voraussetzung für ihre Anwendung eine Umkehrung des Maßgeblichkeitsprinzips war, wurde durch das EU-GesRÄG wegen Fehlens eines wesentlichen Anwendungsbereichs wieder beseitigt. In Geltung geblieben ist lediglich o. g. § 205 ÖHGB. Das **Festwertverfahren** und die **Gruppenbewertung** sowie die **Verbrauchsfolgeverfahren** entsprechen im Wesentlichen den §§ 240 Abs. 3, Abs. 4, 256 S. 1 HGB (vgl. § 209 ÖHGB). **Aufwandsrückstellungen** (§ 249 Abs. 2 HGB) sind durch das EU-GesRÄG in § 198 Abs. 8 Nr. 2 ÖHGB normiert worden.

453 Das **Bilanzgliederungsschema** in § 224 ÖHGB entspricht weitgehend dem § 266 HGB. Die bisherige aktienrechtliche Untergliederung der Grundstücke nach Geschäfts-, Fabriks- und anderen Wohnbauten, sowie ohne Bauten wird mit dem EU-GesRÄG in einen Posten zusammengefasst. Finanzanlagen werden wie im HGB untergliedert. Unter dem Posten Eigenkapital werden alle Eigenkapitalarten dargestellt, wobei die Kapitalrücklage weiterhin in gebundene und nichtgebundene unterteilt wird. Gesonderter Ausweis oder Vermerk wird für Ausleihungen (§ 227 ÖHGB), Forderungen und Verbindlichkeiten gegenüber verbundenen Unternehmen und gegenüber Unternehmen, mit denen ein Beteiligungsverhältnis besteht, für Forderungen mit Restlaufzeit von mehr als einem Jahr, für eigene Anteile, Anteile an herrschenden oder mit Mehrheit beteiligten Unternehmen sowie für Verbindlichkeiten mit einer Restlaufzeit bis zu einem Jahr verlangt (§ 225 ÖHGB). Der Anlagenspiegel ist nach der direkten Bruttowertmethode für die Posten des Anlagevermögens und den Posten der Ingangsetzungsaufwendungen zu erstellen (§ 226 ÖHGB, vgl. § 268 Abs. 2 HGB). Die GmbH unterliegt nach § 226 Abs. 2 ÖHGB im Falle der Aktivierung von Ingangsetzungs- bzw. Erweiterungskosten einer Ausschüttungssperre (analog § 269 HGB). Der Betrag der Pauschalwertberichtigung zu Forderungen ist für den entsprechenden Posten der Bilanz im Anhang anzugeben (§ 226 Abs. 5 ÖHGB). Die Definition der Beteiligung ist gleich lautend mit § 271 Abs. 1 HGB. Die Beteiligungsvermutung wird jedoch, anders als in § 271 Abs. 1 HGB, auch auf Genossenschaftsanteile erstreckt. Verbundene Unternehmen sind ebenso gleich lautend wie in § 271 Abs. 2 HGB definiert (vgl. § 228 ÖHGB).

454 Die **Gewinn- und Verlustrechnung** (§ 231 ÖHGB) sieht sowohl das Gesamtkosten- wie das Umsatzkostenverfahren vor und entspricht seit dem EU-GesRÄG im Wesentlichen § 275 HGB. Die Definition der außerordentlichen Erträge und Aufwendungen entspricht § 277 Abs. 4 HGB (vgl. § 233 Abs. 1 ÖHGB); die (periodenfremden) Erträge und Aufwendungen sind gesondert im Anhang zu erläutern, soweit sie erheblich sind.

455 Der **Anhang** ist Teil des Jahresabschlusses und formell vom Lagebericht getrennt. § 236 ÖHGB enthält eine Generalklausel für den Anhang; hiernach sind die Bilanzierungs- und Bewertungsmethoden so zu erläutern, dass ein möglichst getreues Bild der Vermögens-, Finanz- und Ertragslage des Unternehmens vermittelt wird. Weitere wesentliche Angaben im Anhang betreffen zB die Änderungen der Bilanzierungs- und Bewertungsmethoden, die Berücksichtigung der Zinsen für Fremdkapital im Rahmen der Herstellungskosten, den Betrag der aktivierten Verwaltungs- und Vertriebskosten bei langfristiger Fertigung, den Gesamtbetrag der Verbindlichkeiten mit einer Restlaufzeit von mehr als fünf Jahren, sowie den Gesamtbetrag der Verbindlichkeiten mit einer Restlaufzeit von mehr als einem Jahr, den Gesamtbetrag der Verbindlichkeiten für die dingliche Sicherheiten bestellt sind, unter Angabe ihrer Art und Form, die nicht in der Bilanz oder unter der Bilanz ausgewiesenen Haftungsverhältnisse, Angabe des Materialaufwands und der Aufwendung für bezogene Leistungen, des Personalaufwands, erhebliche Verluste aus dem Abgang von Vermögensgegenständen des Anlagevermögens, Erläuterungen der sonstigen Rückstellungen, falls diese erheblich sind, Gesamtbetrag der sonstigen finanziellen Verpflichtungen mit einer Laufzeit von mehr als einem Jahr, Aufgliederung der Umsatzerlöse nach Inlands- und Auslandsumsätzen sowie nach Tätigkeitsbereichen, Beträge der Einlagen von stillen Gesellschaftern, Angaben zu verbundenen Unternehmen, Angaben zu Organen und Arbeitnehmern. Weitere Angabepflichten können sich aus der Generalklausel ergeben (zB Methode der Währungsumrechnung, deren Grundlagen sind nach § 237 Abs. 2 ÖHGB zu erläutern). Die Berichterstattungspflicht im Anhang weicht in einigen Punkten vom HGB ab, so zB bei der Angabe der aktivierten Verwaltungs- und Vertriebskosten im Falle langfristiger Fertigung, bei der Angabe der in der Bilanz ausgewiesenen Beträge der Einlagen von stillen Gesellschaftern, bei der Angabe der aktivierten immateriellen Vermögensgegenstände, die von einem verbundenen Unternehmen oder von einem Gesellschafter, dessen Anteil 10 % des Nennkapitals erreicht, erworben wurden, bei der Angabe der Aufwendungen und Zuführungen zu Abfertigungs- und Pensionsvorsorgen an die Beschäftigten des Unternehmens, getrennt nach ihrer Stellung, und zwar nach Vorstandsmitgliedern, leitenden Angestellten und anderen Arbeitnehmern, sowie bei der Angabe wesentlicher Verluste aus Abgängen im Anlagevermögen. Die im Anhang erforderliche Angabe des Gesamtbetrags der Verbindlichkeit mit einer Restlaufzeit von mehr als einem Jahr (§ 237 Nr. 1 b ÖHGB) lässt sich auch durch Addition der Verbindlichkeit mit einer Restlaufzeit bis zu einem Jahr und durch Subtraktion vom Gesamtbetrag der Verbindlichkeit ermitteln. Im ÖHGB wird die Angabe der Bestellung von dinglichen Sicherheiten verlangt, um das mittel- und langfristig fälligwerdende Fremdkapital und damit die Finanzierungsfähigkeit des Unternehmens aufzuzeigen.

Der **Lagebericht** (§ 243 ÖHGB) entspricht bis auf die Ausnahme für kleine **456** GmbHs (§ 221 Abs. 1 ÖHGB) dem § 289 HGB.

Anhang II nach § 42 a
Konzernrechnungslegung

Literatur: 1. Materialien: *Rat der Europäischen Gemeinschaften* Vierte Richtlinie des Rates vom 25. Juli 1978 aufgrund von Artikel 54 Absatz 3 Buchstabe g) des Vertrages über den Jahresabschluß von Gesellschaften bestimmter Rechtsform (78/660/EWG); *ders.* Siebente Richtlinie des Rates vom 13. Juni 1983 aufgrund von Artikel 54 Absatz 3 Buchstabe g) des Vertrages über den konsolidierten Abschluß (83/349/EWG); *ders.* Achte Richtlinie des Rates vom 10. April 1984 aufgrund von Artikel 54 Absatz 3 Buchstabe g) des Vertrages über die Zulassung der mit der Pflichtprüfung der Rechnungsunterlagen beauftragten Personen (84/253/EWG); *ders.* Richtlinie des Rates vom 8. November 1990 zur Änderung der Richtlinien 78/660/EWG und 83/349/EWG über den Jahresabschluß bzw. den konsolidierten Abschluß hinsichtlich ihres Anwendungsbereichs (90/605/EWG).

Anh. II nach § 42a
3. Abschnitt. Vertretung und Geschäftsführung

2. Literatur: *Arbeitskreis „Externe Unternehmensrechnung" der Schmalenbachgesellschaft – Deutsche Gesellschaft für Betriebswirtschaft e. V.* (Hrsg.) Aufstellung von Konzernabschlüssen, ZfbF Sonderheft 21/1987; Baetge Konzernbilanzen, 5. Aufl. 2000; *Baetge/Schulze* Möglichkeiten der Objektivierung der Lageberichterstattung über „Risiken der künftigen Entwicklung", DB 1998, 937 ff.; *Biener* Die Konzernrechnungslegung nach der Siebenten Richtlinie des Rates der Europäischen Gemeinschaften über den Konzernabschluß, DB 1983, Beil. 19, 1 ff.: *Biener/Berneke* Bilanzrichtlinien-Gesetz, 1986; *Biener/Schatzmann* Konzern-Rechnungslegung, 1983; *Bores* Konsolidierte Erfolgsbilanzen und andere Bilanzierungsmethoden in Konzern und Konzerngesellschaften, 1935; *Busse von Colbe/Ordelheide* Konzernabschlüsse, 7. Aufl. 1999; *Coenenberg/Hille* Latente Steuern in Einzel- und Konzernabschluß, DBW 39, 601 ff.; *Deutscher Anwaltverein* Referentenentwurf zur Änderung des Aktiengesetzes („KonTraG") – Stellungnahme des DAV, ZIP 1997, 163 ff.; *Dörner* Ändert das KonTraG die Anforderungen an den Abschlußprüfer?, DB 1998, 1 ff.; *Duckstein/Dusemond* Aus der Währungsumrechnung resultierende Eigenkapitaldifferenzen in einem international tätigen Konzern, DB 1995, 1673 ff.; *Emmerich/Sonnenschein* Konzernrecht, 6. Aufl. 1997; *Ernst* KonTraG und KapAEG sowie aktuelle Entwicklungen zur Rechnungslegung und Prüfung in der EU, WPg. 1998, 1025 ff.; *Ernst/Seibert/Stuckert* KonTraG KapAEG StückAG EuroEG Textausgabe 1998; *Financial Accounting Standards Board* Foreign Currency Translation (SFAS No. 52), Original Pronouncements, Accounting Standards as of June 1, 1995, Vol. I; *Forster/Havermann* Zur Ermittlung der konzernfremden Gesellschaftern zustehenden Kapital- und Gewinnanteile, WPg. 1969, 1 ff.; *Groß/Schruff/v. Wysocki* Der Konzernabschluß nach neuem Recht, Aufstellung-Prüfung-Offenlegung, 2. Aufl. 1987; *Harms/Knischewski* Quotenkonsolidierung versus Equity-Methode im Konzernabschluß, DB 1985, 1353 ff.; *Havermann* Der Konzernabschluß nach neuem Recht – ein Fortschritt?, FS Reinhard Goerdeler, Bilanz- und Konzernrecht, hrsg. von Havermann 1987, 173 ff.; *IDW* Die Fachgutachten und Stellungnahmen des Instituts der Wirtschaftsprüfer auf dem Gebiet der Rechnungslegung und Prüfung (Loseblattsammlung); ders. Wirtschaftsprüfer-Handbuch, Bd. I, 12. Aufl. 2000; *International Accounting Standards Committee,* International Accounting Standards 2001; *KPMG Treuverkehr* (Hrsg.) Handbuch zum Konzernabschluß der GmbH, 1990; *Küting/Hütten* Die Lageberichterstattung über Risiken der künftigen Entwicklung, AG 1997, 250 ff.; *Lachnit/Ammann* Währungsumrechnung als Problem einer tatsachengetreuen Darstellung der wirtschaftlichen Lage im Konzernabschluß, WPg. 1998, 751 ff.; *Leffson* Die Grundsätze ordnungsmäßiger Buchführung, 7. Aufl. 1987; *Lück* Rechnungslegung im Konzern, 1994; *Lutter* Die Haftung des herrschenden Unternehmens im GmbH-Konzern, ZIP 1985, 1425 ff.; *Moxter* Das Realisationsprinzip – 1884 und heute, BB 1984, 1780 ff.; *ders.* Zur wirtschaftlichen Betrachtungsweise im Bilanzrecht, StuW 1989, 232 ff.; *ders.* Bilanzrechtsprechung, 5. Aufl. 1999; *ders.* Die Vorschriften zur Rechnungslegung und Abschlußprüfung im Referentenentwurf eines Gesetzes zur Kontrolle und Transparenz im Unternehmensbereich, BB 1997, 722 ff.; *Niehus* Die 7. EG-Richtlinie und die „Pooling-of-Interests"-Methode einer konsolidierten Rechnungslegung, WPg. 1983, 437 ff.; *Oechsle/Schipper* Negative Fremdanteile im Konzernabschluß, WPg. 1994, 344 ff.; *Ordelheide* Endkonsolidierung bei Ausscheiden eines Unternehmens aus dem Konsolidierungskreis, BB 1986, 766 ff.; *Rammert* Pooling of interests – die Entdeckung eines Auslaufmodells durch deutsche Konzerne?, DBW 1999, 620 ff.; *Sahner/Kammers* Die Abgrenzung des Konsolidierungskreises nach der 7. EG-Richtlinie im Vergleich zum Aktiengesetz 1965 – ein Fortschritt?, DB 1983, 2209 ff.; *Schildbach* Überlegungen zu Grundlagen einer Konzernrechnungslegung, WPg. 1989, 157 ff. u. 199 ff.; *ders.* Der Konzernabschluß nach HGB, 5. Aufl. 1998; *Schildbach/Koenen* Die GmbH & Co. KG ist grundsätzlich konzernrechnungslegungspflichtig, WPg. 1991, 661 ff.; *Selchert* Die Aufgliederung der Umsatzerlöse im Konzernanhang, BB 1992, 2032 ff.; *Tesdorpf* Kapitalertragsteuer und Anrechnungskörperschaftsteuer bei Anwendung der Equity-Methode, BB 1987, 2341 ff.; *Wiedmann* Bilanzrecht 1999; *v. Wysocki/Wohlgemuth* Konzernrechnungslegung, 4. Aufl. 1996; *Zündorf* Zum Begriff des Gemeinschaftsunternehmens in § 310 HGB, BB 1987, 1910 ff.

Übersicht

	Rn.		Rn.
I. Allgemeines	1–9	d) Stetigkeit	30–35
II. Grundlagen der Konzernrechnungslegung	10–44	e) Einheitliche Abschlussstichtage	36–42
		f) Wesentlichkeit	43, 44
1. Zweck der Konzernrechnungslegung	10–13	**III. Pflicht zur Aufstellung von Konzernabschluss und Konzernlagebericht**	45–132
2. Einheitstheorie und Interessentheorie	14–17	1. Aufstellungsgrundsatz	45–49
3. Konsolidierungsgrundsätze	18–44	2. Konzept der einheitlichen Leitung	50–52
a) True and fair view	18, 19	3. „Control"-Konzept	53–62
b) Vollständigkeit	20–22	4. Befreiende Konzernabschlüsse und Konzernlageberichte	63–80
c) Einheitliche Bewertung	23–29		

	Rn.		Rn.
a) Mutterunternehmen mit Sitz innerhalb der EU bzw. des EWR	66–70	d) Übernahme von anteiligen Ergebnissen	241–243
b) Mutterunternehmen mit Sitz außerhalb der EU bzw. des EWR ...	71–75	V. Konzern-Gewinn- und Verlustrechnung	244–269
c) Mutterunternehmen mit einem Konzernabschluss nach internationalen Rechnungslegungsgrundsätzen	76–80	1. Inhalt der Konzern-Gewinn- und Verlustrechnung	244–251
		2. Konsolidierung der Innenumsatzerlöse	252–255
5. Größenabhängige Befreiungen	81–90	3. Konsolidierung anderer Erträge und Aufwendungen	256–261
6. Abgrenzung des Konsolidierungskreises	91–114	4. Sonstige Konsolidierungsmaßnahmen	262–269
a) Konsolidierungspflicht	93–99	a) Ergebnisübernahmen innerhalb des Konsolidierungskreises	262–265
b) Konsolidierungsverbot	100–104		
c) Konsolidierungswahlrechte	105–114	b) Ergebnisübernahmen bei der Equity-Methode	266–269
7. Währungsumrechnung	115–132		
IV. Konzernbilanz	133–243	VI. Steuerabgrenzung im Konzernabschluss	270–289
1. Inhalt der Konzernbilanz	133–138	1. Grundlagen der Steuerabgrenzung ...	270–274
2. Kapitalkonsolidierung	139–191	2. Ursachen der Steuerabgrenzung	275–280
a) Erstkonsolidierung	143–161	3. Berechnung des Abgrenzungsbetrages	281–285
aa) Buchwertmethode	145–151		
bb) Neubewertungsmethode	152–156	4. Ausweis der Steuerabgrenzung	286–289
cc) Stichtag der Erstkonsolidierung	157–161	VII. Konzernanhang	290–326
		1. Aufgaben, Inhalt, Form	290–304
b) Folgekonsolidierung	162–168	2. Erläuterung von Konzernbilanz und Konzern-Gewinn- und Verlustrechnung, Angaben zum Beteiligungsbesitz	
c) Anteile anderer Gesellschafter	169–175		
d) Kapitalkonsolidierung bei mehrstufigen Konzernen	176–180		
e) Kapitalkonsolidierung bei Interessenzusammenführung	181–191		305–317
		3. Sonstige Pflichtangaben	318–326
3. Schuldenkonsolidierung	192–198	VIII. Konzernlagebericht	327–342
4. Zwischenergebniseliminierung	199–210	IX. Prüfung und Offenlegung von Konzernabschluss und Konzernlagebericht	343–356
5. Quotenkonsolidierung	211–217		
6. Equity-Methode	218–243		
a) Assoziierte Unternehmen	223–228		
b) Buchwertmethode	229–234	X. Österreichisches Recht	357–367
c) Kapitalanteilsmethode	235–240		

I. Allgemeines

Die 7. Richtlinie des Rates der Europäischen Gemeinschaften über den konsolidierten Abschluss machte erhebliche Veränderungen der bisher im AktG 1965 enthaltenen Vorschriften über die Rechnungslegung und Prüfung von Konzernen erforderlich.[1] Die Umsetzung der 7. EG-Richtlinie in deutsches Recht erfolgte gemeinsam mit der Umsetzung der 4. und der 8. EG-Richtlinie im Rahmen des BiRiLiG. Die Vorschriften über den Konzernabschluss und den Konzernlagebericht von Aktiengesellschaften, Kommanditgesellschaften auf Aktien und Gesellschaften mit beschränkter Haftung sind nun im Zweiten Unterabschnitt des Zweiten Abschnittes des Dritten Buchs des HGB in den §§ 290 bis 315 zusammengefasst. – Zu den Gesetzgebungsaktivitäten seit BiRiLiG vgl. Anh. I nach § 42a Rn. 2 ff. 1

Im Rahmen des KonTraG wurde auf Grund des neuen § 342 HGB die Einrichtung eines vom Bundesministerium der Justiz anerkannten privaten Rechnungslegungsgremiums geschaffen. Mit Vertrag vom 3. 9. 1998 wurde dem im gleichen Jahr gegründeten Deutschen Rechnungslegungs Standards Committee (DRSC) die Anerkennung erteilt. Es hat folgende Aufgaben: 2

---

[1] *Adler/Düring/Schmaltz* HGB Vor §§ 290–315 Rn. 1.

- Entwicklung von Empfehlungen zur Anwendung der Grundsätze über die Konzernrechnungslegung
- Beratung des Bundesministeriums der Justiz bei Gesetzgebungsvorhaben zu Rechnungslegungsvorschriften und
- Vertretung der Bundesrepublik Deutschland in internationalen Standardisierungsgremien.

Der Aufgabe der Entwicklung von Empfehlungen zur Anwendung der Grundsätze über die Konzernrechnungslegung wird durch den vom DRSC bestellten Deutschen Standardisierungsrat (DSR) nachgekommen. Dieser erarbeitet Standards (DRS), für die, wenn sie vom Bundesministerium der Justiz veröffentlicht worden sind, die widerlegbare Rechtsvermutung gilt, GoB für die Konzernrechnungslegung zu sein (vgl. § 342 Abs. 2 HGB).[2] Damit vollzieht der Gesetzgeber eine Abkehr von der allein gesetzlich geregelten handelsrechtlichen Rechnungslegung. Der Abschlussprüfer hat im Rahmen der Konzernabschlussprüfung zu prüfen, ob die Gesellschaft die DRS beachtet hat oder Gründe für die Anwendung anderer GoB vorlagen. Bis zum 31. 12. 2001 wurden folgende DRS bekannt gemacht:

DRS	Gegenstand	Bedeutung für GmbH und KapGes. & Co.	Bekanntmachung
1	Befreiender Konzernabschluss nach § 292a HGB, Allgemeiner und Besonderer Teil	sehr eingeschränkt (vgl. Rn. 75 ff.)	22. 7. 2000
2	Kapitalflussrechnung	wie 1 (vgl. Rn. 300)	31. 5. 2000
2–10	Kapitalflussrechnung von Kreditinstituten	wie 1	31. 5. 2000
2–20	Kapitalflussrechnung von Versicherungsunternehmen	wie 1	31. 5. 2000
3	Segmentberichterstattung	wie 1 (vgl. Rn. 300)	31. 5. 2000
3–10	Segmentberichterstattung von Kreditinstituten	wie 1	31. 5. 2000

---

[2] Nach § 4 der Berufssatzung der Wirtschaftsprüferkammer sind die zu beachtenden fachlichen Regeln die GoB, die Verlautbarungen des DRSC (von denen mit Bekanntmachung durch den Bundesminister der Justiz und der Beachtung durch die Unternehmen vermutet wird, dass dadurch zugleich GoB befolgt werden) und die von den Fachgremien des IDW verabschiedeten Prüfungsstandards und Stellungnahmen zur Rechnungslegung sowie die Prüfungs- und Rechnungslegungshinweise. Diese Äußerungen des IDW legen die Berufsauffassung zu Rechnungslegungsfragen dar. Die Beachtung der fachlichen Verlautbarungen des IDW ist zugleich Satzungsverpflichtung für alle Mitglieder des IDW. Soweit sowohl der DSR als auch das IDW zur Konzernrechnungslegung Stellung nehmen, dürften die durch den Bundesminister der Justiz bekannt gemachten Standards des DRSC Äußerungen des IDW vorgehen. Da interessierte Kreise die Gelegenheit haben, zu DRS-Entwürfen vorab Stellung zu beziehen und IDW-Verlautbarungen die (bisherige) Berufsauffassung darstellen, ist der echte Kollisionsbereich der jeweiligen Verlautbarungen eher gering. Alleine eine Domäne des IDW bleiben hingegen Verlautbarungen zur Rechnungslegung im Jahresabschluss, wobei nicht immer auszuschließen sein wird, dass Standards des DRSC eine gewisse Ausstrahlungswirkung auf die Bilanzierung im Jahresabschluss entfalten.

DRS	Gegenstand	Bedeutung für GmbH und KapGes. & Co.	Bekanntmachung
3–20	Segmentberichterstattung von Versicherungsunternehmen	wie 1	31. 5. 2000
4	Unternehmenserwerb im Konzernabschluss	ja	30. 12. 2000
5	Risikoberichterstattung	ja	29. 5. 2001
5–10	Risikoberichterstattung von Kredit- und Finanzdienstleistungsinstituten	ja	30. 12. 2000
5–20	Risikoberichterstattung von Versicherungsunternehmen	ja	29. 5. 2001
6	Zwischenberichterstattung	nein/sehr eingeschränkt	13. 2. 2001
7	Konzerneigenkapital und Konzerngesamtergebnis	nein	26. 4. 2001
8	Bilanzierung von Anteilen an assoziierten Unternehmen im Konzernabschluss	ja	29. 5. 2001
9	Bilanzierung von Anteilen an Gemeinschaftsunternehmen im Konzernabschluss	ja	13. 9. 2001

Darüber hinaus lagen bis zum 31. 12. 2001 folgende DRS im Entwurf vor:

E-DRS	Gegenstand	Bedeutung für GmbH und KapGes. & Co.	Entwurf vom
1a	Befreiender Konzernabschluss nach § 292a HGB, Goodwill und andere immaterielle Vermögenswerte des Anlagevermögens	wie 1	29. 10. 2001
10	Aufstellung des Konzernabschlusses und Konsolidierungskreis	ja	23. 5. 2001
11	Bilanzierung von Aktienoptionsplänen und ähnlichen Entgeltformen	idR börsennotierte Mutterunternehmen	21. 6. 2001
12	Latente Steuern im Konzernabschluss	ja	13. 7. 2001
13	Angaben zu nahe stehenden Personen	nein, jedoch Anwendung von DSR empfohlen	15. 7. 2001
14	Immaterielle Vermögenswerte	ja	14. 11. 2001
15	Änderung der Bilanzierung und Grundsatz der Stetigkeit	ja	19. 11. 2001

Anh. II nach § 42 a   3. Abschnitt. Vertretung und Geschäftsführung

Es ist darauf hinzuweisen, dass nicht alle DRS bzw. die jeweiligen DRS uU nicht in vollem Umfang für GmbH und Kapitalgesellschaften & Co. von Bedeutung sind. In vielen Fällen sind sie lediglich von kapitalmarktorientierten Mutterunternehmen zu beachten. Dies ist im Einzelfall zu prüfen.

3 Nach § 290 Abs. 1 und 2 HGB ist **jede Kapitalgesellschaft** mit Sitz im Inland zur Aufstellung eines Konzernabschlusses (bestehend aus Konzernbilanz, Konzern-Gewinn- und Verlustrechnung und Konzernanhang) und eines Konzernlageberichtes verpflichtet, wenn sie die dort genannten Voraussetzungen erfüllt. In den Konzernabschluss des Mutterunternehmens sind grundsätzlich alle Tochterunternehmen weltweit einzubeziehen; es gilt somit nunmehr das **Weltabschlussprinzip** (vgl. Rn. 93). Die Verpflichtung zur Aufstellung von Konzernabschluss und Konzernlagebericht nach den §§ 290 ff. HGB bestand erstmals für das nach dem 31. 12. 1989 beginnende Geschäftsjahr (Art. 23 Abs. 2 S. 1 EGHGB); die Vorschriften konnten auf freiwilliger Basis auch schon früher angewendet werden, jedoch nur insgesamt (Art. 23 Abs. 2 S. 2 EGHGB).

4 Die **GmbH & Co. KG** und andere Personengesellschaften, bei denen nicht wenigstens ein persönlich haftender Gesellschafter eine natürliche Person oder eine offene Handelsgesellschaft, Kommanditgesellschaft oder andere Personengesellschaft mit einer natürlichen Person als persönlich haftendem Gesellschafter ist **(Kapitalgesellschaften & Co.),** wurden durch das KapCoRiLiG ebenfalls **konzernrechnungslegungspflichtig.** Die Vorschriften über die Konzernrechnungslegung greifen für KapGes. & Co. erstmals für nach dem 31. 12. 1999 beginnende Geschäftsjahre. Eine vorherige Anwendung war möglich, wenn die Vorschriften insgesamt angewandt wurden (Art. 48 Abs. 1 S. 1 EGHGB). Bereits nach den Bestimmungen der sog. GmbH & Co.-Richtlinie (90/605/EWG, ABl. EG Nr. L 317, S. 60–62) sollte die GmbH & Co. in den Anwendungsbereich der 4. und 7. EG-Richtlinie einbezogen werden (zur Vorgeschichte vgl. Anhang I nach § 42a Rn. 2 ff.). Mit den Änderungen des KapCoRiLiG wurden Mutterunternehmen, die Kapitalgesellschaften & Co. sind und die Voraussetzungen des § 290 HGB erfüllen, über § 264a Abs. 1 HGB nach den bislang nur für Kapitalgesellschaften geltenden Vorschriften ebenfalls zur Konzernrechnungslegung verpflichtet. Die Ausführungen dieses Kapitels gelten somit auch ohne ausdrücklichen Hinweis entsprechend für die KapGes. & Co. Auf etwa bestehende Besonderheiten wird hingewiesen.

5 Nach **bisher geltendem Recht** ergab sich für eine GmbH & Co. KG als Mutterunternehmen die Pflicht zur Konzernrechnungslegung allenfalls aus den Vorschriften des Publizitätsgesetzes.[3] Dabei waren jedoch die **Größenkriterien** des § 11 Abs. 1 PublG zu beachten. Danach mussten zur Auslösung der Konzernrechnungslegungspflicht für drei aufeinander folgende Konzernabschlussstichtage mindestens zwei der folgenden drei Merkmale erfüllt sein: Die Bilanzsumme einer auf den Konzernabschlussstichtag aufgestellten Konzernbilanz übersteigt 125 Mio. DM, die Umsatzerlöse einer auf den Konzernabschlussstichtag aufgestellten Konzern-Gewinn- und Verlustrechnung in den zwölf Monaten vor dem Abschlussstichtag übersteigen 250 Mio. DM und die Konzernunternehmen mit Sitz im Inland haben in den zwölf Monaten vor dem Konzernabschlussstichtag insgesamt durchschnittlich mehr als 5000 Arbeitnehmer beschäftigt. Ab dem 1. 1. 2002 gelten insoweit die auf Grund des EuroBilG von DM

---

[3] Zu der kontrovers geführten Diskussion hinsichtlich der Frage, ob die GmbH & Co. KG für sich als Konzern angesehen werden kann und daraus eine Konzernrechnungslegungspflicht nach den Vorschriften des HGB resultiert vgl. *Adler/Düring/Schmaltz* HGB § 290 Rn. 112 ff.; WP-HdB Bd. I M Rn. 24 ff.; *Schildbach/Koenen* WPg. 1991, 661 ff.

Konzernrechnungslegung　　　　　　　　　　　　　　　　Anh. II nach § 42a

auf Euro umgestellten neuen Größenkriterien bezüglich der Bilanzsumme (65 Mio. €) sowie der Umsatzerlöse (130 Mio. €)

Durch die erweiterte Anwendung der Vorschriften für Kapitalgesellschaften auch auf bestimmte KapGes. & Co. infolge **KapCoRiLiG** wird die KapGes. & Co. erstmals nach §§ 290 ff. HGB konzernrechnungslegungspflichtig. Sowohl der von ihr aufzustellende Konzernabschluss wie auch der Konzernlagebericht haben den Vorschriften für die Konzernrechnungslegung bei Kapitalgesellschaften zu entsprechen (§ 264a Abs. 1 HGB). Sofern die Gesellschaft zuvor einen Konzernabschluss nach PublG aufgestellt hat, gehen nun die strengeren Vorschriften des HGB vor (§ 3 Abs. 1 S. 1 PublG). So unterliegen zB die größenabhängigen Befreiungen im HGB (§ 293 HGB) niedrigeren Schwellenwerten als im PublG (§ 11 Abs. 1 PublG). Daneben ist die beteiligte KapGes. ebenfalls zur Konzernrechnungslegung verpflichtet, wie die Gesetzesbegründung[4] explizit klarstellt.[5] Die KapGes. & Co. stellt für sich betrachtet bereits einen Konzern dar. Nicht entscheidend ist, ob die **KapGes.** einen **eigenen Geschäftsbetrieb** unterhält.[6] Maßgebend ist allein das Vorliegen eines Mutter-Tochter-Verhältnisses entweder auf Grund der ausgeübten einheitlichen Leitung bei gleichzeitigem Vorliegen einer Beteiligung (§ 290 Abs. 1 HGB) oder des Control-Konzeptes (§ 290 Abs. 2 HGB). Eine kapitalmäßige Beteiligung der Komplementärin an der KapGes. & Co. ist dabei für die Frage des Vorliegens einer Beteiligung unbeachtlich. Nach hM sind gleichzeitig die Voraussetzungen für eine Konzernabschlusspflicht nach dem Control-Konzept gegeben, da die Komplementärin die Mehrheit der Mitglieder des Leitungsorgans der KapGes. & Co. stellt.[7] Jedoch kann die Konzernrechnungslegungspflicht der Komplementär-GmbH durch gesellschaftsvertragliche Regelungen (zB Beschränkung der Geschäftsführungsbefugnis) oder im Fall der Einheitsgesellschaft, bei der die Anteile an der Komplementärin von der KapGes. & Co. gehalten werden, vermieden werden.[8]

Grundsätzlich brauchen gemäß Art. 24 Abs. 5 S. 2 EGHGB bei **erstmaliger Aufstellung** eines Konzernabschlusses Vergleichszahlen für das Vorjahr nicht angegeben zu werden. Jedoch sollte ein in den Vorjahren nach § 11 PublG aufgestellter Konzernabschluss der KapGes. & Co. für die Angabe der Vorjahreszahlen herangezogen werden, da er durch den Verweis in § 13 Abs. 2 PublG auf die Vorschriften im HGB zur Konzernrechnungslegung mit dem jetzt aufzustellenden Konzernabschluss vergleichbar ist. Art. 48 Abs. 4 S. 2 EGHGB, der für den Einzelabschluss den Verzicht auf die Angabe von Vorjahreszahlen erlaubt, ist nach Sinn und Zweck nicht einschlägig. Soweit sich durch die Öffnungsklausel in § 13 Abs. 3 PublG, wonach bestimmte Vorschriften zu Bewertung und Anhangsangaben nicht angewandt werden müssen, Unterschiede im Jahresvergleich bei der konzerneinheitlichen Bilanzierung und Bewertung (§§ 300, 308 HGB) und den Anhangsangaben ergeben, sind die Vorjahreszahlen und die Abweichungen im Anhang gemäß § 298 Abs. 1 iVm. § 265 Abs. 2 HGB anzupassen und zu erläutern. Wurde zuvor ein freiwilliger Konzernabschluss aufgestellt, sollte der ursprünglich gewählte Erstkonsolidierungszeitpunkt beibehalten werden. Es erscheint

6

7

---
[4] BR-Drucks. 458/99, S. 32.
[5] WP-HdB Bd. I M Rn. 29.
[6] AA Kölner KommHGB/*Claussen/Scherrer* § 290 Rn. 14f. für den Fall, dass die Komplementär-Kapitalgesellschaft ausschließlich der persönlichen Haftungsbeschränkung dient, da der funktionale Unternehmensbergriff einen in kaufmännischer Weise eingerichteten Geschäftsbetrieb voraussetzt und die Konzernrechnungslegung durch die Kapitalgesellschaft & Co. zur besseren Information führt als die Rechnungslegung durch die Komplementärin.
[7] *Adler/Düring/Schmaltz* HGB § 290 Rn. 123ff.
[8] *Adler/Düring/Schmaltz* HGB § 290 Rn. 119f.; WP-HdB Bd. I M Rn. 29.

Anh. II nach § 42a 3. Abschnitt. Vertretung und Geschäftsführung

nicht sachgerecht, den Erstkonsolidierungszeitpunkt wahlweise in Analogie zu Art. 27 Abs. 2 EGHGB auf einen anderen Zeitpunkt festzusetzen, obwohl nach wie vor die gleichen Konzernrechnungslegungsvorschriften zu beachten sind.

8   In der Vergangenheit erlangten für die Konzernrechnungslegung deutscher Unternehmen zunehmend auch die International Accounting Standards **(IAS)** des International Accounting Standards Committee (IASC) sowie die amerikanischen Generally Accepted Accounting Principles **(US-GAAP)** Bedeutung.[9] Dieser Trend hält auch gegenwärtig weiter an. Nach § 292a Abs. 1 HGB, eingefügt durch das KapAEG, geändert durch das KapCoRiLiG, ist vorgesehen, dass ein Mutterunternehmen, das einen organisierten Markt iS des § 2 Abs. 5 WpHG durch von ihm oder einem seiner Tochterunternehmen ausgegebene Wertpapiere iS des § 2 Abs. 1 S. 1 WpHG in Anspruch nimmt (S. 1) oder die Zulassung zum Handel an einem organisierten Markt beantragt worden ist (S. 2), einen **Konzernabschluss** und einen Konzernlagebericht nach deutschen Rechnungslegungsvorschriften nicht aufzustellen braucht, wenn diese **nach international anerkannten Rechnungslegungsgrundsätzen** (IAS, US-GAAP) aufgestellt worden sind und weitere, in § 292a Abs. 2 HGB genannte Voraussetzungen erfüllt sind. Der Kreis der begünstigten Unternehmen umfasst nach der Neufassung des § 292a Abs. 1 S. 1 HGB durch das KapCoRiLiG nunmehr alle Unternehmen, die nach den Vorschriften des HGB zur Konzernrechnungslegung verpflichtet sind. Zusätzlich zu den Aktiengesellschaften oder Kommanditgesellschaften auf Aktien können dies auch die GmbH oder die Kapitalgesellschaft & Co. sein (vgl. Rn. 76 ff.).

9   Bei den Vorschriften zum Konzern ist von der Ebene der **Konzernrechnungslegung** eine zweite Ebene, das **Konzernrecht,** zu trennen. Das Konzernrecht erfasst Schutzvorschriften und Maßnahmen zur Anpassung der Unternehmensverfassung, deren Notwendigkeit sich aus der Verschmelzung oder Spaltung mehrerer wirtschaftlich selbstständiger Unternehmen zu einer wirtschaftlichen Einheit Konzern ergibt.[10] Für die GmbH ist ein Konzernrecht gesetzlich nicht kodifiziert, sondern gründet sich überwiegend auf einige richtungsweisende Urteile der Rechtsprechung; dabei werden partiell Überlegungen des im AktG enthaltenen Konzernrechts für Aktiengesellschaften aufgegriffen.[11] Die weiteren Ausführungen beschränken sich ausschließlich auf die Ebene der Konzernrechnungslegung; zum Konzernrecht vgl. Anh. § 52.

II. Grundlagen der Konzernrechnungslegung

10 **1. Zweck der Konzernrechnungslegung.** Ein Konzern kann als Zusammenfassung von mehreren rechtlich selbstständigen, wirtschaftlich aber voneinander abhängigen Unternehmen zu einer wirtschaftlichen Einheit verstanden werden. Der Begriff Konzernrechnungslegung umfasst dann den gemeinsamen Jahresabschluss und Lagebericht dieser Gruppe von Unternehmen. Die Konzernrechnungslegung setzt sich dementsprechend aus einem **Konzernabschluss** (bestehend aus **Konzernbilanz, Konzern-Gewinn- und Verlustrechnung** und **Konzernanhang**) sowie einem **Konzernlagebericht** zusammen.

11 Konzernabschluss und Konzernlagebericht haben die gleichen **Informationsaufgaben** wie der Jahresabschluss und der Lagebericht einer Kapitalgesellschaft.[12] Der Konzernabschluss hat nach § 297 Abs. 2 S. 2 HGB unter Beachtung der Grundsätze ordnungsmäßiger Buchführung ein den tatsächlichen Verhältnissen entsprechendes Bild

---

[9] So auch *Adler/Düring/Schmaltz* HGB Vor §§ 290–315 Rn. 89.
[10] *Emmerich/Sonnenschein* S. 3.
[11] *Schildbach* Der handelsrechtliche Konzernabschluss, S. 33.
[12] *Adler/Düring/Schmaltz* HGB Vor §§ 290–315 Rn. 15; WP-HdB Bd. I M Rn. 1.

Konzernrechnungslegung   Anh. II nach § 42 a

der Vermögens-, Finanz- und Ertragslage des Konzerns zu vermitteln. Führen besondere Umstände dazu, dass der Konzernabschluss ein solches Bild nicht vermittelt, sind nach § 297 Abs. 2 S. 3 HGB im Konzernanhang zusätzliche Angaben zu machen (vgl. Rn. 292 ff.). Im Konzernlagebericht sind der Geschäftsverlauf und die Lage des Konzerns darzustellen und es ist zu verschiedenen, in § 315 Abs. 2 HGB aufgeführten Sachverhalten (Vorgänge von besonderer Bedeutung, die nach dem Schluss des Konzerngeschäftsjahrs eingetreten sind; die voraussichtliche Entwicklung des Konzerns; der Bereich Forschung und Entwicklung des Konzerns) Stellung zu nehmen (vgl. Rn. 333 ff.).

Die Notwendigkeit einer Konzernrechnungslegung ergibt sich daraus, dass die Einzelabschlüsse der in der wirtschaftlichen Einheit Konzern zusammengefassten Unternehmen auf Grund der vielfältigen innerkonzernlichen Beziehungen an Aussagefähigkeit verlieren. Trotzdem ersetzt der Konzernabschluss nicht die Einzelabschlüsse der Konzernunternehmen, auch nicht den des Mutterunternehmens. Unbeschadet der wirtschaftlichen Einheit des Konzerns bleiben die einzelnen Konzernunternehmen rechtlich selbstständig und sind daher auch weiterhin zur Aufstellung eines eigenen Jahresabschlusses nach den für sie geltenden Vorschriften verpflichtet.[13] Eine Ausnahme gilt auch nicht gemäß § 264 Abs. 3 HGB, eingefügt durch das KapAEG, für Kapitalgesellschaften sowie gemäß § 264 Abs. 4 HGB, eingefügt durch das KapCoRiLiG für Kapitalgesellschaften & Co. bei Vorliegen der dort genannten Voraussetzungen. Denn diese Vorschriften befreien die Unternehmen nicht von der Aufstellung eines Jahresabschlusses, sondern nur von der Anwendung der für Kapitalgesellschaften geltenden Vorschriften der §§ 264 ff. HGB, der Prüfung und der Offenlegung des Jahresabschlusses. Diese Unternehmen bleiben daher verpflichtet, nach den §§ 238 bis 263 HGB Bücher zu führen und einen Jahresabschluss aufzustellen. Der Konzernabschluss tritt vielmehr als besonderer Abschluss der größeren wirtschaftlichen Einheit Konzern neben die Einzelabschlüsse der rechtlich selbstständigen Konzernunternehmen. Dabei wird der Konzernabschluss zwar aus den jeweiligen Einzelabschlüssen entwickelt, besteht jedoch nicht aus einer nur summarischen Zusammenfassung der Abschlussposten aus den Einzelabschlüssen. Das besondere Kennzeichen des Konzernabschlusses ist vielmehr die gegenseitige Aufrechnung (**Konsolidierung**) aller innerkonzernlichen Verbindungen.[14]

12

Im Unterschied zum Einzelabschluss einer Kapitalgesellschaft dient der Konzernabschluss weder als Grundlage für die **Ermittlung des verteilbaren Jahresgewinns** noch als Grundlage für die **steuerliche Gewinnermittlung**.[15] Aus dem Konzernabschluss können nach deutschem Recht keinerlei Ansprüche abgeleitet werden.[16] Die Ansprüche der Anteilseigner und des Fiskus richten sich daher nicht an den Konzern, sondern an die einzelnen rechtlich selbstständigen Konzernunternehmen. Darüber hinaus wird auch die Stellung der Gläubiger der einzelnen konsolidierten Unternehmen durch den Konzernabschluss nicht berührt. Deren Ansprüche richten sich ausschließlich an das Unternehmen, demgegenüber die Forderung besteht; es sei denn, andere Konzernunternehmen sind Haftungsverhältnisse eingegangen.[17] Der Konzernabschluss hat somit ausschließlich eine **Informationsfunktion** zu erfüllen.

13

2. Einheitstheorie und Interessentheorie. Der **Einheitstheorie** liegt die Überlegung zugrunde, dass die Gesellschafter der Konzernobergesellschaft auf Grund ihres

14

---

[13] WP-HdB Bd. I M Rn. 2.
[14] *Lück* Rechnungslegung im Konzern, S. 9.
[15] *Adler/Düring/Schmaltz* HGB Vor §§ 290–315 Rn. 16.
[16] *v. Wysocki/Wohlgemuth* S. 21.
[17] WP-HdB Bd. I M Rn. 4.

Kessler   1401

beherrschenden Einflusses ihre Interessen gegenüber den Minderheitsgesellschaftern durchsetzen können.[18] Die Interessen der Minderheitsgesellschafter werden deshalb bei der Konzeption des Konzernabschlusses nach der Einheitstheorie vernachlässigt und es wird eine homogene Interessenlage aller Anteilseigner unterstellt.[19] Auf dieser Grundlage fordert § 297 Abs. 3 S. 1 HGB, dass im Konzernabschluss die Vermögens-, Finanz- und Ertragslage der einbezogenen Unternehmen so darzustellen ist, als ob diese Unternehmen insgesamt ein einziges Unternehmen wären. Das Wesen der Einheitstheorie besteht also darin, dass der Konzern als eine in sich geschlossene wirtschaftliche Einheit angesehen wird; dabei unterliegt unter der Leitungsmacht des Mutterunternehmens das gesamte Vermögen der Tochterunternehmen der wirtschaftlichen Disposition durch die Konzernleitung und die einzelnen Tochterunternehmen haben wirtschaftlich die Stellung unselbstständiger Betriebsabteilungen. Entsprechend dieser Fiktion faßt der Konzernabschluss als Abschluss der gesamten Einheit alle Vermögensgegenstände und Schulden sämtlicher „Betriebsabteilungen" sowie das der Konzernobergesellschaft von ihren Eignern und das den Konzerntöchtern eventuell von Minderheiten zur Verfügung gestellte Kapital zusammen. Beteiligungen zwischen den „Betriebsabteilungen", Umsätze aus gegenseitigen Lieferungen oder Forderungen und Verbindlichkeiten untereinander kann es nicht geben; Gewinne dürfen nicht schon dann realisiert werden, wenn eine „Betriebsabteilung" an eine andere liefert, sondern erst, wenn die Produkte an Dritte verkauft werden und die wirtschaftliche Einheit Konzern verlassen.[20] Sämtliche konzerninternen Beziehungen sind somit bei der Aufstellung des Konzernabschlusses zu eliminieren.

15   Die Betrachtungsweise der Einheitstheorie unterscheidet sich grundlegend von der sog. **Interessentheorie,** bei der die Minderheitsgesellschafter der Tochterunternehmen aus der Sicht des Mutterunternehmens wie außenstehende Gläubiger behandelt werden. Das wesentliche Kennzeichen der Interessentheorie besteht darin, dass die Interessen der Mehrheitsgesellschafter und der Minderheitsgesellschafter nicht gleichgerichtet sind, sondern auseinanderlaufen.[21] Nach dieser Sichtweise ist der Konzernabschluss nicht ein Abschluss der wirtschaftlichen Einheit Konzern, sondern als erweiterter Abschluss des Mutterunternehmens zu qualifizieren, der den Anteilseignern des Mutterunternehmens verdeutlichen soll, welche Vermögenswerte und Schulden hinter dem abstrakten Bilanzposten Beteiligungen stehen.[22] Der Interessentheorie kommt jedoch nur dann praktische Bedeutung zu, wenn an den in den Konzernabschluss einbezogenen Tochterunternehmen noch andere Gesellschafter beteiligt sind. Der wesentliche Unterschied zur Einheitstheorie liegt in der Behandlung der Minderheitsgesellschafter dieser Tochterunternehmen; während die Einheitstheorie den Minderheitsgesellschaftern einbezogener Tochterunternehmen ebenso wie den Anteilseignern des Mutterunternehmens für den Konzern die Stellung von Eigenkapitalgebern zumißt, haben nach der Interessentheorie die anderen Anteilseigner der Tochterunternehmen eher die Stellung von Gläubigern. Bei einer konsequenten Anwendung der Interessentheorie wären danach die Vermögensgegenstände und Schulden der Tochterunternehmen nur zu dem Teil in den Konzernabschluss einzubeziehen, der der Beteiligungsquote des Mutterunternehmens entspricht.[23]

---

[18] *Bores* S. 136.
[19] *Schildbach* Überlegungen zu Grundlagen einer Konzernrechnungslegung, WPg. 1989, 158.
[20] *Schildbach* Der handelsrechtliche Konzernabschluss, S. 47.
[21] *Bores* S. 130.
[22] BeckBilKomm/*Förschle/Lust/Kroner* HGB § 297 Rn. 141.
[23] *Adler/Düring/Schmaltz* HGB Vor §§ 290–315 Rn. 23.

Für den Konzernabschluss nach den Vorschriften des HGB ist der sog. **Ein-** 16
heitsgrundsatz des § 297 Abs. 3 S. 1 HGB[24] von zentraler Bedeutung. Durch die
Bezugnahme auf den Einheitsgrundsatz in § 297 Abs. 3 S. 1 HGB unterstreicht das
HGB, dass dieser nicht nur generell als Grundlage für die Konsolidierung verstanden
werden soll, sondern darüber hinaus auch als Leitlinie für die Beantwortung von
nicht im Gesetz geregelten Einzelfragen dient.[25] Der Einheitsgrundsatz spiegelt sich
in den Vorschriften zur Vollkonsolidierung (§§ 300 ff. HGB) wider, wobei als theoretisches Fundament dieser Vorschriften die **Einheitstheorie** anzusehen ist. Das Gesetz ist zwar bei der Behandlung einiger Einzelfragen nicht immer bzw. nicht
in vollem Umfang der Einheitstheorie gefolgt; dies steht jedoch der Einheitstheorie
als Gesamtkonzeption der Konzernrechnungslegungsvorschriften nicht entgegen.
Ein Beispiel dafür ist die nach § 310 HGB bestehende Möglichkeit der **Quotenkonsolidierung** (vgl. Rn. 211 ff.), die einen Ausfluss der Interessentheorie darstellt.[26]
Solche Abweichungen sind jedoch nicht als eine bewusste Abkehr von der Einheitstheorie zu sehen, sondern stellen im Wesentlichen das Ergebnis politischer Kompromisse dar.[27]

Auch in den folgenden Einzelvorschriften des HGB zur Konzernrechnungslegung 17
drückt sich eine engere Bindung an die Einheitstheorie aus:[28]
– Verpflichtung zur Einbeziehung aller Tochterunternehmen, unabhängig von ihrem
  Sitz und der Beteiligungsquote (§ 294 Abs. 1 HGB-**Weltabschlussprinzip;** vgl.
  Rn. 93);
– gesonderter Ausweis eines Ausgleichspostens für Anteile anderer Gesellschafter am
  Kapital einbezogener Tochterunternehmen unter entsprechender Bezeichnung innerhalb des Eigenkapitals (§ 307 Abs. 1 HGB; vgl. Rn. 169 ff.);
– Verpflichtung zur Eliminierung konzerninterner Ergebnisse (Gewinne **und** Verluste) aus konzerninternen Lieferungen und Leistungen (§ 304 Abs. 1 HGB; vgl.
  Rn. 199 ff.);
– für die Konzern-Gewinn- und Verlustrechnung ist ausschließlich die vollkonsolidierte Form zulässig (§ 305 Abs. 1 HGB; vgl. Rn. 244 f.);
– es gilt der Grundsatz der einheitlichen Bilanzierung und Bewertung (§§ 300, 308
  HGB; vgl. Rn. 22 ff.);
– die Kapitalkonsolidierung ist grundsätzlich nach der sog. echten angelsächsischen
  Methode (Erwerbsmethode) durchzuführen (§ 301 HGB; vgl. Rn. 140 ff.).

3. Konsolidierungsgrundsätze. a) True and fair view. Der Konzernabschluss 18
hat gemäß § 297 Abs. 2 S. 2 HGB „unter Beachtung der Grundsätze ordnungsmäßiger
Buchführung ein den tatsächlichen Verhältnissen entsprechendes Bild der Vermögens-,
Finanz- und Ertragslage des Konzerns zu vermitteln." Die Forderung nach true and fair
view ist also ebenso wie beim Einzelabschluss der Kapitalgesellschaft auch Bestandteil
der Generalnorm für den Konzernabschluss. Die Generalnorm ist heranzuziehen, wenn
Zweifel bei der Auslegung und Anwendung von Einzelvorschriften bestehen oder
wenn Gesetzeslücken zu schließen sind. Bei einem Konflikt zwischen Einzelvorschriften und der Forderung nach true and fair view gehen die Einzelvorschriften gemäß
dem Grundsatz „lex specialis derogat legi generali" der Generalnorm vor; teilweise

---

[24] Zur Bezeichnung Einheitsgrundsatz und dessen Verhältnis zur Einheitstheorie vgl. *Adler/
Düring/Schmaltz* HGB Vor §§ 290–315 Rn. 27 ff.
[25] *Adler/Düring/Schmaltz* HGB § 297 Rn. 42 mwN.
[26] *Havermann*, FS Goerdeler, 1987, S. 186 ff.
[27] WP-HdB Bd. I M Rn. 8.
[28] *Adler/Düring/Schmaltz* HGB Vor §§ 290–315 Rn. 27.

selbst dann, wenn sie dem true and fair view eindeutig widersprechen. In diesem Fall ist jedoch das durch eine solche Bilanzierungsweise entstehende Informationsdefizit bezüglich des in der Generalnorm geforderten tatsächlichen Bildes durch zusätzliche Angaben und Erläuterungen im Konzernanhang auszugleichen.[29]

19 Die Bedeutung der Generalnorm ist für den Konzernabschluss höher als für den Einzelabschluss, da es für konzernspezifische Ausweis- und Darstellungsfragen nur wenige und auch nicht immer eindeutig interpretierbare Einzelvorschriften gibt. Beispielsweise ist bei folgenden auslegungsbedürftigen Fragen bzw. auszufüllenden Gesetzeslücken grundsätzlich auf die Generalnorm zurückzugreifen:[30] Wortlaut und Anordnung konzernspezifischer Posten innerhalb des Gliederungsschemas, Erweiterung des Gliederungsschemas durch Einbeziehung von sog. Formblattunternehmen, Behandlung systembedingter Differenzen bei der Quotenkonsolidierung, aus der Umrechnung ausländischer Abschlüsse resultierende Fragen (zB Art der Umrechnungsmethode, Behandlung und Darstellung von Ergebnissen der Währungsumrechnung), Ausmaß notwendiger Erläuterungen von Konsolidierungsvorgängen im Konzernanhang, unvollständiger Katalog der notwendigen Verrechnungsvorgänge nach § 305 HGB bei der Konzern-Gewinn- und Verlustrechnung. Führen besondere Umstände dazu, dass der Konzernabschluss ein den tatsächlichen Verhältnissen entsprechendes Bild der Vermögens-, Finanz- und Ertragslage des Konzerns nicht vermittelt, so sind zusätzliche Angaben im Konzernanhang zu machen (§ 297 Abs. 2 S. 3 HGB).

20 **b) Vollständigkeit.** Der Grundsatz der Vollständigkeit bezieht sich sowohl auf die Abgrenzung des Konsolidierungskreises (§ 294 Abs. 1 HGB) als auch auf die in den Konzernabschluss aufzunehmenden Vermögensgegenstände, Schulden und Rechnungsabgrenzungsposten sowie die Erträge und Aufwendungen der in den Konzernabschluss einbezogenen Unternehmen (§ 300 Abs. 2 HGB).

21 Nach der Vorschrift des § 294 Abs. 1 HGB sind in den Konzernabschluss das Mutterunternehmen und alle Tochterunternehmen ohne Rücksicht auf den Sitz der Tochterunternehmen einzubeziehen, sofern die Einbeziehung nicht nach § 295 HGB verboten ist oder nach § 296 HGB auf die Einbeziehung verzichtet werden kann. Dieses sog. **Weltabschlussprinzip** stellt eine der wesentlichen durch das BiRiLiG eingeführten Neuerungen für den Konzernabschluss dar. Das Mutterunternehmen und die Tochterunternehmen, die durch die §§ 295, 296 HGB nicht betroffen werden, **müssen** somit in den Konzernabschluss einbezogen werden; ansonsten ist der Konzernabschluss unvollständig und kann nicht uneingeschränkt testiert werden.[31] Eine freiwillige Einbeziehung von Unternehmen in den Konzernabschluss ist unzulässig, wenn diese Unternehmen nicht unter § 290 HGB fallen.[32]

22 Nach § 300 Abs. 2 HGB sind in den Konzernabschluss die Vermögensgegenstände, Schulden und Rechnungsabgrenzungsposten sowie die Erträge und Aufwendungen der in den Konzernabschluss einbezogenen Unternehmen unabhängig von ihrer Berücksichtigung in den Einzelabschlüssen dieser Unternehmen **vollständig** aufzunehmen, soweit nach dem Recht des Mutterunternehmens nicht ein Bilanzierungsverbot oder ein Bilanzierungswahlrecht besteht. Hinsichtlich der vollständigen Erfassung aller Abschlussposten der zum Konsolidierungskreis gehörenden Unternehmen im Konzernabschluss sind nicht die Ansatzentscheidungen in den jeweiligen Einzelabschlüssen, sondern die für das Mutterunternehmen geltenden Bilanzierungsgebote, Bilanzie-

---

[29] *Baetge* Konzernbilanzen S. 40.
[30] Vgl. BeckBilKomm/*Förschle*/*Lust*/*Kroner* HGB § 297 Rn. 137.
[31] *Adler*/*Düring*/*Schmaltz* HGB § 294 Rn. 6.
[32] BeckBilKomm/*Förschle*/*Deubert* HGB § 294 Rn. 6; *Wiedmann* HGB § 294 Rn. 4.

rungswahlrechte und Bilanzierungsverbote maßgebend.[33] Bilanzierungswahlrechte, die nach dem Recht des Mutterunternehmens zulässig sind, dürfen im Konzernabschluss unabhängig von ihrer Ausübung in den Einzelabschlüssen der in den Konzernabschluss einbezogenen Unternehmen neu ausgeübt werden. Ansätze, die auf der Anwendung der besonderen Vorschriften für Kreditinstitute und Versicherungsunternehmen beruhen, dürfen beibehalten werden; allerdings ist auf die Anwendung dieser Ausnahme im Konzernanhang hinzuweisen (§ 300 Abs. 2 S. 3 HGB).

c) Einheitliche Bewertung. Nach § 308 Abs. 1 HGB sind die in den Konzernabschluss nach § 300 Abs. 2 HGB übernommenen Vermögensgegenstände und Schulden der einbezogenen Unternehmen nach den auf den Jahresabschluss des Mutterunternehmens anwendbaren Bewertungsmethoden **einheitlich** zu bewerten. Bewertungswahlrechte, die nach dem Recht des Mutterunternehmens zulässig sind, können im Konzernabschluss unabhängig von ihrer Ausübung in den Einzelabschlüssen der in den Konzernabschluss einbezogenen Unternehmen neu ausgeübt werden. 23

Die Forderung nach einer konzerneinheitlichen Bewertung lässt sich – über den Einheitsgrundsatz, nach dem der Konzernabschluss die Vermögens-, Finanz- und Ertragslage der einbezogenen Unternehmen so darstellen soll, als ob diese Unternehmen insgesamt ein einziges Unternehmen wären, hinausgehend – aus der Einheitstheorie ableiten.[34] Darüber hinaus ließe sich die in § 297 Abs. 2 HGB geforderte Qualität des Konzernabschlusses ohne eine konzerneinheitliche Bewertung nicht erreichen.[35] 24

Die Unabhängigkeit des Konzernabschlusses von den in den Einzelabschlüssen angewandten Bewertungsmethoden eröffnet der Konzernleitung einen erheblichen Spielraum für eine eigenständige **Konzernbilanzpolitik**.[36] Die Neuausübung von Bewertungswahlrechten im Konzernabschluss ist jedoch nicht unbegrenzt möglich; folgende Einschränkungen sind zu beachten:[37] 25

– der gesetzliche Maßstab für die Bewertung der Vermögensgegenstände und Schulden im Konzernabschluss sind grundsätzlich die auf den Jahresabschluss des Mutterunternehmens anwendbaren Bewertungsmethoden (§ 308 Abs. 1 S. 1 HGB);
– die Vermögensgegenstände und Schulden sind im Konzernabschluss **einheitlich** nach den auf den Jahresabschluss des Mutterunternehmens anwendbaren Bewertungsmethoden zu bewerten (§ 308 Abs. 1 S. 1 HGB), d. h. innerhalb des Rahmens der für das Mutterunternehmen anwendbaren Bewertungsmethoden dürfen gleiche Sachverhalte grundsätzlich nicht nach unterschiedlichen Methoden oder unter Verwendung unterschiedlicher Rechengrößen (zB Nutzungsdauer) bewertet werden;
– die auf den Konzernabschluss angewendeten Bewertungsmethoden unterliegen dem **Grundsatz der Stetigkeit** (§ 298 Abs. 1 iVm. § 252 Abs. 1 Nr. 6 HGB), die Methodenwahlrechte dürfen also nicht an jedem Stichtag neu ausgeübt werden.

Das Gesetz geht davon aus, dass auf den Konzernabschluss grundsätzlich die gleichen Bewertungsmethoden angewendet werden, die das Mutterunternehmen in seinem Jahresabschluss tatsächlich anwendet.[38] Daher verlangt § 308 Abs. 1 S. 3 HGB, dass im Konzernanhang anzugeben und zu begründen ist, wenn auf den Konzernabschluss andere Methoden angewendet werden. 26

---

[33] *Schildbach* Der handelsrechtliche Konzernabschluss, S. 58.
[34] *Adler/Düring/Schmaltz* HGB § 308 Rn. 11.
[35] *Biener/Berneke* S. 360.
[36] *Adler/Düring/Schmaltz* HGB § 308 Rn. 23; BeckBilKomm/*Hoyos/Lechner* HGB § 308 Rn. 1.
[37] Vgl. WP-HdB Bd. I M Rn. 244.
[38] IDW Stellungnahme des Hauptfachausschusses 3/1988, II. 3.

27 Entsprechen die Wertansätze der in den Konzernabschluss zu übernehmenden Vermögensgegenstände und Schulden nicht den Bewertungsmethoden, die einheitlich auf den Konzernabschluss angewendet werden sollen, dann müssen nach § 308 Abs. 2 S. 1 HGB die abweichend bewerteten Vermögensgegenstände und Schulden nach den auf den Konzernabschluss angewandten Bewertungsmethoden neu bewertet und mit den neuen Wertansätzen in den Konzernabschluss übernommen werden. Die Bewertungsanpassung der jeweiligen Einzelabschlüsse erfolgt zweckmäßigerweise durch die Aufstellung einer Ergänzungsrechnung **(Handelsbilanz II)**, die dann der Konsolidierung zugrunde gelegt wird.[39]

28 Bewertungsanpassungen sind insbesondere erforderlich bei Jahresabschlüssen **deutscher** Unternehmen, die nicht in der Rechtsform der Kapitalgesellschaft geführt werden und bei denen Abschreibungen nach § 253 Abs. 4 HGB (Abschreibungen im Rahmen vernünftiger kaufmännischer Beurteilung) vorgenommen worden sind oder bei denen nach § 280 Abs. 1 HGB erforderliche Wertaufholungen unterlassen wurden, bei Jahresabschlüssen **ausländischer Unternehmen mit Sitz innerhalb der EU,** soweit die Bewertungsmethoden auf Grund unterschiedlicher Ausübung nationaler Wahlrechte der 4. EG-Richtlinie nicht mit den für Kapitalgesellschaften geltenden deutschen Bewertungsvorschriften vereinbar sind (zB Bewertung zu höheren Wiederbeschaffungskosten in den Niederlanden nach Art. 33 der 4. EG-Richtlinie), sowie bei Jahresabschlüssen **ausländischer Unternehmen mit Sitz außerhalb der EU,** vor allem in Ländern mit Hochinflation, die erheblich von deutschen Bewertungsvorschriften abweichen können.[40]

29 **Ausnahmen** vom Grundsatz der einheitlichen Bewertung sind in folgenden Fällen möglich: Wertansätze, die auf der Anwendung von für Kreditinstitute oder Versicherungsunternehmen wegen der Besonderheiten des Geschäftszweigs geltenden Vorschriften beruhen, dürfen beibehalten werden, wobei auf die Anwendung dieser Ausnahme im Konzernanhang hinzuweisen ist; außerdem braucht eine einheitliche Bewertung dann nicht vorgenommen zu werden, wenn ihre Auswirkungen für die Vermittlung eines den tatsächlichen Verhältnissen entsprechenden Bildes der Vermögens-, Finanz- und Ertragslage des Konzerns nur von untergeordneter Bedeutung ist (§ 308 Abs. 2 S. 2 u. 3 HGB). Darüber hinaus sind nach § 308 Abs. 2 S. 4 HGB Abweichungen vom Grundsatz einheitlicher Bewertung auch in Ausnahmefällen zulässig; diese sind im Konzernanhang anzugeben und zu begründen. Die Ausnahmefälle werden jedoch im Gesetz nicht weiter bezeichnet. Da der Informationsverlust des Konzernabschlusses bei einer abweichenden Bewertung auch durch die Verpflichtung zur Angabe und Begründung nur in Einzelfällen ausgeglichen werden kann, erscheint eine restriktive Handhabung dieser Ausnahmeregelung geboten.[41] Als weitere Ausnahme vom Grundsatz der einheitlichen Bewertung gestattet § 308 Abs. 3 S. 1 HGB die unveränderte Übernahme von Wertansätzen in den Konzernabschluss, wenn in den Konzernabschluss zu übernehmende Vermögensgegenstände oder Schulden im Jahresabschluss eines einbezogenen Unternehmens mit einem nur nach Steuerrecht zulässigen Wert angesetzt wurden, weil der Wertansatz sonst nicht bei der steuerrechtlichen Gewinnermittlung berücksichtigt werden würde, oder wenn aus diesem Grund auf der Passivseite ein Sonderposten gebildet worden ist. Obwohl also der Konzernabschluss selbst keine steuerliche Wirkung entfaltet, darf bei umgekehrter Maßgeblichkeit im

---

[39] IDW Stellungnahme des Hauptfachausschusses 3/1988, II. 4.; *Adler/Düring/Schmaltz* HGB § 308 Rn. 31.
[40] *Adler/Düring/Schmaltz* HGB § 308 Rn. 32.
[41] IDW Stellungnahme des Hauptfachausschusses 3/1988, III. 3.; *Biener* DB 1983 Beil. 19, S. 8.

Konzernabschluss die allein steuerrechtlich zulässige Bewertung beibehalten werden.[42] Nach § 308 Abs. 3 S. 2 HGB ist die Inanspruchnahme dieser Ausnahmevorschrift im Konzernanhang anzugeben und unter Angabe von Beträgen zu begründen.

d) Stetigkeit. Nach § 297 Abs. 3 S. 2 HGB sollen die auf den vorhergehenden Konzernabschluss angewandten Konsolidierungsmethoden beibehalten werden. Zweck des **Stetigkeitsgebots** ist es, die Vergleichbarkeit von Konzernabschlüssen im Zeitablauf analog der Vergleichbarkeit von Einzelabschlüssen zu gewährleisten.[43] Die Stetigkeit der Konsolidierungsmethoden stellt eine notwendige Ergänzung der Bewertungsstetigkeit (§ 252 Abs. 1 Nr. 6 HGB) und der Gliederungsstetigkeit (§ 265 Abs. 1 S. 1 HGB) dar, die gemäß § 298 Abs. 1 HGB auch auf den Konzernabschluss anzuwenden sind. 30

Die **Konsolidierungsmethoden** umfassen alle Maßnahmen zur Entwicklung des Konzernabschlusses aus den Einzelabschlüssen, also zunächst die einzelnen Formen der **Kapitalkonsolidierung** (§§ 301, 302 HGB; vgl. Rn. 139 ff.), die **Schuldenkonsolidierung** (§ 303 HGB; vgl. Rn. 192 ff.), die **Eliminierung von Zwischenergebnissen** (§ 304 HGB; vgl. Rn. 199 ff.), die **Aufwands- und Ertragskonsolidierung** (§ 305 HGB; vgl. Rn. 252 ff.), die **Quotenkonsolidierung** (§ 310 HGB; vgl. Rn. 211 ff.) und die Einbeziehung **assoziierter Unternehmen** (§ 312 HGB; vgl. Rn. 218 ff.).[44] Weiterhin gehören zu den Konsolidierungsmethoden auch alle Techniken, die aus der Einheitstheorie abzuleiten sind und nicht ausdrücklich im Gesetz geregelt sind, wie zB Ergebnisübernahmen innerhalb des Konsolidierungskreises (vgl. Rn. 262 ff.), Berechnung latenter Steuern (vgl. Rn. 272); außerdem unterliegt auch die Abgrenzung des Konsolidierungskreises (vgl. Rn. 91 ff.), soweit Einbeziehungswahlrechte bestehen, dem Stetigkeitsgebot.[45] 31

Stetigkeit der Konsolidierungsmethoden bedeutet einerseits, dass auf denselben Sachverhalt die Konsolidierungsmethoden, die im Vorjahr angewendet worden sind, unverändert anzuwenden sind **(zeitliche Stetigkeit)**; andererseits sind auf gleiche Sachverhalte auch dieselben Konsolidierungsmethoden anzuwenden **(sachliche Stetigkeit)**.[46] Durch die Forderung nach zeitlicher Stetigkeit soll vermieden werden, dass durch einen willkürlichen Wechsel der Konsolidierungsmethoden oder der innerhalb dieser Methoden eingeräumten Wahlrechte und Ermessensspielräume der Einblick in die Vermögens-, Finanz- und Ertragslage des Konzerns erschwert wird.[47] Im Rahmen der sachlichen Stetigkeit entsteht die Frage, ob Wahlrechte hinsichtlich bestimmter Konsolidierungsmethoden im Konzernabschluss nebeneinander ausgeübt werden können, also ob beispielsweise die Buchwertmethode und die Neubewertungsmethode im Rahmen von § 301 HGB oder die Buchwertmethode und die Kapitalanteilsmethode im Rahmen von § 312 HGB nebeneinander bei verschiedenen Tochterunternehmen angewendet werden dürfen; eine ähnliche Frage entsteht, wenn für mehrere Unternehmen gleichzeitig die Voraussetzungen zur Anwendung der Quotenkonsolidierung (§ 310 HGB) und der Equity-Methode (§§ 311, 312 HGB) erfüllt sind. Grundsätzlich wird davon ausgegangen werden müssen, dass in diesen Fällen nur eine einheitliche Behandlung der konsolidierten Unternehmen in Frage kommt, um ein den tatsächlichen Verhältnissen entsprechendes Bild der Vermögens-, Finanz- und Ertragslage des 32

---

[42] BeckBilKomm/*Hoyos/Lechner* HGB § 308 Rn. 36 f.
[43] *Adler/Düring/Schmaltz* HGB § 297 Rn. 46; *Leffson* S. 427; *Wiedmann* HGB § 297 Rn. 25.
[44] BeckBilKomm/*Förschle/Lust/Kroner* HGB § 297 Rn. 150.
[45] *Adler/Düring/Schmaltz* HGB § 297 Rn. 49.
[46] *Adler/Düring/Schmaltz* HGB § 297 Rn. 47.
[47] BeckBilKomm/*Förschle/Lust/Kroner* HGB § 297 Rn. 151.

Konzerns zu vermitteln.[48] Es muss jedoch von Fall zu Fall entschieden werden, ob wirklich gleichartige Sachverhalte vorliegen; so können beispielsweise verschiedene Konsolidierungsmethoden nebeneinander angewendet werden, wenn in einem Fall alle Anteile im Besitz von einbezogenen Unternehmen liegen, während im anderen Fall nur eine Mehrheitsbeteiligung vorliegt.[49]

33 **Abweichungen** vom Stetigkeitsgrundsatz sind in Ausnahmefällen zulässig (§ 297 Abs. 3 S. 3 HGB). Sie sind jedoch im Konzernanhang anzugeben und zu begründen; ihr Einfluss auf die Vermögens-, Finanz- und Ertragslage des Konzerns ist anzugeben (§ 297 Abs. 3 S. 4 u. 5 HGB).

34 Zur Beurteilung der Zulässigkeit von Abweichungen vom Stetigkeitsgrundsatz sind die Auswirkungen, die die nunmehr angewandte Konsolidierungsmethode im Vergleich zu der bisherigen Methode auf die **Aussagefähigkeit** des Konzernabschlusses hat, zu berücksichtigen. So wird es beispielsweise generell für zulässig gehalten, auf bisher gewählte Erleichterungsmöglichkeiten zu verzichten und zu einer exakteren Methode überzugehen.[50] Geänderte Sachverhalte, die die Beibehaltung der bisherigen Methode unzulässig werden lassen, zählen dagegen nicht zu den Ausnahmefällen iS des § 297 Abs. 3 S. 3 HGB und führen damit zwingend zu Methodenänderungen.[51]

35 Im Konzernanhang ist zu begründen, warum ein Wechsel der Konsolidierungsmethoden vorgenommen worden ist. Darüber hinaus muss der Einfluss des Wechsels auf die Vermögens-, Finanz- und Ertragslage des Konzerns dargestellt werden. Die Erläuterungen sind dabei so auszugestalten, dass der Leser durch sie in die Lage versetzt wird, sich ein Bild davon zu machen, wie der Konzernabschluss unter Beibehaltung der bisherigen Konsolidierungsmethoden ausgesehen hätte.[52]

36 **e) Einheitliche Abschlussstichtage.** Der Konzernabschluss ist nach § 299 Abs. 1 HGB auf den Stichtag des Jahresabschlusses des Mutterunternehmens aufzustellen, alternativ kann auch der davon abweichende Stichtag der Jahresabschlüsse der bedeutendsten oder der Jahresabschlüsse der Mehrzahl der in den Konzernabschluss einbezogenen Unternehmen gewählt werden. Die Abweichung des Konzernabschlussstichtags vom Abschlussstichtag des Mutterunternehmens ist allerdings im Anhang anzugeben und zu begründen. Diese Angabepflicht verdeutlicht, dass nach dem Willen des Gesetzgebers der Konzernabschluss grundsätzlich auf den Stichtag des Jahresabschlusses des Mutterunternehmens aufgestellt werden soll.[53] Stimmen die Stichtage der Jahresabschlüsse aller einbezogenen Unternehmen mit dem Abschlussstichtag des Mutterunternehmens überein, dann muss der Konzernabschluss auf diesen Stichtag aufgestellt werden.[54]

37 Bei vom Abschlussstichtag des Mutterunternehmens abweichenden Stichtagen kann der Konzernabschluss wahlweise auch auf den Abschlussstichtag der **bedeutendsten** oder der **Mehrzahl** der in den Konzernabschluss einbezogenen Unternehmen aufgestellt werden. Kriterien für die Beurteilung der **Bedeutung** können nicht generell festgelegt werden; es erscheint jedoch zulässig, Größen wie Bilanzsumme, Umsatz,

---

[48] *Adler/Düring/Schmaltz* HGB § 297 Rn. 48; BeckBilKomm/*Förschle/Lust/Kroner* HGB § 297 Rn. 151; WP-HdB Bd. I M Rn. 11.
[49] *Adler/Düring/Schmaltz* HGB § 297 Rn. 48; BeckBilKomm/*Förschle/Lust/Kroner* HGB § 297 Rn. 151.
[50] BeckBilKomm/*Förschle/Lust/Kroner* HGB § 297 Rn. 152; kritisch dazu *Küting/Weber/Baetge/Kirsch* Konzernrechnungslegung § 297 HGB Rn. 83.
[51] *Adler/Düring/Schmaltz* HGB § 297 Rn. 55.
[52] WP-HdB Bd. I M Rn. 714.
[53] *Baetge* Konzernbilanzen S. 119.
[54] *Adler/Düring/Schmaltz* HGB § 299 Rn. 4.

Konzernrechnungslegung   **Anh. II nach § 42a**

Beschäftigtenzahl oder Jahresergebnis der jeweiligen Unternehmen vor Konsolidierungsmaßnahmen heranzuziehen. Die Bedeutung muss jedoch im Zusammenhang mit der gesamten wirtschaftlichen Tätigkeit des Konzerns beurteilt werden; so sind beispielsweise die Übertragung unternehmenstypischer Funktionen auf ein Tochterunternehmen (zB Grundstücksgesellschaft, Finanzierungsgesellschaft) oder die strukturelle Belastung des Konzernergebnisses mit Verlusten durch dieses Tochterunternehmen (zB Entwicklungs- und Forschungsgesellschaft) wesentliche Gesichtspunkte, die für die Bedeutung eines Tochterunternehmens sprechen können.[55] Das Kriterium der **Mehrzahl** ist dagegen eindeutig, dabei kommt es auf die zahlenmäßige Mehrheit der in den Konzernabschluss einbezogenen Unternehmen an.

Wird der Konzernabschluss auf einen vom Abschlussstichtag des Mutterunternehmens abweichenden Abschlussstichtag aufgestellt, dann muss diese Abweichung im Konzernanhang angegeben und begründet werden. Während sich die **Angabe** auf die Darstellung der Tatsache des abweichenden Abschlussstichtages erstreckt, erfolgt die **Begründung** bei Inanspruchnahme der Ausnahmeregel „Mehrzahl" zumindest durch die Nennung der Zahl der zum Konzernabschlussstichtag aufstellenden Unternehmen bzw. eine Auflistung dieser Unternehmen und bei Inanspruchnahme der Ausnahmeregel „Bedeutung" durch die Nennung der Kriterien zur Beurteilung der Bedeutung.[56] 38

Die Jahresabschlüsse der in den Konzernabschluss einbezogenen Unternehmen sollen nach § 299 Abs. 2 S. 1 HGB auf den **Stichtag des Konzernabschlusses** aufgestellt werden. Die Ausgestaltung dieser Regelung als **Soll-Vorschrift** trägt dem Umstand Rechnung, dass bei Weltabschlüssen ein einheitlicher Abschlussstichtag für alle Konzernunternehmen nicht immer durchgesetzt werden kann.[57] Trotzdem dürfen die Abschlussstichtage der einbezogenen Unternehmen nicht willkürlich vom Konzernabschlussstichtag abweichen; es sollten sachliche Gründe vorliegen, die einen abweichenden Abschlussstichtag eines einbezogenen Unternehmens vom Konzernabschlussstichtag rechtfertigen.[58] 39

Liegt der Abschlussstichtag eines einbezogenen Unternehmens um mehr als drei Monate vor dem Konzernabschlussstichtag, so ist für dieses Unternehmen zum Stichtag des Konzernabschlusses ein **Zwischenabschluss** aufzustellen (§ 299 Abs. 2 S. 2 HGB). Für in den Konzernabschluss einbezogene Unternehmen, die nicht unter diese Drei-Monats-Regel fallen, muss somit ein Zwischenabschluss nicht erstellt werden. Der Zwischenabschluss hat die Funktion, eine Grundlage für die Einbeziehung des betreffenden Unternehmens in den Konzernabschluss zu schaffen. Für den Zwischenabschluss gelten dieselben Rechnungslegungsvorschriften wie für einen in die Konsolidierung einzubeziehenden Jahresabschluss, ggf. angepasst an die Ansatz- und Bewertungsvorschriften der §§ 300 und 308 HGB.[59] 40

Bei dem zulässigen Verzicht auf die Erstellung eines Zwischenabschlusses müssen aber nach § 299 Abs. 3 HGB Vorgänge von besonderer Bedeutung für die Vermögens-, Finanz- und Ertragslage eines in den Konzernabschluss einbezogenen Unternehmens, die zwischen dem Abschlussstichtag dieses einbezogenen Unternehmens und dem Abschlussstichtag des Konzernabschlusses eingetreten sind, in der Konzernbilanz und der Konzern-Gewinn- und Verlustrechnung berücksichtigt oder im Konzernanhang angegeben werden. 41

---

[55] *Adler/Düring/Schmaltz* HGB § 299 Rn. 10.
[56] BeckBilKomm/*Förschle/Lust/Kroner* HGB § 299 Rn. 9.
[57] *Biener* DB 1983 Beil. 19, S. 8.
[58] *Baetge* Konzernbilanzen S. 121.
[59] IDW Stellungnahme des Hauptfachausschusses 4/1988, 3.

42 Wird auf die Erstellung von Zwischenabschlüssen verzichtet, dann ergeben sich für die Konzernleitung zahlreiche, auf der Ebene der Sachverhaltsgestaltung angesiedelte Manipulationsspielräume (Verschiebungen von Liquidität und Erfolgen innerhalb des Konzerns), so dass die Aussagefähigkeit des Konzernabschlusses nicht mehr gewährleistet werden kann. Dieser Mangel wird auch nicht wesentlich durch die in diesem Fall bestehende Angabepflicht nach § 299 Abs. 3 HGB eingeschränkt.[60] Der Verzicht auf die Erstellung von Zwischenabschlüssen wird daher zu Recht im Schrifttum überwiegend abgelehnt.[61]

43 f) **Wesentlichkeit.** Der Grundsatz der Wesentlichkeit (**materiality**) hängt eng mit dem Grundsatz der Wirtschaftlichkeit zusammen. Nach dem Grundsatz der Wesentlichkeit muss der Konzernabschluss nur diejenigen Informationen enthalten, die für den Informationsempfänger (Adressaten des Konzernabschlusses) wesentlich sind; Informationen, die für die Vermittlung eines den tatsächlichen Verhältnissen entsprechenden Bildes der Vermögens-, Finanz- und Ertragslage des Konzerns nur von **untergeordneter Bedeutung** sind, können dagegen vernachlässigt werden. Problematisch ist die Konkretisierung des Kriteriums „wesentlich". Quantitative Kriterien sind zur Konkretisierung aus Gründen der Objektivierbarkeit vorzuziehen.[62] Im Rahmen des Grundsatzes der Wesentlichkeit ist auch immer zu beachten, dass mehrere, für sich betrachtet unwesentliche Einzelinformationen, zusammengenommen die Vermittlung eines den tatsächlichen Verhältnissen entsprechenden Bildes der Vermögens-, Finanz- und Ertragslage beeinflussen können und somit wesentlich sind. Der Grundsatz der Wesentlichkeit soll dazu beitragen, dass der Informationsgehalt des Konzernabschlusses und die zu seiner Aufstellung anfallenden Kosten in einem angemessenen Verhältnis zueinander stehen.[63]

44 In zahlreichen gesetzlichen Vorschriften zur Konzernrechnungslegung ist der Grundsatz der Wesentlichkeit explizit enthalten, so beispielsweise in § 296 Abs. 2 HGB (Verzicht auf die Einbeziehung von Tochterunternehmen; vgl. Rn. 109 ff.), § 303 Abs. 2 HGB (Ausnahmen von der Schuldenkonsolidierung; vgl. Rn. 197 f.), § 304 Abs. 2 u. 3 HGB (Ausnahmen von der Zwischenergebniseliminierung; vgl. Rn. 208 ff.), § 305 Abs. 2 HGB (Ausnahmen von der Aufwands- und Ertragskonsolidierung; vgl. Rn. 250), § 308 Abs. 2 S. 3 HGB (Ausnahmen von der einheitlichen Bewertung; vgl. Rn. 29), § 311 Abs. 2 HGB (Ausnahmen von der Anwendung der Vorschriften für assoziierte Unternehmen; vgl. Rn. 228), § 313 Abs. 2 Nr. 4 S. 3 HGB (Verzicht auf Pflichtangaben im Konzernanhang; vgl. Rn. 313 f.).

III. Pflicht zur Aufstellung von Konzernabschluss und Konzernlagebericht

45 1. **Aufstellungsgrundsatz.** Die Voraussetzungen für die Konzernrechnungslegungspflicht der GmbH werden in § 290 Abs. 1 u. 2 HGB abschließend geregelt. Stehen in einem Konzern die Unternehmen unter der einheitlichen Leitung einer Kapitalgesellschaft (Mutterunternehmen) mit Sitz im Inland und gehört dem Mutterunternehmen eine Beteiligung nach § 271 Abs. 1 HGB an dem oder den anderen unter der einheitlichen Leitung stehenden Unternehmen (Tochterunternehmen), so haben nach § 290 Abs. 1 HGB die gesetzlichen Vertreter des Mutterunternehmens in den ersten fünf Monaten des Konzerngeschäftsjahrs einen Konzernabschluss und einen Konzern-

---

[60] *Schildbach* Der handelsrechtliche Konzernabschluss, S. 67.
[61] *Adler/Düring/Schmaltz* HGB § 299 Rn. 27 mwN.
[62] *Baetge* Konzernbilanzen S. 68.
[63] *Schildbach* Der handelsrechtliche Konzernabschluss, S. 70.

Konzernrechnungslegung					Anh. II nach § 42 a

lagebericht aufzustellen. Nur börsennotierte Mutterunternehmen haben den Konzernanhang noch um eine Kapitalflussrechnung und eine Segmentberichterstattung zu erweitern (§ 297 Abs. 1 S. 2 HGB). Nach § 290 Abs. 2 HGB ist eine Kapitalgesellschaft mit Sitz im Inland stets zur Aufstellung eines Konzernabschlusses und eines Konzernlageberichtes verpflichtet (Mutterunternehmen), wenn ihr bei einem Unternehmen (Tochterunternehmen) ganz bestimmte, in Abs. 2 aufgeführte Rechte zustehen.

Die Vorschrift des § 290 Abs. 1 HGB stellt somit auf das Bestehen eines Konzerns ab; der Begriff des Konzerns wird jedoch im HGB nicht definiert. Statt dessen werden lediglich einzelne Kriterien festgelegt, deren Erfüllung die Pflicht zur Aufstellung eines Konzernabschlusses nach sich zieht. Diese Kriterien stellen letztlich eine indirekte Umschreibung des Konzerns dar.[64] Danach besteht eine Pflicht zur Aufstellung von Konzernabschluss und Konzernlagebericht grundsätzlich dann, wenn ein sog. **Mutter-Tochter-Verhältnis** vorliegt.[65] Ein solches Verhältnis kann entweder durch das Vorliegen der **einheitlichen Leitung** (§ 290 Abs. 1 HGB) oder durch das Vorliegen rechtlich gesicherter Beherrschungsmöglichkeiten – sog. „**Control**"-**Konzept** (§ 290 Abs. 2 HGB) – begründet werden. Dabei handelt es sich um Konzeptionen mit unterschiedlichen theoretischen Ansatzpunkten. Während das Konzept der einheitlichen Leitung theoretisch überzeugender und in seiner Handhabung flexibler ist, sprechen für das „Control"-Konzept die eindeutiger bestimmbaren Abgrenzungskriterien und die damit verbundene leichtere praktische Anwendung.[66] Beide Konzeptionen bestehen alternativ; die Konzernrechnungslegungspflicht wird also bereits bei Vorliegen von nur einer der beiden Konzeptionen begründet. In der Regel werden sich jedoch beide Konzeptionen überschneiden.[67] 46

§ 290 HGB gilt für alle Mutterunternehmen in der Rechtsform einer Kapitalgesellschaft (AG, GmbH oder KGaA). Die Rechtsform des Tochterunternehmens ist für die Frage, ob ein Mutter-Tochter-Verhältnis vorliegt, nicht relevant; die Tochtergesellschaft muss lediglich die **Unternehmenseigenschaft** erfüllen. Der Unternehmensbegriff erfasst dabei alle Formen einer wirtschaftlichen Betätigung, die auf eine gewisse Dauer angelegt ist und von außen erkennbar ausgeübt wird.[68] 47

Ist in einem mehrstufigen Konzern ein Tochterunternehmen gleichzeitig im Verhältnis zu nachgeordneten Unternehmen Mutterunternehmen, dann ist es grundsätzlich verpflichtet, für den ihm nachgeordneten Teil der einbezogenen Unternehmen einen **(Teil-)Konzernabschluss** und einen **(Teil-)Konzernlagebericht** aufzustellen (sog. „**Tannenbaumprinzip**"; vgl. Rn. 63 ff.); dies ist allerdings nur nach § 290 Abs. 2 HGB möglich, da die einheitliche Leitung ihrem Wesen nach unteilbar ist und nur von der Konzernspitze ausgeübt werden kann.[69] 48

Die Verpflichtung zur Aufstellung eines Konzernabschlusses und eines Konzern-Lageberichtes nach § 290 Abs. 1 HGB kann auch für einen **Gleichordnungskonzern** bestehen, wenn eine Kapitalgesellschaft mit Sitz im Inland andere Unternehmen einheitlich leitet, ohne dass diese von ihm abhängig sind.[70] Eine Verpflichtung zur Kon- 49

---

[64] *Biener/Schatzmann* S. 5.
[65] *Adler/Düring/Schmaltz* HGB § 290 Rn. 8; *Wiedmann* HGB § 290 Rn. 5.
[66] WP-HdB Bd. I M Rn. 15.
[67] *Adler/Düring/Schmaltz* HGB § 290 Rn. 11.
[68] *Baetge* Konzernbilanzen S. 74.
[69] BeckBilKomm/*Hoyos/Lechner* HGB § 290 Rn. 2 u. 24 f.; *Küting/Weber/Siebourg* Konzernrechnungslegung § 290 HGB Rn. 19.
[70] WP-HdB Bd. I M Rn. 77; *Adler/Düring/Schmaltz* HGB § 290 Rn. 85 ff.; aA BeckBilKomm/*Hoyos/Lechner* HGB § 290 Rn. 26.

Kessler					1411

zernrechnungslegung nach § 290 Abs. 2 HGB ist im Gleichordnungskonzern ausgeschlossen, da diese Vorschrift auf Unterordnungsverhältnisse abstellt. Die praktische Bedeutung der Aufstellung von Konzernabschlüssen und Konzernlageberichten im Gleichordnungskonzern dürfte eher gering sein.[71]

50   **2. Konzept der einheitlichen Leitung.** Das Kriterium der einheitlichen Leitung ist die entscheidende Voraussetzung für die Verpflichtung zur Konzernrechnungslegung nach § 290 Abs. 1 HGB. Nach dem Konzept der einheitlichen Leitung hat eine Kapitalgesellschaft mit Sitz im Inland (Mutterunternehmen) einen Konzernabschluss und einen Konzernlagebericht aufzustellen, wenn mindestens ein anderes Unternehmen unter der einheitlichen Leitung des Mutterunternehmens steht und dem Mutterunternehmen an diesem oder diesen Unternehmen eine Beteiligung nach § 271 Abs. 1 HGB gehört.

51   Der **Begriff** der einheitlichen Leitung wird im Gesetz nicht definiert. Allerdings wird die einheitliche Leitung auch für die Definition des Konzerns in § 18 AktG verwendet. Obwohl § 290 Abs. 1 HGB nicht ausdrücklich auf § 18 AktG verweist, ist davon auszugehen, dass der Begriff der einheitlichen Leitung in beiden Vorschriften die gleiche Bedeutung hat und somit für eine Konkretisierung des Begriffes die zum Aktiengesetz entwickelten Ansätze herangezogen werden können.[72] Das GmbHG enthält zwar keine dem § 18 AktG entsprechende Vorschrift, nach überwiegender Auffassung sind aber die reinen Definitionsnormen der §§ 15 bis 19 AktG auch auf die GmbH als Mutterunternehmen anwendbar.[73] Grundsätzliches Merkmal der einheitlichen Leitung ist, dass die langfristige Geschäftspolitik (zB Festlegung der Unternehmensziele im Rahmen des in der Satzung umschriebenen Unternehmensgegenstandes, anzubietende Produktpalette) und die grundsätzlichen Fragen der Geschäftsführung (zB Koordination der Aktivitäten, Gestaltung des Informations- und Kontrollsystems im Konzern, Besetzung der Führungspositionen der abhängigen Unternehmen, Entscheidungen über geschäftliche Maßnahmen von besonderer Bedeutung) innerhalb des Konzerns von der übergeordneten Kapitalgesellschaft zentral geplant und hierarchisch koordiniert werden. Darüber hinaus wird verlangt, dass zumindest einer der Bereiche Finanzpolitik, Investitionspolitik, Absatz- und Beschaffungsmarktpolitik oder Personalpolitik in den Grundzügen zentral gelenkt wird.[74] Ein Weisungsrecht wird dabei nicht vorausgesetzt.[75] Die einheitliche Leitung muss **tatsächlich ausgeübt** werden; die theoretische Möglichkeit ihrer Ausübung ist nicht ausreichend.[76]

52   Für die Konzernrechnungslegungspflicht nach § 290 Abs. 1 HGB wird zusätzlich vorausgesetzt, dass dem Mutterunternehmen eine **Beteiligung** nach § 271 Abs. 1 HGB an dem oder den anderen unter einheitlicher Leitung stehenden Unternehmen gehört. Beteiligungen sind nach § 271 Abs. 1 HGB Anteile an anderen Unternehmen, die bestimmt sind, dem eigenen Geschäftsbetrieb durch Herstellung einer dauernden Verbindung zu diesen Unternehmen zu dienen. Im Zweifel gelten als Beteiligung Anteile an einer **Kapitalgesellschaft,** deren Nennbeträge insgesamt den fünften Teil des Nennkapitals dieser Gesellschaft überschreiten. Auf die Berechnung ist § 16 Abs. 2 u. 4

---

[71] WP-HdB Bd. I M Rn. 79.
[72] *Adler/Düring/Schmaltz* HGB § 290 Rn. 13; *Baetge* Konzernbilanzen S. 77.
[73] WP-HdB Bd. I M Rn. 18 mwN; *Lutter* ZIP 1985, 1425, 1426.
[74] *Schildbach* Der handelsrechtliche Konzernabschluss, S. 77; *Adler/Düring/Schmaltz* § 18 AktG Rn. 31 ff.
[75] *Adler/Düring/Schmaltz* HGB § 290 Rn. 13.
[76] BeckBilKomm/*Hoyos/Lechner* HGB § 290 Rn. 21; *Küting/Weber/Siebourg* Konzernrechnungslegung § 290 HGB Rn. 18.

AktG entsprechend anzuwenden. Die praktische Bedeutung dieser Voraussetzung ist gering; die Einbeziehung eines Unternehmens in den Konzernabschluss, an dem anderen Konzernunternehmen überhaupt nicht beteiligt sind, stellt in der Praxis eher die Ausnahme dar.[77] Bei Anteilen an **Personengesellschaften** handelt es sich stets um eine Beteiligung, und zwar unabhängig von der Beteiligungsquote.[78]

3. „Control"-Konzept. Nach dem „Control"-Konzept ist die Konzernrechnungslegungspflicht von Kapitalgesellschaften mit Sitz im Inland an das Vorliegen eines der in § 290 Abs. 2 HGB genannten Rechte gebunden: 53
- Der Kapitalgesellschaft steht bei einem Unternehmen die Mehrheit der Stimmrechte der Gesellschafter zu (§ 290 Abs. 2 Nr. 1 HGB).
- Der Kapitalgesellschaft steht bei einem Unternehmen das Recht zu, die Mehrheit der Mitglieder des Verwaltungs-, Leitungs- oder Aufsichtsorgans zu bestellen oder abzuberufen, und sie ist gleichzeitig Gesellschafter bei diesem Unternehmen (§ 290 Abs. 2 Nr. 2 HGB).
- Der Kapitalgesellschaft steht bei einem Unternehmen das Recht zu, einen beherrschenden Einfluss auf Grund eines mit diesem Unternehmen geschlossenen Beherrschungsvertrags oder auf Grund einer Satzungsbestimmung dieses Unternehmens auszuüben (§ 290 Abs. 2 Nr. 3 HGB).

Im Gegensatz zum Konzept der einheitlichen Leitung müssen diese Rechte lediglich bestehen; sie brauchen **nicht tatsächlich ausgeübt** zu werden.[79] Für die grundsätzliche Verpflichtung zur Aufstellung von Konzernabschluss und Konzernlagebericht ist es bereits ausreichend, wenn eines der drei Rechte besteht.[80] 54

Eine Kapitalgesellschaft mit Sitz im Inland ist nach § 290 Abs. 2 Nr. 1 HGB zur Aufstellung von Konzernabschluss und Konzernlagebericht verpflichtet, wenn ihr die **Mehrheit der Stimmrechte** an einem anderen Unternehmen zusteht. Dabei kommt es nicht auf die Höhe der Kapitalbeteiligung an.[81] In vielen Fällen wird die Stimmrechtsmehrheit zwar mit der Mehrheit der Kapitalanteile zusammenfallen, dies muss aber nicht immer der Fall sein (zB bei stimmrechtslosen Vorzugsaktien bzw. Vorzugsgeschäftsanteilen oder Stimmrechtsbeschränkungen); entscheidend ist ausschließlich die Mehrheit der Stimmrechte.[82] Die Stimmrechtsmehrheit muss dabei auf rechtlich gesicherten Grundlagen beruhen, eine einmalige oder auch eine dauernde Präsenzmehrheit auf der Gesellschafterversammlung reicht nicht aus.[83] 55

Die Mehrheit der Stimmrechte wird ermittelt, indem die Zahl der dem Unternehmen unmittelbar zustehenden Stimmrechte sowie der nach der Zurechnungsvorschrift des § 290 Abs. 3 HGB ihm mittelbar zustehenden Stimmrechte ins Verhältnis zur Gesamtzahl aller Stimmrechte gesetzt wird (§ 290 Abs. 4 S. 1 HGB). Die Stimmrechte müssen dabei von dem Unternehmen ausgeübt werden können. Von der Gesamtzahl aller Stimmrechte sind allerdings vorher die Stimmrechte aus eigenen Anteilen abzuziehen, die dem Tochterunternehmen selbst, einem seiner Tochterunternehmen oder einer anderen Person für Rechnung dieser Unternehmen gehören (§ 290 Abs. 4 S. 2 HGB). 56

---

[77] WP-HdB Bd. I M Rn. 31; *Adler/Düring/Schmaltz* HGB § 290 Rn. 25 f.; *Küting/Weber/Siebourg* Konzernrechnungslegung § 290 HGB Rn. 55 ff.
[78] *Adler/Düring/Schmaltz* HGB § 290 Rn. 24.
[79] BeckBilKomm/*Hoyos/Lechner* HGB § 290 Rn. 35.
[80] WP-HdB Bd. I M Rn. 35; *Adler/Düring/Schmaltz* HGB § 290 Rn. 28.
[81] *Wiedmann* HGB § 290 Rn. 15.
[82] *Adler/Düring/Schmaltz* HGB § 290 Rn. 32.
[83] IDW Stellungnahme des Sonderausschusses BiLiRiG 1/1988, I 3.a; *Küting/Weber/Siebourg* Konzernrechnungslegung § 290 HGB Rn. 71.

57 Weiterhin besteht die Verpflichtung zur Aufstellung von Konzernabschluss und Konzernlagebericht für eine Kapitalgesellschaft mit Sitz im Inland nach § 290 Abs. 2 Nr. 2 HGB dann, wenn ihr bei einem Unternehmen das Recht zusteht, die **Mehrheit der Mitglieder des Verwaltungs-, Leitungs- und Aufsichtsorgans zu bestellen oder abzuberufen,** und sie gleichzeitig Gesellschafter ist. Als Mitglieder von Verwaltungs-, Leitungs- oder Aufsichtsorganen kommen sämtliche Vorstandsmitglieder, Geschäftsführer, geschäftsführende Gesellschafter, Aufsichtsräte, Verwaltungsräte, Beiräte und Personen, die ähnliche Management- oder Aufsichts- und Kontrollaufgaben wahrnehmen, in Frage.[84] Es ist dabei ausreichend, wenn sich das Bestellungs- oder Abberufungsrecht nur auf eines der genannten Organe bezieht.[85]

58 Bei der Ermittlung der Mehrheit der Bestellungs- oder Abberufungsrechte bei mitbestimmten Aufsichtsräten ist auf die Gesamtzahl aller Aufsichtsratsmitglieder abzustellen und nicht nur auf die Zahl der von den Anteilseignern zu wählenden Aufsichtsratsmitglieder.[86] Wie die Mehrheit der Stimmrechte muss auch die Mehrheit der Bestellungs- oder Abberufungsrechte rechtlich gesichert sein und darf nicht nur auf rein faktischen Verhältnissen (zB Präsenzmehrheit, faktische Abhängigkeit) beruhen.[87]

59 Das Recht zur Besetzung oder Abberufung der Mehrheit der Organmitglieder ist idR. mit der Mehrheit der Stimmrechte der Gesellschafter verbunden. Einem Unternehmen kann aber das Recht zur Bestellung oder Abberufung der Mehrheit der Mitglieder der Gesellschaftsorgane auch auf Grund von satzungsmäßigen Entsendungsrechten oder auf Grund von Vereinbarungen mit anderen Gesellschaftern iSv. § 290 Abs. 3 S. 2 HGB zustehen. Für GmbH, aber auch für Personengesellschaften haben solche Entsendungsrechte in der Praxis besondere Bedeutung, da bei Aktiengesellschaften der Vorstand zwingend durch den Aufsichtsrat bestellt wird und Entsendungsrechte in den Aufsichtsrat, soweit er von der Hauptversammlung zu wählen ist, nach § 101 Abs. 2 S. 4 AktG höchstens für ein Drittel der Aufsichtsratsmitglieder eingeräumt werden können.[88]

60 Zur Auslösung der Konzernrechnungslegungspflicht muss das Unternehmen, dem die Bestellungs- oder Abberufungsrechte zustehen, zusätzlich Gesellschafter des anderen Unternehmens sein; diese Voraussetzung ist auch bei nur mittelbaren Gesellschafterverhältnissen erfüllt.[89] Eine kapitalmäßige Beteiligung ist nicht zwingend erforderlich.[90]

61 Die Verpflichtung zur Aufstellung von Konzernabschluss und Konzernlagebericht ist nach § 290 Abs. 2 Nr. 3 HGB schließlich auch dann gegeben, wenn einer Kapitalgesellschaft mit Sitz im Inland bei einem Unternehmen das Recht zusteht, einen **beherrschenden Einfluss** auf Grund eines mit diesem Unternehmen geschlossenen Beherrschungsvertrags oder auf Grund einer Satzungsbestimmung dieses Unternehmens auszuüben. Die Begriffsmerkmale eines **Beherrschungsvertrags** sind dabei für Unternehmen aller Rechtsformen entsprechend § 291 AktG zu bestimmen.[91] Danach stellt der Beherrschungsvertrag einen Vertrag dar, durch den ein Unternehmen seine

---

[84] WP-HdB Bd. I M Rn. 43.
[85] IDW Stellungnahme des Sonderausschusses BiLiRiG 1/1988, I. 3. b.
[86] *Adler/Düring/Schmaltz* HGB § 290 Rn. 46; BeckBilKomm/*Hoyos/Lechner* HGB § 290 Rn. 53; IDW Stellungnahme des Sonderausschusses BiLiRiG 1/1988, I. 3. b.
[87] WP-HdB Bd. I M Rn. 45.
[88] *Adler/Düring/Schmaltz* HGB § 290 Rn. 47.
[89] BeckBilKomm/*Hoyos/Lechner* HGB § 290 Rn. 56.
[90] *Küting/Weber/Siebourg* Konzernrechnungslegung § 290 HGB Rn. 89.
[91] IDW Stellungnahme des Sonderausschusses BiRiLiG 1/1988, I. 3. c.

Leitung einem anderen Unternehmen unterstellt. Der Begriff „**Satzungsbestimmung**" bezieht sich dem Wortlaut nach nur auf AG und KGaA; nach dem Regelungszweck ist jedoch davon auszugehen, dass auch solche Rechte erfasst werden sollen, die in Unternehmen anderer Rechtsformen durch den Gesellschaftsvertrag eingeräumt werden.[92] Die Satzungsbestimmungen müssen in ihrer Gesamtheit eine Beherrschung des Unternehmens gestatten; dies ist der Fall, wenn die Satzung die entscheidenden Kriterien eines Beherrschungsvertrages enthält.[93] Die Beherrschung durch Satzungsbestimmungen dürfte insbesondere für die GmbH von praktischer Bedeutung sein, denn für die AG sind die Möglichkeiten einer Einflussnahme über die Satzung durch § 23 Abs. 5 AktG sehr begrenzt.[94]

Nach § 290 Abs. 3 HGB sind die Rechte, die einem Mutterunternehmen nach § 290 Abs. 2 Nr. 1–3 HGB zustehen, um bestimmte Hinzurechnungen und Abzüge zu korrigieren. Als Rechte, die einem Mutterunternehmen zustehen, gelten auch die einem Tochterunternehmen zustehenden Rechte und die den für Rechnung des Mutterunternehmens oder von Tochterunternehmen handelnden Personen zustehenden Rechte (§ 290 Abs. 3 S. 1 HGB). Durch diese Zurechnung der dem Mutterunternehmen nur mittelbar zustehenden Rechte werden in mehrstufigen Konzernen die Rechte eines Tochterunternehmens an seinem Tochterunternehmen den Mutterunternehmen auf jeder höheren Stufe zugerechnet, so dass alle mittelbaren Tochterunternehmen als Tochterunternehmen eines Mutterunternehmens gelten.[95] Weiterhin sind einem Mutterunternehmen die Rechte zuzurechnen, über die es selbst oder ein Tochterunternehmen auf Grund einer Vereinbarung mit anderen Gesellschaftern dieses Unternehmens verfügen kann (§ 290 Abs. 3 S. 2 HGB). Als Vereinbarungen mit anderen Gesellschaftern kommen insbesondere Verwaltungsüberlassungsverträge, Stimmrechtsbindungsverträge, Pool-Verträge, Konsortialverträge und ähnliche Verträge, die auf eine Überlassung von Rechten abzielen, in Betracht.[96] Von den einem Mutterunternehmen zustehenden Rechten sind nach § 290 Abs. 3 S. 3 HGB folgende Rechte abzuziehen: **62**

– Rechte, die mit Anteilen verbunden sind, die von dem Mutterunternehmen oder von Tochterunternehmen für Rechnung einer anderen Person gehalten werden, oder

– Rechte, die mit Anteilen verbunden sind, die als Sicherheit gehalten werden, sofern diese Rechte nach Weisung des Sicherungsgebers oder, wenn ein Kreditinstitut die Anteile als Sicherheit für ein Darlehen hält, im Interesse des Sicherungsgebers ausgeübt werden.

Diese Vorschrift hat ganz offensichtlich den Zweck, die Rechte dem wirtschaftlichen und nicht dem rechtlichen Eigentümer zuzurechnen (**wirtschaftliche Betrachtungsweise**).[97]

4. Befreiende Konzernabschlüsse und Konzernlageberichte. In mehrstufigen Konzernen ist auf Grund des „Control"-Konzeptes nicht nur das Unternehmen an der Konzernspitze, sondern jedes Unternehmen, das nach § 290 Abs. 2 HGB Mutterunternehmen eines anderen Unternehmens ist, zur Konzernrechnungslegung verpflichtet. **63**

---

[92] *Adler/Düring/Schmaltz* HGB § 290 Rn. 58; IDW Stellungnahme des Sonderausschusses BiRiLiG 1/1988, I. 3. c.
[93] WP-HdB Bd. I M Rn. 47.
[94] WP-HdB Bd. I M Rn. 47; GroßkommAktG/*Windbichler* § 17 Rn. 31 ff.
[95] WP-HdB Bd. I M Rn. 52.
[96] *Adler/Düring/Schmaltz* HGB § 290 Rn. 140.
[97] *Adler/Düring/Schmaltz* HGB § 290 Rn. 146; zur wirtschaftlichen Betrachtungsweise vgl. *Moxter* StuW 1989, 232 ff.

Auf jeder Ebene wäre somit ein **(Teil-)Konzernabschluss** aufzustellen, der alle nachgeordneten Tochterunternehmen erfasst (sog. „**Tannenbaumprinzip**").[98] Die Aufstellung von (Teil-)Konzernabschlüssen und (Teil-)Konzernlageberichten grundsätzlich auf jeder Ebene eines mehrstufigen Konzerns entspricht auch **internationaler Praxis**.[99] Das Konzept der einheitlichen Leitung (§ 290 Abs. 1 HGB) begründet dagegen keine Pflicht zur (Teil-)Konzernrechnungslegung, da die einheitliche Leitung über bestimmte Konzernunternehmen nicht von mehreren Unternehmen auf verschiedenen Konzernebenen gleichzeitig ausgeübt werden kann; die einheitliche Leitung ist somit unteilbar und kann nur bei der Konzernspitze liegen.[100]

64 Die Aufstellung von zusätzlichen (Teil-)Konzernabschlüssen und (Teil-)Konzernlageberichten führt jedoch für die Konzerne zu erheblicher Mehrarbeit und somit zu Mehrkosten. Darüber hinaus wird die Eignung einer Aufstellung von (Teil-)Konzernabschlüssen und (Teil-)Konzernlageberichten als Schutzinstrument für die Interessen von Minderheitsgesellschaftern, Gläubigern und sonstigen Adressaten (diese Überlegung lag der Forderung der 7. EG-Richtlinie nach einer Aufstellung von Stufenabschlüssen auf jeder Ebene des Konzerns zugrunde) im deutschen Schrifttum bezweifelt.[101] Der deutsche Gesetzgeber hat daher die Befreiungsmöglichkeiten, die die 7. EG-Richtlinie in Art. 7, 8 und 11 zulässt, umfassend ausgenutzt und damit die Folgen aus der Anwendung des Tannenbaumprinzips erheblich abgeschwächt; eine **Verpflichtung zur (Teil-)Konzernrechnungslegung** liegt nunmehr nur dann vor, wenn weder die Vorschriften über befreiende Konzernabschlüsse (§§ 291, 292, 292a HGB) noch die Befreiungsvorschrift für kleine Konzerne (§ 293 HGB) zur Anwendung kommen.[102]

65 Mutterunternehmen, die gleichzeitig wiederum Tochterunternehmen eines Mutterunternehmens sind, können nach §§ 291, 292, 292a HGB von der Pflicht zur Aufstellung von (Teil-)Konzernabschluss und (Teil-)Konzernlagebericht befreit werden, wenn ein übergeordnetes Mutterunternehmen einen befreienden Konzernabschluss sowie einen befreienden Konzernlagebericht aufstellt. Dies gilt nicht nur für das Mutterunternehmen an der Konzernspitze, sondern auch für jedes übergeordnete Mutterunternehmen unterhalb der Konzernspitze. Die Anforderungen an den befreienden Konzernabschluss unterscheiden sich danach, in welchem Staat das übergeordnete Mutterunternehmen seinen Sitz hat. Liegt der Sitz in einem Mitgliedstaat der EU oder in einem anderen Vertragsstaat des Abkommens über den Europäischen Wirtschaftsraum, so findet § 291 HGB Anwendung, liegt er nicht in einem Mitgliedstaat der EU und auch nicht in einem Vertragsstaat des Abkommens über den Europäischen Wirtschaftsraum, richtet sich die Befreiung nach der auf Grund von § 292 HGB erlassenen **Konzernabschlussbefreiungsverordnung** (vgl. Rn. 70 ff.).[103] Für § 292a HGB kommt es ua. darauf an, dass das Mutterunternehmen und seine Tochterunternehmen in einen befreienden Konzernabschluss einbezogen wurden, der nach **international anerkannten Rechnungslegungsvorschriften** (IAS, US-GAAP) aufgestellt wurde.

66 **a) Mutterunternehmen mit Sitz innerhalb der EU bzw. des EWR.** Nach § 291 Abs. 1 HGB ist ein Mutterunternehmen, das gleichzeitig Tochterunternehmen

---

[98] *Biener* DB 1983 Beil. 19, S. 6.
[99] *IASC* IAS No. 27.
[100] *Schildbach* Der handelsrechtliche Konzernabschluss, S. 87.
[101] Zur Kritik an der Stufenkonzeption vgl. *Adler/Düring/Schmaltz* HGB § 290 Rn. 67; *v. Wysocki/Wohlgemuth* S. 68 f. mwN.
[102] WP-HdB Bd. I M Rn. 58; *Adler/Düring/Schmaltz* HGB § 290 Rn. 68.
[103] Vgl. *Adler/Düring/Schmaltz* HGB § 291 Rn. 1.

Konzernrechnungslegung   Anh. II nach § 42 a

eines Mutterunternehmens mit Sitz in einem Mitgliedstaat der EU oder in einem anderen Vertragsstaat des Abkommens über den Europäischen Wirtschaftsraum ist, von der Pflicht zur Aufstellung eines (Teil-)Konzernabschlusses und eines (Teil-)Konzernlageberichtes befreit, wenn folgende Voraussetzungen vorliegen:
- Das übergeordnete Mutterunternehmen muss einen Konzernabschluss und Konzernlagebericht aufstellen, der einschließlich des Bestätigungsvermerks oder des Vermerks über dessen Versagung nach den für das zu befreiende Mutterunternehmen maßgeblichen Vorschriften in deutscher Sprache offengelegt wird.
- Der Konzernabschluss und Konzernlagebericht des übergeordneten Mutterunternehmens muss den Anforderungen des § 291 Abs. 2 HGB genügen:
  1. Das zu befreiende Mutterunternehmen und seine Tochterunternehmen müssen unbeschadet der §§ 295, 296 HGB (Einbeziehungsverbot, Einbeziehungswahlrecht) in den befreienden Konzernabschluss einbezogen worden sein.
  2. Der befreiende Konzernabschluss und der befreiende Konzernlagebericht müssen dem für das übergeordnete Mutterunternehmen geltenden und mit den Anforderungen der 7. EG-Richtlinie übereinstimmenden Recht entsprechen und nach diesem Recht von einem in Übereinstimmung mit den Vorschriften der 8. EG-Richtlinie zugelassenen Abschlussprüfer geprüft worden sein.
  3. Der Anhang des Jahresabschlusses des zu befreienden Unternehmens muss folgende Angaben enthalten:
     (a) Name und Sitz des Mutterunternehmens, das den befreienden Konzernabschluss und Konzernlagebericht aufstellt,
     (b) einen Hinweis auf die Befreiung von der Verpflichtung, einen Konzernabschluss und einen Konzernlagebericht aufzustellen, und
     (c) eine Erläuterung der im befreienden Konzernabschluss vom deutschen Recht abweichend angewandten Bilanzierungs-, Bewertungs- und Konsolidierungsmethoden.
- Vom Schutz der Interessen von Minderheiten nach § 291 Abs. 3 HGB wird kein Gebrauch gemacht.

Ein befreiender Konzernabschluss und ein befreiender Konzernlagebericht können nach § 291 Abs. 1 S. 2 HGB von jedem Unternehmen **unabhängig von seiner Rechtsform und Größe** aufgestellt werden, wenn dieses als Kapitalgesellschaft mit Sitz in einem Mitgliedstaat der EU oder einem anderen Vertragsstaat des Abkommens über den Europäischen Wirtschaftsraum zur Aufstellung eines Konzernabschlusses unter Einbeziehung des zu befreienden Mutterunternehmens und seiner Tochterunternehmen verpflichtet wäre. Es wird also ausdrücklich verlangt, dass das den befreienden Konzernabschluss und den befreienden Konzernlagebericht aufstellende Mutterunternehmen die **Unternehmenseigenschaft** erfüllt.[104] Die Einschränkung im zweiten Halbsatz von § 291 Abs. 1 S. 2 HGB soll den Unternehmensbegriff des § 291 HGB umschreiben.[105] Es soll klargestellt werden, dass Privatpersonen, Bund, Länder und Gemeinden keine befreienden Mutterunternehmen sein können.[106]

In § 291 Abs. 3 HGB wird Minderheitsgesellschaftern unter bestimmten Voraussetzungen die Möglichkeit eingeräumt, die Aufstellung eines (Teil-)Konzernabschlusses und (Teil-)Konzernlageberichts zu beantragen bzw. ihre Zustimmung zur Befreiung zu versagen.

---
[104] *Adler/Düring/Schmaltz* HGB § 291 Rn. 7.
[105] WP-HdB Bd. I M Rn. 83.
[106] Ber. Rechtsausschuss, BT-Drucks. 10/4268 S. 113.

69 Nach § 291 Abs. 3 S. 1 HGB können Gesellschafter, denen bei GmbH mindestens 20 % (bei AG und KGaA mindestens 10 %) der Anteile an dem zu befreienden Mutterunternehmen gehören, die Aufstellung von (Teil-)Konzernabschluss und (Teil-)Konzernlagebericht erzwingen, wenn sie dies spätestens sechs Monate vor dem Ablauf des Konzerngeschäftsjahrs beantragt haben. Das Konzerngeschäftsjahr bestimmt sich gemäß § 299 Abs. 1 HGB nach dem Geschäftsjahr des zu befreienden Mutterunternehmens oder nach dem hiervon abweichenden Geschäftsjahr der bedeutendsten oder der Mehrzahl der in den Konzernabschluss einbezogenen Unternehmen. Für die Berechnung der Sechs-Monatsfrist sollte aber auf das Geschäftsjahr des zu befreienden Mutterunternehmens abgestellt werden, da idR nur dieses Datum den Minderheitsgesellschaftern bekannt ist und nur so der Minderheitsschutz gewährleistet werden kann.[107] Wird ein solcher Antrag von Minderheitsgesellschaftern nicht gestellt, braucht ein (Teil-)Konzernabschluss und (Teil-)Konzernlagebericht nicht aufgestellt zu werden.

70 Gehören dem Mutterunternehmen mindestens 90 % der Anteile an dem zu befreienden Mutterunternehmen, so kann nach § 291 Abs. 3 S. 2 HGB die Befreiung von der (Teil-)Konzernrechnungslegungspflicht nur in Anspruch genommen werden, wenn die anderen Gesellschafter dem zugestimmt haben. In diesem Fall muss das Unternehmen von sich aus initiativ werden, um die Zustimmung zur Befreiung zu erreichen. Während dies bei einer GmbH idR. keine besonderen Schwierigkeiten bereiten dürfte, wird es bei einer Publikums-AG dagegen praktisch unmöglich sein.[108] Es wird daher die Auffassung vertreten, dass in Ausnahmefällen auf die Zustimmung jedes einzelnen Gesellschafters verzichtet werden kann, wenn nicht alle Gesellschafter erreichbar sind oder sie ihre Rechte nicht ausüben können oder wollen. Hat das Mutterunternehmen in diesen Fällen alles Zumutbare unternommen (zB durch öffentlichen Aufruf), um die Minderheitsgesellschafter zu erreichen, so kann nach dieser Auffassung die Zustimmung unterstellt werden.[109]

71 **b) Mutterunternehmen mit Sitz außerhalb der EU bzw. des EWR.** Der Bundesminister der Justiz ist nach § 292 Abs. 1 HGB ermächtigt, die Befreiungsvoraussetzungen für übergeordnete Mutterunternehmen, die ihren Sitz in einem Staat haben, der nicht Mitglied der EU und auch nicht Vertragsstaat des Abkommens über den Europäischen Wirtschaftsraum ist, und die einen befreienden Konzernabschluss und Konzernlagebericht für ein deutsches Mutterunternehmen erstellen wollen, im Wege einer Rechtsverordnung zu erlassen. Auf dieser Grundlage ist am 30. 11. 1991 die sog. **Konzernabschlussbefreiungsverordnung (KonBefrV)** vom 15. 11. 1991,[110] zuletzt geändert durch das KapAEG, in Kraft getreten. Sie gilt seit der Änderung durch die Zweite Verordnung zur Änderung der KonBefrV v. 28. 10. 1996[111] unbefristet (vgl. § 4 KonBefrV), kann aber auf Grund § 292 HGB durch Rechtsverordnung geändert werden. Die Konzernabschlussbefreiungsverordnung war erstmals auf Konzernabschlüsse und Konzernlageberichte für nach dem 31. 12. 1989 beginnende Geschäftsjahre anzuwenden.

---

[107] BeckBilKomm/*Hoyos/Lechner* HGB § 291 Rn. 40; *Adler/Düring/Schmaltz* HGB § 291 Rn. 49.
[108] WP-HdB Bd. I M Rn. 103.
[109] WP-HdB Bd. I M Rn. 103; IDW Stellungnahme des Sonderausschusses BiRiLiG 1/1988, II. 4.; *Adler/Düring/Schmaltz* HGB § 291 Rn. 51 f.; BeckBilKomm/*Hoyos/Lechner* HGB § 291 Rn. 45.
[110] BGBl. 1991 I S. 2122.
[111] BGBl. 1996 I S. 1862.

Konzernrechnungslegung **Anh. II nach § 42a**

In § 292 HGB sind die Voraussetzungen vorgegeben, unter denen die Rechtsverordnung eine Befreiung gestatten kann,[112] Die Befreiungsvoraussetzungen des § 291 HGB sind nach § 292 Abs. 1 HGB generell auch für Mutterunternehmen anzuwenden, die ihren Sitz in einem Staat haben, der nicht Mitgliedstaat der EU und auch nicht Vertragsstaat des Abkommens über den Europäischen Wirtschaftsraum ist; allerdings mit der Maßgabe, dass der befreiende Konzernabschluss und der befreiende Konzernlagebericht nach dem mit den Anforderungen der 7. EG-Richtlinie übereinstimmenden Recht eines Mitgliedstaates der EU oder eines anderen Vertragsstaates des Abkommens über den Europäischen Wirtschaftsraum aufgestellt worden oder einem nach diesem Recht aufgestellten Konzernabschluss und Konzernlagebericht gleichwertig sein muss. Nach § 292 Abs. 2 HGB muss der befreiende Konzernabschluss von einem nach den Vorschriften der 8. EG-Richtlinie zugelassenen Abschlussprüfer geprüft worden sein; ist dies nicht der Fall, so kommt dem Konzernabschluss die befreiende Wirkung nur zu, wenn der Abschlussprüfer eine den Anforderungen der 8. EG-Richtlinie gleichwertige Befähigung hat und der Konzernabschluss in einer den Anforderungen des Dritten Unterabschnitts des HGB entsprechenden Weise geprüft worden ist. Diese Anforderungen regeln §§ 1 u. 2 KonBefrV. **72**

Die **Voraussetzungen** für eine befreiende Wirkung von Konzernabschluss und Konzernlagebericht entsprechender Mutterunternehmen können wie folgt zusammengefasst werden: **73**
1. Das zu befreiende Mutterunternehmen und seine Tochterunternehmen müssen unbeschadet der §§ 295, 296 HGB (Konsolidierungsverbot, Konsolidierungswahlrechte) in den befreienden Konzernabschluss einbezogen werden (§ 2 Abs. 1 Nr. 1 KonBefrV).
2. Der befreiende Konzernabschluss und der befreiende Konzernlagebericht müssen in Übereinstimmung mit den Anforderungen der 7. EG-Richtlinie oder dieser Richtlinie gleichwertigen Anforderungen aufgestellt worden sein (§ 2 Abs. 1 Nr. 2 KonBefrV).
3. Der befreiende Konzernabschluss muss von einem nach der 8. EG-Richtlinie zugelassenen Abschlussprüfer oder von einem Abschlussprüfer mit zumindest einer den Anforderungen dieser Richtlinie gleichwertigen Befähigung nach den Anforderungen des HGB geprüft worden sein (§ 2 Abs. 1 Nr. 3 KonBefrV).
4. Im **Anhang** des Jahresabschlusses des zu befreienden Unternehmens müssen besondere Angaben gemacht werden (§ 2 Abs. 1 Nr. 4 KonBefrV):
   (a) Name und Sitz des Mutterunternehmens, das den befreienden Konzernabschluss und Konzernlagebericht aufstellt,
   (b) einen Hinweis auf die Befreiung von der Verpflichtung, einen Konzernabschluss und einen Konzernlagebericht aufzustellen, und
   (c) eine Erläuterung der im befreienden Konzernabschluss vom deutschen Recht abweichend angewandten Bilanzierungs-, Bewertungs- und Konsolidierungsmethoden.
5. Die **Offenlegung** hat nach den Vorschriften, die für den auf Grund des befreienden Konzernabschlusses und Konzernlageberichts entfallenden (Teil-)Konzernabschluss und (Teil-)Konzernlagebericht maßgeblich sind, in deutscher Sprache zu erfolgen (§ 1 S. 1 KonBefrV).

Nach § 1 S. 2 KonBefrV kann analog zu § 291 HGB jedes Unternehmen, unabhängig von Rechtsform und Größe, einen befreienden Konzernabschluss und Konzernla- **74**

---

[112] *Adler/Düring/Schmaltz* HGB § 292 Rn. 4.

gebericht aufstellen. Die Regelung des § 291 Abs. 3 HGB über den Minderheitenschutz ist nach § 2 Abs. 2 KonBefrV hier entsprechend anzuwenden.

75   Die befreiende Wirkung von Konzernabschluss und Konzernlagebericht kann nach § 292 Abs. 1 S. 3 HGB in der Rechtsverordnung zusätzlich davon abhängig gemacht werden, dass der nach §§ 290 ff. HGB aufgestellte Konzernabschluss und Konzernlagebericht eines deutschen Mutterunternehmens auch in dem Staat, in dem das Mutterunternehmen seinen Sitz hat, als gleichwertig mit dem dort vorgeschriebenen Konzernabschluss und Konzernlagebericht angesehen wird **(Gegenseitigkeitsregelung).** Erleichterungen für solche Unternehmen sind nach Auffassung des Rechtsausschusses nur gerechtfertigt, wenn diese auch deutschen Mutterunternehmen mit Tochterunternehmen in diesen Staaten eingeräumt werden.[113] Die Bedingung der gegenseitigen Anerkennung wurde allerdings nicht in die KonBefrV vom 15. November 1991 aufgenommen.

76   **c) Mutterunternehmen mit einem Konzernabschluss nach internationalen Rechnungslegungsgrundsätzen.**[114] Nach § 292a Abs. 1 HGB, eingefügt durch das KapAEG, geändert durch das KapCoRiLiG, braucht ein Mutterunternehmen, das einen **organisierten Markt** iS des § 2 Abs. 5 WpHG durch von ihm oder einem seiner Tochterunternehmen ausgegebene Wertpapiere iS des § 2 Abs. 1 S. 1 WpHG in Anspruch nimmt oder die Zulassung dieser Wertpapiere zum Handel an einem organisierten Markt beantragt worden ist, einen Konzernabschluss und einen Konzernlagebericht nicht aufzustellen, wenn es
– einen Konzernabschluss und Konzernlagebericht aufstellt, der den Anforderungen des § 292a Abs. 2 HGB entspricht und
– der einschließlich des Bestätigungsvermerks oder des Vermerks über dessen Versagung nach den für das zu befreiende Mutterunternehmen maßgeblichen Vorschriften in deutscher Sprache und Euro (gemäß Art. 42 Abs. 1 EGHGB letztmals für das im Jahr 2001 endende Geschäftsjahr noch in Deutsche Mark) nach den §§ 325, 328 HGB **offengelegt** wird (Aufstellung des Jahresabschlusses ist auch in anderer Sprache und anderer Währung möglich)
– und bei der Offenlegung ausdrücklich darauf **hinweisen,** dass es sich um einen nicht nach deutschem Recht aufgestellten Konzernabschluss und Konzernlagebericht handelt.[115]

77   **Mutterunternehmen** iS des § 292a Abs. 1 HGB kann sowohl das oberste Mutterunternehmen eines Konzerns als auch ein Mutterunternehmen auf einer niedrigeren Konzernstufe sein, dh ein Mutterunternehmen, das Tochterunternehmen eines übergeordneten Mutterunternehmens ist.[116] Der Kreis der begünstigten Unternehmen umfasst somit alle Unternehmen, die nach den Vorschriften des HGB zur Konzernrechnungslegung verpflichtet sind. Zusätzlich zu den Aktiengesellschaften oder Kommanditgesellschaften auf Aktien können dies GmbH, Kreditinstitute und Versicherungsunternehmen, die nicht in der Rechtsform einer Kapitalgesellschaft geführt werden, sowie die KapGes. & Co. sein. Die Befreiungsregelung des § 292a Abs. 1 S. 1 HGB betrifft somit Mutterunternehmen, auch in der Rechtsform der GmbH oder KapGes. & Co., wenn eines ihrer Tochterunternehmen zB börsennotiert ist. Darüber hinaus dürfen Unternehmen, die nach dem PublG verpflichtet sind, einen Konzernabschluss und einen Konzernlagebericht aufzustellen,

---

[113] Ber. Rechtsausschuss, BT-Drucks. 10/4268 S. 113.
[114] Vgl. hierzu Deutscher Rechnungslegungs Standard Nr. 1 (DRS 1) v. 22. 7. 2000.
[115] Vgl. hierzu WP-HdB Bd. I N Rn. 8 ff.
[116] Vgl. Kölner KommHGB/*Claussen/Scherrer* § 292a Rn. 19.

Konzernrechnungslegung   **Anh. II nach § 42a**

gemäß § 11 Abs. 6 Nr. 2 PublG die Befreiungsvorschrift des § 292a HGB anwenden.

Ein Markt gilt als **organisierter Markt**, wenn er von staatlich anerkannten Stellen **78**
geregelt und überwacht wird, regelmäßig stattfindet und für das Publikum mittelbar oder unmittelbar zugänglich ist. Damit gilt zB ein Handel der Wertpapiere im amtlichen Handel, im geregelten Markt und im Neuen Markt in Deutschland als Voraussetzung des § 292a HGB.[117] Ein ausländischer Markt, welcher die Voraussetzungen des § 2 Abs. 5 WpHG erfüllt, reicht aus.[118] Dagegen wird ein Handel im Freiverkehr in der Gesetzesbegründung ausdrücklich aus dem Anwendungsbereich des § 292a HGB ausgeschlossen.[119] § 2 Abs. 1 S. 1 WpHG bestimmt, welche Wertpapiere an dem organisierten Markt gehandelt werden müssen, damit § 292a HGB in Anspruch genommen werden kann. Dies sind alle Aktien, Zertifikate, die Aktien vertreten, Schuldverschreibungen, Genussscheine, Optionsscheine und andere mit Aktien oder Schuldverschreibungen vergleichbare Wertpapiere, wenn diese an einem Markt gehandelt werden können. Das von einem Unternehmen ausgegebene finanzielle Volumen an Wertpapieren, ob als absolute oder relative Zahl, wird nicht geregelt, so dass die Ausgabe auch nur einer einzigen Schuldverschreibung ausreichen würde, um § 292a HGB anwenden zu können.[120]

Der Konzernabschluss und Konzernlagebericht des übergeordneten Mutterunter- **79**
nehmens muss folgenden Anforderungen des § 291 Abs. 2 HGB genügen:
1. Das zu befreiende Mutterunternehmen und seine Tochterunternehmen müssen unbeschadet der §§ 295, 296 HGB (Einbeziehungsverbot, Einbeziehungswahlrecht) in den befreienden Konzernabschluss einbezogen worden sein.
2. Der befreiende Konzernabschluss und der befreiende Konzernlagebericht müssen nach **international anerkannten Rechnungslegungsgrundsätzen** aufgestellt worden sein und im Einklang mit der 7. EG-Richtlinie und ggf. den für Kreditinstitute und Versicherungsunternehmen in § 291 Abs. 2 S. 2 HGB bezeichneten Richtlinien stehen. Die Beschlussempfehlung bzw. der Bericht des Rechtsausschusses stuft IAS und US-GAAP ausdrücklich als solche ein,[121] darüber hinaus wird offen gelassen, welche noch bestehenden bzw. zu entwickelnden Grundsätze diese Voraussetzungen erfüllen.[122]
3. Die **Aussagekraft** der danach aufgestellten Unterlagen muss der Aussagekraft eines nach deutschen Rechnungslegungsvorschriften aufgestellten Konzernabschlusses und Konzernlageberichts gleichwertig sein. Nach IAS und US-GAAP aufgestellte Konzernabschlüsse erfüllen die Voraussetzung der Gleichwertigkeit.
4. Der **Anhang** oder die Erläuterung zum Konzernabschluss muss die folgenden Angaben enthalten:
   (a) die Bezeichnung der angewandten Rechnungslegungsgrundsätze, und
   (b) eine Erläuterung der im befreienden Konzernabschluss vom deutschen Recht abweichend angewandten Bilanzierungs-, Bewertungs- und Konsolidierungsmethoden.

---

[117] Kölner KommHGB/*Claussen/Scherrer* § 292a Rn. 20.
[118] Kölner KommHGB/*Claussen/Scherrer* § 292a Rn. 21.
[119] Vgl. BR-Drucks. 458/99 S. 44.
[120] IDW Stellungnahme zum Entwurf eines Kapitalaufnahmeerleichterungsgesetzes, IDW-Fn. 9/1996, 397 ff.
[121] BT-Drucks. 13/9909 S. 12.
[122] Vgl. Kölner KommHGB/*Claussen/Scherrer* § 292a Rn. 42 aE.

5. Die befreienden Unterlagen müssen von dem Abschlussprüfer **geprüft** worden sein; ferner muss er bestätigt haben, dass die Bedingungen für die Befreiung erfüllt sind.

80 Die **Befreiung** ist nach Art. 5 des KapAEG bis zum 31. 12. 2004 **befristet**. Dies bedeutet, dass ein nach § 292a HGB befreiender Konzernabschluss und Konzernlagebericht letztmals für Konzerngeschäftsjahre aufgestellt werden kann, die am 31. 12. 2004 enden. Grund war, die deutschen Bilanzierungsvorschriften grundlegend zu überarbeiten und internationalen Standards anzupassen. Ist dies bis 31. 12. 2004 nicht möglich, ist zu erwarten, dass die Befristung wie im Falle der Konzernabschlussbefreiungsverordnung aufgehoben wird. Anderenfalls wären die Konzerne ggf. verpflichtet, zu deutschen Rechnungslegungsvorschriften, ggf. mittels einer Überleitungsrechnung, zurückzukehren.[123]

81 **5. Größenabhängige Befreiungen.** Neben der Befreiung von der Pflicht zur Konzernrechnungslegung durch die Aufstellung eines befreienden Konzernabschlusses und Konzernlageberichtes sieht § 293 HGB eine weitere Befreiungsmöglichkeit vor. Danach sind Konzerne von der Konzernrechnungslegungspflicht befreit, wenn sie bestimmte Größenkriterien nicht überschreiten. Als Größenkriterien werden die Merkmale **Bilanzsumme, Umsatzerlöse** und **durchschnittliche Arbeitnehmerzahl** herangezogen. In § 293 Abs. 1 HGB sind zwei Methoden zur Ermittlung der Größenkriterien vorgesehen, die für die Merkmale Bilanzsumme und Umsatzerlöse unterschiedliche Schwellenwerte enthalten. Bei der sog. **Bruttomethode** nach § 293 Abs. 1 Nr. 1 HGB werden die Bilanzsumme und die Umsatzerlöse ermittelt, indem die Werte aus den Einzelabschlüssen der Unternehmen, die in den Konzernabschluss einzubeziehen wären, zum **Abschlussstichtag des Mutterunternehmens** addiert werden. Bei der Anwendung der sog. **Nettomethode** nach § 293 Abs. 1 Nr. 2 HGB sind die konsolidierten Bilanzsummen und Umsatzerlöse zum **Konzernabschlussstichtag** zugrunde zu legen; die Nettomethode setzt also die Erstellung eines Probe-Konzernabschlusses voraus.

82 Wegen der bei der Bruttomethode auf Grund der fehlenden Konsolidierungsmaßnahmen vorhandenen Doppelerfassungen liegen die Schwellenwerte hier um 20 % über den entsprechenden Werten der Nettomethode.[124] Den Mutterunternehmen ist freigestellt, welche der beiden Methoden sie anwenden; dieses Wahlrecht kann von Jahr zu Jahr unterschiedlich, an einem Stichtag jedoch nur einheitlich für den gesamten Konsolidierungskreis angewendet werden.[125] Für die Zulassung von zwei Methoden war die damit verbundene Arbeitserleichterung entscheidend; es soll vermieden werden, dass in Grenzfällen ein hoher Arbeitsaufwand für den Konzernabschluss anfällt, um erst danach festzustellen, dass die Grenzwerte nicht überschritten sind.[126]

83 Im Einzelnen sieht § 293 Abs. 1 HGB die folgenden Schwellenwerte für die Größenmerkmale vor, zuletzt geändert durch das KapCoRiLiG (die geänderten Größenmerkmale sind erstmals auf alle Geschäftsjahre anzuwenden, die nach dem 31. 12. 1999 begannen; für Geschäftsjahre, die nach dem 31. 12. 1998 begannen und spätestens am 31. 12. 1999 endeten, sah eine Übergangsregelung erhöhte Schwellenwerte vor, vgl. Art. 49 EGHGB):

---

[123] Vgl. zu § 292a HGB auch die Kommentierung in WP-HdB Bd. I M Rn. 137, N.
[124] *Baetge* Konzernbilanzen S. 94.
[125] WP-HdB Bd. I M Rn. 117.
[126] BeckBilKomm/*Förschle/Kofahl* HGB § 293 Rn. 2.

Größenmerkmal	Bruttomethode bis 1998	1999	ab 2000
Bilanzsumme	63,72 Mio. DM	80,67 Mio. DM	32,27 Mio. DM
Umsatzerlöse	127,44 Mio. DM	161,33 Mio. DM	64,54 Mio. DM
Arbeitnehmerzahl	500	500	250
Größenmerkmal	**Nettomethode bis 1998**	**1999**	**ab 2000**
Bilanzsumme	53,10 Mio. DM	67,23 Mio. DM	26,89 Mio. DM
Umsatzerlöse	106,20 Mio. DM	134,46 Mio. DM	53,78 Mio. DM
Arbeitnehmerzahl	500	500	250

Durch das EuroBilG wurden die Schwellenwerte von DM in Euro umgestellt. Ab dem 1. 1. 2002 gelten die folgenden neuen Schwellenwerte:

Größenmerkmal	Bruttomethode ab 2002	Nettomethode ab 2002
Bilanzsumme	16,50 Mio. €	13,75 Mio. €
Umsatzerlöse	33,00 Mio. €	27,50 Mio. €
Arbeitnehmerzahl	250	250

Die durchschnittliche Zahl der Arbeitnehmer ist gemäß § 293 Abs. 1 S. 2 HGB unter Anwendung von § 267 Abs. 5 HGB zu ermitteln (vierter Teil der Summe aus den Zahlen der jeweils am 31. März, 30. Juni, 30. September und 31. Dezember beschäftigten Arbeitnehmer einschließlich der im Ausland beschäftigten Arbeitnehmer, jedoch ohne die zu ihrer Berufsausbildung Beschäftigten). **84**

Werden jeweils mindestens zwei der drei Merkmale am Abschlussstichtag und am vorhergehenden Abschlussstichtag nicht überschritten, so ist das Mutterunternehmen von der Pflicht zur Aufstellung eines Konzernabschlusses und Konzernlageberichtes befreit (vgl. § 293 Abs. 1 S. 1 HGB). Ein Mutterunternehmen ist nach § 293 Abs. 4 HGB auch dann von der Konzernrechnungslegungspflicht befreit, wenn die Größenmerkmale nur am Abschlussstichtag oder nur am vorhergehenden Abschlussstichtag überschritten werden und das Mutterunternehmen am vorhergehenden Abschlussstichtag von der Pflicht zur Aufstellung des Konzernabschlusses und des Konzernlageberichtes befreit war. Mit dieser Befreiungsmöglichkeit soll erreicht werden, dass ein einmaliges Überschreiten der Schwellenwerte nicht bereits die Konzernrechnungslegungspflicht nach sich zieht; die Befreiung geht also nur dann verloren, wenn die Größenmerkmale an zwei aufeinander folgenden Stichtagen überschritten werden.[127] **85**

Kapitalgesellschaften & Co. sind in dem nach dem 31. 12. 1999 beginnenden Geschäftsjahr erstmals konzernabschlusspflichtig. Eine Befreiung von der Konzernabschlusspflicht tritt ein, wenn sie am Abschlussstichtag (zB 31. 12. 2000) und am vorhergehenden Abschlussstichtag (31. 12. 1999) die Schwellenwerte gemäß § 293 HGB idF des KapCoRiLiG unterschritten haben. Dabei ist es unbeachtlich, dass am vorhergehenden Abschlussstichtag keine Konzernabschlusspflicht bestanden hat. Bei der Überprüfung der Konzernabschlusspflicht für Abschlussstichtage im Kalenderjahr 2000 ist die Anwendung der Übergangsregelung gemäß Art. 49 EGHGB idF des KapCoRiLiG auf die Vorjahreszahlen nicht möglich. **86**

---

[127] *Adler/Düring/Schmaltz* HGB § 293 Rn. 37.

Anh. II nach § 42 a   3. Abschnitt. Vertretung und Geschäftsführung

87 Nach § 340i Abs. 2 S. 2 HGB ist § 293 HGB für Kreditinstitute nicht anzuwenden, eine größenabhängige Befreiung der Kreditinstitute von der Konzernrechnungslegungspflicht ist also nicht mehr möglich.

88 Gleiches gilt für **Versicherungsunternehmen,** für die gemäß § 341j HGB die Vorschrift des § 293 HGB nicht anzuwenden ist. § 293 Abs. 3 HGB, der die größenabhängige Befreiung von der Konzernrechnungslegungspflicht für Versicherungsunternehmen enthielt, wurde durch das Versicherungsbilanzrichtlinie-Gesetz aufgehoben.

89 Die Befreiungsmöglichkeiten des § 293 HGB können gemäß § 293 Abs. 5 HGB, geändert durch das KapCoRiLiG, nicht angewendet werden, wenn am Abschlussstichtag das Mutterunternehmen oder ein in den Konzernabschluss des Mutterunternehmens einbezogenes Tochterunternehmen einen organisierten Markt iS des § 2 Abs. 5 WpHG durch von ihm ausgegebene Wertpapiere iS des § 2 Abs. 1 S. 1 WpHG in Anspruch nimmt oder die Zulassung zum Handel an einem organisierten Markt beantragt hat. Zum Begriff des organisierten Marktes vgl. Rn. 78).

90 Die **Befreiungsmöglichkeit** nach § 293 HGB steht neben anderen Befreiungsvorschriften, insbesondere den §§ 291 u. 292 HGB über befreiende Konzernabschlüsse und Konzernlageberichte. Diese Befreiungsmöglichkeiten sind größenunabhängig und als weitergehend somit gegenüber § 293 HGB **vorrangig.** Liegt eine Befreiungsmöglichkeit nach §§ 291, 292 HGB vor, braucht daher die größenabhängige Befreiung des § 293 HGB und auch deren Wegfall bei Zulassung zum Handel an einem organisierten Markt gemäß § 293 Abs. 5 HGB nicht mehr geprüft zu werden.[128]

91 **6. Abgrenzung des Konsolidierungskreises.** Unter dem Konsolidierungskreis ist der Kreis der in einen Konzernabschluss aufzunehmenden Konzernunternehmen zu verstehen.[129] Der Konsolidierungskreis, der die im Wege der Vollkonsolidierung in den Konzernabschluss einbezogenen Unternehmen umfasst, wird in den §§ 294 bis 296 HGB abgegrenzt.[130] Neben dem Vollkonsolidierungskreis gibt es weitere Kreise, wobei der Grad der Einflussnahme des Mutterunternehmens sukzessive abnimmt: den Quotenkonsolidierungskreis, der die Gemeinschaftsunternehmen enthält, und den Kreis der assoziierten Unternehmen.[131]

92 § 294 HGB regelt den Umfang des Konsolidierungskreises sowie die sich daraus ergebenden Vorlage- und Auskunftspflichten von Mutter- und Tochterunternehmen, § 295 HGB das Einbeziehungsverbot und § 296 HGB die Einbeziehungswahlrechte. Grundvoraussetzung für die Einbeziehung in den Konzernabschluss ist das Bestehen eines Mutter-Tochter-Verhältnisses nach § 290 HGB. Der Kreis der in den Konzernabschluss einzubeziehenden Unternehmen ist damit grundsätzlich fixiert; Abweichungen sind nur bei Vorliegen der Voraussetzungen der §§ 295, 296 HGB möglich. Die freiwillige Vollkonsolidierung von Unternehmen, die nicht unter § 290 HGB fallen, ist nicht zulässig.[132]

93 **a) Konsolidierungspflicht.** Nach § 294 Abs. 1 HGB sind in den Konzernabschluss das Mutterunternehmen und alle Tochterunternehmen ohne Rücksicht auf den Sitz der Tochterunternehmen einzubeziehen, sofern die Einbeziehung nicht nach den §§ 295, 296 HGB unterbleibt. Das Mutterunternehmen hat also alle inländischen und ausländischen Tochterunternehmen in den Konzernabschluss einzubeziehen **(Weltabschlussprinzip),** und zwar sowohl unmittelbare als auch mittelbare Tochterunter-

---

[128] BeckBilKomm/*Förschle*/*Kofahl* HGB § 293 Rn. 4.
[129] v. *Wysocki*/*Wohlgemuth* S. 76.
[130] *Adler*/*Düring*/*Schmaltz* HGB § 294 Rn. 1.
[131] Vgl. *Baetge* Konzernbilanzen S. 95 f.
[132] BeckBilKomm/*Förschle*/*Deubert* HGB § 294 Rn. 6; *Wiedmann* HGB § 294 Rn. 4.

nehmen (vgl. Zurechnungsvorschrift des § 290 Abs. 3 HGB). Das Weltabschlussprinzip trägt insbesondere der Tatsache Rechnung, dass der Anteil der Auslandsvermögenswerte einen beträchtlichen Anteil am Gesamtvermögen der deutschen Konzerne ausmacht, und der Konzernabschluss folglich ein den tatsächlichen Verhältnissen entsprechendes Bild der Vermögens-, Finanz- und Ertragslage des Konzerns nur dann vermitteln kann, wenn auch für ausländische Tochterunternehmen eine Einbeziehungspflicht besteht.[133]

Änderungen des Konsolidierungskreises im Zeitablauf können die Vergleichbarkeit aufeinander folgender Konzernabschlüsse erheblich beeinträchtigen; die Aussagefähigkeit des Konzernabschlusses im zeitlichen Vergleich hängt somit entscheidend von der Konstanz des einmal gewählten Konsolidierungskreises ab.[134] Die Folgen einer Veränderung des Konsolidierungskreises im Laufe des Geschäftsjahrs regelt § 294 Abs. 2 HGB. Danach sind bei einer wesentlichen Veränderung der Zusammensetzung der in den Konzernabschluss einbezogenen Unternehmen im Laufe des Geschäftsjahrs in den Konzernabschluss Angaben aufzunehmen, die einen sinnvollen Vergleich aufeinander folgender Konzernabschlüsse ermöglichen. Dieser Verpflichtung kann auch dadurch entsprochen werden, dass die entsprechenden Beträge des vorhergehenden Konzernabschlusses an die Änderung angepasst werden. 94

Zu **Veränderungen im Konsolidierungskreis** kommt es dann, wenn Unternehmen neu aufgenommen werden oder bisher konsolidierte Unternehmen ausscheiden. Folgende Ereignisse kommen dafür in Betracht:[135] 95
– der Erwerb eines oder mehrerer Unternehmen bzw. zusätzlicher Anteile an einem Unternehmen;
– der Verkauf eines oder mehrerer Unternehmen bzw. von Anteilen an einem Unternehmen;
– die Veränderung der relativen Bedeutung eines Konzernunternehmens für die Vermögens-, Finanz- und Ertragslage des Konzerns;
– die Veränderung sonstiger Einbeziehungskriterien für die Konsolidierung.

Wesentlich sind Änderungen des Konsolidierungskreises dann, wenn sie die Vergleichbarkeit aufeinander folgender Konzernabschlüsse hinsichtlich der Vermögens-, Finanz- oder Ertragslage stören; dies ist der Fall, wenn die Entwicklung, die ohne die Änderungen des Konsolidierungskreises zu verzeichnen war, nicht zu erkennen ist.[136] 96

Die Angabe zusätzlicher Informationen im Konzernabschluss bei Veränderung des Konsolidierungskreises wird insbesondere im Konzernanhang vorgenommen werden. Hier sind einerseits die wesentlichen Änderungen des Konsolidierungskreises darzustellen, andererseits sind aber auch Angaben erforderlich, die die Auswirkungen der Änderungen gegenüber dem Vorjahresabschluss erkennen lassen. Dies können je nach den Auswirkungen insbesondere Angaben zu den Postengruppen der Konzernbilanz und zu den wichtigsten Posten der Konzern-Gewinn- und Verlustrechnung (Umsatzerlöse, betriebliche Aufwendungen und Erträge, Finanzergebnis, außerordentliches Ergebnis, Steuern, Jahresergebnis) sein.[137] Verbale Ausführungen reichen dabei allerdings idR nicht aus; die Ausführungen sind vielmehr in allen wesentlichen Punkten zu quantifizieren.[138] 97

---

[133] BeckBilKomm/*Förschle/Deubert* HGB § 294 Rn. 5.
[134] BeckBilKomm/*Förschle/Deubert* HGB § 294 Rn. 15 ff.
[135] *Adler/Düring/Schmaltz* HGB § 294 Rn. 16.
[136] IDW Stellungnahme des Hauptfachausschusses 3/1995, I. 2.
[137] IDW Stellungnahme des Hauptfachausschusses 3/1995, I. 3.
[138] IDW Stellungnahme des Sonderausschusses BiLiRiG 1/1988, IV. 4.

98 Wird stattdessen von der in § 294 Abs. 2 S. 2 HGB vorgesehenen Möglichkeit der Anpassung der Vorjahreszahlen Gebrauch gemacht, so ist im Konzernabschluss in geeigneter Form darauf hinzuweisen, dass es sich nicht um die tatsächlichen Vorjahreszahlen, sondern um vergleichbar gemachte Zahlen handelt.[139] Der Angabe der tatsächlichen Vorjahresbeträge bedarf es dann nicht mehr, es empfiehlt sich jedoch, diese Beträge zusätzlich anzugeben.[140]

99 Um zu gewährleisten, dass das Mutterunternehmen alle für die Aufstellung des Konzernabschlusses erforderlichen Informationen erhält, verpflichtet § 294 Abs. 3 HGB die Tochterunternehmen, dem Mutterunternehmen ihre Jahresabschlüsse, Lageberichte, Konzernabschlüsse, Konzernlageberichte und, wenn eine Prüfung des Jahresabschlusses oder des Konzernabschlusses stattgefunden hat, die Prüfungsberichte sowie, wenn ein Zwischenabschluss aufzustellen ist, einen auf den Stichtag des Konzernabschlusses aufgestellten Abschluss unverzüglich einzureichen. Darüber hinaus kann das Mutterunternehmen von jedem Tochterunternehmen alle Aufklärungen und Nachweise verlangen, welche die Aufstellung des Konzernabschlusses und des Konzernlageberichts erfordert. Obwohl sich die Vorschrift des § 294 Abs. 3 HGB grundsätzlich auf alle Tochterunternehmen ohne Rücksicht auf deren Sitz bezieht, kann der Anspruch des Mutterunternehmens indes nur für deutsche Tochterunternehmen erzwungen werden, da deutsches Recht im Ausland nicht durchsetzbar ist.[141]

100 **b) Konsolidierungsverbot.** Tochterunternehmen dürfen nach § 295 Abs. 1 HGB dann nicht in den Konzernabschluss einbezogen werden, wenn sich ihre Tätigkeit von der Tätigkeit der anderen einbezogenen Unternehmen derart unterscheidet, dass ihre Einbeziehung in den Konzernabschluss mit der Verpflichtung, ein den tatsächlichen Verhältnissen entsprechendes Bild der Vermögens-, Finanz- und Ertragslage des Konzerns zu vermitteln, nicht vereinbar ist. § 311 HGB über die Einbeziehung von assoziierten Unternehmen bleibt davon allerdings unberührt; wird also ein Unternehmen von der Vollkonsolidierung ausgeschlossen, so kann gleichwohl eine Einbeziehung nach der Equity-Methode (vgl. Rn. 218 ff.) in Frage kommen.[142]

101 Mit der Vorschrift des § 295 HGB wird der Generalnorm des § 297 Abs. 2 S. 2 HGB Nachdruck verliehen.[143] Fraglich ist allerdings, wann eine solche die Generalnorm verletzende unterschiedliche Tätigkeit vorliegt. Gerade Konzerne sind nämlich in der Praxis nicht selten durch sehr große Diversifikation gekennzeichnet.[144] Es war daher umstritten, ob eine Einbeziehung von Unternehmen mit unterschiedlicher wirtschaftlicher Betätigung überhaupt den Aussagewert des Konzernabschlusses beeinträchtigen kann, oder ob es nicht gerade dem Wesen des Konzernabschlusses entspricht, Unternehmen mit unterschiedlicher wirtschaftlicher Tätigkeit im Konzernabschluss zusammenzufassen. Heute herrscht die Auffassung vor, dass die Nichteinbeziehung von Unternehmen mit abweichendem Geschäftszweig den Aussagewert eher beeinträchtigt als deren Einbeziehung.[145] In § 295 Abs. 2 HGB wird die Frage, wann ein Tochterunternehmen nicht in den Konzernabschluss einbezogen werden darf, negativ abgegrenzt. Danach besteht ein Konsolidierungsverbot nicht allein deshalb, weil die in den Konzernabschluss einbezogenen Unternehmen teils Industrie-, teils Han-

---

[139] BeckBilKomm/*Förschle/Deubert* HGB § 294 Rn. 17 f.
[140] IDW Stellungnahme des Hauptfachausschusses 3/1995, I. 4.
[141] BeckBilKomm/*Förschle/Deubert* HGB § 294 Rn. 34.
[142] *Wiedmann* HGB § 295 Rn. 2.
[143] *Baetge* Konzernbilanzen S. 101.
[144] *Schildbach* Der handelsrechtliche Konzernabschluss, S. 105.
[145] WP-HdB Bd. I M Rn. 156.

dels- und teils Dienstleistungsunternehmen sind oder weil diese Unternehmen unterschiedliche Erzeugnisse herstellen, mit unterschiedlichen Erzeugnissen Handel treiben oder unterschiedliche Dienstleistungen erbringen. Auch im **internationalen Bereich** wird der Ausschluss von Konzernunternehmen, die einer abweichenden Tätigkeit nachgehen, aus dem Konsolidierungskreis für nicht gerechtfertigt gehalten.[146]

Nach der hM ist das Konsolidierungsverbot des § 295 HGB sehr **eng auszulegen**.[147] Die Frage, wann ein Anwendungsfall des § 295 Abs. 1 HGB vorliegt, bleibt damit allerdings offen. Ein solcher Fall kann beispielsweise dann vorliegen, wenn eine rechtlich selbstständige gemeinnützige Unterstützungskasse oder eine ähnliche Einrichtung zu einem Konzern gehört und durch deren Einbeziehung in den Konsolidierungskreis die Vermögenslage des Konzerns zu günstig ausgewiesen würde.[148] Auch die Einbeziehung von Unternehmen, über die das Insolvenzverfahren eröffnet worden ist, fällt unter das Konsolidierungsverbot des § 295 Abs. 1 HGB.[149] 102

In Einzelfällen kann es zu Überschneidungen zwischen dem Konsolidierungsverbot des § 295 HGB und den Konsolidierungswahlrechten des § 296 HGB kommen. Ist in solchen Fällen ein sowohl § 295 HGB als auch § 296 HGB entsprechender Tatbestand erfüllt, ist § 295 HGB als die strengere Vorschrift anzuwenden.[150] 103

Wird ein Tochterunternehmen auf der Grundlage von § 295 Abs. 1 HGB nicht in den Konzernabschluss einbezogen, so ist die Nichteinbeziehung gemäß § 295 Abs. 3 S. 1 HGB im **Konzernanhang** anzugeben und zu begründen. Dadurch soll für die Adressaten des Konzernabschlusses das durch die Nichteinbeziehung entstehende Informationsdefizit verringert werden.[151] Aus der Begründung muss hervorgehen, warum eine Einbeziehung des Unternehmens mit der Verpflichtung, ein den tatsächlichen Verhältnissen entsprechendes Bild der Vermögens-, Finanz- und Ertragslage des Konzerns zu vermitteln, nicht vereinbar ist. Der Hinweis auf die Tatsache der Nichteinbeziehung allein ist nicht ausreichend.[152] Gemäß § 295 Abs. 3 S. 2 HGB müssen Jahresabschlüsse und Konzernabschlüsse von nach § 295 Abs. 1 HGB nicht einbezogenen Unternehmen, die nicht im Geltungsbereich des HGB offengelegt wurden, gemeinsam mit dem Konzernabschluss zum Handelsregister eingereicht werden. Dies gilt sowohl für die Abschlüsse von ausländischen Tochterunternehmen als auch für diejenigen von inländischen Tochterunternehmen, deren Abschlüsse nicht offenlegungspflichtig sind.[153] Der Gesetzgeber stellt dabei keine besonderen Anforderungen hinsichtlich Form und Inhalt der gemeinsam mit dem Konzernabschluss einzureichenden Abschlüsse; die Einhaltung der entsprechenden landesrechtlichen Vorschriften für das jeweilige Unternehmen ist ausreichend.[154] Eine Übersetzung von Abschlüssen in fremder Sprache ist nicht erforderlich.[155] 104

c) Konsolidierungswahlrechte. In § 296 HGB werden die Voraussetzungen geregelt, unter denen Tochterunternehmen nicht in den Konzernabschluss einbezogen zu 105

---

[146] *IASC* IAS No. 27.
[147] BeckBilKomm/*Förschle/Deubert* HGB § 295 Rn. 8; *Küting/Weber/Sahner/Sauermann* Konzernrechnungslegung § 295 HGB Rn. 7; IDW Stellungnahme des Sonderausschusses BiRiLiG 1/1988, III. 1.; *Wiedmann* HGB § 295 Rn. 6.
[148] WP-HdB Bd. I M Rn. 160.
[149] IDW Stellungnahme des Sonderausschusses BiRiLiG 1/1988, III. 3.
[150] *Adler/Düring/Schmaltz* HGB § 295 Rn. 28.
[151] BeckBilKomm/*Förschle/Deubert* HGB § 295 Rn. 22; *Baetge* Konzernbilanzen S. 103.
[152] WP-HdB Bd. I M Rn. 162; *Adler/Düring/Schmaltz* HGB § 295 Rn. 23.
[153] WP-HdB Bd. I M Rn. 163.
[154] *Adler/Düring/Schmaltz* HGB § 295 Rn. 27.
[155] *Biener/Berneke* S. 314.

Anh. II nach § 42 a 3. Abschnitt. Vertretung und Geschäftsführung

werden brauchen (Einbeziehungswahlrechte). Nach § 296 Abs. 1 u. 2 HGB ist es möglich, auf die Einbeziehung von Tochterunternehmen zu verzichten, wenn
- erhebliche und andauernde Beschränkungen die Ausübung der Rechte des Mutterunternehmens in Bezug auf das Vermögen oder die Geschäftsführung dieses Unternehmens nachhaltig beeinträchtigen (§ 296 Abs. 1 Nr. 1 HGB),
- die für die Aufstellung des Konzernabschlusses erforderlichen Angaben nicht ohne unverhältnismäßig hohe Kosten oder Verzögerungen zu erhalten sind (§ 296 Abs. 1 Nr. 2 HGB),
- die Anteile des Tochterunternehmens ausschließlich zum Zwecke ihrer Weiterveräußerung gehalten werden (§ 296 Abs. 1 Nr. 3 HGB) oder
- ein Tochterunternehmen für die Verpflichtung, ein den tatsächlichen Verhältnissen entsprechendes Bild der Vermögens-, Finanz- und Ertragslage des Konzerns zu vermitteln, von untergeordneter Bedeutung ist (§ 296 Abs. 2 HGB).

106 Da Einbeziehungswahlrechte in mehr oder weniger großem Gegensatz zum Vollständigkeitsgrundsatz stehen, sind die Konsolidierungswahlrechte **restriktiv** auszulegen.[156]

107 § 296 HGB enthält im Gegensatz zu § 295 HGB keinen expliziten Hinweis darauf, dass Tochterunternehmen, die auf Grund eines Konsolidierungswahlrechts nach § 296 HGB nicht vollkonsolidiert werden, nach der **Equity-Methode** in den Konzernabschluss einbezogen werden können, falls die entsprechenden Voraussetzungen erfüllt sind. Wenn aber die Anwendung der Equity-Methode für Tochterunternehmen, für die ein Konsolidierungsverbot gilt, vom Gesetz explizit nicht ausgeschlossen ist, muss davon ausgegangen werden, dass dies für solche Tochterunternehmen, die in Ausübung eines Konsolidierungswahlrechts nicht in den Konzernabschluss einbezogen werden, erst recht gilt.[157]

108 Nach § 296 Abs. 1 Nr. 1 HGB besteht ein Konsolidierungswahlrecht für solche Tochterunternehmen, bei denen **erhebliche** und **andauernde** Beschränkungen die Ausübung der Rechte des Mutterunternehmens in Bezug auf das Vermögen oder die Geschäftsführung dieses Unternehmens **nachhaltig** beeinträchtigen. Die Beschränkungen in der Ausübung der Rechte können **rechtlicher** Natur (Beeinträchtigung durch schriftliche, insbesondere gesellschaftsrechtliche oder vertragliche Vereinbarungen sowie durch gesetzliche Vorschriften) und/oder **tatsächlicher** Natur (Beeinträchtigung durch politische oder sonstige Verhältnisse, ohne dass schriftliche Vereinbarungen hierüber vorliegen) sein.[158] Wesentliche Bedeutung kommt dem Konsolidierungswahlrecht bei der Einbeziehung ausländischer Tochterunternehmen zu, wenn die Vermögens- oder Geschäftsführungsrechte des Mutterunternehmens auf Grund der politischen Verhältnisse durch den ausländischen Staat beeinträchtigt werden (zB Verbot der Besetzung von Organen mit Repräsentanten des Mutterunternehmens, drohende oder tatsächliche Verstaatlichung, staatliche Zwangsverwaltungen).[159] **Erheblich** beschränkt sind die Rechte des Mutterunternehmens, wenn das Mutterunternehmen die für den Bestand und die Fortentwicklung des Tochterunternehmens wesentlichen Entscheidungen nicht beeinflussen kann.[160] Eine **andauernde** und **nachhaltige** Beschränkung der Rechte des Mutterunternehmens liegt vor, wenn die Beschränkung

---

[156] *Adler/Düring/Schmaltz* HGB § 296 Rn. 2; *Wiedmann* HGB § 296 Rn. 3.
[157] WP-HdB Bd. I M Rn. 185; BeckBilKomm/*Förschle/Deubert* HGB § 296 Rn. 46; *Baetge* Konzernbilanzen S. 105.
[158] *Adler/Düring/Schmaltz* HGB § 296 Rn. 9.
[159] WP-HdB Bd. I M Rn. 172.
[160] *Baetge* Konzernbilanzen S. 107.

Konzernrechnungslegung **Anh. II nach § 42a**

während des Geschäftsjahres bis zum Konzernabschlussstichtag bestanden hat und in absehbarer Zeit auch nicht mit einer Änderung zu rechnen ist.[161]

Tochterunternehmen brauchen nach § 296 Abs. 1 Nr. 2 HGB dann nicht in den Konzernabschluss einbezogen zu werden, wenn die für die Aufstellung des Konzernabschlusses erforderlichen Angaben nicht ohne **unverhältnismäßig hohe Kosten oder Verzögerungen** zu erhalten sind. Mit diesem Wahlrecht soll dem Grundsatz der Wirtschaftlichkeit Rechnung getragen werden. Problematisch bei dieser Regelung ist die mangelnde Quantifizierbarkeit der unbestimmten Rechtsbegriffe „unverhältnismäßig hohe Kosten" und „unverhältnismäßige Verzögerungen", die sich praktisch kaum ausfüllen lassen.[162] Aufgrund dieser Unbestimmtheit ergeben sich erhebliche Spielräume für den Bilanzierenden, so dass einer **restriktiven** Auslegung dieses Konsolidierungswahlrechts zuzustimmen ist; eine Anwendung sollte nur in **Ausnahmefällen** in Frage kommen.[163] Beispiele für Fälle, in denen unverhältnismäßig hohe Verzögerungen auftreten können, sind außergewöhnliche Ereignisse oder Katastrophenfälle, wobei Streiks, Zusammenbruch der Datenverarbeitung, Vernichtung von Unterlagen durch Naturkatastrophen oder ähnliches die Aufstellung des Konzernabschlusses gefährden. 109

Weiterhin braucht ein Tochterunternehmen nach § 296 Abs. 1 Nr. 3 HGB dann nicht in den Konzernabschluss einbezogen zu werden, wenn das Mutterunternehmen die Anteile an dem Tochterunternehmen ausschließlich zum Zwecke der **Weiterveräußerung** hält. Der Wortlaut der Vorschrift lässt zunächst darauf schließen, dass **alle** Anteile von der Weiterveräußerungsabsicht betroffen sein müssen. Dem steht jedoch die Protokollerklärung zu Art. 13 Abs. 3 Buchst. c der 7. EG-Richtlinie[164] entgegen, die darauf hinweist, dass nicht alle Anteile zwecks Weiterveräußerung gehalten werden müssen, um das Konsolidierungswahlrecht anzuwenden. Die verbleibenden Anteile dürfen aber nicht dazu ausreichen, dass das Tochterunternehmen weiterhin Konzernunternehmen nach § 290 HGB bleibt und somit eine Konsolidierungspflicht besteht.[165] Dieses Einbeziehungswahlrecht wird insbesondere von Kreditinstituten und anderen professionellen Anlegern anzuwenden sein, die aus unterschiedlichen Gründen Beteiligungen von vornherein mit der Absicht der Weiterveräußerung erwerben.[166] 110

Die Vorschrift knüpft an die Veräußerungsabsicht und somit an ein schwer zu überprüfendes subjektives Merkmal an. Maßgeblich für die Zweckbestimmung der Weiterveräußerung ist der Wille des Bilanzierenden; diese Entscheidung muss nachvollziehbar sein.[167] Als ausreichende Nachweise für eine Veräußerungsabsicht sind bereits stattgefundene Verkaufsverhandlungen oder das Einschalten eines Maklers denkbar.[168] Bei einer Veräußerungsabsicht müssen die Anteile an dem Tochterunternehmen in der Konzernbilanz im Umlaufvermögen ausgewiesen werden. 111

Obwohl dieses Konsolidierungswahlrecht zeitlich nicht befristet ist, muss zu jedem Bilanzstichtag erneut geprüft werden, ob der Wille des Mutterunternehmens zur Weiterveräußerung der Anteile noch besteht, da anderenfalls das Einbeziehungswahlrecht nicht mehr anwendbar ist.

---

[161] BeckBilKomm/*Förschle/Deubert* HGB § 296 Rn. 10; *Küting/Weber/Sahner/Sauermann* Konzernrechnungslegung § 296 HGB Rn. 11.
[162] WP-HdB Bd. I M Rn. 176; *Sahner/Kammers* DB 1983, 2209, 2212.
[163] Vgl. *Adler/Düring/Schmaltz* HGB § 296 Rn. 19 mwN.
[164] *Biener/Schatzmann* S. 25.
[165] BeckBilKomm/*Förschle/Deubert* HGB § 296 Rn. 26.
[166] WP-HdB Bd. I M Rn. 178.
[167] IDW Stellungnahme des Sonderausschusses BiRiLiG 1/1988, IV 1. c.
[168] *Baetge* Konzernbilanzen S. 110.

112 Nach § 296 Abs. 2 S. 1 HGB kann schließlich auch auf die Einbeziehung eines Tochterunternehmens in den Konzernabschluss verzichtet werden, wenn das Tochterunternehmen für die Verpflichtung, ein den tatsächlichen Verhältnissen entsprechendes Bild der Vermögens-, Finanz- und Ertragslage des Konzerns zu vermitteln, **von untergeordneter Bedeutung** ist. Zur Beantwortung der Frage, wann ein Tochterunternehmen von untergeordneter Bedeutung ist, muss idR. auf den Einzelfall abgestellt werden; Umsatz oder Bilanzsumme je Tochterunternehmen im Verhältnis zu den entsprechenden Größen des Konzerns können als Hilfsgröße zur Beurteilung der Bedeutung dienen. Die Bedeutung eines Tochterunternehmens für die Darstellung der Vermögens-, Finanz- und Ertragslage des Konzerns muss aber auch im Zusammenhang mit der gesamten wirtschaftlichen Tätigkeit des Konzerns beurteilt werden. Für eine Einbeziehung können beispielsweise die Übertragung unternehmenstypischer Funktionen auf selbstständige Tochtergesellschaften (zB Grundstücksgesellschaften, Finanzierungsgesellschaften, Speditions- und Transportgesellschaften), die strukturelle Belastung des Konzernergebnisses mit Verlusten (zB Entwicklungs- und Forschungsgesellschaft) oder die Möglichkeit, bei Ausklammerung aus dem Konsolidierungskreis die Eliminierung von Zwischenergebnissen in nennenswertem Umfang zu vermeiden, sprechen.[169]

113 Sind mehrere Tochterunternehmen für sich betrachtet für die Vermittlung eines den tatsächlichen Verhältnissen entsprechenden Bildes der Vermögens-, Finanz- und Ertragslage des Konzerns von untergeordneter Bedeutung, so sind diese Unternehmen nach § 296 Abs. 2 S. 2 HGB in den Konzernabschluss einzubeziehen, wenn sie zusammen nicht von untergeordneter Bedeutung sind. Durch diese Gesamtbetrachtung soll verhindert werden, dass die Aussagefähigkeit des Konzernabschlusses im Sinne der Generalnorm durch eine isolierte Beurteilung der Tochterunternehmen vermindert wird.[170]

114 Die Anwendung eines der Konsolidierungswahlrechte des § 296 Abs. 1 u. 2 HGB ist nach § 296 Abs. 3 HGB im **Konzernanhang** zu begründen. Die gleichzeitige Vorlage der entsprechenden Einzelabschlüsse mit dem Konzernabschluss beim Handelsregister (analog zur Vorschrift des § 295 Abs. 3 S. 2 HGB) wird hier nicht gefordert. Ein bloßer Verweis auf die gesetzliche Vorschrift ist als Begründung nicht ausreichend, sondern es ist für jedes Tochterunternehmen anzugeben, warum die gesetzlichen Voraussetzungen als erfüllt betrachtet werden;[171] dabei darf sich die Begründung auf mehrere Tochterunternehmen gleichzeitig beziehen.

115 **7. Währungsumrechnung.**[172] Der Konzernabschluss eines deutschen Mutterunternehmens ist nach § 298 Abs. 1 iVm. § 244 HGB idF des EuroEG ab 1. 1. 1999 in Euro aufzustellen. Soweit einzelne Vermögensgegenstände in anderer Währung (zB Deutsche Mark) bewertet sind, müssen diese zum Konzernabschlussstichtag in Euro umgerechnet werden. Art. 42 Abs. 1 S. 2 EGHGB enthält eine Übergangsregelung, die es gestattet, den Konzernabschluss weiterhin, jedoch letztmals für ein im Jahr 2001 endendes Geschäftsjahr, in Deutsche Mark aufzustellen. Wird von dieser Möglichkeit Gebrauch gemacht, sind die vorgeschriebenen Angaben weiterhin in Deutsche Mark zu machen. Aus der Verpflichtung des § 298 Abs. 1 iVm. § 244 HGB ergibt sich die Notwendigkeit, die Jahresabschlüsse ausländischer Tochterunternehmen vor der Konsolidierung in Euro umzurechnen. Bezüglich der bei der Umstellung auftretenden

---

[169] WP-HdB Bd. I M Rn. 181; *Adler/Düring/Schmaltz* HGB § 296 Rn. 31.
[170] *Schildbach* Der handelsrechtliche Konzernabschluss, S. 110 f.
[171] *Adler/Düring/Schmaltz* HGB § 296 Rn. 33 mwN; BeckBilKomm/*Förschle/Deubert* HGB § 296 Rn. 42.
[172] Zur Währungsumrechnung *Lachnitt/Ammann* WPg. 1998, 751 ff.

Probleme (Realisierung stiller Reserven, Behandlung der Umstellungsaufwendungen usw.) wird auf Art. 4 EuroEG verwiesen. Weitere Hinweise geben das Euro-Einführungsschreiben des BMF[173] sowie das IDW-Positionspapier zu wesentlichen Rechnungslegungsfragen im Zusammenhang mit der Einführung des Euro.[174]

Das Gesetz enthält, abgesehen von der ausschließlich für Kreditinstitute anwendbaren Spezialvorschrift des § 340h HGB, **keine Regelungen** darüber, nach welchen Grundsätzen Abschlüsse, die in fremder Währung erstellt wurden, umzurechnen sind.[175] Nachdem der geänderte Entwurf einer Verlautbarung zur Währungsumrechnung des HFA im Institut der Wirtschaftsprüfer in Deutschland e.V.[176] nicht verabschiedet wurde, legte der Hauptfachausschuss des IDW im Jahr 1998 einen **Entwurf einer Stellungnahme zur Währungsumrechnung im Konzernabschluss** vor. Auch diese wurde bislang nicht verabschiedet, jedoch lässt der Entwurf Aufschlüsse darauf zu, wie die Währungsumrechnung aus Sicht des HFA – vor allem vor dem Hintergrund der internationalen Entwicklungen – durchzuführen ist.[177] In der Vergangenheit wendeten die Unternehmen verschiedene Umrechnungsmethoden an. Die jeweiligen **Verfahren** unterscheiden sich im Wesentlichen durch die Verwendung von unterschiedlichen Umrechnungskursen für einzelne bzw. alle Posten von Bilanz und Gewinn- und Verlustrechnung (historische Kurse, Stichtagskurse) sowie durch die Behandlung der bilanziellen Umrechnungsdifferenzen, die entweder erfolgsneutral oder aber erfolgswirksam verrechnet werden.

116

In Ermangelung einer konkreten gesetzlichen Regelung der Währungsumrechnung kommt der **Generalnorm** des § 297 Abs. 2 S. 2 HGB für den Konzernabschluss besondere Bedeutung zu. Danach muss diejenige Umrechnungsmethode gewählt werden, die der Generalnorm am besten gerecht wird.[178] Das angewandte Verfahren muss somit dazu führen, dass der Konzernabschluss ein den tatsächlichen Verhältnissen entsprechendes Bild der Vermögens-, Finanz- und Ertragslage vermittelt. Für die Auswahl der Umrechnungskurse und die Behandlung von Umrechnungsdifferenzen sind daher die tatsächlichen finanzwirtschaftlichen Beziehungen zwischen dem jeweiligen einzubeziehenden Unternehmen und dem Mutterunternehmen entscheidend.[179] Denn von den Cash Flows zwischen dem Währungsgebiet des Mutterunternehmens und dem des Tochterunternehmens hängt es ab, ob und inwieweit aus Wechselkursveränderungen zwischen der Landeswährung des einzubeziehenden ausländischen Tochterunternehmens und der Währung des Mutterunternehmens, in der der Konzernabschluss aufgestellt wird, Erfolgsbeiträge entstehen, die als Aufwendungen und Erträge des Konzerns zu berücksichtigen sind **(funktionale Methode)**.

117

Diese vom Hauptfachausschuss präferierte Methode lehnt sich eng an das Konzept der funktionalen Währung von SFAS 52 und IAS 21 an. Geboten ist die Anwendung der funktionalen Methode auch vor allem vor dem Hintergrund der zunehmenden internationalen Verflechtung deutscher Konzerne sowie auf Grund der wegen § 297 Abs. 2 S. 2 HGB notwendigen Orientierung an betriebswirtschaftlich aussagefähigen

118

---

[173] BStBl. 1998 I S. 1625.
[174] WPg. 1997, 400 ff.
[175] Für Kreditinstitute vgl. IDW Stellungnahme des Bankenfachausschusses 3/1995.
[176] IDW Geänderter Entwurf einer HFA-Verlautbarung zur Währungsumrechnung im Jahres- und Konzernabschluss, WPg. 1986, 664 ff.
[177] IDW Entwurf einer Stellungnahme zur Währungsumrechnung im Konzernabschluss, WPg. 1998, 549 ff. (HFA-Entwurf); vgl. auch WP-HdB Bd. I M Rn. 262.
[178] *Baetge* Konzernbilanzen S. 142.
[179] IDW HFA-Entwurf (Fn. 175) S 549.

Informationen.[180] Ist nach den bestehenden finanzwirtschaftlichen Beziehungen davon auszugehen, dass sich Wechselkursveränderungen zwischen der Landeswährung des Tochterunternehmens und der Währung, in der der Konzernabschluss aufgestellt wird, auf die Ertragslage des Konzerns nicht oder nur unwesentlich auswirken, so ist die **Umrechnung zu Stichtagskursen** vorzunehmen (dem Umrechnungsvorgang kommt dann keine Bewertungsaufgabe zu[181]). Ist dagegen davon auszugehen, dass sich Wechselkursveränderungen wegen der bestehenden finanzwirtschaftlichen Beziehungen wesentlich auf die Ertragslage des Konzerns auswirken, so ist den erwarteten Chancen und Risiken nach allgemeinen Bewertungsgrundsätzen Rechnung zu tragen, d. h. die im Ausland belegenen Vermögensgegenstände und Schulden des einzubeziehenden Tochterunternehmens sind zu bewerten wie Vermögensgegenstände und Schulden des Mutterunternehmens. In diesen Fällen ist zur Währungsumrechnung die **Zeitbezugsmethode** anzuwenden.[182] Im Rahmen der funktionalen Methode werden somit Zeitbezugsmethode und Stichtagsmethode nebeneinander angewendet, wobei die Entscheidung, welche Methode im Einzelfall anzuwenden ist, anhand der funktionalen Währung des jeweiligen Tochterunternehmens getroffen wird. Die funktionale Währung wird dabei als die Währung des Wirtschaftsraums definiert, in dem das jeweilige Tochterunternehmen hauptsächlich tätig ist, d. h. wo es seine Einnahmen erzielt und seine Ausgaben tätigt.[183]

119 Grundlegend für die funktionale Methode ist die Differenzierung der Tochterunternehmen in relativ **selbstständig** operierende Unternehmen, deren Erfolg in der Währung zu messen ist, in der sie ihre Geschäfte abwickeln, und solche Unternehmen, die als relativ **unselbstständige** Abteilungen des Mutterunternehmens tätig sind und deren Erfolg deshalb auch in der Währung des Mutterunternehmens zu messen ist. Die Festlegung der funktionalen Währung des jeweiligen Tochterunternehmens und damit die Bestimmung des anzuwendenden Umrechnungsverfahrens richten sich nach dieser Differenzierung.[184]

120 Ist das Tochterunternehmen relativ eigenständig und wickelt seine Geschäfte in der Währung des Landes ab, in dem es seinen Sitz hat, dann ist diese Währung die funktionale Währung. In diesem Fall werden die Transaktionen des Tochterunternehmens von Wechselkursänderungen zumindest kurzfristig kaum tangiert und das Mutterunternehmen kann – ceteris paribus – mit unveränderten Gewinnen bzw. Ausschüttungen des Tochterunternehmens rechnen. Daher sollte die Struktur des Abschlusses des Tochterunternehmens möglichst unverändert in den Konzernabschluss übernommen werden, die Währungsumrechnung also nach der **Stichtagsmethode** erfolgen.[185]

121 Ist dagegen das ausländische Tochterunternehmen so stark in den Konzern eingebunden, dass es relativ unselbstständig ist und nur als „verlängerter Arm" des Mutterunternehmens geführt wird, dann ist die Währung des Mutterunternehmens als funktionale Währung anzusehen. Die Währungsumrechnung muss zu einem Ergebnis führen, das dem entspricht, wie es auch bei originärer Buchführung in der Währung des Mutterunternehmens erzielt würde. Diesem Ziel entspricht die **Zeitbezugsmethode**.[186]

---

[180] WP-HdB Bd. I M Rn. 274.
[181] Vgl. IDW HFA-Entwurf (Fn. 175) S 550.
[182] IDW HFA-Entwurf (Fn. 175) S. 550.
[183] *FASB* SFAS No. 52 Rn. 5.
[184] *Adler/Düring/Schmaltz* HGB § 298 Rn. 39 ff.
[185] *Baetge* Konzernbilanzen S. 161 f.
[186] *Adler/Düring/Schmaltz* HGB § 298 Rn. 41.

An der **funktionalen Methode** wird u. a. das Nebeneinander von Stichtags- und **122** Zeitbezugsmethode im Konzernabschluss und die dadurch bedingte Beeinträchtigung der Vergleichbarkeit von Konzernabschlüssen kritisiert. Da es sich jedoch um eine sachlich begründete Kombination der beiden Methoden handelt, ist eine solche Kritik insofern nicht angebracht.[187]

Bei Anwendung der **Stichtagsmethode** werden alle Bilanzposten der einbezoge- **123** nen ausländischen Konzernunternehmen einheitlich zum jeweiligen Tageskurs am Bilanzstichtag in Euro umgerechnet. Auch das Eigenkapital ist insgesamt mit dem Stichtagskurs anzusetzen. Um deutlich zu machen, inwieweit sich Wechselkursschwankungen auf das in der Summe zum Stichtagskurs umgerechnete Eigenkapital ausgewirkt haben, ist es sachgerecht, das gezeichnete Kapital und die Rücklagen sowie einen Ergebnisvortrag mit den historischen Kursen umzurechnen, während das Jahresergebnis der umgerechneten Gewinn- und Verlustrechnung entnommen wird. Eine daraus resultierende bilanzielle Umrechnungsdifferenz ist dann erfolgsneutral in einen gesonderten Posten innerhalb des Eigenkapitals einzustellen. Die Aufwendungen und Erträge der Gewinn- und Verlustrechnung können entweder zu den jeweiligen Transaktionskursen oder entsprechend dem Charakter der Erfolgsrechnung als Zeitraumrechnung zu Durchschnittskursen umgerechnet werden.[188] Wird zu Durchschnittskursen umgerechnet, sind diese so zu bestimmen, dass die Abweichungen zur Umrechnung mit Transaktionskursen nicht wesentlich sind. Danach kommt insbesondere die Verwendung von Monatsdurchschnittskursen in Betracht.

Der Stichtagsmethode liegt die Annahme zugrunde, dass die ausländischen Tochter- **124** unternehmen in geschlossenen Teilmärkten mit eigenem Rechts- und Währungskreis relativ selbstständig operieren und ihre Ertragskraft von Wechselkursänderungen weitgehend unabhängig ist.[189] Von Interesse ist daher vor allem die Struktur der Abschlüsse von ausländischen Tochterunternehmen; diese soll in den Konzernabschluss übernommen werden. Die Anwendung der Stichtagsmethode führt dazu, dass die Struktur der einbezogenen ausländischen Abschlüsse erhalten bleibt.

Die Stichtagsmethode weist insbesondere den Vorteil einer einfachen Handhabung **125** der Umrechnung auf; der mit diesem Verfahren verbundene Arbeitsaufwand ist im Gegensatz zur Zeitbezugsmethode relativ gering. Als nachteilig erweist sich die Stichtagsmethode jedoch bei Bilanzen in hochinflationären Währungen, wo eine Umrechnung zum Stichtagskurs bei langfristigen, zu Anschaffungs- oder Herstellungskosten bewerteten nichtmonetären Aktiva zu einer starken Unterbewertung in Euro führt. In diesen Fällen setzt die Anwendung der Stichtagsmethode die Vornahme einer **Inflationsbereinigung** für das Anlagevermögen und das Eigenkapital voraus, damit ein den tatsächlichen Verhältnissen entsprechendes Bild der Vermögens-, Finanz- und Ertragslage des Konzerns vermittelt werden kann.[190]

Der Grundgedanke der **Zeitbezugsmethode** (temporal principle) besteht in der **126** Fiktion, dass die ausländischen Tochtergesellschaften von vornherein alle Vermögens- und Schuldposten in der Währung der Obergesellschaft bilanzieren. Hieraus ergibt sich für HGB-Konzernabschlüsse die zwingende Anwendung des Anschaffungskostenprinzips (§ 253 Abs. 1 HGB), des Niederstwertprinzips (§ 253 Abs. 2 und Abs. 3, § 279 Abs. 1 HGB) sowie des Wertaufholungsgebots (§§ 253 Abs. 5, 280 Abs. 1

---

[187] *Adler/Düring/Schmaltz* HGB § 298 Rn. 45.
[188] IDW HFA-Entwurf (Fn. 175) S. 551.
[189] *Busse von Colbe/Ordelheide* S. 123 f.
[190] IDW HFA-Entwurf (Fn. 175) S. 553 f.; WP-HdB Bd. I M Rn. 284 f.; Arbeitskreis „Externe Unternehmensrechnung" ZfbF Sonderheft 21/1987, S. 62 f.

HGB).[191] Dementsprechend werden auf der Aktivseite die Vermögensgegenstände, die nach ihrer Umrechnung in Euro auf der Grundlage der Anschaffungs- oder Herstellungskosten bewertet werden, zum historischen Kurs im jeweiligen Zugangszeitpunkt umgerechnet. Sind Zeitwerte maßgebend, ist zum Kurs am Abschlussstichtag und im Falle der Maßgeblichkeit von Zukunftswerten (§ 253 Abs. 3 S. 3 HGB) mit dem Kurs, der für den Realisationszeitpunkt erwartet wird, umzurechnen. Es kommen somit unterschiedliche Umrechnungskurse zur Anwendung. Auf der Passivseite sind Verbindlichkeiten grundsätzlich mit dem historischen Kurs oder mit dem höheren Stichtagskurs umzurechnen. Rückstellungen sind mit dem zum Stichtagskurs umgerechneten Tageswert anzusetzen. Forderungen und Verbindlichkeiten aus dem laufenden Geschäftsverkehr mit einer Laufzeit von maximal einem Jahr können jedoch auch zum Stichtagskurs umgerechnet werden.[192] Zur Ermittlung des Niederstwerts von Vermögensgegenständen sind den mit historischen Kursen umgerechneten fortgeführten Anschaffungskosten die zu Stichtagskursen umgerechneten Tageswerte der Vermögensgegenstände gegenüberzustellen. Ein Niederstwerttest ist insbesondere dann durchzuführen, wenn Anhaltspunkte für das Vorliegen niedrigerer Tageswerte bestehen oder die Tageskurse die historischen Kurse wesentlich unterschreiten.[193] Aufgrund von Kursveränderungen notwendige Wertänderungen der einzelnen Bilanzposten sind grundsätzlich erfolgswirksam zu erfassen.

127 Durch die Anwendung unterschiedlicher Umrechnungskurse auf die einzelnen Posten der Bilanz ergibt sich regelmäßig eine Differenz zwischen dem Saldo der umgerechneten Aktiva und Schulden und dem umgerechneten Eigenkapital. Eine negative **Umrechnungsdifferenz** stellt aus der Sicht des Mutterunternehmens einen unrealisierten Währungsverlust an dem in Fremdwährung investierten Nettovermögen dar, eine positive Umrechnungsdifferenz dagegen einen unrealisierten Währungsgewinn. Bilanzielle Umrechnungsdifferenzen dürfen unter Beachtung des Realisations- und Imparitätsprinzips nur insoweit erfolgswirksam behandelt werden, als sie aus der Minderung einer negativen Umrechnungsdifferenz entstehen. Positive Umrechnungsdifferenzen sind dagegen in der Gewinn- und Verlustrechnung zu neutralisieren, zB durch die aufwandswirksame Bildung einer Rückstellung für Währungsrisiken.[194]

128 In der Gewinn- und Verlustrechnung sind für Posten, die sich auf mit historischen Kursen umgerechnete Bilanzposten beziehen, die jeweiligen historischen Kurse, für andere Posten grundsätzlich Transaktionskurse maßgeblich. Aus Vereinfachungsgründen kann eine Umrechnung auch mit Durchschnittskursen erfolgen.[195] Das Jahresergebnis ist als Saldo der umgerechneten Aufwendungen und Erträge unter Berücksichtigung der erfolgswirksam behandelten Veränderungen der Umrechnungsdifferenzen zu ermitteln. Die Zeitbezugsmethode folgt somit konsequent der Einheitstheorie. Unter den Methoden, die mit **differenzierten** Kursen arbeiten, wird ihr daher der Vorrang eingeräumt.[196]

129 Die **Zeitbezugsmethode** gewährleistet durch die Anwendung differenzierter Kurse und die Durchführung des Niederstwerttests sowohl bei Aufwertungen als auch bei Abwertungen der Auslandswährungen die Einhaltung deutscher Bilanzierungsnormen,

---

[191] Vgl. IDW HFA-Entwurf (Fn. 175) S. 551.
[192] IDW HFA-Entwurf (Fn. 175) S. 551.
[193] IDW HFA-Entwurf (Fn. 175) S. 551.
[194] IDW HFA-Entwurf (Fn. 175) S. 551.
[195] IDW HFA-Entwurf (Fn. 175) S. 551.
[196] v. Wysocki/Wohlgemuth S. 182.

insbesondere des Anschaffungswertprinzips und des Niederstwertprinzips.[197] Die Methode verursacht allerdings einen hohen Arbeitsaufwand, da einerseits historische Anschaffungs- und Herstellungskosten in Landeswährung zum historischen Umrechnungskurs festgehalten werden müssen, andererseits aber auch die Gegenwartsdaten zu jedem Bilanzstichtag für die Durchführung des Niederstwerttests zu beachten sind. Unter Berücksichtigung der fortschreitenden Verfeinerung des konzerninternen Rechnungswesens, insbesondere im Hinblick auf die Verwendung von EDV-Systemen, kann jedoch im Allgemeinen von der Wirtschaftlichkeit der Zeitbezugsmethode ausgegangen werden.[198]

Zur Währungsumrechnung und Konsolidierungsmaßnahmen im Übrigen (Kapitalkonsolidierung, Schuldenkonsolidierung) wird auf den IDW-Entwurf sowie auf die Darstellung im WP-Handbuch verwiesen.[199]

130

Die Grundlagen für die Währungsumrechnung sind nach § 313 Abs. 1 Nr. 2 HGB im **Konzernanhang** anzugeben. Dabei ist die für die Umrechnung der in den Konzernabschluss einbezogenen ausländischen Jahresabschlüsse angewendete Methode zu erläutern. Im Einzelnen sollte der Konzernanhang folgende Angaben enthalten.[200]

131

– Beschreibung der angewandten Methode der Währungsumrechnung unter der Angabe, ob die Währungsumrechnung nach der Zeitbezugsmethode oder der Stichtagsmethode in Abhängigkeit von den bestehenden finanzwirtschaftlichen Beziehungen zu den Tochterunternehmen und den sich daraus ergebenden Konsequenzen von Wechselkursveränderungen vorgenommen wurde.
– Bei Anwendung der Stichtagsmethode ist ggf. auf eine im Wege der Indexierung oder Hartwährungsrechnung vorgenommene Inflationsbereinigung hochinflationärer Währungen hinzuweisen und das angewandte Verfahren zu erläutern.
– Erläuterung aus der Währungsumrechnung gesondert auszuweisender Posten.
– Angabe des Anteils der in den sonstigen Rückstellungen neutralisierten positiven Umrechnungsdifferenzen.
– Angabe der Bestimmung der Durchschnittskurse (Monats-, Quartals- oder Jahresdurchschnittskurse; Gewichtung).

Die Erläuterungen müssen insbesondere erkennen lassen, in welcher Größenordnung bilanzielle Differenzen erfolgswirksam vereinnahmt, durch Rückstellungen neutralisiert oder in das Eigenkapital eingestellt worden sind.[201]

132

IV. Konzernbilanz

1. Inhalt der Konzernbilanz. Die Konzernbilanz entsteht gemäß § 300 Abs. 1 S. 1 HGB durch die Zusammenfassung der Einzelbilanzen aller in den Konzernabschluss einbezogenen Unternehmen. Dabei gilt – der Einheitstheorie folgend – der Grundsatz der Vollkonsolidierung, d.h. die Vermögensgegenstände, Schulden, Rechnungsabgrenzungsposten, Sonderposten und zulässigen Bilanzierungshilfen der einbezogenen Unternehmen werden unabhängig von der Beteiligungsquote des Mutterunternehmens mit ihrem vollen Betrag in die Konzernbilanz aufgenommen (vgl. § 300

133

---

[197] Arbeitskreis „Externe Unternehmensrechnung" ZfbF Sonderheft 21/1987, S. 52; WP-HdB Bd. I M Rn. 269.
[198] Adler/Düring/Schmaltz HGB § 298 Rn. 31 mwN.
[199] IDW HFA-Entwurf (Fn. 175) S. 552 f.; WP-HdB Bd. I M Rn. 279 ff.; Duckstein/Dusemond DB 1995, 1673 ff.
[200] IDW HFA-Entwurf (Fn. 175) S. 554 sowie WP-HdB Bd. I M Rn. 705 f.
[201] Zu den Angaben bei erstmaliger Anwendung der Grundsätze des Entwurf dieser Verlautbarung vgl. IDW HFA-Entwurf (Fn. 175) S. 554.

Abs. 2 HGB). Gehören Anteile an in den Konzernabschluss einbezogenen Unternehmen nicht dem Mutterunternehmen, so ist nach § 307 Abs. 1 S. 1 HGB für die Anteile der anderen Gesellschafter ein Ausgleichsposten in Höhe ihres Anteils am Eigenkapital unter entsprechender Bezeichnung innerhalb des Eigenkapitals in der Konzernbilanz gesondert auszuweisen.

134 Damit der Konzernabschluss der Einheitstheorie entspricht, sind jedoch die Werte, die aus der postenweisen Addition der in den Einzelbilanzen der einbezogenen Unternehmen enthaltenen Beträge entstehen, um die in ihnen enthaltenen Auswirkungen konzerninterner Beziehungen zu korrigieren (Konsolidierung). Dabei ist insbesondere die Eliminierung der konzerninternen Beteiligungs- und Kapitalverhältnisse von Bedeutung (**Kapitalkonsolidierung**, §§ 301, 302 HGB; vgl. Rn. 139 ff.). Weitere für die Erstellung der Konzernbilanz erforderliche Konsolidierungsmaßnahmen sind die Eliminierung der konzerninternen Forderungen und Verbindlichkeiten (**Schuldenkonsolidierung**, § 303 HGB; vgl. Rn. 192 ff.) sowie die Eliminierung von Gewinnen und Verlusten, die auf innerkonzernlichen Lieferungen und Leistungen beruhen (**Zwischenergebniseliminierung**, § 304 HGB; vgl. Rn. 199 ff.).

135 Abweichend vom Grundsatz der Vollkonsolidierung lässt § 310 HGB auch die beteiligungsproportionale Übernahme der Bilanzposten von sog. Gemeinschaftsunternehmen (**Quotenkonsolidierung**; vgl. Rn. 211 ff.) zu. Ähnliches gilt für die Anwendung der **Equity-Methode** (vgl. Rn. 218 ff.) für die Bewertung von Beteiligungen an assoziierten Unternehmen (§§ 311, 312 HGB), die ihrem Wesen nach ebenfalls als Quotenkonsolidierung angesehen werden kann.[202]

136 Für die Konzernbilanz gilt die Generalnorm des § 297 Abs. 2 HGB, nach der der Konzernabschluss klar und übersichtlich aufzustellen ist und unter Beachtung der Grundsätze ordnungsmäßiger Buchführung ein den tatsächlichen Verhältnissen entsprechendes Bild der Vermögens-, Finanz- und Ertragslage des Konzerns zu vermitteln hat. Vermittelt der Konzernabschluss auf Grund besonderer Umstände ein solches Bild nicht, so sind im Konzernanhang zusätzliche Angaben zu machen.

137 Die **Gliederung** der Konzernbilanz richtet sich gemäß § 298 Abs. 1 HGB nach dem Gliederungsschema für große Kapitalgesellschaften in § 266 HGB. Darüber hinaus enthält die Vorschrift des § 298 Abs. 1 HGB weitere Verweise auf ergänzende Gliederungsvorschriften für die Einzelbilanz, die auf die Konzernbilanz entsprechend anzuwenden sind. Dazu zählen auch die Vorschriften, die für die jeweilige Rechtsform und den jeweiligen Geschäftszweig der in den Konzernabschluss einbezogenen Unternehmen im Geltungsbereich des HGB gültig sind, soweit sie für **große Kapitalgesellschaften** gelten und die Eigenart des Konzernabschlusses keine Abweichungen bedingt oder in den Vorschriften des HGB über den Konzernabschluss nicht etwas anderes bestimmt ist. Damit dürften in erster Linie die speziellen Rechnungslegungsvorschriften des AktG und des GmbHG gemeint sein; der Verweis auf die geschäftszweigspezifischen Vorschriften dürfte wegen §§ 340i Abs. 2 S. 2, 341i Abs. 1 Satz 2 HGB nur noch in den Fällen von Bedeutung sein, in denen ein Kreditinstitut oder ein Versicherungsunternehmen in einen branchenfremden Konzernabschluss einbezogen wird.[203] So gilt beispielsweise für Mutterunternehmen in der Rechtsform der GmbH, dass Ausleihungen, Forderungen und Verbindlichkeiten gegenüber Gesellschaftern in der Konzernbilanz gesondert auszuweisen oder im Konzernanhang anzugeben sind.[204]

---

[202] WP-HdB Bd. I M Rn. 196.
[203] *Adler/Düring/Schmaltz* HGB § 298 Rn. 6.
[204] *Adler/Düring/Schmaltz* HGB § 298 Rn. 202.

Konzernrechnungslegung **Anh. II nach § 42a**

Die Vorschriften über den Konzernabschluss enthalten außerdem ausdrückliche **138**
Vereinfachungen gegenüber der Einzelbilanz (gemäß § 298 Abs. 2 HGB Zusammenfassung der Vorräte in einem Posten in der Konzernbilanz, wenn deren Aufgliederung wegen besonderer Umstände mit einem unverhältnismäßigen Aufwand verbunden wäre) sowie Erweiterungen der Gliederung um gesondert auszuweisende **konsolidierungstechnische Posten** (zB Unterschiedsbetrag aus der Kapitalkonsolidierung, Ausgleichsposten für die Anteile der anderen Gesellschafter in Höhe ihres Anteils am Eigenkapital).[205]

2. Kapitalkonsolidierung. Eine rein additive Zusammenfassung aller Aktiva und **139**
Passiva der in den Konzernabschluss einbezogenen Unternehmen führt im Konzernabschluss zu Doppelerfassungen von Vermögensgegenständen, weil die Posten „Beteiligungen" der Mutterunternehmen und die dahinter stehenden Posten in den Bilanzen der Tochterunternehmen lediglich zwei verschiedene Erscheinungsformen derselben Sache sind.[206] Die additive Zusammenfassung der Posten in den Einzelabschlüssen reicht somit zur Aufstellung des Konzernabschlusses nicht aus. Im Rahmen der Kapitalkonsolidierung werden nach § 301 Abs. 1 HGB die Wertansätze der dem Mutterunternehmen gehörenden Anteile an einem in den Konzernabschluss einbezogenen Tochterunternehmen mit dem auf diese Anteile entfallenden Betrag des Eigenkapitals des Tochterunternehmens verrechnet. Die Kapitalverflechtung zwischen Mutterunternehmen und Tochterunternehmen wird dadurch eliminiert; die Beteiligung und das Kapital werden durch die Aktivposten und die übrigen Passivposten der einzubeziehenden Unternehmen ersetzt.[207] Die Kapitalkonsolidierung entspricht auch der Fiktion der wirtschaftlichen Einheit des Konzerns, nach der die Tochterunternehmen wirtschaftlich die Stellung unselbstständiger Betriebsabteilungen des Mutterunternehmens einnehmen: In einem einheitlichen Unternehmen kann es keine Beteiligungen an Betriebsabteilungen geben.

Die Kapitalkonsolidierung[208] ist im Regelfall nach der erfolgswirksamen **Erwerbs-** **140**
methode (purchase method) gemäß § 301 HGB durchzuführen. In besonderen Fällen ist auch die sog. **Interessenzusammenführungsmethode** (pooling-of-interests-method) nach § 302 HGB zulässig (vgl. Rn. 181 ff.). Während die Erwerbsmethode einen normalen Erwerb der Beteiligung durch das Mutterunternehmen oder ein Tochterunternehmen, bei dem finanzielle Mittel für den Erwerb der Beteiligung aus dem Unternehmensverbund abfließen, unterstellt, geht die Interessenzusammenführungsmethode in ihrer Grundkonzeption von einer quasi gleichberechtigten Fusion der beiden Unternehmen aus, bei der kein Kaufpreis bezahlt wird, sondern Anteile gegenseitig getauscht werden.[209]

Die Erwerbsmethode unterscheidet zwischen der **Erstkonsolidierung** bei erstmali- **141**
ger Einbeziehung eines Tochterunternehmens und der **Folgekonsolidierung.** Im Rahmen der **erfolgsneutralen** Erstkonsolidierung erfolgt die Aufrechnung des Beteiligungsansatzes mit dem Eigenkapital des Tochterunternehmens, die Feststellung und Aufteilung von stillen Reserven und Lasten sowie die gesonderte Erfassung eines danach verbleibenden Unterschiedsbetrags; bei den **erfolgswirksamen** Folgekonsolidierungen werden die verteilten stillen Reserven und Lasten sowie der aktivierte oder passivierte Unterschiedsbetrag fortgeführt, abgeschrieben oder aufgelöst.[210]

---

[205] WP-HdB Bd. I M Rn. 216 ff.
[206] WP-HdB Bd. I M Rn. 334; *Wiedmann* HGB § 301 Rn. 1.
[207] BeckBilKomm/*Förschle* HGB § 301 Rn. 1.
[208] Vgl. hierzu Deutscher Rechnungslegungs Standard Nr. 4 (DRS 4) v. 30. 12. 2000.
[209] *Baetge* Konzernbilanzen S. 165.
[210] BeckBilKomm/*Förschle* HGB § 301 Rn. 6.

Anh. II nach § 42 a 3. Abschnitt. Vertretung und Geschäftsführung

142 In die Kapitalkonsolidierung sind als **konsolidierungspflichtige Anteile** sämtliche dem Mutterunternehmen gehörenden Anteile an Tochterunternehmen des Konsolidierungskreises einzubeziehen. Dazu zählen auch Anteile, die anderen einbezogenen Unternehmen gehören. Im Ergebnis lässt sich feststellen, dass sämtliche Anteile an einbezogenen Tochterunternehmen, die einem vollkonsolidierten Unternehmen gehören, der Konsolidierungspflicht unterliegen.[211] Anteile an dem Mutternehmen, die dem Mutterunternehmen selbst oder einem in den Konzernabschluss einbezogenen Tochterunternehmen gehören, sind nach § 301 Abs. 4 HGB allerdings ausgenommen; solche Anteile sind in der Konzernbilanz als eigene Anteile im Umlaufvermögen gesondert auszuweisen. Die Konsolidierung dieser Anteile würde zu einer Verminderung des Kapitals des Mutterunternehmens führen.[212]

143 **a) Erstkonsolidierung.** Im Rahmen der Erwerbsmethode wird für die Erstkonsolidierung unterstellt, dass vom Konzern ein Bündel einzelner Vermögensgegenstände und Schulden unmittelbar erworben worden ist.[213] Da nach § 300 Abs. 1 S. 2 HGB an die Stelle der Beteiligung an dem Tochterunternehmen im Konzernabschluss die Vermögensgegenstände und Schulden des Tochterunternehmens treten, müssen diese Bilanzposten des Tochterunternehmens bei der Erstkonsolidierung mit den Werten in die Konzernbilanz eingehen, die ihnen im Rahmen des Kaufpreises der Beteiligung zukommen.[214] Dafür sind nach § 301 Abs. 1 S. 2 HGB zwei Methoden zulässig: die **Buchwertmethode** (§ 301 Abs. 1 S. 2 Nr. 1 HGB), bei der die Aufrechnung des Wertansatzes der Anteile mit dem entsprechenden Eigenkapital, das den Buchwerten der aufzunehmenden Vermögens- und Schuldposten entspricht, erfolgt, und die **Neubewertungsmethode** (§ 301 Abs. 1 S. 2 Nr. 2 HGB), bei der zum Zeitpunkt der Erstkonsolidierung eine vollständige Neubewertung aller Vermögens- und Schuldposten jeweils zu Verkehrswerten vorgenommen wird.[215]

144 Das **konsolidierungspflichtige Eigenkapital** umfasst bei Tochtergesellschaften in der Rechtsform einer Kapitalgesellschaft grundsätzlich sämtliche Posten des bilanziellen Eigenkapitals nach § 266 Abs. 3 HGB, also gezeichnetes Kapital, Kapitalrücklage, Gewinnrücklagen (gesetzliche Rücklagen, satzungsmäßige Rücklagen, andere Gewinnrücklagen), Gewinnvortrag/Verlustvortrag und Jahresüberschuss/Jahresfehlbetrag. Bei Personengesellschaften sind als Kapital in diesem Zusammenhang die Einlagen anzusehen, die die Beteiligung der Gesellschafter am Vermögen des Unternehmens zum Ausdruck bringen sollen.[216] Sonderposten mit Rücklageanteil gehören, obwohl sie betriebswirtschaftlich zum Teil Eigenkapitalcharakter haben, nicht zum konsolidierungspflichtigen Eigenkapital, sondern sind nach § 300 Abs. 1 S. 2 HGB in die Konzernbilanz zu übernehmen.

145 **aa) Buchwertmethode.** Bei Anwendung der Buchwertmethode ist das Eigenkapital des zu konsolidierenden Tochterunternehmens gemäß § 301 Abs. 1 S. 2 Nr. 1 HGB mit dem Betrag anzusetzen, der dem Buchwert der in den Konzernabschluss aufzunehmenden Vermögensgegenstände, Schulden, Rechnungsabgrenzungsposten, Bilanzierungshilfen und Sonderposten, ggf. nach Anpassung der Wertansätze gemäß § 308 Abs. 2 HGB, entspricht. Maßgebend für die Höhe des Buchwerts ist also die

---

[211] WP-HdB Bd. I M Rn. 339.
[212] WP-HdB Bd. I M Rn. 339.
[213] *Adler/Düring/Schmaltz* HGB § 301 Rn. 37.
[214] *Adler/Düring/Schmaltz* HGB § 301 Rn. 37; DRS 4 Rn. 10 (Einbeziehung mit den Werten zum Erwerbszeitpunkt, nicht mit denen zum darauf folgenden Konzernbilanzstichtag).
[215] DRS 4 bevorzugt die Neubewertungsmethode, vgl. dort Rn. 23 ff.
[216] WP-HdB Bd. I M Rn. 345.

Handelsbilanz des Tochterunternehmens bzw. die an die konzerneinheitliche Bilanzierung und Bewertung angepasste Handelsbilanz II. Das sich danach ergebende Eigenkapital ist dann mit dem Wertansatz der dem Mutterunternehmen gehörenden Anteile an dem Tochterunternehmen aufzurechnen.

In den meisten Fällen werden sich jedoch die Werte der aufzurechnenden Anteile und des anteiligen Eigenkapitals nicht in gleicher Höhe gegenüberstehen, so dass sich bei der Aufrechnung ein Unterschiedsbetrag ergibt. Übersteigt der Buchwert der Anteile den Wert des anteiligen Eigenkapitals, ergibt sich ein **aktiver Unterschiedsbetrag,** der folgende Ursachen haben kann.[217]
– stille Reserven im Buchwert der Vermögensgegenstände, die im Kaufpreis der Anteile abgegolten sind;
– nicht aktivierte selbsterstellte Vermögensgegenstände;
– Geschäfts- oder Firmenwert;
– stille Reserven in Sonderposten mit Rücklageanteil.

Im umgekehrten Fall, wenn also der Buchwert der Anteile das anteilige Eigenkapital unterschreitet, ergibt sich ein **passiver Unterschiedsbetrag.** Für einen passiven Unterschiedsbetrag kommen als Ursachen in Betracht.[218]
– zulässigerweise nicht vollständig bilanzierte Verpflichtungen, zB Pensionsverpflichtungen (stille Lasten);
– aktivierte Bilanzierungshilfen;
– im Kaufpreis berücksichtigte Verlusterwartungen, negativer Geschäftswert („bad will");
– günstiges Gelegenheitsgeschäft („lucky buy").

Ein sich bei Anwendung der Buchwertmethode ergebender **Unterschiedsbetrag** ist nach § 301 Abs. 1 S. 3 HGB den Wertansätzen von in der Konzernbilanz anzusetzenden Vermögensgegenständen und Schulden des jeweiligen Tochterunternehmens insoweit zuzuschreiben oder mit diesen zu verrechnen, als deren Wert höher oder niedriger ist als der bisherige Wertansatz. Der Unterschiedsbetrag ist dementsprechend auf seine Zusammensetzung hin zu analysieren. Unabhängig davon, ob es sich um einen aktiven oder passiven Unterschiedsbetrag handelt, sind sowohl stille Reserven als auch stille Lasten zu berücksichtigen, da sich in einem Unterschiedsbetrag nicht nur Ursachen aktiver Art, sondern auch solche passiver Art auswirken und der aufzuteilende Unterschiedsbetrag dementsprechend als Saldogröße aus stillen Reserven und stillen Lasten zu verstehen ist.[219] Für die Untersuchung des Unterschiedsbetrags ist es erforderlich, die Zeitwerte für die in den Konzernabschluss aufzunehmenden Posten zu ermitteln und ggf. bestehende stille Reserven und stille Lasten festzustellen.[220] Nach der Feststellung der stillen Reserven und der stillen Lasten ist der Unterschiedsbetrag den betreffenden Bilanzposten im Rahmen der Konsolidierung zuzuordnen. Dabei ist allerdings zu berücksichtigen, dass in den Fällen, in denen das Mutterunternehmen an dem Tochterunternehmen eine Beteiligung von **weniger als 100 %** erworben hat, die stillen Reserven und stillen Lasten den einzelnen Vermögensgegenständen und Schulden auch nur in der Höhe zugerechnet werden, die dem Beteiligungsprozentsatz des Mutterunternehmens entspricht.[221]

---

[217] *Adler/Düring/Schmaltz* HGB § 301 Rn. 60.
[218] *Adler/Düring/Schmaltz* HGB § 301 Rn. 60.
[219] IDW Stellungnahme des Sonderausschusses BiRiLiG 2/1988, A. 2.
[220] BeckBilKomm/*Förschle* HGB § 301 Rn. 87.
[221] *Adler/Düring/Schmaltz* HGB § 301 Rn. 75 ff.; WP-HdB Bd. I M Rn. 352; IDW Stellungnahme des Sonderausschusses BiRiLiG 2/1988, A. 4.

Anh. II nach § 42a 3. Abschnitt. Vertretung und Geschäftsführung

149 Ein nach der Zuordnung verbleibender **aktiver Unterschiedsbetrag** ist nach § 301 Abs. 3 S. 1 HGB in der Konzernbilanz als Geschäfts- oder Firmenwert auszuweisen, sofern er nicht nach § 309 Abs. 1 S. 3 HGB offen mit den Rücklagen verrechnet wird, und in den Konzernanlagespiegel aufzunehmen. Sind aus der Konsolidierung mehrerer Tochterunternehmen auch mehrere aktive Restbeträge entstanden, so dürfen diese zu einem Posten zusammengefasst werden; sie dürfen auch mit den aus den Einzelbilanzen in die Konzernbilanz zu übernehmenden Geschäfts- oder Firmenwerten zusammengefasst werden, so dass in der Konzernbilanz als Geschäfts- oder Firmenwert nur ein einziger Posten ausgewiesen wird.[222]

150 Verbleibt ein **passiver Unterschiedsbetrag,** dann muss dieser nach § 301 Abs. 3 S. 1 HGB in der Konzernbilanz gesondert als „Unterschiedsbetrag aus der Kapitalkonsolidierung" ausgewiesen werden. An welcher Stelle der Konzernbilanz der passive Unterschiedsbetrag auszuweisen ist, wird im Gesetz nicht geregelt. Es dürfte daher grundsätzlich zulässig sein, den Posten ohne Rücksicht auf seine Ursachen zwischen den Rücklagen und den Rückstellungen (nach dem Sonderposten mit Rücklageanteil) auszuweisen. Die Erläuterungen im Konzernanhang müssen in diesem Fall auch Angaben über den Charakter (Eigenkapital/Fremdkapital) des Postens enthalten.[223] Es dürfte jedoch ebenfalls zulässig sein, den Posten je nach Charakter ganz oder teilweise den Rücklagen oder den Rückstellungen zuzuordnen und dort gesondert auszuweisen.[224]

151 Sowohl der aktive als auch der passive Posten sowie wesentliche Veränderungen gegenüber dem Vorjahr sind im **Konzernanhang** zu erläutern (§ 301 Abs. 3 S. 2 HGB). Der Geschäfts- oder Firmenwert darf auch mit dem passiven Unterschiedsbetrag saldiert werden; in diesem Fall müssen allerdings die entsprechenden verrechneten Aktiv- und Passivbeträge im Konzernanhang angegeben werden (§ 301 Abs. 3 S. 3 HGB). Die Angabe der Gesamtbeträge der aktiven und passiven Unterschiedsbeträge ist hier ausreichend.[225]

152 **bb) Neubewertungsmethode.** Wird die Neubewertungsmethode angewendet, dann ist das Eigenkapital des zu konsolidierenden Tochterunternehmens nach § 301 Abs. 1 S. 2 Nr. 2 HGB mit dem Betrag anzusetzen, der dem Wert der in den Konzernabschluss aufzunehmenden Vermögensgegenstände, Schulden, Rechnungsabgrenzungsposten, Bilanzierungshilfen und Sonderposten entspricht, der diesen an dem maßgebenden Verrechnungszeitpunkt **beizulegen** ist. Die in den Konzernabschluss aufzunehmenden Aktiv- und Passivposten des Tochterunternehmens sind also bei der Neubewertungsmethode (im Unterschied zur Buchwertmethode) bereits **vor** der Aufrechnung des Eigenkapitals des Tochterunternehmens mit dem Wertansatz der Anteile beim Mutterunternehmen mit den beizulegenden Werten neu zu bewerten.[226]

153 Die Aufdeckung stiller Reserven und stiller Lasten erfolgt also bei der Neubewertungsmethode vor der Kapitalaufrechnung und auch unabhängig davon, ob andere Gesellschafter an dem Tochterunternehmen beteiligt sind. Im Gegensatz zur Buchwertmethode, bei der stille Reserven und stille Lasten nur in einer dem Beteiligungsprozentsatz des Mutterunternehmens entsprechenden Höhe aufzudecken sind, werden bei der Neubewertungsmethode alle stillen Reserven und stillen Lasten **in voller Höhe** aufgedeckt.[227] Dabei wird aber beim konsolidierungspflichtigen Kapital nur der

---

[222] WP-HdB Bd. I M Rn. 360.
[223] IDW Stellungnahme des Sonderausschusses BiLiRiGI 2/1988, C. I. 2.
[224] IDW Stellungnahme des Sonderausschusses BiRiLiG 2/1988, C. I. 2.
[225] *Adler/Düring/Schmaltz* HGB § 301 Rn. 142.
[226] BeckBilKomm/*Försche* § 301 Rn. 60.
[227] WP-HdB Bd. I M Rn. 367; vgl. DRS 4 Rn. 23.

Anteil der stillen Reserven und stillen Lasten berücksichtigt, der dem Konzern auf Grund seiner Beteiligung zusteht; die restlichen stillen Reserven und stillen Lasten werden den Anteilen anderer Gesellschafter nach § 307 HGB zugerechnet.[228]

Die Neubewertung darf nicht zu einem Wertansatz des anteiligen Eigenkapitals **154** führen, der die Anschaffungskosten des Mutterunternehmens für die Anteile an dem einbezogenen Tochterunternehmen überschreitet (§ 301 Abs. 1 S. 4 HGB).[229] Diese Begrenzung der Neubewertung wurde in das deutsche Recht eingefügt, um dem Anschaffungskostenprinzip Rechnung zu tragen.[230] Aufgrund dieser Regelung kann bei der Neubewertungsmethode ein **passiver (negativer) Unterschiedsbetrag** nur dann entstehen, wenn die Anschaffungskosten der Anteile deren Buchwert im Zeitpunkt der Erstkonsolidierung übersteigen, beispielsweise nach einer vorangegangenen Abschreibung.[231] Er ist dann auf der Passivseite der Konzernbilanz als „Unterschiedsbetrag aus der Kapitalkonsolidierung" auszuweisen (§ 301 Abs. 3 S. 1 HGB). Sind die Anschaffungskosten der Beteiligung höher als das anteilige konsolidierungspflichtige Kapital, so ist der **aktive (positive) Unterschiedsbetrag** nach § 301 Abs. 3 S. 1 HGB als Geschäfts- oder Firmenwert zu qualifizieren, da die stillen Reserven und stillen Lasten bereits bei der Neubewertung aufgelöst worden sind.[232] Die Ausführungen zur Buchwertmethode hinsichtlich der weiteren Behandlung dieser Posten (vgl. Rn. 146 f.) gelten hier entsprechend.

Die Buchwertmethode und die Neubewertungsmethode führen bei einem **155** 100 %igen Anteilsbesitz des Mutterunternehmens zu dem gleichen Ergebnis; die Methoden unterscheiden sich in diesem Fall nur durch die technische Verfahrensweise bei der Aufrechnung.[233] Bei Beteiligungen anderer Gesellschafter an dem zu konsolidierenden Tochterunternehmen kommt es grundsätzlich zu Abweichungen zwischen Buchwertmethode und Neubewertungsmethode. Da bei der Neubewertungsmethode nach § 307 Abs. 1 HGB auch der Anteil der anderen Gesellschafter an den stillen Reserven und stillen Lasten im Ausgleichsposten innerhalb des Eigenkapitals erfasst wird, führt dies im Jahr der Erstkonsolidierung zu einem höher ausgewiesenen Eigenkapital des Konzerns als bei der Buchwertmethode; in den Folgejahren wird idR. durch höhere Abschreibungen auf die betreffenden Vermögensgegenstände auch das Konzernergebnis höher belastet.[234]

Im **Konzernanhang** ist nach § 301 Abs. 1 S. 5 HGB anzugeben, ob die Buch- **156** wertmethode oder die Neubewertungsmethode angewendet wurde. Es ist auch zulässig, beide Methoden nebeneinander anzuwenden; in bedeutenden Fällen sind dann die Anwendungsbereiche der Buchwertmethode und der Neubewertungsmethode im Konzernanhang zu erläutern.[235]

cc) **Stichtag der Erstkonsolidierung.** Für den Zeitpunkt der Kapitalkonsolidie- **157** rung räumt § 301 Abs. 2 HGB ein Wahlrecht zwischen drei Verrechnungszeitpunkten ein:
– Zeitpunkt des Erwerbs der Anteile,

---

[228] WP-HdB Bd. I M Rn. 367.
[229] Vgl. DRS 4 Rn. 24.
[230] *Biener/Berneke* S. 334.
[231] IDW Stellungnahme des Sonderausschusses BiRiLiG 2/1988, A. 3; vgl. hierzu DRS 4 Rn. 38 ff.
[232] WP-HdB Bd. I M Rn. 371.
[233] BeckBilKomm/*Förschle* HGB § 301 Rn. 126.
[234] BeckBilKomm/*Förschle* HGB § 301 Rn. 127.
[235] *Adler/Düring/Schmaltz* HGB § 301 Rn. 46; zu den Angabepflichten nach DRS 4 vgl. dort Rn. 52 ff.

- Zeitpunkt der erstmaligen Einbeziehung des Tochterunternehmens in den Konzernabschluss oder
- bei Erwerb der Anteile zu verschiedenen Zeitpunkten der Zeitpunkt, zu dem das Unternehmen Tochterunternehmen geworden ist.

158 Die Erstkonsolidierung ist grundsätzlich zum **Zeitpunkt des Erwerbs der Anteile** durchzuführen, denn nur dann ist eine richtige Abgrenzung des von dem Tochterunternehmen erworbenen Ergebnisses von dem nach dem Erwerb im Konzern erwirtschafteten Ergebnis möglich.[236] Bei einer Abweichung des Erwerbszeitpunktes vom Stichtag des Konzernabschlusses (zB bei unterjährigem Erwerb eines Tochterunternehmens), ist bei Wahl dieses Verrechnungszeitpunktes die Konsolidierung rückwirkend vorzunehmen; dazu sind jedoch die Aufstellung eines Zwischenabschlusses oder umfangreiche Nebenrechnungen notwendig.[237]

159 Wegen der mit einer rückwirkenden Konsolidierung verbundenen praktischen Probleme ist es aus Vereinfachungsgründen zulässig, den **Zeitpunkt der erstmaligen Einbeziehung** des Tochterunternehmens in den Konzernabschluss als Verrechnungszeitpunkt zu wählen. Dabei kann es allerdings zu einer Beeinträchtigung der Aussagefähigkeit des Konzernabschlusses kommen, da Eigenkapitalveränderungen des Tochterunternehmens zwischen Erwerb und Erstkonsolidierung in die Kapitalaufrechnung einbezogen werden.[238] Wird die Aussagefähigkeit dadurch erheblich beeinträchtigt, sind nach § 297 Abs. 2 S. 3 HGB zusätzliche Angaben im Konzernanhang zu machen.

160 Wurden die Anteile an einem Tochterunternehmen sukzessive erworben, so ist als weitere Vereinfachungsmöglichkeit gestattet, die Erstkonsolidierung zu dem **Zeitpunkt** durchzuführen, zu dem das Unternehmen **Tochterunternehmen** geworden ist, zB bei Erreichen der Mehrheit der Stimmrechte nach § 290 Abs. 2 Nr. 1 HGB. Dadurch kann eine theoretisch nach jedem zusätzlichen Anteilserwerb durchzuführende Erstkonsolidierung vermieden werden.[239]

161 Nach § 301 Abs. 2 S. 2 HGB ist im **Konzernanhang** anzugeben, welcher der möglichen Zeitpunkte für die Erstkonsolidierung gewählt worden ist. Die Angabe kann grundsätzlich mit Hilfe der im Gesetz verwendeten Umschreibungen unter Verzicht auf die Nennung von Kalenderdaten gemacht werden; wurde das Wahlrecht für verschiedene Tochterunternehmen unterschiedlich ausgeübt, sollte in bedeutenden Fällen eine zusätzliche Erläuterung der Anwendungsbereiche für die gewählten Stichtage erfolgen.[240]

162 **b) Folgekonsolidierung.** Die Grundsätze für die **Folgekonsolidierung** müssen, da lediglich die Erstkonsolidierung vergleichsweise detailliert im Gesetz dargestellt ist, aus der Konzeption der Erwerbsmethode unter Berücksichtigung der Einheitstheorie sowie der allgemeinen Bewertungsvorschriften entwickelt werden.[241] Lediglich § 309 HGB enthält Regelungen für die Behandlung des Geschäfts- oder Firmenwertes und eines passiven Unterschiedsbetrages aus der Erstkonsolidierung in den Folgejahren.

163 Die bei der Erstkonsolidierung aufgedeckten **stillen Reserven** und **stillen Lasten** werden in den Folgejahren fortgeschrieben wie die Vermögensgegenstände und Schulden, denen sie im Rahmen der Erstkonsolidierung zugeordnet wurden; sie sind also entsprechend dem Charakter und der Entwicklung dieser Posten abzuschreiben, auf-

---

[236] WP-HdB Bd. I M Rn. 372; so auch DRS 4 Rn. 10, 23 ff.
[237] BeckBilKomm/*Förschle* HGB § 301 Rn. 146.
[238] BeckBilKomm/*Förschle* HGB § 301 Rn. 151.
[239] WP-HdB Bd. I M Rn. 373.
[240] *Adler/Düring/Schmaltz* HGB § 301 Rn. 123.
[241] *Adler/Düring/Schmaltz* HGB § 301 Rn. 143.

zulösen oder beizubehalten.²⁴² Unterschiede zwischen Buchwertmethode und Neubewertungsmethode bestehen bei der Folgekonsolidierung dann, wenn an einem Tochterunternehmen auch andere Gesellschafter beteiligt sind. Die stillen Reserven und die stillen Lasten, die auf die Anteile anderer Gesellschafter entfallen und bei der Erstkonsolidierung nach der Neubewertungsmethode aufgedeckt worden sind, müssen bei der Folgekonsolidierung wie die auf die Anteile des Mutterunternehmens entfallenden stillen Reserven und stillen Lasten fortgeschrieben werden. Dadurch sind die zusätzlichen Abschreibungen bzw. Auflösungen bei Anwendung der Neubewertungsmethode höher als bei Anwendung der Buchwertmethode.²⁴³ Die Abschreibungen führen zu einer Minderung, die Auflösungen zu einer Erhöhung des **Ausgleichspostens für Anteile anderer Gesellschafter** in der Konzernbilanz; die Verrechnung der Abschreibungen bzw. Auflösungen ist erfolgswirksam im Konzernjahresergebnis vorzunehmen.²⁴⁴

Ein **Geschäfts- oder Firmenwert,** der im Rahmen der Erstkonsolidierung nach der Buchwertmethode oder der Neubewertungsmethode in die Konzernbilanz aufgenommen wurde, ist nach § 309 Abs. 1 S. 1 HGB in jedem folgenden Geschäftsjahr zu mindestens einem Viertel durch Abschreibungen zu tilgen. Die Abschreibung kann allerdings auch planmäßig auf die Geschäftsjahre verteilt werden, in denen der Geschäfts- oder Firmenwert voraussichtlich genutzt werden kann (§ 309 Abs. 1 S. 2 HGB). Neben der **erfolgswirksamen** Abschreibung besteht auch die Möglichkeit, den Geschäfts- oder Firmenwert nach § 309 Abs. 1 S. 3 HGB in der Konzernbilanz **erfolgsneutral** offen mit den Rücklagen zu verrechnen.²⁴⁵ Auch der Restbetrag eines teilweise bereits erfolgswirksam abgeschriebenen Geschäfts- oder Firmenwerts kann in einem späteren Konzernabschluss erfolgsneutral mit den Rücklagen verrechnet werden, wenn der Geschäfts- oder Firmenwert offen von den Rücklagen abgesetzt wird und der Vorgang ggf. nach § 297 Abs. 3 S. 4 HGB begründet wird. Die erfolgsneutrale Verteilung des Unterschiedsbetrags über mehrere Perioden dürfte dagegen, auch wenn dies planmäßig und offen geschieht, unzulässig sein.²⁴⁶ 164

Ein nach der Aufdeckung stiller Reserven und stiller Lasten bei der Erstkonsolidierung verbleibender **passiver Unterschiedsbetrag,** der als „Unterschiedsbetrag aus der Kapitalkonsolidierung" auszuweisen ist, muss grundsätzlich in den Folgejahren unverändert fortgeführt werden.²⁴⁷ Die ergebniswirksame Auflösung eines solchen Unterschiedsbetrags ist nur unter den in § 309 Abs. 2 HGB genannten Voraussetzungen zulässig: 165
– Eine zum Zeitpunkt des Erwerbs der Anteile oder der erstmaligen Konsolidierung erwartete ungünstige Entwicklung der künftigen Ertragslage des Tochterunternehmens ist eingetreten oder zu diesem Zeitpunkt erwartete Aufwendungen des Mutterunternehmens für das Tochterunternehmen sind zu berücksichtigen oder

---

²⁴² BeckBilKomm/*Förschle* HGB § 301 Rn. 175.
²⁴³ *Adler/Düring/Schmaltz* HGB § 301 Rn. 174.
²⁴⁴ *Adler/Düring/Schmaltz* HGB § 307 Rn. 36; *Küting/Weber/Weber/Zündorf* Konzernrechnungslegung § 307 HGB Rn. 9.
²⁴⁵ WP-HdB Bd. I M Rn. 380.
²⁴⁶ WP-HdB Bd. I M Rn. 381; *Küting/Weber/Weber/Zündorf* Konzernrechnungslegung § 309 HGB Rn. 36; aA BeckBilKomm/*Förschle/Hoffmann* HGB § 309 Rn. 21; nach DRS 4 Rn. 27 ff. ist nach der Neubewertungsmethode eine einmalige oder ratierliche erfolgsneutrale Verrechnung des Goodwill mit dem Konzerneigenkapital nicht mit DRS 4 vereinbar; Gleiches gilt für eine zum Teil erfolgswirksame und zum Teil erfolgsneutrale Behandlung des Goodwill. Die anzunehmende Nutzungsdauer darf 20 Jahre grundsätzlich nicht überschreiten.
²⁴⁷ *Adler/Düring/Schmaltz* HGB § 309 Rn. 68; vgl. hierzu DRS 4 Rn. 38 ff.

– am Abschlussstichtag steht fest, dass der Unterschiedsbetrag einem realisierten Gewinn entspricht.

166 Der Gesetzeswortlaut muss in Übereinstimmung mit der Gesetzesbegründung dahingehend verstanden werden, dass der Unterschiedsbetrag aufzulösen ist, wenn eine der beiden angeführten Voraussetzungen erfüllt ist, da anderenfalls die Vermögens- und Ertragslage des Konzerns unzutreffend dargestellt würde.[248]

167 Beim **Buchwert der konsolidierungspflichtigen Anteile** können nach erfolgter Erstkonsolidierung während der Konzernzugehörigkeit eines Tochterunternehmens Veränderungen durch Zu- und Abgänge von Anteilswerten erfolgen. Wird der Buchwert der konsolidierungspflichtigen Anteile durch den Erwerb weiterer Anteile an einem bereits früher einbezogenen Tochterunternehmen erhöht, so ist grundsätzlich eine Erstkonsolidierung für die zusätzlichen Anteile durchzuführen. Dabei besteht kein Wahlrecht zwischen der Buchwertmethode und der Neubewertungsmethode, sondern es ist diejenige Methode anzuwenden, die auch bei der erstmaligen Einbeziehung des Tochterunternehmens gewählt wurde.[249] Werden Anteile an einem einbezogenen Tochterunternehmen an Dritte verkauft, ohne dass das Tochterunternehmen aus dem Konsolidierungskreis ausscheidet, so sind im Rahmen der Konsolidierung Anpassungsbuchungen erforderlich.[250] Erfolgt die Veränderung der Anteilswerte durch eine Abschreibung auf den Buchwert der konsolidierungspflichtigen Anteile im Einzelabschluss des Mutterunternehmens, so treten im Konzernabschluss an diese Stelle beispielsweise Abschreibungen auf das Anlagevermögen oder ein Ansatz von Rückstellungen; bei Veränderungen im Wege einer Zuschreibung gilt entsprechendes analog.[251]

168 Erfolgt eine **Veränderung des konsolidierungspflichtigen Kapitals** durch eine Erhöhung des Kapitals des Tochterunternehmens gegen Einlagen, so bleibt dieser Vorgang ohne Auswirkung auf die Kapitalkonsolidierung, da der Erhöhung des Beteiligungsbuchwerts die Erhöhung des anteiligen konsolidierungspflichtigen Kapitals in gleicher Höhe gegenübersteht. Bei einer Kapitalerhöhung aus Gesellschaftsmitteln (Rücklagen) ist zu unterscheiden, ob es sich um Rücklagen handelt, die bereits bei der Erstkonsolidierung vorhanden waren, oder um Rücklagen, die während der Konzernzugehörigkeit entstanden sind, also Gewinnrücklagen.[252] Waren die Rücklagen bereits bei der Erstkonsolidierung vorhanden, können sich keine Veränderungen ergeben, da lediglich das aufzurechnende Kapital umgeschichtet wird; bei Gewinnrücklagen ist eine solche Kapitalerhöhung im Konzernabschluss rückgängig zu machen und der Ausweis unverändert als Gewinnrücklage vorzunehmen. Auch die Auflösung von Rücklagen von Tochterunternehmen, die zum Zeitpunkt der Erstkonsolidierung bereits vorhanden waren, und eine zum Zweck des Verlustausgleichs beim Tochterunternehmen durchgeführte Kapitalherabsetzung dürfen den Konzernabschluss nicht erfolgswirksam beeinflussen.[253] In diesen Fällen ist entweder eine Abschreibung auf den Beteiligungsbuchwert in der Bilanz des Mutterunternehmens vorzunehmen oder die Rücklagenentnahme bzw. die Kapitalherabsetzung ist zu stornieren.

---

[248] IDW Stellungnahme des Sonderausschusses BiRiLiG 2/1988, C. I. 3; vgl. hierzu aber DRS 4 Rn. 41.
[249] *KPMG Treuverkehr* S. 183.
[250] Vgl. WP-HdB Bd. I M Rn. 396; zur Endkonsolidierung bei Ausscheiden eines Unternehmens aus dem Konsolidierungskreis vgl. *Ordelheide* BB 1986, 766 ff.
[251] *KPMG Treuverkehr* S. 183.
[252] *KPMG Treuverkehr* S. 184.
[253] WP-HdB Bd. I M Rn. 403.

c) **Anteile anderer Gesellschafter.**[254] Im Rahmen der Vollkonsolidierung sind **169** die Vermögensgegenstände, Schulden, Rechnungsabgrenzungsposten, Bilanzierungshilfen und Sonderposten aus den Jahresabschlüssen der Tochterunternehmen unabhängig vom Beteiligungsprozentsatz des Mutterunternehmens und anderer einbezogener Unternehmen in voller Höhe in die Konzernbilanz zu übernehmen. Für die Anteile an in den Konzernabschluss einbezogenen Tochterunternehmen, die nicht dem Mutterunternehmen oder anderen einbezogenen Tochterunternehmen gehören, ist daher in der **Konzernbilanz** ein Ausgleichsposten für die Anteile der anderen Gesellschafter in Höhe ihres Anteils am Eigenkapital zu bilden und unter entsprechender Bezeichnung innerhalb des Eigenkapitals gesondert auszuweisen (§ 307 Abs. 1 S. 1 HGB). Dementsprechend ist auch in der **Konzern-Gewinn- und Verlustrechnung** der im Jahresergebnis enthaltene, anderen Gesellschaftern zustehende Gewinn und der auf sie entfallende Verlust nach dem Posten „Jahresüberschuss/Jahresfehlbetrag" unter entsprechender Bezeichnung gesondert auszuweisen (§ 307 Abs. 2 HGB).

Diese **Vollkonsolidierung mit Minderheitenausweis** soll der Tatsache Rechnung tragen, dass auch bei nicht hundertprozentigem Anteilsbesitz die Vermögensgegenstände und Schulden sowie die Aufwendungen und Erträge des betreffenden Tochterunternehmens dem Konzern zu hundert Prozent und nicht nur zu einem der Beteiligungshöhe des Mutterunternehmens entsprechenden Prozentsatz zur Verfügung stehen.[255] **170**

Zu den in Frage kommenden **Anteilen anderer Gesellschafter** gehören alle diejenigen Anteile, die weder dem Mutterunternehmen unmittelbar noch einem anderen in den Konsolidierungskreis einbezogenen Unternehmen gehören und somit dem Mutterunternehmen nicht für Konsolidierungszwecke zugerechnet werden.[256] Zu diesen Anteilen zählen auch Anteile von solchen Tochterunternehmen, die auf Grund des Konsolidierungsverbots (§ 295 HGB) oder eines Konsolidierungswahlrechts (§ 296 HGB) nicht in den Konzernabschluss einbezogen werden, sowie Anteile, die von Gemeinschaftsunternehmen (hier allerdings nur die auf den Partner des Gemeinschaftsunternehmens entfallenden Anteile) und von assoziierten Unternehmen gehalten werden.[257] Die Anteile, die von Konzernunternehmen gehalten werden, die auf Grund der § 295, 296 HGB nicht in den Konzernabschluss einbezogen werden, sind materiell als Anteile des Mutterunternehmens einzustufen. Im Interesse der Aussagefähigkeit des Konzernabschlusses sollten die darauf entfallenden Kapital- und Ergebnisanteile nicht in den Ausgleichsposten für die Anteile anderer Gesellschafter bzw. in den entsprechenden Ergebnisposten der Konzern-Gewinn- und Verlustrechnung einbezogen werden. Es wird vorgeschlagen, in diesen Fällen einen gesonderten Ausweis, beispielsweise unter „Ausgleichsposten für Anteile nicht konsolidierter Tochterunternehmen", vorzunehmen.[258] **171**

Für die Berechnung des Ausgleichspostens für die Anteile der anderen Gesellschafter **172** ist es entscheidend, ob bei der Erstkonsolidierung nach § 301 Abs. 1 HGB die Buchwertmethode (vgl. Rn. 145 ff.) oder die Neubewertungsmethode (vgl. Rn. 152 ff.) angewendet wurde.[259] Der Ausgleichsposten berechnet sich bei der Anwendung der **Buchwertmethode** auf der Grundlage des bilanziellen Eigenkapitals des Tochterun-

---

[254] Vgl. hierzu DRS 4 Rn. 42 f.
[255] *Adler/Düring/Schmaltz* HGB § 307 Rn. 2.
[256] *Adler/Düring/Schmaltz* HGB § 307 Rn. 10.
[257] BeckBilKomm/*Förschle/Hoffmann* HGB § 307 Rn. 7 f.
[258] *v. Wysocki/Wohlgemuth* S. 99 f.
[259] *Baetge* Konzernbilanzen S. 221.

ternehmens, also des Buchwertes des Eigenkapitals; den außenstehenden Gesellschaftern werden daher auch keine stillen Reserven und stillen Lasten zugeordnet. Bei Anwendung der **Neubewertungsmethode** dagegen wird der Ausgleichsposten auf der Grundlage des neubewerteten Eigenkapitals des Tochterunternehmens berechnet, in das die aufgedeckten stillen Reserven und stillen Lasten eingegangen sind. Der Ausgleichsposten wird daher in der Konzernbilanz einschließlich des Anteils der konzernaußenstehenden Gesellschafter an den stillen Reserven und den stillen Lasten des Tochterunternehmens ausgewiesen (§ 307 Abs. 1 S. 2 HGB).

173 In den Ausgleichsposten für die Anteile der anderen Gesellschafter gehen nicht nur die bei der **Erstkonsolidierung** auf diese Gesellschafter entfallenden Eigenkapitalanteile ein, sondern auch die im Rahmen der **Folgekonsolidierungen** auf diesen Kreis entfallenden Rücklagenzuführungen und Ergebnisanteile.[260]

174 Der Ausgleichsposten ist gemäß § 307 Abs. 1 S. 1 HGB unter **entsprechender Bezeichnung** auszuweisen. Es muss zum Ausdruck kommen, dass **andere Gesellschafter** am Konzern beteiligt sind. Dem wird beispielsweise durch die Bezeichnungen „Anteile anderer Gesellschafter", „Ausgleichsposten für Anteile anderer Gesellschafter" oder „Ausgleichsposten für Anteile außenstehender Gesellschafter" Rechnung getragen.[261] Der Ausweis des Ausgleichspostens muss nach § 307 Abs. 1 S. 1 HGB gesondert **innerhalb des Eigenkapitals** erfolgen. Der Eigenkapitalcharakter dieses Postens wird dadurch betont. Sinnvollerweise wird der Ausgleichsposten als letzter Unterposten des Eigenkapitals im Anschluss an den Posten „Jahresüberschuss/Jahresfehlbetrag" ausgewiesen.[262] Ist der Ausgleichsposten für Anteile anderer Gesellschafter ausnahmsweise ein Aktivposten, wenn beispielsweise in der Einzelbilanz einer einbezogenen KG negative Kapitalkonten anderer Gesellschafter (Kommanditisten) enthalten sind, dann können passive und aktive Ausgleichsposten auch saldiert ausgewiesen werden.[263] Die Posten müssen dann aber im Konzernanhang aufgegliedert werden.

175 Der im Jahresergebnis enthaltene, anderen Gesellschaftern zustehende Gewinn- oder Verlustanteil ist gemäß § 307 Abs. 2 HGB nach dem Posten „Jahresüberschuss/Jahresfehlbetrag" unter **entsprechender Bezeichnung** gesondert auszuweisen. Dabei ist der auf die anderen Gesellschafter entfallende Teil des **Jahresüberschusses bzw. -fehlbetrages** anzugeben und nicht ein Teil des Bilanzgewinns bzw. -verlustes.[264] Dies ist auch dann der Fall, wenn die Gewinn- und Verlustrechnung des Tochterunternehmens um eine Ergebnisverwendungsrechnung ergänzt wird.[265] Gewinne und Verluste in den einbezogenen Einzelabschlüssen, an denen andere Gesellschafter beteiligt sind, müssen getrennt angegeben werden. Eine Zusammenfassung nach § 265 Abs. 7 iVm. § 298 Abs. 1 HGB kann allerdings als zulässig angesehen werden, wenn im Konzernanhang eine Aufgliederung erfolgt.[266] Eine bestimmte Bezeichnung für den Ausweis in der Konzern-Gewinn- und Verlustrechnung ist im Gesetz nicht vorgeschrieben; es wird lediglich eine „entsprechende Bezeichnung" verlangt. Sachgerechte Bezeichnungen sind „Anderen Gesellschaftern zustehender Gewinn/auf andere Ge-

---

[260] WP-HdB Bd. I M Rn. 392.
[261] *Adler/Düring/Schmaltz* HGB § 307 Rn. 64; BeckBilKomm/*Förschle/Hoffmann* HGB § 307 Rn. 75; *Küting/Weber/Weber/Zündorf* Konzernrechnungslegung § 307 HGB Rn. 12.
[262] BeckBilKomm/*Förschle/Hoffmann* HGB § 307 Rn. 76.
[263] WP-HdB Bd. I M Rn. 393; *Küting/Weber/Weber/Zündorf* Konzernrechnungslegung § 307 HGB Rn. 12; *Oechsle/Schipper* WPg. 1994, 347.
[264] *Biener/Berneke* S. 357.
[265] BeckBilKomm/*Förschle/Hoffmann* HGB § 307 Rn. 80 ff.
[266] *Adler/Düring/Schmaltz* HGB § 307 Rn. 79.

sellschafter entfallender Verlust" oder „Gewinn-/Verlustanteile anderer Gesellschafter"; bei Zusammenfassung von Gewinnanteilen und Verlustanteilen sollte die Bezeichnung „Anderen Gesellschaftern zustehendes Ergebnis" oder „Ergebnisanteil anderer Gesellschafter" gewählt werden.[267]

d) Kapitalkonsolidierung bei mehrstufigen Konzernen. Die gesetzlichen Vorschriften über die Kapitalkonsolidierung betreffen unmittelbar nur den Fall des einstufigen Konzerns, sind aber auch bei mehrstufigen Konzernen anzuwenden.[268] Im Rahmen der Kapitalkonsolidierung bei mehrstufigen Konzernen müssen nicht nur die unmittelbaren Tochterunternehmen konsolidiert werden, sondern auch deren Tochterunternehmen („Enkel-Unternehmen"). Für die Durchführung der Kapitalkonsolidierung bei mehrstufigen Konzernen bestehen zwei Möglichkeiten, die sog. Kettenkonsolidierung und die sog. Simultankonsolidierung. **176**

Grundsätzlich werden die einzelnen Unternehmen nacheinander in aufsteigender Reihenfolge konsolidiert **(Kettenkonsolidierung).** Dazu wird das im Konzernaufbau am weitesten von dem obersten Mutterunternehmen entfernteste Tochterunternehmen mit dem über ihm stehenden Mutterunternehmen, dieses wiederum mit dem über ihm stehenden Mutterunternehmen usw. bis zum obersten Mutterunternehmen konsolidiert.[269] In Fällen, in denen Beteiligungsverhältnisse innerhalb des Konzerns eine Stufe überspringen, ist die unmittelbare Beteiligung einer höheren Konzernstufe, die noch über der nächsthöheren Stufe steht, bei der Konsolidierung mit der nächsthöheren Stufe zunächst wie ein Fremdanteil zu behandeln und erst bei der Konsolidierung mit der die Beteiligung haltenden Stufe nach den allgemeinen Regeln zu konsolidieren.[270] Die Konsolidierung kann aber auch in einem Schritt **(Simultankonsolidierung)** erfolgen. Diese Simultankonsolidierung wird nach dem Gleichungsverfahren oder dem Verfahren der Matrizenrechnung durchgeführt.[271] **177**

Kommt das Verfahren der Kettenkonsolidierung zur Anwendung, wird auf jeder Konzernstufe eine Kapitalkonsolidierung durchgeführt. Dabei kann der Unterschiedsbetrag auf jeder Konzernstufe als stille Reserven bzw. stille Lasten und Geschäfts- oder Firmenwert zugeordnet werden, was einer Aufstellung von (Teil-)Konzernabschlüssen auf jeder Stufe entspricht. Diese Vorgehensweise wird in der Praxis häufig angewandt, da (Teil-)Konzernabschlüsse entweder aufgestellt werden müssen oder aber freiwillig aufgestellt werden.[272] Die Zuordnung eines Unterschiedsbetrags muss jedoch nicht notwendigerweise auf jeder Konzernstufe erfolgen, sondern es ist auch möglich, Unterschiedsbeträge aus Vorstufen vor der jeweiligen Zuordnung in die nächste Konsolidierungsebene als Korrektur des konsolidierungspflichtigen Kapitals zu übernehmen.[273] **178**

Bei Anwendung der Simultankonsolidierung werden zunächst die direkten und indirekten Anteile des Konzerns und der anderen Gesellschafter am konsolidierungspflichtigen Kapital mit Hilfe von Formeln unter Umgehung von Vor- und Zwischenkonsolidierung errechnet und dann die Konsolidierung in einem Schritt durchgeführt.[274] **179**

---

[267] *Adler/Düring/Schmaltz* HGB § 307 Rn. 80.
[268] *Wiedmann* HGB § 301 Rn. 62.
[269] WP-HdB Bd. I M Rn. 423; *Wiedmann* HGB § 301 Rn. 62.
[270] WP-HdB Bd. I M Rn. 424.
[271] *Adler/Düring/Schmaltz* HGB § 301 Rn. 237 f.
[272] *Adler/Düring/Schmaltz* HGB § 301 Rn. 223.
[273] *Adler/Düring/Schmaltz* HGB § 301 Rn. 224 ff.; WP-HdB Bd. I M Rn. 426.
[274] *Forster/Havermann* WPg. 1969, 1 ff.; *Adler/Düring/Schmaltz* HGB § 301 Rn. 236 ff.

180 Hält ein Tochterunternehmen außerhalb des Konsolidierungskreises Anteile an anderen einbezogenen Unternehmen, dann kann das auf diese Anteile entfallende Eigenkapital des einbezogenen Unternehmens nicht konsolidiert werden; auch die Konsolidierung der Beteiligung des Mutterunternehmens an dem nicht einbezogenen Tochterunternehmen unterbleibt **(Ausschaltung einer Konzernstufe).**[275]

181 **e) Kapitalkonsolidierung bei Interessenzusammenführung.** Neben der Kapitalkonsolidierung nach der Erwerbsmethode (§ 301 HGB) enthält § 302 HGB noch eine weitere Methode der Kapitalkonsolidierung. Diese Methode wird als Kapitalkonsolidierung bei Interessenzusammenführung **(Interessenzusammenführungsmethode)** bezeichnet.[276] Im Gegensatz zur Erwerbsmethode, die den Erwerb der einzelnen Vermögensgegenstände und Schulden eines Unternehmens durch ein anderes Unternehmen unterstellt, liegt der Interessenzusammenführungsmethode der Gedanke zugrunde, dass die Gesellschafter das Ziel haben, ihre Interessen und die Ressourcen der Konzernunternehmen zusammenzuführen bzw. zu „poolen" (im amerikanischen Sprachgebrauch daher auch die Bezeichnung „pooling of interests-method" oder „merger accounting"). Der Zusammenschluss der Unternehmen beruht deshalb nicht auf einem Beteiligungserwerb durch Kauf, sondern die Anteile der betreffenden Unternehmen werden **getauscht**.[277] Nach der Durchführung dieser Transaktion sind Erwerber und Veräußerer gemeinsam an beiden Unternehmen beteiligt.[278] Die Interessenzusammenführungsmethode ist vergleichbar mit einer Verschmelzung durch Aufnahme iSv. §§ 60 ff. UmwG, allerdings mit dem wesentlichen Unterschied, dass bei der Interessenzusammenführungsmethode die Unternehmen als rechtlich selbstständige Einheiten fortbestehen.[279]

182 Nach § 302 Abs. 1 HGB hat ein Mutterunternehmen unter bestimmten Voraussetzungen im Rahmen der Kapitalkonsolidierung das Wahlrecht, den Beteiligungsbuchwert von zu konsolidierenden Tochterunternehmen nicht mit dem Eigenkapital, sondern mit dem **gezeichneten Kapital** dieser Tochterunternehmen zu verrechnen. Die Vermögensgegenstände und Schulden der Tochterunternehmen gehen dabei mit ihren Buchwerten in die Konzernbilanz ein; stille Reserven oder stille Lasten werden nicht aufgedeckt.[280] Unterschiedsbeträge zwischen dem Beteiligungsbuchwert in der Einzelbilanz des Mutterunternehmens und dem gezeichneten Kapital der Tochterunternehmen sind nach § 302 Abs. 2 HGB, wenn sie auf der Aktivseite entstehen, mit den Rücklagen zu verrechnen oder, wenn sie auf der Passivseite entstehen, den Rücklagen hinzuzurechnen.

183 § 302 Abs. 1 HGB macht die Anwendung der Interessenzusammenführungsmethode im Einzelnen (kumulativ) von folgenden **Voraussetzungen** abhängig:
– Die zu verrechnenden Anteile betragen mindestens 90 % des Nennbetrags oder, wenn ein Nennbetrag nicht vorhanden ist, des rechnerischen Wertes der Anteile des Tochterunternehmens, die nicht eigene Anteile sind (§ 302 Abs. 1 Nr. 1 HGB).
– Die Anteile sind auf Grund einer Vereinbarung erworben worden, die die Ausgabe von Anteilen eines in den Konzernabschluss einbezogenen Unternehmens vorsieht (§ 302 Abs. 1 Nr. 2 HGB).

---

[275] *Adler/Düring/Schmaltz* HGB § 301 Rn. 239.
[276] Zur Interessenzusammenführungsmethode *Rammert* DBW 1999, 620 ff.; *Niehus* WPg. 1983, 437 ff.
[277] *Baetge* Konzernbilanzen S. 224.
[278] WP-HdB Bd. I M Rn. 432.
[279] BeckBilKomm/*Förschle/Deubert* HGB § 302 Rn. 4 ff.
[280] *Adler/Düring/Schmaltz* HGB § 302 Rn. 1.

– Eine in der Vereinbarung vorgesehene Barzahlung übersteigt nicht 10 % des Nennbetrags oder, wenn ein Nennbetrag nicht vorhanden ist, des rechnerischen Wertes der ausgegebenen Anteile (§ 302 Abs. 1 Nr. 3 HGB).

§ 302 Abs. 1 Nr. 1 HGB fordert eine **Beteiligungshöhe von mindestens 90 %**. **184** Der Begriff Anteile umfasst dabei sowohl Anteile an Personengesellschaften als auch Anteile an Kapitalgesellschaften.[281] Während die Berechnungsgrundlage „Nennbetrag der Anteile" regelmäßig bei Kapitalgesellschaften Anwendung findet (Grundkapital bei AG, Stammkapital bei GmbH), dient der „rechnerische Wert der Anteile" immer dann als Berechnungsgrundlage, wenn ein Nennbetrag nicht gegeben ist; dies ist vor allem bei Personengesellschaften sowie bei der KGaA der Fall.[282] Bei Personenhandelsgesellschaften entspricht der rechnerische Wert von Anteilen persönlich haftender Gesellschafter oder Kommanditisten den fortgeschriebenen Kapitaleinlagen; im Sonderfall der Kommanditgesellschaft auf Aktien wird der rechnerische Wert der Anteile als Summe aus Grundkapital (also einem Nennbetrag) und aus dem wie für Personenhandelsgesellschaften zu bestimmenden rechnerischen Wert der Anteile der persönlich haftenden Gesellschafter ermittelt.[283] Eigene Anteile sind aus der Berechnungsgrundlage für die Mindestbeteiligungshöhe herauszunehmen.

Als zweite Voraussetzung für die Anwendung der Interessenzusammenführungsmethode nennt § 302 Abs. 1 Nr. 2 HGB den **Anteilstausch**. Die Gegenleistung braucht nicht in Anteilen des Mutterunternehmens, sondern kann auch in Anteilen eines anderen in den Konzernabschluss einbezogenen Unternehmens, beispielsweise eines anderen Tochterunternehmens, bestehen.[284] Dabei kommt es nicht darauf an, ob diese Anteile bereits vorhanden sind oder durch eine Kapitalerhöhung erst neu geschaffen werden müssen. Der Anteilstausch sollte in einem Schritt vollzogen werden; erfolgt er in Ausnahmefällen sukzessive, dann muss die gesamte Transaktion entweder von vornherein festgelegt oder in einem Geschäftsjahr abgeschlossen werden.[285] Die Verwendung eigener Anteile des in den Konzernabschluss einbezogenen Unternehmens wird in § 302 Abs. 1 Nr. 2 HGB nicht ausgeschlossen; vorhandene eigene Anteile können somit ebenfalls im Rahmen des Anteilstauschs hingegeben werden.[286] **185**

Nach § 302 Abs. 1 Nr. 3 HGB darf als dritte Voraussetzung für die Anwendung der Interessenzusammenführungsmethode eine vereinbarte **Barzahlung** für den Erwerb der Anteile **10 % des Nennbetrags oder des rechnerischen Wertes** der von dem erwerbenden Konzernunternehmen ausgegebenen Anteile nicht übersteigen. Obwohl der Anteilstausch das Hauptmerkmal der Interessenzusammenführung ist, soll zur einfacheren Abwicklung der Vereinbarung ein Spitzenausgleich ermöglicht werden.[287] **186**

Die Konsolidierung nach der Interessenzusammenführungsmethode weicht lediglich bei der Kapitalkonsolidierung von der Erwerbsmethode nach § 301 HGB ab, nicht jedoch hinsichtlich der übrigen Vorschriften über die Vollkonsolidierung, insbesondere der Vorschriften über die einheitliche Bilanzierung und Bewertung und den Konsolidierungszeitpunkt.[288] Die Kapitalkonsolidierung bei Interessenzusammenführung ist auf das gezeichnete Kapital des Tochterunternehmens beschränkt; alle übrigen Eigenkapi- **187**

---

[281] WP-HdB Bd. I M Rn. 436.
[282] *Adler/Düring/Schmaltz* HGB § 302 Rn. 21.
[283] *Adler/Düring/Schmaltz* HGB § 302 Rn. 22 f.
[284] WP-HdB Bd. I M Rn. 437.
[285] *Küting/Weber/Eckes/Weber* Konzernrechnungslegung § 302 HGB Rn. 15.
[286] *Adler/Düring/Schmaltz* HGB § 302 Rn. 36.
[287] BeckBilKomm/*Förschle/Deubert* HGB § 302 Rn. 27.
[288] BeckBilKomm/*Förschle/Deubert* HGB § 302 Rn. 30.

talposten bleiben von der Kapitalkonsolidierung unberührt und werden wie sämtliche anderen Posten der Bilanz unverändert in die Konzernbilanz übernommen, sofern sich nicht aus anderen Konsolidierungsvorgängen andere Werte ergeben.[289] Der Konsolidierungsvorgang ist erfolgsneutral, denn die Buchwertfortführung im Rahmen der Kapitalkonsolidierung nach der Interessenzusammenführungsmethode hat zur Folge, dass sich die Abschreibungsbasis der Vermögensgegenstände durch die Kapitalkonsolidierung nicht verändert.[290] Die Erfolgsneutralität gilt auch für die Folgekonsolidierungen.

188 Ein sich aus der Aufrechnung des Beteiligungsbuchwerts des Mutterunternehmens mit dem gezeichneten Kapital des Tochterunternehmens ergebender **aktiver** Unterschiedsbetrag ist mit den Rücklagen im Konzernabschluss zu verrechnen; ein **passiver** Unterschiedsbetrag ist den Rücklagen hinzuzurechnen (§ 302 Abs. 2 HGB). Es werden weder stille Reserven und stille Lasten aufgedeckt noch ein eventuell verbleibender Geschäfts- oder Firmenwert oder ein passiver Restbetrag gesondert ausgewiesen. Der Gesetzeswortlaut in § 302 Abs. 2 HGB präzisiert nicht, ob der Unterschiedsbetrag mit der Kapitalrücklage oder mit den Gewinnrücklagen zu verrechnen ist. Es wird entweder eine Verrechnung mit der Kapitalrücklage oder eine verursachungsgerechte Aufteilung auf Kapitalrücklage und Gewinnrücklagen vorgeschlagen.[291] Reichen die Rücklagen für die Verrechnung des Unterschiedsbetrags nicht aus, kommt eine Verrechnung mit einem ggf. vorhandenen Gewinnvortrag in Betracht.[292]

189 Die Anwendung der Interessenzusammenführungsmethode ist nach § 302 Abs. 3 HGB zusammen mit dem Namen und dem Sitz des betreffenden Tochterunternehmens im **Konzernanhang** anzugeben; darüber hinaus ist die sich durch die Verrechnung oder Hinzurechnung des Unterschiedsbetrags ergebende Veränderung der Rücklagen zu vermerken.

190 Werden mehrere Unternehmen nach der Interessenzusammenführungsmethode konsolidiert und entstehen dabei sowohl aktive als auch passive Unterschiedsbeträge, dann genügt es, lediglich den Saldo der Rücklagenveränderungen anzugeben.[293]

191 Die Anwendung der Interessenzusammenführungsmethode sowie die Angabe von Name und Sitz des Tochterunternehmens kann im Rahmen der Angaben über die einbezogenen Unternehmen (§ 313 Abs. 2 Nr. 1 HGB) erfolgen. Wird die Schutzklausel des § 313 Abs. 3 HGB in Anspruch genommen, dann bezieht sich diese Ausnahme lediglich auf Name und Sitz des Tochterunternehmens; die anderen Angaben nach § 302 Abs. 3 HGB bleiben davon unberührt.[294]

192 **3. Schuldenkonsolidierung.** Da die Konzernunternehmen entsprechend der Einheitstheorie, die von der wirtschaftlichen Unselbstständigkeit der in den Konzern einbezogenen Unternehmen ausgeht, nur als Betriebsstätten der wirtschaftlichen Einheit Konzern angesehen werden, kann es zwischen ihnen auch keine bilanzierungsfähigen Schuldverhältnisse geben.[295] Forderungen und Verbindlichkeiten zwischen einbezogenen Unternehmen müssen daher bei der Aufstellung des Konzernabschlusses zur Vermeidung von Doppelerfassungen eliminiert werden. Diesem Zweck dient die

---

[289] WP-HdB Bd. I M Rn. 440.
[290] *Adler/Düring/Schmaltz* HGB § 302 Rn. 47.
[291] *Baetge* Konzernbilanzen S. 234.
[292] *Adler/Düring/Schmaltz* HGB § 302 Rn. 54.
[293] BeckBilKomm/*Förschle/Deubert* HGB § 302 Rn. 63.
[294] *Adler/Düring/Schmaltz* HGB § 302 Rn. 67.
[295] *Schildbach* Der handelsrechtliche Konzernabschluss, S. 207; *Wiedmann* HGB § 303 Rn. 1; *Biener* DB 1983 Beil. 19, S. 10; zum Außenverpflichtungsprinzip bei Verbindlichkeiten vgl. *Moxter* Bilanzrechtsprechung S. 70.

Schuldenkonsolidierung. Unter Schuldenkonsolidierung wird die Aufrechnung der Forderungen und Verbindlichkeiten zwischen den in die Konsolidierung einbezogenen Unternehmen verstanden. Schuldverhältnisse mit Konzernunternehmen, die nicht in den Konzernabschluss einbezogen werden, dürfen nicht im Rahmen der Schuldenkonsolidierung verrechnet werden; sie sind nach den allgemeinen Grundsätzen als Schuldverhältnisse zwischen verbundenen Unternehmen bei den jeweils maßgeblichen Bilanzposten auszuweisen.[296]

Die Schuldenkonsolidierung ist in § 303 HGB gesetzlich geregelt; danach sind Ausleihungen und andere Forderungen, Rückstellungen und Verbindlichkeiten zwischen den in den Konzernabschluss einbezogenen Unternehmen sowie entsprechende Rechnungsabgrenzungsposten wegzulassen (§ 303 Abs. 1 HGB). Diese Aufzählung ist nicht als abschließend zu betrachten; zur Vermittlung eines den tatsächlichen Verhältnissen entsprechenden Bildes der Vermögens-, Finanz- und Ertragslage des Konzerns sind alle Vorgänge, die konzerninterne Ansprüche und Verpflichtungen begründen, in die Konsolidierung einzubeziehen. Dazu zählen idR. ausstehende Einlagen auf das gezeichnete Kapital, geleistete und erhaltene Anzahlungen, Ausleihungen an verbundene Unternehmen, Forderungen aus Lieferungen und Leistungen, Verbindlichkeiten aus Lieferungen und Leistungen, Forderungen gegen verbundene Unternehmen, Verbindlichkeiten gegenüber verbundenen Unternehmen, sonstige Vermögensgegenstände, Schecks, Wechselverbindlichkeiten, Guthaben bei verbundenen Kreditinstituten, Verbindlichkeiten gegenüber verbundenen Kreditinstituten, Wertpapiere des Anlage- und Umlaufvermögens, aktive und passive Rechnungsabgrenzungsposten, Rückstellungen, sonstige Verbindlichkeiten, Eventualverbindlichkeiten und Haftungsverhältnisse, sonstige finanzielle Verpflichtungen, soweit sie gegenüber einbezogenen Unternehmen bestehen.[297]

Bei der Schuldenkonsolidierung stehen sich im Normalfall innerkonzernliche Ansprüche und Verpflichtungen in gleicher Höhe gegenüber. In diesem Fall entstehen bei der Konsolidierung keine Aufrechnungsdifferenzen; die Konsolidierung verläuft **erfolgsneutral**.[298] Häufig weichen jedoch die konsolidierungspflichtigen innerkonzernlichen Ansprüche und Verpflichtungen voneinander ab, so dass Aufrechnungsdifferenzen entstehen. Bei diesen Aufrechnungsdifferenzen kann es sich um „unechte" Aufrechnungsdifferenzen oder „echte" Aufrechnungsdifferenzen handeln.

Unechte Aufrechnungsdifferenzen entstehen dann, wenn sich innerkonzernliche Ansprüche und Verpflichtungen auf Grund **zeitlicher Buchungsunterschiede** oder **Ausweisfehler** in den Bilanzen einbezogener Unternehmen nicht in gleicher Höhe gegenüberstehen.[299] Sie stellen kein spezifisches Problem der Schuldenkonsolidierung dar. Da diese Art von Aufrechnungsdifferenzen keinen Einfluss auf den Konzernabschluss haben darf, sind sie bereits anlässlich der notwendigen Konzernabstimmung bei der Aufstellung der Jahresabschlüsse festzustellen und zu berichtigen.[300] Unterbleibt eine Korrektur im Rahmen der Erstellung der Jahresabschlüsse, muss diese bei der Konsolidierung durchgeführt werden; im Falle von zeitlichen Buchungsunterschieden sind dabei erfolgsunwirksame Geschäftsvorfälle erfolgsneutral und erfolgswirksame Geschäftsvorfälle erfolgswirksam auszugleichen. Sind die unechten Aufrechnungsdifferenzen insgesamt von untergeordneter Bedeutung, dann erscheint es im Hinblick auf den

---

[296] *Adler/Düring/Schmaltz* HGB § 303 Rn. 1.
[297] *Adler/Düring/Schmaltz* HGB § 303 Rn. 6 f.
[298] Arbeitskreis „Externe Unternehmensrechnung" ZfbF Sonderheft 21/1987, S. 86.
[299] BeckBilKomm/*Budde/Dreissig* HGB § 303 Rn. 50.
[300] *v. Wysocki/Wohlgemuth* S. 170.

Grundsatz der Wesentlichkeit auch gerechtfertigt, diese Differenzen bei der Schuldenkonsolidierung direkt erfolgswirksam zu verarbeiten, wenn eine Berichtigung der Fehler unwirtschaftlich wäre.[301]

196 Zu **echten Aufrechnungsdifferenzen** kommt es, wenn sich konzerninterne Ansprüche und Verpflichtungen wegen der in den Jahresabschlüssen angewandten Ansatz- und Bewertungsvorschriften in unterschiedlicher Höhe gegenüberstehen.[302] Der unterschiedliche Wertansatz der konzerninternen Ansprüche und Verpflichtungen kann sich aus unterschiedlichen Bewertungsvorschriften, aus Unterschieden bei der Währungsumrechnung und aus unterschiedlichen Abschlussstichtagen ergeben.[303] Die Verrechnung solcher Aufrechnungsdifferenzen ist gesetzlich nicht geregelt. Aus dem Einheitsgrundsatz des § 297 Abs. 3 HGB, nach dem die Vermögens-, Finanz- und Ertragslage der in den Konzernabschluss einbezogenen Unternehmen so darzustellen ist, als ob diese Unternehmen insgesamt ein einziges Unternehmen wären, kann jedoch gefolgert werden, dass echte Aufrechnungsdifferenzen im Jahr der erstmaligen Entstehung erfolgswirksam zu behandeln sind; gleiches gilt für die jeweiligen Änderungen der Aufrechnungsdifferenzen in den Folgejahren.[304] Je nachdem, ob es sich um die erstmalige oder die wiederholte Verrechnung der Aufrechnungsdifferenz handelt, ist zwischen einer Beeinflussung des Jahresergebnisses einerseits und einer Beeinflussung des Ergebnisvortrages oder der Gewinnrücklagen des Konzerns andererseits zu unterscheiden.[305]

197 Eine Schuldenkonsolidierung braucht nach § 303 Abs. 2 HGB nicht durchgeführt zu werden, wenn die wegzulassenden Beträge für die Vermittlung eines den tatsächlichen Verhältnissen entsprechenden Bildes der Vermögens-, Finanz- und Ertragslage des Konzerns nur von untergeordneter Bedeutung sind. In dieser Vorschrift drückt sich der **Grundsatz der Wesentlichkeit** aus. Eine allgemeingültige Festlegung, wann die im Rahmen der Schuldenkonsolidierung zu eliminierenden Beträge von untergeordneter Bedeutung, also unwesentlich sind, ist nicht möglich. Maßstab ist die Aussagefähigkeit des Konzernabschlusses, daher ist eine Gesamtbetrachtung aller zu konsolidierenden Sachverhalte von untergeordneter Bedeutung erforderlich und nicht eine isolierte Betrachtung eines jeden Einzelbetrages.[306] Ein vollständiger Verzicht auf die Schuldenkonsolidierung wird nur in Ausnahmefällen möglich sein. Bei stark diversifizierten und unabhängig voneinander operierenden Konzernunternehmen kann der Lieferungs- und Leistungsverkehr auf ein Minimum beschränkt sein; in solchen Fällen stellt der Ausweis der Ausleihungen sowie der Forderungen und Verbindlichkeiten gegenüber verbundenen Unternehmen in der Summenbilanz einen Maßstab für die Beurteilung der untergeordneten Bedeutung dar.[307]

198 Die Ausübung des Wahlrechts unterliegt dem Stetigkeitsgebot des § 297 Abs. 3 S. 2 HGB; willkürliche Änderungen von Geschäftsjahr zu Geschäftsjahr sind nicht möglich, da sie möglicherweise eine Beeinträchtigung des Einblicks in die Vermögens-, Finanz- und Ertragslage nach sich ziehen. Als zulässige Gründe für eine Neuausübung des Wahlrechts kommen sowohl der Übergang von einer bisher angewandten Vereinfachung zu einer exakteren Methode als auch der Übergang auf eine vereinfachte Hand-

---

[301] *Adler/Düring/Schmaltz* HGB § 303 Rn. 41.
[302] *Groß/Schruff/v. Wysocki* S. 161.
[303] *Adler/Düring/Schmaltz* HGB § 303 Rn. 34.
[304] BeckBilKomm/*Budde/Dreissig* HGB § 303 Rn. 54.
[305] WP-HdB Bd. I M Rn. 529.
[306] *Baetge* Konzernbilanzen S. 266.
[307] BeckBilKomm/*Budde/Dreissig* HGB § 303 Rn. 63.

habung in Frage.[308] Die Neuausübung des Wahlrechts ist im Konzernanhang anzugeben und zu begründen (§ 297 Abs. 3 S. 4 HGB).

4. Zwischenergebniseliminierung. Der Konzernabschluss hat nach § 297 Abs. 2 S. 2 HGB den Grundsätzen ordnungsmäßiger Buchführung zu entsprechen. Demgemäß ist auch das Prinzip der Periodenabgrenzung, das vom **Realisationsprinzip** eingeschlossen wird,[309] für den Konzernabschluss anzuwenden. Darüber hinaus sind die einbezogenen Unternehmen im Konzernabschluss entsprechend der Einheitstheorie so darzustellen, als ob sie insgesamt ein einziges Unternehmen wären. Aus Lieferungen und Leistungen zwischen diesen Unternehmen können somit keine Erfolgsbeiträge für den Konzernabschluss entstehen. In den Einzelabschlüssen der einbezogenen Unternehmen sind aber idR. Erfolgsbeiträge auf Grund von Lieferungen und Leistungen an andere einbezogene Unternehmen enthalten, die deshalb zu eliminieren sind. 199

Gewinne, die aus Lieferungen und Leistungen zwischen den in den Konsolidierungskreis einbezogenen Unternehmen entstehen **(Zwischengewinne),** gelten solange als nicht realisiert, bis die Lieferung oder Leistung den Konsolidierungskreis verlassen hat; dasselbe gilt sinngemäß auch für Verluste aus Lieferungen und Leistungen zwischen den einbezogenen Unternehmen **(Zwischenverluste).** Das Realisationsprinzip gilt somit für den Konzernabschluss mit der Maßgabe, dass Gewinne und Verluste erst dann realisiert werden, wenn Lieferungen oder Leistungen die wirtschaftliche Einheit des Konzerns verlassen; bis dahin müssen Ergebnisse aus konzerninternen Lieferungen und Leistungen im Konzernabschluss erfolgsneutral bleiben.[310] 200

Das Gesetz enthält weder den Begriff des Zwischengewinns noch den des Zwischenverlustes. In § 304 Abs. 1 HGB wird festgelegt, dass in den Konzernabschluss zu übernehmende Vermögensgegenstände, die ganz oder teilweise auf Lieferungen oder Leistungen zwischen in den Konzernabschluss einbezogenen Unternehmen beruhen, in der Konzernbilanz mit einem Betrag anzusetzen sind, zu dem sie in der auf den Stichtag des Konzernabschlusses aufgestellten Jahresbilanz dieses Unternehmens angesetzt werden könnten, wenn die in den Konzernabschluss einbezogenen Unternehmen auch rechtlich ein einziges Unternehmen bilden würden. Die Pflicht zur Eliminierung von Zwischenergebnissen wird somit in § 304 Abs. 1 HGB an folgende Voraussetzungen geknüpft: 201
– Es muss sich um Vermögensgegenstände (Sachen, Rechte) handeln.
– Die Vermögensgegenstände müssen sich am Stichtag des Konzernabschlusses bei einem Unternehmen befinden, das in den Konzernabschluss einbezogen wird.
– Die Vermögensgegenstände müssen Lieferungen oder Leistungen eines in den Konzernabschluss einbezogenen Unternehmens darstellen; Vermögensgegenstände, die nur mittelbar (über nicht einbezogene Unternehmen) aus Lieferungen von in den Konzernabschluss einbezogenen Unternehmen stammen, unterliegen nicht der Pflicht zur Zwischenergebniseliminierung, soweit es sich nicht um missbräuchliche Gestaltungen handelt.

Vermögensgegenstände, die ein einbezogenes Unternehmen von Dritten erworben und ohne Be- oder Verarbeitung an ein anderes einbezogenes Unternehmen weiterveräußert hat, sind in der Konzernbilanz grundsätzlich mit den Anschaffungskosten des Konzerns **(Konzernanschaffungskosten)** anzusetzen. Sind die konzernintern bezogenen Lieferungen von anderen einbezogenen Unternehmen selbst hergestellt, sind die Bestände in der Konzernbilanz grundsätzlich mit den Herstellungskosten des Konzerns 202

---
[308] *Adler/Düring/Schmaltz* HGB § 303 Rn. 50.
[309] Vgl. *Moxter* BB 1984, 1783 f.
[310] WP-HdB Bd. I M Rn. 297.

(**Konzernherstellungskosten**) anzusetzen; gleiches gilt für Vermögensgegenstände, in die Leistungen anderer einbezogener Unternehmen eingegangen sind.[311]

203 Was als **Konzernanschaffungskosten** anzusehen ist, bestimmt sich nach § 255 Abs. 1 HGB; dazu gehören Anschaffungspreis einschließlich Anschaffungspreisänderungen, die an Dritte außerhalb des Konzerns zu zahlen sind, Anschaffungsnebenkosten, die an fremde Dritte zu zahlen sind sowie im Konzern anfallende Nebenkosten.[312] Liegen die Konzernanschaffungskosten **unter** dem Wertansatz des Einzelabschlusses oder der Handelsbilanz II des empfangenden Unternehmens, dann ist in Höhe des Unterschieds ein Zwischengewinn zu eliminieren. Liegen die Konzernanschaffungskosten dagegen über dem Wertansatz im Einzelabschluss oder in der Handelsbilanz II des empfangenden Unternehmens, dann ergibt sich in Höhe dieses Unterschieds ein eliminierungspflichtiger Zwischenverlust, soweit nicht nach dem Niederstwertprinzip gemäß § 253 Abs. 2 u. 3 HGB ein niedrigerer Wertansatz im Konzernabschluss zu beachten ist.

204 Zu den **Konzernherstellungskosten** gehören alle Kosten, die für ein betreffendes Erzeugnis aus der Sicht eines einheitlichen Unternehmens aktiviert werden dürfen; § 255 Abs. 2 u. 3 HGB ist für die Bestimmung der Konzernherstellungskosten entsprechend anzuwenden. Dabei zählen zu den Konzernherstellungskosten auch die Kosten, die zwar im Einzelabschluss des liefernden Unternehmens nicht aktiviert werden dürfen (zB konzerninterne Transportkosten als Vertriebskosten), die jedoch aus Konzernsicht aktivierbare Herstellungskostenbestandteile darstellen. Im Einzelabschluss aktivierbare Herstellungskostenbestandteile, die aber aus Konzernsicht den Charakter aktivierbarer Herstellungskosten verlieren (zB an andere einbezogene Unternehmen gezahlte Lizenzgebühren für von diesen selbst entwickelte Patente), dürfen dagegen nicht in die Konzernherstellungskosten einbezogen werden.[313] Obwohl es sich bei diesen **Herstellungskosten-Mehrungen** und **-Minderungen** nicht um Zwischenergebnisse im engeren Sinne handelt, sind diese Beträge nach hM in die Zwischenergebniseliminierung einzubeziehen.[314]

205 Unter Berücksichtigung der Tatsache, dass die in der Einzelbilanz mögliche Bandbreite bei der Ermittlung der Herstellungskosten aus § 255 Abs. 2 u. 3 HGB auch für die Konzernbilanz übernommen wird, bestimmt sich die **Obergrenze** für die Konzernherstellungskosten somit durch die höchstmöglichen Herstellungskosten des liefernden Unternehmens, zuzüglich der Kosten, die nicht als Einzelherstellungskosten, wohl aber als Konzernherstellungskosten aktivierbar sind, und abzüglich der Kosten, die im Rahmen der Einzelherstellungskosten, nicht aber als Konzernherstellungskosten aktivierbar sind. Die **Untergrenze** der Konzernherstellungskosten dagegen wird durch die niedrigstmöglichen Herstellungskosten des liefernden Unternehmens, zuzüglich direkt zurechenbarer Kosten, die nicht als Einzelherstellungskosten, wohl aber als Konzernherstellungskosten zu aktivieren sind, und abzüglich der Kosten, die zwar als Einzelherstellungskosten, nicht aber als Konzernherstellungskosten aktiviert werden dürfen.[315]

206 Zwischengewinne sind nur eliminierungspflichtig, soweit der Wertansatz im Einzelabschluss bzw. in der Handelsbilanz II des empfangenden Unternehmens die

---

[311] *Adler/Düring/Schmaltz* HGB § 304 Rn. 12 f.
[312] BeckBilKomm/*Budde/Dreissig* HGB § 304 Rn. 11.
[313] *Adler/Düring/Schmaltz* HGB § 304 Rn. 25; *v. Wysocki/Wohlgemuth* S. 146; WP-HdB Bd. I M Rn. 305.
[314] *Adler/Düring/Schmaltz* HGB § 304 Rn. 22 mwN.
[315] WP-HdB Bd. I M Rn. 313.

höchstmöglichen Konzernherstellungskosten überschreitet; Zwischenverluste sind nur eliminierungspflichtig, soweit die niedrigstmöglichen Konzernherstellungskosten den Wertansatz im Einzelabschluss bzw. in der Handelsbilanz II des empfangenden Unternehmens übersteigen. Die Differenz zwischen den höchstmöglichen und den niedrigstmöglichen Konzernherstellungskosten kann, braucht aber nicht eliminiert zu werden; im Rahmen der Zwischenergebniseliminierung kann daher von **eliminierungspflichtigen** und **eliminierungsfähigen** Ergebnisanteilen gesprochen werden.[316] Die Konzernleitung kann über die Wahlrechte bei der Bestimmung der Konzernherstellungskosten grundsätzlich frei entscheiden; der Entscheidungsspielraum wird aber durch den Grundsatz der Bewertungsstetigkeit (§ 252 Abs. 1 Nr. 6 HGB) und das Gebot der einheitlichen Bewertung im Konzernabschluss (§ 308 Abs. 1 HGB) eingeschränkt.[317]

Die aus konzerninternen Lieferungen und Leistungen im Geschäftsjahr entstandenen Zwischenergebnisse führen zu einer Verringerung des Wertansatzes der betreffenden Vermögensgegenstände, soweit es sich um **Zwischengewinne** handelt und zu einer Erhöhung des Wertansatzes, soweit es sich um **Zwischenverluste** handelt. Darüber hinaus sind in der Konzern-Gewinn- und Verlustrechnung die Posten Umsatzerlöse, sonstige betriebliche Erträge und sonstige betriebliche Aufwendungen betroffen, bei denen der Gewinn oder Verlust des leistenden Unternehmens eliminiert wird.[318] Die Eliminierung der im Geschäftsjahr neu entstandenen Zwischenergebnisse wirkt sich somit auf das Jahresergebnis aus. Dagegen sind die aus Vorjahren resultierenden Zwischenergebniseliminierungen, soweit sie nicht durch Verkauf an konzernfremde Dritte aufzulösen oder bei Gegenständen des Anlagevermögens fortzuführen sind, erfolgsneutral zu verrechnen. Sie können beispielsweise in der Konzernbilanz in einen Ausgleichsposten im Eigenkapital (Ergebnisvortrag oder Gewinnrücklagen) eingestellt werden.[319] 207

Nach § 304 Abs. 2 S. 1 HGB kann auf die Eliminierung der Zwischenergebnisse verzichtet werden, wenn die Lieferung oder Leistung zu üblichen Marktbedingungen vorgenommen worden ist und die Ermittlung der anzusetzenden Konzernanschaffungs- oder Konzernherstellungskosten einen unverhältnismäßig hohen Aufwand erfordern würde. Die konzerninternen Lieferungen und Leistungen sind dann zu **üblichen Marktbedingungen** vorgenommen worden, wenn die gleichen Lieferungen und Leistungen zum gleichen Preis und zu gleichen Liefer- und Zahlungsbedingungen auch an Dritte verkauft werden. Sind keine vergleichbaren Transaktionen erfolgt, richtet sich die Marktüblichkeit der Bedingungen danach, ob die Kalkulation zu den in der Branche oder in dem Unternehmen sonst üblichen Sätzen erfolgt ist oder auch Dritten gegenüber in der gleichen Weise vorgenommen würde.[320] Mit der Möglichkeit des Verzichts auf die Zwischenergebniseliminierung bei **unverhältnismäßig hohem Ermittlungsaufwand** wird der Grundsatz der Wirtschaftlichkeit berücksichtigt. An das Kriterium des unverhältnismäßig hohen Aufwands sind strenge Maßstäbe anzulegen; es wird nur in besonderen Ausnahmefällen als erfüllt angesehen werden können.[321] 208

---

[316] WP-HdB Bd. I M Rn. 313.
[317] *Adler/Düring/Schmaltz* HGB § 304 Rn. 30 ff.
[318] BeckBilKomm/*Budde/Dreissig* HGB § 304 Rn. 50.
[319] *Adler/Düring/Schmaltz* HGB § 304 Rn. 98; BeckBilKomm/*Budde/Dreissig* HGB § 304 Rn. 51.
[320] *Küting/Weber/Weber* Konzernrechnungslegung § 304 HGB Rn. 21 f.
[321] *Biener/Berneke* S. 347.

Anh. II nach § 42 a 3. Abschnitt. Vertretung und Geschäftsführung

209 Wird von der Ausnahmeregelung des § 304 Abs. 2 S. 1 HGB Gebrauch gemacht, so ist der Verzicht auf die Zwischenergebniseliminierung nach § 304 Abs. 2 S. 2 HGB im **Konzernanhang** anzugeben und bei einem wesentlichen Einfluss auf die Vermögens-, Finanz- und Ertragslage des Konzerns zu erläutern. Im Rahmen der Erläuterung müssen die Posten genannt werden, deren Höhe durch den Verzicht auf die Zwischenergebniseliminierung wesentlich berührt wird; ferner muss erläutert werden, ob diese Posten dadurch höher (im Falle eines Zwischengewinns) oder niedriger (im Falle eines Zwischenverlustes) ausgewiesen werden.[322]

210 Eine weitere Möglichkeit zum Verzicht auf die Eliminierung von Zwischenergebnissen enthält § 304 Abs. 3 HGB. Danach kann auf die Zwischenergebniseliminierung verzichtet werden, wenn die wegzulassenden Beträge (Zwischenergebnisse) für die Vermittlung eines den tatsächlichen Verhältnissen entsprechenden Bildes der Vermögens-, Finanz- und Ertragslage des Konzerns nur von **untergeordneter Bedeutung** sind. Über die Anwendung dieser Ausnahmeregelung kann nur unter Berücksichtigung aller Umstände der in den Konzernabschluss einbezogenen Unternehmen entschieden werden.[323] Eine Angabe oder Erläuterung im Konzernanhang wird bei Anwendung dieser Ausnahmeregelung nicht verlangt.

211 **5. Quotenkonsolidierung.**[324] Nach der Vorschrift des § 310 HGB können sog. **Gemeinschaftsunternehmen,** bei denen keine einheitliche Leitung vorliegt oder die Voraussetzungen für das Control-Konzept fehlen und die daher keine Tochterunternehmen sind und nicht in Form der Vollkonsolidierung in den Konzernabschluss einbezogen werden, trotzdem **anteilig** (quotal) konsolidiert werden.[325] Gemäß § 310 Abs. 1 HGB darf, wenn ein in einen Konzernabschluss einbezogenes Mutter- oder Tochterunternehmen ein anderes Unternehmen gemeinsam mit einem oder mehreren nicht in den Konzernabschluss einbezogenen Unternehmen führt, dieses andere Unternehmen in den Konzernabschluss entsprechend den Anteilen am Kapital einbezogen werden, die dem Mutterunternehmen gehören. Bei der Quotenkonsolidierung werden also im Gegensatz zur Vollkonsolidierung die einzelnen Vermögensgegenstände und Schulden des Gemeinschaftsunternehmens nur anteilig in den Konzernabschluss einbezogen. Obwohl das Gesetz den Begriff „anteilmäßige Konsolidierung" anstelle von „Quotenkonsolidierung" verwendet, hat sich in der Praxis seit langem der Begriff „Quotenkonsolidierung" durchgesetzt.[326]

212 Die Aufnahme der Quotenkonsolidierung in das HGB wurde im Schrifttum kritisch gesehen, da eine nur anteilmäßige Konsolidierung der Einheitstheorie widerspricht und vielmehr die Konzeption der Interessentheorie widerspiegelt.[327] Für die Quotenkonsolidierung spricht, dass mit ihrer Hilfe der Sachverhalt, dass ein Gemeinschaftsunternehmen zwar einerseits nicht als ein Bestandteil der wirtschaftlichen Einheit Konzern gesehen werden kann, andererseits das beteiligte Mutterunternehmen aber aktiv an der Unternehmensführung mitwirkt und auch entsprechend an Gewinnen oder Verlusten beteiligt ist, in geeigneter Form dargestellt werden kann.[328]

---

[322] *Adler/Düring/Schmaltz* HGB § 304 Rn. 140.
[323] BeckBilKomm/*Budde/Dreissig* HGB § 304 Rn. 71.
[324] Vgl. hierzu Deutscher Rechnungslegungs Standard Nr. 9 (DRS 9) v. 13. 9. 2001.
[325] *Schildbach* Der handelsrechtliche Konzernabschluss, S. 111.
[326] WP-HdB Bd. I M Rn. 532; darüber hinaus ist auch eine Konsolidierung nach der Equity-Methode möglich, vgl. DSR 9 Rn. 4. In diesem Fall ist DSR 8 entsprechend anzuwenden.
[327] *Adler/Düring/Schmaltz* HGB § 310 Rn. 3; *v. Wysocki/Wohlgemuth* S. 127.
[328] *Adler/Düring/Schmaltz* HGB § 310 Rn. 4 mwN; *Harms/Knischewski* DB 1985, 1355.

Zum **Begriff des Gemeinschaftsunternehmens** finden sich zahlreiche alternative 213
Bezeichnungen wie beispielsweise Joint Venture, Partnerschaftsunternehmen, Partnership Investment oder Jointly Owned Company.[329] Gemeinschaftsunternehmen iS des § 310 HGB lassen sich wie folgt charakterisieren.[330]
– Das Gemeinschaftsunternehmen muss die Unternehmenseigenschaft besitzen; die Rechtsform ist grundsätzlich nicht von Bedeutung.
– Die Zusammenarbeit der Gesellschafterunternehmen des Gemeinschaftsunternehmens sollte auf Dauer angelegt und nicht lediglich auf einen bestimmten kurzen Zeitraum begrenzt sein.
– Die Gesellschafterunternehmen müssen wirtschaftlich unabhängig voneinander sein.
– Die gemeinsame Führung muss durch die Gesellschafterunternehmen tatsächlich aktiv ausgeübt werden; eine rein finanzielle Beteiligung ist nicht ausreichend.
– Voraussetzung für die gemeinsame Leitung ist, dass die Gesellschafterunternehmen an dem Gemeinschaftsunternehmen eine Beteiligung iSv. § 271 HGB halten; der Anteil der Stimmrechte an den Gemeinschaftsunternehmen wird dabei regelmäßig zwischen 20 % und 50 % liegen.

Sind die genannten Bedingungen erfüllt, darf das Gemeinschaftsunternehmen **quo-** 214
tal in den Konzernabschluss einbezogen werden.[331] Wird auf das Wahlrecht zur Anwendung der Quotenkonsolidierung des Gemeinschaftsunternehmens verzichtet, so ist grundsätzlich die Equity-Methode (vgl. Rn. 218 ff.) anzuwenden.[332] Dieses Wahlrecht darf für jedes Gemeinschaftsunternehmen gesondert ausgeübt werden; die einmal gewählte Methode unterliegt allerdings dem Stetigkeitsgebot des § 297 Abs. 3 S. 2 HGB.

Nach § 310 Abs. 2 HGB sind auf die Quotenkonsolidierung die §§ 297 bis 301, 215
§§ 303 bis 306, 308, 309 HGB entsprechend anzuwenden. Für die Quotenkonsolidierung ist somit grundsätzlich die gleiche **Konsolidierungstechnik** anzuwenden wie bei der Vollkonsolidierung. Aktiva und Passiva, Aufwendungen und Erträge sind jedoch nur in Höhe des Anteils des Mutterunternehmens in den Konzernabschluss zu übernehmen und werden dort unter den entsprechenden Posten mit den übrigen aus den Einzelabschlüssen übernommenen Aktiva und Passiva, Aufwendungen und Erträgen zusammengefasst. Die zugrunde zu legende Anteilsquote bestimmt sich dabei nach den allen in den Konzernabschluss einbezogenen Unternehmen gehörenden Kapitalanteilen an dem Gemeinschaftsunternehmen. Als charakteristisches Merkmal der Quotenkonsolidierung entfällt der Ausgleichsposten für Anteile anderer Gesellschafter nach § 307 HGB; außerdem ist die Kapitalkonsolidierung bei Interessenzusammenführung nach § 302 HGB nicht anwendbar.[333]

Bei der Quotenkonsolidierung stehen wie bei der Vollkonsolidierung zur Aufrech- 216
nung des Beteiligungsbuchwerts mit dem anteiligen Eigenkapital wahlweise die **Buchwertmethode** (vgl. Rn. 145 ff.) und die **Neubewertungsmethode** (vgl. Rn. 152 ff.) zur Verfügung.[334] Der wesentliche Unterschied zwischen diesen beiden Methoden der Kapitalkonsolidierung liegt darin, dass bei Anwendung der Neubewertungsmethode der Ausgleichsposten für Anteile anderer Gesellschafter auch anteilig die aufgedeckten stillen Reserven und stillen Lasten enthält. Dieser Unterschied entfällt bei

---

[329] *Zündorf* BB 1987, 1911.
[330] *Baetge* Konzernbilanzen S. 349 ff.; vgl. auch DRS 9 Rn. 3.
[331] *Baetge* Konzernbilanzen S. 352.
[332] BeckBilKomm/*Budde/Suhrbier* HGB § 310 Rn. 8; *Wiedmann* HGB § 310 Rn. 3.
[333] WP-HdB Bd. I M Rn. 533.
[334] Es gilt nach DRS 9 Rn. 16 DRS 4 Rn. 81 f. sinngemäß. Danach wird die Neubewertungsmethode bevorzugt.

Anwendung der Quotenkonsolidierung, da wegen der Art der Verrechnung erst gar kein Ausgleichsposten für Fremdanteile entsteht. Die Buchwertmethode und die Neubewertungsmethode führen somit zu dem gleichen Ergebnis.[335]

217 Die Vorschriften der §§ 313, 314 HGB zum **Konzernanhang** gelten auch für quotal konsolidierte Unternehmen; mit Ausnahme der Vorschriften, die ausdrücklich nur für in den Konzernabschluss einbezogene Mutter- und Tochterunternehmen anwendbar sind (zB Angabe der Bezüge der Geschäftsführung).[336] Die Angaben sind grundsätzlich nur quotal vorzunehmen. Besondere Angabepflichten für Gemeinschaftsunternehmen im Konzernanhang ergeben sich aus § 313 Abs. 2 Nr. 3 HGB und § 314 Abs. 1 Nr. 4 HGB. Nach § 313 Abs. 2 Nr. 3 HGB sind neben Name und Sitz der Gemeinschaftsunternehmen auch der Tatbestand, aus dem sich die Anwendung der Quotenkonsolidierung ergibt sowie der Anteil am Kapital dieser Unternehmen, der dem Mutterunternehmen und den in den Konzernabschluss einbezogenen Tochterunternehmen gehört oder von einer für Rechnung dieser Unternehmen handelnden Person gehalten wird, anzugeben. § 314 Abs. 1 Nr. 4 HGB verlangt die gesonderte Angabe der durchschnittlichen Zahl der Arbeitnehmer nur anteilig einbezogener Gemeinschaftsunternehmen. Die Angabe lediglich des quotalen Wertes, also der Arbeitnehmerzahl, die mit der Konsolidierungsquote übereinstimmt, ist nicht zulässig.[337]

218 **6. Equity-Methode.**[338] Beteiligungen an sog. **assoziierten Unternehmen** sind im Konzernabschluss grundsätzlich gesondert auszuweisen und nach der Equity-Methode zu bewerten. Mit den assoziierten Unternehmen wird im Konzernabschluss eine weitere Unternehmenskategorie neben den Tochterunternehmen (§ 290 HGB) und den Gemeinschaftsunternehmen (§ 310 HGB) eingeführt. Diese Unternehmenskategorien werden auf Grund der jeweils unterschiedlichen Einflussnahme durch das Mutterunternehmen auch mit differenzierten Methoden in den Konzernabschluss einbezogen.[339]

219 Der Wertansatz der Beteiligungen an assoziierten Unternehmen im Konzernabschluss erfolgt nach der Equity-Methode, deren technische Verfahrensweise in § 312 HGB gesetzlich geregelt ist. Im Unterschied zur Voll- und Quotenkonsolidierung werden bei der Equity-Methode keine Vermögensgegenstände, Schulden, Aufwendungen oder Erträge aus dem Einzelabschluss des assoziierten Unternehmens in den Konzernabschluss übernommen, sondern der Beteiligungsbuchwert wird entsprechend der Entwicklung des **anteiligen Eigenkapitals** (equity) des assoziierten Unternehmens im Konzernabschluss fortgeschrieben.[340]

220 **Ziel** der Equity-Methode ist der Ansatz der Beteiligung mit dem Wert, der dem anteiligen bilanziellen Eigenkapital des assoziierten Unternehmens entspricht. Anteilige Jahresüberschüsse werden im Entstehungsjahr erfolgswirksam in der Konzern-Gewinn- und Verlustrechnung vereinnahmt und dem Wertansatz der Beteiligung zugeschrieben, anteilige Jahresfehlbeträge dementsprechend abgesetzt; Dividendenausschüttungen werden ebenfalls vom Buchwert der Beteiligung abgesetzt.[341] Wird bei erstmaliger Anwendung der Equity-Methode im Rahmen der Kapitalaufrechnung ein Unterschiedsbetrag zwischen den Anschaffungskosten der Beteiligung und dem anteiligen

---

[335] *Küting/Weber/Sigle* Konzernrechnungslegung § 310 HGB Rn. 76.
[336] *Adler/Düring/Schmaltz* HGB § 310 Rn. 53; vgl. zu Angaben im Anhang DSR 9 Rn. 21 ff.
[337] *Adler/Düring/Schmaltz* HGB § 314 Rn. 31; aA BeckBilKomm/*Ellrott* HGB § 314 Rn. 35.
[338] Vgl. hierzu Deutscher Rechnungslegungs Standard Nr. 8 (DRS 8) v. 29. 5. 2001.
[339] *Adler/Düring/Schmaltz* HGB § 311 Rn. 4.
[340] *Baetge* Konzernbilanzen S. 379 f.
[341] *Adler/Düring/Schmaltz* HGB § 312 Rn. 2.

bilanziellen Eigenkapital des assoziierten Unternehmens ermittelt, so wird dieser wie bei der Kapitalkonsolidierung im Rahmen der Vollkonsolidierung fortgeschrieben. Die Equity-Methode stellt somit ein **Bewertungsverfahren** dar, obwohl sie teilweise auch als „one-line-consolidation" bezeichnet wird.[342]

§ 312 Abs. 1 HGB regelt die Kapitalaufrechnung bei erstmaliger Anwendung der Equity-Methode. Für die Ermittlung des Wertansatzes der Beteiligung stehen die **Buchwertmethode** (§ 312 Abs. 1 S. 1 Nr. 1 HGB) und die **Kapitalanteilsmethode** (§ 312 Abs. 1 S. 1 Nr. 2 HGB) zur Verfügung. Maßgebend für die Einbeziehung des assoziierten Unternehmens in den Konzernabschluss ist nach § 312 Abs. 6 S. 1 HGB jeweils der letzte Jahresabschluss des assoziierten Unternehmens. Die Aufstellung eines Zwischenabschlusses ist somit nicht notwendig.[343] Stellt das assoziierte Unternehmen einen Konzernabschluss auf, so ist gemäß § 312 Abs. 6 S. 2 HGB dieser anstelle des Jahresabschlusses zugrunde zulegen. 221

Die Equity-Methode kann nur im **Konzernabschluss** angewendet werden; von dem Mitgliedstaatenwahlrecht des Art. 59 der 4. EG-Richtlinie, sie auch im **Einzelabschluss** anzuwenden, wurde im deutschen Recht kein Gebrauch gemacht.[344] 222

a) **Assoziierte Unternehmen.**[345] § 311 Abs. 1 HGB gibt eine Umschreibung für den Begriff des assoziierten Unternehmens. Assoziierte Unternehmen sind danach durch folgende Merkmale gekennzeichnet: 223
– Ein in den Konzernabschluss einbezogenes Unternehmen besitzt eine Beteiligung nach § 271 Abs. 1 HGB an einem anderen Unternehmen (assoziiertes Unternehmen).
– Das andere Unernehmen wird nicht im Wege der Voll- oder Quotenkonsolidierung in den Konzernabschluss einbezogen.
– Das in den Konzernabschluss einbezogene beteiligte Unternehmen übt tatsächlich einen **maßgeblichen Einfluss** auf die Geschäfts- und Finanzpolitik des anderen Unternehmens aus.

Wie assoziierte Unternehmen dürfen aber uU auch diejenigen Konzernunternehmen behandelt werden, die unter das Einbeziehungsverbot des § 295 HGB fallen oder auf Grund eines Wahlrechts nach § 296 HGB nicht einbezogen wurden, sowie Gemeinschaftsunternehmen, wenn das Wahlrecht zur anteilmäßigen Konsolidierung nicht genutzt wird.[346] 224

Das Vorliegen eines maßgeblichen **Einflusses auf die Geschäfts- und Finanzpolitik** des nicht einbezogenen Unternehmens stellt ein entscheidendes Merkmal für die Annahme eines assoziierten Unternehmens dar, kann aber nur schwer umschrieben werden.[347] Es ist davon auszugehen, dass mit dem Begriff der Geschäfts- und Finanzpolitik die wesentlichen Entscheidungen innerhalb der Unternehmenspolitik erfasst werden sollten, wobei sich die Einflussnahme allerdings nicht auf jede einzelne Entscheidung im täglichen Geschäft erstrecken muss, sondern die Mitwirkung bei den Grundsatzentscheidungen (zB Richtlinien für die Geschäftspolitik wie Marketingstrategien, Produktstrategien, Investitionsstrategien, Finanzierungsstrategien oder Besetzung von Führungspositionen) hinreichend, aber auch notwendig ist.[348] Der maßgebliche 225

---

[342] *KPMG Treuverkehr* S. 235.
[343] Vgl. aber DSR 8 Rn. 12 f.
[344] BeckBilKomm/*Budde/Raff* HGB § 311 Rn. 2.
[345] Vgl. DSR 8 Rn. 3.
[346] BeckBilKomm/*Budde/Raff* HGB § 311 Rn. 5 ff.
[347] Vgl. DSR 8 Rn. 3 (am Ende).
[348] *Adler/Düring/Schmaltz* HGB § 311 Rn. 19 f.

Einfluss muss auf Dauer (idR. mehrere Jahre) angelegt sein; eine einmalige oder gelegentliche Einflussnahme in Einzelentscheidungen reicht nicht aus.[349] Darüber hinaus verlangt § 311 Abs. 1 HGB die **tatsächliche Ausübung** des maßgeblichen Einflusses.[350] Die Möglichkeit einer Einflussnahme allein genügt nicht, sondern das beteiligte Unternehmen muss aktiv an den Entscheidungen des assoziierten Unternehmens mitwirken. **Indizien** für das Vorliegen eines maßgeblichen Einflusses können beispielsweise erhebliche technologische Beziehungen, intensive Lieferungs- und Leistungsbeziehungen, die Teilnahme an unternehmenspolitischen Entscheidungen, die finanzielle und technologische Abhängigkeit des Beteiligungsunternehmens, der Austausch von Führungspersonal, die Vertretung in Vorstand oder Aufsichtsrat sowie das Mitspracherecht bei der Bestellung der Mitglieder der Leitungs- und Aufsichtsorgane sein.[351]

226 Wegen der mit dem Nachweis einer tatsächlichen Einflussnahme in der Praxis verbundenen Schwierigkeiten enthält § 311 Abs. 1 S. 2 HGB eine **Assoziierungsvermutung,** nach der ein maßgeblicher Einfluss dann vermutet wird, wenn ein Unternehmen bei einem anderen Unternehmen mindestens 20 % der Stimmrechte der Gesellschafter innehat. Auf die Berechnung des Stimmrechtsanteils ist § 290 Abs. 3 u. 4 HGB analog anzuwenden; es sind also neben den unmittelbar dem Mutterunternehmen zustehenden Stimmrechten auch die einem Tochterunternehmen sowie die einem für Rechnung des Mutterunternehmens oder eines Tochterunternehmens handelnden Dritten zustehenden Stimmrechte zu berücksichtigen.[352] Es handelt sich dabei um eine **widerlegbare** Vermutung, d.h. der unterstellte maßgebliche Einfluss kann auch bei einem tatsächlich vorliegenden Stimmrechtsanteil von mindestens 20 % widerlegt werden. Das beteiligte Unternehmen muss dann nachweisen, dass es keine Möglichkeit zur Ausübung eines maßgeblichen Einflusses hat oder dass eine bestehende Möglichkeit zur maßgeblichen Einflussnahme auf das Beteiligungsunternehmen tatsächlich nicht genutzt wird.[353] Aus der Assoziierungsvermutung darf aber nicht geschlossen werden, dass bei einem Stimmrechtsanteil von unter 20 % die Ausübung eines maßgeblichen Einflusses ausgeschlossen ist. In diesem Fall muss nachgewiesen werden, dass tatsächlich ein maßgeblicher Einfluss ausgeübt wird.[354]

227 Liegt ein Assoziierungsverhältnis vor, dann ist nach § 311 Abs. 1 S. 1 HGB die Beteiligung in der Konzernbilanz unter einem besonderen Posten mit **entsprechender Bezeichnung** auszuweisen. Dabei können grundsätzlich alle Beteiligungen, auf die § 311 HGB angewendet wird, zusammengefasst ausgewiesen werden, bei Beteiligungen an Tochterunternehmen ist jedoch ein Vermerk der Mitzugehörigkeit zum Posten „Anteile an verbundenen Unternehmen" erforderlich.[355]

228 Auf die Bewertung nach der Equity-Methode und einen Ausweis als assoziiertes Unternehmen kann nach § 311 Abs. 2 HGB verzichtet werden, wenn die Beteiligung für die Vermittlung eines den tatsächlichen Verhältnissen entsprechenden Bildes der Vermögens-, Finanz- und Ertragslage des Konzerns von **untergeordneter Bedeutung** ist. Wird von dieser Vorschrift Gebrauch gemacht und auf die Behandlung einer Beteiligung als assoziiertes Unternehmen verzichtet, so ist dies nach § 313 Abs. 2 Nr. 2 HGB im **Konzernanhang** anzugeben und zu begründen.

---

[349] WP-HdB Bd. I M Rn. 457.
[350] *Wiedmann* HGB § 311 Rn. 6.
[351] *Baetge* Konzernbilanzen S. 384.
[352] *Adler/Düring/Schmaltz* HGB § 311 Rn. 41.
[353] *Baetge* Konzernbilanzen S. 384.
[354] WP-HdB Bd. I M Rn. 453.
[355] *Adler/Düring/Schmaltz* HGB § 311 Rn. 72; *Wiedmann* HGB § 311 Rn. 15.

Konzernrechnungslegung   **Anh. II nach § 42 a**

b) Buchwertmethode.[356] Bei Anwendung der Buchwertmethode wird eine Beteiligung an einem assoziierten Unternehmen in der Konzernbilanz beim erstmaligen Ausweis mit dem **Buchwert** angesetzt, der sich aus dem Einzelabschluss des Mutterunternehmens ergibt. Der Buchwert wird dabei zum Zeitpunkt der erstmaligen Anwendung in aller Regel mit den Anschaffungskosten der Beteiligung übereinstimmen.[357] Dabei ist der Unterschiedsbetrag zwischen dem Buchwert und dem anteiligen Eigenkapital des assoziierten Unternehmens in der Konzernbilanz zu vermerken oder im Konzernanhang anzugeben (§ 312 Abs. 1 S. 2 HGB). Die konsolidierungstechnischen Überlegungen folgen in allen wesentlichen Punkten der Kapitalkonsolidierung bei Anwendung der Buchwertmethode im Rahmen der Vollkonsolidierung; allerdings mit dem Unterschied, dass bei Anwendung der Equity-Methode nach Durchführung der Erstbewertung ein aktiver oder passiver Unterschiedsbetrag nicht in der Konzernbilanz ausgewiesen, sondern der Beteiligungsbuchwert unverändert aus der Einzelbilanz in die Konzernbilanz übernommen wird. Eine Differenz zwischen Beteiligungsbuchwert und konsolidierungspflichtigem Kapital wird dann durch zusätzliche Angaben offen gelegt.[358]

229

Übersteigt der Buchwert der Beteiligung das anteilige bilanzielle Eigenkapital, so ergibt sich ein **aktiver (positiver) Unterschiedsbetrag**; ist der Buchwert niedriger, ergibt sich ein **passiver (negativer) Unterschiedsbetrag**.[359] Aktive und passive Unterschiedsbeträge sind wie bei der Vollkonsolidierung zu analysieren und gemäß § 312 Abs. 2 S. 1 HGB den Wertansätzen von Vermögensgegenständen und Schulden des assoziierten Unternehmens insoweit zuzuordnen, als deren Wert höher oder niedriger als der bisherige Wertansatz ist. Diese Zuordnungen erfolgen allerdings nur statistisch in Form von Nebenrechnungen, da die einzelnen Vermögensgegenstände und Schulden des assoziierten Unternehmens selbst nicht in die Konzernbilanz übernommen werden.

230

Durch die Zuordnung eines aktiven Unterschiedsbetrages zu den entsprechenden Vermögensgegenständen des assoziierten Unternehmens wird die Abschreibung des Unterschiedsbetrages an die Behandlung der betreffenden Posten im Jahresabschluss des assoziierten Unternehmens gebunden.[360] Nach § 312 Abs. 2 S. 2 HGB ist der Unterschiedsbetrag entsprechend der Behandlung der Wertansätze dieser Posten im Jahresabschluss des assoziierten Unternehmens im Konzernabschluss fortzuführen, abzuschreiben oder aufzulösen.[361] Ein nach der Zuordnung verbleibender Restbetrag ist nach § 312 Abs. 2 S. 3 HGB iVm. § 309 Abs. 1 HGB pauschal über die folgenden vier Jahre oder auch planmäßig über die voraussichtlich längere Nutzungsdauer abzuschreiben, wenn er nicht offen mit den Rücklagen verrechnet worden ist. Der aktive Unterschiedsbetrag ist in der Konzernbilanz beim Posten „Beteiligungen an assoziierten Unternehmen" zu vermerken oder im Konzernanhang anzugeben (§ 312 Abs. 1 S. 2 HGB).

231

Auch passive Unterschiedsbeträge sind entsprechend der Behandlung der betreffenden Posten im Jahresabschluss des assoziierten Unternehmens fortzuführen oder auf-

232

---

[356] Die Buchwertmethode ist die nach DRS 8 ausschließlich anwendbare Methode (vgl. Zusammenfassung zu DRS 8).
[357] Nach DRS 8 Rn. 17 sind die erworbenen Anteile zum Zeitpunkt der erstmaligen Anwendung der Equity-Methode mit den Anschaffungskosten zu bilanzieren.
[358] WP-HdB Bd. I M Rn. 461.
[359] Vgl. DRS 8 Rn. 19.
[360] WP-HdB Bd. I M Rn. 470.
[361] Vgl. DRS 8 Rn. 21.

zulösen. Ein passiver Unterschiedsbetrag wird jedoch nicht in der Konzernbilanz angesetzt, weil nicht das anteilige Eigenkapital aktiviert wird, sondern die niedrigeren Anschaffungskosten der Beteiligung; der passive Unterschiedsbetrag wird lediglich im Konzernanhang angegeben.[362] Die Auflösung des passiven Unterschiedsbetrags kann zu einer Erhöhung des Beteiligungswertansatzes über die Anschaffungskosten hinaus führen.[363]

233 Für die Ermittlung des Wertansatzes der Beteiligung und der Unterschiedsbeträge kommen verschiedene **alternative Zeitpunkte** in Betracht. Nach § 312 Abs. 3 S. 1 HGB kann die Aufrechnung auf der Grundlage der Wertansätze zum Zeitpunkt des Erwerbs der Anteile oder der erstmaligen Einbeziehung des assoziierten Unternehmens in den Konzernabschluss oder beim Erwerb der Anteile zu verschiedenen Zeitpunkten zu dem Zeitpunkt, zu dem das Unternehmen assoziiertes Unternehmen geworden ist, erfolgen. Dabei darf die Wahl des Erstbewertungszeitpunkts für jedes assoziierte Unternehmen getrennt ausgeübt werden.[364] Der gewählte Zeitpunkt ist nach § 312 Abs. 3 S. 2 HGB im Konzernanhang anzugeben.

234 Die Anwendung der Buchwertmethode bei der Equity-Bewertung ist nach § 312 Abs. 1 S. 4 HGB im **Konzernanhang** anzugeben.[365]

235 **c) Kapitalanteilsmethode.**[366] Bei Anwendung der Kapitalanteilsmethode wird die Beteiligung an einem assoziierten Unternehmen nicht mit dem Buchwert, sondern mit dem Betrag, der dem **anteiligen Eigenkapital des assoziierten Unternehmens** entspricht, angesetzt (§ 312 Abs. 1 S. 1 Nr. 2 HGB). Dabei ist gemäß § 312 Abs. 1 S. 3 HGB das Eigenkapital mit dem Betrag anzusetzen, der sich ergibt, wenn die Vermögensgegenstände, Schulden, Rechnungsabgrenzungsposten, Bilanzierungshilfen und Sonderposten des assoziierten Unternehmens mit dem Wert angesetzt werden, der ihnen an dem für die Kapitalaufrechnung maßgeblichen Zeitpunkt beizulegen ist; der Betrag darf jedoch die Anschaffungskosten für die Anteile an dem assoziierten Unternehmen nicht überschreiten. Wie auch bei der Neubewertungsmethode im Rahmen der Vollkonsolidierung sind somit zur Ermittlung des anteiligen Eigenkapitals zunächst sämtliche Aktiva und Passiva des assoziierten Unternehmens mit ihren **Zeitwerten** anzusetzen. Das sich nach dieser Neubewertung ergebende anteilige Eigenkapital, das nunmehr auch die stillen Reserven enthält, bestimmt den in der Konzernbilanz auszuweisenden Wert der Beteiligung.[367] Mit der Festsetzung der Anschaffungskosten der Beteiligung als Obergrenze für die Neubewertung des anteiligen Eigenkapitals soll die Einhaltung des Anschaffungskostenprinzips gewährleistet werden. Ein Überschreiten der Anschaffungskosten in Folgejahren durch die Berücksichtigung anteiliger Jahresüberschüsse des assoziierten Unternehmens wird dadurch jedoch nicht ausgeschlossen.[368]

236 Übersteigen die Anschaffungskosten der Beteiligung den Betrag des anteiligen Eigenkapitals, der sich nach der Neubewertung ergibt, so entsteht ein **aktiver Unterschiedsbetrag** mit dem Charakter eines Geschäfts- oder Firmenwerts. Dieser Unterschiedsbetrag kann nach § 312 Abs. 1 S. 3 HGB bei erstmaliger Anwendung in der Konzernbilanz gesondert ausgewiesen oder im Konzernanhang angegeben werden. Bei gesondertem Ausweis in der Konzernbilanz sollte der Geschäfts- oder Firmenwert sei-

---

[362] *Biener/Schatzmann* S. 55.
[363] WP-HdB Bd. I M Rn. 471.
[364] *KPMG Treuverkehr* S. 255.
[365] Nach DRS 8 Rn. 47 ff. sind umfangreiche Angaben im Konzernanhang zu machen.
[366] Die Kapitalanteilsmethode ist nach DRS 8 nicht zulässig (vgl. Zusammenfassung zu DRS 8).
[367] WP-HdB Bd. I M Rn. 473.
[368] *Adler/Düring/Schmaltz* HGB § 312 Rn. 55.

Konzernrechnungslegung   Anh. II nach § 42a

nem Charakter entsprechend auch unter dem Posten „Geschäfts- oder Firmenwert"
gesondert ausgewiesen werden. Statt dessen kann der Unterschiedsbetrag aber auch in
den Posten „Geschäfts- oder Firmenwert" einbezogen und bei erstmaliger Anwendung
im Konzernanhang angegeben werden; schließlich wird auch der Ausweis des gesamten Buchwerts der Beteiligung im Posten „Beteiligungen an assoziierten Unternehmen" mit einem gleichzeitigen „davon"-Vermerk für den darin enthaltenen Geschäfts-
oder Firmenwert für zulässig gehalten.[369]

Ein **passiver Unterschiedsbetrag** kann, da die Neubewertung des anteiligen **237**
Eigenkapitals des assoziierten Unternehmens auf die Höhe der Anschaffungskosten der
Beteiligung beschränkt ist, nur entstehen, wenn vor der erstmaligen Anwendung der
Equity-Methode eine außerplanmäßige Abschreibung auf die Beteiligung vorgenommen worden ist oder bei dem assoziierten Unternehmen Gewinne nach Erwerb der
Anteile, aber noch vor dem Stichtag der Kapitalaufrechnung thesauriert worden
sind.[370] Wie bei der Buchwertmethode ist auch bei der Kapitalanteilsmethode der passive Unterschiedsbetrag nur im Konzernanhang anzugeben.

In den **Folgejahren** ist der aktive Unterschiedsbetrag aus der Kapitalaufrechnung, **238**
der den Charakter eines Geschäfts- oder Firmenwertes besitzt, nach den Regeln des
§ 309 Abs. 1 HGB abzuschreiben, wenn er nicht mit den Rücklagen verrechnet worden ist. Darüber hinaus muss der bei den Folgebewertungen zu übernehmende anteilige Jahreserfolg um zusätzliche Abschreibungen korrigiert werden, soweit durch die
Neubewertung des Eigenkapitals stille Reserven im assoziierten Unternehmen aufgedeckt wurden. Die Auswirkung auf das Konzernergebnis ist somit mit dem bei der
Buchwertmethode identisch.[371]

Zum Zeitpunkt der Ermittlung des Wertansatzes der Beteiligung und der Unter- **239**
schiedsbeträge vgl. Rn. 233.

Auch die Anwendung der Kapitalanteilsmethode im Rahmen der Equity-Bewertung **240**
ist nach § 312 Abs. 1 S. 4 HGB **im Konzernanhang** anzugeben.

d) Übernahme von anteiligen Ergebnissen. Unabhängig davon, ob die Buch- **241**
wertmethode oder die Kapitalanteilsmethode angewendet werden, ist nach § 312
Abs. 4 S. 1 HGB der ermittelte Wertansatz der Beteiligung in den Folgejahren um den
Betrag der Eigenkapitalveränderungen, die den dem Mutterunternehmen gehörenden
Anteilen am Kapital des assoziierten Unternehmens entsprechen, zu erhöhen oder zu
vermindern; Gewinnausschüttungen, die auf die Beteiligung entfallen, sind abzusetzen.
Der bei der Erstbewertung in der Konzernbilanz ausgewiesene Wertansatz der Beteiligung verändert sich also bei den Folgebewertungen um anteilige Gewinne, Verluste
und Gewinnausschüttungen.[372]

Die Beteiligungsergebnisse werden idR. nicht unverändert aus dem Jahresabschluss **242**
des assoziierten Unternehmens übernommen, sondern es können sich **Ergebniskorrekturen** aus Anpassungen an einheitliche Bilanzierungs- und Bewertungsmethoden
(§ 312 Abs. 5 S. 1 u. 2 HGB), aus der Eliminierung von Zwischenergebnissen (§ 312
Abs. 5 S. 3 u. 4 HGB) und aus der Abschreibung von aktiven oder der Auflösung von
passiven Unterschiedsbeträgen ergeben.[373]

Das auf assoziierte Unternehmen entfallende Ergebnis ist nach § 312 Abs. 4 S. 2 **243**
HGB in der **Konzern-Gewinn- und Verlustrechnung** in einem gesonderten Pos-

---
[369] *Adler/Düring/Schmaltz* HGB § 312 Rn. 58; WP-HdB Bd. I M Rn. 475.
[370] *Adler/Düring/Schmaltz* HGB § 312 Rn. 61.
[371] WP-HdB Bd. I M Rn. 476.
[372] WP-HdB Bd. I M Rn. 479.
[373] BeckBilKomm/*Budde/Raff* HGB § 312 Rn. 62.

V. Konzern-Gewinn- und Verlustrechnung

244 **1. Inhalt der Konzern-Gewinn- und Verlustrechnung.** Auch bei der Aufstellung der Konzern-Gewinn- und Verlustrechnung ist als Leitlinie der **Einheitsgrundsatz,** nach dem im Konzernabschluss die Vermögens-, Finanz- und Ertragslage der einbezogenen Unternehmen so darzustellen ist, als ob diese Unternehmen insgesamt ein einziges Unternehmen wären (§ 297 Abs. 3 S. 1 HGB), zugrunde zu legen. Umsätze zwischen in den Konzernabschluss einbezogenen Unternehmen werden daher behandelt wie Transaktionen zwischen wirtschaftlich unselbstständigen Betriebsstätten eines einheitlichen Unternehmens.[375] da sie noch nicht am Markt realisiert sind, müssen sie durch Konsolidierungsmaßnahmen eliminiert werden.[376] Dementsprechend müssen alle Aufwendungen und Erträge, die aus Geschäften zwischen den in den Konzernabschluss einbezogenen Unternehmen entstanden sind, gegeneinander aufgerechnet oder so umgegliedert werden, wie sie aus der Sicht eines einheitlichen Unternehmens auszuweisen sind (**Aufwands- und Ertragskonsolidierung**). In der Konzern- Gewinn- und Verlustrechnung dürfen dann grundsätzlich nur Aufwendungen und Erträge aus dem wirtschaftlichen Verkehr mit konzernfremden Dritten ausgewiesen werden.[377]

245 Die Aufwands- und Ertragskonsolidierung muss systematisch streng von der **Zwischenergebniseliminierung** getrennt werden, denn nicht jeder Innenumsatz enthält auch einen Zwischengewinn oder einen Zwischenverlust; die Aufwands- und Ertragskonsolidierung muss in der Konzern-Gewinn- und Verlustrechnung unabhängig davon durchgeführt werden, ob Zwischenergebnisse zu eliminieren sind oder nicht.[378] Da das Gesetz nur die wesentlichen Grundsätze für die Konsolidierung der Gewinn- und Verlustrechnung darstellt und auf die Regelung von Einzelfragen bewusst verzichtet, muss bei der Ableitung der Konzern-Gewinn- und Verlustrechnung in noch stärkerem Maße auf die Einheitstheorie zurückgegriffen werden als bei der Aufstellung der Konzernbilanz.[379]

246 Die Aufwands- und Ertragskonsolidierung wird bei allen Unternehmen durchgeführt, die entweder durch **Vollkonsolidierung** gemäß §§ 301, 302 HGB oder durch **Quotenkonsolidierung** gemäß § 310 HGB in den Konzernabschluss einbezogen sind; Aufwendungen und Erträge aus Geschäften mit **assoziierten Unternehmen** sind dagegen nicht zu konsolidieren.[380] Bei den nur anteilmäßig konsolidierten Gemeinschaftsunternehmen besteht die Besonderheit, dass die Aufwendungen und Erträge auch nur nach Maßgabe der Anteile am Kapital eliminiert werden.[381]

247 Die Konzern-Gewinn- und Verlustrechnung muss in **vollkonsolidierter** Form mit ungekürzter Gliederung aufgestellt werden. Nach § 298 Abs. 1 iVm. § 275 HGB ist die Konzern-Gewinn- und Verlustrechnung in Staffelform aufzustellen; dabei sind so-

---

[374] BeckBilKomm/*Budde*/*Raff* HGB § 312 Rn. 65.
[375] *Wiedmann* HGB § 305 Rn. 1.
[376] *Schildbach* Der handelsrechtliche Konzernabschluss, S. 259 f.
[377] WP-HdB Bd. I M Rn. 563.
[378] *Adler*/*Düring*/*Schmaltz* HGB § 305 Rn. 2; *Wiedmann* HGB § 305 Rn. 4.
[379] *Adler*/*Düring*/*Schmaltz* HGB § 305 Rn. 5.
[380] *Adler*/*Düring*/*Schmaltz* HGB § 305 Rn. 1.
[381] BeckBilKomm/*Budde*/*Dreissig* HGB § 305 Rn. 3.

Konzernrechnungslegung Anh. II nach § 42a

wohl das Gesamtkostenverfahren (§ 275 Abs. 2 HGB) als auch das Umsatzkostenverfahren (§ 275 Abs. 3 HGB) zulässig. Für die Gliederung der Konzern-Gewinn- und Verlustrechnung sind grundsätzlich die Schemata des § 275 Abs. 2 u. 3 HGB zwingend ungekürzt anzuwenden, soweit die Eigenart des Konzernabschlusses keine Abweichung bedingt oder ausdrücklich etwas anderes vorgeschrieben ist; darüber hinaus sind rechtsformbedingte oder branchenspezifische Abweichungen möglich (§ 298 Abs. 1 HGB). Außerdem ist § 307 Abs. 2 HGB zu beachten, nach dem in der Konzern-Gewinn- und Verlustrechnung der im Jahresergebnis enthaltene, anderen Gesellschaftern zustehende Gewinn und der auf sie entfallende Verlust nach dem Posten „Jahresüberschuss/Jahresfehlbetrag" gesondert auszuweisen ist, sowie die Vorschrift des § 312 Abs. 4 S. 2 HGB, nach der das auf assoziierte Unternehmen entfallende Ergebnis in der Konzern-Gewinn- und Verlustrechnung unter einem gesonderten Posten auszuweisen ist.

Die gesetzliche Grundlage für die Aufstellung der Konzern-Gewinn- und Verlustrechnung ist § 305 HGB. In § 305 Abs. 1 HGB wird zwischen der Verrechnung der Umsatzerlöse aus Lieferungen und Leistungen zwischen den in den Konzernabschluss einbezogenen Unternehmen mit den auf sie entfallenden Aufwendungen (**Konsolidierung der Innenumsatzerlöse**) und der Verrechnung anderer Erträge aus Lieferungen und Leistungen zwischen den in den Konzernabschluss einbezogenen Unternehmen mit den auf sie entfallenden Aufwendungen (**Konsolidierung anderer Erträge und Aufwendungen**) unterschieden. Darüber hinaus sind im Rahmen der Konsolidierungsmaßnahmen auch Ergebnisübernahmen innerhalb des Konsolidierungskreises sowie Ergebnisübernahmen bei der Equity-Methode zu berücksichtigen (**sonstige Konsolidierungsmaßnahmen**). 248

Bei der Aufstellung der Konzern-Gewinn- und Verlustrechnung können sich durch **Veränderungen des Konsolidierungskreises** im Laufe des Konzerngeschäftsjahrs Probleme ergeben, die auf den Zeitraumbezug der Konzern-Gewinn- und Verlustrechnung zurückzuführen sind. Der Erwerb oder die Veräußerung von Tochterunternehmen sowie eine Veränderung der Einbeziehungskriterien können den Konsolidierungskreis vergrößern bzw. verkleinern; dies ist beispielsweise der Fall, wenn durch sukzessiven Erwerb von Anteilen eine Beteiligung zu einer Mehrheitsbeteiligung aufgestockt wird oder wenn durch tatsächliche Verhältnisse bei bestehender Minderheitsbeteiligung eine einheitliche Leitung begründet wird oder entfällt.[382] In die Konzern-Gewinn- und Verlustrechnung sind nach § 300 Abs. 2 HGB in Verbindung mit der Einheitstheorie grundsätzlich alle Aufwendungen und Erträge des Geschäftsjahres aufzunehmen, die während der Konzernzugehörigkeit der einbezogenen Unternehmen entstanden sind.[383] Bei Unternehmen, deren Konzernzugehörigkeit im Laufe des Geschäftsjahrs entstanden ist und die in diesem Geschäftsjahr erstmals in den Konzernabschluss einbezogen werden, sowie bei Unternehmen, deren Konzernzugehörigkeit im Laufe des Geschäftsjahrs weggefallen ist und die in diesem Geschäftsjahr letztmalig in den Konzernabschluss einbezogen werden, ist daher grundsätzlich eine **Aufteilung** der Aufwendungen und Erträge erforderlich. Die Aufwendungen und Erträge sind nur insoweit in die Konzern-Gewinn- und Verlustrechnung aufzunehmen, als sie auf die Zeit der Konzernzugehörigkeit entfallen; entsprechendes gilt für die Aufwendungen und Erträge von Gemeinschaftsunternehmen, wenn die gemeinsame Führung während des Geschäftsjahres entstanden oder weggefallen ist und die Unternehmen erstmals oder letztmals in den Konzernabschluss einbezogen werden. Wenn nicht bei Beginn 249

---

[382] *Adler/Düring/Schmaltz* HGB § 305 Rn. 92.
[383] IDW Stellungnahme des Hauptfachausschusses 3/1995, II. 1.

und Ende der Konzernzugehörigkeit ein Zwischenabschluss erstellt wird, ist eine **statistische Ermittlung** der periodenzugehörigen Aufwendungen und Erträge erforderlich, wobei die Abgrenzung bei Unterstellung eines gleich bleibenden Geschäftsverlaufs **zeitanteilig** vorgenommen werden kann.[384]

250 Kommt den Aufwendungen und Erträgen erstmals konsolidierter Unternehmen keine wesentliche Bedeutung zu, ist es als zulässig anzusehen, je nach dem Zeitraum der Konzernzugehörigkeit die Aufwendungen und Erträge für das gesamte Geschäftsjahr in die Konsolidierung einzubeziehen bzw. auf deren Einbeziehung ganz zu verzichten.[385] Bei letztmalig konsolidierten Unternehmen werden häufig die für eine Einbeziehung der Aufwendungen und Erträge erforderlichen Informationen nicht zur Verfügung stehen, da das Mutterunternehmen gegenüber dem veräußerten Tochterunternehmen keine Auskunfts- und Einsichtsrechte mehr hat; in diesem Fall kann ebenfalls von einer Einbeziehung der Aufwendungen und Erträge in die Konzern-Gewinn- und Verlustrechnung abgesehen werden.[386]

251 Die in § 305 Abs. 1 HGB vorgeschriebene Konsolidierung von Aufwendungen und Erträgen braucht nach § 305 Abs. 2 HGB entsprechend dem **Grundsatz der Wesentlichkeit** nicht durchgeführt zu werden, wenn die wegzulassenden Beträge für die Vermittlung eines den tatsächlichen Verhältnissen entsprechenden Bildes der Vermögens-, Finanz- und Ertragslage des Konzerns nur von untergeordneter Bedeutung sind. Maßgeblich ist die Bedeutung der **Gesamtheit** der Aufwendungen und Erträge für die Vermögens-, Finanz- und Ertragslage des Konzerns, nicht die Bedeutung **einzelner** konsolidierungspflichtiger Beträge.[387] Eine Angabe oder Begründung für den Verzicht auf Konsolidierungsmaßnahmen im Rahmen der Aufwands- und Ertragskonsolidierung im **Konzernanhang** ist nicht vorgeschrieben, aber zulässig.[388]

252 **2. Konsolidierung der Innenumsatzerlöse.** Die Erlöse aus Lieferungen und Leistungen zwischen den in den Konzernabschluss einbezogenen Unternehmen werden als **Innenumsatzerlöse** bezeichnet. Sie sind nach § 305 Abs. 1 Nr. 1 HGB entweder mit den auf sie entfallenden Aufwendungen zu verrechnen oder in Bestandserhöhungen an fertigen und unfertigen Erzeugnissen umzugliedern oder in andere aktivierte Eigenleistungen umzugliedern. Bei der Verrechnung der Innenumsatzerlöse aus Lieferungen mit den auf sie entfallenden Aufwendungen kommt dabei entweder eine Verrechnung mit den Aufwendungen des Empfängerunternehmens oder eine Verrechnung mit den eigenen Aufwendungen des Lieferunternehmens in Betracht.[389] Nach Durchführung dieser Konsolidierungsvorgänge werden in der Konzernbilanz als Umsatzerlöse nur noch die **Außenumsatzerlöse** ausgewiesen, also die Umsatzerlöse, die im Lieferungs- und Leistungsverkehr mit nicht in den Konzernabschluss einbezogenen Unternehmen entstanden sind.[390]

253 Bei Anwendung des **Gesamtkostenverfahrens** ergeben sich besondere konsolidierungstechnische Fragen bei **Lieferungen** an andere Unternehmen des Konsolidierungskreises, da hierbei nicht nur Verrechnungen, sondern auch Umgliederungen in

---

[384] IDW Stellungnahme des Hauptfachausschusses 3/1995, II. 2.
[385] IDW Stellungnahme des Hauptfachausschusses 3/1995, II. 3.
[386] *Adler/Düring/Schmaltz* HGB § 305 Rn. 99; IDW Stellungnahme des Hauptfachausschusses 3/1995, II. 3.
[387] *Adler/Düring/Schmaltz* HGB § 305 Rn. 100.
[388] BeckBilKomm/*Budde/Dreissig* HGB § 305 Rn. 51.
[389] *Adler/Düring/Schmaltz* HGB § 305 Rn. 9.
[390] WP-HdB Bd. I M Rn. 574.

andere Posten der Konzern-Gewinn- und Verlustrechnung vorgenommen werden. Dabei lassen sich folgende Anwendungsfälle unterscheiden.[391]
- Die Umsatzerlöse aus Lieferungen werden mit dem Materialaufwand des einbezogenen **Lieferunternehmens** verrechnet, wenn das Lieferunternehmen von Dritten außerhalb des Konsolidierungskreises Waren bezogen, die ohne Be- oder Verarbeitung im Konsolidierungskreis am Bilanzstichtag unverändert beim Empfängerunternehmen lagern und zur Weiterveräußerung oder Weiterverarbeitung bestimmt sind; die Umsatzerlöse werden dagegen mit dem Materialaufwand des **Empfängerunternehmens** verrechnet, wenn das einbezogene Lieferunternehmen Roh-, Hilfs- und Betriebsstoffe, Erzeugnisse oder Waren an das Empfängerunternehmen geliefert und dieses sie nach Bearbeitung entweder als Erzeugnisse ausgewiesen oder an Dritte außerhalb des Konsolidierungskreises im gleichen Geschäftsjahr weiterveräußert hat.
- Die Umsatzerlöse aus Lieferungen werden in den Posten „Bestandsveränderungen" umgegliedert, wenn das Lieferunternehmen Erzeugnisse an das Empfängerunternehmen liefert und diese am Jahresende dort noch unbearbeitet als Roh-, Hilfs- und Betriebsstoffe oder Handelswaren lagern; aus Konzernsicht handelt es sich um Erzeugnisse.
- Die Umsatzerlöse aus Lieferungen von Erzeugnissen werden in den Posten „andere aktivierte Eigenleistungen" umgegliedert, wenn vom Lieferunternehmen Erzeugnisse an das Empfängerunternehmen geliefert werden, um dort dem Geschäftsbetrieb beispielsweise als Sachanlagen dauernd zu dienen; aus Konzernsicht handelt es sich um selbst hergestellte Gegenstände des Anlagevermögens.

Umsatzerlöse aus **Leistungen** sind alle nach § 298 Abs. 1 iVm. § 277 Abs. 1 und § 305 Abs. 1 Nr. 1 HGB auszuweisenden Erträge, die nicht aus der Veräußerung von Gegenständen entstanden sind. Dabei kann es sich um Erträge aus typischen Dienstleistungen, Miet- und Pachterträge sowie um Patent- und Lizenzerträge handeln.[392] Diesen Umsatzerlösen des leistenden Unternehmens werden idR gleich hohe Aufwendungen des Empfängers gegenüberstehen, so dass die Konsolidierung keine Schwierigkeiten bereitet.[393] Die Verrechnung der Umsatzerlöse aus Leistungen erfolgt bei Anwendung des Gesamtkostenverfahrens mit den entsprechenden Aufwendungen des Empfängerunternehmens; lediglich in Ausnahmefällen wird eine Umgliederung in den Posten „Bestandsveränderungen" (zB Lohnveredlung) oder in den Posten „andere aktivierte Eigenleistungen" (zB Ingenieurleistungen bei selbsterstellten Anlagen) erforderlich sein.[394] **254**

Bei Anwendung des **Umsatzkostenverfahrens** erfolgt die Verrechnung der Umsatzerlöse mit den auf sie entfallenden Aufwendungen. Eine Umgliederung in die Posten „Bestandsveränderungen" und „andere aktivierte Eigenleistungen" ist aus der Natur des Umsatzkostenverfahrens heraus nicht möglich, da diese Posten im Gliederungsschema für das Umsatzkostenverfahren nicht enthalten sind.[395] Umsatzerlöse aus **Lieferungen** werden mit den Herstellungskosten des Lieferunternehmens verrechnet, wenn die gelieferten Gegenstände als Sachanlagen dem Geschäftsbetrieb des Empfängerunternehmens dienen sollen oder wenn die Bestände bei beabsichtigter Weiterveräußerung am Bilanzstichtag noch beim Empfängerunternehmen lagern, ansonsten erfolgt eine Verrechnung mit den Herstellungskosten des Empfängerunternehmens; **255**

---

[391] BeckBilKomm/*Budde/Dreissig* HGB § 305 Rn. 16 ff.
[392] Adler/Düring/Schmaltz HGB § 305 Rn. 50.
[393] *v. Wysocki/Wohlgemuth* S. 234.
[394] BeckBilKomm/*Budde/Dreissig* HGB § 305 Rn. 19.
[395] *Biener/Berneke* S. 351.

Umsatzerlöse aus **Leistungen** werden in der Mehrzahl der Fälle ebenfalls mit den Herstellungskosten des leistenden Unternehmens verrechnet.[396]

256 **3. Konsolidierung anderer Erträge und Aufwendungen.** Neben den Innenumsatzerlösen sind in der Konzern-Gewinn- und Verlustrechnung auch **andere Erträge aus Lieferungen und Leistungen** zwischen den in den Konzernabschluss einbezogenen Unternehmen zu konsolidieren. Sie sind nach § 305 Abs. 1 Nr. 2 HGB mit den auf sie entfallenden Aufwendungen zu verrechnen, soweit sie nicht als „andere aktivierte Eigenleistungen" auszuweisen sind. Unter anderen Erträgen sind in diesem Zusammenhang alle Erträge aus Lieferungen und Leistungen zwischen den in den Konzern einbezogenen Unternehmen zu verstehen, die keine Umsatzerlöse sind; dabei ist es unerheblich, unter welcher Bezeichnung die Erträge in der Einzel-Gewinn- und Verlustrechnung der einbezogenen Unternehmen ausgewiesen werden. Andere Erträge unterscheiden sich von Umsatzerlösen dadurch, dass ihnen keine gewöhnlichen und typischen Geschäftsvorfälle des Unternehmens zugrunde liegen.[397]

257 Unter den **anderen Erträgen aus Lieferungen** stellen Erträge aus dem Abgang von Gegenständen des Anlagevermögens, die in den sonstigen betrieblichen Erträgen enthalten sind, aus Konzernsicht Zuschreibungen dar. Da die Zuschreibung im Rahmen der Zwischengewinneliminierung storniert wird, ist eine Konsolidierung idR. nicht erforderlich.[398] Erträge aus dem Abgang von Gegenständen des Umlaufvermögens werden wie die Umsatzerlöse mit den Aufwendungen des Empfängers verrechnet oder in andere aktivierte Eigenleistungen bzw. – in Ausnahmefällen – in Bestandsveränderungen umgegliedert.[399]

258 Obwohl sich der Wortlaut des Gesetzes nicht auf die Konsolidierung **anderer Aufwendungen aus Lieferungen** bezieht, verlangt der hinter § 305 HGB stehende Gedanke der Vollkonsolidierung auch in diesen Fällen eine Konsolidierung. Praktische Bedeutung hat dies insbesondere bei Aufwendungen aus dem Abgang von **Gegenständen des Anlagevermögens,** die in den sonstigen betrieblichen Aufwendungen enthalten sind und aus Konzernsicht außerplanmäßige Abschreibungen darstellen. Bei Eliminierung der bei der Lieferung entstandenen Zwischenverluste nach § 304 Abs. 1 HGB entfällt die Notwendigkeit einer weiteren Konsolidierung.[400] Werden bei Anwendung des **Gesamtkostenverfahrens** die Zwischenverluste nach § 304 Abs. 2 HGB ausnahmsweise nicht eliminiert, dann sind die Aufwendungen bei Aufstellung der Konzern-Gewinn- und Verlustrechnung in den Posten Abschreibungen umzugliedern; bei Anwendung des **Umsatzkostenverfahrens** erübrigt sich in diesem Fall eine Umgliederung (bei Ausweis der Verluste bei den Herstellungskosten in der Einzel-Gewinn- und Verlustrechnung) oder es ist eine Umgliederung in Herstellungskosten vorzunehmen (bei Ausweis der Verluste unter den sonstigen betrieblichen Aufwendungen).[401]

259 Andere Aufwendungen aus dem Abgang von **Gegenständen des Umlaufvermögens** kommen idR. nur bei Veräußerungen von Wertpapieren und Devisen in Betracht. Bei Eliminierung der bei der Lieferung entstehenden Zwischenverluste entfällt die Notwendigkeit von weiteren Umgliederungen; werden Zwischenverluste gemäß § 304 Abs. 2 HGB ausnahmsweise nicht eliminiert, kommt eine Umgliederung des

---

[396] BeckBilKomm/*Budde/Dreissig* HGB § 305 Rn. 21 f.
[397] *Schildbach* Der handelsrechtliche Konzernabschluss, S. 282.
[398] *Adler/Düring/Schmaltz* HGB § 305 Rn. 59.
[399] *Adler/Düring/Schmaltz* HGB § 305 Rn. 60.
[400] WP-HdB Bd. I M Rn. 585.
[401] *Adler/Düring/Schmaltz* HGB § 305 Rn. 63 f.

Erlöses aus der Veräußerung von Wertpapieren in „Abschreibungen auf Finanzanlagen und auf Wertpapiere des Umlaufvermögens" oder, wenn das Umsatzkostenverfahren angewendet wird, eine Zuordnung der Aufwendungen zu den Funktionsbereichen in Betracht.[402]

Unter die **anderen Erträge aus Leistungen** fallen in erster Linie solche Erträge, denen gleich hohe Aufwendungen des Empfängers gegenüberstehen (zB Zinsen, Mieten, Pachten). Die Konsolidierung der anderen Erträge aus Leistungen erfolgt durch Verrechnung mit den entsprechenden Aufwendungen des Empfängers.[403] Werden die den anderen Erträgen aus Leistungen gegenüberstehenden Aufwendungen des Leistungsempfängers bei diesem aktiviert, so sind die Erträge des Leistenden entsprechend umzugliedern. 260

Bei Anwendung des **Gesamtkostenverfahrens** ist eine Umgliederung in „andere aktivierte Eigenleistungen" vorzunehmen, wenn beispielsweise Beratungsleistungen im Zusammenhang mit dem Erwerb oder der Erstellung eines Anlagegegenstandes oder Leistungen im Rahmen aktivierungspflichtiger Reparaturen erbracht werden, da es sich aus Konzernsicht um andere aktivierte Eigenleistungen handelt; wird das **Umsatzkostenverfahren** angewendet, stehen den Erträgen des leistenden Unternehmens keine Aufwendungen aus der Gewinn- und Verlustrechnung des Empfängers gegenüber, so dass die Erträge mit den entsprechenden Aufwendungen des leistenden Unternehmens aufzurechnen sind.[404] Werden andere Erträge aus Leistungen, die beim leistenden Unternehmen nicht zu Umsatzerlösen führen (zB Konstruktionsleistungen bei langfristiger Fertigung), beim Leistungsempfänger im Rahmen der Herstellungskosten von fertigen und unfertigen Erzeugnissen aktiviert, so sind die Erträge des Leistenden bei Anwendung des Gesamtkostenverfahrens mit den entsprechenden Aufwendungen des Leistungsempfängers aufzurechnen; eine Umgliederung in „Bestandsveränderungen" ist nicht erforderlich, da in der Gewinn- und Verlustrechnung des Leistungsempfängers bereits die entsprechenden Aufwendungen und Bestandsveränderungen erfasst sind.[405] Bei Anwendung des Umsatzkostenverfahrens gehen die beim Empfänger aktivierten Leistungen unmittelbar in die Bestände ein, so dass eine Verrechnung mit den Aufwendungen des Leistenden vorzunehmen ist. 261

4. Sonstige Konsolidierungsmaßnahmen. a) Ergebnisübernahmen innerhalb des Konsolidierungskreises. Eine Ergebnisübernahme durch das Mutterunternehmen muss bei der Aufstellung des Konzernabschlusses gewinnmindernd storniert werden, um eine Doppelerfassung der Gewinne zu vermeiden. Unterschiede zwischen dem Gesamtkostenverfahren und dem Umsatzkostenverfahren treten bei diesen Konsolidierungsmaßnahmen nicht auf, da die Ergebnisübernahmen das Finanzergebnis betreffen.[406] 262

Da den Posten Erträge aus Beteiligungen, Erträge aus anderen Wertpapieren und Ausleihungen des Finanzanlagevermögens sowie ggf. auch den sonstigen Zinsen und ähnlichen Erträgen in einem bestimmten Umfang keine Aufwendungen, sondern Gewinne anderer in den Konzernabschluss einbezogener Unternehmen gegenüberstehen, muss bei Periodengleichheit von Gewinnerzielung und Gewinnvereinnahmung zur Vermeidung einer Doppelerfassung der Gewinne bei Aufstellung des Konzernabschlusses die Einbuchung der Gewinnvereinnahmung bei der Muttergesellschaft in 263

---

[402] *Adler/Düring/Schmaltz* HGB § 305 Rn. 65.
[403] WP-HdB Bd. I M Rn. 587.
[404] WP-HdB Bd. I M Rn. 588 f. und 604.
[405] *Adler/Düring/Schmaltz* HGB § 305 Rn. 69; aA WP-HdB Bd. I M Rn. 589.
[406] *Adler/Düring/Schmaltz* HGB § 305 Rn. 70.

Kessler

Anh. II nach § 42a   3. Abschnitt. Vertretung und Geschäftsführung

sinngemäßer Anwendung des § 305 Abs. 1 Nr. 2 HGB gewinnmindernd storniert werden.[407] Besteht zwischen Gewinnerzielung und Gewinnvereinnahmung eine Periodenverschiebung und werden die Gewinne somit erst in dem auf das Jahr der Gewinnentstehung folgenden Jahr übernommen, so ist die Ergebnisübernahme durch das Mutterunternehmen ebenfalls zu stornieren, da sonst der gleiche Gewinn in aufeinander folgenden Jahren zweimal erscheinen würde. Auf diese Weise vereinnahmte Beteiligungserträge sind in die Gewinnrücklagen bzw. den Ergebnisvortrag umzugliedern.[408]

264   Bei Beteiligungen an inländischen Kapitalgesellschaften ist in den Erträgen aus Beteiligungen auch der **körperschaftsteuerliche Anrechnungsbetrag** enthalten. Bei periodengleicher Gewinnvereinnahmung, ohne dass eine steuerliche Organschaft vorliegt, ist zu beachten, dass aus Konzernsicht weder eine Ausschüttung vorgenommen noch ein körperschaftsteuerlicher Erstattungsanspruch entstanden ist; der Erstattungsanspruch des Mutterunternehmens ist deshalb mit dem Körperschaftsteueraufwand des Tochterunternehmens zu saldieren. Bei periodenverschobener Gewinnvereinnahmung ist der körperschaftsteuerliche Anrechnungsbetrag dagegen mit dem beim Mutterunternehmen entstehenden Körperschaftsteueraufwand zu saldieren.[409] Zu den körperschaftsteuerlichen Änderungen auf Grund des Wegfalls des Anrechnungsverfahrens vgl. Anh. I nach § 42a Rn. 241, 371, zu der künftig steuerlich nicht mehr möglichen periodengleichen Gewinnvereinnahmung vgl. Anh. I nach § 42a Rn. 372.

265   Bestehen zwischen Mutter- und Tochterunternehmen **Ergebnisabführungsverträge,** so wird das Ergebnis jeweils auch in der Periode übertragen, in der es entsteht. Hat das Mutterunternehmen einen 100 %igen Anteilsbesitz an dem Tochterunternehmen, stehen sich die aus einer Ergebnisübernahme resultierenden Aufwendungen und Erträge in gleicher Höhe gegenüber und können gegeneinander aufgerechnet werden.[410] Der Ergebnisabführungsvertrag muss für den Fall, dass an dem Tochterunternehmen auch noch andere Gesellschafter beteiligt sind, gemäß § 304 AktG eine Ausgleichszahlung (Dividendengarantie) vorsehen. Die Zahlungsverpflichtung kann dabei sowohl bei dem Tochterunternehmen als auch bei dem Mutterunternehmen liegen. Leistet das Tochterunternehmen die Ausgleichszahlung, so erscheint die zu zahlende Dividende unter den Aufwendungen des Tochterunternehmens; im Übrigen stehen sich die Gewinnabführungen bzw. Verlustdeckungen bei Mutter- und Tochterunternehmen in gleicher Höhe gegenüber und können gegeneinander aufgerechnet werden. Zusätzlich ist die im Einzelabschluss des Tochterunternehmens gebuchte garantierte Dividende in der Konzern-Gewinn- und Verlustrechnung nach dem Jahresüberschuss in den Posten „anderen Gesellschaftern zustehender Gewinn" einzustellen, wodurch sich das Jahresergebnis des Konzerns entsprechend erhöht. Wird die Ausgleichszahlung vom Mutterunternehmen selbst geleistet, so ist sie in dessen Einzel-Gewinn- und Verlustrechnung von dem übernommenen Gewinn zu kürzen bzw. dem übernommenen Verlust hinzuzurechnen. Erträge und entsprechende Aufwendungen stehen sich dann bei Mutter- und Tochterunternehmen nicht mehr in gleicher Höhe gegenüber. Die Ausgleichszahlung ist wiederum in den Posten „anderen Gesellschaftern zustehender Gewinn" umzugliedern, danach können die Ergebnisabführung und die Ergebnisübernahme gegeneinander aufgerechnet werden.

---

[407] WP-HdB Bd. I M Rn. 590.
[408] *v. Wysocki/Wohlgemuth* S. 238 f.; WP-HdB Bd. I M Rn. 591.
[409] *Adler/Düring/Schmaltz* HGB § 305 Rn. 75; BeckBilKomm/*Budde/Dreissig* HGB § 305 Rn. 46.
[410] *v. Wysocki/Wohlgemuth* S. 237.

b) Ergebnisübernahmen bei der Equity-Methode. Bei Anwendung der Equity-Methode werden die anteiligen Jahresergebnisse der assoziierten Unternehmen im Jahr ihrer Entstehung unabhängig von der Ausschüttung in die Konzern-Gewinn- und Verlustrechnung übernommen. Anteilige Jahresüberschüsse erhöhen, anteilige Jahresfehlbeträge vermindern den Wert der Beteiligung und das Konzernergebnis; Abschreibungen auf aktive Unterschiedsbeträge aus der Erstkonsolidierung führen zu einer Minderung des Konzern-Jahresüberschusses.[411] Gemäß § 312 Abs. 4 S. 2 HGB ist das auf assoziierte Beteiligungen entfallende Ergebnis in der Konzern-Gewinn- und Verlustrechnung unter einem gesonderten Posten auszuweisen. 266

Werden die Gewinne des assoziierten Unternehmens in einem späteren Jahr ausgeschüttet, dann ist die Dividende als Beteiligungsertrag in der Einzel-Gewinn- und Verlustrechnung des Beteiligungsunternehmens enthalten. Um die Doppelerfassung der Beteiligungserträge in aufeinander folgenden Konzern-Geschäftsjahren zu vermeiden, muss die Dividende erfolgsmindernd eliminiert und gleichzeitig der Wertansatz der Beteiligung reduziert werden.[412] 267

Um auch einen zutreffenden **Steuerausweis** zu erreichen, sollte bereits im Jahr der Übernahme des anteiligen Ergebnisses der darauf entfallende, noch nicht rechtswirksame Körperschaftsteuer-Anrechnungsbetrag berücksichtigt werden. Für die Anwendung dieser sog. Bruttodarstellung bestehen zwei Möglichkeiten.[413] 268

– Bei der Übernahme des anteiligen Ergebnisses wird der darauf bezogene Körperschaftsteuer-Anrechnungsbetrag eingebucht und gleichzeitig der Körperschaftsteueraufwand erfolgswirksam zurückgestellt, wobei der Anrechnungsbetrag in die Erhöhung des Beteiligungswertansatzes einbezogen wird.[414] Bei Ausschüttung ist dann der Beteiligungswert in Höhe der im Einzelabschluss erfassten Beteiligungserträge zu mindern und die Steuerrückstellung mit dem im Einzelabschluss ausgewiesenen Steueraufwand zu verrechnen.

– Die Bruttodarstellung kann auch bei der Übernahme des anteiligen Jahresüberschusses auf die Konzern-Gewinn- und Verlustrechnung beschränkt werden. Dabei wird der rechtlich erst im Jahr der Ausschüttung entstehende Anrechnungsbetrag in der Konzernbilanz gegen die gleich hohe Steuerrückstellung verrechnet; das anteilige Jahresergebnis zuzüglich der bei Ausschüttung anrechenbaren Körperschaftsteuer wird als Ergebnis aus assoziierten Unternehmen ausgewiesen und der Steueraufwand um den später anrechenbaren Betrag erhöht.

Zu den körperschaftsteuerlichen Änderungen auf Grund des Wegfalls des Anrechnungsverfahrens vgl. Anh. I nach § 42a Rn. 241, 371. Durch die Abschaffung des Anrechnungsverfahrens durch das Steuersenkungsgesetz wird sich die Problematik des zutreffenden Steuerausweises künftig entschärfen. Im Veranlagungszeitraum 2001 gelangen jedoch noch die Vorschriften des Anrechnungsverfahrens zur Anwendung, da Ausschüttungen in 2001 für das Jahr 2000 noch nach dem alten Körperschaftsteuersystem erfolgen. Bei abweichendem Wirtschaftsjahr der ausschüttenden KapGes. gilt dies auch noch für den Veranlagungszeitraum 2002. Zu beachten ist jedoch § 37 Abs. 3 KStG, wonach sich bei der dividendenempfangenden Gesellschaft Körperschaftsteuer und Körperschaftsteuerguthaben erhöhen, soweit die Dividende bei der ausschüttenden Gesellschaft zu einer Körperschaftsteuerminderung geführt hat und sie die Dividende steuerfrei gemäß § 8b Abs. 1 KStG vereinnahmt. 269

---

[411] *Adler/Düring/Schmaltz* HGB § 305 Rn. 80.
[412] WP-HdB Bd. I M Rn. 607.
[413] WP-HdB Bd. I M Rn. 612 ff.
[414] *Tesdorpf* BB 1987, 2341.

VI. Steuerabgrenzung im Konzernabschluss

270 **1. Grundlagen der Steuerabgrenzung.**[415] Ziel der Steuerabgrenzung im handelsrechtlichen **Einzelabschluss** ist es, mit Hilfe der Bilanzierung **latenter Steuern** jeder Abrechnungsperiode den Steueraufwand zuzuordnen, der dem handelsbilanziellen Ergebnis entspricht. Latente Steuern stellen somit die Differenz zwischen dem effektiven, in der Steuerbilanz ermittelten Ertragsteueraufwand, und einem fiktiven, auf der Grundlage des handelsbilanziellen Ergebnisses errechneten Steueraufwand dar. Durch die Korrektur des effektiven Steueraufwands um die latenten Steuern wird erreicht, dass im handelsrechtlichen Abschluss eine Steuerbelastung ausgewiesen wird, die dem handelsrechtlichen Ergebnis entspricht.[416]

271 Wie im Einzelabschluss sind auch im **Konzernabschluss** latente Steuern zu berücksichtigen. Zur Vermittlung eines den tatsächlichen Verhältnissen entsprechenden Bildes der Vermögens-, Finanz- und Ertragslage des Konzerns ist im Konzernabschluss derjenige Steueraufwand auszuweisen, der sich ergeben hätte, wenn der Konzern ein einziges Unternehmen und das Konzernergebnis Grundlage der Besteuerung wäre.[417] Die Steuerabgrenzung im Konzernabschluss betrifft **fiktiv** ermittelte Steuermehr- und Steuerminderbelastungen des Konzernergebnisses als Folge von erfolgswirksamen Konsolidierungsmaßnahmen, die zu Abweichungen zwischen dem Konzernergebnis und der Summe der Einzelergebnisse der in den Konzernabschluss einbezogenen Unternehmen führen.[418] Sie geht somit von der **Fiktion des Konzerns als Steuersubjekt** aus.[419] Bei der Ermittlung der latenten Steuern im Konzernabschluss dürfen dabei analog zum Einzelabschluss **nur temporäre Ergebnisdifferenzen** (Differenzen zwischen der Summe der steuerrechtlichen Ergebnisse der in den Konzernabschluss einbezogenen Unternehmen, die sich im Zeitablauf voraussichtlich wieder ausgleichen) berücksichtigt werden; **permanente Differenzen** (Differenzen, die sich im Zeitablauf nicht ausgleichen) sowie **quasi-permanente Differenzen** (Differenzen, die sich nicht automatisch, sondern gewöhnlich erst bei Liquidation eines Konzernunternehmens oder durch nicht vorhersehbare Umstände ausgleichen) sind keine Berechnungsgrundlage für latente Steuern.[420]

272 Die gesetzliche Regelung der Steuerabgrenzung im Konzernabschluss enthält § 306 HGB. Ist nach § 306 S. 1 HGB das im Konzernabschluss ausgewiesene Jahresergebnis auf Grund von erfolgswirksamen Konsolidierungsmaßnahmen niedriger oder höher als die Summe der Einzelergebnisse der in den Konzernabschluss einbezogenen Unternehmen, dann ist der sich für das Geschäftsjahr und frühere Geschäftsjahre ergebende Steueraufwand, wenn er im Verhältnis zum Jahresergebnis zu hoch ist, durch Bildung

---

[415] Vgl. zur Steuerabgrenzung im Konzernabschluss den Entwurf des DRS 12 (E-DRS 12) v. 13. 7. 2001. Mit Verabschiedung des Standards durch den DRS und Bekanntmachung durch das Bundesministerium der Justiz werden die darin enthaltenen Regelungen grundsätzlich für den Konzernabschluss verbindlich. Es ist nicht auszuschließen, dass sie auch auf den Jahresabschluss eine Ausstrahlungswirkung entfalten.
[416] *Küting/Weber/Baumann* Rechnungslegung § 274 HGB Rn. 4; *Wiedmann* HGB § 274 Rn. 1; nach Ziffer 3 des E-DRS 12 soll künftig auch ein Steuerabgrenzungsposten für Vorteile aus steuerlichen Verlustvorträgen gebildet werden können, da es sich hierbei um einen Vermögenswert handele.
[417] *Baetge* Konzernbilanzen S. 421.
[418] BeckBilKomm/*Hoyos/Fischer* HGB § 306 Rn. 2.
[419] *Adler/Düring/Schmaltz* HGB § 306 Rn. 11.
[420] *Baetge* Konzernbilanzen S. 421; *Havermann*, FS Goerdeler, 1987, S. 194; *Wiedmann* HGB § 274 Rn. 2; anders Ziffer 5 E-DRS 12 hinsichtlich quasi-permanenter Differenzen.

Konzernrechnungslegung   Anh. II nach § 42a

eines Abgrenzungspostens auf der Aktivseite oder, wenn er im Verhältnis zum Jahresergebnis zu niedrig ist, durch die Bildung einer Rückstellung anzupassen, soweit sich der zu hohe oder der zu niedrige Steueraufwand in späteren Jahren voraussichtlich ausgleicht. Sowohl für einen aktiven als auch für einen passiven Abgrenzungsposten besteht somit eine Aktivierungs- bzw. Passivierungspflicht. Die Vorschrift des § 306 HGB regelt jedoch nur einen Teilbereich der Steuerabgrenzung im Konzernabschluss. Im Konzernabschluss hat außerdem eine Steuerabgrenzung nach § 274 iVm. § 298 Abs. 1 HGB zu erfolgen, wenn zwischen den handelsrechtlichen und den steuerrechtlichen Ergebnissen der einbezogenen Unternehmen Abweichungen auf Grund von Bilanzierungs- und Bewertungsunterschieden vorliegen und diese Abweichungen sich voraussichtlich in späteren Jahren ausgleichen; entsprechendes gilt für die Anpassung der Bilanzansätze an eine konzerneinheitliche Bilanzierung und Bewertung in der Handelsbilanz II.[421] Bislang haben die Unternehmen das Wahlrecht des § 274 Abs. 2 iVm. § 298 Abs. 1 HGB zur Bildung aktiver latenter Steuern auf Differenzen in der Handelsbilanz I und II. Die aus diesen Handelsbilanzen I und II resultierenden aktiven Steuerlatenzen müssen nur im Rahmen der handelsrechtlich gebotenen Gesamtdifferenzenbetrachtung insoweit zwingend erfasst werden, wie ihnen passive Steuerlatenzen gegenüberstehen, nicht jedoch darüber hinaus. Ziffer 8–10 des E-DRS 12 würde dieses Wahlrecht – eine Gesetzesänderung vorausgesetzt – abschaffen.

Der entstehende **Steuerabgrenzungsposten** ist nach § 306 S. 2 HGB in der Konzernbilanz oder im Konzernanhang gesondert anzugeben; er darf nach § 306 S. 3 HGB auch mit den Abgrenzungsposten nach § 274 HGB zusammengefasst werden. In der Konzernbilanz oder im Konzernanhang braucht somit nur ein aktiver oder passiver Steuerabgrenzungsposten gesondert angegeben zu werden.[422]   273

§ 306 HGB ist nicht nur bei der **Vollkonsolidierung,** sondern auch bei der **Quotenkonsolidierung** (§ 310 Abs. 2 HGB) anzuwenden; bei der Anwendung der Equity-Methode wird eine Steuerabgrenzung dagegen nicht verlangt.   274

2. Ursachen der Steuerabgrenzung. § 306 HGB stellt auf temporäre Ergebnisdifferenzen ab, die sich auf Grund von nach den Vorschriften über die Vollkonsolidierung durchgeführten Maßnahmen ergeben. Eine Steuerabgrenzung kommt daher in Betracht bei der Anpassung der Bilanzansätze nach den Vorschriften des Mutterunternehmens, der Kapitalkonsolidierung, der erfolgswirksamen Schuldenkonsolidierung, der Zwischenergebniseliminierung und der erfolgswirksamen Aufwands- und Ertragskonsolidierung.[423]   275

Die in den Einzelabschlüssen der in den Konzernabschluss einbezogenen Unternehmen enthaltenen Bilanzansätze sind nach den §§ 300 Abs. 2 und 308 HGB an **konzerneinheitliche Bilanzierungs- und Bewertungsregeln** anzupassen. Diese Anpassung erfolgt grundsätzlich in der Handelsbilanz II und kann zeitliche Differenzen zwischen dem Erfolgsausweis in der Handelsbilanz II und dem Einzelabschluss (Handelsbilanz I) nach sich ziehen. Da es sich bei der Handelsbilanz II im Prinzip um einen nach den Konzerngrundsätzen aufgestellten Einzelabschluss handelt, ist die dort vorzunehmende Steuerabgrenzung nicht der Abgrenzung auf Grund erfolgswirksamer Konsolidierungsmaßnahmen, sondern § 274 iVm. § 298 Abs. 1 HGB zuzurechnen.[424] Die Steuerabgrenzungsrechnungen können somit in drei Stufen gegliedert werden, wobei auf der ersten Stufe die Steuerabgrenzung auf Grund von Abweichungen zwi-   276

---

[421] *Adler/Düring/Schmaltz* HGB § 306 Rn. 2 u. 24f.
[422] *Adler/Düring/Schmaltz* HGB § 306 Rn. 44.
[423] *Adler/Düring/Schmaltz* HGB § 306 Rn. 19.
[424] *KPMG Treuverkehr* S. 264; *Adler/Düring/Schmaltz* HGB § 306 Rn. 25.

schen handelsrechtlichem Ergebnis und steuerrechtlichen Einkommen (§ 274 HGB), auf der zweiten Stufe die Steuerabgrenzung auf Grund einer Anpassung an eine konzerneinheitliche Bilanzierung und Bewertung (§ 274 iVm. § 298 Abs. 1 HGB) und auf der dritten Stufe die Steuerabgrenzung auf Grund erfolgswirksamer Konsolidierungsmaßnahmen (§ 306 HGB) vorgenommen wird.[425]

277   Bei der **Kapitalkonsolidierung** nach § 301 HGB (vgl. Rn. 139 ff.) erfolgt zunächst im Rahmen der Erstkonsolidierung die erfolgsneutrale Zuordnung eines Unterschiedsbetrages auf Aktiva und Passiva des Tochterunternehmens. Erst die erfolgswirksame Auflösung des Unterschiedsbetrages im Rahmen der Folgekonsolidierungen führt zu Differenzen zwischen Konzernergebnis und Summe der Einzelergebnisse. Da sich diese Differenzen jedoch in späteren Perioden nicht ausgleichen, werden sie als quasi-permanente Differenzen angesehen und führen daher nicht zu einer Steuerabgrenzung.[426]

278   Die **erfolgswirksame Schuldenkonsolidierung** gemäß § 303 HGB (vgl. Rn. 192 ff.), die zu erfolgen hat, wenn sich konsolidierungspflichtige Forderungen und Verbindlichkeiten nicht in gleicher Höhe gegenüberstehen, führt regelmäßig zu einer Steuerabgrenzung nach § 306 HGB, da sich die Ergebnisdifferenz zwischen der Konzernbilanz und der Summe der Einzelbilanzen nach Ausgleich der Forderungen und Verbindlichkeiten wieder ausgleicht.[427]

279   Die **Zwischenergebniseliminierung** nach § 304 HGB (vgl. Rn. 199 ff.) dient der Korrektur des Konzernergebnisses um die aus Konzernsicht noch nicht realisierten Gewinne und Verluste aus konzerninternen Lieferungen und Leistungen. Betrifft die Zwischengewinneliminierung das **Umlaufvermögen** und das **abnutzbare Anlagevermögen**, sind die dabei entstehenden Abweichungen zwischen Konzernergebnis und Summe der Einzelergebnisse zeitlich begrenzt, da sie mit dem Verbrauch bzw. dem Verkauf dieser Gegenstände ausgeglichen werden, und führen zur Steuerabgrenzung nach § 306 HGB.[428] Betreffen zu eliminierende Zwischenergebnisse das **nicht abnutzbare Anlagevermögen**, so kommt eine Steuerabgrenzung nach § 306 HGB nicht in Betracht, solange mit dem Verkauf an Dritte und damit mit der Realisation aus Konzernsicht nicht zu rechnen ist, da in diesem Fall quasi-permanente Differenzen entstehen.[429]

280   Die **Aufwands- und Ertragskonsolidierung** nach § 305 HGB (vgl. Rn. 138 ff.) führt idR. nicht zu Ergebnisdifferenzen, da sich die konzerninternen Aufwendungen und Erträge in gleicher Höhe gegenüberstehen. Eine Steuerabgrenzung nach § 306 HGB ist somit nicht erforderlich.[430] Eine Besonderheit ergibt sich jedoch bei konzerninterner periodenverschobener Gewinnausschüttung und -vereinnahmung, zB bei nicht vorliegenden Ergebnisabführungsverträgen. Aufgrund des gespaltenen Körperschaftsteuersatzes kann hier eine Steuerabgrenzung erforderlich sein, die allerdings nicht in zeitlich begrenzten Ergebnisdifferenzen, sondern in einer zeitlichen Verschiebung des Ausweises des Steueraufwands in Einzel- und Konzernabschluss begründet ist.[431] Da § 23 KStG durch das Steuersenkungsgesetz geändert wurde und in Zukunft für Thesaurierung und Ausschüttung ein einheitlicher Körperschaftsteuersatz von 25 %

---

[425] *Adler/Düring/Schmaltz* HGB § 306 Rn. 25.
[426] *KPMG Treuverkehr* S. 264 f.; WP-HdB Bd. I M Rn. 626.
[427] *Adler/Düring/Schmaltz* HGB § 306 Rn. 31.
[428] BeckBilKomm/*Hoyos/Fischer* HGB § 306 Rn. 9.
[429] WP-HdB Bd. I M Rn. 622; *Adler/Düring/Schmaltz* HGB § 306 Rn. 33.
[430] *KPMG Treuverkehr* S. 266.
[431] *KPMG Treuverkehr* S. 267; *v. Wysocki/Wohlgemuth* S. 209.

gilt (§ 23 Abs. 1 KStG; bis 31. 12. 2000 gilt noch der gespaltene Tarif von 40 % Thesaurierungs- und 30 % Ausschüttungsbelastung), werden sich das beschriebene Problem bei der Aufwands- und Ertragskonsolidierung auf Grund des gespaltenen Körperschaftsteuersatzes künftig nicht mehr stellen.

3. Berechnung des Abgrenzungsbetrages. Bei der Ermittlung des Steuerabgrenzungsbetrages ist eine **Einzeldifferenzenbetrachtung,** bei der jede aus einer erfolgswirksamen Konsolidierungsmaßnahme resultierende zeitliche Differenz zwischen der Summe der Einzelergebnisse und dem Konzernergebnis von ihrer Entstehung bis zu ihrer Auflösung einzeln erfasst wird und die sich aus ihr ergebenden steuerrechtlichen Konsequenzen jährlich untersucht werden, nicht erforderlich, obwohl sie als das theoretisch richtige Verfahren anzusehen ist.[432] Statt dessen wird aus Praktikabilitätsgründen im Rahmen einer **Gesamtdifferenzenbetrachtung** die Summe der Einzelergebnisse mit dem Konzernergebnis verglichen, die ermittelte Differenz dann um permanente und quasi-permanente Differenzen gekürzt und anschließend mit dem Steuersatz multipliziert.[433]

Ein nach Berücksichtigung aller Konsolidierungsmaßnahmen im Vergleich zur Summe der Einzelergebnisse niedrigeres Konzernergebnis führt zur **Aktivierung** eines Steuerabgrenzungspostens. Im Gegensatz zur Steuerabgrenzung im Einzelabschluss nach § 274 Abs. 2 HGB (Aktivierungswahlrecht) besteht in diesem Fall für den Konzernabschluss eine **Aktivierungspflicht.** Ist das Konzernergebnis dagegen höher als die Summe der Einzelergebnisse, so ist der Steueraufwand im Verhältnis zum Konzernergebnis zu niedrig und die Bildung einer **Rückstellung** gemäß § 306 iVm. § 249 Abs. 1 S. 1 HGB erforderlich. Im Konzernabschluss ist somit entweder ein aktiver oder ein passiver Rechnungsabgrenzungsposten zu bilden.[434]

Ein Problem bei der Berechnung des Abgrenzungsbetrages stellt die Bestimmung des anzuwendenden **Steuersatzes** dar. Die Vorschrift des § 306 HGB enthält keine Regelung für den anzuwendenden Steuersatz. Da der Konzernabschluss aber weder Grundlage für die Besteuerung noch für die Ergebnisverwendung oder die Haftung gegenüber Dritten ist, besteht seine wesentliche Aufgabe nach § 297 Abs. 2 S. 2 HGB darin, ein den tatsächlichen Verhältnissen entsprechendes Bild der Vermögens-, Finanz- und Ertragslage des Konzerns zu vermitteln. Diese Zielsetzung ist daher auch bei der Auswahl eines geeigneten Steuersatzes in den Vordergrund zu stellen; die Wahl des Steuersatzes sollte sich daran orientieren, ob seine Verwendung zu einem sachgerechten Ergebnis führt bzw. ein den tatsächlichen Verhältnissen entsprechendes Bild der wirtschaftlichen Lage vermitteln kann und ob der Aufwand bei der Ermittlung des Steuersatzes unter Berücksichtigung des Wirtschaftlichkeitsgrundsatzes vertretbar ist.[435]

Bei der Frage, ob zur Berechnung der Steuerabgrenzung gegenwärtige oder zukünftige Steuersätze verwendet werden sollen, können die **Deferral-Methode** (Abgrenzungsmethode) und die **Liability-Methode** (Verbindlichkeitsmethode) unterschieden werden. Während die Deferral-Methode ausschließlich auf den zutreffenden Erfolgsausweis des jeweiligen Geschäftsjahres abstellt und die Steuerabgrenzung unter Zugrundelegung der am jeweiligen Abschlussstichtag bestehenden Steuersätze vornimmt, werden bei der Liability-Methode konkretisierte Annahmen über Steuersatzänderungen berücksichtigt sowie Anpassungen von in der Vergangenheit gebildeten Steuerabgren-

---

[432] *Baetge* Konzernbilanzen S. 460.
[433] *Baetge* Konzernbilanzen S. 460.
[434] *Biener/Berneke* S. 355.
[435] WP-HdB Bd. I M Rn. 628 f.; *Baetge* Konzernbilanzen S. 458; BeckBilKomm/*Hoyos/Fischer* HGB § 306 Rn. 43.

zungsposten vorgenommen; die Steuerabgrenzung erfolgt somit grundsätzlich unter Zugrundelegung der Steuersätze, die bei der Umkehr der zeitlichen Differenzen erwartet werden.[436]

285 Unabhängig von dieser theoretischen Überlegung wird aus pragmatischen Gründen überwiegend ein konzerneinheitlicher Steuersatz für sachgerecht gehalten, der sich am **durchschnittlichen Steuersatz** aller einbezogenen Konzernunternehmen orientiert.[437] Aus Vereinfachungsgründen kann auch eine Orientierung am Steuersatz des Mutterunternehmens in Frage kommen.[438] Neben der Praktikabilität spricht für einen durchschnittlichen Steuersatz auch, dass dieser einer Gesamtbetrachtung der Steuerabgrenzung entspricht, denn er würde sich im Grundsatz auch ergeben, wenn für jede einzelne Maßnahme, die eine Steuerabgrenzung auslöst, der konkrete Steuersatz ermittelt würde.[439] Soweit sich die Ergebnisabweichungen, die zur Steuerabgrenzung geführt haben, in den Folgejahren wieder ausgleichen, ist der bilanzierte Steuerabgrenzungsposten aufzulösen.[440]

286 **4. Ausweis der Steuerabgrenzung.** Der Steuerabgrenzungsposten ist nach § 306 S. 2 HGB in der Konzernbilanz oder im Konzernanhang gesondert anzugeben. Das Gesetz lässt allerdings offen, an welcher Stelle der Abgrenzungsposten auszuweisen ist; lediglich für den passiven Abgrenzungsposten bestimmt § 306 S. 1 HGB, dass dafür eine Rückstellung nach § 249 Abs. 1 S. 1 HGB zu bilden ist. Es erscheint sachgerecht, den **aktiven Steuerabgrenzungsposten** gesondert unter den Rechnungsabgrenzungsposten auszuweisen, beispielsweise mit der Bezeichnung „latente Steuern"; das HGB lässt jedoch gemäß § 298 iVm. § 265 Abs. 7 Nr. 2 HGB auch eine Zusammenfassung mit anderen Posten zu, wofür in erster Linie die Rechnungsabgrenzungsposten in Frage kommen.[441] In diesem Fall ist allerdings eine Angabe des Betrags im Anhang erforderlich (§ 306 S. 2 HGB). Die **Rückstellung für die passive Steuerabgrenzung** ist entweder gesondert unter den Steuerrückstellungen auszuweisen oder im Konzernanhang gesondert anzugeben.

287 In sinngemäßer Anwendung des § 313 Abs. 1 Nr. 1 HGB, nach dem im Konzernanhang die auf die Posten der Konzernbilanz und der Konzern-Gewinn- und Verlustrechnung angewandten Bilanzierungs- und Bewertungsmethoden angegeben werden müssen, sollte auch die auf den Steuerabgrenzungsposten angewandte **Ermittlungsmethode** im Konzernanhang angegeben werden. Dazu zählen insbesondere Angaben über die erfassten erfolgswirksamen Konsolidierungsmethoden sowie über den Steuersatz.[442] Da die Ermittlungsmethode darüber hinaus begrifflich zu den Konsolidierungsmethoden zu zählen ist, müssen auch die Angabepflichten des § 297 Abs. 3 S. 4 u. 5 und des § 313 Abs. 1 Nr. 3 HGB bei Abweichungen in Folgejahren beachtet werden.[443]

288 Der Steuerabgrenzungsposten darf nach § 306 S. 3 HGB mit den sich nach § 274 HGB ergebenden Abgrenzungsposten zusammengefasst werden. Das bedeutet, dass eine Saldierung **aller Steuerabgrenzungsposten** möglich ist, und somit in der Kon-

---

[436] *Adler/Düring/Schmaltz* HGB § 274 Rn. 14 ff.
[437] *Küting/Weber/Baumann* Konzernrechnungslegung § 306 HGB Rn. 44; BeckBilKomm/ *Hoyos/Fischer* HGB § 306 Rn. 46; WP-HdB Bd. I M Rn. 629.
[438] *Adler/Düring/Schmaltz* HGB § 306 Rn. 40.
[439] BeckBilKomm/*Hoyos/Fischer* HGB § 306 Rn. 46.
[440] WP-HdB Bd. I M Rn. 631.
[441] WP-HdB Bd. I M Rn. 634.
[442] *Adler/Düring/Schmaltz* HGB § 306 Rn. 49.
[443] *Adler/Düring/Schmaltz* HGB § 306 Rn. 43.

Konzernrechnungslegung   Anh. II nach § 42 a

zernbilanz oder im Konzernanhang nur ein aktiver oder passiver Steuerabgrenzungsposten gesondert angegeben zu werden braucht.[444]

Das Gesetz enthält keine Vorschrift über den Ausweis der Steuerabgrenzungsposten **289**
in der **Konzern-Gewinn- und Verlustrechnung.** Da der Zweck der Steuerabgrenzung im Konzernabschluss darin besteht, den Ertragsteueraufwand in einem bestimmten Verhältnis zum ausgewiesenen Jahresergebnis erscheinen zu lassen, erscheint es sachgerecht, die latenten Steuern aus der Konsolidierung in der Konzern-Gewinn- und Verlustrechnung mit dem tatsächlichen Ertragsteueraufwand in einem Posten zusammenzufassen bzw. zu verrechnen.[445]

VII. Konzernanhang

1. Aufgaben, Inhalt, Form. Der Konzernanhang ist integraler Bestandteil des **290**
Konzernabschlusses und bildet zusammen mit der Konzernbilanz und der Konzern-Gewinn- und Verlustrechnung eine Einheit (§ 297 Abs. 1 HGB). Gemeinsam haben die drei Bestandteile des Konzernabschlusses die Aufgabe, ein den tatsächlichen Verhältnissen entsprechendes Bild der Vermögens-, Finanz- und Ertragslage des Konzerns zu vermitteln (§ 297 Abs. 2 HGB). Die **Einheitstheorie** ist auch Grundlage für die Berichterstattung im Konzernanhang.[446] Daraus folgt, dass sich die Angaben des Konzernanhangs weder auf einzelne bedeutende einbezogene Unternehmen noch auf wesentliche Gruppen von einbezogenen Unternehmen beschränken dürfen, sondern vielmehr für den Konzern insgesamt wie für ein einheitliches Unternehmen erfolgen müssen; darüber hinaus sind die verbalen und betragsmäßigen Angaben, die Erläuterungen, Begründungen und Aufgliederungen im Konzernanhang nicht durch eine Zusammenfassung der Angaben aus den Einzelanhängen der einbezogenen Unternehmen, sondern selbstständig auf der Grundlage der **Verhältnisse im Konzern** zu entwickeln.[447]

Um der Aufgabe der Vermittlung eines den tatsächlichen Verhältnissen entsprechen- **291**
den Bildes der Vermögens-, Finanz- und Ertragslage des Konzerns nachkommen zu können, enthält der Konzernanhang vom Gesetz vorgeschriebene bzw. zugelassene Pflichtangaben, Wahlpflichtangaben, zusätzliche Angaben und freiwillige Angaben.[448]

– **Pflichtangaben** sind die vom Gesetz vorgeschriebenen, in jedem Konzernanhang erneut darzustellenden Angaben, die zur Erläuterung der Konsolidierung, der Bilanzierung oder Bewertung oder als ergänzende Angaben erforderlich sind;
– **Wahlpflichtangaben** sind erforderlich, wenn Angaben auf Grund eines gesetzlich geregelten Ausweiswahlrechts im Konzernanhang statt in der Konzernbilanz oder in der Konzern-Gewinn- und Verlustrechnung gemacht werden;
– **zusätzliche Angaben** werden in Ausnahmefällen erforderlich, wenn der Konzernabschluss das in § 297 Abs. 2 S. 2 HGB verlangte, den tatsächlichen Verhältnissen der Vermögens-, Finanz- und Ertragslage des Konzerns entsprechende Bild nicht vermittelt (§ 297 Abs. 2 S. 3 HGB);
– **freiwillige Angaben** können über die gesetzlich vorgeschriebenen Angaben hinaus in den Konzernanhang aufgenommen werden, um dem Berichtsempfänger zusätzliche Informationen zur Verfügung zu stellen.

---

[444] *Küting/Weber/Baumann* Konzernrechnungslegung § 306 HGB Rn. 45, WP-HdB Bd. I M Rn. 635; *Adler/Düring/Schmaltz* HGB § 306 Rn. 50.
[445] WP-HdB Bd. I M Rn. 636; *KPMG Treuverkehr* S. 269.
[446] BeckBilKomm/*Ellrott* HGB § 313 Rn. 12.
[447] BeckBilKomm/*Ellrott* HGB § 313 Rn. 12; *Biener/Berneke* S. 377.
[448] *Adler/Düring/Schmaltz* HGB § 313 Rn. 15.

Anh. II nach § 42 a   3. Abschnitt. Vertretung und Geschäftsführung

292 Der Konzernanhang dient primär dem **Rechenschaftszweck,** da er die Aufgabe hat, die durch die Konzernbilanz und die Konzern-Gewinn- und Verlustrechnung vermittelten Informationen zu erläutern, zu ergänzen und zu korrigieren sowie Konzernbilanz und Konzern-Gewinn- und Verlustrechnung von bestimmten Angaben zu entlasten. Der Rechenschaftszweck wird somit durch die Erläuterungsfunktion, die Ergänzungsfunktion, die Korrekturfunktion und die Entlastungsfunktion des Konzernanhangs konkretisiert.[449]

293 Die **Erläuterungsfunktion** des Konzernanhangs umfasst beispielsweise die Erläuterung der angewandten Bilanzierungs- und Bewertungsmethoden gemäß § 313 Abs. 1 Nr. 1 HGB, der Abweichungen von den angewandten Bilanzierungs-, Bewertungs- und Konsolidierungsmethoden gemäß § 313 Abs. 1 Nr. 3 HGB und die Angaben gemäß § 313 Abs. 2 HGB, die der Verdeutlichung der Abgrenzung des Konsolidierungskreises dienen.[450] Durch die Angaben zu den Bilanzierungs- und Bewertungsmethoden werden die wesentlichen Grundlagen über den Inhalt der Konzernrechnungslegung vermittelt, die zum Verständnis des in § 297 Abs. 2 S. 2 HGB geforderten Bildes der Vermögens-, Finanz- und Ertragslage des Konzerns erforderlich sind. Von besonderer Bedeutung sind auch die Angaben zur Beschreibung des Konsolidierungskreises und seiner Abgrenzung. Da der Konzern auf einer fiktiven Zusammenfassung rechtlich selbstständiger Einheiten beruht, muss der Konzernanhang erkennen lassen, welche Unternehmen zu dem Konzern gehören und nach welchen Kriterien sie in den Konzernabschluss einbezogen worden sind; dabei müssen der Grad der Einbeziehung (Vollkonsolidierung, Quotenkonsolidierung oder Einbeziehung nach der Equity-Methode) und die Konsolidierungsmethode angegeben werden.[451]

294 Der **Ergänzungsfunktion** dienen die sonstigen Pflichtangaben des § 314 HGB wie zB Restlaufzeiten und Besicherungen bei Verbindlichkeiten, Gesamtbetrag der sonstigen finanziellen Verpflichtungen, Aufgliederung der Umsatzerlöse, Anzahl der Arbeitnehmer, Bezüge von Mitgliedern der Leitungsorgane.[452]

295 Die **Korrekturfunktion** des Konzernanhangs wird in § 297 Abs. 2 S. 3 HGB verdeutlicht, wonach der Konzernanhang zusätzliche korrigierende Angaben enthalten muss, wenn besondere Umstände dazu führen, dass der Konzernabschluss kein den tatsächlichen Verhältnissen entsprechendes Bild der Vermögens-, Finanz- und Ertragslage des Konzerns vermittelt.[453] Die Korrekturfunktion ist dabei allerdings nicht so zu verstehen, dass mißverständliche oder sogar unzutreffende Darstellungen in der Konzernbilanz oder in der Konzern-Gewinn- und Verlustrechnung bestehen bleiben könnten, wenn sie nur im Konzernanhang korrigiert werden.[454]

296 Die **Entlastungsfunktion** des Konzernanhangs kommt darin zum Ausdruck, dass in zahlreichen Fällen Wahlrechte zum Ausweis von Posten im Konzernanhang statt in der Konzernbilanz bzw. in der Konzern-Gewinn- und Verlustrechnung bestehen. Durch die Verlagerung von Angaben in den Konzernanhang können Klarheit und Übersichtlichkeit von Konzernbilanz und Konzern-Gewinn- und Verlustrechnung verbessert werden. Zu diesen Angaben zählen beispielsweise die Angaben zum Vergleich aufeinander folgender Konzernabschlüsse bei Änderung des Konsolidierungskreises gemäß § 294 Abs. 2 HGB, die Angabe des Unterschiedsbetrages zwischen Buchwert und an-

---

[449] *Baetge* Konzernbilanzen S. 481.
[450] WP-HdB Bd. I M Rn. 656.
[451] *Adler/Düring/Schmaltz* HGB § 313 Rn. 16.
[452] WP-HdB Bd. I M Rn. 657.
[453] *Baetge* Konzernbilanzen S. 482.
[454] *Adler/Düring/Schmaltz* HGB § 313 Rn. 20.

Konzernrechnungslegung **Anh. II nach § 42 a**

teiligem Eigenkapital bei Anwendung der Equity-Methode gemäß § 312 Abs. 1 HGB, die gesonderte Angabe der aktiven oder passiven latenten Steuern gemäß § 306 S. 2 HGB, die Angabe von Vorgängen von besonderer Bedeutung bei fehlendem Zwischenabschluss gemäß § 299 Abs. 3 HGB.[455]

An die Berichterstattung im Konzernanhang werden dieselben Anforderungen wie beim Anhang im Einzeljahresabschluss gestellt. Auch der Konzernanhang hat gemäß der Generalnorm des § 297 Abs. 2 S. 2 HGB unter Beachtung der Grundsätze ordnungsmäßiger Buchführung ein den tatsächlichen Verhältnissen entsprechendes Bild der Vermögens-, Finanz- und Ertragslage des Konzerns zu vermitteln. Die Grundsätze der **Wahrheit** und der **Vollständigkeit** sind bei der Berichterstattung ebenso zu beachten wie die Grundsätze der **Klarheit** und der **Übersichtlichkeit;** die allgemeinen Angaben finden ihre Grenze in den Grundsätzen der **Wesentlichkeit** und der **Wirtschaftlichkeit.** Darüber hinaus sind alle für den Konzernabschluss vorgeschriebenen Angaben **jährlich** zu machen.[456] 297

Der Konzernabschluss ist gemäß § 297 Abs. 2 S. 2 iVm. § 244 HGB grundsätzlich ab 1. 1. 1999 in **Euro** aufzustellen. Es besteht jedoch eine Übergangsvorschrift, nach der der Konzernabschluss bis für das im Jahr 2001 endende Geschäftsjahr noch in DM aufgestellt werden darf (Art. 42 ff. EGHGB). Soweit daher einzelne Vermögensgegenstände in anderer Währung bewertet sind, sind diese zum Bilanzstichtag, je nachdem, in welcher Währung der Jahresabschluss aufgestellt wird, in DM oder Euro umzurechnen. Der Grundsatz, dass die Angaben im Konzernanhang in **deutscher Sprache** zu machen und die Beträge in **Euro** anzugeben sind, ist insbesondere für solche Konzerne von Bedeutung, bei denen Tochterunternehmen, deren Sitz nicht in Mitgliedstaaten der Währungsunion der EU liegt, in den Konzernabschluss einbezogen werden; die sich auf diese Unternehmen beziehenden Angaben sind in Euro umzurechnen.[457] 298

Die Darstellungen im Konzernanhang unterliegen schließlich auch dem Gebot der **Darstellungsstetigkeit;** grundlos vorgenommene Änderungen der Darstellungsform, die die Klarheit und Übersichtlichkeit des Konzernanhangs beeinträchtigen können, sind unzulässig.[458] 299

Hinsichtlich der **Gliederung** des Konzernanhangs enthält das Gesetz keine Vorgaben. Es wird lediglich eine klare und übersichtliche Darstellung verlangt (§ 297 Abs. 2 S. 1 HGB). In der Praxis hat sich nachfolgendes Schema durchgesetzt.[459] 300
  I. Grundsätze des Konzernabschlusses
     – Angaben zu Bilanzierungs-, Bewertungs- und Umrechnungsmethoden
     – Angaben zu den Konsolidierungsverfahren
 II. Angaben zur Konzernbilanz
III. Angaben zur Konzern-Gewinn- und Verlustrechnung
IV. Sonstige Angaben
     – Konsolidierungskreis (Angabe Anteilsverzeichnis)
     – Angaben zu den Organen
     – Haftungsverhältnisse und sonstige finanzielle Verpflichtungen

Die wesentlichen Angabepflichten für den Anhang sind in den §§ 313, 314 HGB enthalten. Diese Aufzählung angabepflichtiger Sachverhalte ist jedoch nicht abschließend; Angabe- und Erläuterungspflichten ergeben sich auch aus anderen Vorschriften 301

---

[455] WP-HdB Bd. I M Rn. 658.
[456] BeckBilKomm/*Ellrott* HGB § 313 Rn. 13.
[457] *Adler/Düring/Schmaltz* HGB § 313 Rn. 30.
[458] *Adler/Düring/Schmaltz* HGB § 313 Rn. 31.
[459] *KPMG Treuverkehr* S. 276.

Kessler 1479

Anh. II nach § 42 a   3. Abschnitt. Vertretung und Geschäftsführung

des HGB zum Konzernabschluss, die weitere Angaben im Konzernanhang verlangen oder wahlweise Angaben im Konzernanhang statt in der Konzernbilanz oder Konzern-Gewinn- und Verlustrechnung zulassen, aus den Vorschriften des HGB zum Jahresabschluss, auf die in § 298 Abs. 1 HGB Bezug genommen wird, und aus Spezialgesetzen (AktG, GmbHG).[460] Der Inhalt des Anhangs ist aber nicht auf die vorgeschriebenen Angaben beschränkt, sondern es können zusätzlich weitere Informationen **freiwillig** im Konzernanhang gegeben werden. Dazu eignen sich vor allem Zusatzrechnungen wie zB Kapitalflussrechnungen, Cash-Flow-Rechnungen, Bewegungsbilanzen, Sozialbilanzen, Wertschöpfungsrechnungen, Kapital- und Substanzerhaltungsrechnungen.[461]

302 Bei börsennotierten Mutterunternehmen (AG) ist der Konzernanhang zwingend um eine Kapitalflussrechnung und eine Segmentberichterstattung zu erweitern (§ 297 Abs. 1 S. 2 HGB idF d. KonTraG).[462]

303 Auch die Angabe von **Vorjahreszahlen** im Konzernanhang ist nicht vorgeschrieben, denn § 298 Abs. 1 iVm. § 265 Abs. 2 HGB regelt nur die Angabe von Vorjahreszahlen in Konzernbilanz und Konzern-Gewinn- und Verlustrechnung. Die Angabe von Vorjahreszahlen ist jedoch auch im Konzernanhang zulässig und üblich.[463]

304 Nach § 298 Abs. 3 HGB dürfen der Konzernanhang und der Anhang des Jahresabschlusses des Mutterunternehmens **zusammengefasst** werden. Eine Zusammenfassung darf aber nicht dazu führen, dass die Klarheit und die Übersichtlichkeit der jeweiligen Darstellungen im Jahresabschluss und im Konzernabschluss beeinträchtigt werden; so dürfen die Darstellungen zum Konzern nicht so stark überwiegen, dass ein zutreffendes Bild der Lage des Mutterunternehmens nicht mehr vermittelt wird oder umgekehrt.[464] Voraussetzung für die Zusammenfassung ist, dass der Konzernabschluss und der Jahresabschluss des Mutterunternehmens auch gemeinsam offengelegt werden (§ 298 Abs. 3 S. 2 HGB).

305 **2. Erläuterung von Konzernbilanz und Konzern-Gewinn- und Verlustrechnung, Angaben zum Beteiligungsbesitz.** Nach § 313 Abs. 1 S. 1 HGB sind in den Konzernanhang diejenigen Angaben aufzunehmen, die zu einzelnen Posten der Konzernbilanz oder der Konzern-Gewinn- und Verlustrechnung vorgeschrieben sind oder die deshalb im Konzernanhang zu machen sind, weil sie in Ausübung eines Wahlrechts nicht in die Konzernbilanz oder in die Konzern-Gewinn- und Verlustrechnung aufgenommen wurden. § 313 Abs. 1 S. 2 HGB enthält einzelne Pflichtangaben zu den Bilanzierungs- und Bewertungsmethoden.

306 **Angabe der auf die Posten der Konzernbilanz und Konzern-Gewinn- und Verlustrechnung angewandten Bilanzierungs- und Bewertungsmethoden (§ 313 Abs. 1 S. 2 Nr. 1 HGB).** Diese Regelung entspricht inhaltlich der entsprechenden Vorschrift für den Anhang zum Jahresabschluss (§ 284 Abs. 2 Nr. 1 HGB). Besonderheiten ergeben sich darüber hinaus aus der Verpflichtung zur einheitlichen Bilanzierung (§ 300 HGB) und einheitlichen Bewertung (§ 308 HGB); aus den Erläuterungen muss hervorgehen, wie im Konzernabschluss bilanziert und bewertet worden ist. Bei der Vollkonsolidierung und der Equity-Bewertung ist bei Anwendung der Neubewertungsmethode bzw. der Kapitalanteilsmethode der dabei verwendete beizu-

---

[460] *Adler/Düring/Schmaltz* HGB § 313 Rn. 3.
[461] *Baetge* Konzernbilanzen S. 483.
[462] Zur Kapitalflussrechnung vgl. WP-HdB Bd. I M Rn. 752 ff. sowie Deutscher Rechnungslegungs Standard Nr. 2 (DRS 2) v. 31. 5. 2000; zur Segmentberichterstattung vgl. WP-HdB Bd. I M Rn. 803 ff. sowie Deutscher Rechnungslegungs Standard Nr. 3 (DRS 3) v. 31. 5. 2000.
[463] BeckBilKomm/*Ellrott* HGB § 313 Rn. 15.
[464] *Adler/Düring/Schmaltz* HGB § 313 Rn. 39.

legende Wert näher zu beschreiben sowie über die Unterschiedsbeträge zu berichten.[465] Weiterhin ist bei der Abgrenzung der latenten Steuern zu erläutern, wie der Wertansatz ermittelt wurde.[466] Auch zum Konzernergebnis sollten Erläuterungen gegeben werden, insbesondere darüber, inwieweit das Konzernergebnis an den Bilanzgewinn des Mutterunternehmens angeglichen wurde, oder bei Abweichung des Konzerngewinns vom Bilanzgewinn des Mutterunternehmens, inwieweit der Konzerngewinn für Ausschüttungen zur Verfügung steht.[467]

Angabe der Grundlagen für die Währungsumrechnung (§ 313 Abs. 1 S. 2 Nr. 2 HGB). Enthält der Konzernabschluss Posten, denen Beträge zugrunde liegen, die auf fremde Währung lauten oder ursprünglich auf fremde Währung lauteten, so sind die Grundlagen für die Umrechnung in Euro anzugeben (vgl. zur Verpflichtung, den Konzernabschluss in Euro statt in Deutsche Mark aufzustellen, Rn. 298). Es sind Angaben über die angewandte Umrechnungsmethode zu machen; dabei ist vor allem auf die Wahl des Umrechnungskurses und die Behandlung der Umrechnungsdifferenz einzugehen.[468] Darüber hinaus können beispielsweise über Abweichungen von der generell angewendeten Methode für Abschlüsse in Hochinflationsländern oder die Auswirkungen wesentlicher Wechselkursänderungen auf einzelne Posten des Konzernabschlusses zusätzliche Angaben erforderlich sein.[469] 307

Angabe und Begründung von Abweichungen von Bilanzierungs-, Bewertungs- und Konsolidierungsmethoden (§ 313 Abs. 1 S. 2 Nr. 3 HGB). Erläuterungspflichtige Abweichungen von Bilanzierungsmethoden liegen vor, wenn Bilanzierungswahlrechte, die nach dem Recht des Mutterunternehmens ausgeübt werden dürfen, in der Konzernbilanz in anderer Weise als bisher ausgeübt werden; über Abweichungen von den Bewertungsmethoden ist im Konzernanhang insbesondere dann zu berichten, wenn der Grundsatz der einheitlichen Bewertung im Konzernabschluss (§ 308 HGB) berührt wird.[470] Zu den Konsolidierungsmethoden iS dieser Vorschrift gehören die Kapitalkonsolidierung (§§ 301, 302 HGB), die Quotenkonsolidierung (§ 310 HGB), die Einbeziehung assoziierter Unternehmen (§ 312 HGB), die Schuldenkonsolidierung (§ 303 HGB), die Zwischenergebniseliminierung (§ 304 HGB) und die Aufwands- und Ertragskonsolidierung (§ 305 HGB); außerdem alle Techniken, die aus der Einheitstheorie abzuleiten und nicht im Einzelnen im Gesetz geregelt sind, wie zB Ergebnisübernahmen innerhalb des Konsolidierungskreises oder die Berechnung latenter Steuern (vgl. Rn. 31). Weichen Konsolidierungsmethoden von denen des Vorjahres ab, ist ein Hinweis auf die Tatsache der Abweichung nicht ausreichend, sondern es muss begründet werden, warum dieser Wechsel vorgenommen worden ist; außerdem muss der Einfluss auf die Vermögens-, Finanz- und Ertragslage des Konzerns dargestellt werden.[471] 308

Nach § 313 Abs. 2 HGB werden im Konzernanhang **Angaben zu den einbezogenen Unternehmen und den Beteiligungen** verlangt. Dazu zählen im einzelnen Angaben zu in den Konzernabschluss einbezogenen Tochterunternehmen, zu nicht in 309

---

[465] WP-HdB Bd. I M Rn. 700 f.
[466] BeckBilKomm/*Ellrott* HGB § 313 Rn. 77.
[467] *Adler/Düring/Schmaltz* HGB § 313 Rn. 68.
[468] *Adler/Düring/Schmaltz* HGB § 313 Rn. 72.
[469] IDW Entwurf einer Stellungnahme zur Währungsumrechnung im Konzernabschluss, WPg. 1998, 549 ff.
[470] *Adler/Düring/Schmaltz* HGB § 313 Rn. 83 f.; IDW Stellungnahme des Hauptfachausschusses 3/1988.
[471] WP-HdB Bd. I M Rn. 714.

den Konzernabschluss einbezogenen Tochterunternehmen, zu assoziierten Unternehmen, zu anteilmäßig in den Konzernabschluss einbezogenen Unternehmen sowie zu anderen Unternehmen, von denen Mutter- und Tochterunternehmen zusammen mindestens 20 % der Anteile besitzen.

310 **Angaben zu Tochterunternehmen (§ 313 Abs. 2 Nr. 1 HGB).** Für die in den Konzernabschluss **einbezogenen** Tochterunternehmen sind nach § 313 Abs. 2 Nr. 1 S. 1 HGB Name und Sitz sowie der Anteil am Kapital der Tochterunternehmen, der dem Mutterunternehmen und anderen in den Konzernabschluss einbezogenen Unternehmen gehört oder der von einer dritten Person für deren Rechnung gehalten wird, anzugeben. Bei der Berechnung des Kapitalanteils sind somit nicht nur die Anteile zu berücksichtigen, die dem Mutterunternehmen unmittelbar gehören, sondern auch die Anteile, die ihm zuzurechnen sind.[472] Außerdem ist der zur Einbeziehung in den Konzernabschluss verpflichtende Sachverhalt anzugeben, sofern die Einbeziehung nicht auf einer der Kapitalbeteiligung entsprechenden Mehrheit der Stimmrechte beruht. Der in der Praxis am weitesten verbreitete Konsolidierungsgrund (Kapital- und Stimmrechtsmehrheit) löst demnach keine Angabepflicht aus.[473] Diese Angabepflichten bestehen auch für Tochterunternehmen, die nach §§ 295, 296 HGB **nicht in den Konzernabschluss einbezogen** werden (§ 313 Abs. 2 Nr. 1 S. 2 HGB). Dabei entfällt naturgemäß die Angabe des Konsolidierungsgrundes.[474] Die Nichteinbeziehung der Tochterunternehmen ist nach §§ 295 Abs. 3 S. 1, 296 Abs. 3 HGB im Konzernanhang anzugeben und zu begründen.

311 **Angaben zu assoziierten Unternehmen (§ 313 Abs. 2 Nr. 2 HGB).** Für assoziierte Unternehmen müssen wie für die Tochterunternehmen Name, Sitz und Höhe des Anteils am Kapital der assoziierten Unternehmen angegeben werden (§ 313 Abs. 2 Nr. 2 S. 1 HGB). Wird nach § 311 Abs. 2 HGB auf eine Beteiligung an einem assoziierten Unternehmen nicht die Equity-Methode angewendet, weil die Beteiligung für die Vermittlung eines den tatsächlichen Verhältnissen entsprechenden Bildes der Vermögens-, Finanz- und Ertragslage des Konzerns von untergeordneter Bedeutung ist, so ist auch dieses jeweils anzugeben und zu begründen (§ 313 Abs. 2 Nr. 2 S. 2 HGB). Die Angabe der Tatsache der untergeordneten Bedeutung ist dabei nicht ausreichend, sondern es sind die Gründe für die untergeordnete Bedeutung zu nennen, beispielsweise Bilanzsumme, Vermögen, Umsatz oder Jahresergebnis im Verhältnis zu den entsprechenden Zahlen des Konzerns.[475]

312 **Angaben zu anteilmäßig einbezogenen Unternehmen (§ 313 Abs. 2 Nr. 3 HGB).** Wird ein Unternehmen nach § 310 HGB nur anteilmäßig in den Konzernabschluss einbezogen, so sind Angaben über Name und Sitz, über die Höhe am Anteil des Kapitals sowie über den Tatbestand, aus dem sich die Anwendung der Quotenkonsolidierung ergibt, zu machen. Bei der Erläuterung des der Quotenkonsolidierung zugrundeliegenden Tatbestands wird anzugeben sein, auf welcher sachlichen oder rechtlichen Grundlage ein Unternehmen mit einem oder mehreren nicht einbezogenen Unternehmen gemeinsam geführt wird; bei einer größeren Anzahl beteiligter Unternehmen wird insbesondere darzulegen sein, dass das anteilmäßig einbezogene Unternehmen „gemeinsam" geführt wird.[476] Die Angabe, mit welchen anderen Un-

---

[472] WP-HdB Bd. I M Rn. 670.
[473] WP-HdB Bd. I M Rn. 671.
[474] WP-HdB Bd. I M Rn. 672; *Küting/Weber/Dörner/Wirth* Konzernrechnungslegung §§ 313, 314 HGB Rn. 290.
[475] BeckBilKomm/*Ellrott* HGB § 313 Rn. 203.
[476] *Adler/Düring/Schmaltz* HGB § 313 Rn. 109.

ternehmen das Gemeinschaftsunternehmen geführt wird, ist wünschenswert, wird allerdings vom Gesetz nicht verlangt.[477]

Angaben zu Unternehmen, an denen ein Anteilsbesitz von mindestens 20 % besteht (§ 313 Abs. 2 Nr. 4 HGB). Für Unternehmen, die nicht nach Nr. 1 bis 3 erfasst werden und an denen das Mutterunternehmen, die einbezogenen Tochterunternehmen oder ein für deren Rechnung handelnder Dritter mindestens 20 % der Anteile besitzt, sind Name, Sitz, Anteil am Kapital, Höhe des Eigenkapitals und das Ergebnis des letzten Geschäftsjahrs, für das ein Abschluss aufgestellt worden ist, anzugeben (§ 313 Abs. 2 Nr. 4 S. 1 HGB). Dabei kommt es lediglich darauf an, dass 20 % der Anteile gehalten werden; das Vorliegen einer Beteiligung nach § 271 Abs. 1 HGB ist nicht erforderlich.[478] 313

Aufgrund des durch das **KapCoRiLiG** eingefügten S. 2 sind künftig ferner alle **Beteiligungen an großen Kapitalgesellschaften,** die andere als die in Nr. 1–3 bezeichneten Unternehmen sind, anzugeben, wenn sie von einem börsennotierten Mutterunternehmen, einem börsennotierten Tochterunternehmen oder einer für Rechnung eines dieser Unternehmen handelnden Person gehalten werden und 5 % der Stimmrechte überschreiten. Für nichtbörsennotierte Mutterunternehmen, zB in der Rechtsform der GmbH oder Kapitalgesellschaft & Co., ist diese Vorschrift somit dann von Relevanz, wenn die Beteiligung zB von einer börsennotierten Tochtergesellschaft gehalten wird. Durch die Gesetzesänderung wurde die bereits für den Anhang des Jahresabschlusses geltende Verpflichtung (§ 285 Nr. 11 HGB idF d. KonTraG) auf den Konzernanhang ausgedehnt. 314

Auf die Angaben kann nach § 313 Abs. 2 Nr. 4 S. 3 HGB **verzichtet** werden, wenn sie für die Vermittlung eines den tatsächlichen Verhältnissen entsprechenden Bildes der Vermögens-, Finanz- und Ertragslage des Konzerns von untergeordneter Bedeutung sind. Außerdem brauchen nach § 313 Abs. 2 Nr. 4 S. 4 HGB das Eigenkapital und das Ergebnis nicht angegeben zu werden, wenn das in Anteilsbesitz stehende Unternehmen seinen Jahresabschluss nicht offenlegen muss und das Mutterunternehmen, das Tochterunternehmen oder die dritte Person weniger als die Hälfte der Anteile an diesem Unternehmen besitzt. 315

Schutzklausel (§ 313 Abs. 3 HGB). Die nach § 313 Abs. 2 HGB verlangten Angaben können unterbleiben, wenn nach vernünftiger kaufmännischer Beurteilung damit gerechnet werden muss, dass dem Mutterunternehmen, einem Tochterunternehmen oder einem anderen in § 313 Abs. 2 HGB bezeichneten Unternehmen durch die Angaben erhebliche Nachteile entstehen können. Die Schutzklausel bezieht sich nur auf die Angaben, die in § 313 Abs. 2 HGB verlangt werden; die Angaben über die Ausübung von Konsolidierungswahlrechten (§ 296 Abs. 3 HGB) und zum Konsolidierungsverbot (§ 295 Abs. 3 S. 1 HGB) dürfen nicht unterlassen werden.[479] Die Anwendung der Schutzklausel muss im Konzernanhang angegeben werden (§ 313 Abs. 3 S. 2 HGB). 316

Aufstellung des Anteilsbesitzes (§ 313 Abs. 4 HGB). Die in § 313 Abs. 2 HGB verlangten Angaben dürfen statt im Konzernanhang auch in einer gesonderten Aufstellung des Anteilsbesitzes gemacht werden (§ 313 Abs. 4 S. 1 HGB). Die Aufstellung des Anteilsbesitzes ist damit Bestandteil des Konzernanhangs (§ 313 Abs. 4 S. 2 HGB) und unterliegt denselben Vorschriften, die auch für den Konzernabschluss 317

---

[477] *Adler/Düring/Schmaltz* HGB § 313 Rn. 109; WP-HdB Bd. I M Rn. 677.
[478] *Küting/Weber/Dörner/Wirth* Konzernrechnungslegung §§ 313, 314 HGB Rn. 305; *Biener/Berneke* S. 384.
[479] WP-HdB Bd. I M Rn. 684.

gelten.[480] Nach § 313 Abs. 4 S. 3 HGB ist im Konzernanhang auf die besondere Aufstellung des Anteilsbesitzes und den Ort ihrer Hinterlegung hinzuweisen.

318 **3. Sonstige Pflichtangaben.** § 314 HGB verlangt eine Reihe weiterer Pflichtangaben im Konzernanhang, die der Erläuterung von Konzernbilanz und Konzern-Gewinn- und Verlustrechnung dienen oder die Angaben mit statistischem Charakter darstellen und zusätzliche Informationen bringen sollen. Diese Pflichtangaben müssen in jedem Konzernanhang gemacht werden, sofern berichtspflichtige Sachverhalte gegeben sind.[481] Eine Ausnahme von der Berichterstattungspflicht besteht lediglich nach § 314 Abs. 2 HGB im Hinblick auf die Aufgliederung der Umsatzerlöse.

319 **Angaben zu den in der Konzernbilanz ausgewiesenen Verbindlichkeiten und den gewährten Sicherheiten (§ 314 Abs. 1 Nr. 1 HGB).** Im Konzernanhang sind der Gesamtbetrag der in der Konzernbilanz ausgewiesenen Verbindlichkeiten mit einer Restlaufzeit von mehr als fünf Jahren sowie der Gesamtbetrag der in der Konzernbilanz ausgewiesenen Verbindlichkeiten, die von in den Konzernabschluss einbezogenen Unternehmen durch Pfandrechte oder ähnliche Rechte gesichert sind, anzugeben. Dabei sind auch Art und Form der gewährten Sicherheiten anzugeben. Diese Angaben beziehen sich nur auf die in der Konzernbilanz enthaltenen Verbindlichkeiten; für Verbindlichkeiten zwischen einbezogenen Unternehmen, die im Rahmen der Schuldenkonsolidierung nach § 303 HGB eliminiert werden, entfällt die Angabepflicht.[482]

320 **Angaben zu sonstigen finanziellen Verpflichtungen und Haftungsverhältnissen (§ 314 Abs. 1 Nr. 2 HGB).** Der Gesamtbetrag der sonstigen finanziellen Verpflichtungen, die nicht in der Konzernbilanz erscheinen oder nicht nach § 298 Abs. 1 iVm. § 251 HGB unter der Bilanz angegeben werden, ist im Konzernanhang anzugeben, sofern diese Angabe für die Finanzlage des Konzerns von Bedeutung ist. Unter die Angabepflicht fallen nur Verpflichtungen, die gegenüber Dritten bestehen; finanzielle Verpflichtungen gegenüber den in den Konzernabschluss einbezogenen Unternehmen sind wegzulassen.[483] Sonstige finanzielle Verpflichtungen gegenüber Tochterunternehmen, die nicht in den Konzernabschluss einbezogen werden, sind jeweils gesondert anzugeben. Die Feststellung, ob die Angaben für die Beurteilung der Finanzlage des Konzerns von Bedeutung sind, muss im Rahmen einer Gesamtbetrachtung getroffen werden; maßgebend ist der Gesamtbetrag der Verpflichtungen im Verhältnis zur Größe des Konzerns.[484] Von den Haftungsverhältnissen iS des § 251 HGB sind Verpflichtungen gegenüber Tochterunternehmen, die nicht in den Konzernabschluss einbezogen werden, gesondert anzugeben.

321 **Aufgliederung der Umsatzerlöse (§ 314 Abs. 1 Nr. 3 HGB).**[485] Die Umsatzerlöse sind nach Tätigkeitsbereichen sowie nach geographisch bestimmten Märkten aufzugliedern, soweit sich, unter Berücksichtigung der Organisation des Verkaufs von für die gewöhnliche Geschäftstätigkeit des Konzerns typischen Erzeugnissen und der für die gewöhnliche Geschäftstätigkeit des Konzerns typischen Dienstleistungen, die Tätigkeitsbereiche und geographisch bestimmten Märkte untereinander erheblich unterscheiden. Die Aufgliederung beschränkt sich auf die in der Konzern-Gewinn- und Verlustrechnung ausgewiesenen Umsatzerlöse, die mit nicht in den Konzernabschluss

---

[480] *Adler/Düring/Schmaltz* HGB § 313 Rn. 129.
[481] BeckBilKomm/*Ellrott* HGB § 314 Rn. 1.
[482] WP-HdB Bd. I M Rn. 719.
[483] *Adler/Düring/Schmaltz* HGB § 314 Rn. 11.
[484] *Adler/Düring/Schmaltz* HGB § 314 Rn. 12.
[485] Vgl. hierzu *Selchert* BB 1992, 2032 ff.

Konzernrechnungslegung **Anh. II nach § 42 a**

einbezogenen Unternehmen erzielt wurden; eine Aufgliederung der Innenumsatzerlöse ist nicht erforderlich.[486] Um **erhebliche Nachteile** für ein in den Konzernabschluss einbezogenes Unternehmen zu vermeiden, darf die Aufgliederung der Umsatzerlöse nach § 314 Abs. 2 S. 1 HGB in Ausnahmefällen **unterlassen** werden. Voraussetzung ist, dass nach vernünftiger kaufmännischer Beurteilung damit gerechnet werden muss, dass einem in den Konzernabschluss einbezogenen Unternehmen durch die Aufgliederung erhebliche Nachteile entstehen. Wird diese Ausnahmeregel angewendet, so ist dies im Konzernanhang anzugeben (§ 314 Abs. 2 S. 2 HGB).

Angaben zur Anzahl der Arbeitnehmer und zum Personalaufwand (§ 314 322 **Abs. 1 Nr. 4 HGB).** Im Konzernanhang sind die durchschnittliche Zahl der Arbeitnehmer der in den Konzernabschluss einbezogenen Unternehmen während des Geschäftsjahrs, getrennt nach Gruppen, sowie der in dem Geschäftsjahr verursachte Personalaufwand, sofern er nicht gesondert in der Konzern-Gewinn- und Verlustrechnung ausgewiesen ist, anzugeben. Darüber hinaus ist die Zahl der Arbeitnehmer, die in nach § 310 HGB nur anteilmäßig einbezogenen Unternehmen beschäftigt waren, gesondert anzugeben. Für die Ermittlung der durchschnittlichen Zahl der Arbeitnehmer liegt es nahe, die Vorschrift des § 267 Abs. 5 HGB entsprechend anzuwenden.[487] Arbeitnehmer von assoziierten Unternehmen sind für die Angabepflicht des § 314 Abs. 1 Nr. 4 HGB außer Betracht zu lassen.[488] Der im Geschäftsjahr verursachte Personalaufwand ist bei Anwendung des Umsatzkostenverfahrens im Konzernanhang anzugeben, da in diesem Fall der Personalaufwand aus der Konzern-Gewinn- und Verlustrechnung nicht mehr ersichtlich ist; eine Untergliederung der Erläuterung entsprechend den Posten des Gesamtkostenverfahrens wird nicht verlangt. Die Angabe des Gesamtbetrags ist somit ausreichend. Eine gesonderte Angabe des Materialaufwands bei Aufstellung der Konzern-Gewinn- und Verlustrechnung nach dem Umsatzkostenverfahren ist für den Konzernanhang nicht vorgeschrieben, kann aber freiwillig gemacht werden.[489]

Angabe des Einflusses steuerlicher Vorschriften auf das Konzernjahreser- 323 **gebnis (§ 314 Abs. 1 Nr. 5 HGB).** Das Ausmaß, in dem das Konzernjahresergebnis dadurch beeinflusst wurde, dass bei Vermögensgegenständen im Geschäftsjahr oder in früheren Geschäftsjahren Abschreibungen nach den §§ 254, 280 Abs. 2 HGB oder in entsprechender Anwendung auf Grund steuerrechtlicher Vorschriften vorgenommen oder beibehalten wurden oder ein Sonderposten nach § 273 HGB oder in entsprechender Anwendung gebildet wurde, ist im Konzernanhang anzugeben. Außerdem ist das Ausmaß erheblicher künftiger Belastungen, die sich aus einer solchen Bewertung für den Konzern ergeben, anzugeben. Die Berichterstattung darf sich dabei nicht auf die Addition der entsprechenden Angaben in den Anhängen der einbezogenen Unternehmen beschränken, sondern es ist das Ausmaß der Auswirkungen auf das konsolidierte Jahresergebnis des Konzerns als wirtschaftlicher Einheit anzugeben.[490]

Angaben zu Organbezügen, Organkrediten und anderen Rechtsverhält- 324 **nissen (§ 314 Abs. 1 Nr. 6 HGB).** Nach § 314 Abs. 1 Nr. 6 HGB sind für die Mitglieder des Geschäftsführungsorgans, eines Aufsichtsrats, eines Beirats oder einer ähnlichen Einrichtung des Mutterunternehmens jeweils für jede Personengruppe gesondert folgende Angaben zu machen:

---

[486] WP-HdB Bd. I M Rn. 722; *Adler/Düring/Schmaltz* HGB § 314 Rn. 21 mwN.
[487] WP-HdB Bd. I M Rn. 743.
[488] *Adler/Düring/Schmaltz* HGB § 314 Rn. 30; WP-HdB Bd. I M Rn. 744.
[489] *Adler/Düring/Schmaltz* HGB § 314 Rn. 35.
[490] BeckBilKomm/*Ellrott* HGB § 314 Rn. 46.

– die für die Wahrnehmung ihrer Aufgaben im Mutterunternehmen und den Tochterunternehmen im Geschäftsjahr gewährten Gesamtbezüge (Gehälter, Gewinnbeteiligungen, Bezugsrechte, Aufwandsentschädigungen, Versicherungsentgelte, Provisionen und Nebenleistungen jeder Art (§ 314 Abs. 1 Nr. 6a HGB idF. d. KapCoRiLiG);
– die für die Wahrnehmung ihrer Aufgaben im Mutterunternehmen und den Tochterunternehmen gewährten Gesamtbezüge (Abfindungen, Ruhegelder, Hinterbliebenenbezüge und Leistungen verwandter Art) der früheren Mitglieder der bezeichneten Organe und ihrer Hinterbliebenen sowie der Betrag der für diese Personengruppe gebildeten und nicht gebildeten Pensionsrückstellungen (§ 314 Abs. 1 Nr. 6b HGB);
– die vom Mutterunternehmen und den Tochterunternehmen gewährten Vorschüsse und Kredite unter Angabe der Zinssätze, der wesentlichen Bedingungen und der ggf. im Geschäftsjahr zurückgezahlten Beträge sowie die zugunsten dieser Personen eingegangenen Haftungsverhältnisse (§ 314 Abs. 1 Nr. 6c HGB).

325 Die Angabepflichten entsprechen grundsätzlich den entsprechenden Angabepflichten für den Anhang zum Einzelabschluss (§ 285 Nr. 9 HGB). Insbesondere die Personengruppen und ihre Mitglieder sind dieselben wie bei der Angabepflicht für den Einzelanhang.[491] Allerdings sind folgende Besonderheiten zu beachten.[492]
– Die Angabepflicht bezieht sich auf die entsprechenden Organe des **Mutterunternehmens**; Organmitglieder bei Tochterunternehmen fallen nur dann unter die Angabepflicht, wenn sie gleichzeitig auch einem Organ des Mutterunternehmens angehören.
– Die Angabepflichten des § 314 Abs. 1 Nr. 6a und b HGB beziehen sich auf die den Organmitgliedern **für die Wahrnehmung ihrer Aufgaben** gewährten Bezüge. Somit sind also nicht nur Vergütungen auf Grund von Anstellungs-, Dienst- oder ähnlichen Vertragsverhältnissen über eine Tätigkeit in den Unternehmen angabepflichtig, sondern auch Vergütungen und Vergütungsbestandteile, die einem Organmitglied des Mutterunternehmens für die gleichzeitige Wahrnehmung von Aufgaben für ein anderes einbezogenes Unternehmen gewährt wurden.
– Für die Angabepflicht ist es unerheblich, ob die Gesamtbezüge ausschließlich vom Mutterunternehmen oder anteilmäßig auch von Tochterunternehmen gezahlt werden sowie, ob bei vollständiger Zahlung durch das Mutterunternehmen ein Teil der Gesamtbezüge an Tochterunternehmen weiterbelastet wird.

326 Angaben zu eigenen Anteilen an dem Mutterunternehmen (§ 314 Abs. 1 Nr. 7 HGB). Im Konzernanhang ist nach § 314 Abs. 1 Nr. 7 HGB der Bestand an Anteilen an dem Mutterunternehmen, die das Mutterunternehmen oder ein Tochterunternehmen oder ein anderer für Rechnung eines in den Konzernabschluss einbezogenen Unternehmens erworben oder als Pfand genommen hat, anzugeben. Darüber hinaus sind auch Zahl und Nennbetrag der Anteile sowie deren Anteil am Kapital anzugeben. Die Angabepflicht betrifft also neben den Anteilen am Mutterunternehmen, die vom Mutterunternehmen selbst und von den **einbezogenen** Tochterunternehmen gehalten werden, auch die Anteile, die von **nicht in den Konzernabschluss einbezogenen Tochterunternehmen** gehalten werden sowie die Anteile, die von einem Dritten für Rechnung des Mutterunternehmens oder eines einbezogenen Tochterunternehmens erworben oder als Pfand genommen worden sind. Dagegen brauchen Anteile, die von einem assoziierten Unternehmen oder einem anteilmäßig in den Kon-

---
[491] WP-HdB Bd. I M Rn. 747; BeckBilKomm/*Ellrott* HGB § 314 Rn. 58.
[492] *Adler/Düring/Schmaltz* HGB § 314 Rn. 43.

zernabschluss einbezogenen Unternehmen erworben oder als Pfand genommen worden sind, nicht angegeben zu werden, wenn dies nicht für Rechnung eines in den Konzernabschluss einbezogenen Unternehmens geschehen ist; dasselbe gilt für Anteile, die ein Dritter für Rechnung eines nicht in den Konzernabschluss einbezogenen Tochterunternehmens erworben oder als Pfand genommen hat.[493] Die in § 314 Abs. 1 Nr. 7 HGB geforderten Angaben sind bei Vorliegen berichtspflichtiger Sachverhalte in **jedem Konzernanhang** zu machen; die Inanspruchnahme einer Schutzklausel oder anderer Erleichterungen ist nicht möglich.[494]

VIII. Konzernlagebericht

Neben dem Konzernabschluss ist nach § 290 Abs. 1 HGB von dem Mutterunternehmen des Konzerns in den ersten fünf Monaten des Konzerngeschäftsjahrs für das vergangene Konzerngeschäftsjahr auch ein **Konzernlagebericht** zu erstellen. Der Konzernlagebericht ist nicht Bestandteil des Konzernabschlusses, sondern stellt eine notwendige Ergänzung zum Konzernabschluss dar. Seine allgemeine Aufgabe besteht darin, das wirtschaftliche Geschehen im Konzern so darzustellen, dass im Zusammenhang mit dem Konzernabschluss eine wirtschaftliche Gesamtbeurteilung des Konzerns möglich wird.[495] Gegenstand der Berichterstattung im Konzernlagebericht ist der Konzern als wirtschaftliche Einheit; der Konzernlagebericht stellt somit nicht eine Zusammenfassung der Lageberichte der einzelnen Tochterunternehmen mit dem Lagebericht des Mutterunternehmens dar, sondern bezieht sich auf den **Konzern als Ganzes**.[496]

327

Den Inhalt des Konzernlageberichts regelt § 315 HGB, der weitgehend der Vorschrift des § 289 HGB für den Lagebericht zum Einzelabschluss entspricht. Nach § 315 Abs. 1 HGB sollen im Konzernlagebericht zumindest der **Geschäftsverlauf** und die **Lage des Konzerns** so dargestellt werden, dass ein den tatsächlichen Verhältnissen entsprechendes Bild vermittelt wird. Dabei ist auch auf die Risiken der künftigen Entwicklung einzugehen (§ 315 Abs. 1 2. HS HGB idF d. KonTraG; die Vorschrift ist nach Art. 46 Abs. 1 S. 1 EGHGB spätestens auf das nach dem 31. 12. 1998 beginnende Geschäftsjahr anzuwenden).

328

§ 315 Abs. 2 HGB fordert darüber hinaus weitere Informationen. Danach soll der Konzernlagebericht auch eingehen auf Vorgänge von besonderer Bedeutung, die nach dem Schluss des Konzerngeschäftsjahrs eingetreten sind, auf die voraussichtliche Entwicklung des Konzerns sowie auf den Bereich Forschung und Entwicklung des Konzerns. Die Regelung des § 315 Abs. 2 HGB ist im Gegensatz zu Abs. 1 als **Sollvorschrift** ausgestaltet. Dies darf jedoch nicht als **Berichterstattungswahlrecht** für die dort genannten Sachverhalte verstanden werden, sondern es ist auch hier von einer **Berichterstattungspflicht** auszugehen.[497] Im Konzernlagebericht kommt den geforderten Angaben tendenziell eine noch größere Bedeutung zu als im Lagebericht des Mutterunternehmens, da sich insbesondere in einem multinational tätigen Konzern mit diversifizierter Produktions- und Vertriebsstruktur das wirtschaftliche Gesamtgeschehen des Konzerns nur nach dem Konzernlagebericht beurteilen lässt, auch wenn im Lage-

329

---

[493] WP-HdB Bd. I M Rn. 732.
[494] *Adler/Düring/Schmaltz* HGB § 314 Rn. 56.
[495] *Küting/Weber/Lück* Konzernrechnungslegung § 315 HGB Rn. 14.
[496] *Biener/Berneke* S. 394.
[497] *Adler/Düring/Schmaltz* HGB § 315 Rn. 20; WP-HdB Bd. I M Rn. 849; *Schildbach* Der handelsrechtliche Konzernabschluss, S. 349.

bericht des Mutterunternehmens zu den wesentlichen Vorkommnissen im Beteiligungsbereich Stellung genommen worden ist.[498]

330 Die Vorschrift des § 315 HGB gibt lediglich den **Mindestumfang** der Berichterstattung im Konzernlagebericht an; eine weitere **freiwillige** Berichterstattung ist zulässig.[499] Um die Zielsetzung, ein den tatsächlichen Verhältnissen entsprechendes Bild zu vermitteln, erfüllen zu können, muss die Berichterstattung im Konzernlagebericht den Grundsätzen der **Wahrheit,** der **Vollständigkeit** und der **Klarheit** folgen.[500]

331 Das Gesetz sieht keine **Erleichterungen** bei der Aufstellung des Konzernlageberichts vor; auch eine **Schutzklausel,** nach der eine Berichterstattung zu unterbleiben hat, besteht für den Konzernlagebericht nicht.

332 Nach § 315 Abs. 3 iVm. § 298 Abs. 3 HGB ist eine **Zusammenfassung** des Konzernlageberichts mit dem Lagebericht des Mutterunternehmens ausdrücklich gestattet. Voraussetzung ist jedoch, dass der Konzernlagebericht und der Lagebericht des Mutterunternehmens gemeinsam offengelegt werden. Durch die Zusammenfassung darf die Klarheit und Übersichtlichkeit der Darstellung sowie die Vollständigkeit der Erläuterungen in jedem der beiden Bereiche nicht beeinträchtigt werden; das dabei vermittelte Bild muss sowohl den tatsächlichen Verhältnissen des Konzerns als auch denen des Mutterunternehmens entsprechen.[501]

333 **Darstellung des Geschäftsverlaufs und der Lage des Konzerns (§ 315 Abs. 1 HGB).** Durch Informationen über den **Geschäftsverlauf** des Konzerns sollen die Entwicklung des Konzerns während des abgelaufenen Konzerngeschäftsjahres sowie die Faktoren, die zu dieser Entwicklung geführt haben, verdeutlicht werden.[502] Von Interesse sind dabei insbesondere Informationen über die Entwicklung der Erlöse und Aufwendungen, des Beschäftigungsgrads, der Produktivität, der Marktanteile und der Auftragseingänge, über Änderungen des Produktionsprogramms und Rationalisierungsfortschritte im Konzern; darüber hinaus ist auch einzugehen auf die Entwicklung der Liquidität und der Rentabilität sowie auf die Investitionen und deren Finanzierung.[503] Aus der Darstellung des Geschäftsverlaufs ergibt sich bereits ein Bild von der **Lage des Konzerns.** Dieses ist um eine zusätzliche Berichterstattung über die Vermögens-, Finanz- und Ertragslage des Konzerns zum Ende des Konzerngeschäftsjahrs (Bilanzstichtag des Konzernabschlusses) zu erweitern.[504]

334 Seit der Änderung des § 315 Abs. 1 HGB durch das KonTraG ist der Konzernlagebericht um einen sog. **Risikobericht** zu ergänzen.[505] Nach der Regierungsbegründung wird es als wichtig und unabdingbar angesehen, dass der Konzernlagebericht künftig auch Aussagen darüber enthält, mit welchen Risiken die künftige Entwicklung belastet ist. Zu beachten ist, dass sich die Darstellung der Risiken im Konzernlagebericht an deren Bedeutung und Eintrittswahrscheinlichkeit für den Konzern messen lassen muss. Die Beurteilung aus den Lageberichten der einbezogenen Unternehmen muss demzufolge unter dem Blickwinkel des Konzerns ggf. korrigiert werden.

335 Die Risikoberichterstattung **setzt voraus,** dass die gesetzlichen Vertreter des Mutterunternehmens die Risiken der Geschäftstätigkeit des Konzerns kennen. Für Mutter-

---

[498] *Adler/Düring/Schmaltz* HGB § 315 Rn. 12.
[499] BeckBilKomm/*Ellrott* HGB § 315 Rn. 8, 25.
[500] *Küting/Weber/Lück* Konzernrechnungslegung § 315 HGB Rn. 18.
[501] BeckBilKomm/*Ellrott* HGB § 315 Rn. 27.
[502] *Baetge* Konzernbilanzen S. 496.
[503] BeckBilKomm/*Ellrott* HGB § 315 Rn. 13.
[504] BeckBilKomm/*Ellrott* HGB § 315 Rn. 13.
[505] Vgl. hierzu Deutscher Rechnungslegungs Standard Nr. 5 (DRS 5) v. 29. 5. 2001.

gesellschaften in der Rechtsform einer Aktiengesellschaft besteht seit In-Kraft-Treten des KonTraG die Pflicht, ein **Überwachungssystem** einzurichten, damit den Fortbestand der Gesellschaft gefährdende Entwicklungen früh erkannt werden (§ 91 Abs. 2 AktG). Die Pflicht zur Einrichtung eines Systems zur Früherkennung und Überwachung von Risiken richtet sich zwar nur an die Geschäftsleitungen von Mutterunternehmen in der Rechtsform von Aktiengesellschaften. Da es sich hierbei indessen um die Ausformulierung eines GoB handelt, ist nach der Begründung aus dem Regierungsentwurf davon auszugehen, dass eine Ausstrahlungswirkung zB auch auf Mutterunternehmen in der Rechtsform der GmbH und Kapitalgesellschaft & Co. mit entsprechender Größe, Komplexität und Struktur eintritt.[506] Mutterunternehmen, die über ein solches Überwachungssystem verfügen, sind somit in der Lage, die berichtsrelevanten Risiken zu identifizieren. Andere Mutterunternehmen haben, wenn sie nicht über ein vergleichbares Überwachungssystem verfügen, dagegen auf Grund geeigneter Maßnahmen sicherzustellen, dass die für sie relevanten wesentlichen Risiken erfasst, überwacht und quantifiziert werden können. Die Angabe im Konzernlagebericht jedenfalls ist unabhängig vom Bestehen einer Pflicht zur Risikofrüherkennung iSv. § 91 Abs. 2 AktG zu erfüllen.[507]

Der **Risikobegriff** ist im engeren Sinne dahingehend zu verstehen, dass vor allem über ungünstige künftige Entwicklungen zu berichten ist.[508] Dies schließt nicht aus, dass die Berichterstattung die mit den Risiken verbundenen Chancen in angemessener Weise ebenfalls darstellt. **336**

Im Rahmen der Risikoberichterstattung hat sich die Darstellung der Risiken auf **wesentliche** Risiken zu beschränken,[509] da ansonsten die **Warnfunktion,** die einer Risikoberichterstattung zukommt, nicht mehr in vollem Umfang erfüllt werden könnte. **Wesentliche Risiken** sind bestandsgefährdende Risiken sowie solche, die einen wesentlichen Einfluss auf die Vermögens-, Finanz- und Ertragslage des Konzerns haben können.[510] **Bestandsgefährdende Risiken** sind zum einen Risiken, die bei ihrer Realisierung die Insolvenzgefahr für ein für den Konzern bedeutendes Unternehmen (Mutterunternehmen oder Tochterunternehmen) bedeuten können, ferner aber auch Risiken, die infolge ihrer Bedeutung wesentlichen Einfluss auf die Vermögens-, Finanz- oder Ertragslagen des Konzerns haben können. Sind aus Sicht der gesetzlichen Vertreter des Mutterunternehmens keine wesentlichen Risiken erkennbar, ist dies im Konzernlagebericht unter Angabe einer Begründung ausdrücklich zu vermerken. Bei den Risiken der künftigen Entwicklung, auf die einzugehen ist, muss es sich um Risiken handeln, die mit einer erheblichen, wenn auch nicht notwendigerweise überwiegenden Wahrscheinlichkeit erwartet werden.[511] Dabei sind die **Eintrittswahrscheinlichkeiten** bzw. Erwartungen entweder zahlenmäßig anzugeben oder verbal zu umschreiben.[512] Ist eine Angabe der Eintrittswahrscheinlichkeiten ausnahmsweise nicht möglich, ist das im Übrigen berichtspflichtige Risiko so detailliert zu **337**

---

[506] Begr. RegE, *Ernst/Seibert/Stuckert* KonTraG, S. 53 zu § 91 AktG.
[507] Zu Instrumenten zur Risikobeurteilung vgl. *Baetge/Schulze* DB 1998, 937, 944 ff.
[508] Vgl. DRS Nr. 5 Rn. 9; *Moxter* BB 1997, 722, 723; ausführlich *Baetge/Schulze* DB 1998, 937, 940.
[509] HM, vgl. DRS Nr. 5 Rn. 10 ff.; Gemeinsamer Arbeitsausschuss des BDI u. a., WM 1997, 498; *Deutscher Anwaltverein* ZIP 1997, 170; *Baetge/Schulze* DB 1998, 937, 942; *Dörner* DB 1998, 2; *Ernst* WPg. 1998, 1025, 1028.
[510] *Baetge/Schulze* DB 1998, 937, 942; *Moxter* BB 1997, 723; wohl auch *Küting/Hütten* AG 1997, 250, 252.
[511] Vgl. *Küting/Hütten* AG 1997, 250, 252.
[512] Vgl. DRS Nr. 5 Rn. 19.

beschreiben, dass sich die interessierte Öffentlichkeit ein eigenes Bild von der Wahrscheinlichkeit des Eintritts des Risikos machen kann.[513] Die Berichterstattung ist nach der Art der Risiken und deren Bedeutung für das Unternehmen in abgestufter Form zu **gliedern**, wobei bestandsgefährdende Risiken für wichtige Konzernunternehmen zuerst zu nennen sind.[514] Da die **Fortführungsprognose** für den Konzernabschluss und der Berichtszeitraum für den Konzernlagebericht grundsätzlich übereinstimmen müssen, ist für die Berichterstattung über bestandsgefährdende Risiken eine Bezugsperiode von zwölf Monaten zugrunde zu legen.[515]

338 Diese Erweiterung des Inhalts des Konzernlageberichts korrespondiert mit der in § 317 Abs. 2 HGB vorgesehenen Pflicht des **Abschlussprüfers** zu prüfen, ob diese Risiken zutreffend dargestellt sind.

339 Grundlage der Berichterstattung sind die Geschäftstätigkeit und die Lage **aller Konzernunternehmen.** Dazu zählen nicht nur die in den Konzernabschluss einbezogenen Unternehmen, sondern auch diejenigen Unternehmen, die zB auf Grund von §§ 295, 296 HGB nicht in den Konzernabschluss einbezogen wurden, sowie die nur anteilmäßig einbezogenen und die assoziierten Unternehmen, sofern sich bei diesen Unternehmen Sachverhalte ergeben haben, die die Geschäftstätigkeit oder die Lage des Konzerns beeinflussen können.[516]

340 **Vorgänge von besonderer Bedeutung nach dem Schluss des Konzerngeschäftsjahrs (§ 315 Abs. 2 Nr. 1 HGB).** Die Berichtspflicht umfasst solche Vorgänge, die nach dem Schluss des Konzerngeschäftsjahrs eingetreten sind und für die **Lage des Konzerns** von besonderer Bedeutung sind (Nachtragsbericht). Maßgeblicher Zeitpunkt ist der Stichtag für den Konzernabschluss nach § 299 HGB. Über Vorgänge, die für die Lage eines einzelnen Konzernunternehmens von Bedeutung sind, braucht nicht berichtet zu werden, wenn sie nicht auch für die Lage des Konzerns von besonderer Bedeutung sind.[517] Eine Berichterstattungspflicht ergibt sich beispielsweise bei wesentlichen Veränderungen in der Zusammensetzung des Konzerns (Erwerb oder Veräußerung von Konzernunternehmen) sowie bei außerordentlichen Ereignissen oder Entwicklungen, sofern sie für die Beurteilung der Lage des Konzerns von besonderer Bedeutung sind.[518]

341 **Voraussichtliche Entwicklung des Konzerns (§ 315 Abs. 2 Nr. 2 HGB).** Neben den vergangenheitsbezogenen Angaben soll im Konzernlagebericht auch die voraussichtliche Entwicklung des Konzerns berücksichtigt werden (Prognosebericht). Zu möglichen berichtspflichtigen Sachverhalten gehören bedeutende geplante Veränderungen beispielsweise im Produktbereich, aber auch Auswirkungen von Veränderungen der wirtschaftlichen Rahmenbedingungen auf die zukünftige geschäftliche Entwicklung im Konzern.[519] Die zu treffenden Prognosen sollten sich über einen Zeitraum von etwa zwei Jahren erstrecken, da Prognosen, die für einen kürzeren Zeitraum gegeben werden, zum Zeitpunkt ihrer Offenlegung für die Adressaten kaum

---

[513] So auch *Baetge/Schulze* DB 1998, 937, 943.
[514] Dabei sind nach DRS Nr. 5 Rn. 13 ff. vor allem Risikokonzentrationen (Konzentrationen auf einzelne Kunden, Lieferanten, Produkte, Länder usw.) berichtspflichtig. Einzelne Risiken sind zu Risikokategorien (zB Umfeldrisiken, Branchenrisiken, Unternehmensstrategische Risiken, leistungswirtschaftliche Risiken, Personalrisiken usw.) zusammenzufassen.
[515] DSR Nr. 5 Rn. 24.
[516] *Adler/Düring/Schmaltz* HGB § 315 Rn. 15.
[517] WP-HdB Bd. I M Rn. 850.
[518] *Adler/Düring/Schmaltz* HGB § 315 Rn. 23; *Küting/Weber/Lück* Konzernrechnungslegung § 315 HGB Rn. 54 f.
[519] *Adler/Düring/Schmaltz* HGB § 315 Rn. 25.

noch einen Wert haben, und Prognosen über einen längeren Zeitraum zu unsicher werden.[520]

Bereich Forschung und Entwicklung des Konzerns (§ 315 Abs. 2 Nr. 3 HGB). Die Berichterstattung über Forschung und Entwicklung soll dafür sorgen, dass die Adressaten des Konzernabschlusses darüber informiert werden, ob und inwieweit der Konzern durch Forschung und Entwicklung für die Zukunft vorsorgt. Forschung und Entwicklung gelten als wesentliche Determinanten des wirtschaftlichen Erfolgs; die Wettbewerbsfähigkeit und damit die zukünftige Entwicklung des Konzerns werden entscheidend durch Forschungs- und Entwicklungsaktivitäten geprägt.[521] In der Berichterstattung über Forschung und Entwicklung ist auf die Tätigkeitsbereiche Grundlagenforschung, angewandte Forschung und experimentelle Entwicklung einzugehen, allerdings unter Berücksichtigung der sich aus Konkurrenzschutzgründen ergebenden Berichterstattungsgrenzen.[522] 342

IX. Prüfung und Offenlegung von Konzernabschluss und Konzernlagebericht

Haben Kapitalgesellschaften nach § 290 HGB einen Konzernabschluss und einen Konzernlagebericht aufzustellen, so sind der Konzernabschluss und der Konzernlagebericht gemäß § 316 Abs. 2 HGB durch einen Abschlussprüfer zu prüfen. Nach § 318 Abs. 2 S. 1 HGB gilt als **Abschlussprüfer des Konzernabschlusses** derjenige Prüfer als bestellt, der für die Prüfung des in den Konzernabschluss einbezogenen Jahresabschlusses des Mutterunternehmens bestellt worden ist, sofern kein anderer Prüfer bestellt wird. Weichen der Stichtag des Konzernabschlusses und der Bilanzstichtag des Mutterunternehmens, das den Konzernabschluss aufstellt, voneinander ab und wird das Mutterunternehmen auf Grund eines Zwischenabschlusses einbezogen, so gilt, wenn kein anderer Prüfer bestellt wird, der für die Prüfung des letzten vor dem Konzernabschlussstichtag aufgestellten Jahresabschlusses des Mutterunternehmens bestellte Prüfer als Konzernabschlussprüfer bestellt (§ 318 Abs. 2 S. 2 HGB). Da der Abschlussprüfer des Mutterunternehmens am ehesten in der Lage sein wird, die Verhältnisse des Mutterunternehmens und seiner Tochterunternehmen zu überblicken, wird ihm eine Vorrangstellung eingeräumt.[523] Es kann aber auch ein anderer Abschlussprüfer für die Prüfung des Konzernabschlusses gewählt werden. Dieser wird nach § 318 Abs. 1 HGB grundsätzlich von den Gesellschaftern des Mutterunternehmens gewählt; bei der **GmbH** kann der Gesellschaftsvertrag jedoch etwas anderes bestimmen. Die Kompetenz zur Wahl des Abschlussprüfers kann daher bei der GmbH auch auf eine Gesellschafterminderheit, auf einen Aufsichtsrat oder einen Beirat der GmbH übertragen werden.[524] Wird ein Abschlussprüfer für den Konzernabschluss nicht gewählt und greift auch die in § 318 Abs. 2 HGB geregelte Automatik nicht, so hat nach § 318 Abs. 4 HGB auf Antrag der gesetzlichen Vertreter, des Aufsichtsrats oder eines Gesellschafters das Gericht den Konzernabschlussprüfer zu bestellen. 343

Zur Prüfung von Konzernabschluss und Konzernlagebericht kommen nach § 316 Abs. 2 iVm. § 319 Abs. 1 HGB nur **Wirtschaftsprüfer** und **Wirtschaftsprüfungsgesellschaften** in Frage. Dies gilt auch dann, wenn Konzernabschluss und Konzernlagebericht von einer mittelgroßen GmbH aufgestellt werden, deren Jahresabschluss 344

---

[520] *Baetge* Konzernbilanzen S. 499 f. mwN.
[521] *Baetge* Konzernbilanzen S. 500.
[522] *Küting/Weber/Lück* Konzernrechnungslegung § 315 HGB Rn. 67 ff.
[523] WP-HdB Bd. I M Rn. 859.
[524] KPMG Treuverkehr S. 328.

und Lagebericht, wie in § 319 Abs. 1 S. 2 HGB ausdrücklich zugelassen, von einem vereidigten Buchprüfer oder einer Buchprüfungsgesellschaft geprüft wird. Vereidigte Buchprüfer und Buchprüfungsgesellschaften sind zur Prüfung von Konzernabschlüssen nicht befugt.[525]

345 Werden der Konzernabschluss oder der Konzernlagebericht nach Vorlage des Prüfungsberichts **geändert,** so hat der Abschlussprüfer nach § 316 Abs. 3 S. 1 HGB diese Unterlagen erneut zu prüfen, soweit es die Änderung erfordert. Über das Ergebnis dieser sog. **Nachtragsprüfung** ist zu berichten; der Bestätigungsvermerk ist entsprechend zu ergänzen (§ 316 Abs. 3 S. 2 HGB).

346 Der Gegenstand der Konzernabschlussprüfung wird in § 317 HGB festgelegt; sie umfasst den aus Konzernbilanz, Konzern-Gewinn- und Verlustrechnung und Konzernanhang bestehenden **Konzernabschluss,** den **Konzernlagebericht** und die im Konzernabschluss **zusammengefassten Jahresabschlüsse.** Der Gegenstand der Konzernabschlussprüfung wird im Gegensatz zur Prüfung des Jahresabschlusses nicht um die Buchführung erweitert, da der Konzern keiner selbstständigen Buchführungspflicht unterliegt.[526]

347 Bislang hatte sich die Prüfung des Konzernabschlusses darauf zu erstrecken, ob die gesetzlichen Vorschriften und die diese ergänzenden Bestimmungen im Gesellschaftsvertrag oder in der Satzung zur Aufstellung des Konzernabschlusses beachtet sind (§ 317 Abs. 1 S. 2 HGB). Ferner hatte der Abschlussprüfer auch die im Konzernabschluss zusammengefassten Jahresabschlüsse darauf zu prüfen, ob sie den Grundsätzen ordnungsmäßiger Buchführung entsprechen. Gemäß § 317 Abs. 3 S. 1 HGB idF d. KonTraG sind nunmehr auch die in den Konzernabschluss einbezogenen Jahresabschlüsse entsprechend den Bestimmungen des Abs. 1 zu prüfen, d. h. die in den Konzernabschluss einbezogenen Jahresabschlüsse sind nicht nur – wie nach bisherigem Recht – darauf zu prüfen, ob sie den GoB entsprechen, sondern auch darauf, ob die jeweiligen gesetzlichen Vorschriften und die sie ergänzenden Bestimmungen im Gesellschaftsvertrag oder in der Satzung der in den Konzernabschluss einzubeziehenden Unternehmen beachtet worden sind.[527] Nach § 317 Abs. 3 S. 1 iVm. Abs. 1 S. 3 HGB idF. d. KonTraG ist diese Prüfung so anzulegen, dass Unrichtigkeiten und Verstöße gegen gesetzliche Vorschriften und diese ergänzenden Bestimmungen im Gesellschaftsvertrag oder in der Satzung, die sich auf die Darstellung der Vermögens-, Finanz- und Ertragslage des Konzerns wesentlich auswirken, bei gewissenhafter Berufsausübung erkannt werden. Mit dieser Neuregelung soll nach der Gesetzesbegründung in Anlehnung an internationale Grundsätze ua. eine stärkere Problemorientierung der Prüfung erreicht werden.[528]

348 Eine solche nochmalige Prüfung der einbezogenen Jahresabschlüsse **entfällt** jedoch bei **inländischen** Konzernunternehmen, wenn die Jahresabschlüsse auf Grund gesetzlicher Vorschriften gemäß §§ 316 ff. HGB geprüft wurden bzw. wenn freiwillig eine den Grundsätzen der §§ 316 ff. HGB entsprechende Abschlussprüfung durchgeführt

---

[525] WP-HdB Bd. I M Rn. 854.
[526] *Adler/Düring/Schmaltz* HGB § 317 Rn. 15; zu Zielen und allgemeinen Grundsätzen der Durchführung von Abschlussprüfungen vgl. IDW Prüfungsstandard 200 v. 28. 6. 2000 (WPg 2000, S. 706 ff.); zu Grundsätzen ordnungsgemäßer Durchführung von Abschlussprüfungen vgl. IDW Fachgutachten 1/1998 (WPg 1989, S. 9 ff.), wobei Abschnitt D.II.5. durch den IDW Prüfungsstandard 203 v. 2. 7. 2001 „Ereignisse nach dem Abschlussstichtag" ersetzt wurde (WPg 2001, 891 ff.)
[527] *Adler/Düring/Schmaltz* HGB § 317 Rn. 4.
[528] Vgl. Begr. RegE, BR-Drucks. 872/97 S. 71.

wurde (§ 317 Abs. 3 S. 2 HGB); das Gleiche gilt bei **ausländischen** Konzernunternehmen, wenn deren Jahresabschlüsse von einem nach der 8. EG-Richtlinie zugelassenen Abschlussprüfer geprüft wurden oder, wenn dies nicht der Fall ist, der Abschlussprüfer eine den Anforderungen dieser Richtlinie gleichwertige Qualifikation hat und die Abschlussprüfung in einer den Anforderungen der §§ 316 ff. HGB entsprechenden Weise durchgeführt wurde (§ 317 Abs. 3 S. 3 HGB).

Der **Konzernlagebericht** ist darauf zu prüfen, ob er mit dem Konzernabschluss sowie mit den bei der Prüfung gewonnenen Erkenntnissen des Abschlussprüfers in Einklang steht und ob der Konzernlagebericht insgesamt eine zutreffende Vorstellung von der Lage des Konzerns vermittelt (§ 317 Abs. 2 S. 1 HGB idF d. KonTraG).[529] Dabei ist auch zu prüfen, ob die Risiken der künftigen Entwicklung zutreffend dargestellt sind (§ 317 Abs. 2 S. 2 HGB idF d. KonTraG).[530] Der Gesetzgeber des KonTraG beabsichtigte mit dieser Neuregelung, die Prüfung der Berichte stärker an die Erwartungen der Öffentlichkeit anzupassen.[531] Das nach § 91 Abs. 4 AktG nur für Aktiengesellschaften vorgeschriebene, aber auch von GmbHs und Kapitalgesellschaften & Co. entsprechender Größe, Komplexität und Struktur einzurichtende **Risikofrüherkennungssystem** ist indes lediglich bei börsennotierten Aktiengesellschaften in die Prüfung einzubeziehen.[532] 349

Dem Konzernabschlussprüfer stehen zur Durchführung seiner Prüfung weitgehende **Informationsrechte** zu, die in § 320 HGB festgelegt sind: 350
– Dem Konzernabschlussprüfer sind der Konzernabschluss, der Konzernlagebericht, die Jahresabschlüsse und Lageberichte des Mutterunternehmens und der Tochterunternehmen sowie, wenn eine Prüfung stattgefunden hat, die Prüfungsberichte des Mutterunternehmens und der Tochterunternehmen vorzulegen (§ 320 Abs. 3 S. 1 HGB).
– Dem Abschlussprüfer des Konzernabschlusses ist zu gestatten, die Bücher und Schriften des Mutterunternehmens und der Tochterunternehmen sowie die Vermögensgegenstände und Schulden, namentlich die Kasse und die Bestände an Wertpapieren und Waren, zu prüfen (§ 320 Abs. 3 S. 2 iVm. § 320 Abs. 1 HGB).
– Der Abschlussprüfer des Konzernabschlusses kann von den gesetzlichen Vertretern und den Abschlussprüfern des Mutterunternehmens und der Tochterunternehmen alle Aufklärungen und Nachweise verlangen, die für eine sorgfältige Prüfung notwendig sind (§ 320 Abs. 3 S. 2 iVm. § 320 Abs. 2 HGB).

Der Konzernabschlussprüfer hat nach § 321 HGB über Art und Umfang sowie über das Ergebnis der Prüfung **schriftlich** und mit der gebotenen Klarheit zu berichten. In dem Bericht ist vorweg zu der Beurteilung der Lage des Konzerns durch die gesetzlichen Vertreter Stellung zu nehmen, wobei insbesondere auf die Beurteilung des Fortbestands und der künftigen Entwicklung des Konzerns unter Berücksichtigung des Konzernlageberichts einzugehen ist, soweit die geprüften Unterlagen und der Konzernlagebericht eine solche Beurteilung erlauben. Außerdem ist darzustellen, ob bei Durchführung der Prüfung Unrichtigkeiten oder Verstöße gegen gesetzliche Vorschriften oder Tatsachen festgestellt worden sind, die den Bestand des Konzerns gefährden oder seine Entwicklung wesentlich beeinträchtigen können oder die schwerwiegende Verstöße der gesetzlichen Vertreter oder von Arbeitnehmern 351

---

[529] Vgl. den hierzu ergangenen IDW Prüfungsstandard 350 v. 26. 6. 1998, WPg 1998, 663 ff.
[530] Vgl. den hierzu ergangenen IDW Prüfungsstandard 350 v. 26. 6. 1998, WPg 1998, 663 ff.
[531] Begr. RegE, BR-Drucks. 872/97 S. 72.
[532] *Adler/Düring/Schmaltz* HGB § 317 Rn. 19; zur Prüfung des Risikofrüherkennungssystems nach § 317 Abs. 4 HGB vgl. IDW Prüfungsstandard 340 v. 11. 9. 2000, WPg 1999, 658 ff.

gegen Gesetz, Gesellschaftsvertrag oder Satzung darstellen (§ 321 Abs. 1 HGB idF d. KonTraG).[533]

352 Die Vorschrift des § 321 HGB gilt grundsätzlich auch für den **Konzernprüfungsbericht**; bei der Auslegung des § 321 HGB sind jedoch die Besonderheiten zu beachten, die sich aus dem Prüfungsgegenstand Konzernabschluss und Konzernlagebericht ergeben.[534] Sind nach dem abschließenden Ergebnis der Konzernabschlussprüfung keine Einwendungen zu erheben, so hat der Konzernabschlussprüfer dies durch die Erteilung eines uneingeschränkten **Bestätigungsvermerks** gemäß § 322 Abs. 1 HGB zu bestätigen. Der Bestätigungsvermerk ist einzuschränken oder zu versagen, wenn Einwendungen, insb. im Hinblick auf die Maßgaben der § 322 Abs. 2 und 3 HGB zu erheben sind (§ 322 Abs. 4 HGB). Der Konzernabschlussprüfer hat nach § 322 Abs. 5 HGB den Bestätigungsvermerk oder den Vermerk über seine Versagung unter Angabe von Ort und Tag zu unterzeichnen und in den Prüfungsbericht aufzunehmen.[535]

353 Wird von der Möglichkeit der **Zusammenfassung von Konzernanhang und Anhang des Jahresabschlusses des Mutterunternehmens** (§ 298 Abs. 3 S. 1 HGB) bzw. der **Zusammenfassung von Konzernlagebericht und Lagebericht des Mutterunternehmens** (§ 315 Abs. 3 iVm. § 298 Abs. 3 S. 1 HGB) Gebrauch gemacht, so dürfen auch die Prüfungsberichte und die Bestätigungsvermerke jeweils zusammengefasst werden (§ 298 Abs. 3 S. 3 HGB bzw. § 315 Abs. 3 iVm. § 298 Abs. 3 S. 3 HGB).

354 Die **Offenlegung** von Konzernabschluss und Konzernlagebericht regelt § 325 Abs. 3 HGB. Danach haben die gesetzlichen Vertreter einer Kapitalgesellschaft, die einen Konzernabschluss aufzustellen hat, den Konzernabschluss unverzüglich nach seiner Vorlage an die Gesellschafter, jedoch spätestens vor Ablauf des zwölften Monats des dem Konzernabschlussstichtag folgenden Geschäftsjahrs, mit dem Bestätigungsvermerk oder dem Vermerk über dessen Versagung und den Konzernlagebericht im Bundesanzeiger bekannt zu machen und die Bekanntmachung unter Beifügung der bezeichneten Unterlagen zum Handelsregister des Sitzes der Kapitalgesellschaft einzureichen (§ 325 Abs. 3 S. 1 HGB). Für die Aufstellung des Anteilsbesitzes nach § 313 Abs. 4 HGB besteht eine Ausnahme von der Offenlegungspflicht im Bundesanzeiger. Diese braucht gemäß § 325 Abs. 3 S. 2 HGB nicht im Bundesanzeiger bekannt gemacht zu werden, sondern ist nur zum Handelsregister einzureichen.[536]

355 Hat eine Kapitalgesellschaft auf Grund von § 291 oder § 292 HGB keinen Konzernabschluss aufzustellen, weil ein **befreiender Konzernabschluss** erstellt wird, haben sich die gesetzlichen Vertreter der befreiten Kapitalgesellschaft zu vergewissern, ob der befreiende Konzernabschluss und die nach § 291 HGB zugehörigen Unterlagen erstellt und in deutscher Sprache sowie nach den für den entfallenden Konzernabschluss maßgeblichen Vorschriften offengelegt werden.[537]

356 Wird von der Möglichkeit der **Zusammenfassung von Konzernanhang und Anhang des Jahresabschlusses des Mutterunternehmens** nach § 298 Abs. 3 S. 1 HGB Gebrauch gemacht, so ist nach § 298 Abs. 3 S. 2 HGB die gemeinsame Offenlegung von Konzernabschluss und Jahresabschluss des Mutterunternehmens erforderlich.

---

[533] Vgl. IDW Prüfungsstandard 450 v. 17. 11. 2000 zu Grundsätzen ordnungsgemäßer Berichterstattung bei Abschlussprüfungen, WPg 1999, 601 ff.
[534] Vgl. dazu *Adler/Düring/Schmaltz* HGB § 321 Rn. 176 ff.
[535] Vgl. IDW Prüfungsstandard 400 v. 17. 11. 2000 zu Grundsätzen für die ordnungsgemäße Erteilung von Bestätigungsvermerken bei Abschlussprüfungen, WPg 1999, 641 ff.
[536] BeckBilKomm/*Ellrott/Spremann* HGB § 325 Rn. 61.
[537] *KPMG Treuverkehr* S. 335; *Adler/Düring/Schmaltz* HGB § 325 Rn. 115.

Dasselbe gilt bei **Zusammenfassung von Konzernlagebericht und Lagebericht des Mutterunternehmens** nach § 315 Abs. 3 iVm. § 298 Abs. 3 HGB. Bei Anwendung dieser Vereinfachungsregelung besteht die Verpflichtung zur Bundesanzeigerpublizität auch dann, wenn das Mutterunternehmen seinen Jahresabschluss nach § 325 Abs. 1 HGB nur zum Handelsregister einzureichen braucht.

X. Österreichisches Recht

Der Konzernabschluss nach österreichischem Recht dient – ebenso wie der deutsche – weder zur Ermittlung eines ausschüttungsfähigen Gewinns noch als Bemessungsgrundlage für Steuern, sondern ausschließlich Informationsinteressen. Die Bestimmungen über den Konzernabschluss und den Konzernlagebericht sind in den §§ 244 bis 267 ÖHGB enthalten. Sie wurden überwiegend der 7. EG-Richtlinie sowie den §§ 290 bis 315 des deutschen HGB nachgebildet. 357

Die **Konsolidierung** erfolgt nach österreichischem Recht in Form der vollständigen Zusammenfassung der Jahresabschlüsse verbundener Unternehmen (**Vollkonsolidierung**, §§ 253 bis 259 ÖHGB), in Form der anteilmäßigen Konsolidierung (**Quotenkonsolidierung**, § 262 ÖHGB) oder mit Hilfe der **Equity-Methode** (§§ 263, 264 ÖHGB). 358

Nach der in § 250 Abs. 3 ÖHGB enthaltenen **Einheitstheorie** ist im Konzernabschluss die Vermögens-, Finanz- und Ertragslage der einbezogenen Unternehmen so darzustellen, als ob diese Unternehmen insgesamt ein einziges Unternehmen wären. Nach § 253 Abs. 2 ÖHGB sind dementsprechend die Vermögensgegenstände, unversteuerten Rücklagen, Rückstellungen, Verbindlichkeiten sowie die Erträge und Aufwendungen der in den Konzernabschluss einbezogenen Unternehmen unabhängig von ihrer Berücksichtigung in den Jahresabschlüssen dieser Unternehmen vollständig aufzunehmen, soweit nicht nach dem Recht des Mutterunternehmens ein Bilanzierungsverbot oder ein Bilanzierungswahlrecht besteht. Die Vollkonsolidierung ist idR bei Bestehen von Mehrheitsbeteiligungen (**einheitliche Leitung** gemäß § 244 Abs. 1 ÖHGB) oder bei Vorliegen von Stimmrechtsmehrheiten und anderer Einflussrechte ohne Vorliegen von Kapitalmehrheiten (angelsächsisches „**Control concept**" gemäß § 244 Abs. 2 ÖHGB) durchzuführen. Voraussetzung ist in beiden Fällen das Vorliegen einer Beteiligung nach § 228 Abs. 1 ÖHGB, die seit dem EU-GesRÄG 1996 20 % des Nennkapitals erreichen muss (§ 244 Abs. 6 ÖHGB). Die Pflicht zur Konzernrechnungslegung erstreckt sich grundsätzlich auf alle Kapitalgesellschaften mit Sitz im Inland (maßgeblich ist der Eintrag ins Firmenbuch); Personengesellschaften ohne persönlich haftende natürliche Personen mit Vertretungsbefugnis (z.B. GmbH & Co. KG) sind dabei den Kapitalgesellschaften gleichgestellt (§ 244 Abs. 3 ÖHGB). Für alle voll zu konsolidierenden inländischen Unternehmen ist ein **einheitlicher Bilanzstichtag** erforderlich (§ 252 ÖHGB). Soweit von diesem Stichtag des Konzernabschlusses abweichende Jahresabschlussstichtage nicht aus praktischen Gründen umgestellt und damit vereinheitlicht werden, muss ein **Zwischenabschluss** aufgestellt werden. § 245 Abs. 2 ÖHGB sieht eine Ausnahme von der Verpflichtung zur Erstellung eines Zwischenabschlusses für befreiende ausländische Konzernabschlüsse vor, wenn der Abschlussstichtag eines inländischen Tochterunternehmens oder Teilkonzerns um höchstens drei Monate vor dem Stichtag des ausländischen Konzernabschlusses liegt. 359

Die Quotenkonsolidierung wird nach § 262 ÖHGB für **Gemeinschaftsunternehmen** als Alternative zur Equity-Methode zugelassen. Voraussetzung für die Quotenkonsolidierung ist, dass das als Gemeinschaftsunternehmen bezeichnete Unternehmen von einem in den Konzernabschluss einbezogenen Unternehmen und einem oder 360

Anh. II nach § 42 a   3. Abschnitt. Vertretung und Geschäftsführung

mehreren nicht in den Konzernabschluss einbezogenen Unternehmen gemeinsam geführt wird.

361   Bei Anwendung der Equity-Methode wird der Wertansatz der Beteiligung, ausgehend von den historischen Anschaffungskosten, in den Folgejahren entsprechend der Entwicklung des anteiligen bilanziellen Eigenkapitals des assoziierten Unternehmens fortgeschrieben. Anteilige Jahresüberschüsse/-fehlbeträge werden dem Beteiligungsbuchwert jährlich erfolgswirksam zugeschrieben bzw. von ihm abgesetzt, Gewinnausschüttungen mindern, Verlustübernahmen erhöhen den Wertansatz. Wesentliche Voraussetzung für die Anwendung der Equity-Methode ist die Ausübung eines **maßgeblichen Einflusses** auf die Geschäfts- und Finanzpolitik des assoziierten Unternehmens (§ 263 Abs. 1 ÖHGB).

362   Eine vereinfachte Kapitalkonsolidierung bei **Interessenzusammenführung** (Aufrechnung des Beteiligungsbuchwerts mit dem anteiligen gezeichneten Kapital), wie sie in § 302 des deutschen HGB vorgesehen ist, wurde **nicht** in die österreichischen Vorschriften übernommen.

363   Die Kapitalkonsolidierung (§ 254 ÖHGB) erfolgt im Rahmen der **Erwerbsmethode** nur zum Zeitpunkt des Erwerbs der Anteile oder der erstmaligen Einbeziehung eines Tochterunternehmens in einen Konzernabschluss; in den Folgejahren treten Veränderungen in der Kapitalkonsolidierung nur noch bei Änderungen des Beteiligungsumfangs ein, wobei für den Teil der Erhöhung des Beteiligungsumfangs erneut eine Erstkonsolidierung durchzuführen ist. Die Abschreibung eines aktiven Unterschiedsbetrags aus der Kapitalkonsolidierung (Firmenwert) erfolgt nach § 261 Abs. 1 ÖHGB in längstens fünf Geschäftsjahren ab dem Zeitpunkt der Erstkonsolidierung.

364   Mit dem Konzernabschlussgesetz (KonzaG/ÖBGBl. I 49/1999) sind Vorschriften (§ 245a und § 274 Abs. 5 ÖHGB) eingeführt worden, nach denen unter gewissen Voraussetzungen ein Konzernabschluss nach den International Accounting Standards (IAS) oder den, in den USA gebräuchlichen, Generally Accepted Accounting Principles (US-GAAP) die Aufstellung eines Abschlusses nach den österreichischen Konzernrechnungslegungsbestimmungen ersetzt. Das Vorbild des § 245a ÖHGB ist der § 292a HGB, dem er weitgehend ähnlich ist.

365   Die Methode der **Währungsumrechnung** bei ausländischen Einzelabschlüssen ist im ÖHGB wie auch im deutschen HGB nicht geregelt. In Frage kommen die **Stichtagsmethode** (Umrechnung aller Jahresabschlussposten zum jeweiligen Stichtagskurs des Konzernabschlusses), die **Zeitbezugsmethode** (historische Kurse bei langfristigen Vermögensteilen und Schulden; jeweilige Stichtagskurse bei den übrigen Jahresabschlussposten; Fiktion der Aufstellung des Einzelabschlusses in der Währung des Mutterunternehmens bzw. in der Konzernleitwährung) sowie **Mischformen** aus diesen Methoden.

366   In der Vorschrift zur **Konzern-Gewinn- und Verlustrechnung** (§ 257 ÖHGB) wird zwischen der Verrechnung der Erlöse aus Lieferungen und Leistungen zwischen den in den Konzernabschluss einbezogenen Unternehmen mit den auf sie entfallenden Aufwendungen (§ 257 Abs. 1 Nr. 1 ÖHGB) und der Verrechnung anderer Erträge aus Lieferungen und Leistungen zwischen den in den Konzernabschluss einbezogenen Unternehmen (§ 257 Abs. 1 Nr. 2 ÖHGB) unterschieden. Die Vorschrift des § 257 ÖHGB entspricht § 305 des deutschen HGB.

367   Die Vorschriften zum **Konzernanhang** (§§ 265, 266 ÖHGB) und zum **Konzernlagebericht** (§ 267 ÖHGB) sind weitgehend mit den entsprechenden Vorschriften des deutschen HGB (§§ 313, 314 bzw. § 315 HGB) vergleichbar.

§ 43 [Haftung der Geschäftsführer]

(1) Die Geschäftsführer haben in den Angelegenheiten der Gesellschaft die Sorgfalt eines ordentlichen Geschäftsmannes anzuwenden.

(2) Geschäftsführer, welche ihre Obliegenheiten verletzen, haften der Gesellschaft solidarisch für den entstandenen Schaden.

(3) [1] Insbesondere sind sie zum Ersatze verpflichtet, wenn den Bestimmungen des § 30 zuwider Zahlungen aus dem zur Erhaltung des Stammkapitals erforderlichen Vermögen der Gesellschaft gemacht oder den Bestimmungen des § 33 zuwider eigene Geschäftsanteile der Gesellschaft erworben worden sind. [2] Auf den Ersatzanspruch finden die Bestimmungen in § 9 b Abs. 1 entsprechende Anwendung. [3] Soweit der Ersatz zur Befriedigung der Gläubiger der Gesellschaft erforderlich ist, wird die Verpflichtung der Geschäftsführer dadurch nicht aufgehoben, daß dieselben in Befolgung eines Beschlusses der Gesellschafter gehandelt haben.

(4) Die Ansprüche auf Grund der vorstehenden Bestimmungen verjähren in fünf Jahren.

Literatur: *Abeltshauser* Leitungshaftung im Kapitalgesellschaftsrecht, 1998; *Altmeppen* Grundlegend Neues zum „qualifiziert faktischen" Konzern und zum Gläubigerschutz in der Einmann-GmbH, ZIP 2001, 1837; *ders.* Zur Disponibilität der Geschäftsführerhaftung in der GmbH, DB 2000, 657; *ders.* Ungültige Vereinbarungen zur Haftung von GmbH-Gesellschaftern, DB 2000, 261; *ders.* Die Auswirkungen des KonTraG auf die GmbH, ZGR 1999, 291; *ders.* Die Haftung des Managers im Konzern, 1998; *ders.* Haftung der Geschäftsleiter einer Kapitalgesellschaft für Verletzung von Verkehrssicherungspflichten, ZIP 1995, 881; *Armbrüster* Die treuhänderische Beteiligung an Gesellschaften, 2000; *ders.* Wettbewerbsverbote im Kapitalgesellschaftsrecht, ZIP 1997, 1269; *ders.* Schutz der GmbH und ihrer Gesellschafter-Geschäftsführer vor einem Rückgriff durch Sachversicherer, BB 1998, 1376; *Assmann* Gläubigerschutz im faktischen Konzern durch richterliche Rechtsfortbildung, JZ 1986, 881; *Autenrieth* Geschäftsführerhaftung bei fehlerhaftem Gewinnabführungsvertrag, GmbHR 1990, 113; *Bäcker/Prühs* GmbH-Geschäftsführerhaftung, 1996; *Banerjea* Die Gesellschafterklage im GmbH- und Aktienrecht, 2000; *Baums* Ersatz von Reflexschäden in der Kapitalgesellschaft, ZGR 1987, 554; *Becker* Das gesellschaftsrechtliche Wettbewerbsverbot in der Einmann-GmbH, 1997; *Beckerhoff* Treupflichten bei der Stimmrechtsausübung und Eigenhaftung des Stimmrechtsvertreters, 1996; *Beinert* Die Konzernhaftung für die satzungsgemäß abhängig gegründete GmbH, 1995; *Berger* Die actio pro socio im GmbH-Recht, ZHR 149 (1985), 599; *Beuthien/Gätsch* Einfluß Dritter auf die Organbesetzung und Geschäftsführung bei Vereinen, Kapitalgesellschaften und Genossenschaften, ZHR 157 (1993), 483; *Biletzki* Das Prinzip der gesellschaftspolaren Haftungsorientierung – ein die Außenhaftung des GmbH-GF beschränkender Grundsatz?, NZG 1999, 286; *ders.* Die deliktische Haftung des GmbH-Geschäftsführers für fehlerhafte Buchführung, ZIP 1997, 9; *ders.* Außenhaftung des GmbH-Geschäftsführer, BB 2000, 521; *Binge* Gesellschafterklagen gegen Maßnahmen der Geschäftsführer in der GmbH, 1994; *Binnewies* Die Konzerneingangskontrolle in der abhängigen Gesellschaft, 1996; *Bitter* Der Anfang vom Ende des „qualifiziert faktischen GmbH-Konzerns", WM 2001, 2133; *ders.* Das „TBB"-Urteil und das immer noch vergessene GmbH-Vertragskonzernrecht, ZIP 2001, 265; *Blaurock* Einfluß im Unternehmen und die gesellschaftsrechtliche Haftungsstruktur, FS Stimpel, 1985, S. 553; *Bork* Haftung des GmbH-Geschäftsführers wegen verspäteten Konkursantrags, ZGR 1995, 505; *Brammsen* Strafbare Untreue des Geschäftsführers bei einverständlicher Schmälerung des GmbH-Vermögens?, DB 1989, 1609; *Brandes* Ersatz von Gesellschafts- und Gesellschafterschaden, FS Fleck, 1988, S. 13; *ders.* Die Rechtsprechung des BGH zur GmbH & Co KG und zur Publikumsgesellschaft, WM 1987, Sonderbeilage 1, 1; *Brandner* Haftung des Gesellschafter-Geschäftsführers einer GmbH aus culpa in contrahendo?, FS Werner, 1984, S. 53; *Brüggemeier* Deliktsrechtliche Aspekte innerorganisatorischer Funktionsdifferenzierung, AcP 191 (1991), 34; *Büscher* Die qualifizierte faktische Konzernierung – eine gelungene Fortbildung des Rechts der GmbH?, 1999; *Buyer* Zur Berechnung der Haftungshöhe bei Inanspruchnahme eines GmbH-Geschäftsführers, GmbHR 1987, 276; *ders.* Verdeckte Gewinnausschüttung bei Verletzung der gesellschafter- und mitgliedschaftlichen Treuepflichten, GmbHR 1996, 98; *Cahn* Kapitalerhaltung im Konzern, 1998; *ders.* Zur Treupflicht im Arbeits- und Gesellschaftsrecht, FS Wiese, 1998, S. 71; *ders.* Die Haftung des GmbH-Geschäftsführers für die Zahlung von Arbeitnehmerbeiträgen zur Sozialversicherung, ZGR 1998, 367; *ders.* Vergleichsverbote im Gesellschaftsrecht, 1996; *Claussen* Das Wettbewerbsverbot des Geschäftsführers/Gesellschafters einer

GmbH, FS Beusch, 1993, S. 111; *Crezelius* Wettbewerbsverbote im GmbH-Recht – Steuerrecht contra Gesellschaftsrecht? in *Henze/Timm/Westermann* (Hrsg.) Gesellschaftsrecht 1995, 1996, 47; *Damm* Einstweiliger Rechtsschutz im Gesellschaftsrecht, ZHR 154 (1990), 413; *de Angelis* Ungeschriebene Wettbewerbsverbote für Gesellschafter im GmbH-Recht, 1997; *Dreher* Die persönliche Haftung des GmbH-Geschäftsführers für Sozialversicherungsbeiträge – Wider die Fortschreibung einer überkommenen Rechtsmeinung –, FS Kraft, 1998, S. 59; *ders.* Die persönliche Verantwortlichkeit von Geschäftsleitern nach außen und die innergesellschaftliche Aufgabenteilung, ZGR 1992, 22; *Drüke* Die Haftung der Muttergesellschaft für Schulden der Tochtergesellschaft, 1990; *Ebenroth/Lange* Sorgfaltspflichten und Haftung des Geschäftsführers einer GmbH nach § 43 GmbHG, GmbHR 1992, 69; *Ebenroth/Kräutter* Die Eigenhaftung des GmbH-Geschäftsführers bei der Anlagenvermittlung, BB 1990, 569; *Ehricke* Bürgschaften von Geschäftsführern und Gesellschaftern einer GmbH für die Verbindlichkeiten ihrer Gesellschaft, WM 2000, 2177; *ders.* Zur Teilnehmerhaftung von Gesellschaftern bei Verletzungen von Organpflichten mit Außenwirkung durch den Geschäftsführer einer GmbH, ZGR 2000, 351; *ders.* Das abhängige Konzernunternehmen in der Insolvenz, 1998; *Eickhoff* Die Gesellschafterklage im GmbH-Recht, 1988; *v. Einem* Haftung des GmbH-Geschäftsführers für nicht abgeführte Sozialversicherungsbeiträge, BB 1986, 2261; *Eisenhardt* Zum Weisungsrecht der Gesellschafter in der nicht mitbestimmten GmbH, FS Pfeiffer, 1988, S. 839; *Emmerich* Nachlese zum Autokran-Urteil des BGH zum GmbH-Konzernrecht, GmbHR 1987, 213; *Espey/Bitter* Haftungsrisiken des GmbH-Geschäftsführers, 1990; *Fastrich* Zur Zuständigkeit der Geschäftsführer der GmbH bei der Beantragung von Maßnahmen des einstweiligen Rechtsschutzes zur Sicherung von Ersatzansprüchen gegen Geschäftsführer und Gesellschafter, DB 1981, 925; *Felix* Die Fortsetzung der Hängepartie in der Annahme verdeckter Gewinnausschüttungen beim GmbH-Wettbewerbsverbot, NJW 1993, 2288; *ders.* Die Risiken des GmbH-Geschäftsführers im Tätigkeitsfeld der Steuerberatung, DStZ 1987, 455; *Fleck* Zur Beweislast für pflichtwidriges Organhandeln, GmbHR 1997, 237; *ders.* Mißbrauch der Vertretungsmacht oder Treubruch des mit Einverständnis aller Gesellschafter handelnden GmbH-Geschäftsführers aus zivilrechtlicher Sicht, ZGR 1990, 31; *ders.* Die Drittanstellung des GmbH-Geschäftsführers, ZHR 149 (1985), 387; *ders.* Das Dienstverhältnis der Vorstandsmitglieder und Geschäftsführer in der Rechtsprechung des BGH, WM 1981, Sonderbeilage 3; *ders.* Zur Haftung des GmbH-Geschäftsführers, GmbHR 1974, 224; *Fleischer* Informationspflichten der Geschäftsleiter beim Management Buyout im Schnittfeld von Vertrags-, Gesellschafts- und Kapitalmarktrecht, AG 2000, 309; *Flume* Die Haftung des GmbH-Geschäftsführers bei Geschäften nach Konkursreife der GmbH, ZIP 1994, 337; *ders.* Der Gesellschafter und das Vermögen der Kapitalgesellschaft und die Problematik der verdeckten Gewinnausschüttung, ZHR 144 (1980), 18; *ders.* Die Rechtsprechung des II. Zivilsenats des BGH zur Treuepflicht des GmbH-Gesellschafters und des Aktionärs, ZIP 1996, 161; *Frisch* Haftungserleichterung für GmbH-Geschäftsführer nach dem Vorbild des Arbeitsrechts, 1998; *Gänzle* Die Rechtsstellung des Kommandidisten in der nicht personengleichen GmbH & Co. KG, 2001; *Galetke* Die Verjährung der Schadensersatzansprüche der GmbH gegen ihren Geschäftsführer gemäß § 43 Abs. 4 GmbHG, WiB 1997, 398; *Gehrlein* Die Gesellschafterklage und § 46 Nr. 8 GmbHG – ein ungelöstes Problem?, ZIP 1993, 1525; *Geiger* Wettbewerbsverbote im Konzernrecht, 1996; *v. Gerkan* Die Beweislastverteilung beim Schadensersatzanspruch der GmbH gegen ihren Geschäftsführer, ZHR 154 (1990), 39; *ders.* Die Gesellschafterklage, ZGR 1988, 441; *Geßner* Treuepflichten bei Mehrheitsumwandlungen von GmbH im Vergleich zum amerikanischen Recht, 1992; *Geißler* Strittige Restanten bei der Haftung des GmbH-Geschäftsführers aus culpa in contrahendo, ZIP 1997, 2184; *Gieseke* Interessenskonflikte der GmbH-Geschäftsführer bei Pflichtenkollisionen, GmbHR 1996, 486; *Gissel* Arbeitnehmerschutz für den GmbH-Geschäftsführer, 1987; *Goette* Leitung, Aufsicht, Haftung – zur Rolle der Rechtsprechung bei der Sicherung einer modernen Unternehmensführung, in: *Geiss/Nehm/Brandner/Hagn* (Hrsg.), FS 50 Jahre BGH, 2000, S. 123; *ders.* Zur Verteilung der Darlegungs- und Beweislast der objektiven Pflichtwidrigkeit bei der Organhaftung, ZGR 1995, 648; *ders.* Das Organverhältnis des GmbH-Geschäftsführers in der Rechtsprechung des BGH, DStR 1998, 938; *Götting* Die persönliche Haftung des GmbH-Geschäftsführers für Schutzrechtsverletzung und Wettbewerbsverstöße, GRUR 1994, 6; *Gribbohm* Untreue zum Nachteil der GmbH – Zur Harmonisierung zivil- und strafrechtlicher Pflichten des GmbH-Geschäftsführers und Gesellschafters, ZGR 1990, 1; *Gross* Deliktische Außenhaftung des GmbH-Geschäftsführers, ZGR 1998, 551; *Großfeld* Bewertung von Anteilen an Unternehmen, JZ 1981, 234; *Großfeld/Brondics* Die Aktionärsklage – nun auch im deutschen Recht?, JZ 1982, 589; *Grünwald* Die deliktische Außenhaftung des GmbH-Geschäftsführers für Organisationsdefizite, 1999; *Grunewald* Die Haftung von Organmitgliedern nach Deliktsrecht, ZHR 157 (1993), 451; *dies.* Die Gesellschafterklage in der Personengesellschaft und der GmbH, 1990; *dies.* Die unbeschränkte Haftung beschränkt haftender Gesellschafter für die Verletzung von Aufklärungspflichten im vorvertraglichen Bereich, ZGR 1986, 580; *dies.* Haftung für fehlerhafte Geschäftsführung in der GmbH & Co KG, BB 1981, 581; *dies.* Rechtsschutz gegen fehlerhafte Maßnahmen der Geschäftsführung, DB 1981, 407; *Gutbrod* Vom Gewinnbezugsrecht zum Gewinnspruch des GmbH-Gesellschafters, GmbHR 1995, 551; *Haas* Geschäftsführerhaftung und Gläubigerschutz, 1997; *Habersack* Die Mitgliedschaft – subjektives und „sonstiges Recht", 1996; *Habetha* Deliktsrechtliche Geschäftsführerhaftung und gesellschaftsfinanzierte Haftpflichtversicherung, DWiR 1995, 272; *Hadding* Ergibt die Vereinsmitgliedschaft „quasi-vertragliche" Ansprüche, „erhöhte Treue- und Förderpflichten" sowie ein „sonstiges Recht" im Sinne des § 823 Abs. 1 BGB? Besprechung der Entscheidung BGHZ 110, 323, FS Kellermann, 1991, S. 91; *ders*. Zur Einzelklagebefugnis des Gesellschafters einer GmbH nach deutschem und österreichischem Recht, GesRZ 1984, 32; *Häsemeyer* Der interne Rechtsschutz zwischen Organen, Organmitgliedern und Mitgliedern der Kapitalgesellschaft als Problem der Prozeßführungsbefugnis, ZHR 144 (1980), 265; *Hanau/Rolfs* Abschied von der gefahrgeneigten Arbeit, NJW 1994, 1439; *Happ* Die GmbH im Prozeß, 1997; *Hartmann* Schadensersatzanspruch der GmbH gegenüber einem Gesellschafter für die Nutzung ihres Fachwissens und ihrer Geschäftsverbindungen außerhalb der GmbH, DB 1981, 1073; *ders*. Der Schutz der GmbH vor ihren Gesellschaftern, GmbHR 1999, 1061; *Haß* Die persönliche Haftung des GmbH-Geschäftsführers bei Wettbewerbsverstößen und Verletzung gewerblicher Schutzrechte, GmbHR 1994, 666; *Hauck* Die Haftung des GmbH-Geschäftsführers, der Gesellschaft und der Gesellschafter für die Abführung von Sozialversicherungsbeiträgen, NZG 1998, 262; *Heermann* Unternehmerisches Ermessen, Organhaftung und Beweislastverteilung, ZIP 1998, 761; *Hefermehl* Zur Haftung der Vorstandsmitglieder bei Ausführung von Hauptversammlungsbeschlüssen, FS Schilling, 1973, S. 159; *Heil/Russenschuck* Die persönliche Haftung des GmbH-Geschäftsführers, BB 1998, 1749; *Heisse* Die Beschränkung der Geschäftsführerhaftung gegenüber der GmbH, 1988; *Hennrichs* Treupflichten im Aktienrecht – zugleich Überlegungen zur Konkretisierung der Generalklausel des § 242 BGB sowie zur Eigenhaftung des Stimmrechtsvertreters, AcP 195 (1995), 221; *Henze* Entwicklungen der Rechtsprechung des BGH im GmbH-Recht, GmbHR 2000, 1069; *ders*. Treuepflichtwidrige Stimmrechtsausübung und ihre rechtlichen Folgen in *Henze/Timm/ Westermann* (Hrsg.), Gesellschaftsrecht 1995, 1996, 1; *Hesselmann/Tillmann* Handbuch der GmbH & Co, 18. Aufl. 1997; *Hild/Hild* Keine Inanspruchnahme von GmbH-Geschäftsführern als Schuldner von Hinterziehungszinsen, Anmerkung zum Urteil des BFH vom 18. 7. 1991, BB 1991, 2344; *Hirte* Die Zwölfte EG-Richtlinie als Baustein eines Europäischen Konzernrechts, ZIP 1992, 1122; *Höhn* Die Geschäftsleitung der GmbH, 1995; *ders*. Die Entlastung der Geschäftsführer, VP 1987, 180; *Hörstel* Die Haftung einer Stafetten-GmbH, BB 1997, 1645; *Hölters* Der Beirat in der GmbH-Verantwortlichkeit, Haftung und Rechtsschutz, insbesondere unter dem Gesichtspunkt des Minderheitenschutzes, BB 1977, 105; *Hoffmann* Haftung des GmbH-Geschäftsführers für einbehaltene Sozialversicherungsbeiträge und Lohnsteuer, DB 1986, 467; *ders*. Das Klagebefugnis des GmbH-Gesellschafters (actio pro socio), GmbHR 1963, 61; *ders*. Der BFH erneut zum (früheren) Wettbewerbsverbot, WiB 1997, 519; *ders*. Vom Verstoß gegen Wettbewerbsverbot zur Vereitlung der Geschäftschance, WiB 1997, 21; *Hoffmann/ Liebs* Der GmbH-Geschäftsführer, 2. Aufl. 2000; *Holzkämper* Die Haftung des GmbH-Geschäftsführers für nicht abgeführte Beiträge zur Sozialsicherung und der Einwand der Zahlungsunfähigkeit der GmbH, BB 1996, 2142; *Hommelhoff* Risikomanagement im GmbH-Recht, FS Sandrock, 2000, S. 373; *ders*. Jahresabschluß und Gesellschafterinformation in der GmbH, ZIP 1983, 383; *ders*. Die Konzernleitungspflicht, 1982; *Hommelhoff/Schwab* Die Außenhaftung des GmbH-Geschäftsführers und sein Regreß gegen die Gesellschafter, FS Kraft, 1998, S. 263; *Horn* Die Haftung des Vorstands der AG nach § 93 AktG und die Pflichten des Aufsichtsrats, ZIP 1997, 1129; *Hörstel* Die Haftung einer Stafetten-GmbH, BB 1997, 1645; *Huber* Die Haftung des GmbH-Geschäftsführers für die Abführung der Sozialversicherungsbeiträge, 2000; *Hucke* Geschäftsführer – Unternehmensleiter oder Geleitete?, AG 1994, 397; *dies*. Managerversicherungen: Ein Ausweg aus den Haftungsrisiken?, DB 1996, 2267; *Hüffer* Zur gesellschaftsrechtlichen Treuepflicht als richterrechtliche Generalklausel, FS Steindorff, 1990, S. 59; *ders*. Organpflichten und Haftung in der Publikums-Personengesellschaft, ZGR 1981, 348; *Huff* Eigenschaden zwischen Einmann-GmbH und GmbH-Gesellschafter, BB 1986, 213; *Immenga* Bindung von Rechtsmacht durch Treuepflicht, FS 100 Jahre GmbHG, 1992, S. 189; *ders*. Die Problematik der Anfechtungsklage im GmbH-Recht, GmbHR 1973, 5; *ders*. Die personalistische Kapitalgesellschaft, 1970; *Ivens* Das Fördergebot des GmbH-Gesellschafters, GmbHR 1988, 249; *ders*. Das Konkurrenzverbot des GmbH-Gesellschafters, 1987; *Jansen* Publizitätsverweigerung und Haftung in der GmbH, 1999; *Jestaedt* Neue und alte Aspekte zur Haftung des GmbH-Geschäftsführers für Sozialversicherungsbeiträge, GmbHR 1998, 672; *Jula* Geschäftsführerhaftung gemäß § 43 GmbHG: Minimierung der Risiken durch Regelungen im Anstellungsvertrag?, GmbHR 2001, 806; *Jungkurth* Konzernleitung bei der GmbH, 2000; *Karollus* Weitere Präzisierungen zur Konkursverschleppungshaftung, ZIP 1995, 269; *Kaffiné* Begrenzung der Haftungsrisiken des Geschäftsführers einer GmbH gegenüber der Gesellschaft bei Ausführung wirtschaftlich nachteiliger Weisungen der Gesellschafter, 2001; *Keßler* Die deliktische Eigenhaftung des GmbH-Geschäftsführers, GmbHR 1994, 429; *Kiethe* Die deliktische Eigenhaftung der Geschäftsführer der GmbH gegenüber Gesellschaftsgläubigern, DStR 1993, 1298; *Kindler* Unternehmerisches Ermessen und Pflichtbindung, ZHR 162 (1998), 101; *Kion* Die Haftung des GmbH-Geschäftsführers, BB 1984, 864; *Klaka* Persönliche Haftung des gesetzlichen Vertreters für die im Geschäftsbetrieb der Gesellschaft begangenen Wettbewerbsverstöße und Verletzungen von Immaterialgüterrechten, GRUR 1988, 729; *Klasen* Zu den Grundlagen und zur Begrenzung der Haftung im Hinblick auf den OHG- und KG-Gesellschafter sowie den GmbH-Geschäftsführer, 2000; *Kleindiek* Deliktshaftung und juristische Person, 1997; *Knobbe-Keuk*

§ 43   3. Abschnitt. Vertretung und Geschäftsführung

Der Tatbestand der verdeckten Gewinnausschüttung und branchengleicher Tätigkeit des Gesellschafter-Geschäftsführers, GmbHR 1992, 333; *dies.* Das Klagerecht des Gesellschafters einer Kapitalgesellschaft wegen gesetzes- und satzungswidriger Maßnahmen der Geschäftsführung, FS Ballerstedt, 1975, S. 239; *Koch* Anwendung der Anlassrechtsprechung auf Bürgschaften von Geschäftsführern und Gesellschaftern, NJW 2000, 1996; *D. Köhl* Die Einschränkung der Haftung des GmbH-Geschäftsführers nach den Grundsätzen des innerbetrieblichen Schadensausgleichs, DB 1996, 2597; *Konzen* Geschäftsführung, Weisungsrecht und Verantwortlichkeit in der GmbH und GmbH & Co KG, NJW 1989, 2977; *Kohlmann* Untreue zum Nachteil des Vermögens einer GmbH trotz Zustimmung sämtlicher Gesellschafter?, FS Werner, 1984, S. 387; *Konow* Probleme der Geschäftsführerhaftung bei der GmbH, GmbHR 1968, 219; *Koppensteiner* Wertbegriffe im Wirtschaftsrecht, FS Mayer-Maly, 1996, S. 311; *ders.* GmbH-rechtliche Probleme des Management Buy-Out, ZHR 155 (1991), 97; *ders.* Zur Haftung des GmbH-Gesellschafters, WBl. 1988, 1; *Kowalski* Der Ersatz von Gesellschafts- und Gesellschafterschaden – Zum gesellschaftsrechtlichen Zweckbindungsgedanken im Schadensersatzrecht, 1990; *ders.* Die Gesellschafterklage und § 46 Nr. 8 GmbHG – kein unlösbares Problem; *Kuhl/Nickel* Risikomanagement im Unternehmen – Stellt das KonTraG neue Anforderungen an die Unternehmen?, DB 1999, 133; *Kratzsch* Das „faktische" Organ im Gesellschaftsrecht, ZGR 1985, 507; *Krebs/Dylla-Krebs* Deliktische Eigenhaftung von Organen für Organisationsverschulden, DB 1990, 1271; *Krieger* Geltendmachung von Schadenersatzansprüchen gegen GmbH-Geschäftsführer in VGR (Hrsg.) Gesellschaftsrecht in der Diskussion, 1999, 111; *ders.* Zur (Innen-)Haftung von Vorstand und Geschäftsführung in *Henze/Timm/Westermann* (Hrsg.), Gesellschaftsrecht 1995, 1996, 149; *Kübler* Die Konkursverschleppungshaftung des GmbH-Geschäftsführers nach der „Wende" des Bundesgerichtshofes – Bedeutung für die Praxis, ZGR 1995, 481; *ders.* Erwerbschancen und Organpflichten – Überlegungen zur Entwicklung der Lehre von den „corporate opportunities", FS Werner, 1984, S. 437; *Kübler/Waltermann* Geschäftschancen der Kommanditgesellschaft, ZGR 1991, 162; *Kunst* Zur Sorgfaltspflicht und Verantwortlichkeit eines ordentlichen und gewissenhaften Geschäftsleiters, WM 1980, 758; *Lange* Aktuelle Entwicklungen bei der verdeckten Gewinnausschüttung, GmbHR 1999, 327; *Lawall* Das ungeschriebene Wettbewerbsverbot des GmbH-Gesellschafters, 1996; *ders.* Verdeckte Gewinnausschüttungen und Geschäftschancenlehre im GmbH-Recht, NJW 1997, 1742; *Lieb/Eckardt* Der GmbH-Geschäftsführer in der Grauzone zwischen Arbeits- und Gesellschaftsrecht, 1988; *Lindacher* Haftung des GmbH-Geschäftsführers und Einwand des Auswahl- und Überwachungsmitverschuldens (BGH NJW 1983, 1856), JuS 1984, 672; *Löffler* Zur Reichweite des gesetzlichen Wettbewerbsverbots in der Kommanditgesellschaft, NJW 1986, 223; *Lohr* Die Beschränkung der Innenhaftung des GmbH-GF, NZG 2000, 1204; *Lutter* Haftung und Haftungsfreiräume des GmbH-Geschäftsführers, GmbHR 2000, 301; *ders.* Treupflichten und ihre Anwendungsprobleme, ZHR 1998, 164; *ders.* Haftungsrisiko des Geschäftsführers einer GmbH, GmbHR 1997, 329; *ders.* Zur persönlichen Haftung des Geschäftsführers aus deliktischen Schäden im Unternehmen, ZHR 157 (1993), 464; *ders.* Pflichten und Haftung von Sparkassenorganen, 1991; *ders.* Die Haftung des herrschenden Unternehmens im GmbH-Konzern, ZIP 1985, 1425; *ders.* Theorie der Mitgliedschaft, AcP 180 (1980), 85; *Lutter/Hommelhoff* Nachrangiges Haftkapital und Unterkapitalisierung in der GmbH, ZGR 1979, 31; *Maatz* Geltendmachung von Gesellschaftsansprüchen durch Mitgesellschafter einer GmbH im eigenen Namen, GmbHR 1974, 124; *Maier* Die Haftung des GmbH-Geschäftsführers für Immaterialgüterrechtsverletzungen, GmbHR 1986, 156; *ders.* Die Haftung des GmbH-Geschäftsführers für Wettbewerbsverstöße im Unternehmen, WRP 1986, 71; *Martens* Die GmbH und der Minderheitenschutz, GmbHR 1984, 265; *Medicus* Neue Rechtsprechung zur Außenhaftung von GmbH-Geschäftsführern wegen der Nichtabführung von Sozialversicherungsbeiträgen, GmbHR 2000, 7; *ders.* Deliktische Außenhaftung der Vorstandsmitglieder und Geschäftsführer, ZGR 1998, 570; *ders.* Die interne Geschäftsverteilung und die Außenhaftung von GmbH-Geschäftsführern, GmbHR 1998, 9; *ders.* Die Außenhaftung des GmbH-Geschäftsführers, GmbHR 1993, 533; *ders.* Zur Eigenhaftung des GmbH-Geschäftsführers aus Verschulden bei Vertragsverhandlungen, FS Steindorff, 1990, S. 725; *Mennicke* Zum Weisungsrecht der Gesellschafter und der Folgepflicht des GF in der mitbestimmungsfreien GmbH, NZG 2000, 622; *Menzer* Umweltrisiken und Managementhaftung in der GmbH – beispielhafte Betrachtung nach dem BImSchG, GmbHR 2001, 506; *Merkt* Unternehmensleitung und Interessenkollision, ZHR 1995, 423; *Mertens* Schadensfragen im Kapitalgesellschaftsrecht, FS Lange, 1992, S. 561; *ders.* Die Geschäftsführerhaftung in der GmbH und das ITT-Urteil, FS Fischer, 1979, S. 461; *ders.* Unternehmensgegenstand und Mitgliedschaftsrecht, AG 1978, 309; *Mertens/Cahn* Wettbewerbsverbot und verdeckte Gewinnausschüttung im GmbH-Konzern, FS Heinsius, 1991, S. 545; *Meyer/Arndt* Wettbewerbsverbot und verdeckte Gewinnausschüttung, BB 1992, 333; *ders.* Kredite an Geschäftsführer und Prokuristen einer GmbH, DB 1980, 2328; *Meyke* Die Haftung des GmbH-Geschäftsführers, 1998; *Mittelbach* Haftung der Geschäftsführer für Steuerschulden der GmbH, DStZ 1984, 211; *Möhring* Schutz der Gläubiger einer konzernabhängigen GmbH, 1992; *Mösbauer* Zur steuerrechtlichen Haftung des faktischen Geschäftsführers einer Organ-GmbH für Einfuhr-Umsatzsteuer, GmbHR 1990, 465; *ders.* Entschließungs- und Auswahlermessen bei der haftungsmäßigen Inanspruchnahme des (mittelbaren) Geschäftsführers einer GmbH & Co KG für einbehaltene und angemeldete, aber nicht abgeführte

Haftung der Geschäftsführer **§ 43**

Lohnsteuer, GmbHR 1988, 400; *ders.* Die Haftung eines Geschäftsführers einer GmbH für Steuerschulden der GmbH, GmbHR 1986, 270; *Mülbert* Abschied von der „TTB"-Haftungsregel für den qualifiziert faktischen GmbH-Konzern, DStR 2001, 1937; *Müller* Zur Haftung des Gesellschafter-Geschäftsführers aus culpa in contrahendo und aus § 64 Abs. 1 GmbHG, ZIP 1993, 1531; *ders.* Gesellschafts- und Gesellschafterschaden, FS Kellermann, 1991, S. 317; *K. Müller* Vertragliches Wettbewerbsverbot des GmbH-Gesellschafters und verdeckte Gewinnausschüttung in der jüngeren Rechtsprechung des BFH, BB 1997, 1441; *Münch* Befreiung vom Wettbewerbsverbot im Recht der GmbH, NJW 1993, 225; *Nehm* Geschäftsführerhaftung für Steuerschulden – eine Zwischenbilanz, DB 1987, 124; *Neusel* Die persönliche Haftung des Geschäftsführers für Steuern der GmbH, GmbHR 1997, 1129; *ders.* Lohnsteuerhaftung: Beratungshinweise für den GmbH-Geschäftsführer, GmbHR 1998, 731; *Noack* Gesellschaftsrecht, 1999; *Oltmanns* Geschäftsleiterhaftung und unternehmerisches Ermessen, 2001; *Ottofülling* Steht der Geschäftsführer der GmbH in der Gefahr, persönlich auf Unterlassung zu haften?, GmbHR 1994, 304; *von der Osten* Das Wettbewerbsverbot von Gesellschaftern und Gesellschafter-Geschäftsführern in der GmbH, GmbHR 1989, 450; *Pietzcker* Wettbewerbsverhalten in Unternehmensgruppen, 1996; *Polley* Wettbewerbsverbot und Geschäftschancenlehre, 1993; *Priester* Die eigene GmbH als fremder Dritter; Eigensphäre der Gesellschaft und Verhaltenspflichten ihrer Gesellschafter, ZGR 1993, 512; *Pullen* Anwendbarkeit der Grundsätze der gefahrgeneigten Arbeit auf den GmbH-Geschäftsführer, BB 1984, 989; *Raiser* Das Recht der Gesellschafterklagen, ZHR 153 (1989), 1; *ders.* Die Treuepflichten im GmbH-Recht als Beispiel der Rechtsfortbildung, ZHR 151 (1987), 422; *Radtke* Einwilligung und Einverständnis der Gesellschafter bei der sog. GmbH-rechtlichen Untreue, GmbHR 1998, 311 (Teil I), 361 (Teil II); *Rehbinder* Minderheiten- und Gläubigerschutz im faktischen GmbH-Konzern, AG 1986, 85; *ders.* Zum konzernrechtlichen Schutz der Aktionäre einer Obergesellschaft, ZGR 1983, 92; *ders.* Gesellschaftsrechtliche Probleme mehrstufiger Unternehmensverbindungen, ZGR 1977, 581; *Reich* Die zivil- und strafrechtliche Verantwortlichkeit des faktischen Organmitgliedes im Gesellschaftsrecht, DB 1967, 1663; *Rhein* Der Interessenkonflikt der Manager beim Management Buy-out, 1996; *Röhricht* Die GmbH im Spannungsfeld zwischen wirtschaftlicher Dispositionsfreiheit ihrer Gesellschafter und Gläubigerschutz, in *Geiss/Nehm/Brandner/Hagn* (Hrsg.), FS 50 Jahre BGH, 2000, S. 83; *Roth* Zur Eigenhaftung des „unternehmerischen" GmbH-Gesellschafters (BGH NJW 1986, 586), JuS 1987, 196; *ders.* Geschäftsführerpflichten und Gesellschafterhaftung bei Überschuldung der GmbH, GmbHR 1985, 137; *Rowedder* Zur Außenhaftung des GmbH-Geschäftsführers, FS Semler, 1993, S. 311; *Rottkemper* Deliktische Außenhaftung der Leitungsorganmitglieder rechtsfähiger Körperschaften, 1996; *Saenger,* Minderheitenschutz und innergesellschaftliche Klagen bei der GmbH, GmbHR 1997, 112; *Salfeld* Wettbewerbsverbote im Gesellschaftsrecht, 1987; *Salje* Kompetenzen des Beirates bei der Unternehmensveräußerung?, ZIP 1989, 1526; *Sandberger* Die Außenhaftung des GmbH-Geschäftsführers, 1997; *Schäfer* Zur strafrechtlichen Verantwortlichkeit des GmbH-Geschäftsführers, GmbHR 1993, 717 (Teil I), 780 (Teil II); *Schall* Organzuständigkeit in der mitbestimmten GmbH, 1996; *Schanbacher* Actio pro socio – zur Dogmatik der Gesellschafterklage, AG 1999, 21; *Schiessl* Die Wahrnehmung von Geschäftschancen der GmbH durch ihren Geschäftsführer, GmbHR 1988, 53; *Schilling* Grundlagen des GmbH-Konzernrechts, FS Hefermehl, 1976, S. 383; *Schluck-Amend/Walker* Neue Haftungsrisiken für GmbH-Geschäftsführer durch Pflicht zur Erstellung eines Insolvenzplans, GmbHR 2001, 375; *K. Schmidt* Zur Durchgriffsfestigkeit der GmbH, ZIP 1994, 837; *ders.* Verlustausgleichspflicht und Konzernleitungshaftung im qualifizierten faktischen GmbH-Konzern, ZIP 1989, 545; *ders.* Konzernhaftung oder mitgliedschaftliche Haftung des privaten GmbH-Gesellschafters?, ZIP 1986, 146; *ders.* Zum Haftungsdurchgriff wegen Sphärenvermischung und zur Haftungsverfassung im GmbH-Konzern, BB 1985, 2074; *ders.* Konzernrecht, Minderheitenschutz und GmbH-Innenrecht, GmbHR 1979, 121; *Schneider/Ihlas* Die Vermögensschaden-Haftpflichtversicherung des Geschäftsführers einer GmbH, DB 1994, 1123; *Schneider* Die Wahrnehmung öffentlich-rechtlicher Pflichten durch den Geschäftsführer, FS 100 Jahre GmbHG, 1992, S. 473; *ders.* Haftungsmilderung für Vorstandsmitglieder und Geschäftsführer bei fehlerhafter Unternehmensleitung?, FS Werner, 1984, S. 795; *ders.* Unentgeltliche Zuwendungen durch Unternehmen, AG 1983, 205; *ders.* Kredite an ihre Geschäftsführer, GmbHR 1982, 197; *ders.* Konzernleitung als Rechtsproblem, BB 1981, 249; *Schwark* Spartenorganisation im Großunternehmen und Unternehmensrecht, ZHR 142 (1978), 203; *Seidel* Die mangelnde Bedeutung mitgliedschaftlicher Treupflichten im Willensbildungsprozeß der GmbH, 1998; *Semler* Fehlerhafte Geschäftsführung in der Einmann-GmbH, FS Goerdeler, 1987, S. 551; *Sieger/Hasselbach,* Die Haftung des GmbH-Geschäftsführers bei Unternehmenskäufen, GmbHR 1998, 957; *Siegmann/Vogel* Die Verantwortlichkeit des Strohmanngeschäftsführers einer GmbH, ZIP 1994, 1821; *Sina* Voraussetzungen und Wirkungen der Delegation von Geschäftsführerverantwortung in der GmbH, GmbHR 1990, 65; *Sonnenberger* Gesellschaftsrechtliche Verantwortlichkeit geschäftsführender Organe von Kapitalgesellschaften, GmbHR 1973, 25; *Sonnenschein* Organschaft und Gesellschaftsrecht, 1976; *Spiegelberger* Das GmbH-Wettbewerbsverbot – ein Bumerang für den BFH, GmbHR 1992, 727; *Stapelfeld* Zum Schutzgesetzcharakter der §§ 266, 266a StGB in bezug auf Untreuedelikte der GmbH-Geschäftsführer, BB 1991, 1501; *ders.* Die Haftung des GmbH-Geschäftsführers für Fehlverhalten in der Gesellschaftskrise, 1990; *Steck* Wettbewerbsverbot und verdeckte Gewinnausschüttung bei der GmbH unter Berücksichtigung des Einflusses des Zivilrechts auf das Steuerrecht, 1999; *Steeger* Die steuerliche Haftung des Geschäftsführers, 1998; *Stein* Das faktische Organ, 1984; *dies.* GmbH-Geschäftsführer: Goldesel für leere Sozialkassen?, DStR 1998, 1055; *Steindorff* Der Wettbewerber als Minderheitsaktionär, FS Rittner, 1991, S. 675; *Stimpel* Die Rechtsprechung des Bundesgerichtshofes zur Innenhaftung des herrschenden Unternehmens im GmbH-Konzern, AG 1986, 119; *Stobbe* Die Durchsetzung gesellschaftsrechtlicher Ansprüche der GmbH in Insolvenz und masseloser Liquidation, 2001; *Sudhoff/Sudhoff* Rechte und Pflichten des Geschäftsführers einer GmbH und einer GmbH & Co, 14. Aufl. 1994; *Sünner* Aktionärsschutz und Aktienrecht, AG 1983, 169; *Teichmann* Strukturüberlegungen zum Streit zwischen Organen in der Aktiengesellschaft, FS Mühl, 1981, S. 663; *Thiel* Verdeckte Gewinnausschüttung bei Verletzung des Wettbewerbsverbots durch Gesellschafter-Geschäftsführer einer GmbH, GmbHR 1992, 338; *Thelen* Der Gläubigerschutz bei Insolvenz der Gesellschaft mit beschränkter Haftung, ZIP 1987, 1027; *Thöni* Zur Haftung des GmbH-Gesellschafters in Geschäftsführungsangelegenheiten, GmbHR 1989, 187; *Thümmel* Persönliche Haftung von Managern und Aufsichtsräten, 2. Aufl. 1998; *ders.* Haftungsrisiken der Vorstände, Geschäftsführer, Aufsichtsräte und Beiräte sowie deren Versicherbarkeit, DB 1995, 1013; *Tieves* Der Unternehmensgegenstand der Kapitalgesellschaft, 1998; *Tillmann/Mohr* GmbH-Geschäftsführer Praktikum, 7. Aufl. 1999; *Timm* Wettbewerbsverbot und „Geschäftschancen"-Lehre im Recht der GmbH, GmbHR 1981, 187; *ders.* Hauptversammlungskompetenzen und Aktionärsrechte in der Konzernspitze, AG 1980, 172; *Tomat* Grenzen des Weisungsrechts der GmbH-Gesellschafter, 2001; *Treeck* Die Offenbarung von Unternehmensgeheimnissen durch den Vorstand einer Aktiengesellschaft im Rahmen einer Due Diligence, FS Fikentscher, 1998, S. 434; *Ulmer* Von „TBB" zu „Bremer Vulkan" – Revolution oder Evolution?, ZIP 2001, 2021; *ders.* Schutz der GmbH gegen Schädigung zugunsten ihrer Gesellschafter, FS Pfeiffer, 1988, S. 853; *ders.* Gesellschafterpflicht zur Erhaltung des satzungsmäßigen Haftungsfonds der GmbH?, ZGR 1985, 598; *ders.* Der Gläubigerschutz im faktischen GmbH-Konzern beim Fehlen von Minderheitsgesellschaftern, ZHR 148 (1984), 391; *ders.* Die GmbH und der Gläubigerschutz, GmbHR 1984, 256; *ders.* Volle Haftung des Gesellschafter-Geschäftsführers einer GmbH für Gläubigerschäden aus fahrlässiger Konkursverschleppung?, NJW 1983, 1577; *ders.* Verletzung der gesellschaftlichen Rechtspflicht zur Rücksichtnahme, NJW 1976, 193; *Ullrich* Außenhaftungsrisiken des Geschäftsführers in der Krise der GmbH nach aktueller zivilgerichtlicher Rechtsprechung, DZWiR 2000, 177; *Vehreschild* Die Verkehrspflichthaftung des GmbH-Geschäftsführers, 1999; *Verhoeven* GmbH-Konzern-Innenrecht, 1978; *ders.* Nochmals: Minderheitenschutz und Beirat in der GmbH, BB 1978, 335; *Venrooy* Das strafrechtliche Risiko des Geschäftsführers bei Verletzung von Geheimhaltungspflichten, GmbHR 1993, 609; *Versteegen* Konzernverantwortlichkeit und Haftungsprivileg, 1993; *Volhard/Weber* Gesellschaftsvertragliche Verschwiegenheits- und Offenbarungspflichten bei der Veräußerung von GmbH-Geschäftsanteilen, FS Semler, 1993, S. 387; *von Werder/Maly/Pohle/Wolff* Grundsätze ordnungsgemäßer Unternehmensleitung (GoU) im Urteil der Praxis, DB 1998, 1193; *Vonnemann* Die Haftung im qualifizierten faktischen Konzern, BB 1990, 217; *ders.* Strafbarkeit von GmbH-Geschäftsführern wegen Untreue zu Lasten der GmbH bei Zustimmung der Gesellschafter?, GmbHR 1988, 329; *Walter* Verdeckte Gewinnausschüttung und Wettbewerbsverbot, 1998; *Wassermeyer* Das Wettbewerbsverbot des Gesellschafters und des Gesellschafter-Geschäftsführers einer GmbH, GmbHR 1993, 329; *M. Weber* Vormitgliedschaftliche Treubindungen, 1999; *D. Weber* GmbH-rechtliche Probleme des Management-Buy-Out, ZHR 155 (1991), 120; *Weimar* Grundprobleme und offene Fragen um den faktischen GmbH-Geschäftsführer, GmbHR 1997, (Teil I) 473, (Teil II) 538; *ders.* Umweltrechtliche Verantwortung des GmbH-Geschäftsführers, GmbHR 1994, 82; *U. Weber/Lohr* Aktuelle Rechtsprechung zur Innenhaftung von GmbH-Geschäftsführern nach § 43 Abs. 2 GmbHG, GmbHR 2000, 698; *Weisser* Wahrnehmung von Geschäftschancen des Unternehmens durch Alleingesellschafter-Geschäftsführer als verdeckte Gewinnausschüttung, GmbHR 1997, 429; *ders.* Corporate Opportunities: Zum Schutz der Geschäftschancen des Unternehmens im deutschen und im US-amerikanischen Recht, 1991; *ders.* Gesellschafterliche Treuepflicht bei Wahrnehmung von Geschäftschancen der Gesellschaft durch de facto geschäftsführende Gesellschafter, DB 1989, 2010; *Wellkamp* Ausweitung und Einschränkung der Eigenhaftung des GmbH-Geschäftsführers, DB 1994, 869; *ders.* Die Gesellschafterklage im Spannungsfeld von Unternehmensführung und Mitgliedsrechten, DWiR 1994, 221; *Wepler* Verdeckte Gewinnausschüttung bei Konkurrenzhandlungen von GmbH-Gesellschaftern zu ihrer Gesellschaft, 2001; *Westerhoff* Organ und (gesetzlicher) Vertreter, 1993; *Westermann* Vom Gläubigerschutz zum Gläubigerprivileg – Betrachtungen zur Haftung des Geschäftsführers für die Nichtabführung von Arbeitnehmerbeiträgen zur Sozialversicherung, FS Fikentscher, 1998, S. 456; *ders.* Freistellungserklärungen für Organmitglieder im Gesellschaftsrecht, FS Beusch, 1993, S. 871; *ders.* Gesellschaftliche Verantwortung des Unternehmens als Gesellschaftsrechtsproblem, ZIP 1990, 771; *ders.* Verjährung des Schadensersatzanspruchs gegen Gesellschafter-Geschäftsführer, NJW 1982, 2870; *Westermann/Mutter* Die Verantwortlichkeit von Geschäftsführern einer GmbH gegenüber Dritten, DWiR 1995, 184; *Wiedemann* Entwicklungen im Kapitalgesellschaftsrecht, DB 1993, 141; *ders.* Zu den Treuepflichten im Gesellschaftsrecht, FS Heinsius, 1991, S. 949; *ders.* Die Unternehmensgruppe im Privatrecht, 1988; *Wiede-*

Haftung der Geschäftsführer **§ 43**

mann/Hirte Die Konkretisierung der Pflichten des herrschenden Unternehmens, ZGR 1986, 163; *Wilhelm* Um ein sauberes GmbH-Wesen: Hilfe des BGH bei Machenschaften der GmbH-Geschäftsführung?, DB 1999, 2349; *ders.* Konzernrecht und allgemeines Haftungsrecht, DB 1986, 2113; *ders.* Rechtsform und Haftung bei der juristischen Person, 1981; *Wimmer* Die Haftung des GmbH-Geschäftsführers, NJW 1996, 2546; *Windbichler* Treuepflichtige Stimmrechtsausführung und ihre rechtlichen Folgen in *Henze/Timm/Westermann* (Hrsg.), Gesellschaftsrecht 1995, 1996, 23; *Winter* Eigeninteresse und Treuepflicht bei der Einmann-GmbH in der neueren BGH-Rechtsprechung, ZGR 1994, 570; *ders.* Mitgliedschaftliche Treuebindungen im GmbH-Recht, 1988; *ders.* Verdeckte Gewinnausschüttung im GmbH-Recht, ZHR 148 (1984), 579; *Ziche* Die Verweisung des § 35 Abs. 4 GmbHG auf das Verbot der Vornahme von Insichgeschäften, 1991; *Ziemons* Die Haftung der Gesellschafter für Einflußnahmen auf die Geschäftsführung der GmbH, 1996; *Zitzmann* Die Vorlagepflichten des GmbH-Geschäftsführers, 1991; *Zöllner* Materielles Recht und Prozeßrecht, AcP 190 (1990), 471; *ders.* Die sogenannten Gesellschafterklagen im Kapitalgesellschaftsrecht, ZGR 1988, 392.

Übersicht

	Rn.		Rn.
I. Grundlagen	1–6	6. Verzicht, Erlass, Vergleich	37–41
1. Inhalt und Zweck der Bestimmung	1–3	a) Möglichkeiten der Haftungsentlastung	37–39
2. Zwingender Charakter der Regelung?	4, 5	b) Grenzen	40, 41
3. Versicherung	6	**III. Anspruchsinhaber und -gegner; Geltendmachung**	42–52
II. Voraussetzungen des Anspruchs	7–41	1. Anspruchsinhaber	42–45
1. Sorgfaltsverstoß	7–21	a) Die Gesellschaft als Gläubiger	42
a) Grundlagen	7–9	b) Ansprüche der Gesellschafter?	43–45
b) Sorge für rechtmäßiges Verhalten der Gesellschaft	10	2. Geltendmachung	46–50
c) Zusammenarbeit innerhalb der Gesellschaft	11–15	a) Durch Gesellschaft	46
aa) Zuständigkeitsverteilung innerhalb der Geschäftsführung	11, 12	b) Durch Gesellschafter	47–49
bb) Rechtswidrige Beschlüsse des Geschäftsführergremiums	13, 14	c) Durch Gesellschaftsgläubiger	50
cc) Sorgfaltspflichten im Verhältnis zu anderen Gesellschaftsorganen	15	3. Anspruchsgegner	51, 52
d) Leitung des Unternehmens der Gesellschaft	16–18	**IV. Unterlassungs- und Beseitigungsansprüche**	53–60
e) Weitere Verhaltensmaßstäbe	19–21	1. Aus Delikt	53, 54
2. Schaden	22–26	2. Aus Kompetenzüberschreitung	55–60
3. Gesellschafterbeschluss gemäß § 46 Nr. 8	27	**V. Verjährung**	61, 62
4. Weisungs-/zustimmungsgemäßes Geschäftsführerverhalten	28–35	**VI. Geschäftsführerhaftung in der GmbH & Co KG**	63–66
a) Weisungen	28–30	**VII. Exkurs: Gesellschafterhaftung**	67–79
b) Billigung durch weisungsberechtigtes Organ	31	1. Mehrgliedrige Gesellschaften	67–69
c) Ausnahmen	32–35	2. Einmanngesellschaften	70–75
aa) Gesellschaftsgläubiger	32	3. Rechtsfolge	76–79
bb) Nichtige Weisungs-/Zustimmungsbeschlüsse	33, 34	**VIII. Exkurs: Zur Außenhaftung des Geschäftsführers**	80–88
cc) Anfechtbare Beschlüsse	35	1. Rechtsgeschäftlicher Kontakt	81–83
5. Darlegungs- und Beweislast	36	2. Delikt	84–86
		3. § 69 AO (Haftung für Steuerschulden der Gesellschaft)	87, 88
		IX. Österreichisches Recht	89

I. Grundlagen

1. Inhalt und Zweck der Bestimmung. Einzelne Geschäftsführerpflichten werden – teilweise als Verhaltenspflichten der Gesellschaft – vom Gesetz konkret festgelegt (Beispiele: §§ 30, 33, 39 bis 41, 43a, 49, 51a, 64). Selbständige Schadensersatzsanktionen gegen Geschäftsführer ergeben sich etwa aus den §§ 9 Abs. 1, 31 Abs. 6, 57 Abs. 4, 64 Abs. 2. § 43 ergänzt diese Vorschriften durch eine **allgemeine Umschreibung** des aus der Organstellung der Geschäftsführer resultierenden Sorgfaltsmaßstabs

1

§ 43　　　　　　　　　　3. Abschnitt. Vertretung und Geschäftsführung

(Abs. 1) und ordnet als Rechtsfolge seiner Nichtbeachtung Schadensersatz an (Abs. 2). Aus Abs. 3 ergibt sich, dass diese Rechtsfolge – von wenigen Ausnahmen abgesehen – dann nicht eintreten soll, wenn ein Geschäftsführer lediglich einen Gesellschafterbeschluss befolgt. Abs. 4 schließlich ordnet Verjährung des Anspruches in fünf Jahren an. § 43 gilt auch schon gegenüber dem Geschäftsführer der Vorgesellschaft.[1] Zu **strafrechtlichen** Folgen der Verletzung von Geschäftsführerpflichten vgl. §§ 82, 84.[2] Zur Unanwendbarkeit der Bestimmung auf Geschäftsführer von Töchtern der (ehemaligen) Treuhandanstalt (§ 16 Abs. 2 S. 2 TreuhandG) BGH GmbHR 1995, 274 f. Geschäftsführer einer GmbH, die durch Umwandlung ehemals volkseigener Betriebe entstanden sind, können sich auf früher geltende Haftungsprivilegien nicht berufen.[3]

2 Außer den in ihm umschriebenen Tatbestandselementen setzt die Geltendmachung von Schadensersatzansprüchen gemäß § 43 grundsätzlich einen **Gesellschafterbeschluss** gemäß § 46 Nr. 8 voraus (für Einzelheiten vgl. dort Rn. 33 ff.). Das entspricht dem Umstand, **dass** die Bestimmung einen Anspruch der **Gesellschaft,** nicht etwa ihrer Gesellschafter oder Gläubiger normiert. Letztere können den Anspruch freilich pfänden und sich überweisen lassen. Über die Frage, **wer** den Anspruch gemäß § 43 **geltend machen kann,** sagt die Vorschrift selbst nichts aus (dazu Rn. 46 ff.).

3 Der **Zweck** der Bestimmung besteht darin, eine an die Organstellung selbst, also nicht an den Anstellungsvertrag, anknüpfende Haftungsgrundlage zur Verfügung zu stellen.[4] Im Verhältnis zu § 93 AktG wird der Eintritt der Haftung mit Rücksicht auf die Weisungsabhängigkeit der Geschäftsführer (§ 37 Rn. 26 ff.) sachentsprechend modifiziert. Daneben wird aus dem Anstellungsvertrag[5] gehaftet. Praktisch bedeutsam ist dies in den Fällen der Drittanstellung und dann, wenn sich die verletzte Pflicht nur aus dem Anstellungsvertrag ergibt.[6] Von diesen Fällen abgesehen geht die anstellungsvertragliche Haftung in der organschaftlichen auf.

4 **2. Zwingender Charakter der Regelung? Abs. 3** ist, weil gläubigerschutzorientiert, nach hM **zwingend**.[7] Dabei ist zu beachten, **dass** Abs. 3 auf Verletzungen von § 43 a entsprechend anzuwenden ist (Rn. 24). Nicht änderbar sind sowohl Verhaltenspflichten als auch der gesetzliche Verschuldensmaßstab. Umstritten ist, ob auch der Sorgfaltsmaßstab von **Abs. 1** unabdingbar ist.[8] Für die Bejahung der Frage, die von der Möglichkeit einer Modifizierung amtskonnexer Pflichten zu unterscheiden ist (vgl. Rn. 8, § 35 Rn. 83), sprechen die Stellung des Geschäftsführers als eines Verwalters

---

[1] BGH WM 1986, 789.
[2] Ausführlich *Meyer-Landrut/Miller/Niehus* Rn. 25 ff.
[3] BGHZ 136, 332 = NJW 1998, 227 = DStR 1997, 1896 = NZG 1998, 68, KG NZG 1999, 400.
[4] Vgl. *Scholz/Schneider* Rn. 12 a ff.; auch § 35 Rn. 70; ausführlich *Schneider,* FS Werner, 1984, S. 795, 804 ff. Ausführlich zu Grenzen der Haftung *Klasen* S. 407 ff.
[5] Dazu *Fleck* ZHR 149 (1985), 387, 409 f.
[6] Dazu etwa BGH ZIP 1988, 568; vgl. § 35 Rn. 106; s. auch *Scholz/Schneider* Rn. 13. Zur Konkurrenz von Ansprüchen aus § 43 und aus § 826 BGB BGH GmbHR 1992, 303. Zur – u. a. versicherungsrechtlich bedeutsamen – Frage deliktischer Haftung des Alleingesellschafter-Geschäftsführers gegenüber „seiner" GmbH *Huff* BB 1986, 213.
[7] *Kaffiné* S. 131; *Heisse* 108 f. mN abweichender Ansichten.
[8] Dafür etwa *Lutter/Hommelhoff* Rn. 2; *Ebenroth/Lange* GmbHR 1992, 69, 76; ähnlich auf Grund umfassender Prüfung *Kaffiné* S. 131 ff., 137 ff. mwN; dagegen *Fleck* GmbHR 1974, 224, 229; *Konow* GmbHR 1968, 219, 221; *Roth/Altmeppen* Rn. 50; *Scholz/Schneider* Rn. 184 ff.; *Baumbach/Hueck/Zöllner* Rn. 5; *Meyer-Landrut/Miller/Niehus* Rn. 21; *Kion* BB 1984, 864, 867; *Felix* DStZ 1987, 455, 457; ausführlich *Heisse* S. 107 ff.; *Frisch* S. 228 ff.; zuletzt *Lohr* NZG 2000, 1208 f. mwN beider Auffassungen. S. auch *Hachenburg/Mertens* Rn. 5.

fremden Vermögens, insbesondere die Erfordernisse eines effektiven Minderheitenschutzes. Nicht ausschlaggebend ist demgegenüber, **dass** auf einmal entstandene Ansprüche auch verzichtet werden kann.[9] Ein solcher Verzicht hat eine andere Qualität als eine ex ante-Abmilderung des gesetzlichen Sorgfaltsmaßstabs. Auch in Fällen vorsätzlicher Schädigung ist im übrigen ein Verzicht möglich, ohne **dass** sich daraus, wie § 276 Abs. 3 BGB zeigt, auf die Zulässigkeit einer Haftungsfreistellung im voraus zurückschließen ließe. Andererseits ist nicht ohne weiteres ersichtlich, warum die Partner des ursprünglichen Gesellschaftsvertrages generell über § 276 Abs. 3 BGB hinaus geschützt sein sollten. Im Kontext nachträglicher Satzungsänderung gilt dies nicht. Der Minderheit ist eine Abmilderung der Geschäftsführerhaftung gegen ihren Willen nicht zuzumuten. Deren Zulässigkeit müsste also jedenfalls von einem einstimmigen Beschluss abhängig gemacht werden.[10] Ob sich im Rahmen des § 53 dafür eine zureichende Begründung finden lässt, muss hier offen bleiben. Umstritten ist, ob der Haftungsmaßstab des Abs. 1 nur durch die Satzung modifiziert werden kann. Die Frage sollte bejaht werden.[11] Zur Bedeutung zwingenden Rechts, namentlich von Bestimmungen zum Schutz der Gläubiger Rn. 5.[12]

Bei Einpersonen-Gesellschaften entfallen minderheitenschutzbezogene Gesichtspunkte. Aus der grundsätzlich entlastenden Wirkung von Gesellschafterweisungen folgt des weiteren, dass Gläubigerinteressen jedenfalls im Ausmaß dieser Entlastungsmöglichkeit von Abs. 1 nicht berücksichtigt werden, also nur reflexartig geschützt sind.[13] Nichtige Weisungsbeschlüsse, darunter auch solche, die gegen zwingende Normen zum Schutz der Gläubiger verstoßen, entlasten allerdings nicht (Rn. 33). Ferner ist zu berücksichtigen, dass GmbH-Gesellschafter, also auch der Einmann, über das Gesellschaftsvermögen zwar grundsätzlich frei, aber doch nur bis zur Grenze des Stammkapitals verfügen können. Das bedeutet: Im Verhältnis zu einem Fremdgeschäftsführer kann die Satzung die Haftung mit den vorstehenden Vorbehalten abschwächen,[14] wegen § 276 Abs. 3 BGB wiederum nur bis zur Grenze der groben Fahrlässigkeit. Gegenüber dem Alleingesellschafter-Geschäftsführer gilt beides nicht. Denn ein von seinen Interessen unterscheidbares Interesse der (nicht mitbestimmten; vgl. § 37 Rn. 29) Gesellschaft sollte nicht anerkannt werden.[15] Zur Frage anderweitiger Beurteilung bei

---

[9] Andere Tendenz bei *Altmeppen* DB 2000, 658 ff.

[10] *Roth/Altmeppen* Rn. 50; vgl. auch § 45 Rn. 26.

[11] *Baumbach/Hueck/Zöllner* Rn. 5 gegen *Meyer-Landrut/Miller/Niehus* Rn. 21; *Scholz/Schneider* Rn. 186; *Schneider*, FS Werner, 1984, S. 814; *Hachenburg/Mertens* Rn. 5, *Jungkurth* S. 98 f.; anders (Haftungsmilderung im Anstellungsvertrag ausreichend) *Jula* GmbHR 2001, 807 f.; vgl. § 35 Rn. 82 ff.

[12] Zur Abdingbarkeit der Verjährungsvorschrift des Abs. 4 vgl. Rn. 61. Zur Haftungsmilderung bei Drittanstellung *Fleck* ZHR 149 (1985), 387, 410. Zu Freistellungserklärungen Dritter *Westermann*, FS Beusch, 1993, S. 871 ff.

[13] Dazu *Ulmer* GmbHR 1984, 246, 263; *Schneider*, FS Werner, 1984, S. 811, jeweils mwN.

[14] Vgl. *Schneider*, FS Werner, 1984, S. 811 f.

[15] Wie hier zB BGHZ 119, 257, 261 f. = NJW 1993, 193 = EWiR § 43 GmbHG 2/92 – Kort = WuB II C § 43 GmbHG 1.93 – *Schneider*; OLG Köln GmbHR 1995, 449, 450; *Baumbach/Hueck/Zöllner* Schlußanh. I Rn. 83; *Lutter/Hommelhoff* § 14 Rn. 24; *Wiedemann* S. 86 f.; *Roth/Altmeppen* § 13 Rn. 65 ff.; MüKo BGB/*Reuter* § 21 Rn. 41; *Flume* S. 61, *Koppensteiner* § 61 Rn. 5; *Ulmer*, FS Pfeiffer, 1988, S. 853, 864 f.; *Lutter* ZIP 1985, 1425, 1428 f.; *Rehbinder* AG 1986, 85, 92, 94; *Ziche* S. 109 ff. nach ausführlicher Diskussion; kritisch etwa *K. Schmidt* BB 1985, 2074, 2077; umfassend *Becker* S. 61 ff.; auch *Büscher* S. 143 ff.; *Tieves* S. 562 ff., je mwN; vgl. ferner *Fleck* ZHR 149 (1985), 387, 395 f., 407 f.; *Assmann* JZ 1986, 928, 930 f.; *Emmerich* GmbHR 1987, 213, 220; *K. Schmidt* ZIP 1989, 545, 548; *Priester* ZGR 1993, 512, 520; s. auch BGH ZIP 1989, 98, 99: Vermögen der Einpersonen-Gesellschaft als Sondervermögen des Gesellschafters.

Konzernabhängigkeit der GmbH Anh. § 52 Rn. 78. Zur Bedeutung existenzgefährdenden Verhaltens Rn. 70 ff. Die Strafgerichte haben angenommen, der Alleingesellschafter-Geschäftsführer könne Untreue iSv. § 266 StGB auch dann begehen, wenn das Stammkapital nicht angegriffen wird. Das könnte wegen § 823 Abs. 2 BGB haftungsauslösend wirken, ist aber abzulehnen (Rn. 74).

6 **3. Versicherung.** Seit einiger Zeit existiert auch in Deutschland die Möglichkeit, Haftungsrisiken versichern zu lassen. Bezüglich der Innenhaftung kann es wegen des Missbrauchsrisikos dabei allerdings Schwierigkeiten geben, die von den Anbietern auf verschiedene Weise angegangen werden. Es existieren Musterbedingungen des Gesamtverbandes der deutschen Versicherungswirtschaft. Versicherungsnehmerin ist regelmäßig die Gesellschaft. Soweit damit nicht eigene Risiken abgedeckt werden, liegt eine steuerlich relevante geldwerte Vorteilsgewährung vor.[16]

II. Voraussetzungen des Anspruchs

7 **1. Sorgfaltsverstoß. a) Grundlagen.** Die in Abs. 1 als maßgeblich erklärte „**Sorgfalt eines ordentlichen Geschäftsmannes**" erweitert § 347 HGB und entspricht derjenigen eines „ordentlichen und gewissenhaften Geschäftsleiters" in § 93 Abs. 1 AktG.[17] Hier wie dort geht es darum, dass Mitglieder des geschäftsführenden Organs sich nicht nur wie ein beliebiger Unternehmer, sondern wie jemand in der verantwortlich leitenden Stellung des Verwalters fremden Vermögens verhalten müssen.[18] Die Anforderungen im einzelnen variieren dabei nach Art und Größe des Unternehmens und – damit zusammenhängend – nach der (relativen) Bedeutung einer Maßnahme.[19] Obwohl Arbeitnehmerinteressen generell mitzuberücksichtigen sind,[20] spielen sie doch im Geltungsbereich der Mitbestimmungsgesetze eine besondere Rolle (vgl. § 37 Rn. 29).[21]

8 Die **Verhaltenspflichten** des Geschäftsführers ergeben sich **nicht** aus Abs. 1, sondern aus der Geschäftsführungsaufgabe, damit verbundenen Loyalitätspflichten und einzelnen Spezialregelungen,[22] zB § 41 (Buchführungspflicht). Abs. 1 enthält daher keinen Rechtswidrigkeits-, sondern einen allerdings **objektiven Verschuldensmaßstab.** Es ist nahezu unstritten, dass sich kein Geschäftsführer auf seine Unfähigkeit be-

---

[16] Näher *Scholz/Schneider* Rn. 297 ff.; *Thümmel* S. 160 ff. (mit Erläuterung der Musterbedingungen); *ders.* DB 1995, 1013, 1018 f.; *Frisch* S. 65 ff.; *Schneider/Ihlas* DB 1994, 1123, 1124 f.; *Lohr* NZG 2000, 1211 ff.; zur Zulässigkeit der Prämienübernahme durch die Gesellschaft *Thümmel* S. 164 mwN; *Habetha* DZWiR 1995, 272, 278 ff.; *Krieger* in *Henze/Timm/Westermann* S. 165 f. Empirische Angaben bei *Hucke* AG 1994, 397, 402. Skeptisch *Hucke* DB 1996, 2268 ff.

[17] *Hachenburg/Mertens* Rn. 16; anders wohl *Kunst* WM 1980, 758.

[18] So die Formulierung von OLG Bremen GmbHR 1964, 8, 9 in Anlehnung an *Baumbach/Hueck* 13. Aufl. Anm. 2 A; dem folgend OLG Zweibrücken NZG 1999, 506; detaillierter OLG Koblenz GmbHR 1999, 1201; nützliche Präzisierungen bei *Heisse* S. 9 ff.; vgl. ferner RGZ 64, 254, 257 – Sorgfalt eines Lagerhalters, *Hachenburg/Mertens* Rn. 16 ff. mwN; zu den Konsequenzen für die Haftung des Alleingesellschafter-Geschäftsführers BGHZ 31, 258, 278 = NJW 1960, 285; BGHZ 75, 321, 326 f. = NJW 1980, 589.

[19] Vgl. OLG Bremen GmbHR 1964, 8, 9: Sorgfalt eines Geschäftsführers „gerade dieser" GmbH; kritisch *Heisse* S. 40 f.

[20] *Scholz/Schneider* Rn. 65.

[21] Für eine Übersicht über die Judikatur zu Fragen des Sorgfaltsverstoßes *Kunst* WM 1980, 758, 762 ff.; allgemein dazu auch *Kion* BB 1984, 864 ff.

[22] Richtig *Baumbach/Hueck/Zöllner* Rn. 11 gegen *Hachenburg/Mertens* Rn. 55; wie hier auch *Heisse* S. 15 f. Systematisierung leitungsbezogener Sorgfaltspflichten bei *Abeltshauser* S. 147 ff. mwN. Übersicht über die Rechtsprechung bei *Goette*, FS BGH, 2000, S. 125 ff.

Haftung der Geschäftsführer **§ 43**

rufen kann, diesem Maßstab zu entsprechen.[23] Die Grundsätze über die Haftungsfreistellung bei **„gefahrengeneigter Arbeit"** sind jedenfalls im Zusammenhang amtstypischer Verrichtungen nicht anzuwenden.[24] Entsprechendes gilt hinsichtlich des Einwandes, die Gesellschafter hätten sich angesichts der Unerfahrenheit des Beklagten in erhöhtem Maße um seine Geschäftsführung kümmern müssen.[25]

Andererseits haftet jeder Geschäftsführer nur für **eigenes** Verschulden. Bei Fehlverhalten anderer Geschäftsführer oder von Angestellten sind grundsätzlich weder § 278 noch § 831 BGB anwendbar.[26] Bei Sorgfaltsverstößen eines gesamtvertretungsberechtigten, aber ermächtigten Prokuristen gilt die für die Ermächtigung unter gesamtvertretungsberechtigten Geschäftsführern maßgebliche Regel (Rn. 12) entsprechend. **9**

b) **Sorge für rechtmäßiges Verhalten der Gesellschaft.** Die Geschäftsführer sind zunächst verpflichtet, für rechtmäßiges Verhalten der Gesellschaft Sorge zu tragen.[27] Dazu gehört, wie Abs. 3 ausdrücklich zu erkennen gibt, die Unterlassung von Verstößen gegen § 30[28] und gegen § 33 (dazu § 33 Rn. 39). Ansprüche aus § 31 sind geltend zu machen.[29] Öffentlich-rechtliche Pflichten bestehen insbesondere auf steuerlichem und sozialversicherungsrechtlichem Gebiet.[30] Die Geschäftsführer haben sich strikt innerhalb der Grenzen des gesellschaftsvertraglich bestimmten Unternehmensgegenstandes zu halten.[31] Wird die Gesellschaft wegen Fehlverhaltens ihres Geschäftsführers von Dritten in Anspruch genommen,[32] so kann sie gemäß Abs. 2 Regress nehmen.[33] Ob das auch gegenüber dem Alleingesellschafter-Geschäftsführer gilt, ist zweifelhaft, aber wohl zu verneinen. Denn auch Ansprüche aus Abs. 2 stehen der Ge- **10**

---

[23] BGH WM 1971, 1548, 1549; GmbHR 1981, 191, 192; NJW 1983, 1856, 1857; OLG Koblenz GmbHR 1991, 416, 417; OLG Naumburg NZG 2001, 136, 137; OLG Köln GmbHR 1972, 65; *Kunst* WM 1980, 758, 760; GmbH-HdB Rn. 2447; *Hachenburg/Mertens* Rn. 55; *Scholz/Schneider* Rn. 165; beide mwN; einschränkend *Lindacher* JuS 1984, 674; wohl auch *Baumbach/Hueck/Zöllner* Rn. 35.

[24] BGH WM 1975, 467, 469; KG NZG 1999, 400, 402 (dazu *Weber/Lohr* GmbHR 2000, 701); *Scholz/Schneider* Rn. 180 ff.; *Baumbach/Hueck/Zöllner* Rn. 8; *Meyer-Landrut/Miller/Niehus* Rn. 10; *Gissel* S. 138 ff.; *Lohr* NZG 2000, 1206 ff., je mwN; dagegen (ausführlich) *Frisch* S. 83 ff. mit Aufarbeitung des Materials; *Pullen* BB 1984, 989 ff.; auch *Köhl* DB 1996, 2600 ff.; vgl. *Schneider*, FS Werner, 1984, S. 804, 812 ff.; zur Entwicklung jener Grundsätze *Hanau/Rolfs* NJW 1994, 1439 ff. Zur Rechtslage bei Beschädigung eines Firmenwagens OLG Koblenz GmbHR 1999, 344 = EWiR § 43 GmbHG 1/99 – *Zimmermann*.

[25] BGH NJW 1983, 1856, 1857; vgl. *Lindacher* JuS 1984, 674.

[26] OLG Köln BB 1993, 747, 748; *Hachenburg/Mertens* Rn. 12; *Baumbach/Hueck/Zöllner* Rn. 24; *Scholz/Schneider* Rn. 30, beide mwN; für Einzelheiten Rn. 10 ff., 16.

[27] Vgl. BGHZ 133, 370, 375 = NJW 1997, 130 = ZIP 1996, 2017; BGH GmbHR 1994, 390, 392; KG NZG 1999, 400, 401; *Scholz/Schneider* Rn. 50 ff.; *Roth/Altmeppen* Rn. 5; auch OLG Hamm ZIP 1993, 119, 120, zu umweltrechtlichen Verhaltenspflichten *Weimar* GmbHR 1994, 82 ff.; *Abeltshauser* S. 151, 205 ff.; Übersicht über gesetzlich geregelte Einzelpflichten bei *Thümmel* S. 66 f.; *Lutter* GmbHR 2000, 302 f.

[28] Vgl. BGHZ 110, 342, 352 ff.; OLG Hamburg NZG 2000, 839 (keine Auszahlung einer gewinnabhängigen Tantieme an Gesellschafter-Geschäftsführer, wenn letzter Jahresabschluss vor Zahlung Unterbilanz enthält); zu den tatbestandlichen Voraussetzungen § 30 Rn. 6 ff.; zum Verhältnis von Geschäftsführer- und Gesellschafterhaftung § 31 Rn. 48 ff.

[29] BGH NJW 1992, 1166 f.

[30] Dazu BGHZ 133, 370, 375. Zu umweltpolitischen Pflichten etwa *Menzer* GmbHR 2001, 500 ff.

[31] Eingehend dazu *Tieves* S. 268 ff. Vgl. § 37 Rn. 7.

[32] Dazu BGHZ 98, 148 = NJW 1986, 2941; BGH GmbHR 1987, 227. Zur Bedeutung von Verkehrspflichten in diesem Zusammenhang umfassend *Kleindiek* S. 117 ff.

[33] Vgl. BGH WM 1975, 467. Zur Unanwendbarkeit von § 831 Abs. 2 BGB Rn. 76.

sellschaft in dieser Konstellation nicht zu (Rn. 30). Ein Verstoß gegen § 64 Abs. 1[34] ist nicht ohne weiteres als Sorgfaltsverletzung auch iSv. Abs. 1 zu bewerten. Obwohl § 64 als Schutzvorschrift zugunsten der Gesellschaft formuliert ist, geht es dort doch um Gläubigerinteressen.[35] Infolgedessen ist in diesen Fällen selbständig zu prüfen, ob die Voraussetzungen des § 43 vorliegen.[36] Im Anwendungsbereich von § 9a ist für § 43 kein Raum.[37] Bei **zweifelhafter** Rechtslage steht den Geschäftsführern ein Ermessensspielraum zu, bei dessen Ausübung Risiken und Chancen sachgerecht abzuwägen sind (vgl. Rn. 18).[38] Bei entsprechender Bedeutung der Frage ist sachkundiger Rechtsrat einzuholen, grundsätzlich aber nicht gegen den Willen der Gesellschafter.[39]

11 **c) Zusammenarbeit innerhalb der Gesellschaft. aa)** Weitere Pflichten betreffen die **Zusammenarbeit** in der **Geschäftsführung** selbst und mit **anderen Gesellschaftsorganen.** So ist jeder Geschäftsführer verpflichtet, dafür zu sorgen, dass die Arbeitsweise der Geschäftsführung, insbesondere ihre Beschlüsse, dem Gesetz, der Satzung, der Geschäftsordnung und den wohlverstandenen Interessen des Unternehmens entsprechen.[40] Dazu gehört auch die Pflicht, die Tätigkeitsmöglichkeiten eines Co-Geschäftsführers nicht zu beeinträchtigen.[41] Bei Gesamtgeschäftsführung sowie im Zusammenhang der direkt an die Geschäftsführer adressierten gesetzlichen Normen ist diese Verantwortung grundsätzlich unteilbar. In Fällen der Zuständigkeitsverteilung unter den Geschäftsführern nach Geschäftsbereichen durch Satzung oder Gesellschafterbeschluss[42] ist jeder der Beteiligten dagegen in erster Linie für sein Ressort verantwortlich. Doch ist die gemeinsam zu verantwortende Einführung eines Berichtsystems zu verlangen, das sicherstellt, dass jeder Geschäftsführer rechtzeitig von bedeutsamen Angelegenheiten des anderen Ressorts Kenntnis erhalten kann.[43] Auf der Grundlage dieser Informationen, eventuell zusätzlicher Erkundigungen,[44] sind die Geschäftsführer gehalten, sich gegenseitig zu überwachen und gegebenenfalls einzuschreiten.[45] Der

---

[34] Vgl. BGH DB 1987, 1243.
[35] Dazu BGH DB 1976, 1665, 1666.
[36] *Fleck* GmbHR 1974, 224, 231 f.; offengelassen in BGH GmbHR 1974, 131, 132. Zur Bedeutung der Bestimmung im Rahmen des neuen Insolvenzrechts (Vorlage eines Insolvenzplanes) *Schluck-Amend/Walker* GmbHR 2001, 376 ff.
[37] Überzeugend OLG Celle NZG 2000, 1178, 1179 mwN.
[38] Näher *Hachenburg/Mertens* Rn. 20.
[39] Andere Tendenz bei *Gieseke* GmbHR 1996, 490 ff. mit Übertreibung der Verantwortung der Geschäftsführer bei entgegenstehendem Willen der Gesellschafter.
[40] Dazu *Scholz/Schneider* Rn. 56 ff.; zur Bedeutung dieser Regel für den faktischen Geschäftsführer BGH GmbHR 1990, 298, 299. S. ferner OLG Nürnberg NZG 1999, 124, 125: Billigung anstellungsvertraglich ungedeckter Zahlungen an Mitgeschäftsführer.
[41] Vgl. OLG Frankfurt GmbHR 1992, 608 = EWiR § 43 GmbHG 1/92 – *Eckert*.
[42] Dazu § 37 Rn. 38 ff.; Diskussion von Grenzen bei *Scholz/Schneider* Rn. 39 ff. Erörterung praktischer Aspekte bei *Höhn* S. 17 ff., 55 ff.
[43] Kölner KommAktG/*Mertens* § 77 Rn. 20, *Krieger* in *Henze/Timm/Westermann* S. 155 mwN; s. auch OLG Karlsruhe NZG 2000, 264, 266: Informationspflicht bei außergewöhnlichen Maßnahmen.
[44] Zu praktischen Fragen in diesem Zusammenhang *Höhn* S. 138 ff., 145 ff.
[45] Vgl. RGZ 98, 98, 100; BGH WM 1986, 789 = EWiR § 30 GmbHG 1/86, 587 – *Weipert* = WuB II C § 43 GmbHG 5.86 – *Rümker*; OLG Köln NZG 2001, 135, 136; OLG Düsseldorf GmbHR 1994, 403 f.; vgl. *Thelen* ZIP 1987, 1027, 1031; BFH ZIP 1986, 1247 = EWiR § 43 GmbHG 2/86, 905 – *Weipert*; BGH WM 1985, 1293, 1294 = EWiR § 43 GmbHG 1/85, 987 – *Fleck* = WuB II C § 43 GmbHG 1.86 – *Krämer*; Hachenburg/*Mertens* Rn. 31; Meyer-Landrut/Miller/Niehus Rn. 11; *Scholz/Schneider* Rn. 37a; *ders.*, FS 100 Jahre GmbHG, 2000, S. 473, 481 f.; *Thümmel* S. 78 ff.; *Hommelhoff*, FS Sandrock, 2000, S. 380 ff., alle mwN; zur Verantwortlichkeit

Umfang der Überwachungspflicht hängt von den Umständen des Einzelfalls ab. So wird sich ein ausdrücklich für diese Funktion eingestellter Techniker bei Fehlen gegenteiliger Hinweise darauf verlassen dürfen, dass der kaufmännische Geschäftsführer für eine ordnungsgemäße Buchführung sorgt.[46] Das ändert freilich nichts an der Pflicht, den Jahresabschluss selbständig zu prüfen, weil es sich bei dessen Aufstellung um eine allen Geschäftsführern obliegende Aufgabe handelt.[47] Für die rechtzeitige Stellung des Insolvenzantrags ist jeder Geschäftsführer verantwortlich.[48]

Eine rein faktische interne **Arbeitsteilung** lässt das Prinzip der Gesamtverantwortlichkeit der Geschäftsführer unberührt.[49] Dasselbe wird anzunehmen sein, wenn eine Aufteilung nach Ressorts auf einer ausdrücklichen Absprache unter den Geschäftsführern, auch in Form einer Geschäftsordnung beruht (dazu § 37 Rn. 42), sofern dies nicht von der Satzung oder der Zustimmung der Gesellschafter gedeckt ist. Denn wenn die Gesellschafter das gesetzliche Regelprinzip der Gesamtgeschäftsführung nicht selbst modifizieren oder solches wenigstens billigen, so bringen sie damit zum Ausdruck, dass jede Geschäftsführungsmaßnahme von allen Geschäftsführern verantwortet werden soll.[50] Von hier aus wird auch die umstrittene Frage nach der Verantwortlichkeit eines (nur) gesamtvertretungsberechtigten Geschäftsführers bei Ermächtigung eines anderen zu beantworten sein. Dass eine solche Ermächtigung im Außenverhältnis möglich ist (§ 35 Rn. 43 ff.), ändert nichts daran, dass der Ermächtigende im Innenverhältnis kraft des Prinzips der Gesamtgeschäftsführung verantwortlich bleibt. Er haftet daher für Fehlverhalten des Ermächtigten,[51] zwar nicht wegen § 278 BGB, aber deshalb, weil die Erteilung der Ermächtigung selbst sorgfaltswidrig war.[52]

12

bb) Rechtswidrige Beschlüsse des Geschäftsführergremiums dürfen nicht ausgeführt werden. **Überstimmte** Geschäftsführer müssen alles Zumutbare tun, um das zu gewährleisten.[53] Entsprechendes wird jedenfalls im Zusammenhang eindeutig **sorgfaltswidriger** Beschlüsse zu gelten haben.[54] Erfährt ein Geschäftsführer von Fehlverhalten eines anderen, so muss er es abzustellen suchen.[55] In Betracht kommen je nach Lage des Falles Vorstellungen dem betroffenen Kollegen gegenüber, die Einschaltung des Geschäftsführergremiums, der Gesellschafter oder auch eines Kontrollorgans (Aufsichtsrat, Beirat). An eine Aufsichtsbehörde darf sich der Geschäftsführer nur wenden, wenn er zuvor den Versuch einer internen Klärung des Sachverhalts gemacht

13

---

bei divisionaler Gliederung der Unternehmensleitung *Schwark* ZHR 142 (1978), 203, 214 ff., 219 f.; zum Recht auf Information *Lutter/Hommelhoff* Rn. 7.

[46] GmbH-HdB Rn. 2448; vgl. aber BGH WM 1985, 1293, 1294; auch *Hachenburg/Mertens* Rn. 31.

[47] § 41 Rn. 112; zu steuerlichen Pflichten BFH (Fn. 45); zur Pflicht zu kontinuierlicher Überwachung der Buchführung BGH ZIP 1995, 1334, 1335 f.; GmbHR 1995, 299, 300.

[48] BGH GmbHR 1994, 460, 461 gegen OLG Düsseldorf DB 1992, 937, 938. Vgl. *Goette* DStR 1998, 942.

[49] BGH GmbHR 1990, 298, 299; RGZ 98, 98, 100; *Kunst* WM 1980, 758, 761; *Schneider,* FS 100 Jahre GmbHG, 1992, S. 473, 483 f.; *Hachenburg/Mertens* Rn. 33 mwN.

[50] AM *Heisse* S. 84; wohl auch *Hachenburg/Mertens* Rn. 33 iVm. § 35 Rn. 210. Wie hier OLG Koblenz NZG 1998, 953, 954. Zu öffentlich-rechtlichen Pflichten BGHZ 133, 370, 377 = NJW 1997, 130 = ZIP 1996, 2017 (vgl. Rn. 84).

[51] AM *Meyer-Landrut/Miller/Niehus* Rn. 11; *Hachenburg/Mertens* Rn. 13; *Fleck* GmbHR 1974, 224, 225, der aber zwischen Ermächtigung und Zustimmung unterscheidet; vgl. § 35 Rn. 43.

[52] Vgl. *Baumbach/Hueck/Zöllner* Rn. 23.

[53] *Hachenburg/Mertens* Rn. 23; interessante rechtsvergleichende Ausführungen bei *Sonnenberger* GmbHR 1973, 25, 29 f. mwN.

[54] *Höhn* S. 60.

[55] Vgl. BGH AG 1978, 162, 165; OLG Düsseldorf GmbHR 1994, 403.

§ 43   3. Abschnitt. Vertretung und Geschäftsführung

hat. Hält er sich nicht daran, so muss er einen etwa entstehenden Schaden der Gesellschaft ersetzen.[56]

14 Billigung eines von einem Geschäftsführer gerügten Geschäftsführerbeschlusses durch die Gesellschafter führt in den Grenzen des Abs. 3 dazu, dass die Haftung aus Abs. 2 entfällt (Rn. 31). Im übrigen wird ein überstimmter Geschäftsführer auch dann haftungsfrei, wenn er sich nach ergebnislosen Versuchen einer Korrektur nicht an der Ausführung des in Frage stehenden Geschäftsführerbeschlusses beteiligt.[57]

15 cc) Im Verhältnis zu **anderen Gesellschaftsorganen** besteht die Pflicht zur Durchführung von Weisungen der Gesellschafterversammlung (näher § 37 Rn. 26 ff.), zur Einholung der erforderlichen Zustimmungen, zur satzungs- und geschäftsordnungsgemäßen Information anderer Organe.[58] Auch ohne ausdrückliche Anordnung haben die Geschäftsführer die Gesellschafter, gegebenenfalls (auch) andere Organe über wesentliche Entwicklungen oder Planungen in nützlicher Frist zu informieren.[59] Das gilt insbesondere dort, wo wegen der Möglichkeit von Weisungen damit gerechnet werden muss, dass die Gesellschafter mit der Problematik befasst werden wollen. Zur Pflicht der Einberufung einer Gesellschafterversammlung § 49 Abs. 2, 3; zur Berichtspflicht der Geschäftsführung gegenüber einem Aufsichtsrat vgl. § 52 Rn. 11, 48.

16 d) **Leitung des Unternehmens der Gesellschaft.** Der praktische Schwerpunkt der die Geschäftsführer treffenden Pflichten liegt in der **fachlich einwandfreien**, d. h. gesicherte betriebswirtschaftliche Erkenntnisse berücksichtigenden Leitung des Unternehmens der Gesellschaft.[60] Was das im einzelnen bedeutet, hängt in besonders starkem Maße von den Verhältnissen im Einzelfall ab.[61] Allgemein gilt, dass Geschäftsführer nicht einen bestimmten Erfolg, sondern nur eine branchen-, größen- und situa-

---

[56] BGH WM 1966, 968, 969.
[57] *Hachenburg/Mertens* Rn. 23 mwN.
[58] Vgl. BGHZ 20, 239, 246 = NJW 1956, 906; BGHZ 47, 341, 352 = NJW 1967, 1711 für die AG. Zu Einzelheiten *Höhn* S. 90 ff. Über Aufstellung und Vorlage des Jahresabschlusses § 46 Rn. 3.
[59] Vgl. *Fleck* GmbHR 1974, 224, 225 unter Hinweis auf BGH WM 1968, 1329; weitergehend *Hommelhoff* ZIP 1983, 383, 389 ff.; vgl. auch *Scholz/Schneider* Rn. 119 mwN; monographisch *Zitzmann* S. 35 ff.; zu Informationspflichten im Kontext des Management Buy-Out *Koppensteiner* ZHR 155 (1991), 97, 102 ff. Zu konzernspezifischen Informationspflichten *Jungkurth* S. 85 f.
[60] Dazu OLG Düsseldorf AG 1986, 373, 375; *Lutter* S. 23 ff.; *Höhn* S. 97 ff.; *Thümmel* S. 74 ff.; *Scholz/Schneider* Rn. 70 ff.; Beispiele aus der Rechtsprechung: BGH WM 1986, 780 – Beeinträchtigung des Stammkapitals durch Veräußerung von Vermögensgegenständen an ein insolventes Unternehmen; BGH AG 1985, 165 – Kauf einer Datenverarbeitungsanlage ohne funktionierende Software; BGH WM 1987, 13 – unzureichende Beteiligungsüberwachung; BGH WM 1991, 281, 282; OLG Frankfurt GmbHR 1993, 160 – unzulängliche Buchführung; BGH WM 1992, 223 – nicht rechtzeitige Geltendmachung eines Freistellungsanspruches gegen einen Gesellschafter; BGH NJW 1990, 2560 – Inverkehrbringen gesundheitsgefährdender Produkte; OLG Rostock BB 1995, 1920, 1921 – vernünftige Kalkulation; OLG Düsseldorf GmbHR 1995, 227 – Arbeitnehmerdarlehen einer Ehefrau; OLG Koblenz GmbHR 1999, 1201 – Begleichung nicht fälliger Verbindlichkeit; OLG Celle NZG 1999, 1161 – Nichtgeltendmachen von Forderungen der Gesellschaft; BGH NJW 1997, 741 = WM 1997, 224 = ZIP 1997, 199 – Abschluss eines nachteiligen Beratungsvertrags; OLG Düsseldorf AG 1997, 231 – Darlehen an Briefkastenfirma ohne Sicherheit; OLG Düsseldorf NZG 2001, 1086 – pflichtwidrige Bestellung einer Sicherheit; zu Darlehen an eine Schwestergesellschaft (für AG) OLG Saarbrücken AG 2001, 483 f.; weitere Beispiele in § 38 Rn. 11 und bei *Abeltshauser* S. 149, 161 ff., 190 ff. Empirisch abgestützte Darstellung von Grundsätzen ordnungsmäßiger Unternehmensleitung (für große Unternehmen) bei *v. Werder/Maly/Pohle/Wolff* DB 1998, 1193 ff.
[61] Vgl. OLG Köln BB 1993, 747 – keine Pflicht, jede Warenlieferung nach Umfang und Menge zu kontrollieren. Grundsätzlich *Lutter* GmbHR 2000, 304 f.

tionsadäquate Bemühung schulden.[62] Daraus ergibt sich ein unternehmerischer Verhaltensspielraum, dessen Umfang von den Gegebenheiten der einzelnen Entscheidungssituation abhängt.[63] Persönliche Unfähigkeit entschuldigt aber nicht (Rn. 8). Das Unternehmen ist in jedem Fall so zu **organisieren,** dass eine möglichst optimale Realisierung des Gesellschaftszwecks in Aussicht steht.[64] Dazu gehört auch die Sorge für einen entsprechenden Informationsfluss im Unternehmen, der insbesondere sicherstellt, dass sich die Geschäftsleitung stets über betriebswirtschaftlich relevante Daten des Unternehmens Gewissheit verschaffen kann.[65] Selbstverständlich ist auch der Zugang von Postsendungen sicherzustellen.[66] Das Gesetz selbst hebt die Verpflichtung der Geschäftsführer hervor, für eine ordnungsmäßige Buchführung zu sorgen (§ 41). Ein Antrag auf Insolvenzeröffnung darf nicht gestellt werden, solange weder Überschuldung oder (drohende) Zahlungsunfähigkeit vorliegt, auch dann nicht, wenn die Sanierung der Lage innerhalb der Frist des § 64 Abs. 2 noch möglich erscheint.[67] Zur Frage einer Verpflichtung, abhängige Unternehmen einheitlicher Leitung zu unterstellen, vgl. Anh. § 52 Rn. 85.[68] Unentgeltliche Zuwendungen aus dem Gesellschaftsvermögen sind häufig, aber nicht stets unzulässig.[69]

Für **Fehlverhalten des Personals** haften die Geschäftsführer an sich nicht (Rn. 9). **17** Doch kann sich eine solche Haftung im Ergebnis aus mangelhafter **Organisation** oder unzureichender **Überwachung** ergeben.[70] An Beispielen aus der Rechtsprechung: Veruntreuungen erleichterndes Organisationsverschulden,[71] schwerer Kalkulationsfehler bei einem Angebot von erheblicher Bedeutung,[72] Fehlbetrag, der sich aus den vorhandenen unzureichenden Buchungsunterlagen ergibt,[73] Fehlbestand bei den Warenbeständen, wenn Einrichtung der erforderlichen Kontrollmechanismen und deren Einhaltung unterlassen.[74] Überhaupt können sich Geschäftsführer ihrer Verantwortung nicht einfach durch **Delegation** entziehen.[75] Auch in größeren Unternehmen muss über Entscheidungen von wesentlicher Bedeutung (oder über aussagekräftige Leitlinien) auf Geschäftsführerebene befunden werden.[76]

---

[62] Näher *Heisse* S. 28 ff.
[63] Eindringlich dazu *Horn* ZIP 1997, 1131 ff.; ferner *Oltmanns* S. 354 ff. (mit rechtsvergleichender Auswertung der US-amerikanischen „Business Judgement Rule"); *Kindler* ZHR 162 (1998) 103 ff.; *Lutter* GmbHR 2000, 306 ff., je mwN.
[64] Vgl. BGHZ 125, 366 = NJW 1994, 1801; BGH GmbHR 1995, 299, 300. Ausführlich *Abeltshauser* S. 214 ff.
[65] Dazu OLG Celle NZG 1999, 1064. Zu einschlägigen Konsequenzen des KonTraG *Altmeppen* ZGR 1999, 300 ff.; *Kuhl/Nickel* DB 1999, 133 ff.
[66] BGH NJW 1991, 109.
[67] Dazu *Noack* S. 140; *Meyke* S. 19.
[68] Zur Pflichtenlage bei fehlerhaftem Gewinnabführungsvertrag *Autenrieth* GmbHR 1990, 113, 114 ff.
[69] Vgl. *Schneider* AG 1983, 205, 212 ff.; *Westermann* ZIP 1990, 771 ff.; *Bäcker/Prühs* S. 21.
[70] KG NZG 1999, 400 (dazu *Weber/Lohr* GmbHR 2000, 700); *Scholz/Schneider* Rn. 38; zur Delegation von Geschäftsführeraufgaben *Sina* GmbHR 1990, 65, 66 ff.; s. auch Rn. 84.
[71] OLG Bremen GmbHR 1964, 8. Dazu auch OLG Koblenz GmbHR 1991, 416, 417.
[72] BGH WM 1971, 1548.
[73] BGH DB 1974, 1619; dazu auch BGHZ 76, 326, 337 f.; BGH WM 1985, 1293; OLG Stuttgart GmbHR 2000, 1048, 1049 f. (bedenklich); LG Essen GmbHR 1983, 221, 223.
[74] BGH BB 1980, 1344.
[75] Für ein Beispiel OLG Celle NZG 1999, 1064; grundsätzlicher BGHZ 133, 370, 377 = NJW 1997, 130 = WM 1996, 2240.
[76] Näher *Scholz/Schneider* Rn. 39 ff. Zur Einstellung gewerberechtlich unzuverlässiger Personen Hess. VGH DB 1993, 2121.

18 Zu den Zulässigkeitsgrenzen der Übernahme von **Risiken**[77] gilt folgendes: Es muss im Regelfall wahrscheinlich sein, dass sich das in Frage stehende Verhalten als für die Gesellschaft vorteilhaft erweist;[78] Ausnahmen kommen nur in Betracht, wenn einem vergleichsweise geringfügigen Risiko eine besonders hohe Gewinnchance gegenübersteht. Aber auch bei Wahrscheinlichkeit des Erfolgseintritts muss das Geschäft unterbleiben, wenn es im Falle seines Misslingens zu einer erheblichen Gefährdung des Unternehmens führen würde.[79] Das ist nur dann anders, wenn im Hinblick auf die Außergewöhnlichkeit des Geschäfts zunächst die Gesellschafterversammlung konsultiert worden ist.[80]

19 **e) Weitere Verhaltensmaßstäbe.** Gewisse weitere Verhaltensmaßstäbe, die sich freilich einfacher aus der allgemeinen Verpflichtung zur Förderung des Unternehmens der Gesellschaft entwickeln ließen, folgen nach heute gängiger Ansicht aus einer **Treuepflicht** der Geschäftsführer.[81] Die wichtigste daraus abgeleitete Konsequenz besteht in der allerdings fast selbstverständlichen Annahme, den Geschäftsführern der GmbH sei es ebenso wie Vorstandsmitgliedern einer AG (§ 88 AktG) grundsätzlich untersagt, im Geschäftszweig der Gesellschaft Geschäfte zu machen **(Wettbewerbsverbot)**.[82] Überhaupt ist ihnen die Eigenverwertung von Geschäftschancen der Gesellschaft verboten.[83] Erst recht dürfen sie die Vollziehung bereits von der GmbH

---

[77] Näher *Abeltshauser* S. 162 ff.; *Kunst* WM 1980, 758, 760 f.; *Lutter* GmbHR 2000, 305 f.; *Scholz/Schneider* Rn. 80 ff.; *Hachenburg/Mertens* Rn. 27 mwN.

[78] RGZ 129, 272, 275, OLG Zweibrücken NZG 1999, 506, 507.

[79] Wie hier OLG Jena NZG 2001, 86, 87; *Hachenburg/Mertens* Rn. 27; wohl auch *Baumbach/Hueck/Zöllner* Rn. 21. An Einzelfällen unzulässiger Risikoübernahme vgl. BGHZ 69, 207, 213 f. = NJW 1977, 2311. (Übernahme einer fragwürdigen Beteiligung); BGH GmbHR 1981, 191; OLG Jena NZG 2001, 86 (riskantes Exportgeschäft ohne übliche Sicherheit); OLG Köln GmbHR 2000, 942 (Wareneinkauf ohne Klärung der Weiterverkaufsmöglichkeit); OLG Jena NZG 1999, 121 (Großinvestition bei unsicherer Finanzierung und Fehlen eines Betriebsgrundstücks); LG Hagen BB 1976, 1093 (Gewährung ungesicherten Warenkredits bei fehlender Bonitätsprüfung). Erörterung einzelner Fallgestaltungen auch bei *Abeltshauser* S. 163 ff.

[80] Vgl. § 37 Rn 10 f.; auch *Ziemons* S. 15. Zur Bedeutung der Einbindung der Gesellschaft in einen Konzern OLG Zweibrücken NZG 1999, 506, 507 f.

[81] Zu ihr BGH WM 1964, 1320, 1321 f.; BGH GmbHR 1977, 43, 44; BGHZ 76, 352, 355 = NJW 1980, 1278; *Hachenburg/Mertens* Rn. 35; *Scholz/Schneider* Rn. 121 ff.; *Polley* S. 84 ff., je mwN; vgl. auch BGHZ 49, 30, 31. Diskussion von Anwendungsfällen bei *Abeltshauser* S. 334 ff. Zu Provisionsannahmen gegen Freigabe von Arbeitnehmern zugunsten eines Konkurrenten OLG Hamburg GmbHR 1998, 89; allgemeiner OLG Düsseldorf GmbHR 2000, 666.

[82] Vgl. die angeführten Rechtsprechungszitate; ferner BGH GmbHR 1965, 194 m. Anm. *Winter;* BGH ZIP 1997, 1063 = NJW 1997, 2055 = DStR 1997, 1053 = DB 1997, 1271; OLG Köln NZG 1999, 1008, 1009; weitere Rspr. bei *Fleck* WM 1981, Sonderbeilage 3, 6; ebenso *Hachenburg/Mertens* Rn. 38 ff.; *Scholz/Schneider* Rn. 126 ff.; *Polley* S. 120 ff.; zur Auslegung eines anstellungsvertraglichen Wettbewerbsverbots aus verfassungsrechtlicher Sicht OLG Frankfurt NZG 2000, 738, 739 mwN; umfassende Analyse bei *Salfeld* S. 182 ff. S. ferner *Abeltshauser* S. 64 ff.; *Lawall* NJW 1997, 1743 ff. Zur Frage, wie der Geschäftszweig abzugrenzen ist – Unternehmensgegenstand oder tatsächliches Tätigkeitsfeld – *Tieves* S. 294 ff.; OLG Frankfurt NZG 2000, 738, 739. Zur (nur eingeschränkt bejahten) Weitergeltung des Wettbewerbsverbots bei vom Geschäftsführer provozierter Kündigung aus wichtigem Grund bis zum Ende der ordentlichen Kündigungsfrist OLG Frankfurt GmbHR 1998, 376, 377 f. Zu einschlägigen Vorbereitungshandlungen eines freigestellten Geschäftsführers OLG Oldenburg NZG 2000, 1038, 1039 f.

[83] BGH WM 1983, 498, 499, 1985, 1443 = EWiR § 43 GmbHG 2/85, 991 – *Koch* = WuB II C § 43 GmbHG 1.86 – *Schneider;* OLG Frankfurt GmbHR 1998, 376, 378; *Wiedemann* § 6 IV 1b unter Bezugnahme auf BGH WM 1967, 679; AG 1989, 354, 356 f.; ausführlich *Weisser* S. 136 ff., 142 ff.; *Polley* S. 126 ff.; *Merkt* ZHR 159 (1995), 423, 428 ff.; auch *Scholz/Schneider*

Haftung der Geschäftsführer **§ 43**

abgeschlossener Verträge weder durch Abwicklung auf eigene Rechnung noch sonst beeinträchtigen oder vereiteln. Die letztgenannte Verpflichtung trifft auch den schon ausgeschiedenen Geschäftsführer hinsichtlich während seiner Amtszeit eingegangener Verträge.[84] **Dispens** vom Wettbewerbsverbot ist möglich, aber wohl nur auf der Grundlage der Satzung.[85] Den **Alleingesellschafter-Geschäftsführer** trifft keine Treuepflicht (Rn 70). Daher gilt das Wettbewerbsverbot für ihn nicht.[86] Die **Rechtsfolge** einer Verletzung des Verbots besteht neben dem Schadensersatzanspruch gemäß Abs. 4 alternativ in einem Eintrittsrecht der Gesellschaft.[87] Das folgt aus dem in den §§ 88 Abs. 2 AktG, 61 Abs. 1, 113 Abs. 3 HGB[88] niedergelegten verallgemeinerungsfähigen Rechtsgedanken.[89] Bei Gesellschafter-Geschäftsführern wird (steuerrechtlich) verdeckte Gewinnausschüttung angenommen,[90] wenn Dispens erteilt oder Ansprüche wegen Verletzung des Verbots nicht durchgesetzt werden. Der Vergütungsanspruch des Geschäftsführers bleibt unberührt.[91]

Weitere aus der Treuepflicht abgeleitete Einzelpflichten lassen sich in dem Gebot zur **Rücksichtnahme** auf das Gesellschaftsinteresse in Fällen der Kollision mit eigenen Interessen zusammenfassen. Daraus ergeben sich Zulässigkeitsgrenzen für den Inhalt von Verträgen, die ein Geschäftsführer mit der Gesellschaft schließt.[92] Grundsätzlich ist ein Geschäft mit einem Geschäftsführer entweder am Maßstab von Drittgeschäften zu beurteilen oder bedarf der Genehmigung durch Gesellschafterbeschluss.[93]

20

Rn. 144 ff. mwN; *Kübler*, FS Werner, 1984, S. 437; *Schiessl* GmbHR 1988, 53 ff.; für Management-Buy-Out *Fleischer* AG 2000, 309 ff., 315 ff. (mit guter, auch rechtsvergleichender Dokumentation); *Koppensteiner* ZHR 155 (1991) 97, 102 ff.; *Weber* ZHR 155 (1991), 126; weitere Fallgruppen bei *Abeltshauser* S. 375 ff.; zu Grenzen des Grundsatzes auch *Meyer-Landrut/Miller/Niehus* Rn. 22; vgl. ferner BGH DB 1985, 2602. Zu einem Fall vereitelter Geschäftschance KG NZG 2001, 129.

[84] BGH NJW 1986, 585, 586; GmbHR 1977, 43 f.; OLG Frankfurt GmbHR 1998, 376, 378; OLG Hamm GmbHR 1988, 344, 346; zu nachvertraglichen Wettbewerbsverboten auf anstellungsvertraglicher Grundlage vgl. § 35 Rn. 106.

[85] Umstr., vgl. *Baumbach/Hueck/Zöllner* § 35 Rn. 23 einerseits; *Meyer-Landrut/Miller/Niehus* Rn. 23 andererseits; ferner etwa *Steck* S. 100 ff. mwN; auch Rn. 4. Für impliziten Dispens, wenn Konkurrenzunternehmen schon bei Gründung der GmbH betrieben, BFH GmbHR 1999, 667, 669.

[86] Vgl. BFH WM 1996, 302, 303.

[87] BGH WM 1964, 1320, 1321; GmbHR 1977, 43, 44; *Baumbach/Hueck/Zöllner* § 35 Rn. 22; *Scholz/Schneider* Rn. 131.

[88] Vgl. auch § 71 RegE 1971.

[89] Zutreffend *Hachenburg/Mertens* Rn. 39; zweifelnd *Meyer-Landrut/Miller/Niehus* Rn. 23; zu strafrechtlichen Dimensionen dieser Rechtslage BGH DB 1988, 646.

[90] Dazu etwa *Crezelius* in *Henze/Timm/Westermann* S. 49 ff.; *Lawall* S. 25 ff., 236 ff.; MünchHdB GesR III/*Schiessl* § 34 Rn. 16 ff.; *Hofmann* WiB 1997, 519 f.; *ders.* WiB 1997, 21; *Lange* GmbHR 1999, 331 f.; *Lawall* NJW 1997, 1742 f.; *Müller* BB 1997, 1441 ff.; *Knobbe-Keuk* GmbHR 1992, 333, 334 ff.; *Thiel* GmbHR 1992, 338 ff.; *Spiegelberger* GmbHR 1992, 727 ff.; *Meyer-Arndt* BB 1992, 534, 535 ff.; *Claussen*, FS Beusch, 1993, S. 111 ff.; *Felix* NJW 1993, 2288; *Münch* NJW 1993, 225, 226 ff.; zur Abgrenzung GmbHR 1999, 408; monographisch *Walter* S. 49 ff.; *Steck* S. 115 ff.; *Wepler*, passim (für Gesellschaftsrecht); s. auch § 35 Rn. 99. Zu Alleingesellschafter-Geschäftsführern BFH WM 1996, 302. Dazu *Buyer* GmbHR 1996, 98 ff.; *Weisser* GmbHR 1997, 429 ff.

[91] BGH GmbHR 1988, 100.

[92] BGH WM 1964, 1320, 1321; OLG Naumburg GmbHR 1999, 663; OLG Nürnberg NZG 1999, 124; *Scholz/Schneider* Rn. 142 f.; *Hachenburg/Mertens* Rn. 38, 44 mwN und Einzelheiten.

[93] Zutreffend *Roth/Altmeppen* Rn. 10 f. Zur Interessenwahrungspflicht im Fall einer geplanten Auflösung BGHZ 76, 352, 355 = NJW 1980, 1278. S. auch § 47 Rn. 107.

§ 43 3. Abschnitt. Vertretung und Geschäftsführung

21   Schließlich wird die Treuepflicht auch als Begründung dafür herangezogen, dass die Geschäftsführer **Geheimnisse** der Gesellschaft für sich behalten müssen,[94] sofern ihre Interessen anderenfalls beeinträchtigt werden könnten.[95] Im Verhältnis zu **anderen Organen,** insbesondere zum mitbestimmten Aufsichtsrat, gibt es grundsätzlich kein Verschwiegenheitsgebot, und zwar auch dann nicht, wenn die Gesellschafter sich in diesem Sinne geäußert haben (vgl. § 38 Rn. 11).[96] Das Verschwiegenheitsgebot wirkt auch im Zivilprozess. Denn aktive Geschäftsführer sind als Partei zu vernehmen und daher ohne weiteres berechtigt, die Aussage zu verweigern (§§ 446, 449 Abs. 2 ZPO). Ausgeschiedene Geschäftsführer können sich auf § 383 Abs. 1 Nr. 6 ZPO berufen.[97] Zu strafrechtlichen Risiken der Verletzung von Geheimhaltungspflichten s. bei § 85.

22   **2. Schaden.** Weitere Voraussetzung des Anspruchs gemäß Abs. 2 ist es, dass die Gesellschaft als Folge sorgfaltswidrigen Verhaltens eines Geschäftsführers einen Schaden erlitten hat.[98] Was darunter im einzelnen zu verstehen ist, ist dem Material zu den §§ 249 ff. BGB zu entnehmen. Die Rechtsprechung[99] geht nach wie vor von der sog. Differenzhypothese, also einem Vergleich der infolge des haftungsbegründenden Ereignisses eingetretenen Vermögenslage mit derjenigen aus, die sich ohne jenes Ereignis ergeben hätte.[100] In einzelnen hier nicht näher diskutierbaren Fällen werden die Ergebnisse eines solchen Vergleichs freilich durch eine wertende Betrachtung überlagert (normativer Schadensbegriff). Der als Folge einer sorgfaltswidrigen Leistung entstandene Schaden entfällt nicht deshalb, weil der Gesellschaft auch gegen den Leistungsempfänger ein Anspruch zusteht.[101] Nach einer im Schrifttum geäußerten Ansicht[102] ist Schaden iSv. § 43 jede dem Unternehmenszweck widersprechende Beeinträchtigung des Vermögens, der Tätigkeit oder der Organisation der Gesellschaft und des von ihr betriebenen Unternehmens, die in Geld messbar ist.[103] Doch führt die Betonung zweckwidriger Vermögensminderung zu einer wenig förderlichen, jedenfalls überflüssigen Einbindung von Tatbestandselementen in den Schadensbegriff, die schon bei der Prüfung auf sorgfaltswidriges Verhalten hin zu berücksichtigen sind.[104] Der Schaden, den die Gesellschaft dadurch erleidet, dass sie für Fehlverhalten ihres Geschäftsführers

---

[94] Vgl. *Hachenburg/Mertens* Rn. 46; *Meyer-Landrut/Miller/Niehus* Rn. 24; *Scholz/Schneider* Rn. 115 mwN.
[95] Zur Bedeutung dieser Regel bei der Veräußerung von Geschäftsanteilen *Vollhard-Weber*, FS Semler, 1993, S. 387, 392 ff.; *Treeck*, FS Fikentscher, 1998, S. 434 ff. (für AG), vgl. § 51 a Rn. 20 f.; zum Management-Buy-Out *Rhein* S. 83 ff. mwN; *Koppensteiner* ZHR 155 (1991), 97, 100 f.; *Thümmel* S. 82.
[96] Für eine Ausnahme vgl. *Hachenburg/Mertens* Rn. 48.
[97] OLG Koblenz WM 1987, 480, 481 ff. mwN = WuB II C § 43 GmbHG 2.87 – *Heinsius;* anders *Hachenburg/Mertens* Rn. 52.
[98] Vgl. BGHZ 125, 366, 373 = NJW 1994, 1801: prima-facie-Kausalität des Unterlassens jeder Überwachung. Zur Frage eines adäquaten Kausalzusammenhangs zwischen Nachteilszufügung zu Lasten einer Tochtergesellschaft und dem durch Ausgleich dieses Nachteils bewirkten Schaden der Muttergesellschaft OLG Düsseldorf AG 1997, 231, 235 ff.
[99] Vgl. etwa BGH NJW 1978, 262, 263 f.; kritisch MüKoBGB/*Oetker* § 249 Rn. 19 f.
[100] Vgl. *Roth/Altmeppen* Rn. 42 f.; präzisierend für den Fall der Gegenstandsüberschreitung *Tieves* S. 356 ff. Für prima-facie-Beweis eines Schadens in Höhe an den Geschäftsführer gezahlten Schmiergeldern OLG Düsseldorf GmbHR 2000, 666.
[101] OLG Koblenz NZG 1998, 953.
[102] *Hachenburg/Mertens* Rn. 57 mwN; vgl. *Mertens*, FS Lange, 1992, S. 561 ff.
[103] Ähnlich *Baumbach/Hueck/Zöllner* Rn. 14.
[104] Kritisch auch *Scholz/Schneider* Rn. 160 f.; *Meyer-Landrut/Miller/Niehus* Rn. 13; dagegen *Heisse* S. 52.

haftet, ist ersatzfähig.[105] Dasselbe gilt, wenn sie sich im Zusammenhang eigener Schadensersatzansprüche gegen Dritte gemäß §§ 31, 254 BGB Mitverschulden des Geschäftsführers entgegenhalten lassen muss. Das ist bei Fehlverhalten von Angestellten auf Weisung von Geschäftsführern grundsätzlich der Fall,[106] vorausgesetzt allerdings, dass es sich um eine Vorgangsweise handelt, die den Interessen der Gesellschaft nicht evident widerspricht.[107] Kein Schaden liegt vor, wenn einem bestimmten Zweck gewidmete Einnahmen der Gesellschaft zur Zahlung inkonnexer Gesellschaftsschulden verwendet werden.[108] Der Schaden einer Komplementär-GmbH richtet sich auch danach, dass sie für die Schulden der KG unbeschränkt haftet.[109] Der Schaden einer Gesellschaft, an der die GmbH beteiligt ist, ist als mittelbarer Schaden grundsätzlich nicht liquidierbar. Anders liegt es, wenn die GmbH den unmittelbaren Schaden ausgeglichen hat.[110] Steuerliche Nachteile bei ihrem Alleingesellschafter sind nicht als Schaden auch der GmbH zu bewerten.[111]

Ist der Schaden dadurch entstanden, dass der Geschäftsführer sich jenseits des unternehmensgegenständlichen Aktionsfeldes betätigt hat, ist jedenfalls bei GmbHs mit großem Gesellschafterkreis an Geschäftsführung ohne Auftrag (anstatt Schadensersatz) zu denken.[112]

23

Abs. 3 enthält eine **authentische Interpretation** des für Abs. 2 maßgeblichen Schadensbegriffes: Leistungen, die die Gesellschaft im Zuge der Verwirklichung der dort genannten Tatbestände erbringt, sind, solange sie (wertmäßig) nicht in das Gesellschaftsvermögen zurückgelangt sind, stets als Schaden zu bewerten.[113] Dass der Gesellschaft in diesen Fällen auch Ansprüche gegen Gesellschafter (gemäß § 31 Abs. 1, §§ 812 BGB, 33 Abs. 2 S. 3) zustehen, ist also unbeachtlich. Darüber hinaus ist die Geltendmachung eines über Aufwendungen der Gesellschaft hinausgehenden weiteren Schadens nicht ausgeschlossen.[114] Maßgebend sind insofern allerdings Abs. 1 und 2.[115] Abs. 3 beruht auf dem Bedürfnis, das zur Aufbringung und Erhaltung des Stammkapitals der Gesellschaft erforderliche Vermögen in besonderer Weise zu sichern. Daraus wird man eine analoge Anwendung der Bestimmung abzuleiten haben, wenn entgegen § 43a Kredit gewährt wird.[116] Ist Kreditnehmer ein Geschäftsführer, so konkurriert der Anspruch aus § 43 Abs. 3 allerdings mit dem aus § 43a.

24

Gemäß § 64 Abs. 2 sind die Geschäftsführer verpflichtet, Zahlungen zu ersetzen, die nach **Eintritt der Zahlungsunfähigkeit** oder **Feststellung der Überschuldung** geleistet wurden. Die Liquidierung von Schadensersatz auf der Grundlage des § 43

25

---

[105] Zum Verzögerungsschaden von Gesellschaftern wegen Nichtaufstellung des Jahresabschlusses *Gutbrod* GmbHR 1995, 551, 557.
[106] *Hachenburg/Mertens* Rn. 14.
[107] Vgl. BAG GmbHR 1975, 114.
[108] BGH GmbHR 1994, 459.
[109] BGH DB 1987, 1083.
[110] BGH WM 1987, 13, 16 = JZ 1987, 781 m. Anm. *Wiedemann;* zu dieser Entscheidung auch *Baums* ZGR 1987, 554.
[111] BGH BB 1992, 227.
[112] Näher dazu *Tieves* S. 337 ff.
[113] Vgl. RGZ 159, 211, 230, aus neuerer Zeit etwa BGH EWiR § 31 GmbHG 2/86, 369 – *Lüke;* zu Gegenbeweismöglichkeiten *v. Gerkan* ZHR 154 (1990), 39, 44 f.
[114] Dazu *Thelen* ZIP 1987, 1027, 1032.
[115] RGZ 159, 211, 230; *Hachenburg/Mertens* Rn. 90.
[116] *Schneider,* FS Werner, 1984, S. 795, 809 f.; zu weitgehend *Hachenburg/Mertens* Rn. 58 in Verkennung des Umstandes, dass das GmbHG anders als das AktG auf das zur Erhaltung des Stammkapitals erforderliche Vermögen abstellt.

§ 43   3. Abschnitt. Vertretung und Geschäftsführung

setzt dagegen einen Schadensnachweis voraus, der mit der Darlegung solcher Zahlungen allein nicht geführt ist.[117] Auch die weitere Überschuldung der Gesellschaft nach dem Zeitpunkt, in dem gemäß § 64 Abs. 1 die Eröffnung des Insolvenzverfahrens hätte beantragt werden müssen, impliziert nicht ohne weiteres einen ersatzfähigen Schaden, weil hierfür auch andere Ursachen maßgebend sein können.[118] Insgesamt spielt Abs. 3 für Schadensbegriff und Schadensnachweis bei Verstößen gegen § 64 also keine Rolle. Wie im Zusammenhang des Sorgfaltsverstoßes gelten vielmehr die allgemeinen Regeln.

26   Eine **Minderung** des ersatzfähigen Schadens infolge Mitverschuldens eines anderen Geschäftsführers oder von Angestellten tritt nicht ein.[119] Dasselbe gilt bei mitwirkendem Mitverschulden des – nicht weisungsberechtigten – Aufsichtsrats[120] oder bei fehlender Überwachung durch die Gesellschafter.[121] Zur Bedeutung von Weisungen Rn. 28 ff.; dort auch über Billigung von Geschäftsführerverhalten durch die Gesellschafter. Eigene Unfähigkeit ist irrelevant (Rn. 8). Anders kann es liegen, wenn die Gesellschafter einen ungeeigneten Mitgeschäftsführer bestellen.[122]

27   **3. Gesellschafterbeschluss gemäß § 46 Nr. 8.** Die Geltendmachung von Ansprüchen aus § 43 setzt ferner voraus, dass eine dies besagende Entscheidung der Gesellschafter vorliegt (§ 46 Nr. 8). Sie ist Teil der anspruchsbegründenden Tatsachen, nicht Prozessvoraussetzung (§ 46 Rn. 40). § 46 Nr. 8 ist abdingbar (§ 46 Rn. 39). Unabhängig davon greift die Bestimmung nicht ein, wenn der Anspruch durch einen Pfändungspfandgläubiger oder den Insolvenzverwalter geltend gemacht wird (§ 46 Rn. 41). Zur Frage der Anwendbarkeit von § 46 Nr. 8 bei Unterlassungs- und Feststellungsklagen vgl. dort Rn. 42; dort auch zur Bedeutung der Bestimmung bei Maßnahmen des einstweiligen Rechtsschutzes.

28   **4. Weisungs-/zustimmungsgemäßes Geschäftsführerverhalten. a) Weisungen.** Die Geschäftsführer der GmbH sind verpflichtet, Weisungen, die im Einklang mit Gesetz und Gesellschaftsvertrag stehen, zu beachten (§ 37 Rn. 26 ff.). Weisungsgemäßes Verhalten kann wertungsfolgerichtig daher **nicht** mit einer **Schadensersatzdrohung verknüpft** werden. Eben dies folgt positivrechtlich aus einem Umkehrschluss aus Abs. 3, wenn man dies nicht für ausreichend hält, auch aus dem Verbot rechtsmissbräuchlichen Verhaltens oder der Erwägung, dass rechtmäßig-weisungsgemäßes Verhalten keine Sorgfaltswidrigkeit iSv. Abs. 1 beinhalten kann.[123] Vorauszusetzen ist allerdings, dass die Geschäftsführer den Inhalt der in Frage stehenden Weisung nicht selbst durch pflichtwidrige (Rn. 15) Vorenthaltung entscheidungserheblicher Information beeinflusst oder sonst sachwidrig herbeigeführt haben.[124] Vorauszusetzen ist ferner, dass sich die Entscheidungsgrundlagen seit Erteilung der Weisung nicht in einer Weise verändert haben, die ihre Überprüfung im Gesellschaftsinteresse erforderlich erscheinen

---

[117] Beispiel: Rückzahlung eines Darlehens; vgl. BGH GmbHR 1974, 131 f.; OLG Celle GmbHR 1997, 901; *Fleck* GmbHR 1974, 224, 232; anders *Hachenburg/Mertens* Rn. 58.
[118] *Fleck* GmbHR 1974, 224, 232.
[119] *Hachenburg/Mertens* Rn. 64; *Baumbach/Hueck/Zöllner* Rn. 35.
[120] OLG Bremen GmbHR 1964, 8, 10; *Baumbach/Hueck* Rn. 19.
[121] BGH NJW 1983, 1856 f.
[122] *Roth/Altmeppen* Rn. 47.
[123] Unstrittig; vgl. BGHZ 31, 259, 278 = NJW 1960, 285; BGHZ 75, 321, 326 = NJW 1980, 589; OLG Nürnberg NZG 2001, 943 f.; OLG Stuttgart GmbHR 2000, 1048, 1049; *Immenga* GmbHR 1973, 5, 7 f.; *Fleck* GmbHR 1974, 224, 226; *Hachenburg/Mertens* Rn. 69 mwN.
[124] *Fleck* GmbHR 1974, 224, 226; *Hefermehl*, FS Schilling, 1973, S. 159, 172 für Vorstandsmitglieder; *Hachenburg/Mertens* Rn. 74; *Scholz/Schneider* Rn. 96.

lassen. Gibt die Geschäftsführung dem Weisungsorgan hierzu keine Gelegenheit, so bewirkt die Befolgung der ursprünglichen Weisung keine Haftungsfreistellung.[125]

Als **Weisungsorgan** kommen in erster Linie die Gesellschafter, bei Vorhandensein 29 entsprechender gesellschaftsvertraglicher Bestimmungen auch andere Gesellschaftsorgane in Betracht (dazu im einzelnen § 37 Rn. 30). Weisungen eines unzuständigen Organs beseitigen die Haftung nicht.[126] Dasselbe gilt bei Weisungen eines Treugebers, für den die Geschäftsanteile treuhänderisch gehalten werden, es sei denn, dass auch der Geschäftsführer in das Treuhandverhältnis eingebunden ist.[127]

Haftungsbeseitigend wirkt eine Weisung nur, wenn sie auf einem **Beschluss** des 30 dafür zuständigen Organs, in der Regel also der Gesellschafterversammlung beruht. Dasselbe gilt bei Weisungen eines Alleingesellschafters, weil dessen Willen stets dem der Gesellschaft entspricht.[128] Aus diesem Grund haftet auch der Alleingesellschafter-Geschäftsführer nicht.[129] Eine Weisung des Mehrheitsgesellschafters dagegen beseitigt die Haftung nicht; auch kann sich ein geschäftsführender Mehrheitsgesellschafter nicht darauf berufen, er hätte einen sein Verhalten deckenden Weisungsbeschluss herbeiführen können. Die Gegenansicht würde auf eine Beseitigung der Mitwirkungsrechte der Minderheit hinauslaufen.[130] Der geschäftsführende Minderheitsgesellschafter, der einer Anweisung der Mehrheit gefolgt ist, kann seiner Inanspruchnahme allerdings den Arglisteinwand entgegensetzen.[131]

b) Billigung durch weisungsberechtigtes Organ. Die für die haftungsausschlie- 31 ßende Wirkung von Weisungen entwickelten Grundsätze gelten entsprechend, wenn ein weisungsberechtigtes Organ eine in Aussicht genommene Geschäftsführungsmaßnahme nicht nur unverbindlich zur Kenntnis genommen, sondern diese in verantwortlicher Mitentscheidung **gebilligt** hat.[132] Ob dies der Fall ist, ist Auslegungsfrage. Soweit Weisungen nicht möglich wären, weil die hierfür erforderliche Zuständigkeit überhaupt fehlt oder die Satzung Schranken errichtet (§ 37 Rn. 35), ist auch bloße Zustimmung nicht geeignet, die Haftung aus § 43 zu beseitigen. Denn ihre Erteilung verpflichtet die Geschäftsführung nicht, die in Frage stehende Maßnahme durchzuführen, entbindet sie also auch nicht von einer eigenverantwortlichen Prüfung.[133] Die

---

[125] *Hefermehl*, FS Schilling, 1973, S. 159, 172; *Hachenburg/Mertens* Rn. 85; vgl. auch BGHZ 33, 175, 179 = NJW 1961, 26.
[126] *Hachenburg/Mertens* Rn. 76; *Scholz/Schneider* Rn. 97.
[127] *Fleck* GmbHR 1974, 224, 226; *Hachenburg/Mertens* Rn. 73 mwN und Einzelheiten.
[128] BGH ZIP 2000, 493 = WM 2000, 575 = DB 2000, 661 = GmbHR 2000, 330; BGHZ 142, 92 = ZIP 1999, 1352, 1353 m. (krit.) Anm. *Altmeppen* = DB 1999, 1651 = NZG 1999, 1060 m. Anm. *Haas* = EWiR § 823 BGB 3/99 – (krit.) *Wilhelm* = JZ 1999, 1171 m. Anm. *Noack*; sehr kritisch *Wilhelm* DB 1999, 2349 ff.; BGHZ 31, 258, 278 = NJW 1960, 285; *Fleck* GmbHR 1974, 224, 226; *Hachenburg/Mertens* Rn. 71; vgl. *Scholz/Schneider* Rn. 108 f.; zur Rechtslage in der GmbH & Co KG Rn. 63 ff.
[129] BGHZ 122, 333, 336 = NJW 1993, 1922 = DB 1993, 1411; BGHZ 119, 257, 261 f. = NJW 1993, 193; BGH GmbHR 1994, 459, 460; OLG Nürnberg NZG 2001, 943 f.; OLG Stuttgart GmbHR 2000, 1048, 1049; s. Rn. 5, 70 ff.
[130] Zutreffend *Hachenburg/Mertens* Rn. 71 mwN; vgl. auch *Fleck* GmbHR 1974, 224, 227.
[131] *Fleck* GmbHR 1974, 224, 227; *Hachenburg/Mertens* Rn. 71.
[132] So *Fleck* GmbHR 1974, 224, 226; zustimmend *Hachenburg/Mertens* Rn. 72; auch GmbH-HdB Rn. 2467; vgl. *Baumbach/Hueck/Zöllner* Rn. 28; zu strafrechtlichen Implikationen *van Venrooy* GmbHR 1993, 609, 613 ff. Zum Erfordernis eines Beschlusses OLG Koblenz NZG 1998, 953. Bedenklich insoweit OLG Stuttgart GmbHR 2000, 1048, 1049.
[133] Vgl. OLG Bremen GmbHR 1964, 8, 10; im Begründungsansatz wie hier *Hachenburg/Mertens* Rn. 72, aber mit nicht folgerichtiger Beschränkung auf andere Organe als die Gesellschafterversammlung.

nachträgliche Genehmigung eines bestimmten Geschäftsführerverhaltens lässt sich nicht scharf von einem Entlastungsbeschluss abgrenzen (vgl. Rn. 37).

32 c) **Ausnahmen. aa)** Kraft ausdrücklicher Anordnung von **Abs. 3** schließt ein Verstoß gegen die dort genannten Bestimmungen in Befolgung eines Gesellschafterbeschlusses die **Haftung** der Geschäftsführer **nicht aus,** soweit deren Inanspruchnahme zur Befriedigung der **Gesellschaftsgläubiger** erforderlich ist.[134] Allerdings wird hier ohnehin Nichtigkeit und daher Unbeachtlichkeit des Weisungsbeschlusses vorliegen (vgl. Rn. 33). Nach freilich zweifelhafter Auffassung einiger Stimmen[135] kann ein einschlägiger Fall auch bei unzeitiger Rückzahlung eines Gesellschafterdarlehens gegeben sein. Abs. 3 erlaubt die Liquidation auch eines über die verbotenen Leistungen hinausgehenden Schadens (Rn. 24). Auch insofern wirkt ein Gesellschafterbeschluss nicht haftungsbefreiend.[136] Die Vorschrift ist entsprechend anwendbar, wenn die Geschäftsführer auf Weisung eines (zuständigen; Rn. 29) anderen Gesellschaftsorgans gehandelt haben. Auch im Zusammenhang von Verstößen gegen § 43a ist eine Analogie geboten (vgl. Rn. 24). Bei Verletzung des § 64 Abs. 2 ergibt sich die Bedeutungslosigkeit einer Gesellschafterweisung für die Geschäftsführerhaftung aus ausdrücklicher Verweisung auf Abs. 3. Nicht anwendbar ist Abs. 3 demgegenüber, wenn Unterdeckung durch weisungsgemäß schadensträchtiges Verhalten des Geschäftsführers herbeigeführt wurde.[137] Es fehlt an der für eine Analogie unentbehrlichen Parallele zur verdeckten Einlagenrückgewähr. Sofern ein **Prokurist** in Befolgung eines Gesellschafterbeschlusses, aber ohne Weisung des Geschäftsführers gehandelt hat, wirkt die Haftungsbeschränkung auch zu seinen Gunsten.[137a]

33 **bb)** Forderung oder Billigung eines Geschäftsführerverhaltens durch das zuständige Organ wirkt ferner dann nicht **haftungsentlastend,** wenn dabei gegen eine im **öffentlichen Interesse** oder zum Schutz der **Gläubiger** erlassene zwingende Gesetzesnorm oder gegen die **guten Sitten** verstoßen wird.[138] Denn der ein solches Verhalten der Geschäftsführer deckende Beschluss ist **nichtig** (§ 47 Rn. 100ff.), womit die Folgepflicht der Geschäftsführer entfällt. Eine Ausnahme wird für den Fall erwogen, dass **alle** Gesellschafter den Verstoß gefordert oder gebilligt haben.[139] Das Einstimmigkeitserfordernis begründet man mit minderheitsschutzbezogenen Erwägungen.[140] Doch tangieren solche Überlegungen den Nichtigkeitsgrund des Beschlusses nicht. Insbesondere lassen sie offen, wieso Einstimmigkeit geeignet sein soll, eine (im Ergebnis) Gläubigerschädigung zu legitimieren. Daher ist wie folgt zu differenzieren: Ist die Durchsetzung des Anspruches erforderlich, um die Gläubiger der Gesellschaft zu befriedigen, so ändert auch ein einstimmiger, wenngleich nichtiger Weisungsbeschluss nichts an der Haftung der Geschäftsführer.[141] Das ist insbesondere dem Insolvenzverwalter gegenüber bedeut-

---

[134] Vgl. § 9b Rn. 9; *Altmeppen* DWiR 1994, 379.
[135] *Lutter/Hommelhoff* ZGR 1979, 31, 41f. Vgl. auch *Scholz/Schneider* Rn. 192.
[136] *Hachenburg/Mertens* Rn. 92; vgl. *Scholz/Schneider* Rn. 199.
[137] Anders *Altmeppen* S. 75f. Wie hier BGH ZIP 2000, 493f. = DB 2000, 661 = GmbHR 2000, 330; OLG Karlsruhe NZG 1999, 889 (für Alleingesellschafter-Geschäftsführer); dagegen *Altmeppen* DB 2000, 659f. mwN.
[137a] BGH ZIP 2001, 1458 = EWiR § 30 GmbHG 2101 – *Keil.*
[138] Vgl. BGH GmbHR 1974, 131, 132; BGHZ 75, 321, 326 = NJW 1980, 589; OLG Naumburg GmbHR 1999, 1028, 1029; *Konzen* NJW 1989, 2977, 2982; *Baumbach/Hueck/Zöllner* Rn. 29; *Hachenburg/Mertens* Rn. 77 mwN; vgl. Rn. 4f. Zu existenzgefährdenden Weisungen *Kaffiné* S. 79ff.; auch unten Rn. 71.
[139] *Fleck* GmbHR 1974, 224, 227; in der Tendenz auch BGH GmbHR 1974, 131, 132.
[140] *Fleck* GmbHR 1974, 224, 227.
[141] Wohl ebenso BGHZ 75, 321, 326 = NJW 1980, 589.

Haftung der Geschäftsführer **§ 43**

sam. Bei Fehlen dieser Voraussetzung steht dem Schadensersatzanspruch der Gesellschaft jedenfalls im Falle einer Weisung der Einwand rechtsmissbräuchlichen Verhaltens entgegen.[142] Zustimmung iSv. Rn. 31 sollte zumindest zur Schadensteilung gemäß § 254 BGB führen. „Heilung" eines aus inhaltlichen Gründen nichtigen Beschlusses durch Eintragung oder Fristablauf ändert an der Haftung der Geschäftsführer nichts.[143]

Auch durch einen infolge der Verletzung von **Verfahrensregeln**, zB der Nichteinladung eines Gesellschafters (vgl. § 47 Rn. 95 ff.) nichtigen Beschluss, werden die Geschäftsführer nicht gedeckt, es sei denn, die durch den Mangel betroffenen Gesellschafter stimmten nachträglich zu.[144] **34**

cc) **Bloß anfechtbare** Weisungs-/Zustimmungsbeschlüsse entlasten, wenn die Anfechtungsfrist verstrichen oder die Anfechtungsklage rechtskräftig abgewiesen ist.[145] Ansonsten – auch bei Zweifeln hinsichtlich der Anfechtbarkeit des Beschlusses – haben die Geschäftsführer die Vorteile einer unverzüglichen Beschlussausführung gegen die Wahrscheinlichkeit einer erfolgreichen Anfechtungsklage abzuwägen. Solange sie sich innerhalb des dadurch notwendigerweise eröffneten Ermessensspielraums halten, ist ihnen ohne Rücksicht auf den Inhalt ihrer Entscheidung kein Vorwurf zu machen.[146] Auch bei Ermessensfehlern kann immer noch eine Minderung des ersatzfähigen Schadens gemäß § 254 BGB in Betracht kommen.[147] **35**

5. Darlegungs- und Beweislast. Die Gesellschaft muss darlegen, gegebenenfalls beweisen, dass ihr infolge von Verhaltens des beklagten Geschäftsführers ein Schaden entstanden ist.[148] Aus der Natur des Schadens kann sich jedoch eine Vermutung ergeben, dass er von den Geschäftsführern verursacht worden ist. Das ist etwa bei einem Warenfehlbestand bedeutender Größenordnung[149] oder dann der Fall, wenn sich ein Kassendefizit ergibt.[150] Entsprechend § 93 Abs. 2 S. 2 AktG trägt der belangte Geschäftsführer die Behauptungs- und Beweislast dafür, dass er sich pflichtgemäß verhalten hat.[151] Die darin liegende Umkehr der Beweislast folgt zwar nicht direkt aus dem **36**

---

[142] Überzeugend insofern BGH GmbHR 1974, 131, 132; *Scholz/Schneider* Rn. 105; *Mennicke* NZG 2000, 625 f.; ähnlich *Meyer-Landrut/Miller/Niehus* Rn. 12; *Mennicke* NZG 2000, 625 f.; dagegen *Ziemons* S. 36 f.; vgl. auch *Hachenburg/Mertens* Rn. 78.
[143] *Hefermehl*, FS Schilling, 1973, S. 159, 168 f.; *Scholz/Schneider* Rn. 99; *Hachenburg/Mertens* Rn. 77; beide mwN.
[144] Vgl. *Fleck* GmbHR 1974, 224, 227; *Hachenburg/Mertens* Rn. 80.
[145] *Hefermehl*, FS Schilling, 1973, S. 167; *Hachenburg/Mertens* Rn. 81; *Scholz/Schneider* Rn. 101; vgl. auch *Eisenhardt*, FS Pfeiffer, 1988, S. 839, 848 ff.
[146] *Hachenburg/Mertens* Rn. 83; *Roth/Altmeppen* § 37 Rn. 13 f. mwN; *Fleck* ZHR 149 (1985), 387, 407; strenger *Scholz/Schneider* Rn. 103. Tomat S. 47 ff.; ausführlicher *Kaffiné* S. 96 ff. je mwN.
[147] IE *Hachenburg/Mertens* Rn. 84. Dagegen mit bedenkenswerten Gründen *Ziemons* S. 39 f. mwN.
[148] BGH GmbHR 1974, 131, 132; NJW 1992, 1166, 1167 = WuB C § 43 GmbHG 1.92 – *Rümker;* BGH GmbHR 1994, 459; OLG Hamm NZG 1999, 1221; OLG Naumburg DB 1998, 2411; nähere Analyse bei *v. Gerkan* ZHR 154 (1990), 39, 43 ff.; zu Abs. 3 Rn. 24; zum Kausalitätserfordernis etwa auch BGHZ 69, 207, 216 = NJW 1977, 2311.
[149] BGH BB 1980, 1344, 1345.
[150] BGH WM 1985, 1293 = EWiR § 43 GmbHG 1/85, 787 – *Fleck* = WuB II C § 43 GmbHG 1.86 – *Krämer;* ähnlich BGH WM 1991, 281, 282 = EWiR § 43 GmbHG 1/91 – *Kirberger;* OLG Frankfurt GmbHR 1993, 160; vgl. *v. Gerkan* ZHR 154 (1990), 39, 46 ff. Nicht überzeugend OLG Stuttgart GmbHR 2000, 1048, 1050.
[151] Vgl. RGZ 98, 100; 101, 129, 134 im Zusammenhang der Aufsichtsratshaftung; RG HRR 1941, 132; BGH NJW 1963, 46; OLG Hamm NZG 1999, 1221; OLG Koblenz GmbHR 1999, 1201; OLG Bremen GmbHR 1964, 8, 9; *Scholz/Schneider* Rn. 168; *Hachenburg/Mertens* Rn. 66; (ausführlich) kritisch *Kaffiné* S. 290 ff., je mwN.

§ 43 3. Abschnitt. Vertretung und Geschäftsführung

Gesetz, wohl aber aus einer Parallelwertung zur Vorstandshaftung im Aktienrecht und insbesondere daraus, dass die Geschäftsführung den besseren Zugang zu den maßgeblichen Tatsachen hat.[152] Diese Begründung gilt nicht nur für schuld-, sondern auch für rechtswidrigkeitserhebliche Tatsachen.[153] Nicht zu folgen ist also der Annahme des BGH,[154] die Gesellschaft habe die Tatsachen vorzutragen, aus denen sich ergibt, dass der Geschäftsführer einer ihm obliegenden Pflicht objektiv nicht ausreichend nachgekommen ist. Das bedeutet: Der Geschäftsführer muss die Tatsachen darlegen und beweisen, aus denen sich ableiten lässt, dass er sich innerhalb des aus dem Amt resultierenden Verhaltensspielraums gehalten oder – was allerdings selten möglich sein wird – doch nicht schuldhaft gehandelt hat. Im übrigen kommt regelmäßig nur noch der Nachweis in Betracht, der Schaden wäre auch bei Anwendung der erforderlichen Sorgfalt entstanden oder das schadensverursachende Verhalten sei durch eine Weisung/Zustimmung der Gesellschafter gedeckt.[155]

37 **6. Verzicht, Erlass, Vergleich. a) Möglichkeiten der Haftungsentlastung.** Auf Ansprüche gemäß § 43 kann die Gesellschaft im Grundsatz (vgl. Rn. 40) verzichten, sich über sie vergleichen oder sie erlassen. Die Zuständigkeit hierfür ergibt sich aus § 46 Nr. 8 oder einer an die Stelle dieser Bestimmung tretenden Satzungsregelung. Erforderlich ist also ein Gesellschafterbeschluss.[156] Die Entlastung wird von der hM als Verzicht anstatt als Erklärung des Inhalts aufgefasst, dass der Gesellschaft nach Ansicht der Mehrheit keine Ersatzansprüche zustehen (§ 46 Rn. 30). Doch ist unbeschadet dieses Deutungsunterschieds unstrittig, dass die Entlastung Ansprüche wegen der von ihr erfassten Vorgänge ausschließt (§ 46 Rn. 27). Die **Genehmigung** – als Billigung vergangenen Verhaltens – lässt sich von der Entlastung schon im tatsächlichen kaum, jedenfalls aber nicht in den schadensersatzpräkludierenden Wirkungen unterscheiden. Wird die Fortsetzung von Geschäftsführungsmaßnahmen der Vergangenheit beschlossen, so wird dies zumeist als deren konkludente Genehmigung aufzufassen sein.[157]

38 Die in Rn. 37 dargelegte Anspruchsausschlusswirkung tritt regelmäßig nur hinsichtlich bestimmter, nicht schlechthin aller Schadensersatzforderungen der Gesellschaft gegen (Ex)geschäftsführer ein. Das gilt auch für die (periodenbezogene) Entlastung (§ 46 Rn. 27). Doch können die Beteiligten auch alle Ansprüche einschließlich der unbekannten beseitigen.[158] Das gilt insbesondere für den Vergleich, bei dem häufig anzunehmen sein wird, dass unbekannte Ansprüche Bestandteil der Vergleichsgrundlage sein sollen.

---

[152] Dazu BGH NJW 1963, 46; *Hachenburg/Mertens* Rn. 66.
[153] Vgl. OLG Hamm NZG 1999, 1221; Kölner KommAktG/*Mertens* § 93 Rn. 48; *Schlegelberger/Geßler/Hefermehl* § 93 Rn. 32; *v. Gerkan* ZHR 154 (1990), 39, 49 ff.; *Habetha* DWiR 1995, 272, 274 f.; *Heermann* ZIP 1998, 765 ff., 767, alle mwN; auch *Baumbach/Hueck/Zöllner* Rn. 30 mit zutreffender Einschränkung bei Verstoß gegen Gesellschafterbeschluss. Anders *Goette* ZGR 1995, 648, 671 ff. nach detaillierter Darstellung der Rechtsprechungsentwicklung: Gesellschaft muss zumindest Tatsachen darlegen, aus denen sich Möglichkeit einer Pflichtwidrigkeit ergibt. Dem zustimmend OLG Naumburg NZG 2001, 136, 137; *Krieger* in *Henze/Timm/Westermann* S. 159; ähnlich *ders.* in VGR I 1999, S. 126 ff.; *Ehricke* S. 352 ff.; *Lutter/Hommelhoff* Rn. 26; auch *Fleck* GmbHR 1997, 239.
[154] BB 1980, 1344, 1345 in Anlehnung an *Fleck* GmbHR 1974, 224; ebenso *Meyer-Landrut/Miller/Niehus* Rn. 15; *Lieb/Eckardt* S. 15 f.; *Heisse* S. 48 f.
[155] Dazu *v. Gerkan* ZHR 154 (1990), 39, 48 f.; *Heermann* ZIP 1998, 767 mwN. Vgl. Rn. 28 ff.
[156] *Baumbach/Hueck/Zöllner* Rn. 37; *Kaffiné* S. 236 ff.; *Heisse* S. 91, je mwN.
[157] *Hachenburg/Mertens* Rn. 87. Vgl. RGZ 115, 246, 251.
[158] Sog. Generalbereinigung; vgl. BGHZ 29, 385, 391 = NJW 1959, 1082; BGH GmbHR 1975, 182 f.; *Hachenburg/Hüffer* § 46 Rn. 72 mwN; vgl. § 46 Rn. 32.

Die Frage, ob sich die in Rn. 37f. diskutierten Varianten der Erledigung von Ansprüchen gemäß § 43 auch auf **andere** mithaftende Personen **erstrecken,** ist unter Berücksichtigung von § 423 BGB durch Auslegung zu klären. Eine Vermutung in der einen oder anderen Richtung[159] besteht nicht, weil alles von der causa der in Frage stehenden Erklärung der Gesellschaft und den Regressverhältnissen im Einzelfall abhängt.[160] **39**

b) Grenzen. Grenzen der Anspruchsbereinigung nach den in Rn. 37ff. dargelegten Grundsätzen ergeben sich aus Abs. 3 iVm. § 9b Abs. 1. Auf die in Abs. 3 erfassten Ansprüche (dazu Rn. 32, 24) kann die Gesellschaft nicht rechtswirksam verzichten, sofern der Ersatzanspruch zur Befriedigung der Gläubiger erforderlich ist. Unter eben diesen Voraussetzungen ist auch ein Vergleich ausgeschlossen,[161] es sei denn, es handelt sich um einen Teil eines mit dem zahlungsunfähigem Schuldner zwecks Abwendung oder Beseitigung des Insolvenzverfahrens abgeschlossenen Gesamtvergleich (§ 9b Abs. 1 S. 2). Auf die (versuchte) Anspruchserledigung durch Entlastung, Genehmigung oder Generalbereinigung sind Abs. 3/§ 9b Abs. 1 jedenfalls entsprechend anzuwenden.[162] Dasselbe gilt, wenn ein Geschäftsführer einen mit § 43a unvereinbaren Kredit gewährt hat (vgl. Rn. 24), nicht dagegen, wenn das Stammkapital infolge sonst unzulässigen Geschäftsführerverhaltens nicht mehr gedeckt ist.[163] Denn Abs. 3 ist in einem solchen Fall gar nicht anwendbar (Rn. 32). Soweit § 9b nicht eingreift, ist gegebenenfalls zu prüfen, ob Beschlüsse zum Zweck der Anspruchsbereinigung anfechtbar sind. Zu denken ist in erster Linie an Treuwidrigkeit.[164] **40**

In Fällen der Haftung wegen Befolgung eines **Gesellschafterbeschlusses,** der aus Gründen des Gläubigerschutzes nichtig ist, muss Abs. 3, obwohl nach seinem Wortlaut nicht einschlägig, entsprechend angewendet werden.[165] Denn die Zulässigkeit des Anspruchsverzichts (einschließlich gleichwertiger Maßnahmen) oder eines Vergleichs in diesen Fällen wäre mit den Wertungen unvereinbar, die die Nichtigkeit des Weisungsbeschlusses begründen. Auch in Fällen „autonomer" Verletzung zwingenden Gläubigerschutzrechts durch die Geschäftsführung gilt a fortiori dasselbe. Zu Grenzen von Verzicht und Vergleich aus Gründen des Minderheitsschutzes Rn. 47. **41**

III. Anspruchsinhaber und -gegner; Geltendmachung

1. Anspruchsinhaber. a) Die Gesellschaft als Gläubiger. Gläubiger der Forderungen aus § 43 ist kraft ausdrücklicher Bestimmung (Abs. 2) die **Gesellschaft**. Ein Schutzgesetz (§ 823 Abs. 2 BGB) zugunsten der Gesellschaftsgläubiger liegt nach allgemeiner Meinung nicht vor.[166] Dasselbe ist entgegen einer vereinzelt vertretenen An- **42**

---

[159] Dazu *Hachenburg/Mertens* Rn. 88 mwN.
[160] Dazu MüKo BGB/*Bydlinski* 4. Aufl. 2001, § 423 Rn. 47.
[161] Näher dazu *Cahn* Vergleichsverbote S. 103 ff.
[162] BGH WM 1986, 789, 790 mwN = EWiR § 30 GmbHG 1/86, 587 – *Weipert* = WuB II C § 43 GmbHG 5.86 – *Rümker; Hachenburg/Hüffer* § 46 Rn. 64; *Thelen* ZIP 1987, 1027, 1033; vgl. auch OLG Stuttgart ZIP 1995, 378, 380.
[163] Anders *Altmeppen* S. 76. S. auch *ders.* DB 2000, 262.
[164] Zu einem treuwidrigen Entlastungsbeschluss OLG Düsseldorf NZG 2001, 991, 994; OLG Hamm GmbHR 1992, 217, 218 f.; s. auch OLG München ZIP 1997, 1965. Zu „mehrheitsfreundlich" wohl OLG Köln GmbHR 2001, 112, 113 f. Für wN § 46 Fn. 95.
[165] Vgl. *Grunewald* BB 1981, 581, 585 mwN.
[166] Vgl. BGH DB 1979, 1694; RGZ 159, 211, 224; *Hachenburg/Mertens* Rn. 110; s. auch BGH WM 1976, 1086 ff.

sicht[167] auch hinsichtlich der Gesellschafter anzunehmen.[168] Ausschlaggebend hierfür ist,[169] dass anderenfalls die aus der Formulierung des § 43 und insbesondere aus § 46 Nr. 8 klar ersichtliche Ausrichtung der Haftung auf die Gesellschaft hin verzerrt würde.[170]

43 **b) Ansprüche der Gesellschafter?** Den Gesellschaftern gibt § 43 auch **keinen eigenen** Anspruch. Eigene Schadensersatzansprüche des Gesellschafters sind andererseits unproblematisch, sofern zwischen ihm und dem in Anspruch genommenen Geschäftsführer eine Rechtsbeziehung besteht, gegen die der Schädiger verstoßen hat.[171] Praktisch bedeutsam wird das insbesondere dann, wenn der beklagte Geschäftsführer gleichzeitig Gesellschafter ist. Denn dann ergibt sich die erforderliche Sonderbeziehung aus der unter den Gesellschaftern bestehenden Treuebindung.[172]

44 Weitergehend nimmt *Mertens* einen eigenen Schadensersatzanspruch des Gesellschafters dann an, wenn ein Geschäftsführer in dessen Mitgliedschaftsrecht eingegriffen hat.[173] Bedenklich daran erscheint, dass die dem GmbHG zugrunde liegende Orientierung von Geschäftsführerpflichten und -haftung auf die Gesellschaft hin nicht nur gegen die Anerkennung des § 43 als Schutzgesetz zugunsten der Gesellschafter, sondern auch gegen jedes andere Gesetzesverständnis spricht, das auf die Unterminierung dieses Prinzips hinausläuft. Schwer ins Gewicht fällt mE, dass es bei Anerkennung einer Gesellschafterklage auf Leistung an die Gesellschaft (dazu Rn. 47 ff.) kein praktisches Bedürfnis gibt, den Gesellschaftern auch noch eigene Ansprüche zuzubilligen. Insgesamt erscheint es also besser, solche Ansprüche nicht anzuerkennen.[174] Eine Ausnahme sollte nur hinsichtlich des Gesellschafterschadens anerkannt werden, der nicht auch Bestandteil des Schadens der Gesellschaft ist. Insoweit mag tatsächlich § 823 BGB eingreifen.[175] Abgesehen davon ist aber von einer Verdrängung dieser Bestimmung durch spezifisch gesellschaftsrechtliche Grundsätze auszugehen. Eigene Ansprüche der Gesellschafter gegenüber Geschäftsführern auf Ausgleich eines der Gesellschaft und deshalb mittelbar auch dem Kläger entstandenen Schadens sind mit dem BGH demnach in der Tat auf solche Fälle zu beschränken, wo sie ausnahmsweise durch eine besondere Rechtsbeziehung unter den Beteiligten legitimiert werden. Aber auch in solchen Fällen kann eine Wiedergutmachung des Schadens nur dort verlangt werden, wo er entstanden ist, nämlich durch Leistung in das Gesellschaftsvermögen.[176] Entschiede man

---

[167] *Sonnenschein* S. 159 ff.
[168] RGZ 73, 30, 33; BGH NJW 1969, 1712; *Mertens*, FS Fischer, 1979, S. 461, 466 f.; *Verhoeven* S. 112 ff.; *Kowalski* S. 196 ff.; *Roth/Altmeppen* Rn. 19 f.; *Hachenburg/Mertens* Rn. 102; *Scholz/Schneider* Rn. 211.
[169] AA *Kowalski* S. 196.
[170] Dazu iE *Mertens*, FS Fischer, 1979, S. 461, 466 f.; vgl. auch *Fleck* GmbHR 1974, 224, 235: § 266 StGB als Schutzgesetz zugunsten der Gesellschafter; ähnlich BGH NJW 1969, 1712.
[171] BGH ZIP 1982, 1203; *Wiedemann* § 4 IV 2 b.
[172] BGH ZIP 1982, 1203; vgl. Rn. 67; wie hier *Felix* DStZ 1987, 455, 460; *Raiser* ZHR 153 (1989), 1, 25 f.; *Rhein* S. 196 f.; vgl. aber *Binge* S. 165 ff.
[173] *Mertens*, FS Fischer, 1979, S. 461, 468 ff.; ders. AG 1978, 309 f.; *Hachenburg/Mertens* Rn. 105; kritisch etwa *Geßner* S. 23 ff.; *Beckerhoff* S. 138 ff.; *Scholz/Schneider* Rn. 215 f.; *Baumbach/Hueck/Zöllner* Rn. 49; *Meyer-Landrut/Miller/Niehus* Rn. 3; *Lutter* AcP 180 (1980), 85, 142 mwN.
[174] IErg. wie hier *Immenga* S. 291; *Müller*, FS Kellermann, 1991, S. 317, 329 ff.; wohl auch BGH ZIP 1982, 1203 f.; deutlich BGHZ 94, 55, 58 = NJW 1985, 1777; BGH WM 1987, 13, 16 = JZ 1987, 781 m. Anm. *Wiedemann*; vgl. *Baums* ZGR 1987, 554, 557 ff.; *Brandes*, FS Fleck, 1988, S. 13, 14 ff.; *Lutter/Hommelhoff* Rn. 32. Offen OLG Frankfurt NZG 1999, 767.
[175] Vgl. BGHZ 110, 323, 327, 334; vgl. auch *Habersack* S. 232 ff.; kritisch *Hadding*, FS Kellermann, 1991, S. 91, 102 ff.; *Baumbach/Hueck/Zöllner* Rn. 49 mwN.
[176] BGH ZIP 1982, 1203; *Immenga* S. 291.

Haftung der Geschäftsführer § 43

anders, so liefe dies auf eine Beeinträchtigung des Grundsatzes der Vermögensbindung hinaus. Die anderen Gesellschafter haben vorbehaltlich einer abweichenden Entscheidung in den dafür vorgesehenen Beschlussformen einen Anspruch darauf, dass das der Gesellschaft gewidmete Vermögen dieser auch erhalten bleibt. Würde man demgegenüber die Liquidation von Gesellschaftsschäden zugunsten des Vermögens einzelner Gesellschafter erlauben, so würde darüber hinaus das äußerst komplexe, wenn überhaupt befriedigend lösbare Problem des Doppelschadens aufgeworfen.[177]

Im Zusammenhang des Interessenkonflikts beim Management-Buy-Out ist neuerdings der Versuch unternommen worden, Treuepflichten der Geschäftsführer gegenüber den **Gesellschaftern** zu begründen. Inhalt der Pflicht soll es sein, solche Schäden hintanzuhalten, die nicht auch im Vermögen der Gesellschaft zu Buche schlagen. Konstruktiv wird der Anspruch auf Drittschutzwirkungen des Organverhältnisses gestützt.[178] Die dazu vorgetragenen Überlegungen sind bedenkenswert, im geltenden Recht aber doch wohl nicht zureichend verankert. 45

2. Geltendmachung. a) Durch Gesellschaft. Im Prozess der Gesellschaft gegen einen Geschäftsführer kann diese, sofern vorhanden, durch den Aufsichtsrat vertreten werden (§§ 52, 112 AktG, vgl. § 35 Rn. 20). Im übrigen ist zu beachten, dass es mangels anderweitiger Vorsorge durch die Satzung gemäß § 46 Nr. 8 Sache der Gesellschafter ist, den Vertreter der Gesellschaft im Prozess gegen den Geschäftsführer zu bestimmen (iE § 46 Rn. 44 ff.). Die Bestellung eines Notgeschäftsführers (zu ihm § 35 Rn. 76 f.) als Prozessvertreter ist nicht ausgeschlossen, wird aber in aller Regel überflüssig sein (§ 46 Rn. 45). § 29 ZPO (Gerichtstand des Erfüllungsortes = Sitz der Gesellschaft) ist anwendbar.[179] 46

b) Durch Gesellschafter. Zweifelhaft ist, ob ein Gesellschafter Ansprüche gemäß § 43 uU **in eigenem Namen** geltend machen kann. Für den Minderheitenschutz in der GmbH ist diese Frage von erstrangiger Bedeutung. Zwar kann im Rahmen des § 50 ein Beschluss darüber erzwungen werden, ob die Gesellschaft gegen die Geschäftsführer vorgehen soll. Aber § 50 setzt eine zumindest zehnprozentige Beteiligung voraus und außerdem wirkt die Anfechtung eines ablehnenden Beschlusses nur kassatorisch, ist also nicht geeignet, die Durchsetzung des Anspruches zu legitimieren (zur Möglichkeit einer positiven Beschlussfeststellungsklage § 47 Rn. 152 f.). Ist der schadensersatzpflichtige Geschäftsführer gleichzeitig Mehrheitsgesellschafter, so mag es wegen des ihm treffenden Stimmverbotes (§ 47 Abs. 4) dennoch möglich sein, einen Beschluss gemäß § 46 Nr. 8 zu erwirken. Sonst aber hätte es dabei sein Bewenden, dass gegen gesellschaftsschädigendes Verhalten der Geschäftsführung – sofern nur von der Mehrheit gedeckt – nichts unternommen werden könnte. Dieser äußerst bedenkliche Befund hat dazu geführt, dass den Gesellschaftern im Schrifttum zunehmend die Befugnis eingeräumt wird, den Anspruch der Gesellschaft im eigenen Namen (Prozessstandschaft) geltend zu machen.[180] Auch wenn die Rechtsgrundlage einer solchen Pro- 47

---

[177] Vgl. immerhin *Mertens*, FS Fischer, 1979, S. 461, 474 f.
[178] *Rhein* S. 173 ff. Ablehnend *Habersack* S. 205 f.
[179] BGH GmbHR 1992, 303, BayObLG GmbHR 1993, 161; zu Geschäftsführern mit ausländischem Wohnsitz OLG Celle GmbHR 2000, 1151. Zu Zuständigkeitsfragen im Zusammenhang einstweiligen Rechtsschutzes *Fastrich* DB 1981, 925.
[180] Actio pro socio; vgl. etwa *Immenga* S. 286 ff.; *Banerjea* S. 189 ff.; *K. Schmidt* GmbHR 1979, 121, 127, *Hölters* BB 1977, 105, 110; *Martens* GmbHR 1984, 265, 271; *v. Gerkan* ZGR 1988, 441, 447 ff.; *Wiedemann* § 4 IV 2b; *Abeltshauser* S. 422 f., 424 ff.; *Hachenburg/Hüffer* § 46 Rn. 109, § 13 Rn. 8; *Lutter/Hommelhoff* Rn. 33; *Meyer-Landrut/Miller/Niehus* Rn. 16; *Roth/Altmeppen* Rn. 58; *Scholz/Schmidt* § 46 Rn. 161 mwN; umfassende Analyse bei *Eickhoff* S. 147 ff. und pas-

zessstandschaft zweifelhaft ist – eine Analogie zu den §§ 309 Abs. 4, 317 Abs. 4, 318 Abs. 4 AktG kann nur in konzernrechtlichem Zusammenhang erwogen werden; die von *Verhoeven*[181] befürwortete Analogie zu § 744 Abs. 2 BGB erscheint doch recht weit hergeholt – wird man dem zuzustimmen haben. Ausschlaggebend ist die Verpflichtung der Geschäftsführer auf die Förderung des Gesellschaftsinteresses, dh. den **allen** Gesellschaftern gemeinsamen Zweck.[182] Diese Verpflichtung könnte zu Lasten der Minderheit ohne Abhilfe sanktionslos bleiben. Damit würde eines der wesentlichen Elemente des Organisationsrechtes der GmbH zu leerem Papier. Aus eben diesem Grunde ist anzunehmen, dass die Mehrheit auf Ansprüche gegen die Geschäftsführer gegen den Widerspruch der Minderheit nur dann rechtswirksam **verzichten** oder sich über solche Ansprüche **vergleichen** kann, wenn dies mit dem Gesellschaftsinteresse noch vereinbar ist.[183] Da mit der actio pro socio ein Anspruch der Gesellschaft geltend gemacht wird, könnte einer solchen Klage anderenfalls sehr leicht der Boden entzogen werden.

48 Wegen der in § 46 Nr. 8 enthaltenen Zuständigkeitsregel ist die actio pro socio im Einklang mit der vorherrschenden Meinung[184] als **subsidiäre Möglichkeit** aufzufassen. Sie setzt maW voraus, dass der klagende Gesellschafter sich zunächst um die Erhebung der Klage durch die Gesellschaft bemüht hat oder – nach verbreiteter Auffassung – dass eine solche Bemühung offensichtlich aussichtslos wäre.[185] Bei Gesellschafterbeschlüssen, die im Falle ihrer Wirksamkeit Schadensersatzansprüche der Gesellschaft ausschließen würden (Weisung – vgl. Rn. 28, 35 –, Verzicht und Vergleich, Ablehnung eines Antrags auf Klageerhebung) stellt sich die Frage nach dem **Verhältnis** von **actio pro socio** und **Anfechtungsklage**. Die Frage ist von einer endgültigen Klärung noch weit entfernt. Jedenfalls für Weisungsbeschlüsse wird man von der Notwendigkeit einer Abstimmung beider Klagen und zwar in dem Sinne auszugehen haben, dass ein Schadensersatz zusprechendes Urteil ohne rechtskräftige Nichtigerklärung des Beschlusses nicht ergehen kann.[186] Denn anderenfalls wäre es möglich, dass die Ausführung eines Weisungsbeschlusses einerseits rechtlich geboten wäre, andererseits aber zum Schadensersatz verpflichten würde. In den anderen Fällen potentiell scha-

---

sim; teilweise auch *Verhoeven* S. 112 ff.; vgl. auch *Berger* ZHR 149 (1985), 599, 604 ff.; dagegen MünchHdB GesR III/*Schiessl* § 31 Rn. 24; *Hoffmann* GmbHR 1963, 61, 63; *Maatz* GmbHR 1974, 124, 128; *Verhoeven* BB 1978, 335, 336; *Baumbach/Hueck/Zöllner* Rn. 27; *ders.* ZGR 1988, 392, 408 ff.; nicht eindeutig, aber wohl eher verneinend BGH ZIP 1982, 1203 f.; bejahend dagegen BGH WM 1990, 1240, 1241; OLG Köln GmbHR 1993, 816; OLG Düsseldorf ZIP 1994, 621; Analyse der Rechtsprechung bei *Gehrlein* ZIP 1993, 1525 f. Für Möglichkeit einer Klage aus eigenem Recht *Hachenburg/Raiser* § 14 Rn. 36 ff.; dagegen *Habersack* S. 205 ff.

[181] S. 110.
[182] Ausführlicher *Eickhoff* S. 152 ff.
[183] Vgl. *Wiedemann* § 8 IV 1 c aa; auch OLG Stuttgart ZIP 1995, 378, 380.
[184] Für Nachweise Rn. 47; anders allerdings *Wiedemann* ebendort; ausdrücklich wie hier BGHZ 65, 15, 21 = NJW 1976, 191; BGH ZIP 1982, 1203, 1204 mwN; OLG Köln GmbHR 1993, 816 = EWiR § 46 GmbHG 1/93 – *Walther*; OLG Hamm NZG 1998, 432, 433; genauere Darstellung der Judikaturentwicklung bei *Gehrlein* ZIP 1993, 1529 f.
[185] Kritisch zu letzterem *v. Gerkan* ZGR 1988, 441, 450; zur Notwendigkeit der Anfechtung eines ablehnenden Beschlusses *Eickhoff* S. 123 ff.; OLG Köln GmbHR 1993, 816 = EWiR § 46 GmbHG 1/93 – *Walther*; *Krieger* in VGR I 1999, S. 120 ff.; *Grunewald* S. 73 ff.; *Kowalski* S. 77; *ders.* ZIP 1995, 1315, 1316 ff. gegen *Gehrlein* ZIP 1993, 1529 f., je mwN; aA *Hachenburg/Hüffer* § 46 Rn. 112. Unklar OLG Koblenz GmbHR 1995, 731, 732.
[186] Vgl. *Winter* S. 320 ff.; *Hölters* BB 1977, 105, 111 f.; auch *Berger* ZHR 149 (1985), 610; *Hachenburg/Schilling* § 13 Rn. 8 und *Verhoeven* S. 105 f.; in der Tendenz anders *K. Schmidt* GmbHR 1979, 121, 127; für verdeckte Gewinnausschüttungen auch *Flume* ZHR 144 (1980), 18, 32 f. Grundsätzlich anders *Hachenburg/Raiser* § 14 Rn. 45.

Haftung der Geschäftsführer **§ 43**

densersatzausschließender Beschlüsse ist ein solcher Konflikt nicht zu befürchten. Dennoch ist wegen der grundsätzlichen Wirksamkeit eines nicht angefochtenen Gesellschafterbeschlusses und der Unzulässigkeit einer Inzidenzprüfung seiner Wirksamkeit (§ 47 Rn. 117) anzunehmen, dass die Anfechtungs- der Schadensersatzklage vorgeschaltet werden muss.[187] Zur Verbindung beider Klagen unter Einschluss einer positiven Beschlussfeststellungsklage § 47 Rn. 153.

Die actio pro socio belastet den Kläger mit einem dem in Aussicht stehenden Gewinn nicht adäquaten **Kostenrisiko.** Daher ist jedenfalls für die typischen Tatbestände von Mehrheits-Minderheitskonflikten die entsprechende Anwendung von § 247 AktG in Betracht zu ziehen.[188] 49

c) **Durch Gesellschaftsgläubiger.** Gläubiger der Gesellschaft können den Anspruch aus § 43 (abweichend § 93 Abs. 5 AktG) grundsätzlich **nicht** geltend machen.[188a] Anderes gilt selbstverständlich nach Pfändung und Überweisung des Anspruchs und auch zugunsten des **Insolvenzverwalters.**[189] 50

3. **Anspruchsgegner.** Anspruchsgegner sind sorgfaltswidrig handelnde Geschäftsführer einschließlich ihrer Stellvertreter (§ 44) und zwar als Gesamtschuldner.[190] Auch der „faktische" Geschäftsführer (§ 35 Rn. 75) haftet.[191] Dasselbe gilt für Notgeschäftsführer (§ 35 Rn. 76 f.). Die Haftung beginnt mit der Bestellung – auch der unwirksamen – und endet mit tatsächlicher Aufgabe des Geschäftsführeramtes.[192] 51

Teilweise wird, zumeist unter Berufung auf die ITT-Entscheidung des BGH[193] angenommen, § 43 liefere auch die Anspruchsgrundlage gegenüber solchen **Gesellschaftern,** die Geschäftsführer zu einem sorgfaltswidrigen Verhalten bestimmt oder einem solchen zugestimmt haben. Diese Ansicht ist aber abzulehnen (für Nachweise und Einzelheiten Rn. 67 ff.). 52

IV. Unterlassungs- und Beseitigungsansprüche

1. **Aus Delikt.** Fraglich ist, ob § 43 neben dem Anspruch auf Ersatz eines einmal entstandenen Schadens auch einen solchen auf Unterlassung gewährt.[194] Für die Gesellschaft selbst ist die Frage von praktisch untergeordneter Bedeutung, weil die Mehrheit ihre Wünsche gegenüber der Geschäftsführung im Wege der Weisung, nötigenfalls der Abberufung, ohnehin durchsetzen kann. Wichtig wird sie aber in den Fällen, in denen einzelnen Gesellschaftern eigene Schadensersatzansprüche zustehen 53

---

[187] Dagegen *Hachenburg/Hüffer* § 46 Rn. 110, 112 mwN; dafür OLG Köln (Fn. 185) m. Anm. *Walther.*
[188] Dazu Kölner KommAktG/*Koppensteiner* 2. Aufl. § 309 Rn. 32 ff.
[188a] Ausführliche Diskussion bei *Strobbe* S. 456 ff. mwN.
[189] *Hachenburg/Mertens* Rn. 100 mwN.
[190] *Baumbach/Hueck/Zöllner* Rn. 22, *Scholz/Schneider* Rn. 174 ff.; vgl. BGH AG 1985, 165, 166.
[191] Dazu *Reich* DB 1967, 1663, 1666 ff.; *Rehbinder* ZGR 1977, 581, 640 f.; *Weimar* GmbHR 1997, 478 (auch für nicht einmal unwirksam Bestellten); *Meyer-Landrut/Miller/Niehus* Rn. 28; *Hachenburg/Mertens* Rn. 7; alle mwN; vgl. auch BGH GmbHR 1983, 43; WM 1988, 756; OLG Düsseldorf NZG 2000, 312; GmbHR 1994, 317, 318; OLG Celle NZG 1999, 1161, 1162; BayObLG GmbHR 1997, 453 (Strafurteil); ausführlich *Stein* 8 ff., 111 ff.; zur Parallelproblematik im Gesellschaftsstrafrecht *Weimar* GmbHR 1997, 538 ff.; *Kratzsch* ZGR 1985, 507, 515 ff.
[192] BGHZ 47, 341 = NJW 1967, 1711, 343; *Baumbach/Hueck/Zöllner* Rn. 2; *Hachenburg/Mertens* Rn. 10. Zur internationalen Zuständigkeit deutscher Gerichte für Klagen gegen ehemalige Geschäftsführer mit ausländischem Wohnsitz OLG München NZG 1999, 1170 m. Anm. *Hallweger* = EWiR Art. 31 EuGVÜ 1/99.
[193] BGHZ 65, 15 = NJW 1976, 191 m. Anm. *Ulmer.*
[194] Informative Übersicht über den Meinungsstand bei *Binge* S. 38 ff.

§ 43   3. Abschnitt. Vertretung und Geschäftsführung

(Rn. 43 ff.) und vor allem im Kontext der actio pro socio (Rn. 47). Kaum zweifelhaft ist, dass die **Gesellschaft** selbst einen Anspruch darauf hat, dass die Geschäftsführer solche Handlungen unterlassen, die die Gesellschaft schädigen würden. § 43 dient nicht nur dem Zweck, der Gesellschaft einen Ausgleich zu gewähren, wenn einmal ein Schaden eingetreten ist; es geht auch darum, die Geschäftsführung zu pflichtgemäßem Verhalten anzuhalten.[195] Wegen der möglichen Alternativen (Weisung, Abberufung) wäre freilich in jedem Fall einer durch die Gesellschaft erhobenen Unterlassungsklage zu fragen, ob auch das erforderliche Rechtsschutzbedürfnis vorliegt.

54   Gegen die Geschäftsführung gerichtete Klagen einzelner **Gesellschafter** auf Unterlassung schadensträchtigen Verhaltens sind demgegenüber abzulehnen. Für den Fall der Klage eines Kommanditisten gegen einen Komplementär hat dies der BGH ausdrücklich ausgesprochen.[196] Im Mittelpunkt der Urteilsbegründung steht die sonst drohende Gefahr der Verletzung der innergesellschaftlichen Zuständigkeitsverteilung, insbesondere der Geschäftsführungskompetenz.[197] Dieser Gesichtspunkt unterscheidet den Schadensersatz- in der Tat vom Unterlassungsanspruch.[198] Denn mit der Schadensersatzklage wird die laufende Geschäftsführung nicht behindert. Die Unterscheidung ist nicht personengesellschaftsspezifisch, sondern problemlos auf die Verhältnisse bei der GmbH zu übertragen. Auch dort kommen Unterlassungsklagen einzelner Gesellschafter auf kompetenzimmanentes, wenngleich schadensträchtiges Verhalten von Geschäftsführern nicht in Betracht.

55   **2. Aus Kompetenzüberschreitung.** Mit dem zu Rn. 53 f. Gesagten noch nicht geklärt ist die weitere Frage, ob einzelne Gesellschafter wenigstens dann klagebefugt sind, wenn die Geschäftsführung in die **Zuständigkeit der Gesellschafterversammlung** eingreift,[199] insbesondere ohne einen nach Lage des Falles erforderlichen Gesellschafterbeschluss handelt. Die Verneinung auch dieser Frage würde eine besonders empfindliche Rechtsschutzlücke aufreißen. Rechtswidrige Beschlüsse der Gesellschafterversammlung kann jeder Gesellschafter mit der Nichtigkeits- oder Anfechtungsklage angreifen. Wenn die Geschäftsführung – regelmäßig im Einklang mit der Mehrheit – die Gesellschafterversammlung gleich gar nicht einschaltet, wäre er rechtlos gestellt. Auf der Grundlage dieses Befundes und im Anschluss an eine Arbeit von *Knobbe-Keuk*[200] wird die Zulässigkeit der Gesellschafterklage wegen Verletzung von Entscheidungsprärogativen der Gesellschafterversammlung von der heute wohl schon überwiegenden Meinung bejaht.[201]

---

[195] *Teichmann*, FS Mühl, 1981, S. 663, 675 f. gegen *Häsemeyer* ZHR 144 (1980), 265, 270 f.
[196] GmbHR 1981, 186, 187 f.
[197] Ähnlich etwa *Teichmann*, FS Mühl, 1981, S. 663, 676; *Mertens*, FS Fischer, 1979, S. 461, 467; *Habersack* S. 196 f.; MünchHdB GesR III/*Schiessl* § 31 Rn. 26; *Banerjea* S. 193; nachdrücklich *Zöllner* ZGR 1988, 392, 420 ff.; *Binge* S. 127 ff.
[198] Kritisch freilich *Grunewald* DB 1981, 407, 408 ff.: Unterlassungsanspruch ja, aber nur in „evidenten" Fällen, weitergehend *Happ* S. 403 ff.; *Wellkamp* DWiR 1994, 221, 224 f.
[199] Vgl. *Zöllner* ZGR 1988, 329, 426.
[200] FS Ballerstedt, 1975, S. 239 ff.
[201] OLG Koblenz ZIP 1990, 1570; *Tieves* S. 388 ff.; *Habersack* S. 197 f.; umfassend 298 ff.; *Hommelhoff* S. 459 ff.; *Binge* S. 90 ff.; *Lutter* AcP 180 (1980), 84, 140 ff.; *K. Schmidt* GmbHR 1979, 121, 128; *Timm* AG 1980, 172, 185 f.; *Großfeld* JZ 1981, 234 ff.; *Großfeld/Brondics* JZ 1982, 589, 590; *Rehbinder* ZGR 1983, 92, 103 ff.; *Saenger* GmbHR 1997, 119 ff.; MünchHdB GesR III/*Schiessl* § 31 Rn. 27; zurückhaltend *Zöllner* ZGR 1988, 329, 426; ablehnend wohl *ders.* AcP 190 (1990), 471, 481 f.; Hachenburg/*Raiser* § 14 Rn. 48; *Grunewald* S. 94; nicht eindeutig *Wiedemann* DB 1993, 141, 146. Diskussion einer **einstweiligen Verfügung** im hier interessierenden Zusammenhang in OLG Köln GmbHR 2001, 629.

Gleichwohl kann die Frage noch nicht als abschließend geklärt gelten. Denn die **56**
Entstehungsgeschichte des einschlägigen Normenmaterials liefert doch recht deutliche
Hinweise dafür, dass der Gesetzgeber die hier diskutierte Klage bewusst nicht zulassen
wollte.[202] Ferner weist man nicht ohne Grund darauf hin, die Einwirkung auf gewinnorientiertes Verhalten des Managements sei für den einzelnen Gesellschafter wahrscheinlich wichtiger als die Durchsetzung der innergesellschaftlichen Kompetenzverteilung.[203] Schließlich bestehen prozessrechtliche Bedenken.[204]

Für **praktische** Zwecke dürften die Weichen durch die Rechtsprechung[205] freilich **57**
gestellt sein. Der BGH hat nicht nur eine Klage auf Feststellung der Nichtigkeit sämtlicher mit der streitgegenständlichen Ausgliederung eines Unternehmens zusammenhängenden Rechtsakte für zulässig gehalten,[206] sondern dasselbe auch hinsichtlich Unterlassung, ja sogar Beseitigung[207] von Kompetenzüberschreitungen angenommen: ein Aktionär müsse, solle er nicht rechtlos gestellt werden, die Klage jedenfalls dann erheben können, wenn zur Wahrung seiner Rechte ebenso geeignete aktienrechtliche Behelfe nicht zur Verfügung stehen oder nur auf schwierigen Umwegen zum Ziel führen könnten. Richtig an der Begründung dieses Satzes ist jedenfalls die Feststellung, eine Störung der gesetzlichen Zuständigkeitsverteilung innerhalb der Gesellschaft liege – im Gegensatz zu Klagen auf Unterlassung zuständigkeitsgedeckten Verhaltens der Verwaltung (Rn. 53f.) – nicht vor, da die Klage ja gerade auf Durchsetzung der Kompetenzordnung gerichtet sei. Zutreffend macht das Gericht ferner darauf aufmerksam, dass eine Überspielung der Gesellschaftermehrheit nicht zu befürchten sei. Der Gesellschaft bleibe es unbenommen, die fehlende Entscheidung der Hauptversammlung nachträglich herbeizuführen. Kritisch ist vor allem zu vermerken, dass es der BGH verabsäumt hat, die anstehende Frage in den Gesamtzusammenhang von Organstreitigkeiten in der Kapitalgesellschaft zu stellen.[208] Wie auch immer die weitere Entwicklung verlaufen mag: fest steht jedenfalls, dass die Grundsatzfrage nach Zulässigkeit und Voraussetzungen der Gesellschafterklage wegen Verletzung innergesellschaftlicher Zuständigkeiten für die GmbH u. die AG nicht grundsätzlich verschieden beantwortet werden kann.

Neben der prinzipiellen Zulässigkeit der Klage sind auch verschiedene **Einzelheiten** **58**
umstritten. Es fragt sich zunächst, ob den Gesellschaftern eine Klagebefugnis **aus eigenem Recht** oder nur als **Prozessstandschafter** für die Gesellschaft zusteht.[209] Der

---

[202] Vgl. insbesondere *Teichmann,* FS Mühl, 1981, S. 663, 673 ff.; in dieselbe Richtung LG Mainz WM 1977, 904, 905 f.
[203] *Wiedemann* § 8 IV 1 c dd.
[204] Dazu insbesondere *Häsemeyer* ZHR 144 (1980), 265, 268 ff.; vgl. *Teichmann,* FS Mühl, 1981, S. 663, 666 ff.
[205] BGHZ 83, 122, 125 = NJW 1982, 1703, 1705 f.; dazu *Großfeld/Brondics* JZ 1982, 589, 590; *Rehbinder* ZGR 1983, 92 ff.; ebenso schon die Vorinstanz OLG Hamburg ZIP 1980, 1000, 1002 f. mwN.
[206] Zu einer vergleichbaren Konstellation BGH WM 1990, 1240 f. = EWiR § 37 GmbHG 2/90 – *Meyer-Landrut*; OLG Koblenz ZIP 1990, 1570, 1573 f. = EWiR § 37 GmbHG – *v. Gerkan*: Verletzung einer Aufsichtsratszuständigkeit.
[207] Kritisch dazu *Zöllner* ZGR 1988, 329, 428 ff.; vgl. aber *dens.* in *Baumbach/Hueck* Schlußanh. I Rn. 61.
[208] Dazu insbes. *Rehbinder* ZGR 1983, 92 ff., 105 f. mwN.
[209] Für die erstgenannte Möglichkeit BGHZ 83, 122, 126 = NJW 1982, 1703, 1706; BGH WM 1990, 1240, 1241; *Knobbe-Keuk,* FS Ballerstedt, 1975, S. 239, 243, 251 ff.; *Großfeld/Brondics* JZ 1982, 589, 590; *Habersack* S. 197 f.; *Zöllner* ZGR 1988, 329, 430 f.; ausführlich *Binge* S. 66 ff.; dagegen etwa *Häsemeyer* ZHR 144 (1980), 265, 269 f.; *Grunewald* S. 84 ff.; für Prozessstandschaft auch *Teichmann,* FS Mühl, 1981, S. 663, 667 ff.

Auffassung des BGH dürfte der Vorzug zu geben sein. Sie trägt dem Umstand Rechnung, dass jedem Gesellschafter ein Anspruch auf Teilhabe an der Willensbildung des Organs zusteht, dessen Mitglied er ist, und dass dieser Anspruch beeinträchtigt wird, wenn eine gesetzlich oder gesellschaftsvertraglich vorgesehene Willensbildung des betreffenden Organs gleich gar nicht stattfindet.[210]

59   Schwieriger ist die Frage nach dem richtigen **Beklagten.** Der BGH hat sich für die Gesellschaft entschieden.[211] Für die Auffassung des BGH spricht gewichtig, dass die Beklagtenrolle auch im kassatorischen Verfahren der Gesellschaft zugewiesen ist.[212] Ein bisher kaum gewürdigtes Problem wird aber dadurch aufgeworfen, dass der Gesellschaft jedenfalls dann, wenn das in Frage stehende Managementverhalten geeignet ist, der Gesellschaft einen Schaden zuzufügen, ihrerseits ein Unterlassungsanspruch zusteht.[213] Die Schwierigkeit besteht darin, dass das genaue Verhältnis schadensersatz- und gesellschaftsrechtlich begründeter Unterlassungsklagen bisher nicht geklärt ist. Abhilfe kann möglicherweise über die zivilprozessualen Regeln zur Streitgenossenschaft oder zur Streitverkündung bzw. Nebenintervention geschaffen werden.

60   Eine weitere Frage richtet sich darauf, ob die Klagebefugnis der Gesellschafter davon abhängt, ob die für die **Kontrolle** der Geschäftsführung **vorgesehenen Organe,** also Gesellschafterversammlung oder obligatorischer Aufsichtsrat, ihrerseits **tätig werden.**[214] Die Frage ist mit dem BGH[215] zu verneinen.[216] Das passt erheblich besser zu der auch von den widersprechenden Autoren geteilten Annahme, die Gesellschafterklage sanktioniere die Verletzung eigener Rechte.[217]

V. Verjährung

61   Ansprüche gemäß § 43 einschließlich solcher aus Dienstvertrag[218] verjähren nach Abs. 4 in 5 Jahren. Im übrigen gilt nicht Abs. 4, sondern die sonst auch anwendbare Regel.[219] Ausgleichsansprüche unter Geschäftsführern-Gesamtschuldnern verjähren in 30 Jahren.[220] Läuft die Verjährungsfrist des § 852 BGB später ab als die des Abs. 4, so

---

[210] Ausführlich dazu *Hommelhoff* S. 459 ff.; zu einem ähnlichen Problem LG Darmstadt ZIP 1986, 1389, 1390.

[211] AaO Ebenso *Knobbe-Keuk,* FS Ballerstedt, 1975, S. 239, 548; *Großfeld/Brondics* JZ 1982, 589, 590, *Rehbinder* ZGR 1983, 92, 104; *Zöllner* ZGR 1988, 329, 428 ff., 433 f.; ausführlich *Binge* S. 75 ff.; *Tieves* S. 399; dagegen etwa OLG Hamburg ZIP 1980, 1000, 1003; *Hommelhoff* S. 468; *Lutter* AcP 180 (1980), 84, 142; *Teichmann,* FS Mühl, 1981, S. 663, 666 ff., 668 ff.; *Sünner* AG 1983, 169, 170 f.; für Gesellschaft und Geschäftsleitung LG Darmstadt ZIP 1986, 1389, 1390; für Einbeziehung auch rechtswidrig begünstigter Mitgesellschafter bei Feststellungsklage BGH WM 1990, 1240, 1241; zu einer Tochtergesellschaft OLG Koblenz ZIP 1990, 1570, 1573 f.

[212] Dazu *Rehbinder* ZGR 1983, 92, 104.

[213] Rn. 53; ähnlich OLG Hamburg ZIP 1980, 1000, 1003.

[214] Dafür *Hommelhoff* S. 467; *Lutter* AcP 180 (1980), 84, 142; *Timm* AG 1980, 172, 185.

[215] BGHZ 83, 122, 126 f. = NJW 1982, 1703, 1706.

[216] Ebenso *Binge* S. 69 ff. mwN der hM; aber Fehlzitat der 2. Aufl.

[217] Zur Frage, innerhalb welcher Frist die Klage zu erheben ist, vgl. BGHZ 83, 122, 136 = NJW 1982, 1703, 1706; *Rehbinder* ZGR 1983, 107; ferner BGH AG 1980, 187, 189; *Großfeld/Brondics* JZ 1982, 589; *Zöllner* ZGR 1988, 432.

[218] BGH AG 1989, 354, 355 mwN.

[219] Für Einzelheiten und Nachweise vgl. *Hachenburg/Mertens* Rn. 93 f.; zur Fortdauer der Haftung eines Gesellschafter-Geschäftsführers als Kommanditist BGH WM 1982, 1025, 1026; wegen Verletzung der gesellschafterlichen Treuepflicht BGH NJW 1999, 781 = GmbHR 1999, 186 = WM 1999, 186.

[220] RGZ 159, 86, 89.

Haftung der Geschäftsführer § 43

ist erstere maßgebend.[221] Das ist auch die Auffassung des BGH.[222] Eine rechtsgeschäftliche Verlängerung der Verjährungsfrist ist zulässig nur nach Maßgabe von § 202 Abs. 2 BGB. Eine Fristverkürzung ist ausgeschlossen soweit sie sich auch auf Ansprüche bezieht, auf die die Gesellschaft im Interesse des Gläubigerschutzes nicht verzichten kann.[223] Außerdem ist § 202 Abs. 1 BGB zu beachten. Wird der Anstellungsvertrag von einem anderen Organ als der Gesellschafterversammlung abgeschlossen, darf die Frist allerdings nicht so kurz bemessen werden, dass die Gesellschafter das ihnen verbliebene Recht, Schadensersatzansprüche geltend zu machen und Entlastung zu erteilen, praktisch nicht mehr ausüben können.[224] Abs. 4 ist auch bei **Drittanstellung** anwendbar.[225]

Die Verjährung **beginnt** mit dem Zeitpunkt, in dem der Geschäftsführer wenigstens mit einer Feststellungsklage belangt werden kann; auf Kenntnis davon kommt es unstrittig nicht an.[226] Eine **Hemmung** der Verjährung während der für eine Beschlussfassung gemäß § 46 Nr. 8 notwendigen Frist tritt nicht ein;[227] auch § 210 BGB ist nicht anzuwenden.[228] Dagegen wird die Verjährung gehemmt und zwar auch dann, wenn der Beschluss nach § 46 Nr. 8 erst nach Rechtshängigkeit gefasst wird.[229] 62

VI. Geschäftsführerhaftung in der GmbH & Co KG

In der GmbH & Co KG schuldet die GmbH der KG die Wahrnehmung der Geschäftsführung. Verletzt sie die daraus resultierenden Pflichten, so ist sie zum Schadensersatz verpflichtet. Als Konsequenz ihrer Inanspruchnahme steht ihr ein Regressanspruch gegen den Geschäftsführer zu, dessen Sorgfaltspflichten ihm (auch) ein Verhalten gebieten, das Schadensersatzansprüche gegen die Gesellschaft vermeidet. Diesen Regressanspruch kann die KG pfänden und sich überweisen lassen. Das ermöglicht den **Zugriff auf den GmbH-Geschäftsführer,** ohne dass es hierfür eines Beschlusses gemäß § 46 Nr. 8 bedürfte (§ 46 Rn. 41). Gegenteiliges gilt freilich, wenn der Betroffene auch der GmbH gegenüber nicht haften würde. Das ist der Fall, wenn er auf der Grundlage einer ihn entlastenden Weisung (dazu Rn. 28 ff.) gehandelt hat.[230] 63

---

[221] *Scholz/Schneider* Rn. 202; *Meyer-Landrut/Miller/Niehus* Rn. 20 mit unzutreffendem Zitat der 1. Aufl.; *Galetke* WiB 1997, 398; *Hachenburg/Mertens* 7. Aufl. Rn. 93 mN der gegenteiligen hM; wie diese auch *Baumbach/Hueck/Zöllner* Rn. 44.

[222] BGHZ 100, 190, 199 ff. = NJW 1987, 2008, 2010; BGH AG 1989, 354, 357 f.

[223] Abs. 3; vgl. Rn. 40; wie hier BGH WM 2000, 73 = ZIP 2000, 135 = GmbHR 2000, 135 mwN (mit allerdings problematischer Anwendung der Regel auf einen Anspruch nach Abs. 2; dazu *Altmeppen* DB 2000, 658 f.; *ders.* DB 2000, 263); ferner OLG Brandenburg NZG 1999, 210. *Konow* GmbHR 1968, 219, 222; *Hachenburg/Mertens* Rn. 95; *Meyer-Landrut/Miller/Niehus* Rn. 20; *Scholz/Schneider* Rn. 207; gegen jede Abkürzung *Lutter/Hommelhoff* Rn. 29.

[224] Vgl. OLG Brandenburg NZG 1999, 210 mit insoweit zutreffend kritischer Anm. *Brandes*.

[225] *Fleck* ZHR 149 (1985), 409 f. Zur analogen Anwendbarkeit der Bestimmung auf Regressansprüche nach § 16 Abs. 2 S. 3 THG s. BGH ZIP 2000, 699 = DB 2000, 1019 = GmbHR 2000, 561.

[226] Vgl. OLG Frankfurt NZG 1999, 767 m. Anm. *Impelmann*; *Scholz/Schneider* Rn. 205; auch BGHZ 110, 342, 355. Ausführlich *Hachenburg/Mertens* Rn. 96 f. Zur Rechtslage des Einpersonen-Gesellschafter-Geschäftsführers OLG Köln GmbHR 2001, 73, 74.

[227] OLG Bremen GmbHR 1964, 8.

[228] Zum Einwand der unzulässigen Rechtsausübung gegenüber der Verjährungseinrede im vorliegenden Zusammenhang vgl. *Hachenburg/Mertens* Rn. 96 mwN; *Galetke* WiB 1997, 399 f.

[229] BGH NJW 1999, 2115 = WM 1999, 1215 = GmbHR 1999, 714.

[230] Ausführlich zum Vorstehenden *Grunewald* BB 1981, 581, 583 ff. Skeptisch *Gänzle* S. 70 f.

§ 43 3. Abschnitt. Vertretung und Geschäftsführung

Doch kommt hier eine Haftung der weisungsverantwortlichen Gesellschafter jedenfalls dann in Betracht, wenn Kommanditisten auch Gesellschafter der GmbH sind.[231]

64 In Erweiterung dieser Grundsätze ist nach Auffassung des BGH[232] auch ein **Direktanspruch** der **KG** gegen den **GmbH-Geschäftsführer** dann möglich, wenn die wesentliche Aufgabe der GmbH in der Führung der Geschäfte der KG besteht.[233] Dieser Anspruch wurde zunächst auf Drittschutzwirkung des Anstellungsvertrages gestützt; später ließ der BGH – vielleicht unter dem Eindruck der Kritik von *Hüffer*[234] – auch die Möglichkeit offen, ausschlaggebend seien Drittwirkungen organschaftlicher Geschäftsführerpflichten.[235] *Hüffer* selbst nimmt weitergehend sogar an, die KG habe einen eigenen Anspruch auf die Dienste des Geschäftsführers der GmbH, sofern deren wesentlicher Zweck darin bestehe, die Geschäfte der KG zu führen. Nach *Scholz/Schneider*[236] soll sich die Haftung des Geschäftsführers aus der Übernahme unternehmerischer Leitung gegenüber der KG ergeben.[237]

65 **Kritisch** ist gegenüber diesen rechtsfortbildenden Ansätzen zu vermerken, dass das schon in geltendem Recht enthaltene Potential (Rn. 63) nicht ausgeschöpft wird, dass die Prämisse der Argumentation bei *Scholz/Schneider* positivrechtlich ganz ungesichert ist, rechtspolitisch auch, dass die Geschäftsführer- im Verhältnis zur Gesellschafterhaftung überbetont erscheint. Problematisch sind solche Konstellationen, wo die wirtschaftlich geschädigten Kommanditisten nicht auch Gesellschafter der GmbH sind, weil sich Schadensersatzansprüche gegen GmbH-Gesellschafter dann nicht mit Verletzung nicht vorhandener Treuebindungen begründen lassen[238] und der Geschäftsführer haftungsfrei gestellt sein kann (Rn. 63). Doch sollte die damit bezeichnete Schutzlücke richtigerweise dort ausgefüllt werden, wo sie entsteht, nämlich im Rahmen der Beziehungen zwischen den Kommanditisten (der KG) und dem oder den Gesellschafter(n) der GmbH.[239]

66 Der **Haftungsmaßstab** unter Personengesellschaftern richtet sich im allgemeinen nach § 708 BGB. Da die GmbH aber nur durch ihre Geschäftsführer handeln kann und diese durch § 43 gebunden sind, ist ihre Sorgfalt in eigenen Angelegenheiten mit den Anforderungen jener Bestimmung identisch.[240] Daher kann sich ein von der KG in Anspruch genommener Geschäftsführer in keinem Fall auf § 708 BGB berufen. Verstößt ein Geschäftsführer der GmbH auch gegen seine Pflichten als Kommanditist,

---

[231] *Grunewald* BB 1981, 581, 584; auch Rn. 64 f.
[232] BGHZ 75, 321, 322 ff. = NJW 1980, 589; BGHZ 76, 326, 337 f. = NJW 1980, 1524; BGH GmbHR 1981, 191; WM 1982, 1025, 1026; zustimmend etwa H. P. *Westermann* NJW 1982, 2870; *Hesselmann/Tillmann* Rn. 289 ff. (Gewohnheitsrecht); *Tillmann* Rn. 79; wN bei *Scholz/Schneider* Rn. 286 ff.
[233] So die Formulierung in BGH GmbHR 1981, 191; ebenso noch OLG Düsseldorf GmbHR 2000, 666, 669; OLG Hamm NZG 1999, 453; OLG Frankfurt BB 2000, 1159; enger BGHZ 75, 321, 323 f. = NJW 1980, 589; s. ferner BGHZ 100, 190, 193 = NJW 1987, 2008; BGH WM 1995, 701, 707 ff. – auch für stille Gesellschaft.
[234] ZGR 1981, 348, 354 ff.
[235] Vgl. *K. Schmidt* § 56 IV 3; *Brandes* WM 1987 Sonderbeilage 1, 7; *Konzen* NJW 1989, 2977, 2984.
[236] Rn. 291, vgl. *Stimpel* AG 1986, 119.
[237] Dem zustimmend *Lieb/Eckardt* S. 123. Diskussion dieser und weiterer Begründungen bei *Gänzle* S. 71 ff., 86 ff., der selbst für eine Analogie zu § 43 optiert.
[238] Vgl. *Grunewald* BB 1981, 581, 585 f.
[239] Ansätze dazu bei *Grunewald* BB 1981, 581, 585 f.
[240] Tendenziell ebenso BGHZ 75, 321, 327 mN = NJW 1980, 589 der Gegenansicht; vgl. *Scholz/Schneider* Rn. 294.

so **verjähren** die Ansprüche der KG gegen ihn nach Auffassung des BGH nicht nach Abs. 4, sondern in dreißig Jahren.²⁴¹

VII. Exkurs: Gesellschafterhaftung

1. Mehrgliedrige Gesellschaften. Die Gesellschafter sind gehalten, das gemeinsame 67 Interesse, also die Gesellschaft, zu fördern, jedenfalls nicht zu beeinträchtigen **(Treuepflicht).**²⁴² Auch unter den **Gesellschaftern** selbst bestehen Treuebindungen.²⁴³ Daraus kann sich u. a. die Pflicht ergeben, verfestigte **Geschäftschancen** der Gesellschaft nicht für eigene Zwecke zu usurpieren.²⁴⁴ Für den beherrschenden Mehrheitsgesellschafter impliziert die Treuepflicht uU ein **Wettbewerbsverbot**.²⁴⁵ Mit der Anerkennung von Treuebindungen hat der BGH seine frühere Auffassung, Schadensersatzansprüche aus Gesellschafterweisungen an die Geschäftsführung seien nur unter den Voraussetzungen des § 826 BGB möglich²⁴⁶ unter überwiegendem Beifall des Schrifttums ausdrücklich aufgegeben.²⁴⁷ Freilich bringt der BGH zum Ausdruck, der Schadensersatzanspruch hänge davon ab, „welche satzungsmäßigen Zwecke die GmbH verfolgt, wie sie gesellschaftsintern gestaltet ist und welchen Umfang die Mitgliedschaft hat, außerdem aber auch, ob bereits die gesetzlichen und satzungsmäßigen Regelungen den benach-

---

²⁴¹ NJW 1982, 2869; kritisch *H. P. Westermann* NJW 1982, 2870 f.
²⁴² Vgl. u. a. BGHZ 9, 157, 163; 14, 25, 38; BGH WM 1978, 1205, 1206; BGHZ 76, 352, 355 = NJW 1980, 1278; BGHZ 98, 276, 279 f. = NJW 1987, 189; *Immenga* S. 264 ff.; *Hachenburg/Raiser* § 14 Rn. 52 ff. mwN; vgl. auch § 13 Rn. 35 ff.; zur Rechtslage bei „Drittgeschäften" BGH ZIP 1988, 1117. Kritisch gegenüber solchen Pflichten („unnötige Konstruktion") *Seidel* S. 87 ff. mit beachtlichen Erwägungen.
²⁴³ BGHZ 65, 15, 18 = NJW 1976, 191 m. Anm. *Ulmer*; ferner etwa BGHZ 97, 273, 279 f.; 103, 201, 206 = ZIP 1988, 301 (für AG); BGHZ 129, 137, 142 ff. = ZIP 1995, 816 (für AG); *K. Schmidt* § 20 IV; *Wiedemann* § 8 II 3; wN bei *Zöllner* ZGR 1988, 392, 408; Diskussion von Treuepflichtbegründungen sowie der Notwendigkeit, Treuebindungen gegenüber der Gesellschaft von solchen unter den Gesellschaftern zu unterscheiden bei *Winter* S. 43 ff., 85 ff.; *Geßner* S. 17 ff.; *Büscher* S. 42 ff.; *Geiger* S. 25 ff.; *Armbrüster* S. 331 ff.; *Henze* in *Henze/Timm/Westermann* S. 5 ff.; *Windbichler* ebenda S. 35 f.; *Hüffer*, FS Steindorff, 1990, S. 59, 64 ff.; *Immenga*, FS 100 Jahre GmbHG, 1992, S. 189, 202 ff.; *Hennrichs* AcP 195 (1995) 228 ff.; zu deren Verhältnis auch *Koppensteiner* § 61 Rn. 19. Umfassend zuletzt *M. Weber* S. 110 ff., 132 ff.; zur Funktion von Treuepflichten 144 ff. Dazu auch *Koppensteiner*, FS Mayer-Maly, 1996, S. 326 ff.; *Cahn*, FS Wiese, 1998, S. 5. Kritisch zu Treuepflichten *Flume* ZIP 1996, 161 ff.; aber wohl ohne Ergebnisrelevanz (vgl. aaO S. 165).
²⁴⁴ BGH ZIP 1989, 986, 987 für KG; dazu *Kübler/Waltermann* ZGR 1991, 162 ff.; *Weisser* DB 1989, 2010 ff.; ferner auch *Wiedemann* § 8 III 1 b; *Weisser* 142 ff., 191 ff.; *Geiger* 67 ff.; kritisch *Mertens/Cahn*, FS Heinsius, 1991, S. 545, 547 ff. mit steuerlichen Zusatzüberlegungen; s. auch *Wassermeyer* GmbHR 1993, 329, 330 ff.; für wN zu steuerrechtlichen Implikationen Rn. 19.
²⁴⁵ BGHZ 89, 162, 165 f. = NJW 1984, 162; dazu zB *Wiedemann/Hirte* ZGR 1986, 163; *Löffler* NJW 1986, 223, 225 ff.; ferner OLG Karlsruhe GmbHR 1999, 539; OLG Hamm GmbHR 1989, 259, 260; LG Bochum GmbHR 1992, 670; *Stock* S. 38 ff.; *von der Osten* GmbHR 1989, 450, 451 f.; *Armbrüster* ZIP 1997, 1272 ff.; zurückhaltend *Mertens/Cahn*, FS Heinsius, 1991, S. 545, 553 ff.; dem zustimmend *Münch* NJW 1993, 98, 99; umfassende Untersuchungen der Frage bei *Salfeld* S. 205 ff.; *Winter* S. 244 ff.; *Binnewies* S. 191 ff.; *Ivens* S. 124 ff.; *de Angelis* S. 21 ff., 39 ff.; *Geiger* S. 60 ff., 64 ff.; *Lawall* S. 114 ff.; *Tieves* S. 593 ff.; einschränkend *Pietzcker* S. 38 ff.; zur Bedeutung von § 1 GWB BGHZ 104, 246 = BGH NJW 1988, 2737; wN der Rechtsprechung bei *Henze* S. 261 ff.; zum Verhältnis von Wettbewerb und Treuepflicht *Steindorff*, FS Rittner, 1991, S. 675, 688 ff.; vgl. Anh. § 52 Rn. 38. Zu steuerrechtlichen Implikationen des Wettbewerbsverbotes Rn. 19.
²⁴⁶ BGHZ 31, 258, 278 f. = NJW 1960, 285.
²⁴⁷ BGHZ 65, 15, 21 = NJW 1976, 191.

teiligten Mitgliedern ausreichenden Rechtsschutz gewähren und den aus einer Treupflichtverletzung abgeleiteten Ansprüchen vorgehen". Demgegenüber hat sich heute die zutreffende Ansicht durchgesetzt, dass die konkreten Verhältnisse einer Gesellschaft nicht für die Existenz, sondern das Ausmaß von Treuebindungen bedeutsam sind.[248]

68 Die Ableitung schadensersatzsanktionierter Verhaltensgebote aus Treuepflichten unter den Gesellschaftern und der Gesellschaft gegenüber stellt klar, dass es nicht um organschaftliche, sondern mit der Gesellschafterstellung zusammenhängende Pflichten geht.[249] Daraus folgt, dass die **Rechtswidrigkeit** geschäftsführungserheblichen Verhaltens der Gesellschafter, insbesondere also bei Weisungen an die Geschäftsführer, nicht ohne weiteres aus den Pflichten des Geschäftsführers selbst abgeleitet werden kann.[250] Vielmehr ist daran festzuhalten, dass der Mehrheitsgesellschafter nicht wie der Geschäftsführer Treuhänder auch der Interessen der Minderheit, sondern immer zugleich „Eigen- und Fremdverwalter" ist.[251] In dem durch den Gesellschaftszweck vorgegebenen Rahmen[252] darf er mit anderen Worten seine eigenen Interessen verfolgen (näher § 47 Rn. 128 ff.: Treupflichtverletzung als Anfechtungsgrund). Im Fall einer Verletzung zwingenden Rechts, zB einer mit § 30 unvereinbaren Weisung, spielen derlei Erwägungen allerdings keine Rolle.[253] Einzuräumen ist, dass es als Folge dieser Grundsätze Verhalten geben kann, das die in eigener Verantwortung agierende Geschäftsführung schadensersatzpflichtig machen würde, bei Deckung durch einen Gesellschafterbeschluss aber sowohl den Geschäftsführer als auch die Mehrheit entlastet. Aber das ist de lege lata nur die Konsequenz aus den vom Gesetz selbst vorgezeichneten Rollen von Geschäftsführern einerseits, Gesellschaftern andererseits.[254] Leitung der Gesellschaft durch den Mehrheitsgesellschafter im Wege von Weisungsbeschlüssen ändert hieran nichts. Die von *Scholz/Schneider*[255] vertretene Gegenansicht – aus der Übernahme von Leitungsaufgaben seien Handlungspflichten abzuleiten – ist abzulehnen.[256] Vom treuwidrigen Gesellschafterbeschluss sind informelle Einflussnahmen des Mehrheitsgesellschafters auf die Geschäftsführung zu unterscheiden.[257] Sie sind schon deshalb rechtswidrig, weil Mitverwaltungsrechte der Minderheit missachtet werden.

---

[248] Statt vieler BGHZ 129, 136, 143; OLG Stuttgart NZG 2000, 490, 494 (mwN); OLG Düsseldorf GmbHR 1994, 172, 175; *Hachenburg/Raiser* § 14 Rn. 53.
[249] BGHZ 93, 146, 150 = NJW 1985, 1030; BGH GmbHR 1991, 362; BGHZ 119, 257, 262 = NJW 1993, 193, gründlich *Ziche* S. 113 ff. und *Ziemons* S. 58 ff. mit der hM gegen *Wilhelm* S. 285 ff.; *ders.* DB 1986, 2113, 2117 ff.; wie hier etwa auch *Fleck* ZGR 1990, 31, 35 f.; *Priester* ZGR 1993, 512, 524 f.
[250] *Ulmer* ZHR 148 (1984), 391, 413 ff.; *Vonnemann* BB 1990, 217, 218 f.; *Mertens*, FS Fischer, 1979, S. 461, 464; *Schneider* BB 1981, 249, 257; *Lutter/Hommelhoff* Anh. § 13 Rn. 17 f.; *K. Schmidt* ZIP 1989, 545, 546; anders etwa *Winter* S. 109 f.; *Wiedemann* § 8 IV 1 a; *Ziemons* S. 138 f.; *Immenga*, FS 100 Jahre GmbHG, 1992, S. 189, 199; *Martens* GmbHR 1984, 265, 268 ff.
[251] *Wiedemann* § 8 II 3 b, vgl. aber auch § 8 IV 1; dagegen *Winter* S. 109. Für Begründung der Gesellschafterhaftung (für einen Teil dieser Fälle) mit den §§ 830 Abs. 2, 840 Abs. 1, 421 ff. BGB *Ehricke* ZGR 2000, 355 ff., 364 ff.
[252] Zu dessen Maßgeblichkeit namentlich *Winter* S. 95 ff.; ferner etwa OLG Düsseldorf AG 1996, 373, 375 f.
[253] Dazu BGHZ 93, 146, 149 = NJW 1985, 1030; kritisch bezüglich des von § 30 gemeinten Adressatenkreises *Ulmer* ZGR 1985, 598, 601 ff.
[254] *Ulmer* ZHR 148 (1984), 391, 415; zum Ganzen ähnlich wie hier *Tomat* S. 127 f., 182 ff.; *Verhoeven* S. 69 ff.
[255] Rn. 18 f. Vgl. auch *Ehricke* S. 397 f. mit Fehlzitat der Voraufl.
[256] Zum Pflichtenmaßstab im Zusammenhang mit Unterlassungen *Winter* ZHR 148 (1984), 579, 582 ff. in Anknüpfung an OLG Karlsruhe WM 1984, 656.
[257] Gegen diese Differenzierung *Martens* GmbHR 1984, 265, 268 ff.

Haftung der Geschäftsführer **§ 43**

Der **Verschuldensmaßstab** richtet sich (fast) unstreitig nicht nach § 708 BGB.[258] **69** Er ist Abs. 1 zu entnehmen, wenn der Mehrheitsgesellschafter als Unternehmen zu qualifizieren ist.[259] Dann liegt allerdings eine – hier nicht interessierende – Unternehmensverbindung vor (dazu Anh. § 52 Rn. 8 ff.). Abs. 1 soll ferner in Geschäftsführungsangelegenheiten auch für den Gesellschafter-Geschäftsführer einschlägig sein.[260] Im übrigen gilt § 276 BGB.[261]

2. Einmanngesellschaften. Der **einzige Gesellschafter** handelt rechtswidrig, **70** wenn er die Geschäftsführung zu nach Abs. 3 unzulässigem Verhalten anweist.[262] Dasselbe gilt im Kontext sittenwidriger[263] oder solcher Weisungen, die gegen zwingende Normen zum Schutz öffentlicher Interessen oder der Gläubiger verstoßen.[264] Über Existenz und Konkretisierung darüber hinaus reichender Pflichten des (privaten) Einmanngesellschafters ist – von § 826 BGB abgesehen[265] – noch keine Einigung erzielt worden. Abzulehnen ist jedenfalls die Auffassung, maßgebend seien die für die Haftung des Geschäftsführers geltenden Grundsätze.[266] Denn das trifft nicht einmal in der mehrgliedrigen Gesellschaft zu (Rn. 68). Schadensersatzsanktionierte Treuepflichten des einzigen Gesellschafters gegenüber „seiner" GmbH lassen sich nicht begründen.[267] Auch ein Wettbewerbsverbot trifft ihn nicht.[268]

Manche meinen, jedenfalls **existenzgefährdende** Weisungen seien unzulässig.[269] **71** Mit dem Hinweis auf die Vorschriften über die Auflösung lässt sich diese Position indes nicht plausibel machen.[270] Existenz*gefährdung* und Auflösung ist nicht dasselbe. Außerdem ist fraglich, ob sich aus dem liquidationsrechtlichen Gläubigerschutz durch

---

[258] BGHZ 93, 146, 150 = NJW 1985, 1030; anders *Thöni* GmbHR 1989, 180, 187, 191 f.
[259] Vgl. BGH NJW 1976, 191, 192; insoweit in BGHZ 65, 15 = NJW 1976, 191 nicht abgedruckt; für § 276 BGB *Ulmer* ZHR 148 (184), 391, 421.
[260] *Winter* S. 110.
[261] BGHZ 93, 146, 150 = NJW 1985, 1030; *Winter* S. 110 f.; für generelle Anwendung von § 43 *Immenga* S. 283; *Schilling,* FS Hefermehl, 1976, S. 383, 385 f. Anders BGHZ 129, 136, 162 ff. für Stimmverhalten (mit AG-spezifischer Begründung) = NJW 1995, 1739 = DB 1995, 1065; weitergehend OLG Düsseldorf ZIP 1996, 1211, 1213.
[262] *Baumbach/Hueck/Zöllner* Schlußanh. I Rn. 82.
[263] Dazu *Hartmann* GmbHR 1999, 1065 f. Vgl. auch OLG Naumburg GmbHR 2001, 629.
[264] Vgl. *Thöni* GmbHR 1989, 180, 192 f. Zur Bedeutung europäischen Rechts für die Haftung des einzigen Gesellschafters zB *Hirte* ZIP 1992, 1122 ff.
[265] Dazu BGHZ 31, 258, 278 f. = NJW 1960, 285.
[266] So wohl *Blaurock,* FS Stimpel, 1985, S. 553, 563.
[267] BGHZ 142, 92 = ZIP 1999, 1352, 1353 = WM 1999, 1565 = NZG 1999, 1001; BGHZ 119, 257, 261 f. = NJW 1993, 193 = WuB II C.I.93; BGH ZIP 1993, 917 mN; OLG Bremen ZIP 1999, 1671, 1674; leicht einschränkend OLG Köln GmbHR 2001, 73, 74; vgl. Rn. 5, 30; auch *Koppensteiner* § 61 Rn 12, 5.
[268] Ganz hM. Ausführlich anders *Becker* S. 174 ff. mN.
[269] *K. Schmidt* §§ 37 IV, 39 I 2, 40 III 3; *ders.* ZIP 1986, 146, 148; *Winter* S. 202 ff.; *ders.* ZGR 1994, 570, 589 ff.; *Büscher* S. 143 ff.; *Fleck* ZHR 149 (1985), 387, 395 f. mwN; *ders.* ZGR 1990, 31, 36 ff.; *Priester* ZGR 1993, 512, 520 ff.; vgl. auch Kölner KommAktG/*Koppensteiner* § 308 Rn. 32; offengelassen von BGH ZIP 2000, 493, 494 (dazu *Henze* GmbHR 2000, 1072) = DB 2000, 661 = GmbHR 2000, 330; BGHZ 122, 333 = NJW 1993, 1922 = DB 1993, 1411; OLG Köln GmbHR 1995, 449, 450; OLG Bremen ZIP 1999, 1671; OLG Karlsruhe NZG 1999, 889; LG Bremen NZG 1998, 468, 470. Zur strafrechtlichen Seite BGH NZG 2000, 307 m. Anm. *Zeidler; Radke* GmbHR 1998, 316 f., 362 f.
[270] Anders namentlich *Winter* S. 202 ff.; überzeugende Kritik bei *Ziche* S. 125 f.; ferner *Möhring* S. 112 ff.; *Versteegen* S. 112 ff. Im Wesentlichen wie hier auch *Beinert* S. 67 ff.; *Becker* S. 135 ff.; s. aber auch S. 164 ff.; MünchHdB GesR III/*Schiessl* § 32 Rn. 14; *Schall* S. 78 ff.

Verfahren für die Beurteilung existenzgefährdender Weisungen überhaupt etwas gewinnen lässt.[271] Mehr als die Erhaltung der Zahlungsfähigkeit und eines stammkapitalentsprechenden Vermögens kann sicher nicht verlangt werden.[272] In Fällen verdeckter Gewinnausschüttung und daraus resultierender Bestandsgefährdung mag dieses Vermögen auch nach besonderen der Gefährdung Rechnung tragenden Regeln zu ermitteln sein.[273] Daraus folgt aber keineswegs, dass die Übernahme eines stammkapitaltangierenden Risikos unzulässig wäre.[274] Unerlaubt sind daher allenfalls solche Weisungen, die auf eine Risikoverlagerung zu Lasten der Gesellschaftsgläubiger hinauslaufen[275] und insoweit mit den Fällen qualifizierter Unterkapitalisierung vergleichbar sind.[276] Mit dem Etikett „Existenzgefährdung" ist dieser Sachverhalt nicht adäquat umschrieben.

72 Nach anderer Auffassung ist der Bestandsschutz der Gesellschaft bei Fehlen gegenteiliger Regelungen des Gesellschaftsvertrages notwendiges Element des Gesellschaftszwecks und daher nur durch Satzungsänderung modifizierbar.[277] Darüber hinaus soll es sich im Interesse der Gläubiger sogar um einen nicht disponiblen Teil des Gesellschaftsinteresses der werbenden GmbH handeln.[278] Das wird aus § 35 Abs. 4 S. 1 abgeleitet. Jedenfalls dieser Gedanke kann wegen der Dispositivität der Bestimmung[279] und ihrer brüchigen Wertungsgrundlage nicht überzeugen. Der Gesellschaftszweck wird im übrigen allenfalls dann tangiert, wenn sich der Beschluss, was *Büscher* wohl selbst einräumt, auf **Existenzvernichtung** richtet. Das wird nur ganz ausnahmsweise der Fall sein. Nur voraussehbare Zahlungsunfähigkeit oder Überschuldung genügt nicht,[280] weil sich solche Sachverhalte nicht als Zweckänderung charakterisieren lassen.

73 Außer der Rechtswidrigkeit der Weisung ist **Verschulden** erforderlich. Dieses richtet sich nach den in Rn. 69 dargelegten Grundsätzen. Das dürfte, sofern ein Haftungsgrund überhaupt bejaht wird, auch bei unzulässiger Risikoverlagerung gelten.

---

[271] Verneinend *Hartmann* GmbHR 1999. 1066; *Mülbert* DStR 2001, 1941 f.
[272] Vgl. § 64 Abs. 2; ferner *Flume* S. 71; anders *Fleck* ZHR 149 (1985), 387, 395 f.
[273] So der Vorschlag von *Ulmer,* FS Pfeiffer, 1988, S. 868 f. Kritisch dazu *Becker* S. 145 ff.; *Röhricht,* FS BGH, 2000, S. 95 f.
[274] Vgl. allerdings die Interpretation von BGH NJW 1985, 1030 bei *Ulmer* ZGR 1985, 598, 606 f.
[275] Eindrucksvoll dazu *Röhricht,* FS BGH, 2000, S. 97 ff.; in diese Richtung auch *Semler,* FS Goerdeler, 1987, S. 551, 557 f. Vgl. OLG Frankfurt GmbHR 1997, 346, 347 f. Ähnlich wie bei *Röhricht* jetzt auch BGH ZIP 2001, 1874, 1876 = DB 2001, 2338 = WM 2001, 2062. Mit diesem Urteil hat der BGH die Haftung des Alleingesellschafters auf dem bisher von ihm früher selbst für richtig gehaltenen konzernrechtlichen Zusammenhang gelöst (vgl. Anh. § 52 Rn. 92 ff.). Auf die Unternehmenseigenschaft des Gesellschafters kommt es demnach nicht mehr an. Die seit dem TBB-Urteil (BGHZ 122, 123, 126 ff. – TBB) zugrunde gelegten weiteren Haftungsvoraussetzungen hat der BGH aber unverändert gelassen. Die positivrechtliche Grundlage der neuesten Rechtsprechungswende ist unklar. ME sollte sie am ehesten in teleologischer Reduktion von § 13 Abs. 2 gesucht werden. Kommentierungen des neuen Urteils etwa bei *Altmeppen* ZIP 2001, 1837 ff.; *Bittner* WM 2001, 2133, 2137 ff. (mit dem auch hier vorgeschlagenen Begründungssatz); *Ulmer* ZIP 2001, 2021 ff.
[276] Zu letzteren *Hachenburg/Ulmer* Anh. § 30 Rn. 50 ff. mN; zum Zusammenhang zwischen materieller Unterkapitalisierung und der hier interessierenden Problematik *Ziche* S. 127; auch *Fleck* ZGR 1990, 31, 40 und *Drüke* S. 122 f. Für Direktansprüche der Gläubiger gemäß § 826 BGB bei vergleichbarer Sachverhaltslage OLG Oldenburg NZG 2000, 555 m. Anm. *Emmerich* (dort wN).
[277] *Büscher* S. 143 ff.; *Ziemons* S. 97 ff.; *Tieves* S. 562 ff., 575 ff.; *Tomat* S. 143 ff.; s. auch *Hartmann* GmbHR 1999, 1063 f., dagegen *Bitter* ZIP 2001, 265, 275 f.
[278] *Büscher* S. 148 ff., iErg. ähnlich *Röhricht,* FS BGH, 2000, S. 104 f.; dagegen *Ziemons* S. 105 mwN.
[279] § 35 Rn. 26.
[280] Anders aber *Büscher* S. 152 f. im Anschluss an *Ulmer.*

Haftung der Geschäftsführer **§ 43**

Denn infrage steht die Verletzung einer (ungeschriebenen) gläubigerschützenden Norm (anders 2. Aufl. Rn. 60). Für alle Fälle möglicher Haftung des Alleingesellschafters ist im übrigen anzunehmen, dass die Gesellschaft innerhalb gewisser Grenzen (Rn. 40f., § 47 Rn. 105f.) auf den Anspruch verzichten kann.[281]

Zu beachten ist, dass die (ältere) Rechtsprechung der Strafgerichte zu § 266 StGB **74** (früher § 81a GmbHG) zum Teil über die vorstehend entwickelten Grundsätze zur Gesellschafterhaftung hinausgeht.[282] Das könnte über § 823 Abs. 2 BGB auch zivilrechtlich bedeutsam werden. Doch ist diese Rechtsprechung, soweit sie sich auf stammkapitalüberschießendes Vermögen bezieht und schon einen Verstoß gegen die Grundsätze eines ordentlichen Kaufmanns genügen lässt, mE durchgreifend kritisiert worden.[283]

Nach (früherer?) Auffassung des BGH[284] kann der Alleingesellschafter-Geschäfts- **75** führer im Wege des Regresses in Anspruch genommen werden, wenn er eine Sache der GmbH beschädigt hat und der Schaden von der Versicherung gedeckt wurde. Die Gegenauffassung der Unterinstanz erscheint demgegenüber vorzugswürdig (vgl. Rn. 30, 32).

3. Rechtsfolge. Sie besteht in der Verpflichtung zum Schadensersatz. Eine scha- **76** densunabhängige Verlustausgleichspflicht lässt sich in außerkonzernrechtlichem Zusammenhang dagegen kaum begründen.[285] Schadensersatz ist in das Gesellschaftsvermögen zu leisten,[286] es sei denn, es werde ein Schaden geltend gemacht, der über den der Gesellschaft hinausreicht (vgl. Rn. 43ff.). Stets vorauszusetzen ist freilich ein nachweisbarer Schaden (zur Frage der Schadensermittlung anhand eines Jahresfehlbetrags vgl. Anh. § 52 Rn. 49f.). Richtiger Beklagter ist der verantwortliche Gesellschafter;[287] den Anspruch **geltend machen** kann in erster Linie die Gesellschaft, wobei in den Fällen der Treupflichtverletzung durch Stimmabgabe freilich eine vorherige Anfechtung des Beschlusses erforderlich ist.[288]

Subsidiär[289] zuständig sind die Gesellschafter, die den Schaden der Gesellschaft nach **77** hM zwar nicht als Eigenschaden,[290] aber doch im eigenen Namen, liquidieren kön-

---

[281] Weitergehend *Roth/Altmeppen* Rn. 54: Verzicht oder Entlastung als Implikation der Weisung.
[282] Vor §§ 82 bis 85 Rn. 22, 23; BGH DB 1987, 1930 = WuB II C. § 43 GmbHG 2.88 – *Schneider*; BGH WM 1989, 136; zurückhaltender BGH GmbHR 1983, 465. Vgl. auch BGH WiB 1997, 1030 m. Anm. *Fischer*; BGH NZG 2000, 307 m. Anm. *Zeidler*, je mwN.
[283] Vgl. *Kohlmann*, FS Werner, 1984, S. 387ff.; ferner *Roth/Altmeppen* Rn. 71; *Schäfer* GmbHR 1993, 780, 789ff.; *Vonnemann* GmbHR 1988, 329ff.; *Brammsen* DB 1989, 1609ff.; antikritisch *Gribbohm* ZGR 1990, 1, 19ff.; gründliche Analyse der Problematik auch bei *Radtke* GmbHR 1998, 311ff., 361ff.; gesellschaftsrechtliche Auswertung der strafrechtlichen Judikatur bei *Ulmer*, FS Pfeiffer, 1988, S. 868f. Zu § 823 Abs. 2 BGB iVm. den §§ 266 Abs. 1 Alt. 2, 263 StGB als Grundlage der Gesellschafterhaftung (einschließlich deren gesetzlicher Vertreter) vgl. BGH ZIP 2001, 1874, 1876ff. (Fn. 275).
[284] BGH NJW 1994, 585, 586 = VersR 1994, 85. Dazu *Armbrüster* BB 1998, 1367f. mwN.
[285] Anders *Stimpel* AG 1986, 117, 121; wie hier *K. Schmidt* ZIP 1986, 146, 148.
[286] Vgl. BGHZ 65, 15, 21 = NJW 1976, 191; ferner etwa *Grunewald* S. 77ff.; *Lutter* AcP 180 (1980), 84, 135; einschränkend *Mertens*, FS Fischer, 1979, S. 461, 474.
[287] Für Einbeziehung des Mehrheitsgesellschafters, wenn dieser verantwortlich, *Happ* S. 51.
[288] *Eickhoff* S. 123; *Winter* S. 321ff., beide mwN; dagegen *Ziemons* S. 156f.; *Tieves* S. 554ff., je mwN.
[289] Anders *Wiedemann* § 8 IV 1bb; *Roth/Altmeppen* § 13 Rn. 37; *Berger* ZHR 149 (1985), 599, 607f.; *Raiser* S. 307f.; *ders.* ZHR 153 (1989), 1, 21f.; *Gehrlein* ZIP 1993, 1530f.; *Lutter* ZHR 162 (1998) 180ff.; *Lutter/Hommelhoff* § 13 Rn 19. Offen BGHZ 129, 136, 160f. (für AG) = NJW 1995, 1739 = DB 1995, 1065.
[290] Anders *Mertens*, FS Fischer, 1979, S. 461, 475.

nen.²⁹¹ Dass die Prozessführungsbefugnis der Gesellschafter nur als Hilfs- oder Notzuständigkeit gegeben ist, bedeutet, dass zunächst versucht werden muss, einen Beschluss gemäß § 46 Nr. 8 zu erwirken. Davon lässt sich in Zweimanngesellschaften wegen des Stimmrechtsausschlusses des zu belangenden Gesellschafters eine Ausnahme machen.²⁹² Die Gesellschafterklage ist wohl auch dann möglich, wenn ein Beschlussantrag nach Nr. 8 nicht gestellt werden kann oder nicht beschieden wird.²⁹³ Ob offenbare Aussichtslosigkeit eines solchen Antrages genügt, ist zweifelhaft.²⁹⁴ Wird ein Antrag gemäß § 46 Nr. 8 abgelehnt, so bedarf es der Anfechtung des Beschlusses.²⁹⁵ Zur Verbindung der Schadensersatz- mit der Anfechtungs- und einer positiven Beschlussfeststellungsklage unter § 47 Rn. 153. In Fällen der Verletzung eines Wettbewerbsverbotes durch einen Gesellschafter setzt die Geltendmachung von Ansprüchen nach Auffassung des BGH²⁹⁶ prinzipiell einen Gesellschafterbeschluss voraus (§ 113 Abs. 2 HGB analog). Andererseits hängt die Klagebefugnis nicht von der Größe der Gesellschaftsanteile oder dem Vorhandensein einer Zweimanngesellschaft ab.²⁹⁷

78 Neben der Schadensersatz- kommt auch eine (vorbeugende) **Unterlassungsklage** in Betracht.²⁹⁸ Die Bedenken, die gegen eine solche Klage im Verhältnis zur Geschäftsführung bestehen (Rn. 53 f.), liegen in der hier interessierenden Konstellation nicht vor. Die Klage setzt einen Beschluss nach § 46 Nr. 8 voraus.²⁹⁹ Bei Treuwidrigkeiten durch Stimmabgabe wird die Unterlassungs- durch die Anfechtungsklage verdrängt.

79 Sorgfaltswidriges Verhalten eines Geschäftsführers, das durch informelle Einflussnahme durch einen Gesellschafter veranlasst wurde, verpflichtet beide zum Schadensersatz. Sie sind **Gesamtschuldner.** Während dem Geschäftsführer gegenüber aber die Verjährungsfrist gemäß Abs. 4 maßgebend ist (dazu Rn. 61 f.), verjährt der Anspruch gegen den Gesellschafter in 30 Jahren.³⁰⁰

---

²⁹¹ Vgl. BGH NJW 1990, 2627, 2628; OLG Düsseldorf GmbHR 1994, 172, 173 mit weiterer Rechtsprechung = EWiR § 13 GmbHG 2/94 – *Zimmermann;* OLG Düsseldorf AG 1996, 373, 377; *K. Schmidt* GmbHR 1979, 121, 126; *Lutter* AcP 180 (1980), 84, 135 ff.; *Grunewald* BB 1981, 581, 584; *Immenga* S. 291; *Hadding* GesRZ 1984, 32, 39 ff.; *Winter* S. 307 ff.; MünchHdB GesR III/*Schiessl* § 31 Rn. 22, je mwN, bei verdeckten Gewinnausschüttungen auch *Flume* ZHR 144 (1980), 18, 32 f. mit freilich eigenständiger Begründung; terminologisch klärend *Schanbacher* AG 1999, 21 ff., 26 ff.; nicht völlig eindeutig BGHZ 65, 15, 21 = NJW 1976, 191; umfassende Darstellung des Meinungsstandes bei *Banerjea* S. 7 ff., 49 ff. mit eigener Stellungnahme S. 175 ff. Zur Frage der Ausdehnung der Klagemöglichkeit auf Kommanditisten gegen Gesellschafter der Komplementär-GmbH *Stimpel* AG 1986, 117, 118 f.
²⁹² So *Zöllner* ZGR 1988, 392, 410; vgl. auch BGH EWiR § 46 GmbHG 2.91 – *Finker;* OLG Düsseldorf GmbHR 1994, 172, 174.
²⁹³ Dazu *Eickhoff* S. 180 ff. Zu diesen und ähnlichen Fällen auch *Ziemons* S. 172 ff.
²⁹⁴ Dafür BGH (Fn. 292); OLG Düsseldorf GmbHR 1994, 172, 173; dagegen *Zöllner* ZRG 1988, 392, S. 409 f.
²⁹⁵ OLG Düsseldorf GmbHR 1994, 172, 173; *Eickhoff* S. 123 mwN; *Grunewald* S. 73; dagegen *Winter* S. 315 ff.; *Hadding* GesRZ 1984, 32, 42; *Berger* ZHR 149 (1985), 599, 611 f.; *Wellkamp* DWiR 1994, 221, 224.
²⁹⁶ BGHZ 80, 69, 76 = NJW 1981, 1512, 1514.
²⁹⁷ *Ulmer* NJW 1976, 192, 193; *Wiedemann* § 8 IV 1 bb. Zu einstweiligem Rechtsschutz im Kontext der Gesellschafterklage *Damm* ZHR 154 (1990), 413, 438 ff.
²⁹⁸ Vgl. *Schilling,* FS Hefermehl, 1976, S. 383, 386; *Mertens,* FS Fischer, 1979, S. 461, 470; Hachenburg/*Raiser* § 14 Rn. 47.
²⁹⁹ *Grunewald* S. 84 f.
³⁰⁰ BGH WM 1978, 1205, 1207.

VIII. Exkurs: Zur Außenhaftung des Geschäftsführers

§ 43 gibt den Gläubigern der Gesellschaft, wie dargelegt, keine eigenen Ansprüche. 80
In einer Reihe von Fällen kommt zu Lasten des Geschäftsführers aber ein anderer Anspruchsgrund in Betracht.[301] Dabei kann es sich über § 69 AO hinaus (Rn. 87) auch um öffentlich-rechtliche Gegebenheiten handeln.[302]

1. Rechtsgeschäftlicher Kontakt. Möglich ist zunächst die Inanspruchnahme des 81
Geschäftsführers nach **Rechtsscheingrundsätzen,** namentlich dann, wenn die Verwendung der unvollständigen Firma den Eindruck erweckt, der Inhaber des Unternehmens hafte unbeschränkt (§ 35 Rn. 24). Die Führung einer unzutreffenden Firma kann auch nach **§ 179 BGB** bedeutsam werden. Das ist der Fall, wenn der Dritte nicht mit der bestehenden, sondern (als Folge der unzutreffenden Firmenbezeichnung) mit einer davon verschiedenen GmbH abschließen wollte.[303]

Des weiteren sind die nach allgemeinem Zivilrecht geltenden Grundsätze über die 82
culpa in contrahendo-Haftung des Vertreters bei Inanspruchnahme persönlichen Vertrauens oder Vorliegen eines erheblichen und unmittelbaren Eigeninteresses[304] auch gegenüber dem Geschäftführer anwendbar.[305] Vorausgesetzt wird zunächst die Verletzung einer Aufklärungspflicht. Eine solche liegt vor, wenn der andere Vertragsteil vorleistet und der beteiligte Geschäftsführer weiß oder wissen muss,[306] dass die GmbH ihre eigene Verbindlichkeit nicht wird erfüllen können.[307] Das ist bei (voraussichtlicher) Zahlungsunfähigkeit,[308] bei anderen Leistungshindernissen,[309] wohl nicht aber bei bloßer Überschuldung der Fall.[310] Die haftungsauslösende Wirkung eines solchen Sachverhaltes in Kombination mit der Inanspruchnahme **persönlichen Vertrauens** wird im allgemeinen als unproblematisch angesehen.[311] Doch ergibt sich ein schwieriges

---

[301] Zur Versicherung des Risikos – einschließlich jenes aus § 43 selbst – Rn. 6. Zu anderweitiger Sicherung des Geschäftsführers (Grundschuld des Gesellschafters) OLG München NZG 1999, 890.

[302] ZB nach Abfallrecht; vgl. VG Frankfurt DB 1997, 220.

[303] BGH NJW-RR 1986, 115; LAG Köln GmbHR 1988, 341. Zu den Voraussetzungen eines Schuldbeitritts des Geschäftsführers einer zahlungsunfähigen GmbH gegenüber einem Gesellschaftsgläubiger vgl. BGH NJW 1986, 580, zu Wirksamkeitsgrenzen einer Bürgschaft *Ehricke* WM 2000, 2179 ff.; *Koch* NJW 2000, 1997 f. in Auseinandersetzung mit BGH NJW 1999, 3195. Zur Anwendbarkeit von § 7 Abs. 1 und 2 VerbrKrG KG Berlin GmbHR 1995, 658. Zum Ganzen *Sandberger* S. 41 ff.

[304] Vgl. nur MüKo BGB/*Schramm* § 164 Rn. 11 und jetzt § 311 Abs. 3 BGB nF.

[305] St. Rspr.; vgl. statt vieler BGH WM 1991, 1548, 1549 mwN; vgl. *Sandberger* S. 47 ff.; *Haas* S. 74 ff.; *Scholz/Schneider* Rn. 223 ff.; *Baumbach/Hueck/Zöllner* Rn. 54 f.; *Miller* EWiR § 43 GmbHG 2/91. Informative Übersicht über die Entwicklung der Judikatur bei *Meyke* S. 70 ff. Zur Bedeutung des Grundsatzes beim Verkauf des Unternehmens *Sieger/Hasselbach* GmbHR 1998, 959 f.

[306] Dazu BGH AG 1985, 141, 142.

[307] BGHZ 87, 27, 34; OLG München NJW 1994, 2900, 2901; *Haas* S. 78 ff.; *Ulmer* NJW 1983, 1577, 1578 f.

[308] Für Verschärfung von Aufklärungspflichten im Verhältnis zum Einzelkaufmann *Roth* JuS 1987, 196, 198.

[309] Dazu BGH NJW 1986, 586; *Brandner*, FS Werner, 1984, S. 53, 58 f.

[310] *Ulmer* NJW 1983, 1577, 1578 f.; anders etwa BGH NJW 1983, 676; OLG München GmbHR 1992, 813, 814; *Roth* GmbHR 1985, 137.

[311] *Ulmer* NJW 1983, 1577, 1579; präzisierend *Medicus* GmbHR 1993, 533, 536 f.; s. auch *Wellkamp* DB 1994, 869, 870 f. mwN; *Westermann/Mutter* DWiR 1995, 184, 186 f.; *Bäcker/Prühs* S. 74 f.; kritisch *Müller* ZIP 1993, 1534 f.; *Geißler* ZIP 1997, 2188 ff. Genaue Analyse mit umfassender Dokumentation bei *Sandberger* S. 98 ff. Für Annahme einer **Garantie,** wenn der Gesellschafter-Geschäftsführer einer GmbH & Co. KG einem Dritten gegenüber versichert, er werde

§ 43　　3. Abschnitt. Vertretung und Geschäftsführung

Abgrenzungsproblem gegenüber bloßer Vertrauenswerbung für die GmbH.[312] Der Zurechnungsgrund des **wirtschaftlichen Eigeninteresses** war von Anfang an im Grundsatz umstritten.[313] Insoweit hat der BGH[314] – wohl unter dem Eindruck der literarischen Kritik – „klargestellt", dass die beherrschende (wohl auch ausschließliche) Beteiligung des Vertreters an der Gesellschaft nicht ausreicht, um eine Haftung wegen unmittelbaren wirtschaftlichen Eigeninteresses annehmen zu können.[315] Auch die vom BGH als Gegenbeispiele angeführten Fälle sind kritisch beurteilt worden.[316] Zunächst unbeeindruckt von dieser Kritik hat der BGH das haftungsbegründende Eigeninteresse des Beklagten schon dann bejaht, wenn dieser beschränkte Sicherheiten für die Schuld der GmbH zur Verfügung gestellt hatte.[317] Nach neuestem Judikaturstand soll es darauf ankommen, dass der Geschäftsführer „gleichsam in eigener Sache" handelt.[318] Wer nicht selbst verhandelt hat, haftet nicht.[319] Noch unklar ist, unter welchen Voraussetzungen auch der Geschäftsführer haftet, wenn die GmbH aus Prospekthaftung in Anspruch genommen werden kann.[320]

83　Die praktische Bedeutung der c. i. c.-Haftung des Geschäftsführers hat sich durch die Entwicklung der Rechtsprechung zu § 64 Abs. 1 iVm. § 823 Abs. 2 BGB (Rn. 84) stark reduziert, ist aber nicht entfallen.[321]

84　**2. Delikt.** Die Geschäftsführerhaftung aus unerlaubter Handlung unterscheidet sich nicht von sonst auch geltenden Grundsätzen.[322] Unter dem Gesichtspunkt des **§ 826 BGB** praktisch geworden sind Manipulationen im Zusammenhang von Warentermingeschäften.[323] § 826 BGB greift auch Platz, wenn die Gesellschaft in der Absicht der

---

erforderlichenfalls Kapital nachschießen BGH ZIP 2001, 1496f. = GmbHR 2001, 819 = DB 2001, 1825. Zur Bürgenhaftung s. § 35 Rn. 109.

[312] Dazu *Brandner,* FS Werner, 1984, S. 53, 65; vgl. BGH WM 1990, 759, 760 = EWiR § 43 GmbHG 3/90 – *Kohte;* BGH WM 1991, 1548, 1549 ff.; 1990, 2039, 2040; NJW 1990, 389 f.; klärend BGHZ 126, 181, 189 f. = NJW 1994, 2220, 2222; dazu *Bork* ZGR 1995, 505, 509 f.; ferner OLG Düsseldorf NZG 1999, 944; OLG Köln NZG 2000, 439; WM 1997, 1379.

[313] Vgl. *Ulmer* NJW 1983, 1577, 1579 mwN; ausführlich *Grunewald* ZGR 1986, 580, 584 ff.; auch BGH AG 1985, 141, 142. Besonders ausführlich und genau dazu *Sandberger* S. 55 ff.

[314] NJW 1986, 586, 587.

[315] Ebenso BGH WM 1991, 1548, 1549 mwN; weitergehend wohl OLG Karlsruhe NJW-RR 1988, 999.

[316] *Hommelhoff* S. 467 f.; *Grunewald* ZGR 1986, 580, 586 ff.; *Ebenroth/Kräutter* BB 1990, 569, 570 f.; *Medicus,* FS Steindorff, 1990, S. 725, 727 ff.; *Geißler* ZIP 1997, 2186 ff.

[317] GmbHR 1988, 257, 258, dagegen mit Recht BGH ZIP 1993, 763, 765 m. Anm. *Ulmer* = EWiR § 64 GmbHG 1/93 – *Wiedemann;* BGH NJW 1994, 2220, 2221; zustimmend zB *Bork* ZGR 1995, 505, 507 f.; kritisch *Flume* ZIP 1994, 337, 338.

[318] BGH WM 1992, 735; OLG München NJW 1994, 2900, 2901; dazu *Lutter/Hommelhoff* Rn. 38; noch strenger (aufhebend) BGH WM 1995, 896. Zur Bedeutung der geschilderten Entwicklung für die Haftung beherrschender Gesellschafter BGH NJW 1984, 2284; GmbHR 1988, 257, 258 mwN; *Roth* GmbHR 1985, 137, 138; *Grunewald* ZGR 1986, 580, 588 ff.

[319] OLG Hamm EWiR § 43 GmbHG 2/91 – *Miller;* OLG Stuttgart EWiR § 43 GmbHG 2/90 – *Miller.* Zur Frage kumulativer Haftung der Gesellschaft *Westerhoff* S. 96 ff.

[320] Dazu LG Berlin GmbHR 1994, 405 mN.

[321] S. etwa OLG Dresden GmbHR 1999, 238, 239; *Geißler* ZIP 1997, 2185 f.

[322] Zusammenfassend dazu *Westermann/Mutter* DWiR 1995, 184, 188 ff.; Vgl. *Lutter/Hommelhoff* Rn. 41 ff.

[323] BGH WM 1986, 734; OLG Düsseldorf NZG 2000, 312, 313 (für „faktischen" Geschäftsführer); WM 1993, 1747; DB 1990, 475 mwN; wN auch bei *Meyer-Landrut/Miller/Niehus* Rn. 5. Genauer *Sandberger* S. 223 ff. Zur Veräußerung eines Grundstückes weit unter dem Verkehrswert an den einzigen Gesellschafter OLG Naumburg GmbHR 2001, 629.

Gläubigerschädigung gegründet³²⁴ oder unter Inkaufnahme dieser Konsequenz geführt wird.³²⁵ Ebenso soll ein Geschäftsführer haften, der einen potentiellen Vertragspartner nicht darüber aufklärt, dass die GmbH ihre eigene Verbindlichkeit nicht erfüllen kann.³²⁶ Dem ist indes nicht zu folgen, wenn persönliches Vertrauen nicht ausschlaggebend war.³²⁷ Dagegen ist an § 826 zu denken, wenn das Vermögen einer Gesellschaft ohne Gegenleistung auf einen anderen Rechtsträger übertragen wird.³²⁸ Bösgläubigkeit beim Erwerb für die Gesellschaft führt nach Auffassung des BGH zur Haftung des Geschäftsführers nach § 823 **Abs.** 1 BGB, wenn der Eigentümer sein Recht verliert.³²⁹ Dieselbe Rechtsfolge soll eintreten, wenn nicht dafür gesorgt wird, dass ein verlängerter Eigentumsvorbehalt die intendierte Wirkung entfaltet.³³⁰ Allgemein formuliert lautet die Frage, ob und inwieweit Geschäftsleiter bei Verletzung von Verkehrspflichten der GmbH Dritten auch persönlich haften.³³¹ Auch § 823 **Abs.** 2 BGB kommt als Haftungsgrund in Betracht.³³² Nach neuerer Auffassung des BGH gehört § 64 Abs. 1 hierher,³³³ ebenso § 263 StGB.³³⁴ Nach früher überwiegender Ansicht

---

³²⁴ BGH NJW-RR 1988, 1181; BAG = AP § 13 Nr. 6 = NJW 1999, 2299. Für ein Gegenbeispiel BAG AP BGB § 826 Nr. 21 = DZWiR 1999, 19, 22 m. Anm. *Aderholt*.

³²⁵ BGH WM 1992, 735, 736; OLG Frankfurt NZG 1999, 947; s. auch BGH NJW 1994, 197. Dazu *Sandberger* 232 ff.; *Groß* ZGR 1998, 561 f., je mwN.

³²⁶ BGH WM 1991, 1548, 1551 mwN; OLG Celle GmbHR 1994, 467 f.; *Haas* S. 71 ff.; kritisch *Rowedder*, FS Semler, 1993, S. 311, 314 ff.; *Kiethe* DStR 1993, 1298, 1302; *Wellkamp* DB 1994, 869, 872; vgl. auch *Sandberger* S. 173 f.

³²⁷ Insoweit zutreffend BGHZ 126, 189 f. Vgl. Rn. 82. Zur Bedeutung von § 826 BGB bei Insolvenzverschleppung BGHZ 108, 134, 142 ff.; *Sandberger* S. 227 ff.

³²⁸ Vgl. OLG Köln BB 1997, 169; *Hörstel* BB 1997, 1645 f. mwN („Sanierung" durch Fortführungsgesellschaft).

³²⁹ BGHZ 56, 73, 77 = NJW 1971, 1358; zu dieser Bestimmung auch LG Lübeck WM 1994, 457, 458. Grundsätzlich BGH GmbHR 1996, 453, 454 f. = ZIP 1996, 786 = DB 1986, 1128. Weitere Rechtsprechungsbeispiele bei *Groß* ZGR 1998, 552 f.

³³⁰ So BGHZ 109, 297, 302 ff. = NJW 1990, 976; dagegen zB *Mertens/Mertens* JZ 1990, 488, 489; *Krebs/Dylla-Krebs* DB 1990, 1271 ff.; *Lutter* ZHR 157 (1993), 464, 469 ff. mwN; *ders.* GmbHR 1997, 334 f.; antikritisch etwa *Brüggemeier* AcP 191 (1991), 34, 65; *Groß* ZGR 1998, 552, 567 f.; zT auch *Grunewald* ZHR 157 (1993), 451, 456 ff.; *Keßler* GmbHR 1994, 429, 434 ff.; dagegen *Frisch* S. 45 ff.; *Dreher* ZGR 1992, 22, 33 f., 37 ff.; zusammenfassend *Altmeppen* ZIP 1995, 881 ff.; auch *Habetha* DWiR 1992, 272, 282 ff.

³³¹ Dazu *Haas* S. 239 ff.; *Vehreschild* S. 161 ff.; *Grünwald* S. 96 ff.: grobe Verletzung der Aufgaben eines Geschäftsführers im Kernbereich erforderlich. Tiefgründig *Kleindiek* S. 368 ff., 452 ff.; der die aufgeworfene Frage grundsätzlich verneint, vielmehr Verletzung einer (eng abgegrenzten) eigenen Pflicht verlangt (zustimmend *Lutter/Hommelhoff* Rn. 44 ff.). Ähnlich *Rottkemper* S. 91 ff.; *Sandberger* S. 129 ff. S. ferner *Heil* BB 1998, 1750 ff. (für Produkthaftung).

³³² Umfassend dazu *Stapelfeld* S. 152 ff.; s. auch *Bäcker/Prühs* S. 80 ff.; *Frisch* S. 50 ff.; *Meyke* S. 94 ff. (zur Judikatur); *Rottkemper* S. 49 ff.; *Sandberger* S. 180 ff.; *Groß* ZGR 1998, 554 ff.; *Wimmer* NJW 1996, 2547 ff. (Übersicht über Anwendungsfälle).

³³³ BGHZ 126, 181, 190 ff.: Anspruch von Neugläubigern auf Ersatz des durch verspäteten Konkursantrag entstandenen Vertrauensschadens. Bestätigend BGH ZIP 1995, 211, 212 f.; GmbHR 1995, 125, 126; Ergänzung durch BGHZ 138, 211 = NJW 1998, 2667 = GmbHR 1998, 594; Neugläubigerschaden nicht durch Insolvenzverwalter liquidierbar. Zu gesetzlichen Ansprüchen (verneinend) BGH NJW 1999, 2182 = WM 1999, 1117 = ZIP 1999, 967. Aus der umfangreichen Begleitliteratur *Bork* ZGR 1995, 505 ff.; *Kübler* ZGR 1995, 481 ff.; *Karollus* ZIP 1995, 269 ff.; *Sandberger* S. 181 ff. mit umfassender Dokumentation; auch § 64 Rn. 38 ff.

³³⁴ Vgl. BGH 1995, 130, 131; DB 1990, 1034; WM 1988, 1673, 1674; *Scholz/Schneider* Rn. 233. Zu § 246 StGB LG Lübeck WM 1994, 406, 407. Zur Bedeutung von § 51 a im vorliegenden Zusammenhang vgl. dort Rn. 29. Zur Haftung ggnüber einem Gläubiger, der infolge einer Kapitalherabsetzung nicht befriedigt wurde OLG Hamburg GmbHR 2001, 392.

§ 43
3. Abschnitt. Vertretung und Geschäftsführung

waren auch die §§ 529 RVO, 151 AVG als Schutzgesetze aufzufassen.[335] An ihre Stelle ist § 266a StGB getreten.[336] Das hat eine Direkthaftung des Geschäftsführers gegenüber dem Sozialversicherungsträger bei Nichtabführung von **Arbeitnehmeranteilen an Sozialversicherungsbeiträgen** zur Folge.[337] Die Parallelfrage hinsichtlich von Arbeitgeberanteilen wird dagegen verneint.[338] Schutzgesetz ist ferner § 68[339] sowie die §§ 186, 193 StGB,[340] nach Auffassung der Judikatur dagegen nicht § 41 GmbHG.[341] Anders dürfte es wiederum bezüglich § 325 HGB (Offenlegung des Jahresabschlusses) stehen.[342] § 130 OWiG ist nach höchstrichterlicher Auffassung nicht als Schutzgesetz anzuerkennen.[343] Manche nehmen an, der Geschäftsführer hafte auch gemäß § 831

---

[335] Vgl. BGH NJW 1982, 2780 mwN; BB 1985, 1986; DB 1991, 2585; OLG Düsseldorf GmbHR 1993, 812, 813; OLG Köln DB 1988, 1588; ebenso zB *Huber* S. 9 ff.; *Meyer-Landrut/Miller/Niehus* Rn. 9; *Kion* BB 1984, 864, 870; *Felix* DStZ 1987, 471, 474; ausführlich *Hoffmann* DB 1986, 467 ff.; kritisch *v. Einem* BB 1986, 2261, 2262 f.

[336] Vgl. BGH BB 2000, 1800 = GmbHR 2000, 816 (m. Anm. *Haase*) mit weiteren Judikaturnachweisen (für GmbH & Co KG); BGH NJW 1998, 1484 = GmbHR 1998, 327 = DB 1998, 769; NJW 1998, 1306 = NZG 1998, 153 = GmbHR 1998, 280; BGHZ 134, 304 = GmbHR 1997, 305 = BB 1997, 591 (vgl. *Cahn* ZGR 1998, 367 ff.); BGH ZIP 1996, 1989 = GmbHR 1997, 29 = WM 1996, 2292; BGHZ 133, 370 = NJW 1997, 130 = ZIP 1996, 2017; OLG Dresden GmbHR 2000, 1151; 1998, 889; 1997, 647; OLG Naumburg GmbHR 2000, 820; BB 1999, 1621; OLG Düsseldorf GmbHR 2000, 939; 2000, 1261; 2000, 561; 1999, 717; 1997, 900; 1997, 650; 1994, 404 f.; 1994, 403 f.; OLG Hamm GmbHR 2000, 237; 1999, 1030; OLG Hamburg GmbHR 2000, 185; OLG Rostock GmbHR 1997, 845; OLG Köln NJW-RR 1997, 734; GmbHR 1997, 308 (zur Konkurrenz öffentlich- und privatrechtlicher Ansprüche); OLG Celle GmbHR 1996, 51; *Lutter/Hommelhoff* Rn. 51 mwN. S. ferner *Jestaedt* GmbHR 1998, 674 ff. (Rechtsprechung zu streng); sehr kritisch *Stein* DStR 1998, 1056 ff.; *Dreher*, FS Kraft, 1998, S. 59, 63 ff. Zu Überwachungspflichten bei Anweisung an die Buchhaltung BGH ZIP 2001, 422, 423 f. = BB 2001, 436. Zum Entfall der Haftung bei insolvenzrechtlicher Anfechtbarkeit der (unterlassenen) Zahlung BGH ZIP 2001, 80, 82 = GmbHR 2001, 147.

[337] BGH GmbHR 2001, 721, 722 f. mit weiterer Judikatur und Anm. *Haase* = BB 2001, 1600; BGH GmbHR 2001, 238 ff. m. Anm. *Frings. Bäcker/Prühs* S. 115 ff.; 118 ff.; *Holzkämper* BB 1996, 2142 ff. (zum Einwand der Zahlungsunfähigkeit); *Groß* ZGR 1998, 557 ff.; *Hauck* NZG 1998, 265 f.; *Medicus* GmbHR 2000, 9 ff. Kritisch *Stein* DStR 1998, 1059 ff.; *Westermann*, FS Fikentscher, 1998, S. 456 ff.; *Ullrich* DZWiR 2000, 177 ff. Zur Bedeutung von Ressortverteilung und Überwachungspflichten in diesem Zusammenhang BGHZ 133, 370, 376 ff.; OLG Düsseldorf EWiR § 823 BGB 4/94 – *Thamm-Detzer*; OLG Frankfurt GmbHR 1995, 228; *Lutter* GmbHR 1997, 331; *Medicus* ZGR 1998, 571 ff., 584 ff. Zur Beweislastverteilung OLG Naumburg GmbHR 1999, 1028; OLG Hamm GmbHR 2000, 237. Zur Erfassung des „faktischen" Geschäftsführers (bejahend) OLG Naumburg GmbHR 2000, 558 m. Anm. *Peetz*; (verneinend) KG NJW-RR 1997, 1126. Zum Regress gegenüber Gesellschaftern *Hommelhoff/Schwab*, FS Kraft, 1998, S. 271 ff. Monographische Untersuchung der Gesamtproblematik bei *Huber* S. 25 ff. (mit Ablehnung der Schutzgesetzeigenschaft von § 266a StGB).

[338] ZB *Baumbach/Hueck/Zöllner* Rn. 4, gegen die Möglichkeit einer Differenzierung *v. Einem* BB 1986, 2261, 2262 f.

[339] OLG Frankfurt NZG 1998, 550 mwN. Vgl. § 68 Rn. 10.

[340] OLG Koblenz DB 1991, 2651.

[341] BGHZ 125, 366, 377 f. = GmbHR 1994, 390, 393 f.; OLG Düsseldorf GmbHR 1994, 406, dazu *Siegmann/Vogel* ZIP 1994, 1821, 1826 f. Kritisch *Biletzki* ZIP 1997, 10 ff.; *ders.* BB 2000, 521 ff.; *ders.* NZG 1999, 286 ff. (zum Verhältnis des angenommenen Anspruchs zu jenem aus Abs. 2); *Jansen* S. 190 ff. mwN.

[342] So nach gründlicher Untersuchung *Jansen* S. 170 ff.

[343] BGH (Fn. 341) S. 392 f.; ebenso *Haas* S. 245 ff.; *Grünwald* S. 50 f. mwN; kritisch *K. Schmidt* ZIP 1994, 837, 841 f.; *Siegmann/Vogel* ZIP 1994, 1821, 1828 f. Zu Haftungsfragen bei arbeitsteiliger Geschäftsführung *Dreher* ZGR 1992, 22, 49 ff.

Abs. 2 BGB.[344] Das ist aber im Einklang mit der hM überzeugend widerlegt worden.[345]

Bei **Wettbewerbsverstößen** (und Verletzung eines Immaterialgüterrechts) der 85
GmbH haften Geschäftsführer jedenfalls dann, wenn sie selbst gehandelt oder wettbewerbswidriges Tun veranlasst haben.[346] Dasselbe wird man auch dann noch annehmen können, wenn der Beklagte über die bevorstehende Gesetzesverletzung informiert war und diese nicht verhindert hat, obwohl er es hätte tun können.[347] Weitergehende Auffassungen, wonach fahrlässige oder auch überhaupt schuldlose Unkenntnis jedenfalls im Immaterialgüterbereich nichts an der Haftung ändert[348] hat der BGH aaO abgelehnt.[349]

Soweit nach den vorstehenden Grundsätzen gehaftet wird, stellt sich die Frage, ob 86
dies auch für einen Geschäftsführer gilt, der infolge interner Geschäftsverteilung nicht zuständig war. Die Frage ist entsprechend den in Rn. 11 mitgeteilten Regeln zu beantworten.[350]

3. § 69 AO (Haftung für Steuerschulden der Gesellschaft). Nach § 34 Abs. 1 87
AO ist ein Geschäftsführer als gesetzlicher Vertreter der GmbH verpflichtet, deren steuerliche Pflichten zu erfüllen. Geschieht dies nicht, so haftet er, Vorsatz oder grobe Fahrlässigkeit vorausgesetzt.[351] Es handelt sich um einen öffentlichrechtlichen Anspruch, dessen Geltendmachung in das Ermessen der Finanzbehörde gestellt ist.[352] Ein Haftungsbescheid kann mit Einspruch und im weiteren mit einer Klage vor dem Finanzgericht bekämpft werden. Die **Einzelheiten** der Haftung gemäß § 69 AO sind Gegenstand einer umfangreichen Rechtsprechung des BFH[353] und entsprechender Begleitliteratur.[354] Hier muss eine grobe Skizze der wichtigsten Gegebenheiten genügen. Die Haftung des Geschäftsführers ist akzessorisch und wohl auch subsidiär;[355] jedenfalls setzt sie voraus, dass Steuern verkürzt wurden. Erforderlich ist ferner, dass der Ge-

---

[344] Vgl. *Krebs/Dylla-Krebs* DB 1990, 1271; *Altmeppen* ZIP 1995, 881, 888.
[345] *Grünwald* S. 44 f.; s. auch *Haas* S. 230 f.
[346] Ganz hM; vgl. BGH NJW 1987, 127, 140 mwN; OLG Frankfurt DB 1994, 522 f.; ferner *Meyer-Landrut/Miller/Niehus* Rn. 6; *Götting* GRUR 1994, 6, 9; *Maier* WRP 1986, 71, 72 ff.; *ders.* GmbHR 1986, 156 ff.; *Klaka* GRUR 1988, 729, 730 ff.; zurückhaltender *Kion* BB 1984, 864, 869; ablehnend wohl *Dreher* ZGR 1992, 22, 35 f.
[347] Ablehnend *Götting* GRUR 1994, 6, 10 ff.
[348] Vgl. die Detailübersicht bei *Maier* GmbHR 1986, 153, 154 f. mN; s. auch *Ottofülling* GmbHR 1994, 304, 308.
[349] Ausführlich zustimmend *Haß* GmbHR 1994, 666, 668 ff.; ebenso *Grünwald* S. 55 f. Zur wettbewerbsrechtlichen Haftung des Alleingesellschafters einer Vor-GmbH vgl. BGH GRUR 1985, 455. Zur Anwendung von § 890 ZPO BGH BB 1991, 1446. Zum ganzen OFD Hannover GmbHR 1998, 875 (Übersicht über Rechtsprechung des BFH); *Sandberger* S. 276 ff.
[350] Vgl. BGHZ 133, 370, 376 ff. = NJW 1997, 130 = ZIP 1996, 2017; *Medicus* GmbHR 1998, 9 ff. mwN.
[351] Dazu *Westermann/Mutter* DZWiR 1995, 184, 185; MünchHdB GesR III/*Wrede* § 47 Rn. 2 ff.; *Baumbach/Hueck/Zöllner* Rn. 68.
[352] § 191 AO; vgl. *Mittelbach* DStZ 1984, 211, 212 f.; *Mösbauer* GmbHR 1988, 400.
[353] Wichtige Urteile: BFH GmbHR 2001, 786; GmbHR 2000, 1215, 2000, 1211 m. Anm. *Neusel;* BFH GmbHR 1999, 881; 1997, 139; 1985, 30; 1985, 375; 1986, 102; ZIP 1986, 1287 = EWiR § 43 GmbHG 2/86, 905 – *Weipert;* BFH GmbHR 1987, 283; 1988, 406; 1988, 200.
[354] Vgl. neben den Kommentaren zur AO etwa *Steeger* S. 17 ff., 43 ff.; *Bäcker/Prühs* S. 90 ff.; *Neusel* GmbHR 1997, 1129 ff.; *Kion* BB 1984, 864, 869 f.; *Mittelbach* DStZ 1984, 211; *Mösbauer* GmbHR 1986, 270; *ders.* GmbHR 1990, 465; *Hoffmann* DB 1986, 467; *Buyer* GmbHR 1987, 276; *Felix* DStZ 1987, 471, 472 ff.; *Nehm* DB 1987, 124.
[355] Zu letzterem *Mittelbach* DStZ 1984, 211, 214.

sellschaft Mittel zur Verfügung standen. Eine Verpflichtung, andere Gläubiger zu benachteiligen, besteht grundsätzlich nicht,[356] wohl aber ein Gebot zumindest anteiliger Befriedigung des Fiskus.[357] Unklar ist, ob der Begriff der groben Fahrlässigkeit aus dem Zivilrecht zu übernehmen ist.[358] Die Pflichtverletzung muss den Schaden verursacht haben.[359] Die Frage, ob und unter welchen Voraussetzungen das Haftungsrisiko für Steuerschulden der Gesellschaft durch Amtsniederlegung eliminiert werden kann lässt sich noch nicht klar beantworten.[360] Mehrere Geschäftsführer haften als Gesamtschuldner. Bei Vorliegen eines Geschäftsverteilungsplans – der BFH fordert Schriftlichkeit desselben[361] – ist in erster Linie der zuständige Geschäftsführer verantwortlich, die übrigen nur, wenn sie trotz Anlass zu Zweifeln an der korrekten Erfüllung der die Gesellschaft treffenden steuerlichen Pflichten nichts unternommen haben.[362] Das entspricht den in Rn. 11 dargelegten Grundsätzen. Für Hinterziehungszinsen wird nicht gehaftet.[363]

88 Besonderheiten sind im Kontext der Nichtabführung einbehaltener **Lohnsteuer** (vgl. §§ 38 Abs. 3, 41a EStG) zu beachten. Wie beim Arbeitnehmeranteil an Sozialversicherungsbeiträgen (dazu Rn. 84) liegt ein Treuhandverhältnis vor,[364] dessen Verletzung regelmäßig als grobe Pflichtwidrigkeit zu beurteilen ist.[365] Bei unzureichender Liquidität sind also fällige Löhne so zu kürzen, dass die darauf entfallende Lohnsteuer voll an das Finanzamt transferiert werden kann.[366] Die Pflichten nicht ressortzuständiger Geschäftsführer intensivieren sich.[367] Sie müssen kontrollieren, ob der für Steuersachen zuständige Mitgeschäftsführer die einbehaltene Lohnsteuer abführt.

IX. Österreichisches Recht

89 Die Haftung der Geschäftsführer ist im österreichischen Recht im wesentlichen ebenso geregelt wie im deutschen (§ 25 ÖGmbHG). Die in § 43 Abs. 3 angeführten Tatbestände werden in § 25 Abs. 3 ÖGmbHG freilich erweitert. Außerdem sieht das österreichische Recht eine Haftung ausdrücklich auch in Fällen unzulässigen Selbstkontrahierens vor.[368] Soweit der Anspruch zur Befriedigung der Gläubiger erfor-

---

[356] BFH GmbHR 1987, 283 mN früherer Judikatur; skeptisch *Nehm* DB 1987, 124, 126.
[357] *Scholz/Schneider* Rn. 255 f.; BFH GmbHR 2000, 1215; 2000, 1211 m. Anm. *Neusel;* 1988, 200 f. mwN; 1988, 456 m. Anm. *Prugger;* BVerwG NJW 1989, 1873, 1874, zu den damit zusammenhängenden Problemen der Ermittlung des Haftungsumfangs vgl. namentlich *Buyer* GmbHR 1987, 276.
[358] Für einen weniger strengen Maßstab *Felix* DStZ 1987, 471, 472 ff. in Anknüpfung an *Kruse;* anders aber wohl die Judikatur. Zu „Überwachungsverschulden" bei Delegation der steuerlichen Angelegenheiten an einen Dritten zuletzt BFH GmbHR 2000, 305; 2000, 392 m. Anm. *Neusel.*
[359] BFH ZIP 1991, 1008, 1009 f.
[360] Dazu BFH GmbHR 1985, 375. Zur Entwicklung der Diskussion zur Amtsniederlegung § 38 Rn. 35.
[361] GmbHR 1985, 30, 31 f.
[362] BFH 1985, 30, 31 f.; 2000, 305 m. Anm. *Neusel;* BFH ZIP 1986, 1247, 1248 = EWiR § 43 GmbHG 2/86, 905 – *Weipert.* Zu den Regressmöglichkeiten gegenüber Gesellschaftern *Hommelhoff/Schwab,* FS Kraft, 1998, S. 278 f.
[363] BFH ZIP 1992, 37; dazu *Hild/Hild* BB 1991, 2344 f. mwN.
[364] Zum inneren Zusammenhang beider Fragestellungen namentlich *Hoffmann* DB 1986, 467 ff.
[365] *Meyer-Landrut/Miller/Niehus* Rn. 8; *Kion* BB 1984, 864, 870.
[366] BFH GmbHR 1988, 200 f.; *Neusel* GmbHR 1998, 733; *Meyer-Landrut/Miller/Niehus* Rn. 8; *Hoffmann* DB 1986, 467, beide mwN.
[367] Dazu BGHZ 133, 370, 379 = NJW 1997, 130 = WM 1996, 2240.
[368] § 25 Abs. 4 ÖGmbHG; vgl. § 35 Rn. 34 ff.; näher *Koppensteiner* § 25 Rn. 11.

Kredit aus Gesellschaftsvermögen § 43 a

derlich ist, wirken Weisungen generell nicht haftungsentlastend.[369] Ferner hebt § 24 ÖGmbHG ausdrücklich hervor, dass Geschäftsführer einem Wettbewerbsverbot unterliegen. Bei Verletzungen dieses Verbots gilt eine § 113 Abs. 1 HGB entsprechende Regelung (§ 24 Abs. 3 ÖGmbHG). Nach § 48 Abs. 1 ÖGmbHG können Ersatzansprüche der Gesellschaft unter gewissen Voraussetzungen durch eine Minderheit (mindestens 10 % des Stammkapitals) geltend gemacht werden. Die Frage, ob ein Gesellschafter, der weniger als diesen Anteil hält, den Schaden der Gesellschaft geltendmachen kann, ist zu verneinen.[370] Die Frage einer Einzelklagebefugnis wegen Kompetenzüberschreitung ist in Österreich bisher noch nicht diskutiert worden. Doch würde die gesetzliche Ausgangslage eine Entwicklung entsprechend der in der Bundesrepublik möglich machen. Zur Haftung der Gesellschafter *Koppensteiner* § 61 Rn. 14 ff. Die actio pro socio ist auch in dieser Konstellation nicht möglich.[371]

§ 43 a [Kredit aus Gesellschaftsvermögen]

¹ **Den Geschäftsführern, anderen gesetzlichen Vertretern, Prokuristen oder zum gesamten Geschäftsbetrieb ermächtigten Handlungsbevollmächtigten darf Kredit nicht aus dem zur Erhaltung des Stammkapitals erforderlichen Vermögen der Gesellschaft gewährt werden.** ² **Ein entgegen Satz 1 gewährter Kredit ist ohne Rücksicht auf entgegenstehende Vereinbarungen sofort zurückzugewähren.**

Literatur: *Brandner* Wegfall oder Beständigkeit des Erstattungsanspruchs aus § 31 GmbHG bei anderweitiger Wiederherstellung des Stammkapitals, FS Fleck, 1988, S. 23; *Cahn* Kapitalerhaltung im Konzern, 1998; *Deutler* Änderungen des GmbH-Gesetzes und anderer handelsrechtlicher Vorschriften durch die GmbH-Novelle 1980, GmbHR 1980, 145; *Ehricke* Das abhängige Konzernunternehmen in der Insolvenz, 1998; *Geßler* Die GmbH-Novelle, BB 1980, 1385; *Lutter* Die GmbH-Novelle und ihre Bedeutung für die GmbH, die GmbH & Co KG und die Aktiengesellschaft, DB 1980, 1317; *Meyer/Arndt* Kredite an Geschäftsführer und Prokuristen einer GmbH, DB 1980, 2328; *A. Müller* Handelsregisterberichtigung durch den ausgeschiedenen GmbH-Geschäftsführer, BB 1998, 1804; *W. Müller* Änderungen des GmbH-Gesetzes und anderer handelsrechtlicher Vorschriften zum 1. Januar 1981, WPg. 1980, 369; *Peltzer* Probleme bei der Kreditgewährung der Kapitalgesellschaft an ihre Leitungspersonen, FS Rowedder, 1994, S. 325; *K. Schmidt* Grundzüge der GmbH-Novelle, NJW 1980, 1769; *Schneider* Mittelbare verdeckte Gewinnausschüttung im GmbH-Konzern, ZGR 1985, 279; *ders.* Kredite der GmbH an ihre Geschäftsführer, GmbHR 1982, 197; *Sotiropoulos* Kredite und Kreditsicherheiten der GmbH zugunsten ihrer Gesellschafter und nahestehender Dritter, 1996; *Stimpel* Zum Auszahlungsverbot des § 30 Abs. 1 GmbHG, FS 100 Jahre GmbHG, 1992, S. 335; *Timm* Pro GmbH – Analysen und Perspektiven des Gesellschafts- und Steuerrechts der GmbH, AG 1981, 133.

Übersicht

	Rn.		Rn.
I. Regelungsinhalt und -zweck	1, 2	4. Nachträgliches Absinken des Vermögens	7, 8
II. Voraussetzungen	3–8	III. Rechtsfragen	9, 10
1. Person des Kreditnehmers	3, 4	IV. Österreichisches Recht	11
2. Kreditgewährung	5		
3. Erhaltung des als Stammkapital erforderlichen Vermögens	6		

---

[369] Abs. 5; zur Bedeutung dieser Bestimmung *Koppensteiner* § 25 Rn. 19.
[370] *Koppensteiner* § 61 Rn. 17; § 48 Rn. 16 gegen *Hadding* GesRZ 1984, 32, 42 f.
[371] *Koppensteiner* § 61 Rn. 17.

§ 43 a

3. Abschnitt. Vertretung und Geschäftsführung

I. Regelungsinhalt und -zweck

1 Die Vorschrift wurde auf Initiative des Bundesrates mit der **GmbHG-Novelle 1980** eingeführt.[1] Sie untersagt Kreditgewährungen an leitende Mitglieder der Verwaltung, sofern dafür das dem Stammkapital entsprechende Vermögen herangezogen werden müsste. Von ihrem **Zweck** her gesehen, gehört die Bestimmung in den Kreis jener Normen (vgl. etwa §§ 8 ff., 30 f.), die gewährleisten sollen, dass den Gesellschaftsgläubigern jedenfalls der Zugriff auf den Gegenwert des Stammkapitals offen steht.[2] § 43 a steuert den Gläubigergefährdungen, die sich aus den Liquiditätsverhältnissen des Darlehensnehmers und daraus ergeben, dass die Gesellschaft, also auch ihre Gläubiger das Darlehen nicht jederzeit, sondern nur im Rahmen der vereinbarten Fristenregelung zurückfordern können. Ersichtlich geht es freilich nur darum, Kreditgewährungen zugunsten solcher Personen zu unterbinden, die ihrerseits imstande sind, im Namen der Gesellschaft Kredit zu gewähren und damit „Gegengeschäfte" auszuschließen.[3] Die Vorschrift ist **zwingend,** steht freilich strengeren Bestimmungen des Gesellschaftsvertrags nicht entgegen.[4] Eine freilich nicht in jeder Hinsicht vergleichbare Regelung findet sich in § 89 AktG.[5]

2 Neben § 43 a ist hinsichtlich **mitbestimmter Gesellschaften** § 25 Abs. 1 Nr. 2 MitbestG zu beachten. Demnach bedarf die Gewährung von Krediten an Mitglieder des Aufsichtsrats entsprechend § 115 AktG stets der Genehmigung des Aufsichtsrats. Nach *Hanau/Ulmer*[6] soll (§ 89 AktG entsprechend) dasselbe auch für Kredite an Geschäftsführer einer mitbestimmten GmbH gelten. Auch außerhalb des von § 43 a erfassten Bereiches besteht hierfür aber kein zureichender Grund.[7]

II. Voraussetzungen

3 **1. Person des Kreditnehmers.** Als Kreditnehmer iSd. § 43 a kommen Geschäftsführer einschließlich ihrer Stellvertreter (§ 44), andere gesetzliche Vertreter, Prokuristen und Generalbevollmächtigte iSd. § 54 HGB in Betracht. Diese Qualifikation muss im Zeitpunkt der Kreditgewährung vorliegen, oder es muss der Kredit im Hinblick auf eine in Aussicht genommene Berufung in einer der von § 43 a anvisierten Positionen erfolgen.[8] „Andere gesetzliche Vertreter" können Notgeschäftsführer oder Liquidatoren, nicht dagegen Gesellschafter oder Aufsichtsratsmitglieder sein.[9] Zwar können auch sie die Gesellschaft in bestimmten Konstellationen vertreten (§ 35 Rn. 13 ff.), aber nicht als Einzelperson, sondern nur in ihrer organschaftlichen Verbundenheit. Als Individuen sind sie daher nicht „gesetzliche Vertreter". Bezüglich des Aufsichtsrates könn-

---

[1] Vgl. BT-Drucks. 8/3908 S. 74.
[2] *Lutter/Hommelhoff* Rn. 1.
[3] Ausführlich *Cahn* S. 255 ff.; abweichend zum Normzweck *Schneider* GmbHR 1982, 197, 200 f.; vgl. auch *Scholz/Schneider* Rn. 8 ff.
[4] *Meyer-Landrut/Miller/Niehus* Rn. 14.
[5] Kritisch dazu *Meyer/Arndt* DB 1980, 2328, 2329. Zu Zuständigkeitsfragen anlässlich der Gewährung von in § 43 a nicht erfassten Krediten vgl. *Schneider* GmbHR 1982, 197, 198 ff.
[6] § 31 Rn. 66.
[7] Ebenso *Scholz/Schneider* Rn. 18.
[8] *Hachenburg/Stein* Rn. 19; *Schneider* GmbHR 1982, 197, 202; *Scholz/Schneider* Rn. 42 mwN; für Maßgeblichkeit des Zeitpunktes der Kreditgewährung zB auch *Baumbach/Hueck/Zöllner* Rn. 3. Zu Kreditzusagen an einen später ausgeschiedenen Geschäftsführer *Hachenburg/Stein* Rn. 20.
[9] Vgl. *Baumbach/Hueck/Zöllner* Rn. 3; *Hachenburg/Stein* Rn. 5, 11; *Lutter/Hommelhoff* Rn. 4; *Stimpel*, FS 100 Jahre GmbHG, 1992, S. 335, 352; *Gersch/Herget/Marsch/Stützle* Rn. 209 – nur Liquidatoren; *Ehricke* S. 301 ff. mwN; anders § 30 Rn. 30; *Scholz/Schneider* Rn. 29 f.

Kredit aus Gesellschaftsvermögen § 43 a

ten demgegenüber Zweifel aus dem Zweck der Bestimmung (Rn. 1) übrigbleiben. Denn er vertritt die Gesellschaft (auch) bei der Gewährung von Darlehen an Geschäftsführer (§§ 112 AktG, 25 Abs. 1 Nr. 2 MitbestG, 52 GmbHG). Doch wird der Gefahr wechselseitiger Kreditvergabe dadurch vorgebeugt, dass in allen Fällen nicht ein einzelnes Aufsichtsratsmitglied, sondern der Aufsichtsrat als Organ entscheidet. Über Kredite an Gesellschafter oder Mitglieder des Aufsichtsrates (auch anderer Gesellschaftsorgane) sagt § 43 a demnach nichts.[10] Doch können solche Kredite als Sorgfaltsverletzung iSd. § 43 zu beurteilen sein, sofern sie mit Rücksicht zB auf die Lage der Gesellschaft, die Bonität des Darlehensnehmers oder die Kreditkonditionen mit dem Gesellschaftsinteresse nicht vereinbar sind.[11] Im Übrigen ist die Gewährung von Darlehen an Gesellschafter auch am Maßstab des § 30 überprüfbar.[12]

Gemäß § 89 Abs. 3 AktG gelten die Kreditregelungen jenes Paragraphen auch für 4 Darlehen an Personen, die den von jenen Regelungen primär erfassten Personen nahestehen (**Ehegatten, minderjährige Kinder**).[13] Tatbestandsmäßig sind ferner Kredite an **Dritte**, die **für Rechnung** eines Angehörigen des solchermaßen erweiterten Personenkreises handeln. Aus dem Fehlen dieser Präzisierungen in § 43 a darf nicht geschlossen werden, dass sie dort irrelevant seien. Im Bericht des Rechtsausschusses[14] heisst es ausdrücklich, spezieller Vorkehrungen gegen Umgehungen der Vorschrift bedürfe es nicht, da diese Aufgabe „nach allgemeinen Grundsätzen" von der Rechtsprechung bewältigt werden könne. Das Umgehungsproblem, um das es hier geht, ist in § 89 Abs. 3 AktG erfasst. Jene Bestimmung ist bei der Anwendung des § 43 a daher entsprechend zu berücksichtigen.[15]

2. Kreditgewährung. Der Begriff der Kreditgewährung ist dem Zweck der Vor- 5 schrift entsprechend weit zu verstehen.[16] Das Material zu § 89 AktG[17] ist nützlich, obwohl die Problematik nicht ganz dieselbe ist. Im Rahmen des § 43 a kommt es darauf an, ob einer der ins Auge gefassten Personen ein darlehensähnlicher Vorteil verschafft wird, der geeignet ist, das Vermögen der Gesellschaft unter den durch das Stammkapital bezeichneten Wert zu drücken. Neben der Hingabe von Krediten stricto sensu kommen daher etwa der Verzicht auf das an sich mögliche Eintreiben einer Forderung, übermäßige Anzahlungen bei Verkehrsgeschäften, Gehaltsvorschüsse, aber auch die Übernahme einer Bürgschaft oder die Gewährung sonstiger Sicherheiten (Garantie, Grundschuld) in Betracht. Die Einbeziehung solcher Operationen wird vom Wortlaut des Gesetzes nicht ohne weiteres gedeckt, erweist sich aber unter dem entstehungsgeschichtlich fundierten (Rn. 4) Gesichtspunkt des Umgehungsschutzes als notwendig.[18]

---

[10] *Peltzer,* FS Rowedder, 1994, S. 338; *Müller* BB 1998, 1806 f.; ausführlich *Cahn* S. 254 ff. mwN; anders *Schneider* GmbHR 1982, 197, 201: Analogie – auch im Verhältnis zu verbundenen Unternehmen; *ders.* ZGR 1985, 279, 293; vgl. *Scholz/Schneider* Rn. 61 f. mwN der gegenteiligen ganz hM. Wie *Schneider* neuerdings *Sotiropoulos* S. 57 ff.
[11] Vgl. *Meyer/Arndt* DB 1980, 2328.
[12] *Hachenburg/Stein* Rn. 7; *Roth/Altmeppen* Rn. 5; *Goutier/Seydel* Anm. 1; vgl. § 30 Rn. 17.
[13] Näher dazu *Sotiropoulos* S. 81 ff.
[14] BT-Drucks. 8/3908 S. 75.
[15] Wie hier *Baumbach/Hueck/Zöllner* Rn. 3; *Hachenburg/Stein* Rn. 4, 13; *Timm* AG 1981, 133, 134 f. unter Berufung auf *Fischer*; *Scholz/Schneider* Rn. 34; vgl. auch *K. Schmidt* NJW 1980, 1769, 1772; zur Parallelproblematik im Bereich des § 30 vgl. dort Rn. 11.
[16] *Schneider* GmbHR 1982, 197, 201 f.; *Lutter/Hommelhoff* Rn. 6; *Baumbach/Hueck/Zöllner* Rn. 4; *Hachenburg/Stein* Rn. 14 ff.; *Bartl/Fichtelmann/Schlarb* Rn. 6; *Gersch/Herget/Marsch/Stützle* Rn. 212.
[17] Vgl. etwa Kölner KommAktG/*Mertens* § 89 Rn. 11.
[18] Zur Abgrenzung *Scholz/Schneider* Rn. 37.

6 **3. Erhaltung des als Stammkapital erforderlichen Vermögens.** Die Gewährung von Kredit ist nicht schlechthin, sondern nur dann unzulässig, wenn dazu das zur Erhaltung des Stammkapitals erforderliche Vermögen in Anspruch genommen werden muss. Zu der Frage, was das im einzelnen bedeutet, vgl. § 30 Rn. 5 ff., 30. Die im Rahmen jener Bestimmung geltenden Maßstäbe sind bedenkenlos auf § 43 a übertragbar.[19] Dass die Gewährung eines Kredits an einen solventen Schuldner das Vermögen der Gesellschaft nicht mindert, steht nicht entgegen. Zwar zielt § 43 a „nur" auf potentielle Vermögensgefährdung und Fristigkeitsrisiken (Rn. 1), doch ist nicht zu sehen, wieso dieser Unterschied an der Einheitlichkeit des Kriteriums etwas ändern soll, von dem die §§ 30, 43 a ihr Eingreifen abhängig machen. Hier wie dort kommt es also grundsätzlich auf die Höhe der offenen Rücklagen (plus etwaiger Gewinnvorträge) an.[20] Zu fragen ist, ob der in Frage stehende Kredit (gegebenenfalls zusammen mit anderen, die an den von § 43 a erfassten Personenkreis gewährt wurden) im Zeitpunkt der Kreditgewährung (nicht der Zusage; vgl. Rn. 3) von der Summe aus offenen Rücklagen und Gewinnvorträgen noch gedeckt ist.[21] Im Zusammenhang kreditähnlicher Stellung von Sicherheiten (Rn. 5) ist ausschlaggebend, ob die Inanspruchnahme der Sicherheit durch den Drittgläubiger die tatbestandsmäßige Vermögensminderung zur Folge haben würde. Die Stellung einer Sicherheit durch den Kreditnehmer ändert nichts am Eingreifen des Verbots.[22] Anders könnte nur dann entschieden werden, wenn auch für die Eliminierung des Fristigkeitsrisikos gesorgt wird. Ist ein Kredit demnach unzulässig, so ändert sich auch dann nichts, wenn die Gesellschafter befasst werden.[23]

7 **4. Nachträgliches Absinken des Vermögens.** Umstritten ist, ob § 43 a auch dann anzuwenden ist, wenn das Vermögen der Gesellschaft nachträglich unter den Betrag des Stammkapitals absinkt.[24] Die Frage ist zu verneinen. Die Gegenansicht könnte Kreditnehmer in eine von ihnen nicht zu vertretende schwierige Lage bringen. Auch passt sie nicht zu dem § 43 a (auch) tragenden Gesichtspunkt der Vermeidung von „Gegengeschäften" (Rn. 2). Doch darf der Kredit nicht über den vereinbarten Rückzahlungstermin hinaus verlängert werden; sofern eine Kündigungsmöglichkeit besteht, ist diese wahrzunehmen.[25]

8 Mit der in Rn. 7 verwandt ist die weitere Frage, ob § 43 a auch für **vor dem 1. 1. 1981** gewährten Kredite gilt. Aus den dort angeführten Gründen und im

---

[19] *Baumbach/Hueck/Zöllner* Rn. 2; *Hachenburg/Stein* Rn. 21; anders *Meyer/Arndt* DB 1980, 2328 f.

[20] Im Wesentlichen wie hier *Baumbach/Hueck/Zöllner* Rn. 2; *Lutter* DB 1980, 1317, 1322; *Geßler* BB 1980, 1385, 1389; *Scholz/Schneider* Rn. 48; aM *Gersch/Herget/Marsch/Stützle* Rn. 210; auch *Meyer/Arndt* DB 1980, 2328, 2329; der in offensichtlich zweckwidriger Weise auch das „Fremdkapital" berücksichtigen will.

[21] Wie hier *Baumbach/Hueck/Zöllner* Rn. 2; *Lutter/Hommelhoff* Rn. 10; *Sotiropoulos* S. 43; *Schneider* GmbHR 1982, 197, 202 f.

[22] *Baumbach/Hueck/Zöllner* Rn. 4; *Hachenburg/Stein* Rn. 17; *Roth/Altmeppen* Rn. 3; *Sotirolpoulos* 45; *Peltzer*, FS Rowedder, 1994, S. 338 f.; dagegen *Schneider* GmbHR 1982, 197, 202; *Scholz/Schneider* Rn. 41.

[23] Anders anscheinend *Peltzer*, FS Rowedder, 1994, S. 333.

[24] Dagegen *Geßler* BB 1980, 1385, 1389; *Lutter* DB 1980, 1317, 1322; *Deutler* GmbHR 1980, 145, 149; *Lutter/Hommelhoff* Rn. 10; *Baumbach/Hueck/Zöllner* Rn. 2; *Hachenburg/Stein* Rn. 23; *Gersch/Herget/Marsch/Stützle* Rn. 210; dafür *Schneider* GmbHR 1982, 197, 202; *Bartl/Henkes/Schlarb* Rn. 441b; *Meyer-Landrut/Miller/Niehus* Rn. 10; *Scholz/Schneider* Rn. 43; *Peltzer*, FS Rowedder, 1994, S. 333, 341 f.; zweifelnd *Müller* WPg. 1980, 377.

[25] *Geßler* BB 1980, 1385, 1389.

Einklang mit der Auffassung des Rechtsausschusses[26] ist auch diese Frage zu verneinen.[27]

III. Rechtsfolgen

Nach S. 2 ist ein entgegen den vorstehenden Grundsätzen gewährter Kredit ohne Rücksicht auf entgegenstehende Vereinbarungen **sofort zurückzuzahlen,** es sei denn, ein stammkapitalentsprechendes Vermögen ist ohnehin wieder vorhanden.[28] Gegen die Tilgung der Schuld mittels Aufrechnungsvertrag bestehen keine grundsätzlichen Bedenken.[29] Aus der Formulierung von S. 2 folgt, dass S. 1 nicht als gesetzliches Verbot iSd. § 134 BGB aufzufassen ist.[30] Das bedeutet Unanwendbarkeit bereicherungsrechtlicher Normen einerseits, Einforderbarkeit der vereinbarten Zinsen andererseits.[31] Der Anfall etwa höherer Verzugszinsen richtet sich nach den allgemeinen Bestimmungen. „Sofortige Rückgewähr" der Stellung von Sicherheiten durch die Gesellschaft (Rn. 5) bedeutet, dass der Betroffene entweder dafür sorgen muss, dass die Gesellschaft von ihrer Verpflichtung freigestellt wird oder dass er – falls dies nicht möglich ist – Sicherheit zu leisten hat. Ist der Kredit zwar zugesagt, aber noch nicht gewährt, so begründet § 43a ein **Leistungsverweigerungsrecht.**[32] Auf den Rückgewährungsanspruch ist § 31 Abs. 1, 4 und 5 entsprechend anzuwenden.[33] Dementsprechend haften ausnahmsweise auch dritte Leistungsempfänger.[34] 9

Die Gewährung von Krediten durch die Gesellschaft kann mit § 181 BGB kollidieren (dazu § 35 Rn. 26 ff.). Bei Genehmigung des Geschäfts greift aber immer noch § 43a ein.[35] Geschäftsführer, die an einem Darlehensvertrag iSv. S. 1 beteiligt sind, verletzen im übrigen auch § 43.[36] Der demnach geschuldete **Schadensersatz** umfasst auch die Zinsen, die die Gesellschaft ohne Hingabe des Krediets hätte vereinnahmen können (§ 252 BGB). Eben dies kann sich hinsichtlich anderer unter S. 1 fallender Kreditnehmer als Element des Schadensersatzanspruches wegen Verletzung der jeweiligen Anstellungsverträge ergeben. 10

IV. Österreichisches Recht

Eine § 43a entsprechende Regel existiert im österreichischen Recht nicht. 11

---

[26] BT-Drucks. 8/3908 S. 75.
[27] Wie hier *Hachenburg/Stein* Rn. 23; *Meyer-Landrut/Miller/Niehus* Rn. 13; *Geßler* BB 1980, 1385, 1389; *Meyer/Arndt* DB 1980, 2328 mwN.
[28] BGH ZIP 1987, 1113 m. Anm. *Westermann*; kritisch *Brandner*, FS Fleck, 1988, S. 23, 30 ff.; vgl. auch *Hachenburg/Stein* Rn. 24.
[29] OLG Naumburg GmbHR 1998, 1180.
[30] BT-Drucks. 8/3908 S. 75; *Geßler* BB 1980, 1385, 1389; *Schneider* GmbHR 1982, 197, 203; *Scholz/Schneider* Rn. 49 ff.; *Goutier/Seydel* Anm. 1; *Baumbach/Hueck/Zöllner* Rn. 5; aM *Müller* WPg. 1980, 369, 376.
[31] Zu letzterem *Lutter* DB 1980, 1317, 1322; *Schneider* GmbHR 1982, 197, 204; *Bartl/Henkes/Schlarb* Rn. 441 b.
[32] *Schneider* GmbHR 1982, 197, 204.
[33] *Hachenburg/Stein* Rn. 26 mwN. Dagegen *Sotiropoulos* S. 51 f.
[34] Vgl. *Hachenburg/Stein* Rn. 27 mit Hinweis auf BGHZ 81, 365, 368 f. = NJW 1982, 386; *Peltzer*, FS Rowedder, 1994, S. 343 ff.
[35] Zu weiteren Vertretungsproblemen *Peltzer*, FS Rowedder, 1994, S. 334 f.
[36] § 43 Rn. 24; vgl. *Scholz/Schneider* Rn. 57.

§ 44 [Stellvertreter von Geschäftsführern]

Die für die Geschäftsführer gegebenen Vorschriften gelten auch für Stellvertreter von Geschäftsführern.

I. Allgemeines

1 Aus § 44, der in § 94 AktG eine Parallele findet, ergibt sich zweierlei: einmal, dass neben „ordentlichen" auch „stellvertretende" Geschäftsführer bestellt werden können, zum anderen, dass solche stellvertretende Geschäftsführer grundsätzlich **denselben Regeln** unterliegen wie andere Geschäftsführer auch. Modifikationen ergeben sich im wesentlichen nur für das Innenverhältnis.[1]

II. Im Einzelnen

2 Die Bestellung stellvertretender folgt den für ordentliche Geschäftsführer geltenden Regeln (dazu §§ 6 Rn. 23 ff.; 35 Rn. 68 ff.). Die persönlichen Voraussetzungen des § 6 Abs. 2 müssen auch insoweit vorliegen. Zu der Frage, ob Aufsichtsratsmitglieder auf Dauer zu stellvertretenden Geschäftsführern bestellt werden können vgl. § 52 Rn. 8, Rn. 27.[2] Die Bestellung von Arbeitsdirektoren zu „nur" stellvertretenden Geschäftsführern ist nicht prinzipiell unzulässig, aber doch nur möglich, wenn Gleichbehandlungsgrundsatz und eigenverantwortliche Wahrnehmung des Ressorts unangetastet bleiben.[3] Stellvertreter sind als solche, dh. als „stellvertretende Geschäftsführer" in das Handelsregister einzutragen, sofern dies beantragt wird.[4] Die Abberufung von Stellvertretern richtet sich nach § 38.

3 Durch die Bestellung wird auch der stellvertretende Geschäftsführer zum **Organ** der Gesellschaft. Die mit der Geschäftsführerposition verbundenen gesetzlichen Pflichten (§ 37 Rn. 6) treffen auch ihn.[5] Demzufolge muss er etwa bei Anmeldungen zum Handelsregister mitwirken, wo das Gesetz (§ 78) sämtliche Geschäftsführer anspricht.[6] § 35 a ist zu beachten. Im übrigen sind stellvertretende Geschäftsführer, sofern nichts anderes bestimmt ist, nur bei Verhinderung des oder der Geschäftsführer **geschäftsführungsbefugt**, die sie „vertreten".[7] Doch bleibt es den Gesellschaftern unbenommen, eine andere Regelung zu treffen.[8] § 43 gilt auch für stellvertretende Geschäftsführer, ohne Einschränkung bei Verletzung gesetzlicher Pflichten, im übrigen aber nur nach Maßgabe der Einfluss- und Kontrollmöglichkeiten, die die Position vermittelt.[9] Stellvertretende, die Aufgaben regulärer Geschäftsführer übernehmen, haften wie diese.[10]

---

[1] *Scholz/Schneider* Rn. 1; *Baumbach/Hueck/Zöllner* Rn. 2f.
[2] Ferner *Scholz/Schneider* Rn. 4.
[3] *Baumbach/Hueck/Zöllner* Rn. 5; *Scholz/Schneider* Rn. 6; *Hachenburg/Stein* Rn. 9; *Meyer-Landrut/Miller/Niehus* § 35 Rn. 229, alle mwN. Zum Gleichbehandlungsgrundsatz § 37 Rn. 40.
[4] Vgl. § 43 Nr. 4 HRV; OLG Düsseldorf NJW 1969, 1259; *Bartl/Henkes/Schlarb* Rn. 441c; *Scholz/Schneider* Rn. 14; klärend *Hachenburg/Stein* Rn. 12 mwN.
[5] *Baumbach/Hueck/Zöllner* Rn. 10. S auch OLG Karlsruhe GmbHR 1998, 1085.
[6] *Goutier-Seydel* Anm. 4.
[7] Vgl. *Scholz/Schneider* Rn. 8; *Hachenburg/Stein* Rn. 4; anders *Lutter/Hommelhoff* Rn. 2; *Meyer-Landrut/Miller/Niehus* Rn. 1; vgl. auch *Baumbach/Hueck/Zöllner* Rn. 3.
[8] *Hachenburg/Stein* Rn. 1, 4.
[9] *Hachenburg/Stein* Rn. 7; *Baumbach/Hueck/Zöllner* Rn. 11; weitergehend *Meyer-Landrut/Miller/Niehus* Rn. 5.
[10] Vgl. BGH WM 1971, 1548; *Hachenburg/Mertens* § 43 Rn. 56.

Die **Vertretungsmacht** stellvertretender unterscheidet sich nicht von der anderer 4
Geschäftsführer, weshalb der Vertreterzusatz auch nicht in das Handelsregister einzutragen ist.[11] Allenfalls der Arglisteinwand (dazu § 37 Rn. 54) kommt eher in Betracht, wenn ein Stellvertreter gehandelt hat.[12] Bei Fehlen einer anderweitigen Regelung, die sich aber häufig aus dem Gesellschaftsvertrag wird erschließen lassen, ist im Verhältnis zwischen einem ordentlichen und einem stellvertretenden Geschäftsführer Gesamtvertretungsbefugnis anzunehmen.[13] Die passive Vertretungsmacht des letzteren richtet sich nach § 35 Abs. 2 S. 3.

III. Österreichisches Recht

Die Vorschrift des § 44 findet sich auch in § 27 ÖGmbHG. 5

§ 45 [Rechte der Gesellschafter im allgemeinen]

(1) Die Rechte, welche den Gesellschaftern in den Angelegenheiten der Gesellschaft, insbesondere in bezug auf die Führung der Geschäfte zustehen, sowie die Ausübung derselben bestimmen sich, soweit nicht gesetzliche Vorschriften entgegenstehen, nach dem Gesellschaftsvertrag.

(2) In Ermangelung besonderer Bestimmungen des Gesellschaftsvertrages finden die Vorschriften der §§ 46 bis 51 Anwendung.

Literatur: *Balzer* Der Beschluß als rechtstechnisches Mittel organschaftlicher Funktionen, 1965; *Bea/Schreuer/Gutwein* Institutionalisierung der Kontrolle bei einer GmbH durch den Beirat, DB 1996, 1193; *Beuthien/Gätsch* Einfluß Dritter auf die Organbesetzung und Geschäftsführung bei Vereinen, Kapitalgesellschaften und Genossenschaften, ZHR 157 (1993), 483; *Bürkle* Rechte Dritter in der Satzung der GmbH, 1991; *Erle/Becker* Der Gemeinderat als Gesellschafterversammlung der GmbH, NZG 1999, 58; *Fleck* Schuldrechtliche Verpflichtungen einer GmbH im Entscheidungsbereich der Gesellschafter, ZGR 1988, 104; *Haack* Der Beirat der GmbH & Co KG, BB 1993, 1607; *Härer* Erscheinungsformen und Kompetenzen des Beirats in der GmbH, 1991; *Hammen* Zur Begründung von (organschaftlichen) Rechten Dritter im Gesellschaftsvertrag einer GmbH, WM 1994, 765; *Hennerkes/Binz/May* Die Steuerungsfunktion des Beirates in der Familiengesellschaft, DB 1987, 469; *Herfs* Einwirkung Dritter auf den Willensbildungsprozeß der GmbH, 1994; *Hölters* Sonderprobleme des Beirats der GmbH & Co KG, DB 1980, 2225, ders. Der Beirat der GmbH und GmbH & Co KG, 1979, ders. Der Beirat in der GmbH-Verantwortlichkeit, Haftung und Rechtsschutz, insbesondere unter dem Gesichtspunkt des Minderheitenschutzes, BB 1977, 105; *Hofbauer* Die Kompetenzen des (GmbH)-Beirats, 1996; *Immenga* Die Problematik der Anfechtungsklage im GmbH-Recht, GmbHR 1973, 5; *ders.* Die personalistische Kapitalgesellschaft, 1970; *Kastner/Doralt/Nowotny* Grundriß des österreichischen Gesellschaftsrechts, 5. Aufl. 1990; *Klett* Die Institutionalisierung der GmbH & Co KG durch Zusatzgremien, 2000; *Konzen* Geschäftsführung, Weisungsrecht und Verantwortlichkeit in der GmbH und GmbH & Co KG, NJW 1989, 2977; *Lehmann* Die ergänzende Anwendung von Aktienrecht auf die Gesellschaft mit beschränkter Haftung, 1970; *Loges* Läßt sich eine GmbH nach dem „Board-System" organisieren?, ZIP 1997, 427; *Lutter* Theorie der Mitgliedschaft, AcP 180 (1980), 84; *Mertens* Der Beirat in der GmbH – besonders der mitbestimmten, FS Stimpel, 1985, S. 417; *Peltzer* Beirat und familienfremdes Management in der Familiengesellschaft – eine Plauderei, FS Sigle, 2000, S. 93; *Reuter* Der Beirat der GmbH, in *Lutter/Ulmer/Zöllner* S. 631; *Rohleder* Die Übertragbarkeit von Kompetenzen auf GmbH-Beiräte, 1991; *Salje* Kompetenzen des Beirates bei der Unternehmensveräußerung? ZIP 1989, 1526; *Schopp* Einberufung einer GmbH-Gesellschafterversammlung durch eine Minderheit, GmbHR 1976, 126; *Sigle* Beiräte,

---

[11] BGH NJW 1998, 1071 = WM 1998, 173 = GmbHR 1998, 181; BayObLG DZWiR 1997, 196.
[12] *Baumbach/Hueck* 13. Aufl. Anm. B; vgl. aber auch *Hachenburg/Mertens* Rn. 10.
[13] *Scholz/Schneider* Rn. 7; *Hachenburg/Stein* Rn. 5; *Baumbach/Hueck/Zöllner* Rn. 7; einschränkend *Roth/Altmeppen* § 35 Rn. 37; vgl. § 35 Rn. 40 ff.

NZG 1998, 619; *Teichmann* Gestaltungsfreiheit in Gesellschaftsverträgen, 1970; *Thümmel* Möglichkeiten und Grenzen der Kompetenzverlagerung auf Beiräte in der Personengesellschaft und in der GmbH, DB 1995, 2461; *Turner* Beiräte in Familiengesellschaften, FS Sigle, 2000, S. 111; *Ulmer* Begründung von Rechten für Dritte in der Satzung einer GmbH?, FS Werner, 1984, S. 911; *Vogel* Gesellschafterbeschlüsse und Gesellschafterversammlung, 2. Aufl. 1986; *Voormann* Die Stellung des Beirats im Gesellschaftsrecht, 2. Aufl. 1990; *Verhoeven* Nochmals: Minderheitenschutz und Beirat in der GmbH, BB 1978, 335; *Wagner* Aufsichtsgremien im Gesellschaftsrecht, 1998; *Weber* Privatautonomie und Außeneinfluß im Gesellschaftsrecht, 2000; *Wessing/Max* Zur Rückfallkompetenz der Gesellschafterversammlung bei Funktionsunfähigkeit des Beirats, FS Werner, 1984, S. 975.

Übersicht

	Rn.		Rn.
I. Grundlagen	1–3	bb) Rechtsfolgen von Pflichtverletzungen	19
II. Rechte der Gesellschafter als Gesamtheit	4–20	cc) Kassatorische Klagen bei Beschlüssen eines Delegationsgremiums	20
1. Die Regel	4, 5		
2. Abdingbarkeit	6–20	**III. Individual- und Minderheitenrechte**	21–27
a) Erweiterung der Gesellschafterzuständigkeit	6	1. Der gesetzliche Regelzustand	21–24
b) Reduzierung der Gesellschafterzuständigkeit	7–16	a) Individualrechte	21, 22
aa) Möglichkeiten	7–12	b) Minderheitenrechte	23
bb) Grenzen	13–16	c) Grenzen	24
c) Delegation im Einzelfall	17	2. Abweichende Gestaltungen	25–27
d) Sorgfaltsmaßstab bei Wahrnehmung delegierter Aufgaben	18–20	a) Im ursprünglichen Gesellschaftsvertrag	26
aa) Anforderungen	18	b) Durch Satzungsänderung	27
		IV. Österreichisches Recht	28

I. Grundlagen

1   **Abs. 1** sagt aus, dass sich die Rechte der Gesellschafter nach dem **Gesellschaftsvertrag** richten. Dass dies nur im Rahmen des zwingenden Rechts gilt, ist selbstverständlich und hätte daher nicht besonders hervorgehoben werden müssen. **Abs. 2** stellt durch Verweisung auf die §§ 46 bis 51 Regeln für den Fall zur Verfügung, dass der Gesellschaftsvertrag schweigt. Der **Zweck** der Bestimmung besteht darin, die Kompetenz- Kompetenz der Gesellschafter in Fragen der Zuständigkeitsverteilung unter den Gesellschaftsorganen[1] und darüber hinaus zum Ausdruck zu bringen, dass auch die Abgrenzung gesellschaftsbezogener Befugnisse untereinander und die Art und Weise der Bildung des gemeinsamen Willens von den Gesellschaftern abhängt. All dies geschieht dadurch, dass das Gesetz den Inhalt des Gesellschaftsvertrages für maßgeblich erklärt.

2   Entgegen dem Anschein, den die Formulierung des § 45 erweckt, ist **nicht** davon auszugehen, dass der Inhalt der §§ 46 bis 51 in jeder Hinsicht **abdingbar** sei. Das folgt hinsichtlich eines wichtigen Details schon aus dem Wortlaut des Gesetzes selbst (§ 51 a Abs. 3).[2] Umgekehrt ist die Reichweite des in Abs. 1 ausgedrückten Prinzips (Maßgeblichkeit des Gesellschaftsvertrages) nicht auf den Gegenstandsbereich der §§ 46 bis 51 beschränkt. So richten sich die Rechte der Gesellschafter gegenüber den Geschäftsführern, wie sich aus § 37 Abs. 1 ergibt (vgl. dort Rn. 18 ff., 35) ebenfalls nach dem Gesellschaftsvertrag.

3   Mit den von Abs. 1 angesprochenen „**Rechten der Gesellschafter**" können Befugnisse der **Gesamtheit** oder **einzelner** Gesellschafter bzw. einer **Minderheit**

---

[1] Vgl. *Hachenburg/Schilling* Rn. 3; *Hachenburg/Hüffer* Rn. 1.
[2] Für weitere Einzelbefunde vgl. *Scholz/Schmidt* Rn. 4; § 47 Rn. 83, § 48 Rn. 2, 9, § 50 Rn. 2, § 51 Rn. 3.

(Beispiel: § 50) gemeint sein.[3] Die Befugnisse der Gesamtheit, insbesondere ihre Kompetenz-Kompetenz (Rn. 1), konstituieren diese als oberstes **Organ** der Gesellschaft.[4]

II. Rechte der Gesellschafter als Gesamtheit

1. Die Regel. Sofern der Gesellschaftsvertrag **nicht** etwas anderes bestimmt, sind 4 die Befugnisse der Gesellschafter § 46 zu entnehmen (vgl. die Erl. dieser Vorschrift). Darüberhinaus steht den Gesellschaftern auch das Recht zu, den Gesellschaftsvertrag zu ändern (§ 53), Nachschüsse einzufordern (§ 26), über Auflösung (§ 60 Abs. 1 Nr. 2), Verschmelzung und Spaltung zu beschließen, Aufsichtsrat (§§ 52, 101 Abs. 1 AktG) und Abschlussprüfer zu wählen (§ 318 Abs. 1 HGB), die Abtretung von Geschäftsanteilen zu genehmigen (§ 15 Abs. 5),[5] andere Personen als die Geschäftsführer oder die im Gesellschaftsvertrag bestimmten Personen zu Liquidatoren zu ernennen (§ 66 Abs. 1) bzw. diese abzuberufen (§ 66 Abs. 3) sowie schließlich über die Ausschließung eines Gesellschafters zu befinden (§ 34 Rn. 81). Die Befugnis der Gesellschafter zur Änderung des Gesellschaftsvertrages schließt das Recht ein, über Maßnahmen der Kapitalbeschaffung und der Kapitalherabsetzung Beschluss zu fassen. Über Einflussmöglichkeiten der Gesellschafter auf die Geschäftsführung bei Fehlen einschlägiger gesellschaftsvertraglicher Bestimmungen vgl. § 37 Rn. 10 ff., 26; über Kompetenzen in konzernrechtlichem Zusammenhang darüber hinaus Anh. § 52 Rn. 43 ff., 54 ff., 65, 67 f., 99.

Eine **Modifikation** der in Rn. 4 skizzierten Zuständigkeitsregeln ergibt sich aus 5 dem Mitbestimmungsrecht. In seinem Geltungsbereich ist es Sache des (dort zwingend zu instituierenden) Aufsichtsrats, über Bestellung (§ 35 Rn. 74) und Abberufung (§ 38 Rn. 20) von Geschäftsführern, sowie über Begründung (§ 35 Rn. 17 f.) und Beendigung (§ 38 Rn. 50) diesbezüglicher Anstellungsverhältnisse zu entscheiden. Über weitere das GmbHG abändernde mitbestimmungsrechtliche Zuständigkeitsverlagerungen vgl. § 37 Rn. 32, § 52 Rn. 47 f.

2. Abdingbarkeit. a) Erweiterung der Gesellschafterzuständigkeit. Der Ge- 6 sellschaftsvertrag kann die Befugnisse der Gesellschaftergesamtheit zunächst **erweitern**. In Betracht kommt dies hinsichtlich ihres Verhältnisses zu Geschäftsführern. Möglich ist etwa die Einführung eines grundsätzlich umfassenden Zustimmungsvorbehalts (§ 37 Rn. 18 ff.). Zu beachten ist, dass die Verlagerung von Entscheidungen in Geschäftsführungsfragen auf die Gesellschafter nicht nur durch den Gesellschaftsvertrag, sondern auch durch Beschluss bewirkt werden kann (§ 37 Rn. 26 ff.). Andererseits können die Gesellschafter sich nicht einfach an die Stelle der Geschäftsführer setzen. Sie bedürfen ihrer jedenfalls für die **Ausführung** von Maßnahmen der Geschäftsführung. Dies gilt insbesondere für Vertretungsakte: Den Gesellschaftern ist es rechtlich unmöglich, Vertretungszuständigkeiten dort zu usurpieren, wo sie ihnen nicht ohnehin von Gesetzes wegen zustehen (§ 35 Rn. 13 ff.). Zu den Konsequenzen von Weisungsbeschlüssen und Zustimmungsvorbehalten für die Verantwortlichkeit der Geschäftsführer vgl. § 43 Rn. 29 ff.

b) Reduzierung der Gesellschafterzuständigkeit. aa) Der Gesellschaftsvertrag 7 kann den Zuständigkeitsbereich der Gesellschafter auch **einengen** und zwar durch Kompetenzzuweisung an andere Gesellschaftsorgane. In Betracht kommen zunächst

---

[3] Vgl. *Lutter/Hommelhoff* Rn. 1.
[4] Vgl. *Scholz/Schmidt* Rn. 5 ff.
[5] Dazu BGH WM 1988, 704.

§ 45 3. Abschnitt. Vertretung und Geschäftsführung

Kompetenzverschiebungen im Verhältnis zwischen Gesellschaftern und **Geschäftsführung,** etwa dergestalt, dass die Geschäftsführer ganz oder teilweise von Weisungen der Gesellschafter freigestellt werden.[6] Den Geschäftsführern kann zB auch im Innenverhältnis (zum Außenverhältnis vgl. § 46 Rn. 36, 18) das Recht eingeräumt werden, Prokuristen zu bestellen oder über die Rückzahlung von Nachschüssen zu entscheiden.

8   Eine Einschränkung von Befugnissen der Gesellschaftergesamtheit ist ferner in der Form möglich, dass **einzelnen Gesellschaftern** mittels Einräumung eines Sonderrechts (§ 35 BGB) solche Befugnisse zugeordnet werden.[7] So kommt es, besonders bei Familiengesellschaften, nicht selten vor, dass bestimmten Gesellschaftern (Familienstämmen) ein Recht auf die Geschäftsführerposition oder jedenfalls die Befugnis eingeräumt wird, Geschäftsführer zu benennen oder selbst zu bestellen.[8]

9   Möglich ist auch die Betrauung eines **Gesellschafterausschusses** mit Aufgaben, die sonst der Gesellschaftergesamtheit obliegen.[9] Überhaupt kann der Gesellschaftsvertrag **zusätzliche Organe** instituieren, die das Gesetz entweder überhaupt nicht oder nur fakultativ (§ 52) vorsieht.[10] Auch solche Organe, deren Benennung[11] im übrigen gleichgültig ist, kommen als Kompetenzträger in grundsätzlich beliebigem Umfang in Betracht.[12] Für ein als „Aufsichtsrat" bezeichnetes Organ ergibt sich dies aus der Dispositivität des § 52; im übrigen ist ausschlaggebend das Prinzip „gesellschaftlicher Selbstverwaltung, der § 45 Abs. 2 GmbHG weitesten Spielraum lässt".[13] Deshalb dürfte es auch unbedenklich sein, ein Organ nach dem Vorbild des angelsächsischen „board" einzurichten.[14]

10 Nach verbreiteter Auffassung dürfen einem Beirat mit verdrängenden Zuständigkeiten (Rn. 12) Mitglieder, die nicht Gesellschafter sind, nur angehören, wenn sie ohne weiteres abberufbar sind.[15] Das ist aus dem angegebenen Grund, aber auch wegen der Herrschaft der Gesellschafter über die Satzung und der stets bestehenden

---

[6] *Hachenburg/Schilling* Rn. 17; § 37 Rn. 35, Rn. 37, dort auch zur Unmöglichkeit; dasselbe Ergebnis mittels des Anstellungsvertrages zu erreichen.

[7] Stark einschränkend MüKo BGB/*Reuter* § 35 Rn. 2 f. gegen die hM.

[8] Vgl. zB BGH GmbHR 1973, 279, 280.

[9] BGH BB 1961, 304. Vgl. *Hofbauer* S. 86 ff.

[10] RGZ 137, 305, 308 f.; vgl. *Baumbach/Hueck/Zöllner* Rn. 12 a f.; namentlich zum Umfang der Kompetenzzuweisung bei Fehlen ausdrücklicher Satzungsregelungen; allgemein zu den Gründen der Errichtung solcher Organe etwa *Hachenburg/Raiser* § 52 Rn. 299 ff.; *Weber* S. 5 ff.; *Wagner* S. 162 ff.; *Bea/Scheurer/Gutwein* DB 1996, 1193 ff. (beide mit Vorschlägen zur Satzungsgestaltung); *Sigle* NZG 1998, 621, *Peltzer*, FS Sigle, 2000, S. 93 ff. (zu Familiengesellschaften). Zu Beiräten auf schuldrechtlicher Grundlage *Hofbauer* S. 51 ff.

[11] Beispiele: Aufsichtsrat, Beirat, Verwaltungsausschuss, „Schiedsgericht"; vgl. BGHZ 43, 261, 263 ff. = NJW 1965, 1378; zur Abgrenzung *Scholz/Schmidt* Rn. 13 f. Zu Zulässigkeitsgrenzen ungleichmäßiger Honorierung von Organmitgliedern OLG Celle GmbHR 1998, 288.

[12] *Hachenburg/Raiser* § 52 Rn. 342; *Lutter/Hommelhoff* § 52 Rn. 69 ff.; *Hölters* S. 11 ff.; *Voormann* S. 6 ff., 104 ff., 137 ff.; *Rohleder* S. 28 f.; *Hofbauer* S. 120 ff.; zu Fragen der Satzungsgestaltung *Härer* S. 176 ff.; zu Sonderproblemen des Beirats bei der GmbH & Co KG vgl. *Haack* BB 1993, 1607 ff. mwN.

[13] BGHZ 43, 261, 264 = NJW 1965, 1378; vgl. *Hölters* BB 1977, 105; *Verhoeven* BB 1978, 335; *Konzen* NJW 1989, 2977, 2979 f.; kritisch *Reuter*, FS 100 Jahre GmbHG, 1992, S. 631, 632 ff.; *Turner*, FS Sigle, 2000, S. 116 f.

[14] Dazu *Loges* ZIP 1997, 438 ff.

[15] So zB *Scholz/Schmidt* Rn. 13; umfassende Übersicht über den differenzierten Meinungsstand zu nicht ausschließlich aus Gesellschaftern bestehenden Beiräten bei *Rohleder* S. 74 ff.; s. ferner *Klett* S. 142 ff. mit Kritik an der hier vertretenen Ansicht (169 f.).

Möglichkeit der Abberufung aus wichtigem Grund nicht richtig.[16] Problematisch geworden ist in letzter Zeit die Annahme, sogar **gesellschaftsfremden Dritten** könnten an sich der Gesellschaftergesamtheit zustehende Befugnisse eingeräumt werden.[17] Die Begründung der Gegenauffassung mit der Rechtsnatur der Satzung überzeugt nicht.[18] Richtig ist allerdings, dass einschlägige Satzungsklauseln wegen der den Gesellschaftern zu reservierenden Herrschaft über den Satzungsinhalt nicht als drittberechtigender Vertragsbestandteil iSv. § 328 Abs. 2 BGB aufgefasst werden dürfen.[19]

Je nach Art und Umfang der dem Beirat zugewiesenen Kompetenzen ist nach hA „Aufsichtsrat"- oder „Gesellschafterrecht" anzuwenden (näher unten Rn. 20). Letzteres gilt jedenfalls dann, wenn eine Schieds- oder Schlichtungsstelle eingerichtet ist, die im Streitfall anstelle der Gesellschafterversammlung entscheiden soll.[20] **11**

Abwandlungen der gesetzlichen Zuständigkeitsverteilung durch den Gesellschaftsvertrag können die daneben weiter bestehende Zuständigkeit der Gesellschafter intakt lassen oder diese auch **verdrängen.**[21] Im Zweifel sollte letzteres angenommen werden.[22] Eine weitere Variante besteht darin, Gesellschafterentscheidungen an die **Zustimmung** eines anderen Organs zu binden, ohne diesem eine originäre Zuständigkeit einzuräumen. In keinem dieser Fälle ist es den Gesellschaftern möglich, die Entscheidung eines anderen Organs wiederaufzuheben.[23] Bei bloß konkurrierender Zuständigkeit kommt freilich ein contrarius actus in Betracht (Beispiel: Abberufung eines von einem anderen Organ bestellten Geschäftsführers).[24] Im übrigen können die Gesellschafter aufgegebene Zuständigkeiten durch Änderung des Gesellschaftsvertrages für die Zukunft wieder an sich ziehen. Eine solche ist jederzeit möglich. Bei Vorhandensein von Sonderrechten bedarf es – vom Vorliegen eines wichtigen Grundes abgesehen – freilich der Zustimmung auch des Betroffenen (§ 53 Rn. 51). **12**

bb) Grenzen der in Rn. 7 ff. dargelegten Beschränkung der Gesellschafterzuständigkeit ergeben sich aus **zwingenden Kompetenzzuweisungen** des Gesetzes.[25] Dazu gehört die Änderung des Gesellschaftsvertrags,[26] die Einforderung von Nach- **13**

---

[16] Ebenso *Hachenburg/Raiser* § 52 Rn. 318 mwN; ausführlich *Rohleder* S. 103 ff.; *Herfs* S. 61 ff.; *Weber* S. 322 ff.; vgl. auch *Beuthien/Gätsch* ZHR 157 (1993), 483, 485 f., 492 ff.; *Hammen* WM 1994, 965 ff.

[17] Bejahend KG JW 1926, 598; BGH GmbHR 1965, 194, 195; *Hachenburg/Schilling* Rn. 15; *Lutter/Hommelhoff* § 46 Rn. 1; *Hachenburg/Mertens* § 37 Rn. 21; *Weber* S. 205 ff.; 302 ff.; verneinend *Ulmer,* FS Werner, 1984, S. 911, 922 ff.; *Scholz/Schmidt* Rn. 15; umfassende Übersicht über den Meinungsstand bei *Bürkle* S. 6 ff.; *Hofbauer* S. 169 ff.; s. § 35 Rn. 15. Zur Bedeutung der Frage für die Übertragung von Gesellschafteraufgaben an den Gemeinderat bei kommunalen Eigengesellschaften *Erle/Becker* NZG 1999, 58 ff.

[18] Kölner KommAktG/*Koppensteiner* 2. Aufl. Vor § 291 Rn. 68 ff.; vgl. *dens.* ZHR 149 (1985), 693, 695; aber auch *Reuter,* FS 100 Jahre GmbHG, 1992, S. 631, 638 f.

[19] *Weber* S. 312; aA *Salje* ZIP 1989, 1526, 1529 f. Zur Konservierung von Beiratsbefugnissen mittels einer seinen Mitgliedern gehörenden GmbH, die ihrerseits einen Gesellschaftsanteil hält, *Sigle* NZG 1998, 620.

[20] Dazu *Hachenburg/Hüffer* Rn. 24.

[21] Konkurrierende oder verdrängende Zuständigkeit; vgl. *Scholz/Schmidt* Rn. 9; *Hachenburg/Raiser* § 52 Rn. 345; *Hofbauer* S. 94 ff.; *Weber* S. 310 f.

[22] *Hachenburg/Hüffer* Rn. 19; *Hofbauer* S. 113.

[23] *Scholz/Schmidt* Rn. 9; *Hachenburg/Hüffer* Rn. 20; kritisch *Härer* S. 53 ff. Mit der Einschränkung einer Satzungsänderung wie hier *Hofbauer* S. 102 ff.

[24] Näher *Hofbauer* S. 108 ff.

[25] *Thümmel* DB 1995, 2462 ff. Zu deren Bedeutung für schuldrechtliche Verpflichtungen der Gesellschaft *Fleck* ZGR 1988, 104, 109 ff.

[26] Dazu OLG Stuttgart NZG 1998, 601 im Kontext eines Beherrschungsvertrags.

§ 45 3. Abschnitt. Vertretung und Geschäftsführung

schüssen, die Entscheidung über Auflösung, Verschmelzung und Spaltung, über Unternehmensverträge, die Bestellung von Liquidatoren, sofern nicht Geschäftsführer oder ohnehin durch den Gesellschaftsvertrag bestimmt, schließlich auch deren Abberufung.[27] Auch für die Abberufung von Geschäftsführern aus **wichtigem Grund** bleiben die Gesellschafter zumindest konkurrierend zuständig (§ 38 Rn. 17ff.). Zur Frage der Übertragung von Weisungsrechten an den Beirat der **mitbestimmten** GmbH vgl. § 37 Rn. 30. Dem mitbestimmten Aufsichtsrat können keine Weisungsbefugnisse überlassen werden.[28]

14 **Allgemein** soll gelten, die Kompetenzverlagerung auf andere Organe dürfe nicht so weit gehen, dass die **Zuständigkeit der Gesellschafterversammlung** „bis zur Bedeutungslosigkeit" **ausgehöhlt** werde.[29] Dem ist schon wegen der Unschärfe dieses Kriteriums und der damit verbundenen Rechtsunsicherheit nicht zuzustimmen.[30] Die Stellung der Gesellschaftergesamtheit als „oberstes Organ" steht wegen der Möglichkeit eines ihr jedenfalls vorbehaltenen Retransfers von Zuständigkeiten mittels Änderung des Gesellschaftsvertrags nicht entgegen. Von einer Kompetenzverlagerung ausgeschlossen sind freilich „Aufgaben, die das damit betraute Organ der Sache nach nicht wahrnehmen kann".[31] Das bedeutet zB, dass dem Geschäftsführer nicht die Entschließung über seine eigene Entlastung oder Abberufung übertragen werden kann.[32] Für andere **„Maßregeln zur Prüfung und Überwachung der Geschäftsführung"** (§ 46 Nr. 6) gilt dasselbe.

15 Die Bündelung von **Weisungs-** und **Entlastungs**befugnissen gegenüber der Geschäftsführung bei einem Aufsichtsrat ist dagegen unbedenklich.[33] Denn die gesetzliche Koppelung derselben Zuständigkeiten bei der Gesellschafterversammlung zeigt, dass das von der Gegenauffassung angenommene Gebot der Trennung von Macht und Kontrolle dem GmbHG als strikte Regel nicht zugrundeliegt. Im Einzelfall mag die Übertragung von Weisungsbefugnissen an andere Gesellschaftsorgane, insbesondere an einzelne Gesellschafter oder außenstehende Dritte mit **konzernrechtlichen Wertungen** kollidieren.[34] Das ist der Fall, wenn die Satzung einem „Unternehmen" – gleichgültig ob Gesellschafter oder nicht – ins Gewicht fallende Weisungsbefugnisse einräumt, ohne dass gleichzeitig ein Beherrschungsvertrag abgeschlossen wird (vgl. Anh. § 52 Rn. 53ff.).

16 Grundsätzlich gilt – und insoweit ist in der Tat eine Trennung von Macht und Kontrolle anzunehmen –, dass auch der Gesellschaftsvertrag den Gesellschaftern **nicht das Recht nehmen kann,** die Wahrnehmung an andere Gesellschaftsorgane übertragener Befugnisse **zu überwachen**. Ist die Kontrolle der Geschäftsführung also etwa einem Aufsichtsrat anvertraut, so steht den Gesellschaftern unverzichtbar das Recht zu, sich über die Überwachungsaktivität des Aufsichtsrats zu informieren und diesen gege-

---

[27] Vgl. *Hölters* S. 20ff.; *Rohleder* S. 34ff.; *Härer* S. 39ff.; *Teichmann* S. 185f.; *Hachenburg/Hüffer* Rn. 21; *Lutter/Hommelhoff* § 52 Rn. 70ff.; GmbH-HdB Rn. 1551ff.; zum Verhältnis von Beiratskompetenz und Unternehmensveräußerung *Salje* ZIP 1989, 1526ff.; zu anderen „Grundlagenentscheidungen" *Rohleder* S. 40ff.; dazu auch *Reuter,* FS 100 Jahre GmbHG, 1992, S. 639ff.
[28] § 37 Rn. 30; vgl. *Scholz/Schmidt* Rn. 12; *Baumbach/Hueck/Zöllner* Rn. 13.
[29] So immer noch *Scholz/Schmidt* Rn. 10; ähnlich *Lutter/Hommelhoff* Rn. 6; erheblich weitergehend *Wiedemann* § 6 III 2a; vgl. auch *Teichmann* S. 182ff.
[30] Wie hier *Hachenburg/Raiser* § 52 Rn. 346; zur Parallelproblematik eines „weisungsimmunen" Geschäftsführungsbereiches § 37 Rn. 26, 29.
[31] BGHZ 43, 261, 264 = NJW 1965, 1378.
[32] BGHZ 43, 261, 264 = NJW 1965, 1378.
[33] Gegenteilig aber *Teichmann* S. 183.
[34] Dazu *Scholz/Schmidt* Rn. 15; § 46 Rn. 112.

benenfalls zur Verantwortung zu ziehen. Dagegen ist die Annahme der ganz hM,[35] die Gesellschafter seien ohne Rücksicht auf die Satzungslage befugt, die Geschäftsführung stets auch direkt (also zumindest konkurrierend) zu überwachen, m.E. mit dem in § 45 ausgedrückten Prinzip (Rn. 1) nicht zu vereinbaren (zur Abgrenzung unten § 46 Rn. 35). Gesellschaftsrechtsfunktional gesehen ist diese Annahme auch überflüssig, weil den Gesellschaftern, wie dargelegt, zumindest ein indirektes Überwachungsrecht zusteht.[36] Im Großen und Ganzen einig ist man sich andererseits darüber, dass die **Handlungsunfähigkeit** eines mit einer Gesellschafteraufgabe betrauten Organs dazu führt, dass die betreffende Zuständigkeit den Gesellschaftern zufällt.[37]

c) Delegation im Einzelfall. Von der Änderung der gesetzlichen Zuständigkeitsverteilung durch den Gesellschaftsvertrag ist die Möglichkeit zu unterscheiden, dass die Gesellschafter **im Einzelfall** eine ihnen obliegende Aufgabe nicht selbst wahrnehmen, sondern an ein anderes Organ delegieren.[38] Benötigt die Gesellschaft also etwa einen Prokuristen, so ist es (§ 46 Nr. 7) an sich Sache der Gesellschafter, über die Person des zu Bestellenden zu befinden. Doch können sie die Angelegenheit auch in der Form erledigen, dass der Geschäftsführer (oder ein anderes Organ, zB der Aufsichtsrat) mit der Auswahl beauftragt wird. Ein die Anfechtbarkeit des Beschlusses begründender Verstoß gegen das Gesetz liegt in einer solchen Vorgangsweise allein nicht. Denn die Delegation einer Aufgabe ist nicht identisch mit einem in der Tat nur gesellschaftsvertraglich möglichen Zuständigkeitsverzicht. Es handelt sich, wie sich auch an der Möglichkeit jederzeitigen Delegationswiderrufs durch einfachen Mehrheitsbeschluss zeigt, vielmehr um eine bestimmte Technik der Aufgabenerledigung durch die Gesellschafter selbst. Grenzen einer solchen Vorgangsweise ergeben sich also nur aus den allgemeinen Grundsätzen über die Fehlerhaftigkeit von Gesellschafterbeschlüssen (vgl. § 47 Rn. 85 ff.). 17

d) Sorgfaltsmaßstab bei Wahrnehmung delegierter Aufgaben. aa) Hinsichtlich des Sorgfaltsmaßstabs bei der Wahrnehmung durch Gesellschaftsvertrag oder Delegation übertragener Aufgaben ist zu unterscheiden: Für **Geschäftsführer** hat es bei den auch sonst geltenden Anforderungen des § 43 sein Bewenden. Denn diese Anforderungen bleiben jedenfalls nicht hinter jenen zurück, an die sich auch die Gesellschafter halten müssen. Im übrigen ist zu berücksichtigen, dass die Übertragung von Zuständigkeiten der Gesellschaftergesamtheit an andere Gremien oder Personen diese zum **Organ** der Gesellschaft machen[39] und dadurch organschaftliche Pflichten auch zu Lasten von Nichtgesellschaftern begründet. Für genuin aufsichtsrätliche Aktivitäten wird diese Pflicht ohne Rücksicht auf die Benennung des betreffenden Organs durch die §§ 52, 116, 93 Abs. 1 AktG konkretisiert.[40] Außerhalb dieses Bereiches müssen sich „Mandatsträger" bei der Wahrnehmung übertragener Aufgaben an den Maßstäben ori- 18

---

[35] Vgl. *Hachenburg/Schilling* Rn. 20; *Baumbach/Hueck/Zöllner* § 46 Rn. 32; *Scholz/Schmidt* § 46 Rn. 112 mwN.

[36] Gegen diese Argumente *Hofbauer* S. 142 f.

[37] BGHZ 12, 337, 340 = NJW 1954, 799; OLG Brandenburg NZG 2000, 143, 144; *Scholz/Schmidt* Rn. 11; *Baumbach/Hueck/Zöllner* § 46 Rn. 63; *Hachenburg/Hüffer* Rn. 23: „Rückfallzuständigkeit"; etwas einschränkend *Hölters* S. 23 f.; tendenziell anders *Roth/Altmeppen* Rn. 3; *Wessing/Max,* FS Werner, 1984, S. 975, 980 ff.: nur in Notfällen und bei Vorliegen einer $^3/_4$-Mehrheit. Ausführliche Untersuchung mit differenzierten Ergebnissen bei *Hofbauer* S. 228 ff.

[38] Vgl. BGHZ 49, 117, 120 = NJW 1968, 398; OLG Frankfurt DB 1981, 2487. Dagegen MünchHdB GesR III/*Ingerl* § 37 Rn. 23.

[39] *Hachenburg/Mertens* § 37 Rn. 21; *Hachenburg/Schilling* Rn. 19; kritisch *Ulmer,* FS Werner, 1984, S. 911, 923.

[40] Ebenso *Hachenburg/Schilling* Rn. 14; für Einzelheiten vgl. § 52 Rn. 16, 50.

entieren (zu ihnen § 13 Rn. 94 ff.; auch § 47 Rn. 122 ff.), die auch die Gesellschafter bei der Bildung des gemeinsamen Willens zu beachten haben.[41]

19 bb) Die **Rechtsfolge einer Pflichtverletzung** ergibt sich für Geschäftsführer aus § 43 Abs. 2. Auch andere Organe oder Organmitglieder schulden **Schadensersatz**.[42] Sofern Anspruchsgegner ein Gesellschafter ist, ist § 46 Nr. 8 zu beachten. Anspruchsberechtigt ist die Gesellschaft. Die zu § 43 (Rn. 47 ff.) dargelegten Grundsätze über die actio pro societate bzw. die actio pro socio gelten entsprechend.[43] Soweit die Anfechtung eines pflichtwidrigen Verhaltens in Frage kommt (Rn. 20), ist der Schadensersatzdie Anfechtungsklage vorzuschalten.[44]

20 cc) Eine **Nichtigkeits-** oder **Anfechtungsklage** ist zulässig, wenn der Beschluss eines an Stelle der Gesellschaftergesamtheit handelnden Gremiums in Frage steht.[45] Ausgenommen sollen mit Rücksicht auf § 52 und die Unanfechtbarkeit von Aufsichtsratsbeschlüssen freilich Beschlüsse sein, die sich im Rahmen der gesetzlich vorgezeichneten Tätigkeit eines Aufsichtsrats halten.[46] Doch ist die Prämisse dieser Argumentation fragwürdig (§ 52 Rn. 45). Auch unabhängig davon sind – jedenfalls hinsichtlich eines fakultativen Aufsichtsrates – Zweifel anzumelden, weil auch ein Beschluss, mit dem die Gesellschafter einer Maßnahme der Geschäftsführung zustimmen, grundsätzlich anfechtbar ist und die gesellschaftsvertragliche Übertragung des Zustimmungsvorbehaltes auf einen Aufsichtsrat nicht den Schluss rechtfertigt, die Gesellschafter wollten sich damit auch des Anfechtungsrechtes begeben.[47] Fraglich ist ferner, ob es auch gegenüber Entscheidungen einer Einzelperson (Beispiel: Weisungen an die Geschäftsführung) ein Anfechtungsrecht geben kann. Mit Rücksicht auf das auch hier vorhandene Interesse an der Beseitigung einer solchen Entscheidung (etwa beim Geschäftsführer, vgl. § 43 Rn. 35) wird diese Frage zu bejahen sein.

III. Individual- und Minderheitenrechte

21 1. **Der gesetzliche Regelzustand. a) Individualrechte.** Die Individualrechte (zu ihnen auch § 14 Rn. 13 ff.), dh. die mit der Mitgliedschaft verbundenen Rechte des einzelnen Gesellschafters, werden zweckmäßigerweise in Mitverwaltungs-, Vermögens-, Kontroll- und Lösungsrechte eingeteilt.[48] Zu den **Mitverwaltungsrechten** gehört die in den §§ 48 Abs. 2, 50, 51 Abs. 3 angedeutete Befugnis, an den Entscheidungsprozessen der Gesellschaftergesamtheit teilzunehmen und diese (§ 47 Abs. 2)

---

[41] Vgl. *Hölters* BB 1977, 105, 107 f.; *Verhoeven* BB 1978, 335 f.; *Hachenburg/Schilling* Rn. 14; für primäre Orientierung an Aufsichtsratsregeln *Hachenburg/Raiser* § 52 Rn. 356 ff.; s. ferner *Hölters* S. 35 ff.; *Voormann* S. 144 ff.; strenger *Rohleder* S. 138 ff.

[42] Vgl. *Hölters* S. 48 ff.; *ders.* BB 1977, 105, 110 ff.; *Voormann* S. 186 ff.; *Reuter,* FS 100 Jahre GmbHG, 1992, S. 631, 653 f. für Mitglieder eines Beirats.

[43] *Voormann* S. 201 ff.; dagegen *Verhoeven* BB 1978, 335, 336 f.

[44] Vgl. § 43 Rn. 48; aM *Verhoeven* BB 1978, 335, 337; dagegen zutreffend *Hölters* S. 54 f.

[45] *Mertens,* FS Stimpel, 1985, S. 417, 418 f.; *Scholz/Schmidt* Rn. 185 mN; anders *Baumbach/Hueck/Zöllner* Anh. § 47 Rn. 94 f.; *Hachenburg/Raiser* § 52 Rn. 332 ff.; *Reuter,* FS 100 Jahre GmbHG, 1992, S. 631, 650 f. mwN.

[46] Vgl. BGHZ 43, 261, 265 = NJW 1965, 1378; OLG Düsseldorf WM 1982, 649, 650 ff.; *Hachenburg/Schilling* Rn. 15; Anh. § 47 Rn. 224; ohne Differenzierung *Hölters* S. 43 ff.; kritisch insbesondere *Voormann* S. 176 ff. mwN.

[47] IErg. wie hier *Lutter/Hommelhoff* Anh. § 47 Rn. 7; ähnlich *Scholz/Schmidt* Rn. 188 mit weiterführenden Überlegungen; vgl. auch § 52 Rn. 20.

[48] So *Wiedemann* § 7 II; für andere Einteilungsgesichtspunkte etwa *Scholz/Winter* § 14 Rn. 14; zum Regelungsgegenstand von § 45 in diesem Zusammenhang *Hachenburg/Hüffer* Rn. 4.

durch Stimmabgabe konkret zu beeinflussen. Eine gesetzliche Grenze findet dieses Recht allerdings in den auf dem Gedanken der Interessenskollision beruhenden Stimmverboten des § 47 Abs. 4. **Vermögensrechte** sind der Anspruch auf den Gewinnanteil (§ 29) einerseits, auf Beteiligung am Liquidationserlös (§ 72) andererseits. Auch das Recht, gegen den eigenen Willen nicht mit zusätzlichen „Leistungen" belastet zu werden (§ 53 Abs. 3) wird man hierher rechnen dürfen (vgl. § 53 Rn. 48). Zu den **Kontrollrechten** gehört das Auskunfts- und Einsichtsrecht (§§ 51 a, 51 b) sowie die Befugnis, die Rechtmäßigkeit von Gesellschafterbeschlüssen gerichtlich überprüfen zu lassen (Anfechtungsrecht; vgl. § 47 Rn. 119), ferner auch die actio pro societate (§ 43 Rn. 47 f., 67 f.). Das **Lösungsrecht** besteht darin, unter bestimmten Umständen (vgl. § 27), jedenfalls aber bei Vorliegen eines wichtigen Grundes gegen Abfindung aus der Gesellschaft auszuscheiden (dazu § 34 Rn. 75 ff.).

Neben diesen gewissermaßen rechtssatzförmig ausgeformten Gesellschafterrechten **22** gibt es Rechte, die sich als Kehrseite des zwischen Gesellschaft und Gesellschaftern, aber auch unter den Gesellschaftern bestehenden **Loyalitätsgebots,** d. h. von Treuepflicht und Gleichbehandlungsgrundsatz (dazu im einzelnen § 13 Rn. 94 ff.; § 43 Rn. 67; § 47 Rn. 125 ff.) beschreiben lassen. Der Inhalt dieser Rechte (Pflichten) lässt sich nicht ein für allemal anwendungsbereit fixieren, sondern bedarf in Abhängigkeit von der jeweiligen Gesellschafts- und Mitgliedsstruktur „der tatbestandlichen Verfestigung in einzelnen Fallgruppen".[49]

b) Minderheitenrechte. Minderheitenrechte sieht das Gesetz ausdrücklich in den **23** §§ 50 (Einberufung der Gesellschafterversammlung), 61 Abs. 2 (Auflösung der Gesellschaft), 66 Abs. 2, 3 (Bestellung und Abberufung von Liquidatoren durch das Gericht) vor. Eine Stärkung der Stellung der Minderheit ergibt sich uU auch dort, wo das Gesetz für das Zustandekommen eines Beschlusses eine qualifizierte Mehrheit voraussetzt (§§ 53, 60 Abs. 1 Nr. 2; vgl. ferner § 47 Rn. 112). Nicht minderheitenschutzbezogen, aber in manchen Fällen minderheitenschutzwirksam sind Stimmverbote.[50] Zur Frage speziell konzernrechtlicher Instrumente des Minderheitenschutzes vgl. Anh. § 52 Rn. 32 f., 54 f., 67 f., 77, 90 f., 112.

c) Grenzen. Grenzen mitgliedschaftlicher Befugnisse ergeben sich vor allem daraus, **24** dass Gesellschafter bei Vorliegen eines wichtigen Grundes aus der Gesellschaft auch dann **ausgeschlossen** werden können, wenn das Statut nichts dergleichen vorsieht (für Einzelheiten und Nachweise § 34 Rn. 71 ff.). Ein Eingriff in die Mitgliedschaft, insbesondere durch Verstoß gegen das Gleichbehandlungsprinzip, muss uU hingenommen werden, wenn dem benachteiligten Gesellschafter ein kompensierender Vorteil gewährt wird.[51] Vorauszusetzen ist selbstverständlich, dass dies ohne Verletzung von Kapitalerhaltungsregeln geschehen kann.

2. Abweichende Gestaltungen. Der Gesellschaftsvertrag kann die in den **25** Rn. 21 ff. skizzierte gesetzliche Ausgestaltung der Gesellschafterrechte verändern. Aus § 45 allein folgt dies freilich nicht.[52] Das Ausmaß der möglichen Variationen hängt freilich stark davon ab, ob sie mit dem Vertrag selbst vereinbart oder nachträglich eingeführt werden sollen.

a) Im ursprünglichen Gesellschaftsvertrag. Im ursprünglichen Gesellschaftsvertrag **26** können zunächst Sonderrechte, zB auf Einräumung einer Geschäftsführerposition,

---

[49] *Wiedemann* § 8 II 3 a.
[50] Vgl. *Wiedemann* § 8 I 4 b; auch § 43 Rn. 47.
[51] BGH GmbHR 1972, 225, 225 f.; *Wiedemann* § 7 III 2 b.
[52] *Hachenburg/Hüffer* Rn. 4.

erhöhtes Stimmrecht oder eine überproportionale Beteiligung am Gewinn (§ 14 Rn. 30), auch Sonderpflichten (§ 14 Rn. 37 f.) begründet werden. Der Gleichbehandlungsgrundsatz gilt insoweit nicht. Andererseits können die Rechte der Gesellschafter trotz § 45 nicht so sehr reduziert werden, dass eine Teilnahme am gesellschaftlichen Leben ausgeschlossen ist.[53] Der neue § 51a Abs. 3 (Unverzichtbarkeit des Auskunfts- und Einsichtsrechts) ist Ausdruck dieses Prinzips. Unverzichtbar sind nach allgM ferner das Recht, die Fehlerhaftigkeit von Gesellschafterbeschlüssen geltend zu machen (§ 47 Rn. 119), das Recht auf Teilnahme an der Gesellschafterversammlung (§ 48 Rn. 9), das Austrittsrecht aus wichtigem Grund (§ 14 Rn. 18) und auch die in den §§ 61 und 66 umschriebenen Minderheitsrechte. Abdingbar sind nach überwiegender Auffassung dagegen das Stimmrecht (dazu § 47 Rn. 16), das Gewinnbeteiligungsrecht[54] und das Recht auf Beteiligung am Liquidationserlös (§ 72 Rn. 2), letzteres nach Auffassung des BGH[55] allerdings nur mit der Maßgabe, dass nicht gleichzeitig auch das Gewinn- und Stimmrecht ausgeschlossen wird.[56] Umstritten, aber wohl zu bejahen ist die Unabdingbarkeit des Einberufungsrechts gemäß § 50 (§ 50 Rn. 2). Insgesamt zeigt sich, dass zwingende Positionen im Bereich der Mitverwaltungsrechte nur schwach entwickelt sind (Befugnis, die Generalversammlung einzuberufen und an ihr teilzunehmen), als Vermögensrechte praktisch nicht existieren, dagegen gut ausgebaut sind, wo es um Kontrolle (Auskunft und Einsicht, Beanstandung von Gesellschafterbeschlüssen, Einfluss auf die Person der Liquidatoren) und um die sozusagen als ultima ratio eingeräumte Möglichkeit geht, sich von der Gesellschaft zu lösen.

27 **b) Durch Satzungsänderung.** Im Rahmen einer Satzungsänderung sind Eingriffe in einmal gewährte Individual- oder Minderheitsrechte nur in erheblich **eingeschränkterem** Maße möglich. Das gilt zunächst für die Mitgliedschaft selbst, die von der Kaduzierung (§ 21 Abs. 2) und der Ausschließung aus wichtigem Grund abgesehen, nur mit Zustimmung des Betroffenen entzogen werden kann. Entsprechendes ist grundsätzlich hinsichtlich der Veräußerlichkeit und der Vererblichkeit des Anteils anzunehmen (§ 53 Rn. 26). Eine völlige Beseitigung von Stimm- und Gewinnrecht, auch des Rechts auf Beteiligung am Liquidationserlös ist ohne Zustimmung des Rechtsinhabers ausgeschlossen (§ 53 Rn. 50), ein Eingriff nur unter Beachtung der in Rn. 26 dargelegten Grundsätze möglich (zum Gewinnabführungsvertrag vgl. Anh. § 52 Rn. 53, 57 ff.). Auch Sonderrechte können gegen den Willen ihres Inhabers nicht entzogen werden, es sei denn, es liege ein wichtiger Grund vor (§ 53 Rn. 51). Der Gesellschaftsvertrag kann auch konkludent weitere Zustimmungsvorbehalte fixieren. Wird zB für eine bestimmte Maßnahme Einstimmigkeit vorgeschrieben, so ist anzunehmen, dass die dies besagende Bestimmung des Gesellschaftsvertrags auch nur einstimmig geändert werden kann.

IV. Österreichisches Recht

28 Eine § 45, insbesondere dessen Abs. 2 entsprechende Generalnorm gibt es im österreichischen Recht nicht. Was die Zuständigkeiten der Gesellschafterversammlung angeht, wird in § 35 Abs. 2 ÖGmbHG aber in etwa Entsprechendes angeordnet.[57]

---

[53] So die Formulierung in RGZ 167, 65, 73.
[54] *Scholz/Emmerich* § 29 Rn. 48 f. mN.
[55] BGHZ 14, 264, 273 = NJW 1954, 1563.
[56] Dagegen etwa *Lutter* AcP 180 (1980), 84, 149; *Hachenburg/Schilling* § 14 Rn. 13; *Scholz/Winter* § 14 Rn. 33 mwN.
[57] Zu Einzelheiten *Koppensteiner* § 35 Rn. 47 ff.

Zwingend sind freilich die Zuständigkeitszuweisungen in Abs. 1 Nr. 1, 3 und 6, dh.: Prüfung und Genehmigung des Jahresabschlusses, Verteilung des Reingewinnes, Entlastung der Geschäftsführer, eventuell eines Aufsichtsrates, Rückzahlung von Nachschüssen, Geltendmachung von Ersatzansprüchen gegen Geschäftsführer oder Aufsichtsrat, sowie Bestellung eines Prozessvertreters, sofern Vertretung der Gesellschaft weder durch Geschäftsführer noch durch den Aufsichtsrat möglich ist.[58] Während der ersten zwei Jahre nach Eintragung der Gesellschaft sind die Gesellschafter zwingend zuständig, über quantitativ bedeutsamere Anlagenkäufe zu entscheiden.[59] Über Individual- und Minderheitenrechte vgl. *Kastner/Doralt/Nowotny* S. 426f.; zusammenfassend zu Individualrechten *Koppensteiner* § 61 Rn. 7. Jedem Gesellschafter muss zwingend mindestens eine Stimme verbleiben (§ 39 Abs. 2 ÖGmbHG).

§ 46 [Aufgabenkreis der Gesellschafter]

Der Bestimmung der Gesellschafter unterliegen:
1. die Feststellung des Jahresabschlusses und die Verwendung des Ergebnisses;
2. die Einforderung von Einzahlungen auf die Stammeinlagen;
3. die Rückzahlung von Nachschüssen;
4. die Teilung sowie die Einziehung von Geschäftsanteilen;
5. die Bestellung und die Abberufung von Geschäftsführern sowie die Entlastung derselben;
6. die Maßregeln zur Prüfung und Überwachung der Geschäftsführung;
7. die Bestellung von Prokuristen und von Handlungsbevollmächtigten zum gesamten Geschäftsbetrieb;
8. die Geltendmachung von Ersatzansprüchen, welche der Gesellschaft aus der Gründung oder Geschäftsführung gegen Geschäftsführer oder Gesellschafter zustehen, sowie die Vertretung der Gesellschaft in Prozessen, welche sie gegen die Geschäftsführer zu führen hat.

Literatur: *Ahrens* Vom Ende der Entlastungsklage des GmbH-Geschäftsführers und einem Neubeginn des BGH – zugleich ein Beitrag zur negativen Feststellungsklage, ZGR 1987, 129; *Barner* Die Entlastung als Institut des Verbandsrechts, 1990; *Baumgärtner* Rechtsformübergreifende Aspekte der gesellschaftsrechtlichen Treuepflicht im deutschen und angloamerikanischen Recht, 1990; *Bitz* Der Anspruch des Gläubigers einer Kapitalgesellschaft auf Errichtung einer wirksamen Jahres- und/oder Zwischenbilanz, 1996; *Bödeker* Dividendenpolitik und Minderheitenschutz in der nicht börsennotierten Kapitalgesellschaft, 1999; *Brandner* Minderheitenrechte bei der Geltendmachung von Ersatzansprüchen aus der Geschäftsführung, FS Lutter, 2000, S. 317; *ders.* Sonderprüfung zur Kontrolle der Geschäftsführung im Recht der GmbH, FS Nirk, 1992, S. 75, *ders.* Zur gerichtlichen Vertretung der Gesellschaft gegenüber ausgeschiedenen Vorstandsmitgliedern/Geschäftsführern, FS Quack, 1991, S. 201; *Buchner* Die Entlastung des Geschäftsführers in der GmbH, GmbHR 1988, 9; *Eickhoff* Die Gesellschafterklage im GmbH-Recht, 1988; *Fastrich* Zur Zuständigkeit der Geschäftsführer der GmbH bei Beantragung von Maßnahmen des einstweiligen Rechtsschutzes zur Sicherung von Ersatzansprüchen gegen Geschäftsführer und Gesellschafter, DB 1981, 925; *Fleck* Schuldrechtliche Verpflichtungen einer GmbH im Entscheidungsbereich der Gesellschafter, ZGR 1988, 104, *ders.* Die Drittanstellung des GmbH-Geschäftsführers, ZHR 149 (1985), 387, *ders.* Zur Haftung des GmbH-Geschäftsführers, GmbHR 1974, 224; *Fleischer* Die Sonderprüfung im GmbH-Recht, GmbHR 2001, 45; *Gach/Pfüller* Die Vertretung der GmbH gegenüber ihrem Geschäftsführer, GmbHR 1998, 64; *Gehrlein* Zum Gewinnbezugsrecht eines GmbH-Gesell-

---

[58] Näher *Koppensteiner* § 35 Rn. 45.
[59] Dazu *Koppensteiner* § 35 Rn. 41 ff.

§ 46   3. Abschnitt. Vertretung und Geschäftsführung

schafters nach Einziehung seines Geschäftsanteils, DB 1998, 2355; *Groß* Stimmrecht und Stimmrechtsausschluß bei der Testamentsvollstreckung am GmbH-Anteil, GmbHR 1994, 596; *Grunewald* Die Gesellschafterklage in der Personengesellschaft und der GmbH, 1990; *Gutbrod* Vom Gewinnbezugsrecht zum Gewinnanspruch des GmbH-Gesellschafters, GmbHR 1995, 551; *Habersack* Die Mitgliedschaft – subjektives und „sonstiges Recht", 1996; *Happ* Die GmbH im Prozeß, 1997; *Heisse* Die Beschränkung der Geschäftsführerhaftung gegenüber der GmbH, 1988; *Henssler* Minderheitenschutz im faktischen GmbH-Konzern, FS Zöllner, 1998, S. 203; *Höhn* Die Geschäftsleitung der GmbH, 1995; *ders* Die Entlastung der Geschäftsführer, VP 1987, 193; *Hommelhoff* Gestaltungsfreiheit im GmbH-Recht in Lutter/Wiedemann (Hrsg.) Gestaltungsfreiheit im Gesellschaftsrecht, ZGR Sonderheft 13, 1998, 36; *ders.* Auszahlungsanspruch und Ergebnisverwendungsbeschluß in der GmbH, FS Rowedder, 1994, S. 171; *Immenga* Die personalistische Kapitalgesellschaft, 1970; *Kaffiné* Begrenzung der Haftungsrisiken des Geschäftsführers einer GmbH gegenüber der Gesellschaft bei Ausführung wirtschaftlich nachteiliger Weisungen der Gesellschafter, 2001; *Knoche* Die sog. „Verzichtswirkung" der Entlastung im privaten und im öffentlichen Recht, 1995; *Krieger* Geltendmachung von Schadenersatzansprüchen gegen GmbH-Geschäftsführer in VGR (Hrsg.) Gesellschaftsrecht in der Diskussion, 1999, 111; *Lindacher* Fragen der Beschlußfassung und -feststellung nach § 46 Nr. 8 GmbHG, ZGR 1987, 121; *Nägele/Nestel* Entlastung des GmbH-Geschäftsführers und des AG-Vorstands – Chancen und Risiken in der Praxis, BB 2000, 1253; *Plander* Die Vertretung der nichtaufsichtsratspflichtigen GmbH bei der Begründung, Änderung und Beendigung von Organstellung und Anstellungsverhältnis des Geschäftsführers, FS Fischer 133 (1970), 327; *ders.* Zur Bestellung eines Geschäftsführers einer mehrgliedrigen GmbH, GmbHR 1968, 197; *Priester* Änderung von Gewinnverwendungsbeschlüssen, ZIP 2000, 261; *ders.* Stimmverbot des GmbH-Gesellschafters bei Entlastungsbeschlüssen, FS Rowedder, 1994, S. 369; *Raiser* Das Recht der Gesellschafterklagen, ZHR 153 (1989), 1; *Sagasser* Die Frist für die Beschlußfassung über die Ergebnisverwendung in § 42a Abs. 2 GmbHG, DB 1998, 2251; *K. Schmidt* Entlastung, Entlastungsrecht und Entlastungsklage des Geschäftsführers einer GmbH – Versuch einer Neuorientierung, ZGR 1978, 425; *Schneider* Die vertragliche Ausgestaltung der Konzernverfassung, BB 1986, 1993; *Semler* Einzelentlastung und Stimmverbot, FS Zöllner, 1998, S. 553; *Sethe* Die aktienrechtliche Zulässigkeit der sogenannten „Teilentlastung", ZIP 1996, 1321; *Sigle* Die Entlastung des GmbH-Geschäftsführers und ihre Wirkung, DStR 1992, 469; *Tellis* Die Entlastungsklage im GmbH-Recht, GmbHR 1989, 113; *ders.* Die Rechtsnatur der gesellschaftsrechtlichen Entlastung und der Entlastungsklage, 1988; *van Venrooy* Die Bestellung von Prokuristen und Generalhandlungsbevollmächtigten nach § 46 Nr. 7 GmbHG und das „Innenverhältnis", GmbHR 1999, 800; *Wellkamp* Die Gesellschafterklage im Spannungsfeld von Unternehmensführung und Mitgliedsrechten, DWiR 1994, 221; *Ziche* Die Verweisung des § 35 Abs. 4 GmbHG auf das Verbot der Vornahme von Insichgeschäften, 1991.

Übersicht

	Rn.		Rn.
I. Allgemeines	1	5. Bestellung und Abberufung von Geschäftsführern; Entlastung (Nr. 5)	21–32
II. Die Regelung im einzelnen	2–47	a) Bestellung und Anstellung	21–25
1. Jahresabschluss und Ergebnisverwendung (Nr. 1)	2–14	b) Abberufung und Kündigung	26
a) Reichweite der Regelung	2	c) Entlastung	27–32
b) Jahresabschluss	3–7	aa) Begriff	27
aa) Aufstellung und Feststellung	3	bb) Entlastungsbeschluss	28, 29
bb) Beschlussförmlichkeiten	4	cc) Entlastungswirkung	30
cc) Inhalt der Bilanzfeststellung	5	dd) Verweigerung der Entlastung	31
dd) Zustimmungspflicht?	6	ee) Generalbereinigung	32
ee) Anspruch auf Bilanzabschrift	7	6. Prüfung und Überwachung der Geschäftsführung (Nr. 6)	33–35
c) Gewinnverwendung	8–11	7. Bestellung von Prokuristen und Handlungsbevollmächtigten (Nr. 7)	36–38
aa) Gewinnverteilungsbeschluss und Gewinnanspruch	8–10	8. Geltendmachung von Ersatzansprüchen; Prozessvertretung (Nr. 8)	39–47
bb) Beschlussinhalt	11	a) Ersatzansprüche	39–43
d) Informationsrechte	12–14	aa) Normzweck	39
2. Einforderung von Einzahlungen auf das Stammkapital (Nr. 2)	15–17	bb) Außenwirkung	40
3. Rückzahlung von Nachschüssen (Nr. 3)	18	cc) Persönlicher Geltungsbereich	41
4. Teilung und Einziehung von Geschäftsanteilen (Nr. 4)	19, 20	dd) Sachlicher Geltungsbereich	42
a) Teilung	19	ee) Beschlussinhalt	43
b) Einziehung	20	b) Prozessvertretung	44–47
		III. Österreichisches Recht	48

I. Allgemeines

Die Bestimmung gilt nur mit der Maßgabe, dass der Gesellschaftsvertrag nicht etwas **1** anderes anordnet (§ 45 Rn. 1 f.). Für diesen Fall stellt sie eine Reihe von Kompetenzen zusammen, die den Gesellschaftern zustehen sollen. Über weitere Zuständigkeiten der Gesellschafter vgl. § 45 Rn. 4 f.

II. Die Regelung im einzelnen

1. Jahresabschluss und Ergebnisverwendung (Nr. 1). a) Reichweite der Re- 2 gelung. Nr. 1 ist durch das BiRiLiG **geändert,** genauer: an die Terminologie des § 29 angepasst worden. Hinsichtlich des Jahresabschlusses ist das novellierte Rechnungslegungsrecht zu beachten; die Gewinnverwendung wird inhaltlich durch die Novellierung von § 29 beeinflusst. Zur Übergangsregelung für sog. **„Altgesellschaften"** (Eintragung vor dem 1. 1. 1986) einschließlich der insoweit geltenden „Registersperre" vgl. Erl. zu § 29. Neu ist auch § 42a. Abs. 2 dieser Bestimmung setzt Fristen für die Feststellung des Jahresabschlusses und die Gewinnverwendung, die im Zusammenhang mit den zeitlichen Vorgaben für die Aufstellung des Jahresabschlusses (§ 264 Abs. 1 HGB) und dessen Veröffentlichung (§ 325 HGB) stehen. Aus der Terminologie von Abs. 1 (Jahresabschluss) ist zutreffend gefolgert worden, dass die Eröffnungsbilanz (§ 242 Abs. 1 HGB), die im übrigen überhaupt nicht festzustellen ist, nicht hierunter fällt.[1] Umstritten ist, ob das auch für die Liquidationsbilanzen gemäß § 71 Abs. 1 gilt. Die Frage ist zu verneinen, Nr. 1 also anzuwenden (für Einzelheiten und Nachweise § 71 Rn. 10).

b) Jahresabschluss. aa) Mit diesem Ausdruck sind die Bilanz sowie die Gewinn- **3** und Verlustrechnung nebst Anhang gemeint (§§ 242 Abs. 3, 264 Abs. 1 HGB). Über den Gesetzeswortlaut hinaus ist freilich anzunehmen, dass die Beschluschlusskompetenz der Gesellschafter sich auch auf den Lagebericht (§ 289 HGB) erstreckt.[2] Die **Aufstellung** von Jahresabschluss und Lagebericht ist – und zwar zwingend – Sache der Geschäftsführer (oben § 41 Rn. 112). Die dafür bestimmte Frist beträgt grundsätzlich 3 Monate ab Ende des Geschäftsjahres, bei „kleinen" Gesellschaften bis zu sechs Monaten (§ 264 Abs. 1 S. 2, 3 HGB). Nach Aufstellung ist das Rechenwerk den Gesellschaftern (als Organ, zu einzelnen Gesellschaftern Rn. 12 ff.) – gegebenenfalls zusammen mit den Prüfungsberichten von Wirtschaftsprüfer und Aufsichtsrat – unverzüglich vorzulegen (§ 42a Abs. 1). Die **Feststellung** des Jahresabschlusses der GmbH ist mangels abweichender Bestimmung des Gesellschaftsvertrages[3] stets den Gesellschaftern vorbehalten. Aufstellung und Feststellung sind streng voneinander zu unterscheiden.[4] Erst letztere macht den Abschluss verbindlich, ohne Feststellungs- kann es zB keinen Gewinnverwendungsbeschluss geben (vgl. § 47 Rn. 108).

bb) Hinsichtlich der **Beschlussförmlichkeiten** gelten keine Besonderheiten.[5] **4** Stimmberechtigt sind alle Gesellschafter einschließlich der Gesellschafter-Geschäftsführer, es sei denn, es lägen ganz ausnahmsweise die Voraussetzungen des § 47 Abs. 4

---

[1] *Scholz/Schmidt* Rn. 8.
[2] *Scholz/Schmidt* Rn. 7 mN; anders *Meyer-Landrut/Miller/Niehus* Rn. 9.
[3] Zu den hier in Betracht kommenden Möglichkeiten *Hachenburg/Hüffer* Rn. 22; § 29 Rn. 48. Zur Rechtslage bei der KG BGHZ 132, 263 = NJW 1996, 1678 = DStR 1996, 753 = GmbHR 1996, 456.
[4] BGH DB 1974, 716, 717.
[5] Zur Frist, innerhalb der Beschluss zu fassen ist, § 42a Abs. 2; näher zB *Sagasser* DB 1986, 2251.

§ 46 3. Abschnitt. Vertretung und Geschäftsführung

oder eines Entlastungsbeschlusses vor,[6] nicht aber der Dividendenzessionar. Grundsätzlich ist die Bilanzfeststellung nicht als Entlastung aufzufassen.[7] Der Feststellungsbeschluss kommt mit einfacher Mehrheit zustande, und zwar auch dann, wenn der Gesellschaftsvertrag für den Gewinnverwendungsbeschluss eine qualifizierte Mehrheit vorsieht.[8] Die Feststellung des Jahresabschlusses ist konkludent möglich, etwa dadurch, dass sie von sämtlichen Gesellschaftern als Geschäftsführer unterzeichnet worden ist.[9] An der Notwendigkeit, zwischen Aufstellung und Feststellung des Jahresabschlusses zu unterscheiden (Rn. 3), ändert dies nichts.

5 cc) Der **Inhalt der Bilanzfeststellung**[10] kann von dem von den Geschäftsführern vorgelegten Abschluss abweichen – freilich nur innerhalb der durch die Grundsätze ordnungsmäßiger Bilanzierung, den Gesellschaftsvertrag oder die guten Sitten gesteckten Grenzen.[11] Fragen kaufmännischer Richtigkeit oder Zweckmäßigkeit bei Einhaltung dieser Grenzen kann das Gericht freilich nicht nachprüfen,[12] wohl dagegen, ob notwendige Rückstellungen gebildet wurden.[13] Bei prüfungspflichtigen Gesellschaften ist auf § 316 Abs. 1 und 3 HGB zu achten. Beschlüsse, die gegen das Verbot der Überbewertung verstoßen, sind nichtig, wenn es sich nicht um Bagatellen handelt.[14] Auch auflösend bedingte Feststellungsbeschlüsse dürften unzulässig sein.[15] Die Beeinträchtigung der Gesellschafterrechte bei der Vorbereitung der Bilanzfeststellung (Rn. 14) liefert einen Anfechtungsgrund. Die Anfechtung hat – wie stets – grundsätzlich auch hier nur kassatorische Wirkung. Ausnahmsweise, nämlich dann, wenn sich nur eine bestimmte Fassung der Bilanz als „richtig" darstellt, soll das Gericht auf Antrag berechtigt sein, diese festzustellen und die Gesellschaft zur Auszahlung des sich demnach ergebenden Gewinnanteiles zu verurteilen.[16] ME können solche Fälle wegen der den Gesellschaftern einzuräumenden Bewertungs- und sonstigen Ermessensspielräume, wenn überhaupt, dann nur äußerst selten vorkommen.

6 dd) Einen (klagbaren) **Anspruch** auf **zustimmende Beteiligung** am Bilanzfeststellungsbeschluss gibt es nach hM nicht.[17] Zwar mag es sein, dass die Gesellschafter einander verpflichtet sind, bei der Feststellung der Bilanz mitzuwirken.[18] Aber daraus

---

[6] *Scholz/Schmidt* Rn. 16.
[7] RGZ 49, 141, 146; *K. Schmidt* ZGR 1978, 425, 428; *Meyer-Landrut/Miller/Niehus* Rn. 11; *Scholz/Schmidt* Rn. 15.
[8] BGH DB 1974, 716; *Hachenburg/Hüffer* Rn. 10.
[9] § 41 Abs. 1 HGB; vgl. BGH WM 1971, 1082, 1084; einschränkend *Hachenburg/Hüffer* Rn. 10.
[10] Näher dazu § 29 Rn. 46 ff.; § 42 a Rn. 70 f.
[11] Vgl. RGZ 94, 213, 214; BGH DB 1974, 716; *Scholz/Schmidt* Rn. 14; *Bödeker* S. 43. Zur (wohl zutreffend) verneinten Frage, ob die Einstellung von Forderungen gegen die Gesellschafter in die Aktivseite der Bilanz bei einvernehmlicher Feststellung als Anerkenntnis zu werten ist, KG GmbHR 2000, 288.
[12] BGH WM 1970, 1065 f.; weitergehend wohl *Bödeker* S. 54 f.
[13] Dazu OLG Brandenburg GmbHR 1996, 697, 698.
[14] RGZ 131, 141, 145; BGHZ 83, 341, 347 = NJW 1983, 42; OLG Hamm DB 1991, 1924, 1925; OLG Brandenburg GmbHR 1997, 796; *Hachenburg/Raiser* Anh. § 47 Rn. 70; zu weiteren Nichtigkeitsgründen § 47 Rn. 109; § 42 a Rn. 75 ff.
[15] Vgl. GmbHR 2000, 231 f.
[16] RGZ 64, 261; 80, 337.
[17] RGZ 49, 141, 145 f.; *Immenga* S. 338; *Hachenburg/Hüffer* Rn. 17; *Roth/Altmeppen* Rn. 7; leicht einschränkend *Scholz/Schmidt* Rn. 21, 33; *Bödeker* S. 54; dagegen *Baumbach/Hueck/Zöllner* Rn. 8: Anwendung von §§ 315 ff. BGB; dagegen *Schmidt* aaO. WN zum Meinungsstand bei *Bitz* S. 48 ff.; *Habersack* S. 274.
[18] *Hachenburg/Goerdeler/Müller* § 29 Rn. 24.

Aufgabenkreis der Gesellschafter § 46

folgt wenig. Denn das Gericht kann das Ermessen des zustimmungsunwilligen Gesellschafters nicht durch sein eigenes ersetzen. Ein Rechtszwang zur Billigung des Jahresabschlusses ist daher allenfalls dort in Erwägung zu ziehen, wo es (ganz ausnahmsweise) kein Bilanzermessen gibt. Die Frage kann bei zwei Gesellschaftern mit einer je hälftigen Beteiligung (oder ähnlichen Konstellationen) praktisch folgenreich werden,[19] weil der Anspruch aus § 29 ohne Feststellung des Jahresabschlusses nicht fällig werden kann (Rn. 8). Unter Umständen hilft nur die Auflösungsklage.

ee) Jeder Gesellschafter hat **Anspruch auf** eine **Abschrift** des festgestellten Jahresabschlusses.[20] 7

c) Gewinnverwendung. aa) Nr. 1 spricht von der „Verwendung" des „Ergebnisses". Das bedeutet zunächst, dass ein **„Bilanzgewinn"**[21] **festgestellt** sein **muss** (zu den Konsequenzen § 47 Rn. 107). Ungeachtet der Möglichkeit der Verbindung beider Beschlüsse gilt daher, dass ohne Feststellung der Bilanz nicht über die Verwendung des Bilanzgewinnes befunden werden kann. Andererseits gibt es **ohne Gewinnverwendungsbeschluss** nach heute ganz hM **keinen** durchsetzbaren **Anspruch** auf Ausschüttung des gemäß § 29 zustehenden Gewinnanteils.[22] Etwas anderes gilt freilich, wenn der Gesellschaftsvertrag auf einen formellen Gewinnverteilungsbeschluss verzichtet,[23] nach anderer Auffassung[24] ferner dann, wenn die Mehrheit die Gewinnverwendungsentscheidung treuwidrig verweigert (ungebührlich verzögert) oder wenn ein Gewinnverwendungsbeschluss erfolgreich angefochten ist. Diese Auffassung trifft jedenfalls dann nicht zu, wenn verschiedene Entscheidungen über die Verwendung des Gewinnes möglich sind. Denn dann steht vor Beschlussfassung nicht fest, welchen Umfang der Gewinnverteilungsanspruch haben soll. Diese Unsicherheit kann das Gericht nicht selbst beseitigen. 8

Wo der Gesellschaftsvertrag **schweigt,** kommt es darauf an, ob die Nichtverteilung von Gewinn(teilen) ohne statutarische Ermächtigung zulässig ist. Diese Frage ist zu bejahen.[25] Da deshalb auch in diesem Fall verschiedene Gewinnverwendungsentscheidungen in Betracht kommen, kann es grundsätzlich wiederum keinen Anspruch auf Gewinn ohne entsprechenden Beschluss geben.[26] Etwas anderes kommt (ausnahmsweise) nur dann in Frage, wenn nur ein bestimmter Beschlussinhalt nicht missbräuchlich und deshalb anfechtbar wäre (vgl. § 47 Rn. 152). In diesem Fall reduziert sich die Bedeutung des Gewinnverwendungsbeschlusses auf eine reine Formalität, auf die deshalb auch verzichtet werden kann.[27] 9

---

[19] *Immenga* S. 338.
[20] LG Frankfurt BB 1960, 1355; *Lutter/Hommelhoff* Rn. 4; *Hachenburg/Schilling* Rn. 6.
[21] Zu diesem Begriff und zu seinem Verhältnis zum „Jahresüberschuss" § 29 Rn. 8, 7; *Hachenburg/Goerdeler/Müller* § 29 Rn. 45 ff.
[22] BGHZ 139, 299, 302 f. = NZG 1998, 985 m. (krit.) Anm. *Salje* = WM 1998, 2198 mit (problematischen) Ausführungen zur (fehlenden) Gewinnberechtigung des vorher ausgeschlossenen Gesellschafters (kritisch insoweit auch *Gehrlein* DB 1998, 2356); *Scholz/Schmidt* Rn. 26 mwN; aA *Hommelhoff,* FS Rowedder, 1994, S. 176 ff. Zur (zutreffend verneinten) Frage, ob ein Gewinnverteilungsbeschluss ohne Zustimmung Betroffener aufgehoben werden kann, *Priester* ZIP 2000, 262 f.
[23] *Scholz/Emmerich* § 29 Rn. 102 ff. Zur Bedeutung eines Vollausschüttungsgebots für Gewinnverwendungsentscheidungen in Tochtergesellschaften OLG Köln DB 1996, 1713.
[24] *Hachenburg/Schilling* Rn. 7.
[25] § 29 Abs. 2; zum alten Recht 1. Aufl. Rn. 9.
[26] *Hachenburg/Hüffer* Rn. 19.
[27] Insoweit aA *Hachenburg/Hüffer* Rn. 19.

§ 46 3. Abschnitt. Vertretung und Geschäftsführung

10 Insgesamt zeigt sich, dass eine ausschüttungsunwillige Mehrheit durch Beeinflussung der Geschäftsführung bei Aufstellung des Jahresabschlusses, durch Verweigerung der Mitwirkung an Feststellung des Abschlusses und Gewinnverwendung die Möglichkeit hat, Gewinnausschüttungsansprüche der Minderheit zu „blockieren". Die Frage, wie dagegen effektiv vorgegangen werden kann, ist noch nicht überzeugend gelöst. Die Gegenauffassung von *Gutbrod*[28] ist in verschiedener Hinsicht problematisch.

11 **bb) Inhaltlich** bezieht sich der Beschluss über die Verwendung des Gewinns auf den in dem (festgestellten) Jahresabschluss ausgewiesenen Bilanzgewinn.[29] Dieser schließt einen Gewinnvortrag aus dem Vorjahr und Beträge ein, die aus der Auflösung von Rücklagen anfallen. Der Beschluss selbst muss zum Ausdruck bringen, was mit diesem Gewinn geschehen soll.[30] De lege lata ist charakteristisch, dass über Thesaurierung oder Verteilung des Gewinns nicht nur durch Gesellschaftsvertrag, sondern auch durch einfachen Mehrheitsbeschluss in grundsätzlich beliebiger Weise entschieden werden kann (§ 29 Abs. 2). Nach wie vor gilt jedoch das Willkürverbot.[31] Außerdem sind die für Mehrheitsbeschlüsse auch sonst geltenden Grenzen (§ 47 Rn. 100 ff., 122 ff.) zu beachten, so dass die Minderheit gegen ein betriebswirtschaftlich nicht gerechtfertigtes „Aushungern" durch die Mehrheit durchaus Schutz genießt.[32] Ist nach dem Gesellschaftsvertrag anstatt der Gesellschafterversammlung ein anderes Organ für die Gewinnverteilung zuständig (dazu § 45 Rn. 7 ff.), so hat es, sofern nicht auch insoweit etwas anderes bestimmt ist,[33] mit der möglichen Ausnahme der Rücklagenbildung gemäß § 29 Abs. 4 ohnehin bei der Totalausschüttung des verteilungsfähigen Gewinns sein Bewenden zu haben.[34]

12 **d) Informationsrechte.** Im Zusammenhang von Feststellung der Bilanz und Verwendung des Gewinns stehen den Gesellschaftern – wie sonst auch – die **Auskunfts- und Einsichtsrechte** gemäß § 51a zu. Darüber hinaus haben Rechtsprechung und Lehre schon vor der GmbH-Reform **weitere** abschlusserhebliche **Informationspflichten** entwickelt.[35] Demnach müssen die Geschäftsführer den Jahresabschluss (gegebenenfalls zuzüglich eines Geschäftsberichts) **von sich aus** an die Gesellschafter **übersenden,** und zwar in angemessener Frist vor der Versammlung, in der der Abschluss festgestellt werden soll.[36] Entsprechendes gilt in den Fällen, wo zwar die Feststellung des Abschlusses, nicht aber die Gewinnverteilung einem anderen Organ überlassen ist. Auch zugunsten der Mitglieder solcher Organe, die anstatt oder neben den Gesellschaftern mit Entscheidungen gemäß Nr. 1 zu tun haben, wird eine die Bilanz

---

[28] GmbHR 1995, 551 ff. Vgl. den Appell an den Gesetzgeber bei *Hommelhoff* ZGR Sonderheft 13, 48 ff. Für Zulässigkeit einer Klage auf Fassung eines Gewinnverwendungsbeschlusses KG NZG 2001, 1085.
[29] Dazu *Scholz/Schmidt* Rn. 27.
[30] Hinsichtlich der insoweit in Betracht kommenden Möglichkeiten vgl. § 29 Rn. 102 f., 120 f., 123 sowie *Scholz/Schmidt* Rn. 27. Zur Frage der Rücklagenbildung nach altem Recht vgl. 1. Aufl. Rn. 9.
[31] Vgl. BGHZ 88, 320, 329 = NJW 1984, 489.
[32] Vgl. *Scholz/Schmidt* Rn. 31; weitergehend *Bödeker* S. 57 f. mwN; zur – ausnahmsweisen – Pflicht, für Thesaurierung zu stimmen § 47 Rn. 131. Zur Satzungsgestaltung Erl. zu § 29; zu konzernspezifischen Problemen *Schneider* BB 1986, 1993, 1996 ff.; *Henssler*, FS Zöllner, 1998, S. 205 ff., 217 ff.
[33] Vgl. OLG Düsseldorf WM 1982, 649 ff.
[34] *Scholz/Emmerich* § 29 Rn. 109.
[35] Vgl. *Hachenburg/Hüffer* Rn. 14.
[36] OLG Frankfurt BB 1977, 1016; *Meyer-Landrut/Miller/Niehus* § 42a Rn. 2; *Lutter/Hommelhoff* § 42a Rn. 3.

Aufgabenkreis der Gesellschafter § 46

betreffende Übersendungspflicht anzunehmen sein. Bei Vorhandensein eines Prüfungsberichtes ist auch dieser den Gesellschaftern (anderen befassten Organmitgliedern) zugänglich zu machen.[37]

§ 51 a hat an diesen Grundsätzen **nichts geändert.** Die Tendenz der Reform besteht in der Ausweitung, nicht in der Beschränkung von Minderheitenrechten. Dass die Geschäftsführer ganz allgemein verpflichtet sind, die Gesellschafter in dem für ihre Entscheidungen nötigen Umfang zu informieren, unterliegt keinem Zweifel (vgl. § 43 Rn. 15). Die hier in Frage stehenden Informationspflichten sind notwendig, um die bilanziellen Entscheidungen gemäß Nr. 1 angemessen vorbereiten zu können. § 51 a enthält kein solche Pflichten ersetzendes, sondern ein sie ergänzendes Prinzip. 13

Zur Möglichkeit der Beschlussanfechtung bei Verletzung der dargestellten Pflichten vgl. Rn. 5. Die Verletzung des Auskunftsrechts anlässlich der Erörterung des Jahresabschlusses soll keinen Grund für die Anfechtung des Gewinnverwendungsbeschlusses liefern.[38] Dem ist dann nicht zu folgen, wenn auch der Feststellungsbeschluss angefochten wird. 14

2. Einforderung von Einzahlungen auf das Stammkapital (Nr. 2). Sacheinlagen müssen vor der Anmeldung der Gesellschaft zum Handelsregister zur freien Verfügung der Geschäftsführer stehen (§ 7 Abs. 3). Bei Bareinlagen begnügt sich das Gesetz zunächst mit einem Viertel der übernommenen Stammeinlage, mindestens aber 25 000 DM (§ 7 Abs. 2, für Einzelheiten vgl. dort Rn. 18 ff.). Der Rest der Einlageverpflichtung wird mangels anderweitiger Bestimmung des Gesellschaftsvertrages erst **fällig,** wenn ein Beschluss gemäß Nr. 2 gefasst wird.[39] Zuständig sind die Gesellschafter oder das vom Gesellschaftsvertrag bestimmte andere Organ;[40] eine beschlussunabhängige actio pro socio gibt es nicht.[41] Beschluss und Stimmberechtigung unterliegen keinen Besonderheiten. Auch allein Betroffene sind stimmberechtigt (§ 47 Rn. 74). Der Einmann-Gesellschafter braucht keinen ausdrücklichen Beschluss zu fassen;[42] § 48 Abs. 3 steht nicht entgegen (vgl. § 48 Rn. 22). 15

Eines Beschlusses gemäß Nr. 2 bedarf es **nicht,** wenn der Gesellschaftsvertrag Volleinzahlung im Zuge des Gründungsvorgangs oder zu späteren fest bestimmten Terminen vorsieht.[43] Die Anordnung einer „Barzahlung" impliziert nicht die eines bestimmten Fälligkeitstermins.[44] Ein Einforderungsbeschluss ist in der Krise der Gesellschaft dann entbehrlich, wenn der Anspruch auf Einzahlung der ausstehenden Einlage **abgetreten** oder **verpfändet** worden ist.[45] Für die „gesunde" GmbH gilt dies nicht.[46] Der Pfändungspfandgläubiger bedarf dagegen keines Einforderungsbeschlusses.[47] In der Insolvenz geht die Einforderungszuständigkeit auf den Insolvenzverwalter (§ 63 Rn. 117), während der **Liquidation** auf die Liquidatoren (§ 69 Rn. 7, § 70 Rn. 4) über. 16

---

[37] OLG Frankfurt BB 1977, 1016.
[38] OLG München GmbHR 1994, 633.
[39] BGH LM § 16 Nr. 2; OLG Naumburg NZG 2000, 44, 47; aA *Hachenburg/Hüffer* Rn. 26.
[40] Zu letzterem OLG Celle GmbHR 1997, 748, 749.
[41] *Grunewald* S. 68 ff.; *Raiser* ZHR 153 (1989), 1, 17 f.; *Scholz/Schmidt* Rn. 57, je mwN.
[42] RGZ 138, 106, 113; *Scholz/Schmidt* Rn. 55 mwN.
[43] RGZ 138, 106, 110 f.; BGH LM § 16 Nr. 2; *Hachenburg/Hüffer* Rn. 31; *Scholz/Schmidt* Rn. 52 mwN.
[44] BGH LM § 16 Nr. 2.
[45] Näher *Scholz/Schmidt* Rn. 54; zur Abtretbarkeit und Pfändbarkeit des Anspruchs § 19 Rn. 103 ff.
[46] *Scholz/Schmidt* Rn. 54 gegen die hM; ferner *Koppensteiner* § 63 Rn. 63.
[47] *Koppensteiner* § 63 Rn. 7, hM.

§ 46 3. Abschnitt. Vertretung und Geschäftsführung

17 Die Gesellschafter haben lediglich den Einforderungsbeschluss zu fassen. Für dessen **Ausführung** müssen dagegen die Geschäftsführer sorgen.[48] Handeln sie ohne Deckung durch einen Gesellschafterbeschluss, so ist die Einforderung unzulässig und unwirksam, wenn ein Beschluss erforderlich wäre.[49] Die Stundung fälliger Einlageverpflichtungen ist nicht möglich[50]. Die Zulässigkeit der actio pro socio bei Nichtdurchsetzung des Einlageanspruchs durch die Geschäftsführer ist umstritten.[51] Zur Frage der einredeweisen Geltendmachung von Anfechtungsgründen vgl. § 47 Rn. 116 f.

18 **3. Rückzahlung von Nachschüssen (Nr. 3).** Die Gesellschafter können nach Maßgabe des § 26 die Einforderung von Nachschüssen beschließen (vgl. § 26 Rn. 18). Zulässigkeit und Modalitäten einer Rückzahlung richten sich inhaltlich nach § 30 Abs. 2 (vgl. dort Rn. 54 ff.). In formeller Hinsicht ist ein Beschluss gemäß Nr. 3 erforderlich, freilich nur dann, wenn der Gesellschaftsvertrag die Rückzahlungsvoraussetzungen nicht selbst abschließend festlegt oder ein anderes Organ für zuständig erklärt (§ 45 Rn. 7 ff.). Der Beschluss nach Nr. 3 kann die Rückzahlung von gesetzlich nicht vorgesehenen Voraussetzungen abhängig machen.[52] Der Gewinnverteilungs- kann gleichzeitig Rückzahlungsbeschluss sein, nämlich dann, wenn er aus der Auflösung von Rücklagen gedeckt wird, die im Zusammenhang mit Nachschüssen gebildet wurden.[53] Einen Anspruch auf Rückzahlung gibt es nicht.

19 **4. Teilung und Einziehung von Geschäftsanteilen (Nr. 4). a) Teilung.** Möglichkeit und Grenzen der Teilveräußerung eines Geschäftsanteils ergeben sich aus § 17 Abs. 3. Jene Bestimmung nennt zwei Fälle, wo eine solche ohne Genehmigung der Gesellschaft stattfinden kann (für Einzelheiten § 17 Rn. 28). In diesen Fällen ist Nr. 4 von vornherein gegenstandslos. Die Bestimmung setzt die Genehmigungsbedürftigkeit der Teilveräußerung gemäß § 17 voraus.[54] Dass es trotz des missverständlichen Wortlauts im übrigen nicht um die Teilung selbst, sondern nur um die Teilveräußerung (einschließlich der Teilung unter Erben) gehen kann, folgt daraus, dass eine „Vorratsteilung" nach allgM unzulässig ist (§ 17 Rn. 17). Die Entscheidung gemäß Nr. 4 kann einem anderen Organ übertragen werden.[55] Wird sie von den Gesellschaftern getroffen, so können interessierte Gesellschafter mitstimmen.[56] Zu unterscheiden ist wiederum zwischen dem Beschluss als einem Internum der Gesellschaft und seiner Ausführung. Letztere, dh. die **Erklärung** der Genehmigung, obliegt nach ganz hM den Geschäftsführern. Sie soll auch dann wirksam sein, wenn der erforderliche Gesellschafterbeschluss fehlt.[57] Das ist nicht unzweifelhaft,[58] da ein Sozialakt vorliegen

---

[48] *Hachenburg/Hüffer* Rn. 29; *Scholz/Schmidt* Rn. 56; anders wohl *Baumbach/Hueck/Zöllner* Rn. 15.
[49] OLG Celle GmbHR 1997, 748, 749; *Hachenburg/Hüffer* Rn. 26; *Meyer-Landrut/Miller/Niehus* Rn. 15.
[50] § 19 Rn. 51 f.; *Scholz/Schmidt* Rn. 56.
[51] Dafür *Hachenburg/Hüffer* Rn. 29; *Wellkamp* DZWiR 1994, 221, 222; dagegen *Hachenburg/Raiser* § 14 Rn. 41.
[52] *Hachenburg/Hüffer* Rn. 34.
[53] *Scholz/Schmidt* Rn. 62; *Hachenburg/Hüffer* Rn. 33; zur bilanziellen Behandlung von Nachschüssen § 26 Rn. 41 f.
[54] *Hachenburg/Schilling* Rn. 12.
[55] Dazu *Hachenburg/Hüffer* Rn. 37; *Scholz/Schmidt* Rn. 65.
[56] *Scholz/Schmidt* Rn. 66; *Roth/Altmeppen* Rn. 9 ff.
[57] RGZ 104, 413, 414; BGHZ 14, 25, 31 = NJW 1954, 1401; *Hachenburg/Schilling* Rn. 12; *Meyer-Landrut/Miller/Niehus* Rn. 18; *Scholz/Schmidt* Rn. 66 mN auch der Gegenansicht.
[58] Ebenso *Hachenburg/Hüffer* Rn. 36.

Aufgabenkreis der Gesellschafter **§ 46**

dürfte[59] und die Geschäftsführer diesbezüglich nach allgM nicht vertretungsbefugt sind (§ 35 Rn. 13f.). Anderseits ist nicht zu verkennen, dass der Standpunkt der hM legitimen Verkehrsinteressen jedenfalls in den Fällen Rechnung trägt, wo die Genehmigung dem Erwerber gegenüber erklärt wird.[60]

b) Einziehung. Die Einziehung von Geschäftsanteilen ist nach § 34 nur unter 20 recht eingeschränkten Voraussetzungen zulässig. Das zusätzliche Erfordernis eines Gesellschafterbeschlusses ist nicht zwingend, sondern gesellschaftsvertraglich durch die Entscheidung eines anderen Organs, auch des Geschäftsführers ersetzbar (§ 45 Rn. 12, einschränkend § 34 Rn. 14f. mwN). Wiederum ist die Einziehungserklärung von dem sie tragenden Beschluss zu unterscheiden.[61] Die Erklärungszuständigkeit liegt beim Geschäftsführer. Doch wird im Gegensatz zur Teilveräußerung angenommen, dass die Einziehungserklärung ohne wirksamen Einziehungsbeschluss unwirksam sei.[62] Verkehrsinteressen stehen hier in der Tat nicht entgegen.

5. Bestellung und Abberufung von Geschäftsführern; Entlastung (Nr. 5). 21
a) Bestellung und Anstellung. Nr. 5 überlässt es den Gesellschaftern, die Geschäftsführer zu bestellen. Doch greift die Bestimmung nur hinsichtlich solcher Personen ein, die nicht schon durch den Gesellschaftsvertrag bestellt wurden (dazu § 6 Rn. 25). Auch einen Notgeschäftsführer können die Gesellschafter nicht bestellen (§ 35 Rn. 76f.). Im Anwendungsbereich der Mitbestimmungsgesetze werden Geschäftsführer zwingend vom Aufsichtsrat bestellt (§ 35 Rn. 16, 73, 71 zu der Frage, inwieweit der Gesellschaftsvertrag das Auswahlermessen des Aufsichtsrats einengen kann). Hat die Gesellschaft dagegen einen fakultativen Aufsichtsrat, so verbleibt es mangels Delegation durch den Gesellschaftsvertrag bei der Zuständigkeit gemäß Nr. 5.[63] § 52 enthält nämlich keine Verweisung auf § 84 AktG.[64]

Die Ausübung der Bestellungskompetenz nach Nr. 5 setzt zunächst einen **Gesell-** 22 **schafterbeschluss** voraus. Auch diese Regel ist indes nicht zwingend; der Gesellschaftsvertrag kann vielmehr ein anderes Organ für zuständig erklären.[65] Möglich ist auch, dass einzelnen Gesellschaftern oder anderen Organen zwar kein Bestellungs-, aber doch ein **Benennungs**recht eingeräumt wird. Dann sind die Gesellschafter – Fehlen eines wichtigen Ablehnungsgrundes vorausgesetzt – verpflichtet, den Benannten auch zu bestellen. Der Anspruch ist gerichtlich durchsetzbar,[66] uU allerdings erst dann, wenn vorher ein anderer Geschäftsführer abberufen wird.[67] Ob statt dessen ein **Vorschlags**recht eingeräumt werden sollte, das schon bei Vorliegen sachlicher Gegengründe konsequenzlos bleibt, ist Auslegungsfrage.[68] Am Bestellungsbeschluss dürfen alle

---

[59] Erweiterung des Kreises der Gesellschafter; vgl. BGHZ 48, 163, 167 = NJW 1967, 1963; wN bei *Plander* ZHR 133 (1970), 327, 346.
[60] Vgl. *Scholz/Schneider* § 35 Rn. 46.
[61] *Scholz/Schmidt* Rn. 64; *Hachenburg/Hüffer* Rn. 38; § 34 Rn. 17f.
[62] Vgl. RGZ 142, 286; *Hachenburg/Hüffer* Rn. 38.
[63] Ebenso zB *Brandner*, FS Quack, 1991, S. 201, 208.
[64] Zur Frage, ob und wie sich die Gesellschaft schuldrechtlich zur Geschäftsführerbestellung verpflichten kann, vgl. *Fleck* ZGR 1988, 104, 121 ff.
[65] § 45 Rn. 7 ff. mit Übersicht über die in Betracht kommenden Möglichkeiten; dazu auch § 35 Rn. 15, 73; ferner etwa BGH GmbHR 1973, 279, 280; *Scholz/Schmidt* Rn. 72.
[66] BGH GmbHR 1973, 279, 280; *Hachenburg/Schilling* Rn. 14; OLG Düsseldorf WuB II C § 46 GmbHG – *Soehring* zum korrespondierenden Anspruch auf Abberufung.
[67] Dazu OLG Stuttgart GmbHR 1999, 537.
[68] Dazu OLG Hamm ZIP 1986, 1188, 1194f. m. Anm. *Lutter* = EWiR § 6 GmbHG 2/86, 993 – *Brandner*.

§ 46

Gesellschafter, gegebenenfalls **einschließlich des zu Bestellenden** mitwirken (vgl. § 47 Rn. 71). Soll ein **Testamentsvollstrecker** dagegen Geschäftsführer werden, so hängt sein Stimmrecht nach Auffassung des BGH[69] von einer Gestattung durch Erblasser oder Erben ab. Der **Einmann-Gesellschafter** kann beschließen, sich selbst zum Geschäftsführer zu bestellen; § 48 Abs. 3 ist zu beachten. § 181 BGB ist hier nicht einschlägig. Zur Bedeutung der Bestimmung im Zusammenhang der Ausführung des Bestellungsbeschlusses Rn. 22, über Beschlussmängel vgl. § 35 Rn. 75, § 47 Rn. 157f.

23 Der Bestellungsbeschluss führt die intendierte Wirkung noch nicht selbst herbei, sondern bedarf nach hM der **Ausführung** durch Rechtsgeschäft mit dem zu Bestellenden.[70] Die Gesellschaft wird dabei nach ganz hM[71] im gesetzlichen Regelfall durch die **Gesellschafter** vertreten. Das ist im Hinblick darauf, dass man in anderen Fällen des § 46 die Geschäftsführer insoweit für zuständig hält, keineswegs selbstverständlich, insgesamt aber aus den von *Plander* aaO, entwickelten überzeugenden Gründen zu billigen. Zu Einzelheiten der Vertretung durch „die Gesellschafter" vgl. § 35 Rn. 22. Wo der Gesellschaftsvertrag die Bestellungsentscheidung einem anderen Gesellschaftsorgan zuweist, wird anzunehmen sein, dass dieses Organ auch befugt ist, die Bestellungserklärung im Namen der Gesellschaft abzugeben. Für den Aufsichtsrat mitbestimmter Gesellschaften gilt dies kraft Gesetzes (§ 35 Rn. 16).

24 Die Bestellungserklärung ist nicht einseitiges Rechtsgeschäft, sondern **annahmebedürftig**.[72] Das folgt ohne weiteres daraus, dass die Bestellung Rechtsfolgen auslöst, die den Betreffenden belasten. Wegen dieser ihrer Rechtsnatur als zweiseitiges Rechtsgeschäft fragt sich, ob das Geschäft, mit dem sich der einzige Gesellschafter zum Geschäftsführer bestellt, nicht an § 181 BGB scheitert. Die Frage ist nicht schon wegen § 35 Abs. 4 zu bejahen. Ihrem Wortlaut nach trifft die Bestimmung nicht zu; ihr Sinn (Vermeidung einer Gläubigergefährdung; vgl. § 35 Rn. 26) fordert keine ausdehnende Auslegung. Im Ergebnis scheitert die Anwendung des § 181 BGB daran, dass diese Vorschrift generell nicht eingreift, wenn es an dem von ihr vorausgesetzten Interessenkonflikt fehlt.[73] Zur Bedeutung von § 181 BGB bei der Bestellung eines von mehreren Gesellschaftern zum Geschäftsführer vgl. § 47 Rn. 79ff.

25 Beim Abschluss des **Anstellungsvertrages** (zur Notwendigkeit der Unterscheidung zwischen Bestellung und Anstellung § 35 Rn. 17) wird die Gesellschaft von demjenigen Organ vertreten, das auch für die Bestellung zuständig ist (für Einzelheiten und Nachweise § 35 Rn. 17f.). Hinsichtlich des demnach im gesetzlichen Regelfall zugrunde liegenden Gesellschafterbeschlusses gelten keine Besonderheiten. Auch hier ist der Gesellschafter-Geschäftsführer stimmberechtigt (§ 47 Rn. 71). Im Unterschied zur Rechtslage bei der Bestellung ist § 35 Abs. 4 anzuwenden.[74] Zur Zuständigkeit bei Änderung des Anstellungsvertrages § 35 Rn. 54.

---

[69] BGHZ 51, 209, 214 ff. = NJW 1969, 841.
[70] Vgl. BGH WM 1969, 158, 159 für die Kündigung; *Plander* GmbHR 1968, 197 ff.; *Scholz/Schmidt* Rn. 79; zahlreiche wN bei *Plander* aaO.
[71] BGHZ 52, 316, 321 = NJW 1970, 33; *Plander* ZHR 133 (1970), 327, 341 ff. mit umfassenden Nachweisen, *Hachenburg/Hüffer* Rn. 42; *Scholz/Schmidt* Rn. 80.
[72] HM; vgl. *Plander* GmbHR 1968, 198 ff.; *Hachenburg/Hüffer* Rn. 44; *Scholz/Schmidt* Rn. 79; *Baumbach/Hueck/Zöllner* Rn. 23; *Fleck* ZHR 149 (1985), 387, 396 f.; zur Möglichkeit konkludenter Annahme bei Anwesenheit des zu Bestellenden beim Bestellungsbeschluss BGHZ 52, 316, 321 = NJW 1970, 33.
[73] Insofern immer noch einschlägig BGHZ 56, 97, 100 ff. = NJW 1971, 1355; dazu § 35 Rn. 34 ff.
[74] So *Scholz/Schneider* § 35 Rn. 121 ff. mwN; *Lutter/Hommelhoff* Anh. § 6 Rn. 7; *Ziche* S. 271 ff.; anders zB *Baumbach/Hueck/Zöllner* § 35 Rn. 95.

Aufgabenkreis der Gesellschafter **§ 46**

b) Abberufung und Kündigung. Auch für die Abberufung von Geschäftsführern **26** sowie die Kündigung des Anstellungsverhältnisses sind die Gesellschafter zuständig.[75] Das gilt für Entscheidung und Ausführung gleichermaßen. Kompetenzverlagerung durch den Gesellschaftsvertrag ist auch insoweit möglich. Die für die Berufung maßgeblichen Zuständigkeitsregeln der Mitbestimmungsgesetze sind auch im vorliegenden Zusammenhang zu beachten. Im Zweifel ist davon auszugehen, dass Bestellungs-/Anstellungszuständigkeit und die Befugnis zur Abberufung bzw. Kündigung bei ein- und demselben Organ vereinigt sind. Eine Feststellungsklage des Inhalts, dass eine bestimmte Person nicht Geschäftsführer ist, bedarf keines Beschlusses nach Nr. 5.[76] Die für Anfechtungsklagen geltende Frist (§ 47 Rn. 139 f.) spielt in diesem Zusammenhang nach Auffassung des BGH keine Rolle.[77]

c) Entlastung. aa) Die Entlastung ist Billigung der Geschäftsführung und Ausdruck **27** von Vertrauen für die Zukunft.[78] Sie drückt aus, dass der Gesellschaft nach Ansicht der Mehrheit keine Ansprüche gegen die Geschäftsführung zustehen. Ihre sachliche und persönliche Reichweite ist gesetzlich nicht vorgegeben. In **zeitlicher** Hinsicht dürfte Entlastung für das vergangene Geschäftsjahr im Rahmen der sogenannten Regularien[79] die Regel sein. Doch kommen auch andere Zeitabschnitte oder einzelne Geschäftsvorfälle bzw. größere Komplexe in Betracht. Im Unterschied zum Aktienrecht ist die **Teilentlastung** der Geschäftsführung nicht unzulässig.[80] Stellungnahmen der Gesellschafter zu zukünftigem Verhalten der Geschäftsführer sind nicht als Entlastung aufzufassen.[81] In **persönlicher** Hinsicht können alle Geschäftsführer gemeinsam (Gesamtentlastung) oder jeder einzeln entlastet werden. Möglich ist auch die Entlastung des einen, nicht aber des anderen Geschäftsführers. Der Umfang der **Entlastungswirkung** beschränkt sich auf diejenigen Tatsachen, die aus den von den Geschäftsführern vorgelegten Unterlagen ersichtlich sind oder über die die Geschäftsführer berichten.[82] Anderweitig erlangte Kenntnis aller Gesellschafter genügt aber auch.[83] Sie sind gehalten, zur Verfügung gestellte Informationen sorgfältig zu prüfen.[84] Die Verschleierung objektiv an sich erkennbarer Entlastungshindernisse durch die Geschäftsführung führt dazu, dass Entlastung insofern nicht eintritt.[85]

bb) Zuständig sind mangels anderweitiger Regelung durch den Gesellschaftsvertrag **28** die **Gesellschafter.** Sie entscheiden durch Beschluss. Der zu entlastende Geschäftsführer-Gesellschafter hat kein Stimmrecht (§ 47 Abs. 4), auch nicht im Zusammenhang

---

[75] Zur Möglichkeit einer EV, die sich gegen befürwortende Stimmabgabe beim Abberufungsbeschluß richtet; OLG München NZG 1999, 407 m. Anm. *Michalski*. Dazu auch § 47 Rn 139 f.

[76] OLG Hamm GmbHR 1993, 743, 745. Für Einzelheiten und Nachweise zu Abberufung und Kündigung vgl. die Erläuterungen zu § 38.

[77] BGH NZG 1999, 498 m. Anm. *Eckardt* = ZIP 1999, 656 m. Anm. *Schantl* = GmbHR 1999, 477.

[78] BGHZ 94, 324 = NJW 1986, 129; OLG Hamm GmbHR 1992, 802, 803.

[79] Außer Entlastung Feststellung des Jahresabschlusses, Gewinnverwendung; vgl. *Hachenburg/Hüffer* Rn. 54. Präzisierend *Tellis* S. 29 ff. Zur Zeitdimension eines bei Ausscheiden gefassten Entlastungsbeschlusses OLG Hamburg GmbHR 2000, 1263.

[80] Ausführlich dazu OLG Düsseldorf WM 1996, 777, 780 ff. Vgl. *Sethe* ZIP 1996, 1321 ff.

[81] BGH WM 1976, 204.

[82] RGZ 89, 396 f.; BGH NJW 1969, 131; WM 1976, 736, hM.

[83] OLG Hamburg GmbHR 2000, 1263; *Roth/Altmeppen* Rn. 27; *Hachenburg/Hüffer* Rn. 63; *Baumbach/Hueck/Zöllner* Rn. 26; näher *Tellis* S. 104 ff.; weniger streng BGH LM Nr. 4.

[84] *Hachenburg/Hüffer* § 46 Rn. 62 mwN.

[85] RG DR 1941, 506, 508; *Hachenburg/Hüffer* Rn. 62; *Scholz/Schmidt* Rn. 94 mit weiteren Einzelheiten; bedenklich LG Essen GmbHR 1983, 221, 223.

§ 46 3. Abschnitt. Vertretung und Geschäftsführung

einer Gesamtentlastung.[86] Bei der (Einzel)Entlastung eines anderen Geschäftsführers kann er wegen der möglichen Interessenkonflikte jedenfalls dann nicht mitwirken, wenn irgendwie auch die eigene Interessensphäre betroffen ist.[87] Eine gegenteilige Satzungsregelung ist unwirksam.[88] Der Alleingesellschafter-Geschäftsführer wäre anlässlich seiner Entlastung zwar stimmbefugt (§ 47 Rn. 54). Doch ist die Frage wohl praktisch bedeutungslos, weil Selbstentlastung mit Wirkung gegenüber Dritten nicht in Betracht kommt.[89]

29 Der Entlastungsbeschluss muss nicht ausdrücklich als solcher gefasst werden; ausschlaggebend ist vielmehr der Beschluss**inhalt**.[90] Die Feststellung des von den Geschäftsführern aufgestellten Jahresabschlusses ist für sich genommen nicht als Entlastung aufzufassen.[91] Nichtigkeit oder erfolgreiche Anfechtung des Bilanzfeststellungs- kann sich aber auch auf den Entlastungsbeschluss auswirken.[92] Andererseits braucht sich der Geschäftsführer die Fehlerhaftigkeit eines Entlastungsbeschlusses nicht entgegenhalten zu lassen, solange sie nur mit dem Ausgang eines Verfahrens begründet wird, an dem er nicht beteiligt war.[93] Eine Anfechtung der Entlastungserklärung nach §§ 119 ff. BGB scheidet aus. Diese hat nämlich keinen rechtsgeschäftlichen Charakter (Rn. 30). Auch nach §§ 812 ff. BGB kann die Entlastungswirkung nicht beseitigt werden.[94] Über (gesetzliche) Zulässigkeitsgrenzen der Entlastung vgl. § 43 Rn. 40 f. Die Anfechtbarkeit des Beschlusses richtet sich nach allgemeinen Maßstäben.[95]

30 cc) Die **Wirkung** der Entlastung besteht darin, dass die Gesellschaft dem entlasteten Geschäftsführer gegenüber mit der Geltendmachung von Tatsachen **präkludiert** ist, die innerhalb der Reichweite des Entlastungsbeschlusses liegen. Das bedeutet den Wegfall von Ansprüchen gemäß § 43 einerseits,[96] den Ausschluss einer außerordentlichen Kündigung andererseits.[97] Die juristische Konstruktion dieser Ergebnisse ist freilich umstritten.[98] Fest steht, dass sie nicht auf einem Vertrag zwischen Gesellschaft und

---

[86] Rn. 27; BGHZ 108, 21, 25 f. = WuB II C. § 47 GmbHG 1.89 – *Teichmann* = NJW 1989, 2694.

[87] *Roth/Altmeppen* Rn. 34; *Scholz/Schmidt* Rn. 97; *Priester*, FS Rowedder, 1994, S. 374 f.; vgl. BGHZ 97, 28, 33 f. = NJW 1986, 2051; OLG Köln NZG 1999, 1112, 1115 mit Hinweis auf BGH NJW 1989, 2695 und Anm. *Schüppen*. Für Missbräuchlichkeit der Einzelentlastung wegen Umgehung des Stimmverbots bei Gesamtentlastung OLG München WM 1995, 842, 844 für AG (dazu *Semler*, FS Zöllner, 1998, S. 553 ff., 557); weitergehend – genereller Ausschluss vom Stimmrecht – *Zöllner* S. 201 ff.; *Baumbach/Hueck/Zöllner* § 47 Rn. 45; ebenso *Sigle* DStR 1992, 469, 470; einschränkend dagegen *Groß* GmbHR 1994, 596, 599 ff.

[88] OLG Stuttgart GmbHR 1995, 231.

[89] Vgl. *Baumbach/Hueck/Zöllner* § 48 Rn. 30.

[90] RGZ 106, 258, 262; *Fleck* GmbHR 1974, 224, 228.

[91] AllgM; vgl. RGZ 112, 19, 26; *Hachenburg/Hüffer* Rn. 60.

[92] RGZ 112, 19, 26 f.; *Scholz/Schmidt* Rn. 96.

[93] So sinngemäß BGH GmbHR 1975, 182, 183.

[94] *Hachenburg/Hüffer* Rn. 65; *Scholz/Schmidt* Rn. 99 mwN.

[95] Vgl. OLG Köln NZG 1999, 1228 zur Frage eines zweck- bzw. treuwidrigen Entlastungsbeschlusses; auch OLG Düsseldorf NZG 2000, 314; wN bei § 43 Fn. 163.

[96] BGHZ 108, 21, 26 = NJW 1989, 2694; OLG München GmbHR 1997, 847; ausführlich anders – keine Präklusion – *Barner* S. 44 ff.; dagegen *Tellis* ZHR 156 (1992), 256, 258 f.

[97] Zum Ganzen *K. Schmidt* ZGR 1978, 425, 427; *Sigle* DStR 1992, 469, 471 f.; *Scholz/Schmidt* Rn. 94 mwN; zur Erfassung von Ansprüchen aus § 812 und § 687 Abs. 2 BGB BGHZ 97, 382, 386 ff. = NJW 1986, 2250 = EWiR § 46 GmbHG 1/86, 997 – *Roth* = WuB II C § 46 GmbHG 2.86 – *Hommelhoff*.

[98] Übersicht über Alternativen und Meinungsstand bei *K. Schmidt* ZGR 1978, 425, 429 f.; *Scholz/Schmidt* Rn. 90; *Tellis* S. 42 ff.

Aufgabenkreis der Gesellschafter **§ 46**

Geschäftsführer beruhen.[99] Auch die Deutung der Entlastungswirkung als Folge einseitiger rechtsgeschäftlicher Erklärung – etwa eines Verzichts[100] – ist abzulehnen. Der Entlastungsbeschluss ist mit anderen Worten nicht ausführungsbedürftig.[101] Seine Konsequenzen treten infolge des mit ihm geschaffenen Vertrauenstatbestandes ein.[102] Die Auffassung des BGH[103] steht dem nicht entgegen.

dd) Die – ungerechtfertigte[104] – **Verweigerung** der Entlastung berechtigt den Betroffenen zur Niederlegung des Geschäftsführeramtes (§ 38 Rn. 33) und zur außerordentlichen Kündigung des Anstellungsverhältnisses gemäß § 626 BGB, gegebenenfalls zu Schadensersatz (§ 628 BGB). Auch kann er die Inexistenz gegen ihn gerichteter Schadensersatzansprüche der Gesellschaft im Wege der negativen Feststellungsklage geltend machen.[105] Das erforderliche Rechtsschutzinteresse ist aus der Verweigerung der Entlastung selbst abzuleiten.[106] Der Kläger hat die für die Überprüfung der Behauptung einwandfreier Geschäftsführung erforderlichen Unterlagen beizubringen. Die Wirkungen des stattgebenden Urteils sind nicht auf dann noch unbekannt gebliebene Ansprüche zu erstrecken. Möglicher Schadensersatzschuldner ist auch der ausgeschiedene Geschäftsführer. Auch er ist daher klagebefugt. 31

ee) Von der Entlastung zu unterscheiden ist die sogenannte **Generalbereinigung** (vgl. auch § 43 Rn. 38). Für sie ist charakteristisch, dass die Gesellschafter vom Vorhandensein von Ersatzansprüchen ausgehen oder solche jedenfalls für möglich halten, aber den betroffenen Geschäftsführer von diesen Ansprüchen freistellen wollen. Im Unterschied zur Entlastung **zielt** die Generalbereinigung auf die Beseitigung von Ersatzansprüchen.[107] Sie ist daher als Rechtsgeschäft, und zwar als Erlassvertrag iSv. § 397 Abs. 1 BGB zu qualifizieren.[108] Wegen der Gefahr der Aushöhlung der Kompetenz gemäß Nr. 5 ist hierfür freilich ein Gesellschafterbeschluss vorauszusetzen.[109] Gleichwohl führt die Nichtigkeit oder Anfechtung des Beschlusses nicht in allen Fällen auch zum Wegfall des Erlassvertrages.[110] Bei dessen Abschluss wird die Gesellschaft von den **Gesellschaftern,** gegebenenfalls vom Aufsichtsrat, vertreten (§ 35 Rn. 14, 20), wobei 32

---

[99] *Hachenburg/Hüffer* Rn. 61; *Tellis* S. 64 ff.; *Knoche* S. 51 ff.; insoweit zutreffend auch *Barner* S. 50 ff.
[100] Vgl. BGH WM 1971, 1548, 1549; GmbHR 1975, 182.
[101] Näher *Tellis* S. 78 ff.
[102] Überzeugend *K. Schmidt* ZGR 1978, 425, 432 ff.; vgl. *Sigle* DStR 1992, 469; *Nägele/Nestel* BB 2000, 1254 ff.; *Tellis* S. 86 ff.; *Knoche* S. 71 ff.
[103] BGH GmbHR 1975, 182.
[104] Vgl. *Baumbach/Hueck/Zöllner* Rn. 30; *Meyer-Landrut/Miller/Niehus* Rn. 29; anders *Scholz/Schmidt* Rn. 100.
[105] BGHZ 94, 324, 327 f. = NJW 1986, 129 = EWiR § 46 GmbHG 1/85, 889 – Kellermann = WuB II C. § 46 GmbHG 1.86 – Peltzer; OLG Köln DB 1996, 1117, 1118. *Knoche* S. 47 f.; *Scholz/Schmidt* Rn. 101 f. mN der bisher gegenteiligen hM: Leistungsklage zur Durchsetzung eines „Rechts auf Entlastung"; iErg. wie diese *Buchner* GmbHR 1988, 9, 14; *Hachenburg/Hüffer* Rn. 68 f.; *Baumbach/Hueck/Zöllner* Rn. 30; teilweise auch *Kaffiné* S. 244 ff., 249 ff.; dagegen *Tellis* S. 135 ff.; *ders.* GmbHR 1989, 113 ff. mwN.
[106] *K. Schmidt* ZGR 1978, 425, 432 ff.; anders insoweit BGH BGHZ 94, 324, 329 f.; *Lutter/Hommelhoff* Rn. 15; *Meyer-Landrut/Miller/Niehus* Rn. 28; *Ahrens* ZGR 1987, 129, 138 ff.
[107] *Scholz/Schmidt* Rn. 103; BGHZ 97, 382, 389 = NJW 1986, 2250.
[108] BGH GmbHR 1975, 182, 183; *Hachenburg/Hüffer* Rn. 72 mwN. Zur Reichweite der Bereinigungswirkung – nur Ansprüche, die mit Geschäftsführerposition zusammenhängen – BGH NJW 2001, 223 = WM 2000, 2381 = GmbHR 2000, 1258 m. Anm. *Lelley.*
[109] *Scholz/Schmidt* Rn. 104; *Hachenburg/Hüffer* Rn. 72.
[110] BGH GmbHR 1975, 182, 183; NJW 1998, 1315 = WM 1998, 387 = NZG 1998, 226.

freilich – wie sonst auch – eine Ermächtigung nicht beteiligter Geschäftsführer zulässig ist.[111] Im übrigen untersteht der Vertrag den Regeln des Bürgerlichen Rechts, kann also – von seiner grundsätzlichen Abhängigkeit von einem wirksamen Gesellschafterbeschluss abgesehen – auch nach dessen Regeln anfechtbar oder nichtig sein. Zur generalbereinigungsähnlichen Wirkung eines bestätigten Liquidationsvergleiches vgl. BGHZ 75, 96 = NJW 1979, 1823.

33   **6. Prüfung und Überwachung der Geschäftsführung (Nr. 6).** Den Gesellschaftern steht eine **umfassende Kontrollzuständigkeit** gegenüber der Geschäftsführung zu. Eine besondere gesellschaftsvertragliche Legitimation ist nicht erforderlich. Wie die Gesellschafter von dieser Befugnis Gebrauch machen,[112] ist ihre Sache. Entgegenstehende Bestimmungen des Anstellungsvertrages ändern hieran nichts; ihre Verletzung kann freilich einen wichtigen Kündigungsgrund liefern.[113] Nr. 6 deckt auch die Betrauung Dritter mit der Vornahme von Prüfungshandlungen.[114] In diesem Zusammenhang sind die Gesellschafter **vertretungsbefugt**.[115]

34   Maßregeln zur Kontrolle der Geschäftsführung können schon im Gesellschaftsvertrag festgesetzt werden. Im übrigen ist ein Gesellschafterbeschluss erforderlich.[116] Die Annahme einer **Aufsichtspflicht** ist abzulehnen.[117] Zum Stimmrecht von Gesellschafter-Geschäftsführern vgl. § 47 Rn. 78, zu Kontrollrechten einzelner Gesellschafter die Erläuterungen zu §§ 51 a, b.

35   Nr. 6 ist **nicht** zwingend. Soweit Kontrollbefugnisse gesellschaftsvertraglich auf ein anderes Gesellschaftsorgan übertragen wurden, stehen den Gesellschaftern im Verhältnis zur Geschäftsführung nur noch mittelbare Aufsichtsrechte zu.[118] Anders ist die Rechtslage bei Vorhandensein eines kraft **Mitbestimmungsrecht** zwingenden Aufsichtsrats. Das Mitbestimmungsrecht hat die Stellung der Gesellschafterversammlung als oberstem Organ der Gesellschaft nicht beeinträchtigt (§ 37 Rn. 23 f., 33 f.). Ebenso wie grundsätzlich das Weisungsrecht (§ 37 Rn. 29) sind daher auch ihre Aufsichtsbefugnisse nicht tangiert worden.[119] Die Differenzierung dieser Fälle gegenüber privatautonomer Übertragung von Aufsichtsbefugnissen auf ein anderes Gesellschaftsorgan rechtfertigt sich daraus, dass die Gesellschafter nur im letztgenannten Fall die Prüfungs- und Überwachungszuständigkeit wieder an sich ziehen können. Außerdem wäre es wertungswidersprüchlich, das gesellschafterliche Weisungsrecht für mitbestimmungsfest zu halten, hinsichtlich der Kontrollbefugnisse aber etwas anderes anzunehmen. Zur **Reduktion** gesellschafterlicher Befugnisse gegenüber der Geschäftsführung § 37 Rn. 35. Die Abschaffung von Prüfungsbefugnissen schlechthin, namentlich des Rechts auf Bestellung von Sonderprüfern, ist bei Fehlen eines anderen Aufsichtsorgans ausgeschlossen.[120]

---

[111] *Scholz/Schmidt* Rn. 104.
[112] Zustimmungserfordernisse, Aufstellung besonderer Berichtspflichten, Prüfung von Unterlagen der Gesellschaft, ausführlicher *Hachenburg/Hüffer* Rn. 77.
[113] Vgl. § 35 Rn. 82; *Scholz/Schmidt* Rn. 116.
[114] Zu letzterem *Brandner*, FS Nirk, 1992, S. 79 ff.; *ders.*, FS Lutter, 2000, S. 324; ausführlich zur GmbH-rechtlichen „Sonderprüfung" *Fleischer* GmbHR 2001, 45 ff.
[115] *Hachenburg/Hüffer* Rn. 79; vgl. *Scholz/Schmidt* Rn. 117 mwN.
[116] Dazu *Hachenburg/Hüffer* Rn. 78 f.
[117] Zurückhaltender *Scholz/Schmidt* Rn. 113; wie hier *Meyer-Landrut/Miller/Niehus* Rn. 33; gegenteilig *Höhn* S. 246 ff.
[118] § 45 Rn. 13 ff.; dagegen *Scholz/Schmidt* Rn. 112 mwN.
[119] Vgl. *Hanau/Ulmer* § 25 Rn. 55; *Lutter/Hommelhoff* Rn. 17; *Scholz/Schmidt* Rn. 111 mwN aus der mitbestimmungsrechtlichen Literatur.
[120] *Hachenburg/Hüffer* Rn. 80.

7. Bestellung von Prokuristen und Handlungsbevollmächtigten (Nr. 7).
Nr. 7 zielt nach heute ganz hM[121] nur auf das **Innenverhältnis**. Die Gesellschafter sind zuständig, darüber zu entscheiden, ob ein **Prokurist** bestellt werden soll; Sache der Geschäftsführer ist es dagegen, die Bestellung auszusprechen. Letzteres wird von der Vertretungsmacht gemäß § 37 Abs. 2 gedeckt. Die Erteilung der Prokura ist – von den Fällen des Missbrauchs der Vertretungsmacht abgesehen[122] – daher auch dann wirksam, wenn ein dies besagender Gesellschafterbeschluss fehlt. Doch liegt eine Sorgfaltswidrigkeit iSd. § 43 vor. Nr. 7 ist nicht zwingend; der Gesellschaftsvertrag kann die dort enthaltene Zuständigkeitsregel modifizieren oder auch die Bestellung von Prokuristen überhaupt ausschließen.[123] Geschäftsführer, auch stellvertretende oder Gesamtgeschäftsführer, können nicht zu Prokuristen bestellt werden.[124] Zur unechten Gesamtprokura bei der GmbH vgl. § 35 Rn. 56 ff. Die Erteilung der Prokura ist ebenso wie ihr Widerruf zum Handelsregister anzumelden (§ 53 HGB). Unterbleibt dies, greift § 15 Abs. 1 HGB ein. Eine registerrichterliche Prüfung der Anmeldung auf Vorliegen des Beschlusses gemäß Nr. 7 ist nicht vorgesehen.[125]

Nr. 7 bezieht sich auch auf die Bestellung von „**Handlungsbevollmächtigten** zum gesamten Geschäftsbetrieb". Damit ist die in § 54 HGB umschriebene Generalhandlungsvollmacht gemeint.[126] Die unterschiedliche Terminologie beider Vorschriften erklärt sich daraus, dass die GmbH als Formkaufmann auch dann Handlungsbevollmächtigte bestellen kann, wenn sie kein Handelsgewerbe betreibt. Zur bloßen Innenwirkung der Vorschrift vgl. Rn. 36. Generalhandlungsbevollmächtigte sind nicht in das Handelsregister einzutragen.

Nr. 7 gilt weder für den Abschluss von **Anstellungsverträgen** noch für den **Widerruf** einer Prokura oder Generalhandlungsvollmacht. Insofern liegt auch die Willensbildungskompetenz bei der Geschäftsführung.[127]

8. Geltendmachung von Ersatzansprüchen; Prozessvertretung (Nr. 8).
a) **Ersatzansprüche.** aa) Nach der wiederum nicht zwingenden Nr. 8 sind die Gesellschafter auch für die Entschließung zuständig, ob „Ersatzansprüche", die der Gesellschaft aus Gründung und Geschäftsführung gegen Geschäftsführer oder Gesellschafter zustehen, geltend gemacht werden sollen. Der **Zweck** der Bestimmung ist nicht völlig klar.[128] Nach einer Auffassung[129] geht es darum, der persönlichen Bindung unter den Gesellschaftern und deren Vertrauensverhältnis zur Geschäftsführung Rechnung zu tragen. Die andere[130] stellt demgegenüber das Interesse der Gesellschaft in den Mittelpunkt. Ein Beschluss der Gesellschafter sei deshalb erforderlich, weil es dem obersten

---
[121] BGHZ 62, 166, 168 f. = NJW 1974, 1194; OLG Düsseldorf GmbHR 1998, 743; *Hachenburg/Hüffer* Rn. 81; *Meyer-Landrut/Miller/Niehus* Rn. 37; *Scholz/Schmidt* Rn. 123 ff., alle mwN. Nicht überzeugende Kritik bei *van Venrooy* GmbHR 1999, 800 ff.
[122] Dazu § 37 Rn. 54 f.; vgl. auch *Scholz/Schmidt* Rn. 127; aA *Hachenburg/Hüffer* Rn. 81.
[123] Einzelheiten bei *Scholz/Schmidt* Rn. 134.
[124] HM, zB *Roth/Altmeppen* Rn. 45; *Baumbach/Hueck/Zöllner* Rn. 33; anders *Scholz/Schmidt* Rn. 120; vgl. § 35 Rn. 8; für die Situation bei der GmbH & Co KG vgl. § 35 Rn. 111.
[125] BGHZ 62, 166, 169 = NJW 1974, 1194; *Hachenburg/Hüffer* Rn. 82; einschränkend *Scholz/Schmidt* Rn. 132 mwN.
[126] *Hachenburg/Hüffer* Rn. 85; *Scholz/Schmidt* Rn. 122.
[127] *Baumbach/Hueck/Zöllner* Rn. 34 f.; *Hachenburg/Hüffer* Rn. 82. S. auch OLG Düsseldorf GmbHR 1998, 743: keine Außenwirkung satzungsmäßiger Zustimmungskompetenz des Aufsichtsrates.
[128] Vgl. *Scholz/Schmidt* Rn. 141.
[129] OLG Nürnberg GmbHR 1959, 10, 12.
[130] BGHZ 28, 355, 357 = NJW 1959, 194; ebenso OLG Düsseldorf GmbHR 1995, 232.

§ 46   3. Abschnitt. Vertretung und Geschäftsführung

Gesellschaftsorgan (und nicht den Geschäftsführern oder dem Aufsichtsrat) vorbehalten werden sollte, ob die mit einer Klage verbundene Offenlegung interner Gesellschaftsverhältnisse trotz der für Ansehen und Kredit möglicherweise abträglichen Wirkung in Kauf genommen werden soll. Beide Deutungen sind plausibel. Es sollte daher ein Zusammenwirken beider Zwecksetzungen angenommen werden.[131]

40   **bb)** Im Unterschied zu den Nr. 4 und 7 entfaltet Nr. 8 nach heute hM **Außenwirkung**.[132] Ausschlaggebend ist, dass in den Fällen der Nr. 4 und 7 die Interessen gesellschaftsfremder Dritter mitzubedenken sind, ein Gesichtspunkt, der im Kontext der Nr. 8 keine Rolle spielt.[133] Freilich ist der Beschluss nach Nr. 8 nicht Prozessvoraussetzung, sondern Element der materiellen Begründetheit der Klage. Fehlt er, was von Amts wegen zu beachten ist,[134] ist die Klage daher als unbegründet abzuweisen.[135] Das wirkt sich auch auf Nebenansprüche, etwa auf Auskunft, aus.[136] Die Darlegungslast trifft die Gesellschaft.[137] Doch genügt Beschlussfassung auch noch nach Rechtshängigkeit.[138] Für die Verjährung des Anspruchs ist sie unerheblich.[139]

41   **cc)** Der **persönliche Geltungsbereich** von Nr. 8 ist wie folgt abzugrenzen: Schuldner des Anspruchs, dessen Geltendmachung in Frage steht, müssen derzeitige oder frühere Geschäftsführer oder Gesellschafter sein.[140] Die Bestimmung gilt aber auch im Verhältnis zu deren Erben,[141] auch für Ersatzansprüche gegen Mitglieder anderer Organe, etwa eines Aufsichtsrates.[142] Umgekehrt wirkt sie nicht nur gegenüber der Gesellschaft, sondern auch zu Lasten eines Zessionars[143] oder desjenigen, der den Anspruch auf der Grundlage einer Ermächtigung im eigenen Namen geltend macht. Dagegen ist ein Gesellschafterbeschluss nach hM nicht erforderlich, wenn der Anspruch durch einen **Pfändungspfandgläubiger** oder einen **Insolvenzverwalter**[144] geltend gemacht wird. In der Tat müssen die Nr. 8 tragenden Gründe (Rn. 39) zurücktreten, wenn es um die Befriedigung von Gläubigern der Gesellschaft geht. Ein Beschluss erscheint ferner auch dann entbehrlich, wenn es sich zB in der Zweimann-

---

[131] Zustimmend *Raiser* ZHR 153 (1989), 1, 21; s. ferner *Hachenburg/Hüffer* Rn. 87.
[132] BGHZ 28, 355, 357 f. = NJW 1959, 194; BGH GmbHR 1965, 4, 6 m. Anm. *Winter*; BGH NJW 1975, 977; *Scholz/Schmidt* Rn. 142; *Hachenburg/Hüffer* Rn. 97; beide mwN; kritisch *Baumbach/Hueck/Zöllner* Rn. 40; *Fastrich* DB 1981, 925, 926 f.
[133] Überzeugend *Hachenburg/Hüffer* Rn. 97.
[134] *Scholz/Schmidt* Rn. 159.
[135] BGH ZIP 1999, 1352 = NZG 1999, 1001 = WM 1999, 1565; BGHZ 28, 355, 359 = NJW 1959, 194, 195; OLG Köln GmbHR 1993, 157; *Scholz/Schmidt* Rn. 142, 159; *Hachenburg/Hüffer* Rn. 98, beide mwN. S. auch OLG Jena NZG 2001, 86, 87.
[136] BGH NJW 1975, 977 f.
[137] Zur Bedeutung des § 139 ZPO in diesem Zusammenhang OLG Köln GmbHR 1975, 274, 275.
[138] BGH NJW 1998, 1646 = DStR 1998, 617 = DB 1998, 570; BGH NJW 1999, 2115 = NZG 1999, 722 = GmbHR 1999, 714.
[139] OLG Bremen GmbHR 1964, 8, 10. Vgl. BGH NJW 1999, 2115.
[140] Vgl. BGHZ 28, 355, 357 = NJW 1959, 194, 195 unter Berufung auf den Normzweck; BGH GmbHR 1965, 4 m. Anm. *Winter*; OLG Köln GmbHR 1993, 157; *Scholz/Schmidt* Rn. 146; *Hachenburg/Hüffer* Rn. 90, beide mwN; aM OLG Nürnberg GmbHR 1959, 10 f. Zu Liquidatoren *Happ* S. 9.
[141] BGH NJW 1960, 1667 im Anschluss an die Erwägungen in BGHZ 28, 355, 357 = NJW 1959, 194, 195.
[142] *Scholz/Schmidt* Rn. 146; *Baumbach/Hueck/Zöllner* Rn. 38 a; *Hachenburg/Hüffer* Rn. 90.
[143] *Scholz/Schmidt* Rn. 145; anders *Roth/Altmeppen* Rn. 54.
[144] BGH NJW 1960, 1667; GmbHR 1992, 303 f.; für beide Fälle etwa *Hachenburg/Hüffer* Rn. 89; *Scholz/Schmidt* Rn. 152 mwN.

Gesellschaft bei fehlender Stimmberechtigung eines der beiden Gesellschafter-Geschäftsführer um eine bloße Formalität handeln würde.[145] Entsprechendes gilt erst recht bei der Einmann-Gesellschaft.[146] Unanwendbar ist die Bestimmung nach Auffassung der Rechtsprechung[147] auch bei Ansprüchen der KG gegen Geschäftsführer der Komplementär-GmbH (gegen solche Ansprüche § 43 Rn. 63). Zur Bedeutung von Nr. 8 bei Geltendmachung von Ersatzansprüchen der Gesellschaft durch einen Gesellschafter vgl. § 43 Rn. 48.

dd) Der sachliche Geltungsbereich von Nr. 8 wird zunächst dadurch abgegrenzt, dass ein „Ersatzanspruch" der Gesellschaft vorliegen muss. Auf die Klageart (Leistungsklage, Unterlassungsklage, positive oder negative Feststellungsklage) kommt es nicht an.[148] Auf Maßnahmen des einstweiligen Rechtsschutzes ist Nr. 8 freilich nicht anwendbar.[149] Ersatzansprüche sind nicht auf Schadensersatz beschränkt; erfasst werden auch Ansprüche etwa aus § 687 Abs. 2 BGB.[150] Generell ist zu fragen, ob die klageweise Geltendmachung des Anspruches dem Zweck (dazu Rn. 39) zuwiderläuft, dem Nr. 8 dienen soll.[151] Auf den Anspruchsgrund (Vertrag oder Gesetz) kommt es nicht an. Doch muss es sich um Ansprüche aus Gründung oder Geschäftsführung handeln.[152] Daneben kommt auch § 826 BGB in Betracht (§ 9a Rn. 36). Im Verhältnis zu Gesellschaftern ist ferner die Differenzhaftung gemäß § 9 zu beachten.[153] Auch Gewährleistungsansprüche wegen Mängeln von Sacheinlagen fallen unter Nr. 8,[154] ebenso der Anspruch auf Rückgewähr von anvertrauten Geldern der GmbH,[155] nicht dagegen jener aus einem Darlehensvertrag.[156] Bei der Ausübung des Eintrittsrechts bei Übertretung eines Wettbewerbsverbotes (§ 112 HGB analog) ergibt sich die Notwendigkeit eines Gesellschafterbeschlusses aus Abs. 2 jener Bestimmung.[157] Ein Ersatzanspruch aus Geschäftsführung kommt Gesellschaftern gegenüber nur ausnahmsweise in Frage.[158] Im Verhältnis zu den Geschäftsführern steht § 43 im Mittelpunkt. Außerdem werden Ansprüche aus § 64 Abs. 2, aus dem Anstellungsvertrag, darüber hinaus aus sämtlichen Rechtssätzen erfasst, die Verletzungen von Geschäftsführerpflichten sanktionieren. Die Entscheidung über Verzicht, Erlass, Vergleich bezüglich eines unter Nr. 8 fallenden Anspruchs fällt ebenfalls in die Zuständigkeit der Gesellschafter.[159] Doch ist

---

[145] *Scholz/Schmidt* Rn. 153.
[146] BGH WM 1985, 498; *Baumbach/Hueck/Zöllner* Rn. 41.
[147] BGHZ 76, 326, 338 = NJW 1980, 1167; BGH GmbHR 1992, 303.
[148] *Scholz/Schmidt* Rn. 144; zu Unterlassungsklagen ferner *Baumbach/Hueck/Zöllner* Rn. 38a; *Lutter/Hommelhoff* Rn. 21.
[149] Überzeugend *Fastrich* DB 1981, 925f.; ferner *Scholz/Schmidt* Rn. 154; *Meyer-Landrut/Miller/Niehus* Rn. 47.
[150] BGH NJW 1975, 977, 978; zu Bereicherungsansprüchen BGHZ 97, 382 = NJW 1986, 2250 = EWiR § 46 GmbHG 1/86 – *Roth* = WuB II C. § 46 GmbHG 2.86 – *Hommelhoff*; vgl. *Hachenburg/Hüffer* Rn. 91 mit weiterer Rechtsprechung.
[151] So auch die Argumentation des BGH aaO.
[152] Für Ansprüche aus der Gründung vgl. § 9a.
[153] Anders *Scholz/Schmidt* Rn. 148; *Hachenburg/Hüffer* Rn. 92; vgl. *Meyer-Landrut/Miller/Niehus* Rn. 43.
[154] *Scholz/Schmidt* Rn. 106.
[155] BGH EWiR § 46 GmbHG 2/91 – *Finken*.
[156] OLG Brandenburg NZG 1998, 466.
[157] BGHZ 80, 69, 76 = NJW 1981, 1512.
[158] Vgl. § 43 Rn. 67ff.; ferner *Scholz/Schmidt* Rn. 108.
[159] OLG Frankfurt NZG 1999, 767, 768 m. Anm. *Impelmann*; *Roth/Altmeppen* Rn. 53; *Scholz/Schmidt* Rn. 151; *Hachenburg/Hüffer* Rn. 95; *Baumbach/Hueck/Zöllner* Rn. 39.

§ 46 3. Abschnitt. Vertretung und Geschäftsführung

die bloße Ablehnung der Anspruchsverfolgung noch nicht als Verzichtsbeschluss aufzufassen.[160]

43   ee) Der **Beschluss** gemäß Nr. 8, an dem Betroffene[161] gemäß § 47 Abs. 4 nicht mitwirken dürfen, muss eindeutig erkennen lassen, dass ein Anspruch geltend gemacht oder sonst über ihn disponiert werden soll. Ein Abberufungsbeschluss genügt auch dann nicht, wenn er mit der Bestellung eines Prozessvertreters gekoppelt wird.[162] Im übrigen ist der Beschluss so konkret zu fassen, dass beurteilt werden kann, ob die Klage durch ihn gedeckt ist.[163] Von Mißbrauchsfällen abgesehen, kann er nicht unter Berufung auf mangelnde Erfolgsaussichten der Klage angefochten werden.[164]

44   b) **Prozessvertretung.** Nach Nr. 8 ist es weiter Sache der Gesellschafter, die Vertretung der Gesellschaft in Prozessen zu bestimmen, die sie gegen die Geschäftsführer zu führen hat.[165] Diese Zuständigkeit ist nicht auf die Fälle der Geltendmachung eines Ersatzanspruches beschränkt. Sie gilt für Aktiv- und Passivprozesse der Gesellschaft gegen Geschäftsführer schlechthin.[166] Auch ausgeschiedene Geschäftsführer sind gemeint,[167] ferner Gesellschafter, sofern der Geschäftsführer wegen derselben Pflichtverletzung die Gesellschaft nicht vertreten kann.[168] Dasselbe gilt, wenn bei einem Prozess gegen die GmbH eine Pflichtverletzung eine Rolle spielt, die einem Gesellschafter gemeinsam mit den Geschäftsführern vorgeworfen wird.[169] Ein Rechtszwang zur Bestellung eines besonderen Prozessvertreters besteht freilich nicht.[170]

45   Machen die Gesellschafter von ihrer Befugnis **keinen Gebrauch,** so wird die Gesellschaft wie sonst auch, d. h. durch Geschäftsführer oder – sofern ein Aufsichtsrat besteht – durch diesen vertreten.[171] Zur Vertretung der Gesellschaft im Rechtsstreit über die Wirksamkeit einer Abberufung § 38 Rn. 28 ff. Da der verfahrensbeteiligte Geschäftsführer die Gesellschaft nicht vertreten kann, wird Vertretung durch die Geschäftsführer freilich häufig überhaupt unmöglich sein. Aber auch dann bedarf es nicht unbedingt eines Beschlusses nach Nr. 8.[172] In Aktivprozessen kommt die Bestellung

---

[160] *Hachenburg/Hüffer* Rn. 99.
[161] Vgl. BGHZ 97, 28, 33 f. = NJW 1986, 2051; *Scholz/Schmidt* Rn. 155; *Lindacher* ZGR 1987, 121. Vgl. *Krieger* in VGR I (1999), 114 ff.
[162] BGH NJW 1975, 977.
[163] OLG Nürnberg GmbHR 1961, 30 m. Anm. *Pleyer*; OLG Düsseldorf DB 1994, 2610; LG Karlsruhe NZG 2001, 169, 171. Vgl. *Scholz/Schmidt* Rn. 155. Zur Frage, ob die Treuebindung zur Mitwirkung an einem positiven Beschluss verpflichtet § 47 Rn. 125 f. Spezieller *Krieger* in VGR I (1999), 116 ff.
[164] LG Karlsruhe NZG 2001, 169, 172.
[165] Zum Zweck dieser Bestimmung BGHZ 116, 353, 355 = NJW 1992, 977 = DStR 1992, 655; *Eickhoff* S. 68 f.; *Hachenburg/Hüffer* Rn. 100.
[166] Vgl. BGHZ 116, 353, 355 = EWiR § 46 GmbHG 1/92 – *Zimmermann* = WuB II C, § 46 GmbHG 1.92 – *Groß*; *Hachenburg/Hüffer* Rn. 101; zu mitbestimmungsrechtlichen Besonderheiten Rn. 46.
[167] BGHZ 28, 355, 357 f. = NJW 1959, 194, 195; differenzierend *Hachenburg/Hüffer* Rn. 102 mwN; aA OLG Brandenburg NZG 1998, 466; *Baumbach/Hueck/Zöllner* Rn. 44.
[168] BGHZ 97, 28, 35 = NJW 1986, 2051; *Scholz/Schmidt* Rn. 170; zutreffend weitergehend *Lindacher* ZGR 1987, 121, 123; *Hachenburg/Hüffer* Rn. 103; vgl. auch *Eickhoff* S. 88 ff.
[169] BGHZ 116, 353, 356 f.
[170] Vgl. OLG Brandenburg NZG 1998, 466; *Hachenburg/Hüffer* Rn. 105; *Scholz/Schmidt* Rn. 164, 168.
[171] BGH WM 1981, 1353, 1354; GmbHR 1992, 299 f.; vgl. § 35 Rn. 8, 20. S. ferner OLG Frankfurt GmbHR 1996, 765: keine Vertretung durch Prokuristen.
[172] Vgl. aber OLG Karlsruhe GmbHR 1993, 154, 155.

Aufgabenkreis der Gesellschafter § 46

eines Notvertreters gemäß § 29 BGB in Betracht;[173] ist die Gesellschaft Beklagte, kann ein Prozessvertreter gemäß § 57 ZPO bestellt werden.[174] Die Bestellungszuständigkeit nach Nr. 8 ist also nicht nur satzungsdispositiv, sondern fakultativ in dem Sinne, dass sie in aller Regel nicht wahrgenommen werden muss, damit die Gesellschaft einen Prozess gegen Geschäftsführer führen kann.

Bestellen die Gesellschafter andererseits einen besonderen Vertreter gemäß Nr. 8, so **endet** die **Vertretungsbefugnis** der Geschäftsführung, gegebenenfalls auch die eines fakultativen Aufsichtsrates.[175] *Zöllner*[176] nimmt für die Geltendmachung von Ersatzansprüchen dasselbe sogar im Verhältnis zum obligatorischen Aufsichtsrat an (§ 147 Abs. 3 S. 1 AktG analog). Aber § 147 Abs. 3 S. 1 AktG ist gerade nicht vom mitbestimmten Aufsichtsrat her geprägt. Auch enthält § 25 Abs. 1 Nr. 2 MitbestG keine entsprechende Verweisung. Im Geltungsbereich der Mitbestimmungsgesetze ist für die Bestellungszuständigkeit nach Nr. 8 mit anderen Worten daher kein Raum.[177] 46

Am **Bestellungsbeschluss** nach Nr. 8 darf derjenige, gegen den prozessiert werden soll oder dessen Pflichtverletzung eine Rolle spielt, nicht mitwirken.[178] Da es hinsichtlich der Person des zu Bestellenden keine Beschränkungen gibt, kann dies darauf hinauslaufen, dass sich der Minderheitsgesellschafter selbst zum Prozessvertreter bestellt.[179] Der Bestellte hat **organschaftliche Vertretungsbefugnis,** freilich beschränkt auf die Prozessführung.[180] Seine Sache ist es, für anwaltliche Vertretung zu sorgen.[181] Dabei, wie auch im Rahmen seiner sonstigen Tätigkeit für die Gesellschaft, ist er freilich an Weisungen der Gesellschafter gebunden.[182] Er kann allerdings die für die Prozessführung erforderlichen Informationen verlangen.[183] Vergütung und Aufwendungsersatz richten sich mangels gesonderter Vereinbarung nach den §§ 612, 670 BGB. 47

III. Österreichisches Recht

§ 46 entspricht § 35 Abs. 1 ÖGmbHG. Der in beiden Bestimmungen enthaltene Zuständigkeitskatalog ist nahezu identisch. Die Kompetenz der Gesellschafter zur Bestellung und Abberufung von Geschäftsführern wird freilich an anderer Stelle festgelegt (vgl. § 15 Abs. 1 ÖGmbHG einerseits, § 16 Abs. 1 ÖGmbHG andererseits). Außerdem normiert § 35 Abs. 1 Nr. 7 ÖGmbHG eine Zuständigkeit, die im deutschen Recht nicht vorgesehen ist. Es geht um Verträge über Anlagegüter oder Grundstücke, die zu einem Preis von mehr als 1/5 des Stammkapitals erworben werden sollen, sowie um die Abänderung solcher Verträge. Diesbezügliche Beschlüsse können nur mit qualifizierter Mehrheit gefasst werden. Die Bestimmung ist, was man im Zusammenhang mit der Nachgründungsproblematik sehen muss, während der ersten zwei Jahre nach Eintra- 48

---

[173] Vgl. § 35 Rn. 76 f.; *Scholz/Schmidt* Rn. 166, 175; *Hachenburg/Hüffer* Rn. 105, je mwN; dagegen *Meyer-Landrut/Miller/Niehus* Rn. 49.
[174] Näher dazu *Happ* S. 37 ff.
[175] *Scholz/Schmidt* Rn. 165 mwN.
[176] In *Baumbach/Hueck* Rn. 43; ebenso *Roth/Altmeppen* Rn. 49.
[177] *Lutter/Hommelhoff* Rn. 26; *Scholz/Schmidt* Rn. 165.
[178] BGHZ 116, 353, 358; OLG Nürnberg GmbHR 1958, 194; *Scholz/Schmidt* Rn. 171.
[179] BGHZ 97, 28, 35 mwN = NJW 1986, 2051.
[180] Anders wie hier wohl *Gach/Pfüller* GmbHR 1998, 69. Gesellschafterversammlung als gesetzlicher Vertreter, die ihrerseits eines Prozessvertreters bedürfe. Zur Rechtsstellung des besonderen Vertreters iÜ *Krieger* in VGR I (1999), 125 f.
[181] BGH WM 1981, 1353, 1354.
[182] *Scholz/Schmidt* Rn. 173.
[183] OLG München WM 1996, 2202.

§ 47   3. Abschnitt. Vertretung und Geschäftsführung

gung der Gesellschaft zwingend. Über den zwingenden Charakter der in § 35 Abs. 1 ÖGmbHG enthaltenen Zuständigkeitsordnung vgl. im übrigen § 45 Rn. 28. Zu Zuständigkeitsregelungen des Gesellschaftsvertrags und mittels Beschlusses *Koppensteiner* § 35 Rn. 45 ff. Nach § 45 ÖGmbHG steht einer Minderheit von 10 % unter bestimmten Voraussetzungen[184] ein Anspruch auf Sonderprüfung zu.

§ 47 [Abstimmung]

(1) **Die von den Gesellschaftern in den Angelegenheiten der Gesellschaft zu treffenden Bestimmungen erfolgen durch Beschlußfassung nach der Mehrheit der abgegebenen Stimmen.**

(2) **Jede fünfzig Euro eines Geschäftsanteils gewähren eine Stimme.**

(3) **Vollmachten bedürfen zu ihrer Gültigkeit der Textform.**

(4) [1] **Ein Gesellschafter, welcher durch die Beschlußfassung entlastet oder von einer Verbindlichkeit befreit werden soll, hat hierbei kein Stimmrecht und darf ein solches auch nicht für andere ausüben.** [2] **Dasselbe gilt von einer Beschlußfassung, welche die Vornahme eines Rechtsgeschäfts oder die Einleitung oder Erledigung eines Rechtsstreites gegenüber einem Gesellschafter betrifft.**

Literatur: *Armbrüster* Die treuhänderische Beteiligung an Gesellschaften, 2001; *ders.* Zur uneinheitlichen Stimmrechtsausübung im Gesellschaftsrecht, FS Bezzenberger, 2000, S. 3; *Bacher* Die erweiterte Anwendung des Stimmverbots nach § 47 Abs. 4 GmbHG auf Beteiligungsverhältnisse, GmbHR 2001, 610; *ders.* Die Abdingbarkeit des Stimmverbots nach § 47 Abs. 4 GmbHG in der Satzung, GmbHR 2001, 133; *Balzer* Zur Anfechtung von Gesellschafterbeschlüssen bei der Antragsablehnung, GmbHR 1972, 57; *Baumann/Reiss* Satzungsergänzende Vereinbarungen – Nebenverträge im Gesellschaftsrecht, ZGR 1989, 157; *Baums* Die Eintragung und Löschung von Gesellschafterbeschlüssen, 1981; *Beckerhoff* Treuepflichten bei der Stimmrechtsausübung und Eigenhaftung des Stimmrechtsvertreters, 1996; *Bender* Schiedsklagen gegen Gesellschafterbeschlüsse im Recht der Kapitalgesellschaften nach der Neuregelung des Schiedsverfahrensrechts, DB 1998, 1900; *Berg* Schwebend unwirksame Beschlüsse privatrechtlicher Verbände, 1994; *Berger* GmbH-rechtliche Beschlußmängelstreitigkeiten vor Schiedsgerichten, ZHR 164 (2000), 295; *Beyer* Vorbeugender Rechtsschutz gegen die Beschlussfassung der GmbH-Gesellschafterversammlung, GmbHR 2001, 467; *Binnewies* Die Konzerneingangskontrolle in der abhängigen Gesellschaft, 1996; *Bischoff* Sachliche Voraussetzungen von Mehrheitsbeschlüssen in Kapitalgesellschaften, BB 1987, 1055; *Bork* Zur Schiedsfähigkeit von Beschlußmängelstreitigkeiten, ZHR 160 (1996), 374; *ders.* Der Begriff der objektiven Schiedsfähigkeit, ZZP 1987, 249; *Bosch* Anfechtung von Gesellschafterbeschlüssen in der GmbH vor dem Schiedsgericht?, WiB 1996, 718; *Brandes* Die Rechtsprechung des BGH zur GmbH, WM 1983, 286; *Brandner* Minderheitenrechte bei der Geltendmachung von Ersatzansprüchen aus der Geschäftsführung, FS Lutter, 2000, S. 317; *ders.* Sonderprüfungen zur Kontrolle der Geschäftsführung im Recht der GmbH, FS Nirk, 1992, S. 71; *Büchler* Anfechtungsrecht der Geschäftsführung in der GmbH, 1997; *Bülow* Stimmrechtsausübung bei der Komplementär-GmbH im Alleinbesitz ihrer Kommanditgesellschaft, GmbHR 1982, 121; *Bühler* Die Befreiung des Geschäftsführers der GmbH von § 181 BGB, DNotZ 1983, 588; *Büscher* Die qualifizierte faktische Konzernierung – eine gelungene Fortbildung des Rechts der GmbH?, 1999; *Cahn* Zur Treuepflicht im Arbeits- und Gesellschaftsrecht, FS Wiese, 1998, S. 71; *Casper* Das Anfechtungsklageerfordernis im GmbH-Beschlußmängelrecht, ZHR 163 (1999), 54; *ders.* Die Heilung nichtiger Beschlüsse im Kapitalgesellschaftsrecht, 1998; *Claussen* Grenzen der Insichgeschäfte im Gesellschaftsrecht, 2000; *Damm* Einstweiliger Rechtsschutz im Gesellschaftsrecht, ZHR 154 (1990), 413; *Diekgräf* Neue Dimensionen des Rechtsmißbrauchs bei aktienrechtlichen Anfechtungsklagen – Anmerkungen zu OLG Frankfurt aM, WM 1990, 2116 (Teil I), WM 1991, 613 (Teil II); *Dreher* Schadensersatzhaftung bei Verletzung der aktienrechtlichen Treuepflicht bei der Stimmrechtsausübung, ZIP 1993, 332; *Dürr* Nebenarbeiten im Gesellschaftsrecht, 1994; *ders.* Nebenarbeiten und die Willensduldung in der GmbH, BB 1995, 1365; *Ebbing* Satzungsmäßige Schiedsklauseln, NZG 1999, 754; *ders.* Schiedsvereinbarungen in Gesellschaftsverträgen, NZG

---

[184] Zu ihnen *Koppensteiner* § 45 Rn. 4 ff.

1998, 281; *Ebenroth/Bohne* Die schiedsgerichtliche Überprüfung von Gesellschafterbeschlüssen in der GmbH, BB 1996, 1393; *Ebenroth/Müller* Anfechtung von GmbH-Gesellschafterbeschlüssen. Effiziente Gestaltung der Beschlußüberprüfung, DB 1992, 361; *Eickhoff* Die Praxis der Gesellschafterversammlung bei GmbH und GmbH & Co, 3. Aufl. 2001; ders. Die Gesellschafterklage im GmbH-Recht, 1988; *Emde* Die Bestimmtheit von Gesellschafterbeschlüssen, ZIP 2000, 59; ders. Der GmbH-Kommentar, GmbHR 2000, 678; ders. Der Streitwert bei Anfechtung von GmbH-Beschlüssen und Feststellung der Nichtigkeit von KG-Beschlüssen in der GmbH & Co. KG, DB 1996, 1557; *Fastrich* Funktionales Rechtsdenken am Beispiel des Gesellschaftsrechts, 2000; *Fleck* Schuldrechtliche Verpflichtungen einer GmbH im Entscheidungsbereich der Gesellschafter, ZGR 1988, 104; ders. Stimmrechtsabspaltung in der GmbH, FS Fischer, 1979, S. 107; ders. Zur Haftung des GmbH-Geschäftsführers, GmbHR 1974, 224; *Fleischer* Die Sonderprüfung im GmbH-Recht, GmbHR 2001, 45; *Gaßner/Zimmer* Heilung nichtiger GmbH-Gesellschafterbeschlüsse durch nachträglichen Rügeverzicht, WiB 1997, 169; *Gehrlein* Zur streitgenössischen Nebenintervention eines Gesellschafters bei der aktienrechtlichen Anfechtungs- und Nichtigkeitsklage, AG 1994, 103; *v.* *Gerkan* Gesellschafterbeschlüsse, Ausübung des Stimmrechts und einstweiliger Rechtsschutz, ZGR 1985, 167; *Geßler* Nichtigkeit und Anfechtung des GmbH-Jahresabschlusses nach dem Bilanzrichtlinien-Gesetz, FS Goerdeler, 1987, S. 127; *Geßner* Treuepflichten bei Mehrheitsumwandlungen von GmbH im Vergleich zum amerikanischen Recht, 1993; *Götze* „Selbstkontrahieren" bei der Geschäftsführerbestellung in der GmbH, GmbHR 2001, 217; *Goetz* Zum Mißbrauch aktienrechtlicher Anfechtungsklagen, DB 1989, 261; *Groß* Stimmrecht und Stimmrechtsausschluß bei der Testamentsvollstreckung am GmbH-Anteil, GmbHR 1994, 596; *Herfs* Einwirkung Dritter auf den Willensbildungsprozeß der GmbH, 1994; *Hager* Die verdeckte Gewinnausschüttung in der GmbH, ZGR 1989, 70; *Happ* Die GmbH im Prozeß, 1997; ders. Stimmbindungsverträge und Beschlußanfechtung, ZGR 1984, 168; *Heckelmann* Die uneinheitliche Abstimmung bei Kapitalgesellschaften, AcP 170 (1970), 306; *Heinze* Einstweiliger Rechtsschutz in aktienrechtlichen Anfechtungs- und Nichtigkeitsklagen, ZGR 1979, 293; ders. Zur Treupflicht unter Aktionären, FS Kellermann, 1991, S. 141; ders. Zur Schiedsfähigkeit von Gesellschafterbeschlüssen im GmbH-Recht, ZGR 1988, 542; *Hennrichs* Treupflichten im Aktienrecht – zugleich Überlegungen zur Konkretisierung der Generalklausel des § 242 BGB sowie zur Eigenhaftung des Stimmrechtsvertreters, AcP 195 (1995), 221; *Henze* Treupflichten der Gesellschafter im Kapitalgesellschaftsrecht, ZHR 162 (1998), 186; ders. Minderheitenschutz durch materielle Kontrolle der Beschlüsse über die Zustimmung nach § 179a AktG und der Änderung des Unternehmensgegenstandes der Aktiengesellschaft?, FS Boujong, 1996, S. 233; *Herfs* Einwirkung Dritter auf den Willensbildungsprozeß der GmbH, 1994; *Heuer* Wer kontrolliert die „Kontrolleure"? Anmerkungen zur Kochs-Adler-Entscheidung des BGH, WM 1989, 1401; *Hirte* Mißbrauch von Aktionärsklagen – allgemeine Abwägung oder konkrete Definition, DB 1989, 267; ders. Mißbrauch aktienrechtlicher Anfechtungsklagen, BB 1988, 1469; ders. Die Nichtbestellung von Sonderprüfern im Feldmühle-Verfahren, ZIP 1988, 953; ders. Bezugsrechtsausschluß und Konzernbildung, 1986; *Hölters* Der Beirat in der GmbH-Verantwortlichkeit, Haftung und Rechtsschutz, insbesondere unter dem Gesichtspunkt des Minderheitenschutzes, BB 1977, 105; *Hoffmann-Becking* Der Einfluß schuldrechtlicher Gesellschaftervereinbarungen auf die Rechtsbeziehungen in der Kapitalgesellschaft, ZGR 1994, 442; *Hommelhoff* Zum vorläufigen Bestand fehlerhafter Strukturveränderungen in Kapitalgesellschaften, ZHR 158 (1994), 11; *Hommelhoff/Timm* Aufwandspauschalen für Anfechtungskläger?, AG 1989, 168; *Huber* Entstehungsgeschichte und aktuelle Auslegungsprobleme des § 241 Nr. 3 AktG, FS Coing, 1982, 168; *Hübner* Interessenkonflikt und Vertretungsmacht, 1977; *Hüffer* Die Ausgleichsklausel des § 243 Abs. 2 S. 2 AktG – mißlungene Privilegierung der Mehrheitsherrschaft oder Grundlage für bloßen Vermögensschutz des Kapitalanlegers?, FS Kropff 1997, S. 127; ders. Der korporationsrechtliche Charakter von Rechtsgeschäften – Eine hilfreiche Kategorie bei der Begrenzung von Stimmverboten im Recht der GmbH?, FS Heinsius, 1991, S. 337; ders. Zur Darlegungs- und Beweislast bei der aktienrechtlichen Anfechtungsklage, FS Fleck, 1988, S. 151; *Immenga* Bindung von Rechtsmacht durch Treuepflichten, FS 100 Jahre GmbHG, 1992, S. 189; ders. Die Problematik der Anfechtungsklage im GmbH-Recht, GmbHR 1973, 5; ders. Die personalistische Kapitalgesellschaft, 1970; *Immenga/Werner* Der Stimmrechtsausschluß eines GmbH-Gesellschafters, GmbHR 1976, 53; *Ivens* Das Stimmrecht der GmbH-Gesellschafter bei Satzungsänderungen, GmbHR 1989, 61; *Jäger* Grundsätze der Ermessensausübung für den Aufsichtsrat der Aktiengesellschaft und die Gesellschafterversammlung der GmbH am Beispiel der „ARAG"-Entscheidung, WiB 1997, 10; *Joost* Die Parteirolle der personalistischen GmbH und ihrer Gesellschafter bei gesellschaftsinternen Klagen, ZGR 1984, 71; *Joussen* Gesellschafterabsprachen neben Satzung und Gesellschaftsvertrag, 1995; *Kindl* Die Notwendigkeit einer einheitlichen Entscheidung über aktienrechtliche Anfechtungs- und Nichtigkeitsklagen, ZGR 2000, 166; *Kirstgen* Zur Anwendbarkeit des § 181 BGB auf Gesellschafterbeschlüsse in der GmbH, GmbHR 1989, 406; *Koch* Das Anfechtungsklageerfordernis im GmbH-Beschlußmängelrecht, 1997; *Koppensteiner* Sonderrechte bei Auflösung, Unternehmensübertragung und verschmelzender Umwandlung im Recht der GmbH, FS Sigle, 2000, S. 163; ders. Einige Fragen zu § 20 AktG, FS Rowedder, 1994, S. 213; ders. GmbH-rechtliche Probleme des Management Buy-Out, ZHR 155 (1991), 97; ders. Treuwidrige

Stimmabgaben bei Kapitalgesellschaften, ZIP 1994, 1325, *ders.* Internationale Unternehmen im deutschen Gesellschaftsrecht, 1971; *Korehnke* Treuwidrige Stimmen im Personengesellschafts- und GmbH-Recht, 1997; *Kort* Zur Treuepflicht des Aktionärs, ZIP 1990, 294; *ders.* Fehlerhafte Satzungsänderungen: Fallgruppen und Bestandskraft, ZHR 158 (1994), 35; *Krieger* Beschlußkontrolle bei Kapitalherabsetzungen, ZGR 2000, 885; *Lehmann* Die ergänzende Anwendung von Aktienrecht auf die Gesellschaft mit beschränkter Haftung, 1970; *Lenz* Schiedsklauseln in GmbH-Gesellschaftsverträgen hinsichtlich Beschlußmängelstreitigkeiten, GmbHR 2000, 552; *Liebs* Stimmrechtsausschluß im GmbH-Konzern, FS Claussen, 1997, S. 251; *Lindacher* Fragen der Beschlußfassung und -feststellung nach § 46 Nr. 8 GmbHG, ZGR 1987, 121; *Lindemann* Die Beschlußfassung in der Einmann-GmbH, 1996; *Littbarski* Einstweiliger Rechtsschutz im Gesellschaftsrecht, 1996; *van Look* Stimmverbot und körperschaftlicher Sozialakt, NJW 1991, 152; *Lübbert* Abstimmungsvereinbarungen in den Aktien- und GmbH-Rechten der EWG-Staaten, der Schweiz und Großbritannien, 1971; *Lüke/Blenske* Die Schiedsfähigkeit von Beschlußmängelstreitigkeiten, ZGR 1998, 253; *Lutter* Die Treuepflicht des Aktionärs, ZHR 153 (1989), 446; *ders.* Zur inhaltlichen Begründung von Mehrheitsentscheidungen, ZGR 1981, 171, *ders.* Theorie der Mitgliedschaft, AcP 180 (1980), 84; *ders.* Die entgeltliche Ablösung von Anfechtungsrechten – Gedanken zur aktiven Gleichbehandlung im Aktienrecht, ZGR 1978, 347; *Maier/Reimer* Negative „Beschlüsse" von Gesellschaftsversammlungen, FS Oppenhoff, 1985, S. 193; *Martens* Die GmbH und der Minderheitenschutz, GmbHR 1984, 265; *Mayer* Die Zulässigkeit von Stimmrechtsvereinbarungen im GmbH-Recht, GmbHR 1990, 61; *Messer* Der Widerruf der Stimmabgabe, FS Fleck, 1988, S. 221; *Michalski* Verbot der Stimmabgabe bei Stimmverboten und nicht nach § 16 Abs. 1 GmbHG legitimierten Nichtgesellschaftern mittels einstweiliger Verfügung, GmbHR 1991, 12; *Müther* Zur Nichtigkeit führende Fehler bei der Einberufung der GmbH-Gesellschafterversammlung, GmbHR 2000, 966; *Nehls* Die Anfechtungsfrist für GmbH-Gesellschafterbeschlüsse, GmbHR 1995, 703; *Noack* Gesellschaftervereinbarungen bei Kapitalgesellschaften, 1994; *ders.* Fehlerhafte Beschlüsse in Gesellschaften und Vereinen, 1989; *Nonn* Zustimmungspflichten des Kapitalgesellschafters, 1995; *Oelrichs* Muß der Versammlungsleiter bei der Feststellung von Haupt- oder Gesellschafterversammlungsbeschlüssen treuwidrig abgegebene Stimmen mitzählen?, GmbHR 1995, 863; *Overrath* Stimmverträge im internationalen Privatrecht, ZGR 1974, 86; *ders.* Die Stimmrechtsbindung, 1973; *Petermann* Die Schiedsfähigkeit von Beschlüssen im Recht der GmbH, BB 1996, 277; *Priester* Gespaltene Stimmabgabe bei der GmbH, FS Weichler, 1997, S. 101; *ders.* Rechtskontrolle und Registerpublizität als Schranken satzungsgleicher Gesellschaftervereinbarungen bei der GmbH?, FS Claussen, 1997, S. 319; *ders.* Stimmverbot des GmbH-Gesellschafters bei Entlastungsbeschlüssen, FS Rowedder, 1994, S. 369; *ders.* Drittbindung des Stimmrechts und Satzungsautonomie, FS Werner, 1984, S. 657; *Radu* Der Mißbrauch der Anfechtungsklage durch den Aktionär, ZIP 1992, 303; *Raiser* Die Einrede der Anfechtbarkeit von Gesellschafterbeschlüssen in der GmbH, FS Heinsius, 1991, S. 645; *Reichert/Schlitt/Düll* Die gesellschafts- und steuerrechtliche Gestaltung des Nießbrauchs an GmbH-Anteilen, GmbHR 1998, 565; *Reiner* Unternehmerisches Gesellschaftsinteresse und Fremdsteuerung, 1995; *Renkl* Der Gesellschafterbeschluß, 1982; *Reuter* Stimmrechtsvereinbarungen bei treuhänderischer Abtretung eines GmbH-Anteils, ZGR 1978, 633; *Ripka* Poolverträge und die neueren Entwicklungen des Gesellschaftsrechts, 2000; *Rittner* Die Satzungsautonomie der Aktiengesellschaft und die innere Ordnung des Aufsichtsrats nach dem Mitbestimmungsgesetz, DB 1980, 2493; *Rodemann* Stimmbindungsvereinbarungen in den Aktien- und GmbH-Rechten Deutschlands, Englands, Frankreichs und Belgiens, 1998; *Rohleder* Zur Anfechtungsklage gegen einen fehlerhaften Gesellschafterbeschluß in der GmbH, GmbHR 1989, 236; *Rützel* Die gesellschaftsrechtliche Beschlußfeststellungsklage, ZIP 1996, 1961; *Säcker* Zur Beschlußfähigkeit des mitbestimmten Aufsichtsrates, JZ 1980, 82; *Saenger* Minderheitenschutz und innergesellschaftliche Klagen bei der GmbH, GmbHR 1997, 112; *ders.* Beteiligung Dritter bei Beschlußfassung und Kontrolle im Gesellschaftsrecht, 1990; *Schäfer* Stimmrechtslose Anteile in der GmbH, GmbHR 1998, (Teil I), 113, (Teil II) 168; *ders.* Der stimmrechtslose GmbH-Geschäftsanteil, 1997; *R. Schick* Das Mehrheitserfordernis bei Ausschluß eines Minderheitsgesellschafters einer GmbH und Stimmrechtsverbote im Gesellschafterkonsortium, DB 2000, 2105; *St. Schick* Die Befreiung des Geschäftsführers einer Einmann-GmbH von den Beschränkungen des § 181 BGB durch Gesellschafterbeschluß, DB 1984, 1024; *W. Schick* Die Schiedsfähigkeit von Rechtsstreitigkeiten über Gesellschafterbeschlüsse im GmbH-Recht, 1992; *Schilling* Gesellschafterbeschluß und Insichgeschäft, FS Ballerstedt, 1975, S. 257; *Schmidt K.* Schiedsklauseln und Schiedsverfahren im Gesellschaftsrecht als prozessuale Legitimationsprobleme – Ein Beitrag zur Verzahnung von Gesellschafts- und Prozessrecht, BB 2001, 1857; *ders.* Stimmrecht beim Anteilsnießbrauch, ZGR 1999, 601; *ders.* Neues Schiedsverfahrensrecht und Gesellschaftspraxis, ZHR 162 (1998), 265; *ders.* Heilung kartellverbotswidriger Satzungsänderungen nach § 242 AktG? Zum Verhältnis zwischen Art. 85 Abs 2 EGV und § 242 AktG, AG 1996, 385; *ders.* Zur gesetzlichen Befristung der Nichtigkeitsklage gegen Verschmelzungs- und Umwandlungsbeschlüsse, DB 1995, 1849; *ders.* Unternehmen und Unternehmensführung im Recht, FS Semler, 1993, S. 329; *ders.* Die Behandlung treuwidriger Stimmen in der Gesellschafterversammlung und im Prozeß, GmbHR 1992, 9; *ders.* Nichtigkeitsklagen als Gestaltungsklagen, JZ 1988, 729; *ders.* Schiedsfähigkeit von GmbH-Beschlüssen, ZGR

1988, 523; *ders.* Die obligatorische Gruppenvertretung im Recht der Personengesellschaften und der GmbH, ZHR 146 (1982), 525; *ders.* Der kartellverbotswidrige Beschluß – ungelöste Probleme „unwirksamer" Beschlüsse im Spannungsfeld zwischen Gesellschaftsrecht und Recht gegen Wettbewerbsbeschränkungen, FS Fischer, 1979, S. 693; *ders.* Fehlerhafte Beschlüsse in Gesellschaften und Vereinen, AG 1977, 243; *ders.* Zum Streitgegenstand von Anfechtungs- und Nichtigkeitsklagen im Gesellschaftsrecht, JZ 1977, 796; *Schmidt/Diemitz* Einstweiliger Rechtsschutz gegen rechtswidrige Gesellschafterbeschlüsse, 1993; *Schmitt* Einstweiliger Rechtsschutz gegen drohende Gesellschafterbeschlüsse, ZIP 1992, 1212; *Schneider* Stimmverbote im GmbH-Konzern, ZHR 150 (1986), 609; *ders.* Die Abberufung des Gesellschafter-Geschäftsführers einer zweigliedrigen GmbH, ZGR 1983, 535; *Schnorr* Teilfehlerhafte Gesellschaftsbeschlüsse, 1997; *Schön* Der Nießbrauch am Gesellschaftsanteil, ZHR 158 (1994), 228; *Schöne* Die Spaltung unter Beteiligung von GmbH gem. §§ 123 ff. UmwG, 1998; *ders.* Haftung des Aktionärs-Vertreters für pflichtwidrige Stimmrechtsausübung, WM 1992, 209; *O. Schröder* Neue Konzepte zum Beschlußmangelrecht der GmbH und der Personengesellschaften, GmbHR 1994, 532; *J. Schröder* Stimmrechtskonsortien unter Aktionären: Gesellschafts- und erbrechtliche Probleme, ZGR 1978, 578; *M. Schröder* Schiedsgerichtliche Konfliktbeilegung bei aktienrechtlichen Beschlußmängeln, 1999; *Schultz* Die Behebung einzelner Mängel von Organisationsakten in Kapitalgesellschaften, 1999; *Schulze-Osterloh* Die verdeckte Gewinnausschüttung bei der GmbH als kompetenzrechtliches Problem, FS Stimpel, 1985, S. 487; *Schwarz* Empfiehlt sich eine Neuregelung des aktienrechtlichen Anfechtungs- und Organhaftungsrechts, insbesondere der Klagemöglichkeiten von Aktionären?, ZRP 2000, 330; *Seidel* Die mangelnde Bedeutung mitgliedschaftlicher Treupflichten im Willensbildungsprozeß der GmbH, 1998; *Semler* Einstweilige Verfügungen bei Gesellschafterauseinandersetzungen, BB 1979, 1533; *Sigle* Die Entlastung des GmbH-Geschäftsführers und ihre Wirkung, DStR 1992, 469; *Slabschi* Die sogenannte rechtsmißbräuchliche Anfechtungsklage, 1997; *Sonnenschein* Organschaft und Konzerngesellschaftsrecht, 1976; *Sosnitza* Nichtigkeits- und Anfechtungsklage im Schnittfeld von Aktien- und Zivilprozeßrecht, NZG 1998, 335; *v. Stetten* Die Ausschließung von Mehrheitsgesellschaftern durch Minderheitsgesellschafter, GmbHR 1982, 105; *Tank* Stimmrechtsabkommen im Lichte des Mitbestimmungsgesetzes, AG 1977, 34; *Theisen* Befugnisse der Gesellschafter einer mitbestimmten GmbH, DB 1982, 265; *ders.* Die „verdrängende" Stimmrechtsausübung in der GmbH, DB 1993, 469; *Timm* Vergleichs- und Schiedsfähigkeit der Anfechtungsklage im Kapitalgesellschaftsrecht, ZIP 1996, 445; *ders.* Beschlußanfechtungsklage und Schiedsfähigkeit im Recht der personalistischen strukturierten Gesellschaften, FS Fleck, 1988, S. 365; *ders.* Zur Sachkontrolle von Mehrheitsentscheidungen im Kapitalgesellschaftsrecht, ZGR 1987, 403; *ders.* Minderheitenschutz im GmbH-Verschmelzungsrecht, AG 1982, 93; *ders.* Wettbewerbsverbot und „Geschäftschancen"-Lehre im Recht der GmbH, GmbHR 1981, 177; *ders.* Der Mißbrauch des Auflösungsbeschlusses durch den Mehrheitsgesellschafter, JZ 1980, 665; *Trittmann* Die Auswirkungen der Schiedsverfahrens-Neuregelungsgesetzes auf gesellschaftsrechtliche Streitigkeiten, ZGR 1999, 340; *Ulmer* Zur Treuhand an GmbH-Anteilen: Haftung des Treugebers für Einlagensprüche der GmbH?, ZHR 156 (1992), 377; *ders.* Verletzung schuldrechtlicher Nebenabreden als Anfechtungsgrund im GmbH-Recht, NJW 1987, 1849; *Verhoeven* GmbH-Konzern-Innenrecht, 1978; *ders.* Nochmals: Minderheitenschutz und Beirat in der GmbH, BB 1978, 335; *Vogel* Gesellschafterbeschlüsse und Gesellschafterversammlung, 2. Aufl. 1986; *Vollmer* Die Wirkungen rechtskräftiger Schiedssprüche bei gesellschaftsrechtlichen Gestaltungsklagen, BB 1984, 1774; *ders.* Satzungsmäßige Schiedsklauseln, 1970; *Vomhof* Anfechtbarkeit eines Gesellschafterbeschlusses, GmbHR 1984, 181; *von der Osten* Gestaltungshinweise für Konsortialverträge, GmbHR 1993, 798; *Vorwerk/Wimmers* Treubindung des Mehrheitsgesellschafters oder der Gesellschaftermehrheit bei Beschlußfassung in der GmbH-Gesellschafterversammlung, GmbHR 1998, 717; *Vorwerk* Rechtsschutz bei der Abberufung des GmbH-Geschäftsführers, GmbHR 1995, 266; *Wank* Der Stimmrechtsausschluß im GmbH-Recht in der neueren Rechtsprechung des BGH, ZGR 1979, 222; *Ch. Weber* Privatautonomie und Außeneinfluß im Gesellschaftsrecht, 2000; *M. Weber* Vormitgliedschaftliche Treubindungen, 1999; *W. Weber* Der side letter zum GmbH-Vertrag als Grundlage und Grenze von Gesellschafterbeschlüssen, 1996; *Weinhardt* Stimmverbote bei der GmbH & Co. KG, DB 1989, 2417; *Westermann* Das Verhältnis von Satzung und Nebenwirkungen in der Kapitalgesellschaft, 1994; *ders.* Schiedsfähigkeit von gesellschaftsrechtlichen Fragen, in *Böckstiegl* (Hrsg.) Schiedsgerichtsbarkeit in gesellschaftsrechtlichen und erbrechtlichen Angelegenheiten, 1996, 31; *Westermann/Menger* Gesellschafterstreitigkeiten im GmbH-Recht, DWiR 1991, 143; *Wiedemann* Zu den Treupflichten im Gesellschaftsrecht, FS Heinsius, 1991, S. 949; *ders.* Rechtsethische Maßstäbe im Unternehmens- und Gesellschaftsrecht, ZGR 1980, 147; *ders.* GmbH-Anteile in der Erbengemeinschaft, GmbHR 1969, 247; *ders.* Die Übertragung und Vererbung von Mitgliedschaftsrechten bei Handelsgesellschaften, 1965; *Wilhelm* Rechtsform und Haftung bei der juristischen Person, 1981; *ders.* Stimmrechtsausschluß und Verbot des Insichgeschäfts, JZ 1976, 674; *Winter* Gesellschafterkonflikte in der GmbH, in Tagungsband zum RWS-Forum 15, Gesellschaftsrecht 1999, 37; *ders.* Organisationsrechtliche Sanktionen bei Verletzung schuldrechtlicher Gesellschaftervereinbarungen?, ZHR 154 (1990), 259; *ders.* Mitgliedschaftliche Treuebindungen im GmbH-Recht, 1988; *ders.* Verdeckte Gewinnausschüttung im GmbH-Recht, ZHR 148 (1984), 579; *Ziemons* Die Haftung der Gesellschafter für

§ 47

Einflußnahmen auf die Geschäftsführung der GmbH, 1996; *Zöllner* Beschluß, Beschlußergebnis und Beschlußergebnisfeststellung, FS Lutter, 2000, S. 821; *ders.* Wechselwirkung zwischen Satzung und schuldrechtlichen Gesellschaftervereinbarungen ohne Satzungscharakter in *Henze/Timm/Westermann* (Hrsg.), Gesellschaftsrecht 1995, 1996, 89; *ders.* Bestätigung anfechtbarer Hauptversammlungsbeschlüsse während des Revisionsverfahrens, FS Beusch, 1993, S. 973; *ders.* Zu Schranken und Wirkungen von Stimmbindungsverträgen, insbesondere bei der GmbH, ZHR 155 (1991), 168; *ders.* Die sogenannten Gesellschafterklagen im Kapitalgesellschaftsrecht, ZGR 1988, 392; *ders.* Zur positiven Beschlußfeststellungsklage im Aktienrecht (und andere Fragen des Beschlußrechts), ZGR 1982, 623; *ders.* Die Schranken mitgliedschaftlicher Stimmrechtsmacht bei den privatrechtlichen Personenverbänden, 1963; *Zöllner/Noack* Geltendmachung von Beschlußmängeln im GmbH-Recht, ZGR 1989, 525; *Zöllner/Winter* Folgen der Nichtigerklärung durchgeführter Kapitalerhöhungsbeschlüsse, ZHR 158 (1994), 59; *Zutt* Einstweiliger Rechtsschutz bei Stimmbindungen, ZHR 155 (1991), 190; *ders.* Stimmbindungen gegenüber Dritten – Ergebnisse einer Umfrage, ZHR 155 (1991), 213.

Übersicht

	Rn.		Rn.
I. Inhalt und Zweck der Bestimmung	1, 2	c) Durchsetzung	34–36
II. Der Gesellschafterbeschluss	3–7	aa) Erfüllungsklage	34
1. Begriff und „Rechtsnatur"	3–5	bb) Vollstreckung	35
2. Beschlusswirkungen; aufhebende Beschlüsse	6, 7	cc) Einstweilige Verfügung?	36
a) Beschlusswirkungen	6	d) Kollisionsrecht	37
b) Aufhebende Beschlüsse	7	4. Uneinheitliche Stimmabgabe?	38–42
III. Mehrheitserfordernisse eines Gesellschafterbeschlusses (Abs. 1, 2)	8–18	a) Ausgangspunkt	38
1. Die gesetzliche Regelung	8–15	b) Ein Geschäftsanteil	39
a) Einfache Mehrheit	8–11	c) Mehrere Anteile	40
aa) Ermittlung des Abstimmungsergebnisses	8	d) Bedeutung des Gesellschaftsvertrags	41
bb) Berücksichtigung ungültiger, Nichtberücksichtigung gültiger Stimmen	9–11	e) Unzulässig uneinheitliche Stimmabgabe	42
b) Qualifizierte Mehrheit	12	**V. Vertretung bei der Stimmabgabe (Abs. 3)**	43–49
c) Zustimmungserfordernisse	13	1. Grundlagen	43–45
d) Aufhebende Beschlüsse	14	a) Bedeutung der Bestimmung	43
e) Vorgesellschaft	15	b) Reichweite	44
2. Abweichende Regelungen im Gesellschaftsvertrag	16–18	c) Umfang und Widerruf der Vollmacht	45
a) Möglichkeiten	16, 17	2. Die Bedeutung der Form	46, 47
aa) Hinsichtlich des Stimmrechts	16	3. Grenzen der Stimmrechtsvollmacht	48
bb) Hinsichtlich der erforderlichen Mehrheit	17	4. Gesellschaftsvertragliche Abänderung	49
b) Grenzen	18	**VI. Ausschluss des Stimmrechts (Abs. 4)**	50–84
IV. Stimmrecht und Stimmabgabe	19–42	1. Grundlagen	50–64
1. Grundlagen	19–23	a) Norminhalt; Normzweck; Auslegung	50–52
a) Stimmrecht und Stimmpflicht	19–22	b) Sachlicher Anwendungsbereich	53, 54
b) Stimmabgabe als Willenserklärung	23	c) Persönlicher Anwendungsbereich	55–64
2. Übertragbarkeit des Stimmrechts; Legitimationszession	24–27	aa) Befangenheit des Abstimmenden	55
a) Abspaltung des Stimmrechts	24–26	bb) Befangenheit von Repräsentanten und Repräsentierten	56, 57
b) Legitimationszession	27	cc) Mittelbares Betroffensein	58–62
3. Stimmbindungen	28–37	dd) Vermittelte Befangenheit	63, 64
a) Inhalt und Wirkung	28	2. Entlastung	65, 66
b) Zulässigkeit	29–33	3. Befreiung von einer Verbindlichkeit	67
aa) Die Regel	29	4. Vornahme eines Rechtsgeschäftes	68–74
bb) Abänderung durch Gesellschaftsvertrag	30	a) Die Regel	68, 69
cc) Zulässigkeitsgrenzen	31–33	b) Ausnahmen	70–74
		aa) Grundlagen	70
		bb) Fallgruppen	71–74

	Rn.
5. Einleitung oder Erledigung eines Rechtsstreits	75, 76
6. Weitere Stimmverbote	77–81
a) Im Zusammenhang wichtiger Gründe	77
b) Überwachungsrelevante Beschlüsse	78
c) Selbstkontrahieren	79–81
7. Rechtsfolgen von Verstößen	82
8. Abweichende Vereinbarungen	83, 84
VII. Fehlerhafte Beschlüsse	85–159
A. Grundlagen	85–93
1. Arten der Fehlerhaftigkeit	86–91
a) Nichtigkeit und Anfechtbarkeit	86, 87
b) Unwirksamkeit	88, 89
c) Scheinbeschlüsse?	90
d) Mitzählung unwirksam abgegebener Stimmen	91
2. Anwendungsbereich	92
3. Einstweiliger Rechtsschutz	93
B. Nichtigkeit	94–115
1. Gründe der Nichtigkeit	94–110
a) Grundlagen	94
b) Einberufungsmängel	95–98
c) Beurkundungsmängel	99
d) Inhaltsmängel	100–106
aa) § 241 Nr. 3 AktG analog	100–104
bb) Sittenverstoß	105, 106
e) Amtlicher Eingriff	107
f) Keine Totalanalogie zu § 241 AktG	108
g) Einzelne Beschlussgegenstände	109
h) Teilnichtigkeit	110
2. Bedeutung der Nichtigkeit	111, 112
3. Heilung der Nichtigkeit	113–115
a) Beurkundungsmängel	113
b) Einberufungs- und Inhaltsmängel (Fristen)	114
c) Keine sonstigen Heilungsmöglichkeiten	115
C. Anfechtbarkeit	116–140
1. Grundlagen	116–119
a) Die gesetzliche Ausgangslage	116–118
b) Bedeutung des Gesellschaftsvertrages	119
2. Anfechtungsgründe	120–132
a) Verfahrensfehler	121
b) Inhaltsmängel	122–132
aa) Gesellschaftszweck	123
bb) Gleichbehandlungsgrundsatz	124
cc) Treuepflichten	125–131
dd) Besondere Beschlussgegenstände	132
3. Ausschluss der Anfechtung	133–140
a) Die Relation zwischen Mangel und Beschlussergebnis	133–135
b) Zustimmung Betroffener oder Anfechtungsberechtigter	136
c) Bestätigungsbeschluss	137
d) Rechtsmissbräuchliche Anfechtung	138
e) Anfechtungsfrist	139, 140
D. Nichtigkeits- und Anfechtungsklage	141–159
1. Grundlagen	141–145
a) Einheitlichkeit des Streitgegenstandes	141
b) Rechtsschutzinteresse	142
c) Maßgeblichkeit des AktG	143, 144
d) Einstweiliger Rechtsschutz	145
2. Prozessbeteiligte	146–151
a) Mögliche Kläger	146–148
b) Die Gesellschaft als Beklagte	149
c) Notwendige Streitgenossenschaft und Nebenintervention	150, 151
3. Einzelheiten des Verfahrens	152–154
a) Klageinhalt	152, 153
b) Prozessverlauf	154
4. Urteilswirkungen	155–159
a) Des stattgebenden Urteils	155–158
aa) Wirkung inter omnes und ex tunc	155
bb) Bedeutung	156
cc) Schutz unbeteiligter Dritter	157, 158
b) Des klageabweisenden Urteils	159
VIII. Österreichisches Recht	160, 161

I. Inhalt und Zweck der Bestimmung

Die Bestimmung beschäftigt sich mit dem **Zustandekommen** von Entscheidungen 1 der **Gesellschafter** in Gesellschaftsangelegenheiten. Insofern wird sie von § 48 ergänzt. Während es aber dort um die äußeren Voraussetzungen eines Beschlusses (grundsätzliche Notwendigkeit einer Gesellschafterversammlung) geht, betrifft § 47 die gemeinschaftliche Willensbildung selbst. Demnach entscheidet die Mehrheit der abgegebenen Stimmen (Abs. 1), wobei jede 50 € eines Geschäftsanteils eine Stimme gewähren (Abs. 2). Aus Abs. 3 ergibt sich einerseits, dass das Stimmrecht nicht höchstpersönlich ausgeübt zu werden braucht, und andererseits, dass Vertreter einer schriftlichen Vollmacht bedürfen. Abs. 4 schließlich umschreibt Fälle, wo einzelne Gesellschafter ihr oder (vertretungsweise) auch ein fremdes Stimmrecht nicht ausüben können. § 45 Abs. 2 indiziert, dass alle diese Regelungen **abdingbar** sind. Zu den

§ 47   3. Abschnitt. Vertretung und Geschäftsführung

Grenzen dieses Prinzips vgl. Rn. 83. Über die **Fehlerhaftigkeit** von Beschlüssen sagt das GmbHG nichts. Es ist zweckmäßig, die damit zusammenhängenden Fragen im Kontext des § 47 zu erörtern (Rn. 85 ff.).

2   Der **Zweck** der Vorschrift ergibt sich hinsichtlich wesentlicher Elemente ohne weiteres aus ihrem Inhalt. Dass das Stimmengewicht der Gesellschafter mangels anderweitiger Regelung von der Höhe des Kapitalanteils und nicht – wie etwa bei der OHG (vgl. § 119 Abs. 2 HGB) – von ihrer Anzahl abhängt, ist darauf zurückzuführen, dass das Gesetz die Kapitaleigner bei der GmbH im Unterschied zu den Verhältnissen in der OHG nicht als Arbeitsgesellschafter konzipiert. Im Rahmen dieses Modells wird die relative Bedeutung der Gesellschafterbeiträge zur Erreichung des Gesellschaftszwecks typischerweise durch die Höhe des Kapitalanteils bestimmt. Abs. 3 beruht ersichtlich nicht auf der Warnfunktion der Schriftform, sondern dient der Rechtssicherheit. Die Fälle des Stimmrechtsausschlusses gemäß Abs. 4 sind durchwegs von der Gefahr gesellschaftsschädlicher Abstimmung infolge Interessenkollision in der Person des betroffenen Gesellschafters her geprägt (näher Rn. 50). Zugrunde liegt eine § 181 BGB vergleichbare Teleologie. Diese Bestimmung behält aber auch gegenüber Gesellschafterbeschlüssen einen eigenständigen Anwendungsbereich (dazu Rn. 79 ff.).

II. Der Gesellschafterbeschluss

3   **1. Begriff und „Rechtsnatur".** Aus Abs. 1 ergibt sich, dass die Gesellschafter ihre Zuständigkeit im Wege des Beschlusses wahrnehmen (zum Erfordernis eines Antrags § 48 Rn. 13). Dieser setzt sich aus den Stimmabgaben der an ihm beteiligten Gesellschafter zusammen. BGHZ 52, 316, 318 = NJW 1970, 33 hat ihn deshalb als „Sozialakt der körperschaftlichen Willensbildung durch Mehrheitsentscheid" gekennzeichnet und daraus gefolgert, ein Rechtsgeschäft liege nicht vor.[1] Das Schrifttum[2] ist ganz überwiegend anderer Auffassung. In der Tat zeigt gerade das vom BGH aus seinem Verständnis des Beschlusses abgeleitete Ergebnis – Unanwendbarkeit des § 181 BGB (dazu Rn. 79) –, dass die begriffliche Prämisse nicht zu überzeugen vermag. Abgesehen davon lassen sich die Sachfragen ohnehin nicht auf begrifflicher Ebene, sondern nur mit Hilfe anderer Erwägungen lösen. Mit dieser Maßgabe wird der Beschluss iS der hM als regelmäßig mehrseitiges, weil auf den Stimmabgaben verschiedener Gesellschafter beruhendes **Rechtsgeschäft** aufzufassen sein, das auf die verbindliche Fixierung des gemeinsamen Willens als Willen der Gesellschaft gerichtet ist.[3] Doch ist Mehrseitigkeit kein Essential. Auch der Beschluss des Einmann-Gesellschafters oder jener, der durch die Stimmabgabe des einzigen erschienenen Gesellschafters zustande kommt, ist Rechtsgeschäft, weil und sofern er zur Herbeiführung von Rechtsfolgen geeignet ist.[4]

4   Daraus folgt freilich **nicht,** dass die **zivilrechtlichen Grundsätze** über **Willenserklärung** und **Rechtsgeschäfte** ohne weiteres anwendbar wären. Der Beschluss ist mit den Stimmabgaben, auf denen er beruht, nicht identisch. Deshalb berühren schwebende Unwirksamkeit, Nichtigkeit oder Anfechtung der Stimmabgabe – sie ist Willenser-

---

[1] S. demgegenüber BGHZ 65, 93, 97f. = NJW 1976, 49; BGH WM 1979, 71, 72. Zur Dogmatik des Einmannbeschlusses *Lindemann* S. 62 ff.
[2] Nachgewiesen etwa bei *Baumbach/Hueck/Zöllner* Rn. 3; *Hachenburg/Hüffer* Rn. 3; vgl. auch *Hübner* S. 272 f.; *Lindemann* S. 35 ff.; *Emde* ZIP 2000, 59 f.
[3] Zum Erfordernis eines Rechtsfolgewillens OLG Brandenburg GmbHR 1997, 750; vgl. auch OLG Frankfurt ZIP 1997, 664, 645.
[4] Vgl. *Scholz/Schmidt* § 45 Rn. 18.

klärung (Rn. 23) – ihn nur insofern, als sich wegen Mitzählung einer unwirksamen Stimme möglicherweise das Beschlussergebnis ändert.[5] Zivilrechtliche Nichtigkeitsgründe, die den Beschluss selbst betreffen können (Form, Gesetzesverstoß, Sittenwidrigkeit), werden durch GmbH-spezifisches Recht der fehlerhaften Beschlüsse modifiziert; § 139 BGB bleibt freilich anwendbar.[6]

Erreicht ein Antrag nicht die jeweils erforderliche Mehrheit (dazu Rn. 8ff.), so verbleibt es bei der Rechtslage quo ante. Dennoch ist die **Ablehnung** des Antrages **nicht** etwa als **Nichtbeschluss** aufzufassen.[7] Das folgt aus den mit ihm verbundenen Rechtsfolgen (Konsumption des Antrags, Bindung anderer Gesellschaftsorgane, zB bei Ablehnung einer Maßnahme der Geschäftsführung; Nichtzustandekommen von Verträgen mit Dritten; vgl. § 37 Rn. 49ff.). Bei Vorhandensein des erforderlichen Rechtsschutzinteresses (dazu Rn. 142) kann auch der „negative" Beschluss angefochten, uU mit einer positiven Beschlussfeststellungsklage verbunden werden (Rn. 152f.). Die **Durchsetzung** eines **Gesellschafteranspruchs,** dessen Erfüllung beschlussförmig abgelehnt worden ist, hängt freilich nicht von vorheriger Anfechtungsklage ab; vielmehr kann sofort auf Leistung geklagt werden.[8]

2. Beschlusswirkungen; aufhebende Beschlüsse. a) Beschlusswirkungen. Die Wirkung des Beschlusses besteht darin, dass der Beschlussinhalt als Wille der Gesellschaft verbindlich festgelegt wird. In manchen Fällen tritt die intendierte Rechtsfolge ipso iure ein, so zB im Zusammenhang des Jahresabschlussfeststellungs- oder des Entlastungsbeschlusses (vgl. § 46 Rn. 30), generell bei allen nichtausführungsbedürftigen Beschlüssen. Auch in den anderen Fällen ist der Beschluss selbst wirksam; es handelt sich ausnahmslos nicht um eine empfangsbedürftige Willenserklärung.[9] Der Unterschied besteht nur darin, dass der Inhalt mancher Gesellschafterbeschlüsse zunächst in eine Willenserklärung transformiert werden muss, um die gewollte Änderung der Rechtslage herbeizuführen oder – im Falle annahmebedürftiger Erklärungen – einzuleiten. Hierher gehört etwa die Bestellung von Geschäftsführern oder Prokuristen (dazu § 35 Rn. 15, § 46 Rn. 36) und die Einforderung von Einzahlungen auf die Stammeinlage (§ 46 Rn. 17). Für weitere Beispiele vgl. § 38 Rn. 5, 17ff., 43, 49; § 46 Rn. 19f., 32, 44ff.[10] Auch ein Schuldanerkenntnis gehört hierher, wenn die Gesellschafterversammlung befasst wird.[11] Das Ausführungsgeschäft unterliegt als Willenserklärung den einschlägigen Regelungen des BGB; zur Frage der Vertretungsbefugnis zusammenfassend § 35 Rn. 8ff., 13ff.; zur Auswirkung eines nicht vorhandenen, nichtigen oder angefochtenen Beschlusses auf das Ausführungsgeschäft vgl. Rn. 112, 155.

b) Aufhebende Beschlüsse. Die Aufhebung eines wirksam gefassten Beschlusses durch actus contrarius ist möglich, sofern er nicht schon Grundlage drittbegünstigender

---

[5] Zur Geltendmachung eines solchen Tatbestandes Rn. 9; anders OLG München WM 1984, 260, 262.
[6] Vgl. *Scholz/Schmidt* § 45 Rn. 22; *Baumbach/Hueck/Zöllner* Anh. § 47 Rn. 39.
[7] Vgl. BGH GmbHR 1972, 224, 225; BGHZ 88, 320, 328 = NJW 1984, 489; BGHZ 97, 28, 30 = NJW 1986, 2051 = EWiR § 47 GmbHG 2/86, 371 – *Hommelhoff* = WuB II C. § 47 GmbHG 2.86 – *Martens; Balzer* GmbHR 1972, 57ff.; *Baumbach/Hueck/Zöllner* Rn. 2; *Scholz/Schmidt* § 45 Rn. 18, 31; *Hachenburg/Hüffer* Rn. 35; *Renkl* S. 107; *Zöllner*, FS Lutter, 2000, S. 823; anders *Maier-Reimer*, FS Oppenhoff, 1985, S. 193, 197ff.
[8] BGH GmbHR 1972, 224, 225.
[9] Zutreffend *Scholz/Schmidt* § 45 Rn. 29; *Hachenburg/Hüffer* Rn. 36.
[10] Zusammenfassend *Scholz/Schmidt* § 45 Rn. 29.
[11] Vgl. BGH NZG 1998, 348 = NJW 1998, 1492 = BB 1998, 713.

Rechtsfolgen geworden ist.[12] Das trifft generell zu für satzungsändernde Beschlüsse vor Eintragung in das Handelsregister,[13] ferner auch für ausführungsbedürftige Beschlüsse, solange sie noch nicht ausgeführt sind. Bei nichtausführungsbedürftigen Beschlüssen kommt es darauf an, ob der Beschluss Rechte Dritter – wie etwa beim Gewinnverwendungsbeschluss[14] – ohne weiteres begründet oder ob – wie bei der Entlastung – hierzu zunächst noch ein durch Mitteilung an den Begünstigten geschaffener Vertrauenstatbestand kommen muss (§ 46 Rn. 30). Willenserklärungen, die die Gesellschaft auf der Grundlage eines Gesellschafterbeschlusses abgegeben hat, können durch dessen Aufhebung nicht mehr beseitigt werden. Doch ist eventuell Umdeutung möglich, zB Abberufungsbeschluss anstelle Aufhebung einer Bestellung. Doch müsste dann die Abberufung als solche erklärt werden. Zu den Mehrheitserfordernissen des Aufhebungsbeschlusses Rn. 14.

III. Mehrheitserfordernisse eines Gesellschafterbeschlusses (Abs. 1, 2)

8   **1. Die gesetzliche Regelung. a) Einfache Mehrheit. aa)** Ausschlaggebend für das Zustandekommen eines Beschlusses ist entsprechend § 133 Abs. 1 AktG die **Mehrheit** der **abgegebenen Stimmen.** Das gilt im Zweifel auch für die Abstimmung innerhalb eines Familienstammes.[15] Wieviele Stimmen abgegeben wurden, richtet sich – vorbehaltlich anderer Regelungen des Gesellschaftsvertrags (Rn. 16) – nach der Summe „des bei der Beschlussfassung vertretenen" Kapitals (so die Formulierung etwa von § 179 Abs. 2 AktG). Denn jede 50 € eines Geschäftsanteils gewähren eine Stimme.[16] Unerheblich ist, ob die auf die einzelnen Stammeinlagen (Geschäftsanteile; vgl. § 14) entfallenden Einlageleistungen voll erbracht wurden. Auch ein schwebendes Kaduzierungsverfahren hat keinen Einfluss auf das Stimmrecht des davon betroffenen Gesellschafters.[17] Zu zählen sind nur zustimmende oder ablehnende Stimmabgaben; passives Verhalten erschienener Gesellschafter[18] oder auch ausdrückliche **Stimmenthaltung** haben daher keinen Einfluss auf das Beschlussergebnis.[19] Dasselbe gilt grundsätzlich (vgl. Rn. 9) auch für **ungültige Stimmen.**[20]

9   **bb)** Ein Beschluss kommt **zustande,** wenn die Anzahl der abgegebenen Ja-Stimmen die der Nein-Stimmen überwiegt. Bei Stimmengleichheit ist der Antrag abgelehnt. Diesbezügliche Zweifel, die insbesondere daher stammen können, dass (möglicherweise) **ungültige Stimmen mitgezählt** oder **gültige nicht berücksichtigt worden sind,** können letzten Endes nur gerichtlich geklärt werden. Im gesetzlichen Regelfall hat dies im Wege der **Feststellungsklage** zu geschehen.[21] Denn einfache

---

[12] BGHZ 48, 163, 172 = NJW 1967, 1963; LAG Hamm EWiR § 305 BGB 2/86, 131 – *Plander*; OLG Stuttgart WM 1991, 1301, 1302; *Hachenburg/Hüffer* Rn. 38; *Baumbach/Hueck/Zöllner* Rn. 22; *Roth/Altmeppen* Rn. 8; anders wohl *Scholz/Schmidt* § 45 Rn. 33: generell keine rückwirkende Kraft.
[13] § 53 Rn. 57 f.; zur Rechtslage nach Eintragung *Zöllner/Noack* ZGR 1989, 525, 536 ff.
[14] Vgl. § 29 Rn. 102 ff.
[15] BGH WM 1989, 1809 = WuB II C. § 47 GmbHG 1.89 – *Deuchler*.
[16] Abs. 2; zu Variationen dieser Bezugsgröße infolge währungstechnischer Entwicklungen im Zeitablauf *Scholz/Schmidt* 6. Aufl. Rn. 3.
[17] *Scholz/Schmidt* 6. Aufl. Rn. 2.
[18] Dazu etwa RGZ 82, 386, 388.
[19] BGHZ 83, 35, 36 = NJW 82, 1585.
[20] BGHZ 76, 154, 158 = NJW 80, 1527; BGHZ 80, 212, 215 = NJW 1981, 2125, 2126; zustimmend *K. Schmidt* ZIP 1981, 611, 612; ebenso *Hachenburg/Hüffer* Rn. 14.
[21] Näher zu dieser *Baumbach/Hueck/Zöllner* Anh. § 47 Rn. 90 a ff.; ferner OLG München BB 1990, 367; OLG Hamburg GmbHR 1992, 43, 44 f. = EWiR § 47 GmbHG 1/91 – *Reichard*;

Gesellschafterbeschlüsse kommen ohne förmliche Beschlussfeststellung zustande (vgl. § 48 Rn. 17). Also fehlt es an einer Anknüpfungsmöglichkeit für eine Anfechtungsklage, die einen bestimmten Beschlussinhalt voraussetzt.[22] Gerichtlich festgestellt werden kann nicht nur, dass ein antragsgemäßer Beschluss nicht zustande gekommen ist,[23] sondern auch, dass ein scheinbar (wegen Mitberücksichtigung ungültiger Stimmen) abgelehnter Antrag in Wahrheit angenommen wurde.[24] Sofern deren Voraussetzungen vorliegen, ist auch an eine gegen die GmbH gerichtete Leistungsklage zu denken.[25]

Anders ist die Rechtslage, wo das Gesetz (vgl. § 53 Abs. 2: Satzungsänderung) **notarielle Beurkundung** eines Beschlusses vorschreibt und der Beschluss nach Feststellung durch den Vorsitzenden tatsächlich in dieser Weise beurkundet worden ist. Denn ein solchermaßen fixierter Beschluss kann aus Gründen der Rechtssicherheit nicht einfach als nicht vorhanden behandelt werden. Demzufolge ist hier nur die Anfechtungsklage zulässig.[26] Ob dasselbe auch dann anzunehmen ist, wenn zwar notarielle Beurkundung, aber keine Feststellung des Beschlussergebnisses vorliegt, ist zweifelhaft, aber wohl zu bejahen.[27] Die Anfechtungsklage ist auch dann der richtige Rechtsbehelf, wenn der Gesellschaftsvertrag die notarielle Beurkundung von Gesellschafterbeschlüssen (dazu § 48 Rn. 17) oder wenigstens die **Feststellung** von **Beschlüssen** durch einen Vorsitzenden vorschreibt.[28] Denn Satzungsbestimmungen dieser Art werden mangels gegenläufiger Auslegungshinweise regelmäßig dahingehend zu deuten sein, die Beteiligten legten besonderen Wert auf die eindeutige Fixierung einmal gefasster Beschlüsse.[29] Nach heute ganz hM ist aus Gründen der Rechtssicherheit Anfechtung auch dann geboten, wenn das Beschlussergebnis durch einen gesellschaftsvertraglich nicht legitimierten Versammlungsleiter unzutreffend festgestellt wurde.[30] Dem ist grundsätzlich zu folgen.[31] Vorauszusetzen ist allerdings, dass der Versammlungsleiter feststel- **10**

OLG Zweibrücken GmbHR 1999, 79; OLG Köln GmbHR 1999, 1098, 1099; *Rützel* ZIP 1997, 1967 f.; *Ch. Koch* S. 227 ff. mwN. Für entsprechende Anwendung von § 248 AktG OLG München NJW-RR 1997, 988.

[22] Überzeugend BGHZ 76, 154, 156 f. = NJW 1980, 1527; freilich in unaufgeklärtem Widerspruch zu BGHZ 14, 264, 268 = NJW 1954, 1563. Ebenso BGH NZG 1999, 498 m. Anm. *Eckardt* = ZIP 1999, 656 m. Anm. *Schantl* = GmbHR 1999, 477 mit Ausführungen zur (abgelehnten) Maßgeblichkeit der Frist für die Anfechtungsklage; BGH GmbHR 1996, 47, 48 = WM 1995, 2187 = ZIP 1995, 1982. OLG Brandenburg NZG 2001, 129, 131. S. auch OLG Stuttgart NZG 2000, 490, 492: Treuwidriger Widerspruch (mit Suspensiveffekt) gegen festgestellten Beschluss unbeachtlich (sehr zweifelhaft).

[23] Für einen solchen Fall BGHZ 51, 209 ff. = NJW 1969, 841; bestätigt in BGH NJW 1976, 713, 714.

[24] BGHZ 76, 154, 157 = NJW 80, 1527.

[25] LG Köln EWiR § 47 GmbHG 1/94 – *Weipert*.

[26] BGHZ 14, 25, 35 f. = NJW 1954, 1401; bestätigt in BGHZ 51, 209, 212 = NJW 1969, 841. Vgl. auch OLG Stuttgart BB 1999, 2316, 2317 mwN. Präzisierend *Zöllner*, FS Lutter, 2000, S. 830 f.

[27] Dafür BayObLG BB 1992, 226, 227 = EWiR § 47 GmbHG 2/92 – *Petzold*; Hachenburg/*Hüffer* § 47 Rn. 29; *Ch. Koch* S. 212; vgl. aber *Baumbach/Hueck/Zöllner* § 53 Rn. 38.

[28] BayObLG BB 1991, 2103, 2104 = EWiR GmbHG 1/92 – *Bokelmann*.

[29] Anders *Meyer-Landrut/Miller/Niehus* Rn. 56: Feststellungsklage.

[30] BGHZ 104, 66, 69 = NJW 1988, 1841; OLG Stuttgart GmbHR 1992, 48 f.; BayObLG NZG 1999, 1063, 1064 m. Anm. *Sieger/Grätsch*; *Zöllner* S. 396 ff.; ders. ZGR 1982, 623, 626; *Scholz/Schmidt* § 48 Rn. 58; *Baumbach/Hueck/Zöllner* Anh. § 47 Rn. 64; Hachenburg/*Hüffer* Rn. 29; *Oelrichs* GmbHR 1995, 863 f.; alle mwN. Zu den Anforderungen an eine Feststellung *Ch. Koch* S. 211 mwN.

[31] AA 2. Aufl. Rn. 9 mN der früher ebenfalls anders entscheidenden Judikatur. Zu ihrer Entwicklung *Ch. Koch* S. 220 ff.

lungsbefugt ist, und zwar durch einstimmigen Gesellschafterbeschluss.[32] Wäre es anders, könnte der (nicht stimmberechtigte) Mehrheitsgesellschafter durch willkürliche Beschlussfeststellung die Klagemöglichkeiten der benachteiligten Minderheit einschränken.[33] Die bloße Protokollierung des Abstimmungsverhaltens der Gesellschafter ist nicht als Feststellung des Beschlossenen anzuerkennen.[34] Anders ist es wiederum, wenn zwar nichts festgestellt wurde, am Ende der Gesellschafterversammlung aber Einigkeit über ein bestimmtes Schlussergebnis bestand.[35] Zur Verbindung des Antrags auf Nichtigerklärung des Beschlusses mit einem Antrag auf Feststellung des tatsächlich Beschlossenen Rn. 152 f.

11   Noch nicht zureichend diskutiert ist, ob der Versammlungsleiter auch dann feststellungsbefugt ist, wenn Streit darüber besteht, ob für das Beschlussergebnis wesentliche Stimmen mitzuzählen sind. Die Frage sollte bejaht werden. Denn der Sinn der Instituierung eines Versammlungsleiters besteht ja gerade darin sicherzustellen, dass keine Zweifel über die Beschlusslage der Gesellschaft aufkommen können. Materiellrechtlich ist es selbstverständlich, dass gültige Stimmen zu berücksichtigen, ungültige außer Acht zu lassen sind. Beurteilungsschwierigkeiten im Einzelfall sind voraussehbar. Wenn sich die Gesellschafter dennoch, sei es schon im Statut oder einstimmig ad hoc, für einen Versammlungsleiter entscheiden, dann wollen sie ihn im Zweifel auch dazu legitimieren, über die Gültigkeit von Stimmabgaben zu befinden.[36]

12   **b) Qualifizierte Mehrheit.** Eine qualifizierte Mehrheit ($^3/_4$ der abgegebenen Stimmen) fordert das Gesetz ausdrücklich nur in § 53 Abs. 2 (Satzungsänderung) und im Recht der Umwandlungen (§§ 50, 125, 135, 176 f, 240 UmwG).[37] Der BGH[38] verlangt für einen **Ausschließungsbeschluss** in Anlehnung an § 60 Abs. 1 Nr. 2 ebenfalls eine Dreiviertelmehrheit.[39] Die Frage ist strittig (vgl. § 34 Rn. 82), dürfte aber eher zu verneinen sein.[40] Entsprechendes gilt für einen **Fortsetzungsbeschluss** (§ 60 Rn. 70) und anlässlich eines **Unternehmensverkaufs**.[41] Die einfache Mehrheit genügt nach Auffassung des BGH[42] für die beschlussförmige Befreiung von einem Wettbewerbsverbot zu Lasten eines Gesellschafter-Geschäftsführers, und zwar auch dann, wenn die GmbH dadurch zu einem **abhängigen Unternehmen** iSd. § 17 Abs. 1 AktG wird. Die Verallgemeinerungsfähigkeit dieser Entscheidung ist freilich

---

[32] OLG Frankfurt NZG 1999, 406; *Lutter/Hommelhoff* Anh. § 47 Rn. 42; *Baumbach/Hueck/Zöllner* § 48 Rn. 8; *Koppensteiner* § 39 Rn. 7; ähnlich *K. Schmidt* GmbHR 1992, 9, 13 f.; *Zöllner/Noack* ZGR 1989, 525, 528; aA OLG Celle GmbHR 1999, 35; *Hachenburg/Raiser* Anh. § 47 Rn. 95; *Rohleder* GmbHR 1989, 236, 239; *Ch. Koch* S. 218 ff.
[33] Unzutreffend insoweit OLG München NZG 1999, 1173, 1174 m. (krit.) Anm. *Hoffmann*; OLG Celle GmbHR 1999, 35.
[34] OLG Düsseldorf GmbHR 1999, 1098, 1099; OLG Stuttgart GmbHR 1995, 228, 229 = EWiR § 38 GmbHG 2/94 – *Kort*.
[35] OLG Celle GmbHR 1997, 172, 173; *Lutter/Hommelhoff* Anh. § 47 Rn. 42, je mwN; *Zöllner*, FS Lutter, 2000, S. 827 f.
[36] Wie hier schon *Koppensteiner* ZIP 1994, 1325, 1328 gegen *K. Schmidt* GmbHR 1992, 9, 13. Diskussion des Problems bei *Baumbach/Hueck/Zöllner* Anh. § 47 Rn. 65 a je mwN. S. ferner *Oelrichs* GmbHR 1995, 865 ff.: Mitzählung treuwidriger Stimmen auch bei (angenommener) Nichtigkeit.
[37] Vgl. *Zöllner* S. 106.
[38] BGHZ 9, 157, 177.
[39] Offengelassen in BGH GmbHR 1965, 32.
[40] ME überzeugend OLG Köln GmbHR 2001, 110, 111 f.; dem zustimmend *Schick* DB 2000, 2105 mwN; anders namentlich *Hachenburg/Ulmer* Anh. § 34 Rn. 24.
[41] *Koppensteiner* ZHR 155 (1991), 97, 108 mwN.
[42] BGHZ 80, 69, 74 f. = NJW 1981, 1512, 1513.

zweifelhaft, weil der Gesellschaftsvertrag dort doch eine wesentliche Rolle spielte (vgl. Anh. § 52 Rn. 33 ff.). **Gewinnabführungs-** und **Beherrschungsverträge** bedürfen nach derzeit hM eines **einstimmigen** Beschlusses. Dem ist nicht zu folgen. Eine Dreiviertelmehrheit genügt (Anh. § 52 Rn. 54 ff.).

c) **Zustimmungserfordernisse.** Von den Mehrheitserfordernissen eines Gesellschafterbeschlusses sind Regelungen zu unterscheiden, wonach die Zustimmung einzelner Gesellschafter, von Gesellschaftergruppen oder auch schließlich aller Gesellschafter erforderlich ist. Praktisch findet eine Annäherung an das Einstimmigkeitsprinzip statt. Wo bloße Zustimmung gefordert wird, kann diese aber formlos und unabhängig von der Gesellschafterversammlung erteilt werden; solange sie fehlt, ist der Beschluss nur schwebend unwirksam, wirksam also mit dem Zeitpunkt der Zustimmung, endgültig unwirksam, wenn diese versagt wird.[43] Letzteres dürfte auch dann gelten, wenn die Zustimmung mehrerer erforderlich ist, aber auch nur einer sie verweigert.[44] **Beispiele** für zustimmungsbedürftige Beschlüsse sind etwa die Beeinträchtigung von Sonderrechten oder Auferlegung von Sonderpflichten (§ 53 Abs. 3).[45] 13

d) **Aufhebende Beschlüsse.** Beschlüsse, mit denen ein früherer Beschluss aufgehoben wird, können gefasst werden, sofern sie noch keine rechtlichen Bindungen gegenüber bestimmten Personen herbeigeführt haben (Rn. 7). Die für den Aufhebungsbeschluss erforderliche Mehrheit richtet sich – wie sonst auch – nach der von ihm intendierten Rechtsfolge.[46] Es kommt demnach weder darauf an, welche Mehrheit für den aufzuhebenden Beschluss erforderlich war,[47] noch mit welcher Mehrheit dieser Beschluss gefasst wurde. Regelmäßig wird es allerdings so sein, dass die für den aufzuhebenden und den Aufhebungsbeschluss nötige Mehrheit dieselbe ist. Doch gibt es auch Ausnahmen, etwa im Zusammenhang der Aufhebung eines satzungsändernden Beschlusses vor dessen Eintragung in das Handelsregister (vgl. § 53 Rn. 59). 14

e) **Vorgesellschaft.** Die für die „fertige" GmbH geltenden Mehrheitserfordernisse dürfen nicht ohne weiteres auf die Vorgesellschaft übertragen werden. So sind Änderungen des Gesellschaftsvertrages vor Eintragung der Gesellschaft in das Handelsregister nur einstimmig möglich (§ 11 Rn. 62 f.; § 53 Rn. 2). Generell kommt es darauf an, ob sich die Anwendung normaler Mehrheitsregeln mit dem besonderen Zweck der Vorgesellschaft und dem Fehlen der Rechtsfähigkeit verträgt. Ausgehend von diesen Grundsätzen hat der BGH[48] mit Recht angenommen, dass die Geschäftsführer auch der Vorgesellschaft mit einfacher Mehrheit bestellt werden können. Für weitere Einzelheiten und Nachweise vgl. § 11 Rn. 42. 15

2. **Abweichende Regelungen im Gesellschaftsvertrag. a) Möglichkeiten. aa)** Der Gesellschaftsvertrag kann die in Rn. 8 ff. dargelegten Regeln in vielfacher Weise variieren. Das gilt zunächst für das **Stimmrecht**.[49] Zulässig ist etwa die Einführung eines Mehrfachstimmrechts zugunsten eines oder einzelner Gesellschafter oder die Einräumung eines vom Umfang des Kapitalanteils überhaupt unabhängigen 16

---

[43] Vgl. *Wiedemann* § 7 V; auch *Hachenburg/Hüffer* Rn. 17.
[44] *Zöllner* S. 112 f.; zustimmend *Wiedemann* § 7 V.
[45] Für Einzelheiten und Nachweise vgl. neben *Zöllner* S. 109 ff.; § 53 Rn. 48 ff.; zur Bedeutung von Zustimmungserfordernissen im Konzernrecht Anh. § 52 Rn. 54 ff.; im Umwandlungsrecht Anh. § 77 Rn. 32.
[46] *Baumbach/Hueck/Zöllner* Rn. 22; *Roth/Altmeppen* Rn. 8; *Hachenburg/Hüffer* Rn. 38; *Scholz/Schmidt* § 45 Rn. 33 mwN.
[47] So aber *Hachenburg/Schilling* Rn. 12.
[48] BGHZ 80, 212, 214 = NJW 1981, 2125, 2126.
[49] Dazu zusammenfassend *Vogel* S. 36 ff.

§ 47 3. Abschnitt. Vertretung und Geschäftsführung

Stimmgewichts.[50] Umgekehrt sind auch Anteile ohne[51] oder mit beschränktem Stimmrecht[52] möglich. Beschlüsse, die stimmberechtigte gegenüber stimmrechtslosen Anteilen bevorzugen, hängen aber von der Zustimmung der Betroffenen ab.[53] Der Gesellschaftsvertrag kann Stimmrecht und Stimmgewicht ferner etwa davon abhängig machen, inwieweit die Einlage geleistet ist, ob der betreffende Gesellschafter bestimmte Bedingungen (Beispiele: Volljährigkeit, berufliche Qualifikation) erfüllt.[54] In Betracht kommt auch, die gesetzliche Bindung des Stimmrechts an die Höhe des Geschäftsanteils überhaupt aufzulösen und anstatt dessen Abstimmung nach Köpfen vorzusehen. Zu obligatorischer Vertretung Rn. 49. Möglich sind schließlich gesetzlich nicht vorgesehene **Zustimmungserfordernisse**. Streitig ist, ob diese Möglichkeit auch im Verhältnis zu gesellschaftsfremden Dritten besteht, denen auch die Satzung kein Stimmrecht einräumen kann[55] und – bejahendenfalls –, ob das Fehlen der Zustimmung in solchen Fällen den Beschluss (schwebend) unwirksam macht oder gegebenenfalls nur eine Verpflichtung zum Schadensersatz begründet. Jedenfalls dort, wo das Gesetz eine zwingende Zuständigkeit der Gesellschafter vorsieht (vgl. §§ 26, 50, 60 Abs. 1 Nr. 2, 66) kommt nur letzteres in Betracht.[56]

17 **bb)** Gesellschaftsvertraglicher Änderung zugänglich sind grundsätzlich auch Festlegungen des Gesetzes über die jeweils erforderliche **Mehrheit**. Insbesondere ist es zulässig, für alle oder bestimmte Beschlüsse höhere Mehrheiten, ja sogar Einstimmigkeit vorzusehen.[57] Trifft letzteres zu, wird regelmäßig anzunehmen sein, es genüge, wenn alle abgegebenen Stimmen iSd. Antrags lauten.[58] Für Fälle der Stimmengleichheit kann einem Gesellschafter, wohl aber auch einem Dritten das Recht des **Stichentscheids** eingeräumt werden.[59] Zulässig wäre ferner eine Bestimmung, wonach bestimmte Maßnahmen (zB eine Sonderprüfung) schon auf Verlangen einer Minderheit ergriffen werden müssen.[60] Auch die Einführung von Mindestanforderungen der **Beschlussfähigkeit** (Mindestanwesenheit von Gesellschaftern, Mindestrepräsentation des Stammkapitals) – das Gesetz sieht insoweit nichts vor – ist erlaubt.[61]

---

[50] *Hachenburg/Hüffer* Rn. 89; *Scholz/Schmidt* Rn. 11 mwN.
[51] BGHZ 14, 264, 270 f. = NJW 1954, 1563; *Immenga/Werner* GmbHR 1976, 53; ausführlich *Schäfer* S. 64 ff.; 149 ff.; *ders.* GmbHR 1998, 113 ff., 168 ff. (mit Ausführungen zum Schutz stimmrechtsloser Gesellschafter); *Scholz/Schmidt* Rn. 11 mwN; einschränkend *Wiedemann* § 7 II 1.
[52] Höchststimmrecht; vgl. *Scholz/Schmidt* Rn. 11.
[53] *Baumbach/Hueck/Zöllner* Rn. 24 mwN.
[54] Vgl. *Immenga/Werner* GmbHR 1976, 53, 54.
[55] Zur Auslegung solcher „Stimmrechte" als Zustimmungsbefugnis *Baumbach/Hueck* 13. Aufl. Anm. 2 A.
[56] Zur Gesamtproblematik *Scholz/Schmidt* Rn. 12 mwN; insoweit anders *Meyer-Landrut/Miller/Niehus* Rn. 13; vgl. *Hachenburg/Hüffer* Rn. 34.
[57] Vgl. den Tatbestand von BGHZ 14, 25, 26 f. = NJW 1954, 1401; ferner *Scholz/Schmidt* Rn. 9; *Hachenburg/Hüffer* Rn. 20; für die Satzungsänderung § 53 Rn. 46.
[58] *Hachenburg/Hüffer* Rn. 20.
[59] *Scholz/Schmidt* Rn. 10; *Hachenburg/Hüffer* Rn. 23; *Baumbach/Hueck/Zöllner* Rn. 14.
[60] *Zöllner* in *Baumbach/Hueck* Rn. 15; *Roth/Altmeppen* Rn. 7.
[61] Zur Frage, ob Gesellschafter, die der Beschlussfassung widersprechen, in einem solchen Fall als „anwesend" zu werten sind, mit Recht verneinend OLG München GmbHR 1994, 125, 126 f. Zur selben, ebenfalls zu verneinenden Frage, bei Fehlen des Stimmrechts BGH WM 1992, 224, 226 f. = WuB II C. § 46 GmbHG 1.92 – *Groß* = EWiR § 46 GmbHG 1/92 – *Zimmermann;* insoweit in BGHZ 116, 353 nicht abgedruckt. Zu Regelungsvarianten im Zusammenhang von Wahlen *Hachenburg/Schilling* Rn. 8; *Roth/Altmeppen* Rn. 7; zur (aktienrechtlichen) Zulässigkeit satzungsmäßig angeordneter qualifizierter Mehrheit in diesem Zusammenhang BGHZ 76, 191, 193 f. = NJW 1980, 1465.

b) **Grenzen.** Grenzen der Satzungsautonomie ergeben sich zunächst aus dem **18** Gesetz. Nach § 53 Abs. 2 ist die für eine Änderung des Gesellschaftsvertrages erforderliche Mehrheit nach unten nicht abänderbar (§ 53 Rn. 43). Ausgeschlossen sind auch qualifizierte Mehrheitserfordernisse im Zusammenhang der Abberufung von Geschäftsführern aus wichtigem Grund (§ 38 Rn. 17ff.). **Nachträgliche** Veränderungen der Abstimmungsmodi ohne Zustimmung des Betroffenen sind von vornherein unzulässig, wenn ein Sonderrecht, etwa in Gestalt eines Mehrfachstimmrechts vorliegt.[62] Davon abgesehen kommt es auf die Beachtung des Gleichbehandlungsgrundsatzes an; auch bloß faktische Diskriminierung ist nur zulässig, wenn sie durch überwiegende Sachgründe rechtfertigbar ist.[63] Demnach ist die nachträgliche Einführung einer Höchststimmrechtsbegrenzung zulässig, wenn sie in abstrakter, für alle Gesellschafter gleichermaßen geltender Weise formuliert ist und gleichzeitig deutlich wird, dass es um die Verfolgung von Gesamtinteressen, nicht um eine Willkürmaßnahme gegenüber dem de facto tangierten Gesellschafter geht.[64] Dementsprechend ist auch die Beseitigung eines ursprünglich vereinbarten Höchststimmrechts ohne Zustimmung der davon reflexiv Betroffenen zu beurteilen.[65] Die nachträgliche Vinkulierung von Geschäftsanteilen ist ohne Zustimmung (betroffener) Gesellschafter nicht möglich (§ 53 Rn. 26). Grenzen der Änderung des Gesellschaftsvertrages können sich aus ihm selbst ergeben.[66]

IV. Stimmrecht und Stimmabgabe

1. Grundlagen. a) Stimmrecht und Stimmpflicht. Stimmberechtigt sind **19** die Gesellschafter, und zwar mangels gegenteiliger Bestimmung des Gesellschaftsvertrages auch solche, die die Gesellschaft gekündigt haben.[67] Mit der Übertragung des Anteils geht auch das Stimmrecht über, vorher nicht.[68] Bei treuhänderischer Innehabung steht das Stimmrecht dem Treuhänder, nicht dem Treugeber zu.[69] Auch der Nießbraucher erwirbt kein Stimmrecht.[70] Andere Ansichten (Stimmrecht des Nießbrauchers, gemeinsame Ausübung durch Gesellschafter und Nießbraucher) haben sich mit Recht nicht durchgesetzt.[71] Auch der Pfandrechtsgläubiger ist unstreitig nicht stimmberechtigt.[72] **Ausnahmen** von der gesetzlich demnach sonst durchweg maßgeblichen Verknüpfung zwischen Stimmrecht und Mitgliedschaft (zur Abdingbar-

---

[62] *Hachenburg/Hüffer* Rn. 90; *Meyer-Landrut/Miller/Niehus* Rn. 10.
[63] Ebenso iErg. *Hachenburg/Schilling* Rn. 11, wo aber zusätzlich mit dem Gedanken der Treupflichtverletzung argumentiert wird; vgl. § 53 Rn. 50.
[64] BGHZ 70, 117, 121 ff. = NJW 1978, 540 für AG; aA *Hachenburg/Hüffer* Rn. 90; *Baumbach/Hueck/Zöllner* Rn. 43; für wN auch von Gegenstimmen *Scholz/Schmidt* 6. Aufl. Rn. 11; vgl. auch Rn. 124; allgemein zur Möglichkeit der Abschwächung der Stimmkraft im Kontext von Satzungsänderungen *Ivens* GmbHR 1989, 61 ff.; dagegen *Mayer* GmbHR 1990, 61, 63 f.
[65] Strenger *Meyer-Landrut/Miller/Niehus* Rn. 11.
[66] BGHZ 76, 191, 194 ff. = NJW 1980, 1465.
[67] BGHZ 88, 320, 323 = NJW 1984, 489; BGH WM 1983, 1310, 1311 f.; 1983, 1354 f.; OLG Düsseldorf 2000, 1180, 1181; OLG Celle GmbHR 1983, 273, 274 mwN auch der Gegenansicht; vgl. *Baumbach/Hueck/Zöllner* Rn. 26 a; *Meyer-Landrut/Miller/Niehus* Rn. 6.
[68] BGH WM 1974, 372, 373.
[69] *Scholz/Schmidt* Rn. 18.
[70] *Scholz/Schmidt* Rn. 19; *Baumbach/Hueck/Zöllner* Rn. 26; *Reichert/Schlitt/Düll* GmbHR 1998, 567; aA *Hachenburg/Hüffer* Rn. 51 mwN. S. auch BGH NJW 1999, 571 = BB 1999, 208 = ZIP 1999, 68 (dazu *K. Schmidt* ZGR 1999, 601 ff.).
[71] Überzeugend *Wiedemann* S. 408 ff.
[72] Vgl. RGZ 157, 52, 54 f.; *Hachenburg/Hüffer* Rn. 50; *Scholz/Schmidt* Rn. 19 mwN.

§ 47 3. Abschnitt. Vertretung und Geschäftsführung

keit dieses Prinzips Rn. 24 ff.) werden nur hinsichtlich des **Testamentsvollstreckers**[73] und des **Insolvenzverwalters**[74] zugelassen. Die Satzung kann freilich anderes bestimmen.

20   Positive **Stimmpflichten** kommen nur dort in Betracht, wo sich das Abstimmungsermessen der Gesellschafter ausnahmsweise auf Null reduzieren lässt.[75] Wenn der Gesellschaftsvertrag Einstimmigkeit oder nur mit den Stimmen des betreffenden Gesellschafters erreichbare Mehrheiten vorsieht, wird man dies eher bejahen können als sonst.[76] Ausschlaggebend ist, ob die Unterlassung des Beschlusses das Gesellschaftsinteresse objektiv (eindeutig) und massiv beeinträchtigen würde. Das kann etwa im Zusammenhang mit Sanktionen gegen Geschäftsführung (vgl. § 38 Rn. 17 ff.), Gesellschafter[77] oder im Kontext einer Umstrukturierung[78] der Fall sein. Auch gibt es Fälle, wo ein Gesellschafter verpflichtet ist, für einen Antrag auf Geltendmachung von Ersatzansprüchen (§ 46 Nr. 8) zu stimmen.[79] Für Gewinnverwendungsbeschlüsse vgl. Rn. 131. Die Rechtsprechung zur OHG, deren Kerngehalt sich auf die GmbH übertragen lässt,[80] hat – Zumutbarkeit für den unwilligen Gesellschafter vorausgesetzt – ausnahmsweise sogar eine Verpflichtung bejaht, bei der Herbeiführung einer Änderung des Gesellschaftsvertrages mitzuwirken.[81] Für Kapitalgesellschaften gilt im Prinzip dasselbe.[82] Unberührt bleibt allerdings stets das Recht zur Desinvestition (vgl. Rn. 131). Einem Verlängerungsbeschluss braucht also auch dann nicht zugestimmt zu werden, wenn dies im objektiven Interesse aller Beteiligten liegt.[83] Die gesellschaftsvertragliche Festlegung von Stimmpflichten, z. B. bei der Bestellung von Geschäftsführern, ist möglich.[84] Aus der Satzung kann sich auch die Pflicht ergeben, nicht in bestimmter Weise abzustimmen.[85] Ebendies mag auch aus der Beschlusslage der Gesellschaft resultieren, zB anlässlich der beabsichtigten Wiederbestellung eines aus wichtigem Grund abberufenen Geschäftsführers.[86] Die Durchsetzung von Stimmpflichten mittels Klage oder einstweiliger Verfügung richtet sich nach denselben Regeln wie im Kontext vertraglicher Stimmbindung.[87]

---

[73] *Fleck*, FS Fischer, 1979, S. 107, 114; *Groß* GmbHR 1994, 596, 597 ff.; *Hachenburg/Hüffer* Rn. 49.
[74] *Wiedemann* S. 364; *Hachenburg/Hüffer* Rn. 49; zu beiden *Scholz/Schmidt* Rn. 16; *Baumbach/Hueck/Zöllner* Rn. 30.
[75] *Scholz/Schmidt* Rn. 31; *Korehnke* S. 122; wohl weitergehend *Baumbach/Hueck/Zöllner* Rn. 76 a; vgl. auch *Eickhoff* S. 113 ff.; *Winter* S. 167 ff.; zusammenfassend *Hachenburg/Hüffer* Rn. 194. Für verstärkte Anerkennung von Stimmpflichten *Nonn* S. 78 ff.
[76] *Zöllner* S. 354 f. Für eine Fall dieser Art OLG Stuttgart BB 1999, 2316.
[77] Vgl. BGHZ 64, 253, 257 ff. = NJW 1975, 1410 für die OHG; *Scholz/Schmidt* Rn. 31 mwN.
[78] OLG Stuttgart BB 1999, 2313. Vgl. *Schultz* S. 281 ff.
[79] Dazu *Jäger* WiB 1997, 14.
[80] So ausdrücklich BGHZ 98, 276, 278 ff. = NJW 1987, 189 für die personalistische GmbH.
[81] BGHZ 44, 40, 41 = NJW 1965, 1960; BGH NJW 1974, 1656, 1657.
[82] Vgl. BGHZ 98, 276, 279 ff.; BGH ZIP 1987, 914, 915; *Henze* ZHR 162 (1998), 191 ff. Zu Stimmpflichten im Kontext von Sanierungsentscheidungen *Häsemeyer* ZHR 160 (1996), 109 ff., 125 ff.; *Hennrichs* AcP 195 (1995), 244 ff. Vgl. § 53 Rn. 58.
[83] *Scholz/Schmidt* 6. Aufl. Rn. 26 mit freilich nicht ganz passender Bezugnahme auf BGH NJW 1973, 1602.
[84] § 46 Rn. 22; näher *Baumbach/Hueck/Zöllner* Rn. 76 b.
[85] **Negative** Stimmpflicht; vgl. LG Mainz EWiR § 47 GmbHG 1/90 – *Fleck*.
[86] BGH BB 1991, 85 = WuB II C. § 46 GmbHG 1.91 – *Soehring*.
[87] OLG Hamburg GmbHR 1991, 467, 468 m. zust. Anm. *K. Schmidt*; *Happ* S. 380 zur EV; s. Rn. 34 ff.

Abstimmung **§ 47**

Kein Stimmrecht verschaffen Geschäftsanteile, die die **Gesellschaft selbst hält**.[88] **21**
Dasselbe gilt für kaduzierte Anteile (§ 21 Rn. 46) und solche, die für die Gesellschaft treuhänderisch gehalten werden.[89] Zugrunde liegt die sonst mögliche Verzerrung des Gesellschafterwillens durch faktisch seitens der Geschäftsführung kontrollierte Stimmabgabe. Aus diesem Grund stellt sich die von § 82 Abs. 4 RegE 1971 und von dem überwiegenden Teil des Schrifttums[90] schon de lege lata bejahte Frage, ob Geschäftsanteile, die einem von der GmbH abhängigen Unternehmen gehören, ebenfalls kein Stimmrecht vermitteln (dazu Anh. § 52 Rn. 84). Zur Stimmrechtsausübung bei der Komplementär-GmbH im Alleinbesitz der KG vgl. *Bülow* GmbHR 1982, 121 ff. mwN.

Die **Zuständigkeit zur Stimmabgabe** richtet sich bei juristischen Personen und **22** Personenhandelsgesellschaften (§ 124 HGB) nach den sonst auch maßgeblichen Vertretungsregeln. Für andere Gesamthandsgemeinschaften (BGB-Gesellschaft, Erbengemeinschaft, eheliche Gütergemeinschaft) und Bruchteilsgemeinschaften (zu ihrer Eignung als Gesellschafter einer GmbH § 2 Rn. 24) ist § 18 zu beachten. Demnach ist entweder einheitliche Wahrnehmung des Stimmrechts durch die Mitglieder der Gemeinschaft oder über einen gemeinsamen Vertreter vorgeschrieben.[91]

b) Stimmabgabe als Willenserklärung. Die Stimmabgabe ist Willenserklärung.[92] **23** Sie ist nicht empfangsbedürftig, wenn der Beschluss durch Abstimmung des Einmann- oder des einzig erschienenen Gesellschafters zustande kommt.[93] Abstimmung unter einer Bedingung ist möglich. Schwebende Unwirksamkeit, Anfechtbarkeit, Nichtigkeit richten sich nach den einschlägigen Regeln des BGB. Zu den Auswirkungen solcher Tatbestände auf den Beschluss vgl. Rn. 4. Umstritten ist, ob treuwidrige Stimmen als nichtig zu behandeln sind (dazu Rn. 125).

2. Übertragbarkeit des Stimmrechts; Legitimationszession. a) Abspaltung 24 des Stimmrechts. Bis heute umstritten ist die Frage, ob und inwieweit es möglich ist, das Stimmrecht vertraglich von der Mitgliedschaft „abzuspalten".[94] Die höchstrichterliche Rechtsprechung, die ursprünglich von einem Abspaltungsverbot schlechthin ausgegangen war,[95] hat diese Position später abgeschwächt.[96] Es wird auf zwei unterschiedlichen Ebenen begründet.[97] Auf der einen Seite spielen Erwägungen eine Rolle,

---

[88] RGZ 103, 64, 66 f.; BGHZ 119, 346, 356 mN = NJW 1993, 1265; BGH BB 1995, 690 f.; § 33 Rn. 47; ebenso § 136 Abs. 2 AktG.
[89] *Baumbach/Hueck/Zöllner* Rn. 40.
[90] Vgl. *Scholz/Schmidt* Rn. 24 mwN.
[91] Für Einzelheiten vgl. § 18 Rn. 5 ff.; zusammenfassend *Scholz/Schmidt* Rn. 1, 5; *Baumbach/Hueck/Zöllner* Rn. 27.
[92] BGHZ 14, 264, 267 = NJW 1954, 1563; BGHZ 48, 163, 173 = NJW 1967, 1963; *Hachenburg/Hüffer* Rn. 47; *Baumbach/Hueck/Zöllner* Rn. 4; *Messer*, FS Fleck, 1988, S. 221, 224 ff. mwN.
[93] Anders, aber mE gekünstelt *Lindemann* S. 138 f. mwN; ebenso LG Hamburg GmbHR 1998, 987.
[94] Strikt dagegen etwa *Scholz/Schmidt* Rn. 20; *Hachenburg/Hüffer* Rn. 53 mit der hM; ebenso § 14 Rn. 15; mit wenigen Einschränkungen dafür *Hachenburg/Schilling* § 14 Rn. 31 ff.; tendenziell auch *Ulmer* ZHR 156 (1992), 377, 389 f.; zur praktisch-wirtschaftlichen Dimension der Fragestellung *Fleck*, FS Fischer, 1979, S. 107, 108 ff.
[95] Vgl. BGHZ 43, 261, 267 = NJW 1965, 1378; BGH NJW 1968, 396, 397; BGHZ 3, 354 = NJW 1952, 178 für die Personengesellschaften.
[96] Vgl. BGH DB 1976, 2295, 2296; dazu insbesondere *Reuter* ZGR 1978, 633, 635; offen BGH NJW 1987, 780; ablehnend OLG Hamburg ZIP 1989, 298, 300; OLG Koblenz NJW 1992, 2163, 2164 f.
[97] Klare Zusammenfassung bei *Reuter* ZGR 1978, 633, 634 ff.; *Wiedemann* § 7 II 1; jetzt auch *Noack* Gesellschaftervereinbarungen S. 150 mit weiteren Differenzierungen.

die an die rechtstechnischen Grundlagen des numerus clausus der dinglichen Rechte anknüpfen.[98] Zum zweiten meint man, das Abspaltungsverbot folge auch aus dem inhaltlich freilich unterschiedlich bestimmten öffentlichen Interesse daran, den Willensbildungsprozess der Gesellschafter gegenüber dem Einfluss außenstehender Dritter abzuschotten.[99] Demgegenüber ist zu bedenken, dass sich eine Reihe praktischer Gestaltungen, die durch das Abspaltungsverbot ausgeschlossen zu sein scheinen, wahrscheinlich auch ausgeschlossen werden sollen, anerkanntermaßen auf andere Weise erreichen lässt.[100] Das gilt etwa für Stimmbindungsverträge (dazu Rn. 28 ff.) und für die Einführung stimmrechtsloser in Verbindung mit mehrfach stimmberechtigten Geschäftsanteilen (dazu Rn. 16). Hinzu kommt, dass in Gestalt der Stimmbefugnis eines Amtsträgers, insbesondere eines Testamentsvollstreckers (Rn. 19), ohnehin schon ein anerkannter Fall „verdrängender" Stimmrechtsausübung gegeben ist.[101] Es ist bedenklich, nur um der Reinheit des Prinzips willen an einem strikt verstandenen Abspaltungsverbot festzuhalten, einmal unter dem Gesichtspunkt der Wertungsfolgerichtigkeit und zum zweiten, weil die Möglichkeit von Ersatzkonstruktionen keine praktisch befriedigende Begründung dafür liefert, den direkten Weg zur Realisierung des eigentlich Gewollten abzuschneiden. Die Anliegen der Befürworter des Abspaltungsverbots lassen sich auch so verwirklichen. Das erfordert freilich die Bildung von Fallgruppen.

25   **Unzulässig** ist die Begründung selbständiger, d. h. von vornherein **mitgliedschaftsunabhängiger** Stimmrechte.[102] Unzulässig ist ferner die **dauernde** und **unwiderrufliche** Abspaltung des Stimmrechts von der Mitgliedschaft. Dagegen bestehen gegen eine Übertragung des Stimmrechts unter Gesellschaftern jedenfalls dann keine durchschlagenden Bedenken, wenn dieser Zustand entweder zeitlich limitiert ist, oder durch Kündigung beendet werden kann. Die Gefahr von Dritteinflüssen spielt in dieser Konstellation keine Rolle; die Verbindung zwischen Geschäftsanteil und Stimmrecht bleibt, wenn auch in gelockerter Form, erhalten. Hinzu kommt die Parallele zur Koppelung stimmrechtsloser mit mehrfach stimmberechtigten Geschäftsanteilen.[103] In den anderen Fällen sollte man darauf abstellen, ob die Stimmrechtsabspaltung im Rahmen eines Rechtsverhältnisses erfolgt, das einerseits ihren vorübergehenden Charakter sicherstellt und andererseits erwarten lässt, dass der Stimmrechtszessionar von seiner Befugnis im Einklang mit dem Gesellschaftsinteresse Gebrauch macht, entweder infolge Weisungsgebundenheit oder auf Grund der eigenen Interessenlage.[104] Demnach scheidet die Stimmrechtsübertragung an einen Pfändungspfand-, in aller Regel auch die an einen Vertragspfandgläubiger aus. Möglich ist sie dagegen, wenn auch nur ein-

---

[98] Führend *Wiedemann* S. 283 ff.; vgl. *Fleck*, FS Fischer, 1979, S. 107, 111 f.; zur Bedeutung dieses Gedankens für die Entwicklung der Rechtsprechung *Reuter* ZGR 1978, 633, 635 ff.
[99] Dazu *Reuter* ZGR 1978, 633, 634 mN; vgl. auch OLG Koblenz NJW 1992, 2163, 2164 f.
[100] Vgl. *Fleck*, FS Fischer, 1979, S. 107, 115 ff.
[101] Vgl. BGH DB 1976, 2295 ff.; *Fleck*, FS Fischer, 1979, S. 107, 118; kritisch *Reuter* ZGR 1978, 633, 641 f.
[102] Ganz hM; vgl. BayObLG WM 1986, 226, 227 f. = EWiR § 47 GmbHG 1/86, 167 – *Fleck* = WuB II C. § 47 GmbHG 1.86 – *Hadding*; *Wiedemann* S. 290 mN; auch *Hachenburg/Schilling* § 14 Rn. 35, der sonst ein Abspaltungsverbot ablehnt; anders für die OHG BGH JZ 1960, 490, 491; für Nachweise demgegenüber kritischer Stimmen *Fleck*, FS Fischer, 1979, S. 107, 113; wie der BGH auch für die GmbH *Weber* S. 331 ff.
[103] Dagegen gleichwohl *Hachenburg/Hüffer* Rn. 53; *Scholz/Schmidt* Rn. 20; wie hier etwa *Theißen* DB 1993, 469.
[104] Ähnlich *Fleck*, FS Fischer, 1979, S. 113, 118 ff.; *Weber* S. 252 ff.; *Lutter/Hommelhoff* Rn. 2; vgl. BGH NJW 1987, 780.

geschränkt, zugunsten des Nießbrauchers.[105] Im Zusammenhang von Treuhandverhältnissen bezüglich des Geschäftsanteils kann sich der Treugeber als „wirtschaftlicher Eigentümer" das Stimmrecht vorbehalten.[106]

Demnach zulässige Stimmrechtsabspaltungen unterliegen noch folgenden **zusätzlichen Regeln:** Satzungsbestimmungen gemäß § 15 Abs. 5 sind entsprechend anwendbar;[107] die Rechtslage bei Fehlen solcher Bestimmungen ist umstritten.[108] Entsprechend anwendbar ist auch § 16 Abs. 1.[109] Die Stimmrechtsübertragung bedarf der Schriftform.[110] Im übrigen unterliegt der Stimmrechtszessionar denselben Bindungen wie der Gesellschafter selbst[111] und haftet aus diesem Grunde auch der Gesellschaft gegenüber. **Zustimmungserfordernisse** zugunsten eines Gesellschafters (Rn. 13) bleiben von einer Stimmrechtsabspaltung unberührt.[112] Auch im Zusammenhang von Beschlüssen, die den **Kernbereich** der Mitgliedschaft betreffen (wichtigstes Beispiel: Satzungsänderungen), verbleibt das Stimmrecht stets beim Gesellschafter selbst.[113] 26

b) Legitimationszession. Von der Abspaltung des Stimmrechts ist nach hM die sogenannte Legitimationszession, d.h. die Ermächtigung zu unterscheiden, aus fremdem Stimmrecht in eigenem Namen abzustimmen.[114] Sie ist im Aktienrecht seit langem anerkannt und dort jetzt auch positivrechtlich verfestigt (§ 129 Abs. 3 AktG). Für die GmbH wird die Legitimationszession dagegen wohl überwiegend für unzulässig gehalten.[115] Sachlich liegt ein der Stimmrechtsabspaltung sehr ähnliches, wenn nicht mit ihr identisches Problem vor.[116] Bei Beachtung der dort geltenden Grenzen ist die Zulässigkeit der Legitimationszession daher auch für die GmbH zu bejahen.[117] 27

3. Stimmbindungen. a) Inhalt und Wirkung. Unter Stimmbindungen sind zweckmäßigerweise **rechtsgeschäftliche Bindungen zukünftigen Abstimmungsverhaltens** zu verstehen.[118] Es kann sich um Neben- oder Hauptpflichten handeln.[119] Zu der ersten Gruppe gehört etwa die fremdnützige Treuhand.[120] Hier hat der Treuhänder die Weisungen des Treugebers selbst dann zu beachten, wenn dies nicht ausdrücklich vereinbart ist. Doch kann der eigentliche Vertragszweck auch gerade in der Stimmbindung bestehen.[121] Verträge dieses Typs unter Gesellschaftern werden auch als 28

---

[105] Für Einzelheiten *Fleck*, FS Fischer, 1979, S. 125f.; dagegen OLG Koblenz NJW 1992, 2163, 2164f.; ausführliche Diskussion bei *Schön* ZHR 158 (1994), 228, 251ff.
[106] Offengelassen in BGH DB 1976, 2295, 2296; dagegen Roth/Altmeppen Rn. 16.
[107] Hachenburg/Zutt Anh. § 15 Rn. 33.
[108] Vgl. Hachenburg/Schilling § 14 Rn. 34 einerseits; *Fleck*, FS Fischer, 1979, S. 120 andererseits.
[109] Hachenburg/Zutt Anh. § 15 Rn. 33.
[110] Abs. 3 analog; vgl. *Theißen* DB 1993, 463.
[111] Hachenburg/Schilling § 14 Rn. 34; *Fleck*, FS Fischer, 1979, S. 118f.
[112] Hachenburg/Schilling § 14 Rn. 33.
[113] Hachenburg/Schilling § 14 Rn. 33.
[114] Vgl. *Wiedemann* S. 288ff.; Scholz/Schmidt Rn. 21.
[115] Für Nachweise Scholz/Schmidt Rn. 21; Hachenburg/Hüffer Rn. 54; offen OLG Hamburg ZIP 1989, 300 mwN.
[116] Ebenso Hachenburg/Zutt Anh. § 15 Rn. 31.
[117] Für Anerkennung entspr. der Stimmrechtsvollmacht Hachenburg/Hüffer Rn. 55.
[118] Ähnlich Scholz/Schmidt Rn. 35 mN; Hachenburg/Hüffer Rn. 65; Rechtstatsachen bei *Baumann/Reiss* ZGR 1989, 157, 183ff.
[119] Ausführlich dazu *Rodemann* S. 13ff.
[120] Für weitere Beispiele Scholz/Schmidt Rn. 38.
[121] Zu den dahinterstehenden wirtschaftlichen Interessen vgl. *Lübbert* S. 76ff., 102ff.; Hachenburg/Hüffer Rn. 66; Empirie bei *Zutt* ZHR 155 (1991), 213ff.; Redaktionshinweise bei *von der Osten* GmbHR 1993, 798ff.

Stimmrechtskonsortium, Stimmrechtspool oder als Schutzgemeinschaft bezeichnet. Meistens liegt eine BGB-Gesellschaft vor. Ein Stimmbindungsvertrag bedarf keiner **Form.** Er wirkt nur schuldrechtlich;[122] auch vereinbarungswidrige Stimmabgabe ist daher wirksam.[123] Umgekehrt schlägt die Unzulässigkeit der Stimmbindung auch nicht auf die bindungsgemäß abgegebene Stimme durch.[124] Zur Frage, ob dies auch dann gilt, wenn die Stimmbindung der Umgehung eines gesetzlichen Abstimmungsverbotes dient oder darauf hinausläuft, vgl. Rn. 56 f.

29 **b) Zulässigkeit. aa)** Die Rechtsprechung hält die Stimmbindung auch zugunsten außenstehender Dritter für **grundsätzlich wirksam.**[125] Der ganz überwiegende Teil der Literatur[126] ist derselben Auffassung. Trotz gewisser Bedenken, die aus der Möglichkeit der Beeinträchtigung des Einflusses nicht gebundener Gesellschafter und aus Dritteinwirkungen auf die Willensbildung der Gesellschafter herrühren[127] wird man die dadurch geschaffene Lage zu akzeptieren haben.[128] Für sie spricht immerhin, dass es innerhalb gewisser Grenzen ein freies Abstimmungsermessen gibt, dessen Einengung daher auch Sache der einzelnen Gesellschafter ist.[129] Wichtig ist aber, dafür zu sorgen, dass Stimmbindungen nicht dazu benützt werden können, die Grenzen des Abstimmungsermessens zu unterlaufen.

30 **bb)** Umstritten ist, ob Stimmbindungen **gesellschaftsvertraglich ausgeschlossen** werden können;[130] verneinendenfalls, ob dies wenigstens hinsichtlich der Vollstreckbarkeit gilt.[131] Die Frage hat mE keine wesentliche praktische Bedeutung. Denn es sollte nicht bestritten werden, dass eine gesellschaftsvertragliche Bestimmung gemäß § 15 Abs. 5[132] jedenfalls dann entsprechend anzuwenden ist, wenn ein Gesellschafter sein Abstimmungsverhalten in gegenständlicher oder zeitlich gewichtiger Weise vom Willen eines anderen abhängig macht.[133] § 15 Abs. 5 erlaubt darüber hinaus die Frage, ob hier nicht auch die Rechtsgrundlage für gesellschaftsvertragliche Bestimmungen liegt, die eine Kontrolle von Stimmbindungen als solche ermöglicht. Vom Zweck der Vorschrift her gesehen liegt eine bejahende Antwort nahe; durchgreifende Bedenken

---

[122] Präzisierend *Hachenburg/Hüffer* Rn. 67 ff.

[123] *Rodemann* S. 84 f. mwN; vgl. aber – insoweit bedenklich – BGH WM 1987, 71, 72 = EWiR § 47 GmbHG 1/87, 53 – *Riegger* = WuB II C. § 46 GmbHG 1.87 – *Werner*; s. Rn. 118.

[124] *Hachenburg/Schilling* Rn. 31; *Scholz/Schmidt* Rn. 53 mN; anders *Noack* Gesellschaftervereinbarungen S. 152 ff.; differenzierend *Rodemann* S. 103 ff.

[125] Vgl. etwa RGZ 112, 273 ff.; 165, 68, 77 f.; für Fälle der Drittbegünstigung RGZ 157, 52, 57 f.; BGHZ 48, 163, 166 = NJW 1967, 1963; BGH ZIP 1983, 432 f.; WM 1987, 71, 72; OLG Köln WM 1988, 974, 976 ff. Zur Entwicklung *Noack* Gesellschaftervereinbarungen S. 66 ff. *Ripka* S. 21 ff.

[126] Für Nachweise *Scholz/Schmidt* Rn. 39; ferner *Baumbach/Hueck/Zöllner* Rn. 77; *Tank* AG 1977, 34, 35; *Reuter* ZGR 1978, 633 ff.; s. ferner *Dürr* S. 35 ff.; grundsätzlich ablehnend *Flume* § 7 VI; *Hachenburg/Hüffer* Rn. 75 bei Begünstigung Dritter.

[127] Zur Bedeutung dieses Gesichtspunktes in der Diskussion um das Abspaltungsverbot Rn. 24.

[128] Anders für die Satzungsänderung *Priester*, FS Werner, 1984, S. 657; vgl. *Hachenburg/Hüffer* Rn. 78; *Scholz/Schmidt* Rn. 42; *Lutter/Hommelhoff* Rn. 5; zu Grenzen bezüglich der Abberufung von Geschäftsführern OLG Frankfurt NZG 2000, 378 mwN; für generelle Zulässigkeit zB *Baumbach/Hueck/Zöllner* Rn. 77; ausführlicher *ders.* ZHR 155 (1991), 168, 181 ff.; umfassende Diskussion der Zulässigkeitsfrage bei *Herfs* S. 320 ff.

[129] Dagegen *Priester*, FS Werner, 1984, S. 671 f. mwN; ausführlich *Ripka* S. 161 ff.

[130] Dafür die hM; vgl. *Hachenburg/Hüffer* Rn. 86 mN.

[131] Vgl. *Scholz/Schmidt* Rn. 46 mN.

[132] Zum Zweck dieser Vorschrift § 15 Rn. 161.

[133] Vgl. RGZ 69, 134, 137; ähnlich wie hier *Hachenburg/Hüffer* Rn. 86; *Meyer-Landrut/Miller/Niehus* Rn. 19; *Flume* § 7 VI; *Scholz/Schmidt* Rn. 42, 48 mwN; *Herfs* S. 335 ff.

sind nicht ersichtlich.[134] Überdies gibt es ein praktisches Bedürfnis, auf die Vinkulierung der Geschäftsanteile zu verzichten, Stimmbindungen andererseits aber unter Kontrolle zu halten. Satzungswidrige Stimmbindungsverträge sind nach überwiegender Auffassung wirksam.[135] Das erscheint jedenfalls dann zweifelhaft, wenn nur Gesellschafter vertragsbeteiligt sind.[136]

cc) Stimmbindungsverträge unterliegen bestimmten **Zulässigkeitsgrenzen.** Sie **31** sind unwirksam, soweit sie zu einer Verletzung dieser Grenzen verpflichten würden.[137] Die Beschränkungen ergeben sich teilweise aus dem Recht der GmbH selbst, teilweise aus allgemeineren Grundsätzen. Zur **ersten Gruppe** gehört die Regel, dass keine Stimmbindung zulässig ist, die auf eine Aushöhlung von Stimmverboten (dazu Rn. 50ff.) hinauslaufen würde.[138] Ein vom Stimmrecht ausgeschlossener Gesellschafter, aber auch ein Dritter, der – wäre er Gesellschafter – nicht abstimmen dürfte, kann daher die Stimmabgabe eines anderen nicht wirksam binden. Eine Abstimmungsvereinbarung ist ferner dann unverbindlich, wenn ihre Einhaltung zu einem nichtigen oder anfechtbaren Beschluss führen würde.[139] Letzteres gilt jedenfalls dann, wenn an der Vereinbarung nur Gesellschafter beteiligt sind.[140] Über den Bereich des insbesondere durch die Treuepflicht gegenüber der Gesellschaft und den anderen Gesellschaftern limitierten eigenen Abstimmungsermessens (dazu Rn. 125ff.) hinaus kann sich kein Gesellschafter wirksam binden.[141] Auch sind Verpflichtungen ausgeschlossen, einen wichtigen Grund nicht geltend zu machen.[142] Das hat sich insbesondere im Kontext von Wahlabsprachen als praktisch bedeutsam erwiesen.[143]

Die analoge Anwendung des § 136 Abs. 2 AktG[144] wird im Einklang mit dem **32** Reformmaterial[145] fast allgemein **abgelehnt.**[146] Das begründet man mit dem unterschiedlich zwingenden Charakter der für die AG und die GmbH maßgeblichen Kompetenzverteilungsregeln. Ergebnis und Begründung sind **bedenklich.** Auch Geschäftsführereinflüsse auf die Willensbildung der Gesellschafterversammlung sind

---

[134] So auch Baumbach/Hueck/Zöllner Rn. 78b.
[135] Hachenburg/Hüffer Rn. 86; Baumbach/Hueck/Zöllner Rn. 78b, je mwN.
[136] S. Koppensteiner, FS Rowedder, 1994, S. 213, 221ff.; Noack Gesellschaftervereinbarungen S. 137.
[137] §§ 134, 138 BGB; vgl. Scholz/Schmidt Rn. 44.
[138] BGHZ 48, 163, 166 = NJW 1967, 1963; Ripka S. 193ff.; Noack Gesellschaftervereinbarungen S. 123f.; Hachenburg/Hüffer Rn. 77; Baumbach/Hueck/Zöllner Rn. 78; Scholz/Schmidt Rn. 41, 47 mwN; vgl. OLG Stuttgart JZ 1987, 570 m. Anm. Flume.
[139] Vgl. LG Mainz EWiR § 47 GmbHG 1/90 – Fleck; Ripka S. 83ff.
[140] Vgl. Zöllner ZHR 155 (1991), 168, 172ff., 178.
[141] BGH WM 1970, 904, 905; Hachenburg/Hüffer Rn. 77; Scholz/Schmidt Rn. 50; weiterführend Noack Gesellschaftervereinbarungen S. 146ff. Kritisch Herfs S. 229ff. mwN beider Auffassungen: Kein Grund, Rechtslage anders als bei kollidierenden schuldvertraglichen Pflichten zu beurteilen (einschränkend aber S. 350, 352); gründlich ferner Weber S. 346ff.; der aufgrund abweichender Prämissen (Stimmbindung wirksam, im Bereich der Treuwidrigkeit aber nicht erfüllbar) zu Ergebnissen gelangt, die mit dem hier Vertretenen im Kern übereinstimmen; ähnlich Joussen S. 98f.; 107ff.; Armbrüster S, 241ff.
[142] Vgl. etwa RGZ 124, 371, 379; 133, 90, 95f.
[143] Für Nachweise Scholz/Schmidt Rn. 50.
[144] Stimmbindung zugunsten der Gesellschaft, eines Gesellschaftsorgans oder eines abhängigen Unternehmens; dazu Schröder ZGR 1978, 578, 581ff.
[145] BT-Drucks. 6/3088.
[146] OLG Köln WM 1988, 974, 977; Hachenburg/Schilling Rn. 29; Scholz/Schmidt Rn. 41; anders Baumbach/Hueck/Zöllner Rn. 78; ders. ZHR 155 (1991), 168, 183f.; Rodemann S. 41ff., 51ff. mwN.

generell systemwidrig, wie die hM bei der Behandlung des Stimmrechts aus gesellschaftseigenen Anteilen ja auch anerkennt.[147] Abgesehen davon gibt es auch in der GmbH einen den Gesellschaftern zwingend zugewiesenen Zuständigkeitsbereich (§ 45 Rn. 13ff.). Im Verhältnis zwischen Gesellschafterversammlung und mitbestimmtem Aufsichtsrat ist die Zuständigkeitsabgrenzung im wesentlichen ebenfalls gesetzlich vorgegeben (§ 52 Rn. 47). Jedenfalls in diesen eingeschränkten Bereichen müsste § 136 Abs. 2 AktG selbst von der Argumentationsgrundlage der hM aus entsprechend anwendbar sein.[148] Unzulässig sollen Stimmbindungen zugunsten außenstehender Dritter sein, die in die **ausschließliche Zuständigkeit** der **Gesellschafter** eingreifen.[149] Das geht mE wiederum zu weit. Auch im Bereich ausschließlicher Zuständigkeit gibt es ein Abstimmungsermessen. Die Zulässigkeit von Stimmbindungen setzt generell voraus, dass dieses Ermessen individuell zugeordnet und als verzichtbar aufgefasst wird. Warum dies für bestimmte Beschlussgegenstände prinzipiell anders sein sollte, ist nicht ersichtlich.[150]

33 **Nicht** auf spezifisch **gesellschaftsrechtlichen** Wertungen beruht die Nichtigkeit des Stimmenkaufs auch (vgl. § 405 Abs. 3 Nr. 6, 7 AktG, § 152 GenG) im Recht der GmbH.[151] Sittenwidrigkeit folgt hier aus dem Bestechungsmoment und erfasst daher alle Fälle entgeltlicher Stimmabgabe. Fragwürdig ist unter diesem Gesichtspunkt die von der hM[152] mit einem recht formalen Argument zugelassene Verpflichtung zu wechselseitiger Geschäftsführerwahl. Auch ausbeuterische Stimmbindungen, d. h. solche, die dem Bindenden zum Nachteil der Gesellschaft besondere Vorteile[153] verschaffen, sind unwirksam. Eben dies wird sich freilich regelmäßig auch aus der Treupflicht als Schranke der Stimmrechtsbindung ergeben.

34 **c) Durchsetzung. aa)** Nach Ansicht des RG und der früher überwiegenden Auffassung des Schrifttums ist es unzulässig, aus einem Stimmbindungsvertrag auf **Erfüllung zu klagen.** Der BGH[154] hat diese Ansicht aufgegeben und damit eine Wende in der Literatur herbeigeführt.[155] Für diese praktisch wohl ohnehin nicht mehr reversible Entwicklung spricht immerhin, dass es in der Tat nicht konsequent erscheint, die Stimmbindung einerseits grundsätzlich zuzulassen, sie andererseits aber nur mit einer – wegen der Schwierigkeit des Schadensnachweises auch noch wenig wirksamen – Schadensersatzsanktion zu belegen. Einzuräumen ist demgegenüber, dass es wegen der Grenzen des Abstimmungsermessens einerseits und möglicher Änderungen der Situation andererseits manchmal unmöglich sein mag, zuverlässig zu ermitteln, ob der Beklagte im Beschlusszeitpunkt überhaupt zu bindungsgemäßer Abgabe der Stimme verpflichtet ist. Aber das ist ein Problem der Spruchreife der Klage im Einzelfall und daher nicht geeignet, die generelle Unzulässigkeit der Erfüllungsklage zu begründen.

---

[147] Rn. 21; vgl. *Vogel* S. 50.
[148] Weitergehend *Baumbach/Hueck/Zöllner* Rn. 78.
[149] *Hachenburg/Schilling* Rn. 29; *Rodemann* S. 38ff. mwN; weitergehend *Hachenburg/Hüffer* Rn. 75.
[150] Vgl. aber *Fleck* ZGR 1988, 104, 109.
[151] OLG Colmar OLGE 6, 503; *Hachenburg/Hüffer* Rn. 77; *Scholz/Schmidt* Rn. 45.
[152] Für Nachweise *Scholz/Schmidt* Rn. 45.
[153] Dazu *Hachenburg/Schilling* Rn. 30. Zu Knebelung und Dauer als Sittenwidrigkeitselemente solcher Bindungen vgl. *Scholz/Schmidt* Rn. 44.
[154] BGHZ 48, 163, 169ff. = NJW 1967, 1963.
[155] Für Einzelheiten und Nachweise *Scholz/Schmidt* 6. Aufl. Rn. 52, 53; dagegen mit noch immer beachtlichen Gründen etwa Kölner KommAktG/*Zöllner* § 136 Rn. 112–114; ausführlich mit neuen Gesichtspunkten *Dürr* S. 113ff. Auseinandersetzung mit *Zöllner* bei *Rodemann* S. 119ff., 122ff.

Auch der weitere Einwand, ein auf vertragsgemäße Stimmabgabe lautendes Urteil beeinträchtige den auf gegenseitige Beeinflussung gerichteten Willensbildungsprozess der Gesellschafterversammlung, ist zunächst unschlüssig, wo schriftliche Abstimmung möglich ist (vgl. § 48 Rn. 18 ff.) und müsste darüber hinaus konsequenterweise zur Ablehnung von Abstimmungsvereinbarungen überhaupt führen. Insgesamt wird man daher an der grundsätzlichen Möglichkeit der Erfüllungsklage festzuhalten haben.[156] Neuerdings will die Rechtsprechung unter bestimmten zusätzlichen Voraussetzungen auch die Anfechtung eines bindungswidrig herbeigeführten Beschlusses zulassen. Das ist skeptisch zu beurteilen (vgl. Rn. 118).

bb) Immer noch heftig umstritten ist die Frage, wie zu **vollstrecken** ist.[157] Der BGH[158] gibt § 894 ZPO den Vorzug. Soweit nicht lediglich Unterlassung eines bestimmten Abstimmungsverhaltens begehrt wird, und deshalb § 890 ZPO eingreift, sprechen dafür in der Tat die besseren Gründe. § 888 ZPO scheidet aus, weil Stimmabgabe durch einen Dritten möglich ist.[159] Gegen die Anwendung des § 887 ZPO spricht, dass auf der Grundlage dieser Bestimmung im Unterschied zu § 894 ZPO auch aus einem nicht rechtskräftigen Urteil vollstreckt werden kann. Deshalb könnte es sein, dass die Stimmabgabe durch den ermächtigten Gläubiger sich infolge späterer Aufhebung des (vorläufig vollstreckbaren) Urteils als falsch herausstellt.[160] Nebenpflichten aus dem Stimmbindungsvertrag (zB auf Herbeiführung des Beschlusses) sind allerdings nach den §§ 887, 888 ZPO durchzusetzen.[161] Die Stimmabgabe – nicht der Beschluss[162] – selbst wird nach § 894 ZPO durch das rechtskräftige Urteil ersetzt. Am Zugangserfordernis ändert jene Bestimmung freilich nichts. Also bedarf es noch der Mitteilung des Urteils an den Versammlungsleiter oder die Teilnehmer der Abstimmung.[163]

cc) Praktisch wird es sehr häufig so sein, dass die Verurteilung zur Abgabe der Stimme iSd. Vereinbarung zu spät kommt. Auch eine **einstweilige Verfügung** ist, wo auf Erfüllung hinauslaufend, nicht möglich.[164] Nach derzeit deutlich im Vordringen befindlichen Auffassung bestehen dagegen keine Bedenken, die Ausübung des Stimmrechts mittels einstweiliger Verfügung jedenfalls bei eindeutiger Rechtslage oder überragendem Schutzbedürfnis verbieten zu lassen.[165] Aber auch das erscheint nicht

---

[156] Zur Fassung des Klageantrags vgl. *Scholz/Schmidt* Rn. 57. Diskussion von pro- und contra-Argumenten bei *Noack* Gesellschaftervereinbarungen S. 71 f.
[157] Übersicht über den Meinungsstand bei *Scholz/Schmidt* Rn. 56.
[158] BGHZ 48, 163, 173 f. = NJW 1967, 1963.
[159] *Hachenburg/Schilling* Rn. 33; aA *Zutt* ZHR 155 (1991), 190, 196 f.
[160] *Hachenburg/Hüffer* Rn. 81. Ausführlich zum ganzen *Rodemann* S. 126 ff. mwN.
[161] *Scholz/Schmidt* Rn. 56.
[162] BGH WM 1989, 1021.
[163] BGHZ 48, 163, 174 = NJW 1967, 1963; BGH WM 1989, 1021; großzügiger wohl *Zutt* ZHR 155 (1991), 190, 198.
[164] Früher hM; OLG Koblenz NJW 1991, 1119 f. = WuB II C. § 47 GmbHG – *Marsch-Barner*; *Baumbach/Hueck/Zöllner* Rn. 81; *Meyer-Landrut/Miller/Niehus* Rn. 21; *Westermann/Menger* DWiR 1991, 143, 144; ebenso noch KG GmbHR 1997, 175 („in aller Regel unzulässig"); ähnlich restriktiv OLG Celle GmbHR 2000, 368; zurückhaltender *Scholz/Schmidt* Rn. 59 mwN; dagegen *Lutter/Hommelhoff* Rn. 6; OLG Hamburg GmbHR 1991, 467, 468 m. zust. Anm. *K. Schmidt; Schmitt* ZIP 1992, 1212 ff.; *Damm* ZHR 154 (1990), 413, 435 ff.; ausführlich *Nonn* S. 142 ff. für Stimmbindung aus der Treuepflicht. Allgemeine Ausführungen zum möglichen Inhalt einstweiliger Verfügungen im Gesellschaftsrecht mit deutlicher Frontstellung, gegen das „Erfüllungsargument" bei *Littbarski* S. 124 ff.
[165] *Hachenburg/Hüffer* Rn. 82; *Roth/Altmeppen* Rn. 46; OLG Koblenz GmbHR 1986, 428, 429 f. = EWiR § 47 GmbHG 3/86, 373 – *v. Gerkan*; LG Mainz EWiR § 47 GmbHG 1/90 –

unproblematisch.[166] Stimmbindungsvereinbarungen sollten daher eine Vertragsstrafenregelung enthalten.[167] Auch die Kopplung der Stimmbindung mit einer Stimmrechtsvollmacht kommt als Sicherungsmittel in Betracht.

37   **d) Kollisionsrecht.** Kollisionsrechtlich unterliegen Stimmrechtsvereinbarungen grundsätzlich dem Vertragsstatut. Hinsichtlich der gesellschaftsrechtlichen Zulässigkeit solcher Verträge ist aber eine Sonderanknüpfung zugunsten der lex societatis geboten.[168]

38   **4. Uneinheitliche Stimmabgabe? a) Ausgangspunkt.** Wenn jemand für sich selbst **und** gleichzeitig als Bevollmächtigter eines anderen oder als Bevollmächtigter verschiedener Gesellschafter abstimmt, dann kann dies für jeden Gesellschaftsanteil **in verschiedener Weise** geschehen. Das ist unstrittig.[169] Bis heute heftig umstritten ist dagegen, ob ein Gesellschafter **für sich selbst** verschieden abstimmen kann.[170] Zu unterscheiden ist jedenfalls danach, ob ein Gesellschafter nur einen oder mehrere Geschäftsanteile hält.

39   **b) Ein Geschäftsanteil.** Nach Auffassung des BGH[171] kann aus einem Geschäftsanteil nur **einheitlich** abgestimmt werden.[172] Die Zweifel an der Richtigkeit dieser Auffassung knüpfen an den Wortlaut von Abs. 2 an, der die Vorstellung nahelegt, auch ein- und derselbe Geschäftsanteil könne mehrere voneinander unterscheidbare Stimmrechte vermitteln. Dass es dort in Wahrheit aber nur um die Fixierung des Stimmengewichts geht, folgt aus § 18.[173] Diese Bestimmung zeigt, dass das Stimmrecht aus einem Anteil als einheitliches und daher auch als einheitlich auszuübendes Recht aufzufassen ist. Auch eine Teilstimmenthaltung kommt deshalb nicht in Betracht.[174] Die als Gegenargument geltend gemachten praktischen Gesichtspunkte[175] sind mit § 18 nicht vereinbar. Wenn mehrere Berechtigte mit möglicherweise unterschiedlichen Interessen nur einheitlich abstimmen können – das gilt sogar für die Bruchteilsgemeinschaft (vgl. § 18 Rn. 3) – dann kann sich daran nichts ändern, wenn

---

Fleck für satzungswidrige Stimmabgabe; OLG Hamm GmbHR 1993, 163 m. zust. Anm. *Michalski* mwN; OLG Frankfurt GmbHR 1993, 161 f.; OLG Stuttgart GmbHR 1997, 312; OLG München NZG 1999, 407 m. Anm. *Michalski/Schulenburg;* LG München ZIP 1994, 1858, 1859; *Lutter/ Hommelhoff* Rn. 6; *Happ* S. 379; *Rodemann* S. 131 ff., 135, *Damm* ZHR 154 (1990), 413, 432 ff.; *Michalski* GmbHR 1991, 12 ff.; *Beyer* GmbHR 2001, 467, 468 f.; *Winter* RWS-Forum 15, 58 ff. (nur bei Unmöglichkeit anderweitigen effektiven Rechtsschutzes). Nach *Zutt* ZHR 155 (1991), 190, 199 ff. kann zwischen Verbots- und Gebotsverfügungen nicht sinnvoll unterschieden werden (ebenso *Winter* RWS-Forum 15, 58, 62). Zu den Wirkungen einer EV *Eickhoff* Praxis, 50; *Rodemann* S. 142 ff.

[166] Zur Frage der Durchsetzung vor dem Hintergrund des § 894 ZPO *Zutt* aaO S. 202 f.; *Zöllner* ZHR 155 (1991), 168, 188 f.; *Rodemann* S. 141 f.
[167] Vgl. RGZ 133, 90, 95; GmbH-HdB Rn. 1214; *Scholz/Schmidt* Rn. 61 mwN.
[168] *Overrath* ZGR 1974, 86, 95, 102 f.; *Koppensteiner* Internationale Unternehmen S. 152 f.; *Scholz/Schmidt* Rn. 62; anders RGZ 161, 296, 298 f.
[169] *Scholz/Schmidt* Rn. 67; *Hachenburg/Hüffer* Rn. 61; GmbH-HdB Rn. 464.
[170] Vgl. nur *Scholz/Schmidt* Rn. 68 ff. einerseits; *Hachenburg/Schilling* Rn. 14 ff. andererseits.
[171] BGH GmbHR 1965, 32; vgl. auch BGHZ 104, 66, 74; RGZ 157, 52, 57.
[172] Zustimmend etwa *Heckelmann* AcP 170 (1970), 306, 340 f.; *Scholz/Schmidt* Rn. 69; *Baumbach/Hueck/Zöllner* Rn. 11; *Hachenburg/Hüffer* Rn. 59; dagegen etwa RGZ 137, 305, 314; *Armbrüster,* FS Bezzenberger, 2000, S. 13 ff. mit dem Argument, es liege eine (zulässige) Reduktion des Stimmengewichts seitens des Gesellschafters vor.
[173] Vgl. *Heckelmann* AcP 170 (1970), 306, 335 ff.; 340 f.
[174] Anders *Hachenburg/Schilling* Rn. 22 mwN; weitere Gegenstimmen in Rn. 19 f.
[175] *Hachenburg/Schilling* Rn. 21.

etwa einer der „Gemeinschafter" teils für sich, teils als Treuhänder anderen auftritt.[176]

c) Mehrere Anteile. Vereinigen sich mehrere Anteile in der Hand eines Gesellschafters, was wegen § 5 Abs. 2 nur durch nachträglichen Zuerwerb möglich ist, dann ist uneinheitliche Stimmabgabe für die verschiedenen Anteile nach hM jedenfalls dann zulässig, wenn dafür ein anerkennenswertes Bedürfnis besteht.[177] Das ist der Fall, wenn mehreren von einer Person gehaltenen Geschäftsanteilen gleichwohl verschiedene Interessenträger zugeordnet sind.[178] Darüber hinaus wird die uneinheitliche Stimmabgabe aus mehreren Anteilen ganz generell zu bejahen sein.[179] Aus § 15 Abs. 2 ergibt sich, dass Mitgliedschaftsrechte mit einzelnen Anteilen verknüpft sind. Der demgegenüber[180] postulierte Grundsatz der Einheitlichkeit der Mitgliedschaft trotz Innehabung mehrerer Anteile findet keine zureichenden Anhaltspunkte im Gesetz. Darüber hinaus würde der im Zusammenhang uneinheitlicher Stimmabgabe sonst unvermeidbare Nachweis eines berechtigten Bedürfnisses den Abstimmungsvorgang mit einer bedenklichen Unsicherheit belasten.[181] Schließlich wäre es mangels Ersichtlichkeit gegenläufiger Interessen durchaus fragwürdig, einen Gesellschafter – man denke an eine verdeckte Treuhand bezüglich eines von mehreren Geschäftsanteilen – mit einer solchen Offenlegungsobliegenheit zu belasten. 40

d) Bedeutung des Gesellschaftsvertrags. Der Gesellschaftsvertrag kann vorschreiben, dass aus **mehreren** Anteilen nur **einheitlich** abgestimmt werden kann (§ 45 Abs. 1). Das Gegenargument,[182] damit werde praktisch ein Stimmbindungsverbot geschaffen, ist nach hier vertretener Ansicht (vgl. Rn. 30) nicht schlüssig. Gestattung uneinheitlicher Stimmabgabe aus nur einem Anteil sollte ebenfalls zugelassen werden.[183] § 18 Abs. 1 ist nicht zwingend. Andere durchschlagende Gründe für eine Abweichung von dem in § 45 Abs. 1 aufgestellten Prinzip sind nicht ersichtlich. 41

e) Unzulässig uneinheitliche Stimmabgabe. Unzulässig uneinheitliche Stimmabgabe ist als **Stimmenthaltung** zu werten und zwar bezüglich aller abgegebenen Stimmen.[184] Zu den Folgen der Mitzählung solcher Stimmen vgl. Rn. 9. 42

V. Vertretung bei der Stimmabgabe (Abs. 3)

1. Grundlagen. a) Bedeutung der Bestimmung. Aus Abs. 3 ergibt sich, dass das Stimmrecht des Gesellschafters nicht höchstpersönlich ausgeübt werden muss. Die Bestimmung impliziert vielmehr, dass Stimmabgabe durch **Bevollmächtigte** zulässig ist. Allerdings bedarf die Stimmrechtsvollmacht „zu ihrer Gültigkeit der Textform". Trotz 43

---

[176] Dagegen *Armbrüster*, FS Bezzenberger, 2000, S. 13, 17 f. Wie hier *Scholz/Schmidt* Rn. 70; *Hachenburg/Hüffer* Rn. 59; gründlich zum ganzen *Priester*, FS Weichler, 1997, S. 101 ff.
[177] Vgl. *Hachenburg/Hüffer* Rn. 61, wN in Rn. 16; *Baumbach/Hueck/Zöllner* Rn. 11; Vertragspraxis bei *Baumann/Reiss* ZGR 1989, 157, 186 f.
[178] Beispiele: Treuhand, Stimmbindung, Pfandrecht, Nießbrauch, jeweils nur bezüglich einzelner Anteile; vgl. *Hachenburg/Hüffer* Rn. 61.
[179] So etwa *Renkl* S. 73; *Priester*, FS Weichler, 1997, S. 106; *Heckelmann* AcP 170 (1970), 306, 336 ff.; *Scholz/Schmidt* Rn. 72 mwN; *Meyer-Landrut/Miller/Niehus* Rn. 23; aM *Hachenburg/Hüffer* Rn. 61; *Baumbach/Hueck/Zöllner* Rn. 11.
[180] *Hachenburg/Hüffer* Rn. 61.
[181] RGZ 137, 305, 314.
[182] *Scholz/Schmidt* Rn. 74.
[183] So *Hachenburg/Hüffer* Rn. 64; RGZ 137, 305, 314; dagegen die wohl hM; vgl. *Heckelmann* AcP 170 (1970), 306, 339 ff.; zweifelnd *Scholz/Schmidt* Rn. 68 mwN.
[184] Überzeugend *Scholz/Schmidt* Rn. 71; ebenso *Hachenburg/Hüffer* Rn. 63.

dieses Wortlauts, der eine Deutung der Form als Wirksamkeitsvoraussetzung nahelegt, geht es dabei in Wahrheit nur um die **Legitimation** des Vertreters (Rn. 46).[185]

44 **b) Reichweite.** Abs. 3 bezieht sich **nur** auf Fälle **rechtsgeschäftlich** vermittelter Vertretungsmacht, betrifft also nicht Vertreter kraft Gesetzes, also etwa Eltern oder Vertretungsorgane juristischer Personen. Auch Vormund und Pfleger werden nicht erfasst.[186] Dasselbe gilt für Gesellschafter einer OHG und Komplementäre einer KG, darüber hinaus wohl auch für Prokuristen.[187] Der Nachweis der Vertretungsmacht ist hier auf andere Weise zu führen. Gegenüber Vertretern einer Handelsgesellschaft und Prokuristen wird wegen § 15 Abs. 1 HGB ein Handelsregisterauszug, verbunden mit dem Nachweis der Bekanntmachung verlangt werden dürfen.[188] Für Amtswalter (Insolvenzverwalter, Testamentsvollstrecker) ist Abs. 3 ebenfalls bedeutungslos. Sie handeln im eigenen Namen.[189]

45 **c) Umfang und Widerruf der Vollmacht.** Der Umfang der Stimmrechtsvollmacht ist beliebig. Sie kann auf einzelne Versammlungen, ja sogar einzelne Tagesordnungspunkte beschränkt sein. Widerruf ist bis zur Stimmabgabe nach Maßgabe der §§ 170 bis 173 BGB möglich.[190] Vgl. auch Rn. 48.

46 **2. Die Bedeutung der Form.** Entgegen dem Wortlaut von Abs. 3 ist die Textform der Vollmacht (§ 126b BGB nF) **nicht** als **Wirksamkeitsvoraussetzung** aufzufassen.[191] Der BGH deutet den Zweck der Bestimmung zutreffend dahingehend, die Gesellschafterversammlung solle in die Lage versetzt werden, die Bevollmächtigung zu prüfen. Dementsprechend soll Textform unter gewissen zusätzlichen Voraussetzungen entbehrlich sein, wenn die Vollmacht in der Versammlung erteilt wird. Von diesen Befunden her gesehen ist es geboten, die Form der Vollmacht lediglich als **Voraussetzung** des Anspruchs auf **Teilnahme** an der Versammlung und auf **Abgabe** der **Stimme** aufzufassen.[192] Die Stimmrechtsvollmacht selbst ist auch formlos wirksam. Ansonsten wäre die Stimmabgabe eines nicht schriftlich bevollmächtigten Vertreters in allen Fällen unwirksam, d. h. auch dann, wenn niemand das Fehlen der Legitimation gerügt hat und eine mündliche Vollmacht erteilt war. Daran besteht kein privates oder öffentliches Interesse. Auch die Stimmabgabe durch den nicht ausgewiesenen falsus procurator ist nicht endgültig obsolet. Denn es gelten die §§ 177, 180 S. 2 BGB[193] einschließlich der durch § 177 Abs. 2 BGB gewährleisteten Möglichkeit, eine schnelle Klärung der Rechtslage herbeizuführen. Auf die Stimmabgabe des einzigen Gesellschafters – sie ist nicht zugangsbedürftig (Rn. 23) – sollte § 180 S. 2 BGB entsprechend

---

[185] Zu den Pflichten des Bevollmächtigten BGHZ 129, 136, 148 ff. = ZIP 1995, 819 = EWiR § 135 AktG 1/95, *Beckerhoff* 158 ff. mwN. Zur Umdeutung einer Stimmrechtsabspaltung in eine Stimmrechtsvollmacht OLG Koblenz NJW 1992, 2163, 2165 mN.

[186] Vgl. OLG Celle GmbHR 1959, 113, 114.

[187] Vgl. *Scholz/Schmidt* Rn. 86; *Meyer-Landrut/Miller/Niehus* Rn. 29; *Hachenburg/Hüffer* Rn. 98.

[188] Einschränkend für Prokuristen *Scholz/Schmidt* Rn. 86; vgl. *Baumbach/Hueck/Zöllner* Rn. 38.

[189] *Hachenburg/Hüffer* Rn. 108.

[190] *Scholz/Schmidt* Rn. 88; *Hachenburg/Hüffer* Rn. 95.

[191] RG JW 1934, 976, 977; dem zustimmend *Siebert* JW 1934, 1116; *Scholz/Schmidt* Rn. 85; dagegen BGHZ 49, 183, 194 = NJW 1968, 743 und die hM in der Literatur; zB *Hachenburg/Hüffer* Rn. 97; *Baumbach/Hueck/Zöllner* Rn. 37.

[192] *Scholz/Schmidt* Rn. 85, 89; ausführlicher *ders.* 6. Aufl. Rn. 78. Ebenso LG Berlin GmbHR 1996, 50, 51.

[193] *Baumbach/Hueck/Zöllner* Rn. 37; *Hachenburg/Hüffer* Rn. 99; *Scholz/Schmidt* Rn. 87; BayObLG GmbHR 1989, 252, 253 f.

Abstimmung **§ 47**

angewendet werden.¹⁹⁴ Die nicht genehmigte Stimmabgabe durch den vollmachtslosen Vertreter führt nicht etwa, was allgemein angenommen zu werden scheint, generell zur Anfechtbarkeit des Beschlusses. Vielmehr gelten die in Rn. 9 f. dargelegten Regeln bei Mitzählung ungültiger Stimmen.

Ist ein Vertreter **nicht** imstande, sich gemäß Abs. 3 zu legitimieren, d. h. eine Vollmacht der vorgeschriebenen Form vorzulegen, so hat er **weder** einen Anspruch an der Versammlung **teilzunehmen,** noch die Stimme **abzugeben.** Hinterlegung der Vollmachtsurkunde zur Verwahrung durch die Gesellschaft kann nicht verlangt werden.¹⁹⁵ Über die Zulassung von Vertretern entscheidet der Leiter der Versammlung, bei Beanstandung die Gesellschafterversammlung durch ohne Verstoß gegen § 51 Abs. 4 möglichen (§ 51 Rn. 11) Mehrheitsbeschluss.¹⁹⁶ Die Stimmabgabe des (anscheinend) ordnungsgemäß ausgewiesenen falsus procurator ist unwirksam, wenn sie nicht genehmigt wird oder § 172 BGB eingreift; umgekehrt ändert die Zulassung eines nicht legitimierten Vertreters an der Wirksamkeit seiner Stimmabgabe nichts (Rn. 46). Wird jemand trotz Vorlage einer Urkunde gemäß Abs. 3 zurückgewiesen, so hat dies keine Folgen, wenn eine Vollmacht fehlt. Ist es umgekehrt, so ist der Beschluss bei förmlicher Feststellung anfechtbar, sonst unwirksam, wenn es auf die unberücksichtigt gebliebene Stimme angekommen wäre.¹⁹⁷ **47**

3. Grenzen der Stimmrechtsvollmacht. Hinsichtlich der **Person** des Bevollmächtigten gibt es grundsätzlich keine Schranken. In Extremfällen mag treuwidriges, zur Zurückweisung des Vertreters berechtigendes Verhalten des Vollmachtgebers vorliegen. Wer selbst einem Stimmverbot unterliegt, kann allerdings auch nicht als Vertreter eines anderen abstimmen (Rn. 55). **Gesamt-** und **Gruppenvertretung** (Vertretung mehrerer Gesellschafter durch eine Person) ist grundsätzlich zulässig,¹⁹⁸ nicht dagegen die **stimmrechtsspaltende,** d. h. nur Teile eines Geschäftsanteiles befassende Bevollmächtigung (dazu Rn. 39). Die **fremdsprachliche** Fassung der Urkunde schadet im allgemeinen nichts, wenn sie der Heimatsprache des Gesellschafters entspricht und keine unüberwindlichen Verständnisschwierigkeiten aufweist.¹⁹⁹ Eine schlechthin **unwiderrufliche** Vollmacht in dem Sinne, dass der Vollmachtgeber gleichzeitig darauf verzichtet, vom Stimmrecht selbst Gebrauch zu machen, kann nicht erteilt werden.²⁰⁰ Vorbehalten bleibt stets die Kündigung aus wichtigem Grund.²⁰¹ Außerdem ist dafür zu sorgen, dass die Vollmacht zusammen mit dem Grundverhältnis endet, auf das sie sich bezieht.²⁰² Die Abrede der Unwiderruflichkeit wirkt im übrigen bloß schuldrechtlich.²⁰³ Der Vollmachtgeber kann sich demnach stets an der Abstimmung beteiligen. Tut oder verlangt er dies, so verliert die Vollmacht der Gesellschaft gegenüber ihre Wirkung. Eventuelle Schadensersatzansprüche des Bevollmächtigten bleiben unberührt. Eine **verdrängende** Vollmacht dergestalt, dass die Stimmabgabe durch den Vollmachtgeber selbst nicht nur schuldrechtlich verboten, sondern mit „dinglicher" **48**

---

¹⁹⁴ Ebenso iErg. LG Hamburg GmbHR 1998, 987; *Scholz/Schmidt* Rn. 87.
¹⁹⁵ *Hachenburg/Hüffer* Rn. 98; *Scholz/Schmidt* Rn. 90.
¹⁹⁶ *Scholz/Schmidt* Rn. 91.
¹⁹⁷ Rn. 9; für Anfechtbarkeit generell LG Frankfurt GmbHR 1972, 199; *Scholz/Schmidt* Rn. 93.
¹⁹⁸ *Scholz/Schmidt* Rn. 80.
¹⁹⁹ OLG Brandenburg GmbHR 1998, 1037.
²⁰⁰ BGH DB 1976, 2295, 2297 mwN; OLG Koblenz NJW 1992, 2163, 2165. Nähere Analyse der Problematik mit teilweise abweichenden Ergebnissen bei *Weber* S. 238 ff. mwN.
²⁰¹ Für Möglichkeit der Kündigung schlechthin *Hachenburg/Hüffer* Rn. 93.
²⁰² *Scholz/Schmidt* 6. Aufl. Rn. 75; *Baumbach/Hueck/Zöllner* Rn. 36.
²⁰³ BGH DB 1976, 2295, 2297; *Scholz/Schmidt* Rn. 82.

Wirkung ausgeschlossen ist, ist aus grundsätzlichen zivilrechtlichen Gründen nicht möglich.[204] Aus gesellschaftsrechtlicher Sicht bestünden innerhalb der für die Stimmrechtsabspaltung geltenden Grenzen keine Bedenken.[205]

49 **4. Gesellschaftsvertragliche Abänderung.** § 47 Abs. 3 ist grundsätzlich **nicht zwingend** (§ 45 Abs. 2). Der Gesellschaftsvertrag kann die Vertretung also erleichtern, insbesondere dadurch, dass auf die Textform der Vollmacht verzichtet wird. Umgekehrt kommt auch eine Beschränkung der gesetzlichen Vertretungsmöglichkeiten in Betracht.[206] **Obligatorische Vertretung** ist jedenfalls dort zulässig, wo es dafür einen entsprechenden, starken Sachgrund gibt, so bei der gemeinsamen Vertretung mehrerer Erben durch eine Person.[207] Auch ein völliger Ausschluss jeder Vertretung bei der Stimmabgabe kann vorgesehen werden, dies allerdings wohl nur mit der Maßgabe, dass die Wahrnehmung des Stimmrechts dadurch nicht praktisch unmöglich gemacht wird.[208] Verstöße gegen diese Regeln führen zur Anfechtbarkeit des Beschlusses.

VI. Ausschluss des Stimmrechts (Abs. 4)

50 **1. Grundlagen. a) Norminhalt; Normzweck; Auslegung.** Nach Abs. 4 darf ein Gesellschafter sein Stimmrecht nicht ausüben, wenn es um seine Entlastung geht, wenn er von einer Verbindlichkeit befreit werden soll, wenn über die Vornahme eines Rechtsgeschäfts mit ihm entschieden werden soll, wenn Beschlussgegenstand die Einleitung oder Erledigung eines Rechtsstreites gegen ihn ist. Ausdrücklich fügt das Gesetz hinzu, dass diese Stimmverbote nicht nur für die Abstimmung aus eigenen Anteilen, sondern auch dann gelten, wenn ein Gesellschafter für andere auftritt. Die genannten Tatbestände umschreiben durchweg Fälle möglicher Kollision zwischen dem Interesse der Gesellschaft einerseits und außergesellschaftlichen Interessen eines Gesellschafters andererseits.

51 Daraus ist der **Zweck** der Vorschrift zu erschließen. Er besteht nach übereinstimmender Auffassung darin, möglichen Beeinträchtigungen des Gesellschaftsinteresses dadurch vorzubeugen, dass der Gesellschafter, in dessen Person sich tatbestandsmäßige Interessenkonflikte verwirklichen, von der Ausübung des Stimmrechts ausgeschlossen wird.[209] Dieser allgemeine Zweck lässt sich in zwei **Unterzwecke** aufspalten. Einmal geht es darum, das Verbot des Selbstkontrahierens (§ 181 BGB) in einer für die Erfassung von Gesellschafterbeschlüssen geeigneten Weise zu modifizieren.[210] Daneben spielt der Gedanke eine Rolle, dass niemand „Richter in eigener Sache" sein könne.[211] Diese Vorstellung trägt wohl das Verbot der Stimmabgabe dann, wenn es um die eigene Entlastung geht.[212] Der mit den Stimmverboten verfolgte Zweck – Neutralisierung von Interessenkonflikten in der Person eines Gesellschafters – liegt auch dem **Verbot**

---

[204] BGH WM 1971, 956; MüKoBGB/*Schramm* § 167 Rn. 89 mwN.
[205] Konsequent anders *Hachenburg/Hüffer* Rn. 93; *Scholz/Schmidt* Rn. 83.
[206] Nur durch Gesellschafter, persönlich oder beruflich Qualifizierte, nur für bestimmte Beschlussarten; für weitere Beispiele *Scholz/Schmidt* Rn. 97.
[207] *K. Schmidt* ZHR 146 (1982), 525, 530ff.; *Scholz/Schmidt* Rn. 96; *Hachenburg/Hüffer* Rn. 104; zur Personengesellschaft BGHZ 46, 291, 293f. = NJW 1967, 826.
[208] *Scholz/Schmidt* Rn. 96; *Baumbach/Hueck/Zöllner* Rn. 31.
[209] BGH NJW 1989, 2694, 2696; *Hachenburg/Hüffer* Rn. 120 mwN; weitergehend *Schneider* ZHR 150 (1986), 609, 612: Auch Schutz der Mitgesellschafter.
[210] Vgl. BGHZ 51, 209, 215 = NJW 1969, 841; *Wilhelm* JZ 1976, 674, 675f.; *Scholz/Schmidt* Rn. 102.
[211] BGHZ 9, 157, 178 = NJW 1953, 780; BGHZ 97, 28, 33 = NJW 1986, 2051; RGZ 146, 385, 389; *Scholz/Schmidt* Rn. 102; gegen diesen Gesichtspunkt *Wilhelm* JZ 1976, 674, 675f.
[212] *Scholz/Schmidt* 6. Aufl. Rn. 89; dazu dass hier kein Rechtsgeschäft vorliegt vgl. § 46 Rn. 30.

Abstimmung **§ 47**

missbräuchlicher Stimmrechtsausübung (dazu Rn. 125 ff.) zugrunde. Beide Verbote ergänzen einander.[213]

Die **Auslegung** von Abs. 4 darf sich nicht ohne weiteres vom Zweck der Vorschrift leiten lassen. Dem steht der Gedanke der Rechtssicherheit entgegen.[214] Der Gesetzgeber hat deshalb bewusst von einer Generalklausel Abstand genommen. Dem sonst geläufigen Prinzip teleologischer Extension kann daher nur dort Rechnung getragen werden, wo es entsprechend den starren Schranken von Abs. 4 gelingt, eine formalisierte Regel mit zureichendem Eindeutigkeitsgrad aufzustellen.[215] Diesem Programm ist die Rechtsprechung auch bisher gefolgt. Eine eher zweitrangige Frage in diesem Zusammenhang richtet sich darauf, ob nicht ausdrücklich ausgesprochene, inzwischen aber anerkannte Stimmverbote außerhalb von Abs. 4 angesiedelt (so die Judikatur) oder direkt dieser Bestimmung zugeordnet werden[216] sollten.[217] 52

b) Sachlicher Anwendungsbereich. Der sachliche Anwendungsbereich von Abs. 4 erstreckt sich nur auf die Abgabe der Stimme, nicht auf die Teilnahme an Versammlung und Beratung (§ 48 Rn. 8). Andererseits gilt die Bestimmung auch für die Beschlussfassung **anderer Gesellschaftsorgane,** auf die die Satzung Zuständigkeiten der Gesellschafterversammlung übertragen hat, also etwa auch für einen fakultativen Aufsichtsrat.[218] Das Stimmverbot greift grundsätzlich auch dann ein, wenn die Satzung Einstimmigkeit vorschreibt.[219] Entsprechendes gilt für Beschlüsse der **Vorgesellschaft.**[220] Auf die **GmbH & Co KG** ist die Bestimmung entsprechend anwendbar.[221] 53

Nicht anwendbar ist Abs. 4 demgegenüber in Fällen gleichartiger Befangenheit aller Gesellschafter.[222] Hier liegt der anvisierte Interessenkonflikt in Wahrheit gar nicht vor. Als Hauptfälle kommen in Betracht die Geltendmachung und der Erlass gesellschaftsvertraglicher Ansprüche einerseits und alle Gesellschafter betreffende Kapitalerhöhungen andererseits. Wo ein Beschlussgegenstand aufteilbar ist, weil besondere Umstände in der Person der Beteiligten eine Rolle spielen können, muss dies auf Antrag auch geschehen.[223] Dies gilt etwa im Zusammenhang des Abschlusses von Rechtsgeschäften mit allen Gesellschaftern oder bei der Entlastung der Gesellschafter-Geschäftsführer. Für **Einmanngesellschaften** ist Abs. 4 wegen Fehlens des diese Bestimmung tragenden Interessenkonflikts nicht anwendbar, es sei denn, der einzige Gesellschafter stimme nicht selber ab.[224] Sofern ein Ausführungsgeschäft erforderlich ist, muss freilich § 35 54

---

[213] Vgl. etwa die Argumentation von BGH WM 1977, 361 ff.; ferner *Scholz/Schmidt* Rn. 99 f.; *Hachenburg/Hüffer* Rn. 120; *Roth/Altmeppen* Rn. 39.
[214] BGHZ 68, 107, 109 = NJW 1977, 850; BGHZ 97, 28, 33 = NJW 1986, 2051; OLG Hamm GmbHR 1992, 802 = EWiR § 47 GmbHG 3/92 – *Stodolkowitz*; auch BGH WM 1990, 1618, 1619; aus der Literatur insbesondere *Zöllner* S. 161 f.
[215] Andere Tendenz bei *Roth/Altmeppen* Rn. 49; s. auch OLG Düsseldorf GmbHR 2000, 1050, 1052 f.
[216] So anscheinend *Scholz/Schmidt* 6. Aufl. Rn. 89, 121 ff.
[217] Zu solchen Fällen Rn. 77 ff.
[218] *Immenga/Werner* GmbHR 1976, 53, 55; *Hachenburg/Schilling* Rn. 58; *Scholz/Schmidt* Rn. 103; *Lutter/Hommelhoff* Rn. 17; zum obligatorischen Aufsichtsrat vgl. § 52 Rn. 43.
[219] *Zöllner* S. 194; *Scholz/Schmidt* Rn. 108.
[220] *Scholz/Schmidt* Rn. 103; vgl. § 11 Rn. 42.
[221] Dazu zB OLG Hamburg NZG 2000, 421, 422; *Scholz/Schmidt* Anh. § 45 Rn. 46; *Weinhard* DB 1989, 2417, je mwN.
[222] *Zöllner* S. 181 ff.; *Hachenburg/Hüffer* Rn. 124; *Scholz/Schmidt* Rn. 106.
[223] *Zöllner* S. 182 f.; *Scholz/Schmidt* Rn. 106.
[224] *Scholz/Schmidt* Rn. 105; *Roth/Altmeppen* Rn. 71; BayObLG DB 1984, 1517, 1518; WM 1988, 1229, 1231; BGH WM 1988, 1819, 1822, jeweils mwN.

Abs. 4 beachtet werden (dazu dort Rn. 26 ff.). Zu den im Zusammenhang mit Beschlüssen des Einmanngesellschafters zu beachtenden Förmlichkeiten vgl. § 48 Rn. 22 f. Im übrigen fällt nicht schlechthin jedes Rechtsgeschäft zwischen Gesellschaft und einem Gesellschafter unter Abs. 4. Das ist im Grundsatz anerkannt, in den Einzelheiten freilich umstritten. Vgl. Rn. 70 f.

55 c) **Persönlicher Anwendungsbereich. aa)** Der persönliche Geltungsbereich der Stimmverbote ist nicht auf jene Fälle beschränkt, wo sich ein Befangenheitsgrund gerade in der Person dessen verwirklicht, der den Anteil hält. **Wer** im Sinne des Gesetzes **befangen** ist, darf auch dann nicht abstimmen, wenn er dies, wie Abs. 4 ausdrücklich sagt, „**für andere**" tun will. Die von der Grammatik der Bestimmung nahegelegte Folgerung, dass damit nur andere Gesellschafter gemeint seien, wird zurecht allgemein abgelehnt.[225] Auch Nichtgesellschafter, die als Gesellschafter vom Stimmrecht ausgeschlossen wären, können das Stimmrecht aus einem fremden Anteil nicht wahrnehmen. Erfasst werden Fälle rechtsgeschäftlicher[226] und gesetzlicher Vertretung, einschließlich der Untervollmacht. Befangene Amtstreuhänder (Insolvenzverwalter, Testamentsvollstrecker) können schon deshalb nicht an der Abstimmung teilnehmen, weil sie in eigenem Namen handeln.[227] Mit Rücksicht auf den Zweck der Vorschrift (dazu Rn. 51) fraglich könnte sein, ob diese Regeln dann nicht eingreifen, wenn der Vertreter im Innenverhältnis an die Weisungen des Vertretenen gebunden und dieser nicht befangen ist. Wegen der Möglichkeit, dass der Vertreter gleichwohl seinen Interessen den Vorzug gibt, aber auch aus Gründen der Rechtsklarheit, wird diese Frage allgemein verneint.

56 **bb)** Aus wiederum teleologischen Gründen kann man es freilich nicht dabei bewenden lassen, Abs. 4 **nur dann** anzuwenden, wenn der **Abstimmende** selbst befangen ist. Deshalb können auch Vertreter das Stimmrecht nicht ausüben, wenn dies dem vertretenen Gesellschafter verwehrt wäre.[228] Ganz zweifelsfrei ist dies freilich nur hinsichtlich iSv. § 166 Abs. 2 BGB gebundenen Vertretern. Aber auch dann, wenn ein Vertreter nicht weisungsgebunden ist, bleibt er doch verpflichtet, sich an den Interessen des Vertretenen zu orientieren. Das bedeutet, dass ein in dessen Person liegender Befangenheitsgrund auf das Verhalten des Vertreters durchschlägt und rechtfertigt daher die Anwendung der Stimmverbote. Gleichzeitig wird deutlich, dass diese Verbote nicht eingreifen, wo Bevollmächtigte, wie etwa Nießbraucher oder Pfandgläubiger, das Stimmrecht in ihrem eigenen Interesse ausüben sollen und dürfen.[229]

57 Nach eben diesen Gesichtspunkten ist auch zu beurteilen, wann die Ausübung **eigener** Abstimmungsrechte wegen Befangenheit des „Hintermannes" unzulässig ist. Amtstreuhänder und fremdnützig-rechtsgeschäftliche Treuhänder sind demnach vom Stimmrecht ausgeschlossen, wenn es diejenigen wären, die wirtschaftliche Eigentümer des Anteils sind.[230] Entsprechendes dürfte im Fall einer (unwirksamen; vgl. Rn. 31) Stimmbindung zugunsten einer Person gelten, die ihrerseits vom Stimmrecht ausge-

---

[225] Vgl. *Zöllner* S. 273; *Hachenburg/Hüffer* Rn. 128; *Scholz/Schmidt* Rn. 136.
[226] KG JW 1935, 2154; zum Bestellungsbeschluss vgl. *Götze* GmbHR 2001, 218.
[227] BGH WM 1989, 1090, 1091; aM offenbar *Scholz/Schmidt* Rn. 136.
[228] RGZ 142, 123, 132; 146, 71, 77; OLG München GmbHR 1995, 231; *Hachenburg/Hüffer* Rn. 127; *Scholz/Schmidt* Rn. 155.
[229] Wie hier *Groß* GmbHR 1994, 596, 599, anders die hM, zB *Hachenburg/Hüffer* Rn. 127; vgl. *Scholz/Schmidt* Rn. 158 mwN.
[230] Dazu etwa BGHZ 56, 47, 53 = NJW 1971, 1265; *Scholz/Schmidt* Rn. 157; vgl. aber auch *Zöllner* S. 285.

schlossen wäre.[231] Auch die Abtretung des Anteils zwecks Umgehung eines Stimmverbotes ist nicht geeignet, das erstrebte Ergebnis herbeizuführen. Sie ist entweder nach § 117 BGB nichtig, oder es liegt ein Treuhandverhältnis vor.[232] Bei der Sicherungstreuhand, wie überhaupt im Zusammenhang eigennütziger Treuhandverhältnisse, sind Befangenheitsgründe in der Person des Treugebers dagegen bedeutungslos. Auch der Stimmrechtszessionar (dazu Rn. 24 ff.) ist durch fremde Befangenheit nicht eingeengt, wenn er seine Stimmabgabe nach dem der Stimmabgabe zugrunde liegenden Grundverhältnis an seinen eigenen Interessen ausrichten darf.

cc) Sehr fraglich und bis heute keineswegs zureichend geklärt ist, ob und inwieweit **mittelbares Betroffensein** eines Gesellschafters geeignet ist, die Voraussetzungen von Abs. 4 zu erfüllen. Die Schwierigkeiten tauchen allerdings hauptsächlich dort auf, wo ein Gesellschafter gleichzeitig Mitglied eines Verbandes ist, auf den einer der Stimmausschlussgründe von Abs. 4 zutrifft. Fast allgemein einig ist man sich demgegenüber darüber, dass **persönliche Naheverhältnisse,** insbesondere verwandtschaftliche Beziehungen, keine Rolle spielen.[233] Ein Gesellschafter ist also grundsätzlich nicht daran gehindert, etwa über ein Geschäft der GmbH mit seiner Ehefrau oder über die Entlastung seines Vaters abzustimmen. Die Vornahme eines Geschäftes mit einem Gesellschafter während der Entlastungsperiode hindert diesen nicht, an der Entlastung der Geschäftsführer mitzuwirken, es sei denn, der Beschluss beschränke sich gerade auf das mit ihm abgeschlossene Geschäft.[234] Umgekehrt wird nicht bestritten werden können, dass der Gesellschafter im Zusammenhang eines Rechtsgeschäfts mit einem **Kommissionär** auch dann vom Stimmrecht ausgeschlossen ist, wenn er selbst „nur" der Kommittent ist.[235] Entsprechendes gilt beim Vertrag zugunsten Dritter, oder der Übernahme einer Bürgschaft durch die Gesellschaft, wenn ein Gesellschafter Begünstigter ist.[236] 58

Abs. 4 ist zweifelsfrei ferner dann anzuwenden, wenn **Befangenheitsgründe** hinsichtlich einer **Gesellschaft** vorliegen, deren sämtliche Anteile von dem Gesellschafter gehalten werden, dessen Abstimmungsbefugnis in Frage steht. Ein solcher Gesellschafter kann demnach zB nicht abstimmen, wenn es um ein Geschäft zwischen der GmbH und einer AG geht, deren Alleinaktionär er ist.[237] Entsprechendes gilt anerkanntermaßen bei gleichzeitiger Beteiligung an einer GmbH und als persönlich haftender Gesellschafter einer anderen Gesellschaft. Diese Ergebnisse werden entgegen einigen Stimmen der Literatur[238] freilich nicht von den Einflussmöglichkeiten des Gesellschafters innerhalb der „befangenen" Gesellschaft, sondern[239] von einem in seiner Person 59

---

[231] Scholz/Schmidt 6. Aufl. Rn. 138. Für entsprechende Anwendung dieser Regeln auf Konsortialmitglieder LG Köln GmbHR 2000, 141: Mitglied nicht stimmbefugt, wenn Leiter des Konsortiums befangen.
[232] Vgl. BGH NJW 1976, 713, 714; OLG Hamm DB 1989, 168; OLG Düsseldorf NZG 2001, 991 f.; Scholz/Schmidt Rn. 170.
[233] Vgl. BGHZ 56, 47, 54 = NJW 1971, 1265; BGHZ 80, 69, 73 = NJW 1981, 1512, 1513; OLG Düsseldorf AG 1996, 373, 374; OLG Hamm DB 1989, 168; GmbHR 1992, 802 f.; Zöllner S. 281 f.; Hachenburg/Hüffer Rn. 140; leicht einschränkend Scholz/Schmidt Rn. 154; anders Roth/Altmeppen Rn. 73; Schneider ZHR 150 (1986), 615 f.
[234] BGH WM 1977, 361, 362.
[235] RGZ 102, 128, 130; Scholz/Schmidt Rn. 151 mwN.
[236] Zöllner S. 282 f.
[237] BGHZ 56, 47, 53 = NJW 1971, 1265; BGH NJW 1973, 1039, 1040; BGHZ 68, 107, 110 = NJW 1977, 850; OLG München GmbHR 1995, 231; Verhoeven S. 54 f.; Scholz/Schmidt Rn. 164 mwN.
[238] N bei Scholz/Schmidt Rn. 163 Anm. 600; Schneider ZHR 150 (1986), 617 f.
[239] Vgl. BGHZ 68, 107, 110 = NJW 1977, 850.

kollidierenden unternehmerischen Interesse getragen, das eine unbefangene Stimmabgabe in der GmbH in der Regel ausschließt.[240] Ähnlich wird gesagt, dass der Gesellschafter in der GmbH dann einem Stimmverbot unterliegt, wenn das Geschäft für ihn auf Seiten der Drittgesellschaft vorteilhafter ist als auf Seiten der GmbH.[241] Wegen der Vielzahl der möglichen Variablen (Gewinn aus dem Rechtsgeschäft für die jeweilige Gesellschaft, absolute Höhe der Kapitalanteile, Höhe der Rendite, Steuersatz) sind beide Formulierungen freilich nicht geeignet, praktisch brauchbare Entscheidungskriterien für weniger klare als die bisher diskutierten Fälle zu liefern.

60   Mit Rücksicht auf das gerade im Zusammenhang von Abs. 4 besonders ausgeprägte Bedürfnis an Rechtsklarheit und -sicherheit muss mE ein möglichst einfach zu handhabendes Kriterium gewählt werden, und zwar auch dann, wenn dies die „Richtigkeit" des Ergebnisses im Einzelfall negativ beeinflusst. Von den Fällen persönlicher Haftung abgesehen, deren Behandlung sich sozusagen selbst rechtfertigt,[242] bietet sich dafür mE folgender Maßstab an: Es sollte auf den **prozentualen Umfang** der **Beteiligung** an beiden Gesellschaften (Gemeinschaften) abgestellt werden. Daran lässt sich im Regelfall ablesen, an welcher der Betreffende stärker interessiert ist. Handelt es sich dabei nicht um die GmbH, deren Beschluss in Frage steht, dann greifen die Stimmverbote gemäß Abs. 4 ein.[243] Das statt dessen befürwortete Beherrschungskriterium[244] passt schlechter zu der zugrundeliegenden Annahme, es komme auf das Gewicht der beiderseitigen Interessensverknüpfung an. Erwägenswert erscheint, einem demnach nicht stimmberechtigten Gesellschafter den Nachweis zu gestatten, dass ausnahmsweise keine Befangenheit zu befürchten ist. Zu denken wäre etwa an einen Kommanditisten, dessen Gewinnbeteiligung gegenüber dem gesetzlichen Regelfall stark eingeschränkt ist. Zu konzernrechtlichen Implikationen der vorstehenden Befunde vgl. Anh. § 52 Rn. 72 f.

61   Nach Ansicht des BGH[245] ist der für den Alleininhaber der Anteile an einer befangenen Drittgesellschaft geltende Stimmrechtsausschluss auch dann anzunehmen, wenn die Anteile an der Drittgesellschaft von **mehreren,** allerdings nicht von allen Gesellschaftern der GmbH gehalten werden. Diese Entscheidung ist mit Recht allgemein gebilligt worden.[246]

62   Eine stimmrechtsausschließende Interessenkollision ist auch dann anzunehmen, wenn ein GmbH-Gesellschafter – etwa als Alleinvorstand einer AG, mit der ein Rechtsgeschäft getätigt werden soll – verpflichtet ist, im Kontext der anstehenden Entscheidung die **Interessen** des **Kontrahenten** zu verfolgen. Von der in Rn. 59 diskutierten Situation unterscheidet sich der Sachverhalt also nur insofern, als dort ein kollidierendes Eigeninteresse, hier aber ein Fremdinteresse vorliegt, das der betreffende Gesellschafter zu wahren gehalten ist.[247]

63   dd) Von dem in Rn. 60 erörterten Problem ist die Frage zu unterscheiden, ob Abs. 4 auch dann eingreift, wenn eine **Personenvereinigung** (juristische Person, Gesamthand, Bruchteilsgemeinschaft) **Gesellschafter** der GmbH und einer (mehrere)

---

[240] Ebenso im Ansatz OLG Celle NZG 1999, 1161, 1163; *Scholz/Schmidt* Rn. 163; *Hachenburg/Hüffer* Rn. 133 f. mwN; *Bacher* GmbHR 2001, 610, 614; sehr kritisch *Wilhelm* S. 59 ff.; 137 ff.; ablehnend wohl auch *Baumbach/Hueck/Zöllner* Rn. 67.
[241] So *Wank* ZGR 1979, 222, 227.
[242] Vgl. *Hachenburg/Hüffer* Rn. 135.
[243] Zum ganzen *Wank* ZGR 1979, 225 ff. mit Übersicht über bisherige Lösungsversuche; ablehnend *Schneider* ZHR 150 (1986), 617 mit unzutreffender Prämisse.
[244] ZB *Hachenburg/Hüffer* Rn. 136.
[245] BGHZ 68, 107, 109 ff.
[246] *Wank* ZGR 1979, 222, 229; *Scholz/Schmidt* Rn. 164; *Hachenburg/Hüffer* Rn. 135 mwN.
[247] IErg. wie hier *Baumbach/Hueck/Zöllner* Rn. 68; vgl. auch *Hachenburg/Hüffer* Rn. 137.

ihrer Gesellschafter oder **Vertreter** iS jener Bestimmung **befangen** sind. In dieser Konstellation geht es nicht darum, ob die Vereinigung als Gesellschafterin der GmbH selbst befangen ist, sondern ob die Befangenheit eines ihrer „Mitglieder" ihr zugerechnet werden muss.[248] Die Rechtsprechung hat die damit aufgeworfene Frage früher für juristische Personen und andere Gemeinschaften im Einklang mit der damals ganz hM unterschiedlich beantwortet. Bei Befangenheit auch nur eines Mitglieds sollte im Gegensatz zur analogen Situation bei juristischen Personen ein Stimmverbot für den gesamten von der Gemeinschaft gehaltenen Anteil eingreifen.[249] Der BGH[250] hat mit dieser Einschätzung der Rechtslage gebrochen und statt dessen im Ergebnis darauf abgestellt, ob zu besorgen sei, dass die Befangenheit eines Mitglieds auf die Stimmabgabe der Gemeinschaft durchschlägt. Dieser Rechtsprechungswandel ist im Hinblick auf die mit ihm verbundene Notwendigkeit fallweiser Differenzierung, insbesondere der damit verbundenen Unsicherheiten zwar nicht auf einheitliche Billigung gestoßen,[251] sollte aber dennoch akzeptiert werden.[252] Es ist nämlich in der Tat nicht einzusehen, warum eine Minibeteiligung etwa an einer Erbengemeinschaft deren Stimmrecht eliminieren sollte, obwohl seine Ausübung von der Befangenheit eines der Erben nach Lage der Dinge gänzlich unbeeinflusst bliebe.

Im Ergebnis läuft die Neuorientierung der Rechtsprechung darauf hinaus, dass **sämtliche** Fallvariationen – also auch juristische Personen als Gesellschafter einer GmbH – nach **demselben Kriterium** zu beurteilen sind. Gleichgültig welcher Typ von Personenvereinigung an der GmbH beteiligt ist: es kommt stets darauf an, ob die Gefahr besteht, dass die Stimmabgabe der Vereinigung von der Befangenheit eines ihrer Mitglieder geprägt sein wird. Das ist zu bejahen, wenn der Befangene einen ausschlaggebenden Einfluss auf die Willensbildung der Vereinigung ausüben kann.[253] Als konkretisierendes Kriterium eignet sich der aktienrechtliche Abhängigkeitsbegriff.[254] Unternehmenseigenschaft des Gesellschafters wird damit nicht vorausgesetzt.[255] Für Personengesellschaften soll organschaftliche Geschäftsführungsbefugnis des befangenen Dritten genügen.[256] Doch ist auch hier beherrschender Einfluss vorauszusetzen. Für den einzigen geschäftsführungsbefugten Gesellschafter einer OHG oder den einzigen Komplementär ist dies zu bejahen.[257] Auch bei Organmitgliedern eines Gesellschafters, der juristische Person ist, ist danach zu fragen, ob sie dessen Willensbildung beherrschen.[258] Zweifel-

---

[248] Vgl. BGH NJW 1973, 1039, 1040; *Wank* ZGR 1979, 222, 229.
[249] Für Nachweise *Hachenburg/Hüffer* Rn. 131; *Scholz/Schmidt* Rn. 159.
[250] BGHZ 49, 183, 194, 6 bestätigt in BGHZ 51, 209, 219 = NJW 1969, 841; BGH WM 1976, 204, 205; ebenso BGHZ 116, 353, 357.
[251] Vgl. etwa *Baumbach/Hueck* 13. Aufl. Anm. 5 C; *Wiedemann* GmbHR 1969, 247, 252.
[252] Ebenso *Hachenburg/Hüffer* Rn. 131; *Scholz/Schmidt* Rn. 159; *Baumbach/Hueck/Zöllner* Rn. 64; *Meyer-Landrut/Miller/Niehus* Rn. 36; *Schneider* ZHR 150 (1986), 619 f.
[253] OLG Hamm GmbHR 1992, 802; OLG Karlsruhe NZG 2000, 264, 265; OLG Brandenburg NZG 2001, 129, 130; s. auch OLG Karlsruhe NZG 2001, 30 (zu § 136 AktG); ferner etwa *Scholz/Schmidt* Rn. 160 mit nicht durchwegs unproblematischen Einzelkonsequenzen und wN; vgl. auch KG GmbHR 1993, 663 f. mit einer Ausnahme für die Treuhandanstalt.
[254] Vgl. § 17 AktG; ebenso *Hachenburg/Hüffer* Rn. 132 für juristische Personen. Für Zulassung des Nachweises, dass die Stimmabgabe des Gesellschafters von der ihn beherrschenden Person unabhängig ist, *Bacher* GmbHR 2001, 610, 612 f.
[255] Vgl. *Schneider* ZHR 150 (1986), 620.
[256] *Scholz/Schmidt* 6. Aufl. Rn 143; dagegen *Zöllner* S. 275 f.
[257] *Hachenburg/Hüffer* Rn. 132.
[258] Vgl. *Schneider* ZHR 150 (1986), 620 ff. mwN; LG Köln AG 1998, 240; anders *Baumbach/Hueck/Zöllner* Rn. 68.

haft ist demgegenüber, ob auch die durch persönliche, insbesondere verwandtschaftliche Beziehungen geschaffene Gefahr der Ausrichtung des Abstimmungsverhaltens einer Vereinigung an der Befangenheit eines Mitglieds die Anwendung von Abs. 4 begründet.[259] Die Frage sollte verneint werden. Ihre Bejahung wäre damit unvereinbar, dass persönliche Nähe im Kontext der Bestimmung auch sonst keine Rolle spielt (Rn. 58).

65 **2. Entlastung.** Die Entlastung ist Billigung des Verhaltens ihrer Adressaten. Sie ist nicht als Rechtsgeschäft aufzufassen, führt aber gleichwohl dazu, dass die Gesellschaft vom Entlastungsbeschluss gedeckte Verhaltensmängel nicht mehr geltend machen kann (für Einzelheiten vgl. § 46 Rn. 30). Als Entlastungsadressaten kommen Geschäftsführer, Mitglieder des Aufsichtsrates, fakultativer Gesellschaftsorgane sowie Liquidatoren in Betracht. Alle diese Personen sind als Gesellschafter von der Mitwirkung beim Entlastungsbeschluss ausgeschlossen. Zugrunde liegt der Gedanke, dass niemand „Richter in eigener Sache" sein könne.[260] Das Stimmverbot greift auch dann ein, wenn eine Gesamtentlastung[261] beschlossen werden soll, darüber hinaus sogar hinsichtlich der Einzelentlastung eines anderen Mitglieds des betreffenden Organs (§ 46 Rn. 28). Für Alleingesellschafter-Geschäftsführer gelten diese Grundsätze nicht.[262]

66 Die in Rn. 55 ff. diskutierten Erweiterungen des Befangenheitstatbestandes sind zu berücksichtigen. Das bedeutet zB, dass eine AG als Gesellschafterin der GmbH ihr Stimmrecht nicht wahrnehmen kann, wenn über die Entlastung ihres Mehrheitsgesellschafters als Geschäftsführer der GmbH Beschluss zu fassen ist.[263] Ein Gesellschafter, mit dem im Namen der GmbH ein Rechtsgeschäft abgeschlossen wurde, kann bei der Entlastung der Geschäftsführer jedenfalls dann mitstimmen, wenn sich der Beschluss nicht gerade auf dieses Rechtsgeschäft beschränkt.[264] Anders liegt es, wenn der Beschluss das Rechtsgeschäft erst wirksam macht oder eine in dieser Richtung bestehende Unsicherheit beseitigen soll. Das folgt aber aus dem Stimmverbot im Zusammenhang mit der Vornahme von Rechtsgeschäften (Rn. 69). Ist das Geschäft schon rechtsgültig, so kann der Gesellschafter-Kontrahent beim speziell dieses Geschäft betreffenden Entlastungsbeschluss dennoch nicht mitwirken.[265] Denn es ist anzunehmen, dass der Betreffende in aller Regel für Entlastung, also nicht objektiv stimmen wird. Das rechtfertigt seinen Ausschluss von der Mitwirkung beim Entlastungsbeschluss.[266]

67 **3. Befreiung von einer Verbindlichkeit.** Gesellschafter, die von einer Verbindlichkeit befreit werden sollen, können nicht mitstimmen, soweit hierüber durch Gesellschafterbeschluss entschieden werden soll. Das ist zwingend nur vergleichsweise selten der Fall.[267] Die Vorschrift bezieht sich auf jede Art von Verbindlichkeit, d.h.

---

[259] Dafür etwa *Wank* ZGR 1979, 222, 231; vgl. auch *Scholz/Schmidt* Rn. 161.
[260] OLG Frankfurt NZG 1999, 767, 768 m. Anm. *Impelmann*; *Scholz/Schmidt* Rn. 132; vgl. auch oben Rn. 51.
[261] Zum Begriff § 46 Rn. 27.
[262] Rn. 54; ebenso *Sigle* DStR 1992, 469, 470 f. Zum Stimmrecht von Gesellschafter-Geschäftsführern und Aufsichtsratsmitgliedern bei der Entlastung des jeweils anderen Organs *Hachenburg/Hüffer* Rn. 145; *Priester*, FS Rowedder, 1994, S. 369, 375 f. mwN.
[263] OLG Hamm GmbHR 1992, 802 f. = EWiR § 47 GmbHG 3/92 – *Stodolkowitz*; für Ausdehnung dieses Prinzips auf Fälle der Doppelorganschaft *Schneider* ZHR 150 (1986), 627 f.
[264] BGH WM 1977, 361, 362; *Hachenburg/Hüffer* Rn. 143; *Scholz/Schmidt* Rn. 121.
[265] *Zöllner* S. 261 f. mwN; *ders.* in *Baumbach/Hueck* Rn. 60; zustimmend *Hachenburg/Hüffer* Rn. 143; dagegen etwa RGZ 115, 246, 249; offengelassen in BGH WM 1977, 361, 362.
[266] Enger *Roth/Altmeppen* Rn. 67; *Immenga/Werner* GmbHR 1976, 53, 56.
[267] Übersicht bei *Zöllner* S. 206 ff.

Abstimmung § 47

auch solche gesellschaftsrechtlicher Natur.[268] Unter den Begriff der Befreiung fällt zB der Abschluss eines Erlassvertrages, ein negatives Schuldanerkenntnis oder auch der einseitige Verzicht. Auch die Generalbereinigung (§ 46 Rn. 32) gehört hierher, ebenso der Verzicht durch Vergleich.[269] Dasselbe gilt, obwohl nicht offensichtlich, nach ganz hM auch für die Schulderledigung durch Aufrechnung.[270] Darüber hinaus hat das Stimmverbot mit Rücksicht auf seinen Zweck auch dann Platz zu greifen, wenn der Beschluss auf Stundung oder darauf lauten soll, eine Forderung gegen einen Gesellschafter nicht geltend zu machen. Bei gleichmäßiger Begünstigung aller Gesellschafter können auch alle mitstimmen (Rn. 53). Liegt es anders, so greift das Stimmverbot auch dann ein, wenn die Befreiung durch satzungsändernden Beschluss (Beispiele: Kapitalherabsetzung bei noch ausstehenden Einlagen, Aufhebung einer Nebenleistungs- oder Nachschussverpflichtung) erfolgen soll.[271] Aus offensichtlichen, teleologischen Gründen ist das Stimmverbot im übrigen auf solche Gesellschafter zu erstrecken, die als Bürgen oder Garanten auf der Seite eines Schuldners der Gesellschaft haften.[272] Für einen Gesellschafter-Gesamtschuldner gilt es, wenn Aufhebung des ganzen Schuldverhältnisses iSv. § 423 BGB gewollt ist; nicht profitierende Gesamtschuldner können mit anderen Worten mitstimmen.[273]

4. Vornahme eines Rechtsgeschäftes. a) Die Regel. Nach Abs. 4 kann ein 68 Gesellschafter auch an einem Beschluss nicht mitwirken, der die Vornahme eines Rechtsgeschäfts zwischen der **Gesellschaft** und **ihm** betrifft.[274] Bei der **GmbH & Co KG** sollte die Bestimmung entsprechend angewendet werden.[275] Unter Rechtsgeschäften sind nicht nur Verträge, sondern auch einseitige Erklärungen zu verstehen. Nicht erfasst werden dagegen Geschäfte, die bloß der Erfüllung einer Verbindlichkeit dienen.[276] Im übrigen ist nach hM zwischen sogenannten individual- und sozialrechtlichen, also solchen Geschäften zu unterscheiden, die sich auf innergesellschaftliche Angelegenheiten beziehen. Geschäfte dieser Kategorie sollen von vornherein nicht unter Abs. 4 fallen (vgl. Rn. 70 f.).

Ein Beschluss **betrifft** ein Gesellschafter-Geschäft zunächst dann, wenn jener – aus- 69 nahmsweise – Wirksamkeitsvoraussetzung für dieses ist. Das trifft für die Einwilligung in und die Genehmigung von Erklärungen der Geschäftsführer, selbstverständlich auch dann zu, wenn die Gesellschaft durch die Gesellschafter selbst vertreten wird (dazu § 35 Rn. 13 ff.). Auch die Befreiung vom Verbot des Selbstkontrahierens zugunsten eines Gesellschafter-Geschäftsführers gehört hierher.[277] Abs. 4 greift ferner ein, wenn ledig-

---

[268] *Scholz/Schmidt* Rn. 123; *Hachenburg/Hüffer* Rn. 146, je mwN; *Meyer-Landrut/Miller/Niehus* Rn. 43; zu weit gehend gleichwohl *Timm* GmbHR 1981, 177, 183: Stimmverbot bei Einschränkung der Treuebindung.
[269] *Scholz/Schmidt* Rn. 123.
[270] *Scholz/Schmidt* 6. Aufl. Rn. 114 mwN.
[271] Überzeugend *Zöllner* S. 209 f.; zustimmend *Scholz/Schmidt* Rn. 123 mwN; zweifelnd *Hachenburg/Hüffer* Rn. 147; vgl. auch *Seidel* S. 72; zum Nichteingreifen von Abs. 4 gegenüber „Sozialakten" Rn. 70 f.
[272] *Zöllner* S. 211 f.; *Roth/Altmeppen* Rn. 63.
[273] *Scholz/Schmidt* Rn. 124 mwN; vgl. auch BGH WM 1977, 361, 362.
[274] Für Erfassung auch von Rechtsgeschäften zugunsten eines Gesellschafters *Meyer-Landrut/Miller/Niehus* Rn. 45; *Roth/Altmeppen* Rn. 69.
[275] So OLG Hamburg DB 2000, 314, 315.
[276] *Baumbach/Hueck* 13. Aufl. Anm. 5 B; *Scholz/Schmidt* 6. Aufl. Rn. 100; tendenziell auch *Hachenburg/Hüffer* Rn. 152; anders *Baumbach/Hueck/Zöllner* Rn. 49 mwN.
[277] *Scholz/Schmidt* 6. Aufl. Rn. 113; *Meyer-Landrut/Miller/Niehus* Rn. 47; anders (für den Einmann-Gesellschafter-Geschäftsführer mit Recht) Rn. 48; *Schick* DB 1984, 1024.

§ 47 3. Abschnitt. Vertretung und Geschäftsführung

lich Zweifel hinsichtlich der Wirksamkeit des Geschäftes bestehen und diese Zweifel im Beschlusswege beseitigt werden sollen.[278] Auch ein Beschluss, mit dem die Geschäftsführung angewiesen wird, ein bestimmtes Geschäft mit einem Gesellschafter zu tätigen, „betrifft" dieses Geschäft. Noch keine ganz einhellige Meinung hat sich zu der Frage herausgebildet, ob und inwieweit auch eine bloße „Ermächtigung", ein bestimmtes Geschäft abzuschließen unter Abs. 4 zu subsumieren ist. Jedenfalls dann, wenn das Vertretungsorgan im Innenverhältnis einer Ermächtigung bedarf und sowohl Inhalt des Geschäfts als auch die daran Beteiligten festgelegt sind, können interessierte Gesellschafter nicht mitstimmen.[279] Eben dies wird darüber hinausgehend stets dann anzunehmen sein, wenn feststeht, dass Geschäftspartner auf jeden Fall ein Gesellschafter sein soll, und nur offen bleibt, ob das Geschäft überhaupt abgeschlossen werden soll und, wenn ja, zu welchen Bedingungen.[280] Das Stimmverbot greift demnach nur dann nicht ein, wenn der Ermächtigungsbeschluss der Verwaltung volle Freiheit in der Auswahl des Geschäftspartners lässt. Ob dies der Fall ist, muss freilich anhand sämtlicher einschlägiger Umstände des Falles geklärt werden; der Wortlaut des Antrags genügt nicht.[281] Zum Eingreifen des Stimmverbots anlässlich der „Genehmigung" schon wirksamer Geschäfte Rn. 66.

70 **b) Ausnahmen. aa)** Es ist allgemein anerkannt, dass Abs. 4 **nicht schlechthin für jedes Rechtsgeschäft** zwischen Gesellschaft und Gesellschafter gilt, dass das Stimmverbot insofern also einer einengenden Auslegung bedarf.[282] Schon die erste einschlägige Entscheidung des Reichsgerichts[283] spricht aus, dass die Wahl zum Organmitglied kein „Rechtsgeschäft ... im gewöhnlichen Sinn" sei, sondern dass eine die „innere Ordnung der Gesellschaft" betreffende Beschlussfassung vorliege. Später wurde der Begriff des Mitverwaltungsaktes oder Sozialaktes verwendet, um den Bereich zu kennzeichnen, in dem das Stimmverbot nicht gelten soll.[284] Neuerdings wird die dem Stimmverbot für Gesellschaftergeschäfte immanente Grenze dahingehend formuliert, es gelte nicht für Entscheidungen über **Angelegenheiten** des **innergesellschaftlichen Lebens,** bei denen jeder Gesellschafter auf Grund seines Mitgliedsrechts von der Sache her zur Mitwirkung berufen ist.[285] Denn es sei wirtschaftlich und von der Interessenlage her grundsätzlich nicht tragbar, einen Gesellschafter von der Mitverwaltung und Mitgestaltung gerade solcher Angelegenheiten auszuschließen, die für ihn wie für alle Gesellschafter Gegenstand typisch mitgliedschaftlicher Betätigung sind. Damit wird im Ergebnis ein gegenüber dem Wortlaut eingeschränkter Normzweck des Rechtsgeschäfte betreffenden Stimmenverbots behauptet. Richtig daran ist jedenfalls, dass jede Reduktion des Normtextes teleologisch begründbar oder mit dem Normzweck zumindest vereinbar sein

---

[278] BGH NJW 1973, 1039, 1041 f.
[279] BGHZ 68, 107, 112 = NJW 1977, 850.
[280] Überzeugend *Zöllner* S. 255 ff.; ebenso etwa *Wank* ZGR 1979, 222, 232; *Hachenburg/Hüffer* Rn. 154 mwN; aus der Rechtsprechung OLG Brandenburg NZG 2001, 129, 130; OLG Stuttgart GmbHR 1992, 48, 49.
[281] Dazu *Zöllner* S. 258 ff.; für eine generelle Zuordnung von Ermächtigungsbeschlüssen zu Abs. 4 *Hachenburg/Schilling* Rn. 63; ähnlich weitgehend *Scholz/Schmidt* Rn. 120.
[282] Vgl. nur *Hachenburg/Hüffer* Rn. 149; *Scholz/Schmidt* Rn. 110; kritisch *Immenga* S. 216 ff., 244 f.
[283] RGZ 60, 172, 173.
[284] Vgl. etwa BGHZ 18, 205, 210 = NJW 1955, 1716; BGHZ 48, 163, 167 = NJW 1967, 1963.
[285] BGH DB 1974, 621, 622; 1977, 342, 343; WM 1990, 1618 = EWiR § 47 GmbHG 3/90 – *Meyer-Landrut*.

Abstimmung § 47

muss.²⁸⁶ Damit allein lassen sich einschlägige Fragen aber nicht beantworten. Fallgruppenspezifische Ergänzungen sind unentbehrlich.²⁸⁷

bb) Für die **Wahl** zum **Organmitglied** gilt Abs. 4 unstrittig nicht.²⁸⁸ Ein Gesellschafter kann sich also etwa an seiner eigenen Wahl zum Geschäftsführer beteiligen. Den tieferen Grund dieses Ergebnisses sieht die Rechtsprechung²⁸⁹ darin, dass es typischerweise an dem von Abs. 4 vorausgesetzten Interessenkonflikt fehle. Wegen der insoweit bestehenden Unterschiede darf sich ein Testamentvollstrecker an seiner Wahl zum Geschäftsführer nicht beteiligen.²⁹⁰ Auch für die Festlegung der **Anstellungsbedingungen** gilt Abs. 4 nicht.²⁹¹ Ausschlaggebend ist insoweit der denkbar enge Zusammenhang zwischen Bestellung und Anstellung, obwohl sich andererseits nicht verkennen lässt, dass sich ein Gesellschafter bei der Festsetzung der Anstellungsbedingungen durchaus in einem Interessenkonflikt befinden kann.²⁹² Auch im Zusammenhang seiner **Abberufung** kann der Betroffene mitstimmen. Sonst könnte die Minderheit den von der Mehrheit Bestellten alsbald wieder abberufen.²⁹³ Bei der Abberufung aus wichtigem Grund ist die Rechtslage anders (Rn. 77).

71

Im Kontext von **Satzungsänderungen** sind grundsätzlich alle Gesellschafter stimmberechtigt.²⁹⁴ Das ergibt sich häufig, wie bei der Kapitalherabsetzung, schon aus dem Gesichtspunkt gleichmäßiger Befangenheit (Rn. 54), ansonsten daraus, dass es um das gemeinsame Interesse geht. Die Minderheit muss mit solchen Änderungen rechnen und kann sich über ein Sonderrecht gegen Eingriffe in ihre Position sichern. Außerdem besteht die Möglichkeit der Beschlussanfechtung wegen treuwidriger Stimmabgabe (Rn. 125). Das gilt auch im Kontext der Kapitalerhöhung und zwar auch dann, wenn nicht allen Gesellschaftern neue Stammeinlagen zugeteilt werden.²⁹⁵ Bei **Umwandlungsbeschlüssen** iSd. UmwG greift Abs. 4 ebenfalls nicht ein.²⁹⁶ Dasselbe gilt im Zusammenhang von **Unternehmensverträgen**²⁹⁷ und wohl auch dann, wenn über die **Veräußerung** des **Unternehmens** der Gesellschaft zu beschließen

72

---

²⁸⁶ Ausdrückliche Betonung dieses Befundes etwa bei *Hachenburg/Hüffer* Rn. 149 f.; *Scholz/Schmidt* Rn. 110; *Roth/Altmeppen* Rn. 52; implizit auch *Baumbach/Hueck/Zöllner* Rn. 48.
²⁸⁷ *Immenga/Werner* GmbHR 1976, 53, 57; *Zöllner* S. 232 ff.; vgl. auch *Scholz/Schmidt* Rn. 111, 112 ff.; *Baumbach/Hueck/Zöllner* Rn. 48, 50 ff.; ablehnend BGH WM 1990, 1618, 1619 f.; dagegen *Hüffer*, FS Heinsius, 1991, S. 337, 338 ff.
²⁸⁸ BGHZ 18, 205, 210 = NJW 1955, 1716; BGHZ 51, 209, 215 f. = NJW 1969, 841; für wN *Scholz/Schmidt* Rn. 118. Ausführlich *Baums* S. 133 ff.
²⁸⁹ BGHZ 51, 209, 216 = NJW 1969, 841.
²⁹⁰ BGHZ 51, 209, 216 f. = NJW 1969, 841. Zweifelhaft, aber wohl zu bejahen ist, ob dasselbe im Fall rechtsgeschäftlicher Vertretung gilt (so *Götze* GmbHR 2001, 218).
²⁹¹ BGHZ 18, 205, 210 = NJW 1955, 1716; BGHZ 51, 209, 215 = NJW 1969, 841; *Zöllner* S. 233 ff.; *ders.* in *Baumbach/Hueck* Rn. 54; *Meyer-Landrut/Miller/Niehus* Rn. 49; *Hachenburg/Hüffer* Rn. 169; *Scholz/Schmidt* § 46 Rn. 75; *Seidel* S. 58 f.; *Hüffer*, FS Heinsius, 1991, S. 337, 347; ausführlich *Baums* S. 143 ff.; dagegen etwa *Immenga/Werner* GmbHR 1976, 53, 58; *Roth/Altmeppen* Rn. 56; *Wilhelm* S. 89 f.; vgl. auch BGH WM 1976, 1226, 1227.
²⁹² Für Angemessenheitskontrolle daher *Wank* ZGR 1979, 222, 240 ff.
²⁹³ BGH WM 1987, 71, 72; OLG Düsseldorf ZIP 1989, 1554, 1555; *Hachenburg/Hüffer* Rn. 172; *Scholz/Schmidt* Rn. 118 mwN.
²⁹⁴ § 53 Rn. 44 mN; ferner etwa *Hachenburg/Hüffer* Rn. 166; OLG Stuttgart NZG 1998, 601; OLG Hamburg NZG 2000, 421, 422.
²⁹⁵ *Hachenburg/Hüffer* Rn. 167; *Seidel* S. 60 f., je mwN; dagegen *Baumbach/Hueck/Zöllner* Rn. 58.
²⁹⁶ *Seidel* S. 69 f.; Anh. § 77 Rn. 354.
²⁹⁷ Anh. § 52 Rn. 54.

ist.[298] Unanwendbar ist Abs. 4 ferner beim **Auflösungsbeschluss**.[299] Zweifelhaft ist die Rechtslage, wenn die Satzung einen Katalog zustimmungspflichtiger Geschäfte enthält und auf Antrag einer Minderheit nunmehr darüber zu beschließen ist, ob die Versammlung mit einem in diesem Katalog nicht enthaltenen Geschäft mit dem Mehrheitsgesellschafter befasst werden soll. Es gibt gute, wenn auch noch nicht zureichend diskutierte Gründe, auch für diesen Fall anzunehmen, dass Abs. 4 nicht eingreift.[300]

73 Der Betroffene hat kein Stimmrecht, wenn über die Erhebung der **Ausschließungsklage** oder – bei entsprechender Satzungslage – über seine Ausschließung beschlossen werden soll.[301] Dasselbe gilt im Fall der **Kaduzierung** gemäß § 21.[302] In diesen Fällen liegt ein wichtiger Grund in der Person des Betroffenen vor (Rn. 77). Anläßlich der **Zwangsamortisation** gemäß § 34 ist der Betroffene nach hM dagegen stimmberechtigt.[303] Anders ist es wiederum, wenn die Einziehung des Geschäftsanteils nach der Satzung nur aus wichtigem Grunde zulässig ist und hierüber Beschluss gefasst werden soll.[304] Bei der Genehmigung der **Übertragung vinkulierter Anteile** handelt es sich an sich um ein Rechtsgeschäft der Gesellschaft dem Gesellschafter und dem Erwerber gegenüber.[305] Gleichwohl ist der veräußerungswillige Gesellschafter nach hM nicht daran gehindert, an dem diesbezüglichen Beschluss mitzuwirken.[306] Ausschlaggebend hierfür ist der Umstand, dass die Mitentscheidung über das weitere Schicksal des Anteils zum Kern mitgliedschaftlicher Befugnisse gehört. Aus eben diesem Grunde hat der BGH[307] auch die Erben eines Gesellschafters für berechtigt gehalten, an der Bestimmung jenes Dritten mitzuwirken, auf den der Anteil nach dem Gesellschaftsvertrag zu übertragen war.

74 Bei der **Einforderung** von **Stammeinlagen** sind Betroffene stimmberechtigt und zwar auch dann, wenn die Gesellschafter nicht gleichmäßig belastet werden.[308]

75 **5. Einleitung oder Erledigung eines Rechtsstreits.** Gesellschafter sind vom Stimmrecht auch dann ausgeschlossen, wenn der Beschluss die Einleitung oder Erledigung eines Rechtsstreits gegen sie betrifft. Von § 46 Nr. 8 abgesehen sieht das Gesetz solche Beschlüsse nicht vor. Aber selbstverständlich bleibt es den Gesellschaftern wie in

---

[298] *Koppensteiner* ZHR 155 (1991), 97, 108; *ders.*, FS Sigle, 2000, S. 174 f. Für einen Ausgliederungsbeschluss OLG Stuttgart DB 2001, 854, 858.

[299] *Hachenburg/Hüffer* Rn. 168; *Seidel* S. 70, je mwN. Zu einem vergleichbaren Sachverhalt OLG Düsseldorf NZG 2000, 1121, 1122 f.

[300] So *Liebs*, FS Claussen, 1997, S. 255 ff.

[301] BGHZ 9, 157, 178 = NJW 1953, 780; BGHZ 16, 317, 322 = NJW 1955, 667; OLG Düsseldorf GmbHR 2000, 1050, 1055; OLG Celle GmbHR 1998, 140, 141; *Hachenburg/Hüffer* Rn. 164 mwN; für Sonderprobleme beim geplanten Ausschluss mehrerer *v. Stetten* GmbHR 1982, 105, 107.

[302] *Zöllner* S. 240; *Scholz/Schmidt* Rn. 137.

[303] In diese Richtung BGH DB 1977, 342, 343; *Zöllner* S. 241; *Scholz/Schmidt* Rn. 138 mwN.

[304] *Scholz/Schmidt* Rn. 138.

[305] Vgl. BGH DB 1974, 621, 622 in Klarstellung von BGHZ 48, 163, 166 f. = NJW 1967, 1963.

[306] BGHZ 48, 163, 166 f. = NJW 1967, 1963; OLG Düsseldorf NZG 2000, 1180, 1181 (auch für Teilung des Anteils); *Hachenburg/Hüffer* Rn. 165; *Scholz/Schmidt* Rn. 117 mwN; ausführlich *Binnenwies* S. 149 ff.; dagegen etwa *Zöllner* S. 245 ff.; für Maßgeblichkeit der Satzung *Wilhelm* S. 92 Anm. 242.

[307] DB 1974, 621, 622.

[308] BGH WM 1990, 1618 f. = EWiR § 47 GmbHG 3/90 – *Meyer-Landrut*; OLG München BB 1990, 367, 368 mwN; zustimmend *van Look* NJW 1991, 152; *Westermann/Menger* DWiR 1991, 143, 145; anders *Baumbach/Hueck/Zöllner* Rn 61 mwN.

anderen Fällen auch unbenommen, Entscheidungen an sich zu ziehen, die mit einem Rechtsstreit gegen einen Gesellschafter zu tun haben. Der **Begriff des Rechtsstreits** ist denkbar weit zu interpretieren. Es kommt weder auf die Verfahrens- noch auf die Klageart an. Auch schiedsgerichtliche Auseinandersetzungen sind gemeint, ebenso wie Maßnahmen des einstweiligen Rechtsschutzes oder der Zwangsvollstreckung. Anders als im Zusammenhang der Stimmverbote wegen Vornahme eines Rechtsgeschäfts kommt es nicht darauf an, ob Streitgegenstand ein individual- oder sozialrechtliches Verhältnis ist.[309] Den Ausschlag gibt generell, ob der Gesellschaft einerseits, dem Gesellschafter andererseits im Rahmen des in Betracht kommenden Verfahrens opponierende Parteirollen zugewiesen sind.[310] Die **Einleitung** des Rechtsstreits fängt nicht erst mit Klage oder Antragstellung an. Entsprechend den §§ 136 Abs. 1 AktG/82 Abs. 3 Nr. 2 RegE 1971 sind früher liegende Vorbereitungsmaßnahmen wie etwa die Auswahl des Prozessbevollmächtigten, insbesondere die Geltendmachung des Anspruchs, einzubeziehen.[311] Immerhin muss die Auseinandersetzung Beschlussgegenstand sein. Das ist für solche Beschlüsse zu verneinen, die erst die materiellrechtlichen Voraussetzungen des Anspruchs komplettieren.[312] Dagegen greift das Stimmverbot ein, wenn die Geschäftsführung ermächtigt werden soll, den Anspruch geltend zu machen.[313] Mit **Erledigung** des Rechtsstreites sind nicht nur die Maßnahmen gemeint, die auf eine Beendigung des Rechtsstreites hinzielen, sondern alle Handlungen, die den Fortgang des Verfahrens betreffen, so etwa eine Entscheidung über die Frage, ob ein Rechtsmittel eingelegt werden soll oder nicht.[314]

Der Rechtsstreit muss **gegen** einen **Gesellschafter** gerichtet sein. Dazu genügt es, 76 wenn Gesellschaft und Gesellschafter sich als Nebenintervenient oder Adressaten einer Streitverkündigung gegenüberstehen, nicht jedoch, wenn ein Gesellschafter der Gesellschaft als Streithelfer beitritt oder ihm von der Gesellschaft der Streit verkündet wird. Bei Betroffensein **mehrerer** Gesellschafter sind im Falle einheitlicher Abstimmung alle vom Stimmrecht ausgeschlossen. Doch muss bei Teilbarkeit des Beschlussgegenstandes auf Antrag getrennt abgestimmt werden. Bei getrennter Abstimmung kommt es darauf an, ob es – abgesehen von der Beteiligung verschiedener Personen – um denselben Streitgegenstand geht. Ist dies der Fall, so sind alle Betroffenen vom Stimmrecht ausgeschlossen.[315]

6. Weitere Stimmverbote. a) Im Zusammenhang wichtiger Gründe. Fast 77 allgemein anerkannt ist, dass ein Gesellschafter an einem Beschluss nicht mitwirken kann, der die Frage betrifft, ob gegen ihn eine Maßnahme aus **wichtigem Grund** ergriffen werden soll. Zwar handelt es sich durchweg um sog. „Sozialakte" (Rn. 70).

---

[309] Dazu *Scholz/Schmidt* Rn. 127; anders offenbar OLG München BB 1990, 367, 368.
[310] *Zöllner* S. 213 f.; vgl. *Scholz/Schmidt* Rn. 128.
[311] BGHZ 116, 353, 357 f.; *Hachenburg/Hüffer* Rn. 156; vgl. auch *Scholz/Schmidt* Rn. 129; ausführlich *Zöllner* S. 215 ff.
[312] Beispiel: Einforderung von Stammeinlagen; ebenso BGH WM 1990, 1618, 1619; einschränkend *Baumbach/Hueck/Zöllner* Rn. 61; nur iErg. wie hier *Hachenburg/Hüffer* Rn. 160.
[313] Ebenso *Scholz/Schmidt* Rn. 131. Vgl. demgegenüber Rn. 69.
[314] Vgl. *Hachenburg/Hüffer* Rn. 157; *Scholz/Schmidt* Rn. 130 mwN.
[315] BGHZ 97, 28, 33 f. mwN = NJW 1986, 2051 = EWiR § 47 GmbHG 2/86, 371 – *Hommelhoff* = WuB II C. § 47 GmbHG 2.86 – *Martens*; *Lindacher* ZGR 1987, 121, 123 f.; Ausdehnung des Rechtsgedankens auf einen freilich besonders gelagerten Fall der Befreiung von einem Wettbewerbsverbot in OLG Düsseldorf GmbHR 2000, 1050, 1052 f. (methodisch fragwürdig; vgl. Rn. 52); mit unterschiedlichen Akzenten teilweise aM *Zöllner* S. 218 ff. Zur Anwendbarkeit des Stimmverbots bei Unsicherheit darüber, wer Gesellschafter ist, vgl. OLG München WM 1982, 1061, 1062.

§ 47   3. Abschnitt. Vertretung und Geschäftsführung

Gleichzeitig liegt aber ein unmittelbar und besonders ausgeprägter Interessenwiderstreit zwischen Gesellschaft und Gesellschafter vor,[316] dessen Nichtbeachtung bei der Ermittlung der Stimmberechtigten die Gesellschaft in eine unzumutbare Lage manövrieren würde. Der wohl wichtigste Anwendungsfall des Prinzips ist die **Abberufung des Gesellschafter-Geschäftsführers** aus wichtigem Grund[317] einschließlich der Kündigung des Anstellungsvertrages unter denselben Umständen.[318] In diesem Zusammenhang genügt nach wohl herrschende Ansicht die bloße Behauptung eines wichtigen Grundes, sofern sie nicht offenbar substanzlos ist.[319] Dem sollte aus Gründen der Praktikabilität gefolgt werden. Einzuräumen ist allerdings, dass auch die Gegenauffassung einiges für sich hat. Auch anlässlich des Beschlusses über die Einziehung eines Anteils (§ 34) kann der Betroffene nicht mitstimmen, wenn diese aus wichtigem Grund erfolgt.[320] Die Stimmverbote im Zusammenhang der Kaduzierung und eines Ausschließungsbeschlusses (Rn. 73) lassen sich ebenfalls als Anwendungsfälle des Grundsatzes begreifen, dass niemand abstimmen kann, wenn es um die Geltendmachung eines wichtigen Grundes gegen ihn geht.[321]

78   b) **Überwachungsrelevante Beschlüsse.** An einem Gesellschafterbeschluss gemäß § 51a Abs. 2 kann derjenige **nicht** mitwirken, der die **Auskunft begehrt** (vgl. § 51a Rn. 26). Im Zusammenhang von Beschlüssen, die sich auf die **Prüfung und Überwachung** von Gesellschafter-Geschäftsführern beziehen (§ 46 Nr. 6), lässt sich dies nicht allgemein sagen.[322] Vielmehr wird darauf abzustellen sein, ob die Prüfungsmaßnahme, wie im Zusammenhang einer Sonderprüfung, als Vorbereitung eines Rechtsstreites aufgefasst werden kann.[323] Ausgeschlossen erscheint, die Stimmbefugnis des **herrschenden Unternehmens** zu verneinen, wenn es um eine Weisung geht, die Gesellschafterversammlung mit allen jenes Unternehmen betreffenden Angelegenheiten zu befassen.[324]

79   c) **Selbstkontrahieren.** Bis heute streitig geblieben ist die Frage, ob und inwieweit das **Verbot des** Selbstkontrahierens in § 181 BGB auf Gesellschafterbeschlüsse anzuwenden ist.[325] Auszugehen ist davon, dass es sich bei § 181 BGB um eine vertretungs-

---

[316] RGZ 138, 98, 104; BGH DB 1974, 621, 622; BGHZ 86, 177, 178 f. = NJW 1983, 938; OLG Celle GmbHR 1998, 140, 141; OLG Düsseldorf WM 1992, 14, 18; *Baumbach/Hueck/Zöllner* Rn. 53; *Hachenburg/Schilling* Rn. 74.
[317] BGH NJW 1969, 1483 f.; BGHZ 86, 177, 179 = NJW 1983, 938; BGH BB 1987, 503; OLG Hamm DB 1989, 168; OLG Düsseldorf ZIP 1989, 1554, 1555; GmbHR 1999, 1098, 1099; 2000, 1050, 1053; OLG Stuttgart GmbHR 1995, 228, 229; OLG Zweibrücken GmbHR 1998, 373, 374; OLG Brandenburg GmbHR 1996, 334, 336 ff.; OLG Naumburg NZG 2000, 44, 46; OLG Karlsruhe NZG 2000, 264; *Schneider* ZGR 1983, 535, 540 f.; *Hachenburg/Hüffer* Rn. 173; *Scholz/Schmidt* Rn. 141, 118 mwN.
[318] Dazu BGH NJW 1987, 1889; BGHZ 86, 177, 178 f. = NJW 1983, 938.
[319] *Scholz/Schmidt* § 46 Rn. 76; *Lutter/Hommelhoff* § 38 Rn. 17; dagegen *Hachenburg/Hüffer* Rn. 173; *Zöllner* S. 237 ff.; *Baumbach/Hueck/Zöllner* § 38 Rn. 17; differenzierend *Roth/Altmeppen* § 38 Rn 36 ff., alle mwN.
[320] Rn. 73; vgl. auch BGH BB 1977, 342, 343.
[321] Vgl. *Hachenburg/Schilling* Rn. 75.
[322] So aber *Hachenburg/Schilling* Rn. 75.
[323] Ähnlich *Scholz/Schmidt* Rn. 131, 142; enger *Brandner,* FS Nirk, 1992, S. 75, 82; s. aber auch *dens.,* FS Lutter, 2000, S. 324; *Fleischer* GmbHR 2001, 47; vgl. auch § 142 Abs. 1 AktG.
[324] Anders aber *Roth/Altmeppen* Anh. § 13 Rn. 111.
[325] Vgl. insbesondere *Hübner* S. 265 ff.; *Wiedemann* § 3 II 2 a; *Hachenburg/Hüffer* Rn. 110 ff.; *Scholz/Schmidt* Rn. 178 ff.; *Baumbach/Hueck/Zöllner* Rn. 41; *Roth/Altmeppen* Rn. 30; alle mit Übersicht über die nicht geradlinige Entwicklung der Rechtsprechung und wN der umfangreichen Diskussion.

Abstimmung   § 47

rechtliche Bestimmung handelt, die den Interessenkonflikt zwischen Vertretenem und
Vertreter betrifft. Da die Schutzrichtung dieser Bestimmung mit der von Abs. 4 (vgl.
Rn. 51) demnach nicht identisch ist, kann die Anwendung von § 181 BGB auch auf
Gesellschafterbeschlüsse nicht von vornherein ausgeschlossen werden.[326] Etwas anderes
folgt entgegen der Auffassung aus BGH[327] auch nicht daraus, dass es sich bei einem
Gesellschafterbeschluss um einen „Sozialakt der körperschaftlichen Willensbildung"
handle.[328] Ein auf § 181 BGB gestütztes Stimmverbot kommt also grundsätzlich in Betracht, wenn ein Anteilsinhaber gleichzeitig als rechtsgeschäftlicher oder gesetzlicher
Vertreter eines anderen Gesellschafters auftreten will, wenn jemand mehrere Gesellschafter vertritt oder wenn ein Amtswalter (Testamentsvollstrecker, Insolvenzverwalter)
von einem Gesellschafterbeschluss persönlich betroffen würde.[329]

Über die **Abgrenzung** des Verbots im **einzelnen** ist damit freilich noch wenig 80
ausgesagt. So greift § 181 BGB in Fällen rechtsgeschäftlicher Stimmrechtsvollmacht
unter Gesellschaftern regelmäßig schon deshalb nicht ein, weil Vollmachtserteilung
– von seltenen Ausnahmefällen abgesehen – auch als stillschweigende Befreiung vom
Verbot des Selbstkontrahierens aufzufassen ist.[330] Entsprechendes gilt im Fall einer
„Gestattung" der Erben dem Testamentsvollstrecker gegenüber.[331] Mit dieser Maßgabe
ist § 181 BGB jedenfalls auf **satzungsändernde** Gesellschafterbeschlüsse anzuwenden.[332] Dasselbe muss für den **Auflösungsbeschluss** gelten.[333] Satzungsänderung und
Auflösung zielen auf die Änderung bzw. Aufhebung eines zwischen Vertreter und
Vertretenem bestehenden Rechtsverhältnisses. Im übrigen besteht hier ein zumindest
latenter Interessenkonflikt zwischen den Beteiligten.[334] Weil ein solcher Konflikt bei
gewöhnlichen Gesellschafterbeschlüssen regelmäßig nicht vorhanden sei, weil hier
vielmehr die Verfolgung des gemeinsamen Gesellschaftszwecks im Vordergrund stehe,
soll § 181 BGB auf solche Beschlüsse nicht anwendbar sein.[335] ME ist dem BGH im
Grundsatz zu folgen. In den Anwendungsbereich des § 181 BGB einbezogen werden
sollte allerdings noch die **Zustimmung zum Gesellschafterwechsel,** weil es sich

---

[326] Vgl. *Hübner* S. 274 ff.; *Claussen* S. 92 ff.; *Scholz/Schmidt* Rn. 178; anders *Bühler* DNotZ 1983, 588, 592 f.; *Baumbach/Hueck/Zöllner* Rn. 33; *Lutter/Hommelhoff* Rn. 16; *Roth/Altmeppen* Rn. 30.

[327] BGHZ 52, 316, 318.

[328] Überzeugend *Hübner* S. 272 f.; vgl. auch BGHZ 65, 93, 95 ff. = NJW 1976, 49 und dazu *Hachenburg/Schilling* Rn. 41, 42.

[329] Zu letzterer Konstellation BGHZ 51, 209, 214 ff. = NJW 1969, 841; zutreffende Kritik der Vermengung gesellschafts- und verwaltungsrechtlicher Gesichtspunkte in dieser Entscheidung bei *Wiedemann* § 3 III 2 a cc; grundsätzlich skeptisch MüKo BGB/*Schramm* § 181 Rn. 30 mwN.

[330] Dazu BGHZ 66, 82, 85 f. = NJW 1976, 958, 959; zur Abgrenzung BGH WM 1991, 72, 74.

[331] BGHZ 51, 209, 217 = NJW 1969, 841; *Scholz/Schmidt* Rn. 158 gegen *Schilling,* FS Ballerstedt, 1975, S. 257, 273.

[332] BGHZ 65, 93, 95 ff. = NJW 1976, 49; BGH GmbHR 1988, 337, 338; *Hübner* S. 278 f.; *Claussen* S. 116 ff.; *Wiedemann* § 3 III 2 a bb; *Scholz/Schmidt* Rn. 180; *Hachenburg/Hüffer* Rn. 113 f.; *Kirstgen* GmbHR 1989, 406 ff.; anders BayObLG GmbHR 1989, 252, 253 mwN.

[333] Anders zu Unrecht BGHZ 52, 316, 318 f. = NJW 1970, 33; iErg. wie hier *Hachenburg/Hüffer* Rn. 115, wonach § 181 BGB immer dann eingreift, wenn der Beschluss von einer qualifizierten Mehrheit abhängt.

[334] Dazu BGHZ 65, 93, 97 = NJW 1976, 49.

[335] BGHZ 65, 93, 97 ff. = NJW 1976, 49; zustimmend etwa *Scholz/Schmidt* Rn. 180; wohl auch *Baumbach/Hueck/Zöllner* Rn. 41; enger *Wiedemann* § 3 III 2 a bb: § 181 BGB nur dann nicht, wenn es um Geschäftsführungsfragen geht; *Hachenburg/Schilling* Rn. 44: einschränkungslose Anwendung des § 181 BGB in Fällen rechtsgeschäftlicher Vertretung; grundsätzlich andere Abgrenzung bei *Hübner* S. 279 f.

§ 47 3. Abschnitt. Vertretung und Geschäftsführung

hier ähnlich wie bei der Satzungsänderung um eine die Grundlagen des Gesellschaftsverhältnisses berührende Entscheidung handelt.[336] Hinzu kommen Beschlüsse, von denen der **Vertreter** (Amtswalter) – wie im Zusammenhang der Wahl in ein Gesellschaftsorgan oder der Abberufung aus einem solchen – **persönlich betroffen** und daher bei der Wahrung der Interessen des Vertretenen beeinträchtigt ist.[337] Bei der Vertretung Minderjähriger durch ihre Eltern sind die insoweit geltenden Sonderregeln zu beachten.[338]

81 Von der soeben behandelten Problematik ist die Frage zu unterscheiden, wie sich § 181 BGB auf **Geschäfte** zwischen der **GmbH** und einem **Geschäftsführer** auswirkt (dazu § 35 Rn. 26 ff., 47). Die Bedeutung der Vorschrift bei der **Vertretung** der Gesellschaft durch die **Gesellschafter** ist umstritten.[339] Die Frage hat mit dem Verhältnis von § 181 BGB und Gesellschafterbeschluss nichts zu tun. Denn zwischen Beschluss und Ausführungsgeschäft muss in jedem Fall unterschieden werden.

82 **7. Rechtsfolgen von Verstößen.** Ein Verstoß gegen **Abs. 4** führt zur Unwirksamkeit der Stimmabgabe.[340] Wird die Stimme gleichwohl mitgezählt und wirkt sich dies auf das Zustandekommen der erforderlichen Mehrheit aus,[341] so liegt bei Fehlen einer förmlichen Beschlussfeststellung ein ablehnender Beschluss vor. Das ist im Wege der Feststellungsklage geltend zu machen.[342] Ansonsten ist mit Anfechtungsklage vorzugehen (Rn. 9). **Einstweiliger Rechtsschutz** gegen die verbotswidrige Stimmabgabe wird wohl überwiegend zugelassen,[343] ist aber bedenklich (Rn. 36). Eine Verletzung von **§ 181 BGB** hat die schwebende Unwirksamkeit der Stimmabgabe, bei der Einmanngesellschaft darüber hinaus die Unwirksamkeit des Beschlusses zur Folge.[344] Deren nachträgliche Genehmigung gemäß §§ 177, 184, in Ausnahmefällen gemäß § 180 BGB, ist daher grundsätzlich möglich. Bis zur Erklärung der Genehmigung bzw. nach ihrer Verweigerung wirkt sich der Mangel der Stimmabgabe in derselben Weise aus wie in den Fällen des Abs. 4.

83 **8. Abweichende Vereinbarungen.** § 45 Abs. 2 indiziert, dass die in Abs. 4 enthaltenen Stimmverbote insgesamt **abdingbar** sind. Dies ist in der Tat der Standpunkt der früher hM.[345] Andere sprechen sich für Unabdingbarkeit der Stimmverbote dort

---

[336] Wie hier *Hachenburg/Schilling* Rn. 44.
[337] So in Erweiterung des in BGHZ 51, 209, 214 ff. = NJW 1969, 841 dargelegten Rechtsgedankens *Hübner* S. 281, 287; *Claussen* S. 118; *Scholz/Schmidt* Rn. 181; *Götze* GmbHR 2001, 218 f.; BayObLG ZIP 2001, 70 mwN; ähnlich *Hachenburg/Schilling* Rn. 44; zustimmend auch BGH WM 1991, 72, 73 f.
[338] Näher *Hachenburg/Stein* Rn. 40 ff.
[339] Vgl. *Hachenburg/Schilling* Rn. 46 einerseits; *Scholz/Schmidt* 6. Aufl. Rn. 154 mwN andererseits.
[340] OLG Stuttgart GmbHR 1992, 48 f.; *Hachenburg/Hüffer* Rn. 182; *Lutter/Hommelhoff* Rn. 25; *Scholz/Schmidt* Rn. 175 mwN.
[341] Dazu OLG Frankfurt NZG 1999, 767, 768.
[342] Rn. 9; insgesamt wie hier *Hachenburg/Hüffer* Rn. 182.
[343] Vgl. etwa OLG Zweibrücken GmbHR 1998, 373; OLG Stuttgart GmbHR 1997, 312 mwN; *Happ* S. 381 f.
[344] Vgl. BayObLG ZIP 2001, 70, 71; *Hachenburg/Hüffer* Rn. 117; MüKo BGB/*Schramm* § 181 Rn. 39; zur Einmann-GmbH ferner *Lindemann* S. 201 ff.; anders *Claussen* S. 119 ff. mwN; für Unwirksamkeit schlechthin anscheinend *Hachenburg/Schilling* Rn. 45.
[345] RGZ 89, 367, 383; 122, 159, 162; *Immenga/Werner* GmbHR 1976, 53, 55; *Meyer-Landrut/Miller/Niehus* Rn. 33; aus letzter Zeit OLG Stuttgart DB 2001, 854, 857 f.; *Bacher* GmbHR 2001, 134 ff.; wN bei *Scholz/Schmidt* Rn. 173; aM *Zöllner* S. 181; *ders.* in *Baumbach/Hueck* Rn. 73; *Hachenburg/Hüffer* Rn. 189.

aus, wo diese Verbote auf dem Gedanken beruhen, dass niemand Richter in eigener Sache sein könne.[346] Der BGH hat sich dieser Auffassung für die Entlastung und die Geltendmachung von Schadensersatzansprüchen angeschlossen.[347] Unverzichtbar ist jedenfalls das Recht zur Geltendmachung eines **wichtigen Grundes**. Daraus folgt, dass die auf diesem Gesichtspunkt beruhenden Stimmverbote (Rn. 77) ihrerseits **nicht** abdingbar sind.[348] **Nachträgliche** Verwässerungen der nach Abs. 4 geltenden Rechtslage können die Situation der Minderheit erheblich verschlechtern. Schlechthin unzulässig wären solche Satzungsänderungen aber nur bei Verletzung des Gleichheitsgrundsatzes.[349] Bei der Aufhebung eines Stimmverbotes, die im konkreten Zusammenhang mit einem Beschluss steht, an dem der Interessierte sonst nicht mitwirken dürfte, dürfte er ebenfalls vom Stimmrecht ausgeschlossen sein.[350] Gegen die **Erweiterung** der in Abs. 4 zusammengefassten Befangenheitsgründe bestehen grundsätzlich keine Bedenken.[351]

Die aus **§ 181 BGB** resultierenden Verbote sind **nicht satzungsdispositiv**.[352] Das ergibt sich für die Fälle gesetzlicher Vertretung aus dem Gesetz selbst. Im übrigen gibt den Ausschlag, dass § 181 BGB auf mögliche Interessenkonflikte zwischen Vertreter und Vertretenem zielt und sich deshalb nicht auf Angelegenheiten der Gesellschaft bezieht. Die Befreiung von den Beschränkungen des § 181 BGB kann daher nur der jeweils Vertretene bzw. derjenige aussprechen, dessen Interessen von einem Amtswalter wahrzunehmen sind. Bei gesetzlicher Vertretung muss gegebenenfalls ein Ergänzungspfleger bestellt werden.[353]

VII. Fehlerhafte Beschlüsse

A. Grundlagen

Das GmbHG enthält keine eigene Regeln über Beschlussmängel und die Folgen derselben. Solche Regeln sind daher aus anderen Quellen abzuleiten. In Betracht kommt in erster Linie das AktG, daneben Grundsätze des allgemeinen Zivilrechts.

1. Arten der Fehlerhaftigkeit. a) Nichtigkeit und Anfechtbarkeit. Das AktG unterscheidet (§§ 241 ff.) zwischen der Nichtigkeit und Anfechtbarkeit von Hauptversammlungsbeschlüssen. Charakteristisch ist, dass der Katalog der Nichtigkeitsgründe im Verhältnis zu den einschlägigen Regelungen des BGB stark eingeschränkt wurde, dass die Anfechtung eines Beschlusses von der Einhaltung bestimmter Förmlichkeiten und kurzer Fristen abhängig ist und darüberhinaus in einem besonderen Verfahren zu erfolgen hat. Diese Regeln beruhen auf der Einsicht, dass die allgemeinen Vorschriften über Rechtsgeschäfte das im Kapitalgesellschaftsrecht besonders ausgeprägte Bedürfnis nach

---

[346] *Scholz/Schmidt* Rn. 173; ebenso *Lutter/Hommelhoff* Rn. 13; kritisch *Hachenburg/Hüffer* Rn. 189; *Priester*, FS Rowedder, 1994, S. 379 ff.
[347] BGHZ 108, 21, 27 f. = WuB II C. § 47 GmbHG 1.89 – *Teichmann* = NJW 1989, 2694; ebenso OLG Hamm GmbHR 1993, 815 = EWiR § 47 GmbHG 1/93 – *Zimmermann;* OLG Stuttgart GmbHR 1995, 231; *Baumbach/Hueck/Zöllner* Rn. 73.
[348] Ebenso *Hachenburg/Schilling* Rn. 78; zurückhaltender *Baumbach/Hueck/Zöllner* Rn. 73.
[349] Dazu Rn. 124, § 53 Rn. 50; für Zulässigkeit nur bei Zustimmung aller Gesellschafter *Hachenburg/Schilling* Rn. 80; vgl. ferner *Götze* GmbHR 2001, 220 f.
[350] Andeutungen in dieser Richtung auch bei *Scholz/Schmidt* 6. Aufl. Rn. 159.
[351] *Baumbach/Hueck/Zöllner* Rn. 73; *Scholz/Schmidt* Rn. 172; implizit auch BGH DB 1977, 342, 343; BGHZ 92, 386, 395 = NJW 1985, 2592; OLG Stuttgart GmbHR 1992, 48 f.
[352] Zustimmend *Scholz/Schmidt* Rn. 182.
[353] Vgl. *Hachenburg/Hüffer* Rn. 117.

§ 47   3. Abschnitt. Vertretung und Geschäftsführung

Rechtssicherheit und Rechtsklarheit nicht zu befriedigen vermögen. Diese Einsicht gilt nicht nur für die AG, sondern in (fast) derselben Weise auch für die GmbH.[354] Es ist daher seit langem überwiegend anerkannt, dass die einschlägigen Bestimmungen des AktG sinngemäß, d. h. unter Berücksichtigung der Besonderheiten der GmbH, auf Gesellschafterbeschlüsse in solchen Gesellschaften entsprechend anzuwenden sind.[355] Die Vorschriften des BGB über die Nichtigkeit und Anfechtbarkeit von Rechtsgeschäften werden dadurch verdrängt. Nichtigkeit bedeutet Wirkungslosigkeit ipso iure (vgl. Rn. 111 f.; zu Heilungsmöglichkeiten Rn. 113 ff.), Anfechtbarkeit, dass der Beschluss zunächst einmal wirksam ist, aber vernichtet werden kann (Rn. 117, 155). Die dagegen gerichteten Argumente haben gewiss einiges für sich, sind aber insgesamt nicht stark genug, um die Revision der hM zureichend zu fundamentieren.

87 Für **Einpersonen-Gesellschaften** gibt es gute Gründe, auf das Anfechtungserfordernis zu verzichten. Die Konsequenz bestünde in der Nichtigkeit des Beschlusses, wobei die Nichtigkeit der Stimmabgabe eine wesentliche Rolle spielen soll.[356] Die These erscheint im großen und ganzen plausibel, bedarf aber noch näherer Überprüfung.

88 **b) Unwirksamkeit.** Von nichtigen oder anfechtbaren sind unwirksame Beschlüsse zu unterscheiden. Ein solcher Sachverhalt liegt vor, wenn der Beschlusstatbestand zwar abgeschlossen ist, aber ein zusätzliches Wirksamkeitserfordernis noch fehlt.[357] Beispiele: Satzungsändernde Beschlüsse vor Eintragung in das Handelsregister, Fehlen der – etwa wegen Eingriffs in ein Vorzugsrecht oder Auferlegung einer Sonderpflicht – erforderlichen Zustimmung des betroffenen Gesellschafters,[358] Unwirksamkeit der Stimmabgabe bei der Einmanngesellschaft,[359] freistellungsfähige Kartellbeschlüsse, wohl auch satzungswidrig nicht protokollierte Beschlüsse.[360] Hierher gehört nach Auffassung von OLG Hamm[361] auch die Zustimmung zur Veräußerung des Unternehmens der Gesellschaft bei Fehlen der Erfordernisse einer Satzungsänderung.

89 Der **Unterschied** von Unwirksamkeit und Nichtigkeit besteht darin, dass unwirksame durch Nachholung des noch Fehlenden zu vollwirksamen Beschlüssen erstarken

---

[354] Andere Akzente bei *Baumbach/Hueck/Zöllner* Anh. § 47 Rn. 1.
[355] BGHZ 11, 231, 235 = NJW 1954, 385 f.; BGHZ 36, 207, 210 f. = NJW 1962, 538; BGHZ 51, 209, 210 = NJW 1969, 841; BGHZ 101, 113, 120 = BGH WM 1987, 1071, 1072 = NJW 1987, 2514; BGH NJW 1999, 2115 = WM 1999, 1215 = ZIP 1999, 1001 mwN der Judikatur; OLG Düsseldorf WM 1982, 649, 656; OLG Hamburg WM 1983, 130, 132; BayObLG DB 1993, 1763, 1764; *Hachenburg/Schilling/Zutt* Anh. § 47 Rn. 2; *Scholz/Schmidt* § 45 Rn. 36, beide mwN; ausführlich *Lehmann* S. 90 ff.; kritisch *Timm*, FS Fleck, 1988, S. 365, 368 f.; umfassende Darstellung der Problematik mit genereller Ablehnung der Analogie zu den §§ 241 ff. AktG bei *Noack* S. 113 ff.; ablehnend auch *Zöllner/Noack* ZGR 1989, 525, 532 ff.; *Hachenburg/Raiser* Anh. § 47 Rn. 9 ff.; *Raiser*, FS Heinsius, 1991, S. 645, 655 ff.; *Binge* S. 135 ff.; *Soehring* EWiR § 47 GmbHG 1/91, *Schick* S. 112 ff.; differenzierend *Casper* ZHR 163 (1999), 78 f.: Klageerfordernis nur bei eintragungsbedürftigen und sonstigen Strukturänderungsbeschlüssen; überzeugende Kritik bei *Schröder* GmbHR 1994, 532, 533 ff.; ausführlich *Ch. Koch* S. 136 ff.; 159 ff.; kritisch auch *Lutter/Hommelhoff* Anh. § 47 Rn. 1. Zusammenfassend *Lindemann* S. 60 f.
[356] Ausführlich *Lindemann* S. 149 ff., 163 ff.
[357] Vgl. RGZ 148, 175, 186; BGHZ 15, 177, 181 = NJW 1955, 178; BGHZ 48, 141, 143 = NJW 1967, 2159; *Berg* S. 50 f.; *Schultz* S. 7 f.; *Hachenburg/Raiser* Anh. § 47 Rn. 21; *Scholz/Schmidt* § 45 Rn. 40, 53 ff. je mwN.
[358] BGH WM 1962, 201 mwN; 1966, 446, 447; BezG Dresden GmbHR 1994, 123, 124 f.
[359] BayObLG ZIP 2001, 70, 71.
[360] OLG Stuttgart BB 1983, 1050; ebenso BayObLG BB 1991, 2103, 2104; vgl. *Hachenburg/Hüffer* Rn. 30.
[361] GmbHR 1992, 802, 804.

können, in Wahrheit also nur **schwebend** unwirksam sind.³⁶² Das bedeutet freilich nicht völlige Wirkungslosigkeit schon während des Schwebezustandes. Denn ohne erneute Beschlussfassung sind die Beteiligten verpflichtet, sich um die Herbeiführung des fehlenden Wirksamkeitserfordernisses zu bemühen und sich im übrigen so zu verhalten, dass der Beschlusszweck nicht vereitelt wird.³⁶³ Davon abgesehen kann sich aber schon während der Schwebelage jedermann auf die Unwirksamkeit des Beschlusses berufen, bei Vorhandensein eines rechtlichen Interesses auch im Wege der Feststellungsklage gemäß § 256 ZPO. Eine analoge Anwendung des § 249 AktG in diesem Stadium ist dagegen abzulehnen.³⁶⁴ Anders wird zu entscheiden sein, wenn feststeht, dass der Beschluss endgültig unwirksam ist.³⁶⁵ Die Geschäftsführer dürfen unwirksame Beschlüsse nicht ausführen; der Registerrichter darf sie nicht eintragen.³⁶⁶ Letzteres gilt selbstverständlich nicht, wenn der Beschluss mit Eintragung wirksam würde. Mit Verwirklichung des fehlenden Erfordernisses wird der Beschluss voll wirksam, voll unwirksam dagegen, wenn feststeht, dass es sich nicht mehr realisieren wird. Auf die Beendigung des Schwebezustandes kann analog §§ 108 Abs. 2, 177 Abs. 2 BGB hingewirkt werden.³⁶⁷

c) Scheinbeschlüsse? Nach verbreiteter Auffassung gibt es neben nichtigen auch noch sogenannte **Nichtbeschlüsse** oder **Scheinbeschlüsse**.³⁶⁸ Gedacht ist an Fälle, wo wegen ausschließlicher oder überwiegender Beteiligung von Nichtgesellschaftern, eventuell auch wegen Einberufung durch einen „völlig Unbefugten"³⁶⁹ nur der Anschein eines Gesellschafterbeschlusses vorliegt. Praktisch spielt die Frage nur im Hinblick auf die analoge Anwendbarkeit der §§ 242 Abs. 2 und 249 AktG eine Rolle. *Zöllner*³⁷⁰ hat gezeigt, dass dagegen keine durchgreifenden Bedenken bestehen. Außerdem nötigt die Kategorie des Nichtbeschlusses zu höchst unsicheren Abgrenzungen. Sie ist daher abzulehnen. Auch sog. „wirkungslose" Beschlüsse (Beispiel: Abberufung des Geschäftsführers durch die Gesellschafter in der mitbestimmten GmbH) bilden keine Sondergruppe, sondern sind entweder nichtig oder anfechtbar.³⁷¹ **90**

d) Mitzählung unwirksam abgegebener Stimmen. Bei Mitzählung unwirksam abgegebener Stimmen liegt grundsätzlich **kein** fehlerhafter Beschluss vor. Vielmehr ist ein Beschluss mit dem Ergebnis zustande gekommen, das sich bei zutreffender Außerachtlassung der unwirksam abgegebenen Stimme ergeben hätte. Anders liegt es nur dann, wenn auf der Grundlage des Gesetzes, der Satzung oder mit Zustimmung der Gesellschafter eine förmliche Beschlussfeststellung stattgefunden hat (näher Rn. 9). **91**

---

³⁶² Ausführlich dazu *Berg* S. 72 ff.; Relativierung dieses Unterschieds bei *K. Schmidt*, FS Fischer, 1979, S. 693, 701 ff.
³⁶³ Vgl. *Berg* S. 170 f.
³⁶⁴ BGHZ 15, 177, 181 = NJW 1955, 178; *Hachenburg/Raiser* Anh. § 47 Rn. 23; *Scholz/Schmidt* 6. Aufl. § 45 Rn. 49 gegen Kölner KommAktG/*Zöllner* § 249 Rn. 51; differenzierend *Berg* S. 174 f.
³⁶⁵ *Scholz/Schmidt* § 45 Rn. 59.
³⁶⁶ *Hachenburg/Schilling/Zutt* Anh. § 47 Rn. 216, 223; dagegen *Berg* S. 178 ff. mwN.
³⁶⁷ *Scholz/Schmidt* Rn. 44. *Berg* S. 213 mwN.
³⁶⁸ BGHZ 11, 231, 236 = NJW 1954, 385 f.; BGHZ 18, 334, 337 f. = NJW 1955, 1917; *Meyer-Landrut/Miller/Niehus* Rn. 66; wN bei Kölner KommAktG/*Zöllner* § 241 Rn. 49; dagegen *Hachenburg/Raiser* Anh. § 47 Rn. 25 ff.; Kölner KommAktG/*Zöllner* § 241 Rn. 52 ff.; *Baumbach/Hueck/Zöllner* Anh. § 47 Rn. 13 f., *Roth/Altmeppen* Rn. 84.
³⁶⁹ Vgl. BGHZ 11, 231, 236 = NJW 1954, 385 f.; auch Anm. *Hoffmann* zu OLG München NZG 1999, 1173.
³⁷⁰ AaO; vgl. auch *Scholz/Schmidt* Rn. 51.
³⁷¹ *Baumbach/Hueck/Zöllner* Rn. 12; anders zB *Lutter/Hommelhoff* Anh. § 47 Rn. 2.

§ 47   3. Abschnitt. Vertretung und Geschäftsführung

92   **2. Anwendungsbereich.** Die Regeln über die Fehlerhaftigkeit von Beschlüssen gelten für Entscheidungen der Gesellschafter. Umstritten ist, ob und inwieweit dasselbe auch für Beschlüsse solcher Organe anzunehmen ist, die kraft gesellschaftsvertraglicher oder einer Ermächtigung ad hoc anstelle der Gesellschafterversammlung entscheiden. Vgl. zu dieser Frage § 45 Rn. 20.

93   **3. Einstweiliger Rechtsschutz.** Beschlüsse, von denen zu erwarten ist, dass sie nichtig oder anfechtbar sein werden, können gleichwohl nicht im Wege der einstweiligen Verfügung gegen die GmbH verhindert werden. Denn damit würde – so das Hauptargument der Vertreter dieser Auffassung – ein endgültiger Zustand geschaffen. Im Falle der Aufhebung der einstweiligen Verfügung könne der Beschluss nicht nachträglich zur Entstehung gelangen.[372] Hinzukommt, dass für eine einstweilige Verfügung gegen die Gesellschaft kein Bedürfnis zu bestehen scheint, soweit vorläufiger Rechtsschutz gegen rechtswidrige Stimmabgabe gewährt wird (zu dieser Frage Rn. 36). Abgesehen von der Problematik auch dieses Rechtsbehelfs, bedürfte sein Verhältnis zu gesellschaftsgerichtetem einstweiligem Rechtsschutz weiterer Klärung.[373] Zur Möglichkeit einer einstweiligen Verfügung, mit der die Ausführung eines nichtigen oder anfechtbaren Beschlusses verboten wird, vgl. Rn. 145.

B. Nichtigkeit

94   **1. Gründe der Nichtigkeit. a) Grundlagen.** § 241 AktG sagt ausdrücklich, dass die in ihm zusammengefassten Nichtigkeitsgründe als **abschließende Regelung** gemeint sind. Die dafür maßgebenden Gründe (Rn. 86) gelten auch für die GmbH. Auch dort macht ein Rechtsverstoß einen Gesellschafterbeschluss grundsätzlich nur dann nichtig, wenn einer der in § 241 AktG genannten Fälle vorliegt.[374] Auch die Satzung kann den Katalog der Nichtigkeitsgründe nicht erweitern.[375] Mit Rücksicht auf die allseitige Wirkung der Nichtigkeit kann sie ihn allerdings auch nicht einschränken.[376] Zur Bedeutung der §§ 250, 253 und 256 AktG (Durchbrechungen des in § 241 AktG fixierten Prinzips für bestimmte Beschlussangelegenheiten) im Recht der GmbH vgl. Rn. 109. Gleichgültig ist, ob der Beschluss auch ohne das nichtigkeitsbegründende Element zustandegekommen wäre, ob dieses also **kausal** für jenen war.[377] Von ihrer Stoßrichtung her gesehen lassen sich die sechs Nichtigkeitsgründe des § 241 in **vier Gruppen** zusammenfassen:[378] Einberufungsmängel (Nr. 1), Beurkundungsmängel (Nr. 2), inhaltliche Verstöße (Nr. 3 und 4), amtliche Entscheidungen (Nr. 5 und 6).

---

[372] OLG Celle GmbHR 1981, 264 ff.; OLG Frankfurt WM 1982, 282; *Semler* BB 1979, 1533, 1536; leicht einschränkend OLG Celle GmbHR 2000, 388; *Baumbach/Hueck/Zöllner* Anh. § 47 Rn 93; *Scholz/Schmidt* § 45 Rn. 183; vgl. auch OLG Stuttgart NJW 1987, 2449; dagegen etwa *Hachenburg/Raiser* Anh. § 47 Rn. 257; *v. Gerkan* ZGR 1985, 167 ff.; *Happ* S. 370 ff.; MünchHdB GesR III/*Ingerl* § 40 Rn. 88; ausführlich *Schmidt-Diemitz* S. 54 ff. Für wN s. *Zöllner* aaO.

[373] Zu der dahinter stehenden Grundlagenfrage *Koppensteiner* § 61 Rn. 22.

[374] BGHZ 11, 231, 235 = NJW 1954, 385 f.; BGHZ 51, 209, 210 f.; 134, 364, 364 = NJW 1997, 732 = WM 1997, 823; OLG München GmbHR 1991, 808; *Hachenburg/Raiser* Anh. § 47 Rn. 31; für bloße „Anlehnung" an § 241 AktG *Scholz/Schmidt* § 45 Rn. 62.

[375] Anders *Baumbach/Hueck/Zöllner* Anh. § 47 Rn. 17.

[376] *Hachenburg/Raiser* Anh. § 47 Rn. 31.

[377] RGZ 92, 409, 411 f.; BGHZ 11, 231, 239 = NJW 1954, 385 f.; *Scholz/Schmidt* § 45 Rn. 69; *Müther* GmbHR 2000, 966 ff. Zur unterschiedlichen Rechtslage bei anfechtbaren Beschlüssen Rn. 133 f.

[378] Vgl. Kölner KommAktG/*Zöllner* § 241 Rn. 69 ff.

Abstimmung § 47

b) Einberufungsmängel. Gesellschafterbeschlüsse sind zunächst nichtig, wenn sie 95
in einer Versammlung gefasst werden, die von einem **Unbefugten** einberufen
wurde.[379] Die in diesem Zusammenhang gelegentlich befürwortete Kategorie des
„Nichtbeschlusses" ist abzulehnen (Rn. 90). Einberufungsbefugt sind im gesetzlichen
Regelfall die Geschäftsführer (§ 48 Abs. 1), eventuell eine Gesellschafterminderheit von
10 % (§ 50 Abs. 3). Bei Nichterfüllung der Voraussetzungen jener Bestimmung geht
die Einberufung von Unbefugten aus; gleichwohl gefasste Beschlüsse sind nichtig.[380]
Dasselbe ist der Fall, wenn gesellschaftsvertragliche Regelungen der Einberufungsbefugnis (zu ihnen § 49 Rn. 8) unbeachtet bleiben.[381] Auf schriftliche Abstimmungen
gemäß § 48 sind die vorstehenden Regeln entsprechend anzuwenden. Weil Zustimmung aller Gesellschafter mit einer schriftlichen Abstimmung den Einberufungsmangel
heilt, wird sich dieser Befund in aller Regel praktisch nicht auswirken. Ausnahmen
sind denkbar, wenn die Satzung § 48 Abs. 2 modifiziert hat.[382]

Ein Gesellschafterbeschluss ist ferner dann nichtig, wenn **nicht alle** Gesellschafter 96
zur Versammlung oder zur Teilnahme an einer schriftlichen Abstimmung **eingeladen
wurden**.[383] Dieselbe Rechtsfolge tritt ein, wenn zwar der (geschäftsunfähige) Gesellschafter, nicht aber sein gesetzlicher Vertreter verständigt wurde.[384] Die Einladung
eines von mehreren Mitberechtigten genügt (§ 18 Abs. 3), vorausgesetzt allerdings, dass
der Betreffende nicht als Inhaber eines anderen Anteils, sondern in seiner Eigenschaft
eben als Mitberechtigter geladen worden ist.[385] Werden teilnahmeberechtigte Dritte
(Beispiel: Aufsichtsratsmitglieder) nicht eingeladen, so macht dies dennoch gefasste
Beschlüsse nur anfechtbar.[386] Auch der Nichtzugang einer an einen Gesellschafter gesandten Einladung bewirkt keine Nichtigkeit (§ 50 Rn. 11). Stets zu beachten sind
Sonderbestimmungen des Gesellschaftsvertrages. So ist es möglich, dass die Ladung der
Gesellschafter danach durch eine entsprechende Veröffentlichung in den Gesellschaftsblättern ersetzt wird.[387]

Eine „Einberufung", die **Ort** und **Zeit** der Versammlung nicht angibt, ist in Wahr- 97
heit keine solche. Werden dennoch Beschlüsse gefasst, so sind sie mit der Maßgabe des
§ 51 Abs. 3 nichtig.[388] Abgesehen davon gibt es **keine zusätzlichen** nichtigkeitsbegründenden Einberufungsmängel.[389] Entscheidend ist die Parallele zum Aktienrecht,

---

[379] BGHZ 11, 231, 236 = NJW 1954, 385 f.; BGHZ 18, 334, 337 f. = NJW 1955, 1917;
BGHZ 87, 1, 2 f. = NJW 1983, 1677; OLG Hamm GmbHR 1993, 743, 745 f.; BayObLG NZG
1999, 1063 m. Anm. *Sieger/Gätsch*; *Hachenburg/Raiser* Anh. § 47 Rn. 33 mwN.
[380] BGHZ 11, 231, 237 = NJW 1954, 385 f.; BGHZ 87, 1, 3 f. = NJW 1983, 1677; für Einzelheiten § 50 Rn. 12.
[381] *Hachenburg/Schilling/Zutt* Anh. § 47 Rn. 26 unter Hinweis auf § 191 Nr. 1 RegE 1979.
[382] *Hachenburg/Schilling/Zutt* Anh. § 47 Rn. 25; *Lutter/Hommelhoff* Anh. § 47 Rn. 11; vgl.
BGHZ 28, 355, 358 f. = NJW 1959, 194.
[383] BGHZ 36, 207, 211 = NJW 1962, 538; BGH WM 1978, 551, 552; 1983, 1354, 1355;
OLG München GmbHR 2000, 486, 488 f.; OLG Brandenburg NZG 1998, 263, 265; BayObLG
ZIP 1997, 1785, 1786; OLG Frankfurt ZIP 1997, 644, 645; OLG Celle GmbHR 1983, 273,
274 f.; OLG München BB 1978, 471, 472; LG Münster GmbHR 1983, 201, 202; LG Berlin
NJW-RR 1986, 195; *Hachenburg/Raiser* Anh. § 47 Rn. 37; *Scholz/Schmidt* § 51 Rn. 28; *Müther*
GmbHR 2000, 968 ff.
[384] BayObLG DB 1993, 577.
[385] BGHZ 49, 183, 189 = NJW 1968, 743.
[386] OLG Stuttgart NJW 1973, 2027, 2028.
[387] Dazu *Hachenburg/Schilling/Zutt* Anh. § 47 Rn. 27; vgl. auch § 50 Rn. 3.
[388] KG NJW 1965, 2157, 2159; LG Köln GmbHR 1992, 809, 810; allgM.
[389] HM; vgl. BGH WM 1961, 799; OLG Hamm GmbHR 1992, 805; *Hachenburg/Raiser* Anh.
§ 47 Rn. 42; *Müther* GmbHR 2000, 970 ff. mit Diskussion verschiedener Zweifelsfälle.

§ 47   3. Abschnitt. Vertretung und Geschäftsführung

insbesondere das dort ausgedrückte Bedürfnis nach Beschränkung der Nichtigkeitsgründe (Rn. 86).

98 Nichtigkeit tritt in allen Fällen **nicht** ein, wenn der Beschluss in Anwesenheit **sämtlicher** Gesellschafter gefasst wird (dazu § 51 Rn. 13). Sowohl die Einberufung durch Unbefugte, als auch die Nichtladung von Gesellschaftern bleibt in diesem Fall ohne Folgen.[390] Ein vor der Beschlussfassung erklärter **Einladungs- oder Rügeverzicht** führt dazu, dass die Nichteinladung bedeutungslos wird.[391] Eine nachträgliche Beseitigung des Nichtigkeitsgrundes durch Erklärung des davon Betroffenen ist seit der Einführung von § 242 Abs. 2 S. 4 AktG analog dieser Bestimmung ebenfalls möglich.[392]

99 c) **Beurkundungsmängel.** Unterbleibt eine gesetzlich vorgesehene Beurkundung, so ist der Beschluss nichtig.[393] In erster Linie kommen Satzungsänderungen in Betracht.[394] Die Beurkundung eines solchen Beschlusses durch einen **ausländischen Notar** reicht aus, wenn sie der durch einen deutschen gleichwertig ist.[395] **Einmanngesellschafter** sind nach § 48 Abs. 3 verpflichtet, unverzüglich nach Beschlussfassung eine Niederschrift anzufertigen und zu unterschreiben. Die Verletzung dieser Bestimmung macht den Beschluss aber nicht nichtig (näher § 48 Rn. 23). Die Rechtsfolge von Verletzungen **gesellschaftsvertraglicher Formvorschriften** besteht darin, dass der Beschluss anfechtbar ist.[396] Das folgt indirekt aus § 241 Nr. 2 AktG. Auch alle anderen Arten formeller Beschlussmängel lösen keine Nichtigkeitssanktion aus. Das gilt insbesondere für die ohne satzungsmäßige Ermächtigung an sich unzulässige Kombination von Abstimmungen in einer Versammlung und auf schriftlichem Wege.[397]

100 d) **Inhaltsmängel. aa)** Entsprechend § 241 Nr. 3 AktG sind Beschlüsse nichtig, die mit dem „**Wesen**" der GmbH nicht vereinbart werden können oder durch ihren Inhalt Vorschriften verletzen, „die ausschließlich oder überwiegend zum **Schutze der Gläubiger** oder sonst im **öffentlichen Interesse** gegeben sind". Es ist fraglich, ob dem ersten dieser Nichtigkeitsgründe eine selbständige Bedeutung zukommt; jedenfalls handelt es sich um einen Auffangtatbestand.[398] Prüfungsgegenstand ist bei allen Tatbeständen der **Inhalt** des Beschlusses. Das bedeutet einerseits, dass Verfahrensfehler in

---

[390] BGHZ 18, 334, 339 = NJW 1955, 1917; BGHZ 36, 207, 211 = NJW 1962, 538; OLG Stuttgart BB 1993, 2179, 2180; *Hachenburg/Raiser* Anh. § 47 Rn. 43; *Scholz/Schmidt* § 51 Rn. 41 ff.

[391] BGHZ 87, 1, 4.

[392] OLG Naumburg NZG 1998, 992; *Baumbach/Hueck/Zöllner* § 51 Rn. 24; *Lutter/Hommelhoff* § 51 Rn. 19; *Roth/Altmeppen* § 51 Rn. 14; s. auch *Gaßner/Zimmer* WiB 1997, 171 ff.; zur Rechtslage vor der Reform Vorauf. Rn. 83 mwN.

[393] RG DR 1939, 720, 721, wo merkwürdigerweise außerdem noch Anfechtbarkeit angenommen wird; OLG Brandenburg NZG 2001, 129, 130; OLG Köln GmbHR 1993, 164, 165; OLG Hamm OLGZ 1974, 149, 157 f.; *Hachenburg/Schilling/Zutt* Anh. § 47 Rn. 36; *Scholz/Schmidt* § 45 Rn. 66 mwN.

[394] § 53 Abs. 2; ferner § 13 Abs. 3 UmwG und die daran anknüpfenden Normen sowie Anh. § 52 Rn. 61; zur „Satzungsdurchbrechung" § 53 Rn. 34; s. BGH GmbHR 1993, 497, 498; OLG Hamm GmbHR 1992, 807.

[395] Zutreffend BGHZ 80, 76, 78 = NJW 1981, 1160; vgl. auch § 2 Rn. 42, § 53 Rn. 39.

[396] *Baumbach/Hueck/Zöllner* Anh. § 47 Rn. 22; *Hachenburg/Raiser* Anh. § 47 Rn. 44; *Scholz/Schmidt* § 45 Rn. 67; vgl. OLG Stuttgart BB 1983, 1050: Unwirksamkeit bei Nichtprotokollierung.

[397] AM OLG München BB 1978, 471, 472; vgl. § 48 Rn. 3.

[398] Vgl. *Scholz/Schmidt* § 45 Rn. 72.

diesem Zusammenhang unerheblich sind,[399] andererseits, dass es auf Beschlussmotive und -zwecke nicht ankommt. Als Prüfungsmaßstab kommen nach dem Wortlaut des Gesetzes nur solche Normen in Betracht, die „ausschließlich oder überwiegend" im öffentlichen Interesse (einschließlich Gründen des Gläubigerschutzes) erlassen wurden. Der Sinn dieses Merkmals besteht indessen in erster Linie darin, dem Verstoß gegen solche Vorschriften die Nichtigkeitswirkung zu versagen, die im Interesse der gegenwärtigen Gesellschafter erlassen sind und auf welche diese wirksam verzichten können.[400] Dementsprechend ist man sich darüber einig, dass nicht zu prüfen ist, ob eine möglicherweise nichtigkeitsbegründende Norm mehr dem öffentlichen Interesse oder mehr anderen Interessen, etwa solchen der Gesellschafter, dient. Entscheidend ist vielmehr, ob die Norm gläubigerschützende oder sonstige öffentliche Interessen fördernde Funktionen hat und ob es sich dabei um wesentliche Anliegen handelt.[401]

101 Dem Schutze der **Gläubiger** in dem vorbeschriebenen Sinne dienen die meisten zwingenden Vorschriften des GmbH-Gesetzes, insbesondere die Bestimmungen, die es mit Kapitalaufbringung und -erhaltung, sowie der Haftung der Gesellschafter zu tun haben. Gläubigerschutzorientiert sind zB die §§ 4 (Firma), 5 (Stammkapital und Einlagen), 19, 21 ff. (Einlageverpflichtungen), 30 ff. (Erhaltung des Stammkapitals). Daher ist etwa die entgeltliche Einziehung eines Anteils ausgeschlossen, wenn demzufolge das zur Erhaltung des Stammkapitals der Gesellschaft nötige Vermögen angegriffen werden müsste.[402] Dasselbe gilt für einen Kapitalerhöhungsbeschluss, der die Übernahme einer Stammeinlage durch die Gesellschaft selbst vorsieht[403] oder einen Entlastungsbeschluss, mit dem ein Verstoß gegen § 30 gebilligt wird.[404] Von extremen Fällen abgesehen nicht anzuerkennen ist aber ein gegenüber dem einverständlichen Willen der Gesellschafter zwingendes Bestandsinteresse der GmbH.[405] Deshalb ist ein damit kollidierender Gesellschafterbeschluss in aller Regel auch wirksam.[406] Zur Nichtigkeit eines Bilanzfeststellungsbeschlusses wegen Verletzung von Höchstwertvorschriften vgl. Rn. 109.

102 Der Kreis der Normen, die sonst **im öffentlichen Interesse** gegeben sind, ist nach allgM[407] weit zu ziehen. Doch wird dabei das gesetzlich anerkannte Bedürfnis nach Einschränkung der Nichtigkeitsgründe wohl nicht ausreichend bedacht. So ist es zwar gerechtfertigt, solche Beschlüsse als nichtig zu behandeln, die im Interesse auch künftiger Gesellschafter zwingende Normen verletzen. Sie sind weder an der Beschlussfassung beteiligt, noch steht ihnen ein Anfechtungsrecht zu.[408] Eben wegen der derzeitigen Gesellschaftern offen stehenden Anfechtungsmöglichkeiten scheint es dem-

---

[399] *Hachenburg/Raiser* Anh. § 47 Rn. 45 mwN; BGHZ 132, 84, 92 = AG 1996, 264 = ZIP 1996, 674 für Versagung rechtlichen Gehörs.
[400] OLG Karlsruhe AG 1981, 102, 103; *Scholz/Schmidt* § 45 Rn. 75.
[401] *Hachenburg/Schilling/Zutt* Anh. § 47 Rn. 42.
[402] RGZ 142, 286, 290f.; anders (bloße Anfechtbarkeit) OLG Celle GmbHR 1998, 140, 141: Einziehung noch keine Verletzung von § 30. S. auch § 34 Rn. 35 ff.
[403] Dazu BGHZ 15, 391, 392 ff. = NJW 1955, 222.
[404] BGH WM 1986, 789 = EWiR § 30 GmbHG 1/86, 587 – *Weipert* = WuB II C. § 43 GmbHG 5.86 – *Rümker*.
[405] Dazu § 43 Rn. 71 f.
[406] Anders *Büscher* S. 153. Ihm ist nur unter den in Rn. 106 dargelegten Voraussetzungen zu folgen.
[407] OLG Düsseldorf DB 1967, 2155; *Hachenburg/Raiser* Anh. § 47 Rn. 49; Kölner Komm-AktG/*Zöllner* § 241 Rn. 106 mwN; präzisierend *Scholz/Schmidt* § 45 Rn. 75.
[408] Unstreitig; vgl. OLG Düsseldorf DB 1967, 2155, weitere Nachweise bei Kölner Komm-AktG/*Zöllner* § 241 Rn. 110.

gegenüber bedenklich, auch die Verletzung solcher zwingender Normen mit der Nichtigkeitssanktion zu belegen, die nur den Schutz solcher Personen zum Gegenstand haben.[409] Anerkannt ist aber immerhin, dass Missbrauch der Mehrheitsmacht nur zur Anfechtbarkeit des Beschlusses führt (dazu Rn. 122 ff.), ferner, dass dasselbe generell für die Verletzung von Satzungsbestimmungen gilt.[410]

103 Im wesentlichen sind die Normen zum Schutz öffentlicher Interessen **außerhalb** des GmbH-Gesetzes zu suchen (zu **Bestellungs**beschlüssen aber § 35 Rn. 75). Es muss sich um solche handeln, deren Normzweck die strenge Nichtigkeitssanktion rechtfertigt. Erfasst werden demnach insbesondere Beschlüsse strafbaren Inhalts. Auch Verstöße gegen das GWB begründen die Nichtigkeit des Beschlusses, wenn eine Freistellung nach den §§ 2 ff. dieses Gesetzes nicht (mehr) in Betracht kommt oder nicht mehr angestrebt wird. Weitere Beispiele sind dem Material zu § 134 BGB zu entnehmen, eine Bestimmung, deren Anwendungsbereich sich mit dem Kreis jener Normen deckt, die das öffentliche Interesse im Sinne des § 241 Nr. 3 AktG wahren sollen.[411] Besonders hervorzuheben ist die Bedeutung der **Mitbestimmungsgesetze** in diesem Zusammenhang.[412] Ob mitbestimmungswidrige Weisungsbeschlüsse der Gesellschafterversammlung (§ 37 Rn. 29) hierher gehören, hängt davon ab, ob man als „Vorschrift" iSd. § 241 Nr. 3 AktG auch nicht ausdrücklich positivierte Rechtssätze anerkennt,[413] oder sie als Bestandteil des ordre public und demzufolge als Konkretisierung von Sittenwidrigkeit auffasst (vgl. Rn. 105 f.).

104 Ob dem Nichtigkeitsgrund der Unvereinbarkeit mit dem **Wesen der GmbH** selbständige Bedeutung zukommt, hängt davon ab, wie der Bereich der Normen abgesteckt wird, die dem öffentlichen Interesse dienen.[414] Zieht man dort die Grenzen weit, dann wird für „Wesensunvereinbarkeit" kaum noch ein Anwendungsbereich übrigbleiben.[415] Unabhängig davon ist aber zunächst einmal auf den im Verhältnis zum Aktienrecht sehr viel ausgeprägteren Grundsatz der Satzungsautonomie, d. h. die Freiheit der Gesellschafter hinzuweisen, die Verhältnisse der Gesellschaft nach ihrem Gutdünken zu regeln.[416] Unvereinbarkeit eines Beschlusses mit dem Wesen der GmbH sollte daher nur dort angenommen werden, wo Ordnungs- und Zielvorstellungen tangiert werden, die die GmbH als gegenüber anderen Gesellschaftsformen eigenständige Kategorie ausweisen.[417] Dabei spielt der sonst wichtige Gedanke, dass Normen, die dem Schutz Anfechtungsberechtigter dienen, im Zweifel nicht nichtigkeitsbegründend wirken (Rn. 101 ff.), hier allerdings keine Rolle. Denn im vorliegenden Zusammenhang geht es nicht um die Optimierung des Schutzes von Partikularinteressen, sondern darum, die GmbH als gesellschaftsrechtliche Institution erkennbar zu halten. Nichtig wäre demnach etwa eine Satzungsbestimmung, mit der die unbeschränkte Haftung der Ge-

---

[409] So aber ausdrücklich Kölner KommAktG/Zöllner § 241 Rn. 111; tendenziell wie hier Hachenburg/Raiser Anh. § 47 Rn. 51.
[410] Scholz/Schmidt § 45 Rn. 93; Hachenburg/Schilling/Zutt Anh. § 47 Rn. 38.
[411] Hachenburg/Schilling/Zutt Anh. § 47 Rn. 44; Scholz/Schmidt 6. Aufl. § 45 Rn. 55.
[412] Dazu etwa BGHZ 83, 106, 109 ff. = NJW 1982, 1525 f.; BGHZ 83, 151, 152 ff. = NJW 1982, 1530; OLG Karlsruhe AG 1981, 102, 103 ff.; OLG Frankfurt GmbHR 1986, 262 f.; LG Hamburg WM 1982, 310, 311 ff.; wie hier Scholz/Schmidt § 45 Rn. 75; Lutter/Hommelhoff Anh. § 47 Rn. 19; Meyer-Landrut/Miller/Niehus Rn. 71; vgl. Rittner DB 1980, 2493 ff.; Huber, FS Coing, 1982, S. 168, 181 ff. beide mwN; zu Zuständigkeitsfragen Theisen DB 1982, 265 f.
[413] Dafür Huber, FS Coing, 1982, S. 168, 189.
[414] Vgl. Hachenburg/Schilling/Zutt Anh. § 47 Rn. 39.
[415] So in der Tat Kölner KommAktG/Zöllner § 241 Rn. 97; Scholz/Schmidt § 45 Rn. 72.
[416] Vgl. BGHZ 14, 264, 269 f. = NJW 1954, 1563.
[417] Vgl. aber Huber, FS Coing, 1982, S. 168, 184 ff.

sellschafter eingeführt würde.[418] Dasselbe gilt bei Verletzung zwingender Zuständigkeitsregelungen (Beispiele: gesellschaftsvertraglicher Verzicht auf einen Geschäftsführer zugunsten einer Vertretung durch die Gesellschafter selbst, Übertragung nicht dispositiver Gesellschafterzuständigkeiten auf die Geschäftsführer). Schließlich stehen den Gesellschaftern deshalb unentziehbare Mindestrechte zu (vgl. § 14 Rn. 18; § 45 Rn. 18), weil die Vorstellung, jemand sei Gesellschafter einer GmbH sich anderenfalls in Nichts auflösen würde. Auch ein Eingriff in diesen Kernbereich der Mitgliedschaft ist mit dem Wesen der GmbH daher nicht vereinbar.[419] Zu einem Beschluss, mit dem ein rückwirkend vereinbarter Beherrschungsvertrag gebilligt wird, LG Hamburg ZIP 1990, 376, 377.[420]

bb) Der Nichtigkeitsgrund einer Kollision des Beschlussinhaltes mit den **guten** **Sitten** (§ 241 Nr. 4 AktG), greift nach der ganz überwiegend gebilligten Meinung der Judikatur[421] ein, wenn der Beschluss „für sich allein genommen" sittenwidrig ist. Demnach kommt es auf den Wortlaut, möglicherweise auch noch auf den objektiven Sinn des Beschlusses, nicht aber darauf an, ob Motiv, Zweck oder Art des Zustandekommens unsittlich sind. Im Ergebnis bedeutet dies, dass Sittenwidrigkeit wegen Verletzung von **Gesellschafterinteressen** praktisch nicht vorkommt. In der Tat besteht Einigkeit darüber, dass nicht einmal Verstöße gegen den Gleichbehandlungsgrundsatz oder grob missbräuchliches Ausnutzen der Mehrheitsmacht zur Sittenwidrigkeit des Beschlusses führt.[422] Gegen all das ist im Ergebnis wenig einzuwenden, weil den Gesellschaftern immer die Anfechtungsmöglichkeit offen steht. 105

Mit Rücksicht gerade auf das Fehlen dieser Möglichkeit für Außenstehende fasst die Rechtsprechung – auch hier unter fast allgemeiner Billigung des Schrifttums[423] – den Sittenwidrigkeitsbegriff weiter, soweit es um den **Schutz Dritter** geht und dieser Schutz nur dadurch erreicht werden kann, dass dem Beschluss die Wirksamkeit versagt wird.[424] In dieser Relation soll es nicht auf den Wortlaut des Beschlusses, sondern darauf ankommen, ob er seinem inneren Gehalt nach auf eine sittenwidrige Schädigung außenstehender, also nicht anfechtungsberechtigter Personen hinausläuft. Das ist uU bei Gläubigerschädigung durch Anspruchsverzicht in der Insolvenz[425] oder gegenüber der Einziehung des Anteils der Fall, mit der die Vereitelung eines Pfändungspfandrechts erreicht werden soll.[426] Sittenwidrig ist ein Beschluss, mit dem Interessen eines Anteilskäufers beeinträchtigt werden, der noch nicht Gesellschafter ist.[427] Entsprechendes gilt bei Diskriminierung von Ausländern.[428] Auch die Beeinträchtigung mitbestimmungsrechtlich geschützter Arbeitnehmerinteressen durch Weisungsbeschluss (§ 37 Rn. 29) wird hierher zu rechnen sein, wenn nicht schon die Verletzung einer im öffentlichen Interesse erlassenen Norm bejaht wird (Rn. 102). Der dargelegten Differenzierung des Sittenwidrigkeitsbegriffes ist jedenfalls im Ergebnis beizupflich- 106

---

[418] *Hachenburg/Schilling/Zutt* Anh. § 47 Rn. 39; *Scholz/Schmidt* § 45 Rn. 72.
[419] Ebenso *Hachenburg/Schilling/Zutt* Anh. § 47 Rn. 40.
[420] Vgl. auch OLG Hamburg ZIP 1989, 1326, 1327.
[421] Vgl. BGHZ 101, 113, 116 = BGH WM 1987, 1071, 1072 = NJW 1987, 2514; BGHZ 15, 382, 385 mwN = NJW 1955, 221; OLG München NZG 1999, 1173 m. Anm. *Hoffmann*.
[422] Vgl. OLG Nürnberg NZG 2000, 700, 702; OLG München DB 1994, 1672.
[423] Für Nachweise Kölner KommAktG/*Zöllner* § 241 Rn. 124.
[424] RGZ 161, 129, 143f.; BGHZ 15, 382 = NJW 1955, 221, 385f.; BGHZ 101, 113, 116 = BGH WM 1987, 1071, 1072 = NJW 1987, 2514; OLG Dresden NZG 1999, 1109f.; *Baumbach/Hueck/Zöllner* Anh. § 47 Rn. 25; weitere Nachweise bei *Hachenburg/Raiser* Anh. § 47 Rn. 53f.
[425] RGZ 161, 129, 144.
[426] *Scholz/Schmidt* 6. Aufl. § 45 Rn. 56.
[427] OLG Dresden NZG 1999, 1109.
[428] OLG Düsseldorf EWiR § 51 GenG 1/2000.

ten.[429] Auch im Verhältnis zu Dritten ist freilich sorgfältig zu prüfen, ob dem Übel wirklich nur über die Nichtigkeit des Beschlusses beizukommen ist. Das ist bei Verletzung schuldrechtlicher Bindungen nicht der Fall.[430]

107 **e) Amtlicher Eingriff.** Zu den Nichtigkeitsgründen kraft amtlichen Eingriffs gehört zunächst ein einer Anfechtungsklage stattgebendes rechtskräftiges Urteil (§ 241 Nr. 5 AktG). Nach einem solchen Urteil ist der Beschluss ebenso zu behandeln wie ein vom Anfang nichtiger (näher Rn. 155). Nichtigkeit greift ferner Platz, wenn ein Beschluss gemäß § 144 Abs. 2 FGG auf der Grundlage einer rechtskräftigen Entscheidung gelöscht worden ist (§ 241 Nr. 6 AktG). Die Bestimmung ist nur für solche Beschlüsse von Bedeutung, deren Wirksamkeit von der Eintragung ins Handelsregister abhängt.[431] Die Löschung von Amts wegen setzt – ähnlich wie § 241 Nr. 3 AktG – voraus, dass der Beschluss durch seinen Inhalt zwingende Vorschriften des Gesetzes verletzt und ein öffentliches Interesse an seiner Beseitigung besteht.[432] Auch eine Amtslöschung nach §§ 142, 143 FGG setzt, vom Fehlen eines Eintragungsantrags abgesehen, Nichtigkeit des Beschlusses voraus.[433] Im Gegensatz zu der für die Geltendmachung der Nichtigkeit eingetragener Beschlüsse sonst maßgeblichen Dreijahresfrist (Rn. 114) ist die Beseitigung des Beschlusses im Wege der Löschung von Amts wegen auch noch später möglich (§ 242 Abs. 2 S. 3 AktG).

108 **f) Keine Totalanalogie zu § 241 AktG.** § 241 AktG führt in seinem einleitenden Halbsatz einige weitere Bestimmungen an, deren Verletzung mit Nichtigkeit des Beschlusses bedroht ist. Diese Bestimmungen sind im Recht der GmbH **nicht entsprechend anwendbar.** Teilweise enthält das GmbHG jetzt eigene Regeln (§§ 57j, 57n Abs. 2); zum anderen Teil setzen die hier interessierenden aktienrechtlichen Nichtigkeitsgründe Rechtsinstitute voraus, die bei der GmbH fehlen.[434]

109 **g) Einzelne Beschlussgegenstände.** Spezielle Nichtigkeitsbestimmungen für einzelne Beschlussgegenstände finden sich in den §§ 250, 253, 256 AktG, 57j, 57n Abs. 2. § 250 betrifft die Wahl von Aufsichtsratsmitgliedern (dazu § 52 Rn. 9, 30). § 256 AktG beschäftigt sich mit der Nichtigkeit des Jahresabschlusses, wiederholt dabei zum Teil aber nur Regeln, die, weil der Jahresabschluss dort stets durch Gesellschafterbeschluss festzustellen ist, im Recht der GmbH ohnehin gelten würden. Deshalb stellt sich die Frage der analogen Anwendbarkeit von § 256 Abs. 1 Nr. 1 für die GmbH von vornherein nicht; jedenfalls ist sie praktisch bedeutungslos.[435] Bei Erfüllung der Tatbestandsvoraussetzungen jener Bestimmung ist der Beschluss nämlich ohnehin nichtig. Die von § 256 Abs. 1 Nr. 2 und 3 vorausgesetzte **Pflichtprüfung des Jahresabschlusses** richtet sich de lege lata nach denselben Grundsätzen wie für die AG (§ 316 HGB). Daher kommt jetzt auch eine analoge Anwendung jener Bestimmungen in Betracht.[436] Eine analoge Anwendung von § 256 Abs. 2 AktG auf die GmbH hat ohne

---

[429] Ebenso *Hachenburg/Raiser* Anh. § 47 Rn. 53; beachtliche Kritik der rechtlichen Konstruktion, nicht des Ergebnisses bei Kölner KommAktG/*Zöllner* § 241 Rn. 124, 125.
[430] Vgl. BGH LM Nr. 5; NJW 1966, 1458, 1459; zustimmend *Scholz/Schmidt* 6. Aufl. Rn. 56.
[431] *Hachenburg/Raiser* Anh. § 47 Rn. 56 mwN; vgl. § 54 Rn. 33.
[432] Für Einzelheiten vgl. neben den Kommentaren zu § 144 FGG *Hachenburg/Raiser* Anh. § 47 Rn. 57 ff.
[433] Strittig; zutreffend *Baumbach/Hueck/Zöllner* Anh. § 47 Rn. 27.
[434] Für Einzelheiten vgl. *Hachenburg/Raiser* Anh. § 47 Rn. 61.
[435] Dazu *Geßler*, FS Goerdeler, 1987, S. 127, 135 f. Anders § 42a Rn. 75.
[436] *Scholz/Schmidt* § 46 Rn. 37; *Meyer-Landrut/Miller/Niehus* Rn. 76; *Geßler*, FS Goerdeler, 1987, S. 127, 136. Zur Bedeutung von § 256 Abs. 1 Nr. 4 *Hachenburg/Raiser* Anh. § 47 Rn. 71; *Geßler*, FS Goerdeler, 1987, S. 127, 136.

weiteres auszuscheiden, weil Mitwirkungspflichten von Vorstand und Aufsichtsrat vorausgesetzt werden, die das Recht der GmbH nicht kennt.[437] Für Abs. 3 gilt dasselbe wie für Abs. 1 Nr. 1.[438] Er hat neben § 241 für die GmbH keine selbständige Bedeutung. Dagegen bestehen gegen die analoge Anwendung von Abs. 4 nach Maßgabe der §§ 265f. HGB **(Gliederung des Jahresabschlusses)** keine Bedenken.[439] Die Verletzung einschlägiger Bestimmungen der Satzung begründet wie sonst auch nur die Anfechtbarkeit des Feststellungsbeschlusses. Entsprechendes gilt für die **Bildung und Auflösung von Kapital- oder Gewinnrücklagen,** sofern nicht – dann Nichtigkeit – gesetzliche Vorschriften verletzt wurden (§ 256 Abs. 1 Nr. 4 AktG). Die in Abs. 5 angeordnete Nichtigkeit des Jahresabschlusses bei **Überbewertung von Bilanzposten** ist nach allgM[440] auf den Bilanzfeststellungsbeschluss in der GmbH auszudehnen. Das gilt freilich immer noch (vgl. § 264 Abs. 2 HGB) nur mit der Maßgabe, dass eine ins Gewicht fallende Verletzung der Regeln ordnungsmäßiger Bilanzierung vorliegen muss, und die dadurch bewirkte Unrichtigkeit der Bilanz im Hinblick auf die Bilanzsumme nicht vernachlässigungsfähig ist.[441] Entsprechendes ist bezüglich der Unterbewertung von Bilanzposten anzunehmen.[442] Die **Heilung** von Beschlüssen, die wegen § 256 AktG nichtig sind, richtet sich nach Abs. 6 jener Bestimmung.[443] Die in § 253 AktG normierte Nichtigkeit des **Ergebnisverwendungsbeschlusses** bei Nichtigkeit des Bilanzfeststellungsbeschlusses greift auch für die GmbH Platz. Auch § 253 Abs. 1 S. 2 AktG (Heilung) gilt entsprechend.[444]

h) Teilnichtigkeit. Wegen der begrifflichen Erfassung des Beschlusses durch einen einheitlichen Abstimmungsvorgang ist es möglich, dass nur ein Beschlussteil nichtig ist. Das Schicksal des Beschlussrestes beurteilt sich dann nach § 139 BGB.[445] Anders ist die Rechtslage bei zwar inhaltlich zusammenhängenden, aber in gesonderten Abstimmungen gefassten und daher voneinander zu unterscheidenden Beschlüssen. § 139 BGB spielt hier infolge Fehlen eines einheitlichen Rechtsgeschäfts keine Rolle.[446] Die Nichtigkeit des einen Beschlusses schlägt auf den zweiten nur dann durch, wenn dieser nach Art der in § 253 AktG normierten Situation auf dem nichtigen Beschluss aufbaut, d. h. in einem objektiven, nicht von den Intentionen der Gesellschafter abhängigen Sinn gegenstandslos würde.[447] **110**

2. Bedeutung der Nichtigkeit. Die Nichtigkeit eines Gesellschafterbeschlusses kann von **jedermann** geltend gemacht werden, auch von demjenigen, der ihm zuge- **111**

---

[437] Vgl. *Hachenburg/Raiser* Anh. § 47 Rn. 73; *Lutter/Hommelhoff* Anh. § 47 Rn. 24; *Geßler*, FS Goerdeler, 1987, S. 127, 139.
[438] Vgl. aber *Geßler*, FS Goerdeler, 1987, S. 127, 139; § 42a Rn. 78.
[439] *Scholz/Schmidt* § 46 Rn. 37; *Geßler*, FS Goerdeler, 1987, S. 127, 139f.; vgl. LG Stuttgart AG 1994, 473.
[440] Vgl. RGZ 131, 141, 143; BGHZ 83, 341 = NJW 1983, 42, 44f.; *Scholz/Schmidt* § 46 Rn. 37; *Hachenburg/Raiser* Anh. § 47 Rn. 70 mwN.
[441] Ähnlich Kölner KommAktG/*Zöllner* § 256 Rn. 25; *Geßler*, FS Goerdeler, 1987, S. 127, 141.
[442] BGHZ 137, 378, 384; § 42a Rn. 81 mwN; anders Voraufl. Rn. 91.
[443] *Hachenburg/Raiser* Anh. § 47 Rn. 74; *Casper* S. 350ff. mwN.
[444] *Hachenburg/Raiser* Anh. § 47 Rn. 75.
[445] RG JW 1928, 223; *Hachenburg/Raiser* Anh. § 47 Rn. 76; *Wiedemann* § 3 III 2b; *Scholz/Schmidt* § 45 Rn. 42; Kölner KommAktG/*Zöllner* § 241 Rn. 63 mwN; einschränkend für Satzungsänderungen § 53 Rn. 62; wichtig BGH WM 1994, 22, 25f. Monographisch (und weiterführend) *Schnorr* passim.
[446] Kölner KommAktG/*Zöllner* § 241 Rn. 65ff.; *Hachenburg/Raiser* Anh. § 47 Rn. 77; *Scholz/Schmidt* § 45 Rn. 43.
[447] Ausführlicher Kölner KommAktG/*Zöllner* § 241 Rn. 66, 67.

stimmt hat.[448] Gleichgültig ist, in welchem Kontext dies geschieht. Neben der Geltendmachung der Nichtigkeit als Einrede kommt hauptsächlich eine Feststellungsklage gemäß § 256 ZPO oder nach § 249 AktG analog in Betracht. Zum Verhältnis dieser beiden Klagearten vgl. Rn. 146. Von den Fällen der Heilung (Rn. 113 f.) abgesehen, gibt es **keine Fristen** für die Geltendmachung der Nichtigkeit,[449] es sei denn, die Verspätung würde ausnahmsweise gegen Treu und Glauben verstoßen.[450]

112 Nichtige Gesellschafterbeschlüsse dürfen von den Geschäftsführern **nicht ausgeführt** werden, jedenfalls dann nicht, wenn ein Inhaltsmangel vorliegt.[451] Auch ein infolge bloßen Verfahrensfehlers nichtiger Beschluss wirkt ohne Billigung durch alle Gesellschafter nicht haftungsentlastend (§ 43 Rn. 34). Wo die Vertretungsmacht der Geschäftsführer, wie dies regelmäßig der Fall ist (§ 37 Rn. 46 ff.), von einem Gesellschafterbeschluss unabhängig ist, bleibt sie es freilich auch dann, wenn Erklärungen auf der Grundlage eines nichtigen Beschlusses abgegeben werden.[452] Der **Registerrichter** darf nichtige Beschlüsse nicht in das Handelsregister eintragen.[453] Ob Nichtigkeit vorliegt, hat er im Zweifel selbständig zu prüfen.[454] Wird dennoch eingetragen, so kommt Amtslöschung gemäß §§ 142 bis 144 FGG in Betracht. Schon eingetretene Heilung durch Fristablauf (Rn. 113 f.) steht dem nicht entgegen.[455]

113 **3. Heilung der Nichtigkeit. a) Beurkundungsmängel.** Nach § 242 Abs. 1 AktG werden Beurkundungsmängel eines Beschlusses (§ 241 Nr. 2) mit der **Eintragung in das Handelsregister** geheilt. Die Bestimmung ist auf Beschlüsse der GmbH entsprechend anwendbar[456]. Ihre praktische Bedeutung dürfte freilich gering sein, weil in der GmbH grundsätzlich nur satzungsändernde Beschlüsse beurkundungsbedürftig sind und weil dem Registerrichter außerdem zunächst ein Versehen unterlaufen muss (vgl. Rn. 112), um die Voraussetzungen der Heilung analog § 242 Abs. 1 herbeizuführen. Eine nachträgliche Löschung von Amts wegen ist hier nicht möglich.[457]

114 **b) Einberufungs- und Inhaltsmängel (Fristen).** Einberufungs- und Inhaltsmängel (§ 241 Nr. 1, 3 und 4 AktG) werden nach § 242 Abs. 2 AktG geheilt, wenn **seit der Eintragung** in das Handelsregister **drei Jahre** verstrichen sind.[458] Die GmbH-rechtliche Bedeutung auch dieser Bestimmung ist nicht mehr umstritten. Ihr Anwendungsbereich ist freilich wiederum auf eintragungsbedürftige Beschlüsse beschränkt;

---

[448] BGHZ 11, 231, 239 = NJW 1954, 385 f.; OLG München GmbHR 2000, 486 m. Anm. *Emde*; fast unstrittig; vgl. §§ 249 Abs. 2 S. 2, 250 Abs. 3 S. 2 AktG; für „Relativierung" der Nichtigkeit aber *Noack* S. 60 ff.
[449] BGHZ 22, 101, 106 = NJW 1956, 1873; *Hachenburg/Raiser* Anh. § 47 Rn. 86.
[450] Vgl. BGHZ 22, 101, 106 = NJW 1956, 1873.
[451] *Fleck* GmbHR 1974, 224, 227; *Scholz/Schmidt* 6. Aufl. § 45 Rn. 48; zu den Haftungsfolgen § 43 Rn. 33.
[452] *Hachenburg/Raiser* Anh. § 47 Rn. 85.
[453] BayObLG DB 1993, 525; *Hachenburg/Raiser* Anh. § 47 Rn. 84, je mwN.
[454] OLG Köln GmbHR 1982, 211, 212; OLG Hamburg DB 1984, 1616; *Hachenburg/Raiser* Anh. § 47 Rn. 84; vgl. BGHZ 63, 116 = NJW 1975, 118; § 54 Rn. 15 ff.; differenzierend *Baums* S. 51 ff., 71 ff.
[455] BGHZ 80, 212, 216 = NJW 1981, 2125, 2126; *Scholz/Schmidt* § 45 Rn. 89.
[456] BGH NJW 1996, 257, 258 = WM 1995, 2185 = ZIP 1995, 1983; *Hachenburg/Raiser* Anh. § 47 Rn. 79; *Scholz/Schmidt* § 45 Rn. 88; unten § 53 Rn. 62 mwN; ausführlich *Casper* S. 325 ff., ferner *Schultz* S. 210, je mwN.
[457] *Hachenburg/Raiser* Anh. § 47 Rn. 79.
[458] Dazu KG NJW-RR 1996, 103. Einschränkend unter mitbestimmungsrechtlichen Gesichtspunkten *Säcker* JZ 1980, 82, 84 im Anschluss an *Würdinger*; dagegen mit Recht BGHZ 99, 211, 217 = NJW 1987, 907. Diskussion weiterer, freilich abgelehnter Schranken bei *Caspar* S. 342 ff.

außerdem wird wieder eine an sich unzulässige Eintragung vorausgesetzt. Umstritten ist, ob die Dreijahresfrist auch auf die GmbH übertragen oder ob dort einer „angemessenen" Frist der Vorzug gegeben werden sollte.[459] Die Frage dürfte sich infolge der Entwicklung der Rechtsprechung erledigt haben.[460] Mit der zitierten Entscheidung hat der BGH entgegen seiner früheren Judikatur die Dreijahresfrist auch für die GmbH für maßgeblich erklärt. Die dafür vorgetragenen Gründe, insbesondere die Betonung von Rechtssicherheit sind plausibel. Den Gesichtspunkten, die die frühere Rechtsprechung geprägt haben – verstärktes Bedürfnis nach außergerichtlicher Einigung in der im Unterschied zur Aktiengesellschaft von persönlichen Beziehungen bestimmten GmbH – kann innerhalb der doch recht langen Dreijahresfrist in angemessener Weise Rechnung getragen werden. Nach Ablauf der Frist ist auch der Arglisteinwand ausgeschlossen.[461] Der Eintritt der Heilung wird nur durch Erhebung der **Nichtigkeitsklage** innerhalb der Dreijahresfrist **verhindert**. Andere Techniken der Geltendmachung von Nichtigkeit (Feststellungsklage gemäß § 256 ZPO, Einrede) genügen nicht.[462] Rechtshängigkeit einer Nichtigkeitsklage bei Ablauf der Frist verlängert diese bis zum Zeitpunkt einer rechtskräftigen Entscheidung oder einer anderen abschließenden Erledigung (§ 242 Abs. 2 S. 2 AktG analog). Zur immer noch möglichen Löschung des Beschlusses von Amts wegen vgl. Rn. 112. Zur Heilung eines Einladungsmangels analog § 242 Abs. 2 S. 4 AktG Rn. 98, zu jener der Nichtigkeit des Jahresabschlusses Rn. 109. Auch Satzungsänderungen, die mit Art. 81 Abs. 1 EGV kollidieren, dürften heilbar sein.[463]

c) Keine sonstigen Heilungsmöglichkeiten. Sonstige Heilungsmöglichkeiten **115** existieren nicht. Der Verzicht auf die Rüge von Einberufungsmängeln vor Beschlussfassung bewirkt, dass der Beschluss von vornherein wirksam ist.[464] Die Möglichkeit, dass § 242 BGB der Geltendmachung der Nichtigkeit im Einzelfall entgegensteht,[465] ist von Umständen in der Person desjenigen abhängig, der sich auf die Nichtigkeit beruft, und kann daher nicht als inter omnes wirkende Heilung aufgefasst werden. Entsprechendes gilt bei Versäumung der Frist nach § 14 Abs. 1 UmwG.[466] Die „Bestätigung" eines nichtigen Beschlusses bei gleichzeitiger Vermeidung der Nichtigkeitsgründe ist Neuvornahme. Sie wirkt nicht zurück.[467]

C. Anfechtbarkeit

1. Grundlagen. a) Die gesetzliche Ausgangslage. Entsprechend § 243 Abs. 1 **116** AktG (Rn. 86) kann ein Gesellschafterbeschluss wegen Verletzung des Gesetzes oder der

---

[459] Für Letzteres die Rechtsprechung bis 1978; vgl. BGHZ 11, 231, 239 ff. = NJW 1954, 385 f.; BGH WM 1978, 551, 552; ferner etwa *Hachenburg/Schilling/Zutt* Anh. § 47 Rn. 74 mwN; dagegen zB *Hachenburg/Raiser* Anh. § 47 Rn. 80; *Scholz/Schmidt* § 45 Rn. 89 mwN.

[460] BGHZ 80, 212, 216 f. = NJW 1981, 2125, 2126 f.; bestätigt in BGH WM 1984, 473. Vgl. *Casper* S. 336 ff.

[461] BGH WM 1984, 473 f.

[462] BGHZ 33, 175, 176 = NJW 1961, 26; BGHZ 80, 212, 216, 217 = NJW 1981, 2125, 2126; BGH WM 1984, 473; dagegen nur *Baumbach/Hueck/Zöllner* Anh. § 47; Kölner Komm AktG/*Zöllner* § 242 Rn. 37 mit freilich bedenkenswerten Gründen.

[463] *K. Schmidt* AG 1996, 385 ff.

[464] Für Einzelheiten *Scholz/Schmidt* § 51 Rn. 38.

[465] Vgl. *Casper* S. 340 ff. zu Satzungsänderungen, die einen Abfindungsanspruch sittenwidrig einengen.

[466] *K. Schmidt* DB 1995, 1849.

[467] *Hachenburg/Raiser* Anh. § 47 Rn. 82.

§ 47   3. Abschnitt. Vertretung und Geschäftsführung

Satzung **angefochten** werden.⁴⁶⁸ Der Begriff des „**Gesetzes**" ist in diesem Zusammenhang **weit** zu fassen. Er umfasst jede Rechtsnorm mit hoheitlichem Geltungsanspruch, einschließlich aus den Generalklauseln (§§ 138, 242 BGB) entwickelter Rechtssätze,⁴⁶⁹ nicht freilich bloß schuldrechtlich-relative Bindungen.⁴⁷⁰ Der in § 243 Abs. 2 AktG besonders hervorgehobene Anfechtungsgrund (Sondervorteile zum Schaden der Gesellschaft oder der anderen Gesellschafter) stellt sich demnach als Spezialfall der Gesetzesverletzung dar.⁴⁷¹ Anders als im Aktienrecht ist die Anfechtungsbefugnis **nicht** von einem in der Versammlung erhobenen **Widerspruch** abhängig.⁴⁷² Nichtige Beschlüsse sind nicht anfechtbar.⁴⁷³ Verstöße gegen sogenannte **Ordnungsvorschriften** liefern nicht immer einen Anfechtungsgrund. Das gilt etwa gegenüber der Verletzung der in § 51 Abs. 1 vorgeschriebenen Einladungsform, wenn die Einladung trotzdem alle Gesellschafter rechtzeitig erreicht hat. „Sollvorschriften" sind nicht immer nur Ordnungsvorschriften in diesem Sinn; andererseits kann auch eine „Mußbestimmung" darunter fallen.⁴⁷⁴

117   Anfechtbarkeit **bedeutet,** dass der betreffende Beschluss vernichtbar, d. h. zunächst einmal wirksam ist. Das gilt indes nicht uneingeschränkt. So müssen die Geschäftsführer die Ausführung anfechtbarer Weisungsbeschlüsse uU verweigern (§ 43 Rn. 35); der Registerrichter darf die Eintragung angefochtener, von ihm für anfechtbar gehaltener Beschlüsse bis zum Ablauf der Anfechtungsfrist aussetzen.⁴⁷⁵ Außerdem kann es sein, dass die Nichtigkeit eines Beschlusses vom Ausgang der Anfechtung eines anderen abhängt. In einer solchen Konstellation kann die Anfechtbarkeit des Beschlusses auch schon vor Vorliegen einer rechtskräftigen Entscheidung geltend gemacht werden.⁴⁷⁶ Die **erfolgreiche** Anfechtung führt zur **Nichtigkeit** des Beschlusses (Rn. 155); unterbleibt sie, so wird er mit Ablauf der Anfechtungsfrist voll gültig. Anfechtungsgründe sind ausschließlich im Wege einer **Gestaltungsklage** geltend zu machen, können also nicht die Grundlage einer Einrede liefern.⁴⁷⁷ Anfechtungsberechtigt sind grundsätzlich nur die **Gesellschafter** (näher Rn. 146). Wegen ihrer bloß kassatorischen Wirkung ist die Anfechtung **negativ-ablehnender** Beschlüsse für sich allein nicht geeignet, das Anliegen des Interessierten zu verwirklichen.⁴⁷⁸ Bei Ablehnung der Erfüllung eines Anspruchs ist dies allerdings unschädlich, weil ein solcher Beschluss den Anspruch nicht tangiert.⁴⁷⁹

118   Umstritten ist die Anfechtbarkeit auch eines Beschlusses, der gegen eine für **alle** Gesellschafter verbindliche Stimmbindung verstößt.⁴⁸⁰ Der ablehnenden Ansicht ist zu

---

[468] Zu letzterem zB BGH GmbHR 1991, 362; *Hachenburg/Raiser* Anh. § 47 Rn. 135 ff. mwN.
[469] Kölner KommAktG/*Zöllner* § 243 Rn. 66 ff.; *Hachenburg/Raiser* Anh. § 47 Rn. 113.
[470] BGHZ 52, 319.
[471] Kölner KommAktG/*Zöllner* § 243 Rn. 70.
[472] *Hachenburg/Raiser* Anh. § 47 Rn. 98.
[473] *Hachenburg/Schilling/Zutt* Anh. § 47 Rn. 83; zum Verhältnis von Anfechtungs- und Nichtigkeitsklage s. Rn. 141.
[474] Vgl. Kölner KommAktG/*Zöllner* § 243 Rn. 62 ff.; *Hachenburg/Raiser* Anh. § 47 Rn. 102; *Baumbach/Hueck/Zöllner* Anh. § 47 Rn. 44.
[475] *Hachenburg/Raiser* Anh. § 47 Rn. 187; Kölner KommAktG/*Zöllner* § 243 Rn. 4; vgl. § 54 Rn. 20.
[476] Überzeugend OLG Brandenburg NZG 1998, 263, 265 für Abberufung eines nicht geladenen Gesellschafter-Geschäftsführers nach anfechtbarer Ausschließung.
[477] *Hachenburg/Schilling/Zutt* Anh. § 47 Rn. 110; ausführlich *Scholz/Schmidt* § 45 Rn. 123 ff. mit Modifikationen; vgl. auch BGHZ 76, 154, 159 f. = NJW 80, 1527 und Rn. 86.
[478] Dazu etwa *Immenga* GmbHR 1973, 5, 9. Zur Möglichkeit, die Anfechtung mit einem Antrag auf positive Feststellung des Beschlussergebnisses zu verbinden, Rn. 153.
[479] BGH GmbHR 1972, 224, 225.
[480] **Bejahend** BGH NJW 1983, 1910, 1911; WM 1983, 334, 335; NJW 1987, 1890 = EWiR § 47 GmbHG 1/87, 53 – *Riegger* = WuB II C. § 46 GmbHG 1.87 – *Werner*; OLG Hamm GmbHR

folgen. Dem vom BGH betonten Gesichtspunkt der Prozessökonomie steht ausschlaggebend gegenüber, dass der GmbH nicht die Auseinandersetzungs- und Kostenlast aus einer ihr fremden Vereinbarung aufgebürdet werden dürfen. Außerdem bleibt die für den Gesellschaftsvertrag vorgesehene Form zu Unrecht unbeachtet. Zuzugestehen ist freilich, dass allseitige Stimmbindungen uU geeignet sind, Generalklauseln wie die Treuepflicht oder den wichtigen Grund zu konkretisieren.[481]

b) Bedeutung des Gesellschaftsvertrages. Eine **Einschränkung** des Anfechtungsrechts durch den Gesellschaftsvertrag ist **nicht** möglich. Bei dieser Befugnis handelt es sich um ein unentziehbares Gesellschafterrecht.[482] Die zulässige Beseitigung der Anfechtungsbefugnis bei Verstößen gegen dispositive Normen oder solche wiederholende Satzungsbestimmungen bildet eine nur scheinbare Ausnahme.[483] Die Satzung kann allerdings die Anfechtungsfrist festlegen, solange sie sich dabei im Rahmen des Angemessenen hält.[484] Die Vierwochenfrist des § 246 Abs. 1 AktG dürfte allerdings die Untergrenze bezeichnen.[485] Zwei Monate genügen jedenfalls.[486] Gegen eine **Erweiterung** der Anfechtungsbefugnis zugunsten der Geschäftsführer, anderer Organe oder Mitgliedern solcher Organe bestehen keine Bedenken.[487] Außenstehenden Dritten kann, weil mit dem Wesen der GmbH unvereinbar, ein Anfechtungsrecht nicht eingeräumt werden. 119

2. Anfechtungsgründe. Wegen der unübersehbaren Weite möglicher Anfechtungsgründe – von Nichtigkeit und Ordnungswidrigkeit abgesehen, ist jeder Gesetzes- oder Ordnungsverstoß relevant (Rn. 116) – kann eine auch nur annähernd erschöpfende Aufzählung nicht geliefert werden. An **gesellschaftsrechtlichen** Anfechtungslagen sind hervorzuheben: 120

a) Verfahrensfehler. Verfahrensfehler können zunächst bei der **Vorbereitung** der Beschlussfassung passieren. Hierher gehören Einladungsmängel, sofern nicht ohnehin nichtigkeitsbegründend (§ 51 Rn. 12), Verstöße gegen § 48 Abs. 2 (vgl. § 48 Rn. 18 ff.), Einberufung einer Gesellschafterversammlung zur Unzeit oder an einem nicht zulässigen Ort (§ 48 Rn. 7), die Nichtzulassung teilnahmeberechtigter Personen, 121

2000, 673, 674; im Wesentlichen zustimmend *Baumbach/Hueck/Zöllner* Rn. 79 (s. auch *dens.* in *Henze/Timm/Westermann* S. 95 ff.); *Scholz/Schmidt* § 45 Rn. 116; wohl auch *Priester*, FS Claussen, 1997, S. 320 ff.; ausführlich *Noack* Gesellschaftervereinbarungen S. 156 ff.; *Herfs* S. 233 ff.; *Weber* S. 140 ff.; *Joussen* S. 141 ff.; **ablehnend** OLG Stuttgart DB 2001, 854, 859; *Hachenburg/Hüffer* Rn. 84; ferner *Winter* ZHR 154 (1990), 259, 268 ff.; *ders.* in *Henze/Timm/Westermann* 134 ff.; *Hoffmann-Becking* ZGR 1994, 442, 450 f.; *Dürr* BB 1995, 1365, 1366 ff., je mwN; *Vomhof* GmbHR 1984, 181; *Ulmer* NJW 1987, 1849 mit Randkorrektur des Ergebnisses; ausführlich *Rodemann* S. 85 ff. mwN; ambivalent *Happ* ZGR 1984, 168; differenzierend *Westermann* in *Westermann* S. 49 ff.

[481] Dazu die abgewogene Diskussion der Frage bei *Weber* S. 146 ff.
[482] *Hachenburg/Schilling/Zutt* Anh. § 47 Rn. 106; *Baumbach/Hueck/Zöllner* Anh. § 47 Rn. 17; vgl. auch BGHZ 14, 264, 273 = NJW 1954, 1563 und § 14 Rn. 18.
[483] *Hachenburg/Schilling/Zutt* Anh. § 47 Rn. 107.
[484] BGHZ 104, 66, 71 ff. = NJW 1988, 1841; BGH WM 1998, 1580 = ZIP 1998, 1392 = NZG 1998, 679; OLG Hamm GmbHR 2001, 301; *K. Schmidt* AG 1977, 243, 249; *Hachenburg/Raiser* Anh. § 47 Rn. 178; *Scholz/Schmidt* § 45 Rn. 143; zurückhaltender *Baumbach/Hueck/Zöllner* Anh. § 47 Rn. 17; vgl. unten Rn. 139.
[485] So ausdrücklich BGHZ 104, 66, 72 = NJW 1988, 1841; OLG Schleswig GmbHR 1998, 892; BGH ZIP 1995, 460, 461 für KG.
[486] BGHZ 108, 21, 29 = WuB II C. § 47 GmbHG 1.89 – *Teichmann* = NJW 1989, 2694. Zur Auslegung von Fristvereinbarungen OLG Köln BB 1995, 792, 793.
[487] *Vogel* S. 217; *Hachenburg/Raiser* Anh. § 47 Rn. 165; offen *Baumbach/Hueck/Zöllner* Anh. § 47 Rn. 18.

insbesondere von Gesellschaftern (§ 48 Rn. 11), Verletzungen des Rederechts,[488] Mängel bei der Ankündigung der Tagesordnung (§ 51 Rn. 12). Bei der Vorbereitung von Beschlüssen, die sich gegen einen Gesellschafter richten, ist rechtliches Gehör zu gewähren.[489] Mängel im Zusammenhang der **Beschlussfassung** selbst sind Beschlussunfähigkeit der Versammlung (§ 48 Rn. 13), Verhinderung oder Einschränkung von Stellungnahmen der Gesellschafter zu den Verhandlungsgegenständen (§ 48 Rn. 12), unberechtigte Verweigerung von Auskünften (§ 46 Rn. 14; § 51a Rn. 29),[490] die Abgabe in unzulässiger Weise gebundener Stimmen,[491] ein unzulässiger Abstimmungsmodus (§ 48 Rn. 3). Der Status inhaltlich unbestimmter Beschlüsse, also solcher, die keine sinnvolle, in sich geschlossene und verständliche Regelung enthalten, ist noch kaum diskutiert. Sie dürften anfechtbar sein.[492] Ein zur Anfechtbarkeit des Beschlusses führender Fehler bei der **Fixierung des Beschlussinhaltes** kann etwa vorliegen, wenn gesellschaftsvertragliche Vorschriften nicht beachtet werden.[493] Auch eine förmliche Beschlussfeststellung unter Berücksichtigung unwirksamer Stimmen hat Anfechtbarkeit zur Folge (Rn. 9).

122 b) **Inhaltsmängel.** Die Diskussion um inhaltliche Maßstäbe des Abstimmungsverhaltens, insbesondere die Bedeutung der Treuepflicht (Loyalitätsgebot) in diesem Zusammenhang, hat sich in den letzten Jahren im Anschluss an neuere Entwicklungen in der Judikatur stark intensiviert. Von abschließend gesicherten Ergebnissen kann immer noch keine Rede sein. Unklar geworden ist auch das exakte Verhältnis zwischen dem Gesellschaftszweck, dem Gleichbehandlungsgrundsatz und dem Loyalitätsgebot als Ansätzen zur inhaltlichen Bindung der Stimmrechtsmacht.[494]

123 aa) Verstöße gegen den **Gesellschaftszweck** als Anfechtungsgrund haben in der Praxis bisher nur eine geringe Rolle gespielt. Hauptelemente des Gesellschaftszwecks sind der Unternehmensgegenstand und in aller Regel der Erwerbszweck.[495] Beschlüsse über gegenstandsfremde Aktivitäten oder wirtschaftlich nicht lohnende Geschäfte sind aus dieser Perspektive zweckwidrig. Ein gegenstandsfremdes Geschäft wird freilich nur anzunehmen sein, wenn es in keinem, auch nicht in einem losen, Zusammenhang mit der satzungsgemäßen Betätigung der Gesellschaft steht.[496] Schenkungen sind im Rahmen der Verkehrsüblichkeit oder dann zulässig, wenn sie als mittelbare Verfolgung des Erwerbszwecks deutbar sind.[497] Nach diesen Maßstäben beurteilt sich auch die Zulässigkeit von Spenden, insbesondere an politische Parteien.[498] Eine Zuwendung an eine

---

[488] OLG Hamm GmbHR 1998, 138.
[489] BGHZ 132, 84, 93f.; = AG 1996, 264 = ZIP 1996, 674 (ansonsten Verletzung genossenschaftlicher Treuepflicht); für wN § 48 Rn. 8, 13.
[490] Vgl. auch LG Frankfurt NZG 1998, 640: Fehlende Vorlage des Konzernabschlusses als Anfechtungsgrund bezüglich Entlastung (bei AG); OLG München NZG 1998, 383: keine Auskunft über wichtigen Grund bei Einbeziehung eines Anteils; OLG Köln AG 1998, 525, 527 (keine Vorlage eines Gutachtens gemäß § 111 Abs. 2 S. 2 AktG im Kontext einer Entlastung); bedenklich LG Essen GmbHR 1998, 941, 942: Unzulässigkeit der Anfechtungsklage bei für Beschlussgegenstand relevanter Informationsverweigerung.
[491] *Hachenburg/Schilling/Zutt* Anh. § 47 Rn. 89; vgl. oben Rn. 31f.
[492] Dazu *Emde* ZIP 2000, 59ff., 62ff.
[493] *Hachenburg/Schilling/Zutt* Anh. § 47 Rn. 89; *Scholz/Schmidt* § 45 Rn. 98.
[494] Dazu etwa *Eickhoff* S. 115 einerseits; *Winter* S. 95ff. andererseits.
[495] *Zöllner* S. 25ff.; *Hachenburg/Raiser* Anh. § 47 Rn. 137; auch oben § 1 Rn. 5f.
[496] Vgl. *Zöllner* S. 330.
[497] *Hachenburg/Raiser* Anh. § 47 Rn. 138 mN; für Nachweise älterer Rechtsprechung *Zöllner* S. 331.
[498] *Scholz/Schmidt* § 45 Rn. 115.

betriebliche Unterstützungseinrichtung ist zulässig.[499] Ob eine Maßnahme wirtschaftlich zweckmäßig ist, hängt von den im Beschlusszeitpunkt bekannten Tatsachen ab. Bei ihrer Bewertung steht den Beteiligten ein breiter Ermessenspielraum zu (Rn. 130), der von den Gerichten nicht beeinträchtigt werden darf.[500] Aus diesen Gründen wird die Anfechtung eines Beschlusses wegen Kollision mit dem Erwerbszweck der Gesellschaft nur unter außergewöhnlichen Umständen möglich sein.

bb) Ein Verstoß gegen den Grundsatz **gleichmäßiger Behandlung der Gesellschafter** (dazu § 13 Rn. 94 f.) ist Anfechtungsgrund.[501] Das Gleichbehandlungsgebot stellt einen objektiven Maßstab auf. Andererseits handelt es sich nicht um ein Differenzierungsverbot schlechthin; nur die **willkürliche** Ungleichbehandlung ist verboten.[502] Aus diesem Grund kann die Einführung eines Höchststimmrechts auch dann zulässig sein, wenn dadurch nicht alle Gesellschafter gleichmäßig betroffen werden.[503] Auch eine Bevorzugung solcher Gesellschafter, die freiwillig Nachschüsse leisten, ist zulässig.[504] Dagegen verstoßen verdeckte Gewinnausschüttungen stets gegen den Gleichbehandlungsgrundsatz,[505] es sei denn, alle Gesellschafter stimmten zu oder würden aliquot in gleicher Weise begünstigt.[506] Ebenso liegt es grundsätzlich, wenn die Vergütung nur eines von zwei in gleicher Höhe beteiligten Gesellschafter-Geschäftsführern reduziert wird.[507] Zur Bedeutung des Prinzips im Zusammenhang der Kapitalerhöhung vgl. § 55 Rn. 29 ff. Anfechtungsbegründende Ungleichbehandlung liegt nicht vor, wenn den benachteiligten Gesellschaftern ein entsprechender Ausgleich geboten wird. Freilich muss dies im Beschluss selbst geschehen. Der vom BGH[508] für möglich gehaltene Anspruch auf Ausgleichsleistung setzt voraus, dass die Ungleichbehandlung nicht auf einem Gesellschafterbeschluss beruht.[509] Liegt nur ein Beschluss des Inhalts vor, mit dem Ausgleichsforderungen des diskriminierten Gesellschafters abgelehnt werden, so können diese Ansprüche allerdings auch ohne Anfechtung des Ablehnungsbeschlusses weiter verfolgt werden.[510]

cc) Bei der Stimmabgabe müssen die Gesellschafter auch die **Treuepflichten** beachten, die ihnen der Gesellschaft und den anderen Gesellschaftern gegenüber obliegen.[511] Nach ganz überwiegender Ansicht führen Verstöße gegen die Treuebindung

---

[499] BGH WM 1965, 425.
[500] Ähnlich wie hier *Baumbach/Hueck/Zöllner* Anh. § 47 Rn. 49; OLG Köln NZG 1999, 1228, 1229.
[501] Vgl. RGZ 118, 67, 72; BGHZ 116, 359, 372 f. = NJW 1992, 892 = DStR 1992, 652; OLG München ZIP 1997, 1965, *Hachenburg/Raiser* Anh. § 47 Rn. 118 ff.; *Scholz/Schmidt* § 45 Rn. 105 f.; für Unwirksamkeit die bei *Zöllner* S. 416 genannten Autoren; neuerdings *Berg* S. 127 ff.; unentschieden BGH GmbHR 1972, 224, 225.
[502] BGHZ 33, 175, 186 = NJW 1961, 26; *Scholz/Schmidt* § 45 Rn. 105; *Wiedemann* § 8 II 2; vgl. auch *Bischoff* BB 1987, 1055, 1058 f.
[503] BGHZ 70, 117, 121 = NJW 1978, 540.
[504] RGZ 76, 155, 159; 80, 81, 86; *Scholz/Schmidt* § 45 Rn. 106.
[505] BGH GmbHR 1972, 224, 225.
[506] OLG Köln 1999, 1228, 1229; *Schulze-Osterloh,* FS Stimpel, 1985, S. 487, 499; *Baumbach/Hueck/Zöllner* Anh. § 47, Rn. 48; *Fiedler* S. 27 ff.; je mwN.
[507] OLG Hamm GmbHR 1996, 768, 769 f.
[508] GmbHR 1972, 224, 225 f.
[509] Gegen einen solchen Anspruch mit beachtlichen Gründen *Hager* ZGR 1989, 70, 83 f.
[510] BGH GmbHR 1972, 224, 225; zustimmend etwa *Scholz/Schmidt* 6. Aufl. § 45 Rn. 76; weiterführend *M. Winter* ZHR 148 (1984), 579, insbesondere 597 ff.
[511] Zur Anerkennung solcher Pflichten § 43 Rn. 67; für zutreffende terminologische Kritik etwa *Lutter* AcP 180 (1980), 84, 103 ff. Zu Treueverstoß wegen **Nicht**fassung eines für Abfindung

zur **Anfechtbarkeit** des (festgestellten) Beschlusses.[512] Davon ist die Frage zu unterscheiden, ob schon die treuwidrige Stimmabgabe nichtig und daher nicht mitzuzählen ist. Die Rechtsprechung bejaht diese Frage seit einigen Jahren.[513] Bis 1989 hatte sie gegenteilig entschieden.[514] Für Nichtigkeit der Stimmabgabe ist im Schrifttum namentlich *Zöllner* eingetreten.[515] Für die Gegenauffassung spricht immerhin, dass § 243 Abs. 2 AktG, der für die GmbH entsprechend gilt und als Ausprägung der Treuebindung aufgefasst werden sollte (Rn. 126), auf die Fehlerhaftigkeit des Beschlusses und nicht die der Stimmabgabe abstellt. Richtig ist, dass diese Bestimmung auch bei Zugrundelegung der Gegenansicht nicht sinnlos wird;[516] doch verdeutlicht sie immerhin die Tendenz des Gesetzes selbst, die in Kombination mit den für bloße Anfechtbarkeit sprechenden Rechtssicherheitserwägungen ausreicht, um diese Ansicht insgesamt plausibler erscheinen zu lassen.[517] Anfechtbar ist der Beschluss nach Auffassung des BGH[518] immer nur dann, wenn eine Beeinträchtigung der Gesellschaft droht. Die Schädigung anderer Gesellschaften, in denen die Gesellschafter miteinander verbunden sind, reicht nicht aus. Zu **einstweiligem Rechtsschutz** gegen die treuwidrige Stimmabgabe Rn. 36.

126 Die Treuebindung drückt jedenfalls (für Präzisierungen Rn. 128 ff.) eine Verpflichtung zur Rücksichtnahme auf die im Gesellschaftszweck gebündelten Interessen der Gesellschaft und diejenigen der Mitgesellschafter aus. **§ 243 Abs. 2 AktG** beruht auf gleichsinnigen Erwägungen. Die Bestimmung ist daher als gesetzlich geregelter **Spezialfall treuewidrigen Verhaltens** zu begreifen.[519] Vorausgesetzt wird, dass ein Gesellschafter mit der Ausübung des Stimmrechts für sich oder einen Dritten **Sondervorteile** zum Schaden der Gesellschaft oder der anderen Gesellschafter zu erlangen sucht und der Beschluss geeignet ist, diesem Zweck zu dienen. Unter dem Begriff des Sondervorteils ist jeder nicht verkehrsübliche Vorteil zu verstehen, der nicht allen zugute kommt, die sich der Gesellschaft gegenüber in gleicher Lage befinden.[520] Die Zubilligung einer **umsatzbezogenen Provision** für den geschäftsführenden Mehrheits-

---

erforderlichen Beschlusses (plus entsprechender Anwendung von § 162 BGB) OLG Brandenburg NZG 2000, 485.

[512] Statt aller *Hachenburg/Raiser* Anh. § 47 Rn. 121; *Scholz/Schmidt* § 45 Rn. 107, je mwN.

[513] BGH WM 1993, 1593, 1595; GmbHR 1991, 62 = WuB C. § 43 GmbHG 1.91 – (kritisch) *Soehring*; BGH WM 1988, 23, 25; OLG Stuttgart NZG 2000, 490, 492; BB 1999, 2256; OLG Düsseldorf NZG 2001, 991, 994; GmbHR 2000, 1050, 1055 f.; ZIP 1996, 1083, 1086 f.; OLG Hamburg GmbHR 1992, 43, 47; dazu *K. Schmidt* GmbHR 1992, 9 ff.

[514] ZB BGHZ 105, 206, 212 f. = NJW 1989, 459; BGHZ 98, 276 ff. = NJW 1987, 189; BGHZ 88, 320, 329 ff. = NJW 1984, 489. Nähere Analyse bei *Korehnke* S. 77 ff.

[515] S. 366 ff.; *Baumbach/Hueck/Zöllner* § 47 Rn. 74a; *ders.*, FS Lutter, 2000, S. 825 mit unangebracht abkanzelnder Formulierung: „Schwer verständlich", dass Gegenauffassung überhaupt noch ernsthaft vertreten werde; s. auch *Lindacher* ZGR 1987, 121, 127; *Scholz/Winter* § 14 Rn. 61; *Lutter* ZHR 153 (1989), 446, 458; *Lutter/Hommelhoff* Anh. § 47 Rn. 46, wo der hier vertretenen Ansicht aber immerhin „beachtliche Argumente" zugebilligt werden.

[516] *Zöllner* S. 369.

[517] Ausführliche Begründung dieser Auffassung bei *Koppensteiner* ZIP 1994, 1325 ff. Ebenso aufgrund gründlicher Untersuchung *Korehnke* S. 131 ff.; *Roth/Altmeppen* Rn. 44 f.; differenzierend *Cahn*, FS Wiese, 1998, S. 5; unentschieden *Oelrichs* GmbHR 1995, 865.

[518] WM 1983, 334.

[519] *Wiedemann* § 8 II 4; *Scholz/Schmidt* § 45 Rn. 104; *Dreher* ZIP 1993, 332, 335 mwN; vgl. auch BGH WM 1976, 1226, 1227; 1977, 361, 363 und insbesondere BGHZ 76, 352, 355 ff. = NJW 1980, 1278. S. aber auch *Hüffer*, FS Kropff, 1997, S. 131: Treupflichtverstoß als Anfechtungsgrund nach § 243 Abs. 1 AktG.

[520] Kölner KommAktG/*Zöllner* § 243 Rn. 208 ff.

gesellschafter fällt nicht ohne weiteres in diese Kategorie, sondern nur dann, wenn die Gesamtbezüge des Betreffenden eine Höhe erreichen, die in einem offenbaren Missverhältnis zur Gegenleistung steht.[521] Ein **Auflösungsbeschluss** kann unzulässig sein, wenn der Mehrheitsgesellschafter schon vorher die Übernahme des Unternehmens vorbereitet hatte.[522] Auch ein **Entlastungsbeschluss** kommt als Mittel in Betracht, sich einen unerlaubten Sondervorteil zu verschaffen.[523] Das Erfordernis eines Schadens bei der Gesellschaft oder einem anderen Gesellschafter hat in aller Regel keine selbständige Bedeutung, weil der Sondervorteil fast immer einen Schaden zur Folge hat.[524] In subjektiver Hinsicht muss bei mindestens einem der zur Konstituierung der Mehrheit erforderlichen Gesellschafter Vorsatz in bezug auf die Vorteilserlangung, nicht dagegen hinsichtlich der Schädigung vorliegen.[525]

Nach § 243 Abs. 2 S. 2 AktG **entfällt** die Anfechtbarkeit, wenn der Beschluss **127** den anderen Aktionären einen angemessenen Ausgleich für ihren Schaden gewährt. Diese offenbar nicht ausreichend durchdachte Vorschrift,[526] deren Einzelheiten hier dahingestellt bleiben (vgl. stattdessen das Material zu § 243 AktG), bedeutet freilich keineswegs, dass jede Treueverletzung durch eine Ausgleichszahlung saniert werden könnte.[527] Vorausgesetzt wird nämlich ein Schaden, der sich ausschließlich im Privatvermögen der Gesellschafter materialisiert; außerdem knüpft die Anfechtbarkeit wegen Treuwidrigkeit in wichtigen Fällen gar nicht an den Eintritt eines (messbaren) Vermögensschadens an. Zur konzernrechtlichen Bedeutung der Vorschrift Anh. § 52 Rn. 74.

Eine generelle und zugleich ausreichend konkrete Umschreibung für **Inhalt und** **128** **Grenzen der allgemeinen Treuepflicht** ist nicht möglich. So variiert die Intensität der Bindung zunächst nach dem Umfang der Mitgliedschaft;[528] der Mehrheitsgesellschafter wird stärker verpflichtet als der Inhaber eines unbedeutenden Anteils.[529] Wen die Gesellschaft gekündigt hat, ist zwar noch stimmberechtigt (Rn. 20), aber in verstärktem Maße verpflichtet, ohne triftigen Grund nicht gegen eine von den anderen Gesellschaftern vorgeschlagene Maßnahme zu stimmen.[530] Auch andere Interna der betreffenden Gesellschaft, wie die Umschreibung des Unternehmensgegenstandes, können eine Rolle spielen. Vor allem lässt sich keine für alle Beschlussarten gleicher-

---

[521] BGH WM 1976, 1226, 1227 f. Zur Erforderlichkeit angemessener Gegenleistung bei Einbringung von Unternehmensteilen in eine nicht 100 %-ige Tochtergesellschaft OLG Stuttgart DB 2001, 854, 859 f.
[522] BGHZ 76, 352, 357 = NJW 80, 1278; zur Abgrenzung BGHZ 103, 184, 189 = NJW 1988, 1579; OLG Stuttgart AG 1994, 411, 413 f.
[523] Vgl. BGH WM 1977, 361, 363; OLG Hamm GmbHR 1992, 802, 803; s. auch OLG München ZIP 1997, 1965, 1966.
[524] Kölner KommAktG/*Zöllner* § 243 Rn. 221.
[525] Kölner KommAktG/*Zöllner* § 243 Rn. 223 ff.
[526] Vgl. Kölner KommAktG/*Zöllner* § 243 Rn. 236. Wichtig *Hüffer*, FS Kropff, 1997, S. 130 ff.
[527] Dazu *Timm* GmbHR 1981, 177, 184; *Wiedemann* § 8 II 4; Kölner KommAktG/*Zöllner* § 243 Rn. 241; ausführlich *Winter* S. 300 ff.; überhaupt gegen Anwendbarkeit auf die GmbH *Baumbach/Hueck/Zöllner* Anh. § 47 Rn. 46.
[528] = NJW 1976, 191, 15, 19; vgl. *Lutter* AcP 180 (1980), 84, 114; *K. Schmidt* § 20 IV 2; zur Bedeutung der Realstruktur der Gesellschaft auch *Winter* S. 185 ff.; *Kort* ZIP 1990, 294, 296.
[529] Zu Minderheitsaktionären BGH WM 1995, 882, 884 f.; ausführlich *Beckerhoff* S. 47 ff. Zur Treuepflicht eines Minderheitsgesellschafters, dem ein Widerspruchsrecht mit Suspensiveffekt eingeräumt wurde; OLG Stuttgart NZG 2000, 490, 492, 495.
[530] BGHZ 88, 320, 328 = NJW 1984, 489; OLG Düsseldorf NZG 2000, 1180, 1181; *Lutter/Hommelhoff* Rn. 26.

§ 47 3. Abschnitt. Vertretung und Geschäftsführung

maßen geltende Regel aufstellen.[531] Die Einzelheiten der demnach erforderlichen **Fallgruppenbildung** sind bis heute nicht zureichend gesichert.[532] Mit diesem Vorbehalt lassen sich vorläufig die folgenden Unterscheidungen treffen.

129 (1) **Eingriffe in das Mitgliedschaftsrecht**[533] misst die Rechtsprechung an den Kriterien von Erforderlichkeit und Verhältnismäßigkeit. Das wurde für den Bezugsrechtsausschluss bei der AG[534] und für einen Beschluss ausgesprochen, der die Gesellschaft iSd. § 17 Abs. 1 AktG von einem anderen Unternehmen abhängig machen würde.[535] Auch die Beseitigung eines gesellschaftsvertraglichen Vorkaufsrechts bezüglich der Gesellschaftsanteile soll hierher gehören.[536] Die Grundannahmen dieser Judikatur haben breite Zustimmung in der Literatur gefunden.[537] Im Prozess braucht der Anfechtungskläger nach deutlich überwiegender und zutreffender Auffassung nur den Eingriffstatbestand **darzulegen**, gegebenenfalls zu **beweisen;** Sache der Beklagten ist es dann, die den Beschluss rechtfertigenden Tatsachen darzutun.[538]

130 (2) Wo es nicht um Eingriffe in die Mitgliedschaft, aber doch um **unternehmensbezogene Entscheidungen,** insbesondere um solche in Geschäftsführungsangelegenheiten geht, sind die Gesellschafter nach hA strikt an die Verfolgung des Gesellschaftszwecks gebunden.[539] Pflichteninhalt und Ermessen bei seiner Eingrenzung sind allerdings zu unterscheiden. Den Gesellschaftern, auch dem Mehrheitsgesellschafter, ist, da es häufig um Zweckmäßigkeitsentscheidungen geht, ein breiter Beurteilungsspielraum einzuräumen, der erst dort endet, wo die Beeinträchtigung des Gesellschaftszwecks außer Zweifel steht. Daher reduziert sich die gerichtliche Kontrolle der Entscheidung auf Fragen des Ermessensmissbrauchs.[540] Das wird etwa im Zusammenhang

---

[531] Vgl. *Hüffer,* FS Fleck, 1988, S. 151, 165 f.

[532] Grundlegend aber *Winter* S. 95 ff.; vgl. auch *Hachenburg/Raiser* Anh. § 47 Rn. 121 ff. mwN; *Timm* ZGR 1987, 403, 410 ff.; *Hirte* S. 129 ff.; neuartige Systematisierung bei *Lutter* ZHR 162 (1998), 168 ff. Prinzipielle Kritik des treupflichtbezogenen Ansatzes bei *Reiner* S. 24 ff.

[533] Zu Abgrenzungsschwierigkeiten *Timm* ZGR 1987, 403, 418 ff. in Anknüpfung an *Martens* GmbHR 1984, 265, 269. S. auch OLG Stuttgart NZG 2000, 159, 162 ff.: Umstrukturierung unter den speziellen Gegebenheiten des Sachverhalts kein treuwidriger Eingriff.

[534] BGHZ 71, 40, 46 = NJW 1978, 1316; BGH AG 1982, 252 ff.; NJW 1994, 1410; zur GmbH OGH GesRZ 1986, 38. Einschränkung für genehmigte Kapitalerhöhung in BGHZ 136, 133 = NJW 1997, 2815.

[535] BGHZ 80, 69, 74 f. = NJW 1981, 1512, 1513; vgl. BGH WM 1984, 227, 228; aber auch BGHZ 83, 122, 135 = NJW 1982, 1703.

[536] BezG Dresden GmbHR 1994, 123, 125. Vgl. OLG Düsseldorf GmbHR 2000, 1056 = OLGR Düsseldorf 2000, 290.

[537] *Hachenburg/Raiser* Anh. § 47 Rn. 125; *Baumbach/Hueck/Zöllner* Anh. § 47 Rn. 52 f.; *Lutter/Hommelhoff* Anh. § 47 Rn. 53; *Binnewies* S. 224 ff., 232 ff.; *M. Weber* S. 90 ff.; *Schöne* S. 226 ff.; *Lutter* ZGR 1981, 171, 173; vgl. auch *Timm* JZ 1980, 666 f.; ausführlich *Winter* S. 131 ff.; weitergehend *Hirte* S. 138 ff., alle mwN. Beachtliche Kritikansätze bei *Fastrich* S. 15 ff., 48 ff.

[538] *Hachenburg/Raiser* Anh. § 47 Rn. 221; *Winter* S. 298 ff.; *Wiedemann* § 8 II 3 b; *Hirte* S. 221 f.; *Binnewies* S. 242 f., je mwN.

[539] *Wiedemann* § 8 II 3 b; *Lutter* ZGR 1981, 171, 178 f.; *Immenga,* FS 100 Jahre GmbHG, 1992, S. 189, 199 f.; nicht ganz so weitgehend – Beschränkung auf Angelegenheiten der Geschäftsführung – *Immenga* GmbHR 1973, 5, 8 f.; *Zöllner* S. 344; *ders.* in *Baumbach/Hueck* Anh. § 47 Rn. 49; *Scholz/Schmidt* Rn. 30; *Martens* GmbHR 1984, 265, 267; *Eickhoff* S. 108 ff.; *Winter* S. 99 ff., alle mwN; ebenso wohl OLG Hamm GmbHR 1992, 802, 803.

[540] Vgl. OLG Köln NZG 1999, 1228, 1229; OLG Düsseldorf ZIP 1996, 1083, 1087 ff.; *Koppensteiner* § 41 Rn. 34; MünchHdB GesR III/*Ingerl* § 38 Rn. 46 f.; in diese Richtung auch BGH WM 1976, 1226, 1227 f.; vgl. ferner BGHZ 14, 25, 38 = NJW 1954, 1401. Zur Anfechtbarkeit der Ersetzung eines Prüfers durch einen anderen, wenn es sich nicht um Pflichtprüfung handelt, BGH ZIP 1991, 1427 = WM 1991, 1951.

Abstimmung § 47

der Bestellung eines total ungeeigneten Geschäftsführers oder der Ablehnung einer Abberufung unter denselben Voraussetzungen der Fall sein.[541]

(3) Das **untere Ende** der Skala bilden Beschlüsse, die weder das Mitgliedschaftsrecht einzelner Gesellschafter tangieren, noch auf die Verfolgung des Gesellschaftszwecks bezogen sind. Prototyp eines solchen Beschlusses ist die **Gewinnverwendung.** Im Grundsatz ist niemand verpflichtet, entgegen einer gesetzlichen oder gesellschaftsvertraglichen Bestimmung für die Einbehaltung von Gewinnteilen zu stimmen, und zwar auch dann nicht, wenn diese im Interesse der Gesellschaft dringend geboten sein mag.[542] Das Gegenteil gilt allenfalls dann, wenn die Überlebensfähigkeit der Gesellschaft von der Bildung (weiterer) Rücklagen abhängt.[543] Keine Beurteilungsmaßstäbe liefert die Treuepflicht ferner bei **zweckneutralen,** namentlich zweckauflösenden Beschlüssen. Dieser Gruppe ist der Auflösungsbeschluss zuzuordnen. Ihm gegenüber ist die Frage nach der Erforderlichkeit im Interesse der Gesellschaft gegenstandslos.[544] Schließlich gibt es Beschlüsse, wo das Gesetz die Entscheidung erkennbar in das **Ermessen der Mehrheit** stellen will. Indizien für eine solche Rechtslage sind neben dem Erfordernis einer qualifizierten Mehrheit, dass der beschlussbetroffenen Minderheit durch Rechtssatz ein Ausgleich zugebilligt wird. Denn damit wird die erforderliche Interessenabwägung vorweggenommen.[545] Beispiele liefern der Zustimmungsbeschluss zu einem Beherrschungs- oder Gewinnabführungsvertrag (Anh. § 52 Rn. 54 f.) und zu einem Verschmelzungsbeschluss (Anh. § 77 Rn. 445).

131

dd) Zur Anfechtung im Zusammenhang **besonderer Beschlussgegenstände** vgl. noch § 46 Rn. 5 (Bilanzfeststellung), § 46 Rn. 11 (Gewinnverteilung), § 46 Rn. 43 (Geltendmachung von Ersatzansprüchen), § 35 Rn. 75 (Bestellung von Geschäftsführern), § 38 Rn. 24 (Abberufung von Geschäftsführern; bei Eingriffen in ein Sonderrecht ist die Abberufung unwirksam), § 43 Rn. 40 f. (Entlastung), § 34 Rn. 85 (Ausschluss eines Gesellschafters), § 55 Rn. 33 (Kapitalerhöhung), § 53 Rn. 62 (nachträgliche Änderungen der Satzung). Zur Wahl von Aufsichtsratsmitgliedern vgl. § 52 Rn. 8 f. Die §§ 254 (Gewinnverwendungsbeschluss) und 257 AktG (Jahresabschluss) sind auf einschlägige Beschlüsse in der GmbH nicht entsprechend anwendbar, weil die vorausgesetzten aktienrechtlichen Grundlagen fehlen.[546] Solche Beschlüsse sind nach allgemeinen Grundsätzen anfechtbar.[547]

132

---

[541] Vgl. *Zöllner* S. 346; vgl. auch LG Düsseldorf EWiR § 47 GmbHG 1/94 – *Weipert.*
[542] Vgl. OLG Düsseldorf WM 1982, 649, 651 f.; anders für Ablehnung einer Gewinnausschüttung BGH WM 1983, 1310, 1312; vgl. *Scholz/Schmidt* Rn. 30.
[543] So *Scholz/Emmerich* § 29 Rn. 117.
[544] BGHZ 76, 352, 353 = NJW 80, 1278; BGHZ 103, 185, 189 ff. = NJW 1988, 1579; LG Stuttgart AG 1993, 471, 472; vgl. *Hachenburg/Raiser* Anh. § 47 Rn. 123; *Winter* S. 154 ff.; *Lutter* ZGR 1989, 171, 177 f.; anders *Geßner* S. 77 ff.; *Bischoff* BB 1987, 1055, 1061; wie hier auch OLG Stuttgart AG 1994, 411, 412 f. für Auflösung plus Erwerb des Gesellschaftsvermögens durch Hauptgesellschafter; zustimmend *Henze* ZIP 1995, 1474 ff.; allgemeiner *ders.,* FS Boujong, 1996, S. 239 ff.; ebenso für die Einführung eines Höchststimmrechts BGHZ 70, 117, 121 = NJW 1978, 540.
[545] Vgl. BGHZ 71, 40, 45 = NJW 1978, 1316; zustimmend *Lutter* ZGR 1981, 171, 176 f.; dagegen *Martens* GmbHR 1984, 265, 269 f.; s. ferner BGHZ 138, 71, 76 ff. = WM 1998, 813 = NZG 1998, 422 (dazu *Krieger* ZGR 2000, 889 ff. mwN); für Notwendigkeit sachlicher Rechtfertigung jedes Mehrheitsbeschlusses auch *Wiedemann* ZGR 1980, 147, 157; weniger deutlich *ders.,* FS Heinsius, 1991, S. 948, 960 ff.; kritisch mit Recht *Hüffer,* FS Fleck, 1988, S. 151, 165 mwN; *Henze,* FS Boujong 1996, S. 242 f.; *Vorwerk/Wimmers* GmbHR 1998, 721 ff.
[546] KG NZG 2001, 845 ff.; *Hachenburg/Raiser* Anh. § 47 Rn. 132 f.
[547] KG NZG 2001, 845 ff.; teilweise anders *Geßler,* FS Goerdeler, 1987, S. 127, 145 f.; *Lutter/Hommelhoff* Anh. § 47 Rn. 53.

133   **3. Ausschluss der Anfechtung. a) Die Relation zwischen Mangel und Beschlussergebnis.** Nach heute noch überwiegender, vor allem vom BGH geteilter Auffassung setzt die Anfechtung voraus, dass der Beschluss auf dem Mangel beruht, dass der Anfechtungsgrund mit anderen Worten für das Beschlussergebnis **kausal** war.[548] Das braucht der Anfechtungskläger freilich nicht darzulegen; vielmehr ist es Sache der beklagten Gesellschaft zu beweisen, dass der Beschluss auch ohne den Mangel nicht anders ausgefallen wäre. An diesen Beweis werden strenge Anforderungen gestellt. Eine Kausalbeziehung zwischen Beschlussmangel und -ergebnis muss nicht nur unwahrscheinlich sein, sondern bei vernünftiger Beurteilung unter keinen Umständen in Betracht kommen.[549]

134   Gegenüber dieser Betrachtungsweise hat die neuere Diskussion deutliche **Fortschritte** gebracht. So wurde klargestellt, dass die Kausalitätsfrage sinnvollerweise nur **Verfahrensfehlern** gegenüber möglich ist.[550] Wichtiger ist die Einsicht, dass das Abstellen auf bloße Kausalität gesetzlich garantierte **Informations- oder Partizipationsinteressen** der Minderheit **beeinträchtigen** könnte.[551] Denn mit der Behauptung, der Beschluss wäre in jedem Fall nicht anders ausgefallen, könnte die Mehrheit über die Einhaltung der für Vorbereitung und Durchführung eines Beschlussverfahrens geltenden Regeln disponieren. Richtiger ist es deshalb, mit der neueren Lehre[552] nicht auf die Kausalität des Mangels, sondern auf seine **Relevanz für das Beschlussergebnis** abzustellen. Zu ermitteln ist, ob der Zweck der übertretenen Norm die Anfechtbarkeit des Beschlusses fordert. Ist dies der Fall, braucht nicht mehr nach Kausalität gefragt zu werden.[553] Ältere Rechtsprechung, wonach Mängel bei der Ankündigung der Tagesordnung oder der unberechtigte Ausschluss eines Gesellschafters aus der Versammlung dann nicht anfechtungsbegründend wirkten, wenn das Beschlussergebnis davon unbeeinflusst geblieben sei, ist daher abzulehnen.[554] Immer dann, wenn Teilnahme- und Mitspracherechte der Gesellschafter beeinträchtigt werden (Beispiele: Wahl von Versammlungsort oder -zeit, Ankündigungsmängel, rechtswidriger Ausschluss von der Versammlung, rechtswidrige Redezeitbeschränkungen), liegt vielmehr ein „absoluter" Anfechtungsgrund vor.[555] Die Gesellschaft kann sich nicht mit dem Nachweis fehlender Kausalität, sondern nur damit verteidigen, dass der Zweck der übertretenen Norm in concreto auf andere Weise realisiert worden sei (Beispiele: Information

---

[548] Vgl. BGHZ 14, 264, 267f. = NJW 1954, 1563; BGHZ 36, 121, 139 = NJW 1962, 104; BGH NJW 1987, 1890, 1891; DB 1987, 1829; NJW 1998, 1317, 1318 = WM 1998, 347 = DZWiR 1998, 161 m. Anm. *Ingerl; Hachenburg/Schilling/Zutt* Anh. § 47 Rn. 85 f. mwN.

[549] So die Formulierung in BGH GmbHR 1972, 177, 178; vgl. ferner BGHZ 36, 121, 139 = NJW 1962, 104; BGHZ 49, 209, 211 = NJW 1968, 543; BGH DB 1987, 1829, 1830; offen gelassen von BGH NJW 1998, 684 = NZG 1998, 152 = ZIP 1998, 22; *Hachenburg/Schilling/Zutt* Anh. § 47 mwN.

[550] Kölner KommAktG/*Zöllner* § 243 Rn. 83; *ders.* in *Baumbach/Hueck* Anh. § 47 Rn. 68; zweifelhaft insoweit OLG Düsseldorf NZG 2000, 314, 315.

[551] Kölner KommAktG/*Zöllner* § 243 Rn. 88f.; *Scholz/Schmidt* § 45 Rn. 103; *Lutter/Hommelhoff* Anh. § 47 Rn. 51; iErg. auch BGHZ 36, 121, 139 = NJW 1962, 104; OLG Düsseldorf WM 1991, 2145, 2147f.; OLG München GmbHR 1994, 259; vgl. auch § 243 Abs. 4 AktG.

[552] Kölner KommAktG/*Zöllner* § 243 Rn. 88f.; *Hachenburg/Raiser* Anh. § 47 Rn. 103; *Scholz/Schmidt* § 45 Rn. 100 mwN; ebenso *Hüffer*, FS Fleck, 1988, S. 151, 159; zustimmend OLG Hamm GmbHR 1998, 138, 139 mwN; dagegen freilich *Hachenburg/Schilling/Zutt* Anh. § 47 Rn. 86.

[553] „Absolute Anfechtungsgründe"; vgl. LG Darmstadt BB 1981, 72, 73.

[554] Vgl. Kölner KommAktG/*Zöllner* § 243 Rn. 90.

[555] Ablehnend BGH DB 1987, 1829, 1830.

eines Gesellschafters auf andere als die gesetzlich vorgeschriebene Weise, Teilnahme aller Gesellschafter an einer örtlich oder zeitlich unzulässigen Versammlung).

Der gegenüber der tradierten Auffassung unterschiedliche Ansatz führt dennoch **135** vielfach zu **konvergierenden Detailergebnissen.**[556] So trifft es insbesondere zu, dass ein unter Mitzählung unwirksamer Stimmen zustande gekommener und festgestellter (vgl. Rn. 9) Beschluss dann nicht anfechtbar ist, wenn mit den gültigen Stimmen die jeweils erforderliche Mehrheit erreicht wurde.[557] Mutatis mutandis dasselbe gilt bei Nichtzählung gültiger Stimmen, ferner auch dann, wenn einem Gesellschafter die Teilnahme an einer Abstimmung – nicht an der Versammlung – zu Unrecht verweigert wurde.[558] Zur Bedeutung fehlenden allseitigen Einverständnisses im Zusammenhang schriftlicher Beschlussfassung vgl. § 48 Rn. 18 ff.

b) Zustimmung Betroffener oder Anfechtungsberechtigter. Soweit der An- **136** fechtungsgrund auf einem Eingriff in **verzichtbare** Rechte der davon Betroffenen beruht, wird er durch deren Zustimmung **geheilt**.[559] Der Betroffene kann vor, in oder nach der Verhandlung, ausdrücklich oder konkludent zustimmen. Stimmabgabe iSd. Antrags ist Zustimmung in diesem Sinne. Von der Billigung des Beschlusses durch die Betroffenen ist jene durch einen **Anfechtungsberechtigten** zu unterscheiden. Sie beseitigt **nicht** die Anfechtbarkeit des Beschlusses, sondern nur die **Anfechtungsbefugnis** desjenigen, der sich mit dem Beschluss einverstanden erklärt hat. Das kann durch positive Stimmabgabe, aber auch nachträglich in Form eines Verzichts auf das Anfechtungsrecht geschehen. Das alles ist unstrittig.[560] Zusammengefasst: Zustimmung des Betroffenen wirkt inter omnes, eines nicht betroffenen Anfechtungsberechtigten dagegen nur zu seinen Lasten. Die **entgeltliche Ablösung** von Anfechtungsrechten kann mit dem Verbot verdeckter Gewinnausschüttung kollidieren, ist aber auch unabhängig davon problematisch.[561]

c) Bestätigungsbeschluss. Wird ein anfechtbarer Beschluss bestätigt, d.h. durch **137** erneute ihrerseits fehlerfreie Beschlussfassung als verbindlich anerkannt, so entfällt damit die Anfechtbarkeit (§ 244 S. 1 AktG analog). Ob diese nur im Zusammenhang von Verfahrensfehlern in Betracht kommende Möglichkeit[562] auf der Rückwirkung des bestätigenden Beschlusses oder auf mangelndem Rechtsschutzinteresse des Anfechtungsklägers beruht, ist umstritten,[563] aber praktisch wohl bedeutungslos.[564] Auch bestätigte Beschlüsse bleiben mit Wirkung bis zum Zeitpunkt des Bestätigungsbeschlusses anfechtbar, soweit der Kläger hieran ein rechtliches Interesse hat.[565] Das ist bei Ein-

---

[556] Vgl. BGH NJW 1998, 684 = NZG 1998, 152 = ZIP 1998, 22: dahingestellt, ob überhaupt ein Unterschied in der Sache besteht.
[557] So ausdrücklich OLG Brandenburg GmbHR 1996, 537, 539.
[558] Zum Ganzen ausführlich Kölner KommAktG/*Zöllner* § 243 Rn. 97 ff.
[559] BGH NJW 1998, 1317, 1318 = WM 1998, 347 = DZWiR 1998, 161 m. Anm. *Ingerl*; *Scholz/Schmidt* § 45 Rn. 119; *Lutter/Hommelhoff* Anh. § 47 Rn. 57; *Hachenburg/Schilling/Zutt* Anh. § 47 Rn. 94; dort auch Unterscheidung der Situation von den Fällen der Unwirksamkeit.
[560] *Scholz/Schmidt* § 45 Rn. 122; *Roth/Altmeppen* Rn. 120 f.; *Hachenburg/Raiser* Anh. § 47 Rn. 152.
[561] Näher dazu *Lutter* ZGR 1978, 347 ff.; OLG Köln ZIP 1988, 967; *Hommelhoff/Timm* AG 1989, 168.
[562] Vgl. *Hachenburg/Raiser* Anh. § 47 Rn. 148.
[563] Vgl. *K. Schmidt* JZ 1977, 769, 773 ff.; *Scholz/Schmidt* § 45 Rn. 121; *Baumbach/Hueck/Zöllner* Anh. § 47 Rn. 69; ausführlich jetzt *Schultz* S. 41 ff., 120 ff.
[564] *Hachenburg/Schilling/Zutt* Anh. § 47 Rn. 100.
[565] § 244 S. 2 AktG analog; vgl. BGH GmbHR 1972, 177; DB 1974, 716 f. mwN; auch *Scholz/Schmidt* § 45 Rn. 165 ff.

griffen der Bestätigung in Rechte des Klägers, darüber hinaus aber immer dann der Fall, wenn die Rechtslage der Gesellschaft oder ihrer Gesellschafter vom Zeitpunkt wirksamer Beschlussfassung abhängt.[566] Eine im Zeitpunkt des Bestätigungsbeschlusses rechtshängige Anfechtungsklage kann im Fall des § 244 S. 2 AktG mit eingeschränktem Klageziel weiter betrieben werden; ansonsten ist bei sonstiger Klagabweisung die Hauptsache für erledigt zu erklären.[567]

138   **d) Rechtsmissbräuchliche Anfechtung.** Der Einwand rechtsmissbräuchlichen Verhaltens kommt auch gegenüber einer Anfechtungsklage in Betracht,[568] ist dort aber wegen der Befugnis der Gesellschafter, nur ihre eigenen Interessen zu bedenken, auf extreme Fälle zu beschränken.[569] Bloße Nichtgeltendmachung desselben Anfechtungsgrundes gegenüber einem anderen Beschluss reicht nicht aus.[570] Dagegen kann Rechtsmissbrauch zu bejahen sein, wenn die Klage mit dem Ziel erhoben wird, die Gesellschaft zu einer Leistung zu veranlassen, auf die kein Anspruch besteht.[571] Treuwidrige sind ebenso wie missbräuchliche Anfechtungsklagen zu behandeln.[572]

139   **e) Anfechtungsfrist.** Nach § 246 Abs. 1 AktG muss die Anfechtungsklage **innerhalb eines Monats** nach der Beschlussfassung erhoben werden. Für die GmbH ist diese Bestimmung entsprechend heranzuziehen. Das gilt außerhalb von § 14 UmwG (Verschmelzungs- und Umwandlungsbeschluss) nach hM freilich nur mit der Maßgabe, dass an die Stelle der Vierwochenfrist eine **„angemessene"** Frist tritt.[573] Die hM beruht auf der wegen der regelmäßig geringen Zahl der Gesellschafter und der unter ihnen bestehenden Bindungen vorhandenen Möglichkeit, über Meinungsverschiedenheiten mit Aussicht auf Erfolg zu verhandeln, außerdem an der Kürze der in § 246 Abs. 1 AktG fixierten Frist. Aus Rechtssicherheitsgründen ist bei Fehlen einer gesell-

---

[566] *Hachenburg/Raiser* Anh. § 47 Rn. 149; für Beispiele vgl. neben BGH GmbHR 1972, 177 (Umfang der im Zusammenhang eines Ausschlusses geschuldeten Abfindung) Kölner KommAktG/*Zöllner* § 244 Rn. 24.

[567] *Hachenburg/Raiser* Anh. § 47 Rn. 149; näher Kölner KommAktG/*Zöllner* § 244 Rn. 16. Zur Bedeutung eines Bestätigungsbeschlusses nach der letzten mündlichen Verhandlung in der Tatsacheninstanz bei noch anhängigem Revisionsverfahren *Zöllner,* FS Beusch, 1993, S. 973, 979 ff.

[568] Vgl. etwa BGHZ 14, 25, 38 f. = NJW 1954, 1401; BGHZ 36, 121 = NJW 1962, 104; BGH BB 1962, 426; BGHZ 107, 296, 309 ff. = NJW 1989, 2689; OLG Hamm ZIP 1988, 1051, 1056; OLG Düsseldorf ZIP 1996, 1083, 1085.

[569] *Hachenburg/Raiser* Anh. § 47 Rn. 169 ff.; *Scholz/Schmidt* § 45 Rn. 137, beide mwN.

[570] OLG Düsseldorf WM 1982, 649, 652.

[571] So zB BGHZ 107, 296, 309 ff. = NJW 1989, 2689; BGH NJW 1990, 322 f.; DB 1990, 2587, 2588; OLG Frankfurt AG 1996, 135; WM 1991, 681, 682; 1990, 2116, 2119 ff.; *Hachenburg/Raiser* Anh. § 47 Rn. 170 f.; zur Abgrenzung OLG Frankfurt DB 1991, 2182; aM 2. Aufl. Rn. 111 mwN; aus der neueren Literatur etwa *Diekgräf* WM 1991, 613 ff.; *Heuer* WM 1989, 1401 ff.; *Radu* ZIP 1992, 303 ff. Ausführlich ablehnend *Slabschi* S. 96 ff.: Unzulässig nur Auskauf des Anfechtungsklägers.

[572] *Lutter/Hommelhoff* Anh. § 47 Rn. 74 mN. S. auch OLG Stuttgart NZG 2000, 490, 494 ff. zur Ausschaltung des mit Ausübung eines Widerspruchsrechts verbundenen Schadensersatzrisikos mittels Einsatzes einer GmbH.

[573] RGZ 172, 76, 79; BGHZ 111, 224, 225 f. = EWiR § 47 GmbHG 2/90 – *Fleck* = WuB II C. § 47 GmbHG 2.90 – *Messer* = NJW 1990, 2625; BGH NJW 1992, 129 = EWiR § 47 GmbHG 4/92 – *Fleck;* OLG München GmbHR 1992, 808; OLG Düsseldorf WM 1982, 649, 651; *Hachenburg/Raiser* Anh. § 47 Rn. 177 f.; *Scholz/Schmidt* § 45 Rn. 142; beide mwN auch der Gegenansicht; noch unentschieden BGH WM 1965, 425; offen auch BGHZ 101, 113, 117 = BGH WM 1987, 1071, 1072 = NJW 1987, 2514. Ausführlich für Übernahme der starren Frist *Ch. Koch* S. 240 ff.; für eine verlängerte (drei Monate), aber ebenfalls starre Frist *Nehls* GmbHR 1995, 705 ff.

schaftsvertraglichen Fristbestimmung[574] freilich zu verlangen, dass der Anfechtungskläger mit aller ihm zuzumutenden **Beschleunigung** vorgeht.[575] Ob dies der Fall ist, wird umso strenger zu prüfen sein, je mehr Zeit vergangen ist.[576] Doch genügt es in jedem Fall, wenn die Klage unverzüglich nach Scheitern ernsthafter Verhandlungen über Aufhebung oder Änderung des streitbefangenen Beschlusses erhoben wird.[577] Dies gilt jedenfalls dann, wenn frühere Klageführung unzumutbar war.[578] Die aktienrechtliche **Einmonatsfrist** steht ohne Möglichkeit gesellschaftsvertraglicher Kürzung[579] **mindestens** zur Verfügung,[580] ist umgekehrt aber auch einzuhalten, wenn keine besonderen Umstände vorliegen.[581] Die Einhaltung der Frist ist nicht nur für die Rechtzeitigkeit der Klage selbst, sondern auch dafür von Bedeutung, ob ursprünglich nicht geltend gemachte Anfechtungsgründe nachgeschoben werden können.[582]

Die Frage, wann die **Frist** zu **laufen beginnt,** hat angesichts ihrer Flexibilität nicht **140** dieselbe Bedeutung wie im Aktienrecht.[583] Entsprechend § 246 Abs. 1 AktG wird im Regelfall auf den Zeitpunkt der Beschlussfassung, gegebenenfalls darauf abzustellen sein, wann der Anfechtungskläger die anfechtungsbegründenden Umstände erfahren hat.[584] Der Gesellschaftsvertrag kann bestimmen, dass es auf Zugang des Protokolls ankommen soll.[585] Die Wahrung der Frist muss das Gericht von sich aus prüfen; ein-

---

[574] Dazu BGH WM 1998, 1580 = ZIP 1998, 1392 = NZG 1998, 679; OLG Hamm GmbHR 2001, 301; OLG Brandenburg GmbHR 1996, 539, 540; OLG Hamm GmbHR 1992, 805, 806; vgl. auch BGH GmbHR 1993, 497, 499; s. Rn. 119.

[575] Dazu BGHZ 111, 224, 225 = WM 1990, 1195 = WuB II C 2.90; BGH NJW 1992, 129 f.; BGHZ 101, 113, 117 = BGH WM 1987, 1071, 1072 = NJW 1987, 2514; BGH WM 1989, 63, 66; OLG München DB 1999, 2405 (Verfristung nach zwei Monaten); OLG Brandenburg GmbHR 1998, 1037; *Hachenburg/Schilling/Zutt* Anh. § 47 Rn. 140; *Baumbach/Hueck/Zöllner* Anh. § 47 Rn. 79 a.

[576] Dazu *Scholz/Schmidt* § 45 Rn. 143.

[577] OLG Düsseldorf WM 1982, 649, 651; OLG Dresden WiB 1997, 1244 = GmbHR 1998, 197; OLG Hamm GmbHR 1995, 736, 737; dagegen *Hachenburg/Schilling/Zutt* Anh. § 47 Rn. 141; wohl auch BGH WM 1989, 63, 66; vgl. ferner BGHZ 11, 231, 245 = NJW 1954, 385 f. S. ferner OLG Stuttgart GmbHR 2000, 385: Beginn der Monatsfrist „jedenfalls" nach Scheitern der Verhandlungen, KG GmbHR 2000, 385: Kläger zur Vermeidung von Kostenfolgen bei sofortigem Anerkenntnis in Zweimann-GmbH gehalten, Mitgesellschafter zur Aufhebung des Beschlusses aufzufordern (bedenklich).

[578] *Hachenburg/Raiser* Anh. § 47 Rn. 182.

[579] Für Nachw. Fn. 573.

[580] BGH WM 1989, 63, 66; *Rohleder* GmbHR 1989, 236, 240 f.; *Hachenburg/Schilling/Zutt* Anh. § 47 Rn. 141. Zur Möglichkeit, diese Frist gesellschaftsvertraglich für allgemein verbindlich zu erklären vgl. Rn. 119. Zum Zusammenhang zwischen Fristwahrung und Zahlung des Gerichtskostenvorschusses KG NJW-RR 1996, 103.

[581] BGHZ 111, 224, 226; OLG München NZG 2000, 105 f.; OLG Celle GmbHR 1999, 1099; OLG Brandenburg NJW-RR 1996, 29, etwas zurückhaltender OLG Naumburg GmbHR 1998, 90, 93.

[582] BGHZ 15, 177, 180 f. = NJW 1955, 178; BGHZ 32, 318, 322 = NJW 1960, 1447; OLG Düsseldorf NZG 2000, 1180, 1181; ausführlich *K. Schmidt* JZ 1977, 769, 770 ff.; ferner etwa *Hachenburg/Raiser* Anh. § 47 Rn. 184; *Scholz/Schmidt* § 45 Rn. 145; dagegen Kölner Komm-AktG/*Zöllner* § 246 Rn. 17 ff.

[583] Dazu *Scholz/Schmidt* § 45 Rn. 145.

[584] Vgl. OLG Schleswig GmbHR 1998, 892; NZG 2000, 895, 896 (zur Bedeutung der Kenntnis eines Rechtsvorgängers); s. auch OLG Stuttgart GmbHR 2000, 385: Fristbeginn im Zeitpunkt des Fehlschlagens von Verhandlungen erwogen. Für den Fristenlauf bei Entscheidungen eines anderen Organs als der Gesellschafterversammlung vgl. OLG Düsseldorf WM 1982, 649, 651.

[585] Dazu BGH WM 1998, 1580 = ZIP 1998, 1392 = NZG 1998, 679.

§ 47   3. Abschnitt. Vertretung und Geschäftsführung

schlägiger Vortrag der Beklagten ist nicht erforderlich.[586] Bei Fristversäumnis ist die Klage als unbegründet, nicht als unzulässig abzuweisen.[587] Aus einem rechtsmissbräuchlich-sittenwidrig herbeigeführten Gesellschafterbeschluss können uU auch nach Fristversäumnis keine Rechte geltend gemacht werden.[588] Darüber hinaus soll es möglich sein, auch nach Ablauf der Frist für die Anfechtung eines Beschlusses, mit dem die Zustimmung zur Übertragung eines Geschäftsanteiles abgelehnt wurde, eine auf das Gegenteil gerichtete Leistungsklage gegen die GmbH zu erheben.[589] Zur Erheblichkeit von Nichtigkeitsgründen im Rahmen einer verspätet eingebrachten Anfechtungsklage vgl. Rn. 141.

D. Nichtigkeits- und Anfechtungsklage

141   **1. Grundlagen. a) Einheitlichkeit des Streitgegenstandes.** Die Anfechtungsklage richtet sich auf eine Änderung der bestehenden Rechtslage, also auf Rechtsgestaltung; mit der Nichtigkeitsklage wird dagegen eine Feststellung begehrt.[590] In der Praxis war es deshalb üblich, Nichtigkeits- und Anfechtungsgründe durch eine Verbindung von Haupt- und Hilfsantrag geltend zu machen.[591] Außerdem wird angenommen, gegebenenfalls seien Nichtigkeits- vor den Anfechtungsgründen zu prüfen.[592] Demgegenüber ist richtig darauf hingewiesen worden, dass sich das Prozessziel bei Anfechtungs- und Nichtigkeitsklage einheitlich darauf richtet, die Nichtigkeit des Beschlusses mit verbindlicher Wirkung inter omnes zu fixieren, und dass der Status des Beschlusses nach erfolgreicher Klage derselbe ist. Nichtigkeits- und Anfechtungsklage liegt demnach – ein- und denselben Beschluss vorausgesetzt – ein **einheitlicher Streitgegenstand** zugrunde.[593] Daraus ergeben sich wichtige praktische Konsequenzen,[594] zB die, dass ein Teilurteil iSd. Abweisung bloß der Nichtigkeitsklage nicht ergehen darf.[595] Die weitere, mit der Zulässigkeit des Nachschiebens von Anfechtungsgründen zusammenhängende Frage, ob der Streitgegenstand der kassatorischen Klage im Grundsatz alle in Betracht kommenden Nichtigkeits- und Anfechtungsgründe oder nur diejenigen umfasst, deren tatsächlicher Kern rechtzeitig (zu den in Betracht kommenden Fristen Rn. 113 f., 139) vorgetragen worden ist, ist iSd. zweitgenannten Alternative zu entscheiden.[596]

---

[586] BGH WM 1998, 1580 = ZIP 1998, 1392 = NZG 1998, 679.
[587] RGZ 123, 204, 207; *K. Schmidt* JZ 1977, 769, 771; *Hachenburg/Schilling/Zutt* Anh. § 47 Rn. 144 mwN.
[588] Überzeugend BGHZ 101, 113, 118 ff. = NJW 1987, 2514 = ZIP 1987, 1081 m. zust. Anm. *K. Schmidt*.
[589] OLG Koblenz NJW-RR 1989, 1057, 1058. Wohl mit Recht kritisch *Westermann/Menger* DWiR 1991, 143, 147.
[590] Gegenargumente bei *K. Schmidt* JZ 1988, 729, 733 ff.
[591] Vgl. BGHZ 21, 354 ff. = NJW 1956, 1753; KG NJW 1959, 439.
[592] BGH NJW 1952, 98; wN bei *K. Schmidt* JZ 1977, 769, 770.
[593] BGHZ 134, 364, 366 = NJW 1997, 1510 = WM 1997, 823; OLG München NZG 1999, 1173; KG NJW-RR 1996, 103; *K. Schmidt* JZ 1977, 769 f. in Anknüpfung an Kölner KommAktG/*Zöllner* § 246 Rn. 48 f.; ebenso *Heinze* ZGR 1979, 293, 297 ff.; *Hachenburg/Raiser* Anh. § 47 Rn. 195; vertiefend *K. Schmidt* JZ 1988, 729; *Kindl* ZGR 2000, 168 ff. Kritisch, aber im Wesentlichen ohne Folgenrelevanz, *Sosnitza* NZG 1998, 337 f.
[594] Vgl. *K. Schmidt* JZ 1977, 769, 770.
[595] BGH NJW 1999, 1638 = ZIP 1999, 580 = NZG 1999, 496 m. (insoweit krit.) Anm. *Sosnitza*.
[596] So insbesondere *K. Schmidt* JZ 1977, 769, 770 ff.; ferner *Scholz/Schmidt* § 45 Rn. 152; *Hachenburg/Raiser* Anh. § 47 Rn. 195; dagegen Kölner KommAktG/*Zöllner* § 246 Rn. 47 ff.; *ders.* in *Baumbach/Hueck* Anh. § 47 Rn. 83.

Abstimmung   § 47

b) Rechtsschutzinteresse. Ein besonderes Rechtsschutzinteresse iSd. § 256 ZPO **142**
ist weder für die Anfechtungs- noch für die Nichtigkeitsklage erforderlich.[597] Freilich
muss die Nichtigerklärung des Beschlusses einen Sinn haben können,[598] der sich allerdings nicht gerade in der Person des Klägers materialisieren muss.[599] Das mag gelegentlich nicht der Fall sein, so bei Aufhebung des fehlerhaften Beschlusses,[600] fehlerfreier
Wiederholung oder Bestätigung (dazu Rn. 137). Bei bloß **ablehnenden (negativen)
Beschlüssen** wird ein Rechtsschutzinteresse häufig nicht gegeben sein, weil der Kläger eine positive Erledigung seines Antrags im Prozesswege regelmäßig nicht erreichen
kann.[601] Anders liegt es etwa, wenn mit der kassatorischen Klage ein Antrag auf positive Beschlussfeststellung verbunden werden soll.[602]

c) Maßgeblichkeit des AktG. Die Anfechtungs- und Nichtigkeitsklage gegen **143**
Gesellschafterbeschlüsse in der GmbH folgt im großen und ganzen den einschlägigen
Regeln des AktG. So liegt die ausschließliche **Zuständigkeit** für eine solche Klage
entsprechend §§ 246 Abs. 3 S. 1, 249 Abs. 1 AktG beim Landgericht am Sitz der Gesellschaft.[603] Nach hM liegen durchweg Handelssachen iSd. §§ 95, 96 Nr. 4a GVG
vor.[604] Demgegenüber geht die überwiegende Praxis und auch ein Teil der Literatur
im Zusammenhang **mitbestimmungsrechtlicher** Streitigkeiten unter teleologischer
Restriktion von § 95 Abs. 2 GVG offenbar davon aus, zuständig seien hier die Zivilkammern der Landgerichte.[605] Im übrigen sind gegebenenfalls die §§ 87 Abs. 1 und 94
GWB zu beachten.[606] Die Vereinbarung eines **Schiedsgerichts** ist wegen § 1025
ZPO aF nach früher überwiegender, allerdings zunehmend kritisierter Ansicht für ausgeschlossen gehalten worden.[607] Dem sollte auch heute noch gefolgt werden, wenn

---

[597] BGHZ 107, 296, 308 = NJW 1989, 2689; OLG Düsseldorf GmbHR 2000, 1050, 1051;
OLG Stuttgart NZG 2000, 159, 161.
[598] So die Formulierung von *Scholz/Schmidt* § 45 Rn. 136.
[599] Vgl. BGHZ 43, 261, 265 f. = NJW 1965, 1378; BGH WM 1964, 1188, 1191, beide mwN;
BGH WM 1966, 446, 447; *Scholz/Schmidt* § 45 Rn. 136 mwN.
[600] *Hachenburg/Schilling/Zutt* Anh. § 47 Rn. 138. Vgl. OLG Naumburg GmbHR 1998, 744;
OLG Nürnberg NZG 2000, 700.
[601] Vgl. BGH GmbHR 1972, 224, 225.
[602] *Scholz/Schmidt* § 45 Rn. 136; zur Möglichkeit einer derartigen Antragsverbindung Rn. 153.
Für weitere Beispiele eines schutzwürdigen Interesses im Zusammenhang negativer Beschlüsse
vgl. Kölner KommAktG/*Zöllner* § 246 Rn. 29 ff.
[603] BGHZ 22, 101, 105 = NJW 1956, 1873; *Hachenburg/Raiser* Anh. § 47 Rn. 202; anders LG
München I NJW-RR 1997, 291 mwN.
[604] *Scholz/Schmidt* § 45 Rn. 150; *Hachenburg/Raiser* Anh. § 47 Rn. 202.
[605] Dazu *Theisen* DB 1982, 265 mwN.
[606] *Scholz/Schmidt* § 45 Rn. 150.
[607] BGHZ 132, 278, 280 ff. = NJW 1996, 1753 = DZWiR 1997, 116 m. Anm. *Geimer* (dazu
auch *K. Schmidt* BB 2001, 1857 ff.; *Bork* ZHR 160 (1996), 374 ff.; *Ebenroth/Bohne* BB 1996,
1393 ff.; *Bosch* WiB 1996, 719 f.; zurückhaltender BGH DB 2001, 1773, 1774); BGH WM 1979,
886, 888; OLG Hamm DB 1987, 680 = EWiR § 45 GmbHG 1/87, 371 – *Günther*; OLG
Hamm DB 1992, 2180; GmbHR 1995, 736; OLG Celle NZG 1999, 167 m. Anm. *Ebbing*
(mwN); OLG Dresden GmbHR 2000, 435, 438, *Hachenburg/Schilling/Zutt* Anh. § 47 Rn. 146
mwN; MünchHdB GesR III/*Ingerl* § 40 Rn. 62; *Henze* ZGR 1988, 542 ff.; *Petermann* BB 1996,
277 ff. Zusammenfassung der neuen Entwicklung bei *Emde* GmbHR 2000, 678 f.; zurückhaltender *Vollmer* S. 68 ff.; vgl. *ders.* BB 1984, 1774 in Auseinandersetzung mit BayObLG BB 1984,
746; **anders** OLG Karlsruhe ZIP 1995, 915, 916 ff.; *Scholz/Schmidt* Rn. 150; *Hachenburg/Raiser*
Anh. § 47 Rn. 206 ff.; *Meyer-Landrut/Miller/Niehus* Rn. 85; *Baumbach/Hueck/Zöllner* Anh. § 47
Rn. 18; *Noack* Gesellschaftervereinbarungen S. 225 ff.; *Timm*, FS Fleck, 1988, S. 365, 374 ff.;
K. Schmidt ZGR 1988, 523, 526 ff.; *Bork* ZZP 1987, 249, 266 ff.; *Ebenroth/Müller* DB 1992,

§ 47   3. Abschnitt. Vertretung und Geschäftsführung

nicht sämtliche Gesellschafter an der Schiedsabrede beteiligt sind und Gelegenheit hatten, an der Auswahl der Schiedsrichter mitzuwirken.[608]

144 Entsprechend anzuwenden sind die §§ 246 Abs. 3 S. 3, 249 Abs. 2 AktG. Mehrere gegen denselben Beschluss gerichtete kassatorische Klagen müssen also **miteinander verbunden** werden. Trotz des insofern missverständlichen Wortlauts von § 249 Abs. 2 AktG gilt dies wegen der Einheitlichkeit des Streitgegenstandes (Rn. 141) auch hinsichtlich der Verbindung von Anfechtungs- und Nichtigkeitsklage.[609] Die Frage, wie die Verbindung stattfinden kann, wenn die in Betracht kommenden Verfahren teilweise bei der Kammer für Handelssachen, teilweise bei einer Zivilkammer anhängig sind, ist zweifelhaft.[610] Die Vorschrift über die **Bekanntmachung** der Klageerhebung und des Verhandlungstermins in den Gesellschaftsblättern (§ 246 Abs. 4 AktG) ist für die GmbH bedeutungslos. An ihre Stelle tritt eine Verpflichtung der Geschäftsführer, die **Gesellschafter** entsprechend zu **informieren**.[611] Auch § 248 Abs. 1 S. 2–4 (Einreichung des Urteils zum Handelsregister; Eintragung; Bekanntmachung) gilt nur mit der Maßgabe, dass eine Einreichung zum bzw. Eintragung des nichtig erklärten Beschlusses in das Handelsregister stattgefunden hat.[612] Der **Streitwert** ist analog § 247 AktG zu ermitteln.[613] Zur GmbH-rechtlichen Bedeutung der **Fristbestimmungen** in den §§ 242 Abs. 2 und 246 Abs. 1 AktG vgl. Rn. 113 f.; 139 f. Zur Fristwahrung genügt grundsätzlich (vgl. § 270 Abs. 3 ZPO) die Einreichung der Klageschrift bei Gericht.[614] Zur Abgrenzung der Prozessbeteiligten und zu Fragen der Vertretung (§§ 245, 246 Abs. 2 AktG) Rn. 146, 149.

145 **d) Einstweiliger Rechtsschutz.** Die Ausführung nichtiger Beschlüsse kann durch **einstweilige Verfügung** gemäß §§ 935, 940 ZPO unterbunden werden.[615] Grund-

---

361 ff.; *Westermann* in *Böckstiegel* S. 34 ff., 44 ff.; monographisch *Schick* S. 25 ff.; grundsätzlich auch *Lutter/Hommelhoff* Anh. § 47 Rn. 77 ff. mit Hinweis auf das Schiedsverfahren-NeuregelungsG; dazu ferner *Bender* DB 1998, 1900 ff.; *Timm* ZIP 1996, 446 f.

[608] Zu satzungsmäßigen Schiedsklauseln *Winter* RWS-Forum 15, 67 ff.; *Berger* ZHR 164 (2000), 299 ff.; *Trittmann* ZGR 1999, 355, 357; *Lenz* GmbHR 2000, 554 f.; *Ebbing* NZG 1999, 755 ff.; *ders.* NZG 1998, 281 ff., 286: Bei Beschlussmängelstreitigkeiten müsse Schiedsrichterbestellung neutralem Dritten überlassen werden. Zur Gesamtproblematik ferner *Schröder* S. 31 ff., 95 ff. (besonders gründlich zur aktienrechtlichen Beschlussmängelklage); *Lüke/Blenske* ZGR 1998, 253 ff.; *K. Schmidt* ZHR 162 (1998), 267 ff., 273 ff., 285 ff.

[609] *Hachenburg/Schilling/Zutt* Anh. § 47 Rn. 170; *Scholz/Schmidt* § 45 Rn. 157.

[610] Vgl. *Scholz/Schmidt* § 45 Rn. 157 einerseits; *Hachenburg/Schilling/Zutt* Anh. § 47 Rn. 169 andererseits.

[611] BGHZ 97, 28, 31 = NJW 1986, 2051 = EWiR § 47 GmbHG 2/86, 371 – *Hommelhoff* = WuB II C. § 47 GmbHG 2.86 – *Martens*; OLG Frankfurt NZG 1999, 406; OLG Düsseldorf GmbHR 2000, 1050, 1052; *Baumbach/Hueck/Zöllner* Anh. § 47 Rn. 86; *Scholz/Schmidt* § 45 Rn. 148; *Hachenburg/Raiser* Anh. § 47 Rn. 200; *Happ* S. 323, 328 f.; ebenso § 196 Abs. 5 RegE 1971.

[612] *Hachenburg/Schilling/Zutt* Anh. § 47 Rn. 185.

[613] BGH NZG 1999, 999; OLG Hamm GmbHR 1955, 226, 227; OLG Nürnberg GmbHR 1961, 65 m. Anm. *Lappe*; *Scholz/Schmidt* § 45 Rn. 153 unter Bezugnahme auf § 197 RegE 1971; *Hachenburg/Raiser* Anh. § 47 Rn. 228 ff. mit der Maßgabe, dass die feste Streitwertobergrenze des § 247 Abs. 1 S. 2 AktG nicht anwendbar sein soll; ebenso *Baumbach/Hueck/Zöllner* Anh. § 47 Rn. 87; dem zustimmend OLG Karlsruhe GmbHR 1995, 300; insoweit abweichend *Hachenburg/Raiser* Anh. § 47 Rn. 229. Übersicht über praktische Anwendungsprobleme der gesetzlichen Maßstäbe bei *Emde* DB 1996, 1557 ff.

[614] Für Einzelheiten und Nachweise *Hachenburg/Raiser* Anh. § 47 Rn. 212.

[615] Ausführlich *Happ* S. 383 ff.; ferner *Littbarski* S. 166 f.; *Winter* RWS-Forum 15, 53 ff.; MünchHdB GesR III/*Ingerl* § 40 Rn. 87 mwN; einschränkend *Baumbach/Hueck/Zöllner* Anh. § 47 Rn. 93 d ff.; zu einstweiligem Rechtsschutz bei schon ausgeführtem nichtigen Bestellungs-

sätzlich Entsprechendes gilt auch gegenüber bloß anfechtbaren Beschlüssen.[616] Neben den Anfechtungsgründen ist zumindest die demnächst zu erwartende Erhebung einer Anfechtungsklage glaubhaft zu machen. Die Antrags- richtet sich nach der Anfechtungsbefugnis.[617] Eine einstweilige Verfügung auf Ausführung des Beschlusses bei anhängiger Nichtigkeits- oder Anfechtungsklage wird im allgemeinen an der Gefahr der Schaffung endgültiger Verhältnisse scheitern.[618]

2. Prozessbeteiligte. a) Mögliche Kläger im kassatorischen Prozess sind zunächst die **Gesellschafter**.[619] Die Frage, ob ein Gesellschafter anstatt der Nichtigkeitsklage die allgemeine Feststellungsklage gemäß § 256 ZPO erheben kann, ist zu verneinen, weil er insofern kein schutzwürdiges Interesse hat.[620] Eine Zession des Anfechtungsrechts für sich allein ist nicht möglich.[621] Im Zusammenhang zulässiger **Stimmrechtsabspaltung** (Rn. 24 ff.) geht aber auch das Anfechtungsrecht über.[622] Treugeber, Nießbraucher, Pfandgläubiger sind nicht anfechtungsbefugt,[623] wohl aber der **Testamentsvollstrecker** oder der **Insolvenzverwalter**.[624] Im Fall der Mitberechtigung mehrerer an einem Geschäftsanteil kann das Anfechtungsrecht nur gemeinsam ausgeübt werden.[625] Die Frage, ob die Anfechtungsbefugnis von der Gesellschaftereigenschaft im **Zeitpunkt des Beschlusses** oder der **Klageerhebung** abhängt, ist umstritten,[626] aber praktisch wenig folgenreich. Denn es ist unstritig, dass mit der Übertragung des Anteils während der Anfechtungsfrist auch die Anfechtungsbefugnis übergeht.[627] Dabei ist allerdings § 16 zu beachten: nur der Veräußerer bleibt anfechtungsbefugt, solange die Veräußerung der Gesellschaft nicht bekanntgegeben und nachgewiesen ist.[628] Die Übertragung des Anteils nach Rechtshängigkeit hindert den Altgesellschafter jedenfalls dann nicht an der Fortsetzung des Prozesses, wenn er sich entsprechende Rechte vorbehalten hat.[629] Bei Zustimmung der beklagten Gesellschaft und des Veräußerers wird man allerdings auch

146

---

beschluss OLG Hamm GmbHR 1993, 743, 745 ff. Nicht unproblematisch OLG Stuttgart BB 1999, 2316: keine EV, obwohl gesellschaftsvertraglich vorgesehene Einstimmigkeit wegen treuwidrigen Verhaltens nicht erreicht war.

[616] Vgl. OLG Frankfurt WM 1982, 282; *Hölters* BB 1977, 105, 109; *Hachenburg/Raiser* Anh. § 47 Rn. 258 f.; *Scholz/Schmidt* § 45 Rn. 183; ausführlich *Heinze* ZGR 1979, 293, 306 ff.; zu einstweiligem Rechtsschutz des Betroffenen bei Abberufung aus wichtigem Grund *Vorwerk* GmbHR 1995, 266, 267 ff.; auch § 38 Rn. 27.

[617] *Baumbach/Hueck/Zöllner* Anh. § 47 Rn. 93 i; *Hachenburg/Raiser* Anh. § 47 Rn. 259.

[618] Dazu *Hachenburg/Schilling/Zutt* Anh. § 47 Rn. 188; anders *Lutter/Hommelhoff* Anh. § 47 Rn. 40 in Anknüpfung an *v. Gerkan* ZGR 1985, 172 ff.

[619] *Baumbach/Hueck/Zöllner* Anh. § 47 Rn. 72; zur Aktivlegitimation einer Vorgesellschaft bedenklich LG Hannover ZIP 1983, 68.

[620] Überzeugend BGHZ 70, 384, 388 = NJW 1978, 1325; OLG Hamburg ZIP 1995, 1513, 1514 f.

[621] *Hachenburg/Raiser* Anh. § 47 Rn. 159.

[622] *Hachenburg/Schilling* § 14 Rn. 32; *Lutter/Hommelhoff* Anh. § 47 Rn. 32.

[623] *Hachenburg/Raiser* Anh. § 47 Rn. 154; *Scholz/Schmidt* § 45 Rn. 128, je mwN.

[624] OLG Düsseldorf GmbHR 1996, 443; *Hachenburg/Raiser* Anh. § 47 Rn. 160.

[625] § 18; anders für Erbengemeinschaft BGH WM 1989, 1090, 1093.

[626] Vgl. *Hachenburg/Raiser* Anh. § 47 Rn. 156 einerseits; *Scholz/Schmidt* § 45 Rn. 130 ff. andererseits, beide mwN.

[627] BGHZ 43, 261, 267 = NJW 1965, 1378; OLG Hamm GmbHR 1998, 138; s. ferner OLG Schleswig NZG 2000, 895, 896: Rechtsnachfolger auch bei Klageverzicht des Vorgängers zur Nichtigkeitsklage befugt.

[628] BGH DB 1968, 2270; OLG Düsseldorf GmbHR 1996, 443, 444 f.

[629] Dazu BGHZ 43, 261, 268 = NJW 1965, 1378; weitergehend *Scholz/Schmidt* § 45 Rn. 133; vgl. auch *Hachenburg/Schilling/Zutt* Anh. § 47 Rn. 122 mwN; anders OLG Celle AG 1984, 266.

§ 47   3. Abschnitt. Vertretung und Geschäftsführung

den Erwerber des Anteils für berechtigt halten müssen, den Prozess entsprechend § 265 Abs. 2 ZPO als Hauptpartei fortzusetzen. Gesellschafter, die den Anteil nach Beschlussfassung **originär** erworben haben, sind grundsätzlich nicht anfechtungsbefugt.[630]

147 Vorbehaltlich anderslautender Satzungsbestimmungen (Rn. 119) sind **Geschäftsführer** oder andere Organ-, insbesondere **Aufsichtsratsmitglieder** nach einer Auffassung **nicht klagebefugt**.[631] Demgegenüber ist den Geschäftsführern (und Aufsichtsratsmitgliedern) jedenfalls dann ein Klagerecht zuzubilligen, wenn die Ausführung des Beschlusses schadensersatzpflichtig (dazu § 43 Rn. 33 f.) machen oder einen Straf- bzw. Ordnungswidrigkeitstatbestand erfüllen würde.[632] Der weitergehenden Ansicht von *Scholz/Schmidt*[633] – Anfechtungsbefugnis der Geschäftsführung bei allen ausführungsbedürftigen Beschlüssen – ist zu widersprechen. § 245 Nr. 4 AktG ist wegen der Unterschiedlichkeit der Rechtsposition vom Vorstand und Geschäftsführer nicht einschlägig;[634] außerdem dürfte die grundsätzlich auch bei der Befolgung anfechtbarer Beschlüsse eintretende Haftungsentlastung (§ 43 Rn. 35) entgegenstehen.

148 Die **Nichtigkeitsklage** entsprechend § 249 Abs. 1 AktG kann von Mitgliedern eines obligatorischen **Aufsichtsrats** dagegen jedenfalls dann erhoben werden, wenn Nichtigkeit aus **mitbestimmungsrechtlichen** Gründen behauptet wird. Anderenfalls würde ein wichtiges Instrument der Durchsetzung von Mitbestimmung auch in der GmbH entwertet.[635] Auch darüber hinaus bestehen mit Rücksicht auf die ohnehin bestehende Möglichkeit der Klage gemäß § 256 ZPO keine durchgreifenden Bedenken dagegen, die Abgrenzung der Klagebefugten in § 249 AktG auch für die GmbH zu übernehmen.[636]

149 **b) Die Gesellschaft als Beklagte.** Richtige Beklagte ist in allen Fällen die Gesellschaft (§ 246 Abs. 2 S. 1 AktG analog), nicht etwa die anderen Gesellschafter.[637] Insolvenz, Auflösung und Nichtigerklärung der Gesellschaft lassen die Passivlegitimation ebenso unberührt wie der Untergang der Gesellschaft durch Verschmelzung.[638] In dem zuletzt genannten Fall ist die Klage gegen die Rechtsnachfolgerin der Gesellschaft zu richten. **Vertreten** wird die Gesellschaft durch die Geschäftsführer, nicht auch durch den Aufsichtsrat.[639] Zur Pflicht, die Gesellschafter – als potentielle Nebenintervenien-

---

[630] *Lutter/Hommelhoff* Anh. § 47 Rn. 63; *Hachenburg/Raiser* Anh. § 47 Rn. 156; etwas einschränkend *Baumbach/Hueck/Zöllner* Anh. § 47 Rn. 74.

[631] BGHZ 76, 154, 159 = NJW 80, 1527; *Immenga* GmbHR 1973, 5, 8; *Meyer-Landrut/Miller/Niehus* Rn. 82; *Hachenburg/Schilling/Zutt* Anh. § 47 Rn. 127 mwN.

[632] Wie hier *Lehmann* 104 f.; *Lutter/Hommelhoff* Anh. § 47 Rn. 32, 65; ähnlich *Scholz/Schmidt* § 45 Rn. 134; s. auch *Hachenburg/Raiser* Anh. § 47 Rn. 163.

[633] AaO; zustimmend *Baumbach/Hueck/Zöllner* Anh. § 47 Rn. 75; auch (ausführlich) *Büchler* S. 47 ff.; ferner *Ziemons* S. 51 ff.

[634] Gegen dieses Argument mit mE unrichtigen Erwägungen *Büchler* S. 68 ff.

[635] Wie hier iErg. BGHZ 89, 48, 49 f. = NJW 1984, 733; OLG Hamburg WM 1983, 130, 132; LG Hamburg WM 1982, 310, 311; *Scholz/Schmidt* § 45 Rn. 134 mwN; weitergehend *K. Schmidt*, FS Semler, 1993, S. 329, 341 f.

[636] Ebenso anscheinend BGH NJW 1966, 1458, 1459; auch *Scholz/Schmidt* § 45 Rn. 134; dagegen *Hachenburg/Schilling/Zutt* Anh. § 47 Rn. 195 mit der Maßgabe der entsprechenden Anwendbarkeit des § 250 Abs. 2 AktG.

[637] *Hachenburg/Raiser* Anh. § 47 Rn. 196; *Scholz/Schmidt* § 45 Rn. 148 mwN; BGH NJW 1981, 1041; OLG Hamm GmbHR 1985, 119 für die zweigliedrige Gesellschaft; zu den Kostenfolgen LG Karlsruhe GmbHR 1998, 687; teilweise kritisch *Joost* ZGR 1984, 71 ff.; vgl. *Lindacher* ZGR 1987, 121, 126 f.

[638] Zum Ganzen *Hachenburg/Raiser* Anh. § 47 Rn. 196; vgl. auch BGHZ 24, 106, 111.

[639] BGH GmbHR 1962, 134; *Scholz/Schmidt* § 45 Rn. 149; *Baumbach/Hueck/Zöllner* Anh. § 47 Rn. 82; oben § 35 Rn. 21; anders § 246 Abs. 2 S. 2 AktG; *Lehmann* S. 96 bei obligatorischem Aufsichtsrat nach dem Montan-MitbestG.

ten – **zu unterrichten,** vgl. Rn. 144. Bei Fehlen oder Verhinderung eines Geschäftsführers (Beispiel: Erhebung der Anfechtungsklage durch den einzigen Gesellschafter-Geschäftsführer) ist für die Vertretung der Gesellschaft entsprechend § 29 BGB oder § 57 ZPO zu sorgen (dazu § 35 Rn. 76; § 46 Rn. 44 f.). Die aufgelöste oder für nichtig erklärte Gesellschaft wird durch die **Liquidatoren** vertreten.[640] Der **Insolvenzverwalter** ist dagegen nur insofern vertretungsbefugt, als der angegriffene Beschluss die Masse berührt.[641] Sofern die Vertretungsmacht vom Ausgang des anhängigen Nichtigkeitsverfahrens abhängt, ist derjenige vertretungsbefugt, der es im Falle des Obsiegens der Gesellschaft wäre.[642]

c) Notwendige Streitgenossenschaft und Nebenintervention. Im Falle einer kassatorischen Klage **mehrerer Berechtigter** gegen denselben Beschluss liegt nach fast allgemeiner Auffassung eine notwendige Streitgenossenschaft iSd. ersten Alternative von § 62 ZPO vor.[643] Gegen diese Auffassung bestehen gewisse Bedenken, weil das stattgebende Urteil zwar inter omnes wirkt, damit aber nicht feststeht, dass gegenüber jedem Kläger das gleiche Urteil ergehen müsse.[644] Doch sind diese Bedenken nicht unüberwindbar.[645]

150

Bei Vorhandensein eines rechtlichen Interesses iSd. § 66 ZPO ist der **Beitritt Dritter** auf der Seite des Klägers oder der Beklagten möglich. Es liegt ein Fall der streitgenössischen Nebenintervention vor.[646] Das erforderliche rechtliche Interesse ist für jeden Gesellschafter, auch für nicht mehr Anfechtungsberechtigte zu bejahen, darüber hinaus aber auch für Geschäftsführer und Mitglieder anderer Gesellschaftsorgane.[647] Der Beitritt eines Geschäftsführers auf seiten des Klägers hat den Verlust seiner Vertretungsbefugnis für die Gesellschaft zur Folge. Es ist dann nach den in Rn. 149 dargelegten Grundsätzen zu verfahren.

151

3. Einzelheiten des Verfahrens. a) Klageinhalt. Der Inhalt der Klage richtet sich nach § 253 ZPO. Erforderlich ist also ein Antrag und – im Ausgangspunkt – die Bezeichnung der Tatsachen, aus denen sich die Mangelhaftigkeit des Beschlusses ergeben soll. Darlegungs- und beweispflichtig ist der Kläger auch bezüglich der Umstände, von denen die Rechtzeitigkeit der Klage abhängt.[648] Im übrigen wird aber in verschiedener Weise berücksichtigt, dass der Kläger von Vorgängen, die sich im Inneren der Gesellschaft abspielen, oft keine zureichende Kenntnis haben kann.[649] Ob Nichtigerklärung mittels Gestaltung oder Feststellung beantragt wird, ist im Ergebnis gleichgül-

152

---

[640] BGHZ 36, 207, 208 ff. = NJW 1962, 538.
[641] BGHZ 32, 114, 121 = NJW 1960, 1006; *Hachenburg/Raiser* Anh. § 47 Rn. 198; *Scholz/Schmidt* § 45 Rn. 149 mit zutreffender Einschränkung bei Anfechtung eines Entlastungsbeschlusses.
[642] Überzeugend dazu BGHZ 36, 207, 209 f. = NJW 1962, 538; BGH WM 1981, 138; OLG Hamm GmbHR 1985, 119.
[643] BGH NJW 1999, 1638 = ZIP 1999, 580 = NZG 1999, 496 m. Anm. *Sosnitza* (dazu auch *Kindl* ZGR 2000, 178 ff.); OLG Stuttgart DB 2001, 1548; *Scholz/Schmidt* § 45 Rn. 128, 155; umfangreiche wN bei Kölner KommAktG/*Zöllner* § 246 Rn. 88.
[644] Vgl. *Hachenburg/Schilling/Zutt* Anh. § 47 Rn. 135; dagegen *Hachenburg/Raiser* Anh. § 47 Rn. 199.
[645] Kölner KommAktG/*Zöllner* § 246 Rn. 88.
[646] BGH ZIP 1993, 1228, 1229; *Scholz/Schmidt* § 45 Rn. 156; *Gehrlein* AG 1994, 103, 107 ff., je mwN.
[647] *Hachenburg/Raiser* Anh. § 47 Rn. 201.
[648] Dazu *Hachenburg/Raiser* Anh. § 47 Rn. 217; s. oben Rn. 139.
[649] Einzelheiten bei *Hachenburg/Raiser* Anh. § 47 Rn. 219 ff.; *Hüffer*, FS Fleck, 1988, S. 151 ff.; s. auch Rn. 128.

tig, solange nur klargestellt wird, dass keine normale Feststellungsklage nach § 256 ZPO gewollt ist. Denn Nichtigkeits- und Anfechtungsgründe sind unabhängig von der Formulierung des Antrags zu prüfen (Rn. 141; dort auch zur Möglichkeit des Nachschiebens zusätzlicher entscheidungsrelevanter Tatsachen). Ein Angriff gegen einen **bestätigenden Beschluss** ist nur im Wege der Klageerweiterung möglich, wenn Anfechtungsgründe geltend gemacht werden. Die Nichtigkeit des bestätigenden Beschlusses kann dagegen incidenter auch im Rahmen der Anfechtung des ursprünglichen Beschlusses geprüft werden.[650]

153 In bestimmten Fällen ist es möglich, den Antrag auf Nichtigerklärung eines Beschlusses mit einem Antrag auf **Feststellung** des **zutreffenden Beschlussergebnisses** zu verbinden. Das trifft in erster Linie dort zu, wo sich die Anfechtbarkeit des Beschlusses aus einer unrichtigen Feststellung des Ergebnisses durch den Versammlungsleiter ergibt.[651] Im Ergebnis dasselbe gilt aber auch, wenn der Beschluss zwar zutreffend festgestellt wurde, aber ohne eine treuwidrig abgegebene Stimme anders ausgefallen wäre.[652] Noch nicht abschließend geklärt ist, ob in diesen Fällen neben oder in Verbindung mit Anfechtungs-/Beschlussfeststellungsklage eine auf Zustimmung gerichtete Leistungsklage gegen den treuwidrig ablehnenden Gesellschafter zu richten ist.[653] Nach manchen kann die Anfechtungs-/Beschlussfeststellungsklage auch mit der Schadenersatzklage verbunden werden.[654] Sofern ein Antrag auf Feststellung der ordnungsgemäßen Bilanz überhaupt möglich ist, kann er auch mit einer Anfechtung des Bilanzfeststellungsbeschlusses verbunden werden (§ 46 Rn. 5). Entsprechendes gilt für die Kopplung der Anfechtung des Gewinnverwendungsbeschlusses mit einem Antrag auf Auszahlung des gesetzlichen oder statutarischen Gewinnanteiles.[655] Zur Befristung der positiven Beschlussfeststellungsklage gilt wegen der Gestaltungswirkung des klagstattgebenden Urteils dasselbe wie für die Anfechtungsklage.[656] Hinsichtlich der Zulässigkeit

---

[650] *Scholz/Schmidt* 6. Aufl. § 45 Rn. 111; *Hachenburg/Raiser* Anh. § 47 Rn. 227 mwN. S. auch OLG Nürnberg NZG 2000, 700: Wiederholender Beschluß nur angefochten, wenn Klageantrag entsprechend formuliert.

[651] Dazu Rn. 10; vgl. BGHZ 76, 191, 197 ff. = NJW 1980, 1465; BGHZ 97, 28, 30 ff. = NJW 1986, 2051 = EWiR § 47 GmbHG 2/86, 371 – *Hommelhoff* = WuB II C. § 47 GmbHG 2.86 – *Martens*; BGHZ 104, 66, 68 ff. = NJW 1988, 1841; BGHZ 107, 21, 23; BGH DB 2001, 1773, 1774; OLG Düsseldorf GmbHR 2000, 1050, 1052; OLG Celle GmbHR 1999, 81; 1997, 172, 174; OLG Koblenz NJW-RR 1989, 1057 f.; *Zöllner* ZGR 1982, 623, 624 f., 627 ff.; *Hachenburg/Raiser* Anh. § 47 Rn. 244 ff.; *Scholz/Schmidt* § 45 Rn. 180 ff.; zum Ganzen auch *Zöllner* S. 405 ff.; ders. in *Baumbach/Hueck* Anh. § 47 Rn. 91 ff.; *Brandes* WM 1983, 286, 298; *Winter* RWS-Forum 15, 39 ff.; *Rützel* ZIP 1996, 1962 ff.; *Eickhoff* S. 128 ff.; vgl. *Maier-Reimer*, FS Oppenhoff, 1985, S. 193, 202 ff.

[652] So zutreffend BGHZ 88, 320, 329 ff. = NJW 1984, 489; OLG Koblenz NJW-RR 1989, 1057; auch OLG Hamm GmbHR 2000, 673, 674; dem grundsätzlich zustimmend *Winter* S. 168 ff.; ebenso *Korehnke* S. 78 f., 93 f., 103 f., 123 ff., 163 ff. mit Ausführungen zum Rechtsschutz der nicht klagenden Gesellschafter; *Saenger* GmbHR 1997, 116; ferner *Koppensteiner* ZIP 1994, 1325, 1328; vgl. auch § 50 Rn. 11. Ablehnend, aber ohne Auseinandersetzung mit den Pro-Stimmen, *Zöllner*, FS Lutter, 2000, S. 825.

[653] Dazu (im allgemeinen bejahend) namentlich *Korehnke* S. 78 f., 93 f., 103 f., 123 ff., insbesondere 163 ff.; *Winter* S. 42 ff.; *Rützel* ZIP 1996, 1965 f.; anders MünchHdB GesR III/*Ingerl* § 40 Rn. 73 f., je mwN.

[654] Vgl. *Eickhoff* S. 167 ff.; *Zöllner* ZGR 1988, 392, 410; EWiR § 46 GmbHG 1/93 – *Walther* mwN.

[655] RGZ 64, 258, 261 f.; 80, 330, 337.

[656] HM; vgl. etwa *Scholz/Schmidt* § 45 Rn. 180: „Teil des Anfechtungsverfahrens"; *Lutter/Hommelhoff* Anh. § 47 Rn. 43; zur Klagefrist oben Rn. 139.

Abstimmung   § 47

der **Widerklage** bestehen keine Besonderheiten. Sie richtet sich nach § 33 ZPO. Anfechtungs- und Nichtigkeitsgründe können demnach auch im Wege der Widerklage geltend gemacht werden. Auch die umgekehrte Konstellation ist möglich.[657] Dagegen ist es ausgeschlossen, Anfechtungsgründe **einredeweise** geltend zu machen.[658]

b) **Prozessverlauf.** Der Verlauf des kassatorischen Prozesses unterliegt, von der entsprechenden Anwendung der §§ 246 ff. AktG abgesehen (Rn. 144), keinen ausdrücklich besonderen Regeln. Mit Rücksicht auf die auf gerichtliche Klärung der Bestandskraft des Beschlusses zielende Funktion des Verfahrens werden dennoch einige Modifikationen diskutiert. Unbestritten ist dabei freilich, dass der Kläger über den Streitgegenstand disponieren kann. **Klagrücknahme, Klageverzicht** und **Versäumnisurteil** gegen den Kläger sind daher unbedenklich, nicht allerdings ein dafür gewährtes Entgelt.[659] Weil die beklagte Gesellschaft ihrerseits nicht über den Streitgegenstand verfügen kann, wird andererseits ein **Vergleich,** der den angegriffenen Beschluss beseitigt oder ändert, allgemein als unzulässig angesehen.[660] Entgegen der hM muss dasselbe auch für ein **Klaganerkenntnis** oder ein **Anerkenntnisurteil** nach § 307 ZPO gelten.[661] Mit Sicherheit gilt dies dann, wenn dem Anerkenntnis von einem der GmbH beigetretenen Gesellschafter widersprochen wird.[662] Ergeht ein Anerkenntnisurteil, so löst es die Wirkungen des § 248 AktG aus.[663] Der Sachvortrag der Gesellschaft soll nicht die Wirkung eines **gerichtlichen Geständnisses** haben und soll auch ein Versäumnisurteil unzulässig sein.[664] Aber man kann die Gesellschaft mit der Folge des § 138 Abs. 3 ZPO nicht zwingen, überhaupt etwas vorzutragen. Sie ist deshalb, wenn nicht rechtlich, so doch faktisch imstande, über die Wirksamkeit des Beschlusses zu verfügen. Aus diesem Grund ist es auch wenig sinnvoll, einem Versäumnisurteil gegen die Beklagte die Wirkung zu versagen.[665] Die Kostenentscheidung richtet sich nach allgemeinen Grundsätzen. Doch ist § 93 ZPO grundsätzlich nicht anwendbar.[666]

4. **Urteilswirkungen. a) Des stattgebenden Urteils. aa)** Das der kassatorischen Klage stattgebende (rechtskräftige) Urteil wirkt gegenüber **jedermann,** nicht nur, wie es der Wortlaut des § 248 Abs. 1 AktG nahelegt, gegenüber Gesellschaft und Organmitgliedern.[667] Der angegriffene Beschluss wird vernichtet oder abschließend als nichtig identifiziert. Will der Kläger darüber hinaus allerdings die **Feststellung** eines **positiven Beschlussergebnisses** erreichen, so muss dies gesondert beantragt werden

154

155

---

[657] Vgl. *Hachenburg/Raiser* Anh. § 47 Rn. 215; *Scholz/Schmidt* § 45 Rn. 151.
[658] BGHZ 76, 154, 159 f. = NJW 80, 1527; vgl. aber *Hachenburg/Raiser* Anh. § 47 Rn. 174 ff. und oben Rn. 86.
[659] Vgl. *Lutter* ZGR 1978, 347, 362 f.; *Schultz* S. 262 ff.; *Hachenburg/Raiser* Anh. § 47 Rn. 223; *Scholz/Schmidt* § 45 Rn. 158; *Meyer-Landrut/Miller/Niehus* Rn. 85; oben Rn. 136.
[660] *Hachenburg/Raiser* Anh. § 47 Rn. 224 mwN.
[661] *Hachenburg/Schilling/Zutt* Anh. § 47 Rn. 160; *Scholz/Schmidt* § 45 Rn. 159; MünchHdB GesR III/*Ingerl* § 40 Rn. 66, je mwN; offengelassen in BGH GmbHR 1975, 182, 183; ZIP 1993, 1228, 1229 = WuB II C. § 38 GmbHG 3.93 – *Groß*. Wie hier auch OLG München NJW-RR 1997, 998.
[662] BGH ZIP 1993, 1228, 1229.
[663] BGH GmbHR 1975, 182, 183.
[664] *Hachenburg/Schilling/Zutt* Anh. § 47 Rn. 60.
[665] Wie hier *Scholz/Schmidt* § 45 Rn. 160; ähnlich *Hachenburg/Raiser* Anh. § 47 Rn. 225.
[666] OLG Frankfurt GmbHR 1993, 224, 225.
[667] *Hachenburg/Raiser* Anh. § 47 Rn. 236; *Scholz/Schmidt* § 45 Rn. 172 f., je mwN; ausführlich Kölner KommAktG/*Zöllner* § 248 Rn. 13 ff.

§ 47   3. Abschnitt. Vertretung und Geschäftsführung

(Rn. 153); das kassatorische Urteil selbst hat keine positive Feststellungswirkung.[668] Die allseitige Reichweite des Urteils in persönlicher Hinsicht bedeutet etwa, dass es auch gegenüber Gesellschaftern wirkt, deren eigene Bekämpfung des Beschlusses erfolglos geblieben ist. Die Urteilswirkungen sind auf den Zeitpunkt der Beschlussfassung zurückzubeziehen. Das folgt auch beim Vorliegen bloßer Anfechtungsgründe aus der anfänglichen Mangelhaftigkeit des Beschlusses und wird heute kaum noch bestritten.[669] Für sog. „strukturändernde" Beschlüsse (Beispiele: effektive Kapitalerhöhung, Unternehmensverträge) werden, sofern durchgeführt, im Anschluss an die Judikatur[670] allerdings zunehmend bloße ex-nunc-Folgen des kassatorischen Urteils angenommen.[671] Dafür spricht einiges. Indes können weder die Grundannahme, erst recht nicht die Konsequenzen im einzelnen als gesichert gelten. Inwieweit der Erwerber eines Geschäftsanteils bei Nichtigkeit eines gemäß § 15 Abs. 5 gefassten Beschlusses tangiert wird, ist umstritten. Die Vollziehung eines für nichtig erklärten Beschlusses ist, sofern möglich, rückgängig zu machen.[672]

156   **bb)** Die Nichtigkeitserklärung eines Beschlusses kann sich aus materiellrechtlichen Gründen auf **andere Beschlüsse** auswirken. Das ist etwa dann der Fall, wenn ein zu Unrecht ausgeschlossener Gesellschafter zu späteren Versammlungen nicht mehr eingeladen wurde.[673] Ein nichtiger Jahresabschluss impliziert stets die Nichtigkeit des auf ihm beruhenden Gewinnverwendungsbeschlusses (Rn. 109; vgl. auch § 46 Rn. 8). Wird ein nichtiger (oder erfolgreich angefochtener) Jahresabschluss berichtigt, so wirkt sich das wegen des Grundsatzes der Bilanzkontinuität auch auf die Folgebilanzen aus. Vorher sind sie schwebend unwirksam.[674]

157   **cc)** Die heute fast allgemein bejahte umfassende Wirkung nicht nur der Nichtigkeits-, sondern auch der Anfechtungsklage würde, radikal durchgeführt, insbesondere im Hinblick auf den **Schutz unbeteiligter Dritter,** zu teilweise bedenklichen Ergebnissen führen. Das gilt zunächst gegenüber der für nichtig erklärten **Geschäftsführerbestellung.** Nach verbreiteter Auffassung soll im Falle bloßer Anfechtbarkeit mit der Annahme geholfen werden, die Vertretungshandlungen auch eines solchen Geschäftsführers seien wirksam.[675] Wegen der für die Rückwirkung des kassatorischen Urteils sprechenden Gründe verdient demgegenüber die Auffassung den Vorzug, die den Schutz Dritter über § 15 Abs. 3 HGB und die Grundsätze der Anscheinsvollmacht sicherstellen will.[676] Unstrittig, wenn auch nirgends ausführlicher begründet, ist, dass interne Akte des fehlerhaft bestellten Geschäftsführers, etwa die Einberufung einer Gesellschafterversammlung nicht rückwirkend obsolet werden.[677] Der Nichtigkeit von

---

[668] *Scholz/Schmidt* § 45 Rn. 174 mwN auch der Gegenansicht.
[669] *Hachenburg/Raiser* Anh. § 47 Rn. 237; *Scholz/Schmidt* § 45 Rn. 172, beide mwN.
[670] BGHZ 103, 1, 4 ff. = NJW 1988, 1326; s. auch BGHZ 116, 37, 39 ff. = NJW 1992, 505.
[671] Dazu zB *Hommelhoff* ZHR 158 (1994), 11, 25 ff.; *Krieger* ZHR 158 (1994), 35, 36 ff.; zu möglichen Konsequenzen *Zöllner/Winter* ZHR 158 (1994), 59 ff., je mwN.
[672] Für Einzelheiten *Hachenburg/Raiser* Anh. § 47 Rn. 237; zur Rückforderung von Gewinnanteilen bei nichtigem Gewinnverteilungsbeschluss § 32 Rn. 5 ff.
[673] Für Nichtigkeit späterer Beschlüsse überzeugend OLG Brandenburg NZG 1993, 263, 265. *Hachenburg/Schilling/Zutt* Anh. § 47 Rn. 178; für Anfechtbarkeit *Scholz/Schmidt* § 45 Rn. 175.
[674] Näher *Scholz/Schmidt* § 45 Rn. 175; *Hachenburg/Raiser* Anh. § 47 Rn. 242, je mwN.
[675] *Scholz/Schmidt* § 45 Rn. 172; *Meyer-Landrut/Miller/Niehus* Rn. 85.
[676] *Baumbach/Hueck/Zöllner* Anh. § 47 Rn. 90; *Hachenburg/Raiser* Anh. § 47 Rn. 238; widersprüchlich *Scholz/Schmidt* 6. Aufl. § 45 Rn. 119, Rn. 121; zur Unanwendbarkeit von § 15 Abs. 3 HGB zu Lasten des Dritten BGH GmbHR 1990, 294.
[677] *Scholz/Schmidt* 6. Aufl. § 45 Rn. 121; *Hachenburg/Raiser* Anh. § 47 Rn. 238.

Aufsichtsratswahlen wird im Aktienrecht überwiegend nur ex nunc-Wirkung zugeschrieben. Jedenfalls für die GmbH genügt es demgegenüber, Dritte, aber auch andere Gesellschaftsorgane nur insoweit zu schützen, als sie auf die korrekte Zusammensetzung des Aufsichtsrats vertrauen konnten.[678] Als ultima ratio gegen die **unzutreffende** Nichtigerklärung eines Beschlusses verbleibt der Arglisteinwand, der aber voraussetzt, dass das Urteil mittels Kollusion erschlichen oder sonst in ganz krasser Weise ungerecht ist.

Kein Drittschutzproblem liegt vor, wenn ein Gesellschafterbeschluss sich mit einer Rechtshandlung beschäftigt, die von der Vertretungsmacht der Geschäftsführer gedeckt ist.[679] Dieser Kategorie ordnet der BGH[680] auch den Generalbereinigungsvertrag mit einem ausgeschiedenen Geschäftsführer zu. Das ist grundsätzlich bedenklich.[681] Richtigerweise hätte die Entscheidung auf den Gesichtspunkt der Kollusion gestützt werden sollen.

b) Des klageabweisenden Urteils. Die Wirkung des klagabweisenden Urteils hängt, wie sonst auch, zunächst davon ab, ob es sich um ein Prozess- oder ein Sachurteil handelt. Ist letzteres der Fall, so steht – freilich nur im Verhältnis zwischen Kläger und Beklagten, also nicht inter omnes – fest, dass der vorgetragene Sachverhalt die Fehlerhaftigkeit des Beschlusses nicht begründet. Ohne Rücksicht darauf, ob im Prozess nur Anfechtbarkeit oder auch Nichtigkeit des Beschlusses behauptet worden ist, kann auf diesen Sachverhalt wegen der Einheitlichkeit des Streitgegenstandes (Rn. 141) eine neue Klage nicht gestützt werden.[682] Zur Wirkung eines in einem anderen Verfahren ergangenen Nichtigkeitsurteils dem abgewiesenen Kläger gegenüber vgl. Rn. 155. Dritten, auch dem Registerrichter gegenüber ist das klagabweisende Urteil ohnehin bedeutungslos.[683]

VIII. Österreichisches Recht

§ 47 entspricht in den wesentlichen Punkten § 39 des österreichischen GmbHG. Zur Ausübung des Stimmrechts ist grundsätzlich Eintragung des Gesellschafters in das Firmenbuch erforderlich.[684] Jedem Gesellschafter muss mindestens eine Stimme belassen werden (§ 39 Abs. 2 S. 2 ÖGmbHG). In sachlicher Übereinstimmung mit dem deutschen Recht (Rn. 44) wird ausdrücklich klargestellt, dass sich die Regeln über die **Vertretung** bei der Stimmabgabe nicht auf die gesetzliche Vertretung beziehen (Abs. 3). Unter die **Stimmrechtsausschließungsgründe** gehört auch die Zuwendung eines Vorteils; die Entlastung musste deshalb nicht ausdrücklich angeführt werden (Abs. 4). Ausdrücklich fixiert wird schließlich, dass es bei Bestellung oder Abberufung des Geschäftsführers, Aufsichtsrats oder Liquidators kein Stimmverbot gibt (Abs. 5). Im Unterschied zum deutschen Recht gilt dies auch bei Geltendmachung eines wichtigen Grundes.[685] Die **Beschlussfähigkeit** ist mangels abweichender gesellschaftsvertraglicher Bestimmung davon abhängig, dass mindestens $1/10$ des Stammkapitals vertreten ist (§ 38 Abs. 6 ÖGmbHG). Bei Wiederholung der Versammlung (mit derselben Ta-

---

[678] So *Hachenburg/Raiser* Anh. § 47 Rn. 239; vgl. auch Kölner KommAktG/*Zöllner* § 252 Rn. 8 ff.
[679] Dazu etwa *Scholz/Schmidt* § 45 Rn. 172.
[680] GmbHR 1982, 183.
[681] *Scholz/Schmidt* § 46 Rn. 104; vgl. auch oben § 46 Rn. 32.
[682] Wie hier *Hachenburg/Raiser* Anh. § 47 Rn. 234 f.; *Scholz/Schmidt* § 45 Rn. 176.
[683] *Hachenburg/Raiser* Anh. § 47 Rn. 235; *Scholz/Schmidt* § 45 Rn. 177.
[684] Näher dazu *Koppensteiner* § 78 Rn. 5 f.
[685] *Koppensteiner* § 39 Rn. 44.

§ 48

3. Abschnitt. Vertretung und Geschäftsführung

gesordnung) entfällt diese Regel, wiederum allerdings nur, wenn der Gesellschaftsvertrag nichts anderes bestimmt (§ 38 Abs. 7 ÖGmbHG).

161 Nach § 41 Abs. 1 des österreichischen GmbHG kann **Nichtigerklärung** eines Gesellschafterbeschlusses im Klageweg verlangt werden, wenn der Beschluss als nicht zustande gekommen anzusehen ist oder Gesetz oder Satzung verletzt. Ganz allgemein wird angenommen, dass es sich dabei um eine Rechtsgestaltungsklage handle. Ob daneben sog. absolute Nichtigkeitsgründe anzuerkennen sind, ist umstritten, wird aber – mit freilich unterschiedlicher Akzentsetzung – überwiegend bejaht.[686] Die Klage gemäß § 41 setzt Widerspruch zu Protokoll voraus, es sei denn, es liegen Verletzungen des Teilnahmerechts vor (Abs. 2). Neben den Gesellschaftern sind auch die Geschäftsführer und der Aufsichtsrat klagebefugt, in gewissen Fällen auch einzelne Mitglieder dieser Organe (Abs. 3). Die Klagefrist beträgt einen Monat ab Absendung einer Kopie des Beschlusses (Abs. 4). In § 42 ÖGmbHG ist die Passivlegitimation, die Vertretung der Gesellschaft, die Gerichtszuständigkeit, der Aufschub der Beschlussausführung mittels einstweiliger Verfügung, die Nebenintervention geregelt. Zu Sicherheitsleistung und Schadensersatz seitens des Klägers *Koppensteiner* § 42 Rn. 6, 16. Die Urteilswirkungen entsprechen dem deutschen Recht.[687]

§ 48 [Gesellschafterversammlung]

(1) **Die Beschlüsse der Gesellschafter werden in Versammlungen gefaßt.**

(2) **Der Abhaltung einer Versammlung bedarf es nicht, wenn sämtliche Gesellschafter in Textform mit der zu treffenden Bestimmung oder mit der schriftlichen Abgabe der Stimmen sich einverstanden erklären.**

(3) **Befinden sich alle Geschäftsanteile der Gesellschaft in der Hand eines Gesellschafters oder daneben in der Hand der Gesellschaft, so hat er unverzüglich nach der Beschlußfassung eine Niederschrift aufzunehmen und zu unterschreiben.**

Literatur: *Eickhoff* Die Praxis der Gesellschafterversammlung bei GmbH und GmbH & Co, 3. Aufl. 2000; *Fingerhut/Schröder* Recht des GmbH-Gesellschafters auf Beiziehung eines juristischen Beraters in der Gesellschafterversammlung, BB 1999, 1230; *Hasselbach/Schumacher* Hauptversammlung im Internet, ZGR 2000, 258; *Hohlfeld* Virtuelle GmbH-Gesellschafterversammlung, GmbHR 2000, R 53; *Hüffer* Die Gesellschafterversammlung – Organ der GmbH oder loses Beschlußverfahren, in *Lutter/Ulmer/Zöllner*, 1992, 521; *Lindemann* Die Beschlußfassung in der Einmann-GmbH, 1996; *Kreifels* Der Aufsichtsrat – Organ der GmbH?, GmbHR 1956, 53; *Koppensteiner* Internationale Unternehmen im deutschen Gesellschaftsrecht, 1971; *Messer* Der Widerruf der Stimmabgabe, FS Fleck, 1988, S. 221; *Saenger* Hinzuziehung von Stellvertreter oder Beistand bei Beschlußfassung und Kontrolle im Gesellschaftsrecht, NJW 1992, 348; *ders.* Beteiligung Dritter bei Beschlußfassung und Kontrolle im Gesellschaftsrecht, 1990; *Schall* Organzuständigkeit in der mitbestimmten GmbH, 1996; *Seidenfus* Die Hinzuziehung von Beratern zur Gesellschafterversammlung, INF 1999, 86; *Ulmer* Begründung von Rechten für Dritte in der Satzung einer GmbH, FS Werner, 1984, S. 911; *Vogel* Gesellschafterbeschlüsse und Gesellschafterversammlung, 2. Aufl. 1986; *Zitzmann* Die Vorlagepflichten des GmbH-Geschäftsführers, 1991; *Zöllner* Das Teilnahmerecht der Aufsichtsratsmitglieder an Beschlußfassungen der Gesellschafter bei der mitbestimmten GmbH, FS Fischer, 1979, S. 905; *Zwissler* Gesellschafterversammlung und Internet, GmbHR 2000, 28.

---

[686] Für Einzelheiten *Koppensteiner* § 41 Rn. 1, 7; danach OGH ecolex 1994, 684.
[687] Näher *Koppensteiner* § 42 Rn. 13 ff.

Gesellschafterversammlung **§ 48**

Übersicht

	Rn.		Rn.
I. Grundlagen	1–3	b) Antragsbefugnis und Entscheidungszwang	14, 15
1. Regelungsinhalt und -zweck	1, 2	c) Stimmabgabe	16
2. Weitere Beschlussmodalitäten	3	d) Protokollierung und Verkündung	17
II. Beschlussfassung in Versammlungen (Abs. 1)	4–17	**III. Beschlussfassung ohne Gesellschafterversammlung (Abs. 2)**	18–21
1. Ort und Zeit	4–7	1. Voraussetzungen	18–20
a) Versammlungsort	4, 5	2. Zustandekommen	21
b) Zeit der Versammlung	6	**IV. Beschlüsse in der Einmann-GmbH**	22–25
c) Die Rechtsfolge von Verstößen	7	1. Die Regelung des Abs. 3	22–24
2. Teilnahmerecht	8–11	a) Voraussetzungen	22
a) Gesellschafter	8	b) Rechtsfolge einer Verletzung	23, 24
b) Abdingbarkeit	9	2. Entsprechende Anwendbarkeit auf andere „Einmannbeschlüsse"	25
c) Dritte	10	**V. Österreichisches Recht**	26
d) Klärung von Zweifeln durch Gesellschafterbeschluss	11		
3. Ablauf der Versammlung	12		
4. Gesellschafterbeschlüsse	13–17		
a) Beschlussfähigkeit und Antragserfordernis	13		

I. Grundlagen

1. Regelungsinhalt und -zweck. Die §§ 48 bis 51 haben es mit der **Organisation** 1 **des gesellschafterlichen Willensbildungsprozesses** zu tun. Die Grundregel findet sich in § 48 Abs. 1. Demnach setzt ein Gesellschafterbeschluss eine Gesellschafterversammlung voraus. Die §§ 49 bis 51 (Einberufung der Versammlung) knüpfen an diesen Tatbestand an. Nach § 48 Abs. 2 kann ein Beschluss ausnahmsweise auch ohne Versammlung zustandekommen. Doch wird dort schriftliches Einverständnis sämtlicher Gesellschafter mit diesem Verfahren vorausgesetzt (für Einzelheiten Rn. 19). Zur Frage der Zulässigkeit weiterer Beschlussmodalitäten ohne satzungsmäßige Ermächtigung Rn. 3; zur Abdingbarkeit von Abs. 1 und 2 Rn. 9, 20. Der **Zweck** beider Vorschriften besteht darin, die Willensbildung der Gesellschafter so zu organisieren, dass einerseits alle Gesellschafter daran teilnehmen können – im Falle des Abs. 1 wird dies durch § 51 Abs. 1 sichergestellt –, andererseits zu gewährleisten, dass Beschlüsse beraten werden müssen, wenn nicht alle Gesellschafter mit dem Verfahren nach Abs. 2 einverstanden sind.

Nach Abs. 3 muss der **„Einmanngesellschafter"** unverzüglich nach jeder Be- 2 schlussfassung eine Niederschrift aufnehmen und unterschreiben. Die Vorschrift wurde mit der GmbH-Novelle 1980 eingeführt. Der Regierungsentwurf hatte eine erheblich ausführlichere Regelung vorgesehen.[1] Die Gesetz gewordene Fassung geht auf den Rechtsausschuss zurück.[2] Der Ausschuss hat sich nicht damit begnügt, von ihm – wohl mit Recht – für überflüssig gehaltene Teile des Regierungsentwurfs zu streichen, sondern hinsichtlich der Rechtsfolgen einer Übertretung der Bestimmung auch inhaltliche Veränderungen vorgenommen (vgl. Rn. 22). Der **Zweck** der neuen Vorschrift besteht darin, „Sicherheit über die Beschlüsse des Einmann-Gesellschafters herbeizuführen".[3] Sie ist **zwingend**.

---

[1] Vgl. BT-Drucks. 8/1347, S. 11, 43.
[2] BT-Drucks. 8/3908, S. 20, 75.
[3] BT-Drucks. 8/3908, S. 75.

§ 48

3. Abschnitt. Vertretung und Geschäftsführung

3 **2. Weitere Beschlussmodalitäten.** Im Ergebnis weitgehend anerkannt ist, dass die Gesellschafter – allseitiges Einverständnis vorausgesetzt – auch nicht schriftlich und auch ohne Versammlung Beschlüsse fassen können.[4] Nichtig sind solche Beschlüsse schon deshalb nicht, weil das Verfahren von der Zustimmung aller Gesellschafter gedeckt ist und davon unabhängige Gesichtspunkte für § 48 keine Rolle spielen.[5] Die verbleibende, vom BGH offengelassene Frage, ob es sich dabei um wirksame Beschlüsse oder um solche handelt, die an sich anfechtbar wären, wegen Zustimmung aller Beteiligten aber nicht angefochten werden können, ist praktisch folgenlos, aber iSd. zweiten Alternative zu entscheiden.[6] Ein solcher formloser Beschluss kommt freilich nur zustande, wenn klar ist, dass **alle** Gesellschafter die Absicht hatten, die Angelegenheiten durch gemeinsame Entscheidung verbindlich zu regeln. Unter dieser Voraussetzung ist auch ein mehrheitlicher Beschluss möglich.[7] Zur davon zu unterscheidenden Frage der Möglichkeit konkludent schriftlicher Beschlüsse Rn. 21. Eine sogenannte **kombinierte Beschlussfassung** (zum Teil in einer Versammlung, zum Teil schriftlich) ist ohne Grundlage in der Satzung unzulässig.[8] Doch kann der daraus resultierende Anfechtungsgrund bei **vorherigem** Einverständnis aller Gesellschafter mit einer solchen Prozedur nicht geltend gemacht werden.[9] Ist der von einem Teil der Gesellschafter in einer Versammlung gefasste Beschluss wegen Einladungsmängeln freilich nichtig (dazu § 47 Rn. 95 ff.), so ändert eine spätere schriftliche Billigung dieses Beschlusses durch die Nichteingeladenen daran nichts mehr.[10] Nach derzeitigem Planungsstand ist für die Zukunft auch mit der Möglichkeit **virtueller** Gesellschafterversammlungen zu rechnen. Es existiert ein einschlägiger Entwurf des Justizministeriums.[11]

II. Beschlussfassung in Versammlungen (Abs. 1)

4 **1. Ort und Zeit. a) Versammlungsort.** Das Gesetz enthält keine Bestimmungen über den Ort der Versammlung. Bei Fehlen einschlägiger gesellschaftsvertraglicher Bestimmungen ist der statutarische Sitz der Gesellschaft,[12] gegebenenfalls der Ort maßgeblich, von dem aus die tatsächliche Verwaltung der Gesellschaft geführt wird.[13] Einberufung an einen anderen Ort ist möglich, wenn alle Gesellschafter zustimmen oder wenn die Teilnahmemöglichkeiten der Gesellschafter per saldo verbessert werden.[14] In solchen Fällen kommt auch ein Ort **im Ausland** in Betracht.[15] Der Gesellschaftsvertrag kann einen von diesen Regeln abweichenden Versammlungsort bestimmen, der,

---

[4] BGHZ 58, 115, 120 = NJW 1972, 623; *Scholz/Schmidt* Rn. 71; *Hachenburg/Schilling* Rn. 25; näher *Lindemann* S. 78 f.

[5] AA *Hachenburg/Hüffer* Rn. 59 f.; *Baumbach/Hueck/Zöllner* Rn. 26; *Hüffer*, FS 100 Jahre GmbHG, 1992, S. 521, 533 ff.

[6] *Hachenburg/Schilling* Rn. 25.

[7] BGHZ 58, 115, 120 = NJW 1972, 623; BGH WM 1981, 1218, 1219; *Scholz/Schmidt* Rn. 1.

[8] OLG München BB 1978, 471, 472; *Lutter/Hommelhoff* Rn. 14; aM *Scholz/Schmidt* Rn. 72.

[9] § 47 Rn. 136; vgl. aber *Hüffer*, FS 100 Jahre GmbHG, 1992, S. 521, 535 f.

[10] Ebenso OLG München BB 1978, 471, 472; anders *Hachenburg/Schilling* Rn. 25; *Scholz/Schmidt* Rn. 72.

[11] Dazu *Hohlfeld* GmbHR 2000, R 53 f. Zur lex lata *Zwissler* GmbHR 2000, 29 f.; ausführlich (für die AG) *Hasselbach/Schumacher* ZGR 2000, 260 ff.

[12] BayObLG NJW 1959, 485 f.

[13] *Hachenburg/Hüffer* Rn. 4; etwas einschränkend *Scholz/Schmidt* Rn. 4 mwN.

[14] BGH WM 1985, 567 = EWiR § 50 GmbHG 1/85, 301 – *Miller*; OLG Naumburg NZG 2000, 44; *Scholz/Schmidt* Rn. 4 mwN.

[15] *Hachenburg/Hüffer* Rn. 8; *Scholz/Schmidt* Rn. 6 f. mwN auch anderer Auffassungen.

Gesellschafterversammlung §48

von gewissen Einschränkungen für beurkundungsbedürftige Beschlüsse abgesehen, auch im Ausland liegen kann.[16] Ob die Entscheidung auch der Gesellschafterversammlung überlassen werden kann, ist fraglich, für die GmbH aber wohl zu bejahen.[17]

Gerichtlich noch immer nicht abschließend geklärt ist die Frage, ob im Zusammen- 5 hang eines **Auslandsbeschlusses** die nach deutschem Recht vorgeschriebene **Notariatsform** gemäß § 11 Abs. 1 S. 2 EGBGB durch die **Ortsform** verdrängt wird.[18] Die Frage ist zu verneinen.[19] Das demnach maßgebliche deutsche Formerfordernis kann unter der Voraussetzung der Gleichwertigkeit allerdings auch durch eine Auslandsbeurkundung erfüllt werden. Das ist beispielsweise bei einer Beurkundung durch einen Zürcher Notar der Fall.[20]

b) Zeit der Versammlung. Auch über die Zeit von Versammlungen sagt das 6 Gesetz nichts. Die Satzung kann einschlägige Bestimmungen treffen. Abgesehen davon ist grundsätzlich jeder verkehrsübliche Zeitpunkt zulässig.[21] Die Einberufung der Versammlung auf einen Sonntag ist, weil nicht geschäftsüblich, unstatthaft.[22] Auch im Rahmen des Verkehrsüblichen ist, jedenfalls bei Gesellschaften mit kleinem Mitgliederkreis, auf die Teilnahmemöglichkeiten der Gesellschafter Rücksicht zu nehmen.[23] Entsprechendes gilt, wenn ein Gesellschafter nicht pünktlich zum angegebenen Zeitpunkt erscheint; jedenfalls mit entsprechend bedeutsamen Beschlüssen ist angemessen zuzuwarten.[24]

c) Die Rechtsfolge von Verstößen. Die Einberufung der Versammlung an einen 7 unzulässigen Ort oder zu einer unzulässigen Zeit führt wegen Beeinträchtigung des Teilnahmerechts zur **Anfechtbarkeit** der Beschlüsse.[25] Es liegt ein absoluter Anfechtungsgrund vor.[26]

2. Teilnahmerecht. a) Gesellschafter. Zur Teilnahme an der Versammlung be- 8 rechtigt ist grundsätzlich jeder Gesellschafter. Ausschluss vom Stimmrecht ist dabei unerheblich.[27] Denn die mangelnde Abstimmungsberechtigung ändert nichts an der Befugnis der Gesellschafter, auf die Willensbildung der Gesamtheit durch eigene Beiträge Einfluss zu nehmen.[28] Eine **Ausnahme** greift im Fall **gesetzlicher Vertretung** ein. Bei **rechtsgeschäftlicher Vertretung** setzt die Eigenteilnahme des Gesellschafters den – auch konkludent möglichen – Widerruf der Vollmacht voraus.[29] Das Teilnahmerecht von Gesellschaftern, deren Anteil unter **Amtsverwaltung** steht (Insol-

---

[16] *Hachenburg/Hüffer* Rn. 11 f. mwN; *Baumbach/Hueck/Zöllner* § 51 Rn. 13; einschränkend *Scholz/Schmidt* Rn. 7.
[17] Anders (für die AG) BGH NJW 1994, 320, 321 f.
[18] Offengelassen in BGHZ 80, 76, 78 = NJW 1981, 1160; vgl. *Scholz/Schmidt* Rn. 8 mwN.
[19] *Koppensteiner* Internationale Unternehmen im deutschen Gesellschaftsrecht, S. 166 ff.; *Scholz/Schmidt* Rn. 8; *Hachenburg/Behrens* Einl. 162 f.; dagegen *Wiedemann* § 14 IV 2 b, je mwN.
[20] BGHZ 80, 76, 78 = NJW 1981, 1160; vgl. § 53 Rn. 39.
[21] *Scholz/Schmidt* Rn. 4.
[22] LG Darmstadt BB 1981, 72 f.; relativierend *Scholz/Schmidt* Rn. 9.
[23] *Hachenburg/Hüffer* Rn. 5 mit Zitat von BGH WM 1985, 567, 568.
[24] Vgl. OLG Hamm GmbHR 1998, 183, 185; OLG Dresden BB 2000, 165 f.
[25] OLG Celle GmbHR 1997, 748 f.
[26] § 47 Rn. 134; *Scholz/Schmidt* Rn. 10.
[27] BGH WM 1985, 567, 568; BGH NJW 1972, 2225; GmbH-HdB Rn. 1151; *Scholz/Schmidt* Rn. 12; *Hachenburg/Hüffer* Rn. 14 mwN.
[28] Vgl. OLG Hamm DB 1998, 250 f.; *Scholz/Schmidt* Rn. 14 mwN: „Recht auf Gehör".
[29] OLG Koblenz ZIP 1992, 844, 846; *Hachenburg/Hüffer* Rn. 18; iErg. auch *Scholz/Schmidt* Rn. 16; möglicherweise aA *Lutter/Hommelhoff* Rn. 3; einschränkend für einen Sonderfall OLG Düsseldorf BB 1993, 524, 525 = EWiR § 48 GmbHG 1/93 – Finken.

§ 48   3. Abschnitt. Vertretung und Geschäftsführung

venzverwalter, Testamentsvollstrecker, Nachlassverwalter), ist umstritten,[30] aber mit Rücksicht auf das Eigenteilnahmerecht des Amtswalters (Rn. 10) wohl zu verneinen. In Fällen zulässiger Stimmrechtsübertragung (§ 47 Rn. 25) dürfte Entsprechendes gelten. Über Ausschlussmöglichkeiten wegen Missbrauch des Teilnahmerechts vgl. Rn. 12.

9   **b) Abdingbarkeit.** Gesellschaftsvertragliche **Einschränkungen** des Teilnahmerechts sind nur in sehr eingeschränktem Umfang zulässig. Bei Mitberechtigung mehrerer an einem Gesellschaftsanteil (§ 18) kann die Ausübung des Teilnahmerechts durch einen gemeinsamen Vertreter angeordnet werden.[31] Sind Gesellschafter nur juristische Personen, so kann das Teilnahmerecht grundsätzlich auf je einen Vertreter beschränkt werden.[32] Umstritten ist, ob der Gesellschaftsvertrag an der Teilnahmeberechtigung von **Wettbewerbern** der Gesellschaft etwas ändern kann.[33] Die besseren Gründe, insbesondere das Fehlen eines allgemeinen Stimmverbots wegen Interessenkollision (§ 47 Rn. 52), sprechen für die Teilnahmebefugnis auch von Gesellschafter-Wettbewerbern. Eine Ausnahme greift Platz, wenn der Verhandlungsgegenstand eine Beeinträchtigung des gemeinsamen Interesses durch treuwidrige Informationsverwertung nahelegt.[34]

10   **c) Dritte.** Dritte sind dann berechtigt, an der Versammlung teilzunehmen, wenn sie **gesetzliche Vertreter/Pfleger** eines Gesellschafters oder **Amtswalter** sind. Dasselbe gilt für gemäß § 47 Abs. 3 ausgewiesene **Bevollmächtigte** entsprechend dem Umfang der Vollmacht (vgl. § 47 Rn. 46) und für den **Stimmrechtszessionar**.[35] Mangels anderweitiger Satzungsbestimmung steht den **Geschäftsführern** kein eigenes Teilnahmerecht zu; doch sind sie auf Verlangen der Gesellschafter verpflichtet, an der Versammlung teilzunehmen.[36] Im Anwendungsbereich der §§ 77 Abs. 1 BetrVG 1952 und 25 Abs. 1 S. 1 Nr. 2 MitbestG sind Mitglieder des **Aufsichtsrats** wegen der Verweisung auf § 118 Abs. 2 AktG teilnahmeberechtigt.[37] Mitglieder eines fakultativen Aufsichtsrats können mangels anderweitiger Satzungsbestimmungen nicht teilnehmen.[38] Etwas anderes gilt, wenn die Versammlung gemäß §§ 52, 111 Abs. 3 AktG durch den Aufsichtsrat einberufen wurde.[39] Teilnahmeberechtigungen **sonstiger Dritter** können nur durch die Satzung oder durch Gesellschafterbeschluss begründet werden. Das gilt auch für Berater eines Gesellschafters.[40] Eine Ausnahme kommt

---

[30] S. *Scholz/Schmidt* Rn. 19. Vgl. *Eickhoff* S. 26.
[31] BGHZ 46, 291, 294 = NJW 1967, 826 für die KG; *Hachenburg/Hüffer* Rn. 27; *Meyer-Landrut/Miller/Niehus* Rn. 8.
[32] BGH WM 1989, 63, 64.
[33] Dafür RGZ 80, 385, 388; *Baumbach/Hueck/Zöllner* Rn. 3; *Hachenburg/Schilling* Rn. 9; dagegen RGZ 88, 220; grundsätzlich auch *Scholz/Schmidt* Rn. 15 mwN; für Ausschluss wenigstens bei wettbewerbsrelevanten Beschlüssen *Baumbach/Hueck* 6. Aufl. § 47 Anm. 5 F; dazu auch *Eickhoff* S. 31.
[34] *Scholz/Schmidt* Rn. 15; *Hachenburg/Hüffer* Rn. 25; *Meyer-Landrut/Miller/Niehus* Rn. 8; *Lutter/Hommelhoff* Rn. 3; zu einer ganz ähnlichen Problematik § 51 a Rn. 23.
[35] *Hachenburg/Schilling* § 14 Rn. 32; vgl. § 47 Rn. 25.
[36] *Hachenburg/Hüffer* Rn. 20; *Scholz/Schmidt* Rn. 16.
[37] OLG Stuttgart NJW 1973, 2027, 2028; *Zöllner*, FS Fischer, 1979, S. 905 f.; *ders.* in *Baumbach/Hueck* Rn. 5; *Scholz/Schmidt* Rn. 17; *Schall* S. 105 ff., alle mwN.
[38] *Scholz/Schmidt* Rn. 17; anders *Kreifels* GmbHR 1956, 53, 55.
[39] *Hachenburg/Schilling* § 52 Rn. 125.
[40] OLG Stuttgart BB 1993, 2179, 2180 = EWiR § 48 GmbHG 1/94 – *Weipert*; *Hachenburg/Hüffer* Rn. 22; *Scholz/Schmidt* Rn. 20, 21 f.; *Meyer-Landrut/Miller/Niehus* Rn. 7; krit. *Ulmer*, FS Werner, 1984, S. 911, 922 ff.; *Saenger* NJW 1992, 348, 350 ff.; *Eickhoff* S. 29; einschränkend hinsichtlich des Regelungsspielraums der Satzung *Baumbach/Hueck/Zöllner* Rn. 5.

allenfalls dann in Betracht, wenn eine schwerwiegende Entscheidung ansteht, an der sich ein betroffener Gesellschafter mangels Sachkunde nicht adäquat beteiligen kann.[41]

d) Klärung von Zweifeln durch Gesellschafterbeschluss. Die Ausübung des Teilnahmerechts hängt in Zweifelsfällen von einem Gesellschafterbeschluss ab;[42] seine Verletzung macht sämtliche gleichwohl gefassten Beschlüsse anfechtbar. Auf die Kausalität des Fehlers kommt es nicht an.[43] Die Teilnahme Nicht-Berechtigter bleibt folgenlos. Zu den Konsequenzen der Stimmabgabe solcher Personen vgl. § 47 Rn. 9.

3. Ablauf der Versammlung. Der Ablauf der Versammlung ist gesetzlich nicht vorgezeichnet. Klar ist nur, dass sie der Abwicklung der Tagesordnung dient (vgl. § 51).[44] Die Bestellung eines Vorsitzenden ist nicht vorgeschrieben,[45] aber im Wege des Gesellschaftsvertrags oder durch ad hoc-Beschluss möglich.[46] Den Gesellschaftern ist Gelegenheit zu geben, sich zu den einzelnen Punkten der Tagesordnung zu äußern.[47] Sie haben Anspruch auf die dazu erforderlichen Informationen.[48] Eine Beschränkung der Redezeit ist nur unter Beachtung des Gleichbehandlungsgrundsatzes oder dann zulässig, wenn ein Gesellschafter sein Recht zur Stellungnahme missbraucht. Als ultima ratio – sonst nicht zu beseitigende Störung des reibungslosen Ablaufs der Versammlung – ist auch die Ausschließung eines Gesellschafters möglich.[49] Zum Anspruch auf Erteilung von Auskünften im Zusammenhang mit den Gegenständen der Versammlung vgl. § 51a Rn. 10. Das Führen eines Protokolls ist nicht vorgeschrieben, aber zweckmäßig.[50]

4. Gesellschafterbeschlüsse. a) Beschlussfähigkeit und Antragserfordernis. Ein Beschluss kann nur gefasst werden, wenn die Versammlung beschlussfähig ist. Vorbehaltlich anderslautender Satzungsbestimmungen[51] ist dies schon dann der Fall, wenn auch nur ein Gesellschafter erschienen ist.[52] Auch der erschienene Vertreter eines oder mehrerer Gesellschafter ist beschlussfähig. Abgesehen von diesen Fällen beschlussersetzender unilateraler „Entschließung" kann grundsätzlich nur über formu-

---

[41] Vgl. OLG Naumburg GmbHR 1996, 934, 935; OLG Stuttgart GmbHR 1997, 1107 mwN. Dazu *Seidenfus* JNF 1999, 86 ff. Ähnlich *Fingerhut/Schröder* DB 1999, 1232, wo aber bloße Anwesenheit des Beraters prinzipiell für zulässig gehalten wird.

[42] HM; gewisse Zweifel bei *Scholz/Schmidt* Rn. 24.

[43] § 47 Rn. 134; *Scholz/Schmidt* Rn. 25; *Hachenburg/Hüffer* Rn. 28.

[44] Systematische Darstellung des Ablaufs der Versammlung bei *Eickhoff* S. 70 ff.

[45] BGHZ 51, 209, 213 = NJW 1969, 841.

[46] Ausführlich dazu und zu den Aufgaben eines Versammlungsleiters *Hachenburg/Hüffer* Rn. 30 ff.; *Scholz/Schmidt* Rn. 29 ff.; ferner *Baumbach/Hueck/Zöllner* Rn. 8 ff.; *Meyer-Landrut/Miller/Niehus* Rn. 11; *Roth/Altmeppen* Rn. 8; s. auch oben § 47 Rn. 9.

[47] OLG Hamm GmbHR 1998, 138, 139 f.; OLG Karlsruhe GmbHR 1998, 744. Zur Zulässigkeit einer Tonbandaufzeichnung gegen den Willen Betroffener (für Familiengesellschaft verneinend).

[48] Dazu OLG München GmbHR 1998, 332, 333 f. Zur Weigerung des Mehrheitsgesellschafters, den behaupteten wichtigen Grund für die Einziehung eines Geschäftsanteils zu konkretisieren. Vgl. iÜ § 51a Rn. 10.

[49] Zum Ganzen BGHZ 44, 245, 247 ff. = NJW 1966, 43, 250 ff.; vgl. auch *Scholz/Schmidt* Rn. 34 mwN.

[50] Für Einzelheiten *Scholz/Schmidt* Rn. 38 ff.

[51] Zu ihrer Möglichkeit § 45 Rn. 2; für Beispiele BGH NJW 1998, 1317, = ZIP 1998, 335 = DZWiR 1998, 161 m. Anm. *Ingerl*; LG Köln GmbHR 1992, 809, 810.

[52] Unstrittig; vgl. *Scholz/Schmidt* Rn. 41.

§ 48   3. Abschnitt. Vertretung und Geschäftsführung

lierte Anträge Beschluss gefasst werden.⁵³ In Ausnahmefällen, insbesondere dann, wenn ein vorhandener Beschluss einen anderen, nicht ausdrücklich gefassten voraussetzt, ist freilich ein konkludent, d. h. antraglos zustande gekommener Beschluss ins Auge zu fassen.⁵⁴ Über Anträge, die von der angekündigten Tagesordnung nicht gedeckt werden, darf nicht abgestimmt werden.⁵⁵ Die Verlautbarung des Antrags in der Gesellschafterversammlung ist üblich, aber nicht unbedingt erforderlich. Auch ein an der Teilnahme verhinderter Gesellschafter kann schriftlich oder durch Boten einen Antrag stellen.⁵⁶

14   b) **Antragsbefugnis und Entscheidungszwang.** Antragsbefugt sind die **Gesellschafter,** und zwar unabhängig vom Stimmrecht, oder ihre Vertreter.⁵⁷ Im Bereich zulässiger Stimmrechtsabspaltung geht das Recht zur Antragstellung auf den **Stimmrechtszessionar** über.⁵⁸ Die gelegentlich⁵⁹ befürwortete Antragsberechtigung auch der **Geschäftsführer** und des **Aufsichtsrats** lässt sich kaum mit der Regelung des Teilnahmerechts (Rn. 8 ff.) vereinbaren. Im Verhältnis zum obligatorischen Aufsichtsrat mag anderes gelten. Doch ist zu bedenken, dass die Gesellschafterversammlung auch in der mitbestimmten GmbH oberstes Organ der Gesellschaft bleibt. Das spricht dafür, Nichtgesellschaftern das Recht zu versagen, darüber zu bestimmen, womit sich die Gesellschafterversammlung beschäftigen soll.⁶⁰ Die Satzung kann den demnach grundsätzlich auf die Gesellschafter zu beschränkenden Kreis der Antragsberechtigten freilich erweitern.

15   Ordnungsgemäß gestellte Anträge **müssen,** sofern nicht Vertagung beschlossen wird, **beschieden werden.**⁶¹ Ansonsten könnte das Zustandekommen eines dann anfechtbaren, uU auch mit positiver Beschlussfeststellungsklage zu rügenden Beschlusses überhaupt blockiert werden. Der Hinweis auf Beschlusszwang (nur) bei sonstiger Verletzung der Treuepflicht liefert keine befriedigende Alternative. Auch vertagt darf die Angelegenheit nur werden, wenn sie nicht entscheidungsreif ist. Die **Reihenfolge** der Behandlung der Anträge ist beliebig. Im Zweifel ist durch Geschäftsordnungsbeschluss zu entscheiden. Ein Versammlungsleiter ist bei Fehlen übergeordneter Gesichtspunkte freilich an die Tagesordnung gebunden.⁶²

16   c) **Stimmabgabe.** Die Stimmabgabe ist Willenserklärung (§ 47 Rn. 23). Sie kann nur in Zustimmung, Ablehnung oder Enthaltung bestehen. Kompromisse setzen die Stellung eines Hilfs- oder Gegenantrags voraus. Geheime Abstimmung ist nur auf der Grundlage des Gesellschaftsvertrages oder eines entsprechenden Geschäftsordnungsbeschlusses möglich, auf den jedoch kein Anspruch besteht.⁶³ Gezählt werden dürfen nur gültig abgegebene Ja- und Nein-Stimmen. Wird hiergegen verstoßen, so gilt das in § 47 Rn. 9 Gesagte.

---

⁵³ *Hachenburg/Hüffer* § 47 Rn. 7; *Scholz/Schmidt* Rn. 45; *Baumbach/Hueck/Zöllner* § 47 Rn. 6.
⁵⁴ Vgl. BGH NJW 1976, 1538, 1539.
⁵⁵ § 51 Rn. 8, 12; vgl. BGH WM 1985, 567, 570.
⁵⁶ Einschränkend *Vogel* S. 146; ablehnend *Hachenburg/Hüffer* § 47 Rn. 8; wie hier *Scholz/Schmidt* Rn. 46 mit Zweifeln.
⁵⁷ Anders für einen Vertagungsantrag OLG Nürnberg GmbHR 1971, 208.
⁵⁸ *Hachenburg/Schilling* § 14 Rn. 32.
⁵⁹ *Vogel* S. 146; vgl. auch *Scholz/Schmidt* Rn. 46.
⁶⁰ Wie hier *Scholz/Schneider* § 52 Rn. 75; anders *Hachenburg/Hüffer* § 47 Rn. 9; *Schall* S. 106 f.; *Meyer-Landrut/Miller/Niehus* § 52 Rn. 23.
⁶¹ *Scholz/Schmidt* Rn. 46; anders *Hachenburg/Hüffer* § 47 Rn. 7; *Baumbach/Hueck/Zöllner* § 47 Rn. 7; zum Problem auch BGH GmbHR 1993, 497, 499.
⁶² Für Einzelheiten vgl. *Vogel* S. 146 ff.; ähnlich *Scholz/Schmidt* Rn. 48.
⁶³ *Scholz/Schmidt* Rn. 51.

Gesellschafterversammlung § 48

d) Protokollierung und Verkündung. Die Protokollierung und Verkündung 17
(Feststellung) des Beschlussergebnisses ist – von Satzungsänderungen abgesehen (§ 53
Abs. 2) – nicht vorgeschrieben.[64] Teilweise wird in Anlehnung an § 83 RegE 1971
eine Protokollierungspflicht schon auf Begehren eines Gesellschafters hin angenommen.[65] Dasselbe wird für mitbestimmte Gesellschaften vertreten.[66] Doch soll eine Verletzung weder die Unwirksamkeit noch die Anfechtbarkeit des Beschlusses begründen.
Die **Satzung** kann Protokollierung und/oder Verkündung vorsehen.[67] Es ist Frage der
Auslegung, ob die Verletzung einer solchen Bestimmung Unwirksamkeit (vgl. § 47
Rn. 88) auslösen soll oder nicht.[68] Anfechtbarkeit kommt wegen mangelnder Relevanz
des Fehlers jedenfalls nicht in Betracht.[69] Das satzungsmäßige Erfordernis einer **notariellen Beurkundung** ist im Zweifel als Wirksamkeitsvoraussetzung aufzufassen.[70] Bei
gesellschaftsvertraglich vorgesehener, aber unzutreffender Verkündung des Beschlussergebnisses ist nicht mit der Feststellungs-, sondern der Anfechtungsklage vorzugehen.
Vorauszusetzen ist die Feststellungsbefugnis des Verhandlungsleiters (§ 47 Rn. 10).

III. Beschlussfassung ohne Gesellschafterversammlung (Abs. 2)

1. Voraussetzungen. Vorbehaltlich anderslautender Satzungsbestimmungen kön- 18
nen Beschlüsse in der GmbH gemäß Abs. 2 auch **schriftlich** gefasst werden. Eine
Ausnahme gilt nach herrschender, nach neuerem Erkenntnisstand allerdings nicht
mehr zutreffender Auffassung nur für Satzungsänderungen[71] und andere beurkundungsbedürftige Beschlüsse. Auch in mitbestimmten Gesellschaften kann **in Textform**
abgestimmt werden.[72] Als Folge des dem Aufsichtsrat zustehenden Teilnahmerechts
(Rn. 10) ist diesem aber Gelegenheit zur Stellungnahme zu geben.[73]

Abs. 2 unterscheidet **zwei Möglichkeiten** schriftlicher Beschlussfassung. Ein Be- 19
schluss kommt einmal zustande, wenn sich **sämtliche** Gesellschafter **in Textform** mit
ihm **einverstanden erklären.** Hier ist also Einstimmigkeit erforderlich und zwar unter Mitwirkung auch von Gesellschaftern, deren Teilnahme an der Beschlussfassung
selbst ausgeschlossen ist.[74] Das Gesetz erlaubt die schriftliche Abstimmung ferner dann,
wenn **sämtliche**[75] Gesellschafter zwar nicht von vornherein den Beschluss, aber die

---

[64] BGHZ 51, 209, 212 = NJW 1969, 841; BGHZ 76, 153, 156 = NJW 1980, 897; *Hachenburg/Schilling* Rn. 13; anders etwa *Zöllner* S. 394 f. mit hier nicht gebilligter Prämisse, auch – für einen Sonderfall – BGH GmbHR 1990, 68; wie hier *Baumbach/Hueck/Zöllner* § 47 Rn. 18 f.
[65] *Scholz/Schmidt* 6. Aufl. Rn. 47; dagegen zu Recht *Hachenburg/Hüffer* Rn. 37.
[66] *Schall* S. 109; s. auch *Baumbach/Hueck/Zöllner* § 52 Rn. 162.
[67] Für Protokollierungspflicht schon bei Vorhandensein eines Versammlungsleiters *Baumbach/Hueck/Zöllner* Rn. 13.
[68] Vgl. OLG Stuttgart BB 1983, 1050; NZG 1998, 994, 995 mwN.
[69] Zum Ganzen *Scholz/Schmidt* Rn. 55 mwN; anders *Baumbach/Hueck/Zöllner* Rn. 13; *Hachenburg/Hüffer* Rn. 37.
[70] Vgl. RGZ 122, 367, 369.
[71] BGHZ 15, 324, 328 = NJW 1955, 220; ausführlich KG NJW 1959, 1446 f.; dagegen *Zöllner*, FS Fischer, 1979, S. 905, 911 f.; *Baumbach/Hueck/Zöllner* Rn. 16; *Hachenburg/Hüffer* Rn. 54; *Scholz/Schmidt* Rn. 61, je mwN; vgl. unten § 53 Rn. 36.
[72] Vgl. *Zöllner*, FS Fischer, 1979, S. 915 ff.; *Scholz/Schmidt* Rn. 61; *Baumbach/Hueck/Zöllner* Rn. 17; *Meyer-Landrut/Miller/Niehus* Rn. 22; für gewisse Mindestgrenzen *Hanau/Ulmer* § 25 Rn. 91 a, 91 b mwN.
[73] *Hachenburg/Hüffer* Rn. 56; *Lutter/Hommelhoff* Rn. 13.
[74] *Baumbach/Hueck/Zöllner* Rn. 18; anders *Hachenburg/Hüffer* Rn. 43; *Meyer-Landrut/Miller/Niehus* Rn. 24.
[75] Einschließlich nicht stimm-, aber teilnahmeberechtigter, *Baumbach/Hueck/Zöllner* Rn. 20.

Schriftlichkeit des Abstimmungsverfahrens **billigen.** Diese Billigung kann auch formlos erfolgen.[76] Daraus ist gefolgert worden, dass die Beteiligung an einer schriftlichen Abstimmung die konkludente Zustimmung mit dieser Verfahrensart zum Ausdruck bringt, so dass dann auch Mehrheitsentscheidungen möglich wären. Die erste Alternative von Abs. 2 geht aus dieser Sicht in der zweiten auf.[77] Dem ist für den gesetzlichen Normalfall zuzustimmen.[78] Anders ist die Rechtslage, wenn schriftliche Abstimmung kraft Gesellschaftsvertrag auch ohne Zustimmung aller Gesellschafter zulässig ist. Denn dann reicht die Verweigerung der Stimmabgabe nicht aus, um das Zustandekommen eines Beschlusses zu verhindern; die bloße Abgabe der Stimme kann daher nicht als Billigung des Verfahrens aufgefasst werden.[79] **Einleitungsbefugt** ist im gesetzlichen Regelfall jeder **Gesellschafter,** aber auch jeder **Geschäftsführer.** Letzteres ergibt sich indirekt aus § 49 Abs. 1.

20 Das **Textformerfordernis** iSv. Abs. 2 nötigt nicht zur Einhaltung der Form des § 126 Abs. 1 BGB; telegraphische, fernschriftliche oder Übermittlung mittels Telekopie/e-mail genügt.[80] Wenn das Gesetz das Einverständnis **sämtlicher** Gesellschafter mit schriftlicher Abstimmung fordert, dann meint es damit auch solche, die nicht stimmberechtigt sind. Das gilt auch für die erste Alternative.[81] Ausschlaggebend ist, dass auch dem nicht stimmberechtigten Gesellschafter das Recht zur Teilnahme an der Versammlung zusteht (Rn. 8), über das ohne seine Mitwirkung nicht disponiert werden kann. Die in Abs. 2 enthaltenen Regeln können durch den **Gesellschaftsvertrag** in beliebiger Weise **variiert** werden. So ist es zulässig, die schriftliche Abstimmung ganz auszuschließen oder sie umgekehrt als Regelverfahren einzuführen. Sie kann von der Zustimmung einer bloßen Minderheit abhängig gemacht werden.[82] § 50 Abs. 1, 3 lässt sich freilich in keinem Falle ausschalten.[83] In Betracht kommen etwa auch Satzungsbestimmungen über die Bedeutung von Schweigen.[84]

21 **2. Zustandekommen.** Bei Fehlen anderweitiger Regelungen des Gesellschaftsvertrages kommt ein Beschluss nach einer Auffassung im schriftlichen Verfahren zustande, wenn die dazu erforderlichen Willensäußerungen allen anderen Gesellschaftern zugegangen sind.[85] Kenntnisnahme ist nicht erforderlich.[86] Das von manchen[87] befürwortete Erfordernis des Zugangs bei der durch die Geschäftsführer bzw. den Initiator des Verfahrens[88] vertretenen Gesellschaft harmoniert an sich nicht mit den für das Zustan-

---

[76] BGHZ 28, 355, 358 = NJW 1959, 194; *Hachenburg/Hüffer* Rn. 45; *Scholz/Schmidt* Rn. 64 mwN.
[77] So *Meyer-Landrut/Miller/Niehus* Rn. 28; *Hachenburg/Schilling* Rn. 18 mit Hinweis auf § 84 Abs. 1 RegE 1971.
[78] AM *Baumbach/Hueck/Zöllner* Rn. 21; *Scholz/Schmidt* Rn. 64; *Hachenburg/Hüffer* Rn. 47.
[79] IErg. zutreffend daher BGHZ 28, 355, 358 f. = NJW 1959, 194.
[80] Dazu *Baumbach/Hueck/Zöllner* Rn. 19; *Scholz/Schmidt* Rn. 62 mit weiteren Einzelheiten; *Hachenburg/Hüffer* Rn. 42; *Roth/Altmeppen* Rn. 21. Im Übrigen ist auf § 126b BGB nF zu verweisen.
[81] Ebenso OLG Düsseldorf ZIP 1989, 1554, 1556; *Scholz/Schmidt* Rn. 64; *Hachenburg/Hüffer* Rn. 43 mN von Gegenstimmen.
[82] BGHZ 28, 355, 358 = NJW 1959, 194.
[83] § 50 Rn. 2; *Scholz/Schmidt* § 50 Rn. 6.
[84] Zum Ganzen *Hachenburg/Hüffer* Rn. 61; *Scholz/Schmidt* Rn. 68 ff.; *Meyer-Landrut/Miller/Niehus* Rn. 23.
[85] *Hachenburg/Schilling* Rn. 21; *Meyer-Landrut/Miller/Niehus* Rn. 27; Voraufl. Rn. 4.
[86] Anders *Hachenburg/Schilling* Rn. 23.
[87] *Vogel* S. 163 f.; ebenso *Scholz/Schmidt* Rn. 65; *Hachenburg/Hüffer* Rn. 50.
[88] So *Scholz/Schmidt* Rn. 65; *Hachenburg/Hüffer* Rn. 50.

dekommen von Beschlüssen in einer Versammlung geltenden Regeln und ist aus dieser Sicht daher abzulehnen. Dieses Gesetzesverständnis macht das schriftliche Verfahren aus praktischen Gründen aber (fast) unbrauchbar.[89] Zugang der Stimmabgabe beim Initiator, nicht beim Geschäftsführer, sollte daher genügen. Die Geschäftsführer sind verpflichtet, die Gesellschafter/den Initiator von ihnen gegenüber abgegebenen Erklärungen zu informieren.[90] Widerruf der Einverständniserklärung ist bis zur Vollendung des Beschlusstatbestandes möglich.[91] Für die Stimmabgabe ist dies zweifelhaft.[92] Eine förmliche Feststellung des Beschlussergebnisses und dessen Mitteilung an die Gesellschafter ist hier ebensowenig erforderlich wie im Kontext der Abhaltung einer Versammlung.[93] Ein schriftlicher Beschluss kann auch auf der Grundlage **schlüssiger** Erklärungen zustande kommen, insbesondere dann, wenn schriftliche Verlautbarungen der Gesellschafter einen solchen Beschluss voraussetzen.[94] Solange nicht sämtliche nach Rn. 19 erforderlichen Erklärungen vorliegen, ist der Beschlusstatbestand nicht vollendet. Zur Schaffung klarer Verhältnisse kann dem Säumigen eine Frist gesetzt werden. Läuft sie ergebnislos ab, so bedeutet dies mangels anderweitiger Satzungsregelung entweder, dass allseitiges Einverständnis zu schriftlicher Beschlussfassung fehlt, oder dass sich der betreffende Gesellschafter der Stimme enthalten hat.[95]

IV. Beschlüsse in der Einmann-GmbH

1. Die Regelung des Abs. 3. a) Voraussetzungen. Abs. 3 setzt voraus, dass sich sämtliche Geschäftsanteile in der Hand eines Gesellschafters oder daneben nur noch in der Gesellschaft befinden (vgl. § 35 Rn. 28, § 33 Rn. 44). Auch in dieser Situation können Beschlüsse in einer „Versammlung" (Abs. 1) gefasst werden, etwa dann, wenn sich der Einmann-Gesellschafter durch Geschäftsführer oder andere Personen beraten lassen will.[96] Auch schriftliche Beschlussfassung gemäß Abs. 2 ist möglich.[97] Abgesehen davon kann der Einmann-Gesellschafter jederzeit und zwar formlos Beschlüsse fassen.[98] In einem solchen Fall, auch bei Beschlussfassung in einer Versammlung, muss er, wie Abs. 3 ausdrücklich sagt, unverzüglich[99] nach Beschlussfassung eine Niederschrift aufnehmen und unterschreiben (zum Zweck der Bestimmung Rn. 2).[100] Wird das Proto-

22

---

[89] Näher *Fantur* RdW 1998, 529, 531; zustimmend *Koppensteiner* § 34 Rn. 23.
[90] *Hachenburg/Schilling* Rn. 24.
[91] Vgl. *Scholz/Schmidt* Rn. 65.
[92] Gegen die Möglichkeit eines Widerrufs *Messer*, FS Fleck, 1988, S. 221, 227 ff. mwN auch der Gegenauffassung.
[93] Rn. 17; vgl. *Hachenburg/Hüffer* Rn. 51; *Scholz/Schmidt* Rn. 67; anders „in der Regel" BGHZ 15, 324, 329 = NJW 1955, 220. Zur Frage, ob in mitbestimmten Gesellschaften etwas anderes gilt und zur Information des Aufsichtsrats *Schall* S. 112.
[94] Vgl. RGZ 101, 78, 79; BGHZ 15, 324, 328 ff. = NJW 1955, 220; BGH WM 1971, 1082, 1083 f.; 1975, 790, 791 f.; OLG Stuttgart GmbHR 1998, 1034, 1036.
[95] Ähnlich, aber etwas ungenau, *Hachenburg/Schilling* Rn. 20.
[96] BT-Drucks. 8/1347, S. 43; *Scholz/Schmidt* Rn. 75; *Hachenburg/Hüffer* Rn. 63. Zu Fällen gesetzlich vorgeschriebener „Versammlung" *Lindemann* S. 68.
[97] Vgl. *Lindemann* S. 69 f.
[98] Vgl. BGHZ 12, 337, 339 = NJW 1954, 799; BGH NJW-RR 1997, 669 f. = GmbHR 1997, 547; zur Frage der Erforderlichkeit *Baumbach/Hueck/Zöllner* Rn. 30.
[99] Dazu *Scholz/Schmidt* Rn. 77.
[100] Bedenklich BGH NJW-RR 1997, 669 f. = GmbHR 1997, 547: keine Schriftform, wenn Alleingesellschafter Geschäftsvertrag genehmigt, den er vor Anteilserwerb als falsus procurator abgeschlossen hatte.

koll von einem anderen aufgenommen, so hat auch er zu unterschreiben.[101] Ort und Tag der Beschlussfassung sind anzugeben.[102] Ein Kündigungsschreiben ist geeignet, Protokollierung zu ersetzen.[103] Sofern notarielle Beurkundung erforderlich ist, greift Abs. 3 nicht ein.[104]

23 **b) Rechtsfolge einer Verletzung.** Die Rechtsfolge einer Verletzung des Protokollierungserfordernisses sollte nach den Vorstellungen des Regierungsentwurfes in der Nichtigkeit des Beschlusses bestehen. Der Rechtsausschuss hat dies ausdrücklich abgelehnt.[105] In der Tat würde Nichtigkeit darauf hinauslaufen, dem Alleingesellschafter die Möglichkeit zu geben, sich von eigenem Vorverhalten zu distanzieren. Fehlende Protokollierung allein hat Dritten gegenüber demnach folgenlos zu bleiben. Der Einmann-Gesellschafter kann sich seinerseits aber nur auf einen formgerechten, zumindest eindeutig dokumentierten Beschluss berufen.[106] Mit der Rechtslage bei nach außen kundgegebenem, aber nicht vorhandenem Beschluss beschäftigt sich Abs. 3 nicht. Es greifen die Grundsätze über die Haftung aus zurechenbar verursachten Rechtsschein ein.[107]

24 Von der vorstehend diskutierten ist die andere Frage zu unterscheiden, ob die **Wirksamkeit** des Beschlusses von einem, wenn auch konkludenten Verlautbarungsakt abhängt, also mehr als ein bloßes Internum verlangt. Die Frage ist überzeugend bejaht worden.[108]

25 **2. Entsprechende Anwendbarkeit auf andere „Einmannbeschlüsse".** Einmann-Beschlüsse sind auch außerhalb des Anwendungsbereiches von Abs. 3 denkbar, so bei Erscheinen nur eines Gesellschafters, bei Bevollmächtigung einer Person durch alle Gesellschafter, bei Ausschluss des Stimmrechts zu Lasten aller mit Ausnahme eines Gesellschafters. Von der Bevollmächtigungsvariante abgesehen, kann ein Beschluss in diesen Fällen aber immer nur nach Abs. 1 oder Abs. 2 zustande kommen. Das unterscheidet die Situation von dem jederzeit möglichen Beschluss des Einmann-Gesellschafters. Gleichwohl ist in allen Fällen die entsprechende Anwendung von Abs. 3 angezeigt. Denn die Bestimmung gilt auch für Beschlüsse, die der Einmann-Gesellschafter in einer Versammlung fasst. Die Beschlussfassung etwa durch den einzigen erschienenen Gesellschafter lässt sich vom Normzweck der Bestimmung her gesehen von einem solchen Fall nicht sinnvoll unterscheiden. Auf den allseits Bevollmächtigten ist Abs. 3 erst recht entsprechend anzuwenden. Denn er kann wie der Einmann-Gesellschafter jederzeit formlose Beschlüsse fassen.[109]

---

[101] BT-Drucks. 8/1347, S. 43; BT-Drucks. 8/3908, S. 75; *Scholz/Schmidt* Rn. 77; *Hachenburg/Hüffer* Rn. 66; anders *Meyer-Landrut/Miller/Niehus* Rn. 32.
[102] BT-Drucks. 8/3908, S. 75; zur Angabe des Ortes auch BGH GmbHR 1990, 294, 295.
[103] Zutreffend BGH ZIP 1995, 643, 645 f. = NJW 1995, 1750 = GmbHR 1995, 373; KG NZG 1999, 501. S. auch OLG Köln GmbHR 1996, 290.
[104] *Lindemann* S. 131 mwN.
[105] BT-Drucks. 8/3908, S. 75.
[106] OLG Köln GmbHR 1993, 734, 737; *Hachenburg/Hüffer* Rn. 67; *Scholz/Schmidt* Rn. 78 mit billigenswerter, auf § 242 BGB gestützter Einschränkung; *Lutter/Hommelhoff* Rn. 17 f.; *Lindemann* S. 82 ff. mwN; aA *Roth/Altmeppen* Rn. 34; *Baumbach/Hueck/Zöllner* Rn. 29; dahingestellt in BGH GmbHR 1990, 294, 295.
[107] Ähnlich, aber mit unterschiedlichen Akzenten *Hachenburg/Hüffer* Rn. 67; *Scholz/Schmidt* Rn. 78.
[108] Ausführlich und gründlich *Lindemann* S. 89 ff. mwN.
[109] AM *Scholz/Schmidt* Rn. 79; *Baumbach/Hueck/Zöllner* Rn. 31; *Hachenburg/Hüffer* Rn. 65; *Lindemann* S. 133 f. mwN.

Einberufung der Versammlung § 49

V. Österreichisches Recht

Die in § 48 Abs. 1 und 2 enthaltene Regelung findet sich in Österreich in § 34 **26** Abs. 1 GmbHG. Ein Gegenstück zu § 48 Abs. 3 fehlt. Doch ist die Rechtslage ähnlich wie in Deutschland.[110] Bei schriftlicher Abstimmung erfolgt die Mehrheitsermittlung nicht nach der Zahl der abgegebenen, sondern danach, wieviel Stimmen insgesamt vorhanden sind (§ 34 Abs. 2 ÖGmbHG). Für Beschlüsse, die in einer Gesellschafterversammlung gefasst werden, gilt aber dasselbe wie im deutschen Recht (vgl. § 47 Rn. 8). Nach § 36 Abs. 1 ÖGmbHG müssen Gesellschafterversammlungen am Sitze der Gesellschaft stattfinden, wenn im Gesellschaftsvertrag nichts anderes bestimmt ist. Doch ist diese Bestimmung nicht zwingend.[111] Ein wesentlicher sachlicher Unterschied zum deutschen Recht (dazu Rn. 4) besteht also nicht.

§ 49 [Einberufung der Versammlung]

(1) **Die Versammlung der Gesellschafter wird durch die Geschäftsführer berufen.**

(2) **Sie ist außer den ausdrücklich bestimmten Fällen zu berufen, wenn es im Interesse der Gesellschaft erforderlich erscheint.**

(3) **Insbesondere muß die Versammlung unverzüglich berufen werden, wenn aus der Jahresbilanz oder aus einer im Laufe des Geschäftsjahres aufgestellten Bilanz sich ergibt, daß die Hälfte des Stammkapitals verloren ist.**

Literatur: Eickhoff Die Praxis der Gesellschafterversammlung bei GmbH und GmbH & Co, 3. Aufl. 2000; *Eisenhardt* Zum Weisungsrecht der Gesellschafter in der nicht mitbestimmten GmbH, FS Pfeiffer, 1988, S. 839; *Hanau/Ulmer* Mitbestimmungsgesetz, 1981; *Kühnberger* Verlustanzeigebilanz – zu Recht kaum beachteter Schutz für Eigentümer?, DB 2000, 2077; *Martens* Die Anzeigepflicht des Verlustes des Garantiekapitals nach dem AktG und dem GmbHG, ZGR 1972, 254; *Müller* Der Verlust der Hälfte des Grund- oder Stammkapitals, ZGR 1985, 191; *Müther* Zur Nichtigkeit führende Fehler bei der Einberufung der GmbH-Gesellschafterversammlung, GmbHR 2000, 966; *Priester* Verlustanzeige und Eigenkapitalersatz, ZGR 1999, 533; *Sudhoff/Sudhoff* Rechte und Pflichten des Geschäftsführers einer GmbH und einer GmbH & Co., 14. Aufl. 1994; *van Venrooy* Delegation der Einberufungsbefugnis der Geschäftsführer aus § 49 Abs. 1 GmbHG, GmbHR 2000, 166; *Vogel* Gesellschafterbeschlüsse und Gesellschafterversammlung, 2. Aufl. 1986; *Zitzmann* Die Vorlagepflichten des GmbH-Geschäftsführers, 1991.

Übersicht

	Rn.		Rn.
I. Inhalt und Zweck der Bestimmung	1	III. Einberufungspflicht	9–16
II. Einberufungszuständigkeit	2–8	1. Geschäftsführer	9–15
1. Geschäftsführer	2	a) Die gesetzlichen Regeln	9–14
2. Sonstige Personen/Gremien	3–5	aa) Voraussetzungen	9–13
3. Rücknahme der Einberufung	6	bb) Rechtsfolgen	14
4. Rechtsfolgen unbefugter Einberufung	7	b) Abdingbarkeit	15
5. Abänderung durch Gesellschaftsvertrag	8	2. Aufsichtsrat	16
		IV. Österreichisches Recht	17

I. Inhalt und Zweck der Bestimmung

§ 49 erfüllt zwei Aufgaben. Einmal wird die **Regelzuständigkeit** zur Einberufung **1** der Gesellschafterversammlung festgelegt. Das Gesetz ordnet sie den Geschäftsführern

---
[110] Vgl. *Koppensteiner* § 40 Rn. 5.
[111] Vgl. *Koppensteiner* § 36 Rn. 3.

zu (Abs. 1). Eine ergänzende, minderheitenschutzbezogene Regelung findet sich in § 50. Außerdem sind die in § 49 selbst nicht erwähnten Einberufungsbefugnisse des Aufsichtsrates zu beachten (dazu Rn. 3). Zum zweiten beschäftigt sich § 49 mit der Frage, unter welchen Voraussetzungen die Geschäftsführer eine **Einberufungspflicht** trifft (Abs. 2, 3). Abs. 2 stellt generalklauselartig auf das „Interesse der Gesellschaft" ab. Abs. 3 ist als Konkretisierung dieses Tatbestandes aufzufassen. Die dort vorgesehene Einberufungspflicht bei Verlust der Hälfte des Stammkapitals hat den Zweck, den Gesellschaftern eine grundsätzliche Diskussion über die weitere Geschäftspolitik zu ermöglichen.[1] Die Einberufungspflicht des Aufsichtsrats richtet sich nach einem Abs. 2 entsprechenden Kriterium (Rn. 3). Zur Abdingbarkeit der in § 49 enthaltenen Regeln vgl. Rn. 8, 15.

II. Einberufungszuständigkeit

2 **1. Geschäftsführer.** Nach Abs. 1 wird die Gesellschafterversammlung „durch die Geschäftsführer" berufen. Dieser Wortlaut indiziert, dass das Zusammenwirken zumindest einer geschäftsführungs- bzw. vertretungsbefugten Anzahl von Geschäftsführern vorausgesetzt wird.[2] In diesem Zusammenhang wird angenommen, erforderlich sei ein einfacher Mehrheitsbeschluss.[3] Demgegenüber nimmt die jetzt hM an, **jeder** Geschäftsführer sei unabhängig von den anderen **einberufungsbefugt**.[4] Dem ist zuzustimmen. Die Einberufung ist weder Vertretungs-, noch Geschäftsführungsakt.[5] Vielmehr geht es darum, ob die Gesellschafterversammlung mit einem bestimmten Problem befasst werden soll. Das ist gerade dann angebracht, wenn unter den Geschäftsführern Streit besteht. Daher ist es von der Sache her angemessen, jedem einzelnen Geschäftsführer die Einberufungsbefugnis zuzuerkennen. Einberufen können auch mangelhaft bestellte, d.h. bloß **faktische Geschäftsführer**, vorausgesetzt, das Amt wird tatsächlich ausgeübt.[6] Nach manchen soll auch bloße Eintragung im Handelsregister genügen.[7] Dem ist nicht zu folgen.[8] Denn die §§ 10 Abs. 1, 39 Abs. 1 zielen nicht auf die Interna der Gesellschaft. Die Analogietauglichkeit von § 121 Abs. 2 S. 2 AktG[9] muss eher skeptisch beurteilt werden. Eine bloß anfechtbare Abberufung ändert an der Einberufungszuständigkeit nichts. Ein Geschäftsführer bleibt auch dann einberufungsbefugt, wenn ein Notgeschäftsführer bestellt ist.[10] Nach der Auflösung geht das Einberufungsrecht auf die **Liquidatoren** über; das gilt nicht für den Insolvenzverwalter.[11]

---

[1] *Priester* ZGR 1999, 536 ff.; *Martens* ZGR 1972, 254, 260 f.; *Müller* ZGR 1985, 191, 193 ff.; ähnlich *Scholz/Schmidt* Rn. 21 im Anschluss an BGH NJW 1979, 1831; *Meyer-Landrut/Miller/Niehus* Rn. 15; für Schutz der Gläubiger *Lutter/Hommelhoff* Rn. 2; *Zitzmann* S. 137 ff.; dagegen *Hachenburg/Hüffer* Rn. 29 mwN; vgl. *Koppensteiner* § 36 Rn. 11.

[2] So in der Tat *Feine* S. 533.

[3] *Baumbach/Hueck* 13. Aufl. Anm. 2 A.

[4] KG NJW 1965, 2157, 2158; OLG Frankfurt GmbHR 1976, 110 f.; BayObLG NZG 1999, 1065 m. Anm. *Sieger/Gätsch*; *Hachenburg/Hüffer* Rn. 5; *Baumbach/Hueck/Zöllner* Rn. 2; *Scholz/Schmidt* Rn. 4; *Meyer-Landrut/Miller/Niehus* Rn. 2; *Müther* GmbHR 2000, 966 f. mwN.

[5] Gegen dieses Argument *van Venrooy* GmbHR 2000, 172 ff.

[6] *Vogel* S. 122; *Scholz/Schmidt* Rn. 5; etwas einschränkend *Hachenburg/Hüffer* Rn. 6.

[7] *Vogel* S. 122; *Scholz/Schmidt* Rn. 5.

[8] Ebenso *Hachenburg/Hüffer* Rn. 7; OLG Hamm DB 1992, 265 für den Normaltyp der GmbH.

[9] vgl. AG Syke GmbHR 1985, 26, 27.

[10] OLG München GmbHR 1994, 406, 407.

[11] *Scholz/Schmidt* Rn. 6 mwN.

Einberufung der Versammlung § 49

2. Sonstige Personen/Gremien. Die Einberufungsbefugnis eines – fakultativen 3 oder obligatorischen – **Aufsichtsrats** folgt aus § 52 Abs. 1 in Verbindung mit § 111 Abs. 3 AktG. Diese Befugnis steht freilich nicht schlechthin, sondern nur dann zu, wenn das „Wohl der Gesellschaft" dies fordert (dazu Rn. 15). Erforderlich ist ein Aufsichtsratsbeschluss mit einfacher Mehrheit. Im Verhältnis zu den Geschäftsführern liegt eine konkurrierende, nicht eine verdrängende Zuständigkeit vor. Schon im gesetzlichen Regelfall sind deshalb miteinander unvereinbare Einberufungen möglich.[12]

Die **Gesellschafter** haben grundsätzlich **kein** Einberufungsrecht, können sich aber 4 bei allseitiger Zustimmung verbindlich auf einen Versammlungstermin einigen.[13] Wer einzeln oder zusammen mit anderen über Geschäftsanteile in Höhe von mindestens 10 % des Stammkapitals verfügt, kann freilich eine Einberufung verlangen, erforderlichenfalls sogar selbst bewirken (§ 50 Abs. 1, 3). Bei Anwesenheit sämtlicher Gesellschafter bedarf es keiner formellen Einberufung (§ 51 Abs. 3). Auch in den Fällen schriftlicher Beschlussfassung (zu ihrer Zulässigkeit § 48 Rn. 18 ff.) ist eine Einberufung überflüssig. Ein Gesellschafterbeschluss kann demnach nur zu Lasten einer Minderheit von weniger als 10 % blockiert werden. Rechtswidrig-schädigende Nichteinberufung verpflichtet die Geschäftsführer aber zum Schadensersatz (§ 43 Rn. 15).

Weitere Personen oder Gremien sind nach dem Gesetz **nicht** einberufungsbefugt. 5 Das gilt auch für Prokuristen.[14] Eine Delegation der Einberufungszuständigkeit (Vollmacht, Ermächtigung) kommt nicht in Betracht. Denn ein Rechtsgeschäft liegt schon deshalb nicht vor, weil dann auch das offensichtlich nicht passende Willensmängelrecht des BGB angewendet werden müsste. Mangels anderweitiger Bestimmung der Satzung (Rn. 8) ist es im übrigen ausgeschlossen, die Geschäftsführung aus ihrer Verantwortung für die Organisation des gesellschafterlichen Willensbildungsprozesses zu entlassen.[15] Selbstverständlich kann sich das Einberufungsorgan andererseits aber der technischen Hilfe Dritter bedienen, solange nur klargestellt wird, dass die Einladung von ihm selbst ausgeht.[16]

3. Rücknahme der Einberufung. Wer die Gesellschafterversammlung einberufen 6 hat, kann die Einladung auch wieder zurücknehmen,[17] und zwar uU auch dann, wenn auf der Grundlage von § 50 Abs. 1 eingeladen wurde.[18] Die Absage einer von einem anderen Geschäftsführer einberufenen Versammlung ist demgegenüber aus offensichtlichen Gründen nicht möglich.[19]

4. Rechtsfolgen unbefugter Einberufung. Beschlüsse, die in einer von Unbe- 7 fugten einberufenen Versammlung gefasst werden, sind mit Ausnahme der in § 51 Abs. 3 umschriebenen Situation (dazu § 51 Rn. 13) nichtig (§ 47 Rn. 95). Eine Heilung durch nachträgliche Zustimmung kommt nicht in Betracht.[20]

---

[12] Zu den Konsequenzen iE *Scholz/Schmidt* Rn 13.
[13] OLG München DB 1994, 1464 = EWiR § 51 GmbHG 1/94 – *Karollus*.
[14] *Hachenburg/Hüffer* Rn. 12; *Scholz/Schmidt* Rn. 9.
[15] Anders *van Venrooy* GmbHR 2000, 173 ff. mit nicht überzeugender Kritik an *Hachenburg/Hüffer* Rn. 2.
[16] OLG Hamm GmbHR 1995, 736, 737; *Scholz/Schmidt* Rn. 10; vgl. auch BGH GmbHR 1962, 28.
[17] RGZ 166, 129, 133; OLG München GmbHR 1994, 406, 408; *Baumbach/Hueck/Zöllner* Rn. 9; *Meyer-Landrut/Miller/Niehus* Rn. 5; *Scholz/Schmidt* § 51 Rn. 24 ff.
[18] Vgl. OLG Hamburg GmbHR 1997, 795 f. Dort auch zu möglichen Schadensersatzansprüchen bzw. zu § 50 Abs. 3.
[19] *Hachenburg/Schilling* Rn. 7.
[20] § 47 Rn. 98; aM *Scholz/Schmidt* Rn. 11.

§ 49   3. Abschnitt. Vertretung und Geschäftsführung

8   **5. Abänderung durch Gesellschaftsvertrag.** Das Einberufungsrecht der **Geschäftsführer** ist gemäß § 45 Abs. 1 nach hM gesellschaftsvertraglich **abdingbar**.[21] Dem ist jedenfalls mit der Maßgabe zuzustimmen, dass nach Gesetz oder Gesellschaftsvertrag ein anderes Einberufungsorgan zur Verfügung steht.[22] Ausschlaggebend hierfür ist die Disponibilität gesellschaftsinterner Organisation einerseits, die ohne Regelung der Einberufungszuständigkeit zu befürchtende Funktionsunfähigkeit des gesellschaftlichen Willensbildungsprozesses andererseits. Demnach nicht selbst einberufungsfähige Geschäftsführer müssen das zuständige Organ aber auf Einberufungsgründe hinweisen.[23] Anstatt einer Entziehung des gesetzlichen Einberufungsrechts kann der Gesellschaftsvertrag auch Einberufung nur durch sämtliche Geschäftsführer vorsehen und konkurrierende Zuständigkeiten schaffen. **Nicht abdingbar** ist die Einberufungsbefugnis des **mitbestimmten** Aufsichtsrats.[24] Zum Recht der Aufsichtsratsmitglieder, an der Versammlung teilzunehmen, vgl. § 48 Rn. 10. Die Einberufungszuständigkeit gemäß § 50 Abs. 3 kann **nicht** entzogen werden (§ 50 Rn. 2).

III. Einberufungspflicht

9   **1. Geschäftsführer. a) Die gesetzlichen Regeln. aa) Voraussetzungen.** Nach dem Wortlaut des § 49 Abs. 2, 3 sind **drei Varianten** der Einberufungspflicht zu unterscheiden: die „ausdrücklich bestimmten Fälle", Erforderlichkeit einer Versammlung „im Interesse der Gesellschaft" (Abs. 2), schließlich der bilanzmäßig festgestellte Verlust der Hälfte des Stammkapitals (Abs. 3). Nach wohl hM sind den **„ausdrücklich bestimmten Fällen"** neben den Normen, die eine Einberufungspflicht gesondert anordnen, dabei alle Fälle zuzurechnen, in denen die Gesellschafterversammlung zuständig ist.[25] Diese Systematisierung ist unzweckmäßig, weil unbeachtet bleibt, dass sich aus der Zuständigkeit der Gesellschafter allein noch nichts für die Notwendigkeit einer Versammlung ergibt. Vorzuziehen ist demgegenüber ein Gesetzesverständnis, das die „ausdrücklich bestimmten Fälle" auf Situationen beschränkt, wo das Gesetz die Einberufung einer Versammlung unabhängig von der Notwendigkeit eines Beschlusses vorsieht, wo es dem Einberufungsorgan mit anderen Worten kein Ermessen einräumt. In diese Kategorie gehören nur zwei Bestimmungen, einmal § 50 Abs. 1 (dazu § 50 Rn. 5), zum anderen § 49 Abs. 3.

10   Abs. 3 setzt voraus, dass die **Hälfte des Stammkapitals verloren** ist, und ferner, dass sich dieser Tatbestand aus der Jahresbilanz oder aus einer im Laufe des Geschäftsjahrs aufgestellten **Bilanz** ergibt. Zum Zweck der Bestimmung Rn. 1. Die Bilanz, aus der der Verlust resultiert, kann Jahres- oder Zwischenbilanz sein. Im letztgenannten Zusammenhang ist zu beachten, dass die Geschäftsführer eine solche Zwischenbilanz aufstellen müssen, wenn sie den Verdacht haben, dass die Hälfte des Stammkapitals verloren ist.[26] Nehmen sie dies an, kommt es auf eine Bilanz nicht mehr an. Daher be-

---

[21] *Vogel* S. 129; *Lutter/Hommelhoff* Rn. 2; *Meyer-Landrut/Miller/Niehus* Rn. 6; *Roth/Altmeppen* Rn. 2; *Hachenburg/Hüffer* Rn. 31; zweifelnd *Scholz/Schmidt* Rn. 34 mwN; anders *Baumbach/Hueck/Zöllner* Rn. 2.
[22] In diese Richtung *Scholz/Schmidt* Rn. 34; *Lutter/Hommelhoff* Rn. 6.
[23] *Hachenburg/Hüffer* Rn. 31; *Lutter/Hommelhoff* Rn. 7.
[24] *Hachenburg/Hüffer* Rn. 8; *Hanau/Ulmer* § 25 Rn. 9; *Scholz/Schmidt* Rn. 37.
[25] *Vogel* S. 123 f.; wN bei *Scholz/Schmidt* Rn. 15. S. auch *Eickhoff* S. 11 f.
[26] Dazu *Baumbach/Hueck/Zöllner* Rn. 16; zurückhaltender *Meyer-Landrut/Miller/Niehus* Rn. 13; zu laufenden Vergewisserungspflichten in diesem Zusammenhang BGH ZIP 1995, 560, 561; auch § 43 Rn. 11, 16.

Einberufung der Versammlung § 49

steht kein sachlicher Unterschied zwischen Abs. 3 und § 92 Abs. 1 AktG.[27] Der Verlust muss die Aktiva der Gesellschaft auf mindestens die Hälfte des Stammkapitals reduziert haben; auf seine absolute Höhe kommt es nicht an.[28]

Umstritten ist, ob die Einberufungspflicht dann entfällt, wenn ein tatbestandsmäßiger Verlust nur unter **Auflösung stiller Reserven** vermieden werden kann. Der BGH bejaht diese Frage.[29] Demgegenüber ist aber zu bedenken, dass es in Abs. 3 nicht um die Einhaltung bilanzrechtlicher Grundsätze, sondern um eine situationsadäquate Einschaltung der Gesellschafter geht. Diese würde gefährdet, wenn man es den Geschäftsführern gestattet, ihre eigene Einberufungspflicht davon abhängig zu machen, ob die Aktiva der Gesellschaft unter Einbeziehung vorhandener stiller Reserven oder ohne diese errechnet werden.[30] Das unterscheidet die Situation von den Determinanten einer Überschuldungsbilanz (vgl. § 63 Rn. 38). Eigenkapitalersetzende Darlehen sind als Fremdkapital zu passivieren, und zwar auch dann, wenn ein Rangrücktritt vereinbart ist.[31] Bei negativer Fortbestehensprognose sind Liquidationswerte anzusetzen.[32] 11

Bei Vorliegen der tatbestandsmäßigen Voraussetzungen muss die Versammlung **unverzüglich**, d. h. „ohne schuldhaftes Zögern",[33] einberufen werden. Dieses Erfordernis ist nicht nur auf die Einladung, sondern auch auf den Versammlungstermin zu beziehen.[34] Die Einberufung kann unterbleiben, wenn sich die Gesellschafter schon mit der Angelegenheit befasst haben oder auf die Abhaltung einer Versammlung verzichten.[35] Letzteres folgt daraus, dass Abs. 3 Gläubigerschutz nicht bezweckt, sondern allenfalls bewirkt.[36] 12

Ob die Einberufung der Versammlung **im Interesse** der Gesellschaft erforderlich ist, hängt von **zwei** Kriterien ab. Einmal ist vorauszusetzen, dass die Geschäftsführer nach pflichtgemäßem Ermessen eine Maßnahme für notwendig oder wenigstens erwägenswert halten, die nach Gesetz (§ 45 Rn. 4; § 37 Rn. 8 ff.), Gesellschaftsvertrag (§ 45 Rn. 1; § 35 Rn. 21 ff.) oder Weisungsbeschluss (§ 35 Rn. 28 ff.) in die **Zuständigkeit der Gesellschafterversammlung** fällt.[37] Zum zweiten ist erforderlich, dass die Einleitung eines **schriftlichen Verfahrens** (zur Kompetenz der Geschäftsführer § 48 Rn. 19) nicht tunlich ist, entweder weil dessen Voraussetzungen nicht vorliegen, oder weil nicht damit gerechnet werden kann, dass sämtliche Gesellschafter diesem Verfahren zustimmen oder weil mündliche Berichterstattung bzw. eine Erörterung des Problems unter den Gesellschaftern angezeigt erscheint.[38] Ist dies nicht der Fall, so ist entweder das schriftliche Verfahren einzuleiten oder, bei Unaufschiebbarkeit der Angelegenheit,[39] eine Versammlung einzuberufen. In ihrem Zuständigkeitsbereich kön- 13

---

[27] Wie hier *Hachenburg/Hüffer* Rn. 22; *Priester* ZGR 1999, 539.
[28] BGH WM 1958, 1417, 1418; *Hachenburg/Hüffer* Rn. 21 mwN.
[29] AaO; zustimmend *Hachenburg/Schilling* Rn. 13; differenzierend *Müller* ZGR 1985, 191, 197 ff.; dem zustimmend *Hachenburg/Hüffer* Rn. 26; *Lutter/Hommelhoff* Rn. 13. Zu weiteren bilanzrechtlichen Fragen der hier relevanten Bilanz *Kühnberger* DB 2000, 2078 ff.
[30] Wie hier etwa *Scholz/Schmidt* Rn. 22; Eickhoff S. 12; *Meyer-Landrut/Miller/Niehus* Rn. 12; MünchHdB GesR III/*Marsch/Barner/Diekmann* § 45 Rn. 46; *Priester* ZGR 1999, 540 f., je mwN.
[31] Überzeugend *Priester* ZGR 1999, 540, 541 ff.
[32] *Hachenburg/Hüffer* Rn. 25 mN.
[33] § 121 Abs. 1 S. 1 BGB; praktisch wohl folgenlose Kritik bei *Scholz/Schmidt* 6. Aufl. Rn. 18.
[34] *Scholz/Schmidt* Rn. 26.
[35] Vgl. *Hachenburg/Schilling* Rn. 11; *Scholz/Schmidt* Rn. 24; *Meyer-Landrut/Miller/Niehus* Rn. 15.
[36] Ausführlich *Martens* ZGR 1972, 254, 260 ff.; *Priester* ZGR 1999, 536 ff.; wN in Fn. 1.
[37] Dazu auch *Eisenhardt*, FS *Pfeiffer*, 1988, S. 839, 842; umfassend *Zitzmann* S. 107 ff.
[38] Ähnlich *Hachenburg/Hüffer* Rn. 20.
[39] *Meyer-Landrut/Miller/Niehus* Rn. 8; *Baumbach/Hueck/Zöllner* Rn. 10.

§ 49   3. Abschnitt. Vertretung und Geschäftsführung

nen die Geschäftsführer selbst entscheiden; eine Einberufungspflicht gemäß Abs. 2 liegt nicht vor.[40] Selbstverständlich sind die Geschäftsführer schon wegen § 43 Abs. 3 (vgl. § 43 Rn. 31) aber nicht gehindert, sich der Zustimmung der Gesellschafterversammlung auch für Maßnahmen in ihrem eigenen Kompetenzbereich zu versichern.

14   bb) Die **Rechtsfolgen** eines Verstoßes gegen die Pflicht zur Einberufung der Versammlung ergeben sich aus § 43 (vgl. dort Rn. 15).[41]

15   b) **Abdingbarkeit. Abs. 2** ist nach zutreffender hM abdingbar.[42] Für **Abs. 3** soll anderes gelten.[43] Dem ist nicht zu folgen.[44] Mit § 84 Abs. 1 Nr. 1 lässt sich die hM nicht begründen.[45] Denn dort geht es nur um die Information der Gesellschafter. Gläubigerschutzbezogene Primärzwecke verfolgt auch Abs. 3 nicht (Rn. 1). Der Gesellschaftsvertrag kann die gesetzlichen Einberufungspflichten in anderer Weise einschränken, selbstverständlich auch erweitern. Praktisch erscheint insbesondere ein Katalog von Einberufungsgründen, eventuell in Kombination mit Vorschriften über schriftliche Beschlussfassungen (dazu § 48 Rn. 20). Soweit **Gesellschafterzuständigkeiten** durch die Satzung **einem anderen Organ** überantwortet worden sind, können den Geschäftsführern auch insoweit Einberufungspflichten auferlegt werden. Das gilt freilich **nicht** für den **mitbestimmten** Aufsichtsrat.

16   2. **Aufsichtsrat.** Gemäß § 52 Abs. 1 in Verbindung mit § 111 Abs. 3 AktG ist der Aufsichtsrat verpflichtet, die Gesellschafterversammlung einzuberufen, wenn das „**Wohl der Gesellschaft**" es fordert. Wohl und Interesse der Gesellschaft (dazu Rn. 13) sind übereinstimmend aufzufassen. Das aktienrechtliche Material ist in diesem Zusammenhang freilich nur sehr bedingt verwendbar, weil die Rolle von Hauptversammlung bei der AG und Gesellschafterversammlung bei der GmbH doch sehr stark differieren. Die Einberufungspflicht des **mitbestimmten** Aufsichtsrats ist gesellschaftsvertraglicher Abänderung **unzugänglich**.[46]

IV. Österreichisches Recht

17   Die Regelungsgegenstände des § 49 finden sich in Österreich in § 36 ÖGmbHG. Zusätzlich wird (Abs. 2) nur bestimmt, dass die Gesellschafterversammlung bei Unzulässigkeit einer schriftlichen Beschlussfassung mindestens einmal jährlich einzuberufen ist, und dass Beschlüsse im Zusammenhang des Verlustes der Hälfte des Stammkapitals dem Handelsgericht mitgeteilt werden müssen. Die Regeln über die Einberufungszuständigkeit von Geschäftsführern und Aufsichtsrat werden als zwingend aufgefasst.[47] Zum Ort der Versammlung (§ 36 Abs. 1 S. 1 ÖGmbHG) vgl. § 48 Rn. 26.

---

[40] Missverständlich daher *Scholz/Schmidt* Rn. 20; ähnlich *Lutter/Hommelhoff* Rn. 11; zutreffend *Baumbach/Hueck/Zöllner* Rn. 13.

[41] Zu den Konsequenzen einer Verletzung von Abs. 3 ausführlich *Martens* ZGR 1972, 254, 261 ff.

[42] *Hachenburg/Hüffer* Rn. 31; *Lutter/Hommelhoff* Rn. 2, je mwN; aA *Baumbach/Hueck/Zöllner* Rn. 18.

[43] *Scholz/Schneider* Rn. 18; *Hachenburg/Hüffer* Rn. 31; *Baumbach/Hueck/Zöllner* Rn. 18; *Lutter/Hommelhoff* Rn. 2.

[44] *Hachenburg/Schilling* Rn. 14.

[45] Ausdrücklich gegenteilig *Hachenburg/Hüffer* Rn. 31.

[46] *Scholz/Schmidt* Rn. 37; *Meyer-Landrut/Miller/Niehus* Rn. 7.

[47] S. *Koppensteiner* § 36 Rn. 5 mN.

§ 50 [Minderheitsrechte]

(1) Gesellschafter, deren Geschäftsanteile zusammen mindestens dem zehnten Teil des Stammkapitals entsprechen, sind berechtigt, unter Angabe des Zwecks und der Gründe die Berufung der Versammlung zu verlangen.

(2) In gleicher Weise haben die Gesellschafter das Recht zu verlangen, daß Gegenstände zur Beschlußfassung der Versammlung angekündigt werden.

(3) ¹Wird dem Verlangen nicht entsprochen oder sind Personen, an welche dasselbe zu richten wäre, nicht vorhanden, so können die in Absatz 1 bezeichneten Gesellschafter unter Mitteilung des Sachverhältnisses die Berufung oder Ankündigung selbst bewirken. ²Die Versammlung beschließt, ob die entstandenen Kosten von der Gesellschaft zu tragen sind.

Literatur: *Eickhoff* Die Praxis der Gesellschafterversammlung bei GmbH und GmbH & Co, 3. Aufl. 2000; *Habersack* Unwirksamkeit „zustandsbegründender" Durchbrechungen der GmbH-Satzung sowie darauf gerichteter schuldrechtlicher Nebenabreden, ZGR 1994, 354; *Müther* Zur Nichtigkeit führende Fehler bei der Einberufung der GmbH-Gesellschafterversammlung, GmbHR 2000, 966; *Schopp* Einberufung einer GmbH-Gesellschafterversammlung durch eine Minderheit, GmbHR 1976, 126; *Vogel* Gesellschafterbeschlüsse und Gesellschafterversammlung, 2. Aufl. 1986.

Übersicht

	Rn.		Rn.
I. Grundlagen	1, 2	III. Das Selbsthilferecht (Abs. 3)	8–12
1. Inhalt und Zweck	1	1. Erfordernisse	8–10
2. Abdingbarkeit	2	2. Konsequenzen	11
II. Recht auf Einberufung oder Ankündigung (Abs. 1, 2)	3–7	3. Fehlerhafte Einberufung	12
1. Voraussetzungen	3, 4	IV. Entsprechende Anwendbarkeit bei Unzuständigkeit der Gesellschafterversammlung?	13
2. Rechtsfolgen	5, 6	V. Österreichisches Recht	14
3. Tagesordnungspunkte	7		

I. Grundlagen

1. Inhalt und Zweck. § 50 verschafft Gesellschaftern, deren Geschäftsanteile sich auf mindestens 10 % des Stammkapitals belaufen, die Möglichkeit, die Einberufung einer Gesellschafterversammlung herbeizuführen. Der **Zweck** der Bestimmung besteht dementsprechend darin, den Interessen der Minderheit wenigstens in der Form Rechnung zu tragen, dass ihre Anliegen einer Gesellschafterversammlung präsentiert werden können. In Kombination mit dem Auskunfts- und Einsichtsrecht einerseits, dem Anfechtungsrecht andererseits – in beiden Fällen handelt es sich freilich nicht um Minderheits- sondern um Individualrechte – stellt sich § 50 als wichtigstes positivrechtlich ausgeprägtes Element des Minderheitenschutzes in der GmbH dar.[1] Die anderen Minderheitsrechte (§§ 61 Abs. 2, 66 Abs. 2) treten dahinter zurück. 1

2. Abdingbarkeit. Das Minderheitsrecht gemäß § 50 kann durch den Gesellschaftsvertrag unstrittig **verbessert** werden, etwa dergestalt, dass es jedem Gesellschafter oder einer Minderheit von weniger als 10 % zuerkannt wird.[2] Umstritten ist dagegen, ob die Bestimmung auch **zuungunsten** der Minderheit **satzungsdispositiv** ist. 2

---
[1] Ebenso *Hachenburg/Schilling* Rn. 1.
[2] *Hachenburg/Hüffer* Rn. 30.

Die Frage wird teils einschränkungslos bejaht,[3] teils mit der Maßgabe bejaht, dass eine entsprechende Vorschrift entweder im ursprünglichen Gesellschaftsvertrag enthalten oder später durch einstimmige Satzungsänderung beschlossen wird,[4] teils schlechthin verneint.[5] Der zuletzt genannten Auffassung ist zuzustimmen. Entscheidend hierfür ist mE die untragbare Entwertung des seinerseits unabdingbaren Rechts, an Gesellschafterversammlungen teilzunehmen (§ 48 Rn. 9), die eintreten würde, wenn das Stattfinden der Versammlung in das doch nur beschränkt kontrollierbare Ermessen der typischerweise von der Mehrheit abhängigen Geschäftsführung gestellt würde.

II. Recht auf Einberufung oder Ankündigung (Abs. 1, 2)

3   1. **Voraussetzungen.** § 50 setzt zunächst voraus, dass eine **Minderheit von mindestens 10 Prozent** die Einberufung verlangt und zwar gegenüber sämtlichen Geschäftsführern.[6] **Berechnungsgrundlage** für diese 10 % ist nach dem Wortlaut des Gesetzes die Stammkapitalsumme der Gesellschaft. Mit Rücksicht auf den Zweck der Bestimmung ist aber von der Summe der Geschäftsanteile auszugehen, die sich in Händen von Gesellschaftern befinden.[7] Vom satzungsmäßigen Stammkapital abzuziehen sind daher Anteile, die der Gesellschaft gehören, ferner solche, deren Übernahme nichtig ist, die kaduziert oder eingezogen wurden.[8] Nach § 27 preisgegebene Anteile sind mitzuzählen, solange der betreffende Gesellschafter noch die Rechte aus ihnen ausüben kann (dazu § 27 Rn. 32). Bei der **Berechnung** der erforderlichen Minderheit selbst sind nur solche Anteile berücksichtigungsfähig, die sich in der Hand eines nach § 16 legitimierten Gesellschafters befinden. Dazu zählen bis zur Verwertung des Anteils auch solche Gesellschafter, die von der Möglichkeit gemäß § 27 Abs. 1 Gebrauch gemacht haben. Auf die Volleinzahlung der Einlage kommt es ebensowenig an, wie darauf, ob ein Stimmrecht zusteht.[9] Ist ein Gesellschafter aber nicht einmal berechtigt, an der Versammlung teilzunehmen (dazu § 48 Rn. 8), dann steht ihm wegen des Zwecks von Abs. 1 auch nicht die Befugnis zu, ein Einberufungsverlangen zu stellen.[10] Diese Befugnis geht auf diejenigen über, die ein eigenes Teilnahme- und Stimmrecht aus der Mitgliedschaft des ausgeschlossenen Gesellschafters herleiten.[11] Teilweise wird angenommen, dass es – unabhängig von § 50 – in manchen Fällen ein Recht **jedes Gesellschafters** gibt, die Einberufung einer Versammlung oder die Ankündigung von Tagesordnungspunkten zu verlangen.[12] Das ist als Vorschlag de lege ferenda beachtlich, lässt sich aber wohl kaum als Bestandteil des geltenden Rechts ausweisen.

4   Weiteres **Erfordernis** eines wirksamen Einberufungsverlangens ist die Angabe des **Zwecks** und der **Gründe** der Versammlung. **Zweck** ist in diesem Zusammenhang auf die Gegenstände zu beziehen, über die die Versammlung beschließen soll. Ausreichend, wenn auch nicht unbedingt erforderlich, ist daher die Vorlage einer Tagesord-

---

[3] RGZ 68, 210, 212 f.; RG JW 1933, 2904, 2905 f.
[4] OLG Stuttgart NJW 1974, 1566, 1568 = GmbHR 1974, 257, 260 m. Anm. *Konow; Schopp* GmbHR 1976, 126; *Meyer-Landrut/Miller/Niehus* Rn. 14.
[5] *Lutter/Hommelhoff* Rn. 2; *Baumbach/Hueck/Zöllner* Rn. 2; *Hachenburg/Hüffer* Rn. 31; *Scholz/Schmidt* Rn. 6 mwN.
[6] *Müther* GmbHR 2000, 967.
[7] *Hachenburg/Hüffer* Rn. 6 f. mN.
[8] *Hachenburg/Hüffer* Rn. 7; anders die hM für die Kaduzierung; vgl. *Scholz/Schmidt* Rn. 10 mwN; wie hier zB *Lutter/Hommelhoff* Rn. 3.
[9] Wie hier *Hachenburg/Hüffer* Rn. 2; *Scholz/Schmidt* Rn. 11 mwN und Einzelheiten.
[10] Zustimmend *Scholz/Schmidt* Rn. 11.
[11] *Hachenburg/Schilling* § 14 Rn. 32.
[12] *Scholz/Schmidt* Rn. 8.

nung.¹³ Formulierte Anträge braucht das Begehren, wie sich aus Abs. 2 ergibt, nicht zu enthalten.¹⁴ Die **Begründung** des Einberufungsverlangens hat Angaben darüber zu enthalten, warum die Antragsteller eine Entscheidung der Gesellschafterversammlung für notwendig halten und warum gerade jetzt.¹⁵ Diese Erfordernisse sind wegen der grundsätzlich mangelnden Berechtigung der Geschäftsführer, Zweck und Gründe inhaltlich nachzuprüfen (Rn. 5), mit der Kostenregelung in Abs. 3 S. 2, d. h. der dort vorausgesetzten Information der übrigen Gesellschafter, in Verbindung zu bringen. Die Mitteilung von Gründen kann daher entfallen, wenn sie sich schon aus dem Beschlussgegenstand ableiten lassen oder den anderen Gesellschaftern ohnehin bekannt sind. Das Einberufungsverlangen bedarf grundsätzlich **keiner Form;** doch ist aus Beweisgründen Schriftlichkeit zu empfehlen. Adressaten sind im gesetzlichen Normalfall die Geschäftsführer, wobei § 35 Abs. 2 S. 3 sinngemäß anzuwenden ist. Ist die Einberufungsbefugnis abweichend vom Gesetz geregelt, so ist das Verlangen an das demnach zuständige Einberufungsorgan zu richten.¹⁶ Obwohl es sich bei dem Verlangen gemäß Abs. 1 nicht um eine Willenserklärung handelt, ist die Einschaltung Dritter als quasi Bevollmächtigte nach allgM zulässig. Die §§ 47 Abs. 3, 174 BGB sind entsprechend anwendbar.¹⁷ Der Antrag ist **rücknahmefähig.**¹⁸

2. Rechtsfolgen. Bei Vorliegen der in Rn. 3 f. geschilderten Voraussetzungen sind 5 die Geschäftsführer **verpflichtet,** eine Versammlung einzuberufen. Ein materielles Prüfungsrecht dahingehend, ob die von den Antragstellern angegebenen Zwecke und Gründe der Versammlung billigenswert sind, steht ihnen grundsätzlich nicht zu. Eine **Ausnahme** greift Platz, wenn die begehrte Beschlussfassung gegen Gesetz oder Satzung verstoßen würde oder wenn das Einberufungsverlangen **rechtsmissbräuchlich** ist.¹⁹ Das ist etwa der Fall, wenn die Versammlung unzuständig ist, wenn das Begehren offenbar sinnlos oder keinerlei Eilbedürftigkeit ersichtlich ist. Die Einleitung eines schriftlichen Verfahrens anstatt Einberufung einer Versammlung ist nicht statthaft.²⁰ Dem Einberufungsverlangen ist **vollständig** zu entsprechen.²¹ Die Einberufung hat **unverzüglich** zu erfolgen;²² der Versammlungstermin muss innerhalb **angemessener Frist** liegen.²³ Was angemessen ist, hängt von den Umständen des Einzelfalles ab, insbesondere von der Eilbedürftigkeit der Angelegenheit einerseits, dem Zeitpunkt der nächsten ordentlichen Gesellschafterversammlung andererseits. Wenn diese nicht abgewartet werden kann, sind die Geschäftsführer mit anderen Worten verpflichtet, die Versammlung auf einen möglichst naheliegenden Termin einzuberufen.²⁴ Gegen die

---

¹³ *Hachenburg/Hüffer* Rn. 8. Strenger anscheinend OLG Köln NZG 1999, 268.
¹⁴ *Scholz/Schmidt* Rn. 15.
¹⁵ *Schopp* GmbHR 1972, 126, 128; *Hachenburg/Hüffer* Rn. 8.
¹⁶ Für Adressierung „an die Gesellschaft" *Scholz/Schmidt* Rn. 13 mwN; ebenso *Hachenburg/Hüffer* Rn. 12.
¹⁷ Vgl. *Schopp* GmbHR 1972, 126, 127; *Scholz/Schmidt* Rn. 14; *Meyer-Landrut/Miller/Niehus* Rn. 4; *Hachenburg/Hüffer* Rn. 11.
¹⁸ *Vogel* S. 127; *Scholz/Schmidt* Rn. 16 mit Einzelheiten über die Konsequenzen.
¹⁹ OLG Köln WM 1959, 1404; *Hachenburg/Hüffer* Rn. 9; *Scholz/Schmidt* Rn. 17 mwN.
²⁰ OLG Stuttgart NJW 1974, 1566, 1568; *Hachenburg/Hüffer* Rn. 15.
²¹ *Hachenburg/Hüffer* Rn. 13.
²² *Hachenburg/Hüffer* Rn. 13; *Baumbach/Hueck/Zöllner* Rn. 6; *Lutter/Hommelhoff* Rn. 5; für angemessene Frist BGH WM 1985, 567, 568 = EWiR § 50 GmbHG 1/85, 301 – *Miller;* zur Beachtlichkeit einer Fristsetzung im Einberufungsverlangen BGHZ 87, 1, 3 = NJW 1983, 1677; BGHZ 139, 89, 94 = NZG 1998, 634 m. Anm. *Rottnauer* = WM 1998, 1537.
²³ *Hachenburg/Hüffer* Rn. 13; *Scholz/Schmidt* Rn. 31.
²⁴ Bedenklich insoweit OLG Dresden GmbHR 1995, 589.

§ 50 3. Abschnitt. Vertretung und Geschäftsführung

Einberufungspflicht wird daher verstoßen, sofern dem Einberufungsverlangen zwar entsprochen, vor dem hierfür vorgesehenen Termin aber noch eine weitere Versammlung einberufen wird, die das Begehren des Antragsteller torpedieren soll.[25] Trotz Einberufung nach Abs. 1 sind die Geschäftsführer uU befugt, die Versammlung wieder abzusetzen (§ 49 Rn. 6).

6   Ein gerichtlich durchsetzbarer **Anspruch** auf Einberufung besteht nicht.[26] An seine Stelle tritt das Selbsthilferecht gemäß Abs. 3.[27] Wird dem Einberufungsverlangen andererseits entsprochen, ohne dass alle Voraussetzungen vorlagen, so hat dies auf die **Wirksamkeit** der Einladung und der in einer solchen Versammlung gefassten Beschlüsse **keinen Einfluss**. Denn die Geschäftsführung hätte die Versammlung auch von sich aus einberufen können.[28]

7   **3. Tagesordnungspunkte.** Hinsichtlich des **Rechts** auf **Ankündigung** von **Tagesordnungspunkten** gelten die in Rn. 5 f. dargelegten Grundsätze entsprechend. Der Unterschied zu den Fällen des Abs. 1 besteht darin, dass eine Versammlung entweder schon anberaumt worden ist oder ohnehin demnächst einberufen werden muss. Die Verpflichtung der Geschäftsführer, die Tagesordnung zu ergänzen, entfällt, wenn die Frist des § 51 Abs. 4 nicht mehr eingehalten werden kann.[29]

III. Das Selbsthilferecht (Abs. 3)

8   **1. Erfordernisse.** Wird einem ordnungsgemäß gestellten Verlangen gemäß Abs. 1 oder Abs. 2 nicht oder nicht in angemessener Frist entsprochen, kann die Abhaltung einer Versammlung oder die Erweiterung der Tagesordnung auf dem in Abs. 3 umschriebenen Wege herbeigeführt werden.[30] Das Recht entfällt, wenn es nicht ausgeübt wird, bevor der Geschäftsführer doch noch handelt,[31] nicht dagegen, wenn eine erste Versammlung infolge Ladungsmangel gescheitert ist. Die Gegenauffassung[32] verkennt, dass ein erneuter Antrag nach Abs. 1 bei im übrigen unveränderter Lage keinen vernünftigen Sinn hätte. **Einladungs-/ankündigungsbefugt** sind die Gesellschafter, die ein Verlangen nach Abs. 1, 2 gestellt haben, ihre Rechtsnachfolger oder Dritte, die anstelle des ursprünglich beteiligten Gesellschafters stimm- und teilnahmeberechtigt sind (vgl. § 47 Rn. 19 ff., 24 ff.; § 48 Rn. 8, 10).[33] Wenn nicht alle diese Gesellschafter vom Selbsthilferecht Gebrauch machen wollen, genügt es, dass die von den Verbleibenden gehaltenen Geschäftsanteile das Quorum gemäß Abs. 1 (Rn. 3) noch erfüllen. Ist dies nicht mehr der Fall, so hilft freilich auch das Hinzukommen eines neuen am ursprünglichen Verlangen nicht beteiligten Gesellschafters nichts.[34] Das Selbsthilferecht steht auch dann zu, wenn kein Einberufungsberechtigter vorhanden ist.[35] Die Bestellung

---

[25] AM OLG München GmbHR 1957, 105 m. Anm. *Gottschling*.
[26] *Scholz/Schmidt* Rn. 33; *Hachenburg/Hüffer* Rn. 29, je mwN.
[27] Anders *Baumbach/Hueck/Zöllner* Rn. 8.
[28] RGZ 103, 195, 199 f.; *Scholz/Schmidt* Rn. 16; aM *Hachenburg/Schilling* Rn. 13.
[29] *Scholz/Schmidt* Rn. 18; *Lutter/Hommelhoff* Rn. 6; *Hachenburg/Hüffer* Rn. 17.
[30] OLG München GmbHR 2000, 486, 489; zu streng wohl KG GmbHR 1997, 1001: Endgültige Ablehnung der Einberufung erforderlich.
[31] BGH WM 1985, 567, 568; vgl. *Scholz/Schmidt* Rn. 28.
[32] OLG Dresden GmbHR 1995, 589 f.
[33] Zum Anspruch auf Auskunft über die Adressen von Mitgesellschaftern *Baumbach/Hueck/Zöllner* Rn. 13.
[34] *Scholz/Schmidt* Rn. 21.
[35] Vgl. BGH NJW 1980, 2412; OLG Koblenz GmbHR 1995, 730, 732; *Hachenburg/Hüffer* Rn. 20; *Müther* GmbHR 2000, 967 für Amtsunfähigkeit.

eines neuen Geschäftsführers oder eines Notvertreters gemäß § 29 BGB braucht nicht abgewartet zu werden.[36] Einberufungsmöglichkeiten durch einen Aufsichtsrat lassen das Selbsthilferecht unberührt.[37]

Zur Wahrung der Frist nach § 626 Abs. 2 BGB sind die Gesellschafter ausnahmsweise gehalten, nach Abs. 3 vorzugehen. Dabei darf der Geschäftsführung eine angemessene Frist zur Erfüllung ihrer gesetzlichen Einberufungspflicht eingeräumt werden.[38] **9**

Form und **Inhalt** der Einberufung/Ankündigung richten sich nach § 51 Abs. 1, 2, 4.[39] Bei der Festlegung von Ort und Zeit der Versammlung ist das in § 48 Rn. 4 ff. Gesagte zu beachten. Mitzuteilen ist auch das **Sachverhältnis**. Gemeint sind damit die Tatsachen, auf die sich das Selbsthilferecht stützt.[40] Dieses Erfordernis hat den Zweck, den anderen Gesellschaftern eine Meinungsbildung darüber zu gestatten, ob eine wirksame Einberufung vorliegt. **10**

2. Konsequenzen. Die Folge der Ausübung des Rechts gemäß Abs. 3 besteht darin, dass eine ordnungsgemäß einberufene Gesellschafterversammlung oder eine wirksame Erweiterung der Tagesordnung vorliegt. Das gilt auch dann, wenn der Geschäftsführer nach Ausübung des Selbsthilferechts seinerseits eine Versammlung – auch mit einem früheren Termin – einberufen hat.[41] Wenn die anderen Gesellschafter nicht erscheinen, können die Einladenden daher auch allein Beschlüsse fassen (§ 48 Rn. 13). Im übrigen führt Abs. 3 nach anscheinend allgM[42] nur dazu, dass Minderheitsgesellschafter Anträge stellen und diese begründen können. Dagegen soll ihnen ein **Recht auf Beschlussfassung** über diese Anträge nicht zustehen. Das läuft auf eine sehr wesentliche Entwertung des Minderheitenschutzes gemäß § 50 hinaus. Auch ist nicht einzusehen, warum die sonst geltende Regel – Recht auf Bescheidung gestellter Anträge – (§ 48 Rn. 15) – hier nicht gelten soll.[43] Als Sanktion einer Weigerung der Mehrheit, überhaupt abzustimmen, kommt Schadensersatz wegen Treuepflichtverletzung in Betracht (dazu § 43 Rn. 67 ff.). Ob die Erstattung der mit der Ausübung des Selbsthilferechts verbundenen **Kosten** verlangt werden kann, hängt von einem Beschluss gemäß Abs. 3 S. 2 ab.[44] Die Einberufer sind stimmberechtigt.[45] Der Inhalt der Kostenentscheidung ist aus der Treuepflicht der Beteiligten abzuleiten. Die Anfechtung des Beschlusses, mit dem die Übernahme der Kosten zu Unrecht abgelehnt werden, kann demnach mit einer positiven Beschlussfeststellungsklage verbunden werden.[46] **11**

3. Fehlerhafte Einberufung. Beschlüsse, die anlässlich einer von **Unberufenen** einberufenen Versammlung gefasst werden, sind **nichtig** (§ 47 Rn. 95). Ein solcher Fall liegt vor, wenn die Voraussetzungen des Selbsthilferechts nach Abs. 3 nicht ge- **12**

---

[36] Vgl. *Scholz/Schmidt* Rn. 24.
[37] *Hachenburg/Hüffer* Rn. 20.
[38] Dazu BGHZ 139, 89, 92 ff. = NZG 1998, 634 m. Anm. *Rottnauer* = WM 1998, 1537.
[39] Für Einzelheiten vgl. *Hachenburg/Hüffer* Rn. 22; *Scholz/Schmidt* Rn. 26 f. mwN.
[40] Dazu *Hachenburg/Hüffer* Rn. 24.
[41] BGH WM 1985, 567, 568; vgl. *Scholz/Schmidt* Rn. 28; *Lutter/Hommelhoff* Rn. 10; *Meyer-Landrut/Miller/Niehus* Rn. 9.
[42] *Scholz/Schmidt* Rn. 4; *Hachenburg/Schilling* Rn. 11.
[43] Vgl. *Habersack* ZGR 1994, 354, 372 f.
[44] Zur Abgrenzung der von dieser Bestimmung gemeinten Kosten übereinstimmend *Scholz/Schmidt* Rn. 35; *Hachenburg/Hüffer* Rn. 26; vgl. OLG Frankfurt JurBüro 1983, 419.
[45] *Hachenburg/Hüffer* Rn. 27.
[46] *Hachenburg/Hüffer* Rn. 28; *Baumbach/Hueck/Zöllner* Rn. 16; *Lutter/Hommelhoff* Rn. 13; anders Voraufl. Rn. 9.

geben waren.⁴⁷ Die Anwendung dieser Grundsätze ist unproblematisch, wenn sich die Nichtigkeit aus dem Fehlen des erforderlichen Quorums,⁴⁸ eines Verlangens gemäß Abs. 1, 2 oder daraus ergibt, dass die Geschäftsführer ohnehin schon eine Versammlung einberufen haben. Die Ausübung des Selbsthilferechts wegen Nichteinberufung der Versammlung in angemessener Frist ist problematischer, weil es noch nicht gelungen ist, dieses Kriterium zweifelsfrei zu konkretisieren. Vier Wochen genügen aber jedenfalls, bei Vorliegen besonderer Umstände auch weniger.⁴⁹ Werden Zweck und Gründe der Versammlung nicht mitgeteilt, so brauchen die Geschäftsführer nicht tätig werden (Rn. 4). Eine Einladung nach Abs. 3 ist demnach unbefugt.⁵⁰ Im Gegensatz zur unberechtigten Einberufung liefert die **ungerechtfertigte Ankündigung** eines zusätzlichen Tagesordnungspunktes nur einen **Anfechtungsgrund**.⁵¹ Verletzungen der Postulate des § 51 haben keine anderen Folgen als im Zusammenhang der Einberufung durch Geschäftsführer. Vgl. daher § 51 Rn. 12. § 51 Abs. 3 ist nicht nur auf die Verletzung der Abs. 1, 2 oder 4 dieser Bestimmung zu beziehen, sondern ermöglicht auch die Sanierung von Einberufungsmängeln nach § 50 Abs. 3. Für Einzelheiten vgl. § 51 Rn. 13.

IV. Entsprechende Anwendbarkeit bei Unzuständigkeit der Gesellschafterversammlung?

13 Wenig geklärt ist, welche Bedeutung § 50 zukommt, wenn und soweit der Gesellschaftsvertrag – was zulässig ist (§ 45 Rn. 7 ff.) – Zuständigkeiten der Gesellschafterversammlung auf **andere Organe** übertragen hat.⁵² Ein Einberufungsverlangen gemäß § 50 Abs. 1 wäre in diesen Fällen wegen mangelnder Zuständigkeit der Gesellschafterversammlung als rechtsmissbräuchlich unbeachtlich (Rn. 5). Also fragt sich, ob § 50 entsprechend bezüglich derjenigen Personen anzuwenden ist, die für die Einberufung des an deren Stelle tretenden Organs zuständig sind. ME ist zu unterscheiden: Soweit es sich um Zuständigkeiten handelt, die in den in § 52 vorgeformten Aktivitätsbereich eines Aufsichtsrats fallen, wird § 50 mangels gegenteiliger gesellschaftsvertraglicher Vorschrift durch die Zuständigkeitsregelung des § 110 AktG verdrängt. In den anderen Fällen sollte der in § 50 Abs. 1 vorausgesetzten Minderheit die Befugnis zuerkannt werden, die Einberufung des Organs zu verlangen, das anstelle der Gesellschafterversammlung entscheiden soll.⁵³ Ein Teilnahmerecht der Gesellschafter an Sitzungen jenes Organs lässt sich dagegen aus § 50 nicht erschließen.⁵⁴ Entsprechend anwendbar ist aber Abs. 2 und 3. Würden die vorstehend aufgeworfenen Fragen verneint, so stünde die ihrerseits kaum zweifelhafte Unabdingbarkeit des § 50 (Rn. 2) nur auf dem Papier. Das wichtigste Minderheitenschutzinstrument des GmbHG würde im Ergebnis der Disposition der Mehrheit überantwortet.

---

⁴⁷ BGHZ 87, 1, 3 = NJW 1983, 1677; BGHZ 139, 89, 94 = WM 1998, 1537 = NZG 1998, 634 m. Anm. *Rottnauer*; *Hachenburg/Hüffer* Rn. 21; *Scholz/Schmidt* Rn. 34 mit Übersicht über den Meinungsstand; teilweise abweichend *Schopp* GmbHR 1972, 126, 129 f.
⁴⁸ Dazu BGHZ 11, 231, 237 = NJW 1954, 385; wN bei *Scholz/Schmidt* Rn. 34; *Hachenburg/Hüffer* Rn. 21.
⁴⁹ Vgl. BGHZ 139, 89, 94; *Lutter/Hommelhoff* Rn. 5.
⁵⁰ OLG Köln GmbHR 1999, 296 f.; *Lutter/Hommelhoff* Rn. 12; anders Voraufl. Rn. 10.
⁵¹ *Scholz/Schmidt* Rn. 34.
⁵² Andeutungen bei *Schopp* GmbHR 1972, 126, 127; ausführlicher *Hachenburg/Hüffer* Rn. 32; *Scholz/Schmidt* Rn. 37.
⁵³ Zustimmend *Scholz/Schmidt* Rn. 37; tendenziell anders *Hachenburg/Hüffer* Rn. 32.
⁵⁴ So zutreffend *Scholz/Schmidt* Rn. 37.

V. Österreichisches Recht

§ 50 Abs. 1 und 3 entspricht § 37 Abs. 1 und 2 ÖGmbHG. Das Minderheitsverlangen gemäß Abs. 1 muss schriftlich gestellt sein. Die Frist, während der dem Einberufungsverlangen der Minderheit stattgegeben werden muss, beträgt 14 Tage. Danach sind die Berechtigten selbst einberufungsbefugt. Die in § 50 Abs. 2 enthaltene Regel findet sich in § 38 Abs. 3 ÖGmbHG. **14**

§ 51 [Form der Einberufung]

(1) ¹Die Berufung der Versammlung erfolgt durch Einladung der Gesellschafter mittels eingeschriebener Briefe. ²Sie ist mit einer Frist von mindestens einer Woche zu bewirken.

(2) Der Zweck der Versammlung soll jederzeit bei der Berufung angekündigt werden.

(3) Ist die Versammlung nicht ordnungsmäßig berufen, so können Beschlüsse nur gefaßt werden, wenn sämtliche Gesellschafter anwesend sind.

(4) Das gleiche gilt in bezug auf Beschlüsse über Gegenstände, welche nicht wenigstens drei Tage vor der Versammlung in der für die Berufung vorgeschriebenen Weise angekündigt worden sind.

Literatur: *Beckmann* Unmöglichkeit der Ladung eines GmbH-Gesellschafters zur Gesellschafterversammlung, DNotZ 1971, 132; *Eickhoff* Die Praxis der Gesellschafterversammlung bei GmbH und GmbH & Co, 3. Aufl. 2000; *Gaßner/Zimmer* Heilung nichtiger GmbH-Gesellschafterbeschlüsse durch nachträglichen Rügeverzicht, WiB 1997, 169; *Hoffmann/Liebs* Der GmbH-Geschäftsführer, 2. Aufl. 2000; *Loritz* Die Berechnung der Einberufungsfrist bei Gesellschafterversammlungen der GmbH, GmbHR 1992, 790; *Müther* Zur Nichtigkeit führende Fehler bei der Einberufung der GmbH-Gesellschafterversammlung, GmbHR 2000, 966; *Schmitz* Der unerreichbare GmbH-Gesellschafter, GmbHR 1971, 226; *Thelen* Die Ankündigung des Zwecks der Gesellschafterversammlung bei der Einberufung, GmbHR 1992, 796; *Vogel* Gesellschafterbeschlüsse und Gesellschafterversammlung, 2. Aufl. 1986.

Übersicht

	Rn.		Rn.
I. Grundlagen	1–3	2. Form	7
1. Inhalt, Zweck, Geltungsbereich	1, 2	3. Inhalt	8, 9
2. Abdingbarkeit	3	4. Fristen	10
II. Adressaten, Form, Inhalt, Frist	4–11	5. Ergänzung der Tagesordnung (Abs. 4)	11
1. Adressaten	4–6	**III. Rechtsfolgen von Verstößen**	12
a) Gesellschafter	4	**IV. Vollversammlung (Abs. 3)**	13
b) Repräsentanten von Gesellschaftern	5	**V. Österreichisches Recht**	14
c) Dritte	6		

I. Grundlagen

1. Inhalt, Zweck, Geltungsbereich. § 51 beschäftigt sich mit der Art und Weise der Einberufung von Gesellschafterversammlungen. Es geht um deren **Form** (eingeschriebener Brief), um **Fristen** (eine Woche für die Einberufung, drei Tage für nachgeschobene Tagesordnungspunkte), um ein Detail des **Inhalts** der Einladung (Information über den „Zweck" der Versammlung). Als Komplementärregelung dieser Vorschriften wird schließlich bestimmt (Abs. 3), dass Einberufungsmängel die Fassung **1**

§ 51

von Beschlüssen nicht unzulässig machen sollen, wenn sämtliche Gesellschafter an der Versammlung teilnehmen. Gerade dieses Element des § 50 ist aufschlussreich für seinen **Zweck**. Das Gesetz bemüht sich einerseits darum, sicherzustellen, dass alle Gesellschafter rechtzeitig von einer Versammlung informiert werden und auch Gelegenheit haben, sich auf diese vorzubereiten.[1] Wenn alle Gesellschafter einverstanden sind, sollen dabei aufgetretene Mängel eine Beschlussfassung allerdings nicht blockieren. Die Form des eingeschriebenen Briefes zielt offenbar auf Rechtssicherheit. Sie ermöglicht den Nachweis, dass die materiellen Erfordernisse einer ordnungsgemäßen Einberufung eingehalten worden sind. Zur Rücknahme einer Einberufung vgl. § 49 Rn. 6.

2 Der **Geltungsbereich** der Bestimmung ist nicht auf die Geschäftsführer (vgl. § 49 Abs. 1) beschränkt, sondern auf sämtliche gesetzlich oder gesellschaftsvertraglich vorgesehene Einberufungsorgane (vgl. § 49 Rn. 3 ff.) zu erstrecken. § 51 gilt auch in den Fällen einer Einberufung gemäß § 50 Abs. 3. Zur Abgrenzung des Kreises der Einzuladenden vgl. Rn. 4 ff.

3 **2. Abdingbarkeit.** Die in § 51 enthaltenen Garantien können durch die Satzung unstreitig **verschärft** werden (Beispiele: Zugang der Einladung, längere Fristen). Dabei kann sich die Fristbestimmung auch auf eine zweite Versammlung beziehen, die stattfinden soll, wenn die erste beschlussunfähig war. Bleibt die demnach erforderliche Zeitdifferenz zwischen erster und zweiter Versammlung unbeachtet, so sind dennoch gefasste Beschlüsse anfechtbar.[2] Nicht zulässig sind **Beeinträchtigungen** des **Teilnahmerechts** seiner Substanz nach,[3] also etwa Satzungsbestimmungen des Inhalts, dass nicht alle Gesellschafter eingeladen zu werden brauchen oder dass Beschlüsse auch gefasst werden dürfen, wenn Gesellschafter nicht eingeladen worden sind. Eine Ausnahme ist dann zuzulassen, wenn und soweit die Satzung feste Versammlungstermine vorschreibt.[4] Da eine solche Regelung niemals abschließend sein kann, bleibt der unabdingbare Kern des § 51 aber auch in diesem Fall bedeutungsvoll. Abgesehen davon können die Gebote der Bestimmung aber auch **erleichtert** werden. In Betracht kommt zB ein Verzicht auf die vorherige Mitteilung der Tagesordnung[5] oder auf die Form des Abs. 1.[6] Eine allgemeine Satzungsbestimmung dahingehend, dass Bekanntmachungen der Gesellschaft durch Einrückung in die Gesellschaftsblätter erfolgen, ist ohne zusätzliche Hinweise nicht auch auf die Einberufung von Versammlungen zu beziehen.[7]

II. Adressaten, Form, Inhalt, Frist

4 **1. Adressaten. a) Gesellschafter.** Nach dem Wortlaut von Abs. 1 wird die Versammlung durch Einladung der Gesellschafter einberufen. Normalerweise müssen mit der Maßgabe des § 16 Abs. 1, 2 **sämtliche** Gesellschafter, auch die nicht stimmberechtigten,[8] eingeladen werden. Doch ist fraglich, ob dies auch dann gilt, wenn einem Gesellschafter ausnahmsweise **kein Teilnahmerecht** zusteht (dazu § 48 Rn. 8). Die Frage ist kaum geklärt. ME hat eine teleologische Reduktion Platz zu greifen. Denn

---

[1] BGH BB 1987, 1551, 1552; OLG Hamm DB 1992, 263, 264.
[2] BGH NJW 1998, 713 = WM 1998, 347 = DZWiR 1998, 161 m. Anm. *Ingerl*.
[3] Vgl. *Scholz/Schmidt* Rn. 4; *Hachenburg/Schilling* Rn. 12.
[4] *Scholz/Schmidt* Rn. 4.
[5] Dazu überzeugend BGH WM 1987, 373; *Scholz/Schmidt* Rn. 4: Gewährleistung gegenstandsadäquater Vorbereitungszeit; für Unabdingbarkeit *Baumbach/Hueck/Zöllner* Rn. 29; *Hachenburg/Hüffer* Rn. 34.
[6] Dazu OLG Thüringen GmbHR 1996, 536 f.
[7] KG JW 1936, 334.
[8] BGH NJW 1971, 2225.

vom Zweck der Bestimmung her gesehen, wäre es wenig sinnvoll, die Zulässigkeit einer Gesellschafterversammlung von der Einladung solcher Personen abhängig zu machen, die infolge mangelnder Teilnahmeberechtigung ohnehin nicht imstande sind, Anträge zu stellen oder die Willensbildung der Versammlung zu beeinflussen.[9] Im Ergebnis bedeutet dies, dass die Einladung des betreffenden Gesellschafters bei gesetzlicher Vertretung, bei Wahrnehmung der Verwaltungsrechte durch Amtswalter, sowie in den Fällen zulässiger Stimmrechtsabspaltung unterbleiben kann.[10] Im letztgenannten Zusammenhang ist zu beachten, dass die Stimmrechtsabspaltung das Recht des Gesellschafters unberührt lässt, an solchen Beschlüssen mitzuwirken, die den Kernbereich der Mitgliedschaft betreffen.[11] In den Fällen wirksamer, d.h. formgerechter rechtsgeschäftlicher Vertretung ist die Einladung an den Gesellschafter, vertreten durch den Bevollmächtigten, zu richten.[12] Die Einladung des Gesellschafters ist hier deshalb unentbehrlich, weil eine Stimmrechtsvollmacht stets nur obligatorisch wirkt, weshalb das Teilnahmerecht des Gesellschafters durch Widerruf ad hoc jederzeit wieder hergestellt werden kann (§ 47 Rn. 48). Entsprechendes gilt, wenn Abwesenheits- oder Nachlasspflegschaft angeordnet ist.[13] **Bei Innehabung eines Geschäftsanteils durch mehrere** ist die Ladung an den – sofern vorhanden – gemeinsamen Vertreter zu richten; sonst gilt § 18 Abs. 3. Wenn der angesprochene Gesellschafter gleichzeitig einen weiteren Anteil hält, so tritt die in § 18 Abs. 3 angeordnete Rechtsfolge allerdings nur dann ein, wenn er sowohl als Gesellschafter als auch als Mitberechtigter geladen wird.[14]

b) Repräsentanten von Gesellschaftern. Die vorstehend befürwortete teleologische Reduktion von Abs. 1 legt andererseits entsprechende kompensatorische Extension nahe, wenn sie nicht dazu zwingt: anstelle jener Gesellschafter, die wegen fehlenden Teilnahmerechts nicht eingeladen zu werden brauchen, sind jene **Personen** zu laden, **deren Teilnahmebefugnisse sich aus dem Anteil des ausgeschlossenen Gesellschafters herleiten**.[15] Entschiede man anders, so hieße dies, dass eine ordnungsgemäße Einberufung stattfinden kann, ohne dass die Repräsentation jedes Geschäftsanteils zumindest ermöglicht wird. Ein solches Ergebnis wäre mit der Zielsetzung des § 51, darüber hinaus aber auch mit der § 48 Abs. 2 zugrundeliegenden Wertung unvereinbar. Insgesamt ist Abs. 1 also dahingehend aufzufassen, dass die Einberufung der Versammlung durch Ladung der Gesellschafter, in den Fällen fehlender Teilnahmeberechtigung durch Ladung ihrer Repräsentanten zu erfolgen hat. 5

c) Dritte. Zu laden sind auch solche Dritte, die zwar berechtigt sind, an der Gesellschafterversammlung teilzunehmen, deren Teilnahmerecht sich aber **nicht** aus der 6

---

[9] Zustimmend *Scholz/Schmidt* Rn. 6; für einen Sonderfall auch LG Berlin NJW-RR 1986, 195.
[10] Für gesetzliche Vertretung BGH WM 1984, 473; BayObLG DB 1993, 577; *Hachenburg/ Hüffer* Rn. 10; *Lutter/Hommelhoff* Rn. 15.
[11] § 47 Rn. 26; iErg. wie hier *Hachenburg/Schilling* Rn. 4.
[12] Differenzierend *Scholz/Schmidt* Rn. 9 mwN; für Einladung beider *Meyer-Landrut/Miller/ Niehus* Rn. 2; *Eickhoff* S. 25; vgl. *Hachenburg/Hüffer* Rn. 12.
[13] *Scholz/Schmidt* Rn. 6 mwN. Zur Rechtslage bei Bestellung eines Gebrechlichkeitspflegers vgl. *Vogel* S. 131; *Scholz/Schmidt* Rn. 6.
[14] BGHZ 49, 183, 189 = NJW 1968, 743. S. auch *Hachenburg/Hüffer* Rn. 12. Zur Ladung ausgetretener Gesellschafter vor Durchführung des Austritts (Einziehung oder Abtretung des Geschäftsanteils) vgl. OLG Celle GmbHR 1983, 273, 274 mwN; bestätigt in BGH WM 1983, 1354, 1355. Zur Verteilung von Darlegungs- und Beweislast bezüglich der Ladung aller Gesellschafter BGH BB 1987, 920.
[15] Für den Fall der Stimmrechtsübertragung ausdrücklich zust. *Hachenburg/Schilling* Rn. 4; zu gesetzlicher Vertretung s. Nachw. in Rn. 4.

Mitgliedschaft herleitet. Dazu gehören Mitglieder eines obligatorischen Aufsichtsrats und solche Personen, deren Teilnahmerecht auf der Satzung oder einem Gesellschafterbeschluss beruht (§ 48 Rn. 10). Doch folgen diese Sätze nicht aus Abs. 1, sondern aus dem Teilnahmerecht. Wird die Einladung nicht mitgliedschaftslegitimierter Dritter unterlassen, so ändert dies daher nichts an der Ordnungsmäßigkeit der Einberufung.[16] Zur Bedeutung dieses Befundes für die Rechtsfolgen vgl. Rn. 12.

7   2. **Form.** Einzuladen ist mittels **eingeschriebenen Briefs.**[17] Der § 126 BGB ist nicht anwendbar, da keine Willenserklärung vorliegt.[18] Dagegen muss die Einladung das **Einberufungsorgan ausweisen.** Im gesetzlichen Regelfall genügt dazu nach hM die Verwendung des Firmenstempels, wohl auch faksimilierte Unterschrift der Geschäftsführer.[19] In den Fällen der Einberufung gemäß § 50 Abs. 3 haben wegen der Notwendigkeit, die Voraussetzungen dieser Einberufung klarzulegen, freilich alle beteiligten Gesellschafter zu zeichnen (vgl. § 50 Rn. 8).[20] Die Einladung ist an die der Gesellschaft bekanntgegebenen Anschriften, bei zuverlässig abweichender Information an die demnach maßgebende Adresse zu richten.[21] Bei Unbekanntheit oder **Unerreichbarkeit** eines Gesellschafters[22] ist auf die Bestellung eines Abwesenheitspflegers, gegebenenfalls eines Nachlasspflegers, hinzuwirken.[23] Das gilt freilich nur dann, wenn der Betreffende nicht selbst entsprechende Vorsorge treffen kann.[24] Umstritten ist, ob Vertreterbestellung durch das Registergericht gemäß § 5 Abs. 2 des Handelsrechtlichen Bereinigungsgesetzes möglich ist.[25] Eine öffentliche Zustellung gemäß § 132 Abs. 2 BGB kommt nur als ultima ratio in Betracht.[26] Hinsichtlich der Ladung **nicht mitgliedschaftslegitimierter** Dritter (Rn. 6), ist die Form des Einschreibebriefs gemäß Abs. 1 **nicht** vorgeschrieben.

8   3. **Inhalt.** Die Ankündigung der Versammlung muss eine „Einladung" enthalten. Daraus folgt, dass **Ort** und **Zeit** der Versammlung anzugeben sind.[27] Aus Abs. 2 ergibt sich, dass die Einladung auch Angaben über den **Zweck** der Versammlung – es handelt sich um ein Synonym für die Beschlussgegenstände des Abs. 4 – enthalten soll.

---

[16] Vgl. OLG Stuttgart NJW 1973, 2027, 2028; auch *Scholz/Schmidt* Rn. 12, aber ohne die erforderliche Differenzierung zu der in Rn. 5 beschriebenen Konstellation.

[17] Vgl. § 29 der Postordnung, dazu *Scholz/Schmidt* Rn. 13. Zur Abdingbarkeit der Bestimmung Rn. 3.

[18] *Scholz/Schmidt* Rn. 5; aM *Hachenburg/Schilling* Rn. 3.

[19] So mit Schattierungen in den Details *Hachenburg/Hüffer* Rn. 4; *Lutter/Hommelhoff* Rn. 3; *Vogel* S. 130, *Scholz/Schmidt* Rn. 13 mwN auch der Gegenansicht, zB *Baumbach/Hueck/Zöllner* Rn. 11; *Meyer-Landrut/Miller/Niehus* Rn. 3.

[20] *Müther* GmbHR 2000, 967.

[21] *Vogel* S. 131; *Hachenburg/Schilling* Rn. 4; gegen Letzteres *Hachenburg/Hüffer* Rn. 5; *Baumbach/Hueck/Zöllner* Rn. 4; s. auch OLG Naumburg NZG 2000, 44, 45 f. Zur Möglichkeit der Gerichtsvollzieherzustellung OLG Düsseldorf NZG 2000, 1180, 1182. Zur Frage, ob die Einladung zugegangen ist, wenn sie anstatt zu Händen des Insolvenzverwalters an den Vorstand einer AG adressiert ist OLG Düsseldorf GmbHR 1996, 443, 447 f.

[22] Zu solchen Fällen *Beckmann* DNotZ 1971, 132; *Schmitz* GmbHR 1971, 226. Zur Rechtslage bei nicht zu vertretender Unerreichbarkeit LG Dortmund NZG 1998, 390 m. Anm. *Michalski*.

[23] *Scholz/Schmidt* Rn. 10 mwN; LG Berlin NJW-RR 1986, 195; anders *Baumbach/Hueck/Zöllner* Rn. 4 für Abwesenheitspflegschaft.

[24] OLG Düsseldorf WM 1990, 1022, 1023 = WuB II C. § 51 GmbHG 1.90 – *Ott,* je mwN; vgl. auch OLG München GmbHR 1994, 406, 408.

[25] Dagegen *Baumbach/Hueck/Zöllner* Rn. 4; *Scholz/Schmidt* Rn. 10 mwN.

[26] *Beckmann* DNotZ 1971, 132, 133; *Schmitz* GmbHR 1971, 226, 227; aA *Hachenburg/Hüffer* Rn. 6; s. auch OLG Naumburg NZG 2000, 44, 45 f.

[27] *Scholz/Schmidt* Rn. 16; vgl. auch § 48 Rn. 4 ff.

Wie der Wortlaut von Abs. 2, aber auch die Existenz von Abs. 4 lehrt, wird damit **kein zwingendes** Erfordernis aufgestellt. Die Angaben über den Zweck der Versammlung können vielmehr innerhalb der in Abs. 4 genannten Frist nachgeschoben oder ergänzt werden. Im Zusammenhang einer Einberufung gemäß § 50 Abs. 1 gilt dies **nicht.** Denn in diesem Fall sind die Geschäftsführer verpflichtet, dem Einberufungsverlangen unverzüglich (§ 50 Rn. 5), aber auch vollständig zu entsprechen.[28]

Die Mitteilung des Versammlungszwecks (der Beschlussgegenstände) geschieht durch **Vorlage einer Tagesordnung** mit der Maßgabe, dass die Reihenfolge der Beschlussgegenstände nicht verbindlich ist.[29] Bei materiellrechtlicher Erheblichkeit der angekündigten Sequenz ist allerdings auf die Rechte der Minderheit Rücksicht zu nehmen.[30] Die Mitteilung von Anträgen oder Entscheidungsvorschlägen ist nicht erforderlich, aber zulässig.[31] Dagegen müssen die einzelnen Verhandlungs- oder Beschlussgegenstände so deutlich umschrieben werden, dass jeder Adressat ersehen kann, um was es sich handelt, seine Vorbereitung also entsprechend einzurichten imstande ist.[32] „Genehmigung der Geschäftsführung" ist nicht genau genug, wenn über die Zustimmung zu einer bestimmten Geschäftsführungsmaßnahme beschlossen werden soll.[33] Der pauschale Vorwurf rechtswidrigen und gesellschaftsschädigenden Verhaltens reicht bei beabsichtigter Einziehung des Anteils des Betroffenen nicht aus.[34] Dasselbe gilt, wenn die geplante Abberufung eines Geschäftsführers als „Änderung der Geschäftsführung" angekündigt wird.[35] Geplante Kapitalerhöhungen sind hinsichtlich ihrer Größenordnung zu konkretisieren,[36] wie überhaupt in Fällen der Satzungsänderung genauer angekündigt werden muss als sonst.[37] Wurde die Abberufung eines Gesellschafter-Geschäftsführers aus wichtigem Grund angekündigt, dann darf jedenfalls bei Abwesenheit des Betreffenden nicht über eine „einfache" Abberufung abgestimmt werden.[38] Die Ankündigung von Unternehmensverträgen dürfte analog § 47 UmwG zu beurteilen sein. Zumindest ist die Mitteilung der Vertragsbeteiligten, der Vertragsart und des wesentlichen Vertragsinhaltes erforderlich.[39] Ein Tagesordnungspunkt „Verschiedenes" ist als Grundlage von Beschlüssen nicht ausreichend.[40] **Geschäftsordnungsbeschlüsse** brauchen nicht angekündigt werden.[41] Ist die Tagesordnung schon einmal angekündigt, aber wegen Beschlussunfähigkeit nicht erledigt worden, so genügt es, anlässlich einer weiteren Versammlung hierauf Bezug zu nehmen.[42]

---

[28] *Hachenburg/Schilling* § 50 Rn. 6, 8.
[29] *Scholz/Schmidt* Rn. 18; *Hachenburg/Hüffer* Rn. 17.
[30] LG Bielefeld NZG 1998, 511 f. m. Anm. *Römermann*.
[31] OLG Stuttgart NZG 2000, 159; für einstweiligen Rechtsschutz in solchen Fällen (im Kontext der Ankündigung eines Abberufungsbeschlusses) *Hoffmann/Liebs* Rn. 224.
[32] BGH WM 1960, 859, 860; LM Nr. 3; OLG Düsseldorf NZG 2000, 1180, 1182; KG GmbHR 1993, 663; *Scholz/Schmidt* Rn. 19; *Hachenburg/Hüffer* Rn. 21; *Baumbach/Hueck/Zöllner* Rn. 21 ff.
[33] RGZ 89, 367, 378; *Thelen* GmbHR 1992, 796 mN.
[34] LG München GmbHR 1993, 664.
[35] BGH LM Nr. 3; LG Köln GmbHR 1992, 809, 810. Zuletzt BGH BB 2000, 1538: Kein auf fristlose Kündigung gerichteter Beschluss, wenn nur „Geschäftsführungsangelegenheiten" angekündigt.
[36] RGZ 87, 155, 156.
[37] Dazu namentlich *Baumbach/Hueck/Zöllner* Rn. 23; s. auch *Hachenburg/Hüffer* Rn. 23.
[38] BGH WM 1985, 567, 570.
[39] Vgl. *Hachenburg/Hüffer* Rn. 25; *Baumbach/Hueck/Zöllner* Rn. 23.
[40] OLG München GmbHR 1994, 259.
[41] *Scholz/Schmidt* Rn. 20.
[42] OLG Brandenburg GmbHR 1996, 537, 538.

10 **4. Fristen.** Die **Länge** der Einberufungsfrist beträgt nach Abs. 1 mindestens **eine Woche.** Das gilt entsprechend auch bei **Verlegung** der Versammlung.[43] Die Frist **beginnt** nicht erst mit dem Zugang der Einladungen. Denn wie der Wortlaut des Gesetzes („bewirken") deutlich macht, ist Zugang überhaupt nicht als Voraussetzung wirksamer Einladungen und damit einer wirksamen Einberufung anzusehen.[44] Anstatt dessen wird angenommen, es genüge die Aufgabe der Einschreibsendung zur Post.[45] Nach anderen[46] kommt es auf den Tag an, an dem die Einladung bei ordnungsgemäßer Zustellung dem letzten Gesellschafter zugegangen wäre.[47] Dem ist mit Rücksicht auf den auf eine Effektuierung des Teilnahmerechts zielenden Zweck der Vorschrift und die Kürze der gesetzlichen Frist zuzustimmen.[48] Ob das auch dann gilt, wenn die Ladungsfrist gesellschaftsvertraglich signifikant verlängert wurde, erscheint zweifelhaft.[49] Die **Berechnung** der Frist richtet sich nach den §§ 187 Abs. 1, 188 Abs. 2 BGB. Die Anwendung des § 193 BGB ist umstritten, wegen der regelmäßigen Unzulässigkeit von Versammlungen an Sonn- oder Feiertagen (§ 48 Rn. 6) aber im allgemeinen zu bejahen.[50]

11 **5. Ergänzung der Tagesordnung (Abs. 4).** Die Ergänzung der Tagesordnung gemäß Abs. 4 muss bis mindestens drei Tage vor der Versammlung bewirkt worden sein. Für Beginn und Berechnung der Frist gilt das in Rn. 10 Gesagte entsprechend. Die Adressaten dieser Mitteilung sind dieselben wie die einer Einladung gemäß Abs. 1 (dazu Rn. 4). Ausdrücklich vorgeschrieben ist auch die Einhaltung der dort vorgesehenen Form des Einschreibebriefes (vgl. Rn. 7). Von der Einhaltung der Frist nach Abs. 4 ist die Pflicht zu unterscheiden, die Gesellschafter zu informieren (dazu § 43 Rn. 15). Sofern eine angemessene Vorbereitung des Beschlussgegenstandes dies verlangt, ist eine entsprechende „Vorinformation" erforderlich.[51]

III. Rechtsfolgen von Verstößen

12 Vorbehaltlich einer Vollversammlung, in deren Rahmen sämtliche Verstöße über die Einberufung und Ladung geheilt werden können (Abs. 3; vgl. Rn. 13), sind die Rechtsfolgen solcher Verstöße wie folgt zu beurteilen: Fehlt es überhaupt an einer Einberufung, so sind gleichwohl gefasste Beschlüsse **nichtig.**[52] Dasselbe gilt, wenn die Ladung keine Angaben über den Ort oder die Zeit der Versammlung enthält (§ 47 Rn. 97) oder wenn nicht alle teilnahmeberechtigten Gesellschafter (dazu Rn. 4) eingeladen werden.[53] Nichtigkeitsgrund ist auch die Nichtladung solcher Dritter, deren Teilnahmebefugnis sich aus einem Mitgliedschaftsrecht herleitet (vgl. Rn. 5). Die Nichtladung aus anderen Gründen teilnahmeberechtigter Personen macht dennoch

---

[43] BGHZ 100, 164, 266; vgl. *Scholz/Schmidt* Rn. 25; s. auch OLG Naumburg NZG 2000, 44.
[44] RGZ 60, 144, 145; BGHZ 100, 264, 267 = NJW 1987, 2580 = DB 1987, 1829; OLG Naumburg NZG 2000, 44; *Scholz/Schmidt* Rn. 15 mwN.
[45] RGZ 60, 144, 145; *Scholz/Schmidt* Rn. 15; ausführlich *Loritz* GmbHR 1992, 790 ff. mwN.
[46] BGHZ 100, 264, 267 ff. = NJW 1987, 2580 = GmbHR 1987, 424; *Baumbach/Hueck/Zöllner* Rn. 17; *Hachenburg/Hüffer* Rn. 15; ebenso *Lutter/Hommelhoff* Rn. 9; *Roth/Altmeppen* Rn. 3.
[47] Unentschieden KG NJW 1965, 1257, 1258.
[48] So auch BGHZ 100, 264, 268 f. = NJW 1987, 2580 = DB 1987, 1829.
[49] Befürwortend OLG Naumburg GmbHR 1998, 90, 91 f.
[50] Wie hier *Scholz/Schmidt* Rn. 14; *Hachenburg/Hüffer* Rn. 14; *Baumbach/Hueck/Zöllner* Rn. 18; genauere Analyse bei *Loritz* GmbHR 1992, 790, 792 ff.
[51] *Scholz/Schmidt* Rn. 17; *Hachenburg/Hüffer* Rn. 20.
[52] Unstrittig; vgl. etwa *Scholz/Schmidt* Rn. 27.
[53] § 47 Rn. 96; vgl. *Hachenburg/Hüffer* Rn. 26.

gefasste Beschlüsse dagegen nur **anfechtbar**.[54] Die insgesamt formwidrige Einberufung soll einen Nichtigkeitsgrund liefern.[55] Dafür lässt sich möglicherweise die Parallele zu den §§ 241 Nr. 1, 121 Abs. 3 AktG anführen. Aber die Form des eingeschriebenen Briefs hat bei der GmbH nicht dieselbe Bedeutung wie die Bekanntmachung der Einberufung in den Gesellschaftsblättern bei der AG (vgl. Rn. 7). Außerdem ist das Gewicht eines bloßen Formverstoßes anlässlich der Einladung doch deutlich geringer zu bemessen als die Unterlassung der Ladung überhaupt. Schon wegen der erkennbaren Tendenz des Gesetzes, die Nichtigkeitsgründe tunlichst zu beschränken, sollte daher – Zugang bei den Einladungsadressaten vorausgesetzt – nur Anfechtbarkeit angenommen werden.[56] Dasselbe gilt bei Verstößen gegen die Fristenregelung des Gesetzes.[57] Bloßes Erscheinen trotz verspäteter Einladung ändert hieran nichts.[58] Auch das Fehlen einer Tagesordnung oder Mängel bei der Ankündigung derselben begründet nur die Anfechtbarkeit.[59] Es fehlt jeder Anlass, für die GmbH insoweit von strengeren Grundsätzen auszugehen als sie für die AG gelten (vgl. §§ 241, 124 AktG). Der Verstoß gegen besondere Einberufungsvorschriften der Satzung liefert ebenfalls nur einen Anfechtungsgrund.[60] Denn diejenigen gesetzlichen Bestimmungen über die Einberufung, deren Verletzung die Nichtigkeitsfolge auslöst, sind nicht satzungsdispositiv (vgl. Rn. 3). Zu den Möglichkeiten der Heilung nichtiger Beschlüsse vgl. § 47 Rn. 114, zum Ausschluss der Anfechtung trotz Vorhandenseins eines Anfechtungsgrundes § 47 Rn. 133 ff.

IV. Vollversammlung (Abs. 3)

Eine **Vollversammlung** kann auch dann **wirksame** Beschlüsse fassen, wenn irgendeine oder auch alle Regeln über die ordnungsgemäße Einberufung verletzt worden sind. Vorausgesetzt wird nach dem Wortlaut des Gesetzes die Anwesenheit **sämtlicher** Gesellschafter.[61] Doch ist dieser Wortlaut wie im Kontext des Abs. 1 aus den dazu angeführten Gründen (Rn. 4) **teleologisch zu korrigieren**. Das bedeutet einerseits, dass die Präsenz nicht teilnahmeberechtigter Gesellschafter nicht erforderlich ist, dass andererseits aber solche **Dritte** anwesend sein müssen, deren Teilnahmerecht **mitgliedschaftslegitimiert** ist.[62] Anwesenheit iSv. Abs. 3 setzt **Einverständnis** mit der Abhaltung der Versammlung und der Beschlussfassung voraus.[63] Dazu ist ein Ge-

13

---

[54] So für die Nichtladung von Aufsichtsratsmitgliedern OLG Stuttgart NJW 1973, 2027, 2028; *Hachenburg/Hüffer* Rn. 13; *Scholz/Schmidt* Rn. 32 mwN.
[55] *Scholz/Schmidt* 6. Aufl. Rn. 25. Einschränkend *Hachenburg/Schilling* Rn. 10: Nichtigkeit nur, wenn die Einladung nicht schriftlich oder zwar schriftlich, aber ununterschrieben ausgesprochen wurde; gegen letzteres *Hachenburg/Hüffer* Rn. 26.
[56] So auch *Hachenburg/Raiser* Anh. § 47 Rn. 104; *Scholz/Schmidt* Rn. 30; vgl. oben § 47 Rn. 121. Für Heilung analog § 242 Abs. 2 S. 4 AktG nF. *Gaßner/Zimmer* WiB 1997, 172 ff.
[57] §§ 241, 123 AktG; BGHZ 100, 264, 265 = NJW 1987, 2580 = DB 1987, 1829; OLG Naumburg GmbHR 1998, 90, 92 f. mwN; *Hachenburg/Hüffer* Rn. 27; anders *Scholz/Schmidt* 6. Aufl. Rn. 25, 26; wie hier *ders.* 7. Aufl. Rn. 30.
[58] OLG Hamm DB 1992, 263, 264 mit Berufung auf BGH BB 1987, 1551, 1553.
[59] BGH GmbHR 1972, 177; OLG Düsseldorf NZG 2000, 1180, 1182; *Hachenburg/Hüffer* Rn. 27; *Scholz/Schmidt* Rn. 30, 34.
[60] § 47 Rn. 94, 116; anders § 191 Nr. 1 RegE 1971; einschränkend *Scholz/Schmidt* Rn. 31.
[61] Oder deren Vertreter; vgl. *Scholz/Schmidt* Rn. 42; zur Möglichkeit einer Vollversammlung unter Beteiligung eines falsus procurator BayObLG GmbHR 1989, 252, 253 f.
[62] Vgl. Rn. 5; wie hier BayObLG DB 1993, 577 für gesetzlichen Vertreter.
[63] RGZ 92, 409, 411; BGHZ 100, 264, 269 ff. = NJW 1987, 2580 = DB 1987, 1829; BGH JZ 1999, 1171 m. Anm. *Noack* = ZIP 1999, 1352 m. Anm. *Altmeppen* = WM 1999, 1565; OLG München GmbHR 2000, 486, 489 m. Anm. *Emde*; OLG München GmbHR 2000, 486, 489 m. Anm. *Emde*;

schäftsunfähiger nur durch seinen gesetzlichen Vertreter imstande.[64] Abstimmung iSd. Antrags bedeutet stets, dass der betreffende Gesellschafter mit Beschlussfassung einverstanden ist. Sonstige Beteiligung an der Abstimmung ist ambivalent. Es kommt darauf an, ob es sich um bloße Vorsorge für den Fall wirksamer Beschlussfassung oder um ein Einverständnis mit einer an sich unwirksamen Vorgangsweise handelt.[65] Die Anfechtbarkeit wegen Form- oder Fristverstoß kann bei Erscheinen der Gesellschafter, denen gegenüber dieser Mangel vorliegt, schon wegen fehlender Relevanz des Mangels entfallen (§ 47 Rn. 134). In diesen Fällen brauchen die Erfordernisse von Abs. 3 daher nicht auch noch erfüllt zu sein.[66] Ein fehlerhafter Beschluss liegt auch dann nicht vor, wenn sich **sämtliche Gesellschafter** auf einen bestimmten Versammlungstermin unter Verzicht auf die Einhaltung von Fristen und Formvorschriften geeinigt haben.[67]

V. Österreichisches Recht

14 Abgesehen von einigen Präzisierungen ohne besondere Bedeutung enthält § 38 Abs. 1, 2 und 4 ÖGmbHG dieselben Regeln wie § 51. Zusätzlich wird gesagt, dass auch hinsichtlich nicht angekündigter Tagesordnungspunkte Anträge gestellt werden können und Verhandlungen ohne Beschlussfassung zulässig sind (§ 38 Abs. 5 ÖGmbHG). Diese Bestimmung bedeutet aber nicht, dass über solche Anträge auch in der laufenden Verhandlung beschlossen werden dürfte.[68]

§ 51a [Auskunfts- und Einsichtsrecht]

(1) **Die Geschäftsführer haben jedem Gesellschafter auf Verlangen unverzüglich Auskunft über die Angelegenheiten der Gesellschaft zu geben und die Einsicht der Bücher und Schriften zu gestatten.**

(2) [1]**Die Geschäftsführer dürfen die Auskunft und die Einsicht verweigern, wenn zu besorgen ist, daß der Gesellschafter sie zu gesellschaftsfremden Zwecken verwenden und dadurch der Gesellschaft oder einem verbundenen Unternehmen einen nicht unerheblichen Nachteil zufügen wird.** [2]**Die Verweigerung bedarf eines Beschlusses der Gesellschafter.**

(3) **Von diesen Vorschriften kann im Gesellschaftsvertrag nicht abgewichen werden.**

Literatur: *Biermeier/Bongen/Renaud* Informationsrechte der Gesellschafter bei Betriebsaufspaltungen, GmbHR 1988, 169; *Binz/Freudenberg/Sorg* Informationsrechte in der GmbH & Co., BB 1991, 785; *v. Bitter* Das Informationsrecht der GmbH-Gesellschafter in §§ 51a, 51b GmbHG, ZIP 1981, 825; *Bopp* Die Informationsrechte des GmbH-Gesellschafters, 1991; *Bremer* Herausgabe von Informationen im Rahmen einer Due Diligence, GmbHR 2000, 178; *Bunte* Informationsrechte in der GmbH und im GmbH-Konzern, 1976; *Gänzle* Die Rechtsstellung des Kommanditisten in der nichtpersonengleichen

---

OLG Hamburg GmbHR 1997, 796 (für einzelne Beschlussgegenstände); OLG Naumburg GmbHR 1998, 90, 92 (für einzelne Beschlussgegenstände); OLG Hamm GmbHR 1996, 768, 769; OLG Stuttgart BB 1993, 2179, 2180 = EWiR § 48 GmbHG 1/94 – *Weipert;* OLG Hamm GmbHR 1993, 805, 806; *Lutter/Hommelhoff* Rn. 18; *Hachenburg/Hüffer* Rn. 29; *Scholz/Schmidt* Rn. 40; einschränkend *Baumbach/Hueck/Zöllner* Rn. 25. Für ein Gegenbeispiel OLG Frankfurt ZIP 1997, 644, 645 (Zusammentreffen der Gesellschafter ohne Einigkeit über Stattfinden einer Versammlung).

[64] BayObLG DB 1993, 577, 578.
[65] Vgl. *Hachenburg/Hüffer* Rn. 29; *Scholz/Schmidt* Rn. 43.
[66] Etwas anders *Scholz/Schmidt* Rn. 44; vgl. *Baumbach/Hueck/Zöllner* Rn. 25.
[67] OLG München DB 1994, 1464 = EWiR § 51 GmbHG 1/94 – *Karolus.*
[68] Vgl. *Reich-Rohrwig* GmbH-Recht, 1983, 337; *Koppensteiner* § 38 Rn. 14.

Auskunfts- und Einsichtsrecht § 51a

GmbH & Co. KG, 2001; *Gansen* Zum Schutzgesetzcharakter des § 51a GmbHG (Auskunfts- und Einsichtsrecht des Gesellschafters), GmbHR 1987, 458; *Götze* Auskunftserteilung durch GmbH-Geschäftsführer im Rahmen der Due Diligence beim Beteiligungserwerb, ZGR 1999, 202; *Grunewald* Einsichts- und Auskunftsrechte des GmbH-Gesellschafters nach neuem Recht, ZHR 146 (1982), 211; *dies.* Zum Informationsrecht in der GmbH & Co. KG, ZGR 1989, 545; *Gustavus* Das Informationserzwingungsverfahren nach § 51b GmbHG in der Praxis, GmbHR 1989, 181; *Hirte* Die Ausübung der Informationsrechte von Gesellschaftern durch Sachverständige, BB 1985, 2208; *Hommelhoff* Gesellschaftsrechtliche Fragen im Entwurf eines Bilanzrichtlinie-Gesetzes, BB 1981, 944; *ders.* Jahresabschluß und Gesellschafterinformation in der GmbH, ZIP 1983, 383; *Ivens* Informationsverweigerung gemäß § 51a Abs. 2 GmbHG gegenüber Konkurrentgesellschaften, GmbHR 1989, 273; *Kiethe* Das Informationsrecht des ausscheidenden GmbH-Gesellschafters, DStR 1993, 1708; *Kort* Das Informationsrecht des Gesellschafters der Konzernobergesellschaft, ZGR 1987, 46; *Kretzschmar* Zur Konkretisierung des Auskunftsrechts nach § 51a GmbHG, AG 1987, 121; *Lutter* Due Diligence des Erwerbers beim Kauf einer Beteiligung, ZIP 1997, 613; *ders.* Zum Informationsrecht des Gesellschafters nach neuem GmbH-Recht, ZGR 1982, 1; *ders.* Fragerecht und Informationsanspruch des Aktionärs und GmbH-Gesellschafters im Konzern, AG 1985, 117; *Martens* Grundlagen und Entwicklung des Minderheitenschutzes in der GmbH, FS 100 Jahre GmbHG, 1992, S. 607; *Meilicke/Hollands* Schutz der GmbH vor nachträglichem Mißbrauch der nach § 51a GmbHG erlangten Informationen, GmbHR 2000, 557; *Mertens* § 51a GmbHG und die kapitalistisch strukturierte GmbH, FS Werner, 1984, S. 557; *Müller* Gestattung der Due Diligence durch den Vorstand der Aktiengesellschaft, NJW 2000, 3452; *ders.* Schranken des Informationsrechtes nach § 51a GmbHG, GmbHR 1987, 87; *Oetker* Das Recht der Unternehmensmitbestimmung im Spiegel der neueren Rechtsprechung, ZGR 2000, 19; *Oppenländer* Grenzen der Auskunftserteilung durch Geschäftsführer und Gesellschafter beim Verkauf von GmbH-Geschäftsanteilen, GmbHR 2000, 535; *Reuter* § 51a GmbHG – Quo vadis?, BB 1986, 1653; *K. Schmidt* Informationsverweigerung in der GmbH ohne Gesellschafterbeschluß?, GmbHR 1982, 206; *ders.* Die Dogmatik des Informationsrechts als Grundlage der Konkretisierung des § 51a GmbHG, FS Kellermann, 1991, S. 389; *ders.* Die Information des Gesellschafters, FS 100 Jahre GmbHG, 1992, S. 559; *Schneider* Die Mitverwaltungsrechte der Gesellschafter in der verbundenen GmbH – Überlegungen zu einer Binnenordnung im Konzern, in: Der GmbH-Konzern, 1976, 78; *ders.* Die Fortentwicklung des Handelsregisters zum Konzernregister, WM 1986, 181; *Schroeder* Darf der Vorstand der Aktiengesellschaft dem Aktienkäufer eine Due Diligence gestatten?, DB 1997, 2161; *Stimpel/Ulmer* Einsichtsrecht der Gesellschafter einer mitbestimmten GmbH in die Protokolle des Aufsichtsrats?, FS Zöllner, 1998, S. 589; *Tietze* Die Informationsrechte des GmbH-Gesellschafters, 1985; *Timm* Das neue GmbH-Recht in der Diskussion, GmbHR 1980, 286; *Vossel* Zum Auskunftsrecht des Aktionärs im Konzern, ZIP 1988, 755; *Westermann/Menger* Gesellschafterstreitigkeiten im GmbH-Recht, DWiR 1991, 143; *Witte* Zum Informationsrecht des Gesellschafters einer mitbestimmten GmbH, ZGR 1998, 151; *ders.* Der Prüfungsbericht als Informationsträger im Konzern, 1996; *Wohlleben* Informationsrechte des Gesellschafters, 1989.

Übersicht

	Rn.		Rn.
I. Grundlagen	1, 2	b) Gegenüber einzelnen Informationsberechtigten	19
1. Inhalt und Entstehungsgeschichte	1		
2. Zweck; Auslegung	2	5. Vertraulichkeit	20, 21
II. Das Informationsrecht (Abs. 1)	3–21	**III. Informationsverweigerung**	22–29
1. Beteiligte	3–5	1. Voraussetzungen gemäß Abs. 2	22–26
a) Informationsberechtigte	3, 4	a) Materiellrechtliche Voraussetzungen	22–24
aa) Gesellschafter	3	aa) Nachteil der Gesellschaft	22
bb) Dritte	4	bb) Auskunftsrecht von Wettbewerbern?	23
b) Die Gesellschaft als Informationsverpflichtete	5	cc) Strafbare Auskünfte	24
2. Inhalt der Auskunft	6, 7	b) Gesellschafterbeschluss	25, 26
3. Art und Weise der Informationserteilung	8–13	2. Beschlusserfordernis bei Informationsverweigerung aus anderen Gründen?	27
a) Auskunft auf Verlangen	8	3. Begründung der Informationsverweigerung	28
b) Unverzügliche Auskunftserteilung	9		
c) Auskunft in oder außerhalb der Gesellschafterversammlung	10	4. Rechtsfolgen rechtswidriger Informationsverweigerung	29
d) Verhältnis von Auskunfts- und Einsichtsrecht	11–13	**IV. Keine Abdingbarkeit (Abs. 3)**	30
4. Grenzen	14–19	**V. Österreichisches Recht**	31
a) Allgemein	14–18		

§ 51a

I. Grundlagen

1. Inhalt und Entstehungsgeschichte. § 51a ist mit der GmbH-Novelle 1980 eingeführt worden. Die Bestimmung bezeichnet den Endpunkt einer Entwicklung, die von der Ablehnung eines Informationsrechts der Gesellschafter durch den Gesetzgeber von 1892[1] über die Anerkennung von Einsichts-, unter Umständen auch Auskunftsrechten außerhalb der Gesellschafterversammlung jedenfalls bei Vorliegen besonderer Umstände,[2] die Weiterentwicklung dieser Grundsätze in der Literatur[3] bis zu der jetzt maßgeblichen Gesetzeslage geführt hat.[4] Abs. 1 gibt jedem Gesellschafter ein durch den Wortlaut in keiner Richtung beschränktes Recht, Auskunft über die Angelegenheiten der Gesellschaft und darüber hinaus die Einsicht in ihre Bücher und Schriften zu verlangen. Im Gegensatz zu den aus ihrer Stellung als oberstes Gesellschaftsorgan und insbesondere aus § 46 Nr. 6 folgenden Informationsmöglichkeiten der Gesellschafter als Gesamtheit fixiert Abs. 1 ein aus der Mitgliedschaft resultierendes **Individualrecht**.[5] Abs. 2 scheint das in Abs. 1 ausgedrückte Prinzip nur geringfügig einzuschränken. Auskunft und Einsicht dürfen demnach nur verweigert werden (vgl. demgegenüber § 131 Abs. 3 AktG), wenn die Verwendung der Information zu gesellschaftsfremden Zwecken **und** die Schädigung der Gesellschaft oder eines verbundenen Unternehmens zu besorgen ist. Abs. 3 erklärt sowohl das Informationsrecht der Gesellschafter als auch seine Einschränkung für **zwingend**. Im Verhältnis zum **Regierungsentwurf** ist der Gesetzestext teilweise nur knapper, teilweise wurden aber auch materielle Änderungen vorgenommen. Das gilt für die Anordnung, wonach Auskunft und Einsicht „unverzüglich" zu gewähren sind, und für die Beseitigung der in § 51a Abs. 5 RegE vorgesehenen Möglichkeit teilweise abweichender Satzungsbestimmungen.[6] Nicht übernommen wurden auch die in §§ 51c bis e RegE enthaltenen Vorschläge über ein Individualrecht auf Einleitung einer Sonderprüfung.

2. Zweck; Auslegung. Der **Zweck** von Abs. 1 zielt anders als der des § 131 Abs. 1 AktG nicht nur darauf, die Gegenstände einer Gesellschafterversammlung sachgemäß beurteilen zu können. Anderseits kann aber nicht davon ausgegangen werden, das Informationsrecht diene dazu, die allgemeine Neugier einzelner Gesellschafter zu befriedigen.[7] Abs. 1 ist daher nicht als Bestimmung aufzufassen, die die aus der Mitgliedschaft fließenden Rechte um eine von diesen Rechten unabhängige weitere Befugnis ergänzen soll. Vielmehr muss im Einklang mit der Regierungsbegründung[8] angenommen werden, die Bestimmung diene der **Effektuierung** der **übrigen Gesellschafterrechte,** nicht aber deren Erweiterung.[9] Schon daraus ergeben sich gewisse Einschränkungen des in Abs. 1 so strikt formulierten Grundsatzes. Weitere Grenzen sind aus den Bedürfnissen einer geordneten Geschäftsführung zu entwickeln. Konstruktiv lässt sich dies wohl nur über die Annahme immanenter Schranken der Rechte aus Abs. 1, nicht dagegen mit einer Analogie zu Abs. 2 begründen. Dennoch stellt sich

---

[1] Amtliche Begründung S. 98; dazu etwa *Feine* S. 507.
[2] BGHZ 14, 53, 56 ff.; 58 f. = NJW 1954, 1564.
[3] Übersicht bei *Grunewald* ZHR 146 (1982), 211, 213.
[4] Näher *K. Schmidt*, FS 100 Jahre GmbHG, 1992, S. 559 ff.
[5] Dazu etwa *Lutter* ZGR 1982, 1, 3; *Scholz/Schmidt* Rn. 9; *Hachenburg/Hüffer* Rn. 7.
[6] Sehr kritisch *Mertens,* FS Werner, 1984, S. 557 ff.; *Martens*, FS 100 Jahre GmbHG, 1992, S. 621 f.; vgl. auch *Bopp* S. 191 ff. vor rechtsvergleichendem Hintergrund.
[7] *Lutter* ZGR 1982, 1, 4.
[8] BT-Drucks. 8/1347, S. 44; dazu *Grunewald* ZHR 146 (1982), 211, 217.
[9] Ebenso *Mertens*, FS Werner, 1984, S. 568; *Scholz/Schmidt* Rn. 9.

Auskunfts- und Einsichtsrecht § 51 a

die Frage, ob die Verweigerung einer Information in jedem Falle des in Abs. 2 vorgesehenen Gesellschafterbeschlusses bedarf (dazu Rn. 27). Gegenüber diesen Überlegungen zeigt sich in der Rechtsprechung die Tendenz, § 51 a wortlautgetreu, also umfassend anzuwenden.[10]

II. Das Informationsrecht (Abs. 1)

1. **Beteiligte. a) Informationsberechtigte. aa)** Das Recht aus Abs. 1 steht grundsätzlich **jedem Gesellschafter** – auch solchen einer Vorgesellschaft[11] – zu und zwar allen in gleicher Weise. Fraglich ist, ob dies uneingeschränkt auch zugunsten solcher Gesellschafter gilt, deren Verwaltungsrechte durch einen gesetzlichen Vertreter, Testamentsvollstrecker oder Insolvenzverwalter wahrgenommen werden oder die mitgliedschaftliche Befugnisse, insbesondere das Stimm- und Teilnahmerecht (dazu § 47 Rn. 24 ff.; § 48 Rn. 8), an Dritte übertragen haben.[12] Auszugehen ist mE davon, dass eine Verdoppelung von Informationsrechten nicht in Betracht kommt. Da mitgliedschaftslegitimierten Dritten eigene Informationsbefugnisse zuzubilligen sind (Rn. 4), muss angenommen werden, dass der **Anspruch des betroffenen Gesellschafters** aus Abs. 1 insoweit **ruht**.[13] Der Anspruch bleibt indessen aktuell, soweit er die Wahrung der Rechte unterstützen kann, die bei dem Gesellschafter verblieben sind. **Ausgeschiedenen** Gesellschaftern steht kein Anspruch aus Abs. 1, uU aber aus § 810 BGB zu.[14] Bei Gesellschaftern, deren (zukünftiges) Ausscheiden feststeht, gilt im Prinzip noch das Gegenteil.[15] Die Ausübung des Informationsrechts durch **Bevollmächtigte** ist jedenfalls dann zulässig, wenn diese zur Amtsverschwiegenheit verpflichtet sind.[16] Auch die Hinzuziehung eines Sachverständigen ist mit derselben Maßgabe zulässig.[17]

bb) Nichtgesellschafter fallen grundsätzlich nicht unter Abs. 1. Ihnen ist aber das Auskunfts- und Einsichtsrecht in dem Maße zuzubilligen, wie sie mitgliedschaftsfundierte Rechte im übrigen wahrzunehmen haben. Das folgt aus dem Zweck der Bestimmung als einer Komplementärregelung anderer Inhalte der Mitgliedschaft (Rn. 2). Gesetzliche Vertreter, Testamentsvollstrecker, Insolvenzverwalter sind daher informationsbefugt.[18] Dasselbe gilt hinsichtlich solcher Personen, denen Mitgliedschaftsrechte im Wege der „Abspaltung" (dazu § 47 Rn. 24 ff.) übertragen wurden.[19] Der Umfang des Informationsrechts ist in diesen Fällen Art und Umfang der sonst übertragenen Rechte anzupassen. Kein Informationsrecht steht Gesellschaftern einer Besitzgesell-

---

[10] Dazu *Gustavus* GmbHR 1989, 181 ff.
[11] *Hachenburg/Hüffer* Rn. 13.
[12] Wohl bejahend *Scholz/Schmidt* 6. Aufl. Anh. § 51 Rn. 26; für Übertragbarkeit des Rechts auf Auskunft und Einsicht dagegen *Hachenburg/Hüffer* Rn. 16.
[13] Für Unanwendbarkeit dieses Prinzips bei Treuhandschaft KG GmbHR 1988, 221, 222.
[14] BGH GmbHR 1977, 151, 152 f.; WM 1988, 1447, 1448; OLG Frankfurt BB 1982, 143 f.; OLG Köln GmbHR 1989, 207; BayObLG DB 1991, 1270, 1273; ZIP 1993, 1162; OLG Karlsruhe NZG 2000, 435; KG GmbHR 1999, 1202, 1203; OLG Frankfurt GmbHR 1995, 901; *Scholz/Schmidt* Rn. 13; *Hachenburg/Hüffer* Rn. 13; *Kiethe* DStR 1993, 1708, 1712 f.; *Grunewald* ZGR 1989, 544, 545 ff.; anders anscheinend OLG Hamm GmbHR 1988, 218.
[15] BayObLG GmbHR 1999, 1296, 1297; OLG Frankfurt GmbHR 1997, 130.
[16] OLG Frankfurt GmbHR 1994, 114, 115; *Scholz/Schmidt* Rn. 15; *Hachenburg/Hüffer* Rn. 15 f., je mwN; weitergehend GmbH-HdB Rn. 1230.
[17] BGHZ 25, 115, 123 = NJW 1957, 1555; OLG Frankfurt BB 1982, 143, 144; BayObLG DB 1989, 519; *Scholz/Schmidt* Rn. 27; *Hachenburg/Hüffer* Rn. 45; *Wohlleben* S. 60 ff.; *Hirte* BB 1985, 2208, 2209.
[18] *Scholz/Schmidt* Rn. 15; *Hachenburg/Hüffer* Rn. 18; *Wohlleben* S. 59 f.
[19] Dagegen *Scholz/Schmidt* Rn. 14.

§ 51a   3. Abschnitt. Vertretung und Geschäftsführung

schaft gegenüber der Betriebsgesellschaft zu.[20] Dasselbe gilt für Pfandgläubiger und Nießbraucher.[21] Auch zugunsten der Kommanditisten im Verhältnis zur Komplememtär-GmbH ist § 51a nicht anwendbar.[21a]

5   b) **Die Gesellschaft als Informationsverpflichtete.** Zur Information **verpflichtet** ist trotz des missverständlichen Wortlautes von Abs. 1 die **Gesellschaft,** die durch die Geschäftsführer nur vertreten wird.[22] Dagegen gibt Abs. 1 keinen Anspruch gegen solche Unternehmen, die mit der GmbH iSd. §§ 15ff. AktG verbunden sind, auch nicht gegen Konzernunternehmen.[23] Von manchen wird angenommen, solche Rechte ließen sich aus anderen Rechtsgrundlagen, insbesondere der Treuepflicht des Mehrheitsgesellschafters herleiten.[24]

6   **2. Inhalt der Auskunft.** Das Informationsrecht bezieht sich auf die **Angelegenheiten** der Gesellschaft.[25] Das entspricht der Rechtslage gemäß § 131 Abs. 1 AktG. Der Ausdruck ist weit aufzufassen.[26] Erfasst werden alle die Unternehmensführung und die Ergebnisermittlung bzw. -verwendung betreffenden Informationen einschließlich des zugrundeliegenden Zahlenmaterials,[27] neben Aktivitäten der Vergangenheit und deren Kosten also auch Planungen für die Zukunft. Stellungnahmen Dritter, zB Gutachten von Unternehmensberatern, Wirtschaftsprüfern oder auch amtliche Prüfungsergebnisse sind Gegenstand des Informationsrechts. Dasselbe gilt für die Protokolle des Aufsichtsrates.[28] Grundsätzlich erfragbar sind trotz Vorhandenseins gewisser persönlichkeitsrechtlicher Bedenken[29] auch Angaben über Gehälter, Tantiemen und Pensionszusagen[30] und zwar auch über Einkünfte der Geschäftsleitung aus Aufsichtsrats- oder Beiratsmandaten bei Konzernunternehmen.[31] Auch die für die Bewertung des Unter-

---

[20] OLG Karlsruhe BB 1984, 2016.
[21] Vgl. zB *Scholz/Schmidt* Rn. 12; *Baumbach/Hueck/Zöllner* Rn. 6; *Tietze* S. 16f.; für Nießbrauch differenzierend *Hachenburg/Hüffer* Rn. 18.
[21a] Näher *Gänzle* S. 19 ff.
[22] OLG Karlsruhe GmbHR 1985, 59; OLG Hamm WM 1986, 740, 741 = EWiR § 51a GmbHG 1/86, 483 – *K. Schmidt* = WuB II G. § 51a GmbHG 1.86 – *Lutter;* KG GmbHR 1988, 221, 222; BayObLG DB 1995, 36; *v. Bitter* ZIP 1981, 825, 827; *Baumbach/Hueck/Zöllner* Rn. 8; *Scholz/Schmidt* Rn. 16 mwN. Zu den Konsequenzen für die Bestellbarkeit eines Geschäftsführers, der nicht jederzeit in das Inland einreisen kann OLG Hamm ZIP 1999, 1919, 1921.
[23] BGHZ 135, 48, 51 = WM 1997, 1052 = GmbHR 1997, 705; LG Bielefeld BB 1985, 1687, 1688; *Tietze* S. 25; *Scholz/Schmidt* Rn. 17; *Hachenburg/Hüffer* Rn. 23.
[24] Vgl. etwa *Schneider* in: Der GmbH-Konzern, 1976, 78, 91. Für einen Anspruch gegen den herrschenden Gesellschafter auf Auskunft darüber, ob „einheitliche Leitung" ausgeübt wird und an welchen anderen Unternehmen dieser Gesellschafter noch beteiligt ist, *Schneider* WM 1986, 181, 183.
[25] Ausführlich dazu *Wohlleben* S. 100 ff. mN.
[26] OLG Hamm WM 1986, 740, 741; *Scholz/Schmidt* Rn. 19; *Grunewald* ZHR 146 (1982), 211, 214; vgl. *Roth/Altmeppen* Rn. 5.
[27] BGHZ 32, 159, 162 = NJW 1960, 1150; *Scholz/Schmidt* Rn. 19; *Tietze* S. 9f.; zu Abschreibungen auf Beteiligungen BGH DB 1987, 2033.
[28] OLG Karlsruhe GmbHR 1985, 59 (für fakultativen Aufsichtsrat). Zum mitbestimmten Aufsichtsrat überzeugend BGHZ 135, 48, 51 ff. = WM 1997, 1052 = ZIP 1997, 978 mwN. Dazu *Oetker* ZGR 2000, 55 ff.; *Witte* ZGR 1998, 151 ff.; kritisch *Stimpel/Ulmer,* FS Zöllner, 1998, S. 599 ff.
[29] *Scholz/Schmidt* 6. Aufl. Anh. § 51 Rn. 12.
[30] Vgl. BGHZ 32, 159, 170 = NJW 1960, 1150; BGHZ 36, 121, 133f. = NJW 1962, 104; OLG Köln WM 1986, 36, 39 = EWiR § 51a GmbHG 1/85, 591 – *Müller* = WuB II C. § 51 GmbHG 1.86 – *Konzen;* einschränkend *Mertens,* FS Werner, 1984, S. 562f.
[31] OLG Düsseldorf WM 1987, 1489; dazu *Vossel* ZIP 1988, 755 ff.

Auskunfts- und Einsichtsrecht **§ 51a**

nehmens und damit der einzelnen Anteile wesentlichen Tatsachen gehören zu den Angelegenheiten der Gesellschaft. Bei der **GmbH & Co. KG** sind Angelegenheiten der KG grundsätzlich auch solche der GmbH.³² Daraus lässt sich allerdings nicht ohne weiteres ableiten, dass Einsicht auch in die Papiere der KG gewährt werden muss.³³

Auch die Beziehungen zu **verbundenen Unternehmen** gehören zu den Angelegenheiten der Gesellschaft.³⁴ § 51a Abs. 2 RegE hatte ausdrücklich so bestimmt; hinter der Änderung des Textes durch den Rechtsausschuss steht keine auf Inhaltsänderung gerichtete Absicht.³⁵ Begrenzend wirkt insofern freilich, dass die erwünschte Information einen Bezug zur auskunftspflichtigen Gesellschaft haben muss.³⁶ Bei der Anwendung dieses Maßstabs ist andererseits großzügig zu verfahren, jedenfalls soweit es um Tatsachen im Bereich einer abhängigen Gesellschaft geht. Es können nach Lage des Falles also auch Angelegenheiten einer Tochtergesellschaft solche der Mutter sein.³⁷ Denn der Wert der Beteiligung der GmbH an einem solchen Unternehmen oder jedenfalls ihr Gewinnanspruch wird wohl immer berührt, wenn dort Ereignisse zu verzeichnen sind, die für dieses Unternehmen selbst von Bedeutung sind.³⁸ Ist die GmbH abhängiges Unternehmen, so ändern sich die Perspektiven. Ihre Angelegenheiten werden in erster Linie davon berührt, wie das herrschende Unternehmen in der Vergangenheit von seinen Einflussmöglichkeiten Gebrauch gemacht hat und welche Pläne (Beispiele: Personalpolitik, Investitionsvorhaben, Finanzierungsfragen) für die Zukunft bestehen.³⁹ Zu Grenzen des Informationsrechts, die sich aus dem Wissensstand der Geschäftsführer ergeben, vgl. Rn. 16. Bei **Betriebsaufspaltungen** ergeben sich besondere Fragen.⁴⁰

3. Art und Weise der Informationserteilung. a) Auskunft auf Verlangen. Informationen gemäß Abs. 1 sind nur **auf Verlangen** zu gewähren. Das unterscheidet die Situation von den Berichts- und Informationspflichten, die die Geschäftsführung schon im Hinblick auf § 46 Nr. 6, genauer: die ihr übergeordnete Zuständigkeit der Gesellschafterversammlung treffen (vgl. § 43 Rn. 15; § 46 Rn. 12f.). Das Verlangen ist zu spezifizieren.⁴¹ Angegeben werden muss nicht nur der Gegenstand der

---

³² Vgl. BGH WM 1988, 1447, 1448 mwN; OLG Hamm WM 1986, 740; OLG Hamburg GmbHR 1985, 120, 121; KG GmbHR 1988, 221, 223; OLG Düsseldorf WM 1990, 1823 f. mwN; anders *v. Bitter* ZIP 1981, 825, 830 f.; *Binz/Freudenberg/Sorg* BB 1991, 785, 788 f.

³³ Anders offenbar OLG Düsseldorf WM 1990, 1823 f.; OLG Karlsruhe NZG 1998, 599, 600 m. Anm. *Michalski/Barth* für Gesellschafter, der auch Kommanditist ist; ebenso *Lutter/Hommelhoff* Rn. 17.

³⁴ OLG Hamm WM 1986, 740; zur Erfassung auch von Minderheitsbeteiligungen zutreffend *Hachenburg/Hüffer* Rn. 24; MünchHdB GesR III/*Schiessl* § 33 Rn. 11 mwN.

³⁵ Vgl. BT-Drucks. 8/3908, S. 75; *Roth/Altmeppen* Rn. 7 mwN; zur bloß deklaratorischen Bedeutung von § 131 Abs. 1 S. 2 AktG Kölner KommAktG/*Zöllner* § 131 Rn. 29.

³⁶ *Grunewald* ZHR 146 (1982), 211, 234; *Wohlleben* S. 104 ff.; vgl. OLG Köln WM 1986, 36.

³⁷ OLG Köln WM 1986, 36, 39; OLG Hamm aaO; *Scholz/Schmidt* Rn. 20, näher *Lutter* AG 1985, 117, 118 ff.; *Tietze* S. 13 ff.; *Hachenburg/Hüffer* Rn. 28 f.; einengend *Kort* ZGR 1987, 46, 50 ff.; *Wohlleben* S. 106 f.; umgekehrte Tendenz bei *Reuter* BB 1986, 1653, 1654 ff.; vgl. LG Bielefeld BB 1985, 1687, 1688.

³⁸ Zur – bejahten – Frage eines Einsichtsrechts in Bücher einer 100%-igen oder qualifiziert konzernierten Tochtergesellschaft s. *Hachenburg/Hüffer* Rn. 38 m. N.

³⁹ Zu Informationsrechten bezüglich des Konzernprüfungsberichts *Witte* S. 196 ff.

⁴⁰ Dazu *Biermeier/Bongen/Renaud* GmbHR 1988, 169 ff.

⁴¹ Für ein „globales" Einsichtsrecht aber OLG Frankfurt BB 1995, 1867, 1868; KG GmbHR 1988, 221, 223; *Hachenburg/Hüffer* Rn. 35; weiterer Hinweis auf die fast generell gleichsinnige Rechtsprechung bei *Gustavus* GmbHR 1989, 181, 182.

§ 51 a

Information, sondern auch, ob Auskunft oder Einsicht gewünscht wird.[42] Doch gilt dies nur im Rahmen der Kenntnisse und Informationen, die dem Gesellschafter zu Gebote stehen.[43] Eine Begründung des Informationsverlangens ist nur dann erforderlich, wenn die Gesellschaft prima facie berechtigt wäre, die Auskunft zu verweigern (dazu Rn. 14 ff.), und es deshalb darauf ankommt, diese Bedenken auszuräumen.

9   b) **Unverzügliche Auskunftserteilung.** Auskunft oder Einsicht sind **unverzüglich** zu gewähren. Im Regierungsentwurf ist von „unverzüglich oder, wenn dies zu einer unangemessenen Beeinträchtigung des Geschäftsbetriebs der Gesellschaft führen würde, innerhalb angemessener Frist" die Rede. Das geltende Recht intendiert keine sachliche Änderung dieser Formulierung.[44] Unverzüglich heißt also jedenfalls nicht immer „sofort". Vielmehr ist auf den Zeitraum abzustellen, der nach der Art der erbetenen Information, dem (vertretbaren) Wissensstand der Geschäftsführer und der Situation, in der gefragt wird, als angemessen anzusehen ist. In der Literatur heißt es, die Information sei so schnell zu liefern, „wie nach den Verhältnissen möglich und zumutbar".[45] Auch das dürfte sich nicht wesentlich von der Unverzüglichkeitsdefinition des § 121 Abs. 1 S. 1 BGB entfernen. Liegt nach Auffassung der Geschäftsführer ein **Informationsverweigerungsgrund** vor, so dürfen sie die aufgeworfene Frage nicht beantworten, bevor die Gesellschafter (Abs. 2 S. 2) entschieden haben.[46] Allerdings besteht dann eine Pflicht der Geschäftsführer, einen diesbezüglichen Gesellschafterbeschluss, mit tunlichster Beschleunigung herbeizuführen. Es handelt sich um einen Fall des § 49 Abs. 2.

10   c) **Auskunft in oder außerhalb der Gesellschafterversammlung.** Das Recht aus Abs. 1 kann nach den Absichten des Gesetzgebers[47] **in oder außerhalb einer Gesellschafterversammlung** geltend gemacht werden.[48] Aus dem Unverzüglichkeitsmerkmal ergibt sich indes, dass der Umfang des Anspruchs in beiden Fällen keineswegs derselbe sein muss. So ist die Geschäftsführung selbstverständlich nicht verpflichtet, für jede Generalversammlung sämtliche Unterlagen bereit zu halten, die möglicher Gegenstand eines Einsichtsrechts sind. Das gilt sogar für Gegenstände, die Bestandteil der Tagesordnung sind. Anders steht es mit der Erteilung von Auskünften. Sie müssen auch in der Gesellschafterversammlung geliefert werden, vorausgesetzt allerdings, es geht um Gegenstände der Tagesordnung. Auch bei Vorliegen dieser Voraussetzung sind noch die Grenzen zu beachten, die sich aus den zeitlichen Zwängen ergeben, denen eine Gesellschafterversammlung unterliegen kann.[49]

11   d) **Verhältnis von Auskunfts- und Einsichtsrecht.** Auch im übrigen ist fraglich, in welchem **Verhältnis Auskunfts- und Einsichtsrecht** zueinander stehen. Nach Ansicht des BGH[50] war das Auskunfts- an strengere Voraussetzungen zu knüpfen als das Einsichtsrecht. Denn Auskunft impliziere ein positives Tun der Gesellschaft, wäh-

---

[42] *v. Bitter* ZIP 1981, 825, 827; *Scholz/Schmidt* Rn. 18.
[43] OLG Düsseldorf ZIP 1990, 1569 = EWiR § 51 a GmbHG 1/90 – *Kort*.
[44] Vgl. BT-Drucks. 8/3908, S. 75.
[45] *Scholz/Schmidt* Rn. 22; ausführlicher *Tietze* S. 27 ff.
[46] Ähnlich *Grunewald* ZHR 146 (1982), 211, 232 f.; enger *Scholz/Schmidt* Rn. 42; *Lutter/Hommelhoff* Rn. 23: Geschäftsführer nur berechtigt, die Beschlussfassung der Gesellschafter abzuwarten.
[47] Vgl. § 51a Abs. 1 S. 2 RegE und Ausschussbericht, BT-Drucks. 8/3908, S. 75.
[48] Vgl. OLG Köln WM 1986, 761, 762.
[49] Zum Ganzen *Grunewald* ZHR 146 (1982), 211, 224; *Hachenburg/Hüffer* Rn. 34.
[50] BGHZ 14, 53, 56 ff., 59 = NJW 1954, 1564.

rend die Ausübung von Einsichtsrechten nur ein passives Gewährenlassen erfordere. In der Literatur vor der Reform überwog demgegenüber genau die gegenteilige Ansicht. Das Einsichtsrecht sei als gesteigertes Auskunftsrecht aufzufassen und daher vom Vorliegen eines wichtigen Grundes abhängig zu machen.[51] Der Wortlaut von Abs. 1, aber auch die Materialien[52] scheinen zu indizieren, dass das geltende Recht mit dieser Auffassung gebrochen hat und anstatt dessen davon ausgeht, es sei stets Sache der einzelnen Gesellschafter, darüber zu entscheiden, in welcher Weise eine Information gewährt werden muss.

Demgegenüber wird in der Literatur zur Reform mE zu Recht die Einsicht betont, dass Auskunfts- und Einsichtsrecht als Ausprägungen eines übergreifenden Informationsrechtes aufzufassen sind, und dass der Zweck von Abs. 1 nicht darin besteht, eine bestimmte Technik der Informationsvermittlung, sondern umfassende Information selbst zu garantieren.[53] Aus dieser Einsicht folgt, dass sich die **Art der Informationserteilung**[54] danach zu richten hat, was für eine **inhaltlich vollständige Befriedigung** des jeweiligen **Informationsverlangens** erforderlich ist. Es gilt das Prinzip des schonendsten Mittels.[55] Wegen der stärkeren Belastung der Gesellschaft durch das Einsichtsrecht[56] läuft dies auf „Subsidiarität" dieses Rechts hinaus.[57] Ein OLG hat dies jedenfalls für Unterlagen bestätigt, die sich nicht im Besitz der Gesellschaft befinden.[58] In manchen Fällen, zB im Zusammenhang der Prüfung der Bilanzunterlagen, ändert dies freilich nichts daran, dass auf Verlangen regelmäßig Einsicht zu gewähren ist. Hier liegt auf der Hand, dass diese Art der Informationsvermittlung der Art des vorliegenden Informationsbedürfnisses sachadäquater ist. Zur Bedeutung des Beschlusserfordernisses in Abs. 2 S. 2 Rn. 27, zur Anwendbarkeit des § 51b dort Rn. 6. Wer ein Einsichtsrecht hat, darf grundsätzlich auch Fotokopien der eingesehenen Unterlagen anfertigen.[59] Wenn die Buchführung unter **EDV-Einsatz** erfolgt, muss auf Verlangen auch ein Ausdruck geliefert werden.[60]

Soweit Umstände bei **verbundenen Unternehmen** Angelegenheiten der Gesellschaft sind, kann grundsätzlich nur Auskunft, nicht Einsicht in deren Papiere verlangt werden.[61] Auszunehmen sind Dokumente, die sich ohnehin bei der Gesellschaft befin-

---

[51] Übersicht bei *Bunte* S. 115 ff.; *Wiedemann* § 7 II 2b bb; *Scholz/Schmidt* 6. Aufl. Anh. § 51 Rn. 17 mwN.
[52] Vgl. BT-Drucks. 8/1347, S. 44; BT-Drucks. 8/3908, S. 75 f.
[53] Führend *Scholz/Schmidt* Rn. 10 f., 21 im Anschluss an eigene frühere Arbeiten; zustimmend *v. Bitter* ZIP 1981, 825, 826; *Timm* GmbHR 1980, 286, 293 f.; im Ansatz auch *Grunewald* ZHR 146 (1982), 211, 223; dagegen etwa *Hachenburg/Hüffer* Rn. 37; *Gersch/Herget/Marsch/Stützle* Rn. 316; *Müller* GmbHR 1987, 87, 93.
[54] Auskunft, Verlesung, Einsicht, uU Aushändigung einer Kopie; vgl. OLG Stuttgart ZIP 1983, 306 ff.; OLG Frankfurt GmbHR 1978, 173; aber auch OLG Köln wie in Rn. 7.
[55] *Baumbach/Hueck/Zöllner* Rn. 22; BayObLG WM 1988, 1789, 1791.
[56] *Grunewald* ZHR 146 (1982), 211, 223.
[57] *Scholz/Schmidt* Rn. 26; *Mertens*, FS Werner, 1984, S. 556; weniger weitgehend *Tietze* S. 56 ff.; *Wohlleben* S. 131 ff.; *v. Bitter* ZIP 1981, 825, 826; *Grunewald* ZHR 146 (1982), 211, 223 f.; *Roth/Altmeppen* Rn. 9; dagegen die Judikatur, zB KG GmbHR 1988, 221, 223; OLG Düsseldorf WM 1990, 1823, 1824; MünchHdB GesR III/*Schiessl* § 35 Rn. 15; wN bei *Gustavus* GmbHR 1989, 181, 182.
[58] OLG Hamm WM 1986, 740, 742; anders für einen Sonderfall OLG Köln WM 1986, 36, 40.
[59] OLG Köln WM 1986, 36, 37; OLG Düsseldorf WM 1990, 1823, 1825; BayObLG GmbHR 1999, 1296, 1298; *Scholz/Schmidt* Rn. 23; *Hachenburg/Hüffer* Rn. 43.
[60] Näher *Hachenburg/Hüffer* Rn. 44.
[61] *Scholz/Schmidt* Rn. 25; *Lutter/Hommelhoff* Rn. 20; *Baumbach/Hueck/Zöllner* Rn. 15.

den. Eine weitere Ausnahme wird bezüglich 100 %-igen Tochtergesellschaften erwogen, sofern diese wie eine Betriebsabteilung geführt wird.[62]

14   **4. Grenzen. a) Allgemein.** Eine allgemein anerkannte Grenze des Informationsrechts besteht darin, dass dieses nicht **rechtsmissbräuchlich,** also unter Verstoß gegen die der Gesellschaft geschuldete Treue, ausgeübt werden darf.[63] Mit Rücksicht auf das durch Abs. 1 anerkannte grundsätzlich umfassende Informationsrecht der Gesellschafter und die fehlende Begründungsbedürftigkeit eines Informationsverlangens bedeutet das freilich nicht viel. Erfasst werden nur offenbar überflüssige, weil schon beantwortete, Fragen oder Dauerbeschäftigung der Geschäftsführung bei Fehlen irgendwelcher außergewöhnlicher Ereignisse, insgesamt also Fälle schikanöser Rechtsausübung, deren Zweck offenbar nur darin besteht, den normalen Geschäftsgang zu beeinträchtigen, ohne dass dem ein erkennbarer Nutzen des betreffenden Gesellschafters gegenüberstünde.[64] Daraus können sich Grenzen des Informationsrechts für zurückliegende Perioden ergeben.[65]

15   **Keine** selbständigen Schranken des Informationsrechts lassen sich aus dem Gedanken entwickeln, dass immanente Voraussetzung dieses Rechts ein Informationsbedürfnis sei.[66] Denn will man nicht, was ausgeschlossen erscheint, die Darlegungs- und Beweislast für das Vorhandensein eines solchen Bedürfnisses dem Gesellschafter auferlegen, so lassen sich keine praktisch weiterreichenden Ergebnisse als die gewinnen, die schon aus dem Verbot missbräuchlicher Rechtsausübung folgen.[67]

16   Wünscht ein Gesellschafter **Informationen, die der Gesellschaft nicht ohnehin zur Verfügung stehen,** so ist sie im Prinzip verpflichtet, sich diese Informationen zu beschaffen.[68] Das kann indes manchmal unmöglich sein, etwa dann, wenn es im Rahmen der Beziehungen zu verbundenen Unternehmen (Rn. 6) um Angelegenheiten eines herrschenden Unternehmens geht.[69] Fraglich ist darüber hinaus, ob Informationsbeschaffung durch die Gesellschaft auch dann noch geboten ist, wenn dies nicht ohne größeren personellen oder finanziellen Aufwand möglich ist. *Grunewald*[70] verneint diese Frage, wenn die Mehrheit der Gesellschafter einen solchen Aufwand nicht

---

[62] Vgl. OLG Köln WM 1986, 36, 40; *Lutter/Hommelhoff* Rn. 20; *Baumbach/Hueck/Zöllner* Rn. 15. Zur Frage, ob Gesellschafter der Mutter verlangen können, Einsicht in den Prüfungsbericht der Tochter zu nehmen *Witte* S. 155 ff., 171 ff.

[63] OLG Köln WM 1986, 761, 762; BayObLG WM 1988, 1789, 1791; NZG 2000, 100; OLG München NZG 1998, 383, 384; LG Köln DB 1989, 1077; *Scholz/Schmidt* Rn. 37; *Hachenburg/Hüffer* Rn. 60 ff.; *Baumbach/Hueck/Zöllner* Rn. 32; *Roth/Altmeppen* Rn. 32 f.; *Wohlleben* S. 195 ff.; *Lutter* ZGR 1982, 1, 3; *Grunewald* ZHR 146 (1982), 211, 230 mwN; zurückhaltend *Tietze* S. 105 ff.

[64] Repräsentativ *Lutter* ZGR 1982, 1, 3; *Baumbach/Hueck/Zöllner* Rn. 22; vgl. auch BGHZ 14, 53, 56 = NJW 1954, 1564; OLG Düsseldorf ZIP 1990, 1569; für Interessenabwägung *Müller* GmbHR 1987, 87, 89 f.

[65] Dazu KG GmbHR 1988, 221, 224; LG Köln DB 1989, 1077.

[66] So aber *Scholz/Schmidt* Rn. 8; *ders.*, FS Kellermann, 1991, S. 389, 390 ff.; *Baumbach/Hueck/Zöllner* Rn. 20; implizit auch BayObLG BB 1993, 1547; wie hier OLG Stuttgart ZIP 1983, 306, 308; KG GmbHR 1988, 221, 223; LG Köln DB 1989, 1077; *Lutter/Hommelhoff* Rn. 2; *Hachenburg/Hüffer* Rn. 57; *Wohlleben* S. 75 ff.; *Müller* GmbHR 1987, 87, 89; *Tietze* S. 115; *Mertens*, FS Werner, 1984, S. 556; wohl auch OLG Köln WM 1986, 761, 762.

[67] *Lutter* ZGR 1982, 1, 4; zustimmend *Grunewald* ZHR 146 (1982), 211, 222 f.; anders offenbar *Baumbach/Hueck/Zöllner* Rn. 20; s. auch *Scholz/Schmidt* Rn. 18.

[68] *Scholz/Schmidt* Rn. 34.

[69] *Grunewald* ZHR 146 (1982), 211, 235 f.; *Hachenburg/Hüffer* Rn. 31.

[70] ZHR 146 (1982), 211, 221.

wünscht.⁷¹ ME ist in anderer Weise zu differenzieren. Tatsachen, deren Kenntnis bilanzrechtlich oder betriebswirtschaftlich erforderlich ist, über die sich die Geschäftsführung also ohnehin Klarheit zu verschaffen hat, müssen stets ermittelt werden.⁷² In anderen Fällen sollte die Mehrheitsmeinung in der Tat den Ausschlag geben. Die gegenteilige Auffassung liefe darauf hinaus, einem Gesellschafter die Möglichkeit einzuräumen, über den Einsatz von Ressourcen der Gesellschaft zu entscheiden. Konstruktiv gesehen liegt eine Schranke des Informationsrechts vor, die sich aus der dienenden Funktion dieses Rechts im Verhältnis zu anderen Attributen der Gesellschafterstellung ergibt.⁷³

Als weitere Möglichkeit, den anscheinend unlimitierten Anspruch aus Abs. 1 einzuschränken, ist der Gedanke entwickelt worden, die Gesellschaft könne durch Einführung eines entsprechenden **Informationssystems** die Ansprüche der Gesellschafter aus Abs. 1 sozusagen vorwegerfüllen und damit obsolet machen.⁷⁴ Ein an den Kriterien von § 90 AktG oder noch anspruchsvolleren Standards orientiertes Berichtswesen führe, von besonderen Anlässen abgesehen, dazu, dass jeder Gesellschafter grundsätzlich die Berichte der Geschäftsführung abwarten und das in Abs. 1 angelegte Kontrollrecht nur mehr in der Form von Ergänzungs- und Zusatzfragen geltend machen könne. Das Ergebnis leuchtet ein, weil es einerseits den von Abs. 1 anvisierten Individualinteressen zu entsprechen scheint und andererseits der möglichen Beeinträchtigung eines geordneten Geschäftsgangs durch zeitlich und inhaltlich unkoordinierte Auskunftsverlangen vorbeugt. Die normative Grundlage wird in der Verpflichtung aller Gesellschafter, auf das gemeinsame Interesse gesehen. Maßgeblich sei das Gebot, auf die Belange der Geschäftsführung Rücksicht zu nehmen.⁷⁵ Letzten Endes gibt demnach wiederum den Ausschlag, dass das Informationsrecht nicht als sozusagen isoliertes zusätzliches Recht, sondern als Ergänzung der anderen Positionen zu denken ist, die in der Mitgliedschaft angelegt sind. Im Hinblick auf die tatbestandlich vorausgesetzte umfassende Information ließe sich aber auch mit dem Verbot rechtsmissbräuchlichen Verhaltens argumentieren. **17**

Abzulehnen ist die Auffassung, bei der kapitalistisch strukturierten GmbH müssten sich die Gesellschafter „in der Regel" mit den Protokollen des Kontrollgremiums (Aufsichtsrat, Beirat) begnügen.⁷⁶ Soweit ein Gesellschafter das Informationsrecht aus Abs. 1 zwecks **Einleitung** einer von der Geschäftsführung noch nicht präsentierten **unternehmerischen Initiative** in Anspruch nehmen will, behält dieses Recht unabhängig davon im übrigen seine volle Bedeutung. Denn die antizipatorische Erfüllung diesbezüglicher Informationswünsche kommt aus in der Natur der Sache liegenden Gründen nicht in Betracht.⁷⁷ Stets ist zu beachten, dass keinem Gesellschafter eine In- **18**

---

⁷¹ Zutreffend kritisch *Müller* GmbHR 1987, 87, 91; für Maßgeblichkeit des Verhältnismäßigkeitsgrundsatzes *Scholz/Schmidt* Rn. 34, 36.
⁷² In diesem Sinne auch OLG Köln WM 1986, 36, 40 im Kontext der Beschaffung von Dokumenten; grundsätzlich ablehnend dazu *Tietze* S. 54 f.; *Kort* ZGR 1987, 46, 47, 74.
⁷³ So auch *Tietze* S. 41 ff.; *Kort* ZGR 1987, 46, 71; *Grunewald* ZHR 146 (1982), 211, 221; ähnlich *Mertens,* FS Werner, 1984, S. 562, Anm. 13, für generellen Wegfall des Informationsanspruches bei „unzumutbarem" Aufwand *Müller* GmbHR 1987, 87, 91; präzisierend *Tietze* aaO.
⁷⁴ *Raiser* § 27 III 1; MünchHdB GesR III/*Schiessl* § 33 Rn. 5; *Lutter* ZGR 1982, 1, 5 ff.; *Hommelhoff* BB 1981, 944, 951; *ders.* ZIP 1983, 383, 391 f.; *Grunewald* ZHR 146 (1982), 211, 225 f.; *Hachenburg/Hüffer* Rn. 8 f.; 61; *K. Schmidt,* FS Kellermann, 1991, S. 389, 398 f.; skeptisch *Mertens,* FS Werner, 1984, S. 567.
⁷⁵ *Lutter* ZGR 1982, 1, 5 ff.; *Grunewald* ZHR 146 (1982), 211, 225 f.
⁷⁶ So aber *Kretzschmar* AG 1987, 121, 123; dazu *K. Schmidt,* FS Kellermann, 1991, S. 389, 400.
⁷⁷ Vgl. *Lutter* ZGR 1982, 1, 6 f.

§ 51a 3. Abschnitt. Vertretung und Geschäftsführung

formation verweigert werden darf, die einem anderen gegeben wurde. Es gilt der **Gleichbehandlungsgrundsatz**.[78]

19 **b) Gegenüber einzelnen Informationsberechtigten.** Neben den vorstehend diskutierten, allen Gesellschaftern gegenüber wirkenden Grenzen des Informationsanspruchs kommen **zusätzliche** Gesichtspunkte aus der Sonderposition **einzelner** Informationsberechtigter in Betracht. Keine Rolle spielt in diesem Zusammenhang allerdings das Stimmrecht oder die Delegation von Befugnissen der Gesellschafter auf ein anderes Organ.[79] Soweit ein Gesellschafter aber mitgliedschaftliche Befugnisse auf einen anderen übertragen hat, steht ihm der Anspruch aus Abs. 1 nur noch insofern zu, als dies zur Wahrnehmung der ihm verbliebenen Rechte erforderlich ist. Entsprechendes gilt für den Zessionar (vgl. Rn. 3). Einem Gesellschafter, der sich in **Liquidation** befindet, steht wohl nur ein durch den Liquidationszweck eingeschränktes Informationsrecht zu.[80] Zur Bedeutung des Umstandes, dass sich ein Gesellschafter in einem Wettbewerbsverhältnis zur Gesellschaft befindet, vgl. Rn. 23.

20 **5. Vertraulichkeit.** Aus Abs. 2 lässt sich erschließen, dass die Weitergabe gemäß Abs. 1 erlangter Informationen an Dritte jedenfalls dann unzulässig ist, wenn sie zu gesellschaftsfremden Zwecken erfolgt und der Gesellschaft bzw. einem verbundenen Unternehmen schädlich sein kann. Da die Kenntnis der Tatsachen über Interna der Gesellschaft ein dieser und den Gesellschaftern gemeinsames Rechtsgut ist, wird man es dabei allerdings nicht bewenden lassen können.[81] Die Weitergabe von Informationen zu gesellschaftsfremden Zwecken ist mangels schutzwürdiger gegenläufiger Interessen daher **im Regelfall** als unzulässig aufzufassen.[82] Im übrigen kommt es darauf an, ob die Kenntniserlangung durch Dritte die Gefahr einer Schädigung der Gesellschaft in sich birgt. Ist dies der Fall, so muss für entsprechende Geheimhaltung gesorgt werden; schon bloße Fahrlässigkeit verpflichtet zum Schadensersatz.[83] Außerdem steht der Gesellschaft ein Unterlassungsanspruch zu.[84]

21 Im Rahmen einer „**Due Diligence**" bei beabsichtigter Veräußerung eines Geschäftsanteils sind Abschwächungen dieser Grundsätze hinzunehmen, wenn der Erwerber (Konkurrent) ein Verwertungsverbot akzeptiert und mit Einschaltung eines zur Berufsverschwiegenheit verpflichteten Beraters zur Entgegennahme besonders sensibler Informationen einverstanden ist.[85]

---

[78] *Grunewald* ZHR 146 (1982), 211, 215; zur Präzisierung BGH WM 1983, 54, 56.
[79] So *Grunewald* ZHR 146 (1982), 211, 218 f.; dagegen *Mertens*, FS Werner, 1984, S. 568 ff. mit überlegenswerten Gründen.
[80] BayObLG BB 1993, 1547 = (kritisch) EWiR 51a GmbH 1193; *Wohlleben* S. 64.
[81] Vgl. *Scholz/Schmidt* Rn. 6: verstärkte Vertraulichkeitspflichten als Korrelat des verstärkten Informationsrechts.
[82] Allg. M.; vgl. zB *Hachenburg/Hüffer* Rn. 11; *Roth/Altmeppen* Rn. 22.
[83] Wie hier *Lutter* ZGR 1982, 1, 12 ff. mit Einzelheiten; *Hachenburg/Hüffer* Rn. 11; skeptisch *Mertens*, FS Werner, 1984, S. 560 f.; bedenklich OLG Köln WM 1986, 761.
[84] Dazu *Meilicke/Hollands* GmbHR 2000, 964 ff.
[85] MünchHdB GesR III/*Schiessl* § 33 Rn. 20; s. ferner *Schroeder* DB 1997, 2161 ff. (für AG); *Oppenländer* GmbHR 2000, 535, 538 f.; *Bremer* GmbHR 2000, 178 mwN; strenger wohl *Lutter* ZIP 1997, 614 ff. (dagegen *Müller* NJW 2000, 3453 ff. für AG). Besonders instruktiv *Götze* ZGR 1999, 207 ff. („kein gesellschaftsfremder Zweck"), 212 ff. (Detaillierung von Inhalt und Grenzen der Treuepflicht).

III. Informationsverweigerung

1. Voraussetzungen gemäß Abs. 2. a) Materiellrechtliche Voraussetzungen. 22
aa) Die materielle Voraussetzung einer Informationsverweigerung gemäß Abs. 2 besteht aus drei Elementen: Es muss zu **„besorgen"** sein,[86] dass die in Frage stehende Information **„zu gesellschaftsfremden Zwecken"** verwendet werden wird,[87] und außerdem, dass die Gesellschaft oder ein ihr verbundenes Unternehmen demzufolge **„einen nicht unerheblichen Nachteil"**[88] erleiden wird. Ausweislich der Regierungsbegründung[89] ist Abs. 2 bewusst abweichend von § 131 Abs. 3 S. 1 Nr. 1 AktG formuliert. Im vorliegenden Kontext soll es nicht auf die objektive Möglichkeit der Schadenszufügung ankommen, sondern darauf, ob Tatsachen vorliegen, die in Abweichung von der normalerweise vorauszusetzenden Interessenlage den konkreten Verdacht begründen, der Information begehrende Gesellschafter könne bereit sein, seiner eigenen Gesellschaft zu schaden.[90] Solche Tatsachen muss die Gesellschaft im Streitfall darlegen und beweisen.[91] Dazu gehört, dass sich die infrage stehende Information auf etwas bezieht, das die Gesellschaft legitimerweise geheimhalten will. Für den Jahresabschluss nebst Lagebericht trifft dies nicht zu.[92]

bb) Fraglich ist, ob diese Grundsätze auch bei Vorhandensein einer potentiellen 23
Dauergefahr, insbesondere im Verhältnis zu einem Gesellschafter gelten, der gleichzeitig **Wettbewerber** der Gesellschaft ist.[93] Von einem Konkurrenten der Gesellschaft kann nicht erwartet werden, dass er Informationen, deren Verwertung das eigene Unternehmen fördert, im Interesse eines anderen Unternehmens nicht verwendet, an dem er nur beteiligt ist. Die vom Gesetz vorausgesetzte Interessenlage liegt nicht vor; aus abstrakter wird deshalb konkrete Gefährdung der gemeinsamen Interessen. Im Verhältnis zu Wettbewerbern hat Abs. 2 daher grundsätzlich Platz zu greifen, ohne dass die Gesellschaft – über das Vorliegen eines Wettbewerbsverhältnisses hinaus – darlegen müsste, weshalb die Verwendung der in Frage stehenden Information zu gesellschaftsfremden Zwecken zu besorgen ist.[94] Das gilt allerdings nur für wettbewerbsrelevante Tatsachen,[95] normalerweise also nicht bezüglich der Einsicht in Buchungsunterla-

---

[86] Dazu *Scholz/Schmidt* Rn. 41; GmbHR 2001, 860.
[87] Ausführlich dazu *Tietze* S. 62 ff.; ferner *Hachenburg/Hüffer* Rn. 47; *Müller* GmbHR 1987, 87, 88. Zur (verneinten) Frage, ob die Weitergabe von Informationen im Zuge der Veräußerung eines Geschäftsanteils zu gesellschaftsfremden Zwecken erfolge, *Bremer* GmbHR 2000, 178.
[88] Eingehend *Tietze* S. 93 ff.; vgl. *Scholz/Schmidt* Rn. 40.
[89] BT-Drucks. 8/1347, S. 44.
[90] Für Mitteilung stiller Reserven an das Finanzamt verneint von OLG Köln WM 1986, 761, 763; kritisch WuB II C. § 51a GmbHG 3.86 – *Schneider*; ebenso bei Vorliegen einer Beteiligungsveräußerungsabsicht KG GmbHR 1988, 221, 224; zur Relevanz familiärer Spannungen OLG Düsseldorf WM 1990, 1823, 1824; vgl. § 43 Rn. 12. Zur Bedeutung von Abs. 2 bezüglich Informationen über den Abschlussprüferbericht *Witte* S. 71 f.
[91] BayObLG WM 1988, 1789, 1792; *v. Bitter* ZIP 1981, 825, 828; *Scholz/Schmidt* Rn. 44; ausführlich *Bunte* 148 ff. mN und Diskussion gesetzeskritischer Stimmen; s. ferner *Wohlleben* S. 163 f.
[92] BayObLG GmbHR 1999, 1296, 1297 = EWiR § 51a GmbHG 1/2000 – *Himmelmann*.
[93] Grundsätzlich bejahend *Bunte* S. 155 f.; *Müller* GmbHR 1987, 87, 89; verneinend OLG Stuttgart ZIP 1983, 306, 308; *Lutter* ZGR 1982, 1, 10 ff.; *Tietze* S. 75 ff.; *Grunewald* ZHR 146 (1982), 211, 227 f. mwN; *Reuter* BB 1986, 1653, 1657; *Scholz/Schmidt* Rn. 39 mwN; für „enge" Auslegung der Reform auch *Wiedemann* § 7 II 2b bb; vgl. BGHZ 14, 53, 59 = NJW 1954, 1564.
[94] Ebenso wohl *Hachenburg/Hüffer* Rn. 49; deutlicher *Ivens* GmbHR 1989, 273, 274; etwas zurückhaltender OLG Karlsruhe GmbHR 1985, 362, 363.
[95] *Lutter* ZGR 1982, 1, 11; *Ivens* GmbHR 1989, 273, 274; ausführlich *Tietze* S. 77 ff.; vgl. *Scholz/Schmidt* Rn. 39.

§ 51a   3. Abschnitt. Vertretung und Geschäftsführung

gen.[96] Im übrigen steht dem betroffenen Gesellschafter die Möglichkeit offen, seine persönlich nicht durchsetzbaren Informationsinteressen durch einen zur Verschwiegenheit verpflichteten **Treuhänder** (vgl. Rn. 3) wahrnehmen zu lassen.[97] Erfährt der Treuhänder Tatsachen, die nach seiner Auffassung einen Schadensersatzanspruch gegen die Geschäftsführung oder sonstige Gesellschaftsorgane begründen würden, so ist er allerdings berechtigt, diese Information an den interessierten Gesellschafter weiterzugeben.[98] Gegenüber einem Gesellschafter, der ein Konkurrenzunternehmen steuerlich berät, gelten die allgemeinen Regeln.[99]

24   cc) Nach § 51a Abs. 3 Nr. 2 RegE durfte eine Information auch dann verweigert werden, wenn sich die Geschäftsführer anderenfalls **strafbar** gemacht hätten. Der Rechtsausschuss hat diese Vorschrift, weil überflüssig, mit Recht gestrichen.[100] Sie ist, obwohl Bestandteil des geltenden Rechts, praktisch allerdings nicht sehr folgenreich. In Betracht kommen nur Staatsgeheimnisse, insbesondere militärische Geheimnisse, nicht aber Geschäfts- oder Betriebsgeheimnisse der Gesellschaft. Denn ihre Offenbarung gegenüber einem Gesellschafter ist nicht „unbefugt" iSv. § 85 Abs. 1.[101] Aus dem BDSG ergeben sich wohl keine zusätzlichen Schranken.[102] Auch Auskünfte, die sich als **Ordnungswidrigkeit** darstellen, brauchen nicht erteilt zu werden.[103]

25   b) **Gesellschafterbeschluss.** Nach Abs. 2 S. 2 bedarf die Verweigerung von Auskunft und Einsicht eines **Gesellschafterbeschlusses.** Die Regel gilt nicht für solche Fälle, wo eine Information wegen sonst eintretender Strafbarkeit oder einer anderen Verletzung zwingenden Rechts verweigert wird.[104] Ihr Zweck besteht nach den Materialien[105] darin, die in der Regel „überforderten Geschäftsführer" durch Begründung einer Gesellschafterzuständigkeit zu entlasten, damit diese „unter sich klären, ob die in Frage stehenden Nachteile zu besorgen sind".[106] Berücksichtigt wird, dass die Gesellschafterversammlung als oberstes Organ der Gesellschaft am besten dafür geeignet ist, darüber zu entscheiden, worin deren Interessen bestehen und ob die von Abs. 2 S. 1 vorausgesetzte Gefährdung dieser Interessen durch einen Gesellschafter zu besorgen ist. Außerdem lässt sich das Erfordernis eines Gesellschafterbeschlusses auch mit der Zweckmäßigkeit eines gesellschaftsinternen Vorschaltverfahrens vor Einleitung einer gerichtlichen Entscheidung gemäß § 51b begründen.[107] Die Zulässigkeit eines Globalbeschlusses, mit dem die Geschäftsführung angewiesen wird, einem Konkurrenten

---

[96] BGHZ 14, 53, 59 = NJW 1954, 1564; vgl. OLG Frankfurt BB 1982, 143, 144.
[97] Vgl. BGH BB 1970, 187; 1979, 1315 f.; OLG Frankfurt BB 1995, 1867, 1868; BayObLG DB 1989, 519 f.; *Tietze* S. 76 f.; *Lutter* ZGR 1982, 1, 11; *Grunewald* ZHR 146 (1982), 221, 229; *Ivens* GmbHR 1989, 273, 276 f.; alle mwN; vgl. auch BGH GmbHR 1995, 55, 57 für Wettbewerber-Kommanditisten mit umfassendem Informationsrecht.
[98] *Lutter* ZGR 1982, 1, 11 f.
[99] OLG Düsseldorf ZIP 1990, 1589 f.; skeptisch *Westermann/Menger* DWiR 1991, 143, 150.
[100] Vgl. BT-Drucks. 8/3908, S. 76.
[101] Wie hier BGHZ 135, 48, 50 = WM 1997, 1052 = GmbHR 1997, 705; *Hachenburg/Hüffer* Rn. 55; *v. Bitter* ZIP 1981, 825, 829; *Müller* GmbHR 1987, 87, 92; *Bunte* S. 156 ff. mN auch der Gegenansicht.
[102] *Müller* GmbHR 1987, 87, 92; *Tietze* S. 39 ff.; vgl. *Scholz/Schmidt* Rn. 33.
[103] Überzeugend *Hachenburg/Hüffer* Rn. 55.
[104] Vgl. § 51a Abs. 3 RegE; *Scholz/Schmidt* Rn. 32; BGHZ 135, 48, 50 f.
[105] BT-Drucks. 8/1347, S. 44.
[106] Zum Zweck der Bestimmung auch BGH WM 1988, 121, 123.
[107] So ausdrücklich die Regierungsbegründung zu § 51b, BT-Drucks. 8/1347, S. 46; zum Ganzen ausführlich *Bunte* S. 161 ff.

wettbewerbsrelevante Informationen vorzuenthalten (vgl. Rn. 23) ist zweifelhaft, aber wohl zu befürworten.[108]

Nach fast einhelliger Auffassung ist der Gesellschafter, der die Auskunft begehrt, **nicht stimmberechtigt.**[109] Dem sollte gefolgt werden.[110] Denn es geht um die Geltendmachung eines wichtigen Grundes zu Lasten eines Gesellschafters, also um die Unzulässigkeit des „Richtens in eigener Sache" (vgl. § 47 Rn. 50, 77f.). § 47 Abs. 4 enthält zwar keine direkt anwendbare Regel, ist aber (ausnahmsweise; vgl. § 47 Rn. 52) analogiefähig. **26**

2. Beschlusserfordernis bei Informationsverweigerung aus anderen Gründen? Immer noch umstritten ist die Frage, ob Abs. 2 S. 2 entsprechend auch dann anzuwenden ist, wenn eine Information aus anderen als den in S. 1 genannten Gründen abgelehnt wird.[111] Aufschlussreich in diesem Zusammenhang ist zunächst der Umstand, dass die Verweigerung strafbarer Information keinen Beschluss erfordert. Das indiziert, dass die Gesellschafter immer dann entscheiden sollen, wenn Gewährung oder Verweigerung von Auskunft und Einsicht gesetzlich nicht abschließend programmiert sind, sondern einem Beurteilungsspielraum unterliegen. S. 2 wäre über seinen eigentlichen Anwendungsbereich hinaus demnach immer dann von Bedeutung, wenn es einen Beurteilungsspielraum hinsichtlich der Frage gibt, ob ein Gesellschafter entsprechend seinen Wünschen zu informieren ist. Das trifft – von den Fällen strafbarer Informationserteilung abgesehen – für **sämtliche** Verweigerungsgründe[112] zu. Hinzu kommt, dass der Zweck von S. 2 (Begründung einer Gesellschafterzuständigkeit, weil die anstehende Frage auf Geschäftsführerebene nicht angemessen entschieden werden kann; Zweckmäßigkeit eines gesellschaftsinternen Vorschaltverfahrens im Verhältnis zu § 51b) bei Beschränkung des Anwendungsbereichs der Bestimmung auf den in S. 1 genannten Fall teilweise unerfüllt bliebe. Schließlich ist zu berücksichtigen, dass sich der in S. 1 normierte Tatbestand durchaus auch als gesetzlich geregelter Sonderfall der Informationsverweigerung wegen rechtsmissbräuchlichen Verhaltens auffassen ließe und dass die Ablehnung einer Information wegen Unverfügbarkeit derselben oder wegen Vorhandenseins eines Informationssystems ihrerseits auf Wertungen beruht, die dem Verbot rechtsmissbräuchlichen Verhaltens zumindest nahestehen. Auch in der in Rn. 16 erörterten Situation gibt es einen Beurteilungsspielraum. Auch hier ist deshalb ein Gesellschafterbeschluss erforderlich. Dasselbe gilt schließlich auch dann, wenn zwar die verlangte Information, aber nicht in der gewünschten Weise (vgl. Rn. 12) gegeben wurde. Auch die Technik der Informationsgewährung im Einzelfall ist keineswegs so determiniert, dass man sagen könnte, die Einschaltung des obersten Organs der Gesellschaft sei mit Rücksicht auf die in S. 2 steckende Wertung überflüssig. **27**

3. Begründung der Informationsverweigerung. Wenn einem Gesellschafter eine von ihm verlangte Information nicht gegeben wird, so ist dies zu begrün- **28**

---

[108] So *Ivens* GmbHR 1989, 273, 275f.; zurückhaltender *Hachenburg/Hüffer* Rn. 52.
[109] So ausdrücklich § 51a Abs. 3 S. 3 RegE; ebenso Ausschussbericht BT-Drucks. 8/3908, S. 76; ferner etwa *Scholz/Schmidt* Rn. 42; *Hachenburg/Hüffer* Rn. 53; *Wohlleben* S. 166; *Tietze* S. 121f.; *v. Bitter* ZIP 1981, 825, 828 mwN; aA *Grunewald* ZHR 146 (1982), 211, 232f.
[110] Anders 2. Aufl. Rn. 21.
[111] Dafür *v. Bitter* ZIP 1981, 825, 829; *Grunewald* ZHR 146 (1982), 211, 232; *Binz/Freudenberg/Sorg* BB 1991, 785, 790; *Lutter/Hommelhoff* Rn. 29; dagegen BayObLG WM 1988, 1789, 1792; *K. Schmidt* GmbHR 1982, 206f.; *Mertens*, FS Werner, 1984, S. 569; *Scholz/Schmidt* Rn. 32; *Hachenburg/Hüffer* Rn. 64.
[112] Eventuell mit Ausnahme von Geheimhaltungspflichten der Gesellschaft Dritten gegenüber; vgl. *Mertens*, FS Werner, 1984, S. 562f., 570ff.

§ 51 a 3. Abschnitt. Vertretung und Geschäftsführung

den.[113] Der Grund dafür besteht darin, dass die vorgesehene gerichtliche Überprüfung dieser Vorgangsweise sonst nicht stattfinden könnte.[114] Außerdem ist das Interesse des Information begehrenden Gesellschafters zu berücksichtigen, die Erfolgsaussichten eines Antrags nach § 51 b beurteilen zu können. Verweigerungsgründe können zwar auch nachgeschoben werden.[115] Das hat sich gegebenenfalls aber auf die Kostenentscheidung auszuwirken.[116]

29 **4. Rechtsfolgen rechtswidriger Informationsverweigerung.** Wird die Erteilung einer Information zu Unrecht verweigert, so hat dies zunächst die Konsequenz, dass das **Verfahren gemäß § 51 b** eingeleitet werden kann. Außerdem kann ein Grund für die **Anfechtung** des Beschlusses vorliegen, mit dem die Information, um die es geht, im Zusammenhang steht.[117] Ein absoluter Anfechtungsgrund (§ 47 Rn. 134) liegt jedenfalls insoweit vor, als es nicht darauf ankommt, ob das Stimmengewicht des betreffenden Gesellschafters einen anderen Beschluss hätte herbeiführen können.[118] Die Anfechtung des Verweigerungsbeschlusses selbst ist mangels Rechtsschutzinteresse dagegen im Regelfall nicht möglich.[119] Rechtswidrige Informationsverweigerung kann sich als wichtiger Grund zur **Kündigung** des Anstellungsvertrages darstellen.[120] Außerdem sind Ansprüche auf **Schadensersatz** möglich. Derjenige der Gesellschaft gegen den Geschäftsführer richtet sich nach § 43; der in seinen Rechten verletzte Gesellschafter kann sich nur an die Gesellschaft halten[121] – nur diese ist auskunftsverpflichtet (Rn. 5) – und auch dies nur dann, wenn § 51 a als Schutzgesetz iSv. § 823 Abs. 2 BGB qualifiziert werden kann.[122] Die Frage wird man für die GmbH wohl eher bejahen können als für die AG, weil das Informationsrecht hier doch viel deutlicher an den Interessen der Gesellschafter und nicht denjenigen der Gesellschaft orientiert ist.[123] Direktansprüche gegen die die Information verweigernde Geschäftsführung scheiden schon mangels Anspruchsgrundlage aus.[124] Zum Verhältnis des Auskunftserzwingungsverfahrens zu anderen Sanktionen rechtswidriger Informationsverweigerung § 51 b Rn. 2.

---

[113] AA *Baumbach/Hueck/Zöllner* Rn. 28; *Lutter/Hommelhoff* Rn. 29; *Hachenburg/Hüffer* Rn. 53.
[114] BGHZ 32, 159, 168 = NJW 1960, 1150; vgl. *Scholz/Schmidt* Rn. 30.
[115] BGHZ 36, 121, 130 = NJW 1962, 104; *Gersch/Herget/Marsch/Stützle* Rn. 324 mwN.
[116] *Scholz/Schmidt* Rn. 30.
[117] BGHZ 36, 121, 139, 139 ff. = NJW 1962, 104; BGH WM 1983, 54, 55; OLG München NZG 1998, 383; *Scholz/Schmidt* Rn. 47; *Baumbach/Hueck/Zöllner* Rn. 33.
[118] BGHZ 36, 121, 139, 139 ff. = NJW 1962, 104; BGH WM 1983, 54, 55; *Scholz/Schmidt* Rn. 47 mwN.
[119] BGH WM 1988, 121, 122 f.; LG Essen GmbHR 1998, 941; vgl. *Baumbach/Hueck/Zöllner* Rn. 33; *Hachenburg/Hüffer* Rn. 69; näher *K. Schmidt,* FS 100 Jahre GmbHG, 1992, S. 559, 579 f.; anders OLG Hamburg GmbHR 1987, 480 = EWiR § 51 GmbHG 1/87, 601 – *Roth.*
[120] OLG Frankfurt GmbHR 1994, 114, 115 f.
[121] HM; vgl. etwa *Scholz/Schmidt* Rn. 48; *Roth/Altmeppen* Rn. 14; anders Rn. 34; *Baumbach/Hueck/Zöllner* Rn. 34 f.; *Gansen* GmbHR 1987, 458, 460 ff.
[122] Für Stützung des Anspruchs auf ein mitgliedschaftliches Sonderrechtsverhältnis *Scholz/Schmidt* Rn. 48.
[123] IErg. wie hier *Roth/Altmeppen* Rn. 34; *Tietze* S. 129 f.; *Scholz/Schmidt* Rn. 48; gegen Schutzgesetz *Hachenburg/Hüffer* Rn. 70; *Baumbach/Hueck/Zöllner* Rn. 34; *Lutter/Hommelhoff* Rn. 37; *Gansen* GmbHR 1987, 458, 460 ff.
[124] *Baumbach/Hueck/Zöllner* Rn. 34; *Lutter/Hommelhoff* Rn. 37; *Hachenburg/Hüffer* Rn. 72; anders *Hachenburg/Schilling* Rn. 27; für zusätzliche Verantwortung der Mitgesellschafter bei Veranlassung *Reuter* BB 1986, 1653, 1659; dagegen überzeugend *Gansen* GmbHR 1987, 458, 462; stark einschränkend auch *Hachenburg/Hüffer* Rn. 71.

IV. Keine Abdingbarkeit (Abs. 3)

Aus Abs. 3 ergibt sich, dass die in Abs. 1 und 2 enthaltenen Regeln **nicht abdingbar** sind. Daraus sollte wegen des hiervon unberührten Zwecks der Vorschrift freilich nicht gefolgert werden, dass auch eine gesellschaftsvertragliche **Verbesserung** gesellschafterlicher Informationsrechte ausgeschlossen ist.[125] Zulässig sind auch Regelungen über das **Verfahren** der Informationserteilung, solange sie die materielle Substanz des Informationsrechts unberührt lassen,[126] also etwa eine Satzungsbestimmung des Inhalts, dass Auskunftsverlangen außerhalb der Gesellschafterversammlung schriftlich zu stellen sind. Ob das auch für die obligatorische Einschaltung von Sachverständigen gilt, erscheint zweifelhaft.[127] Zeitliche Beschränkungen des Informationsrechtes sind allenfalls in einem sehr großzügigen Rahmen zulässig.[128] **Unabdingbar** dürfte die **Beschlusskompetenz** gemäß Abs. 2 S. 2 sein.[129] Diese Bestimmung stellt sicher, dass Verweigerungsabsichten der Geschäftsführung gesellschaftsintern noch einmal überprüft werden, und stärkt daher die Rechtsstellung desjenigen, der die Information begehrt. Unzulässig ist es umgekehrt aber, wenn die Erteilung der Auskunft von einem Gesellschafterbeschluss abhängig gemacht werden soll.[130]

30

V. Österreichisches Recht

Das österreichische Recht kennt kein wirkliches Gegenstück zu § 51 a. § 22 Abs. 3 des österreichischen GmbHG sieht lediglich vor, dass jedem Gesellschafter eine Abschrift des Entwurfs des Jahresabschlusses zuzusenden ist und dass zwecks Prüfung dieses Entwurfs innerhalb bestimmter Fristen ein Einsichtsrecht in die Bücher und Papiere der Gesellschaft zusteht. Sofern ein Aufsichtsrat zu bestellen ist, kann dieses Recht durch den Gesellschaftsvertrag ausgeschlossen werden. Trotz dieser Gesetzeslage hat der OGH einen umfassenden Informationsanspruch angenommen.[131] Das ist abzulehnen.[132]

31

§ 51 b [Gerichtliche Entscheidung über das Auskunfts- und Einsichtsrecht]

¹Für die gerichtliche Entscheidung über das Auskunfts- und Einsichtsrecht findet § 132 Abs. 1, 3 bis 5 des Aktiengesetzes entsprechende Anwendung. ²Antragsberechtigt ist jeder Gesellschafter, dem die verlangte Auskunft nicht gegeben oder die verlangte Einsicht nicht gestattet worden ist.

Literatur: *Driesen* Informationserzwingungsverfahren: Zuständigkeiten für gerichtliche Entscheidungen nach § 51 b GmbHG, GmbHR 2000, 1252; *ders.* Informationserzwingungsverfahren: Zuständigkeit für gerichtliche Entscheidungen nach § 51 b GmbHG, GmbHR 1994, 798; *ders.* Gerichtliche Zustän-

---

[125] Ebenso *Scholz/Schmidt* Rn. 32; *Hachenburg/Hüffer* Rn. 67; *v. Bitter* ZIP 1981, 825, 830; *Klauss/Mittelbach* Rn. 324; dagegen *Gersch/Herget/Marsch/Stützle* Rn. 309.
[126] BayObLG WM 1988, 1789, 1790 f.; OLG Köln WM 1986, 761; *Grunewald* ZHR 146 (1982), 211, 225; *Scholz/Schmidt* Rn. 51, jeweils mwN.
[127] Grundsätzlich bejahend *Hachenburg/Hüffer* Rn. 68; MünchHdB GesR III/*Schiessl* § 33 Rn. 28; *Hirte* BB 1985, 2208, 2209 f.; verneinend *Lutter/Hommelhoff* Rn. 32; vgl. *Scholz/Schmidt* Rn. 51.
[128] BayObLG WM 1988, 1789, 1791.
[129] Anders § 51 Abs. 3 S. 3 RegE; *Scholz/Schmidt* Rn. 51; *Baumbach/Hueck/Zöllner* Rn. 2; *Hachenburg/Hüffer* Rn. 68; wie hier *Lutter/Hommelhoff* Rn. 32; *Hachenburg/Schilling* Rn. 24.
[130] OLG Köln WM 1986, 761, 762 f. = WuB II C. § 51 a GmbHG 3.86 – *Schneider* (kritisch).
[131] GesRZ 1990, 222; RdW 1992, 173.
[132] *Koppensteiner* § 22 Rn. 36 mwN und Einzelheiten.

§ 51 b

digkeit für Informationserzwingungsverfahren nach § 51 b GmbHG, GmbHR 1987, 103; *ders.* Nochmals: Gerichtliche Zuständigkeit für Informationserzwingungsverfahren nach § 51 b GmbHG, GmbHR 1988, 228; *Emde* Einstweiliger Rechtsschutz im Auskunftserzwingungsverfahren nach §§ 51a, 51b GmbHG?, ZIP 2001, 820; *Gustavus* Das Informationserzwingungsverfahren nach § 51b GmbHG in der Praxis, GmbHR 1989, 181; *Jestaedt* Die actio pro socio als Notbehelf bei Informationsverweigerung in Zweipersonen-GmbH, GmbHR 1994, 442; *Lüke* Das Verhältnis von Auskunfts-, Anfechtungs- und Registerverfahren im Aktienrecht, ZGR 1990, 657; *Martens* Die GmbH und der Minderheitenschutz, GmbHR 1984, 265; *K. Schmidt* Schiedsklausel und Informationsrecht des GmbH-Gesellschafters, ZIP 1987, 218; *ders.* Die Information des Gesellschafters, FS 100 Jahre GmbHG, 1992, S. 559; *Stangier/Bork* Das Informationserzwingungsverfahren nach dem neuen GmbH-Gesetz, GmbHR 1982, 169; *Tietze* Die Informationsrechte des GmbH-Gesellschafters, 1985; *Westermann* Schiedsfähigkeit von gesellschaftsrechtlichen Fragen, in *Böckstiegel* (Hrsg.) Schiedsgerichtsbarkeit in gesellschaftsrechtlichen und erbrechtlichen Angelegenheiten, 1996, 31; *Westermann/Menger* Gesellschafterstreitigkeiten im GmbH-Recht, DWiR 1991, 143.

I. Grundlagen

1 **1. Entstehungsgeschichte, Inhalt, Zweck.** Nach altem Recht waren Auskunftsansprüche im ordentlichen Verfahren zu verfolgen. Grundlage des neuen § 51b ist die Überlegung, dass es im GmbH-Recht ebenso wie im Aktienrecht ein Bedürfnis nach Einführung eines demgegenüber beschleunigten Verfahrens gibt.[1] Zu diesem Zweck hatte die Regierung eine zwar im wesentlichen § 132 AktG entsprechende, aber doch verschiedene Ergänzungen enthaltende, vergleichsweise komplizierte Regelung vorgeschlagen. Der Rechtsausschuss hat sich anstatt dessen mit einer Verweisung auf § 132 Abs. 1, 3 bis 5 AktG begnügt und nur an Stelle des nicht passenden § 132 Abs. 2 S. 1 AktG eine problemadäquate Norm eingeführt (§ 51b S. 2). Der Totalverzicht auf eine Verweisung auf § 132 Abs. 2 AktG hat allerdings die – vielleicht nicht gewollte – Nebenfolge, dass auch die dort festgelegte Fristsetzung von zwei Wochen nicht gilt. Die gerichtliche Durchsetzung des Informationsanspruchs ist daher, von Verwirkungsfällen abgesehen, ohne zeitliche Begrenzung möglich.[2] Inhaltlich bedeutet die Verweisung auf § 132 AktG in erster Linie, dass der Informationsanspruch in einem Verfahren der Freiwilligen Gerichtsbarkeit durchzusetzen ist, wobei die Verkürzung des Instanzenzugs gemäß § 132 Abs. 3 AktG besondere Beachtung verdient.[3]

2 **2. Verhältnis zu anderen Klagen.** Nach früher überwiegender Ansicht ist das Informationserzwingungsverfahren nach § 51b **ausschließlich** im Verhältnis zu anderen Prozessen, in denen die Verletzung des Informationsrechts als Vorfrage eine Rolle spielt.[4] Diese Ansicht kann sich auf die Materialien zum AktG und auf die Regierungsbegründung der GmbH-Novelle[5] stützen. Gleichwohl ist der Gegenauffassung der Vorzug zu geben.[6] Nur sie nimmt angemessen auf die Situation desjenigen Rücksicht, der nicht mehr sein Informationsrecht durchsetzen, sondern nur noch auf die Verletzung desselben reagieren will. Hinzu kommt der Gesichtspunkt der Prozessökonomie. Und

---

[1] BT-Drucks. 8/1347, S. 45, kritisch *K. Schmidt,* FS 100 Jahre GmbHG, 1992, S. 559, 580f.
[2] *Stangier/Bork* GmbHR 1982, 169, 173; für „angemessene" Frist *Lutter/Hommelhoff* Rn. 1; ähnlich *Gersch/Herget/Marsch/Stützle* Rn. 331.
[3] Rechtspolitische Kritik von § 51b bei *Scholz/Schmidt* Rn. 3.
[4] LG Essen GmbHR 1998, 941, 942; *Gersch/Herget/Marsch/Stützle* Rn. 332; für wN *Scholz/Schmidt* 6. Aufl. Anh. § 51 Rn. 52; dagegen *Scholz/Schmidt* Rn. 9; *Lutter/Hommelhoff* Rn. 13; *Roth/Altmeppen* § 51a Rn. 34; *Hachenburg/Hüffer* Rn. 22; *Meyer-Landrut/Miller/Niehus* Rn. 6; *Tietze* S. 129 ff. S. § 47 Rn. 121.
[5] BT-Drucks. 8/1347, S. 46.
[6] So OLG Hamburg GmbHR 1985, 120f. sowie BGHZ 86, 1, 4 = NJW 1983, 878 für die AG; für nur eingeschränkte Übertragbarkeit dieser Entscheidung auf die GmbH *Martens* GmbHR 1984, 265, 271.

schließlich ist zu bedenken, dass ein Gesellschafter, der die in Frage stehende Information nicht selbst verlangt hat, das Erzwingungsverfahren nicht selbst einleiten (Rn. 6), wohl aber anfechtungsbefugt sein kann. Der Verzicht des Gesetzgebers, diesen Gesichtspunkt entgegen den Vorschlägen der Regierung normativ zu berücksichtigen, ist dahingehend zu deuten, dass die von der hM behauptete Ausschließlichkeit des Informationserzwingungsverfahrens eben nicht Platz greifen soll. Zur davon zu unterscheidenden Frage der Anfechtbarkeit des Verweigerungsbeschlusses selbst oben § 51a Rn. 29. Die Aussetzung des Anfechtungsprozesses ist zulässig, wenn ein Verfahren nach § 51b anhängig ist.[7] Umstritten, aber wohl zu verneinen ist die Frage, ob es neben dem Auskunftserzwingungsverfahren auch eine auf Auskunft gerichtete Leistungsklage geben kann.[8]

II. Zulässigkeit

1. Zuständigkeit. Zuständig ist ausschließlich das Landgericht des Sitzes der Gesellschaft (§ 132 Abs. 1 S. 1 AktG; zu den Gründen BT-Drucks. 8/1347, 45). Die funktionelle Zuständigkeit liegt bei der **Kammer für Handelssachen** (§ 132 Abs. 1 S. 2 AktG). Die für Aktiengesellschaften auf der Grundlage von § 132 Abs. 1 S. 3 und 4 AktG erlassenen VO gelten nicht auch für die GmbH.[9] Die Kammer hat in voller Besetzung zu entscheiden.[10] Bei Unzuständigkeit des angerufenen Gerichts ist die Sache von Amts wegen an die zuständige FGG-Kammer abzugeben, von wo sie an die Kammer für Handelssachen weiterverwiesen wird.[11] 3

Die gesetzliche Zuständigkeitsregelung ist nur **teilweise abdingbar.** Die Prorogation eines anderen staatlichen Gerichts scheidet schon wegen § 40 Abs. 2 ZPO aus.[12] Für unzulässig gehalten wurde früher auch die **ex ante** Vereinbarung eines **Schiedsgerichts** im Gesellschaftsvertrag oder durch Sondervereinbarung mit einem Gesellschafter. Denn dies könne darauf hinauslaufen, das Informationsrecht in seinem Kern zu gefährden.[13] Doch hat die inzwischen herrschende Gegenansicht die besseren Gründe für sich. 4

2. Antragsberechtigung. Nach dem Wortlaut von S. 2 kommen als **Antragsteller** nur **Gesellschafter** in Betracht. Daraus ist richtig gefolgert worden, dass Gläubiger eines Gesellschafters, also etwa Personen, denen ein Pfandrecht oder ein Nießbrauch am Gesellschaftsanteil zusteht, nicht nach § 51b vorgehen können.[14] Pfändung und Überweisung des Informationsanspruches ändert daran nichts.[15] Dasselbe gilt für jemand, der wohl Gesellschafter eines herrschenden Unternehmens, nicht aber der 5

---

[7] *Hachenburg/Hüffer* Rn. 22; *Scholz/Schmidt* Rn. 9 mwN; ausführlich *W. Lüke* ZGR 1990, 657, 663 ff.

[8] Vgl. OLG Saarbrücken GmbHR 1994, 474, 475 einerseits und *Jestaedt* GmbHR 1994, 442 ff. andererseits. Wie hier auch OLG Hamm GmbHR 1998, 336.

[9] OLG Hamm DB 1982, 1513; zum Verordnungsstand im Kontext des § 51b vgl. *Driesen* GmbHR 1987, 103; GmbHR 1988, 228; 1994, 798; 2000, 1252; *Hachenburg/Hüffer* Rn. 11.

[10] *Stangier/Bork* GmbHR 1982, 169 mit Einzelheiten.

[11] *Stangier/Bork* GmbHR 1982, 169, 171; *Scholz/Schmidt* Rn. 17, beide mwN; vgl. BGHZ 10, 155, 162 f. = NJW 1953, 1508.

[12] *Stangier/Bork* GmbHR 1982, 169, 170.

[13] So OLG Köln GmbHR 1989, 207, 208; LG Mönchengladbach JZ 1987, 99 m. krit. Anm. *Bork*; *Meyer-Landrut/Miller/Niehus* Rn. 8; Voraufl. Rn. 4; anders OLG Hamm GmbHR 2000, 676 m. Anm. *Emde*; OLG Koblenz WM 1990, 1992, 1993; *Scholz/Schmidt* Rn. 5; *Hachenburg/Hüffer* Rn. 24; *Westermann/Menger* DWiR 1991, 143, 150; *Westermann* in *Böckstiegel* S. 43 f.; LG Mönchengladbach EWiR § 51a GmbHG 3/86, 803 – *v. Gerkan*.

[14] *Stangier/Bork* GmbHR 1982, 169, 171 mN.

[15] *Stangier/Bork* GmbHR 1982, 169, 172.

Antragsgegnerin ist.[16] Dass gesetzliche und rechtsgeschäftliche **Vertreter** eines Gesellschafters den Antrag stellen können, liegt auf der Hand; doch deckt die Stimmrechtsvollmacht oder die Einschaltung eines Dritten anlässlich des Informationsverlangens nicht ohne weiteres dessen prozessuale Durchsetzung.[17] Informationsansprüche aus § 51a können auch **Nichtgesellschaftern,** nämlich solchen Personen zustehen, die mitgliedschaftsabgeleitete Rechte in eigenem Namen geltend machen können (Beispiele: Insolvenzverwalter, Testamentsvollstrecker; vgl. § 51a Rn. 4). Es wäre inkonsequent, solchen Personen das Recht aus § 51b zu versagen. Bei Veräußerung des Anteils nach Rechtshängigkeit entfällt das Rechtsschutzinteresse. § 265 ZPO ist nicht anzuwenden. Die Klage ist daher abzuweisen.[18] Dasselbe gilt erst recht bei Verlust der Gesellschafterstellung nach Verweigerung einer Information, aber vor Einleitung und während des Verfahrens.[19] Zweifelhaft ist, ob das Verfahren fortgesetzt werden kann, wenn die Antragsgegnerin verschmolzen wird.[20]

6 Außer der Gesellschaftereigenschaft des Antragstellers wird vorausgesetzt, dass **ihm** die verlangte **Information nicht geliefert** worden ist und außerdem, dass ein dies bestätigender **Beschluss gemäß § 51a Abs. 2 S. 2** vorliegt. Hierbei handelt es sich um Konkretisierungen des immer erforderlichen Rechtsschutzbedürfnisses.[21] Nicht erforderlich ist die Verweigerung einer verlangten Information schlechthin; es genügt, wenn nicht jenes Informationsmittel (Auskunft oder Einsicht) zugestanden wurde, das verlangt worden ist (zur Begründetheit der Klage in diesen Fällen vgl. § 51a Rn. 11).[22] Dass die Vorschaltung eines Gesellschafterbeschlusses prinzipielle Zulässigkeitsvoraussetzung ist, ergibt sich daraus, dass § 51a Abs. 2 S. 2 auch den Zweck verfolgt, gerichtliche Verfahren möglichst überflüssig zu machen.[23] Nach § 51b Abs. 2 RegE sollte der Beschluss **entbehrlich** sein, wenn dem interessierten Gesellschafter nach den Umständen nicht zuzumuten ist, eine Beschlussfassung der Gesellschaft herbeizuführen. Gedacht war dabei hauptsächlich an Fälle, wo infolge des Beschlusserfordernisses eine im Einzelfall unangemessene Verzögerung eintreten würde.[24] Eine Unzumutbarkeitsschranke schlechthin wird man de lege lata wohl kaum anerkennen können; doch dürfte ein Gesellschafterbeschluss nach der Intention des Gesetzgebers (Verfahrensbeschleunigung) in der Tat jedenfalls dann entbehrlich sein, wenn die Gesellschaft nicht so schnell wie möglich für eine Entscheidung sorgt.[25] Kein Beschluss ist erforderlich, wo ihn auch das materielle Recht nicht voraussetzt (§ 51a Rn. 24, 27).

---

[16] LG Bielefeld BB 1985, 1687, 1688; vgl. *Scholz/Schmidt* Rn. 10.
[17] OLG Hamburg AG 1970, 50f.; wN bei *Stangier/Bork* GmbHR 1982, 169, 172.
[18] BayObLG DB 1991, 1270, 1273; *Hachenburg/Hüffer* Rn. 8 mwN; aA *Scholz/Schmidt* Rn. 13; 2. Aufl. Rn. 5.
[19] OLG Köln GmbHR 1989, 207, 208; *Stangier/Bork* GmbHR 1982, 169, 172; anders auch insoweit *Scholz/Schmidt* Rn. 13. Zur Rechtslage nach Erklärung des Austritts, aber vor Vollzug desselben vgl. OLG Karlsruhe GmbHR 1985, 362, 363. Zu den Konsequenzen des Ausschlusses des Antragsstellers während des Verfahrens (Erledigung der Hauptsache) OLG Thüringen GmbHR 1996, 699.
[20] Bejahend LG München I DB 1999, 629 (für AG).
[21] Vgl. *Stangier/Bork* GmbHR 1982, 169, 173; *Tietze* 141; *Roth/Altmeppen* Rn. 2; anders *Scholz/Schmidt* Rn. 12; *Hachenburg/Hüffer* Rn. 9, je mwN.
[22] Zur Zulässigkeit eines (eingeschränkten) Hilfsantrages (Einsichtnahme anstatt Lieferung einer Kopie) OLG Celle WM 1986, 36, 37f.
[23] § 51a Rn. 25; vgl. OLG Karlsruhe GmbHR 1985, 362, 363, *Scholz/Schmidt* 6. Aufl. Anh. § 51 Rn. 54.
[24] Vgl. BT-Drucks. 8/1347, 46, ebenso noch für das geltende Recht *Stangier/Bork* GmbHR 1982, 169, 173.
[25] Wie hier *Grunewald* ZHR 146 (1982), 211, 233, weitere Details bei *Tietze* S. 141f.

III. Verfahren

Das Auskunftserzwingungsverfahren ist ein solches **nach dem FGG** (S. 1 iVm. §§ 132 Abs. 3, 99 Abs. 1 AktG).[26] Es kann als solches weitergeführt werden, wenn es zunächst als Verfahren nach der ZPO eingeleitet wurde.[27] Streitgegenstand ist nicht etwa die Frage, ob eine erteilte Auskunft richtig oder unrichtig war, sondern ob ein Informationsanspruch besteht oder nicht.[28] Dementsprechend hat der Antrag die begehrte **Information** zu **präzisieren** und das **Informationsmittel** (Auskunft und/oder Einsicht) **zu bezeichnen**.[29] Wegen § 96 Abs. 1 GVG ist ferner auf die Zuständigkeit der Kammer für Handelssachen hinzuweisen.[30] Die Einhaltung einer Form ist nicht erforderlich.[31] Der im FGG-Verfahren herrschende Amtsermittlungsgrundsatz (§ 12 FGG) ist vor dem Hintergrund der prozessualen Förderungspflicht der Beteiligten zu sehen. Zu der damit zusammenhängenden Verpflichtung der Gesellschaft, die Informationsverweigerung zu begründen, vgl. § 51a Rn. 28. Die Gesellschaft trägt die materielle **Beweislast** dafür, dass Verweigerungsgründe vorliegen.[32] 7

Die **Entscheidung** des Gerichts ergeht durch einen mit Gründen versehenen Beschluss (S. 1 iVm. §§ 132 Abs. 3, 99 Abs. 3 AktG). Inhaltlich ist sie an den Anträgen der Beteiligten auszurichten; sie hat daher entweder auf Ablehnung des Antrags oder unter Bezeichnung des Informationsmittels darauf zu lauten, welche Informationen die Gesellschaft zu liefern hat.[33] Eine Erledigung des Verfahrens in anderer Weise, also durch **Verzicht, Anerkenntnis** und **Vergleich** ist möglich.[34] **Vorläufigen Rechtsschutz** gibt es im Informationserzwingungsverfahren nicht.[35] Die **Kosten** des Verfahrens hat das Gericht nach billigem Ermessen zu verteilen.[36] Im übrigen gilt die Kostenordnung mit gewissen Modifikationen.[37] Die Erstattung außergerichtlicher Kosten richtet sich nach § 13a FGG und sollte, obwohl darüber amtswegig zu befinden ist, gesondert angeregt werden.[38] Unterliegt der Antragsteller auf der Grundlage nachge- 8

---

[26] Zu Rechtsmitteln, wenn versehentlich im ordentlichen Verfahren entschieden wurde OLG Hamm NZG 1998, 432f.: entsprechende Anwendung von §§ 17, 17a Abs. 5 GVG. Ebenso für die umgekehrte Situation (unzutreffende Verweisung eines Zivilprozesses in das Verfahren nach § 51b) OLG Frankfurt WM 1996, 160.
[27] BGH NJW-RR 1995, 1183 = GmbHR 1995, 905.
[28] *Scholz/Schmidt* Rn. 7; *Lutter/Hommelhoff* Rn. 1; *Tietze* S. 123ff.
[29] OLG Düsseldorf GmbHR 1995, 902, 903. Zur Pflicht des Gerichts auf eine sachgerechte Antragstellung hinzuwirken OLG Frankfurt BB 1995, 1876, 1868. S. auch OLG Frankfurt GmbHR 1997, 130.
[30] Zur örtlichen Zuständigkeit bei einem Auskunftsverlangen gegen eine GmbH & Co. KG BayObLG DB 1995, 36, 37; allgemeiner *Driesen* GmbHR 1994, 798, 799 über einschlägige Verordnungen der Landesregierungen.
[31] § 11 FGG; vgl. *Scholz/Schmidt* Rn. 14 mwN; dagegen *Emde* ZIP 2001, 820ff.
[32] *Scholz/Schmidt* § 51a Rn. 44f.; *Hachenburg/Hüffer* Rn. 14; dagegen zu Unrecht LG Heilbronn NJW 1967, 1715, 1716.
[33] Vgl. *Tietze* S. 148.
[34] *Scholz/Schmidt* Rn. 27; *Tietze* S. 150.
[35] *Stangier/Bork* GmbHR 1982, 169, 174 mwN; *Scholz/Schmidt* Rn. 32.
[36] Zur Praxis *Gustavus* GmbHR 1989, 181, 185f.
[37] S. 1 iVm. § 132 Abs. 5 AktG; vgl. *Hachenburg/Hüffer* Rn. 20. Zur Festsetzung des Geschäftswerts BayObLG DB 2001, 139; BB 2000, 1155; DB 1991, 1318; zum Wert des Beschwerdegegenstandes im Berufungsverfahren BGH GmbHR 1995, 301; 1992, 815; zu Rechtsmitteln gegen die Kostenentscheidung BayObLG DB 1995, 1022f.; OLG Köln GmbHR 1995, 301.
[38] Dazu OLG Frankfurt EWiR § 51 GmbHG 1/87, 481 – *Gustavus*; für Erstattung von Anwaltskosten nach § 91 Abs. 2 ZPO *Hachenburg/Hüffer* Rn. 20.

§ 52 3. Abschnitt. Vertretung und Geschäftsführung

schobener Verweigerungsgründe (dazu § 51a Rn. 28), so ist dies bei der Kostenentscheidung im Rahmen billigen Ermessens zu berücksichtigen (§ 51a Rn. 28).

IV. Rechtsmittel, Vollstreckung

9   Als **Rechtsmittel** gegen die Entscheidung des Landgerichts ist die sofortige Beschwerde vorgesehen, vorausgesetzt allerdings, sie wird von diesem Gericht zugelassen. Das soll nur dann geschehen, wenn die Klärung einer Rechtsfrage von grundsätzlicher Bedeutung zu erwarten ist.[39] Die von einem Rechtsanwalt zu unterzeichnende (§§ 132 Abs. 3 S. 1, 99 Abs. 3 S. 4 AktG) Beschwerdeschrift ist innerhalb von zwei Wochen (§ 22 Abs. 1 FGG) einzureichen. Anschlussbeschwerde ist auch noch nach Ablauf dieser Frist möglich.[40] Beschwerdegericht ist das OLG, das als Tatsacheninstanz entscheidet.[41] Eine weitere Beschwerde findet nicht statt (§§ 132 Abs. 3, 99 Abs. 3 S. 7 AktG). Lehnt das Landgericht die Zulassung der Beschwerde ab, so wird seine Entscheidung rechtskräftig. Eine Nichtzulassungsbeschwerde kommt nicht in Betracht.[42]

10 Entscheidungen im Informationserzwingungsverfahren sind **vollstreckbar** (§ 132 Abs. 4 S. 2 AktG), freilich erst mit Rechtskraft; vorläufige Vollstreckbarkeit gibt es nicht.[43] Vollstreckt wird gemäß § 888 ZPO (Auskunft) bzw. nach § 883 ZPO (Einsicht).[44]

V. Österreichisches Recht

11 Eine Parallele zu § 51b kennt das österreichische Recht nicht. Der Informationsanspruch aus § 22 des österreichischen GmbHG (§ 51a Rn. 31) ist im Außerstreitverfahren zu verfolgen.[45]

§ 52 [Aufsichtsrat]

(1) **Ist nach dem Gesellschaftsvertrag ein Aufsichtsrat zu bestellen, so sind § 90 Abs. 3, 4, 5 Satz 1 und 2, § 95 Satz 1, § 100 Abs. 1 und 2 Nr. 2, § 101 Abs. 1 Satz 1, § 103 Abs. 1 Satz 1 und 2, §§ 105, 110 bis 114, 116 des Aktiengesetzes in Verbindung mit § 93 Abs. 1 und 2 des Aktiengesetzes, §§ 170, 171, 337 des Aktiengesetzes entsprechend anzuwenden, soweit nicht im Gesellschaftsvertrag ein anderes bestimmt ist.**

(2) [1]**Werden die Mitglieder des Aufsichtsrats vor der Eintragung der Gesellschaft in das Handelsregister bestellt, gelten § 37 Abs. 4 Nr. 3, § 40 Abs. 1 Nr. 4**

---

[39] § 132 Abs. 3 AktG; für eine Ausnahme bei greifbarer Gesetzeswidrigkeit der erstinstanzlichen Entscheidung – Vorsitzender allein – OLG Koblenz WM 1985, 829; kritisch *K. Schmidt* ZIP 1987, 218, 219; vgl. *Tietze* S. 153f.
[40] *Scholz/Schmidt* Rn. 29.
[41] Für Bayern BGH WM 1987, 870; BayObLG GmbHR 1988, 263, 264: Zuständigkeit des BayObLG, dazu *Driesen* GmbHR 1988, 228; vgl. *Scholz/Schmidt* Rn. 29.
[42] OLG Hamm BB 1997, 221; *Stangier/Bork* GmbHR 1982, 169, 173 mwN.
[43] §§ 132 Abs. 3, 99 Abs. 5 S. 1 AktG; vgl. *Scholz/Schmidt* Rn. 28.
[44] Vgl. § 132 Abs. 4 S. 2 AktG; KG NJW 1972, 2093ff.; *Stangier/Bork* GmbHR 1982, 169, 173f.; *Hachenburg/Hüffer* Rn. 18 mwN. Zur Notwendigkeit der Unterscheidung zwischen der Durchsetzung von Auskunfts- und Einsichtsanspruch namentlich OLG Frankfurt WM 1991, 1555, 1556 mwN = WuB II C. § 51b GmbHG 1.91 – *Soehring*. Anders insoweit offenbar BayObLG NJW-RR 1997, 439. Zu Anforderungen an den Tenor BayObLG DB 1989, 519f. Vgl. auch *Gustavus* GmbHR 1989, 181, 186.
[45] *Koppensteiner* § 22 Rn. 32 mN.

Aufsichtsrat §52

des Aktiengesetzes entsprechend. ²Jede spätere Bestellung sowie jeden Wechsel von Aufsichtsratsmitgliedern haben die Geschäftsführer unverzüglich durch den Bundesanzeiger und die im Gesellschaftsvertrag für die Bekanntmachungen der Gesellschaft bestimmten anderen öffentlichen Blätter bekanntzumachen und die Bekanntmachung zum Handelsregister einzureichen.

(3) Schadensersatzansprüche gegen die Mitglieder des Aufsichtsrats wegen Verletzung ihrer Obliegenheiten verjähren in fünf Jahren.

Literatur: *Axhausen* Anfechtbarkeit aktienrechtlicher Aufsichtsratsbeschlüsse, 1986; *Baums* Der fehlerhafte Aufsichtsratsbeschluß, ZGR 1983, 300; *Beater* Beratungsvergütungen für Aufsichtsratsmitglieder (§§ 113, 114 AktG), ZHR 157 (1993), 420; *Beuthien/Gätsch* Einfluß Dritter auf die Organbesetzung und Geschäftsführung bei Vereinen, Kapitalgesellschaften und Genossenschaften, ZHR 157 (1993), 483; *Bork* Materiell-rechtliche und prozeßrechtliche Probleme des Organstreits zwischen Vorstand und Aufsichtsrat einer Aktiengesellschaft, ZGR 1989, 1; *Brinkschmidt* Protokolle des Aufsichtsrats und seiner Ausschüsse, 1992; *Brücher* Ist der Aufsichtsrat einer Gesellschaft befugt, gegen den Vorstand oder die Geschäftsführung zu klagen?, AG 1989, 190; *Büdenbender* Mitbestimmungsrechtlicher Besitzstand im Gesellschaftsrecht, ZIP 2000, 385; *Claussen* Über die Vertraulichkeit im Aufsichtsrat, AG 1981, 57; *Deckert* Beratungsverträge mit Aufsichtsratsmitgliedern, WiB 1997, 561; *dies.* Organschaftliche und vertragliche Beratungspflichten des Aufsichtsratsmitglieds, AG 1997, 109; *dies.* Inkompatibilitäten und Interessenkonflikte, DZWiR 1996, 406; *dies.* Klagemöglichkeiten einzelner Aufsichtsratsmitglieder, AG 1994, 457; *Dietz/Richardi* Betriebsverfassungsgesetz mit Wahlordnungen, 6. Aufl. 1982; *Dreher* Das Ermessen des Aufsichtsrats, ZHR 158 (1994), 614, *ders.* Interessenkonflikte bei Aufsichtsratsmitgliedern von Aktiengesellschaften, JZ 1990, 896; *Duden* Zur Mitbestimmung in Konzernverhältnissen nach dem Mitbestimmungsgesetz, ZHR 141 (1977), 145; *Edenfeld/Neufang* Die Haftung der Arbeitnehmervertreter im Aufsichtsrat, AG 1999, 49; *Eisenhardt* Zum Problem der Haftung der Aufsichtsratsmitglieder von Aktiengesellschaft und GmbH gegenüber der Gesellschaft, Jura 1982, 289; *Ensch* Institutionelle Mitbestimmung und Arbeitnehmereinfluß, 1989; *Erker/Freund* Verschwiegenheitspflicht von Aufsichtsratsmitgliedern bei der GmbH, GmbHR 2001, 463; *Escher-Weingart* Die gewandelte Rolle des Wirtschaftsprüfers als Partner des Aufsichtsrats nach den Vorschriften des KonTraG, NZG 1999, 909; *Fitting/Wlotzke/Wißmann* Mitbestimmungsgesetz, 1978; *Fleck* Eigengeschäfte eines Aufsichtsratsmitglieds, FS Heinsius, 1991, S. 89; *Forster* Zum Zusammenspiel von Aufsichtsrat und Abschlußprüfer nach dem KonTraG, AG 1999, 193; *Gaul* Information und Vertraulichkeit der Aufsichtsratsmitglieder einer GmbH, GmbHR 1986, 296; *Geißler* Klagerechte des GmbH-Aufsichtsrats gegen die Geschäftsführung, GmbHR 1998, 1114; *Geitner* Die ersten höchstrichterlichen Urteile zum Mitbestimmungsgesetz 1976, AG 1982, 212; *Götz* Rechtsfolgen fehlerhafter Aufsichtsratsbeschlüsse – Analoge Anwendung der §§ 241 ff. AktG?, FS Lüke, 1997, S. 167; *ders.* Zustimmungsvorbehalte des Aufsichtsrates der Aktiengesellschaft, ZGR 1990, 633; *Göz* Statusverfahren bei Änderungen in der Zusammensetzung des Aufsichtsrats, ZIP 1998, 1523; *Grüter* Prokura der GmbH & Co. KG und Aufsichtsrat der Komplementär-GmbH, BB 1979, 243; *Halm* Notwendigkeit der Bildung des mitbestimmten Aufsichtsrats der GmbH vor Eintragung in das Handelsregister?, BB 2000, 1849; *Heermann* Wie weit reicht die Pflicht des Aufsichtsrats zur Geltendmachung von Schadensersatzansprüchen gegen Mitglieder des Vorstands?, AG 1998, 201; *Höhn* Die gesetzwidrige Teilüberwachung der Geschäftsführung durch den Aufsichtsrat, GmbHR 1995, 861; *ders.* Die verweigerte Zustimmung des Aufsichtsrats – Fehlverhalten der Geschäftsführer, GmbHR 1994, 604, *ders.* Pflicht des Aufsichtsrats zur Beratung der GmbH-Geschäftsführer?, GmbHR 1993, 777; *Hofbauer* Die Kompetenzen des (GmbH)-Beirats, 1996; *Hoffmann* Beratungsverträge mit Aufsichtsratsmitgliedern, FS Havermann, 1995, S. 203; *Hoffmann/Kirchhoff* Zur Abberufung von Aufsichtsratsmitgliedern durch das Gericht nach § 103 Abs. 3 S. 1 AktG, FS Beusch, 1993, 377; *Hoffmann/Preu* Der Aufsichtsrat, 4. Aufl. 1999; *Hoffmann-Becking* Der Aufsichtsrat im Konzern, ZHR 159 (1995), 325; *Hommelhoff* Die Autarkie des Aufsichtsrats, ZGR 1983, 551; *v. Hoyningen-Huene/Powietzka* Unterrichtung des Aufsichtsrats in der mitbestimmten GmbH, BB 2001, 529; *Ihrig/Schlitt* Vereinbarungen über eine freiwillige Einführung oder Erweiterung der Mitbestimmung, NZG 1999, 333; *Jacobs* Stufenverflechtung zwischen Aufsichtsrat einer Obergesellschaft und Beirat einer abhängigen GmbH, FS Brandner, 1996, S. 73; *Jaeger/Trölitzsch* Unternehmerisches Ermessen des Aufsichtsrats bei der Geltendmachung von Schadensersatzansprüchen gegenüber Vorstandsmitgliedern, ZIP 1995, 1157; *Kindl* Analoge Anwendung der §§ 241 ff. AktG auf aktienrechtliche Aufsichtsratsbeschlüsse?, AG 1993, 153; *ders.* Die Geltendmachung von Mängeln bei aktienrechtlichen Aufsichtsratsbeschlüssen und die Besetzung von Ausschüssen in mitbestimmten Gesellschaften, DB 1993, 2065; *ders.* Die Teilnahme an der Aufsichtsratsitzung, 1993; *Klein* Noch einmal: Information und Vertraulichkeit im Aufsichtsrat, AG 1982, 7; *Koch* Die Entwicklung des Gesellschaftsrechts in den Jahren 1987/88, NJW 1989, 3130; *Köstler* Amtsende des Aufsichtsrats nach formwechselnder Umwandlung einer GmbH in eine Aktiengesellschaft?, BB 1993, 81; *Köstler/Schmidt*

§ 52　　　　　　　　　　　　　3. Abschnitt. Vertretung und Geschäftsführung

Interessenvertretung und Information, BB 1981, 88; *Kohte* Der Zustimmungsvorbehalt des Aufsichtsrats nach § 111 Abs. 4 AktG, Wirtschaftsrecht 1991, 242; *Kropff* Die Unternehmensplanung im Aufsichtsrat, NZG 1998, 613; *ders.* Aktiengesetz, 1965; *Krüger* Die Information des Aufsichtsrates über die Einwirkung der Anteilseigner auf die Führungsentscheidungen in einer mitbestimmten Kapitalgesellschaft, 1992; *Krummel/Küttner* Dienst- und Werkverträge mit Aufsichtsratsmitgliedern nach § 114 AktG, DB 1996, 193; *Lemke* Der fehlerhafte Aufsichtsratsbeschluß, 1994; *Lenz* Zustimmungsvorbehalte im Konzern, AG 1997, 448; *Lowe* Fehlerhaft gewählte Aufsichtsratsmitglieder, 1989; *Lüderitz* Effizienz als Maßstab für die Größe des Aufsichtsrats, FS Steindorff, 1990, S. 113; *Lutter* Zur Wirkung von Zustimmungsvorbehalten nach § 111 Abs. 4 Satz 2 AktG auf nahestehende Gesellschaften, FS Fischer, 1979, S. 419; *ders.* Zum Verhältnis von Information und Vertraulichkeit im Aufsichtsrat, BB 1980, 291; *ders.* Unternehmensplanung und Aufsichtsrat, AG 1991, 249; *ders.* Information und Vertraulichkeit im Aufsichtsrat, 2. Aufl. 1984; *ders.* Die Unwirksamkeit von Mehrfachmandaten in den Aufsichtsräten von Konzernunternehmen, FS Beusch, 1993, S. 509; *Lutter/Kremer* Die Beratung der Gesellschaft durch Aufsichtsratsmitglieder, ZGR 1992, 87; *Lutter/Krieger* Rechte und Pflichten des Aufsichtsrats, 3. Aufl. 1993; *Martens* Organisationsprinzipien und Präsidialregelung des mitbestimmten Aufsichtsrats, DB 1980, 1381; *ders.* Mitbestimmungsrechtliche Bausteine in der Rechtsprechung des Bundesgerichtshofs, ZGR 1983, 237; *Matthießen* Stimmrecht und Interessenkollision im Aufsichtsrat, 1989; *Mehl* Die Stimmbotenschaft bei Beschlüssen des Aufsichtsrats, 1990; *Mertens* Zur Berichtspflicht des Vorstands gegenüber dem Aufsichtsrat, AG 1980, 67; *ders.* Aufsichtsratsausschüsse, Mitbestimmung und Methodenlehre, AG 1981, 113; *ders.* Der Beirat in der GmbH – besonders der mitbestimmten, FS Stimpel, 1985, S. 417; *ders.* Beratungsverträge mit Aufsichtsratsmitgliedern, FS Steindorff, 1990, S. 173; *Nagel* Zusammensetzung mitbestimmter Aufsichtsratsausschüsse und Unternehmensinteresse, DB 1982, 2677; *Niewiarra/Servatius* Die gerichtliche Ersatzbestellung im Aufsichtsrat, FS Semler, 1993, S. 217; *Notthoff* Vorzeitiges Ausscheiden von Aufsichtsratsmitgliedern durch Mandatsaufhebungsvereinbarung, WiB 1997, 848; *Oberrath* Anwendung von Arbeitsrecht auf den GmbH-Geschäftsführer, MDR 1999, 134; *Oetker* Das Recht der Unternehmensmitbestimmung im Spiegel der neueren Rechtsprechung, ZGR 2000, 19; *ders.* Der Anwendungsbereich des Statusverfahrens nach den §§ 97 ff. AktG, ZHR 149 (1985), 575; *Peltzer* Die Haftung des Aufsichtsrats bei Verletzung der Überwachungspflicht, WM 1981, 346; *Pflugradt* Leistungsklagen zur Erzwingung rechtmäßigen Vorstandsverhaltens in der Aktiengesellschaft, 1990; *Poseck* Die Klage des Aufsichtsrats gegen die Geschäftsführung des Vorstandes, DB 1996, 2165; *Potthoff/Trescher* Das Aufsichtsratsmitglied, 2. Aufl. 1994; *Raiser* Mitbestimmungsgesetz, 3. Aufl. 1998; *ders.* Organklagen zwischen Aufsichtsrat und Vorstand, AG 1989, 185; *ders.* Klagebefugnisse einzelner Aufsichtsratsmitglieder, ZGR 1989, 44; *v. Rechenberg* Zustimmungsvorbehalte des Aufsichtsrats für die Unternehmensplanung, BB 1990, 1356; *Rehbinder* Das Mitbestimmungsurteil des Bundesverfassungsgerichts aus unternehmensrechtlicher Sicht, ZGR 1979, 471; *Rellermeyer* Aufsichtsratsausschüsse, 1986; *ders.* Der Aufsichtsrat, ZGR 1993, 77; *Reuter* Der Beirat der GmbH, FS 100 Jahre GmbHG, 1992, S. 631; *Riegger* Die schriftliche Stimmabgabe, BB 1980, 130; *Rinninsland* Die Auswirkungen des MitbestG 1976 auf Gesellschaften mit beschränkter Haftung, 1990; *Rittner* Vakanzen im Ausschuß nach § 27 Abs. 3 MitbestG, FS Fischer, 1979, S. 627; *ders.* Die Satzungsautonomie der Aktiengesellschaft und die innere Ordnung des Aufsichtsrats nach dem Mitbestimmungsgesetz, DB 1980, 2493; *Säcker* Zur Beschlußfähigkeit des mitbestimmten Aufsichtsrates, JZ 1980, 82; *ders.* Aktuelle Probleme der Verschwiegenheitspflicht der Aufsichtsratsmitglieder, NJW 1986, 803; *Säcker/Theisen* Die statutarische Regelung der inneren Ordnung des Aufsichtsrats in der mitbestimmten GmbH nach dem MitbestG 1976, AG 1980, 29; *Schall* Organzuständigkeit in der mitbestimmten GmbH, 1996; *K. Schmidt* Unternehmen und Unternehmensführung im Recht, FS Semler, 1993, S. 329; *Schneider* Konzernleitung als Rechtsproblem, BB 1981, 149; *ders.* Haftungsmilderung für Vorstandsmitglieder und Geschäftsführer bei fehlerhafter Unternehmensleitung?, FS Werner, 1984, S. 795; *ders.* Wettbewerbsrecht für Aufsichtsratsmitglieder einer Aktiengesellschaft?, BB 1995, 365; *Schulze-Osterloh* Unternehmensüberwachung und Prüfung des Jahresabschlusses durch den Aufsichtsrat, ZIP 1998, 2129; *Schwark* Zum Haftungsmaßstab der Aufsichtsratsmitglieder einer AG, FS Werner, 1984, S. 841; *Schwintowski* Verschwiegenheitspflicht für politisch legitimierte Mitglieder des Aufsichtsrats, NJW 1990, 1009; *Semler* Verpflichtung der Gesellschaft durch den Aufsichtsrat und Zahlungen der Gesellschaft an seine Mitglieder, FS Claussen, 1997, S. 381; *ders.* Leitung und Überwachung der Aktiengesellschaft, 2. Aufl. 1996; *ders.* Ausschüsse des Aufsichtsrats, AG 1988, 60; *St. Simon* Bestellung und Abberufung des Aufsichtsrats in GmbH und GmbH & Co KG, GmbHR 1999, 257; *Sina* Zur Berichtspflicht des Vorstandes gegenüber dem Aufsichtsrat bei drohender Verletzung der Verschwiegenheitspflicht durch einzelne Aufsichtsratsmitglieder, NJW 1990, 1016; *Singhof* Die Amtsniederlegung durch das Aufsichtsratsmitglied einer Aktiengesellschaft, AG 1998, 318; *Steinbeck* Überwachungspflicht und Einwirkungsmöglichkeiten des Aufsichtsrats der Aktiengesellschaft, 1992; *Stein* Die Grenzen vollmachtloser Vertretung der Gesellschaft gegenüber Vorstandsmitgliedern und Geschäftsführern, AG 1999, 28; *Steindorff/Joch* Die ersten Urteile des Bundesgerichtshofs zum Mitbestimmungsgesetz, ZHR 146 (1982), 336; *Stodolkowitz* Gerichtliche Durchsetzung von Organpflichten in der Aktiengesellschaft, ZHR 154 (1990), 1; *Theisen* Die Rechtsprechung zum Mitbestimmungsgesetz 1976 – eine vierte Zwischenbilanz, AG 1998, 153; *ders.* Die Rechtsprechung zum Mitbestimmungsgesetz 1976, BB 1981, 1858; *ders.* Überwachungsfunktion und -aufgabe des Aufsichtsrats und seiner einzelnen Mitglieder, DB 1989, 311; *Thümmel* Persönliche Haftung von Managern und Aufsichtsräten, 2. Aufl. 1998; *Thüssing* Zur Frage der Zulässigkeit gesellschaftsvertraglicher Ausweitung der Arbeitnehmervertretung im Aufsichtsrat nach dem Betriebsverfassungsgesetz 1952 bei der GmbH, FS Werner, 1984, S. 893; *Trouet* GmbH-Aufsichtsrat und Mitbestimmung, DB 1982, 29; *Ulmer* Geheime Abstimmungen im Aufsichtsrat von Aktiengesellschaften?, AG 1982, 300; *ders.* Begründung von Rechten für Dritte in der Satzung einer GmbH?, FS Werner, 1984, S. 911; *Wardenbach* Niederlegung des Aufsichtsratsmandats bei Interessenkollisionen, AG 1999, 74; *Vollmer/Maurer* Beratung durch Aufsichtsratsmitglieder oder Abschlußprüfer aufgrund von Zusatzaufträgen, BB 1993, 591; *Voormann* Der Beirat im Gesellschaftsrecht, 2. Aufl. 1990; *Westermann* Bestellung und Funktion „weiterer" Stellvertreter des Aufsichtsratsvorsitzenden in mitbestimmten Gesellschaften, FS Fischer, 1979, S. 835.

Übersicht

	Rn.		Rn.
I. Grundlagen	1–5	a) Nach Eintragung der Gesellschaft	22
1. Entstehungsgeschichte, Inhalt, Zweck	1, 2	b) Vor Eintragung	23, 24
2. Der obligatorische Aufsichtsrat	3–5	c) Weitere Organe?	25
II. Der fakultative Aufsichtsrat	6–21	2. Zusammensetzung	26–32
1. Voraussetzungen des Abs. 1	6, 7	a) Anzahl und Repräsentation der Arbeitnehmer	26
2. Rechtsfolgen	8–20	b) Persönliche Voraussetzungen	27–29
a) Zusammensetzung des Aufsichtsrats	8, 9	c) Bestellung, Amtszeit, vorzeitige Amtsbeendigung	30–32
b) Tätigkeit	10–14	3. Organisation des Aufsichtsrats	33–46
aa) Einberufung	10	a) Innere Ordnung	33–37
bb) Aufgaben	11–13	aa) Vorsitz und Stellvertretung	33–35
cc) Vertretung gegenüber Geschäftsführern	14	bb) Ausschüsse	36
c) Rechtsstellung der Aufsichtsratsmitglieder	15–17	cc) Geschäftsordnung	37
d) Entscheidungen durch Beschluss	18–20	b) Sitzungen	38
aa) Allgemeines	18	c) Beschlüsse	39–46
bb) Sitzung; schriftliche Abstimmung	19	aa) Im Plenum	39–45
cc) Fehlerhafte Beschlüsse	20	bb) In Ausschüssen	46
3. Abs. 2	21	4. Aufgaben	47–49
III. Der obligatorische Aufsichtsrat	22–50	5. Rechtsstellung der Aufsichtsratsmitglieder	50
1. Der erste (mitbestimmte) Aufsichtsrat; zusätzliche Überwachungsorgane?	22–25	**IV. Österreichisches Recht**	51

I. Grundlagen

1. Entstehungsgeschichte, Inhalt, Zweck. § 52 enthält eine Regelung für 1 den nach dem Gesellschaftsvertrag zu bestellenden, also **fakultativen** Aufsichtsrat. Demgegenüber finden sich die Vorschriften über den **obligatorischen** Aufsichtsrat im wesentlichen außerhalb des GmbHG (vgl. aber Rn. 24). **Abs. 1** ist in seiner geltenden Fassung durch § 32 EGAktG 1965 eingeführt und durch das BiRiLiG erweitert worden. Die Neufassung beruht darauf, dass vorher global auf die den Vorschriften des Dritten Abschnittes des Zweiten Buches des HGB entsprechenden Bestimmungen des AktG verwiesen wurde, was zu erheblichen Zweifeln Anlass gab.[1] Nach geltendem Recht ist davon auszugehen, dass es sich bei den Normen, auf die Abs. 1 verweist, um eine grundsätzlich **abschließende** Aufzählung handelt.[2] Die Satzung kann freilich ausdrücklich oder auch implizit von diesem Prinzip abweichen.[3] Im übrigen

---

[1] Vgl. die Materialien zu § 32 EGAktG bei *Kropff* S. 544 f.
[2] *Hachenburg/Raiser* § 52 Rn. 21 f. mit Randkorrekturen in Rn. 22.
[3] *Scholz/Schneider* Rn. 43; *Baumbach/Hueck/Zöllner* Rn. 20.

§ 52 3. Abschnitt. Vertretung und Geschäftsführung

kommen aktiengesetzliche Regelungen im Einzelfall als Lückenfüllungsinstrument in Betracht (Rn. 11). Bei **Abs. 2** handelt es sich um eine integrationsrechtlich motivierte[4] Erweiterung der vorher geltenden Bestimmung (§ 106 AktG) über die Publizität der Zusammensetzung des Aufsichtsrats. **Abs. 3** entspricht den §§ 93 Abs. 6 AktG, 43 Abs. 4. Auffällig ist, dass anstelle einer eigenen Regelung nicht der Weg einer Verweisung auch auf § 93 Abs. 6 AktG in Abs. 1 gewählt wurde (vgl. unten Rn. 16).

2   Der **Zweck** des § 52 lässt sich wie folgt kennzeichnen: Bei Abs. 1 geht es darum, die Funktionsfähigkeit eines kraft Gesellschaftsvertrages bestellten Aufsichtsrates auch dann zu sichern, wenn der Gesellschaftsvertrag selbst die notwendigen Regeln nicht enthält. Abs. 2 – die Bestimmung ist zwingend (Rn. 21) – soll sicherstellen, dass die jeweilige Zusammensetzung eines einmal bestellten Aufsichtsrates nach außen kundgegeben wird. Zur Abdingbarkeit von Abs. 3 vgl. Rn. 17.

3   **2. Der obligatorische Aufsichtsrat.** § 52 gilt – von Abs. 2 S. 2 abgesehen (Rn. 24) – nicht, wenn die Gesellschaft einen Aufsichtsrat haben **muss.** Das ist der Fall, wenn sie vom MontanMitbestG, vom Montan-MitbestErgG,[5] vom BetrVG, vom MitbestG oder vom KAGG erfasst wird.[6] Praktisch im Vordergrund steht der Aufsichtsrat nach dem BetrVG 1952 und nach dem MitbestG.[7] Jedenfalls diese Regelungskomplexe können auch im Rahmen einer Kommentierung des GmbHG nicht unberücksichtigt bleiben. Mehr als eine übersichtsartige Darstellung ist im hier vorgegebenen Rahmen allerdings nicht möglich; die betriebsverfassungs- und mitbestimmungsrechtlichen Regelungen über die Wahl der Arbeitnehmervertreter in den Aufsichtsrat bleiben unkommentiert (vgl. Einl. Rn. 241).

4   Eine GmbH mit mehr als **500 Arbeitnehmern**[8] muss gemäß § 77 Abs. 1 BetrVG 1952[9] einen Aufsichtsrat bilden. Er besteht zu **einem Drittel** aus Vertretern der Arbeitnehmer.[10] Zusammensetzung, Rechte und Pflichten eines solchen Aufsichtsrats im Übrigen bestimmen sich nach den §§ 90 Abs. 3, 4, 5 S. 1 u. 2, 95 bis 114, 116, 118 Abs. 2, 125 Abs. 3, 171, 268 Abs. 2 AktG, sowie nach § 76 BetrVG 1952. Die zuletzt genannte Bestimmung betrifft die Wahl der Arbeitnehmervertreter. Sie bleibt außer Betracht. Im Unterschied zu § 52 wird praktisch der gesamte Zweite Abschnitt des Aktiengesetzes über den Aufsichtsrat für entsprechend anwendbar erklärt. Auch im übrigen spielen aktienrechtliche Bestimmungen eine erheblich größere Rolle als für den fakultativen Aufsichtsrat. Beides liegt an dem im Verhältnis zu § 52 **unterschied-**

---

[4] Vgl. Art. 3 Nr. 4 des Gesetzes zur Durchführung der Ersten EG-Richtlinie, BGBl. I S. 1146.

[5] Zu verfassungsrechtlichen Bedenken gegen § 3 Abs. 2 S. 1 dieses Gesetzes s. OLG Düsseldorf DWiR 1991, 72 m. Anm. *Kucka* = EWiR § 3 MitbestErgG 1191 – *Däubler*. Teilweise Billigung dieser Bedenken durch BVerfG NZG 1999, 537 (dazu *Oetker* ZGR 2000, 23 ff.).

[6] Näher dazu *Scholz/Schneider* Rn. 9 ff. Zu Regelungen zur Konservierung von Mitbestimmung trotz Wegfalls der an sich erforderlichen Voraussetzungen *Büdenbender* ZIP 2000, 387 ff.; zu gesellschaftsvertraglichen Vorkehrungen betreffend die Mitbestimmung der Arbeitnehmer *Ihrig/Schlitt* NZG 1999, 336.

[7] Für einen kurzgefassten Vergleich mit dem Aufsichtsrat der Aktiengesellschaft *Trouet* DB 1982, 29 ff.; empirische Angaben zu mitbestimmten GmbHs bei *Rinninsland* S. 39 ff.

[8] Dazu LG Stuttgart BB 1984, 2082: entsprechende Anwendung von § 1 Abs. 1 Nr. 2 MitbestG; vgl. *Baumbach/Hueck/Zöllner* Rn. 80; *Scholz/Schneider* Rn. 28 mwN. Zur Vorgesellschaft (verneinend) BayObLG ZIP 2000, 1445. S. Rn. 23.

[9] Zur Weitergeltung dieser Vorschrift § 129 BetrVG.

[10] § 76 Abs. 1 BetrVG 1952; zur Möglichkeit einer Erhöhung dieser Quote durch den Gesellschaftsvertrag OLG Bremen NJW 1977, 1153, 1154; vgl. Einl. Rn. 1995; *Thüsing,* FS Werner, 1984, S. 893.

lichen Zweck des obligatorischen Aufsichtsrats nach dem BetrVG 1952. Hier geht es darum, den Arbeitnehmern Mitwirkungsrechte auf der Ebene der Unternehmensführung zu sichern. Mittel hierzu ist deren Repräsentation im Aufsichtsrat. Diese Zielsetzung erklärt, warum es einen obligatorischen Aufsichtsrat bei der GmbH überhaupt gibt und dass dieser erheblich intensiver geregelt ist als der fakultative Aufsichtsrat. **Ergänzt** wird § 77 Abs. 1 durch § 77a BetrVG 1952. Demnach gelten die Arbeitnehmer eines von der GmbH abhängigen Konzernunternehmens als Arbeitnehmer der Gesellschaft, wenn zwischen den Unternehmen ein Beherrschungsvertrag besteht;[11] die weitere Alternative einer Eingliederung des abhängigen in das herrschende Unternehmen scheidet für die GmbH aus. Die §§ 77 Abs. 1, 77a BetrVG 1952 sind **zwingend.**[12] Das folgt ohne weiteres aus dem Zweck dieser Bestimmungen.

Einen Aufsichtsrat muss auch eine GmbH bilden, die in der Regel mehr als **2000 Arbeitnehmer** beschäftigt (§§ 6 Abs. 1, 1 Abs. 1 MitbestG). Arbeitnehmervertreter machen die **Hälfte** der Mitglieder aus.[13] Anwendbar sind (vgl. §§ 6 Abs. 2, 25 Abs. 1 Nr. 2, 31 Abs. 1 MitbestG) die §§ 84, 85, 90 Abs. 3, 4 und 5 S. 1 und 2, 96 Abs. 2, 97 bis 101 Abs. 1 und 3, 102 bis 106, 107 bis 116, 118 Abs. 2, 125 Abs. 3, 171 und 268 Abs. 2 AktG, also überwiegend dieselben Vorschriften, die auch für den Aufsichtsrat nach dem BetrVG 1952 verbindlich sind. Das gilt freilich nur mit dem Vorbehalt, dass das MitbestG nicht selbst abweichende Regelungen enthält. Im Unterschied zum Betriebsverfassungsrecht ist dies in wichtigen Beziehungen der Fall. Das Größenkriterium (2000 Arbeitnehmer) ist wiederum mit der Maßgabe anzuwenden, dass Arbeitnehmer eines konzernabhängigen Unternehmens als Arbeitnehmer der herrschenden GmbH gelten; die betriebsverfassungsrechtliche Beschränkung auf das Vorhandensein eines Beherrschungsvertrags (Rn. 4) fehlt (§ 5 Abs. 1 MitbestG; für Einzelheiten Einl. Rn. 207 f.).[14] Der **Zweck** des ganzen Mitbestimmungsgesetzes, also auch der hier in Betracht kommenden Bestimmungen, richtet sich auf die gleichberechtigte und gleichgewichtige Teilnahme von Anteilseignern und Arbeitnehmern an den Entscheidungsprozessen im Unternehmen einerseits und auf die Erhaltung der Grundlagen des geltenden Gesellschaftsrechts andererseits.[15] Aus den §§ 6 Abs. 2 S. 2, 25 Abs. 2 MitbestG ergibt sich, dass die mitbestimmungsgesetzlichen Bestimmungen über den Aufsichtsrat grundsätzlich **zwingend** sind. Bloße Ergänzungen durch den Gesellschaftsvertrag bleiben freilich zulässig.[16]

II. Der fakultative Aufsichtsrat

1. Voraussetzungen des Abs. 1. Abs. 1 setzt zunächst voraus, dass der **Gesellschaftsvertrag** die Bestellung eines **Aufsichtsrates vorschreibt** oder jedenfalls zulässt.[17] Nach hM kommt es dabei nicht darauf an, welche Terminologie verwendet

---

[11] Dazu BayObLG NJW 1993, 1804 f.; *Oetker* ZGR 2000, 37 f.
[12] *Dietz/Richardi* § 77 BetrVG 1952 Rn. 9.
[13] § 7 Abs. 1 MitbestG; zum Zeitfaktor OLG Düsseldorf AG 1995, 251, 252.
[14] Eingehend auch *Raiser* § 5 Rn. 4 ff. mwN; *Oetker* ZGR 2000, 30 ff. mit Judikatur. Übersicht über die Judikatur zum Statusverfahren zwischen 1991 und 1996 bei *Theisen* AG 1998, 155 ff. Zur (zutreffend verneinten) Frage analoger Anwendbarkeit von § 104 AktG auf eine GmbH mit fakultativem Aufsichtsrat OLG Hamm ZIP 2000, 927.
[15] So die Materialien; vgl. *Hanau/Ulmer* Einl. Rn. 4 mit weiteren Einzelheiten, auch *Raiser* Einl. Rn. 62 ff.
[16] *Hachenburg/Raiser* Rn. 264; *Hanau/Ulmer* § 6 Rn. 1, § 25 Rn. 9 ff. mwN. Für eine Übersicht über die Judikatur bis 1981 *Theisen* BB 1981, 1858; rechtstatsächliche Informationen bei *Säcker/Theisen* AG 1980, 29 ff.
[17] Vgl. RGZ 146, 145, 150.

§ 52   3. Abschnitt. Vertretung und Geschäftsführung

wird.[18] Es ist also möglich, dass ein nicht als Aufsichtsrat bezeichnetes Organ § 52 zuzuordnen ist und umgekehrt.[19] Die Abgrenzung hängt davon ab, ob die Aufgaben, die der Gesellschaftsvertrag dem in Frage stehenden Gremium zuweist, im Kern denjenigen des Aufsichtsrates bei der AG entsprechen.[20] Das ist der Fall, wenn die **Überwachung der Geschäftsführung** im Mittelpunkt steht. Ein bloß beratendes Organ fällt also nicht unter § 52, ein geschäftsleitendes, also mit Weisungsbefugnissen ausgestattetes, ebenfalls nicht.[21] In diesen Fällen ist durch Auslegung der Satzung zu klären, inwieweit aktienrechtliche Prinzipien entsprechend heranzuziehen sind. Bei Verteilung von Überwachungsaufgaben auf mehrere gesellschaftsvertraglich vorgesehene Organe gibt das relative Gewicht dieser Zuständigkeiten den Ausschlag; mehr als einen Aufsichtsrat iSd. § 52 kann die Gesellschaft nicht haben.[22] Hat ein Gremium neben der Überwachung der Geschäftsführung auch noch darüber hinausreichende Aufgaben wahrzunehmen, so wird § 52 grundsätzlich anwendbar sein. Das schließt es je nach Eigenart des in Frage stehenden Organs aber noch nicht aus, durch Interpretation des Gesellschaftsvertrags zur Eliminierung oder Modifizierung einzelner der dort zitierten aktienrechtlichen Bestimmungen zu gelangen. Zum Status fehlerhafter Beschlüsse in solchen Fällen vgl. Rn. 18.

7   Neben der Einsetzung eines Aufsichtsrats durch den Gesellschaftsvertrag setzt Abs. 1 ferner voraus, dass der Inhalt der Bestimmung **nicht abbedungen** ist. Der Gesellschaftsvertrag ist mit anderen Worten grundsätzlich (für eine Ausnahme Rn. 8) frei in der Entscheidung darüber, nach welchen Regeln ein von ihm vorgesehener Aufsichtsrat funktionieren soll. Er kann die in Abs. 1 enthaltenen Bestimmungen eliminieren oder durch eigene ersetzen. Für Abs. 1 ist schließlich **kein Raum,** wenn Vorschriften über die Bestellung eines **obligatorischen** Aufsichtsrats (Rn. 3 ff.) eingreifen. Anstatt dessen gelten dann die dafür vorgesehenen Regeln.

8   **2. Rechtsfolgen. a) Zusammensetzung des Aufsichtsrats.** Die Zusammensetzung des fakultativen Aufsichtsrats richtet sich nach den §§ 95 S. 1, 100 Abs. 1 und 2 Nr. 2, 101 Abs. 1 S. 1, 103 Abs. 1 S. 1 und 2, 105 AktG. An die Stelle von § 106 AktG ist Abs. 2 getreten (dazu Rn. 1). Im einzelnen bedeutet dies: Der Aufsichtsrat muss aus mindestens drei Mitgliedern bestehen. Doch führt das Vorhandensein einer geringeren Zahl nicht zu seiner Auflösung.[23] Die Satzung kann eine andere Mitgliederzahl festsetzen oder die Gesellschafterversammlung insoweit für zuständig erklären.[24] Werden mehr Personen zu Aufsichtsratsmitgliedern gewählt, als der Gesellschaftsvertrag vorsieht, so ist die Wahl anfechtbar.[25] § 27 EGAktG 1965 (Anwendbarkeit der §§ 96 Abs. 2, 97 bis 99 AktG auch auf die GmbH) ist für den fakultativen Aufsichtsrat ohne Bedeutung.[26] Auch die §§ 104 AktG (gerichtliche Bestellung fehlender Aufsichtsratsmitglieder) und 108 AktG (Beschlussfähigkeit des Aufsichtsrats) gelten

---

[18] *Lutter/Hommelhoff* Rn. 4; *Hachenburg/Raiser* Rn. 17; *Hofbauer* S. 72 mwN; zurückhaltender *Baumbach/Hueck/Zöllner* Rn. 13.
[19] Dazu OLG Düsseldorf WM 1985, 872 = WuB II H. § 338 HGB 1.85 – *Schlaus*; für zwingende Zuordnung von Kontrollbefugnissen an ein als „Aufsichtsrat" bezeichnetes Organ aber *Baumbach/Hueck/Zöllner* Rn. 17.
[20] *Scholz/Schneider* Rn. 38 a.
[21] AA *Reuter,* FS 100 Jahre GmbHG, 1992, S. 631, 632 ff.
[22] *Hachenburg/Schilling* Rn. 15.
[23] BGH ZIP 1983, 1063, 1064.
[24] Vgl. *Scholz/Schneider* Rn. 123; *Meyer/Landrut/Miller/Niehus* Rn. 8.
[25] *Hachenburg/Raiser* Rn. 28.
[26] *Hachenburg/Schilling* Rn. 61 mwN.

nicht.[27] Dagegen kann Mitglied auch des fakultativen Aufsichtsrats nur eine **natürliche** und unbeschränkt geschäftsfähige **Person** sein,[28] die **nicht** gleichzeitig auch (dauernd stellvertretender) **Geschäftsführer** oder **leitender Angestellter** ist.[29] Diese Beschränkungen sind trotz der Formulierung von Abs. 1 als **zwingendes** GmbH-Recht anzusehen.[30] Das folgt einerseits aus der Verantwortung der Aufsichtsratsmitglieder, andererseits daraus, dass niemand sich selbst kontrollieren kann.[31] Aus ähnlichen Gründen sollte § 100 Abs. 2 Nr. 2 AktG als zwingend aufgefasst werden.[32] Im übrigen kann die Mitgliedschaft im Aufsichtsrat von beliebigen Bedingungen abhängig gemacht werden.[33] Ob jemand in den Aufsichtsräten **konkurrierender** Unternehmen mitwirken darf, ist umstritten.[34]

Zuständig für die **Wahl** der Mitglieder des fakultativen Aufsichtsrates ist mangels anderweitiger Satzungsbestimmung die Gesellschafterversammlung.[35] Verstöße gegen die gesetzlichen Anforderungen an die Mitgliedschaft im Aufsichtsrat machen den Bestellungsbeschluss nach Maßgabe von § 250 AktG nichtig.[36] Bei Verstößen gegen § 251 AktG und Verletzungen des Gesellschaftsvertrags ist der Beschluss anfechtbar.[37] Der Gesellschaftsvertrag kann Gesellschaftern oder Dritten **Entsendungsrechte** einräumen.[38] Ob die Anfechtung des Bestellungsbeschlusses ex nunc oder ex tunc wirkt, ist umstritten.[39] Die **Abberufung** von Aufsichtsratsmitgliedern richtet sich nach § 103 Abs. 1 S. 1 und 2 AktG. Sie ist grundsätzlich jederzeit möglich, bei Festlegung einer Amtszeit durch die Satzung allerdings nur dann, wenn ein wichtiger Grund vorliegt. Erforderlich ist eine Mehrheit von Dreivierteln der abgegebenen Stimmen.[40] Das gilt

9

---

[27] Zu § 104 OLG Hamm ZIP 2000, 927.
[28] § 100 Abs. 1 AktG; dagegen *Beuthien/Gätsch* ZHR 157 (1993), 483, 495 ff.
[29] § 105 AktG; vgl. OLG Frankfurt WM 1981, 1085 mwN und Übersicht über mögliche Ausnahmen, zum Problem auch OLG Frankfurt WM 1987, 211 = WuB II C. § 52 GmbHG 1.87 – *Stützle*.
[30] *Baumbach/Hueck/Zöllner* Rn. 17; *Roth/Altmeppen* Rn. 6; *Lutter/Hommelhoff* Rn. 9; *Meyer-Landrut/Miller/Niehus* Rn. 11 mit Einzelheiten; GmbH-HdB Rn. 1826; anders *Scholz/Schneider* Rn. 160; *Baumbach/Hueck/Zöllner* Rn. 23: auch juristische Personen; dagegen *Meyer-Landrut/Miller/Niehus* Rn. 9; anders auch *Hachenburg/Raiser* Rn. 36: Zulassung von Geschäftsführern.
[31] Dazu insbesondere OLG Frankfurt WM 1987, 211 = WuB II C. § 52 GmbHG 1.87 – *Stützle*.
[32] *Baumbach/Hueck/Zöllner* Rn. 25; *Scholz/Schneider* Rn. 163; *Meyer-Landrut/Miller/Niehus* Rn. 10; andere Tendenz bei *Hachenburg/Raiser* Rn. 32; aA 2. Aufl. Rn. 8. Zur Mitgliedschaft eines Aufsichtsratsmitglieds der herrschenden im Beirat einer abhängigen Gesellschaft *Jakobs*, FS Brandner, 1996, S. 78 ff.
[33] Vgl. *Hachenburg/Raiser* Rn. 38.
[34] Dagegen *Dreher* JZ 1990, 896, 898 ff.; *Deckert* DZWiR 1996, 406 f.; dafür *Lutter*, FS Beusch, 1993, S. 509, 511 ff., je mwN; vgl. auch *Lüderitz*, FS Steindorff, 1990, S. 113, 122.
[35] § 101 Abs. 1 S. 1 AktG; vgl. *Simon* GmbHR 1999, 258 f. Zur Rechtslage bezüglich der Wahl des Vorsitzenden LG Mainz GmbHR 1990, 513, 515 f.
[36] *Hachenburg/Raiser* Anh. § 47 Rn. 62.
[37] Umfassende Diskussion der Rechtsfolgen bei *Lowe* passim.
[38] Dazu OLG Köln DB 1996, 466 f. Zu vorzeitiger Amtsbeendigung im Einvernehmen (**Mandatsaufhebungsvertrag**) ablehnend *Notthoff* WiB 1997, 848 ff. *Lutter/Hommelhoff* Rn. 6; *Meyer-Landrut/Miller/Niehus* Rn. 12; vgl. auch *Baumbach/Hueck/Zöllner* Rn. 29; gegen Entsendungsrechte Dritter *Ulmer*, FS Werner, 1984, S. 911, 920 ff. mwN; vgl. § 37 Rn. 20. Für eine Übersicht über weitere gesetzesmodifizierende Gestaltungsmöglichkeiten vgl. *Hachenburg/Raiser* Rn. 40.
[39] Vgl. *Hachenburg/Schilling* Rn. 77 einerseits; Kölner KommAktG/*Zöllner* § 252 Rn. 8 ff. andererseits.
[40] Kritisch *Simon* GmbHR 1999, 260.

§ 52   3. Abschnitt. Vertretung und Geschäftsführung

wohl nicht bei Vorliegen eines wichtigen Grundes.[41] Denn § 100 Abs. 3 AktG ist nicht anwendbar. Auch Geschäftsführer können mit einfacher Mehrheit abberufen werden. Zum **Stimmrecht** betroffener Gesellschafter gelten die in § 47 Rn. 71 ff., 77 dargelegten Grundsätze entsprechend. Entsandte Mitglieder können durch den Entsendungsberechtigten jederzeit abberufen werden, wenn die Satzung nichts Gegenteiliges bestimmt. Bei Vorliegen eines wichtigen Grundes wird eine Verpflichtung zur Abberufung des Entsandten anzunehmen sein.[42] Aufsichtsräte können ihr Amt **niederlegen.**[43] Bei Bestellung für eine bestimmte Periode wird ein wichtiger Grund verlangt.

10 **b) Tätigkeit. aa) Einberufung.** Die Tätigkeit des Aufsichtsrats richtet sich nach den §§ 110 bis 112 AktG. Daneben ist § 90 Abs. 3, 4, 5 S. 1 und 2 AktG zu beachten. § 109 AktG ist in § 52 Abs. 1 nicht angeführt; doch werden die Grundprinzipien dieser Vorschrift im Zweifel als gesellschaftsvertraglich vereinbart zu gelten haben.[44] Nach § 110 Abs. 3 AktG muss der Aufsichtsrat einmal in **jedem Kalenderhalbjahr** einberufen werden. Vierteljährliche Sitzungen sind üblich; § 110 Abs. 3 AktG enthält insoweit eine Sollvorschrift. Außerdem kann jedes Mitglied, auch die Geschäftsführer, unter Angabe des Zwecks und der Gründe jederzeit die Einberufung verlangen (§ 110 Abs. 1 S. 1 AktG). In diesem Fall muss die Sitzung innerhalb von zwei Wochen nach der Einberufung stattfinden (§ 110 Abs. 1 S. 2 AktG). Die **Einberufungszuständigkeit** liegt beim Vorsitzenden des Aufsichtsrats, dessen Vorhandensein das Gesetz – § 107 AktG ist nicht anwendbar – allerdings nicht sicherstellt.[45] Unter den Voraussetzungen des § 110 Abs. 2 AktG sind auch einzelne Aufsichtsratsmitglieder (oder die Geschäftsführer) einberufungsbefugt. Die Einberufung muss eine **Tagesordnung** enthalten.[46] Die aus § 51 abzuleitenden Grundsätze (§ 51 Rn. 8 f.) gelten auch hier. Zwischen Einberufung und Aufsichtsratssitzung muss eine Frist liegen, die unter Beachtung der Dringlichkeit der Angelegenheit einerseits, der Dispositionsmöglichkeiten der einzelnen Mitglieder andererseits angemessen ist.[47]

11 **bb) Aufgaben.** Die Hauptaufgabe des Aufsichtsrates (§ 111 Abs. 1 AktG) besteht darin, die **Geschäftsführung zu überwachen,**[48] also Rechtmäßig-, Zweckmäßig- und Wirtschaftlichkeit ihrer Maßnahmen zu überprüfen.[49] Dazu gehört gegebenenfalls auch

---

[41] *Scholz/Schneider* Rn. 198; *Lutter/Hommelhoff* Rn. 7; anders *Baumbach/Hueck/Zöllner* Rn. 33; *Meyer-Landrut/Miller/Niehus* Rn. 15; *Hachenburg/Raiser* Rn. 50; *Simon* GmbHR 1999, 260, 262.
[42] *Baumbach/Hueck/Zöllner* Rn. 33; für Abberufungszuständigkeit der Gesellschafterversammlung in diesem Fall *Scholz/Schneider* Rn. 200; für beide Möglichkeiten *Hachenburg/Raiser* Rn. 53 f.
[43] So *Baumbach/Hueck/Zöllner* Rn. 34; teilweise abweichend *Hachenburg/Raiser* Rn. 59 f.; *Scholz/Schneider* Rn. 209 ff.; zur Fortdauer des Amtes bei Ablauf der Amtszeit und Fehlen einer anderweitigen Regelung *Meyer-Landrut/Miller/Niehus* Rn. 15 im Anschluss an OLG Düsseldorf BB 1982, 1574; zur (abgelehnten) Möglichkeit einer Verlängerung der Amtszeit mittels satzungsdurchbrechenden Beschlusses BGH GmbHR 1993, 497, 498 f. = EWiR § 53 GmbHG 2/93 – *Scheuch.* Vgl. Rn. 32.
[44] Vgl. *Hachenburg/Schilling* Rn. 115.
[45] Vgl. *Hachenburg/Raiser* Rn. 64, 70; *Scholz/Schneider* Rn. 213.
[46] § 32 Abs. 1 S. 2 BGB; vgl. *Hachenburg/Raiser* Rn. 66; OLG Naumburg NZG 1999, 317, 318 (kein Widerruf einer Kündigung unter „Sonstiges").
[47] Dazu OLG Stuttgart WM 1985, 600, 601.
[48] Ausführlich dazu *Steinbeck* S. 80 ff.; Rechtsprechungsbericht bei *Theisen* AG 1998, 166 f.; zur strafrechtlichen Seite Vor §§ 82–85 Rn. 14. Zur Technik der Überwachung *Höhn* GmbHR 1995, 861 ff.
[49] Aus der Praxis LG Stuttgart EWiR § III AktG 1/99 – *Kort* (ungünstiger Grundstücksverkauf).

die Geltendmachung von Schadensersatzansprüchen,[50] sofern die Gesellschafter so beschlossen haben (§ 46 Rn. 39).[51] Überwachung meint nicht nur die Kontrolle ex post,[52] sondern, wie § 111 Abs. 4 AktG deutlich macht, auch die Mitwirkung an erst zu treffenden unternehmerischen Entscheidungen einschließlich der Unternehmensplanung.[53] Zu diesem Zweck kann die Geschäftsführung jederzeit aufgefordert werden, einen **Bericht** über Angelegenheiten der Gesellschaft einschließlich ihrer Beziehungen zu verbundenen Unternehmen und Vorgänge bei solchen Unternehmen zu erstatten, die für die Lage der Gesellschaft von erheblicher Bedeutung sein können (§ 90 Abs. 3 S. 1 AktG). Die einzelnen Aufsichtsratmitglieder haben nicht nur das Recht, von solchen Berichten Kenntnis zu nehmen (§ 90 Abs. 5 AktG); ihnen steht, jedenfalls bei Unterstützung durch ein anderes Aufsichtsratmitglied darüber hinaus die Befugnis zu, Berichterstattung in eigener Initiative zu verlangen (§ 90 Abs. 3 S. 2 AktG). Obwohl § 90 Abs. 1 und 2 AktG an sich nicht anwendbar ist, wird darüber hinaus anzunehmen sein, dass die Geschäftsführer den Aufsichtsrat auch von sich aus so informieren müssen, dass er seiner Überwachungsaufgabe nachkommen kann.[54] Eine weitere Möglichkeit der Informationsverschaffung ergibt sich aus den **Einsichts- und Prüfungsrechten,** die dem Aufsichtsrat gemäß § 111 Abs. 2 AktG zustehen. Als Folge des BiRiLiG (Verweisung von Abs. 1 auf §§ 170, 171, 337 AktG) hat auch ein fakultativer Aufsichtsrat nunmehr die Pflicht, **Jahresabschluss, Lagebericht** und **Gewinnverwendungsvorschlag** zu prüfen. Diese Unterlagen sind dem Aufsichtsrat unverzüglich nach ihrer Aufstellung (§ 264 HGB), gegebenenfalls nach Eingang des Prüfungsberichtes eines Wirtschaftsprüfers vorzulegen.[55] Über das Ergebnis der Prüfung ist an die Generalversammlung zu berichten.[56] Um zwingendes Recht handelt es sich dabei allerdings nicht.[57]

Der Aufsichtsrat muss eine **Gesellschafterversammlung einberufen,** wenn das **12** „Wohl der Gesellschaft" dies fordert (vgl. § 49 Rn. 13). Dieses Kriterium entspricht dem „Interesse der Gesellschaft" iSd. § 49 Abs. 2. Es kommt darauf an, ob Entwick-

---

[50] LG Düsseldorf ZIP 1994, 628, 630 für AG = DWiR 1994, 338 m. Anm. *Noack*; s. auch BGH NJW 1994, 520, 524.

[51] Zu einschlägigen Pflichten des (ausnahmsweise zuständigen) Aufsichtsrat über Geltendmachung von Ersatzansprüchen zu entscheiden; BGHZ 135, 244, 251 ff. (für AG) = DZWiR 1997, 322 m. Anm. *Boujong* = WM 1997, 970; OLG Düsseldorf BB 1995, 230. Zur Problematik ferner etwa *Heermann* AG 1998, 201 ff.

[52] Vgl. insofern RGZ 161, 129, 133: Kontrolle der Bilanzaufstellung.

[53] BGHZ 114, 127, 129 f. = NJW 1991, 1830 = EWiR § 114 AktG 1/91 – *Semler* mwN; ausführlich *Semler* Rn. 85; ferner etwa *Scholz/Schneider* Rn. 66; *Lutter/Krieger* S. 35 ff.; *Hoffmann/Preu* S. 2 f.; *Lutter* AG 1991, 249, 251 ff.; *Höhn* GmbHR 1994, 604 f.; *Kropff* NZG 1998, 613 ff.; zur Bedeutung der Bestimmung für Geschäftsführerhandeln bei einem „nahestehenden" Unternehmen *Lutter,* FS Fischer, 1979, S. 419; *Schneider* BB 1981, 252 f.; eingehend *Semler* Rn. 381 ff.; skeptisch gegenüber umfassenden Beratungspflichten *Höhn* GmbHR 1993, 777 ff.; aA etwa *Lutter/Kremer* ZGR 1992, 87, 88 ff.

[54] Vgl. LG Hannover WM 1989, 1727, 1728; OLG Celle NJW 1990, 582 f.; *Duden* ZHR 141 (1977), 145, 176 f.; *Hachenburg/Raiser* Rn. 114, 116; *Schulze-Osterloh* ZIP 1998, 2130; zurückhaltender *Scholz/Schneider* Rn. 67 a; *Hoffmann/Preu* S. 65 f.; ablehnend *Meyer-Landrut/Miller/Niehus* Rn. 26 mwN.

[55] Zur Vorlage von Konzernabschluss, Konzernlage- und Prüfungsbericht LG Düsseldorf EWiR § 77 BetrVG 1/94 – *Jansen.*

[56] Vgl. *Meyer-Landrut/Miller/Niehus* Rn. 49; *Scholz/Schneider* Rn. 88; zur Differenzierung des Prüfungsumfangs je nachdem, ob ein Abschlussprüfer tätig geworden ist oder nicht *Lutter/Hommelhoff* Rn. 10.

[57] *Lutter/Hommelhoff* Rn. 15; anders *Baumbach/Hueck/Zöllner* Rn. 60 d.

§ 52   3. Abschnitt. Vertretung und Geschäftsführung

lungen im Bereich der Geschäftsführung vorliegen, die der Aufsichtsrat für schädlich hält, aber von sich aus nicht abstellen kann. Vielfach wird zunächst freilich eine Information der Gesellschafter genügen. Geschieht daraufhin nichts, so muss einberufen werden.[58] **Zuständig** ist der Vorsitzende des Aufsichtsrats, allerdings nur auf der Grundlage eines entsprechenden Beschlusses (§ 111 Abs. 3 S. 2 AktG). Zum Antragsrecht des Aufsichtsrats oben § 48 Rn. 14.

13 **Weisungsrechte** im Verhältnis zu den Geschäftsführern stehen dem Aufsichtsrat bei Fehlen einer anders lautenden Bestimmung des Gesellschaftervertrages **nicht** zu. Auch eine auf ordnungsgemäße Geschäftsführung gerichtete Organklage ist ausgeschlossen.[59] Der Aufsichtsrat hat nur die Möglichkeit, bestimmte Geschäfte von seiner **Zustimmung** abhängig zu machen (§ 111 Abs. 4 S. 2 AktG). Dieses Recht kann sich uU zu einer Pflicht verdichten.[60] Wird einer Maßnahme nicht zugestimmt, dann bleibt dies allerdings konsequenzlos, wenn die Gesellschafter die Geschäftsführer anweisen, das in Frage stehende Geschäft durchzuführen. Ein solcher Weisungsbeschluss ist weder von einer Initiative der Geschäftsführung, noch von einer Dreiviertelmehrheit abhängig.[61] § 111 Abs. 4 S. 3 und 4 AktG ist für die GmbH daher ohne wesentliche praktische Bedeutung.[62]

14 **cc) Vertretung gegenüber Gesellschaftsführern.** Neben seiner Überwachungsaufgabe obliegt dem Aufsichtsrat auch die Vertretung der Gesellschaft Mitgliedern der Geschäftsführung gegenüber[63] und zwar gerichtlich und außergerichtlich (§ 112; vgl. § 35 Rn. 20). Für Bestellung, Anstellung, Abberufung und Kündigung gilt dies freilich nicht.[64] § 46 Nr. 8 ist zu beachten (vgl. § 46 Rn. 44 ff.). Vertretungsbefugt ist grundsätzlich der Aufsichtsrat als Kollegialorgan (Gesamtvertretung). Vorauszusetzen ist ein Beschluss. Vertretung durch diejenigen, die dem Beschluss zugestimmt haben, genügt; Ermächtigungen einzelner Mitglieder, insbesondere eines Vorsitzenden, sind möglich.[65]

---

[58] Dazu RGZ 161, 129, 139; *Hachenburg/Schilling* Rn. 125.
[59] Strittig; vgl. BGHZ 106, 54, 59 ff. = NJW 1989, 979 = WuB II A. § 111 AktG 1.89 – *Werner* mwN; dazu etwa *Raiser* AG 1989, 185; *Brücher* AG 1989, 190; *Theisen* DB 1989, 311; *Stodolkowitz* ZHR 154 (1990), 1, 18 ff.; *Rellermeyer* ZGR 1993, 77, 94 ff.; *Poseck* DB 1996, 2165 ff. mwN; *K. Schmidt,* FS Semler, 1993, S. 329, 342 betreffend die Klagebefugnis einzelner AR-Mitglieder; allgemein *Baumbach/Hueck/Zöllner* Rn. 67 b, 46 a; de lege lata auch *Pflugradt* S. 25 ff.
[60] S. BGHZ 124, 111, 127 = NJW 1994, 520 = WM 1994, 22, 27 für AG; vgl. *Hoffmann/Preu* S. 81 ff.; *Götz* ZGR 1990, 633, 637 ff. Zu konzerndimensionalen Zustimmungsvorbehalten *Lenz* AG 1997, 451 ff. mwN. Zum Verhältnis von Unternehmensplanung und Zustimmungsvorbehalt *Kropff* NZG 1998, 615 ff.
[61] AA aufgrund entsprechender Satzungsinterpretation OLG Koblenz GmbHR 1991, 264, 267 f.
[62] Ebenso *Hachenburg/Raiser* Rn. 111; Rechtstatsachen bei *Kohte* Wirtschaftsrecht 1991, 242, 243 f.; vgl. § 37 Rn. 34. Zu konzerndimensionalen Zustimmungsvorbehalten Anh. § 52 Rn. 62. Zum Verhältnis zwischen Unternehmensplanung und Zustimmungsvorbehalt *v. Rechenberg* BB 1990, 1356 ff. Zu weiteren Einwirkungsmöglichkeiten (Erlass einer Geschäftsordnung, Stellungnahmen) *Steinbeck* S. 143 ff., 159 ff.
[63] Zu Vor- und Nachwirkung *Semler,* FS Rowedder, 1994, S. 445 ff.
[64] § 35 Rn. 15, 17 f.; § 38 Rn. 5 ff.; 17 f., 43, 49; § 46 Rn. 21 ff.; teilweise abweichend *Meyer-Landrut/Miller/Niehus* Rn. 29. Zur Möglichkeit gesellschaftsvertraglicher Zuständigkeitsübertragung und zu deren Reichweite OLG Brandenburg NZG 1999, 210.
[65] Kölner KommAktG/*Mertens* § 112 Rn. 20; zustimmend *Hachenburg/Raiser* Rn. 106; vgl. auch BGHZ 41, 282, 285 = NJW 1964, 1367 und § 35 Rn. 22. Zur Vertretungsbefugnis bei „Hilfsgeschäften" des Aufsichtsrats *Scholz/Schneider* Rn. 108; *Semler,* FS Rowedder, 1994, S. 454 f.

Ein vom Vorsitzenden ohne Beschlussgrundlage vereinbarter Vertrag dürfte genehmigungsfähig sein.[66]

c) Rechtsstellung der Aufsichtsratsmitglieder. Die Rechtsstellung der einzelnen Aufsichtsratsmitglieder der Gesellschaft gegenüber **beruht** auf einem aus Bestellung und Annahme des Amtes bestehenden **körperschaftsrechtlichen Vertrag,** dessen Inhalt allerdings durch die einschlägigen Regeln des Gesetzes, des Gesellschaftsvertrags, eventuell auch von Gesellschafterbeschlüssen vorgeformt ist. Im gesetzlichen Regelfall erübrigt sich die Annahme eines daneben bestehenden Anstellungsvertrages. Das alles gilt auch für entsandte Mitglieder.[67] Die **Vergütung** der Aufsichtsratsmitglieder richtet sich nach § 113 AktG,[68] wenn nicht die Satzung, uU auch ein Gesellschafterbeschluss, etwas anderes vorsieht.[69] Daneben kommt § 612 BGB in Betracht.[70] Sondervereinbarungen zwischen Aufsichtsratsmitgliedern und Gesellschaft bezüglich einer von den Verpflichtungen eines Aufsichtsrats nicht gedeckten Tätigkeit höherer Art[71] sind nur mit Zustimmung des Aufsichtsrats zulässig; ein ohne eine solche Zustimmung gewährtes Entgelt ist zurückzugewähren.[72] Die Bestimmung verfolgt den Zweck, ungerechtfertigten Sonderleistungen der Gesellschaft an einzelne Aufsichtsratsmitglieder entgegenzuwirken und damit eine unsachliche Beeinflussung solcher Mitglieder durch den Vorstand zu verhindern.[73] Deswegen sollte bei der GmbH auch ein Gesellschafterbeschluss genügen.[74] Jedem Aufsichtsrat-Mitglied stehen **eigene Organbefugnisse** zu, die klageweise durchgesetzt werden können.[75]

Sorgfaltspflicht und **Verantwortlichkeit** der Mitglieder des Aufsichtsrats sind entsprechend § 93 AktG (§ 116 AktG) und damit analog § 43 (§ 43 Rn. 7) zu beurteilen. Geschuldet wird ordentliche und gewissenhafte Aufgabenerfüllung, insbesondere

---

[66] So OLG Karlsruhe WM 1996, 161, 164 ff.; gleichsinnig OLG Frankfurt BB 1995, 2440. Dagegen die beachtlichen Überlegungen bei *Stein* AG 1999, 31 ff.

[67] Für Einzelheiten und Nachweise *Hachenburg/Raiser* Rn. 121; *Scholz/Schneider* Rn. 252 f.; *Baumbach/Hueck/Zöllner* Rn. 35 ff.

[68] Festsetzung durch Gesellschaftsvertrag oder Gesellschafterbeschluss; dazu OLG Stuttgart WM 1991, 1301, 1302 = WuB II A. § 113 AktG 1.91 – *Fervers*. Zum Anspruch auf Auslagenersatz *Semler,* FS Claussen, 1997, S. 383 ff.

[69] BGH WM 1981, 1218. Zu einem Fall zu niedriger Vergütung OLG Celle NZG 1998, 266 m. Anm. *Impelmann.*

[70] *Hachenburg/Raiser* Rn. 122; *Meyer-Landrut/Miller/Niehus* Rn. 33; anders *Baumbach/Hueck/Zöllner* Rn. 36. Zu Einzelfragen einer Tantiemenvereinbarung gemäß § 113 Abs. 3 vgl. *Hachenburg/Raiser* Rn. 123.

[71] Zur Abgrenzung BGHZ 114, 127, 129 ff. = NJW 1991, 1830 = WuB II A. § 114 AktG 1.91 – *Werner* = EWiR § 114 AktG 1/91 – *Semler;* BGH DB 1994, 1666, 1667; OLG Köln DB 1994, 2019; vgl. *Lutter/Hommelhoff* Rn. 46; *Hoffmann/Preu* S. 93 f.; *Rellermeyer* ZGR 1993, 77, 85 f.; *Beater* ZHR 157 (1993), 420 ff.; *Fleck,* FS Heinsius, 1991, S. 89, 97 f.; *Lutter/Kremer* ZGR 1992, 87, 93 ff.; *Mertens,* FS Steindorff, 1990, S. 173, 176 ff.; *Vollmer/Maurer* BB 1993, 591, 592 ff.; *Hoffmann,* FS Havermann, 1995, S. 207 ff.; *Deckert* AG 1997, 110 ff.; *dies.* WiB 1997, 561 ff.; *Krummel/Küttner* DB 1996, 195 f.

[72] § 114 AktG; näher dazu *Rellermeyer* ZGR 1993, 77, 85, 87 ff.; zur Anwendbarkeit der Bestimmung auf Verträge mit Tochtergesellschaften *Mertens,* FS Steindorff, 1990, S. 173, 186 (verneinend); *Lutter/Kremer* ZGR 1992, 87, 105 f.; *Deckert* WiB 1997, 565; *Krummel/Küttner* DB 1996, 194 f. (bejahend).

[73] So die Materialien bei *Kropff* S. 158.

[74] *Scholz/Schneider* Rn. 265 a; *Lutter/Hommelhoff* Rn. 46; *Lutter/Kremer* ZGR 1992, 87, 100 f.

[75] Zu umstrittenen Einzelheiten zusammenfassend *Deckert* AG 1994, 457, 459 ff. für AG.

§ 52 3. Abschnitt. Vertretung und Geschäftsführung

die (auch präventive) Überwachung der Geschäftsführung.[76] Das schließt die Pflicht ein, Verdachtsmomenten erheblichen Gewichts, die sich gegen die Geschäftsführung ergeben, unverzüglich und energisch nachzugehen, die anderen Aufsichtsratsmitglieder zu informieren und das Notwendige (etwa Erweiterung von Zustimmungsvorbehalten, Sonderprüfung, Beschäftigung der Gesellschafterversammlung) einzuleiten.[77] Auf das Fehlen der erforderlichen Mindestfähigkeiten kann sich kein Aufsichtsratsmitglied berufen.[78] Der Ermessensspielraum im Einzelfall hängt vom Gegenstand der Entscheidung ab.[79] Die Aufsichtsratsmitglieder sind nach Maßgabe von § 93 Abs. 1 S. 2 AktG auch zur Verschwiegenheit über vertrauliche Angaben und Geheimnisse der Gesellschaft verpflichtet. Im Verhältnis zu den Gesellschaftern gilt dies nicht und ist für den fakultativen Aufsichtsrat im Unterschied zum Aktienrecht auch nicht zwingend.[80] Ein Aufsichtsratsmitglieder treffendes Wettbewerbsverbot ist de lege lata problematisch.[81]

17 Die **Rechtsfolge** einer Pflichtverletzung ist Schadensersatz.[82] Die Beweislast richtet sich nach § 93 Abs. 2 S. 1 AktG, dem die Beweislastverteilung im Rahmen des § 43 entspricht.[83] Die **Geltendmachung** von Ersatzansprüchen erfolgt durch die Geschäftsführer.[84] § 93 Abs. 4 und 5 AktG über die Einschränkung von Verzicht und Vergleich gilt ebensowenig wie die Parallelvorschriften in § 43 Abs. 3 S. 2 und 3.[85] Der Anspruch **verjährt** in fünf Jahren (§ 52 Abs. 3). Die Vorschrift soll hinsichtlich des bloß fakultativen Aufsichtsrates zwingend sein.[86] Dafür spricht, dass es Abs. 3 überhaupt gibt, dass dem Problem mit anderen Worten nicht durch eine Verweisung auf § 93 Abs. 6 AktG in Abs. 1 Rechnung getragen wurde. Materielle Gründe für das Ergebnis sind, insbesondere im Hinblick auf die Unanwendbarkeit der aktienrechtlichen Bestimmungen über Verzicht und Vergleich, allerdings nicht zu erkennen. Der

---

[76] Für Einzelheiten vor allem *Semler;* ferner etwa *Potthoff/Trescher* S. 53 ff., 89 ff., 151 ff., 209 ff.; *Scholz/Schneider* Rn. 336 ff.; *Ensch* S. 63 ff.; *Eisenhardt* Jura 1982, 289, 291 ff.; *Peltzer* WM 1981, 346, 349 ff. mit Judikatur; vgl. auch BGH WM 1979, 1425 ff.; LG Stuttgart GmbHR 2000, 237, 238. Speziell zu Verhaltenspflichten im Fall von Interessenkonflikten *Deckert* DZWiR 1996, 408 ff. mwN.

[77] LG Bielefeld WM 1999, 2457, 2463 ff. = BB 1999, 2630 m. Anm. *Thümmel* = ZIP 2000, 20 m. Anm. *Westermann.*

[78] BGHZ 85, 293, 295 f. = NJW 1983, 991. Zu konzernspezifischen Verhaltensmaßstäben *Hoffmann/Becking* ZHR 159 (1995), 325, 329 ff., 344 f.

[79] Dazu OLG Düsseldorf WM 1995, 1666, 1674 ff.; LG Düsseldorf ZIP 1994, 628, 630; ausführlich *Dreher* ZHR 158 (1994), 614 ff. mwN; s. auch *Höhn* GmbHR 1994, 604, 605; *Lutter* ZIP 1995, 441; *Dreher* ZIP 1995, 628; *Jaeger/Trölitzsch* ZIP 1995, 1157 ff. Zur Haftung überstimmter Aufsichtsratsmitglieder vgl. *Ulmer* AG 1982, 300, 302.

[80] *Hachenburg/Raiser* Rn. 141. Ausführlich BGHZ 135, 48, 56 ff = WM 1997, 1052 = GmbHR 1997, 705; s. auch *Erker/Freund* GmbHR 2001, 463, 464 f. mwN.

[81] Dafür aber *Scholz/Schneider* Rn. 343; ders. BB 1995, 365, 370.

[82] Dazu *Eisenhardt* Jura 1982, 289, 298 ff.; Nachweis der Praxis bei *Schneider,* FS Werner, 1984, S. 795 Anm. 2; ausführlich *Schwark,* FS Werner, 1984, S. 841; auch *Thümmel* DB 1999, 885 ff. für AG; zur Frage vertraglicher Haftungsmilderung *Scholz/Schneider* Rn. 361 mwN.

[83] Vgl. daher § 43 Rn. 36; auch RGZ 161, 129, 134; zu den Sorgfaltsanforderungen an die Mitglieder anderer durch den Gesellschaftsvertrag kreierter Organe vgl. § 45 Rn. 18; *Hachenburg/Raiser* Rn. 356 ff.

[84] Zur Liquidation des Eigenschadens eines Gesellschafters vgl. BGHZ 94, 55, 57 ff. = NJW 1985, 1777 für AG.

[85] Vgl. *Baumbach/Hueck/Zöllner* Rn. 44.

[86] BGHZ 64, 238, 245 = NJW 1975, 1318.

Gesellschaftsvertrag kann die Verjährungsfrist daher verkürzen, nicht freilich verlängern.[87]

d) Entscheidungen durch Beschluss. aa) Allgemeines. Entscheidungen des Aufsichtsrats werden durch Beschluss getroffen. Über die Einzelheiten (Beschlussfähigkeit, Beschlussverfahren, Fehlerhaftigkeit von Beschlüssen) sagt freilich weder das GmbHG noch das gemäß § 52 anwendbare Aktienrecht etwas aus. Doch sind die allgemeinen Grundsätze über die „Rechtsnatur" des Gesellschafterbeschlusses und die Stimmabgabe der Gesellschafter (§ 47 Rn. 3 ff.) auch hier heranzuziehen. Die verbleibenden Lücken müssen, soweit möglich, mit Hilfe der einschlägigen Vorschriften des Vereinsrechts (§§ 28, 32, 34 BGB) gefüllt werden.[88] Das bedeutet: Besondere Anforderungen an die **Beschlussfähigkeit** des fakultativen Aufsichtsrates stellt das Gesetz nicht auf. Beschlüsse werden mit der **Mehrheit** der erschienenen Mitglieder gefasst (§ 32 Abs. 1 S. 3 BGB), wobei Stimmenthaltungen nicht mitzuzählen sind.[89] Ob die Feststellung des Beschlussinhaltes durch den Vorsitzenden – wie bei Gesellschafterbeschlüssen (§ 47 Rn. 10) – konstitutive Bedeutung hat, ist zweifelhaft,[90] aber wohl zu verneinen. Die Frage wäre anders zu entscheiden, wenn die Anfechtbarkeit auch von Aufsichtsratsbeschlüssen anerkannt würde (dazu Rn. 20, 45). Entsprechend § 34 BGB sind Aufsichtsratsmitglieder **nicht stimmberechtigt,** wenn es um die Vornahme eines Rechtsgeschäfts mit ihnen oder die Einleitung bzw. Erledigung eines Rechtsstreits zwischen ihnen und der Gesellschaft geht.[91] Soweit der Aufsichtsrat kraft Satzung oder Gesellschafterbeschluss nicht aufsichtsratstypische Zuständigkeiten der Gesellschafterversammlung wahrzunehmen hat, ist auf § 47 Abs. 4 zu rekurrieren.[92] Nach hM[93] sind die Stimmverbote zu Lasten von Aufsichtsratsmitgliedern zwingend. Doch ist nicht ersichtlich, was eine strengere Regel als diejenige rechtfertigen sollte, die für Gesellschafter gilt (vgl. § 47 Rn. 83 f.).

bb) Sitzung; schriftliche Abstimmung. Aufsichtsratsbeschlüsse sind nach Maßgabe des § 32 Abs. 1 S. 1, Abs. 2 BGB, also regelmäßig in einer **Sitzung** zu fassen.[94] § 108 AktG ist nicht anwendbar, der Einsatz von Stimmboten daher nicht möglich. Bei Zustimmung sämtlicher Mitglieder ist auch **schriftliche Beschlussfassung** zulässig. Ergänzend wird § 48 Abs. 2 (widerspruchslose Stimmabgabe durch sämtliche Mitglieder, vgl. § 48 Rn. 19 f.) heranzuziehen sein.[95] **Konkludente** Beschlüsse sind nach Ansicht des BGH ausgeschlossen.[96]

cc) Fehlerhafte Beschlüsse. Voraussetzungen und Rechtsfolgen **fehlerhafter Aufsichtsratsbeschlüsse** sind gesetzlich nicht geklärt. Unterschieden werden muss

---

[87] § 225 BGB; *Baumbach/Hueck/Zöllner* Rn. 45; *Scholz/Schneider* Rn. 362a; *Lutter/Hommelhoff* Rn. 19; *Hachenburg/Raiser* Rn. 147 mwN.
[88] Kölner KommAktG/*Mertens* § 108 Rn. 15 mN; *Hachenburg/Raiser* Rn. 74; vgl. auch MüKo BGB/*Reuter* 34 Rn. 4.
[89] BGH NJW 1982, 1585.
[90] Dafür OLG Hamburg WM 1992, 1278, 1281; dagegen etwa *Hachenburg/Raiser* Rn. 79.
[91] Vgl. *Scholz/Schneider* Rn. 295; umfassende Diskussion der Frage bei *Matthießen* passim.
[92] § 47 Rn. 53; für generelle Anwendung dieser Vorschrift und Berücksichtigung anderer gewichtiger Interessenkollisionen *Baumbach/Hueck/Zöllner* Rn. 52; ablehnend *Dreher* JZ 1990, 896, 900 ff. mwN.
[93] *Hachenburg/Raiser* Rn. 78.
[94] Zur Zulässigkeit geheimer Abstimmung *Scholz/Schneider* Rn. 302; *Ulmer* AG 1982, 300 ff. mwN. Zum Teilnahmerecht der Mitglieder und zu seinem Inhalt *Kindl* S. 49 ff.
[95] *Hachenburg/Raiser* Rn. 74.
[96] BGH NJW 1989, 1928, 1929 mwN; BGH BB 1991, 1445.

zunächst zwischen solchen Beschlüssen, mit denen aufsichtsratstypische Aufgaben erledigt werden, und solchen, die darüber hinausgehen. Im letztgenannten Fall sind die für fehlerhafte Gesellschafterbeschlüsse geltenden Regeln entsprechend anzuwenden.[97] Dagegen sind Beschlüsse, die der Aufsichtsrat im Rahmen der ihm in § 52 zugewiesenen Zuständigkeiten fasst, nach hM entweder nichtig oder rechtswirksam; die entsprechende Anwendung der §§ 241 ff. AktG kommt demnach nicht in Betracht (näher Rn. 45). Jedenfalls für fakultative Aufsichtsräte sollte dieser Ansicht, die selbst für obligatorische keinesfalls zweifelsfrei ist, nicht gefolgt werden.[98] Der fakultative Aufsichtsrat nimmt Aufgaben wahr, die sonst den Gesellschaftern obliegen. Er wird häufig aus dem Kreis der Gesellschafter zusammengesetzt. Unter diesen Umständen kann nicht angenommen werden, Voraussetzungen und Rechtsfolgen mangelhafter Beschlüsse seien für Gesellschafterversammlung und fakultativen Aufsichtsrat grundsätzlich unterschiedlich zu bestimmen.[99] Aus der Fremdnützigkeit der Tätigkeit des Aufsichtsrats ist nichts zwingend Gegenteiliges herzuleiten. Ebensowenig ist einzusehen, dass die Abgrenzung zwischen Nichtigkeits- und Anfechtungsgründen in § 241 AktG für Aufsichtsratsbeschlüsse nicht passen soll.[100] Diese Gesichtspunkte mögen dazu führen, dass der Katalog der Anfechtungsgründe, namentlich im Bereich treuwidriger Beschlüsse, Variationen zugänglich ist. Am Prinzip, nämlich der Anerkennung von Anfechtbarkeit als einer vermittelnden Rechtsfolge zwischen Nichtigkeit und Wirksamkeit, ändert dies nichts.

21 3. **Abs. 2.** Die Bestimmung betrifft die **Publizität** des Aufsichtsrats (zur Entstehungsgeschichte Rn. 1). Bei Bestellung eines Aufsichtsrats **vor Eintragung** der Gesellschaft in das Handelsregister – sie ist unverzichtbar, wenn der Aufsichtsrat nach dem Gesellschaftsvertrag zuständig für die Bestellung der Geschäftsführer ist – gelten die §§ 37 Abs. 4 Nr. 3, 40 Abs. 1 Nr. 4 AktG entsprechend. Das bedeutet: Als Anlage zur Anmeldung der Gesellschaft sind die Urkunden über die Bestellung des Aufsichtsrats, also Abschriften der entsprechenden Gesellschafterbeschlüsse, beizufügen. Das Registergericht hat Name, Beruf und Wohnort der Mitglieder des ersten Aufsichtsrats bekanntzumachen. Daraus folgt, dass die Anmeldung auch die diesbezüglichen Angaben zu enthalten hat. Im Falle der Erstbestellung von Aufsichtsratsmitgliedern **nach der Eintragung** oder bei der Auswechslung von solchen, ist es Sache der Geschäftsführer, selbst für entsprechende Bekanntmachung im Bundesanzeiger sowie in den gemäß § 11 HGB und im Gesellschaftsvertrag bestimmten Blättern zu sorgen. Die Bekanntmachung ist zum Handelsregister einzureichen. Abs. 2 ist, wie sich aus seiner Entstehungsgeschichte ergibt, **zwingend.**[101] Auf die Bezeichnung des Organs kommt es nicht an, solange es nur seinem Aufgabenbereich nach als Aufsichtsrat zu qualifizieren ist.

III. Der obligatorische Aufsichtsrat

22 1. **Der erste (mitbestimmte) Aufsichtsrat; zusätzliche Überwachungsorgane?**
a) Nach Eintragung der Gesellschaft. Zu den **Voraussetzungen** eines obligatorischen Aufsichtsrates nach Betriebsverfassungsrecht und MitbestG vgl. Rn. 4 f. (ausführlicher Einl. Rn. 205 ff., 266 ff.). Bei Eintritt dieser Voraussetzungen nach Eintragung der Gesellschaft bei gleichzeitigem **Vorhandensein eines Aufsichtsrats** ist in

---

[97] § 45 Rn. 20; vgl. BGH ZIP 1983, 1063, 1065 f.
[98] AA *Hachenburg/Raiser* Rn. 79 ff. mN; für wN § 45 Rn. 20.
[99] Anerkennung dieses Zusammenhangs auch bei *Hachenburg/Raiser* Rn. 81 f.; wenn auch mit unterschiedlichem Ergebnis.
[100] Anders *Baumbach/Hueck/Zöllner* Rn. 56.
[101] *Hachenburg/Raiser* Rn. 25.

allen Fällen das Verfahren gemäß §§ 97ff. AktG durchzuführen.[102] Dieses Verfahren führt dazu, dass entweder infolge einer außergerichtlichen Initiative der Geschäftsführung (§ 97 AktG) oder durch Entscheidung des Landgerichts am Sitze der Gesellschaft (§§ 98, 99 AktG) verbindlich festgelegt wird, nach welchen gesetzlichen Vorschriften der Aufsichtsrat zusammenzusetzen ist.[103] Bis dahin bleibt die alte Aufsichtsratsverfassung in Kraft.[104] Hat die Gesellschaft bei Eintritt der nach Betriebsverfassungsrecht oder MitbestG maßgeblichen Voraussetzungen noch **keinen Aufsichtsrat,** so ist im Geltungsbereich des MitbestG ebenfalls das Verfahren nach den §§ 97ff. AktG einzuhalten.[105] Bei Verwirklichung der Voraussetzungen des § 77 BetrVG 1952 gilt dies nicht. Die Geschäftsführer haben vielmehr unverzüglich die Bildung eines gesetzmäßigen Aufsichtsrates zu veranlassen.[106] Unterbleibt dies, so dürfte § 98 AktG entsprechend anwendbar sein, obwohl dort an sich das Vorhandensein eines Aufsichtsrats vorausgesetzt wird und die Verweisungstechnik des § 77 BetrVG 1952 sich gerade in dem hier maßgeblichen Punkt von der des MitbestG unterscheidet.[107] Eine Bestellung des Aufsichtsrats durch das Gericht selbst kommt freilich nicht in Betracht.[108]

b) Vor Eintragung. In Fällen der Einbringung eines Unternehmens als Sacheinlage ist es möglich, dass die Gesellschaft schon vor ihrer Eintragung in das Handelsregister, also im Gründungsstadium, mehr als 500 bzw. 2000 Arbeitnehmer beschäftigt. Umstritten ist, ob die Vorschriften über den obligatorischen Aufsichtsrat in diesem Stadium eingreifen. Die Frage dürfte mit Rücksicht auf die „Rechtsnatur" der Vor-GmbH (dazu § 11 Rn. 4ff.) einerseits, den Zweck der Mitbestimmungsgesetze andererseits zu bejahen sein.[109] Im Geltungsbereich des BetrVG folgt daraus, dass auch im Gründungsstadium unverzüglich für die Bildung eines mitbestimmten Aufsichtsrates zu sorgen ist; bei Vorhandensein von mehr als 2000 Arbeitnehmern ist das Verfahren nach § 97 oder § 98 AktG einzuleiten. 23

§ 52 Abs. 2 S. 1 ist bei Bildung eines obligatorischen Aufsichtsrats in der Vorgesellschaft wohl nur beschränkt anwendbar. Denn die Eintragung der Gesellschaft sollte durch das Wahlverfahren für die Aufsichtsratsmitglieder der Arbeitnehmer nicht verzögert werden.[110] Abs. 2 S. 2 dagegen gilt für den obligatorischen wie für den fakultativen Aufsichtsrat (dazu Rn. 21) in gleicher Weise.[111] Daneben ist § 19 MitbestG über die unternehmensinterne Bekanntmachung der Mitglieder des Aufsichtsrates zu beachten. 24

---

[102] Einl. Rn. 132ff., 273; *Hachenburg/Raiser* Rn. 15, 161; *Scholz/Schneider* Rn. 35; *Hanau/Ulmer* § 6 Rn. 12; *Dietz/Richardi* § 77 BetrVG 1952 Rn. 12; näher zuletzt *Göz* ZIP 1998, 1524ff.; für eine Übersicht über die Praxis *Theisen* BB 1981, 1858, 1859; ausführliche Analyse des Anwendungsbereiches dieses Verfahrens bei *Oetker* ZHR 149 (1985), 575ff. Für ein Beispiel im Anschluss an BVerfG NZG 1999, 537 vgl. OLG Düsseldorf AG 2000, 45.
[103] Für Einzelheiten vgl. Kölner KommAktG/*Mertens* §§ 97–99 Rn. 9ff., 29ff.
[104] § 96 Abs. 2 AktG; sogenanntes Kontinuitätsprinzip; vgl. OLG Düsseldorf AG 1996, 87; *Hachenburg/Raiser* Rn. 161; *Oetker* ZHR 149 (1985), 575, 596.
[105] § 6 Abs. 2 MitbestG; vgl. *Hanau/Ulmer* § 6 Rn. 11; *Hachenburg/Schilling* Rn. 51.
[106] *Hachenburg/Raiser* Rn. 161.
[107] Ebenso iErg. Kölner KommAktG/*Mertens* Anh. § 96 Rn. 110; *Dietz/Richardi* § 77 BetrVG 1952 Rn. 11.
[108] Anders *Dietz/Richardi* § 77 BetrVG 1952 Rn. 11.
[109] Ebenso iErg. *Hachenburg/Raiser* Rn. 160 für § 77 BetrVG; anders BayObLG ZIP 2000, 1445f.; *Hanau/Ulmer* § 6 Rn. 7 für das MitbestG; *Halm* BB 2000, 1850ff., je mwN beider Ansichten; vgl. § 11 Rn. 51 ff.
[110] Vgl. *Hachenburg/Raiser* Rn. 160.
[111] *Hachenburg/Schilling* Rn. 49, 51.

§ 52   3. Abschnitt. Vertretung und Geschäftsführung

25   **c) Weitere Organe?** Auch bei Bildung eines obligatorischen Aufsichtsrates bleibt es den Gesellschaftern unbenommen, die ihnen verbliebenen Überwachungs- und sonstigen Befugnisse mit Ausnahme der zwingend von ihnen selbst wahrzunehmenden Kompetenzen (§ 45 Rn. 13 ff.) an ein **zusätzliches fakultatives Organ**, etwa einem Beirat, zu delegieren, das dann neben dem obligatorischen Aufsichtsrat tätig wird.[112]

26   **2. Zusammensetzung. a) Anzahl und Repräsentation der Arbeitnehmer.** Die Anzahl der Mitglieder des obligatorischen Aufsichtsrates richtet sich im Geltungsbereich des **BetrVG** zwingend nach § 95 S. 1–4 AktG. Die Mindestzahl beträgt drei. Die Satzung kann eine höhere durch drei teilbare Besetzung vorschreiben, wobei jedoch die nach dem Betrag des jeweiligen Stammkapitals gestaffelten Höchstgrenzen des § 95 S. 4 zu beachten sind. Das **MitbestG** (§ 7 Abs. 1) stellt demgegenüber nicht auf die Kapitalsumme, sondern auf Größenklassen ab, die durch die Zahl der Arbeitnehmer definiert werden. Der Aufsichtsrat hat demnach zwischen zwölf und zwanzig Mitglieder zu umfassen.[113] Eine gesellschaftsvertragliche Änderung dieser Zahlen ist nach unten ausgeschlossen, nach oben bis zu einer Höchstzahl von zwanzig Mitgliedern möglich.[114] Überschreitung der gesetzlichen Höchstzahl machen je nach Sachlage den ganzen Wahlvorgang oder die Wahl der überzähligen Mitglieder nichtig. Das gilt auch für die Arbeitnehmervertreter[115] wie überhaupt im Zusammenhang einer Wahl, die zu einer gesetzwidrigen Zusammensetzung des Aufsichtsrates führen würde.[116] Die bei ursprünglicher Überschreitung der gesetzlichen Mindestzahlen denkbare gesellschaftsvertragliche Herabsetzung der Anzahl der Aufsichtsratsmitglieder wirkt sich auf die Amtszeit der vorhandenen Mitglieder nicht aus.[117] Gerät die Gesellschaft dagegen infolge der Änderung ihres Stammkapitals oder der Anzahl ihrer Arbeitnehmer in eine Größenklasse, für die das Gesetz eine andere als die derzeit vorhandene Anzahl von Aufsichtsratsmitgliedern vorschreibt, dann ist das Verfahren gemäß § 97 oder § 98 AktG einzuleiten.[118] Entsprechendes gilt, wenn die Anzahl der Aufsichtsratsmitglieder durch Satzungsänderung reduziert werden soll.[119]

27   **b) Persönliche Voraussetzungen.** Die persönlichen Voraussetzungen für **alle** Mitglieder des Aufsichtsrats richten sich zunächst nach eben den Vorschriften, die auch für den fakultativen Aufsichtsrat gelten (Rn. 8), nur mit dem Unterschied, dass diese Vorschriften hier ausnahmslos nicht abdingbar sind. Hinzu kommt das Verbot der Überkreuzverflechtung (§ 100 Abs. 2 Nr. 3 AktG), sowie der Ausschluss als Aufsichtsrat für Geschäftsführer, ihre Stellvertreter, Prokuristen und Generalhandlungsbevoll-

---

[112] *Voormann* S. 61 ff.; *Hofbauer* S. 63 f.; *Hachenburg/Raiser* Rn. 348; *Scholz/Schneider* Rn. 40 ff.; *Hanau/Ulmer* § 25 Rn. 140; *Mertens*, FS Stimpel, 1985, S. 417, 424 ff., alle mwN auch der Gegenansicht. Zu Grenzen der Delegation von Weisungsbefugnissen in diesen Fällen vgl. § 37 Rn. 30. Zur Bedeutung von § 114 AktG *Mertens*, FS Steindorff, 1990, S. 173, 185 f.; *Lutter/Kremer* ZGR 1992, 87, 101 f.
[113] Vgl. Einl. Rn. 217; Kritik de lege ferenda bei *Lüderitz*, FS Steindorff, 1990, S. 113, 122 ff.
[114] Empirische Befunde bei *Rinninsland* S. 71 ff.
[115] *Hachenburg/Raiser* Rn. 162.
[116] *Hanau/Ulmer* § 6 Rn. 80.
[117] OLG Hamburg DB 1988, 1941, 1942 f. mwN = WuB IX C.3 § 7 MitbestG 1.89 – *Peterhoff*; ferner etwa *Hachenburg/Raiser* Rn. 164, 267; Kölner KommAktG/*Mertens* § 95 Rn. 26 ff. mwN; dagegen *Dietz/Richardi* § 76 BetrVG 1952 Rn. 125.
[118] *Hachenburg/Raiser* Rn. 267 mwN.
[119] BAG WM 1990, 633, 635 f. = WuB II A. § 97 AktG 1.90 – *Peterhoff* gegen die Vorinstanz; vgl. ferner OLG Hamburg WM 1988, 1487.

mächtigte.[120] Der Grundsatz wird in § 105 Abs. 2 AktG hinsichtlich der Bestellung stellvertretender Geschäftsführer allgemein eingeschränkt; außerdem ist die in § 6 Abs. 2 MitbestG enthaltene Erleichterung zugunsten von Prokuristen als Vertreter der Arbeitnehmer zu beachten. Wer bereits die Höchstzahl von zehn Mandaten in gesetzlich vorgeschriebenen Aufsichtsräten erreicht hat, kann mit der Maßgabe der Konzernklausel in § 100 Abs. 2 S. 2 AktG ebenfalls nicht Aufsichtsrat sein.[121]

Weitere persönliche Anforderungen an **Arbeitnehmervertreter** im Aufsichtsrat ergeben sich im Geltungsbereich des MitbestG aus den §§ 7 Abs. 2, 3, 15 Abs. 2 jenes Gesetzes. Das bedeutet: Zwei Drittel der Arbeitnehmervertreter haben aus dem Unternehmen selbst zu stammen, ein Drittel sind Gewerkschaftsvertreter. Die Unternehmensvertreter müssen mindestens ein Jahr in einem Arbeitsverhältnis zur Gesellschaft stehen[122] und befähigt sein, Rechte aus öffentlichen Wahlen zu erlangen (§ 7 Abs. 3 MitbestG iVm. § 8 BetrVG). Für Gewerkschaftsvertreter enthält § 7 Abs. 4 MitbestG eigene Qualifikationsvoraussetzungen. Schließlich setzt § 15 Abs. 2 MitbestG ein bestimmtes Repräsentationsverhältnis zwischen Arbeitern und Angestellten voraus und differenziert innerhalb der Angestelltengruppe noch weiter.[123] Andererseits ist die Wählbarkeit eines Prokuristen als Arbeitnehmervertreter im Gegensatz zu § 105 Abs. 1 AktG nur ausgeschlossen, wenn dieser der Geschäftsführung unmittelbar unterstellt ist und seine Geschäftsführungsbefugnis sich außerdem mit der der Geschäftsführer selbst deckt.[124] Zu den persönlichen Anforderungen an Arbeitnehmervertreter im Geltungsbereich des BetrVG vgl. § 76 Abs. 2 BetrVG 1952.[125]

28

Für die **Anteilseignervertreter** kann der Gesellschaftsvertrag zusätzliche persönliche Voraussetzungen aufstellen.[126] Für Arbeitnehmervertreter gilt dies nicht.[127] Hinsichtlich der Rechtsfolgen des **Fehlens** persönlicher Voraussetzungen sind die §§ 22 bis 24 MitbestG einerseits, § 19 BetrVG 1972 analog[128] andererseits zu beachten. Im übrigen gelten die §§ 250 Abs. 1 Nr. 4, 251 AktG entsprechend.[129] Ein Verstoß gegen § 105 AktG führt, wenn er nicht von § 6 Abs. 2 MitbestG gedeckt wird, zur Nichtigkeit des Bestellungsaktes.[130]

29

c) **Bestellung, Amtszeit, vorzeitige Amtsbeendigung.** Die Anteilseignervertreter werden entsprechend § 101 Abs. 1 S. 1 AktG durch die Gesellschafterversammlung bestellt. Doch kann der Gesellschaftsvertrag Abweichendes bestimmen (Einl. Rn. 282). Das folgt im Geltungsbereich des MitbestG daraus, dass dort nicht auf § 101 Abs. 2 AktG verwiesen wird; § 8 Abs. 2 MitbestG gilt nicht für die GmbH.[131] Weniger eindeutig ist die Rechtslage gemäß § 77 BetrVG 1952. In der Globalverweisung

30

---

[120] § 105 Abs. 1 AktG; vgl. *Hanau/Ulmer* § 6 Rn. 46.
[121] § 100 Abs. 2 S. 1 Nr. 1 AktG; für Einzelheiten vgl. neben dem aktienrechtlichen Schrifttum *Hachenburg/Raiser* Rn. 169, 269.
[122] Für Einzelheiten *Raiser* § 7 Rn. 9 f.; *Hanau/Ulmer* § 7 Rn. 20 ff.
[123] Dazu *Hanau/Ulmer* § 15 Rn. 34 ff.
[124] Näher *Hanau/Ulmer* § 6 Rn. 52. Über die GmbH & Co. betreffende Probleme in diesem Zusammenhang *Grüter* BB 1979, 243 ff.
[125] Dazu *Dietz/Richardi* § 76 BetrVG 1952 Rn. 72 ff.
[126] § 100 Abs. 4 AktG; zu den Grenzen vgl. Kölner KommAktG/*Mertens* § 100 Rn. 28; *Hanau/Ulmer* § 25 Rn. 73.
[127] *Hachenburg/Raiser* Rn. 171 f.; *Hanau/Ulmer* § 25 Rn. 74; *Dietz/Richardi* § 76 BetrVG 1952 Rn. 71.
[128] Vgl. *Dietz/Richardi* § 76 BetrVG 1952 Rn. 111 ff.
[129] *Hachenburg/Raiser* Rn. 173; *Scholz/Schneider* Rn. 171; vgl. auch *Hanau/Ulmer* § 22 Rn. 11 f.
[130] Kölner KommAktG/*Mertens* § 105 Rn. 6; vgl. *Hanau/Ulmer* § 6 Rn. 55.
[131] *Hachenburg/Raiser* Rn. 270; *Hanau/Ulmer* § 8 Rn. 6 mwN.

von Abs. 1 S. 2 jener Bestimmung ist auch § 101 Abs. 2 AktG enthalten. Jedoch dürfte diese Vorschrift, jedenfalls was die Anteilseignervertreter angeht, auch hier nicht zwingend sein.[132] Die **Wahl** der **Abeitnehmervertreter** richtet sich nach den §§ 76 BetrVG 1952, 9 bis 18 MitbestG, sowie den jeweils anwendbaren Wahlordnungen (für Einzelheiten Einl. Rn. 283). Auf Anteilseigner- und Arbeitnehmervertreter **gleichermaßen** anwendbar ist § 101 Abs. 3 AktG, wo die Wahl von Stellvertretern verboten und die von Ersatzmitgliedern geregelt wird.[133] § 17 MitbestG ist ergänzend heranzuziehen.[134] Die Bestellung fehlender Aufsichtsratsmitglieder durch das **Gericht** ist unter den Voraussetzungen des § 104 AktG möglich und zwar ohne Rücksicht darauf, ob Anteilseigner- oder Arbeitnehmervertreter in Frage stehen.[135] § 104 AktG unterscheidet zwei Fälle, das Fehlen der zur Beschlussfähigkeit des Aufsichtsrats nötigen Anzahl von Mitgliedern einerseits, die Unterschreitung der gesetzlich oder gesellschaftsvertraglich vorgesehenen Anzahl für länger als drei Monate andererseits. In dringenden Fällen kommt es auf diese Frist nicht an.[136] Im Geltungsbereich des MitbestG liegt stets ein solcher Fall vor (§ 104 Abs. 3 Nr. 2 AktG). § 106 AktG gilt, weil durch § 52 Abs. 2 verdrängt, für die GmbH nicht. Zur daraus resultierenden Publizität der Mitglieder des Aufsichtsrats vgl. Rn. 24.

31   Die **Amtszeit** sämtlicher Mitglieder eines obligatorischen Aufsichtsrates richtet sich nach § 102 Abs. 1 AktG. Das Amt **beginnt** mit dem im Gesellschaftsvertrag oder dem Bestellungsakt festgesetzten Zeitpunkt, sonst mit der Annahme der Wahl. Es **endet** zwingend mit der Generalversammlung, die über die Entlastung des Aufsichtsrats für das 4. Geschäftsjahr nach Beginn der Amtszeit beschließt. Kommt es nicht zu einem solchen Beschluss, so endet das Amt mit Rücksicht auf den Zweck des § 102 AktG spätestens mit Ende des 5. Geschäftsjahres nach seinem Beginn.[137] Das Geschäftsjahr, in dem die Amtszeit begonnen hat, ist nicht mitzurechnen (§ 102 Abs. 1 S. 2 AktG). Die **Satzung** kann die gesetzliche Höchstdauer des Aufsichtsratsamtes **verkürzen**. Tut sie es, so gilt dies auch für die Arbeitnehmervertreter.[138] Wird eine solche Regel im Wege der Satzungsänderung eingeführt, so dürfte sich dies auf die Bestellungsdauer jedenfalls der amtierenden Arbeitnehmervertreter nicht auswirken.[139] Die für Anteilseignervertreter auch anlässlich ihrer Wahl mögliche Verkürzung der gesetzlichen Amtsdauer gilt nicht auch für die Repräsentanten der Arbeitnehmer.[140] Auch Bestimmungen des Ge-

---

[132] Umstritten; wie hier Einl. Rn. 283; *Hachenburg/Schilling* Rn. 79; ausführlich *Dietz/Richardi* § 77 BetrVG 1952 Rn. 20 mit der mE unzutreffenden Einschränkung, daß Entsendungsrechte nur Gesellschaftern eingeräumt werden könnten; ebenso *Hachenburg/Raiser* Rn. 175; *Scholz/Schneider* Rn. 144 mwN; vgl. oben Rn. 9.

[133] *Hachenburg/Raiser* Rn. 181; Rechtsprechung zur Rechtsstellung von Ersatzmitgliedern bei *Koch* NJW 1989, 3130, 3135 f.

[134] Zur Lösung analoger Fragen im Geltungsbereich des Betriebsverfassungsrechts vgl. *Dietz/Richardi* § 76 BetrVG 1952 Rn. 152 ff.

[135] *Hachenburg/Raiser* Rn. 183 f.; vgl. auch *Hanau/Ulmer* § 6 Rn. 56 ff.; *Dietz/Richardi* § 76 BetrVG 1952 Rn. 121 f. Zur Bestellung von Arbeitnehmervertretern BayObLG NZG 1998, 69 m. Anm. *Jäger*; zur Kostenverteilung OLG Düsseldorf WM 1994, 498 f.

[136] Dazu *Niewiarra/Servatius*, FS Semler, 1993, S. 217, 218 ff.

[137] *Hachenburg/Raiser* Rn. 185; für Vorverlegung dieses Zeitpunktes um vier Monate *Scholz/Schneider* Rn. 181; *Hanau/Ulmer* § 6 Rn. 67.

[138] *Hanau/Ulmer* § 6 Rn. 65; *Dietz/Richardi* § 76 BetrVG 1952 Rn. 124.

[139] Umstritten; wie hier *Hachenburg/Raiser* Rn. 187; dagegen *Dietz/Richardi* § 76 BetrVG 1952 Rn. 125; für Folgenlosigkeit auch bezüglich der Anteilseignervertreter *Hanau/Ulmer* § 6 Rn. 64, jeweils mwN.

[140] *Hachenburg/Raiser* Rn. 187; *Hanau/Ulmer* § 6 Rn. 65 mwN.

Aufsichtsrat § 52

sellschaftsvertrags über einen turnusmäßigen Wechsel von Aufsichtsratsmitgliedern bleiben für Arbeitnehmervertreter folgenlos.[141]

Eine **vorzeitige** Beendigung des Amtes tritt zunächst ein, wenn ein Aufsichtsratsmitglied **abberufen** wird. Es kommt Abberufung durch den jeweils zuständigen Wahlkörper oder durch das Gericht in Betracht. Die Abberufung von Anteilseignervertretern erfolgt nach näherer Maßgabe von § 103 Abs. 1, 2 AktG durch die Gesellschafterversammlung oder den Entsendungsberechtigten. Im erstgenannten Fall ist eine freilich satzungsdispositive Dreiviertelmehrheit erforderlich.[142] Eine Abschwächung dieses Mehrheitserfordernisses muss sich auf alle Aufsichtsratsmitglieder beziehen.[143] Die Abberufung von Arbeitnehmervertretern richtet sich im Geltungsbereich des BetrVG nach § 76 Abs. 5 BetrVG 1952,[144] in dem das MitbestG nach § 23 jenes Gesetzes. § 103 Abs. 3 AktG über die **gerichtliche Abberufung** gilt demgegenüber für alle Aufsichtsratsmitglieder in gleicher Weise. Erforderlich ist das Vorhandensein eines wichtigen Grundes in der Person des Abzuberufenden und außerdem ein Antrag des Aufsichtsrats,[145] über den mit einfacher Mehrheit zu beschließen ist. An diesem Beschluss kann der Betroffene nicht mitwirken.[146] Zur gerichtlichen Abberufung entsandter Aufsichtsratsmitglieder vgl. § 103 Abs. 3 S. 3 AktG. Zuständig ist das Amtsgericht am Sitz der Gesellschaft (§§ 145 Abs. 1 FGG, 14 AktG). Die **Niederlegung** des Amtes ist jederzeit möglich.[147] Ob – bei dauernder Interessenkollision – eine einschlägige Pflicht besteht, ist umstritten.[148] Zur Bekanntmachung der jeweiligen Zusammensetzung des Aufsichtsrats durch die Geschäftsführer Rn. 24.

32

3. Organisation des Aufsichtsrats. a) Innere Ordnung. aa) Vorsitz und Stellvertretung. Nach § 107 Abs. 1 S. 1 AktG hat der Aufsichtsrat aus seiner Mitte einen Vorsitzenden und mindestens einen Stellvertreter zu wählen. Diese Regel gilt, wenn die Gesellschaft nach Betriebsverfassungsrecht einen Aufsichtsrat zu bilden hat. Für den Geltungsbereich des MitbestG wird sie durch § 27 Abs. 1 u. 2 jenes Gesetzes verdrängt. Im einzelnen ist festzuhalten: Wählbar ist jedes Mitglied des Aufsichtsrats, freilich auch nur solche. Mangels entgegenstehender Satzungsregelungen (zu ihrer Zulässigkeit Rn. 35) können nach § 107 AktG mehrere Stellvertreter gewählt werden, während § 27 MitbestG nach seinem Wortlaut demgegenüber nur einen Stellvertreter zulässt (dazu Rn. 35). Die Wahl erfolgt nach § 107 AktG mit einfacher Mehrheit.

33

---

[141] *Dietz/Richardi* § 76 BetrVG 1952 Rn. 127; *Hanau/Ulmer* § 6 Rn. 65.
[142] § 103 Abs. 1 S. 2, 3 AktG; vgl. BGHZ 99, 211, 213 ff. = NJW 1987, 907.
[143] BGHZ 99, 211, 213 ff. = NJW 1987, 907.
[144] Für Einzelheiten *Dietz/Richardi* § 76 BetrVG 1952 Rn. 138 ff.
[145] Dazu *Hanau/Ulmer* § 6 Rn. 71; zur Beurteilung eines Verstoßes gegen die Verschwiegenheitspflicht AG München ZIP 1985, 1139 = EWiR § 103 AktG 1/85, 631 – *Wiesner* = WuB II A. § 103 AktG 1.86 – *Werner*; weitere Beispiele aus der Praxis: OLG Hamburg WM 1990, 311; OLG Zweibrücken WM 1990, 1387; LG Frankfurt NJW 1987, 505; zu Mitgliedschaften im Aufsichtsrat konkurrierender Unternehmen *Lutter*, FS Beusch, 1993, S. 509, 521 ff.; ausführlich *Säcker* NJW 1986, 803, 809 ff.; *Hoffmann/Kirchhoff*, FS Beusch, 1993, S. 377, 381 ff.
[146] § 34 BGB; *Hachenburg/Raiser* Rn. 191; *Hanau/Ulmer* § 6 Rn. 70 mwN auch der Gegenansicht; aA auch *Hoffmann/Kirchhoff*, FS Beusch, 1993, S. 377, 380 f.
[147] *Scholz/Schneider* Rn. 210; *Dietz/Richardi* § 76 BetrVG 1952 Rn. 132; *Hanau/Ulmer* § 6 Rn. 72; *Wardenbach* AG 1999, 75 f.; *Singhof* AG 1998, 318 ff., je mwN.
[148] Dazu *Dreher* JZ 1990, 896, 902; *Singhof* AG 1998, 325; *Wardenbach* AG 1999, 75, 76 f. mN. Übersicht über weitere Gründe vorzeitiger Beendigung des Aufsichtsratsamtes bei Kölner KommAktG/*Mertens* § 103 Rn. 51 ff.; *Dietz/Richardi* § 76 BetrVG 1952 Rn. 132 ff.; *Hanau/Ulmer* § 6 Rn. 72; *Baumbach/Hueck/Zöllner* Rn. 113, 34; zur Bedeutung formwechselnder Umwandlung in eine AG *Köstler* BB 1993, 81 f.

§ 52　　　　　　　　　　3. Abschnitt. Vertretung und Geschäftsführung

Nach dem MitbestG (§ 27 Abs. 1) ist im ersten Wahlgang eine Mehrheit von zwei Dritteln der gesetzlichen Mitgliederzahl erforderlich. Wird diese Mehrheit für den Vorsitzenden selbst oder seinen Stellvertreter nicht erreicht, so hat hinsichtlich beider ein zweiter Wahlgang stattzufinden, wobei die Anteilseignervertreter den Vorsitzenden des Aufsichtsrats, die Arbeitnehmervertreter dessen Stellvertreter mit jeweils einfacher Mehrheit wählen.[149] Der Aufsichtsrat ist nicht nur berechtigt, sondern auch verpflichtet, für die erforderlichen Bestellungsakte zu sorgen. Die Gewählten sind zum Handelsregister anzumelden (§ 107 Abs. 1 S. 2 AktG). Wird kein Vorsitzender gewählt, so ist mit Rücksicht auf die Funktionsfähigkeit des Aufsichtsrats und insbesondere das Zweitstimmrecht gemäß § 29 Abs. 2 MitbestG eine gerichtliche Notbestellungsbefugnis entsprechend § 104 Abs. 2 AktG anzunehmen.[150] Dasselbe dürfte für den Aufsichtsrat nach BetrVG gelten.[151] Die **Amtsdauer** endet mit der Mitgliedschaft im Aufsichtsrat, grundsätzlich auch mit dem Ablauf der Amtsperiode.[152] Durch Gesellschaftsvertrag, Geschäftsordnung oder Aufsichtsratsbeschluss können kürzere Fristen vorgesehen werden.[153] Vorzeitige **Abwahl** ist möglich.[154] Im Geltungsbereich des MitbestG sind die Mehrheitserfordernisse gemäß § 27 Abs. 1 u. 2 entsprechend zu beachten; bei Wahl der betreffenden Person nach Abs. 2 ist nur die jeweilige Gruppe widerrufsberechtigt.[155]

34　　**Rechtsstellung** und **Aufgaben** des Vorsitzenden richten sich nach Aktienrecht.[156] Demnach obliegt es ihm insbesondere, den Aufsichtsrat einzuberufen, seine Sitzungen zu leiten und für ein Protokoll zu sorgen.[157] Er gehört kraft Amtes dem Ausschuss gemäß § 27 Abs. 3 MitbestG an. Außerdem steht ihm das Recht des Stichentscheids nach §§ 29 Abs. 2, 31 Abs. 4 MitbestG zu. Stellvertreter des Aufsichtsratsvorsitzenden rücken nur dann in dessen Rechte und Pflichten ein, wenn der Vorsitzende „behindert" ist.[158]

35　　Die vorstehend dargelegten Grundsätze sind **zwingend,** soweit nicht die Vorschriften, auf denen sie beruhen, ihrerseits Abwandlungen zulassen.[159] Insbesondere kann der Gesellschaftsvertrag keine persönlichen Qualifikationsmerkmale für den Vorsitzenden des Aufsichtsrats oder seine Stellvertreter festlegen, also etwa bestimmen, dass der Vorsitzende stets ein Anteilseignervertreter zu sein habe.[160] Zulässig wäre eine Satzungsbestimmung, wonach der nach Betriebsverfassungsrecht eingerichtete Aufsichtsrat nur einen Stellvertreter des Vorsitzenden bestimmen darf (§ 107 Abs. 1 S. 1 AktG). Demgegenüber ist mit Rücksicht auf den Wortlaut von § 27 Abs. 1 MitbestG umstritten, ob der Gesellschaftsvertrag im Geltungsbereich dieses Gesetzes die Wahl eines oder

---

[149] § 27 Abs. 2 MitbestG; für Einzelheiten *Hanau/Ulmer* § 27 Rn. 8; *Raiser* § 27 Rn. 13 f.
[150] Umstritten; wie hier *Raiser* § 27 Rn. 8; *Hanau/Ulmer* § 27 Rn. 4; für Zuständigkeit der Gesellschafterversammlung *Hachenburg/Schilling* Rn. 94.
[151] Vgl. Kölner KommAktG/*Mertens* § 107 Rn. 18; anders die hM.
[152] Zu letzterem Kölner KommAktG/*Mertens* § 107 Rn. 23 ff.
[153] Kölner KommAktG/*Mertens* § 107 Rn. 24; *Hanau/Ulmer* § 27 Rn. 10.
[154] Für Einzelheiten Kölner KommAktG/*Mertens* § 107 Rn. 27 ff.
[155] *Hanau/Ulmer* § 27 Rn. 13.
[156] Geringfügige Modifikationen bei *Baumbach/Hueck/Zöllner* Rn. 127.
[157] Für alle Einzelheiten vgl. Kölner KommAktG/*Mertens* § 107 Rn. 33 ff.; *Scholz/Schneider* Rn. 221 ff.; zu Protokollen umfassend *Brinkschmidt* S. 42 ff.
[158] § 107 Abs. 1 S. 3 AktG; vgl. Kölner KommAktG/*Mertens* § 107 Rn. 66; *Raiser* § 27 Rn. 32, zur Reihenfolge mehrerer Stellvertreter Rn. 51.
[159] *Hachenburg/Schilling* Rn. 94; *Hanau/Ulmer* § 27 Rn. 1.
[160] OLG Karlsruhe AG 1981, 102, 105 f.; *Martens* DB 1980, 1381, 1387; *Dietz/Richardi* § 76 BetrVG 1952 Rn. 157; *Hanau/Ulmer* § 27 Rn. 3 mwN.

Aufsichtsrat **§ 52**

mehrerer weiterer Stellvertreter zulassen kann.[161] Der BGH[162] hat diese Frage bejaht, gleichzeitig aber ausgesprochen, dass eine Bestimmung, wonach der weitere Stellvertreter aus dem Kreis der Anteilseignerrepräsentanten zu wählen sei, unzulässig und nichtig ist.[163] Zulässig ist es nach LG Hamburg[164] dagegen, die Leitung einer konstituierenden Aufsichtsratssitzung einem Anteilseignervertreter zuzuordnen.[165]

bb) Ausschüsse. Entsprechend § 107 Abs. 3 AktG kann der Aufsichtsrat aus seiner **36** Mitte einen oder mehrere Ausschüsse bilden.[166] Ob er dies tut, ist seiner freien Entscheidung überlassen; der Gesellschaftsvertrag hat insoweit keine Einwirkungsmöglichkeit.[167] Eine Ausnahme gilt nur gemäß § 27 Abs. 3 MitbestG. Der dort bezeichnete Ausschuss **muss** gebildet werden.[168] Ein Ausschuss hat aus mindestens zwei, im Falle der Übertragung von Entscheidungsbefugnissen aus drei Mitgliedern zu bestehen.[169] Im übrigen enthält das Gesetz, von § 27 Abs. 3 MitbestG wiederum abgesehen, keine Regelungen über die **Zusammensetzung** von Ausschüssen.[170] Dennoch sind aus dem Zweck der Mitbestimmung gewisse Grundsätze über eine Mindestbeteiligung von Arbeitnehmern abzuleiten.[171] Weder der Gesellschaftsvertrag noch die Geschäftsordnung des Aufsichtsrates können gruppenspezifische Vorschriften für die Zusammensetzung von Aufsichtsratsausschüssen aufstellen.[172] **Zuständigkeitsgrenzen** für Ausschüsse ergeben sich aus § 107 Abs. 3 AktG.[173] Die Delegation von Zuständigkeiten an Ausschüsse ist für den Gesamtaufsichtsrat nicht verbindlich. Er kann solche Zuständigkeiten jederzeit wieder an sich ziehen, auch bereits getroffene Ausschussentscheidungen aufheben oder ändern.[174]

---

[161] Vgl. *Westermann*, FS Fischer, 1979, S. 835, 837 ff.; ferner etwa *Hanau/Ulmer* § 27 Rn. 18.
[162] BGHZ 83, 106, 111 = NJW 1982, 1525, 1526.
[163] Nur iErg. zustimmend *Geitner* AG 1982, 212, 215 f.; ferner *Steindorff/Joch* ZHR 146 (1982), 336, 342; *Martens* ZGR 1983, 237, 246.
[164] WM 1982, 310, 314.
[165] Zur Zulässigkeit von Satzungsbestimmungen, die den Aufgabenbereich des Aufsichtsratsvorsitzenden verändern, vgl. *Hanau/Ulmer* § 27 Rn. 15.
[166] Dazu *Rellermeyer* passim; *Semler* AG 1988, 60; zur Praxis *Rinninsland* S. 91 ff.
[167] BGHZ 83, 106 = NJW 1982, 1525, 1526 f.; *Steindorff/Joch* ZHR 146 (1982), 336 f.; *Martens* ZGR 1983, 237, 249 ff.; *Hachenburg/Raiser* Rn. 206 mwN.
[168] Zu Vakanzen in diesem Ausschuss *Rittner*, FS Fischer, 1979, S. 627.
[169] BGHZ 65, 190, 192 ff. = NJW 1976, 145.
[170] Ausführlich *Mertens* AG 1981, 113, 123 ff.; für Verallgemeinerung des in § 27 Abs. 3 steckenden Rechtsgedankens dagegen *Nagel* DB 1982, 2677, 2678 f. im Anschluss an *Säcker*.
[171] Dazu namentlich BGHZ 122, 342, 355 ff. = NJW 1993, 2307, 2310 ff. = DWiR 1993, 503, 508 ff. mit Übersicht über den Meinungsstand und Anm. *Raiser* = WuB II A. § 107 AktG 1.93 – *Rellermeyer*; dazu *Kindl* DB 1993, 2065, 2068 ff.; OLG München WM 1995, 978, 979; anders unter Berufung auf BGHZ 83, 144, 148 = NJW 1982, 1528; OLG Hamburg AG 1984, 248, 250 f.; vgl. *Scholz/Schneider* Rn. 320 ff.; *Baumbach/Hueck/Zöllner* Rn. 141; *Oetker* ZGR 2000, 50 ff., wN in 2. Aufl. Rn. 34.
[172] OLG Hamburg BB 1982, 1686, 1687 f.; vgl. auch *Martens* ZGR 1983, 237, 246 f.; *Hanau/Ulmer* § 25 Rn. 128 mwN; dagegen *Rittner* DB 1980, 2493, 2500; zur Bedeutung der Gleichberechtigung aller Aufsichtsratsmitglieder für das Abstimmungsverhalten BGHZ 122, 342, 358 = NJW 1993, 2397 = WuB II A. § 107 AktG 1.93 – *Rellermeyer* gegen die Vorinstanz, ferner etwa OLG Hamburg AG 1984, 248, 249 f.
[173] Näher OLG Hamburg WM 1995, 2188, 2190 ff. mwN; Kölner KommAktG/*Mertens* § 107 Rn. 130 ff.; *Baumbach/Hueck/Zöllner* Rn. 140; s. auch BGH BB 1991, 1445; zur Möglichkeit der Aufgabenerweiterung des Ausschusses gemäß § 27 Abs. 3 MitbestG vgl. *Martens* DB 1980, 1381, 1387 f.; *Hanau/Ulmer* § 27 Rn. 25.
[174] *Hachenburg/Schilling* Rn. 96; weniger deutlich *Hachenburg/Raiser* Rn. 211.

§ 52   3. Abschnitt. Vertretung und Geschäftsführung

37 **cc) Geschäftsordnung.** Es ist häufig zweckmäßig, dem Aufsichtsrat, eventuell auch Ausschüssen, eine Geschäftsordnung zu geben. Das kann im Gesellschaftsvertrag und, soweit dafür noch Raum bleibt, durch Aufsichtsrats- oder Ausschussbeschluss geschehen. Mitbestimmungsrechtliche Regelungen haben an dieser Zuständigkeitsverteilung nichts geändert.[175] Ausgeschlossen dürfte es aber sein, die Geschäftsordnung des obligatorischen Aufsichtsrates durch einfachen Gesellschafterbeschluss zu regeln.[176] Als **Gegenstand** einer Geschäftsordnung kommen hauptsächlich Bestimmungen über die Häufigkeit von Sitzungen, über Form und Frist der Einberufung, über Einzelheiten der Beschlussfassung in Betracht.[177] Der gesetzlich vorgegebene Rahmen muss dabei selbstverständlich berücksichtigt werden. Zu beachten ist, dass der Regelungsspielraum des Gesellschaftsvertrags und des Aufsichtsrates nicht ganz kongruent ist. Wichtig ist das insbesondere hinsichtlich der Bildung von Ausschüssen, ihrer Aufgaben und ihrer Besetzung.[178] Verstößt der Aufsichtsrat oder ein Ausschuss gegen eine im Gesellschaftsvertrag enthaltene Geschäftsordnung, so ist der Beschluss grundsätzlich fehlerhaft.[179]

38 **b) Sitzungen.** Der Aufsichtsrat übt seine Tätigkeit normalerweise in Sitzungen aus.[180] Hinsichtlich der Einberufung sind jedenfalls die in § 110 AktG niedergelegten Grundsätze einzuhalten (dazu Rn. 10). Über nicht ordnungsgemäß angekündigte Gegenstände kann rechtlich einwandfrei nur Beschluss gefasst werden, wenn niemand widerspricht und die abwesenden Mitglieder sich nachträglich mit dieser Vorgangsweise einverstanden erklären.[181] **Teilnahmeberechtigt und -verpflichtet** sind die Mitglieder des Aufsichtsrats und zwar entsprechend der für Gesellschafter geltenden Regelung (§ 48 Rn. 8) ohne Rücksicht darauf, ob sie im Einzelfall stimmberechtigt sind. Über den in besonderen Ausnahmefällen möglichen Ausschluss von der Teilnahme[182] entscheidet der Vorsitzende. Aufsichtsratsfremde Personen sind weder teilnahmeberechtigt noch -verpflichtet. Doch kann für Geschäftsführer schon in der Satzung oder durch Aufsichtsratsbeschluss Gegenteiliges angeordnet werden.[183] Sonstige Dritte dürfen nicht zugelassen werden, es sei denn, es handle sich um Sachverständige oder Auskunftspersonen im Zusammenhang der Beratung einzelner Gegenstände (§ 109 Abs. 1 S. 2 AktG). Möglich ist auch die Teilnahme eines nicht dem Aufsichtsrat angehörenden Stimmboten für ein verhindertes Aufsichtsratsmitglied, sofern der Gesellschaftsvertrag dies zulässt (§ 109 Abs. 3 AktG). Die **Sitzungsleitung** obliegt dem Vorsitzenden des Aufsichtsrates. Seine Sache ist es auch, für die Anfertigung eines Protokolls zu sorgen, dieses zu unterzeichnen und jedem Mitglied auf Verlangen eine Abschrift auszuhändigen (§ 107 Abs. 2 AktG). Für **Ausschüsse** gelten die vorstehenden Grundsätze mit der in § 109 Abs. 2 AktG fixierten Ausnahme entsprechend.[184]

39 **c) Beschlüsse. aa) Im Plenum.** Nach den Vorstellungen des Gesetzgebers werden Beschlüsse des Aufsichtsrats regelmäßig in Sitzungen gefasst. Schriftliche, telegraphische

---

[175] Vgl. BGHZ 83, 106, 117 ff. = NJW 1982, 1525, 1526, 1528; *Hanau/Ulmer* § 25 Rn. 10; *Scholz/Schneider* Rn. 51 mwN auch der gegenteiligen Ansicht, zB *Lutter/Hommelhoff* Rn. 36.
[176] *Hachenburg/Raiser* Rn. 197.
[177] Näher *Hanau/Ulmer* § 25 Rn. 13.
[178] Vgl. Einl. Rn. 184; Kölner KommAktG/*Mertens* § 107 Rn. 163.
[179] Kölner KommAktG/*Mertens* § 107 Rn. 170.
[180] Zur Häufigkeit solcher Sitzungen in mitbestimmten GmbHs *Rinninsland* S. 96 ff.
[181] *Hanau/Ulmer* § 25 Rn. 17 mwN.
[182] Dazu Kölner KommAktG/*Mertens* § 109 Rn. 8.
[183] § 109 Abs. 1 AktG; vgl. Kölner KommAktG/*Mertens* § 109 Rn. 9 ff.; *Scholz/Schneider* Rn. 281; *Baumbach/Hueck/Zöllner* Rn. 130.
[184] *Hanau/Ulmer* § 25 Rn. 134 mwN.

oder fernmündliche Beschlussfassungen sind nur zulässig, wenn keiner der Beteiligten widerspricht (§ 108 Abs. 4 AktG). Dasselbe gilt für sogenannte gemischte, also solche Abstimmungen, die sich aus Beschlussfassung in einer Sitzung und nachträglicher Stimmabgabe nicht Anwesender zusammensetzen.[185] Zum ganzen auch Rn. 19.

Hinsichtlich der **Beschlussfähigkeit** des obligatorischen Aufsichtsrates ist wie folgt zu differenzieren: Im Anwendungsbereich des **BetrVG** kommt es nur auf § 108 Abs. 2, 3 AktG an.[186] Demnach ist der Aufsichtsrat mangels anderweitiger Satzungsregelung nur beschlussfähig, wenn mindestens die Hälfte der Mitglieder, aus denen er zu bestehen hat, an der Abstimmung teilnimmt. Dabei sind auch Stimmenthaltungen zu berücksichtigen.[187] Die Mitwirkung an einer Beschlussfassung des Aufsichtsrats in einer Sitzung ist auch im Wege der schriftlichen Stimmabgabe gemäß § 108 Abs. 3 AktG möglich.[188] Als Überbringer kommen in erster Linie andere Aufsichtsratsmitglieder, aber auch Dritte in Betracht, wenn sie berechtigt sind, an der Sitzung teilzunehmen (Rn. 38). Stellvertretung in der Stimmabgabe ist wegen § 111 Abs. 5 AktG freilich ausgeschlossen.[189] 40

Der **Gesellschaftsvertrag** kann das Erfordernis der Teilnahme mindestens der Hälfte der Aufsichtsratsmitglieder nach oben oder unten ändern. Er kann jedoch nicht bestimmen, dass der Aufsichtsrat bei Teilnahme von weniger als drei Mitgliedern beschlussfähig ist.[190] Ebensowenig ist es andererseits möglich, die Beschlussfähigkeit davon abhängig zu machen, dass der Aufsichtsrat vollständig besetzt ist.[191] In diesem Zusammenhang kommt es nicht darauf an, ob die gesetzlich vorausgesetzte Relation zwischen Anteilseignern und Arbeitnehmervertretern gewahrt ist (§ 108 Abs. 2 S. 4 AktG). Darüber hinaus dürfen gesellschaftsvertragliche Regelungen der Beschlussfähigkeit nicht zwischen den Aufsichtsratsmitgliedern diskriminieren, also etwa auf die Präsenz nur von Anteilseignervertretern oder des Vorsitzenden abstellen.[192] 41

Das **MitbestG** (§ 28) wandelt diese Grundsätze dahingehend ab, dass der Aufsichtsrat nur dann beschlussfähig ist, wenn „mindestens"[193] die Hälfte seiner Sollmitglieder teilnimmt. Eine Satzungsbestimmung, wonach mindestens die Hälfte der an der Beschlussfassung Teilnehmenden Vertreter der Anteilseigner sein müssen, ist nichtig. Dasselbe gilt für eine Regelung, wonach der Vorsitzende des Aufsichtsrats beteiligt sein muss.[194] Insofern ist allerdings eine Ausnahme für Fälle erneuter Abstimmung gemäß §§ 29 Abs. 2, 31 Abs. 4 MitbestG zu erwägen.[195] 42

---

[185] *Hanau/Ulmer* § 25 Rn. 33 mwN. Zur Zulässigkeit geheimer Abstimmungen vgl. *Ulmer* AG 1982, 300 ff. mwN.
[186] Ausführlich dazu *Dietz/Richardi* § 76 BetrVG 1952 Rn. 13 ff.; vgl. auch *Hachenburg/Raiser* Rn. 215.
[187] *Hachenburg/Raiser* Rn. 216.
[188] Dazu BGHZ 122, 342, 353 f. = NJW 1993, 2397 = DB 1993, 1609; DWiR 1993, 503, 507 m. Anm. *Raiser* = WuB II A. § 107 AktG 1.93 – *Rellermeyer*; monographisch *Mehl* passim.
[189] Zu den insbesondere im Zeichen des mitbestimmungsrechtlichen Paritätsdenkens zunehmend wichtigen Abgrenzungsfragen vgl. *Riegger* BB 1980, 130 ff.; *Hanau/Ulmer* § 25 Rn. 29 ff. mwN. An der von *Hanau/Ulmer* aaO befürworteten engen Auslegung von § 108 Abs. 3 AktG sollte festgehalten werden.
[190] § 108 Abs. 2 S. 3 AktG; vgl. *Dietz/Richardi* § 76 BetrVG 1952 Rn. 14.
[191] Anders iErg. *Baumbach/Hueck/Zöllner* Rn. 134.
[192] *Dietz/Richardi* § 76 BetrVG 1952 Rn. 17; *Hachenburg/Raiser* Rn. 217; *Scholz/Schneider* Rn. 290.
[193] Zu Auslegungsproblemen in diesem Zusammenhang *Hanau/Ulmer* § 28 Rn. 4 ff.; OLG Hamburg DB 1984, 1616, 1617 f.; *Scholz/Schneider* Rn. 293 mwN.
[194] BGHZ 83, 151 = NJW 1982, 1530 ff.; *Raiser* § 28 Rn. 3 f.; vgl. *Säcker* JZ 1980, 82, 84 ff.; *Steindorff/Joch* ZHR 146 (1982), 336, 340 f.; abweichend *Rittner* DB 1980, 2493, 2501 ff.
[195] Vgl. *Hanau/Ulmer* § 28 Rn. 6.

§ 52   3. Abschnitt. Vertretung und Geschäftsführung

43   Zum ausnahmsweisen **Ausschluss des Stimmrechts** vgl. Rn. 18. Mitbestimmungsrechtliche Besonderheiten sind entgegen einigen Stimmen in der Literatur wohl nur ganz ausnahmsweise zu verzeichnen.[196]

44   Hinsichtlich der für einen positiven Beschluss erforderlichen **Mehrheit** gilt grundsätzlich dasselbe wie für den fakultativen Aufsichtsrat (dazu Rn. 18). Für Beschlüsse im Rahmen der gesetzlichen Zuständigkeit des Aufsichtsrats ist das Erfordernis bloß einfacher Mehrheit allerdings zwingend, wenn er dem BetrVG unterliegt.[197] Im Geltungsbereich des MitbestG gilt dies grundsätzlich schlechthin.[198] Für einige Beschlussgegenstände[199] stellt das MitbestG besondere Mehrheitserfordernisse auf. **Stimmengleichheit** in einem nach MitbestG errichteten Aufsichtsrat bedeutet nicht wie sonst ohne weiteres Ablehnung des Antrags. Vielmehr ist hier eine erneute Abstimmung zulässig. Ergibt sich wieder eine Patt-Situation, so hat der Aufsichtsratsvorsitzende zwei Stimmen (§ 29 Abs. 2 MitbestG). Hinsichtlich der Bestellung von Geschäftsführern enthält § 31 Abs. 4 MitbestG eine gleichsinnige Sonderregelung. Stellvertretern des Vorsitzenden steht das Zweitstimmrecht nicht zu.[200] Nach Auffassung eines Teils der Literatur[201] kann die Satzung für den Aufsichtsrat nach Betriebsverfassungsrecht eine § 29 Abs. 2 MitbestG entsprechende Regel einführen, nämlich bestimmen, dass bei Stimmengleichheit die Stimme des Vorsitzenden den Ausschlag gibt. Das läuft unter den gegebenen Umständen faktisch auf eine Diskriminierung der Arbeitnehmervertreter hinaus und ist deshalb bedenklich.

45   Die Rechtsfolge von **Beschlussmängeln** besteht – mit Einschränkungen bei verzichtbaren Rechten – nach tradierter Auffassung darin, dass der Beschluss nichtig ist.[202] Demgegenüber sind im neueren Schrifttum Differenzierungen entwickelt worden, die in mehr oder weniger deutlicher Anlehnung an die §§ 241 ff. AktG einerseits Einsichten im Zusammenhang der Behandlung fehlerhafter Gesellschafterbeschlüsse nutzbar machen und andererseits dem Bedürfnis nach Rechtssicherheit besser zu entsprechen scheinen als die von der hL vertretene Nichtigkeitssanktion.[203] Diese Entwicklung hat ihren Einfluss auf die Rechtsprechung nicht verfehlt.[204] In einem neueren, sorgfältig begründeten Urteil ist der BGH allerdings zur früheren Auffassung zurückgekehrt.[205]

---

[196] *Hanau/Ulmer* § 25 Rn. 28 mwN; überhaupt ablehnend *Ensch* S. 191 ff.
[197] *Hachenburg/Raiser* Rn. 219.
[198] § 29 Abs. 1 MitbestG; vgl. *Hanau/Ulmer* § 29 Rn. 8.
[199] Zusammengefasst bei *Hanau/Ulmer* § 29 Rn. 7.
[200] Vgl. *Martens* DB 1980, 1381, 1386 f.
[201] *Hachenburg/Raiser* Rn. 219; ebenso *Baumbach/Hueck/Zöllner* Rn. 136.
[202] BGHZ 83, 144, 146 = NJW 1982, 1528; BGHZ 85, 293, 295 = NJW 1983, 991; Kölner KommAktG/*Mertens* § 108 Rn. 82, mwN; aus dem GmbH-rechtlichen Schrifttum *Baumbach/Hueck/Zöllner* Rn. 53 ff.; *Hachenburg/Raiser* Rn. 77.
[203] Kölner KommAktG/*Mertens* § 108 Rn. 82 f.; *Hoffmann/Preu* S. 161 ff.; *Axhausen* S. 113 ff.; *Baums* ZGR 1983, 300, 305 ff.; ferner *Scholz/Schneider* Rn. 305 ff.; *Lutter/Krieger* S. 173; siehe auch *Rellermeyer* ZGR 1993, 77, 101; monographisch *Lemke* S. 33 ff.; dagegen neben *Zöllner* und *Raiser* aaO zB *Kindl* AG 1993, 153, 155 ff.; *ders*. DB 1993, 2065 ff.; *Götz*, FS Lüke, 1997, S. 168 ff., 178 ff. mit Vorschlägen zur Substitution der Nichtigkeitsfolge durch formlose Anfechtung bei minder schweren Rechtsverstößen.
[204] OLG Hamburg BB 1982, 1680, 1688; dezidert OLG Hamburg WM 1992, 1278; in der Sache auch BGHZ 106, 54, 67 = NJW 1989, 979.
[205] BGHZ 122, 342 = NJW 1993, 2307 = DWiR 1993, 503, 505 f. m. Anm. *Raiser* = WuB II A. § 107 AktG 1.93 – *Rellermeyer*; ferner BGHZ 124, 111 = NJW 1994, 520 = AG 1994, 124; BGHZ 139, 244, 247 ff. = DZWiR 1997, 322 m. Anm. *Boujong* = WM 1997, 970; ebenso OLG Naumburg NZG 1999, 317, 318; OLG Düsseldorf BB 1995, 230, 231; WM 1995, 1666, 1671 mwN; aA LG Düsseldorf AG 1995, 333.

Dem als teilweise berechtigt angesehenen Anliegen der Gegenauffassung will der BGH unter Berufung auf Vorarbeiten der Literatur dadurch Rechnung tragen, dass die Nichtigkeit von Aufsichtsratsbeschlüssen nur unter eingeschränkten Voraussetzungen (Rechtsschutzinteresse, Verwirkung) geltend gemacht werden kann.[206] Aus praktischer Sicht dürfte die Rechtslage damit festgeschrieben sein. Nichtig ist ein Beschluss, der sich mit den Regeln betreffend den Arbeitsdirektor (dazu § 37 Rn. 40f.) nicht vereinbaren lässt.[207] Beschlüsse, mit denen Arbeitnehmervertreter zu Unrecht von Ausschüssen des Aufsichtsrats ferngehalten werden, sind nichtig.[208] Dasselbe gilt für Beschlüsse eines Aufsichtsrats, der aus weniger als drei Mitgliedern besteht.[209] § 139 BGB ist grundsätzlich anwendbar.[210] Geltend zu machen ist die Nichtigkeit durch Feststellungsklage gegen die durch die Geschäftsführung vertretene Gesellschaft.[211] Aufsichtsratsmitglieder sind grundsätzlich aktivlegitimiert.[212] Die Aktivlegitimation einzelner Aufsichtsratsmitglieder ist zu verneinen, wenn die Gesellschaft (und die Geschäftsführer) nach Ablehnung eines Missbilligungsantrags im Aufsichtsrat auf Unterlassung einer bestimmten Maßnahme in Anspruch genommen werden soll.[213]

bb) In Ausschüssen. Die Beschlussfassung im Ausschuss richtet sich im großen **46** und ganzen nach denselben Regeln, die für das Plenum gelten. Das sagt das Gesetz zum Teil ausdrücklich (§ 108 Abs. 3 S. 1, Abs. 4 AktG). Ein wirksamer Beschluss setzt auch hier die Teilnahme von mindestens drei Mitgliedern voraus.[214] Für nicht entscheidungsbefugte Ausschüsse gilt dies freilich nicht (Rn. 36). § 29 Abs. 2 MitbestG ist nicht entsprechend anwendbar.[215] Doch kann der Gesellschaftsvertrag oder der Aufsichtsrat mittels Geschäftsordnung dem Vorsitzenden des Ausschusses oder auch des Gesamtaufsichtsrats – sofern er dem Ausschuss angehört – ein Zweitstimmrecht einräumen.[216] Überhaupt bestehen keine Bedenken gegen gesellschaftsvertragliche Bestimmungen, die das Verfahren in den Ausschüssen generell in einer Weise regeln, die den dem Aufsichtsrat in § 107 Abs. 3 S. 1 AktG eingeräumten Ermessensspielraum intakt lässt.[217] Daher kann für Aufsichtsratsbeschlüsse auch eine höhere als die einfache Mehrheit verlangt werden.[218]

---

[206] BGHZ 122, 342, 351; *Baumbach/Hueck/Zöllner* Rn. 56; *Hachenburg/Raiser* Rn. 83 f.
[207] OLG Frankfurt WM 1986, 195; zur ebensolchen Bedeutung von Verfahrensfehlern anlässlich der Abberufung von Geschäftsführern einer mitbestimmten GmbH OLG Stuttgart WM 1985, 600. Dort auch zur Möglichkeit einer einstweiligen Verfügung gegen die Ausführung des Beschlusses; zu dieser Frage auch LG Hannover WM 1989, 1727, 1728 = WuB II A. § 108 AktG 1.90 – *Werner* = EWiR § 111 AktG 2/89 – *Finken*; zurückhaltender OLG Celle NJW 1990, 582, 583.
[208] BGHZ 122, 342, 345 f. = NJW 1993, 2397 = DB 1993, 1609.
[209] LG Karlsruhe AG 1994, 87.
[210] BGHZ 124, 111, 122 f. = NJW 1994, 520 = DB 1994, 84; *Lutter/Hommelhoff* Rn. 50.
[211] So BGHZ 122, 342, 344 ff.; OLG Düsseldorf WM 1995, 1666, 1671; je mit umfangreichen wN; kritisch *Noack* DWiR 1994, 342; s. auch *Deckert* AG 1994, 457, 460 f. mwN.
[212] Dazu BGHZ 139, 244, 248 ff. mwN = DZWiR 1997, 322 m. Anm. *Boujong* = WM 1997, 970; ferner etwa *K. Schmidt*, FS Semler, 1993, S. 329, 344 f.; einschränkend *Noack* DWiR 1994, 342 f.; Erörterung weiterer Fragen der Aktivlegitimation bei *Hachenburg/Raiser* Rn. 83.
[213] BGHZ 106, 54, 59 ff. mwN = NJW 1989, 979 = WuB II A. § 111 AktG 1.89 – *Werner*; OLG Frankfurt WM 1988, 330, 332 ff. gegen LG Darmstadt ZIP 1986, 1389; dazu zB *K. Schmidt*, FS Semler, 1993, S. 329, 342.
[214] BGHZ 65, 190, 193 f. = NJW 1976, 145.
[215] *Hanau/Ulmer* § 25 Rn. 136.
[216] BGHZ 83, 106, 117 = NJW 1982, 1525, 1526, 1527 f.; BGH NJW 1982, 1528, 1529 f.; vgl. *Geitner* AG 1982, 212, 215 f.; *Steindorff/Joch* ZHR 146 (1982), 338 ff.
[217] BGH NJW 1982, 1525, 1527.
[218] *Hanau/Ulmer* § 25 Rn. 136.

§ 52   3. Abschnitt. Vertretung und Geschäftsführung

47   **4. Aufgaben.** Sowohl BetrVG als auch MitbestG definieren die Aufgaben des obligatorischen Aufsichtsrats im wesentlichen durch eine Verweisung auf das Aktienrecht. (Teil-)Ausnahmen finden sich nur in den §§ 31, 32 MitbestG. Nach den §§ 31 Abs. 1 MitbestG, 84, 85 AktG ist der Aufsichtsrat nach näherer Maßgabe des § 31 Abs. 2–5 zuständig, die **Geschäftsführer** zu **bestellen** und **abzuberufen** (dazu § 35 Rn. 73; § 38 Rn. 20). Diese Zuständigkeit ist auch auf **Abschluss** und **Kündigung** des **Anstellungsvertrages** zu erstrecken (§ 35 Rn. 17 f.; § 38 Rn. 49). Zu § 32 MitbestG vgl. § 37 Rn. 12, 50. Im übrigen gilt der für den fakultativen Aufsichtsrat maßgebende Aufgabenkatalog (dazu Rn. 11), allerdings mit dem Unterschied, dass die gesetzliche Zuständigkeitsumschreibung hier **zwingend** ist.[219] Der Gesellschaftsvertrag kann diese Regelungen also nicht einschränken, andererseits aber auch nicht erweitern. So ist es insbesondere ausgeschlossen, das Recht des Aufsichtsrats zu beschneiden, bestimmte Geschäfte seiner Zustimmung zu unterwerfen,[220] aber auch, ihm Weisungsrechte gegenüber der Geschäftsführung zu übertragen (vgl. § 37 Rn. 30). Die Überwachungsaufgabe des Aufsichtsrats erstreckt sich auch auf den Bereich weisungsgeprägten Geschäftsführerverhaltens.[221] Zu Konflikten zwischen Aufsichtsrat und Gesellschafterversammlung vgl. § 37 Rn. 33 f.

48   Heftig umstritten ist, ob die **Informationsrechte** des obligatorischen Aufsichtsrates ebensoweit reichen wie in der nicht mitbestimmten Gesellschaft.[222] Das Problem hängt entgegen *Köstler/Schmidt* mit der Frage zusammen, ob alle Aufsichtsratsmitglieder gleiche Verschwiegenheitspflichten in Angelegenheiten der Gesellschaft zu beachten haben. Da diese Frage grundsätzlich zu bejahen ist (Rn. 50), ergeben sich auch keine Differenzierungen hinsichtlich des Informationsanspruchs des mitbestimmten Aufsichtsrats.[223] Gesondert zu prüfen ist allerdings, ob und mit welchen Konsequenzen der Aufsichtsrat auch über die Beziehungen von Geschäftsführung und Gesellschaftern sowie deren Beschlüsse zu unterrichten ist.[224]

49   Zur **Vertretungsbefugnis** des obligatorischen Aufsichtsrats gemäß § 112 AktG vgl. Rn. 14; § 35 Rn. 20; zum Verhältnis zwischen § 46 Nr. 8 und dieser Regelung § 46 Rn. 46. In Rechtsstreitigkeiten aus dem Anstellungsvertrag wird die GmbH durch den Aufsichtsrat vertreten, erst recht dann, wenn sie in AG umgewandelt wurde.[225] Über die Kompetenzen des fakultativen Aufsichtsrats hinaus reicht die Befugnis der Mitglieder eines obligatorischen Aufsichtsrats, an **Gesellschafterversammlungen teilzunehmen** (§ 118 Abs. 2 AktG) und darüber durch Zusendung der an die Gesellschafter gerichteten Einladung samt Tagesordnung informiert zu werden.[226] Bei schriftlicher

---

[219] *Hachenburg/Raiser* Rn. 221, 223 f.
[220] § 111 Abs. 4 AktG; zur Praxis mitbestimmter Aufsichtsräte *Rinninsland* S. 104 ff.; zur gerichtlichen Duchsetzung von Zustimmungsvorbehalten *Geißler* GmbHR 1998, 1118 f.
[221] *Schall* S. 96 f.
[222] Dazu *Lutter* BB 1980, 291 ff.; *Mertens* AG 1980, 67 ff.; *Claussen* AG 1981, 57 ff.; *Köstler/Schmidt* BB 1981, 88 ff.; *Klein* AG 1982, 7 ff. Allgemein zur Unterrichtung des Aufsichtsrats in der mitbestimmten GmbH *v. Hoyningen-Huene/Powietzka* BB 2001, 520 ff. Zur (grundsätzlich bejahten) Frage klageweiser Durchsetzung von Informationsansprüchen *Geißler* GmbHR 1998, 1116 ff.; *Poseck* DB 1996, 2167 f.
[223] Ebenso nach abgewogener Untersuchung *Klein* AG 1982, 7, 12; auch *Hanau/Ulmer* § 25 Rn. 56; s. ferner *Schall* S. 98 ff.; zu Grenzen des Informationsanspruches unter Rechtsmissbrauchsgesichtspunkten *Sina* NJW 1990, 1016, 1017 ff.
[224] Umfassende Diskussion dieser Frage bei *Krüger* S. 44 ff. mwN; zu Letzteren auch *ders.* BB 1992, 1361 ff.; *Schall* S. 102, 107 ff.
[225] BGH NJW 1997, 2324 = WM 1997, 1210 = ZIP 1997, 1108.
[226] Entsprechend § 125 Abs. 3 AktG; *Hachenburg/Raiser* Rn. 225; vgl. § 48 Rn. 10.

Abstimmung, die auch bei Vorhandensein eines mitbestimmten Aufsichtsrats nach allgemeinen Grundsätzen zulässig sein dürfte (§ 48 Rn. 18), entfällt das Teilnahmerecht.[227] Gemäß § 171 Abs. 1 AktG hat der Aufsichtsrat den **Jahresabschluss,** den Lagebericht und den Gewinnverwendungsvorschlag zu prüfen und darüber entsprechend § 171 Abs. 2 u. 3 AktG an die Gesellschafterversammlung zu berichten.[228] Es gilt dasselbe wie für den fakultativen Aufsichtsrat (Rn. 11), allerdings ohne Derogationsmöglichkeit durch die Satzung.[229] Bei Vorhandensein eines Aufsichtsratsbeschlusses gemäß § 170 Abs. 3 S. 2 AktG aF (keine Aushändigung der zu prüfenden Unterlagen an die einzelnen Mitglieder des Aufsichtsrats) sollte die Hinzuziehung von Sachverständigen anlässlich der (nicht ausschließbaren) Einsichtnahme jedenfalls in den Prüfungsbericht des Abschlussprüfers nur in sehr eingeschränktem Umfang zulässig sein.[230] Die Frage ist durch das KonTraG entscheidend entschärft worden. Nunmehr sind Prüfungsunterlagen und Prüfungsbericht jedem Mitglied des Aufsichtsrats oder, wenn so beschlossen, jedenfalls den Mitgliedern eines Ausschusses auszuhändigen.[231] Die **Feststellung** des **Jahresabschlusses** bleibt auch in der mitbestimmten GmbH Sache der Gesellschafterversammlung. Eine letzte Besonderheit der Aufgabenzuweisung an den mitbestimmten Aufsichtsrat besteht darin, dass ihm in der aufgelösten Gesellschaft gegenüber den Abwicklern eben jene Überwachungszuständigkeiten zustehen, die sonst gegenüber den Geschäftsführern gegeben sind. Im Anwendungsbereich des MitbestG sind auch die in § 115 enthaltenen Regeln über die Gewährung von Krediten an Aufsichtsratsmitglieder zu beachten.

5. Rechtsstellung der Aufsichtsratsmitglieder. Hinsichtlich der Rechtsstellung 50 der Mitglieder des obligatorischen Aufsichtsrats der Gesellschaft gegenüber gilt zunächst das in Rn. 15 f. Gesagte entsprechend.[232] Die der Gesellschaft gegenüber bestehenden Pflichten sind für alle Mitglieder des Aufsichtsrats grundsätzlich einheitlich zu bestimmen.[233] Eine inhaltliche Abwandlung gegenüber dem für den fakultativen Aufsichtsrat geltenden Sorgfaltsmaßstab mag sich daraus ergeben, dass dort das Gesellschafts-, hier das Unternehmensinteresse ausschlaggebend ist.[234] Ein grundsätzlich einheitlicher Pflichtenmaßstab gilt auch hinsichtlich der Schweigepflicht.[235] Bei Verletzung ihrer Pflichten haften alle Aufsichtsratsmitglieder entsprechend den §§ 116, 93 AktG (näher dazu Rn. 16 f.).[236]

---

[227] *Baumbach/Hueck/Zöllner* Rn. 161.
[228] Zur Bedeutung des KonTraG in diesem Zusammenhang *Schulze-Osterloh* ZIP 1998, 2129 ff.
[229] AA *Lutter/Hommelhoff* Rn. 29; wie hier *Meyer-Landrut/Miller/Niehus* Rn. 49.
[230] OLG Frankfurt WM 1982, 221, 222 f.; bestätigend BGHZ 85, 293, 295 ff. = NJW 1983, 991 = WM 1983, 9; vgl. *Hommelhoff* ZGR 1983, 551. Vgl. aber LG Düsseldorf AG 1995, 333 f.
[231] Näher dazu etwa *Escher-Weingart* NZG 1999, 912 ff.; *Forster* AG 1999, 197.
[232] Ergänzend *Hanau/Ulmer* § 25 Rn. 82 ff.
[233] BGHZ 135, 48, 57 f. = WM 1997, 1052 = GmbHR 1997, 705; BGHZ 122, 342, 358 = NJW 1993, 2307 = DB 1993, 1609; *Hanau/Ulmer* § 25 Rn. 92; *Lutter* S. 186 ff.; *Gaul* GmbHR 1986, 296, 298 f.; *Säcker* NJW 1986, 803; *Edenfeld/Neufang* AG 1999, 50 ff., je mwN; zu Äußerungen des BVerfG in diesem Zusammenhang *Rehbinder* ZGR 1979, 471, 480 ff.
[234] *Hanau/Ulmer* § 25 Rn. 93; zur Bedeutung dieses Gesichtspunktes oben § 37 Rn. 29.
[235] Einl. Rn. 257; ausführlich *Lutter* S. 186 ff. sowie *Hanau/Ulmer* § 25 Rn. 99 ff. mN der Gegenansicht in Rn. 109 f. und Übersicht über anzuerkennende Grenzen der Schweigepflicht in Rn. 107 f.; zur Bindung politisch legitimierter Aufsichtsratsglieder *Schwintowski* NJW 1990, 1009, 1013 ff.
[236] Zur Anwendbarkeit von § 93 Abs. 3–5 AktG *Baumbach/Hueck/Zöllner* Rn. 120 f.

IV. Österreichisches Recht

51   Auch das österreichische Recht kennt die Institution des fakultativen Aufsichtsrats (§ 29 Abs. 6 ÖGmbHG). In den überwiegend mitbestimmungsrechtlich motivierten Fällen des § 29 Abs. 1 Nr. 1–4 ÖGmbHG sieht das Gesetz mit den aus Abs. 2 folgenden Maßgaben einen obligatorischen Aufsichtsrat vor. Ein Drittel der Aufsichtsratssitze ist mit Vertretern der Arbeitnehmer zu besetzen (§ 110 Abs. 4, Abs. 1 ArbVerfG). Die Einzelheiten der Entsendung solcher Vertreter regelt die VO über die Entsendung von Arbeitnehmervertretern in den Aufsichtsrat vom 17. Juni 1974.[237] Nach § 30 ÖGmbHG besteht der Aufsichtsrat aus mindestens drei Mitgliedern. In den §§ 30a und 30e ÖGmbHG werden Einzelheiten über die persönlichen Eigenschaften solcher Personen geregelt. In den §§ 30b bis 30d ÖGmbHG geht es um Bestellung, Entsendung und Abberufung von Aufsichtsratsmitgliedern, wobei § 30b nur auf Vertreter der Anteilseigner anzuwenden ist. Die §§ 30f bis 30l ÖGmbHG haben es jeweils mit der Publizität der Aufsichtsratsmitglieder, der inneren Ordnung des Aufsichtsrats, der Berechtigung zur Sitzungsteilnahme, der Einberufung des Aufsichtsrats, seinen Rechten und Pflichten, der Prüfung des Jahresabschlusses und der Vertretung der Gesellschaft den Geschäftsführern gegenüber zu tun.[238] In § 31 ÖGmbHG finden sich Vorschriften über die Vergütung des Aufsichtsrats. Die meisten dieser Bestimmungen sind Parallelregelungen des österreichischen Aktienrechts nachgebildet, die ihrerseits fast durchweg dem deutschen Aktiengesetz 1937 entsprechen. Im großen und ganzen lässt sich sagen, dass die Aufsichtsratsverfassung der österreichischen GmbH, von den Vorschriften über die Bildung eines obligatorischen Aufsichtsrats und die Wahl der Arbeitnehmervertreter abgesehen, den Grundsätzen des deutschen Rechts entspricht. Ein wichtiger Unterschied besteht allerdings darin, dass Maßnahmen der Geschäftsführung in Österreich auch dem obligatorischen Aufsichtsrat übertragen werden dürfen (§ 20 Abs. 1 ÖGmbHG). Bestellung und Abberufung der Geschäftsführer sind in Österreich mangels anderweitiger Bestimmung des Gesellschaftsvertrags stets Sache der Gesellschafter.[239]

Anhang nach § 52
Konzernrecht

Literatur: *Abeltshauser* Leitungshaftung im Kapitalgesellschaftsrecht, 1998; *Altmeppen* Grundlegend Neues zum „qualifiziert faktischen" Konzern und zum Gläubigerschutz in der Einmann-GmbH, ZIP 2001, 1837; *ders.* Zum richtigen Verständnis der neuen §§ 293a–293g AktG zu Bericht und Prüfung beim Unternehmensvertrag, ZIP 1998, 1853; *ders.* Die Haftung des Managers im Konzern, 1998; *ders.* Abschied vom „qualifiziert faktischen" Konzern, 1991; *ders.* Grenzenlose Vermutungen im Recht der GmbH, DB 1991, 2225; *ders.* Zu Formfragen bei Beherrschungs- und Gewinnabführungsverträgen der GmbH, DB 1994, 1273; *ders.* Die systematische Einordnung der Rechtsprechung zum qualifizierten faktischen Konzern nach „TBB", DB 1994, 1912; *Assmann* Gläubigerschutz im faktischen GmbH-Konzern durch richterliche Rechtsfortbildung, JZ 1986, 881(Teil I), 928 (Teil II); *ders.* Der faktische GmbH-Konzern, FS 100 Jahre GmbHG, 1992, S. 657; *Bälz* Verbundene Unternehmen, AG 1992, 277; *Basten* Bericht über die Abteilung Wirtschaftsrecht auf dem 59. Juristentag 1992 in Hannover, DWiR 1992, 434; *Bauder* Neue Haftungsrisiken im qualifizierten faktischen GmbH-Konzern, BB 1992, 1009; *Baums* Gutachten F für den 63. Deutschen Juristentag, 2000; *Bayer* Herrschaftsveränderungen im Vertragskonzern – Besprechung der Entscheidung BGHZ 119, 1, ZGR 1993, 599; *Beinert* Die Konzernhaftung für die satzungsgemäß abhängig gegründete GmbH, 1995; *Becker* Der Austritt aus der GmbH, 1985; *Beusch*

---

[237] ÖBGBl. Nr. 343.
[238] Zu Änderungen *Koppensteiner* § 29 Rn. 1.
[239] *Koppensteiner* § 15 Rn. 14, § 16 Rn. 5.

Konzernrecht **Anh. nach § 52**

Die Aktiengesellschaft – eine Kommanditgesellschaft in Gestalt einer juristischen Person? – Betrachtungen zum sogenannten Holzmüller-Urteil des Bundesgerichtshofs, FS Werner, 1984, S. 1; *Beuthien* Konzernbildung und Konzernleitung kraft Satzung, ZIP 1993, 1589; *Binge* Gesellschafterklagen gegen Maßnahmen der Geschäftsführer in der GmbH, 1994; *Binnewies* Die Konzerneingangskontrolle in der abhängigen Gesellschaft, 1996; *Bitter* Der Anfang vom Ende des „qualifiziert faktischen GmbH-Konzerns", WM 2001, 2133; *ders.* Das „TBB"-Urteil und das immer noch vergessene GmbH-Vertragskonzernrecht, ZIP 2001, 265; *Bitter/Bitter* Alles klar im qualifiziert faktischen Konzern? Oder: Die Ausweitung der BGH-Rechtsprechung durch das BAG, BB 1996, 2153; *Bloß* Ertragssteuerliche Auswirkungen der Haftung im einfach und qualifiziert faktischen Abhängigkeitsverhältnis, 1996; *Bork* Zurechnung im Konzern, ZGR 1994, 236; *Boujong* Rechtsprechungsbericht: Das GmbH-Recht in den Jahren 1998 und 1999, NZG 2000, 1193; *ders.* Legitime richterliche Rechtsfortbildung im Recht des qualifizierten faktischen GmbH-Konzerns, FS Brandner, 1996, S. 23; *ders.* Zur Auslegung und Fortbildung des GmbH-Rechts in der neueren Judikatur des Bundesgerichtshofs, GmbHR 1992, 207; *Brezing* Gedanken zur internationalen Konzernumlage, AG 1976, 5; *Bruns* Das „TBB"-Urteil und die Folgen, WM 2001, 1497; *Bülow* Stimmrechtsausübung bei der Komplementär-GmbH im Alleinbesitz ihrer Kommanditgesellschaft, GmbHR 1982, 121; *Büscher* Die qualifizierte faktische Konzernierung – eine gelungene Fortbildung des Rechts der GmbH?, 1999; *Bungert* Unternehmensvertragsbericht und Unternehmensvertragsprüfung gemäß §§ 293 a ff. AktG, DB 1995, 1449; *ders.* Die Beendigung von Beherrschungs- und Gewinnabführungsverträgen im GmbH-Konzern, NJW 1995, 1118; *Burgard* Die Tatbestandsmerkmale des qualifizierten faktischen GmbH-Konzerns und ihre Konkretisierung nach „TBB", WM 1993, 925; *Debus* Haftungsregelungen im Konzernrecht, 1990; *Deilmann* Die Entstehung des qualifizierten faktischen Konzerns, 1990; *Dierdorf* Herrschaft und Abhängigkeit einer Aktiengesellschaft auf schuldvertraglicher und tatsächlicher Grundlage, 1978; *Dilger* Aufhebung eines Unternehmensvertrages im GmbH-Konzern, WM 1993, 935; *Dötsch* Organschaft und verdeckte Gewinnausschüttung (Zwei Schwerpunkte der Körperschaftsteuer-Änderungsrichtlinien 1990), GmbHR 1991, 121; *Drax* Durchgriffs- und Konzernhaftung der GmbH-Gesellschafter, 1992; *Druey* Empfiehlt es sich das Recht faktischer Unternehmensbindungen – auch im Hinblick auf das Recht anderer EG-Staaten – neu zu regeln? Verhandlungen des 59. Deutschen Juristentags, Band I, 1992, H 1; *Drüke* Die Haftung der Muttergesellschaft für Schulden der Tochtergesellschaft, 1990; *Drygala* Betriebsaufspaltung und Haftungsausschluß doch keine Illusion?, NJW 1995, 3237; Verhaltenshaftung im faktischen GmbH-Konzern, GmbHR 1993, 317; *ders.* Konzernhaftung und Einmann-Richtlinie, ZIP 1992, 1528; *Duden* Zur Mitbestimmung in Konzernverhältnissen nach dem Mitbestimmungsgesetz, ZHR 141 (1977), 145; *Ebenroth* Die Kompetenzen des Vorstands und der Aktionärsschutz in der Konzernobergesellschaft, AG 1988, 1; *ders.* Neuere Entwicklungen im deutschen internationalen Gesellschaftsrecht, JZ 1988, 18 (Teil I), 75 (Teil II); *Ebenroth/Wilken* Entwicklungstendenzen im deutschen internationalen Gesellschaftsrecht – Teil III, JZ 1991, 1116; *dies.* Verlustübernahme als Substitut konzernspezifischer Kapitalerhaltung, BB 1991, 2229; *dies.* Beweislast und Gesellschafterhaftung im qualifizierten faktischen Konzern, ZIP 1993, 558; *dies.* Zur Aufhebung von Beherrschungs- und Gewinnabführungsverträgen mit einer Einmann-GmbH, WM 1993, 1617; *Ehlke* Konzerninduzierter Haftungsdurchgriff auf den GmbH-Gesellschafter?, DB 1986, 523; *ders.* Aufhebung von Beherrschungsverträgen – eine schlichte Geschäftsführungsmaßnahme?, ZIP 1995, 355; *Ehrhardt* Die GmbH & Co. KG aus konzernrechtlicher Sicht, 1996; *Ehricke* Zur Begründbarkeit der Durchgriffshaftung in der GmbH, insbesondere wegen materieller Unterkapitalisierung, AcP 199 (1999), 257; *ders.* Das abhängige Konzernunternehmen in der Insolvenz, 1998; *Emmerich* Zur Problematik der wechselseitigen Beteiligungen namentlich im geltenden und künftigen GmbH-Recht, FS Westermann, 1974, S. 55; *ders.* Nachlese zum Autokran-Urteil des BGH zum GmbH-Konzernrecht, GmbHR 1987, 213; *ders.* Kartellrecht, 8. Aufl. 1999; *Ensthaler/Kreher* Haftungspotentiale unterschiedlicher Finanzierungsformen im Zusammenhang mit qualifizierten faktischen GmbH-Konzernen, BB 1996, 385; *dies.* Verlustausgleichspflicht im qualifizierten faktischen Konzern, BB 1995, 1422; *Epe* Abschied vom einheitlichen Konzernstatut im IPR, FS Rothoeft, 1994, S. 41; *Esch* Die Wirksamkeit von Ergebnisabführungsverträgen im Recht der GmbH, BB 1986, 272; *Everling* Konzernführung durch eine Holdinggesellschaft, DB 1981, 2549; *Eyles* Die Leitung europäischer Konzerne als Ausfluß der Niederlassungsfreiheit von Kapitalgesellschaften (Artt. 52, 58 EWG-Vertrag), in: *Henssler/Nolbeck/Moritz/Rehm* (Hrsg.) Europäische Integration und globaler Wettbewerb, 1993, 407; *Fiebig* Treuhandanstalt und Konzernhaftung, Wirtschaftsrecht 1993, 410; *Flaß* Abfindungs- und Ausgleichsansprüche der außenstehenden Gesellschafter im qualifiziert faktischen GmbH-Konzern, 2000; *Fleck* Die Drittanstellung des GmbH-Geschäftsführers, ZHR 149 (1985), 387; *ders.* Mißbrauch der Vertretungsmacht oder Treubruch der mit Einverständnis aller Gesellschafter handelnden GmbH-Geschäftsführer aus zivilrechtlicher Sicht, ZGR 1990, 31; *Flume* Der Gewinn- und Verlustübernahmevertrag im GmbH-Recht, DB 1989, 665; *ders.* Das Video-Urteil und das GmbH-Recht, DB 1992, 25; *ders.* Das Video-Urteil als eine Entscheidung des II. Senats des BGH aus dessen Selbstverständnis der Innehabung gesetzgeberischer Gewalt, ZIP 1992, 817; *Führling* Sonstige Unternehmensverträge mit einer abhängigen GmbH, 1993; *Gäbelein* GmbH-Konzernrecht – Neue Konzeption erforderlich?, GmbHR 1987, 221; *ders.* Unternehmensverträge mit abhängigen GmbH, GmbHR 1989, 502; *ders.* Ende der Haftungsgrenzen im Konzern? Video-Urteil des BGH vom 23. 9. 1991 – II ZR 135/90, GmbHR 1992, 273; *ders.* Unternehmensverträge bei der Einpersonen-GmbH, GmbHR 1992, 786; *Gätsch* Gläubigerschutz im qualifizierten faktischen GmbH-Konzern, 1997; *Gasteyer* Probleme der Verlustübernahme bei der GmbH, BB 1983, 934; *Geiger* Wettbewerbsverbote im Konzernrecht, 1996; *Gerth* Organschaftserklärung als Kreditsicherheit, AG 1984, 94; *Geßler* Diskussionsbeitrag, in: Der GmbH-Konzern, 1976, 178; *Geuting* Ausgleichs- und Abfindungsansprüche der Minderheitsgesellschafter im qualifizierten faktischen GmbH-Konzern, BB 1994, 365; *Görling* Die Konzernhaftung in mehrstufigen Unternehmensverbindungen, 1998; *Götz* Die Sicherung der Rechte der Aktionäre der Konzernobergesellschaft bei Konzernbildung und Konzernleitung, AG 1984, 85; *ders.* Zustimmungsvorbehalte des Aufsichtsrats der Aktiengesellschaft, ZGR 1990, 633; *ders.* Der Entherrschungsvertrag im Aktienrecht, 1991; *Grashof* Registerrechtliche Eintragungsfähigkeit von GmbH-Ergebnisabführungsverträgen unter der aufschiebenden Bedingung der vollen Berücksichtigung des Verlustvortragsvolumen nach § 10d EStG, BB 1997, 1647; *Grauer* Konzernbildungskontrolle im GmbH-Recht, 1991; *Greiffenhagen* Fragen zu Funktion und Nachweis des Rechnungswesens im Zusammenhang mit dem Haftungsdurchgriff im qualifizierten faktischen (GmbH)-Konzern nach dem „TBB"-Urteil des BGH, Wpg. 1993, 525; *Großfeld/Brondics* Die Aktionärsklage – nun auch im deutschen Recht, JZ 1982, 589; *Gummert* Haftung im qualifiziert faktischen Konzern – Wochenkonzern, WiB 1997, 410; *Gutbrod* Wirksamkeitsvoraussetzungen für den Ergebnisabführungsvertrag der GmbH, BB 1980, 288; *Habighorst/Spoerr* Treuhandanstalt und Konzernrecht in der Diskussion, ZGR 1992, 499; *Hansen* Die Gesellschafter größerer GmbH, GmbHR 1980, 99; *Heckelen* Gelöste und ungelöste zivilrechtliche Fragen des GmbH-Konzernrechts, DB 1989, 29; *Heesing* Bestandsschutz des Beherrschungs- und Gewinnabführungsvertrags in der Unternehmenskrise und im Konkurs, 1988; *Heinsius* Organzuständigkeit bei Bildung, Erweiterung und Umorganisation des Konzerns, ZGR 1984, 383; *Hennerkes/Binz/Sorg* Gesellschaftsteuerersparnis bei Ergebnisabführungsverträgen mit Enkelgesellschaften, AG 1986, 360; *Henssler* Die Betriebsaufspaltung – Konzernrechtliche Durchgriffshaftung im Gleichordnungskonzern?, ZGR 2000, 723; *ders.* Minderheitenschutz im faktischen GmbH-Konzern, FS Zöllner, 1998, S. 203; *Hentzen* Der Entherrschungsvertrag im Aktienrecht, ZHR 157 (1993), 65; *Herfs* Einwirkung Dritter auf den Willensbildungsprozeß der GmbH, 1994; *Hermann/Winter* Der Gewinnabführungsvertrag einer GmbH als Organgesellschaft in zivil- und steuerrechtlicher Sicht, FR 1982, 262; *Hirte* Bezugsrechtsausschluß und Konzernbildung, 1986; *ders.* (Hrsg.) Der qualifizierte faktische Konzern, 1992, Fortsetzungsband 1993; *ders.* (Hrsg.) Der Vertragskonzern im Gesellschaftsrecht, 1993; *Hösch* Konzernbildung und zwingende gesetzliche Kompetenzverteilung in der AG, der GmbH und bei Personengesellschaften, WiB 1997, 231; *Hoffmann-Becking* DJT-Referat, Verhandlungen des 59. Deutschen Juristentages, Band II, 1992, R 8; *Holzwarth* Konzernrechtlicher Gläubigerschutz bei der klassischen Betriebsaufspaltung, 1994; *Hommelhoff* Die Konzernleitungspflicht, 1982; *ders.* Eigenkapitalersatz im Konzern und in Beteiligungsverhältnissen, WM 1984, 1105; *ders.* Der Verlustausgleich im Mehrmütter-Vertragskonzern, FS Goerdeler, 1987, S. 221; *ders.* Empfiehlt es sich das Recht faktischer Unternehmensverbindungen neu zu regeln? Verhandlungen des 59. Deutschen Juristentags, Band I, 1992, G 1; *ders.* Konzernpraxis nach „Video", DB 1992, 309; *ders.* Die qualifizierte faktische Unternehmensverbindung: ihre Tatbestandsmerkmale nach dem TBB-Urteil und deren rechtsdogmatisches Fundament, ZGR 1994, 395; *Hommelhoff/Stimpel/Ulmer* (Hrsg.) Heidelberger Konzernrechtstage: Der qualifizierte faktische GmbH-Konzern, 1992; *Hönle* Der außeraktienrechtliche Gewinnabführungsvertrag in gesellschaftsrechtlicher und körperschaftsteuerlicher Sicht, DB 1979, 485; *Huber* Betriebsführungsverträge zwischen selbständigen Unternehmen, ZHR 152 (1988), 1; *ders.* Betriebsführungsverträge zwischen konzernverbundenen Unternehmen, ZHR 152 (1989), 123; *Hüffer* Der korporationsrechtliche Charakter von Rechtsgeschäften – Eine hilfreiche Kategorie bei der Begrenzung von Stimmverboten im Recht der GmbH?, FS Heinsius, 1991, S. 337; *Humbeck* Die Prüfung der Unternehmensverträge nach neuem Recht, BB 1995, 1893; *Hüttemann* Der Entherrschungsvertrag im Aktienrecht, ZHR 156 (1992), 314; *Ihde* Der faktische GmbH-Konzern, 1974; *Immenga* Schutz abhängiger Gesellschaften durch Bindung oder Unterbindung beherrschenden Einflusses, ZGR 1978, 269; *ders.* Mehrheitserfordernisse bei einer Abstimmung der Hauptversammlung über die Übertragung vinkulierter Namensaktien, BB 1992, 2446; *Immenga/Werner* Der Stimmrechtsausschluß eines GmbH-Gesellschafters, GmbHR 1976, 53; *Ivens* Das Konkurrenzverbot des GmbH-Gesellschafters, 1987; *ders.* Das Konkurrenzverbot für GmbH-Gesellschafter und § 1 GWB, DB 1988, 215; *Jansen* Konzernbildungskontrolle im faktischen GmbH-Konzern, 1993; *Jaschinski* Die Haftung von Schwestergesellschaften im GmbH-Unterordnungskonzern, 1997; *Jebens* Die stille Beteiligung an einer Kapitalgesellschaft, BB 1996, 701; *Jörchel* Bericht über die Diskussion in *Hommelhoff* u. a. (Hrsg.) Entwicklungen im GmbH-Konzernrecht, ZGR Sonderheft 6, 1986, S. 187; *Joost* Ausfallhaftung im qualifizierten faktischen GmbH-Konzern, in: *Hommelhoff/Stimpel/ Ulmer* (Hrsg.) Heidelberger Konzernrechtstage, 1992, 133; *Joussen* Die Kündigung von Beherrschungsverträgen bei Anteilsveräußerung, GmbHR 2000, 221; *ders.* Die konzernrechtlichen Folgen von Gesellschaftervereinbarungen in einer Familien-GmbH, GmbHR 1996, 574; *Jungkurth* Konzernleitung bei der GmbH, 2000; *Kallmeyer* Schutz vor Übernahmen in der GmbH, GmbHR 2001, 745; *Kerber/Stechow* Das Treuhandinnenrecht, DWiR 1992, 93; *Kallmeyer* Beendigung von Beherrschungs- und Gewinnabführungsverträgen, GmbH 1995, 578; *Keck* Nationale und internationale Gleichordnungskonzerne im deutschen Konzern- und Kollisionsrecht, 1998; *Kern* Die Unbestimmtheit des selbständigen Konzernhaftungstatbestandes, 1998; *Kiethe/Groeschke* Darlegungs- und Beweislast für die Haftung im qualifizierten faktischen Konzern, BB 1994, 2149; *dies.* Die Zukunft und die Reichweite der Haftung im qualifizierten faktischen Konzern, NZG 2000, 1151; *Kindler* Gläubigerschutz im qualifizierten faktischen Einmann-GmbH-Konzern, JuS 1992, 636; *ders.* Gemeinschaftsrechtliche Grenzen der Konzernhaftung in der Einmann-GmbH, ZHR 157 (1993), 1; *Kleindiek* Fehlerhafte Unternehmensverträge im GmbH-Recht, ZIP 1988, 613; *ders.* Strukturkonzepte für den qualifizierten faktischen GmbH-Konzern, ZIP 1991, 1330; *ders.* Haftung, freie Beweiswürdigung und Beweiserleichterung im qualifizierten faktischen GmbH-Konzern, GmbHR 1992, 574; *ders.* Kurskorrektur im GmbH-Konzernrecht, DWiR 1993, 177; *Kleinert* Das GmbH-Recht in der Rechtsprechung des BGH – ein Beispiel für notwendige richterliche Rechtsfortbildung?, FS Helmrich, 1994, S. 667; *Knobbe-Keuk* Zum Erdbeben „Video", DB 1992, 1461; *dies.* Bilanz- und Unternehmensteuerrecht, 9. Aufl. 1993; *St. Koch* Rechtliche und ökonomische Aspekte des Schutzes von Gläubigern konzernverbundener GmbH, 1997; *Kölling* Der qualifizierte faktische GmbH-Konzern, NZG 2000, 8; *Koerfer/Selzner* Minderheitenschutz beim Abschluß von GmbH-Beherrschungsverträgen, GmbHR 1997, 285; *Kohl* Die „TBB"-Entscheidung – Entwarnung im faktischen GmbH-Konzern?, MDR 1993, 715; *Koppensteiner* Gewinnabführungsvertrag und Satzung, FS Krejci, 2001, S. 735; *ders.* Internationale Unternehmen im deutschen Gesellschaftsrecht, ZGR 1973, 1; *ders.* Zur Anwendung konzerngesellschaftsrechtlicher Normen auf die Bundesrepublik, ZGR 1979, 91; *ders.* Über wirtschaftliche Abhängigkeit, FS Stimpel, 1985, S. 811; *ders.* Minderheitenschutz im österreichischen GmbH-Konzern, in: *Hommelhoff* u. a. (Hrsg.) Entwicklungen im GmbH-Konzernrecht, ZGR Sonderheft 6, 1986, 101; *ders.* Über die Verlustausgleichspflicht im qualifizierten AG-Konzern, in: *P. Ulmer* (Hrsg.), Probleme des Konzernrechts 1989, 87; *Kort* Bestandsschutz fehlerhafter Strukturänderungen in Kapitalgesellschaftsrecht, 1998; *ders.* Der Abschluß von Beherrschungs- und Gewinnabführungsverträgen im GmbH-Recht, 1986; *ders.* Die konzerngebundene GmbH in der Insolvenz, ZIP 1988, 681; *ders.* Zur Vertragsfreiheit bei Unternehmensverträgen, BB 1988, 79; *Kowalski* „TBB" – Rückkehr zu „Autokran"? Korrektur der BGH-Rechtsprechung zur Haftung im qualifizierten GmbH-Konzern, GmbHR 1993, 253; *Krieger* Der Tatbestand des qualifizierten faktischen Konzerns, in: *Hommelhoff/Stimpel/Ulmer* (Hrsg.) Heidelberger Konzernrechtstage 1992, 41; *ders.* Kann die Praxis mit TBB leben?, ZGR 1994, 375; *Kropff* Benachteiligungsverbot und Nachteilsausgleich im faktischen Konzern, FS Kastner, 1972, S. 279; *ders.* Zur Konzernleitungspflicht, ZGR 1984, 112; *ders.* Das TBB-Urteil und das Aktienkonzernrecht, AG 1993, 485; *ders.* Der GmbH-Beherrschungsvertrag: Voraussetzung für den Vorrang von Konzerninteressen?, FS Semler, 1993, S. 517; *Kübler* Haftungstrennung und Gläubigerschutz im Recht der Kapitalgesellschaften, FS Heinsius, 1991, S. 397; *ders.* Neues zur Haftung im qualifizierten faktischen Konzern – TBB, NJW 1993, 1200; *Kurz* Der Gewinnabführungsvertrag im GmbH-Recht aus konzernverfassungsrechtlicher Sicht, 1992; *Lauber/Nöll* Die Rechtsfolgen fehlerhafter Unternehmensverträge, 1993; *Laule* Die Beendigung eines Beherrschungsvertrages aus wichtigem Grund (§ 297 Abs. 1 AktG) und korrespondierende Handlungspflichten der Verwaltung einer beherrschten Aktiengesellschaft, AG 1990, 145; *ders.* Der herrschende Kommanditist als unbeschränkt haftendes Unternehmen?, FS Semler, 1993, S. 541; *Lawall* Das ungeschriebene Wettbewerbsverbot des GmbH-Gesellschafters, 1996; *J. Lehmann* Der qualifizierte faktische Konzern – ein Phantom?, FS Beusch, 1993, S. 479; *M. Lehmann* Schranken der beschränkten Haftung. Zur ökonomischen Legitimation des Durchgriffs bei der GmbH, GmbHR 1992, 200; *Liebscher* Konzernbildungskontrolle, 1995; *Limmer* Die Haftungsverfassung des faktischen GmbH-Konzerns, 1992; *ders.* Der qualifizierte faktische GmbH-Konzern nach „TGG" – Analyse und Folgerungen für die Praxis, DStR 1993, 765; *Lutter* Haftung aus Konzernvertrauen, GS Knobbe-Keuk, 1997, S. 229; *ders.* Kapital, Sicherung der Kapitalaufbringung und Kapitalerhaltung in den Aktien- und GmbH-Rechten der EWG, 1964; *ders.* Rechte der Gesellschafter beim Abschluß fusionsähnlicher Unternehmensverbindungen, 1974; *ders.* Teilfusionen im Gesellschaftsrecht, FS Barz, 1974, S. 199; *ders.* Zur Binnenstruktur des Konzerns, FS Westermann, 1974, S. 347; *ders.* Mitbestimmung im Konzern, 1975; *ders.* Zur Wirkung von Zustimmungsvorbehalten nach § 113 Abs. 4 Satz 2 AktG auf nahestehende Gesellschaften, FS Fischer, 1979, S. 419; *ders.* Zur inhaltlichen Begründung von Mehrheitsentscheidungen, ZGR 1981, 171; *ders.* Die zivilrechtliche Haftung in der Unternehmensgruppe, ZGR 1982, 244; *ders.* Die Haftung des herrschenden Unternehmens im GmbH-Konzern, ZIP 1985, 1425; *ders.* Das System des deutschen GmbH-Konzernrechts, in: *Hommelhoff* u.a.(Hrsg.), Entwicklungen im GmbH-Konzernrecht, ZGR Sonderheft 6, 1986, 192; *ders.* 100 Bände BGHZ: Konzernrecht, ZHR 151 (1987), 444; *ders.* Der qualifizierte faktische Konzern, AG 1990, 179; *ders.* Das Recht der faktischen Unternehmensverbindungen und die Beschlüsse des 59. Deutschen Juristentages, DB 1992, 2429; *ders.* Die Rechte und Pflichten des Vorstands bei der Übertragung vinkulierter Namensaktien, AG 1992, 369; *ders.* Natürliche Personen als Einmannkonzernspitze, in: *Hommelhoff/Stimpel/Ulmer* (Hrsg.), Heidelberger Konzernrechtstage: Der qualifizierte faktische Konzern, 1992, 183; *ders.* Gefahren persönlicher

Anh. nach § 52 3. Abschnitt. Vertretung und Geschäftsführung

Haftung für Gesellschafter und Geschäftsführer einer GmbH, DB 1994, 129; *Lutter/Timm* Konzernrechtlicher Präventivschutz im GmbH-Recht, NJW 1982, 409; *Mack* Der Gleichlauf von Geschäftsführungsbefugnis und Vertretungsmacht, 1998; *Martens* Das Konzernrecht nach dem Referentenentwurf eines GmbH-Gesetzes, DB 1970, 818 (Teil I), 1970, 865 (Teil II); *ders.* Mehrheits- und Konzernherrschaft in der personalistischen GmbH, 1970; *ders.* Die existenzielle Wirtschaftsabhängigkeit, 1979; *ders.* Der Ausschluß des Bezugsrechts: BGHZ 33, S. 175, FS Fischer, 1979, S. 437; *ders.* Die Entscheidungsautonomie des Vorstands und die „Basisdemokratie" in der Aktiengesellschaft, ZHR 147 (1983), 377; *ders.* Die GmbH und der Minderheitsschutz, GmbHR 1984, 265; *Meilicke* Unvereinbarkeit der Video-Rechtsprechung mit EG-Recht, DB 1992, 1867; *Mertens* Zur Berücksichtigung von Treuhandverhältnissen und Stimmbindungsverträgen bei der Feststellung von Mehrheitsbeteiligung und Abhängigkeit, FS Beusch, 1993, S. 583; *ders.* Urteilsanm. zu „Video-Urteil", AG 1991, 429; *ders.* Unternehmensgegenstand und Mitgliedschaftsrecht, AG 1978, 309; *Mertens/Cahn* Wettbewerbsverbot und verdeckte Gewinnausschüttung im GmbH-Konzern, FS Heinsius, 1991, S. 545; *Michalski/Zeidler* Die Ausgleichshaftung im qualifiziert faktischen Konzern – eine Analyse für die Praxis, NJW 1996, 224; *Milde* Der Gleichordnungskonzern im Gesellschaftsrecht, 1996; *Möhring* Schutz der Gläubiger einer konzernabhängigen GmbH, 1992; *Mosthaft* Diskussionsbeitrag, in: Der GmbH-Konzern, 1976, 186; *Mülbert* Abschied von der „TBB"-Haftungsregel für den qualifiziert faktischen Konzern, DStR 2001, 1937; *ders.* Unternehmensbegriff und Konzernorganisationsrecht, ZHR 163 (1999), 1; *Müller* Minderheitenschutz im GmbH-Konzernrecht – so nicht, AG 1981, 306; *ders.* Zur Gewinn- und Verlustermittlung bei aktienrechtlichen Gewinnabführungsverträgen, FS Goerdeler, 1987, S. 375; *ders.* Ist nach dem TBB-Urteil des Bundesgerichtshofs eine Verlustübernahmeverpflichtung im qualifiziert faktischen Konzern noch begründbar?, FS Rowedder, 1994, S. 277; *Mutter* Kapitalersetzende Darlehen und Gebrauchsüberlassung bei der GmbH, 1992; *ders.* Das „TBB"-Urteil des BGH: Haftung im qualifizierten faktischen Konzern, NJW 1993, 1200; *Neye* Die Video-Rechtsprechung und das EG-Recht, DWiR 1992, 452; *Oesterreich* Die Betriebsüberlassung zwischen Vertragskonzern und faktischem Konzern, 1979; *Pache* Spätlese – Die Rechtsentwicklung nach dem „Supermarkt" – Beschluß des BGH, GmbHR 1995, 90; *Parmentier* Das Bestandsinteresse der Eigengesellschaft mit beschränkter Haftung, ZIP 2001, 551; *Paschke* Die kommunalen Unternehmen im Lichte des GmbH-Konzernrechts, ZHR 152 (1988), 263; *ders.* Rechtsfragen der Durchgriffsproblematik im mehrstufigen Unternehmensverband, AG 1988, 196; *Pietzcker* Wettbewerbsverhalten in Unternehmensgruppen, 1996; *Preuß* Dogmatik der konzernspezifischen Haftung im qualifizierten faktischen GmbH-Konzern, 2000; *Priester* Die Aufhebung des Unternehmensvertrages, ZGR 1996, 189; *ders.* Steuerberater – Jahrbuch 1993/94, 1994, 141; *ders.* Uneingeschränkter Verlustausgleich – zwingende Folge qualifizierter Konzernherrschaft?, FS Semler, 1993, S. 561; *ders.* Bildung und Auflösung des GmbH-Vertragskonzerns, in: Hommelhoff u.a.(Hrsg.) Entwicklungen im GmbH-Konzernrecht, ZGR Sonderheft 6, 1986, 151; *ders.* Unbeschränkte Konzernhaftung des GmbH-Gesellschafters, ZIP 1986, 137; *ders.* Raiser Konzernhaftung und Unterkapitalisierung, ZGR 1995, 156; *ders.* Betriebsaufspaltung und Haftungsausschluß eine Illusion?, NJW 1995, 1804; *ders.* Organklagen zwischen Aufsichtsrat und Vorstand, AG 1989, 1985; *ders.* Wettbewerbsverbote als Mittel des konzernrechtlichen Präventivschutzes, FS Stimpel, 1985, S. 855; *Raiser/Wiesner* Aktien- und Unternehmensrecht im Spiegel der Festschrift für Karl Barz, AG 1976, 266; *Rehbinder* Die GmbH als Konzernunternehmen, GmbH-Reform, 1970, 127; *ders.* Treuepflichten im GmbH-Konzern, ZGR 1976, 386; *ders.* Gesellschaftsrechtliche Probleme mehrstufiger Unternehmensverbindungen, ZGR 1977, 581; *ders.* Ausgründung und Erwerb von Tochtergesellschaften und Rechte der Aktionäre, FS Coing, 1982, S. 423; *ders.* Zum konzernrechtlichen Schutz der Aktionäre einer Obergesellschaft, ZGR 1983, 92; *ders.* Minderheiten- und Gläubigerschutz im faktischen GmbH-Konzern, AG 1986, 85; *Reichert* Zulässigkeit der nachträglichen Einführung oder Aufhebung von Vinkulierungsklauseln in der Satzung der GmbH, BB 1985, 1496; *Reiner* Unternehmerisches Gesellschaftsinteresse und Fremdsteuerung, 1995; *A. Reuter* Beurkundungs- und Eintragungspflicht bei Unternehmensverträgen: Gebührenrechtliche Folgen, BB 1989, 714; *D. Reuter* Die Änderung des Vereinszwecks, ZGR 1987, 475; *Richter/Stengel* Anforderungen an die Zustimmung der Gesellschafter der abhängigen GmbH zum Abschluß eines Beherrschungs- und/ oder Gewinnabführungsvertrages – Genügt die satzungsändernde Mehrheit?, DB 1993, 1861; *Rodemann* Stimmbindungsvereinbarungen im den Aktien- und GmbH-Rechten Deutschlands, Englands, Frankreichs und Belgiens, 1998; *Röhricht* Die GmbH im Spannungsfeld zwischen wirtschaftlicher Dispositionsfreiheit ihrer Gesellschafter und Gläubigerschutz, FS 50 Jahre BGH, 2000, S. 83; *Rogge* Die Haftung im qualifizierten faktischen GmbH-Konzern und ihre Vermeidung, 1998; *Roth* „Video"-Nachlese oder das (immer noch) vergessene Gemeinschaftsrecht, ZIP 1992, 1054; *Rottnauer* Kompetenzielle Schranken der Leitungsmacht im GmbH-Vertragskonzernrecht, NZG 1999, 337; *ders.* Vertragsgestaltungsproblematik bei „Mehrmütterorganschaft" im GmbH-Konzernrecht, DB 1991, 27; *Rowedder* Bestandsschutz im faktischen GmbH-Konzern, in: *Hommelhoff* u.a.(Hrsg.) Entwicklungen im GmbH-Konzernrecht, ZGR Sonderheft 6, 1986, 20; *Ruwe* Kein Minderheitenschutz im GmbH-Konzernrecht?, AG 1980, 21; *Salfeld* Wettbewerbsverbote im Gesellschaftsrecht, 1987; *Samer* Beherrschungs- und Gewinnabführungsverträge gemäß § 291 Abs. 1 AktG in Konkurs und Vergleich der Untergesellschaft, 1990; *Schanze/Kern*

Sanierungsversuch und Konzernhaftung, AG 1991, 421; *Schießl* Die Ersatzpflicht des herrschenden Unternehmens im qualifizierten faktischen Konzern, AG 1985, 184; *Schilling* Grundlagen eines GmbH-Konzernrechts, FS Hefermehl, 1976, 3 S. 83; *Schlögell* Die Beendigung von Unternehmensverträgen im GmbH-Konzern, GmbHR 1995, 401; *C. Schmid* Einstweiliger Rechtsschutz von Kapitalgesellschaften gegen die Blockade von Strukturentscheidungen durch Anfechtungsklagen, ZIP 1998, 1057; *K. Schmidt* Konzernrecht, Minderheitenschutz und GmbH-Innenrecht, GmbHR 1979, 121; *ders.* „Unternehmen" und „Abhängigkeit": Begriffseinheit und Begriffsvielfalt im Kartell- und Konzernrecht, ZGR 1980, 277; *ders.* Abhängigkeit, faktischer Konzern, Nichtaktienkonzern und Divisionalisierung im Bericht der Unternehmensrechtskommission, ZGR 1981, 455; *ders.* Die isolierte Verlustdeckungszusage unter verbundenen Unternehmen als Insolvenzabwendungsinstrument, FS Werner, 1984, S. 777; *ders.* Konzernhaftung oder mitgliedschaftliche Haftung des privaten GmbH-Gesellschafters, ZIP 1986, 146; *ders.* Gleichordnung im Konzern: terra incognita?, ZHR 155 (1991), 417; *ders.* Zum Stand des Konzernhaftungsrechts bei der GmbH, ZIP 1991, 1325; *ders.* Abhängigkeit und faktischer Konzern als Aufgaben der Rechtspolitik, JZ 1992, 856; *ders.* Verlustausgleich im qualifizierten faktischen Konzern, in: *Hommelhoff/Stimpel/Ulmer* (Hrsg.) Heidelberger Konzernrechtstage, 1992, 109; *ders.* „Konzernhaftung" nach dem TBB-Urteil – Versuch einer Orientierung, ZIP 1993, 549; *ders.* Die wundersame Karriere des Unternehmensbegriffs im Reich der Konzernhaftung, AG 1994, 189; *ders.* Konzernhaftung von freiberuflichen Mehrfachgesellschaften?, ZIP 1994, 1741; *Schneider* Die Mitverwaltungsrechte der Gesellschafter in der verbundenen GmbH – Überlegungen zu einer Binnenordnung im Konzern, in: Der GmbH-Konzern, 1976, 78; *ders.* Die Personengesellschaft als herrschendes Unternehmen im Konzern, ZHR 143 (1979), 485; *ders.* Konzernbildung, Konzernleitung und Verlustausgleich im Konzernrecht der Personengesellschaften, ZGR 1980, 511; *ders.* Konzernleitung als Rechtsproblem, BB 1981, 249; *ders.* Das Recht der Konzernfinanzierung, ZGR 1984, 497; *ders.* Die Gründung von faktischen GmbH-Konzernen, in: *Hommelhoff* u. a (Hrsg.) Entwicklungen im GmbH-Konzernrecht, ZGR Sonderheft 6, 1986, 121; *ders.* Die Vertretung der GmbH bei Rechtsgeschäften mit ihren Konzernunternehmen, BB 1986, 201; *ders.* Beherrschungs- und Gewinnabführungsverträge in der Praxis der GmbH, 1989; *ders.* Der Konzern als Rechtsform für Unternehmen: Zum Regelungsgegenstand des Konzernverfassungsrechts, in: Das Gesellschaftsrecht der Konzerne im internationalen Vergleich *Mestmäcker/Behrens* (Hrsg.), 1991, 563; *ders.* Neues zum qualifizierten faktischen GmbH-Konzern: Das „TBB"-Urteil, WM 1993, 782; *Schultz* Das Kontinuitätsprinzip im Gesellschaftsrecht, NZG 1999, 89; *Schulze-Osterloh* Vermeidung der Konzernhaftung nach dem TBB-Urteil durch ordnungsgemäße Buchführung, ZIP 1993, 1838; *ders.* Die verbundenen Unternehmen nach dem Bilanzrichtliniengesetz, FS Fleck, 1988, S. 313; *ders.* Gläubiger- und Minderheitenschutz bei der steuerlichen Betriebsaufspaltung, ZGR 1983, 123; *Schüppen* Haftung im qualifizierten faktischen GmbH-Konzern und 12. EG-Richtlinie, DB 1993, 969; *Schwark* Die Haftung des herrschenden Unternehmens im qualifizierten faktischen GmbH-Konzern, JuS 1987, 443; *Schwarz* Empfiehlt sich eine Neuregelung des aktienrechtlichen Anfechtungs- und Organhaftungsrechts, insbesondere der Klagemöglichkeiten von Aktionären?, ZRP 2000, 330; *Semler* Die Überwachungsaufgabe des Aufsichtsrates, 1980; *ders.* Einschränkung der Verwaltungsbefugnisse in einer Aktiengesellschaft, BB 1983, 1566; *ders.* Fehlerhafte Geschäftsführung in der Einmann-GmbH, FS Goerdeler, 1987, 551; *Slongo* Der Begriff der einheitlichen Leitung als Bestandteil des Konzernbegriffs, 1980; *Sonnenberg* Die Änderung des Gesellschaftszwecks, 1990; *Sonnenschein* Organschaft und Konzerngesellschaftsrecht, 1976; *Sonnenschein/Holdorf* Unbegrenzte Haftung eines GmbH-Gesellschafters im Konzern, JZ 1992, 715; *Sonntag* Konzernbildungs- und Konzernleitungskontrolle bei der GmbH, 1990; *Stein* Konzernherrschaft durch EDV?, ZGR 1988, 163; *Stimpel* Bestandsschutz im faktischen GmbH-Konzern, ZGR Sonderheft 6, 1986, 39; *ders.* Die Rechtsprechung des Bundesgerichtshofs zur Innenhaftung des herrschenden Unternehmens im GmbH-Konzern, AG 1986, 117; *ders.* Haftung im qualifizierten faktischen GmbH-Konzern, ZGR 1991, 144; *Stodolkowitz* Die Haftung im qualifizierten faktischen GmbH-Konzern nach der Rechtsprechung des Bundesgerichtshofs, ZIP 1992, 1517; *Stolzenberger/Wolters* Fehlerhafte Unternehmensverträge im GmbH-Recht, 1990; *Strobel* Das zweite Vermögensrechtsänderungsgesetz mit dem neuen Investitionsvorranggesetz, GmbHR 1992, 497; *Sünner* Grenzen der Gewinnabführung von AG und GmbH aufgrund Gewinnabführungsvertrag nach dem Inkrafttreten des Bilanzrichtlinien-Gesetzes, AG 1983, 169; *Sura* Fremdeinfluß und Abhängigkeit im Aktienrecht, 1980; *ders.* Die Behandlung des Fremdeinflusses in Unternehmensverbindungen, ZHR 145 (1981), 440; *Tiebert* Die analoge Anwendbarkeit des aktienrechtlichen Konzernrechts auf den GmbH-Konzern, 1985; *Tieves* Der Unternehmensgegenstand der Kapitalgesellschaft, 1998; *Timm* Die Aktiengesellschaft als Konzernspitze, 1980; *ders.* Hauptversammlungskompetenzen und Aktionärsrechte in der Konzernspitze, AG 1980, 172; *ders.* Der Abschluß des Ergebnisübernahmevertrags im GmbH-Recht, BB 1981, 1491; *ders.* Zur Bedeutung des „Hoesch"-Urteils für die Fortentwicklung des Konzern- und Verschmelzungsrechts, JZ 1982, 403; *ders.* Minderheitenschutz im GmbH-Verschmelzungsrecht, AG 1982, 93; *ders.* Geklärte und offene Fragen im Vertragskonzernrecht der GmbH, GmbHR 1987, 8; *ders.* Grundfragen des „qualifizierten" faktischen Konzerns im Aktienrecht, NJW 1987, 977; *ders.* Zur Sachkontrolle von Mehrheitsentscheidungen im Kapitalgesellschaftsrecht, ZGR 1987, 403; *ders.* Unternehmensverträge im GmbH-Recht, GmbHR

1989, 11; *ders*. Rechtsfragen der Änderung und Beendigung von Unternehmensverträgen, FS Kellermann, 1991, S. 461; *ders*. Mehrfachvertretungen im Konzern, AcP 193 (1993), 423; *ders*. Neuere Entwicklungen im GmbH-(Vertrags-)Konzernrecht, GmbHR 1992, 213; *ders*. Das Recht der faktischen Unternehmensverbindungen im Umbruch, NJW 1992, 2185; *ders*. Die Auswirkungen einer Realteilung des herrschenden Unternehmens auf Beherrschungs- und Gewinnabführungsverträge, DB 1993, 569; *Timm/Geuting* Gesellschafterbeteiligung bei der Aufhebung von Beherrschungs- und Gewinnabführungsverträgen im „einheitlichen" GmbH-Konzern, GmbHR 1996, 229; *dies*. Abschied von der Strukturhaftung im qualifizierten faktischen Konzern?, ZIP 1992, 821; *Timm/Schöne* Die Thesen der Treuhandanstalt zu Haftungsfragen – eine kritische Bestandsaufnahme, ZIP 1992, 969; *Uhlenbruck* Die Treuhandanstalt und die gesellschaftsrechtlichen Haftungsnormen, BB 1992, 789; *Ulmer* Von „TBB" zu „Bremer Vulkan" – Revolution oder Evolution?, ZIP 2001, 2022; *ders*. Der Gläubigerschutz im qualifizierten faktischen GmbH-Konzern beim Fehlen von Minderheitsgesellschaftern, ZHR 148 (1984), 391; *ders*. Gläubigerschutz im „qualifizierten" faktischen GmbH-Konzern, NJW 1986, 1579; *ders*. Verlustübernahmepflicht des herrschenden Unternehmens als konzernspezifischer Kapitalerhaltungsschutz, AG 1986, 123; *ders*. Fehlerhafte Unternehmensverträge im GmbH-Recht, BB 1989, 10; *ders*. Vermutungs- und Beweisfragen: Qualifizierungsvermutung; Kausalitätsgegenbeweis, in: *Hommelhoff/Stimpel/Ulmer* (Hrsg.) Heidelberger Konzernrechtstage, 1992, 65; *Verhoeven* GmbH-Konzernrecht: Der Erwerb von Anteilen der Obergesellschaft, GmbHR 1977, 97; *ders*. GmbH-Konzern-Innenrecht, 1978; *Versteegen* Konzernverantwortlichkeit und Haftungsprivileg, 1993; *ders*. Das TBB-Urteil als Wegbereiter einer allgemeinen Intransparenzhaftung in der GmbH?, DB 1993, 1225; *Vetter* Die Geltung von § 293 Abs. 2 AktG beim Unternehmensvertrag zwischen herrschender AG und abhängiger GmbH, AG 1993, 168; *ders*. Eintragung des Unternehmensvertrages im Handelsregister des herrschenden Unternehmens?, AG 1994, 110; *ders*. Zur Aufhebung eines Beherrschungs- und Gewinnabführungsvertrages im GmbH-Recht, ZIP 1995, 345; *Wehlmann* Kompetenzen von Gesellschaftern und Gesellschaftsorganen bei der Bildung faktischer GmbH-Konzerne, 1996; *Weigel* Wirksamkeitserfordernisse für den Abschluß von Unternehmensverträgen zwischen Gesellschaften mit beschränkter Haftung, FS Quack, 1991, S. 505; *Weigl* Die Haftung im (qualifizierten) faktischen Konzern, 1996; *Weimar* Die typische Betriebsaufspaltung – ein Unterordnungskonzern?, ZIP 1988, 1525; *Weimar/Bartscher* Treuhandanstalt und Konzernrecht, ZIP 1991, 69; *Wellkamp* Der Gleichordnungskonzern – Ein Konzern ohne Abhängigkeit?, DB 1993, 2517; *ders*. Die Haftung von Geschäftsleitern im Konzern, WM 1993, 2155; *Werner* Der aktienrechtliche Abhängigkeitstatbestand, 1979; *ders*. Zuständigkeitsverlagerungen in der Aktiengesellschaft durch Richterrecht?, ZHR 147 (1983), 429; *Westermann* Grundsatzfragen des GmbH-Konzerns, in: Der GmbH-Konzern, 1976, 25; *ders*. Banken als Kreditgeber und Gesellschafter, ZIP 1982, 379; *ders*. Organzuständigkeit bei Bildung, Erweiterung und Umorganisation des Konzerns, ZGR 1984, 352; *ders*. Der Tatbestand des qualifizierten faktischen Konzerns, in: *Hommelhoff/Stimpel/Ulmer* (Hrsg.) Heidelberger Konzernrechtstage 1992, 21; *ders*. Das TBB-Urteil – ein Neuansatz bei der Haftung wegen qualifizierter faktischer Konzernierung?, ZIP 1993, 554; *Wiedemann* Das Abfindungsrecht – ein gesellschaftsrechtlicher Interessenausgleich, ZGR 1978, 477; *ders*. Spätlese zu Autokran, ZGR 1986, 656; *ders*. Die Unternehmensgruppe im Privatrecht, 1988; *ders*. Entwicklungen im Kapitalgesellschaftsrecht, DB 1993, 141; *Wiedemann/Hirte* Die Konkretisierung der Pflichten des herrschenden Unternehmens, ZGR 1986, 163; *H. Wilhelm* Die Beendigung des Beherrschungs- und Gewinnabführungsvertrages, 1976; *J. Wilhelm* Konzernrecht und allgemeines Haftungsrecht, DB 1986, 2113; *U. Wilhelm* Haftung im qualifiziert-faktischen Konzern und Europarecht, EuZW 1993, 729; *Wilken* Qualifiziert faktischer Konzern und Unterkapitalisierung, WiB 1997, 453; *Wimberg* Konzernexterne Betriebspachtverträge im Recht der GmbH, 2000; *Windbichler* Betriebsführungsverträge zur Bindung kleiner Unternehmen an große Ketten, ZIP 1987, 825; *Winter* Mitgliedschaftliche Treuebindungen im GmbH-Recht, 1988; *Wirth* Beendigung von Beherrschungs- und Gewinnabführungsverträgen bei der Veräußerung der abhängigen GmbH, DB 1990, 2105; *Wolter* Wirtschaftsrecht, 1993; *Würdinger* Der Begriff Unternehmen im Aktiengesetz, FS Kunze, 1969, S. 177; *ders*. Aktienrecht und das Recht der verbundenen Unternehmen, 4. Aufl. 1981; *Zeidler* Ausgewählte Probleme des GmbH-Vertragskonzernrechts, NZG 1999, 692; *ders*. Neues zur Haftung im qualifizierten faktischen Konzern?, GmbHR 1997, 881; *Ziche* Die Verweisung des § 35 Absatz 4 GmbHG auf das Verbot der Vornahme von Insichgeschäften, 1991; *Ziegenhain* Der qualifizierte faktische Konzern in der Rechtsprechung des Bundesarbeitsgerichts, ZIP 1994, 1003; *Ziegler* Kapitalersetzende Gebrauchsüberlassungsverhältnisse und Konzernhaftung bei der GmbH, 1989; *v. Zitzewitz* Die Vereinbarkeit internationaler Vertragskonzerne mit dem Mitbestimmungsgesetz 1976, 1979; *Zitzmann* Die Vorlagepflichten des GmbH-Geschäftsführers, 1991; *Zöllner* Die Schranken mitgliedschaftlicher Stimmrechtsmacht bei den privatrechtlichen Personenverbänden, 1963; *ders*. Die formellen Anforderungen an Beherrschungs- und Gewinnabführungsverträge bei der GmbH, DB 1989, 913; *ders*. 100 Jahre GmbH, JZ 1992, 381; *ders*. DJT-Referat, Verhandlungen des 59. Deutschen Juristentages, Band II, 1992, R 35; *ders*. Die GmbH in der heutigen rechtstheoretischen Betrachtung, GmbHR 1992, 410; *ders*. Inhalt und Wirkungen von Beherrschungsverträgen bei der GmbH, ZGR 1992, 173.

Konzernrecht   Anh. nach § 52

Übersicht

	Rn.		Rn.
I. Grundlagen	1–30	a) Abhängige GmbH	53–64
1. Der rechtspolitische Hintergrund	1, 2	aa) Zulässigkeit	53
2. Rechtsquellen	3–5	bb) Gesellschafterbeschluss	54–56
3. Grundbegriffe	6–26	cc) Inhaltliche Voraussetzungen	57–60
a) Maßgeblichkeit der §§ 15 ff. AktG	6	dd) Notarielle Beurkundung; Handelsregister	61, 62
b) Verbundene Unternehmen	7–11	ee) Analogie zu §§ 293 a ff.	63, 64
aa) Bedeutung und Rechtstatsachen	7	b) Herrschende GmbH	65, 66
bb) Unternehmen	8–11	5. Andere Unternehmensverträge	67–70
c) Mehrheitsbeteiligung	12	a) Zustimmung der Gesellschafter	67, 68
d) Abhängige Unternehmen	13–16	b) Inhaltliche Voraussetzungen	69
aa) Begriffliche Grundlagen	13	c) Umgehungsprobleme	70
bb) Abhängigkeitsvermutung	14	**III. Rechtsfolgen der Unternehmensverbindungen**	71–117
cc) Abhängigkeit von mehreren Unternehmen	15	1. Vorbemerkung	71
dd) GmbH & Co. KG	16	2. Beteiligung, Abhängigkeit, einfacher Konzern	72–87
e) Konzern	17–21	a) GmbH als Tochter	72–80
aa) Begriffliche Grundlagen	17, 18	aa) Stimmverbote	73
bb) Faktische und qualifizierte Konzerne	19–21	bb) Schädigungsverbot	74–79
f) Wechselseitige Beteiligungen	22, 23	cc) Austritt?	80
g) Unternehmensverträge	24–26	b) GmbH als Mutterunternehmen	81–87
4. Internationale Unternehmensverbindungen	27–30	aa) Anteilserwerb durch Tochter; Stimmverbot	81–84
II. Konzernrechtlicher Präventivschutz (Entstehungsvoraussetzungen verbundener Unternehmen)	31–70	bb) Pflicht zur Konzernbildung?	85
1. Vorbemerkung	31	cc) Zuständigkeitsprobleme	86, 87
2. Mehrheitsbeteiligung, Abhängigkeit, dezentrale Konzernbildung	32–48	3. Qualifizierter Konzern	88–107
a) GmbH als Tochterunternehmen	32–41	a) Abhängige GmbH	88–105
aa) Kontrolle durch Satzungsklauseln	32–37	aa) Geltung der allgemeinen Regeln	88
bb) Fehlen gesellschaftsvertraglicher Bestimmungen	38–40	bb) Abfindung	89
cc) Konzernbildung	41	cc) Ausgleich?	90
b) GmbH als Mutterunternehmen	42–48	dd) Verlustübernahme	91–105
aa) Das Problem	42	b) Herrschende GmbH	106
bb) Zustimmung der Gesellschafter	43	c) Verlustübernahme unter Schwestergesellschaften	107
cc) Zustimmung mit qualifizierter Mehrheit	44–47	4. Beherrschungs- und Gewinnabführungsverträge	108–114
dd) Durchsetzung der Zuständigkeitsregeln	48	a) Abhängige GmbH	108–113
3. Qualifizierte faktische Konzerne	49–52	aa) Beherrschungsvertrag	108, 109
a) Verbot?	49–51	bb) Gewinnabführungsvertrag	110
b) Herrschende GmbH	52	cc) Geltung der Stimmverbote?	111
4. Beherrschungs- und Gewinnabführungsverträge	53–66	dd) Verlustübernahme	112, 113
		b) Herrschende GmbH	114
		5. Andere Unternehmensverträge	115, 116
		6. Wechselseitige Beteiligungen	117
		IV. Änderung und Beendigung von Unternehmensverträgen	118
		V. Österreichisches Recht	119

I. Grundlagen

1. Der rechtspolitische Hintergrund. Ein kodifiziertes Konzerngesellschaftsrecht 1 findet sich nur im AktG. Dort wurde es 1965 eingeführt, weil die vorher vorhandenen Regelungen auch für die Aktiengesellschaft durchaus lückenhaft waren. Im Kern ging es dem Gesetzgeber darum, den Strukturveränderungen Rechnung zu tragen, die die

Eingliederung einer AG in einen Unternehmensverbund in mehr oder minder starkem Maße zur Folge hat. Prägend waren insbesondere die Gefahren, denen Minderheitsaktionäre und Gläubiger einer von einem anderen Unternehmen abhängigen oder konzernunterworfenen Gesellschaft ausgesetzt sind. Diese Gefahren entstehen deshalb, weil das herrschende Unternehmen seinen Einfluss häufig nicht im gemeinsamen Interesse aller Aktionäre, sondern nach Maßgabe seiner eigenen Interessenlage ausüben wird. „Die Minderheitsaktionäre sind dann nicht in der Lage, eine nur den Interessen des Großaktionärs oder Konzerninteressen dienende Geschäftsführung oder Gewinnverwendung nachhaltig zu verhindern. Den Gläubigern droht die Gefahr, dass das ihnen haftende Vermögen der Gesellschaft zugunsten des herrschenden Unternehmens geschmälert, dass die Substanz der abhängigen Gesellschaft ausgehöhlt wird".[1] Diese Erwägungen sind nicht rechtsformspezifisch begrenzt; sie gelten auch für die abhängige oder konzernverbundene GmbH. Dabei fällt besonders ins Gewicht, dass sich diese Gesellschaftsform wegen der Weisungsabhängigkeit der Geschäftsführung und (in der mitbestimmungsfreien GmbH) wegen der Möglichkeit des Mehrheitsgesellschafters, über Bestellung und Abberufung der Geschäftsführung zu entscheiden, besonders gut als Organisationsinstrument der Konzernbildung eignet.[2] In der Rechtswirklichkeit begegnen denn auch faktische und Vertragskonzerne (neben anderen Unternehmensverbindungen), an denen eine GmbH beteiligt ist, in offenbar großer Zahl.[3] Infolge dieser Gegebenheiten hatte die Bundesregierung in den RegE eines neuen GmbH-Gesetzes[4] eine eingehende Regelung des Konzernrechts inkludiert.[5] Dieser allzu eng dem aktienrechtlichen Vorbild verhaftete Entwurf wird allerdings seit 1974 nicht mehr weiter verfolgt. Gleichwohl herrscht aus den bezeichneten Gründen im gesellschaftsrechtlichen Schrifttum im großen und ganzen Einigkeit darüber, dass auch das Recht der GmbH ohne konzernrechtliche Elemente nicht auskommen kann.[6] Die Rechtsprechung hat diese Auffassung hinsichtlich wichtiger Details bestätigt.[7]

2 Das Konzernrecht des Aktiengesetzes ist im wesentlichen von den Regelungsproblemen bei der **abhängigen** Gesellschaft her entwickelt worden. Von punktuellen Ausnahmen abgesehen, hat man dagegen nicht zureichend gewürdigt, dass der Unternehmensverbund auch auf der Ebene der **herrschenden Gesellschaft** erhebliche Probleme aufwirft. Auf ihren Kern reduziert, entstehen diese Probleme deshalb, weil Beteiligungserwerb, Konzerngründung und -verwaltung traditionell als Zuständigkeiten von Vorstand bzw. Geschäftsführung aufgefasst werden, anderseits aber faktisch

---

[1] Begründung RegE, Vorbemerkung zum Dritten Buch, bei *Kropff* S. 373 f.
[2] Dazu etwa BGHZ 95, 330, 334 = NJW 1986, 188; *Hachenburg/Ulmer* Anh. § 77 Rn. 1; *Hommelhoff* 245 f.; zur GmbH als Rechtsform gemeindewirtschaftlicher Betätigung *Paschke* ZHR 152 (1988), 263 ff.
[3] Näher *Scholz/Emmerich* Anh. Konzernrecht, im Folgenden als *Scholz/Emmerich* zitiert, Rn. 1 ff. mwN.
[4] BT-Drucks. VII/253.
[5] Dazu insbesondere *Ihde* S. 41 ff.
[6] ZB *Limmer* S. 11 f. mN; ablehnend aufgrund gründlicher Untersuchung aber *Versteegen* S. 144 ff.
[7] Zusammenfassende Darstellung ihrer Entwicklung und der Diskussionsstände zu verschiedenen Zeitpunkten bei *Lutter* ZHR 151 (1987), 444 ff.; *ders.* ZGR Sonderh. 6, 192 ff.; *Fleck* WM 1986, 1205 ff.; eher skeptisch *Gäbelein* GmbHR 1987, 221 ff. Überlegungen de lege ferenda bei *Kropff*, FS Kastner, 1972, S. 279, 292 ff.; vor allem aber in den Gutachten *(Hommelhoff, Druey)*, den Referaten *(Hoffmann-Becking, Zöllner)* und der Diskussion im Rahmen der wirtschaftlichen Abteilung des 59. DJT (dazu *K. Schmidt* JZ 1992, 856, 863 ff.). Ökonomische Analyse der in Frage stehenden Haftungsmodelle bei *Debus* (zusammenfassend S. 179 ff.).

Konzernrecht   Anh. nach § 52

tiefe Einbrüche in Prärogativen anderer Gesellschaftsorgane zur Folge haben können. Die damit verbundene Problematik ist bisher hauptsächlich nur für die AG entfaltet worden.[8] Sie stellt sich, wenn auch in anderer Weise, freilich auch für die GmbH. Eine moderne Kommentierung des GmbH-Konzernrechts muss diesem Tatbestand Rechnung tragen.

2. Rechtsquellen. Mangels spezifisch GmbH-gesetzlicher Anhaltspunkte sind die 3 Quellen eines GmbH-Konzernrechts zunächst anderswo zu suchen. Gewisse Elemente liefert dabei das **Aktiengesetz.** Anwendbar sind die Begriffsbestimmungen der §§ 15 bis 19 AktG (Rn. 6). Anwendbar ist auch eine Reihe aktienrechtlicher Bestimmungen unter der Voraussetzung, dass sich die GmbH in einer Unternehmensverbindung mit einer AG befindet. Praktisch am wichtigsten ist dies, wenn eine AG einer GmbH gegenüber eine der in den §§ 291, 292 AktG umschriebenen unternehmensvertraglichen Verpflichtungen übernimmt oder wenn eine AG von einer GmbH abhängt (§§ 311 ff. AktG). Im Falle einer wechselseitigen Beteiligung zwischen einer GmbH und einer AG gilt § 328 AktG. Hält eine GmbH einen Anteil von mehr als 25 % der Aktien einer Aktiengesellschaft, so hat sie dies gemäß § 20 Abs. 1 AktG mitzuteilen. Für die umgekehrte Situation sieht § 21 Abs. 1 AktG dasselbe vor. Entsprechendes gilt bei Erwerb einer Mehrheitsbeteiligung und bei Wegfall eines mitteilungspflichtigen Tatbestandes (§ 20 Abs. 4, 5, § 21 Abs. 2, 3 AktG). Ferner gelten die aktiengesetzlichen Vorschriften, die die Auswirkungen vermögensmäßiger Verflechtung zweier Unternehmen auf den Grundsatz der Kapitalerhaltung betreffen (Beispiele: §§ 56, 71a Abs. 2, 71d), freilich nur unter der Voraussetzung, dass es sich bei dem von diesen Vorschriften vorausgesetzten in Mehrheitsbesitz stehenden oder abhängigen Unternehmen um die GmbH handelt. Unter derselben Voraussetzung ist auch § 136 Abs. 2 AktG (Ausschluss des Stimmrechts für Aktien, die einem abhängigen Unternehmen gehören) anwendbar.[9] Zur Bedeutung des § 100 AktG für den Aufsichtsrat der GmbH vgl. § 52 Rn. 27. Mit § 28a EGAktG wurden die Beziehungen der Treuhandanstalt zu den von ihr abhängigen Unternehmen vom Anwendungsbereich des AktG ausgenommen. Die Bedeutung der Regel auch für abhängige GmbHs wurde nicht zureichend diskutiert.[10]

Weitere, für das Gesellschaftsrecht des GmbH-Konzerns möglicherweise bedeutsame 4 Bestimmungen finden sich im **Körperschaftsteuer-** und im **Mitbestimmungsrecht.** Aus § 17 KStG ergibt sich, dass eine GmbH Organgesellschaft eines anderen Unternehmens sein kann. Vorausgesetzt wird neuerdings Wirksamkeit des Vertrags, Beachtung von § 301 AktG sowie ausdrückliche Vereinbarung der Verlustübernahme entsprechend § 302 AktG.[11] Die gesellschaftsrechtliche Bedeutung dieser Bestimmung beschränkt sich freilich darauf, dass der Gewinnabführungsvertrag auch zugunsten einer herrschenden GmbH nicht für unzulässig gehalten werden kann. Dagegen darf § 17 KStG nicht als eine abschließende Umschreibung der gesellschaftsrechtlichen Voraus-

---

[8] Dazu Kölner KommAktG/*Koppensteiner* Vor § 291 Rn. 17 ff. mwN; allgemeiner *Emmerich/Sonnenschein* § 4a; speziell zur GmbH *Sonntag* S. 196 ff.; *Zitzmann* S. 53 ff.; sehr viel weitergehend – Konzern als Rechtsform für Unternehmen – *Schneider* in *Mestmäcker/Behrens* S. 563 ff.

[9] Ebenso OLG München WM 1995, 898, 200.

[10] Gegen Anwendbarkeit *Emmerich/Sonnenschein* 5. Aufl. § 2 IV 4c; dafür anscheinend *Strobel* GmbHR 1992, 497, 503; vgl. auch *Wolter* Wirtschaftsrecht 1993, 8, 12 f.; zur Rechtslage vor Einführung der Bestimmung zB *Kerber/Stechow* DWiR 1992, 93 ff.; *Weimar/Bartscher* ZIP 1991, 69 ff.; *Uhlenbruck* BB 1992, 789 ff.; *Timm/Schöne* ZIP 1992, 969 ff.; *Habighorst/Spoerr* ZGR 1992, 499.

[11] Repräsentativ dazu BFH GmbHR 2000, 949 m. Anm. *Walpert*. Zu weiteren – steuerrechtlichen – Voraussetzungen instruktiv BFH AG 1990, 304.

setzungen dieses Vertragstyps aufgefasst werden (Rn. 53). Die Zulässigkeit eines Konzerns unter aktiver oder passiver Beteiligung einer GmbH wird auch von den §§ 5, 1 Abs. 1 MitbestG sowie den §§ 290 ff. HGB vorausgesetzt.

5 Ungeachtet der Angaben in den Rn. 3 und 4 ist nicht zu verkennen, dass der GmbH-Konzern – von den durch das BiRiLiG eingeführten Bestimmungen über die Konzernrechnungslegung abgesehen – **positivrechtlich im wesentlichen nicht geregelt ist**. Das gilt für reine GmbH-Konzerne ohnehin, ferner aber auch im großen und ganzen für solche GmbHs, die von einer AG abhängen oder in deren Mehrheitsbesitz stehen. Die Lücke lässt sich nicht einfach durch eine Art Generalanalogie zu den einzelnen Vorschriften des AktG ausfüllen. Dem stehen in erster Linie die bei der GmbH anders als bei der AG vorhandenen legalen Einflussmöglichkeiten der Gesellschaftermehrheit auf die Geschäftsführung, ferner die unterschiedlichen Grundsätze über die Vermögensbindung (dazu § 30 Rn. 3), schließlich aber auch der Umstand entgegen, dass die Stellung des Gesellschafters in der GmbH wegen der vom Gesetz als typisch vorausgesetzten größeren Nähe der Gesellschafter untereinander und zur Gesellschaft doch eine wesentlich andere ist als die des Aktionärs.[12] Gerade wegen dieser Unterschiede haben sich ja auch die Vorstellungen des RegE zum Konzernrecht der GmbH (Rn. 1) nicht durchgesetzt. Die Unmöglichkeit einer Gesamtanalogie zum Konzernrecht des AktG schließt es andererseits nicht aus, bei Vorliegen der erforderlichen Voraussetzungen einzelne Normen aus diesem Bereich entsprechend anzuwenden. Darüber hinaus sind vielfach aktienrechtliche Wertungen von Bedeutung, wenn sie auch rechtstechnisch nicht in der Form einer Analogie umsetzbar sein mögen. Wegen der strukturellen und interessemäßigen Ähnlichkeit zwischen Verschmelzung einerseits und intensiven Formen der Konzernbildung andererseits wertvoll sind ferner die §§ 2 ff. UmwG. Wo diese Anhaltspunkte nicht weiterhelfen, bleibt nur der Rückgriff auf allgemeine Grundsätze des Kapitalgesellschaftsrechts, insbesondere solche der GmbH. In erster Linie kommen die Treuebindungen unter den Gesellschaftern sowie gegenüber der Gesellschaft (dazu § 43 Rn. 67; § 47 Rn. 125 ff.) und der Gleichbehandlungsgrundsatz (dazu § 47 Rn. 121) in Betracht. Da der Inhalt dieser Grundsätze aber keineswegs scharf umrissen ist, ist – auch im Hinblick auf die rasante Entwicklung von Judikatur und Schrifttum in den letzten Jahren – häufig genug kaum sicher zu entscheiden, was (schon) geltendes Recht und was (noch) rechtspolitisches Postulat ist.

6 **3. Grundbegriffe. a) Maßgeblichkeit der §§ 15 ff. AktG.** § 15 AktG umschreibt den Begriff der „verbundenen Unternehmen". In den §§ 16 bis 19 sowie §§ 291 f. AktG werden Arten der Unternehmensverbindungen definiert. Von den §§ 291 und 292 AktG abgesehen sind alle diese Bestimmungen **rechtsformneutral** formuliert; sie stellen mit anderen Worten nicht darauf ab, in welcher Rechtsform die Glieder der Unternehmensverbindung organisiert sind. In Übereinstimmung mit diesem Befund wird – und zwar auch hinsichtlich der Unternehmensverträge der §§ 291, 292 AktG – durchweg davon ausgegangen, die genannten Definitionsnormen seien über den Geltungsbereich des Aktiengesetzes hinaus allgemein verbindlich.[13] In der Tat

---

[12] Ausführlich *Hachenburg/Ulmer* Rn. 55 f.; ferner etwa *Scholz/Emmerich* Rn. 12; *Lutter/Hommelhoff* Anh. § 13, im Folgenden *Lutter/Hommelhoff*, Rn. 7 ff.; *Baumbach/Hueck/Zöllner* Schlußanh. I, im folgenden *Baumbach/Hueck/Zöllner*, Rn. 9; *Gäbelein* GmbHR 1987, 221, 222; anders in neuerer Zeit wohl nur *Rowedder* ZGR Sonderheft 6, 20, 29 ff.

[13] Vgl. BGH WM 1979, 937, 940; BGHZ 80, 69, 72 f. = NJW 1981, 1512; OLG Saarbrücken AG 1980, 26, 27 f.; *Hachenburg/Ulmer* Rn. 17; *Lutter/Hommelhoff* Rn. 6; *Baumbach/Hueck/Zöllner* Rn. 5; *Scholz/Emmerich* Rn. 12; kritisch *Ehlke* DB 1986, 523, 524 ff.; teilweise auch *Priester* ZIP 1986, 137, 141 f.

hatte der RegE eines GmbH-Konzernrechts (Rn. 1) eine der aktienrechtlichen Begriffsbildung entsprechende Regelung vorgesehen. In § 51a Abs. 2 wird die Maßgeblichkeit der aktienrechtlichen Nomenklatur auch für die GmbH jetzt positivrechtlich bestätigt. Denn dort ist ausdrücklich von „verbundenen Unternehmen" die Rede. Die – unglückliche – Verwendung desselben Ausdrucks mit einem divergierenden Inhalt durch das BiRiLiG[14] hat hieran nichts geändert. Die demnach erforderliche Erläuterung von Begriff und Arten der Unternehmensverbindungen iSd. AktG ist an dieser Stelle freilich auf das Allerwesentlichste zu beschränken. Ergänzend wird auf das aktienrechtliche Schrifttum verwiesen.

b) Verbundene Unternehmen. aa) Unter dem Oberbegriff der verbundenen 7 Unternehmen werden in § 15 AktG fünf Gruppen von Unternehmensverbindungen zusammengefasst, nämlich Mehrheitsbeteiligung (§ 16), Abhängigkeit (§ 17), Konzern (§ 18), wechselseitige Beteiligung (§ 19) und schließlich Unternehmensverträge (§§ 291, 292). Den Begriff der verbundenen Unternehmen hat das Gesetz aus rechtstechnischen Gründen eingeführt. Es ging darum, die Einzelaufzählung der Unternehmensverbindungen überflüssig zu machen, wo das Gesetz die Gesamtheit verbundener Unternehmen meint.[15] Da das Recht der GmbH kaum solche Sätze kennt, spielt die Kategorie der verbundenen Unternehmen dort auch nur eine durchaus bescheidene Rolle. Andererseits finden sich in Rechtsprechung und Schrifttum gerade zur GmbH rechtsfolgenorientierte Ansätze zur Unterscheidung des sogenannten einfachen vom sogenannten qualifizierten faktischen Konzern (dazu Rn. 49f.). Diese Ansätze sind wichtig genug, um ihnen schon bei der Erläuterung der Begriffe Rechnung zu tragen (Rn. 19f.). In **rechtstatsächlicher** Hinsicht scheint es so zu sein, dass sämtliche vom AktG umschriebenen Tatbestände der Unternehmensverbindung auch bei der GmbH vorkommen.[16] Hervorzuheben ist freilich, dass Beherrschungsverträge wegen der schon durch die Verfassung der GmbH gesicherten Einflussmöglichkeiten des Mehrheitsgesellschafters auf die Unternehmensführung dort sehr viel weniger häufig begegnen als bei der AG.[17] Demgegenüber spielen Gewinnabführungsverträge im Zeichen der steuerrechtlichen Bestimmungen über die Organschaft offenbar eine besonders wichtige Rolle.[18] In diesem Motivationszusammenhang werden zusätzlich offenbar auch Beherrschungsverträge abgeschlossen.[19]

bb) Das kodifizierte Konzernrecht geht grundsätzlich (Teilausnahmen in § 292 8 Abs. 1 Nr. 2 und 3 AktG) davon aus, dass nur **Unternehmen** an einer tatbestandsmäßigen Verbindung beteiligt sein können. Was unter einem Unternehmen zu verstehen ist, sagt das Gesetz freilich nicht – und zwar „angesichts der großen praktischen Schwierigkeiten"[20] mit voller Absicht. Klar ist zunächst, dass eine allgemeingültige, d.h. herrschende und abhängige Unternehmen umfassende Definition nicht möglich ist. Das folgt aus der Unterschiedlichkeit der Zwecke, denen beide Begriffe Rechnung

---

[14] Vgl. § 271 Abs. 2 HGB; dazu *Schulze-Osterloh,* FS Fleck, 1988, S. 313.
[15] Kölner KommAktG/*Koppensteiner* § 15 Rn. 5.
[16] Dazu insbesondere *Verhoeven* S. 15ff., 33f.; über Beteiligungsverhältnisse *Hansen* GmbHR 1980, 99ff.
[17] Zum rechtlichen Sinn solcher Verträge aber *Binnewies* S. 263ff.; *Geßler* in: Der GmbH-Konzern, S. 178ff.; *Kort* S. 46f.; *Priester* ZGR Sonderh. 6, 151, 156ff.; *Kropff,* FS Semler, 1993, S. 517, 520ff.; *Zöllner* ZGR 1992, 173, 175.
[18] Vgl. *Verhoeven* S. 42f.; *Hachenburg/Ulmer* Rn. 11; *Scholz/Emmerich* Rn. 1.
[19] Vgl. *Koerfer/Selzner* GmbHR 1997, 285.
[20] Regierungsbegründung bei *Kropff* S. 27.

zu tragen haben.²¹ Dagegen sollte anerkannt werden, dass der Begriff des **abhängigen** (des in Mehrheitsbesitz stehenden) Unternehmens trotz unterschiedlicher teleologischer Gegebenheiten nicht variiert.²² Was unter **herrschenden** Unternehmen zu verstehen sei, war lange Zeit umstritten,²³ dürfte aber zwischenzeitlich – jedenfalls für praktische Zwecke – durch die Rechtsprechung geklärt sein. Diese²⁴ nimmt unter Berufung auf die Entstehungsgeschichte zutreffend an, dass der Besitz einer Beteiligung allein nicht die Unternehmenseigenschaft vermitteln könne. Hinzukommen müsse mit Rücksicht auf den Zweck des Begriffes „eine wirtschaftliche Interessenbindung außerhalb der Gesellschaft", die stark genug sei, „um die ernste Besorgnis zu begründen, der Aktionär könne um ihretwillen seinen Einfluss zum Nachteil der Gesellschaft geltend machen". Hieraus ist zu folgern, dass ein Unternehmen immer schon dann vorliegt, wenn ein Gesellschafter unternehmerische Interessen auch außerhalb seiner Beteiligung verfolgt. Eine maßgebliche Beteiligung²⁵ an einer weiteren Gesellschaft genügt.²⁶

9   Aus diesen Befunden folgt, dass es auf die **Rechtsform** des Subjekts, dessen Unternehmenseigenschaft in Frage steht, **nicht** ankommt. Denn auch natürliche Personen, die nicht Einzelkaufleute sind, oder eine juristische Person, die keine Handelsgesellschaft ist, können mit Rücksicht auf sonstige unternehmerische Interessen in sich selbst jenen Interessenkonflikt verkörpern, vor dessen Gefahren die abhängige Gesellschaft geschützt werden soll, und deshalb die Eigenschaft eines herrschenden Unternehmens haben.²⁷ Freiberufliche Tätigkeit genügt.²⁸

10 Die teleologische Determinierung des Unternehmensbegriffs legt es umgekehrt nahe, aus der Rechtsform nicht ohne weiteres auf die Unternehmensqualität zu schlie-

---

[21] AllgM; vgl. Kölner KommAktG/*Koppensteiner* § 15 Rn. 10; *Emmerich/Sonnenschein* § 2 III 2 b, beide mwN.

[22] Kölner KommAktG/*Koppensteiner* § 15 Rn. 53.

[23] Übersicht über den Meinungsstand etwa bei *Emmerich/Sonnenschein* § 2 III; Kölner KommAktG/*Koppensteiner* § 15 Rn. 13 ff.

[24] BGHZ 69, 334, 337 = NJW 1978, 104; bestätigt durch BGH AG 1980, 342 und BGHZ 95, 330, 337 = NJW 1986, 188; aus neuerer Zeit zB BGHZ 115, 187, 189 ff. = NJW 1991, 3142; BGHZ 122, 123, 126 ff. = NJW 1993, 1200, 1202 m. Anm. *Kübler*; BGH NJW 1994, 446 m. Anm. *K. Schmidt* und Besprechung von *Raiser* ZGR 1995, 156 ff.; BGH ZIP 1997, 416, 417; GmbHR 2000, 1263, 1264 m. Anm. *Wiese* = NJW 2001, 370 = WM 2000, 2382; BAG ZIP 1996, 333, 334 f. = NJW 1996, 1491 = WiB 1996, 386 m. Anm. *Gummert*; OLG Düsseldorf GmbHR 1999, 123; KG NZG 2001, 80 f. (mit bedenklicher Subsumtion); zu Unrecht abweichend OLG Oldenburg GmbHR 1998, 286: kein konzernrechtlicher Interessenskonflikt, weil Beklagter ein Unternehmen in zwei Gesellschaften betrieben habe; aus der Literatur vgl. nur *Stimpel* ZGR 1991, 144, 156 f.; *Emmerich/Sonnenschein* § 2 III 1 mwN.

[25] Dazu Kölner KommAktG/*Koppensteiner* § 15 Rn. 27 ff.; GroßkommAktG/*Windbichler* § 15 Rn. 36 ff.; *Emmerich/Habersack* § 15 Rn. 13 f.

[26] BGH NJW 1994, 446; OLG Karlsruhe ZIP 1999, 1176; *Koppensteiner* ZGR 1979, 91, 95 ff.; *Hachenburg/Ulmer* Rn. 20 f.; *Scholz/Emmerich* Rn. 25; dagegen *Ehlke* DB 1986, 523, 524 ff.; *Priester* ZIP 1986, 137, 141 f.; *Bitter/Bitter* BB 1996, 2154 f.; *Milde* S. 21 f.; antikritisch *Lutter* ZGR Sonderheft 6, 192, 202; *Schwark* JuS 1987, 443, 446; *Wiedemann* ZGR 1986, 656, 662; *Emmerich* GmbHR 1987, 213, 215; *Ulmer* NJW 1986, 1579, 1581; zur Frage der Zurechnung einer Beteiligung im Besitz naher Verwandter BGH NJW 1994, 3288, 3289 f.

[27] St. Rspr., zuletzt BGHZ 122, 123, 127 f. = NJW 1993, 1200, 1202; BGH NJW 1994, 446; BAG GmbHR 1994, 625, 626, je mwN; kritisch in neuerer Zeit namentlich *K. Schmidt*, s. zB AG 1994, 189, 190 f.; ZIP 1993, 549, 550 f.; ZHR 155 (1991), 417, 432 ff.; *Wiedemann* DB 1993, 141, 153; antikritisch etwa *Lutter* in *Hommelhoff/Stimpel/Ulmer* S. 183, 191; *Drygala* GmbHR 1993, 317, 318 mit Randkorrekturen; *Timm* NJW 1992, 2185, 2188; *Hommelhoff* ZGR 1994, 395, 397 ff.; *Büscher* S. 31 ff.; wN in 2. Aufl. Rn. 8.

[28] BGH NJW 1994, 3288, 3290.

ßen, d.h. die Möglichkeit ins Auge zu fassen, dass auch eine Handelsgesellschaft **kein Unternehmen** iSd. Konzernrechts ist. In Betracht kommt dies in erster Linie dann, wenn eine solche Gesellschaft sich darauf beschränkt, Holdingfunktionen gegenüber einer einzigen anderen Gesellschaft wahrzunehmen.[29] Anders liegt es dagegen, wenn diese Gesellschaft als Zwischenholding fungiert.[30] Eine Komplementär-GmbH ist im Verhältnis zur KG nicht als „Unternehmen" aufzufassen, wenn sie keine unternehmerischen Interessen außerhalb der KG verfolgt.[31]

Die Eliminierung bestimmter Holding-Gesellschaften aus dem Unternehmensbegriff **11** hat den Nachteil, dass eine im Besitz einer nur ihre Beteiligung verwaltenden GmbH befindliche Tochter-GmbH vom Boden dieser Auffassung aus ohne Rücksicht auf die §§ 30, 33 die Anteile ihrer Mutter-GmbH und damit doch ihre eigenen Anteile erwerben könnte. Richtiger erscheint es daher, den teleologischen Elementen des Unternehmensbegriffs für die hier diskutierte Fallgruppe nicht durch die Fassung des Begriffes selbst, sondern bei der Anwendung der einzelnen Normen Rechnung zu tragen. Richtig ist aus diesen teleologischen Elementen aber abgeleitet worden, dass etwa auch die öffentliche Hand[32] und die Gewerkschaften[33] als herrschendes Unternehmen in Betracht kommen. Die skizzierten Grundsätze wirken sich auch auf die konzernrechtliche Beurteilung der **Betriebsaufspaltung** aus.[34]

c) Mehrheitsbeteiligung. Eine Mehrheitsbeteiligung kann auf der Mehrheit der **12** Anteile oder der Mehrheit der Stimmen beruhen (§ 16 Abs. 1 AktG). Als Anteile, die einem Unternehmen gehören, gelten, sofern es sich dabei um einen Einzelkaufmann handelt, auch solche Anteile, die sich in seinem Privatvermögen verbinden. Anteile im Besitz abhängiger Unternehmen oder einer für Rechnung des herrschenden oder eines von diesem abhängigen Unternehmens handelnden Person sind dem Anteilsbesitz des herrschenden Unternehmens zuzurechnen (§ 16 Abs. 4 AktG). Gegen die Übertragung dieser Regeln auf die GmbH bestehen keine Bedenken. Doch ist zu berücksichtigen, dass sich dort sehr viel häufiger als bei der AG nach Beschlussgegenstand variierende Mehrstimmrechte finden. Eine Mehrheitsbeteiligung ist für konzernrechtliche Zwecke nur dann anzunehmen, wenn die Stimmenmehrheit für genügend gewichtige Beschlussgegenstände, vor allem die Bestellung der Geschäftsführer und die Erteilung von Weisungen an diese, eingeräumt worden ist.[35] Bei unterschiedlicher Verteilung des

---

[29] Für Verneinung der Unternehmenseigenschaft in solchen Fällen u.a. *Würdinger*, FS Kunze, 1969, S. 177, 182; Kölner KommAktG/*Koppensteiner* § 15 Rn. 34 f.; *Lutter/Hommelhoff* Rn. 6; ebenso wohl OLG Saarbrücken AG 1980, 26, 28; zu faktischen Unterschieden gegenüber dem „Stammhauskonzern" *Everling* DB 1981, 2549 ff.; zum Problem auch *Scholz/Emmerich* Rn. 16; *Emmerich/Habersack* § 15 Rn. 17; anders GroßkommAktG/*Windbichler* § 15 Rn. 20, je mwN.

[30] Kölner KommAktG/*Koppensteiner* § 15 Rn. 37; *Emmerich* GmbHR 1987, 213, 215 mwN.

[31] LAG Köln ZIP 1987, 736, 737 f.

[32] BGHZ 69, 334, 335 = NJW 1978, 104; BGH WM 1988, 1525, 1528; BGHZ 135, 107, 113 f. = NJW 1997, 1855 = WM 1997, 967 (keine weitere Beteiligung erforderlich, Grundlagenkritik bei *Mülbert* ZHR 163 (1999), 13 ff.); OLG Celle GmbHR 2001, 342, 345; OLG Hamburg WM 1987, 1163, 1166 f.; *Scholz/Emmerich* Rn. 16, umfassend *Kropff* ZHR 144 (1980), 74 ff.; jüngst *Parmentier* ZIP 2001, 556; speziell zu den Gemeinden *Paschke* ZHR 152 (1988), 263, 266 ff.; wN bei Kölner KommAktG/*Koppensteiner* § 15 Rn. 39.

[33] *Scholz/Emmerich* 8. Aufl. Rn. 34.

[34] Dazu BAG AP AktG § 303 Nr. 12 = GmbHR 1999, 658; *Drygala* NJW 1995, 3237 ff. gegen *G.H. Raiser* NJW 1995, 1804; *Wiedemann* ZIP 1986, 1295, 1301 f.; *Schulze-Osterloh* ZGR 1983, 123, 147 ff.; *Weimar* ZIP 1988, 1525, 1526 f.; wN dazu in Fn. 71.

[35] *Scholz/Emmerich* Rn. 18; *Hachenburg/Ulmer* Rn. 26; *Lutter/Hommelhoff* Rn. 7.

Stimmgewichts für diese Beschlussgegenstände dürfte darauf abzustellen sein, wer die Ausübung des Weisungsrechts kontrolliert.

13 **d) Abhängige Unternehmen. aa)** Abhängige Unternehmen sind rechtlich selbständige Unternehmen, auf die ein anderes Unternehmen unmittelbar oder mittelbar einen beherrschenden Einfluss ausüben kann (§ 17 Abs. 1 AktG). Dieser beherrschende Einfluss muss sich auf das abhängige Unternehmen als Ganzes erstrecken; Einflussmöglichkeiten hinsichtlich einzelner unternehmerischer Bereiche reichen nicht aus.[36] Nicht völlig geklärt ist, was genau unter „beherrschendem Einfluss" zu verstehen ist. Traditionell wird der Beherrschungstatbestand im Anschluss an das Reichsgericht[37] als die Möglichkeit umschrieben, ein anderes Unternehmen dem eigenen Willen zu unterwerfen.[38] Demgegenüber ist zutreffend auf die an das Vorhandensein einer Mehrheitsbeteiligung anknüpfende Abhängigkeitsvermutung des § 17 Abs. 2 AktG hingewiesen worden. Die Mehrheitsbeteiligung vermittle nicht die rechtliche Möglichkeit, die Geschäftsleitung des Unternehmens zu irgendwelchen Maßnahmen zu zwingen. Sie erlaube es – bezogen auf die Verhältnisse bei der Aktiengesellschaft – nur, den Aufsichtsrat des Unternehmens und damit mittelbar auch den Vorstand zu besetzen. Diese Möglichkeit sei daher als ausreichend für das Vorliegen eines Abhängigkeitstatbestandes anzuerkennen.[39] Als Beherrschungsmittel kommen freilich nicht nur eine Mehrheitsbeteiligung, sondern etwa auch Stimmbindungsverträge[40] oder gesellschaftsvertragliche Festsetzungen in Betracht. Vermittelt die Satzung einem Unternehmen das Recht, Aufsichtsrat oder Geschäftsführung zu bestellen bzw. dem Geschäftsführer Weisungen zu erteilen, so ist die GmbH von diesem Unternehmen abhängig.[41] Beherrschungs- und Gewinnabführungsverträge wirken abhängigkeitsbegründend. Für die Unternehmensverträge nach § 292 AktG ist dies dagegen nicht anzunehmen.[42] Ob und inwieweit schuldrechtliche Verträge (Lieferungs- und Abnahmeverpflichtungen, Lizenzverträge, Kreditverträge) zur Abhängigkeit führen können, ist umstritten.[43] Die Frage ist zu verneinen.[44]

14 **bb)** Nach § 17 Abs. 2 AktG wird von einem im Mehrheitsbesitz stehenden Unternehmen **vermutet,** dass es von dem mehrheitsbeteiligten Unternehmen **abhängig** ist. Über die dafür maßgeblichen Zusammenhänge vgl. Rn. 13. Von den Fällen einer wechselseitigen Mehrheitsbeteiligung abgesehen[45] ist die Vermutung widerlegbar. Zum

---

[36] AllgM, vgl. *Geßler/Hefermehl/Eckhardt/Kropff* § 17 Rn. 13 ff.; Kölner KommAktG/*Koppensteiner* § 17 Rn. 24 f., 58.
[37] RGZ 167, 40, 49.
[38] Vgl. Kölner KommAktG/*Koppensteiner* § 17 Rn. 19 mwN.
[39] *Dierdorf* S. 43 ff.; *Sura* S. 52 ff.; *Geßler/Hefermehl/Eckhardt/Kropff* § 17 Rn. 25.
[40] Dazu etwa *Mertens,* FS Beusch, 1993, S. 583, 587 ff.; *Rodemann* S. 161 f. Verneinung eines solchen Sachverhalts in OLG Frankfurt NZG 1998, 229.
[41] *Scholz/Emmerich* Rn. 26; *Lutter/Hommelhoff* Rn. 7; vgl. Kölner KommAktG/*Koppensteiner* § 17 Rn. 67. Nach OLG München WM 1995, 898, 900 liegt Abhängigkeit auch bei hälftiger Beteiligung und Identität der Geschäftsleitung bei Beteiligungsgesellschaft einer GmbH vor.
[42] Kölner KommAktG/*Koppensteiner* § 17 Rn. 46 f.; differenzierend *Geßler/Hefermehl/Eckhardt/ Kropff* § 17 Rn. 54; für Einzelheiten *Oesterreich* S. 75 ff.
[43] Ausführlich *Dierdorf* S. 127 ff. einerseits; *Martens* S. 54 ff. andererseits; ferner etwa *Westermann* ZIP 1982, 379, 382 ff.; GroßkommAktG/*Windbichler* § 17 Rn. 37 ff.; s. auch *Scholz/Emmerich* Rn. 25.
[44] BGHZ 90, 381, 395 ff. = NJW 1984, 1893; *Hachenburg/Ulmer* Rn. 28; *Emmerich/Sonnenschein* § 3 II 2 mwN; *Lutter/Hommelhoff* Rn. 7; Kölner KommAktG/*Koppensteiner* § 17 Rn. 48, 65; ausführlicher *ders.,* FS Stimpel, 1985, S. 811 ff.
[45] § 19 Abs. 3 AktG; vgl. Kölner KommAktG/*Koppensteiner* § 19 Rn. 20 f.

Zweck der Widerlegung muss nachgewiesen werden, dass die Mehrheitsbeteiligung ausnahmsweise nicht die Möglichkeit vermittelt, die personelle Zusammensetzung der Unternehmensleitung direkt oder indirekt zu bestimmen; außerdem ist darzutun, dass Weisungen gegenüber der Geschäftsleitung entweder nicht möglich sind oder dass der Mehrheitsgesellschafter auf ihren Inhalt keinen bestimmenden Einfluss hat. Grundlage für die Widerlegung der Abhängigkeitsvermutung können entsprechende Satzungsbestimmungen,[46] aber auch Verträge zwischen der Gesellschaft und dem Mehrheitsgesellschafter sein.[47] Dagegen ist die Anwendbarkeit des MitbestG jedenfalls bei der GmbH nicht geeignet, die Abhängigkeitsvermutung zu widerlegen.[48] Denn das Recht des mitbestimmten Aufsichtsrates, die Geschäftsführer zu bestellen, ändert nichts an den Weisungsbefugnissen der Gesellschafterversammlung (§ 37 Rn. 29, 33 f.).

cc) Eine GmbH kann von **mehreren Unternehmen abhängig** sein. Zu unterscheiden sind zwei Hauptfallgruppen. Zunächst sagt § 17 Abs. 1 AktG ausdrücklich, der abhängigkeitsbegründende, beherrschende Einfluss könne unmittelbar oder mittelbar sein. Abhängigkeit der Enkelgesellschaft C von der Tochtergesellschaft B führt über die Abhängigkeit der B von der Konzernmutter A daher dazu, dass auch in der Relation der Gesellschaften A und C ein Abhängigkeitsverhältnis anzunehmen ist.[49] Praktisch wichtiger ist der Fall gemeinsamer Beherrschung einer GmbH durch mehrere voneinander nicht wirtschaftlich abhängige Unternehmen (GmbH als Gemeinschaftsunternehmen). Konzernrechtlich relevante Abhängigkeit der Gesellschaft setzt in dieser Konstellation voraus, dass die als Herrschaftssubjekte in Betracht kommenden Unternehmen ihre Einflussmöglichkeiten koordiniert wahrnehmen. Es muss sich um „Ausübung gemeinsamer Herrschaft auf ausreichend sicherer Grundlage" handeln.[50] Ein Vertrag ist dazu nicht unbedingt erforderlich,[51] Gesellschafteridentität bei den „Obergesellschaften" reicht aus.[52] Im Kontext des § 23 GWB aF hat der BGH angenommen, dass eine gemeinsame Unternehmenspolitik auf der Grundlage gleichgerichteter Interessen genügt.[53] 15

dd) Werden in einer **GmbH & Co. KG** die Anteile der GmbH von der KG gehalten, so handelt es sich bei der GmbH um ein von der KG abhängiges Unternehmen.[54] 16

e) Konzern. aa) Ein Konzern liegt vor, wenn mehrere rechtlich selbständige Unternehmen unter einheitlicher Leitung zusammengefasst werden (§ 18 AktG). Dabei 17

---

[46] *Emmerich/Sonnenschein* § 3 IV 2.
[47] Sog. Entherrschungsvertrag; ausführlich *Hommelhoff* 80 ff.; wN bei Kölner KommAktG/ *Koppensteiner* § 17 Rn. 89 ff.; vgl. ferner OLG Köln ZIP 1993, 110, 112 m. Anm. *Timm; Werner* S. 169 ff.; *Emmerich/Sonnenschein* § 3 IV 2 mwN; monographisch *Götz* passim, für Unzulässigkeit des Entherrschungsvertrags *Hüttemann* ZHR 156 (1992), 314, 318 ff.; dagegen zutreffend *Hentzen* ZHR 157 (1993), 65, 66 ff.
[48] *Scholz/Emmerich* 8. Aufl. Rn. 39; vgl. *Lutter* S. 53 f.; *Dierdorf* S. 57 ff. mwN.
[49] Für Einzelheiten vgl. Kölner KommAktG/*Koppensteiner* § 17 Rn. 27 f.; GroßkommAktG/*Windbichler* § 17 Rn. 67 ff.; OLG Hamm GmbHR 1990, 260, 263.
[50] BGHZ 62, 193, 199 = NJW 1974, 855, BAG WM 1987, 1551, 1553; BGH NJW 1994, 3290, je mwN; zur Abgrenzung – „Übergewicht" eines der Beteiligten – BGHZ 99, 126, 130 f. = NJW 1987, 1700; auch *Joussen* GmbHR 1996, 575 ff.
[51] Vgl. BGH WM 1992, 270, 271 f.; BGHZ 122, 123, 125 f. = NJW 1993, 1200, 1202.
[52] BGHZ 62, 193, 200 ff. = NJW 1974, 855.
[53] BGHZ 74, 359, 365 ff. = NJW 1979, 2401; vgl. *K. Schmidt* ZGR 1980, 277, 284 ff. Für Nachweise aus der literarischen Diskussion s. etwa GroßkommAktG/*Windbichler* § 15 Rn. 59 ff.; *Emmerich/Sonnenschein* § 3 III 1; Kölner KommAktG/*Koppensteiner* § 17 Rn. 70 ff.
[54] *Scholz/Emmerich* 8. Aufl. Rn. 51.

unterscheidet das Gesetz selbst zwischen Unterordnungs- und Gleichordnungskonzernen. Der Gleichordnungskonzern ist nach § 18 Abs. 2 AktG dadurch gekennzeichnet, dass keines der beteiligten Unternehmen von einem seiner Partner abhängt.[55] Beim Unterordnungskonzern ist es umgekehrt. Zugrunde liegt ein Abhängigkeitsverhältnis eines oder mehrerer Unternehmen im Verhältnis zu einem herrschenden Unternehmen. Wenn die damit ausgedrückte Möglichkeit beherrschenden Einflusses wahrgenommen wird, wenn sie sich mit anderen Worten zum Tatbestand einheitlicher Leitung durch das herrschende Unternehmen verdichtet, dann entsteht ein Unterordnungskonzern.

18 Was unter dem Begriff der **einheitlichen Leitung** zu verstehen sei, hat der Gesetzgeber bewusst offengelassen. Die literarische Behandlung des Problems ist kontrovers. Überwiegen dürfte heute die Auffassung (mit Schattierungen in den Details), wonach schon eine einheitliche wirtschaftliche Planung für die zusammengefassten Unternehmen zumindest in einzelnen, grundsätzlichen Fragen der Unternehmenspolitik genügt.[56] Doch sollte besser auf Vorhandensein und Durchsetzung einer verbundumfassenden Finanzplanung abgestellt werden.[57] Bei Vorhandensein eines Beherrschungsvertrages – die in § 18 Abs. 1 AktG ebenfalls angeführte Eingliederung spielt für die GmbH keine Rolle – ist stets von einheitlicher Leitung, also einem Unterordnungskonzern auszugehen. Von einem abhängigen Unternehmen wird **vermutet**, dass es mit den herrschenden Unternehmen einen Konzern bildet (§ 18 Abs. 1 S. 3 AktG). Die Vermutung ist widerlegbar.[58] Die Vorstellung eines Konzerns im Konzern ist jedenfalls für das Gesellschaftsrecht (anders wohl bezüglich § 5 MitbestG) abzulehnen.[59] Einheitliche Leitung durch **mehrere untereinander koordinierte Unternehmen** ist möglich. Die Erwägungen in Rn. 15 gelten entsprechend.[60] Auch Beherrschungs- oder Gewinnabführungsverträge mit einer Mehrheit von Müttern kommen in Betracht.[61]

19 bb) Ein sog. **faktischer Konzern** liegt vor, wenn einheitliche Leitung nicht auf vertraglicher Grundlage beruht. Was unter einem **qualifizierten** faktischen Konzern verstanden werden sollte, war und ist dagegen bis heute umstritten.[62] Bei Vernachlässigung von Unterschieden im Detail lassen sich drei Hauptansichten unterscheiden.[63] Nach einer kommt es im Ausgangspunkt darauf an, ob das herrschende Unternehmen

---

[55] HM; nicht überzeugende Kritik bei *K. Schmidt* ZHR 155 (1991), 417, 421 ff. und – mit anderen Ausgangspunkten – bei *Wellkamp* DB 1993, 2517 f.; für Gleichordnungs- im Unterordnungskonzern auch *Jaschinski* S. 91 ff. Dagegen *Keck* S. 18 ff., 27 ff. Diskussion von Zulässigkeitsgrenzen der Bildung von Gleichordnungskonzernen bei *Hösch* WiB 1997, 231 ff. Für ein praktisches Beispiel BGH ZIP 1999, 331 = NZG 1999, 254 = AG 1999, 181.
[56] So *Emmerich/Sonnenschein* § 4 II 1 mwN; ähnlich *Geßler/Hefermehl/Eckhardt/Kropff* § 18 Rn. 34; *Würdinger* S. 296. Zum Gleichordnungskonzern (ausführlich) *Milde* S. 70 ff.
[57] Kölner KommAktG/*Koppensteiner* § 18 Rn. 19 ff.; zustimmend etwa *Hachenburg/Ulmer* Rn. 37; *Slongo* S. 131 ff., 139 ff. mN; anders zB *Scholz/Emmerich* Rn. 33; übertrieben sarkastisch *Zöllner* DJT-Referat R 36.
[58] Dazu Kölner KommAktG/*Koppensteiner* § 18 Rn. 34; GroßkommAktG/*Windbichler* § 18 Rn. 36 ff., je mwN.
[59] Vgl. Kölner KommAktG/*Koppensteiner* § 18 Rn. 22 ff.; OLG Frankfurt WM 1987, 237, 238.
[60] Vgl. Kölner KommAktG/*Koppensteiner* § 18 Rn. 25.
[61] *Emmerich/Sonnenschein* § 3 III 3; vgl. Kölner KommAktG/*Koppensteiner* § 291 Rn. 39 ff. mwN.
[62] Übersicht über die Entwicklung der Diskussion etwa bei *Emmerich/Sonnenschein* § 20a II; neuerdings *Holzwarth* S. 144 ff.
[63] Vgl. 2. Aufl. Rn. 16.

Konzernrecht **Anh. nach § 52**

die Geschäfte der GmbH dauernd und umfassend geführt hat.[64] Die Gegenposition verlangt neben dauernder und stark verdichteter Leitung eine breitflächige, d. h. ständige oder jedenfalls wiederholte unkontrollierte Schädigung der Tochtergesellschaft.[65] Nach neuester Rechtsprechungsversion ist darauf abzustellen, ob „die abhängige Gesellschaft in einer Weise behandelt wird, die einen objektiven Missbrauch der beherrschenden Gesellschafterstellung darstellt". Dies sei der Fall, „wenn der die GmbH beherrschende Unternehmensgesellschafter die Konzernleitungsmacht in einer Weise ausübt, die keine angemessene Rücksicht auf die eigenen Belange der abhängigen Gesellschaft nimmt, ohne dass sich der ihr insgesamt zugefügte Nachteil durch Einzelausgleichsmaßnahmen kompensieren ließe". Bei Einmanngesellschaften sei entscheidend, ob die Gesellschaft infolge von Einwirkungen im Konzerninteresse ihren Verbindlichkeiten nicht mehr nachkommen könne.[66]

Diesen **Neuorientierungen** des Tatbestandes ist ganz überwiegend **zugestimmt** 20 worden.[67] In der Tat: Die Diskussion um den qualifizierten Konzern hat sich – allerdings ohne Rücksicht auf die Unterscheidung zwischen ein- und mehrgliedrigen Gesellschaften – aus der Annahme entwickelt, die im einfachen Konzern mögliche Diagnose und Kompensation schädigender Eingriffe sei ab einer bestimmten Leitungsintensität gerade ausgeschlossen. Demnach muss es ausschlaggebend darauf ankommen, ob sich die Leitungsmaßnahmen des herrschenden Unternehmens hinsichtlich ihrer Wirkung im Einzelfall noch isolieren und quantifizieren lassen.[68] Abgrenzungsschwierigkeiten werden sich allerdings auch auf diese Weise nicht vermeiden lassen.[69] Vor allem muss man sich darüber im klaren sein, dass es Veranlassungen gibt, die hinsichtlich ihrer Folgen praktisch nicht quantifizierbar sind, ohne dass deshalb unbedingt ein Konzern vorliegen müsste.[70] Es ist deshalb zu bezweifeln, ob die Problematik mit dem Ausdruck „qualifizierter Konzern" überhaupt korrekt bezeichnet ist. Damit übereinstimmend ist das TBB-Urteil zutreffend in der Literatur dahingehend gedeutet worden, auf einheitliche Leitung bzw. dauernde und umfassende Führung der Geschäfte der abhängigen Gesellschaft komme es nicht mehr entscheidend an.[71] Zur Frage weiterer Haftungsvoraussetzungen und zur Beweislastverteilung Rn. 95 ff.[72]

---

[64] So BGHZ 115, 187, 193 = NJW 1991, 3142 – Video mit Vorjudikatur; aus der Literatur zB *K. Schmidt* § 39 III 3; *Deilmann* S. 158 f.; näher Rn. 100.

[65] So zB *Lutter* ZGR Sonderheft 6, 192, 208; *Timm* NJW 1987, 977, 982; *Lutter/Hommelhoff* Rn. 16; *Kort* S. 38; *Krieger* in Hommelhoff/Stimpel/Ulmer S. 41, 43 ff., vgl. auch Rn. 101; beachtliche Kritik beider Versionen bei *Jansen* S. 57 ff.

[66] BGHZ 122, 123, 130 = NJW 1993, 1200, 1202 – TBB; BGH NJW 1994, 446; BAG GmbHR 1994, 315, 316; GmbHR 1994, 625, 626; ZIP 1996, 333, 335; kritisch insoweit *Bitter/Bitter* BB 1996, 2156 ff.; *Röhricht*, FS BGH, 2000, S. 114 faßt den haftungsauslösenden Tatbestand von „TBB" als „existenzvernichtenden Eingriff des Gesellschafters" zusammen.

[67] S auch Rn. 99; kritisch *Lehmann*, FS Beusch, 1993, S. 479, 485 ff.

[68] So zB *Lutter/Hommelhoff* Rn. 31; *Scholz/Emmerich* Rn. 91; *ders.* AG 1987, 213, 216.

[69] Dazu etwa *Timm* NJW 1987, 977, 979: „fließender" Übergang zum qualifizierten Konzern.

[70] Vgl. Kölner KommAktG/*Koppensteiner* § 311 Rn. 43, 45.

[71] *Röhricht*, FS BGH, 2000, S. 86 f.; 112; *Roth/Altmeppen* Anh. § 13 Rn. 130 f.; *Scholz/Emmerich* Rn. 113; *Lutter/Hommelhoff* Rn. 26; *Kropff* AG 1993, 485, 488 f. mwN gleichsinniger Stellungnahmen; *Bitter* ZIP 2001, 265, 272; *Ulmer* ZIP 2001, 2022 f.; *Altmeppen* DB 1994, 1912, 1914; schon früher *Bälz* AG 1992, 277, 292; *Kleindiek* GmbHR 1992, 574, 576; dagegen OLG Dresden AG 2000, 419; OLG Rostock NZG 1999, 170 m. zutreffend krit. Anm. *Habersack*; *Burgard* WM 1993, 925, 929, 931; *Kölling* NZG 2000, 12 f.; *Michalski/Zeidler* NJW 1996, 224 f.; Hachenburg/*Ulmer* Rn. 126 mwN. Nach *Büscher* S. 72 ff. ist der derzeitige Judikaturstand ambivalent.

[72] Dazu, ob sich mit einer Betriebsaufspaltung ein qualifizierter Konzern verbindet, *Ziegler* S. 241 ff.; *Mutter* S. 192 ff.; *Holzwarth* S. 79 ff., je mwN; s. auch Rn. 8 f.

21 Nach Auffassung von *Beuthien*[73] kann ein Konzern auch auf der Grundlage von **Satzungsklauseln** entstehen, die einem Dritten entsprechenden Einfluss auf die Führung der Gesellschaft verschaffen (dazu aber § 45 Rn. 14f.). Zum Schutz der Gesellschaft sollen, soweit passend, die unternehmensvertraglichen Bestimmungen des Aktienkonzernrechts eingreifen.[74] Grundlagen und Einzelheiten dieses Gesetzesverständnisses bedürfen weiterer Klärung.

22 **f) Wechselseitige Beteiligungen.** Nach § 19 AktG, der expressis verbis auch für die GmbH gilt, sind wechselseitig beteiligte Unternehmen solche Unternehmen in der Rechtsform einer Kapitalgesellschaft (oder bergrechtlichen Gewerkschaft), die dadurch verbunden sind, dass jedem Unternehmen mehr als der vierte Teil der Anteile des anderen Unternehmens gehört. Vorausgesetzt wird, dass die beteiligten Unternehmen ihren Sitz im Inland haben; internationale wechselseitige Beteiligungen erfasst die Vorschrift also nicht.[75] Der Zweck der Erfassung wechselseitiger Beteiligungen innerhalb des Rechts der verbundenen Unternehmen hängt damit zusammen, dass diese Art von Unternehmensverflechtung die Kapitalgrundlage der beteiligten Gesellschaften gefährden und außerdem zur Herrschaft der Verwaltung in der Gesellschafterversammlung führen kann.[76] Wechselseitige Beteiligungen kommen zwar auch bei der GmbH vor, scheinen aber quantitativ nicht besonders ins Gewicht zu fallen.

23 § 19 Abs. 2 und 3 AktG enthalten eine Sonderregelung hinsichtlich des Verhältnisses von Abhängigkeit und wechselseitiger Beteiligung: eine Mehrheitsbeteiligung in der Hand eines wechselseitig beteiligten Unternehmens macht das andere stets zum abhängigen Unternehmen; § 17 Abs. 2 AktG ist nicht anwendbar. Entsprechendes gilt für den Fall einer wechselseitigen Mehrheitsbeteiligung. In diesem Fall gelten beide Unternehmen sowohl als herrschend als auch als abhängig. Die Geltung dieser Fiktionen bei Fehlen einer AG ist nicht ganz zweifelsfrei, aber doch zu bejahen. Neben dem Wortlaut gibt den Ausschlag, dass die in § 19 Abs. 2 und 3 AktG steckende Wertung offensichtlich nicht AG-spezifisch ist.[77]

24 **g) Unternehmensverträge.** Das AktG unterscheidet in den §§ 291, 292 AktG zwei Gruppen von Unternehmensverträgen. In die erste Gruppe gehören Beherrschungs- und Gewinnabführungsverträge.[78] Als Gewinnabführungsvertrag gilt auch der sogenannte Geschäftsführungsvertrag. Die zweite Gruppe umfasst Gewinngemeinschaftsverträge, den Teilgewinnabführungsvertrag und schließlich Betriebspacht- und -überlassungsverträge.[79] Beherrschungs- und Gewinnabführungsverträge führen dazu, dass die abhängige Gesellschaft aufhört, als Rechtssubjekt mit eigenen unternehmerischen Interessen zu existieren. Das Mitgliedschaftsrecht ist demzufolge auch nicht mehr geeignet, eine gerechte Teilhabe an Vermögen und Ertragskraft der abhängigen Gesellschaft zu vermitteln. Die übrigen, in § 292 AktG zusammengefassten Unternehmensverträge sind nicht mit solchen Konsequenzen verbunden; jedenfalls ergeben sie sich nicht aus dem Vertragsinhalt. Eingliederung der abhängigen Gesellschaft in eine übergeordnete unternehmerische Einheit einerseits, Fehlen einer solchen Eingliede-

---

[73] ZIP 1993, 1589 ff.; ablehnend wohl *Kropff*, FS Semler, 1993, S. 517, 532 f.
[74] AaO 1592.
[75] Über die Gründe vgl. *Koppensteiner* S. 180 f.
[76] Vgl. *Scholz/Emmerich* 8. Aufl. Rn. 76; Kölner KommAktG/*Koppensteiner* § 19 Rn. 3 mwN.
[77] Ebenso *Scholz/Emmerich* Rn. 35.
[78] Sammlung einschlägiger Judikatur und Literatur im Dokumentationsband von *Hirte*.
[79] Monographisch dazu *Führling* S. 69 ff.

rung andererseits, ist also der Leitgedanke, der zur Differenzierung zweier verschiedener Gruppen von Unternehmensverträgen geführt hat.[80]

Hinsichtlich der **begrifflichen Details** der einzelnen Unternehmensverträge ist auf die aktienrechtliche Spezialliteratur zu verweisen. Kerninhalt des **Beherrschungsvertrags** ist eine Abrede, wonach sich eine Gesellschaft der Leitung eines anderen Unternehmens unterstellt. Der **Gewinnabführungsvertrag** verpflichtet die Gesellschaft, ihren gesamten Gewinn an ein anderes Unternehmen abzuführen. Bei der AG werden beide Verträge aus steuerrechtlichen Gründen normalerweise gebündelt (Organschaftsvertrag). Bei der GmbH beschränkt man sich regelmäßig auf den Abschluss eines Gewinnabführungsvertrages, weil die steuerrechtlichen Voraussetzungen der Organschaft infolge der Weisungsgebundenheit der Geschäftsführer dort auch ohne formellen Beherrschungsvertrag realisierbar sind (vgl. Rn. 4, 7; N zur gesellschaftsrechtlichen Funktion des Beherrschungsvertrages auch bei der GmbH in Rn. 7). Wenn eine Gesellschaft es übernimmt, ihr Unternehmen für Rechnung eines anderen Unternehmens zu führen (Geschäftsführungsvertrag), so läuft dies auf dasselbe hinaus wie eine Verpflichtung zur Gewinnabführung. Darin besteht der Grund, warum das Gesetz den Geschäftsführungsvertrag als eine Variante des Gewinnabführungsvertrages behandelt. **25**

Eine **Gewinngemeinschaft** iS des Gesetzes liegt vor, wenn sich eine Gesellschaft verpflichtet, ihren Gewinn mit einem anderen Unternehmen zwecks anschließender Aufteilung nach einem bestimmten Schlüssel zusammenzulegen. Unerheblich ist, ob der ganze Gewinn der beteiligten Unternehmen, ein prozentualer Teil oder der Gewinn einzelner Betriebe vergemeinschaftet wird. Doch muss sich die Vereinbarung stets auf einen periodisch ermittelten Gewinn beziehen.[81] Der **Teilgewinnabführungsvertrag** setzt eine Verpflichtung voraus, einen Gewinnteil oder den Gewinn einzelner Betriebe an einen anderen gegen Entgelt abzuführen. Hervorzuheben ist, dass der begünstigte Vertragspartner seinerseits nicht Unternehmen zu sein braucht. Der **Betriebspachtvertrag** beinhaltet die Verpachtung des gesamten Betriebs einer Gesellschaft. Der **Betriebsüberlassungsvertrag** bezweckt wirtschaftlich dasselbe, unterscheidet sich von der Betriebspacht aber dadurch, dass der Betrieb nach außen im Namen der Gesellschaft weitergeführt wird. Es liegt eine bloße Innenpacht vor.[82] Für den in den §§ 291 ff. explizit nicht aufgeführten **Betriebsführungsvertrag** ist charakteristisch, dass das Unternehmen der Gesellschaft oder Teile desselben auf deren Rechnung von einem anderen betrieben werden soll.[83] **26**

4. Internationale Unternehmensverbindungen. Bei Vorhandensein eines grenzüberschreitenden Sachverhalts der vorstehend in den Rn. 12 ff. umschriebenen Art fragt sich, ob und inwieweit deutsches Gesellschaftsrecht anzuwenden ist und ob daneben auch die Anwendung ausländischen Rechts in Betracht kommt. Auszuscheiden sind dabei von vornherein solche Fälle, an denen keine deutsche GmbH beteiligt ist. Deutsches materielles Gesellschaftsrecht spielt in solchen Fällen keine Rolle.[84] Demnach lässt sich die Frage auf solche internationale Sachverhalte reduzieren, an de- **27**

---

[80] Näher Kölner KommAktG/*Koppensteiner* Vor § 291 Rn. 63 ff.
[81] Zur Qualifikation beidseitiger Vermögensübertragung auf eine gemeinsame Holding BGH BB 1982, 269, 272, *Timm* JZ 1982, 403, 405; ablehnend Kölner KommAktG/*Koppensteiner* § 292 Rn. 41.
[82] Vgl. *Emmerich/Sonnenschein* § 12 III; Kölner KommAktG/*Koppensteiner* § 292 Rn. 66 mwN.
[83] Kölner KommAktG/*Koppensteiner* § 292 Rn. 67; *Huber* ZHR 152 (1988), 1, 2 ff., 123, 140 ff.; beide mwN. Zur Behandlung dieses Vertragstyps als Unternehmensvertrag Kölner KommAktG/*Koppensteiner* § 292 Rn. 68; *Huber* aaO S. 32 f., 35.
[84] Begründung bei *Koppensteiner* S. 98 f.

nen eine deutsche GmbH beteiligt ist. Zu den Kriterien einer solchen vgl. Einl. Rn. 303 ff. Positivrechtliche Regelungen der Rechtsanwendungsprobleme des internationalen Unternehmensverbunds fehlen – und zwar nicht nur für die GmbH. Doch lassen sich solche Regelungen aus dem vorhandenen Normenbestand entwickeln. Ausgangspunkte sind einerseits das Kollisionsgesellschaftsrecht, das im wesentlichen bisher allerdings nur Sätze für unabhängige, nicht im Unternehmensverbund stehende Gesellschaften herausgebildet hat und daher entsprechend fortgeschrieben werden muss, sowie andererseits die Zwecke der Sachnormen, deren Anwendbarkeit auf internationale Sachverhalte in Frage steht.[85] Aus dieser Perspektive ist es opportun, zwischen internationalen Über/Unterordnungsbeziehungen und internationalen Gleichordnungsbeziehungen zu unterscheiden.

28   Aus **materiellrechtlicher** Sicht sind gegenüber internationalen **Über/Unterordnungsbeziehungen** nur jene Normen des deutschen Rechts anzuwenden, die sich auf die Verhältnisse des inländischen Partners der Unternehmensverbindung beziehen.[86] Ist also eine GmbH von einem ausländischen Unternehmen abhängig, so richten sich die Maßstäbe, die das herrschende Unternehmen gegenüber der abhängigen GmbH zu beachten hat, ausschließlich nach deutschem Recht.[87] Von deutschen Normen, die das herrschende Unternehmen betreffen, lässt sich, wenn dieses ein ausländisches ist, aus materiellrechtlicher Sicht nur sagen, dass sie nicht anwendbar sind. In der umgekehrten Konstellation (herrschende GmbH im Inland, ein abhängiges Unternehmen im Ausland) gilt mutatis mutandis dasselbe. Normen des deutschen Rechts sind in dieser Konstellation nur anwendbar, soweit sie sich mit Ordnungsproblemen der Obergesellschaft beschäftigen.

29   Die Erweiterung der vorstehend skizzierten materiellrechtlichen um eine **kollisionsrechtliche** Analyse ergibt zweierlei: Erstens bestätigt sie, dass der materiellrechtsimmanent ermittelte Geltungsanspruch der deutschen Sachnormen auch dann gesichert wäre, wenn von den Grundsätzen des internationalen Gesellschaftsrechts ausgegangen würde.[88] Zum zweiten erlaubt es die kollisionsrechtliche Betrachtung, die aus dem materiellen Recht entwickelbaren einseitigen Kollisionsnormen zu allseitigen auszubauen.[89] Für internationale Über/Unterordnungsbeziehungen bedeutet dies, dass das auf Ordnungsprobleme der abhängigen Gesellschaft zielende ausländische oder inländische Recht mit dem im Einzelfall anwendbaren (anderen) Recht des herrschenden Unternehmens zu kombinieren ist. Wird ein ausländisches Unternehmen zB von einer inländischen GmbH beherrscht, so heisst dies, dass sich die Grenzen der Mehrheitsherrschaft nach dem Recht des ausländischen Tochterunternehmens richten, während sich etwa die Frage, ob das abhängige Unternehmen aus ihm gehörenden Anteilen der inländischen Mutter-GmbH abstimmen darf, nach inländischen Regeln beantwortet.[90]

---

[85] Zu Unrecht kritisch gegenüber diesem doppelten Ansatz *Wiedemann* § 14 III 1; näher Kölner KommAktG/*Koppensteiner* Vor § 291 Rn. 79.

[86] *Koppensteiner* S. 99 ff.

[87] AllgM; vgl. nur *Wiedemann* § 14 III 3; *Staudinger/Großfeld* IntGesR Rn. 501; MüKo BGB/*Kindler* IntGesR Rn. 549 ff.; *Soergel/Kegel* Vor Art. 7 EGBGB Rn. 251; Kölner KommAktG/*Koppensteiner* § 292 Rn. 84; *Zimmer* S. 366 ff., alle mwN; ebenso iErg. BGHZ 65, 15 = NJW 1976, 191; dazu *Rehbinder* ZGR 1976, 386, 398 f.; *Brezing* AG 1976, 5, 8.

[88] Ausführlich *Koppensteiner* S. 136 ff.; *Ebenroth* JZ 1988, 75, 77 f.; *Epe*, FS Rothoeff, 1994, S. 47 ff.

[89] *Staudinger/Großfeld* IntGesR Rn. 393, 407; gleichsinnige Rechtsprechung bei *Ebenroth/Wilken* JZ 1991, 1116 ff.

[90] Zu Zulässigkeit, Voraussetzungen und Folgen internationaler Beherrschungs- und Gewinnabführungsverträge *Staudinger/Großfeld* IntGesR Rn. 514 ff.; MüKo BGB/*Kindler* IntGesR

Die mit internationalen **Gleichordnungsbeziehungen** zusammenhängenden Fragen sind prinzipiell nach den soeben entwickelten Grundsätzen zu beurteilen. Für internationale Gewinngemeinschaftsverträge zB bedeutet dies, dass die für den deutschen Partner der Unternehmensverbindung maßgeblichen Bestimmungen des deutschen Rechts mit den Erfordernissen zu kumulieren sind, die das Heimatrecht des ausländischen Unternehmens aufstellt.[91] In anderen Fällen internationaler Gleichordnungsbeziehungen lässt sich diese Vorgangsweise aber entweder nur mit Schwierigkeiten oder überhaupt nicht durchhalten.[92] Letzteres ist bei internationalen wechselseitigen Beteiligungen der Fall.[93] Wohl aus diesem Grunde hat der deutsche Gesetzgeber die Geltung der diesbezüglichen Regeln von vornherein auf Inlandssachverhalte beschränkt (Rn. 22). 30

II. Konzernrechtlicher Präventivschutz (Entstehungsvoraussetzungen verbundener Unternehmen)

1. Vorbemerkung. Das Konzernrecht des AktG konzentriert sich auf die Regelung der bestehenden Unternehmensverbindungen; insbesondere enthält es keine ausdrücklichen Zulässigkeitsvoraussetzungen für faktische Konzerne, auch dann nicht, wenn diese stark zentralisiert geführt werden. Sehr viel spricht andererseits dafür, dass die Durchsetzung konzernrechtlich relevanter Minderheits- und Gläubigerinteressen im qualifizierten faktischen Konzern mit Mitteln der Verhaltenskontrolle auf erhebliche Schwierigkeiten stößt. Daran hat sich auch durch die Entwicklungen seit „Autokran"[94] nichts Grundsätzliches geändert. Gerade hinsichtlich des Konzernrechts der GmbH, das mangels ausdrücklicher gesetzlicher Regelungen für diese Art von Überlegungen weitgehend offen ist, besteht daher Anlass, zunächst einmal die Möglichkeiten eines konzernrechtlichen Präventivschutzes abzuklären.[95] Dabei ist jeweils zwischen Regelungsproblemen des unter- und übergeordneten Unternehmens zu unterscheiden (Rn. 2). 31

2. Mehrheitsbeteiligung, Abhängigkeit, dezentrale Konzernbildung. 32
a) GmbH als Tochterunternehmen.[96] aa) Unternehmerisch gehaltene Mehrheitsbeteiligungen an einer GmbH und damit regelmäßig verbundene Abhängigkeitslagen können auf verschiedene Weise entstehen. Insbesondere kommt in Betracht: die Veränderung der Mehrheitsverhältnisse zugunsten eines Unternehmer-Gesellschafters durch Zuerwerb von Anteilen oder im Zuge einer Kapitalerhöhung bei gleichzeitigem Ausschluss des Bezugsrechts der anderen Gesellschafter, Veräußerung einer Mehrheitsbeteiligung an ein Unternehmen, Erwerb der Unternehmereigenschaft durch einen

---

Rn. 566 ff.; *Soergel/Kegel* Vor Art. 7 Rn. 252; Kölner KommAktG/*Koppensteiner* § 292 Rn. 94, alle mwN; ausführlich unter mitbestimmungsrechtlichen Gesichtspunkten *v. Zitzewitz* passim; zu europarechtlichen Dimensionen der Fragestellung *Eyles* in *Hennsler/Nolbeck/Moritz/Rehm* S. 407, 417 ff.

[91] Ausführlich zum internationalen Gleichordnungskonzern *Keck* S. 235 ff. Vgl. *Staudinger/Großfeld* IntGesR Rn. 392; anders – Vertragsfreiheit – *Ebenroth* JZ 1988, 75, 76.
[92] Über die Gründe vgl. *Koppensteiner* S. 178 ff.
[93] *Koppensteiner* S. 180.
[94] BGHZ 95, 330 = NJW 1986, 188.
[95] Führend *Lutter/Timm* NJW 1982, 409, 411 f.; s. ferner zB Hachenburg/*Ulmer* Rn. 57 ff.; *Lutter/Hommelhoff* Rn. 10; *Scholz/Emmerich* Rn. 41 ff.; *Baumbach/Hueck/Zöllner* Rn. 68 ff.; de lege ferenda *K. Schmidt* JZ 1992, 856, 863 f. in Anknüpfung an das Juristentagsgutachten von *Hommelhoff*.
[96] Zur Parallelfrage für die GmbH & Co. KG *Ehrhardt* S. 65 ff.

Anh. nach § 52 3. Abschnitt. Vertretung und Geschäftsführung

Mehrheitsgesellschafter. Die **Verhinderung** oder jedenfalls **Kontrolle** solcher Entwicklungen ist zunächst durch entsprechende **Satzungsklauseln** möglich.[97] Praktisch am wichtigsten dürften Anteilsvinkulierung[98] und Wettbewerbsverbote zu Lasten der Gesellschafter sein.[99] Daneben kommt die Einführung von Stimmverboten, Höchststimmrechten, Mehrfachstimmrechten, Ankaufs- oder Vorkaufsrechten der Gesellschafter in Betracht.[100]

33 Üblicherweise sieht der Gesellschaftsvertrag freilich vor, dass die Gesellschafterversammlung von Veräußerungs-/Wettbewerbsverboten oder ähnlichen Regelungen **Dispens** erteilen kann. Als Begleitmaßnahme bietet es sich an, den jeweils Interessierten nicht mitstimmen zu lassen.[101] Fehlt eine einschlägige Satzungsregel, genügt nach Auffassung des BGH[102] zwar die einfache Mehrheit. Die Befreiung vom Wettbewerbsverbot stehe aber dann nicht im freien Ermessen der Mehrheit, wenn sie zur Abhängigkeit der Gesellschaft von einem **Konkurrenzunternehmer** führe.[103] Die Entbindung vom Wettbewerbsverbot sei vielmehr grundsätzlich rechtswidrig, falls sie nicht durch sachliche Gründe im Interesse der Gesellschaft gerechtfertigt sei. Erforderlich sei eine Abwägung der Interessen und der Verhältnismäßigkeit von Mittel und Zweck. Das fügt sich bruchlos in die Grundsätze ein, die sich hinsichtlich der Bedeutung von Treuepflichten für das Abstimmungsverhalten herausgebildet haben (dazu § 47 Rn. 125 ff.).

34 Hervorzuheben ist, dass die Rechtmäßigkeit der abhängigkeitsbegründenden Befreiung vom Wettbewerbsverbot nach Ansicht des BGH möglicherweise auch dadurch bedingt ist, dass die Gesellschaft durch **treuhänderische Bindungen** gegen die Gefahren der Abhängigkeit geschützt wird.[104] Das damit formulierte Prinzip – Notwendigkeit eines vertraglichen Schutzes gegen die Gefahren der Abhängigkeit als Voraussetzung der Rechtmäßigkeit eines abhängigkeitsbegründenden Gesellschafterbeschlusses – ist zu billigen; hinsichtlich der Art seiner Realisierung im Einzelfall lassen sich freilich keine generalisierungsfähigen Regeln aufstellen. So lässt sich das Abhängigkeitsrisiko uU auch durch statutarische Sonderrechte zugunsten der Minderheit

---

[97] Ausführlich *Binnewies* S. 143 ff.; *Jansen* 163 ff.; *Verhoeven* S. 33 ff.; *Sonntag* S. 53 ff.; *Deilmann* S. 138 ff.; *Grauer* S. 72 ff.; *Liebscher* S. 229 ff.; ferner etwa *Schneider* in: Der GmbH-Konzern, S. 78, 89; *Lutter/Timm* NJW 1982, 409, 416 f.; *Scholz/Emmerich* Rn. 49 f.; *Emmerich/Sonnenschein* § 4a IV 2 a.

[98] Vgl. *K. Schmidt* GmbHR 1979, 121, 132 f.; zur Effektivierung *Baumbach/Hueck/Zöllner* Rn. 69.

[99] Zur Anwendung des § 138 BGB bei nur kapitalistisch beteiligten Gesellschaftern BGH WM 1986, 1473, 1475; zur Bedeutung von § 1 GWB BGH NJW 1988, 2737, 2738 f.; *Ivens* DB 1988, 215 ff.

[100] Zur Frage der nachträglichen Einführung abhängigkeitsausschließender Satzungsklauseln vgl. *Liebscher* S. 241; *Lutter/Timm* NJW 1982, 409, 415 f.; ausführlich *Binnewies* S. 158 ff.; zur Anteilsvinkulierung auch *Reichert* BB 1985, 1496, 1499 mwN; zu Höchststimmrechten *Winter* S. 137 ff. mwN; ferner § 53 Rn. 26.

[101] *Baumbach/Hueck/Zöllner* Rn. 69; *Lutter/Hommelhoff* Rn. 14.

[102] BGH NJW 1981, 1512, 1513; insoweit in BGHZ 80, 69 = NJW 1981, 1512 nicht abgedruckt.

[103] BGHZ 80, 69, 73 ff. = NJW 1981, 1512; zustimmend zB *Hachenburg/Ulmer* Rn. 60 ff.; *Binnewies* 231 ff.; *Raiser*, FS Stimpel, 1985, S. 855, 860 ff.; *Ivens* S. 111 ff.; *Lutter/Timm* NJW 1982, 409, 417 f. mit Ausdehnung des Prinzips auf andere Durchbrechungen abhängigkeitsausschließender Klauseln; *Timm* ZGR 1987, 403, 425 f. Für Notwendigkeit einer Satzungsänderung *Scholz/Emmerich* Rn. 50. Zur aktienrechtlichen Parallelproblematik *Immenga* BB 1992, 2446 ff.; *Lutter* AG 1992, 369 ff.; *Geiger* S. 109 ff.

[104] Zustimmend *Lutter/Timm* NJW 1982, 409, 415, 417 f.

neutralisieren.[105] Stets hängt konzernrechtlicher Präventivschutz im übrigen davon ab, dass die Abhängigkeit der Gesellschaft von einem Unternehmen (Rn. 8) droht; Beherrschungsmöglichkeiten durch einen Nichtunternehmer-Gesellschafter reichen nicht aus.[106]

Unentschieden blieb in BGHZ 80, 69 = NJW 1981, 1512, ob die dort aufgestellten Grundsätze auch auf den Fall eines Gesellschafterbeschlusses angewendet werden würden, der zur Abhängigkeit der Gesellschaft von einem **nichtkonkurrierenden** Unternehmen führt. In den Urteilsgründen werden diese Grundsätze in erster Linie mit der Möglichkeit nichtidentifizierbarer und daher auch nicht ausgleichsfähiger Nachteile auf Seiten des abhängigen Unternehmens begründet.[107] Einzuräumen ist, dass derartige Gefahren bei Abhängigkeit der Gesellschaft von einem Wettbewerber besonders manifest sind. Sie stellen sich aber auch als Folge der Abhängigkeit von einem branchenfremden Unternehmen ein. Insofern besteht kein qualitativer, sondern nur ein quantitativer Unterschied. Demzufolge spricht einiges dafür, dass der BGH auch nicht qualifizierte Abhängigkeitsverhältnisse meint.[108] 35

Das Verhältnis **materieller Beschlusskontrolle** und spezieller **Sicherung** der Minderheit gegen die Gefahren von Abhängigkeit lässt sich als System kommunizierender Röhren denken. Erstere wird überflüssig, wenn die Minderheit in der abhängig gewordenen Gesellschaft im Ergebnis nicht schlechter dasteht wie vorher. Das zeigt die Rechtslage beim Gewinnabführungsvertrag. Auch dort findet eine materielle Beschlusskontrolle nicht statt. 36

Nicht zureichend geklärt ist, ob und inwieweit die vorstehend dargelegten Regeln auch dann gelten, wenn eine Bestimmung des Gesellschaftsvertrages, die geeignet ist, die **Entstehung einer Abhängigkeitslage** zu **verhindern,** durch satzungsändernden Beschluss **beseitigt** werden soll. ME lässt sich die Frage bei Fehlen gegenteiliger Satzungselemente[109] nur dann bejahen, wenn die Satzungsänderung der Umgehung dieser Regeln dient. Denn es besteht wohl kein ausreichender Grund, die Eliminierung gesellschaftsvertraglicher Bestimmungen des in Frage stehenden Typs (Rn. 32), wie zB die Vinkulierung der Anteile, grundsätzlich strengeren Regeln zu unterwerfen als andere Fälle der Satzungsänderung. Namentlich lässt sich die von einem konkreten Anlassfall unabhängige Änderung der Satzung nicht mit dem Abhängigkeit begründenden Dispens von einer gesellschaftsvertraglichen Pflicht vergleichen.[110] Deshalb sollte es bei den Mehrheitserfordernissen des § 53 Abs. 2 sein Bewenden haben. Zusätzliche materielle Beschlusserfordernisse bestehen – von Umgehungsfällen abgesehen – nicht. Für die Gegenauffassung spricht allerdings, dass Satzungsänderungen der hier interessierenden Art gegenüber dem status quo ante eine immerhin abstrakte Gefährdungslage schaffen. Außerdem kann der Umgehungsgesichtspunkt Rechtsanwendungsprobleme aufwerfen. Die Rechtslage muss also insoweit als unsicher bezeichnet werden. Dagegen lässt sich mit einiger Bestimmtheit sagen, dass 37

---

[105] Vgl. *Lutter/Hommelhoff* Rn. 15.
[106] BGH AG 1980, 342; OLG Saarbrücken AG 1980, 26, 27 f.; dazu *Müller* AG 1981, 306 in zutreffender Auseinandersetzung mit *Ruwe* AG 1980, 21.
[107] BGHZ 80, 69, 74 = NJW 1981, 1512; ebenso BGHZ 89, 162, 166 = NJW 1984, 162.
[108] Ebenso *Lutter/Timm* NJW 1982, 409, 418. Einschränkend *Binnewies* S. 237 ff. nach gründlicher Untersuchung.
[109] Zu Möglichkeiten und Auslegungsfragen *Binnewies* S. 168 ff.; *Reichert* BB 1985, 1496, 1497 ff., je mwN.
[110] Andere Tendenz bei *Lutter* ZGR Sonderheft 6, 192, 204 und *Timm* ZGR 1987, 402, 424 f. Anders wie hier auch *Binnewies* S. 241 f.

auch der im Ergebnis begünstigte Mehrheitsgesellschafter stimmbefugt ist.[111] Dem kann man nicht überzeugend entgegenhalten, im Unterschied zu anderen Fällen der Satzungsänderung,[112] bei denen das Stimmverbot nicht eingreift, trete der Gesellschafter der GmbH hier als „Dritter" gegenüber. Bei Umstrukturierungsvorgängen zB kann es ebenfalls zu Interessenkollisionen kommen, ohne dass dem Initiator deshalb das Stimmrecht genommen würde.

38 bb) Bei **Fehlen abhängigkeitsausschließender Satzungsklauseln** wurde vorgeschlagen[113] mit einem Wettbewerbsverbot analog § 112 HGB zu Lasten der Gesellschafter helfen, wenn es sich um eine personalistisch strukturierte Gesellschaft handelt.[114] Diese Auffassung hat sich im Anschluss an die Judikatur[115] auf breiter Front durchgesetzt.[116] Nach wie vor richtig erscheint mir, dass § 112 HGB wegen seiner Unanwendbarkeit auf Beteiligungen an Kapitalgesellschaften keine geeignete Analogiegrundlage liefert.[117] Aber diese Bestimmung ist ihrerseits, wie in BGHZ 89, 162, 165 = NJW 1984, 162 zutreffend unterstrichen wird, als bloße Konkretisierung der allgemeinen Treuepflicht aufzufassen.[118] Bezogen auf die GmbH ist daher auch eine sachgerechte Abwandlung des Pflichteninhalts möglich. Jedenfalls dann, wenn ein beherrschender Unternehmensgesellschafter nicht dartun kann, dass er von seinen Einflussmöglichkeiten keinen Gebrauch macht, also nur eine Finanzbeteiligung hält,[119] ist also der hM zu folgen.[120] Zu beachten ist, dass der BGH[121] das Wettbewerbsverbot auf ein Unternehmen bezogen hat, das nicht selbst, sondern über eine 100 %ige Tochter an der verbotsbegünstigten Gesellschaft beteiligt war. Dazu sind noch nähere Untersuchungen erforderlich.[122]

39 Entgegen einer im Schrifttum vertretenen Auffassung[123] muss angenommen werden, dass das vorstehend diskutierte satzungsunabhängige Wettbewerbsverbot andererseits doch durch die Satzung ausgeschlossen werden kann.[124] Das ist selbstverständlich, wenn man die Rechtsgrundlage des Verbots mit der hM in einer Analogie zu § 112 HGB sieht. Aber auch der Inhalt von Treuepflichten steht nicht ein für allemal fest,

---

[111] Anders *Geiger* S. 158 ff. mwN beider Auffassungen (teilweise fehlerhaft); *Lawall* S. 153 f.
[112] Zu ihnen § 47 Rn. 72.
[113] *Lutter/Timm* NJW 1982, 409, 419 mwN.
[114] Anders *K. Schmidt* GmbHR 1979, 121, 133: kein gesetzlicher Präventivschutz; vgl. Rn. 74.
[115] BGHZ 89, 162, 165 ff. = NJW 1984, 162.
[116] *Lutter/Hommelhoff* § 14 Rn. 20; *Hachenburg/Ulmer* Rn. 64; *Baumbach/Hueck/Zöllner* Rn. 70; *K. Schmidt* § 30 V; *Hirte* 191 f. allerdings mit anderer Begründung; *Salfeld* S. 205 ff.; *Geiger* S. 113 ff.; *Raiser*, FS Stimpel, 1985, S. 855, 860 ff.; *Wiedemann/Hirte* ZGR 1986, 163; *Lutter* ZHR 151 (1987), 444, 457; sehr ausführlich *Ivens* S. 124 ff. mit genauem Überblick über den Meinungsstand; für Beschränkung auf Mehrheitsgesellschafter *Winter* S. 246 ff.; *Sonntag* S. 71 ff.; *Binnewies* S. 192 ff.; *Liebscher* S. 245 ff.; tendenziell auch *Grauer* S. 94; kritisch *Immenga* JZ 1984, 576, 579 f.; *Mertens/Cahn*, FS Heinsius, 1991, S. 545, 553 ff.; *Pietzcker* S. 153 ff., 158 f., 276 f.
[117] Vgl. 1. Aufl. Rn. 29; *Koppensteiner* ZGR Sonderheft 6, 101, 105.
[118] BGHZ 89, 162, 165; s. *Scholz/Emmerich* Rn. 55 f.
[119] Zu dieser Einschränkung BGHZ 89, 162, 167 = NJW 1984, 162; zustimmend *Raiser*, FS Stimpel, 1985, S. 855, 862 f.; aA *Hachenburg/Ulmer* Rn. 54.
[120] Zu Einschränkungen mit Rücksicht auf den status quo bei Abschluss des Gesellschaftsvertrags *Wiedemann/Hirte* ZGR 1986, 163, 171 f.
[121] BGHZ 89, 162, 165 = NJW 1984, 162.
[122] Vgl. einstweilen *Wiedemann/Hirte* ZGR 1986, 163, 165; *Binnewies* S. 211 f.; *Liebscher* S. 252 f.; ausführlicher *Winter* S. 255 ff.; auch Rn. 76.
[123] *Hirte* S. 191 ff.; Vgl. auch *Wiedemann/Hirte* ZGR 1986, 163, 167.
[124] Zutreffend *Schneider* ZGR Sonderheft 6, 121, 130; eingehend *Winter* S. 258 ff.; *Geiger* S. 146 ff.

sondern unterliegt der Disposition durch die Gründungsgesellschafter. Bei nachträglicher Änderung der Satzung sind, sofern sie im Zusammenhang mit einem konkreten Anlass erfolgen, die in Rn. 33 ff. dargestellten Grundsätze entsprechend anzuwenden.[125] Im übrigen ist auf Rn. 37 zu verweisen.

Auch wenn ein Wettbewerbsverbot nicht eingreift, ist ein zum Unternehmer gewordener Mehrheitsgesellschafter doch verpflichtet, die daraus resultierende Abhängigkeitslage der Gesellschaft den anderen Gesellschaftern unaufgefordert **bekannt zu geben**.[126] De lege lata wohl nicht zureichend zu begründen sind dagegen die von *Wiedemann*[127] postulierten Rücksichtspflichten bei der **Veräußerung** einer **Mehrheitsbeteiligung**.[128] Auch dann also, wenn eine solche Transaktion zur Abhängigkeit der Gesellschaft führt, hängt ihre Zulässigkeit keineswegs von der Zustimmung der Gesellschafterversammlung ab.[129]   40

cc) Von einem Teil der Literatur wird zutreffend angenommen, dass das eine GmbH beherrschende Unternehmen seine Einflussmöglichkeiten zu einheitlicher Leitung verdichten, die abhängige GmbH also **zum Konzernunternehmen machen** darf.[130] Vorausgesetzt wird dabei im allgemeinen, und zwar mit Recht (Rn. 49 f.), dass die Grenzen zum sogenannten qualifizierten faktischen Konzern nicht überschritten werden, dass herrschende Unternehmen Einflussnahmen auf jenes Maß beschränken, das die abhängige Gesellschaft als Trägerin eigener unternehmerischer Interessen intakt lässt und die Durchsetzbarkeit dieser Interessen ermöglicht.[131] Dass einheitliche Leitung dies generell ausschließt, ist durch nichts bewiesen.   41

b) GmbH als Mutterunternehmen. aa) Bei der **Obergesellschaft** werfen Beteiligungserwerb (Ausgliederung), Begründung und Ausübung beherrschenden Einflusses vor allem ein Problem der Zuständigkeitsverteilung zwischen Gesellschafterversammlung und Geschäftsführung auf. Es geht um die Frage, wieweit die Geschäftsführungsbefugnis der Verwaltung in diesem Zusammenhang reicht. Dagegen wird – außerhalb des Anwendungsbereichs[132] des UmwG – zu Recht (fast) nirgends an der   42

---

[125] Weitergehend *Salfeld* S. 271 f.
[126] *Scholz/Emmerich* 8. Aufl. Rn. 89; *Hachenburg/Ulmer* Rn. 67; *Baumbach/Hueck/Zöllner* Rn. 72; *Lutter/Hommelhoff* Rn. 13; *K. Schmidt* GmbHR 1979, 121, 133; *Lutter/Timm* NJW 1982, 409, 419 mwN; in der Tendenz auch BGHZ 79, 337, 344 = NJW 1981, 1449, 1451. Zu abhängigkeitsbegründenden Stimmbindungen *Rodemann* S. 172 ff.
[127] § 8 III 3; ebenso wohl *Scholz/Emmerich* Rn. 56; s. ferner *Kallmeyer* GmbHR 2001, 747.
[128] Vgl. aber immerhin BGH ZIP 1982, 309, 310; zum Problem auch Kölner KommAktG/*Koppensteiner* § 317 Rn. 13; im Wesentlichen wie hier *Binnewies* S. 182 f.; *Liebscher* S. 257 f.
[129] Andere Tendenz bei *Lutter/Hommelhoff* Rn. 15; wohl auch *Scholz/Emmerich* Rn. 156; *ders.* AG 1987, 1, 2; noch weitergehend *Kallmeyer* GmbHR 2001, 746, wonach die Unabhängigkeit der Gesellschaft zum Unternehmensgegenstand gehören und deren Aufgabe daher einer Grundlage in der Satzung bedürfen soll. Zur Beteiligungsveräußerung und zu anderen Varianten der Entstehung von Abhängigkeit *Grauer* S. 103 ff. mwN; wie hier *Binnewies* S. 191 f.
[130] Ausdrücklich *Hachenburg/Ulmer* Rn. 59; *Lutter* ZGR Sonderheft 6, 192, 204 f.; *Binge* S. 102 f.; *Büscher* S. 52 f.; dagegen *Baumbach/Hueck/Zöllner* Rn. 53 a, 56, 71 für mehrgliedrige Gesellschaften; *Martens* GmbHR 1984, 265, 268 f.; für Erforderlichkeit eines zustimmenden Gesellschafterbeschlusses zu Unrecht *Scholz/Emmerich* 8. Aufl. Rn. 111 f.; *Sonntag* S. 83 ff.; *Grauer* S. 122 ff.; *Liebscher* S. 260 ff.; *Binnewies* 251 f. für personalistische Gesellschaften, je mwN; noch weitergehend *Wiedemann* S. 64 f.; *Schneider* ZGR Sonderheft 6, 121, 131 f.: Satzungsänderung.
[131] *Hommelhoff* S. 257 f. mwN; für Unterbindung beherrschenden Einflusses durch Stimmverbote im Zusammenhang mit der Bestellung der Geschäftsführung der abhängigen Gesellschaft dagegen *Immenga* ZGR 1978, 269, 281 ff.; dazu *Lutter/Timm* NJW 1982, 409, 414.
[132] Dazu *Koppensteiner,* FS Zöllner, 1998, S. 297, 308.

Vertretungsmacht der Geschäftsführer gezweifelt.[133] Auch dann, wenn der Erwerb einer Mehrheitsbeteiligung ohne Zustimmung der Gesellschafterversammlung im Innenverhältnis nicht möglich ist, ändert dies nichts an der Wirksamkeit des Erwerbs selbst.[134] Im Verhältnis zur Aktiengesellschaft, für die die Frage bisher hauptsächlich diskutiert wurde,[135] präsentiert sich das anstehende Zuständigkeitsproblem bei der GmbH allerdings in durchaus entschärfter Form. Denn dort hat die Gesellschafterversammlung ohnehin die Möglichkeit, unternehmerische Entscheidungen jeder Art an sich zu ziehen (§ 37 Rn. 18 ff.). Immerhin ist die Frage auch hier nicht bedeutungslos, sei es, dass die Gesellschafter nicht von sich aus initiativ werden, sei es, dass eine bestimmte Maßnahme im Zusammenwirken von Mehrheit und Geschäftsführung ohne formellen und deshalb grundsätzlich anfechtbaren Gesellschafterbeschluss durchgesetzt werden soll.[136] Als Kriterien für die Zuständigkeitsabgrenzung zwischen Geschäftsführung und Gesellschafterversammlung im hier interessierenden Bereich haben sich bisher hauptsächlich zwei Gesichtspunkte herauskristallisiert, das Vorliegen eines außergewöhnlichen Geschäftes einerseits, eine sogenannte faktische Satzungsänderung andererseits.

43 bb) **Außergewöhnliche Maßnahmen** dürfen die Geschäftsführer nicht ohne Zustimmung der Gesellschafterversammlung durchführen (§ 37 Rn. 10 ff.). Ein Großteil der anstehenden Fragen dürfte damit beantwortet sein. Denn der Erwerb einer Beteiligung, insbesondere aber die Ausgliederung von Unternehmensteilen in eine selbständige Tochtergesellschaft,[137] wird häufig, vielleicht sogar im Regelfall, als ungewöhnliche Maßnahme zu qualifizieren sein.[138]

44 cc) **Zustimmung mit qualifizierter Mehrheit.** Alle Gesellschaftsorgane, insbesondere aber auch die Geschäftsführer, sind an die Verfolgung des **Unternehmensgegenstandes** gebunden, so wie er in der Satzung umschrieben ist (vgl. § 1 Rn. 6). Ohne entsprechende gesellschaftsvertragliche Ermächtigung[139] darf also eine Beteiligung an einem Unternehmen, dessen Betätigungsfeld sich mit dem Unternehmensgegenstand der Gesellschaft selbst nicht deckt, nur auf der Grundlage einer Satzungsänderung erworben werden.[140] Im Ergebnis dasselbe ist aber auch für die Fälle des Beteiligungserwerbs innerhalb derselben Branche anzunehmen; auch insoweit muss die

---

[133] Zurückhaltend für einen Sonderfall – Gründung einer Tochtergesellschaft – OLG Koblenz GmbHR 1991, 264, 265 f. Anders wie hier ohne Überzeugungskraft *Wehlmann* S. 99 ff.

[134] Vgl. BGHZ 83, 122, 132 = NJW 1982, 1703.

[135] Umfassende Analyse für die GmbH bei *Sonntag* S. 196 ff. und *Liebscher* S. 160 ff.; ferner etwa *Henssler*, FS Zöllner, 1998, S. 211 ff.

[136] Zu Möglichkeiten gesellschaftsvertraglicher Ausgestaltung der Konzernverfassung *Schneider* BB 1986, 1993, 1994 f.; vgl. auch *Lutter* ZGR Sonderheft 6, 192, 216 f.

[137] Vgl. BGHZ 83, 122, 125 ff. = NJW 1982, 1703; OLG Hamburg ZIP 1980, 1000; dazu *Rehbinder*, FS Coing, 1982, S. 423, *Großfeld/Brondics* JZ 1982, 589; Kölner KommAktG/*Koppensteiner* Vor § 291 Rn. 18 ff.; *Sonntag* S. 220 f.; je mwN; ferner *Ebenroth* AG 1988, 1, 2 ff. und *Stein* ZGR 1988, 163 ff.; *Raiser* AG 1989, 185 ff. zur Ausgliederung der EDV auf ein konzernverbundenes Unternehmen.

[138] Ebenso wohl *Scholz/Emmerich* Rn. 62. Präzisierend *Jungkurth* S. 47 f.; *Liebscher* S. 165 f.

[139] Für Zulässigkeit einer unternehmensgegenständlich unspezifizierten Beteiligungsklausel – bedenklich – OLG Frankfurt NJW-RR 1987, 227.

[140] Vgl. § 37 Rn. 13; ferner OLG Hamburg ZIP 1980, 1000, 1006; aus der Literatur: *Schneider* in: Der GmbH-Konzern, 78, 103, *Sonntag* S. 216 f.; *Timm* S. 100; *Rehbinder*, FS Coing, 1982, S. 430; *Scholz/Emmerich* Rn. 62; einschränkend unten § 53 Rn. 19; Zur Möglichkeit einer Unterlassungsklage bei fehlender Satzungsänderung § 43 Rn. 55 f.; zu (nur) kapitalistischen Beteiligungen *Tieves* S. 421 ff.; 446; zum Aktienrecht Kölner KommAktG/*Koppensteiner* Vor § 291 Rn. 24; *Tieves* S. 447 ff., je mwN.

Konzernrecht   **Anh. nach § 52**

Satzung also eine sogenannte „Konzernklausel" enthalten.[141] Der Hauptgrund für diese heute wohl schon überwiegende, wenn auch noch nicht abschließend gesicherte Auffassung ist darin zu sehen, dass die Verfolgung des Gesellschaftszwecks durch eigenunternehmerisches Handeln qualitativ etwas anderes darstellt als Beteiligungsverwaltung und zwar auch dann, wenn eine Tochtergesellschaft als Konzernunternehmen geführt wird.[142] Bei Vorliegen einer Konzernklausel ist die Ausübung der Kompetenz nicht von einem weiteren Beschluss mit qualifizierter Mehrheit abhängig.[143] Häufig wird aber eine außergewöhnliche Maßnahme mit der Folge vorliegen, dass die Gesellschafter darüber (mit einfacher Mehrheit) zu beschließen haben.[144]

Die Frage, ob auch die Begründung einer Abhängigkeitslage durch **Ausgliederung** 45 **eines Unternehmensteils** in eine selbständige Tochtergesellschaft als faktische Satzungsänderung zu qualifizieren ist, wird bei Fehlen einer entsprechenden gesellschaftsvertraglichen Ermächtigung[145] demgegenüber meist unter dem Gesichtspunkt diskutiert, ob die Aufgabe eines durch die Satzung vorgegebenen Tätigkeitsbereichs bereits als Gegenstandsänderung aufzufassen sei und ist in dieser Perspektive umstritten.[146] Richtigerweise wird man aber auch in Ausgliederungsfällen in erster Linie nach den strukturändernden Wirkungen einer solchen Transaktion bei der Gesellschaft zu fragen und dabei zu bedenken haben, dass die Gesellschaft als Folge der Ausgliederung zur Teilholding wird. Mangels satzungsmäßiger Ermächtigung dürfte – von quantitativ unbedeutenden Fällen abgesehen[147] – eine Gegenstandsänderung per se anzunehmen sein.[148] Für die AG hat der BGH[149] darüber hinaus angenommen, auch bei Vorhandensein einer Ausgliederungsklausel in der Satzung sei bei entsprechender Bedeutung des Vorgangs die Hauptversammlung einzuschalten. Das ist aber mit Recht ganz überwiegend abgelehnt worden.[150]

---

[141] Beispiel: „Die Gesellschaft ist berechtigt, Beteiligungen gleicher oder verwandter Art zu erwerben oder Tochtergesellschaften zu gründen"; vgl. BGH WM 1983, 334.

[142] Näher Kölner KommAktG/*Koppensteiner* Vor § 291 Rn. 25 ff.; wie hier etwa auch *Rehbinder*, FS Coing, 1982, S. 430 ff.; ausführlich *Timm* S. 88 ff.; seither etwa noch *Liebscher* S. 164, 166 ff. (mN auch der Gegenansicht); *Wehlmann* S. 34 ff.; *Jungkurth* S. 42 ff.; vgl. § 3 Rn. 10.

[143] Anders *Wehlmann* S. 78 ff. mit schwachen Argumenten; besser *Tieves* S. 490 ff., 519; vgl. auch *Henssler*, FS Zöllner, 1998, S. 215 f.

[144] Ebenso *Liebscher* S. 168 f., 172 f. mwN mit der mE unzutreffenden Maßgabe, dass eine Sachkontrolle des Beschlusses stattzufinden habe.

[145] Für Unzulässigkeit bei AG LG Stuttgart AG 1992, 236, 237 f.

[146] Vgl. die Literaturübersicht bei *Mertens* AG 1978, 309, 310 f.; ferner *Götz* AG 1984, 85, 89 ff.; LG Mainz WM 1977, 904, 906; *Sonntag* S. 213 ff. mwN.

[147] Übersicht über Konkretisierungsversuche bei *Henssler*, FS Zöllner, 1998, S. 212, gegen Heranziehung der Regeln über die umwandlungsrechtliche Ausgliederung ebendort 214 (zweifelhaft).

[148] So wohl BGHZ 83, 122, 131 f. = NJW 1982, 1703 für die AG; ähnlich *Timm* S. 117 ff.; *ders.* AG 1980, 172, 177 ff.; dezidiert *Rehbinder*, FS Coing, 1982, S. 432 ff.; *ders.* ZGR 1983, 92, 96 f.; dagegen *Götz* AG 1984, 85, 89; *Westermann* ZGR 1984, 352, 360 ff.; LG Mainz WM 1977, 904, 906; OLG Hamburg ZIP 1980, 1000, 1006 ff.; offen OLG Stuttgart DB 2001, 854, 857; Diskussion in Kölner KommAktG/*Koppensteiner* Vor § 291 Rn. 18 f.; seitdem etwa noch *Jansen* S. 296 ff.; *Wiedemann* S. 50 ff.; *Binge* S. 96 f.; *Wehlmann* S. 46 ff.; vgl. auch § 53 Rn. 19.

[149] BGHZ 83, 122, 131 f. = NJW 1982, 1703.

[150] Vgl. etwa *Heinsius* ZGR 1984, 383, 389 ff.; *Kropff* ZGR 1984, 112, 123; *Martens* ZHR 147 (1983), 377, 380 f.; *Rehbinder* ZGR 1983, 92, 97 ff.; *Sünner* AG 1983, 169 f.; *Werner* ZHR 147 (1983), 429, 438, 440 f.; *Westermann* ZGR 1984, 352, 363 ff.; zustimmend aber *Großfeld/Brondics* JZ 1982, 589, 591; iErg. auch LG Stuttgart AG 1992, 236, 237 f.; LG Frankfurt ZIP 1993, 830, 833 f.; speziell zur GmbH *Binge* S. 97 f. Zur Beteiligung eines Aufsichtsrates OLG Frankfurt WM 1988, 330.

Anh. nach § 52 3. Abschnitt. Vertretung und Geschäftsführung

46 Keine Zuständigkeit der Gesellschafterversammlung ist dagegen anzunehmen, wenn die Geschäftsführung Unternehmen, an denen die Gesellschaft eine entsprechende Beteiligung hält, in einen **Konzern** mit der herrschenden Gesellschaft zusammenfasst, jedenfalls sofern dabei die Grenzen zum qualifizierten faktischen Konzern nicht überschritten werden.[151] Denn die eigentlich gravierende Entscheidung fällt im Zusammenhang von Ausgliederung und konzernermöglichendem Beteiligungserwerb. Mit der Ausübung einheitlicher Leitung sind keine weiteren Einbrüche in die Rechtsstellung der Gesellschafter verbunden.[152]

47 Wenn nach dem in Rn. 44f. Gesagten eine Satzungsänderung notwendig ist, sind die dafür geltenden Erfordernisse, insbesondere die Notwendigkeit einer Dreiviertelmehrheit zu beachten. Noch wenig diskutiert ist die Frage, ob unter dem Gesichtspunkt der Treupflicht darüber hinaus **materielle Bindungen des Abstimmungsverhaltens** eintreten. Wie in § 47 Rn. 129 dargestellt, zeichnet sich eine positive Beantwortung dieser Frage in Fällen „strukturverändernder" Beschlüsse ab. Hinsichtlich der „Ausgliederungszuständigkeit" der Hauptversammlung (Rn. 45) hat der BGH aber offenbar keinen solchen Fall angenommen.[153]

48 dd) Die **Durchsetzung** der in den Rn. 43ff. entwickelten Prinzipien kann normalerweise von den Gesellschaftern erwartet werden, die sich durch Weisung auf Rückgängigmachung der Maßnahme, durch Abberufung der Geschäftsführer, gegebenenfalls durch eine Schadensersatzklage gemäß § 43 helfen können. Alle diese Möglichkeiten versagen jedoch, wenn die Mehrheit auf den Übergriff der Geschäftsführer in den Zuständigkeitsbereich der Gesellschafterversammlung nicht reagiert. Dann fragt sich, ob auch der **einzelne Gesellschafter** die Möglichkeit hat, gegen solche Übergriffe gerichtlich vorzugehen.[154]

49 **3. Qualifizierte faktische Konzerne. a) Verbot?** Die Einbeziehung einer GmbH in einen qualifizierten faktischen Konzern (zum Begriff Rn. 19f.) wird in der Literatur mangels Zustimmung aller Gesellschafter[155] ganz überwiegend für **verboten** gehalten.[156] Begründet wird ein solches Verbot in erster Linie damit, dass das Eigeninteresse der abhängigen Gesellschaft in der Situation des qualifizierten faktischen Konzerns keinen Maßstab mehr für die Beurteilung einzelner unternehmerischer Maßnahmen liefere.[157] Damit zusammenhängt ein weiteres Argument: Nachteilige Einflussnahmen der Konzernspitze ließen sich nicht mehr isolieren und daher auch nicht mehr ausgleichen.

---

[151] OLG Stuttgart NZG 2000, 159, 163; Kölner KommAktG/*Koppensteiner* Vor § 291 Rn. 29; *Jungkurth* S. 44; *Liebscher* S. 171 (auch für qualifizierten Konzern); anders insbesondere *Hommelhoff* S. 378ff.; *Sonntag* S. 222ff.; *Scholz/Emmerich* 8. Aufl. Rn. 122 mwN; *Schneider* ZGR Sonderheft 6, 121, 126ff.; vgl. auch Diskussionsbericht *Jörchel* ZGR Sonderheft 6, S. 187 und *Lutter* ZGR Sonderheft 6, S. 192, 216: Beginn einheitlicher Leitung „nicht greifbar".

[152] Zur umgekehrten Frage der Notwendigkeit einer gesellschaftsvertraglichen Ermächtigung dann, wenn einer nachgeordneten Tochter-Geschäftsleitung ein weitgesteckter Freiraum eigenverantwortlicher Entscheidungsmacht eröffnet werden soll, vgl. *Hommelhoff* S. 242ff.

[153] BGHZ 83, 122, 135 = NJW 1982, 1703; vgl. aber LG Frankfurt ZIP 1993, 830, 831f.; *Hirte* S. 195ff.; dazu Kölner KommAktG/*Koppensteiner* Vor § 291 Rn. 38.

[154] Zu dieser Frage vgl. § 43 Rn. 53ff. Zustimmend *Scholz/Emmerich* Rn. 63.

[155] Dazu *Sonntag* S. 85ff., 105; *Grauer* S. 135; ablehnend *Liebscher* S. 269f.

[156] OLG Stuttgart NZG 2000, 159, 163; *Sonnenschein* 182ff.; *Lutter* ZGR 1982, 244, 265; *K. Schmidt* GmbHR 1979, 121, 130f.; *Scholz/Emmerich* 8. Aufl. Rn. 210; *Sonntag* S. 85ff., 105; *Deilmann* S. 142f., 119ff., je mwN; für die AG OLG Hamm AG 1987, 38 m. krit. Anm. *Mertens*; dagegen etwa *Verhoeven* S. 111; *Jansen* S. 81ff.; *Mosthaft* in: Der GmbH-Konzern, S. 186; *Westermann* ebenda S. 43, 1. Aufl. Rn. 37; *K. Schmidt* ZIP 1986, 146, 148; *Stimpel* ZGR Sonderheft 6, 39, 44.

[157] Zweifelnd *Schneider* ZGR 1980, 511, 540.

Insgesamt heißt es, die aus der Treuepflicht auch des herrschenden Unternehmens resultierende Bindung an das Eigeninteresse der abhängigen Gesellschaft und deren Minderheitsgesellschafter verbiete es ihm, die Intensität von Leitungsmaßnahmen so zu steigern, dass die vorstehend beschriebenen Konsequenzen eintreten.

Dieser Lehre, die der BGH inzwischen gebilligt hat,[158] lässt sich entgegen der 1. Aufl. jedenfalls nicht entgegenhalten, dass die Einbeziehung der Gesellschaft auch in einen straff geführten Konzern durchaus nicht immer schädliche, sondern häufig auch vorteilhafte Konsequenzen haben kann. Denn aus der Perspektive der Außenseiter kommt es nicht darauf, sondern entscheidend auf Überprüf- und Quantifizierbarkeit der Konzernfolgen an. Das Charakteristische des qualifizierten Konzerns wird aber gerade darin gesehen, dass eine solche Möglichkeit nicht existiert (Rn. 20). Das herrschende Unternehmen, das durch Herbeiführung eines solchen Zustandes praktisch verhindert, dass die prinzipiell gleichwertigen Interessen aller Gesellschafter noch eine reale Durchsetzungschance haben, handelt treuwidrig. Mit dem Hinweis auf die mangelnde Gewährleistung institutioneller Autonomie der GmbH[159] lässt sich dieser Befund nicht entkräften. Unrichtig ist es aber, das in Frage stehende Verbot an den Zustand qualifizierter Konzernierung anzuknüpfen. Verbietbar sind nur Handlungen, nicht Zustände. Unzulässig ist also nicht der qualifizierte Konzern als solcher, sondern die Veranlassung oder das Veranlassungsbündel, das zur qualifizierten Konzernierung geführt hat.[160] So gefasst lässt sich der diskutierten Regel auch nicht entgegenhalten, ein Unterlassungs- oder Beseitigungsantrag könne unmöglich mit der für ein vollstreckungsfähiges Urteil erforderlichen Präzision formuliert werden.[161] Diese Annahme trifft zwar zu, wenn man sie auf den qualifizierten faktischen Konzern insgesamt bezieht, nicht notwendigerweise aber, soweit es um einzelne Maßnahmen oder auch eine Gruppe von Maßnahmen geht. Zur Frage weiterer Verbotsfolgen vgl. Rn. 103 ff.

Im Unterschied zur mehrgliedrigen Gesellschaft lässt sich ein Verbot des qualifizierten **Einmann-Konzerns** nicht aus einer Verletzung dort fehlender Treuepflichten ableiten.[162] Doch hilft in solchen Fällen der in §§ 311, 317 AktG steckende Rechtsgedanke. Jene Bestimmung reagiert auf konzernspezifische Gefahren und ist unstrittigerweise auch zugunsten von Einmann-Gesellschaften anwendbar.[163] Sie untersagt Veranlassungen, die einzeln oder in Kombination mit anderen zu qualifizierter Konzernierung führen.[164] Dem kann nicht die zutreffende Annahme (Rn. 5) entgegengehalten werden, der faktische GmbH-Konzern sei gerade nicht analog den §§ 311 ff. AktG zu behandeln. Es geht nicht um Analogie stricto sensu, sondern um die Nutzung einer konzernrechtlichen Wertung, die auch den einzigen Unternehmer-Aktionär seiner Gesellschaft gegenüber im Interesse des Gläubigerschutzes in Pflicht nimmt.[165] Zu den Konsequenzen vgl. Rn. 103 ff.

b) Herrschende GmbH. Noch relativ wenig diskutiert ist bisher die Frage, ob die Einbeziehung eines abhängigen Unternehmens in einen qualifizierten Konzern bei der

---

[158] BGHZ 123, 122, 126 f. = NJW 1993, 1200, 1202 m. Anm. *Kübler*.
[159] Vgl. *K. Schmidt* ZIP 1986, 146, 148.
[160] Näher Kölner KommAktG/*Koppensteiner* § 311 Rn. 104.
[161] Vgl. *Baumbach/Hueck/Zöllner* Rn. 61.
[162] Dazu § 43 Rn. 5, 70 f.; für Zulässigkeit qualifizierter Konzernierung in solchen Fällen denn auch ausdrücklich zB *Scholz/Emmerich* 7. Aufl. Rn. 201; *Fleck* ZHR 149 (1985), 387, 418.
[163] Vgl. Kölner KommAktG/*Koppensteiner* Vor § 311 Rn. 31.
[164] Kölner KommAktG/*Koppensteiner* § 311 Rn. 104.
[165] IS dieser Unterscheidung, wenn auch mit anderen Konsequenzen zB auch *Ulmer* ZHR 148 (1984), 391, 412 f. IErg. ähnlich wie hier *Beinert* S. 110 ff.

Mutter-GmbH die Einschaltung der Gesellschafterversammlung verlangt.[166] Die Beantwortung der Frage hängt von den Rechtsfolgen dieser Konzernform für die Obergesellschaft ab. Diese Rechtsfolgen lassen sich wie folgt zusammenfassen (für Einzelheiten Rn. 88 ff.): Die Minderheitsgesellschafter sind berechtigt, gegen volle Abfindung aus der Gesellschaft auszuscheiden. Dagegen steht ihnen kein Ausgleichsanspruch entsprechend § 304 AktG zu. Auch eine Verlustübernahmeverpflichtung des herrschenden Unternehmens analog § 302 AktG sollte verneint werden. Von den Rechtsfolgen, die zu § 293 Abs. 2 AktG geführt haben (dazu Rn. 65), verbleibt im Ergebnis also nur eine § 305 AktG entsprechende Regel. Das reicht für eine analoge Anwendung von § 293 Abs. 2 AktG nicht aus.[167] Anders wäre allerdings zu entscheiden, wenn die entsprechende Anwendung der §§ 302, 303 AktG mit der hM bejaht würde. Vom hier bezogenen Standpunkt bleibt dagegen nur zu fragen, ob qualifizierte Konzernierung als außergewöhnliche Maßnahme zu qualifizieren ist (vgl. Rn. 43). Das wird zu bejahen sein, wenn das wirtschaftliche Gewicht der Abfindungsverpflichtung aus der Sicht der herrschenden GmbH nicht vernachlässigungsfähig ist. Die Konsequenz besteht darin, dass die Geschäftsführer nicht ohne einen mit **einfacher Mehrheit** zu fassenden Zustimmungsbeschluss der Gesellschafter handeln dürfen.

53 **4. Beherrschungs- und Gewinnabführungsverträge. a) Abhängige GmbH. aa)** Verträge, durch die sich eine GmbH der Leitung eines anderen Unternehmens unterstellt, spielen in der Praxis kaum eine Rolle (Rn. 7). Doch wird an der prinzipiellen Zulässigkeit solcher Verträge nirgends gezweifelt.[168] Dasselbe gilt für Gewinnabführungsverträge.[169] Letzteres folgt schon aus § 17 KStG (Rn. 4). Doch klärt § 17 KStG nicht, welche Anforderungen an die Wirksamkeit eines Gewinnabführungsvertrages zu stellen sind. Denn die zivilrechtliche Verbindlichkeit des Vertrags wird in jener Bestimmung – jetzt ausdrücklich – vorausgesetzt, nicht dagegen geregelt.[170]

54 **bb)** Die Geschäftsführer sind weder befugt noch imstande, die Gesellschaft ohne Mitwirkung der Gesellschafterversammlung dazu zu verpflichten, ihren Gewinn an ein anderes Unternehmen abzuführen oder dessen Weisungen zu befolgen. Wirksamkeitsvoraussetzung des Vertrages ist mit anderen Worten ein zustimmender **Gesellschafterbeschluss**.[171] Die Geschäftsführer haben sonst keine Vertretungsmacht (§ 37

---

[166] Bejahend *Scholz/Emmerich* 8. Aufl. Rn. 122; *Sonntag* S. 225 f.; a fortiori auch *Schneider* ZGR Sonderheft 6, 121, 128 f.

[167] Ebenso *Hachenburg/Ulmer* Rn. 70 a.

[168] Vgl. nur *Kort* S. 72 f.; *Lutter/Hommelhoff* Rn. 34; *Scholz/Emmerich* Rn. 138; *Kort* BB 1988, 79, 83 f.; unter mitbestimmungsrechtlichen Aspekten etwa *Duden* ZHR 141 (1977), 145, 180.

[169] OLG Düsseldorf WM 1981, 1315; *Sonnenschein* S. 351 ff.; *Timm* BB 1981, 1491, 1492: „unbestritten".

[170] Ebenso zur Rechtslage nach dem KStG 1977 BGHZ 105, 324, 339 = NJW 1989, 295; *Hermann/Winter* FR 1982, 262, 266; ebenso iErg. *Sonnenschein* S. 359 ff.; *Hönle* DB 1979, 485, 489; *Timm* BB 1981, 1491, 1492; anders OLG Düsseldorf WM 1981, 1315, 1316. Zu Fragen der Vertragsgestaltung bei Gewinnabführung an mehrere Unternehmen (Mehrmütterorganschaft) *Rottnauer* DB 1991, 27, 28 ff. Zur Zulässigkeit bloßer Verlustübernahme auf gesellschaftsvertraglicher oder schuldrechtlicher Grundlage vgl. OLG Nürnberg GmbHR 1981, 242; dazu *Gasteyer* BB 1983, 934; zum Problem auch *Gerth* AG 1984, 94; *K. Schmidt*, FS Werner, 1984, S. 777.

[171] Unzutreffend anders für vor dem Inkrafttreten des AktG 1965 zustande gekommene Verträge KG NZG 2000, 1132, 1133 (vgl. *Koppensteiner*, FS Krejci, 2001, S. 741 f.). Zur – verneinten – Möglichkeit vorweggenommener Zustimmung in der Satzung *Priester* DB 1989, 1013, 1014 f.; für Verzicht auf das Beschlusserfordernis *Pache* GmbHR 1995, 90, 91 f.; ebenso *Bitter* ZIP 2001, 265,

Konzernrecht Anh. nach § 52

Rn. 51). An dem Beschluss darf der Partner des Unternehmensvertrages trotz § 47 Abs. 4 mitwirken.[172] Denn es handelt sich um ein Mitverwaltungsgeschäft in dem in § 47 Rn. 70 f. skizzierten Sinn.[173] Die Gegenauffassung weist darauf hin,[174] es ginge um ein konzernbegründendes Außengeschäft, an dem der Vertragspartner ein Sonderinteresse habe, weshalb die für das Stimmverbot charakteristische Interessenkollision gegeben sei. Aber das reicht, wie das Beispiel des Anstellungsvertrags zeigt, nicht aus. Da die Außenseiter geschützt sind (Rn. 58), scheidet eine relevante Interessenbeeinträchtigung im übrigen ohnehin aus.

Sehr umstritten ist, welchem **Mehrheitserfordernis** der Zustimmungsbeschluss der Gesellschafterversammlung genügen muss. Überwiegend wird bei Fehlen einer entsprechenden Satzungsermächtigung[175] Einstimmigkeit für erforderlich gehalten.[176] Fast dasselbe bedeutet es, wenn zwar nur eine satzungsändernde Mehrheit, aber außerdem die Zustimmung der übrigen Gesellschafter verlangt wird.[177] Zur Begründung des Einstimmigkeitspostulats wird auf § 53 Abs. 3, § 33 Abs. 1 S. 2 BGB, für den Gewinnabführungsvertrag ergänzend auch noch auf § 29 und den Gleichbehandlungsgrundsatz hingewiesen. Indessen betrifft § 53 Abs. 3 nur die Vermehrung von Leistungen, nicht die Verkürzung von Rechten. Das ist ernstzunehmen.[178] Auch mit der – dispositiven – Bestimmung des § 33 BGB lässt sich nicht überzeugend argumentieren.[179] Der Gewinnanspruch gemäß § 29 ist satzungsdispositiv, so dass sich das Einstimmigkeitserfordernis auch aus dieser Norm nicht ergibt. Der Gleichbehandlungsgrundsatz schließlich untersagt nur die willkürliche Ungleichbehandlung; seine Verletzung hängt daher von den Umständen des Beschlusses und den Vorteilen ab, die er auch Minderheitsgesellschaftern bringt (§ 47 Rn. 124). Mit der Mindermeinung ist daher anzunehmen, dass

55

---

275 ff. für Einpersonengesellschaften mit dem Argument, durch den Beherrschungsvertrag („nicht denkbar", aaO S. 277) ändere sich nichts an den auch ohne ihn vorhandenen Einflussmöglichkeiten. Das ist hinsichtlich des Leitungsmaßstabes aber noch keineswegs gesichert (vgl. § 43 Rn. 70 ff.).

[172] *Scholz/Emmerich* Rn. 157; *Verhoeven* S. 51 f.; *Hönle* DB 1979, 485, 487 f.; *Timm* AG 1982, 93, 103 ff.; ausführlich *Kort* S. 105 ff.; *Kurz* S. 110 ff.; *Grauer* S. 192 ff., je mwN; offen BGHZ 105, 325, 332 f.; dagegen etwa *Zöllner* S. 250 f.; *ders*. in Baumbach/Hueck Rn. 40; *Immenga/Werner* GmbHR 1976, 58, 59; *Hüffer*, FS Heinsius, 1991, S. 337, 353 ff., wN bei *Kort* aaO. Zur Bedeutung von § 32 MitbestG in diesem Zusammenhang *Zeidler* NZG 1999, 694 mwN.

[173] Vgl. noch *K. Schmidt* GmbHR 1979, 121, 124.

[174] *Hüffer*, FS Heinsius, 1991, S. 337, 353 ff.; Hachenburg/*Hüffer* § 47 Rn. 178 f.

[175] Näher dazu *Priester* DB 1989, 1013, 1015 f.

[176] Vgl. etwa *Martens* S. 165 ff.; *Hermann/Winter* FR 1982, 262, 266 f.; *Hönle* DB 1979, 485, 486 f.; *Gutbrod* BB 1980, 288, 290; *Schilling*, FS Hefermehl, 1976, S. 383, 391; *Scholz/Emmerich* Rn. 155; Baumbach/Hueck/*Zöllner* Rn. 39; *Görling* S. 153 ff.; *Zeidler* NZG 1999, 693; *Ulmer* BB 1989, 10, 13 ff.; *Priester* ZGR Sonderheft 6, 151, 162 ff.; wN bei *Görling* aaO, *Timm* BB 1981, 1491, 1493 und *Priester* aaO S. 160.

[177] § 53 Rn. 32; ausführlich *Binnewies* S. 266 ff. (für Beherrschungsvertrag bei personalistischen Gesellschaften); *Sonnenschein* S. 373; *K. Schmidt* GmbHR 1979, 121, 124; Hachenburg/*Ulmer* § 53 Rn. 145; *Zöllner* ZGR 1992, 173, 174 mwN; offen BGHZ 105, 324, 332 = NJW 1989, 295; *Ulmer* BB 1989, 9, 13 ff. mwN; zu registerrechtlichen Folgeproblemen dieser Auffassung *Altmeppen* DB 1994, 1273, 1274.

[178] Vgl. *Verhoeven* S. 131; *Kort* S. 114; *Timm* AG 1982, 93, 100 f. mwN.

[179] *Wiedemann* § 3 I 3 a; *Kort* S. 113 f.; *Kurz* S. 119 f.; *Hecksehen* DB 1989, 29, 30; *Koerfer/Selzner* GmbHR 1997, 287 f.; vgl. auch *Timm* S. 31 ff.; *Reuter* ZGR 1987, 475, 479 ff. zu BGHZ 96, 245, 250 ff. = NJW 1986, 1083: Begriff des „Vereinszwecks"; kritisch *Winter* S. 98; *Binnewies* S. 268 f.

die Dreiviertelmehrheit des § 53 Abs. 2 genügt.[180] Denn der Abschluss der hier interessierenden Verträge läuft – wenn sie nicht schon im ursprünglichen Gesellschaftsvertrag vorgesehen sind – auf eine Überlagerung der Satzung hinaus, so dass jedenfalls die einfache Mehrheit nicht genügen kann. Dass eine Dreiviertelmehrheit erforderlich, andererseits aber auch ausreichend ist, ergibt sich ferner auch aus § 50 Abs. 1 UmwG, wo diese Mehrheit für die Verschmelzung zweier GmbHs vorgesehen ist. Die Fusion impliziert einen eher noch gewichtigeren Eingriff in Minderheitsrechte als die hier in Frage stehenden Vertragstypen.[181] Dem Gegenargument, bei der Fusion erhielte die Minderheit Anteile einer unabhängigen Gesellschaft,[182] ist nicht zu folgen: Beide Abfindungsarten sind als rechtlich gleichwertig anzusehen.[183] Das von der hM befürwortete Einstimmigkeitserfordernis führt daher zu einem unauflösbaren Wertungswiderspruch. Nicht zu folgen ist auch der Hypothese, die Dreiviertelmehrheit genüge nur dann, wenn Abfindung in Anteilen der herrschenden Gesellschaft angeboten wurde.[184]

56 Teilweise wird angenommen, dass die Zustimmung zu einem Gewinnabführungs- oder Beherrschungsvertrag den Kriterien der **Erforderlichkeit** und **Verhältnismäßigkeit** genügen muss.[185] Die Frage ist zu verneinen. Denn über das Beschlusserfordernis einer qualifizierten Mehrheit hinaus, muss die Minderheit in vermögensmäßiger Hinsicht so gestellt werden, als bestünde kein Unternehmensvertrag (Rn. 58). Unter diesen Umständen liegt ein tatbestandsmäßiger Eingriff in das Mitgliedschaftsrecht nicht vor (s. § 47 Rn. 131). Das gilt ganz eindeutig bei schon vorhandener Abhängigkeit der Gesellschaft.[186]

57 cc) Unklar ist, von welchen **inhaltlichen Voraussetzungen** die Wirksamkeit von Beherrschungs- oder Gewinnabführungsverträgen abhängt. So ist angenommen worden,[187] die Vereinbarung einer **Verlustübernahme**pflicht sei Voraussetzung der gesellschaftsrechtlichen Gültigkeit des Vertrages. In der Tat verlangt das Steuerrecht die Aufnahme einer solchen Klausel (Rn. 4), so dass sie auch regelmäßig vereinbart werden wird. Ist dies ausnahmsweise nicht der Fall, so ist der Vertrag gleichwohl nicht unwirksam. Denn die Verpflichtung zur Verlustübernahme ergibt sich nach überwiegender Ansicht schon aus dem Gesetz (dazu Rn. 112).

58 Verbreiteter Meinung nach muss der Vertrag aber Bestimmungen über einen **Ausgleich** zugunsten außenstehender Gesellschafter analog § 304 AktG enthal-

---

[180] Vgl. *Timm* AG 1982, 93, 100f.; *ders.* GmbHR 1987, 8, 11; *ders.* ZGR 1987, 403, 430f.; in Korrektur von *Timm* BB 1981, 1491, 1494f.: Neunzehntelmehrheit; *ders.* GmbHR 1989, 11, 14; *Kort* S. 111 ff.; *Kurz* S. 115 ff.; *Stolzenberger/Wolters* S. 12 ff.; *Richter/Stengel* DB 1993, 1861, 1862 ff.; *Sonnenberg* S. 124 f.; *Grauer* S. 168 ff.; *Lutter/Hommelhoff* Rn. 64; *Lutter* ZGR Sonderheft 6, 192, 196 f.; *Heckschen* DB 1989, 29, 30; *Koerfer/Selzner* GmbHR 1997, 287 ff. Ausführlich jetzt *Flaß* S. 118 ff. mwN.

[181] *Timm* AG 1982, 93, 100 mit Bezugnahme auf *Wiedemann* § 8 IV 3 b.

[182] So *Priester* ZGR Sonderheft 6, 151, 163; *Ulmer* BB 1989, 9, 14; *Binnewies* S. 270 f.

[183] Näher Kölner KommAktG/*Koppensteiner* § 305 Rn. 21.

[184] So etwa *Timm* AG 1982, 93, 100.

[185] *Lutter* ZGR Sonderheft 6, 192, 196 f.; *Timm* BB 1981, 1491, 1495; *ders.* S. 34; *Martens*, FS Fischer, 1979, S. 437, 446; *Wiedemann* § 8 III 2 a; stark einschränkend *Timm* ZGR 1987, 403, 432 f.; ähnlich *Kort* BB 1988, 79, 84; ablehnend *Kort* S. 121 f.; *Kurz* S. 200 ff.; *Priester* ZIP 1992, 293, 295; *Grauer* S. 200 ff.; *Semler* BB 1983, 1566, 1569; *Lutter* ZGR 1982, 171, 180; jetzt auch *Lutter/Hommelhoff* Rn. 64; vgl. ferner *Winter* S. 163 ff. Zum aktienrechtlichen Parallelproblem *Hirte* S. 144 ff.; Kölner KommAktG/*Koppensteiner* § 293 Rn. 51.

[186] 2. Aufl. Rn. 40 mN.

[187] *Schilling*, FS Hefermehl, 1976, S. 383, 391.

ten.¹⁸⁸ Soweit Einstimmigkeit beim Zustimmungsbeschluss für erforderlich gehalten wird (vgl. Rn. 55), stellt sich die Frage nicht.¹⁸⁹ Indes genügt eine qualifizierte Mehrheit. Der deshalb erforderliche Minderheitenschutz ist mangels zureichender Differenzierungsgründe in der Tat über § 304 AktG analog zu realisieren.¹⁹⁰ Fehlt eine einschlägige Regelung, ist der Vertrag deshalb aber nicht nichtig.¹⁹¹ An die Stelle dieser Rechtsfolge tritt die Anfechtbarkeit des Zustimmungsbeschlusses.¹⁹² Die damit verbundene Rechtsfolge ist für alle Beteiligte unbefriedigend, durch Aufnahme einer Schiedsgutachterklausel in den Unternehmensvertrag aber jedenfalls abmildbar.¹⁹³

Nach heute überwiegender Ansicht muss der Unternehmensvertrag auch eine angemessene **Abfindungs**regelung enthalten.¹⁹⁴ Diese Annahme lässt sich auf eine Analogie zu § 305 AktG stützen. Gegen sie spricht, dass Minderheitsgesellschaftern über das Austrittsrecht aus wichtigem Grund (vgl. Rn. 89, 112) ohnehin ein Barabfindungsanspruch zusteht. Dem hält man entgegen, durch eine unternehmensvertragliche Regelung werde den Außenseitern immerhin die Last der Initiative abgenommen. Das ist zwar nicht zwingend – die Anfechtungsobliegenheit bei fehlender oder ungenügender Abfindung lässt sich nicht beseitigen –, aber doch plausibel. Denn die drohende Unwirksamkeit des Unternehmensvertrags wirkt praktisch darauf hin, dass der andere Vertragsteil von sich aus eine angemessene Abfindung anbieten wird, was die Minderheit in der Tat von gewissen Risiken entlastet. Daher ist der herrschenden Meinung zu folgen.¹⁹⁵ Unberührt bleibt freilich das Recht, anstatt der Anfechtung des Zustimmungsbeschlusses nach Erklärung des Austritts auf Leistung der angemessenen Abfindung zu klagen. Umstritten ist, ob neben der Barabfindung auch eine Abfindung in Anteilen des herrschenden Unternehmens angeboten werden muss.¹⁹⁶ Die Frage sollte

59

---

¹⁸⁸ *Sonnenschein* S. 369 ff.; *Hönle* DB 1979, 485, 488; *Lutter/Hommelhoff* Rn. 60; *Kort* S. 137 f., 157 ff.; *Richter/Stengel* DB 1993, 1861, 1862 ff.; *Timm* ZGR 1987, 403, 431; *Priester* ZGR Sonderheft 6, 151, 177; *Koerfer/Selzner* GmbHR 1997, 290; vgl. auch *Scholz/Emmerich* Rn. 168 f.; dagegen *Gutbrod* BB 1980, 288, 291. Zur (zutreffend verneinten) Frage, ob bei Beitritt eines Unternehmens zum Unternehmensvertrag eine erneute Feststellung des Ausgleichs erforderlich ist BGHZ 138, 136, 138 ff. = NJW 1998, 1866 = DStR 1998, 898 gegen OLG Karlsruhe DB 1997, 668. Zur Rechtslage bei Aufnahme neuer Gesellschafter in die gewinnabführungsverpflichtete GmbH GmbHR 2000, 617 f.

¹⁸⁹ Zu diesem Zusammenhang namentlich *Zöllner* ZGR 1992, 173, 193 ff.

¹⁹⁰ AA *Zöllner* ZGR 1992, 173, 198 mit unbewiesener, aus den Materialien nicht belegbarer Normzweckhypothese.

¹⁹¹ *Priester* ZGR Sonderheft 6, 151, 177; anders *Scholz/Emmerich* Rn. 169; LG Dortmund GmbHR 1998, 941.

¹⁹² HM; vgl. *Kort* S. 137; *Kurz* S. 192 f. mN; *Hachenburg/Ulmer* Rn. 213; auch *Sonnenschein* S. 370 ff.; wo aber iErg. für schwebende Unwirksamkeit eingetreten wird; für Nichtigkeit schlechthin *Hönle* DB 1979, 485, 488; für Analogie zu § 315 Abs. 3 S. 2 BGB *K. Schmidt* GmbHR 1979, 121, 134. Zur Höhe des Ausgleichs bei dauernd ertragslosen Gesellschaften BayObLG WM 1995, 1580 mN zum uneinheitlichen Meinungsstand.

¹⁹³ Dazu *Koerfer/Selzner* GmbHR 1997, 291 f.

¹⁹⁴ LG Dortmund GmbHR 1998, 941; *Lutter/Hommelhoff* Rn. 66 f.; *Scholz/Emmerich* Rn. 167; *Hachenburg/Ulmer* Rn. 212; *Priester* ZGR Sonderheft 6, 151, 177 f.; *Timm* ZGR 1987, 403, 431; *Koerfer/Selzner* GmbHR 1997, 290; dagegen *Kort* S. 153; vgl. auch *Kurz* S. 188 ff.

¹⁹⁵ Anders noch 1. Aufl. Rn. 41; *Zöllner* ZGR 1992, 173, 201.

¹⁹⁶ So BGHZ 105, 324, 338 ff. = NJW 1989, 295 – Supermarkt; OLG Hamburg WM 1987, 1163, 1169; *Hachenburg/Ulmer* § 53 Rn. 131; (einschränkender) *Scholz/Emmerich* Rn. 167; *Lutter/Hommelhoff* Rn. 68 (wenn Obergesellschaft AG oder kapitalistisch strukturierte GmbH); *Baumbach/Hueck/Zöllner* Rn. 37 a; *Emmerich/Sonnenschein* § 25 II 6, je mwN; dagegen *Hermann/Winter* FR 1982, 262, 267; *Gutbrod* BB 1980, 288, 289; *Emmerich/Scholz* BB 1986, 272, 274 ff.;

Anh. nach § 52   3. Abschnitt. Vertretung und Geschäftsführung

besser verneint werden. Denn ausschlaggebend ist die Angemessenheit der Abfindung, nicht ihr „Aggregatzustand".

60   Die Zulässigkeit von **Rückwirkungsklauseln** ist beim Gewinnabführungsvertrag bejaht und beim Beherrschungsvertrag verneint worden.[197] Beides trifft zu.

61   **dd)** Der Zustimmungsbeschluss zu einem Beherrschungs- oder Gewinnabführungsvertrag bedarf nach ganz herrschender und zutreffender Auffassung **notarieller Beurkundung.**[198] Das folgt nach Ansicht des BGH zwar nicht aus einer analogen Anwendung des § 294 AktG,[199] aber daraus, dass die in Frage stehenden Vertragstypen dieselbe Qualität wie eine Satzungsänderung haben (Rn. 54 f.; vgl. § 53 Rn. 32). Vertrag und Beschluss sind zum **Handelsregister** anzumelden und einzutragen.[200] Daraus folgt, dass der Vertrag in **schriftlicher Form** abgeschlossen sein muss. Notarielle Beurkundung ist dagegen nicht erforderlich.[201] Das ist wegen § 15 Abs. 4 anders, wenn Abfindung angeboten wird.[202] Wird der Beschluss angefochten, greift § 127 FGG ein. Seine Entscheidung hat das Registergericht auch an § 16 Abs. 3 UmwG zu orientieren. Demnach steht der Eintragung nichts entgegen, wenn die Klage unzulässig oder offensichtlich unbegründet ist.[203]

62   Bei **Fehlen** eines der vorstehend umschriebenen Wirksamkeitserfordernisse geht die Tendenz der Rechtsprechung dahin, faktisch vollzogene Verträge für die Vergangen-

---

Kort S. 130; für die Einmann-Gesellschaft auch LG Hamburg WM 1984, 1399; offengelassen in OLG Düsseldorf WM 1981, 1315, 1316; LG Bochum GmbHR 1987, 24, 25; energische Kritik der zit. BGH-Entscheidung bei *Flume* DB 1989, 665 ff.; dagegen mit Recht *Zöllner* DB 1989, 913 ff.

[197] BGHZ 122, 211, 223 ff. mN = NJW 1993, 1976; vgl. auch OLG Hamburg WM 1990, 1741 ff.; OLG Karlsruhe WM 1993, 2092, 2093; LG Kassel AG 1997, 239; *Lutter/Hommelhoff* Rn. 70.

[198] So BGHZ 105, 324, 338 ff. = NJW 1989, 295 – Supermarkt; OLG Hamburg WM 1987, 1163, 1169; OLG Oldenburg NZG 2000, 1138, 1141 m. Anm. *Fleischer/Klaus* = NZG 2001, 35 m. Anm. *Grüner*. *Hachenburg/Ulmer* § 53 Rn. 131; *Scholz/Emmerich* Rn. 150; *Lutter/Hommelhoff* Rn. 38; *Baumbach/Hueck/Zöllner* Rn. 37 a; *Emmerich/Sonnenschein* § 25 II 2 a, je mwN; dagegen *Hermann/Winter* FR 1982, 262, 267; *Gutbrod* BB 1980, 288, 289; *Emmerich/Scholz* BB 1986, 272, 274 ff.; *Kort* S. 130; für die Einmann-Gesellschaft auch LG Hamburg WM 1984, 1399; offengelassen in OLG Düsseldorf WM 1981, 1315, 1316; LG Bochum GmbHR 1987, 24, 25; energische Kritik der zit. BGH-Entscheidung bei *Flume* DB 1989, 665 ff.; dagegen mit Recht *Zöllner* DB 1989, 913 ff.

[199] Beachtenswerte Kritik bei *Kropff*, FS Semler, 1993, S. 517, 524 ff.

[200] So BGHZ 105, 324, 342 ff. = NJW 1989, 295 mN auch abweichender Ansichten; BGH WM 1992, 524, 526 f.; OLG Oldenburg (Fn. 198); LG Bonn GmbHR 2000, 570; ausführlich *Kurz* S. 140 ff.; dagegen OLG Düsseldorf WM 1991, 2103 f.; OLG Zweibrücken AG 1999, 328; zu Anforderungen an den Eintragungszeitpunkt (Wirtschaftsjahr, das dem Laufzeitbeginn des Vertrags folgt; § 14 Abs. 4 KStG) OLG Frankfurt GmbHR 1996, 859; LG Frankfurt GmbHR 1997, 799; zur praktisch wichtigen Frage der Eintragungsfähigkeit von Verträgen, die unter der aufschiebenden Bedingung voller Berücksichtigung des Verlustvortragsvolumens nach § 10 d EStG abgeschlossen werden, (bejahend) *Grashoff* BB 1997, 1649 ff.; zu den Voraussetzungen amtswegiger Löschung gemäß § 142 FGG OLG Zweibrücken ZIP 1989, 241, 242 f. Zu steuerlichen Konsequenzen einschlägiger Mängel BFH NZG 1998, 227.

[201] BGHZ 105, 324, 342 = NJW 1989, 295 mN; *Timm* AG 1982, 93, 100 unter Aufgabe der in BB 1981, 1491, 1495 f. vertretenen Ansicht. Zu gebührenrechtlichen Fragen *Reuter* BB 1989, 714 ff.

[202] *Lutter/Hommelhoff* Rn. 53.

[203] *Lutter/Hommelhoff* Rn. 60. Für einstweiligen Rechtsschutz gegen eine Aussetzungsentscheidung des Registergerichts dagegen *Schmid* ZIP 1998, 1060 ff. mwN. Zur Praxis der Registerrichter *Schwarz* ZRP 2000, 331 mit Bezugnahme auf *Baums* Gutachten F für den 63. DJT, 2000.

heit aufrecht zu erhalten.[204] Die Literatur ist ganz überwiegend derselben Ansicht.[205] Zur Begründung wird zumeist, so auch vom BGH, auf die Grundsätze über die fehlerhafte Gesellschaft, teilweise auch auf Treu und Glauben Bezug genommen. Anlass dieser Entwicklung waren die sehr zahlreichen Organschaftsverträge, die den vom BGH in der Supermarkt-Entscheidung aufgestellten Erfordernissen nicht genügten. Ihre „Sanierung" war aus praktischen, namentlich steuerrechtlichen Gründen unabweislich. Sie ist im Ergebnis unbestritten, obwohl eine einwandfreie juristische Begründung schwer zu finden sein dürfte.[206] Bei „Neuverträgen" sollte zumindest zwischen Beschlussmängeln (plus fehlender Handelsregistereintragung) und Vertragsmängeln unterschieden werden. Jedenfalls bei Mängeln der erstgenannten Kategorie verbietet sich die Anwendung der Regeln über die fehlerhafte Gesellschaft.[207] Die korrekte Behandlung der übrigen Fälle hängt zunächst von Formulierung und Begründung der Grundsätze über die fehlerhafte Gesellschaft ab. Selbst wenn man insoweit der hM folgen wollte, bliebe ihre Anwendbarkeit auf Unternehmensverträge dennoch durchaus zweifelhaft.[208] Anwendbar sind aber die Regeln über die Haftung aus Rechtsschein.[209]

ee) Nicht abschließend geklärt ist, ob, gegebenenfalls inwieweit die §§ 293a AktG ff. auf die abhängige GmbH anzuwenden sind. Da der Zustimmungsbeschluss nur mit qualifizierter Mehrheit gefasst werden kann und auch § 304 AktG (analog) eingreift, dürfte eine Analogie grundsätzlich geboten sein.[210] **63**

Die Gegenthese[211] beruht auf mE unzutreffenden Prämissen, namentlich der Annahme, infolge des (nicht existenten) Einstimmigkeitserfordernisses könne sich jeder Gesellschafter die gewünschten Informationen selbst verschaffen. Ob die Obergesellschaft die Rechtsform einer AG oder GmbH hat, ist unerheblich. In beiden Fällen ist ein Bericht über den Unternehmensvertrag erforderlich. Ob dieser auch geprüft werden muss, ohne dass ein Gesellschafter dies verlangt, ist wegen § 48 S. 1 UmwG allerdings zweifelhaft.[212] Wegen § 51a nicht gesichert ist auch die entsprechende Anwendbarkeit der §§ 293 und 293g Abs. 2, Abs. 3 AktG.[213] Die Frage ist hier eher zu bejahen als für die Obergesellschaft, weil die Reichweite von § 51a bezüglich herrschender Gesellschaften beschränkt ist (§ 51a Rn. 7, 16). § 293g Abs. 2 S. 1 AktG ergänzt den Bericht nach § 293a AktG. Deshalb ist die Bestimmung wohl analogiefähig. **64**

---

[204] BGHZ 103, 1, 4ff. = NJW 1988, 1326 = WuB II A. § 291 AktG 1.88 – *Baums;* BGHZ 116, 37, 39ff. = NJW 1992, 505 mit Ausführungen dazu, was „vollzogen" bedeutet; OLG Oldenburg (Fn. 198); OLG Koblenz WM 1991, 227, 229f.

[205] N bei *Lauber-Nöll* S. 25f.; *Kurz* S. 217; seitdem zB noch *Krieger* ZHR 158 (1994), 35, 37ff.; vgl. auch 2. Aufl. Rn. 42a. Umfassend *Kort* Bestandsschutz S. 130ff.

[206] Vgl. *Lauber-Nöll* S. 84ff.; *Timm* GmbHR 1992, 213, 217; zu Möglichkeiten zivilrechtlicher „Heilung" *Ebenroth/Müller* BB 1991, 358, 360ff.; *Priester* in *Schneider* S. 37, 51ff. Bedenkenswert jetzt *Schultz* NZG 1999, 89ff. („Kontinuitätsprinzip") mit Differenzierung zwischen Beherrschungs- und Gewinnabführungsverträgen (S. 97).

[207] *Lauber-Nöll* S. 62ff.; *Kurz* S. 222ff.; vgl. ferner *Kleindiek* ZIP 1988, 613ff.; *Baumbach/Hueck/Zöllner* Rn. 44; *Hommelhoff* ZHR 158 (1994), 11, 12ff.; gegenteilig *Krieger* ZHR 158 (1994), 35, 37ff.; *Kort* Bestandsschutz S. 173f.: „Fehlerfolgengleichlauf".

[208] Dazu *Kurz* S. 227ff.

[209] Vgl. auch Kölner KommAktG/*Koppensteiner* Vor § 300 Rn. 11.

[210] Ebenso *Lutter/Hommelhoff* Rn. 57; *Humbeck* BB 1995, 1893f.; dagegen *Zeidler* NZG 1999, 694 mwN.

[211] *Hüffer* § 293a Rn. 5; *Roth/Altmeppen* Rn. 41f.; *Baumbach/Hueck/Zöllner* Rn. 43; *Emmerich/Sonnenschein* § 25 I 2; *Bungert* DB 1995, 1449, 1455; *Altmeppen* ZIP 1998, 1857f.

[212] Vgl. *Bungert* DB 1995, 1449, 1453f.

[213] Zur Konkretisierung der letztgenannten Bestimmung BGH ZIP 1995, 1256, 1258ff.

65 **b) Herrschende GmbH.** Auch die Gesellschafterversammlung der herrschenden GmbH muss einem Beherrschungs- oder Gewinnabführungsvertrag zustimmen, wenn Vertragspartner eine **AG** ist. Denn auch in diesem Falle greifen die §§ 300 ff. AktG ein.[214] Daher ist eine Analogie zu § 293 Abs. 2 AktG geboten.[215] Das bedeutet, dass der Zustimmungsbeschluss mit einer Mehrheit von drei Vierteln gefasst werden muss. Eine notarielle Beurkundung auch dieses Beschlusses ist nicht erforderlich.[216] § 293 Abs. 2 AktG ist auch in der umgekehrten Konstellation – AG als Ober-, GmbH als Untergesellschaft – anwendbar.[217] Sind schließlich beide Vertragspartner GmbHs, so soll § 293 Abs. 2 AktG nur dann heranzuziehen sein, wenn die herrschende Gesellschaft – was sie nicht muss – eine Abfindungsverpflichtung in eigenen Anteilen übernimmt.[218] Diese Auffassung wird damit begründet, § 293 Abs. 2 AktG beruhe auf der Verpflichtung der herrschenden AG zur Abfindung außenstehender Aktionäre in eigenen Aktien. Diese Auffassung trifft indessen nicht zu. Die Bestimmung ist als Reaktion auf die §§ 302 f. AktG aufzufassen.[219] Entsprechende Regeln gelten auch im (reinen) GmbH-Vertragskonzern (Rn. 112, 118). Obwohl eine Abfindung in eigenen Anteilen nicht vorgeschrieben ist, muss daher angenommen werden, § 293 Abs. 2 AktG sei in allen Fällen des Abschlusses von Beherrschungs- oder Gewinnabführungsverträgen zwischen zwei GmbHs analog anzuwenden.[220] Eine Eintragung im Handelsregister der herrschenden GmbH kommt dagegen nicht in Betracht.[221] Entsprechend anwendbar sind auch die §§ 293g Abs. 2 S. 2, 294 Abs. 1 S. 2 AktG.[222] Die Gegenauffassung beruht auf einem verfehlten Verständnis des Zustimmungserfordernisses.[223]

66 Ein Bericht nach § 293a AktG analog nebst Prüfung desselben ist für die GmbH als Obergesellschaft jedenfalls dann erforderlich, wenn es sich bei der Untergesellschaft um eine AG handelt. Das folgt aus der hier unproblematischen Anwendbarkeit der §§ 304, 305 AktG.[224] Sind beide Vertragsteile GmbHs kommt es zunächst darauf an, inwiefern

---

[214] Vgl. Kölner KommAktG/*Koppensteiner* Vor § 291 Rn. 11.

[215] Vgl. die Materialien zu dieser Bestimmung bei *Kropff* S. 381, wie hier alle Vertreter rechtsformunabhängiger Anwendung von § 293 Abs. 2 AktG; u. a. *Emmerich/Sonnenschein* § 25 II 5; *Baumbach/Hueck/Zöllner* Rn. 103 f.; *Kurz* S. 127 ff.; *Mack* S. 83 f.; *Timm* GmbHR 1992, 213, 214; aA *Pache* GmbHR 1995, 90, 92 f.

[216] *Lutter/Hommelhoff* Rn. 55; *Altmeppen* DB 1994, 1273.

[217] BGH WM 1992, 524, 525 = EWiR § 293 AktG 1/92 – *Kort* = WuB II.C § 13 GmbHG 4.92 – *Hirte*; aA OLG Düsseldorf WM 1991, 2103 f.; *Gäbelein* GmbHR 1992, 786, 788; *Vetter* AG 1993, 168, 169 ff. aufgrund unzutreffender Normzweckbestimmung.

[218] *Sonnenschein* S. 377 f.; *Lutter* S. 39 ff.; vgl. auch *Hommelhoff* S. 303 ff.; *Jungkurth* S. 49 ff.

[219] Kölner KommAktG/*Koppensteiner* § 293 Rn. 37.

[220] So die heute deutlich überwiegende Ansicht; vgl. namentlich BGHZ 105, 324, 333 ff. = NJW 1989, 295 mit wN; s. *Baumbach/Hueck/Zöllner* Rn. 41 f.; *Lutter/Hommelhoff* Rn. 55; *Scholz/Emmerich* Rn. 160; *Priester* ZGR Sonderheft 6, 151, 172 f.; *K. Schmidt* ZGR 1981, 455, 476; *Timm* GmbHR 1992, 213, 214; *Weigel*, FS Quack, 1991, S. 505, 512 ff.; iErg. auch *Kort* S. 126 f.; offen BayObLG WM 1988, 1229, 1232; einschränkend *Timm* GmbHR 1989, 11, 16; anders *Gäbelein* GmbHR 1989, 502, 505 f.; *Altmeppen* ZIP 1998, 1858 f. mwN beider Auffassungen. Zur (verneinten) Zulässigkeit einer „Vorratszustimmung" *Lutter/Hommelhoff* Rn. 73 mwN.

[221] Für Eintragungsfähigkeit *Lutter/Hommelhoff* Rn. 61 mwN; solche auch bei *Zeidler* NZG 1999, 693 f.; der (aus steuerlichen Gründen) ebenfalls für Eintragungsfähigkeit optiert.

[222] Dazu BGH WM 1992, 524 f.; vgl. *Boujong* GmbHR 1992, 207, 211 f.; *Baumbach/Hueck/Zöllner* Rn. 41; *Scholz/Emmerich* Rn. 142; *Roth/Altmeppen* Rn. 41 f.; AG Duisburg DB 1993, 2522; aA LG Bonn AG 1993, 521 mwN.

[223] Vgl. Kölner KommAktG/*Koppensteiner* § 294 Rn. 3; ferner *Vetter* AG 1994, 110, 113 f. mwN beider Auffassungen.

[224] Ebenso *Bungert* DB 1995, 1449, 1455.

Vertragsbericht und -prüfung von § 302 AktG veranlasst sind.²²⁵ Wegen der entsprechenden Anwendbarkeit von § 304 AktG dürfte Bericht und Prüfung aber auch unabhängig davon zu verlangen sein. Die entsprechende Anwendbarkeit der §§ 293f, 293g Abs. 1, Abs. 2 S. 1, Abs. 3 AktG ist ungewiss. Für § 293g Abs. 2 S. 1 AktG lässt sich die Frage wegen des Regelungszusammenhangs mit § 293a AktG noch am ehesten bejahen. Im übrigen ist zu bedenken, dass § 51a den Gesellschaftern ohnehin sämtliche in Betracht kommenden Informationsmöglichkeiten verschafft. Wegen der größeren Präzision der aktienrechtlichen Bestimmungen und des (teilweisen) Wegfalls der Initiativlast lässt sich daraus allein freilich keine abschließende Antwort ableiten.

5. Andere Unternehmensverträge. a) Zustimmung der Gesellschafter. Der 67
Abschluss „anderer Unternehmensverträge" iSd. § 292 AktG (zu den Begriffen Rn. 25 f.) durch eine GmbH wird sich stets als außergewöhnliches Geschäft darstellen, so dass die Zustimmung der Gesellschafter im Rahmen des gesetzlichen Regelstatuts schon aus diesem Grunde erforderlich ist.²²⁶ Fraglich ist aber, welche **Mehrheit** erforderlich ist. Gewinngemeinschafts- und Teilgewinnabführungsverträge wirken sich auf die Entstehung des Bilanzgewinnes aus und greifen insofern in die Rechte der Gesellschafter nach § 29 ein. Betriebspacht- und -überlassungsverträge führen dazu, dass das Unternehmen zur „Rentnergesellschaft" wird. Sie sind daher materiell als eine Gegenstandsänderung zu bewerten. Mangels entsprechender Vorsorge im ursprünglichen Gesellschaftsvertrag ist daher stets ein Beschluss mit satzungsändernder Mehrheit erforderlich.²²⁷ Der Vertragspartner ist stimmberechtigt.²²⁸

Wenig diskutiert ist bisher die Frage, ob das Zustimmungserfordernis **Außenwirkung** 68
iS einer Beschränkung der Vertretungsmacht der Geschäftsführer entfaltet.²²⁹ Für die Bejahung der Frage spricht der in § 293 Abs. 1 AktG steckende, mE verallgemeinerungsfähige Rechtsgedanke. Außerdem ist für das GmbH-Recht die Qualifizierung auch der Verträge des § 292 AktG als Organisationsverträge zu erwägen.²³⁰ Auch damit ließe sich möglicherweise die Unanwendbarkeit von § 37 Abs. 2 begründen (vgl. § 37 Rn. 51).

b) Inhaltliche Voraussetzungen. Bei Verträgen zwischen voneinander unabhängigen 69
Partnern ist zu erwarten, dass der Leistung der GmbH, die eine der in § 292 Abs. 1 AktG umschriebenen Verpflichtungen übernimmt, eine **äquivalente Gegen-**

---

²²⁵ Vgl. *Bungert* DB 1995, 1449, 1454 gegen *Hüffer* § 293a Rn. 5.
²²⁶ § 37 Rn. 10 ff.; iErg. auch *Emmerich/Sonnenschein* § 25 VI; ausführlich *Führling* S. 141 ff.; *Mimberg* S. 106 ff. (für die konzernexterne Betriebspacht), je mwN; Diskussion von Zulässigkeitsgrenzen des Betriebsführungsvertrages bei *Herfs* S. 285 ff. mwN.
²²⁷ Vgl. *Lutter/Hommelhoff* Rn. 74; *Lutter,* FS Barz, 1974, S. 199, 216 f.; *Scholz/Emmerich* Rn. 221; *Hachenburg/Ulmer* Rn. 203a, 204; *Führling* S. 147 ff.; wonach bei Fehlen einer angemessenen Gegenleistung die Zustimmung aller Gesellschafter erforderlich sein soll, *Mimberg* S. 144 ff. (für Betriebspacht); *Huber* ZHR 152 (1988), 1, 35 für den Betriebsführungsvertrag, anders (hauptsächlich für Teilgewinnabführungsverträge) *Jebens* BB 1996, 702 f. mwN; differenzierend § 53 Rn. 32.
²²⁸ Ausführlich *Führling* S. 194 ff.; ebenso OLG Hamburg DB 2000, 314, 315 für Abschluss und Kündigung einer Unternehmenspacht; aA wiederum *Hüffer,* FS Heinsius, 1991, S. 337, 355 f.
²²⁹ Dagegen *Lutter,* FS Barz, 1974, S. 199, 215; dafür LG Berlin WM 1992, 22, 25; *Scholz/Emmerich* Rn. 221; *Hachenburg/Ulmer* Rn. 203, 204; *Mack* S. 78 f.; differenzierend *Führling* S. 171 ff. mwN.
²³⁰ So *Timm* DB 1981, 1491, 1493; zum Aktienrecht Kölner KommAktG/*Koppensteiner* Vor § 291 Rn. 71.

leistung gegenübersteht. Ist dies ausnahmsweise anders,[231] so treten – von § 138 BGB abgesehen[232] – gleichwohl keine besonderen Rechtsfolgen ein. Weder bedarf es eines einstimmigen Zustimmungsbeschlusses,[233] noch sind „andere Unternehmensverträge", die einen Gesellschafter durch Unangemessenheit der Gegenleistung begünstigen, wegen Kollision mit dem Verbot der verdeckten Gewinnausschüttung nichtig.[234] Denn ein Verbot dieses Inhalts gibt es nach herrschender und zutreffender Ansicht jenseits der Grenzen des § 30 im Recht der GmbH nicht.[235] Selbst Verstöße gegen § 30 begründen regelmäßig nicht die Nichtigkeit des schuldrechtlichen Grundgeschäftes.[236] An die Stelle der Nichtigkeit des Vertrages tritt die Anfechtbarkeit des Zustimmungsbeschlusses.[237] Auch Schadensersatzansprüche gegen treuwidrig abstimmende Gesellschafter kommen in Betracht (§ 43 Rn. 67 ff.).

70 c) **Umgehungsprobleme.** Äußerlich als Betriebspacht- und -überlassungsverträge aufgemachte Unternehmensverträge können in Inhalt oder Wirkungen einem Beherrschungs- oder Gewinnabführungsvertrag gleichkommen.[238] Dann werden sie in der aktienrechtlichen Literatur überwiegend als **nichtig** behandelt.[239] Die Frage stellt sich auch für die GmbH.[240]

III. Rechtsfolgen der Unternehmensverbindungen

71 1. **Vorbemerkung.** Die Rechtsfolgen der Unternehmensverbindungen sind mannigfaltig. Soweit diese Rechtsfolgen deshalb eintreten, weil eine GmbH mit einer AG verbunden ist (Rn. 3), muss eine Erläuterung unterbleiben. Anstatt dessen ist auf die aktienrechtliche Spezialliteratur zu verweisen. Im übrigen beschränkt sich die Kommentierung auf spezifisch gesellschaftsrechtliche Aspekte.[241]

---

[231] Dazu der Sachverhalt des Holiday-Inn-Falles; vgl. BGH WM 1982, 394; OLG München ZIP 1987, 849.
[232] Vgl. OLG München ZIP 1987, 849; dazu *Windbichler* ZIP 1987, 825, 826 ff.
[233] Anders *Führling* S. 150 ff.; auch *Scholz/Emmerich* 8. Aufl. Rn. 340, 345.
[234] Anders wiederum *Scholz/Emmerich* 8. Aufl. Rn. 340, 345.
[235] Statt vieler *Lutter/Hommelhoff* § 30 Rn. 24.
[236] *Scholz/Westermann* § 30 Rn. 11 mwN.
[237] Vgl. OLG Frankfurt AG 1973, 136 f.
[238] Im Einzelnen Kölner KommAktG/*Koppensteiner* § 291 Rn. 15 ff.; 66.
[239] Vgl. die Übersicht bei *Oesterreich* S. 18 ff.; ferner Kölner KommAktG/*Koppensteiner* § 292 Rn. 12, 32 f., § 294 Rn. 25 f.
[240] Vgl. Rn. 116 vgl. *Führling* S. 73, 75, 77. Zu Betriebsführungsverträgen zwischen konzernverbundenen Unternehmen ausführlich *Huber* ZHR 152 (1988), 123, 140 ff. mit teilweise neuartigen, hier nicht diskutierbaren Ergebnissen.
[241] Zur Modifikation von § 181 BGB im Konzern *Timm* AcP 193, 423 ff.; zur mitbestimmungsrechtlichen Bedeutung des Konzerntatbestandes vgl. § 52 Rn. 4 f., § 37 Rn. 12, 50; zur steuerrechtlichen Organschaft *Knobbe-Keuk* S. 696 ff.; zu den ertragsteuerlichen Auswirkungen der Haftung im einfach und qualifiziert faktischen Abhängigkeitsverhältnis *Bloß* S. 27 ff.; zu einer zivilrechtlichen Konsequenz BGHZ 120, 50 = NJW 1993, 585, zur kartellrechtlichen Behandlung der Unternehmensverbindungen §§ 35 ff. GWB, dazu neben der Kommentar-Literatur etwa *Emmerich* Kartellrecht, 8. Aufl. 1998, §§ 29 ff. (insbes. S. 274 ff.) zu konzerninternen Wettbewerbsbeschränkungen ebendort, 48. Probleme bei der Anwendung der in den §§ 30 ff. enthaltenen Wertungen auf Konzernsachverhalte erörtern zB *Hommelhoff* WM 1984, 1105; *Hachenburg/Ulmer* §§ 32a, b Rn. 121 und *Scholz/Westermann* § 30 Rn. 34 ff.; zu Regeln ordnungsgemäßer Finanzierung im Konzern vgl. *Schneider* ZGR 1984, 497, 509 ff.; *ders.* ZGR Sonderheft 6, 121, 135 ff. Zur Bedeutung von Abhängigkeit bei der Anwendung von § 114a ZVG BGHZ 117, 8 = NJW 1992, 1702. Zur Anpassung von Betriebsrenten im Konzern etwa BAG DWiR 1992, 473, 475 ff. m. Anm. *Kollatz*.

2. Beteiligung, Abhängigkeit, einfacher Konzern. a) GmbH als Tochter. 72
Die Beteiligung eines Unternehmens an einer GmbH, deren Abhängigkeit oder Eingliederung in einen nicht qualifizierten Konzern hat folgende Konsequenzen:

aa) Stimmverbote. Befangenheit iSd. § 47 Abs. 4 liegt vor, wenn ein Gesell- 73
schafter eine Beteiligung an einem weiteren Unternehmen hält, deren wirtschaftliches Gewicht das Beteiligungsinteresse bei der GmbH übersteigt (§ 47 Rn. 59 f.). Das bedeutet, dass ein herrschendes Unternehmen in der abhängigen GmbH über einen der in § 47 Abs. 4 genannten Beschlussgegenstände auch dann häufig nicht mitstimmen kann, wenn Vertragspartner die andere Beteiligungsgesellschaft ist.[242] § 47 Abs. 4 greift ferner ein, wenn zu besorgen ist, dass die Stimmabgabe einer an der Gesellschaft beteiligten Personenvereinigung von der Befangenheit eines ihrer Mitglieder geprägt sein könnte (§ 47 Rn. 63 f.). Das ist etwa der Fall, wenn ein an der GmbH beteiligtes Unternehmen seinerseits von einem weiteren Unternehmen abhängt, bei dem ein Befangenheitsgrund vorliegt.[243] Die Beispiele zeigen, dass § 47 Abs. 4 sich nicht nur im Verhältnis zwischen der GmbH und einem Beteiligungsunternehmen, sondern auch auf die Beziehungen mit der darübergeschalteten Konzernspitze oder mit einem Schwesterunternehmen auswirken kann. Diese Rechtslage beeinträchtigt zwar die Möglichkeiten einheitlicher Leitung, schließt sie aber keineswegs aus. Das liegt einerseits daran, dass die in § 47 Abs. 4 genannten Beschlussgegenstände nur einen Teil des Bereiches abdecken, der für Einflussnahmen eines herrschenden Unternehmens in Betracht kommt.[244] Zum anderen kann die Konzernleitung die aus § 47 Abs. 4 resultierenden Schranken dadurch überspielen, dass die – entsprechend besetzte – Geschäftsführung mittels Satzungsänderung instandgesetzt wird, ohne Mitwirkung der Gesellschafterversammlung zu handeln.[245]

bb) Schädigungsverbot. Herrschende Unternehmen sind wie jeder andere Ge- 74
sellschafter auch (§ 43 Rn. 67 ff.)[246] verpflichtet, die abhängige GmbH **nicht** zu **schädigen**.[247] Aus dem Schädigungsverbot folgt auch, dass die Veranlassung der Geschäftsführer zu Maßnahmen, die für die Gesellschaft nachteilig sind, zu einem Schadensersatzanspruch der Gesellschaft führen kann.[248] Uneinig ist man sich darüber, ob gesellschaftsschädigendes Verhalten der Geschäftsleitung mit einer Veranlassungsvermutung[249] zu verknüpfen oder doch als prima facie-Beweis[250] anzuerkennen ist. Umstritten war, ob die Verpflichtung zum Schadensersatz durch Ausgleich der Nachteile

---

[242] Vgl. *Scholz/Schmidt* § 47 Rn. 167 f.; *Baumbach/Hueck/Zöllner* Rn. 12.
[243] *Scholz/Schmidt* 6. Aufl. § 47 Rn. 147.
[244] Dazu § 47 Rn 78.
[245] Gegen Stimmbefugnis des herrschenden Unternehmens in diesem Zusammenhang zu Unrecht (vgl. § 47 Rn. 67) *Roth/Altmeppen* Anh. § 13 Rn. 109. Zur Frage der Abstimmungskompetenz in einer Komplementär-GmbH, deren einziger Gesellschafter die GmbH & Co. KG ist, vgl. *Bülow* GmbHR 1982, 121 ff. mwN.
[246] Dazu – keine konzernspezifische Haftung – auch *Ehricke* S. 392 ff.
[247] Dazu *Drüke* S. 120 ff.; kritisch gegenüber der Begründung aus der Treuepflicht *Bälz* AG 1992, 277, 293. Zur strafrechtlichen Seite (§ 266 StGB) BGH GmbHR 1996, 925. Zur Besicherung eines der Muttergesellschaft gewährten Kredits durch die GmbH („cash pool") statt vieler BGHZ 138, 291. Genauer § 30 Rn. 38. Zur (zutreffend verneinten) Frage, ob „Konzernvertrauen" haftungsbegründend im Verhältnis zu Dritten wirken kann, *Lutter*, GS Knobbe-Keuk, 1997, S. 229 ff.
[248] Zum hier maßgeblichen Nachteilsbegriff *Limmer* S. 112 ff.; *Drüke* S. 131 ff.
[249] Dafür *Scholz/Emmerich* Rn. 73; *Emmerich/Sonnenschein* § 24 III 1; *Ulmer* ZHR 148 (1984), 391, 420 f. Für Beweisobliegenheiten des herrschenden Unternehmens auch *Ehricke* S. 399 f.
[250] So für das Aktienrecht Kölner KommAktG/*Koppensteiner* § 311 Rn. 6.

vermieden werden kann, die mit der in Frage stehenden Maßnahme voraussehbar zusammenhängen.[251] Die Frage ist grundsätzlich zu verneinen. Denn eine Analogie zu § 311 AktG hat wegen der Unterschiede der Stellung von Vorstand und Geschäftsführer einerseits, dem Fehlen eines Abhängigkeitsberichts andererseits nach heute ganz überwiegender Ansicht auszuscheiden.[252] Der Vorschlag einer Analogie zu § 243 Abs. 2 S. 2 AktG führt nicht weiter, weil diese Bestimmung nicht Schädigungen der Gesellschaft, sondern nur davon unterscheidbare Schädigungen der Gesellschafter abdecken würde.[253] Eine Ausnahme ist unter dem Gesichtspunkt der compensatio lucri cum damno allenfalls dann zu erwägen, wenn der Ausgleich schon die Schadensentstehung verhindert.[254] Der praktische Unterschied zur Annahme, Schädigungen könnten durch Ausgleich legitimiert werden, besteht darin, dass auch nicht vorausgesehene Spätschäden liquidierbar sind.[255] Auch bei voller Kompensation der Vermögensbeeinträchtigung bleibt die Maßnahme im übrigen rechtswidrig und daher durch Unterlassungs- bzw. Beseitigungsklage bekämpfbar, wenn unternehmerische Interessen der Gesellschaft beeinträchtigt werden.[256]

75 Soweit das herrschende Unternehmen haftet, gilt dies auch für seine **gesetzlichen Vertreter**. Das ergibt sich aus § 317 Abs. 3 AktG analog.[257]

76 Besondere Probleme wirft die Begründung des Ersatzanspruchs bei **mehrstufigen Unternehmensverbindungen,** insbesondere dann auf, wenn ein Mutterunternehmen entweder über die Tochter oder direkt nachteilig auf die Enkel-GmbH einwirkt. Ein Bedürfnis für die Haftung der Mutter auch in diesen Fällen ist offensichtlich. Andererseits lässt sich eine solche Haftung nicht mit Treuepflichten aus dem Gesellschaftsvertrag der GmbH begründen, weil die Mutter an diesem Vertrag überhaupt nicht beteiligt ist. Manche berufen sich auf „allgemeine kapitalgesellschaftsrechtliche Grundsätze".[258] Welches diese Grundsätze sind, bleibt offen. Auf eine konzernrechtliche Sonderbeziehung lässt sich die in Frage stehende Haftung deshalb nicht gründen, weil jene Sonderbeziehung sich ihrerseits als petitio principii darstellt.[259] Auch gegen den in bis zur 2. Aufl. favorisierten Ansatz beim „faktischen Geschäftsführer" bestehen letztlich wohl unüberwindbare Bedenken.[260] Nach derzeitigen Erörterungsstand ist es daher wahrscheinlich am besten, darauf abzustellen, dass die Konzernspitze unter den genannten Voraussetzungen stets beteiligungsvermittelte Einflussmöglichkeiten der Tochter für sich in Anspruch nimmt. Es erscheint evident, dass dies nicht ohne Be-

---

[251] Dafür hauptsächlich *Emmerich/Sonnenschein* 2. Aufl. § 9 B III, d, e; in der Tendenz auch *Verhoeven* S. 79 ff., 94 ff.; vgl. *K. Schmidt* GmbHR 1979, 121, 127; *Möhring* S. 239 ff.

[252] Ebenso *Scholz/Emmerich* Rn. 12;, zB *Lutter/Hommelhoff* Rn. 17; *Baumbach/Hueck/Zöllner* Rn. 10; *Hommelhoff* S. 252 f.; *Schilling*, FS Hefermehl, 1976, S. 383, 390; *Lutter* ZGR 1982, 244, 260 f.; *Ulmer* ZHR 148 (1984), 391, 411 ff.; *Assmann* JZ 1986, 928; *Rehbinder* AG 1986, 85, 88; *Sonntag* S. 43 f.; *Büscher* S. 49 f.; vgl. auch den Diskussionsbericht ZGR Sonderheft 6, 56; zur gleichsinnigen Position des BGH *Lutter* ZHR 151 (1987), 444, 455; anders *Rowedder* ZGR Sonderheft 6, 29 ff.; *Bälz* AG 1992, 277, 294.

[253] Dazu § 47 Rn. 126; für weitere Argumente *Hommelhoff* S. 249 ff.; vgl. *Verhoeven* S. 95 f.

[254] *Rehbinder* ZGR 1977, 581, 638.

[255] Anders insoweit wohl *Büscher* S. 76 ff.

[256] *Scholz/Emmerich* Rn. 86; *Lutter* ZGR 1982, 244, 261; vgl. § 43 Rn. 78. Zu den Rechtsfolgen bei Verletzung eines Wettbewerbsverbotes (Rn. 33 ff.) vgl. § 43 Rn. 76 f., 19 sowie *Hachenburg/Ulmer* Rn. 92.

[257] Genauer *Altmeppen* S. 85 ff.; dagegen OLG Bremen AG 1999, 466, 467; LG Bremen NZG 1998, 468, 469.

[258] *Emmerich/Sonnenschein* Rn. 121; Konstruktiv offen *ders.* 8. Aufl. Rn. 170.

[259] Anders namentlich *Limmer* S. 68 ff.

[260] S. *Wiedemann* Unternehmensgruppe S. 84 f.; *Ziche* S. 148.

achtung der Pflichten geschehen kann, die mit der Beteiligung verbunden sind.[261] Auf die Rechtsprechung zur Haftung des Geschäftsführers der Komplementär-GmbH gegenüber der KG[262] kommt es dabei nicht an.[263] Im übrigen kann auch die Tochter den bei der Enkelgesellschaft entstandenen Schaden liquidieren.[264]

Rechtswidrigkeit und **Verschulden** richten sich bei direkter Beeinflussung der 77 Geschäftsführer nach den zu § 43 entwickelten Grundsätzen (§ 43 Rn. 68). Dasselbe soll im konzernrechtlichen Zusammenhang auch dann gelten, wenn das herrschende Unternehmen seinen Einfluss über die Gesellschafterversammlung der GmbH geltend macht.[265] Eine zureichende Begründung für die damit vorgeschlagene Differenzierung gegenüber nichtkonzernrechtlichen Mehrheits-Minderheitskonflikten (dazu § 43 Rn. 68) ist freilich bisher nicht geliefert worden. Insbesondere ist der von *Scholz/Schneider* angenommene Rechtssatz, wer unternehmerische Leitung ausübe, habe die Sorgfalt eines ordentlichen und gewissenhaften Geschäftsleiters zu beachten, in dieser Allgemeinheit nicht zu billigen. Andererseits ist im Kontext des § 311 AktG anerkannt, dass auch ein Hauptversammlungsbeschluss als „Veranlassung" in Betracht kommt, und dabei dieselben Verhaltensmaßstäbe wie für andere Einflussnahmen des herrschenden Unternehmens gelten.[266] Die Übertragbarkeit dieser Auffassung auf die GmbH erscheint erwägenswert, trifft aber letzten Endes doch nicht das richtige. Vielmehr ist auch in der Unternehmensverbindung daran festzuhalten, dass der herrschende Mehrheitsgesellschafter stärker als der Geschäftsführer befugt ist, seine eigenen Interessen zu verfolgen.[267] Ob schuldhaftes Verhalten vorliegt, richtet sich allerdings nach § 43.[268] Die Beweislast liegt entsprechend § 317 Abs. 2 AktG insofern beim Beklagten.[269]

Nach BGHZ 95, 330, 340 = NJW 1986, 188 sind Pflichten des herrschenden **Ein-** 78 **mann**gesellschafters, die abhängige GmbH nicht zu beeinträchtigen, „nicht leicht zu begründen". Jedenfalls für die unabhängige GmbH ist eine überzeugende Begründungsmöglichkeit überhaupt nicht ersichtlich.[270] Für eine andere Beurteilung im Zusammenhang der Unternehmensverbindung liefert die lex lata keine zureichenden Anhaltspunkte.[271] Andererseits ist evident, dass die Gläubiger der Gesellschaft in der hier interessierenden Situation besonders gefährdet erscheinen (oben Rn. 1), ohne dass sie von dem Reflexschutz profitieren würden, den sie in der mehrgliedrigen GmbH über

---

[261] Ähnlich *Assmann*, FS 100 Jahre GmbHG, 1992, S. 657, 710; *Hachenburg/Ulmer* Rn. 74; *Büscher* S. 51: Gesellschaftsvertrag der Tochter erzeugt Schutzwirkung zugunsten der Enkel-GmbH.
[262] Kritisch dazu § 43 Rn. 65.
[263] In Verbindung gebracht werden beide Fragen dagegen von *Stimpel* AG 1986, 117, 119 f.; kürzer *ders.* ZGR Sonderheft 6, 39, 41; ebenso zB *Paschke* AG 1988, 196, 204; *Winter* S. 256 ff.; *Görling* S. 178 ff.; kritisch *Limmer* S. 70 f.; *Pietzcker* S. 26 ff.; 69 ff.
[264] BGHZ 65, 15 ff. = NJW 1976, 191. Zum Verhältnis von Ansprüchen der Enkel- und der Tochtergesellschaft vgl. *Rehbinder* ZGR 1977, 581, 642 ff.
[265] So etwa OLG Saarbrücken AG 1980, 26, 28; *Schilling*, FS Hefermehl, 1976, S. 383, 385; *Schneider* ZGR 1980, 511, 534; *Scholz/Schneider* § 43 Rn. 18 f.; *Scholz/Emmerich* Rn. 72 mwN; vgl. auch *Lutter* ZGR 1981, 171, 175; kritisch etwa *Lutter/Hommelhoff* Rn. 13; *Ulmer* ZHR 148 (1984), 391, 413 ff. mwN.
[266] Für Differenzierungen Kölner KommAktG/*Koppensteiner* § 311 Rn. 16 f.
[267] Vgl. § 43 Rn. 68; ganz anders *Limmer* S. 162 ff. auf der Grundlage unzutreffender Prämisse.
[268] § 43 Rn. 69; insgesamt wie hier *Lutter/Hommelhoff* Rn. 18.
[269] *Lutter/Hommelhoff* Rn. 18; vgl. *Scholz/Emmerich* Rn. 75.
[270] § 43 Rn. 5, 70; fast ebenso BGHZ 119, 257, 262 = NJW 1993, 193.
[271] Ebenso *Lutter* ZGR Sonderheft 6, 192, 211; *ders.* ZIP 1985, 1425, 1428; *Rehbinder* AG 1986, 85, 94; *Baumbach/Hueck/Zöllner* Rn. 34; *Drüke* S. 122 f.; *Büscher* S. 54 ff.; *Ehricke* S. 401 f.; *St. Koch* S. 121 ff.; deutlich anders zB *Emmerich* GmbHR 1987, 213, 220; *Limmer* S. 22 ff., 37 ff., 156 ff.

die Treuebindung genießen. Das rechtspolitisch deshalb unabweisliche Schädigungsverbot ist de lege lata am besten auf das in § 317 AktG steckende Prinzip zu stützen.[272] Die Rechtsfolge dieser Bestimmung bedarf allerdings GmbH-spezifischer Abwandlung. Auch der unternehmerische Einmanngesellschafter ist, wie aus § 30 geschlossen werden muss, nicht daran gehindert, das Gesellschaftsvermögen bis zur Grenze des Stammkapitals zu beeinträchtigen (vgl. § 43 Rn. 71). Ein Anspruch auf Schadensersatz kommt daher erst jenseits dieser Grenze und nur im Ausmaß ihrer Überschreitung in Betracht.[273] Analogiefähig ist auch § 317 Abs. 3 AktG. Demnach könnte ceteris paribus auch der **Geschäftsleiter** der herrschenden GmbH in Anspruch genommen werden.[274]

79 Neben der geschädigten GmbH selbst kann auch **jeder Gesellschafter** Unterlassung verlangen (§ 43 Rn. 47 f.)[275] und den Schaden **geltend machen** (§ 43 Rn. 47 ff.). Zu leisten ist freilich auch in diesem Fall an die Gesellschaft. Als Grundlage der Gesellschafterklage kommt neben der actio pro socio im konzernrechtlichen Zusammenhang auch eine entsprechende Anwendung der §§ 317 Abs. 4, 309 Abs. 4 AktG in Betracht.[276] An der nur subsidiären Klagebefugnis der Gesellschafter (§ 43 Rn. 48) dürfte sich dadurch freilich nichts ändern.[277] Die Klagebefugnis von Gläubigern der Gesellschaft richtet sich nach § 317 Abs. 4 AktG.[278] Vorzuziehen ist aber meistens die Pfändung des Anspruchs.[279]

80 cc) **Austritt?** Als Konsequenz des qualifizierten faktischen Konzerns wird Minderheitsgesellschaftern zumeist ein Austrittsrecht zugestanden (darüber Rn. 89). Nach manchen soll dieselbe Rechtslage schon dann eintreten, wenn die Gesellschaft in eine Abhängigkeitslage gerät.[280] Dafür lässt sich geltend machen, dass der Tatbestand der qualifizierten Konzernierung in der Tat sehr erhebliche Definitions- und Subsumtionsprobleme aufwirft und daher große Risiken für die Außenseiter in sich birgt. Nach gegenwärtigem Diskussionsstand kann dieser Ansicht gleichwohl nicht gefolgt werden. Die vorstehenden Erörterungen zeigen, dass die Vermögenslage der bloß abhängigen Gesellschaft gegen Eingriffe des herrschenden Unternehmens verteidigt werden kann. Das verbleibende Risiko ist gesellschaftsvertraglich beherrschbar (dazu Rn. 32). Unter diesen Umständen kann das Verbleiben in der Gesellschaft nicht als unzumutbar bewertet werden. Für den einfachen Konzern gilt nichts grundsätzlich anderes.[281]

---

[272] Zur methodischen Grundlage dieser Annahme Rn. 5, 49 ff.; kritisch *Baumbach/Hueck/Zöllner* Rn. 34; *Möhring* S. 238 f.; ähnlich wie hier dagegen *Kropff*, FS Semler, 1993, S. 517, 536 ff. mwN; *ders.* AG 1993, 485, 492; *Bälz* AG 1992, 277, 293 f.; *Hoffmann/Becking* DJT-Referat R 24.

[273] Ebenso iErg. OLG Bremen AG 1999, 466, 467; *Assmann* FS 100 Jahre GmbHG, 1992, S. 657, 706 f.; aA *Hachenburg/Ulmer* Rn. 75, 85 ff.; vgl. auch *Stimpel* ZGR 1991, 144, 158 f.; Ablehnung von Schadensersatzansprüchen bei bloßer Abhängigkeit und im „einfachen" Einmann-Konzern bei *Semler*, FS Goerdeler, 1987, S. 551, 561 ff. Zu Besonderheiten der Geschäftsführerhaftung bei der abhängigen GmbH (teilweise zweifelhaft) *Altmeppen* S. 78 ff.

[274] Näher *Altmeppen* S. 78 ff.

[275] *Lutter/Hommelhoff* Rn. 19.

[276] *Lutter/Hommelhoff* Rn. 22; *Drüke* S. 123; *Limmer* S. 142 ff.

[277] Ebenso *Hachenburg/Ulmer* Rn. 90; anders *Rehbinder* ZGR 1976, 386, 394; *Assmann*, FS 100 Jahre GmbHG, 1992, S. 657, 681 f. mwN.

[278] Ganz hM; vgl. nur BGHZ 95, 330, 340 = NJW 1986, 188; *Lutter/Hommelhoff* Rn. 15; *Limmer* S. 144 ff.; dagegen *Baumbach/Hueck/Zöllner* Rn. 34 mwN.

[279] Diskussion bei *Assmann*, FS 100 Jahre GmbHG, 1992, S. 657, 682.

[280] *Becker* S. 126 ff., 132 f.; ebenso *Wiedemann* S. 67 f.; dagegen *Binnewies* S. 220 ff. mwN.

[281] Gleiche Tendenz bei *Binnewies* S. 254 ff. (mwN); aber mit Ausklammerung einiger von ihm für problematisch gehaltener Sachverhalte.

b) **GmbH als Mutterunternehmen. aa)** Für die GmbH als **Obergesellschaft** im 81
Rahmen von Mehrheitsbeteiligungsabhängigkeit und einfachem Konzern stellt sich
zunächst die Frage, ob ein **abhängiges Unternehmen ihre Anteile erwerben darf.**
Eine ausdrückliche Regelung dieser Frage enthält das Gesetz nicht. Doch verbietet
§ 33 den Erwerb eigener Anteile, sofern sie noch nicht eingezahlt sind oder aus Vermögen bezahlt werden sollen, das zur Erhaltung des Stammkapitals bzw. zur Finanzierung der in § 272 Abs. 4 HGB genannten Rücklage erforderlich ist. Der dieser Bestimmung zugrundeliegende Zweck – Aufbringung und Erhaltung eines dem Stammkapital entsprechenden Vermögens – kann aber auch dadurch beeinträchtigt werden,
dass ein Unternehmen, an dem die GmbH beteiligt ist, Anteile derselben erwirbt.
Denn über die mittelbare Beteiligung der GmbH an sich selbst entsteht ein Kapitalverwässerungseffekt.[282] Aus diesem Grunde ist man sich heute im großen und ganzen
darüber einig, dass ein Beteiligungsunternehmen der GmbH deren Anteile nur unter
eingeschränkten, durch § 33 vorgezeichneten Voraussetzungen erwerben kann.[283]

Konsequent durchgeführt, müsste dieser Gedanke ohne Rücksicht darauf gelten, **in** 82
welchem Umfang die GmbH an dem anderen Unternehmen **beteiligt** ist. Doch
wird dies, wohl mit Rücksicht auf die in § 71d S. 2 AktG steckende Wertung, nirgends vertreten.[284] Entsprechend der Rechtslage nach dem AktG ist vielmehr eine
Mehrheitsbeteiligung zu fordern. Beteiligungsunabhängige Beherrschung reicht sicher
nicht aus, weil eine Kapitalgefährdung hier nicht in Betracht kommt.[285] Auch bei
Kombination von Abhängigkeit mit einer Minderheitsbeteiligung ist dasselbe anzunehmen.[286] Nur ein im Mehrheitsbesitz einer GmbH stehendes Unternehmen ist also
davon ausgeschlossen, nicht voll eingezahlte Anteile der Mutter zu erwerben und zwar
sowohl im Zuge einer Kapitalerhöhung[287] als auch sonst; doch soll das Ausführungsgeschäft im Unterschied zum Kernanwendungsbereich des § 33 Abs. 1 nicht unwirksam sein.[288] Entsprechendes gilt sicher beim Erwerb volleingezahlter Anteile, sofern das
Vermögen der GmbH infolge des Kapitalverwässerungseffekts der wechselseitigen Beteiligung unter dem Betrag des Stammkapitals absinken würde (vgl. § 33 Abs. 2).

Ist auch das Beteiligungsunternehmen GmbH, so sind dieselben Grundsätze auch bei 83
ihm zu beachten. Sie gelten im übrigen entsprechend auch bei der Übernahme und
dem Erwerb von Anteilen der Obergesellschaft durch Dritte für Rechnung des Tochterunternehmens,[289] nicht dagegen für die Inpfandnahme von Anteilen der Obergesellschaft.[290]

Die Gesellschaft kann aus eigenen Anteilen **nicht abstimmen.**[291] Dasselbe gilt hin- 84
sichtlich von Aktien, die einem von einer AG abhängigen Unternehmen gehören

---

[282] *Verhoeven* GmbHR 1977, 97 f.; Kölner KommAktG/*Koppensteiner* § 19 Rn. 3, beide mwN; ausführlich *Hachenburg/Goerdeler/Müller* 6. Aufl. § 30 Rn. 43 ff. mit Erwägungen zur Anwendbarkeit von § 30.
[283] Vgl. die Literaturübersicht bei *Verhoeven* GmbHR 1977, 97, 99; ferner § 33 Rn. 67; *Scholz/Westermann* § 33 Rn. 13.
[284] Diskussion der Frage bei *Verhoeven* GmbHR 1977, 97, 100.
[285] Anders *Scholz/Westermann* § 33 Rn. 13.
[286] Anders *Verhoeven* GmbHR 1977, 98, 100; wie hier wohl *Lutter* Kapital S. 462 f.
[287] Speziell dazu § 55 Rn. 28; *Hachenburg/Ulmer* § 55 Rn. 40, alle mwN.
[288] *Verhoeven* GmbHR 1977, 97, 100 mwN.
[289] *Verhoeven* GmbHR 1977, 97, 102.
[290] *Verhoeven* GmbHR 1977, 97, 102. Zur Frage einer Ausschüttungssperre bei der Mutter mit Rücksicht auf die Lage von Töchtern mit Recht verneinend *Lutter* ZGR Sonderheft 6, 192, 212 f. Anders offenbar *Schneider* ZGR 1984, 497, 519 ff.
[291] BGHZ 119, 346, 356 mN = NJW 1993, 1265; § 33 Rn. 44.

(§§ 71a, 71b AktG). Beiden Regeln liegt jedenfalls auch der Gedanke zugrunde, dass die Geschäftsführung anderenfalls instandgesetzt würde, die Willensbildung der Gesellschafter- bzw. Hauptversammlung zu beeinflussen. Eben dieser Effekt würde auch eintreten, wenn ein von einer GmbH abhängiges Unternehmen in der Gesellschafterversammlung der herrschenden GmbH mitstimmen dürfte. Auch in dieser Konstellation ist das Stimmrecht daher ausgeschlossen.[292]

85 **bb) Pflicht zur Konzernbildung?** Nach einer zeitweise prominenten Ansicht ist die GmbH gehalten, Herrschaftsmöglichkeiten, die sie anderen Unternehmen gegenüber hat, auch tatsächlich wahrzunehmen, d.h. **einen Konzern zu bilden.**[293] Begründet wird dieses Ergebnis in erster Linie mit der Erwägung, die Gesellschaft sei zur aktiven Verfolgung des Gesellschaftszwecks im unternehmensgegenständlichen Bereich verpflichtet. Bei Fehlen einer gegenteiligen satzungsmäßigen Ermächtigung gehöre dazu auch die einheitliche Leitung von ihr beherrschter Unternehmen. Dem ist nicht zu folgen.[294] Denn die referierte Auffassung führt – konsequent zu Ende gedacht – dazu, dass eine Verpflichtung zu möglichst intensiver Konzernierung, also zum Abschluss von Beherrschungs- oder Gewinnabführungsverträgen angenommen werden müsste. Diese Konsequenz dürfte mit Grundannahmen des Konzerngesellschaftsrechts, wie sie in der Stufenfolge von Mehrheitsbeteiligung, Abhängigkeit und Konzern (§§ 16 bis 18 AktG) zum Ausdruck kommen, nicht vereinbar sein.[295] Auch aus konzentrationspolitischer Sicht bestehen Bedenken gegen Konzernbildungspflichten. Dem Anliegen der Vertreter der Gegenauffassung lässt sich im übrigen auch dadurch Rechnung tragen, dass die Obergesellschaft in dem durch das Recht des abhängigen Unternehmens gesteckten Rahmen für verpflichtet gehalten wird, die Aktivitäten von Tochterunternehmen auf die Realisierung von Unternehmenszielen der Mutter hin zu kontrollieren und erforderlichenfalls für Abhilfe zu sorgen.[296]

86 **cc) Die Zuständigkeitsverteilung** innerhalb der herrschenden GmbH bei der Wahrnehmung von Beteiligungsrechten bzw. Maßnahmen der Konzernleitung ist aus den für die Einzelgesellschaft geltenden Grundsätzen zu entwickeln. Demnach (vgl. § 37 Rn. 13ff.) gilt: Entscheidungen bei oder hinsichtlich eines Beteiligungsunternehmens bedürfen dann der Zustimmung der Gesellschafterversammlung bei der herrschenden GmbH, wenn sie sich aus deren Sicht wegen ihres Inhalts oder ihrer möglichen Rückwirkungen als **ungewöhnliche Maßnahme** darstellen.[297] Das wird zB bei der Veräußerung eines Betriebes des Tochterunternehmens der Fall sein, vorausgesetzt, dieses Unternehmen ist für die beteiligte GmbH nicht von untergeordneter Bedeu-

---

[292] *Zöllner* S. 142; *Emmerich/Sonnenschein* § 24 IV 3; *Verhoeven* GmbHR 1977, 97, 100; ebenso § 82 Abs. 4 RegE 1971.
[293] So ausführlich *Hommelhoff* S. 236ff., 71ff. mwN; vgl. ferner *Timm* S. 95f.; *Semler* S. 157ff.; *Abeltshauser* S. 44ff.; *Jungkurth* S. 51ff.; Schneider BB 1981, 249, 253.
[294] So auch *Baumbach/Hueck/Zöllner* Rn. 106 mwN; ferner *Wiedemann* S. 76f.
[295] Dagegen allerdings *Hommelhoff* S. 75f.
[296] Wie hier *Scholz/Emmerich* 7. Aufl. Rn. 196; ausführlicher Kölner KommAktG/*Koppensteiner* Vor § 291 Rn. 30 mwN.
[297] Vgl. *Hommelhoff* S. 237; *Schneider* BB 1981, 249, 251f.; ders. in: Der GmbH-Konzern 78, 95ff.; *Scholz/Emmerich* Rn. 64; OLG Frankfurt AG 1988, 335, 336 m. Anm. *Spann*; s. auch *Henssler*, FS Zöllner, 1998, S. 217 (zu Gewinnverwendungsentscheidungen). Zur Ausdehnung eines gesellschaftsvertraglichen Vollausschüttungsgebotes auf die Gewinnverwendung in Tochtergesellschaften (für einen speziell gelagerten Sachverhalt) OLG Köln DB 1996, 1713, 1714f.

tung. Einen den Gesellschaftern vorbehaltenen Bereich „Grundsätze der Konzernpolitik" gibt es nicht.[298] Wo demnach eine Zuständigkeit der Gesellschafterversammlung zu bejahen ist, entscheidet diese mit einfacher Mehrheit.[299]

Gewisse Maßnahmen bei einem Tochterunternehmen, sog. **Strukturänderungen,** 87 können sich auf die Gesellschafterrechte in der herrschenden GmbH so auswirken wie eine dort beschlossene Satzungsänderung. Solchen Maßnahmen darf der Geschäftsführer der Obergesellschaft nach Auffassung eines erheblichen Teils der überwiegend aktienrechtlichen Literatur nur zustimmen, wenn die Gesellschafter entsprechendes mit satzungsändernder Mehrheit beschlossen haben.[300] Der BGH hat dies in Anschluss an seine Rechtsprechung zu Parallelproblemen der Personengesellschaften[301] für einen Spezialfall – Kapitalerhöhungen bei einer ausgegliederten Tochtergesellschaft – grundsätzlich gebilligt.[302] Gegenüber diesem Trend ist erhebliche Zurückhaltung geboten.[303] Das OLG Köln[304] hat die Zuständigkeit der Hauptversammlung der Mutter-AG im Kontext der Verschmelzung einer nicht durch Ausgliederung entstandenen Auslandstochter in eine konzernfremde Gesellschaft verneint. Im übrigen ist die Argumentationslage in der GmbH nicht dieselbe.[305] Auszugehen ist davon, dass keineswegs jede Satzungsänderung bei der Tochter der Zustimmung der Gesellschafterversammlung der Mutter bedarf, insbesondere nicht mit qualifizierter Mehrheit: Maßnahmen wie eine Firmenänderung oder eine Sitzverlegung lassen die Rechte der Gesellschafter des herrschenden Unternehmens praktisch unberührt.[306] Anders liegt es etwa, wenn ein Konzernglied eine Tätigkeit aufnimmt, die vom Unternehmensgegenstand der Obergesellschaft nicht gedeckt ist, ferner uU beim Abschluss von Unternehmensverträgen der Tochter mit Dritten oder der Veräußerung ihres Unternehmens. Als weiteres Beispiel kommen Kapitalerhöhungen der Tochter, insbesondere dann in Betracht, wenn dabei erstmals Dritte an dieser beteiligt werden. Die Formulierung einer allgemeinen Regel mit zureichendem Aussagegehalt ist noch nicht möglich.[307] Fest steht aber, dass die diskutierten Zustimmungserfordernisse nur interner Natur sind, sich also auf die Vertretungsmacht der Geschäftsführer dem Tochterunternehmen gegenüber nicht auswirken. Zur Frage der **Durchsetzung** der Rechte der Gesellschafter gegenüber den Geschäftsführern durch einzelne Gesellschafter vgl. § 43 Rn. 47 ff., 53 ff.

---

[298] § 37 Rn. 15; anders *Scholz/Emmerich* Rn. 64.

[299] Zur konzernrechtlichen Bedeutung von Zustimmungsvorbehalten zugunsten eines Aufsichtsrates vgl. *Scholz/Emmerich* 8. Aufl. Rn. 130; *Semler* Rn. 430 ff.; *Lutter,* FS Fischer, 1979, S. 419 ff.; *Schneider* BB 1981, 249, 252 ff.; Kölner KommAktG/*Koppensteiner* Vor § 291 Rn. 31; *Götz* ZGR 1990, 633, 646 ff.

[300] Dazu etwa *Timm* S. 165 ff.; *Lutter,* FS Westermann, 1974, S. 347 ff.; *Schneider* in: Der GmbH-Konzern 78, 95 ff.; vgl. auch *ders.* ZHR 143 (1979), 485, 500 f.; *Timm* AG 1980, 172, 182 ff.; *Rehbinder,* FS Coing, 1982, S. 423, 437 ff.; *Großfeld/Brondics* JZ 1982, 589, 591 f.; kritisch etwa *Raiser/Wiesner* AG 1976, 266, 271.

[301] Etwa BGHZ 25, 115, 118 = NJW 1957, 1555.

[302] BGHZ 83, 122, 138 f. (insbesondere 142 f.) = NJW 1982, 1703; dazu *Rehbinder* ZGR 1983, 92, 100 ff.; kritisch mit allerdings überwiegend AG-spezifischen Argumenten etwa *Martens* ZHR 147 (1983), 377, 404 ff.; *Werner* ZHR 147 (1983), 429, 448 ff.; *Semler* BB 1983, 1566, 1572; *Beusch,* FS Werner, 1984, S. 1; vgl. aber auch *Götz* AG 1984, 85, 92 ff.; weitere Literatur in Kölner KommAktG/*Koppensteiner* Vor § 291 Rn. 36 ff.

[303] Näher Kölner KommAktG/*Koppensteiner* Vor § 291 Rn. 36 ff.

[304] ZIP 1993, 110, 112 f. m. Anm. *Timm.*

[305] Ausführliche Diskussion bei *Sonntag* S. 267 ff.; *Binge* S. 104 ff.

[306] Vgl. BGHZ 83, 122, 140 f. = NJW 1982, 1703.

[307] Vgl. Kölner KommAktG/*Koppensteiner* Vor § 291 Rn. 38.

88 **3. Qualifizierter Konzern. a) Abhängige GmbH.** Bei der in einen qualifizierten Konzern eingegliederten abhängigen GmbH ergeben sich folgende rechtlichen Konsequenzen: **aa)** Zunächst sind **alle Regeln** anwendbar, die auch für den einfachen Konzern gelten. Auch hier sind also die in Rn. 72f., 84 dargelegten Stimmverbote zu beachten. Ferner liefert die Intensivierung der Konzernherrschaft selbstverständlich keine Legitimation für eine Schädigung der dieser Herrschaft unterworfenen GmbH.[308] Zwar ist der qualifizierte Konzern gerade dadurch gekennzeichnet, dass die Isolierung einzelner schadensstiftender Einflussnahmen seitens des herrschenden Unternehmens häufig nicht möglich sein wird (Rn. 49f.). Doch kann dies im Einzelfall anders sein. Dann ist Schadensersatz zu leisten.[309]

89 **bb)** Als Konsequenz qualifizierter Konzernbildung steht Minderheitsgesellschaftern das Recht zu, aus der Gesellschaft gegen volle **Abfindung** auszuscheiden. Das kann heute als gesicherte Einsicht gelten.[310] Denn den Gesellschaftern der GmbH steht anerkanntermaßen ein Austrittsrecht aus wichtigem Grund zu (vgl. § 34 Rn. 75ff.). Eingliederung der GmbH in einen qualifizierten faktischen Konzern wird von den Befürwortern des Abfindungsanspruchs zu Recht als ein solcher wichtiger Grund anerkannt.[311] Auf § 305 AktG analog kann der Abfindungsanspruch nicht gestützt werden.[312] Das ergibt sich wie für § 304 AktG (Rn. 90) und § 302 AktG (Rn. 101) daraus, dass § 305 auf einen rechtmäßig herbeigeführten Zustand reagiert, während qualifizierte Konzernierung unzulässig ist (Rn. 49f.). Einzuräumen ist freilich, dass sich der Abfindungsanspruch im Kontext des Ausscheidens aus wichtigem Grund an sich gegen die Gesellschaft, nicht gegen das herrschende Unternehmen richtet.[313] Indessen ist für die hier interessierende Konstellation eine Ausnahme zu erwägen.[314] Immerhin hat das herrschende Unternehmen den Austrittsgrund zu vertreten.

90 **cc)** Gestritten wird auch darüber, ob auch ein **Ausgleich** nach dem Vorbild von § 304 AktG verlangt werden kann.[315] De lege ferenda wird die Einführung einer § 304 AktG entsprechenden Bestimmung verschiedentlich befürwortet.[316] Zur Begründung dieses Ergebnisses schon de lege lata stützt man sich teilweise auf die Annahme eines konkludenten Beherrschungsvertrages,[317] teilweise auf das Postulat, es bestünde ein

---

[308] Vgl. *Westermann* in: Der GmbH-Konzern 25, 43; *Hachenberg/Ulmer* Rn. 142; für Einzelheiten oben Rn. 74ff. Zum Abzug von Liquidität, insbesondere zur Einführung eines zentralen Cashmanagement OLG Bremen NZG 1999, 724.

[309] ZB *Stimpel* ZGR 1991, 144, 159f.; unzutreffende Formulierungen dagegen bei *Lutter* JZ 1993, 580f. Zu Beweislastproblemen in diesem Zusammenhang vgl. BGH WM 1979, 937, 941; *Schneider* ZGR 1980, 511, 535f. Zu Direktansprüchen von Gläubigern der GmbH aus § 826 BGB s. OLG Oldenburg NZG 2000, 555, 556f. m. Anm. *Emmerich*.

[310] *Flaß* S. 40ff.; *Westermann* in: Der GmbH-Konzern 25, 47; *K. Schmidt* GmbHR 1979, 121, 131f.; *Lutter/Timm* NJW 1982, 409, 414f.; *K. Schmidt* § 39 III; *Scholz/Emmerich* Rn. 133; *Lutter/Hommelhoff* Rn. 28; *Emmerich/Sonnenschein* § 24a II 2; *Hachenburg/Ulmer* Rn. 167; *Geuting* BB 1994, 365, 366ff., je mwN.

[311] Weitergehend *Wiedemann* ZGR 1978, 477, 495.

[312] AA *Geuting* BB 1994, 365, 367ff.; *Lutter* AG 1990, 179, 181; wie hier *Binnewies* S. 261f., alle mwN.

[313] Insoweit zutreffend *Geuting* BB 1994, 365, 368 gegen 2. Aufl.

[314] Ebenso iErg. *Hachenburg/Ulmer* Rn. 167; *Flaß* S. 96ff.

[315] Dafür iErg. *K. Schmidt* GmbHR 1979, 121, 129ff.; *Emmerich/Sonnenschein* § 24a II 2b; *Scholz/Emmerich* Rn. 134; *Geuting* BB 1994, 365, 371f.; *Grauer* S. 153ff.; dagegen etwa *Hachenberg/Ulmer* Rn. 168; *Verhoeven* S. 111f.; *Kort* S. 35ff.; *Deilmann* S. 167f.

[316] Vgl. Unternehmensrechtskommission Rn. 1685; *Schilling*, FS Hefermehl, 1976, S. 383, 400; für wN auch gegenteiliger Meinungen vgl. *K. Schmidt* GmbHR 1979, 121, 132.

[317] So *Scholz/Emmerich* 6. Aufl. Rn. 143; dagegen 7. Aufl. Rn. 203.

Anspruch auf Abschluss eines Beherrschungsvertrages; wer sich so verhalte, als sei er durch einen Beherrschungsvertrag legitimiert, dürfe sich den damit verbundenen Pflichten nicht entziehen.[318] Indes setzt § 304 in seinem eigentlichen Anwendungsbereich nicht den für den qualifizierten Konzern charakteristischen rechtswidrigen Einsatz von Leitungsmacht (Rn. 49 f.) voraus. Daher stehen der Gesellschaft im einen Fall Schadensersatz- und Unterlassungsansprüche zu, im anderen nicht.[319] Ein konkludent zustandegekommener Beherrschungsvertrag muss schon deshalb ausscheiden, weil es jedenfalls bei der Untergesellschaft an jedem rechtsgeschäftlichen Willen fehlt und weil die in diesem Zusammenhang geltenden Formvorschriften (dazu Rn. 61) unbeachtet blieben.[320] Auch lässt sich der Ausgleich unmöglich als Schadensersatz begreifen. Eine zureichende Begründung für einen Ausgleichsanspruch analog § 304 AktG bei qualifizierter Konzernierung ist daher nicht in Sicht.[321] Eine Änderung de lege ferenda ist kaum geboten. Abfindung und Ausgleich laufen wirtschaftlich auf dasselbe hinaus.

dd) Fraglich ist auch, ob das herrschende Unternehmen als Konsequenz qualifizierter Konzernierung zur **Übernahme von Verlusten** bei der GmbH verpflichtet ist. Ein rechtspolitisches Bedürfnis hierfür wird überwiegend bejaht. Dafür spricht, dass der qualifizierte Konzern infolge seiner Tendenz, nur im Interesse des herrschenden Unternehmens administriert zu werden, auch die Gefahr in sich birgt, dass die GmbH in eine Lage kommt, in der sie ihre Verbindlichkeiten nicht mehr erfüllen kann. Außerdem würde die Verpflichtung zur Verlustübernahme denjenigen Minderheitsgesellschaftern, die nicht die Möglichkeit des Austritts wählen, wenigstens eine Art Mindestgarantie für die weitere Entwicklung ihrer Investition verschaffen. Nach anderer Auffassung besteht für die in Frage stehende Regel kein Bedürfnis, weil die lex scripta ausreicht. Auch aus rechtspolitischer Sicht soll eine Sonderhaftung wegen qualifizierter Konzernierung nicht wünschenswert sein.[322] **91**

Die **Rechtsprechung**[323] hat sich wie folgt entwickelt.[324] Zunächst wurde zugunsten einer qualifiziert konzernierten GmbH & Co. KG angenommen, aus der Möglichkeit des herrschenden Unternehmens, das abhängige voll den eigenen Belangen anzupassen und damit diesem unterzuordnen, folge notwendig die Verpflichtung, während der Dauer der Beherrschung und Eingliederung entstehende Verluste der abhängigen Gesellschaft zu übernehmen.[325] Das sei ebenso aus allgemeinen Rechtsgrundsätzen herzuleiten wie die Verlustübernahmepflicht als Konsequenz eines Gewinnabführungsvertrags. Unentschieden blieb noch, ob auch eine analoge Heranziehung von § 302 AktG dieselbe Rechtsfolge begründen könne. **92**

---

[318] So *Martens* DB 1970, 865, 868 f. In diese Richtung auch – ausführlich – *Flaß* S. 254 ff.

[319] Vgl. Rn. 101; gegen dieses Argument *Geuting* BB 1994, 365, 372.

[320] So neben *K. Schmidt* GmbHR 1979, 121, 132; *Verhoeven* S. 111; *Schneider* ZGR 1980, 511, 538 f.; *Sura* ZHR 145 (1981), 440 f.; *Lutter* ZGR 1982, 245, 265 f.; vgl. auch *Westermann* in: Der GmbH-Konzern 25, 47 f.; insgesamt wie hier BGHZ 95, 330, 342 f. = NJW 1986, 188.

[321] Ebenso für die AG *Koppensteiner* ZGR 1973, 1, 14; Kölner KommAktG/*Koppensteiner* Vor § 311 Rn. 25; *Sura* ZHR 145 (1981), 432, 440.

[322] So namentlich *Versteegen* S. 209 ff. mwN. Verteidigung der Legitimität richterlicher Rechtsfortbildung im hier interessierenden Bereich bei *Boujoung*, FS Brandner, 1996, S. 23 ff. gegen *Kleinert*, FS Helmrich, 1994, S. 667 ff.

[323] Umfassende Zusammenstellung in den beiden Dokumentationsbänden von *Hirte*; Einzelanalyse der einschlägigen Urteile zuletzt bei *Preuß* S. 59 ff.

[324] Dazu auch *Hachenburg/Ulmer* Rn. 103 ff.; s. ferner *Gätsch* S. 32 ff., 57 f.; *Büscher* S. 21 ff.

[325] BGH WM 1979, 937, 941 f. – Gervais Danone.

Anh. nach § 52   3. Abschnitt. Vertretung und Geschäftsführung

93   Diese Frage hat der BGH zunächst für die mehrgliedrige GmbH bejaht.[326] Entscheidend sei, dass die Sachlage beim faktischen GmbH-Konzern derjenigen ganz ähnlich sein könne, an die beim aktienrechtlichen Vertragskonzern Schutzvorschriften angeknüpft würden. Als haftungsbegründender Tatbestand sei die dauernde und umfassende Leitung der Gesellschaft vorauszusetzen. Daraus folge eine Vermutung, dass auf die eigenen Belange der konzernunterworfenen Gesellschaft keine Rücksicht genommen worden ist. Die Haftung entfalle, wenn der pflichtgemäß handelnde Geschäftsführer einer selbständigen GmbH deren Geschäfte unter den gegebenen Umständen nicht anders geführt hätte. Nach Beendigung des Beherrschungsverhältnisses sei auch § 303 Abs. 1 AktG entsprechend anwendbar. Bei Vermögenslosigkeit der Gesellschaft stünde den Gläubigern daher ein eigener Zahlungsanspruch gegen das herrschende Unternehmen zu.

94   Das nächste Urteil hat diese Grundsätze im wesentlichen bestätigt.[327] Da die Verlustübernahmepflicht zumindest auch dazu diene, die Außerkraftsetzung der Kapitalsicherungsvorschriften auszugleichen, entfalle die Haftung bei qualifizierter Konzernierung allerdings nicht bei ordnungsgemäßer Führung der Geschäfte der abhängigen GmbH, sondern dann, wenn die eingetretenen Verluste auf Umständen beruhen, die mit der Ausübung der Leitungsmacht nichts zu tun haben. Der analogen Anwendung von § 302 AktG stehe diese Einengung des Tatbestandes nicht entgegen. In einem weiteren Urteil wurde „klargestellt", dass die Pflicht zur Verlustübernahme nicht als Haftung wegen schuldhaft nicht ordnungsgemäßer Geschäftsführung, sondern als Pflicht zur Übernahme des Risikos zu begreifen sei, das sich aus der Einbindung der abhängigen Gesellschaft in die übergeordneten Konzerninteressen ergebe.[328]

95   Wohl in Reaktion auf die Kritik, die sich hauptsächlich an den Folgen des Urteils entzündet hat (grundsätzliche Haftung des Allein- oder Mehrheitsgesellschafters einer GmbH, der gleichzeitig deren alleiniger Geschäftsführer ist und sich außerdem als Einzelkaufmann betätigt; vgl. Rn. 19 f.), hat der BGH mit einem weiteren Grundsatzurteil einen **neuen Weg** eingeschlagen.[329] Demnach ist Haftungstatbestand nicht die dauernde und umfassende Leitung der abhängigen Gesellschaft, sondern die Beeinträchtigung ihrer Interessen, also ein objektiver Missbrauch der beherrschenden Gesellschafterstellung. Missbrauch in diesem Sinn liegt vor, wenn keine angemessene Rücksicht auf die eigenen Belange der abhängigen Gesellschaft genommen wird, ohne dass sich der ihr insgesamt zugefügte Nachteil durch Einzelausgleichsmaßnahmen kompensieren ließe.[330] Letzteres trifft nicht zu, wenn sich der Nachteil quantitativ ermitteln

---

[326] BGHZ 95, 330, 340, 345 = NJW 1986, 188 – Autokran; dem folgend BAG AG 1991, 434, 436 f. = EWiR § 113 BetrVG 1/91 – *Schulte*.

[327] BGHZ 107, 7, 17 ff. = NJW 1989, 1800 – Tiefbau.

[328] BGHZ 115, 187, 194 = NJW 1991, 3142 – Video; ebenso BAG NJW 1993, 954, 955 f.

[329] BGHZ 122, 123, 126 ff. = NJW 1993, 1200, 1202 – TBB; ebenso BGH NJW 1994, 446; dem folgend BAG GmbHR 1994, 315, 316; 1994, 625, 627; AP AktG § 303 Nr. 12 = GmbHR 1999, 658 (für GmbH & Co. KG): Haftung auch der Besitzgesellschaft neben gemeinsamen Komplementär unter gewissen Voraussetzungen, BAG AP BGB § 826 Nr. 21 = AG 1999, 184; BSG ZIP 1994, 1944, 1947; OLG München NZG 1999, 1169 f.; NJW 1994, 2900, 2902; zur Entwicklung der Rechtsprechung des BAG zum qualifizierten Konzern *Ziegenhain* ZIP 1994, 1003, 1004 ff.; keine konzernrechtlichen Erwägungen in BGH ZIP 1992, 694; dazu *Timm/Geuting* ZIP 1992, 801 ff.

[330] BGH ZIP 1992, 694; ausführlich dazu *Röhricht*, FS BGH, 2000, S. 87 ff., 108 ff.; *Büscher* S. 78 ff.; vgl. schon Rn. 20; zur Konkretisierung dieses Kriteriums bei Tochtergesellschaften mit begrenzter Einzelfunktion BGH NJW 1994, 3288, 3290 f.; dazu *K. Schmidt* ZIP 1994, 1741 ff. Unzutreffende Annahme eines nicht kompensierbaren Nachteils in OLG München NZG 1999, 1169 m. (krit.) Anm. *Michalski/de Vries*.

lässt.[331] Die Eröffnung eines Insolvenzverfahrens bei der abhängigen GmbH ändert nichts an der Ausgleichsfähigkeit des Nachteils,[332] wohl aber – so der BGH –, wenn die Gesellschaft durch Abzug aller Ressourcen in einen masselosen Konkurs geführt wird.[333] Insgesamt steht fest, dass der BGH die Verlustausgleichs-, gegebenenfalls die Zahlungspflicht nach den §§ 302, 303 AktG, nunmehr als Konsequenz rechtswidrigen Verhaltens, nicht schon des Zustands qualifizierter Konzernierung auffasst.[334]

Die Frage, ob die Haftung des herrschenden Unternehmens (Rn. 95) auch bei einer **96 Einmann-Gesellschaft** eingreift, wurde seit „Video" bejaht.[335] Das sei daraus abzuleiten, dass die Kapitalsicherungsvorschriften im qualifizierten faktischen Konzern in ihrer tatsächlichen Wirksamkeit außer Kraft gesetzt seien. Diese Vorschriften dienten dem Gläubigerschutz und hätten deshalb auch in der Einmann-Gesellschaft volle Gültigkeit. Zuletzt hat der BGH in einem obiter dictum(!) eine **neue Linie** angekündigt.[335a] Der Schutz einer abhängigen GmbH gegen Eingriffe ihres Alleingesellschafters folge **nicht** dem Haftungssystem des Konzernrechts des Aktiengesetzes (§§ 291 ff., 311 ff.), sondern sei auf die Erhaltung ihres Stammkapitals und die Gewährleistung ihres Bestandsschutzes beschränkt, der eine angemessene Rücksichtnahme auf die Eigenbelange der GmbH erfordert. Daran fehle es, wenn die GmbH infolge der Eingriffe ihres Alleingesellschafters ihren Verbindlichkeiten nicht mehr nachkommen könne. Aber auch bestandsvernichtende Eingriffe wirken nicht haftungsbegründend, wenn sich die Fähigkeit der GmbH zur Gläubigerbefriedigung schon über § 31 wiederherstellen lasse.

Die **Beweislast** für die tatsächlichen Voraussetzungen ausnahmsweiser Enthaftung **97** bei Vorliegen eines qualifizierten Konzerns[336] hat der BGH ursprünglich ganz dem beklagten herrschenden Unternehmen zugeordnet.[337] Nach dem TBB-Urteil liegen die

---

[331] Vgl. BGH WM 1995, 896, 897 f.; (zur Sicherungsabtretung bestimmter Forderungen an anderes Konzernunternehmen); BGH NJW 2001, 370 = WM 2000, 2382 = GmbHR 2000, 1263 f. m. Anm. *Wiese* (Verzicht auf Befreiungs-/Aufwendungsersatzanspruch zugunsten eines anderen Konzernunternehmens); s. auch BSG GmbHR 1995, 46, 48. Zu weiteren Sachverhaltsgestaltungen OLG Naumburg NZG 2001, 850; OLG Düsseldorf AG 2001, 476; OLG Celle GmbHR 2001, 342; KG NZG 2001, 80; OLG Düsseldorf AG 2001, 90; NZG 1999, 502, 503 ff.; OLG Celle NZG 1999, 728; BAG AP BGB § 826 Nr. 21 = AG 1999, 184; OLG Bremen AG 1999, 466 f.; OLG München GmbHR 1998, 285; OLG Köln AG 1999, 92; NZG 1998, 229; OLG Dresden AG 2000, 419, 420 f.; GmbHR 1997, 215 (von Anfang an unzureichende Kapitalausstattung; dazu *Wilken* WiB 1997, 410 f.); LG Münster WM 1997, 672; BGH AG 1997, 180 = ZIP 1997, 416 = WM 1997, 316 (Veräußerung der Geschäftsanteile, dazu *Gummert* WiB 1997, 410 f.); OLG Köln AG 1997, 379; OLG Bamberg AG 1998, 191; s. auch *Lutter/Hommelhoff* Rn. 36.
[332] OLG München GmbHR 1998, 285.
[333] BGH NJW 1996, 1283, 1284 = AG 1996, 221 = DB 1996, 1028. Dazu (kritisch) *Zeidler* GmbHR 1997, 881 ff.; auch *Röhricht*, FS BGH, 2000, S. 117.
[334] Ebenso zB *Kropff* AG 1993, 486, 487; *Drygala* GmbHR 1993, 317, 319; zurückhaltender *Hommelhoff* ZGR 1994, 395, 400 f., 417 f.; *Hachenburg/Ulmer* Rn. 113.
[335] BGHZ 115, 187, 197 f. = NJW 1991, 3142; ebenso BGHZ 122, 123, 129 f. = NJW 1993, 1200, 1202; vgl. *Hachenburg/Ulmer* Rn. 235 f.; *Lutter/Hommelhoff* Rn. 30; nähere Analyse bei *Büscher* S. 84 ff. Zum Kausalitätserfordernis BGH GmbHR 1998, 97 = DStR 1997, 1937; BGH AG 1997, 180, 181 mwN früherer Entscheidungen = WM 1997, 316 = ZIP 1997, 416.
[335a] BGH ZIP 2001, 1874 = DB 2001, 2338 = WM 2001, 2062. Zu diesem Urteil u. a. *Altmeppen* ZIP 2001, 1837 ff.; *Bitter* WM 2001, 2021 ff. S. ferner *Mülbert* DStR 2001, 1937 ff. (noch ohne Bezugnahme auf das Urteil, aber ebenfalls mit „Abschied von der TBB-Haftungsregel").
[336] Ordnungsgemäße Führung der abhängigen GmbH – so BGHZ 95, 330, 344 = NJW 1986, 188; mangelnde Kausalität der Ausübung von Leitungsmacht für die entstandenen Verluste – so BGHZ 115, 187, 194 = NJW 1991, 3142.
[337] Jeweils aaO.

Anh. nach § 52   3. Abschnitt. Vertretung und Geschäftsführung

Dinge auch insoweit anders. Zwischen dauernder und umfassender Leitung der abhängigen Gesellschaft und der Beeinträchtigung ihrer Interessen bestehe kein Vermutungszusammenhang. Vom Kläger müsse deshalb verlangt werden, dass er Umstände darlegt und beweist, die die Annahme zumindest nahelegen, Eigenbelange der GmbH seien mit Rücksicht auf das Konzerninteresse über konkret ausgleichsfähige Einzeleingriffe hinaus beeinträchtigt worden. Es ist dann Sache des Beklagten, die Aufklärung des Sachverhalts zu fördern, wenn er im Gegensatz zum Kläger die relevanten Tatsachen kennt und ihm die Offenlegung zumutbar ist.[338]

98 Gegen das Video-Urteil ist unter Berufung auf Art. 20 Abs. 3 GG Verfassungsbeschwerde eingelegt worden. Sie wurde nicht zur Entscheidung angenommen.[339] Europarechtliche, auf die 12. EG-Richtlinie zur Angleichung des Gesellschaftsrechts gestützte Bedenken hat der BGH selbst zurückgewiesen.[340]

99 Das **Schrifttum** zum qualifizierten Konzern[341] ist inzwischen abundant und lässt sich in seinen unterschiedlichen Facetten hier nicht im einzelnen nachzeichnen. Ein Teil desselben hatte sich schon vor dem Autokran-Urteil für eine Verlustübernahmeverpflichtung ausgesprochen. In der Literatur nach Autokran überwiegt diese Tendenz ganz deutlich.[342] Die Video-Entscheidung wurde von einer breiten Strömung des Schrifttums dagegen abgelehnt, überwiegend allerdings nicht aus prinzipiellen Gründen (Analogiefähigkeit der §§ 302 f. AktG), sondern wegen ihrer Formulierung der tatbestandlichen Voraussetzungen und der Verteilung der Beweislast.[343] Die zuständige Abteilung des 59. Deutschen Juristentags hat die von der Rechtsprechung entwickelte Haftungsregel mit überwältigender Mehrheit als zu weitgehend erklärt.[344] Dementspre-

---

[338] BGHZ 122, 123, 130 f.; 132 f. = NJW 1993, 1200, 1202; BAG GmbHR 1994, 625, 627 f.; OLG München NJW 1994, 2900, 2901; dazu etwa *Hachenburg/Ulmer* Rn. 143 ff.; *Kiethe/Groeschke* NZG 2000, 1154 f.; *Drygala* GmbHR 1993, 317, 326 ff.; *Ebenroth/Wilken* ZIP 1993, 558, 559 ff.; *Burgard* WM 1993, 925, 932 f.; *Kleindiek* DWiR 1993, 177, 179 f.; *Krieger* ZGR 1994, 375, 387 ff.; *Kiethe/Groeschke* BB 1994, 2149 ff. Zu konkreten Anwendungsproblemen OLG Düsseldorf NZG 1999, 502, 503 ff. m. Anm. *Rottnauer*; OLG Celle NZG 1999, 728 (kein Anspruch, wenn Geschäftsführer belangt werden kann – bedenklich); OLG Dresden GmbHR 1997, 215; LG Frankfurt AG 1998, 98.

[339] BVerfG WM 1993, 1714 f. = EWiR § 302 AktG 4/93, 945 – *Kowalsky* = WuB II C. § 13 GmbHG 1.94 – *Burgard*.

[340] BGHZ 122, 123, 135 f. = NJW 1993, 1200, 1202; ausführlich dazu *Büscher* S. 59 ff.; *Schüppen* DB 1993, 969 ff.; *Wilhelm* EuZW 1993, 729 ff.; ferner *Weigl* S. 165 ff.; *Hachenburg/Ulmer* Rn. 117 ff.; früher etwa *Roth* ZIP 1992, 1054 ff.; *Kindler* ZHR 157 (1993), 1 ff.; *Drygala* ZIP 1992, 1528 ff.; *Meilicke* DB 1992, 1867 ff.; *Neye* DWiR 1992, 452 ff.

[341] In Auswahl zusammengefasst in den Dokumentationsbänden von *Hirte*.

[342] N in 2. Aufl. Rn. 61 a; ferner etwa bei *Ebenroth/Wilken* BB 1991, 2229, Fn. 1.

[343] Vgl. zB *Ulmer* in *Hommelhoff/Stimpel/Ulmer* S. 65 ff.; *Lutter* ebenda S. 183 ff.; *Brandner* ebenda S. 207 ff.; *Westermann* ebenda S. 21, 38; *Flume* DB 1992, 25, 28; *ders.* ZIP 1992, 817 ff.; *Bauder* BB 1992, 1009, 1015; *Knobbe-Keuk* DB 1992, 1461 ff.; *Gäbelein* GmbHR 1992, 273, 274 ff.; *K. Schmidt* ZIP 1991, 1325, 1329 f.; *Kleindiek* ZIP 1991, 1330, 1331 ff.; *Zöllner* JZ 1992, 381, 384; *ders.* GmbHR 1992, 410, 413; *Mertens* AG 1991, 434; *Schanze/Kern* AG 1991, 421; *Altmeppen* EWiR § 302 AktG 1/91; *Timm* GmbHR 1992, 213, 219; *Kindler* JuS 1992, 636, 640; *Schneider* WM 1993, 782 ff.; zusammenfassend *Holzwarth* S. 146 f.; detaillierte Skizze des Meinungsstandes bis nach „Video" mwN bei *Versteegen* S. 3 ff.; vgl. auch die Darstellung der Entwicklung bei *Stimpel* in *Hommelhoff/Stimpel/Ulmer* S. 5 ff.; *Assmann*, FS 100 Jahre GmbHG, 1992, S. 657, 665 ff.; grundsätzliche Billigung des Video-Urteils dagegen zB bei *Ebenroth/Wilken* BB 1991, 2229 ff.; *Hommelhoff* DB 1992, 309 ff.; *Hirte* WuB II C. § 13 GmbHG 1.92; *Sonnenschein/Holdorf* JZ 1992, 715; Analyse der Rechtsprechungsgenese aus höchstrichterlicher Sicht bei *Stodolkowitz* ZIP 1992, 1517 ff.

[344] Dazu etwa *Basten* DWiR 1992, 434, 437 ff.; *Lutter* DB 1992, 2429, 2430.

chend ist die Grundtendenz der TBB-Entscheidung überwiegend begrüßt worden.[345] Daneben finden sich aber immer wieder Stimmen, die die Behandlung des qualifizierten GmbH-Konzerns analog den §§ 302f. AktG prinzipiell für unzutreffend halten.[346] Dem ist im Ergebnis zu folgen.

Die Analogiefähigkeit der §§ 302f. AktG hängt von der Formulierung des maßgeblichen Sachverhaltes und vom Normzweck ab. Nach der einen der hierzu vertretenen beiden Grundauffassungen, die der BGH mit dem TBB-Urteil jetzt allerdings eindeutig verworfen hat, kommt es tatbestandlich allein auf die dauerhafte und umfassende Leitung der abhängigen Gesellschaft an.[347] Als Analogiegrundlage werden zwei unterschiedliche Hypothesen zum Normzweck des § 302 AktG vorgetragen. Nach *K. Schmidt* handelt es sich bei dieser Bestimmung um eine gesetzliche Konsequenz qualifizierter Abhängigkeit.[348] Dem kann schon deshalb nicht gefolgt werden, weil die Bestimmung auch dann eingreift, wenn der andere Vertragsteil eines Beherrschungsvertrags von seiner Direktionsgewalt keinen Gebrauch macht und wenn „nur" ein Gewinnabführungsvertrag vorliegt.[349] Andere schreiben § 302 AktG den Sinn zu, die durch § 291 Abs. 3 AktG außer Kraft gesetzten Kapitalerhaltungsvorschriften zu substituieren.[350] Die Bestimmung sei im qualifizierten Konzern deshalb anwendbar, weil sich dort Vorkommen und Ausmaß verdeckter Gewinnausschüttungen, also die Beachtung von § 30 nicht mehr kontrollieren ließe. Beim reinen Gewinnabführungsvertrag, ferner dann, wenn ein Beherrschungsvertrag die Möglichkeit nachteiliger Weisungen ausschließt, steht eine vertragskausale Beeinträchtigung des von § 30 gemeinten Vermögens indes überhaupt nicht zur Debatte. Dasselbe ist der Fall, wenn Verluste der Gesellschaft auf externe Faktoren zurückzuführen sind. Die freilich nirgends gezogene Konsequenz der

100

---

[345] S. *Burgard* WM 1993, 925 ff.; *Drygala* GmbHR 1993, 317, 319 ff.; *K. Schmidt* ZIP 1993, 549, 551; *Westermann* ZIP 1993, 554; *Lutter* DB 1994, 129, 130; *ders.* JZ 1993, 580; *Kleindiek* DWiR 1993, 177 ff.; *Schneider* WM 1993, 782 ff.; *Lutter/Hommelhoff* Rn. 39; *Weigl* S. 90 f.; *Ensthaler/Kreher* BB 1995, 1422, 1426 ff.; *dies.* BB 1996, 385 ff. mit „Beschreibung von Haftungssituationen", namentlich im Finanzierungsbereich, zu damit zusammenhängenden Bilanzierungs- und Besteuerungsfragen *Priester* Steuerberater-Jahrbuch 1993/94, 141, 149 ff.; *Bruns* WM 2001, 1497 ff.; iErg. kritisch aber *Emmerich/Sonnenschein* 5. Aufl. § 24 III 4f. Zu auf Haftungsvermeidung gerichteten Strategien *Rogge* S. 113 ff.

[346] N in 2. Aufl. Rn. 61a; seither etwa *Kübler*, FS Heinsius, 1991, S. 397, 422 ff.; *Altmeppen* S. 53 ff.; *ders.* DB 1991, 2225, 2228; *Bälz* AG 1992, 277, 293 ff.; *Schanze/Kern* AG 1991, 421, 423 ff.; *Hoffmann/Becking* DJT-Referat G 27 f.; *Versteegen* S. 237 ff. mwN; *W. Müller*, FS Rowedder, 1994, S. 287 ff.; *Gätsch* S. 69 ff., 124 ff., 124 ff.; *Büscher* S. 166 ff.; *Reiner* S. 228 f.; *Kern* S. 170 ff.; *Ehricke* S. 404 ff.; *St. Koch* S. 110 ff., 179 f.; *Bitter/Bitter* BB 1996, 2158 ff.; *Milde* S. 181 ff. Zuletzt *Preuß* S. 133 f. und *Bitter* ZIP 2001, 265, 270 ff. mit besonders eindrucksvoller Argumentation *ders.* WM 2001, 2133, 2135; vgl. auch *Röhricht*, FS BGH, 2000, S. 118 ff., 111 Fn. 69.

[347] Zustands- oder Strukturhaftung; so zB *Emmerich/Sonnenschein* 5. Aufl. § 24 III 4f, 111; *K. Schmidt* zB in *Hommelhoff/Stimpel/Ulmer* S. 109, 110 ff.; ZIP 1993, 549, 551; *Wiedemann* DB 1993, 141, 152; *Deilmann* S. 158 ff., 125 ff.; *Möhring* S. 185 ff.; *Assmann*, FS 100 Jahre GmbHG, 1992, S. 657, 719 ff.; *Sonnenschein/Holdorf* JZ 1992, 715, 718 f.; wN in 3. Aufl. Rn. 61a und bei *Versteegen* S. 7 Anm. 33.

[348] Ebenso *Limmer* 300.

[349] Vgl. *Stimpel* ZGR Sonderheft 6, 39, 44; *ders.* ZGR 1991, 144, 151 f. mit anderem Akzent; weitere Gründe in Kölner KommAktG/*Koppensteiner* § 302 Rn. 4; *ders.* in: Probleme des Konzernrechts S. 87, 93 ff.; ausführlich *Versteegen* S. 237 ff.; für Haftung aus Vertrag *Bälz* AG 1992, 277, 296.

[350] So namentlich *Ulmer* AG 1986, 123, 126, wN in 3. Aufl. Rn. 61a und bei *Versteegen* S. 243 Anm. 27; wie *Ulmer* neuerdings wieder *Jansen* S. 128 ff.; *Priester*, FS Semler, 1993, S. 561, 574; ähnlich *Mülbert* DStR 2001, 1946.

bekämpften Ansicht müsste im übrigen darin bestehen, im qualifizierten Konzern verdeckte Gewinnausschüttungen zuzulassen.[351] Ferner: § 293 Abs. 2 AktG – die Bestimmung ist im GmbH-Recht entsprechend anwendbar (Rn. 65) – erklärt sich aus den §§ 302f. AktG. Die entsprechende Anwendung dieser Bestimmung bei Fehlen der Voraussetzungen nach § 293 Abs. 2 AktG kann daher nicht richtig sein.[352]

101 Nach anderer, im Anschluss an das TBB-Urteil jetzt wohl herrschender, Auffassung ist die Analogie zu den §§ 302f. AktG von einem Rechtsverletzungstatbestand, genauer: davon abhängig zu machen, dass die Interessen der abhängigen Gesellschaft beeinträchtigt wurden, ohne dass sich der ihr insgesamt zugefügte Nachteil durch Einzelausgleichsmaßnahmen kompensieren ließe.[353] § 302 AktG ist aber kein Rechtsverletzungstatbestand, sondern bezieht sich auf eine rechtmäßig geschaffene Lage. Schon deshalb ist es ausgeschlossen, im Rahmen einer Analogie eine Rechtsverletzung vorauszusetzen. Außerdem setzt die Bestimmung ein Dauerschuldverhältnis voraus, das hier nicht vorliegt.[354] Ein „Erst-recht"-Schluss kommt nicht in Betracht, weil rechtswidriges Verhalten mit eigenen Sanktionen (Unterlassung, Beseitigung, Schadensersatz) bedroht ist. Die Verlustübernahme nach § 302 als pauschalierten Schadensersatz zu begreifen, ist ausgeschlossen. Denn diese Bestimmung knüpft eben an rechtmäßiges Verhalten an.[355]

102 In den Materialien wird § 302 AktG, bezogen auf den Beherrschungsvertrag, damit erklärt, das herrschende Unternehmen könne „die Geschicke der Gesellschaft bestimmen".[356] Für die analoge Anwendung der Bestimmung auf qualifizierte Konzernverhältnisse lässt sich daraus offensichtlich nichts gewinnen. Denn auch die Geschicke der einfach abhängigen GmbH hängen vom herrschenden Unternehmen ab.[357] Andererseits ist es offensichtlich nicht möglich, aus der abstrakten Gefährdung, an die § 302 AktG anknüpft,[358] den Schluss zu ziehen, die Bestimmung gelte entsprechend auch im einfachen GmbH-Konzern.[359]

103 **Weitere Begründungsversuche** für eine Verlustübernahmeverpflichtung des herrschenden Unternehmens fußen zunächst auf dem Recht der Geschäftsführung ohne Auftrag.[360] Doch ist dies überzeugend kritisiert worden.[361] Auch die §§ 30, 31 liefern

---

[351] Ausführlichere Formulierung dieses Arguments bei *Versteegen* S. 267 ff.; vgl. auch *Drüke* S. 176 f.; *Möhring* S. 123; *K. Schmidt* in *Hommelhoff/Stimpel/Ulmer* S. 109, 116 f.

[352] Ausführlicher *Versteegen* S. 269 ff. in Auseinandersetzung mit BGHZ 115, 187, 192 f. = NJW 1991, 3142; vom Ganzen noch *Kübler*, FS Heinsius, 1991, S. 397, 412 f. Zur ökonomischen Nachteiligkeit des Haftungsverbundes zusammenfassend *Debus* S. 179 ff.; vgl. *Assmann*, FS 100 Jahre GmbHG, 1992, S. 657, 688 ff.; *M. Lehmann* GmbHR 1992, 200, 204 ff.

[353] So zB *Lutter/Hommelhoff* Rn. 25 ff. mwN; ferner etwa *Rehbinder* AG 1986, 85, 95; *Drüke* S. 173 ff.; *Limmer* S. 301 ff.; *Ulmer* in *Hommelhoff/Stimpel/Ulmer* S. 65, 73 f.; *Stimpel* ZGR 1991, 144, 153; *Priester*, FS Semler, 1993, S. 560, 566 mwN. Zu Konsequenzen bei Eigengesellschaften der öffentlichen Hand *Parmentier* ZIP 2001, 556 ff.

[354] Näher zu diesem Argument *W. Müller*, FS Rowedder, 1994, S. 291.

[355] Wie hier *Versteegen* S. 273 f.; *Möhring* S. 197; *Kohl* MDR 1993, 715, 718; tendenziell auch *Wiedemann* DB 1993, 141, 152; *Zöllner* DJT-Referat R 43; iErg. auch *Kropff* AG 1993, 485, 492 ff.

[356] Zur Kritik dieses Gedankens 2. Aufl. Rn. 61b mN; ferner *Priester*, FS Semler, 1993, S. 560, 573 f.; *Zöllner* DJT Referat R 43; *Büscher* S. 117 f.

[357] Vgl. *Drüke* S. 177.

[358] Kölner KommAktG/*Koppensteiner* § 302 Rn. 4.

[359] Näher dazu *Möhring* S. 173 ff.; Betonung dieser Zusammenhänge – Haftungstrennung trotz umfassenden Einflusses der Gesellschafter auf die Geschäftsführung bei der GmbH bei *Bitter* ZIP 2001, 265, 269 ff.

[360] So namentlich *Wilhelm* DB 1986, 2113; *Altmeppen* S. 73 ff.; 99 f.

[361] ZB *Ulmer* ZHR 148 (1984), 391, 414 ff.; *Drüke* S. 44 ff.; *Möhring* S. 76 f.; *Versteegen* S. 111 f., *Büscher* S. 110 ff., 115 ff.; *Bitter* ZIP 2001, 265, 272; zuletzt *Ulmer* ZIP 2001, 2025 f.

schon aus tatbestandlichen Gründen keine taugliche Haftungsgrundlage.[362] Die von *Joost*[363] vorgeschlagene „offene Rechtsfortbildung" ist als Beschreibung der lex lata ungeeignet. Mit der Betonung der nicht kompensierbaren Interessenbeeinträchtigung als unentbehrliches Merkmal des Haftungstatbestandes nähert sich das TBB-Urteil einer Fallgruppe des „Durchgriffs", nämlich der Vermögensvermischung an.[364] Es könnte sein, dass die jüngste Neuorientierung der Rechtsprechung des BGH[364a] ebendies zum Ausdruck bringt, die Haftung des Alleingesellschafters unter den angegebenen Voraussetzungen also als (weitere) Durchgriffsvariante auffasst.

Nach gegenwärtigem Erörterungsstand ist am besten daran anzuknüpfen, dass Einwirkungen eines herrschenden Unternehmens, deren Folgen für sich allein oder in Kombination mit anderen Veranlassungen nicht mehr übersehen werden können, unzulässig sind (Rn. 49f.). Tritt Verschulden hinzu, ist die Rechtsfolge **Schadensersatz.** Sie ergibt sich entweder aus einer Treupflichtverletzung oder – im Einmannkonzern – aus einer § 317 AktG entnommenen Wertung. In Anlehnung an das letzte einschlägige BGH-Urteil ist auch an teleologische Reduktion von § 13 Abs. 2 zu denken.[364b] Den – bei der eingliedrigen Gesellschaft auf das Stammkapital bezogenen (Rn. 78) – Jahresverlust als Mindestschaden anzuerkennen, erscheint dann möglich, wenn die Gesellschaft vor Eintritt des haftungsbegründenden Tatbestandes zumindest ausgeglichen bilanziert hat und nicht dargetan wird, dass sich dies bei Erhaltung des status quo geändert hätte.[365] Das verdeutlicht, dass Schadensersatz in Form des Verlustausgleichs keineswegs in jedem Fall qualifizierter Konzernierung geschuldet wird.[366] Denn auch die Schätzung nach § 287 ZPO kann nicht zu einem ersatzpflichtigen Schaden führen, 104

---

[362] AA *Altmeppen* DB 1994, 1912, 1913 ff.; *Mülbert* DStR 2001, 1941 f.
[363] In *Hommelhoff/Stimpel/Ulmer* 133 ff.
[364] Dazu zB BGH DWiR 1994, 373, 374 m. Anm. *Altmeppen*; BGHZ 95, 330, 333 f. = NJW 1986, 188; BGH ZIP 1985, 29, 30; BAG AP AktG § 303 Nr. 12 = GmbHR 1999, 658, 659 f.; *Kübler* NJW 1993, 1205; *Kowalski* GmbHR 1993, 253, 258; *Mutter* JuS 1993, 999, 1003; ausführlich *Reiner* S. 229 ff.; vgl. auch *Deilmann* S. 155 f.; *K. Schmidt* ZIP 1993, 549, 552 f.; *Versteegen* DB 1993, 1225, 1228 ff., 1231; *M. Lehmann* GmbHR 1992, 200, 205 f.; *Timm* NJW 1992, 2185, 2194; *Hoffmann-Becking* DJT-Referat R 27 f.; vgl. aber auch *Krieger* ZGR 1994, 375, 377 f.; *Bork* ZGR 1994, 236, 258 ff.; *Mülbert* DStR 2001, 1945 (mit Hinweis auf mangelnde Eignung der Durchgriffshaftung zum Schutz von Minderheitengesellschaftern); allgemeine Analyse des Verhältnisses von Konzern- und Durchgriffshaftung auf der Grundlage des von der Tiefbau-Entscheidung erreichten Standes bei *Drax* S. 171 f.; informativ ferner *Bitter* ZIP 2001, 265, 272 f. Generelle Ablehnung der Durchgriffshaftung bei *Ehricke* AcP 199 (1999), 275 ff. S. ferner OLG Oldenburg NZG 2000, 555, 556 ff. m. Anm. *Emmerich*: Durchgriffs- und Konzernhaftung verneint, Haftung aus § 826 BGB bejaht. Zur skeptischen Haltung auch von BGH und BAG zB *Boujong* NZG 2000, 1193, 1195.
[364a] Vgl. Fn. 335 a und Text dazu. Für eine abschließende Würdigung des Urteils ist es indes noch zu früh. Unklar ist namentlich, was es für die mehrgliedrige GmbH bedeuten könnte.
[364b] Für dieses Urteilsverständnis namentlich *Bitter* WM 2001, 2136, 2137 ff. Zu beachten ist, dass die beiden hier vorläufig als alternativ präsentierten Begründungsansätze auf ganz unterschiedlicher gedanklicher Grundlage beruhen – Konzernrecht versus allgemeines Kapitalgesellschaftsrecht – und auch zu unterschiedlichen Rechtsfolgen – Innen- versus Außenhaftung – führen. Derzeit bin ich noch nicht imstande, abschließende Stellung zu nehmen. Anders wie hier (Treuepflicht auch des Einmanngesellschafters) *Mülbert* DStR 2001, 1942 f.; *Ulmer* ZIP 2001, 2026 f.
[365] So in aktienrechtlichem Zusammenhang Kölner KommAktG/*Koppensteiner* § 317 Rn. 90; vgl. auch *Kropff* AG 1993, 485, 493 f.; *Bälz* AG 1992, 277, 293 f., 296; kritisch etwa MüKo AktG/*Kropff* Anh. § 317 Rn. 49; *Mülbert* DStR 2001, 1944 f.; *Möhring* S. 236 f.; *Deilmann* S. 122 ff.; *Gätsch* S. 179; auch *Stodolkowitz* ZIP 1992, 1517, 1521: „schwer begründbar".
[366] Anders *Lutter* ZGR 1982, 244, 266 f.; *Schulze-Osterloh* ZGR 1983, 123, 152 ff.; *Schießl* AG 1985, 184, 187 f.; *Priester,* FS Semler, 1993, S. 561, 566 ff.

wenn unwahrscheinlich ist, dass ein Schaden mindestens der geschätzten Höhe tatsächlich eingetreten ist. Im übrigen bleibt zu beachten, dass sich das herrschende Unternehmen nach allgemeinen schadensersatzrechtlichen Grundsätzen, aber auch nach § 317 Abs. 2 AktG analog, durch den Nachweis entlasten kann, der ordentliche Geschäftsleiter der als unabhängig gedachten abhängigen GmbH hätte sich in der gegebenen Situation[367] wie geschehen verhalten dürfen. In diesem Punkt hat die Autokran-Entscheidung im Gegensatz zu den späteren Urteilen des BGH also durchaus das Richtige getroffen.[368] Bei Gesellschaften, die von vorneherein auf Verbundsbedürfnisse ausgerichtet werden, sind gesonderte Überlegungen anzustellen.[369]

105 Fraglich ist, ob auch die gesetzlichen Vertreter des herrschenden Unternehmens haften: Die Frage ist noch nicht zureichend diskutiert, dürfte aber auf der Grundlage einer Analogie zu § 317 Abs. 3 AktG zu bejahen sein.[370] Bezüglich einer abhängigen **GmbH & Co. KG** gelten die vorstehend dargelegten Grundsätze entsprechend.[371]

106 b) Herrschende GmbH. Bei einer GmbH als herrschendes Unternehmen im Rahmen eines qualifizierten faktischen Konzerns ergeben sich keine Besonderheiten. Es gelten die in Rn. 81 ff. dargelegten Regeln. Zur Frage der Zuständigkeitsverteilung bei der Begründung solcher Konzernverhältnisse vgl. Rn. 52.

107 c) Verlustübernahme unter Schwestergesellschaften. Manche nehmen an, die §§ 302, 303 AktG seien auch im **Gleichordnungskonzern** und unter **Konzernschwestern** im Unterordnungskonzern anzuwenden, wenn die Interessen eines Konzerngliedes in nicht ausgleichsfähiger Weise beeinträchtigt würden.[372] Das ist indes schon deshalb abzulehnen, weil die interessierenden Vorschriften auch im qualifizierten Unterordnungskonzern nicht eingreifen. Die Interessenlagen im Unterordnungsvertragskonzern und im Gleichordnungskonzern ähneln sich entgegen vielfach gegenteiliger Behauptung nicht so, dass Raum für eine Analogie wäre.[373]

108 4. Beherrschungs- und Gewinnabführungsverträge. a) Abhängige GmbH. Hat sich eine GmbH verpflichtet, sich den Weisungen eines anderen Unternehmens zu unterstellen oder ihren Gewinn an dieses abzuführen, so ergeben sich folgende Konsequenzen:[374] **aa) Beherrschungsverträge** verschaffen dem begünstigten Unternehmen ein umfassendes **Weisungsrecht,** das grundsätzlich auch die Befugnis inkludiert, nachteilige Weisungen zu erteilen.[375] Weisungsadressat ist die Geschäftsführung der

---

[367] Dazu Kölner KommAktG/*Koppensteiner* § 311 Rn. 25 f.; *Zöllner* DJT-Referat R 45.
[368] Zum Verhältnis von Verlustausgleichsrisiko und Rechnungswesen *Greiffenhagen* Wpg. 1993, 525, 530 ff.; *Schulze-Osterloh* ZIP 1993, 1838 ff.; *Limmer* DStR 1993, 765, 769. Zur Frage der Haftung herrschender Kommanditisten *Laule*, FS Semler, 1993, S. 541, 543 ff.
[369] Dazu zB BGH NJW 1994, 3288, 3290 f.; *Hommelhoff* ZGR 1994, 395, 403 ff.; Hachenburg/*Ulmer* Rn. 131, 134; ausführlich *Beinert* S. 89 ff., 135 ff., 167 ff., je mwN.
[370] Anders BGH ZIP 2001, 1874, 1876 für Einmannkonzern (s. oben Fn. 364a); OLG Bremen AG 1999, 466, 467; s. o. Rn.75.
[371] Ebenso BAG AP AktG § 303 Nr. 12 = GmbHR 1999, 658, 660; BAG AP AktG § 303 Nr. 8 = AG 1996, 222, 223.
[372] *Jaschinski* S. 137 ff.; *Keck* S. 106 ff., 160 ff., je mwN; ebenso BAG AP AktG § 303 Nr. 12 = GmbHR 1999, 658, 660 für Betriebsaufspaltung; dazu überwiegend kritisch *Henssler* ZGR 2000, 479, 487 ff.
[373] Näher zum Ganzen *Kern* S. 155 ff., 160 ff. mwN; s. auch *Milde* S. 204 ff.
[374] Zusammenfassend dazu *Zeidler* NZG 1999, 694 ff. mit nicht durchweg billigenswerten Auffassungen.
[375] Für entsprechende Anwendbarkeit von § 291 Abs. 3 AktG – mE mit Recht – *Kropff* ZGR 1990, 31, 47 mwN; dagegen *Ehricke* S. 431; *Beinert* S. 173 f.; *Bitter* ZIP 2001, 265, 276; in der Tendenz wie hier Hachenburg/*Ulmer* Anh. § 77 Rn. 219 mwN.

Konzernrecht **Anh. nach § 52**

abhängigen Gesellschaft. Gegenteilige Einflussnahmen der Gesellschafterversammlung sind wegen der normalerweise gegebenen Mehrheitsverhältnisse nicht zu erwarten, wären im übrigen aber auch unbeachtlich.[376] Denn der Beherrschungsvertrag ist als Änderung der sonst gegebenen Zuständigkeitsverteilung zugunsten des herrschenden Unternehmens aufzufassen.[377] § 308 Abs. 3 AktG ist bei obligatorischem Aufsichtsrat wohl entsprechend anwendbar.[378]

Grenzen des Weisungsrechts können sich aus dem Vertrag selbst ergeben. Außerdem **109** sind selbstverständlich keine rechtswidrigen Weisungen zulässig und schließlich bedürfen nachteilige Einflussnahmen einer Legitimation durch das Interesse des herrschenden oder der ihm konzernverbundenen Unternehmen.[379] Der Beherrschungsvertrag erlaubt auch keine Weisungen mit Satzungsrelevanz.[380] Unzulässige Weisungen verpflichten das herrschende Unternehmen bei Vorliegen der sonstigen Voraussetzungen zum Schadensersatz unter dem Gesichtspunkt der positiven Vertragsverletzung.[381] Außerdem haften die gesetzlichen Vertreter des herrschenden Unternehmens.[382] Auch § 309 Abs. 4 S. 1 und 2 AktG wird man entsprechend anwenden können. Die Frage hat wegen der Anerkennung der actio pro socio (§ 43 Rn. 47 ff.) allerdings keine praktische Bedeutung.

bb) Der als Folge eines **Gewinnabführungsvertrags** an das begünstigte Unter- **110** nehmen zu transferierende Gewinn beläuft sich höchstens auf den ohne die Gewinnführung entstehenden Jahresüberschuss, abzüglich (vorvertraglicher) Verlustvorträge.[383] Die Auflösung vorvertraglicher Rücklagen ist jedenfalls bei der mehrgliedrigen Gesellschaft unzulässig.[384] Bei der eingliedrigen Gesellschaft hat die Gegenauffassung dagegen die besseren Gründe für sich.[385] Da das herrschende Unternehmen als Konsequenz des Gewinnabführungsvertrages das Jahresergebnis der GmbH ohnehin zu übernehmen hat (zur Verlustübernahme Rn. 112), könnte fraglich sein, ob es an das im faktischen Konzern geltende Schädigungsverbot (dazu Rn. 74) gebunden ist. Die Frage dürfte mit Rücksicht auf die Lage der Gesellschaft bei Beendigung des Unternehmensvertrags grundsätzlich zu bejahen sein. Dafür spricht auch die Weitergeltung der §§ 311, 317 AktG zugunsten einer gewinnabführungspflichtigen Aktiengesellschaft sowie der Umstand, dass selbst im beherrschungsvertraglichen Kontext Schadensersatzansprüche möglich sind. Ein kompensationspflichtiger Schaden wird freilich selten vorliegen.[386]

---

[376] S. *Zöllner* ZGR 1992, 173, 182 ff.
[377] So jetzt auch *Scholz/Emmerich* Rn. 179; ebenso *Kort* S. 140; abweichend für Einmanngesellschaften *Gäbelein* GmbHR 1989, 502, 503 f.; *ders.* GmbHR 1992, 786 ff.
[378] *Kropff*, FS Semler, 1993, S. 517, 529 f. mwN; *Zöllner* ZGR 1992, 173, 181.
[379] *Scholz/Emmerich* Rn. 183 ff.; *Hachenburg/Ulmer* Rn. 218 f.; für Einzelheiten etwa Kölner KommAktG/*Koppensteiner* § 308 Rn. 19 ff. Zur Frage, inwieweit ein Liquiditätsentzug zulässig ist vgl. Kölner KommAktG/*Koppensteiner* § 309 Rn. 33 mwN.
[380] OLG Stuttgart NZG 1998, 601 (dazu *Rottnauer* NZG 1999, 337 ff.). Vgl. § 45 Rn 13.
[381] *Scholz/Emmerich* Rn. 189 f.; Kölner KommAktG/*Koppensteiner* § 309 Rn. 25; gegen Vertragshaftung *Kort* S. 142, aber ohne praktische Konsequenz.
[382] § 309 Abs. 2 AktG analog; so *Hachenburg/Ulmer* Rn. 220; *Kropff*, FS Semler, 1993, S. 517, 528; *Wellkamp* WM 1993, 2155 f.; *Altmeppen* S. 73 f. mit zutreffender Einschränkung bei Zustimmung aller Gesellschafter der beherrschten GmbH; anders *Kort* S. 143 f.
[383] § 301 AktG analog; vgl. *Scholz/Emmerich* Rn. 208 f.; *Sonnenschein* S. 344; Diskussion von Einzelfragen bei *Müller*, FS Goerdeler, 1987, S. 375; kritisch *Hachenburg/Ulmer* Rn. 207; *Kurz* S. 72 f.
[384] Vgl. Kölner KommAktG/*Koppensteiner* § 301 Rn. 12 ff.; ebenso iErg. *Scholz/Emmerich* Rn. 210; *Kurz* S. 72 mwN; zur steuerrechtlichen Seite *Dötsch* GmbHR 1991, 121, 122.
[385] Dazu *Kropff*, FS Semler, 1993, S. 517, 531; nicht differenzierend *Kurz* S. 75 f.; aA *Möhring* S. 126 ff. mwN.
[386] Dazu Kölner KommAktG/*Koppensteiner* § 309 Rn. 10.

Anh. nach § 52 3. Abschnitt. Vertretung und Geschäftsführung

111   cc) Die im faktischen Konzern eingreifenden **Stimmverbote** zu Lasten eines herrschenden Unternehmens (Rn. 72 f.) sind bei Vorhandensein eines Beherrschungsvertrags funktionslos. Man wird anzunehmen haben, dass diese – abdingbaren – Verbote durch den Vertrag, der materiell als Satzungsänderung zu begreifen ist, verdrängt werden.[387] Im Kontext des Gewinnabführungsvertrags ist die Antwort nicht ganz so klar, dürfte aber auch dort nicht anders ausfallen können. Wenn die Mutter Gewinne oder Verluste der Tochter ohnehin übernimmt, hätte es wenig Sinn, sie nicht mitstimmen zu lassen, wenn es um Rechtsgeschäfte zwischen der GmbH und ihr oder einem anderen Konzernglied bzw. Beteiligungsunternehmen geht.

112   dd) Beherrschungs- und Gewinnabführungsverträge begründen ipso iure eine **Verpflichtung** des begünstigten Unternehmens, die **Verluste der abhängigen GmbH zu übernehmen.** Ausschlaggebend dafür ist die Analogie zu § 302 AktG.[388] Der Umfang des Verlustausgleichs hängt wie die Gewinnabführung (Rn. 110) von Ein- oder Mehrgliedrigkeit der Gesellschaft ab. Im erstgenannten Fall geht es „nur" um den Schutz der Gläubiger. Dieser Schutz beschränkt sich auf Sicherungen gegen das Absinken des Gesellschaftsvermögens unter den Betrag des Stammkapitals. Daran hat sich auch der Verlustausgleich zu orientieren.[389] Im Mehrmütter-Vertragskonzern haften alle herrschenden Unternehmen gesamtschuldnerisch.[390] Auch § 303 AktG gilt entsprechend.[391] Eine Analogie zu § 300 AktG kommt mangels gesetzlicher Rücklage im Recht der GmbH nicht in Betracht.[392] Der Verlustausgleichsanspruch bedeutet nach Ansicht des BGH nicht ohne weiteres, dass die GmbH iSd. Rechts der kapitalersetzenden Gesellschafterdarlehen kreditwürdig ist.[393] Zu Abfindung und Ausgleich im Kontext von Beherrschungs- und Gewinnabführungsverträgen vgl. Rn. 57 ff.

113   Der Anspruch **entsteht** mit dem Bilanzstichtag. Dasselbe gilt nach Auffassung des BGH[394] auch bezüglich seiner **Fälligkeit.** Auf die Zahlen eines verzögert aufgestellten Jahresabschlusses kommt es demnach nur noch an, wenn sich der aufgrund eines fiktiven Abschlusses bezahlte Betrag als zu hoch erweist. Dann soll dem herrschenden Unternehmen ein Anspruch auf Rückzahlung zustehen. Derzeit ist es noch nicht möglich, dazu fundiert Stellung zu nehmen.

114   b) **Herrschende GmbH.** Bei einer kraft Unternehmensvertrages **weisungs-** oder **gewinnabführungsberechtigten** GmbH ergeben sich keine Besonderheiten im Ver-

---

[387] Ebenso OLG Stuttgart NZG 1998, 601; DB 2001, 854, 858 mwN.
[388] Vgl. BGHZ 103, 1, 4 ff. = NJW 1988, 1326; BGH DB 1989, 1863, 1864; NJW 1992, 505; ferner etwa *Hommelhoff* WM 1984, 1105, 1110; *Timm* GmbHR 1987, 8, 12 f.; *K. Schmidt* GmbHR 1979, 121, 134; *Scholz/Emmerich* Rn. 187 f., 211 mwN; ausführlich *Kurz* S. 65 ff.; *Kort* S. 146 ff.; s. auch *Baumbach/Hueck/Zöllner* Rn. 78: zwingend nur Ausgleich stammkapitalschmälernder Verluste; anders ohne Überzeugungskraft *Ehricke* S. 431 ff.; zu Gerichtsstandfragen in diesem Zusammenhang (§ 22 ZPO) LG Bochum ZIP 1986, 1386 f. m. insoweit zustimmender Anm. *Timm*; zur Verjährung OLG Oldenburg NZG 2000, 1138, 1140; zum Anfall von Gesellschaftssteuer *Hennerkes/Binz/Sorg* AG 1986, 360.
[389] So *Baumbach/Hueck/Zöllner* Rn. 78, aber ohne Beschränkung auf Einmanngesellschaften; exakt gegenteilig *Möhring* S. 109 ff.; *Kurz* S. 74 ff.; jeweils mwN von Vertretern der in Betracht kommenden Ansichten.
[390] Kölner KommAktG/*Koppensteiner* § 302 Rn. 24; *Hommelhoff*, FS Goerdeler, 1987, S. 221.
[391] BGHZ 103, 1, 4 = NJW 1988, 1326; BGH NJW 1992, 505, 506; OLG Frankfurt NZG 2000, 933, 934; OLG Koblenz WM 1991, 227, 229; ausführlich *Möhring* S. 140 ff.
[392] *Scholz/Emmerich* 8. Aufl. Rn. 310; *Kurz* S. 71 mwN.
[393] BGHZ 105, 168, 182 ff. = NJW 1988, 3143.
[394] GmbHR 1999, 1299, 1200 f. m. GmbHR-Kommentar von *Brauer* = BB 1999, 2524 m. Anm. *Riegger/Beinert*.

hältnis zur Rechtslage beim faktischen Konzern (dazu Rn. 81 ff.). Zur Zuständigkeit der Gesellschafterversammlung anlässlich des Abschlusses des Unternehmensvertrags vgl. Rn. 54.[395]

5. Andere Unternehmensverträge. Die „anderen Unternehmensverträge" des § 292 AktG sind – mit Ausnahme von § 302 Abs. 2 AktG – nicht mit besonderen Rechtsfolgen verknüpft. Dasselbe ist auch für „andere Unternehmensverträge" einer GmbH anzunehmen. Eine Analogie zu § 302 Abs. 2 AktG kommt kaum in Betracht. Die Bestimmung ist in ihrem eigentlichen Anwendungsbereich nahezu funktionslos.[396] Dasselbe würde auch gelten hinsichtlich der GmbH, die ihren Betrieb einem herrschenden Unternehmen verpachtet oder sonst überlassen hat. Denn sofern der Vertrag keine angemessene Gegenleistung vorsieht, kann das Fehlende im Wege des Schadensersatzes liquidiert werden (Rn. 69). 115

Mit **äußerlich als Betriebspacht– oder –überlassungsverträgen** erscheinenden Vereinbarungen können Wirkungen verbunden sein, die denen eines Beherrschungs- oder Gewinnabführungsvertrages ähneln.[397] In solchen Fällen ist der Vertrag entsprechend umzuqualifizieren,[398] wird dann in der Regel allerdings nichtig sein.[399] Für die Einschränkung der Nichtigkeitsfolgen bedarf es besonderer Gründe (vgl. Rn. 61). Zu denken ist auch an die Regeln über den qualifizierten Konzern (Rn. 91 ff.). 116

6. Wechselseitige Beteiligungen. Die aktiengesetzliche Erfassung wechselseitiger Beteiligungen hängt entscheidend davon ab, ob es sich wenigstens bei einer von ihnen um eine Mehrheitsbeteiligung handelt. Ist dies nicht der Fall, so greift § 328 AktG ein und zwar auch dann, wenn eine AG und eine GmbH wechselseitig aneinander beteiligt sind. Der Kern der wenig durchdachten[400] Regelung besteht darin, dass Beteiligungsrechte nur bis zu 25 % der Anteile des anderen Unternehmens wahrgenommen werden können, sobald dem Anteilsinhaber das Bestehen einer wechselseitigen Beteiligung bekanntgeworden ist. Diese Rechtsfolge greift dann nicht ein, wenn dem anderen Unternehmen vorher eine Mitteilung nach den §§ 20 Abs. 3 oder 21 Abs. 1 AktG gemacht wurde. Für alle Einzelheiten ist auf die aktienrechtliche Spezialliteratur zu verweisen. Wechselseitige Beteiligungen nur unter GmbHs, von denen keine eine Abhängigkeitslage begründet, sind de lege lata nicht mit besonderen Rechtsfolgen verbunden.[401] Die Kopplung von beherrschendem Einfluss der einen mit einer Minderheitsbeteiligung der anderen GmbH führt dazu, dass das Stimmrecht aus der Minderheitsbeteiligung nicht ausgeübt werden kann (Rn. 84). Im Falle einer wechselseitigen Mehrheitsbeteiligung gilt diese Rechtsfolge schlechthin. Im übrigen sind wegen § 19 Abs. 3 AktG (dazu Rn. 23) beide Unternehmen so zu behandeln, als hingen sie voneinander ab (über die Konsequenzen Rn. 72 ff.). 117

---

[395] Zu Kompetenzfragen anlässlich der Reorganisation des Konzerns *Hommelhoff* S. 433 ff., 437 ff., 443 ff. (für die AG).
[396] Kölner KommAktG/*Koppensteiner* § 302 Rn. 37; vgl. auch *Oesterreich* S. 124.
[397] *Scholz/Emmerich* Rn. 223; näher Kölner KommAktG/*Koppensteiner* § 291 Rn. 15 ff., 65 ff.
[398] Kölner KommAktG/*Koppensteiner* § 291 Rn. 16 f.
[399] Ebenso *Führling* S. 79 ff. Entgegen *Scholz/Emmerich* 7. Aufl. Rn. 227 ist es nicht möglich, gleichwohl „sämtliche Schutzvorkehrungen" des Rechts der Vertragskonzerne anzuwenden (Detaildiskussion bei *Huber* ZHR 152 (1988), 123, 141 ff.).
[400] Kölner KommAktG/*Koppensteiner* § 328 Rn. 3.
[401] Anders *Scholz/Emmerich* Rn. 35; *Hachenburg/Ulmer* Rn. 45; ausführlich *Emmerich*, FS Westermann, 1974, S. 55, 57 ff.; vgl. auch *Lutter/Hommelhoff* § 33 Rn. 21 ff. mwN; zur Bedeutung von § 30 *Scholz/Westermann* § 30 Rn. 37.

IV. Änderung und Beendigung von Unternehmensverträgen

118 Eine freilich lückenhafte Regelung der Änderung und der Beendigungsmöglichkeiten von Unternehmensverträgen findet sich in den §§ 295 ff. AktG. Gegen eine Übertragung der dort formulierten Grundsätze auf die GmbH bestehen, von Randkorrekturen abgesehen, keine durchgreifenden Bedenken.[402] Für alle Einzelheiten kann daher auf das aktienrechtliche Schrifttum verwiesen werden.[403] Hervorgehoben sei: Die Änderung von Unternehmensverträgen ist wie ihr Abschluss (dazu Rn. 54) einer Änderung der Satzung gleichzuhalten. Folglich bedarf es einer Zustimmung der Gesellschafterversammlung mit qualifizierter Mehrheit. Ob entsprechendes auch bei Aufhebung des Vertrages gilt, ist umstritten, aber eher zu verneinen.[404] Bei der herrschenden GmbH hängt die Vertretungsmacht der Geschäftsführer nicht von einem Gesellschafterbeschluss ab.[405] Analog § 295 Abs. 2 AktG ist ein Sonderbeschluss der Minderheitsgesellschafter erforderlich, wenn Bestimmungen über Ausgleich oder Abfindung geändert werden.[406] Entsprechendes gilt im Fall der einverständlichen Aufhebung des Vertrags,[407] ferner dann, wenn die beherrschungs- oder gewinnabführungsgebundene GmbH den Vertrag ohne Vorliegen eines wichtigen Grundes kündigen will (vgl. §§ 296 Abs. 2, 297 Abs. 2 AktG). Die Voraussetzungen ordentlicher Kündigung durch den anderen Vertragsteil – unternehmensvertragliche Grundlage erforderlich? Sonderbeschluss? – sind umstritten.[408] Die außerordentliche Kündigung von Unternehmensverträgen ist nach auch sonst geltenden Grundsätzen möglich.[409] Negative Entwicklungen bei der abhängigen GmbH dürften freilich nur in ganz besonderen Ausnahmefällen als wichtiger Grund für eine Kündigung seitens des herrschenden Unternehmens an-

---

[402] Vgl. *Sonnenschein* S. 401 f.; *Scholz/Emmerich* Rn. 195 ff.; *Priester* ZGR Sonderheft 6, 151, 182 ff. Anders *ders.* ZGR 1996, 197 ff.

[403] Ausführlich *Wilhelm* S. 9 ff.; auch Kölner KommAktG/*Koppensteiner* § 297 Rn. 1 ff., 12 ff.

[404] Ebenso OLG Frankfurt ZIP 1993, 1790, 1791 = EWiR § 296 AktG 1/94 – *Ebenroth/Wilken*; OLG Karlsruhe ZIP 1994, 1022, 1023 f.; *Kallmeyer* GmbHR 1995, 578, 579; *Vetter* ZIP 1995, 345, 346 ff.; *Dilger* WM 1993, 935, 936 f.; *Bungert* NJW 1995, 1119 f.; *Timm/Geuting* GmbHR 1996, 230 ff., je mwN; anders Hachenburg/*Ulmer* § 53 Rn. 154 mN; *Lutter/Hommelhoff* Rn. 60; LG Essen NZG 1998, 860; LG Konstanz WM 1993, 953, 954; *Ebenroth/Wilken* WM 1993, 1617 ff.; *Ehlke* ZIP 1995, 355, 356 ff.; *Priester* ZGR 1996, 201 ff.; *Schlögell* GmbHR 1995, 401, 402 ff. Zur (verneinten) Beteiligung der Gesellschafter einer herrschenden GmbH *Timm/Geuting* GmbHR 1996, 233 ff.

[405] OLG Karlsruhe ZIP 1994, 1022, 1024; Hachenburg/*Ulmer* § 53 Rn. 157; aA LG Konstanz WM 1993, 953, 954 f. = ZIP 1992, 1736 m. Anm. *Ebenroth/Wilken*.

[406] Zur Abgrenzung BGHZ 119, 1, 7 ff. = NJW 1992, 2761 = WuB II A. § 293 AktG 2.92 – *Bayer*; vgl. *Bayer* ZGR 1993, 599 ff.

[407] § 296 Abs. 2 AktG analog; vgl. *Bungert* NJW 1995, 1121; *Timm/Geuting* GmbHR 1996, 232 f.; *Vetter* ZIP 1995, 352 f. mwN; auch der Gegenauffassung. Für entsprechende Anwendung der §§ 53, 54 GmbHG auch OLG Oldenburg NZG 2000, 1138, 1139 f. m. Anm. *Fleischer/Klaus* = NZG 2001, 35 m. Anm. *Grüner*.

[408] Dazu *Timm* DB 1993, 569, 570 ff. mN.

[409] Dazu LG Bochum AG 1987, 323: Veräußerung der Beteiligung als „wichtiger Grund", vgl. *Timm* GmbHR 1987, 8; *Joussen* GmbHR 2000, 222 mwN; dagegen OLG Oldenburg (Fn. 407); OLG Düsseldorf WM 1994, 2020, 2021 f.; LG Duisburg ZIP 1994, 299 f.; LG Frankenthal ZIP 1988, 1460 ff.; vgl. *Laule* AG 1990, 145, 147 f.; *Wirth* DB 1990, 2105, 2106; zur Wirkung unternehmensvertraglicher Vereinbarung wichtiger Gründe BGHZ 122, 211, 227 ff. = NJW 1993, 1976 = WuB II A. § 293 AktG 1.93; dazu *Joussen* aaO S. 223 ff.; vgl. LG Ingolstadt ZIP 1990, 1128, 1131; OLG München ZIP 1992, 327, 331 f. = WuB II A. § 293 AktG – *Stützle/Groß*; s. *Timm*, FS Kellermann, 1991, S. 461, 466 ff. Allgemein zum „wichtigen Grund" und der Zuordnung einer Realteilung des anderen Vertragsteils *Timm* DB 1993, 569, 572 ff.

rechnungsfähig sein. Denn derartige Entwicklungen sind grundsätzlich ihm zuzurechnen.[410] Bei Vertragsbeendigung ist den Gläubigern analog § 303 AktG Sicherheit zu leisten. Wenn dies keinen Sinn hat, sind sie zu befriedigen (Rn. 112). Die Eintragung der Vertragsbeendigung in das Handelsregister hat analog § 298 AktG nur deklaratorische Bedeutung.[411]

V. Österreichisches Recht

§ 115 ÖGmbHG definiert Abhängigkeit und Konzern entsprechend § 15 AktG 1937. Doch verknüpft das Gesetz außer einigen Regeln über den Aufsichtsrat keine Rechtsfolgen mit dieser Definition.[412]

119

---

[410] *Sonnenschein* S. 405; *Scholz/Emmerich* 8. Aufl. Rn. 321; Kölner KommAktG/*Koppensteiner* § 297 Rn. 10. Zur Frage der Beendigung des Unternehmensvertrages durch Auflösung eines der Beteiligten vgl. *Scholz/Emmerich* 8. Aufl. Rn. 322 einerseits; Kölner KommAktG/*Koppensteiner* § 297 Rn. 25 ff. anderseits; zur Bedeutung der Konkurseröffnung BGHZ 105, 1, 6 = DB 1988, 596; *Kort* ZIP 1988, 681, 682; OLG Schleswig AG 1988, 382, 383 ff.; monographisch *Samer* S. 65 ff.; *Heesing* S. 147 ff.; zu den Folgen der Verschmelzung der abhängigen Gesellschaft LG Mannheim ZIP 1994, 1025, 1026 f. mN = EWiR § 304 AktG 1/94, 839 – *Koppensteiner*.

[411] BGHZ 116, 37, 43 f. = NJW 1992, 505; dazu *Timm* GmbHR 1992, 213, 261 f.

[412] Einzelheiten bei *Koppensteiner* § 115 Rn. 2. Zu konzernverbundenen Fragen außerhalb von § 115 ÖGmbHG s. (jeweils mN) *Koppensteiner* § 16 Rn. 8, § 25 Rn. 10 (Überwachung/Leitung einer Tochtergesellschaft), § 22 Rn. 39 (konzernspezifisches Auskunftsrecht), § 39 Rn. 36, 38 (Unternehmensverbindung und Stimmverbot), § 49 Rn. 18 ff., § 50 Rn. 16 ff. (Zustandekommen von Unternehmensverträgen), § 50 Rn. 10 (Satzungsgrundlage für Konzernbildung?), § 61 Rn. 10, 13 (Sonderpflichten im Konzern?), § 61 Rn. 11 (qualifizierter Konzern), § 74 Rn. 17, § 82 Rn. 18 (Leistungen an Konzernunternehmen als verbotene Zuwendungen), § 81 Rn. 14 ff. (wechselseitige Beteiligungen).

Vierter Abschnitt. Abänderungen des Gesellschaftsvertrages

§ 53 [Form der Satzungsänderung]

(1) Eine Abänderung des Gesellschaftsvertrages kann nur durch Beschluß der Gesellschafter erfolgen.

(2) ¹Der Beschluß muß notariell beurkundet werden, derselbe bedarf einer Mehrheit von drei Vierteilen der abgegebenen Stimmen. ²Der Gesellschaftsvertrag kann noch andere Erfordernisse aufstellen.

(3) Eine Vermehrung der den Gesellschaftern nach dem Gesellschaftsvertrag obliegenden Leistungen kann nur mit Zustimmung sämtlicher beteiligter Gesellschafter beschlossen werden.

Literatur: *Altmeppen* Zu Formfragen bei Beherrschungs- und Gewinnabführungsverträgen der GmbH, DB 1994, 1273; *ders.* Parteifähigkeit, Sitztheorie und „Centros", DStR 2000, 1061; *Beuthien/ Gätsch* Vereinsautonomie und Satzungsrechte Dritter, ZHR 156 (1992), 459; *Beyer* Salvatorische Klauseln, 1988; *Blumers/Schmidt* Eintragungspflicht von Gewinnabführungsverträgen im GmbH-Recht und Anerkennung der körperschaftsteuerlichen Organschaft bei „Altverträgen", DB 1989, 31; *dies.* Zivilrechtliche Wirksamkeit von Gewinnabführungsverträgen im GmbH-Recht und körperschaftsteuerliche Organschaft, GmbHR 1989, 261; *Boesebeck* „Satzungsdurchbrechung" im Recht der AG und GmbH, NJW 1960, 2265; *Bormann/Halaczinsky* Vorratsgesellschaft und Kapitalaufbringung – Oder: „Wer schlecht zahlt, zahlt doppelt", GmbHR 2000, 1022; *Brandes* Die Rechtsprechung des BGH zur GmbH, WM 1983, 286; *ders.* Die Rechtsprechung des BGH zur GmbH, WM Sonderbeilage Nr. 2/1988; *ders.* Die Rechtsprechung des BGH zur GmbH, WM 1995, 641; *Bredthauer* Zur Wirksamkeit gesellschaftsrechtlicher Beurkundungen im Kanton Zürich, BB 1986, 1864; *Bungert* Die Beendigung von Beherrschung und Gewinnabführungsverträgen im GmbH-Konzern, NJW 1995, 1118; *Carlé* Zweck, Gegenstand des Unternehmens, Geschäftszweig, KÖSDI 1993, 9325; *Casper* Die Heilung nichtiger Beschlüsse im Kapitalgesellschaftsrecht, 1998; *Dehmer* Die Betriebsaufspaltung, 2. Aufl. 1987; *Deupmann* Die vorläufige Handelsregistersperre nach Art. 12 § 7 II 1 GmbHÄndG, NJW 1986, 1846; *Dierksen/Volkers* Die Firma der Zweigniederlassung in der Satzung von AG und GmbH, BB 1993, 598; *Dilger* Aufhebung eines Unternehmensvertrags im GmbH-Konzern, WM 1993, 953; *Dreissig* Verlegung der Geschäftsleitung einer deutschen Kapitalgesellschaft ins Ausland, DB 2000, 893; *Ebbing* Schiedsvereinbarungen in Gesellschaftsverträgen, NZG 1998, 281; *Ebenroth/Wilken* Zur Aufhebung von Beherrschungs- und Gewinnabführungsverträgen mit einer Einmann-GmbH, WM 1993, 1617; *Ehlke* Aufhebung eines Unternehmensvertrags – eine schlichte Geschäftsführungsmaßnahme?, ZIP 1995, 355; *Emmerich* Fortschritt oder Rückschritt? Zur Änderung des § 29 GmbHG durch das Bilanzrichtlinien-Gesetz von 1985, FS Seuß, 1987, S. 137; *Esch* Die Wirksamkeit von Ergebnisabführungsverträgen im Recht der GmbH, BB 1986, 272; *Fleck* Stimmrechtsabspaltung in der GmbH?, FS Fischer, 1979, S. 107; *ders.* Schuldrechtliche Verpflichtungen einer GmbH im Entscheidungsbereich der Gesellschafter, ZGR 1988, 104; *Flume* Der Gewinn- und Verlustübernahmevertrag im GmbH-Recht, DB 1989, 665; *Forsthoff* Rechts- und Parteifähigkeit ausländischer Gesellschaften mit Verwaltungssitz in Deutschland? – Die Sitztheorie vor dem EuGH, DB 2000 1109; *Gäbelein* Unternehmensverträge mit abhängigen GmbH, GmbHR 1989, 502; *Gastyer* Probleme der Verlustübernahme bei der GmbH, BB 1983, 934; *Geimer* Auslandsbeurkundungen im Gesellschaftsrecht, DNotZ 1981, 406; *Groß* Der „vollständige Wortlaut" des Gesellschaftsvertrags einer Gesellschaft m.b.H., Rpfleger 1972, 241; *Grashoff* Registerrechtliche Eintragungsfähigkeit von GmbH – Ergebnisabführungsverträgen unter der aufschiebenden Bedingung der vollen Berücksichtigung des Verlustvortragsvolumens nach § 10d EStG, BB 1997, 1647; *Grunewald* Wozu dient die Registersperre des § 7 II GmbHÄndG?, NJW 1987, 2410; *dies.* Die Auslegung von Gesellschaftsverträgen und Satzungen, ZGR 1995, 68; *Gustavus* Die registerrechtlichen Bestimmungen des Gesetzes zur Durchführung der Ersten EWG-Richtlinie zur Koordinierung des Gesellschaftsrechts, BB 1969, 1335; *ders.* Nochmals: Die Bescheinigung des Notars über den Wortlaut des Gesellschaftsvertrags einer GmbH, DNotZ 1971, 229; *Habersack* Unwirksamkeit „zustandsbegründender" Durchbrechungen der GmbH-Satzung sowie darauf gerichteter schuldrechtlicher Nebenabreden, ZGR 1994, 354; *ders.* Grenzen der Mehrheitsherrschaft in Stimmrechtskonsortien, ZHR 164 (2000), 1 ff.; *Haerendel* Die Beurkun-

Form der Satzungsänderung **§ 53**

dung gesellschaftsrechtlicher Akte im Ausland, DStR 2001, 1802; *Halm* Aktuelle Zweifelsfragen bei der Begründung und Beendigung von Unternehmensverträgen mit der GmbH als Untergesellschaft, NZG 2001, 728; *Heckschen* Wirksamkeitsvoraussetzungen für Gewinnabführungsverträge im GmbH-Recht, DB 1988, 1685; *ders.* Gelöste und ungelöste zivilrechtliche Fragen des GmbH-Konzernrechts, DB 1989, 29; *ders* Probleme des Unternehmensvertrags zwischen AG und GmbH, DB 1989, 1273; *ders.* Auslandsbeurkundung und Richtigkeitsgewähr, DB 1990, 1961; *Henze* Aktuelle Rechtsprechung des BGH zum Aktienrecht, BB 2000, 2053; *ders.* Entwicklungen der Rechtsprechung des BGH im GmbH-Recht – Freud und Leid der Kommentatoren, GmbHR 2000, 1069; *Hölters* Der Beirat der GmbH und der GmbH & Co., 1979; *Hommelhoff* Zum vorläufigen Bestand fehlerhafter Strukturänderungen in Kapitalgesellschaften, ZHR 158 (1994), 11; *Ivens* Das Stimmrecht des GmbH-Gesellschafters bei Satzungsänderungen, GmbHR 1989, 61; *Joussen* Die Kompetenz zur Änderung einer GmbH-Firma im Konkurs, GmbHR 1994, 159; *Krieger* Fehlerhafte Satzungsänderungen: Fallgruppen und Bestandskraft, ZHR 158 (1994), 35; *Kleindick* Fehlerhafte Unternehmensverträge im GmbH-Recht, ZIP 1988, 613; *Kögel* Der Sitz der GmbH und seine Bezugspunkte, GmbHR 1998, 1108; *Koerfer/Selzner* Minderheitenschutz beim Abschluss von GmbH-Beherrschungsverträgen, GmbHR 1997, 285; *Knobbe-Keuk* Der Tatbestand der verdeckten Gewinnausschüttung und branchengleiche Tätigkeit des Gesellschafter-Geschäftsführers, GmbHR 1992, 333; *Kort* Handelsregistereintragung bei Unternehmensverträgen im GmbH-Konzernrecht – de lege lata und de lege ferenda, AG 1988, 369; *Kröll* Beurkundung gesellschaftsrechtlicher Vorgänge durch einen ausländischen Notar, ZGR 2000, 11 ff; *Lawall* Satzungsdurchbrechende Beschlüsse im GmbH – Recht, DStR 1996, 1169; *Lerch* Beurkundung durch ausländischen Notar? DB 1992, 670; *Lutter* Die entschlussschwache Hauptversammlung, FS Quack, 1991, S. 301; *Lutter/Hommelhoff* Formerfordernisse für Unternehmensverträge im GmbH-Recht, NJW 1988, 1240; *Lutter/Leinekugel* Kompetenzen von Hauptversammlung und Gesellschafterversammlung beim Verkauf von Unternehmensteilen, ZIP 1998, 225; *Lutter/Timm* Konzernrechtlicher Präventivschutz im GmbH-Recht, NJW 1982, 409; *Maulbetsch* Gesellschaftsrechtlich bedeutsame Vorschriften des Bilanzrichtlinien-Gesetzes und ihre Auswirkungen auf Gesellschaftsverträge bzw. Satzungen, DB 1986, 953; *Mayer* Verletzung des Wettbewerbsverbots durch Gesellschafter und Gesellschafter-Geschäftsführer einer GmbH, DNotZ 1992, 641; *Meilicke* Zum Vorschlag der Europäischen Kommission für die 14. EU-Richtlinie zur Koordinierung des Gesellschaftsrechts-Sitzverlegungs-Richtlinie, GmbHR 1998, 1053; *ders.* Sitztheorie versus Niederlassungsfreiheit?, GmbHR 2000, 693; *Meyer-Arndt* Wettbewerbsverbot und verdeckte Gewinnausschüttung, BB 1992, 534; *Müller* Vertragliches Wettbewerbsverbot des GmbH-Gesellschafters und verdeckte Gewinnausschüttung in der jüngeren Rechtsprechung des BFH, BB 1997, 1441; *Münch* Befreiung vom Wettbewerbsverbot im GmbH-Recht, NJW 1993, 225; *Niehues* Das Wettbewerbsverbot der GmbH als Steuerproblem, DB 1992, 496; *Noack* Gesellschaftervereinbarungen bei Kapitalgesellschaften, 1994; *Orth* Steuersenkungsgesetz: Umstellung des Wirtschaftsjahres als Gestaltungsmöglichkeit, DB 2000, 2136: *Pezzer* Verdeckte Gewinnausschüttung und Wettbewerbsverbot, Steuer und Wirtschaft 1992, 270; *Priester* Nichtkorporative Satzungsbestimmungen bei Kapitalgesellschaften, BB 1979, 681; *ders.* Satzungsänderung und Satzungsdurchbrechung, ZHR 1987, 40; *ders.* Satzungsänderungen der Vor-GmbH, ZIP 1987, 280; *ders.* Bestimmungen zum Unternehmensvertrag in der Satzung der GmbH, DB 1989, 1013; *ders.* Anteilsnennwert und Anteilsneubildung nach Einziehung von Geschäftsanteilen. Zum System der Mitgliedstellen in der GmbH, FS Kellermann 1991, S. 337; *ders.* Befreiung vom Wettbewerbsverbot und GmbH-Satzung – Öffnungsklausel oder konkrete Regelung?, DB 1992, 2411; *ders.* EU – Sitzverlegung – Verfahrensablauf, ZGR 1999, 36; *Rausch* Steuersparmodell Wettbewerbsverbot?, NJW 1994, 2929; *Reuter* Beurkundungs- und Eintragungspflicht bei Unternehmensverträgen: Gebührenrechtliche Folgen, DB 1989, 714; *Richter* Schütt-aus-Hol-zurück-Politik ab 1994, BB 1994, 2398; *Richter/Stengel* Anforderungen an die Zustimmung der Gesellschafter der abhängigen GmbH zum Abschluss eines Beherrschungs- und/oder Gewinnabführungsvertrags – genügt die satzungsändernde Mehrheit?, DB 1993, 1861; *Röll* Die Bescheinigung des Notars über den Wortlaut des Gesellschaftsvertrags einer GmbH, DNotZ 1970, 337; *ders.* Die Beurkundung von GmbH-Gesellschafterbeschlüssen, DNotZ 1979, 644; *Roth* „Centros": Viel Lärm um Nichts?, ZIP 2000, 311; *Schäfer* Der stimmrechtslose GmBH-Geschäftsanteil, 1997; *Schervier* Beurkundung GmbH-rechtlicher Vorgänge im Ausland, NJW 1992, 593; *Schmahl* Zur vorläufigen Handelsregistersperre nach Art. 12 § 7 II 1 GmbHÄndG, NJW 1986, 2624; *H. Schmidt* Zustimmungsbeschlüsse zu Beherrschungs- und Gewinnabführungsverträgen aus kostenrechtlicher Sicht, BB 1989, 1290; *K. Schmidt* Heilung kartellverbotswidriger Satzungsänderungen nach § 242 AktG?, AG 1996, 385; *ders.* Umwandlung von Vorgesellschaften? §§ 41 AktG, 11 GmbHG und umwandlungsrechtlicher numerus clausus, FS Zöllner 1998, 521; *ders.* Schiedsklauseln und Schiedsverfahren im Gesellschaftsrecht als prozessuale Legitimationsprobleme – Ein Beitrag zur Verzahnung von Gesellschafts- und Prozessrecht, BB 2001, 1857; *Schneider/Reusch* Die Vertretung und die Mitwirkung der Gesellschafter bei der Gründung einer GmbH & Still, DB 1989, 713; *Sommer/Weitbrecht* Salvatorische Klauseln in GmbH-Verträgen, GmbHR 1991, 449; *Staudinger/Großfeld* Internationales Gesellschaftsrecht, 12. Aufl. 1981; *Timm* Der Abschluss des Ergebnisübernahmevertrags im GmbH-Recht, BB 1981, 1491; *ders.* Unternehmensverträge im GmbH-Recht,

§ 53 4. Abschnitt. Abänderungen des Gesellschaftsvertrages

GmbHR 1989, 11; *ders.* Zur Sachkontrolle von Mehrheitsentscheidungen im Kapitalgesellschaftsrecht, ZGR 1987, 403; *ders.* Rechtsfragen der Änderung und Beendigung von Unternehmensverträgen, FS Kellermann 1991, 461 ff.; *Tieves* Satzungsverletzende und satzungsdurchbrechende Gesellschafterbeschlüsse, ZIP 1994, 1341; *Ulmer* Begründung von Rechten für Dritte in der Satzung einer GmbH?, FS Werner, 1984, S. 911; *ders.* Verletzung schuldrechtlicher Nebenabreden als Anfechtungsgrund im GmbH-Recht?, NJW 1987, 1849; *ders.* Fehlerhafte Unternehmensverträge im GmbH-Recht; *ders.* 40 Jahre BGH-Rechtsprechung zum GmbH-Recht, GmbHR 1990, 429; *Vetter* Die Geltung von § 293 Abs. 2 AktG beim Unternehmensvertrag zwischen herrschender AG und abhängiger GmbH, AG 1993, 168; *ders.* Die Zuständigkeit der Hauptversammlung beim Abschluss eines Beherrschungs- und Gewinnabführungsvertrags mit einer GmbH, BB 1989, 2125; *ders.* Eintragung des Unternehmensvertrages im Handelsregister des herrschenden Unternehmens?, AG 1994, 110; *ders.* Zur Aufhebung eines Beherrschungs- und Gewinnabführungsvertrages im GmbH-Recht, ZIP 1995, 345; *Wachter* Abweichendes Geschäftsjahr im Hinblick auf künftige Veräußerungen von GmbH-Geschäftsanteilen?, GmbHR 2000, 227; *Wallner* Der Unternehmensgegenstand der GmbH als Ausdruck der Unternehmensfreiheit, JZ 1986, 721; *H. P. Westermann* Das Verhältnis von Satzung und Nebenordnungen in der Kapitalgesellschaft, 1994 S. 25 ff.; *Wiedemann* Verbandssouveränität und Außeneinfluß, FS Schilling, 1973, S. 105; *Winkler* Der Wortlaut des GmbH-Vertrags bei Anmeldung zum Handelsregister, DNotZ 1980, 578; *ders.* Der Satzungswortlaut gem. § 54 Abs. 1 S. 2 GmbHG, DNotZ 1980, 592; *M. Winter* Mitgliedschaftliche Treuebindungen im GmbH-Recht, 1988; *ders.* Organisationsrechtliche Sanktionen bei Verletzung schuldrechtlicher Gesellschaftervereinbarungen?, ZHR 1990, 259 ff.; *Wolff* Die Zulässigkeit einer rückwirkenden Änderung des Geschäftsjahres bei Kapitalgesellschaften, DB 1999, 2149; *Zimmer* Internationales Gesellschaftsrecht und Niederlassungsfreiheit: Das Rätsel vor der Lösung?, BB 2000, 1361; *Zöllner* Inhalt und Wirkungen von Beherrschungsverträgen bei der GmbH, ZGR 1992, 173; *Zwissler* Umgründung statt Neugründung, GmbHR 1999, 856.

Übersicht

	Rn.		Rn.
I. Normzweck	1–4	n) Salvatorische Klausel	31
II. Satzungsbegriff, Satzungsbestandteile	5–13	o) Strukturänderungen, insbesondere Unternehmensverträge	32
1. Materielle und formelle Satzungsbestandteile	6–8	p) Betriebsaufspaltung	33
		3. Satzungsdurchbrechung	34
a) Materiell	7	**IV. Beschluss der Gesellschafter (Abs. 1, 2)**	35–46
b) Formell	8	1. Zuständigkeit der Gesellschafter	35
2. Gestaltungsfreiheit	9–12	2. Gesellschafterversammlung	36
a) Grundsatz	9	3. Notarielle Beurkundung	37–42
b) Ausnahme	10	a) Beurkundungsgegenstand	38
c) Schuldrechtliche Nebenabreden	11	b) Ausländischer Notar	39
d) Sacheinlagen und Sachübernahmen	12	c) Verschmelzungsverträge	40
3. Sinn der Unterscheidung	13	d) Zustimmung	41
III. Satzungsänderung (Abs. 1)	14–34	e) Stimmrechtsvollmachten	42
1. Begriff	14, 15	4. Dreiviertelmehrheit der Stimmen (Abs. 2 S. 1)	43–45
2. Wichtige Einzelfälle	16–33	a) Nießbraucher, Testamentsvollstrecker, Stimmverbot	44
a) Firma und Sitz (§ 3 Abs. 1 Nr.1)	17, 18	b) Mehrheit der Stimmen	45
b) Gegenstand des Unternehmens	19	5. Andere Erfordernisse (Abs. 2 S. 2)	46
c) Stammkapital	20	**V. Leistungsvermehrung (Abs. 3)**	47–57
d) Stammeinlagen	21	1. Leistungen	48
e) Dauer der Gesellschaft	22	2. Mittelbare Leistungsvermehrungen	49
f) Geschäftsjahr	23	3. Verkürzung von Mitgliedschaftsrechten	50
g) Vertretungsbefugnis	24	4. Sonderrechte (Sondervorteile)	51
h) Insichgeschäfte	25	5. Zustimmung	52–57
i) Übertragbarkeit von der Geschäftsanteile	26	a) Einstimmigkeit?	53
j) Zwangseinziehung von Geschäftsanteilen	27	b) Sonderfälle	54
k) Fakultativer Aufsichtsrat	28	c) Stimmrechtslose Geschäftsanteile	55
l) Sonderrechte einzelner Gesellschafter	29	d) Formlose Willenserklärung	56
m) Schiedsklausel	30	e) Regelung im Gesellschaftsvertrag	57

Form der Satzungsänderung **§ 53**

	Rn.		Rn.
VI. Stimmpflicht der Gesellschafter	58	VIII. Mängel des Beschlusses	62
VII. Aufhebung des Beschlusses	59–61	IX. Einmann-GmbH, Liquidation, Insolvenz, Gründungsstadium	63–66
1. Vor Eintragung in das Handelsregister	59	X. Kosten	67
2. Nach Eintragung in das Handelsregister	60	XI. Steuern	68
3. Abänderung des Beschlusses	61	XII. Österreichisches Recht	69

I. Normzweck

Der Gesellschaftsvertrag ist abänderbar. Hiervon geht § 53 aus und legt die Erfordernisse der Abänderung fest (Gesellschafterbeschluss mit ¾-Stimmenmehrheit; notarielle Beurkundung). Der Gesellschaftsvertrag kann durch Aufstellung weiterer Erfordernisse seine Abänderbarkeit **erschweren** (§ 53 Abs. 2 S. 2), aber nicht gänzlich **ausschließen** (Rn. 45). Zur Wirksamkeit der Abänderung erfordert § 54 noch ihre Anmeldung zum Handelsregister durch die Geschäftsführer und ihre Eintragung in das Handelsregister. Als Sonderfälle von Gesellschaftsvertragsänderungen regeln die §§ 55 bis 58f Erhöhung und Herabsetzung des Stammkapitals. § 53 gilt auch für sie. Wie eine Abänderung des Gesellschaftsvertrags ist auch der **Formwechsel** der GmbH in eine AG ausgestaltet (§§ 190 ff. UmwG, vgl. Anh. nach § 77 Rn. 48), geht aber über eine bloße Gesellschaftsvertragsänderung hinaus (zu sonstigen Strukturänderungen vgl. Rn. 32). 1

§ 53 gilt nur für die eingetragene GmbH. Gesellschaftsvertragsänderungen **vor Eintragung der GmbH** (§ 11) bedürfen zwar auch der notariellen Form, unterliegen im Übrigen aber dem Einstimmigkeitsprinzip des Personengesellschaftsrechts (str.), sofern der Gesellschaftsvertrag nicht auch hierfür ausdrücklich die ¾-Stimmenmehrheit genügen lässt.[1] Große Bedeutung hat die Streitfrage nicht, weil die Mehrheit die Änderung nach Eintragung der GmbH erneut beschließen kann, wenn vor Eintragung ein einstimmiger Änderungsbeschluss nicht zustande kam. Zur Wirksamkeit von Gesellschaftsvertragsänderungen vor Eintragung der GmbH vgl. auch § 54 Rn. 32 aE. Einer Gesellschaftsvertragsänderung bedarf zB der Gesellschafterwechsel bei der Vor-GmbH.[2] Enthält der zur Eintragung in das Handelsregister angemeldete Gesellschaftsvertrag eine nichtige Bestimmung, so kann dieses Eintragungshindernis grds. nur durch Änderung des Gesellschaftsvertrags, nicht durch Beschränkung der Anmeldung beseitigt werden.[3] 2

Das GmbHG nennt das Statut der GmbH „Gesellschaftsvertrag", nicht „Satzung" wie das AktG (§ 23). Demgemäß sprechen die Überschrift des Vierten Abschnitts und der Gesetzestext von der Abänderung des Gesellschaftsvertrags. Dennoch verwenden die – nicht amtlichen – Paragraphenüberschriften bei § 53 durchweg die Bezeichnung „Satzungsänderung", die sich in der Praxis eingebürgert hat und dem organisationsrechtlichen Charakter des Gesellschaftsvertrags („Verfassung", vgl. § 25 BGB) Rechnung trägt (vgl. § 2 Rn. 2). In einem engeren Sinne wird als Satzung nur derjenige Inhalt des Gesellschaftsvertrags gewertet, der materiellen „Satzungscharakter" hat.[4] – Zur Frage, ob die Begriffe „Gesellschaftsvertrag" und „Satzung" Gegensätze markieren, vgl. K. Schmidt GesR.[5] 3

---

[1] §§ 2 Rn. 36; 11 Rn. 42, 62; *Lutter/Hommelhoff* § 2 Rn. 23; *Hachenburg/Ulmer* Rn. 1 mit § 2 Rn. 20 und § 11 Rn. 34; *Meyer-Landrut/Miller/Niehus* Rn. 1; *Roth/Altmeppen* Rn. 21; aA *Priester* ZIP 1987, 280 ff.; *Scholz/K. Schmidt* § 11 Rn. 47; *Scholz/Priester* Rn. 186.
[2] § 11 Rn. 63; LG Dresden GmbHR 1993, 590.
[3] LG Dresden DB 1994, 321 = EWiR 1994, 273 *(Demharter)* gegen KG HRR 1939 Nr. 1108.
[4] BGHZ 38, 155, 161 = NJW 1963, 203, vgl. Rn. 7 ff.
[5] § 5 I 2.

4   Die **GmbH-Novelle 1980** hat § 53 nicht geändert. Dagegen sind Satzungsänderungen durch Kapitalerhöhung den neuen Gründungsvorschriften angepasst worden (vgl. §§ 56 bis 57 b).

II. Satzungsbegriff, Satzungsbestandteile

5   Nicht alle in der Gesellschaftsvertragsurkunde niedergelegten Vorschriften bedürfen zu ihrer Änderung der besonderen Wirksamkeitserfordernisse der §§ 53 und 54. Diese gelten vielmehr nur für diejenigen Bestandteile der Satzung, die ihren materiellen Inhalt bestimmen (vgl. Rn. 7). Die Gesamtheit dieser Bestandteile ist die **Satzung im materiellen Sinn**. Die sonstigen Regelungen des Gesellschaftsvertrags bilden die **Satzung im formellen Sinn**.[6]

6   **1. Materielle und formelle Satzungsbestandteile.** Sie werden bei gleichem Bedeutungsinhalt unterschiedlich benannt, wobei die Einordnung und Abgrenzung im Einzelfall Schwierigkeiten bereiten kann.

7   **a) Materiell.** Materiell sind alle in die Satzung aufgenommenen Regelungen, welche die **Organisation der Gesellschaft** betreffen. Hierzu zählen die Bestimmungen über den **Mindestinhalt** der Satzung nach § 3 Abs. 1[7] und den **fakultativen Inhalt** nach § 3 Abs. 2, ferner alle sonstigen Vorschriften, welche die **Grundlage der Gesellschaft** bilden und künftige Gesellschafter, insbesondere Erwerber von Geschäftsanteilen, ebenso binden sollen wie Gründungsgesellschafter.[8] Das sind vor allem die Bestimmungen über die Dauer des Geschäftsjahres, Geschäftsführung und Vertretung (§ 35 Abs. 2), den Jahresabschluss (§ 42), Aufsichtsrat und Beirat (§ 52 Abs. 1), Zuständigkeitsverteilung unter den Gesellschaftsorganen (§ 45 Abs. 1). Auch die Vorschriften über das **Verhältnis zwischen der Gesellschaft und den Gesellschaftern** haben materielle Bedeutung, namentlich über Abtretung von Geschäftsanteilen (§ 15 Abs. 5, § 17 Abs. 3), Nachschusspflicht (§ 26 Abs. 1), Gewinnverwendung (§ 29), Einziehung von Geschäftsanteilen.[9] Zusammengefasst lässt sich sagen, dass materielle Satzungsbestandteile alle Bestimmungen sind, die nur Wirksamkeit erlangen, wenn sie ursprünglich oder im Wege der Satzungsänderung in den Gesellschaftsvertrag aufgenommen werden, für welche somit die Aufnahme in den Gesellschaftsvertrag **konstitutive Wirkung** hat.[10] Sie werden auch **echte** Satzungsbestandteile,[11] **korporative** Satzungsbestandteile[12] oder **körperschaftsrechtliche** Satzungsbestandteile[13] genannt.[14]

---

[6] *Hachenburg/Ulmer* Rn. 8, 9; teilw. abw. *Scholz/Priester* Rn. 5, der zur Satzung im formellen Sinn alle in der Satzungsurkunde enthaltenen Bestimmungen zählt. Danach ist Satzung im materiellen Sinn zugleich Satzung im formellen Sinn, vgl. auch Rn. 10.

[7] Nicht jedoch der Nennwert des Geschäftsanteils, vgl. BGH ZIP 1988, 1046, 1047 und Rn. 8, 27.

[8] Ähnlich *Baumbach/Hueck/Zöllner* Rn. 2a, 3a, der jedoch die Unterscheidung zwischen materiellen und formellen Satzungsbestandteilen als missverständlich ab der 16. Aufl. aufgegeben hat und stattdessen zwischen echten und unechten Satzungsbestandteilen unterscheidet, s. u.

[9] § 34 Abs. 1, insbesondere die Bestimmungen über die hierfür zu gewährende Abfindung, BGH NJW 1992, 892.

[10] Gegen die Tauglichkeit dieses Abgrenzungsmerkmals Kölner KommAktG/*Zöllner* § 179 Rn. 20; kritisch auch *Hachenburg/Ulmer* Rn. 12m. Fn. 8.

[11] BGHZ 38, 155, 161 = NJW 1963, 203; BGH ZIP 1981, 1205, 1206; *Baumbach/Hueck/Zöllner* Rn. 2a.

[12] *Scholz/Priester* Rn. 5.

[13] BGH WM 1993, 2123 = BGHZ 123, 347.

[14] Zur Auslegung solcher Satzungsbestandteile nach objektiven Gesichtspunkten vgl. BGH WM 1993, 2123, 2124 = BGHZ 123, 347; dabei können auch frühere, zum Handelsregister einge-

Form der Satzungsänderung § 53

b) Formell. Nur formelle Satzungsbestandteile sind in die Satzung aufgenommene 8
Regelungen, die auch außerhalb des Gesellschaftsvertrags durch Vereinbarung unter
den Gesellschaftern oder mit Dritten wirksam getroffen werden können.[15] Ihre Aufnahme in die Satzung hat regelmäßig nur bekundende, also **deklaratorische Bedeutung.** Sie gehören nur tatsächlich, nicht rechtlich zur Satzung[16] und werden deshalb
auch **unechte,**[17] **nicht-korporative, zufällige**[18] oder **individualrechtliche**[19]
Satzungsbestandteile genannt. Typisches Beispiel ist die **Bestellung eines Nichtgesellschafters zum Geschäftsführer im Gesellschaftsvertrag** (§ 6 Abs. 3 S. 2).
Die Bestellung könnte auch außerhalb des Gesellschaftsvertrags durch Gesellschafterbeschluss erfolgen (zB im „Gründungsprotokoll", § 3 Rn. 3). Die Bestellung im
Gesellschaftsvertrag allein verschafft noch nicht die Organstellung. Hierzu bedarf
es noch der Annahme des Amtes durch den Geschäftsführer (§ 6 Rn. 23; ist der
Geschäftsführer zugleich Gesellschafter, so liegt im Abschluss des Gesellschaftsvertrags
die Annahmeerklärung). Ähnlich verhält es sich mit der **Benennung der jeweiligen
Inhaber der Geschäftsanteile** im Gesellschaftsvertrag. Sie hat ebenfalls nur formelle
Satzungsqualität. **Schuldrechtliche Nebenabreden** der Gesellschafter oder mit
Dritten werden üblicherweise auch den formellen Satzungsbestandteilen zugeordnet,
sofern sie in die Satzung aufgenommen sind.[20] Hier ist jedoch zu differenzieren (vgl.
Rn. 11).

2. Gestaltungsfreiheit. a) Grundsatz. Von Haus aus weder notwendig materielle 9
noch formelle Satzungsbestandteile können durch Aufnahme in die Satzung zu echten
Satzungsbestandteilen werden, wenn der Parteiwille oder die Umstände des einzelnen
Falles eine derartige **Auslegung** zulassen.[21] Dabei gilt die Regel, dass schon die Aufnahme einer Bestimmung in die Satzung deren echte Satzungsqualität **indiziert.**[22] Die
indizielle Wirkung ist stärker, wenn die Bestimmung durch Satzungsänderung aufgenommen wurde.[23]

b) Ausnahme. Ausgenommen von dieser Regel ist die **Bestellung eines Gesell-** 10
schafters zum Geschäftsführer im Gesellschaftsvertrag. Hierdurch allein wird
kein Sonderrecht des Gesellschafters auf Geschäftsführung begründet.[24] Angesichts
der weitreichenden Wirkungen der Gewährung eines derartigen Rechts[25] müssen
weitere Umstände einen entsprechenden Willen der Gesellschafter belegen, zB die
Bestellung im Wege einer Satzungsänderung verbunden mit der Beschränkung
des Widerrufs der Bestellung auf wichtige Gründe.[26] Erst recht nicht ist in der Rege-

---

reichte, gesellschaftsvertragliche Regelungen herangezogen werden, vgl. BGH NJW 1992, 892,
893; zur Auslegung von Satzungen vgl. auch *Grunewald* ZGR 1995, 68, 85 ff. und Rn. 9.

[15] BGHZ 18, 205, 207 = NJW 1955, 1716; aA *Hachenburg/Ulmer* Rn. 12 m. Fn. 10.
[16] BGHZ 18, 205, 208 = NJW 1955, 1716.
[17] BGHZ 38, 155, 161 = NJW 1963, 203; § 3 Rn. 55.
[18] *Scholz/Priester* Rn. 6.
[19] *Baumbach/Hueck/Zöllner* Rn. 5; *Baumbach/Hueck/Fastrich* § 2 Rn. 28.
[20] *Hachenburg/Ulmer* Rn. 15, 17, 18.
[21] BGHZ 38, 155, 161 = NJW 1963, 203 betr. eine Schiedsklausel; BGH ZIP 1993, 432, 433;
Hachenburg/Ulmer Rn. 12, 19, 22; *Roth/Altmeppen* § 3 Rn.49; *Scholz/Priester* Rn. 15.
[22] BGH ZIP 1993, 432, 433; *Hachenburg/Ulmer* Rn. 12, 22; *Scholz/Priester* Rn. 16.
[23] *Scholz/Priester* Rn. 16.
[24] BGH NJW 1969, 131; GmbHR 1982, 129, 130; *Baumbach/Hueck/Zöllner* Rn. 6; *Hachenburg/Ulmer* Rn. 21; *Roth/Altmeppen* § 6 Rn.16; *Scholz/Priester* Rn. 16.
[25] Beseitigung nur durch Satzungsänderung mit Zustimmung des Berechtigten, soweit kein
wichtiger Grund vorliegt, vgl. § 3 Rn. 35, 50; § 6 Rn. 25; § 38 Rn. 4, 9.
[26] Bejaht auch im Fall BGH GmbHR 1982, 129, 130.

lung der Bezüge des Geschäftsführers im Gesellschaftsvertrag eine satzungsmäßige Bindung der Gesellschafter zu sehen.[27] Etwas anderes kann ausnahmsweise gelten, wenn durch die Bezüge ein Vorzugsrecht bei der Gewinnverteilung gewährt werden soll.[28]

11 c) **Schuldrechtliche Nebenabreden.** Schuldrechtliche Nebenabreden (Rn. 8; § 3 Rn. 53) sind nicht zwingend in die Satzung aufzunehmende Vereinbarungen mit Bindungswirkung nur unter den gegenwärtigen Gesellschaftern oder einzelnen von ihnen oder gegenüber der Gesellschaft (§ 328 BGB), zB über die Leistung von Deckungsbeiträgen.[29] Auch **Stimmbindungsverträge** fallen darunter. Sie sind formfrei möglich, können jedoch nicht die Änderung einer bestimmten organisationsrechtlichen Regelung der Satzung bewirken.[30] Sollen derlei Verpflichtungen jedoch in der Weise an den Geschäftsanteil gebunden sein, dass sie ohne weiteres auch künftige Gesellschafter treffen und dadurch **mitgliedschaftlich** (korporativ) ausgestaltet sind, bedürfen sie zu ihrer Wirksamkeit der Aufnahme in die Satzung und sind dann materielle Satzungsbestandteile. Schuldrechtliche Nebenabreden zwischen Gesellschaftern und Dritten, zB über das Gehalt eines Fremdgeschäftsführers, können durch Aufnahme in die Satzung nur formelle Satzungsqualität erlangen, da für Nichtgesellschafter die Satzung nicht verbindlich ist.[31] Bei Vereinbarungen unter allen Gesellschaftern oder zwischen allen Gesellschaftern und der Gesellschaft spricht die Aufnahme in die Satzung für einen körperschaftlichen Bindungswillen der Gesellschafter. Das gilt nicht nur für die Einräumung von **Vorkaufsrechten** an Geschäftsanteilen,[32] sondern auch für die Übernahme einer **Verlustgarantie.** Die gegenteilige Auffassung[33] will die Geltung als materielle Satzungsregelung daran scheitern lassen, dass eine Verlustbeteiligung dem GmbH-Recht unbekannt sei und deshalb notwendig nur formellen Charakter habe. Diese Erwägung ist unzureichend, da mit Hilfe des Parteiwillens gerade ermöglicht werden soll, GmbH- unspezifische Vereinbarungen zu echten Satzungsbestandteilen erstarken zu lassen.[34] Sie trifft für die Verlustgarantie auch nicht zu, weil diese in Form der Nebenleistungspflicht (§ 3 Abs. 2) oder als Nachschusspflicht (§§ 26 bis 29) übernommen werden könnte, dem GmbH-Recht also nicht fremd ist.[35] – Ob Gesellschafterbeschlüsse **anfechtbar** sind, wenn sie gegen außerhalb der Satzung getroffene schuldrechtliche Nebenabreden verstoßen, ist streitig.[36] Der BGH hat Anfechtbarkeit jedenfalls dann bejaht, wenn alle Gesellschafter sich durch die Nebenabrede gebunden hatten.[37] Doch dürfte diese Rechtsprechung inzwischen aufgegeben

---

[27] BGHZ 18, 205, 208 = NJW 1955, 1716.
[28] Abgelehnt im Fall BGHZ 18, 205, 208 ff.; kritisch hierzu *Priester* DB 1979, 681, 685 Fn. 68.
[29] BGH ZIP 1993, 432 = EWiR 1993, 455 *(Reimann).*
[30] BGHZ 123, 15 = BGH NJW 1993, 2246, 2247 = EWiR 1993, 991 *(Scheuck);* vgl. ferner *Hoffmann-Becking* ZGR 1994, 442 ff.; *H. P. Westermann* S. 25 ff.; vgl. auch Rn. 35.
[31] *Hachenburg/Ulmer* Rn. 17; *Scholz/Priester* Rn. 11; ähnlich *Baumbach/Hueck/Zöllner* Rn. 3 f.; näher zur Unmöglichkeit der Begründung eigenständiger, den Dritten persönlich zustehender Rechte als materielle Satzungsbestandteile vgl. *Ulmer,* FS Werner, 1984, S. 911, 923 ff.
[32] *Priester* DB 1979, 681, 684.
[33] OLG Nürnberg BB 1981, 1293; *Sudhoff* S. 386.
[34] BGH ZIP 1993, 432.
[35] IErg. ebenso *Gasteyer* BB 1983, 934, 936; ferner *Scholz/Priester* Rn. 11 und nunmehr auch *Hachenburg/Ulmer* Rn. 20 gegen die Voraufl. Rn. 21.
[36] Für Anfechtbarkeit zB *Scholz/K. Schmidt* § 45 Rn. 116; gegen Anfechtbarkeit zB *Lutter/Hommelhoff* Anh. § 47 Rn. 48; *Habersack* ZHR 164 (2000), 1, 10.
[37] NJW 1983, 1910, 1911; 1987, 1890, 1892; dagegen *Ulmer* NJW 1987, 1049, 1050 ff.; abl. auch § 47 Rn. 118; wie BGH neuerdings auch OLG Hamm GmbHR 2000, 673, 674.

sein.³⁸ Der Meinung, die Anfechtbarkeit verneint, ist zuzustimmen, und zwar ohne Rücksicht darauf, ob die Nebenabrede alle oder nur einzelne Gesellschafter bindet, weil die Satzungsebene streng von der Ebene der Nebenabreden zu trennen ist.³⁹

d) Sacheinlagen und Sachübernahmen. Nicht um die Gestaltungsfreiheit, sondern um die Einordnung in zwingende Kategorien geht es bei der Behandlung der Bestimmungen über Sacheinlagen und Sachübernahmen (§ 5 Abs. 4). Entscheidend für die Behandlung ist, dass das Gesetz die Wirksamkeit der Abreden über Sacheinlagen und Sachübernahmen gegenüber der Gesellschaft von ihrer Aufnahme in die Satzung abhängig macht.⁴⁰ Derlei Abreden sind deshalb notwendig körperschaftlicher Natur.⁴¹ Bei Kapitalerhöhungen durch Sacheinlagen (§ 56) ist deren Aufnahme in die Satzung nicht erforderlich. Sie wird ersetzt durch die entsprechenden Angaben im Beschluss über die Kapitalerhöhung (vgl. § 56 Rn. 9). Die Streichung der Bestimmungen über Sacheinlagen und Gründungsaufwand durch **Satzungsänderung** ist entgegen §§ 26 Abs. 5, 27 Abs. 5 AktG nach Ablauf von fünf Jahren ab Eintragung der Gesellschaft im Handelsregister möglich.⁴²

3. Sinn der Unterscheidung. Die Unterscheidung materieller von formellen Satzungsbestandteilen legt die Anforderungen fest, die an ihre Änderung zu stellen sind. Nur die Änderung materieller Satzungsbestandteile unterliegt den erhöhten Anforderungen der §§ 53, 54. Die Änderung formeller Satzungsbestandteile richtet sich nach dem ihnen zugrunde liegenden Rechtsverhältnis. Dieses kann Einstimmigkeit erfordern, zB eine schuldrechtliche Nebenabrede. In der Regel genügt aber ein Gesellschafterbeschluss mit einfacher Mehrheit, zB für die Abberufung eines Geschäftsführers, dessen Bestellung in der Satzung nur mitgeteilt worden war.⁴³ Eine Eintragung in das Handelsregister ist zur Wirksamkeit nicht erforderlich. Das ist hM.⁴⁴ Hinsichtlich der Behandlung der Änderung im Text der Satzung bestehen freilich Meinungsverschiedenheiten (vgl. Rn. 14).

III. Satzungsänderung (Abs. 1)

1. Begriff. Eine eingebürgerte Terminologie versteht unter Satzungsänderung iS des § 53 jede Änderung des Wortlauts der Satzung, gleichgültig, ob es sich um Streichungen,⁴⁵ Neuregelungen oder lediglich redaktionelle Änderungen handelt.⁴⁶ Darunter fällt auch die Änderung formeller Satzungsbestandteile, zB die Streichung eines im Gesellschaftsvertrag bestellten, inzwischen aber durch – einfachen – Gesellschafter-

---

³⁸ Vgl. MüKo AktG/*Pentz* § 23 Rn. 194 unter Bezugnahme auf *Goette* in *Henze/Timm/Westermann* (Hrsg.) GesR 1995, 1996, S. 113, 119 ff. mit Hinweis auf BGHZ 123, 15, 20 = NJW 1993, 2246 in Fn. 503.
³⁹ Zutr. *Pentz* (Fn. 38); zum Vorrang der Satzungsebene bei der Bestimmung der Grenzen schuldrechtlicher Nebenabreden, insbesondere bei Stimmrechtskonsortien, vgl. *Habersack* ZHR 164 (2000), 1, 10.
⁴⁰ § 19 Abs. 5; BGHZ 45, 339, 343.
⁴¹ Ebenso *Hachenburg/Ulmer* Rn. 13; *Meyer-Landrut/Miller/Niehus* Rn. 3; *Hüffer* § 23 Rn. 3; aA *Priester* DB 1979, 681, 682, jedoch zust. *Scholz/Priester* Rn. 10; vgl. auch u. Rn. 21.
⁴² § 5 Rn. 56; LG Berlin GmbHR 1993, 590; vgl. auch Rn. 14.
⁴³ *Hachenburg/Ulmer* Rn. 10.
⁴⁴ BGHZ 18, 205, 208; *Baumbach/Hueck/Zöllner* Rn. 11 a; *Hachenburg/Ulmer* Rn. 10, 27; *Scholz/Priester* Rn. 8, 17; *Roth/Altmeppen* § 3 Rn. 50.
⁴⁵ ZB die Beseitigung von Bestimmungen über den Gründungsaufwand nach Ablauf von fünf Jahren nach Eintragung der Gesellschaft im Handelsregister, LG Berlin GmbHR 1993, 590.
⁴⁶ OLG Celle GmbHR 1959, 113; BayObLG DB 1971, 1612; *Meyer-Landrut/Miller/Niehus* Rn. 5; *Scholz/Priester* Rn. 19.

§ 53   4. Abschnitt. Abänderungen des Gesellschaftsvertrages

beschluss abberufenen Geschäftsführers.[47] Hierin liegt nur scheinbar ein Widerspruch zu der These, dass es zur Änderung formeller Satzungsbestandteile eines Verfahrens nach §§ 53, 54 nicht bedarf; denn die Änderung unechter Satzungsbestimmungen wird bereits mit der auf sie gerichteten Vereinbarung oder einem entsprechenden Gesellschafterbeschluss wirksam (Rn. 13). Es geht also nur darum, auf welche Weise die vollzogene Änderung ihren Niederschlag im Satzungstext zu finden hat. Übereinstimmung besteht im Wesentlichen darüber, dass eine durch Änderung obsolet gewordene unechte Satzungsbestimmung nicht beliebig gestrichen werden kann, zB durch den Geschäftsführer oder den Notar im Rahmen des § 54 Abs. 1 S. 2, sondern dass die Gesellschafter zuständig sind.[48] Streitig ist, ob der für die Änderung der Satzungsbestimmung gefasste einfache Gesellschafterbeschluss genügt[49] oder ob ¾-Stimmenmehrheit und notarielle Beurkundung sowie Eintragung im Handelsregister erforderlich sind.[50] Streitig ist ferner, ob ein mit einfacher Mehrheit gefasster Gesellschafterbeschluss eintragungsfähig ist.[51]

15 Für die Anwendung der §§ 53, 54 auch in den Fällen gegenstandslos gewordener Satzungsbestimmungen spricht die Rechtssicherheit.[52] Ohne ein förmliches Satzungsänderungsverfahren bleibt unklar, wer dafür zu sorgen hat, dass eine nicht mehr in Kraft befindliche unechte Satzungsbestimmung beseitigt wird. Überdies ist der Notar nur beim Vorliegen förmlicher Änderungsbeschlüsse in der Lage, eine zweifelsfreie Satzungsbescheinigung nach § 54 Abs. 1 S. 2 zu erteilen.[53] Dem von *Ulmer*[54] vorgeschlagenen Ausweg, die Gesellschafter sollten entsprechend § 179 Abs. 1 S. 2 AktG die Geschäftsführer oder den Notar ermächtigen, inhaltlich überholte Satzungsbestandteile zu streichen, überhaupt redaktionelle Änderungen vorzunehmen, begegnet das Bedenken, dass die analoge Anwendung des § 179 Abs. 1 S. 2 AktG auf die GmbH-Satzungsänderung überwiegend abgelehnt wird.[55] Die Auffassung, auch die Beseitigung ungültiger nicht korporativer Satzungsbestimmungen sei dem förmlichen Satzungsänderungsverfahren zu unterwerfen, verdient deshalb den Vorzug.[56] – Eine Änderung der Satzung stellt auch deren **vollständige Neufassung** dar.[57] Das ist selbstverständlich, erfordert aber besondere Sorgfalt bei der Beurkundung. Die bloße Bezugnahme des Notars auf die dem Änderungsbeschluss als Anlage beigefügte Neufassung der Satzung genügt nicht. Vielmehr muss die Verweisung Bestandteil der beurkundeten Erklärung der Beteiligten (§ 9 Abs. 1 Nr. 2 BeurkG) sein.[58]

---

[47] *Scholz/Priester* § 54 Rn. 18; vgl. auch *Groß* Rpfleger 1972, 241, 242; *Priester* DB 1979, 681, 685.

[48] *Hachenburg/Ulmer* Rn. 27; *Scholz/Priester* Rn. 19; aA OLG Köln Rpfleger 1972, 257, 258; *Gustavus* BB 1969, 1335, 1336; *ders.* DNotZ 1971, 229, 230; *Röll* DNotZ 1970, 337, 339 ff.

[49] *Hachenburg/Ulmer* Rn. 27.

[50] *Meyer-Landrut/Miller/Niehus* Rn. 5; *Scholz/Priester* Rn. 19.

[51] Verneinend *Hachenburg/Ulmer* Rn. 27; die dort als aA zitierte Entscheidung LG Dortmund GmbHR 1978, 235 betrifft allerdings einen nach § 53 formgerecht gefassten und nach § 54 angemeldeten Beschluss.

[52] So auch *Roth/Altmeppen* Rn. 5; vgl. ferner *Hüffer* § 179 Rn. 6.

[53] *Winkler* DNotZ 1980, 578, 592, 593; vgl. auch § 54 Rn. 13.

[54] *Hachenburg/Ulmer* Rn. 28.

[55] *Baumbach/Hueck/Zöllner* Rn. 26; wohl auch *Lutter/Hommelhoff* Rn. 29; *Meyer-Landrut/Miller/Niehus* Rn. 5; *Scholz/Priester* Rn. 62; vgl. auch unten Rn. 32.

[56] OLG Brandenburg NJW – RR 2001, 1185 = GmbHR 2001, 624; wohl auch BayObLG DB 1991, 2537, 2538.

[57] OLG Köln NJW 1993, 223; *Meyer-Landrut/Miller/Niehus* Rn. 5; *Scholz/Priester* Rn. 18.

[58] OLG Köln NJW-RR 1993, 223.

Form der Satzungsänderung   § 53

2. Wichtige Einzelfälle. Sie haben teilweise schwierige Regelungsvoraussetzungen: **16**

a) Firma und Sitz (§ 3 Abs. 1 Nr. 1). Bei **Veräußerung** oder **Verpachtung** **17**
des Handelsgeschäfts der GmbH ergibt sich regelmäßig die Notwendigkeit zur Firmenänderung, sei es auf Grund einer dem Erwerber oder Pächter gegenüber übernommenen Verpflichtung oder wegen des ihm gewährten Rechts zur Firmenfortführung (§§ 22, 23 HGB), sei es wegen Aufgabe des Unternehmensgegenstandes, wenn hierdurch eine von ihm abgeleitete Sachfirma unrichtig wird.[59] Die Veräußerung oder Verpachtung selbst ist keine Satzungsänderung.[60] Es kann aber im Bereich des Unternehmensgegenstandes eine „**faktische Satzungsänderung**" vorliegen (zum Begriff vgl. Rn. 19), die zu einer förmlichen Satzungsänderung nötigt. Das Registergericht kann bei unzulässig gewordener Firma auf eine förmliche Satzungsänderung nach §§ 37 Abs. 1 HGB, 140 FGG hinwirken. § 144a FGG ist jedoch unanwendbar.[61] Von der Satzungsänderung zur Anpassung an den durch die Veräußerung oder Verpachtung herbeigeführten Zustand ist die Frage zu unterscheiden, ob die durch die Vertretungsmacht des Geschäftsführers (§ 37) nicht gedeckte Verpflichtung zur Veräußerung entsprechend § 179a (früher: § 361) AktG eines Gesellschafterbeschlusses mit 3/4 Mehrheit und notarieller Beurkundung bedarf. Die Frage ist zu bejahen.[62] Weitergehend wird zuweilen Rechtfertigung der Veräußerung durch sachliche Gründe gefordert.[63] Satzungsänderung ist auch die Übernahme der Firma der übertragenden GmbH durch die aufnehmende bei der **Verschmelzung** (Anh. nach § 77 Rn. 372). **Keine Firmenänderung** ist erforderlich beim **Ausscheiden eines Gesellschafters**, dessen Name in der Firma enthalten ist, weil die GmbH die volle Firma ohne Zustimmung des ausscheidenden Gesellschafters fortführen darf.[64] Ebenso wenig ist die Änderung der **Schreibweise** eine Firmenänderung.[65] Auch die Beifügung des **Liquidationszusatzes** nach § 68 Abs. 2 bedarf keiner Satzungsänderung (hM). Wird eine **gemischte Firma** in der Weise **geändert,** dass die Sachfirmenbestandteile fortfallen und nur noch die Personenfirma fortgeführt wird, muss der Namengebende bei Eintragung der Satzungsänderung Gesellschafter sein.[66] Soll eine **Zweigniederlassung** mit von der Firma der GmbH abweichender Firma errichtet werden, bedarf es einer Satzungsänderung.[67] Bei **Mantelverwendung** und **Mantelkauf** zur „wirtschaftlichen Neugründung" eines Unternehmens[68] ist regelmäßig eine Satzungsänderung hinsichtlich der

---

[59] OLG Stuttgart BB 1983, 1688; vgl. Rn. 19.
[60] RGZ 107, 31, 33.
[61] BayObLG GmbHR 1980, 11, 12; *Scholz/Priester* Rn. 128; zur abw. Ansicht vgl. die Nachw. in GmbHR 1980, 11, 12 u. *Hachenburg/Ulmer* Rn. 98 gegen Vorauft. Rn. 90; vgl. auch § 60 Rn. 29.
[62] *Hachenburg/Ulmer* Rn. 38.
[63] Vgl. zB *Timm* ZGR 1987, 403, 435 m. Fn. 178; vgl. auch Anh. § 77 Rn. 16.
[64] BGHZ 58, 322 = NJW 1972, 1419; BGH NJW 1983, 755, 756 betr. Veräußerung der Firma einer in Konkurs gefallenen GmbH ohne Zustimmung eines Namensträgers; vgl. hierzu *Ulmer* NJW 1983, 1697 ff.; vgl. auch § 4 Rn. 31 und *Brandes* WM 1983, 286.
[65] OLG Karlsruhe Justiz 1982, 19 betr. das Auseinanderziehen ursprünglich zusammenstehender Großbuchstaben.
[66] BayObLG WM 1984, 1535.
[67] BayObLG DB 1990, 1607; DB 1992, 1080 betr. KGaA u. dazu *Dierksen/Volkers* BB 1993, 598; einschränkend *Hachenburg/Ulmer* Rn. 99.
[68] § 60 Rn. 6; *Hüffer* § 23 Rn. 27; MüKo AktG/*Pentz* § 23 Rn. 93 ff; die Annahme einer „wirtschaftlichen Neugründung" führt jedoch zu steuerlichen Nachteilen, vgl. Rn. 68; zu den Kapitalaufbringungsregeln bei der Gründung von Vorratsgesellschaften vgl. auch OLG Schleswig GmbHR 2000, 1045 und dazu *Bormann/Halaczinsky* GmbHR 2000, 1022.

§ 53　　　　　　　　　4. Abschnitt. Abänderungen des Gesellschaftsvertrages

Firma (und meist auch des Sitzes und Unternehmensgegenstandes, vgl. Rn. 18, 19) erforderlich. Dabei lassen sich die Beteiligten in der Regel von der Erwägung leiten, dass die Eintragung der notwendigen Satzungsänderungen weniger Zeit in Anspruch nimmt als die Eintragung einer neu errichteten Gesellschaft, zumal bei der Mantelverwendung keine registerrechtliche Kontrolle der Kapitalaufbringung stattfindet.[69] Unter derlei Beschleunigungsgesichtspunkten steht der professionelle Handel mit Vorratsgesellschaften derzeit in voller Blüte.

18　　Die **Sitzverlegung** ist Satzungsänderung, wenn der Sitz iS der §§ 3 Abs. 1 Nr. 1, 4a verlegt wird. § 4a ist mit Wirkung ab 1. 1. 1999 in das GmbHG eingefügt worden und entspricht § 5 AktG, der schon seit 1937 gilt.[70] Die neue Gesetzesvorschrift schränkt die freie Sitzwahl ein. Das ist von Bedeutung beim Auseinanderfallen von statutarischem Sitz und tatsächlichem Sitz, zB wenn Geschäftsbetrieb nebst Geschäftsleitung und Verwaltung an einen anderen Ort verlegt werden und der satzungsmäßige Sitz dadurch zum bloß fiktiven wird. Bisher wurde die Beibehaltung dieses Sitzes von einer starken Meinung für zulässig gehalten, solange kein Rechtsmissbrauch vorlag.[71] Nunmehr besteht in solchem Falle **eine Pflicht zur Satzungsänderung** mit der Sanktion eines Registerverfahrens nach § 144a FGG bei Nichtvornahme (Auflösung der Gesellschaft). Der auch an dieser Stelle in den Vorauflagen vertretenen Gegenmeinung ist durch § 4a die Grundlage entzogen.[72] Die **Sitzverlegung in das Ausland** durch förmlichen Satzungsänderungsbeschluss hat nach noch hM auf der Grundlage der Sitztheorie die Auflösung der Gesellschaft zur Folge.[73] Die in Vorbereitung befindliche 14. EU-Richtlinie zu Sitzverlegung[74] soll die Sitzverlegung innerhalb der EU ermöglichen.[75] Damit wird sich auch die Streitfrage der Zulässigkeit der **Sitzverlegung in das Inland** für das Gebiet der EU erledigen, die von der hM vor allem im Hinblick auf das Erfordernis der Einhaltung der Gründungsvorschriften des deutschen Rechts ebenfalls grundsätzlich verneint wird.[76] Die faktische Sitzverlegung einer EU-Gesellschaft in das Inland durch Errichtung einer inländischen Zweigniederlassung, in der die gesamte Geschäftstätigkeit ausgeübt wird, während im Sitzstaat nur ein Briefkasten existiert, ist nach der **„Centros"**-Entscheidung des EuGH[77] nicht zu beanstanden, d. h. die Eintragung der Zweigniederlassung in das Handelsregister darf grundsätzlich nicht versagt werden.[78] Zu den Rückwirkungen der Verlegung des tatsächlichen Verwaltungssitzes einer niederländischen BV in das Inland auf deren Rechts- und Par-

---

[69] Vgl. BayObLG BB 1999, 971; *Zwissler* GmbHR 1999, 856, 857; § 54 Rn. 30.
[70] Vgl. iE die Erl. zu § 4a.
[71] Vgl. die Erl. in der Voraufl. Rn. 18.
[72] Vgl. § 4a Rn. 1; *Lutter/Hommelhoff* § 4a Rn. 16. Zu den Steuerfolgen der Verlegung der Geschäftsleitung in das Ausland vgl. Rn. 68.
[73] BayObLG ZIP 1992, 842 = EWiR 1992, 785 *(Thode)*; OLG Hamm DB 2001, 744 = NZG 2001, 562 m. Anm. *Schwarz* NZG 2001, 613; OLG Hamm NJW – RR 1998, 615 = EWIR 1997, 1031 *(Großfeld)* = ZIP 1997, 1696 m. Anm. *Neye*; aA *Lutter/Hommelhoff* § 4a Rn. 13; vgl. auch Einl. Rn. 291, § 60 Rn. 8; vgl. ferner den Vorlagebeschluss des AG Heidelberg an den EuGH RIW 2000, 557 = EWiR 2000, 1155 *(Neye)* und dazu *Roth* ZIP 2000, 1597; *Zimmer* BB 2000, 1361, den der EuGH als unzulässig zurückgewiesen hat, DB 2001, 1824 = NZG 2001, 1027; zu allen mit der Sitzverlegung mit Auslandsbezug zusammenhängenden Fragen vgl. auch MüKo AktG/*Pentz* § 45 Rn. 22 ff.
[74] Vorentwurf ZGR 1999, 157.
[75] Vgl. dazu *Meilicke* GmbHR 1998, 1053 und die Referate des 10. Bonner Europa-Symposiums in ZGR 1999, 1 bis 147.
[76] Vgl. Einl. Rn. 337.
[77] ZIP 1999, 438 und dazu *Roth* ZGR 2000, 311 mit Schrifttumsnachweisen in Fn. 1.
[78] Vgl. *Lutter/Hommelhoff* § 4a Rn. 14 aE.

Form der Satzungsänderung § 53

teifähigkeit s. Vorlagebeschluss des BGH an den EuGH v. 30. 3. 2000.[79] Zur Satzungsänderung bei Mantelverwendung und Mantelkauf vgl. Rn. 17. Zum Verfahren der Eintragung der Sitzverlegung vgl. § 54 Rn. 9.

b) Gegenstand des Unternehmens. Beim Gegenstand des Unternehmens (§ 3 Abs. 1 Nr. 2) ist wie bei der Sitzverlegung (vgl. Rn. 18) problematisch, wann eine Divergenz zwischen den tatsächlichen Verhältnissen und der satzungsmäßigen Festlegung eine Satzungsänderung erforderlich macht und welche Rechtsfolgen eintreten, wenn sie unterbleibt. Hier vor allem wird häufig von „**faktischen Satzungsänderungen**" gesprochen. Der Begriff ist allerdings schief,[80] weil nicht die Gesellschafter sich durch ein tatsächliches Verhalten über die Satzung hinwegsetzen, sondern die Geschäftsführung ihre Kompetenz überschreitet.[81] Nimmt die Gesellschaftermehrheit den satzungswidrigen Zustand hin, so kann jeder Minderheitsgesellschafter gegen die Gesellschaft auf Unterlassung und Rückgängigmachung der satzungswidrigen Maßnahmen klagen. Billigt sie ihn durch Beschluss, so kann dieser angefochten werden.[82] Die nicht vollständige Ausnutzung des satzungsmäßigen Unternehmensgegenstandes („Vorratsgegenstände") ist keine Satzungsverletzung.[83] Die **Ausgliederung** auch des wertvollsten Teilbetriebs eines Unternehmens und seine Übertragung auf eine Tochtergesellschaft ist keine faktische Satzungsänderung, wenn mit dem zurückbehaltenen Betriebsvermögen noch satzungsmäßige Unternehmensziele verfolgt werden können.[84] Wird dagegen ersatzlos ein Teilbereich des Unternehmens veräußert, der im Unternehmensgegenstand erwähnt ist, dann liegt darin dessen Änderung, die den §§ 53, 54 unterfällt.[85] Reduziert sich die Tätigkeit der Obergesellschaft auf reine Holdingfunktionen, so liegt ein Aufgabetatbestand vor, der eine Satzungsänderung erforderlich macht.[86] Entsprechendes gilt bei Veräußerung oder Verpachtung des Handelsgeschäfts der GmbH.[87] Ob in solchen Fällen die Satzungsbestimmung über den Unternehmensgegenstand mit den Rechtsfolgen des § 75 Abs. 1 und des § 144 FGG nichtig wird, ist

---

[79] DB 2000, 1114 und dazu *Altmeppen* DStR 2000, 1061; EWiR 2000, 793 *(Roth); Forsthoff* DB 2000, 1109; *Roth* ZIP 2000, 1597; *Zimmer* BB 2000, 1361, 1363, sämtlich vor allem zur Entscheidungserheblichkeit der Vorlagefrage; dagegen *Henze* GmbHR 2000, 1069, 1071; *ders.* BB 2000, 2053; ferner *Meilicke* GmbHR 2000, 693; der Generalanwalt hat in seinen Schlussanträgen v. 4. 12. 2001, ZIP 2002, 75, empfohlen, die Vorlagefrage dahin zu beantworten, dass die Art. 43 und 48 EG einer nationalen Regelung entgegenstehen, die zur Aberkennung der Klagemöglichkeit einer nach dem Recht eines Mitgliedstaats wirksam gegründeten Gesellschaft führt, deren tatsächlicher Verwaltungssitz in einen anderen Mitgliedstaat verlegt worden ist; vgl. auch OLG Brandenburg ZIP 2000, 1616 (keine Parteifähigkeit irischer Handelsgesellschaft mit tatsächlichem Verwaltungssitz Berlin).
[80] *Baumbach/Hueck/Zöllner* Rn. 24.
[81] *Scholz/Priester* Rn. 33.
[82] *Scholz/Priester* Rn. 34; vgl. auch § 43 Rn. 55 ff.
[83] AA *Scholz/Priester* Rn. 33.
[84] BGHZ 83, 122, 130, 131 – „Holzmüller" = NJW 1982, 1703 zur AG; die Gesellschafter können aber uU gegen die Ausgliederung als solche klageweise vorgehen, vgl. § 43 Rn. 55 ff.; Anh. § 52 Rn. 36; ob durch die Ausgliederung der Unternehmensgegenstand vollständig verlassen wird, ist erforderlichenfalls durch Satzungsauslegung zu ermitteln. Dem nach der Ausgliederung verbliebenen Teilbereich an operativer Tätigkeit darf nicht nur Alibi-Funktion zukommen, OLG Stuttgart BB 2001, 794; zur Ausgliederung nach dem UmwG vgl. Anh. § 77 Rn. 587 ff.
[85] OLG Hamm ZIP 1993, 119; vgl. auch Rn. 17.
[86] OLG Hamburg JZ 1981, 231, 233 mN; Anh. § 52 Rn. 36 mN; *Hachenburg/Ulmer* Rn. 102; *Lutter/Leinekugel* ZIP 1998, 225.
[87] OLG Stuttgart BB 1983, 1688, vgl. Rn. 17.

§ 53　　　　　　　　　4. Abschnitt. Abänderungen des Gesellschaftsvertrages

streitig.[88] Auch hier erscheint es konsequenter, entsprechend dem gleichgelagerten Fall der unzulässig gewordenen Firma (Rn. 17) Nichtigkeit der Satzungsbestimmung zu verneinen.[89] – Ein enger Zusammenhang besteht zwischen Unternehmensgegenstand und dem **Wettbewerbsverbot** der Gesellschafter und Geschäftsführer,[90] weil die Reichweite des Wettbewerbsverbots durch den Unternehmensgegenstand bestimmt wird. Im Gefolge einer neueren Rechtsprechung des BFH zur verdeckten Gewinnausschüttung bei Verletzung des Wettbewerbsverbots,[91] die an den Unternehmensgegenstand anknüpfte, sind seit etwa Mitte 1992 in großem Umfang Satzungsänderungen vorgenommen worden, um den Anforderungen an eine steuerrechtlich wirksame Befreiung vom Wettbewerbsverbot zu genügen.[92] Diese Rechtsprechung hat der BFH durch Urteil v. 30. 8. 1995[93] jedenfalls für die Einmann-GmbH aufgegeben. Auch im Übrigen soll nicht schon jede nicht genehmigte Tätigkeit des beherrschenden Gesellschafters oder Gesellschafter-Geschäftsführers im Rahmen des Unternehmensgegenstandes zur Annahme einer verdeckten Gewinnausschüttung führen, sondern nur eine solche, die auch tatsächlich zivilrechtliche Ansprüche gegen den Gesellschafter auslöst, zB nach der Geschäftschancenlehre.[94] – Von der Änderung des Unternehmensgegenstandes ist die Änderung des **Gesellschaftszwecks** zu unterscheiden (zu diesem vgl. § 1 Rn. 5). Die Änderung bedarf der Zustimmung aller Gesellschafter (§ 33 BGB) und unterliegt dem Verfahren nach §§ 53, 54.[95] Vgl. auch Rn. 29.

20　　c) **Stammkapital.** Das Stammkapital (§ 3 Abs. 1 Nr. 3) wird durch Kapitalerhöhung oder Kapitalherabsetzung geändert (§§ 55 bis 58, vgl. dort). Neben den entsprechenden Gesellschafterbeschlüssen bedarf es keines besonderen Beschlusses nach § 53 zur Änderung der ursprünglichen Stammkapitalziffer in der Satzung. Sie ist automatisch geändert und in der Neufassung der Satzung nach § 54 Abs. 1 S. 2 mit dem neuen Betrag anzugeben.[96] Satzungsänderung ist auch die **Änderung der Währungsbezeichnung.**[97] Das gilt auch für die **Umstellung von DM auf Euro,** zu deren Sicherstellung der mit Wirkung ab 1. 1. 1999 eingefügte § 86 in seinem Abs. 1 S. 5 eine begrenzte Registersperre anordnet, zugleich aber in Abs. 4 Verfahrenserleichterungen vorsieht.[98]

21　　d) **Stammeinlagen.** Die Stammeinlagen (§ 3 Abs. 1 Nr. 4) als solche sind nicht abänderbar. Durch Kapitalerhöhung können aber neue (weitere) Stammeinlagen geschaffen werden, die allerdings nicht in die Satzung aufgenommen werden müssen (§ 55 Rn. 19). Die bei Errichtung der Gesellschaft notwendigen Angaben nach § 3

---

[88] Bejahend *Hachenburg/Ulmer* Rn. 102; *Roth/Altmeppen* § 3 Rn. 15 „in extremen Fällen"; *Scholz/Priester* Rn. 135; wohl auch *Wallner* JZ 1986, 721, 729.
[89] Ebenso *Scholz/Emmerich* § 3 Rn. 16; vgl. auch § 3 Rn. 5, 15; § 60 Rn. 29; § 75 Rn. 16.
[90] Zu diesem vgl. iE § 13 Rn. 87 ff.; § 35 Rn. 106; § 43 Rn. 19.
[91] Hierzu vgl. zB *Pezzer* StuW 1992, 270; *Meyer-Arndt* BB 1992, 534; *Knobbe-Keuk* GmbHR 1992, 333.
[92] Vgl. iE Voraufl. Rn. 19.
[93] ZIP 1995, 1890 = EWiR 1996, 35 *(Crezelius)*.
[94] Vgl. *Müller* BB 1997, 1441.
[95] Vgl. *Baumbach/Hueck/Zöllner* Rn. 14; *Lutter/Hommelhoff* Rn. 21; *Scholz/Priester* Rn. 182, 183.
[96] *Hachenburg/Ulmer* Rn. 104 m. Rechtsprechungsnachw.; *Scholz/Priester* Rn. 156.
[97] Von Mark der DDR auf DM, vgl. *Gelhausen* in *Budde/Forster* D-Markbilanzgesetz Ergänzungsband 1991 § 56 a Rn. 24; vgl. ferner § 57 c Rn. 8 a und § 58 Rn. 6 a.
[98] Vgl. auch Rn. 40 und die Erl. zu § 86.

Form der Satzungsänderung § 53

Abs. 1 Nr. 4 können später gestrichen werden, und zwar auch dann, wenn die Einlagen noch nicht voll geleistet sind.[99] Unter Umständen muss das Registergericht sogar auf eine Streichung hinwirken, wenn anderenfalls der Satzungsinhalt zur Irreführung geeignet ist. Das kann eintreten, wenn bei Erhöhung des Stammkapitals die bisherigen Angaben über die Stammeinlagen unverändert bestehen bleiben.[100] Ob auch Angaben über **Sacheinlagen** (vgl. Rn. 12) nach Ablauf einer gewissen Zeit gestrichen werden können, ist streitig.[101] Die Meinung, dass die Streichung fünf Jahre nach Eintragung[102] vorgenommen werden kann, verdient Zustimmung.[103] Soweit Streichungen in Betracht kommen, erfordern sie stets einen Beschluss nach §§ 53, 54.[104] Entsprechendes gilt für die Aufnahme der jeweiligen **Inhaber der Geschäftsanteile** in die Satzung (vgl. Rn. 8 m. Nachw.).

e) Dauer der Gesellschaft. Enthält die Satzung Bestimmungen über die Dauer der 22 Gesellschaft (§ 3 Abs. 2) iS einer Mindestdauer, so ist ein Auflösungsbeschluss (§ 60 Abs. 1 Nr. 2) vor deren Ablauf Satzungsänderung, bedarf also der notariellen Beurkundung. Ob bei einer sonstigen Zeitdauer die Auflösung nach § 60 Abs. 1 Nr. 2 beschlossen werden kann, ist streitig und wohl ebenfalls zu verneinen.[105] Soll die Gesellschaftsdauer durch Satzungsänderung **verlängert** werden, bedarf die Satzungsänderung nach § 53 Abs. 3 der **Zustimmung** betroffener Gesellschafter, wenn Geschäftsanteile mit Nebenleistungs- oder Nachschusspflichten verbunden sind.[106] Ist die Gesellschaft nach § 60 Abs. 1 Nr. 1 aufgelöst, so ist der **Fortsetzungsbeschluss** Satzungsänderung (§ 60 Rn. 73).

f) Geschäftsjahr. Bestimmungen über das Geschäftsjahr sind wegen ihres Zusam- 23 menhangs mit dem Jahresabschluss und der Gewinnverwendung materielle Satzungsbestandteile (Rn. 6), ihre Änderung ist mithin Satzungsänderung. Deshalb kann die Satzung die Befugnis zur Änderung des Geschäftsjahres nicht den Geschäftsführern übertragen.[107] Das GmbHG enthält keine Vorschriften über das Geschäftsjahr, doch gilt § 240 Abs. 2 HGB, wonach die Dauer des Geschäftsjahres zwölf Monate nicht überschreiten darf. Schweigt die Satzung (ein kaum vorkommender Fall), so ist Geschäftsjahr das Kalenderjahr.[108] Soll hiervon abgewichen werden, ist eine Satzungsän-

---

[99] Str., vgl. § 3 Rn. 19, 21; *Hachenburg/Ulmer* Rn. 105; *Lutter/Hommelhoff* § 3 Rn. 12; *Meyer-Landrut/Miller/Niehus* Rn. 6; *Scholz/Priester* Rn. 23; wohl auch BGH ZIP 1988, 1046, 1047 = NJW 1989, 168, 169; BayObLG DB 1997, 33 = EWiR 1997, 263 *(Bokelmann)*; *Müller* GmbHR 1997, 923; aA OLG Frankfurt BB 1981, 694; LG Köln GmbHR 1985, 24, 25.
[100] BayObLG DB 1971, 1612.
[101] Vgl. § 5 Rn. 56; für Zulässigkeit der Streichung fünf Jahre nach Eintragung *Hachenburg/Ulmer* Rn. 105; *Meyer-Landrut/Miller/Niehus* Rn. 6; *Scholz/Priester* Rn. 24.
[102] So der RegE zur GmbH-Novelle, BT-Drucks. 8/1347.
[103] Noch weitergehend wollen *Lutter/Hommelhoff* § 3 Rn. 12 die Streichung ohne jede zeitliche Einschränkung zulassen, weil etwaige Gläubiger Einsicht in die beim Handelsregister liegende ursprüngliche Satzung nehmen könnten. Das dürfte dem Schutzweck des § 5 Abs. 4 widersprechen, dessen Warnfunktion leerliefe, wenn die dort geforderten Angaben alsbald nach Eintragung der Gesellschaft beseitigt werden könnten.
[104] Vgl. Rn. 15; aA *Hachenburg/Ulmer* Rn. 105 mit Rn. 27 ff.
[105] Vgl. § 3 Rn. 24, 25; *Baumbach/Hueck/Schulze-Osterloh* § 60 Rn. 17; *Lutter/Hommelhoff* § 60 Rn. 5; *Scholz/Priester* Rn. 123; aA *Hachenburg/Ulmer* Rn. 108 und § 60 Rn. 33; *Roth/Altmeppen* § 60 Rn. 10.
[106] RGZ 136, 185, 188; *Lutter/Hommelhoff* Rn. 18; *Hachenburg/Ulmer* Rn. 109; *Scholz/Priester* Rn. 124; vgl. auch unten Rn. 48.
[107] Rn. 35; aA OLG Stuttgart BB 1992, 1177.
[108] *Hachenburg/Ulmer* Rn. 110.

§ 53 4. Abschnitt. Abänderungen des Gesellschaftsvertrages

derung erforderlich.[109] Änderungen des Geschäftsjahres sind zB im Zusammenhang mit dem In-Kraft-Treten des StSenkG empfohlen worden, um die erstmalige Anwendbarkeit neuer steuerlicher Regelungen entweder vorzuziehen oder hinauszuschieben.[110] Mit **Rückwirkung** kann das Geschäftsjahr jedoch nicht geändert werden (vgl. i. E. § 54 Rn. 32). Für das **Steuerrecht** ist zu beachten, dass die Umstellung des Geschäftsjahres (Wirtschaftsjahres) auf einen vom Kalenderjahr abweichenden Zeitraum steuerlich nur wirksam ist, wenn sie im Einvernehmen mit dem Finanzamt vorgenommen wird (§ 4a Abs. 1 Nr. 2 S. 2 EStG; § 7 Abs. 4 S. 3 KStG). Das Finanzamt kann die Zustimmung versagen, wenn keine beachtlichen betriebswirtschaftlichen Gründe für die Umstellung vorliegen.[111] Umgekehrt führt die Zustimmung des Finanzamtes zur Umstellung des Geschäftsjahres nicht zur Zulässigkeit einer rückwirkenden Änderung.[112] Im Rahmen einer **Betriebsaufspaltung** kann die Zustimmung des Finanzamts entbehrlich sein.[113] Gesellschaften, die nur Einkünfte aus freiberuflicher Tätigkeit erzielen, können kein vom Geschäftsjahr abweichendes Wirtschaftsjahr bilden.[114]

24 g) **Vertretungsbefugnis.** Enthält die Satzung keine Bestimmung über die Vertretungsbefugnis der Geschäftsführer, zB nicht die übliche Ermächtigung der Gesellschafterversammlung, durch einfachen Beschluss einzelnen oder allen Geschäftsführern Einzelvertretungsbefugnis zu erteilen,[115] so erfordert die Bestellung eines Geschäftsführers mit Einzelvertretungsbefugnis neben einem oder mehreren schon vorhandenen Geschäftsführern wegen § 35 Abs. 2 S. 2 eine Satzungsänderung.[116] Sieht die Satzung Alleinvertretungsberechtigung der Geschäftsführer vor, so bedarf die Bestellung von Geschäftsführern zur gemeinschaftlichen Vertretung ebenfalls der Satzungsänderung.[117]

25 h) **Insichgeschäfte.** Entsprechendes gilt für die **generelle Befreiung** der Geschäftsführer **vom Verbot des Selbstkontrahierens** nach § 181 BGB. Schweigt der Gesellschaftsvertrag hierzu, so ist deren Einführung Satzungsänderung.[118] Enthält die Satzung nur eine Ermächtigung zur Befreiung, so ist deren Ausübung im Einzelfall nach § 8 Abs. 4, § 10 Abs. 1 S. 2 und § 39 Abs. 1 in das Handelsregister einzutragen.[119] Alles das gilt im Hinblick auf § 35 Abs. 4 auch für die **Einmann-GmbH.**[120]

26 i) **Übertragbarkeit der Geschäftsanteile.** Soll die freie Übertragbarkeit der Geschäftsanteile (§ 15 Abs. 1) nachträglich **eingeschränkt** werden, so ist hierfür eine Satzungsänderung nötig, der nach hM wie bei § 180 Abs. 2 AktG alle Gesellschafter oder

---

[109] So eine jetzt gefestigte Meinung, vgl. *Hachenburg/Ulmer* Rn. 110; *Scholz/Priester* Rn. 139; aA *Baumbach/Hueck/Zöllner* Rn. 12.
[110] Vgl. zB *Orth* DB 2000, 2136.
[111] BFH BB 1980, 1618; zur Umstellung des Geschäftsjahres zur Vermeidung steuerlicher Nachteile oder der Erlangung steuerlicher Vorteile der Anteilseigner vgl. *Wachter* GmbHR 2000, 227.
[112] LG Mühlhausen DB 1997, 85.
[113] *Dehmer* Rn. 1033 ff. mN; *Sudhoff* S. 225.
[114] BFH DB 2000, 1794 (entschieden für Steuerberatungs-KG).
[115] Vgl. § 35 Rn. 43; *Scholz/Schneider* § 35 Rn. 65.
[116] OLG Frankfurt NJW 1983, 945.
[117] OLG Hamm DB 1992, 2181; vgl. auch Rn. 31 zur Satzungsdurchbrechung.
[118] BGH WM 2000, 35, 36; BGHZ 87, 59, 60 = NJW 1983, 1676; BayObLG DB 1980, 2029; NJW 1981, 1565; DB 1984, 1517; OLG Frankfurt NJW 1983, 945.
[119] BayObLG DB 1982, 689; OLG Frankfurt NJW 1983, 944; BB 1984, 238; OLG Karlsruhe BB 1984, 238; vgl. auch § 54 Rn. 22.
[120] BGH DStR 2000, 697 m. Anm. *Goette;* DStR 2000, 164 m. Anm. *Goette;* EWiR 2000, 675 – *Roth;* NJW 1983, 1676; vgl. auch *Schick* DB 1984, 1024.

Form der Satzungsänderung **§ 53**

jedenfalls die hiervon betroffenen zustimmen müssen.[121] Für die nachträgliche **Aufhebung** von Übertragungserschwerungen genügt jedoch ein Beschluss mit satzungsändernder Mehrheit, es sei denn, dass die Anteilsveräußerung an die Zustimmung eines bestimmten Gesellschafters oder aller Gesellschafter als Sonderrecht (vgl. Rn. 50, 51) gebunden ist. Dann ist die Zustimmung dieses Gesellschafters oder aller Gesellschafter erforderlich.[122] Ein Sonderrecht aller Gesellschafter ist jedoch nicht bereits dann anzunehmen, wenn die Satzung die Übertragung von Geschäftsanteilen an einen einstimmigen Gesellschafterbeschluss bindet.[123]

j) Zwangseinziehung von Geschäftsanteilen. Soll nachträglich die Möglichkeit 27 der Zwangseinziehung von Geschäftsanteilen eingeführt werden, so erfordert die Satzungsänderung die **Zustimmung** aller davon betroffenen Gesellschafter.[124] Die Satzungsänderung wirkt trotz des gegenteiligen Wortlauts des § 34 Abs. 2 auch gegenüber einem Gesellschafter, der seinen Geschäftsanteil schon vor der Satzungsänderung erworben, dieser aber zugestimmt hat.[125] Wird die im Gesellschaftsvertrag vorgesehene Zwangseinziehung durch Satzungsänderung aufgehoben oder erschwert, so genügt hierfür ein Beschluss nach § 53.[126] – Die Einziehung selbst ist keine Satzungsänderung.[127] Sollen nach Einziehung eines Geschäftsanteils die übrigen Geschäftsanteile dem Betrag des Stammkapitals angeglichen werden **(nominelle Aufstockung),** so hielt eine früher überwM wegen § 3 Abs. 1 Nr. 4 eine Satzungsänderung für erforderlich.[128] Im Anschluss an den BGH,[129] der dieser Meinung entgegenhält, sie berücksichtige zu wenig, dass der Nennwert des Geschäftsanteils kein materieller Satzungsbestandteil ist (Rn. 7) und dass demgemäß die Angaben nach § 3 Abs. 1 Nr. 4 in späteren Fassungen der Satzung entfallen können (Rn. 8), ohne die Streitfrage abschließend zu entscheiden, ist ein Meinungsumschwung eingetreten. Danach bedarf ein Aufstockungsbeschluss zu seiner Wirksamkeit keiner Satzungsänderung und kann als solcher nicht in das Handelsregister eingetragen werden.[130] Dieser Auffassung wird auch hier seit der Vorauf. zugestimmt. Allerdings kann ein Aufstockungsbeschluss dann eintragungsfähig sein, wenn die aufgestockten Anteile und ihre Inhaber durch Fassungsänderung (Rn. 14) in den Satzungstext aufgenommen werden.[131] – Auch die **Zu-**

---

[121] *Baumbach/Hueck/Zöllner* Rn. 18; *Hachenburg/Ulmer* Rn. 124 mN; *Scholz/Priester* Rn. 161; *Reichert* BB 1985, 1499; jetzt auch *Hachenburg/Zutt* § 15 Rn. 101 gegen Vorauf. Rn. 102; aA *Lutter/Timm* NJW 1982, 409, 416, wenn die Vinkulierung die Selbständigkeit der Gesellschaft sichern soll. Ihm folgend *Lutter/Hommelhoff* § 15 Rn. 25.
[122] *Baumbach/Hueck/Zöllner* Rn. 18; *Lutter/Hommelhoff* § 15 Rn. 26; *Hachenburg/Ulmer* Rn. 124; *Scholz/Priester* Rn. 162; wohl auch *Meyer-Landrut/Miller/Niehus* Rn. 18 im Anschluss an *Fette* GmbHR 1986, 73.
[123] OLG Hamm ZIP 2001, 1915.
[124] BGH NJW 1992, 892, 893 auch bei Erleichterung der Einziehung durch Einschränkung des Abfindungsanspruchs; *Baumbach/Hueck/Zöllner* Rn. 20; *Meyer-Landrut/Miller/Niehus* Rn. 18; *Scholz/Priester* Rn. 126; aA *Roth/Altmeppen* Rn. 27 und § 34 Rn. 7; vgl. auch Rn. 47 und § 34 Rn. 11.
[125] BGH GmbHR 1978, 131; *Hachenburg/Ulmer* Rn. 127, 128; *Scholz/Priester* Rn. 126.
[126] *Scholz/Priester* Rn. 126.
[127] HM, vgl. *Baumbach/Hueck/Zöllner* Rn. 20; *Scholz/Priester* Rn. 126.
[128] Vorauf. Rn. 27 und *Baumbach/Hueck* 15. Aufl. § 34 Rn. 16 mN.
[129] ZIP 1988, 1046, 1047 = NJW 1989, 168, 169.
[130] Vgl. zB *Baumbach/Hueck/Fastrich* § 34 Rn. 17; *Hachenburg/Ulmer* § 34 Rn. 64; *Priester*, FS Kellermann, 1991, S. 337, 352; BayObLG DB 1991, 2537; schon früher *Lutter/Hommelhoff* § 34 Rn. 3.
[131] BayObLG DB 1991, 2537, 2538 m. zust. Anm. *Bokelmann* EWiR 1992, 165, 166.

§ 53   4. Abschnitt. Abänderungen des Gesellschaftsvertrages

sammenlegung (Vereinigung) von Geschäftsanteilen (§ 15 Rn. 190 ff.) ist keine Satzungsänderung.[132]

28   k) **Fakultativer Aufsichtsrat.** Für die nachträgliche Einführung oder Abschaffung eines fakultativen Aufsichtsrats (§ 52) oder eines als Gesellschaftsorgan tätigen **Beirats** ist ein satzungsändernder Beschluss ausreichend. Sollen jedoch Entsendungsrechte einzelner Gesellschafter geschaffen oder entzogen werden, so ist im ersten Fall die Zustimmung aller Gesellschafter, im zweiten Fall die Zustimmung der betroffenen Gesellschafter erforderlich.[133] Durch bloße **Untätigkeit** während längerer Zeit, also ohne förmliche Satzungsänderung, fällt ein fakultativer Aufsichtsrat als Gesellschaftsorgan nicht weg.[134]

29   l) **Sonderrechte einzelner Gesellschafter.** Satzungsänderung ist auch die Einführung, Beeinträchtigung und Aufhebung von Sonderrechten einzelner Gesellschafter (vgl. i. E. Rn. 50 ff.).

30   m) **Schiedsklausel.** Wird eine Schiedsklausel durch Satzungsänderung in den Gesellschaftsvertrag aufgenommen, bedarf es neben der qualifizierten Mehrheit nach Abs. 2 der Zustimmung aller Gesellschafter[135] (vgl. auch Rn. 50, 56 Fn. 277).

31   n) **Salvatorische Klausel.** Sieht eine salvatorische Klausel[136] die Ersetzung einer unwirksamen Satzungsbestimmung durch eine wirksame Regelung vor, so kann diese nicht automatisch an die Stelle der unwirksamen Regelung treten, sondern erfordert eine Satzungsänderung nach §§ 53, 54.[137]

32   o) **Strukturänderungen, insbesondere Unternehmensverträge.** Unter welchen Voraussetzungen Strukturänderungen, insbesondere der Abschluss von Unternehmensverträgen, zulässig sind, ist eine Frage des **Konzerngesellschaftsrechts.** Es wird deshalb in erster Linie auf die Darstellung dort verwiesen.[138] Unternehmensverträge kommen im GmbH-Recht vor allem als **Gewinnabführungsverträge (Ergebnisabführungsverträge)** vor, zuweilen auch verbunden mit **Beherrschungsverträgen,** die allerdings wegen der Bindung der Geschäftsführer an die Weisungskompetenz der Gesellschafterversammlung im GmbH-Recht keine besondere Bedeutung erlangt haben.[139] Hier interessiert, ob der Abschluss solcher Unternehmensverträge materiell eine Satzungsänderung enthält, für welche die §§ 53, 54 zu beachten sind. Dass der von den Geschäftsführern abzuschließende Unternehmensvertrag zu seiner Wirksamkeit der **Zustimmung der Gesellschafterversammlung der beherrschten Gesellschaft** nach § 53 Abs. 1 bedarf, ist seit BGHZ 103, 1 = NJW 1988, 1326 nicht mehr zweifelhaft. Der BGH hat dort den organisationsrechtlichen Charakter des Unternehmensvertrags bejaht, der satzungsgleich den rechtlichen Status der beherrschten Gesellschaft

---

[132] KG NZG 2000, 787; *Hachenburg/Ulmer* Rn. 106; *Scholz/Priester* Rn. 181; offenbar auch BGH ZIP 1988, 1046, 1047 = NJW 1989, 168, 169.
[133] *Hachenburg/Ulmer* Rn. 134, 135; *Hölters* S. 10; *Scholz/Priester* Rn. 114, 119; zu lediglich „schuld-rechtlichen" Beiräten vgl. *Wiedemann,* FS Schilling, 1973, S. 105, 107; vgl. auch Rn. 50.
[134] BGH WM 1983, 835, 836.
[135] *K. Schmidt* BB 2001, 1857, 1861; *Ebbing* NGZ 1998, 281; *Lutter/Hommelhoff* Anh. § 47 Rn. 79; *Roth/Altmeppen* § 13 Rn. 6; *Schwab/Walter* Schiedsgerichtsbarkeit, 6. Aufl. 2000, Kap. 32 Rn. 16; *Stein/Jonas/Schlosser* § 1048 Rn. 11; BGHZ 144, 146 = NJW 2000, 1713 = DStR 2000, 938 m. Anm. *Goette* = NZG 2000, 847 m. Anm. *Ebbing* (Aufnahme einer Schiedsklausel durch Satzungsänderung eines eingetr. Vereins); vgl. ferner § 13 Rn. 29.
[136] Hierzu eingehend *Beyer* Salvatorische Klauseln, 1988.
[137] Zutreffend *Sommer/Weitbrecht* GmbHR 1991, 449 ff.; vgl. auch Rn. 58 und § 76 Rn. 3 ff.
[138] Anh. § 52, insbesondere Rn. 53 bis 66.
[139] Vgl. Anh. § 52 Rn. 7, 53.

Form der Satzungsänderung   **§ 53**

ändere, indem er insbesondere den Gesellschaftszweck am Konzerninteresse ausrichte und in das Gewinnbezugsrecht der Gesellschafter eingreife. Umstritten ist nach wie vor, mit welcher qualifizierten Mehrheit der Zustimmungsbeschluss bei der beherrschten Gesellschaft gefasst werden muss. In einem auf Vorlage des BayObLG[140] ergangenen Beschluss hat der BGH[141] die Frage offengelassen, weil dort der Alleingesellschafter zugestimmt hatte. Nach einer inzwischen wohl herrschenden und auch hier für zutreffend gehaltenen Meinung bedarf der Zustimmungsbeschluss der Dreiviertelmehrheit gemäß § 53 Abs. 2 S. 1 und darüber hinaus (nach § 33 Abs. 1 S. 2 BGB oder wegen Eingriffs in den Kernbereich der Mitgliedschaft) der (auch nachträglich einholbaren) **Zustimmung aller Gesellschafter.**[142] Nach aA soll die Dreiviertelmehrheit genügen, der Zustimmungsbeschluss (mit dem Unternehmensvertrag) aber einer materiellen Beschlusskontrolle unterliegen.[143] Häufig wird eine Dreiviertelmehrheit für ausreichend gehalten, wenn den dissentierenden Gesellschaftern eine Ausgleichs- und Abfindungszahlung angeboten wird.[144] Eine **Zustimmungspflicht** ist grds. abzulehnen.[145] Der Unternehmensvertrag bedarf zu seiner Wirksamkeit ferner der **Zustimmung der Gesellschafterversammlung der herrschenden Gesellschaft** mit einer qualifizierten Mehrheit von mindestens drei Viertel der abgegebenen Stimmen, nicht jedoch der notariellen Beurkundung,[146] sofern auch die herrschende Gesellschaft eine GmbH ist. Ist sie eine AG, so ergibt sich das Beurkundungserfordernis aus § 131 Abs. 1 S. 1 AktG (s. unten). Fehlt einer der beiden Zustimmungsbeschlüsse, so ist der Unternehmensvertrag **unwirksam,** wobei er allerdings nach den Grundsätzen der fehlerhaften Gesellschaft gleichwohl als wirksam zu behandeln ist, solange er durchgeführt und nicht wegen des fehlerhaften Abschlusses oder aus sonstigen Gründen beendet wird.[147] Umstritten war ferner, was **anzumelden** und – zur Erlangung der endgültigen Wirksamkeit gemäß § 54 Abs. 3 – in das Handelsregister **einzutragen** ist. In dem auf Vorlage des BayObLG[148] ergangenen Beschluss (vgl. oben) hat der BGH[149] nicht

---

[140] WM 1988, 1229.
[141] BGHZ 105, 324 = NJW 1989, 295, 297 = EWiR 1989, 59 *(Schulze-Osterloh)* = DNotZ 1989, 102 m. Anm. *Baums* S. 113.
[142] Vgl. zB BayObLG WM 1988, 1229, 1232; LG Bochum AG 1987, 322; *Baumbach/Hueck/ Zöllner* Rn. 22; *Hachenburg/Ulmer* Rn. 145; *Roth/Altmeppen* Rn. 31; *Scholz/Priester* Rn. 171 m. zahlr. Nachw.; *Scholz/Emmerich* Anh. Konzernrecht Rn. 155; *Ulmer* BB 1989, 10, 14; *Zöllner* ZGR 1992, 173, 174 mwN Fn. 1.
[143] *Lutter/Hommelhoff* 14. Aufl. Anh. § 13 Rn. 44; *Richter/Stängel* DB 1993, 1861; abl. Anh. § 52 Rn. 56.
[144] Anh. § 52 Rn. 58; *Scholz/Emmerich* Anh. Konzernrecht Rn. 168; *Timm* GmbHR 1989, 11, 14 (wenn zugleich eine vollwertige Gesellschafterstellung in der Obergesellschaft angeboten wird); *Koerfer/Selzner* GmbHR 1997, 285; ferner *Lutter/Hommelhoff* 15. Aufl. Anh. § 13 Rn. 64 unter Aufgabe der in der 14. Aufl. vertretenen Auffassung (Fn. 143), weil das UmwG 1995 in allen Fällen einer von einer Strukturänderung betroffenen GmbH satzungsändernde Mehrheit genügen lasse und statt eines Vetorechts der Minderheitsgesellschafter und einer materiellen Beschlusskontrolle die Möglichkeit des Ausscheidens gegen Abfindung zulasse, was heute als allgemeine Aussage der Rechtsordnung zu interpretieren sei. Solche „Ausstrahlungswirkungen" des UmwG sind jedoch zurückhaltend zu beurteilen (vgl. Anh. § 77 Rn. 17 mN).
[145] Zurückhaltend auch *Hachenburg/Ulmer* Rn. 146; weitergehend *Scholz/Priester* Rn. 171; *Scholz/Emmerich* Anh. Konzernrecht Rn. 156; *Priester* DB 1989, 1013, 1015; vgl. auch Rn. 58.
[146] BGHZ 105, 324, 343 = NJW 1989, 295, 298.
[147] BGH NJW 1988, 1326, 1327; grds. abl. *Flume* DB 1989, 665; zur Bestandskraft fehlerhafter Strukturänderungsbeschlüsse vgl. auch *Hommelhoff* ZHR 158 (1994), 11 ff.; *Krieger* ZHR 158 (1994), 35 ff.
[148] WM 1988, 1229.

nur bestätigt, dass der Zustimmungsbeschluss der Gesellschafterversammlung der beherrschten Gesellschaft in entsprechender Anwendung des § 53 der notariellen Beurkundung bedarf (nicht hingegen der Unternehmensvertrag), sondern auch festgelegt, was in entsprechender Anwendung des § 54 zum Handelsregister anzumelden, in dieses einzutragen und gemäß § 10 HGB zu veröffentlichen ist. Danach sind sowohl der Zustimmungsbeschluss der beherrschten Gesellschaft als auch der Unternehmensvertrag anzumelden, der Anmeldung beizufügen und in das Handelsregister einzutragen.[150] Entsprechend § 294 Abs. 1 S. 2 AktG ist dem Registergericht auch der Zustimmungsbeschluss der herrschenden Gesellschaft vorzulegen (zur Vorlage des Unternehmensvertrags mit diesem s. unten). Dagegen ist die Beifügung des vollständigen Wortlauts des Gesellschaftsvertrags (§ 54 Abs. 1 S. 2) nicht erforderlich,[151] weil Unternehmensverträge nicht in den Satzungstext aufgenommen werden. Aus der Eintragung sollen sich Abschluss, Abschlussdatum und Art des Unternehmensvertrags sowie die Tatsache der Zustimmung der Gesellschafterversammlung der beherrschten Gesellschaft und das Datum des Zustimmungsbeschlusses ergeben. Wegen des weitergehenden Inhalts kann auf den Unternehmensvertrag sowie die Zustimmungsbeschlüsse der beherrschten und der herrschenden Gesellschaft Bezug genommen werden. – Auf eine Vorlage des OLG Düsseldorf[152] hat der BGH[153] entschieden, dass die Grundsätze des Beschlusses BGHZ 105, 324 (= NJW 1989, 295) auch zutreffen, wenn herrschende Gesellschaft eine AG ist,[154] weil die Wirksamkeit eines mit einer GmbH als abhängiger Gesellschaft geschlossenen Unternehmensvertrags nicht von der Rechtsform des beteiligten herrschenden Unternehmens abhängig gemacht werden könne. Demgemäß bedürfe der Unternehmensvertrag nach dem Rechtsgedanken des § 293 Abs. 2 AktG zu seiner Wirksamkeit der Zustimmung der Hauptversammlung der AG durch notariell beurkundeten Beschluss nach § 130 Abs. 1 S. 1 AktG. Das gelte auch, wenn die AG alleiniger Gesellschafter der GmbH sei.[155] – Im Handelsregister des herrschenden Unternehmens ist der Unternehmensvertrag nicht einzutragen.[156] – Wegen des satzungsändernden Charakters des Unternehmensvertrags sollen nach einer verbreiteten Meinung für seine **Aufhebung** die gleichen Erfordernisse wie für seinen Abschluss gelten.[157] Der Gegenmeinung,[158] die § 296 Abs. 1 AktG analog anwendet, ist jedoch der Vorzug zu geben.[159] Für die **Kündigung** des Beherrschungs- und Gewinnabführungsvertrags ist § 297 AktG analog anzuwenden.[160] Die **Beendigung** eines Beherr-

---

[149] BGHZ 105, 324 = NJW 1989, 295.
[150] Zur Notwendigkeit der Eintragung des Zustimmungsbeschlusses vgl. auch LG Bonn NJW-RR 2000, 1639.
[151] LG Hamburg BB 1984, 873; *Scholz/Priester* Rn. 163; *Timm* BB 1981, 1491, 1496.
[152] WM 1991, 2103.
[153] NJW 1992, 1452.
[154] So schon *Heckschen* DB 1989, 1273.
[155] Kritisch *Vetter* AG 1993, 168.
[156] AG Duisburg DB 1993, 2522; aA LG Bonn AG 1993, 521, dagegen zutr. *Vetter* AG 1994, 110; nach einer Entscheidung des österr. OGH (NZG 1999, 1216) ist ein Ergebnisabführungsvertrag mit einer GmbH auch ohne Eintragung in das Firmenbuch wirksam, vgl. Rn. 69.
[157] LG Konstanz ZIP 1992, 1736 m. zust. Anm. *Ebenroth/Wilken* = EWiR 1993, 263 m. abl. Anm. *Petzoldt*; *Ebenroth/Wilken* WM 1993, 1617; *Hachenburg/Ulmer* Rn. 153, 154.
[158] OLG Karlsruhe NJW-RR 1994, 1062 = EWiR 1995, 69 *(Henze)*; *Vetter* ZIP 1995, 345; OLG Frankfurt NJW 1994, 296 = EWiR 1994, 11 *(Ebenroth/Wilken)*.
[159] Vgl. auch *Bungert* NJW 1995, 1118; *Dilger* WM 1993, 935.
[160] HM, vgl. OLG Düsseldorf NJW-RR 1995, 233 = DNotZ 1995, 239 m. zust. Anm. *Schwarz*; vgl. auch *Timm*, FS Kellermann, 1991, S. 461, 469.

Form der Satzungsänderung § 53

schungs- und Gewinnabführungsvertrags ist analog § 298 AktG zur **Eintragung** in das Handelsregister der abhängigen GmbH anzumelden.[161] – Ob diese Grundsätze für alle Arten von Unternehmensverträgen gelten, ist zweifelhaft. Sie finden jedenfalls auf Beherrschungsverträge Anwendung und auf Gewinnabführungsverträge, gleichgültig, ob letztere mit besonderen Beherrschungsverträgen verbunden sind oder nicht.[162] – Das **Steuerrecht** setzt für die körperschaftsteuerliche **Organschaft** in den seit 1992 neu gefassten §§ 14 und 17 KStG zivilrechtlich wirksame Beherrschungs- und Gewinnabführungsverträge voraus (zur Rechtsentwicklung vgl. Voraufl.). Ob eine Vereinbarung, dass der Gewinnabführungsvertrag erst in Kraft treten soll, wenn ein vorhandener abziehbarer Verlust iS von § 10d EStG der Organgesellschaft bei ihrer Körperschaftsteuerveranlagung für spätere Jahre voll berücksichtigt ist, die Eintragung in das Handelsregister hindert, ist zweifelhaft. In Abschn. 55 Abs. 3 KStR 1990 wurde eine solche Vereinbarung als steuerlich wirksame aufschiebende Bedingung gewertet.[163] Bedingte Satzungsänderungen sind jedoch nicht zulässig (vgl. § 54 Rn. 35). In Abschn. 55 KStR 1995 wurde der Hinweis auf derlei Vereinbarungen deshalb ersatzlos gestrichen. Soweit sie heute noch vorkommen, dürfte es sich bei ihnen eher um aufschiebende Befristungen der beschlossenen Satzungsänderung handeln, die ihre Eintragung nicht hindern (vgl. § 54 Rn. 35). – Was für den Ergebnisabführungsvertrag gesagt ist, gilt entsprechend für den Vertrag über die **Verpachtung des gesamten Betriebs**, wenn die Verpächter-GmbH von der Pächterin abhängig ist.[164] Strukturändernde Vorgänge mit Satzungsänderungscharakter sind ferner die **Umwandlungen** nach dem UmwG 1995 (vgl. Anh. zu § 77). Satzungsbestimmungen über Satzungsänderungen gelten grds. auch für sie.[165]

p) Betriebsaufspaltung. Keine Satzungsänderung ist die Betriebsaufspaltung, 33 wenn sie im Wege der **Einzelrechtsübertragung** des Anlagevermögens der GmbH auf eine personengleiche Besitzgesellschaft durchgeführt wird. Hier gilt das zur Ausgliederung eines Teilbetriebs und seiner Übertragung auf eine Tochtergesellschaft Gesagte entsprechend (Rn. 19; zur Betriebsaufspaltung durch Abspaltung und Ausgliederung nach dem UmwG 1995 vgl. Anh. zu § 77 Rn. 14, 23). Ebenso wenig ist die **Errichtung von Tochtergesellschaften** eine Satzungsänderung, und zwar auch dann nicht, wenn über die Befugnis zur Errichtung in den Bestimmungen über den Unternehmensgegenstand nichts gesagt ist.[166] Keine Satzungsänderungen sind ferner der **Auflösungsbeschluss** nach § 60 Abs. 1 Nr. 2,[167] der **Fortsetzungsbeschluss** (§ 60 Rn. 69), es sei denn, er ist zugleich Satzungsänderung oder Heilungsbeschluss nach § 76 (vgl. Rn. 22; § 60 Rn. 73, 84; § 76 Rn. 4, 6), der Beschluss über die **Ausschließung** eines Gesellschafters[168] und die Einschränkung der nach der Satzung jederzeit

---

[161] OLG Düsseldorf NJW-RR 1995, 233 = DNotZ 1995, 239 m. zust. Anm. *Schwarz*.
[162] So offenbar auch *Baums* DNotZ 1989, 113; *Hachenburg/Ulmer* Rn. 160 und *Ulmer* BB 1989, 10, 13; aA wohl *Schulze-Osterloh* EWiR § 54 GmbHG 1/89.
[163] Vgl. *Grashoff* BB 1997, 1647; Centrale für GmbH. Dr. Otto Schmidt GmbHR 1994, 798.
[164] Anh. § 52 Rn. 50; *Lutter/Hommelhoff* Anh. § 13 Rn. 51; *Scholz/Emmerich* Anh. Konzernrecht Rn. 341; weitergehend *Hachenburg/Ulmer* Rn. 161, der ein Abhängigkeitsverhältnis nicht für erforderlich hält, sondern das Bestehen von Weisungsrechten der Pächterin gegenüber der Verpächter-GmbH genügen lassen will.
[165] Vgl. Anh. § 77 Rn. 353 mN; zurückhaltender *Baumbach/Hueck/Zöllner* Rn. 21.
[166] Einschr. *Scholz/Priester* Rn. 120 für den Fall, dass der Betätigungsbereich der Tochtergesellschaft vom Unternehmensgegenstand der Muttergesellschaft nicht gedeckt ist.
[167] OLG Karlsruhe GmbHR 1982, 276; § 60 Rn. 16.
[168] OLG Frankfurt DB 1979, 2127.

möglichen Abberufung des Geschäftsführers durch **Stimmrechtsbindung** des Mehrheitsgesellschafters.[169]

34   **3. Satzungsdurchbrechung.** Keine Satzungsänderung liegt vor, wenn dem Gesellschaftsvertrag nicht für die Zukunft generell eine andere Form oder ein anderer Inhalt gegeben werden soll, sondern der Gesellschafterbeschluss nur im **Einzelfall** von der geltenden Satzung **abweicht.** Ein solcher Beschluss ist jedenfalls nicht nichtig.[170] Für die Annahme einer bloßen Satzungsdurchbrechung wurde es früher als genügend angesehen, dass die Einzelfallregelung nicht auf Dauer angelegt war.[171] Der BGH sieht jedoch heute[172] die Begrenzung der Regelung auf einen bestimmten Zeitraum nicht mehr als taugliches Zulässigkeitsmerkmal an, sondern beschränkt im Anschluss an *Priester*[173] und *Fleck*[174] die Zulässigkeit nicht formgültiger Satzungsdurchbrechungen auf Fälle einer „punktuellen" Regelung, bei denen sich die Wirkung des Beschlusses in der betreffenden Maßnahme erschöpft. Satzungsdurchbrechungen, die einen von der Satzung abweichenden rechtlichen Zustand begründen, sollen dagegen auch dann unwirksam sein, wenn dieser Zustand auf einen bestimmten Zeitraum begrenzt ist.[175] Dieser Erwägung liegt vor allem der Schutz des Vertrauens des Rechtsverkehrs in die Handelsregisterlage zugrunde. Ihr ist zuzustimmen. Danach ist als nur „punktuell" zB die Genehmigung einer Anteilsübertragung durch die Gesellschafterversammlung anstatt durch den satzungsmäßig zuständigen Aufsichtsrat zulässig[176] oder die Feststellung des Jahresabschlusses durch die Gesellschafterversammlung anstatt durch den satzungsgemäß zuständigen Beirat zur Ermöglichung einer rückwirkenden vereinfachten Kapitalherabsetzung (§ 58e Rn. 3), nicht aber die Änderung der Amtszeit eines Aufsichtsrats[177] oder die Abberufung eines Gesellschaftergeschäftsführers mit Sonderrecht auf Geschäftsführung[178] oder ein Beschluss, der zur Aufgabe des einzigen Unternehmensgegenstands führt,[179] weil hierdurch satzungswidrige Zustände begründet werden. Offen gelassen hat der BGH,[180] ob satzungsdurchbrechende Beschlüsse der notariellen Beurkundung und der qualifizierten Mehrheit nach § 53 Abs. 2 GmbH bedürfen, was die hM fordert.[181] Nach hM im Schrifttum ist ein satzungsdurchbrechender Beschluss wie jeder gegen die Satzung verstoßende Beschluss **anfechtbar,**[182] und zwar auch dann, wenn er mit satzungsändernder Mehrheit gefasst und notariell beurkundet, aber

---

[169] BGH ZIP 1983, 432.
[170] BGHZ 123, 15 = NJW 1993, 2246, 2247 = EWiR 1993, 991 *(Scheuch).*
[171] BGHZ 32, 17, 29 = NJW 1960, 866; BGH ZIP 1981, 1205, 1206; *Brandes* WM 1983, 286, 289.
[172] BGHZ 123, 15 = NJW 1993, 2246.
[173] ZHR 151 (1987), 40, 52, 55 ff.
[174] ZGR 1988, 104, 127.
[175] Kritisch zu dieser Differenzierung *Habersack* ZGR 1994, 354, 362 und *Baumbach/Hueck/ Zöllner* Rn. 23 c.
[176] *Scholz/Priester* Rn. 29.
[177] BGHZ 123, 15 = NJW 1993, 2246.
[178] OLG Nürnberg MDR 2000, 653.
[179] OLG Köln DB 2000, 2465.
[180] BGHZ 123, 15 = NJW 1993, 2246.
[181] OLG Nürnberg BB 2000, 687; OLG Hamm DB 1992, 2181; *Scholz/Priester* Rn. 30; *Lutter/ Hommelhoff* Rn. 14; *Baumbach/Hueck/Zöllner* Rn. 23 d fordern zusätzlich Verlautbarung der Satzungsdurchbrechung im Handelsregister, womit sich das Problem aber praktisch erledigen würde, so zutr. *H. P. Westermann,* S. 54.
[182] *Baumbach/Hueck/Zöllner* Rn. 23 a; *Hachenburg/Ulmer* Rn. 32; *Lutter/Hommelhoff* Rn. 26; *Scholz/Priester* Rn. 26.

nicht in das Handelsregister eingetragen wurde.[183] Ist der Beschluss von sämtlichen Gesellschaftern **einstimmig** gefasst, kommt Anfechtbarkeit nach allgemeinen Regeln nicht in Betracht.[184] Der BGH[185] hat auch die Frage der Anfechtbarkeit offen gelassen.[186] Satzungsdurchbrechung ist auch die „Erweiterung" oder „Ergänzung" der Satzung.[187] Keine Satzungsdurchbrechung liegt vor, wenn eine sogenannte **Öffnungsklausel** die Abweichung von bestimmten Satzungsbestandteilen durch Gesellschafterbeschluss zulässt.[188] Solche Klauseln finden sich vielfach bei den Satzungsbestimmungen über die Gewinnverwendung und spielten auch bei der Befreiung vom Wettbewerbsverbot der Gesellschafter und Geschäftsführer nach der inzwischen aufgegebenen Rechtsprechung des BFH[189] eine Rolle. Die **Umdeutung** eines satzungsdurchbrechenden Beschlusses in eine schuldrechtliche Nebenabrede ist an sich möglich.[190] Jedoch versagt die Umdeutung, wenn sie zur Änderung einer organisationsrechtlichen Regelung der Satzung führen soll.[191] Weicht der Beschluss nur von formellen Satzungsbestandteilen ab (Rn. 8, 13), ist für eine Anfechtungsklage wegen Satzungsdurchbrechung grundsätzlich kein Raum.[192] – Zur Bedeutung der Satzungsdurchbrechung für die **Satzungsinterpretation** vgl. *Grunewald*.[193] – Zur faktischen Satzungsänderung vgl. Rn. 19. **Stillschweigende Satzungsänderungen** (durch schlüssiges Verhalten) sind anders als im Personengesellschaftsrecht nicht anzuerkennen.[194]

IV. Beschluss der Gesellschafter (Abs. 1, 2)

1. Zuständigkeit der Gesellschafter. Sie ist nach Abs. 1 eine **ausschließliche** 35 und kann nicht auf ein anderes Gesellschaftsorgan übertragen oder an die Zustimmung Dritter, zB einer Behörde, gebunden werden.[195] Insbesondere ist die Delegation an einen Beirat[196] oder die Geschäftsführer nicht zulässig.[197] Den Geschäftsführern oder dem Notar kann auch nicht die Kompetenz für bloße Fassungsänderungen entsprechend § 179 Abs. 1 S. 2 AktG eingeräumt werden.[198] Davon zu unterscheiden ist der

---

[183] AA *Boesebeck* NJW 1960, 2265, 2267; differenzierend *Roth/Altmeppen* Rn. 19.
[184] § 47 Rn. 136; *Hachenburg/Ulmer* Rn. 33.
[185] BGHZ 123, 15 = NJW 1993, 2246, 2247.
[186] In ZIP 1981, 1205, 1206 erkennbar aber nur für den Fall, dass alle Gesellschafter zugestimmt haben; zur Anfechtbarkeit vgl. auch *Tieves* ZIP 1994, 1341; *Brandes* WM 1995, 641, 657: Anfechtbar von den Gesellschaftern, die der Satzungsdurchbrechung nicht zugestimmt haben.
[187] OLG Köln DB 1996, 466.
[188] BayObLG DB 2001, 1981; *Scholz/Priester* Rn. 27; ähnlich *Hachenburg/Ulmer* Rn. 30.
[189] Vgl. Rn. 19 und Vorauf. Rn. 19.
[190] *Baumbach/Hueck/Zöllner* Rn. 23e.
[191] BGHZ 123, 15 = BGH NJW 1993, 2246, 2247; grds. krit. zur Möglichkeit der Umdeutung *Habersack* ZGR 1994, 354, 369 ff.; vgl. auch Rn. 11.
[192] *Hachenburg/Ulmer* Rn. 30.
[193] ZGR 1995, 68, 90.
[194] OLG Köln NJW-RR 1996, 1439; *Hachenburg/Ulmer* Rn. 36; *Scholz/Priester* Rn. 32; zuweilen wird unter stillschweigender Satzungsänderung auch die Satzungsdurchbrechung verstanden, vgl. *Roth/Altmeppen* Rn. 19.
[195] HM, vgl. RGZ 169, 65, 80; BGHZ 43, 261, 264; *Baumbach/Hueck/Zöllner* Rn. 26; *Lutter/Hommelhoff* Rn. 7; *Hachenburg/Ulmer* Rn. 2, 39, 84; *Roth/Altmeppen* Rn. 15; *Scholz/Priester* Rn. 63; vgl. auch Rn. 43.
[196] OLG Düsseldorf BB 1982, 762.
[197] AA *Beuthien/Gätsch* ZHR 156 (1992), 459, 477; BGH NJW 1985, 972 erlaubt die Ermächtigung des Verwaltungsrats einer Publikums-KG zu Änderungen des Gesellschaftsvertrags.
[198] Rn. 15; aA *Hachenburg/Ulmer* Rn. 28.

§ 53   4. Abschnitt. Abänderungen des Gesellschaftsvertrages

Fall, dass die Satzungsänderung der **staatlichen Genehmigung** bedarf[199] oder dass durch die Satzungsänderung eine solche Genehmigung erforderlich wird (§ 54 Rn. 10; vgl. auch § 54 Rn. 18).

36   **2. Gesellschafterversammlung.** Nur in einer solchen kann ein satzungsändernder Beschluss gefasst werden, **nicht auf schriftlichem Wege** gemäß § 48 Abs. 2, weil der Beschluss notariell zu beurkunden ist, nicht die einzelne Stimmabgabe.[200] Diese früher hM wird neuerdings im Anschluss an *Zöllner*[201] mit der Erwägung in Frage gestellt, dass aus dem Erfordernis eines Gesellschafterbeschlusses (Abs. 1) nicht die Notwendigkeit der Abhaltung einer Gesellschafterversammlung folge.[202] Praktische Bedeutung kommt der abweichenden Meinung wegen der komplizierten Beschlusstechnik (Beurkundung der Einzelstimmen und Beurkundung ihres Zugangs bei der Gesellschaft) kaum zu, worauf *Scholz/Priester* (Fn. 202) selbst hinweisen. **Umwandlungen** nach dem UmwG 1995 können „nur" in einer Gesellschafterversammlung beschlossen werden, § 13 Abs. 1 S. 2, § 193 Abs. 1 S. 2 UmwG.[203]

37   **3. Notarielle Beurkundung.** Sie richtet sich nach §§ 36, 37 BeurkG, nicht nach §§ 6 ff. BeurkG.

38   **a) Beurkundungsgegenstand.** Zu beurkunden sind demgemäß nicht die einzelnen Stimmabgaben, sondern die Wahrnehmungen des Notars (§ 37 Abs. 1 Nr. 2 BeurkG) über den Abstimmungsvorgang und sein Ergebnis.[204] In der Praxis werden gleichwohl häufig die strengeren Bestimmungen der §§ 6 ff. BeurkG angewendet, die insbesondere die Aufnahme der Beteiligten und ihrer Unterschriften in die Niederschrift vorschreiben.[205]

39   **b) Ausländischer Notar.** Die Beurkundung der Satzungsänderung durch einen ausländischen Notar, die der Beurkundung im Inland häufig wegen der meist geringeren Kosten vorgezogen wird, ist nach derzeitiger Rechtslage zulässig, wenn die ausländische Beurkundung der deutschen gleichwertig ist.[206] Die damit zusammenhängende Problematik die sich bei der Beurkundung von Satzungsänderungen ähnlich stellt wie bei der Beurkundung des Gesellschaftsvertrags selbst, ist ausführlich bei § 2 Rn. 40 bis 44 dargestellt.

40   **c) Verschmelzungsverträge.** Besonders beliebt ist die Beurkundung von Verschmelzungsverträgen (vgl. Anh. § 77 Rn. 314) mit den dabei erforderlichen Satzungsänderungen im Ausland. Hierfür halten das LG Köln[207] den Züricher Notar, das LG

---

[199] ZB beim Versicherungsverein aG nach dem VAG, vgl. OLG Hamburg WM 1984, 1154, 1155.
[200] BGHZ 15, 324, 328 = NJW 1955, 220; KG JNW 1959, 1446; *Meyer-Landrut/Miller/Niehus* Rn. 11; *Roth/Altmeppen* Rn. 10.
[201] FS R. Fischer, 1979, S. 905, 911 ff.
[202] *Scholz/Priester* Rn. 66; ferner unter Aufgabe der in früheren Auflagen vertretenen gegenteiligen Auffassung: *Baumbach/Hueck/Zöllner* Rn. 26; *Lutter/Hommelhoff* Rn. 12; *Hachenburg/Ulmer* Rn. 40.
[203] Vgl. Anh. § 77 Rn. 46, 352. Die amtl. Begr. zum UmwG 1995, S. 86, 139, vgl. Anh. § 77 Rn. 1, will dies als „allgemeinen Grundsatz" verstanden wissen. Obwohl andere Regelungen des UmwG zuweilen als „allgemeine Aussage der Rechtsordnung" interpretiert werden (vgl. *Lutter/Hommelhoff* Anh. § 13 Rn. 44 und dazu oben Fn. 144), ist dies für den Bereich des § 53 Abs. 1 bisher nicht geschehen.
[204] *Röll* DNotZ 1979, 644; vgl. auch Rn. 33.
[205] *Röll* DNotZ 1979, 644, 646; *Scholz/Priester* Rn. 70; vgl. auch unten Rn. 61.
[206] *Staudinger/Großfeld* Int. GesR Rn. 301 ff.
[207] DB 1989, 2214.

Nürnberg-Fürth[208] den Basler Notar und das LG Kiel[209] den Innsbrucker Notar für gleichwertig. Das LG Augsburg[210] hingegen will die Auslandsbeurkundung von Verschmelzungsverträgen im Hinblick auf die nicht gewährleistete Rechtmäßigkeitskontrolle grundsätzlich nicht anerkennen.

d) Zustimmung. Ist nach § 53 Abs. 2 S. 2 oder Abs. 3 die Zustimmung einzelner **41** oder aller Gesellschafter zur Satzungsänderung erforderlich, so bedarf diese nicht der notariellen Beurkundung, sondern kann formlos, konkludent und außerhalb der Gesellschafterversammlung erteilt werden.[211] Die Zustimmungen zu den Umwandlungen nach dem UmwG 1995 bedürfen jedoch der notariellen Beurkundung (vgl. zB § 193 Abs. 3 S. 1 und dazu Anh. § 77 Rn. 56; vgl. auch Rn. 54).

e) Stimmrechtsvollmachten. Ebenso wenig bedürfen Stimmrechtsvollmachten **42** der notariellen Beurkundung. Vielmehr genügt, anders als nach § 2 Abs. 2 und § 55 Abs. 1, Schriftform gemäß § 47 Abs. 3.[212]

4. Dreiviertelmehrheit der Stimmen (Abs. 2 S. 1). Dieses Erfordernis ist **43** **zwingend,** wie sich aus einem Umkehrschluss zu Abs. 2 S. 2 ergibt, der zusätzliche, nicht aber geringere Erfordernisse zulässt.[213] Insoweit ist der Grundsatz der Vertragsfreiheit (§ 45 Rn. 1) eingeschränkt. Für die **Anpassung der Satzung** an die GmbH-Nov. 1980 gelten keine Erleichterungen. Dagegen lässt Art. 12 § 7 Abs. 2 S. 2 GmbHÄndG für die Überwindung der sog. **Registersperre** nach dem **BiRiLiG** zur Herbeiführung einer Regelung über die Gewinnverwendung bei Altgesellschaften im Hinblick auf die Neufassung des § 29 einen Mehrheitsbeschluss genügen.[214] Das Register ist nur gesperrt, wenn und soweit die Satzung die Gewinnverwendung nicht regelt.[215] Ob das anders ist, wenn der Gesellschaftsvertrag ohne jeden weitergehenden sachlichen Regelungsgehalt lediglich das gesetzliche Vollausschüttungsgebot wiederholt, hat der BGH[216] offen gelassen.[217] Die Meinung, dass in solchem Fall das Register nicht gesperrt ist, verdient den Vorzug (vgl. § 29 Rn. 7). Ist das Register gesperrt und somit ein Mehrheitsbeschluss über die neue Gewinnverwendung genügt, so hängt dessen Wirksamkeit nicht davon ab, dass gleichzeitig die Satzung in einem anderen Punkt mit der erforderlichen Mehrheit geändert wird.[218] Uneinheitlich war die Praxis der Registergerichte in der Frage, ob die Registersperre auch Satzungsänderungen betrifft, die noch vor dem 1. 1. 1986 zum Handelsregister angemeldet worden waren,

---

[208] WM 1992, 950.
[209] BB 1998, 120 = EWiR 1998, 215 *(Horn/Kroll)* betr. Verschmelzung zweier eG.
[210] NJW-RR 1997, 420 = EWiR 1996, 937 *(Wilken);* ebenso *Goette* DStR 1996, 709; *ders.,* FS Boujong, 1996, S. 709 auch § 2 Rn. 43.
[211] § 47 Rn. 13; *Baumbach/Hueck/Zöllner* Rn. 42; *Lutter/Hommelhoff* Rn. 17; *Hachenburg/Ulmer* Rn. 41, 72; *Roth/Altmeppen* Rn. 32; *Scholz/Priester* Rn. 94.
[212] *Hachenburg/Ulmer* Rn. 48; *Roth/Altmeppen* Rn. 14; *Scholz/Priester* Rn. 77.
[213] *Hachenburg/Ulmer* Rn. 3.
[214] Wie schon § 51 DMBilG 1949, § 56a DMBilG 1991 und § 6 Abs. 2 iVm. § 37 Abs. 1 S. 2 MitbestG, § 97 Abs. 2 S. 4 AktG, die ebenfalls Satzungsänderungen mit einfacher Mehrheit zuließen; vgl. aber Rn. 47.
[215] BGHZ 105, 206 = NJW 1989, 459; OLG Hamm DB 1989, 1459.
[216] BGHZ 105, 206 = NJW 1989, 459; OLG Hamm DB 1989, 1459.
[217] Verneinend BayObLG BB 1987, 2115; OLG Karlsruhe BB 1988, 90; bejahend OLG Celle DNotZ 1988, 192; LG Osnabrück BB 1988, 646; *Hommelhoff* Anm. zu LG Tübingen DNotZ 1986, 701; vgl. auch *Emmerich,* FS Seuß, 1987, S. 137 ff.; *Deupmann* NJW 1986, 1846; *Grunewald* NJW 1987, 2410; *Schmahl* NJW 1986, 2624.
[218] BGH BB 1988, 2349.

§ 53   4. Abschnitt. Abänderungen des Gesellschaftsvertrages

aber erst danach zur Eintragung anstanden.[219] Diese Streitfrage hat inzwischen ebenso wie die Anpassungsproblematik im Übrigen durch Zeitablauf ihre Bedeutung verloren (vgl. jedoch noch Rn. 50, 58). Das Erfordernis der Dreiviertelmehrheit ist ferner durch-brochen für die **Umstellung des Stammkapitals von DM auf Euro**. Auch hierfür lässt § 86 Abs. 3 S. 1 einen Mehrheitsbeschluss genügen und findet gemäß § 86 Abs. 1 S. 4 eine begrenzte Registersperre statt (vgl. Rn. 20 und die Erl. zu § 86).

44   **a) Nießbraucher, Testamentsvollstrecker, Stimmverbot.** Für die Feststellung der Dreiviertelmehrheit kommt es nur auf die **abgegebenen** Stimmen an. Die Stimmen nicht erschienener Gesellschafter und Stimmenthaltungen werden nicht mitgezählt (§ 47 Rn. 8), ebenso wenig unwirksame Stimmen sowie die Stimmen aus eigenen Geschäftsanteilen der GmbH (§ 33 Rn. 44). Berührt die Satzungsänderung die Rechtsstellung des **Nießbrauchers** an einem Geschäftsanteil, bedarf der Beschluss zu seiner Wirksamkeit gemäß § 1071 BGB seiner Zustimmung, sofern das Beschlussergebnis von der Stimme des Nießbrauchsbestellers abhängt.[220] Der **Testamentsvollstrecker** stimmt kraft eigenen Rechts ab (§ 2205 BGB), eine Mitwirkung der Erben kommt nicht in Betracht, sofern sich aus der letztwilligen Verfügung des Erblassers oder aus der Satzung nichts anderes ergibt.[221] Das **Stimmverbot** des § 47 Abs. 4 findet grundsätzlich keine Anwendung, auch wenn die Satzungsänderung einem Gesellschafter zugute kommt.[222] Dagegen soll nach neuerer Auffassung das **Verbot des Selbstkontrahierens** (§ 181 BGB) eingreifen, wenn ein Gesellschafter zugleich als Vertreter eines Mitgesellschafters über eine Satzungsänderung abstimmt.[223] Der BGH hat die Anwendung des § 181 BGB auf Gesellschafterbeschlüsse früher grundsätzlich abgelehnt,[224] seine Anwendbarkeit später aber für Beschlüsse über die Änderung von Gesellschaftsverträgen[225] bejaht. Eltern als Gesellschafter haben bei der Vertretung ihrer **minderjährigen** Kinder § 181 BGB ebenfalls zu beachten.[226] Das Verbot gilt nicht im Falle der Gestattung, die regelmäßig in der Bevollmächtigung eines Mitgesellschafters liegt.[227]

45   **b) Mehrheit der Stimmen.** Maßgeblich ist die qualifizierte Mehrheit der Stimmen, nicht des Kapitals (anders § 179 Abs. 2 AktG). Das ist von Bedeutung, wenn das Stimmrecht entgegen § 47 Abs. 2 von der Kapitalbeteiligung abweicht, die Satzung also Mehrstimmrechte oder stimmrechtslose Beteiligungen vorsieht (vgl. § 47 Rn. 16). Derlei Stimmrechtsregelungen sind bei der Feststellung der Mehrheit anzuwenden. Das

---

[219] Bejahend zB LG Münster NJW 1987, 264; LG Tübingen DNotZ 1986, 700; verneinend OLG Celle DNotZ 1986, 573; LG Traunstein NJW 1986, 1882.
[220] *Fleck*, FS R. Fischer, 1979, S. 107, 126; *Hachenburg/Ulmer* Rn. 50, 78; ferner jetzt auch *Scholz/Priester* Rn. 99 und *Hachenburg/Zutt* Anh. § 15 Rn. 64; aA *Baumbach/Hueck/Zöllner* Rn. 22a; *Lutter/Hommelhoff* Rn. 14.
[221] Vgl. BayObLG 1976, 1692; LG Mannheim NZG 1999, 824m. Anm. *Pentz* für die Testamentsvollstreckung über einen Kommanditanteil, und zwar grds. auch im Kernbereich (vgl. hierzu *Ebenroth/Boujong/Joost/Lorz* HGB § 139 Rn. 85); § 47 Rn. 19; Anh. § 77 Rn. 303.
[222] BGH WM 1988, 1819, 1821 für die Einmann-GmbH; § 47 Rn. 72; *Lutter/Hommelhoff* Rn. 14; *Hachenburg/Ulmer* Rn. 53; *Roth/Altmeppen* Rn. 32; *Scholz/Priester* Rn. 100.
[223] § 47 Rn. 79; *Lutter/Hommelhoff* Rn. 9; *Hachenburg/Ulmer* Rn. 54 mN; *Scholz/Priester* Rn. 101 und seit der 16. Aufl. auch *Baumbach/Hueck/Zöllner* § 47 Rn. 33, 41 unter Aufgabe der früheren Ansicht.
[224] BGHZ 33, 189, 191 = NJW 1960, 2285.
[225] Von Personengesellschaften BGHZ 65, 93, 95 ff. = NJW 1976, 191; BGH NJW 1976, 958, 959 und 1538, 1539; von Gesellschaften mbH WM 1988, 1335, 1337.
[226] *Lutter/Hommelhoff* Rn. 9.
[227] BGH NJW 1976, 958, 959; 1976, 1538, 1539.

gilt auch, wenn die Satzung Abstimmung nach Köpfen vorschreibt, da § 53 Abs. 2 S. 1 alle satzungsmäßigen Stimmrechtsregelungen unberührt lässt.[228] Auf welche Weise sich die Mehrheit bildet, ist grundsätzlich bedeutungslos. Verfügen zB die Mitglieder einer Familie über 75 % der Stimmen und besteht zwischen ihnen ein **Stimmbindungsvertrag** derart, dass die Abstimmung in der Gesellschafterversammlung der GmbH generell so zu erfolgen hat, wie es die Mehrheit im Stimmenpool beschließt, so kann eine Satzungsänderung bei Vertragstreue der im Stimmenpool überstimmten Minderheit zustande kommen, obwohl sie in Wahrheit nur von einer Mehrheit getragen wird, die uU nicht einmal die Hälfte der stimmberechtigten Stimmen der Gesellschafterversammlung der GmbH beträgt. Das ist nicht nur dann bedenklich, wenn mit der Zustimmung zur Satzungsänderung spezielle Minderheitsrechte widersprechender Gesellschafter verloren gehen, wie beim Formwechsel einer GmbH in eine AG gemäß §§ 190 ff. UmwG.[229] Vielmehr ist grundsätzlich anzunehmen, dass eine umfassende, ohne Vorbehalt für qualifizierte Beschlusserfordernisse formulierte einfache Mehrheitsklausel im Stimmbindungsvertrag insoweit unwirksam und für die dissentierenden Mitglieder bei der Abstimmung in der GmbH unverbindlich ist, als für die Beschlussfassung dort eine größere Mehrheit vorgeschrieben ist.[230]

5. Andere Erfordernisse (Abs. 2 S. 2). Sie können die Satzungsänderung **erschweren,** aber nicht erleichtern.[231] Gänzlich **ausschließen** dürfen sie die Satzungsänderung nicht. Soll die Satzung „unabänderlich" sein, so ist für ihre Änderung die Zustimmung aller Gesellschafter erforderlich.[232] Die zusätzlichen Erfordernisse können die **Beschlussmehrheiten** betreffen, zB Einstimmigkeit aller oder der zur Abstimmung erschienenen Gesellschafter vorsehen oder neben der Dreiviertelmehrheit der Stimmen noch eine Kapitalmehrheit verlangen, sofern das Stimmrecht entgegen § 47 Abs. 2 von der Kapitalbeteiligung abweicht (vgl. Rn. 43). Auch das **Beschlussverfahren** kann erschwerenden Vorschriften unterworfen werden, indem zB die Beschlussfähigkeit von der Einhaltung besonderer Einladungsformen oder Ankündigungsfristen oder der Anwesenheit einer Mindestzahl von stimmberechtigten Gesellschaftern (Quorum) abhängig gemacht wird. Die Satzungsänderung darf ferner an die **Zustimmung** eines Gesellschafters oder mehrerer Gesellschafter gebunden werden (Sonderrecht, vgl. Rn. 51), nicht aber an die Zustimmung anderer Gesellschaftsorgane (zB eines Aufsichtsrats oder Beirats), erst recht nicht an die Zustimmung von Nichtgesellschaftern.[233] Zur **Erteilung der Zustimmung** und ihrer **Form** vgl. Rn. 41, 52 ff. Schließlich kann die Satzung die förmliche **Feststellung des Beschlussergebnisses** durch einen Versammlungsleiter oder den beurkundenden Notar zur Wirksamkeitsvoraussetzung machen. Ohne solche Satzungsregelung bedarf es einer derartigen Feststellung nicht.[234] Schreibt die Satzung die förmliche Feststellung des Abstimmungsergebnisses durch den Versammlungsleiter vor und hat dieser das Zustandekommen eines bestimmten Beschlusses festgestellt, so ist der Beschluss mit dem festgestellten Inhalt vorläufig verbindlich; formelle oder materielle Mängel, die seine An-

46

---

[228] *Hachenburg/Ulmer* Rn. 3, 49, 52; *Roth* Anm. 3.2; jetzt auch *Scholz/Priester* Rn. 74.
[229] Vgl. Anh. § 77 Rn. 49.
[230] So eingehend und grundlegend *Habersack* ZHR 164 (2000), 1 ff. gegen *Noack* S. 207 ff.; ferner MüKo AktG/*Pentz* § 23 Rn. 195.
[231] Eingehend *Ivens* GmbHR 1989, 61 ff.
[232] *Hachenburg/Ulmer* Rn. 82; *Scholz/Priester* Rn. 39, 86.
[233] *Hachenburg/Ulmer* Rn. 84; *Scholz/Priester* Rn. 63, 86; vgl. auch Rn. 36 und § 47 Rn. 16.
[234] *Baumbach/Hueck/Zöllner* Rn. 36; *Hachenburg/Ulmer* Rn. 51; *Scholz/Priester* Rn. 85; anders § 130 Abs. 2 AktG; vgl. auch § 47 Rn. 11; § 48 Rn. 17.

§ 53   4. Abschnitt. Abänderungen des Gesellschaftsvertrages

fechtbarkeit begründen, können nur durch Anfechtungsklage geltend gemacht werden.[235]

V. Leistungsvermehrung (Abs. 3)

47 Hierunter wird nicht nur die Vermehrung von Pflichten verstanden, sondern nach üblich gewordener Einordnung auch die Begünstigung einzelner Gesellschafter durch Einräumung von Sonderrechten und deren Beeinträchtigung behandelt, obwohl es für letztere der Heranziehung des Abs. 3 nicht bedarf (Rn. 49).

48 **1. Leistungen.** Leistungen werden vermehrt, wenn die Satzungsänderung neue Pflichten einführt oder bestehende erweitert, gleichgültig, ob zu Lasten aller oder einzelner Gesellschafter. Unter den Schutzzweck der Vorschrift fallen Leistungen jeglicher Art, die über die im Gesellschaftsvertrag festgelegten Gesellschafterpflichten hinausgehen, also neben Zahlungspflichten auch Tätigkeits- und Unterlassungspflichten.[236] Abs. 3 entspricht dem allgemeinen gesellschaftsrechtlichen Grundsatz, dass die Erhöhung von Beitragspflichten nur mit Einverständnis der Betroffenen beschlossen werden darf.[237] Um Leistungsvermehrungen handelt es sich insbesondere bei der Einführung oder Erhöhung von **Nachschusspflichten**;[238] bei Abkürzung im Gesellschaftsvertrag vorgesehener Fristen zur Einzahlung der Stammeinlagen, auch wegen der damit verbundenen Zinspflicht (§ 20); der Einführung oder Erweiterung von Nebenleistungspflichten (§ 3 Abs. 2); der Einschränkung der Übertragbarkeit der Geschäftsanteile (Rn. 26); der Einführung oder Erleichterung der Zwangseinziehung;[239] der Verlängerung der Gesellschaftsdauer, wenn Nebenleistungs- oder Nachschusspflichten bestehen (Rn. 22); dem Abschluss von Gewinnabführungsverträgen (Rn. 32); der Verpflichtung zur Wiedereinlage ausgeschütteter Gewinne (vgl. iE § 55 Rn. 60, 61); der Einführung einer Mitarbeitspflicht[240] oder von Wettbewerbsverboten der Gesellschafter.[241] Sieht die Satzung vor, dass die Gesellschafterversammlung vom Wettbewerbsverbot Befreiung erteilen kann, so genügt hierfür die einfache Stimmenmehrheit selbst dann, wenn die GmbH dadurch zu einem abhängigen Unternehmen eines Gesellschafters iS von § 17 Abs. 1 AktG wird. Eine solche Befreiung ist keine Entbindung von einer Sonderverpflichtung mit der Folge einer Leistungsvermehrung auf Seiten der übrigen Gesellschafter. Allerdings ist ein derartiger Beschluss rechtswidrig, falls nicht sachliche Gründe ihn rechtfertigen.[242] – Durch Satzungsänderung ohne Zustimmung jedes be-

---

[235] BGH ZIP 1988, 703; vgl. auch Rn. 59; BayObLG DB 1992, 135.
[236] *Hachenburg/Ulmer* Rn. 75; *Scholz/Priester* Rn. 50.
[237] § 707 BGB; § 180 Abs. 1 AktG; anders § 16 Abs. 3 GenG, wo im Hinblick auf die genossenschaftliche Duldungspflicht eine Mehrheit von neun Zehnteln genügt, vgl. *Wiedemann* § 7 IV 1; zur Belastungsgrenze vgl. BGH WM 1978, 1005, 1006.
[238] OLG München GmbHR 2000, 981; auch beim Übergang von unbeschränkten zu beschränkten wegen Wegfalls des Abandonrechts, vgl. *Scholz/Priester* Rn. 149; Begründung einer Nachschusspflicht ist auch die durch Beschluss den Gesellschaftern auferlegte Verpflichtung zur Abdeckung von Verbindlichkeiten gegenüber fremden Dritten, vgl. KG NZG 2000, 688.
[239] Offen gelassen in BGH NJW 1992, 892, 893 für die Einschränkung des Abfindungsanspruchs bei Einziehung, aber Notwendigkeit der Zustimmung aller Gesellschafter bejaht, vgl. Rn. 27.
[240] *Scholz/Priester* Rn. 138.
[241] *Hachenburg/Ulmer* Rn. 76; *Scholz/Priester* Rn. 180.
[242] BGHZ 80, 69, 74 = NJW 1981, 1512, 1513; Anh. § 52 Rn. 41; *Brandes* WM 1983, 286, 297; *Lutter/Timm* NJW 1982, 409, 417; zur Befreiung vom Wettbewerbsverbot vgl. auch Rn. 19.

Form der Satzungsänderung **§ 53**

troffenen Gesellschafters kann auch bestimmt werden, dass jeder Gesellschafter nur einen Vertreter in die Gesellschafterversammlung entsenden darf.²⁴³

2. Mittelbare Leistungsvermehrungen. Abs. 3 ist nur auf unmittelbar angeordnete Leistungsvermehrungen anwendbar, nicht auf **mittelbar** im Reflexwege wirkende. Demgemäß ist für eine **Kapitalerhöhung** die Zustimmung aller Gesellschafter nicht erforderlich, weil die Gesellschafter, die keine neuen Einlagen übernehmen, von der Ausfallhaftung nach § 24 nur eventuell getroffen werden.²⁴⁴ **49**

3. Verkürzung von Mitgliedschaftsrechten. Sie ist nach einhM keine Leistungsvermehrung, sodass § 53 Abs. 3 nicht anwendbar ist.²⁴⁵ Die Mehrheit darf deshalb auch Satzungsänderungen mit nachteiligen Auswirkungen auf die Gesellschafterrechte beschließen, solange sie das **Gleichbehandlungsgebot** (vgl. § 53a AktG) und die **Treuepflicht** beachtet.²⁴⁶ Da Satzungsänderungen in aller Regel **etablierte Mehrheitsverhältnisse** voraussetzen, sind gesteigerte Anforderungen an die Treuepflicht zu stellen.²⁴⁷ Auf die Belange der Minderheit ist in besonderem Maße Rücksicht zu nehmen. Der praktisch bedeutsamste Anwendungsfall dieser Grundsätze ist die Einführung der **Gewinnthesaurierung** durch Satzungsänderung, also die generelle Beschneidung des Gewinnanspruchs (§ 29) zugunsten der Bildung von **Rücklagen**. Die völlige Beseitigung des Gewinnrechts (auch des Rechts auf Beteiligung am Liquidationserlös) ist jedoch ohne Zustimmung des Rechtsinhabers nicht möglich (§ 45 Rn. 27). Das gilt auch nach der Neufassung des § 29 durch das BiRiLiG. Solange das Interesse der Minderheit an irgendeiner Gewinnausschüttung gewahrt ist, sind Mehrheitsbeschlüsse bedenkenfrei.²⁴⁸ – Soll der Eingriff allerdings im **Kernbereich der Mitgliedschaft** stattfinden, ist stets die Zustimmung der benachteiligten Gesellschafter erforderlich, zB bei der Änderung des Gewinnverteilungsschlüssels; denn dieser Bereich ist mehrheitsfest.²⁴⁹ Entsprechendes gilt bei **Beeinträchtigung von Sonderrechten** einzelner Gesellschafter (vgl. Rn. 51). Wird durch Satzungsänderung eine **Schiedsklausel** in den Gesellschaftsvertrag aufgenommen (vgl. Rn. 30), folgt die Erforderlichkeit der Zustimmung aller Gesellschafter für deren Wirksamkeit aus dem Verzicht auf die Entscheidung staatlicher Gerichte und den gesetzlichen Richter (Art. 102 Abs. 1 S. 2 GG).²⁵⁰ **50**

4. Sonderrechte (Sondervorteile). Die Einführung von **Sonderrechten** (Sondervorteilen), die einzelnen Gesellschaftern persönlich zustehen sollen, zB auf Geschäftsführung, bei der Verteilung des Gewinns, bei der Abstimmung und Zustimmung (Rn. 46), auf Entsendung eines Aufsichtsrats- oder Beiratsmitglieds (Rn. 28), erfordert neben der **Satzungsänderung** die **Zustimmung der übrigen Gesellschafter,** weil das Gleichbehandlungsgebot zu ihrem Nachteil verletzt wird. Die Beeinträchtigung **51**

---

²⁴³ BGH WM 1989, 63.
²⁴⁴ RGZ 93, 251, 253; 122, 159, 163; *Hachenburg/Ulmer* Rn. 75 und § 55 Rn. 16; *Roth/Altmeppen* Rn. 28 und § 55 Rn. 4; *Scholz/Priester* Rn. 53 und § 55 Rn. 22; vgl. auch § 55 Rn. 7.
²⁴⁵ BGH NJW 1992, 892, 893 mN.
²⁴⁶ *Lutter/Hommelhoff* Rn. 22; *Hachenburg/Ulmer* Rn. 56 bis 69, 77; *Roth/Altmeppen* Rn. 23; *Scholz/Priester* Rn. 56 bis 60; zum Gleichbehandlungsgebot und zur Treuepflicht allgemein vgl. § 47 Rn. 124 ff.; bei der Kapitalerhöhung vgl. § 55 Rn. 30.
²⁴⁷ *Scholz/Priester* Rn. 60.
²⁴⁸ *Hachenburg/Goerdeler/Müller* § 29 Rn. 60, 61; *Roth/Altmeppen* § 29 Rn. 39; *Scholz/Priester* Rn. 47, 141, 142; zur Rücklagenbildung im Übrigen vgl. die Erl. zu § 29 und § 46 Rn. 11; zum Abschluss eines Gewinnabführungsvertrags vgl. Rn. 32, 48; zur Einführung des Ausschüttungs-Rückholverfahrens durch Satzungsänderung vgl. Rn. 48 und § 55 Rn. 61.
²⁴⁹ *Hachenburg/Ulmer* Rn. 57–59.
²⁵⁰ BGH DB 2000, 1166 (betr. Satzungsänderung eines eingetragenen Vereins).

§ 53 4. Abschnitt. Abänderungen des Gesellschaftsvertrages

oder Aufhebung von Sonderrechten verlangt neben einer Satzungsänderung[251] die Zustimmung der betroffenen Gesellschafter im Hinblick auf den auch im GmbH-Recht geltenden § 35 BGB, es sei denn, dass ein wichtiger Grund vorliegt.[252] Soweit für die Aufhebung von Sondervorteilen ein Erlassvertrag (§ 397 BGB) zwischen der GmbH und dem Rechtsinhaber für erforderlich gehalten wird,[253] kann dies nur für Vergünstigungen vermögensrechtlicher Art gelten, die nach der Anteilsveräußerung in der Person des Berechtigten fortbestehen sollen und sich dadurch verselbstständigen; denn während der Dauer der Mitgliedschaft des Berechtigten gehören die Sondervorteile zu dieser und können nur von den Gesellschaftern mit Zustimmung des Berechtigten beseitigt werden.[254]

52 **5. Zustimmung.** Sie tritt neben den satzungsändernden Beschluss und ist von ihm zu unterscheiden. Sie ist nicht dessen Bestandteil, sondern zusätzliches Wirksamkeitserfordernis.[255]

53 **a) Einstimmigkeit?** Die Voraussetzungen des satzungsändernden Beschlusses bestimmen sich auch bei leistungsvermehrendem Gegenstand allein nach Abs. 2. Ein einstimmiger Beschluss ist auch dann **nicht erforderlich,** wenn er alle Gesellschafter belastet, im Übrigen aber auch **nicht ausreichend,** es sei denn, dass sämtliche Gesellschafter mitgestimmt haben.[256]

54 **b) Sonderfälle.** Einer gesonderten Zustimmung bedarf es nicht, wenn ein betroffener Gesellschafter bereits für die Satzungsänderung gestimmt hat.[257] Hat er gegen sie gestimmt, so kann er gleichwohl noch seine Zustimmung erteilen. Allerdings ist ein negatives Abstimmungsverhalten bei der Beschlussfassung über die Satzungsänderung im Zweifel als Verweigerung der Zustimmung zu werten.[258]

55 **c) Stimmrechtslose Geschäftsanteile.** Zustimmen müssen auch die Inhaber **stimmrechtsloser Geschäftsanteile.** Dieses Recht kann durch die Satzung nicht ausgeschlossen werden.[259] Zustimmen muss ferner der **Nießbraucher** (Rn. 42).

56 **d) Formlose Willenserklärung.** Die Zustimmung ist eine nach BGB zu beurteilende Willenserklärung und bedarf keiner bestimmten Form, kann vielmehr mündlich, schriftlich oder konkludent innerhalb oder außerhalb der Gesellschafterversammlung erteilt werden. § 53 Abs. 2 S. 1 (notarielle Beurkundung) gilt für sie nicht.[260] Die Zustimmung muss auch nicht innerhalb einer bestimmten **Frist** erklärt werden. Solange

---

[251] OLG Nürnberg MDR 2000, 653 für die Abberufung eines Gesellschafter-Geschäftsführers mit Sonderrecht auf Geschäftsführung.

[252] BGH NJW-RR 1989, 542; RGZ 80, 385, 389; *Baumbach/Hueck/Zöllner* Rn. 19; *Lutter/Hommelhoff* Rn. 20; *Hachenburg/Ulmer* Rn. 60, 77, 119 bis 121; *Roth/Altmeppen* Rn. 23; *Scholz/Priester* Rn. 48, 155; vgl. auch § 14 Rn. 35.

[253] *Hachenburg/Ulmer* Rn. 121.

[254] So wohl auch *Scholz/Priester* Rn. 155; zur Änderung des Satzungstextes nach Aufhebung von Sondervorteilen in solchem Falle vgl. Rn. 15.

[255] BGHZ 20, 363, 368.

[256] RG JW 1931, 2975; *Hachenburg/Ulmer* Rn. 78; *Scholz/Priester* Rn. 93; vgl. auch Rn. 54.

[257] *Hachenburg/Ulmer* Rn. 41, 78; *Scholz/Priester* Rn. 94.

[258] *Hachenburg/Ulmer* Rn. 80.

[259] *Scholz/K. Schmidt* § 47 Rn. 11; *Scholz/Priester* Rn. 92; *Wiedemann* § 7 II 1a, der offenbar eine Zustimmungs- oder Stimmbefugnis sogar für jede Satzungsänderung annimmt, was zu weit geht.

[260] § 47 Rn. 13; *Baumbach/Hueck/Zöllner* Rn. 42; *Lutter/Hommelhoff* Rn. 17; *Hachenburg/Ulmer* Rn. 79; *Roth/Altmeppen* Rn. 33; *Scholz/Priester* Rn. 94; vgl. aber § 54 Rn. 6; vgl. auch oben Rn. 38.

sie aussteht, ist der Satzungsänderungsbeschluss **schwebend unwirksam**.[261] Nach dem Rechtsgedanken der §§ 108 Abs. 2, 177 Abs. 2 BGB können die Mitgesellschafter oder die Geschäftsführer den Schwebezustand durch Aufforderung zur Erklärung unter Fristsetzung (angemessene Frist) beenden.[262] Verstreicht die Frist fruchtlos, gilt die Zustimmung als verweigert. Die Verweigerung der Zustimmung führt zur **Unwirksamkeit** des Beschlusses (vgl. Rn. 59). Eine **Teilwirksamkeit** des Beschlusses für die zustimmenden Gesellschafter ist je nach Beschlussgegenstand denkbar, im Zweifel aber zu verneinen.[263]

e) Regelung im Gesellschaftsvertrag. Der Gesellschaftsvertrag kann vorsehen, dass Leistungsvermehrungen durch einfachen (oder qualifizierten) Mehrheitsbeschluss eingeführt werden können. Der Zustimmung der betroffenen Gesellschafter im Einzelfall bedarf es dann wegen des vorweg erteilten generellen Einverständnisses nicht mehr. Doch muss der Gesellschaftsvertrag die Grenzen derartiger Mehrheitsbefugnisse deutlich abstecken. Dabei wird man die Regeln zum sogenannten Bestimmtheitsgrundsatz des Personengesellschaftsrechts heranziehen können.[264] Nachdem der BGH seine frühere Rechtsprechung hierzu in Frage gestellt hatte,[265] dann aber wieder auf die alten Grundsätze zurückgekommen ist,[266] wird man eine Satzungsregelung, die der Mehrheit schlechthin die Bestimmung über Leistungsvermehrungen überlässt, nur dann als mit Abs. 3 vereinbar ansehen können, wenn den betroffenen Gesellschaftern ein Austrittsrecht entsprechend § 27 Abs. 1 eingeräumt wird.[267]

VI. Stimmpflicht der Gesellschafter

Sie kann aus dem Gesellschaftsvertrag folgen (zB zur Ersetzung einer unwirksamen Satzungsregelung durch eine wirksame auf Grund einer salvatorischen Klausel (vgl. o. Rn. 29), lässt sich in aller Regel aber nur aus der **Treuepflicht** der Gesellschafter herleiten. Bei Satzungsänderungen kommt sie kaum jemals in Betracht. Die Grundsätze über die Pflicht des Gesellschafters einer Personengesellschaft, einer Änderung des Gesellschaftsvertrags zuzustimmen,[268] passen nicht ohne weiteres für die Satzungsänderung, weil für diese nach der gesetzlichen Regel anders als im Personengesellschaftsrecht Dreiviertelmehrheit genügt. Dennoch hat der BGH[269] diese Grundsätze auch auf die Beziehungen der Gesellschafter einer „personalistisch ausgestalteten" GmbH für

---

[261] RGZ 121, 238, 244; § 47 Rn. 13; *Hachenburg/Ulmer* Rn. 80, 91; *Roth/Altmeppen* Rn. 33; *Scholz/Priester* Rn. 95.
[262] § 47 Rn. 89; *Hachenburg/Ulmer* Rn. 80; *Scholz/Priester* Rn. 95.
[263] *Baumbach/Hueck/Zöllner* Rn. 42; *Hachenburg/Ulmer* Rn. 81; *Meyer-Landrut/Miller/Niehus* Rn. 20; *Roth/Altmeppen* Rn. 34; *Scholz/Priester* Rn. 96. Der BGH (DB 2000, 1166) geht bei der Einführung einer Schiedsklausel durch Änderung der Satzung eines eingetragenen Vereins offenbar davon aus, dass die Schiedsklausel nur diejenigen Mitglieder nicht bindet, die der Satzungsänderung nicht zugestimmt haben. Zur Schiedsklausel durch Satzungsänderung vgl. auch Rn. 30.
[264] *Scholz/Priester* Rn. 51.
[265] Vgl. zB BGHZ 85, 350, 356, 357; BGH ZIP 1994, 1942 und dazu *Priester* EWiR 1995, 73 sowie *Hermanns* ZGR 1996, 103.
[266] BGH NJW 1996, 1678, 1679.
[267] *Hachenburg/Ulmer* Rn. 74; aA *Baumbach/Hueck/Zöllner* Rn. 17, die einen generellen Dispens von Abs. 3 nicht für möglich halten; abl. auch *Schäfer* S. 171, der § 27 die Vorbildfunktion abspricht, aber einräumt, dass das RG (RGZ 128, 1, 16 ff.) § 27 noch als Ausdruck eines allgemeinen Rechtsgedankens gewertet hat.
[268] Vgl. die Zusammenstellung in BGHZ 98, 276, 279 = NJW 1987, 189, 190; 1987, 3192; MüKo BGB/*Ulmer* § 705 Rn. 190.
[269] BGHZ 98, 276, 279 = NJW 1987, 189, 190; 1987, 3192.

anwendbar erklärt. Allerdings betraf der entschiedene Sachverhalt den Sonderfall der **Anpassung des Stammkapitals von Altgesellschaften** an die Mindeststammkapitalziffer des § 5 Abs. 1 idF der GmbH-Novelle 1980. Der Änderungsbeschluss bezweckte hier die Aufrechterhaltung der Geschäftsgrundlage unter den Gesellschaftern und nicht ihre Veränderung.[270] Mit dieser Einschränkung erscheint eine Stimmpflicht ausnahmsweise vertretbar. Auch im Zusammenhang mit der **Umstellung des Stammkapitals von DM auf Euro** ist eine Stimmpflicht denkbar.[271] Dagegen geht es zu weit, den GmbH-Gesellschafter immer dann für verpflichtet zu halten, einer Satzungsänderung zuzustimmen, wenn diese mit Rücksicht auf das Gesellschaftsverhältnis dringend geboten und ihm zumutbar ist;[272] denn hierdurch wird das Abstimmungsermessen des Gesellschafters bei Grundlagenänderungen aufgehoben.[273] Deshalb kommt eine Zustimmungspflicht der Minderheit beim Abschluss von **Unternehmensverträgen** (Rn. 30) von vornherein nicht in Betracht,[274] ebenso wenig bei anderen Satzungsänderungen, die in den Kernbereich der Mitgliedschaft eingreifen.[275] – Um Stimmpflicht in diesem Sinne handelt es sich nicht, wenn Gesellschafter auf Grund von **Stimmbindungsvereinbarungen** für eine Satzungsänderung stimmen müssen. Solche Vereinbarungen werden als zulässig angesehen, sofern die Bindung nicht gegenüber einem Dritten eingegangen ist,[276] und sind formlos wirksam.[277] Zu den Mehrheitsproblemen in solchem Falle vgl. Rn. 45. – Die **Gesellschaft** selbst kann sich gegenüber Dritten nur mit Zustimmung der Gesellschafter (in der Form des § 53) zur Durchführung einer Satzungsänderung verpflichten.[278]

VII. Aufhebung des Beschlusses

59 **1. Vor Eintragung in das Handelsregister.** Da der Beschluss über die Satzungsänderung erst mit der Eintragung in das Handelsregister rechtswirksam wird (§ 54 Abs. 3), ändert ein Beschluss über seine Aufhebung **vor der Eintragung** die Satzung nicht und bedarf deshalb weder der Dreiviertelmehrheit noch der notariellen Beurkundung nach § 53 Abs. 2. Vielmehr genügt die im Gesellschaftsvertrag für Gesellschafterbeschlüsse allgemein vorgesehene Mehrheit, in der Regel also die **einfache Mehrheit**. Die Zustimmung von Gesellschaftern, deren die Satzungsänderung nach § 53 Abs. 3 bedurfte, ist nicht erforderlich.[279] Der Gegenmeinung,[280] die für den Aufhebungsbe-

---

[270] BGHZ 98, 276, 279 = NJW 1987, 189, 190; 1987, 3192; vgl. auch *Brandes* WM Sonderbeilage Nr. 2/1988 S. 7; § 55 Rn. 18.
[271] Vgl. die Erl. zu § 86.
[272] BGHZ 98, 276; *Lutter/Hommelhoff* Rn. 32.
[273] IErg. ebenso *Meyer-Landrut/Miller/Niehus* Rn. 8, die sogar eine Stimmpflicht zur Anpassung des Stammkapitals von Altgesellschaften ablehnen; eher zurückhaltend auch *Hachenburg/Ulmer* Rn. 70; *Scholz/Priester* Rn. 37; für gänzlich analoge Anwendung der für Personengesellschaften entwickelten Grundsätze *Baumbach/Hueck/Zöllner* Rn. 47; ähnlich *Winter* S. 178 ff.; einschränkend zur Zustimmungspflicht bei Gesellschaftsvertragsänderungen einer KG auch OLG Hamm NZG 2000, 252: Vorhandene Regelung des Gesellschaftsvertrags muss der Treuepflicht widersprechen.
[274] AA für Ausnahmefälle *Hachenburg/Ulmer* Rn. 146; ähnlich *Altmeppen* DB 1998, 49.
[275] Für den Regelfall auch *Hachenburg/Ulmer* Rn. 71; vgl. auch Rn. 4; zur Stimmpflicht bei Kapitalerhöhung vgl. § 55 Rn. 18; bei vereinfachter Kapitalherabsetzung vgl. § 58a Rn. 11; vgl. ferner § 5 Rn. 6; § 47 Rn. 20; § 76 Rn. 8.
[276] Str., vgl. § 47 Rn. 29; *Priester*, FS Werner, 1984, S. 657 ff.; *Scholz/Priester* Rn. 36.
[277] Insoweit zweifelnd *Happ* ZGR 1984, 168, 170.
[278] Eingehend hierzu *Fleck* ZGR 1988, 104, 110 ff.; *Lutter/Hommelhoff* Rn. 35.
[279] Wohl hM, vgl. *Baumbach/Hueck/Zöllner* Rn. 35; *Lutter/Hommelhoff* Rn. 40; *Hachenburg/Ulmer* Rn. 73; *Scholz/K. Schmidt* § 45 Rn. 33; vgl. auch § 47 Rn. 14.
[280] *Scholz/Priester* Rn. 193.

schluss die gleichen Mehrheitsverhältnisse verlangt wie für den aufzuhebenden Beschluss, das Beurkundungserfordernis aber für entbehrlich hält, ist zwar zuzugeben, dass nach der hM eine geringere Mehrheit den Willen einer größeren zu Fall bringen kann. Die hM kann aber größere formale Folgerichtigkeit für sich beanspruchen und überdies darauf verweisen, dass die Gesellschafterversammlung mit einfacher Mehrheit die Geschäftsführer anweisen könnte, die Satzungsänderung nicht zur Eintragung in das Handelsregister anzumelden oder eine bereits vorgenommene Anmeldung zurückzunehmen.[281]

2. Nach Eintragung in das Handelsregister. Die Aufhebung des satzungsändernden Beschlusses ist dann ihrerseits Satzungsänderung, so dass der Aufhebungsbeschluss die Anforderungen des § 53 Abs. 2 und, je nach Beschlussgegenstand, auch des Abs. 3 (vgl. Rn. 49) erfüllen muss. **60**

3. Abänderung des Beschlusses. Die Abänderung des Satzungsänderungsbeschlusses vor seiner Eintragung in das Handelsregister ist ebenfalls nur unter Einhaltung der Vorschriften des § 53 möglich.[282] Hierin liegt kein Widerspruch zur gegenteiligen Behandlung der Aufhebung, die begrifflich auch Abänderung ist; denn anders als dort soll hier die Satzungsänderung in der Gestalt des Abänderungsbeschlusses durchgeführt werden und das erfordert im Hinblick auf die Notwendigkeit der Eintragung der Satzungsänderung in das Handelsregister (§ 54) einen nach § 53 gefassten Beschluss (zur Anmeldung des Beschlusses vgl. § 54 Rn. 2). **61**

VIII. Mängel des Beschlusses

Es gelten die allgemeinen Regeln über fehlerhafte Gesellschafterbeschlüsse, insbesondere zur Nichtigkeit, Anfechtbarkeit und Unwirksamkeit (hierzu vgl. § 47 Rn. 85 ff.). Zu beachten ist, dass die Wirksamkeit der Satzungsänderung von ihrer Eintragung in das Handelsregister abhängt (§ 54 Abs. 3). Die **Eintragung heilt** den Mangel der notariellen Beurkundung der Satzungsänderung.[283] Soweit **Einberufungsmängel** zur **Nichtigkeit** des Beschlusses führen (§ 51 Rn. 12), tritt **Heilung** drei Jahre nach Eintragung der Satzungsänderung in das Handelsregister ein.[284] Bei Fristversäumnis wird der **Arglisteinwand** grundsätzlich nicht zugelassen.[285] Gleiches gilt für **Inhaltsmängel** mit Nichtigkeitsfolge, zB eine Firmenänderung unter Verstoß gegen § 4.[286] Wird die **Dreiviertelmehrheit nicht erreicht** und gleichwohl ein positives Beschlussergebnis festgestellt und beurkundet, so ist der Beschluss über die Satzungsänderung nur **anfechtbar.**[287] **Fehlt** die nach § 53 Abs. 3 erforderliche **Zustimmung,** so ist der **62**

---

[281] Auch insoweit allerdings aA *Scholz/Priester* Rn. 193; vgl. auch § 54 Rn. 8, 14.
[282] *Hachenburg/Ulmer* Rn. 73; *Scholz/Priester* Rn. 193.
[283] § 242 Abs. 1 AktG analog, BGH NJW 1996, 257 = EWiR 1996, 75 *(Kort);* § 47 Rn. 114; *Baumbach/Hueck/Zöllner* Anh. § 47 Rn. 36; *Hachenburg/Ulmer* Rn. 92; *Roth/Altmeppen* § 54 Rn. 16; *Scholz/Priester* § 54 Rn. 65; vgl. auch §§ 20 Abs. 1 Nr. 4, 131 Abs. 1 Nr. 4, 202 Abs. 1 Nr. 3 UmwG.
[284] § 242 Abs. 2 AktG analog, vgl. BGHZ 80, 212, 216 = NJW 1981, 2125; BGH WM 1984, 473; KG NJW-RR 1996, 103; § 47 Rn. 114 mwN; *Scholz/Priester* § 54 Rn. 65.
[285] BGH WM 1984, 473.
[286] BGHZ 144, 365 = DNotZ 2001, 868 m. Anm. *Zöller; Casper* S. 325 ff.; *Hachenburg/Ulmer* Rn. 94; *Scholz/Priester* § 54 Rn. 65; zur Amtslöschung gemäß § 144 Abs. 2 FGG in derartigen Fällen vgl. § 54 Rn. 38; zur Heilung kartellverbotswidriger Satzungsänderungen analog § 242 AktG vgl. *K. Schmidt* AG 1996, 385; vgl. auch OLG Stuttgart DB 2000, 1218: Kapitalerhöhung durch Nichtgesellschafter (hierzu vgl. § 55 Rn. 21 Fn. 46, 47).
[287] BGH ZIP 1988, 703; BayObLG DB 1992, 135; vgl. auch Rn. 46; § 47 Rn. 10, 121; *Hachenburg/Ulmer* Rn. 90; *Roth/Altmeppen* § 54 Rn. 19; *Scholz/Priester* Rn. 85; zum Einfluss der

§ 53   4. Abschnitt. Abänderungen des Gesellschaftsvertrages

Beschluss schwebend, im Falle ihrer Verweigerung endgültig **unwirksam** (Rn. 56). Das hat auch für eine durch den Gesellschaftsvertrag angeordnete (§ 53 Abs. 2 S. 2) Zustimmung zu gelten.[288] Für **Willensmängel** gelten die allgemeinen Regeln.[289] Wird wegen solcher die Stimmabgabe wirksam angefochten und entfällt dadurch die Dreiviertelmehrheit für den Satzungsänderungsbeschluss, so kann gegen diesen die Anfechtungsklage erhoben werden, sofern die hierfür geltende Frist (§ 47 Rn. 139) noch nicht abgelaufen ist.[290] Eine Anfechtung der Stimmabgabe wegen arglistiger Täuschung kommt auch in Betracht, wenn minderjährige oder unerfahrene Familiengesellschafter nicht ausreichend über die Tragweite einer Satzungsänderung **aufgeklärt** wurden.[291] Wird ein unwirksamer Satzungsänderungsbeschluss in das Handelsregister **eingetragen**, so wird die Unwirksamkeit entsprechend den Nichtigkeitsregeln geheilt, wenn sie nicht innerhalb von drei Jahren seit Eintragung gerichtlich geltend gemacht wird.[292] Zur Frage der Teilwirksamkeit des Beschlusses für die zustimmenden Gesellschafter vgl. Rn. 56. Hiervon zu unterscheiden ist die **Teilnichtigkeit** der Satzungsänderung nach § 139 BGB, der nach hM auf Gesellschafterbeschlüsse anwendbar ist.[293] Gegen die Annahme einer Vermutung für Gesamtnichtigkeit bestehen jedoch bei Beschlüssen über Satzungsänderung erhebliche Bedenken, jedenfalls dann, wenn mehrere nicht voneinander abhängige Satzungsänderungen einheitlich beschlossen und beurkundet werden.[294] Zum **Teilvollzug** teilweise nichtiger Satzungsänderungen bei uneingeschränkter Anmeldung zum Handelsregister vgl. § 54 Rn. 19. Zur Verhinderung der Eintragung mängelbehafteter Beschlüsse durch **einstweilige Verfügung** vgl. § 54 Rn. 27.

IX. Einmann-GmbH, Liquidation, Insolvenz, Gründungsstadium

63   Auch der **alleinige Gesellschafter** iS des § 48 Abs. 3 muss für die Satzungsänderung die Bestimmungen des § 53 einhalten, soweit sich nicht daraus etwas anderes ergibt, dass der Einmann ständig beschlussfähig ist. Demgemäß muss er **keine Gesellschafterversammlung** (Rn. 36) einberufen und abhalten, seinen Beschluss aber **notariell beurkunden** lassen. Für die Beurkundung ist schon wegen des Erfordernisses der Unterschrift nach § 48 Abs. 3 das Verfahren nach §§ 6 ff. BeurkG einzuhalten, nicht das sonst ausreichende Verfahren nach §§ 36, 37 BeurkG.[295]

64   **Nach Auflösung der Gesellschaft** sind Satzungsänderungen zulässig, soweit der Abwicklungszweck nicht entgegensteht.[296] Denkbar ist zB eine Firmenänderung bei Veräußerung des Handelsgeschäfts der GmbH, wenn dadurch nicht zugleich die Abwicklung beendet wird. In solchem Falle kann auch die Änderung des Unternehmensgegenstandes erforderlich werden (Rn. 17, 19). Deshalb ist dem OLG München[297]

Anfechtbarkeit auf das Eintragungsverfahren vgl. unten § 54 Rn. 20; die Anfechtbarkeit kann entfallen, wenn ein Bestätigungsbeschluss gefasst wird, § 244 S. 1 AktG analog, vgl. § 47 Rn. 137 und § 58 Rn. 41.

[288] *Hachenburg/Ulmer* Rn. 91; jetzt auch *Scholz/Priester* Rn. 90.
[289] §§ 116 ff. BGB, vgl. BGHZ 14, 264, 267 = NJW 1954, 1563.
[290] BGHZ 14, 264, 267 = NJW 1954, 1563.
[291] BGH GmbHR 1992, 569, 572.
[292] *Hachenburg/Ulmer* Rn. 91, 93, 94; *Scholz/Priester* § 54 Rn. 67.
[293] § 47 Rn. 110 mN; *Scholz/Priester* § 54 Rn. 46.
[294] *Hachenburg/Ulmer* Rn. 97.
[295] *Scholz/Priester* Rn. 108; vgl. auch oben Rn. 36.
[296] BayObLG DB 1987, 2140; DB 1995, 667; OLG Frankfurt NJW 1974, 463; § 69 Rn. 18; *Hachenburg/Ulmer* Rn. 29; *Lutter/Hommelhoff* § 69 Rn. 13; *Roth/Altmeppen* § 69 Rn. 5; *Scholz/Priester* Rn. 187.
[297] HRR 1938 Nr. 1547.

Form der Satzungsänderung **§ 53**

nicht zu folgen, das eine Änderung des Unternehmensgegenstandes im Abwicklungsstadium grundsätzlich ausschließt.[298] Zur Zulässigkeit der **Kapitalerhöhung** während der Liquidation vgl. § 55 Rn. 24.

Auch in der **Insolvenz** sind Satzungsänderungen möglich, da die Gesellschafterversammlung neben dem Insolvenzverwalter eine gewisse Kompetenz behält.[299] Umstritten ist allerdings die **Firmenänderung,** weil der Insolvenzverwalter zur Veräußerung des Unternehmens mit der Firma befugt ist.[300] Zur **Kapitalerhöhung** in der Insolvenz vgl. § 55 Rn. 25. **65**

Auf die Satzungsänderung während des **Gründungsstadiums** ist nicht § 53 anzuwenden, sondern § 2.[301] Es ist deshalb die Zustimmung aller Gesellschafter erforderlich. Da Umwandlungen nach dem UmwG Satzungsänderungscharakter haben (vgl. Rn. 32 aE), kann an dieser Stelle auch die Frage gestellt werden, ob **Umwandlungen** schon im Gründungsstadium, also bei der Vorgesellschaft, möglich sind. Das ist zwar ein weitgehend theoretischer Fall. Die Frage wird aber von *K. Schmidt*[302] mit der Maßgabe bejaht, dass zunächst die juristische Person in ihrer Ausgangsform eingetragen wird und darauf die Eintragung der Umwandlung nachfolgt. Es findet dann eine doppelte registergerichtliche Prüfung statt und eine doppelte Eintragung. Die Vorgesellschaft selbst ist kein umwandlungsfähiger Rechtsträger iS der §§ 3, 124, 191 UmwG. Aus der Sicht des Praktikers dürfte es indessen einfacher und vermutlich sogar weniger zeitraubend sein, den Gründungsvorgang zu Ende zu bringen und dann die Verschmelzung oder Spaltung getrennt in Angriff zu nehmen. Lediglich beim Formwechsel kann die Vorgesellschaft durch allseitigen Vertrag mit sofortiger Wirkung in eine Vorgesellschaft anderer Rechtsform umgewandelt und dann sogleich als Rechtsträger neuer Rechtsform eingetragen werden.[303] **66**

X. Kosten

Für die **Beurkundung** der Satzungsänderung wird das Doppelte der vollen Gebühr erhoben, §§ 141, 47 S. 1 Halbs. 1 KostO. Für den beurkundenden Notar ist die Erteilung der Satzungsbescheinigung nach § 54 Abs. 1 S. 2 Halbs. 2 gebührenfreies Nebengeschäft (§ 47 S. 1 Halbs. 2 KostO, vgl. § 54 Rn. 13). **Geschäftswert** ist nach §§ 27 Abs. 1, 26 Abs. 4 KostO eins vom Hundert des eingetragenen Stammkapitals, mindestens 25 000 € und höchstens 500 000 € (anders als bei der Kapitalerhöhung, vgl. § 55 Rn. 55). Für die **Eintragung** der Satzungsänderung in das Handelsregister wird nach § 79 Abs. 1 KostO ebenfalls eine volle Gebühr erhoben. Zu **tragen** sind die Kosten von der **Gesellschaft,** ohne dass es einer besonderen Satzungsregelung oder einer Bestimmung im Satzungsänderungsbeschluss über die Kostenübernahme analog § 26 Abs. 2 AktG wie bei der Gründung[304] bedarf.[305] Zur **Europarechtswidrigkeit** von Gebühren der KostO vgl. § 55 Rn. 57. **67**

---

[298] Wie hier *Baumbach/Hueck/Zöllner* Rn. 45; *Hachenburg/Hohner* § 69 Rn. 58, 59; *Hachenburg/Ulmer* Rn. 29; *Scholz/Priester* Rn. 187; aA *Lutter/Hommelhoff* § 69 Rn. 13.
[299] § 63 Rn. 134, 135; *Hachenburg/Ulmer* § 63 Rn. 95; *Scholz/K. Schmidt* § 45 Rn. 17; *Scholz/Priester* Rn. 187.
[300] Näher hierzu vgl. § 63 Rn. 135; OLG Karlsruhe DB 1993, 528; *Joussen* GmbHR 1994, 159; *Hachenburg/Ulmer* § 63 Rn. 90–93.
[301] OLG Köln BB 1995, 2545; Rn. 2; § 11 Rn. 62; *Baumbach/Hueck/Zöllner* Rn. 45; differenzierend *Scholz/K. Schmidt* § 11 Rn. 47; *K. Schmidt,* FS Zöllner, 1998, S. 521, 526.
[302] FS Zöllner, 1998, S. 521 ff.
[303] *K. Schmidt,* FS Zöllner, 1998, S. 521 ff.
[304] Vgl. § 2 Rn. 94; § 5 Rn. 67.
[305] BFH BB 2000, 758 zu den Kosten der Kapitalerhöhung (hierzu vgl. § 55 Rn. 55, 56).

XI. Steuern

68 Die Kosten der Satzungsänderung, insbesondere Beurkundungs- und Eintragungskosten, sind Kosten der Gesellschaft und demgemäß als **Betriebsausgaben** bei dieser abzugsfähig. Es gilt das Veranlassungsprinzip (§ 4 Abs. 4 EStG), wonach die Kosten jener zu tragen hat, in dessen Rechtssphäre sie verursacht sind.[306] Bei **Mantelverwendung** und **Mantelkauf** (vgl. Rn. 17) ist zu beachten, dass nach § 8 Abs. 4 KStG in der ab dem Veranlagungszeitraum 1997 geltenden Fassung ein Verlustabzug nach § 10d EStG nur gewährt wird, wenn die Körperschaft, die den Verlust geltend macht, nicht nur rechtlich, sondern auch wirtschaftlich mit der Körperschaft identisch ist, die den Verlust erlitten hat. Wirtschaftliche Identität liegt insbesondere dann nicht vor, wenn mehr als die Hälfte der Anteile an einer Kapitalgesellschaft übertragen werden und diese ihren Geschäftsbetrieb mit überwiegend neuem Betriebsvermögen fortführt oder wieder aufnimmt. Bei **Verlegung der Geschäftsleitung in das Ausland** unter Beibehaltung des statutarischen Sitzes im Inland folgt das Steuerrecht noch nicht dem Gesellschaftsrecht,[307] das uU zu einer Auflösung der Gesellschaft führt. Es kommt also nicht zu einer Schlussbesteuerung der Gesellschaft. Vielmehr bleibt diese weiterhin unbeschränkt körperschaftsteuerpflichtig. Jedoch kann eine Doppelbesteuerung durch die gleichzeitige Besteuerung im Ausland eintreten, soweit diese nicht durch ein Doppelbesteuerungsabkommen vermieden wird.[308]

XII. Österreichisches Recht

69 § 53 entsprechen §§ 49 und 50 ÖGmbHG. Grundsätzlich bedarf der Satzungsänderungsbeschluss einer Stimmenmehrheit von drei Vierteln. Delegation an andere Organe ist unzulässig.[309] Die **Abänderung des Unternehmensgegenstandes** kann jedoch nur **einstimmig** beschlossen werden, wenn die Satzung nichts anderes bestimmt (§ 50 Abs. 3 ÖGmbHG). Anderseits kann mit **einfacher Stimmenmehrheit** die Bestellung eines (fakultativen) **Aufsichtsrats** eingeführt werden (§ 50 Abs. 2 ÖGmbHG). Gleiches gilt für die Herabsetzung der den Geschäftsführern oder Aufsichtsratsmitgliedern nach dem Gesellschaftsvertrag zukommenden Entlohnung, vorbehaltlich anderweitiger vertraglicher Regelung oder sozialer Schutzgesetze.[310] Dem Unterschied zwischen materiellen und formellen Satzungsbestandteilen wird zB dadurch Rechnung getragen, dass die Abberufung eines im Gesellschaftsvertrag bestellten Organmitglieds nicht als Statutenänderung behandelt wird.[311] Der Vermehrung von Leistungspflichten, die nicht ohne **Zustimmung** der betroffenen Gesellschafter möglich ist, stellt § 50 Abs. 4 ÖGmbHG ausdrücklich die Verkürzung der einzelnen Gesellschaftern durch den Gesellschaftsvertrag eingeräumten Rechte gleich. Anders als nach deutschem Recht (vgl. Rn. 32) ist ein **Ergebnisabführungsvertrag** mit einer GmbH auch ohne Eintragung in das Firmenbuch wirksam.[312] Zweifelhaft ist, ob **notarielle Beurkundung** der Satzungsänderung **im Ausland** dem Formerfordernis genügt.[313] Für großzügigere Zulassung *Koppensteiner*.[314]

---

[306] BFH BB 2000, 758.
[307] Zu diesem vgl. Rn. 18.
[308] IE vgl. *Dreissig* DB 2000, 893.
[309] *Gellis* § 49 Rn. 1; *Koppensteiner* Rn. 9.
[310] *Gellis* § 50 Rn. 2; *Koppensteiner* Rn. 6.
[311] *Gellis* § 49 Rn. 8.
[312] OGH NZG 1999, 1216, vgl. Fn. 148.
[313] *Gellis* § 49 Rn. 6.
[314] § 49 Rn. 13 iVm. § 4 Rn. 23 mN.

§ 54 [Anmeldung und Eintragung]

(1) ¹Die Abänderung des Gesellschaftsvertrages ist zur Eintragung in das Handelsregister anzumelden. ²Der Anmeldung ist der vollständige Wortlaut des Gesellschaftsvertrags beizufügen; er muß mit der Bescheinigung eines Notars versehen sein, daß die geänderten Bestimmungen des Gesellschaftsvertrags mit dem Beschluß über die Änderung des Gesellschaftsvertrags und die unveränderten Bestimmungen mit dem zuletzt zum Handelsregister eingereichten vollständigen Wortlaut des Gesellschaftsvertrags übereinstimmen.

(2) ¹Bei der Eintragung genügt, sofern nicht die Abänderung die in § 10 Abs. 1 und 2 bezeichneten Angaben betrifft, die Bezugnahme auf die bei dem Gericht eingereichten Urkunden über die Abänderung. ²Die öffentliche Bekanntmachung findet in betreff aller Bestimmungen statt, auf welche sich die in § 10 Abs. 3 und in § 13b Abs. 4 des Handelsgesetzbuchs vorgeschriebenen Veröffentlichungen beziehen.

(3) Die Abänderung hat keine rechtliche Wirkung, bevor sie in das Handelsregister des Sitzes der Gesellschaft eingetragen ist.

Literatur: Vgl. die Angaben bei § 53, ferner: *Baums* Eintragung und Löschung von Gesellschafterbeschlüssen, 1981; *Gustavus* Die Vollmacht zu Handelsregisteranmeldungen bei Personengesellschaften und Gesellschaften mit beschränkter Haftung, GmbHR 1978, 219; *ders.* Handelsregisteranmeldungen, 1983; *Röll* Satzungsbescheinigung und Gestaltung des GmbH-Gesellschaftsvertrags, GmbHR 1982, 251; *Säcker* Inhaltskontrolle von Satzungen mitbestimmter Unternehmen durch das Registergericht, FS Stimpel, 1985, S. 867; *Winkler* Die Anmeldung der Änderung der GmbH-Satzung, NJW 1980, 2683; *Wolff* Die Zulässigkeit einer rückwirkenden Änderung des Geschäftsjahres bei Kapitalgesellschaften, DB 1999, 2149.

Übersicht

	Rn.		Rn.
I. Normzweck	1	3. Verhinderung der Eintragung	27
II. Anmeldung zum Handelsregister (Abs. 1)	2–14	4. Fehlerhafte Eintragungen	28, 29
		5. Bekanntmachung	30
1. Anzumeldende Satzungsänderungen	2	6. Kein Registerzwang	31
2. Inhalt und Form der Anmeldung	3–5	7. Eintragungssperre (Registersperre)	32
3. Anmelder	6	V. Wirkung der Eintragung (Abs. 3)	33–35
4. Anmeldepflicht	7, 8	1. Eintragung als Wirksamkeitserfordernis	33
5. Zuständiges Gericht	9	2. Rückwirkende Satzungsänderungen	34
6. Beizufügende Urkunden	10–13	3. Bedingte und befristete Satzungsänderungen	35
7. Rücknahme der Anmeldung	14	VI. Amtslöschung fehlerhafter Eintragungen	36–38
III. Prüfung durch das Registergericht	15–21	1. Verfahrensmängel	37
1. Prüfungsrecht und Prüfungspflicht	15	2. Sachliche Mängel	38
2. Gegenstand der Prüfung	16–18	VII. Staatshaftung, Kosten	39, 40
3. Mangelhafte Beschlüsse (vgl. § 53 Rn. 62)	19–21	1. Staatshaftung	39
IV. Eintragung und Bekanntmachung (Abs. 2)	22–32	2. Kosten	40
1. Inhalt der Eintragung	22, 23	VIII. Österreichisches Recht	41
2. Rechtslage bis zur Eintragung	24–26		

I. Normzweck

Die Vorschrift soll gewährleisten, dass die **Öffentlichkeit** sich in gleicher Weise 1 über Abänderungen des Gesellschaftsvertrags unterrichten kann wie über den Gesell-

§ 54 schaftsvertrag selbst und dass der Verlautbarung der Änderung eine Prüfung ihrer Ordnungsmäßigkeit vorausgeht. Demgemäß schreibt Abs. 1 entsprechend §§ 7, 8 die Anmeldung der Satzungsänderung zur Eintragung in das Handelsregister vor. Ferner lässt Abs. 3 die Wirksamkeit der Abänderung erst mit ihrer Eintragung in das Handelsregister eintreten, ebenso wie §§ 10, 11 die Entstehung der GmbH als juristische Person von ihrer Eintragung in das Handelsregister abhängig machen. Zur Erleichterung der Unterrichtung der Öffentlichkeit über den jeweils gültigen Inhalt des Gesellschaftsvertrags ordnet der durch das KoordG 1969 eingefügte Abs. 1 S. 2 an, dass der Anmeldung der vollständige Wortlaut des Gesellschaftsvertrags in der geänderten Fassung mit einer notariellen Bescheinigung beizufügen ist. Abs. 2 verweist wegen der Einzelheiten der Eintragung und der Bekanntmachung auf §§ 10, 12. Die **GmbH-Novelle** 1980 hat § 54 nicht geändert.

II. Anmeldung zum Handelsregister (Abs. 1)

2   **1. Anzumeldende Satzungsänderungen.** Ohne Anmeldung ist die Eintragung der Satzungsänderung nicht zulässig (Rn. 28). Anzumelden sind **alle Satzungsänderungen,** gleichgültig, ob sie materielle oder formelle Satzungsbestandteile betreffen.[1] Auch Satzungsänderungen **vor Eintragung der Gesellschaft** in das Handelsregister unterliegen der Anmeldepflicht.[2] Der Anmeldung ist auch hier die vollständige Neufassung der Satzung analog Abs. 1 S. 2 beizufügen.[3] Anzumelden ist ferner der Beschluss zur Abänderung eines noch nicht eingetragenen Satzungsänderungsbeschlusses.[4] Ist ein satzungsändernder Beschluss durch rechtskräftiges **Urteil** für nichtig erklärt, so ist das Urteil zum Handelsregister einzureichen, sofern die Satzungsänderung bereits zum Handelsregister angemeldet war, und zwar mit vollständigem Satzungstext unter Berücksichtigung des Urteils und Bescheinigung des Notars nach Abs. 1 S. 2.[5] War die Satzungsänderung bereits im Handelsregister eingetragen, so muss auch das Urteil eingetragen und bekanntgemacht werden.[6]

3   **2. Inhalt und Form der Anmeldung.** Welchen **Inhalt** die Anmeldung haben muss, sagt Abs. 1 S. 1 nicht. Sie muss jedenfalls zum Ausdruck bringen, dass eine Abänderung des Gesellschaftsvertrags beschlossen wurde und in das Handelsregister eingetragen werden soll. Aus Abs. 2 wird hergeleitet, dass die geänderten Vertragsbestimmungen im Einzelnen gekennzeichnet werden müssen, wenn sie die in § 10 Abs. 1 und 2 genannten Angaben betreffen. Schlagwortartige Hervorhebung soll aber ausreichen. Im Übrigen soll der Hinweis auf das mit der Anmeldung einzureichende notarielle Proto-

---

[1] Str., wie hier *Scholz/Priester* Rn. 3; aA *Hachenburg/Ulmer* Rn. 3; vgl. iE § 53 Rn. 14, 15.
[2] Str., wie hier BayObLG 1988, 2354; *Hachenburg/Ulmer* Rn. 4; jetzt auch *Scholz/Priester* Rn. 4; aA BayObLG DB 1978, 880; OLG Zweibrücken NJW-RR 2001, 31; *Lutter/Hommelhoff* § 2 Rn. 23; *Gustavus* DNotZ 1971, 229, 232, die formlose Einreichung der Änderungsunterlagen durch die Geschäftsführer genügen lassen wollen. Das entspricht jedoch nicht dem Zweck der Formvorschrift, der auf Bestimmung des Umfangs des Eintragungsverlangen geht (vgl. Rn. 3).
[3] OLG Schleswig GmbHR 1975, 183; *Hachenburg/Ulmer* Rn. 4; *Roth/Altmeppen* § 8 Rn. 2.; *Scholz/Priester* Rn. 16; vgl. auch o. § 8 Rn. 2 und OLG Frankfurt BB 1981, 684.
[4] *Scholz/Priester* Rn. 4; vgl. auch § 53 Rn. 58.
[5] § 248 Abs. 2 AktG analog, vgl. *Hachenburg/Ulmer* Rn. 5; *Meyer-Landrut/Miller/Niehus* Rn. 6; *Scholz/Priester* Rn. 16.
[6] § 44 HRV; *Hachenburg/Ulmer* Rn. 5; *Hachenburg/Schilling/Zutt* Anh. § 47 Rn. 185; *Scholz/K. Schmidt* § 45 Rn. 170; *Scholz/Priester* Rn. 5; vgl. auch § 198 RegE 1971.

koll über die Satzungsänderung genügen.[7] Der Inhalt der Anmeldung wird danach von ihrem Zweck bestimmt und hängt somit davon ab, was in das Handelsregister einzutragen ist. Diese Meinung kann heute als die herrschende bezeichnet werden. Der BGH hat sie in einem auf Vorlage des OLG Frankfurt ergangenen Beschluss[8] bestätigt.

Offen geblieben ist jedoch, ob bei einer völligen Umgestaltung der Satzung die bloße Bezugnahme auf die eingereichte Urkunde genügt. Der BGH[9] hat dies für möglich gehalten, weil die Anmeldung einer völlig umgestalteten Satzung der Erstanmeldung einer Satzung vergleichbar sei, bei der auf eine Kennzeichnungspflicht verzichtet wird, weil ohnehin die gesamte Satzung zu überprüfen ist. Dem ist zuzustimmen. Unklar ist aber, wann eine völlige Umgestaltung der Satzung vorliegt. In der Praxis wird bei Gelegenheit einer notwendig gewordenen Satzungsänderung häufig der gesamte Text überarbeitet, überholte Bestimmungen werden gestrichen und zusätzliche Bestimmungen eingefügt. Die Anmeldung lautet dann regelmäßig, die Satzung sei „insgesamt geändert und neu gefasst" worden. Das OLG Düsseldorf[10] verneint eine völlige Umgestaltung der Satzung, wenn Namen und Sitz beibehalten werden, mag die entsprechende Satzungsbestimmung auch umformuliert worden sein. Diese Auffassung ist abzulehnen, da anderenfalls kaum jemals eine „insgesamt geänderte und neu gefasste" Satzung zustande kommen kann. 4

Für die **Form** der Anmeldung gilt § 12 HGB.[11] 5

3. Anmelder. Das sind die **Geschäftsführer** in vertretungsberechtigter Zahl (§ 78). Die Mitwirkung sämtlicher Geschäftsführer ist im Gegensatz zur Anmeldung der Gründung (§ 7 Abs. 1) sowie der Kapitalerhöhung (§ 57 Abs. 1, § 57i Abs. 1) und der Kapitalherabsetzung (§ 58 Abs. 1 Nr. 3) nicht erforderlich. Bei der Satzungsänderung vor Eintragung der Gesellschaft (Rn. 2) wird man allerdings konsequenterweise ebenfalls Anmeldung durch alle Geschäftsführer fordern müssen.[12] Satzungsänderungen im Liquidationsstadium (§ 53 Rn. 61) haben die **Liquidatoren** anzumelden. **Prokuristen** allein sind zur Anmeldung nicht befugt. Sie können nur im Rahmen unechter Gesamtvertretung mitwirken.[13] Dagegen ist die Anmeldung durch **Bevollmächtigte** (§ 12 Abs. 2 HGB) möglich und im Gegensatz zur Anmeldung der Gründung (§ 7 Rn. 8) und der Kapitalerhöhung (§ 57 Rn. 11) nicht streitig.[14] Auch der **Notar** bedarf einer besonderen Vollmacht nach § 12 Abs. 2 HGB. Ihr Vorliegen wird nicht vermutet, weil § 129 FGG nur gilt, wo eine Pflicht zur Anmeldung besteht.[15] Das ist bei Satzungsänderungen nicht der Fall;[16] dennoch ist vom Notar nicht die Vorlage einer Vollmacht zu verlangen, da von ihm angenommen wird, dass er nicht ohne Vollmacht handelt.[17] 6

---

[7] BayObLG DB 1979, 84; DB 1985, 1223; OLG Düsseldorf GmbHR 1978, 155; NJW-RR 1999, 400; *Baumbach/Hueck/Zöllner* Rn. 4 bis 6; *Lutter/Hommelhoff* Rn. 3; *Hachenburg/Ulmer* Rn. 6.
[8] WM 1987, 1100 = NJW 1987, 3191.
[9] WM 1987, 1100.
[10] NJW-RR 1999, 400.
[11] Öffentliche Beglaubigung, auch etwaiger Vollmachten; vgl. dazu auch Rn. 2 Fn. 2.
[12] Zutr. *Scholz/Priester* Rn. 4; aA *Hachenburg/Ulmer* Rn. 4.
[13] *Hachenburg/Ulmer* Rn. 8; *Roth/Altmeppen* Rn. 2; *Meyer-Landrut/Miller/Niehus* Rn. 2; *Scholz/Priester* Rn. 6; vgl. auch o. § 35 Rn. 56 ff. und BGH DB 1992, 369.
[14] BayObLG WM 1988, 1229, 1231; *Baumbach/Hueck/Zöllner* Rn. 2; *Gustavus* GmbHR 1978, 219, 224 ff.; *Hachenburg/Ulmer* Rn. 9; *Roth/Altmeppen* Rn. 2; *Scholz/Priester* Rn. 7; u. § 78 Rn. 15; vgl. auch BGH DB 1992, 369.
[15] BayObLG DB 1978, 880; *Hachenburg/Ulmer* Rn. 9; *Scholz/Priester* Rn. 7.
[16] Rn. 7; § 78 Rn. 15.
[17] BayObLGZ 1976, 233.

§ 54   4. Abschnitt. Abänderungen des Gesellschaftsvertrages

7 **4. Anmeldepflicht.** Eine solche öffentlich-rechtlicher Art besteht nicht.[18] Ebenso wie es den Gesellschaftern freisteht, von der Anmeldung der Gesellschaft abzusehen und damit ihre Entstehung zu verhindern (§ 7 Rn. 5), bleibt es ihnen überlassen, eine Satzungsänderung durch Anmeldung wirksam werden zu lassen. § 79 Abs. 2 schließt die Festsetzung von Zwangsgeld wegen der Unterlassung der Anmeldung ausdrücklich aus.[19]

8 Dagegen sind die **Geschäftsführer** gegenüber der Gesellschaft verpflichtet, die Satzungsänderung anzumelden und machen sich schadenersatzpflichtig (§ 43) oder schaffen einen Grund für ihre Abberufung, wenn sie dieser Pflicht nicht unverzüglich nachkommen.[20] Die Gesellschafter können die Geschäftsführer aber auch anweisen, von der Anmeldung abzusehen oder eine bereits vorgenommene Anmeldung zurückzunehmen. Der hierfür erforderliche Gesellschafterbeschluss bedarf nur der einfachen Mehrheit (vgl. § 53 Rn. 59). Der Anweisung kann durch **einstweilige Verfügung** Nachdruck verliehen werden. **Nichtige** oder **unwirksame** Satzungsänderungsbeschlüsse (§ 53 Rn. 62) brauchen die Geschäftsführer nicht anzumelden. Ob das auch für **anfechtbare** Beschlüsse gilt, ist zweifelhaft.[21] Solange Anfechtungsklage nicht erhoben ist und die Anfechtungsfrist noch läuft, wird man den Geschäftsführern raten müssen, den Beschluss anzumelden, zumal die Geschäftsführer stets auf eigene Gefahr handeln, wenn sie unter Berufung auf die Rechtswidrigkeit eines Beschlusses von seiner Anmeldung absehen.[22]

9 **5. Zuständiges Gericht.** Für die Einreichung der Anmeldung ist das **Registergericht am Sitz** der Gesellschaft zuständig, und zwar auch dann, wenn als Satzungsänderung die Sitzverlegung (§ 53 Rn. 18) angemeldet wird (§ 13h Abs. 1 HGB). Die Ordnungsmäßigkeit der Sitzverlegung ist jedoch vom Gericht des neuen Sitzes zu prüfen (§ 13h Abs. 2 S. 3 HGB). Dieses darf die Eintragung der Sitzverlegung nicht von der Vorlage der Gewerbeanmeldung am neuen Sitz abhängig machen.[23] Werden zugleich **mit der Sitzverlegung weitere Satzungsänderungen angemeldet,** so ist das Gericht des neuen Sitzes zwingend auch für die Prüfung dieser Satzungsänderungen zuständig, auch wenn sie mit der Sitzverlegung nicht in unmittelbaren Zusammenhang stehen.[24] Zum Anmeldeverfahren beim Formwechsel mit gleichzeitiger Sitzverlegung vgl. Anh. § 77 Rn. 107.

10 **6. Beizufügende Urkunden.** Das sind in erster Linie das über die Satzungsänderung nach § 53 Abs. 2 errichtete **notarielle Protokoll** in Ausfertigung oder beglaubigter Abschrift und die **Zustimmungserklärungen** nach § 53 Abs. 2 S. 2 und Abs. 3. Letztere bedürfen an sich keiner bestimmten Form (§ 53 Rn. 56). Das Regis-

---

[18] BayObLG BB 1984, 804.
[19] § 78 Rn. 8; zur Erzwingung einer Firmenänderung durch das Registergericht bei unrichtig gewordener Firma vgl. § 53 Rn. 17.
[20] *Hachenburg/Ulmer* Rn. 11; *Roth/Altmeppen* Rn. 3; *Scholz/Priester* Rn. 24.
[21] *Hachenburg/Ulmer* Rn. 11; *Scholz/Priester* Rn. 25.
[22] Für Anmeldepflicht im Regelfall *Baumbach/Hueck/Zöllner* Rn. 15; *Lutter/Hommelhoff* Rn. 5.
[23] AA LG Hamburg GmbHR 1992, 116 m. abl. Anm. *Cornelius*.
[24] OLG Hamm DB 1991, 1509 unter Aufgabe der früheren Rspr., die es dem Gericht des bisherigen Sitzes überließ, die weiteren Satzungsänderungen zu erledigen und erst dann die Akten dem Gericht des neuen Sitzes zu übersenden mit der Maßgabe, das Gericht des neuen Sitzes auch die Prüfung der weiteren Satzungsänderungen zu übertragen; aA LG Mannheim GmbHR 1991, 24, welches das Gericht des bisherigen Sitzes als ausschließlich zuständig für die Prüfung der weiteren Satzungsänderungen ansieht. In der Anmeldung kann verlangt werden, daß zunächst die weiteren Satzungsänderungen eingetragen werden, vgl. *Baumbach/Hueck/Zöllner* Rn. 14.

tergericht wird in Zweifelsfällen aber auf der Beibringung schriftlicher Erklärungen bestehen und kann dabei öffentliche Beglaubigung der Unterschriften verlangen.[25] Kann der Zustimmungsnachweis nicht erbracht werden, darf das Registergericht die Eintragung ablehnen.[26] Wird durch die Satzungsänderung eine **staatliche Genehmigung** erforderlich, was vor allem bei der Änderung des Unternehmensgegenstandes geschehen kann,[27] so ist entsprechend § 8 Abs. 1 Nr. 6 und § 181 Abs. 1 S. 3 AktG auch die Urkunde hierüber vorzulegen.[28] Eine derartige, meist auf gewerberechtlichen Vorschriften beruhende Konzessionspflicht ist nicht zu verwechseln mit einer unzulässigen satzungsmäßigen Bindung an die Mitwirkung von Nichtgesellschaftern bei Satzungsänderungen (§ 53 Rn. 35, 46). Wo die Satzungsänderung einer Behörde nur anzuzeigen ist, zB bei **Wirtschaftsprüfungsgesellschaften** (§ 29 Abs. 2 S. 2 WPO), kommt die Vorlage eines Nachweises hierüber nicht in Betracht.[29]

Beizufügen ist ferner der **vollständige Wortlaut des Gesellschaftsvertrags** in der Fassung der Satzungsänderung (Abs. 1 S. 2 Halbs. 1). Diese Vorschrift ist durch das KoordG 1969 eingefügt worden und soll erreichen, dass jedermann den neuesten Stand des Gesellschaftsvertrags stets aus einer einzigen, beim Handelsregister befindlichen Urkunde ersehen kann.[30] Das erfordert die Zusammenfassung des gesamten Vertragstextes in einer separaten Urkunde, und zwar schon bei Satzungsänderungen im Gründungsstadium[31] sowie auch dann, wenn die Satzung aus Anlass der Änderung vollständig im Beschlussprotokoll oder einer Anlage neugefasst wird.[32] Die Zusammenstellung des Vertragstextes ist Sache der Geschäftsführer, nicht des Notars, dem sie aber regelmäßig übertragen wird.[33] Die Beifügung des vollständigen Wortlauts des Gesellschaftsvertrags ist bei der Anmeldung eines **Unternehmensvertrags** nicht erforderlich (vgl. § 53 Rn. 32). 11

Inhaltlich muss der vollständige Wortlaut des Gesellschaftsvertrags nicht nur die materiellen, sondern auch die formellen Satzungsbestandteile enthalten, auch überholte, solange sie nicht durch förmliche Satzungsänderung beseitigt sind.[34] 12

Demgemäß umfasst die **notarielle Bescheinigung** nach Abs. 1 S. 2 Halbs. 2 neben dem materiellen auch den überholten, durch förmliche Satzungsänderung aber noch nicht beseitigten formellen Satzungsinhalt.[35] Dem Nachteil, dass hiernach obsolet gewordene Bestimmungen als noch zur Satzung gehörig bescheinigt werden müssen, steht der Vorteil gegenüber, dass der Notar der Prüfung enthoben ist, ob eine von den Gesellschaftern ohne ein Verfahren nach § 53 geänderte Bestimmung nur formellen oder auch materiellen Charakter hat.[36] Mit einer solchen Prüfung würden dem Notar wohl 13

---

[25] RGZ 136, 185, 192.
[26] KGJ 53, 102; *Hachenburg/Ulmer* Rn. 14; aA *Baumbach/Hueck/Zöllner* Rn. 11.
[27] Vgl. § 8 Rn. 9 ff.
[28] *Hachenburg/Ulmer* Rn. 21; *Roth* Anm. 2.4; *Scholz/Priester* Rn. 14.
[29] Ebenso *Scholz/Priester* Rn. 14.
[30] OLG Frankfurt BB 1981, 694 mN.
[31] BayObLG DB 1988, 2354; KG NJW-RR 1997, 794; vgl. auch Rn. 2.
[32] *Baumbach/Hueck/Zöllner* Rn. 9; *Hachenburg/Ulmer* Rn. 16; *Meyer-Landrut/Miller/Niehus* Rn. 6; *Scholz/Priester* Rn. 16; aA OLG Zweibrücken NZG 2002, 93; OLG Celle DNotZ 1982, 493; *Groß* RPfleger 1972, 243; *Röll* DNotZ 1973, 483, 485; *Roth/Altmeppen* Rn. 5; *Winkler* DNotZ 1982, 494, 495.
[33] BayObLG 1988, 2354.
[34] Str., wie hier *Scholz/Priester* Rn. 17, 18; *Winkler* DNotZ 1980, 578, 592, 593; aA *Hachenburg/Ulmer* Rn. 18, 19; *Röll* GmbHR 1982, 251 ff.; vgl. näher § 53 Rn. 14, 15.
[35] Ebenso *Baumbach/Hueck/Zöllner* Rn. 10; *Meyer-Landrut/Miller/Niehus* Rn. 8.
[36] Ähnlich *Gustavus* DNotZ 1971, 229, 230.

§ 54 4. Abschnitt. Abänderungen des Gesellschaftsvertrages

auch Feststellungen zugewiesen, die über den Rahmen der Wortlautbestätigung hinausgehen. Soweit angenommen wird, der vollständige Wortlaut des Gesellschaftsvertrags sei der Anmeldung nicht beizufügen, wenn aus Anlass der Satzungsänderung der Gesellschaftsvertrag vollständig neu gefasst wird (vgl. Rn. 11), kommt auch keine notarielle Bescheinigung in Betracht.[37] Die Bescheinigung kann von **jedem Notar** erteilt werden und richtet sich nach § 39 BeurkG. Für den die Satzungsänderung beurkundenden Notar ist sie **gebührenfreies Nebengeschäft** (§ 47 S. 1 Halbs. 2 KostO, vgl. § 53 Rn. 67). Anderenfalls wird eine volle Gebühr erhoben (§ 50 Abs. 1 Nr. 1 KostO).

14   **7. Rücknahme der Anmeldung.** Sie ist bis zur Eintragung der Satzungsänderung jederzeit möglich und nicht davon abhängig, dass der satzungsändernde Beschluss aufgehoben ist.[38] Die Rücknahme steht aber nicht im Belieben der Geschäftsführer, solange sie zur Anmeldung verpflichtet sind (Rn. 8). Wird der satzungsändernde Beschluss aufgehoben, sind die Geschäftsführer zur Rücknahme der Anmeldung verpflichtet.

III. Prüfung durch das Registergericht

15   **1. Prüfungsrecht und Prüfungspflicht.** Das Prüfungsrecht des Registerrichters hat die GmbH-Nov. 1980 für die Gründung in § 9c und für die Kapitalerhöhung in § 57a implicite zum Ausdruck gebracht. Es galt dem Grundsatz nach ungeschrieben schon immer (vgl. § 9c Rn. 1 bis 10). § 9c ist entsprechend auch auf die Prüfung von Satzungsänderungen anzuwenden. Dass diese Vorschrift in § 57a nur für den Sonderfall der Kapitalerhöhung in Bezug genommen ist, steht nicht entgegen.[39] Dem Prüfungsrecht entspricht eine Prüfungspflicht, die sich aus dem Wortlaut des § 9 Abs. 1 ergibt.[40] Zu beachten ist, dass das HRefG dem § 9c einen Abs. 2 angefügt und dadurch das Kontrollrecht des Registerrichters im Interesse der Beschleunigung des Eintragungsverfahrens eingeschränkt hat.[41] § 57a verweist jedoch nur auf § 9c Abs. 1, woraus im Anschluss an die amtl. Begr.[42] geschlossen wird, dass das Prüfungsrecht bei Satzungsänderungen durch § 9c Abs. 2 nicht berührt wird.[43] Zutreffend verweisen demgegenüber *Baumbach/Hueck/Zöllner*[44] auf den Wertungswiderspruch, wenn bei Satzungsänderungen strenger geprüft würde als bei Ersteintragungen. Gemeint sein kann deshalb nur, dass der Registerrichter sein Augenmerk auf alle Voraussetzungen zu richten hat, deren Fehlen eine Satzungsänderung unwirksam machen könnte.

16   **2. Gegenstand der Prüfung.** Gegenstand der Prüfung ist zunächst die **Ordnungsmäßigkeit der Anmeldung.** Dazu gehören die Legitimation der Anmelder, die Form der Anmeldung und die Vollständigkeit der beigefügten Urkunden (Rn. 10, 11).

17   Sodann hat das Gericht den **notariellen Beschluss** auf das Vorliegen der **Satzungsänderungsvoraussetzungen** zu prüfen, d. h. ob die Dreiviertelmehrheit erreicht ist, zusätzlich Satzungserfordernisse nach § 53 Abs. 2 S. 2 erfüllt sind und nach § 53 Abs. 3 nötige Zustimmungen (vgl. Rn. 10) vorliegen. Dabei kann der Register-

---

[37] OLG Celle DNotZ 1982, 493; *Winkler* DNotZ 1982, 493, 495.
[38] *Baumbach/Hueck/Zöllner* Rn. 16; *Hachenburg/Ulmer* Rn. 22; *Meyer-Landruth/Miller/Niehus* Rn. 2; *Scholz/Priester* Rn. 26; zur Aufhebung vgl. o. § 53 Rn. 59.
[39] *Hachenburg/Ulmer* Rn. 40 und § 57a Rn. 2; *Meyer-Landrut/Miller/Niehus* Rn. 9; *Scholz/Priester* Rn. 28 und § 57a Rn. 4.
[40] *Scholz/Winter* § 9c Rn. 4.
[41] Amtl. Begr. BT–Drucks. 13/18444 S. 77.
[42] BT-Drucks. 13/18444 S. 80.
[43] BayObLG DB 2001, 1981.
[44] Rn. 18.

Anmeldung und Eintragung **§ 54**

richter auf die Feststellungen des Notars vertrauen, insbesondere hinsichtlich der Gesellschaftereigenschaft oder Vertretungsmacht der abstimmenden Personen und der Ermittlung des Abstimmungsergebnisses. Er darf aber selbst **Ermittlungen** anstellen (§ 12 FGG), wenn der Protokollinhalt unklar ist oder Zweifel an der Richtigkeit des Protokolls bestehen.[45]

Der Registerrichter darf schließlich auch den **Inhalt des Änderungbeschlusses** 18 prüfen. Diese Prüfungskompetenz besteht grundsätzlich auch dann, wenn die Satzungsänderung bereits von einer Behörde im Rahmen ihrer Zuständigkeit genehmigt ist.[46] Allerdings ist es nicht seine Aufgabe, die Satzungsänderung auf ihre **Zweckmäßigkeit** zu untersuchen.[47] Sind die neuen Satzungsbestandteile unklar oder missverständlich, so soll sie der Registerrichter nicht beanstanden dürfen, wenn sie nur **gesellschaftsinterne** Bedeutung haben.[48] Diese Einschränkung erscheint bedenklich, zumal die Grenzziehung zwischen Satzungsbestimmungen mit Innenwirkung und solchen mit Außenwirkung häufig schwierig ist. Ferner sollte man den Registerrichter für befugt halten, auf die Beseitigung von Unklarheiten oder Widersprüchen zwischen den geänderten und den stehengebliebenen Bestimmungen hinzuwirken.[49] Bei **Firmenänderungen** hat er in der Regel ein **Gutachten der Industrie- und Handelskammer** einzuholen, bei handwerklichen Unternehmen auch ein **Gutachten der Handwerkskammer** (§ 23 HRV). Es empfiehlt sich daher, vor Beurkundung einer Firmenänderung bei diesen Kammern anzufragen, ob Bedenken gegen die beabsichtigte Änderung bestehen.

3. Mangelhafte Beschlüsse (vgl. § 53 Rn. 62). Stößt der Registerrichter bei der 19 ihm zustehenden Inhaltskontrolle (Rn. 18) auf **Nichtigkeitsgründe,** so hat er die Eintragung abzulehnen. Nichtige Beschlüsse darf er nicht eintragen.[50] Nichtig können Änderungsbeschlüsse nicht nur sein, wenn sie mit zwingenden Vorschriften des GmbHG in Widerspruch stehen, sondern auch, wenn sie gegen sonstiges zwingendes GmbH-Recht verstoßen, wie zB die Bilanzierungsvorschriften des § 264 Abs. 1 HGB.[51] Ist die Satzungsänderung nur teilweise nichtig und lassen sich die übrigen Teile selbstständig aufrechterhalten (vgl. § 53 Rn. 62), darf der Registerrichter die Eintragung dieser Teile nicht ablehnen.[52] Allerdings wird ein solcher **Teilvollzug** abgelehnt, wenn sich aus der Anmeldung ergibt, dass der Wille des Anmelders auf Vollzug aller Teile der Anmeldung geht.[53] Ebensowenig darf der Registerrichter **unwirksame Beschlüsse** eintragen.[54]

---

[45] OLG Hamm NZG 2001, 1038 mN; *Hachenburg/Ulmer* Rn. 41; *Scholz/Priester* Rn. 33; aA *Baums* S. 88 ff. Ist ein Erwerb des Geschäftsanteils iSd. § 16 ordnungsgemäß bei der Gesellschaft angemeldet, so dass der Anmeldende gegenüber der Gesellschaft als Gesellschafter gilt, ist hieran auch das Registergericht gebunden, OLG Hamm aaO.
[46] OLG Hamburg WM 1984, 1154 für das AktG.
[47] BayObLG BB 1983, 83.
[48] BayObLG WM 1985, 572; *Baumbach/Hueck/Zöllner* Rn. 18; *Lutter/Hommelhoff* Rn. 8; *Hachenburg/Ulmer* Rn. 44; *Scholz/Priester* Rn. 35.
[49] So auch BayObLG DB 1993, 156, und zwar auch dann, wenn die Satzung schon vor ihrer Änderung ähnliche Widersprüche aufwies.
[50] § 47 Rn. 112; BayObLG DB 1972, 1015; OLG Köln GmbHR 1982, 211, 212; *Baumbach/Hueck/Zöllner* Rn. 18; *Lutter/Hommelhoff* Rn. 7; *Hachenburg/Ulmer* Rn. 43, 45; *Scholz/Priester* Rn. 41.
[51] BayObLG WM 1987, 502.
[52] *Scholz/Priester* Rn. 46.
[53] Uneingeschränkte Anmeldung, vgl. BayObLG WM 1987, 502.
[54] *Hachenburg/Ulmer* Rn. 46; *Scholz/Priester* Rn. 48.

§ 54   4. Abschnitt. Abänderungen des Gesellschaftsvertrages

20 Sind Satzungsänderungsbeschlüsse nur **anfechtbar** (§ 47 Rn. 116 ff.), so muss sie der Registerrichter eintragen.[55] Dieser Grundsatz unterliegt jedoch erheblichen Einschränkungen. Er gilt bedingungslos nur, wenn die Anfechtungsfrist (§ 47 Rn. 139) abgelaufen und der Beschluss nicht angefochten ist.[56] Ist Anfechtungsklage erhoben, so kann der Registerrichter gemäß § 127 S. 1 FGG die Entscheidung über die Eintragung **aussetzen,** wenn er die Anfechtungsgründe für gewichtig und wesentliche Interessen der Gesellschaft durch den Aufschub der Eintragung nicht für betroffen hält.[57] Entsprechendes gilt, wenn Anfechtungsklage lediglich angedroht ist. Hier kann der Registerrichter nach § 127 S. 2 FGG auch eine Frist zur Klagerhebung bestimmen, was wegen der kurzen Klagefrist (Monatsfrist des § 246 Abs. 1 AktG als Leitbild) kaum jemals praktisch werden kann. Wird innerhalb der Frist die Klage nicht erhoben, so ist einzutragen.[58]

21 Nach einer verbreiteten Auffassung sollen anfechtbare Satzungsänderungsbeschlüsse auch dann nicht eintragungsfähig sein, wenn sie gegen Vorschriften verstoßen, die zwar nicht überwiegend (dann wären die Beschlüsse nichtig, vgl. § 47 Rn. 94 ff.), aber auch im Interesse von Gläubigern oder der Öffentlichkeit erlassen sind. Noch weitergehend wird teilweise angenommen, dass die Eintragung immer dann zu versagen sei, wenn ein Beschluss gegen **zwingendes Recht** verstößt, ohne dadurch nichtig zu werden.[59] Auch wenn Anfechtungsklage nicht erhoben ist, sollen derart mängelbehaftete Beschlüsse von der Eintragung ausgeschlossen sein. Dieser im Aktienrecht im Anschluss an *Lutter*[60] vertretenen Ansicht begegnen Bedenken, weil der Registerrichter überfordert ist, wenn er anstelle des Prozessgerichts ohne eingehendes kontradiktorisches Verfahren entscheiden soll. Ihr ist deshalb für das GmbH-Recht nicht zu folgen.[61] In Wahrheit geht es in dem hier behandelten Bereich weniger um die Ausdehnung der Befugnisse des Registerrichters, mangelhafte Satzungsänderungsbeschlüsse von der Eintragung auszuschließen, als vielmehr um die richtige Fassung des Nichtigkeitsbegriffs[62]. Wertet man jeden Verstoß gegen zwingendes GmbH-Recht[63] als Nichtigkeitsgrund,[64] so entfallen die Kompetenzprobleme. – Wegen der Bedeutung der Anfechtung für die Eintragung von **Umwandlungsbeschlüssen** vgl. Anh. § 77 Rn. 110.

IV. Eintragung und Bekanntmachung (Abs. 2)

22 **1. Inhalt der Eintragung.** Er hängt vom Gegenstand der Satzungsänderung ab. Sind Firma, Sitz, Gegenstand des Unternehmens, Höhe des Stammkapitals, Vertretungsbefugnis der Geschäftsführer (Liquidatoren) und Dauer der Gesellschaft betroffen, so sind nach Abs. 2 S. 1 iVm. § 10 Abs. 1 und 2 die Änderungen **ausdrücklich,** wenn auch nicht wörtlich, einzutragen („Der Gegenstand des Unternehmens ist geändert und lautet jetzt …"). Bei sonstigen Satzungsänderungen genügt die Eintragung der

---

[55] OLG Köln GmbHR 1982, 211, 212.
[56] *Hachenburg/Ulmer* Rn. 49; *Scholz/Priester* Rn. 51.
[57] *Hachenburg/Ulmer* Rn. 49; *Scholz/Priester* Rn. 53.
[58] *Hachenburg/Ulmer* Rn. 49.
[59] *Baumbach/Hueck/Zöllner* Rn. 20; *Hachenburg/Ulmer* Rn. 43, 49 mN; *Scholz/Priester* Rn. 52; *Lutter/Hommelhoff* Rn. 7.
[60] NJW 1969, 1873, 1878.
[61] Ähnlich OLG Köln GmbHR 1982, 211, 212; *Scholz/K. Schmidt* 6. Aufl. § 45 Rn. 50.
[62] Ähnlich *Baumbach/Hueck/Zöllner* Rn. 20.
[63] ZB die Herabsetzung der Dreiviertelmehrheit des § 53 Abs. 2 S. 1 durch Satzungsänderung, vgl. *Baumbach/Hueck/Zöllner* Rn. 20.
[64] So offenbar *Lutter/Hommelhoff* Rn. 7; vgl. auch *Scholz/Priester* Rn. 52 Fn. 100.

Tatsache der Änderung unter **Bezugnahme** auf die bei Gericht eingereichten Urkunden über die Abänderung. Die Bezeichnung des Gegenstandes der Änderung ist nicht erforderlich („Der Gesellschaftsvertrag ist geändert. Eingetragen unter Bezugnahme auf den Gesellschafterbeschluss vom ... am ..."). Deshalb bedarf die durch Satzungsänderung eingeführte Bestimmung, dass die Gesellschafterversammlung beim Vorhandensein mehrerer Geschäftsführer die Vertretung abweichend regeln kann, ebenso wenig der Eintragung wie die Regelung, dass die Gesellschafterversammlung einzelne oder alle Geschäftsführer von den Beschränkungen des § 181 BGB befreien kann.[65] Wird bei einer ausdrücklich einzutragenden Änderung nur auf den Änderungsbeschluss Bezug genommen, so ist die Eintragung fehlerhaft. Die Satzungsänderung wird nicht wirksam.[66]

Einzutragen ist ferner der **Tag des Änderungsbeschlusses.** Er entspricht dem Tag 23 des Abschlusses des Gesellschaftsvertrags.[67] Schließlich ist auch der **Tag der Eintragung** anzugeben. Nach § 130 FGG handelt es sich hierbei zwar nur um eine Sollvorschrift. Der ebenfalls anwendbare § 15 HRV schreibt jedoch die Angabe des Tages der Eintragung zwingend vor. Das ist hier von besonderer Bedeutung, weil die Satzungsänderung erst mit dem Tag der Eintragung wirksam wird (Abs. 3). Wegen der Eintragungen von Satzungsänderungen beim Bestehen von **Zweigniederlassungen** vgl. § 13b Abs. 3 HGB.

2. Rechtslage bis zur Eintragung. Eine „innergesellschaftliche Bindung" an den 24 Änderungsbeschluss besteht nicht.[68] Die Gesellschafter sind vielmehr frei, den Änderungsbeschluss jederzeit wieder aufzuheben, wobei der Streitfrage keine Bedeutung zukommt, welcher Mehrheit und Form der Aufhebungsbeschluss bedarf (hierzu vgl. § 53 Rn. 59 und o. Rn. 8). Dass die Geschäftsführer zur Anmeldung der Satzungsänderung verpflichtet sind (Rn. 8), steht nicht entgegen;[69] denn die Gesellschafter können ihnen eine gegenteilige Weisung erteilen (Rn. 8).

Die Satzungsänderung wirkt auch gegenüber dem **Geschäftsanteilserwerber,** der 25 sie mangels Eintragung nicht gekannt hat, auch wenn sie auf Leistungsvermehrungen (Abs. 3) gerichtet ist. Ansprüche wegen Irrtums, Täuschung oder dergl. stehen ihm nur gegen den Veräußerer, nicht gegen die Gesellschaft zu.[70]

Werden mit dem Satzungsänderungsbeschluss zugleich nichteintragungsbedürftige 26 Beschlüsse zu seiner **Ausführung** gefasst, so ist die Frage, ob diese Beschlüsse sofort oder erst nach der Eintragung der Satzungsänderung wirksam werden, zB bei Einführung einer Nachschusspflicht der Beschluss über die Einforderung eines Nachschusses oder bei Abänderung der Vertretungsmacht der Geschäftsführer (Einzelvertretungsbefugnis statt Gesamtvertretungsbefugnis) die Bestellung eines weiteren Geschäftsführers. In den meisten Fällen wird anzunehmen sein, dass der Ausführungsbeschluss konkludent unter der aufschiebenden Bedingung der Eintragung der Satzungsänderung gefasst ist, also erst mit ihr wirksam werden soll. Wo das nicht gewollt ist, läuft die Gestaltung im Ergebnis auf eine Rückwirkung der Satzungsänderung hinaus. Diese ist allenfalls für das Innenverhältnis der Gesellschafter möglich (Rn. 34). Derartige Ausführungsbeschlüsse haben deshalb keine Außenwirkung. Das bedeutet für die obigen Beispiele,

---

[65] OLG Frankfurt DNotZ 1984, 633; OLG Hamm NJW-RR 1994, 361.
[66] *Hachenburg/Ulmer* Rn. 25; *Scholz/Priester* Rn. 58; vgl. u. Rn. 28.
[67] § 10 Abs. 1; hM, aA *Baumbach/Hueck/Zöllner* Rn. 24.
[68] *Hachenburg/Ulmer* Rn. 28; einschränkend *Baumbach/Hueck/Zöllner* Rn. 26; wohl auch *Lutter/Hommelhoff* Rn. 14; aA *Scholz/Priester* Rn. 68; wohl auch *Roth/Altmeppen* Rn. 14.
[69] *Hachenburg/Ulmer* Rn. 28.
[70] *Hachenburg/Ulmer* Rn. 28; *Scholz/Priester* Rn. 69.

§ 54   4. Abschnitt. Abänderungen des Gesellschaftsvertrages

dass der Nachschuss eingefordert werden kann und die Handlungen des neuen Geschäftsführers für die Gesellschaft, nicht aber gegenüber Dritten verbindlich sind, sofern kein Gesellschafter die Beschlüsse angefochten hat.[71]

27 **3. Verhinderung der Eintragung.** Die Gesellschafter können die Geschäftsführer anweisen, die Satzungsänderung nicht zur Eintragung anzumelden oder eine bereits vorgenommene Anmeldung zurückzunehmen. Sie können hierwegen eine **einstweilige Verfügung** gegen die Geschäftsführer erwirken (Rn. 8). Durch einstweilige Verfügung können Gesellschafter und Organmitglieder die Eintragung nichtiger oder anfechtbarer Änderungsbeschlüsse für unzulässig erklären lassen (§ 47 Rn. 145). Antragsgegnerin ist die Gesellschaft.[72] Der Registerrichter darf dann nach § 16 Abs. 2 HGB die Eintragung nicht vornehmen.[73]

28 **4. Fehlerhafte Eintragungen.** Zur **Heilung** fehlerhafter Beschlüsse durch Eintragung vgl. § 53 Rn. 62. Zur **Amtslöschung** trotz Heilung vgl. Rn. 36 ff. Ist der Beschluss fehlerfrei, liegt aber **keine Anmeldung** vor, etwa weil sie zurückgenommen wurde, oder haben nicht vertretungsberechtigte Personen angemeldet (Rn. 6), so darf nicht eingetragen werden, eine dennoch vorgenommene Eintragung ist **wirkungslos**. Eine fehlende oder fehlerhafte Anmeldung kann aber nachgeholt werden.[74] Wird nur unter Bezugnahme auf das Änderungsprotokoll eingetragen, obwohl die Satzungsänderung Angaben nach § 10 Abs. 1 und 2 betrifft, so wird die Satzungsänderung nicht wirksam (Rn. 22). Wird eingetragen, obwohl der Anmeldung beizufügende **Anlagen** (Rn. 10 ff.) fehlen, so soll das auf die Wirksamkeit der Eintragung ohne Einfluss sein, jedenfalls, wenn es sich lediglich um den vollständigen Satzungswortlaut mit notarieller Bescheinigung handelt.[75] Eine Amtslöschung (Rn. 36 ff.) kommt hier nicht in Betracht. Das Gericht kann aber die Anmelder auffordern, die fehlenden Urkunden nachzureichen.

29 **Trägt** der Registerrichter **ein, was nicht beschlossen ist,** so wird die beschlossene Satzungsänderung mangels Eintragung nicht wirksam (Abs. 3). Die unrichtige Eintragung kann aber uU nach § 17 Abs. 2 HRV berichtigt werden[76]. Hierauf können die Anmelder durch Beschwerde nach § 20 Abs. 2 FGG antragen. Kommt eine Berichtigung nicht in Betracht, ist die Eintragung zu löschen.[77] Entspricht die Eintragung nur **teilweise** der beschlossenen Satzungsänderung, so ist sie im Umfang der Übereinstimmung wirksam, wenn der übereinstimmende Teil auch getrennt hätte angemeldet werden können und anzunehmen ist, dass die Anmeldung in dem beschränkten Umfang trotz Unwirksamkeit im Übrigen gewollt gewesen wäre.[78] Zur Teilnichtigkeit der Satzungsänderung nach § 139 BGB vgl. § 53 Rn. 62.

30 **5. Bekanntmachung.** Nach § 10 Abs. 1 HGB ist der gesamte **Inhalt der Eintragung** (Rn. 22, 23) im Bundesanzeiger und in mindestens einem anderen Blatt bekanntzumachen, also die ausdrücklichen Eintragungen in den Fällen des § 10 Abs. 1 und 2, im Übrigen die Bezugnahme auf die Satzungsänderung sowie der Tag des Än-

---

[71] Ähnlich *Hachenburg/Ulmer* Rn. 29, 30, der den Gedanken der Satzungsdurchbrechung heranzieht; aA *Scholz/Priester* Rn. 70, 71.
[72] *Hachenburg/Schilling/Zutt* Anh. § 47 Rn. 187.
[73] *Hachenburg/Ulmer* Rn. 31.
[74] *Hachenburg/Ulmer* Rn. 33; *Scholz/Priester* Rn. 83.
[75] *Baumbach/Hueck/Zöllner* Rn. 28; *Hachenburg/Ulmer* Rn. 33; *Scholz/Priester* Rn. 73.
[76] *Scholz/Priester* Rn. 85.
[77] *Scholz/Priester* Rn. 85; vgl. u. Rn. 35.
[78] *Hachenburg/Ulmer* Rn. 35 mN; *Scholz/Priester* Rn. 88.

Anmeldung und Eintragung **§ 54**

derungsbeschlusses und der Tag der Eintragung. Betrifft die Satzungsänderung die Form öffentlicher Bekanntmachungen der Gesellschaft, so ist nach § 54 Abs. 2 S. 2 iVm. § 10 Abs. 3 auch die entsprechend geänderte oder neue Satzungsbestimmung ausdrücklich zu veröffentlichen. Abweichend von § 10 Abs. 3 iVm. § 5 Abs. 4 S. 1 bedarf es jedoch bei Kapitalerhöhungen nicht mehr der Bekanntmachung der Festsetzungen über Sacheinlagen, weil der durch die GmbH-Nov. 1980 eingefügte § 57b S. 2 insoweit eine Sonderregelung enthält. Hiernach genügt die Bezugnahme auf die bei Gericht eingereichten Urkunden (§ 57b Rn. 2). Die Verweisung auf § 13b Abs. 4 HGB in § 54 Abs. 2 S. 2 läuft leer, seit diese Vorschrift durch das NaStraG (BGBl. 2000 I, S. 123) aufgehoben wurde. Die Aufhebung ist eine Folgeänderung des durch das NaStraG neu eingefügten § 13 Abs. 6 HGB, der Bekanntmachungen durch die Registergerichte der Zweigniederlassungen auf wenige Tatsachen beschränkt. Die **Wirkungen** der Bekanntmachung richten sich nach § 15 HGB.[79]

6. Kein Registerzwang. Im Eintragungsverfahren darf kein Registerzwang ausgeübt werden. Deshalb darf das Registergericht die Eintragung einer zulässigen Satzungsänderung nicht deshalb ablehnen, weil es eine weitere Satzungsregel für erforderlich hält.[80] Das Registergericht ist auch nicht befugt, bei Eintragung einer zulässigen Satzungsänderung die Unversehrtheit des Stammkapitals und seine freie Verfügbarkeit zu kontrollieren.[81] Dagegen ist das Registergericht zur Prüfung berechtigt und verpflichtet, ob der die Satzungsänderung beschließende Gesellschafter im Inland anzuerkennende Rechtsfähigkeit besitzt.[82] 31

7. Eintragungssperre (Registersperre). Satzungsänderungen dürfen nach Art. 12 § 7 Abs. 2 GmbHÄndG in der Fassung des BiRiLiG bei allen vor dem 1. 1. 1986 in das Handelsregister eingetragenen Gesellschaften nur eingetragen werden, wenn zugleich eine Satzungsregelung über die Ergebnisverwendung gemäß § 29 nF eingetragen wird, soweit eine solche nicht bereits vorhanden war (iE vgl. § 53 Rn. 43). Eine Registersperre besteht auch nach § 86 Abs. 1 S. 4, wonach eine Änderung des Stammkapitals nach dem 31. 12. 2001 nur eingetragen werden darf, wenn das Kapital auf € umgestellt wird (vgl. die Erl. zu § 86). 32

V. Wirkung der Eintragung (Abs. 3)

1. Eintragung als Wirksamkeitserfordernis. Erst die Eintragung in das Handelsregister am Sitz der Gesellschaft macht die Satzungsänderung wirksam. Auf die Bekanntmachung der Eintragung kommt es nicht an. Sie spielt nur im Rahmen des § 15 Abs. 2 HGB eine Rolle.[83] Zur **Heilung** fehlerhafter Beschlüsse durch Eintragung vgl. § 53 Rn. 62. Zur **Amtslöschung** trotz Heilung vgl. Rn. 38. Zur Wirksamkeit von **Ausführungsbeschlüssen** vor Eintragung der Satzungsänderung vgl. Rn. 26. 33

2. Rückwirkende Satzungsänderungen. Wegen des konstitutiven Charakters der Eintragung haben Satzungsänderungen **keine Rückwirkung.** Ist eine solche gewollt, so wirkt sie nicht gegenüber Dritten, sondern bindet nur die Gesellschaf- 34

---

[79] Ausführlich hierzu *Hachenburg/Ulmer* Rn. 38, 39.
[80] BayObLG NJW – RR 1997, 485 = EWiR 1997, 263 *(Bokelmann)* betr. vermeintliche Erforderlichkeit der Angabe des Betrags der Stammeinlagen und der Namen der Übernehmen.
[81] BayObLG BB 1999, 971 betr. Eintragungen anlässlich der Verwertung einer Mantel- oder Vorrats-GmbH; LG Koblenz NZG 1998, 352 anlässlich Sitzverlegung.
[82] KG NJW-RR 1997, 1127 anlässlich Sitzverlegung.
[83] *Hachenburg/Ulmer* Rn. 27; *Scholz/Priester* Rn. 76.

§ 54 4. Abschnitt. Abänderungen des Gesellschaftsvertrages

ter.[84] Stimmen nicht alle Gesellschafter der Rückwirkung zu, so wird man den nicht zustimmenden Gesellschaftern ein Anfechtungsrecht einräumen müssen.[85] Umstritten ist besonders, ob eine **Änderung des Geschäftsjahres** mit Rückwirkung möglich ist. Man wird die Frage verneinen und verlangen müssen, dass die Änderung vor Beginn des neuen Geschäftsjahres eingetragen wird, da anderenfalls die Interessen Dritter, insbesondere Gläubigerinteressen, beeinträchtigt werden können.[86] Für das **Steuerrecht** ist zu beachten, dass die Umstellung des Geschäftsjahres (Wirtschaftsjahres) auf einen vom Kalenderjahr abweichenden Zeitraum steuerlich nur wirksam ist, wenn sie im Einvernehmen mit dem Finanzamt vorgenommen wird (§ 4a Abs. 1 Nr. 2 S. 2 EStG; R 25 EStR 2001; § 7 Abs. 4 S. 3 KStG). Das Finanzamt kann die Zustimmung versagen, wenn keine beachtlichen betriebswirtschaftlichen Gründe für die Umstellung vorliegen.[87] – Ist die Gesellschaft in das Handelsregister eingetragen, so können vor Eintragung beschlossene (vgl. § 53 Rn. 2), aber erst nach Eintragung angemeldete Satzungsänderungen eingetragen werden, sofern sie nicht durch die Eintragung der Gesellschaft in das Handelsregister unwirksam geworden sind. Das ist zB der Fall, wenn der Gesellschaft vor ihrer Eintragung ein weiterer Gesellschafter durch Satzungsänderung beitritt, die Anmeldung des Beitritts aber erst nach Eintragung der Gesellschaft beim Registergericht eingeht. Der Beitritt des weiteren Gesellschafters ist dann nur noch im Wege der Geschäftsanteilsübertragung oder Kapitalerhöhung möglich.

35 **3. Bedingte und befristete Satzungsänderungen.** Bedingte Änderungsbeschlüsse sind mit der Rechtssicherheit nicht zu vereinbaren und deshalb unzulässig. Rechtsbedingungen sind jedoch unschädlich, zB die Erteilung einer staatlichen Genehmigung.[88] Gegen aufschiebend **befristete** Satzungsänderungen bestehen dagegen keine Bedenken. Sie können sofort angemeldet und eingetragen werden. Allerdings ist der Zeitpunkt hinzuzufügen, von dem ab die Satzungsänderung gelten soll.[89]

VI. Amtslöschung fehlerhafter Eintragungen

36 Sie kommt nach § 142 Abs. 1 oder § 144 Abs. 2 FGG in Betracht. Umstritten ist, ob Satzungsänderungsbeschlüsse nur nach § 144 Abs. 2 FGG von Amts wegen gelöscht

---

[84] *Baumbach/Hueck/Zöllner* § 53 Rn. 30; *Lutter/Hommelhoff* § 53 Rn. 37; *Hachenburg/Ulmer* Rn. 27 und § 53 Rn. 25; *Roth/Altmeppen* Rn. 14. *Scholz/Priester* Rn. 63 und § 53 Rn. 190, 191, sofern alle Gesellschafter zustimmen und Gläubigerinteressen nicht gefährdet werden; aA *Meyer-Landrut/Miller/Niehus* Rn. 12.
[85] AA *Baumbach/Hueck/Zöllner* § 53 Rn. 30, der Rückwirkung im Innenverhältnis gegen den Willen der Minderheit für möglich hält, soweit die Änderung für die Beteiligten absehbar war.
[86] Wie hier BFH GmbHR 1997, 670; OLG Frankfurt/M. GmbHR 1999, 484; KG DR 1942, 735; LG Mühlhausen GmbHR 1997, 313; *Baumbach/Hueck/Zöllner* § 53 Rn. 30; *Scholz/Priester* Rn. 63; bejahend, falls die Satzungsänderung vor Ablauf des durch die Änderung entstehenden Rumpfgeschäftsjahres angemeldet und eingetragen wird: *Hachenburg/Goerdeler/Müller* § 29 Rn. 18; *Hachenburg/Ulmer* § 53 Rn. 25, 110; offenbar auch *Lutter/Hommelhoff* § 53 Rn. 37; weitergehend OLG Karlsruhe Rpfleger 1975, 178, das Anmeldung vor Ablauf genügen lässt; noch weitergehend LG Frankfurt GmbHR 1978, 112 und 1979, 208, das auf konkrete Gefährdung von Gläubigerinteressen im Einzelfall abstellen will, was vom OLG Frankfurt/M. aaO ausdrücklich als unvereinbar mit dem Schutzzweck des § 54 Abs. 3 bezeichnet wird. Bejahend auch *Wolff* DB 1999, 2149, weil Drittinteressen nicht berührt würden und lediglich die bilanzrechtlichen Fristvorgaben beachtet werden müssten.
[87] BFH BB 1980, 1618; vgl. auch § 53 Rn. 23.
[88] *Baumbach/Hueck/Zöllner* § 53 Rn. 29; *Hachenburg/Ulmer* § 53 Rn. 24; *Scholz/Priester* § 53 Rn. 188; vgl. auch o. Rn. 10.
[89] *Baumbach/Hueck/Zöllner* § 53 Rn. 29; *Hachenburg/Ulmer* Rn. 27 und § 53 Rn. 24; *Scholz/Priester* § 53 Rn. 188.

Anmeldung und Eintragung **§ 54**

werden können oder auch nach § 142 Abs. 1 FGG. Zweckmäßig erscheint es, die Entscheidung nach Mängelarten zu treffen und Verfahrensmängel nach § 142 Abs. 1 FGG, sachliche Mängel nach § 144 Abs. 2 FGG zu behandeln.[90]

1. Verfahrensmängel. Sie lassen nach § 142 Abs. 1 FGG eine Amtslöschung zu, wenn sie eine wesentliche Voraussetzung der Eintragung betreffen. Der Mangel der notariellen Form des Satzungsänderungsbeschlusses fällt nicht hierunter, weil er durch die Eintragung kraft Gesetzes geheilt wird (§ 242 Abs. 1 AktG analog, vgl. o. § 53 Rn. 62). Wohl aber kommen **Anmeldungsmängel** in Betracht, zB wenn eine Anmeldung nicht vorlag, weil sie zurückgenommen wurde[91] oder wenn der Inhalt der Eintragung von der beschlossenen und angemeldeten Satzungsänderung abweicht.[92] **37**

2. Sachliche Mängel. Sie führen nach § 144 Abs. 2 FGG zur Amtslöschung nur, wenn der Satzungsänderungsbeschluss **zwingendes Recht verletzt** und seine Beseitigung **im öffentlichen Interesse erforderlich** erscheint. Das öffentliche Interesse ist nicht berührt, wenn nur die Belange der Gesellschafter zur Diskussion stehen, wohl aber, wenn die Allgemeinheit oder die Gläubiger betroffen sind.[93] Im letzteren Falle ist die Amtslöschung auch dann noch möglich, wenn die Dreijahresfrist des analog anzuwendenden § 242 Abs. 2 AktG abgelaufen und der Mangel dadurch **geheilt** ist (§ 53 Rn. 62), wobei allerdings zu beachten ist, dass das öffentliche Interesse an der Beseitigung des Beschlusses durch Zeitablauf schwinden oder ganz entfallen kann.[94] Amtslöschung ist danach bei **Inhaltsmängeln mit Nichtigkeitsfolge** denkbar, zB einer Firmenänderung unter Verstoß gegen § 4 (§ 53 Rn. 62), nicht aber bei zur Nichtigkeit des Beschlusses führenden Einberufungsmängeln, auch nicht bei wegen fehlender Zustimmung unwirksamen Beschlüssen, weil hier kein öffentliches Interesse an der Beseitigung gegeben ist.[95] Eine Amtslöschung lediglich **anfechtbarer** Beschlüsse scheidet von vornherein aus. Geht man allerdings davon aus, dass ein gegen zwingendes Recht verstoßender, gleichwohl aber nur anfechtbarer Beschluss nicht eintragungsfähig ist (vgl. Rn. 21), dann sollte auch seine Amtslöschung möglich sein, wenn er trotz des Hindernisses eingetragen würde.[96] **38**

VII. Staatshaftung, Kosten

1. Staatshaftung. Wegen der Staatshaftung für fehlerhafte Eintragungen und Bekanntmachungen vgl. § 10 Rn. 33.[97] Das Richterprivileg (§ 839 Abs. 2 S. 1 BGB) gilt hier nicht.[98] **39**

2. Kosten. Bei den Kosten der **Anmeldung** ist zu unterscheiden: Legen die Anmelder die vollständige Anmeldung vor, so erhält der Notar für die Beglaubigung der **40**

---

[90] Ebenso *Baumbach/Hueck/Zöllner* Rn. 28; *Hachenburg/Ulmer* Rn. 53, 54; *Scholz/Priester* Rn. 78, 83; aA zB OLG Hamm BB 1981, 259, 261; OLG Karlsruhe ZIP 1986, 711 m. zust. Anm. *Lutter/Friedewald* ZIP 1986, 691; *Meyer-Landrut/Miller/Niehus* Rn. 14; GroßkommAktG/ *Schilling* § 241 Anm. 27; vgl. auch § 10 Rn. 20.
[91] *Baumbach/Hueck/Zöllner* Rn. 28; *Hachenburg/Ulmer* Rn. 57; *Scholz/Priester* Rn. 83; vgl. o. Rn. 28.
[92] *Hachenburg/Ulmer* Rn. 57; vgl. o. Rn. 29.
[93] *Hachenburg/Ulmer* Rn. 55; *Scholz/Priester* Rn. 77.
[94] *Hachenburg/Ulmer* Rn. 55; vgl. auch o. § 47 Rn. 112.
[95] *Hachenburg/Ulmer* Rn. 56; *Scholz/Priester* Rn. 81; zum Sonderfall der Firmenlöschung nach § 7 KAGG, § 43 KWG, § 142 FGG vgl. BayObLG WM 1988, 664.
[96] *Scholz/Priester* Rn. 82; vgl. auch § 53 Rn. 62.
[97] Vgl. ferner *Scholz/Priester* Rn. 89.
[98] BGH NJW 1956, 1716.

§ 55   4. Abschnitt. Abänderungen des Gesellschaftsvertrages

Unterschriften ein Viertel der vollen Gebühr (§§ 141, 45 Abs. 1 KostO). Überlassen die Anmelder die Fertigung der Anmeldung dem Notar, so steht diesem die Hälfte der vollen Gebühr zu (§ 145 Abs. 1, § 38 Abs. 2 Nr. 7 KostO). Die Erste, demnächst darauf gesetzte Unterschriftsbeglaubigung ist jedoch gebührenfrei. Für die **Eintragung** wird die volle Gebühr erhoben (§ 79 Abs. 1 KostO; bei der Kapitalerhöhung vgl. § 57 Rn. 43). **Geschäftswert** sowohl bei der Anmeldung als auch bei der Eintragung ist nach §§ 27 Abs. 1, 26 Abs. 4 KostO eins vom Hundert des eingetragenen Stammkapitals, mindestens 25 000 € und höchstens 500 000 € (anders als bei der Kapitalerhöhung, vgl. § 57 Rn. 44). Die Kosten, die durch die **Bekanntmachung** entstehen, werden als Auslagen erhoben, § 137 Nr. 5 KostO. Wegen der Kosten der notariellen Bescheinigung nach § 54 Abs. 1 S. 2 Halbs. 2 vgl. Rn. 13. Zur **Kostentragung** vgl. § 53 Rn. 68.

VIII. Österreichisches Recht

41 § 54 entspricht § 51 ÖGmbHG. Anders als hier haben dort **sämtliche Geschäftsführer** anzumelden. Eine dem § 54 Abs. 1 S. 2 GmbHG entsprechende Bestimmung (§ 51 Abs. 1 S. 3) ist erst durch das Firmenbuchgesetz (FBG) von 1991 eingeführt worden. Bis dahin konnte das Registergericht aber eine Neufassung des Gesellschaftsvertrags verlangen, wenn die Orientierung infolge mehrfacher Änderungen erschwert war.[99] Die Eintragung wirkt konstitutiv (§ 49 Abs. 2).

§ 55 [Erhöhung des Stammkapitals]

(1) **Wird eine Erhöhung des Stammkapitals beschlossen, so bedarf es zur Übernahme jeder auf das erhöhte Kapital zu leistenden Stammeinlage einer notariell aufgenommenen oder beglaubigten Erklärung des Übernehmers.**

(2) **Zur Übernahme einer Stammeinlage können von der Gesellschaft die bisherigen Gesellschafter oder andere Personen, welche durch die Übernahme ihren Beitritt zu der Gesellschaft erklären, zugelassen werden. Im letzteren Falle sind außer dem Betrage der Stammeinlage auch sonstige Leistungen, zu welchen der Beitretende nach dem Gesellschaftsvertrage verpflichtet sein soll, in der in Absatz 1 bezeichneten Urkunde ersichtlich zu machen.**

(3) **Wird von einem der Gesellschaft bereits angehörenden Gesellschafter eine Stammeinlage auf das erhöhte Kapital übernommen, so erwirbt derselbe einen weiteren Geschäftsanteil.**

(4) **Die Bestimmungen in § 5 Abs. 1 und 3 über den Betrag der Stammeinlagen sowie die Bestimmung in § 5 Abs. 2 über die Unzulässigkeit der Übernahme mehrerer Stammeinlagen finden auch hinsichtlich der auf das erhöhte Kapital zu leistenden Stammeinlagen Anwendung.**

Literatur: *Becker/Berke* „Ausschüttungs-Rückhol-Verfahren" bei Aktiengesellschaften: Immer Kapitalerhöhung gegen Sacheinlage?, DNotZ 1992, 701; *Bergmann/Schürrle* Verdeckte Sacheinlage und Ausschüttungs-Rückholverfahren, DNotZ 1992, 144; *Biermann/Bischoff* Sachliche Voraussetzungen von Mehrheitsbeschlüssen in Kapitalgesellschaften, BB 1987, 1055; *Bongen/Renaud* Zur Aufdeckung stiller Reserven bei der Aufstockung einbringungsgeborener GmbH-Geschäftsanteile BB 1987, 1998; *Börner* Verbindung von Kapitalerhöhung aus Gesellschaftsmitteln und Kapitalerhöhung gegen Bareinlagen bei

---

[99] *Gellis* 3. Aufl. § 49 Anm. 1.

Erhöhung des Stammkapitals **§ 55**

Aktiengesellschaften, DB 1988, 1254; *Boujong* Rechtsprechungsbericht: Das GmbH – Recht im Jahre 1997, NZG 1998, 745; *Brandes* Die Rechtsprechung des BGH zur GmbH, WM 1995, 641; WM 1998, 1; WM 2000, 217; *Brenner* Der Verwässerungseffekt im Rahmen von Kapitalerhöhungen bei einer personalistischen GmbH, FS Sigle, 2000, S. 341; *Crezelius* Zivilrechtliche Aspekte des Schütt-aus-hol-zurück-Verfahrens, ZIP 1991, 499; *Döllerer* Der Einfluß der Körperschaftsteuerreform 1977 auf das Verhältnis zwischen Handelsrecht und Steuerrecht der GmbH, GmbHR 1987, 133; *Dötsch* Kapitalerhöhung und Kapitalherabsetzung – Auswirkungen auf Einkommensermittlung und Eigenkapitalgliederung, DB 1981, 1994; *Ehlke* Stammkapitalerhöhung bis zum 31. 12. 1985 oder Auflösung, GmbHR 1985, 284; *ders.* Vinkulierung bei GmbH-Kapitalerhöhung und anderen Fällen des Gesellschaftsbeitritts ohne Anteilsübertragung, DB 1995, 561; *Esch* Die gesellschaftsvertragliche Vereinbarung der Rückgewähr ausgeschütteter Gewinne der GmbH, NJW 1978, 2529; *Gaiser* Die Freistellung geringfügig beteiligter Gesellschafter von der Ausfallhaftung nach § 24 GmbHG im Rahmen einer Kapitalerhöhung, GmbHR 1999, 210; *Glade* Die Erhöhung des Stammkapitals bei „einbringungsgeborenen" Gesellschaften mbH, BB 1981, 172; *Goebeler* Die Entwicklung des Registerrechts in den Jahren 1980–1986, BB 1987, 2314; *Goerdeler* Zu den Rücklagen im Gemeinnützigkeitsbereich, FS Beusch, 1994, S. 287; *Groß* Fassung des GmbH-Vertrages bei Kapitalerhöhung, Rpfleger 1972, 126; *Gustavus* Die Kapitalanpassung nach der GmbH-Nov. mit minderjährigen Gesellschaftern, GmbHR 1982, 10; *Habel* Abtretung künftiger Aufstockungsbeträge bei Kapitalerhöhungen, GmbHR 2000, 267; *Haritz/Benkert* Umwandlungssteuergesetz, 2. Aufl. 2000/2001; *Heckschen* Agio und Bezugsrechtsausschluß bei der GmbH, DStR 2001, 1437; *Hellwig* Der werdende Geschäftsanteil aus einer Kapitalerhöhung, FS Rowedder 1994, S. 141; *Heinemann* Mindeststammkapitalerhöhung bei Testamentsvollstreckung, GmbHR 1985, 349; *Henze* Treuepflichten im Kapitalgesellschaftsrecht, ZHR 162 (1998), 186; *Huber* Die Abfindung der neuen Aktionäre bei Nichtigkeit der Kapitalerhöhung, FS Claussen, 1997, S. 147 ff.; *Klapdor* Aktuelle Überlegungen zum Schütt-Aus-Hol-Zurück-Verfahren im Familienverband, BB 1998, 1047; *Köhler* Kapitalerhöhung und vertragliche Gewinnbeteiligung, AG 1984, 197; *Kollhosser/Hamann* Die kostenrechtliche Behandlung von Kapitalerhöhungsmaßnahmen bei Aktiengesellschaften – ein Streit ohne Ende?, BB 1986, 2222; *Kopfer/Marx/Rist/Schönberger* Möglichkeiten und Grenzen aktueller Schütt-aus-hol-zurück-Strategien unter Einsatz mathematischer Optimierungsverfahren, BB 2001, 1013; *Koppensteiner* Ordentliche Kapitalerhöhungen und dividendenabhängige Ansprüche Dritter, ZHR 139 (1975), 191; *Kröller* (Alt)-Gesellschaften mit beschränkter Haftung nach der GmbH-Nov., BB-Beilage 7/1983; *Kruschwitz* Schütt-aus-hol-zurück-Verfahren oder Sofortthesaurierung bei dividendenabhängigen Gehältern?, DB 1984, 1049; *Lindacher* Übergangsregelung nach Art. 12 § 1 GmbH-Nov. und GmbH-Innenrecht, in *Roth* Die Zukunft der GmbH, 1983, S. 47 ff.; *Lutter* Gescheiterte Kapitalerhöhungen, FS Schilling, 1973, S. 207; *ders.* Materielle und formelle Erfordernisse eines Bezugsrechtsausschlusses, ZGR 1979, 401; *ders.* Bilanzierung, Reservebildung und Ausschüttung in der GmbH, DB 1978, 1965; *Lutter/Friedewald* Kapitalerhöhung, Eintragung im Handelsregister und Amtslöschung, ZIP 1986, 691; *Maas* Die Erhöhung des Stammkapitals bei „einbringungsgeborenen" Gesellschaften mbH, BB 1980, 1791; *Maiberg*, Übernahme einer Stammeinlage durch eine Erbengemeinschaft bei Erhöhung des Stammkapitals einer GmbH, DB 1975, 2419; *Martens* Der Ausschluß des Bezugsrechts, FS R. Fischer, 1979, S. 437 ff.; *ders.* Sozialakt und Vertretung, AG 1981, 216; *Mayer/Haiß/Block* Die Schütt-aus-hol-zurück-Politik unter dem Einfluß der Steuerreformen, DB 1995, 281; *Munzig* Das gesetzliche Bezugsrecht bei der GmbH, 1995; *Nitsche* Rechtsprechungsübersicht zum Handels- und Registerrecht, FGPrax 2000, 47; *Orth* Neue Aspekte zum Schütt-aus-hol-zurück-Verfahren, GmbHR 1987, 195; *Pannen/Köhler* Errechnung des „Verwässerungseffekts" einer Kapitalerhöhung gegen Einlagen, AG 1985, 52; *Priester* Das gesetzliche Bezugsrecht bei der GmbH, DB 1980, 1925; *ders.* Die Formulierung des GmbH-Vertrages bei Kapitalerhöhung, GmbHR 1973, 169; *ders.* Körperschaftsteuerreform und Gewinnverwendung, ZGR 1977, 445; *ders.* GmbH – Kapitalerhöhung im Wege des Ausschüttungs – Rückholverfahrens, ZGR 1998, 856; *ders.* Unternehmenssteuer – Reform und Gesellschaftsvertrag, DStR 2001, 795; *Priester/K. Schmidt* Die GmbH-Novelle – Konsequenzen für die Praxis, 1981; *Raiser* Das neue GmbH- Recht in der Diskussion, 1981, S. 21 ff.; *Reuter* Bewertungsrechtliche Behandlung von Kapitalerhöhungen, deren Durchführung noch nicht beendet ist, AG 1987, 368; *Richter* Schütt-aus-Hol-zurück-Politik ab 1994, BB 1994, 2398; *ders.* Optimale Schütt-aus Hol-zurück-Politik bei Existenz außerordentlicher Einkünfte, BB 1997, 69; *Rittner* Kapitalerhöhung und Kapitalherabsetzung als Zusammenschlußtatbestände, FS Luther, 1976, S. 147; *Robrecht* Kapitalerhöhungsbeschluß und Konkurseröffnung bei der GmbH, GmbHR 1983, 126; *Roth* „Schütt-aus-hol-zurück" als verdeckte Sacheinlage, NJW 1991, 1913; *Schaeberle/Meermann* Die Kapitalerhöhung bei einer GmbH, 1985; *Schoenes* Kapitalerhöhung und Erhöhung der Mindesteinlage, Zweifelsfragen bei der Anpassung von Alt-Gesellschaften an die GmbH-Nov., NJW 1983, 379; *K. Schmidt* Die sanierende Kapitalerhöhung im Recht der Aktiengesellschaft, GmbH und Personengesellschaft, ZGR 1982, 519; *Schulte* Die Pflicht des Gesellschafters einer GmbH zur Mitwirkung bei der Erhöhung des Mindeststammkapitals auf DM 50 000, BB 1985, 2009; *Sernetz* Die Folgen der neueren Zivilrechtsprechung zum „Ausschüttung-Rückhol-Verfahren" für zukünftige Kapitalerhöhungen bei der GmbH, ZIP 1993, 1685; *ders.* Die Folgen der neueren Zivilrechtsprechung zum „Ausschüttungs-

§ 55

4. Abschnitt. Abänderungen des Gesellschaftsvertrages

Rückhol-Verfahren" für frühere Kapitalerhöhungen bei der GmbH, ZIP 1995, 173; *Sieger/Hasselbach* Die Kapitalerhöhung im „Schütt-aus-hol-zurück"-Verfahren, GmbHR 1999, 205; *Sigel* Reparaturmöglichkeiten bei fehlgeschlagener Kapitalerhöhung nach Schütt-aus-Hol-zurück-Verfahren, GmbHR 1995, 487; *Skibbe* Das Bezugsrecht bei Kapitalerhöhungen der GmbH, GmbHR 1963, 46; *Sprockhoff* Praktische Auswirkungen der Europarechtswidrigkeit der Handelsregistergebühren, NZG 1999, 747; *Tillmann* Mindestkapitalerhöhung aufgrund der GmbH-Nov. 1980, GmbHR 1983, 244; *Timm* Das neue GmbH-Recht in der Diskussion, GmbHR 1980, 286; *Ulmer* Rechtsfragen der Barkapitalerhöhung bei der GmbH, GmbHR 1993, 189; *Vollmer* Eigenkapitalbeschaffung durch Börsenzugang, GmbHRdsch. 1984, 329; *Winnefeld* Kapitalerhöhung im Konkurs einer GmbH, BB 1976, 1202; *Winkler* Der Erwerb eigener Geschäftsanteile durch die GmbH, GmbHR 1972, 73; *M.Winter* Mitgliedschaftliche Treuebindungen im GmbH-Recht, 1988; *Zielke* Vorteile der Schütt-aus-Hol-zurück-Politik im Jahre 1994, BB 1994, 2177; *Zöllner* Die Anpassung dividendenbezogener Verpflichtungen von Kapitalgesellschaften bei effektiver Kapitalerhöhung, ZGR 1986, 288.

Übersicht

	Rn.		Rn.
I. Normzweck	1–5	**IV. Übernahme (Abs. 1)**	35–52
II. Beschluss über die Kapitalerhöhung (Abs. 1)	6–25	1. Übernahmevertrag	36
		2. Übernahmeerklärung	37–39
1. Satzungsänderung	7	3. Annahme der Übernahmeerklärung	40, 41
2. Erhöhungsbetrag	8–12	4. Wirkungen der Übernahme	42–44
3. Aufstockung (Erhöhung des Nennbetrags vorhandener Geschäftsanteile)	13, 14	5. Verpflichtung zur Übernahme	45–49
		a) Verpflichtung zur Kapitalerhöhung	46
4. Keine Volleinzahlung des Altkapitals	15	b) Verpflichtung zur Teilnahme an künftiger Kapitalerhöhung	47
5. Sonstige Bestandteile	16	c) Bindung der Gesellschaft	48
6. Rückwirkung, Bedingung, Befristung	17	d) Schuldrechtliche Nebenabreden	49
7. Stimmpflicht der Gesellschafter	18	6. Mängel des Übernahmevertrags	50
8. Neufassung des Satzungswortlauts	19	7. Übertragung von Rechten aus dem Übernahmevertrag	51
9. Aufhebung des Beschlusses	20	8. Kartellrecht	52
10. Mängel des Beschlusses	21	**V. Anwendung von Gründungsrecht (Abs. 4)**	53
11. Gründungsstadium, Liquidation, Insolvenz	22–25	**VI. Einfluss der Kapitalerhöhung auf die Gewinnbeteiligung Dritter**	54
III. Zulassung zur Übernahme der neuen Stammeinlagen (Abs. 2 S. 1)	26–34	**VII. Kosten**	55–57
1. Gesellschafterbeschluss	27	**VIII. Steuern**	58–62
2. Übernehmer	28	1. Gesellschaftsteuer	58
3. Bezugsrecht der Gesellschafter	29–34	2. Körperschaftsteuer, Einkommensteuer	59
a) Gleichbehandlungsgrundsatz, Treuepflicht	30	3. Ausschüttungs-Rückholverfahren („schütt-aus-hol-zurück")	60, 61
b) Ausschluss	31	4. Bewertung	62
c) Kein Ausschlussbeschluss	32	**IX. Österreichisches Recht**	63
d) Anfechtung des Ausschlusses	33		
e) Verwässerungsschutz	34		

I. Normzweck

1   Die Erhöhung des Stammkapitals gegen Stammeinlagen ist die einzige **Maßnahme der Beschaffung neuen Eigenkapitals,** die das GmbHG vorsieht. Sie kann erforderlich werden, wenn das vorhandene Gesellschaftsvermögen zur Finanzierung von Investitionen im Zuge einer Ausweitung des Unternehmens nicht mehr ausreicht. Sie kann auch der Beseitigung einer **finanziellen Krise** dienen und geht dann meist mit einer Kapitalherabsetzung einher.[1] Die **Kapitalerhöhung aus Gesellschaftsmitteln** (§ 57c bis § 57o) führt zwar zur Erhöhung des Stammkapitals, nicht aber zur Vermehrung der Eigenmittel, weil lediglich bereits als (freie) Rücklagen vorhandenes

---

[1] *K. Schmidt* ZGR 1982, 519 ff.; *K. Schmidt* GesR § 37 V.

Erhöhung des Stammkapitals § 55

Eigenkapital in (gebundenes) Nennkapital umgewandelt (umgebucht) wird. Keine Kapitalerhöhung ist die Einforderung von **Nachschüssen** beim (seltenen) Bestehen einer Nachschusspflicht (§§ 26 bis 28). Nachschüsse sind zwar Geldeinlagen, die das Eigenkapital verstärken, aber als Sonderposten wie eine Rücklage, nicht als Nennkapital zu bilanzieren. Allerdings kann auch eine aus Nachschüssen gebildete Rücklage in Nennkapital umgewandelt werden (§ 57d Rn. 6). Von der Kapitalerhöhung zu unterscheiden sind ferner freiwillige **Zuzahlungen** der Gesellschafter. Sie können als Kapitalerhöhungssurrogat angesehen werden, erfordern jedoch allseitiges Einvernehmen.[2] Das **Ausschüttungs-Rückholverfahren** kann als Vorstufe der Kapitalerhöhung wirken, wenn beabsichtigt ist, die an die Gesellschafter zunächst ausgeschütteten und von diesen der Gesellschaft alsdann wieder als Eigen- oder Fremdkapital zugeführten Gewinne in Stammkapital umzuwandeln (näher zu diesem auf der steuerlichen Begünstigung ausgeschütteter Gewinne beruhenden Verfahren vgl. Rn. 60, 61). Zur Kapitalbeschaffung für die GmbH durch **Börsenzugang** vgl. *Vollmer*[3] und die dort zitierten Verhandlungen des 55. Deutschen Juristentags; vgl. ferner § 29 Rn. 138. zur Ausgabe von **Genussscheinen.**

Eine **bedingte Kapitalerhöhung** (§§ 192 bis 201 AktG) kennt das GmbHG ebenso wenig wie **genehmigtes Kapital** (§§ 202 bis 206 AktG). Eine analoge Anwendung der aktienrechtlichen Regelung kommt nicht in Betracht. Ein praktisches Bedürfnis hierfür besteht auch nicht.[4] 2

Durch die Kapitalerhöhung wird die Höhe des Stammkapitals (§ 3 Abs. 1 Nr. 3) geändert. Die Kapitalerhöhung ist deshalb als **Sonderfall der Satzungsänderung** ausgestaltet, so dass neben den §§ 55 bis 57b auch die allgemeinen Vorschriften der §§ 53, 54 anwendbar sind. § 55 Abs. 1 setzt einen satzungsändernden Beschluss über die Kapitalerhöhung voraus, § 55 Abs. 2 S. 1 sieht einen weiteren Beschluss über die Zulassung von Gesellschaftern oder Dritten zur Übernahme der neuen Stammeinlagen vor und § 55 Abs. 1 verlangt schließlich noch eine besondere Erklärung der jeweiligen Übernehmer. In der Praxis werden diese Beschlüsse und Erklärungen jedoch trotz möglicher Kostennachteile (vgl. Rn. 56) häufig in einer einzigen notariellen Urkunde zusammengefasst. Absatz 3 verbietet die Durchführung der Kapitalerhöhung im Wege der **Erhöhung des Nennbetrags** der bisherigen Geschäftsanteile bei Teilnahme von Altgesellschaftern an der Kapitalerhöhung (wegen der Ausnahmen vgl. Rn. 13). Abs. 4 erklärt durch Verweisung auf § 5 Abs. 1 und 3 bestimmte Gründungsvorschriften für anwendbar. Die **analoge Anwendung von Gründungsrecht** bei Regelungslücken ist jedoch trotz des Charakters der Kapitalerhöhung als „Zusatzgründung"[5] entgegen RGZ 85, 311, 314ff. nicht schlechthin möglich, zumal die GmbH-Novelle 1980 punktuell zusätzliche Verweisungen auf Gründungsvorschriften in den §§ 56a, 57a und 57b vorgenommen hat.[6] 3

Bei der **Verschmelzung von Gesellschaften mbH** durch Aufnahme (§§ 46ff. UmwG) muss die aufnehmende Gesellschaft häufig ihr Kapital erhöhen, um den Gesellschaftern der übertragenden und dadurch untergehenden Gesellschaft Geschäftsanteile gewähren zu können. Hierfür enthält § 55 UmwG **Sonderregelungen** (vgl. näher Anh. nach § 77 Rn. 363ff.). Ähnliches gilt gemäß § 57h Abs. 1 S. 2 bei der **Kapitalerhöhung aus Gesellschaftsmitteln** (vgl. § 57h Rn. 3). 4

---

[2] *K. Schmidt* ZGR 1982, 519, 525, 526 mN.
[3] GmbHR 1984, 329.
[4] Näher *Hachenburg/Ulmer* Rn. 8; *Scholz/Priester* Rn. 11.
[5] *Brodmann* § 57 Anm. 2.
[6] *Hachenburg/Ulmer* Rn. 5; *Scholz/Priester* Rn. 8; vgl. aber § 56 Rn. 16, 17.

Zimmermann

§ 55   4. Abschnitt. Abänderungen des Gesellschaftsvertrages

5   Die **GmbH-Novelle 1980** hat § 55 nicht geändert, jedoch die übrigen Vorschriften über die Kapitalerhöhung den neuen Gründungsvorschriften angepasst (§§ 56 bis 57 b). Nicht übernommen wurden aus dem RegE 1971 die Möglichkeit der Erhöhung des Nennbetrags des bisherigen Geschäftsanteils eines Altgesellschafters anstelle der Zuteilung eines neuen Geschäftsanteils und die Einführung eines gesetzlichen Bezugsrechts (vgl. Rn. 13, 29). Auch durch das **EuroEG** ist § 55 nicht geändert worden. Jedoch wirkt die Änderung des § 5 durch dieses Gesetz wegen der Verweisungen in Abs. 4 des § 55 mittelbar auch auf die Kapitalerhöhungsvorschriften. Neben diesen ist ferner der durch das EuroEG eingefügte § 86 zu beachten.

II. Beschluss über die Kapitalerhöhung (Abs. 1)

6   Er bringt nur die Absicht der Gesellschaft zum Ausdruck, ihr Stammkapital zu erhöhen und begründet noch keine Verbindlichkeit der Gesellschafter. Eine solche entsteht erst mit der Übernahme des erhöhten Kapitals (Rn. 35 ff.).

7   **1. Satzungsänderung.** Die Kapitalerhöhung ist stets Satzungsänderung, weil durch die Erhöhung des Stammkapitals die notwendige Satzungsbestimmung über den Betrag des Stammkapitals (§ 3 Abs. 1 Nr. 3) eine Änderung erfährt (Rn. 3, 19). Alles das, was über den Satzungsänderungsbeschluss gesagt ist (insbes. § 53 Rn. 35 ff.), gilt deshalb auch für den Kapitalerhöhungsbeschluss. Für ihn sieht die Satzung häufig zusätzliche Erfordernisse (§ 53 Rn. 46) vor. Einer **Zustimmung** aller Gesellschafter nach § 53 Abs. 3 bedarf es nicht, weil die eventuelle Ausfallhaftung nach § 24 nur eine mittelbare Leistungsvermehrung darstellt (§ 53 Rn. 49). Allerdings soll den Altgesellschaftern entsprechend § 27 S. 1 ein unverzüglich nach der Kapitalerhöhung auszuübendes **Austrittsrecht** eingeräumt werden, wenn die Risikobelastung mit der Ausfallhaftung unzumutbar erscheint.[7] Die Gewährung eines solchen Rechts erscheint indessen problematisch, wenn man die Rechtsfolge der Ausfallhaftung als „so wenig spürbar"[8] wertet, dass sie eine Zustimmung nach § 53 Abs. 3 entbehrlich macht. Wegen der Möglichkeit der Ausfallhaftung verlangt dagegen § 51 Abs. 1 S. 1 UmwG die **Zustimmung** aller Gesellschafter der übertragenden Gesellschaft **zum Verschmelzungsbeschluss,** wenn Geschäftsanteile der übernehmenden Gesellschaft noch nicht voll eingezahlt sind (vgl. § 77 Anh. Rn. 357). Hier wird der Risikobelastung ein grundsätzlich höheres Gewicht beigemessen.[9] Ist Gesellschaftern ausdrücklich ein **Sonderrecht** auf Beibehaltung der bestehenden Kapitalverhältnisse eingeräumt, so ist nicht zweifelhaft, dass die Wirksamkeit der Kapitalerhöhung von ihrer Zustimmung abhängt.[10] Ein solches Sonderrecht ergibt sich jedoch nicht schon aus der **Vinkulierung** der Geschäftsanteile zugunsten eines Gesellschafters. Ist die Veräußerung von Geschäftsanteilen an die Zustimmung eines Gesellschafters gebunden, so kann dieser die Kapitalerhöhung nicht durch Verweigerung der Zustimmung hindern.[11]

8   **2. Erhöhungsbetrag.** Er wird in aller Regel als **fester Betrag** beschlossen („das Stammkapital von €... wird um €... auf €... erhöht"). Da das Gesetz den Kapitaler-

---

[7] LG Mönchengladbach ZIP 1986, 306, 307; *Baumbach/Hueck* § 24 Rn. 5; *Hachenburg/Goerdeler* § 24 Rn. 21; *K. Schmidt* GesR § 37 V 1 a, dd; *Scholz/Emmerich* § 24 Rn. 17; *Scholz/Priester* Rn. 23; *Hachenburg/Ulmer* § 53 Rn. 75.
[8] *Hachenburg/Ulmer* Rn. 16.
[9] Vgl. auch *Scholz/Priester* Rn. 22.
[10] *Hachenburg/Ulmer* Rn. 17.
[11] AA *Elkes* DB 1995, 561, 564.

Erhöhung des Stammkapitals § 55

höhungsbeschluss scharf von der Zulassung zur Übernahme der neuen Stammeinlagen trennt (Rn. 27 ff.), sollte bei einer Kapitalerhöhung mit festem Betrag im Zeitpunkt der Fassung des Beschlusses feststehen, wer das erhöhte Kapital übernimmt; denn anderenfalls besteht die Gefahr, dass das neue Kapital nicht voll gezeichnet wird, was zur Folge hat, dass die Kapitalerhöhung nicht zur Eintragung in das Handelsregister angemeldet werden kann (§ 57 Abs. 1). Deshalb wird in der Praxis der Kapitalerhöhungsbeschluss häufig zugleich mit dem Zulassungsbeschluss gefasst und zusammen mit den Übernahmeerklärungen in einer einzigen Urkunde niedergelegt.[12]

Statt dessen kann der Kapitalerhöhungsbeschluss lediglich einen **Höchstbetrag** bestimmen, bis zu dem das Stammkapital erhöht werden soll. Tatsächlich ist das Stammkapital dann um denjenigen Betrag erhöht, der zum Handelsregister angemeldet und in dieses eingetragen wird[13] (hM). Allerdings muss der Erhöhungsbeschluss einen Endzeitpunkt für die Zeichnung des neuen Kapitals festlegen.[14] Andernfalls würde ein bei der GmbH nicht vorgesehenes genehmigtes Kapital geschaffen.[15] Wird der Höchstbetrag innerhalb der festgelegten Frist nicht gezeichnet, so verfällt die Differenz. Sie kann nach Ablauf der Frist nicht mehr ausgeschöpft werden. Vielmehr bedarf es für die Zuführung weiteren Kapitals eines neuen Erhöhungsbeschlusses.[16] Hat der Erhöhungsbeschluss einen Endzeitpunkt für die Zeichnung nicht festgelegt, so kann angenommen werden, dass die Anmeldung der Erhöhung nur einmal mit dem bis dahin übernommenen Betrag solle erfolgen dürfen.[17] 9

Von der stufenweisen Ausnutzung des Höchstbetrages einer Kapitalerhöhung zu unterscheiden war die **Erhöhung des Stammkapitals in Raten bei Altgesellschaften**. Sie war zulässig derart, dass Gesellschaften mit einem Stammkapital von weniger als 50 000 DM dieses während der Übergangszeit bis zum 31. 12. 1985 (Art. 12 § 1 der GmbH-Novelle 1980, vgl. § 5 Rn. 5 ff.) schrittweise durch mehrere, jeweils selbstständige Kapitalerhöhungen dem neuen Mindestkapital (§ 5 Abs. 1) anpassen konnten.[18] 10

Da § 55 Abs. 4 wegen des Betrags der neuen Stammeinlagen auf § 5 Abs. 1 und 3 verweist, ist eine **Kapitalerhöhung um weniger als 100 €** (früher: 500 DM, vgl. Rn. 5 und die Erl. zu §§ 5, 86) **grundsätzlich nicht möglich**. Etwas anderes kann sich bei einer Kapitalerhöhung im Zuge einer **Verschmelzung** ergeben, weil dabei der Mindestnennbetrag eines neuen Geschäftsanteils nur auf 25 € (früher: 50 DM) lauten muss (Rn. 4 u. § 77 Anh. Rn. 365 ff.). Auch im Falle einer Kapitalerhöhung durch **Erhöhung des Nennbetrags** alter Geschäftsanteile **(Aufstockung)** sind Abweichungen denkbar, weil dabei nur die Teilbarkeit der Geschäftsanteile durch 50 zu gewährleisten ist (§ 5 Abs. 3 S. 2, vgl. Rn. 13). 11

Keine Bestandteile des Kapitalerhöhungsbeschlusses sind die **Höhe der neuen Stammeinlagen** und ihre **Übernehmer**. Diese Angaben sind dem Zulassungsbeschluss und den Übernahmeerklärungen vorbehalten. § 3 Abs. 1 Nr. 4 ist nicht an- 12

---

[12] *Scholz/Priester* Rn. 19, 91; vgl. auch Rn. 3; zur Sicherung der Durchführung der Kapitalerhöhung durch Vorvertrag vgl. Rn. 47.
[13] AllgM, vgl. OLG Hamburg NZG 2000, 549 für die AG; *Lutter/Hommelhoff* Rn. 16.
[14] RGZ 85, 205, 207; *Lutter/Hommelhoff* Rn. 16; *Hachenburg/Ulmer* Rn. 13; *Scholz/Priester* Rn. 20; aA *Baumbach/Hueck/Zöllner* Rn. 6.
[15] *Lutter*, FS Schilling, S. 207, 214.
[16] *Hachenburg/Ulmer* Rn. 13; *Scholz/Priester* Rn. 20.
[17] *Baumbach/Hueck/Zöllner* Rn. 6.
[18] BayObLG WM 1984, 1250; OLG Frankfurt NJW 1983, 1743; LG Münster GmbHR 1982, 160; *Hachenburg/Ulmer* 7. Aufl. Rn. 28; *Schoenes* NJW 1983, 373, 376; *Tillmann* GmbHR 1983, 244, 245; vgl. auch Rn. 18, 31 und § 56a Rn. 12.

§ 55   4. Abschnitt. Abänderungen des Gesellschaftsvertrages

wendbar.[19] Soll das Kapital durch **Aufstockung** vorhandener Geschäftsanteile erhöht werden (Rn. 13), so muss bereits der Kapitalerhöhungsbeschluss alle hierzu erforderlichen Angaben enthalten (Rn. 14).

13 **3. Aufstockung (Erhöhung des Nennbetrags vorhandener Geschäftsanteile).** Das Gesetz scheint eine Kapitalerhöhung auf diesem Wege in Abs. 3 auszuschließen. Ausdrücklich zugelassen ist sie nur für die Kapitalerhöhung aus Gesellschaftsmitteln (§ 57h Abs. 1, vgl. dort Rn. 2). Die heute herrschende Meinung legt Abs. 3 von seinem Zweck her jedoch restriktiv aus und verbietet die Aufstockung nur, solange ein **Rückgriff auf den Rechtsvorgänger** wegen Nichteinzahlung der Stammeinlagen nach § 22 möglich ist, der die Selbständigkeit des ursprünglichen Geschäftsanteils voraussetzt. Ein solcher Rückgriff kommt nicht in Betracht, wenn der aufzustockende Geschäftsanteil voll eingezahlt ist und eine Nachschusspflicht nicht besteht oder wenn der Inhaber des aufzustockenden Geschäftsanteils zu den Gründern gehört. In diesen Fällen ist deshalb eine **Aufstockung zulässig.**[20] Sie entspricht auch dem im GmbHG zum Ausdruck kommenden Grundsatz der Einheitlichkeit der Beteiligung (§ 5 Abs. 2, § 17 Abs. 6, § 55 Abs. 4). Bei der Kapitalerhöhung aus Gesellschaftsmitteln ist die Aufstockung auch für nur teileingezahlte Geschäftsanteile erlaubt, und zwar auch dann, wenn diese nicht im Besitz von Gründern stehen (§ 57l, vgl. dort). Zur Aufstockung im Zuge der Umstellung des Stammkapitals von DM auf Euro vgl. die Erl. zu § 86.

14 Die **Einzelheiten der Aufstockung** können nicht den Übernahmeerklärungen vorbehalten werden, sondern sind bereits in den **Erhöhungsbeschluss** aufzunehmen (vgl. § 57h Rn. 6). Andernfalls bleibt es bei der Bestimmung des Abs. 3.[21] Die Aufstockung kann auch weniger als 100 € betragen, muss jedoch durch 50 teilbar sein.[22] Das gilt auch für aufzustockende Geschäftsanteile, die aus einem Formwechsel, einer Verschmelzung oder Kapitalerhöhung aus Gesellschaftsmitteln stammen und auf Beträge unter 100 € ausgestellt sind (§§ 243 Abs. 3, 55 Abs. 1 UmwG; § 57h Abs. 1). Zulässig ist auch die **Kombination** der Aufstockung alter Geschäftsanteile mit der Ausgabe neuer Geschäftsanteile im Zuge einer einzigen Kapitalerhöhung.[23] – Zur Kombination von Kapitalerhöhung mit Einlagen und aus Gesellschaftsmitteln vgl. § 57c Rn. 11 ff.

15 **4. Keine Volleinzahlung des Altkapitals.** Die Volleinzahlung des gesamten Altkapitals ist anders als nach § 182 Abs. 4 AktG nicht Voraussetzung für die Kapitalerhöhung. Das führt dazu, dass im Zuge der Kapitalerhöhung neu beitretende Gesellschafter nach § 24 für rückständige Einlagen der Altgesellschafter mithaften.[24]

16 **5. Sonstige Bestandteile.** Die Gesellschafter können für die neuen Stammeinlagen besondere Bestimmungen treffen. Anderenfalls gilt die gesetzliche oder gesellschaftsvertragliche Regelung. Soll von ihr abgewichen werden, bedarf es entsprechender Festsetzungen im Erhöhungsbeschluss. So kann etwa bestimmt werden, dass für die

---

[19] BayObLG NJW 1982, 1400; *Baumbach/Hueck/Zöllner* Rn. 7; *Lutter/Hommelhoff* Rn. 18; *Hachenburg/Ulmer* Rn. 14; *Meyer-Landrut/Miller/Niehus* Rn. 5; *Roth* Anm. 2.1.
[20] BGHZ 63, 116, 118 = NJW 1975, 118; BayObLG 1986, 738; OLG Celle NZG 2000, 148; OLG Hamm DNotZ 1982, 706, 708; LG Berlin GmbHRdsch. 1983, 200; LG Dortmund BB 1992, 89; *Baumbach/Hueck/Zöllner* Rn. 28; *Lutter/Hommelhoff* Rn. 19; *Hachenburg/Ulmer* Rn. 22, 23; *Meyer-Landrut/Miller/Niehus* Rn. 22; *Roth/Altmeppen* Rn. 32; *Scholz/Priester* Rn. 25, 26.
[21] *Hachenburg/Ulmer* Rn. 23; *Scholz/Priester* Rn. 26.
[22] BGHZ 63, 116, 119: Teilbarkeit in DM durch 100.
[23] *Roth/Altmeppen* Rn. 33; vgl. auch § 57l Rn. 3.
[24] RGZ 132, 392, 397; *Hachenburg/Ulmer* Rn. 25; *Meyer-Landrut/Miller/Niehus* Rn. 20; *Scholz/Priester* Rn. 17; zur Haftung der Altgesellschafter für die neuen Stammeinlagen vgl. Rn. 7 und 44.

neuen Geschäftsanteile in der Satzung festgelegte **Neben- oder Nachschusspflichten** nicht gelten oder dass solche Pflichten nur die neuen Geschäftsanteile treffen sollen. Es kann ferner vorgesehen werden, dass die neuen Geschäftsanteile mit **Vorzügen** ausgestattet sind oder dass die Übernehmer ein **Aufgeld (Agio)** zu entrichten haben. In allen diesen Fällen liegt eine Satzungsänderung vor, die in den Erhöhungsbeschluss aufgenommen werden muss.[25] Bei der Gewährung von **Vorzugsrechten** und **Sondervorteilen** müssen außerdem die übrigen Gesellschafter zustimmen (§ 53 Rn. 51). Sollen auf die neuen Stammeinlagen **höhere Einzahlungen** als nach § 56a geleistet werden oder sollen die neuen Geschäftsanteile nicht schon im Jahr der Eintragung der Kapitalerhöhung in das Handelsregister am **Gewinn** teilnehmen, so ist das ebenfalls in den Kapitalerhöhungsbeschluss aufzunehmen.[26]

6. Rückwirkung, Bedingung, Befristung. Der Kapitalerhöhungsbeschluss unterliegt auch insoweit den gleichen Regeln wie sonstige satzungsändernde Beschlüsse (vgl. § 54 Rn. 34, 35). **Rückwirkende** Kapitalerhöhungen sind danach verboten und auch mit Wirkung nur unter den Gesellschaftern kaum denkbar.[27] **Bedingte** Kapitalerhöhungsbeschlüsse (nicht zu verwechseln mit der bedingten Kapitalerhöhung nach §§ 192 bis 201 AktG, vgl. Rn. 2) sind dem Grundsatze nach unzulässig. Zulässig ist jedoch die Bedingung, dass das erhöhte Kapital bis zu einem bestimmten Zeitpunkt voll übernommen ist.[28] Eine aufschiebende **Befristung** ist derart möglich, dass der Kapitalerhöhungsbeschluss seine Durchführung auf einen künftigen Zeitpunkt verschiebt.[29]

7. Stimmpflicht der Gesellschafter. Sie kommt bei Kapitalerhöhungen grundsätzlich ebenso wenig in Betracht wie bei sonstigen Satzungsänderungen (vgl. § 53 Rn. 58), auch nicht, wenn die Kapitalerhöhung zur **Sanierung** des Unternehmens erforderlich erscheint.[30] Ausnahmsweise hat der BGH die Gesellschafter einer personalistisch ausgestalteten GmbH jedoch für verpflichtet gehalten, für eine Kapitalerhöhung zu stimmen, wenn sie der **Anpassung des Stammkapitals** an die Mindeststammkapitalziffer von 50 000 DM nach § 5 Abs. 1 idF der GmbH-Novelle 1980 diente und den Gesellschaftern die positive Stimmabgabe zumutbar war. Das hat der BGH für den Fall bejaht, dass die Kapitalerhöhung dem zustimmungsunwilligen Gesellschafter keine Nachteile brachte, zB weil sie aus Gesellschaftsmitteln oder durch Umwandlung von Gesellschafterdarlehen vorgenommen werden konnte[31] oder weil Millionengewinne die Übernahme eines relativ geringfügigen Stammanteils (DM 15 000) zumutbar erscheinen ließen.[32] War ein Gesellschafter danach verpflichtet, der Kapitalerhöhung zuzustimmen, durfte er seine Mitwirkung nicht von der Erfüllung von Gegenforderun-

---

[25] *Hachenburg/Ulmer* Rn. 20; *Roth/Altmeppen* Rn. *28; Scholz/Priester* Rn. 27; zur Behandlung des Aufgelds bei Sacheinlagen s. § 56 Rn. 21.
[26] *Hachenburg/Ulmer* Rn. 21; *Scholz/Priester* Rn. 28.
[27] Vgl. aber die Rückbeziehung der Kapitalerhöhung auf das Ende des vorausgegangenen Geschäftsjahrs bei gleichzeitiger Kapitalherabsetzung nach § 58 f.
[28] *Eder* in HdB GmbH I Rn. 505; *Scholz/Priester* Rn. 34.
[29] *Hachenburg/Ulmer* Rn. 24; *Scholz/Priester* Rn. 34; *Lutter*, FS Schilling, S. 207, 214: Höchstfrist sechs Monate.
[30] AA *K. Schmidt* ZGR 1982, 519, 524, 525; *Scholz/Priester* Rn. 15; wie hier *Meyer-Landrut/Miller/Niehus* Rn. 2; zurückhaltend, wenn auch nicht grundsätzlich ablehnend *Henze* ZHR 162 (1998), 193; vgl. auch das aktienrechtliche „Girmes"-Urteil des BGH zur vereinfachten Kapitalherabsetzung (BGHZ 129, 136 = NJW 1995, 1739 m. Anm. *Altmeppen*) und dazu § 58 a Rn. 11.
[31] BGHZ 98, 276 = NJW 1987, 189 m. Kurzkomm. *Riegger* EWiR § 1 GmbHG 1/86; *U. H. Schneider* WuB II C. § 53 GmbHG 1.87; vgl. iE Vorauf. Rn. 18, 19.
[32] BGH ZIP 1987, 914; *Henze* ZHR 162 (1998), 186, 193; *K. Schmidt* GesR § 5 IV 5.

§ 55   4. Abschnitt. Abänderungen des Gesellschaftsvertrages

gen abhängig machen.[33] Ähnliche Grundsätze gelten bei der Kapitalerhöhung zur Nennbetragsglättung im Zuge der **Umstellung des Stammkapitals von DM auf Euro.**[34] Soweit eine Stimmpflicht besteht, kommt ein **Ausschluss des Bezugsrechts** (vgl. hierzu Rn. 29 ff.) nach einhM nicht in Betracht. Dagegen besteht eine **Pflicht zur Übernahme** der neuen Stammeinlagen nur in besonders gelagerten Ausnahmefällen.[35] Ob eine Stimmpflicht zur Durchführung einer Kapitalerhöhung besteht, wenn sich bei der **Kapitalneufestsetzung nach dem DMBILG 1990/1991** ein Fehlbetrag zum Mindeststammkapital ergibt, ist zweifelhaft, weil in solchem Fall kein Eigenkapital vorhanden ist, mit welchem das erhöhte Kapital belegt werden kann.[36] – Zur Stimmpflicht bei vereinfachter Kapitalherabsetzung vgl. § 58 a Rn. 11.

19 **8. Neufassung des Satzungswortlauts.** Sie bedarf keines besonderen Beschlusses, soweit die Kapitalerhöhung die **Stammkapitalziffer** betrifft. Diese ist durch den Erhöhungsbeschluss automatisch geändert und in der Neufassung der Satzung nach § 54 Abs. 1 S. 2 mit dem neuen Betrag anzugeben.[37] Die **Übernehmer** der neuen Stammeinlagen brauchen selbst dann nicht aufgeführt zu werden, wenn diese nicht voll einzuzahlen sind. § 3 Abs. 1 Nr. 4 gilt nicht für die Kapitalerhöhung.[38] Andererseits bestehen auch keine Bedenken gegen ihre Aufnahme in die Satzung, zumal die Angabe der jeweiligen Inhaber der Geschäftsanteile in der Satzung als zulässig anzusehen ist (vgl. § 53 Rn. 8, 21). Wird nur die erhöhte Stammkapitalziffer eingetragen, so kann die Gefahr der Irreführung bestehen, wenn die Übernehmer der ursprünglichen Stammeinlagen in der Satzung stehen bleiben. In solchen Fällen muss das Registergericht uU auf eine Streichung der alten Angaben hinwirken.[39] Die Streichung ist auch dann zulässig, wenn die alten Stammeinlagen noch nicht voll eingezahlt sind.[40]

20 **9. Aufhebung des Beschlusses.** Solange die Kapitalerhöhung nicht durch Eintragung in das Handelsregister wirksam geworden ist, kann der Erhöhungsbeschluss mit einfacher Mehrheit formlos aufgehoben werden,[41] und zwar auch dann, wenn das erhöhte Stammkapital bereits übernommen ist.[42] Allerdings kommen in solchem Falle Schadenersatzansprüche der Übernehmer gegen die Gesellschaft in Betracht.[43]

21 **10. Mängel des Beschlusses.** Es gelten die allgemeinen Regeln über fehlerhafte Satzungsänderungsbeschlüsse (§ 53 Rn. 62). Auch bei der Kapitalerhöhung ist zu be-

---

[33] BGH ZIP 1987, 914.
[34] Vgl. iE die Erl. zu § 86.
[35] BGHZ 140, 258, 260 = NJW 1999, 1252; *Hachenburg/Ulmer* Rn. 31; *Raiser* S. 26; *ders.* Recht der Kapitalgesellschaften, 3. Aufl. 2001, § 39 Rn. 4; *Henze* ZHR 162 (1998), 186, 194; *Scholz/Priester* Rn. 123; weitergehend *Priester/K. Schmidt* S. 14; *K. Schmidt* NJW 1980, 1769, 1770; *ders.* Das neue GmbH-Recht in der Diskussion, S. 45; ablehnend *Geßler* S. 43; *Lindacher* S. 56; *Timm* GmbHR 1980, 286, 289.
[36] Vgl. auch *Gelhausen* in *Budde/Forster* D-Markbilanzgesetz Ergänzungsband 1991 § 56 a Rn. 11; zum DMBILG vgl. ferner § 57 c GmbHG Rn. 9 und § 58 GmbHG Rn. 7.
[37] *Hachenburg/Ulmer* Rn. 18; *Scholz/Priester* Rn. 36; *MünchHdB GmbH/Wegmann* § 54 Rn. 7; aA *Lutter/Hommelhoff* Rn. 15; vgl. auch o. § 53 Rn. 20.
[38] BayObLG NJW 1982, 1400; LG Köln GmbHR 1985, 24; *Röll* GmbHR 1982, 251, 252; *Hachenburg/Ulmer* Rn. 15, 18; *Scholz/Priester* Rn. 36.
[39] BayObLG DB 1971, 1612.
[40] Str., vgl. § 53 Rn. 21; *Scholz/Priester* Rn. 36; aA OLG Frankfurt BB 1981, 694; LG Köln GmbHR 1985, 24, 25.
[41] *Hachenburg/Ulmer* Rn. 11; vgl. auch o. § 53 Rn. 59 ff.
[42] *Hachenburg/Ulmer* Rn. 11; *Lutter*, FS Schilling, S. 207, 210; *Scholz/Priester* Rn. 35.
[43] *Hachenburg/Ulmer* Rn. 75; *Scholz/Priester* Rn. 35; vgl. auch Rn. 49.

Erhöhung des Stammkapitals **§ 55**

achten, dass ihre Wirksamkeit von der Eintragung in das Handelsregister abhängt (§ 54 Abs. 3). Fehlt es hieran endgültig, so ist die Kapitalerhöhung gescheitert, auch wenn die neuen Stammeinlagen übernommen und die Einlagen hierauf geleistet wurden. Eine Abwicklung nach den für das Gründungsstadium entwickelten Regeln über die fehlerhafte Gesellschaft kommt nicht in Betracht. Neue Mitgliedschaftsrechte sind nicht entstanden.[44] Die Einlagen können jedoch nach §§ 812 ff. BGB von der Gesellschaft zurückgefordert werden.[45] Durch Eintragung in das Handelsregister kann ein unwirksamer oder nichtiger Kapitalerhöhungsbeschluss geheilt werden (§ 53 Rn. 62).[46] Mit der Heilung, also nicht ex tunc, entstehen die neuen Geschäftsanteile.[47] Führt die Eintragung nicht zur Heilung, wendet die hM § 77 Abs. 3 entsprechend an zum Schutz der Gläubiger, deren Forderungen zwischen Eintragung der Kapitalerhöhung und Eintragung der Nichtigkeit des Beschlusses entstanden sind. Die Übernehmer der neuen Stammeinlagen haben deshalb ihre Einlage insoweit zu erbringen, als dies zur Befriedigung solcher Gläubiger erforderlich ist.[48] Trotz der Leistung der Einlage entstehen jedoch auch in diesem Fall **keine neuen Mitgliedschaftsrechte**.[49] Die Gesellschafter sind auch hier auf Rückforderungsansprüche gegen die Gesellschaft angewiesen.[50] Eine Mindermeinung plädiert demgegenüber für die Anwendung der Grundsätze der **fehlerhaften Gesellschaft** auf das Verhältnis der Gesellschafter untereinander und zur Gesellschaft.[51] Diese Meinung ist insbesondere von *Zöllner*[52] vertiefend neu begründet worden,[53] um die Rückabwicklung nichtiger und durchgeführter Kapitalerhöhungsbeschlüsse nach erfolgreicher Anfechtungsklage zu gewährleisten. Danach sollen derartige Beschlüsse nicht als ex tunc nichtig angesehen werden, sondern nur noch mit Wirkung für die Zukunft, also ex nunc. Die Konsequenz mangelnder Rückwirkung ist die Entstehung von Mitgliedschaftsrechten bis zum Zeitpunkt der Rechtskraft des Anfechtungsurteils. Deren Rückabwicklung soll nicht nach Bereicherungsgrundsätzen, sondern nach gesellschaftsrechtlichen Regeln der Auseinandersetzung oder Teilliquidation erfolgen, d.h. mittels Abfindung für das Ausscheiden aus der Gesellschaft.[54] Diese neu begründete Auffassung zielt auf ein praxisgerechtes Lösungsmodell, insbesondere bei der aktienrechtlichen Kapitalerhöhung, und verdient deshalb im Grundsatz Sympathie, auch wenn Einzelfragen der Folgenregelung noch nicht abschließend geklärt sind. Beim gegenwärtigen Diskussionsstand überwiegen jedoch die Bedenken, die sich aus der teilweisen Negierung des gesetzlichen Beschlussmängel-

---

[44] *Hachenburg/Ulmer* Rn. 32; vgl. auch FG Saarland GmbHR 1991, 44.
[45] *Scholz/Priester* § 57 Rn. 47; hierzu näher *Lutter*, FS Schilling, S. 207, 223 ff.
[46] OLG Stuttgart DB 2000, 1218 = EWiR 2000, 945 *(Werner):* Kapitalerhöhung durch Nichtgesellschafter. Zum „Scheinbeschluss" und der analogen Anwendbarkeit der §§ 242 Abs. 2 und 249 AktG auch auf ihn vgl. § 47 Rn. 90.
[47] *Hachenburg/Ulmer* § 57 Rn. 45; aA OLG Stuttgart DB 2000, 1218; ihm zustimmend *Werner* EWiR 2000, 945: Heilung ex tunc.
[48] RGZ 85, 211, 215; *Baumbach/Hueck/Zöllner* § 57 Rn. 17; *Hachenburg/Ulmer* § 57 Rn. 42, 43; *Scholz/Priester* § 57 Rn. 44.
[49] *Baumbach/Hueck/Zöllner* § 57 Rn. 17; *Hachenburg/Ulmer* § 57 Rn. 44.
[50] *Hachenburg/Ulmer* § 57 Rn. 44.
[51] *Hachenburg/Schilling* 6. Aufl. § 55 Anm. 20 ff.; *Lutter/Hommelhoff* § 57 Rn. 18; *Scholz/Priester* § 57 Rn. 45 und neuerdings OLG Stuttgart DB 2000, 1218.
[52] AG 1993, 68 ff.
[53] Vgl. auch *Kort* ZGR 1994, 291 ff.
[54] *Zöllner/Winter* ZHR 158 (1994), 59 f.; *Hommelhoff* ZHR 158 1994, 11 ff.; *Kort* ZGR 1994, 291, 312 ff.; *Krieger* ZHR 158 (1994), 35, 47 ff.; *Baumbach/Hueck/Zöllner* § 57 Rn. 17; *Huber*, FS Claussen, 1997, S. 147 ff.; jetzt wohl auch *Hüffer* § 248 Rn. 7 a.

§ 55   4. Abschnitt. Abänderungen des Gesellschaftsvertrages

rechts (§§ 241 ff. AktG analog) und der Gewährung eines Bestandsschutzes zu Lasten der überstimmten Minderheit ergeben.[55] Nach der hier vertretenen Auffassung ist der neu begründeten Mindermeinung deshalb derzeit noch nicht zu folgen.[56]

22   **11. Gründungsstadium, Liquidation, Insolvenz.** Auch hier gilt, was zur Satzungsänderung allgemein gesagt ist (§ 53 Rn. 2, 64–66).

23   Danach bedarf eine Kapitalerhöhung **vor Eintragung der Gesellschaft** in das Handelsregister eines **einstimmigen,** in der Form des § 2 gefassten Beschlusses. Im Hinblick auf § 5 Abs. 2 erwirbt der Gründungsgesellschafter nur eine einzige, erhöhte Stammeinlage.[57]

24   Bei der **Liquidation** ist zu unterscheiden, ob der Kapitalerhöhungsbeschluss vor oder nach der Auflösung gefasst wurde. Ist er vor der Auflösung zustande gekommen, so lässt der Auflösungsbeschluss im Einzelfall die Auslegung zu, dass der Erhöhungsbeschluss aufgehoben sein soll.[58] Wird die Kapitalerhöhung erst während der Liquidation beschlossen, so kann dem Erhöhungsbeschluss uU der Wille zur Fortsetzung der Gesellschaft zu entnehmen sein.[59] Im Allgemeinen sollen durch eine Kapitalerhöhung nach Auflösung aber nur die Mittel zur Erfüllung der Verbindlichkeiten der Gesellschaft beschafft oder verstärkt werden. Die Kapitalerhöhung wird insoweit vom Abwicklungszweck gedeckt.[60]

25   Ist eine Kapitalerhöhung formgerecht beschlossen und zum Handelsregister angemeldet, so wird sie nicht ohne weiteres durch die nachfolgende **Insolvenzeröffnung** unwirksam[61]. Diente die Kapitalerhöhung der Verhinderung der Insolvenz und wurde diese Erwartung enttäuscht, so können die Gesellschafter die Geschäftsführer bis zur Eröffnung des Insolvenzverfahrens anweisen, die Anmeldung zurückzunehmen. Auch danach bleibt ihnen bis zur Eintragung die Möglichkeit, den Kapitalerhöhungsbeschluss aufzuheben. Darüber hinaus kann der einzelne Gesellschafter, dem die kritische Lage der Gesellschaft nicht bekannt war, den Übernahmevertrag aus wichtigem Grund kündigen[62]. Im Übrigen können die Gesellschafter eine Kapitalerhöhung ebenso wie sonstige Satzungsänderungen (vgl. § 53 Rn. 65) auch noch in der Insolvenz beschließen und durchführen. Der Insolvenzzweck steht nicht entgegen.[63] Sinnvoll ist eine derartige Maßnahme aber allenfalls zur Gewährleistung eines Insol-

---

[55] Vgl. den Diskussionsbericht von *Kleindiek* in ZHR 158 (1994), 56 ff.; *Fischer* NJW 1955, 849, 852.
[56] Zu fehlerhaften Übernahmeerklärungen vgl. Rn. 50.
[57] *Baumbach/Hueck/Zöllner* Rn. 2a; *Hachenburg/Ulmer* Rn. 26; *Roth/Altmeppen* Rn. 6; *Scholz/Priester* 6. Aufl. Rn. 30; anders 7./8. Aufl. Rn. 29 und *Priester* ZIP 1987, 280, 284; *Lutter/Hommelhoff* Rn. 27 wollen § 55 voll anwenden, sofern der Beschluss erst ab Eintragung der Gesellschaft wirken soll.
[58] *Hachenburg/Ulmer* Rn. 27; *Scholz/Priester* Rn. 30; nach *Lutter*, FS Schilling, S. 207, 210, 211 soll der Auflösungsbeschluss stets diese Wirkung haben.
[59] *Hachenburg/Ulmer* Rn. 27 und § 60 Rn. 87.
[60] BGHZ 24, 279, 286 = NJW 1957, 1279 für die AG; *Hachenburg/Ulmer* Rn. 27; *Scholz/Priester* Rn. 30; vgl. iÜ § 69 Rn. 18.
[61] BGH DB 1995, 208 = EWiR 1995, 107 (*v. Gerkan*); vgl. dazu auch *Brandes* WM 1995, 641, 657; *ders.* WM 1998, 1, 19; aA frühere Rspr. und Literatur, zB OLG Hamm DB 1989,167; *Lutter*, FS Schilling, 1973, 207, 213; *Robrecht* GmbHR 1982, 126, 128; *Baumbach/Hueck/Zöllner* Rn. 2a; gegen BGH noch *Lutter/Hommelhoff* Rn. 37 a.
[62] BGH Fn. 60; will der Übernehmer auf Grund der Kündigung die Eintragung der Kapitalerhöhung in das Handelsregister verhindern, hat er die Klage (§ 16 Abs. 2 HGB) gegen die Gesellschaft zu richten. Der Insolvenzverwalter ist nicht passiv legitimiert, KG NZG 2000, 103.
[63] AA OLG Bremen NJW 1957, 1560.

Erhöhung des Stammkapitals § 55

venzplans.[64] Dagegen kann sie die finanzielle Grundlage für die Fortführung des Unternehmens nach Insolvenzbeendigung ohne solchen Plan nicht schaffen; denn auch die neuen Einlagen fallen nach § 35 InsO in die Insolvenzmasse (anders als nach § 1 KO).[65] Würden sie insolvenzfreies Vermögen,[66] so könnten die nicht befriedigten Insolvenzgläubiger nach Aufhebung des Insolvenzverfahrens aus der Eintragung in die Tabelle auch in diesen Neuerwerb vollstrecken (§ 201 InsO). Die für den Neubeginn des Unternehmens nach Insolvenzbeendigung gedachten Mittel stünden deshalb kaum zur Verfügung.

III. Zulassung zur Übernahme der neuen Stammeinlagen (Abs. 2 S. 1)

Nach dem Gesetzeswortlaut haben die Gesellschafter der GmbH anders als die Aktionäre der AG (§ 186 Abs. 1 AktG) kein gesetzliches Bezugsrecht entsprechend ihrem Anteil am bisherigen Stammkapital (zu einem ungeschriebenen gesetzlichen Bezugsrecht vgl. Rn. 30ff.). Vielmehr bedarf es zur Übernahme des erhöhten Kapitals einer besonderen Zulassung, soweit nicht bereits in der Satzung ein Bezugsrecht vorgesehen ist (vgl. Rn. 29). 26

1. Gesellschafterbeschluss. Nach Abs. 2 S. 1 entscheidet die „Gesellschaft" über die Zulassung. Darunter sind die Gesellschafter, nicht die Geschäftsführer zu verstehen.[67] Soweit nicht Sacheinlagen zu leisten sind (§ 56), ist der Zulassungsbeschluss **formfrei** und nicht notwendiger Bestandteil des Kapitalerhöhungsbeschlusses, wird aber regelmäßig zugleich mit diesem gefasst und in derselben Urkunde niedergelegt. Er kann auch in der Annahme der Übernahmeerklärungen (Rn. 40) liegen.[68] Mangels abweichender Satzungsbestimmung kann der Beschluss mit einfacher Stimmenmehrheit gefasst werden.[69] Ein **Stimmverbot** nach § 47 Abs. 4 besteht nicht.[70] Eine **Bindung** tritt jedenfalls gegenüber zugelassenen Alt-Gesellschaftern ein, vorbehaltlich § 54 Abs. 3. Ob auch gegenüber neuaufzunehmenden Dritten, ist fraglich, aber wohl zu verneinen, da der Zulassungsbeschluss Dritte nicht nach Art eines Vertrags zugunsten Dritter begünstigt. Im Verhältnis zu ihnen bedeutet die Zulassung lediglich eine Ermächtigung an die Geschäftsführer zum Abschluss eines Übernahmevertrags.[71] 27

2. Übernehmer. Übernehmer können außer den schon vorhandenen Gesellschaftern alle natürlichen und juristischen Personen sein, die als Gründer der Gesellschaft beitreten könnten. Soweit die Satzung besondere Qualifikationen der Gesellschafter erfordert, sind diese von den Übernehmern zu erfüllen. Auch **Gesamthandsgemeinschaften** kommen als Übernehmer in Betracht.[72] Ob nicht voll Geschäftsfähige zur Übernahme der **Genehmigung des Vormundschaftsgerichts** bedürfen, ist wie bei der Gründung streitig (vgl. dazu § 2 Rn. 15). Die entsprechende Anwendung des 28

---

[64] Ebenso *Scholz/Priester* Rn. 33 für den Zwangsvergleich nach altem Recht.
[65] *Lutter/Hommelhoff* Rn. 37 u. Bezugnahme auf *Noack* in *Kübler/Prütting* (Hrsg.) InsO, Sonderband 1: GesR, 1999, Rn. 279, 381.
[66] So *Braun/Uhlenbruck* Unternehmensinsolvenz, 1997, S. 89.
[67] *Hachenburg/Ulmer* Rn. 35; *Roth/Altmeppen* Rn. 19; *Scholz/Priester* Rn. 60.
[68] *Hachenburg/Ulmer* Rn. 44.
[69] *Hachenburg/Ulmer* Rn. 36.
[70] *Hachenburg/Ulmer* Rn. 35; *Lutter/Hommelhoff* Rn. 26; *Scholz/Priester* Rn. 61; aA *Baumbach/Hueck/Zöllner* Rn. 14; *Roth/Altmeppen* Rn. 24; vgl. auch § 47 Rn. 72 und § 53 Rn. 44.
[71] *Hachenburg/Ulmer* Rn. 34; *Scholz/Priester* Rn. 63.
[72] OLG Hamm BB 1975, 292, 293 und *Maiberg* DB 1975, 2419 für die Erbengemeinschaft; vgl. iE § 2 Rn. 24.

§ 55   4. Abschnitt. Abänderungen des Gesellschaftsvertrages

§ 1822 Nr. 10 BGB ist bei der Kapitalerhöhung mit Sacheinlagen wegen der Haftung aus § 56 Abs. 2 iVm. § 9 stets geboten, bei Bareinzahlungen wegen § 24 dann, wenn noch alte Einlagen ausstehen oder die neuen Einlagen nicht voll eingezahlt werden.[73] Dagegen kommt eine Genehmigungspflicht aus § 1822 Nr. 3 BGB nicht in Betracht.[74] Die **Gesellschaft selbst** kann **keine Stammeinlagen** übernehmen. Das ist seit BGHZ 15, 391, 393 = NJW 1955, 222 wohl hM, die allerdings unterschiedlich begründet wird.[75] Eine Ausnahme gilt für die Kapitalerhöhung aus Gesellschaftsmitteln (§ 57l Abs. 1, vgl. dort). Durch ihre gesetzliche Zulassung hat die frühere Streitfrage an Bedeutung verloren, weil es den Befürwortern einer Beteiligung der Gesellschaft an der Übernahme vor allem darum zu tun war, die Umwandlung freier Rücklagen in Stammkapital zu erreichen.[76] Analog § 56 Abs. 2 AktG soll sich das Verbot der Übernahme eigener Stammeinlagen aus Gründen der Kapitalsicherung auch auf die Übernahme von Stammeinlagen einer herrschenden oder mit Mehrheit beteiligten Gesellschaft durch ein **abhängiges** oder **in Mehrheitsbesitz stehendes Unternehmen** (§§ 16, 17 AktG) erstrecken. Das ist heute ebenfalls hM.[77] Man wird aber fordern müssen, dass eine kapitalmäßige Beteiligung der Obergesellschaft an der Untergesellschaft besteht, die Abhängigkeit also nicht lediglich auf Vertrag beruht[78] und dass die Beteiligung mindestens 50 % beträgt.[79] Dagegen bestehen gegen die Übernahme einer Stammeinlage durch eine **GmbH & Co. KG** bei der Kapitalerhöhung der Komplementär-GmbH jedenfalls dann keine Bedenken, wenn die GmbH wie üblich am Kapital der KG nicht oder nur geringfügig beteiligt ist.[80]

29   **3. Bezugsrecht der Gesellschafter.** Nach früherer nahezu einhelliger Meinung sind die Gesellschafter anders als nach § 186 Abs. 1 AktG (Rn. 26) nicht berechtigt, die Einräumung eines Anteils am erhöhten Kapital entsprechend ihrer schon vorhandenen Beteiligung zu verlangen, sofern ihnen die **Satzung** ein solches Recht nicht ausdrücklich gewährt.[81] Die Annahme eines Bezugsrechts scheitert schon am Gesetzeswortlaut.[82] Dieser als unbefriedigend angesehenen und der heutigen Rechtsauffassung nicht

---

[73] *Scholz/Priester* Rn. 106; wohl auch *Hachenburg/Ulmer* Rn. 51; weitergehend *Lutter/Hommelhoff* Rn. 31, die stets eine Genehmigung für erforderlich halten; vgl. auch BGHZ 107, 23, 28 = NJW 1989, 1926 zu den Voraussetzungen der Genehmigungspflicht nach § 1822 Nr. 10 BGB bei der Übertragung eines Geschäftsanteils an einen Minderjährigen.

[74] *Scholz/Priester* Rn. 105; vgl. auch BGHZ 107, 23, 28 ff. = NJW 1989, 1926, der die Anwendbarkeit des § 1822 Nr. 3 BGB beim Erwerb eines Geschäftsanteils grundsätzlich ablehnt.

[75] *Baumbach/Hueck/Zöllner* Rn. 17; *Lutter/Hommelhoff* Rn. 30; *Hachenburg/Ulmer* Rn. 56, 57; *Scholz/Priester* Rn. 108; *Winkler* GmbHR 1972, 73, 75.

[76] *Scholz/Priester* 6. Aufl. Rn. 97.

[77] *Baumbach/Hueck/Zöllner* Rn. 17; *Lutter/Hommelhoff* Rn. 30; *Hachenburg/Ulmer* Rn. 58; *Lutter* Kapital S. 197 ff.; *Scholz/Emmerich* Anh. Konzernrecht Rn. 40, 41; *Scholz/Priester* Rn. 109, 110; *Winkler* GmbHR 1972, 73, 75; vgl. auch § 52 Anh. Rn. 81.

[78] *Lutter/Hommelhoff* Rn. 30; *Scholz/Priester* Rn. 110; ähnlich *Meyer-Landrut/Miller/Niehus* Rn. 18; aA *Baumbach/Hueck/Zöllner* Rn. 17.

[79] *Scholz/Priester* Rn. 110; vgl. auch § 52 Anh. Rn. 81; aA *Lutter/Hommelhoff* Rn. 30; *Lutter* Kapital S. 198 ff.; *Hachenburg/Ulmer* Rn. 58.

[80] Ebenso *Baumbach/Hueck/Zöllner* Rn. 17; *Scholz/Priester* Rn. 111; wohl auch *Winkler* GmbHR 1972, 73, 81; aA *Hachenburg/Ulmer* Rn. 58 u. Hinw. auf LG Hamburg HambJVBl. 1972, 67; LG Berlin DNotZ 1987, 374 m. zust. Anm. *Winkler*; *Lutter/Hommelhoff* Rn. 30; *Roth/Altmeppen* Rn. 27.

[81] Hierzu vgl. *Skibbe* GmbHR 1963, 46, 47.

[82] § 55 Abs. 2 S. 1, vgl. *Hachenburg/Ulmer* Rn. 41; *Scholz/K. Schmidt* 6. Aufl. § 45 Rn. 76; *M. Winter* S. 263 ff., 267.

Erhöhung des Stammkapitals § 55

mehr entsprechenden Gesetzeslage haben Rechtsprechung und Rechtslehre unter dem Gesichtspunkt des **Minderheitenschutzes** (Gleichbehandlungsgrundsatz, Treuepflicht, vgl. Rn. 30, 31) Rechnung getragen. Demgegenüber geht eine immer mehr Anhänger gewinnende Ansicht davon aus, es bestehe bereits de lege lata ein **ungeschriebenes gesetzliches Bezugsrecht** der GmbH-Gesellschafter.[83] Dieses Recht soll sich aus der analogen Anwendung von § 186 AktG ergeben.[84] In ihren Ergebnissen für den Minderheitenschutz stimmen frühere hM und abweichende Ansicht weitgehend überein. Die abweichende Ansicht gibt dem Zulassungsbeschluss aber eine andere Bedeutung. Da die Gesellschafter stets ein Bezugsrecht haben, bedarf es einer besonderen Regelung nur für seinen Ausschluss (Rn. 32). Der Zulassungsbeschluss wirkt somit nicht mehr konstitutiv, sondern nur bestätigend, soweit er die Gesellschafter entsprechend ihrer Beteiligung berücksichtigt. Da das Bezugsrecht aktienrechtlichen Regeln folgen soll, gelten für seinen Ausschluss andere Formvorschriften und Mehrheiten als für den Zulassungsbeschluss (Rn. 32). Wenngleich der sachliche Spielraum der Gesellschaftermehrheit für Zulassung oder Ausschluss von Gesellschaftern von der Beteiligung an der Kapitalerhöhung sich nach hM und abweichender Aussicht im Wesentlichen deckt (Rn. 30), ist die Theorie vom Bestehen eines gesetzlichen Bezugsrechts abzulehnen; denn angesichts des unmissverständlichen Gesetzeswortlauts (§ 55 Abs. 2 S. 1) und im Hinblick darauf, dass die GmbH-Novelle 1980 das in früheren Reformentwürfen vorgesehen gewesene gesetzliche Bezugsrecht (vgl. zB § 157 RegE 1971) nicht übernommen hat, ist eine Lücke im GmbH-Recht nicht vorhanden, die eine analoge Anwendung der aktienrechtlichen Regelung rechtfertigen könnte.[85]

a) Gleichbehandlungsgrundsatz, Treuepflicht. Der nicht zur Teilnahme an der 30 Kapitalerhöhung zugelassene Alt-Gesell-schafter erleidet **Einbußen** am Stimmgewicht, am Gewinnanspruch und am Substanzwert seiner Beteiligung.[86] Um solche Einbußen zu verhindern, verlangt der **Gleichbehandlungsgrundsatz,** dass bei Zulassung von Alt-Gesellschaftern zur Übernahme des erhöhten Kapitals allen bisherigen Gesellschaftern ein anteiliges Übernahmerecht eingeräumt wird.[87] Abweichungen hiervon sind nur zulässig, wenn das mit der Kapitalerhöhung verfolgte Ziel anders nicht erreichbar, seine Verwirklichung aber durch sachliche Gründe im Interesse der Gesellschaft geboten ist.[88] Dieser für den Bezugsrechtsausschluss nach § 186 Abs. 3, § 203 Abs. 2 AktG als ungeschriebene Wirksamkeitsvoraussetzung entwickelte Grundsatz der **Erforderlichkeit und Verhältnismäßigkeit**[89] gilt auch für die Kapitalerhöhung der GmbH.[90] Dabei sind wegen der meist personalistischen Struktur der GmbH eher strengere Maßstäbe als im Aktienrecht anzulegen.[91] Werden alle bisherigen Gesellschafter ausge-

---

[83] *Priester* DB 1980, 1925 ff.; *Lutter* AcP 180 (1980), 84, 123 m. Fn. 184; *Raiser* Recht der Kapitalgesellschaften, 3. Aufl. 2001, § 39 Rn. 6; *K. Schmidt* GesR § 37 V 1 a, cc; *Ehlke* GmbHR 1985, 284, 288; *Scholz/Priester* Rn. 41; *Baumbach/Hueck/Zöllner* Rn. 13; *Lutter/Hommelhoff* Rn. 20.
[84] *Baumbach/Hueck/Zöllner* Rn. 13.
[85] Ebenso *Hachenburg/Ulmer* Rn. 41, 42; *Meyer-Landrut/Miller/Niehus* Rn. 19, die ein Bezugsrecht auch nicht nach dem Gleichbehandlungsgrundsatz anerkennen; vgl. auch *M. Winter* S. 267.
[86] BGHZ 71, 41, 44, 45.
[87] *Hachenburg/Ulmer* Rn. 46; *Roth/Altmeppen* Rn. 22; *Scholz/K Schmidt* 6. Aufl. § 45 Rn. 76.
[88] BGHZ 71, 41, 44, 45, 46 = NJW 1978, 1316; 83, 319, 321 = NJW 1982, 2444; *Lutter* ZGR 1979, 401, 403; *Martens,* FS R. Fischer, S. 437, 447 ff.; vgl. auch Österr. OGH GmbHR 1984, 235, 236 m. Anm. *Nowotny* und Rn. 59.
[89] Andeutungsweise bereits BGHZ 33, 175, 186 = NJW 1961, 26 für §§ 169 ff. AktG 1937.
[90] *Baumbach/Hueck/Zöllner* Rn. 15; *Lutter/Hommelhoff* Rn. 23; *Hachenburg/Ulmer* Rn. 46; *Scholz/Priester* Rn. 52, 53; *K. Schmidt* GesR § 37 V 1 a, cc; *Wiedemann* § 8 III 2 b.
[91] *Scholz/Priester* Rn. 52.

schlossen und sollen die aus der Kapitalerhöhung stammenden Anteile auch keine Personen erhalten, die einzelnen Gesellschaftern nahe stehen, so ist allerdings der Gleichbehandlungsgrundsatz nicht verletzt. Durch den Ausschluss kann die Mehrheit aber gegen die ihr obliegende **Treuepflicht** gegenüber der Minderheit verstoßen.[92] Auch hier ist Maßstab der Prüfung die Erforderlichkeit und Verhältnismäßigkeit. Wird der Zulassungsbeschluss einstimmig gefasst, so kommt weder ein Verstoß gegen den Gleichbehandlungsgrundsatz noch gegen die Treuepflicht in Betracht.

31 **b) Ausschluss.** Ein Ausschluss von der Teilnahme an der Kapitalerhöhung ist danach vor allem dann zulässig, wenn das Kapital durch **Sacheinlagen** erhöht werden soll, welche die Alt-Gesellschafter nicht erbringen können und an deren Erwerb die Gesellschaft ein dringendes Interesse hat.[93] Auch die Notwendigkeit, einen **Kooperationspartner** an der Gesellschaft zu beteiligen, soll im Einzelfall die Übergehung der Gesellschafter rechtfertigen können.[94] Ein dringender, durch Fremdmittel nicht zu deckender **Finanzbedarf** wird stets die Zulassung Dritter erlauben, sofern die Gesellschafter die benötigten Mittel nicht aufbringen können und im Ergebnis nicht lediglich Schulden in Stammkapital umgewandelt werden.[95] **Kein Ausschluss** ist möglich, wenn die Gesellschafter verpflichtet sind, für die Kapitalerhöhung zu stimmen, was bei der **Anpassung des Stammkapitals von Alt-Gesellschaften** in Betracht kommen kann.[96]

32 **c) Kein Ausschlussbeschluss.** Liegen die Voraussetzungen für einen Ausschluss von Gesellschaftern von der Beteiligung an der Kapitalerhöhung vor, so bedarf es hierfür **keines ausdrücklichen Beschlusses**. Vielmehr ergibt sich der Ausschluss aus dem Zulassungbeschluss, der mit einfacher Stimmenmehrheit gefasst werden kann, sofern keine Sacheinlagen zu leisten sind (Rn. 27). **Demgegenüber** verlangt die Lehre vom gesetzlichen Bezugsrecht der GmbH-Gesellschafter für den Ausschluss einen ausdrücklichen Beschluss, der entsprechend § 186 Abs. 3 S. 1 AktG Bestandteil des Erhöhungsbeschlusses ist, somit ausdrücklich in der Tagesordnung angekündigt werden muss und eine Stimmenmehrheit von drei Vierteln erfordert.[97] Ob darüber hinaus entsprechend § 184 Abs. 4 S. 2 AktG auch eine schriftliche Begründung für den Bezugsrechtsausschluss gegeben werden muss, ist unter den Vertretern der Lehre vom gesetzlichen Bezugsrecht streitig.[98]

33 **d) Anfechtung des Ausschlusses.** Ist ein Gesellschafter unter Verstoß gegen den Grundsatz der Erforderlichkeit und Verhältnismäßigkeit von der Kapitalerhöhung ausgeschlossen worden, so ist der Beschluss anfechtbar.[99] Der klagende Gesellschafter hat die Beschlussmängel auch dann zu beweisen, wenn ein gesetzliches Bezugsrecht unterstellt wird oder die Satzung ein Bezugsrecht gewährt. Eine Umkehr der Beweislast fin-

---

[92] *Hachenburg/Ulmer* Rn. 47; vgl. § 53 Rn. 47.
[93] BGHZ 71, 40, 46 = NJW 1978, 1316; die Zweite EG-Richtlinie v. 13. 12. 1976 kennt bei der aktienrechtlichen Kapitalerhöhung durch Sacheinlagen kein Bezugsrecht der Aktionäre. Vgl. hierzu den Vorlagebeschluss des BGH WM 1995, 390 = EWiR 1995, 359 *(Hirte)*; EuGH NJW 1997, 721 *(Siemens/Nold)*; BGH NJW 1997, 2815 = EWiR 1997, 1013 *(Hirte)*.
[94] *Martens,* FS R. Fischer, S. 437, 448 ff.; ebenso *Hachenburg/Ulmer* Rn. 48; *Scholz/Priester* Rn. 56; *Lutter/Hommelhoff* Rn. 23.
[95] *Hachenburg/Ulmer* Rn. 48; *Scholz/Priester* Rn. 55, 56.
[96] *Hachenburg/Ulmer* Rn. 31; *Scholz/Priester* 7. Aufl. Rn. 122; vgl. ferner Rn. 18.
[97] *Baumbach/Hueck/Zöllner* Rn. 13; *Lutter/Hommelhoff* Rn. 22; *Scholz/Priester* Rn. 59.
[98] Bejahend *Baumbach/Hueck/Zöllner* Rn. 13; differenzierend *Lutter/Hommelhoff* Rn. 22; abl. *Scholz/Priester* Rn. 59.
[99] *Hachenburg/Ulmer* Rn. 49; *Lutter/Hommelhoff* Rn. 24; *Scholz/Priester* Rn. 64.

Erhöhung des Stammkapitals § 55

det nicht statt. Allerdings muss die Gesellschaft die für den Beschluss maßgebenden Gründe im Einzelnen darlegen.[100] – Das Gesetz für **kleine Aktiengesellschaften** und zur Deregulierung des Aktienrechts v. 2. 8. 1994 (BGBl. I S. 1961) hat durch Anfügung eines Satz 4 in § 186 Abs. 3 AktG den Ausschluss des Bezugsrechts in bestimmten Fällen erleichtert.[101] Für das GmbH-Recht ergeben sich hieraus keine unmittelbaren Folgerungen.[102]

e) Verwässerungsschutz. Der vom Bezugsrecht ausgeschlossene Gesellschafter läuft stets Gefahr, dass der Wert seiner Beteiligung „verwässert" wird (Rn. 30).[103] Die Gewährleistung eines wie immer gearteten Bezugsrechts soll dieser Gefahr begegnen (Rn. 29 bis 32). Ist das Bezugsrecht in zulässiger Weise ausgeschlossen, ist der zur Übernahme des erhöhten Kapitals nicht zugelassene Gesellschafter weiter durch die Möglichkeit geschützt, den Kapitalerhöhungsbeschluss anzufechten, wenn der Ausgabebetrag für die neuen Anteile wegen vorhandener offener oder stiller Reserven unangemessen niedrig ist (§ 255 Abs. 2 AktG analog). Fraglich ist, ob ein solcher Verwässerungsschutz auch dem Gesellschafter zusteht, dessen Bezugsrecht nicht ausgeschlossen wurde, der aber keine neuen Anteile übernimmt. Die Frage ist zu verneinen. Wer sich an einer Kapitalerhöhung nicht beteiligt, obwohl er zugelassen ist, verzichtet hierdurch auf die Erhaltung seines Stimmgewichts und der damit verbundenen Verwaltungsbefugnisse. Aus dem nämlichen Grund ist er auch nicht gegen einen Wertverlust seiner Anteile geschützt, wenn der Ausgabekurs für die neuen Anteile, also das Aufgeld oder **Agio**, nicht nach dem inneren Wert der Anteile bemessen und deshalb zu niedrig ist.[104] Dem nichtteilnehmenden Minderheitsgesellschafter wird ein ausreichender Schutz für den Fall gewährt, dass die Mehrheitsentscheidung für die Kapitalerhöhung sich als treuwidrig erweist, etwa weil sie die Schädigung des Minderheitsgesellschafters bezweckt oder ihm die Teilnahme an der Kapitalerhöhung unzumutbar ist.[105]

IV. Übernahme (Abs. 1)

Sie ist Teil der **Durchführung der Kapitalerhöhung**, vom Kapitalerhöhungsbeschluss zu unterscheiden und Voraussetzung für dessen Eintragung in das Handelsregister (§ 57).

---

[100] BGHZ 71, 40, 48 = NJW 1978, 1316 für die AG; differenzierend *Lutter* ZGR 1979, 401, 413; vgl. auch § 47 Rn. 124, ferner Österr. OGH GmbHR 1984, 235, 237 m. Anm. *Nowotny* und Rn. 63.
[101] Vgl. hierzu zB *Groß* DB 1994, 2431; vgl. auch BGHZ 125, 239.
[102] Ebenso *Baumbach/Hueck/Zöllner* Rn. 15.
[103] Zum Schutz gegen Verwässerung bei Gewinnbeteiligung Dritter vgl. Rn. 54; zum Verwässerungsschutz bei Verschmelzung und Formwechsel vgl. Anh. § 77 Rn. 407, 135.
[104] AA OLG Stuttgart BB 2000, 1155, das unter Berufung auf *Immenga* S. 238 ff. und *Scholz/Priester* Rn. 27 ein Verbot der Ausgabe neuer Anteile unter ihrem (vollen) Wert annimmt und demgemäß dem Minderheitsgesellschafter stets ein Anfechtungsrecht gibt, wenn ein Aufgeld nicht am inneren Wert der Anteile ausgerichtet ist. Der Minderheitsgesellschafter werde genötigt, sich an der Anteilsübernahme zu beteiligen, um drohende Vermögensnachteile zu vermeiden, was zu einer gesetzwidrigen Nachschusspflicht führe. Zustimmend wohl *Brenner,* FS Sigle, 2000, S. 341 ff., 358; ähnlich *Heckschen* DStR 2001, 1437, 1443. Ein Verbot der Ausgabe neuer Anteile unter den vollen (über dem Nennwert liegenden) inneren Wert besteht jedoch bei Zulassung aller Gesellschafter zur Übernahme der neuen Anteile grundsätzlich nicht (arg. aus § 255 Abs. 2 AktG). Eine Schädigung der Altgesellschafter kann nicht eintreten, wenn sich sämtliche an der Übernahme des neuen Kapitals beteiligen (zutr. MüKo AktG/*Heider* § 9 Rn. 44 gegen GroßkommAktG/*Brändel* Rn. 34 für das Aktienrecht).
[105] Zutr. *Gätsch* BB 2000, 1158 (Anm. zu OLG Stuttgart BB 2000, 1155).

§ 55   4. Abschnitt. Abänderungen des Gesellschaftsvertrages

36   **1. Übernahmevertrag.** Er erfordert eine Erklärung der Übernehmer der neuen Stammeinlagen (Rn. 37) und ihre Annahme durch die Gesellschaft (Rn. 40). Die Übernahme ist somit Vertrag zwischen den Übernehmern und der Gesellschaft, durch den die Übernehmer einen Geschäftsanteil erwerben oder aufstocken (Rn. 13, 14) sollen, gegen Erbringung von Einlagen. Ist der Übernehmer noch nicht Gesellschafter, so wird er durch den Übernahmevertrag in die Gesellschaft aufgenommen. In diesem Sinne kann man sagen, dass der Übernahmevertrag „Gesellschaftsvertrag" ist.[106] Jedenfalls hat der Vertrag **körperschaftlichen Charakter,** nicht schuldrechtlichen, er ist kein Austauschvertrag.[107] Das hat zur Folge, dass aufseiten der Gesellschaft nur die Gesellschafter vertretungsberechtigt sind, nicht die Geschäftsführer.[108]

37   **2. Übernahmeerklärung.** Für ihren **Inhalt** enthält das Gesetz anders als § 185 Abs. 1 AktG für den Zeichnungsschein keine näheren Bestimmungen. Aus der Erklärung müssen jedenfalls die **Person** des Übernehmers ersichtlich sein (Abs. 1) und der **Betrag** der übernommenen Stammeinlage (Abs. 2 S. 2). Im Übrigen genügt die Bezugnahme auf den Kapitalerhöhungsbeschluss, sofern nicht Sacheinlagen zu leisten sind (§ 56 Rn. 13) oder die Übernahmeerklärung von einem **neu beitretenden Gesellschafter** abzugeben ist. Im letzteren Falle muss sie nach Abs. 2 S. 2 alle sonstigen Leistungen enthalten, zu denen der Übernehmer nach dem Gesellschaftsvertrag oder den besonderen Bestimmungen des Kapitalerhöhungsbeschlusses (Rn. 16) verpflichtet sein soll. Hierbei kann es sich um **Nebenleistungen** (§ 3 Abs. 2) handeln oder um **Nachschüsse** (§§ 26 ff.) oder ein **Aufgeld** (Agio). Auch insoweit genügt die Bezugnahme auf die einschlägigen Bestimmungen der Satzung oder des Kapitalerhöhungsbeschlusses.[109] Fehlt der Übernahmeerklärung das **Datum,** so ist das unschädlich, sofern sie ergibt, auf welche Kapitalerhöhung sie sich bezieht.[110]

38   Für die **Form** der Übernahmeerklärung genügt nach Abs. 1 **notarielle Beglaubigung** (anders § 2 Abs. 1 S. 1 für die Gründungserklärung). Zweck der Formvorschrift ist die Information der Öffentlichkeit über die Kapitalgrundlage der Gesellschaft und der Schutz von Gläubigern und künftigen Gesellschaftern.[111] Wird die Übernahmeerklärung in die notarielle Urkunde über die Kapitalerhöhung aufgenommen, so ist zu beachten, dass das Formerfordernis nach Abs. 1 nur gewahrt ist, wenn die Erklärung „notariell aufgenommen" wird. Hierfür reicht die nach §§ 36 ff. BeurkG aufgenommene notarielle Niederschrift nicht aus. Vielmehr muss die Niederschrift die Anforderungen der §§ 8 ff. BeurkG erfüllen.[112] Im Übrigen ist von der Aufnahme der Übernahmeerklärung in die Niederschrift über den Kapitalerhöhungsbeschluss aus Kostengründen abzuraten (Rn. 56). Die **Vollmacht** zur Abgabe der Übernahmeer-

---

[106] *Scholz/Fischer* 10. Aufl. Anm. 5a; *Scholz/Priester* Rn. 71; dagegen *Hachenburg/Ulmer* Rn. 60.
[107] EinhM, vgl. BGHZ 140, 258, 260 = NJW 1999, 1252; BGHZ 49, 117, 119 = NJW 1968, 398; *Baumbach/Hueck/Zöllner* Rn. 18; *Brandes* WM 2000, 217, 228; *Lutter/Hommelhoff* Rn. 29; *Hachenburg/Ulmer* Rn. 60; *Roth/Altmeppen* Rn. 10; *Scholz/Priester* Rn. 71.
[108] BGHZ 49, 117, 119 = NJW 1968, 398; *Baumbach/Hueck/Zöllner* Rn. 21; *Lutter/Hommelhoff* Rn. 29; *Scholz/Fischer* 10. Aufl. Anm. 5a; *Hachenburg/Ulmer* Rn. 60; *Roth/Altmeppen* Rn. 10; *Scholz/Priester* Rn. 73; zur Ermächtigung der Geschäftsführer zur Entgegennahme der Übernahmeerklärungen vgl. Rn. 40.
[109] *Lutter/Hommelhoff* Rn. 33; *Hachenburg/Ulmer* Rn. 66; *Scholz/Priester* Rn. 83, 84.
[110] *Hachenburg/Ulmer* Rn. 65; *Scholz/Priester* Rn. 77; aA *Meyer-Landrut/Miller/Niehus* Rn. 13; wohl auch *Baumbach/Hueck/Zöllner* Rn. 20.
[111] BGH WM 1966, 1262, 1263; NJW 1977, 1151.
[112] *Hachenburg/Ulmer* Rn. 62; *Scholz/Priester* Rn. 78; vgl. auch § 53 Rn. 38. 63.

Erhöhung des Stammkapitals § 55

klärung bedarf entsprechend § 2 Abs. 2 ebenfalls der notariellen Beglaubigung.[113] Der **Mangel der Form** nach Abs. 1 und der Vollmacht wird **durch Eintragung** der Kapitalerhöhung in das Handelsregister **geheilt**, nicht aber durch Erbringung der Einlagen.[114] Geheilt wird auch der **Mangel der Vollständigkeit** der Erklärung nach Abs. 2 S. 2.[115]

Wird die Übernahmeerklärung unter der „Bedingung" abgegeben, dass die Kapitalerhöhung bis zu einem bestimmten Zeitpunkt in das Handelsregister eingetragen ist, so handelt es sich um eine entsprechend § 185 Abs. 1 Nr. 4 AktG zulässige **Befristung der Bindung** des Übernehmers.[116] Dieser wird nach Ablauf der Frist von seiner Einlagepflicht frei, auch wenn die Gesellschaft die Erklärung angenommen hatte. Bereits geleistete Einlagen sind nach § 812 BGB zurückzugewähren.[117] Ein Erfüllungsanspruch des Übernehmers auf Verschaffung der Mitgliedschaft besteht ebenso wenig wie ein Schadensersatzanspruch wegen Nichterfüllung des Übernahmevertrags, wenn die GmbH das Scheitern der Kapitalerhöhung zu vertreten hat.[118] Fehlt eine Befristung, so hat der Übernehmer nach hM ein einseitiges Lösungsrecht, wenn die Kapitalerhöhung nicht binnen angemessener Frist in das Handelsregister eingetragen wird und die Frist erheblich überschritten ist.[119] Ansonsten duldet die Übernahmeerklärung weder aufschiebende noch auflösende **Bedingungen**. Enthält sie die Übernahmeerklärung doch, so darf der Registerrichter die Kapitalerhöhung eintragen, wenn die Bedingung sich erledigt hat. Anderenfalls muss er die Anmeldung zurückweisen.[120] Im Übrigen steht die Übernahmeerklärung unter der Rechtsbedingung, dass die Kapitalerhöhung durch Eintragung in das Handelsregister wirksam wird (§ 54 Abs. 3). Gibt der zur Übernahme zugelassene Gesellschafter **keine Übernahmeerklärung** innerhalb einer angemessenen Frist ab, kann ihm die Gesellschaft eine Frist zur Abgabe der Erklärung setzen und wird nach Ablauf der Frist von der Bindung frei.[121]

3. Annahme der Übernahmeerklärung. Sie fällt in die Zuständigkeit der **Gesellschafterversammlung**, nicht der Geschäftsführer (Rn. 37). Einfache Mehrheit reicht aus.[122] Die Gesellschafter können die **Geschäftsführer** oder sonstige Dritte **ermächtigen**, die Übernahmeerklärungen für die Gesellschaft entgegen zu nehmen. Auch hierfür genügt einfache Mehrheit.[123] Eine solche Ermächtigung ist regelmäßig im

39

40

---

[113] OLG Neustadt GmbHR 1952, 58; *Lutter/Hommelhoff* Rn. 29; *Hachenburg/Ulmer* Rn. 63; *Roth/Altmeppen* Rn. 17; *Scholz/Priester* Rn. 78.
[114] KG NZG 2000, 103, 104; *Baumbach/Hueck/Zöllner* Rn. 20; *Hachenburg/Ulmer* Rn. 64; *Scholz/Priester* Rn. 80.
[115] *Hachenburg/Ulmer* Rn. 67; *Roth/Altmeppen* Rn. 29; *Scholz/Priester* Rn. 85.
[116] BGHZ 140, 258, 261 = NJW 1999, 1252; *Baumbach/Hueck/Zöllner* Rn. 20.
[117] BGHZ 140, 258, 261 = NJW 1999, 1252.
[118] BGHZ 140, 258, 260, 262.
[119] RGZ 87, 164, 166; LG Hamburg WM 1995, 338; *Baumbach/Hueck/Zöllner* Rn. 21; *Hachenburg/Ulmer* Rn. 68, 69; *Scholz/Priester* Rn. 81; nach *Lutter*, FS Schilling, S. 207, 219 und *Lutter/Hommelhoff* Rn. 34 soll der Übernehmer in solchem Falle (nach sechs Monaten) automatisch frei werden.
[120] *Hachenburg/Ulmer* Rn. 70; *Scholz/Priester* Rn. 82.
[121] *Scholz/Priester* Rn. 49; dass die Gesellschaft ohne Fristsetzung frei wird, wenn der Gesellschafter nicht binnen angemessener Frist die Übernahme erklärt, dürfte der Treubindung der Gesellschaft widersprechen. So aber wohl OLG Hamm GmbHR 2000, 673, 675 (nach etwa sechs Monaten).
[122] *Mertens* AG 1981, 216 ff.; *Hachenburg/Ulmer* Rn. 72.
[123] OLG Frankfurt AG 1981, 230 und dazu *Mertens* AG 1981, 216, 218; *Hachenburg/Ulmer* Rn. 72; *Scholz/Priester* Rn. 92.

Zulassungsbeschluss zu sehen, sofern sich die Gesellschafter den Vertragsschluss nicht selbst vorbehalten.[124] Die Annahme ist **formlos** möglich und kann zB in der Anmeldung der Kapitalerhöhung zum Handelsregister liegen, sofern ihr die nach § 57 Abs. 3 Nr. 2 vorgeschriebene Liste der Übernehmer beigefügt ist.[125] Werden Kapitalerhöhungs- und Zulassungsbeschluss in Gegenwart der Übernehmer gefasst und erklären diese zugleich die Übernahme, so ist damit der Übernahmevertrag geschlossen. Eine besondere Annahmeerklärung ist nicht nötig.[126] Im Übrigen gilt für den Zugang der Annahmeerklärung regelmäßig § 151 BGB.[127]

41 Wegen **§ 181 BGB** sollen Gesellschafter, die an der Kapitalerhöhung teilnehmen, ihre eigene Übernahmeerklärung nicht für die Gesellschaft annehmen können.[128] Probleme hierbei ergeben sich nicht, wenn mehrere Gesellschafter vorhanden sind; dann ist anzunehmen, dass die jeweils anderen Gesellschafter mit dem verhinderten Gesellschafter den Übernahmevertrag schließen.[129] Beteiligen sich alle Gesellschafter an der Kapitalerhöhung, so wird angenommen, dass der Kapitalerhöhungsbeschluss (stillschweigend) eine Befreiung vom Selbstkontrahierungsverbot enthalte[130] oder ein solches Verbot mangels Interessenkonflikts garnicht eingreife.[131] Die letztere Ansicht wird neuerdings vor allem für die Übernahme des erhöhten Kapitals durch den Alleingesellschafter der **Einmann-GmbH** vertreten.[132] Sie erscheint richtiger als die früher zumeist gewählte Konstruktion der Ermächtigung des Geschäftsführers durch den Alleingesellschafter zur Annahme der Übernahmeerklärung. § 35 Abs. 4 steht nicht entgegen.[133]

42 **4. Wirkungen der Übernahme.** Sie **verpflichtet** den Übernehmer zur **Leistung der Einlage.** Die Gesellschaft kann die Einlageforderung in Höhe der Mindesteinlage schon vor Eintragung der Kapitalerhöhung in das Handelsregister gerichtlich geltend machen.[134] Anderenfalls könnte wegen § 57 Abs. 2 nicht angemeldet werden. Der **Geschäftsanteil** des Übernehmers entsteht jedoch erst mit der Eintragung. Kommt es dazu nicht, wird der Übernehmer frei und kann die bereits erbrachte Einlage zurückfordern. **Auflösung** der Gesellschaft oder **Insolvenzeröffnung** vor Eintragung der Kapitalerhöhung können dem Kapitalerhöhungsbeschluss und damit auch dem Übernahmevertrag im Einzelfall die Grundlage entziehen, jedoch gibt es hierfür keine Vermutung (Rn. 24, 25). Jedenfalls steht dem Übernehmer ein Rücktritts- oder Kündigungsrecht aus wichtigem Grund zu, wenn diese Ereignisse unerwartet kamen.[135]

43 **Überzeichnung** des erhöhten Kapitals hindert die Eintragung. Wird jedoch eingetragen, so sind die Stammeinlagen anteilig zu kürzen, soweit die Übernehmer Alt-Ge-

---

[124] BGHZ 49, 117, 120 = NJW 1968, 398.
[125] BGHZ 49, 117, 121 = NJW 1968, 398.
[126] BGH WM 1966, 1262, 1263; *Hachenburg/Ulmer* Rn. 72; *Scholz/Priester* Rn. 91.
[127] *Scholz/Priester* Rn. 92.
[128] BGHZ 49, 117, 119 = NJW 1968, 398; BayObLG DB 1978, 578; grundsätzlich zur Anwendung des § 181 BGB auf Gesellschafterbeschlüsse vgl. § 47 Rn. 79 ff.
[129] *Hachenburg/Ulmer* Rn. 73; *Meyer-Landrut/Miller/Niehus* Rn. 11; *Scholz/Priester* Rn. 74.
[130] *Roth/Altmeppen* Rn. 14, 15.
[131] *Lutter/Hommelhoff* Rn. 19.
[132] LG Berlin ZIP 1985, 1481; *Lutter/Hommelhoff* Rn. 32; *Scholz/Priester* Rn. 75 und jetzt auch *Hachenburg/Ulmer* Rn. 74.
[133] Vgl. auch *Baumbach/Hueck/Zöllner* Rn. 21, die § 181 BGB auch iÜ nicht anwenden, sondern § 47 Abs. 4 mit den dazu entwickelten Sonderregeln.
[134] KG GmbHR 1984, 124; *Hachenburg/Ulmer* Rn. 76; *Scholz/Priester* Rn. 93.
[135] BGH DB 1995, 208; OLG Hamm DB 1989, 167; KG GmbHR 1984, 124; *Lutter*, FS Schilling, S. 207, 221; *Hachenburg/Ulmer* Rn. 79; *Scholz/Priester* Rn. 88.

sellschafter sind. Für neu beitretende Gesellschafter soll der Prioritätsgrundsatz gelten.[136] Bei **Unterschreitung** des Erhöhungsbetrags ist die Anmeldung wegen § 57 Abs. 1 zurückzuweisen, wenn nicht eine Kapitalerhöhung mit Höchstbetrag (Rn. 9) beschlossen ist. Trägt der Registerrichter gleichwohl ein, wird man die Kapitalerhöhung in Höhe des tatsächlich übernommenen Betrags für wirksam halten können.[137] Anderes gilt, wenn anzunehmen ist, dass die Übernehmer nur für den Fall gebunden sein wollten, dass der gesamte Erhöhungsbetrag gedeckt wird.[138]

Der durch Übernahme einer Stammeinlage neu beitretende Gesellschafter **haftet nach § 24** auch für die Ausfälle bei alten Einlagen[139] sowie für die Fehlbeträge neuer Einlagen der alten und der neuen Gesellschafter. Der mit nicht mehr als 10 % beteiligte nicht geschäftsführende Gesellschafter, der gegen die anlässlich einer finanziellen Krise der Gesellschaft beschlossene Kapitalerhöhung gestimmt und keine neuen Stammeinlagen übernommen hat, soll jedoch in entsprechender Anwendung des § 32 a Abs. 3 S. 2 von der Ausfallhaftung freigestellt sein.[140] Einer solchen Freistellung begegnet das Bedenken, dass die Aufnahme der Kleinbeteiligungsschwelle in § 32 a Abs. 3 nur eine politisch motivierte Begrenzung des Anwendungsbereichs der Eigenkapitalersatzregeln in personeller Hinsicht darstellte, nicht aber die dogmatischen Grundlagen verändern sollte.[141]

5. Verpflichtung zur Übernahme. Sie ist zu unterscheiden von der Verpflichtung zur Beschlussfassung über die Kapitalerhöhung und schuldrechtlichen Nebenabreden anlässlich der Übernahme.

a) Verpflichtung zur Kapitalerhöhung. Die Gesellschafter können sich untereinander verpflichten, eine Kapitalerhöhung zu beschließen. Die Verpflichtung kann durch **Stimmbindungsvertrag** oder im Einzelfall begründet werden und bedarf **keiner Form**.[142] Sie kann auch gegenüber **Dritten** übernommen werden.[143]

b) Verpflichtung zur Teilnahme an künftiger Kapitalerhöhung. Gesellschafter oder Dritte können sich ferner verpflichten, an einer künftigen Kapitalerhöhung durch Übernahme einer Stammeinlage teilzunehmen, um die Durchführung der Kapitalerhöhung sicherzustellen. Es handelt sich dann um einen **Vorvertrag,** welcher der **Form** des § 55 Abs. 1 bedarf.[144] Schließlich ist es auch möglich, die **Übernahmeerklärung** selbst schon **vor** dem **Beschluss über die Kapitalerhöhung** abzugeben.[145] Die Erklärung muss alle in § 55 Abs. 2 S. 2 geforderten Angaben enthalten und in der Form des § 55 Abs. 1 abgegeben werden. Sie steht allerdings unter dem Vorbehalt, dass ein Kapitalerhöhungsbeschluss gefasst wird. Eine Pflicht zur Vorauszahlung auf die Einlage wird dadurch nicht begründet.[146]

---

[136] *Baumbach/Hueck/Zöllner* Rn. 31; *Hachenburg/Ulmer* Rn. 80; *Scholz/Priester* Rn. 98.
[137] Ebenso offenbar *Hachenburg/Ulmer* Rn. 81 iVm. § 54 Rn. 35 und § 57 Rn. 55.
[138] RGZ 85, 205, 207; *Scholz/Priester* Rn. 99; vgl. auch § 54 Rn. 29.
[139] RGZ 132, 392, 393; *Roth/Altmeppen* Rn. 36; vgl. auch Rn. 15 und § 24 Rn. 30.
[140] *Gaiser* GmbHR 1999, 210.
[141] Zutr. *Pentz* GmbHR 1999, 437, 439 m. Fn. 17.
[142] *Hachenburg/Ulmer* Rn. 30, 83; *Scholz/Priester* Rn. 113.
[143] *Hachenburg/Ulmer* Rn. 30; aA *Scholz/Priester* § 53 Rn. 36, weil die Kapitalerhöhung als Satzungsänderung in die ausschließliche Zuständigkeit der Gesellschafter falle; vgl. hierzu § 47 Rn. 32; § 53 Rn. 35.
[144] RGZ 149, 385, 395; *Lutter*, FS Schilling, S. 207, 208; *Baumbach/Hueck/Zöllner* Rn. 23 a; *Scholz/Priester* Rn. 114; aA *Hachenburg/Ulmer* Rn. 85 für den Fall der Übernahme der Verpflichtung durch Gesellschafter.
[145] *Hachenburg/Ulmer* Rn. 84; *Scholz/Priester* Rn. 114; aA *Baumbach/Hueck/Zöllner* Rn. 23.
[146] BGH NJW 1967, 44.

§ 55   4. Abschnitt. Abänderungen des Gesellschaftsvertrages

48   **c) Bindung der Gesellschaft.** Eine Bindung der Gesellschaft besteht erst, wenn die Übernahmeerklärung angenommen ist. Die Gesellschaft kann den Abschluss des Übernahmevertrags abweichend von § 187 Abs. 2 AktG **zusichern,** und zwar wiederum unter dem Vorbehalt, dass der Kapitalerhöhungsbeschluss gefasst wird. Sie hat dabei die Bezugsrechte der Gesellschafter zu beachten (Rn. 29 ff.). Erforderlich ist ein Gesellschafterbeschluss.[147] Einer bestimmten Form bedarf die Zusicherung nicht.[148] Jedoch erwirbt der Übernehmer **keinen Erfüllungsanspruch** gegenüber der Gesellschaft auf Durchführung der Kapitalerhöhung und Erwerb der Mitgliedschaft, weil die für sie erforderliche Satzungsänderung erst mit der Eintragung wirksam wird (§ 54 Abs. 3) und bis dahin der Autonomie der Gesellschafter unterliegt.[149] Ob die Gesellschaft zum Schadensersatz aus Treupflichtverletzung verpflichtet ist, wenn sie die Kapitalerhöhung nicht zügig und ordnungsgemäß durchführt,[150] ist zweifelhaft.[151] Ein Schadensersatzanspruch kommt jedenfalls dann in Betracht, wenn die Gesellschafter ohne sachlich gerechtfertigten Grund durch einen Gegenbeschluss den Kapitalerhöhungsbeschluss aufheben.[152] Ein Schadensersatzanspruch ist auch denkbar, wenn die Gesellschaft den Abschluss des Übernahmevertrags und in diesem die Durchführung der Kapitalerhöhung zugesichert hat.

49   **d) Schuldrechtliche Nebenabreden.** Der Übernehmer einer Stammeinlage kann sich im Zusammenhang mit der Kapitalerhöhung gegenüber der Gesellschaft auch noch zu weiteren Leistungen verpflichten oder sich solche von der Gesellschaft versprechen lassen. Derlei schuldrechtliche Nebenabreden brauchen nicht in die Übernahmeerklärung aufgenommen zu werden und unterliegen auch dann nicht dem Formzwang des § 55 Abs. 1, wenn sie Grundlage der Anteilsübernahme sind.[153] Sie binden nur die an der Abrede Beteiligten, nicht auch spätere Anteilserwerber.[154]

50   **6. Mängel des Übernahmevertrags.** Für sie gelten bis zur Eintragung der Kapitalerhöhung die **allgemeinen Grundsätze.** Insbesondere ist die Anfechtung der Übernahmeerklärung nach §§ 119, 123 BGB möglich oder die Geltendmachung des Mangels der in § 55 Abs. 1 vorgeschriebenen Form. Die Gesellschaft kann sich auf Unwirksamkeit des Übernahmevertrags berufen, wenn er ohne Ermächtigung der Gesellschafter (Rn. 40) abgeschlossen wurde.[155] Die **Eintragung** der Kapitalerhöhung **heilt** solche Mängel.[156] Den Eintritt der Heilungswirkung können die betroffenen Übernehmer gemäß § 16 Abs. 2 HGB verhindern.[157]

51   **7. Übertragung von Rechten aus dem Übernahmevertrag.** Der Übernehmer kann den durch die Kapitalerhöhung künftig entstehenden Geschäftsanteil schon vor dem Wirksamwerden der Kapitalerhöhung durch Eintragung auf Dritte übertragen. Er

---

[147] *Baumbach/Hueck/Zöllner* Rn. 23 a; *Hachenburg/Ulmer* Rn. 86; *Scholz/Priester* Rn. 115; *Fleck* ZGR 1988, 104, 117.
[148] *Scholz/Priester* Rn. 115.
[149] BGHZ 140, 258, 260 = NJW 1999, 1252; *Lutter/Hommelhoff* Rn. 34; vgl. auch Rn. 20 mN.
[150] *Baumbach/Hueck/Zöllner* Rn. 22.
[151] Offen gelassen in BGHZ 140, 258, 260 = NJW 1999, 1252.
[152] So wohl *Hellwig,* FS Rowedder, 1994, S. 141, 148, 149.
[153] BGH NJW 1977, 1151; *Hachenburg/Ulmer* Rn. 82; *Scholz/Priester* Rn. 86.
[154] Vgl. auch § 3 Rn. 53 und § 53 Rn. 8, 11.
[155] *Hachenburg/Ulmer* Rn. 87, 88.
[156] KG NZG 2000, 103; vgl. ferner die Angaben bei § 57 Rn. 37.
[157] *Baumbach/Hueck/Zöllner* Rn. 24; *Hachenburg/Ulmer* Rn. 89; *Scholz/Priester* § 57 Rn. 47; vgl. auch § 54 Rn. 27.

muss dabei die Erfordernisse des § 15 und etwaige Vinkulierungsschranken beachten. Die Übertragungsbeschränkungen des § 191 AktG gelten nicht.[158] Mit der Eintragung der Kapitalerhöhung wird die Übertragung wirksam. Es findet aber ein Durchgangserwerb beim Übernehmer statt mit der Folge, dass dieser der Gesellschaft voll für die Einlageschuld haftet.[159] Zur Vermeidung dieser Haftungsfolgen wird Übertragung der gesamten Rechtsstellung des Übernehmers aus dem Übernahmevertrag empfohlen, die jedoch der Zustimmung der Gesellschaft bedarf.[160] Soweit daneben noch auf die Möglichkeit nur der Übertragung der Rechte aus dem Übernahmevertrag hingewiesen wird,[161] dürfte es sich um die Abtretung des Bezugsrechts handeln, die unter Beachtung der Form des § 15 Abs. 3 und etwaiger Vinkulierungsschranken als zulässig anzusehen ist.[162]

8. Kartellrecht. Die Übernahme einer neuen Stammeinlage kann als **Zusammenschluss** von Unternehmen iSv. § 37 Abs. 1 Nr. 3 GWB **anmeldepflichtig** (§ 39 GWB) sein, wenn die Stammeinlage allein oder zusammen mit sonstigen, dem Übernehmer bereits gehörenden Geschäftsanteilen, 50 vom Hundert oder 25 vom Hundert des Kapitals oder der Stimmrechte der Gesellschaft erreicht.[163]

V. Anwendung von Gründungsrecht (Abs. 4)

Wegen des Betrags der auf das erhöhte Kapital zu leistenden Stammeinlagen sowie hinsichtlich der Unzulässigkeit der Übernahme mehrerer Stammeinlagen wird auf die Erläuterungen zu § 5 Bezug genommen. Zur Haftung für Fehlbeträge nach § 24 vgl. Rn. 15, 44. Wegen Sonderregelungen bei Umwandlungen und der Kapitalerhöhung aus Gesellschaftsmitteln vgl. Rn. 4, 11; zur Anwendung von Gründungsrecht bei Regelungslücken vgl. Rn. 3.

VI. Einfluss der Kapitalerhöhung auf die Gewinnbeteiligung Dritter

Sind Dritte am Gewinn der GmbH als Geschäftsführer (Tantieme), stille Gesellschafter oder Darlehensgeber beteiligt, und knüpft der Gewinnanspruch an den Dividendensatz an, so kann die Kapitalerhöhung zu einer „**Kapitalverwässerung**" führen, wenn die neuen Geschäftsanteile zu einem Betrag ausgegeben werden, der das Gesellschaftsvermögen nicht proportional zum Kapital erhöht. Fehlen vertragliche Regelungen für diesen Fall, so sind **§ 216 Abs. 3 S. 1 AktG und § 57m Abs. 3 GmbHG analog** anzuwenden. Der **Ausgleichsanspruch** des Dritten ist erforderlichenfalls an Hand einer **Unternehmensbewertung** zu ermitteln. Wo diese wegen unverhältnismäßigen Aufwands nicht verlangt werden kann, kommt eine Heranziehung der **Ertragslage** der Gesellschaft in Betracht.[164]

---

[158] *Baumbach/Hueck/Zöllner* Rn. 26; *Scholz/Priester* Rn. 117.
[159] *Baumbach/Hueck/Zöllner* Rn. 26; *Lutter/Hommelhoff* Rn. 35; vgl. auch *Habel* GmbHR 2000, 267.
[160] *Baumbach/Hueck/Zöllner* Rn. 25.
[161] *Hellwig*, FS Rowedder, 1994, S. 146 ff.; *Lutter/Hommelhoff* Rn. 35.
[162] *Scholz/Priester* Rn. 51; *Baumbach/Hueck/Zöllner* Rn. 16, 26, welche die Einhaltung der Form des § 15 Abs. 3 nicht für erforderlich halten.
[163] IE vgl. *Rittner*, FS Luther, 1976, S. 147 ff.
[164] Eingehend *Koppensteiner* ZHR 139 (1975), 191 ff. für die AG; *Köhler* AG 1984, 197 ff.; *Pannen/Köhler* AG 1985, 52; *Zöllner* ZGR 1986, 288 ff.; vgl. auch § 57m Rn. 8; zur Gewinnbeteiligung Dritter allgemein vgl. § 29 Rn. 130 ff.; zum Verwässerungsschutz beim Bezugsrechtsausschluss vgl. Rn. 34; zum Verwässerungsschutz bei Verschmelzung und Formwechsel vgl. Anh. § 77 Rn. 407, 135.

VII. Kosten

55 Für die Beurkundung der **Kapitalerhöhung** einschließlich des Zulassungsbeschlusses wird wie bei sonstigen Satzungsänderungen (§ 53 Rn. 67) das Doppelte der vollen Gebühr erhoben, §§ 141, 47 S. 1 Halbs. 1 KostO. Die Erteilung der Satzungsbescheinigung nach § 54 Abs. 1 S. 2 Halbs. 2 ist für den beurkundenden Notar gebührenfreies Nebengeschäft (§ 47 S. 1 Halbs. 2 KostO, vgl. § 54 Rn. 13, § 57 Rn. 49). **Geschäftswert** ist nach § 26 Abs. 1 Nr. 3 KostO der Nennbetrag der Kapitalerhöhung. Für die **Eintragung** in das Handelsregister wird nach § 79 Abs. 1 KostO ebenfalls eine volle Gebühr nach diesem Geschäftswert erhoben. Hat die Gesellschaft **Zweigniederlassungen,** so vervielfachen sich die Kosten um deren Zahl, weil alle Anmeldungen auch beim Registergericht der Zweigniederlassung einzutragen sind (§ 13b HGB). Zu **tragen** sind diese Kosten (Kosten der „eigentlichen" Kapitalerhöhung) von der **Gesellschaft,** ohne dass es einer besonderen Satzungsregelung oder einer Bestimmung im Kapitalerhöhungsbeschluss über die Kostenübernahme analog § 26 Abs. 2 AktG wie bei der Gründung[165] bedarf.[166]

56 Für die Beurkundung der **Übernahmeerklärung** entsteht nach § 36 Abs. 1 KostO eine volle Gebühr, für die Beglaubigung dagegen gemäß § 45 Abs. 1 KostO nur ein Viertel der vollen Gebühr, höchstens jedoch 130 €.[167] **Geschäftswert** ist nach § 26 Abs. 1 Nr. 3 KostO der Nennbetrag der übernommenen Stammeinlage. Soweit die Gesellschaft auch diese Kosten übernimmt, liegt steuerlich eine verdeckte Gewinnausschüttung vor, es sei denn, die Gesellschaft kann hierfür betriebliche Gründe dartun.[168]

57 Unter **europarechtlichen Kriterien** sind die Gebührensätze der KostO für die Beurkundung und Eintragung von Kapitalerhöhungen zu beanstanden. Nach dem Urteil des EuGH vom 29. 9. 1999 (Modelo SGPS SA)[169] sind Gebühren für die Beurkundung von Kapitalerhöhungen durch einen Notar in einem Rechtssystem, in dem der Notar Beamter ist und ein Teil der Gebühren dem Staat zufließt, **gemeinschaftswidrig,** wenn sie die staatlichen Aufwendungen überschreiten,[170] weil sie gegen die Richtlinie 69/335/EWG des Rates v. 17. 7. 1969 betreffend die indirekten Steuern auf die Ansammlung von Kapital idF der Richtlinie 85/303/EWG des Rates v. 10. 6. 1985 verstoßen. Zuvor schon hatte der EuGH mit Urteil v. 2. 12. 1997 (Fantask)[171] die Abgaben für die Eintragung von Kapitalerhöhungen in das Handelsregister unter den gleichen Gesichtspunkten beanstandet. Er hat diese Rspr. mit den Urteilen v. 26. 9. 2000 (IGI/FACENDE Pública)[172] und v. 21. 6. 2001 (SONAE)[173] fortgesetzt. Das BayObLG hat ihr mit Beschlüssen v. 25. 11. 1998[174] und v. 2. 12. 1998[175] Rechnung getragen und nur Eintragungsgebühren bis zu einem Betrag von ca. 500 DM als

---

[165] Vgl. § 2 Rn. 93.
[166] BFH BB 2000, 758.
[167] AA OLG Düsseldorf BB 1980, 1443, das bei einer zusammen mit dem Kapitalerhöhungsbeschluss beurkundeten Übernahmeerklärung im Hinblick auf § 44 Abs. 1 KostO keine gesonderte Gebühr anfallen lassen will.
[168] BFH BB 2000, 758.
[169] NJW 2000, 939.
[170] Hiervon sind in Deutschland nur die Gebühren der Notare in Baden-Württemberg betroffen. Zu diesen vgl. EuGH ZIP 2002, 663.
[171] EuZW 1998, 172 = NJW 1998, 2806 LS.
[172] ZIP 2000, 1891.
[173] ZIP 2001, 1045.
[174] WM 1999, 1622.
[175] WM 1999, 1625.

Erhöhung des Stammkapitals § 55

richtlinienkonform eingestuft. Auf ähnlicher Linie liegen die Entscheidungen des OLG Zweibrücken v. 23. 6. 1999[176] und des OLG Köln v. 16. 11. 1998.[177] Die Justizverwaltungen der Länder haben bis zur künftigen Änderung der KostO Übergangsregelungen für die Erhebung der einschlägigen Gebühren erlassen.[178] Die vorstehenden Grundsätze sind entsprechend auf die Gebühren für die Beurkundung und Eintragung anderer, jedoch nicht aller,[179] Satzungsänderungen anzuwenden, zB die Änderung der Firma und die Sitzverlegung, EuGH v. 29. 9. 1999,[180] sowie die Kapitalerhöhung aus Gesellschaftsmitteln, EuGH v. 11. 11. 1999 (Dioikitiko Protodikeio).[181] Die Verschmelzung zweier Kapitalgesellschaften wird von der Richtlinie nicht erfasst, wenn die übernehmende Gesellschaft vor der Verschmelzung Inhaberin aller Anteile der übertragenden Gesellschaft war.[182] Nach dem Fantask-Urteil des EuGH[183] können überhöhte Gebühren **zurückgefordert** werden. Jedoch ist die dem nationalen Recht zu entnehmende Verjährungsfrist zu beachten, die nach § 17 Abs. 2 KostO vier Jahre beträgt. Offen ist, ob die rückzuerstattenden Beträge zu verzinsen sind.

VIII. Steuern

1. Gesellschaftsteuer. Gesellschaftsteuer fällt seit dem 1. 1. 1992 wegen der Aufhebung des KVStG ebenso wenig wie bei der Gründung an (zur Rechtslage bis dahin vgl. die 1. u. 2. Aufl.). 58

2. Körperschaftsteuer, Einkommensteuer. Bei der Körperschaftsteuer war die Gesellschaftsteuer wie ein sonstiger Kostenbestandteil der Kapitalerhöhung abzugsfähige Betriebsausgabe, soweit sie nicht aus einem etwaigen Aufgeld gedeckt werden konnte (§ 9 Abs. 1 lit. a KStG aF). Die Kosten der „eigentlichen" Kapitalerhöhung (vgl. Rn 56) sind ebenfalls abzugsfähige Betriebsausgaben.[184] Im Übrigen hat die Kapitalerhöhung keine unmittelbaren ertragsteuerlichen Folgen. Nimmt allerdings der Inhaber eines Geschäftsanteils, der aus der Sacheinlage eines Betriebs, Teilbetriebs oder Mitunternehmeranteils stammt (**„einbringungsgeborener Anteil"**, vgl. §§ 20 Abs. 1, 21 Abs. 1 UmwStG),[185] an der Kapitalerhöhung teil, so war streitig, ob darin ein steuerpflichtiger Übergang stiller Reserven vom ursprünglichen Geschäftsanteil auf den durch die Kapitalerhöhung geschaffenen liegt. Die Finanzverwaltung hatte die Frage in analoger Anwendung des § 21 Abs. 1 UmwStG (Veräußerung des durch 59

---

[176] WM 1999, 1621.
[177] NJW 1999, 1341.
[178] ZB Bad.-Württ. durch Runderlass des Justizministeriums vom 27. 4./2. 6. 1998, ZIP 1998, 1246, 1247; vgl. dazu auch *Sprockhoff* NZG 1999, 747.
[179] Vgl. § 58 Rn. 44.
[180] Fn. 171, vgl. § 53 Rn. 67.
[181] NZG 1999, 1210, vgl. § 57 c Rn. 20.
[182] OLG Karlsruhe BB 2001, 798; vgl. dazu auch Anh. § 77 Rn. 314, 451.
[183] NJW 1998, 2806 LS.
[184] BFH BB 2000, 758.
[185] Ein einbringungsgeborener Anteil entsteht nur bei Einbringung von Betriebsvermögen oder (wesentlichen) Beteiligungen an Kapitalgesellschaften iSv. § 17 EstG. Durch die Sacheinlage von nicht (wesentlichen) Beteiligungen oder anderen Wirtschaftsgütern des Privatvermögens entstehen keine einbringungsgeborenen Anteile, auf die § 21 UmwStG anzuwenden ist, es sei denn, dass ein Fall des § 20 Abs. 1 S. 2 UmwStG vorliegt, wonach bei der Einbringung nicht wesentlicher Beteiligungen S. 1 entsprechend gilt, wenn durch die Einbringung eine Mehrheitsbeteiligung der übernehmenden Kapitalgesellschaft entsteht, vgl. *Haritz/Benkert* § 21 Rn. 1, 11; Tz. 20.16 iVm. Tz. 21.04 UmwStErl.

§ 55   4. Abschnitt. Abänderungen des Gesellschaftsvertrages

Sacheinlage erworbenen Geschäftsanteils) gegen eine starke Literaturmeinung bejaht[186] und Ausnahmen nur bei Kapitalerhöhung zur Anpassung des Stammkapitals von Altgesellschaften (Rn. 10, 18) und bei Aufstockung von Geschäftsanteilen (Rn. 13) zugelassen (eingehend hierzu vgl. die 2. Aufl.). Der BFH hat die Auffassung der Finanzverwaltung in drei Urteilen v. 8. 4. 1992[187] abgelehnt und eine Gewinnrealisierung bei der Kapitalerhöhung verneint. Vielmehr bleiben die stillen Reserven, soweit sie bei den einbringungsgeborenen Anteilen verblieben und soweit sie auf den neuen Anteil übergingen, weiterhin bis zur Veräußerung nach § 21 UmwStG steuerverhaftet.[188] Die Finanzverwaltung hat im Hinblick hierauf Tz. 66 des BMF-Schreibens v. 16. 6. 1978 für überholt erklärt.[189] Die Urteile v. 8. 4. 1992 sind durch weitere BFH-Urteile v. 10. 1. 1992[190] und v. 21. 8. 1996[191] bestätigt worden. Räumen die Gesellschafter einem Nichtgesellschafter das Bezugsrecht für einen durch eine Kapitalerhöhung geschaffenen neuen Geschäftsanteil gegen Zahlung eines Agios für die übergehenden stillen Reserven ein, so kann darin bei wesentlich beteiligten Altgesellschaftern (§ 17 Abs. 1 EStG) ein Entgelt für die Veräußerung einer Anwartschaft auf eine Beteiligung gesehen werden, wenn das Agio von der GmbH in engem zeitlichen Zusammenhang an die Altgesellschafter ausgeschüttet wird.[192] Dies gilt jedoch nicht, wenn das Aufgeld als freie Rücklage gebucht wird und für die spätere Ausschüttung aus der Kapitalrücklage außersteuerrechtliche Gründe maßgebend sind.[193] Übersteigt der gemeine Wert des dem Nichtgesellschafter eingeräumten neuen Geschäftsanteils die zu leistende Einlage, ist er mit der Eintragung im Handelsregister auf Kosten der Altgesellschafter bereichert. Die Bereicherung beruht auf einer Zuwendung der Altgesellschafter.[194] Erhält der Gesellschafter durch die Kapitalerhöhung eine **wesentliche Beteiligung** iSd. § 17 EStG, so stellt sich die Frage, ab welchem Zeitpunkt die 5-Jahres-Frist zu berechnen ist. In der Literatur wird im Allgemeinen auf die Eintragung der Kapitalerhöhung im Handelsregister abgestellt.[195] Wegen der **Besteuerung der Veräußerung** einbringungsgeborener Anteile vgl. § 21 UmwStG und Anh. § 77 Rn. 290ff. Als Veräußerungs- oder Aufgabegewinn gilt jener Betrag, um den der gemeine Wert der Anteile nach Abzug der Veräußerungs- oder Aufgabekosten die Anschaffungskosten gemäß § 20 Abs. 4 UmwStG übersteigt. Nachträgliche Anschaffungskosten sind zu berücksichtigen.[196]

60   **3. Ausschüttungs-Rückholverfahren („schütt-aus-hol-zurück")**. Es beruht auf der durch die Körperschaftsteuerreform 1977 eingeführt gewesenen Anrechnung der von der GmbH entrichteten Körperschaftsteuer auf die Einkommensteuerschuld ihrer Gesellschafter. Da der Steuersatz für nicht ausgeschüttete Gewinne höher war als für ausgeschüttete (ursprünglich 56 %, dann 50 %, ab 1. 1. 1994 45 % und seit 1. 1. 1999

---

[186] Tz. 66 des BMF-Schreibens v. 16. 6. 1978, BStBl. I S. 235.
[187] BStBl. 1992 S. II, 761, 763 und 764.
[188] Kritisch zur Annahme der Steuerverhaftung der auf den neuen Anteil übergegangenen stillen Reserven *Knobbe-Keuk* § 22 VII 3 e.
[189] BMF-Schreiben v. 22. 1. 1993, BStBl. I S. 185; zu den BFH-Urteilen v. 8. 4. 1992 vgl. auch *Probst* BB 1992, 1395 und *Meyer* BB 1994, 516.
[190] DB 1994, 765.
[191] GmbHR 1997, 755.
[192] BFH GmbHR 1993, 378; FG Baden-Württemberg GmbHR 1997, 754.
[193] BFH GmbHR 1999, 866.
[194] BFH GmbHR 2001, 632.
[195] Vgl. zB *Herrmann/Heuer/Raupach* § 17 Rn. 62; aA *Milatz/Kuhlemann* GmbHR 2001, 966, die den maßgeblichen Zeitpunkt auf Grund wirtschaftlicher Betrachtungsweise auf den Beschluss über die Kapitalerhöhung vorverlegen wollen.
[196] BFH NZG 2001, 238.

Erhöhung des Stammkapitals **§ 55**

40 % gegenüber 36 % und 30 %, vgl. §§ 23 Abs. 1, 27 Abs. 1 KStG in den jeweiligen Fassungen), war bei einem individuellen Einkommensteuersatz der Gesellschafter, der unter dem Thesaurierungssteuersatz lag, die Steuerbelastung der GmbH im Ergebnis geringer, wenn sie ihren Gewinn ausschüttete und die Gesellschafter ihn alsdann wieder in die Gesellschaft einlegten. Dieses Verfahren war steuerlich auch dann anerkannt, wenn die Gesellschafter sich schon vor der Fassung des Gewinnverwendungsbeschlusses zur Rückführung der ausgeschütteten Gewinne verpflichtet hatten (Abschn. 77 Abs. 9 Nr. 1 KStR 1995). Es stellte keinen Missbrauch von Gestaltungsmöglichkeiten (§ 42 AO) dar, selbst wenn sich die Gesellschafter auf eine von den Beteiligungsverhältnissen abweichende „inkongruente" Gewinnausschüttung verständigten.[197] In den **Belastungsvergleich** durften allerdings nicht nur die Steuern einbezogen werden. Zahlte die Gesellschaft dividendenabhängige Gehälter oder Tantiemen, also Vergütungen, die eine Gewinnausschüttung voraussetzen, so minderten diese den Finanzierungsnutzen des Ausschüttungs-Rückholverfahrens.[198] Am Ausschüttungs-Rückholverfahren kann auch eine gemeinnützige und deshalb steuerbefreite Körperschaft als alleinige Gesellschafterin ohne Gefährdung ihres Gemeinnützigkeitsstatus teilnehmen.[199] Das **StSenkG** hat das **Besteuerungssystem** völlig **umgestellt** und das Anrechnungsverfahren durch das **Halbeinkünfteverfahren** ersetzt. Danach werden Gewinne der Kapitalgesellschaft mit 25 % Körperschaftsteuer belegt, gleichgültig, ob die Gewinne ausgeschüttet werden oder nicht. Der Anteilseigner, der eine natürliche Person ist, hat ausgeschüttete Gewinne nur zur Hälfte zu versteuern. Das Halbeinkünfteverfahren ist erstmalig auf Gewinnausschüttungen ab dem Jahre 2002 anzuwenden (§ 34 Abs. 10a KStG). Damit besteht für das Ausschüttungs-Rückholverfahren jedenfalls steuerlich kein Anreiz mehr. Die folgenden weiteren Erläuterungen zu diesem Verfahren haben deshalb steuerlich nur noch Bedeutung für die Übergangsphase vom Anrechnungsverfahren zum Halbeinkünfteverfahren[200] und in zivilrechtlicher Hinsicht.

Die **Verpflichtung zur Wiedereinlage der ausgeschütteten Gewinne** kann **schuldrechtlich** durch Vereinbarungen zwischen den Gesellschaftern untereinander oder zwischen diesen und der Gesellschaft oder durch **Satzungsregelungen** begründet werden.[201] Geschieht letzteres im Wege der **Satzungsänderung,** so ist nach § 53 Abs. 3 die **Zustimmung aller Gesellschafter** erforderlich.[202] Die Wiedereinlage kann als **Fremdkapital** (Darlehen, stille Beteiligung) oder als **Eigenkapital** (Rücklage, Kapitalerhöhung) vorgesehen werden. Soll im letzteren Falle das Eigenkapital durch Dotierung der Rücklagen gestärkt werden, so sind die wiedereinzulegenden Beträge in die Kapitalrücklage (§§ 266 Abs. 3 A II, 272 Abs. 2 Nr. 4 HGB) einzustellen.[203] Die

61

---

[197] BFH DStR 1999, 1849.
[198] *Kruschwitz* DB 1984, 1049.
[199] *Goerdeler,* FS Beusch, 1994, S. 287, 292 ff.; vgl. auch Sen. f. Fin. Berlin Erl. v. 29. 12. 1992, DB 1993, 511.
[200] Vgl. dazu *Kopfer/Marx/Rist/Schönberger* BB 2001, 1013.
[201] *Hachenburg/Ulmer* Rn. 91, 92.
[202] *Esch* NJW 1978, 2529, 2532; *Lutter* DB 1978, 1965, 1969; *Priester* ZGR 1977, 445, 466; *Hachenburg/Ulmer* Rn. 91; *Scholz/Priester* § 53 Rn. 117; verpflichtet die Satzung die Gesellschafter zur Rückführung eines Teils der ausgeschütteten Gewinne und waren hierfür ausschließlich steuerliche Gründe maßgebend, kann mit Rücksicht auf die Änderung des Besteuerungssystems durch das StSenkG (Rn. 60) eine Satzungsänderung angezeigt sein, zutr. *Priester* DStR 2001, 795, 798.
[203] *Döllerer* GmbHR 1987, 133, 138; *Orth* GmbHR 1987, 195, 199; *Knobbe-Keuk* § 17 V Fn. 77; *Gregelius* ZIP 1991, 499, 501; aA *Hommelhoff/Priester* ZGR 1986, 463, 515: Einstellung in die Gewinnrücklage, §§ 266 Abs. 3 A III, 272 Abs. 3 HGB, wenn die Gesellschafter zur Wiedereinlage verpflichtet sind.

§ 55   4. Abschnitt. Abänderungen des Gesellschaftsvertrages

Zuführung zu den Rücklagen ist häufig die Vorstufe zur Umwandlung der Rücklagen in Stammkapital nach den §§ 57 c ff. Soll die Wiedereinlage im Wege der Kapitalerhöhung durchgeführt werden, so ist dies nach Auffassung des BGH[204] nur unter Beachtung der **Sacheinlagevorschriften** möglich.[205] Zur Kritik hiergegen vgl. die Voraufl. Rn. 57. Inzwischen hat der BGH die Beachtung der Sacheinlagevorschriften dann für entbehrlich erklärt, wenn gegenüber dem Registergericht offengelegt wird, dass die Kapitalerhöhung im „Schütt-aus-hol-zurück"-Verfahren durchgeführt werden soll.[206] Das hat durch einen Hinweis im Kapitalerhöhungsbeschluss und in der Anmeldung der Kapitalerhöhung zum Handelsregister zu geschehen. Vorausgesetzt wird allerdings, dass die Kapitalaufbringung in gleicher Weise sichergestellt wird wie bei der Kapitalerhöhung mit Sacheinlagen. Der BGH wendet hierbei im Anschluss an *Lutter/Zöllner*[207] sinngemäß die Grundsätze der Kapitalerhöhung aus Gesellschaftsmitteln (vgl. §§ 57c ff.) an. Demgemäß muss der Anmeldung der Kapitalerhöhung entsprechend § 57i Abs. 1 und 2 eine testierte Bilanz beigefügt werden, die nicht älter als acht Monate ist, um dem Registergericht eine präventive Werthaltigkeitskontrolle zu ermöglichen. Diese Bilanz muss einen für die Kapitalerhöhung ausreichenden Bilanzgewinn (Jahresüberschuss oder Gewinnvortrag) ausweisen. Ferner haben die anmeldenden Geschäftsführer dem Registergericht gegenüber zu erklären, dass nach ihrer Kenntnis seit dem Stichtag der zugrunde gelegten Bilanz bis zum Tag der Anmeldung der Kapitalerhöhung keine Vermögensminderung eingetreten ist, die der Kapitalerhöhung entgegenstünde, wenn sie am Tag der Anmeldung beschlossen worden wäre. Schließlich ist in Anlehnung an § 57i Abs. 4 bei der Eintragung des Beschlusses anzugeben, dass die Kapitalerhöhung im Wege des „Schütt-aus-hol-zurück"-Verfahrens durchgeführt worden ist. **Offengeblieben** ist in der BGH-Entscheidung,[208] ob die Kapitalerhöhung mittels der in der Praxis üblichen Verrechnung der fälligen Gewinnansprüche mit der Einlageschuld durchgeführt werden kann, also im Wege der bloßen **Umbuchung** ohne tatsächliche Auszahlung des Gewinns und seiner Wiedereinzahlung. Eine solche Umbuchung ist ein klassischer Fall der Sacheinlage (vgl. § 56 Rn. 7). Abschn. 77 Abs. 9 S. 2 KStR 1995 lässt die Umbuchung steuerlich zu. In dem vom BGH entschiedenen Fall war sie nach dem Wortlaut des Kapitalerhöhungsbeschlusses zwar vorgesehen, wurde aber nur teilweise durchgeführt. Vielmehr wurden Gewinnteile effektiv ausgezahlt und wieder eingezahlt. Wohl deshalb hat der BGH als weitere Voraussetzung für den Verzicht auf die Beachtung der Sacheinlagevorschriften auch noch die Versicherung gemäß § 57 Abs. 2 S. 1 verlangt, dass sich der Gegenstand der Leistung endgültig in der freien Verfügung der Geschäftsführer befindet. Eine solche Versicherung ergibt jedoch keinen Sinn, wenn die Kapitalerhöhung durch bloße Umbuchung durchgeführt wird.[209] Bei der Kapitalerhöhung aus Gesellschaftsmitteln ist sie deshalb nicht abzugeben. An ihre Stelle tritt die Erklärung gemäß § 57i Abs. 1 S. 2, die der BGH auch bei Freistellung des „Schütt-aus-hol-zurück"-Verfahrens von den Sacheinlagevorschriften verlangt (s. oben). Aus dem Umstand, dass der BGH im Hinblick auf die Gestaltung des entschiedenen Falles auch noch die Versicherung gemäß § 57 Abs. 2 S. 1 forderte, kann deshalb nicht geschlossen werden, die Durchführung der

---

[204] BGHZ 113, 335 = NJW 1991, 1754 = EWiR 1991, 1213 *(Frey).*
[205] Ebenso zuvor schon OLG Köln WM 1990, 1385.
[206] BGHZ 135, 381 = NJW 1997, 2516 = EWiR 1998, 127 *(Schultz);* dazu *Boujong* NZG 1998, 745, 754; *Goette* DStR 1997, 1255; *Hirte* JZ 1998, 201; *Priester* ZGR 1998, 856.
[207] ZGR 1996, 164, 178 ff.
[208] BGHZ 135, 381.
[209] Zutr. *Hirte* JZ 1998, 201, 202.

Erhöhung des Stammkapitals **§ 55**

Kapitalerhöhung durch bloße Umbuchung zwinge zur Einhaltung der vollen Sacheinlagevorschriften auch dann, wenn die Kapitalerhöhung gegenüber dem Registergericht in der vom BGH geforderten Weise als Kapitalerhöhung im „Schütt-aus-hol-zurück"-Verfahren offengelegt wird. Vielmehr führt die Durchführung der Kapitalerhöhung im Wege der Umbuchung nach hier vertretener Auffassung nicht aus dem vom BGH eröffneten Freiraum heraus, ohne dass es einer Einzahlungsversicherung nach § 57 Abs. 2 S. 1 bedarf.[210] – Wird das „Schütt-aus-hol-zurück"-Verfahren ohne Berücksichtigung der Sacheinlagevorschriften durchgeführt und wird es als solches auch nicht offengelegt, so liegt eine **verdeckte Sacheinlage** vor (zu dieser vergl. § 56 Rn. 4). Der die GmbH in solchem Falle beratende **Anwalt haftet** auch gegenüber den an der Kapitalerhöhung teilnehmenden Altgesellschaftern.[211]

4. Bewertung. Ist die Beteiligung betrieblich veranlasst, so sind die Geschäftsanteile 62 beim Gesellschafter mit dem vollen Ausgabebetrag auch dann zu aktivieren, wenn dieser nur zum Teil eingefordert ist. In Höhe des noch nicht eingeforderten Betrags ist eine Passivierung vorzunehmen.[212] – Die Ausgabe eines neuen Geschäftsanteils aus der Kapitalerhöhung an einen Nichtgesellschafter kann als Verkauf iS des § 11 Abs. 2 S. 2 BewG zur Ableitung des gemeinen Werts des Geschäftsanteils herangezogen werden.[213]

IX. Österreichisches Recht

§ 55 entspricht § 52 ÖGmbHG. Abs. 1 sagt ausdrücklich, dass die Erhöhung des 63 Stammkapitals einen Beschluss auf Abänderung des Gesellschaftsvertrags voraussetzt und stellt damit klar, dass ein weiterer Beschluss über Änderung der Stammkapitalziffer nicht erforderlich ist.[214] Den bisherigen Gesellschaftern ist ein **gesetzliches Bezugsrecht** (Vorrecht) eingeräumt, das binnen vier Wochen ab Beschlussfassung ausgeübt werden muss (Abs. 3). Bezugsrechtsausschluss durch die Satzung (unter Wahrung des Gleichbehandlungsgrundsatzes) ist aber möglich.[215] Die Übernahme bedarf der Beurkundung durch besonderen Notariatsakt (Abs. 4). Notarielle Beglaubigung genügt ebenso wenig wie die Aufnahme der Übernahmeerklärung in den Erhöhungsbeschluss.[216] Da nach österreichischem Recht ein Gesellschafter nicht Inhaber mehrerer Geschäftsanteile sein kann (§ 75 Abs. 2 S. 1 ÖGmbHG), nimmt er an einer Kapitalerhöhung nur durch Erhöhung des Nennbetrags seines bisherigen Geschäftsanteils teil (§ 75 Abs. 2 S. 2 ÖGmbHG, vgl. auch § 57h GmbHG Rn. 14).

---

[210] Ebenso wohl *Priester* ZGR 1998, 856, 864; zweifelnd *Sieger/Hasselbach* GmbHR 1999, 205, aber offenbar wegen unzutreffender Interpretation des entschiedenen Sachverhalts. Sie empfehlen die Anmeldung der Tatsache der Umbuchung zur Eintragung in das Handelsregister.
[211] BGH NZG 2000, 254 m. Anm. *Schick* GmbHR 2000, 134.
[212] Sog. Brutto-Methode, vgl. FinMin. Niedersachsen, Erl. v. 30. 1. 1989, DB 1989, 355 unter Aufgabe der bisherigen Netto-Methode, nach der die Geschäftsanteile nur in Höhe des eingeforderten Betrags zu aktivieren waren; zur Bewertung des Anspruchs der GmbH auf ausstehende Stammeinlagen vgl. BFH DB 1980, 1477; 1824; DB 1981, 298; zur Bewertung im Zusammenhang mit der Übergangsregelung zur Anpassung an das erhöhte Mindestkapital vgl. FinMin. NRW Erlass v. 6. 1. 1984, BB 1984, 198; zur Behandlung von Kapitalerhöhungen, deren Durchführung noch nicht beendet ist, vgl. *Reuter* AG 1987, 368.
[213] BFH DB 1992, 97.
[214] *Gellis* Rn. 5; *Koppensteiner* Rn. 7; vgl. Rn. 20.
[215] Österr. OGH GmbHRdsch 1984, 235, 236 m. Anm. *Nowotny*; *Gellis* Rn. 8; aA *Koppensteiner* Rn. 13, der für das ursprüngliche Statut zutr. die Wahrung des Gleichheitssatzes nicht für erforderlich hält. Dieser Satz und die Treuebindung sind aber zu beachten, wenn in das Bezugsrecht durch den Kapitalerhöhungsbeschluss eingegriffen wird, *Koppensteiner* Rn. 14, 15.
[216] *Gellis* Rn. 10; *Koppensteiner* Rn. 27.

§ 56 [Kapitalerhöhung mit Sacheinlagen]

(1) ¹Sollen Sacheinlagen geleistet werden, so müssen ihr Gegenstand und der Betrag der Stammeinlage, auf die sich die Sacheinlage bezieht, im Beschluß über die Erhöhung des Stammkapitals festgesetzt werden. ²Die Festsetzung ist in die in § 55 Abs. 1 bezeichnete Erklärung des Übernehmers aufzunehmen.

(2) Die §§ 9 und 19 Abs. 5 finden entsprechende Anwendung.

Literatur: *Aha* Vorbereitung des Zusammenschlusses im Wege der Kapitalerhöhung gegen Sacheinlage durch ein „Business Combination Agreement", BB 2001, 2225; *App* Umsatzsteuer bei Einbringung von Unternehmen in eine GmbH, GmbHR 1993, 150; *Bergmann* Die verschleierte Sacheinlage bei AG und GmbH, AG 1987, 57; *Breidenbach* Die Geschäftswertabschreibung, DB 1987, 2161; *Brönner* Die Besteuerung der Gesellschaften, 17. Aufl. 1999; *Butzke* Die Bedeutung anderweitiger Auffüllung des Stammkapitals für Einlage- oder Erstattungsansprüche der GmbH gegen ihre Gesellschafter, ZHR 154 (1990), 357; *Carlé* Verschleierte Sachgründung, ihre Vermeidung und Heilung, KÖSDI 1995, 10199; *Döllerer* Einlagen bei Kapitalgesellschaften nach Handelsrecht und Steuerrecht, BB 1986, 1857; *ders.* Das Kapitalnutzungsrecht als Gegenstand der Sacheinlage bei Kapitalgesellschaften, FS Fleck, ZGR-Sonderheft 7, 1988, S. 35; *Ebenroth/Neiß* Zur Vereinbarkeit der Lehre von der verdeckten Sacheinlage mit EG-Recht, BB 1992, 2085; *Ekkenga* Zur Aktivierung und Einlagefähigkeit von Nutzungsrechten nach Handelsbilanz- und Gesellschaftsrecht, ZHR 161 (1997), 599; *v. Gerkan* Verdeckte Sacheinlagen in der GmbH, GmbHR 1992, 433; *Geßler* Die Umwandlung von Krediten in haftendes Kapital, FS Möhring, 1975, S. 173; *Gienow* Zur Differenzhaftung nach § 9 GmbH, FS Semler, 1993, S. 165; *Grob* Nutzungseinlagen im Handels- und Steuerrecht, BB 1982, 133; *Groß* Verdeckte Sacheinlage, Vorfinanzierung und Emissionskonsortium, AG 1993, 108; *Günthner* Probleme bei der Sachgründung einer GmbH, NJW 1975, 524; *Gustavus* Kapitalerhöhung durch Einbringung von Darlehensforderungen gegen die Gesellschaft, BB 1977, 213; *Haas* Gesellschaftsrechtliche Kriterien zur Sacheinlagefähigkeit von obligatorischen Nutzungsrechten, FS Döllerer, 1988, S. 169; *Happ* Kapitalerhöhung mit Sacheinlagen im GmbH-Recht und „Sacherhöhungsbericht", BB 1985, 1927; *Hannemann* Zur Bewertung von Forderungen als Sacheinlagen bei Kapitalgesellschaften, DB 1995, 2055; *Hommelhoff/Priester* Bilanzrichtlininengesetz und GmbH-Satzung, ZGR 1986, 463; *Karollus* Die Umwandlung von Geldkrediten in Grundkapital – eine verdeckte Sacheinlage?, ZIP 1994, 589; *Knobbe-Keuk* Obligatorische Nutzungsrechte als Sacheinlagen in Kapitalgesellschaften, ZGR 1980, 214; *dies.* Umwandlung eines Personenunternehmens in eine GmbH und verschleierte Sachgründung, ZIP 1986, 885; *Langenfeld* Verschleierte Sacheinlagen bei der GmbH, GmbHR 1981, 53; *Lutter* Verdeckte Leistungen und Kapitalschutz, FS Stiefel, 1987, S. 505; *Lutter/Gehling* Verdeckte Sacheinlagen, Zur Entwicklung der Lehre und den europäischen Aspekten, WM 1989, 1445; *Lutter/Hommelhoff/Timm* Finanzierungsmaßnahmen zur Krisenabwehr in der Aktiengesellschaft, BB 1980, 737; *Märkle* Die Betriebsaufspaltung an der Schwelle zu einem neuen Jahrtausend, Beilage 7 zu Heft 31 BB 2000, S. 13; *Maier-Reimer* Mittelbare Sacheinlagen, FS Nirk, 1992, 639; *W. Meilicke* Die „verschleierte" Sacheinlage, 1989; *G. Müller* Zur Umwandlung von Geldkrediten in Grundkapital fallierender Gesellschaften, ZGR 1995, 327; *Oppermann* Verschleierte Sachgründung und § 20 UmwStG, DB 1989, 753; *Pentz* Genehmigtes Kapital, Belegschaftsaktien und Sacheinlagefähigkeit obligatorischer Nutzungsrechte – das adidas-Urteil des BGH, ZGR 2001, 901; *Priester* Die Festsetzung im GmbH-Vertrag bei Einbringung von Unternehmen, BB 1980, 19; *ders.* Die Verwendung von Gesellschafterforderungen zur Kapitalerhöhung bei der GmbH, DB 1976, 1801; *ders.* Gläubigerbefriedigung – Bar- oder Sacheinlage?, BB 1987, 208; *ders.* Die Erhöhung des Stammkapitals mit kapitalersetzenden Gesellschafterdarlehen, FS Döllerer, 1988, S. 475; *ders.* Die Heilung verdeckter Sacheinlagen im Recht der GmbH, DB 1990, 1753; *ders.* Die „Lehre von der verdeckten Sacheinlage", FS 100 Jahre GmbHG-Gesetz, 1992, 176; *ders.* Kapitalaufbringungspflicht und Gestaltungsspielräume beim Agio, FS Lutter, 2000, S. 617; *Rasner* Die verdeckte Sacheinlage, ihre Vermeidung und Heilung, AnwBl. 1993, 490; *ders.* Verdeckte Sacheinlage und ihre Heilung, NJW 1993, 186; *Rawert* Heilung verdeckter Sacheinlagen durch nachträgliche Änderung der Einlagedeckung, GmbHR 1995, 87; *Reuter* Das Problem der Vollwertigkeit von Gesellschafterforderungen im Zusammenhang mit deren Verwendung zur Kapitalerhöhung bei Gesellschaften mit beschränkter Haftung, BB 1978, 1195; *Rudolf* Sachgründung und Kapitalerhöhung mit Sacheinlagen bei der GmbH, MittRhNotK 1988, 163; *Schwedhelm* Die Unternehmensumwandlung, 3. Aufl. 1999; *K. Schmidt* Zur Differenzhaftung des Einlegers, GmbHR 1978, 5; *Skibbe* Dienstleistungen als Sacheinlage bei der GmbH, GmbHR 1980, 73; *Sina* Sacheinlage zu Anschaffungs- und Herstellkosten GmbHR 1994, 387; *H. Sudhoff/M. Sudhoff* Die Sacheinlage bei Gründung einer GmbH, NJW 1982, 129; *Volhard* Zur Heilung verdeckter Sacheinlagen, ZGR 1995, 286; *Wegmann* Verdeckte Sacheinlagen bei der GmbH, BB 1991, 1006; *H. P. Westermann* Kapitalersetzende

Kapitalerhöhung mit Sacheinlagen **§ 56**

Darlehen eines GmbH-Gesellschafters als Gegenstand von Verrechnungsabreden, FS Oppenhoff, 1985, S. 535; *Widmann* Das Verhältnis von Handels- und Steuerrecht beim Wechsel der Rechtsform eines Unternehmens, FS Döllerer, 1988, S. 721; *Wiedemann* Die Erfüllung der Geldeinlagepflicht bei Kapitalerhöhungen im Aktienrecht, ZIP 1991, 1257; *Wilhelm* Kapitalaufbringung und Handlungsfreiheit der Gesellschaft nach Aktien- und GmbH-Recht, ZHR 152 (1988), 333.

Übersicht

	Rn.		Rn.
I. Normzweck	1, 2	2. Leistungen an Erfüllungs statt, Aufrechnung (Abs. 2 iVm. § 19 Abs. 5)	21
II. Sacheinlage	3–8	3. Erlassverbot, Aufrechnung (§ 19 Abs. 2)	22
1. Begriff	3	4. Sachkapitalerhöhungsbericht	23
2. Arten	4, 5	**V. Kosten**	24
3. Gegenstand	6–8	**VI. Steuern**	25–32
III. Festsetzung der Sacheinlage (Abs. 1)	9–16	1. Gesellschaftsteuer	25
1. Erhöhungsbeschluss (Abs. 1 S. 1)	9–12	2. Börsenumsatzsteuer	26
a) Person des Sacheinlegers	10	3. Grunderwerbsteuer	27
b) Gegenstand	11	4. Umsatzsteuer	28
c) Betrag der Stammeinlage	12	5. Ertragsteuern	29–32
2. Übernahmeerklärung (Abs. 1 S. 2)	13	a) Einzelne Wirtschaftsgüter	30
3. Neufassung des Satzungswortlauts	14	b) Betrieb, Teilbetrieb oder Mitunternehmeranteil	31
4. Übergang zur Geldeinlage	15	c) Betriebsaufspaltung	32
5. Mängel der Festsetzung	16	**VII. Österreichisches Recht**	33
IV. Schutzvorschriften (Abs. 2)	17–23		
1. Differenzhaftung (Abs. 2 iVm. § 9)	17–20		

I. Normzweck

§ 56 Abs. 1 S. 1 entspricht § 5 Abs. 4 S. 1 und dient wie jene Vorschrift der **Aufklärung der Öffentlichkeit** über die Kapitalgrundlage der GmbH sowie dem **Schutz der Gläubiger** vor den besondere Risiken, die mit Sacheinlagen wegen der Bewertungsunsicherheiten verbunden sind (vgl. § 5 Rn. 1). Die bei der Sachgründung im Gesellschaftsvertrag zu machenden Angaben sind bei der Sachkapitalerhöhung in den Erhöhungsbeschluss aufzunehmen und in der Übernahmeerklärung zu wiederholen (Abs. 1 S. 2). Diese Synchronisation soll der Umgehung der Gründungsvorschriften vorbeugen. Abs. 2 erklärt die Vorschriften über die Differenzhaftung (§ 9) und die Erfüllungswirkung von Sacheinlagen (§ 19 Abs. 5) für entsprechend anwendbar. § 19 Abs. 2 gilt auch ohne ausdrückliche Verweisung (Rn. 21). Im Übrigen sind neben § 56 die allgemeinen Vorschriften der § 53 bis 55 über Satzungsänderung und Kapitalerhöhung zu beachten. 1

Die **GmbH-Novelle 1980** hat § 56 redaktionell neugefasst, inhaltlich aber nur wenig geändert. Hinzugekommen ist in Abs. 2 die Verweisung auf den neuen § 9. Weggefallen ist die Bezugnahme auf Sachübernahmen. Diese werden jetzt von dem Begriff der Sacheinlage umfasst (§ 5 Rn. 18, 42). Nicht erwähnt ist ferner die Person des Sacheinlegers, die jedoch anzuführen ist, weil die Festsetzung sonst nicht genügend aussagen würde (§ 5 Rn. 55; vgl. u. Rn. 10). Auf einen Sachkapitalerhöhungsbericht entsprechend dem Sachgründungsbericht (§ 5 Abs. 4 S. 2) wird verzichtet (Rn. 22). 2

II. Sacheinlage

1. Begriff. Er ist für die Kapitalerhöhung kein anderer als für die Gründung. Es kann deshalb weitgehend auf die Erläuterungen zu § 5 verwiesen werden (§ 5 Rn. 17 ff.). Sacheinlage deckt auch die **Sachübernahme** (Rn. 4). Sie ist aus § 5 Abs. 4 und § 56 Abs. 1 herausgenommen (Rn. 2), aber in § 19 Abs. 5 noch enthalten und en- 3

§ 56 4. Abschnitt. Abänderungen des Gesellschaftsvertrages

ger als in § 27 Abs. 1 AktG zu verstehen. Trotz der begrifflichen Gleichbehandlung folgt die Sachübernahme teilweise eigenen Regeln, vor allem bei Vertragsmängeln und Leistungsstörungen.[1]

4 **2. Arten.** Jede Leistung auf die Stammeinlage, welche nicht in Geld besteht (§ 19 Abs. 5), ist eine **Sacheinlage ieS**. Eine **Sachübernahme** liegt vor, wenn die Vergütung für die Überlassung von Vermögensgegenständen an die Gesellschaft auf die Einlageverpflichtung angerechnet werden soll (§ 19 Abs. 5, vgl. § 5 Rn. 18, 42ff.). Sie ist der Sacheinlage ieS gleichgestellt. Wie Sachübernahmen werden **verdeckte (verschleierte) Sacheinlagen** behandelt. Das sind von Haus aus Gestaltungen zur Umgehung der Sacheinlagevorschriften, zB Geldeinlagen, die zur Bezahlung von Vermögensgegenständen verwendet werden sollen, welche die Gesellschaft von einem Gesellschafter erwirbt. Bei der Kapitalerhöhung ist kennzeichnend, dass zwar eine Barkapitalerhöhung beschlossen, der Gesellschaft aber nicht effektiv oder bleibend Barkapital und damit neue Liquidität zugeführt wird. Häufig ist die Verrechnung der Einlageforderung der Gesellschaft mit einem Darlehensrückzahlungsanspruch des Gesellschafters oder das „Hin- und Herzahlen" von Gewinn und Einlage. Denkbar sind aber auch zahlreiche andere Gestaltungen. Besteht ein **enger zeitlicher und sachlicher Zusammenhang** zwischen derlei Vorgängen, so ist das ein beweiskräftiges Indiz für ein abgestimmtes Verhalten der Beteiligten, das auf die Herbeiführung des wirtschaftlichen Erfolgs des verdeckten Rechtsgeschäfts gerichtet ist, wobei lange offenblieb, ob die Beteiligten dahingehende **Abreden** treffen müssen.[2] Später hat sich der BGH[3] der Ansicht angeschlossen, die für das Eingreifen des Umgehungsverbots eine Abrede zwischen Einlageschuldnern und Mitgesellschaftern bzw. Geschäftsführern verlangt. Eine **Umgehungsabsicht** setzt die Annahme einer Umgehung der Sacheinlagevorschriften dagegen nicht voraus[4] (weshalb es zweckmäßiger ist, von verdeckter statt von verschleierter Sacheinlage zu sprechen).[5] Die Lehre von der verdeckten Sacheinlage führt dazu, dass der Übernehmer einer neuen Stammeinlage von seiner Einlagepflicht nicht befreit wird und die Einlage noch einmal in bar leisten muss, wenn unter Verstoß gegen die Sacheinlagevorschriften verrechnet oder hin- und hergezahlt wird (§ 19 Abs. 5). Das belastet allerdings auch den seriösen Gesellschafter, der ohne jegliches Unrechtsbewusstsein gehandelt hatte und wegen der schon erbrachten Leistung auf einen Bereicherungsanspruch gegen die Gesellschaft verwiesen ist, der in der Insolvenz kein Vorrecht genießt.[6] Liegt eine verdeckte Sacheinlage vor, so können die Geldeinlagen auch nicht endgültig in die freie Verfügung der Geschäftsführer gelangen.[7] Ob und wie verdeckte Sacheinlagen **geheilt** werden können, war umstritten (näher hierzu § 5 Rn. 51ff.). Der BGH[8] lässt sie durch satzungsändernden Beschluss und Eintragung im Handelsregister mit Wirkung ex nunc zu (näher dazu § 5 Rn. 51ff. und § 19 Rn. 162ff.). Wird ein **Rechtsanwalt** von der Gesellschaft beauftragt, die für eine Kapitalerhöhung erforderlichen Erklärungen und Urkunden vorzubereiten, hat er auf die mit einer verdeckten Sacheinlage verbundenen Gefahren hinzuweisen. Unterlässt er

---

[1] § 5 Rn. 41, 45; *Hachenburg/Ulmer* Rn. 4 bis 8; *Scholz/Priester* Rn. 5–7.
[2] BGHZ 125, 141 = NJW 1994, 1477 = EWiR § 19 GmbHG 1/94 *(Gerkan)*.
[3] BGHZ 132, 133, 139ff. = NJW 1996, 1286.
[4] BGHZ 110, 47, 63 = NJW 1990, 982.
[5] § 19 Rn. 111; *Joost* ZIP 1990, 549ff.; *Hüffer* § 27 Rn. 11; MüKo AktG/*Pentz* § 27 Rn. 85.
[6] Zur bereicherungsrechtlichen Rückabwicklung des verdeckten Geschäfts nach den Grundsätzen der Saldotheorie vgl. BGH WM 1998, 925 und § 5 Rn. 50; § 19 Rn. 131.
[7] § 57 Abs. 2, *Hachenburg/Ulmer* Rn. 9; § 57 Rn. 7.
[8] BGHZ 132, 141 = NJW 1996; WM 1998, 925, 926.

das, kann er den an der Kapitalerhöhung teilnehmenden Altgesellschaftern **auf Schadensersatz haften,** weil der Anwaltsvertrag mit der GmbH Schutzwirkung zu ihren Gunsten entfaltet.[9] Nach OLG Köln[10] ist der nach verdeckter Sacheinlage fortbestehende Erfüllungsanspruch **nicht schiedsfähig** gemäß § 1025 Abs. 1 ZPO aF.

Bei einer **gemischten Sacheinlage** übersteigt der Wert der Sacheinlage den Betrag der übernommenen Stammeinlage.[11] Meist handelt es sich dabei um die Einbringung eines Unternehmens. Die Differenz wird dem Gesellschafter gutgebracht, zB als Gesellschafterdarlehen.[12] In solchem Falle ist die dem Gesellschafter gewährte Vergütung in den Erhöhungsbeschluss aufzunehmen.[13] Vergütung ist auch die von der Gesellschaft eingegangene Verpflichtung zur Schuldübernahme.[14] Von der gemischten Sacheinlage zu unterscheiden ist die **Mischeinlage,** die aus Sach- und Geldleistungen besteht und in vollem Umfang den Vorschriften über die Sacheinlage unterworfen ist.[15]

3. Gegenstand. Gegenstand der Sacheinlage können alle Vermögensgegenstände sein, die rechtsverkehrsfähig sind, auch Sach- und Rechtsgesamtheiten wie Unternehmen, eine Erbschaft oder Insolvenzmasse.[16] **Bilanzfähigkeit** soll nach hM nicht Voraussetzung, sondern nur Indiz sein.[17] Was betriebswirtschaftlich oder handelsrechtlich nicht bilanziert werden kann, ist aber für den Gläubiger häufig nicht greifbar und damit einer Geldeinlage nicht gleichwertig.[18] Im Übrigen gelten für die Kapitalerhöhung mit Sacheinlagen keine anderen Grundsätze als für die Gründung mit Sacheinlagen. Es kann deshalb im Wesentlichen auf die Erläuterungen zu § 5 Abs. 4 Bezug genommen werden.[19]

Allerdings stellt sich regelmäßig nur bei der Kapitalerhöhung, nicht schon bei der Gründung die Frage, ob **eigene Anteile** der Gesellschaft einlagefähig sind. Die Frage ist zu **verneinen,** und zwar regelmäßig schon im Hinblick auf § 33[20] (anders bei Kapitalerhöhung aus Gesellschaftsmitteln nach § 57l, vgl. dort). Ob Forderungen des Übernehmers gegen die Gesellschaft, insbesondere aus einem **Gesellschafterdarlehen,** Gegenstand einer Einlage sein können, steht ebenfalls häufig erst bei einer Kapitalerhöhung zur Diskussion. Die Frage ist mit einigen Einschränkungen zu **bejahen.**[21] Nach hM dürfen solche Forderungen nur im Wege der Sachkapitalerhöhung in Stammkapital umgewandelt werden, also unter Beachtung des § 56 Abs. 1, wenn sie vor der Kapitalerhöhung entstanden sind, weil auch sie vom Aufrechnungsverbot des

---

[9] BGH AG 2000, 179.
[10] GmbHR 1998, 143.
[11] BGH WM 1998, 925.
[12] § 5 Rn. 46, 47; OLG Düsseldorf BB 1980, 1443; BB 1996, 338; OLG Zweibrücken GmbHR 1981, 214, 215; *Hachenburg/Ulmer* Rn. 10; *Scholz/Priester* Rn. 8.
[13] OLG Stuttgart GmbHR 1982, 109; *Hachenburg/Ulmer* Rn. 22; *Meyer-Landrut/Miller/Niehus* Rn. 5; aA BayObLG DB 1979, 1075; *Priester* BB 1980, 19, 22; *ders.* GmbHR 1982, 112; *Scholz/Priester* Rn. 70.
[14] *Hachenburg/Ulmer* Rn. 10.
[15] § 5 Rn. 46; *Hachenburg/Ulmer* Rn. 10, 23; *Scholz/Priester* Rn. 9.
[16] § 5 Rn. 26 ff., 31, 32; *Hachenburg/Ulmer* Rn. 11.
[17] § 5 Rn. 26 mN; *Hachenburg/Ulmer* Rn. 11; ähnlich *Hüffer* § 27 Rn. 22.
[18] Vgl. *Knobbe-Keuk* ZGR 1980, 214, 217; *dies.* § 16 II 1a; wohl auch *Ekkenga* ZHR 161 (1997), 599, 618; *Geßler/Hefermehl/Eckhardt/Kropff* § 27 Rn. 8; dagegen jetzt MüKo AktG/*Pentz* § 27 Rn. 19; *ders.* ZGR 2001, 901, 909 und offenbar auch BGH DB 2000, 1392.
[19] § 5 Rn. 6 ff.
[20] *Hachenburg/Ulmer* Rn. 15; *Lutter/Hommelhoff* Rn. 5; *Scholz/Priester* Rn. 16; vgl. auch § 33 Rn. 48 und § 55 Rn. 28; zur steuerlichen Behandlung vgl. Rn. 30.
[21] *Baumbach/Hueck/Zöllner* Rn. 4; *Lutter/Hommelhoff* Rn. 9, 10; *Scholz/Priester* Rn. 40 mwN.

§ 19 Abs. 5 erfasst werden.[22] Gesellschafterforderungen, die erst **nach** der Anmeldung der Kapitalerhöhung entstehen, kommen als Sacheinlage wegen der Vorleistungspflicht der Gesellschafter (§ 56a iVm. § 7 Abs. 3) nicht in Betracht. Werden sie mit der Geldeinlageschuld des Gesellschafters aus der Kapitalerhöhung verrechnet, so hängt die Behandlung als verdeckte Sacheinlage und damit das Eingreifen des Aufrechnungsverbots des § 19 Abs. 5 davon ab, ob die Gesellschafterforderung in sachlichem und zeitlichen Zusammenhang mit der Kapitalerhöhung entstanden ist (Rn. 4). Ein solcher Zusammenhang ist bei **gewöhnlichen Umsatzgeschäften** zwischen Gesellschafter und Gesellschaft nicht stets anzunehmen.[23] Ist die spätere Verrechnung der Neuforderung jedoch im Zeitpunkt der Kapitalerhöhung „vorabgesprochen" worden, wird sie von § 19 Abs. 5 erfasst[24]. Was für Forderungen gegen die Gesellschaft gesagt ist, gilt entsprechend für Forderungen gegen eine **Tochtergesellschaft**.[25]

8   Wird eine Gesellschafterforderung, insbesondere ein Gesellschafterdarlehen, in zulässiger Weise in Kapital umgewandelt, so tritt die bei voller Verrechnung zum Nennwert vorausgesetzte Vermehrung der Aktiven um den Betrag der Verminderung der Passiven nur ein, wenn der Forderung des Gesellschafters ein entsprechendes Gesellschaftsvermögen gegenübersteht, die **Forderung** also **vollwertig** ist.[26] Auf die Liquidität der Gesellschaft kommt es nicht an. Vielmehr ist auf die Gesamtheit der Gläubiger abzustellen.[27] Der **Bewertung der Forderung** (vgl. § 57a Rn. 7) ist deshalb erhöhte Aufmerksamkeit zu widmen. In welcher Weise die Forderung in die Gesellschaft eingebracht wird, ist bedeutungslos. Es kommen Aufrechnung, Abtretung mit Konfusionsfolge oder Erlassvertrag in Betracht.[28] Auch bei Vollwertigkeit der Forderung ist die Verrechnung jedoch **ausgeschlossen,** wenn das Darlehen kapitalersetzenden Charakter hat und durch die Umwandlung in Kapital gegen das Auszahlungsverbot des § 30 verstoßen wird.[29]

III. Festsetzung der Sacheinlage (Abs. 1)

9   **1. Erhöhungsbeschluss (Abs. 1 S. 1).** Er muss die Erfordernisse der §§ 53, 55 erfüllen und außerdem den Gegenstand der Sacheinlage sowie den Betrag der Stammeinlage angeben, auf die sich die Sacheinlage bezieht. Diese Festsetzungen können auch in einer dem Erhöhungsbeschluss beigefügten **Anlage** enthalten sein, auf die in der notariellen Niederschrift verwiesen wird (§ 37 Abs. 1 S. 2, § 44 BeurkG).

---

[22] BGHZ 15, 52, 58; 110, 47, 60; 113, 335, 340; BGHZ 125, 141 = NJW 1994, 1477, 1479 und dazu *G. Müller* ZGR 1995, 327 ff.; OLG Düsseldorf WM 1997, 226; *Baumbach/Hueck/Zöllner* Rn. 10; *Hachenburg/Ulmer* Rn. 45; *Roth/Altmeppen* Rn. 3; vgl. auch Rn. 4 zur verdeckten Sacheinlage.

[23] OLG Düsseldorf DB 1995, 135; *Hachenburg/Ulmer* Rn. 44, 45; *Lutter/Hommelhoff* § 5 Rn. 40; *Meyer-Landrut/Miller/Niehus* § 19 Rn. 36; *Roth/Altmeppen* § 19 Rn. 46; wohl auch *Scholz/Priester* Rn. 28; o. § 19 Rn. 126; aA *Baumbach/Hueck* § 19 Rn. 29.

[24] BGH NJW 1994, 1477, 1480.

[25] OLG Oldenburg DB 1997, 1325 (zur AG) = EWiR 1997, 633 *(Saenger)*.

[26] BGHZ 90, 370, 373 = NJW 1984, 1891; BGH NJW 1994, 1477, 1478; *Lutter/Hommelhoff/Timm* BB 1980, 737, 740; *Reuter* BB 1978, 1195; *Hachenburg/Ulmer* Rn. 43; *Lutter/Hommelhoff* Rn. 9; *Meyer-Landrut/Miller/Niehus* Rn. 4; *Roth/Altmeppen* Rn. 3; *Scholz/Priester* Rn. 50.

[27] BGHZ 90, 370, 373.

[28] *Scholz/Priester* Rn. 44.

[29] BGHZ 90, 370, 374 ff.; dazu *H. P. Westermann*, FS Oppenhoff, 1985, S. 535 ff.; *Priester,* FS Döllerer, 1988, S. 475 ff.; *Rudolf* MittRhNotK 1988, 163, 171; *Lutter/Hommelhoff* Rn. 10; *Roth/Altmeppen* Rn. 3.

Kapitalerhöhung mit Sacheinlagen § 56

a) Person des Sacheinlegers. Anders als in der Fassung vor dem In-Kraft-Treten 10
der GmbH-Novelle 1980 ist die Person des Sacheinlegers im Gesetzestext nicht mehr
erwähnt. Nach hM handelt es sich hierbei nur um ein Redaktionsversehen, so dass
auch nach neuem Recht der Übernehmer einer Stammeinlage, auf die eine Sacheinlage erbracht werden soll, namentlich zu nennen ist.[30]

b) Gegenstand. Der Gegenstand der Sacheinlage ist so zu bezeichnen, dass seine 11
Identität eindeutig feststeht. Bei der Einlage von Sachgesamtheiten ist die Auflistung
der einzelnen zu ihr gehörenden Gegenstände nicht erforderlich, wenn eine anderweitige Individualisierung möglich ist. Deshalb genügt bei der Einbringung eines **Unternehmens** die Angabe der Firma und der Handelsregisternummer, sofern nicht Teile
des Unternehmens von der Einbringung ausgeschlossen sein sollen.[31] Nach einer breiten Meinung muss sich bei der Einlage von Sachgesamtheiten aus dem Kapitalerhöhungsbeschluss eindeutig ergeben, ob und inwieweit auch **Passiva** übernommen werden.[32] Bei der Einbringung eines Unternehmens geschieht dies üblicherweise durch
die Floskel „mit Aktiven und Passiven". Unbedingt nötig ist das aber nicht, weil „das
Unternehmen" Vermögensgegenstände und Schulden einschließt. Etwas anderes mag
bei der Einlage sonstiger Sachgesamtheiten gelten, wenn zweifelhaft ist, ob zugehörige
Verbindlichkeiten mit eingebracht sein sollen (vgl. auch § 5 Rn. 59). Die Beifügung
einer **Bilanz** ist nicht erforderlich.[33] Allerdings ist zu beachten, dass dem Registerrichter hinsichtlich der Bewertung von Sacheinlagen eine besondere Prüfungspflicht
obliegt (§ 57a iVm. § 9c, vgl. dort), der er bei der Einbringung eines Unternehmens
regelmäßig nicht ohne Einblick in die Einbringungsbilanz genügen kann. Hierfür,
nicht aber zur Identifizierung der Sacheinlage im Erhöhungsbeschluss, bedarf es der
Vorlage der Bilanz spätestens bei der Anmeldung (vgl. auch § 57a Rn. 7).

c) Betrag der Stammeinlage. Festzusetzen ist ferner der Betrag der Stammeinla- 12
ge, auf die Sachleistungen zu erbringen sind. Die Angabe des **Werts der Sacheinlage**
ist **nicht erforderlich**.[34] Dieser muss aber im Anmeldeverfahren dem Registerrichter
nachgewiesen werden (§ 57a iVm. § 9c, vgl. dort). Nach der alten Gesetzesfassung
war der Geldwert festzusetzen, für welchen die Einlage angenommen wird. Eine sachliche Änderung bedeutet der sich an § 27 Abs. 1, § 183 Abs. 1 AktG anlehnende neue
Gesetzeswortlaut nicht, da schon bisher der Betrag gemeint war, mit welchem der Gegenstand auf die Sacheinlage angerechnet wurde.[35] Das ist regelmäßig der Nennbetrag
des Stammanteils. Bei **gemischten Sacheinlagen** ist außer dem Gegenstand der Sacheinlage auch die Vergütung aufzunehmen, welche die Gesellschaft dem Gesellschafter
gewährt (Rn. 5). Bei **Mischeinlagen** sind sowohl die Sach- als auch die Geldeinlagen
in den Erhöhungsbeschluss aufzunehmen (Rn. 5).

2. Übernahmeerklärung (Abs. 1 S. 2). In ihr müssen die in den Erhöhungsbe- 13
schluss aufzunehmenden Festsetzungen wiederholt werden, weil erst die Übernahmeerklärung und ihre Annahme durch die Gesellschaft die Sacheinlageverpflichtung begründen. Neu beitretende Gesellschafter könnten durch den Kapitalerhöhungsbeschluss
allein ohnehin nicht gebunden werden. Allerdings genügt die Bezugnahme auf den

---

[30] § 5 Rn. 55; *Baumbach/Hueck/Zöllner* Rn. 6; *Hachenburg/Ulmer* Rn. 18; *Lutter/Hommelhoff*
Rn. 4; *Scholz/Priester* Rn. 67.
[31] § 5 Rn. 51; *Hachenburg/Ulmer* Rn. 20; *Scholz/Priester* Rn. 68.
[32] OLG Düsseldorf WM 1993, 1245 = EWiR 1993, 581 *(Kowalski); Hachenburg/Ulmer* Rn. 22.
[33] *Hachenburg/Ulmer* Rn. 20.
[34] OLG Stuttgart BB 1982, 397.
[35] § 5 Rn. 60; *Hachenburg/Ulmer* Rn. 21; *Scholz/Priester* Rn. 69.

Kapitalerhöhungsbeschluss, wenn dieser der Übernahmeerklärung beigesiegelt ist (§ 44 BeurkG). Wird die Übernahmeerklärung zusammen mit dem Kapitalerhöhungsbeschluss notariell protokolliert, so genügt die einmalige Aufnahme der Angaben nach Abs. 1, wenn die Niederschrift die Anforderungen der §§ 8 ff. BeurkG erfüllt.[36] Die **Annahme** der Übernahmeerklärung ist formlos möglich (§ 55 Rn. 40 ff.). Ein Formerfordernis kann sich aber sowohl für die Übernahmeerklärung als auch für ihre Annahme aus dem Gegenstand der Sacheinlage ergeben, zB nach §§ 311 b Abs. 1 nF BGB, 15 Abs. 4 GmbHG.[37] Die notarielle Beurkundung der Übernahmeerklärung (§ 55 Rn. 38) und der Annahme wahrt die Form.

14 **3. Neufassung des Satzungswortlauts.** Die **Stammkapitalziffer** ist durch den Erhöhungsbeschluss automatisch geändert und bedarf keines besonderen Beschlusses. Sie ist in der Neufassung des Satzungswortlauts nach § 54 Abs. 1 S. 2 mit dem neuen Betrag anzugeben. Die Übernehmer der neuen Stammeinlagen brauchen ebenso wenig aufgeführt zu werden wie bei der Kapitalerhöhung mit Geldeinlagen. § 3 Abs. 1 Nr. 4 gilt nicht für die Kapitalerhöhung (§ 55 Rn. 19). Die bei der Gründung gemäß § 5 Abs. 4 S. 1 aus dem Gesellschaftsvertrag ersichtlichen Festsetzungen über Sacheinlagen ergeben sich bei der Kapitalerhöhung aus dem Erhöhungsbeschluss und der Bekanntmachung über die Kapitalerhöhung.[38]

15 **4. Übergang zur Geldeinlage.** Vor Eintragung der Kapitalerhöhung können die Gesellschafter den Erhöhungsbeschluss nach allgemeinen Grundsätzen aufheben oder abändern (§ 53 Rn. 59 ff.; § 55 Rn. 20) und anstelle der Sacheinlage eine Geldeinlage beschließen oder umgekehrt. Soweit Übernahmeverträge geschlossen sind, müssen sie ebenfalls geändert werden. Nach Eintragung der Kapitalerhöhung ist nur noch der Übergang von der Sacheinlage zur Geldeinlage möglich.[39] Er bedarf eines satzungsändernden Beschlusses (§ 53) und der Zustimmung des Sacheinlegers (§ 53 Abs. 3), weil dieser sein Sacheinbringungsrecht verliert.[40] Dem Übergang von der Geld- zur Sacheinlage steht § 19 Abs. 2 im Wege.[41] Dieser bisher hM wird in jüngerer Zeit widersprochen,[42] wobei der Widerspruch vor allem vor dem Hintergrund des Versuchs der Heilung verdeckter Sacheinlagen zu sehen ist (hierzu vgl. oben Rn. 4 iVm. § 5 Rn. 51 ff.; § 19 Rn. 162 ff.). In der Rspr. findet die neue Meinung noch keine Stütze.

16 **5. Mängel der Festsetzung.** Soweit sie dem Registerrichter erkennbar sind, hat er die Eintragung abzulehnen. Trägt er ein, obwohl die Festsetzungen nach Abs. 1 S. 1 im **Erhöhungsbeschluss** fehlen, ist die Kapitalerhöhung als Barkapitalerhöhung wirksam. Der Übernehmer hat eine Geldeinlage zu erbringen und kann sich durch Leistung der Sacheinlage von seiner Einlageschuld nicht befreien. Das folgt aus § 19 Abs. 5.[43] Wird die Geldeinlage nicht erbracht, so ist **Kaduzierung** möglich. § 21 ist zwar in den §§ 55 ff. nicht ausdrücklich für anwendbar erklärt. Die Kapitalaufbringung

---

[36] BGH WM 1966, 1262, 1263; *Baumbach/Hueck/Zöllner* Rn. 8; *Hachenburg/Ulmer* Rn. 25; *Scholz/Priester* Rn. 73; vgl. auch § 55 Rn. 38.
[37] *Hachenburg/Ulmer* Rn. 25 a.
[38] § 57 b, vgl. *Hachenburg/Ulmer* Rn. 26; *Scholz/Priester* Rn. 73.
[39] BayObLG DB 1978, 337.
[40] *Hachenburg/Ulmer* Rn. 28.
[41] BayObLG DB 1978, 337; OLG Frankfurt WM 1983, 634; *Roth/Altmeppen* Rn. 4 iVm. § 5 Rn. 55; *Scholz/Priester* Rn. 77.
[42] Vgl zB *Priester* DB 1990, 1753, 1759; *Hachenburg/Ulmer* Rn. 28 mwN.
[43] BGHZ 113, 335, 346; *Baumbach/Hueck/Zöllner* Rn. 7; *Hachenburg/Ulmer* Rn. 29, 30; *Lutter/Hommelhoff* Rn. 22; *Roth/Altmeppen* Rn. 4; *Scholz/Priester* Rn. 79, 80.

darf aber bei der Kapitalerhöhung keinem geringerem Schutz unterliegen als bei der Gründung. Die Geldeinlageverpflichtung ist auch keine Ersatzleistung für die an sich gewollte Sacheinlageschuld, in welchem Falle § 21 unanwendbar wäre,[44] sondern besteht originär.[45] – Hat die **Übernahmeerklärung** Abs. 1 S. 2 nicht beachtet und trägt der Registerrichter dennoch ein, so ist das unschädlich. Der Mangel wird durch die Eintragung geheilt. Es bleibt bei der (nach § 56a bei der Anmeldung iZw. schon erbrachten) Sacheinlage. Eine Geldeinlage wird nicht geschuldet.[46]

IV. Schutzvorschriften (Abs. 2)

1. Differenzhaftung (Abs. 2 iVm. § 9). Erreicht der Wert einer Sacheinlage nicht den Betrag der übernommenen Stammeinlage, so ist die Sacheinlage **überbewertet**. Das macht die Sacheinlagevereinbarung nicht unwirksam.[47] Das Registergericht hat aber die Eintragung der Kapitalerhöhung abzulehnen (§ 57a iVm. § 9c S. 2). Trägt es trotzdem ein, so ist die Eintragung gültig. § 9 verpflichtet den Gesellschafter in solchem Falle, in Höhe der Differenz eine **Geldeinlage** zu erbringen. Hierauf hat der **Notar** bei der Beurkundung der Kapitalerhöhung nach § 17 BeurKG hinzuweisen.[48] Maßgebend sind die Wertverhältnisse im Zeitpunkt der **Anmeldung** der Kapitalerhöhung zum Handelsregister.[49] § 9, der Entsprechendes schon für die Gründung der GmbH bestimmt, findet nach § 56 Abs. 2 auch bei der Kapitalerhöhung Anwendung. Es kann deshalb im Wesentlichen auf die Erläuterungen zu § 9 verwiesen werden. Unterschiede ergeben sich für die Sacheinlage bei Kapitalerhöhung jedoch daraus, dass diese erst mit der Eintragung in das Handelsregister wirksam wird (§ 54 Abs. 3). Das hat zur Folge, dass die Differenzhaftung wie die Einlageverpflichtung selbst erst mit der **Eintragung** zur Entstehung gelangt, während sie bei der Gründung bereits mit dem Abschluss des Gesellschaftsvertrags (§ 9 Rn. 7, 8), jedenfalls aber mit der Anmeldung zum Handelsregister entsteht.[50] Im Übrigen findet neben der besonderen Differenzhaftung nach § 9 eine „**allgemeine Differenzhaftung**" bei der Kapitalerhöhung anders als bei der Gründung (§ 11 Rn. 26 ff.) nicht statt.[51]

Verschulden des Übernehmers wird nicht gefordert.[52] Für die Differenz greift die **Ausfallhaftung** der Mitgesellschafter nach § 24 ein.[53] Der Anspruch der Gesellschaft aus der Differenzhaftung wird mit seiner Entstehung **fällig**, also der Eintragung der Kapitalerhöhung im Handelsregister (Rn. 17) und **verjährt** nach § 9 Abs. 2 in fünf Jahren seit Eintragung der Kapitalerhöhung im Handelsregister. Diese Frist gilt auch für (vor dem 1. Januar 1981 angemeldete) Altgesellschaften.[54] Bei **Streit** über die Bewertung soll nach zuweilen vertretener Meinung[55] eine **Beweislastumkehr** stattfinden.

---

[44] RG 68, 273.
[45] Vgl. *Baumbach/Hueck/Fastrich* § 21 Rn. 3.
[46] *Baumbach/Hueck/Zöllner* Rn. 8; *Hachenburg/Ulmer* Rn. 31; *Roth/Altmeppen* Rn. 5; *Scholz/Priester* Rn. 80.
[47] *Geßler* BB 1980, 1385, 1387.
[48] OLG Düsseldorf NJW 1995, 1761 = EWiR 1995, 851 *(Trölitzsch)*.
[49] OLG Düsseldorf BB 1996, 338.
[50] *Baumbach/Hueck/Zöllner* Rn. 9; *Hachenburg/Ulmer* Rn. 36; *Scholz/Priester* Rn. 89.
[51] BGHZ 119, 187; *Baumbach/Hueck/Zöllner* Rn. 9; *Lutter/Hommelhoff* Rn. 23; *Scholz/Priester* Rn. 86; *K. Schmidt* AG 1986, 106, 115; vgl. auch § 56a Rn. 5
[52] BGHZ 68, 191, 195 ff.; hierzu *K. Schmidt* GmbHR 1978, 5.
[53] § 9 Rn. 7; *Hachenburg/Ulmer* Rn. 37; *Lutter/Hommelhoff* Rn. 24; *Scholz/Priester* Rn. 89; vgl. auch oben § 55 Rn. 7, 15, 44.
[54] LG Ravensburg GmbHR 1985, 25; aA offenbar *Roth/Altmeppen* § 9 Rn. 10.
[55] ZB OLG Naumburg DB 1998, 125 = EwiR 1997, 855 – *Knothe*; *Hachenburg/Ulmer* Rn. 39.

§ 56　　　　　　　　　　　4. Abschnitt. Abänderungen des Gesellschaftsvertrages

Hierfür besteht jedenfalls dann kein Anlass, wenn der Registerrichter nach §§ 57a, 9c geprüft und ohne Beanstandung eingetragen hat. Werden die aus der Differenzhaftung eingeforderten Beträge nicht bezahlt, ist **Kaduzierung** möglich (vgl. Rn. 16).

19 **Wertverluste** zwischen Einbringung der Sacheinlage und Anmeldung gehen zu Lasten des Übernehmers. Wertminderungen nach Anmeldung, aber vor Eintragung, lösen eine Differenzhaftung nicht aus.[56] Der Registerrichter ist nicht befugt, wegen solcher Wertminderungen die Eintragung der Kapitalerhöhung abzulehnen (§ 57a Rn. 10).

20 Ein **Aufgeld (Agio)**, vgl. § 55 Rn. 16, nimmt am Schutz des § 9 nicht teil. Die Rechtslage ist im GmbH-Recht anders als im Aktienrecht, weil das GmbH-Recht keine den §§ 36a Abs. 2 S. 2, 188 Abs. 2 S. 1 AktG entsprechenden Vorschriften enthält.[57] Der Registerrichter darf deshalb nicht prüfen, ob bei einer Sacheinlage der Wert des eingebrachten Gegenstandes auch das Aufgeld abdeckt.[58] Die Gesellschaft hat aber gegen den Gesellschafter einen Zahlungsanspruch, der sich zwar nicht aus § 9 ergibt, jedoch aus einer schuldrechtlichen Wertdeckungszusage ableiten lässt.[59] Ob bei einer unterbewerteten Sacheinlage (vgl. § 5 Rn. 35; § 57a Rn. 8) ein Aufgeld in Höhe der Differenz zwischen dem Betrag der übernommenen Stammeinlage und dem (höheren) Wert der Sacheinlage geschuldet ist, hängt von den Festsetzungen im Kapitalerhöhungsbeschluss (vgl. § 55 Rn. 16) ab. Dabei ist nicht zu fordern, dass die Differenz dort ausdrücklich als Aufgeld bezeichnet wird. Es genügt, dass sich die Aufgeldeigenschaft aus den sonstigen Festsetzungen des Kapitalerhöhungsbeschlusses ergibt, zB der Bewertung der Sacheinlage iVm der Bestimmung, dass der Mehrwert gegenüber dem Betrag der übernommenen Stammeinlage in die Kapitalrücklage gemäß § 272 Abs. 2 Nr. 1 HGB einzustellen und dem einlegenden Gesellschafter keine Vergütung für den Mehrwert zu gewähren ist.

21 **2. Leistungen an Erfüllungs statt, Aufrechnung (Abs. 2 iVm. § 19 Abs. 5).** Sie sind nur zulässig, wenn sie der Kapitalerhöhungsbeschluss nach § 56 Abs. 1 S. 1 vorsieht. Anderenfalls befreit eine Leistung an Erfüllungs statt den Übernehmer einer Geldeinlage ebenso wenig wie die Aufrechnung der Gesellschaft gegen eine Forderung des Übernehmers aus einer Sachübernahme (Rn. 3, 4). § 19 Abs. 5 will somit **verdeckte Sacheinlagen** (Rn. 4) **verhindern**.[60] Er **erweitert** zugleich § 19 Abs. 2 S. 2 insoweit, als er eine Aufrechnung des Übernehmers zulässt, wenn sie Gegenstand der Festsetzungen nach § 56 Abs. 1 ist.[61] Ist eine Sacheinlagevereinbarung von Anfang an **unwirksam** oder entfällt die Verpflichtung zur Sacheinlage nachträglich, weil ihre Erbringung **unmöglich** wird, ist der Gesellschafter von Gesetzes wegen zur Leistung der Stammeinlage in bar verpflichtet.[62] Eine Änderung des Kapitalerhöhungsbeschlusses ist zur Entstehung der Verpflichtung nicht erforderlich.[63] Wegen der Behandlung von **Gesellschafterdarlehen** vgl. Rn. 7, 8.

22 **3. Erlassverbot, Aufrechnung (§ 19 Abs. 2).** Obwohl § 56 Abs. 2 nicht auf § 19 Abs. 2 verweist, gilt diese Vorschrift nach einhM auch für alle Arten von Kapitalerhö-

---

[56] *Hachenburg/Ulmer* Rn. 35; *Lutter/Hommelhoff* Rn. 23; *Scholz/Priester* Rn. 88.
[57] HM, vgl. *Hachenburg/Ulmer* § 5 Rn. 124; § 9 Rn. 12; *Priester*, FS Lutter, 2000, S. 617, 634, 635 mwN; aA *Gienow*, FS Semler, 1993, S. 165, 175.
[58] *Priester* Fn. 57; aA *Hachenberg/Ulmer* § 5 Rn. 124, 156; vgl. auch § 57a Rn. 10 Fn. 24 mwN.
[59] *Priester* Fn. 57.
[60] *Hachenburg/Ulmer* Rn. 41.
[61] *Scholz/Priester* Rn. 55; vgl. auch Rn. 21.
[62] BGH GmbHR 1997, 545; BGHZ 45, 338, 345; § 5 Rn. 39, 40.
[63] BGH GmbHR 1997, 545 hinsichtlich der Neufassung des Gründungsvertrages.

hungen.⁶⁴ Das Aufrechnungsverbot für den Übernehmer gemäß S. 2 entfällt allerdings bei Sachübernahmen nach § 19 Abs. 5, wenn die Aufrechnung im Kapitalerhöhungsbeschluss vorgesehen ist (Rn. 20).

4. Sachkapitalerhöhungsbericht. Ihn sieht das Gesetz nicht vor. Eine Verweisung auf § 5 Abs. 4 S. 2 fehlt. Ein Redaktionsversehen liegt nicht vor.⁶⁵ Eine analoge Anwendung des § 5 Abs. 4 S. 2 kommt deshalb nach überwiegender Meinung nicht in Betracht.⁶⁶ Das führt dazu, dass die Bewertungsprüfung in das Anmeldeverfahren verlagert wird (vgl. i. E. § 57 Rn. 19 und § 57a Rn. 7). 23

V. Kosten

Es gilt das zu § 55 Rn. 55 bis 57 Gesagte. Geschäftswert ist auch bei Sacheinlagen der Nennbetrag der Kapitalerhöhung (für die Übernahmeerklärung der Nennbetrag der übernommenen Stammeinlage) zuzüglich eines etwaigen Aufgeldes, nicht der wirkliche Wert der Sacheinbringung.⁶⁷ Die EG – Gesellschaftsteuerrichtlinie (§ 55 Rn. 57) findet keine Anwendung auf die Gebühren für die Eigentumsumschreibung, wenn zum Zweck der Kapitalerhöhung ein Grundstück übertragen wird.⁶⁸ 24

VI. Steuern

1. Gesellschaftsteuer. Gesellschaftsteuer kommt seit dem 1. 1. 1992 wegen der Aufhebung des KVStG nicht mehr in Betracht (zur Rechtslage bis dahin vgl. die 2. Aufl.). 25

2. Börsenumsatzsteuer. Börsenumsatzsteuer fällt (bei der Einbringung von Wertpapieren) seit 1. 1. 1992 ebenso wenig an wie Gesellschaftsteuer. 26

3. Grunderwerbsteuer. Grunderwerbsteuer ist zu entrichten, wenn die Sacheinlage ein Grundstück ist. Bemessungsgrundlage ist nicht der Wert der übernommenen Stammeinlage, sondern der nach Vorschriften des § 138 Abs. 2 oder 3 BewG festzustellende Grundbesitzwert (§ 8 Abs. 2 Nr. 2 GrEStG). Der **Steuersatz** beträgt 3,5 % (§ 11 Abs. 1 GrEStG). 27

4. Umsatzsteuer. Umsatzsteuer fällt nach allgemeinen Regeln an, wenn der Sacheinleger Unternehmer ist und keine Befreiungstatbestände vorliegen, wie zB bei der Einbringung von Wertpapieren oder Grundstücken (§ 4 Nr. 8 Buchst. e und Nr. 9 Buchst. a UStG). Wird ein **Unternehmen im Ganzen** eingebracht,⁶⁹ so fällt Umsatzsteuer nicht an (§ 1 Abs. 1a UStG). 28

---

⁶⁴ *Hachenburg/Ulmer* Rn. 48; *Scholz/Priester* Rn. 49.
⁶⁵ Arg. aus § 183 Abs. 3 AktG, wo ebenfalls auf einen Erhöhungsbericht verzichtet wird, vgl. *Raiser* und *Deutler*, Das neue GmbH-Recht in der Diskussion, 2. Aufl., S. 41 ff. und 46 ff.
⁶⁶ Vgl. *Balser/Meyer/Piorreck* Rn. 344; *Happ* BB 1985, 1927 ff.; *Raiser, Th.* Kapitalges. § 39 Rn. 10, der allerdings meint, der Registerrichter dürfe aus gegebenem Anlass auch einen förmlichen Bericht über die Bewertung von Sacheinlagen verlangen; *K. Schmidt* GesR § 37 V 1 c; *Baumbach/Hueck/Zöllner* Rn. 11; *Lutter/Hommelhoff* Rn. 20; *Hachenburg/Ulmer* Rn. 49; *Meyer-Landrut/Miller/Niehus* Rn. 10; wohl auch *Roth/Altmeppen* Rn. 6; aA *Lutter* DB 1980, 1319; *Priester* DNotZ 1980, 526; *Scholz/Priester* Rn. 82. Beim „Schütt-aus-hol-zurück"-Verfahren nach BGHZ 135, 381 bei der Anmeldung der Kapitalerhöhung aber entsprechend § 57i Abs. 1 und 2 eine testierte Bilanz beigefügt werden, vgl. § 55 Rn. 61. Vgl. auch BGHZ 132, 155 zum Bericht bei der Satzungsänderung zur Heilung einer verdeckten Sacheinlage.
⁶⁷ AA OLG Düsseldorf BB 1980, 1143.
⁶⁸ OLG Hamm BB 2000, 2488; BayObLG ZIP 2002, 302.
⁶⁹ Vgl. hierzu OLG Köln NJW RR 1993, 361; *App* GmbHR 1993, 150.

§ 56   4. Abschnitt. Abänderungen des Gesellschaftsvertrages

29   **5. Ertragsteuern.** Hier macht es einen Unterschied, ob einzelne Wirtschaftsgüter oder Sachgesamtheiten Gegenstand der Sacheinlage sind und ob die Wirtschaftsgüter aus einem Betriebsvermögen oder einem Privatvermögen eingebracht werden.

30   **a) Einzelne Wirtschaftsgüter.** Werden einzelne Wirtschaftsgüter eingelegt, die zu einem **Betriebsvermögen** gehören, liegt ein **veräußerungs-** bzw. **tauschähnlicher** Vorgang vor (vgl. Tz. 20.01 UmStErl., der jedoch nicht unmittelbar anwendbar ist). Die eingebrachten Wirtschaftsgüter sind bei der GmbH mit dem Teilwert (§ 6 Abs. 1 Nr. 5 EStG) anzusetzen. Das führt beim Einbringenden zur Aufdeckung der stillen Reserven und damit zur **Gewinnrealisierung** mit Steuerfolge (Einkommensteuer, Gewerbesteuer). Bei der GmbH treten Steuerfolgen nicht ein. Wird eine **Forderung** gegen die GmbH als Sacheinlage verwendet, bemessen sich die Anschaffungskosten der erworbenen Beteiligung nach dem gemeinen Wert der Forderung.[70] Ist die Gesellschaft überschuldet, kommt es auf den Wert der Einlage für die Gesellschaft an. Unmaßgeblich ist der Wert der Forderung für den Gesellschafter.[71] Stammt das eingebrachte Wirtschaftsgut aus dem **Privatvermögen** des Sacheinlegers, ist der Einbringungsvorgang einkommensteuerrechtlich nur dann relevant, wenn die Einbringung innerhalb der Frist des § 23 EStG und zu einem höheren Wert als den Anschaffungs- oder Herstellungskosten stattfindet oder wenn es sich beim Gegenstand der Einbringung um eine Beteiligung iSv. § 17 EStG handelt (die Einbringung stellt eine Veräußerung der Beteiligung dar)[72] oder um „einbringungsgeborene Anteile" (vgl. § 55 Rn 59) iSv. § 21 UmwStG, weil die zweite Einbringung ebenfalls eine Veräußerung ist.[73]

31   **b) Betrieb, Teilbetrieb oder Mitunternehmeranteil.** Besteht die Sacheinlage aus einem Betrieb, Teilbetrieb oder Mitunternehmeranteil, so darf die GmbH nach § 20 UmwStG die bisherigen **Buchwerte** fortführen und dadurch eine Gewinnrealisierung beim einbringenden Gesellschafter vermeiden. Stattdessen kann die GmbH auch bis zum Teilwert aufstocken, wodurch in Höhe der Aufstockung die stillen Reserven offen gelegt werden und vom Einleger zu versteuern sind (eingehend hierzu Anh. nach § 77 Rn. 282 ff., 497, 601 ff.). Gehören zum Betriebsvermögen des eingebrachten Betriebs Anteile an der übernehmenden Gesellschaft, so werden diese Anteile zu **eigenen Anteilen** der übernehmenden Gesellschaft, was ihre Verwendung als Sacheinlage unzulässig macht (Rn. 7). Deshalb wird es steuerrechtlich nicht beanstandet, wenn die Anteile nicht miteingebracht werden, obwohl ansonsten die Nichteinbringung wesentlicher Betriebsgrundlagen die Anwendung des § 20 UmwStG ausschließt.[74] Die zurückbehaltenen Anteile gelten in diesem Fall nicht als entnommen. Sie sind künftig als Anteile zu behandeln, die durch eine Sacheinlage erworben worden sind. Es ist dementsprechend auch für sie § 21 UmwStG anzuwenden.[75] Werden Mitunternehmeranteile zu Buchwerten eingebracht und scheidet die GmbH alsbald aus der Mitunternehmerschaft gegen Abfindung wieder aus, so ist das kein Missbrauch nach § 42 AO, der zur Aufdeckung der stillen Reserven führt.[76] Handelt es sich beim Gegenstand der Einbringung um eine **verdeckte Sacheinlage**,

---

[70] BFH BB 1984, 1142.
[71] BFH DB 1990, 970 zu § 8 Nr. 1 a KVStG.
[72] Vgl. Tz. 20.16 iVm. Tz. 21.04 UmwStErl.
[73] Vgl. *Widmann/Mayer* UmwStG § 20 Rn. 168.
[74] Vgl. iE Anh. § 77 Rn. 297.
[75] Vgl. Tz. 20.11 UmwStErl.
[76] BFH BB 1993, 2344.

ist § 20 UmwStG nicht anwendbar. Steuerlich kann eine **verdeckte Einlage** vorliegen.[77]

c) Betriebsaufspaltung. Bei der Betriebsaufspaltung ist § 20 UmwStG nicht anwendbar, weil eine Betriebseinbringung wegen der Zurückbehaltung des Anlagevermögens nicht vorliegt.[78] Dennoch war früher überwiegend angenommen worden, dass die Buchwertfortführung beim Vorliegen bestimmter persönlicher und sachlicher Voraussetzungen möglich ist.[79] Das BdF-Schreiben v. 22. 1. 1985[80] hatte diese Behandlung gebilligt. Durch § 6 Abs. 4 und Abs. 6 EStG idF des SteuerBereinG 1999 ist die frühere Regelung jedoch erledigt. Ab 1999 führt der Transfer von Einzelwirtschaftsgütern auch dann zur Realisierung stiller Reserven, wenn er von einem Besitzunternehmen auf die Betriebs-GmbH erfolgt.[81] Das UntStFG, das zu einer teilweisen Korrektur der Regelungen des SteuerBereinG 1999 führte, hat hieran nichts geändert. 32

VII. Österreichisches Recht

Nach § 52 Abs. 6 ÖGmbHG kann bei Kapitalerhöhungen mit Sacheinlagen der Beschluss nur gefasst werden, wenn die Einbringung von Sacheinlagen ausdrücklich und fristgemäß angekündigt worden ist. Im Übrigen sind die Vorschriften über Sacheinlagen bei Gründung (§§ 6, 6a) sinngemäß anzuwenden. Danach (§ 6a Abs. 1) darf nicht mehr als die Hälfte einer Kapitalerhöhung mit Sacheinlagen oder Sachübernahmen finanziert werden, es sei denn, dass die aktienrechtlichen Gründungsbestimmungen eingehalten werden (§ 6a Abs. 4). Es genügt jedoch, wenn das erhöhte Kapital insgesamt zur Hälfte aus Bareinlagen besteht.[82] 33

§ 56a [Leistungen auf das neue Stammkapital]

Für die Leistungen der Einlagen auf das neue Stammkapital und die Bestellung einer Sicherung findet § 7 Abs. 2 Satz 1 und 3, Abs. 3 entsprechende Anwendung.

Literatur: *Brandes* Die Rechtsprechung des Bundesgerichtshofs zur GmbH, WM 1998, 1; *Eckhardt* Voreinzahlungen auf Kapitalerhöhungen, MittRhNotK 1997, 289; *Ehlke* Vorausgezahlte Stammeinlage – ein Fall fehlerhafter Kapitalaufbringung in der GmbH?, ZGR 1995, 426; *Groß* Voraussetzungen und Grenzen der Voreinzahlung auf eine künftige Bareinlageverpflichtung, GmbHR 1996, 845; *Grunewald/ H.-F. Müller* Die Entwicklung des Gesellschaftsrechts in den Jahren 1999 und 2000, JZ 2001, 1120; *Heins* Tilgungswirkung von Voreinzahlungen auf künftige Barkapitalerhöhungen in der GmbH, GmbHR 1994, 89; *Henze* Zur Problematik der „verdeckten" (verschleierten) Sacheinlage im Aktien- und GmbH-Recht, ZHR 154 (1990), 124; *Jäger* Kapitalerhaltung und Haftungsrisiken in Cash-Management-Systemen von GmbH-Konzernen, DStR 2000, 1736; *Karollus* Voreinzahlungen auf künftige Kapitalerhöhungen, DStR 1995, 1065; *Klaft/Maxem* Praktische Probleme der Voreinzahlung auf künftige Bareinlageschuld, GmbHR 1997, 586; *Lamb* Die „Vorfinanzierung" von Kapitalerhöhungen durch Voreinzahlung auf eine künftige Einlageverpflichtung, 1991; *Müther* Die Voreinzahlung auf die

---

[77] Vgl. *Schwedhelm* Tz. 350 m. zahlr. Nachw.; s. auch Tz. 20.04 UmwStErl. „Verschleierte Sachkapitalerhöhung".
[78] BdF-Schreiben v. 16. 6. 1978 Tz. 49, BStBl. 1978 I S. 235.
[79] *Brandmüller* Die Betriebsaufspaltung nach Handels- und Steuerrecht, 6. Aufl. 1994, C 96 ff.; *Carlé* KÖSDI 1995, 10203; *Dehmer* Die Betriebsaufspaltung, 2. Aufl. 1987, Rn. 996 ff.; *ders.* Umwandlungsrecht, 2. Aufl. 1996, § 20 UmwSt. Rn. 7.
[80] BStBl. I S. 97.
[81] Vgl. *Märkle* S. 13.
[82] *Koppensteiner* § 52 Rn. 9.

§ 56 a 4. Abschnitt. Abänderungen des Gesellschaftsvertrages

Barkapitalerhöhung bei der GmbH unter besonderer Berücksichtigung der BGH-Rechtsprechung, NJW 1999, 404; *Priester* Stammeinlagezahlung auf debitorisches Bankkonto der GmbH, DB 1987, 1473; *ders.* Voreinzahlung auf Stammeinlagen bei sanierender Kapitalerhöhung, FS Fleck, 1989, S. 231 ff.; *K. Schmidt* Barkapitalaufbringung und „freie Verfügung" bei der Aktiengesellschaft und der GmbH, AG 1986, 106; *Schneider/Verhoeven* Vorfinanzierung einer Barkapitalerhöhung?, ZIP 1982, 644; *Schoenes* Kapitalerhöhung und Erhöhung der Mindesteinlage, Zweifelsfragen bei der Anpassung von Alt-Gesellschaften an die GmbH-Nov., NJW 1983, 373; *Sieger/Hasselbach* Konzernfinanzierung durch Cash-Pools und Kapitalerhöhung, BB 1999, 645; *Wegmann* Vorzeitige Zahlungen auf Kapitalerhöhungen bei der GmbH, DStR 1992, 1620; *Wimmer* Gefahren bei der Einzahlung von Leistungen auf Stammeinlagen bei der GmbH, GmbHR 1997, 827.

Übersicht

	Rn.		Rn.
I. Normzweck	1	IV. Einmann-GmbH (§ 7 Abs. 2 S. 3)	8–10
II. Leistungen auf Geldeinlagen	2–6		
1. Mindesteinzahlung (§ 7 Abs. 2 S. 1)	2, 3	V. Gleichbehandlungsgrundsatz (§ 19 Abs. 1)	11
2. Einzahlung	4		
3. Mehreinzahlung, Vorauszahlungen	5, 6	VI. Übergangsregelung	12
III. Sacheinlagen (§ 7 Abs. 3)	7	VII. Österreichisches Recht	13

I. Normzweck

1 § 56 a dient der Sicherung der Aufbringung des erhöhten Kapitals und verweist zu diesem Zweck auf die entsprechenden Vorschriften bei Gründung der GmbH (§ 7 Abs. 2 S. 1 und 3, Abs. 3). Diese bestimmen den Umfang der von den Übernehmern neuer Stammeinlagen vor Anmeldung der Kapitalerhöhung zum Handelsregister zu erbringenden Leistungen. § 56 a ist durch die **GmbH-Novelle 1980** eingefügt und ersetzt die frühere Verweisung in § 57 Abs. 2. Festgelegt ist damit die Pflicht zur Erbringung der vollen Sacheinlagen (§ 7 Abs. 3 nF), die das alte Recht nicht ausdrücklich geregelt, nach hM aber vorausgesetzt hatte. Nicht für entsprechend anwendbar erklärt ist mangels Verweisung § 7 Abs. 2 S. 2, wonach die Gesamteinlageleistung aller Gesellschafter bei Gründung die Hälfte des Mindeststammkapitals erreichen muss (vgl. aber Rn. 12). Für die Kapitalerhöhung gibt es keinen Mindestbetrag. Ein solcher ist nur für die Bildung neuer Stammeinlagen vorgeschrieben (100 €, früher 500 DM, vgl. § 55 Rn. 11). Wegen der **Übergangsregelung für Alt-Gesellschaften** vgl. Rn. 12.

II. Leistungen auf Geldeinlagen

2 **1. Mindesteinzahlung (§ 7 Abs. 2 S. 1).** Sie beträgt **ein Viertel**. Der Kapitalerhöhungsbeschluss kann einen höheren Betrag festsetzen. Ein **Aufgeld** (Agio) wird in die Berechnung nicht einbezogen und braucht deshalb vor der Anmeldung auch nicht teilweise eingezahlt zu werden.[1] Bei **Mischeinlagen** ist das Viertel nur vom Baranteil der Stammeinlage zu berechnen.[2] Da jede neue Stammeinlage mindestens 100 € betragen muss (§ 55 Rn. 11), ist die Mindesteinzahlung jetzt 25 €.

3 Werden alte Geschäftsanteile im Wege der Kapitalerhöhung **aufgestockt** (§ 55 Rn. 13, 14), so ist ein Viertel des erhöhten Nennbetrages auch dann einzuzahlen, wenn die alten Geschäftsanteile bereits voll eingezahlt waren.[3]

---

[1] § 7 Rn. 21; *Hachenburg/Ulmer* Rn. 4; *Scholz/Priester* Rn. 3.
[2] § 7 Rn. 38; *Hachenburg/Ulmer* Rn. 5; *Scholz/Priester* Rn. 3.
[3] BayObLG DB 1986, 738; *Schoenes* NJW 1983, 373, 375; *Baumbach/Hueck/Zöllner* Rn. 2; *Lutter/Hommelhoff* Rn. 2; *Hachenburg/Ulmer* Rn. 6; *Meyer-Landrut/Miller/Niehus* Rn. 2; *Scholz/Priester* Rn. 4; aA *Gersch/Herget/Marsch/Stützle* Rn. 10; *Pastor/Werner* DB 1968, 1935, 1936; *Roth/Altmeppen* Rn. 3.

2. Einzahlung. Für sie gilt dasselbe wie bei der Gründung. Möglich sind danach **Barzahlung, Gutschrift** auf einem Konto der Gesellschaft, auch einem **debitorischen,** sofern der Kredit nicht gekündigt ist (iE vgl. § 57 Rn. 7 z. Stichwort „endgültige freie Verfügung"). Die Hingabe eines **bestätigten Bundesbankschecks** tilgt die Einlageschuld sofort, eines einfachen Schecks erst nach Einlösung (§ 7 Rn. 23). Anders als im Gründungsstadium ist jedoch analog § 188 Abs. 2 AktG **Überweisung auf ein Konto des Geschäftsführers nicht zulässig.**[4] Eine **Verrechnung** mit Forderungen des Übernehmers gegen die Gesellschaft kommt wegen des Aufrechnungsverbots nur ausnahmsweise in Betracht.[5] **Zahlungen Dritter** befreien den Übernehmer von der Einlageschuld nach den allgemeinen Vorschriften der §§ 362, 366 BGB,[6] sofern die Zahlung die Gesellschaft nicht belastet (§ 7 Rn. 24). Deshalb hat die durch ein Darlehen der Gesellschaft ermöglichte Einzahlung keine Tilgungswirkung, und zwar selbst dann nicht, wenn der Gesellschafter die Gesellschaft im Innenverhältnis von Ansprüchen des Darlehensgebers freizustellen hat.[7] Für den vom Gesellschafter zu führenden **Beweis,** dass er seine Einlage erbracht hat, gelten die allgemeinen Beweisgrundsätze. Ob der Leistungszweck für die Gesellschaftsgläubiger erkennbar war, spielt keine Rolle.[8] Bleibt die Zweckbestimmung einer vom Gesellschafter an die GmbH erbrachten Zahlung offen, so kann der Gesellschafter der Zahlung nicht nachträglich die Zweckbestimmung einer Leistung auf eine noch ausstehende Einlage geben, wenn der gezahlte Betrag sich nicht mehr in der freien Verfügung der Gesellschaft befindet.[9] Die nachträgliche Umbuchung einer Darlehenszahlung vom Darlehenskonto auf die Einlageverpflichtung ist unwirksam.[10] Zur Frage, unter welchen Voraussetzungen der Gesellschafter einer **Komplementär-GmbH** von seiner (Geld-)Einlageschuld durch Zahlung an die KG frei wird, vgl. die Angaben in der Fußnote.[11] Zulässig ist die Überweisung aus dem Guthaben des Gesellschafters bei der KG, sofern der überwiesene Betrag nicht sogleich als Darlehen an die KG zurücküberwiesen wird.[12] Zahlt eine Konzernobergesellschaft die bei einer Tochtergesellschaft übernommene Stammeinlage derart, dass der Einlagebetrag auf ein Konto der Tochtergesellschaft überwiesen, im engen zeitlichen Zusammenhang hiermit jedoch im Rahmen eines sog. **„Cash-Management-Systems"** wieder auf ein zentrales Verrechnungskonto der Konzernobergesellschaft zurück überwiesen wird, so liegt keine ordnungsgemäße Kapitalaufbringung, sondern ein bloßes Hin- und Herzahlen vor, wenn nicht strenge Sicherheitsvorkehrungen den jederzeitigen Zugriff der Tochtergesellschaft auf den zurück überwiesenen Betrag gewährleisten.[13]

---

[4] So ausdrücklich § 56 a S. 2 RegE, BT-Drucks. 8/1347 S. 14; *Gersch/Herget/Marsch/Stützle* Rn. 337; *Baumbach/Hueck/Zöllner* Rn. 5; *Hachenburg/Ulmer* Rn. 13; *Meyer-Landrut/Miller/Niehus* Rn. 3; *Scholz/Priester* Rn. 7.
[5] *Scholz/Priester* Rn. 12.
[6] BGH BB 1994, 2373; ZIP 1992, 1303, 1305.
[7] OLG Köln WM 1984, 740; LG Essen ZIP 1980, 194.
[8] BGH ZIP 1992, 1303, 1305.
[9] OLG Hamburg ZIP 1994, 948 = EWiR 1994, 787 – *Fleck.*
[10] OLG Frankfurt/M. NJW-RR 1995, 35; zum umgekehrten Fall der nachträglichen Umbuchung einer erkennbar auf die Einlageschuld geleisteten Zahlung vgl. BGH BB 2001, 2282.
[11] BGH NJW 1986, 989 (Vorinstanz OLG Stuttgart BB 1985, 1985 m. Anm. *K. Schmidt*).
[12] OLG Koblenz DB 1989, 518.
[13] BGH DStR 1999, 1451 (Nichtannahmebeschluss) m. Anm. *Goette* = EWiR 1999, 1123 *(Hasselbach);* LG Flensburg GmbHR 2001, 861; grundlegend zur Problematik der Kapitalaufbringung bei Kapitalerhöhung im Rahmen der Konzernfinanzierung durch Cash-Pools mit Lösungsvorschlägen *Sieger/Hasselbach* BB 1999, 645 und *Jäger* DStR 2000, 1736; zur Zulässigkeit und den

§ 56a 4. Abschnitt. Abänderungen des Gesellschaftsvertrages

5   **3. Mehreinzahlungen, Vorauszahlungen.** Freiwillige Leistungen, die über das gesetzliche Viertel oder den im Kapitalerhöhungsbeschluss festgesetzten höheren Betrag hinausgehen, also **Zahlungen vor Fälligkeit,** befreien den Übernehmer auch dann, wenn sie im **Zeitpunkt der Eintragung** der Kapitalerhöhung nicht mehr im Gesellschaftsvermögen vorhanden sind.[14] Die Rechtslage ist hier anders als bei der Gründung, wo die „allgemeine Differenzhaftung" (Vorbelastungshaftung, Unterbilanzhaftung) der Gründer die Unversehrtheit des Stammkapitals bei Eintragung der Gesellschaft gewährleisten soll.[15] Demgegenüber ist bei der Kapitalerhöhung die Gesellschaft bereits zur Entstehung gelangt,[16] so dass ihr Einzahlungen stets zufließen und hierdurch auch ihren Gläubigern zugute kommen. Vorausgesetzt wird auch hier, dass die Mehreinzahlungen zu einem vollwertigen, unbeschränkten und definitiven Vermögenszufluss an die Gesellschaft führen[17] (zur Frage, ob und in welcher Weise die Mindesteinzahlungen im Zeitpunkt der Anmeldung der Kapitalerhöhung zum Handelsregister noch vorhanden sein müssen vgl. § 57 Rn. 7; § 57a Rn. 8).

6   Einzahlungen vor der Beschlussfassung über die Kapitalerhöhung **(Vorauszahlungen, Voreinzahlungen, Vorleistungen)** werfen keine Probleme auf, wenn sie bei Anmeldung der Kapitalerhöhung zum Handelsregister noch unverbraucht oder wenigstens wertmäßig[18] im Vermögen der Gesellschaft vorhanden sind.[19] Nur wenn das nicht der Fall ist, stellt sich die Frage nach der Tilgungswirkung von Voreinzahlungen. Nach der Rechtsprechung des BGH sind Voreinzahlungen auf die Einlageschuld aus einer erst künftig zu beschließenden Kapitalerhöhung grundsätzlich unzulässig und sollen als Bareinzahlungen nur im Falle eines dringenden **Sanierungsbedarfs** anerkannt werden.[20] Welche Voraussetzungen hierfür im Einzelnen erfüllt sein müssen, hat der BGH offengelassen.[21] Er hat hierzu jedoch Kriterien erwähnt, die in der Literatur (mit Differenzierungen iE) gefordert worden sind und dem Gedanken Rechnung tragen, dass durch die Voreinzahlung materiell die gleichen Wirkungen erreicht werden sollen, die eintreten würden, wenn die Kapitalerhöhung sofort durchgeführt werden könnte.[22] Danach sollen Voreinzahlungen mit befreiender Wirkung zulässig sein, wenn sie in engem zeitlichen Zusammenhang mit einer konkret geplanten Kapitalerhöhung zur Beseitigung einer Krise der Gesellschaft stehen und diesen Zweck deutlich und für

---

Grenzen des Cash-Managements vgl. neuerdings BGH DStR 2001, 1853 m. Anm. *Goette.* Danach sind solche Finanzierungsinstrumente weder generell verboten noch uneingeschränkt unbedenklich.

[14] *Lutter/Hommelhoff/Timm* BB 1980, 737, 747 für die AG; *K. Schmidt* ZGR 1982, 519, 529, 530; *ders.* AG 1986, 106, 115; *Hachenburg/Ulmer* Rn. 18; *Lutter/Hommelhoff* Rn. 2; *Scholz/Priester* Rn. 13; offengeblieben BGHZ 51, 157 = NJW 1969, 840 = LM § 55 Nr. 4; BGH NJW 1967, 44; aA *Fleck* Anm. zu BGH LM § 55 Nr. 4; *Wiedemann* GmbHR 1967, 146, 147.

[15] § 11 Rn. 26 ff. mN; *Hachenburg/Ulmer* Rn. 18, § 7 Rn. 42 mwN; *Roth/Altmeppen* Rn. 6, 7.

[16] BGHZ 119, 177, 187.

[17] OLG Düsseldorf NJW-RR 1995, 869; *Roth/Altmeppen* § 19 Rn. 17; vgl. auch OLG Dresden ZIP 1999, 1885.

[18] Hierzu vgl. § 57 Rn. 7.

[19] BGH NJW-RR 1996, 1249 = DNotZ 1997, 495 m. Anm. *Kanzleiter* = EWiR 1996, 885 (*Gerkan*) = DStR 1996, 1416 m. Anm. *Goette*; OLG Köln NZG 1999, 454; BB 2001, 1423; *Lutter/Hommelhoff* § 56 Rn. 18.

[20] BGH Fn. 19; BGHZ 118, 83, 86 f.; BGH NJW 1995, 460 = ZIP 1995, 28; diese Urteile bestätigend und erläuternd BGH ZIP 2000, 2021 = NJW 2001, 67 = EWiR 2001, 325 = DStR 2000, 1963 m. Anm. *Goette*.

[21] BGHZ 118, 83, 90, 91.

[22] BGH Fn. 20.

Dritte nachprüfbar bestimmen.[23] Ferner sollen die Voreinzahlungen im Kapitalerhöhungsbeschluss offengelegt und durch Erwähnung in der von den Anmeldern der Kapitalerhöhung gemäß § 57 Abs. 2 abzugebenden Versicherung (vgl. § 57 Rn. 8) Publizität erlangen.[24] Die obergerichtliche Rechtsprechung hat dem Meinungsstand in der Literatur und den ihr vom BGH entnommenen Leitlinien im wesentlichen Rechnung getragen.[25] Soweit in früheren Entscheidungen allerdings vorausgesetzt wird, dass die voreingezahlten Beträge im Zeitpunkt der Beschlussfassung über die Kapitalerhöhung noch unverbraucht vorhanden sind,[26] ist dem nicht zu folgen; denn anderenfalls wären Sonderregeln für Voreinzahlungen überflüssig, deren sofortige Verausgabung vor Fassung des Kapitalerhöhungsbeschlusses zur Abwendung der Krise regelmäßig bezweckt ist.[27] Ob gleiches auch für das Ersatzmerkmal der wertgleichen Deckung[28] zu gelten hat,[29] erscheint dagegen zweifelhaft. Wird mit den Voreinzahlungen eine bilanzierte und vollwertige Verbindlichkeit getilgt, ist wertgleiche Deckung gegeben, so dass sich die Frage nicht stellt. Bei anderweitiger Verausgabung, die nicht zu einer wertgleichen Deckung führt, würde der Verzicht auf diese Deckung zu einer Bevorzugung von Voreinzahlungen gegenüber Zahlungen auf eine schon beschlossene Kapitalerhöhung führen, die sich mit dem Krisenmoment nicht rechtfertigen lässt; denn die Sonderregeln für Voreinzahlungen sollen nur die Zeitverschiebung ausgleichen, nicht aber den Gläubigerschutz beeinträchtigen.[30] – Die strengen Regeln über die Tilgungswirkung von Voreinzahlungen sollen der Gefahr der Umgehung der Sacheinlagebestimmungen begegnen. Werden diese Regeln nicht beachtet, sind Voreinzahlungen als (verdeckte) Sacheinlagen zu behandeln.[31] – **Gesetzlich vorgeschrieben** ist die **Voreinzahlung** im Fall der Verbindung von Kapitalherabsetzung mit Kapitalerhöhung bei **vereinfachter Kapitalherabsetzung** mit Rückwirkung auf den Jahresabschluss des Vorjahres, § 235 AktG, § 58f (vgl. dort Rn. 11).

III. Sacheinlagen (§ 7 Abs. 3)

Sie müssen vor Anmeldung der Kapitalerhöhung in vollem Umfang bewirkt sein 7 und endgültig zur freien Verfügung der Geschäftsführer stehen. Das gilt jetzt auch für **Sachübernahmen,** bei welchen die Verrechnung durchgeführt sein muss. Wegen **Mischeinlagen** vgl. Rn. 3. Zur Bewirkung der Einlagen im Einzelnen vgl. § 7 Rn. 35 ff. Da die Gesellschaft schon vor Anmeldung der Kapitalerhöhung besteht, können die einzulegenden Gegenstände ohne weiteres auf die Gesellschaft übertragen werden. Die Regeln über die Tilgungswirkung von **Voreinzahlungen** (Rn. 6) gelten

---

[23] Anstelle einer besonderen Zweckvereinbarung kann ein vorweggenommener Übernahmevertrag (Vorvertrag) in der Form des § 55 Abs. 1 (vgl. § 55 Rn. 47) geschlossen werden, *Lutter/Hommelhoff* § 56 Rn. 20.
[24] Literaturnachweise iE vgl. Voraufl. Rn. 6, ferner *Müther* NJW 1999, 404; *Brandes* WM 1998, 1, 19; *Eckhardt* MittRhNotK 1997, 289; *Wimmer* GmbHR 1997, 827; *Klaft/Maxem* GmbHR 1997, 586.
[25] Vgl. aus neuerer Zeit OLG Düsseldorf NJW-RR 2000, 851 = EWiR 2000, 495 *(Undritz)*; OLG Schleswig NZG 2000, 318 m. Anm. *de Vries*; OLG Köln NZG 2000, 454; OLG München NZG 1999, 84; zur älteren Rspr. vgl. die Voraufl. Rn. 6.
[26] Vgl. zB OLG Köln GmbHR 1991, 529; OLG Stuttgart ZIP 1994, 1535.
[27] Zutr. *Lutter/Hommelhoff* § 56 Rn. 21 unter Bezugnahme auf *Ehlke* ZGR 1995, 1069; *Karollus* DStR 1995, 1069; *Priester* ZIP 1994, 599, 601.
[28] Hierzu § 57 Rn. 7.
[29] So *Lutter/Hommelhoff* § 56 Rn. 21.
[30] Ähnlich wohl *Baumbach/Hueck/Zöllner* Rn 6a.
[31] *Lutter/Hommelhoff* § 56 Rn. 20.

entsprechend auch für Sacheinlagen mit der Maßgabe, dass diese zumindest bei Fassung des Kapitalerhöhungsbeschlusses noch gegenständlich im Gesellschaftsvermögen vorhanden sein müssen.[32]

IV. Einmann-GmbH (§ 7 Abs. 2 S. 3)

8 Da Sacheinlagen vor Anmeldung voll zu erbringen sind (Rn. 7), besteht ein Sicherungsbedürfnis beim Alleingesellschafter nur bei Geldeinlagen und hinsichtlich des Baranteils von Mischeinlagen. Dieses Bedürfnis beruht auf der fehlenden Ausfallhaftung von Mitgesellschaftern (§ 24). Ihm wird dadurch Rechnung getragen, dass der Alleingesellschafter eine Sicherung zu bestellen hat, soweit er die Einlage nicht bar erbringt, wozu auch er mindestens in Höhe eines Viertels verpflichtet ist. Trotz der Rückverweisung auf Abs. 2 S. 2 in Abs. 2 S. 3 ist eine Gesamtmindesteinlage von 12 500 € bei der Kapitalerhöhung **nicht** zu leisten.[33]

9 Für welchen Zeitpunkt das Vorliegen einer Einmann-Gesellschaft zu bestimmen ist, lässt die Verweisung in § 56a offen. In Betracht kommen die Anmeldung der Kapitalerhöhung zum Handelsregister[34] und ihre Eintragung.[35] Im ersten Fall bleiben Anteilsvereinigungen nach der Anmeldung, aber vor Eintragung unberücksichtigt, d.h. die Sicherungspflicht besteht nicht, wenn der zur Übernahme des erhöhten Kapitals allein zugelassene Gesellschafter oder die Gesellschaft in diesem Zeitraum alle Geschäftsanteile erwerben. Im zweiten Fall entfällt die Sicherungspflicht, wenn der Alleingesellschafter vor der Eintragung einen Geschäftsanteil veräußert. Nach dem Regelungszweck des § 7 Abs. 2 S. 3 verdient die Ansicht den Vorzug, dass auf den Zeitpunkt der Eintragung abzustellen ist. Sie wird ergänzt durch die analoge Anwendung des § 19 Abs. 4 für den Fall, dass sowohl die Kapitalerhöhung selbst als auch die Vereinigung aller Anteile in einer Hand innerhalb der ersten drei Jahre nach Eintragung der Gesellschaft in das Handelsregister stattfinden.[36] Der Verstoß gegen § 19 Abs. 4 führt zur **Auflösung** der Gesellschaft nach § 60 Abs. 1 Nr. 6 iVm. § 144b FGG (§ 19 Rn. 101).

10 Zu den **Sicherungsmitteln** und ihrer **Bestellung** vgl. die Zitate in der Fußnote,[37] zu ihrem **Freiwerden** bei voller Einzahlung der Einlage oder dem Beitritt weiterer Gesellschafter vgl. die Zitate in der weiteren Fußnote.[38]

V. Gleichbehandlungsgrundsatz (§ 19 Abs. 1)

11 Auf § 19 Abs. 1 verweist § 56 Abs. 2 nicht. Er gilt gleichwohl auch bei der Kapitalerhöhung.[39] Danach sind **Geldeinlageverpflichtungen** nach ihrem Verhältnis zuein-

---

[32] BGH NJW 2001, 67 = DStR 2000, 1963 m. Anm. *Goette*; OLG Köln NZG 1999, 454, 457; *Lutter/Hommelhoff* § 56 Rn. 18; zu BGH aaO vgl. auch *Grunewald/H.-F. Müller* JZ 2001, 1120, 1129.

[33] *Baumbach/Hueck/Zöllner* Rn. 4; *Hachenburg/Ulmer* 7. Aufl. Rn. 7; *Meyer-Landrut/Miller/Niehus* Rn. 6.

[34] *Scholz/Priester* Rn. 16; *Meyer-Landrut/Miller/Niehus* Rn. 7.

[35] *Baumbach/Hueck/Zöllner* Rn. 3; *Hachenburg/Ulmer* Rn. 8; *Lutter/Hommelhoff* Rn. 3.

[36] *Baumbach/Hueck/Zöllner* Rn. 3; *Lutter/Hommelhoff* Rn. 3; *Gersch/Herget/Marsch/Stützle* Rn. 168; *Hachenburg/Ulmer* Rn. 9; *Scholz/Priester* Rn. 22; die Kritik von *Meyer-Landrut/Miller/Niehus* Rn. 7 an dieser Auffassung geht von der unzutreffenden Annahme aus, sie erstrecke sich auch auf Kapitalerhöhungen von länger als drei Jahren bestehenden Gesellschaften.

[37] OLG Frankfurt WM 1983, 634; § 7 Rn. 33; *Hachenburg/Ulmer* Rn. 10, 11; *Scholz/Priester* Rn. 20.

[38] § 7 Rn. 34; *Hachenburg/Ulmer* Rn. 12; *Scholz/Priester* Rn. 21.

[39] *Hachenburg/Ulmer* Rn. 26; *Roth/Altmeppen* § 19 Rn. 4; *Scholz/Priester* Rn. 6.

Anmeldung der Erhöhung   § 57

ander, also **gleichmäßig**, zu erfüllen. Das gilt auch im Verhältnis von **Alt- und Neueinlagen**.⁴⁰ Für **Sacheinlagen** und **gemischte Sacheinlagen** ist § 19 Abs. 1 dagegen nicht anzuwenden. Da die Vorschrift aber **dispositiv** ist, kann der Kapitalerhöhungsbeschluss für einen Ausgleich der verschiedenartigen Einlageverpflichtungen sorgen.⁴¹

VI. Übergangsregelung

Zur Geltung der in § 56a in Bezug genommenen Vorschriften des § 7 Abs. 2 S. 1 und 3, Abs. 3 für Kapitalerhöhungen, die beim In-Kraft-Treten der GmbH-Novelle 1980 am 1. 1. 1981 zwar beschlossen und angemeldet, aber noch nicht eingetragen waren, sowie zu den sonstigen damit zusammenhängenden Fragen vgl. die Voraufl. Rn 12.   **12**

VII. Österreichisches Recht

§ 52 Abs. 6 ÖGmbHG verweist u. a. auf § 10. Danach muss auf jede bar zu leistende Stammeinlage mindestens ein Viertel eingezahlt sein. Sacheinlagen und Sachübernahmen sind sofort in vollem Umfang zu bewirken (vgl. auch § 7 Rn. 40 ff. und § 57 Rn. 51).   **13**

---

§ 57 [Anmeldung der Erhöhung]

(1) **Die beschlossene Erhöhung des Stammkapitals ist zur Eintragung in das Handelsregister anzumelden, nachdem das erhöhte Kapital durch Übernahme von Stammeinlagen gedeckt ist.**

(2) ¹In der Anmeldung ist die Versicherung abzugeben, daß die Einlagen auf das neue Stammkapital nach § 7 Abs. 2 Satz 1 und 3, Abs. 3 bewirkt sind und daß der Gegenstand der Leistungen sich endgültig in der freien Verfügung der Geschäftsführer befindet. ²Für die Anmeldung findet im übrigen § 8 Abs. 2 Satz 2 entsprechende Anwendung.

(3) Der Anmeldung sind beizufügen:
1. die in § 55 Abs. 1 bezeichneten Erklärungen oder eine beglaubigte Abschrift derselben;
2. eine von den Anmeldenden unterschriebene Liste der Personen, welche die neuen Stammeinlagen übernommen haben; aus der Liste muß der Betrag der von jedem übernommenen Einlage ersichtlich sein;
3. bei einer Kapitalerhöhung mit Sacheinlagen die Verträge, die den Festsetzungen nach § 56 zugrunde liegen oder zu ihrer Ausführung geschlossen worden sind.

(4) **Für die Verantwortlichkeit der Geschäftsführer, welche die Kapitalerhöhung zur Eintragung in das Handelsregister angemeldet haben, finden § 9a Abs. 1 und 3, § 9b entsprechende Anwendung.**

Literatur: *Allerkamp* Verrechnungsbefugnis der Kreditinstitute bei Stammeinlagezahlung auf debitorisches Konto der GmbH, WM 1988, 621; *Baums* Eintragung und Löschung von Gesellschafterbeschlüssen, 1981; *Böhringer* Erfordernisse der Anmeldung einer Kapitalerhöhung bei einer GmbH, BWNotZ 1988, 129; *Brandes* Die Rechtsprechung des BGH zur GmbH, WM 1995, 641; *Frey* Einlagen

---

⁴⁰ Str., bejahend *Lutter/Hommelhoff* § 19 Rn. 8; *Hachenburg/Ulmer* Rn. 26; *Scholz/Priester* Rn. 6 iVm. *Scholz/Schneider* § 19 Rn. 15; offen lassend *Roth/Altmeppen* § 19 Rn. 4.
⁴¹ *Hachenburg/Ulmer* Rn. 27; *Roth/Altmeppen* § 19 Rn. 4; *Scholz/Priester* Rn. 6.

§ 57 4. Abschnitt. Abänderungen des Gesellschaftsvertrages

in Kapitalgesellschaften, 1990; *Goebeler* Die Entwicklung des Registerrechts in den Jahren 1980–1986, BB 1987, 2324; *Groß* Verdeckte Sacheinlage, Vorfinanzierung und Emissionskonsortium, AG 1993, 108; *Gustavus* Handelsregisteranmeldungen, 1983; *Hommelhoff/Kleindiek* Schuldrechtliche Verwendungspflichten und „freie Verfügung" bei der Barkapitalerhöhung, ZIP 1987, 477; *Henze* Höchstrichterliche Rechtsprechung zum Recht der GmbH, 1993, *Hüffer* Wertmäßige statt gegenständlicher Unversehrtheit von Bareinlagen im Aktienrecht, ZGR 1993, 474; *Ihrig* Die endgültige freie Verfügung über die Einlage von Kapitalgesellschaften, 1991; *Liessen* Die Versicherung der Geschäftsführer über die Höhe der erbrachten Einlagen, NJW 1985, 1321; *Lutter* Das überholte Thesaurierungsgebot bei Eintragung einer Kapitalgesellschaft im Handelsregister, NJW 1989, 2649; *Lutter/Friedewald* Kapitalerhöhung, Eintragung im Handelsregister und Amtslöschung, ZIP 1986, 691; *Lutter/Leinekugel* Fehlerhaft angemeldete Kapitalerhöhungen, ZIP 2000, 1225; *Northmann* Nochmals: Die Versicherung der Geschäftsführer über die Höhe der erbrachten Einlagen, NJW 1985, 2245; *Pfohl/Richter* Falsche Registerangaben im Zusammenhang mit GmbH-Stammkapitalerhöhungen zum 31. 12. 1985, BB 1986, 1311; *Priester* Wertgleiche Deckung statt Bardepot? Die Verwendung von Geldeinlagen bei Kapitalerhöhung, ZIP 1994, 599; *K. Schmidt* Barkapitalaufbringung und „freie Verfügung" bei der Aktiengesellschaft und der GmbH, AG 1985, 106; *Sieger/Hasselbach* Konzernfinanzierung durch Cash Pools und Kapitalerhöhung, BB 1999, 645; *Ulmer* Rechtsfragen der Barkapitalerhöhung bei der GmbH, GmbHR 1993, 189; *Wiedemann* Entwicklungen im Kapitalgesellschaftsrecht, DB 1993, 141.

Übersicht

	Rn.		Rn.
I. Normzweck	1, 2	3. Bekanntmachung	33
II. Anmeldung zum Handelsregister	3–30	4. Wirkung der Eintragung	34
1. Voraussetzungen (Abs. 1)	3, 4	5. Wirkung bei Mängeln der Kapitalerhöhung	35–40
2. Inhalt und Form der Anmeldung (Abs. 1, 2)	5–10	a) Keine Eintragung nichtiger oder unwirksamer Kapitalerhöhungsbeschlüsse	36
3. Anmelder	11	b) Heilung	37
4. Anmeldepflicht	12	c) Mängel des Übernahmevertrags	38, 39
5. Zuständiges Gericht	13	d) Amtslöschung	40
6. Beizufügende Urkunden (Abs. 3)	14–21	6. Wirkung bei Mängeln der Anmeldung und Eintragung	41–45
a) Notarielles Protokoll	15	a) Fehlende Anmeldung	42
b) Neu gefasster Gesellschaftsvertrag	16	b) Fehlerhafte Anmeldung	43
c) Übernahmeerklärungen	17	c) Fehlerhafte Eintragung	44
d) Liste der Übernehmer	18	d) Staatshaftung	45
e) Verträge bei Sacheinlagen	19	**IV. Kosten**	46–50
f) Keine Unbedenklichkeitsbescheinigung	20	1. Anmeldung	46
g) Erklärung und Bilanz bei Ausschüttungs-Rückhol-verfahren	21	2. Eintragung	47
7. Haftung der Geschäftsführer (Abs. 4)	22–30	3. Geschäftswert	48
III. Eintragung in das Handelsregister	31–45	4. Notarielle Bescheinigung	49
1. Prüfung durch das Registergericht	31	5. Europarechtswidrigkeit	50
2. Inhalt der Eintragung	32	**V. Österreichisches Recht**	51

I. Normzweck

1 Da die Kapitalerhöhung als Sonderfall der Satzungsänderung ausgestaltet ist, gelten neben den §§ 57, 57b auch die Vorschriften des § 54, soweit für die Kapitalerhöhung nichts Abweichendes bestimmt ist. Demgemäß tritt die Wirksamkeit der Kapitalerhöhung erst mit ihrer Eintragung in das Handelsregister ein (§ 54 Abs. 3), nachdem zuvor das Registergericht ihre Ordnungsmäßigkeit geprüft hat. Um diese Prüfung zu ermöglichen und damit eine zutreffende Unterrichtung der Öffentlichkeit über die Änderung der Kapitalverhältnisse zu gewährleisten, ordnet § 57 Abs. 1 die Anmeldung der Kapitalerhöhung zur Eintragung in das Handelsregister an. Eine öffentlich-rechtliche Pflicht zur Anmeldung besteht allerdings ebenso wenig wie bei sonstigen Satzungsänderungen (Rn. 12). Die Anmeldung ist erst möglich, wenn das erhöhte Kapital voll übernom-

men (gezeichnet), die Kapitalerhöhung also durchgeführt ist. Insoweit unterscheidet sich die Kapitalerhöhung nach GmbH-Recht von derjenigen nach Aktienrecht, das eine getrennte Anmeldung des Erhöhungsbeschlusses (§ 184 AktG) und der Durchführung der Kapitalerhöhung (§ 188 AktG) vorsieht. Wie bei der Gründung (§ 8 Abs. 2) haben die Geschäftsführer zu versichern, dass die Mindesteinlagen auf das erhöhte Kapital geleistet sind (Abs. 2). Abs. 3 führt die Anlagen auf, die zusätzlich zu den nach § 54 einzureichenden Unterlagen der Anmeldung der Kapitalerhöhung beizufügen sind. Abs. 4 regelt die Haftung für die Richtigkeit und Vollständigkeit der zum Zweck der Kapitalerhöhung gemachten Angaben und beschränkt sie anders als bei der Gründung (§ 9a Abs. 1) auf die Geschäftsführer.

Die **GmbH-Novelle 1980** hat § 57 redaktionell neu gefasst und inhaltlich geändert. Diese Änderungen betreffen jedoch überwiegend die Anpassung an die in Bezug genommenen neuen Gründungsvorschriften.

II. Anmeldung zum Handelsregister

1. Voraussetzungen (Abs. 1). Erst wenn das erhöhte Stammkapital durch Übernahmeerklärungen (§ 55 Rn. 35 ff.) alter oder im Zuge der Kapitalerhöhung beitretender neuer Gesellschafter gedeckt ist, darf die Kapitalerhöhung zur Eintragung in das Handelsregister angemeldet werden. Die Übernahmeerklärungen müssen von der Gesellschaft angenommen worden sein,[1] weil erst dann der Übernahmevertrag zustande gekommen und der Übernehmer zur Einlage verpflichtet ist (§ 55 Rn. 42). Vorher ist das erhöhte Kapital nicht „gedeckt". Das erhöhte Kapital muss **vollständig** gezeichnet sein. Anderenfalls hat der Registerrichter die Eintragung abzulehnen, sofern dem Mangel nicht abgeholfen wird (§ 55 Rn. 43) oder eine Kapitalerhöhung mit **Höchstbetrag** beschlossen war (§ 55 Rn. 9).

Es müssen ferner die **Mindesteinlagen** erbracht und etwaige Sicherungen bestellt sein (§ 56a iVm. § 7 Abs. 2 S. 1 und 3, Abs. 3). Das ergibt sich aus § 57 Abs. 2.

2. Inhalt und Form der Anmeldung (Abs. 1, 2). Anzumelden ist nach Abs. 1 „die beschlossene Erhöhung des Stammkapitals". Nicht erforderlich aber üblich ist die weitere Anmeldung, dass hierdurch die Satzung hinsichtlich der Stammkapitalziffer (§ 3 Abs. 1 Nr. 3) geändert ist; denn diese Änderung tritt automatisch ein.[2] Die Bezugnahme auf das beizufügende notarielle Beschlussprotokoll (Rn. 15) oder jedenfalls schlagwortartige Bezeichnung der Kapitalerhöhung ohne Angabe des Erhöhungsbetrags und der Sacheinlagen genügen,[3] obwohl auch insoweit genaue Angaben die Regel sind. Handelt es sich um eine Kapitalerhöhung mit **Höchstbetrag,** so muss die Anmeldung allerdings ergeben, bis zu welchem Betrag das erhöhte Kapital gezeichnet wurde.[4]

Zur Anmeldung gehört nach Abs. 2 weiter die **Versicherung,** dass die **Mindesteinlagen** nach § 56a iVm. § 7 Abs. 2 S. 1 und 3, Abs. 3 (ein Viertel der Geldeinlagen, etwaige Sicherungen für den Rest bei Alleingesellschaftern und sämtliche Sacheinlagen) bewirkt sind und endgültig zur **freien Verfügung** der Geschäftsführer stehen (iE Rn. 7). Sie ist von den Geschäftsführern abzugeben, da sie materieller Bestandteil der Anmeldung ist (Rn. 11). „**Endgültig**" hat die GmbH-Novelle 1980 angefügt, ohne dadurch eine Verschärfung des bisherigen Rechtszustandes herbeiführen zu wol-

---

[1] *Hachenburg/Ulmer* Rn. 4; *Scholz/Priester* Rn. 2.
[2] § 53 Rn. 20; § 55 Rn. 19; aA *Meyer-Landrut/Miller/Niehus* Rn. 5.
[3] § 54 Rn. 3, 4; *Hachenburg/Ulmer* Rn. 6.
[4] *Baumbach/Hueck/Zöllner* Rn. 6; vgl. auch § 55 Rn. 9.

len.⁵ Die Anfügung soll nur klarstellen, dass eine vorübergehende Überlassung nicht ausreicht. Zur **Rechtsnatur** der Versicherung vgl. § 8 Rn. 16. Die Versicherung soll die Beibringung der Nachweise erübrigen. Dieser **Zweck** verlangt keine Angaben zur Höhe der von jedem Übernehmer geleisteten Einzahlungen, vielmehr genügt die Versicherung, dass auf jede Stammeinlage ein Viertel eingezahlt sei oder eine gleichwertige Formulierung.⁶ Demgegenüber verlangt die hM die genaue Angabe der von den einzelnen Gesellschaftern eingezahlten Geldbeträge.⁷ Lediglich bei Volleinzahlung könne von der Angabe der Beträge abgesehen werden und genüge die Versicherung, dass die Einlagen in voller Höhe erbracht sind.⁸ Die hM entspricht jedenfalls nicht der früheren notariellen und registerrechtlichen Praxis⁹ und wird heute nur von etwa der Hälfte der Registergerichte befolgt.¹⁰ Nach der hier vertretenen Auffassung sind auch keine Angaben zu machen, in welcher Weise die Einzahlungen geleistet wurden.¹¹ Bei Sacheinlagen ist es demgemäß nicht erforderlich, Einzelheiten über den Einbringungsvorgang in der Versicherung mitzuteilen.¹² Hiervon zu unterscheiden sind die Unterlagen, die der Anmeldung beizufügen sind oder zweckmäßig beigefügt werden, um den Registerrichter die Prüfung zu ermöglichen, ob die Sacheinlagen zutreffend bewertet sind (Abs. 3 Nr. 3, § 57a, vgl. Rn. 19). – Werden bei der **Einmanngesellschaft** Bareinlagen nicht vollständig erbracht, so ist zusätzlich zu versichern, dass eine Sicherung bestellt ist (Abs. 2 iVm. § 8 Abs. 2 S. 2). Auch hier sind entgegen der hM keine Angaben über Art und Wert der Sicherung zu machen.¹³

7 Wann sich bei der Barkapitalerhöhung eine Geldeinlage endgültig in der „**freien Verfügung**" der Geschäftsführer befindet, lässt sich dem Gesetzeswortlaut ebenso wenig entnehmen wie dieser Antwort auf die Frage gibt, ob die Geschäftsführer die auf Grund der Kapitalerhöhung bei der Gesellschaft eingezahlten Beträge schon vor der Anmeldung der Kapitalerhöhung zur Eintragung in das Handelsregister verausgaben dürfen oder ob das Geld bis zu diesem Zeitpunkt thesauriert werden muss. Der BGH hat hierzu 1992 in einer Grundsatzentscheidung¹⁴ Stellung genommen. Diese zum Aktienrecht ergangene Entscheidung kann auch der Kapitalerhöhung im GmbH-Recht zugrunde gelegt werden, weil die einschlägigen Rechtsfragen sich in beiden Rechten gleichermaßen stellen¹⁵ und der BGH aaO auch GmbH-rechtliche Erwägungen angestellt hat. Auszugehen ist davon, dass sich die Versicherung der Geschäftsführer über das Vorhandensein des Gegenstands der Leistungen in ihrer freien Verfügung nur auf die **Mindesteinlagen** bezieht (zur Resteinlage s. § 56a Rn. 5). Sodann ist die erste Frage, ob die Einlageleistung wirksam erbracht wurde, wenn der Übernehmer einer

---

[5] Bericht des Rechtsausschusses, BT-Drucks. 8/3908 S. 71.
[6] Ebenso *Scholz/Priester* Rn. 9; *Baumann* DNotZ 1986, 182 ff.; *Kanzleiter* DNotZ 1980, 699; 1982, 709.
[7] BayObLG DB 1980, 438, 439; 1986, 162; OLG Celle GmbHR 1986, 309; OLG Hamm GmbHR 1983, 102, 103; DB 1987, 161, 162; OLG Düsseldorf DNotZ 1986, 179; *Baumbach/Hueck/Zöllner* Rn. 7a; *Hachenburg/Ulmer* Rn. 8; *Lutter/Hommelhoff* Rn. 5; *Meyer-Landrut/Miller/Niehus* Rn. 7; *Roth/Altmeppen* Rn. 4.
[8] OLG Düsseldorf DNotZ 1986, 180.
[9] *Kanzleiter* DNotZ 1980, 699; 1982, 709.
[10] *Böhringer* BWNotZ 1988, 129, 131 mN.
[11] So auch *Hachenburg/Ulmer* Rn. 8 gegen BayObLG DB 1980, 438, 439 und OLG Hamm GmbHR 1983, 102, 103; wie diese *Roth/Altmeppen* § 8 Rn. 14.
[12] *Hachenburg/Ulmer* Rn. 8; *Scholz/Priester* Rn. 8, 9.
[13] *Scholz/Priester* Rn. 11.
[14] BGHZ 119, 177 = ZIP 1992, 1387.
[15] *Henze* S. 102; *Ulmer* GmbHR 1993, 189, 190.

Anmeldung der Erhöhung § 57

neuen Stammeinlage mit Zustimmung der Geschäftsführer einen Gläubiger der Gesellschaft mit seiner Einlageleistung unmittelbar befriedigt. In solchem Falle stand die Einlage jedenfalls vom Wortlaut her den Geschäftsführern zu keinem Zeitpunkt zur freien Verfügung. Aus diesem Grund will der BGH einer derartigen Leistung an Erfüllungs Statt entgegen § 362 Abs. 2 BGB die Tilgungswirkung für die Einlageforderung der Gesellschaft versagen.[16] Für das Aktienrecht verweist der BGH ferner auf den zwingenden Charakter der §§ 188 Abs. 2, § 54 Abs. 3 AktG, der sich in ihrem Wortlaut niedergeschlagen habe, wonach die Bareinlage nur in gesetzlichen Zahlungsmitteln und einer begrenzten Zahl von diesen gleichgestellten anderen Mitteln bei der Gesellschaft eingezahlt werden kann. Diesem Wortlaut liege darüber hinaus die Erwägung zugrunde, dem Registergericht die Überprüfung der Leistung der Einlagen zu erleichtern, welcher Zweck bei Zulassung unmittelbarer Zahlung an einen Gesellschaftsgläubiger nicht erreicht würde, weil das Registergericht in seine Prüfung die Liquidität, Fälligkeit und Vollwertigkeit der getilgten Gläubigerforderung einbeziehen müsste, um die Erfüllungswirkung der unmittelbar an den Gläubiger vorgenommenen Zahlung feststellen zu können. Diese Auffassung des BGH entspricht der wohl überwM,[17] die eine Ausnahme nur für die Resteinlageforderung macht, sofern mit ihr eine liquide, fällige und vollwertige Drittgläubigerforderung erfüllt wird.[18] Ein Sonderfall der unmittelbaren Einlageleistung an einen Gesellschaftsgläubiger ist die Zahlung der Einlage auf ein **debitorisches Bankkonto** der Gesellschaft. Insoweit lässt die hM im GmbH-Recht Tilgungswirkung eintreten, wenn der Kreditrahmen der GmbH im Zeitpunkt der Einzahlung weder überschritten noch der Kredit fälliggestellt war. Anderenfalls verstößt die Zahlung auch hier gegen das Gebot, die Einlage zur freien Verfügung der Geschäftsführer zu leisten.[19] In seiner Grundsatzentscheidung hat der BGH auf diese hM ausdrücklich verwiesen.[20] In den Fällen der Drittgläubigerbefriedigung durch Einlagezahlung geht es nicht um das Verbot verdeckter Sacheinlagen (§ 56 Rn. 4), weil die Geldleistung des Übernehmers nicht zweifelhaft ist.[21] Bei Einzahlungen im Rahmen eines sog. „**Cash-Management-Systems**" fehlt es an der freien Verfügbarkeit, wenn die Zahlungen auf ein Verrechnungskonto der Konzernmutter zurück überwiesen werden, ohne dass strenge Sicherheitsvorkehrungen den jederzeitigen Zugriff der Tochtergesellschaft auf den zurück überwiesenen Betrag gewährleisten.[22] Verfügen die Geschäftsführer über eine Geldeinlage, nachdem diese bei der Gesellschaft effektiv eingegangen war, aber vor der Anmeldung der Kapitalerhöhung zum Handelsregister, kommen das **Vorbelastungsverbot** und die **Unterbilanzhaftung** anders als bei der Gründung der Gesellschaft nicht in Betracht, weil die Gesellschaft im Zeitpunkt der Kapitalerhöhung bereits besteht und das GmbHG die Unversehrtheit des Stammkapi-

---

[16] BGHZ 119, 177, 191 unter Bezugnahme auf BGH ZIP 1990, 1400, 1401 = NJW 1991, 226, 227.
[17] Vgl. *Scholz/Winter* § 7 Rn. 31 mN.
[18] *Ulmer* GmbHR 1993, 179, 180 mN Fn. 3.
[19] BGH NJW-RR 1996, 1249; NJW 1991, 1294 iErg. z. BGH NJW 1991, 226 und unter Hinweis auf OLG Hamm GmbHR 1985, 326, 327 als möglicherweise zu weitgehend; BayObLG NZG 1998, 680 = EWiR 1998, 1133 *(Bähr)*; OLG Dresden GmbHR 1999, 1035 m. Anm. *Steinecke*; KG NZG 1999, 1220; OLG Hamm NJW-RR 1990, 803 = EWiR 1990, 691 *(Zimmermann)*; oben § 7 Rn. 23; *Hachenburg/Ulmer* § 7 Rn. 34, 53; *Lutter/Hommelhoff* § 7 Rn. 14; *Scholz-Winter* § 7 Rn. 37; *Allerkamp* WM 1988, 521, 523; *Hommelhoff/Kleindiek* ZIP 1987, 477, 490 ff.; *Ihrig* S. 259 ff.; *Priester* DB 1987, 1473, 1474; *K. Schmidt* AG 1986, 106; *Ulmer* GmbHR 1993, 189, 191.
[20] BGHZ 119, 177, 190.
[21] *Ihrig* S. 286 ff.; *Ulmer* GmbHR 1993, 189, 191; *Wiedemann* DB 1993, 141, 149.
[22] Vgl. § 56a Rn. 4 mN Fn. 13.

tals für diesen Zeitpunkt auch nicht voraussetzt.[23] Der BGH hat entschieden, dass über das im Zuge der Kapitalerhöhung aufgebrachte Geld schon vor der Registeranmeldung verfügt werden darf, jedoch nur unter dem **„Vorbehalt wertgleicher Deckung"**. Darunter wird eine Investition verstanden, durch die der Gesellschaft ein den verausgabten Mitteln entsprechender Wert zugeflossen ist, der im Zeitpunkt der Anmeldung – für sich genommen – noch vorhanden sein muss. Ein zwischenzeitlich eingetretener anderweitiger Verlust der Gesellschaft hat hierauf keine Auswirkung, ebenso wenig wie er bei Thesaurierung der Einlage bis zur Registeranmeldung von Bedeutung wäre.[24] Die mit der Einlage getätigte Investition erscheint danach als deren Surrogat.[25] Der BGH hat damit der früher angenommenen Bardepotpflicht entsprechend neueren Entwicklungen im Schrifttum[26] eine klare Absage erteilt.[27] Hinsichtlich der „wertgleichen Deckung" anstelle der Bardepotpflicht bleiben jedoch Fragen offen. Die Formulierungen der Urteilsgründe legen die Annahme nahe, dass der BGH die Umschichtung der Geldeinlage in bilanzierbare Wirtschaftsgüter im Auge hatte,[28] wozu die Tilgung einer bilanzierten (und vollwertigen) Forderung (durch die Geschäftsführer) gehört, nicht aber die Verausgabung der Einlage für sogenannten nichtaktivierungsfähigen Aufwand, zB die Durchführung von Werbemaßnahmen oder die Bezahlung laufender Gehälter und Mieten.[29] Derartige Mittelverwendungen sind keine „Investitionen". Der Kritik an dem Erfordernis wertgleicher Deckung ist zuzugeben, dass sowohl bei der Abgrenzung zur nicht ausreichenden Deckung als auch beim Nachweis der Deckung selbst Probleme auftreten können. Solche Probleme entstehen aber vermehrt, wenn man anstelle wertgleicher Deckung die Verwendung der Einlagen für Zwecke der Gesellschaft schlechthin genügen lassen will;[30] denn der Begriff des betrieblichen Zwecks ist unscharf, wie schon die unübersehbare Literatur und Rechtsprechung zum Betriebsausgabenbegriff des § 4 Abs. 4 EStG zeigt (Betriebsausgaben sind zB auch Bewirtungskosten aus geschäftlichem Anlass). Auch der Lösungsvorschlag von *Ulmer*[31] vermag nicht zu überzeugen, der im Anschluss an *Ihrig*[32] meint, bei der Anmeldung der Kapitalerhöhung der GmbH gehe es nur darum, dass das Gesamtvermögen der GmbH zur Deckung des Nominalbetrags der Kapitalerhöhung ausreiche. Demgemäß beschränke sich die Versicherung der Geschäftsführer nach § 57 Abs. 2 GmbHG hierauf und gegebenenfalls auf einen entsprechenden Wertnachweis. Dieser Vorschlag geht von der These aus, den Vorschriften des AktG und des KapErhG über die Kapitalerhöhung aus Gesellschaftsmitteln (§ 210 Abs. 1 S. 1 AktG, § 57i Abs. 1 S. 2 GmbHG) liege ein allgemein gültiges Prinzip zugrunde, dass ein dem Kapitalerhöhungsbetrag entsprechendes Reinvermögen bei der Gesellschaft zumindest im Zeitpunkt der Registeranmeldung vorhanden ist. Die genannten Vorschriften verpflichten die Anmelder einer solchen Kapitalerhöhung, dem Registergericht gegenüber zu erklären, dass seit dem Stichtag der der Kapitalerhöhung zugrunde gelegten Bilanz bis zum Anmeldetag keine Vermögensminderung eingetreten ist, die zum Zeitpunkt der Anmeldung eine Kapitalerhöhung ausschlösse. Zweck dieser Erklärung ist es, zu ver-

---

[23] BGHZ 119, 177, 187 mN; *Henze* S. 50 mN.
[24] BGHZ 119, 177, 186 ff.
[25] *Henze* S. 101; *Hüffer* ZGR 1993, 474, 483.
[26] Vgl. *Lutter* NJW 1989, 2649.
[27] *Priester* ZIP 1994, 599, 600.
[28] *Ulmer* GmbHR 1994, 189, 194: „Konkrete Umsatzgeschäfte".
[29] *Priester* ZIP 1994, 599, 601; *Ulmer* GmbHR 1994, 189, 194.
[30] So *Priester* ZIP 1994, 599, 602; *Scholz/Priester* Rn. 10.
[31] GmbHR 1994, 189, 195.
[32] S. 298 ff., 304.

hindern, dass bei Aufzehrung der in Kapital umzuwandelnden Rücklagen zwischen dem Bilanzstichtag und dem Anmeldetag gleichwohl eine Kapitalerhöhung durchgeführt wird (§ 57i Rn. 4). Sie dient also nur der Überbrückung des Zeitraums zwischen Bilanzstichtag und der Anmeldung[33] und ist deshalb einer Verallgemeinerung im Sinne eines generellen Kapitaldeckungsprinzips bezüglich des Erhöhungsbetrags nicht zugänglich.[34] Der Lösungsweg des BGH verdient damit insgesamt den Vorzug gegenüber der Kritik.[35]

Die gemäß § 57 Abs. 2 von den Geschäftsführern in der **Anmeldung** abzugebende Versicherung hat im Falle vorheriger Verausgabung der Einlagen die Erklärung zum Inhalt, dass der auf die neuen Stammeinlagen eingezahlte Betrag „**wertmäßig**" endgültig zur freien Verfügung der Geschäftsführer steht. Dabei haben die Geschäftsführer im Einzelnen unter Vorlage der entsprechenden Unterlagen darzulegen, für welche geschäftlichen Maßnahmen der Einlagebetrag verwendet worden ist.[36] In die Versicherung sind auch etwaige Vorauszahlungen (§ 56a Rn. 6) und deren Schicksal einzubeziehen. Für das wertmäßige Vorhandensein im Zeitpunkt der Anmeldung muss erforderlichenfalls ein Sachverständigengutachten vorgelegt werden,[37] sofern Rechnungen oder andere Belege nicht ausreichen. Eine Bankbestätigung über das ursprünglich eingezahlte Geld ist „in der Regel" zum Nachweis der wertmäßigen Deckung ungeeignet[38] Das lässt den Schluss zu, dass geringfügige Zeitdifferenzen zwischen dem Datum der Bankbestätigung und dem Tag der Anmeldung unschädlich sein können.[39] Hier hat der Registerrichter einen gewissen Ermessensspielraum. Eine Bankbestätigung des Inhalts, dass der Einlagebetrag bis zu einem bestimmten Zeitpunkt dem Konto gutgeschrieben war und darüber zu einem späteren Zeitpunkt verfügt worden ist,[40] wird allerdings nur iVm. weiteren Belegen von Bedeutung sein (vgl. auch § 57a Rn. 5).

Schuldrechtliche **Verwendungsabreden** (Verwendungsbindungen, Verwendungspflichten) zwischen den Vertretungsorganen der Gesellschaft und einem oder mehreren Gesellschaftern über den Einsatz der durch die Kapitalerhöhung der Gesellschaft zufließenden neuen Mittel sind nach hM unbedenklich und hindern deshalb die „endgültige freie Verfügung" der Geschäftsführer nicht. Etwas anderes gilt nur, wenn solche Abreden darauf zielen, die Mittel nicht zugunsten der Gesellschaft zu verwenden oder sie gar unmittelbar oder mittelbar wieder an den Einleger zurückfließen zu lassen.[41] Im letzteren Falle kann eine verdeckte Sacheinlage vorliegen. Verwendungsabreden sind bei Kapitalerhöhungen üblich[42] Im Börsenrecht[43] sind Erklärungen über die beabsichtigte Verwendung der Mittel aus der Kapitalerhöhung sogar vorgeschrieben.[44]

---

[33] *Hachenburg/Ulmer* § 7 KapErhG Rn. 9.
[34] So zutr. *Priester* ZIP 1994, 599, 603.
[35] Kritisch auch *Wiedemann* DB 1993, 141, 149, weil die wertmäßige Betrachtung der Geschäftsleitung die Umwandlung der Geldeinlage in eine Sacheinlage erlaube.
[36] BGHZ 119, 177, 188.
[37] *Wiedemann* DB 1993, 141, 149.
[38] BGHZ 119, 177, 188.
[39] Dazu auch *Priester* ZIP 1994, 599, 601, 602; *Wiedemann* DB 1993, 141, 149.
[40] *Henze* S. 50, 51.
[41] BGH GmbHR 1990, 554, 556; WM 1992, 1432, 1434; *Hommelhoff/Kleindiek* ZIP 1987, 477ff.; *Ihrig* S. 248ff.; *K. Schmidt* AG 1986, 106ff.; *Wiedemann* DB 1993, 141, 149; *Wilhelm* ZHR 1521988, 333, 367ff.; *K. Schmidt* GesR § 37 V 1c; § 7 Rn. 25; *Hachenburg/Ulmer* § 7 Rn. 50ff.; *Scholz/Winter* § 7 Rn. 36.
[42] Vgl. den Fall OLG Dresden ZIP 1999, 1885.
[43] § 15 Abs. 1 Nr. 13 BörsZulV v. 15. 4. 1987, BGBl. I S. 1234.
[44] Vgl. auch *Hommelhoff/Kleindiek* ZIP 1987, 477, 482.

§ 57   4. Abschnitt. Abänderungen des Gesellschaftsvertrages

10   Für die **Form** der Anmeldung gilt § 12 HGB (öffentliche Beglaubigung, auch etwaiger Vollmachten). Das Formerfordernis gilt auch für die **Versicherung,** falls diese in einer besonderen Urkunde abgegeben wird, was möglich, aber nicht üblich ist[45] und galt auch für die Versicherung gemäß Art. 12 § 1 Abs. 2 der GmbH-Novelle 1980 über die Erbringung von mindestens 25 000 DM.[46]

11   **3. Anmelder.** Anmelder sind wie bei der Gründung **alle Geschäftsführer** (§§ 78, 44), nicht wie bei sonstigen Satzungsänderungen nur Geschäftsführer in vertretungsberechtiger Zahl (§ 54 Rn. 6). Das galt auch bei der Anmeldung einer Kapitalerhöhung nach Art. 12 § 1 der GmbH-Novelle 1980 zur Anpassung an das neue Mindeststammkapital.[47] Demgemäß kommt eine Anmeldung durch **Prokuristen** im Rahmen unechter Gesamtvertretung nicht in Betracht.[48] Anmeldung durch **Bevollmächtigte** ist ausgeschlossen, zulässig ist nur die Ermächtigung zur **Einreichung** der von den Geschäftsführern abgegebenen Anmeldeerklärung nebst Anlagen.[49] Erst recht nicht kann die Versicherung von Bevollmächtigten abgegeben werden, da sie wegen der zivil- und strafrechtlichen Haftungsfolgen (§ 57 Abs. 4, § 82, vgl. Rn. 18 ff.) höchstpersönlicher Natur und im Übrigen materieller Bestandteil der Anmeldung ist.[50]

12   **4. Anmeldepflicht.** Als **öffentlich-rechtliche** besteht sie ebenso wenig wie bei der Gründung oder sonstigen Satzungsänderungen.[51] Dagegen sind die **Geschäftsführer** gegenüber der Gesellschaft zur Anmeldung verpflichtet (§ 54 Rn. 8; zur Rücknahme der Anmeldung vgl. § 54 Anm. 8, 14).

13   **5. Zuständiges Gericht.** Zuständig ist das Gericht am Sitz der Gesellschaft. Wegen Besonderheiten bei **Zweigniederlassungen** vgl. die Erläuterungen zu § 59.

14   **6. Beizufügende Urkunden (Abs. 3).** Nicht im Gesetz erwähnt aber in erster Linie beizufügen ist:

15   **a) Notarielles Protokoll.** Das notarielle Protokoll über den Kapitalerhöhungsbeschluss ergibt sich aus § 54 Abs. 2.

16   **b) Neu gefasster Gesellschaftsvertrag.** Ebenfalls nicht besonders aufgeführt ist der **vollständige Wortlaut** des neu gefassten Gesellschaftsvertrags unter Berücksichtigung der durch die Kapitalerhöhung geänderten Stammkapitalziffer.[52]

17   **c) Übernahmeerklärungen.** Ausdrücklich bezeichnet sind dagegen in Nr. 1 die Übernahmeerklärungen oder beglaubigte Abschriften hiervon, soweit diese Erklärungen nicht im Beschluss über die Kapitalerhöhung enthalten sind.[53] Dabei setzt das Ge-

---

[45] § 8 Rn. 17; *Baumbach/Hueck/Zöllner* Rn. 7 c; *Scholz/Priester* Rn. 16.
[46] *Liessem* NJW 1985, 1321; *Northmann* NJW 1985, 2245.
[47] BayObLG BB 1984, 804.
[48] *Scholz/Priester* Rn. 23.
[49] BayObLG NJW 1987, 136; *Lutter/Hommelhoff* Rn. 1; *Hachenburg/Ulmer* Rn. 19; *Meyer-Landrut/Miller/Niehus* Rn. 4; *Scholz/Priester* Rn. 24; aA OLG Köln ZIP 1987, 34; *Baumbach/Hueck/Zöllner* Rn. 7 c iVm. § 78 Rn. 4.
[50] *Hachenburg/Ulmer* Rn. 19; *Scholz/Priester* Rn. 16, 23, der jedoch bei der Anmeldung der separat abgegebenen Versicherung Stellvertretung für zulässig hält.
[51] BayObLG BB 1984, 804; § 54 Rn. 7; § 78 Rn. 8.
[52] § 54 Abs. 1 S. 2, vgl. § 53 Rn. 20; § 55 Rn. 19; *Baumbach/Hueck/Zöllner* Rn. 12; *Hachenburg/Ulmer* Rn. 17; *Meyer-Landrut/Miller/Niehus* Rn. 10; *Scholz/Priester* Rn. 13; aA *Roth/Altmeppen* Rn. 3, die § 54 Abs. 1 S. 2 als durch § 57 verdrängt ansehen, was dem Charakter der Kapitalerhöhung als Sonderfall der Satzungsänderung widerspricht.
[53] § 55 Rn. 38; *Hachenburg/Ulmer* Rn. 12; *Scholz/Priester* Rn. 14.

Anmeldung der Erhöhung § 57

setz voraus, dass die Erklärungen von der Gesellschaft angenommen sind und ein Übernahmevertrag zustande gekommen ist, was formlos geschehen und in der Anmeldung zum Handelsregister liegen kann (§ 55 Rn. 40).

d) Liste der Übernehmer. Beizufügen ist nach Nr. 2 ferner eine Liste der Übernehmer der neuen Stammeinlagen, und zwar auch solcher, die schon Gesellschafter waren.[54] 18

e) Verträge bei Sacheinlagen. Schließlich sind nach der durch die GmbH-Novelle 1980 eingefügten Nr. 3 bei **Sacheinlagen** wie bei der Gründung der GmbH die hierauf bezüglichen Verträge vorzulegen, soweit solche vorhanden sind. Bei Sacheinlagen ieS ergeben sich die Einzelheiten der Einbringung und Verrechnung in der Regel bereits aus dem Kapitalerhöhungsbeschluss und dem Übernahmevertrag. Die Vorschrift ist deshalb in erster Linie für **Sachübernahmen** bedeutsam. Soweit entsprechende Verpflichtungsgeschäfte formlos geschlossen worden sind, ist eine besondere Dokumentation hierüber zur Vorlage bei der Anmeldung nicht erforderlich. Sie kann nicht aus dem Fehlen eines Zwangs zur Erstellung eines Sachkapitalerhöhungsberichts (§ 56 Rn. 22) und der Beifügung von Unterlagen über den Wert der Sacheinlagen (§ 8 Abs. 1 Nr. 5) hergeleitet werden;[55] denn das Gesetz hat die Sachkapitalerhöhung gegenüber der Sachgründung begünstigt. Dennoch empfiehlt es sich, bereits der Anmeldung Wertnachweise über Sacheinlagen und Sachübernahmen beizufügen, weil der Registerrichter im Rahmen der ihm nach § 57a obliegenden Prüfungspflicht Bewertungsunterlagen anfordern kann,[56] wenn auch wohl nicht in Form eines Sachkapitalerhöhungsberichts der Geschäftsführer.[57] 19

f) Keine Unbedenklichkeitsbescheinigung. Aufgrund der Aufhebung des KVStG (und schon vorher durch Anfügung des Abs. 5 an § 7 KVStDV durch die GmbH-Novelle 1980) ist die Eintragung der Kapitalerhöhung in das Handelsregister von der Vorlage einer Unbedenklichkeitsbescheinigung des Finanzamtes nicht mehr abhängig. Die Rechtslage entspricht derjenigen bei Gründung der GmbH (§ 8 Rn. 14). 20

g) Erklärung und Bilanz bei Ausschüttungs-Rückhol-Verfahren. Ist die Kapitalerhöhung im Wege des Ausschüttungs-Rückhol-Verfahrens durchgeführt worden, ist nach der Rspr. des BGH[58] auch noch eine entsprechende Erklärung mit einschlägiger Bilanz vorzulegen.[59] 21

7. Haftung der Geschäftsführer (Abs. 4). Sie ist angeordnet für **falsche Angaben**, die **zum Zweck der Kapitalerhöhung** gemacht werden und zu einem **Schaden der Gesellschaft** führen (§ 9a Abs. 1). Das sind vor allem unrichtige, unvollständige oder unterlassene Angaben gegenüber dem Registergericht bei der Anmeldung, zB in der Versicherung nach Abs. 2 oder in den Anlagen, die nach Abs. 3 der Anmeldung beizufügen sind. Mit Blick auf BGHZ 119, 177 ff. können hierunter zB unter- 22

---

[54] *Hachenburg/Ulmer* Rn. 12, 13; *Scholz/Priester* Rn. 15; wegen der Einzelheiten der Liste vgl. § 8 Rn. 5, wobei die Änderung der in der Liste zu machenden Angaben durch das HRefG zu beachten ist (Geburtsdatum statt Stand).
[55] *Baumbach/Hueck/Zöllner* Rn. 11; *Lutter/Hommelhoff* Rn. 10; *Meyer-Landrut/Miller/Niehus* Rn. 13; *Scholz/Priester* Rn. 17; aA *Hachenburg/Ulmer* Rn. 15, 16.
[56] ZB Sachverständigengutachten über den Wert eines Grundstücks, BayObLG, DB 1995, 35.
[57] So aber OLG Stuttgart GmbHR 1982, 109, 112 m. zust. Anm. *Priester;* offengelassen BayObLG DB 1995, 35; vgl. auch § 56 Rn. 23; § 57a Rn. 7.
[58] BGHZ 135, 81, vgl. § 55 Rn. 61.
[59] Näher dazu § 55 Rn. 61.

§ 57 4. Abschnitt. Abänderungen des Gesellschaftsvertrages

lassene Angaben über die Verwendung von Geldleistungen vor der Anmeldung zum Handelsregister fallen (oben Rn. 8). Es kommen aber auch Angaben gegenüber anderen Adressaten in Betracht, etwa gegenüber Sachverständigen, welche die Sacheinlagen zu bewerten haben. Angaben gegenüber Gesellschaftern oder Übernehmern sind dagegen regelmäßig nicht geeignet, die Gesellschaft zu schädigen.[60] **Wer** die Angaben gemacht hat, ist unerheblich. Die Geschäftsführer haften deshalb auch für falsche Angaben der Übernehmer,[61] soweit sie sich nicht nach § 9a Abs. 3 exkulpieren können (Rn. 20).

23 Wegen der **Falschheit der Angaben** im Einzelnen vgl. § 9a Rn. 9ff. Vergütungen an Übernehmer im Zusammenhang mit der Kapitalerhöhung sind anzugeben, soweit sie nicht als von der Gesellschaft zu tragen in den Kapitalerhöhungsbeschluss als **Kapitalerhöhungsaufwand** aufgenommen sind.[62]

24 Die Haftung erfordert **Verschulden,** das nach § 9a Abs. 3 vermutet wird. Der Geschäftsführer kann sich aber **exkulpieren.** Maßstab ist die Sorgfalt eines ordentlichen Geschäftsmannes (§ 9a Rn. 14ff.).

25 Der Anspruch der Gesellschaft entsteht mit der Eintragung der Kapitalerhöhung in das Handelsregister. Bis zu diesem Zeitpunkt können falsche Angaben berichtigt werden.[63]

26 Zu ersetzen haben die als Gesamtschuldner haftenden Geschäftsführer den gesamten Schaden, welcher der Gesellschaft aus ihren falschen Angaben erwächst, insbesondere die fehlenden Einzahlungen. Ferner sind die Vergütungen zu erstatten, die nicht als Kapitalerhöhungsaufwand angegeben wurden (Rn. 23). Das folgt aus der Globalverweisung auf § 9a Abs. 1.[64]

27 Zur **Geltendmachung** der Ersatzansprüche ist nur die Gesellschafterversammlung befugt (§ 46 Nr. 8), in der **Insolvenz** der Insolvenzverwalter.[65]

28 Zum **Verzicht** auf die Ersatzansprüche vgl. § 9b Abs. 1 und die Erläuterungen hierzu. Die Ansprüche **verjähren** nach § 9b Abs. 2 S. 2 in fünf Jahren seit Eintragung der Kapitalerhöhung in das Handelsregister. Der dort ersatzweise vorgesehene spätere Verjährungsbeginn hat für die Haftung der Geschäftsführer bei Kapitalerhöhungen keine Bedeutung.[66]

29 **Neben** der Verantwortlichkeit aus § 9a Abs. 1 kommt eine Haftung der Geschäftsführer aus § 43 nur in Betracht, soweit andere Pflichten im Zuge der Kapitalerhöhung verletzt werden (§ 9a Rn. 36). Gesellschaftsgläubigern oder sonstigen Dritten können die Geschäftsführer nach § 823 Abs. 2 BGB iVm. § 82 Abs. 1 Nr. 3 GmbHG, §§ 263, 266 StGB, § 826 BGB haften. Zur **Strafbarkeit** falscher Angaben vgl. § 82 Abs. 1 Nr. 3 und die Erläuterungen hierzu.[67]

30 Anders als bei der Gründung findet eine **Haftung von Gesellschaftern** (Übernehmern) oder deren „Hintermännern" weder für falsche Angaben nach § 9a Abs. 1 noch gemäß § 9a Abs. 2 und 4 statt, weil sich die Verweisung in § 57 Abs. 4 hierauf nicht erstreckt. Gesellschafter haften nur nach allgemeinem Deliktsrecht und nach § 56 iVm.

---

[60] *Hachenburg/Ulmer* Rn. 27.
[61] § 9a Rn. 8; *Scholz/Priester* Rn. 35.
[62] AA *Hachenburg/Ulmer* Rn. 29; wegen der Ersatzpflicht vgl. Rn. 22.
[63] § 9a Rn. 11, 20; *Hachenburg/Ulmer* Rn. 30.
[64] Ebenso *Scholz/Priester* Rn. 36; aA *Hachenburg/Ulmer* Rn. 32.
[65] IE vgl. § 9a Rn. 33; *Hachenburg/Ulmer* Rn. 33; *Scholz/Priester* Rn. 36.
[66] *Hachenburg/Ulmer* Rn. 34; vgl. auch § 9b Rn. 13.
[67] Im Zusammenhang mit Kapitalerhöhungen zum 31. 12. 1985 vgl. *Pfohl/Richter* BB 1986, 1311; zum Schadensersatzanspruch des Aktionärs wegen Kapitalerhöhungsschwindel bei der AG und Beihilfe Dritter hierzu vgl. BGH DB 1988, 1890.

Anmeldung der Erhöhung § 57

§ 9. Dieser Rechtszustand entspricht demjenigen vor In-Kraft-Treten der GmbH-Novelle 1980.[68]

III. Eintragung in das Handelsregister

1. Prüfung durch das Registergericht. Sie hat wie bei sonstigen Satzungsänderungen der Eintragung vorauszugehen (§ 54 Rn. 15 ff.). Für die Kapitalerhöhung ist sie in § 57 a durch Verweisung auf § 9 c besonders angesprochen (vgl. die Erläuterungen zu § 57 a). 31

2. Inhalt der Eintragung. Das erhöhte Stammkapital ist nach § 54 Abs. 2 S. 1 iVm. § 10 Abs. 1 ausdrücklich einzutragen, außerdem der Tag des Erhöhungsbeschlusses und der Tag der Eintragung (§ 54 Rn. 22, 23). Nicht einzutragen sind die neuen Stammeinlagen und ihre Übernehmer, ebenso wenig die Festsetzungen über Sacheinlagen. Hierüber geben die der Anmeldung beigefügten Unterlagen (Rn. 14ff.) Aufschluss, die jedermann einsehen kann (§ 9 HGB). 32

3. Bekanntmachung. Für sie gelten in Abweichung von § 54 Abs. 2 S. 2 Sonderregeln, die in § 57 b enthalten sind. Auf die dortigen Erläuterungen wird verwiesen. 33

4. Wirkung der Eintragung. Erst die Eintragung in das Handelsregister am Sitz der Gesellschaft macht die Kapitalerhöhung wirksam (§ 54 Abs. 3). Auf die Bekanntmachung kommt es nicht an. Erst mit der Eintragung entsteht somit der Geschäftsanteil des Übernehmers, bei im Zuge der Kapitalerhöhung neu beitretenden Gesellschaftern die Mitgliedschaft. Die Einlageverpflichtung dagegen entsteht bereits mit der Übernahme (§ 55 Rn. 42). Wird die Kapitalerhöhung vor dem **Bilanzstichtag** beschlossen, aber erst danach eingetragen, so ist in der Bilanz die alte Stammkapitalziffer anzugeben.[69] Vor der Eintragung erbrachte Einlagen sind in einem Sonderposten auf der Passivseite auszuweisen.[70] Zur Wirkung der Eintragung bei **Mängeln** der Kapitalerhöhung vgl. die folgenden Randnummern. 34

5. Wirkung bei Mängeln der Kapitalerhöhung. Zu Mängeln des Kapitalerhöhungsbeschlusses vgl. § 53 Rn. 62 und § 55 Rn. 21. Zu Mängeln des Übernahmevertrags vgl. § 55 Rn. 50; zu Mängeln der Festsetzung bei Sacheinlagen vgl. § 56 Rn. 16. 35

a) Keine Eintragung nichtiger oder unwirksamer Kapitalerhöhungsbeschlüsse. Nichtige oder unwirksame Kapitalerhöhungsbeschlüsse darf der Registerrichter nicht eintragen (§ 54 Rn. 19). **Anfechtbare** Beschlüsse muss er eintragen, soweit nicht Anfechtungsklage erhoben oder angedroht ist. Hier kann der Registerrichter die Entscheidung über die Eintragung aussetzen oder eine Frist zur Klagerhebung bestimmen (§ 54 Rn. 20, 21). 36

b) Heilung. Trägt der Registerrichter **nichtige** oder **unwirksame Kapitalerhöhungsbeschlüsse** ein, so werden die Mängel je nach ihrer Art entweder sofort oder nach Ablauf von drei Jahren seit Eintragung geheilt, sofern bis dahin keine Nichtigkeitsklage erhoben ist (§ 53 Rn. 62). Die Einlagepflichten sind dann endgültig zu erfüllen. Führt die Eintragung eines mängelbehafteten Kapitalerhöhungsbeschlusses nicht zu seiner Heilung, sind die Einlagen analog § 77 Abs. 3 insoweit zu erbringen, als dies zur Befriedigung von Gläubigern erforderlich ist, die auf die Eintragung vertraut haben (§ 55 Rn. 21). Für **anfechtbare** Beschlüsse hat die Eintragung keine besondere Be- 37

---

[68] Kritisch hierzu *Lutter/Hommelhoff* Rn. 15.
[69] § 42 Rn. 5, 6; *Hachenburg/Ulmer* Rn. 36; BeckBilKomm. HGB § 272 Rn. 10; *Scholz/Priester* Rn. 31.
[70] *Adler/Düring/Schmalz* HGB § 272 Rn. 19; *Meyer-Landrut/Miller/Niehus* §§ 41, 42 Rn. 108.

deutung, weil solche Beschlüsse solange als wirksam gelten, bis sie durch Urteil für nichtig erklärt sind (§ 47 Rn. 117). Wegen der kurzen Anfechtungsfrist (§ 47 Rn. 139) wird im Zeitpunkt der Eintragung die Anfechtbarkeit häufig nicht mehr gegeben sein. Zur **Rückabwicklung** nichtiger und durchgeführter Kapitalerhöhungsbeschlüsse nach erfolgreicher Anfechtungsklage vgl. § 55 Rn. 21. – Trotz Eintragung der Kapitalerhöhung in das Handelsregister war eine **Altgesellschaft** mit Ablauf des 31. 12. 1985 aufgelöst, wenn bei der Anmeldung die Versicherung nicht abgegeben worden war, dass die Einzahlungen 25 000 DM erreichten.[71]

38 c) **Mängel des Übernahmevertrags.** Mängel des Übernahmevertrags können nach Eintragung der Kapitalerhöhung regelmäßig **nicht** mehr geltend gemacht werden, und zwar auch dann nicht, wenn die Übernahmeerklärung zuvor wirksam angefochten war.[72] Der Geschäftsverkehr darf auf die eingetragene neue Kapitalgrundlage vertrauen. Nach der Eintragung kann sich ein Übernehmer auch nicht mehr auf ein ihm zustehendes Lösungsrecht (§ 55 Rn. 39) wegen Verzögerung der Eintragung berufen.[73] Der Übernehmer hat in allen diesen Fällen seine **Einlage voll zu erbringen,** nicht lediglich im Rahmen des § 77 Abs. 3.[74] Doch soll ihm uU ein **Austrittsrecht** aus wichtigem Grund zustehen,[75] das allerdings wenig nützt, wenn der Übernehmer zuvor seine Einlageverpflichtung erfüllen musste.

39 **Ausnahmen** von den vorstehenden Grundsätzen gelten für Übernahmeerklärungen nicht voll Geschäftsfähiger oder von Personen, für die ein vollmachtloser Vertreter gehandelt hat. Solche Übernehmer sind besonders schutzwürdig. Ihre Erklärungen begründen keine Einlagepflicht.[76] Die Wirksamkeit anderer Übrnahmeerklärungen wird hierdurch nicht berührt. Der durch den Wegfall eines Übernehmers nicht gedeckte Teil des Stammkapitals ist anderweitig aufzubringen, zB durch die Übernahmeerklärung eines weiteren Gesellschafters. Eine Aufbringung der Differenz nach § 24 kommt wohl nicht in Betracht.[77] Denkbar ist auch eine Kapitalherabsetzung nach § 58, wegen der Umständlichkeit des Verfahrens aber wenig praktisch.

40 d) **Amtslöschung.** Eine Amtslöschung wegen Mängeln der Kapitalerhöhung fehlerhafter Eintragungen nach § 144 Abs. 2 FGG ist nicht möglich, weil es an dem dort vorausgesetzten öffentlichen Interesse fehlt.[78]

41 **6. Wirkung bei Mängeln der Anmeldung und Eintragung.** Sind Kapitalerhöhungsbeschluss und Übernahmeerklärungen fehlerfrei zustande gekommen, so kann die Eintragung gleichwohl wegen Mängeln der Anmeldung oder der Eintragung selbst unwirksam sein.

42 a) **Fehlende Anmeldung.** Wird eingetragen, obwohl keine Anmeldung vorliegt, etwa weil sie zurückgenommen wurde, so ist die Eintragung **wirkungslos.**[79] Das Gleiche gilt, wenn **nicht alle Geschäftsführer** oder **nicht vertretungsberechtigte Personen** angemeldet haben, sofern nicht lediglich ein Versehen vorliegt und die

---

[71] BayObLG 1987, 2139; vgl. auch § 56a Rn. 12.
[72] HM, vgl. RGZ 82, 375, 377; OLG Köln ZIP 1986, 569, 572; *Hachenburg/Ulmer* Rn. 48; *Scholz/Priester* Rn. 48; vgl. auch § 2 Rn. 72.
[73] *Hachenburg/Ulmer* Rn. 48.
[74] *Hachenburg/Ulmer* Rn. 49.
[75] *Baumbach/Hueck/Zöllner* Rn. 16; *Hachenburg/Ulmer* Rn. 49; *Scholz/Priester* Rn. 49.
[76] *Hachenburg/Ulmer* Rn. 50; *Meyer-Landrut/Miller/Niehus* Rn. 19; *Scholz/Priester* Rn. 48; vgl. auch § 2 Rn. 70, 73 und § 75 Rn. 8.
[77] § 2 Rn. 75; *Hachenburg/Ulmer* Rn. 51; aA *Baums* S. 154; *Scholz/Priester* Rn. 49.
[78] *Hachenburg/Ulmer* Rn. 39 und § 57a Rn. 18; *Scholz/Priester* Rn. 50; vgl. auch § 54 Rn. 38.
[79] *Hachenburg/Ulmer* Rn. 23, 51; *Scholz/Priester* Rn. 53.

Anmeldung der Erhöhung **§ 57**

Anmeldung nachgeholt werden kann.[80] In solchen Fällen ist eine **Amtslöschung** nach § 142 Abs. 1 möglich.[81]

b) Fehlerhafte Anmeldung. War die Anmeldung sonstwie fehlerhaft, zB wegen 43 Nichtbeachtung der Form des § 12 Abs. 1 HGB, wegen Fehlens oder Unvollständigkeit der Versicherung nach § 57 Abs. 2 oder der Unterlagen nach § 57 Abs. 3, so lässt das die Wirksamkeit der Eintragung unberührt. Eine Amtslöschung ist ausgeschlossen.[82] Zu fehlerhaft angemeldeten Kapitalerhöhungen im **Aktienrecht** (§§ 184, 188 AktG) vgl. *Lutter/Leinekugel*.[83]

c) Fehlerhafte Eintragung. Trägt der Registerrichter **ein, was nicht beschlos-** 44 **sen ist,** so kann die Kapitalerhöhung nach § 54 Abs. 3 nur in dem Umfang wirksam werden, in dem sich Beschlussfassung, Anmeldung und Eintragung decken.[84] Bleibt die beschlossene Kapitalerhöhung hinter der eingetragenen zurück, kann die überschießende Eintragung nach § 17 Abs. 2 HRV berichtigt werden.[85] Entsprechendes hat zu gelten, wenn ein geringerer als der beschlossene Betrag eingetragen ist.[86] Eine Amtslöschung nach § 142 Abs. 1 FGG kommt in diesen Fällen nicht in Betracht.

d) Staatshaftung. Zur Staatshaftung für fehlerhafte Eintragungen des Register- 45 richters vgl. § 54 Rn. 39.

IV. Kosten

1. Anmeldung. Legen die Anmelder die vollständige Anmeldung vor, so erhält der 46 Notar für die Beglaubigung der Unterschriften ein Viertel der vollen Gebühr (§ 45 Abs. 1 KostO). Überlassen die Anmelder die Fertigung der Anmeldung dem Notar, so steht diesem die Hälfte der vollen Gebühr zu (§ 145 Abs. 1, § 38 Abs. 2 Nr. 7 KostO). Die Erste, demnächst darauf gesetzte Unterschriftsbeglaubigung ist jedoch gebührenfrei.

2. Eintragung. Für sie wird die volle Gebühr erhoben (§ 79 Abs. 1 S. 1 KostO). 47

3. Geschäftswert. Geschäftswert sowohl bei der Anmeldung als auch bei der Ein- 48 tragung ist nach § 26 Abs. 1 Nr. 3 KostO der Nennbetrag der Kapitalerhöhung. Ist bis zu einem **Höchstbetrag** erhöht (§ 55 Rn. 9), so ist Geschäftswert nur der zum Handelsregister angemeldete Betrag.[87] Der Geschäftswert für die Zurückweisung der Anmeldung entspricht regelmäßig dem Nennwert des Erhöhungsbetrags.[88]

4. Notarielle Bescheinigung. Wegen der Kosten der notariellen Bescheinigung 49 nach § 54 Abs. 1 S. 2 Halbs. 2 vgl. § 54 Rn. 13.

5. Europarechtswidrigkeit. Zur Europarechtswidrigkeit von Gebühren der 50 KostO vgl. § 55 Rn. 57.

---

[80] *Hachenburg/Ulmer* Rn. 23; vgl. auch § 54 Rn. 28.
[81] *Hachenburg/Ulmer* Rn. 39, 52 und § 57 a Rn. 18; *Scholz/Priester* Rn. 53.
[82] *Hachenburg/Ulmer* Rn. 24, 53; *Scholz/Priester* Rn. 52; vgl. auch OLG Karlsruhe ZIP 1986, 711 und dazu *Lutter/Friedewald* ZIP 1986, 691, 694.
[83] ZIP 2000, 1225.
[84] *Hachenburg/Ulmer* Rn. 55; vgl. auch § 54 Rn. 29; *Scholz/Priester* Rn. 54.
[85] *Hachenburg/Ulmer* Rn. 55; so auch *Scholz/Priester* Rn. 55.
[86] *Scholz/Priester* Rn. 55; aA *Hachenburg/Ulmer* Rn. 55, der eine weitere Eintragung für erforderlich hält, wofür jedoch kein Grund ersichtlich ist.
[87] Anders bei der Eintragung einer bedingten Kapitalerhöhung nach §§ 192 ff. AktG, vgl. BayObLG WM 1984, 698.
[88] BayObLG NJW-RR 1996, 485.

V. Österreichisches Recht

51 § 57 entspricht § 53 ÖGmbHG. **Anzumelden** haben **alle Geschäftsführer** (§ 51 Abs. 1 ÖGmbHG). Einzuzahlen ist entgegen dem missverständlichen Abs. 1 nur ein Viertel der Bareinlagen; denn es gilt § 10 ÖGmbHG.[89] Sacheinlagen und Sachübernahmen sind sofort in vollem Umfang zu bewirken (vgl. § 56a Rn. 13). In der nach § 53 Abs. 2 Nr. 2 ÖGmbHG der Anmeldung beizuschließenden **Liste** der Übernehmer der neuen Stammeinlagen sind die auf die übernommenen Stammeinlagen geleisteten Einzahlungen anzugeben, bei Übernahme einer neuen Stammeinlage durch einen bisherigen Gesellschafter überdies der gegenwärtige Gesamtbetrag der von ihm übernommenen Stammeinlagen. Anders als nach § 57 Abs. 2 beschränkt sich § 10 Abs. 3 ÖGmbHG bei Bareinzahlungen nicht auf eine Versicherung über deren Bewirkung, sondern verlangt die **Vorlage von Einzahlungsnachweisen.** Sind von dem eingezahlten Betrag Abgaben, Gebühren und Kosten bezahlt worden, so ist dies nach Art und Höhe der Beträge nachzuweisen. Für durch **falsche Angaben** verursachte **Schäden haften** die Geschäftsführer (§ 10 Abs. 4 ÖGmbHG). Die Ersatzansprüche verjähren wie nach § 9b Abs. 2 in fünf Jahren seit Eintragung (§ 10 Abs. 5 ÖGmbHG).

§ 57a [Ablehnung der Eintragung]

Für die Ablehnung der Eintragung durch das Gericht findet § 9c Abs. 1 entsprechende Anwendung.

Literatur: Vgl. die Angaben bei § 9c, ferner *Böhringer* Erfordernisse der Anmeldung einer Kapitalerhöhung bei einer GmbH, BWNotZ 1988, 129; *Festl/Wietek* Bewertung von Sacheinlagen, Umwandlungen und Verschmelzungen bei Gesellschaften mit beschränkter Haftung, BB 1993, 2410; *Goebeler* Die Entwicklung des Registerrechts in den Jahren 1980–1986, BB 1987, 2314; *Gustavus* Die Praxis der Registergerichte zur Versicherung des GmbH-Geschäftsführers über die Mindesteinlagen, GmbHR 1988, 47; *Wernicke* Prüfungspflicht der Registergerichte bei Anmeldung von Zahlungen auf das GmbH-Stammkapital, BB 1986, 1869; *Priester* GmbHR 1982, 112 (Urteilsanmerkung).

Übersicht

	Rn.		Rn.
I. Normzweck	1	III. Ablehnung der Eintragung	9, 10
II. Prüfung durch das Registergericht	2–8	1. Wegen Fehlens von Eintragungsvoraussetzungen (§ 57a iVm. § 9c Abs.1 S. 1)	9
1. Prüfungsgegenstand	2, 3	2. Wegen Überbewertung von Sacheinlagen (§ 57a iVm. § 9c Abs.1 S. 2)	10
2. Prüfungsgrundlagen	4–8	IV. Kosten	11
a) Geldeinlagen	5	V. Staatshaftung	12
b) Sacheinlagen	6–8	VI. Österreichisches Recht	13

I. Normzweck

1 Die Vorschrift ist durch die **GmbH-Novelle 1980** eingeführt und verweist für die Voraussetzungen, unter denen das Registergericht die Eintragung der Kapitalerhöhung abzulehnen hat, auf die Bestimmungen bei Gründung der GmbH (§ 9c). Das darin zum Ausdruck kommende **Prüfungsrecht** und die **Prüfungspflicht** des Register-

---

[89] *Koppensteiner* Rn. 2.

Ablehnung der Eintragung **§ 57a**

richters galten dem Grundsatz nach ungeschrieben schon immer und für alle Satzungsänderungen, überhaupt für alle beantragten Registeranmeldungen.[1] Der in § 9c S. 2 hervorgehobene Ablehnungsgrund der Überbewertung von Sacheinlagen hat allerdings nur für die Gründung und Kapitalerhöhung Bedeutung. Das HRefG hat dem § 9c einen Abs. 2 angefügt und dadurch das Kontrollrecht des Registerrichters im Interesse der Beschleunigung des Eintragungsverfahrens eingeschränkt. § 57a verweist jedoch nur auf § 9c Abs. 1, woraus geschlossen wird, dass das Prüfungsrecht bei Satzungsänderungen durch § 9c Abs. 2 nicht berührt wird.[2]

II. Prüfung durch das Registergericht

1. Prüfungsgegenstand. Prüfungsgegenstand ist zunächst die **Ordnungsmäßigkeit der Anmeldung,** wozu die Legitimation der Anmelder (alle Geschäftsführer, vgl. § 57 Rn. 11), Form und Vollständigkeit der Anmeldung (Versicherung nach § 57 Abs. 2) und der beizufügenden Anlagen (§ 57 Abs. 3) gehören (vgl. auch § 54 Rn. 15). Sodann hat das Gericht den **Kapitalerhöhungsbeschluss** auf das Vorliegen der Satzungsänderungsvoraussetzungen zu prüfen (§ 54 Rn. 17), ferner auf die Übereinstimmung von Erhöhungsbeschluss und **Übernahmeerklärungen. Nicht** unter die Kontrollfunktion des Gerichts fällt die Prüfung, ob bei der Zulassung zur Übernahme der **Gleichbehandlungsgrundsatz** (§ 55 Rn. 30 ff.) gewahrt ist.[3] 2

Bei **Sacheinlagen** ist ihr **Wert** zu prüfen. Das ist dem Registergericht durch § 57a iVm. § 9c Abs. 1 S. 2 zu besonderen Pflicht gemacht, um die Überbewertung von Sacheinlagen im Interesse des Gläubigerschutzes zu verhindern. Da ein Sacheinlagebericht anders als bei der Gründung nicht zu erstellen ist (§ 56 Rn. 23) und der Anmeldung abweichend von § 8 Abs. 1 Nr. 5 auch keine Unterlagen über den Wert der Sacheinlagen beizufügen sind (§ 57 Rn. 19), kommt der Wertprüfung durch das Registergericht erhebliches Gewicht zu (i. E. vgl. Rn. 6 bis 8). 3

2. Prüfungsgrundlagen. Zur Prüfungsintensität allgemein vgl. § 9c Rn. 12, 13.[4] Bei der Kapitalerhöhung ist zu unterscheiden, ob Geldeinlagen oder Sacheinlagen zu erbringen sind. 4

a) Geldeinlagen. Bei Geldeinlagen kann der Registerrichter auf die Versicherungen nach § 57 Abs. 2 vertrauen; denn sie sollen die Beibringung der Nachweise erübrigen (§ 57 Rn. 6). Nur wenn im **konkreten Einzelfall Anlass zu Zweifeln** besteht, können Bankbestätigungen über die Mindesteinzahlungen oder Belege für die Stellung von Sicherheiten angefordert werden.[5] Fordert der Registerrichter den Geschäftsführer auf, „zum Nachweis des eingezahlten Stammkapitals einen Bankauszug oder eine Bankbestätigung" vorzulegen, und bestätigt die Bank, dass der Erhöhungsbetrag dem bei ihr geführten Konto der GmbH gutgeschrieben worden ist, wird damit nicht 5

---

[1] *Hachenburg/Ulmer* Rn. 1, 2; *Scholz/Priester* Rn. 1 bis 3; vgl. auch § 9c Rn. 1; § 54 Rn. 15.
[2] Näher hierzu vgl. § 54 Rn. 15 mN.
[3] *Hachenburg/Ulmer* Rn. 4; *Scholz/Priester* Rn. 4.
[4] Vgl. auch *Goebeler* BB 1987, 2314, 2317. Die allgemeine Erkenntnis, dass bei der Anmeldung von Barkapitalerhöhungen häufig verdeckte Sachkapitalerhöhungen vorliegen, genügt KG FGPrax 1998, 193 = NZG 1998, 777; die Vorinstanz (LG Berlin BB 1997, 2234 m. zust. Anm. *Müther* und abl. Stellungnahme *Priester* ZGR 1998, 856, 870) hatte unter Hinweis auf BGHZ 135, 381 die Beibringung von Nachweisen verlangt; vgl. ferner BayObLG BB 1988, 716; DNotZ 1994, 652; *Böhringer* BWNotZ 1988, 129, 130; *Gustavus* GmbHR 1988, 47, 50; *Wernicke* BB 1986, 1869.
[5] *Hachenburg/Ulmer* Rn. 6; *Scholz/Priester* Rn. 7; vgl. § 9c Rn. 29; § 57 Abs. 2 iVm. § 8 Abs. 2 RegE, BT-Drucks. 8/1347 S. 6, 14 hatte die Vorlage solcher Nachweise als Regelfall vorgesehen.

§ 57a

zugleich bestätigt, dass sich der Betrag „endgültig in der freien Verfügung der Geschäftsführer befindet" (§ 57 Abs. 2 S. 1). Eine Haftung der Bank entsprechend § 188 Abs. 2 S. 1 iVm. § 37 Abs. 1 S. 4 AktG kommt deshalb nicht in Betracht.[6]

6 **b) Sacheinlagen.** Bei Sacheinlagen dagegen bilden die Versicherungen der Anmelder über ihre Bewirkung keine ausreichende Beurteilungsgrundlage; denn diese Versicherungen enthalten keine Angaben über den Wert der Sacheinlagen und die Pflicht des Registergerichts zur Ablehnung der Eintragung bei Überbewertung von Sacheinlagen setzt eine eigene Urteilsbildung über ihren Wert voraus. Die nach § 57 Abs. 3 Nr. 3 der Anmeldung beizufügenden Unterlagen reichen hierfür allenfalls bei **Sachübernahmen** aus (§ 57 Rn. 19). Wie sich das Registergericht die erforderliche Überzeugung verschafft, liegt in seinem Ermessen. Legen die Anmelder einen Bericht der Gesellschafter (§ 5 Abs. 4 S. 2) oder Nachweise über den Wert der Sacheinlagen (§ 8 Abs. 1 Nr. 5) vor, obwohl sie hierzu nicht verpflichtet sind, kann das Registergericht sich damit begnügen. Es braucht **sachverständige Prüfer** nur einzuschalten, wenn es Zweifel an der Vollwertigkeit der Sacheinlagen hat.[7] Besitzen die Sacheinlagen einen Börsen- oder Marktpreis, zB Wertpapiere oder legen die Anmelder Nachweise über ihre eigenen Anschaffungs- oder Herstellungskosten vor, dann kann es hiermit sein Bewenden haben.[8]

7 Werden dem Registergericht derartige Bewertungsunterlagen nicht vorgelegt, so kann es **eigene Ermittlungen** anstellen (§ 12 FGG) und dabei auch die Industrie- und Handelskammer einschalten (§ 126 FGG). In der Regel wird das Registergericht die Anmelder durch **Zwischenverfügung** zur Beibringung von Bewertungsunterlagen auffordern. Einen förmlichen **Sachkapitalerhöhungsbericht** wird es allerdings nicht verlangen können.[9] Es kann den Anmeldern auch aufgeben, **Sachverständigengutachten** vorzulegen.[10] An solche Gutachten ist es jedoch nicht gebunden, kann vielmehr selbst Prüfer beauftragen. Bei der **Einbringung von Unternehmen** wird das Registergericht die Vorlage einer testierten Einbringungsbilanz fordern, falls eine solche nicht, wie üblich, bereits mit der Anmeldung vorgelegt wird (§ 56 Rn. 11). Der Vorlage der beiden letzten Jahresbilanzen wie bei der Einbringung anlässlich der Gründung der GmbH (§ 5 Abs. 4 S. 2) bedarf es dagegen nicht.[11] Auch Gutachten zum Unternehmenswert kommen in Betracht.[12] Werden zur Kapitalerhöhung **Gesellschafterforderungen** verwendet, so ist deren Vollwertigkeit wie die anderer Sacheinlagen nachzuweisen, erforderlichenfalls durch Vorlage einer zeitnahen, testierten Bilanz.[13]

8 Zu den **Bewertungsgrundsätzen** vgl. § 5 Rn. 35 ff. **Unterbewertungen** sind erlaubt, **Überbewertungen** sind unzulässig. Der **Unterbewertung** steht das Verbot willkürlicher Bildung stiller Reserven nach neuem Bilanzrecht (§ 279 Abs. 1, S. 1 HGB) nicht entgegen.[14] Bei der **Einbringung** eines Betriebs, Teilbetriebs oder eines

---

[6] BGH ZIP 1997, 281 = EWiR 1997, 243 *(Rawert).*
[7] *Geßler* BB 1980, 1385, 1387; *Hachenburg/Ulmer* Rn. 9; *Meyer-Landrut/Miller/Niehus* Rn. 5; *Scholz/Priester* Rn. 8.
[8] *Hachenburg/Ulmer* Rn. 9, 10.
[9] So aber OLG Stuttgart GmbHR 1982, 109, 112 m. zust. Anm. *Priester*; wie dieser *Roth/Altmeppen* Rn. 1; aA *Baumbach/Hueck/Zöllner* Rn. 3; *Lutter/Hommelhoff* Rn. 2; *Meyer-Landrut/Miller/Niehus* Rn. 6; vgl. auch oben § 56 Rn. 23; § 57 Rn. 19.
[10] ZB über den Wert eines Grundstücks, BayObLG DB 1995, 35.
[11] *Hachenburg/Ulmer* Rn. 10; *Scholz/Priester* Rn. 6; aA *Lutter* DB 1980, 1317, 1319.
[12] Zu dessen Ermittlung vgl. Anh. § 77 Rn. 89 mN.
[13] *Hachenburg/Ulmer* Rn. 10; *Scholz/Priester* Rn. 6.
[14] *Hachenburg/Ulmer* § 5 Rn. 67; *Adler/Düring/Schmalz* HGB § 255 Rn. 111; anders im Aktienrecht, vgl. *Hüffer* § 27 Rn. 27; MüKo AktG/*Pentz* § 27 Rn. 39.

Mitunternehmeranteils darf das Betriebsvermögen ohnehin zu Buchwerten angesetzt werden, § 20 Abs. 2 UmwStG. Diese Bestimmung geht den handelsrechtlichen Bewertungsvorschriften als lex specialis vor. Maßgebender Wert ist bei Gegenständen des Anlagevermögens grds. der **Zeitwert**[15] oder **Teilwert**.[16] Einen **Bewertungsstichtag** hat das Gesetz nicht bestimmt. Es liegt nahe, ihn für das Gründungsstadium auf den Zeitpunkt der Anmeldung zu legen und Wertminderungen bis zur Eintragung zu berücksichtigen, soweit sie offenbar werden (§ 9c Rn. 15 m. Nachw.). Bei der Kapitalerhöhung gilt der Grundsatz der Unversehrtheit des Stammkapitals bei Eintragung (Entstehung der Gesellschaft) nicht. Bei Sacheinlagen ist aber die Differenzhaftung zu bedenken, für deren Eingreifen es auf den Zeitpunkt der Anmeldung ankommt. Wertverluste zwischen Einbringung und Anmeldung gehen zu Lasten des Übernehmers (§ 56 Rn. 19). Der Registerrichter hat die Eintragung in solchem Falle abzulehnen, wenn nicht die Differenz erbracht wird (§ 56 Rn. 17; unten Rn. 10). Sacheinlagen sind deshalb stets auf den Zeitpunkt der Anmeldung zu bewerten.[17] Zu der Bewertung von Investitionen, die mit Geldeinlagen vor der Anmeldung getätigt wurden, vgl. § 57 Rn. 8.

III. Ablehnung der Eintragung

1. Wegen Fehlens von Eintragungsvoraussetzungen (§ 57a iVm. § 9c Abs. 1 S. 1). Sofern es sich um behebbare Mängel handelt, hat der Registerrichter zu ihrer Beseitigung durch Zwischenverfügung unter Fristsetzung aufzufordern, nach Fristablauf die Eintragung abzulehnen.[18] Wurde bei **Altgesellschaften** trotz Zwischenverfügung der Nachweis nicht erbracht, dass die Einzahlungen 25 000 DM erreichten, war die Gesellschaft mit Ablauf des 31. 12. 1985 aufgelöst.[19]

2. Wegen Überbewertung von Sacheinlagen (§ 57a iVm. § 9c Abs. 1 S. 2). Dem Grundsatz nach hat der Registerrichter die Eintragung abzulehnen, und zwar auch dann, wenn nur eine **geringfügige** Überbewertung vorliegt.[20] Der Registerrichter darf aber den Sacheinlegern durch Zwischenverfügung Gelegenheit geben, die Differenz durch Geldzahlungen auszugleichen.[21] Die Berufung auf die **Differenzhaftung** (§ 56 Abs. 2 iVm. § 9 Abs. 1) ist für sich allein allerdings kein Grund, von der Ablehnung der Eintragung abzusehen.[22] Mindestens ist zu fordern, dass die Differenzhaftung durch Anerkennung einer entsprechenden Zahlungspflicht gegenüber der Gesellschaft effektuiert und dem Registergericht nachgewiesen ist.[23] Deckt die Sacheinlage zwar den Nennbetrag der übernommenen Stammeinlage, nicht aber ein **Agio** (Aufgeld), so darf die Eintragung nicht abgelehnt werden.[24]

---

[15] OLG Düsseldorf, WM 1991, 1669.
[16] *Festl/Wietek* BB 1993, 2410.
[17] OLG Düsseldorf BB 1996, 338; *Baumbach/Hueck/Zöllner* Rn. 4; *Roth/Altmeppen* Rn. 2; *Scholz/Priester* Rn. 11.
[18] Vgl. § 9c Rn. 34 ff.; *Hachenburg/Ulmer* Rn. 11; *Scholz/Priester* Rn. 9.
[19] BayObLG 1988, 716.
[20] HM, vgl. *Gersch/Herget/Marsch/Stützle* Rn. 115; *Hachenburg/Ulmer* Rn. 16; *Scholz/Priester* Rn. 10; *Scholz/Winter* § 9c Rn. 1.
[21] *Hachenburg/Ulmer* Rn. 16; *Scholz/Priester* Rn. 12.
[22] *Scholz/Priester* Rn. 12; *Scholz/Winter* § 9c Rn. 35.
[23] *Hachenburg/Ulmer* Rn. 17.
[24] LG Augsburg NJW-RR 1996, 604; *Hachenburg/Ulmer* Rn. 12; *Scholz/Priester* Rn. 10; aA *Geßler* BB 1980, 1385, 1387; vgl. auch § 56 Rn. 20.

§ 57b   4. Abschnitt. Abänderungen des Gesellschaftsvertrages

IV. Kosten

11 Die Kosten eines vom Registergericht erhobenen Sachverständigengutachtens sind von den Anmeldern nach § 137 Nr. 6 KostO zu tragen (§ 9c Rn. 39).

V. Staatshaftung

12 Sie kommt insbesondere gegenüber Gesellschaftsgläubigern in Betracht (vgl. i. E. § 9c Rn. 26).

VI. Österreichisches Recht

13 § 11 Abs. 1 ÖGmbHG bestimmte eine Prüfungspflicht des Handelsgerichts hinsichtlich der Vollständigkeit und Gesetzmäßigkeit der Anmeldung und des Vorhandenseins der gesetzlichen Voraussetzungen der Eintragung. Diese Vorschrift war gemäß § 51 Abs. 2 ÖGmbHG auch auf die Kapitalerhöhung als Sonderfall der Satzungsänderung anzuwenden. Das FBG von 1991 hat Abs. 1 des § 11 gestrichen. Eine inhaltliche Änderung des vorher maßgeblichen Rechtszustandes war damit jedoch nicht beabsichtigt. Deshalb wird nach wie vor eine Prüfungspflicht hinsichtlich der Anmeldungsunterlagen durch den Firmenbuchrichter angenommen.[25]

§ 57b [Bekanntmachung der Eintragung der Kapitalerhöhung]

¹In die Bekanntmachung der Eintragung der Kapitalerhöhung sind außer deren Inhalt die bei einer Kapitalerhöhung mit Sacheinlagen vorgesehenen Festsetzungen aufzunehmen. ²Bei der Bekanntmachung dieser Festsetzungen genügt die Bezugnahme auf die beim Gericht eingereichten Urkunden.

I. Normzweck

1 Die Vorschrift ist durch die **GmbH-Novelle 1980** eingefügt worden und schränkt den Umfang der Bekanntmachung der Eintragung sowohl gegenüber der Gründung als auch gegenüber dem bisherigen Recht ein. Sie stellt eine **Sonderregelung** im Verhältnis zu § 54 Abs. 2 S. 2 nach dem Vorbild der aktienrechtlichen Regelung (§ 190 AktG) dar.

II. Inhalt der Bekanntmachung

2 Bekanntzumachen ist zunächst der **Inhalt der Eintragung,** also die erhöhte Stammkapitalziffer, der Tag des Erhöhungsbeschlusses und der Tag der Eintragung (§ 54 Rn. 30). Bei **Sacherhöhung** wären nach § 54 Abs. 2 S. 2 iVm. § 10 Abs. 3, § 5 Abs. 4 S. 1 außerdem die Festsetzungen über Sacheinlagen (§ 56 Abs. 1 S. 1) aufzunehmen, die nicht in das Handelsregister einzutragen sind, also die Sacheinleger, der Gegenstand der Sacheinlagen und der Betrag der Stammeinlagen. Die Neuregelung verzichtet hierauf und lässt die Bezugnahme auf die eingereichten Urkunden genügen (§ 57b S. 2). Sprachlich ist die Neuregelung misslungen, da S. 1 die Aufnahme der Festsetzungen in die Bekanntmachung verlangt, S. 2 diese Anordnung aber widerruft. Gemeint ist, dass ein Text genügt, der sich auf die Verlautbarung der Tatsache der

---

[25] *Koppensteiner* Rn. 3.

Leistung von Sacheinlagen beschränkt und wegen der Einzelheiten auf die bei Gericht eingereichten Unterlagen Bezug nimmt.[1]

III. Kosten

Die durch die Bekanntmachung in den dafür vorgesehenen Blättern (§§ 10, 11 HGB) entstehenden Kosten werden nach § 137 Nr. 5 KostO als Auslagen erhoben. 3

IV. Österreichisches Recht

Gemäß § 51 Abs. 2 ÖGmbHG findet bei der Satzungsänderung u. a. § 12 ÖGmbHG sinngemäß Anwendung. Nach § 12 Nr. 2 ÖGmbHG (idF nach dem FBG v. 1991) unterliegen der Veröffentlichung die in § 6 Abs. 4 ÖGmbHG bezeichneten Bestimmungen des Gesellschaftsvertrags. § 6 Abs. 4 ÖGmbHG betrifft seinem Wortlaut nach nur die Festsetzungen bei Sachübernahmen. Es ist aber wohl anzunehmen, dass auch die in § 6a Abs. 4 ÖGmbHG geregelten Sacheinlagen ieS unter die Veröffentlichungspflicht fallen sollen.[2] 4

§ 57c [Kapitalerhöhung aus Gesellschaftsmitteln]

(1) **Das Stammkapital kann durch Umwandlung von Rücklagen in Stammkapital erhöht werden (Kapitalerhöhung aus Gesellschaftsmitteln).**

(2) **Die Erhöhung des Stammkapitals kann erst beschlossen werden, nachdem der Jahresabschluß für das letzte vor der Beschlußfassung über die Kapitalerhöhung abgelaufene Geschäftsjahr (letzter Jahresabschluß) festgestellt und über die Ergebnisverwendung Beschluß gefaßt worden ist.**

(3) **Dem Beschluß über die Erhöhung des Stammkapitals ist eine Bilanz zugrunde zu legen.**

(4) **Neben den §§ 53 und 54 über die Abänderung des Gesellschaftsvertrags gelten die §§ 57d bis 57o.**

Literatur: Beitzke Kapitalerhöhung teilweise oder stufenweise aus Gesellschaftsmitteln, FS Hueck, 1959, S. 295; *Börner* Verbindung von Kapitalerhöhung aus Gesellschaftsmitteln und Kapitalerhöhung gegen Bareinlagen bei Aktiengesellschaften, DB 1988, 1254; *Boesebeck* Die Behandlung von Vorzugsaktien bei Kapitalerhöhungen aus Gesellschaftsmitteln, DB 1960, 404; *ders.* Vorstands- und Aufsichtsratstantiemen bei Kapitalerhöhungen aus Gesellschaftsmitteln, DB 1960, 139; *Brezing* Das Kapitalerhöhungssteuergesetz (KapErhStG) nach der Körperschaftsteuerreform, AG 1979, 12; *Brönner* Die Besteuerung der Gesellschaften, 16. Aufl. 1988; BT-Drucks. 12/6699 = amtl. Begr. zum UmwBerG; *v. Burchard* Die Zweckbestimmung freier Rücklagen, BB 1961, 1186; *Butters/Hasselbach* Die Kapitalerhöhung aus Gesellschaftsmitteln im romanischen Rechtskreis, DB 1997, 2471; *Dötsch* Kapitalerhöhung und Kapitalherabsetzung-Auswirkungen auf Einkommensteuerentwicklung und Eigenkapitalgliederung, DB 1981, 1994; *Geßler* Die Kapitalerhöhung aus Gesellschaftsmitteln, BB 1960, 6; *ders.* Die Verwendung von Gewinn zur Kapitalerhöhung aus Gesellschaftsmitteln, DB 1960, 866; *ders.* Zweifelsfragen aus dem Recht der Kapitalerhöhung aus Gesellschaftsmitteln, DNotZ 1960, 619; *Gronemann* Kapitalerhöhung aus Gesellschaftsmitteln bei einer gemeinnützigen GmbH, DB 1981, 1589; *Heuer* Die Herabsetzung des Stammkapitals, GmbHR 1950, 35; *Kerbusch* Zur Erstreckung des Pfandrechts an einem GmbH-Geschäftsanteil auf den durch Kapitalerhöhung aus Gesellschaftsmitteln erhöhten oder neu gebildeten Geschäftsanteil, GmbHR 1990, 156; *Köhler* Kapitalerhöhung und vertragliche Gewinnbeteili-

---

[1] Ebenso *Lutter/Hommelhoff* Rn. 1; *Hachenburg/Ulmer* Rn. 3; *Meyer-Landrut/Miller/Niehus* Rn. 2; *Scholz/Priester* Rn. 2; aA *Baumbach/Hueck/Zöllner* Rn. 3, der das Gesamtausmaß der Sacheinlagen für bekanntmachungspflichtig hält.
[2] So wohl *Koppensteiner* § 53 Rn. 6 iVm. § 52 Rn. 9 u. § 6 Rn. 13.

§ 57 c 4. Abschnitt. Abänderungen des Gesellschaftsvertrages

gung, AG 1984, 197; *Koppensteiner* Ordentliche Kapitalerhöhung und dividendenabhängige Ansprüche Dritter, ZHR 139 (1975), 191; *Küting/Weber* Die Darstellung des Eigenkapitals bei der GmbH nach dem Bilanzrichtlinie-Gesetz, GmbHR 1984, 165; *Langer* Die Kapitalerhöhung aus Gesellschaftsmitteln, jur. Diss. Heidelberg 1973; *Pannen/Köhler* Errechnung des „Verwässerungseffekts" einer Kapitalerhöhung gegen Einlagen, AG 1985, 52; *Priester* Die neuen Anteilsrechte bei Kapitalerhöhung aus Gesellschaftsmitteln, GmbHR 1980, 236; *Schaeberle/Meermann* Die Kapitalerhöhung bei einer GmbH, 1985; *Schippel* Fragen der Kapitalerhöhung aus Gesellschaftsmitteln, DNotZ 1960, 353; *Simon* Erhöhung des Stammkapitals aus Gesellschaftsmitteln bei einer GmbH, BB 1962, 72; *Than* Rechtliche und praktische Fragen der Kapitalerhöhung aus Gesellschaftsmitteln bei einer Aktiengesellschaft, WM-Festgabe für Theodor Heinsius, WM Sonderheft 1991, S. 54; *Vollmer* Eigenkapitalbeschaffung durch Börsenzugang, GmbHR 1984, 329; *Winter* Kapitalerhöhung aus Gesellschaftsmitteln, GmbHR 1993, 153; *Zintzen/Halft* Kapitalerhöhung aus Gesellschaftsmitteln, 1960.

Übersicht

	Rn.		Rn.
I. Einführung	1–14	3. Inhalt des Beschlusses	18
1. Begriff, Abgrenzung	1	4. Mängel des Beschlusses	19
2. Rechtskonstruktion	2	**IV. Kosten**	20
3. Rechtsentwicklung	3–6	**V. Steuern**	21–29
4. Bedeutung	7	1. Steuern vom Einkommen und Ertrag der Anteilseigner	22, 23
5. Anwendungsbereich	8–10	2. Körperschaftsteuer bis zum In-Kraft-Treten des StSenkG	24–27
6. Verbindung mit Kapitalerhöhung mit Einlagen	11–13	a) Verwendbares Eigenkapital	25
a) Getrennte Beschlüsse	12	b) Verwendung von Rücklagen	26
b) Einziger Beschluss	13	c) Anschaffungskosten	27
7. Verbindung mit Kapitalherabsetzung	14	3. Körperschaftsteuer nach dem In-Kraft-Treten des StSenkG	28
II. Normzweck	15	4. Verfahren	29
III. Beschluss über die Kapitalerhöhung (Abs. 4)	16–19	**VI. Österreichisches Recht**	30
1. Satzungsänderung	16		
2. Besondere Beschlussvoraussetzungen	17		

I. Einführung

1 **1. Begriff, Abgrenzung.** Die Kapitalerhöhung aus Gesellschaftsmitteln ist eine **besondere** und **selbstständige Form der Kapitalerhöhung.**[1] Von der Kapitalerhöhung mit Geld- und Sacheinlagen (§§ 55 ff.) unterscheidet sie sich dadurch, dass der Gesellschaft kein neues Eigenkapital durch Altgesellschafter oder im Zuge der Kapitalerhöhung beitretende Gesellschafter zugeführt wird, sondern in der Bilanz der Gesellschaft ausgewiesene freie Rücklagen in Stammkapital umgewandelt werden. Die Kapitalerhöhung aus Gesellschaftsmitteln führt somit zwar zur Erhöhung des Stammkapitals, nicht aber zur Vermehrung der Eigenmittel (§ 55 Rn. 1) und ist deshalb keine „Maßnahme zur Kapitalbeschaffung" iS der §§ 179 ff. AktG.[2] Sie ist auch als „Kapitalberichtigung" oder „nominelle" Kapitalerhöhung im Gegensatz zur „effektiven" Kapitalerhöhung bekannt.[3] Die aus der Kapitalerhöhung stammenden neuen Geschäftsanteile werden häufig als „Gratisanteile" („Freiaktien") bezeichnet. Die vor der Kapitalerhöhung frei ausschüttbar gewesenen Teile des Eigenkapitals sind danach gebundenes

---

[1] Anders als zB in Frankreich und Spanien, wo sie als Unterfall der allgemeinen Kapitalerhöhung behandelt wird, vgl. *Butters/Hasselbach* DB 1997, 2471.

[2] *Geßler/Hefermehl/Eckardt/Kropff/Bungeroth* § 207 Rn. 1.

[3] Gegen diese nur den buchungstechnischen Vorgang kennzeichnenden Benennungen zu Unrecht *Hachenburg/Ulmer* Vorbem. KapErhG Rn. 1 und *Bungeroth* Fn. 2. Das österreichische Gesetz über die Kapitalerhöhung aus Gesellschaftsmitteln hat offiziell die Bezeichnung „Kapitalberichtigungsgesetz" und der Charakter der Kapitalberichtigung wird als reiner Umbuchungsvorgang verstanden, vgl. *Koppensteiner* § 1 KapBerG Rn. 3; vgl. auch u. Rn. 2 und 30.

Vermögen der Gesellschaft (§ 30), das nur im Wege der Kapitalherabsetzung (§ 58) wieder verfügbar gemacht werden kann. Das Gegenstück zur „nominellen" Kapitalerhöhung ist die „nominelle" Kapitalherabsetzung zur Beseitigung einer Unterbilanz (§ 58a bis § 58f).

2. Rechtskonstruktion. Bilanztechnisch liegt nur eine Umbuchung von Rücklagen in Stammkapital („Passivtausch") vor.[4] Wie der Vorgang **rechtstechnisch** zu bewerten ist, war mangels ausdrücklicher gesetzlicher Regelung vor dem In-Kraft-Treten des KapErhG v. 1959 (zu diesem und der Rechtsentwicklung s. Rn. 3 ff.) streitig. Die **Rechtsprechung** der ordentlichen Gerichte und der Finanzgerichte sah darin eine **Doppelmaßnahme,** nämlich die Ausschüttung der Rücklagen an die Gesellschafter und ihre Wiedereinlage durch diese. Da die Rücklagen nicht tatsächlich ausgeschüttet, sondern die Forderungen der Gesellschafter auf Ausschüttung mit der Einlageforderung der Gesellschaft verrechnet wurden, war die Einbringung Sacheinlage.[5] Das führte zur Mehrfachbesteuerung des Vorgangs und damit zu seiner Verteuerung. Demgegenüber vertrat das **Schrifttum** überwiegend die Ansicht, es handele sich um den **einheitlichen Vorgang** einer gesetzlich nicht geregelten Kapitalerhöhung.[6] Die Auffassung des einheitlichen Vorgangs lag der Regelung nach dem KapErhG zugrunde, die sachlich unverändert in die jetzigen §§ 57c bis § 57o übernommen würde (s. Rn. 6). 2

3. Rechtsentwicklung. Insbesondere die steuerrechtliche Behandlung knüpfte daran an, dass die Kapitalerhöhung aus Gesellschaftsmitteln eine außerordentliche Form der Zuwendung von Erträgen der Gesellschaft, nämlich „Dividendenersatz" war.[7] Als infolge des Wirtschaftsaufschwungs nach 1933 und später nach Eintritt in die Periode der Kriegsgewinne die meisten Gesellschaften, die in der Krisenzeit 1929 bis 1933 ihr Kapital zusammengelegt hatten, wieder verdienten, wollten sie die Zusammenlegung ohne Opfer der Aktionäre durch Ausgabe von „Freiaktien" wieder ausgleichen. Damit das an steuerlichen Folgen nicht scheitere, hat die **DividendenabgabeVO** v. 12. 6. 1941[8] die erforderlichen Voraussetzungen hierfür geschaffen.[9] Später bot das **DM-Bilanzgesetz** v. 21. 8. 1949[10] sogar die Möglichkeit, aus Anlass der Bilanzumstellung von RM auf DM Kapitalaufstockungen völlig steuerfrei durchzuführen. 3

Eine einheitliche Regelung für alle Kapitalgesellschaften brachte schließlich das „Gesetz über die Kapitalerhöhung aus Gesellschaftsmitteln und über die Gewinn- und Verlustrechnung" **(KapErhG)** v. 23. 12. 1959 (BGBl. I S. 789), das iS der Einheitstheorie die Kapitalerhöhung aus Gesellschaftsmitteln als besondere Form der Kapitalerhöhung anerkannte. Es war begleitet von dem „Gesetz über steuerrechtliche Maßnahmen bei Erhöhung des Nennkapitals aus Gesellschaftsmitteln und bei Überlassung von eigenen Aktien an Arbeitnehmer" v. 30. 12. 1959 **(KapErhStG),** das heute noch idF. der Bekanntmachung v. 10. 10. 1967 (BGBl. I S. 977) und weiteren Änderungen (zuletzt v. 25. 3. 1998, BGBl. I S. 590) gilt. 4

Anlässlich der **Aktienrechtsreform 1965** wurden die auf Aktiengesellschaften und Kommanditgesellschaften auf Aktien bezüglichen Bestimmungen aus dem KapErhG heraus- und inhaltlich weitgehend unverändert in das AktG übernommen (§§ 207 bis 220, 278 Abs. 3 AktG). Danach beschränkten sich die Regelungen des KapErhG auf 5

---

[4] *Scholz/Priester* Vor § 57c Rn. 8.
[5] BGHZ 15, 391, 392.
[6] So vor allem *v. Godin* AcP 145 (1939), 69ff.
[7] *Schmalenbach* Aktiengesellschaften, 7. Aufl., S. 117.
[8] RGBl. I S. 323.
[9] *Bühler* Steuerrecht der Gesellschaften und Konzerne, 1951, S. 87.
[10] WiGBl. S. 279; zum DM-Bilanzgesetz 1990/91 vgl. Rn. 9.

§ 57 c   4. Abschnitt. Abänderungen des Gesellschaftsvertrages

Gesellschaften mbH (§ 33 Abs. 1 EGAktG). Sein Wortlaut wurde diesem Zustand erst durch das **BiRiLiG** (Rn. 6) angepasst. **Die GmbH-Novelle 1980** hatte dem Gesetz einen neuen Zweiten Abschnitt über die Verschmelzung von Gesellschaften mbH angefügt und die Überschrift des Gesetzes geändert.

6   Das **BiRiLiG** hatte die Fassung des Gesetzes (§§ 1 bis 5, 14) in Übereinstimmung mit den neuen Rechnungslegungs- und Prüfungsvorschriften des HGB gebracht und zugleich die seit der Aktienrechtsreform 1965 fälligen Textkorrekturen vorgenommen (Rn. 5). Materielle Änderungen erfuhr nur § 2 (§ 57 d Rn. 1). Das **Gesetz zur Bereinigung des Umwandlungsrechts (UmwBerG)** v. 28. 10. 1994 (BGBl. I S. 3210, vgl. Anh. nach § 77 Rn. 1 ff.) hat die Vorschriften des KapErhG über die Kapitalerhöhung aus Gesellschaftsmitteln ohne sachliche Änderung als §§ 57 c bis § 57 o in das GmbHG eingestellt und das KapErhG insgesamt aufgehoben, da die Verschmelzungsregelungen des KapErhG in anderer Form in das neue Umwandlungsgesetz übernommen wurden. Auf formale Änderungen, die der Vereinfachung und Rechtsbereinigung dienen, wird bei den nachstehenden Erläuterungen hingewiesen. Das **EuroEG** v. 9. 6. 1998 (BGBl. I S. 1242) hat in § 57 h Abs. 1 S. 2 und in § 58 a Abs. 3 S. 2 und 3 die Wörter „Deutsche Mark" jeweils durch das Wort „Euro" ersetzt. Soll eine Kapitalerhöhung aus Gesellschaftsmitteln in Euro durchgeführt werden, muss zuvor das Stammkapital auf Euro umgestellt werden (zu den Umstellungsfragen i. E. vgl. die Übergangsvorschrift des § 86).

7   **4. Bedeutung.** Nachdem die ertragsteuerliche Doppelbelastung der Gewinne der GmbH durch die **Körperschaftsteuerreform 1977** weitgehend beseitigt wurde, hatte die Kapitalerhöhung aus Gesellschaftsmitteln unter steuerlichen Aspekten keinen sonderlichen Anreiz mehr; denn das auch steuerlich anerkannte **Ausschüttungs-Rückholverfahren** (§ 55 Rn. 60, 61) bot gegenüber der Kapitalerhöhung aus Gesellschaftsmitteln den Vorteil, dass die jeweils sofort nach Bilanzfeststellung verteilten Gewinne dem ermäßigten Ausschüttungssteuersatz von zuletzt 30 % unterlag, während bei Einstellung der Gewinne unter die Rücklagen der Steuersatz zuletzt 40 % betrug (vgl. § 55 Rn. 60), hierdurch die Liquidität des Unternehmens belastete und auch nach Umwandlung der Rücklagen in Nennkapital keine Entlastung erfuhr.[11] Die Situation hat sich durch das **StSenkG** geändert, welches das Besteuerungssystem völlig umgestellt hat (vgl. § 55 Rn. 60). Andererseits ist das Verfahren der Rücklagenbildung und ihrer späteren Umwandlung in Stammkapital gesellschaftsrechtlich einfacher, da für die Rücklagenbildung die einfache und für die Umwandlung in Stammkapital die satzungsändernde Mehrheit ausreicht.[12] Die Kapitalerhöhung aus Gesellschaftsmitteln bot sich insbesondere zur Anpassung des Stammkapitals an die erhöhte Mindestkapitalziffer nach der GmbH-Nov. 1980 an. Verfügte die Gesellschaft über entsprechend verwendungsfähige Rücklagen, so war hier sogar eine Stimmpflicht der Gesellschafter anzunehmen (§ 55 Rn. 18). Bei der Umstellung des Stammkapitals von DM auf Euro ist die Situation ähnlich (vgl. die Erl. zu § 86).

8   **5. Anwendungsbereich.** Die §§ 57 c bis 57 o gelten für alle Gesellschaften mbH.
9   Einen **Sonderfall der Kapitalerhöhung** regelt das **D-Markbilanzgesetz** (DMBilG) v. 23. 9. 1990/22. 3. 1991 (BGBl. 1990 II S. 889, 1169, 1245; BGBl. 1991 I S. 971) im Zusammenhang mit der Währungsumstellung und der dadurch bedingten Neufestsetzung des Kapitals von Unternehmen in den neuen Bundesländern. Das neue Kapital kann nach § 56 a Abs. 1 S. 4 DMBilG über den Betrag des bisherigen Stamm-

---

[11] *Knobbe-Keuk* § 17 II 3, § 17 V; vgl. aber Rn. 25.
[12] *Hachenburg/Ulmer* Vor § 1 KapErhG Rn. 3 a; vgl. auch Rn. 15.

kapitals festgesetzt werden, wenn die Erhöhung aus dem vorhandenen Eigenkapital erfolgt. In diesem Fall gelten die besonderen Vorschriften über die Kapitalerhöhung nicht.[13] Die Kapitalerhöhung ist aber Satzungsänderung und erfordert deshalb einen notariell beurkundeten Beschluss (§ 53 Abs. 2), der allerdings nur der einfachen Kapitalmehrheit ohne Rücksicht auf die Stimmenzahl bedarf, und zwar auch dann, wenn die Satzung etwas anderes bestimmt (§ 56a Abs. 1 S. 1, 3 DMBilG). Die Kapitalneufestsetzung ist erst bewirkt, wenn sie in das Handelsregister eingetragen ist (§ 56b Abs. 6 DMBilG). Zur Kapitalherabsetzung anlässlich der Kapitalneufestsetzung vgl. § 58 Rn. 7; vgl. auch § 53 Rn. 20 und § 55 Rn. 18).

Nach Auflösung der Gesellschaft ist eine Kapitalerhöhung aus Gesellschaftsmitteln nicht mehr zulässig, weil sie der Gesellschaft keine neuen Mittel zuführt und deshalb vom Liquidationszweck nicht gedeckt wird. Eine vor Auflösung beschlossene Kapitalerhöhung kann danach nicht mehr eingetragen werden.[14] Die Situation ist hier eine andere als bei der Kapitalerhöhung mit Einlagen (§ 55 Rn. 24). 10

6. Verbindung mit Kapitalerhöhung mit Einlagen. Hier ist zu unterscheiden: 11

a) Getrennte Beschlüsse. Um eine echte Verbindung handelt es sich nicht, wenn 12 in einer einzigen Gesellschaftsversammlung getrennte Beschlüsse über eine Kapitalerhöhung aus Gesellschaftsmitteln und eine Kapitalerhöhung mit Einlagen gefasst werden. Eine derartige Doppelmaßnahme ist deshalb ohne weiteres zulässig. Jeder Beschluss folgt dann hinsichtlich der Voraussetzungen für Anmeldung und Eintragung eigenen Regeln. Soll der Beschluss über die Kapitalerhöhung mit Einlagen vor dem Beschluss über die Kapitalerhöhung aus Gesellschaftsmitteln eingetragen werden, nehmen auch im Zuge der ordentlichen Kapitalerhöhung beitretende Gesellschafter nach § 57j notwendig an der Kapitalerhöhung aus Gesellschaftsmitteln teil.[15] Dass in der Bilanz, die dem Kapitalerhöhungsbeschluss zugrunde zu legen ist (§ 57d), das auf Grund der vorausgegangenen ordentlichen Kapitalerhöhung erhöhte Stammkapital noch nicht ausgewiesen ist, steht nicht entgegen.[16]

b) Einziger Beschluss. Eine echte Verbindung der Kapitalerhöhung aus Gesellschaftsmitteln mit einer solchen mit Einlagen läge dagegen vor, wenn beide Maßnahmen in einem einzigen Beschluss getroffen und einheitlich angemeldet und eingetragen werden könnten. Die Durchführung einer derartigen Kapitalerhöhung wäre jedoch wegen der unterschiedlichen Voraussetzungen und Rechtsfolgen mit erheblichen Schwierigkeiten verbunden. Auch ist ein praktisches Bedürfnis für eine derartige Kombination nicht erkennbar. Die hM lehnt sie deshalb zu Recht als unzulässig ab.[17] 13

---

[13] KG WM 1996, 631.
[14] HM, vgl. zB *Hachenburg/Ulmer* Vor § 1 KapErhG Rn. 11; *Scholz/Priester* Vor § 57c Rn. 13.
[15] *Geßler* DNotZ 1960, 619, 628; *Hachenburg/Ulmer* Vor § 1 KapErhG Rn. 12; *Scholz/Priester* Vor § 57c Rn. 14.
[16] *Geßler* DNotZ 1960, 610, 629; *Hachenburg/Ulmer* Vor § 1 KapErhG Rn. 12.
[17] BegrRegE AktG 1965, bei *Kropff* AktG, S. 309; *Börner* DB 1988, 1254; *Geßler* DNotZ 1960, 619, 627; *Balser/Meyer/Piorreck* Rn. 349; *Baumbach/Hueck/Zöllner* Rn. 5; *Lutter/Hommelhoff* Rn. 13; *Hachenburg/Ulmer* Vor § 1 KapErhG Rn. 13; *Meyer-Landrut/Miller/Niehus* § 1 KapErhG Rn. 1; *K. Schmidt* GesR § 29 III 3a; aA OLG Düsseldorf NJW 1986, 2060, sofern es sich um eine personenbezogene GmbH handelt und die Gesellschafter einverständlich mitwirken; LG München Rpfleger 1983, 157; *Beitzke,* FS Hueck, 1959, S. 295, 299ff.; *Ehlke* GmbHR 1985, 291; *Roth/Altmeppen* Rn. 5; *Scholz/Priester* Vor § 57c Rn. 15 bis 17 unter der Voraussetzung, dass alle Gesellschafter zustimmen; neuerdings auch *Hirte* JZ 1998, 201 unter Hinweis auf die in BGHZ 135, 381 für entsprechend anwendbar erklärten Vorschriften des § 57i Abs. 1 bei der Anmeldung einer Kapitalerhöhung nach dem „Ausschüttungs-Rückhol-Verfahren", vgl. § 55 Rn. 61.

§ 57 c   4. Abschnitt. Abänderungen des Gesellschaftsvertrages

14 **7. Verbindung mit Kapitalherabsetzung.** Sie ist bei der ordentlichen Kapitalherabsetzung schon deshalb nicht möglich, weil der Kapitalherabsetzungsbeschluss nach § 58 Abs. 1 Nr. 1 und 3 frühestens ein Jahr nach Beschlussfassung angemeldet werden kann, wohingegen der Beschluss über die Kapitalerhöhung aus Gesellschaftsmitteln innerhalb von acht (nach KapErhG: sieben) Monaten nach dem Bilanzstichtag (§§ 57 e bis g) angemeldet werden muss.[18] Die Verbindung mit einer vereinfachten Kapitalherabsetzung scheitert am Zwang zur vorherigen Auflösung der Rücklagen nach § 58 a Abs. 2.[19]

II. Normzweck

15 Für die Umwandlung angesammelter Rücklagen in Stammkapital besteht ein Bedürfnis, wenn zwischen beiden ein Missverhältnis entstanden ist. Die Erhöhung des Stammkapitals zu Lasten der Rücklagen verbreitert die Haftungsbasis und erhöht damit die Kreditwürdigkeit. Die §§ 57 c bis 57 o ermöglichen die Umwandlung unter der Voraussetzung, dass die Kapitalaufbringung gewährleistet und zugleich gesichert ist, dass den Gesellschaftern durch die Umwandlung kein Vermögen entzogen wird, das ihnen entsprechend ihrer Beteiligung bereits gehörte. Der Gewährleistung der Kapitalaufbringung dienen die Vorschriften über den Ausweis für die Kapitalerhöhung verwendbarer Rücklagen in einer maßgeblichen Bilanz (§§ 57 d bis 57 f). Die Sicherung der gleichmäßigen Beteiligung der Gesellschafter an der Kapitalerhöhung wird durch einen unmittelbaren, nicht lediglich auf einem Bezugsrecht beruhenden Erwerb der neuen Anteilsrechte herbeigeführt (§ 57 j). An diesem Erwerb nehmen folgerichtig und anders als bei der Kapitalerhöhung mit Einlagen (§ 55 Rn. 28) auch eigene Anteile der Gesellschaft teil (§ 57 l Abs. 1). In § 57 c Abs. 1 wird die Kapitalerhöhung aus Gesellschaftsmitteln gesetzlich definiert. Im Übrigen entspricht § 57 c mit einigen formalen Änderungen (vgl. Rn. 15) § 1 KapErhG. Für Aktiengesellschaften gilt § 207 AktG.

III. Beschluss über die Kapitalerhöhung (Abs. 4)

16 **1. Satzungsänderung.** § 57 c Abs. 4 verweist für den Erhöhungsbeschluss u. a. auf § 53 und stellt damit klar, dass auch die Kapitalerhöhung aus Gesellschaftsmitteln Satzungsänderung ist, da sie wie die Kapitalerhöhung mit Einlagen die Stammkapitalziffer (§ 3 Abs. 1 Nr. 3) ändert. Im KapErhG fand sich eine entsprechende Verweisung in § 1 Abs. 2, wo § 53 Abs. 1 u. 2 sowie § 54 Abs. 1 in Bezug genommen waren. Der davon abweichende Wortlaut des neuen § 57 c Abs. 4 schließt die bisherige Verweisung ein und dient nur der Vereinfachung (amtl. Begr. S. 176). Für die Zuständigkeit der **Gesellschafterversammlung** und die sonstigen **allgemeinen Beschlussvoraussetzungen** kann deshalb auf § 53 Rn. 35 ff. und § 55 Rn. 6 ff. verwiesen werden. **Zusätzliche Beschlusserfordernisse der Satzung** (§ 53 Abs. 2 S. 2) gelten im Zweifel auch für die Kapitalerhöhung aus Gesellschaftsmitteln.[20] Eine Zustimmung sämtlicher Gesellschafter kommt hier nicht in Betracht, da die Kapitalerhöhung aus Gesellschaftsmitteln zu keiner Leistungsvermehrung der Gesellschafter führt.[21] Auf § 53 Abs. 3 war deshalb in § 1 Abs. 2 KapErhG nicht verwiesen. Die gesetzliche Neufassung (§ 57 c Abs. 4) verweist auf die allgemeinen Regeln über Satzungsänderungen

---

[18] *Geßler* DNotZ 1960, 619, 630; *Baumbach/Hueck/Zöllner* Rn. 9; *Lutter/Hommelhoff* Rn. 16; *Hachenburg/Ulmer* Vor § 1 KapErhG Rn. 14; *Scholz/Priester* Vor § 57 c Rn. 18.
[19] *Lutter/Hommelhoff* Fn. 18; *Scholz/Priester* Fn. 18; *Baumbach/Hueck/Zöllner* Rn. 9 hält eine denkbare Verbindung als die Öffentlichkeit irreführend für unzulässig.
[20] *Geßler* DNotZ 1960, 619, 623; *Hachenburg/Ulmer* § 1 KapErhG Rn. 5; *Scholz/Priester* Rn. 2.
[21] *Scholz/Priester* Rn. 3.

Kapitalerhöhung aus Gesellschaftsmitteln § 57 c

insgesamt und wegen der Besonderheiten der Kapitalerhöhung aus Gesellschaftsmitteln auf deren spezielle Regeln. Eine sachliche Änderung gegenüber den bisherigen Rechtszustand tritt dadurch nicht ein.

2. Besondere Beschlussvoraussetzungen. Nach § 57 c Abs. 3 kann der Erhöhungsbeschluss erst gefasst werden, wenn der **letzte Jahresabschluss** (§ 42 a) festgestellt und über die **Ergebnisverwendung** Beschluss gefasst ist, sofern nicht die neuen Anteilsrechte nach § 57 n Abs. 2 bereits am Gewinn des letzten Geschäftsjahres teilnehmen sollen. Außerdem ist dem Beschluss eine **Bilanz** (§§ 57 e bis 57 g) zugrunde zu legen (§ 57 c Abs. 3). 17

3. Inhalt des Beschlusses. Der Beschluss muss den **genauen Erhöhungsbetrag** angeben. Eine Erhöhung bis zu einem Höchstbetrag (§ 55 Rn. 9) ist nicht möglich. Gesagt werden muss ferner, dass das Stammkapital durch **Umwandlung von Rücklagen** erhöht werden soll, welche **Bilanz** (§§ 57 e, 57 f) zugrunde gelegt wird, ob **neue Geschäftsanteile** gebildet oder die **Nennbeträge der Anteile erhöht** werden sollen (§ 57 h Abs. 1 und 2) und ob die **Gewinnbeteiligung** sich nach § 57 n Abs. 2 bereits auf den Gewinn des letzten Geschäftsjahres vor der Beschlussfassung erstrecken soll. 18

4. Mängel des Beschlusses. Vgl. hierzu zunächst § 53 Rn. 62; § 54 Rn. 36 ff.; § 55 Rn. 21. Der Beschluss ist entsprechend § 241 Nr. 3 AktG nichtig, wenn gegen die dem Gläubigerschutz dienenden Vorschriften des § 57 c Abs. 2 verstoßen wird.[22] Nichtigkeit tritt ferner ein, wenn der Beschluss entgegen § 57 h Abs. 2 S. 1 die Art der Erhöhung nicht angibt, weil auch diese Vorschrift im öffentlichen Interesse gegeben ist.[23] Vgl. auch § 57 d Rn. 14. 19

IV. Kosten

Für die Beurkundung des Erhöhungsbeschlusses, die Anmeldung zum Handelsregister und die Eintragung entstehen die gleichen Gebühren wie bei der Kapitalerhöhung mit Einlagen (§ 55 Rn. 55; § 57 Rn. 46–50). Zur **Europarechtswidrigkeit** von Gebühren für die Umwandlung nicht ausgeschütteter Gewinne in Kapital vgl. EuGH v. 11. 11. 1999 (Dioikitiko Protodikeio)[24] und dazu § 55 Rn. 57. 20

V. Steuern

Das KapErhStG (Rn. 4) erkennt die dem KapErhG zugrundeliegende Einheitstheorie (§ 57 c Rn. 2) auch für das Steuerrecht an und sichert damit die steuerliche Neutralität der Kapitalerhöhung aus Gesellschaftsmitteln. 21

1. Steuern vom Einkommen und Ertrag der Anteilseigner. § 1 KapErhStG bestimmt, dass der Wert der neuen Anteilsrechte bei den Anteilseignern nicht zu den der Einkommensteuer unterliegenden Einkünften iSd. § 2 Abs. 1 EStG gehört. Vorausgesetzt ist, dass die gesetzlichen Vorschriften über die Kapitalerhöhung aus Gesellschaftsmitteln eingehalten werden. Davon muss das Steuerrecht ausgehen, wenn die Kapitalerhöhung aus Gesellschaftsmitteln im Handelsregister eingetragen ist.[25] Eine „Umwandlung von Rücklagen in Nennkapital" iSd. § 1 KapErhStG liegt auch vor, 22

---

[22] *Lutter/Hommelhoff* Rn. 11; *Hachenburg/Ulmer* § 1 KapErhG Rn. 13; *Scholz/Priester* Rn. 13; aA *Baumbach/Hueck/Zöllner* Rn. 5, die bei Nichteinhaltung der Abfolge gemäß § 57 c Abs. 2 mangels Inhaltsverstoßes nur Anfechtbarkeit und Eintragungswidrigkeit annehmen.
[23] *Hachenburg/Ulmer* § 6 KapErhG Rn. 16; *Scholz/Priester* § 57 h Rn. 11.
[24] NZG 1999, 1210.
[25] BFH BStBl. 1979 II S. 560.

§ 57 c 4. Abschnitt. Abänderungen des Gesellschaftsvertrages

wenn das Jahresergebnis (§ 57 d Abs. 1) ganz oder teilweise umgewandelt wird.[26] Sind die Voraussetzungen der §§ 57 c ff. nicht gegeben, dann liegt eine Kapitalerhöhung im Wege der Doppelmaßnahme vor,[27] die zwar unter der Geltung der Körperschaftsteuerreform 1977 keine nachteiligen Auswirkungen haben musste (§ 55 Rn. 60; § 57 c Rn. 7), nach der Umgestaltung der Körperschaftbesteuerung durch das StSenkG und die Besteuerung der Anteilseigner nach dem Halbeinkünfteverfahren solche Auswirkungen aber hat.

23 Sind die neuen Anteilsrechte zu **bilanzieren**, so müssen die **Anschaffungskosten** der alten Anteilsrechte auf die alten und die neuen Anteilsrechte im Verhältnis der Anteile am Nennkapital verteilt werden (§ 3 KapErhGStG). Hierdurch wird in Übereinstimmung mit § 57 o die Entstehung eines Bilanzgewinns in Höhe des Wertes der neuen Anteilsrechte vermieden. Etwaige stille Reserven sind erst bei einer späteren Veräußerung zu versteuern. Eine entsprechende Verlagerung der Gewinnrealisierung ergibt sich durch die Beibehaltung der ursprünglichen Anschaffungskosten, wenn die Anteilsrechte in **Privatvermögen** gehalten werden und eine **wesentliche Beteiligung** (§ 17 EStG) darstellen.[28] Veräußert ein Gesellschafter die in seinem Privatvermögen befindlichen neuen Anteile innerhalb von einem Jahr nach Eintragung der Kapitalerhöhung, aber später als ein Jahr nach Anschaffung der alten Anteile, so liegt **kein Spekulationsgeschäft (privates Veräußerungsgeschäft)** iSd. § 23 Abs. 1 Nr. 2 EStG vor, weil für den Beginn der Jahresfrist nicht auf den Zeitpunkt des Erwerbs der neuen Anteile abzustellen ist, sondern auf den Zeitpunkt der Anschaffung der alten Anteile.[29] Handelt es sich bei den Altanteilen um **einbringungsgeborene Anteile** (s. § 55 Rn. 59), so gelten auch die jungen Anteile als Anteile, die durch eine Sacheinlage iSv. § 20 Abs. 1 UmwStG erworben worden sind.[30]

24 **2. Körperschaftsteuer bis zum In-Kraft-Treten des StSenkG.** Die für die Kapitalerhöhung aus Gesellschaftsmitteln verwendeten Rücklagen sind als thesaurierte Gewinne mit dem dafür geltenden Steuersatz von 40 % belastet. Eine Entlastung auf den Ausschüttungssteuersatz von 30 % wird durch die Umwandlung der Rücklagen in Nennkapital nicht herbeigeführt (Rn. 7).

25 **a) Verwendbares Eigenkapital.** § 29 Abs. 3 aF KStG rechnete aber das durch Umwandlung von nach dem 31. 12. 1976 gebildeten Rücklagen entstandene Nennkapital weiterhin zum für Ausschüttungen verwendbaren Eigenkapital. Das hatte zur Folge, dass bei einer Rückzahlung dieses Eigenkapitals anlässlich einer Kapitalherabsetzung oder der Auflösung der Gesellschaft die geringere Ausschüttungsbelastung herzustellen war.[31] Im Einzelnen geschah dies dadurch, dass die auf Grund einer Kapitalherabsetzung oder Auflösung der Gesellschaft anfallenden Bezüge vom Gesellschafter nach § 20 Abs. 1 Nr. 2 EStG als Einkünfte aus Kapitalvermögen zu versteuern waren und auf die Einkommensteuer nach § 36 Abs. 2 Nr. 3 aF EStG die Körperschaftsteuer in Höhe von 3/7 der Bezüge angerechnet wurde (vgl. auch § 58 Rn. 49).

26 **b) Verwendung von Rücklagen.** Soweit vor dem 31. 12. 1976 gebildete Rücklagen zur Nennkapitalerhöhung verwendet wurden (wegen der Verwendungsreihen-

---

[26] FinMin. NRW v. 4. 7. 1996, DB 1996, 1445.
[27] FinMin. NRW v. 29. 3. 1973, DB 1973, 695.
[28] *Brönner* C Rn. 976.
[29] *Brönner* C Rn. 982.
[30] Tz. 67 des BMF-Schreibens v. 16. 6. 1978, BStBl. 1978 I S. 235; *Winter* GmbHR 1993, 153, 154.
[31] *Knobbe-Keuk* § 17 II 3.

Kapitalerhöhung aus Gesellschaftsmitteln § 57 c

folge vgl. § 40 Abs. 3 iVm. § 30 Abs. 2 aF KStG), bestand die Gefahr der **Umgehung** der Nennkapitalerhöhung zur einkommensteuerfreien Kapitalrückzahlung, weil die Bezüge aus einer späteren Kapitalherabsetzung weder einkommensteuerpflichtig nach § 20 Abs. 1 Nr. 2 noch nach § 20 Abs. 1 Nr. 1 EStG waren, wenn sie aus vor der Körperschaftsteuerreform 1977 gebildeten Rücklagen herrührten.[32] § 5 Abs. 1 KapErhStG bestimmte deshalb, dass derartige Kapitalrückzahlungen als Gewinnanteil galten, sofern die Kapitalherabsetzung innerhalb von fünf Jahren nach der Kapitalerhöhung stattfand. Die auf solche Gewinnanteile entfallende Einkommensteuer der Gesellschafter wurde im Wege der Pauschbesteuerung erhoben und betrug 30% der Gewinnanteile. Sie war von der Gesellschaft zu entrichten und bei der Ermittlung ihres Einkommens nicht abziehbar. Eine Anrechnung der Körperschaftsteuer fand nicht statt (§ 5 Abs. 2 KapErhStG; vgl. auch § 58 Rn. 50). Da nur Umgehungsfälle erfasst werden sollten, fiel eine Kapitalherabsetzung zur Verlustdeckung nicht unter § 5 Abs. 1 KapErhStG.[33] Ebensowenig war die Vorschrift auf den Fall der Auflösung der Gesellschaft innerhalb von fünf Jahren nach der Kapitalerhöhung anzuwenden.

c) **Anschaffungskosten.** § 6 KapErhStG legte ähnlich wie § 57o, § 3 KapErhStG 27 die Anschaffungskosten der nach einer Kapitalherabsetzung verbleibenden Anteilsrechte fest, wenn die durch die Kapitalherabsetzung freigewordenen Mittel an die Gesellschafter zurückgezahlt wurden.

3. Körperschaftsteuer nach dem In-Kraft-Treten des StSenkG. Dieses hat die 28 §§ 5 und 6 KapErhStG aufgehoben. An ihre Stelle ist ein neuer § 28 KStG getreten, welcher dem Umstand Rechnung trägt, dass an die Stelle des Körperschaftsteueranrechnungsverfahrens das Halbeinkünfteverfahren auf der Ebene der Gesellschafter tritt. Bei einer Kapitalherabsetzung und Auskehrung der aus der Umwandlung von Rücklagen stammenden Kapitalbeträge werden diese als Einkünfte aus Kapitalvermögen der Halbeinkünftebesteuerung unterworfen, §§ 20 Abs. 1 Nr. 2, 3 Nr. 40 S. 1 Buchstabe a des insoweit ebenfalls neugefassten EStG. Die neue Rechtslage ist damit der alten angepasst.

4. Verfahren. Die Gesellschaft hat die Kapitalerhöhung innerhalb von zwei Wo- 29 chen nach der Eintragung des Erhöhungsbeschlusses in das Handelsregister dem Finanzamt mit einer Abschrift des Kapitalerhöhungsbeschlusses mitzuteilen (§ 4 KapErhStG).

VI. Österreichisches Recht

Eine den §§ 57c bis 57o in weiten Teilen entsprechende Regelung enthält das 30 auf das deutsche KapErhG zurückgehende Kapitalberichtigungsgesetz (KapBerG) vom 19.5.1967, das durch das Firmenbuchgesetz (FBG) v. 1991 und ein weiteres Gesetz Änderungen erfahren hat, die jedoch keinen sachlichen Gehalt haben.[34] Die Erhöhung ist mit Dreiviertelmehrheit von einer Gesellschafterversammlung zu beschließen, welcher der vorausgehende beschlossene Jahresabschluss vorliegt (§ 2 Abs. 1 u. 2 KapBerG). Umwandlungsfähig sind nur offene Rücklagen einschließlich eines Gewinnvortrags (§ 2 Abs. 3 KapBerG). Der der Kapitalerhöhung zugrunde gelegte Jahresabschluss muss auf einen Stichtag aufgestellt sein, der nicht mehr als neun Monate vor der Anmeldung der Kapitalerhöhung zur Eintragung in das Firmenbuch liegt (§ 2 Abs. 4 KapBerG). Die Kapitalerhöhung kann nur durch Erhöhung des Nennbetrags der Geschäftsanteile durchgeführt werden, nicht durch Bildung neuer Geschäftsanteile

---

[32] *Brezing* AG 1979, 12, 13; *Dötsch* DB 1981, 1994.
[33] *Scholz/Priester* Vor § 57c Rn. 24.
[34] *Koppensteiner* § 1 KapBerG Rn. 1.

§ 57 d

(vgl. § 57 h Rn. 14). Das Bezugsrecht der Gesellschafter kann im Erhöhungsbeschluss nicht ausgeschlossen werden (§ 3 Abs. 4 KapBerG). Die Anmeldung muss von allen Geschäftsführern innerhalb von neun Monaten vom Bilanzstichtag gerechnet vorgenommen werden (§ 2 Abs. 4 KapBerG). Ihr ist im Gegensatz zum deutschen Recht (§ 57 i Rn. 3) eine neue Liste der Gesellschafter beizufügen.[35] Eine Prüfung des der Kapitalerhöhung zugrunde gelegten Jahresabschlusses findet nur statt, wenn das Firmenbuchgericht Bedenken hat (§ 3 Abs. 2 KapErhG). Die Kapitalerhöhung aus Gesellschaftsmitteln ist im Ergebnis ertragsteuerneutral.[36] Vgl. im Übrigen bei den §§ 57 e bis o.

§ 57 d [Ausweisung von Kapital- und Gewinnrücklagen]

(1) **Die Kapital- und Gewinnrücklagen, die in Stammkapital umgewandelt werden sollen, müssen in der letzten Jahresbilanz und, wenn dem Beschluß eine andere Bilanz zugrunde gelegt wird, auch in dieser Bilanz unter „Kapitalrücklage" oder „Gewinnrücklagen" oder im letzten Beschluß über die Verwendung des Jahresergebnisses als Zuführung zu diesen Rücklagen ausgewiesen sein.**

(2) **Die Rücklagen können nicht umgewandelt werden, soweit in der zugrunde gelegten Bilanz ein Verlust, einschließlich eines Verlustvortrags, ausgewiesen ist.**

(3) **Andere Gewinnrücklagen, die einem bestimmten Zweck zu dienen bestimmt sind, dürfen nur umgewandelt werden, soweit dies mit ihrer Zweckbestimmung vereinbar ist.**

Literatur: S. die Angaben bei § 57 c.

Übersicht

	Rn.		Rn.
I. Normzweck	1	a) Rücklagen bei Verlust oder Verlustvortrag	9
II. Rücklagen	2–14	b) Derivativer Geschäftswert	10
1. Umwandlungsfähige Bilanzposten	2–7	c) Sonderposten mit Rücklagenanteil	11
a) Kapitalrücklagen	3	d) Zweckbestimmte andere Gewinnrücklagen	12
b) Gewinnrücklagen	4		
c) Gewinn des letzten Geschäftsjahrs	5	3. Verstoß gegen das Umwandlungsverbot	13, 14
d) Nachschusskapital	6		
e) Sonderrücklagen	7	III. Österreichisches Recht	15
2. Nicht umwandlungsfähige Bilanzposten	8–12		

I. Normzweck

1 Das Stammkapital kann nur dann aus Gesellschaftmitteln erhöht werden, wenn hierfür ausreichendes Vermögen zur Verfügung steht. Die Vorschrift regelt, welche Rücklagen in Stammkapital umgewandelt werden können und soll Kapitalerhöhungen aus Mitteln verhindern, die in der Gesellschaft nicht wirklich frei vorhanden sind.[1] Die

---

[35] *Gellis* § 52 Rn. 15.
[36] *Koppensteiner* § 1 KapBerG Rn. 7.
[1] *Geßler/Hefermehl/Eckardt/Kropff/Bungeroth* § 208 Rn. 1; *Hachenburg/Ulmer* § 2 KapErhG Rn. 1.

Ausweisung von Kapital- und Gewinnrücklagen § 57 d

Vorschrift liegt damit im öffentlichen Interesse und dient vor allem dem Gläubigerschutz. Dass sie daneben auch den Minderheitenschutz bezweckt,[2] kann ihr nicht entnommen werden. Der Text des § 57 d entspricht § 2 KapErhG, der seinerseits auf Grund des BiRiLiG gegenüber seiner ursprünglichen Fassung einige sachliche Änderungen erfahren hatte, die teilweise durch Zeitablauf bedingt waren (vgl. zB Rn. 7). Die dem § 57 d analoge Regelung des Aktienrechts findet sich in § 208 AktG.

II. Rücklagen

1. **Umwandlungsfähige Bilanzposten.** Das sind nur solche, die in der **maßgeb-** 2 **lichen Bilanz** (§§ 57 e bis 57 g) unter „Rücklagen" ausgewiesen sind, und zwar – seit der Neufassung des KapErhG durch das BiRiLiG – unter „**Kapitalrücklage**" oder „**Gewinnrücklagen**" (Abs. 1 S. 1). Gemeint sind die in § 266 Abs. 3 A II, III und § 272 Abs. 2 bis 4 HGB bezeichneten Posten. Für die AG bestimmte § 208 Abs. 1 S. 1 aF AktG, dass die Posten unter „**offene Rücklagen**" ausgewiesen sein müssen. Das ist der Sache nach nichts anderes. Im Gegensatz dazu stehen **stille** Rücklagen (Reserven), die für eine Umwandlung erst in Betracht kommen, wenn sie ausnahmsweise aufgelöst und den Rücklagen zugeführt sind.[3] Umwandlungsfähig sind danach:

a) **Kapitalrücklagen.** Das sind alle Posten, die nach § 272 Abs. 2 HGB als Kapi- 3 talrücklage auszuweisen sind. Das ist in erster Linie das **Agio (Aufgeld)** bei der Ausgabe von Anteilen anlässlich der Gründung oder Kapitalerhöhung (Nr. 1, vgl. § 55 Rn. 16; § 56 Rn. 20). Ein Agio bei der Ausgabe von Wandelschuldverschreibungen (Nr. 2) kommt bei der GmbH praktisch nicht vor. Dagegen sind Zuzahlungen für Vorzugsgeschäftsanteile (Nr. 3, vgl. § 3 Rn. 50) eher denkbar. Was andere Zuzahlungen der Gesellschafter in das Eigenkapital sind (Nr. 4), kann im Einzelfall schwierig zu bestimmen sein.[4] Diese sind jedenfalls nicht mit den Gewinnrücklagen (Rn. 4) zu verwechseln. Die als Kapitalrücklage und Gewinnrücklagen umwandlungsfähigen Beträge nannte die alte Gesetzesfassung „**freie Rücklagen**".

b) **Gewinnrücklagen.** Als solche bezeichnet § 266 Abs. 3 A III HGB die gesetz- 4 liche Rücklage, die es bei der GmbH nicht gibt, ferner die Rücklage für eigene Anteile, die satzungsmäßigen Rücklagen sowie andere Gewinnrücklagen, wobei nach § 272 Abs. 3 HGB als Gewinnrücklagen nur Beträge ausgewiesen werden dürfen, die im Geschäftsjahr oder in einem früheren Geschäftsjahr aus dem Ergebnis gebildet worden sind. Die Umwandlungsfähigkeit dieser Rücklagen ist nur hinsichtlich der Rücklage für eigene Anteile zweifelhaft. Die Gesetzessystematik spricht für die Umwandlungsfähigkeit, da die Rücklage für eigene Anteile in § 266 Abs. 3 A III Nr. 2 HGB ausdrücklich als Gewinnrücklage aufgeführt ist und § 57 d Abs. 1 insoweit keine Einschränkung enthält. Die Rücklage für eigene Anteile ist auch keine „andere Gewinnrücklage" mit besonderer Zweckbestimmung iSv. § 57 d Abs. 3 (hierzu vgl. Rn. 12), da „andere Gewinnrücklagen" in § 266 Abs. 3 A III Nr. 4 HGB gesondert erfasst sind. Der Zweck der Rücklage, die aktivierten eigenen Anteile durch einen Gegenposten auf der Passivseite zu neutralisieren und dadurch einen Überschuss der Aktiva über die Passiva zu vermeiden,[5] der zu einer Rückzahlung von Stammkapital führen könnte (vgl. § 33 Abs. 2 S. 1), schließt die Umwandlungsfähigkeit jedoch aus, solange die Vor-

---

[2] *Lutter/Hommelhoff* Rn. 2.
[3] *Hachenburg/Ulmer* § 2 KapErhG Rn. 3.
[4] Vgl. hierzu BeckBilKomm. HGB § 272 Rn. 67.
[5] *Lutter/Hommelhoff* Rn. 8.

§ 57 d   4. Abschnitt. Abänderungen des Gesellschaftsvertrages

aussetzungen für eine Auflösung der Rücklage (§ 272 Abs. 4 S. 2 HGB) nicht eingetreten sind.[6]

5   c) **Gewinn des letzten Geschäftsjahrs.** Die schon nach der ursprünglichen Gesetzesfassung von der hM bejahte Umwandlungsfähigkeit hat das BiRiLiG ausdrücklich klargestellt. § 57 d Abs. 1 lässt die Umwandlung zu, wenn der Gewinn im letzten Beschluss über die Verwendung des Jahresergebnisses als Zuführung zu den Gewinnrücklagen ausgewiesen ist. Statt dessen kann die Gewinnrücklage schon bei der Aufstellung der Bilanz gebildet werden (§ 268 Abs. 1 HGB). Nach deren Feststellung ist die Rücklage umwandlungsfähig.

6   d) **Nachschusskapital.** Auch für dieses hat das BiRiLiG die früheren Zweifelsfragen geklärt und die von der hM bejahte Umwandlungsfähigkeit bestätigt. § 42 Abs. 2 S. 3 schreibt den gesonderten Ausweis des Nachschusskapitals als „Kapitalrücklage" auf der Passivseite vor, erweitert damit die gemäß § 272 Abs. 2 HGB als Kapitalrücklage auszuweisenden Posten[7] und stellt dadurch die Umwandlungsfähigkeit her, ohne Rücksicht darauf, ob die Nachschüsse lediglich eingefordert oder schon eingezahlt sind.[8]

7   e) **Sonderrücklagen.** Die Sonderrücklagen nach dem **DMBilG 1949** hat das BiRiLiG als hinfällig gestrichen.

8   2. **Nicht umwandlungsfähige Bilanzposten.** Der formelle Ausweis eines Bilanzpostens als Rücklage (Rn. 2) genügt für die Umwandlungsfähigkeit nicht ohne weiteres. Vielmehr ist die Verwendung von Rücklagen zur Kapitalerhöhung ausgeschlossen, wenn ein **Umwandlungsverbot** besteht. Nicht umwandlungsfähig sind danach:

9   a) **Rücklagen bei Verlust oder Verlustvortrag.** Steht Rücklagen ein Verlust oder Verlustvortrag gegenüber (§ 57 d Abs. 2), werden sie hierdurch neutralisiert, das Eigenkapital wird gemindert.

10 b) **Derivativer Geschäftswert.** Rücklagen, soweit ein derivativer (erworbener) Geschäftswert bilanziert wird, waren nach bestrittener Auffassung nicht umwandlungsfähig, da ein solcher Aktivposten als „**Gegenposten zum Eigenkapital**" angesehen wurde, der die Umwandlung nach der ursprünglichen Gesetzesfassung ausschloss. Da in der jetzigen Gesetzesfassung andere Gegenposten zum Eigenkapital als ein Verlust oder Verlustvortrag nicht mehr erwähnt werden, ist davon auszugehen, dass die Bilanzierung eines derivativen Geschäftswerts die Verwendung von Rücklagen zur Kapitalerhöhung nicht hindert.[9]

11 c) **Sonderposten mit Rücklagenanteil.** Das sind Posten, die auf Grund steuerlicher Vorschriften erst bei ihrer Auflösung zu versteuern sind (§ 2 Abs. 2 S. 2 Nr. 3 aF KapErhG). In Betracht kommen zB Rücklagen nach dem AuslInvG und dem EntwLStG. Da ihnen bei ihrer Auflösung eine Steuerschuld gegenübersteht, haben sie Rückstellungscharakter und sind deshalb nicht umwandlungsfähig. Das BiRiLiG hat dieses Umwandlungsverbot zwar aus der Gesetzesfassung herausgenommen. Seine weitere Anwendung ergibt sich aber daraus, dass die Sonderposten mit Rücklagenanteil weder Kapitalrücklagen nach Gewinnrücklagen sind (§ 57 d Abs. 1) und deshalb nicht unter die umwandlungsfähigen Rücklagen fallen.[10]

---

[6] So auch *Baumbach/Hueck/Zöllner* Rn. 1; *Scholz/Priester* Rn. 15.
[7] § 42 Rn. 11; *Scholz/Priester* Rn. 10.
[8] *Baumbach/Hueck/Zöllner* Rn. 2; aA *Hachenburg/Ulmer* § 2 KapErhG Rn. 6; *Scholz/Priester* Rn. 10: umwandlungsfähig sind nur eingezahlte Nachschüsse.
[9] Ebenso *Baumbach/Hueck/Zöllner* Rn. 6; *Hachenburg/Ulmer* § 2 KapErhG Rn. 11; *Scholz/Priester* Rn. 13.
[10] Ebenso *Baumbach/Hueck/Zöllner* Rn. 1.

Ausweisung von Kapital- und Gewinnrücklagen § 57 d

d) Zweckbestimmte andere Gewinnrücklagen (§ 57 d Abs. 3). Sie sind umwandlungsfähig, soweit ihr Zweck nicht entgegensteht. Gemeint sind nicht lediglich „andere Gewinnrücklagen" iSv. § 266 Abs. 3 A III Nr. 4 HGB, sondern auch Gewinnrücklagen, deren Zweckbindung durch die Satzung bestimmt wird und die somit unter § 266 Abs. 3 A III Nr. 3 HGB fallen. Das ergibt ein Vergleich mit der ursprünglichen Gesetzesfassung, die insoweit durch das BiRiLiG nicht geändert werden sollte.[11] Der Zweck muss nicht aus der Bilanz ersichtlich sein, sondern kann sich außer aus der Satzung auch aus einem Gesellschafterbeschluss ergeben.[12] Mit ihrer Zweckbestimmung vereinbar ist insbesondere die Umwandlung von Rücklagen, deren bestimmungsgemäße Verwendung zu keiner Vermögensminderung führt, zB Rücklagen für Erneuerungs- oder Investitionszwecke. Solche Rücklagen verwandeln sich bei ihrer Verwendung regelmäßig in andere, aktivierungsfähige Wirtschaftsgüter. Demgegenüber stehen Rücklagen, die ohne Schaffung eines Gegenpostens verausgabt werden sollen, zB Rücklagen für Gratifikationen, Tantiemen und sonstige freiwillige soziale Leistungen.[13] Eine der Umwandlung in Nennkapital **entgegenstehende Zweckbestimmung kann** im Rahmen der Kapitalerhöhung **beseitigt werden.** Zuständig ist das bilanzfeststellende Organ, idR also die Gesellschafterversammlung.[14] Ist der Zweck in der Satzung festgelegt, bedarf es zu seiner Aufhebung einer Satzungsänderung. Der Beschluss über die Änderung der Zweckbestimmung und der Kapitalerhöhungsbeschluss können in der gleichen Gesellschafterversammlung gefasst werden.[15] Wegen § 54 Abs. 3 GmbHG darf der Kapitalerhöhungsbeschluss aber erst eingetragen werden, wenn der Beschluss über die Änderung der Zweckbestimmung eingetragen ist. Hat ein einfacher Gesellschafterbeschluss den Zweck der Rücklage bestimmt, so liegt im Erhöhungsbeschluss stets die Aufhebung der Zweckbindung.[16]

3. Verstoß gegen das Umwandlungsverbot. Sind die umgewandelten Rücklagen nicht formell in der Bilanz ausgewiesen (§ 57 d Abs. 1) oder werden Rücklagen entgegen § 57 d Abs. 2 umgewandelt, so ist der Erhöhungsbeschluss **nichtig,** weil die verletzten Bestimmungen dem Gläubigerschutz (§ 241 Nr. 3 AktG analog) dienen.[17]

Wird § 57 d Abs. 3 nicht beachtet, so führt das lediglich zur **Anfechtbarkeit** des Beschlusses, weil nur Gesellschafterinteressen berührt werden.[18] Vgl. auch § 57 c Rn. 18.

III. Österreichisches Recht

Vgl. § 57 c Rn. 30.

---

[11] Ebenso *Baumbach/Hueck/Zöllner* Rn. 8; *Scholz/Priester* Rn. 16.
[12] Str., wie hier *Hachenburg/Ulmer* § 2 KapErhG Rn. 14; *Scholz/Priester* Rn. 16; anders zT die aktienrechtliche Literatur; wie hier *Geßler/Hefermehl/Eckardt/Kropff/Bungeroth* § 208 Rn. 35.
[13] *Geßler* BB 1960, 6, 8; *Hachenburg/Ulmer* § 2 KapErhG Rn. 15; *Scholz/Priester* Rn. 16.
[14] *V. Burchard* BB 1961, 1186, 1187; anders die wohl hM, die das Organ entscheiden lassen will, das den Zweck bestimmt hat, vgl. *Scholz/Priester* Rn. 17 mN; wohl auch *Baumbach/Hueck/Zöllner* Rn. 8; *Hachenburg/Ulmer* § 2 KapErhG Rn. 15.
[15] *Baumbach/Hueck/Zöllner* Rn. 9; *Lutter/Hommelhoff* Rn. 12; *Scholz/Priester* Rn. 17; abw. wohl die hM in der aktienrechtlichen Literatur, vgl. zB *Geßler/Hefermehl/Eckhardt/Kropff/Bungeroth* § 208 Rn. 37.
[16] *Baumbach/Hueck/Zöllner* Rn. 9; *Hachenburg/Ulmer* § 2 KapErhG Rn. 15; *Lutter/Hommelhoff* Rn. 11; *Scholz/Priester* Rn. 17.
[17] *Hachenburg/Ulmer* § 2 KapErhG Rn. 16.
[18] *Baumbach/Hueck/Zöllner* Rn. 8; *Lutter/Hommelhoff* Rn. 16; *Hachenburg/Ulmer* § 2 KapErhG Rn. 7; *Scholz/Priester* Rn. 18; *Geßler/Hefermehl/Eckardt/Kropff/Bungeroth* § 208 Rn. 40, der die bloße Anfechtbarkeit aus der schwächeren Ausdrucksweise „dürfen" des Gesetzes herleitet.

§ 57 e [Zugrundelegung der letzten Jahresbilanz; Prüfung]

(1) Dem Beschluß kann die letzte Jahresbilanz zugrunde gelegt werden, wenn die Jahresbilanz geprüft und die festgestellte Jahresbilanz mit dem uneingeschränkten Bestätigungsvermerk der Abschlußprüfer versehen ist und wenn ihr Stichtag höchstens acht Monate vor der Anmeldung des Beschlusses zur Eintragung in das Handelsregister liegt.

(2) Bei Gesellschaften, die nicht große im Sinne des § 267 Abs. 3 des Handelsgesetzbuchs sind, kann die Prüfung auch durch vereidigte Buchprüfer erfolgen; die Abschlußprüfer müssen von der Versammlung der Gesellschafter gewählt sein.

§ 57 f [Anforderungen an die Bilanz]

(1) ¹Wird dem Beschluß nicht die letzte Jahresbilanz zugrunde gelegt, so muß die Bilanz den Vorschriften über die Gliederung der Jahresbilanz und über die Wertansätze in der Jahresbilanz entsprechen. ²Der Stichtag der Bilanz darf höchstens acht Monate vor der Anmeldung des Beschlusses zur Eintragung in das Handelsregister liegen.

(2) ¹Die Bilanz ist, bevor über die Erhöhung des Stammkapitals Beschluß gefaßt wird, durch einen oder mehrere Prüfer darauf zu prüfen, ob sie dem Absatz 1 entspricht. ²Sind nach dem abschließenden Ergebnis der Prüfung keine Einwendungen zu erheben, so haben die Prüfer dies durch einen Vermerk zu bestätigen. ³Die Erhöhung des Stammkapitals kann nicht ohne diese Bestätigung der Prüfer beschlossen werden.

(3) ¹Die Prüfer werden von den Gesellschaftern gewählt; falls nicht andere Prüfer gewählt werden, gelten die Prüfer als gewählt, die für die Prüfung des letzten Jahresabschlusses von den Gesellschaftern gewählt oder vom Gericht bestellt worden sind. ²Im übrigen sind, soweit sich aus der Besonderheit des Prüfungsauftrags nichts anderes ergibt, § 318 Abs. 1 Satz 2, § 319 Abs. 1 bis 3, § 320 Abs. 1 Satz 2, Abs. 2 und die §§ 321 und 323 des Handelsgesetzbuchs anzuwenden. ³Bei Gesellschaften, die nicht große im Sinne des § 267 Abs. 3 des Handelsgesetzbuchs sind, können auch vereidigte Buchprüfer zu Prüfern bestellt werden.

§ 57 g [Vorherige Bekanntgabe des Jahresabschlusses]

Die Bestimmungen des Gesellschaftsvertrags über die vorherige Bekanntgabe des Jahresabschlusses an die Gesellschafter sind in den Fällen des § 57 f entsprechend anzuwenden.

Literatur: S. die Angaben bei § 57 c.

Vorherige Bekanntgabe des Jahresabschlusses § 57 g

Übersicht

	Rn.		Rn.
I. Normzweck	1	2. Erhöhungsbilanz (Zwischenbilanz)	10–12
II. Bilanz	2–13	3. Mängel der Bilanz und ihrer Bekanntgabe	13
1. Letzte Jahresbilanz	3–9	**III. Österreichisches Recht**	14
a) Prüfung	4, 5		
b) Prüfer	6, 7		
c) Uneingeschränkter Bestätigungsvermerk	8		
d) Bilanzstichtag	9		

I. Normzweck

Die §§ 57e bis 57g sind bis auf eine Ausnahme (§ 57e Abs. 1 letzter Satzteil) wortgleich den §§ 3 bis 5 KapErhG. Sie legen die Anforderungen an die der Kapitalerhöhung zugrunde zu legende Bilanz sowie deren Prüfung fest und ergänzen dadurch § 57c Abs. 3 und § 57d. Mit Ausnahme des § 57g haben die Vorschriften wie § 57d den Gläubigerschutz im Auge. § 57e Abs. 1 verlängert die Frist für das Alter der einer Kapitalerhöhung zugrunde gelegten Bilanz von sieben auf acht Monate, um eine einheitliche Regelung mit dem Aktienrecht (§ 209 Abs. 1 AktG) herzustellen.[1]   1

II. Bilanz

Grundlage der Kapitalerhöhung aus Gesellschaftsmitteln ist eine Bilanz, aus der die umzuwandelnden Rücklagen ersichtlich sind (§ 57c Abs. 3, § 57d Abs. 1). Das kann die letzte Jahresbilanz oder eine für die Zwecke der Kapitalerhöhung aufgestellte besondere Erhöhungsbilanz (Zwischenbilanz) sein (§ 57e Abs. 1, § 57f Abs. 1).   2

1. Letzte Jahresbilanz. Sie ist Teil des letzten Jahresabschlusses (§ 42a), dessen Feststellung nach § 57c Abs. 2 Voraussetzung für den Kapitalerhöhungsbeschluss ist (§ 57c Rn. 16). Für ihren **Inhalt**, etwa die Form des Ausweises der Rücklagen, ergeben sich aus den Vorschriften über die Kapitalerhöhung aus Gesellschaftsmitteln keine besonderen Erfordernisse. Sie muss aber **geprüft** (Rn. 4) und mit einem **Bestätigungsvermerk** (Rn. 5) versehen sein. Ihr **Stichtag** darf höchstens acht Monate vor der Anmeldung des Kapitalerhöhungsbeschlusses liegen (Rn. 9).   3

a) Prüfung. Sie erstreckt sich nur auf die Jahresbilanz, nicht auch auf die Gewinn- und Verlustrechnung. Über ihren **Gegenstand und Umfang** sagt das Gesetz nichts. Demgemäß hat sich die Prüfung nur darauf zu erstrecken, ob die gesetzlichen Vorschriften über die Gliederung der Jahresbilanz und die Bewertung der Bilanzpositionen (§ 242, 264 HGB, § 42) eingehalten sind. Dazu gehört auch, ob **Rücklagen** ausgewiesen werden durften, nicht aber, ob sie umwandlungsfähig sind.[2] Enthält die **Satzung** Bestimmungen über die Bildung von Rücklagen oder sonstigen Vorschriften über die Jahresbilanz, so ist auch deren Einhaltung zu prüfen.[3] Im Übrigen gelten für die Prüfung der Jahresbilanz großer und mittelgroßer Gesellschaften mbH (§ 267 Abs. 2 und 3 HGB) die Vorschriften der §§ 316 ff. HGB. Auf die Prüfung der Jahresbilanz kleiner Gesellschaften mbH (§ 267 Abs. 1 HGB) sind diese Vorschriften entsprechend anzuwenden.[4]   4

---

[1] Amtl. Begr. S. 176.
[2] *Hachenburg/Ulmer* §§ 3 bis 5 KapErhG Rn. 8; *Scholz/Priester* Rn. 11 und die aktienrechtliche Literatur.
[3] Ebenso *Lutter/Hommelhoff* Rn. 9; aM *Scholz/Priester* Rn. 11.
[4] *Hachenburg/Ulmer* § 3 bis 5 KapErhG Rn. 5; *Lutter/Hommelhoff* Rn. 3.

§ 57 g   4. Abschnitt. Abänderungen des Gesellschaftsvertrages

5   Auf den **Zeitpunkt der Prüfung** kommt es zunächst insoweit an, als dieser vor dem Beschluss über die Kapitalerhöhung liegen muss. Bei der großen und mittelgroßen GmbH muss die Prüfung auch noch der Feststellung des Jahresabschlusses vorausgehen (§ 316 Abs. 1 S. 2 HGB). Bei der kleinen GmbH ist es dagegen gleichgültig, ob die Prüfung vor oder nach Feststellung des Jahresabschlusses stattfindet. Wird die geprüfte Bilanz **geändert,** etwa um den durch den Gewinnverteilungsbeschluss den Rücklagen zugewiesenen Teil des Jahresgewinns in diese einzustellen (§ 57 d Rn. 5), so ist **erneut zu prüfen,** wobei sich die Prüfung auf die Änderung beschränken kann.[5]

6   **b) Prüfer.** Bei der großen GmbH können nur **Wirtschaftsprüfer** und **Wirtschaftsprüfungsgesellschaften** prüfen. Für die Jahresbilanz folgt das aus § 319 Abs. 1 S. 1 HGB, für die Erhöhungsbilanz (Rn. 10) aus § 57 f Abs. 3 mit den dortigen Verweisungen. Bei der mittelgroßen und der kleinen GmbH kann die Prüfung auch durch **vereidigte Buchprüfer** erfolgen (§ 57 e Abs. 2, § 57 f Abs. 3 S. 3). **Steuerberater,** die nicht zugleich vereidigte Buchprüfer sind, kommen nicht in Betracht. Für die Prüfer gelten die **Ausschlussgründe** des § 319 Abs. 2 und 3 HGB:

7   Für die **Wahl** der Prüfer ist die **Gesellschafterversammlung** zuständig (§ 57 e Abs. 2 Halbs. 2), und zwar auch dann, wenn die Prüfer für die jährliche Abschlussprüfung nach der Satzung von einem anderen Organ ausgewählt sind. Soll der Kapitalerhöhung eine Jahresbilanz zugrunde gelegt werden, die bereits von einem solchen Prüfer geprüft ist, so genügt aber die Bestätigung durch die Gesellschafterversammlung.[6] § 318 Abs. 1 S. 2 HGB, der für die GmbH Abweichungen von der Zuständigkeit der Gesellschafter für die Wahl der Abschlussprüfer des Jahresabschlusses durch die Satzung erlaubt und in § 57 f Abs. 3 S. 2 für die Zwischenbilanz (Rn. 41) ausdrücklich in Bezug genommen ist, nötigt nur dann zu einer korrigierenden Auslegung des § 57 e Abs. 2 Halbs. 2,[7] wenn die Satzung auch für die Prüfung der einer Kapitalerhöhung aus Gesellschaftsmitteln zugrunde zu legenden Bilanz die Wahl der Prüfer einem anderen Organ als der Gesellschafterversammlung zuweist.[8] Die Erteilung des Prüfungsauftrags obliegt den Geschäftsführern (§ 318 Abs. 1 S. 4 HGB).

8   **c) Uneingeschränkter Bestätigungsvermerk.** Mit ihm haben die Prüfer die geprüfte und festgestellte Jahresbilanz zu versehen (Abs. 1). Ein bestimmter Wortlaut ist anders als bei der Pflichtprüfung (§ 322 HGB) nicht vorgeschrieben. Unterzeichnung sowie Angabe von Ort und Datum sind aber analog § 322 Abs. 4 S. 1 selbstverständlich. Da der uneingeschränkte Bestätigungsvermerk sich nur auf die Jahresbilanz, nicht aber auf den Jahresabschluss im Ganzen zu beziehen hat, muss er keine Angaben zur Gewinn- und Verlustrechung enthalten (§ 242 Abs. 3 HGB) und erfasst auch nicht den mit dem Jahresabschluss eine Einheit bildenden Anhang (§ 264 Abs. 1 HGB). Das ist dann von Bedeutung, wenn dem Jahresabschluss nur ein eingeschränkter Bestätigungsvermerk erteilt ist, weil im Anhang die Angaben gemäß § 285 Nr. 9 HGB nicht gemacht wurden, zB wegen der Pflicht zur Offenlegung des Jahresabschlusses (§ 325 HGB). In solchen Fällen kann der Prüfer zusätzlich einen uneingeschränkten Bestätigungsvermerk für die Jahresbilanz erteilen, obwohl er dem Jahresabschluss wegen der Mängel nach § 285 Nr. 9 HGB nur einen eingeschränkten Bestätigungsvermerk erteilt hat. Das ist im Hinblick auf den Zweck des Bestätigungsvermerks unbedenklich, der

---

[5] *Hachenburg/Ulmer* §§ 3 bis 5 KapErhG Rn. 5; *Scholz/Priester* Rn. 14.
[6] *Lutter/Hommelhoff* Rn. 3.
[7] *Hachenburg/Ulmer* §§ 3 bis 5 KapErhG Rn. 7; *Scholz/Priester* Rn. 8.
[8] So zutreffend *Baumbach/Hueck/Zöllner* § 57 e Rn. 2 und wohl auch *Meyer-Landrut/Miller/Niehus* §§ 3 bis 5 KapErhG Rn. 3.

Vorherige Bekanntgabe des Jahresabschlusses § 57 g

nur dahin geht, das Vorhandensein der umzuwandelnden Rücklagen sicherzustellen.[9] Wird die geprüfte und mit dem Bestätigungsvermerk versehene Bilanz **geändert**, so ist nach Prüfung der Änderung (Rn. 5) ein **neuer**, sich auf die Änderung erstreckender **Bestätigungsvermerk** erforderlich.[10]

d) Bilanzstichtag. Er darf bei Eingang der Anmeldung der Kapitalerhöhung beim Handelsregister nicht länger als acht Monate zurückliegen (§ 3 Abs. 1 KapErhG hatte eine Frist von sieben Monaten vorgesehen, vgl. Rn. 1). Eine Fristüberschreitung, mag sie auch noch so geringfügig sein, darf das Registergericht nicht hinnehmen, sondern muss die Anmeldung zurückweisen (§ 57 i Abs. 2). Das war schon vor der Erstreckung der Frist auf acht Monate allgM, obwohl die aktienrechtliche Regelung (§ 209 Abs. 1 AktG) bereits damals eine Frist von acht Monaten vorsah.[11] Insoweit ist die Rechtslage wie bei den Fällen der **Umwandlung** nach dem UmwG 1994 (vgl. Anh. § 77). Zu weitgehend erscheint es allerdings, bei einer durch Zwischenverfügung beanstandeten Anmeldung für die Rückrechnung auf das Datum der Behebung des Mangels abzustellen.[12] 9

2. Erhöhungsbilanz (Zwischenbilanz). Eine solche wird wegen des mit ihr verbundenen Arbeits- und Kostenaufwands in aller Regel nur dann aufgestellt, wenn die Acht-Monats-Frist zwischen dem Stichtag der Jahresbilanz und der Anmeldung nicht eingehalten werden kann. Für sie gelten dieselben **Gliederungs- und Bewertungsgrundsätze** wie für die Jahresbilanz. Ihr **Stichtag** darf bei Anmeldung ebenfalls nicht länger als acht Monate zurückliegen (§ 57 f Abs. 1). Auf diesen Stichtag ist das Zwischenergebnis als **Gewinn** oder **Verlust** auszuweisen. Eine förmliche Gewinn- und Verlustrechnung ist jedoch nicht aufzumachen.[13] Weist die Erhöhungsbilanz höhere Rücklagen aus als die Jahresbilanz, so können wegen § 57 d Abs. 1 nur die geringeren der Jahresbilanz umgewandelt werden. Im umgekehrten Fall sind nur die geringeren Rücklagen der Erhöhungsbilanz umwandlungsfähig (allgM). Soweit die Umwandlungsfähigkeit der Rücklagen nach § 57 d Abs. 2 von einem Verlust oder sonstigen **Gegenposten** zum Eigenkapital beeinflusst wird (§ 57 d Rn. 8 ff.), kommt es nur auf die Gegenposten der Erhöhungsbilanz an.[14] Eine ausdrückliche **Feststellung** der Erhöhungsbilanz nach § 46 Nr. 1 ist nicht vorgeschrieben. Dass eine Feststellung erforderlich ist, kann freilich nicht zweifelhaft sein, sie kann aber konkludent erfolgen und zB in der Zustimmung der Gesellschafter zum Kapitalerhöhungsbeschluss liegen.[15] 10

Die Erhöhungsbilanz ist zu **prüfen** und mit einem **Bestätigungsvermerk** zu versehen, bevor der Erhöhungsbeschluss gefasst wird (§ 57 f Abs. 2). Der Bestätigungsvermerk geht weniger weit als der Bestätigungsvermerk bei der Pflichtprüfung nach § 322 11

---

[9] Arg. auch aus § 57 f Abs. 2; vgl. auch *Koppensteiner* § 3 KapBerG Rn. 6; *Geßler/Hefermehl/Eckhardt/Kropff/Bungeroth* § 209 Rn. 16 will den eingeschränkten Bestätigungsvermerk für den Jahresabschluss von vornherein für die Kapitalerhöhung gelten lassen, wenn die Einschränkungen nicht die Bilanz, sondern ausschließlich andere Teile des Jahresabschlusses betreffen, wie die Gewinn- und Verlustrechnung oder den Anhang.
[10] *Hachenburg/Ulmer* §§ 3 bis 5 KapErhG Rn. 10; *Scholz/Priester* Rn. 15.
[11] OLG Frankfurt BB 1981, 1253, 1254; LG Essen BB 1982, 1901.
[12] Ebenso *Baumbach/Hueck/Zöllner* § 57 e Rn. 3; *Scholz/Priester* Rn. 16; aA *Hachenburg/Ulmer* §§ 3 bis 5 KapErhG Rn. 17, § 7 KapErhG Rn. 16.
[13] AllgM, vgl. zB *Hachenburg/Ulmer* §§ 3 bis 5 KapErhG Rn. 11; *Scholz/Priester* Rn. 3.
[14] *Hachenburg/Ulmer* §§ 3 bis 5 KapErhG Rn. 8, 11; *Scholz/Priester* Rn. 4.
[15] *Hachenburg/Ulmer* §§ 3 bis 5 KapErhG Rn. 13; *Scholz/Priester* Rn. 3; aA *Baumbach/Hueck/Zöllner* § 57 f Rn. 9, die einen förmlichen, dem Kapitalerhöhungsbeschluss vorausgehenden Feststellungsbeschluss verlangen; ebenso wohl auch *Lutter/Hommelhoff* Rn. 5.

§ 57 c 4. Abschnitt. Abänderungen des Gesellschaftsvertrages

HGB: Er soll nur das Vorhandensein der umzuwandelnden Rücklagen gewährleisten (vgl. auch Rn. 8). Zu Formulierungsmöglichkeiten vgl. AG Duisburg,[16] das die Fassung des Bestätigungsvermerks gemäß der Empfehlung des HFA des Instituts der Wirtschaftsprüfer[17] für unzureichend hält. Für die **Prüfer,** ihre Wahl und etwaige Ausschlussgründe gelten § 57 f Abs. 3 und die dort zitierten Vorschriften des HGB. Im Einzelnen wird auf die Erläuterungen zur Prüfung der Jahresbilanz (§ 57 d Rn. 4 ff.) Bezug genommen.

12   § 57 g schreibt die **Bekanntgabe** der Erhöhungsbilanz an die Gesellschafter entsprechend den Bestimmungen des Gesellschaftsvertrags über die vorherige Bekanntgabe der Jahresbilanz vor. Sagt der Gesellschaftsvertrag hierüber nichts, so gilt § 42 a HGB entsprechend. Danach sind den Gesellschaftern die Bilanz und etwaige Prüfungsberichte durch die Geschäftsführer zugänglich zu machen und zu erläutern.[18] Eine Vorlage an den Aufsichtsrat ist zwar wegen dessen Ausschluss von der Mitwirkung bei der Kapitalerhöhung nicht zwingend,[19] in praxi aber selbstverständlich. Eine Offenlegung der Erhöhungsbilanz nach § 325 HGB kommt nicht in Betracht.[20]

13   **3. Mängel der Bilanz und ihrer Bekanntgabe.** Ist die der Kapitalerhöhung zugrunde gelegte Bilanz nicht geprüft oder nicht mit einem uneingeschränkten Bestätigungsvermerk versehen, so ist der Beschluss über die Kapitalerhöhung **nichtig.**[21] Ein dennoch eingetragener Beschluss wird nach Ablauf von drei Jahren geheilt (§ 242 Abs. 2 AktG, vgl. § 53 Rn. 62; § 54 Rn. 28). Eine Amtslöschung (§ 54 Rn. 36 ff.) dürfte nicht in Betracht kommen. Ist die Acht-Monats-Frist nicht eingehalten, so soll das nach hM nur ein Eintragungshindernis sein, dessen Nichtbeachtung durch das Registergericht die Kapitalerhöhung voll wirksam macht.[22] Die Verletzung der Vorschriften über die Bekanntgabe der Erhöhungsbilanz führt nur zur **Anfechtbarkeit** des Kapitalerhöhungsbeschlusses[23] und hindert die Eintragung allenfalls, wenn angefochten ist (vgl. § 54 Rn. 20).

III. Österreichisches Recht

14   Vgl. zunächst § 57 c Rn. 30. Die Frist für das Alter des der Kapitalberichtigung zugrunde gelegten Jahresabschlusses beträgt neun Monate (§ 2 Abs. 4 KapberG): Streitig ist, ob dieser mit einem uneingeschränkten Prüfungsvermerk versehen sein muss oder ob der die Kapitalberichtigung billigende Hinweis im Prüferbericht genügt.[24] Das KapberG sagt hierzu im Gegensatz zur deutschen Regelung nichts (§ 57 c Abs. 1).

---

[16] DB 1994, 466; aA *Lutter/Hommelhoff* Rn 10, die offenbar § 22 HGB anwenden wollen.
[17] WP-HdB 1996, S. 1285, Tz. 909, 910.
[18] *Baumbach/Hueck/Zöllner* § 57 g Rn. 1; *Hachenburg/Ulmer* §§ 3 bis 5 KapErhG Rn. 12; *Meyer-Landrut/Miller/Niehus* §§ 3 bis 5 KapErhG Rn. 7; *Scholz/Priester* Rn. 17; vgl. auch § 51 a.
[19] *Meyer-Landrut/Miller-Niehus* §§ 3 bis 5 KapErhG Rn. 7.
[20] *Baumbach/Hueck/Zöllner* § 57 g Rn. 1.
[21] § 241 Nr. 3 AktG analog, vgl. *Baumbach/Hueck/Zöllner* § 57 e Rn. 4; *Hachenburg/Ulmer* §§ 3 bis 5 KapErhG Rn. 18; *Roth/Altmeppen* § 57 e Rn. 8; *Scholz/Priester* Rn. 18.
[22] *Hachenburg/Ulmer* §§ 3 bis 5 KapErhG Rn. 19; *Scholz/Priester* Rn. 18.
[23] *Hachenburg/Ulmer* §§ 3 bis 5 KapErhG Rn. 18; *Meyer-Landrut/Miller/Niehus* §§ 3 bis 5 KapErhG Rn. 8.
[24] *Koppensteiner* § 2 KapberG Rn. 6.

§ 57h [Arten der Kapitalerhöhung]

(1) ¹Die Kapitalerhöhung kann vorbehaltlich des § 57l Abs. 2 durch Bildung neuer Geschäftsanteile oder durch Erhöhung des Nennbetrags der Geschäftsanteile ausgeführt werden. ²Die neuen Geschäftsanteile und die Geschäftsanteile, deren Nennbetrag erhöht wird, können auf jeden durch zehn teilbaren Betrag, müssen jedoch auf mindestens fünfzig Euro gestellt werden.

(2) ¹Der Beschluß über die Erhöhung des Stammkapitals muß die Art der Erhöhung angeben. ²Soweit die Kapitalerhöhung durch Erhöhung des Nennbetrags der Geschäftsanteile ausgeführt werden soll, ist sie so zu bemessen, daß durch sie auf keinen Geschäftsanteil, dessen Nennbetrag erhöht wird, Beträge entfallen, die durch die Erhöhung des Nennbetrags des Geschäftsanteils nicht gedeckt werden können.

Literatur: S. die Angaben bei § 57c.

Übersicht

	Rn.		Rn.
I. Normzweck	1	2. Keine freien Spitzen	8
II. Neue Anteilsrechte	2–13	3. Mängel der Anteilsbildung	9–13
1. Art der Erhöhung	2–7	a) Art der Erhöhung	10
a) Teilbarkeit, Mindesthöhe	3	b) Teilbarkeit und Mindesthöhe	11
b) Nur ein neuer Geschäftsanteil, Nennbetragserhöhung	4	c) Freie Spitzen	12
c) Stimmrecht	5	d) Neue Anteile auf teileingezahlte Anteile	13
d) Angaben im Erhöhungsbeschluss	6, 7	III. Österreichisches Recht	14

I. Normzweck

Die Vorschrift will die Kapitalerhöhung aus Gesellschaftsmitteln erleichtern, lässt 1 deshalb sowohl die Bildung neuer Geschäftsanteile, als auch die Erhöhung des Nennbetrags der alten Geschäftsanteile zu und verbietet auch nicht die Kombination beider Maßnahmen (Rn. 2). Die aktienrechtliche Regelung sah dagegen ursprünglich nur die Ausgabe neuer Aktien vor. Seit der Einführung von Stückaktien durch das StückAktG können Gesellschaften mit Stückaktien ihr Grundkapital auch ohne Ausgabe neuer Aktien erhöhen (§ 207 Abs. 2 S. 2 AktG). Das kommt im Ergebnis einer Nennbetragserhöhung gleich. Durch Herabsetzung des Mindestnennbetrags der neuen und der erhöhten Geschäftsanteile auf € 50,– und des Divisors auf zehn wird die Kapitalerhöhung aus Gesellschaftsmitteln weiter begünstigt (Rn. 3). Das Aktienrecht kennt eine vom Regelfall abweichende Festsetzung des Mindestnennbetrags der Aktien nicht, jedoch hat das EuroEG den Mindestnennbetrag von Nennbetragsaktien von DM 5,– auf 1 € herabgesetzt (§ 8 Abs. 2 S. 1 AktG). § 57h entspricht wortgleich § 6 KapErhG mit der Maßgabe, dass das EuroEG die Wörter „Deutsche Mark" durch das Wort „Euro" ersetzt hat.

II. Neue Anteilsrechte

1. Art der Erhöhung. Die Gesellschafter können **wählen** zwischen der Bildung 2 neuer Geschäftsanteile und der Erhöhung des Nennbetrags der vorhandenen Geschäftsanteile. Bei **teileingezahlten** Geschäftsanteilen ist aus Gründen des Gläubigerschutzes nur Erhöhung des Nennbetrages möglich (§ 57l Abs. 2, vgl. dort Rn. 3). Zulässig ist

§ 57 h   4. Abschnitt. Abänderungen des Gesellschaftsvertrages

auch die **Kombination** beider Erhöhungsarten. Das sagt § 571 Abs. 2 S. 3 ausdrücklich für den Fall, dass neben teileingezahlten Anteilen auch voll eingezahlte Anteile vorhanden sind und gilt deshalb erst recht, wenn alle Anteile voll eingezahlt sind. Sogar ein- und derselbe Geschäftsanteil kann einerseits aufgestockt und andererseits mit einem neuen Geschäftsanteil bedacht werden.[1] Die Ausführung kann bei den einzelnen Gesellschaftern auch unterschiedlich vorgenommen werden, wenn alle Gesellschafter zustimmen.[2]

3   **a) Teilbarkeit, Mindesthöhe.** Die neuen Anteile und die Anteile, deren Nennbetrag erhöht wird, können abweichend von § 5 Abs. 3 auf jeden durch zehn teilbaren Betrag gestellt werden und brauchen, wiederum abweichend von der Normalregelung (§ 5 Abs. 1), nur auf 50,– € zu lauten (Abs. 1 S. 2). Die Regelung entspricht insoweit derjenigen beim der **Formwechsel** (§ 243 Abs. 3 S. 2 UmwG) und der **Verschmelzung** (§ 46 Abs. 1 S. 3 UmwG). Wird der Nennbetrag **teileingezahlter** Anteile erhöht, reicht sogar Teilbarkeit durch fünf aus (§ 571 Abs. 2 S. 4). Für die Ausübung des Stimmrechts bei derartigen Stückelungen ist § 47 Abs. 2 GmbHG zu beachten (§ 57 h Rn. 5). Wegen der Entstehung von **Teilrechten** zum Ausgleich von **Spitzenbeträgen** vgl. § 57 h 8, § 57 k Rn. 2 ff.

4   **b) Nur ein neuer Geschäftsanteil, Nennbetragserhöhung.** Nach einer verbreiteten Meinung soll jedem Gesellschafter nur ein neuer Geschäftsanteil zugeteilt werden dürfen, auch wenn ein Gesellschafter mehrere Geschäftsanteile besitzt. Das wird aus dem in § 5 Abs. 2, § 55 Abs. 4 GmbHG zum Ausdruck gekommenen Grundsatz der einheitlichen Beteiligung bei der GmbHG hergeleitet.[3] Zwingend ist diese Annahme jedoch nicht. Das KapErhG selbst sagt hierzu nichts. Es lässt vielmehr ausdrücklich die Entstehung von selbstständigen Teilrechten neben vollen Geschäftsanteilen zu (§ 57 k Abs. 1). Bei unterschiedlicher Qualität der mehreren schon in einer Hand befindlichen Geschäftsanteile nötigt überdies § 57 m Abs. 1 zur Zulassung mehrerer neuer Geschäftsanteile. Diese Fälle werden von der zitierten Meinung als Ausnahme vom Grundsatz der einheitlichen Beteiligung gewertet. Weitere Ausnahmen sollen aus Zweckmäßigkeitsgründen zulässig sein, zB wenn von mehreren Geschäftsanteilen in einer Hand nur einer einem Nießbrauch unterliegt.[4] Angesichts solcher Durchbrechungen erscheint es wenig sinnvoll, den Grundsatz der einheitlichen Beteiligung auch auf die Kapitalerhöhung aus Gesellschaftsmitteln auszudehnen. Vielmehr erhält der Gesellschafter für jeden von ihm gehaltenen Geschäftsanteil einen entsprechenden neuen Anteil.[5] Auch bei Anerkennung des Grundsatzes der einheitlichen Beteiligung gilt er nicht entsprechend für die **Nennbetragserhöhung.** Mehrere Geschäftsanteile in einer Hand nehmen deshalb sämtlich an der Kapitalerhöhung teil, nicht etwa ist der auf die Gesamtheit der Geschäftsanteile entfallende Erhöhungsbetrag nur zur Aufstockung eines einzigen Geschäftsanteils zu verwenden.

5   **c) Stimmrecht.** Sowohl bei der Bildung neuer Geschäftsanteile als auch bei der Nennbetragserhöhung und bei der Entstehung von Teilrechten ist im Hinblick auf die **Übergangsregelung** des § 86 Abs. 1 (vgl. die Erläuterungen dort) zu beachten, dass

---

[1] *Lutter/Hommelhoff* Rn. 5; *Hachenburg/Ulmer* § 6 KapErhG Rn. 10; *Scholz/Priester* Rn. 7; aA *Schippel* DNotZ 1960, 367.
[2] *Baumbauch/Hueck/Zöllner* Rn. 6.
[3] Vgl. *Priester* GmbHR 1980, 236, 237; *Simon* BB 1962, 72, 73; *Meyer-Landrut/Miller/Niehus* § 6 KapErhG Rn. 2; *Hachenburg/Ulmer* § 6 KapErhG Rn. 7; *Scholz/Priester* 6. Aufl. § 6 KapErhG Rn. 4.
[4] *Hachenburg/Ulmer* § 6 KapErhG Rn. 7.
[5] Ebenso *Baumbach/Hueck/Zöllner* Rn. 4; *Lutter/Hommelhoff* Rn. 2; *Scholz/Priester* Rn. 4.

Arten der Kapitalerhöhung   § 57 h

nach § 47 Abs. 2 aF mangels anderweitiger Satzungsbestimmung (§ 45 Abs. 2) nur jede 100,– DM eines Geschäftsanteils eine Stimme gewähren. Aus Geschäftsanteilen, die nach Abs. 1 S. 2 oder nach Vereinigung oder Zusammenschluss von Teilrechten gemäß § 57 k Abs. 2 auf einen geringeren Betrag lauten, kann deshalb kein Stimmrecht ausgeübt werden.[6] Lauten Stammkapital und Geschäftsanteile auf Euro, entfällt das Stimmrechtsproblem wegen des Gleichlaufs von § 57 h Abs. 1 S. 2 mit § 47 Abs. 2.

d) Angaben im Erhöhungsbeschluss. Ob die Kapitalerhöhung durch Bildung **6** neuer Geschäftsanteile oder durch Erhöhung des Nennbetrags der Geschäftsanteile ausgeführt werden soll, muss der Erhöhungsbeschluss ausdrücklich sagen (Abs. 2 S. 1). Dagegen sind **Angaben über Anzahl und Höhe** der neuen oder erhöhten Geschäftsanteile nicht erforderlich. Diese folgen aus § 57 j.[7] Etwas anderes gilt, wenn beide Ausführungsarten bei einzelnen oder allen Gesellschaftern kombiniert werden und ohne genauere Angaben unklar bleibt, für welchen Gesellschafter die eine oder andere Ausführungsart gelten soll. In solchem Falle sind regelmäßig auch Angaben über die Bildung von Teilrechten zu machen.[8] Erst recht bedarf es genauer Zahlenangaben, wenn die Kombination bei ein- und demselben Geschäftsanteil stattfinden soll.[9]

Die **Ausübung des Wahlrechts** obliegt gemäß § 57 c Abs. 2 iVm. § 53 Abs. 2 der **7** Gesellschaftermehrheit, die unter Beachtung des Gleichbehandlungsgrundsatzes und der Treuepflicht (§ 55 Rn. 31) bestimmen kann, durch welche der beiden Erhöhungsarten für welche Geschäftsanteile die Kapitalerhöhung ausgeführt werden soll. Eine unterschiedliche Behandlung der einzelnen Geschäftsanteile ist mit Zustimmung der betroffenen Gesellschafter jederzeit zulässig,[10] doch kann kein Gesellschafter auf Teilnahme an der Kapitalerhöhung verzichten (§ 57 j S. 2).

2. Keine freien Spitzen. Der sprachlich missglückte und bei der Übernahme des **8** § 6 Abs. 2 S. 2 KapErhG als § 57 h Abs. 2 S. 2 GmbHG nicht geänderte Gesetzestext soll die Entstehung freier Spitzen bei Durchführung der Kapitalerhöhung durch Erhöhung des Nennbetrags der Geschäftsanteile verhindern; denn die Entstehung von Teilrechten ist nur bei der Kapitalerhöhung durch Bildung neuer Geschäftsanteile vorgesehen.[11] Demgegenüber vertreten *Priester*[12] und ihm folgend *Ulmer*[13] die Auffassung, die Entstehung von Teilrechten zum Spitzenausgleich sei auch bei einer Nennbetragserhöhung möglich, sofern die Anteile voll eingezahlt seien. Der Meinung von *Priester* ist zuzugeben, dass bei volleingezahlten Anteilen keine sachlichen Gründe für die unterschiedliche Behandlung beider Erhöhungsarten hinsichtlich der Teilrechtsbildung bestehen. Mit dem im Gesetzeswortlaut (§ 57 h Abs. 2 S. 2, § 57 k Abs. 1) zum Aus-

---

[6] *Lutter/Hommelhoff* § 57 h Rn. 3; *Hachenburg/Ulmer* 7. Aufl. § 10 KapErhG Rn. 10; aA *Baumbach/Hueck/Zöllner* Rn. 3, die eine Gesetzeslücke annehmen und deshalb Anpassung der Satzung nach dem Grundsatz des § 57 m Abs. 1 für erforderlich halten; ähnlich *Scholz/Priester* § 57 m Rn. 9 und jetzt auch *Hachenburg/Ulmer* § 10 KapErhG Rn. 10, der die Regelungslücke analog § 44 Abs. 4 S. 2 DM-Bilanzgesetz 1949 derart schließen will, dass jede DM 10,–, im Fall des § 57 l Abs. 2 S. 4 jede DM 5,– eines Geschäftsanteils eine Stimme ergeben.
[7] LG Mannheim BB 1961, 303.
[8] *Hachenburg/Ulmer* § 6 KapErhG Rn. 15; *Scholz/Priester* Rn. 10.
[9] *Hachenburg/Ulmer* § 6 KapErhG Rn. 10.
[10] *Hachenburg/Ulmer* § 6 KapErhG Rn. 12.
[11] § 57 h Abs. 1, vgl. dort, ferner *Geßler* BB 1960, 9; *Schippel* DNotZ 1960, 353, 367, 368; *Simon* BB 1962, 72.
[12] GmbHR 1980, 236, 240; *Scholz/Priester* Rn. 6, 7; § 57 k Rn. 2.
[13] *Hachenburg/Ulmer* § 6 KapErhG Rn. 9; § 10 KapErhG Rn. 5; *Lutter/Hommelhoff* Rn. 4 und wohl auch *Baumbach/Hueck/Zöllner* Rn. 2.

§ 57i 4. Abschnitt. Abänderungen des Gesellschaftsvertrages

druck gekommenen Gesetzeswillen verträgt sich diese Meinung jedoch nicht und ist deshalb abzulehnen.[14]

9 3. **Mängel der Anteilsbildung.** Sie kommen in mehrfacher Hinsicht in Betracht:

10 a) **Art der Erhöhung.** Sagt der Erhöhungsbeschluss nichts über die Art der Erhöhung (Abs. 2 S. 1, vgl. Rn. 6), so ist er **nichtig**.[15] Nichtigkeit ist wohl auch anzunehmen, wenn ausnahmsweise erforderliche Angaben über **Anzahl und Höhe** der neuen oder erhöhten Geschäftsanteile (Rn. 6) nicht gemacht werden.

11 b) **Teilbarkeit und Mindesthöhe.** Verstößt der Erhöhungsbeschluss gegen die Vorschriften über Teilbarkeit und Mindesthöhe der neuen Anteilsrechte (Abs. 1 S. 2, vgl. Rn. 3), so führt das ebenfalls zu seiner **Nichtigkeit**. Zu beachten ist allerdings, dass § 57k die Entstehung von Teilrechten zulässt, die nicht durch zehn teilbar sind oder auf weniger als 50 € lauten, sofern sie zusammen wenigstens einen vollen Geschäftsanteil ergeben (§ 57k Rn. 2).

12 c) **Freie Spitzen. Nichtigkeit** des Erhöhungsbeschlusses tritt ferner ein, wenn bei einer **Nennbetragserhöhung** entgegen Abs. 2 S. 2 freie Spitzen verbleiben.[16] Nach der in Rn. 8 dargestellten neueren Auffassung kommt ein derartiger Verstoß freilich nur in Betracht, wenn der Nennbetrag teileingezahlter Anteile erhöht wird.

13 d) **Neue Anteile auf teileingezahlte Anteile.** Werden entgegen § 57i Abs. 2 S. 2 auf teileingezahlte Anteile neue Anteile gewährt, so macht auch das den Erhöhungsbeschluss **nichtig**.[17]

III. Österreichisches Recht

14 Da nach österreichischem Recht ein Gesellschafter nicht Inhaber mehrerer Geschäftsanteile sein kann (§ 75 Abs. 2 S. 1 ÖGmbHG; vgl. § 55 Rn. 59), ist die Kapitalberichtigung nur durch Erhöhung des Nennbetrags der Geschäftsanteile möglich.[18]

§ 57i [Anmeldung des Erhöhungsbeschlusses; Registergericht]

(1) ¹Der Anmeldung des Beschlusses über die Erhöhung des Stammkapitals zur Eintragung in das Handelsregister ist die der Kapitalerhöhung zugrunde gelegte, mit dem Bestätigungsvermerk der Prüfer versehene Bilanz, in den Fällen des § 57f außerdem die letzte Jahresbilanz, sofern sie noch nicht eingereicht ist, beizufügen. ²Die Anmeldenden haben dem Registergericht gegenüber zu erklären, daß nach ihrer Kenntnis seit dem Stichtag der zugrunde gelegten Bilanz bis zum Tag der Anmeldung keine Vermögensminderung eingetreten ist, die der Kapitalerhöhung entgegenstünde, wenn sie am Tag der Anmeldung beschlossen worden wäre.

---

[14] Wie hier *Meyer-Landrut/Miller/Niehus* § 6 KapErhG Rn. 8.
[15] § 241 Nr. 3 AktG analog, allgM, vgl. zB *Hachenburg/Ulmer* § 6 Rn. 16; *Scholz/Priester* Rn. 11.
[16] *Lutter/Hommelhoff* Rn. 8; *Hachenburg/Ulmer* § 6 KapErhG Rn. 16; *Roth/Altmeppen* Rn. 10; *Scholz/Priester* Rn. 11; aA *Baumbach/Hueck/Zöllner* Rn. 8, die nur Anfechtbarkeit annehmen und insbesondere eine Tangierung von Gläubigerinteressen ablehnen.
[17] AllgM, vgl. zB *Hachenburg/Ulmer* § 6 Rn. 16; § 12 Rn. 9; *Scholz/Priester* § 57i Rn. 9; vgl. auch § 57i Rn. 4.
[18] *Koppensteiner* § 3 KapberG Rn. 5.

Anmeldung des Erhöhungsbeschlusses; Registergericht **§ 57 i**

(2) Das Registergericht darf den Beschluß nur eintragen, wenn die der Kapitalerhöhung zugrunde gelegte Bilanz für einen höchstens acht Monate vor der Anmeldung liegenden Zeitpunkt aufgestellt und eine Erklärung nach Absatz 1 Satz 2 abgegeben worden ist.

(3) Zu der Prüfung, ob die Bilanzen den gesetzlichen Vorschriften entprechen, ist das Gericht nicht verpflichtet.

(4) Bei der Eintragung des Beschlusses ist anzugeben, daß es sich um eine Kapitalerhöhung aus Gesellschaftsmitteln handelt.

Literatur: S. die Angaben bei § 57 c.

Übersicht

	Rn.		Rn.
I. Normzweck	1	2. Ablehnung der Eintragung	7
II. Anmeldung zum Handelsregister (Abs. 1)	2–5	3. Inhalt der Eintragung	8
		4. Bekanntmachung	9
1. Anmelder	2	5. Aufbewahrung von Schriftstücken	10
2. Beizufügende Urkunden	3	6. Wirkung der Eintragung	11
3. Erklärung über Vermögensminderung	4, 5	7. Fiktion der Volleinzahlung	12
		8. Fehlerhafte Eintragung und Bekanntmachung	13
III. Eintragung in das Handelsregister und Bekanntmachung (Abs. 2–4)	6–13	IV. Österreichisches Recht	14
1. Prüfung durch das Registergericht	6		

I. Normzweck

Allgemeines. Da die Kapitalerhöhung aus Gesellschaftsmitteln Satzungsänderung ist 1 (§ 57 c Rn. 16), ordnet § 57 c Abs. 4 iVm. § 54 Abs. 1 ihre Anmeldung zum Handelsregister an. Für die Form der Anmeldung gilt § 12 HGB. Zur Anmeldepflicht und zum zuständigen Gericht vgl. § 57 Rn. 12, 13; § 78 Rn. 8. Die Besonderheiten der Anmeldung und die Eintragung im Handelsregister regelt § 57 i. Die Vorschrift entspricht § 7 KapErhG, dessen Abs. 5 sie jedoch nicht übernommen hat (vgl. Rn. 10). Für das Aktienrecht gilt § 210 AktG.

II. Anmeldung zum Handelsregister (Abs. 1)

1. Anmelder. Anmelder sind wie bei der Kapitalerhöhung mit Einlagen **sämtliche** 2 **Geschäftsführer** (§ 44). Das ist jetzt durch § 78 klargestellt, in den durch das UmwBerG (§ 57 c Rn. 6) die Verweisung auf § 57 i eingefügt wurde. Zur früheren Rechtslage s. die 2. Aufl. Anh. § 57 b Rn. 78.

2. Beizufügende Urkunden. Neben dem **notariellen Protokoll** über den Erhö- 3 hungsbeschluss ist die ihm zugrunde gelegte **Bilanz** mit dem Bestätigungsvermerk der Prüfer beizufügen. Ist das eine besondere **Erhöhungsbilanz,** so ist außerdem die **letzte Jahresbilanz** einzureichen, soweit diese noch nicht eingereicht ist. Letztere braucht jedoch, sofern es sich um eine kleine GmbH (§ 267 Abs. 1 HGB) handelt, nicht geprüft zu sein und bedarf deshalb auch keines Bestätigungsvermerks.[1] Beizufügen ist schließlich der **vollständige Satzungswortlaut** mit Notarbescheinigung (§ 57 c Abs. 4 iVm. § 54 Abs. 1). Dabei sind auch die Anpassungen nach § 57 m zu

---

[1] AllgM, vgl. etwa *Hachenburg/Ulmer* § 7 KapErhG Rn. 7; *Scholz/Priester* Rn. 4.

§ 57 i
4. Abschnitt. Abänderungen des Gesellschaftsvertrages

berücksichtigen (§ 57 m Rn. 3). Die Einreichung einer Gesellschafterliste ist zwar nicht nach § 57 Abs. 3 Nr. 2 erforderlich, wohl aber im Hinblick auf die Neufassung des § 40 durch das HRefG, die jede Veränderung des Beteiligungsumfangs erfasst, auch wenn die Beteiligungsquote gleich bleibt.[2]

4   **3. Erklärung über Vermögensminderung.** Zwischen dem Stichtag der Bilanz, die der Kapitalerhöhung zugrundegelegt ist und dem Tag der Anmeldung können die Rücklagen aufgezehrt sein. Um zu verhindern, dass in solchem Falle gleichwohl eine Kapitalerhöhung durchgeführt wird, haben die Geschäftsführer nach Abs. 1 S. 2 zu erklären, dass in diesem kritischen Zeitraum **keine Vermögensminderung** eingetreten ist, die der Kapitalerhöhung entgegenstünde, wenn sie am Tag der Anmeldung beschlossen worden wäre. Die Erklärung ist so zu verstehen, dass sich die Geschäftsführer **positive Gewissheit** über das Vorhandensein der Rücklagen bei der Anmeldung verschafft haben.[3] Die Erklärung kann in der Anmeldung oder einer gesonderten Urkunde abgegeben werden. Im letzteren Falle bedarf auch die Urkunde der öffentlichen Beglaubigung (§ 12 Abs. 1 HGB).

5   Die Erklärung ist der Versicherung nach § 57 Abs. 2 vergleichbar. Doch fehlt eine dem § 57 Abs. 4 iVm. § 9a Abs. 1 und 3 entsprechende zivilrechtliche **Haftungsvorschrift.** Gegenüber der Gesellschaft haften die Geschäftsführer aber schon nach § 43. § 82 Abs. 1 Nr. 4 idF des UmwBerG (§ 57 c Rn. 6), der an die Stelle des § 36 KapErhG trat, macht den Geschäftsführer **strafrechtlich** verantwortlich, welcher in der Erklärung nach § 57 i Abs. 1 S. 2 falsche Angaben macht. § 82 Abs. 1 Nr. 4 ist **Schutzgesetz** iS des § 823 Abs. 2 BGB. Insoweit haften die Geschäftsführer auch den Gesellschaftsgläubigern unmittelbar.[4] Zur sinngemäßen Anwendung der Vorschriften des § 57 i Abs. 1 bei der Kapitalerhöhung mit Einlagen bei offengelegten **„Schütt-aus-hol-zurück-Verfahren"** vgl. § 55 Rn. 61.

III. Eintragung in das Handelsregister und Bekanntmachung (Abs. 2–4)

6   **1. Prüfung durch das Registergericht.** Zu den **allgemeinen** Prüfungsgegenständen vgl. § 57 a Rn. 2. Im **besonderen** hat das Registergericht zu prüfen, ob eine geprüfte Bilanz mit Bestätigungsvermerk vorgelegt ist, ob die Acht-Monats-Frist zwischen ihrem Stichtag und dem Tag der Anmeldung gewahrt ist, ob die Bilanz umwandlungsfähige Rücklagen ausweist und ob die Erklärung nach Abs. 1 S. 2 beigefügt ist. Ob die Bilanz im Übrigen den gesetzlichen Vorschriften entspricht, insbesondere hinsichtlich der Einhaltung der Gliederungs- und Bewertungsgrundsätze, braucht das Registergericht dagegen ebenso wenig zu prüfen (Abs. 3) wie die Einhaltung des § 57 d.[5]

7   **2. Ablehnung der Eintragung.** Sie ist vor allem dann geboten, wenn die Acht-Monats-Frist für die Bilanz nicht eingehalten ist (Abs. 2, vgl. § 57 d Rn. 9). Vgl. im Übrigen § 57 a Rn. 9.

---

[2] Vgl. § 40 Rn. 3; aA *Baumbach/Hueck/Zöllner* § 57 i Rn. 11, jedoch ohne Thematisierung des Problems.
[3] AllgM, vgl. *Hachenburg/Ulmer* § 7 KapErhG Rn. 9; *Scholz/Priester* Rn. 6.
[4] *Hachenburg/Ulmer* § 7 KapErhG Rn. 11; *Lutter/Hommelhoff,* Rn. 3; *Scholz/Priester* Rn. 7; *Geßler/Hefermehl/Eckardt/Kropff/Bungeroth* § 210 Rn. 10.
[5] Wie hier *Baumbach/Hueck/Zöllner* Rn. 12; *Hachenburg/Ulmer* § 7 KapErhG Rn. 14; *Scholz/Priester* Rn. 13; aA *Lutter/Hommelhoff* Rn. 4; wohl auch *Meyer-Landrut/Miller/Niehus* § 7 KapErhG Rn. 6.

Anmeldung des Erhöhungsbeschlusses; Registergericht **§ 57i**

3. Inhalt der Eintragung. Vgl. zunächst § 57 Rn. 32. Nach Abs. 4 ist darüber- 8
hinaus anzugeben, dass es sich um eine **Kapitalerhöhung aus Gesellschaftsmitteln**
handelt. Diese Angabe soll Dritte aufklären, dass der Gesellschaft durch die Kapitalerhöhung keine neuen Mittel zufließen.[6] Wird diese Angabe unterlassen, so soll eine berichtigende Ergänzung nach § 17 Abs. 2 HRV möglich sein.[7]

4. Bekanntmachung. Da die Vorschriften über die Kapitalerhöhung aus Gesell- 9
schaftsmitteln hierzu nichts bestimmen, gilt § 10 Abs. 1 S. 2 HGB, wonach die Eintragung mit ihrem ganzen Inhalt zu veröffentlichen ist.

5. Aufbewahrung von Schriftstücken. Nach § 7 Abs. 5 KapErhG waren die 10
eingereichten Schriftstücke beim Gericht in Urschrift, Ausfertigung oder öffentlich beglaubigter Abschrift aufzubewahren, wo sie gemäß § 9 Abs. 1 HGB von jedermann eingesehen werden können. Die **Bedeutung** der Vorschrift lag darin, dem Gericht die Rückgabe von Originalen zu ermöglichen und sich mit beglaubigten Abschriften zu begnügen. Wegen § 8 Abs. 3 HRV erschien sie allerdings überflüssig.[8] Mit Recht hat deshalb das UmwBerG § 7 Abs. 5 KapErhG in § 57i nicht übernommen.

6. Wirkung der Eintragung. Entsprechend § 54 Abs. 3 bestimmte § 8 Abs. 1 11
KapErhG, dass erst mit der Eintragung des Kapitalerhöhungsbeschlusses das Nennkapital erhöht ist. Eine entsprechende Regelung hat das UmwBerG nicht übernommen, weil sie sich nach Einstellung der Vorschriften über die Kapitalerhöhung aus Gesellschaftsmitteln in das GmbHG bereits aus § 54 Abs. 3 ergibt, auf den in § 57c Abs. 4 verwiesen wird (amtl. Begr. S. 176). Die neuen oder erhöhten Anteilsrechte entstehen automatisch mit der Eintragung. Weiterer Maßnahmen bedarf es nicht. Auf die Bekanntmachung kommt es nicht an. Deshalb hat das UmwBerG auch eine dem § 16 KapErhG entsprechende Regelung nicht übernommen, wonach vor der Eintragung des Beschlusses über die Erhöhung des Stammkapitals in das Handelsregister neue Geschäftsanteile nicht gebildet werden dürfen.

7. Fiktion der Volleinzahlung. Nach § 8 Abs. 2 KapErhG galten die neuen An- 12
teilsrechte als voll eingezahlt. Diese Fiktion wurde ganz überwiegend als systemwidrig und überflüssig angesehen (vgl. die 2. Aufl. Anh. § 57b Rn. 89). Das UmwBerG hat diese Fiktion nicht übernommen, da bei einer Kapitalerhöhung aus Gesellschaftsmitteln Einlagenleistungen aus der Natur dieser Art der Kapitalerhöhung ausgeschlossen sind und es daher auch keine ausstehenden Einlagen geben kann (amtl. Begr. S. 176).

8. Fehlerhafte Eintragung und Bekanntmachung. Wird ein **nichtiger Kapi-** 13
talerhöhungsbeschluss (§ 57c Rn. 19) eingetragen, so tritt Heilung nach Ablauf von drei Jahren analog § 242 Abs. 2 AktG ein.[9] Vgl. im Übrigen § 57 Rn. 35 ff. Einzahlungspflichten der Gesellschafter sind jedoch ausgeschlossen (Rn. 12). Zur Wirkung der Eintragung bei **Mängeln der Anmeldung** vgl. § 57 Rn. 41 ff. Wird eingetragen, obwohl die Acht-Monats-Frist (Abs. 2) überschritten ist oder die Erklärung nach Abs. 1 S. 2 fehlt, so ist das unschädlich. Auch eine Amtslöschung kommt nicht in Betracht.[10] Zur **unrichtigen Eintragung** einer ordnungsgemäß beschlossenen und angemeldeten Kapitalerhöhung vgl. § 57 Rn. 44. Wird nicht eingetragen, dass es sich

---

[6] *Hachenburg/Ulmer* § 7 KapErhG Rn. 17; *Scholz/Priester* Rn. 14.
[7] LG Essen BB 1982, 1821; *Scholz/Priester* Rn. 18; aA *Hachenburg/Ulmer* § 7 KapErhG Rn. 17, der eine „Vervollständigung" der Eintragung für erforderlich hält, was auf das Gleiche hinausläuft.
[8] So zutreffend *Hachenburg/Ulmer* § 7 KapErhG Rn. 19.
[9] *Hachenburg/Ulmer* § 7 KapErhG Rn. 20; *Scholz/Priester* Rn. 17.
[10] *Hachenburg/Ulmer* § 7 KapErhG Rn. 23; *Scholz/Priester* Rn. 18.

§ 57j 4. Abschnitt. Abänderungen des Gesellschaftsvertrages

um eine Kapitalerhöhung aus Gesellschaftsmitteln handelt (Abs. 4), so kann eine berichtigende Ergänzung oder Vervollständigung der Eintragung vorgenommen werden (Rn. 8). Wird die Eintragung unrichtig **bekanntgemacht,** so gilt § 15 Abs. 3 HGB.[11] Seine Anwendung eröffnet jedoch nicht die Möglichkeit der Inanspruchnahme der Gesellschafter.[12]

IV. Österreichisches Recht

14 Der Anmeldung ist, wie jetzt auch im deutschen Recht (o. Rn. 3), eine neue Liste der Gesellschafter beizufügen.[13]

§ 57j [Verteilung der Geschäftsanteile]

[1] Die neuen Geschäftsanteile stehen den Gesellschaftern im Verhältnis ihrer bisherigen Geschäftsanteile zu. [2] Ein entgegenstehender Beschluß der Gesellschafter ist nichtig.

Literatur: S. die Angaben bei § 57c.

I. Normzweck

1 Dem Wesen der Kapitalerhöhung aus Gesellschaftsmitteln entspricht die Zuweisung der neuen oder erhöhten Geschäftsanteile an die bisherigen Gesellschafter, weil der Gesellschaft keine neuen Mittel zufließen, die umgebuchten Rücklagen sich vielmehr bereits im Gesellschaftsvermögen befanden und damit von den Anteilsrechten der Altgesellschafter erfasst wurden (vgl. § 57c Rn. 1). § 57j entspricht wortgleich § 9 KapErhG. Die entsprechende Bestimmung für Aktiengesellschaften ist § 212 AktG.

II. Zuordnung der neuen oder erhöhten Geschäftsanteile (S. 1)

2 **1. Verhältnismäßige Teilnahme an der Erhöhung.** Die neuen oder erhöhten Geschäftsanteile stehen den Gesellschaftern im Verhältnis ihrer bisherigen Geschäftsanteile zu (S. 1). Dieser Grundsatz ist **zwingend.** Er beruht darauf, dass allen Gesellschaftern die umzuwandelnden Rücklagen bereits gehören und nur eine Umbuchung stattfindet. Abweichende Beschlüsse der Gesellschafter sind auch dann **nichtig,** wenn die benachteiligten Gesellschafter zustimmen (S. 2). Die Regel „volenti non fit iniuria" als Ausnahme vom Gleichbehandlungsgebot gilt hier nicht. Selbst geringfügige Abweichungen sind unzulässig.[1] Gesellschafter, die keinen Wert auf die neuen oder erhöhten Anteile legen, müssen diese nach Durchführung der Kapitalerhöhung veräußern. Sie können sich hierzu schon vorher verpflichten, doch darf die Verpflichtung nicht in den Beschluss über die Kapitalerhöhung aufgenommen werden.[2]

3 Da die Kapitalerhöhung gleichmäßig alle Gesellschafter erfasst, nehmen auch **eigene Geschäftsanteile** an der Erhöhung teil (§ 57l Abs. 1). Das Stimmrecht aus solchen Anteilen bleibt allerdings auch hier ausgeschlossen.[3] Sind Geschäftsanteile **eingezogen,**

---

[11] *Hachenburg/Ulmer* § 7 KapErhG Rn. 25; aA *Baumbach/Hueck/Zöllner* Rn. 15.
[12] *Hachenburg/Ulmer* § 7 KapErhG Rn. 25.
[13] *Gellis* § 52 Rn. 15.
[1] HM, vgl. *Meyer-Landrut/Miller/Niehus* § 9 KapErhG Rn. 2; *Hachenburg/Ulmer* § 9 KapErhG Rn. 5; *Scholz/Priester* Rn. 2; aA LG Mannheim BB 1961, 303.
[2] *Hachenburg/Ulmer* § 9 KapErhG Rn. 5; *Scholz/Priester* Rn. 3.
[3] *Hachenburg/Ulmer* § 12 KapErhG Rn. 2.

Verteilung der Geschäftsanteile **§ 57j**

ohne dass zugleich das Stammkapital entsprechend herabgesetzt wurde, so verteilt sich der Erhöhungsbetrag auf die verbliebenen Geschäftsanteile.[4]

2. Automatischer Erwerb, Rechte Dritter. Mit der Eintragung der Kapitaler- 4 höhung (§ 57i Rn. 11) entstehen die neuen Anteilsrechte unmittelbar bei den Gesellschaftern oder, wenn die Gesellschaft selbst Anteile besitzt, bei dieser, gleichgültig, ob es sich um neue Anteile, erhöhte Anteile oder um Teilrechte (§ 57k) handelt. Irgendwelcher Übernahmeerklärungen oder sonstiger Mitwirkungshandlungen der Erwerber bedarf es nicht. Demgemäß ist für eine Vollmacht zur Abstimmung über die Kapitalerhöhung und zur Teilnahme an ihr anders als bei der Kapitalerhöhung gegen Einlagen (§ 55 Abs. 1) notarielle Beglaubigung nicht erforderlich. Ein dem Erwerb entgegenstehender Wille eines Gesellschafters ist unbeachtlich.[5] **Rechte Dritter** wie Pfandrechte oder Nießbrauch erstrecken sich automatisch auf die neuen oder erhöhten Anteile oder die entstandenen Teilrechte.[6]

III. Nichtigkeit (S. 2)

Setzt sich der Erhöhungsbeschluss über den Grundsatz der **verhältnismäßigen** 5 **Teilnahme an der Kapitalerhöhung** hinweg, so ist er nach ausdrücklicher Gesetzesvorschrift (S. 2) **nichtig** (Rn. 2). Die Nichtigkeitsfolge führen schon ganz geringfügige Abweichungen von der Regel des S. 1 herbei.[7] Streitig ist, ob im Zweifel Nichtigkeit des gesamten Erhöhungsbeschlusses eintritt[8] oder nur Nichtigkeit der abweichenden Zuordnung mit der Folge, dass anstelle der nichtigen Teile die gesetzliche Regel tritt.[9] Die hM[10] verdient den Vorzug. Führt die Auslegungsregel des § 139 BGB zur Gesamtnichtigkeit des Beschlusses, so hat der Registerrichter die Eintragung abzulehnen. Trägt er gleichwohl ein, so tritt Heilung analog § 242 Abs. 2 AktG nach Ablauf von drei Jahren ein.[11]

IV. Steuerrecht

Da § 57j zwingend die Teilnahme aller Gesellschafter im Verhältnis ihrer bisherigen 6 Geschäftsanteile an der Kapitalerhöhung vorschreibt, können neue Gesellschafter nicht an ihr teilnehmen. Infolgedessen ist die Kapitalerhöhung aus Gesellschaftsmitteln kein „legitimes Gestaltungsmittel, um eine bisher wesentliche Beteiligung zu einer nichtwesentlichen zu machen und damit nach Ablauf von fünf Jahren der Steuerpflicht nach § 17 EStG zu entziehen".[12]

V. Österreichisches Recht

§ 57j entspricht § 3 Abs. 4 KapBerG. 7

---

[4] *Geßler* DNotZ 1960, 619, 637; *Hachenburg/Ulmer* § 9 KapErhG Rn. 4.
[5] EinhM, vgl. zB *Hachenburg/Ulmer* § 9 KapErhG Rn. 2; *Scholz/Priester* Rn. 4.
[6] *Geßler* DNotZ 1960, 619, 639 ff.; *Hachenburg/Ulmer* § 9 KapErhG Rn. 3; § 13 KapErhG Rn. 26 mN; *Scholz/Priester* § 57m Rn. 24 mN; aA *Kerbusch* GmbHR 1990, 156.
[7] OLG Dresden DB 2001, 585 m. krit. Anm. *Steiner* zu dem inhaltsgleichen § 212 AktG; krit. zur gesetzlichen Regelung GroßkommAktG/*Hirte* § 212 Rn. 15. AA LG Mannheim BB 1961, 303.
[8] So unter Anwendung des § 139 BGB die wohl hM.
[9] So *Hachenburg/Ulmer* § 9 KapErhG Rn. 7, der die Anwendbarkeit des § 139 BGB verneint.
[10] Vgl. zB *Baumbach/Hueck/Zöllner* Rn. 4; *Lutter/Hommelhof* Rn. 6; *Scholz/Priester* § 9 KapErhG Rn. 5.
[11] *Hachenburg/Ulmer* § 9 KapErhG Rn. 8; *Scholz/Priester* Rn. 5; *Bungeroth* in *Geßler/Hefermehl/Eckardt/Kropff* § 212 Rn. 15; vgl. auch § 57i Rn. 13.
[12] So unrichtig *Winter* GmbHR 1993, 153, 154 unter Bezugnahme auf *Tillmann* in GmbH-Handbuch III Rz. 731.4.

§ 57 k [Teilrechte; Ausübung der Rechte]

(1) **Führt die Kapitalerhöhung dazu, daß auf einen Geschäftsanteil nur ein Teil eines neuen Geschäftsanteils entfällt, so ist dieses Teilrecht selbständig veräußerlich und vererblich.**

(2) **Die Rechte aus einem neuen Geschäftsanteil, einschließlich des Anspruchs auf Ausstellung einer Urkunde über den neuen Geschäftsanteil, können nur ausgeübt werden, wenn Teilrechte, die zusammen einen vollen Geschäftsanteil ergeben, in einer Hand vereinigt sind oder wenn sich mehrere Berechtigte, deren Teilrechte zusammen einen vollen Geschäftsanteil ergeben, zur Ausübung der Rechte (§ 18) zusammenschließen.**

Literatur: S. die Angaben bei § 57 c.

I. Normzweck

1   Der Grundsatz der verhältnismäßigen Beteiligung aller Gesellschafter an der Kapitalerhöhung aus Gesellschaftsmitteln (§ 57j) und die Vorschriften über die Mindesthöhe sowie die Teilbarkeit der neuen oder erhöhten Geschäftsanteile (§ 57h Abs. 1 S. 2) können zur Entstehung von **Spitzenbeträgen** führen. § 57k regelt diesen Fall und ist demnach eine notwendige Ergänzung des § 57j. § 57k entspricht wortgleich § 10 KapErhG. Die entsprechende Bestimmung für Aktiengesellschaften ist § 213 AktG.

II. Teilrechte

2   **1. Begriff.** Obwohl § 57h Abs. 1 S. 2 Teilbarkeit und Mindesthöhe der neuen und der erhöhten Anteile genau festlegt, lässt § 57k die Entstehung von Anteilsrechten(Teilrechten) zu, die nicht durch zehn teilbar sind oder auf weniger als 50,– € lauten. Voraussetzung ist nur, dass die Teilrechte zusammen wenigstens einen vollen, durch zehn teilbaren Geschäftsanteil im Mindestnennbetrag von 50,– € ergeben.[1] Die Notwendigkeit der Zulassung von Teilrechten folgt aus dem Grundsatz der verhältnismäßigen Teilnahme aller Gesellschafter an der Kapitalerhöhung (Rn. 1), der auch bei glatten Erhöhungsbeträgen je nach Gesellschafterzahl und Beteiligungsquote zu unrunden Spitzenbeträgen führen kann. Solche Spitzen müssen in einem neuen Anteil oder mehreren neuen Anteilen voll aufgenommen werden können.[2]

3   **2. Rechtsnatur.** Sie ist streitig. Nach Abs. 1 sind Teilrechte selbstständig veräußerlich und vererblich, damit auch pfändbar und etwaigen Verfügungsbeschränkungen der Satzung unterworfen. Wären sie ideelle Bruchteile eines Geschäftsanteils, bestünde zwischen ihren Inhabern ein durch die Entstehung der Teilrechte begründetes Gemeinschaftverhältnis nach §§ 741 ff. BGB.[3] Abs. 2 erfordert jedoch für die **Ausübung der Rechte** aus den Teilrechten entweder ihre Vereinigung zu einem vollen Geschäftsanteil in einer Hand, zB durch Zukauf, Erbgang oder einen Zusammenschluss mehrerer Inhaber, deren Teilrechte zusammen einen vollen Geschäftsanteil ergeben. Das legt die Annahme nahe, dass es sich bei den Teilrechten um selbstständige, reale Teile

---

[1] *Priester* GmbHR 1980, 236, 240; *Lutter/Hommelhof* Rn. 1; *Hachenburg/Ulmer* § 10 KapErhG Rn. 2; *Scholz/Priester* Rn. 2; aA *Baumbach/Hueck/Zöllner* Rn. 5.
[2] Etwa 33,33 € und 16,67 € in einem Anteil von 50,– €, vgl. die Beispiele bei *Scholz/Priester* Rn. 3.
[3] So *Geßler* BB 1960, 6, 9.

eines Geschäftsanteils handelt.[4] Im Falle eines Zusammenschlusses mehrerer Teilrechtsinhaber gelten für ihr Innenverhältnis die Bestimmungen der §§ 705 ff. BGB über die Gesellschaft,[5] für das Außenverhältnis gilt § 18 GmbHG (Abs. 2). Die Teilrechte können auch in eine Personengesellschaft eingebracht werden, was wie die Vereinigung in einer Hand ihre Verschmelzung zu einem ungeteilten Geschäftsanteil zur Folge hat.[6]

3. Entstehung. Die Teilrechte entstehen ebenso wie die neuen Anteilsrechte selbst automatisch mit der Eintragung der Kapitalerhöhung im Handelsregister (§ 57j Rn. 4). Jeder Gesellschafter erwirbt nur ein einziges Teilrecht im Umfang des auf ihn entfallenden Spitzenbetrags, kann jedoch weitere Teilrechte später hinzuerwerben.[7] 4

4. Keine Teilrechte bei Kapitalerhöhung durch Erhöhung des Nennbetrags. 5
Ob auch bei der Nennbetragserhöhung Teilrechte entstehen können, ist streitig und nach hier vertretener Meinung zu verneinen (vgl. i.E. § 57h Rn. 8).

III. Österreichisches Recht

Da nach österreichischem Recht ein Gesellschafter stets nur einen einzigen Geschäftsanteil haben kann (§ 75 Abs. 2 S. 1 ÖGmbHG, vgl. § 55 Rn. 63, § 57h Rn. 14) und demgemäß die Kapitalberichtigung nur durch Erhöhung des Nennbetrags der Geschäftsanteile möglich ist (§ 57h Rn. 14), kommt die Entstehung von Teilrechten von vornherein nicht in Betracht. 6

§ 571 [Teilnahme an Erhöhung des Stammkapitals]

(1) **Eigene Geschäftsanteile nehmen an der Erhöhung des Stammkapitals teil.**

(2) [1] **Teileingezahlte Geschäftsanteile nehmen entsprechend ihrem Nennbetrag an der Erhöhung des Stammkapitals teil.** [2] **Bei ihnen kann die Kapitalerhöhung nur durch Erhöhung des Nennbetrags der Geschäftsanteile ausgeführt werden.** [3] **Sind neben teileingezahlten Geschäftsanteilen vollständig eingezahlte Geschäftsanteile vorhanden, so kann bei diesen die Kapitalerhöhung durch Erhöhung des Nennbetrags der Geschäftsanteile und durch Bildung neuer Geschäftsanteile ausgeführt werden.** [4] **Die Geschäftsanteile, deren Nennbetrag erhöht wird, können auf jeden durch fünf teilbaren Betrag gestellt werden.**

Literatur: S. die Angaben bei § 57c.

I. Normzweck

Die Vorschrift regelt zwei Sonderfälle der Teilnahme an der Kapitalerhöhung aus Gesellschaftsmitteln, nämlich die Teilnahme eigener (Abs. 1) und teileingezahlter Geschäftsanteile (Abs. 2). Sie stellt klar, dass der Grundsatz der gleichmäßigen (verhältnismäßigen) Teilnahme (§ 57j Rn. 2) auch für solche Geschäftsanteile gilt mit der Maßgabe, dass für teileingezahlte Anteile aus Gründen des Gläubigerschutzes (Rn. 3) nur die Nennbetragserhöhung zugelassen wird. § 571 entspricht wortgleich § 12 KapErhG. Die entsprechende Bestimmung für Aktiengesellschaften ist § 215 AktG. 1

---

[4] So *Hachenburg/Ulmer* § 10 KapErhG Rn. 3; *Scholz/Priester* Rn. 6; aA offenbar *Baumbach/Hueck/Zöllner* Rn. 5.
[5] *Hachenburg/Ulmer* § 10 KapErhG Rn. 9; *Scholz/Priester* Rn. 10.
[6] *Hachenburg/Ulmer* § 10 KapErhG Rn. 9.
[7] *Hachenburg/Ulmer* § 10 KapErhG Rn. 4.

§ 571   4. Abschnitt. Abänderungen des Gesellschaftsvertrages

II. Eigene Anteile (Abs. 1)

2   Würden eigene Anteile an der Kapitalerhöhung aus Gesellschaftsmitteln nicht teilnehmen, käme es zu einem Ungleichgewicht bei den Beteiligungsverhältnissen. Deshalb ist ihre Teilnahme strukturnotwendig. Wie bei sonstigen Anteilen kann bei Erhöhung eigener Anteile zwischen der Bildung neuer Geschäftsanteile und der Erhöhung des Nennbetrags der Geschäftsanteile gewählt werden und ebenso können Teilrechte entstehen (§§ 57h, 57j, 57k). Das Stimmrecht aus eigenen Anteilen bleibt allerdings auch hier ausgeschlossen.[1] Zur Ungeeignetheit eigener Anteile bei der Kapitalerhöhung gegen Sacheinlagen vgl. § 56 Rn. 7. Sind Geschäftsanteile **eingezogen,** ohne dass zugleich das Stammkapital entsprechend herabgesetzt wurde, so verteilt sich der Erhöhungsbetrag auf die verbliebenen Geschäftsanteile.[2]

III. Teileingezahlte Anteile (Abs. 2)

3   Sie nehmen mit ihrem vollen Nennbetrag an der Erhöhung teil, nicht nur entsprechend der Einzahlung (Abs. 2 S. 1), und zwar auch dann, wenn den Gesellschaftern nach dem Gesellschaftsvertrag Rechte aus den teileingezahlten Anteilen nur im Verhältnis der Einzahlung zustehen. In solchem Falle bestimmen sich die Rechte aus dem erhöhten Anteil (Abs. 2 S. 2) nach den Rechten aus dem teileingezahlten Anteil (§ 57m, vgl. dort Rn. 6). Würde auch bei teileingezahlten Anteilen die Ausgabe neuer Anteile erlaubt sein, so erfasste die Zugriffsmöglichkeit der Gesellschaft im Fall der §§ 21, 23 nur den durch die Kapitalerhöhung im Wert geminderten alten Anteil. Insofern dient die Beschränkung der Zulassung der Kapitalerhöhung auf die Aufstockung der Altanteile dem **Gläubigerschutz.** Eine **Verrechnung** der ausstehenden Einlagen mit den Rücklagen ist schon wegen § 19 Abs. 2 S. 1 **ausgeschlossen.**[3] Ein **Spitzenausgleich** (§ 57k Abs. 1) findet wegen des Ausschlusses der Möglichkeit der Bildung neuer Anteile nicht statt. Das Vorhandensein **teileingezahlter Anteile neben volleingezahlten Anteilen** lässt das Wahlrecht des § 57h Abs. 1 S. 1 für letztere unberührt, Abs. 2 S. 3. Um die Entstehung von Spitzenbeträgen bei der Nennbetragserhöhung teileingezahlter Anteile zu verhindern, erlaubt **Abs. 2 S. 4** deren Stellung auf jeden durch fünf teilbaren Betrag. Zur nur begrenzten Zulässigkeit der Aufstockung teileingezahlter Anteile bei der Kapitalerhöhung gegen Einlagen vgl. § 55 Rn. 13.

IV. Verstoß gegen Abs. 2 S. 2

4   Werden entgegen Abs. 2 S. 2 auf teileingezahlte Anteile neue Anteile gebildet, so führt das nach hM zur Nichtigkeit des Beschlusses im Ganzen entsprechend § 241 Nr. 3 AktG.[4]

V. Österreichisches Recht

5   Nach § 5 Abs. 4 KapBerG gelten Anteile, auf welche die Einlagen nicht in voller Höhe geleistet sind, für die Kapitalerhöhung aus Gesellschaftsmitteln im Verhältnis der Anteile zueinander als voll eingezahlt; der Anspruch der Gesellschaft auf die ausstehenden Einlagen bleibt unberührt.

---

[1] *Hachenburg/Ulmer* § 12 KapErhG Rn. 2.
[2] *Gessler* DNotZ 1960, 619, 637; *Hachenburg/Ulmer* § 9 KapErhG Rn. 4.
[3] BFH BB 1984, 1857; *Hachenburg/Ulmer* § 12 KapErhG Rn. 4; *Scholz/Priester* Rn. 3.
[4] Vgl. für das Aktienrecht *Geßler/Hefermehl/Eckardt/Kropff/Bungeroth* § 215 Rn. 11; aA *Hachenburg/Ulmer* § 12 KapErhG Rn. 9.

§ 57 m [Verhältnis der Rechte; Beziehungen zu Dritten]

(1) Das Verhältnis der mit den Geschäftsanteilen verbundenen Rechte zueinander wird durch die Kapitalerhöhung nicht berührt.

(2) ¹Soweit sich einzelne Rechte teileingezahlter Geschäftsanteile, insbesondere die Beteiligung am Gewinn oder das Stimmrecht, nach der je Geschäftsanteil geleisteten Einlage bestimmen, stehen diese Rechte den Gesellschaftern bis zur Leistung der noch ausstehenden Einlagen nur nach der Höhe der geleisteten Einlage, erhöht um den auf den Nennbetrag des Stammkapitals berechneten Hundertsatz der Erhöhung des Stammkapitals, zu. ²Werden weitere Einzahlungen geleistet, so erweitern sich diese Rechte entsprechend.

(3) Der wirtschaftliche Inhalt vertraglicher Beziehungen der Gesellschaft zu Dritten, die von der Gewinnausschüttung der Gesellschaft, dem Nennbetrag oder Wert ihrer Geschäftsanteile oder ihres Stammkapitals oder in sonstiger Weise von den bisherigen Kapital- oder Gewinnverhältnissen abhängen, wird durch die Kapitalerhöhung nicht berührt.

Literatur: S. die Angaben bei § 57 c.

Übersicht

	Rn.		Rn.
I. Normzweck	1	III. Vertragliche Beziehungen zu Dritten (Abs. 3)	8
II. Verhältnis der Mitgliedschaftsrechte zueinander (Abs. 1, 2)	2–7	IV. Rechtsbeziehungen zwischen Gesellschaftern und Dritten	9
1. Volleingezahlte Anteile	3–5	V. Mängelfolgen	10
2. Teileingezahlte Anteile	6, 7	VI. Österreichisches Recht	11

I. Normzweck

Die Vorschrift soll gewährleisten, dass die „Umbuchung" (§ 57 c Rn. 1) der Rücklagen in Kapital die gesellschaftsrechtlichen Gewichtungen innerhalb der GmbH und die Rechtsbeziehungen der Gesellschaft zu Dritten nicht verändert. § 57 m entspricht wortgleich § 13 KapErhG. Die entsprechende Bestimmung für Aktiengesellschaften ist § 216 AktG. 1

II. Verhältnis der Mitgliedschaftsrechte zueinander (Abs. 1, 2)

Es wird durch die Kapitalerhöhung nicht berührt. Abs. 1 ergänzt § 57 j S. 1 über den verhältnismäßigen Erwerb der neuen Anteilsrechte durch alle Gesellschafter. 2

1. Volleingezahlte Anteile. Haben die bisherigen Anteile entsprechend der gesetzlichen Regel gleiche Rechte, entstehen keine Schwierigkeiten. Die Vermehrung der Anteile oder die Erhöhung ihres Nennbetrags kann wegen der Proportionalität des Vorgangs das Verhältnis der Mitgliedschaftsrechte zueinander nicht beeinflussen. Wird das Stammkapital um 100 % erhöht, kann sich zwar die Zahl der auf einen Geschäftsanteil entfallenden Stimmen (§ 47 Abs. 2 GmbHG) verdoppeln, nicht aber das Stimmgewicht der Geschäftsanteile zueinander. Entsprechendes gilt für die Gewinnbeteiligung. Sie ist vor und nach der Kapitalerhöhung für den einzelnen Gesellschafter prozentual gleich. Gewähren einzelne Geschäftsanteile **Vorzugsrechte,** so berührt 3

§ 57m 4. Abschnitt. Abänderungen des Gesellschaftsvertrages

die Kapitalerhöhung das Verhältnis der Mitgliedschaftsrechte zueinander nicht, wenn die Vorzugsrechte **nennwertbezogen** sind, zB ihrem Inhaber ein **Mehrstimmrecht** (fünf Stimmen je 50 € statt eine Stimme) einräumen. Das Mehrstimmrecht erstreckt sich auf die neuen Anteile, ohne das Stimmrechtsverhältnis zu verändern. Anders ist die Situation, wenn das **Vorzugsrecht** vom **Verhältnis der Nennbeträge unabhängig** ist, etwa einem Geschäftsanteil in bestimmter Höhe einen prozentualen Vorausgewinn (Vorzugsdividende) gewährt. Hier ist der Vorausgewinn entsprechend der Erhöhung der Beteiligung prozentual so zu kürzen, dass die Gesellschafter ohne Vorausgewinn nicht benachteiligt werden.[1] Beispiel: Einem Geschäftsanteil von 100 000 € steht ein Vorausgewinn von 60 % des Nennbetrags zu. Wird der Geschäftsanteil auf 150 000 € erhöht, ist der Vorausgewinn auf 40 % von 150 000 € zu kürzen, weil die Beibehaltung von 60 % auf 150 000 € den ursprünglichen Vorausgewinn auf 90 % erhöhen würde. Um ein anzupassendes Vorzugsrecht handelt es sich dagegen nicht, wenn der Anspruch auf einen Vorausgewinn einem Gesellschafter persönlich zusteht. Da der Anspruch nicht mit einem bestimmten Geschäftsanteil verbunden ist, wird er durch die Kapitalerhöhung nicht betroffen. Derlei **Sondervorteile**, zu denen auch das Recht auf Geschäftsführung gehört, sind von Vorzugsrechten zu unterscheiden.[2]

4 Auch **Nebenleistungspflichten** werden durch die Kapitalerhöhung nicht berührt. Das war in § 13 Abs. 3 S. 2 aF KapErhG ausdrücklich für „Nebenverpflichtungen" der Aktionäre gesagt. Diese Bestimmung hat die Neufassung des KapErhG durch das BiRiLiG gestrichen und in § 57m wurde sie nicht wieder aufgenommen. Ihr Wegfall hat materiell jedoch nichts verändert.[3] Nebenleistungspflichten (§ 3 Abs. 2 GmbHG) erfassen deshalb auch die neuen Anteile. Sind sie nennwertbezogen, ist uU eine Anpassung erforderlich, anderenfalls belasten sie anteilig die alten und die neuen Anteile.[4] **Erwerbsrechte** der Gesellschaft oder der Gesellschafter erstrecken sich auf die neuen Anteile.[5]

5 Soweit eine **Anpassung** von Rechten und Pflichten erforderlich ist, geschieht sie **automatisch mit der Eintragung** des Erhöhungsbeschlusses (§ 57i Rn. 11). Dieser braucht Festsetzungen hierüber nicht zu enthalten.[6] Dennoch sind Anpassungsregelungen im Erhöhungsbeschluss zu empfehlen, zumal der Satzungswortlaut mit der Rechtslage in Übereinstimmung zu bringen ist. Hierfür ist stets eine **Satzungsänderung** erforderlich.[7]

6 **2. Teileingezahlte Anteile.** Im Gegensatz zu volleingezahlten Anteilen enthält Abs. 2 für sie genaue Regelungen über die Anwendung des Grundsatzes des Abs. 1, sofern sich die Rechte aus solchen Anteilen, insbesondere hinsichtlich der Beteiligung am Gewinn und des Stimmrechts, auf Grund entsprechender Vorschriften der Satzung nach der Höhe der geleisteten Einlage bestimmen. Bei teileingezahlten Anteilen ist nur eine Nennbetragserhöhung zulässig (§ 57l Abs. 2 S. 2, vgl. dort Rn. 3). Diese soll sich nach Abs. 2 jedoch zunächst nicht voll auswirken, sondern nur entsprechend den Einzahlungen auf den nichterhöhten Anteil. Ist dieser zB zur Hälfte eingezahlt, so stehen

---

[1] *Geßler* DNotZ 1960, 619, 636; *Hachenburg/Ulmer* § 13 KapErhG Rn. 7; *Scholz/Priester* Rn. 4.
[2] *Hachenburg/Ulmer* § 13 KapErhG Rn. 9; *Scholz/Priester* Rn. 6.
[3] *Scholz/Priester* Rn. 8.
[4] *Lutter/Hommelhoff* Rn. 8; zweifelnd *Baumbach/Hueck/Zöllner* Rn. 5.
[5] *Hachenburg/Ulmer* § 13 KapErhG Rn. 10; *Scholz/Priester* Rn. 8.
[6] Str., wie hier *Boesebeck* DB 1960, 404; *Baumbach/Hueck/Zöllner* Rn. 9; *Hachenburg/Ulmer* § 13 Rn. 11; *Lutter/Hommelhoff* Rn. 10; *Scholz/Priester* Rn. 11; aA offenbar *Geßler* BB 1960, 6, 10.
[7] Dazu vgl. § 53 Rn. 14, 15; *Baumbach/Hueck/Zöllner* Rn. 9; *Lutter/Hommelhoff* Rn. 10; *Scholz/Priester* Rn. 12; zum Verfahren teilweise hiervon abw. *Hachenburg/Ulmer* § 13 KapErhG Rn. 12.

Verhältnis der Rechte; Beziehungen zu Dritten § 57 m

seinem Inhaber die Rechte aus der Nennbetragserhöhung auch nur zur Hälfte zu. Sie erweitern sich entsprechend weiteren Einzahlungen.

Für die Behandlung teileingezahlter Anteile im Falle der **Liquidation** enthält das GmbHG keine Vorschrift. Die hM wendet § 271 Abs. 3 AktG (= § 212 Abs. 2 AktG 1937) analog an (§ 72 Rn. 12). Danach sind aus dem Liquidationserlös zunächst die geleisteten Einlagen zu erstatten. Der Überschuss wird nach dem Verhältnis der Nennbeträge verteilt. § 13 Abs. 2 S. 2 aF KapErhG bestimmte, dass im Falle der Liquidation einer AG die aus einer Kapitalerhöhung aus Gesellschaftmitteln stammenden Erhöhungsbeträge als volleingezahlt gelten. Die hM wandte diese Vorschrift auf die GmbH analog an. Die Streichung des § 13 Abs. 2 S. 2 aF KapErhG durch das BiRiLiG hat hieran nichts geändert,[8] auch nicht die Übernahme des § 13 KapErhG nF als § 57 m in das GmbHG.[9] Sieht die Satzung jedoch vor, dass teileingezahlte Anteile nur im Verhältnis der Einzahlung am Liquidationserlös teilnehmen, so gilt das auch für Anteile aus einer Kapitalerhöhung aus Gesellschaftsmitteln.[10] 7

III. Vertragliche Beziehungen zu Dritten (Abs. 3)

Soweit sie von den bisherigen Kapital- oder Gewinnverhältnissen abhängen, sollen sie nach Abs. 3 durch die Kapitalerhöhung nicht berührt werden. Dritte können auch Gesellschafter sein, die mit der Gesellschaft in vertraglichen Beziehungen stehen. Die Bedeutung der Vorschrift liegt nicht in der Aufstellung des selbstverständlichen Grundsatzes, dass gesellschaftsinterne Maßnahmen der Gesellschaft verbundene Dritte nicht schädigen dürfen, sondern darin, dass eine etwa notwendige **Anpassung automatisch** mit der Eintragung der Kapitalerhöhung eintritt Gemeint sind in erster Linie Gewinnansprüche stiller Gesellschafter, von Darlehensgebern, **Tantiemeansprüche** von Geschäftsführern und Ansprüche von **Genussrechtsinhabern**.[11] Richten sie sich nicht, wie im Regelfall, nach der absoluten Höhe des Jahresgewinns, sondern etwa nach dem um eine Verzinsung des Stammkapitals verminderten Jahresgewinn oder nach Dividendenprozenten, so sind sie auf die veränderten Kapitalverhältnisse abzustimmen.[12] 8

IV. Rechtsbeziehungen zwischen Gesellschaftern und Dritten

Sie werden von Abs. 3 nicht erfasst. Bei solchen **schuldrechtlicher** Art ist vor allem an den vor der Kapitalerhöhung geschlossenen, aber noch nicht erfüllten Kaufvertrag über einen Geschäftsanteil zu denken. Die **Vertragsauslegung** wird regelmäßig ergeben, dass der gesamte, aufgestockte oder mit einem neuen Anteil bedachte Geschäftsanteil, also die Beteiligung als solche, zum gleichen Preis als verkauft anzusehen ist.[13] Wegen **dinglicher Rechte** Dritter an Geschäftsanteilen vgl. § 57 j Rn. 4. 9

---

[8] *Lutter/Hommelhoff* Rn. 13.
[9] *Scholz/Priester* Rn. 18.
[10] *Baumbach/Hueck/Zöllner* Rn. 8; *Lutter/Hommelhoff* Rn. 13; *Hachenburg/Ulmer* § 13 KapErhG Rn. 18; *Scholz/Priester* Rn. 18.
[11] *Hachenburg/Goerdeler/Müller* Anh. § 29 Rn. 14.
[12] Beispiele bei *Boesebeck* DB 1960, 139; *Koppensteiner* ZHR 139 (1975), 191 ff.; *Köhler* AG 1984, 197 ff.; *Pannen/Köhler* AG 1985, 52; *Than* WM-Festgabe *Heinsius* S. 54, 59 ff.; *Zöllner* ZGR 1986, 288 ff.; vgl. auch *Baumbach/Hueck/Zöllner* Rn. 11; *Hachenburg/Ulmer* § 13 KapErhG Rn. 21; *Scholz/Priester* Rn. 21; vgl. ferner § 55 Rn. 54; zum **Verwässerungsschutz** bei der Verschmelzung vgl. § 77 Anh. Rn. 407.
[13] *Geßler* DNotZ 1960, 619, 638; *Hachenburg/Ulmer* § 13 KapErhG Rn. 25; *Scholz/Priester* Rn. 23.

V. Mängelfolgen

10 Soweit nach § 57 m eine **Anpassung von Rechten und Pflichten** erforderlich ist, geschieht sie automatisch durch Eintragung des Erhöhungsbeschlusses (Rn. 5). Fehlende Festsetzungen hierüber machen ihn deshalb nicht unwirksam.[14] Beachten gleichwohl vorgenommene Festsetzungen die Regeln des § 57 m nicht, so sind sie **anfechtbar,** beim Fehlen der Zustimmung betroffener Gesellschafter (§ 53 Abs. 3) **unwirksam.**[15]

VI. Österreichisches Recht

11 § 57 m Abs. 1 und Abs. 3 entsprechen nahezu wortgleich § 5 Abs. 1 S. 1 und Abs. 2 KapBerG. Zusätzlich ist in § 5 Abs. 1 S. 2 KapBerG vorgeschrieben, dass die Bestimmungen des Gesellschaftsvertrags der Kapitalerhöhung entsprechend anzupassen sind. Unterbleibt die Anpassung, dann hat das Firmenbuchgericht mit Verbesserungsauftrag vorzugehen. Wird ihm nicht entsprochen, treten die Rechtsfolgen des § 5 Abs. 1 S. 1 KapBerG ipso iure ein.[16] Bei unrichtiger Anpassung ist der Beschluss nur anfechtbar.[17]

§ 57 n [Gewinnbeteiligung der neuen Geschäftsanteile]

(1) **Die neuen Geschäftsanteile nehmen, wenn nichts anderes bestimmt ist, am Gewinn des ganzen Geschäftsjahres teil, in dem die Erhöhung des Stammkapitals beschlossen worden ist.**

(2) [1]**Im Beschluß über die Erhöhung des Stammkapitals kann bestimmt werden, daß die neuen Geschäftsanteile bereits am Gewinn des letzten vor der Beschlußfassung über die Kapitalerhöhung abgelaufenen Geschäftsjahrs teilnehmen.** [2]**In diesem Fall ist die Erhöhung des Stammkapitals abweichend von § 57 c Abs. 2 zu beschließen, bevor über die Ergebnisverwendung für das letzte vor der Beschlußfassung abgelaufene Geschäftsjahr Beschluß gefaßt worden ist.** [3]**Der Beschluß über die Ergebnisverwendung für das letzte vor der Beschlußfassung über die Kapitalerhöhung abgelaufene Geschäftsjahr wird erst wirksam, wenn das Stammkapital erhöht worden ist.** [4]**Der Beschluß über die Erhöhung des Stammkapitals und der Beschluß über die Ergebnisverwendung für das letzte vor der Beschlußfassung über die Kapitalerhöhung abgelaufene Geschäftsjahr sind nichtig, wenn der Beschluß über die Kapitalerhöhung nicht binnen drei Monaten nach der Beschlußfassung in das Handelsregister eingetragen worden ist; der Lauf der Frist ist gehemmt, solange eine Anfechtungs- oder Nichtigkeitsklage rechtshängig ist oder eine zur Kapitalerhöhung beantragte staatliche Genehmigung noch nicht erteilt worden ist.**

Literatur: S. die Angaben bei § 57 c.

I. Normzweck

1 Die Vorschrift regelt, ab wann die durch die Kapitalerhöhung aus Gesellschaftsmitteln geschaffenen neuen Geschäftsanteile am Gewinn teilnehmen. Da sich die inner-

---

[14] *Lutter/Hommelhoff* Rn. 16; *Hachenburg/Ulmer* § 13 KapErhG Rn. 27; *Scholz/Priester* Rn. 26.
[15] *Hachenburg/Ulmer* § 13 KapErhG Rn. 27; *Scholz/Priester* Rn. 26.
[16] *Koppensteiner* § 5 KapBerG Rn. 2.
[17] *Koppensteiner* Fn. 16.

gesellschaftlichen Verhältnisse durch die „Umbuchung" (§ 57c Rn. 1) von Rücklagen in Kapital nicht verändern (§§ 57j, 57m), besteht ein Regelungsbedarf nur für den Fall der Anteilsveräußerung (Rn. 2). Die Vorschrift gilt auch bei Durchführung der Kapitalerhöhung durch Erhöhung des Nennbetrags der Geschäftsanteile. § 57n ist bis auf das Paragraphenzitat in Abs. 2 wortgleich § 14 KapErhG entnommen. Die entsprechende Bestimmung für Aktiengesellschaften ist § 217 AktG.

II. Regelfall (Abs. 1)

Wenn der Erhöhungsbeschluss nichts anderes bestimmt, nehmen die neuen Anteilsrechte am **Gewinn des ganzen Geschäftsjahres** teil, in dem die Erhöhung beschlossen worden ist. Nicht erforderlich ist, dass der Erhöhungsbeschluss noch in diesem Geschäftsjahr eingetragen wird. Die Gesellschafter können bestimmen, dass die neuen Anteile am Gewinn des laufenden Geschäftsjahres nicht oder erst ab Fassung des Erhöhungsbeschlusses oder der Eintragung der Kapitalerhöhung im Handelsregister teilnehmen. Da die neuen Geschäftsanteile notwendig den Inhabern der alten zustehen (§ 57j), sind derlei Gestaltungen nur für solche Gesellschafter von Interesse, welche die neuen Anteile an Dritte veräußern, den Gewinn des laufenden Geschäftsjahres aber ganz oder jedenfalls in höherem Maße für sich behalten wollen.

III. Teilnahme am Gewinn des Vorjahres (Abs. 2)

Eine **rückwirkende Teilnahme** der neuen Anteilsrechte am Gewinn des Vorjahres kann der Erhöhungsbeschluss nur unter Beachtung der zwingenden Bestimmungen des Abs. 2 vorsehen. Danach ist die Kapitalerhöhung **abweichend von § 57c Abs. 2** vor der Verteilung des Gewinns des Vorjahres zu beschließen. Anderenfalls haben die Gesellschafter bereits einen unentziehbaren Anspruch auf diesen Gewinn erhalten.[1] Da auch die neuen Anteilsrechte am Gewinn teilnehmen sollen, müssen sie in den Gewinnverteilungsbeschluss einbezogen werden. Ferner ist zu beachten, dass die neuen Anteilsrechte erst mit der Eintragung der Kapitalerhöhung entstehen (§ 57c Abs. 4 iVm. § 54 Abs. 3, vgl. § 57i Rn. 11). Deshalb muss der Kapitalerhöhungsbeschluss vor dem Gewinnverteilungsbeschluss eingetragen werden. Schließlich ist angeordnet, dass der Kapitalerhöhungsbeschluss binnen drei Monaten nach der Beschlussfassung in das Handelsregister einzutragen ist. Anderenfalls sind er sowie der Gewinnverteilungsbeschluss nichtig (vgl. Rn. 4).

IV. Verstoß gegen Abs. 2

War im Falle des Abs. 2 S. 1 der Gewinnverteilungsbeschluss schon vor dem Erhöhungsbeschluss gefasst, so ist letzterer nur insoweit **nichtig**, als er die **rückwirkende Teilnahme am Gewinn des Vorjahres** bestimmt.[2] Sowohl der Erhöhungsbeschluss als auch der Gewinnverteilungsbeschluss sind nach ausdrücklicher Vorschrift des Abs. 2 S. 4 **nichtig**, wenn der Erhöhungsbeschluss nicht innerhalb von drei Monaten nach der Beschlussfassung in das Handelsregister eingetragen wird.

---

[1] *Hachenburg/Ulmer* § 14 KapErhG Rn. 4.
[2] *Hachenburg/Ulmer* § 14 KapErhG Rn. 4; aA *Meyer-Landrut/Miller/Niehus* § 14 KapErhG Rn. 2, die Gesamtnichtigkeit annehmen; *Scholz/Priester* Rn. 3, die den Beschluss nur für anfechtbar halten; *Lutter/Hommelhoff* Rn. 2; *Baumbach/Hueck/Zöllner* Rn. 4, die § 139 BGB anwenden.

§ 57 o

4. Abschnitt. Abänderungen des Gesellschaftsvertrages

V. Österreichisches Recht

5 Eine dem § 57 n entsprechende Vorschrift enthält das KapBerG nicht. Als Regel gilt, dass die neuen Anteilsrechte ab Beginn des Geschäftsjahres gewinnberechtigt sind, in das der Erhöhungsbeschluss fällt. Jedoch kann eine hiervon abweichende Regelung getroffen werden.[3]

§ 57 o [Anschaffungskosten]

[1] Als Anschaffungskosten der vor der Erhöhung des Stammkapitals erworbenen Geschäftsanteile und der auf sie entfallenden neuen Geschäftsanteile gelten die Beträge, die sich für die einzelnen Geschäftsanteile ergeben, wenn die Anschaffungskosten der vor der Erhöhung des Stammkapitals erworbenen Geschäftsanteile auf diese und auf die auf sie entfallenden neuen Geschäftsanteile nach dem Verhältnis der Nennbeträge verteilt werden. [2] Der Zuwachs an Geschäftsanteilen ist nicht als Zugang auszuweisen.

Literatur: S. die Angaben bei § 57 c.

I. Normzweck

1 Gehören die einer nominellen Kapitalerhöhung unterliegenden Geschäftsanteile zum **Betriebsvermögen** eines bilanzierungspflichtigen Kaufmanns, so ist die Frage, ob sich der Bilanzansatz der alten Geschäftsanteile im Hinblick auf die Kapitalerhöhung ändert und wie die aus der Kapitalerhöhung stammenden neuen Geschäftsanteile anzusetzen sind. Da Ausgangspunkt für den Ansatz der Wirtschaftsgüter eines Kaufmanns deren Anschaffungskosten sind, insbesondere bei Gegenständen des Anlagevermögens (vgl. zB §§ 253, 255 HGB), beantwortet § 57 o die Frage in erster Linie dadurch, dass er bestimmt, welche Beträge als Anschaffungskosten für alte und neue Geschäftsanteile zu gelten haben. Die Vorschrift richtet sich somit nur an diejenigen Gesellschafter, die ihre Geschäftsanteile bilanzieren müssen, also **Kaufleute** sind.[1] § 57 o ist wortgleich § 17 KapErhG entnommen. Die entsprechende Bestimmung für Aktiengesellschaften ist § 220 AktG.

II. Anschaffungskosten

2 Der Wert des Anteilsbesitzes eines Gesellschafters ändert sich durch die Kapitalerhöhung aus Gesellschaftsmitteln nicht. Deshalb schreibt S. 1 vor, dass die **Anschaffungskosten** der alten Anteile auf alte und neue **im Verhältnis ihrer Nennbeträge zu verteilen sind**. Die neuen Anteile erscheinen dadurch als von den alten abgespalten.[2] Waren die alten Anteile auf den niedrigeren Teilwert abgeschrieben,[3] so ist dieser auch für die neuen Anteile maßgebend. Bestanden für mehrere Anteile unterschiedliche Anschaffungskosten, so gelten diese auch für die neuen Anteile.[4] Dabei ist zu berücksichtigen, das nach einer verbreiteten, hier jedoch abgelehnten Meinung grundsätzlich nur ein neuer Anteil gebildet werden darf (§ 57 h Rn. 4).

---

[3] *Koppensteiner* § 2 KapBerG Rn. 3.
[1] *Bungeroth* in *Geßler/Hefermehl/Eckhardt/Kropff* § 220 Rn. 1.
[2] *Geßler* DNotZ 1960, 619, 639.
[3] § 253 Abs. 2 S. 3, § 254 HGB.
[4] *Hachenburg/Ulmer* § 17 KapErhG Rn. 2; *Scholz/Priester* § 17 KapErhG Rn. 5.

III. Kein Zugang

§ 57 o S. 2 bestimmt, dass der Zuwachs an Anteilsrechten (in der Bilanz) nicht als 3
Zugang auszuweisen ist. Da sich der Wert des Anteilsbesitzes eines Gesellschafters
durch die Kapitalerhöhung nicht ändert, ist die Bestimmung selbstverständlich. Der
ansonsten inhaltsgleiche § 3 KapErhStG verzichtet auf eine solche Klarstellung und
enthält eine dem § 57 o S. 2 entsprechende Vorschrift nicht (s. auch Rn. 5).

IV. Erwerb von Teilrechten

Erwirbt ein Gesellschafter zu dem ihm zugefallenen Teilrecht (§ 57 k) weitere **Teil-** 4
rechte bis zur Größe eines vollen Geschäftsanteils hinzu, um seine Rechte aus dem
Teilrecht ausüben zu können (§ 57 k Abs. 2), so gilt § 57 o nicht. Vielmehr ist der
durch Zukauf entstandene neue Geschäftsanteil nach allgemeinen Regeln mit den anteiligen Anschaffungskosten des vorhandenen Teilrechts und den Anschaffungskosten
der hinzu erworbenen Teilrechte anzusetzen und als Zugang auszuweisen.[5]

V. Steuerrechtliche Behandlung

Sie folgt der handelsrechtlichen. § 3 KapErhStG entspricht § 57 o (vgl. Rn. 3). Da- 5
durch wird eine Aufdeckung der stillen Reserven vermieden und ihre Versteuerung auf
den Zeitpunkt der Anteilsveräußerung hinausgeschoben (vgl. § 57 c Rn. 24). Steuerlich kann die Beibehaltung der ursprünglichen Anschaffungskosten für die Gesamtheit
der alten und neuen Anteile eine Rolle auch für den Gesellschafter spielen, der die
Anteile im **Privatvermögen** als **wesentliche Beteiligung** hält (vgl. § 57 c Rn. 24).

VI. Österreichisches Recht

Das KapBerG enthält keine Vorschrift über Anschaffungskosten. 6

§ 58 [Herabsetzung des Stammkapitals]

(1) **Eine Herabsetzung des Stammkapitals kann nur unter Beobachtung der
nachstehenden Bestimmungen erfolgen:**
1. **der Beschluß auf Herabsetzung des Stammkapitals muß von den Geschäftsführern zu drei verschiedenen Malen durch die in § 30 Abs. 2 bezeichneten
Blätter bekanntgemacht werden; in diesen Bekanntmachungen sind zugleich
die Gläubiger der Gesellschaft aufzufordern, sich bei derselben zu melden; die
aus den Handelsbüchern der Gesellschaft ersichtlichen oder in anderer Weise
bekannten Gläubiger sind durch besondere Mitteilung zur Anmeldung aufzufordern;**
2. **die Gläubiger, welche sich bei der Gesellschaft melden und der Herabsetzung
nicht zustimmen, sind wegen der erhobenen Ansprüche zu befriedigen oder
sicherzustellen;**
3. **die Anmeldung des Herabsetzungsbeschlusses zur Eintragung in das Handelsregister erfolgt nicht vor Ablauf eines Jahres seit dem Tage, an welchem die
Aufforderung der Gläubiger in den öffentlichen Blättern zum dritten Mal
stattgefunden hat;**

---

[5] *Hachenburg/Ulmer* § 17 KapErhG Rn. 4; *Scholz/Priester* Rn. 6.

§ 58   4. Abschnitt. Abänderungen des Gesellschaftsvertrages

4. mit der Anmeldung sind die Bekanntmachungen des Beschlusses einzureichen; zugleich haben die Geschäftsführer die Versicherung abzugeben, daß die Gläubiger, welche sich bei der Gesellschaft gemeldet und der Herabsetzung nicht zugestimmt haben, befriedigt oder sichergestellt sind.

(2) [1] Die Bestimmung in § 5 Abs. 1 über den Mindestbetrag des Stammkapitals bleibt unberührt. [2] Erfolgt die Herabsetzung zum Zweck der Zurückzahlung von Stammeinlagen oder zum Zweck des Erlasses der auf diese geschuldeten Einzahlungen, so darf der verbleibende Betrag der Stammeinlagen nicht unter den in § 5 Abs. 1 und 3 bezeichneten Betrag herabgehen.

Literatur: *Brönner* Die Besteuerung der Gesellschaften, 16. Aufl. 1988; *Dötsch* Kapitalerhöhung und Kapitalherabsetzung – Auswirkungen auf Einkommensermittlung und Eigenkapitalgliederung, DB 1981, 1994; *Felix* Effektive Kapitalherabsetzung der GmbH und eigener Geschäftsanteil, GmbHR 1989, 286; *Hirte* Anm. zum Beschluss LG Frankfurt/M. GmbHR 1993, 257; *Kerssenbrock* Zur zivil- und steuerrechtlichen Behandlung der Kapitalherabsetzung, GmbHR 1984, 306; 306; *Küting/Weber* Die Darstellung des Eigenkapitals bei der GmbH nach den Bilanzrichtlinien-Gesetz, GmbHR 1984, 165; *Lutter/Hommelhoff/Timm* Finanzierungsmaßnahmen zur Krisenabwehr in der Aktiengesellschaft, BB 1980, 737; *Rittner* Die Sicherheitsleistung bei der ordentlichen Kapitalherabsetzung, FS Oppenhoff, 1985, S. 317; *Reuter* Die Umdeutung von „echten" Kapitalherabsetzungen in verdeckte Gewinnausschüttungen nach der Körperschaftsteuerreform, AG 1982, 306; *K. Schmidt* Die sanierende Kapitalerhöhung im Recht der Aktiengesellschaft, GmbH und Personengesellschaft, ZGR 1982, 519; *ders.* Die Umwandlung einer GmbH in eine AG zu Kapitaländerungszwecken, AG 1985, 150; *ders.* Wege zum Insolvenzrecht der Unternehmen, 1990, S. 207 ff.; *Ulmer* in Kübler, Neuordnung des Insolvenzrechts, 1989, S. 130 ff.; *Wiedemann/Küpper* Die Rechte des Pensions-Sicherungs-Vereins als Träger der Insolvenzsicherung vor einem Konkursverfahren und bei einer Kapitalherabsetzung, FS Pleyer, 1986, S. 445; *Winter* Herabsetzung und Zurückzahlung des Stammkapitals der GmbH bei der Ertragsbesteuerung der Gesellschaft und der Gesellschafter, GmbHR 1993, 576.

Übersicht

	Rn.		Rn.
I. Normzweck	1–7	2. Befriedigung oder Sicherstellung (Abs. 1 Nr. 2)	25–31
1. Rückzahlung von Stammeinlagen	2	a) Meldung	26
2. Erlass von Stammeinlagen	3	b) Widerspruchsberechtigte; Frist	27, 28
3. Abfindung ausscheidender Gesellschafter	4	c) Klagbarer Anspruch	29, 30
4. Einstellung in Rücklagen	5	d) Entscheidung der Geschäftsführer	31
5. Beseitigung einer Unterbilanz	6	V. Anmeldung zum Handelsregister	32–36
6. Kapitalneufestsetzung nach dem DM-BilG	7	1. Anmelder	32
		2. Sperrjahr (Abs. 1 Nr. 3)	33
II. Wirkung der Kapitalherabsetzung auf die Geschäftsanteile	8–12	3. Inhalt und Form	34, 35
1. Einziehung und Kapitalherabsetzung	8	4. Beizufügende Urkunden (Abs. 1 Nr. 4)	36
2. Herabsetzung des Nennbetrags	9	VI. Eintragung in das Handelsregister	37–40
3. Mindestbetrag der Geschäftsanteile (Abs. 2 S. 2)	10–12	1. Prüfung durch das Registergericht	37
III. Beschluss über die Kapitalherabsetzung	13–21	2. Inhalt der Eintragung	38
1. Satzungsänderung	13	3. Bekanntmachung	39
2. Herabsetzungsbetrag	14–16	4. Wirkung der Eintragung	40
3. Zweck	17	VII. Mängel der Kapitalherabsetzung	41, 42
4. Neufassung des Satzungswortlauts	18	VIII. Verbindung von Kapitalherabsetzung und Kapitalerhöhung	43
5. Angaben über die Durchführung der Herabsetzung	19	IX. Kosten	44
6. Aufhebung und Änderung des Beschlusses	20	X. Ausweis der Kapitalherabsetzung	45
7. Liquidation, Insolvenz	21	XI. Steuern	46–54
IV. Schutz der Gläubiger	22–31	1. Körperschaftsteuer bis zum In-Kraft-Treten des StSenkG	46
1. Aufforderung (Abs. 1 Nr. 1)	22–24		

Herabsetzung des Stammkapitals § 58

	Rn.		Rn.
2. Körperschaftsteuer nach dem In-Kraft-Treten des StSenkG	47	b) Nach dem In-Kraft-Treten des StSenkG	53
3. Einkommensteuer	48–53	4. Verkehrsteuern	54
a) Bis zum In-Kraft-Treten des StSenkG	49–52	**XII. Österreichisches Recht**	55

I. Normzweck

Die Herabsetzung des Stammkapitals ist wie seine Erhöhung als **Sonderfall der** 1 **Satzungsänderung** ausgestaltet, so dass neben § 58 auch die §§ 53, 54 anzuwenden sind. Sie dient unterschiedlichen Zwecken, die § 58 voraussetzt, aber anders als das Aktienrecht (§§ 222 bis 240 AktG) nicht definiert. Dennoch verlangt die hM die Angabe des Zwecks im Herabsetzungsbeschluss (Rn. 17). Die gesetzliche Regelung geht von der Vorstellung aus, dass die Kapitalherabsetzung einer Teilrückzahlung des Stammkapitals gleichkomme und unterstellt sie deshalb zum **Schutz der Gläubiger** Liquidationsregeln. Das erschwert ihre Verwendung für andere Zwecke als dem der Verfügbarmachung von Gesellschaftsvermögen. § 58 steht in unmittelbarer Wechselwirkung zu § 30. In dem Maße, in dem das Stammkapital herabgesetzt wird, vermindert sich der Garantiefonds der Gläubiger und entfällt das Rückzahlungsverbot der Gesellschaft. Entgegen früherer Meinung[1] ist die Kapitalherabsetzung deshalb mehr als ein bloßer Buchungsvorgang.[2] Herabsetzungszweck ist insbesondere:

1. Rückzahlung von Stammeinlagen. Die durch die Kapitalherabsetzung frei- 2 gewordenen Beträge können unmittelbar zur Rückzahlung an die Gesellschafter verwendet werden, wenn ihnen ein entsprechendes Aktivvermögen gegenübersteht. Eine Kapitalherabsetzung zu diesem Zweck ist selten, aber denkbar, wenn das gebundene Kapital für eine werbende Geschäftstätigkeit nicht mehr in vollem Umfang benötigt wird, etwa bei Reduzierung des Unternehmensgegenstandes auf reine Verwaltungsaufgaben. Man spricht in solchem Falle von „effektiver" Kapitalherabsetzung im Gegensatz zur „nominellen" (Rn. 6). Der aus der Kapitalherabsetzung gewonnene Betrag kann auch zur **Gewinnausschüttung** verwendet werden; denn die Kapitalherabsetzung führt zu einem **Buchgewinn,** weil das Stammkapital auf der Passivseite der Bilanz auszuweisen ist (§ 42 Abs. 1 iVm. § 266 Abs. 3 A I HGB) und durch seine Herabsetzung rechnerisch eine Minderung der Schuldposten eintritt. Demgemäß ist der herabgesetzte Betrag in der Gewinn- und Verlustrechnung als „Ertrag aus der Kapitalherabsetzung" gesondert auszuweisen.[3] Der Rückzahlungseffekt tritt bei Verwendung zur Gewinnausschüttung allerdings nur ein, wenn der Gewinn entsprechend der gesetzlichen Regel (§ 29 Abs. 3 S. 1) nach dem Verhältnis der Geschäftsanteile zu verteilen ist.[4]

---

[1] Vgl. zB *Baumbach/Hueck* 13. Aufl. Anm. 1 B.
[2] *Hachenburg/Ulmer* Rn. 4; *Meyer-Landrut/Miller/Niehus* Rn. 3; *Scholz/Priester* Rn. 4; zum Umbuchungscharakter der Kapitalerhöhung aus Gesellschaftsmitteln vgl. § 57c Rn. 1, 2.
[3] § 240 AktG; gegen dessen sinngemäße Anwendung auf die GmbH *Roth/Altmeppen* Rn. 10; BeckBilKomm. HGB § 272 Rn. 44, die jedoch empfehlen, im Anhang freiwillig Angaben wie bei der AG zu machen; aA auch *Felix* GmbHR 1989, 286, 287 m. Fn. 10, da eine Einlagenrückgewähr erfolge. Das ist jedoch nicht streitig. Hier wird nur der Standpunkt vertreten, dass der freigewordene Betrag wahlweise zur Gewinnausschüttung verwendet werden könne; wie hier wohl *Scholz/Priester* Rn. 8 und jetzt auch *Hachenburg/Ulmer* Rn. 6.
[4] *Scholz/Priester* Rn. 8; *Hachenburg/Ulmer* Rn. 6, der jedoch die Behandlung der freiwerdenden Beträge als ausschüttungsfähigen Gewinn von der Zustimmung derjenigen Gesellschafter abhängig macht, zu deren Lasten sich der Übergang vom Kapital- zum Gewinnverteilungsschlüssel auswirkt.

§ 58 4. Abschnitt. Abänderungen des Gesellschaftsvertrages

3 **2. Erlass von Stammeinlagen.** Er ist nach § 19 Abs. 3 insoweit zulässig, als der herabgesetzte Betrag ausreicht. Die Beweggründe für eine Kapitalherabsetzung zu diesem Zweck sind regelmäßig dieselben wie bei der Kapitalherabsetzung zur Rückzahlung von Stammeinlagen. Wegen des Abschlusses eines Erlassvertrages in solchem Falle vgl. Rn. 40.

4 **3. Abfindung ausscheidender Gesellschafter.** Ein Gesellschafter kann durch in der Satzung vorgesehene **Kündigung** oder durch **Ausschluss** oder **Austritt** aus der Gesellschaft ausscheiden (§ 34 Rn. 59 ff.; § 60 Rn. 43 ff.). Im Zusammenhang damit oder ohne solchen Anlass kann sein Geschäftsanteil **eingezogen** werden (Rn. 8). Lässt sich die dem Gesellschafter in diesen Fällen zustehende **Abfindung** nicht dem freien Vermögen der Gesellschaft entnehmen (§ 30), so können die benötigten Mittel durch Kapitalherabsetzung verfügbar gemacht werden. Eine solche ist im Übrigen wegen § 19 Abs. 2 unumgänglich, wenn **nicht voll eingezahlte Geschäftsanteile eingezogen** werden sollen (Rn. 8) oder wenn die **Gesellschaft selbst** solche Geschäftsanteile erwerben will (§ 33). Die Kapitalherabsetzung betrifft hier nur einen oder einzelne Gesellschafter und bedarf deshalb auch der Zustimmung der übrigen Gesellschafter (Rn. 13).

5 **4. Einstellung in Rücklagen.** Sie belässt den herabgesetzten Betrag im Eigenkapital der Gesellschaft, das insoweit jedoch nicht mehr nach § 30 gebunden ist.[5] Es findet lediglich ein Tausch unter den Posten der Passivseite der Bilanz statt. Praktische Bedeutung hat dieser Herabsetzungszweck nur als Vorstufe für die spätere Verwirklichung eines anderen der vorgenannten Zwecke.

6 **5. Beseitigung einer Unterbilanz.** Eine Unterbilanz liegt vor, wenn die Aktiven nach Abzug der echten Passiven das Stammkapital nicht mehr voll decken (§ 30 Rn. 7 ff.). Die Herabsetzung des Stammkapitals dient hier seiner Anpassung an die tatsächlichen Vermögensverhältnisse. Gesellschaftsvermögen wird anders als in den bisherigen Fällen nicht verfügbar gemacht. Das Stammkapital wird nur **nominell** herabgesetzt. Dieser Kapitalherabsetzung entspricht die nur nominell wirkende Kapitalerhöhung aus Gesellschaftsmitteln (§ 57 c Rn. 1). Gläubigerinteressen werden nicht beeinträchtigt, auch wenn die Herabsetzung die frühere Ausschüttung künftiger Gewinne ermöglicht, die anderenfalls bis zur Wiederauffüllung des Stammkapitals gebunden gewesen wären. Deshalb passen die Gläubigerschutzvorschriften des § 58 hier nicht. Eine **vereinfachte Kapitalherabsetzung** zur Beseitigung einer Unterbilanz kannte das GmbHG im Unterschied zum AktG (§§ 229 bis 236) nicht. Sonderregelungen zur vereinfachten Kapitalherabsetzung galten von 1932 bis 1950. Die GmbH-Novelle 1980 hatte die in früheren Reform-Entwürfen enthaltene Anpassung an die aktienrechtliche Regelung nicht übernommen.[6] Erst das im Zuge der Insolvenzrechtsreform ergangene **EGInsO** v. 5. 10. 1994 (BGBl. I S. 2911) stellte der aktienrechtlichen Regelung entsprechende Vorschriften (§§ 58 a bis 58 f, s. dort) in das GmbHG ein. Die neuen Vorschriften sind am 19. 10. 1994 in Kraft getreten.[7] Liegt **Überschuldung** vor, deckt also das Aktivvermögen die Schulden nicht mehr (§ 19 Abs. 2 S. 1 InsO), so kann ihr durch bloße Kapitalherabsetzung nicht begegnet werden. Vielmehr ist eine **Sanierung** durch Kapitalzuführung erforderlich (hierzu vgl. Rn. 43).

---

[5] *Scholz/Priester* Rn. 11; aA *Meyer-Landrut/Miller/Niehus* Rn. 6.
[6] Kritisch hierzu *K. Schmidt* ZGR 1982, 519, 533 ff.
[7] Das wenige Tage später verkündete UmwBerG v. 28. 10. 1994, vgl. § 57 c Rn. 6, sah ebenfalls die Einfügung der §§ 58 bis 58 f in das GmbHG mit In-Kraft-Treten am 1. 1. 1995 vor, wurde jedoch durch das EGInsO überholt.

Herabsetzung des Stammkapitals § 58

6. Kapitalneufestsetzung nach dem DMBilG. Einen **Sonderfall der Kapital-** 7
herabsetzung regelt das **D-Markbilanzgesetz** (DMBilG) v. 23. 9. 1990/22. 3. 1991
(BGBl. 1990 II S. 889, 1169, 1245; BGBl. 1991 I S. 971) im Zusammenhang mit der
Währungsumstellung und der dadurch bedingten Neufestsetzung des Kapitals von
Unternehmen in den neuen Bundesländern. Materiell liegt in der Kapitalneufestsetzung häufig eine Kapitalherabsetzung unter den Betrag des bisherigen Stammkapitals.
Die Gläubigerschutzvorschriften des § 58 gelten jedoch nicht.[8] Die Kapitalherabsetzung ist Satzungsänderung und erfordert deshalb einen notariell beurkundeten Beschluss (§ 53 Abs. 2), der allerdings nur der einfachen Kapitalmehrheit ohne Rücksicht
auf die Stimmenzahl bedarf, und zwar auch dann, wenn die Satzung etwas anderes bestimmt. Die Kapitalneufestsetzung ist, entsprechend § 54 Abs. 3, bewirkt, sobald sie in
das Handelsregister eingetragen ist (§ 56 DMBilG). Zur Kapitalerhöhung anlässlich der
Kapitalneufestsetzung vgl. § 57 c Rn. 9. Vgl. auch § 53 Rn. 20 und § 55 Rn. 18.

II. Wirkung der Kapitalherabsetzung auf die Geschäftsanteile

1. Einziehung und Kapitalherabsetzung. Aktien können nur iVm. einer gleich- 8
zeitigen Kapitalherabsetzung eingezogen werden (§ 237 AktG). Die Einziehung voll
eingezahlter Geschäftsanteile setzt dagegen eine Kapitalherabsetzung nicht voraus,
ebenso wenig wie die Kapitalherabsetzung mit einer Einziehung einhergehen muss.
Einziehung und Kapitalherabsetzung sind von einander unabhängige Vorgänge. Die
Einziehung vernichtet den Geschäftsanteil, lässt aber das Stammkapital unberührt. Die
Kapitalherabsetzung führt nicht zum Verlust der Mitgliedschaft. Scheidet ein Gesellschafter anlässlich einer Kapitalherabsetzung aus der Gesellschaft aus, so beruht das auf
einer mit ihr verbundenen Einziehung seines Geschäftsanteils, seiner Ausschließung
oder seinem Austritt.[9] Eine notwendige Wechselbeziehung zwischen Einziehung
und Kapitalherabsetzung besteht jedoch, wenn **nicht voll eingezahlte Geschäftsanteile** eingezogen werden sollen. Da einerseits die Einziehung den Geschäftsanteil
mit allen Rechten und Pflichten untergehen lässt, andererseits die Gesellschafter von
der Einlagepflicht nicht befreit werden können (§ 19 Abs. 2 S. 1), muss vor der Einziehung die Einlagepflicht beseitigt werden. Das kann nur durch Herabsetzung des
Stammkapitals um den Betrag der ausstehenden Einlagen geschehen (§ 19 Abs. 3; vgl.
auch Rn. 3, 4).

2. Herabsetzung des Nennbetrags. Von der Herabsetzung des Stammkapitals 9
werden grundsätzlich alle Geschäftsanteile **gleichmäßig** betroffen. Das Beteiligungsverhältnis ändert sich durch die Herabsetzung somit nicht. Das hat zur Streitfrage geführt, ob der **Nennbetrag der Geschäftsanteile** dem herabgesetzten Stammkapital
anzupassen ist. Die hM leitet aus § 58 Abs. 2 S. 2 her, dass bei der Kapitalherabsetzung zur Rückzahlung oder zum Erlass von Stammeinlagen eine Anpassung vorzunehmen sei und hält darüberhinaus auch in allen übrigen Fällen, also insbesondere bei
der Kapitalherabsetzung zur Beseitigung einer Unterbilanz, eine Anpassung für erforderlich.[10] Der letztgenannte Fall ist nunmehr in § 58 a gesetzlich geregelt, durch den
die **vereinfachte Kapitalherabsetzung zum Ausgleich von Wertminderungen
oder Deckung sonstiger Verluste** zugelassen wurde. Abs. 3 S. 1 dieser Vorschrift
bestimmt, dass im Beschluss über die vereinfachte Kapitalherabsetzung die Nennbe-

---

[8] *Gelhausen* in *Budde/Forster* D-Markbilanzgesetz, Ergänzungsband 1991, § 56 a Rn. 21, 25.
[9] *Hachenburg/Ulmer* Rn. 9.
[10] Vgl. zB *Baumbach/Hueck/Zöllner* Rn. 8; *Hachenburg/Ulmer* Rn. 14 bis 16; *Scholz/Priester*
Rn. 20 bis 22; *Roth/Altmeppen* Rn. 12.

§ 58   4. Abschnitt. Abänderungen des Gesellschaftsvertrages

träge der Geschäftsanteile dem herabgesetzten Stammkapital anzupassen sind. Nach der amtlichen Begründung hierzu[11] soll die Regelung Streitfragen des geltenden Rechts klären. Danach kann nicht mehr zweifelhaft sein, dass in allen Fällen der Kapitalherabsetzung die Geschäftsanteile dem herabgesetzten Kapital angeglichen werden müssen, damit die aus den Geschäftsanteilen fließenden Rechte der Gesellschafter in ihrem Umfang eindeutig identifiziert werden.[12] Die **Anpassung** tritt aber jedenfalls in den Herabsetzungsfällen, die nicht dem Ausgleich von Wertminderungen oder der Deckung sonstiger Verluste dienen, automatisch ein, so dass der Herabsetzungsbeschluss hierzu keine ausdrücklichen Festsetzungen zu enthalten braucht.[13] Dass bei der neu eingeführten vereinfachten Kapitalherabsetzung die Anpassung durch Beschluss zu geschehen hat, erfordert keine andere Beurteilung; denn der Gesetzgeber hat anlässlich der Einstellung der §§ 58a bis 58f in das GmbHG nicht auch § 58 entsprechend ergänzt. Ebensowenig steht entgegen, dass die Aufnahme der Anpassung in den Herabsetzungsbeschluss aus Gründen der Rechtsklarheit[14] grds. in allen Herabsetzungsfällen wünschenswert ist.[15]

10 **3. Mindestbetrag der Geschäftsanteile (Abs. 2 S. 2).** Nach der Kapitalherabsetzung zur **Rückzahlung** oder **zum Erlass von Stammeinlagen** müssen die angepassten (Rn. 9) Geschäftsanteile kraft ausdrücklicher Gesetzesvorschrift noch mindestens 100 € betragen und durch fünfzig teilbar sein. Das gilt auch für den nicht im Gesetz genannten, aber gleichliegenden Fall der Kapitalherabsetzung zur **Rücklagenbildung**.[16] Lassen sich diese Untergrenzen nicht einhalten, so kommt eine **Zusammenlegung** der mehreren Kleinanteile zu einem vollen Geschäftsanteil in Betracht, die mangels anderweitiger Satzungsbestimmung der Zustimmung des Betroffenen bedarf.[17] Befinden sich die Kleinanteile in der Hand mehrerer Gesellschafter, so ist die Zustimmung aller Beteiligten nötig[18] und es entsteht an dem gemeinsamen Anteil Mitberechtigung nach § 18. Stattdessen kann der Herabsetzungsbeschluss mit Zustimmung der betroffenen Gesellschafter **(Gleichbehandlungsgebot)** vorsehen, dass nur Geschäftsanteile geschaffen werden, die § 5 Abs. 1 und 3 entsprechen. Dadurch entstehende Gewichtsverschiebungen sind durch Zahlungen unter den Gesellschaftern auszugleichen.[19] Auch durch Einziehung von Kleinanteilen kann mit Zustimmung der betroffenen Gesellschafter eine Bereinigung herbeigeführt werden. Zu den Untergrenzen bei der Kapitalherabsetzung zur Beseitigung einer Unterbilanz vgl. Rn. 11.

11 Für die **vereinfachte Kapitalherabsetzung zum Ausgleich von Wertminderungen und zur Deckung sonstiger Verluste** lässt § 58a Abs. 3 S. 2 die Herabsetzung des Nennbetrags der Geschäftsanteile auf 50 € und Teilbarkeit durch zehn zu. Diese Erleichterung entspricht der Regelung des § 57h Abs. 1 S. 2 bei der Kapitalerhöhung aus Gesellschaftsmitteln (vgl. dort Rn. 3 und u. Rn. 11). Kann auch dieser geringere Mindestnennbetrag nicht eingehalten werden, so haben die Geschäftsführer

---

[11] Drucks. 12/3803 S. 88, vgl. Lit. zu § 58a.
[12] Drucks. 12/3803 S. 88; *Scholz/Priester* Rn. 21.
[13] So zur früheren Rechtslage *Hachenburg/Ulmer* Rn. 19, 33.
[14] Vgl. *Roth/Altmeppen* Rn. 12.
[15] Ebenso wohl *Lutter/Hommelhoff* § 58a Rn. 19; *Scholz/Priester* Rn. 22; vgl. auch Rn. 16.
[16] Rn. 5; *Baumbach/Hueck/Zöllner* Rn. 9; *Hachenburg/Ulmer* Rn. 20; *Scholz/Priester* Rn. 23.
[17] So auch *Scholz/Priester* Rn. 26, der allerdings eine Zustimmungspflicht annimmt und die Zustimmung für entbehrlich hält, wenn die Anteile eingezogen werden können; ähnlich *Lutter/Hommelhoff* Rn. 12; aA *Baumbach/Hueck/Zöllner* Rn. 9 und jetzt auch *Hachenburg/Ulmer* Rn. 24, die eine Zusammenlegung gegen den Willen des Betroffenen zulassen.
[18] *Hachenburg/Ulmer* Rn. 24; *Scholz/Priester* Rn. 26.
[19] *Heuer* GmbHR 1950, 35, 36; *Hachenburg/Ulmer* Rn. 20; *Scholz/Priester* Rn. 27.

gleichartige Geschäftsanteile (§ 58a Rn. 13) zu **gemeinschaftlichen Geschäftsanteilen** (§ 18) zusammenzulegen (§ 58a Abs. 3 S. 3). Diese Vereinigung bedarf somit keines Gesellschafterbeschlusses und damit auch nicht der Zustimmung der betroffenen Gesellschafter. Insoweit ist die Rechtslage anders als bei der normalen Kapitalherabsetzung nach § 58. Die Sonderregelung für die vereinfachte Kapitalherabsetzung nötigt jedoch nicht, im Falle der normalen Kapitalherabsetzung von dem Erfordernis der Zustimmung der betroffenen Gesellschafter bei der Zusammenlegung (Rn. 10) abzusehen; denn der Gesetzgeber hat anlässlich der Einführung der vereinfachten Kapitalherabsetzung keine Veranlassung gesehen, § 58 entsprechend zu ergänzen (vgl. auch § 58a Rn. 28).

Für Geschäftsanteile, die aus einer **Kapitalerhöhung aus Gesellschaftsmitteln** stammen, lässt § 57h Abs. 1 S. 1 einen Mindestbetrag von 50 € und Teilbarkeit durch zehn zu. Hier ist umstritten, ob diese Grenzen bei derartigen Geschäftsanteilen abweichend von § 58 Abs. 2 S. 2 auch bei der Kapitalherabsetzung gelten.[20] Nachdem der Gesetzgeber durch die Regelung des § 58a Abs. 3 S. 2 zu erkennen gegeben hat, dass die Kapitalherabsetzung erleichtert werden soll, wird man die Frage bejahen müssen. Die geringeren Grenzen müssen dann aber auch für Geschäftsanteile mit geringeren Mindestbeträgen gelten, die aus **Umwandlungen** stammen.[21]   12

III. Beschluss über die Kapitalherabsetzung

1. Satzungsänderung. Durch die Herabsetzung des Stammkapitals erfährt die notwendige Satzungsbestimmung über den Betrag des Stammkapitals (§ 3 Abs. 1 Nr. 3) eine Änderung. Die Kapitalherabsetzung ist deshalb stets Satzungsänderung. Alles das, was über den Satzungsänderungsbeschluss gesagt ist (insbesondere § 53 Rn. 35 ff.), gilt auch für den Kapitalherabsetzungsbeschluss. Einer **Zustimmung** sämtlicher Gesellschafter bedarf es nicht. Soll die Kapitalherabsetzung die Geschäftsanteile **ungleichmäßig** treffen, sollen etwa nur einzelne Gesellschafter Rückzahlungen erhalten, so müssen jedenfalls die Gesellschafter zustimmen, die keine Zahlungen erhalten.[22] Man wird wohl auch die Zustimmung der von der Herabsetzung betroffenen Gesellschafter verlangen müssen, weil diese durch den Verlust gesellschaftlicher Rechte ebenfalls benachteiligt werden.[23] Die fehlende Zustimmung macht den Herabsetzungsbeschluss **anfechtbar.**[24] Werden im Zuge der Kapitalherabsetzung Geschäftsanteile ganz oder teilweise **eingezogen,** so ist das Vorliegen der hierfür erforderlichen Zustimmungen gesondert zu prüfen. Zur **sachlichen Rechtfertigung** des Herabsetzungsbeschlusses (materielle Beschlusskontrolle) vgl. § 58a Rn. 27.   13

2. Herabsetzungsbetrag. Er ist der wesentliche Bestandteil des Beschlusses. Statt eines **Festbetrags** kann wie bei der Kapitalerhöhung (§ 55 Rn. 9) lediglich ein **Höchstbetrag** bestimmt werden, um den das Stammkapital herabgesetzt werden soll, wobei es genügt, dass der Höchstbetrag bestimmbar ist. Tatsächlich ist das Stammkapital dann um denjenigen Betrag herabgesetzt, der zum Handelsregister angemeldet und in dieses eingetragen wird. Den Geschäftsführern darf die Bestimmung des endgültigen Herabsetzungsbetrags nicht überlassen werden, diese ist vielmehr Sache der Gesell-   14

---

[20] Vgl. 2. Aufl. Rn. 10.
[21] § 369 Abs. 6 S. 2 AktG aF, jetzt § 243 Abs. 3 UmwG; § 22 Abs. 1 S. 2 Halbs. 2 KapErhG, jetzt § 55 Abs. 1 UmwG.
[22] *Hachenburg/Ulmer* Rn. 8, 10, 27.
[23] *Scholz/Priester* Rn. 36; wohl auch *Roth/Altmeppen* Rn. 13.
[24] *Hachenburg/Ulmer* Rn. 27, *Scholz/Priester* Rn. 36.

§ 58 4. Abschnitt. Abänderungen des Gesellschaftsvertrages

schafter.[25] Ob Herabsetzung um einen Höchstbetrag gewollt ist, muss der Beschlussinhalt ergeben, wobei auch die **Zweckangabe** (Rn. 17) herangezogen werden darf.[26]

15 Das **Mindestkapital** von 25 000 € darf durch die Kapitalherabsetzung nicht unterschritten werden (Abs. 2 S. 1). Das gilt nicht bei der vereinfachten Herabsetzung zur Beseitigung einer Unterbilanz, wenn mit der Kapitalherabsetzung eine Kapitalerhöhung verbunden ist.[27] Für **Altgesellschaften** galt allerdings bis zum Ablauf der Übergangszeit am 31. 12. 1985 das frühere Mindestkapital von DM 20 000 als Herabsetzungsgrenze.[28]

16 Die **Anpassung der Nennbeträge der Geschäftsanteile** an das herabgesetzte Stammkapital geschieht grundsätzlich automatisch und braucht deshalb in den Herabsetzungsbeschluss nicht aufgenommen zu werden (anders bei der vereinfachten Kapitalherabsetzung gemäß § 58a Abs. 3, vgl. Rn. 9). Sollen die Geschäftsanteile jedoch nicht gleichmäßig herabgesetzt werden oder soll die Herabsetzung nur bestimmte Geschäftsanteile betreffen (Rn. 4, 13) oder sollen Geschäftsanteile zusammengelegt werden (Rn. 10), so sind hierfür ausdrückliche Festsetzungen im Herabsetzungsbeschluss erforderlich.[29]

17 **3. Zweck.** In entsprechender Anwendung des § 222 Abs. 3 AktG muss der Herabsetzungsbeschluss zur Wahrung der Gesellschafter- und Gläubigerinteressen stets angeben, zu welchem Zweck die Herabsetzung stattfindet, zB ob Stammeinlagen zurückgezahlt werden sollen oder ob die Herabsetzung der Zuführung zu den Rücklagen dient. Das ist herrschende Meinung.[30] Diese wird jetzt gestützt durch die amtl. Begr. zu § 58a (Drucks. 12/3803), wo gesagt ist (S. 87), dass die Neuregelung davon abgesehen habe, die Angabe des Zwecks im Kapitalherabsetzungsbeschluss vorzuschreiben, weil sich auch ohne gesetzliche Regelung die Auffassung durchgesetzt habe, dass auch bei der GmbH die Angabe des Zwecks der Kapitalherabsetzung erforderlich sei. Würde dies nunmehr für die vereinfachte Kapitalherabsetzung des § 58a ausdrücklich geregelt, könnte das zu dem unrichtigen Gegenschluss verleiten, dass die Angabe des Zwecks bei der Kapitalherabsetzung nach § 58 künftig nicht mehr erforderlich sei.[31] Verfolgt die Herabsetzung mehrere Zwecke, so sind diese sämtlich anzugeben.

18 **4. Neufassung des Satzungswortlauts.** Sie bedarf keines besonderen Beschlusses. Die **Stammkapitalziffer** ist wie bei der Kapitalerhöhung (§ 55 Rn. 19) automatisch geändert und in der Neufassung der Satzung nach § 54 Abs. 1 S. 2 mit dem herabgesetzten Betrag anzugeben.[32] Zulässig ist wie auch sonst (§ 53 Rn. 8, 20; § 55 Rn. 19) die Aufnahme der derzeitigen Gesellschafter und der geänderten Geschäftsanteile in den Satzungstext.

---

[25] *Baumbach/Hueck/Zöllner* Rn. 12; *Lutter/Hommelhoff* Rn. 7; *Hachenburg/Ulmer* Rn. 30; *Scholz/Priester* Rn. 30; aA *Meyer-Landrut/Miller/Niehus* Rn. 11.

[26] Ebenso wohl *Hachenburg/Ulmer* Rn. 30 und *Scholz/Priester* Rn. 30.

[27] § 58a Abs. 4; zur Rechtslage vor In-Kraft-Treten dieser Vorschrift vgl. 2. Aufl. Rn. 14.

[28] *Hachenburg/Ulmer* Rn. 29 Fn. 23; aA *Meyer-Landrut/Miller/Niehus* Rn. 11; *Scholz/Priester* 7. Aufl. Rn. 30.

[29] *Baumbach/Hueck/Zöllner* Rn. 13; *Hachenburg/Ulmer* Rn. 33; *Scholz/Priester* Rn. 31.

[30] BayObLG BB 1979, 240; Rn. 814; *Hachenburg/Ulmer* Rn. 31, 32; *Lutter/Hommelhoff* Rn. 8; *Meyer-Landrut/Miller/Niehus* Rn. 12; *Roth/Altmeppen* Rn. 14; *Scholz/Priester* Rn. 33, 34.

[31] Abw. jedoch immer noch *Baumbach/Hueck/Zöllner* Rn. 14, die Zweckangabe nur für erforderlich halten, wenn eine Unterbilanz beseitigt werden soll und dabei der Mindestnennbetrag von 500 DM (100 €) für Geschäftsanteile unterschritten wird.

[32] OLG Düsseldorf GmbHR 1968, 223; *Hachenburg/Ulmer* Rn. 34; *Scholz/Priester* Rn. 32.

Herabsetzung des Stammkapitals § 58

5. Angaben über die Durchführung der Herabsetzung sind entbehrlich. Sie 19
ergeben sich aus der notwendigen Angabe des Zwecks der Herabsetzung (Rn. 17) im
Herabsetzungsbeschluss.[33]

6. Aufhebung und Änderung des Beschlusses. Bis zur Eintragung in das Han- 20
delsregister (§ 54 Abs. 3) kann der Herabsetzungsbeschluss mit einfacher Mehrheit
ohne Einhaltung der notariellen Form aufgehoben werden.[34] Seine **Abänderung** erfordert jedoch satzungsändernde Mehrheit und notarielle Beurkundung.[35] Sie kommt
in Betracht, wenn der ursprüngliche **Herabsetzungszweck** durch einen anderen ersetzt werden soll.

7. Liquidation, Insolvenz. Im Liquidationsstadium ist eine Kapitalherabsetzung 21
ebenso wenig ausgeschlossen wie eine Kapitalerhöhung (§ 55 Rn. 25), gleichgültig, ob
der Herabsetzungsbeschluss vor oder nach Auflösung der Gesellschaft gefasst wird.[36]
Eine Herabsetzung zur Rückzahlung von Einlagen ist indessen nicht sinnvoll, da während der Liquidation neben § 58 auch noch die Auszahlungssperre des § 73 zu beachten ist.[37] In der **Insolvenz** ist eine Kapitalherabsetzung zwar denkbar, weil die Gesellschafter oberstes Gesellschaftsorgan bleiben, aber praktisch nicht durchführbar, weil die
Gläubiger befriedigt und sichergestellt (§ 58 Abs. 1 Nr. 2) und das Sperrjahr (§ 58
Abs. 1 Nr. 3) abgewartet werden müssen.[38] Ist dagegen das Insolvenzverfahren auf Antrag der GmbH eingestellt (§§ 212, 213 InsO) oder nach Bestätigung eines Insolvenzplans aufgehoben (§§ 258, 259 InsO), kommt eine Kapitalherabsetzung wieder in Betracht. Man wird diese aber zweckmäßig als vereinfachte Kapitalherabsetzung nach
§ 58a durchführen. Vorausgesetzt wird dabei, dass die Gesellschafter die Fortsetzung
der Gesellschaft beschließen, was auch im Liquidationsstadium möglich ist (vgl. § 60
Abs. 1 Nr. 4). Die Kapitalherabsetzung selbst kann Bestandteil des Insolvenzplans sein,
um die Aufhebung des Insolvenzverfahrens zu ermöglichen.[39]

IV. Schutz der Gläubiger

1. Aufforderung (Abs. 1 Nr. 1). Den Herabsetzungsbeschluss haben die **Ge-** 22
schäftsführer in vertretungsberechtigter Zahl in den **Gesellschaftsblättern** (§§ 10
Abs. 3, 30 Abs. 2, §§ 10, 11 HGB) zu **drei verschiedenen Malen** bekanntzumachen.
Zulässig und üblich ist die Bekanntmachung in drei aufeinander folgenden Ausgaben.
Wegen des negativen Effekts der Bekanntmachung lässt die hM die Angabe des Herabsetzungsbetrags genügen. Der Herabsetzungszweck braucht nicht veröffentlicht zu
werden, ist jedoch den Gläubigern auf Anfrage mitzuteilen.[40]

Die Bekanntmachung ist mit der Aufforderung an die Gläubiger zu verbinden, sich 23
bei der Gesellschaft zu **melden.** Auf die mit der Meldung verbundenen Rechte oder

---

[33] *Hachenburg/Ulmer* Rn. 35; *Roth/Altmeppen* Rn. 14; *Scholz/Priester* Rn. 35.
[34] *Hachenburg/Ulmer* Rn. 38; str., vgl. § 53 Rn. 59, § 55 Rn. 20.
[35] *Hachenburg/Ulmer* Rn. 37; *Scholz/Priester* Rn. 37; vgl. § 53 Rn. 61.
[36] *Hachenburg/Ulmer* Rn. 41; *Meyer-Landrut/Miller/Niehus* Rn. 13; *Scholz/Priester* Rn. 40; *Baumbach/Hueck/Schulze-Osterloh* § 69 Rn. 22.
[37] OLG Frankfurt NJW 1974, 463; *Lutter/Hommelhoff* Rn. 28.
[38] Ebenso *Lutter/Hommelhoff* Rn. 28; *Scholz/K. Schmidt* § 63 Rn. 63; *Hachenburg/Ulmer* § 63 Rn. 49.
[39] Vgl. den Fall BGHZ 138, 71 – Sachsenmilch, wo es um die vereinfachte Kapitalherabsetzung bei einer AG zur Aufhebung eines Gesamtvollstreckungsverfahrens ging; dort auch zur grundsätzlichen Zulässigkeit der Kapitalherabsetzung in der Insolvenz; eingehend zu diesem Fall vgl. § 58a Rn. 27.
[40] *Hachenburg/Ulmer* Rn. 43; *Scholz/Priester* Rn. 42.

§ 58 4. Abschnitt. Abänderungen des Gesellschaftsvertrages

auf die Folgen unterbliebener Meldung brauchen die Gläubiger nach überwM nicht hingewiesen zu werden.[41] Das entspricht dem eindeutigen Gesetzeswortlaut (anders § 225 Abs. 1 S. 2 AktG). Um den vom Gesetz beabsichtigten vollen Gläubigerschutz zu gewährleisten, muss andererseits die bloße Meldung des Gläubigers seine Rechtsposition wahren (Rn. 25).

24 Die der Gesellschaft bekannten Gläubiger sind darüber hinaus durch **besondere Mitteilung** zur Anmeldung unter Hinweis auf die beschlossene Kapitalherabsetzung aufzufordern, und zwar auch solche Gläubiger, deren Forderungen noch nicht fällig oder bedingt sind (vgl. auch Rn. 27). Gläubiger, die der Herabsetzung bereits zugestimmt haben, brauchen nicht unterrichtet zu werden. Zu benachrichtigen sind alle Gläubiger, die der Gesellschaft am Tag der dritten Veröffentlichung bekannt sind.[42] Gläubiger, deren Forderungen später begründet werden, müssen die Bekanntmachung gegen sich gelten lassen. Doch kann im Einzelfall eine **Hinweispflicht** auf die beschlossene Kapitalherabsetzung bestehen, insbesondere bei Gläubigern mit längerem Zahlungsziel, da keine Gewähr für die Erlangung der Kenntnis von der Bekanntmachung besteht.[43] Eine bestimmte **Form** ist für die Mitteilung nicht vorgeschrieben, ebenso wenig eine Frist. Die Gläubiger müssen aber eine angemessene Bedenkzeit vor Ablauf des Sperrjahres haben.[44] Zu den Folgen unterlassener Mitteilung vgl. Rn. 30.

25 **2. Befriedigung oder Sicherstellung (Abs. 1 Nr. 2).** Stimmen Gläubiger, die sich gemeldet haben, der Herabsetzung nicht zu, so scheitert diese, wenn die Gesellschaft die Ansprüche solcher Gläubiger nicht befriedigt oder sicherstellt; denn nach Abs. 1 Nr. 4 wird die Kapitalherabsetzung in das Handelsregister nur eingetragen und damit wirksam (§ 54 Abs. 3), wenn die Geschäftsführer bei der Anmeldung eine Versicherung über die Befriedigung oder Sicherstellung nicht zustimmender Gläubiger abgeben können. Durch Verweigerung der Zustimmung zur Herabsetzung können Gläubiger somit die vorzeitige Erfüllung ihrer Ansprüche oder deren nicht vereinbarte Sicherstellung **erzwingen**.

26 a) **Meldung.** Vorausgesetzt wird, dass Gläubiger sich **gemeldet** haben, entweder auf öffentliche Bekanntmachung oder besondere Mitteilung (Abs. 1 Nr. 1) hin oder aus eigenem Antrieb. Im letzten Fall muss die Meldung aber erkennen lassen, dass sie im Hinblick auf die Kapitalherabsetzung abgegeben wird. Ein ausdrücklicher **Widerspruch** ist **nicht** erforderlich. Wer sich meldet, gilt als widersprechend, solange er nicht zustimmt, wer sich nicht meldet, gilt als zustimmend.[45]

27 b) **Widerspruchsberechtigte, Frist.** Anmelde- und damit widerspruchsberechtigt sind alle Gläubiger, denen die Gesellschaft die besondere Mitteilung nach Abs. 1 Nr. 1 zugehen lassen muss. Das sind Gläubiger, deren Forderungen am Tag der dritten Bekannt-

---

[41] *Baumbach/Hueck/Zöllner* Rn. 22; *Hachenburg/Ulmer* Rn. 43; *Roth/Altmeppen* Rn. 19; *Scholz/Priester* Rn. 43.

[42] KGJ 37 A 163; *Lutter/Hommelhoff* Rn. 16; *Hachenburg/Ulmer* Rn. 44; *Meyer-Landrut/Miller/Niehus* Rdnr. 19; *Scholz/Priester* Rn. 46.

[43] *Brodmann* Anm. 2c; *Scholz/Priester* Rn. 47; noch weitergehend *Baumbach/Hueck/Zöllner* Rn. 17 und *Roth/Altmeppen* Rn. 16, die gegenüber allen später hinzutretenden und nicht alsbald befriedigten Gläubigern eine Mitteilungspflicht annehmen.

[44] *Hachenburg/Ulmer* Rn. 46; *Scholz/Priester* Rn. 46; strenger *Baumbach/Hueck/Zöllner* Rn. 17, die unverzügliche Mitteilung nach Bekanntmachung verlangen.

[45] *Lutter/Hommelhoff* Rn. 18; *Hachenburg/Ulmer* Rn. 49; *Roth/Altmeppen* Rn. 19; *Scholz/Priester* Rn. 49; *Baumbach/Hueck/Zöllner* Rn. 18 sehen im Mangel des Einverständnisses weder die Ausübung eines Widerspruchsrechts noch die Abgabe einer Willenserklärung, sondern ein faktisches Verhalten.

Herabsetzung des Stammkapitals § 58

machung begründet waren.[46] Bestand gegenüber Gläubigern, deren Forderungen später zur Entstehung gelangten, eine Hinweispflicht (Rn. 24), so sind diese hierdurch ausreichend geschützt. Andere, nach der dritten Bekanntmachung hinzugetretene Gläubiger, müssen die Bekanntmachung gegen sich gelten lassen.[47] **Begründet** sind nicht nur fällige Forderungen, sondern auch befristete und auflösend bedingte, auch aufschiebend bedingte, wenn der Bedingungseintritt nicht unwahrscheinlich ist, zB bei verfallbaren Ruhegeldanwartschaften.[48] **Bestrittene** Forderungen berechtigen zur Anmeldung und zum Widerspruch, wenn sie aus der Sicht der Geschäftsführer nicht offensichtlich unbegründet sind.[49] Zum Widerspruchsrecht des PSVaG vgl. *Wiedemann Küpper*.[50]

Eine **Frist** zur Meldung und Erhebung des Widerspruchs sieht das Gesetz nicht vor. Die Meldung kann deshalb auch noch nach Ablauf des Sperrjahres (Abs. 1 Nr. 3) vorgenommen werden, jedoch nicht mehr nach Anmeldung der Herabsetzung zum Handelsregister.[51] 28

c) Klagbarer Anspruch. Streitig ist, ob die sich meldenden, aber nicht zustimmenden Gläubiger nach Abs. 1 Nr. 2 einen klagbaren Anspruch auf vorzeitige Befriedigung oder nicht vereinbarte Sicherstellung haben.[52] Die Frage ist zu verneinen, da die materiellrechtliche Stellung der Gläubiger durch Abs. 1 Nr. 2 nicht berührt wird, die dort vorgeschriebenen Maßnahmen vielmehr nur Anmeldevoraussetzung nach Abs. 1 Nr. 4 sind, deren Nichterfüllung den nicht zustimmenden Gläubiger in den Stand setzt, die Eintragung zu verhindern.[53] Zu diesem Zweck kann er auch eine **einstweilige Verfügung** (§ 16 Abs. 2 HGB) erwirken.[54] 29

Hiervon zu unterscheiden ist der Fall, dass ein Gläubiger **übergangen,** also trotz Meldung und Widerspruch nicht befriedigt oder sichergestellt wird. Geben die Geschäftsführer insoweit eine unrichtige Versicherung nach Abs. 1 Nr. 4 ab und trägt der Registerrichter daraufhin die Kapitalherabsetzung ein, so wird diese wirksam und kann nicht mehr beseitigt werden.[55] Einem solchen Gläubiger steht ein **Schadensersatzanspruch** gegen die Geschäftsführer wegen Verletzung eines Schutzgesetzes (§ 823 Abs. 2 BGB iVm. § 58 Abs. 1 Nr. 2 und 4) und gegen die Gesellschaft nach § 31 BGB zu.[56] Außerdem kommt Strafbarkeit der Geschäftsführer nach § 82 Abs. 1 Nr. 1 in Betracht. Entsprechendes mit Ausnahme der Strafbarkeit der Geschäftsführer gilt, wenn 30

---

[46] *Hachenburg/Ulmer* Rn. 51; *Scholz/Priester* Rn. 50; vgl. auch Rn. 24.
[47] AA *Baumbach/Hueck/Zöllner* Rn. 21, die jedem Gläubiger, dessen Forderung vor Anmeldung der Kapitalherabsetzung begründet war, für anmelde- und damit widerspruchsberechtigt halten und *Roth/Altmeppen*, Rn. 21, 24, die sogar auf den Zeitpunkt der Eintragung abstellen.
[48] *Hachenburg/Ulmer* Rn. 51; *Meyer-Landrut/Miller/Niehus* Rn. 19; *Scholz Priester* Rn. 51; vgl. auch Rn. 24.
[49] *Hachenburg/Ulmer* Rn. 54; *Scholz/Priester* Rn. 55; vgl. auch Rn. 35.
[50] FS Pleyer, S. 445, 450.
[51] *Baumbach/Hueck/Zöllner* Rn. 20; *Hachenburg/Ulmer* Rn. 50; *Scholz/Priester* Rn. 50; aA *Brodmann* Anm. 2e und *Roth/Altmeppen* Rn. 21, die Meldung bis zur Eintragung für möglich halten.
[52] Verneinend *Baumbach/Hueck/Zöllner* Rn. 18; *Lutter/Hommelhoff* Rn. 20; *Hachenburg/Ulmer* Rn. 47, 48; *Scholz/Priester* Rn. 48; bejahend *Meyer-Landrut/Miller/Niehus* Rn. 20; *Roth/Altmeppen* Rn. 19.
[53] *Hachenburg/Ulmer* Rn. 47, 48.
[54] *Hachenburg/Ulmer* Rn. 48; *Roth/Altmeppen* Rn. 25; *Scholz/Priester* Rn. 49; aA *Brodmann* Anm. 2e; *Baumbach/Hueck/Zöllner* Rn. 19.
[55] *Hachenburg/Ulmer* Rn. 75; *Meyer-Landrut/Miller/Niehus* Rn. 27; *Scholz/Priester* Rn. 75; vgl. auch Rn. 41.
[56] BayObLG BB 1974, 1362, 1363; *Baumbach/Hueck/Zöllner* Rn. 41; *Lutter/Hommelhoff* Rn. 16; *Hachenburg/Ulmer* Rn. 56; *Scholz/Priester* Rn. 76, 77.

§ 58 4. Abschnitt. Abänderungen des Gesellschaftsvertrages

die besondere Mitteilung nach Abs. 1 Nr. 1 unterblieben ist. Der Schadensersatzanspruch geht mindestens auf nachträgliche Sicherstellung, nach weitergehender Auffassung sogar auf vorzeitige Befriedigung.[57]

31 **d) Entscheidung der Geschäftsführer.** Ob sie befriedigen oder nur sicherstellen wollen, entscheiden die Geschäftsführer. Sicherstellung genügt auch bei fälliger Forderung.[58] Für die Sicherstellung gelten die §§ 233 bis 240 BGB.[59] Auf andere Weise als dort bestimmt kann die Gesellschaft Sicherheit nicht leisten, insbesondere nicht durch eine Garantieerklärung ihres Mehrheits- oder Alleingesellschafters oder eine Bankbürgschaft.[60] Wessen Forderung bereits voll gesichert ist, bedarf im Hinblick auf die Kapitalherabsetzung keiner weiteren Sicherung.[61] Es muss sich aber um eine Sicherheit nach § 233 ff. BGB handeln.[62] Bei befristeten und bedingten Forderungen kann ein Bewertungsabschlag in Betracht kommen.[63]

V. Anmeldung zum Handelsregister

32 **1. Anmelder.** Anmelder sind wie bei der Gründung und Kapitalerhöhung **sämtliche Geschäftsführer** (§§ 78, 44, vgl. § 57 Rn. 11, § 57i Rn. 2). Zur **Anmeldepflicht** vgl. § 54 Rn. 7; § 57 Rn. 12; § 78 Rn. 8. Zuständiges Gericht ist das Gericht am Sitz der Gesellschaft. Wegen Besonderheiten bei **Zweigniederlassungen** vgl. die Erläuterungen zu § 59.

33 **2. Sperrjahr (Abs. 1 Nr. 3).** Zwischen der Letzten öffentlichen Aufforderung an die Gläubiger zur Meldung und der Anmeldung der Kapitalherabsetzung muss mindestens ein Jahr liegen. Auf den Zeitpunkt der besonderen Mitteilung an die bekannten Gläubiger (Rn. 24) kommt es nicht an.[64] Das Sperrjahr soll den Gläubigern Gelegenheit zur Prüfung geben, ob sie der Herabsetzung zustimmen und der Gesellschaft Zeit, die Ansprüche der widersprechenden Gläubiger zu befriedigen oder sicherzustellen. Die Jahresfrist erscheint unnötig lang, zumal das Aktienrecht (§§ 223, 224, 225, 227 Abs. 2 AktG) die sofortige Anmeldung zulässt und den Gläubigern nur eine Frist von sechs Monaten zur Sicherung ihrer Ansprüche einräumt.[65] Die im Zuge der Insolvenzreform in das GmbHG eingestellten Vorschriften über die **vereinfachte Kapitalherabsetzung** (§§ 58n bis 58f, vgl. Rn. 6) sehen die Einhaltung eines Sperrjahres nicht mehr vor (entsprechend der aktienrechtlichen Regelung, die bei der vereinfachten Kapitalherabsetzung nach §§ 229ff. AktG ebenfalls keine Sperrfristen kennt). Wird bei der ordentlichen Kapitalherabsetzung vor Ablauf des Sperrjahres angemeldet, so ist die Anmeldung zurückzuweisen.[66]

34 **3. Inhalt und Form.** Anzumelden ist der Herabsetzungsbeschluss. Nicht erforderlich ist die weitere Anmeldung, dass hierdurch die Satzung hinsichtlich der Stammkapitalziffer geändert ist; denn diese Änderung tritt automatisch ein. Wie bei der Kapitalerhöhung (§ 57 Rn. 5) genügt die Bezugnahme auf das notarielle Beschlussprotokoll

---

[57] *Brodmann* Anm. 2e und ihm folgend *Scholz/Priester* Rn. 76.
[58] *Hachenburg/Ulmer* Rn. 52; *Scholz/Priester* Rn. 52.
[59] AllgM; eingehend *Rittner*, FS Oppenhoff, 1985, S. 317.
[60] *Rittner* Fn. 59, S. 319, 330.
[61] AllgM, vgl. etwa *Baumbach/Hueck/Zöllner* Rn. 22.
[62] *Rittner* Fn. 59, S. 322, 324; wohl auch *Hachenburg/Ulmer* Rn. 53; *Scholz/Priester* Rn. 53.
[63] *Hachenburg/Ulmer* Rn. 53; *Scholz/Priester* Rn. 53.
[64] BayObLG BB 1974, 1362.
[65] Zur Kritik vgl. *Hachenburg/Ulmer* Rn. 59; *Scholz/Priester* Rn. 58.
[66] *Brodmann* Anm. 3a; *Hachenburg/Ulmer* Rn. 59; *Scholz/Priester* Rn. 58.

Herabsetzung des Stammkapitals § 58

oder jedenfalls schlagwortartige Bezeichnung der Kapitalherabsetzung ohne Angabe des Herabsetzungsbetrags. Handelt es sich um eine Kapitalherabsetzung mit **Höchstbetrag** (Rn. 14), muss die Anmeldung allerdings ergeben, um welchen Betrag tatsächlich herabgesetzt wurde. Der **Zweck** der Herabsetzung braucht in der Anmeldung nicht genannt zu werden, er ergibt sich aus dem Herabsetzungsbeschluss (Rn. 17) und wird nicht eingetragen.[67]

Die **Versicherung nach Abs. 1 Nr. 4** ist von sämtlichen Geschäftsführern abzugeben, wobei eine Vertretung ausgeschlossen ist.[68] Der Abgabe einer entsprechenden Versicherung bedarf es auch dann, wenn kein Gläubiger sich gemeldet hat oder die Gläubiger, die sich meldeten, zustimmten.[69] Spezielle Angaben darüber, welche Gläubiger aufgefordert wurden, sich meldeten oder nicht usw., sind nicht erforderlich, ebenso wenig Angaben über bestrittene, aber nicht sichergestellte Forderungen.[70] Wegen der Folgen unrichtiger Versicherungen vgl. Rn. 30. Zur **Form** der Anmeldung vgl. § 57 Rn. 5. 35

4. Beizufügende Urkunden (Abs. 1 Nr. 4). Außer dem **notariellen Protokoll** über die Kapitalherabsetzung (§ 54 Abs. 2) ist wie bei der Kapitalerhöhung (§ 57 Rn. 16) der **vollständige Wortlaut** des Gesellschaftsvertrags unter Berücksichtigung der durch die Kapitalherabsetzung geänderten Stammkapitalziffer einzureichen.[71] Ferner sind **Belegblätter** über die dreimalige öffentliche Bekanntmachung des Herabsetzungsbeschlusses vorzulegen (Abs. 1 Nr. 4 Halbs. 1), aber keine Nachweise über die besondere Mitteilung nach Abs. 1 Nr. 1.[72] Einzureichen ist schließlich die **Versicherung** über die Befriedigung oder Sicherstellung der Gläubiger (Abs. 1 Nr. 4 Halbs. 2, vgl. Rn. 35). 36

VI. Eintragung in das Handelsregister

1. Prüfung durch das Registergericht. Wie bei sonstigen Satzungsänderungen hat sie der Eintragung vorauszugehen (§ 54 Rn. 15 ff.). Außer der Ordnungsmäßigkeit des Zustandekommens des Herabsetzungsbeschlusses, der Einhaltung der Vorschriften über die Mindestkapitalziffer und die Mindestnennbeträge der Geschäftsanteile, hat der Registerrichter die sich aus den Anmeldungsfordernissen des Abs. 1 Nr. 3 und 4 ergebenden Eintragungsvoraussetzungen zu prüfen. Nachweise über die Befriedigung oder Sicherstellung nicht zustimmender Gläubiger kann er verlangen, wenn Anlass zu Zweifeln besteht, dass die Versicherung der Geschäftsführer unrichtig ist,[73] zB auf Grund einer direkten Mitteilung eines Gläubigers an das Gericht. Ob die Eintragung abzulehnen ist, entscheidet das Registergericht nach pflichtgemäßem Ermessen. Bei nicht gesicherten, weil bestrittenen Forderungen (Rn. 27) braucht das Gericht sich nicht in deren Prüfung zu begeben, kann aber die Eintragung nach § 127 FGG aussetzen und der Gesellschaft Frist zur Erhebung einer negativen Feststellungsklage gegen den Gläubiger setzen.[74] 37

---

[67] HM, vgl. zB *Scholz/Priester* Rn. 62.
[68] *Baumbach/Hueck/Zöllner* Rn. 30.
[69] BayObLG BB 1974, 1362.
[70] *Baumbach/Hueck/Zöllner* Rn. 32; *Scholz/Priester* Rn. 56, 61; aA *Meyer-Landrut/Miller/Niehus* Rn. 24; *Roth/Altmeppen* Rn. 23; vgl. auch Rn. 27.
[71] *Hachenburg/Ulmer* Rn. 62; *Scholz/Priester* Rn. 63; aA *Roth/Altmeppen* Rn. 22.
[72] BayObLG BB 1974, 1362 ff.; *Hachenburg/Ulmer* Rn. 62; *Scholz/Priester* Rn. 63.
[73] OLG Frankfurt NJW 1974, 463, 464.
[74] *Hachenburg/Ulmer* Rn. 70; *Meyer-Landrut/Miller/Niehus* Rn. 25; *Scholz/Priester* Rn. 66; aA *Baumbach/Hueck/Zöllner* Rn. 33, die eine Prüfungspflicht bei liquider Beweislage und dringendem Bedürfnis der Gesellschaft hinsichtlich der Eintragung annehmen.

§ 58   4. Abschnitt. Abänderungen des Gesellschaftsvertrages

38 **2. Inhalt der Eintragung.** Das herabgesetzte Stammkapital ist nach § 54 Abs. 2 iVm. § 10 Abs. 1 ausdrücklich einzutragen, außerdem der Tag des Herabsetzungsbeschlusses und der Tag der Eintragung (§ 54 Rn. 22, 23).

39 **3. Bekanntmachung.** Sie umfasst nach § 54 Abs. 2 iVm. § 10 Abs. 3 alle gemäß Rn. 37 einzutragenden Tatsachen.

40 **4. Wirkung der Eintragung.** Erst die Eintragung in das Handelsregister am Sitz der Gesellschaft macht die Kapitalherabsetzung wirksam (§ 54 Abs. 3). Auf die Bekanntmachung kommt es nicht an. War Zweck der Herabsetzung die **Rückzahlung** von Stammeinlagen, so entsteht mit der Eintragung der Rückzahlungsanspruch.[75] Ein besonderer Ausschüttungsbeschluss ist nicht nötig.[76] Die freigewordenen Beträge entfallen insgesamt auf die Gesellschafter nach dem Verhältnis ihrer Beteiligung am Stammkapital. **Eigene Geschäftsanteile** der GmbH sind nicht anzusetzen.[77] Dient die Herabsetzung dem **Erlass** von Stammeinlagen, so sind zusätzlich Erlassverträge (§ 397 BGB) zwischen Gesellschaft und Gesellschafter zu schließen, die aber bereits in der Zustimmung zur Herabsetzung und deren Entgegennahme durch die Geschäftsführer gefunden werden können.[78] Soll der herabgesetzte Betrag in die **Rücklage** eingestellt werden, ist dem in der **nächsten Jahresbilanz** ohne weiteres Rechnung zu tragen.[79] Bei der **vereinfachten Kapitalherabsetzung** zur Beseitigung einer Unterbilanz kann die Kapitalherabsetzung **rückwirkend** schon im **Jahresabschluss für das letzte Geschäftsjahr** vor der Kapitalherabsetzung berücksichtigt werden, wenn die Gesellschafter sowohl für die Feststellung des Jahresabschlusses als auch für die Kapitalherabsetzung zuständig sind (§ 58e, vgl. dort). Geht die Herabsetzung mit einer **Einziehung** einher (Rn. 4), wird die Einziehung im Zweifel mit der Eintragung des Herabsetzungsbeschlusses wirksam.[80] Zur Wirkung der Eintragung bei Mängeln der Kapitalherabsetzung vgl. Rn. 41.

VII. Mängel der Kapitalherabsetzung

41 Es gilt entsprechend, was zur fehlerhaften Kapitalerhöhung und deren Eintragung gesagt ist (§ 57 Rn. 35 ff.). Zu den Folgen der Eintragung bei Übergehen von Gläubigern und unterlassener Benachrichtigung vgl. Rn. 30. Im Besonderen ist zu beachten: Wird durch die Herabsetzung das **Mindestkapital** (Rn. 15) unterschritten, so ist die Herabsetzung entsprechend § 241 Nr. 3 AktG insgesamt **nichtig**.[81] Dies gilt **nicht,** wenn im Falle der **vereinfachten Kapitalherabsetzung** das unter den Mindestnennbetrag herabgesetzte Stammkapital zugleich durch eine Kapitalerhöhung wieder erreicht wird und Sacheinlagen nicht festgesetzt sind (§ 58a Abs. 4, vgl. dort). Werden die Vorschriften über die **Mindestnennbeträge der Geschäftsanteile** (Rn. 10) verletzt, macht das den Herabsetzungsbeschluss nur **anfechtbar.** Das Gleiche gilt, wenn die Angabe des **Herabsetzungszwecks** fehlt.[82] Doch soll wegen des Hineinspielens in

---

[75] Zu den Haftungsfolgen bei vorzeitiger Auskehrung vgl. *Kessenbrock* GmbHR 1984, 306, 307 und dazu *Scholz/Priester* Rn. 69 Fn. 99.
[76] *Hachenburg/Ulmer* Rn. 65; *Scholz/Priester* Rn. 69, 72.
[77] *Felix* GmbHR 1989, 286.
[78] *Hachenburg/Ulmer* Rn. 65; *Scholz/Priester* Rn. 71; aA *Brodmann* Anm. 4b.
[79] *Hachenburg/Ulmer* Rn. 65, 66; *Scholz/Priester* Rn. 70.
[80] *Hachenburg/Ulmer* Rn. 66.
[81] *Hachenburg/Ulmer* Rn. 72; *Scholz/Priester* Rn. 74.
[82] BayObLG BB 1979, 240; *Lutter/Hommelhoff* Rn. 13; *Hachenburg/Ulmer* Rn. 73; *Scholz/Priester* Rn. 74.

Herabsetzung des Stammkapitals § 58

öffentliches Interesse der Registerrichter anders als sonst (vgl. § 57 Rn. 36) verpflichtet sein, die Eintragung abzulehnen, wenn der Mangel nicht beseitigt wird.[83] Wird ein anfechtbarer Herabsetzungsbeschluss durch einen nachfolgenden fehlerfreien Beschluss **bestätigt,** so entfällt die Anfechtbarkeit.[84] Zu den Mängeln bei der **vereinfachten Kapitalherabsetzung** nach §§ 58a bis f vgl. dort.

Eine **Amtslöschung** fehlerhafter Eintragungen nach § 144 Abs. 2 FGG kommt 42 ebenso wenig wie bei der Kapitalerhöhung (§ 57 Rn. 40) in Betracht. Dagegen ist eine Amtslöschung nach § 142 Abs. 1 FGG wie bei der Kapitalerhöhung (§ 57 Rn. 42) denkbar.[85]

VIII. Verbindung von Kapitalherabsetzung und Kapitalerhöhung

Sie ist **Sanierungsmaßnahme** bei drohender oder eingetretener Überschuldung. 43 Die Kapitalherabsetzung dient hier der Beseitigung einer Unterbilanz, die Kapitalerhöhung der Zuführung neuer Eigenmittel. Die rechtstechnische Verbindung beider Maßnahmen bereitete im GmbH-Recht Schwierigkeiten wegen des zur Gläubigersicherung vorgeschriebenen Sperrjahres (Abs. 1 Nr. 3), die im Aktienrecht nicht bestanden, das seit 1937 die vereinfachte Kapitalherabsetzung und ihre Verbindung mit einer gleichzeitigen Kapitalerhöhung als Dauereinrichtung kennt (§§ 229 ff., § 235 AktG). Der rechtspolitischen Kritik an dem Zurückbleiben der GmbH-rechtlichen Regelung hinter dem AktG[86] haben die durch das EGInsO v. 5. 10. 1994 (BGBl. I S. 2911, vgl. Rn. 6) in das GmbHG eingestellten §§ 58a bis 58f Rechnung getragen (vgl. § 58a Rn. 1, 16, § 58f). Zur Verbindung der ordentlichen Kapitalherabsetzung mit Kapitalerhöhung, die jetzt als Sanierungsmaßnahme nicht mehr in Betracht kommen dürfte, vgl. i. E. 2. Aufl. Rn. 43 bis 45.

IX. Kosten

Für die **Beurkundung** der Kapitalherabsetzung wird wie bei sonstigen Satzungsän- 44 derungen (§ 53 Rn. 67) das Doppelte der vollen Gebühr erhoben, §§ 141, 47 S. 1 Halbs. 1 KostO. Die Erteilung der Satzungsbescheinigung nach § 54 Abs. 1 S. 2 Halbs. 2 ist für den beurkundenden Notar gebührenfreies Nebengeschäft (§ 47 S. 1 Halbs. 2 KostO, vgl. § 54 Rn. 13). **Geschäftswert** ist nach § 26 Abs. 1 Nr. 3 KostO der Nennbetrag, um den das Kapital herabgesetzt wird. Wegen der Kosten der **Anmeldung** und **Eintragung** vgl. § 57 Rn. 46 bis 48, die entsprechend gelten. Jedoch sind die Grundsätze über die **Europarechtswidrigkeit** bestimmter Gebührensätze der KostO (vgl. § 55 Rn. 57) nicht anzuwenden, weil es sich bei der Kapitalherabsetzung nicht um die „Ansammlung" (Vermehrung) von Kapital handelt und der Vorgang somit nicht unter den Wortlaut der EWG-Rats-Richtlinie 85/303 fällt.[87]

---

[83] *Hachenburg/Ulmer* Rn. 73; *Scholz/Priester* Rn. 74.
[84] § 244 S. 1 AktG analog, vgl. § 47 Rn. 116, ferner OLG Dresden ZIP 2001, 1539 zum Herabsetzungsbeschluss einer AG, der wegen Verletzung des Auskunftsrechts anfechtbar war und später durch neuen Beschluss bestätigt wurde.
[85] *Scholz/Priester* Rn. 75; teilw. abw. *Meyer-Landrut/Miller/Niehus* Rn. 27.
[86] Vgl. *Hirte* in Anm. zum Beschl. des LG Frankfurt/M. DNotZ 1993, 256, 257.
[87] Vgl. BayObLG ZIP 2000, 186 = EWiR 2000, 927 – *Fabis* für die Kosten der amtlichen Verwahrung eines Testaments und für die Kosten der Testamentseröffnung; für möglich gehalten wird allerdings eine „Ausstrahlungswirkung" der EuGH-Rspr. auf von der Richtlinie nicht erfasste Gebührentatbestände, vgl. *Nitsche* FGPrax 2000, 47.

§ 58   4. Abschnitt. Abänderungen des Gesellschaftsvertrages

X. Ausweis der Kapitalherabsetzung

45   § 240 AktG schreibt vor, wie der aus der Kapitalherabsetzung gewonnene **Buchgewinn** in der **Gewinn- und Verlustrechnung** sowie im **Anhang** (§§ 275, 284 HGB) auszuweisen ist. Die Vorschrift dient der **Information** der Aktionäre und der Gläubiger über die tatsächliche **Ertragslage der Gesellschaft**.[88] Das GmbHG enthält keine entsprechende Regelung. Nach seinem Zweck ist § 240 AktG aber ohne weiteres auf die Kapitalherabsetzung bei der GmbH analog anwendbar. Danach (Satz 1) ist der aus der Kapitalherabsetzung gewonnene Betrag in der Gewinn- und Verlustrechnung als „**Ertrag aus der Kapitalherabsetzung**" gesondert, und zwar hinter dem Posten „Entnahmen aus Gewinnrücklagen", auszuweisen. Dieser spezielle Gliederungsposten (§ 158 Abs. 1 Nr. 3 AktG) für die Gewinn- und Verlustrechnung der AG ist zwar im allgemeinen Gliederungsschema des für die GmbH geltenden § 275 HGB nicht enthalten. § 158 AktG korrespondiert aber mit § 275 Abs. 4 HGB,[89] aus dem sich ergibt, dass der „Ertrag aus der Kapitalherabsetzung" hinter dem Posten „Jahresfehlbetrag" (§ 275 Abs. 2 Nr. 20 HGB) auszuweisen ist (vgl. zur Anwendung des § 240 AktG auch § 58c Rn. 6).

XI. Steuern

46   **1. Körperschaftsteuer bis zum In-Kraft-Treten des StSenkG.** Der durch die Kapitalherabsetzung entstehende **Buchgewinn** (Rn. 2) war bei der Gesellschaft **nicht steuerpflichtig,** und zwar ohne Rücksicht darauf, zu welchem Zweck herabgesetzt wurde.[90] Davon zu unterscheiden war die Auswirkung der Herabsetzung auf die Eigenkapitalgliederung der Gesellschaft.[91] In bestimmten Fällen führte die Herabsetzung sogar zur Entlastung von Körperschaftsteuer (Rn. 49). Die von der Gesellschaft im Falle des § 5 KapErhStG zu tragen gewesene Pauschsteuer war keine echte Körperschaftsteuer, sondern galt die Einkommensteuer der Gesellschafter ab (Rn. 50; vgl. auch § 57c Rn. 26). Entfiel das durch die Kapitalherabsetzung freigewordene Kapital auf **eigene Anteile** der GmbH und wurde dieses an die Gesellschafter ausgeschüttet, so stellte das bei der GmbH eine „andere Ausschüttung" iS des § 27 Abs. 3 S. 2 aF KStG dar.[92] Wurden die eigenen Anteile anschließend **eingezogen,** löste das keine Herstellung der Ausschüttungsbelastung iS des § 27 Abs. 1 aF KStG aus.[93]

47   **2. Körperschaftsteuer nach dem In-Kraft-Treten des StSenkG.** Der durch die Kapitalherabsetzung entstehende Buchgewinn ist nach wie vor nicht körperschaftsteuerpflichtig. Da nunmehr ausgeschüttete und nicht ausgeschüttete Gewinne mit einem einheitlichen Steuersatz von 25 % erfasst werden, sind die Vorschriften über die Eigenkapitalgliederung (§§ 27 ff. aF KStG) weggefallen. An ihre Stelle ist ein neuer § 28 KStG getreten, der die Entstehung einer Besteuerungslücke verhindern soll, die entstehen könnte, wenn die herabgesetzten Beträge an die Gesellschafter ausgeschüttet werden. Kapitalrückzahlungen führen nämlich nur bei wesentlicher Beteiligung zu Gewinneinkünften (vgl. Rn. 51). Deshalb sieht § 28 nF KStG vor, dass die (durch eine Kapitalerhöhung aus Gesellschaftsmitteln) in Nennkapital umgewandelten Beträge, die aus Gewinnrücklagen stammen, bei der Gesellschaft getrennt auszuweisen und geson-

---

[88] *Hüffer* § 240 Rn. 1.
[89] *Hüffer* § 158 Rn. 1.
[90] *Brönner* C Rn. 1023, 1024; *Dötsch* DB 1981, 1994, 1996; *Knobbe-Keuk* § 16 II 1 b.
[91] Hierzu vgl. BFH BB 1993, 1203; *Brönner* C Rn. 1024; *Dötsch* DB 1981, 1994, 1996 ff.
[92] BFH BB 1993, 1203.
[93] BFH BB 1993, 1203.

dert festzustellen sind. Im Falle ihrer Auskehrung müssen sie nach §§ 20 Abs. 1 Nr. 2, 3 Nr. 40 S. 1 Buchstabe a nF EStG als Einkünfte aus Kapitalvermögen der Halbeinkünftebesteuerung unterworfen werden. Da die Neuregelung auch Gewinnrücklagen vor dem 1. 1. 1977 erfasst, sind die diesen Fall behandelnden §§ 5 und 6 KapErhStG entbehrlich geworden (vgl. § 57c Rn. 26, 28).

3. Einkommensteuer. Die Kapitalherabsetzung hat keine Auswirkungen auf die Besteuerung der Gesellschafter, wenn sie der Rücklagenbildung oder der Beseitigung einer Unterbilanz dient. Führt die Herabsetzung zu Ausschüttungen an die Gesellschafter, so ist zu unterscheiden: 48

a) Bis zum In-Kraft-Treten des StSenkG. Wurde verwendbares Eigenkapital iSd. § 29 aF KStG ausgeschüttet, hatte der Gesellschafter, der die Beteiligung im Privatvermögen hielt, die Bezüge als **Einkünfte aus Kapitalvermögen** zu versteuern (§ 20 Abs. 1 Nr. 2 aF EStG). Als solches Eigenkapital kam nur das aus der Umwandlung von nach dem 31. 12. 1976 gebildeten Rücklagen entstandene Stammkapital in Betracht (§ 29 Abs. 3 aF KStG). Auf die Einkommensteuer des Gesellschafters war die Körperschaftsteuer in Höhe von 3/7 der Bezüge anzurechnen, also die geringere Ausschüttungsbelastung herzustellen.[94] Entfiel die Ausschüttung auf eigene Anteile der GmbH und kam sie nur den „übrigen" Gesellschaftern zugute, so erzielten diese einen sonstigen Bezug iSd. § 20 Abs. 1 Nr. 1 aF EStG.[95] 49

Wurde **übriges Eigenkapital** ausgeschüttet und fand die Kapitalherabsetzung innerhalb von fünf Jahren nach einer Kapitalerhöhung aus Gesellschaftsmitteln statt, so gilt die Rückzahlung nach § 5 KapErhStG als Gewinnanteil, auf welchen die Gesellschaft eine Pauschsteuer von 30 % zu entrichten hatte.[96] 50

In allen übrigen Fällen kam eine Einkommensbesteuerung nur bei **wesentlicher Beteiligung** des Gesellschafters in Betracht.[97] 51

Gehörte die Beteiligung an der GmbH zu einem **Betriebsvermögen,** so war die Kapitalrückzahlung auf Grund einer Kapitalherabsetzung von den zu Buch stehenden Anschaffungskosten der Beteiligung abzusetzen; deren Buchwert war voll zu mindern, nicht nur im Verhältnis der Kapitalherabsetzung zum bisherigen Nennkapital.[98] Soweit die Kapitalrückzahlung den Buchwert der Anteile überschritt, entstand ein steuerbarer Gewinn.[99] 52

b) Nach dem In-Kraft-Treten des StSenkG. Eine Besteuerung ausgeschütteter Beträge als Einkünfte aus Kapitalvermögen kommt nur unter den Voraussetzungen des § 29 nF KStG und bei wesentlicher Beteiligung in Betracht (vgl. iE Rn. 47 und Rn. 51). Gehört die Beteiligung zu einem Betriebsvermögen, so gelten die Ausführungen bei Rn. 52 entsprechend. 53

4. Verkehrsteuern. Werden zur Kapitalrückzahlung **Sachwerte** eingesetzt, kann **Umsatzsteuer** anfallen, bei Übertragung von Grundstücken **Grunderwerbsteuer.** 54

XII. Österreichisches Recht

Die Kapitalherabsetzung regeln die §§ 54 bis 59 ÖGmbH. Der Herabsetzungsbeschluss wird sofort eingetragen, aber nur als beabsichtigte Herabsetzung. Danach be- 55

---

[94] *Brönner* C Rn. 1094.
[95] BFH BB 1993, 1203.
[96] § 57c Rn. 25.
[97] § 17 Abs. 4 S. 1 EStG.
[98] Vgl. *Scholz/Priester* Rn. 85.
[99] BFH DB 1993, 465.

ginnt eine Aufgebotsfrist von drei Monaten, innerhalb deren die Gläubiger Befriedigung oder Sicherstellung verlangen können (§ 55). Erst nach Ablauf dieser Frist kann die Herabsetzung eingetragen (§ 56) und erst nach Eintragung dürfen Zahlungen an die Gesellschafter geleistet werden (§ 57). Eine **vereinfachte Kapitalherabsetzung** ist seit 1997 zulässig, wenn sie dazu bestimmt ist, einen sonst auszuweisenden Bilanzverlust zu decken (§ 59). Ebenfalls seit 1997 ist auch die sanierende Kapitalherabsetzung (unter den Mindestnennbetrag des Stammkapitals) bei gleichzeitiger Kapitalerhöhung gesetzlich geregelt (§ 54 Abs. 4). Die Neuregelung bedeutet bei ordentlicher Kapitalherabsetzung jedoch nicht, dass das Aufgebotsverfahren nach § 55 entbehrlich wird.[100]

§ 58 a [Vereinfachte Kapitalherabsetzung]

(1) Eine Herabsetzung des Stammkapitals, die dazu dienen soll, Wertminderungen auszugleichen oder sonstige Verluste zu decken, kann als vereinfachte Kapitalherabsetzung vorgenommen werden.

(2) [1] Die vereinfachte Kapitalherabsetzung ist nur zulässig, nachdem der Teil der Kapital- und Gewinnrücklagen, der zusammen über zehn vom Hundert des nach der Herabsetzung verbleibenden Stammkapitals hinausgeht, vorweg aufgelöst ist. [2] Sie ist nicht zulässig, solange ein Gewinnvortrag vorhanden ist.

(3) [1] Im Beschluß über die vereinfachte Kapitalherabsetzung sind die Nennbeträge der Geschäftsanteile dem herabgesetzten Stammkapital anzupassen. [2] Die Geschäftsanteile können auf jeden durch zehn teilbaren Betrag, müssen jedoch auf mindestens fünfzig Euro gestellt werden. [3] Geschäftsanteile, deren Nennbetrag durch die Herabsetzung unter fünfzig Euro sinken würde, sind von den Geschäftsführern zu gemeinschaftlichen Geschäftsanteilen zu vereinigen, wenn die Einlagen auf die Geschäftsanteile voll geleistet, die Geschäftsanteile nicht mit einer Nachschußpflicht oder mit Rechten Dritter belastet und nach dem Gesellschaftsvertrag nicht mit verschiedenen Rechten und Pflichten ausgestattet sind. [4] Die Erklärung über die Vereinigung der Geschäftsanteile bedarf der notariellen Beurkundung. [5] Die Vereinigung wird mit der Eintragung des Beschlusses über die Kapitalherabsetzung in das Handelsregister wirksam.

(4) [1] Das Stammkapital kann unter den in § 5 Abs. 1 bestimmten Mindestnennbetrag herabgesetzt werden, wenn dieser durch eine Kapitalerhöhung wieder erreicht wird, die zugleich mit der Kapitalherabsetzung beschlossen ist und bei der Sacheinlagen nicht festgesetzt sind. [2] Die Beschlüsse sind nichtig, wenn sie nicht binnen drei Monaten nach der Beschlußfassung in das Handelsregister eingetragen worden sind. [3] Der Lauf der Frist ist gehemmt, solange eine Anfechtungs- oder Nichtigkeitsklage rechtshängig ist oder eine zur Kapitalherabsetzung oder Kapitalerhöhung beantragte staatliche Genehmigung noch nicht erteilt ist. [4] Die Beschlüsse sollen nur zusammen in das Handelsregister eingetragen werden.

(5) Neben den §§ 53 und 54 über die Abänderung des Gesellschaftsvertrags gelten die §§ 58 b bis 58 f.

Literatur: Gesetzentwurf der Bundesregierung eines Einführungsgesetzes zur Insolvenzordnung (EGInsO) v. 24. 11. 1992, BT-Drucks. 12/3803, S. 86 ff (amtl. Begr.) mit Beschlußempfehlung und

---

[100] *Koppensteiner* § 54 Rn. 12.

Vereinfachte Kapitalherabsetzung § 58 a

Bericht des Rechtsausschusses, BT-Drucks. 12/7303 v. 18. 4. 1994, S. 52 ff.; *Flume* Die Rechtsprechung des II. Zivilsenats des BGH zur Treupflicht des GmbH-Gesellschafters und des Aktionärs, ZIP 1996, 161; *Henze* Treuepflichtwidrige Stimmrechtsausübung und ihre rechtlichen Folgen, in Henze/Timm/ Westermann (Hrsg.) Gesellschaftsrecht 1995 (1996), S. 1; *ders.* Aktuelle Rechtsprechung des BGH zum Aktienrecht, BB 2000, 2053; *ders.* Entscheidungen und Kompetenzen der Organe in der AG: Vorgaben der höchstrichterlichen Rechtsprechung, BB 2001, 53; *Hirte* Die vereinfachte Kapitalherabsetzung bei der GmbH, 1997; *ders.* Genüsse zum Versüßen vereinfachter Kapitalherabsetzungen, FS Claussen, 1997, 115; *Krieger* Beschlußkontrolle bei Kapitalherabsetzungen, ZGR 2000, 885; *Marsch-Barner* Treupflicht und Sanierung, ZIP 1996, 853; *Maser/Sommer* Die Neuregelung der „Sanierenden Kapitalherabsetzung" bei der GmbH, GmbHR 1996, 22; *Natterer* Materielle Kontrolle von Kapitalherabsetzungsbeschlüssen? Die Sachsenmilch-Rechtsprechung, AG 2001, 629; *Rodewald* Vereinfachte „Kapitalherabsetzung" durch Verschmelzung von GmbH, GmbHR 1997, 19; *Uhlenbruck* Die Bedeutung des Diskussionsentwurfs eines Gesetzes zur Reform des Insolvenzrechts für das Gesellschafts- und Unternehmensrecht, GmbHR 1989, 101 ff.; *ders.* Die neue Insolvenzordnung. Auswirkungen auf das Recht der GmbH und GmbH & Co. KG (I), GmbHR 1995, 81, 84; *Ulmer* Die gesellschaftsrechtlichen Aspekte der neuen Insolvenzordnung, in *Kübler* Neuordnung des Insolvenzrechts, 1989, S. 199, 130 ff.; *Wirth* Vereinfachte Kapitalherabsetzung zur Unternehmenssanierung, DB 1996, 867.

Übersicht

	Rn.		Rn.
I. Normzweck	1, 2	2. Beschlüsse	17
II. Voraussetzungen, Zulässigkeit (Abs. 1, 2)	3–9	3. Eintragung, Frist	18, 19
1. Ausgleich von Wertminderungen	3	4. Fristhemmung	20
2. Ausgleich sonstiger Verluste	4	5. Neufassung des Satzungswortlauts	21
3. Feststellung des Verlusts	5	V. Mängel des Herabsetzungsbeschlusses	22–28
4. Einstellung von Beträgen in die Kapitalrücklage	6	1. Verstoß gegen Abs. 2	22
5. Vorwegauflösung von Rücklagen, Gewinnvortrag	7, 8	2. Fehlende Zweckangabe	23
6. Durchführung	9	3. Kein Verlust	24
III. Herabsetzungsbeschluss (Abs. 3, 5)	10–15	4. Fehlerhafte Anpassung der Geschäftsanteile	25
1. Satzungsänderung	10	5. Fristversäumung nach Abs. 4 S. 2	26
2. Stimmpflicht der Gesellschafter	11	6. Sachliche Rechtfertigung für den Herabsetzungsbeschluss (materielle Beschlusskontrolle)?	27, 28
3. Herabsetzungsbetrag	12	VI. Prüfung durch das Registergericht	29
4. Zweckangabe	13	VII. Kosten	30
5. Anpassung der Geschäftsanteile	14, 15	VIII. Österreichisches Recht	31
IV. Verbindung von Kapitalherabsetzung mit Kapitalerhöhung (Abs. 4)	16–21		
1. Regelungsgegenstand	16		

I. Normzweck

Dient die Kapitalherabsetzung nur dem Ausgleich von Wertminderungen oder der 1 Deckung sonstiger Verluste, häufig vereinfachend als „Kapitalherabsetzung zur Beseitigung einer Unterbilanz" bezeichnet, sind die Vorschriften zur Gläubigersicherung (Einhaltung des Sperrjahres, § 58 Abs. 1 Nr. 3) hinderlich, insbesondere, wenn die Kapitalherabsetzung mit einer gleichzeitigen Kapitalerhöhung einhergehen soll. Rechtspolitisch wurde deshalb seit langem die Einführung einer **vereinfachten Kapitalherabsetzung** zur Sanierung der Gesellschaft nach dem Vorbild der aktienrechtlichen Regelung (§§ 229 ff. AktG) gefordert. Dem ist das im Zuge der Insolvenzrechtsreform ergangene EGInsO vom 5. 10. 1994 (BGBl. I S. 2911) nachgekommen, das die §§ 58 a bis 58 f in das GmbHG einstellte (vgl. § 58 Rn. 6, 9, 11, 33, 43). Das Rechtsinstitut der vereinfachten Kapitalherabsetzung soll die **bilanzmäßige Sanierung** der Gesellschaft innerhalb wie außerhalb eines Insolvenzverfahrens erleichtern (amtl. Begr. S. 86). Die

Regelung ist kein Neuland für die GmbH, weil sie auf die „Kapitalherabsetzung in erleichterter Form" zurückgeht, die 1931 durch Notverordnung zunächst für Aktiengesellschaften (RGBl. I S. 537, 556) und im Wege einer DVO v. 18. 2. 1932 (RGBl. I S. 75, §§ 9 ff.) auch für Gesellschaften mbH zeitlich befristet eingeführt worden war. Die Geltungsdauer dieser Regelung wurde immer wieder verlängert, bis sie 1937 für Aktiengesellschaften durch Aufnahme in das AktG zur Dauereinrichtung erstarkte. Für Gesellschaften mbH lief die Regelung 1950 aus.[1] Die vereinfachte Kapitalherabsetzung ist eine **Ausnahmeform** gegenüber der normalen oder ordentlichen Kapitalherabsetzung. Sie ist beschränkt auf den Ausgleich von Wertminderungen und die Deckung von Verlusten (§ 58 b Abs. 1). Daneben dürfen die gewonnenen Beträge ausnahmsweise in die Kapitalrücklage eingestellt werden, soweit diese 10 % des Stammkapitals nicht übersteigt (§ 58 b Abs. 2 S. 1). Die ordentliche Kapitalherabsetzung ist demgegenüber stets zulässig. Sie kommt in Ausnahmefällen auch zu Sanierungszwecken in Betracht, wenn die mit der vereinfachten Kapitalherabsetzung verbundenen Beschränkungen der Gewinnausschüttung (§ 58 e) nicht in Kauf genommen werden sollen.[2] Da bei der vereinfachten Kapitalherabsetzung kein bisher gebundenes Kapital an die Gesellschafter ausgeschüttet wird, können die Gläubiger durch andere Vorschriften als durch das Sperrjahr geschützt werden (vgl. insbesondere § 58 d). Insofern ist die Kapitalherabsetzung „vereinfacht". Der Regelungsaufwand (sechs Paragraphen) geht jedoch über den für die normale Kapitalherabsetzung erforderlichen erheblich hinaus (vgl. Rn. 10). Zur vereinfachten Kapitalherabsetzung bei **Abspaltung und Ausgliederung** (§ 139 UmwG) vgl. Anh. § 77 Rn. 573, in der **Insolvenz** vgl. Rn. 27.

2 § 58 a regelt die Voraussetzungen für die vereinfachte Kapitalherabsetzung. Er entspricht § 229 AktG mit einigen Abweichungen (s. unten Rn. 6, 7, 19).

II. Voraussetzungen, Zulässigkeit (Abs. 1, 2)

3 **1. Ausgleich von Wertminderungen.** Die § 229 Abs. 1 AktG entsprechende Gesetzesfassung des Abs. 1 stellt die Wertminderungen den „sonstigen Verlusten" gegenüber und qualifiziert sie damit als Unterfall oder Beispiel eines Verlusts. Sie treten regelmäßig auf der Aktivseite der Bilanz bei Gegenständen des Anlage- oder Umlaufvermögens ein. Erhöhungen von Positionen der Passivseite rechnet man besser zu den „sonstigen Verlusten" (Rn. 4). **Welche Ursachen** die Wertminderungen haben und wann sie entstanden sind, ist **unerheblich.** Sie müssen aber so **nachhaltig** sein, dass sie nach kaufmännischen Grundsätzen eine dauernde Herabsetzung des Stammkapitals rechtfertigen. Auf einer willkürlichen Unterbewertung der Aktiva oder Überbewertung der Passiva dürfen sie nicht beruhen.[3] Erforderlich ist eine **gewissenhafte Prognose,**[4] wie sich auch aus § 58 c ergibt.

4 **2. Ausgleich sonstiger Verluste.** Auch hier kommt es auf den Verlustgrund nicht an. Ob zB die Notwendigkeit der Erhöhung einer Gewährleistungsrückstellung auf Verschulden der Organe der Gesellschaft beruht oder nicht, ist gleichgültig. Verluste aus Spekulationsgeschäften oder Veruntreuungen[5] berechtigen ebenso zur vereinfach-

---

[1] Vgl. *Hefermehl* in *Geßler/Hefermehl/Eckardt/Kropff* § 229 Rn. 1; *Hüffer* § 229 Rn. 2; *Hachenburg/Schilling* 6. Aufl. Einl. zu § 58.
[2] *Hefermehl* in *Geßler/Hefermehl/Eckardt/Kropff* Vor § 222 Rn. 5, § 229 Rn. 3; vgl. auch § 58 d Rn. 1.
[3] OLG Frankfurt AG 1989, 207, 208 = EWiR 1989, 737 *(Weipert); Hefermehl* in *Geßler/Hefermehl/Eckardt/Kropff* § 229 Rn. 6; *Hüffer* § 229 Rn. 8.
[4] OLG Frankfurt Fn. 3.
[5] *Hefermehl* Fn. 3; *Lutter/Hommelhoff* Rn. 8.

Vereinfachte Kapitalherabsetzung **§ 58 a**

ten Kapitalherabsetzung wie Verluste durch höhere Gewalt. Eine **Unterbilanz** (§ 30 Rn. 7) braucht nicht vorzuliegen.[6]

3. Feststellung des Verlusts. Sie erfordert keine besondere Bilanz,[7] jedoch ist der 5 Verlust nach den für die Jahresbilanz geltenden Grundsätzen zu ermitteln. Er muss bei der Beschlussfassung über die Kapitalherabsetzung feststehen, es genügen aber **drohende Verluste** aus schwebenden Geschäften, sofern für diese gemäß § 249 Abs. 1 S. 1 HGB Rückstellungen gebildet werden müssten.[8]

4. Einstellung von Beträgen in die Kapitalrücklage. Die Einstellung von Be- 6 trägen in die Kapitalrücklage darf anders als nach § 229 Abs. 1 AktG nicht Selbstzweck einer vereinfachten Kapitalherabsetzung sein (amtl. Begr. S. 87). § 58 b Abs. 2 lässt sie nur ausnahmsweise und in beschränktem Umfang zu (s. dort).

5. Vorwegauflösung von Rücklagen, Gewinnvortrag. In Anlehnung an § 229 7 Abs. 2 AktG soll nach § 58 a Abs. 2 in die mitgliedschaftliche Position der Gesellschafter nur eingegriffen werden dürfen, wenn keine anderen Möglichkeiten zum Ausgleich von Wertminderungen oder zur Deckung sonstiger Verluste offen stehen (amtl. Begr. S. 88). Deshalb sind zuvor die aus der Auflösung von **Kapital- und Gewinnrücklagen** (§§ 272 Abs. 2, 266 Abs. 3 A III Nr. 4 HGB) freiwerdenden Mittel zu verwenden, soweit sie zusammen **zehn Prozent** des nach der Herabsetzung verbleibenden Stammkapitals übersteigen (§ 229 Abs. 2 AktG schreibt die Auflösung der Gewinnrücklagen in voller Höhe vor). Auch **satzungsmäßige** Gewinnrücklagen (§ 266 Abs. 3 A III Nr. 3 HGB) fallen unter die Auflösungspflicht.[9] Ein **Gewinnvortrag** (§ 266 Abs. 3 A IV HGB) hindert die vereinfachte Kapitalherabsetzung, er ist deshalb ebenfalls vorab und zur Gänze zu verwenden. Ob diese Regelungen nicht nur dem Schutz der Gesellschafter, sondern auch dem Schutz der Gesellschaftsgläubiger dienen sollen,[10] erscheint zweifelhaft. Diese werden durch andere Vorschriften (§§ 58 b, 58 c, 58 d, s. dort) gesichert. Jedenfalls ist der Gläubigerschutz nicht der eigentliche Zweck des Auflösungsgebots.[11] **Nicht auflösungsbedürftig** sind nach allgM stille Reserven, Sonderposten mit Rücklagenanteil (§§ 247 Abs. 3, 273 HGB) und Rückstellungen,[12] ebenso wenig Rücklagen für eigene Anteile (§ 266 Abs. 3 A III Nr. 2 HGB). Die eigenen Geschäftsanteile selbst müssen vor der Kapitalherabsetzung nicht etwa eingezogen oder veräußert werden.[13]

---

[6] *Hefermehl* in *Geßler/Hefermehl/Eckhardt/Kropff* § 229 Rn. 6; *Hüffer* § 229 Rn. 7; MüKo AktG/*Oechsler* § 229 Rn. 21.

[7] AllgM, vgl. *Baumbach/Hueck/Zöllner* Rn. 6; *Hüffer* § 229 Rn. 7; *Lutter/Hommelhoff* Rn. 9.

[8] BGHZ 119, 305, 321 = NJW 1993, 57, 59; *Hefermehl* Fn. 3; *Lutter/Hommelhoff* Rn. 10; *Scholz/Priester* Rn. 11; *Baumbach/Hueck/Zöllner* Rn. 6.

[9] ÜberwM, vgl. *Baumbach/Hueck/Zöllner* Rn. 8; *Hefermehl* in *Geßler/Hefermehl/Eckardt/Kropff* § 229 Rn. 14; *Hüffer* § 229 Rn. 14; *Lutter/Hommelhoff* Rn. 13; MüKo AktG/*Oechsler* § 229 Rn. 40; die im Aktienrecht wegen der Fassung des § 231 S. 1 AktG aufgetretenen Zweifel, ob auch satzungsmäßige Gewinnrücklagen erfasst werden, bestehen im GmbH-Recht nicht, da die dem § 231 S. 1 AktG entsprechende Fassung des § 58 b Abs. 1 und 2 insoweit unmissverständlich ist.

[10] *Hefermehl* in *Geßler/Hefermehl/Eckardt/Kropff* § 229 Rn. 10; *Hüffer* § 229 Rn. 10; *Scholz/Priester* Rn. 6.

[11] Zutr. *Hefermehl* in *Geßler/Hefermehl/Eckardt/Kropff* § 229 Rn. 10, 17; MüKo AktG/*Oechsler* § 229 Rn. 32.

[12] § 266 Abs. 3 B HGB, vgl. OLG Frankfurt AG 1989, 207, 208; *Hefermehl* in *Geßler/Hefermehl/Eckardt/Kropff* § 229 Rn. 15; *Hüffer* § 229 Rn. 11; *Scholz/Priester* Rn. 8; *Baumbach/Hueck/Zöllner* Rn. 8.

[13] *Hüffer* § 229 Rn. 11 aE; MüKo AktG/*Oechsler* § 229 Rn. 40.

§ 58a   4. Abschnitt. Abänderungen des Gesellschaftsvertrages

8   Im Aktienrecht streitig ist, wie der 10 %ige Teil der Rücklagen, der gemäß § 229 Abs. 2 AktG nicht vorweg aufzulösen ist, berechnet werden muss, wenn die **vereinfachte Kapitalherabsetzung mit einer Kapitalerhöhung verbunden** wird und aus diesem Grund der Mindestnennbetrag des Grundkapitals (§ 7 AktG) bei der Herabsetzung unterschritten wird (§ 228 Abs. 1 AktG). Die Frage stellt sich für das GmbHG wegen § 58a Abs. 4 in gleicher Weise. Sie ist dahin zu beantworten, dass der Vomhundertsatz von dem sich aus der Herabsetzung ergebenden Nennbetrag des Stammkapitals auch dann zu berechnen ist, wenn dieser unter dem gesetzlichen Mindestnennbetrag (§ 5 Abs. 1) liegt, weil im Interesse der Gesellschafter die Rücklagen in möglichst weitem Umfang in Anspruch genommen werden sollen, um dadurch den Kapitalschnitt möglichst zu beschränken.[14] Dass im Falle des § 58b Abs. 2 der Mindestnennbetrag nach § 5 Abs. 1 die Grenze darstellt (s. dort Rn. 4), steht nicht entgegen, da der Gesetzgeber, dem die Streitfrage aus dem Aktienrecht bekannt war, die Fälle im GmbHG einheitlich hätte regeln können, wenn er das gewollt hätte.

9   **6. Durchführung.** Die Kapital- und Gewinnrücklagen können **im Zuge der Kapitalherabsetzung** vorweg aufgelöst werden. Da der durch die Kapitalherabsetzung auszugleichende Verlust nicht durch eine besondere Herabsetzungsbilanz festzustellen ist (Rn. 5), braucht er vor der Kapitalherabsetzung bilanziell überhaupt nicht in Erscheinung getreten zu sein, zB wenn das Kapital noch im Laufe des Geschäftsjahres herabgesetzt wird, in welchem der Verlust entstanden ist. Für die **Auflösung der Rücklagen** ist das Gesellschaftsorgan zuständig, in dessen Verantwortung die Rücklagenbildung fällt, idR also die Gesellschafterversammlung, die über die Kapitalherabsetzung Beschluss zu fassen hat. Ist für die Fassung des Ergebnisverwendungsbeschlusses (§ 29 Abs. 2) ein anderes Organ zuständig und hat dieses die aufzulösende Rücklage gebildet, muss auch das andere Organ an der Beschlussfassung mitwirken. Da es sich bei Kapitalrücklagen zumeist um gesetzliche Rücklagen handelt (§ 272 Abs. 2 HGB), die grds. nicht aufgelöst werden dürfen,[15] ist insoweit stets die Gesellschafterversammlung zuständig.[16] Sind satzungsmäßige Rücklagen aufzulösen, ist ein besonderer Beschluss mit satzungsändernder Mehrheit nicht erforderlich.[17] Im Herabsetzungsbeschluss liegt das Einverständnis der satzungsändernden Mehrheit.[18] Für die **Verwendung des Gewinnvortrags** gilt entsprechendes wie für die Auflösung der Rücklagen. Hier ist vorweg ein **Gewinnverwendungsbeschluss** zur Beseitigung des Gewinnvortrags zu fassen.

III. Herabsetzungsbeschluss (Abs. 3, 5)

10   **1. Satzungsänderung.** Die vereinfachte Kapitalherabsetzung ist wie die ordentliche Kapitalherabsetzung eine besondere Form der Änderung des Gesellschaftsvertrags. Das wird durch die Verweisung auf die §§ 53 und 54 in Abs. 5 ausdrücklich hervorgehoben. Es gilt sonach alles, was über den Satzungänderungsbeschluss gesagt ist, insbesondere für qualifizierte Mehrheiten etc. und das Erfordernis seiner Eintragung in das Handelsregister für die Wirksamkeit der Änderung (§ 53 Rn. 35ff.; § 54 Rn. 32ff.; vgl. auch § 58 Rn. 13). Die zusätzliche Verweisung in Abs. 5 auf die §§ 58b bis 58f

---

[14] So zutr. *Hefermehl* in *Geßler/Hefermehl/Eckardt/Kropff* § 229 Rn. 12; ebenso Kölner Komm AktG/*Lutter* § 229 Rn. 33; GroßkommAktG/*Schilling* § 229 Anm. 11; aA *Hüffer* § 229 Rn. 13; *Lutter/Hommelhoff* Rn. 11; MünchHdB GesR IV/*Krieger* § 61 Rn. 9; *Scholz/Priester* Rn. 7; wohl auch MüKo AktG/*Oechsler* § 229 Rn. 36; vgl. auch amtl. Begr. S. 88 zu § 58a Abs. 2.
[15] *Scholz/Emmerich* § 29 Rn. 75.
[16] *Scholz/Priester* Rn. 9.
[17] *Baumbach/Hueck/Zöllner* Rn. 8; aA *Lutter/Hommelhoff* Rn. 13; *Scholz/Priester* Rn. 9.
[18] *Baumbach/Hueck/Zöllner* Rn. 8.

Vereinfachte Kapitalherabsetzung § 58 a

ist wegen des erheblichen Regelungsaufwandes notwendig, der zur Erleichterung von Sanierungen und zur Gewährleistung des Gläubigerschutzes getrieben werden musste und es nicht erlaubte, die vereinfachte Kapitalherabsetzung in einer einzigen Vorschrift zusammenzufassen (amtl. Begr. S. 88, vgl. auch Rn. 1 a E). Als selbstverständlich hat Abs. 5 davon abgesehen, die Nichtanwendbarkeit des § 58 Abs. 1 auf die erleichterte Kapitalherabsetzung vorzuschreiben, wie das in § 14 Abs. 1 der DVO v. 18. 2. 1932 (Rn. 1) noch besonders hervorgehoben worden war. Zur Beifügung der Neufassung der Satzung im Falle der Verbindung von Kapitalherabsetzung und Kapitalerhöhung (Abs. 4) vgl. Rn. 21. Zur sachlichen Rechtfertigung des Herabsetzungsbeschlusses (materielle Beschlusskontrolle) vgl. Rn. 27.

2. Stimmpflicht der Gesellschafter. Sie ist bei einer vereinfachten Kapitalherabsetzung grds. ebenso zu verneinen wie bei sonstigen Satzungsänderungen (§ 53 Rn. 58), und zwar auch dann, wenn die Kapitalherabsetzung zur Sanierung der Gesellschaft beitragen könnte. Im Fall „**Girmes**" hat der BGH[19] jedoch aus der Treupflicht der Aktionäre untereinander gefolgert, dass der Minderheitsaktionär eine sinnvolle und mehrheitlich angestrebte Sanierung nicht aus eigennützigen Gründen durch Abgabe einer Gegenstimme verhindern dürfe, sondern sich mindestens der Stimme enthalten müsse, wenn dies zur Erreichung der für die Kapitalherabsetzung erforderlichen Mehrheit ausreiche. Da die Leitsätze des Girmes-Urteils auf dem selbstverständlichen Verbot der Erlangung gesellschaftsfremder Sondervorteile durch Stimmabgabe aufbauen,[20] kann ihnen keine Stimmpflicht bei Kapitalherabsetzung zu Sanierungszwecken schlechthin entnommen werden.[21] 11

3. Herabsetzungsbetrag. Der Herabsetzungsbetrag ist der zum Ausgleich der Wertminderungen oder zur Verlustdeckung erforderliche Betrag unter Berücksichtigung der aufgelösten Rücklagen und des verwendeten Gewinnvortrags (Rn. 7, 8). Steht dieser Betrag ziffernmäßig nicht genau fest, was insbesondere bei drohenden Verlusten (Rn. 5) der Fall sein kann, ist die Angabe eines **Höchstbetrags** (§ 58 Rn. 14) zulässig.[22] Der Herabsetzungsbetrag darf jedoch nicht so bemessen sein, dass das Stammkapital unter den Betrag von 25 000 € sinkt, es sei denn, dass dieser durch gleichzeitige Kapitalerhöhung wieder erreicht wird (Abs. 4, vgl. Rn. 16). 12

4. Zweckangabe. Sie ist anders als in § 229 Abs. 1 S. 2 AktG nicht ausdrücklich vorgeschrieben, muss aber auch im Kapitalherabsetzungsbeschluss der GmbH gemacht werden,[23] und zwar auch dann, wenn ausnahmsweise ein im Zug der Kapitalherabsetzung gewonnener Betrag gemäß § 58b Abs. 2 in die Kapitalrücklage eingestellt werden darf (amtl. Begr. S. 89; vgl. auch Rn. 6 und § 58 Rn. 17, ferner § 58b Rn. 4). 13

5. Anpassung der Geschäftsanteile. Bei der ordentlichen Kapitalherabsetzung geschieht die Anpassung der Nennbeträge der Geschäftsanteile an das herabgesetzte Stammkapital automatisch und braucht deshalb nur dann in den Herabsetzungsbe- 14

---

[19] BGHZ 129, 136 = NJW 1995, 1739 m. Anm. *Altmeppen*.
[20] So zutr. *Flume* ZIP 1996, 161, 165.
[21] AA *Lutter/Hommelhoff* Rn. 15; zum Girmes-Fall vgl. auch *Henze* in Gesellschaftsrecht 1995, S. 1, 13; *ders.* BB 1996, 489; *ders.* ZHR 162 (1998), 186, 192; *Lutter* JZ 1995, 1053; *Marsch-Barner* ZIP 1996, 853; *Rittner* EWiR 1995, 525; *Wilhelm* EWiR 1996, 779 (zu OLG Düsseldorf v. 14. 6. 1996); zur Treupflicht des Mehrheitsaktionärs gegenüber den Minderheitsaktionären bei der vereinfachten Kapitalherabsetzung mit gleichzeitiger Kapitalerhöhung vgl. Rn. 16 und *Henze* BB 2000, 2053, 2057; zur Stimmpflicht bei der isolierten Kapitalerhöhung vgl. § 55 Rn. 18.
[22] AA *Scholz/Priester* Rn. 15.
[23] Amtl. Begr. S. 87; *Lutter/Hommelhoff* Rn. 8; *Scholz/Priester* Rn. 16; aA offenbar *Baumbach/Hueck/Zöllner* Rn. 12.

§ 58a   4. Abschnitt. Abänderungen des Gesellschaftsvertrages

schluss aufgenommen zu werden, wenn die Geschäftsanteile nicht gleichmäßig herabgesetzt werden sollen (§ 58 Rn. 9, 16). Abs. 3 S. 1 schreibt demgegenüber bei der vereinfachten Kapitalherabsetzung die Festlegung der sich durch sie ändernden Nennbeträge der Geschäftsanteile im Herabsetzungsbeschluss ausdrücklich für jeden Fall vor, wobei die Gesellschafter auch hier frei sind, eine unterschiedliche Anpassung unter Wahrung des Gleichbehandlungsgebots (vgl. § 58 Rn. 13) zu beschließen. Die Geschäftsanteile müssen jedoch auf mindestens 50 € gestellt werden und durch zehn teilbar sein (Abs. 3 S. 2). Diese Regelung entspricht derjenigen bei der Kapitalerhöhung aus Gesellschaftsmitteln (§ 57h Abs. 1 S. 2). Kann auch dieser geringere Mindestnennbetrag nicht eingehalten werden, was bei einem sehr kräftigen Kapitalschnitt vorkommen kann (amtl. Begr. S. 88), dann sind die **Zwergbeteiligungen** zu gemeinschaftlichen Geschäftsanteilen **zu vereinigen,** an denen alsdann Mitberechtigung nach § 18 entsteht. Voraussetzung hierfür ist jedoch, dass die zusammenzulegenden Geschäftsanteile **gleichartig** sind, d. h. voll eingezahlt, nicht mit einer Nachschusspflicht oder mit Rechten Dritter belastet und nach dem Gesellschaftsvertrag nicht mit verschiedenen Rechten und Pflichten ausgestattet sind (Abs. 3 S. 3). Die **Kompetenz** für die Vereinigung ist den **Geschäftsführern** übertragen, damit das Verfahren nicht durch das Erfordernis eines Gesellschafterbeschlusses erschwert wird (amtl. Begr. S. 88). Die **Erklärung** über die Vereinigung der Geschäftsanteile bedarf der **notariellen Beurkundung** (Abs. 3 S. 4) und wird mit der Eintragung der Kapitalherabsetzung in das Handelsregister wirksam (Abs. 3 S. 5).

15   Die Vereinigung der Zwerganteile kann auch im Herabsetzungsbeschluss von den Gesellschaftern angeordnet werden. Inhaltlich ist die Anordnung durch die gesetzliche Verpflichtung zur Vereinigung vorgegeben (amtl. Begr. S. 88). Die Zuständigkeit zur **Erklärung** der Vereinigung gegenüber betroffenen Gesellschaftern liegt jedoch zwingend bei den Geschäftsführern, was von Bedeutung sein kann, wenn solche Gesellschafter an der Beschlussfassung nicht mitgewirkt haben.[24] Ist eine Vereinigung der Zwerganteile wegen ihrer Verschiedenartigkeit (Abs. 3 S 3) nicht möglich, so muss sie unterbleiben. Es ist alsdann Sache der Gesellschafter, dem Einzelfall angemessene Lösungen zu finden, etwa die Abtretung der Anteile an andere Gesellschafter (amtl. Begr. S. 88).

IV. Verbindung von Kapitalherabsetzung mit Kapitalerhöhung (Abs. 4)

16   **1. Regelungsgegenstand.** Die Verbindung beider Maßnahmen zur Erleichterung der Sanierung von Gesellschaften mbH war ein wesentliches Anliegen der Reformbestrebungen zur Einführung einer vereinfachten Kapitalherabsetzung im GmbH-Recht (vgl. § 58 Rn. 43). Die Regelung entspricht im Wesentlichen § 228 AktG, der allerdings die ordentliche Kapitalherabsetzung betrifft. Abs. 4 lässt bei einer solchen Verbindung die **Herabsetzung des Stammkapitals unter den Mindestnennbetrag** bis auf 0 zu, wenn es zugleich wieder auf mindestens 25 000 € erhöht wird.[25] Der etwa höhere bisherige Betrag des Stammkapitals braucht nicht wieder erreicht zu werden.[26] Vorausgesetzt wird eine **Barkapitalerhöhung.** Sacheinlagen dürfen nicht festgesetzt werden. Das gilt jedoch nur bis zum Betrag des Mindeststammkapitals. Darüber hinaus sind Sacheinlagen zulässig.[27] Das gilt indessen nicht bei Rückbeziehung von Kapitalherabsetzung und Kapitalerhöhung auf das Ende des vorangegangenen Geschäftsjahrs

---

[24] AA *Lutter/Hommelhoff* Rn. 22; *Baumbach/Hueck/Zöllner* Rn. 18.
[25] Vgl. BGHZ 119, 305 = NJW 1993, 57.
[26] *Hefermehl* in *Geßler/Hefermehl/Eckardt/Kropff* § 228 Rn. 2; MüKo AktG/*Oechsler* § 228 Rn. 7.
[27] *Baumbach/Hueck/Zöllner* Rn. 22; *Scholz/Priester* Rn. 31; *Hefermehl* in *Geßler/Hefermehl/Eckardt/Kropff* § 228 Rn. 4; *Hüffer* § 228 Rn. 3; MüKo AktG/*Oechsler* § 228 Rn 7.

Vereinfachte Kapitalherabsetzung § 58a

nach § 58e und § 58f, vgl. § 58f Rn. 9. Wird das Stammkapital auf 0 herabgesetzt, können die Gesellschafter die alten Geschäftsanteile erlöschen lassen und neue ausgeben oder den Nennbetrag der alten Geschäftsanteile wieder erhöhen.[28] In dem zur AG ergangenen „**Hilgers**"-Urteil hat der BGH[29] entschieden, dass bei einer Kapitalherabsetzung auf Null und gleichzeitiger Kapitalerhöhung die Treupflicht dem Mehrheitsaktionär gebiete, möglichst vielen Aktionären den Verbleib in der Gesellschaft zu eröffnen. Deshalb habe er das Entstehen unverhältnismäßig hoher Spitzen dadurch zu vermeiden, dass der Nennwert der neuen Aktien auf den gesetzlichen Mindestbetrag festgelegt werde, auch wenn die Aktien vor der Kapitalherabsetzung höher gestückelt gewesen seien.[30] Dieser Grundsatz kann unbedenklich für die vereinfachte GmbH – Kapitalherabsetzung mit gleichzeitiger Kapitalerhöhung übernommen werden, da die aus der Treupflicht zu fordernden Verhaltensweisen der Gesellschafter rechtsformübergreifend und damit rechtsformunabhängig sind[31] (vgl. in diesem Zusammenhang auch Rn. 27, 28 zur materiellen Beschlusskontrolle).

2. Beschlüsse. Die Beschlüsse über die Kapitalherabsetzung und die Kapitalerhöhung müssen **gleichzeitig** gefasst werden, d.h. in derselben Gesellschafterversammlung. Das Gesetz geht, wie sich aus Abs. 4 S. 2 und 4 ergibt, von zwei selbstständigen Beschlüssen aus, was von Bedeutung ist, wenn für die Beschlüsse unterschiedliche Beschlussvorausetzungen gelten. Die Beschlüsse können aber in einer einzigen notariellen Urkunde zusammengefasst werden. 17

3. Eintragung, Frist. Der Herabsetzungsbeschluss und der Erhöhungsbeschluss sind **nichtig**, wenn sie nicht bis zum Ablauf von drei Monaten ab dem Tag (Datum) der Beschlussfassung in das Handelsregister eingetragen sind. Für die Fristberechnung gelten §§ 187 Abs. 1, 188 BGB. **Anmeldung** innerhalb der Frist **reicht nicht** aus. Wird auch nur einer der Beschlüsse nicht fristgemäß eingetragen, sind beide Beschlüsse nichtig.[32] Hierdurch wird verhindert, dass die Herabsetzung des Stammkapitals unter den gesetzlichen Mindestbetrag ohne die gleichzeitige Erhöhung bis zu diesem Betrag wirksam wird. Damit auch nicht nur vorübergehend ein unter dem Mindestnennbetrag liegendes Stammkapital eingetragen ist oder sonstwie ein Schwebezustand entsteht, sollen nach Abs. 4 S. 4 die Beschlüsse **nur zusammen**, dh gleichzeitig, in das Handelsregister **eingetragen werden**. Ein Verstoß hiergegen berührt die Wirksamkeit der Eintragung nicht, bildet also keinen Anfechtungs- oder Nichtigkeitsgrund, sofern die Dreimonatsfrist nach Abs. 4 S. 2 eingehalten ist.[33] Der **Registerrichter** ist aber an die Anweisung gebunden. Er haftet aus **Amtspflichtverletzung** (Art. 34 GG, § 839 BGB), wenn infolge seines Verschuldens die Dreimonatsfrist nicht eingehalten wird.[34] Trägt der Registerrichter verbotswidrig nach Ablauf der Frist ein, so tritt nach der ausdrücklichen aktienrechtlichen Regelung der §§ 228 Abs. 2, 242 Abs. 2 und 3 AktG **Heilung** nach Ablauf von drei Jahren seit Eintragung ein. Diese Vorschriften sind auf die GmbH-rechtliche Regelung ohne weiteres analog anwendbar.[35] Die gleichen 18

---

[28] *Lutter/Hommelhoff* Rn. 21; *Scholz/Priester* Rn. 24.
[29] NZG 1999, 1158 m. Anm. *Rottnauer;* vgl. dazu auch *Krieger* ZGR 2000, 885, 896 ff. und MüKo AktG/*Oechsler* § 228 Rn. 5.
[30] Vgl. dazu auch *Henze* BB 2001, 53, 55.
[31] *Henze* ZHR 162 (1998), 186 ff.
[32] AllgM, vgl. *Hefermehl* in *Geßler/Hefermehl/Eckardt/Kropff* § 228 Rn. 5; *Hüffer* § 228 Rn. 5.
[33] *Hüffer* § 228 Rn. 8.
[34] *Hüffer* § 228 Rn. 5.
[35] Vgl. BGH MDR 2000, 1199, ferner § 53 Rn. 62 und *Lutter/Hommelhoff* § 58e Rn. 7; *Scholz/Priester* Rn. 33.

§ 58 a 4. Abschnitt. Abänderungen des Gesellschaftsvertrages

Fristenregelungen gelten im Fall des § 58e (Abs. 3) und des § 58f (Abs. 2), vgl. dort.

19 Anders als nach § 228 Abs. 2 AktG beträgt die **Eintragungsfrist** nicht sechs Monate, sondern nur drei Monate. Die amtliche Begründung (S. 88) erklärt die Verkürzung damit, dass ein Gleichlauf mit den anderen Fristenregelungen in den Vorschriften über die vereinfachte Kapitalherabsetzung bei der GmbH (§§ 58e Abs. 3, 58f Abs. 2, vgl. dort und oben Rn. 18) herzustellen gewesen sei und nicht mit § 228 AktG, der die ordentliche Kapitalherabsetzung betrifft (vgl. Rn. 16).

20 **4. Fristhemmung.** Der Lauf der Frist ist nach Abs. 4 S. 3 gehemmt, solange eine Anfechtungs- oder Nichtigkeitsklage rechtshängig ist oder eine zur Kapitalherabsetzung oder Kapitalerhöhung beantragte staatliche Genehmigung noch nicht erteilt ist. Die Frist verlängert sich dann um den Zeitraum von der Erhebung der Klage (§§ 261, 253 ZPO) bis zur rechtskräftigen Erledigung, im Falle des Fehlens einer staatlichen Genehmigung um den Zeitraum von ihrer Beantragung bis zu ihrer Erteilung.[36]

21 **5. Neufassung des Satzungswortlauts.** Wie bei jeder Satzungsänderung ist sie auch der Anmeldung der mit der Kapitalherabsetzung verbundenen Kapitalerhöhung zum Handelsregister beizufügen, § 54 Abs. 1 S. 2. § 58a Abs. 5 nimmt hierauf ausdrücklich Bezug (vgl. Rn. 10). In der Neufassung ist die infolge der Herabsetzung und Erhöhung veränderte Stammkapitalziffer auszuweisen. Ist das Stammkapital um den gleichen Betrag herabgesetzt worden, um den es gleichzeitig wieder erhöht wurde, so hat sich an der Fassung der Satzung nichts geändert. Zuweilen wird deshalb in solchem Fall die Beifügung einer Neufassung des Satzungswortlauts für entbehrlich gehalten.[37] Das wird jedoch dem Zweck der Vorschrift nicht gerecht, in **jedem Fall** der Satzungsänderung die nach der Änderung geltende Fassung dem Rechtsverkehr aus einer separaten Urkunde leicht ersichtlich zu machen, ohne dass der Satzungsänderungsbeschluss zu Rate gezogen werden muss.

V. Mängel des Herabsetzungsbeschlusses

22 **1. Verstoß gegen Abs. 2.** Werden Rücklagen entgegen Abs. 2 nicht aufgelöst oder wird ein Gewinnvortrag nicht verwendet (Rn. 7, 8), so führt das nur zur Anfechtbarkeit des Herabsetzungsbeschlusses, nicht zu seiner Nichtigkeit,[38] weil der Zwang der Rücklagenauflösung und Gewinnverwendung in erster Linie dem Schutz der Gesellschafter dient, nicht dem Schutz der Gesellschaftsgläubiger (Rn. 7).

23 **2. Fehlende Zweckangabe.** Sie macht den Beschluss anfechtbar.[39] Wird nicht angefochten, kann die Kapitalherabsetzung gleichwohl nicht als vereinfachte durchgeführt werden, sondern ist als ordentliche (§ 58) abzuwickeln.[40]

24 **3. Kein Verlust.** Ergibt sich später, dass der bei Beschlussfassung angenommene Verlust nicht oder nicht in dieser Höhe vorlag, ist der Beschluss nur dann anfechtbar, wenn die Prognose unvertretbar war.[41] Jedoch sind § 58b Abs. 3 und § 58c zu beachten (s. dort).

---

[36] *Hüffer* § 228 Rn. 7 mN; *MüKo AktG/Oechsler* § 228 Rn. 12.
[37] Vgl. *Lutter/Hommelhoff* Rn. 25.
[38] *Hefermehl* in *Geßler/Hefermehl/Eckhardt/Kropff* § 229 Rn. 17; *Hüffer* § 229 Rn. 12, 23; *Scholz/Priester* Rn. 33; aA v. *Godin/Wilhelmi* AktG 4. Aufl. 1971, § 229 Anm. 7.
[39] *Hüffer* § 229 AktG Rn. 23; vgl. auch § 58 Rn. 40.
[40] *Hüffer* § 229 AktG Rn. 23.
[41] OLG Frankfurt 1989, 207, 208; *Hüffer* § 229 Rn. 23; *Lutter/Hommelhoff* Rn. 27.

Vereinfachte Kapitalherabsetzung **§ 58a**

4. Fehlerhafte Anpassung der Geschäftsanteile. Fehlerhafte Anpassung der Ge- 25
schäftsanteile (Rn. 14, 15) macht den Beschluss anfechtbar (§ 58 Rn. 41).

5. Fristversäumung nach Abs. 4 S. 2. Sie führt zur Nichtigkeit des Beschlusses[42] 26
mit Heilungsmöglichkeit nach Ablauf von drei Jahren seit Eintragung im Handelsregister (Rn. 18).

6. Sachliche Rechtfertigung für den Herabsetzungsbeschluss (materielle 27
Beschlusskontrolle)? Der BGH hat im Urteil „**Sachsenmilch**"[43] entschieden, dass der Hauptversammlungsbeschluss einer AG über die Herabsetzung des Grundkapitals keiner sachlichen Rechtfertigung bedürfe, weil diese bereits aus der gesetzlichen Regelung folge, die auf einer Abwägung der Aktionärsbelange und des Interesses der Gesellschaft beruhe. Das war schon früher einhellige Meinung in der Literatur, soweit es nur um die Herabsetzung des Grundkapitals durch Zurückführung des Nennbetrags auf den Mindestnennbetrag geht (§ 222 Abs. 4 S. 1 AktG); denn hierdurch wird nur die ziffernmäßige Beteiligung am Grundkapital geändert, während die Beteiligungsquote und das Verhältnis der Mitgliedschaftsrechte zueinander erhalten bleiben.[44] Wird jedoch zugleich auch eine Zusammenlegung der Aktien (§ 222 Abs. 4 S. 1 AktG) beschlossen, führt das zum Eingriff in die mitgliedschaftliche Stellung der Aktionäre, wenn ihnen durch die Zusammenlegung nur Spitzen verbleiben. Der BGH hat auch in diesem Fall die Notwendigkeit einer sachlichen Rechtfertigung der Kapitalherabsetzung gegen die Vorinstanz[45] verneint.[46] Nun ging es im Fall Sachsenmilch nicht um eine ordentliche Kapitalherabsetzung, sondern um eine vereinfachte (§§ 229 ff. AktG). Für diese wird vereinzelt die Meinung vertreten, dass mit der Kapitalherabsetzung eine Kapitalerhöhung verbunden werden müsse (§ 235 AktG, § 58a Abs. 4 GmbHG), wenn durch die Kapitalherabsetzung eine Überschuldung nicht vollständig beseitigt werden könne.[47] Ob dem zu folgen ist, hat der BGH offengelassen, weil im entschiedenen Fall eine Kapitalerhöhung nicht in Betracht kam. Der BGH hat dies auf die Formel gebracht, die Kapitalherabsetzung brauche jedenfalls dann nicht mit einem Kapitalerhöhungsbeschluss verbunden zu werden, wenn eine solche Maßnahme absehbar nicht zu einer erfolgreichen Sanierung der Gesellschaft führen würde (Leitsatz 3 des Urteils).[48] Inzwischen hat jedoch ein Mitglied des II. Zivilsenats des BGH zu erkennen gegeben, dass der BGH bei Erfolg versprechender Sanierung im Interesse der Minderheitsaktionäre die sachliche Rechtfertigung bejahen würde.[49] Schließlich hat der BGH auch die Ansicht nicht gelten lassen, dass eine Kapitalerhöhung deshalb erforderlich ge-

---

[42] *Baumbach/Hueck/Zöllner* Rn. 24.
[43] BGHZ 138, 71 = NGZ 1998, 422 m. Anm. *Mennicke* NGZ 1998, 549 = EWiR 1999, 49 *(Dreher)* = BB 1998, 911 m. Anm. *Thümmel*.
[44] BGH Fn. 43.
[45] OLG Dresden WM 1996, 2151 = EWiR 1997, 195 *(Hirte)*.
[46] Kritisch zur Freistellung der Kapitalherabsetzung von der Sachkontrolle auch in diesem Fall *Krieger* ZGR 2000, 892, 893; *Natter* AG 2001, 629.
[47] *Hüffer* § 222 Rn. 14 unter Bezugnahme auf OLG Dresden WM 1996, 2151 = EwiR 1997, 195 *(Hirte)*.
[48] Kritisch dazu MüKo AktG/*Oechsler* § 229 Rn. 28, 29, der eine eingeschränkte sachliche Begründungspflicht annimmt, welche Sachgründe dafür sprechen, dass die Kapitalherabsetzung nicht mit einer Kapitalerhöhung kombiniert wird; ähnlich *Thümmel* BB 1998, 911, 912. Ein materieller Unterschied zur BGH-Meinung ergibt sich daraus jedoch nicht; denn auch nach der BGH-Ansicht muss die Abstandnahme von der gleichzeitigen Kapitalerhöhung spätestens im Anfechtungsprozess plausibel gemacht werden.
[49] *Henze* BB 2001, 53, 55, und zwar unter dem Eindruck des Hilgers-Urteils (BGH ZIP 1999, 1444, vgl. Rn. 16) im Hinblick auf die Treupflicht der Mehrheit gegenüber der Minderheit.

§ 58 a

wesen wäre, weil eine Gesellschaft, die sich wie im entschiedenen Falle in der Insolvenz befinde, eine Kapitalherabsetzung ohne eine damit verbundene Kapitalerhöhung nicht vornehmen dürfe. Vielmehr hält es der BGH für zulässig, während der Insolvenz isoliert über eine Kapitalherabsetzung zu beschließen, wenn diese der Vorbereitung von Maßnahmen nach Abschluss des Insolvenzverfahrens dient, zB der Aufhebung des Insolvenzverfahrens und der Fortsetzung der Gesellschaft, was im Fall Sachsenmilch zutraf.[50]

28 Dem BGH ist im Prinzip auch für das GmbH-Recht zu folgen.[51] Für die GmbH-Kapitalherabsetzung ist aber daran festzuhalten, dass bei einer Zusammenlegung von Geschäftsanteilen und der Entstehung von Spitzen bei der ordentlichen Kapitalherabsetzung an dem grundsätzlichen Erfordernis der Zustimmung der betroffenen Gesellschafter (vgl. § 58 Rn. 10, 11) festzuhalten ist, auch wenn bei der Zusammenlegung anlässlich einer vereinfachten Kapitalherabsetzung eine Zustimmung nicht verlangt wird; denn dies beruht auf der ausdrücklichen gesetzlichen Regelung des § 58a Abs. 3 S. 3, anlässlich dessen Einführung der Gesetzgeber keine Veranlassung gesehen hat, § 58 entsprechend zu ergänzen.

VI. Prüfung durch das Registergericht

29 Das Registergericht hat wie bei der ordentlichen Kapitalherabsetzung die Ordnungsmäßigkeit des Zustandekommens des Herabsetzungsbeschlusses und die sonstigen Formalien zu prüfen (§ 58 Rn. 37). Bei der vereinfachten Kapitalherabsetzung hat der Registerrichter zusätzlich zu prüfen, ob ein Verlust in Höhe des Herabsetzungsbetrags vorliegt oder plausibel prognostiziert ist (Rn. 3, 5). Für eine solche Prüfung wird der Rückgriff auf die letzte Jahresbilanz[52] nicht stets genügen. Sie ist aber zur Feststellung erforderlich, ob nach Abs. 2 aufzulösende Rücklagen oder ein noch zu verwendender Gewinnvortrag vorhanden sind.[53] Der Registerrichter ist hier mehr als sonst üblich auf die Beibringung von Unterlagen durch die Anmelder angewiesen und hat solche erforderlichenfalls anzufordern. Können die Anmelder das Vorliegen der Voraussetzungen für eine vereinfachte Kapitalherabsetzung auf andere Weise nicht dartun, darf der Registerrichter die Vorlage einer **Zwischenbilanz** verlangen.[54] Stellt er einen Verstoß gegen Abs. 2 fest, so hat er die **Eintragung abzulehnen**.[55]

VII. Kosten

30 Eine Begünstigung für Beurkundungen und Eintragungen einer vereinfachten Kapitalherabsetzung sieht das Gesetz anders als die DVO von 1932 (vgl. Rn. 1) für die Kapitalherabsetzung in erleichterter Form nicht vor. Es gilt deshalb entsprechend, was zu den Kosten der ordentlichen Kapitalherabsetzung gesagt ist (vgl. § 58 Rn. 44).

VIII. Österreichisches Recht

31 Regeln über eine vereinfachte Kapitalherabsetzung wurden erst 1997 durch das Insolvenzrechtsänderungsgesetz **(IRÄG)** eingeführt und als §§ 59 und 60 in das ÖGmbHG eingestellt. Die gegenüber den deutschen Vorschriften geringere Zahl von

---

[50] Damit sind entgegenstehende Literaturmeinungen überholt (zu diesen s. MüKo AktG/ *Oechsler* § 229 Rn 31); vgl. zur Kapitalherabsetzung in der Insolvenz auch § 58 Rn. 21.
[51] Ebenso wohl *Baumbach/Hueck/Zöllner* Rn. 23 („cum grano salis").
[52] *Hüffer* § 229 Rn. 20.
[53] *Lutter/Hommelhoff* Rn. 24.
[54] *Hüffer* § 229 Rn. 20.
[55] *Hüffer* § 229 Rn. 20.

Beträge aus Rücklagenauflösung und Kapitalherabsetzung § 58 b

Paragraphen beruht darauf, dass die §§ 59 und 60 ÖGmbHG mit weitgehenden Verweisungen auf die korrespondierenden Regelungen des ÖAktG arbeiten. Daraus haben sich Auslegungsprobleme ergeben, zB zum Verhältnis der vereinfachten zur ordentlichen Kapitalherabsetzung.[56] In der Zielsetzung und den Ergebnissen entspricht die österreichische Regelung aber der deutschen. Auch in Österreich dient die vereinfachte Kapitalherabsetzung als Sanierungsinstrument.[57]

§ 58 b [Beträge aus Rücklagenauflösung und Kapitalherabsetzung]

(1) Die Beträge, die aus der Auflösung der Kapital- oder Gewinnrücklagen und aus der Kapitalherabsetzung gewonnen werden, dürfen nur verwandt werden, um Wertminderungen auszugleichen und sonstige Verluste zu decken.

(2) ¹Daneben dürfen die gewonnenen Beträge in die Kapitalrücklage eingestellt werden, soweit diese zehn vom Hundert des Stammkapitals nicht übersteigt. ²Als Stammkapital gilt dabei der Nennbetrag, der sich durch die Herabsetzung ergibt, mindestens aber der nach § 5 Abs. 1 zulässige Mindestnennbetrag.

(3) Ein Betrag, der auf Grund des Absatzes 2 in die Kapitalrücklage eingestellt worden ist, darf vor Ablauf des fünften nach der Beschlußfassung über die Kapitalherabsetzung beginnenden Geschäftsjahrs nur verwandt werden

1. zum Ausgleich eines Jahresfehlbetrags, soweit er nicht durch einen Gewinnvortrag aus dem Vorjahr gedeckt ist und nicht durch Auflösung von Gewinnrücklagen ausgeglichen werden kann;
2. zum Ausgleich eines Verlustvortrags aus dem Vorjahr, soweit er nicht durch einen Jahresüberschuß gedeckt ist und nicht durch Auflösung von Gewinnrücklagen ausgeglichen werden kann;
3. zur Kapitalerhöhung aus Gesellschaftsmitteln.

Literatur: S. die Angaben bei § 58 a.

Übersicht

	Rn.		Rn.
I. Normzweck	1, 2	b) Zum Ausgleich eines Verlustvortrags aus dem Vorjahr	9
II. Zulässige Verwendung der gewonnenen Beträge (Abs. 1, 2)	3, 4	c) Zur Kapitalerhöhung aus Gesellschaftsmitteln	10
1. Ausgleich von Wertminderungen und Deckung sonstiger Verluste (Abs. 1)	3	IV. Verstoß gegen Abs. 1, 2 und 3	11–15
2. Einstellung in die Kapitalrücklage (Abs. 2)	4	1. Verstoß gegen Abs. 1	11
		2. Verstoß gegen Abs. 2	12
III. Verwendung der in die Kapitalrücklage eingestellten Beträge (Abs. 3)	5–10	3. Verstoß gegen Abs. 3	13
1. Zeitliche Bindung	5, 6	4. Haftung der Gesellschafter, der Geschäftsführer und des Aufsichtsrats	14
2. Erlaubte Verwendung	7–10	5. Umdeutung der vereinfachten Kapitalherabsetzung in ordentliche Kapitalherabsetzung	15
a) Zum Ausgleich eines Jahresfehlbetrags	8	V. Österreichisches Recht	16

---

[56] *Koppensteiner* § 59 Rn. 3; vgl. auch § 58 f GmbHG Rn. 16.
[57] *Koppensteiner* § 59 Rn. 2.

§ 58 b 4. Abschnitt. Abänderungen des Gesellschaftsvertrages

I. Normzweck

1   Da die vereinfachte Kapitalherabsetzung nur dem Ausgleich von Wertminderungen und der Deckung sonstiger Verluste dient (§ 58 a Abs. 1), dürfen die aus der Auflösung der Rücklagen und der Kapitalherabsetzung selbst gewonnenen Beträge nicht zu Zahlungen an die Gesellschafter oder zur Befreiung der Gesellschafter von ihrer Einlagepflicht verwendet werden. § 230 S. 1 AktG hebt dieses Verbot ausdrücklich hervor, § 58 b Abs. 1 verzichtet hierauf, weil der Zweck der Regelung das Verbot einschließt (amtl. Begr. S. 89). Die Vorschrift **schützt** insgesamt **die Gläubiger** und wird durch § 58 c ergänzt.

2   § 58 b entspricht in Abs. 1 und 2 § 230 AktG und teilweise § 231 AktG. Die Vorschrift geht insoweit auf § 12 Abs. 1 und 2 der DVO von 1932 (vgl. § 58 a Rn. 1) zurück. Abs. 3 hat sein Vorbild in § 150 Abs. 3 und 4 AktG.

II. Zulässige Verwendung der gewonnenen Beträge (Abs. 1, 2)

3   **1. Ausgleich von Wertminderungen und Deckung sonstiger Verluste (Abs. 1).** Der aus der Auflösung der Rücklagen und der Herabsetzung des Stammkapitals erzielte **Buchgewinn** ist gegen die Wertminderungen und sonstigen Verluste zu **verrechnen.** Bleiben danach Beträge übrig, so dürfen diese nicht an die Gesellschafter effektiv ausgezahlt oder zum Ausgleich der auf der Aktivseite der Bilanz als Forderungen an die Gesellschafter ausgewiesenen ausstehenden Einlagen auf das Stammkapital (§ 272 Abs. 1 S. 1 HGB) verwandt werden. Vielmehr sind diese Beträge in die **Kapitalrücklage** einzustellen (Rn. 4).

4   **2. Einstellung in die Kapitalrücklage (Abs. 2).** Sie kann von vornherein gewollt gewesen sein, d. h. der Herabsetzung wurde im Herabsetzungsbeschluss so bemessen, dass nach Ausgleich der Wertminderungen und Deckung der Verlust noch eine freie Spitze zur Einstellung in die Kapitalrücklage verblieb. Das ist zulässig, sofern der in die Kapitalrücklage einzustellende Betrag zusammen mit einem dort noch vorhandenen Betrag 10 % des durch die Kapitalherabsetzung geplanten neuen Stammkapitals nicht überschreitet. Wird das Stammkapital zB von einer Million € auf 500 000,– € herabgesetzt, darf soviel in die Kapitalrücklage eingestellt werden, bis diese 50 000,– € beträgt, höchstens also 50 000,– €. Diese Beschränkung steht im Zusammenhang mit § 58 a Abs. 2 (vgl. dort Rn. 7, 8). Es liegt nicht im Interesse der Gesellschafter, das Kapital über das zum Wertminderungsausgleich und zur Verlustdeckung erforderliche Maß zum Zweck der Rücklagendotierung herabzusetzen.[1] Nach der amtl. Begr. (S. 87, 89) darf die Einstellung in die Kapitalrücklage nicht „ständiger Zweck" und nicht „Selbstzweck" einer vereinfachten Kapitalherabsetzung sein. Vielmehr soll nur „ausnahmsweise" aus Anlass einer vereinfachten Kaptialherabsetzung ein beschränkter Betrag in die Kapitalrücklage eingestellt werden dürfen („daneben", Abs. 2 S. 1). Damit soll im Hinblick auf den Zwang zur vorherigen Auflösung freier Rücklagen (§ 58 a Abs. 2) verhindert werden, dass im nächsten Jahr uU schon wieder ein Verlust ausgewiesen werden muss (amtl. Begr. S. 87). Die zur Einstellung in die Kapitalrücklage verfügbaren Beträge können aber auch dadurch entstanden sein, dass Wertminderungen und sonstige Verluste zu hoch bemessen worden waren (§ 58 c, s. dort). Zum **Ausweis** der in die Kapitalrücklage eingestellten Beträge in der Gewinn- und Verlustrechnung vgl. § 58 c Rn. 6.

---

[1] *Hefermehl* in *Geßler/Hefermehl/Eckhardt/Kropff* § 231 Rn. 1; MüKo AktG/*Oechsler* § 232 Rn. 1.

III. Verwendung der in die Kapitalrücklage eingestellten Beträge (Abs. 3)

1. Zeitliche Bindung. Die aus der Kapitalherabsetzung gewonnenen Rücklagen 5 dürfen **fünf Jahre** lang zum Schutz der Gläubiger nicht beliebig, sondern nur zu begrenzten Zwecken verwandt werden. Die Frist beginnt mit dem Tag des Herabsetzungsbeschlusses und endet mit dem Ablauf des fünften nach diesem Tag beginnenden Geschäftsjahres. Das AktG enthält eine allgemeine Regelung über die Verwendung von Kapitalrücklagen in § 150 Abs. 3 und 4. Das GmbHG kennt eine solche Regelung nicht. Deshalb bedurfte es bei der vereinfachten Kapitalherabsetzung einer vollständigen Verwendungsregelung. Da wegen Abs. 2 nur beschränkte Beträge aus der Kapitalherabsetzung in die Kapitalrücklage gelangen können, sieht das Gesetz davon ab, zum Schutz der Gläubiger für die Auflösung der Rücklage die Vorschriften des § 58 über die ordentliche Kapitalherabsetzung vorzusehen (wie das nach § 12 Abs. 3 S. 2 des DVO von 1932 – § 58a Rn. 1 – der Fall war), sondern begnügt sich damit, die erlaubten Zwecke zu beschreiben, die keine Gläubigerbenachteiligungen zur Folge haben können (amtl. Begr. S. 89). Die Ausschüttung der Rücklage an die Gesellschafter wird dadurch für die Dauer von fünf Jahren unterbunden. Das Gesetz geht davon aus, dass die Gläubiger keines Schutzes mehr gegen solche Ausschüttungen bedürfen, wenn die Gesellschaft die Kapitalherabsetzung fünf Jahre wirtschaftlich überlebt hat (amtl. Begr. S. 89). Nicht zu den erlaubten Zwecken verwandte Beträge werden deshalb nach Ablauf von fünf Jahren auch zur Gewinnausschüttung frei. Insoweit ist die Regelung weniger streng als diejenige des AktG, das in § 233 Abs. 3 das Verbot der Ausschüttung des Buchertrags (§ 230 S. 1) zeitlich unbeschränkt festschreibt (vgl. auch § 58d Rn. 6).

Die **Bindung** der Kapitalrücklage nach Abs. 3 ist in der Bilanz **nicht besonders** 6 **kenntlich zu machen**.[2] Zum **Ausweis** der Kapitalherabsetzung als solcher in der Gewinn- und Verlustrechnung vgl. § 58 Rn. 45, zur Offenlegung der Einstellung von Beträgen in die Kapitalrücklage vgl. § 58c Rn. 6.

2. Erlaubte Verwendung. Das Gesetz zählt nur drei Zwecke auf und verbietet 7 damit die Verwendung zu andern Zwecken, insbesondere die Ausschüttung an die Gesellschafter. Zulässig ist die Verwendung:

a) Zum Ausgleich eines Jahresfehlbetrags (§§ 266 Abs. 3 A V, 275 Abs. 2 8 Nr. 20 HGB), soweit er nicht durch einen Gewinnvortrag (§ 266 Abs. 3 A IV HGB) aus dem Vorjahr gedeckt ist und nicht durch Auflösung von Gewinnrücklagen (§ 266 Abs. 3 A III Nr. 3, 4 HGB) ausgeglichen werden kann. Wegen § 58a Abs. 2 S. 2 (s. dort Rn. 7) kann es sich bei dem Gewinnvortrag nur um einen solchen handeln, der aus einem Gewinnjahr nach der Kapitalherabsetzung stammt. Dagegen können Gewinnrücklagen in begrenztem Umfang (§ 58a Abs. 2 S. 1) aus der Zeit vor der Kapitalherabsetzung herrühren.

b) Zum Ausgleich eines Verlustvortrags aus dem Vorjahr (§ 266 Abs. 3 A IV 9 HGB), soweit er nicht durch einen Jahresüberschuss gedeckt ist und nicht durch Auflösung von Gewinnrücklagen ausgeglichen werden kann. „Aus dem Vorjahr" bedeutet nicht, dass weiter zurückliegende Verlustvorträge, die im Vorjahr noch nicht beseitigt wurden, nicht ausgleichsfähig sind. Müssen zB in der Bilanz zwei Jahre hintereinander Verluste ausgewiesen werden, so geht der Jahresfehlbetrag des ersten Verlustjahres als Verlustvortrag in die Bilanz des zweiten Verlustjahres ein und bildet zusammen mit dem Jahresfehlbetrag des zweiten Verlustjahres den Verlustvortrag „aus dem Vorjahr"

---

[2] AA *Baumbach/Hueck/Zöllner* Rn. 8; *Lutter/Hommelhoff* Rn. 4; *Roth/Altmeppen* Rn. 10.

§ 58 b 4. Abschnitt. Abänderungen des Gesellschaftsvertrages

der dritten Bilanz. Die Verlustvorträge werden also kumuliert und stammen deshalb stets „aus dem Vorjahr". Die Formulierung „aus dem Vorjahr" geht offensichtlich auf die wortgleiche Regelung des § 150 Abs. 3 Nr. 2 AktG zurück. Dort ist anerkannt, dass die Verwaltung nicht sofort den Jahresfehlbetrag gegen die Rücklage ausgleichen muss und beim Vortrag des Verlusts auf neue Rechnung wiederum frei ist, den Verlustvortrag auszugleichen oder fortzuführen. Die Rücklage muss also nicht zum alsbaldigen Ausgleich von Verlusten verwandt werden.[3] Der Jahresfehlbetrag des Geschäftsjahres, in das die Kapitalherabsetzung fällt, kann schon bei Aufstellung der Bilanz für dieses Geschäftsjahr mit der Kapitalrücklage verrechnet werden.[4]

10 c) **Zur Kapitalerhöhung aus Gesellschaftsmitteln.** Hiergegen bestehen von vornherein keine Bedenken, da die Umwandlung der Rücklage in Stammkapital zu einer strengeren Bindung der in der Rücklage ausgewiesenen Mittel führt (vgl. § 57 c Rn. 1). Nach solcher Kapitalerhöhung könnte die Kapitalrücklage durch ordentliche Kapitalherabsetzung für die Gesellschafter verfügbar gemacht werden,[5] welcher Zweck die vereinfachte Kapitalherabsetzung wirtschaftlich aber wohl kaum rechtfertigen dürfte.

IV. Verstoß gegen Abs. 1, 2 und 3

11 **1. Verstoß gegen Abs. 1.** Werden aus der Kapitalherabsetzung gewonnene Beträge im Jahresabschluss als Gewinn ausgewiesen, macht das den **Jahresabschluss nichtig** und die Ausschüttung dieses Gewinns an die Gesellschafter oder seine Verwendung zum Ausgleich der Forderungen der Gesellschaft aus ausstehenden Einlagen führt zur **Nichtigkeit des Verwendungsbeschlusses**.[6]

12 **2. Verstoß gegen Abs. 2.** Werden höhere Beträge als nach Abs. 2 zulässig in die Kapitalrücklage eingestellt, so macht das den Kapitalherabsetzungsbeschluss nur anfechtbar, nicht nichtig, weil nur Gesellschafterinteressen berührt werden (Rn. 4). Wird nicht angefochten, verbleibt es bei der Einstellung des überschießenden Betrags in die Rücklage.[7]

13 **3. Verstoß gegen Abs. 3.** Ist nach Abs. 2 ein aus der Kapitalherabsetzung gewonnener Betrag in die Kapitalrücklage eingestellt worden und wird er vor Ablauf von fünf Jahren unzulässig verwandt, zB als Gewinn ausgeschüttet, macht das den **Jahresabschluss** und den auf ihm beruhenden **Ausschüttungsbeschluss** ebenfalls **nichtig**.[8]

14 **4. Haftung der Gesellschafter, der Geschäftsführer und des Aufsichtsrats.** Werden verbotswidrig Beträge an die **Gesellschafter** ausgeschüttet, so sind diese entsprechend § 31 zur Rückzahlung verpflichtet. Das sah § 16 der DVO von 1932 (§ 58 a Rn. 1) ausdrücklich vor.[9] **Geschäftsführer** haften nach § 43, ein **Aufsichtsrat** haftet

---

[3] Kölner KommAktG/*Claussen* § 150 Rn. 14; *Kropff* in *Geßler/Hefermehl/Eckhardt/Kropff* § 150 Rn. 24.
[4] Ebenso *Lutter/Hommelhoff* Rn. 6.
[5] *Baumbach/Hueck/Zöllner* Rn. 10.
[6] §§ 256 Abs. 1 Nr. 1, 241 Nr. 3 AktG analog, vgl. *Baumbach/Hueck/Zöllner* Rn. 11; *Lutter/Hommelhoff* Rn. 3; *Scholz/Priester* Rn. 11.
[7] Ob unmittelbar gemäß Abs. 2 oder analog § 58 c, so *Hüffer* § 231 Rn. 7 und 233 Rn. 8, ist belanglos.
[8] §§ 256 Abs. 1 Nr. 1, 241 Nr. 3 AktG analog, vgl. *Baumbach/Hueck/Zöllner* Rn. 12; *Lutter/Hommelhoff* Rn. 5; *Scholz/Priester* Rn. 11.
[9] Ebenso *Baumbach/Hueck/Zöllner* Rn. 13 und ähnlich *Roth/Altmeppen* Rn. 8; aA *Lutter/Hommelhoff* Rn. 5 und *Scholz/Priester* Rn. 11, welche die Rückzahlungspflicht nur auf § 812 BGB stützen.

nach § 52 iVm. §§ 93, 116 AktG. Auch das war in § 16 der DVO von 1932 ausdrücklich bestimmt.

5. Umdeutung der vereinfachten Kapitalherabsetzung in ordentliche Kapitalherabsetzung. Sie kommt bei verbotswidrig ausgeschütteten Beträgen nicht in Betracht.[10] Allenfalls können Gläubiger nach § 58 **schadensersatzweise** Sicherstellung verlangen.[11]

V. Österreichisches Recht

Vgl. § 58a Rn. 30.

16

§ 58c [Nichteintritt angenommener Verluste]

¹Ergibt sich bei Aufstellung der Jahresbilanz für das Geschäftsjahr, in dem der Beschluß über die Kapitalherabsetzung gefaßt wurde, oder für eines der beiden folgenden Geschäftsjahre, daß Wertminderungen und sonstige Verluste in der bei der Beschlußfassung angenommenen Höhe tatsächlich nicht eingetreten oder ausgeglichen waren, so ist der Unterschiedsbetrag in die Kapitalrücklage einzustellen. ²Für einen nach Satz 1 in die Kapitalrücklage eingestellten Betrag gilt § 58b Abs. 3 sinngemäß.

Literatur: S. die Angaben bei § 58a.

I. Normzweck

Stellt sich nach Eintragung der Kapitalherabsetzung in das Handelsregister heraus, dass sie nicht oder nicht in der beschlossenen Höhe erforderlich war, kann sie nicht mehr rückgängig gemacht werden. Deshalb bedarf es einer Regelung zur Bindung der durch die Kapitalherabsetzung gewonnenen Beträge, um zu verhindern, dass diese an die Gesellschafter entgegen § 58b Abs. 1 (vgl. dort Rn. 7) ausgeschüttet werden. Dem trägt § 58c Rechnung. Die Vorschrift ergänzt § 58b und dient ebenfalls dem **Gläubigerschutz.**[1]

Satz 1 entspricht § 232 AktG, Satz 2 beschränkt aus den gleichen Gründen wie § 58b Abs. 3 die Verwendung jedes in die Kapitalrücklage eingestellten Betrags. § 58c geht auf § 12 Abs. 3 der DVO von 1932 (§ 58a Rn. 1) zurück.

1

2

II. Zu hohe Annahme von Wertminderungen und sonstigen Verlusten

1. Stichtag, Unterschiedsbetrag. Die Gesetzesformulierung ist missverständlich. Gemeint ist nicht, dass sich bei Aufstellung der Jahresbilanz, bezogen auf deren Stichtag, die zu hohe Annahme von Wertminderungen und sonstigen Verlusten ergibt, sondern vielmehr, dass sich anlässlich der Aufstellung der Jahresbilanz anhand einer **fiktiven Bilanz,** bezogen auf den **Stichtag der Beschlussfassung** über die Kapitalherabsetzung, der mangelnde Verlust herausstellt.[2] Das hat zur Folge, dass es für die Frage, ob ein **Unterschiedsbetrag** besteht, unerheblich ist, ob gerade der Verlust, der

3

---
[10] AA *Lutter/Hommelhoff* Rn. 1.
[11] Zutr. *Baumbach/Hueck/Zöllner* Rn. 14.
[1] BGHZ 119, 305, 322 = NJW 1993, 57, 61 zu § 232 AktG.
[2] So zutr. *Hüffer* § 232 Rn. 3; ebenso *Scholz/Priester* Rn. 4.

§ 58 c   4. Abschnitt. Abänderungen des Gesellschaftsvertrages

die Kapitalherabsetzung veranlasst hat, eingetreten ist oder ein anderer Verlust. Maßgebend ist das **fiktive Bilanzergebnis insgesamt.**[3] Demgemäß ist der wegen des Nichteintritts des konkret angenommenen Verlusts zu hoch angenommene Betrag nicht in die Kapitalrücklage einzustellen, sondern darf zum Ausgleich des anderen Verlusts verwendet werden. Umgekehrt darf ein **nach Beschlussfassung,** aber vor Aufstellung der Jahresbilanz, **entstandener Verlust** nicht durch den Unterschiedsbetrag des bei Beschlussfassung irrtümlich angenommenen Verlusts gedeckt werden, sondern ist in die Kapitalrücklage einzustellen.[4] In der Praxis werden sich die Verlustentstehungszeitpunkte allerdings häufig nicht exakt bestimmen lassen, weshalb dem Aufsteller der Jahresbilanz und dem für die Feststellung der Bilanz zuständigen Organ (Rn. 7) ein gewisser Handlungsspielraum verbleibt.

4   **2. Zeitliche Frist.** Der Unterschiedsbetrag muss sich bei Aufstellung der Jahresbilanz für das Geschäftsjahr der Beschlussfassung über die Kapitalherabsetzung ergeben oder bei Aufstellung der Jahresbilanz für die beiden folgenden Geschäftsjahre, insgesamt somit während eines **Zeitraums von längstens drei Jahren.**[5] Ergibt sich innerhalb dieses Zeitraums der Unterschiedsbetrag erst bei Aufstellung einer späteren Jahresbilanz, ist er zwar in die Kapitalrücklage dieser Bilanz einzustellen. Die vorangegangenen Bilanzen sind aber nicht zu ändern.[6] Vorausgesetzt wird dabei selbstverständlich, dass am Stichtag der entsprechenden Jahresbilanz die Kapitalherabsetzung durch Eintragung in das Handelsregister bereits wirksam geworden ist (§ 54 Abs. 3).

5   **3. Keine betragsmäßige Begrenzung.** Die Einstellung in die Kapitalrücklage ist in § 58 c anders als in § 58 b Abs. 2 (s. dort Rn. 4) der Höhe nach nicht beschränkt (allgM).

6   **4. Offenlegung der Einstellung in die Kapitalrücklage in der Gewinn- und Verlustrechnung.** Der auf die Kapitalherabsetzung der GmbH analog anwendbare § 240 AktG (vgl. § 58 Rn. 45) schreibt vor, wie der aus der Kapitalherabsetzung gewonnene Buchgewinn in der Gewinn- und Verlustrechnung auszuweisen ist. Die Vorschrift gilt sowohl für die ordentliche Kapitalherabsetzung als auch für die vereinfachte Kapitalherabsetzung. Nach § 240 S. 2 AktG ist eine **Einstellung in die Kapitalrücklage** nach § 229 Abs. 1 und § 232 als „Einstellung in die Kapitalrücklage nach den Vorschriften über die vereinfachte Kapitalherabsetzung" **gesondert auszuweisen.** § 229 Abs. 1 entspricht § 58 b Abs. 2, § 232 entspricht § 58 c. Demgemäß ist auch bei der GmbH in der Gewinn- und Verlustrechnung des Geschäftsjahres, in dem die Kapitalherabsetzung wirksam wird (§ 54 Abs. 3), ein entsprechender Ausweis vorzunehmen. Nach § 240 S. 3 AktG ist im **Anhang** zu erläutern, ob und in welcher Höhe die aus der Kapitalherabsetzung und aus der Auflösung von Gewinnrücklagen gewonnenen Beträge zum Ausgleich von Wertminderungen, zur Deckung von sonstigen Verlusten oder zur Einstellung in die Kapitalrücklage verwandt werden. Auch diese Vorschrift ist auf die Kapitalherabsetzung der GmbH entsprechend anzuwenden.

---

[3] *Hüffer* § 232 Rn. 3; *Scholz/Priester* Rn. 4; unklar *Hefermehl* in *Geßler/Hefermehl/Eckardt/Kropff* § 232 Rn. 4.
[4] *Hüffer* § 232 Rn. 4; *Hefermehl* in *Geßler/Hefermehl/Eckardt/Kropff* § 232 Rn. 4.
[5] Wegen Wertungswiderspruch zur 5-Jahresfrist des § 58 b Abs. 3 wollen *Baumbach/Hueck/Zöllner* Rn. 3 die 3-Jahresfrist in eine 5-Jahresfrist korrigieren, was angesichts des klaren und auf die aktienrechtliche Regelung des § 232 AktG zurückgehenden Gesetzeswortlauts nicht möglich sein dürfte. In solchem Fall ist ein Wertungswiderspruch hinzunehmen, vgl. *Larenz* Methodenlehre der Rechtswissenschaft, 6. Aufl. 1991, S. 334.
[6] *Hüffer* § 232 Rn. 5; *Scholz/Priester* Rn. 7.

Gewinnausschüttung   § 58 d

5. Zuständigkeit. Die **Aufstellung** der Bilanz obliegt den Geschäftsführern (§ 41, 7
§ 264 HGB), die deshalb die erforderlichen Beträge in die Kapitalrücklage **einzustellen** haben. Die Verantwortung für die richtige Einstellung trifft jedoch das Organ, welches die Bilanz **festzustellen** hat, also die Gesellschafterversammlung (§ 46 Nr. 1), falls die Satzung kein anderes Organ, etwa einen Aufsichts- oder Beirat, hierfür vorsieht (§ 45 Abs. 2). Ist der Jahresabschluss durch einen Abschlussprüfer zu prüfen (§ 316 HGB), so hat auch dieser auf die Einstellung in die Kapitalrücklage zu achten (§ 317 Abs. 1 HGB). Sein Bestätigungsvermerk (§ 322 HGB) ist unrichtig, wenn er hiergegen verstößt oder erkannte Beanstandungen in diesem nicht zu Ausdruck bringt.

6. Verstoß gegen das Einstellungsgebot. Werden die Unterschiedsbeträge nicht 8
in die Kapitalrücklage eingestellt, ist der Jahresabschluss entsprechend § 256 Abs. 1 Nr. 1 und 4 AktG **nichtig.**[7] **Heilung** kommt analog § 256 Abs. 6 in Betracht. Zur **Haftung** der Gesellschafter, Geschäftsführer und des Aufsichtsrats vgl. § 58 b Rn. 14.

7. Verwendung der Kapitalrücklage. § 58 b Abs. 3 gilt sinngemäß (s. dort 9
Rn. 5 ff.).

III. Österreichisches Recht

Vgl. § 58 a Rn. 30.   10

§ 58 d [Gewinnausschüttung]

(1) ¹Gewinn darf vor Ablauf des fünften nach der Beschlußfassung über die Kapitalherabsetzung beginnenden Geschäftsjahrs nur ausgeschüttet werden, wenn die Kapital- und Gewinnrücklagen zusammen zehn vom Hundert des Stammkapitals erreichen. ²Als Stammkapital gilt dabei der Nennbetrag, der sich durch die Herabsetzung ergibt, mindestens aber der nach § 5 Abs. 1 zulässige Mindestnennbetrag.

(2) ¹Die Zahlung eines Gewinnanteils von mehr als vier vom Hundert ist erst für ein Geschäftsjahr zulässig, das später als zwei Jahre nach der Beschlußfassung über die Kapitalherabsetzung beginnt. ²Dies gilt nicht, wenn die Gläubiger, deren Forderungen vor der Bekanntmachung der Eintragung des Beschlusses begründet worden waren, befriedigt oder sichergestellt sind, soweit sie sich binnen sechs Monaten nach der Bekanntmachung des Jahresabschlusses, auf Grund dessen die Gewinnverteilung beschlossen ist, zu diesem Zweck gemeldet haben. ³Einer Sicherstellung der Gläubiger bedarf es nicht, die im Fall des Insolvenzverfahrens ein Recht auf vorzugsweise Befriedigung aus einer Deckungsmasse haben, die nach gesetzlicher Vorschrift zu ihrem Schutz errichtet und staatlich überwacht ist. ⁴Die Gläubiger sind in der Bekanntmachung nach § 325 Abs. 1 Satz 2 oder Abs. 2 Satz 1 des Handelsgesetzbuchs auf die Befriedigung oder Sicherstellung hinzuweisen.

Literatur: S. die Angaben bei § 58 a.

---

[7] *Hefermehl* in *Geßler/Hefermehl/Eckardt/Kropff* § 232 Rn. 5; *Hüffer* § 232 Rn. 7; *Scholz/Priester* Rn. 12; aA *Baumbach/Hueck/Zöllner* Rn. 8 und *Lutter/Hommelhoff* Rn. 7: Nichtigkeit analog § 241 Nr. 3 AktG.

§ 58 d   4. Abschnitt. Abänderungen des Gesellschaftsvertrages

Übersicht

	Rn.		Rn.
I. Normzweck	1–3	III. Beschränkung der Gewinnausschüttung (Abs. 2)	8–12
II. Einstellung in die Kapital- und Gewinnrücklagen (Abs. 1)	4–7	1. Zeitliche Grenze	8
1. Keine Einstellungsverpflichtung	4	2. Bemessung und Verteilung des Gewinnanteils von 4 %	9
2. 10 %-Grenze	5	3. Keine Beschränkung für gewinnabhängige Zahlungen	10
3. Zeitliche Grenze	6	4. Ausnahmen	11, 12
4. Zulässige Gewinnausschüttungen im Verbotszeitraum	7	IV. Verstoß gegen Abs. 1 und 2	13
		V. Österreichisches Recht	14

I. Normzweck

1 Die Vorschrift beschränkt die Gewinnausschüttung nach einer vereinfachten Kapitalherabsetzung und tritt im **Gläubigerschutzinteresse** neben die Verwendungssperre des § 58 b Abs. 3 und § 58 c S. 2 für Kapitalrücklagen. Sie ist der wichtigste Ausgleich dafür, dass die Gläubigerschutzvorschriften der ordentlichen Kapitalherabsetzung (§ 58) bei der vereinfachten Kapitalherabsetzung nicht gelten. Wollen die Gesellschafter die Beschränkungen der Gewinnausschüttung nach Abs. 1 und 2 nicht in Kauf nehmen, müssen sie eine ordentliche Kapitalherabsetzung durchführen (vgl. § 58 a Rn. 1).

2 Abs. 1 entspricht § 233 Abs. 1 AktG mit der Abweichung, dass das Gewinnausschüttungsverbot auf fünf Jahre nach der Beschlussfassung über die Kapitalherabsetzung begrenzt wird. Da die GmbH auch sonst nicht zur Bildung eines gesetzlichen Reservefonds iSd. aktienrechtlichen gesetzlichen Reserve (§ 150 AktG) verpflichtet ist, soll sie nach Ablauf von fünf Jahren auch dann Gewinn ausschütten können, wenn die Kapitalrücklage 10 % des Stammkapitals nicht erreicht. Die vereinfachte Kapitalherabsetzung soll nicht dazu führen, dass die Gesellschaft künftig stets einen gesetzlichen Reservefonds aufrechterhalten muss (amtl. Begr. S. 89). Abs. 2 ist unverändert aus § 232 Abs. 2 AktG übernommen. § 233 Abs. 3 AktG, der klarstellt, dass die aus der Auflösung von Kapital- und Gewinnrücklagen und aus der Kapitalherabsetzung gewonnenen Beträge auch nach § 233 Abs. 1 und 2 AktG nicht als Gewinn ausgeschüttet werden dürfen, hat § 58 d nicht übernommen. Hierfür waren die gleichen Erwägungen maßgebend, die in § 58 b Abs. 1 zum Verzicht auf die Übernahme des § 230 S. 1 AktG führten (vgl. § 58 b Rn. 1).

3 Die Vorschrift hat ihr Vorbild in §§ 13, 15 der DVO von 1932 (§ 58 a Rn. 1).

II. Einstellung in die Kapital- und Gewinnrücklagen (Abs. 1)

4 **1. Keine Einstellungsverpflichtung.** Die Gesellschaft ist nicht verpflichtet, Gewinne in die Kapital- und Gewinnrücklagen bis zur Erreichung der 10 %-Grenze (Rn. 2) einzustellen. Solange sie aber die Einstellung unterlässt, darf sie innerhalb der Fünfjahresfrist keinerlei Gewinne an die Gesellschafter ausschütten. Füllt sie Rücklagen aus Gewinnen auf, ist eine Gewinnausschüttung umso früher möglich, je eher die 10 %-Grenze erreicht ist.

5 **2. 10 %-Grenze.** Sie bemisst sich nach dem herabgesetzten Stammkapital, mindestens aus 25 000,– €. Abs. 1 S. 2 entspricht § 58 b Abs. 2 S. 2 (vgl. dort Rn. 4). Eine gleichzeitig beschlossene Kapitalerhöhung (§ 58 a Rn. 15 ff.) bleibt außer Betracht.[1]

---

[1] *Lutter/Hommelhoff* Rn. 2; *Scholz/Priester* Rn. 5.

Gewinnausschüttung **§ 58 d**

Aufgrund welcher Zuweisungen die Rücklagen die 10 %-Grenze erreichen, ist ohne Belang.[2] Demgemäß können auch Zuzahlungen der Gesellschafter (§ 272 Abs. 2 Nr. 4 HGB) die Erreichung der Grenze beschleunigen. Wird die 10 %-Grenze in dem Geschäftsjahr erreicht, in dem auch ein Gewinn ausgewiesen werden kann, steht der Gewinnausschüttung nichts im Weg.[3] Die Gewinnausschüttung bleibt auch dann weiterhin zulässig, wenn die Rücklagen später wieder unter 10 % sinken, zB wenn sie zur Verlustdeckung in Anspruch genommen werden.[4]

3. Zeitliche Grenze. Das Verbot der Gewinnausschüttung gilt für längstens sechs 6 Jahre nach der Beschlussfassung über die Kapitalherabsetzung. Solange allerdings die Kapitalabsetzung nicht in das Handelsregister eingetragen ist, hat sie keine rechtliche Wirkung (§ 54 Abs. 3). Vor diesem Zeitpunkt beschlossene Gewinnausschüttungen bleiben deshalb zulässig, auch wenn die Zahlungen erst später geleistet werden,[5] es sei denn, dass es sich um einen Umgehungsfall handelt.[6] Die Frist des Abs. 1 beginnt jedoch schon mit der Beschlussfassung über die Kapitalherabsetzung, vorausgesetzt, dass diese auch in das Handelsregister eingetragen wird.

4. Zulässige Gewinnausschüttungen im Verbotszeitraum. Vom Ausschüt- 7 tungsverbot nicht erfasst werden Zahlungen an Gesellschafter auf Grund einer **Dividendengarantie**.[7] Erlaubt sind auch **gewinnabhängige Zahlungen an Dritte**, zB Tantiemen an Geschäftsführer, es sei denn, die Tantieme richtet sich nach dem ausgeschütteten Gewinn. Ob auch Gewinnzahlungen an Gesellschafter, die der GmbH wie Dritte gegenüberstehen, vom Ausschüttungsverbot ausgenommen sind, könnte zweifelhaft erscheinen, zB Zahlungen an Gesellschafter auf Grund eines typischen oder atypischen stillen Gesellschaftsverhältnisses mit der GmbH oder auf Grund eines partiarischen Darlehens. In der aktienrechtlichen Literatur werden gewinnabhängige Zahlungen an Aktionäre als Inhaber von Gewinnschuldverschreibungen oder Genussrechten (§ 221 AktG) für zulässig gehalten.[8] Man wird deshalb auch Gewinnzahlungen an GmbH-Gesellschafter als stille Gesellschafter oder Darlehensgeber für unbedenklich halten können. Dagegen werden Zahlungen auf Grund eines **Gewinnabführungsvertrags** als vom Ausschüttungsverbot erfasst angesehen.[9]

---

[2] *Hefermehl* in *Geßler/Hefermehl/Eckardt/Kropff* § 233 Rn. 5.
[3] *Lutter/Hommelhoff* Rn. 2.
[4] *Hefermehl* in *Geßler/Hefermehl/Eckardt/Kropff* § 233 Rn. 6; *Hüffer* § 233 Rn. 5; MüKo AktG/ *Oechsler* § 233 Rn. 11; aA *Roth/Altmeppen* Rn. 4; *Scholz/Priester* Rn. 7; *Baumbach/Hueck/Zöllner* Rn. 3 und neuerdings (gegen die Vorauff.) auch *Lutter/Hommelhoff* Rn. 2, welche die zu § 233 AktG vertretenen Meinungen hier nicht für anwendbar halten, weil es dort im Gesetzestext heißt „erreicht haben", während hier nur gesagt ist „erreichen", was vom Sprachsinn her etwas anderes sei. Das ist nicht überzeugend, weil das aktienrechtliche Schrifttum, soweit es überhaupt eine Begründung gibt, nicht auf den Wortlaut der Vorschrift abstellt, sondern auf ihren Zweck, der nicht auf Dauerhalt der Rücklagen geht, sondern Wertungswidersprüchen zwischen den Rechtsfolgen der Kapitalherabsetzung und den Prinzipien der Reservebildung in der AG vorbeugen soll (so zutr. MüKo AktG/*Oechsler* § 233).
[5] *Scholz/Priester* Rn. 4; *Hüffer* § 233 Rn. 5; aA *Baumbach/Hueck/Zöllner* Rn. 5 und *Roth/ Altmeppen* Rn. 6, die das Verbot schon mit der Fassung des Herabsetzungsbeschlusses eingreifen lassen wollen.
[6] MünchHdB GesR IV/*Krieger* § 61 Rn. 31 mN.
[7] *Baumbach/Hueck/Zöllner* Rn. 4; *Hefermehl* in *Geßler/Hefermehl/Eckardt/Kropff* § 233 Rn. 9; *Hüffer* § 233 Rn. 3.
[8] *Hefermehl* in *Geßler/Hefermehl/Eckardt/Kropff* § 233 Rn. 9; *Hüffer* § 233 Rn. 3.
[9] *Hefermehl* in *Geßler/Hefermehl/Eckardt/Kropff* § 233 Rn. 9; *Hüffer* § 233 Rn. 3; *Lutter/ Hommelhoff* Rn. 3; aA MünchHdB GesR IV/*Krieger* § 61 Rn. 30.

§ 58 d

III. Beschränkung der Gewinnausschüttung (Abs. 2)

8 **1. Zeitliche Grenze.** Unabhängig von der Ausschüttungssperre des Abs. 1 lässt Abs. 2 S. 1 während eines begrenzten Zeitraums nur die Zahlung eines Gewinnanteils von höchstens 4 % zu. Die Frist beginnt mit der Beschlussfassung über die Kapitalherabsetzung und endet mit dem Ablauf des zweiten Geschäftsjahres danach, gilt also für das laufende Geschäftsjahr und die zwei folgenden Geschäftsjahre und dauert somit längstens drei Jahre, vorausgesetzt, dass die Kapitalherabsetzung mittlerweile durch Eintragung in das Handelsregister (§ 54 Abs. 3) rechtswirksam geworden ist (vgl. Rn. 6). Vor der Eintragung beschlossene Gewinnausschüttungen bleiben wie im Fall des Abs. 1 zulässig (vgl. Rn. 6), können danach aber nur noch in Höhe von 4 % ausgeführt werden.[10] Ist die Ausschüttungssperre des Abs. 1 erst nach Ablauf des zweiten vollen Geschäftsjahres nach der Beschlussfassung über die Kapitalherabsetzung beseitigt, kommt die Ausschüttungsbeschränkung nach Abs. 2 nicht mehr zum Zug.

9 **2. Bemessung und Verteilung des Gewinnanteils von 4 %.** Der Prozentsatz bemisst sich nach dem **jeweiligen Stammkapital,** also anders als nach Abs. 1 nicht notwendig nach dem herabgesetzten Stammkapital. Das bedeutet, dass zwischenzeitliche **Kapitalerhöhungen** zu berücksichtigen sind.[11] Wie sich der Betrag von insgesamt 4 % auf die einzelnen Geschäftsanteile verteilt, hängt davon ab, ob alle Geschäftsanteile gleichmäßig am Gewinn teilnehmen oder ob einzelne Geschäftsanteile einen Vorzug bei der Gewinnverteilung haben.[12]

10 **3. Keine Beschränkung für gewinnabhängige Zahlungen.** Insoweit gilt entsprechend, was zu Abs. 1 ausgeführt ist (Rn. 7).

11 **4. Ausnahmen.** Will die Gesellschaft die Beschränkungen des Abs. 1 S. 2 vermeiden, muss sie die **Gläubiger befriedigen oder sicherstellen,** deren Forderungen vor der Bekanntmachung der Eintragung des Herabsetzungsbeschlusses begründet worden waren und die sich binnen sechs Monaten nach der Bekanntmachung des Jahresabschlusses, auf Grund dessen die Gewinnverteilung beschlossen ist, zu diesem Zweck gemeldet haben (Abs. 2 S. 2). Die Vorschrift ist § 58 über die ordentliche Kapitalherabsetzung nachgebildet. Wegen der Einzelheiten der Durchführung der Befriedigung und Sicherstellung kann deshalb auf die dortigen Erläuterungen verwiesen werden. An die Stelle der Regelung des § 58 Abs. 1 Nr. 1 tritt hier die Bekanntmachung des maßgeblichen Jahresabschlusses. In der Bekanntmachung, dass der Jahresabschluss beim zuständigen Handelsregister eingereicht ist (§ 325 Abs. 1 S. 2) oder, bei großen Kapitalgesellschaften, in der Bekanntmachung des Jahresabschlusses selbst (§ 325 Abs. 2 S. 1), sind die Gläubiger auf die Möglichkeit der Befriedigung oder Sicherstellung hinzuweisen. Die Frist von sechs Monaten beginnt mit dem Tag der Ausgabe des Bundesanzeigers, der die Bekanntmachung enthält. Bis zum Ablauf der Frist gilt das Verbot des Abs. 2 S. 1.[13]

12 Gesellschaften, die ihrer gesetzlichen Verpflichtung zur Offenlegung des Jahresabschlusses oder, bei kleinen Gesellschaften (§ 257 Abs. 1 HGB), ihrer Bilanz (§ 326 HGB), nicht nachkommen, können die Möglichkeit zur Abkürzung der Frist des Abs. 2 S. 1 nicht in Anspruch nehmen, weil mangels Bekanntmachung die Sechsmonatsfrist weder beginnen noch ablaufen kann.

---

[10] *Hüffer* § 233 Rn. 7.
[11] *Hüffer* § 233 Rn. 6.
[12] *Lutter/Hommelhoff* Rn. 4; *Scholz/Priester* Rn. 10.
[13] *Hüffer* § 233 Rn. 8; *Lutter/Hommelhoff* Rn. 6.

IV. Verstoß gegen Abs. 1 und 2

Ein Gewinnverwendungsbeschluss, der unter Verstoß gegen Abs. 1 oder Abs. 2 gefasst wird, ist entsprechend § 241 Nr. 3 AktG **nichtig**.[14] Zur **Haftung** der Gesellschafter, Geschäftsführer und des Aufsichtsrats vgl. § 58b Rn. 14.

V. Österreichisches Recht

Vgl. § 58a Rn. 31.

§ 58e [Beschluß über Kapitalherabsetzung]

(1) ¹Im Jahresabschluß für das letzte vor der Beschlußfassung über die Kapitalherabsetzung abgelaufene Geschäftsjahr können das Stammkapital sowie die Kapital- und Gewinnrücklagen in der Höhe ausgewiesen werden, in der sie nach der Kapitalherabsetzung bestehen sollen. ²Dies gilt nicht, wenn der Jahresabschluß anders als durch Beschluß der Gesellschafter festgestellt wird.

(2) Der Beschluß über die Feststellung des Jahresabschlusses soll zugleich mit dem Beschluß über die Kapitalherabsetzung gefaßt werden.

(3) ¹Die Beschlüsse sind nichtig, wenn der Beschluß über die Kapitalherabsetzung nicht binnen drei Monaten nach der Beschlußfassung in das Handelsregister eingetragen worden ist. ²Der Lauf der Frist ist gehemmt, solange eine Anfechtungs- oder Nichtigkeitsklage rechtshängig ist oder eine zur Kapitalherabsetzung beantragte staatliche Genehmigung noch nicht erteilt ist.

(4) Der Jahresabschluß darf nach § 325 des Handelsgesetzbuchs erst nach Eintragung des Beschlusses über die Kapitalherabsetzung offengelegt werden.

Literatur: S. die Angaben bei § 58a.

Übersicht

	Rn.		Rn.
I. Normzweck	1, 2	4. Beschlussfassung über die Feststellung des Jahresabschlusses zugleich mit der Beschlussfassung über die Kapitalherabsetzung	6
II. Voraussetzungen der Rückwirkung (Abs. 1, 2)	3–6		
1. Feststellung des Jahresabschlusses durch Beschluss der Gesellschafter	3	III. Nichtigkeit der Beschlüsse (Abs. 3)	7–9
2. Rückbeziehung der Kapitalherabsetzung nur auf das letzte vor der Beschlussfassung über die Kapitalherabsetzung abgelaufene Geschäftsjahr	4	IV. Offenlegung des Jahresabschlusses (Abs. 4)	10, 11
		1. Regelungszweck	10
3. Betroffene Bilanzposten	5	2. Verstoß	11
		V. Österreichisches Recht	12

I. Normzweck

Da die GmbH ihren Jahresabschluss oder wenigstens ihre Bilanz offenlegen muss (§§ 325, 326 HGB), kann sie „in ihrem Kredit gefährdet werden" (amtl. Begr. S. 89),

---

[14] *Baumbach/Hueck/Zöllner* Rn. 16; *Roth/Altmeppen* Rn. 15; *Hefermehl* in *Geßler/Hefermehl/Eckardt/Kropff* § 233 Rn. 16; *Lutter/Hommelhoff* Rn. 9; *Scholz/Priester* Rn. 12.

§ 58 e   4. Abschnitt. Abänderungen des Gesellschaftsvertrages

wenn sie gezwungen wird, mit einem Verlustabschluss (§§ 266 Abs. 3 A V, 268 Abs. 3 HGB) hervorzutreten. Kann der Verlust durch eine vereinfachte Kapitalherabsetzung beseitigt werden, so gestattet die Vorschrift, dass der bei der Kapitalherabsetzung erzielte Buchgewinn schon in der Bilanz für das letzte Geschäftsjahr in Erscheinung treten kann (amtl. Begr. S. 89). Sie bezweckt damit (ebenso wie § 58 f) die **Erleichterung der Sanierung**.[1]

2   Die Vorschrift entspricht § 234 AktG mit der Besonderheit, dass in Abs. 1 S. 2 eine rückwirkende Kapitalherabsetzung dann nicht zugelassen wird, wenn der Jahresabschluss anders als durch Beschluss der Gesellschafter festgestellt wird (vgl. Rn. 3). Aus diesem Grund konnte § 234 Abs. 2 S. 1 AktG nicht übernommen werden (amtl. Begr. S. 90). Abs. 4 ist aus § 236 (erster Fall) AktG übernommen.

II. Voraussetzungen der Rückwirkung (Abs. 1, 2)

3   **1. Feststellung des Jahresabschlusses durch Beschluss der Gesellschafter.** Nur wenn die Gesellschafter sowohl für die Kapitalherabsetzung als auch für die Feststellung des Jahresabschlusses zuständig sind, ist eine Verbindung beider Beschlüsse möglich. Die Kapitalherabsetzung fällt als Satzungsänderung zwingend in die Zuständigkeit der Gesellschafter (§ 53 Abs. 1, vgl. dort Rn. 35). Dagegen kann die Satzung für den Beschluss über die Feststellung des Jahresabschlusses die Zuständigkeit anderer Organe oder Personen (Beirat, Aufsichtsrat) vorsehen (§§ 45 Abs. 2, 46 Nr. 1). Ist das der Fall, dann lässt sich eine rückwirkende Kapitalherabsetzung in vereinfachter Form nur durchführen, wenn zuvor die Satzung geändert oder wenigstens ein entsprechender satzungsdurchbrechender Beschluss (§ 53 Rn. 34) gefasst wird.[2]

4   **2. Rückbeziehung der Kapitalherabsetzung nur auf das letzte vor der Beschlussfassung über die Kapitalherabsetzung abgelaufene Geschäftsjahr.** Für weiter zurückliegende Geschäftsjahre ist eine Rückwirkung nicht möglich. Die Rückbeziehung ist auch dann zulässig, wenn die Eintragung der Kapitalerhöhung erst im der Beschlussfassung folgenden Geschäftsjahr erfolgt. Erst recht zulässig ist bilanzieller Vollzug der Herabsetzung im Geschäftsjahr der Beschlussfassung, wenn die Eintragung im gleichen Jahr nicht mehr erfolgt und ein rückwirkender Vollzug für das Jahr vor der Beschlussfassung nicht gewollt ist.[3]

5   **3. Betroffene Bilanzposten.** Betroffene Bilanzposten sind nur das **Stammkapital** (gezeichnetes Kapital, § 266 Abs. 3 A I HGB) sowie die **Kapital- und Gewinnrücklagen (§ 266 Abs. 3 A II, III HGB).** Sie sind so auszuweisen, als wäre die Kapitalherabsetzung bereits am Bilanzstichtag wirksam geworden. Demgemäß sind für die betroffenen Bilanzposten die Werte aufzunehmen, die sich bei Eintragung der Kapitalherabsetzung in das Handelsregister ergeben werden.[4] Für alle übrigen Bilanzposten verbleibt es bei den Werten, die sich tatsächlich am Bilanzstichtag ergeben.[5] Für die betroffenen Bilanzposten wird somit das **Stichtagsprinzip (§ 252 Abs. 1 Nr. 3 HGB) durchbrochen.** Dadurch soll die Lage der Gesellschaft nicht etwa verschleiert werden oder gar im Verborgenen bleiben. Vielmehr schlägt sich der Verlust in der nach allgemeinen Regeln aufzustellenden Gewinn- und Verlustrechnung nieder,[6] zugleich aber

---

[1] OLG Düsseldorf ZIP 1981, 847, 856.
[2] *Lutter/Hommelhoff* Rn. 3; *Scholz/Priester* Rn. 3; *Baumbach/Hueck/Zöllner* Rn. 5.
[3] Zutr. u. ausführlich *Baumbach/Hueck/Zöllner* Rn. 3, 4.
[4] *Hüffer* § 234 Rn. 3.
[5] *Scholz/Priester* Rn. 11.
[6] *Lutter/Hommelhoff* Rn. 1; *Scholz/Priester* Rn. 1.

auch der durch die Kapitalherabsetzung erzielte Buchgewinn und seine Verwendung zum Verlustausgleich. Insoweit hat die Gesellschaft keinen Verlustabschluss vorgelegt (Rn. 1). Im Übrigen sorgt die Registerpublizität für die Transparenz der Kapitalherabsetzung.

4. Beschlussfassung über die Feststellung des Jahresabschlusses zugleich mit 6
der Beschlussfassung über die Kapitalherabsetzung. Wegen ihres engen inneren Zusammenhangs sollen die Beschlüsse gleichzeitig, dh. in derselben Gesellschafterversammlung (vgl. § 58a Rn. 17), gefasst werden. Ein Verstoß hiergegen beeinträchtigt die gefassten Beschlüsse nicht. Jeder der Beschlüsse kann deshalb vor oder nach dem anderen Beschluss gefasst werden.[7] Ob der vor dem Kapitalherabsetzungsbeschluss gefasste Beschluss über die Feststellung des Jahresabschlusses dann unter der aufschiebenden Bedingung einer späteren Beschlussfassung über die Kapitalherabsetzung steht,[8] kann dahinstehen; denn seine Wirksamkeit ist ohnehin abhängig von der rechtzeitigen Eintragung des Kapitalherabsetzungsbeschlusses (Abs. 3, vgl. Rn. 7). Bis dahin ist der Beschluss über die Feststellung des Jahresabschlusses in der Schwebe,[9] wie wegen § 54 Abs. 3 im Übrigen auch der Kapitalherabsetzungsbeschluss.

III. Nichtigkeit der Beschlüsse (Abs. 3)

Sowohl der Kapitalherabsetzungsbeschluss als auch der Beschluss über die Feststel- 7
lung des Jahresabschlusses sind nichtig, wenn der Beschluss über die Kapitalherabsetzung nicht binnen drei Monaten nach der Beschlussfassung in das Handelsregister eingetragen worden ist. **Anmeldung** innerhalb der Frist **reicht nicht aus.** Um einer Fristüberschreitung vorzubeugen, sollte im Kapitalherabsetzungsbeschluss auf die Absicht der Rückbeziehung auf den letzten Jahresabschluss hingewiesen werden. Ist im Kapitalherabsetzungsbeschluss bestimmt worden, dass er unabhängig von der Rückwirkung Bestand haben soll, so tritt für ihn bei Fristüberschreitung Nichtigkeit nicht ein.[10]

Zur **Fristberechnung** und **Heilung** bei verbotswidriger Eintragung vgl. § 58a 8
Rn. 18. Die Heilung im Falle des § 234 Abs. 3 AktG ist in § 242 Abs. 3 AktG ebenfalls ausdrücklich erwähnt. Sie bezieht sich allerdings nur auf den Kapitalherabsetzungsbeschluss, weil eine dem § 242 Abs. 2 und 3 AktG entsprechende Vorschrift für den Jahresabschluss fehlt (vgl. § 256 Abs. 6 AktG). Nach hM führt jedoch die Heilung des Kapitalherabsetzungsbeschlusses auch zur Heilung des Jahresabschlusses.[11] Zur **Haftung des Registerrichters** bei verspäteter Eintragung vgl. ebenfalls § 58a Rn. 18.

Zur **Fristhemmung** vgl. § 58a Rn. 20. 9

IV. Offenlegung des Jahresabschlusses (Abs. 4)

1. Regelungszweck. Wird die Kapitalherabsetzung auf das Ende des vorangegan- 10
genen Geschäftsjahres zurückbezogen, erlangt der Jahresabschluss für dieses Geschäfts-

---
[7] MünchHdB GesR IV/*Krieger* § 61 Rn. 38; *Lutter/Hommelhoff* Rn. 4; *Scholz/Priester* Rn. 5; *Baumbach/Hueck/Zöllner* Rn. 6; MüKo AktG/*Oechsler* § 234 Rn. 13; aA *Hüffer* § 234 Rn. 6: Anfechtbarkeit des Beschlusses über die Feststellung des Jahresabschlusses. Für Unzulässigkeit der Beschlussfassung in verschiedenen Versammlungen schlechthin offenbar *Hefermehl* in *Geßler/Hefermehl/Eckardt/Kropff* § 234 Rn. 7, es sei denn, dass mit dem späteren Beschluss zugleich der früher gefasste aufgehoben und neu gefasst wird.
[8] So zB MünchHdB GesR IV/*Krieger* § 61 Rn. 38; *Lutter/Hommelhoff* Rn. 4; *Baumbach/Hueck/Zöllner* Rn. 6.
[9] *Hefermehl* in *Geßler/Hefermehl/Eckardt/Kropff* § 234 Rn. 8; *Hüffer* § 234 Rn. 9.
[10] *Hüffer* § 234 Rn. 9; MünchHdB GesR IV/*Krieger* § 61 Rn. 39; *Scholz/Priester* Rn. 10.
[11] *Hüffer* § 234 Rn. 10; MünchHdB GesR IV/*Krieger* § 61 Rn. 39.

§ 58f

jahr erst mit der Eintragung der Kapitalherabsetzung Wirksamkeit (Rn. 7). Deshalb soll kein Jahresabschluss (im Fall des § 326 HGB keine Bilanz) offengelegt werden, der mangels rechtzeitiger Eintragung des Kapitalherabsetzungsbeschlusses sich möglicherweise später als unwirksam erweist. Die Vorschrift dient insoweit dem **Gläubigerschutz** und dem **Schutz künftiger Gesellschafter**.[12] Sie kann dazu führen, dass die Fristen der §§ 325 Abs. 1, 326 HGB nicht eingehalten werden können.

11   **2. Verstoß.** Da § 58e Schutzgesetz iSd. § 823 Abs. 2 BGB ist,[13] haftet die Gesellschaft Dritten, die auf die Wirksamkeit des nichtigen Jahresabschlusses vertraut haben (§ 31 BGB). Die Geschäftsführer haften nach § 43, Aufsichtsratsmitglieder haften nach § 52 iVm. mit §§ 93, 116 AktG.

V. Österreichisches Recht

12   Vgl. § 58a Rn. 31.

§ 58f [Kapitalherabsetzung bei gleichzeitiger Erhöhung des Stammkapitals]

(1) ¹Wird im Fall des § 58e zugleich mit der Kapitalherabsetzung eine Erhöhung des Stammkapitals beschlossen, so kann auch die Kapitalerhöhung in dem Jahresabschluß als vollzogen berücksichtigt werden. ²Die Beschlußfassung ist nur zulässig, wenn die neuen Stammeinlagen übernommen, keine Sacheinlagen festgesetzt sind und wenn auf jede neue Stammeinlage die Einzahlung geleistet ist, die nach § 56a zur Zeit der Anmeldung der Kapitalerhöhung bewirkt sein muß. ³Die Übernahme und die Einzahlung sind dem Notar nachzuweisen, der den Beschluß über die Erhöhung des Stammkapitals beurkundet.

(2) ¹Sämtliche Beschlüsse sind nichtig, wenn die Beschlüsse über die Kapitalherabsetzung und die Kapitalerhöhung nicht binnen drei Monaten nach der Beschlußfassung in das Handelsregister eingetragen worden sind. ²Der Lauf der Frist ist gehemmt, solange eine Anfechtungs- oder Nichtigkeitsklage rechtshängig ist oder eine zur Kapitalherabsetzung oder Kapitalerhöhung beantragte staatliche Genehmigung noch nicht erteilt worden ist. ³Die Beschlüsse sollen nur zusammen in das Handelsregister eingetragen werden.

(3) **Der Jahresabschluß darf nach § 325 des Handelsgesetzbuchs erst offengelegt werden, nachdem die Beschlüsse über die Kapitalherabsetzung und Kapitalerhöhung eingetragen worden sind.**

Literatur: S. die Angaben bei § 58a.

I. Normzweck

1   Die Vorschrift ergänzt § 58e und erleichtert wie jene die Sanierung der GmbH (vgl. § 58e Rn. 1), indem sie den Ausweis einer gleichzeitig mit der Kapitalherabsetzung durchgeführten Kapitalerhöhung schon im Jahresabschluss des Vorjahres erlaubt. Da-

---

[12] *Hüffer* § 236 Rn. 1.
[13] Vgl. *Hüffer* § 236 Rn. 3; MünchHdB GesR IV/*Krieger* § 61 Rn. 34 für die aktienrechtliche Regelung.

durch wird nicht nur vermieden, dass in der Bilanz ein Verlust erscheint, sondern die Kapitalherabsetzung als solche und damit die frühere Sanierungsbedürftigkeit der Gesellschaft kommt in der Bilanz nicht zum Ausdruck. Aus der Gewinn- und Verlustrechnung sind die durchgeführten Operationen aber erkennbar (vgl. § 58e Rn. 5). Wie im Fall des § 58e wird das Stichtags-Prinzip durchbrochen. Zusätzlich betroffener Bilanzposten (§ 58e Rn. 5) sind die Einlageforderungen (§ 272 Abs. 1 S. 2 HGB), sofern die Kapitalerhöhung nur mit den Mindesteinzahlungen (Rn. 11) durchgeführt wird.

Die Vorschrift entspricht in Abs. 1 und 2 § 235 AktG, in Abs. 3 § 236 (zweiter Fall) 2 AktG.

II. Voraussetzungen der Rückwirkung (Abs. 1)

1. Keine Verpflichtung zur Rückbeziehung der mit der Kapitalherabsetzung 3 verbundenen Kapitalerhöhung. Das Gesetz eröffnet lediglich die Möglichkeit zur Rückbeziehung beider Maßnahmen, zwingt aber nicht dazu (unstr.). Demgemäß kommen folgende Gestaltungen in Betracht:
– Beide Maßnahmen sollen zurückwirken. Das ist der Fall des Abs. 1. § 58e und § 58f 4 sind nebeneinander zu beachten.
– Nur die Kapitalherabsetzung soll zurückwirken. Es gilt nur § 58e. Die Kapitalerhöhung richtet sich nach allgemeinen Regeln. 5
– Weder Kapitalherabsetzung noch Kapitalerhöhung sollen zurückwirken. Sie sind 6 dann in den Jahresabschlüssen der Geschäftsjahre auszuweisen, in denen die Beschlüsse wirksam werden.
– Die Rückbeziehung nur der Kapitalerhöhung ist unzulässig.[1] Das ist klar, weil die 7 rückwirkende Kapitalerhöhung nur zur Ergänzung der rückwirkenden Kapitalherabsetzung erlaubt ist.[2]

2. Beschlussfassung in derselben Gesellschafterversammlung. Kapitalherab- 8 setzungs- und Kapitalerhöhungsbeschluss müssen in derselben Gesellschafterversammlung gefasst werden (vgl. dazu § 58a Rn. 17). Zugleich **soll der Beschluss über den Jahresabschluss gefasst werden** (§ 58e Abs. 2, vgl. dort Rn. 6).

3. Barkapitalerhöhung. Zulässig ist nur eine Barkapitalerhöhung. Sacheinlagen 9 sind auch nicht teilweise zugelassen, wie im Fall des § 58a Abs. 4 hinsichtlich des das Mindeststammkapital (§ 5 Abs. 1) übersteigenden Betrags der Kapitalerhöhung bei vorheriger Herabsetzung des Stammkapitals unter diesen Betrag (vgl. § 58a Rn. 16).

4. Übernahme der neuen Stammeinlagen. Die neuen Stammeinlagen müssen 10 vor der Beschlussfassung über die Kapitalerhöhung **vollständig übernommen** worden sein. Insoweit kehrt sich die Abfolge der normalen Kapitalerhöhung – Erhöhungsbeschluss, Zulassungsbeschluss (vgl. § 55 Rn. 6ff., 27ff.) – um. Wird die Kapitalerhöhung nicht beschlossen, enfällt die Bindung an die Übernahme.[3]

5. Mindestzahlungen. Die Mindesteinzahlungen von je 25 % auf das erhöhte Ka- 11 pital (§ 57 Abs. 2 iVm. § 7 Abs. 2 S. 1) müssen zur freien Verfügung der Geschäftsführer geleistet sein (vgl. § 57 Rn. 6a bis c). Die Übernehmer sind somit kraft Gesetzes

---

[1] *Hefermehl* in *Geßler/Hefermehl/Eckardt/Kropff* § 235 Rn. 1; MüKo AktG/*Oechsler* § 235 Rn. 4; *Lutter/Hommelhoff* Rn. 3; *Scholz/Priester* Rn. 2.
[2] *Hüffer* § 235 Rn. 4.
[3] *Lutter/Hommelhoff* Rn. 6; *Scholz/Priester* Rn. 5.

§ 58 f 4. Abschnitt. Abänderungen des Gesellschaftsvertrages

vorleistungspflichtig. Die Frage der Zulässigkeit von Einzahlungen vor der Beschlussfassung über die Kapitalerhöhung (Voreinzahlungen, vgl. § 56a Rn. 6) stellt sich deshalb hier nicht.[4]

12 **6. Nachweis der Übernahme und Einzahlung.** Die Übernahme und die Einzahlung sind dem die Kapitalerhöhung beurkundenden Notar nachzuweisen. Für den Nachweis der Übernahme ist die notariell beglaubigte Übernahmeerklärung (§ 55 Abs. 1) vorzulegen, wobei die Erklärung auch durch den die Kapitalerhöhung beurkundenden Notar beglaubigt werden kann. Die Beglaubigung muss aber vor der Beurkundung erfolgen. Wie sich der Notar die Einzahlung nachweisen lässt, steht in seinem pflichtgemäßen Ermessen,[5] zB durch Vorlage eines Bankkontoauszugs. Durch den Nachweis der Einzahlung gegenüber dem Notar wird der Nachweis des Vorhandenseins „wertgleicher Deckung" gegenüber dem Registergericht bei Verausgabung der eingezahlten Beträge vor Anmeldung der Kapitalerhöhung (vgl. § 57 Rn. 8) nicht ersetzt.

III. Nichtigkeit der Beschlüsse, gleichzeitige Eintragung (Abs. 2)

13 **1. Nichtigkeit.** Sind die Beschlüsse über die Kapitalherabsetzung und die Kapitalerhöhung nicht binnen drei Monaten nach der Beschlussfassung in das Handelsregister eingetragen worden, sind „sämtliche Beschlüsse" nichtig (Abs. 2 S. 1), also neben dem Herabsetzungs- und Erhöhungsbeschluss auch der Beschluss über die Feststellung des Jahresabschlusses. **Anmeldung** innerhalb der Frist reicht nicht aus. Insoweit besteht ein Gleichlauf mit § 58a Abs. 4 S. 2 und § 58e Abs. 3. Auch hier kann im Herabsetzungs- und Erhöhungsbeschluss bestimmt werden, dass sie unabhängig von der Rückwirkung Bestand haben sollen (§ 58e Rn. 7). Zur **Fristberechnung, Haftung des Registerrichters** und **Heilung** bei verbotswidriger Eintragung vgl. § 58a Rn. 18 und § 58e Rn. 8. Zur **Fristhemmung** vgl. § 58a Rn. 20.

14 **2. Gleichzeitige Eintragung.** Kapitalherabsetzungs- und Kapitalerhöhungsbeschluss sollen nur „zusammen", dh gleichzeitig[6] in das Handelsregister eingetragen werden. Die Regelung entspricht § 58a Abs. 4 S. 2 (vgl. dort Rn. 18). Ein Verstoß hiergegen berührt die Wirksamkeit der Eintragung nicht, bildet also keinen Anfechtungs- oder Nichtigkeitsgrund, sofern die Dreimonatsfrist nach Abs. 2 S. 1 eingehalten ist.[7] Der Registerrichter hat aber die Anweisung zu beachten.

IV. Offenlegung des Jahresabschlusses (Abs. 3)

15 **Regelungszweck** und **Verstoßfolgen** entsprechen § 58e Abs. 4 (vgl. dort Rn. 10, 11).

V. Österreichisches Recht

16 Dass auch die vereinfachte Kapitalherabsetzung mit einer Kapitalerhöhung verbunden werden kann, ergibt sich mittelbar aus § 60 Abs. 1. In solchem Fall ist § 54 Abs. 4 anzuwenden, der anders als das deutsche Recht die Kapitalherabsetzung mit Kapitalerhöhung bei der ordentlichen Kapitalherabsetzung regelt.[8]

---

[4] *Scholz/Priester* Rn. 7.
[5] *Hüffer* § 235 Rn. 8; *Scholz/Priester* Rn. 8.
[6] *Hüffer* § 235 Rn. 13; *Baumbach/Hueck/Zöllner* Rn. 15.
[7] *Hüffer* § 235 Rn. 13; *Lutter/Hommelhoff* Rn. 10; *Scholz/Priester* Rn. 11.
[8] *Koppensteiner* § 59 Rn. 23; vgl. auch § 58a GmbHG Rn. 31, ferner § 58 GmbHG Rn. 55.

§ 59 [Zweigniederlassung]

¹Die Versicherung nach § 57 Abs. 2 ist nur gegenüber dem Gericht des Sitzes der Gesellschaft abzugeben. ²Die Urkunden nach § 57 Abs. 3 Nr. 1 und § 58 Abs. 1 Nr. 4 sind nur bei dem Gericht des Sitzes der Gesellschaft einzureichen.

I. Normzweck

Die Vorschrift ist nur im Zusammenhang mit § 13 c HGB verständlich und nicht überflüssig. Sie schränkt vielmehr die Pflicht zur Einreichung von so vielen Belegstücken, wie Niederlassungen bestehen (§ 13 c Abs. 1 HGB), für bestimmte Urkunden ein.

II. Inhalt

§ 13 c Abs. 1 HGB schreibt vor, dass alle einer Anmeldung beizufügenden Unterlagen beim Gericht der Hauptniederlassung oder des Sitzes der Gesellschaft in so vielen Stücken einzureichen sind, wie Zweigniederlassungen bestehen. Damit soll dem Interesse der Öffentlichkeit Rechnung getragen werden, auch beim Handelsregister der Zweigniederlassung volle Informationen zu erlangen. Von diesem Grundsatz macht § 59 eine Ausnahme für die Versicherung nach § 57 Abs. 2, für die Urkunden nach § 57 Abs. 3 Nr. 1 (Übernahmeerklärungen), die Versicherung nach § 58 Abs. 1 Nr. 4 und die dort genannten Belegblätter über die Bekanntmachung des Herabsetzungsbeschlusses. Diese Urkunden brauchen nur jeweils einmal beim Sitzgericht eingereicht zu werden (allgM). Hinsichtlich der Eintragung und Bekanntmachung vgl. § 13 c Abs. 2 HGB.

Fünfter Abschnitt. Auflösung und Nichtigkeit der Gesellschaft

§ 60 [Auflösungsgründe]

(1) Die Gesellschaft mit beschränkter Haftung wird aufgelöst:
1. durch Ablauf der im Gesellschaftsvertrag bestimmten Zeit;
2. durch Beschluß der Gesellschafter; derselbe bedarf, sofern im Gesellschaftsvertrag nicht ein anderes bestimmt ist, einer Mehrheit von drei Vierteilen der abgegebenen Stimmen;
3. durch gerichtliches Urteil oder durch Entscheidung des Verwaltungsgerichts oder der Verwaltungsbehörde in den Fällen der §§ 61 und 62;
4. durch die Eröffnung des Insolvenzverfahrens; wird das Verfahren auf Antrag des Schuldners eingestellt oder nach der Bestätigung eines Insolvenzplans, der den Fortbestand der Gesellschaft vorsieht, aufgehoben, so können die Gesellschafter die Fortsetzung der Gesellschaft beschließen;
5. mit der Rechtskraft des Beschlusses, durch den die Eröffnung des Insolvenzverfahrens mangels Masse abgelehnt worden ist;
6. mit der Rechtskraft einer Verfügung des Registergerichts, durch welche nach den §§ 144a, 144b des Gesetzes über die Angelegenheiten der freiwilligen Gerichtsbarkeit ein Mangel des Gesellschaftsvertrags oder die Nichteinhaltung der Verpflichtungen nach § 19 Abs. 4 dieses Gesetzes festgestellt worden ist;
7. durch die Löschung der Gesellschaft wegen Vermögenslosigkeit nach § 141a des Gesetzes über die Angelegenheiten der freiwilligen Gerichtsbarkeit.

(2) Im Gesellschaftsvertrag können weitere Auflösungsgründe festgesetzt werden.

Literatur: *Balz* Die Beendigung der Mitgliedschaft in der GmbH, 1984; *Baums* Eintragung und Löschung von Gesellschafterbeschlüssen, 1981; *Buchner* Nachtragsliquidation und masselose Insolvenz von Kapitalgesellschaften, 1988; *Eder* Auflösung und Liquidation in den GmbH-Rechten der EWG-Länder, GmbHR 1966, 173; *Robert Fischer* Die Fortsetzung einer GmbH, GmbHR 1955, 165; *Grothus* Der Auflösungsbeschluß und seine Durchführung, GmbHR 1959, 147; *Heller* Die vermögenslose GmbH, 1989; *Hintzen* Auflösung und Liquidation von Personengesellschaften, 1965; *Hönn* Die konstitutive Wirkung der Löschung von Kapitalgesellschaften, ZHR 138 (1974), 50; *Hofmann* Zur Auflösung einer GmbH, GmbHR 1975, 217; *ders.* Zur Liquidation einer GmbH, GmbHR 1976, 229, 258; *Hüffer* Das Ende der Rechtspersönlichkeit von Kapitalgesellschaften, Gedächtnisschrift D. Schulz, 1987, S. 99; *Ihrig* Die Verwertung von GmbH-Mänteln, BB 1988, 1197 ff.; *Kreutz* Von der Einmann- zur „Keinmann"-GmbH?, FS Stimpel, 1985, S. 379; *Lutter* Zur inhaltlichen Begründung von Mehrheitsentscheidungen, ZGR 1981, 171; *Meyer-Landrut* Die Auslegung einfacher Kündigungsklauseln in GmbH-Satzungen, FS Stimpel, 1985, S. 431, 434; *Heino Rück* Die Keinmann-Gesellschaft mbH, Diss. Mainz 1994; *Hubert Schmidt* Zur Vollbeendigung juristischer Personen, 1989; *Karsten Schmidt* Zum Liquidationsrecht der GmbH & Co., GmbHR 1980, 261; *ders.* Löschung und Beendigung der GmbH, GmbHR 1988, 209; *F. Scholz* Fortsetzung der aufgelösten Gesellschaft mit beschränkter Haftung und Aktiengesellschaft, ZHR 93 (1929), 73; *ders.* Fortsetzung der aufgelösten GmbH, JZ 1952, 199; *P. Scholz* Die Fortsetzung der Liquidations-GmbH, GmbHR 1982, 228; *W. Schulz* Die masselose Liquidation der GmbH, 1986; *Stöber* Sicherung der Aufbringung des Stammkapitals einer nachträglich entstandenen Einmann-GmbH (§ 19 Abs. 4 GmbHG), ZIP 1981, 357; *Teichmann* Gestaltungsfreiheit in Gesellschaftsverträgen, 1970; *Timm* Der Mißbrauch des Auflösungsbeschlusses durch den Mehrheitsgesellschafter, JZ 1980, 665; *Vallender* Auflösung und Löschung der GmbH, Veränderung aufgrund des neuen Insolvenzrechts, NZG 1998, 249 ff.; *Vogel* Die Kündigung der Gesellschaft mit beschränkter Haftung, FS Knur, 1972, S. 259;

Auflösungsgründe **§ 60**

Wiedemann Die Übertragung und Vererbung von Mitgliedschaftsrechten bei Handelsgesellschaften, 1965; *Winkler* Die Lückenfüllung des GmbH-Rechts durch das Recht der Personengesellschaften, 1967.

Übersicht

	Rn.
I. Vorbemerkungen	1–3
1. Gesetzesgeschichte und Reform	1
2. Begriffe	2
3. Gesetzessystematik, Niederlassung ausländischer Gesellschaft	3
II. Auflösung allgemein	4–10
1. Auflösungswirkung	4
2. Ende der werbenden Tätigkeit ohne Auflösung	5
3. Mantel-GmbH, Vorrats-GmbH	6
4. Auflösungsgründe	7–9
a) Allgemein	7
b) Sitzverlegung ins Ausland, ins Inland	8
c) Kein-Mann-GmbH	9
5. Keine Auflösungsgründe	10
III. Auflösungsgründe des § 60 Abs. 1	11–39
1. Zeitablauf (§ 60 Abs. 1 Nr. 1)	12–15
a) Verlängerung der Frist	13
b) Verkürzung der Frist	14
c) Selbständige Auflösung	15
2. Auflösungsbeschluss (§ 60 Abs. 1 Nr. 2)	16–18
a) Beschlussfassung, Mehrheit	17
b) Kompetenz	18
3. Auflösung durch Urteil oder Verwaltungsakt (§ 60 Abs. 1 Nr. 3)	19
4. Auflösung durch Eröffnung des Insolvenzverfahrens (§ 60 Abs. 1 Nr. 4)	20–22
a) Eintragung im Handelsregister	21
b) Wirkung	22
5. Auflösung durch Abweisung des Insolvenzantrags mangels Masse (§ 60 Abs. 1 Nr. 5)	23–25
a) Auflösung durch Beschluss des Insolvenzgerichts	24
b) Eintragungsverfahren	25
6. Auflösung durch Gerichtsverfügung (§ 60 Abs. 1 Nr. 6)	26–30
a) Normtexte	26
b) Allgemeines	27
c) Rechtskraft	28
d) Verfahren	29
e) Zuständigkeit	30
7. Löschung bei Vermögenslosigkeit (§ 60 Abs. 1 Nr. 7, § 141a FGG); Allgemeines	31–39
a) Normtext des § 141a FGG	32
b) Voraussetzungen bei § 141a Abs. 1 S. 1 FGG	33, 34
aa) Bestehende GmbH	33
bb) Vermögenslosigkeit	34
c) § 141a Abs. 1 S. 2 FGG: Insolvenzbeendigung ohne ersichtliches Vermögen	35

	Rn.
d) Verfahren (Abs. 2)	36–39
aa) Allgemeines	36
bb) Durchführung, Widerspruch	37
cc) Ermessensentscheidung	38
dd) Löschung	39
IV. Auflösungsgründe laut Gesellschaftsvertrag (§ 60 Abs. 2)	40–46
1. Selbstwirkende Auflösungsgründe	40–42
a) Beispiele	40
b) Bestimmtheit	41
c) Unklare oder individuell vereinbarte Auflösungsgründe	42
2. Kündigungsrecht	43–46
a) Kündigung laut Satzung	43
b) Ausscheiden oder Auflösung?	44
c) Stellungnahme	45
d) Bei Auflösung: Voraussetzungen	46
V. Weitere Auflösungsgründe	47–51
1. Nichtigkeit, Spaltung	47
2. §§ 3, 17 VereinsG	48
3. § 38 KWG	49
4. Recht im neuen Bundesgebiet	50
5. Art. 12 § 1 GmbH-Novelle 1980	51
VI. Löschung und Beendigung der Gesellschaft	52–58
1. Allgemein	52
2. Verschiedene Beendigungsmeinungen	53
3. Doppeltatbestand zur Beendigung	54
4. Erweiterung des Doppeltatbestands	55–58
a) Beendigung bei Vermögenslosigkeit	56
b) Noch vorhandenes Vermögen	57
c) Anderweitiger Abwicklungsbedarf	58
VII. Löschung ohne vorherige Auflösung	59–63
1. Allgemeines	59
2. Ablehnung des Insolvenzverfahrens mangels Masse	60
3. Löschung wegen Vermögenslosigkeit, § 141a FGG	61
4. Verschmelzung, Aufspaltung	62
5. Spaltungsgesetz für die neuen Bundesländer	63
VIII. Nachzuholende Liquidation	64
IX. Fortsetzung der Gesellschaft nach Auflösung	65–84
1. Allgemeines	65–68
a) Grundsätzlich zulässig bis zur Beendigung	65
b) Nicht zulässig nach Beginn der Verteilung des Vermögens	66
c) Nicht zulässig nach Löschung im Register	67
d) Nur zulässig, wenn Eigenkapital vorhanden	68

§ 60　5. Abschnitt. Auflösung und Nichtigkeit der Gesellschaft

	Rn.		Rn.
2. Fortsetzungsbeschluss	69–72	4. Wirkung des Fortsetzungsbeschlusses	83, 84
a) Notwendigkeit	69	a) Fortbestehen der Gesellschaft	83
b) Mehrheit	70	b) Eintragung	84
c) Stimmpflicht	71	**X. GmbH & Co. KG**	85–91
d) Austrittsrecht	72	1. Allgemeines	85
3. Fortsetzung bei einzelnen Auflösungsgründen	73–82	2. Auflösung, Beendigung der KG	86, 87
a) Zeitablauf	73	a) Auflösung	86
b) Auflösungsbeschluss	74	b) Beendigung	87
c) Auflösungsurteil oder -verfügung	75	3. Auflösung, Beendigung der GmbH	88, 89
d) Insolvenzverfahren	76	a) Auflösung	88
e) Ablehnung der Eröffnung des Insolvenzverfahrens mangels Masse (§ 60 Abs.1 Nr. 5)	77	b) Beendigung	89
		4. Gemeinsame Auflösung beider Gesellschaften	90
f) Registergerichtliche Mangelfeststellung	78	5. Fortsetzung	91
g) Auflösung wegen Vermögenslosigkeit, § 141a FGG	79	**XI. Österreichisches Recht**	92
h) Auflösung aufgrund Satzungsbestimmung, Kündigung	80	**Anhang nach § 60: (Früheres LöschG)**	1, 2
i) Zu geringes Nominalkapital	81	I. Hintergrund	1
j) Weitere Auflösungsfälle	82	II. Aufhebung	2

I. Vorbemerkungen

1. Gesetzesgeschichte und Reform. § 60 war jahrzehntelang weitgehend unverändert geblieben. Durch das Gesetz zur Durchführung der 1. Richtlinie des Rates der Europäischen Gemeinschaften zur Koordinierung des Gesellschaftsrechts vom 15. 8. 1969[1] ist die frühere Nr. 5 des Abs. 1 mit der 1. Alternative (§ 144a FGG) eingefügt worden. Mit der sog. kleinen GmbH-Reform ist durch das Gesetz zur Änderung des GmbHG vom 4. 7. 1980[2] Abs. 1 Nr. 5 in die seinerzeitige Fassung[3] mit Wirkung vom 1. 1. 1981 geändert worden. Durch das Gesetz zur Durchführung der Zwölften Richtlinie des Rates der Europäischen Gemeinschaften vom 18. 12. 1991[4] ist im Zuge der Streichung des § 19 Abs. 4 S. 2 in § 60 Abs. 1 Nr. 5 die Angabe „Satz 1" hinter „§ 19 Abs. 4" weggefallen. – Durch das Einführungsgesetz zur Insolvenzordnung (EGInsO) vom 5. 10. 1994[5] ist § 60 Abs. 1 **mit Wirkung vom 1. 1. 1999 nachhaltig geändert** worden, indem Abs. 1 ab Nr. 4 vollständig neu gefasst, Nr. 5 als Nr. 6 neu eingeordnet und Nr. 7 mit Hinweis auf § 141a FGG eingefügt ist. Diese Änderungen des § 60 stehen im Zusammenhang mit der Einführung der Insolvenzordnung am 1. 1. 1999 und der in Art. 110, 2 Nr. 9 EGInsO festgesetzten Aufhebung des Löschungsgesetzes, welches teilweise durch die oben genannten Änderungen, teilweise durch § 141a FGG und teilweise überhaupt nicht ersetzt worden ist. Ferner sind zu dem angegebenen Zeitpunkt § 63 gestrichen und die §§ 64 Abs. 1, 65 Abs. 1 und 66 geändert worden. Bei der kleinen GmbH-Reform 1980 sind sehr viel weitergehende Vorschläge, wie sie sinnvollerweise in dem Regierungsentwurf 1971[6] vorgesehen waren und u. a. die Ausschließung und den Austritt von Gesellschaftern betrafen, nicht verwirklicht worden. Beim Gesetzgeber wie in der Praxis besteht keine Neigung, solche

---

[1] BGBl. I S. 1146.
[2] GmbH-Novelle 1980, BGBl. I S. 836.
[3] Also durch Hinweis auf den neuen § 144b FGG.
[4] BGBl. I S. 2206.
[5] BGBl. I S. 2911, 2933.
[6] Dort §§ 207 bis 211, s. § 34 Rn. 39.

Auflösungsgründe **§ 60**

sehr ins Einzelne gehenden Entwürfe wieder aufzugreifen, die aus der GmbH eine kleine AG gemacht hätten.

2. Begriffe. Die Begriffe werden nicht immer gleichmäßig verwandt; sie können 2 wie folgt definiert werden: **Auflösung** ist derjenige Vorgang, durch den die Gesellschaft aus einer werbenden Tätigkeit in die Phase der Abwicklung ihrer Geschäfte zwecks Beendigung ihrer Existenz eintritt. Auch **Nichtigkeit** der Gesellschaft gemäß § 75 oder § 144 FGG führt nur zur Auflösung, nicht zur sofortigen Beendigung.[7] **Auflösungsreife** ist ein Begriff, den *K. Schmidt*[8] als Vorstadium charakterisiert, in welchem die Gründe für die Auflösung bereits existieren, der Auflösungsvorgang selbst aber noch nicht eingetreten ist.[9] **Abwicklung oder Liquidation** ist die Tätigkeit der Gesellschaft mit Zielrichtung auf die Beendigung ihrer Existenz.[10] **Beendigung oder Erlöschen** ist die Beendigung der Existenz der Gesellschaft als Rechtspersönlichkeit.[11] **Löschung** im Handelsregister ist ein Verwaltungsakt, durch den die Beendigung der Gesellschaft verlautbart werden soll; die Wirkung ist zumindest die Vermutung der Beendigung der Gesellschaft. Die sonstige Wirkung der Löschung im Handelsregister ist sehr str. (vgl. Rn. 52 ff.). Die Löschung wird entweder durch den Liquidator nach Abwicklung beantragt oder durch Gerichtsbeschluss nach Abwicklung gemäß § 141 a Abs. 1 S. 3 FGG oder ohne eine solche gemäß § 60 Abs. 1 Nr. 7 angeordnet; dass gemäß § 60 Abs. 1 Nr. 7 die Gesellschaft durch die Löschung aufgelöst werden soll, ist systemwidrig (s. Rn. 31).

3. Gesetzessystematik, Niederlassung ausländischer Gesellschaft. Systema- 3 tisch hat der Gesetzgeber in § 60 einige (in Abs. 1 Nr. 3–7 zwingende) Auflösungsgründe aufgezählt und gewisse Regeln dazu aufgestellt. In den §§ 61, 62, mit insolvenzrechtlicher Vorschrift in § 64, finden sich dazu nähere Erläuterungen; im Anschluss daran wird das Verfahren der Abwicklung in den §§ 65 bis 67, 74 festgelegt und die rechtliche Situation der Gesellschaft sowie die Aufgaben der Liquidatoren in den §§ 68 bis 73 dargestellt. Die §§ 75 bis 77 handeln von der Nichtigkeit der Gesellschaft und deren Folgen unter Verweis auf Vorschriften des Aktiengesetzes. Eine Anfechtung der Gesellschaft kommt nicht in Betracht, während die **Anfechtung** von Gesellschafterbeschlüssen bei den Erläuterungen zu § 47 behandelt wird (§ 47 Rn. 116 ff.). – Die deutsche **Niederlassung einer ausländischen Kapitalgesellschaft** kann nicht aufgelöst und abgewickelt werden, da sie keine eigene Rechtspersönlichkeit hat.[12]

II. Auflösung allgemein

1. Auflösungswirkung. Die Auflösung der Gesellschaft bedeutet für diese das 4 **Ende der werbenden Tätigkeit** in Richtung auf eine dauernde Verwirklichung des Geschäftszwecks; der Zweck der Gesellschaft ist durch den Zweck der Liquidation überlagert, doch können auch während der Abwicklungsperiode werbende Tätigkeiten

---

[7] *Hönn* ZHR 138 (1974), 50, 57 Fn. 36; *Bumiller/Winkler* Vor §§ 144–144 b Anm. 1 a/Rn. 4; s. § 75 Rn. 1.
[8] *Scholz/K. Schmidt* Rn. 2 f.; *ders.* Gesellschaftsrecht § 38 IV 1.
[9] Kritisch dazu *Hachenburg/Ulmer* Rn. 7; *Meyer-Landrut/Miller/Niehus* Rn. 2.
[10] RGZ 123, 151, 155 macht einen Unterschied zwischen Abwicklung des Unternehmens und Abwicklung der Gesellschaft; diese Unterscheidung ist als unfruchtbar zu bezeichnen, s. früher *Baumbach/Hueck* 13. Aufl. 1970, Vor § 60 Anm. 1 A.
[11] ZT auch „Vollbeendigung" genannt – insbes. *Scholz/K. Schmidt* Rn. 6 f.; *ders.* GmbHR 1988, 209 ff.; s. Rn. 52 ff. und § 74 Rn. 9. Vollbeendigung tritt nur ein, wenn der erweiterte Doppeltatbestand (Rn. 55 ff.) vorliegt.
[12] LG Darmstadt vom 7. 9. 1993 zu AG Bensheim, 4 HRB 1337, unveröffentlicht.

§ 60 5. Abschnitt. Auflösung und Nichtigkeit der Gesellschaft

im Rahmen des Liquidationszwecks durchgeführt werden (s. vor allem § 70). Die Auflösung führt als solche weder zum Ende der Geschäftstätigkeit der Gesellschaft noch zum Erlöschen der Gesellschaft. Grundsätzlich bleiben die Rechtsverhältnisse der Gesellschaft zu Dritten, einschließlich Arbeitnehmern und Geschäftspartnern, bestehen und müssen ggf. gekündigt werden.[13] Die Vertretungsmacht der Geschäftsführer erlischt automatisch.[14] Demgemäß gibt die Auflösung nur den Beginn des Abwicklungszeitraums an, währenddessen die Liquidatoren (§ 66) die Geschäfte der Gesellschaft abzuwickeln und die Beendigung der Gesellschaft vorzubereiten haben. Der Abwicklungszeitraum dauert normalerweise mindestens ein Jahr, s. § 73. Die Gesellschaft besteht als juristische Person fort.[15] Die Satzung kann grundsätzlich noch geändert werden, insbes. zur Förderung der Liquidation.[16] Auch eine Umwandlung in eine AG ist noch möglich.[17] Das Gesetz gibt in den §§ 65 bis 74 einige Vorschriften zur Abwicklung. Der Firma ist ein Liquidationszusatz hinzuzufügen, § 68 Abs. 2. Bevor die Gesellschaft mit der Verteilung des Vermögens an die Gesellschafter begonnen hat oder im Handelsregister gelöscht ist, können die Gesellschafter beschließen, sie fortzusetzen, d. h. wieder in eine werbende zu verwandeln (s. Rn. 65 ff.).

5 **2. Ende der werbenden Tätigkeit ohne Auflösung.** Auch **ohne formelle Auflösung** kann die Gesellschaft ihre werbende **Tätigkeit einstellen.** So können die Gesellschafter beschließen, die Gesellschaft still zu liquidieren, die Geschäfte abzuwickeln, die Gläubiger zu befriedigen, die Mitarbeiter zu entlassen und, falls dann noch Vermögenswerte vorhanden sind, diese den Gesellschaftern leihweise zum Gebrauch zur Verfügung zu stellen. Dies alles kann geschehen ohne die Absicht, eine Auflösung oder gar Beendigung der Gesellschaft herbeizuführen.[18] Es muss dann mindestens ein Geschäftsführer amtieren, um die notwendigen Steuererklärungen und die Meldungen an das Handelsregister gemäß § 40 abzugeben, um ggf. Minimumsteuern zu zahlen, um also den Rest einer funktionierenden Gesellschaftsorganisation zu erhalten (Rn. 6). Es bestehen zahlreiche solcher GmbHs als „Mantel" (Rn. 6).

6 **3. Mantel-GmbH, Vorrats-GmbH.** Vom **Mantel** einer GmbH ist die Rede, wenn die Gesellschaft keinerlei Tätigkeit entfaltet, mag sie noch Vermögen haben oder keines mehr. Zum Mantel kann eine Gesellschaft zu Beginn ihres gesellschaftsrechtlichen Lebens werden, wenn die Rechtsperson schon geschaffen ist, aber der Gesellschaftszweck noch nicht begonnen werden soll oder noch nicht genau feststeht;[19] die **Vorrats-GmbH** wurde häufig als unzulässig bezeichnet,[20] uE zu Unrecht.[21] Heute werden Vorratsgesellschaften gewohnheitsmäßig von Anwaltssozietäten und anderen Institutionen für ihre Klienten vorgehalten –, was bei Einhalten gewisser Formvorschriften wohl problemlos ist (s. auch § 3 Rn. 13 f., § 15 Rn. 16). – Eine Gesellschaft

---

[13] S. zB BGHZ 24, 279, 294 f. = NJW 1957, 1279, 1280: Auflösung einer AG und Kündigung einer BGB-Gesellschaftsbeteiligung.
[14] BayObLG DB 1994, 978.
[15] BAG NJW 1988, 2637; anders in Fällen wie Verschmelzung als übertragende Gesellschaft oder bei Sitzverlegung ins Ausland, Rn. 8.
[16] BayObLG BB 1995, 741.
[17] LG Berlin AG 1993, 433 f.
[18] KGJ 45, 178, 179.
[19] Vgl. § 3 Rn. 13; eine solche Gesellschaft kann auch als „Vorrats"-GmbH bezeichnet werden.
[20] OLG Köln ZIP 1987, 712 f.; s. auch LG Dresden GmbHR 2000, 1151 ff.; vgl. ausführlich K. *Schmidt* GesR § 4 passim.
[21] Dazu grundlegend BGHZ 117, 323 ff. = NJW 1992, 1824 ff.; s. auch OLG Frankfurt/M. v. 31. 1. 2000, 20 W 112/99, in juris online; *Werner* NZG 2001, 397 ff.

Auflösungsgründe **§ 60**

kann auch vorübergehend stillgelegt werden; dabei kommt dann häufig das Problem des **Mantelkaufs** auf, d. h. der Erwerb praktisch aller Geschäftsanteile einer Gesellschaft, die ohne Tätigkeit und oft ohne Vermögen ist. Wenn die Gesellschaft kein Vermögen mehr hat, besteht die Gefahr, dass ihr gemäß § 141a FGG die Zwangslöschung angedroht wird (Rn. 33f.). – Rechtsprechung und Literatur haben sich mit Mantel- bzw. Vorrats-Gesellschaften immer schwer getan.[22] In der Praxis aber bestehen zahlreiche solcher Gesellschaften und werden zur weiteren Verfügung gehalten. Zur Vorrats-GmbH s. § 3 Rn. 13, zum Mantelkauf auch § 15 Rn. 16. Der Bearbeiter dieses Abschnitts hat in der Vorauflage zu § 60 Rn. 7 und Anhang zu § 60 Rn. 3 ausführlich seine Meinung dargelegt, dass sowohl Vorrats- als auch Mantel-GmbH ohne Einschränkung zulässig sind; er hält persönlich an dieser Meinung fest, auch unter Berufung auf die Ausführungen von *Bärwaldt/Schabacher*[23] und von *U. Mayer*.[24] Hier ist festzustellen, dass bei den sonst beschriebenen Auflösungs- und Löschungsvorschriften keine besonderen Kategorien „Vorrats-GmbH" und „Mantelkauf" existieren (sollten).

4. Auflösungsgründe. a) Allgemein. In § 60 Abs. 1 werden in sieben Nummern 7 einige Auflösungsgründe genannt und in § 60 Abs. 2 wird auf eventuell im Gesellschaftsvertrag enthaltene Gründe verwiesen. Doch gibt es zahlreiche weitere Auflösungsgründe. Die Nichtigkeit der Gesellschaft, die gemäß § 75 festgestellt wird, hat im Grunde auch Auflösungswirkung, s. Erl. zu §§ 75, 77. Das LöschG (in den Vorauf. als Anhang zu § 60 kommentiert) ist aufgehoben, die Nachfolgebestimmungen werden zu § 60 Abs. 1 Nr. 5 und 7 sowie zu § 141a FGG abgehandelt. – In den **neuen Bundesländern** (Rn. 50) gilt für Unternehmen der Treuhandanstalt das **Gesetz über die Spaltung** der von der Treuhandanstalt verwalteten Unternehmen vom 5. 4. 1991.[25] Bei **völliger Aufspaltung** tritt bei dem übertragenden Unternehmen nicht nur Auflösung ein, sondern es **erlischt ohne Abwicklung**,[26] ohne dass es einer Löschung bedarf (Rn. 63). Zu anderen Auflösungsgründen s. Rn. 47 ff.

b) Sitzverlegung ins Ausland, ins Inland. Das Gesellschaftsstatut bestimmt sich 8 gemäß dem deutschen Internationalen Privatrecht nach dem tatsächlichen Verwaltungssitz der Gesellschaft (s. Einl. Rn. 334 ff., 303 ff.). Daher hat schon das Reichsgericht[27] die Verlegung des Verwaltungssitzes ins Ausland als Auflösungsgrund festgestellt.[28] Schon der Beschluss über die Sitzverlegung ins Ausland wird als Auflösungsbeschluss angesehen.[29] Diese auf der sogenannten „Sitztheorie" basierende Rechtsprechung und Lehrmeinung ist infolge der „Centros"-Entscheidung des EuGH[30] stark angegriffen

---

[22] S. zB *K. Schmidt* GesR § 4 III passim, mwN.
[23] GmbHR 1998, 1005 ff., passim; s. zur Vorrats-AG auch *Werner* NZG 2001, 397 ff.
[24] NJW 2000, 175, 177 ff.
[25] BGBl. I S. 854.
[26] §§ 1 Abs. 1 Nr. 1, 10 Abs. 1 Nr. 2 SpaltG.
[27] RGZ 88, 53, 55.
[28] Ebenso BGHZ 25, 134, 144 = NJW 1957, 1433; BGHZ 97, 269, 271 f.; BayObLG DB 1992, 1400 f.; OLG Hamm NZG 2001, 563 f. = GmbHR 2001, 440 f.; dazu *Schwarz* NZG 2001, 613 ff.; s. auch *Baumbach/Hueck/Schulze-Osterloh* § 4a Rn. 10; *Brodmann* Anm. 7a; *Hachenburg/Ulmer* § 3 Rn. 18; auch der EuGH hielt die Sitztheorie für nicht dem EU-Recht widersprechend: EuGH vom 27. 9. 1988 „Daily Mail", DB 1989, 269 f.; anders *Sandrock* RIW 1989, 505 ff.; *Knobbe-Keuk* ZHR 154 (1990), 325 ff.; s. auch Einl. Rn. 303 ff.; *Schümann* EuZW 1994, 269 ff.
[29] RGZ 7, 68, 70; 107, 94, 99; OLG München AG 1957, 17; BayObLG DB 1992, 1400 f.
[30] NJW 1999, 2027 ff. = ZIP 1999, 438 ff.; diese Entscheidung betraf allerdings die Sitzverlegung einer ausländischen Gesellschaft nach Dänemark, s. Einl. Rn. 309 ff.

§ 60   5. Abschnitt. Auflösung und Nichtigkeit der Gesellschaft

und als europarechtswidrig bezeichnet worden; der BGH[31] hat den Fall einer Verlegung ins Inland dem EuGH zur Entscheidung vorgelegt. Diese Frage wird ausführlich behandelt in der Einl. Rn. 307 ff. Für die Praxis ist zunächst weiterhin davon auszugehen, dass die Gerichte eine Verlegung des Verwaltungssitzes einer deutschen Gesellschaft in das Ausland als Auflösungsbeschluss der Gesellschaft behandeln. – In den Fällen, in denen **nach einem verlorenen Krieg Gebiete** von Deutschland **abgetrennt** wurden, unterblieb die Auflösung, wenn die Gesellschafter beschlossen, den Sitz nach einem Ort innerhalb Deutschlands zu verlegen,[32] soweit dies nicht durch internationale Verträge ausgeschlossen war. Ebenso konnten die Gesellschafter von in der ehemaligen **DDR** ansässigen Gesellschaften nach dem letzten Kriege den Sitz durch Gesellschafterbeschluss in die damalige Bundesrepublik verlegen, wodurch die Fortgeltung der alten Gesellschaft gesichert war.[33] Eine andere Frage war, ob nach dem in der DDR gültigen Recht die Gesellschaft nicht auch dort weiterbestand.[34] Zur Rechtsentwicklung aufgrund der **Vereinigung der beiden deutschen Staaten** vgl. *K. Schmidt* GesR § 1 II 8; *Horn* Das Zivil- und Wirtschaftsrecht im neuen Bundesgebiet, 2. Aufl. 1993, § 17 Rn. 22 f., und zur Auflösung Rn. 50.

9 c) **Kein-Mann-GmbH.** Es soll vorkommen, dass eine GmbH keinen Gesellschafter mehr hat, weil sie selbst Inhaberin sämtlicher Geschäftsanteile geworden ist oder weil keine Geschäftsanteile mehr bestehen.[35] Es scheinen keine praktischen Fälle[36] bekannt geworden zu sein, und deshalb ist die Diskussion in der Literatur wohl überzogen. Vorstellbar ist die Einziehung[37] oder der Erwerb aller Geschäftsanteile[38] sowie der Übergang aller Anteile auf die GmbH aufgrund der §§ 21, 27, 28, 33[39] oder durch Einbringung oder Verschmelzung nach KapErhG. Verschiedene Lösungsmöglichkeiten sind vorgeschlagen: Fortbestand als werbende Gesellschaft.[40] Da das deutsche Recht eine Gesellschaft ohne Gesellschafter nicht kennt, eine Gesellschaft sich nicht fortwährend selbst organisieren kann, sondern der Geschäftsführung Vorgaben zu setzen sind, dürfte dies ausscheiden.[41] Eine Mittelmeinung will die Auflösung erst nach einer Übergangsfrist eintreten lassen;[42] aber dies ist zu unbestimmt. Schließlich wird vertreten, es könne keine Keinmann-GmbH geben, da der Erwerb des letzten ausstehenden Geschäftsanteils nichtig sei;[43] jedoch gibt es einen solchen Nichtigkeitsgrund nicht. Kaum angängig ist, dass die Geschäftsführung aus eigenem Entschluss neue Gesellschafter aussucht (sich selbst?), die Geschäftsanteile überträgt und dann die Fortsetzung

---

[31] EuZW 2000, 412 ff. = ZIP 2000, 967 ff.; s. auch OLG Düsseldorf NZG 2001, 506 f.
[32] RGZ 107, 94, 97 ff.; ähnlich KG JW 1927, 1701 zur AG.
[33] BGHZ 25, 134, 139; OLG München AG 1957, 17; vgl. Einl. Rn. 239.
[34] S. für Aktiengesellschaften den Zeiss-Fall BGH WM 1958, 353 f.
[35] Ausführlich *Oldenburg* Die Keinmann-GmbH, 1985; *Kreutz*, FS Stimpel, 1985, S. 379 ff.; *Rück* Die Keinmann-GmbH, 1994, passim; *K. Schmidt* GesR § 33 V 2 b.
[36] Keine Urteile oder Hinweise in der Literatur; s. *Scholz/Emmerich* § 33 Rn. 44.
[37] AA *Hachenburg/Ulmer* Rn. 60 mwN; *Baumbach/Hueck/Schulze-Osterloh* Rn. 42 aE.
[38] Dies unter Beachtung des § 33.
[39] Vgl. dazu § 33 Rn. 26 ff.; *Hachenburg/Ulmer* Rn. 60; *Scholz/Westermann* § 33 Rn. 44.
[40] S. § 33 Rn. 27 f.; insbes. *Kreutz*, FS Stimpel, 1985, S. 379 ff., passim; *Paulick* Die GmbH ohne Gesellschafter, 1979, S. 92, außer im Fall vollständiger Einziehung: S. 75 ff.
[41] AA § 33 Rn. 27.; *Scholz/H. P. Westermann* § 33 Rn. 44 zumindest für eine nur kürzer andauernde Gesellschafterlosigkeit.
[42] *Scholz/H. P. Westermann* § 33 Rn. 44; *Paulick* Die GmbH ohne Gesellschafter, 1979, S. 92; s. wN bei *Kreutz*, FS Stimpel, 1985, S. 379 ff.
[43] *Oldenburg* Die Keinmann-GmbH, 1985, S. 120; *Winkler* GmbHR 1972, 73, 77; *Buchwald* GmbHR 1958, 169, 171; *Baumbach/Hueck/Schulze-Osterloh* Rn. 42 aE.

der Gesellschaft beschlossen wird.[44] Dann könnte der Geschäftsführer durch Erwerb des letzten Anteils sich die Gesellschaft voll zueignen. Richtig erscheint die **sofortige Auflösung** der GmbH.[45] Die Geschäftsführung hat dies zur Eintragung in das Handelsregister anzumelden, sobald der Tatbestand bekannt ist. Gleichzeitig wäre dem analog §§ 45 f., 1936 BGB Berechtigten, meist dem Fiskus, Mitteilung zu machen, da dieser bei der Resteverteilung anstelle eines Gesellschafters empfangsberechtigt wäre. Es müsste aber den nach §§ 45 f., 1936 BGB Berechtigten schon vor dem Ende der Abwicklung möglich sein können, die Übertragung auf sich oder von ihnen benannte Dritte zu veranlassen. Uneingeschränkt für zulässig hält *Kreutz*[46] die Keinmanngesellschaft. – Selbstverständlich ist die **Einmann-GmbH** (Vereinigung aller Anteile in einer Hand) kein Auflösungsgrund (wie vorwiegend früher in einigen ausländischen Rechten). Dies ist seit der GmbH-Novelle 1980 und durch das Gesetz zur Durchführung der 12. EG-Richtlinie vom 18. 12. 1991[47] auch gesetzlich festgeschrieben. Somit besteht auch die GmbH & Co. KG weiter, bei der sämtliche GmbH-Anteile der KG selbst gehören.[48]

5. Keine Auflösungsgründe. Die einhellige Meinung geht dahin, dass weder die Einstellung des Geschäftsbetriebs, die Veräußerung aller Aktiva und Passiva noch selbst der Entzug einer notwendigen Erlaubnis für den Geschäftsbetrieb zur Auflösung der Gesellschaft führen.[49] Anders für den Entzug der Bankerlaubnis, § 38 KWG, s. Rn. 49. Ebensowenig ist der Tod aller Gesellschafter ein Auflösungsgrund, da die Erben, notfalls der Fiskus analog § 45 f., § 1936 BGB, neue Gesellschafter werden. Zur Vermögenslosigkeit der Gesellschaft vgl. Rn. 31 ff. 10

III. Auflösungsgründe des § 60 Abs. 1

Die Auflösungsgründe des **§ 60 Abs. 1 Nr. 3 bis 7** sind **zwingend** und können demnach durch Satzung oder Gesellschafterbeschluss nicht aufgehoben werden.[50] Nr. 2 ist insofern unabdingbar, als die Gesellschafter selbst dann, wenn die Satzung die Gesellschaft als „unauflöslich" bezeichnet, sie durch Beschluss einstimmig zur Auflösung bringen können (Rn. 17). Außer im Falle der Auflösung durch Satzungsänderung gemäß § 54 Abs. 3 tritt die Auflösung bei Vorliegen des Grundes sofort ein, die erforderliche Eintragung ins Register ist deklaratorisch (§ 65 Rn. 6). 11

1. Zeitablauf (§ 60 Abs. 1 Nr. 1). Der Gesellschaftsvertrag kann vorsehen, dass die **Gesellschaft nur auf bestimmte Zeit** geschlossen ist, §§ 3 Abs. 2, 10 Abs. 2, 54 Abs. 2. Ist eine solche Satzungsvorschrift nicht schon bei Gründung der Gesellschaft vereinbart worden, so kann sie auch später noch durch Satzungsänderung eingefügt werden. In der Praxis sind solche Zeitbegrenzungen kaum anzutreffen, und auch in der Rechtsprechung tauchen Fälle dazu nicht häufig auf.[51] Die Zeitbestimmung im Ge- 12

---

[44] So noch 2. Aufl. § 33 Rn. 16; *Baumbach/Hueck/Schulze-Osterloh* Rn. 62; *Hachenburg/Ulmer* Rn. 60; ebenso *Hachenburg/Hohner* § 33 Rn. 91.
[45] § 33 Rn. 27; *Hachenburg/Ulmer* Rn. 60; *Baumbach/Hueck/Schulze-Osterloh* Rn. 42; *Lutter/Hommelhoff* Rn. 24; *Roth/Altmeppen* Rn. 17; *Scholz/K. Schmidt* Rn. 32; *K. Schmidt* GesR § 33 V 2 b.
[46] FS Stimpel, 1985, S. 379 ff.
[47] BGBl. I S. 2206.
[48] AllgM, s. auch § 172 Abs. 6 HGB.
[49] KG RJA 13, 112, 113; *Baumbach/Hueck/Schulze-Osterloh* Rn. 47, 49; *Scholz/K. Schmidt* Rn. 36.
[50] S. für Nr. 3 BayObLG DB 1978, 2164, 2165.
[51] S. zB BayObLG BB 1975, 249 f. zu einer eben nicht derart begrenzenden Zeitbestimmung.

§ 60　　　　　　　　　　5. Abschnitt. Auflösung und Nichtigkeit der Gesellschaft

sellschaftsvertrag muss klar und eindeutig sein, schon allein um sie eintragbar zu machen, § 10 Abs. 3. Wird die Bestimmung nicht nach § 10 Abs. 2 eingetragen, ist sie dennoch wirksam (allgM). Dabei ist es nicht nötig, den Endzeitpunkt datenmäßig festzulegen, sondern es genügt auch ein bestimmbarer Zeitpunkt, zB der Tod eines Gesellschafters oder das Auslaufen eines Patents.[52] Nicht genügend wäre wohl eine Angabe „nach der Olympiade 2004", weil die Möglichkeit besteht, dass die Olympiade gar nicht stattfindet oder etwa um ein Jahr verschoben wird, und weil ferner der Zeitbegriff „nach" zu unbestimmt ist.[53] Zu unbestimmte oder unklare Bestimmungen des Gesellschaftsvertrages sind nach § 60 Abs. 2 zu behandeln, sind also nicht in das Handelsregister einzutragen. Zur Auflösung bedarf es dann eines entsprechenden – nicht satzungsändernden – Beschlusses der Gesellschafter. Ein vereinbartes Kündigungsrecht ist nicht als Zeitbeschränkung anzusehen.[54]

13 **a) Verlängerung der Frist.** Die Gesellschafter können schon vor dem Zeitpunkt der vorgesehenen Beendigung der gesellschaftlichen Verbundenheit eine Verlängerung der Frist durch Satzungsänderung beschließen. Es ist streitig, ob dies mit der für Satzungsänderungen notwendigen Mehrheit geschehen kann oder ob die zeitliche Beschränkung der Gesellschaftstätigkeit und damit die Bindung des Kapitaleinsatzes für die Gesellschafter oder einige von ihnen eine Art Sonderrecht darstellen; im letzteren Fall hätten die betreffenden Gesellschafter ausdrücklich zuzustimmen.[55] Grundsätzlich liegt die Dauer der werbenden Tätigkeit der Gesellschafter im Verfügungsbereich der Gesellschafterversammlung mit für Satzungsänderungen notwendiger Kapitalmehrheit,[56] zumal die Fortsetzung einer aufgelösten Gesellschaft ebenso wirkt (Rn. 65 ff.).[57] Nur in besonderen Fällen kann sich aus der gesamten Interessenlage aller oder einiger der Gesellschafter ergeben, dass sie fest mit der Rückgewähr ihres gebundenen Kapitals rechnen durften oder etwa von einem bestimmten Zeitpunkt an von Wettbewerbsverboten freigestellt sein sollten; dann, wenn dies in der Satzung zum Ausdruck kommt,[58] kann sich in der Tat die Festlegung des Endzeitpunkts ausnahmsweise als ein Sonderrecht für die betreffenden Gesellschafter herausstellen. Sonderrechte liegen im allgemeinen vor, wenn im Gesellschaftsvertrag Nebenleistungsverpflichtungen für die Gesellschafter festgesetzt sind (vgl. § 3 Abs. 2): dann müssen alle zu Nebenleistungen Verpflichteten der Verlängerung zustimmen, da ihr Einsatz vergrößert werden soll.[59] Die fortbestehende Kapitaleinzahlungs- oder eine Nachschusspflicht stellt sich nicht als Sonderrecht dar.[60] S. auch zur Fortsetzung der aufgelösten GmbH Rn. 65 ff. Stimmen die Sonderberechtigten nicht zu, so verbleibt es bei der Auflösung gemäß Satzung.[61] Auch durch Gewährung eines Austrittsrechts kann ein Sonderrecht nicht ausgehöhlt

---

[52] AllgM, s. auch § 3 Rn. 27 f.; *Hachenburg/Ulmer* Rn. 22; *Scholz/K. Schmidt* Rn. 9; *Baumbach/Hueck/Schulze-Osterloh* Rn. 14.
[53] S. zu der Frage der Bestimmtheit RGZ 79, 418, 422 f.; BayObLG BB 1975, 249 f.; *Hachenburg/Ulmer* Rn. 22.
[54] Vgl. zum Kündigungsrecht Rn. 43; zur Zeitbeschränkung § 3 Rn. 23 ff. mwN.
[55] So RGZ 136, 185, 190 unter Berufung auf *Brodmann* Anm. 2 d.
[56] S. § 3 Rn. 25 f.; *Hachenburg/Ulmer* Rn. 24.
[57] Vgl. *Meyer-Landrut/Miller/Niehus* Rn. 4; *R. Fischer* GmbHR 1955, 165, 167 f., aber nur unter der Bedingung, dass dann der nicht zustimmende Gesellschafter ein Austrittsrecht hat, s. Rn. 72.
[58] *Scholz/K. Schmidt* Rn. 10.
[59] RGZ 136, 185, 188; *Hachenburg/Ulmer* Rn. 25.
[60] *Baumbach/Hueck/Schulze-Osterloh* Rn. 15; *Scholz/K. Schmidt* Rn. 51; *Roth/Altmeppen* Rn. 8.
[61] *Hachenburg/Ulmer* Rn. 25; *Baumbach/Hueck/Schulze-Osterloh* Rn. 15; aA *R. Fischer* GmbHR 155, 165, 168; nicht eindeutig auch § 3 Rn. 25.

Auflösungsgründe **§ 60**

werden;[62] bei Rechtsmissbrauch mag eine Zustimmungspflicht gegeben sein.[63] Liegt kein Sonderrecht vor, so erscheint es sinnvoll, den der Verlängerung Widersprechenden ein Austrittsrecht zu gewähren.[64] Bei Unzumutbarkeit hat der Gesellschafter ohnehin ein Austrittsrecht.[65]

b) Verkürzung der Frist. Die Gesellschafter können die Zeitbestimmung auch **14** durch Satzungsänderung verkürzen.[66] Wiederum werden die obengenannten Zustimmungserfordernisse für diejenigen Gesellschafter zu bejahen sein, für welche die Einhaltung der festgesetzten Zeitdauer sich als Sonderrecht erweist. Die Vereinbarung eines **Kündigungsrechts** für Gesellschafter ist per se keine Zeitbeschränkung.[67] Auch eine auflösende Bedingung wird nicht in das Handelsregister eingetragen (§ 3 Rn. 23), obwohl sie nach § 158 Abs. 2 BGB als Zeitbestimmung anzusehen ist; sie ist aber nach § 60 Abs. 2 zu behandeln.

c) Selbständige Auflösung. Bei Eintritt des Endzeitpunkts gemäß Satzungsbe- **15** stimmung erfolgt die Auflösung selbständig, d. h. ohne weiteren Beschluss der Gesellschafter. Daran ändert sich auch nichts, wenn die Gesellschafter und Geschäftsführer bewusst oder ohne Gedanken an die gesellschaftsvertragliche Zeitbestimmung die Tätigkeit der Gesellschaft fortsetzen; § 134 HGB ist nicht analog anzuwenden.[68] Die Eintragung der Auflösung gemäß § 65 ist wie in den meisten Auflösungsfällen deklaratorisch, da der Auflösungszeitraum bereits mit dem Ablauf der bestimmten Zeitdauer begonnen hat. Anders ist es, wenn bei Verkürzung des Zeitraums erst die Satzung gemäß § 54 Abs. 3 geändert werden muss.[69]

2. Auflösungsbeschluss (§ 60 Abs. 1 Nr. 2). Neben den Insolvenz-Auflösungs- **16** fällen führt der Auflösungsbeschluss gemäß § 60 Abs. 1 Nr. 2 wohl am häufigsten zur Auflösung. Der Beschluss ist formlos gültig gemäß § 48; er kann auch als schriftlicher Beschluss gemäß § 48 Abs. 2 und selbst mündlich gefasst werden; kündigen alle Gesellschafter zum gleichen Zeitpunkt, gilt dies wohl als Auflösungsbeschluss.[70] Der Beschluss sollte eindeutig sein. Betriebseinstellung oder Unternehmensverkauf ist per se nicht genügend,[71] kann es aber sein.[72] Der Begriff Auflösung oder Abwicklung braucht nicht genannt zu sein.[73] Der Auflösungsbeschluss bedeutet nicht eine Änderung des Gesellschaftsvertrages, obwohl im Grunde der Gegenstand des Unternehmens von werbenden Aktivitäten in eine Abwicklungstätigkeit geändert wird, s. auch Rn. 17. Daher ist die Eintragung ins Handelsregister nicht gemäß § 54 vorzunehmen, sondern kraft besonderer Vorschrift des § 65. Der Beschluss ist sofort wirksam, falls er nicht mit zukünftigem Wirksamkeitsdatum gefasst wird, das zu einer langfristig neuen Regelung führt.[74]

---

[62] AA *Scholz/K. Schmidt* Rn. 10.
[63] *Hachenburg/Ulmer* Rn. 25.
[64] So insbes. *R. Fischer* GmbHR 155, 165, 168; *Scholz/K. Schmidt* Rn. 10; *Baumbach/Hueck/Schulze-Osterloh* Rn. 15: nur nach allgemeinen Voraussetzungen ist ein Austrittsrecht zu gewähren.
[65] *Hachenburg/Ulmer* Rn. 24; s. auch § 34 Rn. 75 ff.
[66] Wie § 60 Abs. 1 Nr. 2 zeigt, denn ein Auflösungsbeschluss wirkt ebenso.
[67] S. Rn. 12 und § 3 Rn. 23 mwN.
[68] AllgM, s. *Hachenburg/Ulmer* Rn. 23.
[69] *Scholz/K. Schmidt* Rn. 14 mwN.
[70] BayObLG GmbHR 1995, 54.
[71] KG NJW-RR 1996, 103 = GmbHR 1995, 735 f.; vgl. auch BAG NJW 1998, 3371 ff.
[72] BGH NJW 1999, 1481, 1483 = ZIP 1999, 281, 283.
[73] BGH NJW 1999, 1481, 1483 = ZIP 1999, 281 ff.
[74] RGZ 145, 99, 101 f.; OLG Düsseldorf ZIP 1989, 1917 f.; *Hachenburg/Ulmer* Rn. 34 f.; *Scholz/K. Schmidt* Rn. 14; *Lutter/Hommelhoff* Rn. 5.

§ 60 5. Abschnitt. Auflösung und Nichtigkeit der Gesellschaft

Ein zurückliegendes Wirksamkeitsdatum ist nicht zulässig, da die Gesellschaft bis zum Beschluss als werbendes Unternehmen zu führen war. Nur eine Vereinbarung interner Rückwirkungsbehandlung ist möglich.[75] **Kündigen alle Gesellschafter** zum gleichen Zeitpunkt, bedeutet dies wohl Auflösung.[76]

17 a) **Beschlussfassung, Mehrheit.** Der Beschluss bedarf grundsätzlich einer **Dreiviertelmehrheit der abgegebenen Stimmen,** vgl. Abs. 1 Nr. 2. Im Gesellschaftsvertrag können andere Mehrheitserfordernisse festgesetzt werden. Demnach kann der Gesellschaftsvertrag sowohl eine höhere als auch eine geringere Mehrheit vorsehen,[77] etwa Einstimmigkeit oder einfache Mehrheit aller Stimmen. Falls es im Gesellschaftsvertrag heißt, die Gesellschaft sei „unauflöslich", so bedeutet dies angesichts der Unzulässigkeit ewiger Bindungen nur das Erfordernis der Einstimmigkeit. Doch ist auch dann nicht die (für Satzungsänderungen nötige) notarielle Beurkundung des Gesellschafterbeschlusses erforderlich.[78] Soll aber bei einer noch nicht erreichten zeitlichen Begrenzung der Gesellschaft laut Gesellschaftsvertrag eine frühere Auflösung beschlossen werden, so handelt es sich um eine Änderung des Gesellschaftsvertrages und Beurkundung ist nötig.[79] Der ordnungsgemäß gefasste **Beschluss bedarf keiner besonderen Rechtfertigung,** allenfalls Missbrauch oder Verstoß gegen Treuepflichten durch die Mehrheit kann vorliegen.[80] Ein solcher Verstoß ist nach einer zT überholten BGH-Entscheidung dann zu prüfen, wenn der Mehrheitsgesellschafter schon vor dem Auflösungsbeschluss Anstalten zur Übernahme des Unternehmens trifft.[81]

18 b) **Kompetenz.** Der **Auflösungsbeschluss kann nur von den Gesellschaftern gefasst** werden. Der Gesellschaftsvertrag kann die Beschlussfassung nicht an andere Organe (Aufsichtsrat, Geschäftsführung, Dritte) delegieren oder die Gesellschafter an deren Mitwirkung binden.[82] Der Gesellschaftsvertrag kann allenfalls ein anderes Organ, etwa den Aufsichtsratsvorsitzenden, verpflichten, bei Vorliegen gewisser Umstände eine Gesellschafterversammlung einzuberufen mit dem Tagesordnungspunkt „Auflösung der Gesellschaft".[83] Stimmrechtsbindungsabreden der Gesellschafter, auch mit Dritten, sind wirksam. Die Gesellschafter können einen Dritten bevollmächtigen, in ihrem Namen den Beschluss zu fassen, wenn Vertretung in der Gesellschafterversammlung möglich ist.

19 3. **Auflösung durch Urteil oder Verwaltungsakt (§ 60 Abs. 1 Nr. 3).** Die Nr. 3 verweist auf die §§ 61, 62. Die **Auflösung durch Gestaltungsurteil** der or-

---

[75] *Hachenburg/Ulmer* Rn. 36.
[76] BayObLG BB 1995, 168 f.
[77] *Hachenburg/Ulmer* Rn. 29; *Scholz/K. Schmidt* Rn. 19; *Baumbach/Hueck/Schulze-Osterloh* Rn. 6.
[78] *Hofmann* GmbHR 1975, 217, 219; *Scholz/K. Schmidt* Rn. 19; aA zum Erfordernis der Satzungsänderung *Hachenburg/Ulmer* Rn. 29.
[79] RGZ 65, 264, 266 f. obiter; s. auch RGZ 145, 99, 101 f.; *Scholz/K. Schmidt* Rn. 14; *Baumbach/Hueck/Schulze-Osterloh* Rn. 18; *Hachenburg/Ulmer* Rn. 33, die differenzieren danach, ob die Satzung eine Mindestfrist bestimmt oder nicht. Gibt die Satzung das Auflösungsrecht an eine Minderheit, so handelt es sich methodisch um ein Kündigungsrecht nach Abs. 2 (*Hofmann* GmbHR 1975, 219; *Lutter/Hommelhoff* Rn. 6; *Hachenburg/Ulmer* Rn. 30; *Scholz/K. Schmidt* Rn. 19), das nicht zur Auflösung führt, str., s. Rn. 44.
[80] BGHZ 76, 352 ff.; BGHZ 103, 184, 189 f. = NJW 1988, 1579 ff. m. Anm. *Timm* = JZ 1989, 443 ff. m. Anm. *Wiedemann* = ZIP 1988, 301, 303 ff.; *Baumbach/Hueck/Schulze-Osterloh* Rn. 20; *Meyer-Landrut/Miller/Niehus* Rn. 6; *K. Schmidt* GesR § 38 IV 2 b.
[81] BGHZ 103, 184, 189 f.; s. dazu BVerfG NJW 2001, 279 ff. = NZG 2000, 1117 ff.; auch § 70 Rn. 17 und allgemein zur Treuepflicht § 13 Rn. 35 ff.
[82] *Hachenburg/Ulmer* Rn. 26 ff.; *Baumbach/Hueck/Schulze-Osterloh* Rn. 17; einhM.
[83] *Hofmann* GmbHR 1975, 217, 219; *Hachenburg/Ulmer* Rn. 26; *Scholz/K. Schmidt* Rn. 12.

dentlichen Gerichte auf Antrag von Gesellschaftern, weil ein wichtiger Grund in den Verhältnissen der Gesellschaft vorliegt, ist nicht häufig anzutreffen. Sie ist aber ein wichtiges Minderheitsrecht, um sich ggf. aus der gesellschaftlichen Verbundenheit zu befreien. Hingegen ist die **Auflösung durch Verwaltungsverfahren** gemäß § 62 kaum je praktikabel geworden. Vgl. die Erl. zu § 61 und § 62.

4. Auflösung durch Eröffnung des Insolvenzverfahrens (§ 60 Abs. 1 Nr. 4). 20
Die rechtskräftige Eröffnung des Insolvenzverfahrens löst die Gesellschaft gemäß Nr. 4 auf. Der Wortlaut ist an die seit 1. 1. 1999 geltende Insolvenzordnung angepasst, insbes. der frühere Hinweis auf den Zwangsvergleich durch den auf den Insolvenzplan gemäß §§ 217 ff. InsO ersetzt. – Insbesondere in wirtschaftlich schwierigen Zeiten ist dies ein häufig auftretender Auflösungsgrund. Zeitpunkt ist die gemäß § 27 InsO festzusetzende Stunde der Eröffnung des Verfahrens. Bei Ablehnung der Eröffnung des Insolvenzverfahrens mangels Masse greift § 60 Abs. 1 Nr. 5 (s. Rn. 23) ein und führt zur Auflösung.[84] – Die **Insolvenz eines Gesellschafters** berührt die Gesellschaft direkt nicht; der Insolvenzverwalter kann den Geschäftsanteil verwerten, ohne an eine satzungsmäßige Verfügungsbeschränkung (Zustimmung der anderen Gesellschafter oder der Geschäftsführung) gebunden zu sein.[85] Häufig sieht der Gesellschaftsvertrag vor, dass die Geschäftsanteile eines in Insolvenz oder Vergleich gefallenen Gesellschafters eingezogen werden können (§ 34 Rn. 5 ff.). Das muss auch dann möglich sein, wenn der Insolvenzverwalter zwecks Verhinderung der Einziehung die Anteile sofort auf eine der Gemeinschuldnerin verbundene Gesellschaft überträgt. – Der 2. Teil des § 60 Abs. 1 Nr. 4 ist hier systemwidrig, da nur an dieser Stelle die Möglichkeit der Fortsetzung der (aufgelösten) Gesellschaft vorgesehen wird; eine Fortsetzung der Gesellschaft wird aber auch bei den anderen Auflösungsgründen des Abs. 1 Nr. 1–3 bejaht; zur Fortsetzung der aufgelösten GmbH s. Rn. 65 ff.

a) Eintragung im Handelsregister. Damit das Handelsregister die Auflösung wegen Eröffnung des Insolvenzverfahrens eintragen kann, muss es Kenntnis davon erhalten. Dies ist in § 31 Nr. 1 InsO festgesetzt. Dort wird allerdings nicht darauf verwiesen, dass nur der **rechtskräftige** Beschluss in Ausfertigung mitzuteilen ist, aber dies ist selbstverständlich.[86] 21

b) Wirkung. Wie in den meisten Fällen der Auflösung tritt diese Rechtsfolge mit dem auslösenden Ereignis ein, hier mit der Rechtskraft des Eröffnungsbeschlusses. Die Eintragung im Handelsregister ist nur deklaratorisch (allgM). Die Gesellschaft besteht als juristische Person fort, geführt allerdings vom Insolvenzverwalter, der gemäß § 80 InsO alle Geschäftsführungs- und Vertretungsrechte hat. Zur Fortsetzung der Gesellschaft s. Rn. 76. – Die Auflösung nach Nr. 4 führt nicht zur Abwicklung durch Liquidatoren, sondern der Insolvenzverwalter muss die Gesellschaft voll abwickeln.[87] – Die **Fortsetzung** der Gesellschaft wird in Nr. 4 unter gewissen Umständen als möglich aufgeführt. Aber auch nach Nr. 1–3 und in anderen Fällen ist eine **Fortsetzung** zulässig (s. hierzu Rn. 65 ff.). 22

---

[84] Für die GmbH & Co. KG s. aber BGHZ 75, 178 = NJW 1980, 233; Rn. 23 ff.
[85] BGHZ 32, 151, 155; 65, 22, 24; s. § 15 Rn. 153; *Hachenburg/Zutt* Anh. § 15 Rn. 95; *Baumbach/Hueck/Schulze-Osterloh* § 15 Rn. 38.
[86] S. Münchener Kommentar zur InsO/*Schmahl* 2001, § 31 Rn. 22; Frankfurter Kommentar zur InsO/*Schmerbach* 2. Aufl. 1999, § 31 Rn. 5.
[87] S. § 199 S. 2 InsO, § 141a Abs. 1 S. 2 FGG; *Vallender* NJW 1998, 249, 251; *Hess/Weis* Insolvenzordnung, Kommentar, 2. Aufl. 2001, § 199 Rn. 6 ff.; *Hirte* ZInsO 2000, 127, 133.

§ 60   5. Abschnitt. Auflösung und Nichtigkeit der Gesellschaft

23   **5. Auflösung durch Abweisung des Insolvenzantrags mangels Masse (§ 60 Abs. 1 Nr. 5).** Dieser Auflösungsgrund befand sich bis zum 31. 12. 1998 in § 1 Abs. 1 LöschG, mit leicht anderem Wortlaut, und gilt ab 1. 1. 1999 in dieser Fassung. Sachlich ist die Änderung des Wortlauts nur insofern von Bedeutung, als die Ablehnung der Eröffnung des Insolvenzverfahrens gemäß § 26 InsO wegen der Kostenberechnung nach § 54 InsO jetzt weniger häufig erfolgen sollte. Rechtsprechung und Literatur zum LöschG gelten weiter. – **Voraussetzung** für den Auflösungsgrund des § 60 Abs. 1 Nr. 5 ist ein **Insolvenzantrag** und ein **abweisender Beschluss des Insolvenzgerichts** gemäß § 26 Abs. 1 InsO, weil eine die voraussichtlichen Kosten des Insolvenzverfahrens deckende Vermögensmasse der Gesellschaft nicht vorhanden (oder nicht auffindbar) ist und ein entsprechender Vorschuss nicht geleistet wird; zur Masselosigkeit, auch im Verhältnis zur Vermögenslosigkeit, s. *K. Schmidt*.[88] Wenn das Insolvenzverfahren erst nach Eröffnung mangels Masse gemäß § 207 InsO eingestellt wird, so gilt § 60 Abs. 1 Nr. 4. Der abweisende Beschluss kann nach § 34 InsO mit der **sofortigen Beschwerde** angegriffen werden, und zwar nicht nur durch den Antragsteller, sondern auch durch den Schuldner, also die GmbH.[89] Jeder Geschäftsführer ist allein zur Einlegung der Beschwerde berechtigt.[90] Vgl. im übrigen die insolvenzrechtliche Literatur zu § 6 InsO.

24   **a) Auflösung durch Beschluss des Insolvenzgerichts.** Die **Auflösung tritt mit der Rechtskraft des abweisenden Beschlusses des Insolvenzgerichts** ein, die Eintragung ist dann nur noch deklaratorisch (allgM), wie auch in den meisten anderen Auflösungsfällen. Die Gesellschaft ist zu liquidieren; gelegentlich mag noch einiges Vermögen vorhanden sein,[91] das dann von den Geschäftsführern als Liquidatoren nach § 66 Abs. 1 nach ihren Liquidationspflichten gemäß den Auflösungsvorschriften des GmbHG, nicht den Vorschriften der InsO, zu verteilen ist.[92] Die Gesellschaft kann, wie jede im Abwicklungsstadium befindliche GmbH, klagen und verklagt werden.[93] Satzungsänderungen sind nur zulässig, wenn sie liquidationsdienlich sind.[94] Einzelne Gläubiger können sich befriedigen lassen, sie können mit vollstreckbarem Titel pfänden etc. Es mag sein, dass nicht selten noch Forderungen der aufgelösten Gesellschaft gegen Gesellschafter, Geschäftsführer, Konzernmütter bestehen,[95] möglicherweise auch gegen andere, etwa übersicherte Gläubiger. Aber da kein Insolvenzverwalter sich darum kümmert, die Geschäftsführer/Liquidatoren erfahrungsgemäß meist kein Interesse mehr an einer ordnungsgemäßen Abwicklung haben und gewisse Gläubiger sich selbst Vermögenswerte geben lassen oder nehmen, bleibt für die Mehrzahl der Gläubiger im Regelfall nichts übrig. Daher wird nicht selten von einem Gläubiger dem Insolvenzgericht ein Vorschuss gezahlt, um die Auflösung zu verhindern und durch einen kenntnisreichen und durchsetzungskräftigen Insolvenzverwalter Vermögenswerte für alle Gläubiger realisieren zu lassen. Möglicherweise muss er dann erst Vertreter der

---

[88] *Scholz/K. Schmidt* Anh. § 60 Rn. 2 mwN; s. allg. auch *Haarmeyer* ZInsO 2001, 103 ff.
[89] OLG Düsseldorf GmbHR 1993, 231.
[90] *Hachenburg/Ulmer* Anh. § 60 Rn. 9, § 63 Rn. 63, 58; *Baumbach/Schulze-Osterloh* Rn. 26: entspr. Anwendung § 15 Abs. 1 InsO.
[91] Weil Masselosigkeit nicht notwendig Vermögenslosigkeit bedeutet, s. *Scholz/K. Schmidt* Anh. § 60 Rn. 2.
[92] HM, BGHZ 53, 71, 74; BGH BB 1976, 852, 853; *Hachenburg/Ulmer* Rn. 11; *Baumbach/Hueck/Schulze-Osterloh* Rn. 27; aA *W. Schultz* passim und zT *Scholz/K. Schmidt* Anh. § 60 Rn. 7 f. mit eingehender Begründung.
[93] OLG Düsseldorf BB 1988, 860; OLG Koblenz NJW-RR 1994, 500.
[94] BayObLG GmbHR 1995, 532 f.; LG Berlin ZIP 1999, 1050 f.
[95] *Scholz/K. Schmidt* Anh. § 60 Rn. 4.

Auflösungsgründe **§ 60**

GmbH bestellen lassen.[96] – Während der Liquidation braucht der Liquidator ein (insolvenzrechtliches) Gleichbehandlungsgebot gegenüber den Gläubigern nicht zu beachten.[97] Diese wohl hM ist von *K. Schmidt*[98] und von *W. Schulz*,[99] noch weitergehend, angegriffen worden: Pflichten und Haftung des Liquidators in einer „masselosen Liquidation" sollen sich weitgehend nach Insolvenzrecht, zT darüber hinaus, richten. So gerechtfertigt dies sachlich sein dürfte, so hat doch der Gesetzgeber die Ablehnung des schwerfälligen Insolvenzverfahrens vorgesehen und offensichtlich das unkomplizierte Verfahren nach § 66 gewollt. De lege ferenda wäre es wohl richtiger, eine Art „kleines Insolvenzverfahren" in solchen Fällen vorzuschreiben oder die §§ 66 ff. dem Insolvenzverfahren anzunähern; jedoch hat auch die Neuordnung des Insolvenzrechts, die ab 1999 gilt, in dieser Frage nichts geändert. – Ist die so aufgelöste Gesellschaft sogleich oder nach Restverteilung vermögenslos, hat das Registergericht das **Löschungsverfahren** nach § 141 a FGG zu betreiben.[100] Damit warten die Amtsgerichte offenbar zunächst ein halbes Jahr, damit die Endabwicklung der Vermögenswerte oder etwa von Löschungsbewilligungen (durch wen?) durchgeführt werden kann.[101] Zur streitigen Frage, wann bei vermögenslosen Gesellschaften die Beendigung eintritt, s. Rn. 53 f. – Zur Fortsetzung der Gesellschaft s. Rn. 65 ff.

b) Eintragungsverfahren. Das Insolvenzgericht hat gemäß § 31 Nr. 2 InsO dem **25** Handelsregister eine Ausfertigung des abweisenden Beschlusses mit Rechtskraftsbescheinigung zu übersenden; die Rechtskraftbescheinigung wird nicht mehr gesetzlich verlangt gemäß § 31 Nr. 2 InsO, ist aber wegen § 60 Abs. 1 Nr. 5 nötig.[102] Der Registerrichter muss die Eintragung der Auflösung von Amts wegen vornehmen. Eine Amtslöschung dieser Eintragung nach § 142 FGG kommt nur bei wesentlichen Verfahrensfehlern in Betracht, wenn etwa die Eintragung vor Rechtskraft des abweisenden Beschlusses erfolgte. Es genügt nicht, wenn der Beschluss zB wegen ausreichender Vermögensmasse der Gesellschaft unrichtig war.[103] Zur Frage, ob gleichzeitig die Geschäftsführer als Liquidatoren eingetragen werden können, vgl. *Ziegler* Rpfleger 1987, 287 f., der trotz praktischer Hindernisse wohl zu Recht eine Anmeldung durch die Geschäftsführer oder bestellte Liquidatoren verlangt.

6. Auflösung durch Gerichtsverfügung (§ 60 Abs. 1 Nr. 6). a) Normtexte. 26 Diese Vorschrift ist relativ neu und galt bis Ende 1998 als Abs. 1 Nr. 5. Zu der jetzigen Nr. 6 meint *Baums,*[104] § 144a FGG stimme zT nicht mit der 1. Richtlinie des Rates der EG vom 9. 3. 1968,[105] Art. 11, 12 überein, doch verkennt er den Unterschied zwischen § 144 und § 144a FGG. Die Normtexte der §§ 144, 144a und 144b FGG lauten:

---

[96] OLG Köln ZIP 2000, 280 f., dazu *Kutzer* ZIP 2000, 654 ff. und zu letzterem *Hirte* NJW 2000, 3531, 3535: „überzeugend".
[97] BGHZ 53, 71, 74; BGH BB 1976, 852, 853: wohl aber gegenüber den Gesellschaftern; s. § 70 Rn. 11.
[98] S. heute insbes. *Scholz/K. Schmidt* Anh. § 60 Rn. 7 f.; *ders.* KTS 1988, 16 ff.; *ders.* ZHR 157 (1993), 291 ff., *ders.* GesR § 11 VI 5 a.
[99] Die masselose Liquidation der GmbH, 1986, S. 94 ff., passim.
[100] S. Rn. 31 ff.; OLG Frankfurt DB 1981, 83; BayObLG DB 1994, 978; s. auch OLG Köln GmbHR 1992, 536.
[101] *Vallender* NZG 1998, 249, 250.
[102] Frankfurter Kommentar zur InsO/*Schmerbach* 2. Aufl. 1999, § 31 Rn. 5.
[103] OLG Düsseldorf GmbHR 1979, 227 f.; *Scholz/K. Schmidt* Anh. § 60 Rn. 6.
[104] Eintragung und Löschung von Gesellschafterbeschlüssen, 1981, S. 57 Fn. 187.
[105] ABl. EG Nr. L 65 S. 8.

§ 60　　　　　5. Abschnitt. Auflösung und Nichtigkeit der Gesellschaft

§ 144 [Löschung nichtiger Gesellschaften]

(1) Eine in das Handelsregister eingetragene Aktiengesellschaft oder Kommanditgesellschaft auf Aktien kann nach den §§ 142, 143 als nichtig gelöscht werden, wenn die Voraussetzungen vorliegen, unter denen nach den §§ 275, 276 des Aktiengesetzes die Klage auf Nichtigerklärung erhoben werden kann. Das gleiche gilt für eine in das Handelsregister eingetragene Gesellschaft mit beschränkter Haftung, wenn die Voraussetzungen vorliegen, unter denen nach den §§ 75, 76 des Gesetzes, betreffend die Gesellschaften mit beschränkter Haftung, die Nichtigkeitsklage erhoben werden kann.

(2) Ein in das Handelsregister eingetragener Beschluß der Hauptversammlung oder Versammlung der Gesellschafter einer der im Absatz 1 bezeichneten Gesellschaften kann gemäß den Vorschriften der §§ 142, 143 als nichtig gelöscht werden, wenn er durch seinen Inhalt zwingende Vorschriften des Gesetzes verletzt und seine Beseitigung im öffentlichen Interesse erforderlich erscheint.

(3) In den Fällen der Absätze 1, 2 soll die nach § 142 Abs. 2 zu bestimmende Frist mindestens drei Monate betragen.

§ 144a [Auflösung einer AG oder GmbH wegen Mangels der Satzung]

(1) Enthält die Satzung einer in das Handelsregister eingetragenen Aktiengesellschaft oder einer Kommanditgesellschaft auf Aktien eine der nach § 23 Abs. 3 Nr. 1, 4, 5 oder 6 des Aktiengesetzes wesentlichen Bestimmungen nicht oder ist eine dieser Bestimmungen oder die Bestimmung nach § 23 Abs. 3 Nr. 3 des Aktiengesetzes nichtig, so hat das Registergericht die Gesellschaft aufzufordern, innerhalb einer bestimmten Frist eine Satzungsänderung, die den Mangel der Satzung behebt, zur Eintragung in das Handelsregister anzumelden oder die Unterlassung durch Widerspruch gegen die Verfügung zu rechtfertigen. Das Gericht hat in der Verfügung darauf hinzuweisen, daß ein nicht behobener Mangel nach Absatz 2 festzustellen ist und daß die Gesellschaft dadurch nach § 262 Abs. 1 Nr. 5, § 289 Abs. 2 Nr. 2 des Aktiengesetzes aufgelöst wird.

(2) Wird innerhalb der nach Absatz 1 bestimmten Frist weder der Aufforderung genügt noch Widerspruch erhoben oder ist ein Widerspruch zurückgewiesen worden, so hat das Gericht den Mangel der Satzung festzustellen. Die Feststellung kann mit der Zurückweisung des Widerspruchs verbunden werden.

(3) Gegen Verfügungen, durch welche eine Feststellung nach Absatz 2 getroffen oder ein Widerspruch zurückgewiesen wird, findet die sofortige Beschwerde statt.

(4) Diese Vorschriften gelten sinngemäß, wenn der Gesellschaftsvertrag einer in das Handelsregister eingetragenen Gesellschaft mit beschränkter Haftung eine der nach § 3 Abs. 1 Nr. 1 oder 4 des Gesetzes betreffend die Gesellschaften mit beschränkter Haftung wesentlichen Bestimmungen nicht enthält oder eine dieser Bestimmungen oder die Bestimmung nach § 3 Abs. 1 Nr. 3 des Gesetzes betreffend die Gesellschaften mit beschränkter Haftung nichtig ist.

§ 144b [Auflösung einer GmbH]

Kommt der Gesellschafter einer Gesellschaft mit beschränkter Haftung einer der Verpflichtungen nach § 19 Abs. 4 des Gesetzes betreffend die Gesellschaften mit beschränkter Haftung nicht fristgemäß nach, so hat das Registergericht den Gesellschafter aufzufordern, dies innerhalb einer bestimmten Frist nachzuholen oder die Unterlassung durch Widerspruch gegen die Verfügung zu rechtfertigen. Das Gericht hat in der Verfügung darauf hinzuweisen, daß die Nichteinhaltung der genannten Verpflichtungen festzustellen ist und daß die Gesellschaft dadurch nach § 60 Abs. 1 Nr. 5 des Gesetzes betreffend die Gesellschaften mit beschränkter Haftung aufgelöst wird. Im übrigen gilt § 144a Abs. 2 und 3 sinngemäß.

27　　**b) Allgemeines.** Die grundlegende Entscheidung des Gesetzgebers für alle Kapitalgesellschaften, nach Eintragung der Gesellschaft in das betreffende Register Gründe für eine **Nichtigkeit der Gesellschaft weitgehend auszuschließen** und jedenfalls die Feststellung der Nichtigkeit dem Gericht zu überlassen (§ 3 Rn. 5), spiegelt sich über § 75 und §§ 144, 144a und 144b FGG in § 60 Abs. 1 Nr. 6 wider:[106] Enthält der Gesellschaftsvertrag keine Bestimmung über die Firma oder den Sitz der Gesellschaft oder fehlt die Festsetzung der von den einzelnen Gesellschaftern zu übernehmenden Stammeinlage gemäß § 3 Abs. 1 Nr. 1 und 4 oder ist die Bestimmung über den Betrag des Stammkapitals gemäß § 3 Abs. 1 Nr. 3 oder über die anderen soeben genannten Satzungsgegenstände nichtig, so hat das Registergericht die Behebung des Mangels zu

---

[106] § 144 FGG ist in § 60 Abs. 1 Nr. 6 nicht genannt.

Auflösungsgründe **§ 60**

verlangen und sonst von Amts wegen ein Verfahren zur Feststellung dieses Mangels einzuleiten, § 144a Abs. 1 bis 4 FGG. Ist ein Firmenbestandteil gesetzwidrig,[107] so gilt auch § 144a FGG. Fehlen die sonstigen notwendigen Satzungsbestandteile[108] oder ist die Bestimmung über den Gegenstand gemäß § 75 nichtig, so kann das Registergericht nach pflichtgemäßem Ermessen ein Verfahren nach § 144 FGG einleiten und ggf. die Löschung wegen Nichtigkeit der Gesellschaft beschließen. Jedoch kann in diesen Fällen auch jeder Gesellschafter, Geschäftsführer und jedes Aufsichtsratsmitglied nach § 75 Nichtigkeitsklage gegen die Gesellschaft erheben. Hingegen muss das Registergericht in den Fällen des § 144b FGG iVm. § 19 Abs. 4 wiederum von Amts wegen tätig werden, wenn sich innerhalb von drei Jahren nach Eintragung der Gesellschaft alle Geschäftsanteile in einer Hand (oder daneben in der Hand der Gesellschaft) vereinigen und der Alleingesellschafter nicht innerhalb von drei Monaten ausstehende Geldeinlagen voll einzahlt oder der Gesellschaft statt der Zahlung Sicherheit leistet oder schließlich seine Einmannstellung durch Abtretung eines Teils der Geschäftsanteile wieder aufgibt; auch bei nachträglicher Feststellung nicht genügender Sicherheitsleistung ist das Verfahren nach § 144b FGG einzuleiten.[109] In diesen Fällen des § 19 Abs. 4 hat das Gericht gemäß § 144b FGG den Alleingesellschafter bei Beteiligung der Gesellschaft[110] unter Gewährung einer Frist und Hinweis auf die Auflösungsfolge des § 60 Abs. 1 Nr. 6 (§ 144b S. 2 FGG nennt fälschlich noch § 60 Abs. 1 Nr. 5) zur Erfüllung seiner Verpflichtung aufzufordern; das Verfahren entspricht § 144a Abs. 2 und 3 FGG, wobei allerdings nicht die Löschung wegen Nichtigkeit festgesetzt werden kann. Obwohl § 144b FGG als Adressaten den Alleingesellschafter nennt, muss der Registerrichter die Gesellschaft im Feststellungsverfahren als direkt Beteiligte hinzuziehen.[111] Eine Amtslöschung der Gesellschaft nach § 142 FGG kommt in diesen Fällen nicht in Betracht, da die §§ 144a und 144b FGG leges speciales sind.[112] Die praktische Bedeutung ist relativ gering aufgrund der Prüfung vor Eintragung der Gesellschaft.[113]

c) Rechtskraft. Helfen die Gesellschafter dem Mangel des Gesellschaftsvertrages 28 nicht ab (was auch noch während des Rechtsbeschwerdeverfahrens geschehen kann, BayObLG NJW-RR 2001, 1047 = GmbHR 2001, 347; BayObLG NZG 2001, 1036). und **wird** somit **die Feststellung des Mangels** durch Nichteinlegung oder Abweisung des Widerspruchs **rechtskräftig**, so ist die Gesellschaft gemäß § 60 Abs. 1 Nr. 6 von Gesetzes wegen **aufgelöst** und abzuwickeln. Häufig wird dieser Auflösungsgrund nicht eintreten: Schon die Prüfung des Gesellschaftsvertrages durch den Notar, das Registergericht und ggf. die IHK nach § 126 FGG wird in der Regel verhindern, dass notwendige Bestimmungen des Gesellschaftsvertrages (§ 3) fehlen oder nichtig sind; die Nichtigkeit könnte später eintreten, etwa wenn eines Tages der Verkauf von Alkohol als Genussmittel völlig verboten würde oder wenn das Stammkapital nach dem 31. 12. 1985 noch nicht auf DM 50 000 (Euro 25 000) heraufgesetzt oder die Mindesteinzah-

---

[107] „Architektur" in Hessen dürfen nur natürliche Personen mit entspr. Qualifikation führen, OLG Frankfurt NJW-RR 2001, 172f.
[108] Gegenstand des Unternehmens oder Betrag des Stammkapitals, § 3 Abs. 1 Nr. 2 und 3.
[109] BayObLG BB 1988, 1772f.
[110] BayObLG NJW-RR 1992, 36f. = GmbHR 1992, 110f.
[111] BayObLG DB 1984, 1241; GmbHR 1987, 63; 1992, 110f.
[112] BayObLG GmbHR 1989, 291f. = WM 1989, 680ff. Zur Amtslöschung bei Verfahrensmängeln s. *Hachenburg/Ulmer* Rn. 45; zum Verhältnis des § 144a FGG zu § 37 HGB, § 140 FGG s. *Hachenburg/Ulmer* Rn. 47 und *Scholz/K. Schmidt* Rn. 24c, jeweils mN.
[113] Vgl. OLG Köln ZIP 1987, 712f. zu einem irrtümlichen Verfahren der Vorinstanzen nach § 144a FGG; vgl. auch BFH GmbHR 2001, 839ff.: nach dem Beschluss ist nicht klar, nach welcher Bestimmung die GmbG gelöscht war.

§ 60   5. Abschnitt. Auflösung und Nichtigkeit der Gesellschaft

lung von DM 25 000 (Euro 12 500) gemäß § 7 Abs. 2 S. 2 nicht geleistet ist. Auch in solchen Fällen dürften aber der oder die Gesellschafter aufgrund der entsprechenden Feststellung oder Aufforderung des Gerichts die Heilung des Mangels in die Wege leiten, jedenfalls bei aktiv tätigen Gesellschaften. Eine nachträgliche tatsächliche Änderung des Unternehmensgegenstandes oder die Verlegung des Verwaltungssitzes (ohne Satzungsänderung) machen die betreffende Bestimmung des Gesellschaftsvertrages nicht nichtig.[114] Ist die Gesellschaft gemäß § 60 Abs. 1 Nr. 6 **aufgelöst**, so können die Gesellschafter bis zur Beendigung der Gesellschaft immer noch die erforderliche Maßnahme vornehmen und die Fortsetzung der Gesellschaft beschließen; wird die Satzungsberichtigung noch während des Verfahrens, auch in der Instanz der weiteren Beschwerde, eingetragen, so unterbleibt die Auflösung.[115]

29   d) **Verfahren.** Eine nach §§ 18, 30 HGB unzulässige Firma kann Anlass sowohl eines Verfahrens **nach §§ 37 Abs. 1 HGB, 140 FGG als auch nach § 144 a FGG** sein;[116] das erstgenannte Firmenmissbrauchsverfahren richtet sich gegen die Geschäftsführung, das letztere gegen die Gesellschafter zur Änderung der Firma.[117] Aus dem Grundsatz der Verhältnismäßigkeit der Mittel verdient das Firmenmissbrauchsverfahren nach § 37 Abs. 1 HGB den Vorzug,[118] wenn es denn zur Abstellung führt. Eine andere Meinung § 144 a FGG gibt wegen der Zuständigkeit der Gesellschafter zur Firmenänderung den Vorrang[119] und eine weitere Meinung überlässt dem Richter die Entscheidung.[120] Ein Verstoß gegen § 30 HGB macht die Firma nicht nichtig, kann also nur zum Verfahren gemäß §§ 37 Abs. 1 HGB, 140 FGG führen.[121] Eine nachträgliche Änderung des Unternehmensgegenstandes oder der Tätigkeit der Gesellschaft macht den Firmengebrauch möglicherweise unzulässig, obwohl nach der Neufassung des § 4 dies unwahrscheinlich ist, macht die Satzungsbestimmung über die Firma aber nicht nichtig, so dass ein Verfahren nach § 144 a FGG nicht,[122] wohl aber nach § 37 Abs. 1 HGB in Betracht kommt.[123]

30   e) **Zuständigkeit.** Die Zuständigkeit für die Verfahren nach §§ 144 a, 144 b FGG liegt gemäß § 7 Abs. 1 beim Amtsgericht des Sitzes der Gesellschaft als Registergericht. Das Verfahren obliegt gemäß § 17 Nr. 1 f RPflG dem Richter, nicht dem Rechtspfleger. Da der Richter von Amts wegen tätig wird, bedarf es keines Antrags, doch können Anregungen gegeben werden von Gesellschaftern, dem etwaigen Aufsichtsrat,

---

[114] BayObLG GmbHR 1980, 11, 12; DB 1982, 984, 985; OLG Frankfurt DNotZ 1980, 121, 122; *Hachenburg/Hohner* § 75 Rn. 20 gegen Vorauft.; *Baumbach/Hueck/Schulze-Osteroh* § 75 Rn. 12 – der aber doch § 75 anwenden will; aA *Hachenburg/Ulmer* Rn. 46; *Keidel/Kuntze/Winkler* § 144 a Rn. 4; bei wesentlicher Änderung des Unternehmensgegenstandes und Täuschungsgefahr auch *Scholz/Winter* § 4 Rn. 8; vgl. § 75 Rn. 19.
[115] S. Rn. 78 zur Berichtigung nach Auflösung; zur Satzungsänderung während des Auflösungsverfahrens s. BayObLG GmbHR 2001, 347.
[116] BayObLG GmbHR 1989, 291 f.
[117] *Scholz/K. Schmidt* Rn. 24 c; *Hachenburg/Ulmer* Rn. 47.
[118] *Staub/Hüffer* § 37 Rn. 24; wohl auch *Jansen* NJW 1966, 1813, 1814 für § 142 FGG.
[119] *Hachenburg/Ulmer* Rn. 47.
[120] KG NJW 1955, 1926 ff. und 1965, 254 ff.; *Scholz/Winter* § 4 Rn. 34. Sehr eingehend und differenzierend *Scholz/K. Schmidt* Rn. 24 c.
[121] *Hachenburg/Ulmer* Rn. 46; *Scholz/K. Schmidt* Rn. 25; aA KGJ 41, 114, 116; *Scholz/Winter* § 4 Rn. 34; *Keidel/Kuntze/Winkler* § 144 a Rn. 4.
[122] BayObLG GmbHR 1989, 291 f.
[123] BayObLG GmbHR 1980, 11 ff.; *Scholz/K. Schmidt* Rn. 24 c; *Meyer-Landrut/Miller/Niehus* Rn. 10; *Baumbach/Hueck/Schulze-Osteroh* § 75 Rn. 12, der aber § 144 FGG für anwendbar hält; aA *Hachenburg/Ulmer* Rn. 46.

Finanzamt oder der IHK. Im Falle der §§ 144a, 144b FGG hat das Gericht eine Frist zu setzen und anzudrohen, dass ein nichtbehobener Mangel festgestellt und die Gesellschaft dadurch gemäß § 144a FGG, § 60 Abs. 1 Nr. 6 aufgelöst wird, oder es ist mit der Fristsetzung der Hinweis zu verbinden, dass die Gesellschaft aufgelöst wird, wenn die fehlende Mindesteinlage nicht geleistet oder sichergestellt wird und das Gericht dies feststellt.[124] Gegen die Aufforderung zur Satzungsänderung oder Einzahlung kann Widerspruch seitens der Gesellschaft (oder auch des Alleingesellschafters oder der IHK) eingelegt werden; gegen Feststellung des Mangels iS des § 144a FGG oder der Begründetheit der Einzahlungsverfügung iS des § 144b FGG ist die sofortige Beschwerde gemäß § 144a Abs. 3 FGG zulässig. Wird ein Widerspruch für begründet erklärt, so kann etwa die IHK einfache Beschwerde einlegen, vgl. § 126 FGG aE. Die Verfügung, durch die der Mangel iS des § 144a FGG festgestellt wird, kann mit der Zurückweisung eines Widerspruchs verbunden werden, wogegen dann die sofortige Beschwerde eingelegt werden kann. Wird das Verfahren rechtskräftig abgeschlossen iS der Verfügung des Gerichts, so ist die Gesellschaft aufgelöst und abzuwickeln.

7. Löschung bei Vermögenslosigkeit (§ 60 Abs. 1 Nr. 7, § 141a FGG); Allgemeines. Diese nach Aufhebung des LöschG[125] ab 1. 1. 1999 in § 60 eingefügte Vorschrift verweist auf den neuen § 141a FGG (zum Wortlaut s. Rn. 32), der jetzt die Löschung vermögensloser Gesellschaften grundsätzlich gleich wie vorher § 2 Abs. 1 LöschG regelt. Der Normzweck laut der Amtlichen Begründung zum LöschG[126] ist, „lebensunfähige Unternehmungen aus dem Rechtsleben auszuschalten". Der Eingriffstatbestand (eine Gesellschaft, die kein Vermögen besitzt) deckt sich damit nicht ganz.[127] Daraus resultiert letztlich die Kontroverse, ob dem Registergericht bei der Entscheidung ein Ermessensspielraum verbleibt oder nicht (Rn. 38). Überhaupt stellt sich hier sehr deutlich die Frage, ob die Löschung die Gesellschaft zum Erlöschen bringt oder schon allein die Vermögenslosigkeit oder nur die Kombination beider (Rn. 52 ff.). Die Einfügung des § 141a FGG in § 60 Nr. 1 ist insofern gesetzestechnisch unglücklich, als § 60 Abs. 1 Auflösungsgründe anführt, die zur Abwicklung (und folgender Löschung) führen, während § 141a FGG die sofortige Löschung vorsieht, der bis auf den Fall verbliebenen Restvermögens – früher § 2 Abs. 3 LöschG, heute § 66 Abs. 5 – keine Abwicklung folgen soll und kann.[128]

31

a) Normtext des § 141a FGG.

32

§ 141a [Löschung vermögensloser Gesellschaften]

(1) Eine Aktiengesellschaft, Kommanditgesellschaft auf Aktien oder eine Gesellschaft mit beschränkter Haftung, die kein Vermögen besitzt, kann von Amts wegen oder auf Antrag auch der Steuerbehörde gelöscht werden. Sie ist von Amts wegen zu löschen, wenn das Insolvenzverfahren über das Vermögen der Gesellschaft durchgeführt worden ist und keine Anhaltspunkte dafür vorliegen, daß die Gesellschaft noch Vermögen besitzt. Vor der Löschung sind die in § 126 bezeichneten Organe zu hören.

(2) Das Gericht hat die Absicht der Löschung den gesetzlichen Vertretern der Gesellschaft, soweit solche vorhanden sind und ihre Person und ihr inländischer Aufenthalt bekannt ist, nach den für die Zustellung von Amts wegen geltenden Vorschriften der Zivilprozeßordnung bekanntzugeben und ihnen zugleich eine angemessene Frist zur Geltendmachung des Widerspruchs zu bestimmen. Das Gericht kann anordnen, auch wenn eine Pflicht zur Bekanntmachung und Fristbestimmung nach Satz 1 nicht besteht, daß die Bekanntmachung und die Bestimmung der Frist durch Einrückung in die Blätter, die

---

[124] § 144b FGG; zur Notwendigkeit der Hinzuziehung der GmbH zum Feststellungsverfahren s. BayObLG DB 1984, 1241; GmbHR 1987, 63; 1992, 110 f.
[125] Dort § 2 Abs. 1.
[126] S. auch BGHZ 75, 178, 180 = NJW 1980, 233 zur AG; BayObLG GmbHR 1979, 176.
[127] Scholz/K. Schmidt Anh. § 60 Rn. 1; s. auch LG Marburg GmbHR 1987, 100 f.
[128] S. dazu eingehend K. Schmidt GmbHR 1994, 829, 831 f.

§ 60   5. Abschnitt. Auflösung und Nichtigkeit der Gesellschaft

für die Bekanntmachung der Eintragung in das Handelsregister bestimmt sind, sowie durch Einrückung in weitere Blätter erfolgt; in diesem Fall ist jeder zur Erhebung des Widerspruchs berechtigt, der an der Unterlassung der Löschung ein berechtigtes Interesse hat. Die Vorschriften des § 141 Abs. 3 und 4 gelten entsprechend.

(3) Die Absätze 1 und 2 finden entsprechende Anwendung auf offene Handelsgesellschaften und Kommanditgesellschaften, bei denen kein persönlich haftender Gesellschafter eine natürliche Person ist. Eine solche Gesellschaft kann jedoch nur gelöscht werden, wenn die zur Vermögenslosigkeit geforderten Voraussetzungen sowohl bei der Gesellschaft als auch bei den persönlich haftenden Gesellschaftern vorliegen. Die Sätze 1 und 2 gelten nicht, wenn zu den persönlich haftenden Gesellschaftern eine andere offene Handelsgesellschaft oder Kommanditgesellschaft gehört, bei der ein persönlich haftender Gesellschafter eine natürliche Person ist.

33   **b) Voraussetzungen bei § 141a Abs. 1 S. 1 FGG. aa) Bestehende GmbH.** Nur eine bestehende GmbH (AG, KGaA) kann Gegenstand des Löschungsverfahrens nach § 141a FGG sein. Vorgesellschaften vor Eintragung sind zwar aktiv parteifähig,[129] können aber nicht gelöscht werden.[130] Die Löschung kann erfolgen unabhängig davon, ob die Gesellschaft noch werbend tätig ist, ob sie bereits aufgelöst ist,[131] ob die Auflösung eingetragen ist oder nicht.[132] Haben aber die Liquidatoren einer GmbH alle Vermögenswerte „versilbert" und damit die Gläubiger, vielleicht nur zum Teil, befriedigt, so ist grundsätzlich das Verfahren des § 141a FGG nicht anzuwenden, sondern die Liquidatoren haben die Pflicht, die Beendigung der Abwicklung anzumelden und die Löschung zu beantragen.[133] Sollten Liquidatoren unter Missachtung der Abwicklungsvorschriften, etwa des Sperrjahres nach § 73, den Gesellschaftern vorzeitig Vermögenswerte übertragen oder diese verstecken, so hat die GmbH in Wirklichkeit noch Vermögen (Ansprüche gegen Gesellschafter oder Dritte auf Herausgabe) und eine Löschung nach § 141a Abs. 1 S. 1 kommt nicht in Betracht.[134]

34   **bb) Vermögenslosigkeit.** § 141a Abs. 1 S. 1 FGG findet bei Vermögenslosigkeit der Gesellschaft Anwendung. Diese Feststellung hat das Registergericht sehr genau und sorgfältig zu treffen,[135] da die Folge regelmäßig die Löschung ist, falls die Ermessensentscheidung des Gerichts nicht anders ausfällt, s. Rn. 36. Es gibt keine Übergangszeit der Auflösung, während der die Gesellschafter evtl. noch die Fortsetzung beschließen können. Die Gesellschaft braucht Vorhandensein von Vermögen zwar nicht zu beweisen,[136] muss aber mitwirken und die Umstände vortragen.[137] **Vermögen** ist, was (jedenfalls grundsätzlich) **bilanzierungsfähig und verwertbar** ist,[138] d. h. was zur Gläubigerbefriedigung oder gegebenenfalls zur Ausschüttung an die Gesellschafter bei Liquidierung des Geschäftsbetriebs oder Zerschlagung der letzten Werte geeignet ist.

---

[129] BGH WM 1998, 245, 246.
[130] Zweifelnd *Scholz/K. Schmidt* Rn. 10 Fn. 82.
[131] Auch aufgrund des § 60 Abs. 1 Nr. 5: BGH KTS 1989, 857; BayObLG GmbHR 1994, 481 f.
[132] S. auch BayObLG BB 1984, 315, 316; OLG Frankfurt BB 1976, 810; DB 1981, 83; *Hachenburg/Ulmer* Anh. § 60 Rn. 14; *Scholz/K. Schmidt* Anh. § 60 Rn. 10; *Meyer-Landrut/Miller/Niehus* Rn. 16.
[133] *Hachenburg/Ulmer* Anh. § 60 Rn. 14; *Hachenburg/Hohner* § 74 Rn. 23.
[134] Vgl. *Scholz/K. Schmidt* Anh. § 60 Rn. 8.
[135] BayObLG NJW-RR 1999, 1054 = GmbHR 1999, 414; KG KGR 2000, 348 f.; OLG Karlsruhe GmbHR 1999, 1100 f.; s. auch OLG Brandenburg NJW-RR 2001, 176 ff.; OLG Hamm GmbHR 1993, 295, 298; *Hachenburg/Ulmer* Anh. § 60 Rn. 15, 27.
[136] OLG Karlsruhe BB 1999, 2210 = DB 1999, 2155.
[137] OLG Brandenburg NJW-RR 2001, 176 ff.
[138] BayObLG BB 1982, 1590; OLG Frankfurt OLGZ 1978, 48, 49 = DB 1978, 628; *Hachenburg/Ulmer* Anh. § 60 Rn. 16; *Scholz/K. Schmidt* Anh. § 60 Rn. 11: was Zugriffs- und Verteilungsmasse für Gläubiger ist; *Lutter/Hommelhoff* § 60 Rn. 16; *Meyer-Landrut/Miller/Niehus* Rn. 16.

Auflösungsgründe **§ 60**

Daher sind **auch an sich nicht bilanzierungsfähige Werte** (etwa selbst erarbeitete Erfindungen oder verwertbarer Know-how) genügendes Vermögen, denn die Bilanzfähigkeit geht diesen Werten nur aus Vorsichtsgründen ab (im Ausland zT zugelassen).[139] Auf das Vorhandensein oder die Höhe von Verbindlichkeiten kommt es an sich nicht an.[140] Vermögensgegenstände, die wirksam – und voll valutiert – sicherungsübereignet sind, müssen für die Beurteilung ausscheiden, ob Vermögen vorhanden ist.[141] Dies ist anders für vollbelastetes Grundeigentum,[142] weil sonst für die Grundbuchbereinigung zu große Probleme entstehen.[143] Vermögen sind demgemäß verteilungsfähige Aktiva. Diese können auch bei Unterkapitalisierung, Überschuldung, Unterbilanz oder bei Masselosigkeit iS des § 26 InsO vorhanden sein.[144] Auch geringe Vermögenswerte hindern die Anwendung des § 141a Abs. 1 S. 1 FGG,[145] nur bei „verschwindend geringem" Vermögen ist gemäß dem Zweck der Vorschrift zu löschen.[146] Zum Vermögen gehört alles, was selbständig verwertbar ist, zB alle durchsetzbaren Forderungen, auch gegen Gesellschafter,[147] vorausgesetzt, die Geschäftsführer sind bereit und in der Lage, sie durchzusetzen;[148] auch Steuerrückzahlungsforderungen sind Vermögensbestandteile. Aktiv- oder Passivprozesse mögen Indizien für Vermögen sein,[149] aber Vorsicht und Prüfung[150] ist geboten. Der bloße Kostenerstattungsanspruch eines gewonnenen Prozesses ist bei noch nicht gezahlten Kosten kein Vermögenswert.[151] Generell unveräußerliche Werte wie die Firma ohne Geschäftsbetrieb gemäß § 23 HGB oder betriebsbezogener Know-how bei Stillegung der Fabrikation sind keine Vermögensgegenstände für Zwecke des heutigen § 141a Abs. 1 S. 1 FGG.[152] Anders ist es, wenn ausnahmsweise doch eine Verwertung möglich ist und betrieben wird.[153] Ein Verlustvortrag der GmbH ist kein Vermögenswert,[154] obwohl bei künftigen Gewinnen vermögenserhöhend, was aber die Fortführung voraussetzen würde. Der GmbH-Mantel steht den Gesellschaftern zu und bleibt daher außer Betracht.[155]

---

[139] AA für Know-how *Scholz/K. Schmidt* Anh. § 60 Rn. 11 unter Berufung auf OLG Frankfurt DB 1978, 628; ähnlich *Heller* Die vermögenslose GmbH, 1989, S. 17 f.
[140] *Hachenburg/Ulmer* Anh. § 60 Rn. 15 a.
[141] LG Hamburg GmbHR 1952, 92; *Hachenburg/Ulmer* Anh. § 60 Rn. 16.
[142] *Hachenburg/Ulmer* Anh. § 60 Rn. 16.
[143] Vgl. *Heller* (Fn. 139) S. 19.
[144] BAG NJW 1988, 263 f.; OLG Frankfurt DB 1981, 83; *Hachenburg/Ulmer* Anh. § 60 Rn. 15; *Scholz/K. Schmidt* Anh. § 60 Rn. 11.
[145] BayObLG BB 1984, 315 f. = WM 1984, 602; *Hachenburg/Ulmer* Anh. § 60 Rn. 15; GroßkommAktG/*Wiedemann* § 262 Anm. 34; alle für § 2 Abs. 1 LöschG.
[146] *Hachenburg/Ulmer* Anh. § 60 Rn. 15; *Hartung* BB 1983, 421; s. auch *Scholz/K. Schmidt* Anh. § 60 Rn. 11; aA OLG Frankfurt BB 1983, 420.
[147] Vgl. BGH BB 1992, 1718; BayObLG BB 1985, 7, 8; *Hachenburg/Ulmer* Anh. § 60 Rn. 17; *Baumbach/Hueck/Schulze-Osterloh* Anh. § 77 Rn. 5.
[148] OLG Hamm GmbHR 1993, 295, 298; aA *Scholz/K. Schmidt* Anh. § 60 Rn. 11.
[149] *Piorreck* Rpfleger 1978, 157.
[150] BayObLG BB 1995, 740 f.
[151] S. dazu etwa BGHZ 74, 212, 215 = NJW 1979, 1592; *Hachenburg/Ulmer* Anh. § 60 Rn. 17; zu prozessualen Fragen s. ausführlich *Bork* JZ 1991, 841 ff.; *Saenger* GmbHR 1994, 300 ff.; aber auch OLG Koblenz NJW-RR 1999, 39 = ZIP 1998, 967.
[152] OLG Frankfurt OLGZ 1978, 49 = DB 1978, 628; *Scholz/K. Schmidt* Anh. § 60 Rn. 11.
[153] *Baumbach/Hueck/Schulze-Osterloh* Anh. § 77 Rn. 5.
[154] *Hachenburg/Ulmer* Anh. § 60 Rn. 18; *Scholz/K. Schmidt* Anh. § 60 Rn. 11; *Baumbach/Hueck/Schulze-Osterloh* Anh. § 77 Rn. 6.
[155] *Hachenburg/Ulmer* Anh. § 60 Rn. 18; mit anderer Begründung *Scholz/K. Schmidt* Anh. § 60 Rn. 11.

§ 60   5. Abschnitt. Auflösung und Nichtigkeit der Gesellschaft

Die Vorlage von Kontoauszügen mit positivem Stand kann genügen, wenn nicht nur „kurzfristige" Vermögenslage angezeigt wird.[156] Jeder Nachweis muss einen zeitnahen Stand zeigen,[157] wozu das Registergericht eine eidesstattliche Versicherung verlangen kann.[158] Ist der Schuldner der GmbH vermögenslos, kann die für die Schuld gestellte Bürgschaft noch werthaltig sein.[159] Die bloße Vorlage eines aktuellen Verrechnungsschecks[160] dürfte nicht genügen. Will eine GmbH ernsthaft Ansprüche gerichtlich geltend machen, kann das Registergericht nicht dem Prozessgericht vorgreifen und die Begründetheit des Anspruchs prüfen.[161] Zeitpunkt der Bewertung ist die letzte Tatsachenentscheidung des Gerichts.[162] Eine GmbH, die zu einem Zeitpunkt vermögenslos war, dann aber wieder zu Vermögen gekommen ist, kann nicht mehr gelöscht werden, da sie noch nicht erloschen war.[163]

35   **c) § 141a Abs. 1 S. 2 FGG: Insolvenzbeendigung ohne ersichtliches Vermögen.** Diese Vorschrift ist ab 1. 1. 1999 in das FGG und in § 60 Abs. 1 Nr. 7 durch Bezugnahme aufgenommen. Dies ist eine neue Regelung des Insolvenz/Gesellschaftsrechts, denn nach der Konkursordnung wurde nach Aufhebung des Verfahrens der Gesellschaftsmantel den Gesellschaftern zurückgegeben, welche die Löschung beantragen konnten;[164] auch konnte das Registergericht nach § 2 Abs. 1 S. 1 LöschG die Löschung verfügen. Durch die Insolvenzordnung soll der Insolvenzverwalter das Verfahren bis zum Ende auch der juristischen Person als Insolvenzschuldner durchführen, ggf. restliches Vermögen gemäß § 199 S. 2 InsO an die Gesellschafter verteilen oder dem Registergericht nach dem neuen § 141a Abs. 1 S. 2 FGG die Aufhebung des Verfahrens zwecks Amtslöschung mitteilen.[165] Das Handelsregister hat dann das Löschungsverfahren (Rn. 36 ff.) einzuleiten, aber natürlich nur dann, wenn gemäß § 141a Abs. 1 S. 2 keine Anhaltspunkte für noch vorhandenes Vermögen vorliegen. Abgesehen davon, dass Dritte nach § 141a Abs. 1 S. 2 FGG nicht antragsberechtigt sind, ist das Verfahren, das im 2. Abs. des § 141a FGG vorgeschrieben ist, ansonsten gleich.

36   **d) Verfahren (Abs. 2). aa) Allgemeines.** Das Verfahren ist in § 141a Abs. 2 FGG relativ ausführlich beschrieben, wie bisher in § 2 Abs. 2 LöschG. Es handelt sich um ein **Amtslöschungsverfahren der freiwilligen Gerichtsbarkeit;** zuständig ist der Richter,[166] nicht der Rechtspfleger. In der Beschwerdeinstanz hat die Kammer, nicht der Vorsitzende zu entscheiden.[167] **Anträge** zu S. 1 können **nach § 141a Abs. 1 S. 1 FGG** die Steuerbehörde (des Landes oder der Gemeinde) stellen und die

---

[156] OLG Düsseldorf WM 1994, 546; s. auch OLG Köln GmbHR 1994, 976.
[157] LG Lüneburg BB 1991, 2489.
[158] So insbes. *Pape* KTS 1994, 157, 165, der eine besonders strenge Prüfung verlangt; aA zu Unrecht OLG Frankfurt/M DB 1992, 1879 = WM 1992, 1944.
[159] OLG Schleswig ZIP 1993, 342.
[160] LG Aurich BB 1992, 1102.
[161] BayObLG GmbHR 1994, 888f. = BB 1994, 1307f.
[162] S. auch OLG Koblenz OLGR Koblenz 2000, 503f. = NVersZ 2000, 397.
[163] Rn. 54; *Scholz/K. Schmidt* Anh. § 60 Rn. 11; *Hachenburg/Ulmer* Anh. § 60 Rn. 19; anders bei geringer Vermögenszufuhr OLG Frankfurt/M DB 1978, 628; anders auch *Crisolli* JW 1934, 2657, 2659, der davon ausging, bloße Vermögenslosigkeit führe zum Erlöschen der Rechtsperson der GmbH.
[164] S. Lit. zu § 163 KO.
[165] *Keitel/Kuntze/Winkler* § 141a Rn. 3; s. dazu ausführlich *K. Schmidt* GmbHR 1994, 829, 831.
[166] OLG Hamm GmbHR 1964, 249, 250; *Däubler* GmbHR 1964, 246; *Scholz/K. Schmidt* Rn. 13.
[167] OLG Brandenburg NJW-RR 2001, 176 ff.

Auflösungsgründe **§ 60**

Berufsvertretung des Handelsstandes.[168] Bei Abs. 1 S. 2 ist kein Antrag nötig, das Amtsverfahren ergibt sich aus dem Wortlaut. Die Steuerbehörde erfährt vielleicht am ehesten von der Vermögenslosigkeit, hat aber häufig keine Kenntnis von oder kein Interesse an ihrem Antragsrecht. So kommt wohl meist die IHK als Antragsteller in Betracht. Der Antragsteller ist nicht Herr des Verfahrens, obwohl beschwerdeberechtigt.[169] Das Gericht wird das Verfahren von Amts wegen einleiten oder zumindest prüfen, ob § 141a Abs. 1 S. 1 FGG ein Eingreifen erfordert, wenn es Kenntnis von wahrscheinlicher Vermögenslosigkeit erhält, etwa bei Eingang der Meldung gemäß § 60 Abs. 1 Nr. 4. Diese Prüfung ist auch dann nötig, wenn der Hinweis von einem sonstigen Dritten kommt, der nicht antragsberechtigt ist und der aber auch nicht etwa durch den Hinweis beschwerdeberechtigt wird.[170] Wegen der schwerwiegenden Folge der Löschung ist die Prüfung besonders gewissenhaft vorzunehmen.[171] Das Verfahren nach § 141a Abs. 2 FGG geht den allgemeinen Verfahren nach §§ 14 HGB, 132 ff. FGG und §§ 31 Abs. 2 HGB, 141 FGG vor.[172] Auch im Liquidationsstadium einer GmbH kann die Amtslöschung erfolgen.[173] Hat die Steuerbehörde den Antrag gestellt, ist nach §§ 126, 141a Abs. 1 S. 3 FGG die IHK auch zu hören.

bb) Durchführung, Widerspruch. Zur Durchführung des Verfahrens nach Abs. 2 **37** hat das Registergericht den gesetzlichen Vertretern der GmbH[174] eine angemessene Frist gemäß Abs. 2 S. 1 zur Geltendmachung des Widerspruchs zu bestimmen. Die Bekanntgabe erfolgt nach den Vorschriften der §§ 208 ff. ZPO, doch kann das Gericht nach S. 2 der Vorschrift auch die Veröffentlichung in den amtlichen Publikationsorganen oder auch in weiteren Blättern anordnen, was insbes. bei unbekanntem Aufenthaltsort der Geschäftsführer erfolgen muss.[175] Die Frist sollte nicht zu kurz sein;[176] uE sollte die Frist drei bis vier Wochen ab Zustellung und ein bis zwei Wochen länger bei Veröffentlichung betragen.[177] Die Bekanntmachung des Gerichts muss klar sein und den Hinweis auf § 141a FGG und die Folgen enthalten, sonst genügt sie den Anforderungen nicht.[178] Den **Widerspruch** können die gesetzlichen Vertreter der Gesellschaft sowie die Gesellschafter[179] und im Falle der Veröffentlichung gemäß ausdrücklicher gesetzlicher Vorschrift alle einlegen, die ein berechtigtes Interesse am Unterbleiben der Löschung haben, also zB Gläubiger. Vernünftigerweise sollte dieses Widerspruchsrecht

---

[168] IHK, Handwerkskammer, § 126 FGG, obwohl dies in § 141a Abs. 1 S. 1 FGG – im Gegensatz zum früheren § 2 Abs. 1 S. 1 LöschG – aA nur noch durch das Wort „auch" gekennzeichnet ist (*Keidel/Kuntze/Winkler* § 141a Rn. 10).
[169] § 20 FGG, s. *Scholz/K. Schmidt* Anh. § 60 Rn. 14; *Hachenburg/Ulmer* Anh. § 60 Rn. 26.
[170] AllgM, s. BayObLG Rpfleger 1969, 56; OLG Frankfurt BB 1976, 810; *Piorreck* Rpfleger 1978, 157, 158; *Hachenburg/Ulmer* Anh. § 60 Rn. 26.
[171] BayObLG NJW-RR 1999, 1054 = GmbHR 1999, 414; GmbHR 1983, 171, 172; BB 1984, 315 f.: trotz Nichtvorlage wesentlicher Status ist weiter zu prüfen; OLG Karlsruhe BB 1999, 2210 = GmbHR 1999, 1100 f.; OLG Hamm GmbHR 1993, 295, 298.
[172] HM, vgl. vor allem *Hachenburg/Ulmer* Anh. § 60 Rn. 25; so für §§ 14 HGB, 132 ff. FGG OLG Hamm JMBl. NRW 1953, 185 f.; *Keidel/Kuntze/Winkler* Anh. § 144 Rn. 2; eine besondere Meinung vertritt *Scholz/K. Schmidt* Rn. 25.
[173] BayObLG GmbHR 1985, 53 f.
[174] BayObLG BB 1995, 740; OLG Hamm GmbHR 1993, 295.
[175] BayObLG BB 1995, 740.
[176] *Piorreck* Rpfleger 1978, 157, 158 Fn. 19; s. auch *Hachenburg/Ulmer* Anh. § 60 Rn. 31.
[177] Kürzere Fristen: *Baumbach/Hueck/Schulze-Osterloh* Anh. § 77 Rn. 9.
[178] S. schon allgemein KG DNotZ 1927, 120; *Scholz/K. Schmidt* Anh. § 60 Rn. 16; *Hachenburg/Ulmer* Anh. § 60 Rn. 31.
[179] BayObLG DB 1994, 978; BB 1995, 2338.

§ 60 5. Abschnitt. Auflösung und Nichtigkeit der Gesellschaft

für Dritte auch bei Zustellung der Verfügung gewährt werden.[180] Der Widerspruch kann durch die Berechtigten formlos eingelegt werden. Er kann begründet werden mit dem Vorhandensein verwertbaren Vermögens oder mit der Darlegung, weshalb die Löschung als untunlich angesehen werde.[181] Auf den Widerspruch hin hat das Gericht erneut den Sachverhalt zu prüfen und allen Hinweisen, die ggf. auch von nicht widerspruchsberechtigten Dritten kommen können, nachzugehen. Nach Prüfung oder bei Ablauf der Frist ohne Widerspruch entscheidet das Gericht durch Verfügung. War kein Widerspruch eingelegt, wird in der Regel die Löschung zu verfügen sein. Bei Widerspruch ist dieser zurückzuweisen und die Löschung zu verfügen, oder dem Widerspruch ist stattzugeben und das Verfahren einzustellen. Ergeht die Löschungsverfügung, nachdem innerhalb der gesetzten Frist kein Widerspruch eingelegt worden ist, so ist sie sogleich rechtskräftig und die Löschung hat zu erfolgen. Eine Wiedereinsetzung zur Widerspruchseinlegung nach Ablauf der Frist ist nicht zulässig.[182] Ist der Widerspruch zurückgewiesen, kann der Widersprechende gemäß § 141 Abs. 2 S. 3 und Abs. 3 FGG **sofortige Beschwerde** einlegen. Jedenfalls ist gemäß § 141a Abs. 1 S. 3 FGG vor der Löschung die IHK zu hören, die Anträge stellen kann und gegen Löschung oder Nichtlöschung gemäß § 126 FGG beschwerdeberechtigt ist.

38 cc) **Ermessensentscheidung.** Die Durchführung des Verfahrens und die Löschung bei Vermögenslosigkeit iS des § 141a Abs. 1 S. 1 FGG stehen im **Ermessen des Gerichts**.[183] Soweit die hM sich auf das Wort „kann" in § 141a Abs. 1 S. 1 stützt, ist mit *K. Schmidt* unter Hinweis auf zahlreiche Ermächtigungsnormen (u. a. § 61 festzustellen, dass das „kann" die Amtspflicht zum Eingriff bei Vorliegen der Voraussetzungen (Vermögenslosigkeit) nicht notwendig ausschließt. Aber Entstehungsgeschichte und Gesetzeszweck des früheren LöschG verweisen nicht darauf, dass jede vermögenslose GmbH[184] ohne Ausnahme zu löschen sei, sondern es sollten die „lebensunfähigen" Gesellschaften verschwinden (ohne dass dies in den Gesetzestext aufgenommen wäre). *Ulmer*[185] hat gegenüber *K. Schmidt* zu Recht darauf hingewiesen, dass gerade nach der neueren Meinung, die Vermögenslosigkeit nicht als automatischen Erlöschensgrund annimmt, keine Bedenken gegen das Fortbestehen einer vermögenslosen GmbH zu sehen sind, wenn überwiegende Interessen der Beteiligten der Löschung entgegenstehen. Auch die Tatsache, dass bis 1997 in § 2 Abs. 1 S. 2 LöschG aF die Löschung wegen fehlender Offenlegung bei (nur) vermuteter Vermögenslosigkeit zwangsläufig zu erfolgen hatte, ist nicht, wie *K. Schmidt*[186] meint, ein wirksames Gegenargument, da

---

[180] So BayObLG BB 1995, 169 = GmbHR 1995, 530 f.; *Piorreck* Rpfleger 1978, 157, 159; *Scholz/K. Schmidt* Anh. § 60 Rn. 16; *Baumbach/Hueck/Schulze-Osterloh* Anh. § 77 Rn. 9; aA, nämlich dem Gesetzestext entsprechend: *Hachenburg/Ulmer* Anh. § 60 Rn. 32.
[181] Dazu Rn. 38; s. *Hachenburg/Ulmer* Anh. § 60 Rn. 32; *Piorreck* Rpfleger 1978, 157, 159; *Baumbach/Hueck/Schulze-Osterloh* Anh. § 77 Rn. 9 und *Scholz/K. Schmidt* Anh. § 60 Rn. 16 – von ihrer Position zur Ermessensfrage, s. Rn. 38, richtigerweise –: nur Geltendmachung verwertbaren Vermögens zulässig.
[182] KG JW 1936, 2935; *Jansen* FGG § 144 Anh. II, LöschG § 2 Rn. 8; *Keidel/Kuntze/Winkler* Anh. § 141a Rn. 13; *Hachenburg/Ulmer* Anh. § 60 Rn. 33.
[183] Wohl noch hM, vgl. insbes. OLG Karlsruhe BB 1999, 2210 f. = GmbHR 1999, 1100 f.; OLG Frankfurt OLGZ 1978, 48, 49 f. = DB 1978, 628 und BB 1983, 420; *Keidel/Kuntze/Winkler* Anh. § 144 Rn. 4; *Piorreck* Rpfleger 1978, 157, 158; *Hachenburg/Ulmer* Anh. § 60 Rn. 28; *Meyer-Landrut/Miller/Niehus* Rn. 18; aA insbes. *Scholz/K. Schmidt* Anh. § 60 Rn. 15; *Baumbach/Hueck/Schulze-Osterloh* Anh. § 77 Rn. 9; *Lutter/Hommelhoff* § 60 Rn. 16.
[184] AG, KGaA.
[185] *Hachenburg/Ulmer* Anh. § 60 Rn. 28.
[186] *Scholz/K. Schmidt* Rn. 15.

Auflösungsgründe **§ 60**

für Abs. 1 S. 2 LöschG in der bis 18. 10. 1994 geltenden Fassung (s. Anh. § 60 Rn. 10 der Vorauflagen) eine 3-jährige Pflichtverletzung Aufgreiftatbestand war, also ein Organisationsmangel existieren musste. In Anbetracht der Tatsache, dass das Gericht ohnehin nicht eben häufig von der Vermögenslosigkeit einer Gesellschaft erfährt, also wohl zahlreiche vermögenslose Gesellschaften unbehelligt existieren, sollte jedes vernünftige Interesse der Gesellschaft den Fortbestand ermöglichen, zumindest wenn keine öffentlichen Interessen entgegenstehen; es soll aber ein strenger Maßstab zugunsten der Löschung anzulegen sein,[187] was wohl zu strikt ist. Gläubiger haben kaum ein besonderes Interesse an der Löschung, eher schon am Fortbestand der Gesellschaft, etwa wenn die Gesellschafter eine Wiederbelebung und dann Zahlung in Aussicht gestellt haben.[188] Demnach braucht das Gericht eine vermögenslose GmbH (Mantel) bei funktionierender Organisation[189] nur bei öffentlichem Interesse zu löschen.[190] Das Gericht wird daher auf Antrag oder bei eigener Kenntnis von der Vermögenslosigkeit zunächst das Verfahren mit Bekanntmachung seiner Löschungsabsicht eröffnen, es sei denn, die Gründe für den Fortbestand der Gesellschaft sind von vornherein evident. Nach Erhalt eines Widerspruchs wird es dann das öffentliche Interesse an einer Löschung und das Interesse der Gesellschafter an dem Mantel abwägen.[191] Geht kein Widerspruch ein und melden sich auch nicht die Gesellschafter mit Hinweisen, dürfte es an einer ausreichenden Organisation fehlen, die Gesellschaft ist daher jedenfalls zu löschen.

dd) Löschung. Die Löschung ist zulässig bei Rechtskraft der den Widerspruch 39 zurückweisenden Verfügung bzw. mit Ablauf der gesetzten Frist, sofern kein Widerspruch eines gesetzlich Berechtigten (Rn. 37) gemäß § 2 Abs. 2 S. 3 iVm. § 141 Abs. 4 FGG erfolgte. Bei Versäumung der Frist ist eine Wiedereinsetzung ausgeschlossen. Gegen die Löschungsverfügung selbst und ihre Durchführung ist keine Beschwerde mehr zulässig.[192] Allenfalls ist bei wesentlichen Verfahrensfehlern eine Amtslöschung des Löschungseintrags nach § 142 FGG vorzunehmen, etwa wenn vor Ablauf der (angemessenen) Widerspruchsfrist oder vor Rechtskraft der Widerspruchszurückweisung gelöscht worden ist.[193] Hingegen führt das nachträgliche Bekanntwerden von vorhandenem Vermögen nicht zur Amtslöschung der Löschung.[194] Der neue § 66 Abs. 5 sieht für diesen Fall eine Liquidation vor (s. dort).

IV. Auflösungsgründe laut Gesellschaftsvertrag (§ 60 Abs. 2)

1. Selbstwirkende Auflösungsgründe. a) Beispiele. Im **Gesellschaftsvertrag** 40 können **weitere Gründe** zur Auflösung der Gesellschaft niedergelegt sein, bei deren

---

[187] OLG Hamm GmbHR 1993, 295, 298.
[188] Anders bei § 60 Abs. 1 Nr. 5, da dann Masselosigkeit offensichtlich.
[189] Aktionsfähige Geschäftsführung, Einschuss von Mindeststeuern etc. durch Gesellschafter, Abgabe der Registererklärung usw.
[190] AA zur Regelvorgabe *Hachenburg/Ulmer* Anh. § 60 Rn. 29: außer in Ausnahmefällen wird öffentliches Interesse an Löschung überwiegen.
[191] Dazu OLG Karlsruhe BB 1999, 2210 f. = GmbHR 1999, 1100 f.; OLG Frankfurt OLGZ 1978, 48, 51 = DB 1978, 628; OLG Hamm GmbHR 1993, 295, 298.
[192] *Hachenburg/Ulmer* Anh. § 60 Rn. 34; *Scholz/K. Schmidt* Rn. 17; *Baumbach/Hueck/Schulze-Osterloh* Anh. § 77 Rn. 11.
[193] AllgM, s. auch OLG Düsseldorf DB 1998, 2258 f.; OLG Frankfurt/M. GmbHR 1993, 298 = DB 1992, 2541.
[194] BayObLG GmbHR 1997, 1003 f.; OLG Düsseldorf DB 1998, 2258 f.; *Baumbach/Hueck/Schulze-Osterloh* Anh. § 77 Rn. 11; *Hachenburg/Ulmer* Anh. § 60 Rn. 34; *Scholz/K. Schmidt* Anh. § 60 Rn. 23.

Vorliegen die Gesellschaft aufgelöst ist.[195] Solche Gründe können in der Person eines Gesellschafters oder in den Verhältnissen der Gesellschaft eintreten, ohne dass dies eines auf Auflösung zielenden Willens des Gesellschafters oder der betr. Gesellschaft bedarf.[196] So kann gemäß Satzung der **Tod oder die Geschäftsunfähigkeit** eines Gesellschafters, insbes. eines geschäftsführenden, Auflösungsgrund sein. Auch könnte die **Insolvenz eines Gesellschafters** oder die Pfändung seines Geschäftsanteils als Grund zur Auflösung in die Satzung aufgenommen sein. Aber außer in Fällen, in denen ein solches Ereignis die Funktionsfähigkeit der Gesellschaft ausnahmsweise erheblich beeinträchtigt, sollte eher die Einziehung des Geschäftsanteils des Gesellschafters oder dessen Ausschluss aus der Gesellschaft vorzusehen sein, damit die Gesellschaft fortbesteht und der Anteil nicht vom Insolvenzverwalter oder pfändenden Gläubiger verwertet wird.[197] Auflösungsbegründende Verhältnisse der Gesellschaft könnten etwa Verlustabschlüsse während eines festgelegten Zeitraums sein, der durch eine Bilanz erkenntliche Verlust von $3/4$ des Stammkapitals oder insbes. der Verlust oder die Entziehung einer notwendigen behördlichen Genehmigung (die per se nicht zur Auflösung führt), auch die Insolvenz des einzigen (satzungsmäßigen) Kunden der Gesellschaft oder die Vernichtung eines für die Geschäftstätigkeit ausschlaggebenden Patents. Das Auslaufen eines Patents ist eher eine Zeitbestimmung iS des Abs. 1 Nr. 1 (s. Rn. 12). Die Satzung kann auch die Zweckerreichung gemäß § 61 als Auflösungsgrund vorsehen.[198]

41   **b) Bestimmtheit.** Jeder Auflösungsgrund muss eindeutig und bestimmt in der Satzung benannt sein, da die Auflösung wie bei den gesetzlichen Gründen automatisch eintritt. Wie fast immer ist die folgende Eintragung in das Register deklaratorisch. Das „Vorliegen eines wichtigen Grundes", wohl auch „Unmöglichkeit der Zweckerreichung", sind zu unbestimmt;[199] ebenso „mangelnde Rentabilität", weil diese bei der Anmeldung gemäß § 65 nicht nachgewiesen werden kann.[200] In solchen Fällen ist entweder eine Auflösungsklage nach § 61 (s. dort) möglich oder ggf. ein Kündigungsrecht gegeben (Rn. 43). Auch könnte eine solche nicht genügend bestimmte Satzungsklausel evtl. eine Stimmbindung bewirken, d. h. die Gesellschafter müssen für eine richtige Interpretation uU ihre Stimme abgeben.

42   **c) Unklare oder individuell vereinbarte Auflösungsgründe.** Da Auflösungsgründe nur als eindeutige Satzungsbestimmung unmittelbar wirksam sind, ist eine **undeutliche Vorschrift in der Regel als Stimmbindung** unter den Gesellschaftern auszulegen. Entsprechend können auch **Vereinbarungen** der Gesellschafter **außerhalb des Gesellschaftsvertrages** eine solche Bindung herbeiführen.[201] Dann sind die Gesellschafter verpflichtet, einem entsprechenden Auflösungsbeschluss zuzustimmen. Sollte die Auslegung ergeben, dass keine Bindung gewollt war, so handelt es sich um bloße Anregungen, einen Auflösungsbeschluss auf die Tagesordnung einer Gesellschafterversammlung zu setzen oder auch nur zu überlegen. Eine solche Interpretation wird aber insbes. bei Satzungsbestimmungen nur selten richtig sein. Schließ-

---

[195] Außerhalb der Satzung vereinbarte Gründe führen nicht unmittelbar zur Auflösung: RGZ 79, 418, 432 f.; allgM.
[196] Zur Kündigung s. Rn. 43 ff.
[197] Zur Einziehung und zum Ausschluss s. Erl. zu § 34.
[198] *Meyer-Landrut/Miller/Niehus* Rn. 20.
[199] *Scholz/K. Schmidt* Rn. 40; *Hachenburg/Ulmer* Rn. 64; *Baumbach/Hueck/Schulze-Osterloh* Rn. 50.
[200] AA *van Venrooy* GmbHR 1993, 65 ff., der zu Unrecht das Bestimmtheitserfordernis leugnet.
[201] Vgl. *Hachenburg/Ulmer* Rn. 63.

Auflösungsgründe **§ 60**

lich können undeutliche Vertragsbestimmungen auch ein Kündigungsrecht gewähren.[202]

2. Kündigungsrecht. a) Kündigung laut Satzung. Der Gesellschaftsvertrag 43 kann den Gesellschaftern ein Kündigungsrecht gewähren, und dies geschieht nicht ganz selten. **In modernen Gesellschaftsverträgen** ist die Wirkung einer (wenn überhaupt) vorgesehenen Kündigung meist und vernünftigerweise dahin präzisiert, **dass der Kündigende** (entgeltlich oder als unentgeltliche Einziehung) aus der Gesellschaft **ausscheidet** und die Gesellschaft den Anteil einzieht, erwirbt oder den anderen Gesellschaftern den Erwerb überlässt.[203] In diesen Fällen erfolgt **keine Auflösung**.[204] Ist im übrigen das freie Kündigungsrecht gewährt – meist mit Kündigungsfrist –, so ist problematisch nur noch die häufig nicht genügend eindeutig geregelte Abfindung und die Frage, wer den Geschäftsanteil wie erwerben soll.[205]

b) Ausscheiden oder Auflösung? Schwieriger ist die Rechtslage, wenn die Sat- 44 zung die Wirkung einer Kündigung nicht klar festlegt. Die **Rechtsprechung** hat dann stets die **Auflösung** der Gesellschaft angenommen, soweit nicht die Auslegung einer unklaren Bestimmung doch zum Resultat des Ausscheidens des Kündigenden führte.[206] Eine starke Meinung in der **Literatur** will hingegen **im Zweifel das Ausscheiden des Kündigenden** annehmen, weil die anderen Gesellschafter und evtl. sogar die Öffentlichkeit ein Interesse am Weiterbestehen des Unternehmens hätten und der Kündigende dadurch ja im Grundsatz keine Nachteile habe.[207] Diese Ansicht dürfte durch die Neufassung des § 131 Abs. 3 Nr. 3 HGB,[208] nach der die Kündigung durch einen OHG-Gesellschafter zu dessen Ausscheiden führt, erheblich stärkeres Gewicht bekommen haben. Diese Literaturmeinung bekämpft *Ulmer*[209] mit dem Hinweis, eine Auslegungsregel (im Zweifel Ausscheiden des Kündigenden) sei schon wegen der entgegenstehenden festen Rechtsprechung nicht zu finden. Im übrigen spreche für die Richtigkeit der Judikatur, wie der Gesetzgeber die Wirkung einer Kündigung bei Personengesellschaften vorgegeben habe – heute nicht mehr der Gesetzeslage entsprechend, s. § 131 Abs. 3 Nr. 3 HGB – und wie schwierig es sei, das Ausscheiden (Einziehung oder Erwerb des Geschäftsanteils) umzusetzen und das Entgelt zu bestimmen.[210] *K. Schmidt*[211] folgt nunmehr im Grundsatz der Rechtsprechung – im Zweifel Auflösung –, stellt die Ausübung des Rechts aber unter die bei ihm zu § 61 Rn. 3 erläuterte Subsidiarität.

---

[202] *Scholz/K. Schmidt* Rn. 40; s. folgende Rn. 43.
[203] S. dazu *Baumbach/Hueck/Schulze-Osterloh* Rn. 50.
[204] Zum Austrittsrecht des Gesellschafters allgemein (auch ohne Satzungsbestimmung) s. § 34 Rn. 75 ff.
[205] *Hachenburg/Ulmer* Rn. 67.
[206] RGZ 93, 326, 327; 113, 147, 149; BGH GmbHR 1997, 501 f.: durch Satzungsauslegung; OLG Karlsruhe GmbHR 1960, 24 f.; s. auch BayObLG BB 1975, 249, 250; s. Nachweise bei *Hachenburg/Ulmer* Rn. 67.
[207] Vgl. etwa *Scholz* JR 1948, 115 ff.; *R. Fischer* GmbHR 1955, 165, 168 f.; *Fichtner* BB 1967, 17, 18; *Hofmann* GmbHR 1975, 217, 223; *Vogel*, FS Knur, 1972, S. 259, 266 f.; *Lutter/Hommelhoff* Rn. 27; aA *Brodmann* Anm. 3 d.
[208] Im Gegensatz zu § 131 Nr. 6 HGB aF.
[209] *Hachenburg/Ulmer* Rn. 68 ff., gegen *W. Schmidt/Goerdeler* Anm. 35 in der Voraufl. *Hachenburg*.
[210] Wie *Hachenburg/Ulmer* auch *Baumbach/Hueck/Schulze-Osterloh* Rn. 51; *Eder* HdB GmbH, I 171; *Meyer-Landrut/Miller/Niehus* Rn. 21, *ders.*, FS Stimpel, 1985, S. 434 ff.
[211] *Scholz/K. Schmidt* Rn. 41.

§ 60   5. Abschnitt. Auflösung und Nichtigkeit der Gesellschaft

45   c) **Stellungnahme.** Bei **Abwägung** der Meinungen ist denjenigen zu folgen, die sich für das **Ausscheiden des Kündigenden** aussprechen. Das Gesetz kennt eine Kündigung bei Kapitalgesellschaften nicht (die Kündigung beim Verein ist wegen der fehlenden Vermögensbeteiligung des Mitglieds nicht vergleichbar); ein Auflösungsbeschluss ist bewusst nur der (regelmäßig sogar qualifizierten) Mehrheit gemäß § 60 Abs. 1 Nr. 2 vorbehalten. Die Kündigungsregelung des Gesetzes bei den Personenhandelsgesellschaften war früher missglückt und wurde praktisch immer abbedungen; seit der Neufassung des HGB 1994 (§ 131 Abs. 3 Nr. 3 HGB nF) ist nun das Ausscheiden des Kündigenden bei der OHG/KG (dispositiv) gesetzlich vorgesehen. – Die Möglichkeit jedes einzelnen Gesellschafters, die Auflösung der Gesellschaft ohne Grund herbeizuführen, ist wenig wünschenswert. Obwohl die Konstruktion der Kündigung als Ausscheidensgrund bei einer Kapitalgesellschaft schwierig sein mag,[212] ist dies immer noch vernünftiger als die Auflösung der Gesellschaft. Am besten wird schon der Begriff „Kündigung" vermieden und statt dessen von Austrittsrechten oder Ankaufspflichten gesprochen. Diese sollten dann in Voraussetzung und Folgen (Entgelt und Auszahlung) möglichst genau geregelt werden. Aber natürlich können die Gesellschafter, wenn sie wollen, auch ein Auflösungsrecht für jeden einzelnen von ihnen vorsehen. Nur sollte bei Zweifeln über die Auslegung ein solches Recht nicht angenommen werden. Die Rechtsprechung bringt uE bei der Auslegung nicht eindeutiger Kündigungsklauseln keine glückliche Lösung. Wie die Gerichte das Austrittsrecht aus wichtigem Grund auch ohne entsprechende Regelung im Gesellschaftsvertrag vielfach gewährt haben (s. § 34 Rn. 75 ff.), sollten sie auch in undeutlichen Kündigungsklauseln im Zweifel eine Austrittsregel finden. *Ulmer*[213] schlägt vor, die übrigen Gesellschafter könnten ja einen Fortsetzungsbeschluss fassen, der durch ein als rechtsmissbräuchlich zu qualifizierendes Veto des Kündigenden, wenn ihm eine vergleichbare Vermögensposition wie bei Liquidierung gewährt werde, nicht behindert werden könne: wenn aber das Kündigungsrecht durch Auslegung zum Recht, die Auflösung herbeizuführen, geworden ist, muss dann nicht ein Fortsetzungsbeschluss selbst als missbräuchlich angesehen werden?

46   d) **Bei Auflösung: Voraussetzungen.** Wenn die Satzung ein Auflösungsrecht durch Kündigung vorsieht, sollten die Voraussetzungen möglichst genau festliegen. Allerdings ist keine besonders einschneidende Bestimmtheitsanforderung an die Kündigungsgründe zu stellen,[214] denn die Kündigungs**erklärung** selbst muss eindeutig sein und ihre Berechtigung kann gerichtlich überprüft werden. Aber gerade Rechtsstreitigkeiten sollten vermieden werden. Noch besser wäre es, den anderen Gesellschaftern das Recht zu gewähren, die an sich eintretende Auflösung durch Übernahme des Anteils oder dessen Einziehung zu vermeiden.[215] In solchem Falle sollten wiederum die **Wertermittlung und der Auszahlungsmodus** für das Entgelt des Ausscheidenden **klar vereinbart** sein. Anderenfalls ist der Verkehrswert auszuzahlen, aber über dessen Ermittlung sind heftige Streitereien möglich und üblich.

---

[212] Nicht automatisches Ausscheiden, sondern Einziehung oder Erwerb des Anteils, s. *Hachenburg/Ulmer* Rn. 66 ff.
[213] *Hachenburg/Ulmer* Rn. 70.
[214] *Hachenburg/Ulmer* Rn. 71; *Scholz/K. Schmidt* Rn. 42: geringere Bestimmtheit erfordert.
[215] Vgl. etwa die Überlegungen des BGH NJW 1985, 1901 f.; s. auch Satzungsklausel gemäß BGH GmbHR 1997, 501 f.

V. Weitere Auflösungsgründe

1. Nichtigkeit, Spaltung. Die Nichtigkeit der Gesellschaft, die gemäß § 75 festgestellt wird, hat im Grunde auch Auflösungswirkung, vgl. Erl. zu §§ 75, 77. In den **neuen Bundesländern** (Rn. 50) gilt für Unternehmen der Treuhandanstalt das **Gesetz über die Spaltung** der von der Treuhandanstalt verwalteten Unternehmen vom 5. 4. 1991.[216] Bei **völliger Aufspaltung** tritt bei dem übertragenden Unternehmen nicht nur Auflösung ein, sondern es **erlischt ohne Abwicklung** gemäß §§ 1 Abs. 1 Nr. 1, 10 Abs. 1 Nr. 2 SpaltG, ohne dass es einer Löschung bedarf (Rn. 63). – Ebenso wirkt die Aufspaltung (Auflösung ohne Abwicklung) gemäß § 123 Abs. 1 **UmwG**, s. § 131 Abs. 1 Nr. 2 UmwG. 47

2. §§ 3, 17 VereinsG. Das VereinsG sieht in § 3 Abs. 1 S. 1 das mit der Auflösung verbundene Verbot auch einer GmbH gemäß § 17 VereinsG vor. Näheres dazu § 62 Rn. 12. 48

3. § 38 KWG. Das Bundesaufsichtsamt für das Kreditwesen kann bei Rücknahme der Bankerlaubnis die Abwicklung des Kreditinstituts anordnen. Nach ausdrücklicher Vorschrift wirkt die Anordnung **wie ein Auflösungsbeschluss.** Das Amt hat die Anordnung dem Registerrichter bekanntzumachen, der die Auflösung einträgt, § 38 Abs. 1 KWG. 49

4. Recht im neuen Bundesgebiet. Für die Kapitalgesellschaften in den neuen Bundesländern gelten einige **besondere Auflösungsgründe.** So ist in § 22 **Treuhandgesetz** vom 17. 6. 1990[217] für die Kapitalgesellschaften „im Aufbau" gemäß § 11 Abs. 2 TreuhG, welche gewisse Maßnahmen zur endgültigen Eintragung im Handelsregister nicht bis zum 30. 6. 1991 durchgeführt haben, die Auflösung vorgeschrieben.[218] Zu diesen Maßnahmen gehörte insbes. die (schwierige) Aufstellung der Eröffnungsbilanz gemäß § 20 Abs. 1 Nr. 2 TreuhG. Diese Auflösung ist bei zahlreichen solcher Gesellschaften eingetreten;[219] natürlich konnte die Treuhandanstalt die Fortsetzung beschließen und eine ordnungsgemäße Neugründung vornehmen. – Für alle Kapitalgesellschaften, die dem **D-Markbilanzgesetz** vom 18. 4. 1991[220] unterfallen, also praktisch alle Gesellschaften mit am 1. 7. 1990 bestehender Hauptniederlassung in der damaligen DDR, gilt § 57 DMBilG. Nach dessen Abs. 1 sind Gesellschaften, welche die Neufestsetzung ihrer Kapitalverhältnisse nach diesem Gesetz nicht bis zum 31. 12. 1994 ordnungsgemäß zur Eintragung in das Handelsregister angemeldet haben, mit dem Ablauf dieses Tages aufgelöst. Bei angefochtenen Neufestsetzungsbeschlüssen ist die Frist entsprechend verlängert. Nach Art. 19 Abs. 11 Registerverfahrensbeschleunigungsgesetz gilt für Gesellschaften, die nach § 57 DMBilG schon zum 31. 12. 1993 aufgelöst waren, die Fortsetzung als beschlossen, doch unterfallen sie dann dem neuen Stichtag 31. 12. 1994. Nach § 57 Abs. 2 DMBilG sind solche Gesellschaften ebenfalls aufgelöst, wenn sie bei einem unter dem nötigen Mindestkapital liegenden Stammkapital nicht bis zum 31. 12. 1992 die Erhöhung beschlossen und ordnungsgemäß zur Eintragung in das Handelsregister angemeldet hatten. Schließlich werden nach § 57 50

---

[216] BGBl. I S. 854.
[217] BGBl. I S. 300; geändert: BGBl. 1991 I S. 766; BGBl. 1994 I S. 2062.
[218] Zur Rechtsnatur der GmbH im Aufbau s. *K. Schmidt* GmbHR 1992, 570 ff. mwN.
[219] S. *Horn* Das Zivil- und Wirtschaftsrecht im neuen Bundesgebiet, 2. Aufl. 1993, § 17 Rn. 22.
[220] BGBl. I S. 971, 1951, idF v. 28. 7. 1994 – BGBl. I S. 1842, letzte Änderung v. 22. 6. 1998, BGBl. I S. 1474.

Abs. 3 DMBilG Gesellschaften, die ein Kapitalentwertungskonto nach den Vorschriften des Gesetzes gebildet haben, mit Ablauf des 31. 12. 1997 aufgelöst, wenn nicht bis dahin die Durchführung des Ausgleichs in das Handelsregister eingetragen worden ist.[221] – Das **Aufleben beendeter Gesellschaften** bestimmt das **Vermögensgesetz** idF vom 21. 12. 1998[222] zwecks Antragstellung auf Rückübertragung in der früheren DDR enteigneter Unternehmen. § 6 Abs. 1 (a) sieht vor, dass **nicht mehr existierende Gesellschaften,** die solche Ansprüche stellen können, als „**in Auflösung** befindlich" fortbestehen, wenn mehr als 50% der früheren Gesellschafter bekannt sind und ihre Ansprüche geltend gemacht haben.[223] § 6 Abs. 10 schreibt die Bestellung von Abwicklern (Liquidatoren) für diese anspruchstellenden Gesellschaften vor und regelt einige Einzelheiten.[224] Zum **Spaltungsgesetz** s. Rn. 63. – Im Übrigen gelten auch für die Gesellschaften mit Sitz in den neuen Bundesländern die §§ 60 ff. ebenso wie im alten Bundesgebiet.

51 **5. Art. 12 § 1 GmbH-Novelle 1980.** Art. 12 § 1 des Gesetzes zur Änderung des GmbHG vom 4. 7. 1980:[225] Altgesellschaften (die vor dem 31. 12. 1985 eingetragen waren) mit einem **Stammkapital von weniger als DM 50 000 wurden automatisch aufgelöst,** wenn sie bis zum Ablauf des 31. 12. 1985 nicht einen Gesellschafterbeschluss über die Erhöhung des Stammkapitals auf mindestens DM 50 000 (oder einen Beschluss über die Umwandlung in eine Personengesellschaft gemäß Umwandlungsgesetz) zur Eintragung in das Handelsregister angemeldet hatten. Bei der Anmeldung der Erhöhung des Stammkapitals mussten die Geschäftsführer versichern, dass mindestens DM 25 000 eingezahlt waren. Zur fehlenden Einzahlungsversicherung und zur Frage einer Eintragung der Auflösung und dann der Fortsetzung der Gesellschaft bei unrichtiger Eintragung vgl. BayObLG BB 1987, 2119 ff. Damit aufgelöste Gesellschaften nicht auch tatsächlich liquidiert werden mussten, sieht Abs. 3 des genannten Art. 12 § 1 ausdrücklich vor, dass solche Gesellschaften durch Kapitalerhöhung auf DM 50 000 und/oder Versicherung des Geschäftsführers über die Einzahlung von mindestens DM 25 000 fortgesetzt werden können. Zur Fortsetzung allgemein s. Rn. 65 ff.[226]

VI. Löschung und Beendigung der Gesellschaft

52 **1. Allgemein.** Die Auflösung der Gesellschaft (Rn. 5) führt im allgemeinen zur **Liquidation** gemäß §§ 65 bis 74 und danach zur **Löschung** der Gesellschaft im Handelsregister gemäß § 74 Abs. 1 S. 2. In den meisten Fällen ist die Gesellschaft dann **beendet** (erloschen). Das muss aber nicht so sein, insbes. wenn trotz Löschung im Handelsregister noch aktives Vermögen der Gesellschaft vorhanden ist. Es kann auch noch weiterer, nicht vermögensbezogener Handlungsbedarf bestehen. Im früheren LöschG § 2 Abs. 3 war festgesetzt, eine Liquidation – also eine nachzuholende Liquidation – finde statt, wenn sich nach der Löschung nach § 2 Abs. 1 LöschG noch Vermögen herausstellt. Ähnlich ist es in § 273 Abs. 5 AktG und ab 1. 1. 1999 im neuen § 66 Nr. 5 ausgedrückt. Die Wechselbeziehungen zwischen der Löschung und der Be-

---

[221] Zur Auflösung, Fortsetzung und Haftung bei diesen Gesellschaften s. *Heni* GmbHR 1991, 507 ff.
[222] BGBl. I S. 4026.
[223] S. dazu OVG Berlin GmbHR 1993, 510 f.
[224] BezG Dresden WM 1993, 292.
[225] BGBl. I S. 836.
[226] Zu den Problemen des Art. 12 § 1 GmbH-Novelle 1980 s. u. a. *Gustavus* Rpfleger 1985, 342 ff.; *Bartl* BB 1985, 2080 f.; *Hachenburg/Ulmer* Rn. 56 ff.

Auflösungsgründe **§ 60**

endigung der Gesellschaft sind immer noch umstritten, wie unten darzustellen ist. Die Frage ist, ob die Vermögenslosigkeit allein, die Löschung allein oder das Zusammensein beider oder weiterer Tatbestandsmerkmale zum Erlöschen, zur Voll-Beendigung der Gesellschaft führt.

2. Verschiedene Beendigungsmeinungen. Die Löschung (allein) **bewirkt** 53 **nicht das Erlöschen** der Gesellschaft, wenn nämlich noch Vermögen vorhanden ist. Die **früher**, heute aber wohl nicht mehr[227] **herrschende Meinung und die Rechtsprechung** gehen jedoch davon aus, dass **bereits die bloße Vermögenslosigkeit** der Gesellschaft[228] automatisch zum Erlöschen führt und daher die Löschung der Eintragung **nur deklaratorische Wirkung** hat.[229] Bei Löschung trotz vorhandenen Vermögens ändert sich nach hM an der (fehlenden) Wirkung der Löschung nichts: die Gesellschaft befindet sich in Wirklichkeit in Auflösung. Die Diskussion über die Beendigung der Gesellschaft hat mehr theoretische als praktische Bedeutung. Trotzdem ist eine Stellungnahme nötig. – *Ulmer*[230] und *Hönn*[231] weisen zu Recht darauf hin, dass bei dem für Kapitalgesellschaften geltenden Eintragungsprinzip das automatische Erlöschen einer vermögenslos gewordenen Gesellschaft nicht angenommen werden kann und dass der Handel mit Mänteln[232] die Praxisferne der herrschenden Meinung zeigt. Zudem ist in der Praxis schwer festzustellen, wann eine GmbH vermögenslos ist. Dem Rechtsverkehr sollte die automatische Beendigung einer GmbH ohne jede Verlautbarung im Handelsregister nicht zugemutet werden. *Ulmer*[233] macht ernst mit dem Eintragungsprinzip und meint, durch die Löschung verliere die Gesellschaft ihre Rechtsfähigkeit. Für den Fall, dass bei Amtslöschung noch Vermögen vorhanden war, nimmt er heute im Anschluss an *Hüffer*[234] eine Gesamthand der Gesellschafter als Nachgesellschaft mit dem GmbH-Vermögen als „Sondervermögen" an.[235] Es ist aber unklar, wie sich der Vermögensübergang auf die Gesamthand vollziehen soll[236] und wieso dann die Gesellschafter nicht voll haften.[237] Diese Ansicht ist abzulehnen.[238] – Die Ansicht *Hönns*,[239] die juristische Person sei erloschen, bestehe aber als Fiktion fort,[240] ist ebenfalls abzulehnen, denn sonst würde das Vermögen von einem fingierten Träger gehal-

---

[227] *Baumbach/Hueck/Schulze-Osterloh* Rn. 6.
[228] Mantel-GmbH, s. § 3 Rn. 13, § 60 Rn. 6.
[229] RGZ 149, 293, 296; 155, 42, 45; BGHZ 48, 303, 307 = NJW 1968, 297, 298; BGH LM § 74 Nr. 1 = WM 1957, 975; BGHZ 74, 212, 213 für einen e.V.; BGHR ZPO § 50 Gesellschaftsrecht 2 – 1989 –; BGH WM 1986, 145 lässt die Frage offen; s. OLG Hamm Rpfleger 1987, 251; OLG Düsseldorf GmbHR 1979, 227, 228; *Keidel/Kuntze/Winkler* 12. Aufl., Erl. zu §§ 1 bis 4, § 144b, Rn. 9; *Däubler* GmbHR 1964, 246, 247; *Hofmann* GmbHR 1976, 258, 267; *Bokelmann* NJW 1977, 1130, 1131; offengelassen durch OLG Düsseldorf DB 1988, 543.
[230] *Hachenburg/Ulmer* Anh. § 60 Rn. 35 ff.
[231] ZHR 138 (1974), 50, 69.
[232] OLG Karlsruhe DB 1978, 1219, 1220; s. zum Mantel Rn. 6.
[233] *Hachenburg/Ulmer* Anh. § 60 Rn. 37; anders *Hachenburg/Hohner* § 74 Rn. 26, der sich wegen der geringen praktischen Unterschiede der Lehrmeinungen nicht entscheidet und pragmatische Lösungen vorschlägt; s. dort.
[234] Gedächtnisschrift Schultz, 1987, S. 103 ff.; so auch *H. Schmidt* Zur Vollbeendigung juristischer Personen, 1989, S. 140.
[235] *Hachenburg/Ulmer* § 60 Rn. 18 Fn. 28 – im Gegensatz zur Voraufl.
[236] *Bork* JZ 1991, 841, 843.
[237] *Saenger* GmbHR 1994, 300, 302.
[238] Ebenso *Bork* JZ 1991, 841, 843; *Saenger* GmbHR 1994, 300, 302.
[239] ZHR 138 (1974), 50, 69 ff.
[240] So auch *Keidel/Kuntze/Winkler* Anh. § 144b Rn. 10.

§ 60　　　　　5. Abschnitt. Auflösung und Nichtigkeit der Gesellschaft

ten. – *Heller*[241] nimmt eine „Nach-GmbH" mit eingeschränkter Rechtsfähigkeit an; die Nach-GmbH sei insoweit teilrechtsfähig, als es zum Zweck der Abwicklung erforderlich sei analog § 49 Abs. 2 BGB. Somit bedeutet Teilrechtsfähigkeit lediglich, dass die rechtsfähige Nach-GmbH nur noch wenige Aufgaben hat; die Unterscheidung erscheint daher nicht sinnvoll.

54　**3. Doppeltatbestand zur Beendigung.** *K. Schmidt*[242] hat zur **Beendigung** der Gesellschaft einen **Doppeltatbestand** gefordert: Vermögenslosigkeit und Löschung.[243] Dies erscheint richtig (bedarf aber der Erweiterung, s. Rn. 55): Rechtssicherheit und Rechtsklarheit verbieten es, bloße Vermögenslosigkeit zur Beendigung der Gesellschaft führen zu lassen. Auch bei der früheren Amtslöschungsmöglichkeit gemäß § 2 Abs. 1 S. 2, die etwa bei vollständigem Schweigen aller Beteiligten stattfinden musste, konnte die GmbH durchaus noch Vermögen haben, was offenbar in Kauf genommen wurde. Besser ist daher die Kombination beider Merkmale.[244] Dies dürfte heute hM sein.

55　**4. Erweiterung des Doppeltatbestands.** Es ist anerkannt, dass eine Nachtragsliquidation auch in gewissen nicht vermögensbezogenen Fällen stattzufinden hat (§ 74 Rn. 12 ff.). Anknüpfend an *Hubert Schmidt*,[245] der aber der Löschung noch die Wirkung der Beseitigung der vollen Rechtspersönlichkeit beilegt,[246] hat *Bork*[247] diesen Gedanken dahin **erweitert,** dass zur Beendigung der Gesellschaft Löschung und das Fehlen weiteren Abwicklungsbedarfs gehören soll, mag dieser vermögensmäßiger oder nicht vermögensmäßiger Natur sein.[248] Dieser Ansicht ist zu folgen: **Zur Beendigung der Gesellschaft** ist erforderlich der **erweiterte Doppeltatbestand der Löschung sowie der Vermögenslosigkeit und des Fehlens weiteren Abwicklungsbedarfs.**[249] Dies hat den Vorteil der Konsequenz, da somit alle Fälle von Nachtragsliquidation aus dem gleichen Rechtsgedanken entwickelt werden können. Der Bundesgerichtshof[250] hat unter Bezugnahme auf § 273 Abs. 4 AktG festgestellt, Abwicklungsmaßnahmen seien immer dann durchzuführen, wenn ein berechtigtes Interesse daran bestehe, hat aber die analoge Anwendung dieser Vorschrift (obwohl bevorzugt) oder des § 74 Abs. 1 oder eine Pflegerbestellung analog § 1913 BGB offengelassen. Damit scheint auch der 2. Zivilsenat eine gleiche Behandlung von vermögensmäßigem oder anderem Abwicklungsbedarf als richtig anzusehen.[251] Somit dürfte die Beendigung der

---

[241] (Fn. 139) S. 128 ff., 156.
[242] *Scholz/K. Schmidt* Anh. § 60 Rn. 18 ff., § 60 Rn. 37, § 74 Rn. 12 ff.; *ders.* GmbHR 1988, 209 ff.
[243] So zT schon vorher *Hönn* ZHR 138 (1974), 50, 57; so auch die 2. Aufl. dieses Kommentars; *Winnefeld* BB 1975, 70, 72; *Lutter/Hommelhoff* § 74 Rn. 6; *Baumbach/Hueck/Schulze-Osterloh* § 60 Rn. 6; *Roth/Altmeppen* Rn. 5; *Bork* JZ 1991, 841, 844 Fn. 45 mwN; *Keidel/Kuntze/Winkler* § 141a Rn. 14.
[244] Vermögenslosigkeit und Löschung; in der Rechtsprechung auch BAG NJW 1988, 2637 = GmbHR 1988, 388; OLG Stuttgart ZIP 1998, 1880, 1882; OLG Koblenz NJW-RR 1991, 933 und NZG 1998, 637 f.; LAG Hessen GmbHR 1994, 483; OLG Stuttgart GmbHR 1986, 269 f. = ZIP 1986, 647 f.; OLG Köln GmbHR 1992, 536; offengelassen von OLG Düsseldorf BB 1988, 860 = MDR 1988, 415 f.
[245] (Fn. 234) S. 109 ff., 122 ff., 129, 137.
[246] (Fn. 234) S. 137 und passim.
[247] JZ 1991, 841, 844 f.
[248] Ebenso *Saenger* GmbHR 1994, 300, 302; weitere Zitate dazu *Bork* JZ 1991, 841, Fn. 45; *Stein/Jonas/Bork* § 50 Rn. 34 c.
[249] So jetzt auch *Baumbach/Hueck/Schulze-Osterloh* Rn. 7 aE; s. weiter dazu § 74 Rn. 12.
[250] BGHZ 105, 259, 262.
[251] Ebenso OLG Koblenz NZG 1998, 637 f.; OLG Stuttgart GmbHR 1995, 595.

Gesellschaft aufgrund des erweiterten Doppeltatbestandes auf der Linie der Entwicklung liegen.[252] – Das alles **gilt** nicht etwa nur für die Amtslöschung nach § 141a FGG, sondern **auch für die Löschung nach ordentlicher Abwicklung**. Mit dieser Lehre des erweiterten Doppeltatbestands lassen sich einsichtig und praxisgerecht die Probleme des Handlungsbedarfs nach Löschung lösen (§ 74 Rn. 12 ff.).

a) Beendigung bei Vermögenslosigkeit. Bei Vermögenslosigkeit der Gesellschaft **56** (Rn. 10) **erlischt** sie durch die **Löschung,** wenn **kein weiterer Abwicklungsbedarf** mehr gegeben ist; eine Fortsetzung ist nicht mehr möglich (Rn. 67). Prozessual ist die Parteifähigkeit entfallen.[253] Verbindlichkeiten der Gesellschaft hindern die Beendigung nicht,[254] sie entfallen vielmehr. Stellt sich später das Vorhandensein von Vermögen heraus, könnten die Forderungen der Gläubiger verjährt sein.[255] Daher ist eine **Hemmung der Verjährung** wegen „höherer Gewalt" anzunehmen.[256] Ob Kostenerstattungsansprüche bei laufendem Prozess Vermögen darstellen, ist nach den verschiedenen Situationen zu entscheiden.[257] Auch ein Schuldbeitritt zur Verbindlichkeit der GmbH ist nicht mehr möglich.[258] Akzessorische Sicherheiten verselbstständigen sich, da sonst der Sicherungszweck nicht erreicht würde.[259]

b) Noch vorhandenes Vermögen. Bei noch vorhandenem Vermögen ist die **57** Gesellschaft **nicht erloschen,** da zur Löschung ein weiteres Tatbestandsmerkmal, die Vermögenslosigkeit, nicht hinzugetreten ist (Rn. 54). Die Löschung bewirkt den Wegfall der Vertretungsmacht der bisherigen Geschäftsführer oder Liquidatoren.[260] Insofern hat die Löschung eine beschränkte konstitutive Wirkung.[261] Auch die früher herrschende Meinung (Rn. 53) nimmt den Fortbestand der Gesellschaft an, und nennt wohl deshalb die Wirkung der Löschung deklaratorisch.[262] Die fortbestehende GmbH kann als juristische Person die Nachtragsliquidation durchführen (§ 74 Rn. 14 ff.), wobei die frühere Vollmacht für einen Prozessbevollmächtigten fortbesteht.[263] Eine Amtslöschung der Amtslöschung ist nur bei Verfahrensfehlern vorzunehmen, hingegen ist die GmbH wiederum (als Gesellschaft im Auflösungsstadium) von Amts wegen einzutragen.[264] Nicht nur frühere Geschäftsführer, sondern auch frühere Liquidatoren sind

---

[252] S. auch BFH GmbHR 2000, 952, zu steuerlichen Abwicklungsmaßnahmen.
[253] Vgl. BGH ZIP 1981, 1268; *Bokelmann* NJW 1977, 1130, 1131; aA für andere als Zahlungsklagen BAG JZ 1982, 372 f. m. Anm. *Theil*; zT anders *Hachenburg/Ulmer* Anh. § 60 Rn. 47, aus seiner anderen Sicht der Löschungswirkung, s. dort Anh. § 60 Rn. 37; zu prozessualen Problemen *Bork* JZ 1991, 841 ff.; *Saenger* GmbHR 1994, 300 ff.
[254] BGHZ 74, 212, 213 = NJW 1979, 1592 für eingetragenen Verein; *Hachenburg/Ulmer* Anh. § 60 Rn. 15 a.
[255] *H. Schmidt* (Fn. 234) S. 124.
[256] OLG Hamm GmbHR 1990, 303 = DB 1990, 1226 f. Heute § 206 BGB nF.
[257] ZB OLG Saarbrücken GmbHR 1992, 311; genauer *Bork* JZ 1991, 841, 845 ff.; *Saenger* GmbHR 1994, 300 ff.; s. auch Rn. 34.
[258] *Hachenburg/Ulmer* Anh. § 60 Rn. 15 a gegen BGH NJW 1981, 47.
[259] BGHZ 82, 323, 326 = BB 1982, 331, 332 – anders noch BGHZ 48, 303, 307 = NJW 1968, 297, 298; wie hier: *Baumbach/Hueck/Schulze-Osterloh* § 74 Rn. 16; *Hachenburg/Ulmer* Anh. § 60 Rn. 32; *Scholz/K. Schmidt* § 74 Rn. 16; s. aber auch LG Lübeck WM 1991, 1337 ff.
[260] BGH BB 1991, 937; GmbHR 1994, 260.
[261] *Scholz/K. Schmidt* Anh. § 60 Rn. 18.
[262] *Hachenburg/Ulmer* Anh. § 60 Rn. 36 und *Scholz/K. Schmidt* Anh. § 60 Rn. 18, die auf die nur andere Benennung durch die hM hinweisen.
[263] BGH GmbHR 1994, 260.
[264] KG JW 1937, 1739, 1740; LG Düsseldorf GmbHR 1960, 143; *Piorreck* Rpfleger 1978, 157, 160; *Scholz/K. Schmidt* Anh. § 60 Rn. 20.

§ 60 5. Abschnitt. Auflösung und Nichtigkeit der Gesellschaft

für die neue Liquidation nicht mehr vertretungsberechtigt,²⁶⁵ können aber vom Gericht wiederbestellt werden.

58   **c) Anderweitiger Abwicklungsbedarf.** Bei anderweitigem Abwicklungsbedarf (Willenserklärungen, Zeugniserteilung, Löschung von Grundstücksrechten usw.) muss die gelöschte Gesellschaft noch Aufgaben erledigen: sie ist noch nicht beendet, der erweiterte Doppeltatbestand nicht erfüllt. Zu den Folgen s. § 74 Rn. 12 ff.

VII. Löschung ohne vorherige Auflösung

59   **1. Allgemeines.** Es gibt eine Reihe von Situationen, in denen Gesellschaften aus dem Handelsregister gelöscht werden, ohne dass vorher eine Auflösung – mit Liquidation – stattgefunden hat. Die Auflösung und die Liquidation waren dann nicht nötig, weil entweder nichts mehr zu liquidieren vorhanden war oder weil bei einer Universalsukzession des Vermögens der Gesellschaft diese Kraft Gesetzes aufhört zu existieren. Ob damit die Gesellschaft vollständig beendet ist, hängt wiederum davon ab, ob sich noch Vermögen findet oder ob sonstiger Handlungsbedarf zur Endauflösung vorhanden ist (Rn. 54 f.). In den Fällen der Universalsukzession wird dieser Fall weniger häufig vorkommen als bei der Löschung vermögensloser Gesellschaften.

60   **2. Ablehnung des Insolvenzverfahrens mangels Masse.** Dieser Tatbestand ist in § 60 Abs. 1 Nr. 5 erfasst und war bis Ende 1998 durch § 1 Abs. 1 des aufgehobenen LöschG geregelt (s. Rn. 23 ff.). Das Insolvenzgericht hat den Tatbestand dem Handelsregister gemäß § 31 Nr. 2 InsO mitzuteilen und dieses löscht die Gesellschaft im Handelsregister, ohne dass zunächst die Auflösung eingetragen wird. Stellt sich später heraus, dass doch noch weiterer Handlungsbedarf besteht (Vermögen oder Tätigkeiten der Gesellschaft), so ist die Beendigung der Gesellschaft durch die Löschung im Handelsregister nicht eingetreten (Rn. 55) und die Liquidation ist durchzuführen (Rn. 64).

61   **3. Löschung wegen Vermögenslosigkeit, § 141 a FGG.** Diese Möglichkeit einer Löschung von Amts wegen durch das Amtsgericht war früher in § 2 Abs. 1 S. 1 LöschG vorgesehen. Diese Bestimmung ist ersetzt worden ab 1. 1. 1999 durch § 141 a FGG. In die Auflösungsgründe des § 60 Abs. 1 ist seit diesem Datum als Nr. 7 der Hinweis darauf eingefügt und wird dort behandelt (Rn. 31 ff.). Es ist dies, wie die in Rn. 60 genannte Ablehnung durch das Insolvenzgericht, keine Auflösung, die normalerweise und der Idee nach zu einer Liquidation führt. Da keine Vermögensmasse mehr vorhanden sein sollte, wird sofort die Löschung vorgenommen, ohne dass vorher die Auflösung im Handelsregister eingetragen wird.

62   **4. Verschmelzung, Aufspaltung.** Die Verschmelzung bewirkt das Erlöschen des übertragenden Rechtsträgers ohne Liquidation und ohne Löschungseintragung gemäß § 20 Abs. 1 Nr. 2 UmwG 1994 durch Universalsukzession. Anders ist es natürlich, wenn die Gesellschaft der übernehmende Teil ist oder wenn es sich nur um eine sog. formwechselnde Umwandlung gemäß §§ 190 ff. UmwG 1994 handelt. Auch bei der **Aufspaltung** nach § 123 Abs. 1 UmwG 1994 erlischt die Gesellschaft gemäß § 131 Abs. 1 Nr. 2 UmwG. Verbleibt irrtümlich ein Vermögensgegenstand ohne Zuteilung, so gehört er oder sein Gegenwert gemäß § 131 Abs. 3 UmwG allen übernehmenden Gesellschaften gesamthänderisch.²⁶⁶

---

²⁶⁵ BGH BB 1991, 937; GmbHR 1994, 260; *Scholz/K. Schmidt* Anh. § 60 Rn. 20; s. BayObLG AG 1984, 23 f. und ZIP 1984, 450 zur Vertretung einer gelöschten GmbH, die die Voraussetzungen des früheren § 2 Abs. 3 LöschG bestreiten will.

²⁶⁶ Vgl. zu allen Fragen der Umwandlung, Spaltung und Verschmelzung Anh. § 77 passim.

Auflösungsgründe **§ 60**

5. Spaltungsgesetz für die neuen Bundesländer. Für die Unternehmen, die 63 vollständig von der Treuhandanstalt gehalten wurden, war durch das Gesetz über die Spaltung der von der Treuhandanstalt verwalteten Unternehmen vom 5. 4. 1991[267] unter anderem die Möglichkeit der vollständigen **Aufspaltung** gegeben worden (§ 1 Nr. 1 SpTrUG). Da bei dieser Aufspaltung das ursprüngliche Unternehmen alle Aktiva und Passiva auf andere Gesellschaften überträgt, deren Gesellschaftsanteile die Treuhandanstalt erhält, heißt es in § 10 Abs. 1 Nr. 2 SpTrUG: „Bei der Aufspaltung erlischt die übertragende Gesellschaft. Einer besonderen Löschung bedarf es nicht." Das Erlöschen geschieht gemäß §§ 9, 10 Abs. 1 SpTrUG mit der Eintragung der Aufspaltung in das Handelsregister für die sich aufspaltende Gesellschaft. Natürlich hat der Gesetzgeber erkannt, dass die Zuteilung aller aktiven und passiven Vermögenswerte im Spaltungsplan gemäß § 2 Abs. 1 Nr. 9 SpTrUG unvollständig sein kann. Er hat also in § 10 Abs. 3 S. 1 SpTrUG vorgesehen, ein nicht zugeteilter Gegenstand gehe im Verhältnis der Aufteilung des aktiven Vermögens auf alle neuen Gesellschaften auf diese über oder aber der Gegenwert werde auf alle (verbliebenen) Gesellschaften verteilt; dies muss wohl durch einen Nachtragsliquidator geschehen. Der Gesetzgeber hat nichts für anderweitigem Abwicklungsbedarf vorgesehen, zB bei Erklärungen gegenüber dem Grundbuchamt usw. Es ist davon auszugehen, dass auch aus solchem Anlass eine Nachtragsliquidation nötig ist, die Gesellschaft daher noch nicht beendet war.

VIII. Nachzuholende Liquidation

Allgemeines. Taucht **nach der Löschung noch Vermögen** der Gesellschaft 64 **(oder anderweitiger Liquidationsbedarf)** auf, das zur Verteilung – an Gläubiger oder schließlich an die Gesellschafter – geeignet ist, so muss **eine Liquidation nachgeholt** werden.[268] Dies ist für die Löschung wegen Vermögenslosigkeit bei nachträglichem Auffinden von Werten in § 66 Abs. 5 seit dem 1. 1. 1999 ausdrücklich bestimmt – früher in § 2 Abs. 3 LöschG. Es handelt sich aber um ein immer dann auftretendes Problem, wenn nach Löschung der GmbH noch Vermögenswerte aufgefunden werden oder sich sonstiger Handlungsbedarf herausstellt. Solche Vermögenswerte können auch nach der Vereinigung Deutschlands sich ergebende Ansprüche wegen in der DDR enteigneter Gegenstände sein. Eine Amtslöschung der Löschung nach § 142 FGG kommt nicht in Betracht.[269] Diese Liquidation wird meist als „Nachtragsliquidation" bezeichnet, doch ist der Ausdruck unrichtig, da häufig (insbes. in Fällen des § 66 Abs. 5) keine ordentliche Liquidation vorangegangen ist. Da aber der Begriff Nachtragsliquidation allgemein gebraucht wird, soll er beibehalten bleiben. Nicht genügend für die Notwendigkeit einer Liquidation ist das Vorhandensein von Verbindlichkeiten, da diese nicht zu verteilen sind. Die Voraussetzungen und Folgen einer **Nachtragsliquidation** werden in § 74 Rn. 18 ff. behandelt.

IX. Fortsetzung der Gesellschaft nach Auflösung

1. Allgemeines. a) Grundsätzlich zulässig bis zur Beendigung. § 60 Abs. 1 65 Nr. 4 lässt in einem besonderen Fall einen Fortsetzungsbeschluss nach Auflösung ausdrücklich zu,[270] so dass die Gesellschaft wieder als werbendes Unternehmen geführt

---

[267] BGBl. I S. 854 – SpTrUG, zuletzt geändert durch BGBl. 1994 I S. 2911 ff. – Art. 46.
[268] Zur Frage, ob die Gesellschaft noch besteht, Rn. 52 ff.
[269] LG Frankfurt/M. Rpfleger 1991, 23 f.
[270] Andere Fälle: früher Art. 12 § 1 Abs. 3 GmbH-Novelle 1980, s. Rn. 51; § 274 AktG für die AG.

§ 60 5. Abschnitt. Auflösung und Nichtigkeit der Gesellschaft

werden kann. An der grundsätzlichen Möglichkeit einer Fortsetzung der aufgelösten Gesellschaft ist daher nicht zu zweifeln; schon das Reichsgericht[271] hat diesen Grundsatz bestätigt. Im einzelnen aber ist vieles außerordentlich streitig. Der früher aus § 60 Abs. 1 Nr. 4 gezogene Umkehrschluss, die Fortsetzung sei in gesetzlich nicht vorgesehenen Fällen unzulässig, ist allerdings heute endgültig aufgegeben.[272] Solange die Gesellschaft also nicht beendet ist (Rn. 52ff.), kann sie iA fortgesetzt werden; nach Beendigung ist eine Fortsetzung nicht möglich. Auch **in gewissen anderen Fällen** der Auflösung kann **eine Fortsetzung nicht in Betracht kommen.**[273] – Die Bedeutung der Frage nach der Zulässigkeit der Fortsetzung einer aufgelösten Gesellschaft zeigt sich daran, dass nur bei der Bejahung eine **Umwandlung** zulässig ist.[274]

66 **b) Nicht zulässig nach Beginn der Verteilung des Vermögens.** Auch die bestehende, jedoch aufgelöste Gesellschaft kann unter bestimmten Umständen nicht mehr fortgesetzt werden. Dies ist natürlich dann der Fall, wenn die **Auflösungsgründe fortbestehen,** sei es die Satzungsbestimmung mit Auflösungsgebot, der Gesellschafterbeschluss zur Auflösung, das Urteil eines Gerichts oder das fortgeführte Insolvenzverfahren in den festgesetzten Fällen.[275] Im Besonderen ist eine Fortsetzung ausgeschlossen, wenn die **Gesellschaft mit der Verteilung des Vermögens bereits begonnen** hat. Art. 12 § 1 Abs. 3 GmbH-Novelle 1980[276] schreibt das Verbot der Fortsetzung nach Beginn der Vermögensverteilung für die dort genannten Sonderfälle wegen zu niedrigem Stammkapitals aufgelöster Altgesellschaften ausdrücklich vor. § 274 Abs. 1 AktG regelt die Frage bei Aktiengesellschaften in gleicher Weise und laut RegE 1971 zur GmbH-Reform sollte dieser Gedanke auch in das GmbH-Gesetz übernommen werden. Die heute weit überwiegende Meinung ist sich insoweit einig.[277] Das wird überwiegend mit dem Fehlen einer jeden Kontrolle des Neubeginns durch das Registergericht begründet.[278] Es ist aber nicht zu verkennen, dass das Gesetz den Gläubigern auch keine Garantie zur Höhe des Vermögens und insbes. des Eigenkapitals einer aktiven Gesellschaft gibt und geben kann (Rn. 68). Das war zum 1. 1. 1985 bei der Anhebung des Mindestkapitals und der Mindesteinzahlungspflicht[279] zumindest im Ansatz anders. – Wesentlich ist die Tatsache, dass die Gesellschafter mit dem Beschluss, das Gesellschaftsvermögen unter sich zu verteilen, einen definitiven Schritt zur Beendigung der Gesellschaft getan haben. Während die Auflösung bis dahin in erster Linie in der Abwicklung der Geschäfte und der Befriedigung der Gläubiger bestand, also Tätigkeiten umfasste, die auch einer werbenden Gesellschaft nicht fremd sind, ist die Rückzahlung des Vermögens bei einer aufgelösten Gesellschaft ein demonstrativer Akt, das Erlöschen herbeizuführen. Von da an ist für Gläubiger nicht mehr die (relative) Sicherheit gegeben, dass sie in rechtlich geordneter Weise befriedigt werden und dass zumindest die Gesellschafter sich nicht vorab aus dem Haftungsvermögen bedienen. Deshalb haben die Geschäftsführer bei der Anmeldung der Fortset-

---

[271] RGZ 118, 337, 338 ff.
[272] *Hachenburg/Ulmer* Rn. 78; *Scholz/K. Schmidt* Rn. 43, jeweils mwN.
[273] S. Rn. 66 ff.
[274] § 3 Abs. 3 UmwG; s. BayObLG NJW-RR 1998, 902, 903 = GmbHR 1998, 540, 541.
[275] S. Rn. 74 ff.; *Hachenburg/Ulmer* Rn. 81.
[276] BGBl. I S. 836.
[277] Vgl. *Baumbach/Hueck/Schulze-Osterloh* Rn. 52 mwN; *Scholz/K. Schmidt* Rn. 46; *Hachenburg/Ulmer* Rn. 85; aA *Roth/Altmeppen* Rn. 26; *Erle* GmbHR 1997, 973, 975 f.
[278] RGZ 118, 337, 340 verlangte eine solche Kontrolle.
[279] Art. 12 § 1 GmbH-Novelle 1980.

zung einer aufgelösten Gesellschaft gegenüber dem Handelsregister zu erklären, dass mit der Verteilung des Vermögens noch nicht begonnen worden ist.[280]

c) Nicht zulässig nach Löschung im Register. Ferner ist die Fortsetzung ausgeschlossen, wenn die Gesellschaft im Handelsregister bereits gelöscht ist.[281] Auch in diesem Fall haben die Gesellschafter ein deutliches Zeichen gesetzt oder zugelassen, dass durch die Löschung die Vermutung des Erlöschens gegenüber der Öffentlichkeit kundgetan wurde.[282] Sie haben entweder die Löschung selbst beantragt oder sie haben nicht verhindern wollen oder können, dass die Löschung von Amts wegen eingetragen wird. Soweit nicht die Löschung selbst wieder aufgehoben wird, etwa wegen eines Verfahrensmangels nach § 142 FGG, gilt die Gesellschaft nach außen als beendet. Die Öffentlichkeit muss davor geschützt werden, dass gelöschte Gesellschaften wieder werbend in Erscheinung treten, ohne dass der Neubeginn durch eine Neugründung nach den dafür vorgesehenen Regeln betrieben wird. Dem steht nicht entgegen, dass nach der hier vertretenen Theorie des erweiterten Doppeltatbestandes die gelöschte Gesellschaft mit Vermögen und weiterem Abwicklungsbedarf noch nicht beendet ist (Rn. 55 f.): Dies bedeutet, dass sie weiterhin verklagt werden kann und selbst notfalls widerklagen kann, dass also noch eine juristische Persönlichkeit da ist. Dies muss aber nicht bedeuten, dass die Gesellschafter mit dieser Gesellschaft wieder in das Stadium der werbenden Geschäftstätigkeit eintreten dürfen, nachdem die Löschung die Vermutung der Beendigung erbracht hat.[283] – Diesem Ergebnis steht auch nicht entgegen, dass die gelöschte Gesellschaft noch einer Nachtragsliquidation unterworfen werden kann (s. § 74 Rn. 18 ff.). In diesen Fällen geht es nur um meist sehr begrenzte Abwicklungsmaßnahmen, nicht um einen Neubeginn. Zur begrenzten **Fortsetzung trotz Beendigung in den neuen Bundesländern** s. Rn. 50: Fortsetzung „als in Auflösung befindlich".

d) Nur zulässig, wenn Eigenkapital vorhanden. Wieviel Eigenkapital notwendig ist zur Fortsetzung, ist sehr streitig. Die (spärliche) Rechtsprechung und eine starke Meinung in der Literatur verlangt das gesetzliche Mindestkapital.[284] Das Reichsgericht[285] hatte das Nominalkapital der betreffenden Gesellschaft für nötig angesehen.[286] Das tatsächliche Eigenkapital wird aber vom Register nur bei Neugründung und Kapitalerhöhung (bezüglich des zusätzlichen Betrages) geprüft. Bei Fortsetzung der Gesellschaft, die grundsätzlich durch Beschluss der Gesellschafter erfolgt (Rn. 69), ist keine Prüfung vorgesehen oder möglich. Der Übergang von der auflösenden zur (wieder) werbenden Tätigkeit erfordert auch weder eine besondere Höhe des Kapitals noch dessen Überprüfung, ebensowenig wie bei einer still liquidierten Gesellschaft, die wieder aktive Geschäfte beginnt.[287] Es genügt daher ein geringes Eigenkapital, das die

---

[280] § 274 Abs. 3 S. 2 AktG: Nachweis nötig.
[281] *Meyer-Landrut/Miller/Niehus* Rn. 22; *Hüffer* Gedächtnisschrift Schultz, 1987, S. 99, 113 ff.; *Hachenburg/Ulmer* Rn. 82; aA *Baumbach/Hueck/Schulze-Osterloh* Rn. 52; nur bezogen auf Vollbeendigung *Lutter/Hommelhoff* Rn. 33.
[282] Zu § 141 a FGG s. Rn. 31 ff.
[283] Ebenso *Hachenburg/Ulmer* Rn. 82, aber mit der von ihnen vertretenen Meinung, mit der Löschung im Handelsregister sei die Gesellschaft ohnehin beendet und bestehe allenfalls noch als Gesamthand.
[284] KG DR 1941, 1543 f.; OLG Düsseldorf GmbHR 1979, 227 ff.; *Keidel/Kuntze/Winkler* Anh. § 144 Rn. 11; Bedenken dazu: OLG Stuttgart GmbHR 1992, 471.
[285] RGZ 118, 337, 340.
[286] Ebenso LG Berlin BB 1971, 759, 760; *Scholz* JZ 1952, 199, 200 f.; *Hachenburg/W. Schmidt/Goerdeler* 6. Aufl. Anm. 5.
[287] Vgl. zum Mantel Rn. 6.

§ 60   5. Abschnitt. Auflösung und Nichtigkeit der Gesellschaft

Überschuldung gemäß § 64 ausschließt,[288] wobei Liquidationswerte einzusetzen und stille Reserven aufzulösen sind und dazu eine Überlebensprognose wie zu § 64 anzustellen ist (s. BayObLG Fn. 288 aE). Dem ist zuzustimmen mit der Maßgabe, dass das Gericht nur prüfen muss, wenn sich Anhaltspunkte für evtl. zu geringes oder fehlendes Eigenkapital ergeben. Gläubiger können sich bei Fortsetzungseintrag im Handelsregister nicht auf ein wesentliches Eigenkapital verlassen (wie auch nicht bei aktiver GmbH). Zur Fortsetzung bei gewissen Fällen der Vermögenslosigkeit außer bei § 60 Abs. 1 Nr. 4 s. Rn. 77 ff. Bei Fortsetzung einer GmbH mit einem Stammkapital von weniger als DM 50 000 vor dem 31. 12. 1985 brauchten die §§ 5 und 7 in der durch die GmbH-Novelle 1980 geltenden Fassung noch nicht beachtet zu werden.[289]

69   **2. Fortsetzungsbeschluss. a) Notwendigkeit.** Die Fortsetzung der Gesellschaft nach Auflösung ist durch **Beschluss der Gesellschafter** zu vereinbaren. Natürlich muss vorher oder gleichzeitig der Auflösungsgrund, sei dies ein früherer Beschluss der Gesellschafter oder ein äußerer Tatbestand wie Vermögenslosigkeit, beseitigt sein. Der Fortsetzungsbeschluss ist grundsätzlich formfrei (s. aber § 48 Abs. 3) und kann auch konkludent in einem anderen Beschluss gefunden werden, sollte aber klar und unmissverständlich für alle Gesellschafter sein. Gegebenenfalls ist eine Satzungsänderung oder die Mitwirkung einer Behörde notwendig (dazu iE Rn. 78, 82). Ohne solchen Beschluss verbleibt es bei der Abwicklung, selbst wenn in derem Rahmen gelegentliche werbende Geschäfte getätigt werden. Der Beschluss bewirkt sozusagen eine Umwidmung der Gesellschaft von dem Abwicklungsbetrieb zum werbenden Unternehmen. Auch können die Gesellschafter die Fortsetzung mit Wirkung ab einem späteren Zeitpunkt oder unter einer aufschiebenden Bedingung beschließen, doch müssen dann zum späteren Zeitpunkt die Voraussetzungen der Fortsetzung noch gegeben sein. Natürlich dürfen Gesellschaftern nicht zusätzliche Leistungen auferlegt werden, es sei denn, die Betroffenen stimmten zu.

70   **b) Mehrheit.** Streitig ist, mit welcher Mehrheit der Stimmen ein solcher Fortsetzungsbeschluss zu fassen ist. Heute dürfte herrschend die Meinung sein, dass die auch für den Auflösungsbeschluss gemäß § 60 Abs. 1 Nr. 2 geforderte Mehrheit, also grundsätzlich **Dreiviertelmehrheit der abgegebenen Stimmen,** erforderlich und ausreichend ist.[290] Dies sieht auch § 274 Abs. 1 S. 2 AktG vor und so sollte es laut RegE 1971 § 226 Abs. 1 S. 2 für die GmbH festgesetzt werden. Schreibt der Gesellschaftsvertrag für die Auflösung eine andere Mehrheit vor, so gilt diese auch für den Fortsetzungsbeschluss.[291] Eine ältere Meinung, die sich auf das Reichsgericht[292] stützen konnte, sah nach Auflösung praktisch ein Sonderrecht jedes Gesellschafters auf Durch-

---

[288] *P. Scholz* GmbHR 1982, 228, 234; *Hachenburg/Ulmer* Rn. 86; *Scholz/K. Schmidt* Rn. 46; *Baumbach/Hueck/Schulze-Osterloh* Rn. 52; *Meyer-Landrut/Miller/Niehus* Rn. 22; BayObLG (NJW-RR 1998, 902, 903 = GmbHR 1998, 540, 541) verlangt mit der „herrschenden Meinung" auch nur, dass keine Überschuldung vorliegt.
[289] S. die richtigen Ausführungen des OLG Frankfurt NJW 1983, 1743 f. zur Kapitalerhöhung auf einen Wert unter DM 50 000/Euro 25 000; um so mehr gilt dies für eine bloße Fortsetzung.
[290] *Hachenburg/Ulmer* Rn. 88 ff.; *Scholz/K. Schmidt* Rn. 50; *Baumbach/Hueck/Schulze-Osterloh* Rn. 52; *Meyer-Landrut/Miller/Niehus* Rn. 23; *Lutter/Hommelhoff* Rn. 29; *Scholz* JZ 1952, 199, 201; *R. Fischer* GmbHR 1955, 165, 168; *Hofmann* GmbHR 1975, 217, 227; *M. Lehmann* Die ergänzende Anwendung von Aktienrechts auf die GmbH, 1970, S. 120; unklar *Roth/Altmeppen* Rn. 24.
[291] *Lehmann* (Fn. 290) S. 120; *Baumbach/Hueck/Schulze-Osterloh* Rn. 52; s. zur Vergleichbarkeit beider Beschlüsse bei einer KG BGHZ 8, 35, 44 = NJW 1953, 10.
[292] RGZ 118, 337, 341.

führung der Abwicklung und Ausschüttung des Liquidationserlöses vor mit der Folge, dass für den Beschluss Einstimmigkeit erforderlich ist.[293] Das Mehrheitsprinzip gilt jedoch grundsätzlich auch während des Liquidationszeitraums gemäß §§ 69, 47, und die Zweckänderung bei Fortsetzung der gemeinschaftlich begonnenen, dann aber aufgelösten GmbH ist nicht stärker in die Rechte des Gesellschafters eingreifend als ein Auflösungsbeschluss.[294] Wenn *P. Scholz*[295] einfache Mehrheit genügen lassen will, so ist dem bei Fehlen einer entsprechenden Satzungsbestimmung für den Auflösungsbeschluss wegen der Bedeutung der Maßnahme und der Ähnlichkeit beider Beschlüsse[296] nicht zu folgen. Wie in Rn. 13 f. bereits festgestellt, gewährt nicht jede Zeitbestimmung im Gesellschaftsvertrag ein Sonderrecht auf Durchführung der Gesellschaft während des ganzen Zeitraums. Ebenso wird auch nur in Ausnahmefällen, insbes. bei Nebenleistungsgesellschaften, dem Gesellschafter ein Sonderrecht auf Durchführung der Liquidation zuzugestehen sein,[297] so dass die Fortsetzung nur mit den Stimmen der Sonderberechtigten beschlossen werden kann.[298] Ist die Auflösung durch Kündigung (Rn. 43 ff.) oder durch Urteil gemäß § 61 bewirkt, so muss der die Auflösung verursachende Gesellschafter der Fortsetzung zustimmen;[299] bei Auflösung durch Verwaltungsakt des § 62 ist der Widerruf der Verfügung notwendig (§ 62 Rn. 15).

c) Stimmpflicht. Stimmpflicht eines Gesellschafters zur Bejahung der Fortsetzung ist grundsätzlich abzulehnen.[300] Ob in Ausnahmefällen die (weitergeltende) Treuepflicht vom Gesellschafter ein positives Mitstimmen verlangt, ist sorgfältig zu prüfen und nur selten zu bejahen. Der BGH hat dies aber im Anschluss an die Rechtsverhältnisse bei den Personengesellschaften jedenfalls für die personalistisch ausgestaltete GmbH für möglich erklärt und für Anpassungen des Stammkapitals an die erhöhte Mindestsumme gemäß Art. 12 § 1 der GmbH-Novelle 1980 bejaht, wenn dem Gesellschafter keine Belastung daraus erwächst.[301] Dem BGH ist zuzustimmen, da für den zustimmungspflichtigen Gesellschafter keinerlei Nachteile oder zusätzliche Pflichten im erledigten Fall entstanden. § 53 Abs. 3 geht aber in jedem Fall vor.

d) Austrittsrecht. Austrittsrechte für die Gesellschafter, die mit der Fortsetzung nicht einverstanden sind, werden vielfach verlangt.[302] Zunächst ist generell auf das von der Rechtsprechung gewährte Austrittsrecht aus wichtigem Grund zu verweisen (s. § 34 Rn. 75 ff.), das ggf., wenn auch nur in seltenen Fällen, gegeben sein kann. Grundsätzlich aber ist der Gesellschafter dem Mehrheitsprinzip unterworfen, und die erforderliche Mehrheit kann die Fortsetzung auch dann beschließen, wenn die Auflö-

---

[293] Vgl. KG JW 1930, 2719; *Brodmann* Anm. 6 b; *Feine* S. 649; *Scholz* ZHR 93 (1929), 73, 95, s. aber auch Ausnahme S. 99; *Winkler* Die Lückenfüllung des GmbH-Rechts durch das Recht der Personengesellschaften, 1967, S. 71 f. mit differenzierender Begründung.
[294] Ähnlich *Hachenburg/Ulmer* Rn. 89.
[295] GmbHR 1982, 228, 232; s. auch LG Frankenthal Rpfleger 1955, 106.
[296] BGHZ 8, 35, 44.
[297] *Baumbach/Hueck/Schulze-Osterloh* Rn. 52.
[298] Vgl. § 53 Abs. 3; zum Austrittsrecht und dessen evtl. Vorrang s. Rn. 72.
[299] *Hachenburg/Ulmer* Rn. 91; s. auch § 61 Rn. 21.
[300] Vgl. § 47 Rn. 20 zu Stimmpflichten allgemein; wie hier *Scholz/K. Schmidt* Rn. 52; nur im Gewicht anders *Hachenburg/Ulmer* Rn. 92; s. auch *Scheel* BB 1985, 2012 ff., der aber die Treupflichten eines Mehrheitsgesellschafters als zu gering einstuft.
[301] BGHZ 98, 276, 279 f.; ebenso *Scholz/K. Schmidt* Rn. 52, 62 – auch für die nicht personalistische GmbH; aA *Meyer-Landrut/Miller/Niehus* § 5 Rn. 14.
[302] *R. Fischer* GmbHR 1955, 165, 167 f.; *Hofmann* GmbHR 1975, 217, 227; *P. Scholz* GmbHR 1982, 232 f.; *Scholz/K. Schmidt* Rn. 51; dagegen *Hachenburg/Ulmer* Rn. 93; *Meyer-Landrut/Miller/Niehus* Rn. 23; *Baumbach/Hueck/Schulze-Osterloh* Rn. 52.

sung nicht auf einem äußeren Ereignis[303] beruht, sondern etwa auf einem vorangegangenen Beschluss gemäß § 60 Abs. 1 Nr. 2. Da der Gesellschafter nicht vermehrte Einlagen erbringen muss, steht ihm kein generelles Austrittsrecht zu.[304] Allenfalls bei vermehrten Leistungen oder verminderten Rechten oder bei Missbrauch wäre ein Austrittsrecht aus wichtigem Grund zu gewähren.[305]

73 **3. Fortsetzung bei einzelnen Auflösungsgründen. a) Zeitablauf.** Die Auflösung durch Zeitablauf gemäß § 60 Abs. 1 Nr. 1 hindert nicht einen Fortsetzungsbeschluss. Zum (formfreien) Beschluss (Rn. 69) muss aber eine Satzungsänderung gemäß § 53 kommen, denn das Hindernis des Zeitablaufs muss beseitigt oder hinausgeschoben werden. Der Fortsetzungsbeschluss verlangt Dreiviertelmehrheit der abgegebenen Stimmen oder die für den Auflösungsbeschluss erforderliche satzungsmäßige Mehrheit,[306] die Satzungsänderung erfordert gemäß § 53 Abs. 2 ebenfalls Dreiviertel der abgegebenen Stimmen und die satzungsmäßig weiteren Erfordernisse. Beide Beschlüsse können getrennt oder in einer – der für die Satzungsänderung nötigen notariellen – Urkunde niedergelegt werden. Die (wie fast immer) deklaratorische Eintragung der Fortsetzung kann nur gemeinsam mit oder aber nach der konstitutiven Eintragung der Satzungsänderung erfolgen. Waren bei Zeitablauf noch Leistungen auf das Stammkapital ausstehend, aber fällig, so bedeutet die Fortsetzung keine Erhöhung der Leistung.[307]

74 **b) Auflösungsbeschluss.** Der Auflösungsbeschluss gemäß § 60 Abs. 1 Nr. 2 kann durch Fortsetzungsbeschluss (mit der gleichen gesetzlichen oder satzungsmäßigen Mehrheit) aufgehoben werden (Rn. 70). Entgegen RGZ 118, 337, 341 ist für den Beschluss zur Fortsetzung einer nach § 60 Abs. 1 Nr. 2 aufgelösten GmbH Einstimmigkeit nicht zu verlangen. *Scholz/K. Schmidt* gaben in der 6. Aufl.[308] zu überlegen, ob nicht vor Eintragung der Auflösung in das Register für die Aufhebung des Auflösungsbeschlusses die einfache Mehrheit genügen könnte.[309] Jedoch tritt durch den Beschluss sogleich die Auflösung ein, und sie muss daher formell durch einen Fortsetzungsbeschluss abgeändert werden.[310] Eine Satzungsänderung liegt in dem Fortsetzungsbeschluss ebensowenig wie in dem vorangegangenen Auflösungsbeschluss (Rn. 16).

75 **c) Auflösungsurteil oder -verfügung.** Bei Auflösung durch Urteil oder Verwaltungsverfügung gemäß § 60 Abs. 1 Nr. 3, §§ 61, 62 ist die Fortsetzung der Gesellschaft ebenfalls möglich und zulässig.[311] Der ordnungsgemäß gefasste Fortsetzungsbeschluss bedarf im Falle des § 61 zu seiner Wirksamkeit aber der Zustimmung der/des Kläger(s), § 61 Rn. 21. Diese Zustimmung zum Fortsetzungsbeschluss der übrigen Gesellschafter nimmt einer noch laufenden Auflösungsklage die Begründung und führt zur Erledigung der Hauptsache. Auch *K. Schmidt*[312] verlangt in der Regel die Zustimmung des Klägers, hält sie aber für überflüssig, wenn etwa durch Satzungsänderung der

---

[303] Art. 12 § 1 GmbH-Novelle 1980.
[304] Wie hier *Hachenburg/Ulmer* Rn. 93; *Meyer-Landrut/Miller/Niehus* Rn. 23; *Baumbach/Hueck/Schulze-Osterloh* Rn. 52.
[305] S. aber auch die leichtere Austrittsmöglichkeit nach *Roth/Altmeppen* Rn. 29, 9.
[306] S. Rn. 70.
[307] *Scholz/K. Schmidt* Rn. 54.
[308] Dort Rn. 55, nicht mehr ab der 7. Aufl.
[309] Wie bei Satzungsänderungen, s. § 53 Rn. 56.
[310] *Hachenburg/Ulmer* Rn. 96.
[311] BayObLG DB 1978, 2164, 2165; *Hofmann* GmbHR 1975, 217, 227; *P. Scholz* GmbHR 1982, 228, 234; *Baumbach/Hueck/Schulze-Osterloh* Rn. 54; *Scholz/K. Schmidt* Rn. 56; *Hachenburg/Ulmer* Rn. 97 ff.
[312] *Scholz/K. Schmidt* Rn. 56.

Auflösungsgründe § 60

wichtige Grund nachträglich wegfällt, also kein Auflösungsgrund mehr gegeben ist; bei heillos zerstrittenen Gesellschaftern sei natürlich durch Mehrheitsbeschluss kein Wegfall des wichtigen Grundes zu erreichen. Dem ist in der Tat zuzustimmen.[313] – Im Falle des § 62 ist die („Zustimmung" der verfügenden Verwaltungsbehörde, richtiger die) Rücknahme oder der Widerruf der Verfügung nötig.[314] Eine Erledigung durch die Gesellschafter selbst ist nicht möglich.

d) Insolvenzverfahren. Die Auflösung durch Eröffnung des Insolvenzverfahrens 76 gemäß § 60 Abs. 1 Nr. 4 können die Gesellschafter grundsätzlich nicht durch Fortsetzungsbeschluss beseitigen. In den beiden in Nr. 4 vorgesehenen Fällen gibt das Gesetz selbst die Möglichkeit zur Fortsetzung. Der Beschluss dazu unterliegt den allgemeinen Erfordernissen (Rn. 67 ff.). Höchst streitig ist, ob auch bei Beendigung des Insolvenzverfahrens nach Einstellung wegen Masseunzulänglichkeit, § 211 InsO, bzw. durch Einstellung mangels Masse gemäß § 207 InsO eine Fortsetzung beschlossen werden kann. Das formelle Argument, § 60 Abs. 1 Nr. 4 lasse nur in den ausdrücklich genannten Fällen die Fortsetzung zu, ist nicht überzeugend (Rn. 65). Die wohl hM lässt zu Recht die Fortsetzung der Gesellschaft in den sonstigen Fällen der Beendigung des Insolvenzverfahrens nicht zu.[315] Die Gegenmeinung[316] sieht natürlich auch, dass eine Fortsetzung nur mit einem gewissen Kapital möglich ist, über dessen erforderliche Höhe unterschiedliche Meinungen bestehen (Rn. 68). Sowohl *K. Schmidt* als auch *Ulmer* weisen darauf hin, dass es sich im Grunde um die Verwertung einer finanziell gescheiterten GmbH handelt. Dem ist zuzustimmen: Es ist kein Bedürfnis und keine sinnvolle Begründung für die Zulassung der Fortsetzung einer solchen Gesellschaft zu sehen, deren Gesellschafter das Insolvenzverfahren mit negativem Ende zugelassen haben.

e) Ablehnung der Eröffnung des Insolvenzverfahrens mangels Masse (§ 60 77 **Abs. 1 Nr. 5).** Bei Auflösung der Gesellschaft, weil ein Antrag auf Eröffnung des Insolvenzverfahrens gemäß § 26 InsO abgewiesen worden ist,[317] kommt eine Fortsetzung der Gesellschaft nicht in Betracht. Es ist zu verhindern, dass eine Gesellschaft, die ihr Vermögen zum Schaden der Gläubiger total verloren hat, erneut in das Geschäftsleben eintritt und möglicherweise neuen Schaden anrichtet: die hM lehnt daher die Fortsetzung ab.[318] Finanziell gescheiterte Gesellschaften sind nicht erhaltenswert. Selbst wenn

---

[313] AA *Baumbach/Hueck/Schulze-Osterloh* Rn. 54; s. *Hachenburg/Ulmer* § 61 Rn. 54 zu ursprünglichen Fortsetzungsbestimmungen des Gesellschaftsvertrages; s. § 61 Rn. 21.
[314] § 62 Rn. 15; *Scholz/K. Schmidt* Rn. 56; *Hachenburg/Ulmer* § 61 Rn. 54; *Lutter/Hommelhoff* Rn. 30.
[315] KG DR 1941, 1543 als obiter dictum; OLG Köln NJW 1959, 198, 199; LG Hamburg GmbHR 1952, 92 f.; *Hofmann* GmbHR 1975, 217, 226; *Baumbach/Hueck/Schulze-Osterloh* Rn. 55; *Feine* S. 674; *Jaeger/Henckel/Weber* KO, 8. Aufl. 1977 ff., §§ 207, 208 Rn. 64; für das Aktienrecht GroßkommAktG/*Wiedemann* § 274 Anm. 6; Kölner, KommAktG/*Kraft* § 274 Rn. 6 f.; *Hachenburg/Ulmer* Rn. 102 mit ausführlicher Begründung.
[316] LG Berlin BB 1971, 759, 760; *Hachenburg/W. Schmidt/Goerdeler* 6. Aufl. § 63 Anm. 20; *Meyer-Landrut/Miller/Niehus* Rn. 27; *Eder* HdB GmbH, I Rn. 746; *Mentzel/Kuhn/Uhlenbruck* 9. Aufl. Vor § 207 Anm. D 18; *Scholz/K. Schmidt* § 63 Rn. 74 mit eingehender Erörterung.
[317] Auflösungsgrund bis 31. 12. 1998 in § 1 Abs. 1 LöschG.
[318] Zu § 1 Abs. 1 LöschG; BGHZ 75, 178, 180 = NJW 1980, 233 obiter für eine AG; KG BB 1993, 1750 ff. = ZIP 1993, 1476 ff.; BayObLG BB 1994, 98 f. = DB 1993, 2523; *Baumbach/Hueck/Schulze-Osterloh* Rn. 56; *Hachenburg/Ulmer* Rn. 107; *Jaeger/Henckel/Weber* KO, 8. Aufl. 1977 ff., § 107 Rn. 7; *Crisollo/Großschuff/Kaemmel* Umwandlung und Löschung von Kapitalgesellschaften, 3. Aufl. 1937, § 1 LöschG Rn. 14 f.; *Hofmann* GmbHR 1975, 217, 226; aA LG Berlin BB 1971, 759, 760; *Scholz/K. Schmidt* Anh. § 60 Rn. 5 und GmbHR 1988, 209, 211 f.; *Lutter/Hommelhoff* Rn. 34; *Roth/Altmeppen* § 75 Rn. 29.

neues Kapital eingeschossen wird, haben doch die Altgläubiger, die oft die Forderungen wertberichtigen, häufig nicht die Kenntnis von der neu arbeitenden Gesellschaft.

78 **f) Registergerichtliche Mangelfeststellung.** Bei registergerichtlicher Mangelfeststellung gemäß § 60 Abs. 1 Nr. 6 hatte das Gericht gemäß §§ 144a, 144b FGG die Gesellschafter erfolglos zur Abstellung des Mangels aufgefordert, bevor die Auflösung wirksam wurde. Daher wird eine Fortsetzung auf einem später sich zeigenden Interesse der Gesellschafter beruhen, was selten vorkommen dürfte.[319] Kommt der Alleingesellschafter erst nach der Auflösung einer der Verpflichtungen des § 19 Abs. 4 nach, so dürfte darin bereits der Fortsetzungsbeschluss[320] zu sehen sein, und die Auflösung nach § 60 Abs. 1 Nr. 6 ist damit aufgehoben. Die Rechtskraft einer Verfügung gemäß § 144a FGG (Rn. 26f.) hindert nicht die nachträgliche Heilung durch Satzungsänderung. In der Satzungsänderung ist wohl ein formfreier Fortsetzungsbeschluss zu sehen, wenn die Mehrheiten gewahrt sind.[321]

79 **g) Auflösung wegen Vermögenslosigkeit, § 141a FGG.** Nach der Löschung der Gesellschaft gemäß § 141a FGG, § 60 Abs. 1 Nr. 7 – früher § 2 Abs. 1 S. 1 LöschG – soll nach Auffindung von verbleibenden Vermögensteilen in Höhe des gesetzlichen Mindestkapitals eine Fortsetzung zulässig sein.[322] *Hachenburg/Ulmer*[323] lehnen, gestützt auf RGZ 156, 23, 27, die Fortsetzung in den Fällen des § 141a FGG – früher § 2 LöschG – ab (da mit der Löschung die Gesellschaft als juristische Person erloschen sei). Dieser Ansicht ist im Ergebnis zu folgen (Rn. 67). Die Löschung setzt ein deutliches Schlusszeichen, sie lässt zwar eine Nachtragsliquidation zu, aber nicht eine Fortsetzung.[324] Wer sowenig Interesse und Aktivität zeigt, dass die Löschung nach Durchführung des Verfahrens § 141a Abs. 2 FGG erfolgen kann, soll nicht wieder mit der gleichen Gesellschaft in das Geschäftsleben eintreten.

80 **h) Auflösung aufgrund Satzungsbestimmung, Kündigung.** Ist die Gesellschaft aufgrund Satzungsbestimmung aufgelöst,[325] so bedarf eine Fortsetzung einer Satzungsänderung, die erst mit Eintragung wirksam wird, § 54 Abs. 3. **Bei Kündigung mit Auflösungsfolge** (Rn. 43ff.) ist zum gewöhnlichen Fortsetzungsbeschluss die Zustimmung des Kündigenden erforderlich.

81 **i) Zu geringes Nominalkapital.** Ist eine Alt-GmbH am 31.12.1985 wegen zu geringen Nominalkapitals oder zu geringer Mindesteinzahlung aufgelöst,[326] so kann sie gemäß Abs. 3 dieser Bestimmung fortgesetzt werden. Ausdrücklich ist festgelegt, dass

---

[319] *Scholz/K. Schmidt* Rn. 58.
[320] Formlos gültig, Rn. 69; vgl. aber § 48 Abs. 3 und Erl. dazu.
[321] S. Rn. 69, arg. § 274 Abs. 2 Nr. 2 AktG; § 226 RegE 1971; OLG Düsseldorf GmbHR 1979, 276, 277; *Scholz/K. Schmidt* Rn. 58; *Hachenburg/Ulmer* Rn. 103; *Baumbach/Hueck/Schulze-Osterloh* Rn. 57; *Keidel/Kuntze/Winkler* § 144a Rn. 17; aA *P. Scholz* GmbHR 1982, 228, 231, der wohl übersieht, dass die Verfügung nach § 144a FGG die Auflösung, nicht die Löschung bewirkt.
[322] KG DR 1941, 1543; OLG Düsseldorf GmbHR 1979, 227, 228; *Baumbach/Hueck/Schulze-Osterloh* Rn. 58, ohne Hinweis auf Mindestkapital; Kölner KommAktG/*Kraft* § 274 Rn. 7; *H. Schmidt* (Fn. 234) S. 179f.; nur bei Vorhandensein des satzungsmäßigen Kapitals *Scholz* JZ 1952, 199, 204; schon bei Vorhandensein von geringstem positiven Nettovermögen *Scholz/K. Schmidt* Anh. § 60 Rn. 24; *ders.* GmbHR 1988, 209, 211; offengelassen von BayObLG BB 1994, 98f.
[323] Dort Rn. 109.
[324] Dieselbe Folgerung: RGZ 156, 23, 27; *Meyer-Landrut/Miller/Niehus* Rn. 29; *Heller* (Fn. 139) S. 173; *Hüffer*, Gedächtnisschrift Schultz, 1987, S. 113ff.
[325] § 60 Abs. 2; s. Rn 40ff.
[326] Art. 12 § 1 GmbH-Novelle 1980.

Auflösungsgründe   § 60

der Fortsetzungsbeschluss erst mit der Eintragung in das Register wirksam wird. Heute dürfte sich das Problem insgesamt erledigt haben.

j) Weitere Auflösungsfälle. Von weiteren Fällen der Auflösung ist die **Nichtigkeit der §§ 75 ff.**[327] zu heilen durch einstimmigen Beschluss bei mangelhafter Bestimmung über den Gegenstand des Unternehmens gemäß § 76, sonst durch Satzungsänderung mit der erforderlichen Mehrheit, ggf. mit Zustimmung des Nichtigkeitsklägers.[328] Nach wirksamer **Umwandlung** und **Verschmelzung,** die nach § 3 Abs. 3 UmwG die Fortsetzungszulässigkeit voraussetzt, kommt eine Fortsetzung der aufgenommenen GmbH schon begrifflich nicht mehr in Betracht. Bei der **Auflösung eines Kreditinstituts gemäß § 38 KWG** (Rn. 49) steht vor Löschung oder Beginn der Vermögensverteilung nichts im Wege, nach erneuter Erlangung der Bankerlaubnis die Gesellschaft nach den allgemeinen Regeln fortzusetzen. Eine **Sitzverlegung in das Ausland** (Rn. 8) kann wieder rückgängig gemacht und die Fortsetzung beschlossen werden. 82

4. Wirkung des Fortsetzungsbeschlusses. a) Fortbestehen der Gesellschaft. 83 Ist der Fortsetzungsbeschluss gefasst und **wirksam** geworden, so **besteht die Gesellschaft als wieder werbende fort.** Die Zweckbestimmung der Abwicklung ist weggefallen. Die Gesellschaft unterliegt nicht mehr den Liquidationsvorschriften des Gesetzes, §§ 66 bis 72, sondern dem allgemeinen GmbH-Recht, alle Rechtsbeziehungen der Gesellschaft zu Mitarbeitern, Kunden, Lieferanten und sonstigen Geschäftspartnern bleiben erhalten. Die zu bestellenden Geschäftsführer haben den Unternehmensgegenstand zu betreiben.

b) Eintragung. Die Fortsetzung ist **in das Handelsregister einzutragen,** schon 84 um den Auflösungseintrag aufzuheben. Die Eintragung der Fortsetzung als solche ist rein deklaratorisch. Ist eine Satzungsänderung zur Aufhebung des Auflösungsgrundes notwendig, wird die Satzungsänderung natürlich erst mit Eintragung gemäß § 54 wirksam. Die Anmeldung erfolgt durch die bestellten Geschäftsführer, während das Amt der Liquidatoren erloschen ist.[329]

X. GmbH & Co. KG

1. Allgemeines. Da die GmbH der – meist einzige – Komplementär der KG ist, 85 besteht ein Spannungsverhältnis zwischen dem Schicksal beider Gesellschaften, das auch bei den Fragen der Auflösung und Löschung eine große Rolle spielt.[330] Seit dem 1. 1. 1999 sind durch das HRefG vom 22. 6. 1998[331] § 131 Abs. 3 HGB und durch das EGInsO (Rn. 1) § 141a Abs. 3 FGG eingeführt worden, wodurch die Verknüpfung der beiden Gesellschaften in bezug auf die Auflösung zum Teil vorgenommen wurde. Beides gilt nicht, wenn bei der KG (auch in doppelstöckiger Form) noch eine natürliche Person Komplementär ist.

2. Auflösung, Beendigung der KG. a) Auflösung. Für die Auflösung der KG 86 gelten §§ 131, 161 Abs. 2 HGB. Neben den in § 131 Abs. 1 HGB genannten Auflösungsgründen, zu denen die Eröffnung des Insolvenzverfahrens über das Vermögen der KG gehört, sind in § 131 Abs. 2 zwei weitere Gründe eingefügt worden: Wird die Er-

---

[327] S. Erl. dort dazu, daß die „Nichtigkeit" nur Auflösungsgrund ist.
[328] Manches str., vgl. *Hachenburg/Ulmer* Rn. 112; zT anders als hier *Scholz/K. Schmidt* Rn. 59; s. Erl. zu §§ 75, 76.
[329] *Baumbach/Hueck/Schulze-Osterloh* Rn. 52.
[330] S. Voraufl. Rn. 58 f.
[331] BGBl. I S. 1474 ff.

öffnung des Insolvenzverfahrens mangels Masse abgelehnt, oder wird nach § 141a Abs. 3 FGG die Vermögenslosigkeit sowohl der KG als auch der GmbH festgestellt, so ist dadurch die KG aufgelöst, so dass die Löschung für beide Gesellschaften erfolgt. Außer in diesem Fall des § 141a Abs. 3 FGG bedeutet die Auflösung der KG nicht automatisch die Auflösung der GmbH.[332] Die Satzung der GmbH kann allerdings einen solchen Auflösungsgrund gemäß § 60 Abs. 2 festsetzen und die Auflösung der KG kann ein Grund zur Auflösungsklage von Gesellschaftern der GmbH gemäß § 61 sein. Ob sich ein Auflösungsbeschluss der Gesellschafter bezüglich der KG „im Zweifel" auch auf die GmbH erstreckt,[333] ist selbst dann zweifelhaft, wenn die Geschäftsführung der KG der einzige Zweck der GmbH war; die Gesellschafter können die GmbH für einen anderen Zweck bereithalten.[334] Wenn allerdings die KG zahlungsunfähig oder überschuldet ist, so wird dies iA auch bei der GmbH als persönlich haftender Gesellschafterin vorliegen[335] und das Insolvenzverfahren wird für beide Gesellschaften zu beantragen sein, § 130a Abs. 1 HGB. Die Eröffnung des Insolvenzverfahrens wie die Eröffnungsablehnung führen gemäß § 131 Abs. 1 S. 3 und Abs. 2 S. 2 HGB zur Auflösung der KG. Die Übertragung aller Kommanditanteile auf die GmbH löst die KG ohne Abwicklung auf und beendet sie (zuletzt BayObLG NZG 2001, 889f. = GmbHR 2001, 776f.). Eine gelöschte **Publikums-KG,** die noch Vermögen schlüssig darlegt, wird wie eine GmbH behandelt und nur das Gericht hat den Nachtragsliquidator zu bestellen.[336]

87 b) **Beendigung.** Die Beendigung der KG gemäß §§ 145ff., 157 HGB löst die GmbH ebenfalls nicht auf, sondern sie kann auch dann weiter bestehen.[337] Die GmbH kann von ihren Gesellschaftern, gegebenenfalls durch Satzungsänderung, anderweitig verwendet werden.

88 3. **Auflösung, Beendigung der GmbH. a) Auflösung.** Die Auflösung der GmbH ist in ihrer Wirkung auf die KG für einen Fall gesetzlich vorgeschrieben: Ist die Auflösung der GmbH wegen Eröffnung des Insolvenzverfahrens gemäß § 60 Abs. 1 Nr. 4 erfolgt, so scheidet die GmbH als Gesellschafterin der KG gemäß § 131 Abs. 3 Nr. 2 HGB aus.[338] Bei Überschuldung oder Zahlungsunfähigkeit der KG, die regelmäßig gleichzeitig bei der GmbH eintreten, ist die Insolvenzantragspflicht für beide Gesellschaften vorgeschrieben (Rn. 86). Ansonsten ist es streitig, ob durch die Auflösung der GmbH[339] die Auflösung der KG herbeigeführt wird. Dies wird zu Recht von der hM abgelehnt.[340] Die Mindermeinung wird insbes. von K. Schmidt vehement vertreten.[341]

---

[332] *Baumbach/Hopt* Anh. § 177a Rn. 46; *Scholz/K. Schmidt* Rn. 68; *Hachenburg/Ulmer* Rn. 113.
[333] So *Scholz/K. Schmidt* Rn. 68; *Hachenburg/Ulmer* Rn. 113.
[334] Zur Mantel-Gesellschaft s. Rn. 6.
[335] *Baumbach/Hopt* Anh. § 177a Rn. 45b.
[336] BayObLG NZG 2000, 833f. = ZIP 2000, 1054f.
[337] Außer natürlich im Falle der gemeinsamen Löschung gemäß § 141a Abs. 3 FGG; § 131 Abs. 2 S. 1 Nr. 2 HGB.
[338] *Baumbach/Hopt* Anh. § 177a Rn. 45b.
[339] ZB durch Gesellschafterbeschluss, aber wohl eher etwa durch Auflösung gemäß § 60 Abs. 1 Nr. 5 oder 6.
[340] BGHZ 75, 178, 181 = NJW 1980, 233ff.; dies gilt wohl auch heute noch, soweit nicht gesetzlich geändert; OLG Frankfurt WM 1982, 1266; OLG Frankfurt DNotZ 1976, 619, 620f.; WM 1982, 1266, 1267; OLG Hamburg DB 1987, 1244; *Hachenburg/Ulmer* Rn. 115 mwN; *Baumbach/Hueck/Schulze-Osterloh* Rn. 11.
[341] S. aber auch OLG Hamburg KTS 1986, 506; *Hesselmann/Tillmann* Rn. 250; *Westermann* HdB Personengesellschaften, Rn. I 614; *Scholz/K. Schmidt* Rn. 66; *ders.* BB 1980, 1498ff.; *ders.* GmbHR 1994, 829, 834; *ders.* GesR § 56 VI 1a.

Die aufgelöste GmbH ist noch existent und handlungsfähig durch ihren Liquidator und muss ihre Verpflichtungen gegenüber Dritten (auch der KG) erfüllen. Die Gesellschafter der KG können der GmbH gemäß §§ 117, 127 HGB die Komplementärverantwortung entziehen und sie wohl auch gemäß § 140 HGB durch Klage ausschließen,[342] müssen dann aber, wenn nötig, für anderweitige Vertretung sorgen. Die aufgelöste GmbH als fortwirkender Komplementär der KG wird aber darauf hinzuwirken haben, dass ihre Gesellschafter die Fortsetzung beschließen oder die Gesellschafter der KG sie durch einen anderen Komplementär ersetzen. Die Löschung der GmbH gemäß § 60 Abs. 1 Nr. 7, § 141a FGG wird gemäß dessen Abs. 3 auf beide Gesellschaften bezogen. Trifft dies aber nur auf die GmbH zu, kann diese, zunächst jedenfalls, weiter als Komplementär agieren, da sie noch Verpflichtungen hat.

b) Beendigung. Die Beendigung der GmbH, solange sie noch Komplementär der GmbH & Co. KG ist, dürfte kaum vorkommen. Selbst wenn sie allein nach § 141a Abs. 1 FGG wegen Vermögenslosigkeit gelöscht worden wäre, während die KG noch Vermögen hätte, müsste die Löschung doch als reine Auflösung behandelt werden,[343] denn für die Beendigung der Gesellschaft fehlt es noch an dem erforderlichen erweiterten Doppeltatbestand (Rn. 54 f.). Die GmbH ist noch an der KG beteiligt, und selbst wenn dies ohne Kapitaleinsatz geschehen ist, resultieren daraus Verpflichtungen, die zu erfüllen sind.[344] Es ist also eine Nachtragsliquidation[345] vorzunehmen. Allerdings könnte der Liquidator nur schnellstens das Gesellschaftsverhältnis der KG aus wichtigem Grund kündigen und gegebenenfalls Notmaßnahmen für die KG einleiten. Die KG müsste als OHG weiterbestehen oder einen neuen Komplementär bestellen. 89

4. Gemeinsame Auflösung beider Gesellschaften. Wenn sowohl GmbH als auch KG gemäß § 141a FGG als vermögenslos befunden sind und das dort vorgesehene Verfahren durchgeführt ist, erfolgt die gleichzeitige Löschung beider Gesellschaften gemäß § 141a Abs. 3 FGG, § 131 Abs. 2 S. 1 Nr. 2 HGB. Für die GmbH gilt dies als Auflösung (§ 60 Abs. 1 Nr. 7). Damit wird die Beendigung beider Gesellschaften initiiert. Dass möglicherweise die Voll-Beendigung noch nicht stattgefunden hat, weil tatsächlich doch noch etwas Vermögen vorhanden oder sonstiger Abwicklungsbedarf besteht, ist für die GmbH in Rn. 34 ff., 54 f. dargelegt. 90

5. Fortsetzung. Eine eventuelle Fortsetzung der GmbH & Co. ist, nach beiden Gesellschaften getrennt, möglich und nach den jeweiligen Vorschriften zu untersuchen.[346] Zur Fortsetzung der GmbH s. Rn. 65 ff. 91

XI. Österreichisches Recht

§ 84 ÖGmbHG[347] ist aufgebaut wie § 60. Abs. 1 zählt einige Auflösungsgründe auf,[348] Abs. 2 lässt die Aufführung weiterer Auflösungsgründe im Gesellschaftsvertrag zu. Die Auflösung führt gemäß §§ 96 ÖGmbHG zur Liquidation. Dem früheren deutschen LöschG entspricht das öst. Amtslöschungsgesetz,[349] das fortgilt. Die Erhö- 92

---

[342] OLG Hamburg DB 1987, 1244; *Hachenburg/Ulmer* Rn. 115.
[343] Wie dies auch § 60 Abs. 1 Nr. 7 sagt.
[344] BGHZ 75, 178, 181 f. = NJW 1980, 233 ff.
[345] S. Rn. 64 und § 74 Rn. 18 ff.
[346] Vgl. zB *Hachenburg/Ulmer* Rn. 122.
[347] Normtext bei *Koppensteiner*.
[348] Unter denen die Fusion mit einer AG oder ÖGmbH als Auflösungsgrund auffällt, andererseits eine Entsprechung zu § 60 Abs. 1 Nr. 5, 6 und 7 fehlt, § 144 FGG aber als § 10 FBG gilt.
[349] Normtext bei *Koppensteiner* S. 985.

hung des Mindest-Stammkapitals ist durch Art. III § 8 öst. GmbH-Novelle 1980 ähnlich wie in Deutschland mit Auflösung zu erzwingen versucht worden. Ein Auflösungsbeschluss der Gesellschafter bedarf gemäß § 84 Abs. 1 Nr. 2 ÖGmbHG selbst bei einer Einpersonengesellschaft der notariellen Beurkundung. Eine qualifizierte Mehrheit der Stimmen ist grundsätzlich nicht nötig,[350] soweit der Gesellschaftsvertrag nichts anderes festsetzt. Eine Fortsetzung der Gesellschaft ist möglich.[351] Für die Auflösung infolge Fusion findet die Liquidation bei entsprechendem Beschluss beider Gesellschaften gemäß § 96 ÖGmbHG nicht statt. Im übrigen unterbleibt die Liquidation, wenn Staat, Land oder Gemeinde Alleingesellschafter sind oder aber das Vermögen einer aufgelösten[352] Gesellschaft durch Vertrag erwerben und in diesen Fällen erklären, in alle Verbindlichkeiten der Gesellschaft gemäß § 95 ÖGmbHG einzutreten. – Die **Beendigung** folgt aus dem Doppeltatbestand Löschung im Firmenbuch und Vermögenslosigkeit.[353] Für die Nachtragsliquidation hält das ÖGmbHG in § 93 Abs. 5 schon länger als der für Deutschland neue Abs. 5 des § 66 eine darüber hinausgehende allgemeine Vorschrift bereit, die für die Fälle des späteren Auffindens von Vermögenswerte gilt; ähnlich ist es für die Amtslöschung bei Vermögenslosigkeit vorgesehen.[354]

Anhang nach § 60

Früheres Gesetz über die Aufhebung und Löschung von Gesellschaften und Genossenschaften (LöschG) vom 9. 10. 1934 (RGBl. I S. 914)

§ 1 LöschG

(1) Eine Aktiengesellschaft, Kommanditgesellschaft auf Aktien oder Gesellschaft mit beschränkter Haftung wird außer in den bisher bestimmten Fällen mit der Rechtskraft des Beschlusses aufgelöst, durch den ein Antrag auf Eröffnung des Konkursverfahrens mangels einer den Kosten des Verfahrens entsprechenden Konkursmasse abgewiesen wird. Gegen den abweisenden Beschluß steht außer demjenigen, der den Eröffnungsantrag gestellt hat, auch dem Gemeinschuldner die sofortige Beschwerde zu.

(2) Die Geschäftsstelle des Konkursgerichts hat dem für die Führung des Handelsregisters zuständigen Gericht eine beglaubigte Abschrift des den Eröffnungsantrag abweisenden Beschlusses mit einer Bescheinigung der Rechtskraft zu übersenden. Die Auflösung ist von Amts wegen in das Handelsregister einzutragen.

§ 2 LöschG

(1) Eine Aktiengesellschaft, Kommanditgesellschaft auf Aktien oder eine Gesellschaft mit beschränkter Haftung, die kein Vermögen besitzt, kann auf Antrag der amtlichen Berufsvertretung des Handelsstandes oder der Steuerbehörde oder von Amts wegen gelöscht werden. Mit der Löschung gilt die Gesellschaft als aufgelöst. Eine Liquidation findet nicht statt. Vor der Löschung ist die amtliche Berufsvertretung zu hören.

---

[350] *Koppensteiner* § 84 Rn. 8.
[351] *Koppensteiner* § 84 Rn. 29 ff.
[352] Wohl auch einer noch nicht aufgelösten, s. *Koppensteiner* § 95 Rn. 4.
[353] S. *Koppensteiner* § 93 Rn. 8 f.
[354] § 2 Abs. 3 AmtslöschungsG; iE s. *Koppensteiner* § 93 Rn. 8 f., 12 ff.

(2) *Das Gericht hat die Absicht der Löschung den gesetzlichen Vertretern der Gesellschaft, soweit solche vorhanden sind und ihre Person und ihr inländischer Aufenthalt bekannt ist, nach den für die Zustellung von Amts wegen geltenden Vorschriften der Zivilprozeßordnung bekanntzumachen und ihnen zugleich eine angemessene Frist zur Geltendmachung des Widerspruchs zu bestimmen. Das Gericht kann anordnen, auch wenn eine Pflicht zur Bekanntmachung und Fristbestimmung nach Satz 1 nicht besteht, daß die Bekanntmachung und die Bestimmung der Frist durch Einrückung in die Blätter, die für die Bekanntmachung der Eintragungen in das Handelsregister bestimmt sind, sowie durch Einrückung in weitere Blätter erfolgt; in diesem Fall ist jeder zur Erhebung des Widerspruchs berechtigt, der an der Unterlassung der Löschung ein berechtigtes Interesse hat. Die Vorschriften des § 141 Absätze 3, 4 des Reichsgesetzes über die Angelegenheiten der freiwilligen Gerichtsbarkeit gelten entsprechend.*

(3) *Stellt sich nach der Löschung das Vorhandensein von Vermögen heraus, das der Verteilung unterliegt, so findet die Liquidation statt; die Liquidatoren sind auf Antrag eines Beteiligten durch das Gericht zu ernennen.*

Literatur zum früheren LöschG: *App* Die Löschung von Kapitalgesellschaften bei Vermögenslosigkeit ..., NWB 1989, 1478; *Bokelmann* Der Prozeß gegen eine im Handelsregister gelöschte GmbH, NJW 1977, 1130; *Bork* Die als vermögenslos gelöschte GmbH im Prozeß, JZ 1991, 891; *Buchner* Amtslöschung, Nachtragsliquidation und masselose Insolvenz, 1988; *Crisolli* Die Auflösung und Löschung von Gesellschaften, JW 1934, 2657; *Crisolli/Groschuff/Kaemmel* Umwandlung und Löschung von Kapitalgesellschaften, 3. Aufl. 1937; *Däubler* Die Löschung der GmbH wegen Vermögenslosigkeit, GmbHR 1964, 246; *Groschuff* Wiederbelebung von Firmen, JW 1935, 1738; *Heilmann* Konkurs bei Masseunzulänglichkeit, BB 1976, 765; *ders.* Die Rechtslage der durch das Konkursausfallgesetz neu geschaffenen Massegläubiger, KTS 1976, 96; *Heller* Die vermögenslose GmbH, 1989; *Henckel* Masselosigkeit und Masseschuldner, in: Einhundert Jahre Konkursordnung, 1977, S. 169; *Herbig* Rechtsfragen bei der Löschung von Kapitalgesellschaften, DNotZ 1935, 787; *Hönn* Die konstitutive Wirkung der Löschung von Kapitalgesellschaften, ZHR 138 (1974), 50; *Hofmann* Zur Liquidation einer GmbH, GmbHR 1976, 258; *Hüffer* Das Ende der Rechtspersönlichkeit von Kapitalgesellschaften, Gedächtnisschrift Schultz, 1987, S. 98; *Ihrig* Die Verwertung von GmbH-Mänteln BB 1988, 1197; *Jaeger/Weber* KO, 8. Aufl., Bd. II, 1. Halbbd. 1973; *Jansen* FGG, 2. Aufl. Bd. II 1970; *Keidel/Kuntze/Winkler* Freiwillige Gerichtsbarkeit, 13. Aufl. Teil A, 1992; *Kilger* Der Konkurs des Konkurses, KTS 1975, 142; *Kilger/K. Schmidt* Konkursordnung, 16. Aufl. 1993 (früher: *Böhle/Stamschräder*); *Kirberger* Die Notwendigkeit der gerichtlichen Liquidatorenbestellung im Fall der Nachtragsliquidation einer wegen Vermögenslosigkeit gelöschten Gesellschaft oder Genossenschaft, Rpfleger 1975, 341; *Kuhn/Uhlenbruck* KO, 11. Aufl. 1994; *J. Müller* JurBüro 1985, 335; *v. Nostiz* Zum Gesetz über die Auflösung und Löschung von Gesellschaften und Genossenschaften, DJ 1934, 1314; *Piorreck* Löschung und Liquidation von Kapitalgesellschaften nach dem Löschungsgesetz, Rpfleger 1978, 157; *Saenger* Die gelöschte GmbH im Prozeß, GmbHR 1994, 300; *H. Schmidt* Zur Vollbeendigung juristischer Personen, 1989; *Karsten Schmidt* Wege zum Insolvenzrecht der Unternehmen, 1990; *ders.* Löschungsgesetz und GmbH & Co., BB 1980, 1497; *ders.* Löschung und Beendigung der GmbH, GmbHR 1988, 209 ff.; *ders.* Zur Ablösung des Löschungsgesetzes, GmbHR 1994, 829 ff.; *W. Schulz* Die masselose Liquidation der GmbH, 1986; *Uhlenbruck* Die GmbH in Krise, Konkurs und Vergleich, 2. Aufl. 1988; *Waldmann* Zur Wiedereröffnung der Abwicklung von Handelsgesellschaften, DFG 1944, 6; *Winnefeld* Löschung oder Fortbestand einer vermögenslosen GmbH?, BB 1975, 70.

I. Hintergrund

Das LöschG ist 1934 erlassen worden, nachdem in der Wirtschaftskrise der vorhergehenden Jahre zahlreiche Gesellschaften vermögenslos geworden und ohne Konkursverfahren stillgelegt worden waren. Schon 1927 hatte die Rechtsprechung die Löschung vermögensloser Gesellschaften zugelassen,[355] so dass das Gesetz insbes. eindeutige Voraussetzungen für die Gerichte schaffen und die Rechtsfolgen aufzeigen sollte.[356] **§ 1 galt nur noch für die GmbH,** da das AktG 1965 für AG und KGaA in

---
[355] KG JW 1927, 1383.
[356] So die Amtl. Begr., RAnz. 1934 Nr. 243, abgedruckt bei *Crisolli/Groschuff/Kaemmel* S. 181 ff.

§ 262 Abs. 1 Nr. 4 und § 289 Abs. 2 Nr. 1 entsprechende Auflösungsgründe enthält; für Genossenschaften setzt § 3 LöschG solche Bestimmungen fest. § 2 Abs. 1 S. 2 LöschG war durch Art. 9 BiRiLiG eingefügt worden, der frühere letzte Satzteil des S. 1 wurde zum selbstständigen S. 3 gemacht.

II. Aufhebung

2   Das LöschG wurde **zum 1. 1. 1999 vollständig aufgehoben** und **zum Teil ersetzt** durch die Neufassung des § 60 Abs. 1 Nr. 4–7 (§ 60 Rn. 1), durch §§ 66 Rn. 5 und durch den neuen § 141a FGG.[357] Dies steht im Zusammenhang mit der grundlegenden Neuordnung des Insolvenzrechts durch die Insolvenzordnung, die am 1. 1. 1999 in Kraft trat. Daher ist die Aufhebung des LöschG zum gleichen Zeitpunkt festgesetzt im Einführungsgesetz zur Insolvenzordnung.[358] In der Insolvenzordnung selbst sind die §§ 26, 27, 31, 34 bedeutsam für die Auflösung der insolventen Gesellschaft; es wird darauf verzichtet, diese Vorschriften hier aufzuführen. – § 2 Abs. 1 S. 2 LöschG war bereits ab 19. 10. 1994 ersatzlos aufgehoben.

§ 61 [Auflösung durch Urteil]

(1) Die Gesellschaft kann durch gerichtliches Urteil aufgelöst werden, wenn die Erreichung des Gesellschaftszweckes unmöglich wird, oder wenn andere, in den Verhältnissen der Gesellschaft liegende, wichtige Gründe für die Auflösung vorhanden sind.

(2) ¹Die Auflösungsklage ist gegen die Gesellschaft zu richten. ²Sie kann nur von Gesellschaftern erhoben werden, deren Geschäftsanteile zusammen mindestens dem zehnten Teil des Stammkapitals entsprechen.

(3) Für die Klage ist das Landgericht ausschließlich zuständig, in dessen Bezirk die Gesellschaft ihren Sitz hat.

Literatur: *Balz* Bestandschutz in der GmbH, JZ 1983, 241; *Becker* Typologie und Probleme der (handelsrechtlichen) Gestaltungsklagen unter besonderer Berücksichtigung der GmbH-rechtlichen Auflösungsklage (§ 61 GmbHG), ZZP 97 (1984), 314; *Hofmann* Zur Auflösung einer GmbH, GmbHR 1975, 217; *Immenga* Die personalistische Kapitalgesellschaft, 1970, S. 301, 339; *Konow* Die gerichtliche Auflösung einer GmbH, GmbHR 1973, 216; *Kornmeier* Schiedsgerichtsvereinbarung in der GmbH-Satzung, DB 1980, 193; *Kühn* Die Minderheitsrechte in der GmbH und ihre Reform, 1964; *ders.* Der Minderheitenschutz in der GmbH, GmbHR 1965, 132; *Pfitzmann* Ausschluß und Austritt aus der personalistischen Kapitalgesellschaft, 1974, S. 95; *Roitzsch* Der Minderheitenschutz im Verbandsrecht, 1981; *Ruwe* Kein Minderheitenschutz im GmbH-Konzernrecht?, AG 1980, 21; *P. Schlosser* Gestaltungsklagen und Gestaltungsurteile, 1966; *Karsten Schmidt* Mehrseitige Gestaltungsprozesse bei Personengesellschaften, 1992; *ders.* Schiedsfähigkeit von GmbH-Beschlüssen, ZGR 1988, 523; *Schütze* Die Anerkennung ausländischer Gestaltungsurteile über die Auflösung von Gesellschaften mit beschränkter Haftung, GmbHR 1967, 6; *Teichmann* Gestaltungsfreiheit in Gesellschaftsverträgen, 1970; *Timm* Beschlußanfechtungsklage und Schiedsfähigkeit, FS Fleck, 1988, S. 365; *Ulmer* Gestaltungsklagen im Personengesellschaftsrecht und notwendige Streitgenossenschaft, FS Geßler, 1971, S. 269; *Volhard* Kann die GmbH-Satzung die Einziehung des Geschäftsanteils eines Auflösungsklägers vorsehen?, GmbHR 1995, 617; *Vollmer* Die Wirkungen rechtskräftiger Schiedssprüche bei gesellschaftsrechtlichen Gestaltungsklagen, BB 1984, 1774; *K. Winkler* Die Lückenausfüllung des GmbH-Rechts durch das Recht der Personengesellschaften, 1967, S. 63; *Wolany* Rechte und Pflichten des Gesellschafters einer GmbH, 1964; *Wünsch* Schiedsgerichtsbarkeit in Handelssachen, 1968; *ders.* Zulässigkeit und Wirkung der Kündigung im Recht der GmbH, FS Demelius, 1973, S. 509.

---

[357] Normtext abgedruckt in § 60 Rn. 32.
[358] EGInsO vom 18. 10. 1994, BGBl. I S. 2911, 2913, 2920, 2933 und 2952f.

Auflösung durch Urteil § 61

Übersicht

	Rn.		Rn.
I. Allgemeines	1–4	III. Verfahren (Abs. 2 und 3)	11–20
1. Normzweck	1	1. Kläger	11–13
2. Subsidiarität, Rangfolge der Prüfung	2, 3	2. Beklagter, Nebenintervention	14
3. Abweichende Satzungsbestimmungen	4	3. Zuständigkeit (Abs. 3), Schiedsgericht	15
II. Wichtiger Grund (Abs. 1)	5–10	4. Gang des Verfahrens	16
1. Allgemeines	5	5. Urteil	17
2. Besondere wichtige Gründe	6–10	6. Revisibilität	18
a) Unmöglichkeit der Zweckerreichung; Zweck	6–8	7. Einstweiliger Rechtsschutz	19
b) Sonstige sachliche Gründe, Vertragsmängel	9	8. Streitwert	20
		IV. Fortsetzung der aufgelösten Gesellschaft	21
c) Sonstige persönliche Gründe	10	V. Österreichisches Recht	22

I. Allgemeines

1. Normzweck. § 61 wird in § 60 Abs. 1 Nr. 3 als Fall einer **Auflösung durch** 1 **gerichtliches Urteil** genannt. § 61 gibt einer Minderheit der Gesellschafter mit mindestens 10% des Stammkapitals die Möglichkeit, die gerichtliche Auflösung der Gesellschaft bei Vorliegen eines in den Verhältnissen der Gesellschaft gegebenen wichtigen Grundes zu erreichen; die Auflösung soll dann zur Beendigung der Gesellschaft führen. Es handelt sich um eine **zwingende Vorschrift;** die Satzung kann die Voraussetzungen für die Klage erleichtern, nicht aber erschweren (Rn. 4). § 61 sollte dem Gesellschafter die Möglichkeit der Befreiung von den Bindungen ermöglichen, da er nach dem Gesetzestext, soweit ihm allein oder mit anderen nicht 75% der Stimmen gemäß § 60 Abs. 1 Nr. 2 zustehen, weder eine Auflösungsmöglichkeit noch ein Austrittsrecht aus wichtigem Grund hat und auch die Satzung den Gesellschaftern in den meisten Fällen kein Austritts- oder Kündigungsrecht zugesteht. Da zudem GmbH-Anteile nur in Ausnahmefällen frei verkäuflich sind, wäre der Gesellschafter im allgemeinen blockiert, aus seiner Beteiligung wieder hinauszukommen. Aus diesem Grunde hat die Rechtsprechung im Laufe der Zeit auch ohne Satzungsklausel dem Gesellschafter **ein Austrittsrecht aus wichtigem Grund** gewährt.[1] Während der Gesellschafter einer Personenhandelsgesellschaft gemäß § 133 HGB ein dem § 61 ähnliches Recht zur Auflösungsklage aus wichtigem Grund hat und während dem Aktieninhaber keinerlei Recht solcher Art zusteht, kann der GmbH-Gesellschafter heute durch bloße Austrittserklärung die Gesellschaft aus wichtigem Grund verlassen.[2] Durch die daraus folgende Subsidiarität des Klagerechts (Rn. 2) ist die Bedeutung des § 61 nunmehr sehr gering.

2. Subsidiarität, Rangfolge der Prüfung. Da es sich um ein Klagerecht aus 2 wichtigem Grund handelt (Rn. 5), kommt die Auflösungsklage nur als **letztes Mittel** in Betracht, wenn nicht durch andere Maßnahmen der Bestand der Gesellschaft gesichert werden kann oder dieser Bestand unhaltbar geworden ist.[3] Der Fortbestand der Gesellschaft und das Interesse der übrigen Gesellschafter daran haben einen hohen

---

[1] § 34 Rn. 75 ff.
[2] HM, RGZ 128, 1, 17; *Hachenburg/Ulmer* Anh. § 34 Rn. 55; *Baumbach/Hueck* Anh. § 34 Rn. 20; *Scholz/Winter* § 15 Rn. 122; s. o. § 34 Rn. 75 ff.
[3] AllgM: RGZ 164, 257, 264; BGHZ 80, 346, 348 = NJW 1981, 2302 und dazu *Balz* JZ 1983, 241 ff.; *Baumbach/Hueck/Schulze-Osterloh* Rn. 5; *Lutter/Hommelhoff* Rn. 1; *Scholz/K. Schmidt* Rn. 3; *Hachenburg/Ulmer* Rn. 4; weniger eindeutig *Meyer-Landrut/Miller/Niehus* Rn. 1, 2, 4; dagegen *van Venrooy* GmbHR 1992, 141, 143.

Stellenwert[4] und gehen vor, wenn nicht gerade das Weiterbestehen der Gesellschaft den klagenden Gesellschaftern unzumutbar ist. Dies muss bei Feststellung des wichtigen Grundes für die Auflösungsklage beachtet werden und führt zur vorrangigen Prüfung, ob nicht ein milderes Mittel als die Auflösung der Gesellschaft berechtigten Belangen der Beteiligten Genüge tut. Mit *K. Schmidt*[5] kommt es darauf an, was unzumutbar ist, und demnach ist die Reihenfolge der Prüfung: genügt die Anpassung des Gesellschaftsvertrages oder hilft in zweiter Linie der Austritt oder die Ausschließung von Gesellschaftern? Ansonsten kann die Auflösungsklage durchgehen, wenn das Fortbestehen der Gesellschaft nicht mehr zumutbar erscheint. Dass das gewohnheitsrechtlich zugestandene Austrittsrecht aus wichtigem Grund im einzelnen noch unsicher und nicht leicht durchzusetzen ist, mag zwar im Zweifel bei Zulassung anderer Behelfe bis hin zur Auflösungsklage zu berücksichtigen sein, setzt jedoch obige Rangfolge nicht außer Kraft.[6]

3 Demnach kann die **Rangfolge**, die zur Auflösung führt, im einzelnen wie folgt festgestellt werden: Hilft dem Gesellschafter, dem ein wichtiger Grund zur Seite steht, die Änderung des Gesellschaftsvertrages, so genügt dieser Eingriff in das Gesellschaftsgefüge. Kann der Gesellschafter austreten, sei es aufgrund einer Kündigungsklausel,[7] sei es aufgrund des gewohnheitsrechtlich gewährten Austrittsrechts (Rn. 1), so ist er auf sein Ausscheiden zu verweisen. Dabei kann es für ihn allerdings auch auf ideelle Bindungen an die Gesellschaft, auf die Höhe der Abfindung bei Kündigung[8] und darauf ankommen, ob mit seinem Ausscheiden nicht vertragsungetreue Mitgesellschafter, die ihrerseits einen wichtigen Grund schuldhaft gesetzt haben, unbilligerweise die Früchte der Gesellschaft weiter ziehen dürfen. Als nächster Schritt ist zu prüfen, ob dem Gesellschafter, dem der wichtige Grund zur Seite steht, gegen einen oder mehrere Mitgesellschafter ein Ausschließungsrecht[9] zusteht und er es in der Gesellschafterversammlung durchsetzen kann.[10] Erhebt schließlich der Gesellschafter, dem mindestens 10% des Kapitals verfügbar sind, Auflösungsklage, so kann diese unbegründet sein, wenn die anderen Gesellschafter ihrerseits ihn auszuschließen das Recht haben und dies beschließen, wobei es auf den Grad des jeweiligen Verschuldens ankommen kann. Gerade bei gleichem Verschulden kann jedoch die Auflösung das letzte, aber richtige Mittel sein.[11] Auf eine leichte **Abtretbarkeit** seines Anteils ist der betreffende Gesellschafter nur zu verweisen, wenn ein Angebot auf den vollen, nicht unter dem voraussichtlichen Liquidationserlös liegenden Preis vorliegt und der Bestand der Gesellschaft nicht aus anderen Gründen keine Beachtung verdient.[12] – Schließlich ist § 61 auch gegenüber § 75 subsidiär.

4 **3. Abweichende Satzungsbestimmungen.** Die Satzung kann die **Auflösungsklage erleichtern,** nicht erschweren (allgM). Eine Erleichterung steht aber im Ge-

---

[4] Zum Bestandschutz s. *Balz JZ* 1983, 241 ff.
[5] *Scholz/K. Schmidt* Rn. 3.
[6] AA *Hachenburg/Ulmer* Rn. 4.
[7] § 60 Rn. 43.
[8] *Hachenburg/Ulmer* Rn. 6.
[9] § 34 Rn. 71 ff.
[10] AA *Meyer-Landrut/Miller/Niehus* Rn. 4.
[11] Vgl. zu der vorstehenden Rangfolge iE RGZ 164, 257, 263; BGHZ 16, 317, 323 = NJW 1955, 667; BGHZ 32, 17, 35 = NJW 1960, 866, 869; BGHZ 80, 346, 348, 351 f. = NJW 1981, 2302, 2303; *Hofmann* GmbHR 1975, 217, 220; *Baumbach/Hueck/Schulze-Osterloh* Rn. 5; *Lutter/Hommelhoff* Rn. 1; *Scholz/K. Schmidt* Rn. 3; *Hachenburg/Ulmer* Rn. 4 ff.; skeptisch *van Venrooy* GmbHR 1992, 141 ff. passim.
[12] BGH NJW 1985, 1901 f.; *Baumbach/Hueck/Schulze-Osterloh* Rn. 5; *Lutter/Hommelhoff* Rn. 1; *Roth/Altmeppen* Rn. 1; nur als ausnahmsweiser Vorrang: *Scholz/K. Schmidt* Rn. 3 aE.

gensatz zu dem Interesse, das die Gesellschafter (in gewissem Grade auch die Allgemeinheit) an dem Fortbestand der Gesellschaft haben.[13] Die Auflösungsklage bringt für die anderen Gesellschafter das Risiko, gegen ihren Willen von einem Mitgesellschafter aus ihren gemeinsamen Aktivitäten gerissen zu werden. In der Praxis der Gesellschaftsverträge wird man daher eher Austrittsrechte (aus wichtigem Grund oder auch ohne einen solchen) geregelt sehen als eine Erleichterung der Auflösungsklage. Erleichterung ist eine Herabsetzung der 10%-Grenze oder das Recht jedes einzelnen Gesellschafters, Auflösungsklage zu erheben, unabhängig von der Höhe seiner Beteiligung. Auch erleichtert die Aufzählung einzelner Auflösungsgründe, die nicht „wichtiger Grund" im Rechtssinne wären, die Auflösungsklage. Unabhängig davon kann das Klageerfordernis aufgehoben, den Gesellschaftern also ein Auflösungsrecht gegeben werden.[14] Das Auflösungsrecht erschwerende Satzungsbestimmungen sind unwirksam: dazu gehörte etwa eine Heraufsetzung der Prozentgrenze des Abs. 1, der Ausschluss gewisser Auflösungsgründe, die tatsächlich „wichtiger Grund" sind, oder die Satzungsbestimmung, den klagenden Gesellschaftern könne ihr Geschäftsanteil durch Einziehung entzogen werden.[15] Dazu gehört aber auch eine Klausel, die den anderen Gesellschaftern nach erfolgreicher Auflösungsklage die Fortsetzung der Gesellschaft ohne Zustimmung des klagenden Gesellschafters erlaubte.[16] Die Möglichkeit, im Gesellschaftsvertrag ein Schiedsgericht (auch) für die Auflösungsklage des § 61 vorzusehen (Rn. 15), stellt sich als Alternative zur Klage vor dem ordentlichen Gericht dar und ist keine Abweichung von § 61 Abs. 3 im Sinne einer (unzulässigen) Erschwerung des Auflösungsbegehrens.[17]

II. Wichtiger Grund (Abs. 1)

1. Allgemeines. Begründet werden kann die Auflösungsklage nur mit dem **Vorliegen eines wichtigen Grundes,** wozu die ausdrücklich genannte Unmöglichkeit der Zweckerreichung gehört. Dieser unbestimmte Rechtsbegriff basiert, wie immer, auf der Unzumutbarkeit der weiteren Bindung, hier: in der Gesellschaft, und ist somit erfüllt, wenn es dem Kläger oder der betreffenden Gesellschaftergruppe unzumutbar wird, die Gesellschaft weiterbetrieben zu sehen (s. auch Rn. 2). Der wichtige Grund muss nach Abs. 1 „in den Verhältnissen der Gesellschaft" liegen, also die Weiterführung der Gesellschaft, nicht den Verbleib in ihr, unzumutbar machen.[18] Demnach sind persönliche Gründe der Gesellschafter grundsätzlich nicht ausreichend, können aber, besonders bei einer personalistisch ausgestalteten GmbH, auf die „Verhältnisse der Gesellschaft" durchschlagen und den Bestand der Gesellschaft unzumutbar machen.[19] Dazu zählen auch Streitigkeiten zwischen den Gesellschaftern selbst, zB wenn die Rentabilität oder die Funktionsfähigkeit der Gesellschaftsorgane dadurch in absehbarer Zukunft schwerstens gefährdet wird. Häufig können aber persönliche Gründe bei einzelnen Gesellschaftern den anderen ein Recht zur Ausschließung der Betreffenden ge-

---

[13] Rn. 2; s. auch BGHZ 9, 157, 163; BGHZ 80, 346, 349.
[14] Wobei aber über den wichtigen Grund dann doch ein Rechtsstreit entbrennen könnte, s. *Hachenburg/Ulmer* Rn. 50.
[15] LG Dresden GmbHR 1994, 555; teilweise aA *Volhard* GmbHR 1995, 617 ff.
[16] BayObLG DB 1978, 2164 f.; *Scholz/K. Schmidt* Rn. 2; aA *Hachenburg/Ulmer* Rn. 56 mwN; s. Rn. 21 u. § 60 Rn. 75.
[17] Vgl. zur Wirkung eines Schiedsspruchs *Vollmer* BB 1984, 1774 ff.; s. aber dagegen Rn. 15.
[18] KG in KGR 1997, 174, 177 f.
[19] BGHZ 80, 346, 348 = NJW 1981, 2302; NJW 1985, 1901 f. = GmbHR 1985, 297 f.; OLG Saarbrücken AG 1980, 26, 28; *Baumbach/Hueck/Schulze-Osterloh* Rn. 11; *Meyer-Landrut/Miller/Niehus* Rn. 7; *Scholz/K. Schmidt* Rn. 24; *Hachenburg/Ulmer* Rn. 11, 21; s. auch Rn. 10.

ben, das bei Ausübung der subsidiär nachrangigen Auflösungsklage vorgeht.[20] So ist durch heute weitgehend anerkannte Ausschließungs- und Austrittsrechte[21] eine Auflösungsklage relativ selten – und noch seltener erfolgreich.[22] Stellt das Gericht einen wichtigen Grund zur Auflösung fest, so muss es der Auflösungsklage stattgeben; das Prädikat „kann" in Abs. 1 gewährt **keinen Ermessensspielraum.**[23]

6   **2. Besondere wichtige Gründe. a) Unmöglichkeit der Zweckerreichung; Zweck.** Abs. 1 nennt ausdrücklich als wichtigen Grund, dass die „Erreichung des Gesellschaftszwecks unmöglich wird". Das Gesetz geht von nachträglich eintretender Unmöglichkeit der Zweckerreichung aus, doch ist dem praktisch gleichzustellen, wenn der Zweck von vornherein nicht zu erreichen war.[24] Wird etwa eine beantragte notwendige Betriebserlaubnis oder ein beantragtes Patent, auf dem der Zweck der Gesellschaft beruht, nicht erteilt, so sind die Voraussetzungen des § 61 Abs. 1 wohl erfüllt. Eine **vorübergehende** Unmöglichkeit der Zweckerreichung (zB durch kriegs- oder streikbedingte Produktionseinstellung) gibt grundsätzlich kein Recht zur Auflösungsklage.[25] Sollte aber einzelnen Gesellschaftern ein Zuwarten nicht mehr zumutbar sein, so käme zunächst das Austrittsrecht (Rn. 2) in Betracht, die Auflösungsklage erst dann, wenn nicht alle ausscheidungsberechtigten Gesellschafter abgefunden werden können oder die Gesellschaft danach nicht mehr die gleiche wäre; eine Umstellung des Geschäftsbetriebs[26] kann praktisch kaum jemals verlangt werden. Generell aber muss die Unmöglichkeit der Zweckerreichung **dauerhaft** sein.

7   Ob die **Unmöglichkeit aus Rechtsgründen** besteht[27] oder **wirtschaftlich bedingt** ist (zB dauernde Unrentabilität, dauernder Ausfall des einzigen Lieferanten), spielt keine Rolle.[28] Gerät eine Gesellschaft **unter den Einfluss eines Konzerns,** so wird kaum jemals eine Zweckerreichung unmöglich werden, allenfalls wenn der Zweck tatsächlich die von solcher Art Beherrschung unabhängige Tätigkeit der Gesellschaft hätte sein sollen;[29] eher kommt ein Austrittsrecht in Betracht,[30] das aber nicht auf § 61 basiert.[31] Ist eine GmbH & Co. KG abgewickelt, so wird der Zweck der Komplementär-GmbH häufig weggefallen sein.[32] Wenn bei dauernder fehlender Rentabilität Kapitalerhöhung oder Nachschusseinziehung vorrangig sein sollen,[33] so muss dies im Gesellschaftsvertrag vorgesehen sein; anderenfalls ist kein Gesellschafter zum Einschießen weiterer Mittel verpflichtet,[34] sondern er kann ggf. auf Auflösung

---

[20] Rn. 2, auch Rn. 10.
[21] § 34 Rn. 71 ff., 75 ff.
[22] Lehrreich BGHZ 80, 346 ff. = NJW 1981, 2302 f.; s. auch zur Problematik allgemein *van Venrooy* GmbHR 1992, 141, 145 ff.
[23] HM, vgl. nur RGZ 164, 129, 132; *Hachenburg/Ulmer* Rn. 8; *Scholz/K. Schmidt* Rn. 4.
[24] *Baumbach/Hueck/Schulze-Osterloh* Rn. 8 aE; *Hachenburg/Ulmer* Rn. 17; *Scholz/K. Schmidt* Rn. 19.
[25] RGZ 164, 129, 143 f.; RG HRR 1935 Nr. 1404; *Hofmann* GmbHR 1975, 217, 220; *Scholz/K. Schmidt* Rn. 20; *Baumbach/Hueck/Schulze-Osterloh* Rn. 8; *Hachenburg/Ulmer* Rn. 17.
[26] Wie es in RGZ 164, 129 ff. diskutiert wird.
[27] Entzug der Gewerbeerlaubnis, Verbot der Tätigkeit gemäß dem GWB, s. auch § 62 Rn. 13 f.
[28] *Hachenburg/Ulmer* Rn. 17, 18 mwN; *Scholz/K. Schmidt* Rn. 19.
[29] Vgl. etwa den Fall OLG Saarbrücken AG 1980, 26, 28; *Hachenburg/Ulmer* Rn. 18.
[30] *Wiedemann* ZGR 1978, 477, 495 f.; *Ruwe* AG 1980, 21, 24 f.; *Scholz/K. Schmidt* Rn. 18.
[31] *Meyer-Landrut/Miller/Niehus* Rn. 6; *Scholz/K. Schmidt* Rn. 18.
[32] *Hachenburg/Ulmer* Rn. 18, 55; s. aber § 60 Rn. 87.
[33] RG JW 1927, 1684; *Scholz/K. Schmidt* Rn. 21.
[34] Wie hier *Baumbach/Hueck/Schulze-Osterloh* Rn. 8.

klagen, falls nicht sein Ausscheiden (Rn. 2) das anstehende Problem für ihn löst und die anderen weitermachen wollen.

Der **Zweck** der Gesellschaft ist nicht identisch mit dem im Gesetz verschiedentlich genannten Gegenstand des Unternehmens, vgl. §§ 3 Abs. 1, 4 Abs. 1, 10 Abs. 1, 75 Abs. 1. Während der Gegenstand nach außen bekanntgegeben wird und der Öffentlichkeit (wie auch der Geschäftsführung) Kenntnis darüber geben soll, auf welchem Gebiet die Gesellschaft im Grundsatz tätig werden soll, ist der Zweck auf die interne Zielrichtung der Gesellschafter untereinander bezogen.[35] Der Zweck besteht im allg. aus der durch die Geschäftstätigkeit zu verwirklichenden Gewinnerzielungsabsicht, doch können auch andere Absichten verfolgt werden; inwieweit der Zweck in den Gesellschaftsvertrag und Eintragungsunterlagen[36] Eingang gefunden haben muss, ist fraglich, denn die Gewinnabsicht findet sich praktisch nie im Vertrag[37] ausdrücklich niedergelegt. Die Motive einzelner Gründer sind nicht mit dem Zweck der Gesellschaft identisch.[38] Ist der so zu bestimmende Zweck nicht erreichbar, greift § 61 ein. 8

b) Sonstige sachliche Gründe, Vertragsmängel. Sonstige wichtige Gründe sachlicher Art können insbesondere im wirtschaftlichen Bereich liegen; allerdings ist dann fraglich, ob nicht schon der Zweck der Gesellschaft unerreichbar wird (Rn. 6). Aber Verluste, auch Verluste am Stammkapital, geben nicht ohne weiteres einen wichtigen Grund her, sondern nur dann, wenn dauerhaft nicht mit einer Besserung zu rechnen ist.[39] Überschuldung oder Zahlungsunfähigkeit verpflichten ohnehin zur Insolvenzanmeldung gemäß § 64. Insolvenzablehnung mangels Masse führt zur Löschung gemäß § 60 Abs. 1 Nr. 5 (s. dort). Ist der **Gesellschaftsvertrag mangelhaft,** ist zunächst § 75 zu prüfen, demgegenüber § 61 subsidiär ist. Andere als in § 75 genannte Mängel des Gesellschaftsvertrages können nur in Ausnahmefällen zur Klage nach § 61 berechtigen, etwa wenn nach Eintragung der Gesellschaft Gründungsmängel den Gesellschaftern bekannt werden und diese bei früherer Kenntnis der Gesellschaft nicht beigetreten wären, und wenn dies noch zur Zeit der Klageerhebung zur Unzumutbarkeit des weiteren Verbleibens in der Gesellschaft führt.[40] Gründungsmängel vor Eintragung führen als solche nicht zur Anwendung des § 61, zB arglistige Täuschung bei Gründung.[41] Im übrigen ist die Subsidiarität der Auflösungsklage gegenüber dem Austrittsrecht stets zu beachten (Rn. 2). Fehlerhafte Satzungsänderungen sind durch Anfechtung des Gesellschafterbeschlusses vorzubringen und ggf. gerichtlich zu überprüfen. 9

c) Sonstige persönliche Gründe. Gründe persönlicher Art liegen grundsätzlich nicht „in den Verhältnissen der Gesellschaft", wie § 61 Abs. 1 es verlangt (Rn. 5). Sie mögen zu einem Ausschlussrecht der Gesellschaft gegen den betreffenden Gesellschafter führen oder zu einem Austrittsrecht für diesen.[42] Solange die Störung durch den Ausschluss oder Austritt eines Gesellschafters oder mehrerer zu beheben ist, gehen diese Rechtsbehelfe vor (Rn. 2). Nur wenn die persönlichen Gründe auf die Verhältnisse der Gesellschaft durchgreifen (etwa bei stärkster Störung des Vertrauensverhält- 10

---

[35] Vgl. § 1 Rn. 5 f.; *Hachenburg/Ulmer* Rn. 14 ff.; *Hofmann* GmbHR 1975, 217, 220.
[36] So RGZ 164, 129, 140; *Hachenburg/Ulmer* Rn. 16; anders: Berücksichtigung der „Anlage" des Unternehmens *Scholz/K. Schmidt* Rn. 18.
[37] Vgl. auch RG HRR 1935 Nr. 1404.
[38] RGZ 164, 129, 140; OLG Saarbrücken AG 1980, 26, 28; *Hachenburg/Ulmer* Rn. 16.
[39] *Scholz/K. Schmidt* Rn. 22; *Hachenburg/Ulmer* Rn. 19 f.
[40] *Hachenburg/Ulmer* Rn. 23.
[41] KG in KGR 1997, 174, 177 f.
[42] Vgl. § 34 Rn. 71 ff., 75 ff.

§ 61　　　　　　　　5. Abschnitt. Auflösung und Nichtigkeit der Gesellschaft

nisses) und keine das Weiterbestehen der Gesellschaft zulassende Lösung möglich oder erreichbar ist,[43] kann § 61 eingreifen. Insofern ist § 133 HGB breiter, weil dort nicht auf die Verhältnisse der Gesellschaft abgestellt ist. Ist ein Gesellschafter durch arglistige Täuschung zur Gründung der GmbH gebracht worden, so ist dieser Anfechtungsgrund nach Eintragung der Gesellschaft nicht ein Auflösungsgrund iS des § 61 Abs. 1.[44] Wird durch persönliche Streitigkeiten, wie sie gerade bei Familiengesellschaften nicht ganz selten vorkommen, die Willensbildung in der Geschäftsführung oder in der Gesellschafterversammlung praktisch unmöglich und das gedeihliche Fortleben der Gesellschaft in Frage gestellt, ist die Auflösungsklage das letzte Mittel.[45] Bei kleineren und personalistisch ausgestalteten Gesellschaften wird die Bedeutung persönlicher Gründe (Streitigkeiten oder auch Insolvenz, Gefängnisstrafe eines Gesellschafters) eher die Zweckerreichung gefährden. Grundsätzlich aber sind die Insolvenz eines Gesellschafters oder die Pfändung seines Geschäftsanteils kein wichtiger Grund für eine Auflösungsklage, doch gewährt in solchen Fällen die Satzung häufig den anderen Gesellschaftern ein Einziehungsrecht, vgl. § 34 Rn. 5.

III. Verfahren (Abs. 2 und 3)

11　1. **Kläger.** Kläger können nur **Gesellschafter** sein, die gegenüber der Gesellschaft als solche legitimiert sind, zB gemäß § 16. Der oder die klagenden Gesellschafter müssen mindestens **10% des Stammkapitals**[46] innehaben, es sei denn, der Gesellschaftsvertrag sieht einen geringeren Prozentsatz vor oder schließt diese Beschränkung ganz aus (Rn. 4). Diese Prozessvoraussetzung ist von Amts wegen zu prüfen; bei ihrem Fehlen ist die Klage unzulässig.[47] Ob die Stammeinlage voll eingezahlt ist, hat keine Bedeutung, und auch auf das Stimmrecht kommt es nicht an.[48] Eingezogene oder kaduzierte Anteile berechtigen nicht mehr zur Klage.[49] Kapitalerhöhungen, die vor der letzten mündlichen Verhandlung in das Handelsregister eingetragen werden, sind bei der Berechnung heranzuziehen.[50] Mehrere Gesellschafter klagen in notwendiger Streitgenossenschaft gemäß § 62 ZPO,[51] und zwar auch dann, wenn einzelne allein 10% des Stammkapitals halten, da nur einheitlich auf Auflösung der Gesellschaft oder Klageabweisung erkannt werden kann.[52] Tritt ein Gesellschafter als Nebenintervenient gemäß §§ 66, 69 ZPO auf Klägerseite bei, so zählt seine Beteiligung nicht zugunsten der Kläger.[53]

12　Bei **Veräußerung** des Geschäftsanteils während des Prozesses geht die Klagebefugnis verloren. Die hM wendet § 265 ZPO nicht an.[54] Die unterschiedliche Behandlung

---

[43] LG Düsseldorf Information StW 1999, 767 f. für Steuerberatungs-GmbH.
[44] KG in KGR 1997, 174, 177 f.
[45] Vgl. auch RGZ 164, 257 ff.; BGHZ 80, 346, 347 f. = NJW 1981, 2302; NJW 1985, 1901 f. = WM 1985, 916; OLG Saarbrücken AG 1980, 26, 28; *Scholz/K. Schmidt* Rn. 24; *Hachenburg/ Ulmer* Rn. 21.
[46] Zur Berechnung s. § 50 Rn. 3.
[47] *Baumbach/Hueck/Schulze-Osterloh* Rn. 14; *Scholz/K. Schmidt* Rn. 2; *Hachenburg/Ulmer* Rn. 26.
[48] *Kühn* GmbHR 1965, 132 f.; *Hachenburg/Ulmer* Rn. 31.
[49] *Kühn* GmbHR 1965, 132.
[50] *Hachenburg/Ulmer* Rn. 26.
[51] *Hachenburg/Ulmer* Rn. 26.
[52] *Scholz/K. Schmidt* Rn. 8.
[53] *Hachenburg/Ulmer* Rn. 34.
[54] *Baumbach/Hueck/Schulze-Osterloh* Rn. 14; *Lutter/Hommelhoff* Rn. 3; *Meyer-Landrut/Miller/ Niehus* Rn. 8; *Hachenburg/Ulmer* Rn. 27; *Scholz/K. Schmidt* Rn. 7; aA *Brodmann* Anm. 1 b.

Auflösung durch Urteil **§ 61**

der Anfechtungsklage[55] erklärt sich mit dem Interesse aller Beteiligten an der Aufhebung eines fehlerhaften Gesellschafterbeschlusses einerseits[56] und der Bedeutung eines Klägerwechsels für die Bestimmung des wichtigen Grundes bei der Auflösungsklage andererseits;[57] richtig ist aber auch, dass der Erwerber durch gewillkürten Parteiwechsel vom Gericht als Kläger zuzulassen ist, wenn dies sachdienlich ist oder die Gesellschaft zustimmt.[58] Unterfällt der Gesellschafter einem Insolvenzverfahren, so kann der Insolvenzverwalter klagen bzw. den Rechtsstreit fortführen.[59] Im Erbfall können die Erben den unterbrochenen Prozess aufnehmen. – Die Tatsache, dass ein Auflösungsbeschluss angefochten oder in anfechtbarer Weise nicht zustande gekommen ist, hindert die Klage aus § 61 nicht.[60] Kann der Kläger selbst einen Auflösungsbeschluss nach § 60 Abs. 1 Nr. 2 herbeiführen, wird das Rechtsschutzinteresse fehlen.[61]

Treugeber einer Treuhandschaft, **Nießbraucher** und **Pfandgläubiger** sind nicht Gesellschafter und können daher nicht klagen,[62] die letzteren hindern aber die Klage auch gesellschaftsrechtlich nicht.[63] Der legitimierte Gesellschafter kann selbst ohne Mitwirkung Dritter klagen, auch wenn §§ 1071, 1276 BGB dem Nießbraucher und Pfandgläubiger ein dinglich wirkendes Zustimmungsrecht bei Aufhebung des Mitgliedschaftsrechts gewähren; der Grund ist, dass § 61 als unverzichtbares Minderheitsrecht vorgeht.[64] Der Treuhänder mag im allgemeinen im Verhältnis zum Treugeber gehindert sein, ohne dessen Einwilligung die Auflösungsklage zu erheben, oder er mag vom Treugeber verpflichtet werden, sie zu erheben: prozessual ist nur er als der legitimierte Gesellschafter gemäß § 16 klagebefugt. Dem Treugeber können bei missbräuchlicher Erhebung der Klage Schadensersatzansprüche zustehen.[65] Die Treuhandschaft kann für die Frage des wichtigen Grundes von Bedeutung sein, wenn etwa der Treuhänder die persönlichen Interessen des Treugebers zur Klagebegründung vorträgt oder wenn die persönliche Situation des Treuhänders als wichtiger Grund nicht zuzulassen ist.[66] Der Pfändungspfandgläubiger kann nur durch Zwangsversteigerung zu einer Verwertung kommen, § 135 HGB ist nicht analog anzuwenden.[67] 13

2. Beklagter, Nebenintervention. Nur die **Gesellschaft** kann Beklagte sein. Vertreten wird sie durch Geschäftsführer in vertretungsberechtigter Zahl. Ist einer der Kläger auch Geschäftsführer, so kann er nicht die Gesellschaft im Prozess vertreten, und zwar auch nicht, wenn er wirksam von den Beschränkungen des § 181 BGB befreit ist.[68] Hat die Gesellschaft nicht genügend vertretungsberechtigte Geschäftsführer, 14

---

[55] BGHZ 43, 261, 267 f. = NJW 1965, 1378, 1379; vgl. auch § 47 Rn. 146.
[56] *Hachenburg/Ulmer* Rn. 27.
[57] *Scholz/K. Schmidt* Rn. 7.
[58] *Hachenburg/Ulmer* Rn. 27; *Scholz/K. Schmidt* Rn. 7; *Baumbach/Hueck/Schulze-Osterloh* Rn. 14.
[59] AllgM, s. *Hachenburg/Ulmer* Rn. 28.
[60] *Scholz/K. Schmidt* Rn. 4; *Hachenburg/Ulmer* Rn. 7.
[61] *Hachenburg/Ulmer* Rn. 7.
[62] *K. Müller* Die Sicherungsübertragung von GmbH-Anteilen, 1969, S. 49; *Scholz/K. Schmidt* Rn. 7.
[63] *Baumbach/Hueck/Schulze-Osterloh* Rn. 15; vgl. *Scholz/K. Schmidt* Rn. 7.
[64] *Teichmann* ZGR 1972, 1, 15; *Scholz/K. Schmidt* Rn. 7; *Hachenburg/Ulmer* Rn. 29 mwN.
[65] *Hachenburg/Ulmer* Rn. 29.
[66] *K. Müller* (Fn. 62) S. 51 f.; *Scholz/K. Schmidt* Rn. 7; *Hachenburg/Ulmer* Rn. 29; zum Grund persönlicher Art s. Rn. 10.
[67] *Scholz/K. Schmidt* Rn. 7; *Hachenburg/Ulmer* Rn. 30.
[68] Zweiparteiengrundsatz im Zivilprozess RGZ 66, 241 f.; BGH NJW 1984, 57 f; *Stein/Jonas/Bork* Vor § 50 Rn. 17; *Baumbach/Hartmann* ZPO Vor § 50 Rn. 15; aA wohl *Baumbach/Hueck/Schulze-Osterloh* Rn. 18; *Hachenburg/Ulmer* Rn. 32.

§ 61   5. Abschnitt. Auflösung und Nichtigkeit der Gesellschaft

um sich in dem Auflösungsprozess vertreten zu lassen, so muss auf Antrag der Kläger oder anderer Gesellschafter das Amtsgericht analog zu § 29 BGB einen Geschäftsführer oder das Prozessgericht gemäß § 57 ZPO vorläufig einen Prozessvertreter bestellen.[69] Auch können die anderen Gesellschafter analog § 46 Nr. 8 Prozessvertreter bestellen, wobei die Kläger nicht stimmberechtigt sind.[70] Nicht klagende Gesellschafter können der Gesellschaft als streitgenössische Nebenintervenienten gemäß §§ 66, 69 ZPO beitreten mit der Folge der §§ 61, 62 ZPO, da die gerichtliche Auflösung auch ihnen gegenüber wirksam ist.[71] Das Gleiche gilt auch bei der Nebenintervention auf Klägerseite.

15 **3. Zuständigkeit (Abs. 3), Schiedsgericht.** Gemäß Abs. 3 ist **ausschließlich zuständig das Landgericht,** in dessen Bezirk die Gesellschaft ihren Sitz hat. Abweichende Gerichtsstandvereinbarungen sachlicher oder örtlicher Art sind unwirksam. Der Streit ist gemäß § 95 Nr. 4a GVG als Handelssache zu qualifizieren, für die gemäß §§ 96, 98 GVG die Kammer für Handelssachen zuständig ist. Die ausschließliche Zuständigkeit des Landgerichts hindert die Gesellschafter nicht, ein **Schiedsgericht** für die Auflösungsklage zu vereinbaren.[72] – Die Schiedsklausel muss im Gesellschaftsvertrag enthalten sein; soll der Schiedsvertrag vor Prozessbeginn durch Vereinbarung zwischen Kläger und beklagter Gesellschaft abgeschlossen werden, so müssen alle anderen Gesellschafter zustimmen.[73] Bei Einführung der Schiedsgerichtsklausel in den Gesellschaftsvertrag durch Satzungsänderung müssen alle Gesellschafter zustimmen.[74] Bei einer entsprechenden Satzungsklausel ist die Form des § 1031 ZPO wegen § 1066 ZPO gewahrt.[75] Entscheidet das Schiedsgericht auf Auflösung, so wirkt der Spruch wie jede Gestaltungsentscheidung eines Schiedsgerichts zwischen den Parteien direkt, auch ohne Vollstreckbarkeitserklärung; jedoch genügt dies nicht und die Vollstreckbarkeitserklärung ist nötig, um durch Vorlage des Schiedsspruchs die Eintragung der Auflösung von Amts wegen in das Handelsregister und die gerichtliche Bestellung eines Liquidators zu erreichen.[76] – Es ist aber in jedem Fall nötig, dass die nicht an dem Prozess beteiligten Gesellschafter informiert werden (Rn. 16).

---

[69] Vgl. *Baumbach/Hueck/Schulze-Osterloh* Rn. 18; *Scholz/K. Schmidt* Rn. 9; *Hachenburg/Ulmer* Rn. 32.

[70] *Hachenburg/Ulmer* Rn. 32; s. auch § 46 Rn. 40; *Scholz/K. Schmidt* Rn. 9.

[71] RGZ 164, 129, 131 f.; *Scholz/K. Schmidt* Rn. 9; *Hachenburg/Ulmer* Rn. 33 f.

[72] Ganz hM: BayObLG DB 1984, 1240; *H. Westermann,* FS R. Fischer, 1979, S. 853, 856; *Kornmeier* DB 1980, 193, 194; *M. Becker* ZZP 97 (1984), 314, 318 ff.; *Vollmer* BB 1984, 1774 ff.; *Baumbach/Hueck/Schulze-Osterloh* Rn. 20; *Stein/Jonas/Schlosser* § 1025 Rn. 27 f.; *Scholz/K. Schmidt* Rn. 6; *Hachenburg/Ulmer* Rn. 37, 38. – Ulmer unter ausdrücklichem Hinweis auf die Diskussion über das ähnlich gelagerte Problem bei Schiedsklagen zur Anfechtung von Gesellschafterbeschlüssen, zu welchem Problem *K. Schmidt* die Zulässigkeit eines Schiedsgerichts seit jeher vertritt).

[73] *Hachenburg/Ulmer* Rn. 38; *Scholz/K. Schmidt* Rn. 6, die aber Bedenken zu der Vergleichsbefugnis gemäß § 1025 Abs. 1 ZPO der Parteien im Auflösungsprozess, nämlich einige Gesellschafter und die Gesellschaft, äußern.

[74] *Hachenburg/Ulmer* Rn. 38; *Scholz/K. Schmidt* Rn. 6; *Baumbach/Hueck/Schulze-Osterloh* Rn. 20; *Becker* ZZP 97 (1984), 314, 319 Fn. 20; *Meyer-Landrut/Miller/Niehus* Rn. 9.

[75] HM zu §§ 1027, 1048 ZPO aF, RGZ 165, 140, 143 f.; BGH LM AktG 1937 § 199 Nr. 1; *Wellmann* BB 1961, 695; *Kleinmann* BB 1970, 1076 f.; *Baumbach/Lauterbach/Albers* ZPO § 1066 Rn. 5; *Hachenburg/Schilling* § 13 Rn. 16 f. mwN; *Hachenburg/Ulmer* Rn. 38; aA *Stein/Jonas/Schlosser* § 1048 Rn. 10.

[76] So überzeugend BayObLG DB 1984, 1240, 1241 = BB 1984, 746; *Baumbach/Hueck/Schulze-Osterloh* Rn. 23 auch für die Gestaltungswirkung zwischen den Parteien; wohl ebenso *Scholz/K. Schmidt* Rn. 6; die frühere Diskussion machte die Unterscheidung – inter partes/Beachtung von Amts wegen – nicht, sondern beschränkte sich darauf, die Gestaltungswirkung des

Auflösung durch Urteil **§ 61**

4. Gang des Verfahrens. Das Gericht hat von Amts wegen zu prüfen, ob die **Prozessvoraussetzung** der Beteiligung der Kläger mit mindestens 10% am Stammkapital vorliegt (Rn. 11), falls nicht nach dem Gesellschaftsvertrag eine geringere Beteiligung ausreichend ist (Rn. 4). Im übrigen ist das Verfahren ähnlich dem Anfechtungs- oder Nichtigkeitsverfahren.[77] Säumnis- oder Anerkenntnisurteile oder ein Vergleich der Kläger mit der beklagten Gesellschaft über die Auflösung sind unzulässig.[78] Wegen der Gestaltungswirkung des Urteils, das auch die nicht am Prozess beteiligten Gesellschafter betrifft, ist die Gefahr der Verletzung des rechtlichen Gehörs gemäß Art. 103 Abs. 1 GG besonders groß. Daher hat das Gericht die **anderen Gesellschafter zu unterrichten,**[79] die dann als Nebenintervenient am Prozess teilnehmen können (Rn. 14). Ob bei großer Gesellschafterzahl die Unterrichtung eines Aufsichts- oder Beirats genügt, ist streitig,[80] aber jedenfalls hat das Gericht Sorge zu tragen, dass alle informiert werden. Ebenso hat ein Schiedsgericht zu verfahren (Rn. 15). Die beklagte Gesellschaft kann durch Nichtbestreiten und Geständnis sowie im ordentlichen Verfahren durch Nichteinlegung von Rechtsmitteln das Ergebnis manipulieren.[81] Der Zeitpunkt, für den das Gericht das Vorliegen eines wichtigen Grundes in den Verhältnissen der Gesellschaft (Abs. 1) feststellen muss, ist die letzte mündliche Verhandlung.

5. Urteil. Bei Erfolg der Klage entscheidet das Gericht durch **Gestaltungsurteil** die Auflösung der Gesellschaft. Diese tritt mit Rechtskraft des Urteils ein. Sind die Voraussetzungen gegeben, muss auf Auflösung entschieden werden (Rn. 5). Das Urteil wirkt für die vermögensmäßige Auseinandersetzung nicht auf den Tag der Klageerhebung zurück,[82] anders als bei § 140 Abs. 2 HGB. Mit der Rechtskraft wirkt das Urteil für und gegen alle Beteiligten, weshalb alle Gesellschafter zu informieren sind (Rn. 16), die Gesellschaft ist aufgelöst. Diese Tatsache ist im Handelsregister eintragen zu lassen. Dasselbe gilt für den wirksam verkündeten Schiedsspruch, der zur Eintragung allerdings die Vollstreckbarkeitsentscheidung benötigt (Rn. 15). Wegen dieser Gestaltungswirkung des Urteils ist eine vorläufige Vollstreckbarkeit ausgeschlossen;[83] ist vorläufige Vollstreckbarkeit doch verkündet, so hat sie keine Wirkung.[84] Die **Klageabweisung** wirkt nur zwischen den Prozessparteien: Abweisung als unzulässig hindert eine neue zulässige Klage nicht, ein Sachurteil schafft Rechtskraft nur insoweit, als festgestellt wurde, dass die geltendgemachten Tatsachen das Auflösungsbegehren nicht rechtfertigen, eine neue Klage wegen anderer Gründe bleibt aber möglich. Andere Gesellschaf-

---

Schiedsspruchs hervorzuheben – *Stein/Jonas/Schlosser* § 1042 Rn. 2; vgl. *Schwab/Walter* Schiedsgerichtsbarkeit, 6. Aufl. 2000, Kap. 21 I 6, S. 228f.; *Lindacher* ZGR 1979, 201, 209; *Lutter/Hommelhoff* Rn. 6; *Meyer-Landrut/Miller/Niehus* Rn. 9; *Hachenburg/Ulmer* Rn. 42; aA: Gestaltungswirkung zwischen den Parteien und Eintragungszwang ohne Vollstreckbarkeitserklärung *Vollmer* BB 1984, 1774, 1777.

[77] § 47 Rn. 141 ff.
[78] *Hachenburg/Ulmer* Rn. 39; *Baumbach/Hueck/Schulze-Osterloh* Rn. 17; *Scholz/K. Schmidt* Rn. 10.
[79] BVerfGE 60, 7, 12ff. = NJW 1982, 1635, 1636; *Hachenburg/Ulmer* Rn. 39; *Meyer-Landrut/Miller/Niehus* Rn. 8; allgM.
[80] Genügend: *Scholz/K. Schmidt* Rn. 10; aA *Becker* ZZP 97 (1984), 314, 334f.
[81] *Scholz/K. Schmidt* Rn. 10.
[82] *Scholz/K. Schmidt* Rn. 11; *Hachenburg/Ulmer* Rn. 41.
[83] KG OLGE 27, 390ff.; *Baumbach/Hueck/Schulze-Osterloh* Rn. 22; *Scholz/K. Schmidt* Rn. 11; *Hachenburg/Ulmer* Rn. 43.
[84] KG OLGE 27, 390ff.; *Baumbach/Hueck/Schulze-Osterloh* Rn. 22; *Scholz/K. Schmidt* Rn. 11; *Hachenburg/Ulmer* Rn. 43.

ter können dieselben Gründe, die im früheren Verfahren nicht zum Auflösungsurteil führten, oder andere Gründe zum Anlass eines neuen Verfahrens nehmen.[85]

18 **6. Revisibilität.** Die Frage der Revisibilität des Auflösungsurteils bringt Schwierigkeiten hinsichtlich der Abgrenzung der Tatfrage von der Rechtsfrage beim wichtigen Grund.[86] Der unbestimmte Rechtsbegriff „wichtiger Grund" ist hinsichtlich seiner Voraussetzungen sicher revisibel.[87] Auch die Subsumtion der festgestellten Tatsachen unter den Rechtsbegriff unterliegt grundsätzlich der Revision.[88] Der BGH überprüft in praktikabler Weise zwar weitgehend die Tatsachenfeststellungen, belässt den Instanzgerichten aber einen nicht revisiblen Beurteilungsspielraum und greift erst bei dessen Überschreitung ein.[89]

19 **7. Einstweiliger Rechtsschutz.** Eine Auflösung durch **einstweilige Verfügung** kann es naturgemäß nicht geben, weil damit die Hauptsache entschieden wäre (allgM). Maßnahmen zur Sicherung des Klagerechts und dessen Ausführbarkeit können aber im Eilverfahren gemäß §§ 938, 940 ZPO getroffen werden, besonders im Hinblick auf die Geschäftsführung.[90] Soll ein Mitgesellschafter als Geschäftsführer ausgeschaltet oder in seinen Rechten beschränkt werden, so kann die Verfügung direkt gegen ihn ergehen,[91] während bei Fremdgeschäftsführern mangels direkter Rechtsbeziehungen zu ihnen die Gesellschaft Antragsgegnerin ist, wie auch beim Antrag auf Einsetzung eines Sequesters nur die Gesellschaft Antragsgegnerin sein kann.[92] Ein Schiedsgericht kann nach neuerem Recht Maßnahmen des einstweiligen Rechtsschutzes gemäß § 1041 ZPO erlassen.[93]

20 **8. Streitwert.** Es ist umstritten, welcher Streitwert einer Auflösungsklage zugrunde zu legen ist. Wäre dies der Gesamtwert der Gesellschaft,[94] so könnten nicht nur die Kläger sich dieses Risiko häufig nicht leisten, sondern das Verhältnis zum Streitwert einer Anfechtungsklage gegen einen Auflösungsbeschluss wäre verschoben.[95] Eine andere Meinung, deren Vertreter untereinander zu leicht abweichenden Ergebnissen kommen, will in analoger Anwendung der §§ 247 Abs. 2 und 3, 275 Abs. 4 AktG dem Prozessgericht die Möglichkeit geben, nach billigem Ermessen entsprechend dem Interesse der Kläger, aber auch deren wirtschaftlichen Verhältnissen den Wert festzusetzen;[96] aber eine Anfechtungsklage ist etwas anderes als eine Auflösungsklage. Richti-

---

[85] *Baumbach/Hueck/Schulze-Osterloh* Rn. 22; *Scholz/K. Schmidt* Rn. 12; *Hachenburg/Ulmer* Rn. 44.
[86] Allgemein dazu *Stein/Jonas/Grunsky* §§ 549, 550 Rn. 11 ff.; *Zöller/Schneider* ZPO, 22. Aufl. 2001, § 550 Rn. 1 ff.
[87] RGZ 110, 297, 300; *Scholz/K. Schmidt* Rn. 25.
[88] S. insbes. *Gottwald* Die Revisionsinstanz als Tatsacheninstanz, 1975, S. 155 ff; *Stein/Jonas/Grunsky* §§ 549, 550 Rn. 27; *Scholz/K. Schmidt* Rn. 25; *Hachenburg/Ulmer* Rn. 24 f.; iE ist vieles str.
[89] BGHZ 4, 108, 111 ff. = NJW 1952, 461, 462; 46, 392, 396 f. = NJW 1967, 1081, 1083.
[90] *Fleck* GmbHR 1970, 221, 227 ff.; *Scholz/K. Schmidt* Rn. 14; *Hachenburg/Ulmer* Rn. 45.
[91] OLG Frankfurt JW 1923, 87; GmbHR 1979, 229.
[92] OLG Düsseldorf JW 1934, 2711, 2712; OLG Frankfurt GmbHR 1979, 229; *Hachenburg/Ulmer* Rn. 45.
[93] Zum früheren Meinungsstand s. *Scholz/K. Schmidt* Rn. 14 mwN.
[94] *Lappe* GmbHR 1957, 43 f.; so im Prinzip ebenfalls, aber auch unter Hinweis auf § 247 Abs. 1 S. 1 AktG, *Happ/Pfeifer* ZGR 1991, 103, 120 f.
[95] *Scholz/K. Schmidt* Rn. 13.
[96] *Scholz/K. Schmidt* Rn. 13; *Hachenburg/Ulmer* Rn. 47; *Baumbach/Hueck/Schulze-Osterloh* Rn. 25; OLG Celle Rpfleger 1974, 233 will nur § 247 Abs. 1 S. 1 AktG entsprechend anwenden.

Auflösung durch Urteil § 61

gerweise sollte allein der Wert der Anteile der Kläger entscheiden, ebenso wie etwa bei § 133 HGB.[97] Das OLG Köln[98] will den Wert gemäß § 12 Abs. 1 GKG, § 3 ZPO nach freiem Ermessen festsetzen, dabei den Wert der Anteile des Klägers nach mehreren Faktoren beurteilen.

IV. Fortsetzung der aufgelösten Gesellschaft

Grundsätzlich kann eine **aufgelöste Gesellschaft fortgesetzt werden durch Beschluss der Gesellschafter** mit satzungsändernder Mehrheit.[99] Die Tatsache, dass hier die Auflösung durch rechtskräftiges Urteil zwischen Auflösungskläger und Gesellschaft herbeigeführt worden ist, hindert die Gesellschafter selbst dann nicht an einem Fortsetzungsbeschluss, wenn an dem Verfahren die Mehrzahl von ihnen als Kläger oder Nebenintervenienten (Rn. 14) beteiligt gewesen wären: die Rechtskraft eines Urteils verbietet den Parteien nicht, den Streitgegenstand später anders zu regeln. Da aber den Klägern vom Gericht bestätigt wurde, sie hätten ein berechtigtes Verlangen an der Abwicklung der Gesellschaft – also eine Art „Sonderrecht" darauf –, bedarf es über die eigentlich erforderliche Mehrheit hinaus grundsätzlich der Zustimmung aller klägerischen Gesellschafter.[100] Die Satzung kann deshalb nicht von vornherein die Fortsetzung der gemäß § 61 aufgelösten Gesellschaft durch Mehrheitsbeschluss ohne Zustimmung der Kläger vorsehen.[101] Wohl aber kann in geeigneten Fällen durch Satzungsänderung – mit Mehrheit auch gegen die Kläger – die Unmöglichkeit der Erreichung des Zwecks oder der wichtige Grund nachträglich (während des Gerichtsverfahrens oder nachher) behoben werden.[102] In diesen (vielleicht seltenen) Fällen ist dann die Zustimmung des Klägers nicht nötig. Sind aber die Gesellschafter heillos zerstritten, kann eine Mehrheitsentscheidung nicht gegen die Kläger den wichtigen Grund beheben. Im übrigen ist die Fortsetzung wie immer ausgeschlossen nach Beginn der Verteilung des Vermögens der Gesellschaft und nach Löschung der Gesellschaft im Handelsregister.[103]

21

V. Österreichisches Recht

Obwohl das ÖGmbHG keine Auflösungsklage wie § 61 vorsieht, geht die Tendenz auf die Zulassung einer solchen Klage hin.[104] *Koppensteiner* sieht dies als hM und gibt weitere Hinweise.[105]

22

---

[97] Vgl. zu dieser Ansicht RG Gruch. 47, 1198; OLG München GmbHR 1957, 43; *Vogel* Anm. 4; auch *Hachenburg/Ulmer* Rn. 47 sehen diese Meinung als grundsätzlich richtig an.
[98] GmbHR 1988, 192 f.
[99] § 60 Rn. 70.
[100] BayObLG DB 1978, 2164, 2165; *Hofmann* GmbHR 1975, 217, 227; *P. Scholz* GmbHR 1982, 228, 234; *Baumbach/Hueck/Schulze-Osterloh* § 60 Rn. 54; *Hachenburg/Ulmer* Rn. 48.
[101] S. Rn. 4; BayObLG 1978, 2164, 2165; *Scholz/K. Schmidt* Rn. 2; *Meyer-Landrut/Miller/Niehus* Rn. 12; aA OLG Hamburg BB 1982, 2007, 2008; *Hueck* DB 1957, 38 f.; *Hachenburg/Ulmer* Rn. 54.
[102] Wie *Scholz/K. Schmidt* Rn. 26 richtig darlegt.
[103] § 60 Rn. 66 f.
[104] *Hachenburg/Behrens* Einl. Rn. 191.
[105] *Koppensteiner* § 84 Rn. 21.

§ 62 [Auflösung durch Verwaltungsbehörde]

(1) **Wenn eine Gesellschaft das Gemeinwohl dadurch gefährdet, daß die Gesellschafter gesetzwidrige Beschlüsse fassen oder gesetzwidrige Handlungen der Geschäftsführer wissentlich geschehen lassen, so kann sie aufgelöst werden, ohne daß deshalb ein Anspruch auf Entschädigung stattfindet.**

(2) [1] **Das Verfahren und die Zuständigkeit der Behörden richtet sich nach den für streitige Verwaltungssachen** *landesgesetzlich* **geltenden Vorschriften.** [[2] Wo ein Verwaltungsstreitverfahren nicht besteht, kann die Auflösung nur durch gerichtliches Erkenntnis auf Betreiben der höheren Verwaltungsbehörde erfolgen. [3] Ausschließlich zuständig ist in diesem Falle das Landgericht, in dessen Bezirk die Gesellschaft ihren Sitz hat.]

Literatur: *Becker* Zur Auflösung jur. Personen wegen gemeinwohlgefährdender Zweckverfolgung nach schweiz. Recht, Zeitschrift für Schweiz. Recht 1988, 613 ff.; *Hofmann* Zur Auflösung einer GmbH, GmbHR 1975, 217; *v. Köhler* § 62 GmbH-Gesetz und das Kartellrecht, NJW 1961, 1292; *Konow* Die gerichtliche Auflösung der GmbH, GmbHR 1973, 217; *Mummenhoff* Gründungssysteme und Rechtsfähigkeit, 1979.

Übersicht

	Rn.		Rn.
I. Normzweck	1	4. Rechtsschutz	10
II. Auflösungsvoraussetzungen	2–5	5. Entschädigungsanspruch	11
1. Gesetzesverstoß	2	**IV. Entsprechende Normen**	12–14
2. Gefährdung des Gemeinwohls	3, 4	1. §§ 3, 17 Vereinsgesetz	12
3. Zurechnung an die Gesellschafter	5	2. § 38 Kreditwesengesetz	13
III. Verfahren	6–11	3. Sonstige behördliche Eingriffe	14
1. Verwaltungshandeln, Ermessen	6	**V. Fortsetzung der Gesellschaft**	15
2. Zuständigkeit	7, 8	**VI. Österreichisches Recht**	16
3. Verwaltungsverfahren	9		

I. Normzweck

1 Die Vorschrift gilt seit 1892 unverändert, doch sind die früheren Sätze 2 und 3 des Abs. 2 durch die VwGO vom 21. 1. 1960[1] gegenstandslos geworden[2] und sind daher im Gesetzestext in eckige Klammern gesetzt. Die Bestimmung, die dem öffentlichen Recht angehört, hat keine große Bedeutung erlangt. Gegenüber den zahlreichen Wirtschaftsdelikten, die unter dem Schutz der GmbH-Form geschehen, ist der Abschreckungseffekt gering. Daher wird der Normzweck, die Allgemeinheit vor gesetzwidrigen Handlungen der Gesellschaft zu schützen, auf diese Weise kaum erreicht. Auch für die Zukunft ist keine wesentliche Besserung zu erwarten, es sei denn, die neuerdings stark vertretene Meinung, die höhere Verwaltungsbehörde und nicht das Verwaltungsgericht sei für die Auflösung zuständig (Rn. 7 f.), setze sich durch. Auch die entsprechenden §§ 43, 44 BGB, §§ 396 bis 398 AktG und § 81 GenG sind nicht wirksamer.[3] Verfassungsrechtliche Bedenken sind nicht berechtigt,[4] die §§ 43, 44 BGB werden aber stark kritisiert,[5] und dasselbe gilt auch für § 62. Insgesamt ist die Prozedur der Auflösung wohl meist viel zu langsam: vorsätzliche Gesetzesbrecher werden die

---

[1] BGBl. I S. 17.
[2] Vgl. *Scholz/K. Schmidt* Rn. 9.
[3] *Hachenburg/Ulmer* Rn. 2, 1; Kölner KommAktG/*Zöllner* § 396 Rn. 2.
[4] *Hachenburg/Ulmer* Rn. 1; Kölner KommAktG/*Zöllner* § 396 Rn. 3; anders zT *Baumbach/Hueck/Schulze-Osterloh* Rn. 1.
[5] MüKo BGB/*Reuter* §§ 43, 44 Rn. 1, 2.

Gesellschaft ins Insolvenzverfahren gehen lassen und mit Strohmännern eine neue Gesellschaft gründen. – In der Schweiz hat das Bundesgericht 1986 eine entsprechende Klage der Kantonsverwaltung bestätigt.[6]

II. Auflösungsvoraussetzungen

1. Gesetzesverstoß. Gesetzeswidrige Handlungen und Beschlüsse sind Verstöße gegen alle möglichen Gesetzesnormen, mögen sie strafrechtlicher, öffentlich-rechtlicher oder zivilrechtlicher Natur sein; selbst Verstöße gegen die guten Sitten sind über § 138 BGB, § 1 UWG Gesetzesverstöße.[7] Ein Verstoß gegen den Gesellschaftsvertrag genügt weder nach dem Gesetzeswortlaut noch nach dem Sinn der Vorschrift (allgM). Kleinere Gesetzesverstöße, die in jedem Unternehmen vorkommen können, sind von § 62 überhaupt nicht erfasst.[8] Ist der Gegenstand des Unternehmens selbst gesetzwidrig (und hätte daher nicht eingetragen werden dürfen), so kommt eine Nichtigkeitsklage gemäß § 75 in Betracht[9] oder eine Amtslöschung nach § 144 FGG. § 62 erlaubt den Eingriff erst bei aktueller Gefährdung des Gemeinwohls durch Beschlüsse oder Handlungen der Geschäftsführung.[10] 2

2. Gefährdung des Gemeinwohls. Nur Gesetzesverstöße, die das Gemeinwohl gefährden, können Tätigkeiten der Behörden nach § 62 Abs. 1 auslösen. Damit wird eine Begrenzung der Eingriffstatbestände auf **schwerwiegende Fälle,** die größere Kreise der Öffentlichkeit oder die gesamte Öffentlichkeit bedrohen, festgesetzt.[11] Ein Staatsinteresse braucht als stärkeres Rechtsgut nicht unbedingt tangiert zu sein, ein öffentliches Interesse ist nicht immer identisch mit dem Gemeinwohl,[12] das das Betroffensein weiter Kreise der Öffentlichkeit erfordert. Es muss dazu eine schwerwiegende Gefährdung vorliegen und kein anderes Mittel zur Behebung ausreichend sein.[13] So können große Schwindelunternehmen immer nach § 62 aufgelöst werden, ebenso Gesellschaften mit staatsfeindlichen Bestrebungen.[14] Heute könnten in schwerwiegenden Fällen gewisse private Kapitalsammelgesellschaften, Abschreibungsgesellschaften, Brokerfirmen, die etwa immer wieder betrügerisch tätig werden, oder Gesellschaften, die Geldwäsche betreiben, aufgelöst werden.[15] Subventionskriminalität oder Schwindelunternehmen im EG-Agrarbereich sind als Beispiele vorstellbar, gegen die nach § 62 vorgegangen werden kann. § 17 VereinsG, der staatsfeindliche Bestrebungen betrifft, geht § 62 vor (Rn. 12). Ordnungsrechtliche Verstöße, die Tätigkeit ohne notwendige Gewerbeerlaubnis etwa, werden nur in Ausnahmefällen das Gemeinwohl gefährden und können meist mit anderen Mitteln bekämpft werden. 3

Die **Gefährdung des Gemeinwohls** muss zum **Zeitpunkt des Erlasses der Auflösungsentscheidung**[16] vorliegen. Gefährdung kann grundsätzlich nur vorliegen, 4

---
[6] RIW 1988, 140 ff.; s. *Becker* ZSR 1988, 613 ff.
[7] HM, vgl. *Hofmann* GmbHR 1975, 221; *Scholz/K. Schmidt* Rn. 2; *Hachenburg/Ulmer* Rn. 15.
[8] *Scholz/K. Schmidt* Rn. 2.
[9] *Hachenburg/Ulmer* Rn. 18.
[10] Zu kartellrechtlichen Verstößen s. Rn. 14.
[11] *Hofmann* GmbHR 1975, 217, 221; *Baumbach/Hueck/Schulze-Osterloh* Rn. 9; *Scholz/K. Schmidt* Rn. 3; *Hachenburg/Ulmer* Rn. 16.
[12] *Scholz/K. Schmidt* Rn. 3 mwN.
[13] Rn. 14; *Hachenburg/Ulmer* Rn. 16 f; *Scholz/K. Schmidt* Rn. 3.
[14] *Baumbach/Hueck/Schulze-Osterloh* Rn. 9; *Scholz/K. Schmidt* Rn. 7; *Hachenburg/Ulmer* Rn. 17; s. aber Rn. 12.
[15] Ähnlich *Scholz/K. Schmidt* Rn. 7; s. aber auch Rn. 1 aE.
[16] Unabhängig von der Beantwortung der Zuständigkeitsfrage, s. Rn. 7.

wenn aus früheren Handlungen auf in Zukunft noch weitergehende Aktivitäten geschlossen werden kann.[17] Ist die Gefährdung inzwischen dauerhaft behoben oder nicht mehr schwerwiegend genug, so hat die Auflösung zu unterbleiben.[18] Eine erst in der Zukunft drohende Gefahr dürfte normalerweise noch keine Auflösung rechtfertigen, außer in dringenden Ausnahmefällen; immerhin lässt das Gesetz bereits Beschlüsse der Gesellschafter genügen und verlangt daher die präventive Gefahrenabwehr. Da andererseits Beschlüsse der Gesellschafter nicht notwendigerweise ausgeführt werden müssen, sich die Geschäftsführung etwa gegen die Durchführung sperren kann, ist die Feststellung der aktuellen Gefährdung des Gemeinwohls schwierig.[19] Eigentlich müssten die in Abs. 1 genannten „Beschlüsse" bereits zu Handlungen konkretisiert sein oder solche Handlungen wenigstens unmittelbar erwarten lassen, bevor die Auflösung betrieben werden kann; dies ist aber für die Behörde kaum feststellbar. Daher muss bei entsprechendem Beschluss das Einschreiten der Behörde sofort beginnen.

5 **3. Zurechnung an die Gesellschafter.** Nur Verstöße, die von den Gesellschaftern beschlossen oder wissentlich geduldet werden, können Maßnahmen nach § 62 auslösen. Dabei muss es genügen, dass die Mehrheit der Gesellschafter sich entsprechend verhält, denn im Grunde geht es um die Gesellschaft, die im allgemeinen von der Mehrheit der Gesellschafter getragen wird; es brauchen nicht alle Gesellschafter von den gesetzwidrigen Beschlüssen oder Handlungen Kenntnis zu haben.[20] Ein Verschulden der Gesellschafter ist nicht erforderlich, da § 62 Ordnungsrecht darstellt.[21] Handeln die Geschäftsführer, ggf. unter Zustimmung des Aufsichtsrats, ohne Kenntnis der Gesellschafter von der gesetzwidrigen Tätigkeit, so findet § 62 keine Anwendung, selbst wenn die Gesellschafter eine Kontrolle der Handlungen der übrigen Organe nicht vornehmen; allerdings müssen sich die Gesellschafter nach Erlangung der Kenntnis gesetzwidriger Handlungen in der Folge über solche Geschäfte informieren und sie sich zurechnen lassen.[22] Bei Beschlüssen muss deren Inhalt gesetzwidrig sein, die gesetzwidrige, zB anfechtbare Art des Zustandekommens des Beschlusses, genügt nicht.[23] Das Wissen der Gesellschafter muss auch die Gesetzwidrigkeit umfassen.[24] Die Gesellschafter haben die ihnen zugerechnete Gefährdung des Gemeinwohls durch geeignete Maßnahmen zu beenden, insbesondere durch Widerruf ihrer Beschlüsse, durch Anweisungen an die Geschäftsführung oder durch Abberufung der Geschäftsführer.[25] Ist die Gefährdung des Gemeinwohls dann behoben, so kann die Auflösung nicht mehr verfügt werden.

III. Verfahren

6 **1. Verwaltungshandeln, Ermessen.** § 62 Abs. 2 weist der Verwaltung die Entscheidung als **streitige Verwaltungssache** zu. Als ordnungsrechtlicher Eingriff unterliegt die Entscheidung der Behörde ihrem pflichtgemäßen **Ermessen**,[26] insofern be-

---

[17] *Lutter/Hommelhoff* Rn. 5.
[18] *Scholz/K. Schmidt* Rn. 5.
[19] S. auch *Scholz/K. Schmidt* Rn. 4, 5.
[20] *Baumbach/Hueck/Schulze-Osterloh* Rn. 8; *Meyer-Landrut/Miller/Niehus* Rn. 4; *Scholz/K. Schmidt* Rn. 4; *Hachenburg/Ulmer* Rn. 19.
[21] *Hachenburg/Ulmer* Rn. 19 mwN.
[22] *Scholz/K. Schmidt* Rn. 4; *Hachenburg/Ulmer* Rn. 21.
[23] *Hachenburg/Ulmer* Rn. 20.
[24] *Hofmann* GmbHR 1975, 217, 221; *Scholz/K. Schmidt* Rn. 4, 5.
[25] *Scholz/K. Schmidt* Rn. 4.
[26] Vgl. für § 43 BGB LG Düsseldorf VersR 1979, 236, 238; *Staudinger/Coing* § 43 Rn. 12; s. *Hachenburg/Ulmer* Rn. 5.

Auflösung durch Verwaltungsbehörde **§ 62**

deutet die „Kann"-Vorschrift des § 62 Abs. 1 etwas anderes als in § 61 Abs. 1).[27] Für § 62 ergibt sich dies aus der Tatsache, dass es sich um Ordnungsrecht (früher: Polizeirecht) handelt, in dem das Opportunitätsprinzip gilt.[28] Demgemäß ist für das Eingreifen der Behörde nicht nur die hohe Schwelle der Gefährdung des Gemeinwohls (Rn. 4) von Bedeutung, sondern auch das **Übermaßverbot** als gesetzliche Schranke des pflichtgemäßen Ermessens.[29] Mildere Mittel, wie zB Untersagen des gesetzwidrigen Handelns,[30] gehen vor und grenzen die Bedeutung des § 62 weiter ein. Insofern ist § 62 **subsidiär** zu Einzelmaßnahmen nach anderen Gesetzen.[31]

2. Zuständigkeit. Die bislang herrschende Meinung weist aufgrund des § 62 Abs. 2 den Verwaltungsbehörden nur das Recht zu, beim Verwaltungsgericht die Auflösung zu beantragen, nicht sie selbst auszusprechen.[32] § 396 Abs. 1 AktG sieht vor, dass die oberste Landesbehörde beim Landgericht den Auflösungsantrag stellen kann.[33] Hingegen kann in Fällen der §§ 43, 44 BGB infolge der allg. Verweisung auf Landesrecht nach einhelliger Meinung die Behörde selbst die dort vorgesehene Entziehung der Rechtsfähigkeit verfügen.[34] Für § 62 fordern *K. Schmidt* und *Ulmer* (mit leicht unterschiedlicher Betonung des Gesetzeswortlauts, der Entstehungsgeschichte und der heutigen Aufgabenverteilung zwischen den Staatsorganen) entgegen der hM die Zuständigkeit der Verwaltungsbehörde für den Auflösungsbeschluss.[35] Ihre Argumente sind durchschlagend. Schon der Wortlaut des Abs. 2 S. 1 des § 62 spricht heute eher für die Entscheidungsbefugnis der Behörden, und § 60 Abs. 1 Nr. 3 (bei dessen Abfassung wegen der in den Landesrechten unterschiedlichen verwaltungsstreitverfahrensrechtlichen Situation die Optionen noch offen bleiben mussten) spricht aus heutiger Sicht nicht dagegen. Vor allem aber weist das heutige Verständnis der Aufgabenabgrenzung zwischen Behörden und Verwaltungsgerichten, wie es sich in der VwGO (s. §§ 40, 42) ausdrückt, den **Verwaltungsakt der Auflösung den Behörden** zu mit anschließendem Rechtsweg zu den Verwaltungsgerichten. Man wird dies mit *K. Schmidt* wohl schon als **neue hM** bezeichnen können.[36] Ein Wahlrecht der Behörden, zu entscheiden oder Klage auf Auflösung zu erheben, sollte es nicht geben.[37]

Welche Behörde zuständig ist für die Auflösungsverfügung, richtet sich nach Landesrecht. Die Länder haben keine besonderen Zuweisungen vorgenommen.[38] Allgemein wären für Auflösungsverfügungen die örtlichen Ordnungsbehörden, also die unteren Verwaltungsbehörden, zuständig.[39] Vernünftiger ist es, analog §§ 43, 44 BGB[40]

---

[27] § 61 Rn. 5 aE; *Hachenburg/Ulmer* Rn. 5; aA *Scholz/K. Schmidt* Rn. 11: gebundene Entscheidung bei § 62; ebenso *ders.* AcP 182 (1982), 1, 47 ff. zu § 43 Abs. 2 BGB.
[28] *Drews/Wacke/Vogel/Martens* Gefahrenabwehr, 9. Aufl. 1986, § 24 S. 370 ff.; *Hachenburg/Ulmer* Rn. 5.
[29] § 40 VwVfG; s. *Hachenburg/Ulmer* Rn. 6 mwN.
[30] Etwa nach dem GWB, s. Rn. 14.
[31] *Baumbach/Hueck/Schulze-Osterloh* Rn. 10; *Lutter/Hommelhoff* Rn. 1; s. auch Rn. 12 ff.
[32] KG JW 1937, 1270; *v. Köhler* NJW 1961, 1292, 1293; *Hofmann* GmbHR 1975, 217, 221; *R. Fischer* Anm. 2; *Eder* HdB GmbH Rn. I 713.1 Fn. 7 d; *Vogel* Anm. 4.
[33] Ebenso § 289 RegE 1971; dazu *Konow* GmbHR 1973, 217, 219.
[34] Vgl. *Staudinger/Weick* § 44 Rn. 3 f.
[35] *Scholz/K. Schmidt* Rn. 8; *Hachenburg/Ulmer* Rn. 27 f.
[36] So *Scholz/K. Schmidt* Rn. 8; *Hachenburg/Ulmer* Rn. 27 f.; *Meyer-Landrut/Miller/Niehus* Rn. 5; *Baumbach/Hueck/Schulze-Osterloh* Rn. 11; aA *Lutter/Hommelhoff* Rn. 2; *Roth Altmeppen* Rn. 3.
[37] AA früher *Baumbach/Hueck/Schulze-Osterloh* Rn. 11.
[38] *Hachenburg/Ulmer* Rn. 27; *Scholz/K. Schmidt* Rn. 10.
[39] *Drews/Wacke/Vogel* Gefahrenabwehr, 9. Aufl. 1986, S. 124.
[40] S. dazu *Staudinger/Weick* § 44 Rn. 3 f.

§ 62 5. Abschnitt. Auflösung und Nichtigkeit der Gesellschaft

und dem in § 396 Abs. 1 AktG zum Ausdruck gekommenen Gedanken den obersten Landesbehörden diese Kompetenz zu geben, da die unteren Behörden dieser Aufgabe kaum gewachsen sind;[41] auch wäre eine größere Einheitlichkeit der Rechtsanwendung, zumindest auf Landesebene, zu erwarten. Im allgemeinen hätte dann das Wirtschaftsministerium oder der Regierungspräsident zu entscheiden.

9   **3. Verwaltungsverfahren.** Ist mit der jüngeren Meinung (Rn. 7) die Behörde zum Erlass der Auflösungsverfügung zuständig, so gelten die **Verwaltungsverfahrensgesetze** der Länder. Das Verfahren wird von Amts wegen geführt, Beteiligte ist in erster Linie die GmbH als Adressat der Verfügung. Die Gesellschafter sind von der Einleitung des Verfahrens zu benachrichtigen.[42] In einigen Fällen dürfte dann das gesetzwidrige Handeln durch Eingreifen der Gesellschafter abgestellt oder die Gesellschaft liquidiert werden. Die Gesellschafter können aber auch verlangen, gemäß § 13 Abs. 2 S. 2 VwVfG beteiligt zu werden, da die Gestaltungswirkung der Verfügung auch gegen sie wirkt. Die Beteiligten sind gemäß § 28 VwVfG zu hören und die Verfügung ist ihnen gemäß § 41 Abs. 1 VwVfG bekanntzugeben. Mit der **Bekanntgabe ist die GmbH aufgelöst,** wenn man der hier vertretenen jüngeren Meinung vom Auflösungsbeschluss durch Verwaltungsakt folgt.[43] Zum Suspensiveffekt einer Anfechtungsklage vgl. § 80 VwGO und Rn. 10. Nach der früher hM (Rn. 7) tritt die Auflösung erst mit der Rechtskraft des verwaltungsgerichtlichen Urteils ein. Die vollzogene Auflösung haben die Liquidatoren gemäß § 65 Abs. 1 S. 1 zur Eintragung in das Handelsregister anzumelden. Die Liquidatoren sind von den Gesellschaftern zu bestellen, anderenfalls sind es die Geschäftsführer, § 66. Eine Eintragung von Amts wegen wie bei § 65 Abs. 1 S. 2, 3 ist nicht vorgesehen, nicht einmal eine Pflicht für Behörde oder Verwaltungsgericht, das Handelsregister zu benachrichtigen. Tritt der Suspensiveffekt des Verwaltungsgerichtsverfahrens ein, entfällt auch die Pflicht zur Anmeldung der Auflösung.[44] Die Liquidatoren vertreten, auch für den Prozess, die Gesellschaft,[45] da sie nicht durch Klageerhebung wieder zu Geschäftsführern werden.

10   **4. Rechtsschutz.** Gegen die Auflösungsverfügung durch die Behörde (Rn. 7, 9) ist die **Anfechtungsklage** gemäß § 42 Abs. 1 VwGO gegeben. Auch jeder Gesellschafter kann gemäß § 42 Abs. 1 VwGO klagen. Die Klage hat im allgemeinen aufschiebende Wirkung gemäß § 80 VwGO, d. h. auf die Auflösungswirkung der Verfügung kann sich niemand berufen. Das Verwaltungsgericht überprüft die Ermessensentscheidung der Behörde.[46] Bei Erfolg der Klage ist die Verfügung insgesamt aufgehoben und ohne Effekt; die Gesellschaft besteht als werbende fort.[47] Nimmt man mit der früher hM an, die Verwaltungsgerichte hätten den Auflösungsbeschluss zu fassen, so tritt die **Auflösungswirkung** erst mit Rechtskraft der gerichtlichen Entscheidung ein (Rn. 7).

---

[41] *Hachenburg/Ulmer* Rn. 27; ebenso *Baumbach/Hueck/Schulze-Osterloh* Rn. 12; *Scholz/K. Schmidt* Rn. 10; bezügl. der Behörde auch *Lutter/Hommelhoff* Rn. 2.

[42] § 13 Abs. 2 S. 2 Halbs. 2 VwVfG bzw. die entsprechenden Vorschriften; s. *Hachenburg/Ulmer* Rn. 28; zweifelnd *Scholz/K. Schmidt* Rn. 11 wegen des ohnehin in der Regel bestehenden Informationsflusses von der GmbH zu den Gesellschaftern; s. aber auch BVerfGE 60, 7 ff. = NJW 1982, 1635, 1636 zu § 61, in einem an sich anderen Fall; s. auch § 61 Rn. 16 f.

[43] *Scholz/K. Schmidt* Rn. 11; *Hachenburg/Ulmer* Rn. 29; s. Rn. 7.

[44] *Hachenburg/Ulmer* Rn. 30.

[45] *Scholz/K. Schmidt* Rn. 12.

[46] *Hachenburg/Ulmer* Rn. 31; aA *Scholz/K. Schmidt* Rn. 11: von seinem Standpunkt hat die Behörde keinen Ermessensspielraum; s. Rn. 6.

[47] *Scholz/K. Schmidt* Rn. 12: Abwicklung beendet.

Auflösung durch Verwaltungsbehörde § 62

5. Entschädigungsanspruch. § 62 Abs. 1 schließt einen Entschädigungsanspruch 11
wegen der Auflösung aus. Darin ist bei einer Gefährdung des Gemeinwohls durch
Verhalten der Gesellschafter heute ein Ausdruck der Sozialpflichtigkeit des Eigentums
gemäß Art. 14 Abs. 2 GG zu sehen, und der Ausschluss der Entschädigung ist daher
auch nur klarstellend.[48] Auf ein Verschulden der Gesellschafter kommt es nicht an.
War die Auflösungsverfügung aufgrund Amtspflichtverletzung unrechtmäßig, so hindert § 62 Abs. 1 einen Schadensersatzanspruch, im Gegensatz zum Entschädigungsanspruch, nicht.[49] Eine Enteignung liegt nicht vor, denn es handelt sich um die Untersagung eines unzulässigen Geschäftsbetriebs mit Auflösung des Organisationsmittels,
aber das Liquidierungsguthaben steht den Gesellschaftern zu.[50]

IV. Entsprechende Normen

1. §§ 3, 17 Vereinsgesetz. Das **Vereinsgesetz** vom 5. 8. 1964[51] gilt grundsätzlich 12
auch für die GmbH, und in § 17 VereinsG wird die GmbH besonders behandelt. Sie
ist aufzulösen und damit verboten gemäß § 3 Abs. 1 VereinsG, wenn sie sich gegen die
verfassungsmäßige Ordnung oder den **Gedanken der Völkerverständigung**
richtet oder **Strafgesetzen zum Staatsschutz** zuwiderläuft, oder aber als Teilorganisation oder Ersatzorganisation zu einem solchen Verein zu verbieten ist. Zuständig
ist nach § 3 Abs. 2 VereinsG die oberste Landesbehörde bzw. bei länderübergreifendem Wirken der Bundesminister des Inneren. § 62 wird dadurch nicht berührt, § 30
Abs. 2 Nr. 3 VereinsG. Bei sich überschneidenden Voraussetzungen hat das VereinsG
Vorrang.[52] Das VereinsG erlaubt mit Beschlagnahme und Vermögenseinziehung
gemäß § 3 Abs. 1 S. 2 VereinsG erheblich schärfere Maßnahmen, die über die bloße
Auflösung nach § 62 (mit nachfolgender Liquidation zugunsten der Gesellschafter)
hinausgehen. Ist das Verbot und damit die Auflösung gemäß § 3 Abs. 1 S. 1
VereinsG rechtskräftig, so teilt die Verbotsbehörde dies dem Handelsregister zwecks
Eintragung mit, ebenso beim Erlöschen, § 7 Abs. 2 VereinsG.

2. § 38 Kreditwesengesetz. Hat das Bundesaufsichtsamt gemäß § 35 Abs. 2 KWG 13
die Erlaubnis für Bankgeschäfte zurückgenommen, so kann es die **Abwicklung des
Kreditinstituts** gemäß § 38 Abs. 1 KWG anordnen, wobei diese Entscheidung wie
ein Auflösungsbeschluss wirkt. Das Handelsregister hat die Auflösung aufgrund der
Mitteilung des Amts einzutragen und auf Antrag des Bundesaufsichtsamts besondere
Abwickler zu bestellen. § 62 wird durch das KWG nicht berührt. Die Voraussetzungen
werden selten für beide Eingriffsrechte gleichzeitig vorliegen. In solchen Fällen hat das
Bundesaufsichtsamt sowohl die größere Sachnähe als auch stärkere Untersuchungsrechte und muss daher vorrangig tätig werden.[53] Vgl. auch Kommentierungen zu § 38
KWG, § 144 FGG.

3. Sonstige behördliche Eingriffe. Untersagen Behörden in sonstigen Fällen 14
den Geschäftsbetrieb oder gewisse geschäftliche Tätigkeiten, so bedeutet das **nicht
per se die Auflösung** der GmbH. Ein totales Verbot des Betriebs[54] mögen die

---

[48] *Scholz/K. Schmidt* Rn. 13; *Hachenburg/Ulmer* Rn. 33.
[49] *Hachenburg/Ulmer* Rn. 33; *Scholz/K. Schmidt* Rn. 13.
[50] Vgl. *Scholz/K. Schmidt* Rn. 13.
[51] BGBl. I S. 593.
[52] *Schnorr* Öffentliches Vereinsrecht, 1965, § 17 Rn. 5; *Lutter/Hommelhoff* Rn. 1; aA *Hachenburg/Ulmer* Rn. 9 und Kölner KommAktG/*Zöllner* § 396 Rn. 8: konkurrierende Zuständigkeit.
[53] IErg. ebenso *Hachenburg/Ulmer* Rn. 10.
[54] ZB nach §§ 35, 59 GewO, § 16 Abs. 3 HandwO, §§ 15 ff. GaststättenG; s. OLG Frankfurt
WM 1983, 1247 f.

Zweckerreichung unmöglich machen und den Grund zu Maßnahmen nach § 60 Abs. 1 Nr. 2 oder § 61 abgeben, aber die Gesellschaft besteht zunächst als potentiell werbende fort. Noch weniger folgt aus dem Verbot einzelner Anlagen[55] die Auflösung der GmbH; den zuständigen Behörden steht kein Auflösungsrecht zu. Dies alles ist allgM.[56] Das gleiche gilt auch im **Kartellrecht** bezüglich des Bundeskartellamts,[57] dem selbst dann kein Auflösungsrecht zugewiesen ist, wenn eine GmbH etwa dem Unternehmensgegenstand nach als Organisation für ein nach § 1 GWB verbotenes Kartell dienen soll; dann ist der Unternehmensgegenstand und ggf. das den Gesellschaftern zurechenbare Verhalten gesetzwidrig und könnte zum Eingreifen der zuständigen Behörden gemäß § 62 führen.[58] Das Bundeskartellamt aber kann – sehr viel wirkungsvoller – mit Unwirksamkeitsverfügungen oder Aufforderungen, den Missbrauch abzustellen, vorgehen (etwa § 32 GWB oder Maßnahmen nach § 41 Abs. 3 GWB) oder mit Bußgeldern gemäß §§ 37a, 38, 39 GWB einschreiten. Entsprechendes gilt für die Landeskartellbehörden. Dann kann die zuständige allgemeine Verwaltungsbehörde nur tätig werden, wenn die kartellrechtlichen Maßnahmen nicht ausreichend erscheinen.[59] Nach *v. Köhler*[60] könnten die Kartellbehörden bei Gericht (das ja nach der früher hM zuständig sein soll) den Antrag gemäß § 62 stellen, doch findet sich dafür keine Ermächtigung.[61] Ob es zweckmäßig wäre, den Kartellbehörden auch Befugnisse nach § 62 zu geben,[62] erscheint zweifelhaft, da die Eingriffsnormen sehr verschieden sind. Sicher aber ist eine GmbH, die etwa als Gemeinschaftsunternehmen unter Verstoß gegen § 1 GWB gegründet und dann eingetragen ist, nicht deswegen nichtexistent und nicht parteifähig;[63] die allgemeinen Vorschriften des GmbH-Rechts (s. o.) sind anzuwenden.[64]

V. Fortsetzung der Gesellschaft

15 Da die Gesellschaft durch **Verwaltungsakt** aufgelöst ist (Rn. 7), muss dieser erst formell widerrufen oder zurückgenommen sein, bevor die Gesellschafter durch Beschluss[65] die Gesellschaft fortsetzen können.[66] Bloße Zustimmung der Behörde, nach Abstellung der Gefährdung des Gemeinwohls, genügt nicht.[67] Ein Anspruch der Gesellschaft auf Wiederaufgreifen des Verfahrens besteht nur bei Vorliegen der Voraussetzungen des § 51 VwVfG, doch kann die Behörde von sich aus auch ohne diese Voraussetzungen widerrufen oder zurücknehmen.

---

[55] ZB nach BImSchG oder GewO.
[56] *Hachenburg/Ulmer* Rn. 11; *Baumbach/Hueck/Schulze-Osterloh* Rn. 5; *Meyer-Landrut/Miller/Niehus* Rn. 9; *Scholz/K. Schmidt* Rn. 18
[57] *Scholz/K. Schmidt* Rn. 7, 19 f.; *Baumbach/Hueck/Schulze-Osterloh* Rn. 5; *Hachenburg/Ulmer* Rn. 11; aA *v. Köhler* NJW 1961, 1293.
[58] *Scholz/K. Schmidt* Rn. 7.
[59] *Scholz/K. Schmidt* Rn. 7; *Hachenburg/Ulmer* Rn. 18; vgl. Rn. 6.
[60] NJW 1961, 1292 f.
[61] *Hachenburg/Ulmer* Rn. 27; *Scholz/K. Schmidt* Rn. 10.
[62] *Scholz/K. Schmidt* Rn. 10, 22.
[63] So aber für eine GmbH & Co. KG OLG Hamm WuW/E OLG 3748 ff., 4033 ff.; s. auch OLG Düsseldorf WuW/E OLG 5513, 5523; dagegen zu Recht *Scholz/K. Schmidt* Rn. 20; Frankfurter Kommentar zum GWB/*Huber/Baums* § 1 Rn. 650.
[64] *Immenga/Mestmäcker* GWB, 3. Aufl. 2001, § 1 Rn. 333; OLG Stuttgart WuW/OLGE 2790, 2794.; s. *Langen/Bunte* GWB, 8. Aufl., § 1 Rn. 142 aE, wohl nur zu Personengesellschaften.
[65] § 60 Rn. 75.
[66] *Scholz/K. Schmidt* Rn. 15.
[67] *Hachenburg/Ulmer* Rn. 34, mit Verweis auf andere Meinungen.

VI. Österreichisches Recht

§ 86 ÖGmbHG geht weiter als § 62. Ausdrücklich sind auch Betätigung als politische Partei oder im Versicherungsgeschäft gemäß § 1 Abs. 2 ÖGmbHG als Grund für das Eingreifen der Verwaltungsbehörde festgesetzt.[68] Wie in § 62 dürfte aber der Haupteingriffstatbestand eine strafbare Handlung der Geschäftsführer sein, die den weiteren Missbrauch befürchten lassen; auf die Gesellschafter ist dabei nicht abgestellt. Die zuständigen Behörden sind bezeichnet. – Zu einem schweizerischen Klageverfahren s. Rn. 1 aE.

16

§ 63 [Konkursverfahren]

(1) Über das Vermögen der Gesellschaft findet das Konkursverfahren außer dem Fall der Zahlungsunfähigkeit auch in dem Fall der Überschuldung statt.

(2) Die auf das Konkursverfahren über das Vermögen einer Aktiengesellschaft bezüglichen Vorschriften in § 207 Abs. 2, § 208 der Konkursordnung finden auf die Gesellschaft mit beschränkter Haftung entsprechende Anwendung.

Literatur: *Adler* Die Abwicklungsbilanzen der Kapitalgesellschaft, 1956; *Ahrenkiel/Cork* Überschuldung trotz kapitalersetzender Bürgschaft, DB 1987, 823; *Altmeppen* Konkursantragspflicht in der Vor-GmbH, ZIP 1997, 273; *Arians* Sonderbilanzen, 2. Aufl. 1985; *Auler* Der Überschuldungsstatus als Bewertungsproblem, DB 1976, 2169; *Baetge/Huß/Niehaus* Betriebswirtschaftliche Möglichkeiten zur Erkennung einer drohenden Insolvenz in: Beiträge zur Reform des Insolvenzrechts, 1987, S. 61; *Baier* Vermögensabgabe und Überschuldung, NJW 1956, 1302; *Bartl* 4 Jahre GmbH-Novelle, BB 1984, 2154; *Baumann* Konkurs und Vergleich, 2. Aufl. 1981; *Beermann* Prognosemöglichkeiten von Kapitalverlusten mit Hilfe von Jahresabschlüssen, 1975; *Beintmann* Eigenkapitalersetzende Gesellschaftsdarlehen in der Überschuldungsbilanz, BB 1999, 1543; *Berges* Dynamische Sanierung, Beilage 5/78 zu BB Heft 15/1978; *Berkheimer* Der Insolvenzstatus, Diss. Mannheim 1955; *Bichelmeier/Engberding* Insolvenzhandbuch, 1998; *Biermann* Die Überschuldung als Voraussetzung zur Konkurseröffnung, 1963; *Bilo* Zum Problemkreis der Überschuldung im strafrechtlichen Bereich, GmbHR 1981, 73, 104; *Bittmann* Zahlungsunfähigkeit und Überschuldung nach der Insolvenzordnung Teil 1, wistra 1998, 321; Teil 2, wistra 1999, 10; *Bley/Mohrbutter* Vergleichsordnung, 4. Aufl. 1979/81; *Boest* Zur Passivierungspflicht von Pensionsverpflichtungen, insbesondere bei Überschuldungsbilanzen, DB 1979, 2381; *Böhle-Stamschräder/Kilger* Vergleichsordnung, 11. Aufl. 1986; *Böttcher/Zartmann/Faut* Stille Beteiligung und Unterbeteiligung, 3. Aufl. 1977; *Bokelmann* Der Prozeß gegen eine im Handelsregister gelöschte GmbH, NJW 1977, 1130; *ders.* Die Firma im Konkursverfahren, KTS 1982, 27; *Borup* Die eingetretene Zahlungsunfähigkeit aus der Sicht der Betriebswirtschaftslehre und das Problem der Meßbarkeit, BB 1986, 1883; *Brandes* Die Rechtsprechung des BGH zur GmbH, WM 1995, 641; *Brandstätter* Die Prüfung der Sanierungsfähigkeit notleidender Unternehmen, 1993; *Brauer* Die GmbH in der Krise, Rechtsformüberlegungen aus der Sicht der Steuer- und Rechtsberatung, 2000; *Braun/Riggert/Kind* Die Neuregelungen der Insolvenzordnung in der Praxis, 1999; *Braun/Uhlenbruck* Unternehmensinsolvenz, 1997; *Breuer* Das Regelinsolvenzverfahren, Beilage NJW 1/1999; *Brüggemann* Die Rangrücktrittserklärung im Lichte der InsO, NZG 1999, 811; *Burger* Zahlungsschwierigkeiten und ihre insolvenzrechtliche Bedeutung, AG 1988, 286; *Büschgen* Zur Eigenkapitalausstattung der GmbH und GmbH & Co. KG, GmbHR 1974, 25, 49; *ders.* Zunehmende Fremdfinanzierung als Insolvenzgefahr, Betriebswirtschaftliche Forschung und Praxis 1975, 93; *Buth/ Hermanns* Restrukturierung, Sanierung, Insolvenz. Handbuch, 1998; *Crisolli/Groschuff/Kaemmel* Umwandlung und Löschung von Kapitalgesellschaften, 3. Aufl. 1937; *Dahl* Die Bewertung bei der Ermittlung der Überschuldung einer GmbH nach § 63 GmbHG, GmbHR 1964, 112; *Däubler* Die Löschung der GmbH wegen Vermögenslosigkeit, GmbHR 1964, 246; *Dölle* Neutrales Handeln im Privatrecht, FS F. Schulz, Bd. II, 1951, S. 268 ff.; *Drukarczyk* Bilanzielle Überschuldungsmessung, ZGR 1979, 553; *ders.* Unternehmen und Insolvenz, 1987; *Eder* Auflösung und Liquidation in den GmbH-Rechten der EWG-Länder, GmbHR 1966, 173; *Egner* Bilanzen, 1974; *Egner/Wolff* Zur Unbrauchbarkeit des Überschuldungstatbestandes als gläubigerschützendes Instrument, AG 1978, 99 ff.;

---

[68] *Koppensteiner* § 86 Rn. 1 ff.

§ 63 5. Abschnitt. Auflösung und Nichtigkeit der Gesellschaft

Ehlers Die Überschuldungssituation einer GmbH, ihre Rechtsfolgen und deren Abwendung, DStR 1998, 1756; *Eickmann/Flessner/ Irschlinger/Kirchhof/Kreft/Landfermann/Marotzke* Kommentar zur Insolvenzordnung, Heidelberg 1999; *Ernsthaler/Kreher* Verlustausgleich im qualifizierten faktischen GmbH-Konzern, BB 1995, 1422; *Fabricius* Das Stammkapital der GmbH – Zur Frage seiner Rechtfertigung und seiner Höhe, GmbHR 1970, 137; *Fenske* Zur Unbrauchbarkeit des Überschuldungstatbestandes, AG 1997, 554; *Fenski* Rücknahme des Konkursantrages durch ein anderes Organmitglied, BB 1988, 2265; R. *Fischer* Die Bedeutung eines Rangrücktritts für den Überschuldungsstatus einer GmbH, GmbHR 2000, 66; W. *Fischer* Die Überschuldungsbilanz, 1980; *Flessner* Sanierung und Reorganisation, 1982; *Fluch* Der Status der Unternehmung, 2. Aufl. 1961; *Förster* Die Liquidationsbilanz, 1972; *Friehe* Die Unterbeteiligung bei Personengesellschaften, 1974; *Früh* Eigenkapitalersetzende Gesellschaftskredite, Eine kurze Bestandsaufnahme nach In-Kraft-Treten des KapAEG, des KonTraG und der InsO, GmbHR 1999, 842; *Gessner/Rhode/Strate/Ziegert* Die Praxis der Konkursabwicklung in der Bundesrepublik Deutschland, 1978; *Goette* Zur persönlichen Haftung des Geschäftsführers einer GmbH gegenüber Dritten aus Geschäften, die nach Eintritt mit ihnen geschlossen werden, DStR 1994, 1048; *Gottwald* Insolvenzrechts-Handbuch, 2001; *Götker* Der Geschäftsführer in der Insolvenz der GmbH, 1999; *Graf-Schlicker/Maus/Uhlenbruck* Die Unternehmensinsolvenz nach der InsO, Köln 1997; *Groß* Sanierung durch Fortführungsgesellschaften, 2. Aufl. 1988; *Großfeld* Bilanzrecht, 1978; *Groß/Hess* Die Zahlungsunfähigkeit als Insolvenzauslösungsgrund, WPg 1999, 422; *Grundlach* Die Insolvenzfähigkeit nach der InsO, NZI 2000, 561; *Grüneberg* Die Rechtsposition der Organe der GmbH und des Betriebsrates im Konkurs, 1988; *ders.* Die Befugnis zur Bildung einer Ersatzfirma bei Firmenveräußerung im Konkurs der GmbH, ZIP 1988, 1165; *Gurke* Verhaltensweisen und Sorgfaltspflichten von Vorstandsmitgliedern und Geschäftsführern bei drohender Überschuldung, 1982; *Haack* Der Konkursgrund der Überschuldung bei Kapital- und Personengesellschaften, 1980; *Haarmeyer/Wutzke/Förster* Handbuch zur Insolvenzordnung, 2. Aufl. 1998; *Haas* Insolvenzantragsrecht und -pflicht in der GmbH insb. des faktischen Geschäftsführers nach neuem Recht, DStR 1998, 1359 f.; *ders.* Eigenkapitalersetzende Gesellschafterdarlehen und Feststellung der Überschuldung oder Zahlungsunfähigkeit, NZI 1999, 209; *ders.* Vor-GmbH und Insolvenz, DStR 1999, 985; *Hartmann* Die stille Gesellschaft, 1974; *Häger/Wilts* Checkbuch der Insolvenz, 2000; *Heining* Zum Konkursrecht – Hinweise für die GmbH-Geschäftsführung, GmbHR 1951, 56; *Häsemeyer* Insolvenzrecht, 2. Aufl. 1998; *Herbig* Rechtsfragen bei der Löschung von Kapitalgesellschaften, DNotZ 1935, 787; *Herget* Das Zurücktreten der Forderung bei Überschuldung der Aktiengesellschaft, AG 1974, 137; *Hess* Kommentar zur Insolvenzordnung mit EGInsO, 1999; *ders.* Insolvenzrecht, 1999; *Hermann* Vorrang des Konkursrechts oder des Insolvenzrechts bei gleichzeitig anhängigen Eröffnungsanträgen, DZWIR 1999, 277; *Hess/Kranemann/Pink* InsO`99 – Das neue Insolvenzrecht, 1998; *Hess/Obermüller* Insolvenzplan, Restschuldbefreiung und Verbraucherinsolvenz, Heidelberg 2. Aufl. 1999; *Heß/Fechner* Sanierungshandbuch, 1987, 187; *Hess/Uhlenbruck/Weis* Entscheidungssammlung zum Insolvenzrecht 1999; *Hirsch* Zur Auslegung und Reform der Überschuldungsbestimmungen im Gesellschaftsrecht, FS A. Hueck, 1959, S. 307; *Hirte* Bilanzierung kapitalersetzender Darlehen im Überschuldungsstatus, DStR 2000, 1829; *Hirtz* Die Vorstandspflichten bei Verlust, Zahlungsunfähigkeit und Überschuldung einer Aktiengesellschaft, 1966; *Hodemacher* Ursachen der Insolvenz, ihre Vermeidung und ihre Heilung durch den Vergleich, KTS 1956, 81; *Höffner* Überschuldung: Ein Tatbestandsmerkmal im Schnittpunkt von Bilanz-, Insolvenz- und Strafrecht, BB 1999, 198 (Teil I), 252 (Teil II); *Hönn* Die konstitutive Wirkung der Löschung von Kapitalgesellschaften, ZHR 138 (1974), 50; *Hofmann* Zur Liquidation einer GmbH, GmbHR 1976, 229, 258; *ders.* Zum „Durchgriffs-"Problem bei der unterkapitalisierten GmbH, NJW 1966, 1941; *Hommelhoff* Eigenkapitalersetzende Gesellschafterdarlehen und Konkursantragspflicht, FS Döllerer, 1988, S. 245; *Hundertmark/Herms* Zur Überschuldung von Kapitalgesellschaften, BB 1972, 1118; *Jaeger/Henckel* Konkursordnung, 9. Aufl. 1.–3. Lieferung 1977/80/82 und *Jaeger/Lent/Weber* Konkursordnung, 8. Aufl., Bd. I 1958, Bd. 2, 1. und 2. Halbband 1973; *Joecks* Kapitalersetzende Gesellschafterdarlehen und Pflicht zur Konkursanmeldung, BB 1986, 1681; *Kalter* Konkursrecht der GmbH, KTS 1955, 39, 58; *ders.* Das konkursfreie Vermögen, KTS 1975, 1; *Jungk* Die Neue Insolvenzordnung, AnwBl. 1998, 659 *Kaltmeyer* Der Insolvenzplan als Sanierungsmittel des Schuldners – Unter Berücksichtigung des EGInsOÄndG v. 19. 12. 1998, ZInsO 1999, 255 (Teil I), 316 (Teil II); *Kamprad* Bilanz- und steuerrechtliche Folgen aus der Anwendung der §§ 32a und 32b GmbHG auf kapitalersetzende Gesellschafterkredite, GmbHR 1985, 352; *Karoli* Die gutachtliche Feststellung der eingetretenen Zahlungseinstellung, Zahlungsunfähigkeit und Überschuldung, Betriebswirtschaftliche Rundschau und Archiv für Revisions- und Treuhandwesen 1929, 133; *Kilger* Der Konkurs des Konkurses, KTS 1975, 142; *Kilger/Nitze* Die Buchführungs- und Bilanzierungspflicht des Konkursverwalters, ZIP 1988, 957; *Kilger/K. Schmidt* Konkursordnung, 16. Aufl. 1993; *Kirchhof* Leitfaden zum Insolvenzrecht, 1999; *Klar* Überschuldung und Überschuldungsbilanz, 1988; *Klebba* Die Feststellung der Überschuldung, Zentralblatt für Handelsrecht 1933, 188; *ders.* Von der Zahlungsstockung zur Zahlungseinstellung, WPg 1959, 16, 41; *Knief* Fragen der Abgrenzung und Praktikabilität der neu definierten Insolvenzgründe, in Beitrag zur Reform des Insolvenzrechts, 1987, S. 61; *Knobbe-Keuk* Stille Beteiligungen und Verbindlichkeiten mit Rangrücktrittsvereinbarungen im Überschuldungsstatuts und in der Handelsbilanz des Geschäftsinhabers, ZIP 1983, 127; *Knorr* Überschuldung und Zahlungsunfähigkeit der GmbH, GmbHR 1951, 118, 158; *Koenigs* Die stille Gesellschaft, 1961; *Kort* Die konzerngebundene GmbH in der Insolvenz, ZIP 1988, 681; *Kothe* Altlasten in der Insolvenz, Köln 1999; *Kranz* Der GmbH-Geschäftsanteil in Pfändung und Insolvenz, Köln 1998; *Kroppen* Überschuldung als Konkursgrund für die GmbH & Co. KG, DB 1977, 663; *Krümmel* Zur Bewertung im Kreditstatus, Zeitschrift für handelswissenschaftliche Forschung 1962, 137; *Kühn* Bewertungsprobleme bei Feststellung der Überschuldung einer GmbH, DB 1970, 549 ff.; *Kunz/Mundt* Rechnungslegungspflicht in der Insolvenz, DStR 1997, 620 (Teil 1), 664 (Teil 2); *Kupsch* Zur Problematik der Überschuldungsmessung, BB 1984, 159; *Kübler/Prütting* InsO – Kommentar zur Insolvenzordnung, 1998; *Lenz* Verbindlichkeiten mit Rangrücktritt im Überschuldungsstatus, GmbHR 1999, 283; *Lübchen/Landfermann* Das neue Insolvenzrecht der DDR, ZIP 1990, 829; *Lütke/Meyer* Die Überschuldung der GmbH, 1983; *Lutter* Zahlungseinstellung und Überschuldung unter der neuen Insolvenzordnung, ZIP 1999, 641; *Mayr* Insolvenzprognosen mittels Jahresabschlußinformationen, 1976; *Menger* Die Überschuldung des Unternehmens, GmbHR 1982, 221; *Mentzel/Kuhn/Uhlenbruck* Konkursordnung, 9. Aufl. 1979; *G. Meyer* Die Unterbeteiligung an Handelsgesellschaftsanteilen, Diss. Münster 1971; *Mittelbach* Die stille Gesellschaft, 1973; *Möhlmann* Die Ausgestaltung der Masse- und Gläubigerverzeichnisse sowie der Vermögensübersicht nach neuem Insolvenzrecht, DStR 1999, 163; *Mohrbutter/Haarmann* Leitfaden für Vergleichs- und Konkursverwalter, 3. Aufl. 1976; *ders.* Handbuch des gesamten Vollstreckungs- und Insolvenzrechts, 4. Aufl. 1982; *ders.* Handbuch der Vergleichs- und Konkursverwaltung, 5. Aufl., 1985; *Moxter* Bilanzlehre, 1974; *W. Müller* Der Verlust der Hälfte des Grund- oder Stammkapitals, ZGR 1985, 191; *Müller/Gelhausen* Zur handelsrechtlichen Rechnungslegungs-und Prüfungspflicht nach § 155 InsO bei Kapitalgesellschaften, FS Claussen, 1997, S. 687; *Nerlich/Römermann* Insolvenzordnung, München 1999; *Obermüller* Konkursanmeldung bei Zahlungsunfähigkeit und Überschuldung, DB 1973, 267; *Obermüller/Hess* InsO – Eine systematische Darstellung des neuen Insolvenzrechts, Heidelberg 3. Aufl. 1999; *Pape* Aktuelle Probleme des Insolvenzeröffnungsverfahrens nach In-Kraft-Treten der InsO, DB 1999, 1539; *ders.* Zur Insolvenzfähigkeit und den Insolvenzauslösungstatbeständen der Insolvenzordnung, NWB 1998, 837; *ders.* Die Rechtsprechung der Oberlandesgerichte in Insolvenzsachen seit In-Kraft-Treten der InsO, NJW 2001, 23; *Papke* Zum Begriff der Zahlungsunfähigkeit, DB 1969, 735; *ders.* Die Liquidationsbilanz im Konkursverfahren, KTS 1968, 129 ff.; *Paulick* Handbuch der stillen Gesellschaft, 2. Aufl. 1971; *ders.* Die Einmann- GmbH & Co. KG als stille Gesellschaft, FS Demelius, 1973, S. 399; *Piorreck* Löschung und Liquidation von Kapitalgesellschaften nach dem Löschungsgesetz, Der Rechtspfleger 1978, 157; *Plander* Die nahen Angehörigen der GmbH, GmbHR 1972, 121; *Plate* Die Konkursbilanz, 1979; *ders.* Eignung von Zahlungsunfähigkeit und Überschuldung als Indikatoren für die Insolvenzreife einer Unternehmung, DB 1980, 217; *Pribilla* Die Überschuldungsbilanz, KTS 1958, 1, 16; *Priester* Gläubigerrücktritt zur Vermeidung der Überschuldung, DB 1977, 2429; *Raffel* Die Verwertbarkeit der Firma im Konkurs, 1995; *Rattunde/Röder* Verfahrenseröffnung und Kostendeckung nach der InsO, DZWIR 1999, 309; *Reinhart* Die neue Insolvenzordnung, MDR 1999, 203; *Richrath* Erste Erfahrungen mit dem neuen Insolvenzrecht – eine Bestandsaufnahme, WM 2000, 1977; *Richter* Der Konkurs der GmbH aus der Sicht der Strafrechtspraxis, GmbHR 1984, 113, 137; *Rinklin* Die vergleichsfähige und die konkursreife Unternehmung, 1960; *Robrecht* Die Rechtsposition der Organe der GmbH, der Personengesellschaft und der eingetragenen Genossenschaft nach Eröffnung des Konkursverfahrens über das Gesellschaftsvermögen, DB 1968, 471; *Schluck-Amend/Walker* Neue Haftungsrisiken für GmbH-Geschäftsführer durch Pflicht zur Erstellung eines Insolvenzplans, GmbHR 2001, 375; *Schlüchter* Der Grenzbereich zwischen Bankrottdelikten und unternehmerischen Fehlentscheidungen, 1977; *M. L. Schmid* Überschuldung und Sanierung, 1984; *K. Schmidt* Institutionen eines künftigen Insolvenzrechts der Unternehmen, ZIP 1985, 713; *ders.* Die Konkursverwaltung als Gesellschaftsorgan, KTS 1984, 345; *ders.* Die Vertragsparteien bei der stillen Beteiligung, DB 1976, 1705; *ders.* Die Kreditfunktion der stillen Einlage, ZHR 140 (1976), 475; *ders.* Das Vollstreckungs- und Insolvenzrecht der stillen Gesellschaft, KTS 1977, 1, 65; *ders.* Quasi-Eigenkapital als haftungsrechtliches und bilanzielles Problem, FS Goerdeler, 1987, S. 487; *ders.* Anwendung von Handelsrecht auf Rechtshandlungen des Konkursverwalters, NJW 1987, 1905; *ders.* Das Insolvenzrecht und seine Reform zwischen Prozeßrecht und Unternehmensrecht, KTS 1988, 1; *ders.* Unternehmenskonkurs-Unternehmensträgerkonkurs-Gesellschafterkonkurs in: Einhundert Jahre Konkursordnung 1977, 247; *ders.* Konkursgründe und präventiver Gläubigerschutz, AG 1978, 334; *ders.* Löschungsgesetz und GmbH & Co., BB 1980, 1497; *ders.* Vom Konkursrecht der Gesellschafter zum Insolvenzrecht der Unternehmen, ZIP 1980, 233; *ders.* Grundzüge der GmbH-Novelle, NJW 1980, 1769; *ders.* Sinnwandel und Funktion des Überschuldungtatbestandes, JZ 1982, 1965; *ders.* Möglichkeiten der Sanierung von Unternehmen durch Maßnahmen im Unternehmens-, Arbeits-, Sozial- und Insolvenzrecht Gutachten G zum 54. Dt. Juristentag 1982; *ders.* Zur Rechtslage der gescheiterten Einmann Vor-GmbH, GmbHR 1988, 89; *ders.* Löschung und Beendigung der GmbH, GmbHR 1988, 209; *ders.* Das Insolvenzverfahren neuerer Art – Kernprobleme der Insolvenzrechtsreform nach dem Kommissionsbericht, ZGR 1986, 178; *ders.* Die Kreditfunktion der stillen Einlage ZHR 140 (1976), 475; *ders.* Eigenkapitalersatz und Überschuldungsfeststellung, Ein Diskus-

§ 63　5. Abschnitt. Auflösung und Nichtigkeit der Gesellschaft

sionsbeitrag gegen Fehlschlüsse aus der Insolvenzordnung, GmbHR 1999, 9; *ders.* Insolvenzordnung und Gesellschaftsrecht, ZGR 1998, 633; *K. Schmidt/Uhlenbruck* Die GmbH in Krise, Sanierung und Insolvenz, 2. Aufl. 1999; *Schmidt-Räntsch* Insolvenzordnung mit Einführungsgesetz, 1995; *K. Schmid/Schulz* Konkursfreies Vermögen insolventer Handelsgesellschaften?, ZIP 1982, 1015; *D. Schneider* Der Aufsichtsrat im Konkurs der Aktiengesellschaft, FS Oppenhoff, 1985, S. 349; *H. Schneider* Über die Unterbeteiligung an Anteilen an einer Personengesellschaft als stille Gesellschaft, FS Möhring, 1965, S. 115; *Schönke/Baur* Zwangsvollstreckungs-, Konkurs- und Vergleichsrecht, 10. Aufl. 1978; *Schürer* Der Tatbestand der Überschuldung im deutschen Insolvenzrecht, Diss. München 1963; *Schulz* Die masselose Liquidation der GmbH, 1986; *ders.* Zur Verdrängung und Ersetzung der Gesellschaftsorgane durch den Konkursverwalter, KTS 1986, 389; *Schulze-Osterloh* FS Wysocki, 1985, S. 239; *Schwemer* Regelungen zur Überwindung der Massearmut in der Insolvenz, WM 1999, 1155; *Schwerin von Krosigk* Überschuldung einer Kapitalgesellschaft durch Vermögensabgabe nach LAG?, NJW 1956, 324; *Serick* Überschuldete Gesellschaft und konkursabwendender Forderungsrücktritt eines Nichtgesellschafters, ZIP 1980, 9; *ders.* Fehlerhafter Forderungsrücktritt, fehlende Konkurseröffnung und die Lehre von der fehlerhaften Gesellschaft, ZIP 1980, 153; *Skrotzki* Konkurs der Vorgesellschaften, KTS 1962, 136; *Smid* Insolvenzordnung (InsO) mit insolvenzrechtlicher Vergütungsverordnung (InsVV), 1999; *ders.* Das neue Insolvenzrecht – Probleme, Widersprüche, Chancen, BB 1999, 1; *Smid/Rattunde* Der Insolvenzplan, 1998; *Steckhan* Die Innengesellschaft, 1966; *Sternal* Rechtsprechung zum Insolvenz- und Sanierungsrecht, ZIP 2000, 672; *Sudhoff* Der Antrag auf Eröffnung des Konkurs- oder Vergleichsverfahrens, NJW 1973, 1829; *ders.* Rechte und Pflichten der Geschäftsführung einer GmbH, 10. Aufl. 1980; *Timm* Die Kündigung des Gesellschafter-Geschäftsführers im Konkurs der GmbH, ZIP 1987, 69; *Trunk* Auslandskonkurs und inländische Zivilprozesse, ZIP 1989, 279; *Uhlenbruck* Die Grenzen von Gläubigerautonomie und Gläubigerschutz in: Protokolle des II. Internationalen Kongresses für Kreditschutz Wien 1970, 87 ff.; *ders.* Die GmbH & Co. KG in Krise, Konkurs und Vergleich, 2. Aufl. 1988; *ders.* Die Pflichten des Geschäftsführers einer GmbH oder GmbH & Co. KG in der Krise des Unternehmens, BB 1985, 1277; *ders.* Zahlungsunfähigkeit und Überschuldung nach den Vorstellungen der Kommission für Insolvenzrecht, KTS 1986, 27; *ders.* Insolvenzrechtliche Probleme der GmbH & Co. KG, GmbHR 1971, 70 ff.; *ders.* Die Rechtsstellung des Geschäftsführers im Konkurs der GmbH, GmbHR 1972, 170; *ders.* Die Mitwirkung des Betriebsrates im Konkurs- und Vergleichsverfahren nach dem Betriebsverfassungsgesetz 1972, KTS 1973, 81; *ders.* Die GmbH & Co. KG in Krise, Konkurs und Vergleich, 1977; *ders.* Insolvenzrecht, 1979; *ders.* Gesetzliche Konkursantragspflichten und Sanierungsbemühungen, ZIP 1980, 73 ff.; *ders.* Sanierung und Reorganisation als drittes Insolvenzverfahren in einem künftigen Recht, KTS 1981, 513; *Ulmer* Die gesellschaftsrechtlichen Regelungsvorschläge der Kommission für Insolvenzrecht, ZHR 149 (1985), 541; *ders.* Gesellschafterdarlehen und Unterkapitalisierung bei GmbH und GmbH & Co. KG, FS Duden 1977, S. 661; *ders.* Konkursantragspflicht bei Überschuldung der GmbH und Haftungsrisiken bei Konkursverschleppung, KTS 1981, 469; *ders.* Die Kompetenz zur Bildung einer Ersatzfirma bei Firmenveräußerung im Konkurs, NJW 1983, 1697; *ders.* Die Bedeutung des neuen Insolvenzrechts für den GmbH-Geschäftsführer, GmbHR 1999, 313 (Teil I), 390 (Teil II); *Vallender* Einzelzwangsvollstreckung im neuen Insolvenzrecht, ZIP 1997, 19993; *ders.* Auflösung und Löschung der GmbH-Veränderungen aufgrund des neuen Insolvenzrechts, NZG 1998, 249; *ders.* Die Anordnung der vorläufigen Insolvenzverwaltung, DZWIR 1999, 265; *ders.* Aktuelle Tendenzen zum Unternehmensinsolvenzrecht, DStR 1999, 2034; *ders.* Allgemeine Anforderungen an Anträge im Insolvenzverfahren, MDR 1999, S. 280; *Veit* Die Konkursrechnungslegung 1982; *ders.* Die Definition der Zahlungsunfähigkeit als Konkursgrund, ZIP 1982, 273; *Völker* Der Vergleichsverwalter und die Rechtsnatur seines Amtes, Diss. Tübingen 1972; *Wagner* Die Unterbeteiligung an einem oHG-Anteil, 1975; *ders.* Der atypische stille Gesellschafter im Konkurs der Massengesellschaft, KTS 1979, 53; *Fr. Weber* Funktionsteilung zwischen Konkursverwalter und Gesellschaftsorganen im Konkurs der Kapitalgesellschaft, KTS 1970, 73; *Weimar* Abschied von der Gesellschafter- und Handelnden-Haftung im GmbH-Recht?, GmbHR 1988, 289; *Weisang* Zur Rechnungslegung nach der neuen Insolvenzordnung, BB 1998, 1149; *Weisemann/Smid* Handbuch Unternehmensinsolvenz, 1999; *Wellensiek* Sanieren oder liquidieren? Unternehmensfortführung und -sanierung im Rahmen der neuen Insolvenzordnung, WM 1999, 405; *ders.* Insolvenzrecht in Wissenschaft und Praxis, FS Uhlenbruck, 2001, S. 199; *Wimmer* Frankfurter Kommentar zur Insolvenzordnung, 2. Aufl. 1999; *Winter* Die Haftung des GmbH-Gesellschafter im Konkurs der unterkapitalisierten GmbH, 1973; *Winterstein* Die Unterbeteiligung an oHG- und KG-Anteilen als stille Gesellschaft, Diss. Hamburg 1969; *Woeste* Gesellschafterdarlehen und gesellschafterverbürgte Darlehen an die GmbH in deren Konkurs, GmbHR 1959, 131; *Wolany* Rechte und Pflichten der Gesellschafter einer GmbH, 1966; *Wolf* Das Erfordernis der Dokumentation von Überschuldungsbilanzen, DStR 1998, 126; *Wüst* Gläubigerschutz bei der GmbH, 1966; *Zeuner* Die Anfechtung in der Insolvenz, 1999; *Zilias* Unterbilanz und Überschuldung der Aktiengesellschaft, WPg. 1977, 454; *Zimmermann* Insolvenzrecht, 3. Aufl. 1999.

Literatur zur GmbH & Co. KG s. vor Rn. 145.

Übersicht

	Rn.
I. Geltungsbereich und Normzweck	1, 2
II. Eröffnung des Insolvenzverfahrens	3–81
1. Einführung	3
2. Antrag	4–18
a) Antragsberechtigung	5–7
aa) Antragsrecht des Schuldners	5
bb) Antragsrecht der Gläubiger	6, 7
b) Kein Antragsrecht	8
c) Antragspflicht	9
d) Insolvenzantrag des Schuldners (d. h. der GmbH)	10
e) Insolvenzantrag eines Gläubigers	11–13
f) Anweisung zur Antragstellung	14
g) Anhörung des Betriebsrates	15
h) Anhörung der Gesellschaft	16
i) Rücknahme des Insolvenzantrages	17
j) Gleichzeitige Anhängigkeit von Konkurs- und Insolvenzantrag	18
3. Insolvenzfähigkeit	19
4. Insolvenzgründe	20–78
a) Einführung	20
b) Zahlungsunfähigkeit	21–31
aa) Begriff und Inhalt	21–24
bb) Abgrenzung zu Zahlungsstockung und Zahlungsunwilligkeit	25–30
cc) Verbindlichkeiten gegenüber Gesellschaftern	31
c) Drohende Zahlungsunfähigkeit	32
d) Überschuldung	33–74
aa) Begriff und Inhalt	33–36
bb) Unterbilanz und Unterkapitalisierung	37
cc) Überschuldungsbilanz	38–68
dd) Fortbestehensprognose	69–71
ee) Prüfungsreihenfolge	72–74
e) Sanierungsmaßnahmen	75–78
5. Rechte des Betriebsrates und des Wirtschaftsausschusses	79–81
III. Entscheidung des Insolvenzgerichts	82–102
1. Örtliche Zuständigkeit	82
2. Kostendeckende Masse	83
3. Vorläufige Sicherungsmaßnahmen	84–87
4. Vorläufiger Insolvenzverwalter	88–91
5. Entscheidung des Insolvenzgerichts über den Eröffnungsantrag	92–94
a) Vorbereitung der Entscheidung	92
b) Zurückweisung des Insolvenzantrages	93
c) Insolvenzeröffnungsbeschluss	94
6. Rechtsmittel	95–100
a) Gegen Eröffnungsbeschluss	95
b) Gegen Ablehnung der Insolvenzeröffnung	96
c) Beschwerdefrist	97

	Rn.
d) Wirkungen der Aufhebung des Insolvenzeröffnungsbeschlusses	98
e) Ausschluss der sofortigen Beschwerde	99
f) Weitere Beschwerde	100
7. Bekanntmachung	101
8. Verfahrenskosten	102
IV. Folgen der Insolvenzeröffnung	103–140
1. Wirkungen der Insolvenzeröffnung	103, 104
2. Insolvenzmasse	105–108
3. Insolvenzverwalter	109–129
a) Ernennung des Insolvenzverwalters	109
b) Vergütung	110
c) Stellung des Insolvenzverwalters	111
d) Befugnisse	112–118
aa) Überblick	112
bb) Inbesitznahme und Verwaltung	113–117
cc) Verwertung und Gläubigerbefriedigung	118
e) Weitere Pflichten des Insolvenzverwalters	119–129
aa) Unternehmensfortführung	119
bb) Rechnungslegung	120
cc) Geschäftsjahr	121
dd) Schlussbilanz der werbenden Gesellschaft	122
ee) Eröffnungsbilanz	123
ff) Jährlicher Zwischenabschluss	124
gg) Schlussbilanz	125, 126
hh) Steuerrechtliche Pflichten	127
ii) Pflichten im Rahmen des Insolvenzplans	128
jj) Sonstige Pflichten	129
4. Stellung der Gesellschaftsorgane	130–140
a) Einführung	130
b) Einschränkung der Rechte der Gesellschafterversammlung	131–135
c) Stellung der Geschäftsführer	136–139
d) Rechte sonstiger Organe	140
V. Beendigung der Insolvenz	141–144
1. Einstellung des Insolvenzverfahrens	141, 142
a) Gründe für die Verfahrenseinstellung	141
b) Folgen der Verfahrenseinstellung	142
2. Aufhebung des Insolvenzverfahrens	143
3. Fortsetzung der Gesellschaft	144
VI. Die GmbH & Co. KG	145–174
1. Problemstellung	145–147
2. Trennungsprinzip	148
3. Antragsstellung	149–153
a) Insolvenz der Komplementär-GmbH	149
b) Insolvenz der Kommanditgesellschaft	150–153
aa) Antragsrecht	150
bb) Kein Antragsrecht	151

§ 63 5. Abschnitt. Auflösung und Nichtigkeit der Gesellschaft

	Rn.		Rn.
cc) Mehrstöckige GmbH & Co. KG	152	7. Insolvenzverfahren	166, 167
dd) Pflicht zur Antragstellung	153	8. Insolvenzbeendigung	168, 169
4. Insolvenzreife	154	9. GmbH und stille Gesellschaft	170–173
5. Überschuldungsbilanz	155–164	a) Typische stille Gesellschaft	171, 172
a) Bei der KG	155–162	b) Atypische stille Gesellschaft	173
aa) Aktiva	156–159	10. Fortsetzung der Gesellschaft	174
bb) Passiva	160–162	**VII. Österreichisches Recht**	175
b) Bei der Komplementär-GmbH	163, 164	**VIII. Anhang: Maßgebliche Vorschriften**	176
6. Wirkung der Insolvenzeröffnung	165		

I. Geltungsbereich und Normzweck

1 1. Die Vorschrift wurde zum 1. 1. 1999 aufgehoben[1] (Art. 110 Abs. 1 iVm. Art. 48 Nr. 6 EGInsO vom 5. 10. 1994).[2] An ihre Stelle traten zu diesem Zeitpunkt die §§ 17 bis 19 InsO vom 5. 10. 1994.[3] Im Mittelpunkt der InsO steht neben der Gläubigerbefriedigung durch Verwertung einer Gesellschaft auch die Sanierung derselben. Auf europäischer Ebene wird eine Vereinfachung der bislang unterschiedlichen Insolvenzverfahren durch die am 31. 5. 2002 in Kraft tretende Verordnung[4] angestrebt. – Die InsO beseitigt nicht nur die bestehenden Unterschiede zwischen der Konkursordnung und der Gesamtvollstreckungsordnung (DDR), sondern integriert die entscheidenden Bestimmungen. Obwohl zugleich einige gesellschaftsrechtlich relevante Problemkreise (zB der Überschuldungsbegriff, eigenkapitalersetzende Gesellschafterdarlehen und die Abwicklung der Gesellschaft durch den Insolvenzverwalter) neu geordnet und klargestellt worden sind, enthält die InsO im großen und ganzen keine grundlegenden Änderungen.[5] – Im folgenden Überblick über die wichtigsten Probleme des Insolvenzverfahrens bei einer GmbH wird insbesondere auf die Insolvenzgründe eingegangen. Die Darstellung orientiert sich im Wesentlichen an dem Gang des Insolvenzverfahrens.

2 2. Das durch Art. 217 InsO – in Anlehnung an das US-Insolvenzrecht – neu eingeführte, von den Gläubigern frei wählbare **Insolvenzplanverfahren**[6] ermöglicht diesen, ihr individuelles Vorgehen in der Insolvenz abzustimmen.[7] Der Insolvenzplan ist dabei ergebnisoffen und stellt eine privatautonome, den gesetzlichen Vorschriften entsprechende Übereinkunft der mitspracheberechtigten Beteiligten über die Verwertung des haftenden Vermögens mit dem Ziel der bestmöglichen Haftungsverwirklichung dar.[8] Dieses Verfahren bietet den Gläubigern flexible Befriedigungschancen, da neben der Liquidation einmal die übertragende Sanierung und zum anderen die Eigensanierung in Betracht kommen kann.[9]

---

[1] Vgl. zur alten Rechtslage vor 1999 Voraufl. § 63.
[2] BGBl. I S. 2911 ff.
[3] BGBl. I S. 2866 ff.
[4] Rechtsverordnung des Rates Nr. 1346/2000, ABl. EG Nr. L 160/2000, S. 1.
[5] Vgl. Überblick bei *Kübler/Prütting/Noack* GesR Rn. 13.
[6] Zum Insolvenzplan: *Smid/Rattunde* Der Insolvenzplan; *Hess/Obermüller* Insolvenzplan, Restschuldbefreiung und Verbraucherinsolvenz; *Smid* WM 1998, 2489; *Kaltmeyer* ZInsO 1999, Teil I 255, Teil II 316.
[7] BT-Drucks. 12/2443 S. 71 ff.; *Jungk* AnwBl. 1998, 659; *Wellensiek* WM 1999, 405, 410; *Kübler/Prütting/Noack* GesR Rn. 102 mwN.
[8] Begr. RegE. BT-Drucks. 12/2443 S. 89; *Wellensiek* WM 1999, 405, 410.
[9] *Kaltmeyer* ZInsO 1999, 255, 257; *Weisemann/Smid/Weisemann/Holz* S. 576 Rn. 29.

II. Eröffnung des Insolvenzverfahrens

1. Einführung. Die Eröffnung des Insolvenzverfahrens ist bei dem zuständigen Insolvenzgericht zu beantragen (§ 13 InsO); dieses eröffnet das Verfahren (§ 27 InsO), wenn der Antrag zulässig ist, ein Insolvenzgrund vorliegt (§ 16 InsO) und die Masse für die Durchführung des Verfahrens ausreicht (vgl. § 26 InsO).

2. Antrag. Nach § 13 Abs. 1 S. 1 InsO wird das Insolvenzverfahren nur auf Antrag eröffnet. Dieser ist an keine bestimmte Form gebunden, mithin kann er schriftlich oder zu Protokoll der Geschäftsstelle des zuständigen Insolvenzgerichts gestellt werden.

a) Antragsberechtigung. Antragsberechtigt sind nach § 13 Abs. 1 S. 2 InsO die Gläubiger sowie der Schuldner. **aa) Antragsrecht des Schuldners.** Die Gesellschaft als Schuldnerin kann, vertreten durch die Geschäftsführer einen Insolvenzantrag stellen (§ 13 Abs. 1 S. 2 InsO). Nach § 15 Abs. 1 InsO kann grds. **jeder einzelne Geschäftsführer,** unabhängig vom Umfang seiner Vertretungsbefugnis, auch bei Gesamtvertretung Insolvenzantrag stellen.[10] Dies wird vor allem in Betracht kommen, wenn in der Geschäftsführung keine Einmütigkeit darüber besteht, ob ein Insolvenzgrund iSd. §§ 17, 19 InsO gegeben ist. Im Hinblick auf § 64 hat jeder Geschäftsführer die Pflicht zur eigenverantwortlichen Prüfung, ob die Voraussetzungen der Insolvenz, also *Zahlungsunfähigkeit* oder *Überschuldung* vorliegen. Im Falle der *drohenden Zahlungsunfähigkeit* (§ 18 InsO) kann nur der vertretungsberechtigte Geschäftsführer den Insolvenzantrag stellen, § 18 Abs. 3 InsO. – Ob einem **faktischen Geschäftsführer,** d.h. einem ohne förmlichen Bestellungsakt tatsächlich Geschäftsführenden, ein Antragsrecht zusteht, wird unterschiedlich beurteilt. Ein solches Recht ist im Hinblick auf die korrespondierende Antragspflicht im Falle der Zahlungsunfähigkeit (§ 17 InsO) bzw. der Überschuldung (§ 19 InsO) zu bejahen,[11] vgl. § 64 Rn. 16 ff.

bb) Antragsrecht der Gläubiger. Antragsberechtigt sind die **Gläubiger der Gesellschaft,** die ein rechtliches Interesse an der Eröffnung des Insolvenzverfahrens haben und ihre Forderung sowie den Eröffnungsgrund glaubhaft machen können, §§ 13, 14 Abs. 1, 38 InsO. Umstritten ist, ob **nachrangigen Insolvenzgläubigern iSd. § 39 InsO** ein Antragsrecht zusteht. Dies ist zu bejahen,[12] denn auch nachrangige Insolvenzgläubiger fallen unter den materiell-rechtlichen Begriff der Insolvenzgläubiger des § 38 InsO.[13] Entscheidend ist, dass die Forderungen überhaupt bestehen, nicht wann diese zu befriedigen sind. Zu nachrangigen Forderungen in Form eigenkapitalersetzender Gesellschafterdarlehen vgl. Rn. 7. – Ein Antragsrecht haben auch **absonderungsberechtigte** Gläubiger, die mithin Verfahrensbeteiligte sind.[14] Im Gegensatz zum alten Recht sind die **aussonderungsberechtigte** Gläubiger nicht zur Antragstel-

---

[10] *Kübler/Prütting/Noack* GesR Rn. 254; *Baumbach/Hueck/Schulze-Osterloh* Rn. 38; *Haas* DStR 1998, 1359; so schon die hM zur alten Rechtslage: vgl. KG OLGZ 1965, 166, 169 = NJW 1965, 2157, 2158; *Hachenburg/Ulmer* Rn. 51, 52; *Scholz/K. Schmidt* Rn. 35 ff.; *Baumbach/Hueck/Schulze-Osterloh* 16. Aufl. 1996, Rn. 23; *Lutter/Hommelhoff* 14. Aufl. 1995, Rn. 10; *Roth/Altmeppen* Rn. 22; *Uhlenbruck* GmbHR 1972, 170, 171.

[11] *Kübler/Prütting/Pape* § 15 Rn. 4a; *Baumbach/Hueck/Schulze-Osterloh* § 64 Rn. 29; *Hachenburg/Ulmer* Rn. 53; einschränkend: *Haas* DStR 1998, 1359f.; *Vallender* MDR 1999, 280, 282; *Scholz/K. Schmidt* Rn. 37, die nur bei fehlerhaftem Bestellungsakt ein Antragsrecht bejahen.

[12] Ebenso *Kübler/Prütting/Pape* § 13 Rn. 10a; *Gottwald* Insolvenzrechts-HdB § 8 Rn. 13; *Kübler/Prütting/Noack* GesR Rn. 259; aA *Hachenburg/Ulmer* § 63 Rn. 19.

[13] *Vallender* MDR 1999, 280, 283; *Kübler/Prütting/Holzer* § 39 Rn. 5.

[14] *Weisemann/Smid/Smid* S. 58 Rn. 16.

§ 63 5. Abschnitt. Auflösung und Nichtigkeit der Gesellschaft

lung berechtigt,[15] da die §§ 53 ff. InsO diesen eine „Vorwegbefriedigung" zubilligen und ihnen somit eine Sonderstellung eigener Art zuerkennen.[16]

7 Ein **Gesellschafter** ist zur **Stellung eines Insolvenzantrages berechtigt**, wenn er **zugleich Gläubiger der Gesellschaft** ist, § 13 Abs. 1 S. 2 InsO, er zB Ansprüche aus Rechtsgeschäften mit der Gesellschaft, wie Kauf- oder Mietverträgen hat. Handelt es sich bei den Forderungen jedoch um Gesellschafteransprüche auf Rückgewähr eigenkapitalersetzender Darlehen iSd. § 32 a (§ 39 Abs. 1 Nr. 5 InsO), ist das Antragsrecht ebenso zu verneinen wie bei anderen Ansprüchen, die unter das Auszahlungsverbot des § 30 fallen. Ein Antragsrecht kann auch nicht aus der Anordnung der vollständigen Liquidation einer Gesellschaft nach § 199 S. 2 InsO, der die Verteilung des Restvermögens an die Gesellschafter nach der Befriedigung der Gläubigerforderungen anordnet, gefolgert werden.[17] Denn sonst würde den Gesellschaftern, entgegen etwaigen gesellschaftsrechtlichen Bestimmungen iSd. § 60 Abs. 2 oder den strengen Voraussetzungen des § 61, einseitig die Möglichkeit gegeben, durch Stellung eines Insolvenzantrages und Eröffnung des Insolvenzverfahrens die Gesellschaft nach § 60 Abs. 1 Nr. 4 aufzulösen.[18]

8 **b) Kein Antragsrecht.** Der *Aufsichtsrat* oder der *Beirat* sind zur Stellung des Insolvenzantrages nicht befugt[19] (vgl. jedoch Rn. 14). Ebensowenig antragsbefugt ist die *Gesellschafterversammlung*, auch nicht im Falle einer Einpersonen-Gesellschaft, es sei denn, der einzige Gesellschafter ist zugleich Geschäftsführer[20] (vgl. jedoch Rn. 14). *Andere vertretungsberechtigte* Personen sind zur Stellung des Insolvenzantrages ebenfalls nicht befugt.[21] Auch die sog. gemischte Gesamtvertretung, d. h. die Vertretung durch einen Geschäftsführer und einen Prokuristen begründet kein Antragsrecht für den Prokuristen.[22] Auch den einzelnen *Gesellschaftern* steht kein Antragsrecht zu, außer sie sind zugleich Geschäftsführer, Liquidator oder Gläubiger.[23]

9 **c) Antragspflicht.** Die Insolvenzgründe der Überschuldung (§ 19 InsO) und der Zahlungsunfähigkeit (§ 17 InsO) begründen, im Gegensatz zur drohenden Zahlungsunfähigkeit (§ 18 InsO), eine **Antragspflicht** der Gesellschaft gemäß § 64 Abs. 1. Diese Pflicht trifft jeden einzelnen Geschäftsführer, unabhängig von dessen Vertretungsmacht (§ 15 Abs. 1 InsO). Befindet sich die Gesellschaft bereits in Auflösung, so sind die Liquidatoren gemäß § 15 Abs. 1 InsO („Abwickler") zur Stellung des Insolvenzantrages verpflichtet, § 71 Abs. 4 (vgl. § 64 Rn. 7).[24]

10 **d) Insolvenzantrag des Schuldners (d. h. der GmbH).** Der Schuldner muss idR – im Gegensatz zu den Gläubigern – die insolvenzbegründenden Tatsachen nicht glaubhaft machen, es sei denn, die organschaftlichen Vertreter bzw. Abwickler stellen den Antrag nicht gemeinschaftlich (§ 15 Abs. 2 InsO).[25] Von der Glaubhaftmachung ist die Auskunftspflicht im Eröffnungsverfahren nach § 20 InsO zu unterscheiden. In die-

---

[15] *Weisemann/Smid/Smid* S. 58 Rn. 14 ff.
[16] *Kilger/K. Schmidt* KO § 57 Anm. 1.
[17] AA *Kübler/Prütting/Pape* § 14 Rn. 13.
[18] *Baumbach/Hueck/Schulze-Osterloh* § 64 Rn. 30.
[19] *Haas* DStR 1998, 1359, 1360; *Kübler/Prütting/Noack* GesR Rn. 258; *Scholz/K. Schmidt* Rn. 36; *Gottwald* Insolvenzrechts-HdB § 92 Rn. 34.
[20] AllgM; *Kübler/Prütting/Noack* GesR Rn. 258; *Hachenburg/Ulmer* Rn. 54; *Scholz/K. Schmidt* Rn. 38; *Roth/Altmeppen* Rn. 23.
[21] *Haas* DStR 1998, 1359, 1360; *Kübler/Prütting/Noack* GesR Rn. 258.
[22] *Scholz/K. Schmidt* Rn. 36 *Baumbach/Hueck/Schulze-Osterloh* § 64 Rn. 28.
[23] *Baumbach/Hueck/Schulze-Osterloh* § 64 Rn. 31.
[24] *Lutter/Hommelhoff* Rn. 20; *Kübler/Prütting/Noack* GesR Rn. 257.
[25] *Weisemann/Smid/Smid* S. 57 Rn. 11 f.

Konkursverfahren *(aufgehoben)* **§ 63**

sem hat der Schuldner die Auskünfte zu erteilen, die zur Entscheidung über den Antrag erforderlich sind, insbesondere diejenigen Unterlagen beizufügen, aus denen sich das Vorliegen eines Insolvenzgrundes ergibt, sowie ein Verzeichnis der Gläubiger und der Vermögensmasse.[26]

e) Insolvenzantrag eines Gläubigers. Die Zulässigkeit des Insolvenzantrages 11 eines Gläubigers setzt nach § 14 Abs. 1 InsO die Glaubhaftmachung der Forderung und des Insolvenzgrundes sowie das Vorliegen des rechtlichen Interesses voraus.[27]

Für die **Glaubhaftmachung** der Forderung und des Insolvenzgrundes ist § 4 InsO 12 iVm. § 294 ZPO (vgl. Rn. 6) Maßstab.[28]

Ferner muss der Gläubiger ein „**rechtliches Interesse**" (§ 14 InsO) an der Insol- 13 venzeröffnung haben. Das Vorliegen des Rechtsschutzinteresses ist regelmäßig anzunehmen, es sei denn, der Gläubiger kann die Befriedigung auf einfachere Weise erlangen, so zB wenn die Verwertungsrechte der §§ 49 ff. InsO die Forderungen des absonderungsberechtigten Gläubigers voll decken.[29] Ebenfalls zu verneinen ist das Rechtsschutzinteresse, soweit insolvenzfremde Zwecke verfolgt werden,[30] zB wenn ein Minderheitsgesellschafter die Gesellschaft auflösen, ein Wettbewerber die Gesellschaft vom Markt drängen will, Ratenzahlungen erzwungen oder verjährte Forderungen durchgesetzt werden sollen.[31] Bei geringen Forderungen ist hingegen das Rechtsschutzinteresse nicht zu versagen.[32]

f) Anweisung zur Antragstellung. Die **Gesellschafterversammlung** kann – ge- 14 rade weil sie nicht antragsberechtigt ist – durch Beschluss die Geschäftsführer anweisen, den Insolvenzantrag zu stellen.[33] – Sind einem **Aufsichtsrat oder Beirat**[34] die Befugnisse der Gesellschafterversammlung übertragen, so können, falls dies statutarisch festgelegt ist, auch diese den Geschäftsführern die Weisung erteilen, den Insolvenzantrag zu stellen. Ist dies nicht der Fall, so kann der Aufsichtsrat oder Beirat nur Empfehlungen aussprechen.[35]

g) Anhörung des Betriebsrates. Der Betriebsrat ist vom Insolvenzantrag zu un- 15 terrichten, **nicht** zu hören, mit dem Wirtschaftsausschuss haben die Geschäftsführer die Notwendigkeit der Antragstellung zu erörtern, § 106 Abs. 2 und 3 BetrVG.[36] (vgl. iE Rn. 79).

h) Anhörung der Gesellschaft. Hat ein Gläubiger der Gesellschaft oder lediglich 16 ein Teil der Geschäftsführer oder Abwickler einen zulässigen Insolvenzantrag gestellt, so hat das Insolvenzgericht sämtliche Geschäftsführer bzw. Abwickler zu hören, §§ 14 Abs. 2, 15 Abs. 2, 10 Abs. 2 InsO.[37] Von einer Anhörung kann nach § 10 Abs. 1 InsO

---

[26] *Kübler/Prütting/Pape* § 13 Rn. 11.
[27] So auch schon die hM zur alten Rechtslage: OLG Frankfurt/M. WM 1984, 670; *Kuhn/Uhlenbruck* KO § 105 Rn. 6; *Kilger/K. Schmidt* KO § 105 Anm. 2; *Baumbach/Hueck/Schulze-Osterloh* 16. Aufl. 1994, Rn. 25.
[28] *Weisemann/Smid/Smid* S. 58 Rn. 19 ff.
[29] *Baumbach/Hueck/Schulze-Osterloh* § 64 Rn. 30.
[30] *Kübler/Prütting/Pape* § 14 Rn. 11 f.
[31] *Kübler/Prütting/Pape* § 14 Rn. 12.
[32] BGH NJW-RR 1986, 1188 f.: DM 1500,–; LG Berlin NJW-RR 1992, 831: DM 1000,–; *Häsemeyer* Rn. 7.08; HK-InsO/*Kirchof* § 14 Rn. 21; *Kübler/Prütting/Pape* § 14 Rn. 11.
[33] AllgM; *Hachenburg/Ulmer* Rn. 54; *Scholz/K. Schmidt* Rn. 38; *Roth/Altmeppen* Rn. 23.
[34] Vgl. zum Beirat *Steding* BuW 1999, 381.
[35] *Haas* DStR 1998, 1359, 1360; *Kübler/Prütting/Noack* GesR Rn. 258; *Scholz/K. Schmidt* Rn. 36; *Gottwald* Insolvenzrechts-HdB § 92 Rn. 34.
[36] *Dietz/Richardi* BetrVG, 7. Aufl. 1998, § 106 Rn. 41.
[37] *Baumbach/Hueck/Schulze-Osterloh* § 64 Rn. 35.

abgesehen werden, wenn sich der Schuldner im Ausland aufhält und die Anhörung zu einer übermäßigen Verfahrensdauer führen würde oder der Aufenthaltsort des Schuldners unbekannt ist.[38]

17 i) Rücknahme des Insolvenzantrages. Solange das Insolvenzverfahren noch nicht eröffnet oder der Antrag rechtskräftig abgewiesen ist, kann der Insolvenzantrag zurückgenommen werden, § 13 Abs. 2 InsO. Zur Rücknahme des Insolvenzantrages ist stets nur derjenige befugt, der den Insolvenzantrag gestellt hat. Hat also ein Geschäftsführer der Gesellschaft den Insolvenzantrag gestellt, so entscheidet nur dieser allein über die Rücknahme.[39] Die anderen Geschäftsführer können hingegen den Insolvenzantrag nicht zurücknehmen, da sonst die Insolvenzantragspflicht iSd. § 64 Abs. 1 unterlaufen werden würde.[40] Die Interessen der übrigen Geschäftsführer werden dadurch gewahrt, dass diese zu dem Antrag zu hören sind (§ 15 Abs. 2 S. 2 InsO) und gegen den Eröffnungsbeschluss Beschwerde einlegen können.[41]

18 j) Gleichzeitige Anhängigkeit von Konkurs- und Insolvenzantrag. Bei gleichzeitiger Anhängigkeit von Konkurs- (bzw. Gesamtvollstreckungs-) und Insolvenzantrag ist fraglich, welcher der beiden Anträge vorrangig zu behandeln ist. Eine in der Literatur vertretene Auffassung[42] wendet die InsO auch auf vor dem 1. 1. 1999 gestellte Anträge mit dem Hinweis auf Art. 103, 104 EGInsO, welche lediglich das auf die Zulässigkeit anwendbare Recht regeln sollen, an. Die obergerichtliche Rspr.[43] geht hingegen zutreffend vom Vorrang der KO für diese Anträge aus. Denn dem Wortlaut der Art. 103, 104 EGInsO lässt sich eine Beschränkung auf die Frage der Zulässigkeit nicht entnehmen.[44]

19 3. Insolvenzfähigkeit. Die *GmbH* ist insolvenzfähig, § 11 Abs. 1 S. 1 InsO. Solange das Vermögen noch nicht vollständig aufgeteilt ist, kann auch über eine aufgelöste, für nichtig erklärte oder gelöschte GmbH das Insolvenzverfahren eröffnet werden.[45] Auch die *Vor-GmbH* ist insolvenzfähig,[46] vgl. § 11 Rn. 81, wobei für diese trotz der persönlichen Haftung ihrer Gesellschafter ebenfalls der Insolvenzgrund der Überschuldung nach § 19 InsO analog gilt.[47] Die *Vorgründungsgesellschaft* ist als „Gesellschaft ohne Rechtspersönlichkeit"[48] insolvenzfähig, § 11 Abs. 2 Nr. 1 InsO.[49] Die *GmbH & Co. KG* ist es nach § 11 Abs. 2 Nr. 1 InsO, vgl. Rn. 145 ff.

---

[38] *Breuer* Beilage zu NJW 1/1999, S. 4.
[39] LG Tübingen KTS 1961, 158, 159; *Baumbach/Hueck/Schulze-Osterloh* § 64 Rn. 36; *Scholz/K. Schmidt* Rn. 41; aA *Weisemann/Smid/Smid* S. 55 f. Rn. 7.
[40] *Haas* DStR 1998, 1359, 1360 f.
[41] *Baumbach/Hueck/Schulze-Osterloh* § 64 Rn. 36.
[42] *Vallender* DStR 1999, 2034 f., jedoch hält er die praktische Relevanz für gering.
[43] OLG Brandenburg ZIP 1999, 1642, 1642 f. = DZWIR 1999, 462; OLG Celle NJW-RR 2000, 125 = ZIP 1999, 717, 718.
[44] *Pape* DB 1999, 1539 f.; *Hermann* DZWIR 1999, 277 f.
[45] *Kübler/Prütting/Noack* GesR Rn. 241; so schon die hM zum alten Recht, vgl. Voraufl. Rn. 1; *Hachenburg/Ulmer* Rn. 4 (aA bzgl. gelöschter GmbH); *Lutter/Hommelhoff* GmbHG, 14. Aufl. 1995, Rn. 1; *Kuhn/Uhlenbruck* KO 11. Aufl., Vorbem. D, § 207 Rn. 2; *Scholz/K. Schmidt* Rn. 3.
[46] *Scholz/K. Schmidt* § 64 Rn. 2; *Kübler/Prütting/Noack* GesR Rn. 242 ff.; *Gottwald* Insolvenzrechts-HdB § 5 Rn. 10; aA *Altmeppen* ZIP 1997, 273; *Roth/Altmeppen* § 64 Rn. 1; dazu auch *Haas* DStR 1999, 985.
[47] *Haas* DStR 1999, 985, 986; *Baumbach/Hueck/Schulze-Osterloh* § 64 Rn. 2.
[48] Für die Frage der Insolvenzfähigkeit ist es unerheblich, ob die Vorgründungsgesellschaft als BGB-Gesellschaft oder bei Vorliegen der Voraussetzungen des § 1 Abs. 2 HGB als OHG zu werten ist.
[49] *Hachenburg/Ulmer* Rn. 7; *Kübler/Prütting/Noack* GesR Rn. 240.

Konkursverfahren *(aufgehoben)* § 63

4. Insolvenzgründe. a) Einführung. Des Weiteren setzt die Eröffnung des Insol- 20
venzverfahrens das Vorliegen eines *„Eröffnungsgrundes"* (§ 16 InsO), mithin die Zahlungsunfähigkeit (§ 17 InsO) vgl. Rn. 21 ff., die drohende Zahlungsunfähigkeit (§ 18 InsO) vgl. Rn. 32 oder die Überschuldung (§ 19 InsO), vgl. Rn. 33 ff., voraus. Der neu eingeführte Eröffnungsgrund der drohenden Zahlungsunfähigkeit, § 18 InsO, begründet im Gegensatz zu den §§ 17 und 19 InsO keine Insolvenzantragspflicht iSd. § 64 Abs. 1. Die Regelung soll im Interesse des Gläubigerschutzes den Zeitpunkt einer Insolvenzeröffnung nach vorn verlagern und den Gläubigern somit eine möglichst große Vermögensmasse sichern.

b) Zahlungsunfähigkeit. aa) Begriff und Inhalt. Nach § 17 Abs. 2 S. 1 21
InsO liegt Zahlungsunfähigkeit vor, wenn der Schuldner (die GmbH) „nicht in der Lage ist, die fälligen Zahlungspflichten zu erfüllen." Dies ist gemäß § 17 Abs. 2 S. 2 InsO regelmäßig zu vermuten, wenn der Schuldner die Zahlungen eingestellt hat. Der Begriff der Zahlungsunfähigkeit entspricht damit im Wesentlichen dem des aufgeh. § 63, auch wenn nun auf das Merkmal der Dauerhaftigkeit der Zahlungsunfähigkeit verzichtet wurde. Die die Zahlungsunfähigkeit manifestierende **Zahlungseinstellung** (§ 17 Abs. 2 S. 2 InsO) liegt vor, wenn der Schuldner **ganz generell** und somit **nach außen erkennbar** in Erscheinung tretend **seine fälligen Zahlungsverpflichtungen nicht mehr erfüllt.**[50] Die Annahme der Zahlungseinstellung entfällt nicht dadurch, dass der Schuldner gelegentlich noch kleineren Zahlungsverpflichtungen nachkommt,[51] zB die für die Zwecke des Insolvenzantrages anfallenden Kosten der Aufstellung einer Insolvenzbilanz, die Kosten für die Aufrechterhaltung des Telefonanschlusses oder die Kosten für eine Schreibkraft aufbringt.[52] Die Vermutung des § 17 Abs. 2 S. 2 InsO ist durch den Nachweis widerlegbar, dass die Gesellschaft ausreichend Zahlungsmittel hat, d. h. lediglich zahlungsunwillig ist.[53]

Nicht allein der Mangel an Zahlungsmitteln begründet eine Zahlungsunfähigkeit; 22
auch wenn die **GmbH sonstige Leistungen nicht erbringt,** die in eine Geldforderung übergehen können, kann Zahlungsunfähigkeit vorliegen,[54] so zB wenn der Schuldner Lieferverpflichtungen nicht erfüllen kann, denn in diesem Falle können die unerfüllten Lieferverpflichtungen in Schadensersatzansprüche übergehen und Geldilliquidität verursachen.

Für die Zahlungsunfähigkeit ist auf den Zeitpunkt der *Fälligkeit* der Verbindlich- 23
keiten abzustellen, was besonders bei gestundeten Forderungen zu beachten ist. Auf die Geltendmachung durch die Gläubiger kommt es nicht an.[55]

Im Gegensatz zur alten Rechtslage liegt Zahlungsunfähigkeit nicht erst vor, wenn 24
die Gesellschaft die einen wesentlichen Teil ihrer Verbindlichkeiten betreffenden

---

[50] RGZ 100, 62, 65; RG HRR 1938, Nr. 655; OLG Hamburg MDR 1972, 959; *Weisemann/Smid/Smid* S. 17 Rn. 28; *Hachenburg/Ulmer* Rn. 15 f.; *Scholz/K. Schmidt* Rn. 6 f.
[51] BGH DB 2001, 2140; *Baumbach/Hueck/Schulze-Osterloh* § 64 Rn. 6; *Kübler/Prütting/Pape* § 17 Rn. 18.
[52] RGZ 50, 39, 41 f.; 132, 281, 282 f.; *Scholz/K. Schmidt* Rn. 8.
[53] *Kübler/Prütting/Pape* § 17 InsO Rn. 16.
[54] Vgl. dazu BGH WM 1957, 67, 68; *Bittmann* wistra 1998, 321, 324; aA *Baumbach/Hueck/Schulze-Osterloh* § 64 Rn. 5; einschränkend: *Hachenburg/Ulmer* Rn. 19; *Scholz/K. Schmidt* Rn. 6; *Lutter/Hommelhoff* § 64 Rn. 5: Zahlungsunfähigkeit bejahend, wenn sich Lieferverpflichtungen in Schadensersatzansprüche auf Geld gewandelt haben, die die Gesellschaft nicht begleichen kann.
[55] *Baumbach/Hueck/Schulze-Osterloh* § 64 Rn. 5; *Pape* NWB Fach 19, S. 2323, 2326 f.; *Groß/Hess* WPg. 1999, 422, 425; krit. *Bittmann* wistra 1998, 321, 322.

Zahlungen einstellt; vielmehr genügt nunmehr, dass dies einen **geringen Teil** ihrer Verbindlichkeiten betrifft.[56]

25 **bb) Abgrenzung zu Zahlungsstockung und Zahlungsunwilligkeit.** Entscheidend für die Zahlungsunfähigkeit ist die Zahlungseinstellung über einen längeren Zeitraum.[57] Davon abzugrenzen sind die Fälle bloßer Zahlungsstockung[58] oder Zahlungsunwilligkeit.

26 Eine **Zahlungsstockung** ist ein **nur vorübergehender Mangel an Zahlungsmitteln,** verursacht etwa durch nicht rechtzeitigen Eingang fälliger Forderungen.[59] Der Tatbestand der Zahlungsunfähigkeit soll nach der InsO, im Gegensatz zur alten Definition nach § 102 KO, kein prognostisches Element mehr enthalten.[60] Der Gesetzgeber berücksichtigt das prognostische Element durch den Insolvenzgrund der drohenden Zahlungsunfähigkeit.[61]

27 Der Streit, ob auf den konkreten Zustand, die sog. **Zeit*punkt*-Illiquidität** abgestellt werden soll, oder das Merkmal der Dauer eine Beurteilung der **Zeit*raum*-Illiquidität** erfordert, hat sich damit weitgehend erledigt.[62] Mit dem Verzicht auf das Merkmal der „Dauer" sollte bewirkt werden, dass die über mehrere Wochen andauernde Illiquidität nicht lediglich als Zahlungsstockung angesehen wird, wodurch der Anwendungsbereich des Insolvenzgrundes der Zahlungsunfähigkeit allzu stark eingeschränkt würde. Obwohl die Annahme der Zahlungsstockung an strengere Voraussetzungen gebunden ist, wird der neue Tatbestand der Zahlungsunfähigkeit nicht gänzlich ohne ein prognostisches Element auskommen können.[63] Der maßgebliche Zeitraum für die Feststellung der Zahlungsunfähigkeit ist umstritten, vertreten wird eine Dauer von wenigen Tagen,[64] bis zu einigen Wochen.[65] Richtigerweise ist spätestens nach **drei Wochen** nicht mehr von Zahlungsstockung, sondern von Zahlungsunfähigkeit auszugehen. Diese Eingrenzung ist auch im Hinblick auf § 64 Abs. 1 geboten.[66] Stellt der Geschäftsführer fest, dass die GmbH illiquide ist, d. h. nicht in der Lage ist, bestehende Zahlungsverpflichtungen zu begleichen, hat er drei Wochen Zeit, sich die erforderlichen Mittel, zB durch Kredite zu verschaffen. Spätestens nach Ablauf von drei Wochen ist er aber verpflichtet, Insolvenzantrag zu stellen. Würde man über diesen Zeitraum hinaus von Zahlungsstockung sprechen, führte dies zur Aushöhlung des § 64 Abs. 1.

28 Ob das Unvermögen der GmbH, eine **titulierte Forderung** zu begleichen, Zahlungsunfähigkeit bedeutet, muss auf Grund der unterschiedlichen Prüfung des An-

---

[56] *Baumbach/Hueck/Schulze-Osterloh* § 64 Rn. 5; *Weisemann/Smid/Smid* S. 14, Rn. 25 ff.; *Groß/Hess* WPg 1999, 422, 425.
[57] HK-InsO/*Kirchhof* § 17 Rn. 42; *Groß/Hess* WPg 1999, 422, 425.
[58] *Lutter* ZIP 1999, 641, 642.
[59] RGZ 50, 39, 41 f.; BGH WM 1975, 6; OLG Hamburg MDR 1972, 959; *Lutter/Hommelhoff* § 64 Rn. 5; *Weisemann/Smid/Smid* S. 17 Rn. 28.
[60] *Lutter/Hommelhoff* § 64 Rn. 6.
[61] *Breuer* Beilage zu NJW 1/1999, S. 5.
[62] Vgl. zu diesem Problem Voraufl. § 63 Rn. 6 ff.
[63] Für eine Zeitraum-Illiquidität: *Kübler/Prütting/Pape* § 17 Rn. 9; *Uhlenbruck* GmbHR 1999, 313, 319; *K. Schmidt/Uhlenbruck* Rn. 570; *K. Schmidt* InsO und GesR S. 650; *Baumbach/Hueck/Schulze-Osterloh* § 64 Rn. 5; aA FK-InsO/*Schmerbach* § 17 Rn. 8, der von einer Zeitpunkt-Illiquidität ausgeht.
[64] *Kübler/Prütting/Pape* § 17 Rn. 9; *Uhlenbruck* GmbHR 1999, 313, 319.
[65] *Kübler/Prütting/Pape* § 17 Rn. 11: zwei Wochen; HK-InsO/*Kirchhof* § 17 Rn. 18: zwei bis drei Wochen; *Lutter/Hommelhoff* Rn. 5: ein Monat; *Haarmeyer/Wutzke/Förster* Rn. 1/81: zwei Monate.
[66] *Baumbach/Hueck/Schulze-Osterloh* § 64 Rn. 5.

spruchs, auf Grund dessen der Titel erteilt wurde und der abweichenden Vollstreckungsvoraussetzungen differenziert beurteilt werden. Kann die GmbH auf ein **rechtskräftiges Urteil** nach § 704 Abs. 1 ZPO oder auf einen **Schiedsspruch** nach § 794 Abs. 1 Nr. 4a ZPO nicht zahlen, so ist sie zahlungsunfähig, denn in diesem Fall steht die Berechtigung der Forderung fest. Gleiches gilt, wenn der titulierte Anspruch zwar nicht von einem Gericht umfassend geprüft, aber von der GmbH selbst anerkannt wurde, so etwa bei einem **Anerkenntnisurteil** (§ 307 ZPO) oder auch im Falle eines Vergleichs nach § 794 Abs. 1 Nr. 1 ZPO. Anerkannt hat die GmbH auch eine Forderung, wegen derer sie sich nach § 794 Abs. 1 Nr. 5 ZPO der sofortigen **Zwangsvollstreckung unterworfen** hat. Seit der entsprechenden Erklärung können aber Umstände eingetreten sein, die die Vollstreckungsabwehrklage des § 767 ZPO aussichtsreich erscheinen lassen, weil sie nicht nach § 767 Abs. 2 ZPO präkludiert sind.[67]

Würden die Fälle, in denen Rechtsmittel gegen eine titulierte Forderung Aussicht auf Erfolg haben, als Unvermögen zur Begleichung der Forderung verstanden und mit Zahlungsunfähigkeit gleichgesetzt, so bestünde die Gefahr, dass die GmbH auf Grund materiell-rechtlich nicht existenter Forderungen Insolvenzantrag stellen müsste und die Durchsetzung von Schadensersatz- oder Erstattungsansprüchen (§§ 717 Abs. 2 und 3, 302 Abs. 4, 600 Abs. 2 ZPO) Sache des Insolvenzverwalters wäre. Wobei auf Grund der Praxis fraglich ist, ob die Ansprüche überhaupt verfolgt würden. Besonders deutlich wird diese Gefahr bei Titeln, die auf einer unvollständigen Prüfung beruhen, so dem **Vorbehaltsurteil im Urkundenprozess** (§§ 592 ff. ZPO) und dem **Versäumnisurteil** (§§ 330 ff. ZPO). 29

Die Existenz eines Zahlungstitels sagt für sich gesehen auch noch nichts darüber aus, ob der Gläubiger tatsächlich die **Zwangsvollstreckung** betreibt. Denn möglicherweise scheut er die Schadensersatz- oder Erstattungsansprüche wegen unberechtigter Zwangsvollstreckung (§§ 771 Abs. 2 und 3, 302 Abs. 4, 600 Abs. 2 ZPO). Ein Zahlungstitel, der aufgehoben werden kann, vermag eine Zahlungsunfähigkeit der GmbH daher nur dann zu begründen, wenn der Gläubiger die Zwangsvollstreckung etwa durch Sicherheitsleistung betreibt und keine hinreichende Wahrscheinlichkeit dafür besteht, dass der Titel innerhalb des für die Abgrenzung von der Zahlungsstockung maßgeblichen Drei-Wochen-Zeitraums (Rn. 27) aufgehoben oder innerhalb dieses Zeitraums Vollstreckungsschutz (§§ 711 ff., 765a ZPO) erreicht werden kann. Im Rahmen des allgemeinen Vollstreckungsschutzes nach § 765a ZPO haben die Geschäftsführer jedoch zu beachten, dass die Tatsache, die Vollstreckung führe zur Insolvenz, für sich allein gesehen ohne andere besondere Umstände keinen Schutz begründet.[68] 30

cc) Verbindlichkeiten gegenüber Gesellschaftern. Sie sind bei der Frage, ob Zahlungsunfähigkeit vorliegt, außer Betracht zu lassen, wenn ihrer Durchsetzbarkeit die §§ 30 ff. entgegenstehen.[69] Dies gilt auch für eigenkapitalersetzende Darlehen, unabhängig von der Frage, ob ein Rangrücktritt erklärt wurde.[70] 31

c) Drohende Zahlungsunfähigkeit. Drohende Zahlungsunfähigkeit liegt nach § 18 Abs. 2 InsO vor, „wenn die Gesellschaft voraussichtlich nicht in der Lage sein wird, die bestehenden Zahlungsverpflichtungen im Zeitpunkt der Fälligkeit zu erfül- 32

---

[67] Vgl. hierzu *Baumbach/Hartmann* § 767 Rn. 50 f.
[68] MüKo ZPO/*Heßler* § 765a Rn. 55.
[69] *Scholz/K. Schmidt* Rn. 6; *Baumbach/Hueck/Schulze-Osterloh* § 64 Rn. 7; *Kübler/Prütting/Pape* § 17 Rn. 7.
[70] *Scholz/K. Schmidt* Rn. 6; *Baumbach/Hueck/Schulze-Osterloh* § 64 Rn. 7; aA *Roth/Altmeppen* Rn. 7.

len". Im Gegensatz zu § 17 und § 19 InsO kann *nur die Gesellschaft* den Insolvenzantrag wegen drohender Zahlungsunfähigkeit stellen (§ 18 Abs. 1 InsO), eine Antragspflicht besteht jedoch nicht. – Die Ermittlung der drohenden Zahlungsunfähigkeit bedarf einer Prognose, die mit Hilfe eines **Ertrags- u. Finanzplans** zu erstellen ist.[71] Dabei muss der Eintritt der Zahlungsunfähigkeit wahrscheinlicher sein als deren Nichteintritt.[72] Es sind alle noch nicht fälligen Zahlungspflichten einzubeziehen, auch solche, die zwar noch nicht begründet sind, in Zukunft aber entstehen werden. Auf der anderen Seite sind neben der vorhandenen Liquidität alle künftigen Zahlungseingänge zu berücksichtigen. Der vom Finanzplan abzudeckende Zeitraum wird uneinheitlich beurteilt. Als maßgeblicher **Prognosezeitraum** wird teilweise der Fälligkeitszeitpunkt der letzten bestehenden aber noch nicht fälligen Forderung angesetzt.[73] Da sich dieser Zeitraum über viele Jahre erstrecken kann, ist unter Praktikabilitätsgesichtspunkten auf einen zweijährigen Planungshorizont abzustellen.[74]

33 **d) Überschuldung. aa) Begriff und Inhalt.** Die Überschuldung ist besonderer Insolvenzgrund bei juristischen Personen (§ 19 Abs. 1 InsO) und bei Gesellschaften ohne Rechtspersönlichkeit, bei denen keine natürliche Person persönlich haftet, wie zB bei der GmbH & Co. KG (§ 19 Abs. 3 S. 1 InsO).[75] Der Überschuldungsbegriff war zwar bislang gesetzlich nicht geregelt, es bestand aber Einigkeit, dass eine Überschuldung dann vorlag, wenn das Aktivvermögen der Gesellschaft die Schulden nicht mehr deckte.[76] Der Begriff der Überschuldung ist nunmehr in § 19 Abs. 2 InsO definiert: Diese liegt vor, „wenn **das Vermögen der Gesellschaft die bestehenden Verbindlichkeiten nicht mehr deckt.**"

34 Die Überschuldung ist anhand einer eigens hierfür aufzustellenden *Überschuldungsbilanz*, in der das Aktivvermögen und die Verbindlichkeiten gegenübergestellt werden, zu ermitteln, § 19 Abs. 2 S. 2 InsO.[77] – Hinsichtlich der Bewertung des Aktivvermögens der Gesellschaft hat der Gesetzgeber zwei Möglichkeiten vorgesehen: zum einen den Ansatz zu Fortführungswerten, zum anderen zu Liquidationswerten. **Fortführungswert** ist der Wert, der einem Vermögensgegenstand unter der Erwartung beizumessen ist, dass dieser sich zukünftig auf den Ertrag des Unternehmens auswirken wird.[78] **Liquidationswert** ist hingegen der Veräußerungserlös, der dem Vermögensgegenstand voraussichtlich bei einer Liquidation der Gesellschaft zukommt, wobei hierbei von Einzelveräußerung auszugehen ist.[79]

35 Fortführungswerte können der Bewertung nur dann zu grunde gelegt werden, wenn eine solche Fortführung des Unternehmens nach den Umständen überwiegend wahr-

---

[71] IdW PS 800 (26 ff.), WPg 1999, 250, 252 f.; *Kübler/Prütting/Pape* § 18 Rn. 7; *K. Schmidt/Uhlenbruck* Rn. 576; *Baumbach/Hueck/Schulze-Osterloh* § 64 Rn. 10.
[72] *Kübler/Prütting/Noack* GesR Rn. 68.
[73] *Nerlich/Römermann* § 18 Rn. 25.
[74] IdW PS 800 (9), WPg 1999, 250, 251; *Baumbach/Hueck/Schulze-Osterloh* § 64 Rn. 10; *Kübler/Prütting/Pape* § 18 Rn. 9; FK-InsO/*Schmerbach* § 18 Rn. 8a; *Hess/Weis/Wienberg* § 18 Rn. 5; krit. HK-InsO/*Kirchhof* § 18 Rn. 8, der einen über 1–2 Jahre hinausgehenden Zeitraum als wenig zuverlässig erachtet.
[75] *Kübler/Prütting/Pape* § 19 Rn. 3; krit. zur Überschuldung als Insolvenzgrund: *Fenske* AG 1997, 554.
[76] Bisher allgM: BGHZ 31, 258, 272 = NJW 1960, 286, 288; BGH NJW 1983, 676, 677 = DB 1983, 37, 38 = BB 1983, 14, 15; OLG Düsseldorf DB 1983, 168 = WM 1983, 428; *Hachenburg/Ulmer* Rn. 23; *Scholz/K. Schmidt* Rn. 10.
[77] *Hess/Weis/Wienberg* § 19 Rn. 22.
[78] *Baumbach/Hueck/Schulze-Osterloh* § 64 Rn. 24.
[79] *Baumbach/Hueck/Schulze-Osterloh* § 64 Rn. 24.

scheinlich ist, § 19 Abs. 2 S. 2 InsO. IdR sind hingegen Liquidationswerte für die Bewertung maßgebend.[80] Welche Werte bei der Vermögensbewertung anzusetzen sind, hängt damit maßgeblich von der **Fortführungsprognose** ab, d. h. von der Frage, ob das Unternehmen mittelfristig überlebensfähig ist und seine Ertragskraft in absehbarer Zeit wieder herstellen kann.

Der Gesetzgeber bezieht somit die Fortbestehensprognose in die Ermittlung der **36** Überschuldung mit ein. Nach den Ausführungen des Rechtsausschusses reicht eine positive Prognose allein nicht aus, um die Überschuldung zu verneinen.[81] Die Fortbestehensprognose findet nur noch im Rahmen der Vermögensbewertung Beachtung, iÜ hat sie zum Überschuldungszustand der Gesellschaft keine Aussagekraft. Grund für diese Beschränkung ist das Ziel eines verbesserten Gläubigerschutzes.[82] In der Einführung des § 19 Abs. 2 S. 2 InsO wird eine Abkehr des Gesetzgebers vom „modifizierten zweistufigen Überschuldungsbegriff" gesehen.[83] Diese zunächst von *K. Schmidt* vertretene Theorie, der sich der BGH später anschloss,[84] hatte sich bis zum In-Kraft-Treten der InsO durchgesetzt.[85] Von einer Überschuldung konnte danach nur dann gesprochen werden, wenn das Vermögen der Gesellschaft bei Ansatz von Liquidationswerten unter Einbeziehung der stillen Reserven die bestehenden Verbindlichkeiten nicht deckte (**rechnerische Überschuldung**)[86] und die Finanzkraft der Gesellschaft nach überwiegender Wahrscheinlichkeit mittelfristig nicht zur Fortführung des Unternehmens ausreichte (**Überlebens- oder Fortbestehensprognose**). Die **rechtliche Überschuldung** bedeutete daher das Vorliegen einer rechnerischen Überschuldung und einer negativen Prognose, wobei bei einer positiven Überlebensprognose von der rechnerischen Überschuldungsprüfung Abstand genommen und die rechtliche Überschuldung verneint werden konnte. Ob und in welchem Umfang sich die vom Gesetzgeber angestrebte Überschuldungsprüfung in der InsO von dem „modifizierten zweistufigen Überschuldungsbegriff" unterscheidet, bleibt in der Literatur teilweise dahingestellt.[87] Wird hingegen zunächst der Grad der rechnerischen Überschuldung ermittelt und auf dieser Grundlage die Fortbestehensprognose erarbeitet, besteht nach der hier vertretenen Ansicht keine Notwendigkeit, vom „modifizierten zweistufigen Überschuldungsbegriff" abzurücken. Zur Prüfungsreihenfolge vgl. iÜ Rn. 72 ff.

bb) Unterbilanz und Unterkapitalisierung. Streng zu unterscheiden sind Über- **37** schuldung, Unterbilanz und Unterkapitalisierung (vgl. § 5 Rn. 8). Eine **Unterbilanz** liegt vor, wenn das Reinvermögen der Gesellschaft (Aktiva minus Verbindlichkeiten und Rückstellungen), bewertet zu Buchwerten, nicht mehr das Stammkapital deckt.[88] Rechtsfolge einer Unterbilanz ist das Eingreifen der Auszahlungssperre, § 30 Abs. 1

---

[80] *Baumbach/Hueck/Schulze-Osterloh* § 64 Rn. 11; *Lutter/Hommelhoff* § 64 Rn. 13; *Bittmann* wistra 1999, 10.
[81] BT-Drucks. 12/7302; so auch *Uhlenbruck* GmbHR 1999, 313, 321.
[82] *Lutter* ZIP 1999, 641, 643.
[83] *Uhlenbruck* GmbHR 1999, 313, 321; *Kübler/Prütting/Pape* § 19 Rn. 5.
[84] *K. Schmidt* AG 1978, 337 f.; *ders.* ZIP 1980, 233; *ders.* JZ 1982, 168 f.; *ders.* Gutachten 54. DJT I, 1982 S. 63; *ders.* ZIP 1985, 719; *ders.* ZGR 1986, 192 f.; *ders.* GesR § 11 VI 3b; BGHZ 119, 201, 214 = NJW 1992, 2891, 2894 = GmbHR 1992, 659, 663, bestätigt durch BGHZ 126, 181, 199 = NJW 1994, 2220, 2225 = GmbHR 1994, 539, 545; BGH NZG 2001, 411.
[85] Bisher hM: *Hachenburg/Ulmer* Rn. 33 f.; *Baumbach/Hueck/Schulze-Osterloh* 16. Aufl. Rn. 8; *Meyer-Landrut/Miller/Niehus* Rn. 4; *Lutter/Hommelhoff* 14. Aufl. Rn. 5; *Bittmann* wistra 1999, 10.
[86] OLG Düsseldorf NJW 1997, 1455, 1456 = BB 1997, 517, 518.
[87] *Lutter/Hommelhoff* § 64 Rn. 11.
[88] *Hachenburg/Ulmer* Rn. 24; *Baumbach/Hueck/G. Hueck/Fastrich* § 30 Rn. 7; *Scholz/Westermann* § 30 Rn. 17.

(vgl. § 30 Rn. 7). **Unterkapitalisierung** besteht, wenn das Eigenkapital der Gesellschaft für ihre oder die von ihr angestrebte Geschäftstätigkeit nicht ausreicht.[89] Beide Begriffe haben daher mit der Überschuldung selbst nichts zu tun.

38 **cc) Überschuldungsbilanz.** Zur Feststellung der Überschuldung ist eine Bilanz – auch Überschuldungsstatus genannt – erforderlich, die von der Handelsbilanz zu unterscheiden ist, aber aus dieser abgeleitet werden sollte.[90] Für das Ergebnis der Überschuldungsbilanz ist stets entscheidend, ob das Vermögen der Gesellschaft ausreichend ist, um ihre Schulden zu decken (d. h. sog. **rechnerische Überschuldung** vorliegt). Die Überschuldungsbilanz stellt eine Sonderbilanz dar und dient primär dem Zweck, das schuldnerische Vermögen, sowie die Verbindlichkeiten zu ermitteln und gegenüberzustellen. Insofern sind bestimmte Korrekturen gegenüber den Ansätzen in der Jahresbilanz zu beachten. In der Literatur war die statische Betrachtung oder die Betonung dynamischer Elemente fast ebenso umstritten wie die hieran anknüpfende Frage der Wertansätze bei der Erstellung der Überschuldungsbilanz.[91]

39 **(α) Wertansätze der Aktiva.** Grds. sind Liquidationswerte anzusetzen, die regelmäßig unter den Fortführungswerten liegen und diese allenfalls dann erreichen können, wenn die Veräußerung des Wirtschaftsgutes unter Annahme der Liquidation seinen Wiederbeschaffungskosten entspricht.[92] Die Einbeziehung der stillen Reserven bei dem Wertansatz in der Überschuldungsbilanz führt dazu, dass Wirtschaftsgüter, deren Wert seit ihrer Anschaffung bzw. Herstellung gestiegen ist, oder solche, deren Abschreibungssätze höher liegen als der wahre Wertverlust, zu höheren Werten als den Buchwerten einzustellen sind. Die maßgeblichen Liquidationswerte entsprechen also dem Wert, der für das Wirtschaftsgut unter Annahme der Liquidation am Markt erzielbar wäre, wobei dieser Wert nach oben von den jeweiligen Fortführungs- oder Wiederbeschaffungswerten und nach unten von den Buchwerten begrenzt wird.

40 Im Einzelnen bedeutet dies: Das **Grundvermögen** der Gesellschaft kann mit dem zum Zeitpunkt der Errichtung der Überschuldungsbilanz erzielbaren Verkehrswert angesetzt werden.[93]

41 **Rohstoffe** und sonstige Vorräte können ebenfalls, sofern leicht verwertbar, zu Marktpreisen angesetzt werden.[94]

42 **Gewerbliche Schutzrechte,** wie Patente, Gebrauchsmuster und Marken können in aller Regel mangels Verkäuflichkeit nicht höher bewertet werden als sie zu Buch stehen, doch sind auch hier dann die Verkehrswerte anzusetzen, wenn die Schutzrechte konkret verwertbar sind.[95]

43 Der Wert der **Fertigerzeugnisse** ist mit Vorsicht zu beurteilen, da die allgemeine Erfahrung dahin geht, dass fertige Erzeugnisse im Falle einer Insolvenz nicht mehr

---

[89] *Hachenburg/Ulmer* Rn. 24; *Baumbach/Hueck/G. Hueck/Fastrich* § 5 Rn. 5; *Scholz/Emmerich* § 13 Rn. 81 ff.

[90] BGH NJW 1994, 1477, 1478 f. = BB 1994, 882, 883 = ZIP 1994, 701, 703; OLG Bremen NZG 1999, 74; IDW FAR 1/1996 (4.1.), WPg 1997, 2224; *Kübler/Prütting/Pape* § 19 Rn. 9; HK-InsO/*Kirchhof* § 19 Rn. 17; *Lutter/Hommelhoff* § 64 Rn. 9; *Baumbach/Hueck/Schulze-Osterloh* § 64 Rn. 13; *Lutter* ZIP 1999, 641, 642; *Haas* Insolvenzrecht 1998, 1, 23 f.; zu den Dokumentationspflichten *Wolf* DStR 1998, 126.

[91] Zum Meinungsstreit: *Hachenburg/Ulmer* Rn. 30 ff.; *Höffner* BB 1999, 198.

[92] *Bilo* GmbHR 1981, 73, 77.

[93] *Hachenburg/Ulmer* Rn. 41.

[94] OLG Stuttgart BB 1988, 107; *Hachenburg/Ulmer* Rn. 43; *Bilo* GmbHR 1981, 73, 78; *Uhlenbruck* Das neue Insolvenzrecht, S. 290.

[95] *Hachenburg/Ulmer* Rn. 41; *Scholz/K. Schmidt* Rn. 17; *Baumbach/Hueck/Schulze-Osterloh* § 64 Rn. 14.

Konkursverfahren *(aufgehoben)* **§ 63**

nachgefragt werden, zB weil die Ersatzteillage ungewiss ist. Ein Abschlag von den Buchwerten kommt vor allem bei **unfertigen Erzeugnissen** in Betracht, die nicht verwertbar erscheinen.[96]

Forderungen aus Lieferungen und Leistungen sind dem Grundsatz nach mit dem vollen Wert anzusetzen. Bei der Bewertung solcher Außenstände ist freilich stets zu prüfen, ob die Forderung wirklich werthaltig ist, d. h. soweit mit ihrer Erfüllung zu rechnen ist.[97] Ist dies nicht der Fall, so muss die Forderung wertberichtigt werden.[98] **44**

Zu aktivieren sind ausstehende **Forderungen auf die Stammeinlage.** Dies betrifft auch Forderungen aus § 9, Ansprüche aus der Vorbelastungshaftung und Rückgewähransprüche aus §§ 31, 32b. Die Aktivierung ist vorzunehmen, wenn die Ansprüche bewertbar sind.[99] Gleiches gilt auch für nicht geleistete Nachschüsse und für Ansprüche, die aus § 24 folgen.[100] Sind die Forderungen bestritten, können diese nur angesetzt werden, wenn sie durchsetzbar und vollwertig sind.[101] **45**

Ist die Gesellschaft ein abhängiges Unternehmen, so kann die Forderung auf **Verlustübernahme** gegen ein herrschendes Unternehmen im Umfang ihrer Realisierbarkeit aktiviert werden.[102] Gleiches gilt für eindeutige **Patronatserklärungen,** sei es des herrschenden Unternehmens, sei es sonstiger Dritter.[103] Auch Verlustausgleichsansprüche wegen qualifizierter faktischer Konzernabhängigkeit können vorbehaltlich ihrer Bewertbarkeit aktiviert werden,[104] dabei müssen die Unsicherheit der Rechtsgrundlage und Beweisprobleme berücksichtigt werden.[105] **46**

Nach überwM sind auch **Ansprüche** der Gesellschaft aus § 43 **gegen die Geschäftsführer** zu aktivieren. Gleiches soll gelten für **Ansprüche gegen Gesellschafter** wegen schuldhafter Schädigung der Gesellschaft, zB bei fehlerhafter Konzernleitung.[106] Der Ansatz der Schadensersatzansprüche kann jedoch nur dann erfolgen, wenn sie außerhalb des Insolvenzverfahrens durchsetzbar und vollwertig sind.[107] Nicht anzusetzen sind deshalb Ansprüche aus Insolvenzverschleppung aus § 64 Abs. 2.[108] Die Realisierbarkeit eines solchen Ansatzes wäre problematisch, da die Überschuldungsbilanz in aller Regel von den Geschäftsführern aufgestellt wird. **47**

Eigene **Geschäftsanteile** sind zwar anzusetzen,[109] es ist jedoch zu berücksichtigen, dass sie auf Grund der schlechten wirtschaftlichen Lage der Gesellschaft idR wertlos sein dürften. **48**

---

[96] *Hachenburg/Ulmer* Rn. 43; *Bilo* GmbHR 1981, 73, 78.
[97] *Scholz/K. Schmidt* Rn. 21; *Baumbach/Hueck/Schulze-Osterloh* § 64 Rn. 16.
[98] Vgl. dazu auch *Scholz/K. Schmidt* Rn. 21.
[99] *Baumbach/Hueck/Schulze-Osterloh* § 64 Rn. 15.
[100] *Hachenburg/Ulmer* Rn. 41; *Uhlenbruck* Das neue Insolvenzrecht, S. 289; *Baumbach/Hueck/Schulze-Osterloh* § 64 Rn 15.
[101] *Scholz/K. Schmidt* Rn. 20.
[102] *Hachenburg/Ulmer* Rn. 42; *Scholz/K. Schmidt* Rn. 20; hierzu iE *Ensthaler/Kreher* BB 1995, 1422.
[103] *Scholz/K. Schmidt* Rn. 20.
[104] *Baumbach/Hueck/Schulze-Osterloh* § 64 Rn. 15; *Gottwald* Insolvenzrechts-HdB § 6 Rn. 37.
[105] *Scholz/K. Schmidt* Rn. 23; *Baumbach/Hueck/Schulze-Osterloh* § 64 Rn. 25.
[106] So zutreffend *Scholz/K. Schmidt* Rn. 23; vgl. auch *Baumbach/Hueck/Schulze-Osterloh* § 64 Rn. 15.
[107] *Baumbach/Hueck/Schulze-Osterloh* § 64 Rn. 13; *Budde/Förschle* Sonderbilanzen P 111; *Scholz/K. Schmidt* Rn. 23; aA *Lutter/Hommelhoff* § 64 Rn. 15; *K. Schmidt/Uhlenbruck* Rn. 605.
[108] *Baumbach/Hueck/Schulze-Osterloh* § 64 Rn. 15; *Scholz/K. Schmidt* Rn. 25.
[109] *Baumbach/Hueck/Schulze-Osterloh* § 64 Rn. 14; *Gottwald* Insolvenzrechts-HdB § 6 Rn. 31; *Budde/Förschle* Sonderbilanzen P 111; WP-HdB 1996 I, T 25; *Hachenburg/Ulmer* Rn. 42; gegen die Aktivierung: *K. Schmidt/Uhlenbruck* Rn. 605; *Lutter/Hommelhoff* § 64 Rn. 15.

§ 63   5. Abschnitt. Auflösung und Nichtigkeit der Gesellschaft

49   Ein **Firmenwert** ist in der Überschuldungsbilanz grds. nicht zu aktivieren, da die Firma zum einen nur mit dem Geschäftsbetrieb übertragen werden kann, § 23 HGB, und weil eine Firma im Insolvenzfalle selten einen abstrakten Vermögenswert bildet. Etwas anderes gilt, wenn die Firma von starker Werbewirksamkeit ist, uU auch stark durchgesetzte Bestandteile enthält, wie etwa „Ufa", und wenn eine ernsthafte Chance besteht, die Firma zusammen mit einem Teil des Geschäftsbetriebes oder als Marke, §§ 5, 15 MarkenG, zu veräußern.[110]

50   Auch Vermögensgegenstände, die dem **Aktivierungsverbot** des § 248 Abs. 2 HGB unterliegen, können in der **Überschuldungsbilanz aktiviert** werden, soweit diese veräußerbar sind.[111] Da der Überschuldungsstatus allein dem Zweck dient, die wirklichen Werte zu ermitteln, die im Insolvenzfall tatsächlich für die Befriedigung der Gläubiger zur Verfügung stünden,[112] sind alle im Insolvenzfall verwertbaren Vermögensgegenstände zu aktivieren, auch wenn dies von den §§ 246 ff. HGB abweicht.[113]

51   Nicht anzusetzen sind **aktive Rechnungsabgrenzungsposten,** da sie als Korrekturposten der periodengerechten Gewinnermittlung dienen und keinen realisierbaren Vermögenswert darstellen. UU könnte dies den Ansatz anderer Aktiva bewirken, wenn die Gesellschaft im Rahmen eines Rechtsgeschäfts bereits eine Vorleistung erbracht hat und ihr daraus ein aktivierbarer Erstattungsanspruch zusteht,[114] oder ein im Voraus entgoltener, berechenbarer und trotz Liquidation der Gesellschaft realisierbarer Nutzungswert angenommen werden kann.[115]

52   (β) **Wertansätze der Passiva. Verbindlichkeiten** sind unabhängig von deren Fälligkeit bei der Aufstellung der Überschuldungsbilanz zu passivieren, wenn die Gläubiger diese auch im Insolvenzverfahren geltend machen können.[116] Die Verbindlichkeiten sind zu ihrem Nennwert am Tage der Aufstellung der Überschuldungsbilanz auf der Passivseite anzusetzen.[117]

53   Verbindlichkeiten aus **schwebenden Geschäften,** d.h. aus noch nicht erfüllten Verträgen, sind ebenfalls zu passivieren, da der Insolvenzverwalter deren Erfüllung verlangen kann, § 103 InsO.[118] Hatte die andere Vertragspartei bis zur vollständigen Erfüllung vorgeleistet und entscheidet sich der Verwalter für die Erfüllung des Vertrages, so wird der Vertragspartner mit der offenen Forderung Insolvenzgläubiger. Auch *betagte* und *bedingte* Verbindlichkeiten sind zu passivieren.

54   Das **Stammkapital** und offene Rücklagen, deren Vorhandensein eine seltene Ausnahme sein wird, bleiben stets **außer Ansatz.**[119]

55   **Zukünftige Verbindlichkeiten,** die erst durch das Insolvenzverfahren begründet werden (vgl. Rn. 56 ff.), bleiben ebenfalls unberücksichtigt.[120]

---

[110] *Hachenburg/Ulmer* Rn. 41; *Scholz/K. Schmidt* Rn. 18; *Kühn* DB 1970, 549, 551 f.; *Dahl* GmbHR 1964, 112, 114; *Kallmeyer* GmbHR 1999, 16, 17; *Baumbach/Hueck/Schulze-Osterloh* § 64 Rn. 14 und differenzierend *Uhlenbruck* Das neue Insolvenzrecht, S. 287.

[111] BGHZ 119, 201, 214 = NJW 1992, 2891, 2894 = GmbHR 1992, 659, 663; *Baumbach/Hueck/Schulze-Osterloh* § 64 Rn. 14.

[112] BGHZ 119, 201, 214 = NJW 1992, 2891, 2894 = GmbHR 1992, 659, 663.

[113] *Lutter/Hommelhoff* § 64 Rn. 15.

[114] *Baumbach/Hueck/Schulze-Osterloh* § 64 Rn. 17.

[115] *Scholz/K. Schmidt* Rn. 24.

[116] *Lutter/Hommelhoff* § 64 Rn. 16; *Hommelhoff*, FS Döllerer, 1988, S. 256.

[117] *Gottwald* Insolvenzrechts-HdB § 6 Rn. 44.

[118] *Baumbach/Hueck/Schulze-Osterloh* § 64 Rn. 18.

[119] AllgM; BGH WM 1959, 914, 915; OLG Karlsruhe WM 1978, 962, 965; *Hachenburg/Ulmer* Rn. 44; *Scholz/K. Schmidt* Rn. 26; *Baumbach/Hueck/Schulze-Osterloh* § 64 Rn. 23.

[120] *Gottwald* Insolvenzrechts-HdB § 6 Rn. 42.

Konkursverfahren *(aufgehoben)* **§ 63**

Abwicklungskosten des Insolvenzverfahrens (§§ 53, 54 InsO) werden erst durch **56** die Eröffnung des Insolvenzverfahrens ausgelöst und sind somit nicht anzusetzen;[121] auf die Frage, ob im Einzelfall die Fortbestehensprognose positiv oder negativ ausfällt,[122] kommt es nicht an.

Kosten eines **Sozialplans** sind bei positiver Fortbestehensprognose zu passivieren, **57** wenn ein solcher bereits vereinbart wurde,[123] oder zum Zwecke der Sanierung Entlassungen vorgesehen sind[124] oder die Zukunftsprognose negativ ausfällt.[125] Keine Passivierung erfolgt, wenn die Zukunftsprognose positiv ausfällt und keine Entlassungen geplant sind. Zu passivieren sind **Rückstellungen für laufende Pensionen** und auch Rückstellungen in angemessener Höhe für unverfallbare **Pensionsanwartschaften**.[126]

Stille Einlagen Dritter sind grds. mit dem Barwert zu passivieren,[127] es sei denn, **58** dass die stille Einlage des Dritten am Verlust teilnimmt und vollständig aufgezehrt ist.[128] Gegebenenfalls ist der Restbetrag auf der Passivseite einzusetzen.[129] Dies folgt aus der Stellung des stillen Gesellschafters als Insolvenzgläubiger, denn er hat einen Anspruch auf Rückzahlung der Einlage nach § 236 Abs. 1 HGB.[130]

Rückstellungen nach § 249 HGB sind im Überschuldungsstatus zu passivieren, **59** wenn mit der Inanspruchnahme ernsthaft zu rechnen ist.[131] Zu passivieren sind ebenso **Rückstellungen für ungewisse Verbindlichkeiten,** die im Jahresabschluss Berücksichtigung finden (zB Garantieverpflichtungen), soweit die tatsächliche Inanspruchnahme der Gesellschaft droht.[132] **Aufwandsrückstellungen** nach § 249 Abs. 1 S. 2 Nr. 1, S. 3, Abs. 2 HGB sind nicht zu passivieren, da sie keine Verbindlichkeiten darstellen.[133]

Zu berücksichtigen sind bei der Feststellung der Überschuldung **Aufwendungs- 60 und Annuitätendarlehen** im Rahmen des öffentlich geförderten sozialen Wohnungsbaus und Aufwendungsdarlehen im Rahmen freifinanzierten Wohnungsbaus (§§ 42 Abs. 1 S. 3, 88 Abs. 3 S. 4 des II. WobauG aF).[134]

Einzusetzen sind auch sog. **passive Rechnungsabgrenzungsposten**.[135] **61**

Die Berücksichtigung **eigenkapitalersetzender Gesellschafterdarlehen** in der **62** Überschuldungbilanz ist auch nach dem In-Kraft-Treten der InsO umstritten.

---

[121] *Gottwald* Insolvenzrechts-HdB § 6 Rn. 47.
[122] So *Adler/Düring/Schmaltz* HGB § 252 Rn. 35: Bei einer positiven Prognose sind die Abwicklungskosten nicht zurückzustellen.
[123] *Scholz/K. Schmidt* Rn. 31; *Gottwald* Insolvenzrechts-HdB § 6 Rn. 56; aA *Kuhn/Uhlenbruck* KO § 102 Rn. 6 q; *Hachenburg/Ulmer* Rn. 45.
[124] *Baumbach/Hueck/Schulze-Osterloh* § 64 Rn. 20.
[125] *Gottwald* Insolvenzrechts-HdB § 6 Rn. 56.
[126] *Scholz/K. Schmidt* Rn. 31; *Hachenburg/Ulmer* Rn. 48, 45; *Gottwald* Insolvenzrechts-HdB § 6 Rn. 48.
[127] *K. Schmidt/Uhlenbruck* Rn. 609; *Scholz/K. Schmidt* Rn. 28; *Kübler/Prütting/Noack* GesR Rn. 81; *Baumbach/Hueck/Schulze-Osterloh* § 64 Rn. 19; *Roth/Altmeppen* Rn. 18.
[128] *Kübler/Prütting/Noack* GesR Rn. 81; *Scholz/K. Schmidt* Rn. 28;
[129] *Scholz/K. Schmidt* Rn. 28.
[130] *Gottwald* Insolvenzrechts-HdB § 6 Rn. 45.
[131] *Hachenburg/Ulmer* Rn. 45; *Gottwald* Insolvenzrechts-HdB § 6 Rn. 46.
[132] *Gottwald* Insolvenzrechts-HdB § 6 Rn. 49.
[133] *Kuhn/Uhlenbruck* KO § 102 Rn. 6 p; *Baumbach/Hueck/Schulze-Osterloh* § 64 Rn. 23.
[134] *Baumbach/Hueck/Schulze-Osterloh* § 64 Rn. 21 sofern kein Rangrücktritt.
[135] *Baumbach/Hueck/Schulze-Osterloh* § 64 Rn. 22; *Scholz/K. Schmidt* Rn. 32, hält die Passivierungspflicht nur dann für erforderlich, wenn der Rechnungsabgrenzungsposten durch Vertragsbeendigung in einen Rückforderungsanspruch umgewandelt werden kann.

§ 63   5. Abschnitt. Auflösung und Nichtigkeit der Gesellschaft

63   Im Geltungsbereich der KO bestand insoweit Einigkeit, dass eigenkapitalersetzende Gesellschafterdarlehen mit Rangrücktrittsvereinbarung bei der Überschuldungsbilanz außer Ansatz bleiben sollten.[136] Umstritten war, ob eigenkapitalersetzende Gesellschafterdarlehen ohne Rangrücktrittsvereinbarung zu passivieren waren. Dies wurde von der hM unter Hinweis auf den Gläubigerschutz der § 64 Abs. 1 bzw. §§ 32a und b, sowie die Unsicherheit bezüglich des Vorliegens des Eigenkapitalersatzes bejaht.[137] Die Gegenansicht,[138] die in den letzten Jahren zunehmend Zuspruch erfahren hat, passivierte eigenkapitalersetzende Gesellschafterdarlehen im Überschuldungsstatus nicht. Die Vertreter dieser Ansicht stützten sich auf den Wortlaut des § 32a GmbHG aF, wonach eigenkapitalersetzende Darlehen mangels aktuellen Rückzahlungsanspruchs keine Konkursforderung begründeten.

64   Durch das In-Kraft-Treten der InsO, namentlich durch § 39 Abs. 1 Nr. 5 InsO, sowie durch die Neufassung des § 32a GmbHG ist die bisherige Diskussion erneut angeregt worden; eine Änderung der bisherigen Rechtslage hatte dies jedoch nicht zur Folge.[139] Umstritten ist neben der nach wie vor bestehenden Frage einer Passivierung des Eigenkapitalersatzes mit und ohne schlichter **Rangrücktrittsvereinbarung,** auch, ob die Nichtpassivierung einen **Verzicht** voraussetzt. § 39 Abs. 1 Nr. 5, Abs. 2 InsO bestimmt eigenkapitalersetzende Gesellschafterdarlehen zu nachrangigen Insolvenzforderungen und solche Forderungen, für die ein Rangrücktritt vereinbart wurde, zu „*nachnachrangigen*" Insolvenzforderungen. Demzufolge werden Forderungen aus eigenkapitalersetzenden Gesellschafterkrediten kraft Gesetzes zu nachrangigen Forderungen und können im Insolvenzverfahren geltend gemacht werden. Hieraus wird teilweise gefolgert, dass für eine Nichtpassivierung eine Rangrücktrittsvereinbarung nicht mehr ausreichend ist, es vielmehr hierfür eines Verzichts bedürfe.[140] Diese Sichtweise findet ihre Stütze in der Gesetzesbegründung zu § 23 RegE InsO[141] (entspricht § 19 InsO), wonach „auf der Passivseite des Überschuldungsstatus auch nachrangige Verbindlichkeiten, zB Zahlungspflichten aus kapitalersetzenden Darlehen, zu berücksichtigen sind. Dem Bedürfnis der Praxis, durch den Rangrücktritt eines Gläubigers, den Eintritt der Überschuldung zu vermeiden, oder eine bereits eingetretene Überschuldung zu beseitigen, kann in der Weise Rechnung getragen werden, dass die Forderung des Gläubigers für den Fall der Eröffnung eines Insolvenzverfahrens erlassen wird."

65   Trotz des Hinweises auf den gesetzgeberischen Willen vermag eine derartige Sichtweise nicht zu überzeugen, denn diese würde nicht akzeptable missliche Folgen mit sich bringen, deren Reichweite sich der Gesetzgeber wohl nicht bewusst war.[142] Sämtliche bislang im guten Glauben abgegebenen Rangrücktritte müssten als unzulänglich angesehen und der neuen Rechtslage angepasst werden, oder aber ihre Wirksamkeit verlieren.[143] Ein Forderungsverzicht würde möglicherweise steuerrechtlich nachteilige

---

[136] So *Lutter/Hommelhoff* § 64 Rn. 17; *Scholz/K. Schmidt* Rn. 27; s. auch Voraufl. Rn. 13.
[137] OLG Düsseldorf NZG 1999, 668, 670; NZG 1999, 884, 885; OLG Hamburg NJW-RR 1986, 1364, 1365 = GmbHR 1987, 97, 98; *Scholz/K. Schmidt* 8. Aufl. § 32a, b Rn. 60, § 63 Rn. 27; *Roth/Altmeppen* Rn. 17; so auch Voraufl. Rn. 14.
[138] OLG München NJW 1994, 3112, 3114 = BB 1994, 2388, 2388; *Lutter/Hommelhoff* 14. Aufl. Rn. 7; *Baumbach/Hueck/Schulze-Osterloh* Rn. 15.
[139] So auch *K. Schmidt* GmbHR 1999, 9, 11; *Lutter/Hommelhoff* § 64 Rn. 17a.
[140] *Möhlmann* DStR 1998, 1843, 1846; *Hess* § 19 Rn. 43; *Kübler/Prütting/Holzer* § 39 Rn. 22a f.; *Beintmann* BB 1999, 1543, 1548; so auch Voraufl. Rn. 14.
[141] BT-Drucks. 12/2443 S. 115.
[142] So auch *Haas* NZI 1999, 209, 210; *Früh* GmbHR 1999, 842, 846; *Lenz* GmbHR 1999, 283, 284; *Fischer* GmbHR 2000, 66, 68; *Hirte* DStR 2000, 1829, 1831.
[143] *Fischer* GmbHR 2000, 66, 68.

Folgen mit sich bringen,[144] sowie dazu führen, dass die für die Gesellschafterforderungen bestellten Sicherheiten verloren gingen.[145] Die Erklärung eines Verzichts durch einen Gesellschafter auf seine Forderung hätte zudem ausschließlich die Begünstigung der Mitgesellschafter zur Folge, nicht hingegen der außenstehenden Gläubiger, da deren Interessen durch die Vereinbarung eines Rangrücktritts gleichermaßen gewahrt werden.

Des Weiteren ist die gegenteilige Ansicht nicht mit § 39 Abs. 1 Nr. 5 InsO in Einklang zu bringen. Diese Bestimmung ordnet den grds. Nachrang eigenkapitalersetzender Forderungen an.[146] Dem liegt der Gedanke zugrunde, dass das Insolvenzverfahren nicht wegen solcher Forderungen vorverlagert werden soll, die zu erstrangigen in keiner Konkurrenz stehen. Vielmehr dient die Qualifizierung eigenkapitalersetzender Gesellschafterdarlehen als Insolvenzforderungen der sich aus § 199 S. 2 InsO ergebenden Vollbeendigung der Gesellschaft durch den Insolvenzverwalter.[147] 66

Nachdem der **BGH** die Frage der Passivierung kapitalersetzender Gesellschafterdarlehen in der Überschuldungsbilanz zunächst offen gelassen hatte,[148] lehnte er zutreffend[149] in seiner Entscheidung vom 8. 1. 2001[150] eine Passivierungspflicht bei **Rangrücktrittserklärung** ab und hielt einen **Verzicht nicht für notwendig**.[151] 67

Der BGH sieht in dem Erfordernis einer Rangrücktrittserklärung die Befreiung des Geschäftsführers von den nach wie vor bestehenden Unwägbarkeiten, ob eine Gesellschafterdrittleistung den Eigenkapitalregeln unterliegt oder nicht.[152] Der Geschäftsführer hat die Möglichkeit, den betreffenden Gesellschafter zur Abgabe einer Rangrücktrittserklärung aufzufordern. Falls dieser eine derartige Erklärung nicht abgibt, hat der Geschäftsführer die Gesellschafterforderung als Verbindlichkeit zu passivieren. Somit erhält der Geschäftsführer eine zweifelsfreie und rechtssichere Grundlage für seine Entscheidung zur Antragstellung. Dem vielfach der Passivierungspflicht entgegengehaltenen Erhaltungsinteresse der Gesellschafter kommt auch kein Vorzug vor den Interessen der Gläubiger und der Allgemeinheit an der rechtssicheren Feststellung der Insolvenzreife einer Gesellschaft zu.[153] Erfolgt keine uneingeschränkte Rücktrittserklärung durch den Gesellschafter, ist mit der Geltendmachung der Forderung im Insolvenzfall zu rechnen. Für eine Passivierung in diesem Fall spricht auch, dass die Gesellschafterforderungen obwohl zeitweise nicht durchsetzbar, da den Eigenkapitalersatzregeln unterworfen, Verbindlichkeiten der Gesellschaft bleiben.[154] Erklärt ein 68

---

[144] Ein wirksamer Verzicht wäre in Höhe des Unterschiedsbetrages zwischen dem tatsächlichen und dem Nennwert der Forderung als Gewinn in der Bilanz auszuweisen, *K. Schmidt* GmbHR 1999, 9, 11.
[145] *Früh* GmbHR 1999, 842, 846; *Fischer* GmbHR 2000, 66, 68.
[146] *K. Schmidt* GmbHR 1999, 9, 11 f.
[147] *Lutter/Hommelhoff* § 64 Rn. 17 a.
[148] In der Entscheidung BGHZ 124, 282, 285 = NJW 1994, 724, 725 = DB 1994, 570, 570, hatte der BGH den Passivierungszwang für kapitalsetzende Gesellschafterdarlehen in der Vorbelastungsbilanz bejaht.
[149] So auch *K. Schmidt* GmbHR 1999, 9, 13, 15; *Fischer* GmbHR 2000, 66, 67; *Richrath* WM 2000, 1977, 1979; HK-InsO/*Kirchhof* § 19 Rn. 26.
[150] BGH NJW 2001, 1280 = DB 2001, 373 = GmbHR 2001, 190.
[151] BGH NJW 2001, 1280, 1281 = DB 2001, 373, 374 f. = GmbHR 2001, 190, 192.
[152] BGH NJW 2001, 1280, 1282 = DB 2001, 373, 375 = GmbHR 2001, 190, 192; ebenso *Fischer* GmbHR 2000, 66, 68; *Baumbach/Hueck/Schulze-Osterloh* § 64 Rn. 18; *Haas* NZI 1999, 209, 214.
[153] BGH NJW 2001, 1280, 1282 = DB 2001, 373, 375 = GmbHR 2001, 190, 192.
[154] *Kübler/Prütting/Pape* § 19 Rn. 14; *Brüggemann* NZG 1999, 811, 813 f.

Gesellschafter hingegen für seine Forderung einen Rangrücktritt des Inhalts, dass das Darlehen nur aus künftigem Bilanzgewinn oder aus Liquidationserlös zu tilgen sei, will er diese gerade nicht in Konkurrenz zu den sonstigen Gläubigerforderungen stellen, sondern, wie bereits durch die Gewährung des Gesellschafterdarlehens, auf eine Krisenüberwindung hinwirken.

69 **dd) Fortbestehensprognose.** Die hM stellt bei der Überlebens- oder Fortbestehensprognose darauf ab, ob die GmbH in überschaubarer Zukunft bzw. mittelfristig ihre fälligen Verpflichtungen wird erfüllen können.[155] Maßgeblich ist danach die Finanzkraft, die im Rahmen eines **Ertrags- und Finanzplans** zu ermitteln ist.[156] Der Insolvenzgrund der Überschuldung, der regelmäßig vor dem der Zahlungsunfähigkeit liegt, wird somit durch Liquiditätsgesichtspunkte wieder eingeschränkt, um solche GmbHs auszunehmen, die mit Wahrscheinlichkeit überlebensfähig sind. Die Aufstellung der Fortführungsprognose entspricht weitgehend dem Insolvenzgrund der drohenden Zahlungsunfähigkeit iSd. § 18 Abs. 2 InsO,[157] denn wenn die Zahlungsunfähigkeit droht, wird die an der Ertrags- und Finanzkraft orientierte Fortbestehensprognose regelmäßig negativ ausfallen.

Neben bestehenden Zahlungspflichten sind auch künftige Einnahmen ebenso zu berücksichtigen, wie noch nicht entstandene Zahlungspflichten zB aus Dauerschuldverhältnissen. Eine positive Prognose ist gegeben, wenn nach überwiegender Wahrscheinlichkeit davon auszugehen ist, dass die Gesellschaft mittelfristig über ausreichende Liquidität verfügen wird, um einen Einnahmenüberschuss zu erzielen, aus dem die bestehenden und künftigen Verbindlichkeiten gedeckt werden können.[158] Bestehen Unsicherheiten, ob die Fortführungsprognose positiv ist, sind Liquidationswerte in der Überschuldungsbilanz anzusetzen.

70 Auf welchen **Prognosezeitraum** dabei abzustellen ist, wird unterschiedlich beurteilt. Zum Teil wird als Planungshorizont mindestens das Ende des folgenden Geschäftsjahres angesehen,[159] teilweise ein dreijähriger Planungszeitraum zugelassen.[160] Abzustellen ist auf einen betriebswirtschaftlich überschaubaren Zeitraum,[161] was bei einem zwei- bis dreijährigen Planungshorizont der Fall ist, ohne dass es einer genauen Festlegung bedarf.

71 Angesichts der komplexen wirtschaftlichen Sachverhalte ist die Erarbeitung geeigneter Prognoseelemente aus rechtlicher Sicht schwierig.[162] Klar ist lediglich, dass die Prüfung der Zukunftsaussichten nicht durch subjektive Vorstellungen oder gar vom

---

[155] BGHZ 119, 201, 214 = NJW 1992, 2891 f. = DB 1992, 2022, 2025; *Gottwald* Insolvenzrechts-HdB § 6 Rn. 25; *Früh/Wagner* WPg 1998, 907, 911; *Hess/Weis/Wienberg* § 19 Rn. 31; *Lutter/Hommelhoff* § 64 Rn. 11; *Scholz/K. Schmidt* Rn. 12.

[156] *Kübler/Prütting/Pape* § 19 Rn. 16; Frankfurter Kommentar zur InsO/*Schmerbach* § 19 Rn. 21; *K. Schmidt/Uhlenbruck* Rn. 601; *Baumbach/Hueck/Schulze-Osterloh* § 64 Rn. 12; *Lutter/Hommelhoff* § 64 Rn. 11; *Früh/ Wagner* WPg 1998, 907, 911; *Wolf* DStR 1998, 126, 127; vgl. auch OLG München GmbHR 1998, 281, 282.

[157] *Gottwald* Insolvenzrechts-HdB § 6 Rn. 25.

[158] *Kübler/Prütting/Pape* § 19 Rn. 18; *Früh/Wagner* WPg 1998, 907, 911; aA *Götker* Der Geschäftsführer in der Insolvenz der GmbH, Rn. 233, der die künftige Ertragsfähigkeit für maßgeblich erachtet.

[159] *Baumbach/Hueck/Schulze-Osterloh* § 64 Rn. 12; *Kübler/Prütting/Pape* § 19 Rn. 16; *Früh/ Wagner* WPg 1998, 907, 911; *Lutter/Hommelhoff* § 64 Rn. 11.

[160] *K. Schmidt/Uhlenbruck* Rn. 601; *Scholz/K. Schmidt* Rn. 12; *Gottwald* Insolvenzrechts-HdB § 6 Rn. 25: zwei- bis dreijähriger Planungszeitraum.

[161] *K. Schmidt/Uhlenbruck* Rn. 601; FK-InsO/*Schmerbach* § 19 Rn. 22.

[162] *Hachenburg/Ulmer* Rn. 37.

Konkursverfahren *(aufgehoben)* **§ 63**

Wunschdenken bestimmt sein darf.[163] Sachfremde Motive mit der Folge von Fehlprognosen sind insbesondere bei Gesellschafter-Geschäftsführern nicht auszuschließen, vor allem wenn sie noch zusätzliche persönliche Sicherheiten gegeben haben. – In Anbetracht der erforderlichen Objektivierung der Fortbestehensprognose, genügt die Aufstellung einer reinen Liquiditätsplanung nicht. Zu dieser Planung muss vielmehr eine Analyse der Gründe, die zum Eintritt der Krise geführt haben, und derjenigen Maßnahmen, die die Krise überwindbar erscheinen lassen, hinzutreten. Darin ist die künftige Geschäftsentwicklung umfassend unter Berücksichtigung von Umsatz, Ertrag, Liquidität sowie den möglichen Sanierungsmaßnahmen darzustellen und zu begründen. Bei der Aufstellung der Fortbestehensprognose ist die Einschaltung von Sachverständigen ratsam. Die Zuhilfenahme eines Dritten erhöht zum einen die Objektivität der Prognose und zum anderen ist diese auch für die Haftung des Geschäftsführers nach § 64 Abs. 2 von Bedeutung,[164] da der Geschäftsführer die Beweislast für die Richtigkeit der Prognose hat.[165]

ee) Prüfungsreihenfolge. Bis zum In-Kraft-Treten der InsO bestand nach hM **72** zwischen der Aufstellung einer Überschuldungsbilanz und der Fortbestehensprognose keine Prüfungsreihenfolge. Sofern die Fortbestehensprognose objektiv und belegbar positiv war, musste eine Überschuldungsbilanz nicht erstellt werden.[166] Auf die Feststellung der rechnerischen Überschuldung sollte es nur ankommen, wenn sich aus der Fortbestehensprognose begründete Zweifel an der Lebensfähigkeit der Gesellschaft ergaben und deshalb nach dem Normzweck der §§ 63, 64 die Anwendung des Überschuldungstatbestandes bei rechnerischer Überschuldung geboten war.[167] Durch die Einführung des § 19 Abs. 2 S. 2 InsO wollte der Gesetzgeber die Fortführungsprognose in die Ermittlung der rechnerischen Überschuldung vorverlagern. Von weiten Teilen der Literatur[168] wird die Regelung des § 19 Abs. 2 S. 2 InsO als Abkehr des Gesetzgebers vom „modifizierten zweistufigen Überschuldungsbegriff" angesehen. Nach der Begründung des Rechtsausschusses[169] sollte damit nicht wie bisher die rechnerische Überschuldung *allein* durch die positive Fortführungsprognose überwunden werden können. Vielmehr sollte die Überlebensfähigkeit auf der Grundlage einer Überschuldungsbilanz zu ermitteln sein, so dass der Fortbestehensprognose keine selbstständige Bedeutung neben der rechnerischen Überschuldung zukommt. Grundlage der Prognose muss daher die Feststellung des Grades rechnerischer Überschuldung sein, die ihrerseits auf die Anforderungen der Fortbestehungsprognose zurückwirkt (vgl. Rn. 74).

Im Ergebnis ist der Ansicht des Rechtsausschusses zuzustimmen: Allein eine positive **73** Fortführungsprognose ist nicht ausreichend, um die Überschuldung zu verneinen; vielmehr muss die Prognose auf der Grundlage der rechnerischen Überschuldung erarbeitet werden.

Wollte man die Insolvenz allein wegen einer positiven Fortführungsprognose ver- **74** neinen, würde verkannt, dass zwischen rechnerischer Überschuldung und Fortbeste-

---

[163] *Scholz/K. Schmidt* Rn. 10.
[164] *Lutter/Hommelhoff* § 64 Rn. 11.
[165] *Baumbach/Hueck/Schulze-Osterloh* § 64 Rn. 12; *Kübler/Prütting/Pape* § 19 Rn. 17.
[166] BGHZ 119, 201, 215 = NJW 1992, 2891 = DB 1992, 2022, 2025; *Lutter/Hommelhoff* 14. Aufl. Rn. 7; *Scholz/K. Schmidt* Rn. 10; *Hachenburg/Ulmer* Rn. 36.
[167] *Hachenburg/Ulmer* Rn. 36.
[168] *Kübler/Prütting/Pape* § 19 Rn. 5; *Uhlenbruck* GmbHR 1999, 313, 321; *Lutter/Hommelhoff* § 64 Rn. 11.
[169] BT-Drucks. 12/7302; *Baumbach/Hueck/Schulze-Osterloh* § 64 Rn. 11; *Uhlenbruck* Das neue Insolvenzrecht, S. 320.

hensprognose eine Wechselwirkung besteht. Je größer der Grad rechnerischer Überschuldung ist, desto zweifelsfreier muss die Wahrscheinlichkeit sein, dass die Gesellschaft dennoch überleben kann. Denn der Eintritt der rechnerischen Überschuldung spricht erst einmal gegen die Überlebensfähigkeit. Die Anforderungen an die Fortbestehensprognose wachsen daher mit dem Grad der festgestellten rechnerischen Überschuldung. Daraus folgt, dass zunächst das Ausmaß der rechnerischen Überschuldung ermittelt werden muss, damit auf dieser Grundlage eine objektive Fortbestehensprognose erarbeitet werden kann.

Nach hiesiger Ansicht besteht damit eine **zwingende Reihenfolge**. Zunächst muss der Grad der rechnerischen Überschuldung ermittelt werden, erst dann ist auf dieser Grundlage die Fortführungsprognose zu erarbeiten. Die Ausführungen des Rechtsausschusses machen es nicht erforderlich, vom „modifizierten zweistufigen Überschuldungsbegriff" abzuweichen, allerdings mit der Einschränkung, dass eine positive Fortbestehensprognose für sich allein noch nicht ausreicht, um die Überschuldung zu verneinen. Da die zweistufige Ermittlung der Überschuldung auch präziser erscheint, als die Verlagerung der Fortführungsprognose in die Aufstellung der Überschuldungsbilanz, sollte § 19 Abs. 2 InsO auch im Sinne des zweistufigen Überschuldungstatbestandes ausgelegt werden.

Bei der Feststellung der Überschuldung ist folgendes Vorgehen geboten: Zunächst ist die Überschuldungsbilanz mit Liquidationswerten aufzustellen. Ist diese positiv, liegt keine Überschuldung, mithin kein Insolvenzgrund vor, so dass es keinen Anlass gibt, eine erneute Überschuldungsrechnung mit Fortführungswerten vorzunehmen, zumal bei going concern-Werten die Wertansätze im Zweifel höher sein dürften. Liegt hingegen eine rechnerische Überschuldung vor, muss nunmehr eine Fortführungsprognose vorgenommen werden. Fällt diese negativ aus, bleibt es beim Ansatz von Liquidationswerten, so dass von einer Überschuldung auszugehen ist. Fällt die Fortbestehensprognose hingegen positiv aus, ist die Überschuldungsbilanz nunmehr mit Fortführungswerten zu berechnen. Weist auch diese dann eine rechnerische Überschuldung aus, liegt der Insolvenzgrund der Überschuldung vor, andernfalls ist eine Insolvenz der Gesellschaft nach § 19 InsO abzulehnen.

75 e) **Sanierungsmaßnahmen.** Bevor nach § 64 Abs. 1 InsO zwingend ein Insolvenzantrag zu stellen ist, obliegt es dem Geschäftsführer, rechtzeitig Sanierungsmaßnahmen zu ergreifen und eine „drohende" Insolvenz abzuwenden, oder die bereits eingetretene Insolvenz alsbald durch Sanierungsmaßnahmen zu beseitigen.[170] Erst wenn dies versäumt wird, konzentriert sich die insolvenzrechtliche Organpflicht auf die Insolvenzantragspflicht.[171]

Aus betriebswirtschaftlicher Sicht ist zunächst eine **Analyse der Schwachstellen** sowohl im finanz- als auch im leistungswirtschaftlichen Bereich und deren Lokalisation vorzunehmen. Nur so kann ermittelt werden, welche Sanierungsmaßnahmen sich eignen, die Gesellschaft aus der Krise zu führen.[172] Die Schwachstellen oder Krisenursachen können in der GmbH selbst entstanden sein (endogene Krisenursachen) oder von außen an die Gesellschaft herangetragen werden (exogene Krisenursachen). Endogene und exogene Krisenursachen lassen sich wiederum in eine Vielzahl von Unterpunkten gliedern.[173] Regelmäßig wird die Schwachstellenanalyse dadurch erschwert, dass ver-

---

[170] *K. Schmidt/Uhlenbruck* Rn. 586, 1229; *Gottwald* Insolvenzrechts-HdB § 7 Rn 13.
[171] *K. Schmidt/Uhlenbruck* Rn. 1229.
[172] *Brandstätter* Die Prüfung der Sanierungsfähigkeit notleidender Unternehmen, S. 159; *Groß* Sanierung durch Fortführungsgesellschaften, 2. Aufl., S. 27.
[173] *Heß/Fechner* Sanierungshandbuch S. 62.

schiedene Krisenursachen miteinander verknüpft sind.[174] Um auch Schwachstellen zu lokalisieren, die den Geschäftsführern noch nicht bekannt sind, ist in tatsächlicher Beziehung eine umfassende Analyse der Finanz- und Ertragslage bis hin zur strategischen Ausrichtung erforderlich.[175] Eine objektive Einschätzung lässt sich durch externe Berater mit entsprechender technischer, betriebswirtschaftlicher und jur. Qualifikation (zB Wirtschaftsprüfer, Rechtsanwälte) erreichen. Die Krisenursachenanalyse liefert die Ansatzpunkte späterer Sanierungsmaßnahmen und determiniert damit das Rohgerüst des Sanierungskonzepts.[176] Die einzelnen Sanierungsmaßnahmen können nahezu so vielfältig sein wie die Gründe, die zur Krise geführt haben.[177]

Im Zuge der Novellierung des Insolvenzrechts ist der Gesetzgeber den rechtspolitischen Forderungen nach einer **vereinfachten Kapitalherabsetzung** zur Sanierung der GmbH entsprechend dem Vorbild der aktienrechtlichen Regelung gefolgt (§ 58a Rn. 2). §§ 58a bis 58f eröffnen die Möglichkeit, ohne die umständlichen und zeitraubenden Anforderungen des § 58 das Stammkapital zum Ausgleich von Wertminderungen und zur Deckung von Verlusten herabzusetzen und gleichzeitig eine Kapitalerhöhung zu beschließen, um der Gesellschaft Liquidität zuzuführen (vgl. iÜ §§ 58a bis 58f). 76

Bei der Auswahl **anderer Sanierungsmaßnahmen** und ihrer Umsetzung haben die Geschäftsführer stets die bilanziellen Konsequenzen zu berücksichtigen. So bringt zwar das „**Sale and Lease-back-Verfahren**" als auch das „**Factoring**" Liquidität.[178] Beide Maßnahmen können aber zu einer Verkürzung der Aktivseite der Überschuldungsbilanz führen. Denn in der Überschuldungsbilanz sind bebaute Grundstücke und Maschinen, die sich etwa für das Sale and Lease-back-Verfahren eignen, unter Berücksichtigung der in diesen Wirtschaftsgütern ruhenden stillen Reserven zu aktivieren. Werden diese Vermögenspositionen zu einem geringeren Preis an die Leasinggesellschaft als dem Liquidationswert zuzüglich stiller Reserven veräußert, hat der Liquiditätsgewinn eine Verkürzung der Aktiva zur Folge. Gleiches gilt beim Factoring, da ein gewisser Prozentsatz der verkauften Forderungen als Aufwandsersatz und Gewinn des Zessionars vom Kaufpreis abgesetzt wird. Damit kommt es nicht nur zu einem Aktivtausch, sondern einer Verkürzung der Aktiva in der Überschuldungsbilanz. Nach der hier vertretenen Auffassung (Rn. 69ff.) ist es erforderlich, dass eine eventuelle Erhöhung der rechnerischen Überschuldung durch eine entsprechende Verbesserung der Fortbestehensprognose kompensiert wird. Andernfalls droht trotz des Gewinns an Liquidität die Überschuldung im rechtlichen Sinne. 77

Auch noch so erfolgversprechende Sanierungsmaßnahmen lassen die Drei-Wochen-Frist des § 64 Abs. 1 unberührt und befreien den Geschäftsführer nicht von der Verpflichtung fristgerechter Antragstellung, falls der Insolvenzgrund innerhalb dieser Zeit nicht beseitigt wird.[179] 78

5. Rechte des Betriebsrates und des Wirtschaftsausschusses. Vor der Insolvenzeröffnung haben die Geschäftsführer mit dem Wirtschaftsausschuss die Notwendigkeit der Insolvenzanmeldung zu beraten und den Betriebsrat zu unterrichten, § 106 Abs. 2, 3 BetrVG. Ein Widerspruchsrecht steht dem Betriebsrat oder dem Wirt- 79

---

[174] *Heß/Fechner* Sanierungshandbuch S. 18; *Groß* (Fn. 172) S. 33.
[175] *Brandstätter* (Fn. 172) S. 159ff.; *Heß/Fechner* Sanierungshandbuch S. 40ff.
[176] *Brandstätter* (Fn. 172) S. 245.
[177] Zur Sanierung vgl. *Brandstätter* (Fn. 172), *Heß/Fechner* Sanierungshandbuch und *Groß* (Fn. 172).
[178] *Brandstätter* (Fn. 172) S. 270.
[179] *Gottwald* Insolvenzrechts-HdB § 7 Rn. 13.

schaftsausschuss indes nicht zu,[180] ebensowenig hat der Betriebsrat ein Insolvenzantragsrecht.

80 Nach der Eröffnung des Insolvenzverfahrens übt der Insolvenzverwalter anstelle der Geschäftsführer die Funktion des Arbeitgebers aus (vgl. Rn. 119). Die betriebsverfassungsrechtliche Position von Betriebsrat und Wirtschaftsausschuss wird durch die Insolvenzeröffnung nicht berührt.[181] Mit ihnen hat der Insolvenzverwalter alle in ihren Zuständigkeitsbereich fallenden Fragen zu behandeln, zB etwaige **Massenentlassungen** und **die Aufstellung eines Sozialplans**.

81 Bestehende Betriebsvereinbarungen bleiben von der Insolvenzeröffnung unberührt. Sehen sie Leistungen vor, die die Insolvenzmasse belasten, sollen Insolvenzverwalter und Betriebsrat über eine einvernehmliche Herabsetzung beraten, § 77 Abs. 5 BetrVG iVm. § 120 Abs. 1 S. 1 InsO. Solche belastenden Betriebsvereinbarungen können mit einer Frist von drei Monaten gekündigt werden, auch wenn urspr. eine längere Frist vereinbart wurde.[182]

III. Entscheidung des Insolvenzgerichts

82 1. **Örtliche Zuständigkeit.** Die örtliche Zuständigkeit des Insolvenzgerichts wird durch den allgemeinen Gerichtsstand des Schuldners bestimmt, §§ 2, 3 Abs. 1 InsO, § 17 ZPO. Wird jedoch vom Schuldner eine selbstständige wirtschaftliche Tätigkeit ausgeübt, die nach außen hin erkennbar wird,[183] ist nach § 3 Abs. 1 S. 2 InsO dasjenige Insolvenzgericht zuständig, in dessen Bezirk der Mittelpunkt dieser Tätigkeit liegt, wenn dieser an einem anderen Ort als dem allgemeinen Gerichtsstand gelegen ist.[184] Wird eine selbstständige Tätigkeit nicht oder nicht mehr ausgeübt, ist der allgemeine Gerichtsstand, der durch den satzungsmäßig festgelegten Sitz bestimmt wird, maßgebend, §§ 3 Abs. 1 S. 1; 4 InsO iVm. §§ 12, 17 Abs. 1 ZPO, §§ 3 Abs. 1 Nr. 1; 4a; 7 Abs. 1; 10 GmbHG. Die Zuständigkeit nach § 3 Abs. 1 S. 2 InsO geht dabei derjenigen nach § 3 Abs. 1 S. 1 InsO vor.[185] Eine Sitzverlegung begründet erst bei entsprechender Satzungsänderung und Eintragung ins Handelsregister eine Änderung der Zuständigkeit des Insolvenzgerichts[186] (vgl. auch § 4a Rn. 22 f.).

83 2. **Kostendeckende Masse.** Nach § 26 InsO wird das Insolvenzverfahren (nur) eröffnet, wenn das Schuldnervermögen die Verfahrenskosten voraussichtlich deckt, andernfalls wird der Eröffnungsantrag mangels Masse abgewiesen, § 26 Abs. 1 S. 1 InsO. Die Abweisung kann durch den Vorschuss eines ausreichenden Geldbetrages verhindert werden, § 26 Abs. 1 S. 2 InsO. Der Begriff der **Verfahrenskosten** ist enger gefasst als bisher und abschließend durch § 54 InsO bestimmt. Darunter fallen die Gerichtskosten, die Vergütung und die Auslagen des (vorläufigen) Insolvenzverwalters und der Mitglieder des Gläubigerausschusses.[187]

84 3. **Vorläufige Sicherungsmaßnahmen.** Gemäß § 21 InsO hat das Insolvenzgericht alle Maßnahmen zu treffen, die erforderlich erscheinen, um bis zur Entscheidung über den Antrag eine den Gläubigern nachteilige Veränderung in der Vermögenslage

---

[180] *Dietz/Richardi* BetrVG, 7. Aufl. 1998, § 106 Rn. 41.
[181] *Gottwald* Insolvenzrechts-HdB § 106 Rn. 1.
[182] *Kübler/Prütting/Moll* § 120 Rn. 27.
[183] OLG Braunschweig ZIP 2000, 1118, 1118 = GmbHR 2000, 826.
[184] OLG Köln ZIP 2000, 672, 673 = DZWIR 2000, 250, 251.
[185] OLG Köln ZIP 2000, 672, 673 = DZWIR 2000, 250, 251.
[186] OLG Köln ZIP 2000, 672, 673 = DZWIR 2000, 250, 251.
[187] *Schwemer* WM 1999, 1155, 1159.

Konkursverfahren *(aufgehoben)* **§ 63**

des Schuldners zu verhindern (vgl. Rn. 85 ff.). § 21 Abs. 2 Nr. 1–3 InsO führt in Form von Regelbeispielen lediglich einige mögliche Sicherungsmaßnahmen auf, so dass das Insolvenzgericht auch andere, ihm geeignet erscheinende Maßnahmen treffen kann, wie zB Untersagung der Herausgabe bestimmter Gegenstände an Dritte oder die Siegelung bestimmter Gegenstände.[188] Nach § 21 Abs. 3 InsO sind als „letzte" Mittel die zwangsweise Vorführung des Schuldners bzw. seiner organschaftlichen Vertreter sowie deren Inhaftierung möglich.

§§ 21 Abs. 2 **Nr. 1,** 22 InsO: Das Gericht kann zwischen Antragstellung und Eröffnung des Insolvenzverfahrens einen **vorläufigen Insolvenzverwalter** zur Sicherung der gleichmäßigen Gläubigerbefriedigung bestellen.[189] Zum vorläufigen Insolvenzverwalter vgl. iÜ Rn. 88 ff. **85**

§ 21 Abs. 2 **Nr. 2** InsO: Durch das **allgemeine Verfügungsverbot** soll eine Masseschmälerung durch den Schuldner oder die Gläubiger verhindert werden. Bei einem Verstoß hiergegen sind Verfügungen des Schuldners absolut unwirksam, §§ 24 Abs. 1, 21 Abs. 2 Nr. 2, 81 Abs. 1 S. 1 InsO. Lediglich im Grundstücksrecht (§ 81 Abs. 1 S. 2 InsO iVm. §§ 892, 893 BGB) und bei Leistungen an den Schuldner (§ 82 InsO) wird die mangelnde Kenntnis Dritter von der Insolvenzeröffnung geschützt.[190] Wird der GmbH ein allgemeines Verfügungsverbot auferlegt, ist zwingend gleichzeitig ein vorläufiger Insolvenzverwalter zu bestellen und diesem die Verwaltungs- und Verfügungsbefugnis zu übertragen,[191] da andernfalls eine „verfügungslose GmbH" bestünde.[192] **86**

§ 21 Abs. 2 **Nr. 3** InsO: Das Vollstreckungsgericht kann **Zwangsvollstreckungsmaßnahmen** gegen den Schuldner **einstellen oder untersagen,** es sei denn, der Gläubiger hat bereits wirksam ein Pfändungspfandrecht erlangt oder es handelt sich um Vollstreckungsmaßnahmen in unbewegliches Vermögen.[193] **87**

4. Vorläufiger Insolvenzverwalter. Die in der Konkurspraxis häufig angeordnete Sequestration hat der Gesetzgeber durch die Möglichkeit der Bestellung eines vorläufigen, mit unterschiedlich abgestuften Befugnissen versehenen vorläufigen Insolvenzverwalters ersetzt, §§ 21 ff. InsO.[194] Nach der Zulassung eines Insolvenzantrages, jedoch vor der Entscheidung über den Antrag selbst, kann das Insolvenzgericht die vorläufige Insolvenzverwaltung anordnen. Dadurch soll bereits in der Zeit zwischen Antragstellung und Insolvenzeröffnung das Hauptanliegen des Insolvenzverfahrens, nämlich die gleichmäßige Befriedigung aller Insolvenzgläubiger sichergestellt werden.[195] **88**

Der vorläufige Insolvenzverwalter hat zunächst lediglich eine *„beratende"* Funktion ohne eigene Verfügungsmacht und nur mit den ihm vom Gericht zugewiesenen Pflichten.[196] So kann dieses zB nach § 21 Abs. 2 Nr. 2 InsO anordnen, dass Verfügungen des Schuldners nur mit Zustimmung des vorläufigen Insolvenzverwalters wirksam sind.[197] **89**

Wird ein vorläufiger Insolvenzverwalter bestellt und gleichzeitig dem Schuldner ein allgemeines Verfügungsverbot auferlegt, geht die *Verwaltungs- und Verfügungsbefugnis* **90**

---

[188] *Breuer* Beilage zu NJW 1/1999, S. 7.
[189] *Gottwald* Insolvenzrechts-HdB § 102 Rn 18.
[190] *Häsemeyer* Rn. 7.37; *Breuer* Beilage zu NJW 1/1999, S. 7.
[191] *Gottwald* Insolvenzrechts-HdB § 14 Rn. 3.
[192] Vgl. Rn. 90.
[193] *Vallender* ZIP 1997, 1993, 1997.
[194] *Gottwald* Insolvenzrechts-HdB § 14 Rn. 25.
[195] *Kübler/Prütting/Pape* § 21 Rn. 4; *Kuhn/Uhlenbruck* § 106 Rn. 6.
[196] *Breuer* Beilage zu NJW 1/1999, S. 7.
[197] *Breuer* Beilage zu NJW 1/1999, S. 7.

über das schuldnerische Vermögen auf den vorläufigen Insolvenzverwalter über (§ 22 Abs. 1 S. 1 InsO).[198] Damit sollen vermögensschädigende Manipulationen des Schuldners ausgeschlossen, Zugriffe einzelner Gläubiger verhindert und die Insolvenzeröffnung sowie eine erfolgreiche Insolvenzabwicklung ermöglicht werden.[199] § 22 Abs. 1 S. 2 Nr. 1–3 InsO konkretisiert die dem vorläufigen Insolvenzverwalter obliegenden Pflichten: Dieser hat das schuldnerische **Vermögen zu sichern und zu erhalten** sowie das **Unternehmen** des Schuldners bis zur Entscheidung über die Eröffnung des Insolvenzverfahrens **fortzuführen** (§ 22 Abs. 1 S. 2 Nr. 1, 2 InsO). Durch die Pflicht zur Betriebsfortführung soll eine vorzeitige Zerschlagung des Unternehmens vermieden werden.[200] Um eine weitere Verringerung der Vermögensmasse durch Verluste des Unternehmens zu vermeiden, kann der Insolvenzverwalter jedoch mit Zustimmung des Insolvenzgerichts den Betrieb vorzeitig stilllegen.[201] In Ausübung seiner Tätigkeit ist der Insolvenzverwalter berechtigt, die Geschäftsräume des Schuldners zu betreten, Einsicht in Geschäftspapiere und Bücher zu fordern und Auskünfte vom Schuldner zu verlangen.[202] Mit der Verwaltungs- und Verfügungsbefugnis geht ebenfalls die Arbeitgeberfunktion auf den vorläufigen Insolvenzverwalter über, womit er zur Kündigung von Arbeitsverhältnissen berechtigt wird.[203]

91 Die Pflicht des verwaltungs- und verfügungsbefugten vorläufigen Insolvenzverwalters erstreckt sich auch auf die **Prüfung der Deckung der Massekosten,** § 22 Abs. 1 S. 2 Nr. 3 Halbs. 1 InsO. Dies bildet die Entscheidungsgrundlage des Insolvenzgerichts, das Verfahren zu eröffnen oder den Antrag nach § 26 Abs. 1 InsO mangels Masse abzuweisen. Gemäß § 22 Abs. 2 S. 1 Nr. 3 Halbs. 2 InsO kann der Verwalter durch das Insolvenzgericht zusätzlich mit **Sachverständigenaufgaben** beauftragt und ihm damit aufgelegt werden zu prüfen, ob ein Eröffnungsgrund vorliegt und welche Fortführungschancen für das Unternehmen bestehen. Grund für die Übertragung dieser Gutachteraufgaben ist, dass dem vorläufigen Insolvenzverwalter bei Masselosigkeit seine Auslagen und seine Vergütung nicht aus der Staatskasse ersetzt werden.[204] IÜ finden auf den vorläufigen Insolvenzverwalter gemäß § 21 Abs. 2 S. 1 InsO die für den Insolvenzverwalter geltenden Vorschriften (§§ 56, 58 bis 66 InsO) entsprechende Anwendung.

92 **5. Entscheidung des Insolvenzgerichts über den Eröffnungsantrag. a) Vorbereitung der Entscheidung.** Ist der Insolvenzantrag von einem Gläubiger der Gesellschaft gestellt und bestreitet die Gesellschaft, vertreten durch sämtliche Geschäftsführer ihre Insolvenzreife (Zahlungsunfähigkeit, drohende Zahlungsunfähigkeit oder Überschuldung), hat das Gericht anhand der dem Insolvenzantrag beigefügten Unterlagen der Gesellschaft von Amts wegen zu prüfen, ob das Insolvenzverfahren infolge Vorliegens der Voraussetzungen zu eröffnen oder aber, ob der Antrag auf Eröffnung der Insolvenz zurückzuweisen ist. Entsprechendes gilt, wenn der Antrag nur von einem Geschäftsführer gestellt wurde und die übrigen nicht widersprochen haben.

93 **b) Zurückweisung des Insolvenzantrages.** Der Insolvenzantrag ist zurückzuweisen, wenn die Voraussetzungen für eine Insolvenz der Gesellschaft nach Überzeugung des Gerichts nicht vorliegen, oder wenn es an einer zur Kostendeckung ausrei-

---

[198] *Kübler/Prütting/Noack* GesR Rn. 151.
[199] *Kuhn/Uhlenbruck* KO § 106 Rn. 8.
[200] *Gottwald* Insolvenzrechts-HdB § 14 Rn. 35 f.
[201] *Vallender* DZWIR 1999, 265, 271.
[202] *Häsemeyer* Rn. 7.42; *Kübler/Prütting/Noack* GesR Rn. 152.
[203] *Gottwald* Insolvenzrechts-HdB § 14 Rn. 46 f.
[204] *Kübler/Prütting/Pape* § 22 Rn. 14; *Gottwald* Insolvenzrechts-HdB § 14 Rn. 42.

chenden Masse fehlt und kein ausreichender Geldbetrag vorgeschossen wird (§§ 26, 54 InsO).[205] Eine Ablehnung mangels Masse durch rechtskräftigen Beschluss führt zu Auflösung der GmbH, § 60 Abs. 1 Nr. 5. – Ferner ist der Insolvenzantrag zurückzuweisen, wenn die alsbaldige Masseunzulänglichkeit und somit die Einstellung des Verfahrens vorauszusehen ist.[206] Wäre der Insolvenzverwalter unmittelbar nach Verfahrenseröffnung gezwungen, gemäß §§ 207, 208 InsO die Masseunzulänglichkeit anzuzeigen, hat schon die Verfahrenseröffnung zu unterbleiben.[207] – Der Insolvenzantrag eines Gläubigers ist ebenfalls als unzulässig abzulehnen, wenn die schuldnerische GmbH mangels Geschäftsführer nicht prozeßfähig ist (§ 4 InsO iVm. § 51 ZPO),[208] da neben der Insolvenzfähigkeit auch die Prozessfähigkeit des Schuldners Voraussetzung für die Verfahrenseröffnung ist.

c) Insolvenzeröffnungsbeschluss. Sind die Voraussetzungen für die Eröffnung des Insolvenzverfahrens gegeben (Zulässigkeit des Antrages, Vorliegen eines Insolvenzgrundes und kostendeckende Vermögensmasse), erlässt das Insolvenzgericht den Insolvenzeröffnungsbeschluss iSd. §§ 27 ff. InsO, der nach § 30 Abs. 1 InsO öffentlich bekannt zu machen ist. Der Insolvenzeröffnungsbeschluss führt zur Auflösung der Gesellschaft, § 60 Abs. 1 Nr. 4, die grds. nach den Vorschriften der InsO abzuwickeln ist (vgl. Rn. 103). 94

6. Rechtsmittel. a) Gegen Eröffnungsbeschluss. Gegen den Eröffnungsbeschluss hat der Schuldner, die GmbH, das Rechtsmittel der sofortigen Beschwerde § 34 Abs. 2 InsO. Hat die Gesellschaft die Verfahrenseröffnung selbst beantragt (sog. **Eigenantrag**), ist umstritten, ob sie für den Fall formell beschwert ist, in dem das Insolvenzgericht entgegen ihrer Erwartung, einer Abweisung mangels Masse, das Verfahren eröffnet. Die neuere Rspr. und eine Ansicht in der Literatur verneinen eine formelle Beschwer, da das Insolvenzgericht antragsgemäß entschieden habe.[209] Allerdings ist in Ausnahmefällen der Schuldner trotz eines Eigenantrages dann als beschwert anzusehen, wenn der Insolvenzantrag auf einen Irrtum beruht[210] oder der Insolvenzgrund inzwischen weggefallen ist.[211] Das Recht zur sofortigen Beschwerde steht jedem einzelnen Geschäftsführer zu, denn, wird jedem Geschäftsführer das Recht gewährt, allein den Insolvenzantrag zu stellen, so muss konsequenterweise jeder Einzelne von ihnen das Recht haben, gegen den Eröffnungsbeschluss ein Rechtsmittel einzulegen.[212] 95

b) Gegen Ablehnung der Insolvenzeröffnung. Gegen die Ablehnung der Insolvenzeröffnung hat der Antragsteller, d. h. der Gläubiger und im Falle des § 26 die Gesellschaft als Schuldner das Recht der sofortigen Beschwerde, § 34 Abs. 1 InsO.[213] 96

---

[205] Zu den Kosten iE: *Rattunde/Röder* DZWIR 1999, 309; AG Neuruppin ZIP 1999, 1687.
[206] AG Charlottenburg ZIP 1999, 1687; ZIP 1999, 1688; aA AG Neu-Ulm DZWIR 2000, 124.
[207] AG Charlottenburg ZIP 1999, 1687; ZIP 1999, 1688.
[208] OLG Köln DB 2000, 813 = GmbHR 2000, 390, 391; vgl. auch OLG Dresden NJW-RR 2000, 579 = GmbHR 2000, 391.
[209] OLG Celle ZIP 1999, 1605; OLG Stuttgart NZI 1999, 491; LG Frankfurt/M. NJW-RR 1998, 338; LG Mönchengladbach ZIP 1997, 1384; *Kübler/Prütting/Pape* § 34 Rn. 17.
[210] So auch *Kübler/Prütting/Pape* § 34 Rn. 17.
[211] *Hachenburg/Ulmer* Rn. 67; *Scholz/K. Schmidt* Rn. 46; *Meyer-Landrut/Miller/Niehus* Rn. 9; *Kilger/K. Schmidt* KO § 109 Anm. 3.
[212] So die hM: *Baumbach/Hueck/Schulze-Osterloh* § 64 Rn. 47; *Hachenburg/Ulmer* Rn. 67; *Scholz/K. Schmidt* Rn. 46; *Kuhn/Uhlenbruck* KO § 109 Rn. 1 a.
[213] *Baumbach/Hueck/Schulze-Osterloh* § 64 Rn. 48; *Schmidt-Räntsch* InsO mit EG § 34 Rn. 1, § 26 Rn. 3.

§ 63   5. Abschnitt. Auflösung und Nichtigkeit der Gesellschaft

Unabhängig von möglicher Gesamtvertretung ist jeder einzelne Geschäftsführer zur Einlegung der sofortigen Beschwerde berechtigt.[214]

97   **c) Beschwerdefrist.** Die Beschwerdefrist beträgt zwei Wochen (§ 4 InsO iVm. § 569 Abs. 1 ZPO) und beginnt mit dem Ende des zweiten Tages nach der öffentlichen Bekanntmachung des Beschlusses, § 9 Abs. 1 S. 3 InsO. Die gegen den Eröffnungsbeschluss gerichtete sofortige Beschwerde hat keine aufschiebende Wirkung (§§ 4 InsO, 570 Abs. 1 ZPO), jedoch kann das Insolvenzgericht die Vollziehung des Beschlusses aussetzen (§§ 4 InsO, 570 Abs. 2 ZPO) und ggf. der Beschwerde abhelfen (§ 6 Abs. 2 S. 2 InsO); andernfalls sie dem Landgericht vorzulegen ist.

98   **d) Wirkungen der Aufhebung des Insolvenzeröffnungsbeschlusses.** Die rechtskräftige Aufhebung des Eröffnungsbeschlusses ist nach § 34 Abs. 3 S. 1 InsO öffentlich bekannt zu machen.

Mit dieser fallen alle privat- und öffentlich-rechtlichen Folgen der Insolvenzeröffnung, abgesehen von den Fällen des § 104 InsO sowie Rechtshandlungen, die vom Insolvenzverwalter oder ihm gegenüber vorgenommen worden sind (§ 34 Abs. 3 S. 3 InsO), mit *ex tunc*-Wirkung weg, zB ist die Auflösung von Arbeitsverhältnissen unwirksam.[215]

99   **e) Ausschluss der sofortigen Beschwerde.** Die sofortige Beschwerde gegen die Zulassung des Gläubigerantrags sowie gegen vorläufige Sicherungsmaßnahmen nach § 21 Abs. 2 Nr. 1–3 InsO ist im Interesse der Eilbedürftigkeit des Verfahrens ausgeschlossen.[216]

100   **f) Weitere Beschwerde.** Gegen den die sofortige Beschwerde zurückweisenden Beschluss des Landgerichts besteht die Möglichkeit der Rechtsbeschwerde, § 7 Abs. 1; Abs. 2 InsO wurde aufgehoben.[217]

101   **7. Bekanntmachung.** Die Eröffnung des Insolvenzverfahrens über das Vermögen der Gesellschaft ist öffentlich bekanntzumachen (§ 30 Abs. 1 InsO), dem zuständigen Registergericht von Amts wegen mitzuteilen (§ 31 InsO) und von diesem gemäß § 32 HGB, § 65 Abs. 1 S. 3 in das Handelsregister einzutragen.

102   **8. Verfahrenskosten.** Hat ein einzelner Geschäftsführer den Antrag gestellt, fallen die Gerichtskosten für das Antragsverfahren stets der Gesellschaft zur Last; im Falle der Antragstellung durch einen Gläubiger ist dieser vorschusspflichtig. Ihn trifft die endgültige Kostentragungspflicht, wenn die Eröffnung des Verfahrens abgelehnt wird, andernfalls die Gesellschaft.[218] Wird der von einem einzelnen Geschäftsführer gestellte Antrag zurückgewiesen, kann dieser bei schuldhaftem Handeln für die der Gesellschaft auferlegten Kosten schadensersatzpflichtig werden, vgl. § 43 Rn. 18.

IV. Folgen der Insolvenzeröffnung

103   **1. Wirkungen der Insolvenzeröffnung.** Die Insolvenzeröffnung ist kraft zwingender gesetzlicher Bestimmung des § 60 Abs. 1 Nr. 4 **Auflösungsgrund** mit der Folge, dass die Gesellschaft in Liquidation tritt.[219] Die Auflösung führt nicht zur Been-

---

[214] *Kübler/Prütting/Pape* § 34 Rn. 12.
[215] *Kübler/Prütting/Pape* § 34 Rn. 20.
[216] OLG Köln NJW-RR 2000, 782, 783 = DZWIR 2000, 73; *Gottwald* Insolvenzrechts-HdB § 16 Rn. 29.
[217] Art. 12 ZPO-RG v. 27. 7. 2001 (BGBl. I S. 1887); vgl. zu § 7 Abs. 2 InsO: *Pape* NJW 2001, 23, 28; *Kübler/Prütting/Prütting* § 7 Rn. 2, 22.
[218] *Scholz/K. Schmidt* Rn. 49.
[219] *Hachenburg/Ulmer* Rn. 73; *Scholz/K. Schmidt* Rn. 52; *Baumbach/Hueck/Schulze-Osterloh* § 64 Rn. 50; *Meyer-Landrut/Miller/Niehus* Rn. 10; *Roth/Altmeppen* Rn. 21; Näheres s. Erl. zu § 60.

digung der Gesellschaft, vielmehr besteht diese als Rechtsträgerin fort.[220] Um zu verhindern, dass sich an das Insolvenzverfahren eine zusätzliche gesellschaftsrechtliche Liquidation anschließt,[221] ordnet § 199 S. 2 InsO die vollständige Verteilung eines evtl. Überschusses an die Gesellschafter entsprechend ihren Gesellschaftsanteilen an.

Mit der Eröffnung des Insolvenzverfahrens verliert der Schuldner die Verwaltungs- und Verfügungsbefugnis über sein der Insolvenzmasse angehörendes Vermögen (vgl. Rn. 112 ff.), die auf den Insolvenzverwalter übergeht, § 80 Abs. 1 InsO. Der Schuldner bleibt jedoch weiterhin Eigentümer. Nach Eröffnung des Insolvenzverfahrens sind **Verfügungen des Schuldners** (d. h. der GmbH) über einen zur Insolvenzmasse gehörenden Gegenstand **absolut unwirksam,** § 81 Abs. 1 S. 1 InsO.[222] Entscheidend ist der Zeitpunkt der Vornahme der Verfügungs*handlung*, nicht derjenige des Eintritts des Verfügungserfolgs.[223] Verfügt der Schuldner über einen zur Insolvenzmasse gehörenden Gegenstand, kann der Insolvenzverwalter das Rechtsgeschäft genehmigen.[224] Eine Heilung des Mangels der Verwaltungs- und Verfügungsbefugnis durch Freigabe des entsprechenden Vermögensgegenstandes aus der Haftungsmasse durch den Verwalter ist hingegen nicht möglich, da nach § 199 S. 2 InsO der Verwalter die GmbH vollständig abzuwickeln hat und insolvenzfreies Vermögen bei juristischen Personen mit dem Verfahrensziel der Vollabwicklung nicht vereinbar ist.[225] – Davon zu unterscheiden ist die gleichwohl bestehende Befugnis des Insolvenzverwalters, dem Geschäftsführer die Durchsetzung und Verwertung massezugehöriger Rechte für Rechnung der Insolvenzmasse zu übertragen, wodurch diese nicht geschmälert wird.[226] **104**

2. Insolvenzmasse. Die Insolvenzmasse umfasst das **gesamte Gesellschaftsvermögen** einschließlich des während des Verfahrens erlangten, § 35 InsO.[227] Massefreies Vermögen existiert im Falle der Insolvenz der GmbH nicht.[228] Auf die Gesellschaftsinsolvenz ist § 36 InsO (unpfändbare Gegenstände) nicht anwendbar.[229] **105**

Zur **Insolvenzmasse** gehören uA das von der Gesellschaft betriebene Unternehmen einschließlich der **Firma** der Gesellschaft. Der Insolvenzverwalter kann diese mit dem Handelsgeschäft auch dann ohne Zustimmung des Gesellschafters veräußern, wenn diese dessen Namen enthält.[230] **106**

Ansprüche der Gesellschaft **gegen die Gesellschafter auf Einlageleistung** gehören ebenso zur Insolvenzmasse wie sonstige Ansprüche gegen die Gesellschafter. Ausstehende Stammeinlagen der Gesellschafter können durch den Insolvenzverwalter ohne vorherigen Gesellschafterbeschluss eingezogen werden, § 46 Nr. 2.[231] Der Insolvenzverwalter ist an die in der Satzung festgelegten uU gestaffelten Fälligkeitstermine nicht gebunden, denn die Einlageversprechen werden sofort mit Eröffnung des Insol- **107**

---

[220] *K. Schmidt/Uhlenbruck* Rn. 756; *Baumbach/Hueck/Schulze-Osterloh* § 64 Rn. 50.
[221] So Begr. RegE BT- Drucks. 12/2443 S. 187; *Kübler/Prütting/Noack* GesR Rn. 84.
[222] *Kübler/Prütting/Lüke* § 81 Rn. 14; vgl. auch Rn. 86.
[223] *Breuer* Beilage zu NJW 1/1999, S. 10.
[224] *Kübler/Prütting/Lüke* § 81 Rn. 18, 20.
[225] *Baumbach/Hueck/Schulze-Osterloh* § 64 Rn. 54, 67; *Kübler/Prütting/Holzer* § 35 Rn. 21.
[226] *K. Schmidt* ZGR 1998, 633, 638; *Baumbach/Hueck/Schulze-Osterloh* § 64 Rn. 54.
[227] *Breuer* Beilage zu NJW 1/1999, S. 10; *Baumbach/Hueck/Schulze-Osterloh* § 64 Rn. 54.
[228] *K. Schmidt* ZGR 1998, 633, 637; *Baumbach/Hueck/Schulze-Osterloh* § 64 Rn. 54.
[229] *Kübler/Prütting/Noack* GesR Rn. 275.
[230] BGHZ 85, 221, 224 f. = NJW 1983, 755, 756 = GmbHR 1983, 195; 109, 364, 367 f. = NJW 1990, 1605; *Baumbach/Hueck/Schulze-Osterloh* § 64 Rn. 55; vgl. § 4 Rn. 25 mwN.
[231] *Kübler/Prütting/Noack* GesR Rn. 284.

§ 63   5. Abschnitt. Auflösung und Nichtigkeit der Gesellschaft

venzverfahrens fällig, soweit diese zur Befriedigung der Gläubiger erforderlich sind.[232] Entgegen einiger Stimmen[233] braucht der Insolvenzverwalter bei der Geltendmachung der Einlageansprüche das Gleichbehandlungsgebot, wie es in § 19 Abs. 1 seinen Ausdruck findet, nicht zu beachten.[234] Die Gegenansicht[235] wäre mit dem Zweck des Insolvenzverfahrens nach schnellstmöglicher effektiver Gläubigerbefriedigung kaum zu vereinbaren.[236] Der Insolvenzverwalter zieht jedoch idR sämtliche ausstehenden Einlagen ein, so dass es auf die vorstehende Frage nicht ankommt. Das Aufrechnungsverbot iSd. § 19 Abs. 2 S. 2 ist hingegen stets beachtlich, abgesehen von den Fällen, in denen sämtliche Gläubiger befriedigt und weitere Verbindlichkeiten nicht zu erwarten sind.[237]

108 Zu den **sonstigen Ansprüchen**, die vom Insolvenzverwalter geltend gemacht werden können, gehören uA Ansprüche aus Differenzhaftung nach § 9, aus der Gründerhaftung nach § 9a, vertragliche oder vertraglich anerkannte Ansprüche auf Verlustübernahme analog § 302 AktG sowie Ansprüche aus Vorbelastungshaftung der Gründergesellschafter.[238] Auszahlungen, die trotz § 30 Abs. 1 erfolgten, sind nach § 31 Abs. 1, Abs. 3 zurückzufordern, ebenso die durch die Gesellschaft zurückgezahlten eigenkapitalersetzenden Gesellschafterdarlehen.[239] Der Anspruch auf Zahlung von Nachschüssen nach § 26 gehört ebenfalls zur Insolvenzmasse, wenn die Satzung eine entsprechende Regelung enthält und die Gesellschafter einen entsprechenden Beschluss, unabhängig von dem Zeitpunkt der Verfahrenseröffnung gefasst haben.[240] – Ferner gehören **Ersatzansprüche** der Gesellschaft **gegen die Geschäftsführer** gemäß §§ 9a Abs. 1, 43 Abs. 2, Abs. 3, 64 Abs. 2 zur Insolvenzmasse, die der Insolvenzverwalter selbstständig, d. h. ohne Gesellschafterbeschluss iSd. § 46 Nr. 8, geltend machen kann.

109 **3. Insolvenzverwalter. a) Ernennung des Insolvenzverwalters.** Ist das Insolvenzverfahren eröffnet worden, ernennt das Insolvenzgericht von Amts wegen einen Insolvenzverwalter, § 27 Abs. 1 S. 1 InsO. Es ist eine für den jeweiligen Einzelfall geeignete, insbesondere geschäftskundige, von den Gläubigern und dem Schuldner unabhängige Person zu bestellen, § 56 Abs. 1 InsO.[241] Nur eine natürliche vollgeschäftsfähige Person kann die Funktion eines Insolvenzverwalters ausüben, juristischen Personen, wie zB Wirtschaftsprüfungs- und Steuerberatungsgesellschaften oder Rechtsanwaltsgesellschaften ist dies verwehrt.[242] Die vom Gericht vorgenommene Ernennung des Insolvenzverwalters ist nur vorläufig, da die Gläubiger nach § 57 InsO die Möglichkeit haben, in der ersten auf die gerichtliche Bestellung folgenden Gläubigerver-

---

[232] *Baumbach/Hueck/Schulze-Osterloh* § 64 Rn. 56; zur Verjährungsproblematik nach dem SchRModG vgl. *Altmeppen,* DB 2000, 514, 515 f.
[233] *Baumbach/Hueck/Schulze-Osterloh* § 64 Rn. 56; *Scholz/K. Schmidt* Rn. 59.
[234] So auch BGH NJW 1980, 1522, 1524 = DB 1980, 730, 731 = BB 1980, 381, 383; *Kuhn/Uhlenbruck* KO Vorb. D zu § 207 Rn. 22a; *Kübler/Prütting/Noack* GesR Rn. 285; *Gottwald* Insolvenzrechts-HdB § 92 Rn. 165.
[235] *Baumbach/Hueck/Schulze-Osterloh* § 64 Rn. 56; *Scholz/K. Schmidt* Rn. 59.
[236] So auch BGH NJW 1980, 1522, 1524 = DB 1980, 730, 731 = BB 1980, 381, 383; *Kuhn/Uhlenbruck* KO Vorb. D zu § 207 Rn. 22a; *Kübler/Prütting/Noack* GesR Rn. 285; *Gottwald* Insolvenzrechts-HdB § 92 Rn. 165.
[237] *Baumbach/Hueck/Schulze-Osterloh* § 64 Rn. 56; BGH NJW 1979, 216 zur KO.
[238] *Kübler/Prütting/Noack* GesR Rn. 289.
[239] *Gottwald* Insolvenzrechts-HdB § 92 Rn. 182.
[240] *Gottwald* Insolvenzrechts-HdB § 92 Rn. 172; *Baumbach/Hueck/Schulze-Osterloh* § 64 Rn. 57; aA *Kübler/Prütting/Noack* GesR Rn. 287.
[241] *Kübler/Prütting/Lüke* § 56 Rn. 10.
[242] *Breuer* Beilage zu NJW 1/1999, S. 9.

sammlung eine andere Person als die vom Gericht zunächst bestimmte zum Insolvenzverwalter zu wählen. Die Bestellung der neu gewählten Person kann das Gericht nur versagen, wenn diese Person nicht geeignet ist, § 57 S. 2 InsO.[243]

b) Vergütung. Die Vergütung des Insolvenzverwalters bestimmt sich nach §§ 63 bis 65 InsO. Weitere Einzelheiten hinsichtlich der Vergütung ergeben sich aus der Insolvenzrechtlichen Vergütungsordnung vom 19. 8. 1998.[244]

c) Stellung des Insolvenzverwalters. Über die **rechtliche Bewertung der Stellung** des Konkursverwalters herrschte seit Jahrzehnten ein lebhafter, für die Praxis weitestgehend unerheblicher Theorienstreit. Nach der herrschenden **Amtstheorie**[245] ist der Insolvenzverwalter als amtliches Organ zur Durchführung des Insolvenzverfahrens anzusehen, der seine Legitimation unmittelbar aus dem Gesetz herleitet und kraft eigenen Rechts und im eigenen Namen handelt.[246] Der Amtstheorie ist der Vorzug zu geben, zumal sich diese mit dem Wortlaut einzelner Bestimmungen der Insolvenzordnung am besten in Einklang bringen lässt. Zutreffend wird darauf hingewiesen, dass die Insolvenzordnung vielfach in Bezug auf den Insolvenzverwalter die Bezeichnung Amt verwendet[247] (so §§ 56, 57, 59 InsO und bereits §§ 81, 84, 86 KO). Nach der Amtstheorie ist der Insolvenzverwalter als Partei kraft Amtes anzusehen, d. h. er vertritt weder die Gläubiger noch den Schuldner.[248] Die Amtstheorie wird in st. Rspr. von den Gerichten zugrunde gelegt.[249]

d) Befugnisse. aa) Überblick. Der Insolvenzverwalter hat die Insolvenzmasse durch Inbesitznahme und Verwaltung zu sichern, §§ 148 ff. InsO, und zu verwerten, §§ 156 ff. InsO und schließlich die Insolvenzgläubiger zu befriedigen, §§ 174 ff. InsO.

bb) Inbesitznahme und Verwaltung. Der Insolvenzverwalter hat nach Eröffnung des Verfahrens das gesamte Vermögen der Gesellschaft sofort in Besitz und Verwaltung zu nehmen (§ 148 Abs. 1 InsO). Im Gewahrsam des Schuldners befindliche Massegegenstände hat der Insolvenzverwalter notfalls im Wege der Zwangsvollstreckung in Besitz zu nehmen, Gegenstände des Schuldners, die sich im Gewahrsam eines Dritten befinden, im Wege der Herausgabeklage zu verlangen. Den erforderlichen Titel iSd. § 794 Abs. 1 Nr. 3 ZPO stellt die vollstreckbare Ausfertigung des Eröffnungsbeschlusses dar.

Ferner muss sich der Verwalter sofort einen Überblick über das vorhandene Vermögen verschaffen, wozu er ein Verzeichnis der Massegegenstände (§ 151 InsO), ein Gläubigerverzeichnis (§ 152 Abs. 1, 2 InsO) sowie eine Vermögensübersicht (§ 153 Abs. 1 InsO) aufzustellen hat.

Zur Vorbereitung der Entscheidung über den Fortgang des Verfahrens durch die Gläubigerversammlung (§ 157 InsO), hat der Insolvenzverwalter im Berichtstermin den Gläubigern die wirtschaftliche Lage sowie deren Ursachen darzulegen, § 156 InsO.

---

[243] *Kübler/Prütting/Lüke* § 57 Rn. 4 f.
[244] BGBl. I S. 2205; Abdruck auch in DZWIR 1999, 68.
[245] RGZ 29, 29, 36; BGHZ 24, 393, 395 f.; 49, 11, 16 = NJW 1968, 300, 302 = BB 1967, 1454, 1455; *Hachenburg/Ulmer* Rn. 82; *Scholz/K. Schmidt* Rn. 58; *Kilger/K. Schmidt* KO § 6 Anm. 2; *Kuhn/Uhlenbruck* KO § 6 Rn. 17.
[246] *Kuhn/Uhlenbruck* KO § 6 Rn. 17; *Gottwald* Insolvenzrechts-HdB § 22 Rn. 20; *Scholz/K. Schmidt* Rn. 58.
[247] *Kuhn/Uhlenbruck* KO § 6 Rn. 17.
[248] *Gottwald* Insolvenzrechts-HdB § 22 Rn. 24.
[249] BGHZ 49, 11, 16 = NJW 1968, 300, 302 = BB 1967, 1454, 1455; BGHZ 88, 331, 334 = NJW 1984, 739 = DB 1984, 1090; BGHZ 127, 156, 162 = NJW 1994, 3232, 3233 = DB 1994, 2391.

§ 63 5. Abschnitt. Auflösung und Nichtigkeit der Gesellschaft

Die Gläubigerversammlung entscheidet sodann, ob das Unternehmen des Schuldners stillgelegt oder vorläufig fortgeführt werden soll und ob der Insolvenzverwalter mit der Ausarbeitung eines Insolvenzplans zu beauftragen ist, § 157 InsO.[250]

116 Zur Erhaltung der im Unternehmen verkörperten Vermögenswerte, hat der Insolvenzverwalter das **Unternehmen** der Gesellschaft einstweilen bis zur Gläubigerversammlung **fortzuführen**[251] und, falls diese die vorläufige Unternehmensfortführung beschließt, auch darüber hinaus. Eine vorherige Stilllegung kommt nur unter den in §§ 158, 22 Abs. 1 S. 2 Nr. 2 InsO genannten Voraussetzungen in Betracht.

117 Die Verwaltungsbefugnis schließt auch die Aufgabe der **Masseergänzung** ein, wozu dem Insolvenzverwalter vor allem das Mittel der **Insolvenzanfechtung** nach §§ 129 ff. InsO zur Verfügung steht. Der Verwalter kann vor Eröffnung des Insolvenzverfahrens vorgenommene Rechtshandlungen nach Maßgabe der §§ 130 bis 146 InsO anfechten (§ 129 InsO) und den Gegenstand der rechtsgeschäftlichen Verfügung des Schuldners, also der Gesellschaft, wieder zur Masse einziehen. Besondere Bedeutung kommt dabei § 135 InsO zu, der die Anfechtung von eigenkapitalersetzenden Gesellschafterdarlehen regelt.[252] – Die gegen die Gesellschafter oder die Geschäftsführer bestehenden Ansprüche (s. Rn. 107 f.) kann der Insolvenzverwalter verwirklichen, sowie einen Gläubigergesamtschaden nach § 92 InsO und Herausgabeansprüche gegen den Schuldner oder gegen Dritte geltend machen.

118 **cc) Verwertung und Gläubigerbefriedigung.** Soweit die Beschlüsse der Gläubigerversammlung nicht entgegenstehen, zB weil das schuldnerische Unternehmen saniert und fortgeführt werden soll, und der Insolvenzplan keine andere Befriedigungsmöglichkeit vorsieht, hat der Insolvenzverwalter nach dem Berichtstermin (§ 156 InsO) das zur Insolvenzmasse gehörende Vermögen unverzüglich zu verwerten (§ 159 InsO). Dabei hat er den größtmöglichen Verwertungserlös zu erzielen. Die Verwertungsmodalitäten (Art und Weise) stehen dabei im Ermessen des Insolvenzverwalters. Er kann zwischen der freihändigen Veräußerung, der Zwangsversteigerung (§ 172 ZVG) oder der Zwangsverwaltung (§§ 146 ff. ZVG) bei unbeweglichen Sachen, sowie dem Einzug fälliger Forderungen wählen. Bei Rechtshandlungen, die für das Insolvenzverfahren von besonderer Bedeutung sind (vgl. die Beispiele gemäß § 160 Abs. 2 InsO), hat der Verwalter die Zustimmung des Gläubigerausschusses, § 160 Abs. 1 InsO, oder in den Fällen der §§ 162, 163 InsO die der Gläubigerversammlung einzuholen.

119 **e) Weitere Pflichten des Insolvenzverwalters. aa) Unternehmensfortführung.** Mit dem Übergang der Verwaltungs- und Verfügungsbefugnis über das Vermögen der Gesellschaft geht auch die Pflicht zur Unternehmensführung von der bisherigen Geschäftsleitung auf den Insolvenzverwalter über. Damit tritt der Insolvenzverwalter uA auch in die **Rechtsstellung des Arbeitgebers** ein und hat alle daraus resultierenden Pflichten, wie zB Lohnfortzahlung sowie allgemeine Fürsorgepflichten zu erfüllen.[253]

120 **bb) Rechnungslegung.** Dem Insolvenzverwalter obliegen mit der Unternehmensfortführung alle handels- und steuerrechtlichen Pflichten der Gesellschaft zur Buchführung und Rechnungslegung, die er in Bezug auf die Insolvenzmasse zu erfül-

---

[250] *Gottwald* Insolvenzrechts-HdB § 22 Rn. 66.
[251] Zur Begründung: *Gottwald* Insolvenzrechts-HdB § 22 Rn. 45; *Wellensiek* WM 1999, 405, 407; *Wellensiek* S. 202.
[252] *Gottwald* Insolvenzrechts-HdB § 50 Rn. 4 ff.
[253] *Schmidt, K./Uhlenbruck* Rn. 802; *Gottwald* Insolvenzrechts-HdB § 102 Rn. 23; *Hess/Weis/Wienberg* § 22 Rn. 145 ff.

len hat (§ 155 Abs. 1 InsO).²⁵⁴ Diese Pflichten sind von den mit Verfahrenseröffnung entstehenden Pflichten nach §§ 151 bis 153 InsO, sowie der aus § 66 InsO resultierenden Rechnungslegungspflicht bei Beendigung des Verwalteramtes zu unterscheiden.²⁵⁵ Die die Abwicklung betr. Vorschrift des § 71 GmbHG findet auf die Rechnungslegung der Gesellschaft in der Insolvenz entsprechende Anwendung.²⁵⁶ Der Insolvenzverwalter ist verpflichtet, für die Durchführung einer nach § 316 Abs. 1 HGB erforderlichen Abschlussprüfung Sorge zu tragen, jedoch kann das Gericht in analoger Anwendung des § 71 Abs. 3 diesen davon befreien.²⁵⁷ – Der Verwalter, der ohne jegliche Einarbeitungszeit ein fremdes Unternehmen führen soll, kann die Hilfe sachkundiger Dritter in Anspruch nehmen,²⁵⁸ die er jedoch im Hinblick auf seine nach § 60 InsO bestehende Haftung entsprechend zu kontrollieren hat.

cc) Geschäftsjahr. Nach § 155 Abs. 2 S. 1 InsO beginnt mit Verfahrenseröffnung **121** ein **neues** Geschäftsjahr, das höchstens einen Zeitraum von zwölf Monaten umfassen darf.²⁵⁹ Dauert das Insolvenzverfahren länger als zwölf Monate, beginnt ein neues Geschäftsjahr.²⁶⁰ Das neue Geschäftsjahr beginnt mit der Stunde des Eröffnungszeitpunkts, nicht erst am Tag nach der Eröffnung;²⁶¹ § 187 Abs. 1 BGB ist nicht anzuwenden.²⁶² Für den Zeitraum zwischen Beginn des letzten regulären Geschäftsjahres und der Verfahrenseröffnung entsteht ein Rumpfgeschäftsjahr.²⁶³ Eine Wiederkehr zum alten Geschäftsjahrturnus findet auf Grund der damit verbundenen praktischen Schwierigkeiten nicht statt.²⁶⁴ Durch diese zwingende Norm wollte der Gesetzgeber die unter der KO bestehende Unklarheit, ob mit der Insolvenzeröffnung ein neues Geschäftsjahr zu beginnen hatte, beseitigen. Zudem wird mit Hilfe des neuen Geschäftsjahres die Verantwortlichkeit der bisherigen Gesellschaftsorgane bzgl. der Rechnungslegung ggü. der nunmehrigen des Insolvenzverwalters klar abgegrenzt.²⁶⁵

dd) Schlussbilanz der werbenden Gesellschaft. Der nach § 155 Abs. 2 S. 1 **122** InsO angeordnete Beginn eines neuen Geschäftsjahres und die daraus resultierende Entstehung eines Rumpfgeschäftsjahres machen die Aufstellung einer Schlussbilanz durch den Insolvenzverwalter erforderlich. Daneben ist eine Gewinn- und Verlustrechnung nach § 242 Abs. 2 HGB, ein Anhang (§ 264 Abs. 1 S. 1 HGB), sowie ein Lagebericht, soweit es sich nicht um kleinere Kapitalgesellschaften handelt, aufzustellen (§ 264 Abs. 1 S. 3 Halbs. 1 HGB).²⁶⁶ Die handelsrechtlichen Vorschriften sind für die Schlussbilanz der werbenden Gesellschaft uneingeschränkt anwendbar; die durch das

---

[254] KG Berlin NJW-RR 1998, 472 = GmbHR 1997, 897, 898; *Hess/Weis/Wienberg* § 155 Rn. 12.
[255] *Kübler/Prütting/Kübler* § 155 Rn. 8; *K. Schmidt* ZGR 1998, 633, 648; *Müller/Gelhausen*, FS Claussen, 1997, S. 687, 688.
[256] *Baumbach/Hueck/Schulze-Osterloh* § 64 Rn. 60; *Kübler/Prütting/Kübler* § 155 Rn. 23 f., 36 f.
[257] *Kübler/Prütting/Kübler* § 155 Rn. 66.
[258] *Kunz/Mundt* DStR 1997, 620, 624; *Kübler/Prütting/Kübler* § 155 Rn. 20.
[259] *Hess/Weis/Wienberg* § 155 Rn. 148.
[260] Begründung RegE BT-Drucks. 12/2443 S. 172, auch abgedruckt in *Kübler/Prütting* RWS-Dok. 18 Bd. I S. 374.
[261] *Kübler/Prütting/Kübler* § 155 Rn. 27.
[262] *Kübler/Prütting/Kübler* § 155 Rn. 27.
[263] *Gottwald* Insolvenzrechts-HdB § 22 Rn. 82; *Kübler/Prütting/Kübler* § 155 Rn. 44.
[264] *Kübler/Prütting/Kübler* § 155 Rn. 32; aA *Baumbach/Huck/Schulze-Osterloh* § 64 Rn. 61; *Weisang* BB 1998, 1149, 1151.
[265] *Kübler/Prütting/Kübler* § 155 Rn. 31; *Baumbach/Huck/Schulze-Osterloh* § 64 Rn. 61; aA *Kunz/Mundt* DStR 1997, 664, 665 ff.
[266] *Weisang* BB 1998, 1149, 1150.

§ 63 5. Abschnitt. Auflösung und Nichtigkeit der Gesellschaft

Insolvenzverfahren verursachten Besonderheiten sind nicht zu berücksichtigen. Für die letzte Schlussbilanz der werbenden Gesellschaft sind Fortführungswerte anzusetzen,[267] denn die Eröffnung des Insolvenzverfahrens führt nicht zwangsläufig zur Zerschlagung des Unternehmens, zumal die (vorläufige) Fortführung durch die Gläubigerversammlung beschlossen (§ 157 InsO) oder im Rahmen eines Insolvenzplanes vorgesehen werden kann. – Die bei Kapitalgesellschaften grds. bestehende Pflicht zur Prüfung durch einen Abschlussprüfer nach § 316 Abs. 1 S. 1 HGB besteht während der Insolvenz fort. Zu überprüfen sind die Schlussbilanz, Anhang und der Lagebericht.[268] Im Hinblick auf die große wirtschaftliche Bedeutung erfolgt die Bestellung des Abschlussprüfers ausschließlich durch das Registergericht auf Antrag des Verwalters, § 155 Abs. 3 S. 1 InsO.

123 **ee) Eröffnungsbilanz.** Die Erstellung einer Eröffnungsbilanz sowie eines erläuternden Berichts auf den Stichtag der Eröffnung des Insolvenzverfahrens (§§ 242 ff. HGB, § 71) ist im Hinblick auf das mit der Insolvenzeröffnung beginnende neue Geschäftsjahr erforderlich. Fortführungswerte sind nur dann anzusetzen, wenn hinreichende Aussicht auf die Unternehmensfortführung besteht, andernfalls sind Liquidationswerte maßgeblich.[269] Im letzteren Fall ist der Grundsatz des Bilanzzusammenhanges aufgehoben.[270]

124 **ff) Jährlicher Zwischenabschluss.** Im Laufe des Insolvenzverfahrens ist vom Insolvenzverwalter als Ausprägung der ihm nach § 155 Abs. 1 InsO obliegenden Pflichten ein jährlicher Zwischenabschluss jeweils zum Insolvenzjahresende aufzustellen (vgl. Rn. 121), bestehend aus Zwischenbilanz, Gewinn- und Verlustrechnung, sowie Anhang und ggf. Lagebericht.[271]

125 **gg) Schlussbilanz.** Erfolgt die Einstellung (§§ 207 ff. InsO) oder Aufhebung (§ 200 InsO) des Insolvenzverfahrens, endet das laufende Insolvenzgeschäftsjahr und bildet ein Rumpfgeschäftsjahr,[272] das der Aufstellung einer **Schlussbilanz,** einer Gewinn- und Verlustrechnung und eines Anhangs, sowie ggf. eines Lageberichts bedarf. Darüber hinaus erfordert die vollständige Liquidation der Gesellschaft, eine vom Insolvenzverwalter aufzustellende Schlussrechnung (§ 199 S. 2 InsO), die Auskunft über die evtl. Verteilung des Restvermögens an die Gesellschafter gibt.[273] Maßgeblicher Tag für die Rechnungslegung ist der Stichtag unmittelbar *vor* der Aufhebung bzw. Einstellung, nicht dagegen der Tag der Aufhebung oder Einstellung selbst, denn an diesem Tag endet die Amtsstellung des Insolvenzverwalters und somit seine Verwaltungs- und Verfügungsbefugnis.[274]

126 Davon zu unterscheiden ist die **Pflicht** des Insolvenzverwalters **zur Rechnungslegung als Organ des Insolvenzverfahrens** (§ 66 Abs. 1 InsO). Danach trifft den Insolvenzverwalter bei Beendigung seines Amtes, sei es durch Einstellung oder Aufhebung des Verfahrens oder durch Entlassung und Bestellung eines neuen Insolvenzverwalters, die Pflicht zur Rechnungslegung gegenüber der Gläubigerversamm-

---

[267] *Baumbach/Hueck/Schulze-Osterloh* § 64 Rn. 62; aA *Müller/Gelhausen,* FS Claussen, 1997, S. 687, 693 f.; *Kübler/Prütting/Kübler* § 155 Rn. 58.
[268] *Baumbach/Hueck/Schulze-Osterloh* § 64 Rn. 62.
[269] *Kübler/Prütting/Kübler* § 155 Rn. 60, 58; *Baumbach/Hueck/Schulze-Osterloh* § 64 Rn. 63.
[270] *Baumbach/Hueck/Schulze-Osterloh* § 64 Rn. 63; *Müller/Gelhausen,* FS Claussen, 1997, S. 687, 701 f.; aA *Kübler/Prütting/Kübler* § 155 Rn. 63.
[271] *Weisemann/Smid/Arens/Schäfer* S. 714 Rn. 10.
[272] *Kübler/Prütting/Kübler* § 155 Rn. 50.
[273] *K. Schmidt/Uhlenbruck* Rn. 514 f.
[274] IE *Kübler/Prütting/Kübler* § 155 Rn. 51 f.

Konkursverfahren *(aufgehoben)* § 63

lung.²⁷⁵ Der Inhalt und Umfang dieser Schlussrechnung soll Auskunft über die Tätigkeit des Insolvenzverwalters und seiner gesamten Geschäftsführung geben, womit er die Einnahmen und Ausgaben, den Bestand der vorgefundenen Masse, die Verwertung derselben, sowie den Bestand der nicht verwerteten Masse ebenso darzustellen hat, wie er über die Befriedigung von aus- und absonderungsberechtigten Gläubigern, die Durchsetzung von Anfechtungsansprüchen, sowie Entstehung und Befriedigung von Masseansprüchen, Auskunft zu geben hat.²⁷⁶

hh) Steuerrechtliche Pflichten. Der Insolvenzverwalter ist nach § 149 AO verpflichtet, erforderliche Steueranmeldungen vorzunehmen und Steuererklärungen abzugeben. Ebenfalls hat er vorgefundene unerledigte Steuererklärungen des Schuldners einzureichen und ggf. bereits abgegebene Erklärungen zu berichtigen. 127

ii) Pflichten im Rahmen des Insolvenzplans. Entscheidet die Gläubigerversammlung im Berichtstermin, die Gläubigerbefriedigung im Wege eines Insolvenzplans (§§ 217 ff. InsO) durchzuführen, obliegen dem Insolvenzverwalter zahlreiche weitere Aufgaben. Der Insolvenzverwalter ist nach § 218 Abs. 2 iVm. § 157 S. 2 InsO verpflichtet, einen **Insolvenzplan aufzustellen,** sofern er (und nicht der Schuldner) durch die Gläubigerversammlung hierzu beauftragt wurde. Er ist aber auch berechtigt, eigenständig einen Insolvenzplan vorzulegen, § 218 Abs. 1 InsO. Des Weiteren ist der Insolvenzverwalter nach § 232 Abs. 1 Nr. 3, Abs. 3 InsO innerhalb einer bestimmten Frist verpflichtet, zum Insolvenzplan **Stellung zu nehmen,** soweit dieser vom Schuldner erstellt und vom Insolvenzgericht nicht zurückgewiesen wurde. Ferner obliegt es dem Verwalter, die **Planerfüllung zu überwachen** (§§ 260 ff. InsO) und dem Gläubigerausschuss sowie dem Gericht jährlich über den jeweiligen Stand und die weiteren Erfüllungsaussichten zu berichten (§ 261 Abs. 2 S. 1 InsO). 128

jj) Sonstige Pflichten. Des Weiteren hat der Insolvenzverwalter Auskunftspflichten gegenüber dem Insolvenzgericht (§ 58 InsO), der Gläubigerversammlung (§ 79 InsO), sowie dem Gläubigerausschuss (§ 69 InsO). Dem Verwalter obliegt es ferner, die von Gericht angeordneten Zustellungen (§ 8 Abs. 3 InsO) durchzuführen, sowie nach §§ 151, 152, 153 InsO die entsprechenden Verzeichnisse zu erstellen. Ebenso hat er die Forderungsanmeldungen und Geltendmachung von Sicherungsrechten entgegenzunehmen (§§ 28 Abs. 1, Abs. 2, 174 InsO), eine Forderungstabelle zu führen (§ 175 InsO) und ggf. zu ergänzen (§ 177 InsO). 129

4. Stellung der Gesellschaftsorgane. a) Einführung. Durch die Eröffnung des Insolvenzverfahrens und die damit verbundene Auflösung der Gesellschaft wird die **Existenz der Organe der Gesellschaft** (Gesellschafterversammlung, Geschäftsführer sowie ggf. Aufsichtsrat und Beirat²⁷⁷) **nicht berührt.**²⁷⁸ **Die Rechte dieser Organe der Gesellschaft werden** indes durch die Befugnisse des Insolvenzverwalters **eingeschränkt.**²⁷⁹ Im Einzelnen gilt Folgendes: 130

b) Einschränkung der Rechte der Gesellschafterversammlung. In der Zuständigkeit der Gesellschafterversammlung verbleiben alle Gesellschafterrechte, die den 131

---
²⁷⁵ *Kübler/Prütting/Onusseit* § 66 Rn. 5.
²⁷⁶ *Kübler/Prütting/Onusseit* § 66 Rn. 12.
²⁷⁷ AllgM; *Hachenburg/Ulmer* Rn. 97; vgl. Rn. 140.
²⁷⁸ AllgM; *Hachenburg/Ulmer* Rn. 94 ff.; *Scholz/K. Schmidt* Rn. 64; *Baumbach/Hueck/Schulze-Osterloh* § 64 Rn. 51; *Kübler/Prütting/Noack* GesR Rn. 290.
²⁷⁹ RGZ 76, 244, 246; *Baumbach/Hueck/Schulze-Osterloh* § 64 Rn. 51; *Hachenburg/Ulmer* Rn. 94; *Scholz/K. Schmidt* Rn. 61; *Meyer-Landrut/Miller/Niehus* Rn. 10.

§ 63　　　　5. Abschnitt. Auflösung und Nichtigkeit der Gesellschaft

Zweck des Insolvenzverfahrens oder die dem Insolvenzverwalter zugewiesenen Befugnisse nicht berühren.[280]

132　Hierher gehört die **Aufsicht, Bestellung und die Abberufung von Geschäftsführern** sowie die Erweiterung oder Einschränkung von deren Zuständigkeit.[281] Ob die Gesellschafterversammlung den Geschäftsführern auch **Entlastung** erteilen kann, ist umstritten.[282] Die Ablehnung der Möglichkeit eines Entlastungsbeschlusses erscheint nicht zutreffend,[283] da die Entlastung des oder der Geschäftsführer der Gesellschaft durch die Gesellschafterversammlung im Laufe des Insolvenzverfahrens nichts anderes besagt, als dass die Gesellschafter gegen die Amtsführung der Geschäftsführer bis zum Ende des Entlastungszeitraums keine Einwendungen erheben. Hiervon zu trennen ist die Frage, ob der Insolvenzverwalter seinerseits und aus eigenem Recht Schadensersatzansprüche gegenüber den Geschäftsführern geltend machen kann, was jederzeit in seiner Kompetenz liegt.[284]

133　Mit der Insolvenzeröffnung erlöschen die Prokuren sowie die zum Betrieb des gesamten Handelsgewerbes der Gesellschaft ermächtigenden Handlungsvollmachten,[285] wozu auch Generalvollmachten zählen. Demgemäß können die Gesellschaftsorgane **Prokuristen und Handlungsbevollmächtigte nicht mehr bestellen.** Hingegen kann der Insolvenzverwalter sich durch Bevollmächtigte vertreten lassen, oder Prokura und Handlungsvollmacht erteilen.[286]

134　Die Befugnis der Gesellschafterversammlung zur **Satzungsänderung** bleibt insoweit bestehen, als solche Gesellschaftsvertragsänderungen den Insolvenzzweck nicht gefährden.[287] Eine Satzungsänderung kann sich als erforderlich erweisen, zum einen zwecks Kapitalerhöhung, die auch in der Insolvenz möglich, ja sogar wünschenswert ist und ferner dann, wenn der Gesellschaftszweck geändert werden muss, etwa weil das Unternehmen der Gesellschaft vom Insolvenzverwalter veräußert wird, aber noch einzelne Rechte bei der Gesellschaft verbleiben.

135　Die **Firma** der Gesellschaft kann die Gesellschafterversammlung durch Gesellschafterbeschluss **nur mit Zustimmung des Insolvenzverwalters ändern.** Eine Änderung gegen den Willen des Verwalters ist unzulässig, da sonst der Insolvenzmasse uU werthaltiges Vermögen entzogen werden könnte. Die Befugnis zur Änderung der Firma kann bedeutsam sein, wenn der Insolvenzverwalter das Unternehmen der Gesellschaft mit dem Firmennamen veräußert. In diesem Falle muss die Firma der Gesellschaft geändert werden, da die in Liquidation befindliche Gesellschaft auch weiterhin zwingend einer Firma bedarf (§§ 3 Abs. 1 Nr. 1, 13 Abs. 3 iVm. § 6 Abs. 1, 17 Abs. 1 HGB). Die Art und Weise, wie die Firmenänderung herbeigeführt wird, ist umstritten.[288] Dem Grundsatz nach wird man der Gesellschafterversammlung die Befugnis zur Firmenänderung einräumen müssen, wenn der Insolvenzverwalter das Unternehmen

---

[280] AllgM; *Baumbach/Hueck/Schulze-Osterloh* § 64 Rn. 53; *Hachenburg/Ulmer* Rn. 95; *Scholz/K. Schmidt* Rn. 63.
[281] *Lutter/Hommelhoff* § 64 Rn. 23.
[282] Verneinend KG GmbHR 1959, 257.
[283] Wie hier: *Kübler/Prütting/Noack* GesR Rn. 338; *Hachenburg/Ulmer* Rn. 95; *Scholz/K. Schmidt* Rn. 63; *Meyer-Landrut/Miller/Niehus* Rn. 13; *Gottwald* Insolvenzrecht-HdB § 92 Rn. 154.
[284] *Hachenburg/Ulmer* Rn. 87; *Scholz/K. Schmidt* Rn. 59; *Kübler/Prütting/Noack* GesR Rn. 228.
[285] BGH WM 1958, 430, 431; *K. Schmidt* BB 1989, 229; *Kilger/K. Schmidt* KO § 23 Anm. 8; *Gottwald* Insolvenzrecht-HdB. § 92 Rn. 154.
[286] *Kilger/K. Schmidt* KO § 6 Anm. 1; *Baumbach/Hopt* § 48 Rn. 1.
[287] *Hachenburg/Ulmer* Rn. 95; *Scholz/K. Schmidt* Rn. 63; *Baumbach/Hueck/Schulze-Osterloh* § 64 Rn. 53; *Kübler/Prütting/Noack* GesR Rn. 337; *Robrecht* DB 1968, 471, 472.
[288] Ausführlich hierzu: *Hachenburg/Ulmer* Rn. 77; *Scholz/K. Schmidt* Rn. 61.

samt Firma veräußert hat, wozu er auch dann befugt ist, wenn die Firma eine Personenfirma ist, also den Namen eines Gesellschafters in der Firma führt.[289] Eine geeignete Ersatzfirma ist durch Satzungsänderung zu bilden. Weigert sich die Gesellschafterversammlung, wird man aus Gründen der Praktikabilität und auf Grund der weitgehenden Befugnisse des Insolvenzverwalters diesem die Befugnis zusprechen müssen, eine Ersatzfirma zu wählen und im Handelsregister eintragen zu lassen.[290]

c) **Stellung der Geschäftsführer.** Die Geschäftsführer der Gesellschaft bleiben grds. als Organ der Gesellschaft bestehen, doch sind die Befugnisse auf diejenigen geschäftlichen Maßnahmen beschränkt, die nicht kraft Gesetzes dem Insolvenzverwalter zustehen und dementsprechend den Zweck des Insolvenzverfahrens nicht betreffen,[291] so mitunter Befugnisse im gesellschaftsinternen Bereich sowie verfahrensrechtliche Rechte und Pflichten. Zu den **gesellschaftsinternen Aufgaben** gehören uA die Einberufung der Gesellschafterversammlung nach § 49 Abs. 1[292] sowie die Anmeldung eintragungspflichtiger Vorgänge zum Handelsregister, wie zB Satzungsänderungen, Kapitalmaßnahmen zur Realisierung eines Insolvenzplans.[293] Hingegen treffen den Insolvenzverwalter die Rechnungslegungspflicht nach § 41, die Einreichung des Jahresabschlusses zum Handelsregister sowie die steuerrechtlichen und sozialversicherungsrechtlichen Pflichten der Gesellschaft, vgl. iÜ Rn. 119, 127. 136

Mit der Eröffnung des Insolvenzverfahrens treffen den Geschäftsführer als Organ der Gesellschaft nach § 101 Abs. 1 InsO die in § 97 InsO bestimmten **Mitwirkungs- und Auskunftspflichten,** deren zwangsweise Durchsetzung § 98 InsO ermöglicht. Diese Pflichten obliegen auch den zwar gekündigten, aber noch tätigen Geschäftsführer, ungeachtet, ob er eine Vergütung aus der Insolvenzmasse erhält oder nicht.[294] Ist der Geschäftsführer innerhalb von zwei Jahren vor Eröffnung des Insolvenzverfahrens aus der Gesellschaft ausgeschieden, ist dieser zwar nicht mehr zur Mitwirkung, aber noch zur Auskunft nach §§ 101 Abs. 1 S. 2, 97 InsO verpflichtet. 137

Daneben nimmt der Geschäftsführer als Organ der Schuldnerin auch deren **Verfahrensrechte** war, wie zB das Antragsrecht auf Untersagung der Stilllegung des Unternehmens (§ 158 Abs. 2 InsO), auf Untersagung bestimmter Rechtshandlungen des Insolvenzverwalters (§ 161 InsO), sowie das Bestreiten angemeldeter Forderungen (§§ 176, 177 InsO). Ferner hat der Geschäftsführer das Antragsrecht auf Wiedereinsetzung in den vorherigen Stand (§ 186 InsO), auf Einstellung des Insolvenzverfahrens (§§ 212, 213 InsO) und das Recht zur Vorlage eines Insolvenzplans (§ 218 InsO). 138

Abberufen als Organ kann den Geschäftsführer nur die Gesellschafterversammlung, nicht aber der Insolvenzverwalter (vgl. Rn. 132).[295]

Das **Anstellungsverhältnis** des Geschäftsführers wird von der Verfahrenseröffnung ebensowenig berührt wie dessen Organstellung.[296] Die § 116 iVm. § 115 InsO, denen 139

---

[289] BGHZ 85, 221, 224 f. = NJW 1983, 755, 756 = DB 1983, 489; 109, 364, 367 f. = NJW 1990, 1605; *Hachenburg/Ulmer* Rn. 77 a; *Scholz/K. Schmidt* Rn. 61; vgl. auch § 4 Rn. 25 mwN.
[290] *Hachenburg/Ulmer* Rn. 77 a, 92; *Baumbach/Hueck/Schulze-Osterloh* § 64 Rn. 55; *Joussen* GmbHR 1994, 159, 162 f. (auch Kompetenz zur firmenbezügl. Satzungsänderung); aA *Meyer-Landrut/Miller/Niehus* Rn. 14.
[291] *Hachenburg/Ulmer* Rn. 97; *Scholz/K. Schmidt* Rn. 64; *Robrecht* DB 1968, 471, 473.
[292] *Kübler/Prütting/Noack* GesR Rn. 291.
[293] *Kübler/Prütting/Noack* GesR Rn. 338.
[294] *K. Schmidt/Uhlenbruck* Rn. 765.
[295] OLG Braunschweig OLGE 27, 380 f.; OLG Hamburg OLGE 37, 9 f.; *Scholz/K. Schmidt* Rn. 64; *Kübler/Prütting/Noack* GesR Rn. 293.
[296] *Kübler/Prütting/Noack* GesR Rn. 296.

zufolge Geschäftsbesorgungsverträge durch die Eröffnung des Insolvenzverfahrens erlöschen, finden auf den Anstellungsvertrag des Geschäftsführers mit der GmbH keine Anwendung.[297] Indes können sowohl der Insolvenzverwalter als auch der Geschäftsführer den Anstellungsvertrag mit einer Frist von drei Monaten zum Monatsende kündigen, es sei denn, Gesetz oder Parteivereinbarung bestimmen eine kürzere Frist, § 113 Abs. 1 S. 1 u. 2.[298] § 103 InsO findet auch dann keine Anwendung, wenn es sich um einen Anstellungsvertrag mit Allein- oder beherrschenden Gesellschaftern handelt.[299] Die speziellere, „Dienstverhältnisse" betreffende Regelung des § 113 InsO ist ggü. der allgemeinen Vorschrift des § 103 InsO vorrangig, insoweit kommt es auf etwaige im Vergleich zu den Gläubigern weniger schützenswerte Interessen der Gesellschafter nicht an.[300] Auch die **Kündigung aus wichtigem Grunde** nach § 626 BGB wird für zulässig gehalten, wobei der wichtige Grund nicht nur in unsachlicher oder unredlicher Geschäftsführung bestehen kann, sondern etwa auch in zu hohen Bezügen der Geschäftsführer, die aus der Masse nicht beglichen werden können[301] oder wenn dem Insolvenzverwalter eine Fortsetzung nicht zuzumuten ist,[302] so zB in den Fällen, in denen der Geschäftsführer Insolvenzdelikte begangen hat oder auch nur ein solcher Verdacht besteht.[303] Hingegen stellt die Eröffnung des Insolvenzverfahrens keinen wichtigen Grund dar.[304]

140 **d) Rechte sonstiger Organe.** Die **Zuständigkeit eines Aufsichtsorgans** oder eines beratenden Organs der Gesellschaft **bleibt ebenfalls bestehen,** dies wiederum nur in dem Umfange wie sie mit dem Insolvenzzweck zu vereinbaren ist. Es kann also ein Aufsichtsrat oder Beirat der Gesellschaft, sofern ihm Zuständigkeiten der Gesellschafterversammlung übertragen sind, diese nur ausüben, wenn sie nicht in die Kompetenz des Insolvenzverwalters fallen.[305] Die Beratungsfunktion kann ein solches Organ weiter ausüben, jedoch nur in Bezug auf die Gesellschafterversammlung, nicht gegenüber dem Insolvenzverwalter in Bezug auf dessen Amtsführung, es sei denn, der Insolvenzverwalter wünscht den Rat eines solchen Organs. Der Vertrag über die Aufsichtsratsbestellung bleibt also bestehen, hat aber gegenüber der Gesellschaft keine vermögensrechtlichen Wirkungen mehr, d. h. es entfällt der Anspruch der Aufsichtsratsmitglieder auf ihre festgelegte Vergütung, woraus für diese das Recht zur sofortigen Kündigung nach § 626 oder § 671 BGB folgt.[306] Nach § 101 Abs. 1 InsO treffen auch die Mitglieder eines Aufsichtsorgans die Auskunfts- und Mitwirkungspflichten nach § 97 InsO. Erfasst sind davon alle Organe,

---

[297] *Baumbach/Hueck/Schulze-Osterloh* § 64 Rn. 52; *Kübler/Prütting/Noack* GesR Rn. 297; *Gottwald* Insolvenzrechts-HdB § 92 Rn. 141.

[298] BGHZ 75, 209, 210 f. = NJW 1980, 595 = ZIP 1980, 46; OLGR Hamm 2001, 81 = DStR 2001, 584; *Kübler/Prütting/Noack* GesR Rn. 296; *Baumbach/Hueck/Schulze-Osterloh* § 64 Rn. 52; *Hachenburg/Ulmer* Rn. 97; *Scholz/K. Schmidt* Rn. 64; *Meyer-Landrut/Miller/Niehus* Rn. 12; differenzierend *Kilger/K. Schmidt* KO § 22 Anm. 3 c.

[299] *Kübler/Prütting/Tintelnot* § 103 Rn. 26, § 113 Rn. 29; *Gottwald* Insolvenzrecht-HdB § 92 Rn. 142; *Kuhn/Uhlenbruck* KO § 22 Rn. 5 a; *Hachenburg/Ulmer* Rn. 102.

[300] *Baumbach/Hueck/Schulze-Osterloh* § 64 Rn. 52; *Kübler/Prütting/Noack* GesR Rn. 298 f.

[301] BGHZ 75, 209, 211 = NJW 1980, 595, 595 f. = ZIP 1980, 46, 47; *Kuhn/Uhlenbruck* KO § 22 Rn. 20.

[302] OLG Hamm ZIP 1987, 121, 123 = GmbHR 1987, 307, 308; LG Siegen GmbHR 1986, 122; *Timm* ZIP 1987, 69.

[303] *Kübler/Prütting/Noack* GesR Rn. 300.

[304] *Baumbach/Hueck/Schulze-Osterloh* § 64 Rn. 52.

[305] RGZ 81, 332, 336 f.; *Hachenburg/Ulmer* Rn. 103; *Scholz/K. Schmidt* Rn. 65.

[306] *Scholz/K. Schmidt* Rn. 65.

die in der Sache Aufsicht über die Geschäftsführung ausüben, also zB auch der Beirat.[307]

V. Beendigung der Insolvenz

Das Insolvenzverfahren wird durch dessen Einstellung oder Aufhebung beendet.

1. Einstellung des Insolvenzverfahrens. a) Gründe für die Verfahrenseinstellung. Das Insolvenzgericht hat das Insolvenzverfahren einzustellen, wenn sich nach der Eröffnung des Insolvenzverfahrens herausstellt, dass die **Insolvenzmasse nicht** zur Deckung der Verfahrenskosten (§ 54 InsO) **ausreicht**, § 207 Abs. 1 InsO, oder sobald der Insolvenzverwalter dem Insolvenzgericht die **Masseunzulänglichkeit** (zwar Deckung der Verfahrenskosten, aber keine Befriedigung sonstiger Masseforderungen, § 208 Abs. 1 InsO) mitteilt und er anschließend die vorhandene Insolvenzmasse verteilt hat (§ 209 InsO), § 211 InsO. 141

Die Einstellung des Insolvenzverfahrens kann ebenfalls auf Antrag des Schuldners wegen **Wegfalls des Insolvenzgrundes** (§ 212 InsO), oder auf dessen sonstigen Antrag **mit Zustimmung aller Insolvenzgläubiger,** die eine Forderung angemeldet haben (§ 213 InsO), erfolgen. Mit der Zustimmung erklären die Gläubiger lediglich den Verzicht auf die Fortführung des Insolvenzverfahrens, nicht hingegen auf ihre Ansprüche.[308]

b) Folgen der Verfahrenseinstellung. Wird das Insolvenzverfahren mangels Masse (§ 207 Abs. 1 InsO) oder auf Antrag des Schuldners wegen Wegfalls des Insolvenzgrundes (§ 212 InsO) bzw. auf Grund der Zustimmung der Gläubiger (§ 213 InsO) eingestellt, wirkt die durch die Verfahrenseröffnung eingetretene Auflösung der GmbH nach § 60 Abs. 1 Nr. 4 fort, mithin ist die Gesellschaft nach den Bestimmungen der §§ 66 ff. zu liquidieren.[309] (Zum Fortsetzungsbeschluss vgl. Rn. 144) 142

Bei Masseunzulänglichkeit (§ 208 Abs. 1 InsO) wird die Gesellschaft nach Verwertung der Masse und Einstellung des Verfahrens auf Antrag des Insolvenzverwalters von Amts wegen im Handelsregister gelöscht (§ 141 a Abs. 1 S. 2 FGG).[310]

2. Aufhebung des Insolvenzverfahrens. Erfolgt die Insolvenzbeendigung durch Erfüllung aller Gläubigerforderungen, was die seltene Ausnahme bildet, dann beschließt das Insolvenzgericht in einem sog. **Schlusstermin** die **Aufhebung des Insolvenzverfahrens,** § 200 InsO. Die Aufhebung des Verfahrens erfolgt erst nach dem Vollzug der Schlussverteilung d. h. der Ausschüttung des Verwertungserlöses an die Gläubiger. Die nach Durchführung der Schlussverteilung vorzunehmende Herausgabe eines möglichen Überschusses an die Gesellschafter (§ 199 S. 2 InsO) kann auch vor der Aufhebung vorgenommen werden, allerdings untersteht die ausgezahlte Masse bis zur Aufhebung dem Insolvenzbeschlag.[311] Aus § 199 S. 2 InsO folgt, dass sich dem Insolvenzverfahren kein gesellschaftsrechtliches Liquidationsverfahren anschließt,[312] mithin die Gesellschaft durch den Insolvenzverwalter vollständig zu liquidieren ist. Das Insolvenzgericht beschließt das Insolvenzverfahren aufzuheben, sobald die Bestätigung des Insolvenzplans rechtskräftig ist, § 258 Abs. 1 InsO. 143

---

[307] *Gottwald* Insolvenzrechts-HdB § 92 Rn. 160.
[308] *Gottwald* Insolvenzrechts-HdB § 74 Rn. 66.
[309] *Baumbach/Hueck/Schulze-Osterloh* § 64 Rn. 68.
[310] *Vallender* NZG 1998, 249, 251; *Kübler/Prütting/Noack* GesR Rn. 93.
[311] BGH NJW 1973, 1198 f.; BGH ZIP 1982, 467 f.; OLG Frankfurt/M. ZIP 1991, 1365; *Kübler/Prütting* § 199 Rn. 4.
[312] *Baumbach/Hueck/Schulze-Osterloh* § 64 Rn. 50, 67; *K. Schmidt* ZGR 1998, 633, 636 f.; *Vallender* NZG 1998, 249, 251.

§ 63　　5. Abschnitt. Auflösung und Nichtigkeit der Gesellschaft

144　**3. Fortsetzung der Gesellschaft.** Die Fortsetzung der Gesellschaft kann nach § 60 Abs. 1 Nr. 4 nur bei Einstellung des Verfahrens auf Antrag des Schuldners (§§ 212, 213 InsO) oder nach Aufhebung des Insolvenzverfahrens nach Bestätigung des Insolvenzplans (§ 258 InsO), der die Fortsetzung der Gesellschaft vorsieht, von den Gesellschaftern beschlossen werden. Im letzteren Fall ist der Fortsetzungsbeschluss schwebend unwirksam, bis das Insolvenzgericht den Insolvenzplan bestätigt.[313] Soweit der Gesellschaftervertrag nicht eine andere Mehrheit festlegt, muss der Fortsetzungsbeschluss mit Dreiviertelmehrheit der abgegebenen Stimmen getroffen werden.[314] Die Eintragung des Fortsetzungsbeschlusses in das Handelsregister ist rein deklaratorischer Natur.[315]

VI. Die GmbH & Co. KG

Literatur: (S. zunächst vor Rn. 1): *Blumes* Überschuldung als Konkursgrund bei der GmbH & Co. KG, BB 1976, 1441; *Borchers* Gesetzgeberische Maßnahmen zur Bekämpfung der Wirtschaftskriminalität – Konkurs der Kapitalgesellschaft & Co. KG bei Überschuldung, KTS 1974, 216; *Breitenbach* Steueroptimale Gewinnthesaurierung im Rahmen einer mittelständischen GmbH & Co. KG nach der Unternehmenssteuerreform, DB 2001, 2067; *Deutler* Änderung handels- und konkursrechtlicher Vorschriften durch das erste Gesetz zur Bekämpfung der Wirtschaftskriminalität, GmbHR 1977, 36; *ders.* Neue rechtspolitische Überlegungen zum Recht der GmbH und der GmbH & Co. KG, GmbHR 1974, 145; *Elsing* Kommanditistenhaftung und Gläubigergefährdung bei der unterkapitalisierten Kommanditgesellschaft, GmbHR 1978, 103; *Günter* Die Aufbringung und Erhaltung des Haftkapitals in KG und GmbH unter besonderer Berücksichtigung der GmbH & Co. KG, Diss. Hamburg 1975; *Hesselmann* Handbuch der GmbH & Co., 16. Aufl. 1980; *Huber* Vermögensanteil, Kapitalanteil und Gesellschaftsanteil an Personalgesellschaften des Handelsrechts, 1970; *Hunscha* Die Anwendung der §§ 30 Abs. 1, 31 GmbHG auf Zahlungen der GmbH & Co. KG an ihre Kommanditisten, GmbHR 1973, 257; *ders.* Die GmbH & Co. als Alleingesellschafterin ihrer GmbH-Komplementärin, 1974; *Klamroth* Erweitertes Haftungsrisiko der Kommanditisten in der GmbH & Co. KG, BB 1972, 428; *Kohlmann/Giemulla* Die strafrechtliche Verantwortung des Geschäftsführers einer GmbH & Co. KG nach dem ersten Gesetz zur Bekämpfung der Wirtschaftskriminalität, GmbHR 1978, 53; *G. Kuhn* Haftungsprobleme bei der GmbH & Co., Ehrengabe für Heusinger, 1968, S. 203; *ders.* Konkursrechtliche Probleme bei der GmbH & Co. KG, FS Schilling, 1973, S. 69; *ders.* Zur werdenden GmbH & Co. KG, FS Hefermehl, 1976, S. 159; *Leven* Die persönliche Haftung des Kommanditisten im Gesellschaftskonkurs, Diss. Köln 1967; *Mühlberger* Rechtliche Bestandsicherung bei der GmbH & Co. KG und Haftungsrisiken für Geschäftsführer und Gesellschafter bei Überschuldung, GmbHR 1977, 146; *Schlitt* Die GmbH & Co. KG in der Insolvenz nach neuem Recht, NZG 1998, 701 (Teil I); 755 (Teil II); *K. Schmidt* Kapitalaufbringung, Kapitalerhaltung und Unterkapitalisierung bei der GmbH & Co., DB 1973, 2227; *ders.* Kommanditisteneinlage – Kapitalaufbringung und Kapitalerhaltung in der KG, ZGR 1976, 307; *ders.* Einlage und Haftung des Kommanditisten, 1977; *Schumann* Zur konkursrechtlichen Stellung des zahlenden und rückgriffsberechtigten Kommanditisten, JZ 1958, 427; *Steckmeister* Bilanzierungsfragen und Konkurs bei Überschuldung von Abschreibungsgesellschaften (GmbH & Co. KG), GmbHR 1974, 4; *Tschierschke* Das Ausscheiden eines Kommanditisten und die Stellung des Ausgeschiedenen im Konkurse der Gesellschaft, Diss. München 1966; *Uhlenbruck* Abschreibungsgesellschaften, 1974; *Unger* Die Haftung des ausgeschiedenen Kommanditisten im Konkurs der KG, KTS 1960, 33 ff.; *Veismann* Muß die überschuldete GmbH & Co. KG Konkurs beantragen?, BB 1971, 940; *Winkler* Die Haftungsverfassung der GmbH & Co. KG, NJW 1969, 1009.

145　**1. Problemstellung.** Die GmbH & Co. KG ist Personenhandelsgesellschaft mit einer juristischen Person als persönlich haftender Gesellschafterin.[316] Dieser Kombination zweier Gesellschaftsformen können verschiedene Motive zugrunde liegen;[317] vornehmlich solche der Beschränkung des Haftungsrisikos für die Gesellschafter, bislang

---

[313] *Kübler/Prütting/Noack* GesR Rn. 418, betr. AG.
[314] *Lutter/Hommelhoff* § 60 Rn. 5 f.; *Scholz/K. Schmidt* § 60 Rn. 49.
[315] *Gottwald* Insolvenzrechts-HdB § 92 Rn. 299.
[316] Vgl. zu diesem Fall richterlicher Rechtsfortbildung Einl. Rn. 134 f.; *Wiedemann* § 1 III 1 b, S. 44 f.
[317] Vgl. Einl. Rn. 137 f.

Konkursverfahren *(aufgehoben)* § 63

auch steuerliche Überlegungen[318] sowie mit Hilfe der Einbeziehung der GmbH die Drittorganschaft und die bessere Sicherung der Unternehmenskontinuität[319] und schließlich solche der Kapitalbeschaffung.[320]

Entsprechend der jeweiligen Motivlage verbirgt sich hinter der GmbH & Co. KG eine Vielzahl unterschiedlicher gesellschaftsrechtlicher Gestaltungsformen und -strukturen.[321] **146**

Der Gesetzgeber hat dem Rechnung getragen für den nahezu immer gegebenen Fall, dass bei einer GmbH & Co. KG fast niemals neben der Komplementär-GmbH noch eine natürliche Person persönlich haftende Gesellschafterin ist. Um diesen „typischen Fall" der kapitalistischen Personengesellschaft[322] sachgerecht zu erfassen, wurden vornehmlich im Bereich des Personengesellschaftsrechts Sonderregelungen getroffen:[323] zB zu Firma und Publizität §§ 19 Abs. 2, 125a, 177a HGB; zur Kapitalaufbringung und -sicherung § 172a HGB iVm. §§ 32a und 32b; 172 Abs. 6 HGB sowie die insolvenzrechtlichen Regelungen der §§ 11 Abs. 2 Nr. 1 InsO (§ 209 Abs. 1 S. 3 KO),[324] 15 Abs. 3 InsO (§ 210 Abs. 3 KO), §§ 130a und 130b HGB. **147**

2. Trennungsprinzip. Die Charakterisierung der Kombination von KG mit GmbH als Grundtypvermischung[325] darf nicht darüber hinwegtäuschen, dass die rechtliche Regelung durch die jeweils betroffene Gesellschaftsform bestimmt wird. Demgemäß ist auch im Insolvenzfalle streng zu **unterscheiden** zwischen der **Insolvenz der KG,** also der GmbH & Co. KG, und der **Insolvenz der Komplementär-GmbH**[326] (Trennungsprinzip). Es bedarf also stets für *jede Gesellschaft* eines Insolvenzantrags: ein Insolvenzantrag für die **KG** und ein Insolvenzantrag für die **Komplementär-GmbH.** Für jede der Gesellschaften sind die Insolvenzgründe gesondert zu prüfen[327] (vgl. Rn. 149ff.), wobei die Insolvenz der KG regelmäßig die der GmbH nach sich zieht,[328] vgl. Rn. 163. **148**

3. Antragstellung. a) Insolvenz der Komplementär-GmbH. Obwohl die GmbH & Co. KG gesellschaftsrechtlich nach wie vor eine Personengesellschaft ist,[329] gelten für den Insolvenzantrag ihrer Komplementär-GmbH dieselben Grundsätze wie bei einer schlichten GmbH. Mithin sind deren Organe – und im Falle der Liquidation deren Liquidatoren – zum Antrag berechtigt und verpflichtet.[330] Sie sind es aber nicht **149**

---

[318] Vgl. Einl. Rn. 138 sowie zur Rechtslage nach der Unternehmenssteuerreform *Herzig* WPg 2001, 253; *Breidenbach* DB 2001, 2067.
[319] Vgl. *Klunzinger* § 13 II 3, 4.
[320] Vgl. Einl. Rn. 144; *Klunzinger* § 13 II 7.
[321] Vgl. Einl. Rn. 139ff.; *Klunzinger* § 13 III.
[322] *Hachenburg/Ulmer* Rn. 128.
[323] Vgl. 1. Gesetz zur Bekämpfung der Wirtschaftskriminalität v. 29. 7. 1976, BGBl. I S. 2034; GmbH Novelle 1980, BGBl. I S. 386.
[324] Vor Eintragung in das Handelsregister ist sie als BGB-Gesellschaft insolvenzfähig, § 11 Abs. 2 Nr. 1 InsO. Vgl. ferner *Kübler/Prütting/Noack* GesR Rn. 554; zur alten Rechtslage die Konkursfähigkeit der BGB-Gesellschaft bejahend: *Kuhn/Uhlenbruck* KO § 209 Rn. 67; *Hachenburg/Ulmer* Rn. 132.
[325] Vgl. Einl. Rn. 125; *K. Schmidt* GesR § 56 I 1; *Klunzinger* § 13 I 2.
[326] *Hachenburg/Ulmer* Rn. 128; *Scholz/K. Schmidt* Rn. 88; *Kübler/Prütting/Noack* GesR Rn. 550; *Sudhoff/Schlitt* GmbH & Co. KG § 48 Rn. 2; *Schlitt* NZG 1998, 701, 702.
[327] *Scholz/K. Schmidt* Rn. 88.
[328] Vgl. *Scholz/K. Schmidt* Rn. 88.
[329] *Hachenburg/Ulmer* Rn. 134; *Scholz/K. Schmidt* Rn. 91ff.; s. Rn. 5ff.
[330] *Hachenburg/Ulmer* Rn. 137; *Kilger/K. Schmidt* KO § 210 Anm. 1; *Uhlenbruck* Das neue Insolvenzrecht, S. 367.

nur in ihrer Gesamtheit, sondern jeder Geschäftsführer ist bei *Zahlungsunfähigkeit* oder *Überschuldung* zur Antragstellung berechtigt und verpflichtet,[331] § 15 Abs. 1 iVm. §§ 16 und 17 InsO, wobei der Eröffnungsgrund glaubhaft zu machen ist, § 15 Abs. 2 S. 1 InsO; das Gericht hat in diesem Fall die übrigen Geschäftsführer zu hören, § 15 Abs. 2 S. 2 InsO. Im Falle *drohender Zahlungsunfähigkeit* hängt die Zulässigkeit des Insolvenzantrags, zu dem keine Verpflichtung besteht, davon ab, ob „der oder die Antragsteller zur Vertretung" der GmbH berechtigt sind, § 18 Abs. 3 InsO. Antragsberechtigt ist also der alleinvertretungsberechtigte Geschäftsführer oder im Falle der üblichen Zweipersonengesamtvertretung zwei Geschäftsführer oder einer mit einem Prokuristen. Da die Gläubiger der Kommanditgesellschaft gemäß §§ 161 Abs. 2, 128 HGB zugleich Gläubiger der Komplementär-GmbH sind,[332] können sie auch gegen die GmbH einen Insolvenzantrag stellen, falls die GmbH die Schulden der KG nicht begleicht. Insoweit ist jedoch aus Kostengründen Zurückhaltung geboten, es sei denn, die GmbH besitzt außer ihrer Beteiligung an der KG noch weiteres Vermögen (vgl. Rn. 163).

150 **b) Insolvenz der Kommanditgesellschaft. aa) Antragsrecht.** Neben dem Antragsrecht der Insolvenzgläubiger, § 13 InsO, haben die Geschäftsführer der Komplementär-GmbH den Insolvenzantrag unter den in Rn. 149 dargestellten Voraussetzungen zu stellen, denn die Geschäftsführer sind die „organschaftlichen Vertreter der zur Vertretung der Gesellschaft (d. h. der KG) ermächtigten Gesellschafter" (d. h. der Komplementär-GmbH), § 130a Abs. 1 S. 2 HGB. Befindet sich die KG bereits in Liquidation, so ist **jeder Liquidator** zur Antragstellung berechtigt.[333] Im Ergebnis gilt durch die Regelung des § 130a Abs. 1 für die KG insoweit **nichts anderes als bei der GmbH,** vgl. Rn. 5ff., 10ff.

151 **bb) Kein Antragsrecht.** Weder die Kommanditisten der KG noch die Gesellschafter der Komplementär-GmbH haben ein Antragsrecht, es sei denn, sie wären Gläubiger der KG.[334]

152 **cc) Mehrstöckige GmbH & Co. KG.** Bei einer sog. **mehrstöckigen GmbH & Co. KG** trifft die Antragspflicht diejenigen natürlichen Personen, die Organ derjenigen Gesellschaft sind, die letztlich die Obergesellschaft bildet, also deren Geschäftsführer oder Vorstandsmitglieder, § 130a Abs. 4 HGB.[335]

153 **dd) Pflicht zur Antragstellung.** Ist neben der GmbH eine natürliche Person als weiterer Komplementär vorhanden oder gehört zu den persönlich haftenden Gesellschaftern der KG eine OHG oder KG, die ihrerseits eine natürliche Person als persönlich haftenden Gesellschafter hat, § 130a Abs. 1 S. 1 Halbs. 2 HGB, besteht *keine* Antragspflicht in den Fällen der Zahlungsunfähigkeit (iSd. § 17 Abs. 2 InsO) und der Überschuldung (iSd. § 19 Abs. 2 InsO), da letztlich stets eine natürliche Person den Gläubigern gegenüber für die Schulden der Gesellschaft unbeschränkt haftet.[336]

154 **4. Insolvenzreife.** Entsprechend dem Trennungsprinzip ist die Insolvenzreife für die Kommanditgesellschaft und die Komplementär-GmbH gesondert zu prüfen,[337] §§ 130a, 177a HGB (KG); § 11 Abs. 1 S. 1 iVm. §§ 17 und 19 InsO (GmbH).

---

[331] *Hachenburg/Ulmer* Rn. 137; *Kilger/K. Schmidt* KO § 210 Anm. 1; *Uhlenbruck* Das neue Insolvenzrecht, S. 367.
[332] *Kübler/Prütting/Noack* GesR Rn. 563.
[333] *Uhlenbruck* Das neue Insolvenzrecht, S. 376; *Sudhoff/Schlitt* GmbH & Co. KG § 48 Rn. 30.
[334] *Gottwald* Insolvenzrechts-HdB § 94 Rn. 9; *Sudhoff/Schlitt* GmbH & Co. KG § 48 Rn. 34.
[335] *Kilger/K. Schmidt* KO § 210 Anm. 1.
[336] *Gottwald* Insolvenzrechts-HdB § 94 Rn. 18.
[337] *Scholz/K. Schmidt* Rn. 88.

5. Überschuldungsbilanz. a) Bei der KG. Dem Grundsatz nach ist die Über- 155
schuldungsbilanz bei der KG in der gleichen Weise **und nach den gleichen Bewertungsgrundsätzen aufzustellen wie bei der GmbH.** Es kann daher insoweit auf die Ausführungen in den Rn. 38 ff. verwiesen werden.[338]

aa) Aktiva. Als Besonderheit ist bei der Überschuldungsbilanz der KG zu beachten: 156
Auf der **Aktivseite** sind auch anzusetzen die aus dem Gesellschaftsverhältnis herrührenden **Ansprüche der KG gegen die Kommanditisten,** die der Gesellschaft selbst zustehen. Das werden in aller Regel die Ansprüche auf noch ausstehende Teile der Kommanditeinlage sowie Ansprüche auf Einzahlung aus einer Kapitalerhöhung sein. Ist der Kommanditist aus der Gesellschaft ausgeschieden und hat er seine Einlage zurückerhalten, so haftet er den sog. Alt-Gläubigern wegen Rückzahlung seiner Einlage nach §§ 171, 172 Abs. 4 HGB persönlich; mithin sind diese Ansprüche, die ausschließlich den Kommanditisten betreffen,[339] in der Überschuldungsbilanz der Kommanditgesellschaft nicht aktivierungsfähig. Die Einziehungsbefugnis des Insolvenzverwalters gemäß § 171 Abs. 2 HGB vermag an der materiellen Rechtslage nichts zu ändern, abgesehen davon, dass sie erst mit Eröffnung des Insolvenzverfahrens entsteht. Entsprechendes gilt für die Ansprüche der Gläubiger gegen die Kommanditisten aus Geschäften der Vorgesellschaft gemäß § 176 HGB.[340]

Erhielt ein Kommanditist Rückzahlungen auf seine Kommanditeinlage, **durch die das Stammkapital der Komplementär-GmbH in Nominalhöhe angegriffen werden musste,** ist § 30 anzuwenden und der Kommanditist schuldet gemäß § 31 die Rückzahlung des unter Verletzung des § 30 empfangenen Betrages an die KG, so dass derartige Ansprüche zu aktivieren sind.[341] Dies gilt freilich nur, wenn der Kommanditist, was die Regel ist, auch Gesellschafter der Komplementär-GmbH ist, s. § 32 a Rn. 31 ff.

Zu aktivieren sind ferner Ansprüche gegen die Gesellschafter auf Herausgabe des 157
durch die Geschäftsführung Erlangten (§ 713 iVm. § 667 BGB), sowie Schadensersatzansprüche bei Verstößen gegen das Wettbewerbsverbot iSd. § 113 HGB.[342]

Die Stellung der Komplementär-GmbH als persönlich unbeschränkt haftender Ge- 158
sellschafterin der KG gegenüber deren Gläubigern, begründet keine Aktivierung diesbezüglicher Ansprüche im Überschuldungsstatus der Kommanditgesellschaft,[343] da die GmbH einen Anspruch auf Freistellung oder Ausgleich gegenüber der KG für die in Gesellschaftsangelegenheiten getätigten Aufwendungen hat, § 110 HGB.

Ansprüche aus erteilten Darlehenszusagen[344] sind trotz des ersatzlosen Wegfalls des 159
§ 610 BGB aF durch das SchuldrechtsreformG nur zu aktivieren, wenn der das Darlehen Versprechende trotz der drohenden Insolvenz der KG seine Zusage wiederholt.[345]

bb) Passiva. α) Ansprüche der Kommanditisten. Zu passivieren sind die An- 160
sprüche der Kommanditisten, die diesen aus Umsatzgeschäften mit der KG zustehen, also Ansprüche etwa aus Warenlieferungen, die der Kommanditist wie ein fremder

---

[338] Vgl. auch *Scholz/K. Schmidt* Rn. 93 ff.
[339] S. auch *Scholz/K. Schmidt* Rn. 95.
[340] *Hachenburg/Ulmer* Rn. 135.
[341] BGHZ 60, 324, 328 f. = NJW 1973, 1036, 1037 f.; zur Problematik *Scholz/K. Schmidt* Rn. 101.
[342] *Gottwald* Insolvenzrechts-HdB § 94 Rn. 42.
[343] *Kübler/Prütting/Noack* GesR Rn. 558.
[344] Hierzu zählen auch Zusagen auf Verlängerung eines Darlehens oder umfassendere zu Wechsel und Scheckeinlösung, *Palandt/Putzo* § 610 Rn. 3.
[345] Vgl. noch zu § 610 BGB aF *Uhlenbruck* Das neue Insolvenzrecht, S. 294.

§ 63　　　　　　　　　　5. Abschnitt. Auflösung und Nichtigkeit der Gesellschaft

Dritter erworben hat.[346] Bei solchen Ansprüchen der Kommanditisten gegenüber der Gesellschaft aus echten Austauschverträgen gilt § 30 auch in entsprechender Anwendung nicht.[347]

161　β) **Gesellschafterdarlehen.** Anders ist die Rechtslage bei Gesellschafterdarlehen der Kommanditisten. Es gelten hier die **gleichen Grundsätze wie bei der GmbH,** d. h. die Bestimmungen der §§ 32a und 32b GmbHG sind auf die KG uneingeschränkt anzuwenden (§ 172a HGB). Diese eigenkapitalersetzenden Darlehen sind **nicht zu passivieren,** wenn beim Rangrücktritt vereinbart wurde,[348] dass die Darlehenstilgung nur aus künftigem Bilanzgewinn oder dem Liquidationserlös erfolgen soll; vgl. iÜ Rn. 68.

162　γ) **Fortführungsprognose.** Ergibt die für die GmbH & Co. KG, also für die Kommanditgesellschaft als ganzes aufgestellte Überschuldungsbilanz, dass keine Überschuldung vorliegt und besteht auch die Zahlungsfähigkeit der Gesellschaft fort, so ist keine Insolvenzreife vorhanden. Ist eine rechnerische Überschuldung bei Vorliegen der Zahlungsfähigkeit gegeben, so ist die Fortführungsprognose anzustellen wie bei der GmbH.[349] Es gilt iÜ auch hier das in den Rn. 69 ff. Gesagte.

163　**b) Bei der Komplementär-GmbH.** Für die Komplementär-GmbH ist **eine gesonderte Überschuldungsbilanz** aufzustellen, und zwar nach den Grundsätzen, wie sie für eine GmbH ganz generell gelten,[350] wobei freilich zu beachten ist, dass die Komplementär-GmbH gemäß §§ 161 Abs. 2, 128 HGB für die Verbindlichkeiten der KG mit ihrem gesamten Vermögen haftet. Das führt idR dazu, dass bei der Überschuldung oder Zahlungsunfähigkeit der KG auch die GmbH überschuldet ist, es sei denn, sie besäße anderweitiges Vermögen, was freilich die Ausnahme bildet.[351] IdR ist die Komplementär-GmbH nur mit dem Mindeststammkapital ausgestattet und besitzt allenfalls Rücklagen in dem Umfange, in dem ihr Gewinne belassen oder bei der Gewinnverteilung als sog. Haftungsrücklage zugewiesen worden sind.[352]

164　Ist die KG nicht überschuldet, so ist zutreffend eine Überschuldung der Komplementär-GmbH aus dem Rechtsgedanken des § 110 HGB zu verneinen.[353] Es kann dann also die GmbH & Co. KG ihre Geschäfte fortführen, ein Insolvenzantrag ist in diesem Stadium nicht erforderlich.

165　**6. Wirkung der Insolvenzeröffnung.** Die Eröffnung des Insolvenzverfahrens über das Vermögen der GmbH & Co. KG löst diese Gesellschaft auf, §§ 161 Abs. 2, 131 Abs. 1 Nr. 3 HGB. Die Ablehnung der Eröffnung mangels kostendeckender Masse iSd. § 26 InsO bewirkt ebenfalls die Auflösung der Gesellschaft, § 161 Abs. 2, § 131 Abs. 2 Nr. 1 HGB, insofern ist die GmbH & Co. KG der GmbH gleichgestellt.[354]

166　**7. Insolvenzverfahren.** Das Insolvenzverfahren beider Gesellschaften, also das über das Vermögen der Komplementär-GmbH und das über das Vermögen der Kommanditgesellschaft ist zwar rechtlich getrennt, aber zweckmäßigerweise von einem Insol-

---

[346] *Hachenburg/Ulmer* Rn. 136; *Scholz/K. Schmidt* Rn. 96.
[347] *Hachenburg/Ulmer* Rn. 136; s. auch § 32a Rn. 240.
[348] Vgl. iE Rn. 62 ff.; *Schlitt* NZG 1998, 701, 704; *Hachenburg/Ulmer* Rn. 136 und *Scholz/K. Schmidt* Rn. 96; *Baumbach/Hueck/Schulze-Osterloh* § 64 Rn. 18 mwN.
[349] *Scholz/K. Schmidt* Rn. 93.
[350] *Scholz/K. Schmidt* Rn. 97.
[351] *Scholz/K. Schmidt* Rn. 97; *Sudhoff/Schlitt* GmbH & Co. KG § 48 Rn. 26.
[352] Vgl. *Scholz/K. Schmidt* Rn. 92.
[353] *Scholz/K. Schmidt* Rn. 97.
[354] *K. Schmidt* BB 1980, 1497; *Kübler/Prütting/Noack* GesR Rn. 570.

venzverwalter durchzuführen, sofern eine Interessenkollision nicht zu befürchten ist. Im Ergebnis gelten dabei für die Durchführung des Insolvenzverfahrens die in den Rn. 3 ff. für die GmbH erläuterten gleichen Grundsätze.[355]

Die Ansprüche der Gläubiger, die ihnen unmittelbar gegen die Kommanditisten zustehen, werden, soweit sie ihren Grund in §§ 171 Abs. 1, 172 Abs. 4 und 6 HGB haben, vom Insolvenzverwalter geltend gemacht, § 171 Abs. 2 HGB; die übrigen – aus §§ 176 oder 128 HGB – können von den Gläubigern selbst weiter verfolgt werden.[356] **Die Einziehungsbefugnis des Insolvenzverwalters ist eine ausschließliche.**[357]

8. Insolvenzbeendigung. Für die Beendigung der Insolvenz ist das Vorliegen **zweier selbstständiger Insolvenzverfahren** zu beachten (Trennungsprinzip, Rn. 148): Das Insolvenzverfahren über das Vermögen der Komplementär-GmbH wird ohne Einschränkung nach den für die Beendigung des Insolvenzverfahrens der schlichten GmbH geltenden Bestimmungen beendet (vgl. Rn. 141). Auch für die Kommanditgesellschaft, also die GmbH & Co. KG, gilt nichts anderes.[358]

Theoretisch ist es denkbar, dass die Insolvenz der GmbH mangels Masse eingestellt wird, doch wird man auch hier den Gesichtspunkt des § 110 HGB gelten lassen müssen, wonach der Freistellungsanspruch der Komplementär-GmbH gegenüber der Kommanditgesellschaft ein Anspruch ist, der bei der GmbH zu Masse führt.[359] Daraus folgt im Ergebnis, dass eine Einstellung mangels Masse regelmäßig nur gleichzeitig bei der Komplementär-GmbH und der Kommanditgesellschaft stattfindet, falls auch diese nicht über genügend Masse zur Durchführung des Insolvenzverfahrens verfügt.

9. GmbH und stille Gesellschaft. Stille Beteiligungen kommen sowohl bei der GmbH selbst, als auch an der GmbH & Co. KG in Betracht.[360] Inhaber des Handelsgeschäfts im Sinne des § 230 HGB ist in diesen Fällen die GmbH oder die GmbH & Co. KG. In der Insolvenz dieser Gesellschaften ist die vor allem im Steuerrecht maßgebliche Differenzierung zwischen **typischen und atypisch stillen Gesellschaften** auch insolvenzrechtlich streng einzuhalten: Während die Einlage bei der **typisch** stillen Gesellschaft einem Kredit ähnelt, hat diejenige bei der **atypisch** stillen Gesellschaft **Eigenkapitalcharakter**. Aus diesen unterschiedlichen Qualifikationen der Einlage des stillen Gesellschafters ergeben sich wesentliche Differenzierungen bei deren Behandlung in der Insolvenz.

a) Typische stille Gesellschaft. Die typische stille Gesellschaft ist dadurch gekennzeichnet, dass sie regelmäßig zweigliedrig gestaltet ist, d.h. einem Unternehmensträger und dem stillen Gesellschafter, dem keine wesentlich über die gesetzlichen Regelungen der §§ 230 ff. HGB hinausgehenden Rechte eingeräumt sind. Weiterhin soll kennzeichnend sein, dass die Einlage des stillen Gesellschafters bei dem Unternehmensträger Fremdkapital und nicht Eigenkapital darstellt.[361] Hierbei handelt es sich jedoch nicht um ein Merkmal, mit dessen Hilfe eine typisch stille Gesellschaft von einer atypischen abgegrenzt werden kann, sondern um die sich aus der typisch stillen Ge-

---

[355] *Hachenburg/Ulmer* Rn. 134; *Scholz/K. Schmidt* Rn. 92 ff.
[356] *Baumbach/Hopt* § 176 Rn. 1.
[357] BGH NJW 1976, 751, 752 = BB 1976, 383, 384 = GmbHR 1976, 133, 134 f.; BGHZ 71, 296, 305 = NJW 1978, 1525, 1526 = DB 1978, 1583, 1585; *Hachenburg/Ulmer* Rn. 141; *Scholz/K. Schmidt* Rn. 103; *Baumbach/Hopt* § 171 Rn. 11.
[358] *Hachenburg/Ulmer* Rn. 145.
[359] *Scholz/K. Schmidt* Rn. 94.
[360] *Scholz/K. Schmidt* Rn. 107.
[361] Vgl. auch *K. Schmidt* ZHR 140 (1976), 457, 480; *K. Schmidt* GesR § 62 II 2.

§ 63   5. Abschnitt. Auflösung und Nichtigkeit der Gesellschaft

sellschaft ergebenden Rechtsfolgen. Für die Abgrenzung ist wie auch im Steuerrecht entscheidend, ob der stille Gesellschafter über seine Teilnahme am Gewinn und Verlust nach § 231, 232 HGB hinaus schuldrechtlich so gestellt ist, dass er bei der Auflösung der stillen Gesellschaft nicht nur seine Einlage, sondern auch einen **Anteil an den Wertsteigerungen** des ganzen Vermögens der GmbH einschließlich des **Geschäftswertes** erhalten soll.[362] Ist dies **nicht** der Fall und sind dem stillen Gesellschafter auch **weder Geschäftsführungsbefugnisse** eingeräumt noch handelt es sich um einen Fall der **gesplitteten Einlage,** bei der eine Beteiligung teils als stille Beteiligung, teils als Kommanditanteil ausgestaltet ist, liegt eine **typisch stille Gesellschaft** vor. Dies hat zur Folge, dass die Einlage des stillen Gesellschafters bei der GmbH oder bei der GmbH & Co. KG als **Fremdkapital** zu behandeln ist.[363] Der typisch stille Gesellschafter kann seine Einlage, soweit sie nicht durch Verlustanteile aufgezehrt ist, nach § 236 Abs. 1 HGB als Insolvenzforderung anmelden. Soweit er sie noch nicht geleistet hat, braucht er nur den auf seine Verlustbeteiligung entfallenden Anteil einzuzahlen (§ 236 Abs. 2 HGB).[364]

172 Nach § 136 Abs. 1 InsO ist die vollständige oder teilweise Rückgewähr einer Einlage oder der Erlass einer Verlusthaftung des stillen Gesellschafters anfechtbar. Unerheblich ist dabei, ob die Vereinbarung auch andere Anfechtungstatbestände erfüllt.[365] Rückzahlungen, die weder kraft Gesellschaftsvertrags oder Gesetz (zB §§ 812 ff. BGB) erfolgt sind,[366] berechtigen ebensowenig zur Anfechtung wie statt einer Einlage gewährte Darlehen.[367] Tritt der Insolvenzeröffnungsgrund erst nach der Vereinbarung ein, ist die Anfechtung ausgeschlossen, § 136 Abs. 1 InsO.

173 **b) Atypische stille Gesellschaft.** Die Einlage des **atypisch stillen Gesellschafters** ist nicht als Fremd-, sondern als **Eigenkapital** zu behandeln. Auch muss der atypisch stille Gesellschafter im Gegensatz zum typisch stillen Gesellschafter seine Einlage noch einzahlen, soweit dies – wie im Regelfall – für die Befriedigung der Gläubiger notwendig ist. Hat der atypisch stille Gesellschafter die Einlage geleistet, so kann er sie entgegen § 236 HGB nicht als Insolvenzforderung geltend machen.[368] Dies entspricht der Behandlung als Eigenkapital. Mithin steht die stille Einlage den Gläubigern als Haftungsmasse zur Verfügung. Ist die Einlage zur Finanzierung der „Gesellschaft in der Krise" erfolgt bzw. stehen gelassen worden, so ist diese als eigenkapitalersetzendes Darlehen iSd. § 32 zu qualifizieren mit der Folge, dass die Einlage als nachrangige Insolvenzforderung nach § 39 Abs. 1 Nr. 5 InsO geltend gemacht werden kann.[369]

174 **10. Fortsetzung der Gesellschaft.** Eine durch den Eröffnungsbeschluss aufgelöste GmbH & Co. KG (§ 131 Abs. 1 Nr. 3 HGB) kann bei einem entsprechenden Gesellschafterbeschluss fortgesetzt werden, wenn das Insolvenzverfahren auf Antrag des Schuldners eingestellt (§§ 212, 213 InsO) oder ein Insolvenzplan, der die Fortbestand der Gesellschaft vorsieht, bestätigt wurde, § 144 Abs. 1 HGB (vgl. iÜ. Rn. 144). Einer **Einstimmigkeit** bedarf es trotz der Formulierung in § 144 Abs. 2 HGB jedenfalls

---

[362] *Baumbach/Hopt* § 230 Rn. 3; *Kübler* § 9 II 2c; *Schmidt* EStG § 15 Rn. 340 f.
[363] *Scholz/K. Schmidt* Rn. 109, 110; *K. Schmidt* GesR § 62 II 2.
[364] *Scholz/K. Schmidt* Rn. 109.
[365] *Kübler/Prütting/Paulus* § 136 Rn. 3.
[366] HK-InsO/*Kreft* § 136 Rn. 7; *Kübler/Prütting/Paulus* § 136 Rn. 5; *Kübler/Prütting/Noack* GesR Rn. 669.
[367] OLG Hamm NZI 2000, 544.
[368] *Baumbach/Hopt* § 236 Rn. 5; *Schlegelberger/K. Schmidt* § 236 nF Rn. 28; *Scholz/K. Schmidt* Rn. 110.
[369] *Kübler/Prütting/Noack* GesR Rn. 661.

dann nicht, wenn sich die Zulässigkeit eines Mehrheitsbeschlusses mit hinreichender Deutlichkeit aus dem Gesellschaftsvertrag ergibt.[370] Eine allgemeine Bestimmung über die Abänderung des Gesellschaftsvertrages durch Mehrheitsbeschluss genügt dafür nicht,[371] vielmehr muss sich aus dem Gesamtvertragswerk ergeben, dass die mehrheitliche Beschlussfassung zur Fortsetzung der Gesellschaft durch den Inhalt des Gesellschaftsvertrages gedeckt ist.[372] Kann die Komplementär-GmbH die Gesellschaft nicht fortsetzen, so können die Kommanditisten eine neue GmbH gründen, die als persönlich haftende Gesellschafterin eintreten kann.[373]

VII. Österreichisches Recht

Die den §§ 63, 64 entsprechende Regelung des § 85 ÖGmbHG wurde aufgehoben und in § 69 Abs. 4 ÖKO neu gefasst.[374] Nach § 69 ÖKO ist über das Vermögen der GmbH ein Konkursverfahren zu eröffnen, wenn diese zahlungsunfähig oder überschuldet ist. Neben der Feststellung der rechnerischen Überschuldung ist zusätzlich die zukünftige Entwicklung des Unternehmens zu prüfen.[375] Zahlungsunfähigkeit ist gegeben, wenn der Schuldner nicht in der Lage ist, seine fälligen Schulden zu bezahlen und die dazu erforderlichen Mittel voraussichtlich nicht alsbald beschaffen kann.[376] Dies gilt auch für die GmbH & Co. KG, bei der kein Komplementär eine natürliche Person ist.[377]

175

VIII. Anhang: Maßgebliche Vorschriften

§ 13 InsO. Eröffnungsantrag. (1) ¹Das Insolvenzverfahren wird nur auf Antrag eröffnet. ²Antragsberechtigt sind die Gläubiger und der Schuldner.

176

(2) Der Antrag kann zurückgenommen werden, bis das Insolvenzverfahren eröffnet oder der Antrag rechtskräftig abgewiesen ist.

§ 14 InsO. Antrag eines Gläubigers. (1) Der Antrag eines Gläubigers ist zulässig, wenn der Gläubiger ein rechtliches Interesse an der Eröffnung des Insolvenzverfahrens hat und seine Forderung und den Eröffnungsgrund glaubhaft macht.

(2) Ist der Antrag zulässig, so hat das Insolvenzgericht den Schuldner zu hören.

§ 15 InsO. Antragsrecht bei juristischen Personen und Gesellschaften ohne Rechtspersönlichkeit. (1) Zum Antrag auf Eröffnung eines Insolvenzverfahrens über das Vermögen einer juristischen Person oder einer Gesellschaft ohne Rechtspersönlichkeit ist außer den Gläubigern jedes Mitglied des Vertretungsorgans, bei einer Gesellschaft ohne Rechtspersönlichkeit oder bei einer Kommanditgesellschaft auf Aktien jeder persönlich haftende Gesellschafter, sowie jeder Abwickler berechtigt.

(2) ¹Wird der Antrag nicht von allen Mitgliedern des Vertretungsorgans, allen persönlich haftenden Gesellschaftern oder allen Abwicklern gestellt, so ist er zulässig, wenn

---

[370] *Hesselmann/Tillmann* GmbH & Co. KG Rn. 753; aA *Sudhoff/Schlitt* GmbH & Co. KG § 48 Rn. 150.
[371] BGHZ 8, 35, 41 f.
[372] *Scholz/K. Schmidt* Rn. 105; vgl. ferner *Baumbach/Hopt* § 131 HGB Rn. 22; vgl. hierzu aber auch BGHZ 85, 350 = NJW 1983, 1056 = BB 1983, 722.
[373] Vgl. hierzu *Hachenburg/Ulmer* Rn. 146; *Scholz/K. Schmidt* Rn. 105.
[374] *Koppensteiner* § 85; vgl. iÜ *Reich-Rohrwig* Das neue Insolvenzrecht: IRÄG 1997 und IESG, 1997.
[375] *Koppensteiner* § 25 Rn. 36.
[376] OGH JBl. 1991, 465; *Koppensteiner* § 25 Rn. 36.
[377] *Koppensteiner* § 84 Rn. 11.

der Eröffnungsgrund glaubhaft gemacht wird. ²Das Insolvenzgericht hat die übrigen Mitglieder des Vertretungsorgans, persönlich haftenden Gesellschafter oder Abwickler zu hören.

(3) ¹Ist bei einer Gesellschaft ohne Rechtspersönlichkeit kein persönlich haftender Gesellschafter eine natürliche Person, so gelten die Absätze 1 und 2 entsprechend für die organschaftlichen Vertreter und die Abwickler der zur Vertretung der Gesellschaft ermächtigten Gesellschafter. ²Entsprechendes gilt, wenn sich die Verbindung von Gesellschaften in dieser Art fortsetzt.

§ 16 InsO. Eröffnungsgrund. Die Eröffnung des Insolvenzverfahrens setzt voraus, daß ein Eröffnungsgrund gegeben ist.

§ 17 InsO. Zahlungsunfähigkeit. (1) Allgemeiner Eröffnungsgrund ist die Zahlungsunfähigkeit.

(2) ¹Der Schuldner ist zahlungsunfähig, wenn er nicht in der Lage ist, die fälligen Zahlungspflichten zu erfüllen. ²Zahlungsunfähigkeit ist in der Regel anzunehmen, wenn der Schuldner seine Zahlungen eingestellt hat.

§ 18 InsO. Drohende Zahlungsunfähigkeit. (1) Beantragt der Schuldner die Eröffnung des Insolvenzverfahrens, so ist auch die drohende Zahlungsunfähigkeit Eröffnungsgrund.

(2) Der Schuldner droht zahlungsunfähig zu werden, wenn er voraussichtlich nicht in der Lage sein wird, die bestehenden Zahlungspflichten im Zeitpunkt der Fälligkeit zu erfüllen.

(3) Wird bei einer juristischen Person oder einer Gesellschaft ohne Rechtspersönlichkeit der Antrag nicht von allen Mitgliedern des Vertretungsorgans, allen persönlich haftenden Gesellschaftern oder allen Abwicklern gestellt, so ist Absatz 1 nur anzuwenden, wenn der oder die Antragsteller zur Vertretung der juristischen Person oder der Gesellschaft berechtigt sind.

§ 19 InsO. Überschuldung. (1) Bei einer juristischen Person ist auch die Überschuldung Eröffnungsgrund.

(2) ¹Überschuldung liegt vor, wenn das Vermögen des Schuldners die bestehenden Verbindlichkeiten nicht mehr deckt. ²Bei der Bewertung des Vermögens des Schuldners ist jedoch die Fortführung des Unternehmens zugrunde zu legen, wenn diese nach den Umständen überwiegend wahrscheinlich ist.

(3) ¹Ist bei einer Gesellschaft ohne Rechtspersönlichkeit kein persönlich haftender Gesellschafter eine natürliche Person, so gelten die Absätze 1 und 2 entsprechend. ²Dies gilt nicht, wenn zu den persönlich haftenden Gesellschaftern eine andere Gesellschaft gehört, bei der ein persönlich haftender Gesellschafter eine natürliche Person ist.

§ 130 a HGB [Antragspflicht bei Zahlungsunfähigkeit oder Überschuldung].
(1) ¹Wird eine Gesellschaft, bei der kein Gesellschafter eine natürliche Person ist, zahlungsunfähig oder ergibt sich die Überschuldung der Gesellschaft, so ist die Eröffnung des Insolvenzverfahrens zu beantragen; dies gilt nicht, wenn zu den Gesellschaftern der offenen Handelsgesellschaft eine andere offene Handelsgesellschaft oder Kommanditgesellschaft gehört, bei der ein persönlich haftender Gesellschafter eine natürliche Person ist. ²Antragspflichtig sind die organschaftlichen Vertreter der zur Vertretung der Gesellschaft ermächtigten Gesellschafter und die Liquidatoren. ³Der Antrag ist ohne schuldhaftes Zögern, spätestens aber drei Wochen nach Eintritt der Zahlungsunfähigkeit oder der Überschuldung der Gesellschaft zu stellen.

(2) ¹Nachdem die Zahlungsunfähigkeit der Gesellschaft eingetreten ist oder sich ihre Überschuldung ergeben hat, dürfen die organschaftlichen Vertreter der zur Vertretung der Gesellschaft ermächtigten Gesellschafter und die Liquidatoren für die Gesellschaft keine Zahlungen leisten. ²Dies gilt nicht von Zahlungen, die auch nach diesem Zeitpunkt mit der Sorgfalt eines ordentlichen und gewissenhaften Geschäftsleiters vereinbar sind.

(3) ¹Wird entgegen Absatz 1 die Eröffnung des Insolvenzverfahrens nicht oder nicht rechtzeitig beantragt oder werden entgegen Absatz 2 Zahlungen geleistet, nachdem die Zahlungsunfähigkeit der Gesellschaft eingetreten ist oder sich ihre Überschuldung ergeben hat, so sind die organschaftlichen Vertreter der zur Vertretung der Gesellschaft ermächtigten Gesellschafter und die Liquidatoren der Gesellschaft gegenüber zum Ersatz des daraus entstehenden Schadens als Gesamtschuldner verpflichtet. ²Ist dabei streitig, ob sie die Sorgfalt eines ordentlichen und gewissenhaften Geschäftsleiters angewandt haben, so trifft sie die Beweislast. ³Die Ersatzpflicht kann durch Vereinbarung mit den Gesellschaftern weder eingeschränkt noch ausgeschlossen werden. ⁴Soweit der Ersatz zur Befriedigung der Gläubiger der Gesellschaft erforderlich ist, wird die Ersatzpflicht weder durch einen Verzicht oder Vergleich der Gesellschaft noch dadurch aufgehoben, daß die Handlung auf einem Beschluß der Gesellschafter beruht. ⁵Satz 4 gilt nicht, wenn der Ersatzpflichtige zahlungsunfähig ist und sich zur Abwendung des Insolvenzverfahrens mit seinen Gläubigern vergleicht oder wenn die Ersatzpflicht in einem Insolvenzplan geregelt wird. ⁶Die Ansprüche aus diesen Vorschriften verjähren in fünf Jahren.

(4) Diese Vorschriften gelten sinngemäß, wenn die in den Absätzen 1 bis 3 genannten organschaftlichen Vertreter ihrerseits Gesellschaften sind, bei denen kein Gesellschafter eine natürliche Person ist, oder sich die Verbindung von Gesellschaften in dieser Art fortsetzt.

§ 64 [Insolvenzantragspflicht]

(1) ¹**Wird die Gesellschaft zahlungsunfähig, so haben die Geschäftsführer ohne schuldhaftes Zögern, spätestens aber drei Wochen nach Eintritt der Zahlungsunfähigkeit, die Eröffnung des Insolvenzverfahrens zu beantragen.** ²**Dies gilt sinngemäß, wenn sich eine Überschuldung der Gesellschaft ergibt.**

(2) ¹**Die Geschäftsführer sind der Gesellschaft zum Ersatz von Zahlungen verpflichtet, die nach Eintritt der Zahlungsunfähigkeit der Gesellschaft oder nach Feststellung ihrer Überschuldung geleistet werden.** ²**Dies gilt nicht von Zahlungen, die auch nach diesem Zeitpunkt mit der Sorgfalt eines ordentlichen Geschäftsmanns vereinbar sind.** ³**Auf den Ersatzanspruch finden die Bestimmungen in § 43 Abs. 3 und 4 entsprechende Anwendung.**

Literatur: S. zunächst bei § 63, *Ahrenkiel/Cork* Überschuldung trotz kapitalersetzender Bürgschaft, DB 1987, 823; *Altmeppen/Wilhelm* Quotenschaden, Individualschaden und die Klagebefugnis, NJW 1999, 673; *Auler* Prüfungspflichten bei einer notleidenden Aktiengesellschaft, DB 1976, 1537; *Becker* Die Änderungen der §§ 64, 74, 84 GmbH-Gesetz durch das Reichsgesetz über die Pflicht zum Antrag auf Eröffnung des Konkurses oder Vergleichsverfahrens vom 25. März 1930 (RGBl. I S. 93), GmbHR 1930, 421, 485; *Benning* Zur Konkursantragspflicht des Geschäftsführers einer GmbH, die Komplementärin einer Kommanditgesellschaft ist, DB 1971, 609; *Bergenroth* GmbHG § 64 I ist Gläubigerschutzgesetz iS § 823 II BGB, MDR 1958, 199; *Biletzki* Die deliktische Haftung des GmbH-Geschäftsführers, 1999; *Brandner* Haftung des Gesellschafter-Geschäftsführers einer GmbH aus culpa in contrahendo, FS Werner, 1984, S. 53; *Cahn* Pflicht zum Antrag aus Eröffnung eines Verschuldungsverfahrens, LZ 1930,

§ 64
5. Abschnitt. Auflösung und Nichtigkeit der Gesellschaft

563; *Canaris* Schutzgesetze – Verkehrspflichten – Schutzpflichten, FS Larenz, 1983, S. 27; *Dauner-Lieb* Die Berechnung des Quotenschadens, ZGR 1998, 619; *Deutler* Änderung handels- und konkursrechtlicher Vorschriften durch das Erste Gesetz zur Bekämpfung der Wirtschaftskriminalität, GmbHR 1977, 36; *Espe/von Bitter* Haftungsrisiken des GmbH-Geschäftsführers 1990; *Fleck* Zur Haftung des GmbH-Geschäftsführers, GmbHR 1974, 224; *Franzheim* Zur Konkursantragspflicht des Geschäftsführers einer GmbH, die Komplementärin einer Kommanditgesellschaft ist, DB 1970, 1675; *Ganßmüller* Die werbende Vor-GmbH, GmbHR 1953, 116; *Gilles/Baumgart* Schadensersatzpflicht des GmbH-Geschäftsführers nach § 823 II BGB iVm. § 64 I GmbHG (Schutzbereichsproblematik), JuS 1974, 226; *Götker* Der Geschäftsführer in der Insolvenz der GmbH, 1999; *Gottwald* Insolvenzrechts-Handbuch, 2001; *Grunewald* Die unbeschränkte Haftung beschränkt haftender Gesellschafter für die Verletzung von Aufklärungspflichten im vorvertraglichen Bereich, ZGR 1986, 580; *Gurke* Zur Konkursantragspflicht der GmbH-Geschäftsführer wegen Überschuldung der GmbH, DB 1982, 1857; *ders.* Verhaltensweisen und Sorgfaltspflichten von Vorstandsmitgliedern und Geschäftsführern bei drohender Überschuldung, 1982; *Haas* Insolvenzantragsrecht und -pflicht in der GmbH, insbesondere des „faktischen" Geschäftsführers nach neuem Recht, DStR 1998, 1359, *ders.* Fragen zur Insolvenzverschleppungshaftung des GmbH-Geschäftsführers, NZG 1999, 373; *Häsemeyer* Die Gleichbehandlung der Konkursgläubiger, KTS 1982, 507; *Heckmann* Die Ausübung von Rechten der Gesellschaftsgläubiger durch den Konkursverwalter, KTS 1960, 182; *Heilmann* Zur Insolvenz des Unternehmens und ihre Folgen, KTS 1976, 253; *Heinemann* Die Haftung der Kommanditisten im Vergleich, insb. nach Errichtung einer GmbH & Co. KG, GmbHR 1968, 203; *Hess* InsO, Kommentar zur Insolvenzordnung mit EG, InsO 1. Aufl. 1999; *Hess/Uhlenbruck/Weis* Entscheidungssammlung zum Insolvenzrecht, 1999; *Hirte* Die Entwicklung des Unternehmens- und Gesellschaftsrechts in Deutschland in den Jahren 1998 und 1999, NJW 2000, 3531; *Hofmann* Zur Auflösung einer GmbH, GmbHR 1975, 217; *Höffner* Überschuldung: Ein Tatbestandsmerkmal im Schnittpunkt von Bilanz-, Insolvenz und Strafrecht (Teil I), BB 1999, 198; *Honsell* Die Haftung des Geschäftsführers gegenüber Gesellschaftsgläubigern bei Insolvenz der GmbH, GesRZ 1984, 134; *U. Huber* Vermögensanteil, Kapitalanteil und Gesellschaftsanteil an Personalgesellschaften des Handelsrechts, 1970; *Jauernig* Zwangsvollstreckungs- und Insolvenzrecht, 21. Aufl. 1999; *Kamprad* Kapitalersetzende Gesellschafterdarlehen im Konkurs und Vergleich der GmbH in der rechtspolitischen Diskussion, GmbHR 1975, 54; *ders.* Verdecktes Stammkapital und verdeckte Gewinnausschüttung bei Überschuldung der GmbH, GmbHR 1969, 81; *Kilger/Huber* Anfechtungsgesetz, 8. Aufl. 1995; *Kion* Die Haftung des GmbH-Geschäftsführers, BB 1984, 867; *ders.* Die Haftung des GmbH-Geschäftsführers, BB 1984, 846; *Kirchhof* Leitfaden zum Insolvenzrecht, 1999; *Konow* Probleme der Geschäftsführerhaftung bei der GmbH, GmbHR 1968, 219; *ders.* Gesellschafterhaftung für Verkürzung der Konkursmasse, GmbHR 1975, 104; *G. Kuhn* Über die Rechtsprechung des Bundesgerichtshofs auf dem Gebiete des Konkursrechts, KTS 1963, 65; *ders.* Die Rechtsprechung des BGH zum Insolvenzrecht, WM 1971, 1038; 1976, 230; *ders.* Die Rechtsprechung des BGH zur GmbH, WM 1978, 598; *ders.* Die Aufrechnung mit der Einlageforderung und gegen sie im Konkurs, GmbHR 1955, 164; *Kübler/Prütting* Kommentar zur Insolvenzordnung, 2000; *Kühn* Die Konkursantragspflicht bei Überschuldung einer GmbH, Diss. Münster 1966; *ders.* Gläubigerschutz nach § 823 Abs. 2 BGB bei Überschuldung einer GmbH, NJW 1970, 589; *Kuhn/Uhlenbruck* Konkursordnung, 11. Aufl. 1994; *Lambsdorff/Gilles* Zur Haftung der GmbH-Geschäftsführer bei unterlassenem oder verzögertem Konkursantrag, NJW 1966, 1551; *Leyendeckers* Zur Konkursantragspflicht des Geschäftsführers einer GmbH, die Komplementärin einer Kommanditgesellschaft ist, DB 1971, 609; *Lindacher* Direkte Haftung der AG-Vorstandsmitglieder und GmbH-Geschäftsführer gegenüber Gesellschaftsgläubigern bei unterlassenem oder verzögertem Konkursantrag, DB 1972, 1424; *Meyke* Plausibilitätskontrolle und Beweis, NJW 2000, 2230; *Münch* Amtsniederlegung, Abberufung und Geschäftsunfähigkeit des Geschäftsführers einer GmbH, DStR 1993, 916; *Pleyer* Zur Haftung des Gesellschafters einer unterkapitalisierten Strohmann-GmbH, GmbHR 1963, 206; *Proebsting* Zur Konkursantragspflicht des Geschäftsführers einer GmbH, die Komplementärin einer Kommanditgesellschaft ist, DB 1970, 2428; *Richter* Der Konkurs der GmbH aus der Sicht der Strafrechtspraxis, GmbHR 1984, 113, 137; *Roth* Geschäftsführerpflichten und Gesellschafterhaftung bei Überschuldung der GmbH, GmbHR 1985, 137; *ders.* Die Haftung als faktischer Geschäftsführer im Konkurs der GmbH, ZGR 1987, 421; *Schäfer* Zur strafrechtlichen Verantwortlichkeit des GmbH-Geschäftsführers, GmbHR 1993, 717 (Teil I) und 780 (Teil 2); *Schaub* Die GmbH in der Krise, DStR 1993, 1483; *K Schmidt* Konkursantragspflichten und allgemeines Deliktsrecht, JZ 1978, 661; *ders.* Organverantwortlichkeit und Sanierung im Insolvenzrecht des Unternehmens, ZIP 1980, 328; *ders.* Sinnwandel und Funktion des Überschuldungstatbestands, JZ 1982, 165; *ders.* Konkursverschleppungshaftung und Konkursverursachungshaftung, ZIP 1988, 1497; *ders.* Kein Abschied vom „Quotenschaden" bei der Insolvenzverschleppungshaftung! NZI 1998, 9; *Schmidt/Uhlenbruck* Die GmbH in Krise, Sanierung und Insolvenz, 1999; *Schulze-Osterloh* Grenzen des Gläubigerschutzes bei fahrlässiger Konkursverschleppung, AG 1984, 141; *ders.* Zahlungen nach Eintritt der Insolvenzreife (§ 64 Abs. 2 GmbHG; §§ 92 Abs. 3, 93 Abs. 3 Nr. 6 AktG), FS Bezzenberger, S. 2000, 415; *U. Stein* Das faktische Organ, 1984; *Steininger* Die Haftung des Geschäftsführers aus culpa in contrahendo bei wirtschaftlicher Bedrängnis der GmbH,

1986; *Summerer* Der Schadensersatzanspruch der Neugläubiger aus §§ 823 Abs. 2 BGB, 64 Abs. 1 GmbHG, Diss. Tübingen 1999; *Tiedemann* Zur Unterlassung der Konkursantragstellung im GmbHR, ZIP 1982, 653; *ders.* Zur Streichung von Bilanzerfordernissen in §§ 64, 84 GmbHG, GmbHR 1985, 281; *Trölitzsch* Die Amtsniederlegung des Geschäftsführers in der Krise der GmbH, GmbHR 1995, 857; *Uhlenbruck* Die Rechtsstellung der getäuschten Kommanditisten im Konkurs und Vergleich der betrügerischen GmbH & Co. (unter besonderer Berücksichtigung der Abschreibungsgesellschaften), GmbHR 1973, 107; *ders.* Die Normadressaten der §§ 64, 84 GmbHG und die Verantwortlichkeit von Nichtgeschäftsführern wegen Konkursverschleppung, ZHR 148 (1984), 207; *ders.* Die Pflichten des Geschäftsführers einer GmbH oder GmbH & Co. KG in der Krise des Unternehmens, BB 1985, 1277; *ders.* Haftungstatbestände bei Konkursverursachung und -verschleppung, DStR 1991, 351; *ders.* Die Bedeutung des neuen Insolvenzrechts für GmbH-Geschäftsführer, GmbHR 1999, 313 (Teil I) und 390 (Teil II); *Ullmann* Die Pflicht zum Antrage des Konkurses oder des gerichtlichen Vergleichsverfahrens, JW 1930, 1344; *Ulmer* Konkursantragpflicht bei Überschuldung der GmbH und Haftungsrisiken bei Konkursverschleppung, KTS 1981, 469; *ders.* Volle Haftung des Gesellschaft-Geschäftsführers einer GmbH für Gläubigerschäden aus fahrlässiger Konkursverschleppung, NJW 1983, 1577; *Vonnemann* Strafbarkeit von GmbH-Geschäftsführern wegen Untreue zu Lasten der GmbH bei Zahlung der Gesellschafter, GmbHR 1988, 329; *Wilhelm* Konkursantragpflicht des GmbH-Geschäftsführers und Quotenschaden, ZIP 1993, 1833; *Winkler* Zum Schutzumfang des § 64 Abs. 1 GmbHG, MDR 1960, 185; *ders.* § 64 Abs. 1 GmbHG als Schutzgesetz für die Gesellschaftsgläubiger, MDR 1958, 887.

Literatur zur persönlichen Haftung der Geschäftsführer nach § 823 Abs. 2 BGB iVm. § 64 Abs. 1 nach neuer Rechtsprechung s. Rn. 37.

Übersicht

	Rn.		Rn.
I. Einführung	1–4	bb) Zulässige Zahlungen nach Abs. 2 S. 2	30
II. Das Antragsverfahren (Abs. 1)	5–22	cc) Masseschmälernde Leistungen	31
1. Entwicklung und Normzweck	5, 6	dd) Verschulden	32–34
2. Voraussetzungen für die Antragspflicht	7–11	c) Schadensersatz	35
a) Einführung	7	d) Verzicht und Verjährung	36
b) Antragsgründe	8–11	3. Insolvenzverschleppung. § 64 Abs. 1 iVm. § 823 Abs. 2 BGB	37–51
aa) Zahlungsunfähigkeit	8	a) Geschützter Personenkreis	38–41
bb) Überschuldung	9	aa) Altgläubiger	39
cc) Notwendigkeit eines Überschuldungsstatus	10, 11	bb) Neugläubiger	40
3. Antragsfrist	12–15	cc) Nicht geschützte Gläubiger	41
a) Bedeutung und Berechnung	12, 13	b) Quotenschaden der Altgläubiger	42
b) Maßnahmen der Geschäftsführer	14, 15	c) Neugläubigerschaden	43–46
4. Antragstellung durch die Geschäftsführer	16–21	d) Verschulden	47, 48
a) Grundsatz	16–18	e) Aktivlegitimation	49
b) Inhalt der Verantwortlichkeit	19, 20	f) Ausgeschiedener Geschäftsführer	50
c) Amtsniederlegung	21	g) Verzicht, Verjährung	51
5. Erlöschen der Antragspflicht	22	4. Haftung nach § 26 Abs. 3 InsO	52
III. Die Haftung der Geschäftsführer	23–53	5. cic (§ 311 BGB nF)	53
1. Einführung	23–25	**IV. Die GmbH & Co. KG**	54–57
2. Masseschmälerung (Abs. 2)	26–36	1. Antragspflicht	54
a) Normzweck	26	2. Zivil- und strafrechtliche Haftung	55–57
b) Voraussetzungen	27–34	**V. Österreichisches Recht**	58
aa) Leistung von Zahlungen	27–29		

I. Einführung

§ 64 enthält zwei verschiedene Tatbestände. *Abs. 1* untersagt dem Geschäftsführer, das **1** Unternehmen im Stadium der Zahlungsunfähigkeit oder Überschuldung ohne Sanierungsmaßnahmen fortzuführen, die Insolvenz also zu verschleppen, mithin die Eröffnung des Insolvenzverfahrens nicht rechtzeitig zu beantragen. *Abs. 2* verbietet den Geschäftsführern, die Masse zu schmälern und knüpft hieran deren persönliche Haftung.[1]

---

[1] *K. Schmidt* NJW 1993, 2934.

§ 64   5. Abschnitt. Auflösung und Nichtigkeit der Gesellschaft

2   Zum 1. 1. 1999 ist § 64 Abs. 1 durch Artikel 110 iVm. Art. 48 Nr. 7 EGInsO vom 5. 10. 1994[2] neu gefasst worden, um dem neuen einheitlichen Insolvenzverfahren Rechnung zu tragen. Die Neufassung enthält keine eigene Definition der Überschuldung und „verweist" damit auf den Überschuldungstatbestand des § 19 Abs. 2 InsO.

3   § 19 Abs. 2 S. 2 InsO war im Entwurf einer InsO[3] noch nicht enthalten, sondern wurde vom Bundesrat 1994 eingefügt.[4] Die Novellierung spricht nicht ausdrücklich von einer **zweistufigen Feststellung** der **Überschuldung** in dem Sinne, dass die rechnerische Überschuldung bei negativer Fortbestehensprognose zur rechtlichen Überschuldung führt (hierzu § 63 Rn. 36), sondern verlagert ihrem Wortlaut nach die Fortbestehensprognose in die Ermittlung der rechnerischen Überschuldung. **Der Rechtsausschuss** wollte damit klarstellen, dass eine positive Prognose allein **ohne Überschuldungsbilanz** nicht zur Verneinung der Überschuldung führen darf.[5] Zu dieser Klarstellung sah sich der Rechtsausschuss auf Grund der bisher hM (§ 63 Rn. 69, 72) veranlasst, die allein bei Vorliegen einer positiven Fortbestehensprognose auch ohne Überschuldungsbilanz die Überschuldung verneinte. Der Rechtsausschuss hat unterstrichen, dass die Überlebensfähigkeit auf der Grundlage einer Überschuldungsbilanz zu ermitteln ist. Durch die in § 19 Abs. 2 InsO vorgenommene Überschuldungsdefinition hat der Gesetzgeber dem modifizierten zweistufigen Überschuldungsbegriff keine Absage erteilt,[6] vielmehr ist die Zweistufigkeit des Überschuldungstatbestandes lediglich eingeschränkt worden.[7]

4   Nach der hier vertretenen Auffassung (§ 63 Rn. 72), derzufolge eine zwingende Prüfungsreihenfolge in dem Sinne besteht, dass zunächst der Grad der rechnerischen Überschuldung ermittelt werden muss und auf dieser Grundlage die Fortbestehensprognose zu erarbeiten ist, erfordert nicht die Aufgabe des zweistufigen Überschuldungstatbestandes. Die zweistufige Ermittlung der Überschuldung erscheint auch präziser als die Verlagerung der Fortbestehensprognose in die Aufstellung der Überschuldungsbilanz selbst. Nicht zuletzt unter dem Gesichtspunkt der Rechtssicherheit sollte § 19 Abs. 2 InsO iSd. zweistufigen Überschuldungstatbestandes ausgelegt werden, allerdings mit der Maßgabe, dass eine positive Fortbestehensprognose für sich allein gesehen nicht ausreicht, diese vielmehr auf der Grundlage der Feststellung der rechnerischen Überschuldung erarbeitet werden muss (vgl. § 63 Rn. 69, 72).

II. Das Antragsverfahren (Abs. 1)

5   **1. Entwicklung und Normzweck.** § 64 Abs. 1 statuiert die Pflicht jedes Geschäftsführers zur Stellung des Insolvenzantrages (§ 15 Abs. 1 InsO) bei Vorliegen der Zahlungsunfähigkeit (§ 17 InsO) der Gesellschaft oder bei Eintritt der Überschuldung (§ 19 InsO) unter Gewährung einer Frist von längstens drei Wochen. Während die ursprüngliche Fassung des § 64 Abs. 1 keine Überlegungsfrist enthielt, wurde diese durch das Reichsgesetz vom 25. 3. 1930[8] und durch die Verordnung des Reichspräsi-

---

[2] BGBl. I S. 2911 ff.
[3] RegE § 23 BT-Drucks. 12/2443 vom 15. 4. 1992.
[4] BR-Drucks. 339/94.
[5] BT-Drucks. 12/7302; *Uhlenbruck* Das neue Insolvenzrecht, S. 320.
[6] *Kübler/Prütting/Pape* § 19 Rn. 5; *Uhlenbruck* GmbHR 1999, 313, 321; *Lutter/Hommelhoff* Rn. 11.
[7] *Baumbach/Hueck/Schulze-Osterloh* Rn. 11.
[8] RGBl. I S. 93.

denten vom 6. 8. 1931[9] ergänzt,[10] um antragspflichtigen Geschäftsführern der Gesellschaft die Möglichkeit zu eröffnen, vor Stellung des Antrages auf Eröffnung des Konkursverfahrens zu prüfen, ob die Voraussetzungen für die Durchführung eines gesetzlichen Vergleichsverfahrens zur Abwendung des Konkurses gegeben seien.[11] Durch die Einführung der InsO wurde das Nebeneinander von Konkurs- und Vergleichsverfahren zugunsten eines einheitlichen Insolvenzverfahrens beseitigt, weshalb[12] § 64 Abs. 1 S. 3 gestrichen wurde, da es ein selbstständiges Vergleichsverfahren nicht mehr gibt.[13] An die Stelle des Vergleichs (und des Zwangsvergleichs) ist das Institut des Insolvenzplans (§§ 217ff. InsO) in neu gestalteter Form getreten.[14] An der drei Wochen-Frist hat der Gesetzgeber jedoch festgehalten.

Die Insolvenzantragspflicht gemäß § 64 Abs. 1 wird als **zwingende öffentlich- 6 rechtliche Verpflichtung** der Geschäftsführer verstanden.[15] Daher können die Geschäftsführer **auch im Einverständnis mit sämtlichen Insolvenzgläubigern und Gesellschaftern von ihrer Antragspflicht nicht befreit werden**.[16] Auch entgegenstehende Weisungen der Gesellschafter entbinden die Geschäftsführer nicht von ihrer Verpflichtung. Ergreifen die Geschäftsführer jedoch konkrete Sanierungsmaßnahmen (vgl. § 63 Rn. 75), zB durch Gewährung neuer Darlehensmittel mit Rangrücktrittsvereinbarung, so kann der Insolvenzgrund (Zahlungsunfähigkeit und/oder Überschuldung) und damit auch die Verpflichtung zur Antragstellung entfallen.[17]

2. Voraussetzungen für die Antragspflicht. a) Einführung. Mit dem Eintritt 7 der Zahlungsunfähigkeit oder Überschuldung ist der Geschäftsführer zur Antragstellung verpflichtet. Bei drohender Zahlungsunfähigkeit ist der Gesellschaft lediglich ein Recht zur Antragstellung eingeräumt. Ob die Gesellschaft noch eine werbende ist, sich in Liquidation befindet oder als nichtige qualifiziert wird, bleibt für die Insolvenzantragspflicht gleichgültig, sie besteht in jedem dieser Fälle.[18] Auf die Vor-GmbH ist der Insolvenzgrund der Überschuldung wegen der Nähe zur GmbH analog anzuwenden und die Antragspflicht des Geschäftsführers zu bejahen,[19] (zur Vor-GmbH vgl. iÜ § 63 Rn. 19). Auf Vorgründungsgesellschaften findet § 64 keine Anwendung.[20] Die Antragspflicht besteht auch, wenn die Masse die Kosten des Insolvenzverfahrens nicht deckt.[21] Denn allein das Insolvenzgericht hat zu entscheiden, ob eine Eröffnung des Verfahrens mangels Masse ausscheidet, § 207 Abs. 1 InsO. Vgl. iÜ § 63 Rn. 93.

b) Antragsgründe. aa) Zahlungsunfähigkeit. Zum Antragsgrund der Zahlungs- 8 unfähigkeit vgl. § 63 Rn. 21 ff.

---

[9] RGBl. I S. 433.
[10] So auch *Hachenburg/Ulmer* Rn. 5; *Scholz/K. Schmidt* Rn. 3.
[11] *Hachenburg/Ulmer* Rn. 5; *Scholz/K. Schmidt* Rn. 3.
[12] *Uhlenbruck* GmbHR 1999, 313, 315.
[13] BT-Drucks. 12/3803.
[14] *Uhlenbruck* GmbHR 1999, 390, 398f.
[15] *Lutter/Hommelhoff* Rn. 26; *Hachenburg/Ulmer* Rn. 1; *Scholz/K. Schmidt* Rn. 4.
[16] RGZ 72, 258, 288; LG Dortmund GmbHR 1986, 91; *Hachenburg/Ulmer* Rn. 7; *Scholz/ K. Schmidt* Rn. 4; *Baumbach/Hueck/Schulze-Osterloh* Rn. 38.
[17] *Hachenburg/Ulmer* Rn. 7; *Lutter/Hommelhoff* Rn. 17.
[18] *Hachenburg/Ulmer* Rn. 4; *Scholz/K. Schmidt* Rn. 2; *Baumbach/Hueck/Schulze-Osterloh* Rn. 2.
[19] *Baumbach/Hueck/Schulze-Osterloh* Rn. 2; *Haas* DStR 1999, 985, 986; *Gottwald* Insolvenzrechts-HdB § 92 Rn. 311; *Hachenburg/Ulmer* Rn. 4; aA *Roth/Altmeppen* Rn. 1.
[20] *Baumbach/Hueck/Schulze-Osterloh* Rn. 2.
[21] *Scholz/K. Schmidt* Rn. 14.

9 **bb) Überschuldung.** Zum Begriff der Überschuldung, deren Voraussetzungen sowie der Prüfungsreihenfolge vgl. § 63 Rn. 33 ff. **Warnzeichen, die eine Überschuldung der Gesellschaft nahelegen und die die Geschäftsführer zur sofortigen diesbezüglichen Überprüfung nötigen, können sein:** starker Umsatzrückgang, deutlich sinkender Auftragseingang, seit langem fällige Forderungen, übersetztes Warenlager mit branchenunüblicher geringer Umschlaghäufigkeit uÄ.

10 **cc) Notwendigkeit eines Überschuldungsstatus.** Zeigen sich solche Symptome, so trifft die Geschäftsführer die Pflicht, ohne Verzug einen Überschuldungsstatus iSd. Erl. zu § 63 Rn. 38 ff. aufzustellen und diesen im Hinblick auf die ihnen obliegende Beobachtungspflicht regelmäßig zu aktualisieren.[22] Die reine Mutmaßung, dass die Gesellschaft überschuldet sein könnte, reicht ebenso wenig für die Insolvenzantragspflicht aus wie das Erkennen von Überschuldungssymptomen. Die Insolvenzantragspflicht darf nicht leichtfertig ausgeübt werden.[23]

11 Ergibt der so aufgestellte Überschuldungsstatus bei objektiver und kritischer Beurteilung, dass die Aktiva die Passiva noch übersteigen, so besteht keine Insolvenzantragspflicht. Erweist sich hingegen eine rechnerische Überschuldung der Gesellschaft, so muss die **Fortführungsprognose** von den Geschäftsführern innerhalb der Drei-Wochen-Frist angestellt werden (vgl. § 63 Rn. 69 f.).[24] Zeigt sich bei objektiver Betrachtung eine realistische Aussicht, die rechnerische Überschuldung der Gesellschaft alsbald zu überwinden **und besteht die Zahlungsfähigkeit der Gesellschaft fort,** so entfällt ebenfalls die Pflicht zur Antragstellung gemäß Abs. 1. Ergeben Überschuldungsbilanz und der Fortführungsprognose, dass die Überschuldung in absehbarer Zeit nicht zu beheben sein wird, so ist eine Pflicht des Geschäftsführers zur Antragstellung zu bejahen.

12 **3. Antragsfrist. a) Bedeutung und Berechnung.** Die Überlegungsfrist von drei Wochen ist als eine Art „Ausschlussfrist" zu verstehen. Wird die Zahlungsunfähigkeit oder Überschuldung der Gesellschaft vor Ablauf manifest, so haben die Geschäftsführer unverzüglich den Antrag auf Eröffnung des Insolvenzverfahrens zu stellen. Das folgt aus dem Wort **„spätestens",** was besagt, dass die Drei-Wochen-Frist nicht ausgeschöpft werden darf, wenn sich schon eine nicht behebbare Insolvenzreife der Gesellschaft ergibt.[25] Außergerichtliche Vergleichsbemühungen hemmen ebensowenig den Fristablauf wie den Fristbeginn,[26] sie können jedoch den Insolvenzgrund und mithin die Antragspflicht beseitigen.

Die Drei-Wochen-Frist beginnt mit dem Erkennen der Insolvenzreife durch die Geschäftsführer.[27] Umstritten ist, ob für den Beginn der Frist die positive Kennt-

---

[22] BGH NJW 1994, 2149, 2150 = ZIP 1994, 891, 892 = MDR 1994, 674; BGH NZG 2001, 411; *Lutter/Hommelhoff* Rn. 12.
[23] Sehr instruktiv hierzu *Scholz/K. Schmidt* Rn. 13 ff.
[24] *Scholz/K. Schmidt* § 63 Rn. 10; *Meyer-Landrut/Miller/Niehus* Rn. 2.
[25] OLG Düsseldorf NZG 1999, 1066, 1068; *Hachenburg/Ulmer* Rn. 26; *Scholz/K. Schmidt* Rn. 16; *Baumbach/Hueck/Schulze-Osterloh* Rn. 44; *Lutter/Hommelhoff* Rn. 27; *Meyer-Landrut/Miller/Niehus* Rn. 10; *Fleck* GmbHR 1974, 224, 229 f.
[26] BGHZ 75, 96, 110 = NJW 1979, 1823, 1826 = BB 1979, 1625, 1627; *Baumbach/Hueck/Schulze-Osterloh* Rn. 44; *Hachenburg/Ulmer* Rn. 23, 26; *Scholz/K. Schmidt* § 64 Rn. 16.
[27] BGHZ 75, 96, 110 f. = NJW 1979, 1823, 1827 = BB 1979, 1625, 1628 *(Herstatt); Hachenburg/Ulmer* Rn. 25; *Scholz/K. Schmidt* Rn. 16; *Baumbach/Hueck/Schulze-Osterloh* Rn. 43; *Fleck* GmbHR 1974, 224, 229; *Ulmer* KTS 1981, 469, 482 f.; *Gottwald* Insolvenzrechts-HdB § 92 Rn. 47.

Insolvenzantragspflicht **§ 64**

nis[28] der Geschäftsführer vom Insolvenzgrund maßgeblich[29] oder aus objektiverer Sicht der Insolvenzgrund erkennbar sein muss.[30] Für den BGH[31] genügt neuerdings die Erkennbarkeit der Insolvenzreife für den Geschäftsführer.[32]

Dies ist vom Ansatz her zu begrüßen, da hierdurch die Insolvenzantragspflicht **13** früher zu laufen beginnt und folglich mit einer größeren zur Gläubigerbefriedigung zur Verfügung stehenden Insolvenzmasse zu erwarten ist.[33] Zudem wäre die subjektive Kenntnis des Geschäftsführers, insbes. bei unaufmerksamer Beobachtung der Vermögenslage der GmbH mit der im öffentlichen Interesse stehenden Antragspflicht (vgl. Rn. 6) unvereinbar. Eine rein objektive Sichtweise könnte jedoch dazu führen, dass die Drei-Wochenfrist bereits vor Kenntniserlangung des Geschäftsführers verstrichen ist und deren Zweck, dem Geschäftsführer eine Ermessensausübung einzuräumen, zuwiderläuft.[34] Richtigerweise ist für den Beginn der Insolvenzantragsfrist die **offensichtliche Erkennbarkeit** des Insolvenzgrundes maßgeblich. Diese ermöglicht im Fall der Überschuldung einen früheren Fristbeginn als die subjektive Sichtweise.[35] Darüber hinaus entspricht dies im Fall der Zahlungsunfähigkeit dem Gesetzeswortlaut. Allerdings ist der Unterschied zur positiven Kenntnis von eher geringerer Bedeutung, da der Geschäftsführer die Zahlungsunfähigkeit kaum übersehen kann.[36]

b) Maßnahmen der Geschäftsführer. Während der Drei-Wochen-Frist haben **14** die Geschäftsführer der Gesellschaft mit Nachdruck zu versuchen, die Insolvenzreife des Unternehmens kurzfristig zu beheben. Die Geschäftsführer können und sollen im Interesse der Gläubiger der Gesellschaft, aber auch im Interesse der Gesellschafter und der Mitarbeiter alle sachgerechten Maßnahmen prüfen und alle Möglichkeiten zur Beseitigung der Insolvenzgründe verfolgen (vgl. § 63 Rn. 75). Zu solchen Maßnahmen gehören auch die **Bemühungen um einen außergerichtlichen Vergleich,** was meist nur möglich ist, wenn wenige Gläubiger vorhanden sind. Weiter gehört hierher die **Aufnahme neuer Gesellschafter, die Barkapital einlegen** oder auch eine **Kapitalerhöhung durch Zuführung neuer Mittel.** (Zu Sanierungsmaßnahmen vgl. § 63 Rn. 75 ff.)

Die Aufnahme von Darlehen oder Bankkrediten reicht im Falle der Über- 15 schuldung nicht aus, da durch die Aufnahme solcher Darlehen oder Kredite die Überschuldung der Gesellschaft nicht beseitigt wird, weil den neu zugeführten Mitteln auf der Aktivseite die Forderung der Darlehensgeber auf der Passivseite gegenübersteht.[37] Wohl aber sind **Gesellschafterdarlehen iSd. § 32 a** ein geeignetes Sanierungsmittel, wenn zugleich mit der Hingabe des **Sanierungsdarlehens** eine

---

[28] BGHZ 75, 96, 110 = NJW 1979, 1823, 1827 = 1979, 1625, 1627.
[29] BGHZ 75, 96, 110 = NJW 1979, 1823, 1827 = BB 1979, 1625, 1627; *Hachenburg/Ulmer* Rn. 25; *Roth/Altmeppen* Rn. 6; *Meyer-Landrut/Miller/Niehus* Rn. 10; *Baumbach/Hueck/Schulze-Osterloh* Rn. 43; *Schulze-Osterloh* AG 1984, 141, 142 f.
[30] So *Kübler/Prütting/Pape* § 15 Rn. 7; *Habersack* AktG § 92 Rn. 62: Erkennbarkeit des Insolvenzgrundes; *Scholz/K. Schmidt* Rn. 13, 18; *Lutter/Hommelhoff* Rn. 26; *Kuhn/Uhlenbruck* KO § 103 Rn. 11: fordern ein „Zutageliegen" der Überschuldung; *Wimmer* NJW 1996, 2546, 2547: verlangt schuldhafte Unkenntnis.
[31] BGHZ 143, 184, 186 = NJW 2000, 668, 669 = DStR 2000, 210.
[32] Ferner: BGH DStR 2000, 1831 = DB 2000, 2161 = ZIP 2000, 1896.
[33] *Lutter/Hommelhoff* Rn. 26.
[34] So auch *Scholz/K. Schmidt* Rn. 18.
[35] *Lutter/Hommelhoff* Rn. 26; *Scholz/K. Schmidt* Rn. 18.
[36] *Scholz/K. Schmidt* Rn. 18.
[37] *Scholz/K. Schmidt* Rn. 21; *Lutter/Hommelhoff* Rn. 27.

§ 64   5. Abschnitt. Auflösung und Nichtigkeit der Gesellschaft

Rangrücktrittsvereinbarung mit dem Darlehensgeber abgeschlossen wird (vgl. § 63 Rn. 62 ff.).[38]

16 **4. Antragstellung durch die Geschäftsführer. a) Grundsatz.** Den Insolvenzantrag können – außer den Gläubigern – nur die **Geschäftsführer** oder **Liquidatoren** der Gesellschaft stellen (§ 15 Abs. 1 InsO), nicht aber die Gesellschafter, der Aufsichtsrat oder Beirat. Unabhängig von gesetzlichen oder sonstigen Vertretungsregeln kann **jeder einzelne Geschäftsführer** selbstständig und unabhängig von den übrigen die Eröffnung des Insolvenzverfahrens *mit befreiender Wirkung für die übrigen Geschäftsführer* beantragen, § 15 Abs. 1 InsO.[39] Wird der Antrag nicht von allen Geschäftsführern oder Liquidatoren gestellt, ist der Eröffnungsgrund, d. h. Zahlungsunfähigkeit oder Überschuldung, glaubhaft zu machen, § 15 Abs. 2 InsO, wofür der Nachweis überwiegender (nicht an Sicherheit grenzender) Wahrscheinlichkeit ausreicht, § 4 InsO iVm. § 294 ZPO.[40] Hierfür kann sich der Geschäftsführer aller Beweismittel der ZPO bedienen. Die übrigen Geschäftsführer sind vom Insolvenzgericht zum Antrag zu hören (vgl. iÜ § 63 Rn. 16).

17 Auch wer **faktisch die Geschäfte der Gesellschaft führt**, ohne förmlich bestellt zu sein, oder wer auf Grund einer fehlerhaften Bestellung als Geschäftsführer fungiert, ist ebenfalls zum Antrag verpflichtet und haftet für den Fall des Unterlassens wie ein Geschäftsführer.[41] Die Inanspruchnahme scheitert also nicht an der mangelhaften oder nichtigen Bestellung zum Geschäftsführer, wenn er nur die Geschäfte der Gesellschaft geführt, also nicht lediglich einzelne Maßnahmen getroffen,[42] und den Insolvenzantrag verschleppt hat. Befindet sich die Gesellschaft in Liquidation, sind die Liquidatoren antragspflichtig, und zwar wiederum jeder Einzelne von ihnen.[43]

18 Ein bereits durch einen **Gläubiger** der Gesellschaft **gestellter Insolvenzantrag entbindet die Geschäftsführer nicht** von ihrer eigenen Antragspflicht.[44]

19 **b) Inhalt der Verantwortlichkeit.** Die Organstellung der Geschäftsführer erfordert deren eigenverantwortliches Handeln. Eine etwaige Weisung der Gesellschafterversammlung, des Mehrheitsgesellschafters, des Aufsichtsrats oder Beirats, keinen Insolvenzantrag zu stellen oder mit einem solchen noch abzuwarten, entlastet die Geschäftsführer nicht (vgl. Rn. 6); auch nicht bei Anspruchsverzicht oder Freistellung (vgl. Rn. 36). Die Einlassung eines Geschäftsführers, er sei weder Kaufmann noch

---

[38] OLG Hamburg BB 1986, 1817, 1819; *Scholz/K. Schmidt* Rn. 21; *Ehlers* DStR 1998, 1756, 1760.
[39] BGHZ 75, 96, 106 = NJW 1979, 1823, 1826 = BB 1979, 1625, 1627 *(Herstatt); Hachenburg/Ulmer* Rn. 28; *Scholz/K. Schmidt* Rn. 6.
[40] *Baumbach/Hueck/Schulze-Osterloh* Rn. 28, 35.
[41] BGHZ 75, 96, 106 = NJW 1979, 1823, 1826 = BB 1979, 1625, 1627 *(Herstatt)*; BGHSt 31, 118, 122 = NJW 1983, 240, 241 = BB 1983, 788, 789; BGHZ 104, 44, 46 = NJW 1988, 1789 = BB 1988, 1064, 1064; BayObLG NJW 1997, 1036 = DB 1997, 923; differenzierend OLG Düsseldorf NJW 1998, 3166, 3167 = DB 1988, 224; *Roth/Altmeppen* Rn. 32; *Kübler/Prütting/Pape* § 15 Rn. 4 f.; *Meyer-Landrut/Miller/Niehus* Rn. 5; *Hachenburg/Ulmer* Rn. 11; *Roth* ZGR 1989, 421; ferner *Scholz/K. Schmidt* Rn. 7; wegen der strafrechtlichen Konsequenzen s. Erl. zu § 84.
[42] BGHZ 104, 44, 46 = NJW 1988, 1789 = BB 1988, 1064, 1064; BayObLG NJW 1997, 1036 = DB 1997, 923; differenzierend OLG Düsseldorf NJW 1998, 3166, 3167 = DB 1988, 224; *Hachenburg/Ulmer* Rn. 13; *Baumbach/Hueck/Schulze-Osterloh* Rn. 40.
[43] AllgM; *Hachenburg/Ulmer* Rn. 10; *Meyer-Landrut/Miller/Niehus* Rn. 3 f.; *Scholz/K. Schmidt* Rn. 6; *Baumbach/Hueck/Schulze-Osterloh* Rn. 27 ff.
[44] AllgM; OLG Dresden GmbHR 1998, 830 = NZG 1998, 818; *Hachenburg/Ulmer* Rn. 30; *Baumbach/Hueck/Schulze-Osterloh* Rn. 45; *Kübler/Prütting/Pape* § 15 Rn. 7; *Fleck* GmbHR 1974, 224, 229; aA *Scholz/K. Schmidt* Rn. 19.

Jurist, sondern Techniker und kenne die Notwendigkeiten einer Insolvenzantragspflicht nicht, ist unbeachtlich. Der Geschäftsführer einer GmbH handelt fahrlässig, wenn er sich nicht rechtzeitig die erforderlichen Informationen und die für die Insolvenzantragspflicht erforderlichen Kenntnisse verschafft. Auch eine mit den Mitgeschäftsführern vereinbarte interne Geschäftsaufteilung entbindet den Geschäftsführer einer GmbH nicht von seiner eigenen Verantwortung für die Erfüllung der aus § 64 folgenden Pflichten zur rechtzeitigen Insolvenzantragstellung und zur Massesicherung und dementsprechend auch nicht von dem ihm obliegenden Nachweis, dass er diese Pflichten mit der den Umständen nach gebotenen Sorgfalt erfüllt hat.[45]

Ist ein Geschäftsführer bei schon schwieriger Geschäftslage der Gesellschaft ausgeschieden, so hat er die verbleibenden Geschäftsführer und gegebenenfalls den neu eintretenden Geschäftsführer von der schwierigen wirtschaftlichen Lage der Gesellschaft zu unterrichten und ihn auf die Pflichten zur Antragstellung gemäß § 64 Abs. 1 hinzuweisen.[46] Dies gilt auch dann und in erhöhtem Maße, wenn der Geschäftsführer etwa von der Gesellschafterversammlung abberufen wird, sei es, weil er einen Insolvenzantrag stellen will, sei es, weil er sich weigerte, den Insolvenzantrag zu stellen. **20**

c) Amtsniederlegung. Liegt Insolvenzreife vor, können sich die Geschäftsführer der bereits eingetretenen zivil- und strafrechtlichen Verantwortlichkeit durch Verzicht auf ihre Organstellung durch Amtsniederlegung nicht entziehen.[47] Zum Teil wird vertreten, dass die Amtsniederlegung durch den Geschäftsführer im Insolvenzfall rechtsmissbräuchlich[48] und damit unwirksam sei, da sie zur Unzeit erfolge.[49] Demzufolge wäre vom Fortbestehen der Antragspflicht auszugehen.[50] Nach anderer Ansicht ist die Amtsniederlegung zwar wirksam, aber die Antragspflicht wandelt sich in die Verpflichtung des früheren Geschäftsführers, die verbleibenden **Geschäftsführer zur Antragstellung zu bewegen.**[51] Dem ist zu folgen, denn die Amtsniederlegung eines Geschäftsführers ist auch dann sofort wirksam, wenn sie nicht auf einen wichtigen Grund gestützt wird. Folgte man der Gegenansicht, würde über mehrere Jahre Ungewissheit über die Unwirksamkeit der Amtsniederlegung und die Vertretung der Gesellschaft in dieser Zeit bestehen.[52] Das ist im Interesse der Rechtssicherheit nicht hinnehmbar. **21**

5. Erlöschen der Antragspflicht. Die Antragspflicht erlischt einmal mit Fortfall des Insolvenzgrundes und zum anderen für die Mitgeschäftsführer mit der Stellung des Insolvenzantrages durch einen der Geschäftsführer.[53] Stellt hingegen ein Gläubiger einen Insolvenzantrag, bleibt die Antragspflicht der Geschäftsführer bis zur Insolvenzeröffnung oder Abweisung des Antrags mangels Masse bestehen (vgl. Rn. 18).[54] **22**

---

[45] BGH NJW 1994, 2149, 2150 = DB 1994, 1351, 1352 = ZIP 1994, 891, 892; *Uhlenbruck* GmbHR 1999, 313, 322.
[46] BGHSt 2, 53; vgl. *Hachenburg/Ulmer* Rn. 8; *Scholz/K. Schmidt* Rn. 23.
[47] *Hachenburg/Ulmer* Rn. 9; *Meyer-Landrut/Miller/Niehus* Rn. 3; *Uhlenbruck* GmbHR 1999, 313, 322; *Kübler/Prütting/Pape* § 15 Rn. 8.
[48] BayOLGZ 1981, 266, 269 = GmbHR 1982, 43, 44; BayObLG GmbHR 1992, 671 f. = BB 1992, 1741; *Scholz/Schneider* § 38 Rn. 90; *Münch* DStR 1993, 916, 919.
[49] *Meyer-Landrut/Miller/Niehus* Rn. 3.
[50] *Uhlenbruck* BB 1985, 1277, 1283 f.
[51] *Hachenburg/Ulmer* Rn. 9; *Scholz/K. Schmidt* Rn. 23.
[52] BGHZ 121, 257, 261 = NJW 1993, 1198, 1199 = BB 1993, 675, 676.
[53] *Hachenburg/Ulmer* Rn. 28; *Baumbach/Hueck/Schulze-Osterloh* Rn. 45.
[54] OLG Dresden GmbHR 1998, 830 = NZG 1998, 818; *Hachenburg/Ulmer* Rn. 30; *Baumbach/Hueck/Schulze-Osterloh* Rn. 45; *Kübler/Prütting/Pape* § 15 Rn. 7; *Fleck* GmbHR 1974, 224, 229; aA *Scholz/K. Schmidt* Rn. 19.

III. Die Haftung der Geschäftsführer

23 **1. Einführung.** § 64 betrifft nur einen kleinen Teil der persönlichen Haftungsrisiken von GmbH-Geschäftsführern. Insoweit geht es einmal um den Vorwurf, der Masse zugedachtes Vermögen in der Zeit zwischen Fristbeginn und Antragstellung vermindert (*Masseschmälerung*, Rn. 26–36), und zum anderen, den Insolvenzantrag entgegen der Fristenregel verspätet gestellt zu haben (*Insolvenzverschleppung*, Rn. 37–51).[55] § 26 Abs. 3 InsO ergänzt diese beiden insolvenzrechtlichen Tatbestände um die Haftung der Geschäftsführer auf Erstattung geleisteter Vorschüsse, wenn sie den Antrag pflichtwidrig und schuldhaft nicht gestellt haben (vgl. Rn. 52).

24 Neben § 64 existiert eine Vielzahl von Haftungstatbeständen für Geschäftsführer: gegenüber der *Gesellschaft* (§§ 43 Abs. 2; 43 Abs. 3 iVm. § 30 sowie §§ 33; § 9a; 85), den *Gesellschaftern* (§ 31 Abs. 6; § 823 Abs. 2 BGB iVm. § 84 Abs. 1 Nr. 1), *Dritten* (zB aus § 311 (cic), § 826 BGB), den *Finanzbehörden* für bestimmte Steuerverbindlichkeiten und Sozialversicherungsträger für die Sozialversicherungsbeiträge.[56] Hinzu kommen die speziellen Strafvorschriften der §§ 82 bis 85 und diejenigen des allgemeinen Strafrechts (zB §§ 266, 263 StGB).[57]

25 Die Aufgaben des Geschäftsführers erschöpfen sich nicht im Tagesgeschäft. Er hat die wirtschaftliche Lage der Gesellschaft ständig zu beobachten,[58] so dass er wirtschaftliche Schwierigkeiten frühzeitig erkennen, Sanierungskonzepte erarbeiten und umsetzen kann. Der Geschäftsführer darf sich also nicht darauf verlassen, dass ihn andere auf die Schieflage der Gesellschaft aufmerksam machen. Hat der Geschäftsführer nicht rechtzeitig und nachdrücklich genug eine mögliche Sanierung eingeleitet, so verletzt er seine Pflichten aus § 43 und ist der GmbH ggf. zum Schadensersatz verpflichtet. Mit § 64 hat dies jedoch nichts zu tun.[59]

26 **2. Masseschmälerung (Abs. 2). a) Normzweck.** Die Geschäftsführer haften für Zahlungen, die sie nach Eintritt der Zahlungsunfähigkeit oder nach Feststellung der Überschuldung noch vorgenommen haben, Abs. 2. Hierdurch soll die bevorzugte Befriedigung einzelner Gläubiger verhindert und die Erhaltung der Masse gesichert werden. Demgemäß ist ein Schaden der Gesellschaft nicht Voraussetzung. Der Anspruch ist (dennoch) Schadensersatzanspruch, der **im Interesse der Masse,** also der Gesamtheit der Insolvenzgläubiger, von der Gesellschaft, vertreten durch deren Insolvenzverwalter, geltend gemacht wird.[60] Auf diese Weise soll sichergestellt werden, dass die Ansprüche nach ihrer Erfüllung einer durch das Insolvenzverfahren geregelten Verteilung zugeführt werden.[61] Die Schadensersatzpflicht der Gesellschafter entfällt auch

---

[55] Vgl. auch *Lutter/Hommelhof* Rn. 28.
[56] Vgl. § 43 Rn. 84 sowie die Zusammenstellung in *Espey/von Bitter* Haftungsrisiken des GmbH-Geschäftsführer, 1990.
[57] Vgl. hierzu *Schäfer* GmbHR 1993, 717 ff., 780 ff. sowie iE Erl. zu §§ 82–85.
[58] OLG Düsseldorf NJW-RR 1999, 913 = GmbHR 1999, 479, 480.
[59] Zutreffend *Lutter/Hommelhoff* Rn. 28, 29.
[60] BGH NJW 1974, 1088, 1089 = BB 1974, 855, 856 = MDR 1974, 737, 737 f.; BGHZ 143, 184, 186 = NJW 2000, 668, 669 = DStR 2000, 210; *Scholz/K. Schmidt* Rn. 10, 24; *Hachenburg/Ulmer* Rn. 37; *Kübler/Prütting/Noack* Rn. 326; *Lutter/Hommelhoff* Rn. 30; *Altmeppen/Wilhelm* NJW 1999, 673, 678; aA *Baumbach/Hueck/Schulze-Osterloh* Rn. 70; *Schulze-Osterloh*, FS Bezzenberger, 2000, S. 415, 423 ff.; GroßkommAktG/*Habersack* § 92 Rn. 90 f. Diese Wertung wird durch den neu gefassten § 130 a Abs. 3 S. 1 HGB bestätigt, vgl. Art. 40 Abs. 2 Nr. 4 EGInsO; BGBl. 1994 I S. 2911, 2927.
[61] *Lutter/Hommelhoff* Rn. 34.

dann nicht, wenn sie in Befolgung eines Gesellschafterbeschlusses gehandelt haben, § 64 Abs. 3 S. 3 iVm. § 43 Abs. 3 S. 3.[62]

b) Voraussetzungen. aa) Leistung von Zahlungen. Entsprechend dem Normzweck ist der Begriff der „Zahlungen" nicht in dem vom Gesetzgeber formulierten engen Wortsinn, sondern weit auszulegen. Einmal fallen darunter Geldleistungen, sei es, dass diese aus dem Barbestand, dem Kontoguthaben, oder auch von einem für die Gesellschaft geführten Treuhandkonto[63] erfolgen. Mindert sich der Debetsaldo der Gesellschaft bei der Bank durch Gutschriften infolge Überweisungen oder eingereichter Schecks oder Wechsel, so ist dies ebenfalls als Zahlung an die Bank selbst dann zu qualifizieren, wenn ein entsprechender Kreditrahmen eingeräumt worden war.[64] 27

Zum anderen gilt **die Schadensersatzpflicht der Geschäftsführer für alle Geschäfte, die nach Eintritt der Insolvenzreife vorgenommen werden und die die Insolvenzmasse mindern oder die bei Neugeschäften Gläubigern, etwa Warenlieferanten, dadurch Schaden zufügen,** dass die gelieferten Waren oder erbrachten Dienstleistungen von der Gesellschaft nicht mehr bezahlt werden können, die Forderungen damit zu Insolvenzforderungen werden.[65] 28

Neben den Geldleistungen stellen auch die Leistung von anderen Gegenständen oder die Vornahme von Dienstleistungen „Zahlungen" des Schuldners iSd. Abs. 2 dar. Diese sind nach der Insolvenzeröffnung im Hinblick auf die gleichmäßige Befriedigung der Gläubiger nicht mehr zu erfüllen.[66] Macht hingegen ein Gläubiger von seinem Aussonderungsrecht gemäß § 47 InsO Gebrauch, zB bei unter Eigentumsvorbehalt gelieferter Ware, stellt die Duldung deren Aussonderung keine zum Schadensersatz verpflichtende Zahlung iSd. Abs. 2 dar.[67] 29

bb) Zulässige Zahlungen nach Abs. 2 S. 2. Zulässig sind nach der ausdrücklichen Bestimmung des Abs. 2 S. 2 solche Zahlungen, die nach dem Eintritt der Zahlungsunfähigkeit oder der Überschuldung mit der Sorgfalt eines ordentlichen Geschäftsmannes vereinbar sind.[68] Das sind in aller Regel solche Zahlungen, die geleistet werden, um den Geschäftsbetrieb für die Zwecke des Insolvenzverfahrens oder auch für die Zwecke der ernstlich erwarteten Sanierung aufrecht zu erhalten.[69] Es gehören hierher die dafür erforderlichen Löhne und Gehälter, die zu zahlenden Sozialabgaben, Telefonrechnungen, Miete u.Ä.[70] Auch bei den Geschäften, die nach Abs. 2 S. 2 zulässig sind, haben die Geschäftsführer das Gläubigerinteresse zu 30

---

[62] *Baumbach/Hueck/Schulze-Osterloh* Rn. 77; aA *Meyer-Landrut/Miller/Niehus* Rn. 14.
[63] OLG Düsseldorf ZIP 1998, 2101 f.; *Baumbach/Hueck/Schulze-Osterloh* Rn. 71.
[64] BGHZ 143, 184, 186 = NJW 2000, 668 = DStR 2000, 210, 211; BGH NJW 2001, 304 = DStR 2000, 1831, 1832 = WM 2000, 2158, 2159; aA OLG Celle NZG 1999, 77, 78 = GmbHR 1999, 122.
[65] *Scholz/K. Schmidt* Rn. 24; *Roth/Altmeppen* Rn. 25; *Lutter/Hommelhoff* Rn. 31; *Gottwald* Insolvenzrechts-HdB § 92 Rn. 54; *Wilhelm* ZIP 1993, 1833, 1836; enger: *Hachenburg/Ulmer* Rn. 38; *Meyer-Landrut/Miller/Niehus* Rn. 12; *Baumbach/Hueck/Schulze-Osterloh* Rn. 71; GroßkommAktG/*Habersack* § 92 Rn. 94; BGHZ 138, 211, 216 f. zu §§ 92 Abs. 3, 93 Abs. 3 Nr. 6 AktG; offen gelassen BGH NJW-RR 1986, 579 = WM 1986, 237.
[66] *Baumbach/Hueck/Schulze-Osterloh* Rn. 71.
[67] BGHZ 100, 19, 23 ff. = NJW 1987, 2433 = 2434 = DB 1987, 1243, 1243 f.; OLG Köln ZIP 1982, 1086, 1087; *Hachenburg/Ulmer* Rn. 50.
[68] OLG Düsseldorf GmbHR 1999, 1202 = NZG 1999, 884, 885; *Hachenburg/Ulmer* Rn. 42.
[69] OLG Düsseldorf NZG 1999, 1066, 1068.
[70] *Hachenburg/Ulmer* Rn. 42; *Baumbach/Hueck/Schulze-Osterloh* Rn. 73; *Lutter/Hommelhoff* Rn. 32.

§ 64   5. Abschnitt. Auflösung und Nichtigkeit der Gesellschaft

beachten.[71] Eine Pflicht zur Gleichbehandlung der Gläubiger besteht jedoch nicht.[72]

31   **cc) Masseschmälernde Leistungen.** Die Schadensersatzpflicht der Geschäftsführer nach Abs. 2 setzt Insolvenzreife der Gesellschaft, also Zahlungsunfähigkeit oder Überschuldung im Zeitpunkt der Leistung und danach die Verfahrenseröffnung bzw. die Abweisung mangels Masse voraus.[73] Sie tritt ein, wenn die Geschäftsführer **innerhalb der Drei-Wochen-Frist oder auch bei Überschreitung dieser Frist masseschmälernde Leistungen bewirken.**[74]

32   **dd) Verschulden.** Die Ersatzpflicht nach Abs. 2 setzt, da es sich um eine deliktische Anspruchsnorm handelt, Verschulden voraus, also zumindest Fahrlässigkeit hinsichtlich der anspruchsbegründenden Tatsachen.[75] Somit muss der Geschäftsführer darüber, ob die Gesellschaft tatsächlich zahlungsunfähig oder – was den häufigeren Fall bilden wird – überschuldet ist, nicht zwangsläufig positive Kenntnis besitzen, vielmehr ist ausreichend, wenn er dies hätte erkennen können.[76] Die insolvenzrechtlichen Pflichten der Geschäftsführer, die auf einer ständigen Selbstprüfungspflicht mit der Sorgfalt eines ordentlichen Kaufmanns beruhen, lassen eine andere Sichtweise nicht zu.[77] Dagegen kann auch nicht der Gesetzeswortlaut des Abs. 2 Satz 2, der von „Feststellung" der Überschuldung spricht, angeführt werden, da diese Formulierung seit der Streichung des Erfordernisses einer Zwischenbilanz durch das Zweite Gesetz zur Bekämpfung der Wirtschaftskriminalität[78] überholt ist.[79]

33   Ist die Gesellschaft noch zahlungsfähig, zeigen sich aber andererseits Merkmale der Überschuldung (vgl. die beispielhafte Aufzählung in Rn. 9 f.), so kann es zweifelhaft sein, ob die Geschäftsführer, wenn sie noch Leistungen erbringen oder Zahlungen bewirken, damit gegen Abs. 2 verstoßen mit der Folge der Schadensersatzpflicht. Noch schwieriger wird die Beurteilung, wenn bei Zugrundelegung des Insolvenzbegriffs des § 19 Abs. 2 InsO bei positiver Fortführungsprognose in der Überschuldungsbilanz die Aktivposten mit Fortführungswerten anzusetzen sind und, obwohl dies zu einem positiven Ergebnis führt, die Insolvenz eintritt. Man wird also für das Verschulden der Geschäftsführer im Einzelfall zu prüfen haben, ob die positive Fortführungsprognose unter gewissenhafter Berücksichtigung aller Umstände getroffen wurde. Ist das der Fall, so entfällt ein Verschulden der Geschäftsführer, wenn es dann wider Erwarten doch zur Insolvenz und damit zum Insolvenzverfahren kommt.

---

[71] BGH NJW 1974, 1088 = BB 1974, 855 = MDR 1974, 737; *Baumbach/Hueck/Schulze-Osterloh* Rn. 73.
[72] *Lutter/Hommelhoff* Rn. 32; *Baumbach/Hueck/Schulze-Osterloh* Rn. 73.
[73] *Hachenburg/Ulmer* Rn. 38; *Scholz/K. Schmidt* Rn. 24 f.; *Baumbach/Hueck/Schluze-Osterloh* Rn. 74; *Fleck* GmbHR 1974, 224, 230.
[74] Vgl. *Hachenburg/Ulmer* Rn. 37; *Scholz/K. Schmidt* Rn. 27.
[75] *Kübler/Prütting/Noack* GesR Rn. 324.
[76] BGHZ 75, 97, 111 = NJW 1979, 1823, 1827 = BB 1979, 1625, 1628; BGHZ 143, 184, 186 = NJW 2000, 668, 669 = DStR 2000, 210; *Scholz/K. Schmidt* Rn. 30; *Roth/Altmeppen* Rn. 23; *Hachenburg/Ulmer* Rn. 36, 41; *Lutter/Hommelhoff* Rn. 33; *Kübler/Prütting/Noack* GesR Rn. 324; aA *Baumbach/Hueck/Schulze-Osterloh* Rn. 75: verlangt positive Kenntnis.
[77] *Scholz/K. Schmidt* Rn. 30.
[78] Vom 15. 5. 1986, BGBl. I S. 721.
[79] *Hachenburg/Ulmer* Rn. 6, 41; *Kübler/Prütting/Noack* GesR Rn. 324.

Insolvenzantragspflicht   § 64

In Übereinstimmung mit der hM ist daran festzuhalten, dass die Geschäftsführer die **34**
Beweislast für fehlendes Verschulden trifft.[80] Diese müssen bei der Erbringung von
Leistungen (Zahlungen) während der Drei-Wochen-Frist oder bei Fortführung der
Geschäfte wegen günstiger Zukunftsprognose beweisen, nicht pflichtwidrig gehandelt
zu haben.[81] Seine Nichtkenntnis und diese Nichterkennbarkeit der finanziellen Krisenlage trotz entsprechender organisatorischer Vorkehrungen hat der Geschäftsführer
vorzutragen und zu beweisen.[82]

c) Schadensersatz. Der Normzweck wird auch bei der Frage nach dem **Inhalt** **35**
des Anspruchs relevant. Hierbei ist zu prüfen, wie die Gläubiger stünden, wenn die
Pflichtverletzung in Form der Leistung trotz Insolvenzlage nicht stattgefunden hätte.[83]
Ist bei einem Umsatzgeschäft der volle Gegenwert in die Masse geflossen, so erleiden
die Gläubiger keinen Nachteil.[84] Folglich hat die GmbH auf Grund des Normzwecks
des Abs. 2 keinen Ersatzanspruch. Dies ist auch dann der Fall, wenn massemindernde
Geschäfte durch **Anfechtung (§§ 129 ff. InsO)** rückgängig gemacht werden können.
Besteht eine solche Möglichkeit, so kann der in Anspruch genommene Geschäftsführer
dem Insolvenzverwalter dessen Anfechtungsrecht entgegenhalten.[85] Teilweise wird
dem Geschäftsführer diese Einwendungsmöglichkeit abgesprochen und mithin dem
Insolvenzverwalter die Wahlmöglichkeit eingeräumt, entweder den Geschäftsführer
oder den Anfechtungsgegner in Anspruch zu nehmen.[86] Dem steht jedoch die dem
Insolvenzverwalter obliegende Schadensminderungspflicht entgegen.

Die vom Geschäftsführer entgegen dem Verbot des Abs. 2 vorgenommenen Zahlungen sind von diesem **vollständig** zu erstatten, d. h. ohne Kürzung desjenigen Betrages, den der begünstigte Gläubiger als Insolvenzquote erhalten hätte. In dieser Höhe
kann der Geschäftsführer jedoch einen Anspruch gegen den Insolvenzverwalter geltend
machen.[87]

d) Verzicht und Verjährung. Aufgrund der Verweisung in Abs. 2 S. 3 auf § 43 **36**
Abs. 3 und damit mittelbar auf § 9b Abs. 1 ist ein **Verzicht der Gesellschaft** auf Ersatzansprüche nach Abs. 2 sowie ein Vergleich hierüber unwirksam.[88] Andererseits ist
der Insolvenzverwalter nicht gehindert, über die Forderung entsprechend zu verfü-

---

[80] BGHZ 143, 184, 186. = NJW 2000, 668, 669 = DStR 2000, 210, 211; *Hachenburg/Ulmer*
Rn. 36; *Baumbach/Hueck/Schulze-Osterloh* Rn. 75; *Kübler/Prütting/Noack* GesR Rn. 327 f.; *Lutter/
Hommelhoff* Rn. 33.
[81] BGH NJW 1974, 1088, 1089 = BB 1974, 855, 856 = MDR 1974, 737, 738; BGHZ 143,
184, 185 = NJW 2000, 668, 669 = DStR 2000, 210; OLG Hamburg ZIP 1995, 913 f.; *Hachenburg/
Ulmer* Rn. 41, 58; *Baumbach/Hueck/Schulze-Osterloh* Rn. 75.
[82] *Lutter/Hommelhoff* Rn. 32.
[83] *Lutter/Hommelhoff* Rn. 34.
[84] HM BGH NJW 1974, 1088, 1089 = BB 1974, 855, 856 = MDR 1974, 737, 738;
Hachenburg/Ulmer Rn. 43; *Scholz/K. Schmidt* Rn. 34; *Lutter/Hommelhoff* Rn. 34; *Fleck* GmbHR
1974, 224, 231; *Kübler/Prütting/Noack* GesR Rn. 326; aA *Baumbach/Hueck/Schulze-Osterloh*
Rn. 76.
[85] OLG Hamm NJW-RR 1993, 1445, 1447 = GmbHR 1993, 584, 585; *Hachenburg/
Ulmer* Rn. 43; *Scholz/K. Schmidt* Rn. 35; *Roth/Altmeppen* Rn. 26; *Maser/Sommer* BB 1996, 65,
66.
[86] *Baumbach/Hueck/Schulze-Osterloh* Rn. 76; *Kübler/Prütting/Noack* GesR Rn. 331; *Glöckner* JZ
1997, 623, 627; *Lutter/Hommelhoff* Rn. 34.
[87] BGHZ 146, 264, 278 ff. = NJW 2001, 1280, 1283 = MDR 2001, 401 = GmbHR 2001,
190, 194 unter Klarstellung zu BGHZ 143, 184, 189 = MDR 2000, 341 = ZIP 2000, 184, 185.
[88] *Hachenburg/Ulmer* Rn. 44; *Baumbach/Hueck/Schulze-Osterloh* Rn. 78; *Scholz/K. Schmidt*
Rn. 43.

§ 64   5. Abschnitt. Auflösung und Nichtigkeit der Gesellschaft

gen,[89] es sei denn, diese erfolgt unentgeltlich[90] oder läuft dem Zweck des Insolvenzverfahrens zuwider.[91] Die **Verjährung** beträgt nach Abs. 2 S. 3 iVm. § 43 Abs. 4 fünf Jahre[92] und beginnt mit der Vornahme der unzulässigen Zahlung.[93]

37   **3. Insolvenzverschleppung, § 64 Abs. 1 iVm. § 823 Abs. 2 BGB**

Literatur: *Altmeppen* Probleme der Konkursverschleppungshaftung, ZIP 1997, 1173; *Bork* Haftung der GmbH-Geschäftsführer wegen verspäteten Konkursantrages, ZGR 1995, 505; *Brandes* Die Rechtsprechung des BGH zur GmbH, WM 1995, 641; *Canaris* Die Haftung für fahrlässige Verletzung der Konkursantragspflicht nach § 64 GmbHG, JZ 1993, 649; *Ehlers* Die Überschuldungssituation einer GmbH, ihre Rechtsfolgen und deren Abwendung, DStR 1998, 1756; *ders.* Strafrechtliche Risiken und Haftungsgefahren für den Steuerberater in der Unternehmenskrise der GmbH, DStR 1999, 461; *Flume* Die Haftung des GmbH-Geschäftsführers bei Geschäften nach Konkursreife der GmbH, ZIP 1994, 337; *Goette* Zur persönlichen Haftung des Geschäftsführers einer GmbH gegenüber Dritten aus Geschäften, die nach Eintritt der Konkursreife mit ihnen geschlossen werden, DStR 1994, 1048; *ders.* Die Haftung des GmbH-Geschäftsführers in der Rechtsprechung des BGH, DStR 1998, 1308; *Grunewald* Geschäftsführerhaftung wegen Konkursverschleppung und Neugläubigerschaden, GmbHR 1994, 665; *Hirte* Abschied vom Quotenschaden, ZIP Sonderdruck vom 4. 11. 1994; *ders.* Abschied vom Quotenschaden: Erweiterte Haftung des GmbH-Geschäftsführers gegenüber Neugläubigern wegen Konkursverschleppung, NJW 1995, 1212; *Karollus* Weitere Präzisierungen zur Konkursverschleppungshaftung, ZIP 1995, 269; *Kübler* Die Konkursverschleppungshaftung des GmbH-Geschäftsführers nach der „Wende" des Bundesgerichtshofes – Bedeutung für die Praxis, ZGR 1995, 481; *Lutter* Gefahren persönlicher Haftung für Gesellschafter und Geschäftsführer einer GmbH, DB 1994, 129; *ders.* Haftungsrisiken des Geschäftsführers einer GmbH, GmbHR 1997, 329; *Maser/Sommer* Persönliche Haftung des GmbH-Geschäftsführers in der Insolvenz der Gesellschaft, BB 1996, 65; *Medicus* Zur Eigenhaftung des GmbH-Geschäftsführers aus Verschulden bei Vertragsverhandlungen, FS Steindorf, 1990, S. 725; *ders.* Die Außenhaftung des GmbH-Geschäftsführers, GmbHR 1993, 533; *Michalski* Fragen zur Insolvenzverschleppungshaftung des GmbH-Geschäftsführers, NZG 1999, 373; *G. Müller* Zur Haftung des Gesellschafter-Geschäftsführers aus culpa in contrahendo und aus § 64 Abs. 1 GmbHG, ZIP 1993, 533; *ders.* Zum Schutz der Neugläubiger nach § 64 GmbHG, GmbHR 1994, 209; *ders.* Geschäftsführerhaftung für Neugläubigerschäden, GmbHR 1996, 393; *Reif/Arnold* Unbeschränkte Konkursverschleppungshaftung des Geschäftsführers einer GmbH auch gegenüber gesetzlichen Neugläubigern, ZIP 1998, 1893; *Roth* EWiR 1993, 1095; *K. Schmidt* Geschäftsführerhaftung gemäß § 64 Abs. 2 GmbHG bei masseloser Insolvenz, GmbHR 2000, 1225; *Schneider* EWiR 1994, 789; *Schüppen* Aktuelle Fragen der Konkursverschleppung durch den GmbH-Geschäftsführer, DB 1994, 197; *Siegmann/Vogel* Die Verantwortlichkeit des Strohmanngeschäftsführers einer GmbH, ZIP 1994, 1821; *Uhlenbruck* Haftungstatbestände bei Konkursverursachung und -verschleppung, DStR 1991, 351; *ders.* Die Legitimation zur Geltendmachung von Neugläubigerschäden wegen Konkursverschleppung, ZIP 1994, 1153; *ders.* Die Bedeutung des neuen Insolvenzrechts für den GmbH-Geschäftsführer, GmbHR 1999, 313 (Teil I) und 390 (Teil II); *Ullrich* Außenhaftungsrisiken des Geschäftsführers in der Krise der GmbH nach aktueller zivilgerichtlicher Rechtsprechung, DZWiR 2000, 178; *Ulmer* Anmerkung zum Beschluss des BGH vom 1. 3. 1993, ZIP 1993, 769; *Wiedemann* EWiR 1993, 583; *Wellkamp* Ausweitung und Einschränkung der Eigenhaftung des GmbH-Geschäftsführers, DB 1994, 869; *Wulf* Die Haftung des GmbH-Geschäftsführers in der Rechtsprechung des BGH, DStR 1998, 1308.

38   **a) Geschützter Personenkreis.** § 64 Abs. 1 ist Schutzgesetz iSd. § 823 Abs. 2 BGB, zu dessen geschütztem Personenkreis nach dem Normzweck die Gläubiger der GmbH mit Ausnahme der GmbH selbst und deren Gesellschafter gehören.[94]

---

[89] *Hachenburg/Ulmer* Rn. 41; *Lutter/Hommelhoff* Rn. 35; aA *Scholz/K. Schmidt* Rn. 43.
[90] *Baumbach/Hueck/Schulze-Osterloh* Rn. 78; *Jaeger/Henckel* KO § 6 Rn. 150, 157 f.
[91] *Kübler/Prütting/Lüke* § 80 Rn. 30.
[92] OLG Saarbrücken DB 1999, 2205 = NJW-RR 2000, 180, 180 f.
[93] *Scholz/K. Schmidt* Rn. 44.
[94] BGHZ 29, 100, 102 ff.; 75, 96, 106 = NJW 1979, 1823, 1825 f. = BB 1979, 1625, 1627; BGHZ 126, 181, 190 = NJW 1994, 2220, 2222 = BB 1994, 1657, 1659; BGHZ 138, 211, 214 = NJW 1998, 2667 = WM 1998, 944, 945; *Hachenburg/Ulmer* Rn. 47; *Meyer-Landrut/Miller/Niehus* Rn. 15; *Roth/Altmeppen* Rn. 13 ff.; *Kübler/Prütting/Noack* GesR Rn. 313; *Lutter/Hommelhoff* Rn. 36; *Baumbach/Hueck/Schulze-Osterloh* Rn. 82.

Insolvenzantragspflicht **§ 64**

aa) Altgläubiger. Die Altgläubiger, also diejenigen, die bei Eintritt der Insolvenzreife ihre Gläubigerstellung bereits erlangt hatten, sollen durch Abs. 1 vor der Schmälerung des ihnen haftenden Vermögens als Folge verspäteter Stellung des Insolvenzantrages geschützt werden.[95] 39

bb) Neugläubiger. In den Schutzbereich fallen ebenso Neugläubiger, d.h. Gläubiger, die erst nach *Eintritt der Insolvenzreife* ihre Forderungen gegen die Gesellschaft erlangt haben.[96] 40

cc) Nicht geschützte Gläubiger. Nicht geschützt sind hingegen solche Gläubiger, die **erst mit oder nach der tatsächlichen Insolvenzeröffnung Gläubiger** der Gesellschaft geworden sind.[97] Hierunter fallen Ansprüche oder Anwartschaften von *Pensionsberechtigten* gegen die GmbH, die wiederum Ansprüche gegen den PSVaG begründen, und nach § 9 Abs. 2 BetrAVG mit Eröffnung des Verfahrens auf den Träger der Insolvenzsicherung, also den PSVaG, übergehen. Der PSVaG wird also erst mit der Verfahrenseröffnung Gläubiger und ist damit nicht durch Abs. 1 geschützt.[98] Auch die Ansprüche auf *Arbeitsentgelt*, die den Anspruch auf Insolvenzgeld begründen, gehen nach § 187 SGB III[99] erst mit der Stellung des Antrags auf Insolvenzgeld auf die Bundesanstalt für Arbeit über. Der Anspruch auf Insolvenzgeld setzt nach § 183 Abs. 1 Nr. 1 SGB III[100] regelmäßig die Eröffnung des Insolvenzverfahrens voraus. Die Gläubigerstellung wird somit nach Insolvenzeröffnung erlangt mit der Folge, dass der Schutz des Abs. 1 nicht greift.[101] 41

b) Quotenschaden der Altgläubiger. Der den Altgläubigern zu ersetzende Schaden ist entsprechend dem Schutzzweck des Abs. 1 auf den **Quotenschaden** beschränkt. Das ist der Betrag, um den sich die Masse und damit die Insolvenzquote der Altgläubiger infolge der Insolvenzverschleppung verringert hat.[102] Die Höhe des Schadens entspricht also der Differenz zwischen dem Masseerlös, den die Gläubiger bei rechtzeitiger Antragstellung erlangt hätten und dem nach Verfahrenseröffnung oder nach Ablehnung mangels Masse tatsächlich erzielten Erlös.[103] Berücksichtigung findet lediglich die „freie Masse", d.h. die den Altgläubigern zur Verfügung stehende Masse. Aus- und Absonderungsrechte bleiben ebenso außer Ansatz wie gesicherte Verbindlichkeiten.[104] In aller Regel lässt sich der Quotenschaden *exakt* nur schwer ermitteln, daher kann er nach § 287 ZPO geschätzt werden.[105] 42

---

[95] *Scholz/K. Schmidt* Rn. 49 ff.
[96] *Kübler/Prütting/Noack* GesR Rn. 313.
[97] BGHZ 108, 134, 136 = NJW 1989, 3277 = BB 1989, 2278, 2279; BGHZ 110, 342, 361 = NJW 1990, 1725, 1730 = DB 1990, 980, 982; OLG Stuttgart GmbHR 1989, 38 f.; *Scholz/K. Schmidt* Rn. 37; *Baumbach/Hueck/Schultze-Osterloh* Rn. 82; *Lutter/Hommelhoff* Rn. 36.
[98] *Lutter/Hommelhoff* Rn. 36.
[99] Früher § 141 m AFG. Die bisher in §§ 141 a ff. AFG geregelten Ansprüche auf Konkursausfallgeld richten sich mit Wirkung vom 1. 1. 1999 nach §§ 183 ff. SGB III.
[100] Früher § 141 b AFG.
[101] BGHZ 108, 134, 136 f. = NJW 1989, 3277 = BB 1989, 2278, 2279 – möglich aber Haftung der Geschäftsführer nach § 826 BGB.
[102] BGHZ 126, 181, 190 = NJW 1994, 2220, 2223 = ZIP 1994, 1103, 1107; BGHZ 138, 211, 222 = NJW 1998, 2667, 2670 = WM 1998, 944, 945; *Lutter/Hommelhoff* Rn. 39.
[103] *Hachenburg/Ulmer* Rn. 53; *Gottwald* Insolvenzrechts-HdB § 92 Rn. 54.
[104] *Wulf* DStR 1998, 1308, 1313; *Hirte* NJW 2000, 3531, 3531 f.
[105] *Hachenburg/Ulmer* Rn. 53; *Scholz/K. Schmidt* Rn. 31, 36; zur Ermittlung des Quotenschadens der Altgläubiger vgl. BGH DB 1997, 1864 = GmbHR 1997, 898 = ZIP 1997, 1542; OLG Stuttgart GmbHR 1989, 38 f.

§ 64　　　　5. Abschnitt. Auflösung und Nichtigkeit der Gesellschaft

43　c) **Neugläubigerschaden.** Nach bisher ganz hM sollten auch Neugläubiger, d. h. solche, die ihre Forderung erst nach Eintritt der Insolvenzreife erlangt haben, nur den **Quotenschaden** erhalten.[106]

In der Entscheidung BGHZ 126, 181[107] hat der BGH seine Auffassung dahin geändert, dass die **Neugläubiger** aus § 64 Abs. 1 iVm. § 823 Abs. 2 BGB bei Rechtsgeschäften mit der Gesellschaft nach Eintritt der Insolvenzreife als **Schadensersatz nicht lediglich die Quote, sondern das volle negative Interesse** erhalten. Diese sind durch die Geschäftsführer so zu stellen, wie sie stünden, wenn sie mit der insolvenzreifen GmbH nicht kontrahiert hätten.

Seine neue Rspr. hat der BGH in weiteren Entscheidungen bestätigt[108] und klargestellt, dass jeder Neugläubiger und nicht der Insolvenzverwalter seinen eigenen Schaden gegenüber dem Geschäftsführer geltend zu machen hat.[109]

44　Dieser Auffassung ist zuzustimmen.[110] Vom persönlichen Schutzbereich des Abs. 1 werden Alt- und Neugläubiger gleichermaßen erfasst. Während aber der Neugläubiger mit der Gesellschaft zu einem Zeitpunkt kontrahiert, zu dem die Insolvenzreife bereits eingetreten ist, war dies bei dem Altgläubiger nicht der Fall. Dieser Umstand begründet verschiedene Schäden. Eine Ungleichbehandlung der Gläubigergruppen lässt sich darin nicht erkennen, da jedem Gläubiger der gerade ihm entstandene Schaden ersetzt wird.[111] Dem Altgläubiger entsteht der Schaden, dass sich die Masse infolge der Insolvenzverschleppung verringert, dem Neugläubiger derjenige, dass er mit einer Gesellschaft kontrahiert hat, zu der er bei rechtzeitiger Antragstellung gar nicht in Geschäftsbeziehungen getreten wäre. Die Neugläubiger haben daher gegen die Geschäftsführer bei schuldhaftem Verstoß gegen die Insolvenzantragspflicht einen Anspruch auf Ausgleich des Schadens, der ihnen dadurch entsteht, dass sie in Rechtsbeziehungen zu einer überschuldeten oder zahlungsunfähigen Gesellschaft getreten sind,[112] mithin ihre Leistung im Vertrauen auf Fortbestand der Gesellschaft erbracht haben. Denn § 64 will nicht nur Altgläubiger vor einer weiteren Entwertung ihrer Forderungen schützen, sondern auch **insolvenzreife Gesellschaften vom Geschäftsverkehr fernhalten.**[113]

---

[106] *Hachenburg/Ulmer* Rn. 48 ff.; zahlreiche Nachweise in BGHZ 126, 181, 190 = NJW 1994, 2220, 2222 = ZIP 1994, 1103, 1107.

[107] = NJW 1994, 2220, 2222 = ZIP 1994, 1103, 1107; *Lutter/Hommelhoff* Rn. 40.

[108] BGHZ 138, 211, 214 f. = NJW 1998, 2667 = WM 1998, 944, 945; BGH NJW 1999, 2182, 2183 = NZG 1999, 718, 719 = DB 1999, 1209.

[109] BGHZ 138, 211, 214 = NJW 1998, 2667, 2668 = WM 1998, 944, 945.

[110] Wie hier OLG Celle NJW-RR 2000, 39, 39 f. = NZG 1999, 1160; OLG Naumburg GmbHR 1998, 183, 184 = BB 1999, 1570, 1571; *Kübler/Prütting/Noack* GesR Rn. 314 ff.; *Lutter/Hommelhoff* Rn. 40; *Altmeppen* ZIP 1997, 1173, 1178; *Roth/Altmeppen* Rn. 14; *Lutter* GmbHR 1997, 329, 332 f.; *Wellkamp* DB 1994, 869, 873; *Goette* DStR 1994, 1048, 1052 f.; *Flume* ZIP 1994, 337, 339 ff.; *Kübler* ZGR 1995, 481, 494; *Lutter* DB 1994, 129, 135; *Bork* ZGR 1995, 505; zum österreichischen Recht vgl. OGH ZIP 1993, 1871, der zum gleichen Ergebnis kommt; hierzu *Karollus* EWiR 1993, 1221; aA *Canaris* JZ 1993, 649, 650; *G. Müller* ZIP 1993, 1531; *G. Müller* GmbHR 1996, 393, 397 ff.; *Ulmer* ZIP 1993, 769, 771; *Schüppen* DB 1994, 197, 200 ff.; *Baumbach/Hueck/Schulze-Osterloh* Rn. 84; *Scholz/K. Schmidt* Rn. 40; *K. Schmidt* NJW 1993, 2934 f.; *K. Schmidt* NZI 1998, 9 ff.

[111] BGHZ 126, 181, 192 f. = NJW 1994, 2220, 2223 = ZIP 1994, 1103, 1107 f.; so aber *Baumbach/Hueck/Schulze-Osterloh* Rn. 84.

[112] BGHZ 126, 181, 192 = NJW 1994, 2220, 2224 = ZIP 1994, 1103, 1107.

[113] BGH NJW 1995, 398, 399; *Lutter/Hommelhoff* Rn. 40; *Dauner-Lieb* ZGR 1998, 619.

Insolvenzantragspflicht **§ 64**

Im Hinblick auf den genannten Zweck des Abs. 1 ist **Deliktsgläubigern**[114] und **45** **Sozialversicherungsträgern**[115] kein Anspruch auf Ersatz des negativen Interesses zu gewähren, da deren Ansprüche kraft Gesetzes vor Insolvenzreife entstehen. Davon zu unterscheiden sind solche Ansprüche, die erst mit oder nach der tatsächlichen Insolvenzeröffnung entstehen, vgl. Rn. 41.

Die durch das negative Interesse bestimmte **Schadenshöhe** umfasst den Ersatz für **46** Aufwendungen, die der Gläubiger in Erwartung der Zahlung macht, mithin die Anschaffungs- oder Herstellungskosten,[116] bei Werkleistungen die Selbstkosten.[117] Darüber hinaus ist nach § 252 BGB der entgangene Gewinn, den der Gläubiger erzielt hätte, wenn er seine betrieblichen Kapazitäten anderweitig hätte nutzen können, zu ersetzen,[118] die Umsatzsteuer bleibt dabei jedoch unberücksichtigt, da Schadensersatzleistungen aus unerlaubter Handlung kein Entgelt iSd. § 1 Abs. 1 Nr. 1 UStG darstellen.[119] Das OLG Naumburg hat darüber hinaus die abgerechnete Vergütung eines Werkunternehmers als erstattungsfähigen Schaden anerkannt.[120] Dies erscheint im Hinblick auf die obigen Ausführungen jedoch nur dann konsequent, wenn der Werkunternehmer seine Arbeitsleistung hätte zur selben Zeit anderweitig nutzen können, so zB zur Erfüllung eines anderen Auftrags. Der Schadensersatzanspruch gegen die Geschäftsführer kann nach § 254 BGB gemindert sein, wenn bei Abschluss des Vertrages erkennbare Umstände vorlagen, die die Forderung gegen die GmbH als gefährdet erscheinen lassen mussten.[121]

d) Verschulden. Als Schadensersatzanspruch setzt § 64 Abs. 1 iVm. § 823 Abs. 2 **47** BGB ein Verschulden voraus, wobei fahrlässiges Verhalten genügt.[122] Anders als beim Fristbeginn (vgl. Rn. 12 f.) reicht für die Haftung die Erkennbarkeit der Insolvenzreife aus. Denn die Drei-Wochen-Frist bewahrt die Geschäftsführer nicht vor dem Vorwurf, vor Fristablauf oder auch vor Fristbeginn mit dem Antrag schuldhaft gezögert zu haben.[123] Der Geschäftsführer haftet, wenn er entweder die Antragstellung schuldhaft verzögert und dadurch die Frist objektiv überschritten hat, oder die unbehebbare Insolvenzreife der GmbH vor Ablauf der Frist festgestellt und diese dennoch voll ausgeschöpft hat.[124] Wird eine objektiv bestehende Überschuldung auf Grund einer zu optimistischen Betrachtung nicht zur Kenntnis genommen, liegt ebenfalls Verschulden vor.[125]

Der Gläubiger hat den **Beweis** für das Vorliegen der objektiven Voraussetzungen **48** der Insolvenzantragspflicht zu führen. Steht demnach fest, dass die Gesellschaft zu einem bestimmten Zeitpunkt überschuldet war, so muss der Geschäftsführer darlegen, welche Umstände es aus damaliger Sicht rechtfertigten, das Unternehmen trotzdem

---

[114] *Haas* NZG 1999, 373, 376 f.; *Kübler/Prütting/Noack* GesR Rn. 317.
[115] BGH NJW 1999, 2182, 2183 = MDR 1999, 1011, 1011 f. = GmbHR 1999, 715, 716 f.; *Ullrich* DZWIR 2000, 177, 181.
[116] OLG Naumburg GmbHR 1998, 183, 184.
[117] *Baumbach/Hueck/Schulze-Osterloh* Rn. 86.
[118] OLG Koblenz GmbHR 2000, 31, 33 = NJW-RR 2000, 182, 183.
[119] OLG Koblenz GmbHR 2000, 31, 34 = NJW-RR 2000, 182, 183.
[120] OLG Naumburg BB 1999, 1570, 1571.
[121] BGHZ 126, 181, 200 = NJW 1994, 2220, 2224 = ZIP 1994, 1103, 1110; OLG Celle NZG 1999, 1064, 1065.
[122] BGHZ 126, 181, 199 = NJW 1994, 2220, 2224 = ZIP 1994, 1103, 1109; OLG Düsseldorf GmbHR 1999, 479, 480 f. = NZG 1999, 349, 350; *Lutter/Hommelhoff* Rn. 37; *Hachenburg/Ulmer* Rn. 52; *Scholz/K. Schmidt* Rn. 30.
[123] *Scholz/K. Schmidt* Rn. 16; *Hachenburg/Ulmer* Rn. 25, 52.
[124] *Lutter/Hommelhoff* Rn. 37.
[125] *Ehlers*, DStR 1998, 1756, 1757.

§ 64　　　　　　　　　　5. Abschnitt. Auflösung und Nichtigkeit der Gesellschaft

fortzuführen.[126] Offen gelassen hat der BGH,[127] ob der Geschäftsführer über diese Darlegungslast hinaus auch die Beweislast im Hinblick auf eine positive Fortbestehensprognose trägt.[128] Er führt hierzu aber aus, dass der Geschäftsführer fehlendes Verschulden zu beweisen hat.[129] Das Verschulden des Geschäftsführers wird als insoweit widerleglich vermutet.[130] An der dargestellten Darlegungs- und Beweislastverteilung hat sich auch nichts durch den in § 19 Abs. 2 InsO definierten Begriff der Überschuldung geändert. Der Gläubiger bzw. Insolvenzverwalter hat nach wie vor die rechnerische Überschuldung darzulegen und zu beweisen. Beruft sich der Geschäftsführer hinsichtlich der Berechnung der Überschuldung auf die für ihn günstigeren Fortführungswerte, hat er die wirtschaftliche Lebensfähigkeit und die Schuldendeckung nach Fortführungswerten darzulegen und gegebenenfalls zu beweisen.[131] In der Krise muss sich der Geschäftsführer daher von Wirtschaftsprüfern und/oder Rechtsanwälten intensiv beraten lassen, um ein schuldhaftes Zögern widerlegen und damit seine persönliche Haftung ausschließen zu können.[132]

49　**e) Aktivlegitimation.** Für den Quotenschaden der *Altgläubiger* ist anerkannt, dass diese Ansprüche, obwohl sie an sich jedem einzelnen Gläubiger zustehen, im Insolvenzverfahren vom Insolvenzverwalter geltend gemacht werden.[133] Dies entspricht dem Charakter des Anspruchs als **Gesamtgläubigerschaden** und auch dem Gesichtspunkt der Zweckmäßigkeit. Nach anfänglichen Unsicherheiten[134] hat der BGH ausdrücklich festgestellt, dass der Insolvenzverwalter nicht befugt ist, Ansprüche der *Neugläubiger* neben diesen geltend zu machen.[135] Dem ist zu folgen. Der Schadensersatzanspruch der Neugläubiger ist ein Individualanspruch.[136] Die Höhe des Vertrauensschadens hängt von individuellen, für den Insolvenzverwalter gar nicht durchschaubaren Gegebenheiten ab. Allerdings dürften auch die für die Gläubiger verbundenen Probleme im tatsächlichen, die seine Einstufung als Alt- oder Neugläubiger betreffen, nicht von der Hand zu weisen sein.[137] Die Kenntnis über den Zeitpunkt der Insolvenzreife und damit die Qualifizierung der Gläubiger besitzt meist nur der Insolvenzverwalter.

50　**f) Ausgeschiedener Geschäftsführer.** Legt der Geschäftsführer nach Insolvenzreife sein Amt nieder, befreit ihn dies nicht von der entstandenen Haftung nach § 64 Abs. 1 iVm. § 823 Abs. 2 BGB.[138] Bei Amtsniederlegung nach Insolvenzreife wandelt sich die Insolvenzantragspflicht in die Verpflichtung, die verbleibenden oder künftigen

---

[126] BGHZ 126, 181, 199 = NJW 1994, 2220, 2224 = ZIP 1994, 1103, 1110; OLG Koblenz NJW-RR 2000, 182, 183 = GmbHR 2000, 31, 33; OLG Köln DStR 2000, 1662 = GmbHR 2000, 822; *Meyke* NJW 2000, 2230, 2232.
[127] BGHZ 126, 181 = NJW 1994, 2220 = ZIP 1994, 1103.
[128] So OLG München BB 2000, 428 = EWIR 2000, 865; *Scholz/K. Schmidt* Rn. 42; *Hachenburg/Ulmer* Rn. 19.
[129] BGHZ 126, 181, 200 = NJW 1994, 2220, 2224 = ZIP 1994, 1103, 1110; so auch *Uhlenbruck* GmbHR 1999, 313, 325.
[130] *Lutter/Hommelhoff* Rn. 37.
[131] *Michalski* NZG 1999, 373, 379.
[132] *Lutter/Hommelhoff* Rn. 38.
[133] *Lutter/Hommelhoff* Rn. 43; *Hachenburg/Ulmer* Rn. 56.
[134] Vgl. einerseits BGH ZIP 1993, 763, 767; *Uhlenbruck* ZIP 1994, 1153 ff.; andererseits BGHZ 126, 181, 201 = NJW 1994, 2220, 2224 f. = ZIP 1994, 1103, 1110; *Wilhelm* ZIP 1993, 1833, 1837.
[135] BGHZ 138, 211, 214 f. = NJW 1998, 2667, 2668 = WM 1998, 944, 945.
[136] BGHZ 138, 211, 216 = NJW 1998, 2667, 2668 = WM 1998, 944, 945; *Baumbach/Hueck/Schulze-Osterloh* Rn. 88; *Lutter/Hommelhoff* Rn. 45; *Uhlenbruck* GmbHR 1999, 313, 325.
[137] *Wilhelm* ZIP 1993, 1833, 1836.
[138] *Scholz/K. Schmidt* Rn. 6.

Insolvenzantragspflicht **§ 64**

Geschäftsführer zur Anmeldung anzuhalten (vgl. Rn. 21). Tut dies der ausgeschiedene Geschäftsführer nicht, ist ihm deren Unterlassen zuzurechnen.[139]

g) Verzicht, Verjährung. Die GmbH oder deren Gesellschafter können auf den Anspruch aus § 64 Abs. 1 iVm. § 823 Abs. 2 **nicht verzichten** oder sich vergleichen.[140] Die **Verjährung** richtet sich nach § 195 BGB nF.[141] 51

4. Haftung nach § 26 Abs. 3 InsO. § 26 Abs. 3 InsO stellt einen neuen Haftungstatbestand für den Geschäftsführer dar. Leistet ein Gläubiger einen Vorschuss zur Deckung der Verfahrenskosten und verhindert hierdurch die Abweisung des Insolvenzantrags nach § 26 Abs. 1 S. 1 InsO, kann er vom Geschäftsführer, der den Antrag auf Eröffnung des Insolvenzverfahrens entgegen § 64 Abs. 1 pflichtwidrig und schuldhaft nicht gestellt hat, Erstattung des vorgeschossenen Betrages verlangen. Nach § 26 Abs. 3 S. 2 InsO werden Pflichtwidrigkeit und Verschulden vermutet.[142] Haben mehrere Geschäftsführer gegen die Antragspflicht verstoßen, so haften sie als Gesamtschuldner.[143] 52

5. cic (§ 311 BGB nF). Die Haftung der Geschäftsführer aus **culpa in contrahendo** wurde in der Rspr. auf die Gesichtspunkte des wirtschaftlichen Eigeninteresses oder der Inanspruchnahme eigenen besonderen persönlichen Vertrauens gestützt.[144] Der BGH hatte diese Rspr. entsprechend der in der Literatur geäußerten Kritik eingeschränkt.[145] Rechtsdogmatisch konnte eine Haftung aus cic immer nur dort eingreifen, wo gesetzliche Regelungen fehlten. Die Begründung des BGH[146] und seiner früheren Entscheidungen[147] ergeben, dass nach neuerem Verständnis für eine Haftung der Geschäftsführer aus cic nur noch unter dem Gesichtspunkt der Inanspruchnahme eines besonderen persönlichen Vertrauens Raum bleibt.[148] § 311 Abs. 3 S. 2 BGB nF regelt nunmehr diese Fallgestaltung.[149] 53

IV. Die GmbH & Co. KG

Literatur: S. vor Rn. 1.

1. Antragspflicht. Im Falle der GmbH & Co. KG folgt die Insolvenzantragspflicht nicht aus § 64, sondern aus §§ 177a, § 130a HGB, die sich hinsichtlich der Antragspflicht mit § 64 Abs. 1 iErg. decken, vgl. § 63 Rn. 150 ff.[150] 54

---

[139] *Baumbach/Hueck/Schulze-Osterloh* Rn. 83.
[140] *Lutter/Hommelhoff* Rn. 45.
[141] Zur bis zum 31. 12. 2001 geltenden Rechtslage des § 852 BGB aF: OLG Düsseldorf GmbHR 1999, 479, 481 = NJW-RR 1999, 913, 915; einschränkend OLG Stuttgart MDR 2000, 1257 = DStR 2001, 410; *Scholz/K. Schmidt* Rn. 44 der eine entsprechende Anwendung des § 43 Abs. 4 vorschlägt.
[142] *Kübler/Prütting/Pape* § 26 Rn. 23; *Ullrich* DZWIR 2000, 177, 181.
[143] *Kübler/Prütting/Pape* § 26 Rn. 26.
[144] BGH ZIP 1993, 763 = WM 1993, 1882, 1883 m. zahlr. Nachw.; BGH NJW 1995, 1544 = BB 1995, 997, 998.
[145] BGHZ 126, 181, 184 f. = NJW 1994, 2220, 2221 = ZIP 1994, 1103, 1105 m. zahlr. wN.
[146] BGHZ 126, 181, 184 f. = NJW 1994, 2220 = ZIP 1994, 1103.
[147] BGH ZIP 1993, 763 = WM 1993, 1882, 1884; BGH NJW 1993, 2931, 2933 = ZIP 1993, 1543 = WM 1993, 1885.
[148] BGH NJW-RR 1991, 1312, 1313 = BB 1991, 1587, 1588 = ZIP 1991, 1140, 1142, bestätigt durch BGHZ 126, 181, 183 = WM 1994, 1428, 1429 = ZIP 1994, 1103, 1106; eingehend *Medicus*, FS Steindorff, 1990, S. 725, 734 ff.; dagegen *Flume* ZIP 1994, 337, 339.
[149] BT-Drucks. 14/6040 v. 14. 5. 2001, S. 163.
[150] *Hachenburg/Ulmer* Rn. 80.

55 **2. Zivil- und strafrechtliche Haftung.** Zur Insolvenzantragspflicht und allen übrigen Verpflichtungen der Organe sowie deren strafrechtliche Haftung ist auf die Erläuterungen zur Insolvenzantragspflicht zu verweisen, § 63 Rn. 149 ff. § 130a Abs. 2 HGB bestimmt analog § 64 Abs. 2, dass die organschaftlichen Vertreter der GmbH & Co. KG nach Eintritt der Zahlungsunfähigkeit oder Feststellung der Überschuldung keine Zahlungen mehr leisten dürfen. Es kann insoweit auf das in Rn. 27 ff. Ausgeführte verwiesen werden.[151]

56 Die **zivilrechtliche** Haftung der Geschäftsführer der GmbH & Co. KG ist in § 130a Abs. 3 HGB abweichend von § 64 Abs. 2 und teilweise weitergehend geregelt.

Es werden durch § 130a Abs. 3 HGB nicht nur die Zahlungen nach Eintritt der materiellen Insolvenz der Gesellschaft erfasst, sondern auch der Schaden, der ganz generell durch die Verschleppung der Insolvenzantragstellung eingetreten ist.[152] Die Geltendmachung dieser Schadensersatzansprüche weist § 130a Abs. 3 HGB insgesamt der Gesellschaft, also dem Insolvenzverwalter zu.[153]

IÜ ist die Geltendmachung eines über den Quotenschaden hinausgehenden Individualschadens ebenfalls nicht ausgeschlossen. Auch § 130a HGB ist Schutzgesetz iSd. § 823 Abs. 2 BGB.[154] Es gelten insoweit die gleichen Grundsätze wie bei der GmbH, auf das in Rn. 42 ff. Ausgeführte kann verwiesen werden.

57 Die **strafrechtliche** Folge der Unterlassung des Insolvenzantrages ergibt sich bei der GmbH & Co. KG nicht aus § 84 Abs. 1 Nr. 2, sondern aus § 130b HGB.

V. Österreichisches Recht

58 Die Verpflichtung, die Eröffnung des Konkursverfahrens im Falle der Zahlungsunfähigkeit oder der Überschuldung der GmbH zu beantragen, wird den Geschäftsführern nach § 69 Abs. 3 iVm. § 67 ÖKO auferlegt.[155]

Nach § 25 Abs. 3 Nr. 2 ÖGmbHG sind die Geschäftsführer zum Ersatz des Schadens verpflichtet, der durch Zahlungen entsteht, die diese nach dem Zeitpunkt vorgenommen haben, zu dem sie verpflichtet gewesen wären, einen Konkursantrag zu stellen.[156] Diese Regelung entspricht der Haftung wegen Masseschmälerung nach § 64 Abs. 1. Daneben besteht eine deliktische Haftung nach § 159 Abs. 1 Nr. 1, Nr. 2 ÖStGB.

§ 65 [Anmeldung der Auflösung]

(1) ¹Die Auflösung der Gesellschaft ist zur Eintragung in das Handelsregister anzumelden. ²Dies gilt nicht in den Fällen der Eröffnung oder der Ablehnung der Eröffnung des Insolvenzverfahrens und der gerichtlichen Feststellung eines Mangels des Gesellschaftsvertrags oder der Nichteinhaltung der Verpflichtungen nach § 19 Abs. 4. ³In diesen Fällen hat das Gericht die Auflösung und ihren Grund von Amts wegen einzutragen. ⁴Im Falle der Löschung der Gesellschaft (§ 60 Abs. 1 Nr. 7) entfällt die Eintragung der Auflösung.

---

[151] *Hachenburg/Ulmer* Rn. 80; *Kübler/Prütting/Noack* GesR Rn. 568.
[152] *Hachenburg/Ulmer* Rn. 82.
[153] *Hachenburg/Ulmer* Rn. 83.
[154] *Baumbach/Hopt* § 130a Rn. 13.
[155] *Koppensteiner* § 84 Rn. 11, § 25 Rn. 35.
[156] *Koppensteiner* § 84 Rn. 9.

(2) ¹Die **Auflösung** ist von den Liquidatoren zu drei verschiedenen Malen durch die in § 30 Abs. 2 bezeichneten öffentlichen Blätter bekanntzumachen. ²Durch die Bekanntmachung sind zugleich die Gläubiger der Gesellschaft aufzufordern, sich bei derselben zu melden.

Literatur: *Hofmann* Zur Auflösung einer GmbH, GmbHR 1975, 217; *Vallender* Auflösung und Löschung der GmbH, NZG 1998, 249.

Übersicht

	Rn.		Rn.
I. Allgemeines	1	a) Gemäß Abs. 1 S. 2, 3 (Insolvenzverfahren, gerichtliche Mangelfeststellung)	7
II. Eintragung der Auflösung	2–8		
1. Anmeldepflicht	2–4		
a) Anmeldung durch Liquidatoren	2	b) In weiteren Fällen (§ 141a FGG, §§ 3, 17 VereinsG, § 38 KWG)	8
b) Art der Auflösung	3		
c) Inhalt und Form der Anmeldung	4	III. Gläubigeraufruf nach Abs. 2	9–11
2. Eintragung	5, 6	1. Dreimalige Veröffentlichung	9, 10
a) Durchführung	5	2. Zeitpunkt und Wirkung des Aufrufs	11
b) Wirkung der Eintragung	6	IV. Fortsetzung der Gesellschaft	12
3. Eintragung ohne Anmeldung	7, 8	V. Österreichisches Recht	13

I. Allgemeines

§ 65 Abs. 1 ist durch das KoordG vom 15. 8. 1969[1] neu gefasst, Abs. 1 S. 2 ist durch die GmbH-Novelle vom 4. 7. 1980[2] um die letzte Variante ergänzt worden. Aus dem Zitat § 19 Abs. 4 ist der Zusatz „Satz 1" durch das Gesetz zur Durchführung der Zwölften Richtlinie des Rates … vom 18. 12. 1991[3] gestrichen worden. – Ab 1. 1. 1999 ist Abs. 1 S. 2 geändert (statt „des Konkursverfahrens" heißt es: „der Eröffnung oder der Ablehnung der Eröffnung des Insolvenzverfahrens"); ferner ist ein neuer S. 4 eingefügt.[4]

II. Eintragung der Auflösung

1. Anmeldepflicht. a) Anmeldung durch Liquidatoren. § 65 Abs. 1 S. 1 setzt die Pflicht zur Anmeldung der Auflösung fest. Dies hat **unverzüglich** zu geschehen, doch kann ein gewisses Hinausschieben aus sachlichen Gründen gestattet sein,[5] zB wenn die Geschäftsanteile oder das Unternehmen zur Vermeidung einer Liquidation verkauft werden sollen.[6] Es besteht ein gewisser Streit, ob die (ausscheidenden) **Geschäftsführer oder die Liquidatoren** anzumelden haben, wenn nicht gemäß § 66 die bisherigen Geschäftsführer auch abwickeln. Richtigerweise sind bei deklaratorischer Eintragung der Auflösung[7] die Liquidatoren als die gesetzlichen Vertreter der Gesellschaft zur Anmeldung verpflichtet.[8] Nur im Falle des Auflösungsbeschlusses

---
[1] BGBl. I S. 1146.
[2] BGBl. I S. 836.
[3] BGBl. I S. 2206.
[4] Vgl. Art. 48 Nr. 8 EGInsO.
[5] RGZ 145, 99, 103; *Baumbach/Hueck/Schulze-Osterloh* Rn. 7; *Meyer-Landrut/Miller/Niehus* Rn. 5; *Scholz/K. Schmidt* Rn. 6.
[6] *Hachenburg/Hohner* Rn. 16.
[7] Vgl. § 60 Rn. 15.
[8] BayObLG DB 1994, 976 und 977; LG Bielefeld GmbHR 1987, 194.

durch Satzungsänderung,[9] bei der erst die Eintragung der Satzungsänderung die Auflösung bewirkt, liegt die Anmeldungspflicht bei den Geschäftsführern.[10] Ist kein Geschäftsführer mehr vorhanden und kein Liquidator bestellt, so kann jeder Beteiligte (Gesellschafter, früherer Geschäftsführer, Gläubiger) gemäß § 29 BGB[11] die Bestellung eines Liquidators beantragen.[12] Die Anmeldung hat durch so viele Liquidatoren (ggf. Geschäftsführer) zu erfolgen, wie gemäß § 78 **zur Vertretung notwendig** sind. Sind nicht genügend vertretungsberechtigte Personen vorhanden, so soll die Anmeldung auch durch die verbliebenen Vertreter genügen.[13] Jedoch dürfte eine Ergänzung gemäß § 29 BGB (s. o.) richtiger sein, denn die GmbH muss auch über die Anmeldung hinaus weiterhin ordnungsgemäß vertreten sein.[14] **Jeder Liquidator,** ggf. Geschäftsführer, unterliegt der **Pflicht zur Anmeldung**.[15] Die Erfüllung der Pflicht kann bei Eintragungen mit deklaratorischer Wirkung durch Zwangsgeld gegen die verpflichteten Personen erzwungen werden.[16] Anmeldepflicht besteht nicht in den in Rn. 7 f. angegebenen Fällen. – Es ist aber zu beachten, dass früher bei Auflösung wegen zu geringen Stammkapitals oder zu geringer Einzahlung aufgrund Art. 12 § 1 GmbH-Novelle 1980[17] die Anmeldepflicht der Geschäftsführer bestand, da das Gesetz keine Amtseintragung vorsah.[18]

3 **b) Art der Auflösung.** Auf die Art der Auflösung kommt es bei der Pflicht zur Anmeldung grundsätzlich nicht an. Jedoch setzt Abs. 1 S. 2 vier Ausnahmen fest, und weiter wird in anderen Fällen das Registergericht ohne Anmeldung tätig (Rn. 7 f.). Ist die Auflösung durch Satzungsänderung beschlossen und wird sie daher erst mit der Eintragung wirksam, so sind die Geschäftsführer zwar gegenüber der Gesellschaft zur Anmeldung verpflichtet, doch besteht gegenüber dem Registergericht kein Zwang zur Anmeldung und ein Zwangsgeld nach § 14 HGB kann nicht festgesetzt werden.[19] Bei einer Auflösungsverfügung gemäß § 62 sind die Geschäftsführer, die automatisch gemäß § 66 Abs. 1 zu Liquidatoren geworden sind, zur Anmeldung verpflichtet,[20] es sei denn, die Gesellschafter bestellten dann andere Liquidatoren.

4 **c) Inhalt und Form der Anmeldung.** Die Anmeldung der Auflösung erfolgt beim **Handelsregister des Sitzes** der Gesellschaft. Einen Doppelsitz dürfte es eigentlich bei einer GmbH nicht geben;[21] falls ein solcher aber doch eingetragen worden sein sollte, ist bei beiden Registergerichten anzumelden.[22] Bei den Registergerichten von

---

[9] S. § 60 Rn. 15.
[10] BayObLG DB 1994, 976 und 977; *Hofmann* GmbHR 1975, 217, 225; *Scholz/K. Schmidt* Rn. 6; *Hachenburg/Hohner* Rn. 2; *Vogel* Anm. 3; *Baumbach/Hueck/Schulze-Osterloh* Rn. 5; *Meyer-Landrut/Miller/Niehus* Rn. 3.
[11] S. § 66 Rn. 15.
[12] OLG Hamburg KGJ 45, 329, 330 für das Ausscheiden des Geschäftsführers; LG Köln KGJ 45, 178, 180; *Scholz/K. Schmidt* Rn. 6; *Hachenburg/Hohner* Rn. 3.
[13] Für das AktG: GroßkommAktG/*Wiedemann* § 263 Anm. 1; Kölner KommAktG/*Kraft* § 263 Rn. 3.
[14] *Meyer-Landrut/Miller/Niehus* Rn. 4; *Baumbach/Hueck/Schulze-Osterloh* Rn. 6; *Scholz/K. Schmidt* Rn. 6; *Lutter/Hommelhoff* Rn. 2; *Hachenburg/Hohner* Rn. 4, gegen Vorauf.
[15] LG Köln KGJ 45, 178, 180; *Scholz/K. Schmidt* Rn. 11.
[16] § 14 HGB; *Hachenburg/Hohner* Rn. 17.
[17] S. § 60 Rn. 51.
[18] *Lutter/Hommelhoff* Rn. 1; aA *Meyer-Landrut/Miller/Niehus* Rn. 8 aE.
[19] *Hachenburg/Hohner* Rn. 18.
[20] S. § 62 Rn. 9.
[21] S. § 4a Rn. 15.
[22] Vgl. näher *Hachenburg/Hohner* 7. Aufl. § 65 Rn. 19.

Zweigniederlassungen braucht nicht angemeldet zu werden, aber §§ 13 ff. HGB sind zu beachten. Zur Anzahl der notwendigen Liquidatoren- bzw. Geschäftsführerunterschriften s. § 67 Rn. 3. Die Anmeldung ist in öffentlich beglaubigter Form einzureichen, § 12 HGB. Das Gesetz verlangt zwar nicht die Beifügung von Urkunden,[23] welche die Auflösung beweisen (zB Gesellschafterbeschluss, Auflösungsurteil); aber da der Registerrichter wegen der Bedeutung des Vorgangs sich nicht auf die bloße Erklärung der Liquidatoren verlassen kann, wird er aufgrund seiner Ermittlungspflicht gemäß § 12 FGG die Vorlage solcher Unterlagen verlangen.[24] Daher sind solche Unterlagen besser gleich mit einzureichen.[25] Ergibt sich gemäß § 60 Abs. 1 Nr. 1 der Auflösungsgrund aus dem Gesellschaftsvertrag, genügt ein entsprechender Hinweis in der Anmeldung. Auch die **Liquidatoren sind** als weiterbestellte oder neubestellte Vertreter der Gesellschaft **anzumelden**. Diese Anmeldung gemäß § 67 ist an sich getrennt zu sehen von der Anmeldung der Auflösung als solcher, wird allerdings meist in einem vorgenommen.[26] Die Anmeldung der Auflösung durch die Liquidatoren umfasst automatisch die Beendigung der Vertretungsmacht der Geschäftsführer.[27]

2. Eintragung. a) Durchführung. Das **Registergericht** trägt ein entweder aufgrund der Anmeldung oder von Amts wegen nach Mitteilung von dritter Seite (Rn. 6 f.). Sinnvollerweise sollte dabei der Auflösungsgrund in jedem Fall mit eingetragen werden.[28] In den Fällen des Abs. 1 S. 2 ist gemäß S. 3 der Grund von Gesetzes wegen mit einzutragen. Das Registergericht hat gemäß §§ 10, 11 HGB die Auflösung mit dem vollen **Inhalt der Eintragung bekanntzumachen.** § 32 HGB schließt aber für bestimmte Insolvenzbeschlüsse die Bekanntmachung durch das Registergericht aus, da zB gemäß § 30 InsO vom Insolvenzgericht bekanntzumachen ist. Mit der Bekanntmachung treten die Folgen des § 15 Abs. 2 HGB ein, ggf. die des § 15 Abs. 3 HGB. Die in § 65 Abs. 2 geforderte Bekanntmachung durch die Liquidaoren ist anderer Art und hat eine andere Funktion als die hier behandelte Bekanntmachung (Rn. 9 f.). 5

b) Wirkung der Eintragung. Die Wirkung der Eintragung ist im allgemeinen deklaratorisch, falls nicht die Auflösung durch Satzungsänderung erfolgt, welche gemäß § 54 Abs. 3 erst mit Eintragung wirksam wird.[29] Daher löst eine unrichtige Eintragung nicht etwa die Auflösung aus noch verhindert das Fehlen der Eintragung den Eintritt der Rechtsfolgen der Auflösung (außer bei Satzungsänderung). 6

3. Eintragung ohne Anmeldung. a) Gemäß Abs. 1 S. 2, 3 (Insolvenzverfahren, gerichtliche Mangelfeststellung). In zahlreichen Fällen erfolgt die Eintragung der Auflösung von Amts wegen, so dass eine Anmeldung durch die Liquidatoren nicht zu erfolgen braucht; das Registergericht prüft selbst die Richtigkeit der Auflösung oder erhält Nachricht von der erfolgten Auflösung durch Mitteilung anderer Gerichte oder Behörden. § 65 Abs. 1 S. 2 nennt bereits vier Fälle: die des Insolvenzverfahrens, also **Insolvenzeröffnung** gemäß § 32 Abs. 1 S. 1 HGB, aber auch **Ablehnung der Er-** 7

---

[23] AA wohl *Baumbach/Hueck/Schulze-Osterloh* Rn. 8.
[24] *Scholz/K. Schmidt* Rn. 8; *Hachenburg/Hohner* Rn. 13; *Meyer-Landrut/Miller/Niehus* Rn. 4.
[25] *Lutter/Hommelhoff* Rn. 4.
[26] Vgl. § 67 Rn. 1.
[27] BayObLG BB 1994, 958 f.; aA *Buchberger* Rpfleger 1995, 25 f.
[28] *Scholz/K. Schmidt* Rn. 3, 8; *Baumbach/Hueck/Schulze-Osterloh* Rn. 12.
[29] AllgM, OLG Karlsruhe GmbHR 1925, 503; KG GmbHR 1930, 269; *Baumbach/Hueck/Schulze-Osterloh* Rn. 13; *Scholz/K. Schmidt* Rn. 1; *Hachenburg/Hohner* Rn. 23; *Lutter/Hommelhoff* Rn. 5; *Roth/Altmeppen* Rn. 9 f.

§ 65 5. Abschnitt. Auflösung und Nichtigkeit der Gesellschaft

öffnung mangels Masse, wobei im Gegensatz zu § 60 Abs. 1 Nr. 5 die Eingrenzung „mangels Masse" fälschlich fehlt, denn wortgemäß fielen auch Ablehnungen als unzulässig oder unbegründet hierunter,[30] was natürlich nicht der Fall ist. Das Insolvenzgericht gibt gemäß § 31 InsO beglaubigte Abschriften des entsprechenden Beschlusses an das Registergericht, das dann gemäß § 65 Abs. 1 S. 3 einträgt. – Die Feststellung eines **Mangels des Gesellschaftsvertrages** nach §§ 144, 144a FGG trifft das Registergericht selbst und trägt die erfolgte Auflösung ein. – Seit der GmbH-Novelle 1980 hat das Registergericht gemäß §§ 144a, 144b FGG den Mangel des Gesellschaftsvertrages bzw. den **Verstoß gegen § 19 Abs. 4** festzustellen und trägt die dadurch erfolgte Auflösung gemäß § 60 Abs. 1 Nr. 6 ohne Anmeldung ein.

8 **b) In weiteren Fällen (§ 141a FGG, §§ 3, 17 VereinsG, § 38 KWG).** Darüber hinaus wird in weiteren Fällen die Auflösung von Amts wegen eingetragen und braucht keine Anmeldung zu erfolgen.[31] Nach § 60 Abs. 1 Nr. 7 gilt die wegen Vermögenslosigkeit gelöschte GmbH als aufgelöst. Durch die Löschung ist dem Registergericht die Auflösung bekannt, eine Eintragung der Auflösung ist gemäß § 65 Abs. 1 S. 4 nF nicht möglich. – Nach §§ 3, 17 VereinsG ist im Falle eines Verbots der GmbH gleichzeitig die Auflösung anzuordnen.[32] Eine Mitteilung an das Registergericht hat nach § 7 Abs. 2 VereinsG zu erfolgen zwecks Eintragung der Auflösung. – § 38 KWG ermöglicht es dem Bundesaufsichtsamt für das Kreditwesen, bei Rücknahme oder Erlöschen der einem Kreditinstitut erteilten Erlaubnis die Abwicklung anzuordnen; diese Anordnung hat die Wirkung eines Auflösungsbeschlusses. Das Amt muss die Entscheidung dem Registergericht mitteilen, das diese Entscheidung gemäß § 38 Abs. 1 S. 3 KWG einträgt; die gesonderte Anmeldung der Auflösung durch Liquidatoren ist daher nicht erforderlich. – Ein Zivilurteil, das gemäß § 75 die Nichtigkeit rechtskräftig feststellt, muss angemeldet werden.[33]

III. Gläubigeraufruf nach Abs. 2

9 **1. Dreimalige Veröffentlichung.** Die Liquidatoren haben durch den sog. **Gläubigeraufruf** die Auflösung öffentlich bekanntzugeben und in der gleichen Veröffentlichung die Gläubiger aufzufordern, sich bei der Gesellschaft zu melden (dh ihre Forderungen geltend zu machen). Diese Bekanntmachung hat aufgrund einer privatrechtlichen Verpflichtung der Liquidatoren zu erfolgen und steht selbständig neben der Veröffentlichung des Registergerichts über die Auflösung.[34] Die Bekanntmachung ist **dreimal** in den Gesellschaftsblättern einzurücken; in den meisten Fällen wird heute in GmbH-Satzungen der Bundesanzeiger (Bundesanzeiger-Verlag in Köln) als einziges Veröffentlichungsorgan genannt, sonst ist in allen Blättern je dreimal zu veröffentlichen. Die Anzeige muss also an drei verschiedenen, auch aufeinanderfolgenden Tagen erscheinen; bei Zeitungen mit selbständigen Morgen- und Abendausgaben, falls es sie noch gibt, könnten sogar zwei Veröffentlichungen an einem Tag erfolgen.[35] Die Veröffentlichung braucht keine weiteren Angaben als die Bekanntgabe der Auflösung und den Gläubigeraufruf zu enthalten (meist etwa „Die Gesellschaft ist aufge-

---

[30] *Vallender* NZG 1998, 249, 251.
[31] *Meyer-Landrut/Miller/Niehus* Rn. 8; *Baumbach/Hueck/Schulze-Osterloh* Rn. 4; *Scholz/K. Schmidt* Rn. 3; *Hachenburg/Hohner* Rn. 5.
[32] § 62 Rn. 12.
[33] *Scholz/K. Schmidt* § 75 Rn. 21; nicht entschieden: unten § 75 Rn. 34; aA *Baumbach/Hueck/Schulze-Osterloh* Rn. 4 und § 75 Rn. 24.
[34] § 10 HGB, s. Rn. 4.
[35] *Hachenburg/Hohner* Rn. 30.

Anmeldung der Auflösung   § 65

löst. Alle Gläubiger werden aufgefordert, sich bei ihr zu melden. A-GmbH i. L. Die Liquidatoren"). Auch die der Gesellschaft bekannten Gläubiger brauchen nicht besonders benachrichtigt zu werden;[36] sie sind ohne besondere Meldung zu berücksichtigen.[37]

Die **Bekanntmachung konnte** in dem Sonderfall **unterbleiben,** dass eine Altgesellschaft wegen Art. 12 § 1 GmbH-Novelle 1980 aufgelöst war,[38] obwohl die Kapitalerhöhung – fehlerhaft – eingetragen war, wenn die Gesellschaft nach Abgabe der fehlenden Einzahlungsbestätigung dann die Auflösung und Fortsetzung eintragen ließ.[39] Ebenso kann die Veröffentlichung unterbleiben, wenn die Gesellschaft nach § 141a FGG gelöscht war, wegen noch ausstehender Willenserklärungen aber eine nachzuholende Liquidation nötig ist.[40]

2. Zeitpunkt und Wirkung des Aufrufs. Das Gesetz **schreibt nicht vor, wann** die Bekanntmachung zu erfolgen hat; frühestens kann dies jedoch nach der Auflösung geschehen.[41] Im allgemeinen wird etwa gleichzeitig oder kurz nach der Anmeldung die Bekanntmachung von den Liquidatoren veranlasst. Eine Pflicht zur unverzüglichen Veröffentlichung[42] besteht nur gegenüber der Gesellschaft.[43] Irgendein Zwang zur Veröffentlichung kann amtlicherseits nicht ausgeübt werden. Die Gesellschafter aber haben wegen der Folgen im allgemeinen ein Interesse an der Veröffentlichung unverzüglich nach der Auflösung und werden den Liquidatoren notfalls Anweisung dazu geben. Denn erst **mit der letzten notwendigen Veröffentlichung** des Gläubigeraufrufs **beginnt das Sperrjahr** gemäß § 73 Abs. 1, vor dessen Ablauf eine Verteilung des Vermögens der Gesellschaft an die Gesellschafter nicht erfolgen darf.[44] Daher könnte die Gesellschaft die Liquidatoren, ggf. die untätigen Aufsichtsratsmitglieder, bei verzögertem Gläubigeraufruf haftpflichtig machen; Gläubiger könnten diese Ansprüche der Gesellschaft dann pfänden lassen,[45] aber wenn es zur Verteilung von Vermögen nach dem Sperrjahr kommen könnte, werden die Gläubiger im Normalfall wohl auch befriedigt werden.

IV. Fortsetzung der Gesellschaft

Wird die aufgelöste Gesellschaft **zulässigerweise fortgesetzt,**[46] so ist die Fortsetzung **anzumelden** (und einzutragen). Das war bis zum KoordG 1969 in § 65 Abs. 1 S. 2 für § 60 Abs. 1 Nr. 4 ausdrücklich festgelegt, galt aber auch für alle anderen Fälle und gilt auch nach der Gesetzesänderung weiterhin.[47] War die Auflösung selbst noch nicht eingetragen und auch sonst noch nicht bekanntgeworden, so kann im Hinblick auf § 15 Abs. 1 HGB eine Anmeldung der Fortsetzung unterbleiben,[48] da Registerein-

---

[36] Anders als nach § 58 Abs. 1 Nr. 1 bei Kapitalherabsetzung.
[37] Vgl. § 73 Rn. 6.
[38] S. § 60 Rn. 51.
[39] BayObLG BB 1987, 2119 ff.
[40] OLG Hamm GmbHR 1987, 470, 471.
[41] *Hachenburg/Hohner* Rn. 27.
[42] *Hachenburg/Hohner* Rn. 27.
[43] *Scholz/K. Schmidt* Rn. 16.
[44] S. Erl. zu § 73.
[45] *Scholz/K. Schmidt* Rn. 17.
[46] S. § 60 Rn. 65 ff.
[47] *Vogel* Anm. 2; *Hachenburg/Hohner* Rn. 9.
[48] Differenziert Scholz/K. Schmidt Rn. 4; s. auch *Baumbach/Hueck/Schulze-Osterloh* Rn. 4a, 18; *Hachenburg/Hohner* Rn. 10.

§ 66   5. Abschnitt. Auflösung und Nichtigkeit der Gesellschaft

trag und tatsächliche Rechtslage im Einklang stehen.[49] Wird die Gesellschaft durch Satzungsänderung fortgesetzt, so ist diese bis zur Eintragung nicht wirksam, die Anmeldung also im Belieben der Gesellschaft, § 14 HGB kann nicht zu gerichtlichen Zwangsmaßnahmen führen.[50]

V. Österreichisches Recht

13   § 88 ÖGmbHG verlangt die **Anmeldung der Auflösung** durch Zeitablauf oder Gesellschafterbeschluss zum Firmenbuch. Bei gerichtlicher oder behördlicher Auflösung oder Konkurseröffnung ist Eintragung von Amts wegen vorgesehen. Wenn die Geschäftsführer einer Aufforderung des Gerichts zur notwendigen Anmeldung nicht genügen, ist ebenfalls Eintragung von Amts wegen vorgesehen, wobei das Gericht die Liquidatoren zu bestellen hat.[51] Der dreimalige Gläubigeraufruf ist in § 91 Abs. 1 ÖGmbHG vorgeschrieben, und den bekannten Gläubigern ist die Auflösung unmittelbar mitzuteilen.

§ 66 [Liquidatoren]

(1) **In den Fällen der Auflösung außer dem Fall des Insolvenzverfahrens erfolgt die Liquidation durch die Geschäftsführer, wenn nicht dieselbe durch den Gesellschaftsvertrag oder durch Beschluß der Gesellschafter anderen Personen übertragen wird.**

(2) **Auf Antrag von Gesellschaftern, deren Geschäftsanteile zusammen mindestens dem zehnten Teil des Stammkapitals entsprechen, kann aus wichtigen Gründen die Bestellung von Liquidatoren durch das Gericht (§ 7 Abs. 1) erfolgen.**

(3) ¹**Die Abberufung von Liquidatoren kann durch das Gericht unter derselben Voraussetzung wie die Bestellung stattfinden.** ²**Liquidatoren, welche nicht vom Gericht ernannt sind, können auch durch Beschluß der Gesellschafter vor Ablauf des Zeitraums, für welchen sie bestellt sind, abberufen werden.**

(4) **Für die Auswahl der Liquidatoren findet § 6 Abs. 2 Satz 3 und 4 entsprechende Anwendung.**

(5) ¹**Ist die Gesellschaft durch Löschung wegen Vermögenslosigkeit aufgelöst, so findet eine Liquidation nur statt, wenn sich nach der Löschung herausstellt, daß Vermögen vorhanden ist, das der Verteilung unterliegt.** ²**Die Liquidatoren sind auf Antrag eines Beteiligten durch das Gericht zu ernennen.**

Literatur: *Bokelmann* Der Prozeß gegen eine im Handelsregister gelöschte GmbH, NJW 1977, 1130; *Ganssmüller* Zum Recht der Vor-GmbH, insbesondere im Falle ihrer Liquidation, GmbHR 1963, 101; *ders.* Wieder einmal: Zur Vor-GmbH, GmbHR 1970, 170; *Gottschling* Die Amtsniederlegung des GmbH-Liquidators, GmbHR 1960, 141; *Hofmann* Zur Auflösung einer GmbH, GmbHR 1975, 217; *ders.* Zur Liquidation einer GmbH, GmbHR 1976, 229; *Kirberger* Die Notwendigkeit der gerichtlichen Liquidatorenbestellung im Falle der Nachtragsliquidation einer wegen Vermögenslosigkeit gelöschten Gesellschaft oder Genossenschaft, Rpfleger 1975, 341; *Kühn* Die Minderheitsrechte in der GmbH und

---

[49] Der Fall BayObLG BB 1987, 2119 ff. war sehr speziell wegen der Sonderbestimmung des Art. 12 § 1 GmbH-Novelle 1980 und der Kenntnis des Registergerichts von der fehlerhaften Eintragung.
[50] *Hachenburg/Hohner* Rn. 11.
[51] § 88 Abs. 3, vgl. *Koppensteiner* § 88 Rn. 5.

ihre Reform, 1964; *ders.* Der Minderheitenschutz in der GmbH, GmbHR 1965, 132; *Karsten Schmidt* Zum Liquidationsrecht der GmbH & Co., GmbHR 1980, 261; *Wolf Schulz* Die masselose Liquidation der GmbH, 1986.

Übersicht

	Rn.		Rn.
I. Normzweck und Inhalt	1, 2	c) Originäre Bestellung in anderen Fällen	18
a) Normzweck	1		
b) Inhalt	2	**IV. Einzelheiten zum Amt der Liquidatoren**	19, 20
II. Liquidatoren gemäß Abs. 1 (geborene und gekorene)	3–9	1. Sachliche Erfordernisse (Anzahl)	19
1. Bisherige Geschäftsführer	3, 4	2. Persönliche Voraussetzungen (Abs. 4)	20
2. Durch Gesellschafterbeschluss bestellte (gekorene) Liquidatoren	5–8	**V. Dienstvertrag**	21–24
a) Allgemeines	5–7	1. Geschäftsführer als Liquidatoren	21, 22
b) Fähigkeit zum Amt	8	2. Neubestellte Liquidatoren	23, 24
3. Durch Gesellschaftsvertrag bestellte Liquidatoren	9	**VI. Abberufung von Liquidatoren (Abs. 3)**	25–29
III. Bestellung von Liquidatoren durch das Gericht	10–18	1. Durch die Gesellschafter	25, 26
1. Aus wichtigem Grund (Abs. 2)	10–14	2. Abberufung durch das Gericht (Abs. 3)	27–29
a) Antragsrecht einer Minderheit	10–12	**VII. Niederlegung des Amts**	30, 31
b) Wichtiger Grund	13, 14	**VIII. Nachzuholende Liquidation (Abs. 5)**	32
2. Bestellung aufgrund anderer Gesetze	15–18		
a) Notbestellung gemäß §§ 29, 48 BGB	15, 16	**IX. GmbH & Co. KG**	33
b) Bestellung gemäß § 38 Abs. 1 KWG	17	**X. Österreichisches Recht**	34

I. Normzweck und Inhalt

a) Normzweck. Durch Art. 48 Nr. 9 EGInsO ist Abs. 1 geändert und Abs. 5 eingefügt worden, beides mit Wirkung ab 1. 1. 1999. – Durch ihren Abs. 1 soll die Bestimmung vor allem **sicherstellen, dass bei Auflösung,** wenn kein besonderes Verfahren zur Liquidatorenernennung gesetzlich vorgesehen ist (Rn. 15 ff.), **Liquidatoren vorhanden sind,** die die Abwicklungsgesellschaft vertreten können; dies sind mangels Bestellung anderer Personen die bisherigen Geschäftsführer. Anders ist es bezüglich der Notwendigkeit der Vertretung im Insolvenzverfahren (Rn. 4), da der vom Gericht bestellte Verwalter die Abwicklung vornimmt, sowie bei Löschung wegen Vermögenslosigkeit, da dann keine Liquidation stattfindet.[1] Auch bei Auflösung bei Ablehnung des Insolvenzantrags mangels Masse gemäß § 60 Abs. 1 Nr. 5 gilt § 66.[2] Nach Abschluss des Insolvenzverfahrens ist vom Insolvenzverwalter gemäß §§ 199 S. 2 InsO, 141a Abs. 1 S. 2 FGG eine evtl. Auskehrung von Restvermögen an die Gesellschafter vorzunehmen,[3] also nicht gemäß §§ 66 ff. durchzuführen.[4]

b) Inhalt. Die Gesellschafter können entweder durch den Gesellschaftsvertrag oder durch Beschluss andere Personen als die Geschäftsführer mit der Liquidation beauftragen. Nach Abs. 2 und einigen anderen Vorschriften (Rn. 15–18) kann auch

1

2

---

[1] § 141a FGG, § 60 Abs. 1 Nr. 7 GmbHG außer bei nachzuholender Liquidation, bei der das Gericht die Liquidatoren bestellt, s. § 66 Abs. 5 und Rn. 32.
[2] BayObLG DB 1987, 1882 = ZIP 1987, 1182 f.; *Meyer-Landrut/Miller/Niehus* Rn. 2.
[3] *Baumbach/Hueck/Schulze-Osterloh* Rn. 2.
[4] Zur Anwendung des § 66 auf eine Vorgesellschaft s. OLG Hamm WM 1985, 658 f.; OLG Dresden GmbHR 1998, 1182 f. und dazu ausführlich *Wallner* GmbHR 1998, 1168 ff.; s. auch § 11 Rn. 69.

§ 66

das Gericht Liquidatoren bestellen. Abs. 3 gewährt dem Gericht das dem Bestellungsrecht entsprechende Abberufungsrecht und gibt den Gesellschaftern für nicht gerichtlich bestellte Liquidatoren das Abberufungsrecht entsprechend § 38 Abs. 1. Abs. 4 verweist auf § 6 Abs. 2 S. 2 und 3 und verlangt von den Liquidatoren Erklärungen, wie sie auch von Geschäftsführern abzugeben sind. Der vom GmbHG verwendete Ausdruck „Liquidatoren" ist synonym zu „Abwickler", wie er in §§ 265 ff. AktG, aber auch in § 38 Abs. 1 KWG verwendet wird; ebenso bezeichnen Liquidation und Abwicklung gemäß § 264 AktG dasselbe. – Abs. 4 ist durch die GmbH-Novelle vom 4. 7. 1980 in § 66 eingefügt, dann durch Betreuungsgesetz vom 12. 9. 1990[5] im Zitat zu § 6 Abs. 2 geändert worden. – Abs. 5 wurde mit Wirkung vom 1. 1. 1999 eingefügt und behandelt die nachzutragende Liquidation (Rn. 32).

II. Liquidatoren gemäß Abs. 1 (geborene und gekorene)

3 **1. Bisherige Geschäftsführer.** § 66 Abs. 1 bestimmt die bei der Auflösung **amtierenden Geschäftsführer zu Liquidatoren ("geborenen",** wie häufig gesagt wird). Die Vertretungsbefugnis der Geschäftsführer erlischt mit der Auflösung der Gesellschaft.[6] Erst wenn sie zu Liquidatoren werden, sind sie wieder vertretungsberechtigt. Wenn Satzung oder Gesellschafterbeschluss nicht etwas anderes festlegen, sind alle Geschäftsführer zur Liquidation berufen (Rn. 19). Eine besondere Annahmeerklärung der Geschäftsführer ist nicht nötig;[7] auch einer erneuten Bestellung etwa durch den Aufsichtsrat unter Mitbestimmungsgesetzen bedarf es nicht.[8] Die **gesetzliche Vertretungsmacht** wird durch die Auflösung grundsätzlich nicht berührt. Die Beschränkung der Vertretungsmacht gemäß § 35 Abs. 2 auf gemeinsame Abgabe von Willenserklärungen durch alle oder gemäß Gesellschaftsvertrag durch einige (meist zwei) der Geschäftsführer wie auch eine Einzelzeichnungsberechtigung bleiben für geborene Liquidatoren, wenn die Gesellschafter nichts anderes beschließen, bestehen.[9] Ist ein Geschäftsführer von den Beschränkungen des § 181 BGB befreit,[10] setzt sich diese Befreiung nicht automatisch für ihn als Liquidator fort. Die Satzungsermächtigung zur Befreiung der Geschäftsführer gilt im Zweifel aber auch als Ermächtigung, die Liquidatoren zu befreien.[11] Die Liquidatoren haben in der Geschäftsführung die durch den Abwicklungszweck gebotenen Grenzen zu beachten, sind aber in der Vertretungsmacht unbeschränkt, wie Geschäftsführer.[12] Ihr Amt endet mit der Löschung der Gesellschaft im Handelsregister (OLG Saarbrücken GmbHR 2001, 580; s. aber auch BFH GmbHR 2001, 839 f. und auch BFH GmbHR 2001, 786 ff.).

4 **Zur Übernahme des Amts** als Liquidator ist der bisherige Geschäftsführer nur **verpflichtet,** wenn sein Anstellungsvertrag (Rn. 21) es verlangt; allerdings wird man

---

[5] BGBl. I S. 2002 ff., Art. 7 § 33.
[6] BayObLG DB 1994, 978; *Baumbach/Hueck/Schulze-Osterloh* § 65 Rn. 5; *Hachenburg/Hohner* § 65 Rn. 2.
[7] *Hachenburg/Hohner* Rn. 8.
[8] *Scholz/K. Schmidt* Rn. 5.
[9] *Scholz/K. Schmidt* Rn. 5; positiv eingestellt, aber offenlassend BayObLG DB 1994, 977; aA OLG Düsseldorf ZIP 1989, 917 f., das durch Auslegung des Gesellschaftsvertrages zu einem Ergebnis kommen will; s. auch § 68 Rn. 3.
[10] OLG Düsseldorf ZIP 1989, 917. Zur Befreiung des Liquidators von den Beschränkungen des § 181 BGB s. BayObLG BB 1985, 1148 f.; LG Berlin Rpfleger 1987, 250.
[11] BayObLG NJW-RR 1996, 611 f.; LG Zweibrücken NJW-RR 1999, 38 f.
[12] S. § 70 Rn. 5.

Liquidatoren **§ 66**

bei Schweigen des Vertrages eine solche Verpflichtung im allgemeinen vermuten müssen, da es sich um das Fortbestehen der bisherigen Funktion als geschäftsführendes und vertretendes Organ der Gesellschaft handelt.[13] Das Liquidatorenamt beginnt mit der Auflösung. Im Falle der Auflösung durch **Insolvenz** betreibt der Insolvenzverwalter die Liquidation, während die – weitgehend unbedeutende – Stellung der Geschäftsführer-Liquidatoren, beschränkt auf den konkursfreien Bereich, erhalten bleibt.[14] Bei Auflösung wegen Vermögenslosigkeit ohne Liquidation nach § 141a FGG, § 60 Abs. 1 Nr. 7 findet keine Liquidation statt und somit gibt es keinen Liquidator. Bei nachzuholender Liquidation nach Abs. 5 (Rn. 32) und bei jeder **Nachtragsliquidation** für eine gelöschte Gesellschaft sind weder die früheren Geschäftsführer noch die früheren Liquidatoren automatisch weiterhin im Amt, sondern das Gericht ernennt geeignete Personen.[15] – Der **Arbeitsdirektor** nach den Mitbestimmungsgesetzen wird wie jeder andere Geschäftsführer zum geborenen Liquidator, wenn nichts anderes bestimmt wird.[16]

2. Durch Gesellschafterbeschluss bestellte (gekorene) Liquidatoren. a) Allgemeines. § 66 Abs. 1 nennt zwar an erster Stelle die Liquidatorenbestellung durch den Gesellschaftsvertrag, in der Praxis erheblich häufiger ist aber die **Ernennung durch Gesellschafterbeschluss.** Der Beschluss ergeht mit einfacher Mehrheit der Stimmen. Ist allerdings für den Schutz von Minderheitsgesellschafter zur Wahl der Geschäftsführer eine ¾-Mehrheit festgesetzt, gilt dies auch für die Liquidatorenbestellung.[17] Der Gesellschafterbeschluss geht selbst einer Bestimmung der Abwickler im **Gesellschaftsvertrag** vor, wie sich aus § 66 Abs. 3 S. 2 ergibt. Die Gesellschafter können – ohne Satzungsänderung, also grundsätzlich mit einfacher Mehrheit und formlos – anstelle der in der Satzung benannten Personen andere zu Liquidatoren bestellen.[18] Wenn allerdings die Satzung ein **Sonderrecht** auf die Liquidatorenstellung gewährt, kommt die Bestellung eines anderen Liquidators nur in Betracht, wenn für die Abberufung des Sonderberechtigten ein wichtiger Grund besteht. 5

Die starke **Stellung der Gesellschafter** bei der Bestellung der Liquidatoren **geht** selbst den satzungsmäßigen und gesetzlichen **Rechten des Aufsichtsrats vor.**[19] Der **Arbeitsdirektor** nach dem Mitbestimmungsgesetz 1976 wird ebenso wie alle Geschäftsführer Liquidator nach § 66 Abs. 1, aber es kann durch Gesellschafterbeschluss ein anderer an seiner Stelle berufen werden.[20] Der Arbeitsdirektor nach dem Montanmitbestimmungsgesetz kann aber wohl nicht durch Gesellschafterbeschluss durch einen anderen Liquidator ersetzt werden, denn aus dem besonderen Gefüge der Montanmitbestimmung wird das Bestellungsrecht essentiell dem Aufsichtsrat mit besonderer Be- 6

---

[13] *Scholz/K. Schmidt* Rn. 6; differenzierter *Hachenburg/Hohner* Rn. 55 und ohne die Vermutung; *Lutter/Hommelhoff* Rn. 2: eindeutige Verpflichtung der Geschäftsführer.
[14] S. § 63 Rn. 111 ff., 136 ff.
[15] Vgl. BGHZ 53, 264, 266 ff.; BayObLG ZIP 1987, 1182 f.; eingehend *Bokelmann* NJW 1977, 1130, 1132; *Hachenburg/Hohner* Rn. 2 mwN; vgl. aber OLG Frankfurt GmbHR 1976, 137 zum Fall einer zu Unrecht gelöschten GmbH; BayObLG AG 1984, 23, 24 zum Fall der Vertretung der gelöschten GmbH, die sich gegen die Annahme der Voraussetzungen des § 2 Abs. 3 LöschG – heute § 66 Abs. 5 – wehren will; vgl. ferner § 74 Rn. 24.
[16] Zur Bestellung und Abberufung s. Rn. 6, 28.
[17] OLG Frankfurt NZG 1999, 834 f.
[18] KGJ 45, 178, 181; *Hachenburg/Hohner* Rn. 20; *Scholz/K. Schmidt* Rn. 8; *Baumbach/Hueck/Schulze-Osterloh* Rn. 14; grundsätzlich auch *Hofmann* GmbHR 1976, 229, 230.
[19] Kölner KommAktG/*Kraft* § 265 Rn. 26; *Scholz/K. Schmidt* Rn. 32 für die mitbestimmte GmbH; *Baumbach/Hueck/Schulze-Osterloh* Rn. 15.
[20] *Scholz/K. Schmidt* Rn. 32; *Roth/Altmeppen* Rn. 12.

§ 66   5. Abschnitt. Auflösung und Nichtigkeit der Gesellschaft

teilung der Arbeitnehmervertreter zuzuerkennen sein.[21] Dies muss zumindest so lange gelten, wie Arbeitnehmerinteressen noch für die Liquidation von wesentlicher Bedeutung sind.[22]

7 Die **Gesellschafter dürfen die Bestellung von Liquidatoren nicht Dritten,** auch nicht dem Aufsichtsrat, **überlassen.**[23] Der Liquidator muss **eindeutig bezeichnet** sein. Bei unklarer Benennung ist der Beschluss unwirksam, und die Geschäftsführer wickeln als geborene Liquidatoren ab.[24] – Ein **Gesellschafter,** der zum Liquidator bestellt werden soll, ist dabei, ebenso wie bei der Geschäftsführerbestellung, **stimmberechtigt.** Im Gegensatz dazu darf ein **Testamentsvollstrecker,** der einen GmbH-Anteil vertritt, nicht bei seiner Wahl zum Liquidator mitstimmen;[25] dasselbe muss für einen Pfleger oder Betreuer gelten.[26]

8 b) **Fähigkeit zum Amt.** Zum Liquidator kann jede geschäftsfähige Person bestellt werden, mag sie Gesellschafter sein oder nicht.[27] Ein Anwaltsnotar benötigt die Genehmigung nach BNotO § 8 Abs. 2 Nr. 1, da diese Nebentätigkeit nicht zwangsläufig an die Anwaltstätigkeit gekoppelt ist.[28] Aber auch eine **juristische Person** kann zum Liquidator bestellt werden, anders als zum Geschäftsführer. Das ist in § 265 Abs. 2 S. 3 AktG für die AG ausdrücklich festgelegt, wird aber heute auch allgemein für die GmbH angenommen.[29] Bei juristischen Personen, die als Liquidatoren geeignet sind, handelt es sich am ehesten um Treuhandgesellschaften oder ähnliche Dienstleistungsbetriebe. Auch eine KG kann zum Liquidator bestellt werden und dann durch ihren Prokuristen handeln.[30] Eine Behörde kann nicht Liquidator sein,[31] wohl aber ein Angestellter der Behörde. Wegen der weitgehenden rechtlichen Verselbständigung der Personenhandelsgesellschaften gemäß § 124 HGB gibt es keinen durchschlagenden Grund, solche Gesamthandschaften nicht ebenfalls als Liquidator zuzulassen.[32]

9 3. **Durch Gesellschaftsvertrag bestellte Liquidatoren.** Schon der **Gesellschaftsvertrag** kann **andere Personen** als die amtierenden Geschäftsführer zu Liquidatoren bestellen; in der Praxis kommt dies bei Wirtschaftsunternehmen fast nie vor. Ein Beschluss der Gesellschafterversammlung geht jedoch vor (Rn. 5). Allerdings kann ein solcher Beschluss formlos frühestens bei Eintritt der Auflösung gefasst werden, da er sonst eine Satzungsänderung herbeiführen müsste, was nur gemäß § 53 geschehen kann. – Die Satzungsvorschrift muss **bestimmte** Personen benennen und darf nicht

---

[21] Vgl. § 265 Abs. 6 AktG, nur zur Montan-Mitbestimmung; aA *Hachenburg/Hohner* Rn. 15 a; *Baumbach/Hueck/Schulze-Osterloh* Rn. 15.
[22] Zu Abberufung und Wiederbestellung s. Rn. 28.
[23] RGZ 145, 99, 104; *Lutter/Hommelhoff* Rn. 4; *Hachenburg/Hohner* Rn. 15; *Scholz/K. Schmidt* Rn. 9.
[24] *Hachenburg/Hohner* Rn. 13.
[25] BGHZ 51, 209, 213; *Scholz/K. Schmidt* Rn. 10.
[26] Offengelassen in BGHZ 52, 316, 320; wie hier *Scholz/K. Schmidt* Rn. 10.
[27] Zu Voraussetzungen s. Rn. 20.
[28] KG DNotZ 1999, 523 ff.
[29] KG JW 1930, 1410, 1411 f.; *Hofmann* GmbHR 1976, 229, 230; *Baumbach/Hueck/Schulze-Osterloh* Rn. 6; *Scholz/K. Schmidt* Rn. 3; *Meyer-Landrut/Miller/Niehus* Rn. 5; *Hachenburg/Hohner* Rn. 6.
[30] OLG Dresden vom 18. 6. 1997, OLGR 1998, 1 ff.
[31] *Hachenburg/Hohner* Rn. 6; *Scholz/K. Schmidt* Rn. 3.
[32] OLG Dresden OLGR Dresden 1998, 1 ff.; *Hachenburg/Hohner* Rn. 6; *Scholz/K. Schmidt* Rn. 3; *Baumbach/Hueck/Schulze-Osterloh* Rn. 7; GroßkommAktG/*Wiedemann* § 265 Anm. 6; aA Kölner KommAktG/*Kraft* § 265 Rn. 9.

die Auswahl Dritten überlassen (s. auch Rn. 7). Gelegentlich kommt in Satzungen eine Bestimmung vor, „der Präsident der IHK" (oder einer anderen Organisation oder Behörde) solle Liquidator sein. Dies genügt zwar dem Bestimmtheitsgrundsatz, denn namentliche Bestimmung ist nicht nötig; fraglich ist jedoch, ob sein Nachfolger im Amt (während der Abwicklung) auch Nachfolger als Liquidator werden soll; richtig dürfte sein, den zum Zeitpunkt der Auflösung amtierenden Präsidenten auch nach Ausscheiden aus seiner amtlichen Funktion als Liquidator zu behalten.[33] Der Dritte ist nicht verpflichtet, das Amt anzunehmen.

III. Bestellung von Liquidatoren durch das Gericht

1. Aus wichtigem Grund (Abs. 2). a) Antragsrecht einer Minderheit. Das **Registergericht** kann nach Abs. 2 bei Vorliegen eines wichtigen Grundes Liquidatoren bestellen, wenn Gesellschafter mit mindestens 10% des Stammkapitals es beantragen. Funktionell zuständig ist der Richter, nicht der Rechtspfleger.[34] Das Antragsrecht ist als Minderheitsrecht[35] unabdingbar, d.h. der Gesellschaftsvertrag kann es weder wirksam ausschließen noch den erforderlichen Stimmanteil erhöhen; wohl aber kann der Prozentsatz in der Satzung geringer angesetzt werden.[36] Das Gericht **muss auf Antrag tätig werden** und bei Vorliegen eines wichtigen Grundes einen Liquidator (oder mehrere) bestellen.[37] Als Mitgliedschaftsrecht der Minderheit steht das Antragsrecht **weder** dem **Nießbraucher** noch dem **Pfandgläubiger**[38] zu;[39] auch **Gläubiger** der Gesellschaft, die früheren Geschäftsführer, Liquidatoren und der Aufsichtsrat haben das Recht nicht.[40] Wer aber wegen Abs. 4 iVm. § 6 Abs. 2 nicht Liquidator sein darf, wird es auch bei formell richtiger Bestellung nicht.[41]

Das Gericht ist hinsichtlich der Person des zu bestellenden Liquidators **nicht** an den Antrag oder Vorschlag der Antragsteller **gebunden**.[42] Es muss sein **Ermessen** richtig ausüben und Hinweise des Generalbundesanwalts auf Vorstrafen in die Prüfung einbeziehen.[43] Das Gericht entscheidet frei über die Anzahl der Liquidatoren und die Einzel- oder Gesamtvertretung.[44] Wenn jedoch genügend Liquidatoren vorhanden sind (und nicht gemäß Abs. 3 abzuberufen sind), fehlt das Rechtsschutzinteresse für die Klageerhebung.[45] Zur Bestellung und Abberufung eines Arbeitsdirektors nach dem Montan-MitbestG durch das Gericht s. Rn. 6, 28.

---

[33] *Hofmann* GmbHR 1976, 229, 230; *Hachenburg/Hohner* Rn. 9: Auslegung, ob Amtsausübung persönliche Voraussetzung sein sollte.
[34] OLG Schleswig NZG 2000, 317: Bestellung durch Rechtspfleger ist unwirksam.
[35] S. allgemein dazu Erl. zu § 50.
[36] Heute hM; s. *Kühn* GmbHR 1965, 132, 136; *Hofmann* GmbHR 1976, 229, 231; *Hachenburg/Hohner* Rn. 24; *Scholz/K. Schmidt* Rn. 12; *Roth/Altmeppen* Rn. 15; *Meyer-Landrut/Miller/Niehus* Rn. 11.
[37] Keine Ermessensentscheidung: *Baumbach/Hueck/Schulze-Osterloh* Rn. 21; *Hachenburg/Hohner* Rn. 32; *Scholz/K. Schmidt* Rn. 13.
[38] Anders zu § 265 Abs. 3 AktG.
[39] KG GmbHR 1914, 95; 1915, 302; *Vogel* Anm. 5; *Hachenburg/Hohner* Rn. 25; *Scholz/K. Schmidt* Rn. 17; *Meyer-Landrut/Miller/Niehus* Rn. 11.
[40] *Baumbach/Hueck/Schulze-Osterloh* Rn. 19 und obige Zitate.
[41] BayObLG ZIP 1987, 1182, 1184.
[42] BayObLG JFG 2, 183, 186f.; *Hachenburg/Hohner* Rn. 33.
[43] BayObLG DB 1989, 2013.
[44] *Scholz/K. Schmidt* Rn. 22.
[45] *Scholz/K. Schmidt* Rn. 18.

12 Gegen den ablehnenden Beschluss des Gerichts haben die Antragsteller[46] das Recht der **sofortigen Beschwerde** nach §§ 146 Abs. 2, 20 FGG, gegen den ernennenden Beschluss nicht der ernannte Liquidator (der das Amt ablehnen kann), sondern die anderen Gesellschafter (ohne Erfordernis der Innehabung von 10% des Stammkapitals) und die Gesellschaft selbst.[47] **Weitere sofortige Beschwerde** ist gemäß §§ 27, 29 Abs. 2 FGG möglich. Im gesamten Verfahren hat das Gericht dem „Gegner" gemäß § 146 Abs. 1 FGG, also jedenfalls den übrigen Gesellschaftern **rechtliches Gehör** zu gewähren, und zwar im Gegensatz zum vorgenannten Gesetzestext wegen Art. 103 Abs. 1 GG nicht nur, wenn es „tunlich" ist.[48] Es ist aber wohl auch der Gesellschaft, vertreten durch die amtierenden Liquidatoren, Gehör zu gewähren.

13 **b) Wichtiger Grund.** Wichtiger Grund zur Bestellung durch das Gericht ist die Tatsache, dass ein (oder mehrere) Liquidator fehlt und keine Aussicht auf Abhilfe durch die Gesellschafter besteht, oder (in Verbindung mit der Abberufung von Liquidatoren gemäß Abs. 3) dass amtierende Liquidatoren ihr Amt nicht ordnungsgemäß versehen. Auch ein Notliquidator, der kein ordentliches Gesellschaftsorgan ist, hindert den Antrag aus Abs. 2 nicht.[49] Demnach kann der Grund die Unfähigkeit der Gesellschafter sein, sich auf einen oder mehrere Abwickler zu einigen oder überhaupt zu einem Beschluss zu kommen (zB weil wegen Abwesenheit einiger Gesellschafter das Quorum nicht erreicht werden kann). Ist im Gesellschaftsvertrag bestimmt, dass das Registergericht zu entscheiden habe, so ist der darin liegende Auftrag an das Gericht zwar nicht wirksam, aber wenn die Gesellschafter dann keinen Liquidator ernennen, liegt ein wichtiger Grund für das Gericht vor, dem Bedürfnis abzuhelfen.[50]

14 Wichtiger Grund ist das **Bestellungsrecht des Abs. 2 iVm. der Abberufung gemäß Abs. 3,** wenn Liquidatoren ihr Amt nicht ordnungsgemäß ausüben. Dies mag an der **Unfähigkeit, Pflichtvergessenheit oder mangelnden Unparteilichkeit des Liquidators** liegen. Es kann jedenfalls das Vertrauensverhältnis zu der Minderheit der Gesellschafter so erschüttert sein, dass ein wichtiger Grund zur Abberufung gemäß Abs. 3 S. 1 (Rn. 27) gegeben ist.[51] Häufig muss das Gericht auch neue Liquidatoren bestellen, weil etwa die Mehrheit der Gesellschafter nicht im Interesse aller Gesellschafter reagiert. – Die Anwendung des unbestimmten Rechtsbegriffs „wichtiger Grund" kann in allen Instanzen überprüft werden.[52] Die tatsächlichen Voraussetzungen für die Annahme eines wichtigen Grundes sind nur von den Tatrichtern festzustellen, wobei ein gewisser Beurteilungsspielraum bei der Auswahl des Liquidators gegeben ist.[53]

15 **2. Bestellung aufgrund anderer Gesetze. a) Notbestellung gemäß §§ 29, 48 BGB.** Eine Notbestellung analog §§ 29, 48 BGB kommt[54] nur als außerordentliche Maßnahme in Betracht für einen Zeitraum „bis zur Behebung des Mangels". Diese

---

[46] Mit 10% des Stammkapitals, s. OLG München HRR 37 Nr. 461.
[47] ZT str.; s. *Hachenburg/Hohner* Rn. 36; *Scholz/K. Schmidt* Rn. 23 mwN; *Baumbach/Hueck/Schulze-Osterloh* Rn. 22; *Meyer-Landrut/Miller/Niehus* Rn. 12.
[48] BayObLGZ 1969, 65, 70; *Hachenburg/Hohner* Rn. 35; *Scholz/K. Schmidt* Rn. 20.
[49] BayObLG GmbHR 1987, 306, 307; *Scholz/K. Schmidt* Rn. 19; *Baumbach/Hueck/Schulze-Osterloh* Rn. 20.
[50] Vgl. RGZ 145, 99, 106; *Scholz/K. Schmidt* Rn. 9.
[51] S. zu wichtigen Gründen BayObLG BB 1996, 234f.; OLG Düsseldorf NZG 1998, 853f. = GmbHR 1998, 1132f.; OLG Düsseldorf NZG 2002, 90f.
[52] BayObLG GmbHR 1969, 152, 153; *Scholz/K. Schmidt* Rn. 19, 24.
[53] *Scholz/K. Schmidt* Rn. 24; missverständlich BayObLG GmbHR 1969, 152, 153: „Ermessensentscheidung".
[54] Neben § 66 Abs. 2, s. BayObLG BB 1976, 998.

Bestellungsmöglichkeit für das Gericht wird heute allgemein bejaht.[55] Es handelt sich aber nur um eine **vorübergehende Maßnahme,** die möglichst bald ersetzt werden muss durch die ordentliche Bestellung eines Liquidators nach § 66 Abs. 1 oder Abs. 2.[56] Jedenfalls ist die Notbestellung ein aliud gegenüber der Bestellung gemäß Abs. 2.[57] Beteiligte iS der §§ 29, 48 BGB sind einzelne Gesellschafter, frühere Geschäftsführer oder Liquidatoren, amtierende Liquidatoren und Gläubiger, die also antragsberechtigt sind.[58] Der **„Mangel"** iS des § 29 BGB besteht im Fehlen eines notwendigen Liquidators; einer der „dringenden Fälle" liegt vor bei dem Bedürfnis, diesem Zustand schnellstens abzuhelfen.[59] Da es sich um einen schweren Eingriff in die Rechte der Gesellschafter nach § 66 Abs. 1 handelt, muss das Gericht schonend vorgehen und je nach der Sachlage die Rechte des Notliquidators auf gewisse Geschäfte, ggf. einzelne Handlungen, beschränken.[60]

Gegen die Entscheidung ist die **einfache Beschwerde** gemäß § 19 FGG gegeben.[61] **16** Die Notbestellung als vorübergehende Maßnahme **endet automatisch** bei Behebung des Mangels,[62] also wenn die endgültige Bestellung eines anderen Liquidators gemäß § 66 Abs. 1 oder Abs. 2 erfolgt ist; hat der Notliquidator die Einzelmaßnahmen, für die er bestellt war, durchgeführt, liegt kein dringender Fall iS des § 29 BGB mehr vor. Da aber stets Unklarheit über das Fortbestehen der Notbestellung herrschen kann, ist es nicht nur zulässig, sondern dringend anzuraten, dass das Gericht die Notbestellung, wenn auch nur mit deklaratorischer Wirkung, aufhebt.[63] – Die Notbestellung eines Liquidators kann nicht abgelehnt werden mit dem Hinweis, die Bestellung eines **Prozessvertreters nach § 57 ZPO** sei genügend.[64]

b) Bestellung gemäß § 38 Abs. 1 KWG. § 38 Abs. 1 S. 5 KWG gibt dem Bundesaufsichtsamt für das Kreditwesen das Recht, vom Registergericht die Bestellung anderer Abwickler für ein Kreditinstitut in Auflösung zu verlangen, wenn die sonst zur Abwicklung berufenen Personen keine Gewähr für eine ordnungsgemäße Abwicklung bieten (Rn. 20). **17**

c) Originäre Bestellung in anderen Fällen. § 66 Abs. 5 sieht für die nachzuholende Liquidation einer als vermögenslos gelöschten GmbH die Bestellung der Liquidatoren durch das Gericht vor (Rn. 32); anders als in den in Rn. 10 besprochenen Fällen handelt es sich dabei um eine **originäre Zuständigkeit des Gerichts.** Ebenso ist die Bestellung des **Insolvenzverwalters,** der praktisch an die Stelle der nur noch am Rande vertretungsberechtigten Liquidatoren tritt (Rn. 4), ein originäres Recht des Insolvenzgerichts. **18**

---

[55] BGHZ 18, 334, 337 für eine Genossenschaft; BayObLG DNotZ 1955, 638, 639; BB 1976, 998; KGJ 23, 105, 106 ff.; *Baumbach/Hueck/Schulze-Osterloh* Rn. 32; *Hachenburg/Hohner* Rn. 38; *Scholz/K. Schmidt* Rn. 33.
[56] BayObLG GmbHR 1987, 306, 307.
[57] BayObLG BB 1976, 998; *Hachenburg/Hohner* Rn. 39; *Scholz/K. Schmidt* Rn. 33, 34 unter Betonung des Unterschieds der Ernennungsrechte nach § 66 Abs. 2 und §§ 29, 48 BGB.
[58] Vgl. zu einzelnen Fällen RGZ 68, 172, 180; BayObLGZ 1971, 178, 180; BB 1976, 998; *Roth/Altmeppen* Rn. 14, genauere Aufzählung bei *Hachenburg/Hohner* Rn. 39 und *Scholz/ K. Schmidt* Rn. 35.
[59] *Hachenburg/Hohner* Rn. 38; *Scholz/K. Schmidt* Rn. 36 f.
[60] BayObLG BB 1976, 998, 999; *Hachenburg/Hohner* Rn. 40.
[61] BayObLG DNotZ 1955, 638, 639; *Hachenburg/Hohner* Rn. 44; *Scholz/K. Schmidt* Rn. 39.
[62] HM; s. bei *Hachenburg/Hohner* Rn. 43; zweifelnd *Scholz/K. Schmidt* Rn. 40; *Meyer-Landrut/Miller/Niehus* Rn. 13; *Baumbach/Hueck/Schulze-Osterloh* Rn. 32; vgl. auch § 104 Abs. 5 AktG.
[63] *Scholz/K. Schmidt* Rn. 40.
[64] Str.; s. dazu *Scholz/K. Schmidt* Rn. 41; *Hachenburg/Hohner* Rn. 45.

IV. Einzelheiten zum Amt der Liquidatoren

19 **1. Sachliche Erfordernisse (Anzahl).** Die **Anzahl** der Liquidatoren legt das Gesetz nicht fest. Die zum Auflösungszeitpunkt vorhandenen Geschäftsführer werden als geborene" alle zu Liquidatoren, selbst wenn mehr Geschäftsführer als satzungsmäßig zulässig amtierten.[65] Sieht der Gesellschaftsvertrag für die Zahl der Liquidatoren eine Mindest- oder Höchstzahl vor, so ist dem ggf. durch entsprechende Berufungen oder Abberufungen Rechnung zu tragen. Eine Vorschrift des Gesellschaftsvertrages über die Anzahl der Geschäftsführer kann so auszulegen sein, dass sie sich auch auf die Liquidatorenzahl bezieht,[66] jedoch ist dies eher nicht anzunehmen, da die meisten Gesellschaftsverträge nichts über die Auflösung enthalten. Allerdings verpflichten Bestimmungen des Gesellschaftsvertrages über die **Vertretungsmacht** – zB Gesamtvertretung durch je zwei Liquidatoren – die Gesellschafter nicht, mindestens zwei Liquidatoren zu bestellen, da durch einfachen Gesellschafterbeschluss die Vertretungsmacht geändert werden kann.[67] Demnach können die Gesellschafter trotzdem nur einen Liquidator bestellen und diesem Alleinvertretungsmacht erteilen. Auch das Gericht ist bei Bestellung gemäß Abs. 2 nicht an Bestimmungen der Satzung gebunden, es entscheidet frei über die Anzahl der Liquidatoren und die Art der Vertretungsmacht.[68]

20 **2. Persönliche Voraussetzungen (Abs. 4).** Gemäß § 66 Abs. 4 (eingefügt durch die GmbH-Novelle 1980) müssen die Liquidatoren in persönlicher Hinsicht die gleichen Voraussetzungen erfüllen wie die Geschäftsführer.[69] Dies und die Belehrung über ihre Auskunftspflicht gegenüber dem Gericht **haben die Liquidatoren** bei der Anmeldung zum Handelsregister gemäß § 67 Abs. 3 **zu versichern,** und zwar sind die Bestellungshindernisse einzeln zu verneinen.[70] Bei den vom Gericht bestellten Liquidatoren, deren Ernennung von Amts wegen gemäß § 67 Abs. 4 einzutragen ist, wird das Gericht die Versicherung selbst und im allgemeinen vor der Ernennung einholen.[71] Richtig dürfte sein, dass die gerichtlich bestellten Liquidatoren die Versicherung abzugeben haben, dass aber kein Antrag erfolgt, weil von Amts wegen eingetragen ist, doch sollten die Versicherungen in die Akten des Handelsregisters kommen. Dass die Versicherung auch von früheren Geschäftsführern abzugeben ist, kann als wohl herrschende Meinung bezeichnet werden.[72] Die Versicherung ist bei jeder Anmeldung eines Liquidators abzugeben, auch wenn er kurze Zeit vorher bereits eine entsprechende Versicherung als Geschäftsführer eingereicht hat.[73] Ist die Versicherung unrichtig und der Liquidator deshalb amtsunfähig, so ist seine Bestellung nichtig.[74] Tritt dieser Tatbestand erst nachträglich ein, so endet das Amt des Liquidators automa-

---

[65] *Hachenburg/Hohner* Rn. 10.
[66] *Scholz/K. Schmidt* Rn. 2; *Hachenburg/Hohner* Rn. 7, die eine Vermutung in dieser Richtung aufstellen.
[67] S. § 68 Rn. 4.
[68] *Scholz/K. Schmidt* Rn. 22; *Baumbach/Hueck/Schulze-Osterloh* Rn. 21.
[69] § 6 Abs. 2 S. 2 und 3; s. § 6 Rn. 10 ff.
[70] BayObLG BB 1984, 238 = WM 1983, 1170.
[71] AA offensichtlich BayObLG ZIP 1987, 1182, 1183 = BB 1987, 1625, 1626; *Baumbach/Hueck/Schulze-Osterloh* § 67 Rn. 15; wie hier *Scholz/K. Schmidt* § 67 Rn. 12.
[72] BayObLG WM 1982, 1291, 1292; ZIP 1987, 1182, 1183; *Baumbach/Hueck/Schulze-Osterloh* § 67 Rn. 11; *Meyer-Landrut/Miller/Niehus* § 67 Rn. 6; *Lutter/Hommelhoff* § 67 Rn. 8; *Hachenburg/Hohner* § 67 Rn. 15; zweifelnd *Scholz/K. Schmidt* § 67 Rn. 12.
[73] AA BayObLGZ 1982, 303; ZIP 1987, 1182, 1183.
[74] BayObLGZ 1982, 303, 307; WM 1983, 1170; ZIP 1987, 1182, 1184; *Scholz/Schneider* § 6 Rn. 20; *Lutter/Hommelhoff* § 6 Rn. 17 ff.; s. § 6 Rn. 19.

tisch.[75] – Ist eine juristische Person Liquidator (Rn. 8), so müssen die gesetzlichen Vertreter die Versicherung abgeben.[76] Für große Wirtschaftsprüfungsgesellschaften etc. sollten für jeweils eine bestimmte Liquidation eine oder zwei verantwortliche Organmitglieder benannt werden können, wobei dann nur diese die Versicherung abzugeben hätten.[77]

V. Dienstvertrag

1. Geschäftsführer als Liquidatoren. Die Geschäftsführer sind im allgemeinen 21 durch einen **Anstellungsvertrag** an die Gesellschaft gebunden. Dieser wird durch die Auflösung der Gesellschaft nicht berührt, sondern besteht fort.[78] Sieht der Anstellungsvertrag oder die Satzung die Pflicht zur Tätigkeit als Liquidator vor, **muss** der Geschäftsführer das Amt übernehmen. Auch ohne eine solche (unübliche) Bestimmung wird man, da die Liquidatorentätigkeit eine Fortsetzung der Geschäftsführeraufgaben mit einem veränderten Zweck darstellt, für den Geschäftsführer im Zweifel die Pflicht zur Übernahme des Amtes als Liquidator annehmen müssen.[79] Anders kann dies sein nicht nur bei besonderen Arten der Tätigkeit (zB Forschungsleiter) oder bei besonderen vertraglichen Zusagen (zB, der Geschäftsführer solle ein neues Werk bauen), sondern auch, wenn etwa der Geschäftsführer aus geschäftlichen Gründen den Gesellschaftern stark von der Auflösung (durch Beschluss) abgeraten hatte. Lehnt der Geschäftsführer in solchen oder ähnlichen Fällen die Liquidationstätigkeit ab, darf er dies bei wichtigem Grund zur **Kündigung** seines Anstellungsvertrages tun. Ob ihm dann ein Schadensersatzanspruch zusteht, ist nur im Einzelfall zu entscheiden. Im allgemeinen aber stellt die **Auflösung als solche keinen wichtigen Grund** zur Kündigung des Vertrages für den Geschäftsführer dar;[80] auch für die Gesellschaft wird ein wichtiger Grund zur fristlosen Beendigung des Anstellungsvertrages normalerweise nicht bestehen. Berufen die Gesellschafter andere Liquidatoren, so kann die Gesellschaft den Anstellungsvertrag der Geschäftsführer durch ordentliche Kündigung beenden; ebenso kann die Gesellschaft einem aktiven Geschäftsführer, der das Liquidatorenamt nach seinem Vertrag nicht anzunehmen braucht (s. o.) und dies auch nicht tut, nur ordentlich kündigen.
Selbst wenn der Geschäftsführer zur Übernahme des Liquidatorenamts **ver-** 22 **pflichtet ist, kann er das Amt ablehnen** oder später niederlegen,[81] doch ist er evtl. schadensersatzpflichtig (Rn. 30 f.). Aber auch die Gesellschafter können ihn gemäß § 66 Abs. 3 S. 2 abberufen, und zwar auch dann, wenn er ein Recht auf die Liquidatorenstellung hatte; nur bei einem satzungsmäßigen **Sonderrecht** wird man entsprechend § 38 Abs. 2 S. 1 einen wichtigen Grund zur Abberufung verlangen müssen.[82] In allen diesen Fällen können Schadensersatzansprüche für die eine oder andere Seite nach allgemeinem Recht entstehen.

2. Neubestellte Liquidatoren. Für neubestellte Liquidatoren, die durch Gesell- 23 schafterbeschluss oder durch gerichtliche Entscheidung ernannt worden sind, gilt wie

---

[75] BayObLG ZIP 1987, 1182, 1184 = BB 1987, 1625, 1626; *Baumbach/Hueck/Schulze-Osterloh* Rn. 5.
[76] *Meyer-Landrut/Miller/Niehus* Rn. 5; *Scholz/K. Schmidt* § 67 Rn. 12; *Bartl/Henkes* Nr. 898.
[77] Dies geschieht auch in der Praxis; aA aber *Baumbach/Hueck/Schulze-Osterloh* § 67 Rn. 11; *Hachenburg/Hohner* § 67 Rn. 15; *Scholz/K. Schmidt* § 67 Rn. 12.
[78] RGZ 24, 70, 71 für eine AG; *Scholz/K. Schmidt* Rn. 6; *Hachenburg/Hohner* Rn. 55.
[79] S. Rn. 2; so auch *Scholz/K. Schmidt* Rn. 6; *Roth/Altmeppen* Rn. 8; *Baumbach/Hueck/Schulze-Osterloh* Rn. 12; differenzierter *Hachenburg/Hohner* Rn. 55, aber ohne die Vermutung; *Lutter/Hommelhoff* Rn. 2: in jedem Fall verpflichtet.
[80] *Scholz/K. Schmidt* Rn. 6; zögernder *Hachenburg/Hohner* Rn. 55.
[81] *Scholz/K. Schmidt* Rn. 6; *Meyer-Landrut/Miller/Niehus* Rn. 3.
[82] *Hachenburg/Hohner* Rn. 46.

§ 66 5. Abschnitt. Auflösung und Nichtigkeit der Gesellschaft

bei Geschäftsführern[83] und geborenen Liquidatoren die Unterscheidung zwischen der Bestellung als organschaftlichem Akt und dem Dienstverhältnis. Die neubestellten Liquidatoren haben im allgemeinen **keine Pflicht** zur Übernahme der Tätigkeit.[84] Ihr Amt beginnt erst mit ihrer Annahmeerklärung.[85] Sie werden die Annahme häufig von einem befriedigenden **Dienstvertrag mit der Gesellschaft** abhängig machen, der insbesondere ihre **Vergütung** regelt. Diese ist stets von der Abwicklungsgesellschaft zu tragen, auch bei vom Gericht gemäß § 66 Abs. 2 oder in anderen Fällen (Rn. 15 ff.) ernannten Liquidatoren.[86] Ohne Vergütungsvereinbarung mit der Gesellschaft hat der von der Gesellschafterversammlung bestellte Liquidator **Anspruch auf angemessene Vergütung** gemäß § 612 BGB.[87] Das Registergericht kann die Vergütung nicht festsetzen, notfalls entscheidet das Prozessgericht im Streit zwischen Liquidator und Gesellschaft.[88] Ein Rechtsanwalt kann neben seiner Liquidatorenvergütung Gebühren nach BRAGO verlangen, wenn ein Nichtjurist als Liquidator einen Rechtsanwalt für gewisse Aufgaben hinzuziehen müsste.[89] Eventuell muss der Liquidator, falls die Gesellschaft keine Mittel mehr hat, eigenes Vermögen einsetzen (FG Bad.-Württ. GmbHR 2001, 741), muss sich also vorher absichern.

24 **Bestellt das Gericht den Liquidator** gemäß Abs. 2 oder §§ 29, 48 BGB, so kann es vor der Bestellung eine Vergütungszusage der Gesellschaft von den Gesellschaftern oder einen Vorschuss der Antragsteller für den Liquidator verlangen und bis zu deren Eingang die Bestellung **zurückhalten**.[90] Hat der Antragsteller einen Vorschuss geleistet, sind die Gesellschafter ohne Zusage nicht zur Erstattung verpflichtet.[91] Neuerdings wird zu Recht vertreten, das Gericht könne einen **Zwangsdienstvertrag** zwischen der Gesellschaft und dem Liquidator festsetzen, wobei § 265 Abs. 4 S. 2 AktG entsprechend anzuwenden sei; damit wird zumindest die Festlegung der Vergütung durch das Gericht anerkannt.[92] – Wird der Liquidator vom Gericht gemäß Abs. 3 S. 1 abberufen, so kann darin für die Gesellschaft ein **wichtiger Grund zur Kündigung** des Dienstverhältnisses liegen, doch hängt dies von den Umständen des einzelnen Falles ab; nicht immer muss der wichtige Grund zur Abberufung durch das Gericht auch zur fristlosen Kündigung genügen.[93] Wird allerdings der gerichtlich bestellte Liquidator (mit Zwangsdienstvertrag) abberufen, so endet seine Anstellung.[94]

---

[83] S. Erl. zu § 35.
[84] KGJ 45, 178, 180; *Scholz/K. Schmidt* Rn. 50.
[85] Soweit diese nicht vor der Ernennung liegt; vgl. BGHZ 52, 316, 321; s. auch *Hachenburg/Hohner* Rn. 21, 37.
[86] BayObLG BB 1975, 1037; *Roth/Altmeppen* Rn. 19.
[87] LG Hamburg MDR 1971, 298 für Notliquidator eines Vereins; *Scholz/K. Schmidt* Rn. 50.
[88] AG Hamburg GmbHR 1954, 60.
[89] BGH NJW 1998, 3567 ff.
[90] KG RJA 8, 267, 269, 271.
[91] BGH ZIP 1985, 283 f. für einen Notgeschäftsführer.
[92] S. LG Hamburg MDR 1971, 298; zT anders *Baumbach/Hueck/Schulze-Osterloh* Rn. 23; wie hier *Scholz/K. Schmidt* Rn. 50 mwN, auch zu einer dritten These der gesetzlichen Vertretungsmacht des Gerichts zum Abschluss des Dienstvertrages für die Gesellschaft; vgl. auch BayObLG BB 1963, 664; *Hofmann* GmbHR 1976, 229, 231; BayObLGZ 1973, 59 für die KG; für einen gesetzlichen Vergütungsanspruch, der vom Registergericht zu quantifizieren ist *Hachenburg/Hohner* Rn. 56, gegen Voraufl.
[93] Nicht ganz deutlich *Hofmann* GmbHR 1976, 229, 231 f.; *Scholz/K. Schmidt* Rn. 50 aE; aA *Baumbach/Hueck/Schulze-Osterloh* Rn. 28.
[94] Allgemein, ohne Beschränkung auf Zwangsdienstvertrag *Baumbach/Hueck/Schulze-Osterloh* Rn. 28; wohl auch *Scholz/K. Schmidt* Rn. 50 aE.

VI. Abberufung von Liquidatoren (Abs. 3)

1. Durch die Gesellschafter. Abs. 3 nennt an erster Stelle die Abberufung von 25 Liquidatoren durch das Gericht, aber der Normalfall (für nicht durch das Gericht bestellte Liquidatoren, s. Abs. 3 S. 2) ist wohl die **Abberufung durch Gesellschafterbeschluss** gemäß Abs. 3 S. 2; durch Gesellschaftsvertrag kann eine qualifizierte Mehrheit vorgesehen sein.[95] Die Abberufung mag häufig verbunden sein mit der Bestellung eines anderen Liquidators, doch ist es nicht notwendigerweise so, wenn genügend Liquidatoren verbleiben. – **Der Aufsichtsrat hat kein Abberufungsrecht.**[96] Dies gilt auch bei Gesellschaften, die unter das **MitbestG 1976** fallen,[97] da § 66 den Gesellschaftern, die in erster Linie an einer ordnungsmäßigen und wirtschaftlich günstigen Liquidation interessiert sind, für den Abwicklungszeitraum unentziehbare Rechte gibt und die §§ 6, 31 MitbestG nicht auf § 265 Abs. 6 AktG verweisen. Das wird nur für den **Arbeitsdirektor** nach dem **Montan-MitbestG** anders sein,[98] zumindest solange noch Arbeitnehmerinteressen während der Abwicklung eine Vertretung unter den Liquidatoren erheischen.

Die **Abberufung** von Liquidatoren kann auch ohne wichtigen Grund **mit sofortiger** 26 **Wirkung** erfolgen.[99] Eine Beschränkung des Abberufungsrechts entsprechend § 38 Abs. 2 gibt es bei Liquidatoren an sich nicht;[100] nur wenn ein satzungsmäßiges **Sonderrecht** auf die Stellung besteht, muss zur Abberufung ein wichtiger Grund vorliegen.[101] – Die **Abberufung wird wirksam** mit Zugang der Erklärung des Abberufungsbeschlusses beim Liquidator. Die Nachfolger oder die verbliebenen Liquidatoren haben die Anmeldung vorzunehmen. Geschieht dies nicht, so kann der Abberufene die Gesellschaft auf Anmeldung verklagen, notfalls auch die Bestellung eines Notliquidators beantragen.[102] Der **Beschluss** der Gesellschafter kann grundsätzlich mit einfacher Mehrheit gefasst werden (s. aber Rn. 5). Bei der Beschlussfassung kann der Abzuberufende mitstimmen, falls nicht ein wichtiger Grund für die Abberufung vorliegt.[103] – Der **Dienstvertrag** ist von der Abberufung grundsätzlich unabhängig; seine Beendigung oder eventuelle Ersatzansprüche regeln sich nach den allgemeinen Bestimmungen (s. auch Rn. 21). – Die **Gesellschafter können** gemäß § 66 Abs. 3 S. 2 **nicht diejenigen Liquidatoren abberufen, die durch das Gericht bestellt sind,** und zwar unabhängig, ob sie aufgrund § 66 Abs. 2, Abs. 5 oder § 38 KWG bestellt worden waren. Anders bei dem gemäß §§ 29, 48 BGB bestellten Notliquidator (Rn. 15): durch Bestellung von ordentlichen Liquidatoren ist der Mangel behoben und sein Amt weggefallen,[104] und

---

[95] *Hachenburg/Hohner* Rn. 46.
[96] *Hachenburg/Hohner* Rn. 46.
[97] *Scholz/K. Schmidt* Rn. 32; *Hachenburg/Hohner* Rn. 47, 15 a.
[98] S. Rn. 6, 28; aA *Hachenburg/Hohner* Rn. 15 a.
[99] § 66 Abs. 3 S. 2, ähnlich wie bei Geschäftsführern gemäß § 38 Abs. 1; s. KG GmbHR 1998, 1039 ff.; *Baumbach/Hueck/Schulze-Osterloh* Rn. 24; *Meyer-Landrut/Miller/Niehus* Rn. 15.
[100] *Scholz/K. Schmidt* Rn. 44; aA *Baumbach/Hueck/Schulze-Osterloh* Rn. 24; s. zu wichtigen Gründen BayObLG BB 1996, 234 f.
[101] *Hachenburg/Hohner* Rn. 46; *Scholz/K. Schmidt* Rn. 44; *Baumbach/Hueck/Schulze-Osterloh* Rn. 14; *Lutter/Hommelhoff* Rn. 4; aA *Meyer-Landrut/Miller/Niehus* Rn. 15, weil § 38 in § 71 Abs. 2 nicht für anwendbar erklärt sei – aber Sonderrechte sind nicht dasselbe wie Rechte aus § 38 Abs. 2, schon weil es Fremdgeschäftsführer gibt, s. § 38 Rn. 9; *Baumbach/Zöllner* § 38 Rn. 7.
[102] OLG Hamburg OLGRspr. 34, 364.
[103] *Hachenburg/Hohner* Rn. 46; *Scholz/K. Schmidt* Rn. 43; *Baumbach/Hueck/Schulze-Osterloh* Rn. 24.
[104] *Scholz/K. Schmidt* Rn. 42.

§ 66 5. Abschnitt. Auflösung und Nichtigkeit der Gesellschaft

zwar selbst dann, wenn in dem Beschluss der gemäß §§ 29, 48 BGB bestellte Liquidator nicht ausdrücklich abberufen worden ist.[105]

27 **2. Abberufung durch das Gericht (Abs. 3).** Das **Registergericht** kann Liquidatoren abberufen **„unter denselben Voraussetzungen" wie bei der Bestellung** gemäß § 66 Abs. 3 S. 1. Diese Voraussetzungen, nämlich Antrag einer qualifizierten Minderheit von Gesellschaftern bei Vorliegen eines wichtigen Grundes, sind in Rn. 10–14 erläutert. Bei Feststellung des wichtigen Grundes muss das Gericht die Interessen der Gesellschaft und einzelner Gesellschafter abwägen,[106] und zwar im Hinblick auf den Abwicklungszweck.[107] Unfähigkeit, Pflichtverletzung oder Parteilichkeit eines Liquidators gegenüber einzelnen Gesellschaftern können den wichtigen Grund zur Abberufung bedeuten.[108] Verschulden des abzuberufenden Liquidators braucht nicht vorzuliegen, der objektive Tatbestand begründeter schwerwiegender Zweifel der Minderheit an der Eignung oder Unparteilichkeit (zB bei Interessenkonflikt) des abzuberufenden Liquidators genügen.[109] Auch wenn der nach Abs. 2 zunächst gegebene wichtige Grund zur gerichtlichen Berufung des Liquidators weggefallen ist (die Gesellschafter haben sich zB auf genügend Liquidatoren geeinigt), kann das Gericht diesen Liquidator abberufen.[110]

28 Das Gericht kann **Liquidatoren unabhängig von der Art ihrer Bestellung abberufen,** also frühere Geschäftsführer, durch Gesellschafterbeschluss oder durch Gesellschaftsvertrag bestellte Liquidatoren und vom Gericht selbst bestellte Liquidatoren (allgM); selbst ein satzungsmäßiges Sonderrecht hindert das Gericht nicht an der Abberufung.[111] – Noch nicht eingehend behandelt ist, soweit ersichtlich, die Frage, ob das Gericht einen nach **Montan-MitbestG** eingesetzten und zum Liquidator gewordenen **Arbeitsdirektor** abberufen darf.[112] Da ein wichtiger Grund vorliegen muss und auch ein satzungsmäßiges Sonderrecht die Abberufung des betreffenden Liquidators nicht hindert (s. o.), sollte man § 66 Abs. 3 S. 1 auch auf den Arbeitsdirektor in der Montanindustrie anwenden (s. auch Rn. 6, 25). Dann ist fraglich, wer den Nachfolger bestellt: das Gericht wird es können,[113] müsste aber hinsichtlich des zu Ernennenden wohl einem Aufsichtsratsbeschluss gemäß Montan-MitbestG folgen; ist dieser nicht zu erlangen, wird es einer Ablehnung des vorgesehenen Liquidators durch die Arbeitnehmervertreter im Aufsichtsrat Rechnung zu tragen haben. Das kann jedoch nur gelten, solange Arbeitnehmerinteressen in der Liquidation noch in wesentlichem Umfang zu vertreten sind. Das alles sollte auch für den Arbeitsdirektor nach MitbestG 1976 gelten.[114] Eine Abberufung ist bei Amtsunfähigkeit nach § 6 Abs. 2 nicht möglich,[115] weil die Bestellung dann ohnehin nichtig war oder wurde (Rn. 20).

---

[105] *Hachenburg/Hohner* Rn. 49.

[106] OLG Hamm BB 1960, 918 für eine KG; vergl. zum wichtigen Grund OLG Düsseldorf NZG 2002, 90 f.

[107] OLG Hamm BB 1958, 497; 1960, 1355, beide für Personengesellschaften; *Scholz/K. Schmidt* Rn. 45.

[108] BayObLG WM 1969, 674, 675; OLG Hamm BB 1960, 1355; OLG Düsseldorf NZG 1998, 853 f.; *Kühn* GmbHR 1965, 132, 136; *Hofmann* GmbHR 1976, 229, 231; *Hachenburg/Hohner* Rn. 50; *Scholz/K. Schmidt* Rn. 45.

[109] BayObLG NJW 1955, 1678, 1679; WM 1969, 674, 675; aA wohl *Hachenburg/Hohner* Rn. 50.

[110] So zu Recht *Hachenburg/Hohner* Rn. 51.

[111] *Scholz/K. Schmidt* Rn. 45.

[112] Zur Bestellung s. Rn. 6.

[113] AA *Hachenburg/Hohner* Rn. 15a, 47.

[114] S. Rn. 6, gegen die hM.

[115] BayObLG ZIP 1987, 1182, 1185 = BB 1987, 1625.

Liquidatoren **§ 66**

Zum **Verfahren** s. Rn. 10ff.[116] Bei einer OHG ist nach dem BayObLG[117] ein Ge- 29
sellschafter, der den Liquidator mitbestellt hat, gegen die gerichtliche Abberufung beschwerdeberechtigt. Das gilt nach dem OLG Düsseldorf[118] auch für Gesellschafter einer GmbH, der beim Bestellungsbeschluss mitgewirkt hat. – **Ansprüche** des Abberufenen können sich wiederum aus seinem **Anstellungs- oder Dienstvertrag** ergeben. – Durch **einstweilige Verfügung** des Prozessgerichts kann ein Liquidator nicht abberufen werden.[119] Allenfalls kann durch einstweilige Verfügung eine vorläufige Regelung, etwa die Untersagung der Tätigkeit, getroffen werden.[120] – Das **Amt** eines Liquidators **endet automatisch,** wenn die zuständige Behörde ihm die Ausübung unter Ausspruch sofortiger Vollziehung gemäß § 35 Abs. 1, 7 GewO untersagt;[121] dazu muss der Liquidator das Amt aber auch (noch) ausgeübt haben.[122]

VII. Niederlegung des Amts

Der Liquidator kann sein **Amt niederlegen.** Wie beim Geschäftsführer ist zwi- 30
schen dem Amt und dem Dienstverhältnis zu unterscheiden.[123] Die Erklärung, das Amt niederzulegen, ist auch ohne Behauptung eines wichtigen Grundes **sofort wirksam**[124] und ist grundsätzlich **gegenüber der Gesellschaft** abzugeben, also gegenüber den anderen Liquidatoren, oder gegenüber den Gesellschaftern, wenn kein weiterer Liquidator vorhanden ist;[125] nur für den Empfang der Erklärung braucht kein Notliquidator bestellt zu werden.[126] Ist der **Liquidator vom Gericht bestellt,** so ist fraglich, ob er die Erklärung gegenüber dem Gericht[127] oder gegenüber den Gesellschaftern abzugeben hat.[128] Auch der vom Gericht bestellte Liquidator steht im Dienstverhältnis zu der Gesellschaft (Rn. 23) und ist Organ der Gesellschaft,[129] muss also die Niederlegung ihr gegenüber erklären (obwohl die Gesellschafter ihn gemäß § 66 Abs. 3 S. 2 nicht abberufen können), und zwar in erster Linie gegenüber einem weiteren Liquidator. Mit *Gottschling*[130] ist die Niederlegungserklärung gegenüber dem Gericht nur dann abzugeben, wenn keine Gesellschafter auffindbar sind[131] oder wenn der Einmanngesellschafter sein Amt als geborener Liquidator abgeben will.[132]

---

[116] Vgl. auch *Scholz/K. Schmidt* Rn. 47; *Baumbach/Hueck/Schulze-Osterloh* Rn. 27.
[117] BB 1988, 791f.
[118] NZG 1998, 853f. = ZIP 1998, 1534f.
[119] OLG Dresden OLGRspr. 16, 196; *Meyer-Landrut/Miller/Niehus* Rn. 14; *Hachenburg/Hohner* Rn. 53; *Scholz/K. Schmidt* Rn. 48; offengelassen von OLG Köln JW 1926, 2116 für eine OHG.
[120] LG Regensburg BayJMBl. 1952, 130; *Jauernig* ZZP 79 (1966), 321, 336; *Hachenburg/Hohner* Rn. 53; *Scholz/K. Schmidt* Rn. 48.
[121] Hess. VGH GmbHR 1991, 426.
[122] OVG NRW BB 1993, 316.
[123] S. Erl. zu § 38 und Rn. 21–24.
[124] BayObLG GmbHR 1994, 259.
[125] BayObLG GmbHR 1994, 259f. = DB 1994, 524; OLG Hamm NJW 1960, 872, 873.
[126] OLG Hamm NJW 1960, 872, 873; *Gottschling* GmbHR 1960, 141, 142f.; *Scholz/ K. Schmidt* Rn. 52; *Hachenburg/Hohner* Rn. 54.
[127] So *Baumbach/Hueck/Schulze-Osterloh* Rn. 30; *Lutter/Hommelhoff* Rn. 10; *Meyer-Landrut/ Miller/Niehus* Rn. 6.
[128] So *Gottschling* GmbHR 1960, 141, 143; jetzt *Hachenburg/Hohner* Rn. 54 gegen Voraufl.; *Scholz/K. Schmidt* Rn. 52 rät zur Abgabe beiden gegenüber.
[129] BayObLG BB 1963, 664.
[130] GmbHR 1960, 141, 143.
[131] Allgemein dazu BayObLG BB 1963, 664.
[132] BayObLG GmbHR 1994, 259f. = DB 1994, 524; *Hachenburg/Hohner* Rn. 54; *Baumbach/ Hueck/Schulze-Osterloh* Rn. 30; *Scholz/K. Schmidt* Rn. 52.

§ 66 5. Abschnitt. Auflösung und Nichtigkeit der Gesellschaft

31 Der Liquidator kann auch niederlegen, wenn der Dienstvertrag ihn für weitere Zeit, evtl. bis zur Löschung der Gesellschaft, bindet, denn Dienstverhältnis und Amt sind unabhängig voneinander.[133] **Kündigt er das Dienstverhältnis,** was grundsätzlich ohne besondere Befristung nach § 627 BGB geschehen kann,[134] so ist darin **auch eine Amtsniederlegung** zu sehen.[135] Umgekehrt ist in der Amtsniederlegung im allgemeinen die Kündigung zu erblicken.[136] Ist der Dienstvertrag, etwa wegen Befristung, noch wirksam, die Amtsniederlegung aber erfolgt, so kann der Liquidator wegen Vertragsbruchs **schadensersatzpflichtig** sein;[137] bei ordnungsgemäßer Kündigung und Niederlegung ebenfalls, wenn sie zur Unzeit erfolgen.[138]

VIII. Nachzuholende Liquidation (Abs. 5)

32 § 66 Abs. 5 ist im Zuge der Insolvenzreform mit Wirkung vom 1. 1. 1999 in das GmbHG eingefügt worden und ersetzt den gleichzeitig aufgehobenen § 2 Abs. 3 LöschG. Der Wortlaut ist leicht gegenüber § 2 Abs. 3 LöschG geändert, ohne dass dies materiellrechtliche Folgen hätte. Da die nachzuholende Liquidation ein allgemeines Problem der Auflösung der Gesellschaft ist und zudem § 141 a FGG, der § 2 Abs. 1 und 2 LöschG abgelöst hat, in § 60 Abs. 1 Nr. 7 erwähnt ist, hat die Kommentierung umfassend zu erfolgen. Zur Erörterung der Probleme der **Nachtragsliquidation** und der **scheinbaren Vollbeendigung** s. § 74 Rn. 12 ff.

IX. GmbH & Co. KG

33 Gemäß §§ 146 Abs. 1, 161 Abs. 2 HGB **sind sämtliche Gesellschafter** (also die Komplementär-GmbH und die Kommanditisten) **geborene Liquidatoren,** da es sich um eine KG handelt.[139] Es empfiehlt sich daher dringend, durch Gesellschaftsvertrag, Gesellschafterbeschluss oder notfalls durch das Gericht nur einige Personen, möglicherweise die Geschäftsführer der Komplementär-GmbH (für die KG) als Liquidatoren einzusetzen oder berufen zu lassen. Bei einer Publikumsgesellschaft liegt ein praktischer Zwang vor. Gerade bei einer solchen Gesellschaft wird wegen der Meinungsverschiedenheiten zwischen den Kommanditisten (Anlegern) und dem Management aber nicht selten der Komplementär-GmbH das Liquidatorenamt durch das Gericht gemäß §§ 146 Abs. 2, 147 HGB zu entziehen sein.[140] Jeder Kommanditist kann gemäß §§ 161 Abs. 2, 147 HGB einen solchen Antrag stellen. *K. Schmidt*[141] fordert, dass bei einer Publikumsgesellschaft auch ohne Satzungsvorschrift oder Gesellschafterbeschluss die Geschäftsführer der Komplementär-GmbH die Liquidatoren sind,[142] doch gibt es dafür keine Rechtsgrundlage. Das Gericht sollte vielmehr im Grundsatz alle Gesellschafter wegen (praktischer) Unfähigkeit zur Amtsausübung abberufen und geeignete Personen bestellen. – Für die **Notbestellung** eines Liquidators der Komplementär-GmbH kann jeder Kommanditist gemäß § 29 BGB den Antrag stellen.[143]

---

[133] BGH NJW 1978, 1435, 1436; *Scholz/K. Schmidt* Rn. 51.
[134] S. auch OLG Hamm NJW 1960, 872.
[135] BGH BB 1968, 230; *Scholz/K. Schmidt* Rn. 51; *Lutter/Hommelhoff* Rn. 10.
[136] OLG Hamm NJW 1960, 872, 873; *Hachenburg/Hohner* Rn. 54.
[137] § 627 Abs. 2 BGB; *Scholz/K. Schmidt* Rn. 51.
[138] OLG Hamm NJW 1960, 872, 873 obiter dictum.
[139] OLG Frankfurt ZIP 1987, 1593, 1594 = GmbHR 1988, 68; *Scholz/K. Schmidt* Rn. 54.
[140] *Scholz/K. Schmidt* Rn. 54.
[141] *Scholz/K. Schmidt* Rn. 54.
[142] S. auch *K. Schmidt* GmbHR 1980, 261, 264.
[143] *Hachenburg/Hohner* Rn. 41.

X. Österreichisches Recht

Die **Liquidation als grundsätzlich notwendige Folge der Auflösung** wird in 34 § 89 Abs. 1 ÖGmbHG besonders herausgestellt. Im übrigen setzt Abs. 2, wie § 66 Abs. 1, die Geschäftsführer als geborene Liquidatoren ein. Der Aufsichtsrat oder Gesellschafter mit mindestens 10% des Stammkapitals oder Aktien im Nominalwert von 10 Mio. Schilling können aus wichtigem Grund die Bestellung oder Abberufung von Liquidatoren beantragen. Im übrigen ist die Regelung ähnlich wie § 66. Liquidatoren unterliegen nicht einem Wettbewerbsverbot.[144] Die Gesellschafter können Liquidatoren, die nicht vom Gericht bestellt sind, wieder abberufen. Gemäß § 94 ÖGmbHG hat das Gericht auch die Liquidatoren zu ernennen, wenn die zuständige Verwaltungsbehörde die Einstellung der Tätigkeit der Gesellschaftsorgane verfügt hat. Dann ist vom Gericht sogar ein Aufsichtsrat einzusetzen und es hat die Mitglieder zu bestellen. Ist die Gesellschaft im Handelsregister gelöscht, ist das Amt des Liquidators beendet. Bei Auftauchen von weiterem Vermögen bestellt das Gericht gemäß § 93 Abs. 5 ÖGmbHG den Liquidator.[145] In § 93 Abs. 5 ÖGmbHG ist allgemein für den Fall, dass nach Löschung der Gesellschaft noch weiteres Vermögen aufgefunden wird, eine Nachtragsliquidation angeordnet, wobei das Handelsgericht „die bisherigen Liquidatoren wieder zu berufen oder mehrere Liquidatoren zu ernennen" hat.

§ 67 [Anmeldung der Liquidatoren]

(1) **Die ersten Liquidatoren sowie ihre Vertretungsbefugnis sind durch die Geschäftsführer, jeder Wechsel der Liquidatoren und jede Änderung ihrer Vertretungsbefugnis sind durch die Liquidatoren zur Eintragung in das Handelsregister anzumelden.**

(2) **Der Anmeldung sind die Urkunden über die Bestellung der Liquidatoren oder über die Änderung in den Personen derselben in Urschrift oder öffentlich beglaubigter Abschrift für das Gericht des Sitzes der Gesellschaft beizufügen.**

(3) [1]In der Anmeldung haben die Liquidatoren zu versichern, daß keine Umstände vorliegen, die ihrer Bestellung nach § 66 Abs. 4 entgegenstehen, und daß sie über ihre unbeschränkte Auskunftspflicht gegenüber dem Gericht belehrt worden sind. [2]§ 8 Abs. 3 Satz 2 ist anzuwenden.

(4) **Die Eintragung der gerichtlichen Ernennung oder Abberufung der Liquidatoren geschieht von Amts wegen.**

(5) **Die Liquidatoren haben ihre Unterschrift zur Aufbewahrung bei dem Gericht zu zeichnen.**

Literatur: *Ankele* Die Anpassung des deutschen Rechts an die Erste Gesellschaftsrechtliche Richtlinie des Rates der Europäischen Gemeinschaften und ihre Auswirkungen für die GmbH, GmbHR 1969, 52; *Bokelmann* Anmeldung und Eintragung der Vertretungsbefugnis von Geschäftsführern und Vorstandsmitgliedern in das Handelsregister nach neuem EWG-Recht, NJW 1969, 2120; *Groß* Eintragung und Anmeldung der Vertretungsbefugnis der Geschäftsführer der Gesellschaft m.b.H., Rpfleger 1970, 156; *Gustavus* Die registerrechtlichen Bestimmungen des Gesetzes zur Durchführung der Ersten EWG-Richtlinie zur Koordinierung des Gesellschaftsrechts, BB 1969, 1335; *ders.* Anmerkung zu OLG Köln (Anmeldung und Eintragung der Vertretungsverhältnisse einer GmbH nach dem Koordinierungsgesetz), BB 1970, 594; *Hofmann* Zur Liquidation einer GmbH, GmbHR 1976, 229.

---
[144] *Koppensteiner* § 89 Rn. 23.
[145] OGH GesRZ 1986, 36.

§ 67   5. Abschnitt. Auflösung und Nichtigkeit der Gesellschaft

Übersicht

	Rn.		Rn.
I. Allgemeines	1	2. Beizufügende Urkunden (Abs. 2)	5
II. Einzutragende Tatsachen	2	3. Besondere Erklärung (Abs. 3)	6
III. Verfahren	3–6	IV. Eintragung ohne Anmeldung	
1. Anmeldepflichtige Personen	3, 4	(Abs. 4)	7
a) Wer hat anzumelden (Abs. 1)?	3	V. GmbH & Co. KG	8
b) Unterschriftshinterlegung (Abs. 5)	4		

I. Allgemeines

1   § 67 regelt die **Anmeldung der Liquidatoren** zwecks Eintragung ihrer Personenangaben und der Vertretungsbefugnis in das Handelsregister. Die Eintragung der Auflösung ist gesondert in § 65 behandelt, doch wird meist die Anmeldung der Auflösung mit der der ersten Liquidatoren in einer Urkunde vorgenommen. – § 67 wurde seit 1898 dreimal geändert, nämlich in Abs. 2 durch Art. 2 des Gesetzes vom 10. 8. 1937,[1] in Abs. 1 durch das Gesetz zur Durchführung der Ersten Richtlinie des Rates der EG zur Koordinierung des Gesellschaftsrechts vom 15. 8. 1969[2] und durch Einfügung des Abs. 3 durch die GmbH-Novelle 1980;[3] die beiden letzten Absätze wurden deshalb 1980 umnumeriert.

II. Einzutragende Tatsachen

2   Die **Liquidatoren** sind **anzumelden und einzutragen,** und zwar **alle** (Ausnahme von der Anmeldung: Rn. 7): die ersten Liquidatoren und später hinzutretende oder an die Stelle der ersten tretende Liquidatoren, geborene (also die zuletzt amtierenden Geschäftsführer, § 66 Abs. 1) wie die durch Gesellschaftsvertrag oder Gesellschafterbeschluss gekorenen Liquidatoren. Auch bei Abwicklung nach Auflösung gemäß § 66 Abs. 5 gilt § 67 (also wenn noch zu liquidieren ist) wie alle Abwicklungsvorschriften;[4] anders bei Abwicklung durch Insolvenzverwalter. Meldet der „geborene"[5] Liquidator sich selbst an, muss er versichern, dass keine anderen Liquidatoren bestellt sind.[6] Mit der Person sind die Vertretungsverhältnisse der Angemeldeten einzutragen. Jeder Wechsel der Vertretungsmacht und die Beendigung des Amtes sind anmeldepflichtig. Wie bei Geschäftsführern muss auch bei den Liquidatoren die abstrakte Vertretungsmacht angemeldet werden.[7] Bei unterschiedlicher Vertretungsmacht der einzelnen Liquidatoren muss konkret eingetragen werden, welcher Liquidator von der abstrakten Regel abweichende Vollmachten hat.[8] Selbst für den Alleinliquidator, der immer Alleinvertretungsmacht haben muss, ist einzutragen, wie die Vertretungsmacht bei Ernennung weiterer Liquidatoren wirkt.[9] Auch Befreiung des Liquidators von § 181

---

[1] RGBl. I S. 897.
[2] BGBl. I S. 1146.
[3] BGBl. I S. 836.
[4] BayObLG ZIP 1987, 1182, 1183; *Scholz/K. Schmidt* Rn. 3; *Ziegler* Rpfleger 1987, 28 f.; *Hachenburg/Hohner* Rn. 2.
[5] § 66 Rn. 3.
[6] AA LG Bremen GmbHR 1995, 55, s. Rn. 5.
[7] Str., s. BGHZ 63, 261, 264 = NJW 1975, 213, 214; EuGH GmHR 1975, 13; *Gustavus* BB 1969, 1335 und 1970, 594; *Baumbach/Hueck/Schulze-Osterloh* Rn. 3; *Hachenburg/Hohner* Rn. 4 mN der Gegenansicht; aA *Scholz/K. Schmidt* Rn. 4; OLG Hamm BB 1987, 2183; s. § 10 Rn. 12.
[8] OLG Hamm NJW 1972, 1763.
[9] Die gegenteilige Ansicht des OLG Hamm – BB 1987, 2183 = GmbHR 1988, 66; ebenso *Scholz/K. Schmidt* Rn. 4 – überzeugt nicht: auch bei Liquidationen kann sich nachträglich die Er-

Anmeldung der Liquidatoren **§ 67**

BGB ist einzutragen.[10] Es kann im übrigen auf die Regelungen für die Geschäftsführer verwiesen werden,[11] die identisch sind. Alle Eintragungen sind deklaratorisch und dienen den Interessen der Öffentlichkeit.[12] Die Wirksamkeit der Bestellung oder Abberufung eines Liquidators oder einer Änderung in seiner Vertretungsmacht hängt davon nicht ab. Natürlich ist auch einzutragen, dass die früheren Geschäftsführer, soweit sie nicht Liquidatoren sind, nicht mehr ihr Amt ausüben; das braucht nicht auf analoge Anwendung des § 39 Abs. 1 gestützt zu werden,[13] sondern direkte Anwendung ist gegeben: Geschäftsführer sind kraft Gesetzes nicht mehr vertretungsberechtigt, es sei denn als geborene oder gekorene Liquidatoren. In der Anmeldung der Liquidatoren liegt auch die Anmeldung, dass bisherige Geschäftsführer nicht mehr im Amt sind.[14] Zur Frage der fortwirkenden Vertretungsmacht geborener Liquidatoren s. § 68 Rn. 3.

III. Verfahren

1. Anmeldepflichtige Personen. a) Wer hat anzumelden (Abs. 1)? Wer anzumelden hat, sagt für den Fall der ersten Liquidatoren Abs. 1: die **Geschäftsführer.** Das ist **irreführend,** denn die Gesellschaft muss, wie immer, durch vertretungsberechtigte Personen die Anmeldung unterzeichnen lassen. Dies sind nur dann die Geschäftsführer, wenn die durch Satzungsänderung ausgelöste Auflösung erst mit der Eintragung wirksam wird; dann haben die bis zur Eintragung amtierenden Geschäftsführer die ersten Liquidatoren anzumelden, selbst wenn sie es selbst, entgegen der Auffangregel des § 66 Abs. 1, nicht sind.[15] In allen anderen Fällen **melden die Liquidatoren an;** waren sie unmittelbar vorher Geschäftsführer und sind als erste Liquidatoren berufen,[16] so werden sie jetzt doch als Liquidatoren tätig, denn nur so kann die Gesellschaft, die anmeldepflichtig ist, ordnungsgemäß vertreten werden.[17] Das Gegenteil wird ohne Diskussion im Beschluss des BayObLG[18] gesagt und ist wohl auch noch heute die Ansicht im Aktienrecht;[19] sie entspricht aber nicht dem Grundgedanken der Vertretung der Gesellschaft durch ihre jeweiligen organschaftlichen Vertreter. Bei späteren Änderungen müssen amtierende Liquidatoren anmelden, sind nicht genügend Liquidatoren ernannt, ist ein Notliquidator gemäß §§ 29, 48 BGB[20] zu bestellen;[21] das kann auch der ausgeschiedene Liquidator beantragen, wenn die Gesellschaft ihn man-

3

---

nennung weiterer Liquidatoren ergeben; deshalb Parallele zur werbenden Gesellschaft durchschlagend; wie OLG Hamm *Baumbach/Hueck/Schulze-Osterloh* Rn. 3 und *Hachenburg/Hohner* Rn. 4.

[10] Heute allgM; für Geschäftsführer s. BGHZ 87, 59 ff.; BayObLG DB 1984, 1517; s. dazu auch § 68 Rn. 3, 4.
[11] § 10 Rn. 11 f.
[12] § 15 HGB; *Scholz/K. Schmidt* Rn. 5; *Lutter/Hommelhoff* Rn. 10.
[13] Wie dies das OLG Köln BB 1984, 1066, 1067 tut; hiergegen als obiter dictum BayObLG DB 1994, 976.
[14] BayObLG DB 1994, 976 f.; aA *Hachenburg/Hohner* Rn. 7.
[15] *Hachenburg/Hohner* Rn. 8; *Scholz/K. Schmidt* Rn. 8.
[16] Gemäß § 66 Abs. 1 oder durch besondere Bestellung, vgl. Erl. zu § 66.
[17] Heute wohl allgM: s. BayObLG DB 1994, 977; LG Bielefeld GmbHR 1987, 194; *Hofmann* GmbHR 1976, 229, 232; *Scholz/K. Schmidt* Rn. 8; *Hachenburg/Hohner* Rn. 8; *Baumbach/Hueck/Schulze-Osterloh* Rn. 4; *Meyer-Landrut/Miller/Niehus* Rn. 4; *Lutter/Hommelhoff* Rn. 2; *Roth/Altmeppen* Rn. 3.
[18] BB 1985, 1148 = GmbHR 1985, 392.
[19] GroßkommAktG/*Wiedemann* § 266 Anm. 1; Kölner KommAktG/*Kraft* § 266 Rn. 2; *Hüffer* § 263 Rn. 2; MünchHdB GesR IV/*Hoffmann-Becking* § 65 IV.
[20] § 66 Rn. 15.
[21] *Hachenburg/Hohner* Rn. 8 f.

Rasner

§ 67   5. Abschnitt. Auflösung und Nichtigkeit der Gesellschaft

gels vertretungsberechtigter Liquidatoren nicht abmeldet.[22] Der Notliquidator ist nicht lediglich zur Abmeldung des ausgeschiedenen Liquidators zu bestellen,[23] sondern für alle vorhersehbaren Aufgaben, bis der Mangel genügender organschaftlicher Vertretung behoben ist. Anzumelden brauchen nicht alle Liquidatoren, sondern nur eine vertretungsberechtigte Anzahl von ihnen.[24]

4   **b) Unterschriftshinterlegung (Abs. 5).** Gemäß Abs. 5 haben die Liquidatoren ihre Unterschrift zu zeichnen zur Aufbewahrung bei Gericht. Die Unterschrift muss, wie die Anmeldung überhaupt, öffentlich beglaubigt sein, § 12 HGB. Die Liquidatoren brauchen ebensowenig wie die Geschäftsführer in der Anmeldung die Firma mitzuzeichnen.[25] Ist der Geschäftsführer gemäß § 66 Abs. 1 Liquidator geworden, braucht er seine Unterschrift nicht erneut zu hinterlegen,[26] wohl aber, wenn er früher die Firma und seine Unterschrift als Prokurist gezeichnet hatte.[27] Auch die vom Gericht bestellten und von Amts wegen einzutragenden Liquidatoren (Abs. 4) müssen ihre Unterschrift hinterlegen.

5   **2. Beizufügende Urkunden (Abs. 2).** Die **zum Nachweis** des Angemeldeten erforderlichen Urkunden sind in **Urschrift** oder **öffentlich beglaubigter Abschrift** dem Gericht einzureichen (Abs. 2). Die Urschrift braucht nur in Schriftform vorgelegt zu werden,[28] also zB schriftlicher Gesellschafterbeschluss gemäß § 48 Abs. 2. Ist der Liquidator im Gesellschaftsvertrag benannt, braucht er nur darauf Bezug zu nehmen; wird der Geschäftsführer gemäß § 66 Abs. 1 zum Liquidator, braucht er nur zu versichern, dass die Gesellschafter keinen anderen Liquidator bestellt haben.[29] Es sind Name, Vorname, Geburtsdatum, Wohnort und das Amt als Liquidator in der Anmeldung anzugeben. Änderungen des Namens durch Heirat oder Adoption sind ebenfalls anzumelden. Gemäß § 12 FGG kann das Gericht eigene Nachforschungen anstellen oder Aufklärung verlangen. Beim Tode eines Liquidators ist die Sterbeurkunde vorzulegen.

6   **3. Besondere Erklärung (Abs. 3).** Die GmbH-Novelle 1980 hat Abs. 3 eingefügt, der auf § 66 Abs. 4 (damit auf § 6 Abs. 2 S. 2 und 3) und auf § 8 Abs. 3 S. 2 verweist. Die Liquidatoren haben also in der Anmeldung **zu versichern,** dass **Urteile oder Verwaltungsakte,** wie in § 6 Abs. 2 genannt, **nicht vorliegen** (soweit sie zeitlich noch angegeben werden müssen) und dass sie über die Auskunftspflicht, meist vom Notar gemäß § 8 Abs. 3 S. 2, belehrt worden sind; über die Einzelheiten der in § 6 Abs. 2 genannten Strafvorschriften ist keine ausdrückliche Belehrung vorgeschrieben.[30] Es gilt das gleiche wie bei der Anmeldung von Geschäftsführern,[31] d. h. es müssen die gesetzlichen Bestellungshindernisse einzeln genannt und alle verneint werden.[32] Vgl. ausführlich § 66 Rn. 20.

---

[22] *Scholz/K. Schmidt* Rn. 8.
[23] *Scholz/K. Schmidt* Rn. 8.
[24] *Hachenburg/Hohner* Rn. 11; *Baumbach/Hueck/Schulze-Osterloh* Rn. 6; *Roth/Altmeppen* Rn. 3.
[25] § 8 Rn. 29.
[26] *Hofmann* GmbHR 1976, 229, 233; *Baumbach/Hueck/Schulze-Osterloh* Rn. 13; *Hachenburg/Hohner* Rn. 16; *Scholz/K. Schmidt* Rn. 16.
[27] KGJ 1937, A 138.
[28] *Hachenburg/Hohner* Rn. 12.
[29] *Scholz/K. Schmidt* Rn. 11; *Baumbach/Hueck/Schulze-Osterloh* Rn. 9; aA LG Bremen GmbHR 1995, 55.
[30] LG Bremen GmbHR 1999, 865 f.
[31] § 6 Rn. 10 f.; § 8 Rn. 23 ff.
[32] BayObLG BB 1984, 238 = WM 1983, 1170.

IV. Eintragung ohne Anmeldung (Abs. 4)

Gerichtlich bestellte (§ 66 Abs. 2) und **gerichtlich abberufene** (§ 66 Abs. 3 S. 1) **Liquidatoren** werden **von Amts wegen eingetragen** bzw. gelöscht (Abs. 4), aber auch die in anderen Fällen gerichtlich bestellten Liquidatoren.[33] Im übrigen müssen aber auch diese Liquidatoren ihre Unterschrift zur Aufbewahrung bei Gericht zeichnen (Rn. 4), und sie haben eine Versicherung gemäß Abs. 3 zu den Registerakten zu hinterlegen. 7

V. GmbH & Co. KG

Die **Kommanditgesellschaft** ist gemäß §§ 146, 148 HGB zu behandeln, d.h. sämtliche Gesellschafter sind Liquidatoren[34] und alle haben die Liquidatoren anzumelden. Dies ist bei größeren Gesellschaften nicht praktikabel, aber nicht per se zu ändern.[35] Deshalb empfiehlt sich eine anderweitige Regelung im Gesellschaftsvertrag. Für Publikumsgesellschaften gilt das in § 66 Rn. 33 Gesagte. – Die **GmbH** als Komplementärin unterliegt § 67. 8

§ 68 [Zeichnung der Liquidatoren]

(1) ¹Die Liquidatoren haben in der bei ihrer Bestellung bestimmten Form ihre Willenserklärungen kundzugeben und für die Gesellschaft zu zeichnen. ²Ist nichts darüber bestimmt, so muß die Erklärung und Zeichnung durch sämtliche Liquidatoren erfolgen.

(2) Die Zeichnungen geschehen in der Weise, daß die Liquidatoren der bisherigen, nunmehr als Liquidationsfirma zu bezeichnenden Firma ihre Namensunterschrift beifügen.

Literatur: *Hofmann* Zur Liquidation einer GmbH, GmbHR 1976, 229.

Übersicht

	Rn.		Rn.
I. Allgemeines	1	III. Unterschriftszeichnung, Liquidationszusatz (Abs. 2)	8–10
II. Art der Vertretungsmacht (Abs. 1)	2–7	1. Zeichnung und deren Wirkung	8
1. Allgemein	2	2. Zusatz zur Firma. Folgen des Fehlens	9, 10
2. Gesamt- oder Einzelvertretungsmacht	3–7	IV. GmbH & Co. KG	11
a) Grundsatz	3		
b) Besondere Bestimmung	4–6		
c) Vom Gericht bestellte Liquidatoren	7		

I. Allgemeines

§ 68 regelt die **Art der Vertretungsmacht** und die **Unterschriftszeichnung** der Liquidatoren. Die Vorschrift entspricht § 35 Abs. 2 und 3. Der Umfang der Vertretungsmacht wird in § 70 angesprochen und dort erläutert. § 269 AktG bestimmt die in 1

---
[33] §§ 29, 48 BGB, 38 KWG; *Hachenburg/Hohner* Rn. 17; *Scholz/K. Schmidt* Rn. 6.
[34] OLG Frankfurt ZIP 1987, 1593, 1594 = GmbHR 1988, 68.
[35] Differenzierter *Scholz/K. Schmidt* Rn. 18.

§ 68 angesprochene Materie für das Aktienrecht genauer. Wenn in § 68 Abs. 1 die „Form" der Willenserklärung angesprochen ist, handelt es sich um die Vertretungsmacht, nämlich Gesamt-(Kollektiv-)Vertretung oder Einzelvertretung; der Ausdruck „Form" ist ungebräuchlich dafür. Ursprünglich war noch ein anderer Abs. 2 vor den heutigen Abs. 2 eingeschoben, doch ist er durch das Koordinierungsgesetz zur Ersten Richtlinie vom 15. 8. 1969[1] gestrichen worden (er betraf die Anmeldung der Art der Vertretungsmacht, heute § 67 Abs. 1).

II. Art der Vertretungsmacht (Abs. 1)

2   **1. Allgemein.** Die **Liquidatoren** sind die **gesetzlichen Vertreter** der Gesellschaft; das wird in § 70 S. 1 Halbs. 2 wie nebenbei erwähnt. Als Organ nehmen sie die Stelle der Geschäftsführer ein,[2] und zwar sowohl was die Vertretung als auch was die Geschäftsführung (§§ 69 bis 72) anbetrifft. Auch die Willenserklärungen Dritter gegenüber der Gesellschaft sind den Liquidatoren zuzuleiten, ebenso wie Zustellungen aller Art.[3] Für den **Empfang einer Willenserklärung** oder einer Zustellung besteht auch bei mehreren Liquidatoren gemäß §§ 69, 35 Abs. 2 S. 3 **stets Einzelvertretungsmacht**,[4] obwohl § 68 dies nicht ausdrücklich festlegt; es dürfte dies ein allgemein gültiger Grundsatz des deutschen Gesellschaftsrechts sein. Zum sachlichen Umfang der Vertretungsmacht besagt § 68 nichts.[5]

3   **2. Gesamt- oder Einzelvertretungsmacht. a) Grundsatz.** Ist nur ein Liquidator bestellt, so hat er **Einzelvertretungsmacht**. Sind mehrere Liquidatoren tätig, so sieht § 68 Abs. 1 S. 2 als Grundsatz **Gesamtvertretungsmacht** durch sämtliche Liquidatoren vor. Häufig allerdings werden andere Regelungen – meist Gesamtvertretung durch je zwei Liquidatoren – durch **Beschluss der Gesellschafter** getroffen (Rn. 4). Eine Vorschrift des Gesellschaftsvertrages über die Art der Vertretungsmacht der Geschäftsführer gilt nur für die geborenen Geschäftsführer-Liquidatoren gemäß § 66 Abs. 1, nicht für neubestellte Liquidatoren.[6] Sieht der Gesellschaftsvertrag die Möglichkeit der Bfreiung der Geschäftsführer von den Beschränkungen des § 181 BGB vor, so gilt diese Berechtigung der Gesellschafter im Zweifel auch zugunsten der Liquidatoren.[7] Der Grund für die unterschiedliche Behandlung liegt darin, dass die Gesellschafter noch einmal die Chance und Aufgabe haben sollen, die Befreiung von § 181 BGB für die Abwicklung zu überdenken. Gesamtvertretungsberechtigte Liquidatoren können einen anderen bevollmächtigen, für sie mit aufzutreten und damit allein zu

---

[1] BGBl. I S. 1146.
[2] *Roth/Altmeppen* Rn. 2.
[3] BFH GmbHR 1965, 179; *Scholz/K. Schmidt* Rn. 1.
[4] *Hofmann* GmbHR 1976, 229, 234; *Baumbach/Hueck/Schulze-Osterloh* Rn. 3; *Hachenburg/Hohner* Rn. 12; *Scholz/K. Schmidt* Rn. 7.
[5] S. dazu § 70 Rn. 5, 6.
[6] BayObLG DB 1994, 977 – letztlich offenlassend; OLG Düsseldorf ZIP 1989, 917, 918: durch Auslegung zu ermitteln, ob Weitergeltung; wie hier LG Berlin Rpfleger 1987, 250; *Meyer-Landrut/Miller/Niehus* Rn. 3; *Baumbach/Hueck/Schulze-Osterloh* Rn. 4; *Scholz/K. Schmidt* Rn. 5; *Hachenburg/Hohner* Rn. 7 nicht ganz eindeutig „nicht ohne weiteres"; aA KG HRR 1933 Nr. 1348 aE; etwas widersprüchlich BayObLG BB 1985, 1148, 1149 = GmbHR 1985, 392 für Vertretungsmacht und GmbHR 1995, S. 1149 bzw. 393 für Befreiung von § 181 BGB; für § 181 BGB ebenso *Scholz/K. Schmidt* Rn. 5.
[7] BFH GmbHR 2001, 927, 931; BayObLG NJW-RR 1999, 611 f.; OLG Zweibrücken NJW-RR 1999, 38 f.; aA OLG Hamm NJW-RR 1998, 1044 f. = GmbHR 1997, 553 f.; zweifelnd OLG Düsseldorf ZIP 1989, 917 f.; s. auch Rn. 6.

Zeichnung der Liquidatoren **§ 68**

handeln.[8] Fällt einer von zwei gesamtvertretungsberechtigten Liquidatoren weg, wird der andere nicht alleinvertretungsberechtigt.[9] Für den Empfang einer Willenserklärung hat jeder Liquidator Alleinvertretungsmacht (Rn. 2).

b) Besondere Bestimmung. In jedem Fall können **die Gesellschafter durch** 4 **Beschluss die Vertretungsverhältnisse** der Liquidatoren regeln, und zwar auch anders als im **Gesellschaftsvertrag** (für Liquidatoren) festgelegt; das ergibt sich klar aus der Fassung des Abs. 1 S. 1.[10] Eine solche Regelung durch Beschluss ist nicht Satzungsänderung und erfordert nicht die dafür erforderliche Stimmenmehrheit der Gesellschafter, grundsätzlich genügt also **einfache Mehrheit**.[11] Nur wenn der Gesellschaftsvertrag für Gesellschafterbeschlüsse allgemein eine größere als die einfache Mehrheit vorsieht, ist dies zu beachten. Die Regelung der Vertretungsmacht kann bei Bestellung der Liquidatoren für einzelne oder alle Liquidatoren beschlossen werden.[12] Sie kann aber auch während der Liquidation erfolgen und eine bisherige Festsetzung abändern. Dies ergibt sich aus § 66 Abs. 3 S. 2: die Gesellschafter können die Liquidatoren durch Beschluss abberufen, daher auch ein Weniger beschließen.[13] Im Hinblick darauf, dass nach § 66 die Bestellung von Liquidatoren nicht einem Dritten, auch nicht dem Aufsichtsrat übertragen werden darf,[14] ist streitig, ob laut Gesellschaftsvertrag die Entscheidung über ihre Vertretungsmacht dem Aufsichtsrat überlassen werden kann.[15] Gemäß § 269 Abs. 3 S. 2 AktG kann der Aufsichtsrat nur bei entsprechender Ermächtigung durch Satzung oder Hauptversammlung die konkrete Entscheidung ausüben, ob einzelne Abwickler eine besondere Art der Vertretungsmacht haben sollen;[16] daher ist dies auch für die GmbH zuzulassen.[17]

Unechte (gemischte) Gesamtvertretung, Geschäftsführer gemeinsam mit **ei-** 5 **nem Prokuristen,** ist zulässig.[18] Bis 1965 war aus § 210 Abs. 5 AktG 1937, wonach während der Liquidation keine Prokuristen bestellt werden konnten, geschlossen worden, alle Prokuren würden im Zeitpunkt der Auflösung erlöschen und daher käme eine unechte Gesamtvertretung für Liquidatoren nicht in Betracht.[19] Das ist jetzt überholt:[20] eine Abwicklung großer Unternehmen ohne Prokuristen ist nicht praktikabel. Der einzige Liquidator kann nicht an die Mitzeichnung eines Prokuristen gebunden werden.[21] Auch während des Abwicklungszeitraums können neue Prokuristen bestellt werden.[22]

---

[8] § 35 Rn. 43 f.; *Scholz / K. Schmidt* Rn. 4.
[9] OLG Frankfurt GmbHR 1988, 68 f.; s. § 35 Rn. 49; zT anders *Hachenburg / Hohner* Rn. 10.
[10] Im Gegensatz zu § 35 Abs. 2 S. 1, s. KG HRR 1933 Nr. 1348.
[11] KG HRR 1933 Nr. 1348; *Hofmann* GmbHR 1976, 229, 234; HdB GmbH/*Eder* Rn. I 730; *Scholz / K. Schmidt* Rn. 5; *Baumbach / Hueck / Schulze-Osterloh* Rn. 5; *Meyer-Landrut / Miller / Niehus* Rn. 4; *Lutter / Hommelhoff* Rn. 2; aA BayObLG NJW-RR 1999, 611 f.; *Hachenburg / Hohner* Rn. 5 gegen Voraufl.
[12] Vgl. § 68 Abs. 1 S. 1: „in der bei ihrer Bestellung bestimmten Form".
[13] *Hachenburg / Hohner* Rn. 6; *Roth / Altmeppen* Rn. 6; *Baumbach / Hueck / Schulze-Osterloh* Rn. 6.
[14] S. § 66 Rn. 7.
[15] Bejahend *Scholz / K. Schmidt* Rn. 5; *Baumbach / Hueck / Schulze-Osterloh* Rn. 7; *Hachenburg / Hohner* Rn. 8: auch einem anderen Gremium.
[16] Vgl. RGZ 164, 177, 183 f.
[17] *Meyer-Landrut / Miller / Niehus* Rn. 6.
[18] *Baumbach / Hueck / Schulze-Osterloh* Rn. 8; *Lutter / Hommelhoff* Rn. 2; *Meyer-Landrut / Miller / Niehus* Rn. 7; HdB GmbH/*Eder* Rn. I 730; *Hachenburg / Hohner* Rn. 13; *Scholz / K. Schmidt* Rn. 5.
[19] *Hachenburg / Hohner* Rn. 13.
[20] *K. Schmidt* BB 1989, 229 passim; s. auch § 70 Rn. 2.
[21] S. für Geschäftsführer § 35 Rn. 9; *Scholz / K. Schmidt* Rn. 5.
[22] *Hachenburg / Hohner* Rn. 13.

§ 68 5. Abschnitt. Auflösung und Nichtigkeit der Gesellschaft

6   Nach dem BayObLG[23] kann zwar eine mehrgliedrige GmbH dem Gesellschafter-Geschäftsführer **Befreiung von** den Beschränkungen des **§ 181 BGB** durch Satzungsbestimmung erteilen, die Befreiung soll aber wegfallen, wenn dieser Geschäftsführer (oder Liquidator) zum Alleingesellschafter wird;[24] richtigerweise wird man eine Ermächtigung zur Befreiung in der Satzung für eingliedrige wie mehrgliedrige Gesellschaften als wirksam ansehen müssen, und die Ermächtigung zur Befreiung von Geschäftsführern gilt auch für Liquidatoren.[25] Ist einem Geschäftsführer in der Satzung Befreiung erteilt worden, so gilt das nicht weiter für ihn als geborenen – oder gekorenen – Liquidator,[26] aber durch Gesellschafterbeschluss sollte er aufgrund der Satzungsvorschrift als Liquidator doch zu befreien sein.[27] – **Das Gericht** kann die Vertretungsmacht geborener und gekorener Liquidatoren gemäß § 66 Abs. 3 S. 1 **aus wichtigem Grund ändern;** eine solche Entscheidung ist dann der Änderung durch die Gesellschafter entzogen.[28]

7   c) **Vom Gericht bestellte Liquidatoren.** Bestellt das Gericht gemäß § 66 Abs. 2[29] oder anderen Vorschriften[30] Liquidatoren, so setzt es auch die Art der Vertretungsmacht fest. Unter den Voraussetzungen der Bestellung[31] kann das Gericht die Vertretungsmacht nachträglich ändern (dies ist weniger weitreichend als die Abberufung), und zwar auch für die nicht gerichtlich bestellten Liquidatoren.[32] In keinem Fall ist das Gericht an den Gesellschaftsvertrag oder an Gesellschafterbeschlüsse gebunden. Die Gesellschafter können solche Beschlüsse des Gerichts nicht abändern.[33]

III. Unterschriftszeichnung, Liquidationszusatz (Abs. 2)

8   1. **Zeichnung und deren Wirkung.** Die Zeichnung der Unterschrift wird in Abs. 2 entsprechend § 35 Abs. 3 geregelt, doch muss der Firma ein **Liquidationszusatz** beigefügt werden (Rn. 9), im Allgemeinen „i. L.". Die Firma der GmbH wird durch die Auflösung nicht geändert;[34] Abs. 2 ist bezüglich des Zusatzes Ordnungsvorschrift,[35] s. aber Rn. 10 zur Schutzgesetzeigenschaft. Zeichnen die Liquidatoren, ohne den Zusatz beizufügen, so gilt ihr Handeln dennoch für die Gesellschaft.[36] Ebenso ist eine **Willenserklärung** an diese **ohne den Zusatz wirksam zugegangen,**[37] und zwar über den vom BFH entschiedenen Fall hinaus auch dann, wenn der Absender die Liquidatoren nicht als solche bezeichnet hat.

---

[23] BB 1987, 1482 f. = GmbHR 1987, 428 f.; s. schon früher BB 1985, 1148 f.
[24] AA zu Recht BGHZ 114, 170 ff. für Geschäftsführer, ebenso *Scholz/K. Schmidt* § 69 Rn. 30.
[25] BayObLG BB 1995, 2544 f.; LG Berlin Rpfleger 1987, 250; LG Bremen GmbHR 1991, 67; *Scholz/K. Schmidt* Rn. 5; s. Rn. 2; aA OLG Düsseldorf ZIP 1989, 917 f.; *Hachenburg/Hohner* Rn. 9.
[26] BayObLG DB 1985, 1521 f.; s. auch BayObLG GmbHR 2002, 927, 931 f.
[27] BayObLG GmbHR 1996, 56; OLG Zweibrücken NJW-RR 1999, 38; *Scholz/K. Schmidt* Rn. 19; aA OLG Hamm NJW 1998, 1044.
[28] *Hachenburg/Hohner* Rn. 11; *Roth/Altmeppen* Rn. 7.
[29] S. § 66 Rn. 10 f.
[30] S. § 66 Rn. 15 ff.
[31] S. zB § 66 Abs. 3 S. 1.
[32] *Hachenburg/Hohner* Rn. 11; *Roth/Altmeppen* Rn. 7.
[33] *Hachenburg/Hohner* Rn. 11; *Roth/Altmeppen* Rn. 7; *Baumbach/Hueck/Schulze-Osterloh* Rn. 9.
[34] *Hachenburg/Hohner* Rn. 15; *Scholz/K. Schmidt* Rn. 9.
[35] BFH GmbHR 1965, 179, 180.
[36] *Baumbach/Hueck/Schulze-Osterloh* Rn. 12; *Meyer-Landrut/Miller/Niehus* Rn. 10; *Scholz/K. Schmidt* Rn. 9.
[37] BFH GmbHR 1965, 179, 180; *Hachenburg/Hohner* Rn. 14, und obige Zitate.

Zeichnung der Liquidatoren § 68

2. Zusatz zur Firma. Folgen des Fehlens. Der **weiterbestehenden Firma** der 9
GmbH muss ein **Liquidationshinweis** zugefügt werden.[38] Wird die Firma während
der Abwicklung – mit dem Geschäftsbetrieb, § 23 HGB – veräußert,[39] so führt der
Erwerber sie naturgemäß ohne Zusatz; die Abwicklungsgesellschaft muss durch Satzungsänderung eine neue Firma annehmen, die dann auch mit Zusatz zu führen ist.
Der Zusatz stellt keine Firmenänderung, Satzungsänderung, dar.[40] Er dient dem Verkehrsschutz, soll also dem Geschäftspartner das Abwicklungsstadium anzeigen. Seit
auch für dieses Stadium der Umfang der Vertretungsmacht nicht mehr als beschränkt
angesehen wird,[41] dem Partner also nicht Vollmachtsüberschreitung durch die Liquidatoren entgegengehalten werden kann, hat der Zusatz an Bedeutung verloren.

Der Partner kann bei Tätigkeit der Gesellschaft ohne den Zusatz aber ggf. nach 10
§§ 119, 123 BGB einen gerade geschlossenen Vertrag anfechten.[42] Die Gesellschaft
kann einer Vertrauenshaftung aus culpa in contrahendo unterliegen.[43] Die Liquidatoren könnten ihr dann ersatzpflichtig gemäß §§ 71 Abs. 2, 43 Abs. 2 werden, und diesen Anspruch könnten Gläubiger pfänden.[44] § 68 Abs. 2 ist aber auch **Schutzgesetz**
zulasten des Liquidators iS des § 823 Abs. 2 BGB.[45] *Scholz/K. Schmidt* und *Bartl/
Henkes/Schlarb* (beide vorstehend) stellen auch eine Eigenhaftung des Liquidators aus
c.i.c. zur Diskussion: sie könnten sich auf BGHZ 64, 11, 18 beziehen, wonach der
Geschäftsführer einer GmbH, der entgegen § 4 Abs. 2 in der Firma den mbH-Zusatz
nicht benutzt, den Gläubigern aus einer Vertrauenshaftung ersatzpflichtig wird; uE
können zwar § 4 Abs. 2 und § 68 Abs. 2 in ihrer Bedeutung nicht voll verglichen
werden, da bei Unterlassung des mbH-Zusatzes die beschränkte Haftung verschwiegen
wird, während ohne Liquidationszusatz der Gläubiger sich nur im unklaren ist, ob die
GmbH aktiv oder in Liquidation ist. Jedoch ist die Gefährdung der Gläubiger ähnlich
und muss zu gleicher Haftung führen; es richtet sich der Anspruch aus c.i.c. aber in
erster Linie gegen die Gesellschaft.[46] – Für die zivilrechtliche Wirksamkeit einer Willenserklärung der GmbH gegenüber Dritten oder Dritter gegenüber der GmbH hat der
Liquidationszusatz keine Bedeutung, s. Rn. 8.

IV. GmbH & Co. KG

Für die **GmbH & Co. KG** gelten §§ 161 Abs. 2, 153 HGB, d.h. der Firma ist 11
ebenfalls ein Liquidationszusatz hinzufügen. Das in Rn. 8 und 9 Gesagte gilt entspre-

---

[38] „In Liquidation", meist „i.L.", aber etwa auch „in Abwicklung", während „iA" – was *Hachenburg/Hohner* Rn. 15 und *Meyer-Landrut/Miller/Niehus* Rn. 11, vorschlagen – bedenklich erscheint, da im Handelsverkehr als Abkürzung für „im Auftrag" im Zusammenhang mit Vertretungsfragen gebräuchlich; wie hier jetzt: *Baumbach/Hueck/Schulze-Osteroh* Rn. 11.
[39] S. dazu RGZ 107, 31, 33.
[40] *Scholz/K. Schmidt* Rn. 9; *Baumbach/Hueck/Schulze-Osteroh* Rn. 11; *Meyer-Landrut/Miller/Niehus* Rn. 11.
[41] S. § 70 Rn. 5.
[42] *Hachenburg/Hohner* Rn. 16; *Scholz/K. Schmidt* Rn. 12f.; *Baumbach/Hueck/Schulze-Osteroh* Rn. 13; *Lutter/Hommelhoff* Rn. 6.
[43] S. vorstehende Zitate; nicht deutlich *Hachenburg/Hohner* Rn. 16.
[44] *Scholz/K. Schmidt* Rn. 12f.; *Roth/Altmeppen* Rn. 11.
[45] Gegen frühere Aufl.; wie hier richtig OLG Frankfurt/M. NJW-RR 1998, 1246 = NZG 1998, 550f.; auch schon früher NJW 1991, 3286f. = GmbHR 1992, 537ff.; *Scholz/K. Schmidt* Rn. 13; *Bartl/Henkes/Schlarb* Rn. 904; aA die hM: *Hachenburg/Hohner* Rn. 16; *Canaris*, FS Larenz, 1983, S. 27, 60f.; *Lutter/Hommelhoff* Rn. 6; *Baumbach/Hueck/Schulze-Osteroh* Rn. 13; *Vogel* Anm. 3.
[46] OLG Frankfurt/M. (vorige Fn.) zum Schutzgesetz.

chend. Ist die GmbH aufgelöst, muss die KG nicht ebenfalls automatisch aufgelöst sein.[47] In solchem Fall firmiert die KG weiterhin als „GmbH & Co." (ohne Liquidationszusatz), während die Liquidatoren der GmbH beim Handel für diese den Zusatz „GmbH i. L." o. Ä. zu führen haben.[48]

§ 69 [Rechtsverhältnisse von Gesellschaft und Gesellschaftern]

(1) **Bis zur Beendigung der Liquidation kommen ungeachtet der Auflösung der Gesellschaft in bezug auf die Rechtsverhältnisse derselben und der Gesellschafter die Vorschriften des zweiten und dritten Abschnitts zur Anwendung, soweit sich aus den Bestimmungen des gegenwärtigen Abschnitts und aus dem Wesen der Liquidation nicht ein anderes ergibt.**

(2) **Der Gerichtsstand, welchen die Gesellschaft zur Zeit ihrer Auflösung hatte, bleibt bis zur vollzogenen Verteilung des Vermögens bestehen.**

Literatur: *Gottschling* Die Amtsniederlegung des GmbH-Liquidators, GmbHR 1960, 141; *Hofmann* Zur Liquidation einer GmbH, GmbHR 1976, 229 und 258; *Timm* Der Mißbrauch des Auflösungsbeschlusses durch den Mehrheitsgesellschafter, JZ 1980, 665; *Winnefeld* Kapitalerhöhung im Konkurs einer GmbH, BB 1976, 1202.

Übersicht

	Rn.		Rn.
I. Einleitung	1	V. Vierter Abschnitt des Gesetzes	17–19
II. Erster Abschnitt des Gesetzes	2–5	1. Allgemeines	17
1. Allgemeines	2	2. Die Vorschriften im Einzelnen	18, 19
2. Die Vorschriften im Einzelnen	3–5	VI. Fünfter Abschnitt des Gesetzes und Umwandlung/Verschmelzung	20, 21
III. Zweiter Abschnitt des Gesetzes	6–10	1. § 64	20
1. Allgemeines	6	2. Umwandlung/Verschmelzung	21
2. Die Vorschriften im Einzelnen	7–10	VII. Treupflicht während der Abwicklung	22
IV. Dritter Abschnitt des Gesetzes	11–16		
1. Allgemeines	11		
2. Die Vorschriften im Einzelnen	12–16	VIII. Gerichtsstand (Abs. 2)	23

I. Einleitung

1   Die **Auflösung berührt im Grundsatz die Gesellschaft** als juristische Person **in ihren Außenbeziehungen nicht.** Die Gesellschaft besteht mit allen Rechten und Pflichten fort. Nur ist ihre bisher werbende Tätigkeit umzustellen auf eine dem Abwicklungszweck entsprechende Tätigkeit.[1] Die Firma bleibt unverändert, obwohl ihr der Liquidationszusatz anzufügen ist.[2] Alle Verträge sind zu erfüllen und können in Anspruch genommen werden, sie brauchen nicht etwa in einer Art Gesamt- oder Einzelnachfolge übernommen zu werden.[3] Auch eine formwechselnde Umwandlung in eine AG ist weiterhin zulässig.[4] – Der Text des § 69, seit 1892 unverändert, ist miss-

---

[47] HM; s. aber § 60 Rn. 88; aA insbes. *Scholz/K. Schmidt* § 60 Rn. 66.
[48] So auch für die hM *Scholz/K. Schmidt* § 60 Rn. 66, der aber gerade hier den Vorteil seiner Ansicht sieht.
[1] § 60 Rn. 4; *Scholz/K. Schmidt* Rn. 1–3.
[2] § 68 Rn. 9.
[3] § 60 Rn. 4.
[4] LG Berlin AG 1993, 433 f.

glückt und zT unrichtig. Nach allgemeiner Meinung kommen nämlich nicht nur „die Vorschriften des zweiten und dritten Abschnitts zur Anwendung", sondern auch die des ersten (zum geringen Teil) und vierten Abschnitts.[5] Es herrscht Einigkeit, dass der Wortlaut des Abs. 1 für die Frage der Anwendbarkeit der Vorschriften des GmbH-Gesetzes während der Abwicklung nicht viel hergibt. Insbesondere ist eindeutig, dass im letzten Halbsatz des Abs. 1 statt des „und" ein „oder" stehen müsste.[6] Demnach sind auch die anderen Vorschriften des GmbH-Gesetzes anwendbar, soweit sich nicht aus den Bestimmungen des fünften Abschnittes **oder** aus dem Wesen der Liquidation etwas anderes ergibt.[7]

II. Erster Abschnitt des Gesetzes

1. Allgemeines. Da die Gesellschaft bereits existiert, sind die meisten Bestimmungen des ersten Abschnittes nicht anwendbar. Insbesondere bei Satzungsänderungen können sie aber auch im Abwicklungsstadium noch Bedeutung erlangen, ferner für Anmeldungen zum Handelsregister.

2. Die Vorschriften im Einzelnen. § 3 Abs. 2: Die **Beschränkung des Unternehmens auf** eine gewisse **Zeit** hat unmittelbare Bedeutung für § 60 Abs. 1 Nr. 1.[8] **Nebenleistungspflichten** können auch noch im Abwicklungszeitraum zu erbringen sein, wenn sich dies aus dem Gesellschaftsvertrag und seinem Sinn ergibt.[9] Sollen neue Nebenleistungspflichten im Abwicklungszeitraum eingeführt werden – wirksam nur gegenüber zustimmenden Gesellschaftern –, so bedarf es der Beurkundung gemäß §§ 3 Abs. 2, 53. **§ 4:** Will die Gesellschaft ihre **Firma** während der Abwicklung **ändern,** so steht dem nichts entgegen;[10] sie hat dabei § 30 HGB zu beachten. Wenn die bisherige Firma verkauft wird,[11] **muss** eine **neue Firma** im Wege der Satzungsänderung angenommen werden, und für diese gilt der neugefasste, stark vereinfachte § 4. *P. Ulmer*[12] verlangt für den Konkursverwalter das Recht, zwecks Verkaufs der bisherigen Firma eine solche Satzungsänderung ohne die Gesellschafter durchzuführen, was aus praktischen Gründen sicher sehr erwägenswert ist. – Im Falle der Nachtragsliquidation soll die Annahme einer neuen Firma auch dann nicht nötig sein, wenn inzwischen eine andere Gesellschaft die frühere Firma führt: der Zusatz „in Liquidation" soll zur Unterscheidung genügen.[13] Dies ist sehr bedenklich, da die Verwechslungsgefahr groß und diese Wiedereinführung der Firma für die andere Gesellschaft möglicherweise geschäftsschädigend ist.[14] Ansonsten ist der Liquidationszusatz selbst keine Firmenänderung.[15]

---

[5] HM: *Hofmann* GmbHR 1976, 229, 234; *Hachenburg/Hohner* Rn. 2; *Scholz/K. Schmidt* Rn. 9; *Lutter/Hommelhoff* Rn. 3 unter Hinweis auf den zutreffender gefassten § 264 Abs. 3 AktG; *Baumbach/Hueck/Schulze-Osterloh* Rn. 1; kritisch OLG Bremen GmbHR 1958, 180 f.
[6] So auch RegE 1970 § 216 Abs. 2 und richtig § 264 Abs. 3 AktG.
[7] *Hachenburg/Hohner* Rn. 4; *Scholz/K. Schmidt* Rn. 9.
[8] § 60 Rn. 12 ff.
[9] *Hachenburg/Hohner* Rn. 6; *Scholz/K. Schmidt* Rn. 12.
[10] RGZ 107, 31, 33 = JW 1923, 830 gegen RGZ 85, 397; *Baumbach/Hueck/Schulze-Osterloh* Rn. 23; *Hachenburg/Hohner* Rn. 9; *Scholz/K. Schmidt* Rn. 13.
[11] § 68 Rn. 9.
[12] NJW 1983, 1697, 1701 f.; dazu *Grüneberg* ZIP 1988, 1165 ff.
[13] *Scholz/K. Schmidt* Rn. 13 aE; *Hachenburg/Hohner* Rn. 10.
[14] Überhaupt ist *K. Schmidt* (vorige Fn.) zu großzügig, wenn er eine neue Firma bei sofortiger Beendigung der Gesellschaft nach Verkauf des Unternehmens und der Firma für überflüssig hält.
[15] § 68 Rn. 9.

§ 69　　　　　　　　　5. Abschnitt. Auflösung und Nichtigkeit der Gesellschaft

4　Wird im **Abwicklungszeitraum das Kapital erhöht,** so finden die maßgebenden Paragraphen des ersten Abschnittes[16] über die §§ 53 ff. Anwendung. Bis **zum 31. 12. 1985** konnten Gesellschaften mit einem Kapital von weniger als DM 50 000 Kapitalerhöhungen nach der Übergangsregelung noch ohne Beachtung der §§ 5, 7 idF der GmbH-Novelle 1980 durchführen,[17] demnach im Abwicklungsstadium einen Fortsetzungsbeschluss mit den alten Kapitalverhältnissen fassen.[18]

5　§ 6 Abs. 1 ist für die Abwicklung durch § 66 ersetzt, welche Vorschrift allerdings nicht deutlich besagt, dass ein oder mehrere Liquidatoren vorhanden sein müssen.[19] **§ 6 Abs. 2 S. 1 gilt nicht,** da auch juristische Personen und Personenhandelsgesellschaften Abwickler sein können.[20] **§ 6 Abs. 2 S. 2 gilt auch für Liquidatoren.** **§ 6 Abs. 2 S. 3 und 4** und **§ 8 Abs. 3 S. 2** werden in den §§ 66 Abs. 4 und 67 Abs. 3 ausdrücklich als zu beachten genannt. Das Prinzip des **§ 6 Abs. 3 S. 1** gilt, da Gesellschafter und andere Personen Liquidatoren sein können.

III. Zweiter Abschnitt des Gesetzes

6　**1. Allgemeines.** Die Vorschriften des zweiten Abschnittes befassen sich mit den Rechtsverhältnissen der Gesellschaft und der Gesellschafter. Da die Gesellschaft im Abwicklungszeitraum fortbesteht und daher diese Beziehungen weiterhin einer Regelung bedürfen, besagt § 69 Abs. 1 ausdrücklich, dass die Normen des zweiten Abschnittes **anwendbar** sind (soweit sich nicht aus den Bestimmungen des fünften Abschnittes oder aus dem Wesen der Liquidation etwas anderes ergibt).

7　**2. Die Vorschriften im Einzelnen.** § 13 ist insgesamt anwendbar, die Gesellschaft ist weiterhin juristische Person und gilt als Handelsgesellschaft, sie hat eigene Rechte und Pflichten, die Gesellschafter haften beschränkt. § 14 gilt weiter, **§§ 15 bis 18** haben auch während der Abwicklung ihre Bedeutung: Geschäftsanteile sind vererblich und veräußerlich, die Form ist zu wahren und Beschränkungen der Abtretung gelten weiter; wird ein Anteil verkauft, so kann der Erwerber den Vertrag wegen Irrtums oder arglistiger Täuschung anfechten, wenn er von der Liquidation nichts wusste.[21] Die Teilung von Geschäftsanteilen richtet sich nach **§ 17,** die Mitberechtigung nach **§ 18.**

8　Die **§§ 19 bis 25** über Kapitaleinzahlung und deren Durchsetzung gelten fort.[22] Für die Einforderung ausstehender Stammeinlagen durch die Liquidatoren ist ein Beschluss der Gesellschafter nach § 46 Nr. 2 nicht erforderlich, ein gegenteiliger Beschluss kann die Einforderung auch nicht hindern.[23] Wenn allerdings feststeht, dass für die Liquidationszwecke das noch einzufordernde Kapital nicht mehr gebraucht wird, hat der insoweit beweispflichtige Gesellschafter ein Leistungsverweigerungsrecht und **§ 19 Abs. 2 gilt nicht.**[24] Der Gleichbehandlungsgrundsatz des § 19 Abs. 1 gilt grundsätzlich

---

[16] §§ 5, 7, 9, 9a, 9b.
[17] OLG Frankfurt NJW 1983, 1743 mwN.
[18] § 60 Rn. 51.
[19] Ggf. durch Notbestellung seitens des Gerichts, s. Erl. zu § 66.
[20] § 66 Rn. 8.
[21] OLG Hamburg Recht 1909 Nr. 1443; *Hachenburg/Hohner* Rn. 17; *Scholz/K. Schmidt* Rn. 20, die auch zu Fragen der Gewährleistung Stellung nehmen.
[22] BGHZ 53, 71, 74 = NJW 1970, 469, 470; RGZ 93, 326, 327, 329; 149, 293, 297; *Baumbach/Hueck/Schulze-Osterloh* Rn. 4; *Hachenburg/Hohner* Rn. 20 ff.; *Scholz/K. Schmidt* Rn. 21.
[23] HM: RGZ 138, 106, 111; *Baumbach/Hueck/Schulze-Osterloh* Rn. 4; *Hachenburg/Hohner* Rn. 20; *Scholz/K. Schmidt* Rn. 21.
[24] § 70 Rn. 14; RGZ 149, 293, 298; BGH NJW 1970, 469, 470, insoweit nicht in BGHZ 53, 71; *Baumbach/Hueck/Schulze-Osterloh* Rn. 4; *Hachenburg/Hohner* Rn. 21; *Scholz/K. Schmidt* Rn. 21.

fort, es sei denn, dass ein Gesellschafter vermögenslos ist.[25] **§ 19 Abs. 4,** der die Umgehung der Vorschriften über die Einmanngründung verhindern soll, gilt ebenfalls.[26] Da es sich um eine zwingende Vorschrift im öffentlichen Interesse mit Sanktionsmöglichkeit handelt (§ 60 Abs. 1 Nr. 6, § 144b FGG), muss sie voll beachtet werden, auch wenn nicht das gesamte Kapital zur Befriedigung der Gläubiger benötigt wird, denn der Richter kann das nicht prüfen. Soweit eine Kaduzierung nach **§§ 21 ff.** stattfindet, wird eine Verwertung gemäß **§ 23** während der Liquidationsphase wohl kaum Erfolg haben. Aber die Rechtsvorgänger haften nach **§ 22,** die übrigen Gesellschafter gemäß **§ 24,** jedoch nur im Rahmen des Liquidationszwecks, d. h. soweit zur Befriedigung von Gläubigern nötig[27] und darüber hinaus zur Ermöglichung des Ausgleichs unter den Gesellschaftern, wenn eine Auseinandersetzungsrechnung vorliegt.[28]

Die **§§ 26 bis 28** bezüglich satzungsmäßiger Nachschusspflichten finden ebenfalls Anwendung,[29] und zwar auch dann, wenn der Beschluss zur Erhebung des Nachschusses nach der Auflösung gefasst wurde.[30] Auch dabei kann der Gesellschafter nachweisen, dass der Nachschuss nicht mehr nötig ist.[31] **§ 29** ist[32] für den Liquidationszeitraum nicht anwendbar, da selbst bei Jahresabschlüssen mit positivem Ertrag § 73 der Verteilung von Dividenden vor Eintritt von dessen Voraussetzungen entgegensteht.[33] Ist der Gewinnverwendungsbeschluss vor der Auflösung gefasst worden, so ist der Dividendenanspruch wie jedes Gläubigerrecht zu erfüllen, jedoch der allgemeinen Vorschrift des § 30 unterworfen.[34] Ein vor der Auflösung in der Bilanz ausgewiesener Gewinn, der nach der Auflösung durch Gesellschafterbeschluss zur Verteilung bestimmt wird, führt zwar zu einem wirksamen Gewinnanspruch (neben dem Anspruch auf das Liquidationsguthaben und ggf. nach anderem Schlüssel), aber die Auszahlung kann erst gemäß § 73 erfolgen.[35]

§ 30 Abs. 2 gilt mit der Maßgabe, dass nach Auflösung und vor Eintritt der Voraussetzungen des § 73 keine Rückzahlung von Nachschüssen beschlossen werden kann.[36] Vor Auflösung beschlossene Zahlungen gemäß § 30 Abs. 2 können wie jede Verbindlichkeit von der Gesellschaft ohne Rücksicht auf § 73 geleistet werden, aber natürlich unter Beachtung des § 30.[37] Man wird verlangen müssen, dass auch die Bekanntmachung des § 30 Abs. 2 S. 2 vor der Auflösung erfolgte. **§ 31** gilt natürlich auch während der Abwicklung, soweit deren Zweck die Rückzahlung erfordert. **§ 32** be-

---

[25] RGZ 149, 293, 300; *Baumbach/Hueck/Schulze-Osterloh* Rn. 4; *Lutter/Hommelhoff* Rn. 5: Grundsatz gilt immer; *Scholz/K. Schmidt* Rn. 21: Grundsatz gilt bei sachlicher Begründung der Ungleichbehandlung nicht.
[26] AA *Scholz/K. Schmidt* Rn. 22.
[27] *Scholz/K. Schmidt* Rn. 21.
[28] BGH NJW 1978, 424.
[29] *Hachenburg/Hohner* Rn. 23.
[30] AA *Hachenburg/Hohner* Rn. 24; *Baumbach/Hueck/Schulze-Osterloh* Rn. 5 und *Scholz/K. Schmidt* Rn. 24: nur für den Fall, daß Nachschüsse nur zur Verstärkung des Betriebsvermögens gewollt seien.
[31] S. Erl. zu §§ 22, 24.
[32] In der Fassung des BiRiLiG 1985.
[33] AllgM: *Baumbach/Hueck/Schulze-Osterloh* Rn. 6; *Lutter/Hommelhoff* Rn. 7; *Hachenburg/Hohner* Rn. 24; *Scholz/K. Schmidt* Rn. 25; *Roth/Altmeppen* Rn. 9.
[34] § 73 Rn. 21; *Hachenburg/Hohner* Rn. 24; *Scholz/K. Schmidt* Rn. 25; *Baumbach/Hueck/Schulze-Osterloh* Rn. 6; *Meyer-Landrut/Miller/Niehus* Rn. 5; vgl. § 72 Rn. 15; § 73 Rn. 21.
[35] § 72 Rn. 15; *Hachenburg/Hohner* Rn. 25; *Scholz/K. Schmidt* Rn. 25; s. auch BFH 110, 353, 356 = BB 1973, 1475.
[36] *Hachenburg/Hohner* Rn. 26; *Scholz/K. Schmidt* Rn. 26.
[37] *Scholz/K. Schmidt* Rn. 27.

steht auch für den Liquidationszeitraum; Gewinnzahlungen während des Liquidationszeitraums sind nur ordnungsgemäß, wenn die Verteilung vor der Auflösung beschlossen war, s. Erl. zu § 29. **§§ 32a und 32b** sind zu beachten, d. h. Rückzahlung des Gesellschafterdarlehens nur gemäß §§ 73, 30, Rückerstattung an die Gesellschaft, soweit nötig.[38] Eigene Geschäftsanteile dürfen nur nach § 33 erworben werden, insbesondere also nur unter Aufrechterhaltung des Stammkapitals, wodurch die Gläubiger gesichert sein müssten,[39] aber auch unter Beachtung des § 73.[40] Eine Einziehung von Geschäftsanteilen ist nach § 34 unter Beachtung der §§ 30 Abs. 1, 73 möglich.[41]

IV. Dritter Abschnitt des Gesetzes

11   **1. Allgemeines.** Der dritte Abschnitt ist in § 69 Abs. 1 **generell für anwendbar erklärt** worden. Die Bestimmungen befassen sich mit der Geschäftsführung und Vertretung und regeln die Organisation des Gesellschaftslebens. Da die Abwicklungsgesellschaft weiterbesteht, sind viele Vorschriften anwendbar, doch stehen zum Teil Bestimmungen des fünften Abschnitts oder der Liquidationszweck entgegen.

12   **2. Die Vorschriften im Einzelnen.** § 35 wird durch die §§ 68, 70 ersetzt,[42] nur Abs. 2 S. 3 (Abgabe einer Willenserklärung an einen Geschäftsführer genügend) gilt entsprechend für die Liquidatoren,[43] ebenso wie Abs. 4.[44] Ist ein von den Beschränkungen des **§ 181 BGB** befreiter Gesellschafter-Geschäftsführer nachträglich Alleingesellschafter geworden, gilt die Befreiung fort.[45] § 71 Abs. 5 ersetzt **§ 35a.** § 71 verweist auf **§§ 36, 37,** die also jedenfalls gelten, wobei nach heutiger Meinung die Vertretungsmacht der Liquidatoren auch nicht mehr durch den Abwicklungszweck beschränkt ist.[46] § 38 wird durch **§ 66 Abs. 3** ersetzt, § 39 durch § 67.[47] Obwohl § 71 den § 40 nicht nennt, ist er richtiger Ansicht nach anzuwenden.[48] § 41 (Abs. 1) wird in § 71 ausdrücklich zitiert, die früheren Abs. 2 bis 4 sind durch das BiRiLiG 1985 aufgehoben.

13   Die durch das BiRiLiG 1985 neugefassten **§§ 42, 42a** zur Rechnungslegung sind durch den ebenfalls neugefassten § 71, insbes. Abs. 2 S. 2, grundsätzlich ebenfalls anwendbar;[49] im einzelnen vgl. Erl. zu § 71. **§ 43 Abs. 1, 2 und 4** gelten schon nach § 71 Abs. 4. § 43 Abs. 3 entspricht weitgehend § 73 Abs. 3, ist dort mit Abs. 4 auch genannt. § 43a widerspricht nicht dem Zweck der Abwicklung und ist zu beachten. Es können auch **stellvertretende Liquidatoren** entsprechend **§ 44** bestellt werden,

---

[38] § 73 Rn. 23.
[39] Vgl. *Hachenburg/Hohner* Rn. 28; *Scholz/K. Schmidt* Rn. 28.
[40] *Lutter/Hommelhoff* Rn. 8.
[41] RGZ 125, 114, 120; aA *Hachenburg/Hohner* Rn. 29.
[42] KG HRR 1933, 1348.
[43] § 70 Rn. 4; *Gottschling* GmbHR 1960, 141, 142; *Hachenburg/Hohner* Rn. 31; *Scholz/K. Schmidt* Rn. 30.
[44] *Scholz/K. Schmidt* Rn. 30; *Hachenburg/Hohner* Rn. 31.
[45] BGHZ 114, 167, 170 ff. = NJW 1991, 1731 f.; früher aA BayObLGZ 1989, 375, 378 ff. = GmbHR 1990, 213 ff.; s. auch § 68 Rn. 3, 6.
[46] § 70 Rn. 5; *Hachenburg/Hohner* § 70 Rn. 25.
[47] OLG Köln BB 1984, 1066, 1067 wendet § 39 Abs. 1 unnötigerweise analog an, um die Verpflichtung zur Abmeldung von Geschäftsführern, die nicht Liquidatoren sind, zu begründen; s. dazu BayObLG DB 1994, 976.
[48] KGJ 15, 35; 48, 134, 135; *Baumbach/Hueck/Schulze-Osterloh* Rn. 15; *Hachenburg/Hohner* Rn. 37; *Scholz/K. Schmidt* Rn. 31.
[49] *Baumbach/Hueck/Schulze-Osterloh* Rn. 16.

obwohl § 71 diese Vorschrift nicht nennt.⁵⁰ **§ 45 gilt,** denn der Gesellschaftsvertrag bleibt bestehen, kann geändert werden, kann besondere Bestimmungen über die Abwicklung enthalten; aber nicht sämtliche Bestimmungen des Gesellschaftsvertrages gelten ausnahmslos während der Liquidation weiter, zB können die Liquidatoren Nachschüsse auch ohne Gesellschafterbeschluss einfordern.⁵¹

§ 46 ist gesondert zu betrachten, wobei zu beachten ist, dass der Gesellschaftsvertrag im allgemeinen vorgeht. **§ 46 Nr. 1** ist im ersten Teil jetzt durch § 71 Abs. 2 S. 1 ersetzt. Zur Verwendung des Gewinns s. § 29 Rn. 19 ff. und § 73 Rn. 21 ff. **§ 46 Nr. 2:** Soweit die Stammeinlagen zur Abwicklung (einschließlich der richtigen Schlussverteilung) benötigt werden, können die Liquidatoren sie einfordern, ohne dass ein Gesellschafterbeschluss nötig wäre oder es verhindern könnte;⁵² ein Gesellschafterbeschluss ist erforderlich, um von den Liquidatoren nicht benötigte Stammeinlagen einzufordern, aber dazu wäre wohl ein Fortsetzungsbeschluss nötig.⁵³ **§ 46 Nr. 3:** Die Rückzahlung von Nachschüssen ist während des Liquidationszeitraums schon wegen des Sperrjahres § 73, aber auch sonst nur begrenzt möglich.⁵⁴ **§ 46 Nr. 4:** Die Teilung und Einziehung von Geschäftsanteilen ist weiterhin möglich, erstere unter Beachtung des § 17, letztere unter Beachtung der §§ 30 Abs. 1, 73. **§ 46 Nr. 5:** Nur die Entlastung der Liquidatoren kommt über diese Bestimmung der Gesellschafterversammlung zu, Bestellung und Abberufung der Liquidatoren ist durch § 66 Abs. 1 und 3 geregelt. **§ 46 Nr. 6** ist weiterhin anwendbar. **§ 46 Nr. 7:** Die Vorschrift ist anwendbar, da auch während der Abwicklung, im Gegensatz zu früherer Meinung, Prokuren bestehenbleiben und neue Prokuristen bestellt werden können.⁵⁵ **§ 46 Nr. 8** gilt entsprechend seinem Sinn für Ersatzansprüche gegen frühere Geschäftsführer, Liquidatoren aus allgemeinen Regeln oder gegen Gesellschafter⁵⁶ und zur Vertretung in Prozessen gegen Liquidatoren; vgl. aber die Haftung der Liquidatoren gemäß § 73 Abs. 3 und die Rechte von Gläubigern, solche Ansprüche zu pfänden, § 73 Rn. 28.

§ 47 gilt für den Abwicklungszeitraum, einschließlich der Stimmrechtsbeschränkungen des Abs. 4. Im Gegensatz zum Gesellschafter darf ein Testamentsvollstrecker, der im Nachlass einen GmbH-Anteil vertritt, nicht bei seiner Wahl zum Liquidator mitstimmen.⁵⁷ **§ 48** ist anwendbar; **§ 49 Abs. 1 und 2** werden ausdrücklich in § 71 Abs. 4 als anwendbar bezeichnet; **§ 49 Abs. 3** gilt demnach für die Liquidatoren nicht, obwohl § 71 Abs. 4 auch sonst unvollständig verweist, die fehlende Verweisung allein also nicht beweiskräftig ist:⁵⁸ Der Sinn des § 49 Abs. 3, den Gesellschaftern die Entscheidung über Maßnahmen zur Verbesserung der Geschäftstätigkeit und des Ergebnisses zu ermöglichen, ist im allgemeinen während der Abwicklung nicht zu erreichen, die Einberufung einer Gesellschafterversammlung gemäß § 49 Abs. 3 also nicht nötig.⁵⁹

---

⁵⁰ *Baumbach/Hueck/Schulze-Osterloh* Rn. 17; *Hachenburg/Hohner* Rn. 42; *Scholz/K. Schmidt* Rn. 33.
⁵¹ S. Erl. zu §§ 26 bis 28.
⁵² § 70 Rn. 14.
⁵³ *Scholz/K. Schmidt* Rn. 35; *Hachenburg/Hohner* Rn. 46.
⁵⁴ § 30 Abs. 2 aber nicht anwendbar.
⁵⁵ § 68 Rn. 5.
⁵⁶ Vgl. BGHZ 28, 355, 357 für ausgeschiedenen Geschäftsführer; *Hachenburg/Hohner* Rn. 52; *Scholz/K. Schmidt* Rn. 35.
⁵⁷ BGHZ 51, 209, 213 ff.; ebensowenig ein Pfleger, von BGHZ 52, 316, 320 noch offengelassen, s. *Hachenburg/Hohner* Rn. 53.
⁵⁸ *Scholz/K. Schmidt* Rn. 35.
⁵⁹ HM, s. *Baumbach/Hueck/Schulze-Osterloh* Rn. 19; *Hachenburg/Hohner* Rn. 54; *Scholz/K. Schmidt* Rn. 35 aE.

§ 69   5. Abschnitt. Auflösung und Nichtigkeit der Gesellschaft

16 Die §§ 50, 51, 51a, 51b gelten auch für die Abwicklung.[60] – Auch § 52 gilt weiter: sowohl der satzungsmäßige wie der (nach Mitbestimmungsvorschriften) obligatorische Aufsichtsrat bleiben bestehen und behalten ihre Überwachungsfunktion.[61] § 25 Abs. 1 Nr. 2 MitbestG 1976 iVm. § 268 Abs. 2 AktG sieht dies für die mitbestimmte GmbH vor, doch ist auch dabei zu bedenken, dass § 66 den Gesellschaftern das Recht und die Möglichkeit der Bestellung und Abberufung der Liquidatoren gibt.[62] Der Insolvenzverwalter aber unterliegt nicht der Kontrolle des Aufsichtsrats.

V. Vierter Abschnitt des Gesetzes

17 **1. Allgemeines.** §§ 69 Abs. 1, 71 Abs. 4 nennen den vierten Abschnitt des Gesetzes nicht. Trotzdem wird die Anwendbarkeit der Bestimmungen über Änderungen des Gesellschaftsvertrages nach heutiger hM grundsätzlich angenommen.[63] Für die AG wird dies ebenfalls so gesehen.[64] Natürlich ist der Liquidationszweck zu beachten.

18 **2. Die Vorschriften im Einzelnen.** § 53 gilt während der Liquidation, d. h. bei der Abwicklungsgesellschaft kann der Gesellschaftsvertrag geändert werden.[65] So muss die Gesellschaft bei Verkauf des Geschäftsbetriebs mit der Firma eine **neue Firma** annehmen.[66] Ferner sind alle Satzungsänderungen zulässig,[67] die dem Liquidationszweck dienen, oder die umgekehrt im Zusammenhang mit einem Fortsetzungsbeschluss stehen.[68] Es steht auch nichts entgegen, zum Liquidationszweck nur entfernt in Beziehung stehende Änderungen des Gesellschaftsvertrags zu beschließen, zB Einsetzung oder Abschaffung eines Aufsichtsrats – soweit letzteres zulässig – oder Beschränkung der Veräußerlichkeit der Geschäftsanteile,[69] oder eine Sitzverlegung.[70] Die **Kapitalerhöhung gemäß § 55** ist zulässig,[71] und zwar nicht ausschließlich nur zur Fortsetzung der GmbH, sondern für jeden Liquidationszweck.[72] Strittiger ist, ob eine **Kapitalher-**

---

[60] Für § 50 s. OLG Stuttgart OLGRspr. 42, 222.

[61] *Hachenburg/Hohner* Rn. 57; *Scholz/K. Schmidt* Rn. 37.

[62] § 66 Rn. 6, auch zur Frage des Arbeitsdirektors; vgl. *Hoffmann/Lehmann/Weinmann* MitbestG § 25 Rn. 148; *Scholz/K. Schmidt* Rn. 37.

[63] Vgl. RGZ 107, 31, 33; OLG Dresden OLGRspr. 14, 370; KG LZ 1925, 1169; OLG Bremen GmbHR 1958, 180; OLG Frankfurt NJW 1974, 463; *Baumbach/Hueck/Schulze-Osterloh* Rn. 20; *Hachenburg/Hohner* Rn. 58; *Scholz/K. Schmidt* Rn. 38; *Roth/Altmeppen* Rn. 5; aM früher KG RJA 14, 152.

[64] BGHZ 24, 279, 286; OLG München GmbHR 1938, 850.

[65] OLG Frankfurt NJW 1974, 463.

[66] § 68 Rn. 9; vgl. RGZ 107, 31; *Baumbach/Hueck/Schulze-Osterloh* Rn. 23; *Hachenburg/Hohner* Rn. 59; *Scholz/K. Schmidt* Rn. 13.

[67] BayObLG BB 1995, 741 f.

[68] Wohl etwas enger *Baumbach/Hueck/Schulze-Osterloh* Rn. 23.

[69] So auch *Hachenburg/Hohner* Rn. 63.

[70] *Hachenburg/Hohner* Rn. 59; *Scholz/K. Schmidt* Rn. 38; beide Kommentare weisen auf die Sitzverlegungen im geteilten Nachkriegsdeutschland hin; aA früher KGJ 15, 35; *Liebmann/Saenger* Anm. 1, 2.

[71] *Winnefeld* BB 1976, 1202 ff.; *Hachenburg/Hohner* Rn. 61; *Scholz/K. Schmidt* Rn. 39; *Meyer-Landrut/Miller/Niehus* Rn. 8; aM RGZ 77, 152, 154 f.; RG LZ 1912, 153, 154 f.; KG SeuffA 70 Nr. 252.

[72] *Baumbach/Hueck/Schulze-Osterloh* Rn. 21; *Lutter/Hommelhoff* Rn. 12; ablehnend wohl HdB GmbH/*Eder* Rn. I 736. 2.

absetzung gemäß § 58 noch möglich ist.[73] Der bejahenden Ansicht ist zuzustimmen; zu achten ist nur darauf, dass den Gesellschaftern dadurch nicht die Einlagepflicht für ausstehende Stammeinlagen erlassen wird und dass keine Zahlung an die Gesellschafter entgegen § 73 geleistet wird. Zur Kapitalherabsetzung bei nachfolgender Liquidation s. BGH AG 1995, 285 ff.

§ 54 ist natürlich bei jeder Änderung des Gesellschaftsvertrages einzuhalten. §§ 55, 56, 56a, 57, 57a, 57b, 58 und 59 sind dann entsprechend zu beachten. – **Eine Kapitalerhöhung aus Gesellschaftsmitteln** gemäß den §§ 57c bis 57o macht während der Liquidation kaum Sinn, kann also höchstens nach einem Fortsetzungsbeschluss wieder akut werden. – Auch für eine **vereinfachte Kapitalherabsetzung** nach den §§ 58a bis 58e, selbst mit gleichzeitiger Kapitalerhöhung des § 58f, ist bei einer Liquidationsgesellschaft kein Bedarf zu sehen: Sie ist nicht auf die nominale Ziffer des Stammkapitals (als Werbeträger) angewiesen und sie kann zusätzliches Kapital, wenn die Gesellschafter dazu bereit sind, als Einschüsse anfordern. Gäbe es aber einen sachlichen Grund für die Kapitalerhöhung aus Gesellschaftsmitteln oder eine vereinfachte Kapitalherabsetzung, wäre eine solche Maßnahme im Liquidationsstadium nicht per se unzulässig.

VI. Fünfter Abschnitt des Gesetzes und Umwandlung/Verschmelzung

1. § 64. Vom fünften Abschnitt besteht noch § 64 als nicht zur Liquidation gehörend. Es gilt die Insolvenzantragspflicht der Liquidatoren gemäß § 64 und die Haftung der Liquidatoren gemäß § 64 Abs. 2.

2. Umwandlung/Verschmelzung. Die Umwandlung einer Liquidationsgesellschaft nach dem ab 1. 1. 1995 geltenden **Umwandlungsgesetz 1994**[74] ist als formwechselnde Uwmandlung gemäß § 191 Abs. 3 UmwG ausdrücklich zugelassen, wenn ihre Fortsetzung in der bisherigen Rechtsform beschlossen werden könnte. Dies war praktisch auch schon vorher so angesehen.[75] Für die Verschmelzung sagt § 3 Abs. 3 UmwG, dass als übertragende Rechtsträger auch aufgelöste Rechtsträger beteiligt sein können, wenn die Fortsetzung beschlossen werden könnte. Für die Aufspaltung oder Abspaltung wird in § 124 Abs. 2 UmwG auf § 3 Abs. 3 ausdrücklich verwiesen, so dass es auch insoweit auf die Möglichkeit eines Fortsetzungsbeschlusses ankommt. Vgl. Erl. Anh. § 77.

VII. Treupflicht während der Abwicklung

Die **Treupflicht der Gesellschafter** ist bei der GmbH als Kapitalgesellschaft eingeschränkter als bei einer Personengesellschaft, kann aber bei personalistisch ausgerichteter GmbH stärker sein als bei einer AG.[76] Während der Abwicklung bezieht sie sich auf den Liquidationszweck, den die Gesellschafter im Rahmen der Treupflicht zu unterstützen haben. Für Personengesellschaften ist entschieden, dass absichtliche Behin-

---

[73] Ablehnend AG Dresden ZIP 1995, 285 f.; *Lutter/Hommelhoff* Rn. 12, die aber für den Fall gegenteiliger Meinung (zu Recht) auf § 73 verweisen; *Balser/Meyer/Pichwar* Die GmbH, 5. Aufl. 1972, Rn. 482 sowie *R. Fischer* Anm. 1; bejahend OLG Frankfurt NJW 1974, 463; *Hachenburg/Hohner* Rn. 62; *Scholz/K. Schmidt* Rn. 39; *Baumbach/Hueck/Schulze-Osterloh* Rn. 22 (etwas einengend); *Meyer-Landrut/Miller/Niehus* Rn. 9.
[74] BGBl. I S. 3210.
[75] *Scholz/K. Schmidt* Rn. 40.
[76] S. allgemein zur Treupflicht § 13 Rn. 35 ff.; zur AG aber auch BGH ZIP 1988, 301, 305; NJW 1995, 1739 ff.

§ 69   5. Abschnitt. Auflösung und Nichtigkeit der Gesellschaft

derungen der Abwicklung den Gesellschafter schadensersatzpflichtig machen können.[77] Dies muss im Prinzip auch für die GmbH-Gesellschafter gelten. Die Treupflicht verbietet Mehrheitsgesellschaftern nicht eine aktive Tätigkeit in die Richtung, das aufzulösende Unternehmen durch ein ihnen gehörendes anderes Unternehmen zu einem niedrigen Liquidationswert zu erwerben;[78] aber der Mehrheitsaktionär muss einen richtigen (und ggf. den besten) Kaufpreis zahlen oder in der Liquidation erzielen lassen.[79] Der BGH[80] hat den Fall des OLG Stuttgart nicht angenommen und das BVerfG[81] hat keine Bedenken gegen das Hinausdrängen der Minderheitsaktionäre gesehen. Darf demnach ein Gesellschafter den Abwicklungszweck grundsätzlich nicht behindern, so wird nur in Ausnahmefällen eine positive Mitwirkungspflicht, etwa zur Fortsetzung der aufgelösten Gesellschaft, zu bejahen sein.[82] Jedenfalls gebot aber die Treupflicht, positiv für eine Kapitalerhöhung und die Fortsetzung der Gesellschaft zu stimmen, wenn diese wegen zu geringen Stammkapitals gemäß Art. 12 § 1 GmbH-Novelle 1980 mit Ablauf des 31. 12. 1985 aufgelöst war, vorausgesetzt, die widerstrebenden Gesellschafter erlitten keinen Nachteil.[83]

VIII. Gerichtsstand (Abs. 2)

23   Der **allgemeine Gerichtsstand** des Gesellschaftssitzes gemäß § 17 ZPO wird durch die Auflösung nicht berührt. § 69 Abs. 2 besagt als prozessuale Vorschrift, dass etwa auch bei einer Sitzverlegung während der Abwicklung[84] dieser Gerichtsstand zugunsten der Gläubiger erhalten bleibt.[85] Natürlich hat die Gesellschaft am neuen Sitz immer einen Gerichtsstand nach § 17 ZPO, ebenso wie andere Gerichtsstände neben dem des § 17 ZPO bestehen. § 69 Abs. 2 gilt auch für den Fall, dass eine Verwaltung der aufgelösten Gesellschaft überhaupt nicht mehr festzustellen ist.[86] Der Gerichtsstand der Zweigniederlassung gemäß § 21 ZPO fällt nicht unter Abs. 2, d. h. er geht mit Aufhebung der Zweigniederlassung unter.[87] Ist die aufgelöste Gesellschaft in der Insolvenz, so soll der allgemeine Gerichtsstand sich nach dem BGH am Wohnsitz des Insolvenzverwalters befinden.[88]

---

[77] OLG Düsseldorf MDR 1976, 665, 666; *Scholz/K. Schmidt* Rn. 8; s. auch BGH WM 1968, 1086.
[78] BGHZ 103, 184, 189 ff. (Lynotype) = JR 1988, 505 m. Anm. *Bommert* = NJW 1988, 1579 m. Anm. *Timm*; BGHZ 76, 352, 355 f. = NJW 1980, 1278; *Timm* JZ 1980, 665.
[79] BGH (vorige Fn.); OLG Stuttgart DB 1994, 205 ff.; *v. Friedrich* BB 1994, 89 ff.; *Henze* ZIP 1995, 1473 ff.; *Hachenburg/Hohner* Rn. 7; *Scholz/K. Schmidt* § 60 Rn. 16; vgl. auch § 70 Rn. 17.
[80] Az. II ZR 8/94.
[81] DB 2000, 1905 ff. = NJW 2001, 279 ff.
[82] § 60 Rn. 71; *Scholz/K. Schmidt* Rn. 8.
[83] BGHZ 98, 276, 279 f., 283 = GmbHR 1986, 426 ff. = NJW 1987, 189 ff.; *Scholz/K. Schmidt* Rn. 8; s. a. § 60 Rn. 71.
[84] § 69 Rn. 18.
[85] *Scholz/K. Schmidt* Rn. 41; *Lutter/Hommelhoff* Rn. 14; *Hachenburg/Hohner* Rn. 65; *Baumbach/Hueck/Schulze-Osterloh* Rn. 25.
[86] *Hachenburg-Hohner* Rn. 65; *Scholz/K. Schmidt* Rn. 41.
[87] *Baumbach/Hueck/Schulze-Osterloh* Rn. 25; *Hachenburg/Hohner* Rn. 66; *Scholz/K. Schmidt* Rn. 41.
[88] BGHZ 88, 331 ff. = NJW 1984, 739 und dagegen zu Recht *K. Schmidt* NJW 1984, 1341 ff.

§ 70 [Aufgaben der Liquidatoren]

¹Die Liquidatoren haben die laufenden Geschäfte zu beendigen, die Verpflichtungen der aufgelösten Gesellschaft zu erfüllen, die Forderungen derselben einzuziehen und das Vermögen der Gesellschaft in Geld umzusetzen; sie haben die Gesellschaft gerichtlich und außergerichtlich zu vertreten. ²Zur Beendigung schwebender Geschäfte können die Liquidatoren auch neue Geschäfte eingehen.

Literatur: *Gessler* Zum Mißbrauch organschaftlicher Vertretungsmacht, FS v. Caemmerer, 1978, S. 531 ff.; *Hofmann* Zur Auflösung einer GmbH, GmbHR 1975, 217; *ders.* Zur Liquidation einer GmbH, GmbHR 1976, 229, 258; *Litfin* Liquidation und steuerliche Pflichten, 1964; *Karsten Schmidt* Liquidationszweck und Vertretungsmacht der Liquidatoren, AcP 174 (1974), 55; *ders.* Die Prokura in Liquidation und Konkurs, BB 1989, 229 ff.; *Schulze zur Wiesche* Die Haftung des GmbH-Geschäftsführers nach der AO 1977, GmbHR 1978, 138.

Übersicht

	Rn.		Rn.
I. Normzweck	1	3. Einziehung der Forderungen	13, 14
II. Stellung der Liquidatoren	2–6	4. Verwertung des Vermögens	15–20
1. Geschäftsführungsrecht	2, 3	a) Veräußerung	15
2. Vertretungsrecht	4	b) Verkauf des ganzen Unternehmens	16–19
3. Vertretungsmacht	5, 6	c) Verwertung des Vermögens in Natur	20
III. Aufgaben der Liquidatoren	7–22	5. Verwaltung des Vermögens	21
1. Vornahme von Geschäften	7–9	6. Steuerliche Pflichten und Haftung	22
a) Beendigung der laufenden Geschäfte	8	IV. GmbH & Co. KG	23, 24
b) Eingehung neuer Geschäfte (S. 2)	9	V. Österreichisches Recht	25
2. Erfüllung der Verbindlichkeiten	10–12		

I. Normzweck

§ 70, dessen Wortlaut seit 1892 nicht verändert ist, gibt in kurzer Form und nicht sehr genau den Aufgabenkreis der Liquidatoren an. Die Vorschrift legt den Rahmen für die Geschäftsführungsbefugnis fest und gewährt die Vertretungsmacht, deren die Liquidatoren bedürfen, um ihre Aufgaben zu erfüllen. Dabei scheint der Umfang der Vertretungsmacht begrenzt zu sein (Rn. 5). Die Bestimmung wird aber heute weiter ausgelegt, als es in den ersten Jahrzehnten des letzten Jahrhunderts der Fall war, ebenso wie die entsprechenden §§ 49 BGB, 149 HGB und 88 GenG. Nur § 269 AktG als die neueste Kodifikation dieser Art lässt keine Begrenzung der Vertretungsmacht der Liquidatoren mehr erkennen und trägt mit zur heutigen Interpretation des § 70 bei. Ebenso sollte nach § 221 RegE 1971 zur GmbH-Reform den Liquidatoren gleiche Vertretungsmacht wie Geschäftsführern zustehen, aber obwohl diese Reform in absehbarer Zeit nicht durchkommen wird, ist das Ziel insoweit bereits erreicht (Rn. 5). § 70 ist nicht nach dem Buchstaben, sondern aus dem Gesichtspunkt wirtschaftlich sinnvoller Abwicklung auszulegen.[1] 1

II. Stellung der Liquidatoren

1. Geschäftsführungsrecht. Die **Liquidatoren** treten mit der Auflösung an die Stelle der Geschäftsführer als **Organ der Gesellschaft**. Häufig sind es gemäß § 66 2

---

[1] *Hachenburg/Hohner* Rn. 1.

§ 70   5. Abschnitt. Auflösung und Nichtigkeit der Gesellschaft

Abs. 1 die Geschäftsführer als geborene Liquidatoren. Sie haben **das Recht (und die Pflicht) zur Geschäftsführung,** d. h. zur Entscheidung über die und zur Durchsetzung der Maßnahmen, die zur bestmöglichen Abwicklung nötig sind. Diese Aufgaben haben die Liquidatoren höchstpersönlich zu erledigen (im Falle von juristischen Personen als Liquidatoren, s. § 66 Rn. 8, durch ihre Organe), sie können also nicht insgesamt die Tätigkeit Dritten überlassen.[2] Dabei können sie natürlich Hilfspersonen beschäftigen, Angestellte, Handlungsbevollmächtigte, **Prokuristen.** Die früher aus § 210 Abs. 5 AktG 1937 und aus dem Gedanken der angeblichen Beschränkung jeder Vertretungsmacht durch den Liquidationszweck hergeleitete Meinung, in der Liquidation falle jegliche Prokura fort und könne nicht neu bestellt werden,[3] ist nach Änderung des Aktiengesetzes[4] und nach Aufgabe der Ansicht einer beschränkten Vertretungsmacht (Rn. 5) nicht mehr haltbar. Demgemäß wird heute allgemein vertreten: **Prokuren bleiben bestehen**[5] und die Liquidatoren können **neue Prokuristen bestellen.**[6] Nur so können größere Gesellschaften sinnvoll abgewickelt werden. Für die Bestellung von Prokuristen und Generalhandlungsbevollmächtigten ist § 46 Nr. 7 zu beachten, der aber die Vertretungsmacht der Liquidatoren nicht beschränkt.[7] Diese Mitarbeiter des Liquidators können auch für den Liquidator gegenüber Dritten handeln.[8]

3 Die **Gesellschafter sind berechtigt,** den Liquidatoren **Weisungen zu erteilen,** zB wie Vermögensgegenstände verwertet oder verteilt werden sollen, ob der gesamte Geschäftsbetrieb als Einheit zu veräußern ist, ob Aktivprozesse zu beginnen sind etc. Nur wenn die Liquidatoren ungesetzliche Handlungen vornehmen sollen oder sich strafbar machen würden (etwa bei Verstößen gegen §§ 64, 73), dürfen und müssen sie die Ausführung von Anweisungen ablehnen.[9] – Die Geschäftsführungsmacht der Liquidatoren entspricht also weitestgehend der von Geschäftsführern, nur dass die Aufgabe der Liquidatoren in der Abwicklung, nicht im werbenden Geschäft liegt.[10] Ihre **Haftung** gegenüber der Gesellschaft entspricht ebenfalls der der Geschäftsführer.[11]

4 **2. Vertretungsrecht.** § 70 S. 1 Halbs. 2 bestimmt, dass **die Liquidatoren die Gesellschaft** gerichtlich und außergerichtlich **vertreten.** Damit können sie die ihnen zugewiesenen Aufgaben gegenüber Dritten mit einer Vollmacht erfüllen, die der der Geschäftsführer gemäß § 35 Abs. 1 entspricht (Rn. 5). Zu den Dritten gehören grundsätzlich auch die Gesellschafter. Die Liquidatoren fordern zB die ausstehenden Stammeinlagen oder aber Nachschüsse ein,[12] sie machen Ersatzansprüche gegen Gesellschafter geltend und vertreten die Gesellschaft auch im Prozess eines Gesellschafters, der Anfechtbarkeit oder Nichtigkeit eines Gesellschafterbeschlusses vorträgt.[13] – Als gesetzliche

---

[2] KG OLGRspr. 19, 377 = KGJ 37, 164; *Hachenburg/Hohner* Rn. 2; *Scholz/K. Schmidt* Rn. 1.
[3] *Scholz* 5. Aufl. § 68 Anm. 2; *Brodmann* § 68 Anm. 1; *Feine* S. 647; *Vogel* § 70 Anm. 6; *Hachenburg/W. Schmidt* 6. Aufl. § 60 Anm. 2 d; für Personengesellschaft RGZ 72, 119, 123.
[4] Jetzt § 269 Abs. 3 AktG 1965.
[5] S. auch § 68 Rn. 5; *K. Schmidt* BB 1989, 229, 234.
[6] *Baumbach/Hueck/Schulze-Osterloh* § 68 Rn. 8; HdB GmbH/*Eder* Rn. I 730; *Hofmann* GmbHR 1975, 217, 226; *Hachenburg/Hohner* § 68 Rn. 2; *Scholz/K. Schmidt* Rn. 1 und § 69 Rn. 7; *K. Schmidt* BB 1989, 229, 231 f.
[7] BGH WM 1978, 1047, 1048.
[8] OLG Dresden OLGR Dresden 1998, 1 ff.
[9] Vgl. *Scholz/K. Schmidt* Rn. 5.
[10] Zu den einzelnen Aufgaben s. Rn. 7 ff.
[11] *Hachenburg/Hohner* Rn. 4.
[12] § 46 Nr. 2 gilt nicht, s. § 69 Rn. 14 und dort Erl. zu § 46 Nr. 2; zu § 46 Nr. 3 s. § 69 Rn. 10 und dort Erl. zu § 30 Abs. 2.
[13] BGHZ 36, 207, 208 f. m. Anm. *R. Fischer* LM § 70 Nr. 1; *Scholz/K. Schmidt* Rn. 2.

Vertreter der GmbH gelten sie im Prozess als Partei, sie können nicht Zeuge sein und haben eidesstattliche Versicherungen gemäß § 899 ZPO abzugeben.[14] § 35 Abs. 2 S. 3 gilt auch für Liquidatoren, d. h. der Empfang einer Willenserklärung durch einen Liquidator genügt auch bei Gesamtvertretungsmacht der Liquidatoren.[15] – Die Satzungsbestimmung, dass Geschäftsführer von den Beschränkungen des **§ 181 BGB** befreit werden können, gilt auch für Liquidatoren als Ermächtigungsgrundlage.[16] Eine durch Gesellschafterbeschluss ordnungsgemäß erfolgte Befreiung eines Geschäftsführers von den Beschränkungen des § 181 BGB (ebenso des Liquidators, auf den § 35 Abs. 4 auch zutrifft)[17] bleibt für ihn als Liquidator nicht gültig, sondern muss erneut erfolgen.[18]

3. Vertretungsmacht. § 70 S. 1 Halbs. 2 setzt die Vertretungsrechte wie in § 35 Abs. 1 allgemein fest, und in § 71 Abs. 4 wird § 37 für anwendbar bestimmt, wonach die internen Weisungen und Beschränkungen des Vertretungsrechts durch Gesellschaftsvertrag oder Gesellschafterbeschlüsse Dritten gegenüber unwirksam sind. Obwohl demnach die im deutschen Gesellschaftsrecht übliche unbeschränkbare Vertretungsmacht für die GmbH-Liquidatoren vorgeschrieben und auch per se anerkannt war, wollte eine früher herrschende Meinung die Bindung der Gesellschaft begrenzen für Fälle, in denen der Vertragspartner die Liquidationswidrigkeit des Rechtsgeschäftes kannte oder hätte kennen müssen.[19] Das Hauptargument für diese Beschränkung der Vertretungsmacht war, dass gemäß § 210 Abs. 1 AktG 1937 die Abwickler (nur) „innerhalb ihres Geschäftskreises" die Gesellschaft vertreten konnten (und vor 1937 schon entsprechend im HGB). Durch die Streichung der in Anführungsstrichen genannten Worte aus dem § 269 Abs. 1 AktG 1965 ist dieses im übrigen sehr formale Argument weggefallen. Da auch materiell eine Beschränkung der Vertretungsmacht nicht überzeugend ist und nicht in das System der Vertretungsrechte im deutschen Gesellschaftsrecht passt, ist heute die **hM** eindeutig: auch die **Liquidatoren haben unbeschränkbare Vertretungsmacht;**[20] auch die Rspr. ist gleicher Meinung.[21] Die Vertretungsmacht der Liquidatoren entspricht damit voll der von Geschäftsführern.

Zur Befreiung des Liquidators von den Beschränkungen des **§ 181 BGB** vgl. § 68 Rn. 3. Ein **Missbrauch der Vertretungsmacht** durch die Liquidatoren ist wie bei Geschäftsführern zu behandeln (heute allgM).[22] Bei absichtlichem Zusammenwirken hinsichtlich liquidationswidriger Geschäfte zwischen Liquidator und dem Vertragspartner wird der Vertrag die Gesellschaft nicht binden. Es ist aber davor zu warnen, schon bei grob fahrlässiger Unkenntnis des Partners von der Abwicklungswidrigkeit einer

---

[14] Ist die Gesellschaft im Insolvenzverfahren, gibt der Insolvenzverwalter solche Versicherungen ab, OLG Frankfurt ZIP 1987, 1593 f. = GmbHR 1988, 68 f.
[15] *Gottschling* GmbHR 1960, 141, 142; *Hachenburg/Hohner* § 68 Rn. 12; *Scholz/K. Schmidt* § 69 Rn. 30.
[16] BayObLG GmbHR 1996, 56; OLG Zweibrücken NJW-RR 1999, 38.
[17] § 69 Rn. 12.
[18] § 68 Rn. 3, anders aber bei Alleingesellschafter-/geschäftsführer, BFH GmbHR 2001, 927, 931.
[19] S. zB RG HRR 1940 Nr. 232; KG OLGE 3, 67, 68; *Vogel* Anm. 6; s. wN bei *K. Schmidt* AcP 174 (1974), 55, 69.
[20] *Baumbach/Hueck/Schulze-Osterloh* Rn. 2; *Lutter/Hommelhoff* § 68 Rn. 2; *Meyer-Landrut/Miller/Niehus* Rn. 3; *Roth/Altmeppen* § 68 Rn. 2; HdB GmbH/*Eder* Rn. I 730; *Hofmann* GmbHR 1976, 229, 233 f.; *Hachenburg/Hohner* Rn. 25; *K. Schmidt* AcP 174 (1974), 55, 75; *Scholz/K. Schmidt* Rn. 3.
[21] BayObLG BB 1995, 2544 ff.; BB 1985, 1148 f. = GmbHR 1985, 392; OLG Stuttgart ZIP 1986, 647, 648 = GmbHR 1986, 269; LG Köln DNotZ 1980, 422, 423.
[22] § 37 Rn. 54 f. zum Missbrauch allgemein; zum Liquidator *K. Schmidt* AcP 174 (1974), 55, 75.

Handlung der Liquidatoren der Gesellschaft die Einrede der unzulässigen Rechtsausübung zu gewähren; der Dritte braucht sich grundsätzlich keine Gedanken darüber zu machen, ob ein vom Liquidator angetragenes Geschäft der Abwicklung dienlich ist oder nicht, was insbes. bei jahrelangen Großabwicklungen mit zahlreichen Neugeschäften unmöglich wäre.[23] Die Fälle der Rechtsprechung betrafen eigentlich immer eine Art dolus eventualis. – Aber natürlich haben die Liquidatoren in ihrer **Geschäftsführung** die Zwecke der Liquidation und die Anweisungen der Gesellschafter, soweit zulässig, zu beachten (s. Rn. 3).

III. Aufgaben der Liquidatoren

7 **1. Vornahme von Geschäften.** § 70 S. 1 stellt in den Vordergrund die **Beendigung der laufenden Geschäfte,** S. 2 gestattet „zur Beendigung schwebender Geschäfte **neue Geschäfte** einzugehen". Die Fassung ist nach allgemeiner Meinung zu eng und gibt die Grundidee der Vorschrift nicht richtig wieder. Alles, **was der Abwicklung dient, ist zulässig,** unzulässig ist aber, was die Gesellschaft wieder zu einer werbenden machen würde.[24] Die Liquidation einer großen Gesellschaft oder einer Gesellschaft mit langfristigen Geschäften mag Jahre dauern; während dieses Zeitraums müssen die Liquidatoren zahlreiche Verträge schließen und Maßnahmen ergreifen, die sich nach außen durchaus als „werbende Geschäfte" zeigen können. Der Sinn der Vorschrift wird besser erfasst, wenn man den Begriff „Geschäfte" in S. 1 und beim ersten Gebrauch in S. 2 als „Geschäftstätigkeit" liest.[25] Beim zweiten Gebrauch in S. 2 ist der Ausdruck „Geschäfte" richtig,[26] da alle Arten von Geschäften zulässig sind. Allgemein wird heute eine weite Interpretation des § 70 vorgenommen.[27]

8 **a) Beendigung der laufenden Geschäfte.** Die Beendigung der laufenden Geschäfte (Rn. 7) bedeutet nicht, dass vorzeitig Geschäfte abzubrechen oder Gegenstände zu verkaufen wären. Vielmehr kann der Abwicklungszweck erfordern, vorhandene Vorräte in Fertigprodukte umzuwandeln,[28] dazu Werkzeuge zu kaufen, übernommene Arbeiten zu erledigen, mit Kündigung laufender Dauerverträge einschließlich Anstellungsverträge bis zum günstigen Zeitpunkt zu warten, Prozesse fortzuführen etc.[29] Zu alledem werden häufig neue (Hilfs-)Geschäfte nötig sein, die unter S. 2 fallen. Wichtig ist nur, dass hinter aller Tätigkeit der Gedanke der Förderung der Abwicklung stehen muss.[30] Allerdings müssen die Gesellschafter einem von der schnellen Beendigung abweichenden Liquidationskonzept zustimmen, oder besser: sie können Weisungen erteilen.[31]

9 **b) Eingehung neuer Geschäfte (S. 2).** Die Eingehung neuer Geschäfte (S. 2) muss ebenfalls der Förderung der Liquidation dienen. Dann fallen darunter zahlreiche Handlungen, nicht nur Rechtsgeschäfte: neue Anstellungs-, Miet- oder Kaufverträge können, ggf. auf kurze Zeit, geschlossen werden, Prozesse begonnen, Patentanmeldun-

---

[23] *Meyer-Landrut/Miller/Niehus* Rn. 3; aA die gefestigte Rechtsprechung zur Vertretung im allgemeinen, s. BGHZ 50, 112, 114; BGH WM 1966, 491, 492; NJW 1984, 982f. für eine KG; s. auch *Hachenburg/Hohner* Rn. 26; *Scholz/K. Schmidt* Rn. 3 aE.
[24] *Scholz/K. Schmidt* Rn. 16.
[25] *Feine* S. 662; *Brodmann* Anm. 1a; *Scholz/K. Schmidt* Rn. 7.
[26] *Scholz/K. Schmidt* Rn. 16, nimmt ihn nur für „Rechtsgeschäfte".
[27] RGZ 146, 376, 378; *Baumbach/Hueck/Schulze-Osterloh* Rn. 4; *Hachenburg/Hohner* Rn. 22.
[28] RGZ 72, 236, 240 für eine Genossenschaft.
[29] *Hachenburg/Hohner* Rn. 5f.; *Scholz/K. Schmidt* Rn. 7.
[30] Vgl. auch *Meyer-Landrut/Miller/Niehus* Rn. 5; *Baumbach/Hueck/Schulze-Osterloh* Rn. 4; *Lutter/Hommelhoff* Rn. 4ff.
[31] S. Rn. 3; vgl. *Lutter/Hommelhoff* Rn. 7; *Roth/Altmeppen* Rn. 3.

Aufgaben der Liquidatoren § 70

gen weitergeführt, selbst Werbekampagnen noch durchgeführt werden, wenn dies einen wirtschaftlich sinnvollen Abwicklungserfolg ergeben soll. Daher sind auch sog. „werbende Geschäfte" nicht per se außerhalb des Abwicklungszwecks.[32] Der Kauf eines Grundstücks unter Inanspruchnahme von Kredit dürfte wohl nicht mehr vom Liquidationszweck gedeckt sein,[33] doch könnte etwa der Ankauf des bis dahin gemieteten Fabrikgeländes sinnvoll sein, um das Unternehmen insgesamt besser verkaufen zu können. Sogar die Beteiligung als Kommanditistin kann bei sehr langfristigen Abwicklungen zulässig sein.[34] Im Zweifel werden die Liquidatoren sich der Zustimmung der Gesellschafter versichern, die für Abwicklungsmaßnahmen grundsätzlich mit einfacher Stimmenmehrheit erteilt werden kann. Anders ist es, wenn die neuen Geschäfte praktisch einem Fortsetzungsbeschluss gleichkommen: dann sind die dafür nötigen Mehrheiten zu verlangen.[35]

2. Erfüllung der Verbindlichkeiten. § 70 S. 1 nennt als eine der (liquidationswesentlichen) Aufgaben die Erfüllung der Verpflichtungen der Gesellschaft. Zu den Gläubigern gehören zunächst Dritte und die Liquidatoren selbst. Zu befriedigen sind **auch Gesellschafter**, die **unbestrittene Fremdforderungen**, d.h. solche aus anderem Rechtsgrund als dem Gesellschaftsverhältnis, haben.[36] Sind Forderungen aus dem Gesellschaftsverhältnis bereits zu selbständigen Verpflichtungen geworden, wie vor der Auflösung ordnungsgemäß zur Auszahlung beschlossene Dividendenansprüche, so dürfen sie ohne Beachtung des § 73 erfüllt werden und unterstehen nur der Grenze des § 30.[37] Kapitalersetzende Gesellschafterdarlehen gemäß § 32a,[38] dürfen auch bei Fälligkeit nur zurückgezahlt werden, wenn ihre Funktion als Kapitalersatz nicht mehr besteht.[39] Alle sonstigen Forderungen aus dem Gesellschaftsverhältnis stehen gemäß § 73 gegenüber allen anderen Forderungen im Rang zurück.[40]

Im übrigen gibt es **keinen Rang unter den Gläubigern** und andererseits **kein Recht auf gleichmäßige Befriedigung**.[41] Daher können Gläubiger entsprechend dem Bekanntwerden ihrer Forderungen befriedigt werden. Wenn die Liquidatoren aber die **Zahlungsunfähigkeit** oder **Überschuldung** feststellen, müssen sie unverzüglich das Insolvenzverfahren beantragen, § 64. Bei bloßen Bedenken, es könne später zu einer Überschuldung kommen, besteht keine Verpflichtung, wohl aber die Möglichkeit einer pro rata-Erfüllung.[42] Dazu, dass eine **Gleichbehandlung von**

10

11

---

[32] *Vogel* Anm. 7; *Hofmann* GmbHR 1976, 258, 263; *Hachenburg/Hohner* Rn. 22; *Scholz/ K. Schmidt* Rn. 16.
[33] OLG Karlsruhe GmbHR 1960, 24 f.
[34] LG Köln DNotZ 1980, 422, 423 f.
[35] § 60 Rn. 74; *Lutter/Hommelhoff* Rn. 7; *Meyer-Landrut/Miller/Niehus* Rn. 10; *Scholz/ K. Schmidt* Rn. 16 aE; und nach einer starken Meinung sind auch Austrittsrechte zu gewähren, vgl. § 60 Rn. 72.
[36] BGH GmbHR 1973, 199.
[37] *Scholz/K. Schmidt* Rn. 8 f.; enger *Hachenburg/Hohner* Rn. 10; § 73 Rn. 21.
[38] Oder der entsprechenden vorherigen Rechtsprechung, s. Erl. zu § 32a.
[39] *Scholz/K. Schmidt* Rn. 8 f.; *Hachenburg/Hohner* Rn. 10; zT aA *Meyer-Landrut/Miller/Niehus* Rn. 6; *Baumbach/Hueck/Schulze-Osterloh* Rn. 6; *Roth/Altmeppen* Rn. 10.
[40] *Baumbach/Hueck/Schulze-Osterloh* Rn. 6; *Roth/Altmeppen* Rn. 9; *Scholz/K. Schmidt* Rn. 9; s. § 73 Rn. 21.
[41] BGHZ 53, 71, 74; *Baumbach/Hueck/Schulze-Osterloh* Rn. 5; *Hachenburg/Hohner* § 73 Rn. 15; *Scholz/K. Schmidt* Rn. 10, dieser anders für die masselose Liquidation des § 1 Abs. 1 LöschG, heute § 60 Abs. 1 Nr. 5.
[42] *Hachenburg/Hohner* § 73 Rn. 15; *Scholz/K. Schmidt* § 73 Rn. 9; *Meyer-Landrut/Miller/Niehus* § 73 Rn. 5 lehnen zu Unrecht eine Sorgfaltspflicht in diese Richtung ab.

Gläubigern beim Bestehen von Steuerschulden vom BFH verlangt wird, vgl. § 73 Rn. 32, und daher ist die Ungleichbehandlung der Gläubiger sehr gefährlich.

12 Die Liquidatoren haben auch **Klarheit über die Verbindlichkeiten zu schaffen,** unsichere Verpflichtungen entweder zu bestreiten, gerichtlich klären zu lassen oder zu vergleichen, oder aber sie anzuerkennen, wenn dies ihrer Überzeugung oder auch nur der Zweckmäßigkeit (Förderung der Abwicklung) entspricht; insofern können auch verjährte Forderungen anerkannt oder es kann die Einrede der Verjährung gar nicht erhoben werden.[43] **Eigene Forderungen kann der Liquidator** durch Entnahme (oder auf andere Weise) erfüllen, ohne dass § 181 BGB entgegensteht, da Erfüllung einer Verbindlichkeit.[44] Er darf allerdings im allgemeinen nicht die Erfüllung durch Eingehung neuer Verbindlichkeiten der Gesellschaft (zB Kredite, die später ausfallen könnten) vornehmen.[45] **Betagte Forderungen** werden nicht per se fällig, sie sind gemäß § 73 Abs. 2 zurückzustellen oder vergleichsweise (mit oder ohne Abzinsung) zu erledigen.

13 **3. Einziehung der Forderungen.** § 70 S. 1 verlangt von den Liquidatoren, die Forderungen der Gesellschaft einzuziehen. Diese liquidationswesentliche Tätigkeit verlangt die Realisierung auch anderer als Geldforderungen, zB von Auflassungsansprüchen,[46] von der Gesellschaft zustehenden Dienstleistungs- oder Werkansprüchen etc. Geldforderungen können auch abgetreten oder verkauft werden (etwa im Wege des echten Factoring). Es sind ggfs. Prozesse zu führen; evtl. ist Prozesskostenhilfe in Anspruch zu nehmen, wobei die Rechtsverfolgung zugunsten der Liquidationsgläubiger im allgemeinen Interesse sein kann.[47]

14 Auch die **Forderungen gegen Gesellschafter,** insbesondere die Einlageforderungen, sind einzuziehen, die letzteren jedoch nur, soweit der Abwicklungszweck es erfordert.[48] Dazu ist ein Beschluss der Gesellschafter nicht nötig, § 46 Nr. 2 gilt für den Abwicklungszeitraum nur, soweit bei Fortsetzungsbeschluss die Einlagen zur Wiederaufnahme der werbenden Tätigkeit dienen.[49] Erforderlich sind aber auch Einlagen, die zwar nicht zur Befriedigung von Gläubigern, wohl aber zu einer satzungsmäßigen Verteilung des Restvermögens benötigt werden.[50] Der zur Zahlung aus der Einlage in Anspruch genommene Gesellschafter hat ein Leistungsverweigerungsrecht, wenn er nachweist, dass der Betrag von der Gesellschaft nicht mehr benötigt wird;[51] ansonsten kann er nicht mit zukünftigem Liquidationserlös aufrechnen, der weder bekannt noch fällig ist.[52] § 19 Abs. 2 gilt dann nicht mehr.[53] Jedenfalls dürfen Außengläubiger durch

---

[43] *Baumbach/Hueck/Schulze-Osterloh* Rn. 5; *Hachenburg/Hohner* Rn. 8; *Scholz/K. Schmidt* § 73 Rn. 9.
[44] *Scholz/K. Schmidt* Rn. 8.
[45] OLG Dresden LZ 1919, 498.
[46] RGZ 44, 84 für eine Genossenschaft.
[47] BGH BB 1990, 2442.
[48] BGH NJW 1970, 469, 470; WM 1977, 617; *Kuhn* WM 1978 Sonderbeilage 1 S. 12; *Hachenburg/Hohner* Rn. 13; *Roth/Altmeppen* Rn. 5; *Scholz/K. Schmidt* Rn. 12.
[49] *Scholz/K. Schmidt* § 69 Rn. 35.
[50] *Hachenburg/Hohner* Rn. 13.
[51] RGZ 45, 155; *Hachenburg/Hohner* Rn. 13; BGH NJW 1984, 435 setzt die Beweislage für die KG anders fest; selbst anderweitige Forderungen der KG kann der Gesellschafter in die Auseinandersetzungsrechnung verweisen, wenn die Mittel nicht für Drittgläubiger benötigt werden, BGH WM 1977, 617f.
[52] *Scholz/K. Schmidt* Rn. 12; *Lutter/Hommelhoff* Rn. 10; *Meyer-Landrut/Miller/Niehus* Rn. 7.
[53] RGZ 149, 293, 298; BGH NJW 1970, 469, 470; *Hachenburg/Hohner* § 69 Rn. 21; aA *Scholz/K. Schmidt* Rn. 12.

Aufgaben der Liquidatoren **§ 70**

Erlass, Verrechnung oder Abtretung der Einlagenforderung zugunsten einer nicht vollwertigen Gegenforderung des Gesellschafters nicht geschädigt werden.[54] Bezüglich der Nachschusspflichten der Gesellschafter vgl. § 69 Rn. 9 und dort Erl. zu §§ 26 bis 28. – Ist die Gesellschaft i. L. vermögenslos, darf sie die von ihr an einen Gläubiger abgetretenen Forderungen nicht zum Nachteil des beklagten Schuldners selbst einziehen.[55]

4. Verwertung des Vermögens. a) Veräußerung. Gemäß § 70 S. 1 haben die Liquidatoren „das **Vermögen** der Gesellschaft **in Geld umzusetzen**", also die Vermögenswerte zu veräußern (s. aber auch Rn. 1). Damit sollen die flüssigen Mittel erzielt werden zur Gläubigerbefriedigung und schließlich zur Verteilung unter die Gesellschafter gemäß § 72. Dem Sinn der Abwicklung gemäß muss versucht werden, den größtmöglichen Gegenwert für die Aktiva zu bekommen, damit die Restmasse für die Gesellschafter möglichst hoch ist. Es kann freihändig verkauft werden, über die Börse (bei Wertpapieren oder börsengängigen Waren) oder auch über eine freiwillige Versteigerung. Wenn die Gläubiger befriedigt sind oder werden können, mag die „Versilberung" von Vermögenswerten nicht sinnvoll sein, sondern eher eine Naturalverteilung unter den Gesellschaftern in Betracht kommen. Die Gesellschafter sind hinsichtlich der Verwertung weisungsberechtigt gegenüber den Liquidatoren.[56] Allerdings sind die Gesellschafter nicht verpflichtet, andere als Geldleistungen anzunehmen.[57] **15**

b) Verkauf des ganzen Unternehmens. Häufig kann der Verkauf des ganzen Unternehmens die bestmögliche „Versilberung" sein, weil das noch intakte Gesellschaftsvermögen meist mehr wert ist als die Summe der Einzelteile. Soweit der Erwerber die Geschäftsanteile der Gesellschaft kauft, ist dies kein Liquidationsvorgang: der Käufer wird den Gesellschaftern den Gegenwert direkt zahlen, die Fortsetzung der Gesellschaft beschließen und so die Auflösung beenden. Die **Firma kann gemäß § 23 HGB ohne den Geschäftsbetrieb nicht veräußert werden,** ggf. aber kann der Gebrauch der Firma einem Dritten gestattet und die eigene geändert werden.[58] Zur Veräußerung des Geschäftsbetriebs oder des ganzen Unternehmens, aber auch eines wesentlichen Teilbetriebs werden die Liquidatoren intern wohl nicht die Einwilligung der Gesellschafter benötigen (anders noch die Vorauflage hier, s. aber unten wegen ihrer Beteiligung bei neuer Firma), weil die Veräußerung gerade dem Abwicklungszweck genügt.[59] Insofern ist dem Gedanken des „Holzmüller"-Urteils,[60] weil der Satzungszweck in der Liquidation keine Bedeutung mehr hat, nicht zu folgen. **16**

Natürlich **darf das ganze Unternehmen** wie jeder einzelne Vermögenswert **auch an Gesellschafter zum wahren Wert veräußert werden,**[61] wobei dann die Liquidatoren besonders genau die richtige Preishöhe ermitteln müssen[62] und das Unternehmen ggf. auch anderen Gesellschaftern oder auch Dritten zu diesem Preis anbieten müssen.[63] Der BGH hat früher einen **Treueverstoß** darin gesehen, dass der Mehr- **17**

---

[54] BGHZ 53, 71, 74; BGH BB 1992, 1515 = DB 1992, 1718, 1719f.; *Hachenburg/Hohner* Rn. 13.
[55] BGH GmbHR 1986, 226; s. aber OLG Köln GmbHR 1993, 510.
[56] *Scholz/K. Schmidt* Rn. 13.
[57] § 72 Rn. 8.
[58] RGZ 107, 31; *Hachenburg/Hohner* Rn. 16.
[59] *Hachenburg/Hohner* Rn. 16; *Scholz/K. Schmidt* Rn. 14, die eine Einwilligung nur bei erkennbar anderen Interessen der Gesellschafter verlangen; aA *Baumbach/Hueck/Schulze-Osterloh* Rn. 8.
[60] BGHZ 83, 122ff.
[61] OLG Hamm BB 1954, 913; *Scholz/K. Schmidt* Rn. 13.
[62] *Meyer-Landrut/Miller/Niehus* Rn. 9; *Hachenburg/Hohner* Rn. 17.
[63] *Scholz/K. Schmidt* Rn. 14.

heitsgesellschafter schon vor dem Auflösungsbeschluss den Ankauf des Gesamtunternehmens vorbereitet und so den Minderheitsgesellschaftern jede Möglichkeit eines eventuellen Selbsterwerbs genommmen hat.[64] Die letztere Entscheidung war von *Timm*[65] und *Wiedemann*[66] begrüßt worden.[67] Dagegen hat das OLG Stuttgart[68] in einem ähnlichen Fall einen Treueverstoß verneint und auch sonst keine Verbotsnorm erkannt. Bei einer Verbindung von Gesellschafterbeschlüssen über die Auflösung und den Vermögensverkauf nach § 179a AktG die Vorfestlegung auf den Verkauf an den Großaktionär als korrekt anerkannt und dabei einen Schaden für die Kleinaktionäre verneint. Das BVerfG[69] hat dazu das Hinausdrängen der Minderheitsaktionäre verfassungsrechtlich für unbedenklich gehalten, aber einen formellen Schutz ihrer Vermögensinteressen gefordert. Somit sind die Minderheitsgesellschafter insbesondere vor einem zu geringen Kaufentgelt zu schützen (was in allen zitierten Urteilen und Stimmen dazu festgestellt wird), und zwar unabhängig davon, ob die Verhandlungen vor oder nach dem Gesellschafterbeschluss begonnen haben. Da eine Art Spruchstellenverfahren fehlt und der Mehrheitsaktionär sich in einem evidenten Interessenkonflikt befindet, kann dies gegebenenfalls zu einer Anfechtbarkeit des Auflösungsbeschlusses[70] wegen Verstoß gegen die Treuepflichten führen. Vgl. zum Verkauf an den Mehrheitsgesellschafter *Henze* ZIP 1995, 1473 ff.

18 Behindert der Liquidator den Unternehmensverkauf, kann er sich **ersatzpflichtig** machen.[71] Hat der Erwerber der Vermögenswerte intern die Zahlung aller Verbindlichkeiten übernommen, so gilt das nicht als Sicherheitsleistung gemäß § 73 Abs. 2 S. 2. Die GmbH haftet weiter, soweit die Gläubiger sie nicht aus der Haftung entlassen haben. Auch im letzteren Fall haben die Liquidatoren aber § 73 zu beachten, da selbst die Zustimmung aller (bekannten) Gläubiger nicht von den Verpflichtungen des § 73 befreit.[72] Demnach dürfen auch in diesem Fall die Liquidatoren erst nach Erlöschen oder Sicherstellung aller Verpflichtungen und nach Ablauf des Sperrjahres den Gesellschaftern das Vermögen ausschütten.[73]

19 Für den **Verkauf des ganzen Vermögens ist § 311b Abs. 3 BGB nF** (Beurkundungsform) zu beachten. Wird die Firma mitverkauft, haben die Gesellschafter durch Satzungsänderung der Gesellschaft eine neue Firma zu geben.[74] Die Einbringung des gesamten Unternehmens in ein anderes gegen Gesellschaftsrechte daran wird wohl nur Liquidation sein, wenn diese Rechte an die Gesellschafter nach dem Sperrjahr ausgeschüttet oder veräußert werden sollen.[75] Sonst bleibt die Gesellschaft als Holding bestehen, d.h. sie müsste fortgesetzt werden.[76]

---

[64] BGHZ 76, 352 ff.; 103, 184, 189 f. = NJW 1988, 1579 ff. = JZ 1989, 443 ff.
[65] NJW 1988, 1582 f.
[66] JZ 1989, 447.
[67] Ähnlich dann auch OLG Frankfurt/M. WM 1991, 681, 684 f.
[68] DB 1994, 205 ff., Revision dagegen vom BGH (Az. II ZR 8/94) nicht angenommen. IErg. ebenso *Friederich* BB 1994, 89 ff.
[69] Beschl. vom 23. 8. 2000, ZIP 2000, 1670 ff. = NJW 2001, 279 ff.
[70] Und auch des Beschlusses gemäß „Holzmüller"-Urteil bzw. bei einer AG gemäß § 179a AktG.
[71] BGH WM 1955, 27, 28; WM 1968, 1086.
[72] S. § 73 Rn. 5.
[73] *Scholz/K. Schmidt* Rn. 14.
[74] RGZ 107, 31, 33; § 69 Rn. 3 und dort Erl. zu § 4; *Hachenburg/Hohner* Rn. 16; *Lutter/Hommelhoff* Rn. 12.
[75] *Lutter/Hommelhoff* Rn. 12.
[76] Vgl. auch *Scholz/K. Schmidt* Rn. 14 aE.

Aufgaben der Liquidatoren § 70

c) **Verwertung des Vermögens in Natur.** Der Gesetzeswortlaut schließt nicht aus, Vermögensteile in natura zu verwerten. Allerdings haben Gläubiger mit Zahlungsansprüchen sowie Gesellschafter im allgemeinen einen **Anspruch auf Leistung in Geld,** aber mit deren **Zustimmung** können die Liquidatoren auch andere Gegenstände an Erfüllungs Statt übertragen.[77] Ebenso können Gläubiger statt Zahlung Wertpapiere oder gar ein Grundstück akzeptieren. Eher werden die Gesellschafter, nach Befriedigung der Gläubiger, einer Verteilung verbliebener Vermögenswerte in natura unter sich zustimmen, um eine vielleicht zur Zeit nicht opportune Veräußerung zu vermeiden. Soweit die Bewertung der Gegenstände nicht eindeutig ist, müssen auch die Gesellschafter zustimmen, die nicht Leistungen in natura empfangen.[78] Besaß die Gesellschaft Vermögensteile nur zur Nutzung aufgrund Miet- oder Pachtvertrages o.ä., so müssen sie nach Kündigung dem Eigentümer zurückgegeben werden, mag dieser ein Dritter oder ein Gesellschafter sein, beim Gesellschafter entsprechend § 732 BGB.[79] Dabei sind die Voraussetzungen des § 73 zu beachten, wenn der Gebrauch des Gegenstandes aufgrund des Gesellschaftsvertrages überlassen worden war und die weitere Nutzung der Gesellschaft noch Erträge bringen kann, die zur Gläubigerbefriedigung oder Verteilung unter die Gesellschafter benötigt werden.[80] 20

5. Verwaltung des Vermögens. Während der Dauer der Abwicklung haben die Liquidatoren das Vermögen **ordnungsgemäß zu verwalten.** Das Gesetz sagt darüber nichts, aber es gehört einfach zur wirtschaftlich sinnvollen Auseinandersetzung.[81] Gelder sind zinsbringend anzulegen, Grundstücke und Räume bis zur Veräußerung zu vermieten, gewerbliche Schutzrechte aufrechtzuerhalten und ggf. zu lizenzieren, Prozesse auch dann zu führen, wenn sie nicht lediglich der Einziehung von Forderungen dienen. Gegen Verletzer der Firma kann Unterlassungsklage erhoben werden,[82] denn die eigene Firma oder die eigenen Marken müssen zur Verwertung erhalten bleiben. Stimmrechte in Tochtergesellschaften sind auszuüben, und diese sind vor Schaden zu bewahren.[83] Alle Verwaltungshandlungen zur **Erhaltung des Vermögens** und der einzelnen Gegenstände in verkaufsfähigem Zustand fördern den Abwicklungszweck. Auch sind alle Anmeldungen zum Handelsregister, die notwendig werden, vorzunehmen, § 78. Die Gesellschafter können wie bei anderen Verwertungshandlungen grundsätzlich mit einfacher Mehrheit Weisungen an die Liquidatoren geben,[84] doch dürfen dadurch die Gläubigerinteressen nicht beeinträchtigt werden. Die Gesellschafter können die GmbH auch noch in eine AG umwandeln,[85] was aber wohl nur bei Fortsetzungsabsichten sinnvoll sein wird. 21

6. Steuerliche Pflichten und Haftung. Nach § 34 AO 1977 haben die Liquidatoren die steuerlichen Pflichten der GmbH zu erfüllen und für die Bezahlung der Steuern aus den Mitteln der Gesellschaft zu sorgen. Kommen die Liquidatoren diesen Verpflichtungen vorsätzlich oder grob fahrlässig nicht nach, so haften sie gemäß § 69 22

---

[77] *Hachenburg/Hohner* Rn. 15; *Scholz/K. Schmidt* Rn. 13; s. § 72 Rn. 8.
[78] Stets Zustimmung aller Gesellschafter nötig: *Scholz/K. Schmidt* Rn. 5; *Baumbach/Hueck/Schulze-Osterloh* Rn. 13, s. aber dort § 72 Rn. 11; *Meyer-Landrut/Miller/Niehus* Rn. 8.
[79] *Scholz/K. Schmidt* Rn. 13.
[80] IE wohl ebenso *Scholz/K. Schmidt* Rn. 13.
[81] *Hachenburg/Hohner* Rn. 19; *Scholz/K. Schmidt* Rn. 15.
[82] RG Recht 1924 Nr. 46.
[83] BGH LM HGB § 149 Nr. 2 = WM 1959, 323.
[84] *Hachenburg/Hohner* Rn. 3.
[85] LG Berlin AG 1993, 433 f.

§ 70　　　　　　　　　5. Abschnitt. Auflösung und Nichtigkeit der Gesellschaft

AO 1977 persönlich.[86] Um der persönlichen Haftung zu entgehen, dürfen die Liquidatoren (ebenso wie jeder Geschäftsführer) die Steuerschulden nicht vorsätzlich oder grob fahrlässig gemäß §§ 34, 69 AO 1977 schlechter behandeln als andere Verbindlichkeiten, müssen also bei Verdacht unzureichender Masse **grundsätzlich anteilige Befriedigung** vornehmen,[87] obwohl ansonsten die anteilige Befriedigung aller Gläubiger vom Liquidator nicht verlangt wird, s. Rn. 11 und § 73 Rn. 11. Die direkte Haftung der Liquidatoren wie aller gesetzlichen Vertreter von Gesellschaften gegenüber dem Fiskus ist eine Besserstellung gegenüber anderen Gläubigern, da Liquidatoren nach der hergebrachten Meinung nur der Gesellschaft verantwortlich und haftbar sind und deren Gläubigern nur nach einer neueren Meinung.[88] Diese Bevorzugung des Fiskus gilt aber schon für die werbende Tätigkeitszeit der Gesellschaft gemäß §§ 34, 69 AO 1977, so dass dies keine besonders bedenkliche Rechtsentwicklung ist.[89]

IV. GmbH & Co. KG

23　　Die **Liquidatoren einer Kommanditgesellschaft**[90] **vertreten diese** gemäß §§ 161 Abs. 2, 149 S. 2 HGB gerichtlich und außergerichtlich. § 149 S. 1 HGB gibt dabei die Pflichten der Liquidatoren in § 70 GmbHG entsprechender Weise an. Daher kann ihr Pflichtenkreis umschrieben werden wie in Rn. 7–22 dargelegt. § 149 S. 2 HGB gewährt die Vertretungsmacht den Liquidatoren „innerhalb ihres Geschäftskreises", wie es auch noch im AktG 1937 in § 210 Abs. 1 hieß, heute aber in § 269 Abs. 1 AktG 1965 nicht mehr heißt. Daraus wird geschlossen, dass die Liquidatoren bei Handlungen außerhalb des Liquidationszwecks ohne Vertretungsmacht auftreten.[91] Die Problematik ist gleich der in Rn. 5 behandelten Frage nach der **unbeschränkten Vertretungsmacht,** und sie wird im Ergebnis heute auch gleich entschieden:[92] Im Grundsatz wird der Vertragspartner der GmbH & Co. in Liquidation geschützt. Die Gesellschaft kann sich nur auf den Missbrauch der Vertretungsmacht berufen, wenn der Partner diesen Missbrauch erkannte oder erkennen musste.[93]

24　　§ 151 HGB entspricht dem allgemeinen Recht der Vertretung: Eine Beschränkung des Umfangs der Vertretungsmacht der Liquidatoren durch Gesellschaftsvertrag oder Gesellschafterbeschluss wirkt nicht gegenüber Dritten. Im **Innenverhältnis** haben die Liquidatoren jedoch die **Weisungen der Gesellschafter zu beachten,** die im allgemeinen einstimmig erfolgen müssen gemäß § 119 Abs. 1 HGB. – Mehrere Liquidatoren (vgl. § 146 Abs. 1 HGB) haben gemäß § 150 Abs. 1 HGB **Gesamtvertretungsmacht.** Die Gesellschafter können durch Gesellschaftsvertrag oder durch (gemäß § 119 Abs. 1 HGB grundsätzlich einstimmigen) Beschluss Einzelvertretungsmacht gewähren, die dann gemäß § 150 Abs. 1 Halbs. 2 HGB in das Handelsregister einzutragen ist. Natürlich kann der Gesellschaftsvertrag vorsehen, dass eine Mehrheit der Ge-

---

[86] BFHE 102, 227, 230 f.; BB 1978, 245; *Litfin* S. 56 ff.; *Schulze zur Wiesche* GmbHR 1978, 138; *Gericke* GmbHR 1957, 173; *Hachenburg/Hohner* Rn. 27; *Scholz/K. Schmidt* Rn. 17.
[87] BFHE 144, 329 ff.; 146, 511 ff.; *Tipke/Kruse* AO § 34 Rn. 17 und § 69 Rn. 12; vgl. auch *Hachenburg/Hohner* Rn. 28; *Gericke* GmbHR 1957, 173 ff.
[88] S. § 73 Rn. 26 ff. und die dortige Literatur.
[89] So aber *Hachenburg/Hohner* Rn. 28.
[90] S. dazu § 66 Rn. 33.
[91] BGH NJW 1984, 982 f.; *Staub/Habersack* 4. Aufl. § 149 Rn. 45; Anführung bei *Scholz/K. Schmidt* Rn. 18.
[92] BGH NJW 1984, 982 f. für eine KG; vgl. näher *K. Schmidt* AcP 184 (1984), 529 ff.
[93] BGH NJW 1984, 982 f.; *Staub/Habersack* § 149 Rn. 46; *Baumbach/Hopt* § 149 Rn. 7; *Koller/Roth/Morck* § 149 Rn. 3; *Scholz/K. Schmidt* Rn. 18.

Bilanz; Rechte und Pflichten   § 71

sellschafter einen solchen Beschluss fassen kann, wobei entgegen § 119 Abs. 2 HGB im Gesellschaftsvertrag meist nicht die Mehrheit nach Köpfen, sondern nach Kapitalbeteiligungen vorgesehen ist.

V. Österreichisches Recht

Gemäß § 90 Abs. 1 ÖGmbHG[94] haben die Liquidatoren die Bestimmungen der 25 §§ 149,[95] 150 Abs. 1 (Gesamtvertretung als Grundsatz) und § 153 (Liquidationszusatz zur Firma) ÖHGB zu beachten. Auch die vom Gericht ernannten Liquidatoren haben gemäß § 90 Abs. 2 ÖGmbHG Gesellschafterbeschlüsse zu befolgen. § 90 Abs. 3 schreibt ausdrücklich vor, dass Forderungen der Gesellschaft auf ausstehende Einlagen nur insoweit einzuziehen sind, als sie zur Befriedigung der Gläubiger benötigt werden. Die Veräußerung des ganzen Vermögens bedarf gemäß § 90 Abs. 4 ÖGmbHG ausdrücklich eines Gesellschafterbeschlusses mit ¾-Mehrheit. Mit der Auflösung erlöschen erteilte Prokuren, neue können nicht bestellt werden.[96]

§ 71 [Bilanz; Rechte und Pflichten]

(1) **Die Liquidatoren haben für den Beginn der Liquidation eine Bilanz (Eröffnungsbilanz) und einen die Eröffnungsbilanz erläuternden Bericht sowie für den Schluß eines jeden Jahres einen Jahresabschluß und einen Lagebericht aufzustellen.**

(2) ¹**Die Gesellschafter beschließen über die Feststellung der Eröffnungsbilanz und des Jahresabschlusses sowie über die Entlastung der Liquidatoren.** ²**Auf die Eröffnungsbilanz und den erläuternden Bericht sind die Vorschriften über den Jahresabschluß entsprechend anzuwenden.** ³**Vermögensgegenstände des Anlagevermögens sind jedoch wie Umlaufvermögen zu bewerten, soweit ihre Veräußerung innerhalb eines übersehbaren Zeitraums beabsichtigt ist oder diese Vermögensgegenstände nicht mehr dem Geschäftsbetrieb dienen; dies gilt auch für den Jahresabschluß.**

(3) ¹**Das Gericht kann von der Prüfung des Jahresabschlusses und des Lageberichts durch einen Abschlußprüfer befreien, wenn die Verhältnisse der Gesellschaft so überschaubar sind, daß eine Prüfung im Interesse der Gläubiger und der Gesellschafter nicht geboten erscheint.** ²**Gegen die Entscheidung ist die sofortige Beschwerde zulässig.**

(4) **Im übrigen haben sie die aus §§ 36, 37, 41 Abs. 1, § 43 Abs. 1, 2 und 4, § 49 Abs. 1 und 2, § 64 sich ergebenden Rechte und Pflichten der Geschäftsführer.**

(5) ¹**Auf allen Geschäftsbriefen, die an einen bestimmten Empfänger gerichtet werden, müssen die Rechtsform und der Sitz der Gesellschaft, die Tatsache, daß die Gesellschaft sich in Liquidation befindet, das Registergericht des Sitzes der Gesellschaft und die Nummer, unter der die Gesellschaft in das Handelsregister eingetragen ist, sowie alle Liquidatoren und, sofern die Gesellschaft einen Aufsichtsrat gebildet und dieser einen Vorsitzenden hat, der Vorsitzende des Auf-**

---

[94] Im heute zu verstehenden Wortlaut, s. *Koppensteiner* § 90 Rn. 1.
[95] Entspricht § 70.
[96] Handelsgericht Wien NZ 1966, 102; *Koppensteiner* s. Rn. 7; vgl. Rn. 2 zum deutschen Recht.

Rasner

sichtsrats mit dem Familiennamen und mindestens einem ausgeschriebenen Vornamen angegeben werden. ²Werden Angaben über das Kapital der Gesellschaft gemacht, so müssen in jedem Falle das Stammkapital sowie, wenn nicht alle in Geld zu leistenden Einlagen eingezahlt sind, der Gesamtbetrag der ausstehenden Einlagen angegeben werden. ³Der Angaben nach Satz 1 bedarf es nicht bei Mitteilungen oder Berichten, die im Rahmen einer bestehenden Geschäftsverbindung ergehen und für die üblicherweise Vordrucke verwendet werden, in denen lediglich die im Einzelfall erforderlichen besonderen Angaben eingefügt zu werden brauchen. ⁴Bestellscheine gelten als Geschäftsbriefe im Sinne des Satzes 1; Satz 3 ist auf sie nicht anzuwenden.

Literatur: *Arians* Sonderbilanzen, 2. Aufl. 1985; *Bauch* Zur Gliederung und Bewertung der Abwicklungsbilanzen (§ 270 AktG), DB 1973, 977; *Berg* in: Handbuch der GmbH, Rn. II 340 ff.; *Budde/Förschle* Sonderbilanzen, 2. Aufl. 1998, S. 641 ff.; *Förster* Die Liquidationsbilanz, 3. Aufl. 1992; *Heinen* Handelsbilanzen, 12. Aufl. 1986; *Küting/Weber* Handbuch der Rechnungslegung, 4. Aufl. 1995; Beck'scher Bilanzkommentar/*Sarx* 1. Aufl. 1986, Anl. 3 (insoweit nicht festgesetzt); *ders.* Zur Abwicklungs-Rechnungslegung, FS Forster, 1992, S. 547 ff.; *Scherrer/Heni* Liquidations-Rechnungslegung, 2. Aufl. 1996; *dies.* Externe Rechnungslegung bei Liquidation, DStR 1992, 797 ff.; *K. Schmidt* Liquidationsbilanzen und Konkursbilanzen, 1989; *ders.* Liquidationsergebnisse und Liquidationsrechnung, FS Ludwig Schmidt, 1993, S. 227 ff.

Übersicht

	Rn.		Rn.
I. Normzweck	1, 2	IV. Weitere Rechnungswerke	19–27
II. Arten der Abschlüsse bei der Liquidation	3–6	1. Schlussbilanz der werbenden Gesellschaft	19–21
III. Durch § 71 vorgeschriebene Abschlüsse	7–18	2. Vermögensstatus zur Überschuldungsfeststellung	22–24
1. Die Liquidationseröffnungsbilanz	7–12	3. Liquidationsschlussbilanz, Schlussrechnung	25–27
a) Pflicht zur Erstellung	7, 8	V. Befreiung von Prüfungsvorschriften (Abs. 3)	28, 29
b) Stichtag	9	1. Allgemein	28
c) Bewertungsgrundsätze	10, 11	2. Abs. 3	29
d) Erläuternder Bericht	12	VI. Auf Liquidatoren anwendbare Vorschriften (Abs. 4)	30
2. Jahresabschlüsse	13–16	VII. Angaben auf Geschäftsbriefen (Abs. 5)	31
a) Pflicht zur Erstellung, Stichtag	13	VIII. Steuerrechtliche Hinweise	32
b) Bewertungsgrundsätze	14	IX. Österreichisches Recht	33
c) Gewinn- und Verlustrechnung	15		
d) Lagebericht, Anhang	16		
3. Feststellung der Bilanzen	17		
4. Offenlegung	18		

I. Normzweck

1 **§ 71 enthält Pflichtstellungen und Anweisungen sehr verschiedener Art für die Liquidatoren und für die Gesellschafter.** Die Vorschrift ist verschiedentlich geändert: zuerst durch das Gesetz vom 25. 3. 1930;[1] weiter durch Gesetz vom 26. 2. 1935;[2] dann ist Abs. 3 (aF) durch Art. 3 Ziff. 10 des Koordinierungsgesetzes vom 15. 8. 1969[3] aufgrund der Ersten Richtlinie des EG-Rates zur Koordinierung des Gesellschaftsrechts eingefügt worden; schließlich sind durch das Bilanzrichtlinien-Gesetz vom 19. 12. 1985[4] Abs. 1 neugefasst, Abs. 2 und 3 eingefügt worden, so dass die früheren

---

[1] RGBl. I S. 93.
[2] RGBl. I S. 321.
[3] BGBl. I S. 1146.
[4] BGBl. I S. 2355.

Bilanz; Rechte und Pflichten   **§ 71**

Abs. 2 und 3 zu Abs. 4 und 5 wurden. Es ist zu unterscheiden zwischen externer Rechnungslegung (zB Jahresabschluss) und der Pflicht der Liquidatoren zu interner Rechenschaft gegenüber den Gesellschaftern.[5]

Abs. 1 verpflichtet die Liquidatoren zur Aufstellung einer Eröffnungsbilanz mit erläuterndem Bericht sowie für den Schluss eines jeden Jahres zum Jahresabschluss mit Lagebericht. Dies war in dem früheren Abs. 1 kürzer und zT ungenauer gefasst. Abs. 2 S. 1 weist den Gesellschaftern die Feststellung der Eröffnungsbilanz sowie der Jahresabschlüsse und die Entlastung der Liquidatoren zu. Abs. 2 S. 2 und 3 enthält Anweisungen neuer Art an die Liquidatoren (Rn. 3, 10), wie die Bilanzen aufzustellen sind. Abs. 3 gibt dem Registergericht die Möglichkeit, die Gesellschaft von der Verpflichtung zu befreien, den Jahresabschluss durch Abschlussprüfer prüfen zu lassen. Abs. 4 verweist auf anwendbare Vorschriften über Rechte und Pflichten wie Geschäftsführer, wie schon § 69, und ist nach allgemeiner Meinung unvollständig. Abs. 5 entspricht § 35a in seiner Forderung nach Angaben auf Geschäftsbriefen. So ergänzt Abs. 1 den § 70. Abs. 2 S. 1 bringt eine teilparallele Bestimmung zu § 46 Nr. 1 und 5 für die Liquidationsgesellschaft. Abs. 2 S. 2 und 3 beziehen sich über § 42 auf die Bestimmungen des HGB über den materiellen Inhalt der Bilanzen und geben eine Regel für Abänderungen. Abs. 3 lässt Ausnahmen zu § 316 HGB zu.

II. Arten der Abschlüsse bei der Liquidation

Durch die **Neufassung** der Abs. 1 und 2 durch das BiRiLiG 1985 ist nicht eine 3 Verdeutlichung schon früher vertretener Ansichten erfolgt, sondern eine **maßgebende Umgestaltung der Bilanzierungsvorschriften** für den Liquidationszeitraum. Dies hat in aller Deutlichkeit *K. Schmidt*[6] dargelegt, und ihm ist zu folgen: Während nach dem alten Gesetzestext überwiegend angenommen wurde, dass die Liquidationsbilanzen nicht Erfolgsbilanzen, sondern „Vermögensverteilungsbilanzen" sein müssten,[7] setzt seit 1986 Abs. 2 S. 2 fest, dass **die Eröffnungsbilanz den Vorschriften über den Jahresabschluss zu entsprechen** habe. Abs. 2 S. 3 gibt dann eine besondere Bewertungsvorschrift für Anlagevermögen unter bestimmten Bedingungen. Dasselbe gilt für die Liquidations-Jahresabschlüsse. Damit sind die gesetzlich vorgeschriebenen Liquidationsbilanzen (Eröffnungsbilanz und Jahresabschluss) im Prinzip **Erfolgsbilanzen** mit gewissen Abänderungen.[8] Der Grund dazu liegt in der Erkenntnis, dass Abwicklungen sich sehr häufig über längere Zeiträume hin erstrecken und es betriebswirtschaftlich richtiger ist, den Erfolg der weiteren Geschäftstätigkeit oder aber auch der Abwicklungstätigkeit im eigentlichen Sinne festzustellen. Über die Bewertungsvorschrift für Anlagevermögen, das gemäß Abs. 2 S. 3 ggf. wie Umlaufvermögen, also nach dem Niederstwertprinzip,[9] anzusetzen ist, geschieht die Anpassung an den fortschreitenden Abwicklungsprozess.

Meinungsstand. Während – wie *K. Schmidt*[10] richtig feststellt – der Gesetzgeber in 4 § 71 nur von Liquidationsbilanzen, die grundsätzlich Erfolgsbilanzen sind, spricht, ist eindeutig, dass die **Liquidatoren daneben zur Aufstellung weiterer Rechenwerke**

---

[5] *Budde/Förschle/Deubert* Sonderbilanzen, 2. Aufl. 1998, S. 646, U 11.
[6] *Scholz/K. Schmidt* Rn. 4, 6, 30.
[7] So noch die 1. Aufl. Rn. 4 für die Liquidationseröffnungsbilanz, Rn. 7 für die weiteren Liquidationsbilanzen; teilweise aA schon damals *Baumbach/Hueck/Schulze-Osterloh* 14. Aufl. Rn. 6, 7.
[8] Heute gesetzlich vorgeschrieben; für die Eröffnungsbilanz aA *Meyer-Landrut/Miller/Niehus* Rn. 2 nach dem BiRiLiG.
[9] *Baumbach/Hueck/Schulze-Osterloh* Rn. 15; *Scholz/K. Schmidt* Rn. 24.
[10] *Scholz/K. Schmidt* Rn. 4, 6, 30.

§ 71   5. Abschnitt. Auflösung und Nichtigkeit der Gesellschaft

verpflichtet sind. Unbestritten ist dies für die **„Schlussbilanz der werbenden Gesellschaft"**: wenn die Auflösung nicht mit dem Beginn eines Geschäftsjahres zusammenfällt, ist ein Abschluss für das Rumpfgeschäftsjahr zwischen dem letzten Geschäftsjahresbeginn und dem Tag vor der Auflösung zu erstellen (Rn. 19 ff.). War aber bei der Liquidationseröffnung die letzte Jahresbilanz noch nicht erstellt, so hat auch dies zu geschehen. *K. Schmidt*[11] hält es für eine in der Regel gegebene Pflicht der Liquidatoren, darüber hinaus eine Art Eröffnungsbilanz nach Vermögensbilanzbewertungen (also eine Bilanz, wie sie bis zur Änderung des Gesetzestextes überwiegend als vom Gesetzgeber vorgeschrieben angesehen wurde) aufzustellen,[12] wobei er darauf hinweist, dass die Liquidatoren dies schon zur Feststellung einer möglichen Überschuldung tun müssen.

5   **Ergebnis.** Richtig daran ist, dass die Geschäftsführer gerade während der Liquidation, bei der die Bewertung der Aktiva immer größte Probleme macht, ggf. einen **Status zur eventuellen Feststellung der Überschuldung** aufstellen müssen. Da im allgemeinen nicht Gesellschaften aufgelöst werden, die gute Ergebnisse erzielen und bei denen eine Überschuldung überhaupt nicht in Betracht kommen kann, müssen in der Tat wohl alle Liquidatoren, bis auf wenige Ausnahmen, einen solchen Status und damit eine Art Liquidations(eröffnungs)bilanz alter Art aufstellen. Schließlich verlangt zwar das Gesetz nicht eine Liquidationsschlussbilanz als Vermögensstatus, aber ohne eine solche Schlussbilanz werden die Liquidatoren kaum vor die Gesellschafter treten können. Zudem schreibt § 74 Abs. 1 seit 1993 vor, eine Schlussrechnung zu erstellen, aus der sich die getätigten Abschlusszahlungen etc. ergeben.

6   Demnach wären **in zeitlicher Reihenfolge** folgende Rechnungswerke zu erstellen:
- Evtl. die letzte normale Jahresbilanz (Rn. 19 ff.);
- die Schlussbilanz für das Rumpfgeschäftsjahr (Rn. 19 ff.);
- die Liquidationseröffnungsbilanz des Abs. 1 als zu modifizierende Erfolgsbilanz (Rn. 7 ff.);
- die Liquidationsjahresabschlüsse des Abs. 1 mit zu modifizierenden Erfolgsbilanzen (Rn. 13 ff.);
- ggf. Vermögensstatus zwecks Feststellung der Überschuldung (Rn. 22);
- die Liquidationsschlussbilanz als Vermögensbilanz (Rn. 25);
- die Schlussrechnung (Rn. 26) mit Verteilungsvorschlag.[13]

III. Durch § 71 vorgeschriebene Abschlüsse

7   **1. Die Liquidationseröffnungsbilanz. a) Pflicht zur Erstellung.** Die Liquidatoren sind zur Aufstellung der Eröffnungsbilanz mit Bericht verpflichtet (Abs. 1). Von dieser Pflicht können die Gesellschafter die Liquidatoren nicht entbinden.[14] Weder Geldmangel noch eigener Mangel an Sachkenntnis[15] befreit die Liquidatoren von dieser Aufgabe, allenfalls müssten sie ihr Amt niederlegen. Zu ihrer Unterstützung müssen sie in größeren Gesellschaften Angestellte und ggf. Sachverständige einsetzen und bei der Tätigkeit überwachen. Die Bilanz ist gemäß § 264 Abs. 1 S. 2 HGB **innerhalb von drei Monaten** aufzustellen.[16] Zwar spricht § 264 Abs. 1 nur vom „Jahresab-

---

[11] *Scholz/K. Schmidt* Rn. 6, 30.
[12] *K. Schmidt* nennt sie Liquidationsbilanzen ieS.
[13] § 74 Rn. 3.
[14] OLG Stuttgart BB 1995, 405: auch nicht bei Nachtragsliquidation ohne weiteres Vermögen.
[15] BGH GmbHR 1953, 123; für die AG die Entscheidung KGJ 30, A 125, A 128.
[16] *Baumbach/Hueck/Schulze-Osterloh* Rn. 11; *Lutter/Hommelhoff* Rn. 6; *Budde/Förschle/Deubert* (Fn. 5) U 105; aM *Meyer-Landrut/Miller/Niehus* Rn. 2: § 264 HGB gilt für die Fristen nicht.

Bilanz; Rechte und Pflichten   **§ 71**

schluss" und nicht von einer Eröffnungsbilanz, aber man wird annehmen müssen, dass es sich hierbei um eine allgemeine Vorschrift für alle Bilanzerstellungen handelt, die analog anzuwenden ist.[17] Ob dann auch gemäß § 264 Abs. 1 S. 3 kleine Kapitalgesellschaften iS des § 267 Abs. 1 HGB eine Verlängerung der Drei-Monats-Frist auf bis zu sechs Monate in Anspruch nehmen können, ist streitig, aber zu bejahen.[18] Es dürfte, entgegen der Vorauflage, richtig sein, kleineren Gesellschaften die längere Frist zuzugestehen, weil häufig die Bücher in noch weniger abgreifbarem Zustand sind als bei größeren Gesellschaften.

Die Eröffnungsbilanz ist zu prüfen und offenzulegen gemäß §§ 316 bis 329 HGB.[19] Eine kurz vor dem Auflösungsstichtag erstellte Jahresbilanz kann die Eröffnungsbilanz auch dann nicht ersetzen, wenn sich seitdem am Vermögen nichts geändert hat,[20] da die Eröffnungsbilanz zwingend vorgeschrieben ist. Es ist auch eine Schlussbilanz für das Rumpfgeschäftsjahr vor dem Auflösungsstichtag nötig (Rn. 19 ff.).   **8**

b) Stichtag. Stichtag für die Liquidationseröffnungsbilanz ist der **Auflösungstag,** was heute – gegenüber dem früher unscharfen Wortlaut in Abs. 1 durch die Worte „für den Beginn der Abwicklung" – eindeutig ist. Dabei ist es gleichgültig, aufgrund welchen Ereignisses die Auflösung eintritt,[21] selbst wenn man die Auflösung erst später bemerkt.[22] Im Insolvenzfall gemäß § 60 Abs. 1 Nr. 4 führt die Auflösung nicht zur Abwicklung der Gesellschaft gemäß §§ 66 ff., so dass die Rechnungslegung durch den Insolvenzverwalter gemäß § 155 InsO zu erfolgen hat.[23] Bei Auflösung durch Satzungsänderung ist Auflösungsbeginn erst der Tag der Eintragung im Handelsregister.[24] Beschließen die Gesellschafter die Auflösung gemäß § 60 Abs. 1 Nr. 2, so können sie als Beginn der Auflösung einen in der Zukunft liegenden, nicht aber einen vergangenen Tag festsetzen.[25] Auch eine geringfügige Verschiebung des Bilanzstichtags, etwa auf den folgenden Monatsersten, ist nicht zulässig, da das Gesetz jetzt eindeutig den Stichtag festsetzt.[26]   **9**

c) Bewertungsgrundsätze. Wie in Rn. 3 gesagt, wurde bis zum Bilanzrichtliniengesetz 1986 überwiegend die Ansicht vertreten, die Liquidationsbilanzen seien Vermögensverteilungsbilanzen, beruhten also auf einer Neubewertung der Buchwerte gemäß der Liquidationserwartungen. Aufgrund des heutigen Gesetzestextes (Abs. 2 S. 2) sind die Vorschriften über den Jahresabschluss entsprechend anzuwenden, also insbesondere die §§ 242 bis 256, 264 bis 289 HGB und §§ 42, 42a. Es handelt sich demnach im Prinzip um Erfolgsbilanzen, die die bis dahin erfolgte Rechnungslegung aufgrund der **Kontinuität des Unternehmens** vor und nach Beginn der Abwicklung im wesent-   **10**

---

[17] *Scholz/K. Schmidt* Rn. 20.
[18] Ja: wohl BayObLG GmbHR 1990, 299, 300; *Küting/Weber/Bohl* Rechnungslegung Rn. 15; *Hachenburg/Hohner* Rn. 9; *Budde/Förschle/Deubert* (Fn. 5) U 105; nein: *Baumbach/Hueck/Schulze-Osterloh* Rn. 11, weil die spätere Aufstellung bei einer Liquidationsgesellschaft nicht mehr zum ordnungsmäßigen Geschäftsgang gehöre; wie hier jetzt *Scholz/K. Schmidt* Rn. 13 aE.
[19] *Budde/Förschle/Deubert* (Fn. 5) U 305; *Scholz/K. Schmidt* Rn. 14 f.; zur Prüfung s. § 71 Abs. 3 und Rn. 28.
[20] RGSt. 45, 238 f.; *Scholz/K. Schmidt* Rn. 10.
[21] S. iE Erl. zu § 60.
[22] *Olbrich* WPg. 1975, 265, 266 mwN; *Scholz/K. Schmidt* Rn. 12.
[23] *Baumbach/Hueck/Schulze-Osterloh* Rn. 13.
[24] § 65 Rn. 6.
[25] § 60 Rn. 16; *Hachenburg/Hohner* Rn. 8; BeckBilKomm/*Sarx* Anh. 3 Rn. 241.
[26] IE ebenso *Scholz/K. Schmidt* Rn. 12; *Roth/Altmeppen* Rn. 4; aA BeckBilKomm/*Sarx* Anh. 3 Rn. 243; *Küting/Weber/Bohl* Rechnungslegung Rn. 12; *Forster*, FS Knorr, 1968, S. 79; *Budde/Förschle/Deubert* (Fn. 5) U 92; vgl. zum Stichtag OLG Düsseldorf NZG 2002, 90 f.

lichen fortsetzen.[27] Das gilt aber nur, soweit der Geschäftsbetrieb zunächst fortgesetzt wird. Wird er eingestellt oder steht die Einstellung unmittelbar bevor, so ist auch die Liquidationseröffnungsbilanz, entgegen dem Grundsatz des Abs. 2 S. 2, wieder als Vermögensverteilungsbilanz aufzustellen.[28] Grundsätzlich aber sind die Vorschriften über den Jahresabschluss entsprechend anzuwenden.[29] Damit steht zB fest, dass noch nicht realisierte Gewinne nicht ausgewiesen werden dürfen.[30] Sowohl für das Anlagevermögen wie das Umlaufvermögen gilt das Anschaffungswertprinzip.[31] Immaterielle Vermögenswerte, die nicht erworben sind, können gemäß § 248 Abs. 2 HGB nicht aktiviert werden.[32] Die normalen Pensionsverpflichtungen sind vollständig zu passivieren, das steuerliche Nachholverbot für alte, früher nicht rückgestellte Pensionsverpflichtungen gilt nicht mehr, da zukünftige Pensionsverpflichtungen nicht mehr aus zukünftigen Gewinnen gezahlt werden können.[33] Für die Abwicklungskosten, zu denen auch die Abfindungsverpflichtungen aus dem Sozialplan gehören, gilt § 249 HGB, d.h. sie sind zu passivieren, ohne durch künftige Abwicklungserträge auf der Aktivseite ausgeglichen werden zu können.[34] Dies gilt nicht für laufende Kosten, zB das Gehalt des Liquidators.[35] Zur Bewertung generell vgl. die Kommentierungen zu § 42, zum HGB und die betriebswirtschaftliche Literatur.

11 Die **Sonderregelung des Abs. 2 S. 3 dient,** insbesondere für nachfolgende Jahresabschlüsse, der stetigen **Anpassung** der Erfolgsbilanzen **an den Stand der Abwicklung.** Das Anlagevermögen ist, soweit es innerhalb eines übersehbaren Zeitraumes zu veräußern ist oder es nicht mehr dem Geschäftsbetrieb dient, wie Umlaufvermögen zu bewerten, d.h. nach dem Niederstwertprinzip gemäß § 253 Abs. 3 S. 2 HGB.[36] Übersehbar ist sicher ein Zeitraum von einem Jahr ab Bilanzstichtag, doch sind zum Teil auch längere Fristen vorgeschlagen.[37] Da der Gesetzgeber bewusst eine Limitierung auf einen „übersehbaren Zeitraum" vorgenommen hat, wird eine Neubewertung wohl nur bei beabsichtigtem Verkauf innerhalb eines Jahres zu erfolgen haben.[38] Weiterhin ist neu zu bewerten, wenn Gegenstände des Anlagevermögens nicht mehr

---

[27] *Scholz/K. Schmidt* Rn. 4, 22; *BeckBilKomm/Sarx* Anh. 3 Rn. 207; differenzierender *Baumbach/Hueck/Schulze-Osterloh* Rn. 14f.; aA *Meyer-Landrut/Miller/Niehus* Rn. 2, der die Eröffnungsbilanz als „Vermögensverteilungsbilanz" bezeichnet.

[28] *Lutter/Hommelhoff* Rn. 2; *BeckBilKomm/Sarx* Rn. 207; wohl auch *Scholz/K. Schmidt* Rn. 22; aA offenbar *Baumbach/Hueck/Schulze-Osterloh* Rn. 15.

[29] Zur Bilanzierung und Bewertung eingehend *Hachenburg/Hohner* Rn. 23 ff.

[30] *BeckBilKomm/Sarx* Anh. 3 Rn. 205; *Baumbach/Hueck/Schulze-Osterloh* Rn. 14.

[31] *Budde/Förschle/Deubert* (Fn. 5) U 141; *Hachenburg/Hohner* Rn. 25.

[32] *BeckBilKomm/Sarx* Rn. 209; *Scholz/K. Schmidt* Rn. 23; *Hachenburg/Hohner* Rn. 26; aA *Baumbach/Hueck/Schulze-Osterloh* Rn. 16; *Meyer-Landrut/Miller/Niehus* Rn. 3; *Küting/Weber/Bohl* Rechnungslegung Rn. 22.

[33] *Scholz/K. Schmidt* Rn. 23; *Baumbach/Hueck/Schulze-Osterloh* Rn. 17; *Hachenburg/Hohner* Rn. 30; *Küting/Weber/Bohl* Rechnungslegung Rn. 19; aA *BeckBilKomm/Sarx* Anh. 3 Rn. 213; *Scherrer/Heni* Liquidations-Rechnungslegung, 2. Aufl. 1996, S. 70 ff.

[34] *Baumbach/Hueck/Schulze-Osterloh* Rn. 17; *Scholz/K. Schmidt* Rn. 23; aA *Budde/Förschle/Deubert* (Fn. 5) U 125; *Küting/Weber/Bohl* Rechnungslegung Rn. 21.

[35] *Baumbach/Hueck/Schulze-Osterloh* Rn. 17; *Hachenburg/Hohner* Rn. 31; *Scherrer/Heni* (Fn. 33) S. 54.

[36] Vgl. dazu KG NZG 2001, 845 ff.; *Baumbach/Hueck/Schulze-Osterloh* Rn. 19; *Scholz/K. Schmidt* Rn. 24.

[37] Ein Jahr: *Baumbach/Hueck/Schulze-Osterloh* Rn. 19; zwei Jahre: *BeckBilKomm/Sarx* Anh. 3 Rn. 226, wohl auch: *Scholz/K. Schmidt* Rn. 24; vier Jahre: *Küting/Weber/Bohl* Rechnungslegung Rn. 17.

[38] Nicht festgelegt: *Hachenburg/Hohner* Rn. 25.

Bilanz; Rechte und Pflichten §71

dem Geschäftsbetrieb dienen. Dies wird insbesondere bei einer teilweisen Stilllegung gewisser Aktivitäten der Fall sein oder bei einer Maschine, die für eine neue Produktion angeschafft war, welche jetzt nicht mehr aufgenommen werden soll.[39] Bei Anwendung des Niederstwertprinzips ist von dem erzielbaren Preis dieser Gegenstände auszugehen, also der voraussichtliche Verkaufspreis festzustellen. Obergrenze ist immer noch der ursprüngliche Anschaffungspreis oder die Herstellkosten,[40] da auch beim Umlaufvermögen dieser Höchstwert gilt. – Eine **Gewinn- und Verlustrechnung** ist zu der Liquidationseröffnungsbilanz nicht aufzustellen, wohl aber zu der Schlussbilanz der werbenden Gesellschaft (Rn. 19 ff.) und den Jahresabschlüssen im Liquidationszeitraum (Rn. 15).

d) Erläuternder Bericht. Abs. 1 verlangt neben der Eröffnungsbilanz einen diese 12 erläuternden Bericht. Ein solcher Bericht war schon in der alten Fassung des § 270 Abs. 1 AktG gefordert, er existiert aber außerhalb dieser Liquidationsvorschriften nicht. Der Zweck ist, dem Leser der Bilanz die Bilanzprinzipien und Bewertungsgrundsätze darzulegen.[41] Daher muss er die Bestandteile des Anhangs gemäß §§ 264, 284 ff. HGB enthalten.[42] Auch die Regelung des Lageberichts, § 289 HGB, ist einzubeziehen.[43] Diese Bestimmungen sind strikt anzuwenden, selbst wenn der entsprechende Anhang und Lagebericht für die Schlussbilanz der werbenden Gesellschaft (Rn. 19 ff.) weitgehend identische Erläuterungen bringen.[44] Somit muss der erläuternde Bericht zur Eröffnungsbilanz die neuen Bewertungsgrundsätze darlegen, die Änderungen gegenüber der Schlussbilanz erklären, auf die Art der Abwicklungstätigkeit und deren voraussichtliche Tätigkeit sowie deren Kosten und deren mögliche Erträge eingehen.[45] Hingegen sind Angaben zur GuV und zum bisherigen Geschäftsverlauf nicht nötig.[46]

2. Jahresabschlüsse. a) Pflicht zur Erstellung, Stichtag. Gemäß Abs. 1 ist die 13 Erstellung von Jahresabschlüssen vorgeschrieben. Nach §§ 242 Abs. 3, 264 HGB ist demnach die Bilanz, die Gewinn- und Verlustrechnung mit dem Anhang zu beiden und der Lagebericht zu erstellen. – Als **Stichtag** der Jahresabschlüsse während der Liquidation ist der Tag des **Ablaufs eines Kalenderjahres,** beginnend mit dem Auflösungstag, anzusetzen.[47] Dies folgt aus dem Gesetzeswortlaut, dass für den „Beginn der Liquidation" die Eröffnungsbilanz und dann „für den Schluss eines jeden Jahres" der betreffende Jahresabschluss aufzustellen ist. Es beginnt mit dem Auflösungstag ein neues Geschäftsjahr, das unabhängig von dem satzungsgemäßen Geschäftsjahr nunmehr maß-

---

[39] Vgl. auch BeckBilKomm/*Sarx* Rn. 227.
[40] BeckBilKomm/*Sarx* Rn. 228; aA *Küting/Weber/Bohl* Rechnungslegung Rn. 22.
[41] GroßkommAktG/*Wiedemann* 3. Aufl. § 270 Anm. 1.
[42] *Baumbach/Hueck/Schulze-Osterloh* Rn. 21; *Scholz/K. Schmidt* Rn. 11; ähnlich *Budde/Förschle/Deubert* (Fn. 5) U 185; vgl. zum Bericht OLG Düsseldorf NZG 2002, 90 f.
[43] *Küting/Weber/Bohl* Rechnungslegung Rn. 26; Hachenburg/*Hohner* Rn. 12; Geßler/Hefermehl/*Hüffer* § 270 Rn. 29; BeckBilKomm/*Sarx* 1. Aufl. Anh. 3 Rn. 201, anders aber für Liquidationseröffnungsbilanz Rn. 253; *Scholz/K. Schmidt* Rn. 11; im Ergebnis ähnlich *Baumbach/Hueck/Schulze-Osterloh* Rn. 21.
[44] *Baumbach/Hueck/Schulze-Osterloh* Rn. 21; aA BeckBilKomm/*Sarx* Rn. 253; *Scholz/K. Schmidt* Rn. 11; weniger strikt Hachenburg/*Hohner* Rn. 12.
[45] Vgl. *Baumbach/Hueck/Schulze-Osterloh* Rn. 21; *Scholz/K. Schmidt* Rn. 11; *Roth/Altmeppen* Rn. 7; BeckBilKomm/*Sarx* Rn. 252.
[46] Zum letzteren *Budde/Förschle/Deubert* (Fn. 5) U 191.
[47] OLG Frankfurt BB 1977, 312, 313; *Baumbach/Hueck/Schulze-Osterloh* Rn. 22; *Meyer-Landrut/Miller/Niehus* Rn. 6; *Scholz/K. Schmidt* Rn. 18; *Lutter/Hommelhoff* Rn. 9; aA *Budde/Förschle/Deubert* (Fn. 5) U 200 ff.

gebend wird.[48] Jedoch können entweder der Gesellschaftsvertrag für die Liquidation im allgemeinen oder die Gesellschafter durch (formlosen – weil die Festsetzung im Gesellschaftsvertrag nicht mehr gilt) Beschluss festsetzen, dass das alte Geschäftsjahr weiter gelten soll. Wegen § 240 Abs. 2 S. 2 HGB darf jedoch kein Abrechnungszeitraum festgesetzt werden, der länger als zwölf Monate dauert, so dass also ein Rumpfgeschäftsjahr in einem solchen Fall für den Tag der Auflösung bis zum Ablauf des festzusetzenden Geschäftsjahres einzuschieben ist.[49] – Eine **Konzernrechnungslegung ist nicht zu erstellen.**[50]

14 **b) Bewertungsgrundsätze.** Die Bewertungsgrundsätze entsprechen dem, was oben für die Liquidationseröffnungsbilanz gesagt ist (Rn. 10 f.). Abs. 2 S. 2 gilt nicht für die ordentlichen Jahresabschlüsse während der Liquidation, weil sich dies von selbst versteht.[51] Gemäß ausdrücklicher Vorschrift in seinem letzten Halbsatz gilt Abs. 2 S. 3 – natürlich – auch für den Jahresabschluss. Es kann daher auf Rn. 10 f. verwiesen werden. Wegen der wahrscheinlich fortschreitenden Abwicklung werden die Umbewertungen aufgrund des Abs. 2 S. 3, der § 252 Abs. 2 HGB vorgeht, aber auch die allgemeinen Neubewertungen aufgrund der Bilanzierungsvorschriften immer häufiger zu Neubewertungen führen müssen. Insofern werden sich die Jahresabschlüsse immer weiter von dem Bild eines ordentlichen Jahresabschlusses entfernen. – **Dieser Jahresabschluss** in der Liquidationsphase **soll nicht der Gewinnermittlung dienen,** da eine Gewinnverteilung vor Beendigung der Liquidation nicht in Betracht kommt, denn es würde sich um eine Ausschüttung des Kapitals an die Gesellschafter handeln.[52]

15 **c) Gewinn- und Verlustrechnung.** Mit dem Jahresabschluss ist auch eine Gewinn- und Verlustrechnung aufzustellen, die gesetzlich gemäß § 242 Abs. 3 HGB zum Jahresabschluss gehört.[53] Auch für diese Rechnung gelten die allgemeinen Vorschriften. Die GuV-Rechnung zeigt den Erfolg der Geschäfts- und Abwicklungstätigkeit der Gesellschaft im abgelaufenen Jahr oder Rumpfgeschäftsjahr (Rn. 13). Es können stille Reserven realisiert, besondere Aufwendungen eingegangen worden sein.[54] Der Jahresertrag steht nicht für eine Gewinnausschüttung zur Verfügung, solange die Liquidation nicht beendet ist (Rn. 14 aE).

16 **d) Lagebericht, Anhang.** Weiterhin sind gemäß § 264 Abs. 1 HGB Anhang und Lagebericht zu erstellen. Im Anhang sind die Bewertungsgrundsätze gegenüber den bei einem ordentlichen Jahresabschluss geltenden Grundsätzen darzustellen und auf die Abweichungen hinzuweisen.[55] Insbesondere sind die Abweichungen aufgrund Abs. 2 S. 3 aufzuzeigen, wenn also Wirtschaftsgüter des Anlagevermögens wie Umlaufvermögen bewertet werden mussten und worden sind. Im **Lagebericht** ist

---

[48] *Scholz/K. Schmidt* Rn. 18; *ders.* Liquidationsbilanzen, 1989, S. 45.
[49] Vgl. *Baumbach/Hueck/Schulze-Osterloh* Rn. 22; *Hachenburg/Hohner* Rn. 14; *Küting/Weber/Bohl* Rechnungslegung Rn. 13; BeckBilKomm/*Sarx* 1. Aufl. Anh. 3 Rn. 258; *Scholz/K. Schmidt* Rn. 1; ebenso schon in den Vorauflagen Rn. 7.
[50] *Küting/Weber/Bohl* Rechnungslegung Rn. 34 mit guten Argumenten: dies wird in § 71 nicht verlangt, und die durch § 308 HGB verlangten einheitlichen Bewertungsmethoden sind kaum einzuhalten; aA *Scholz/K. Schmidt* Rn. 27; *Hachenburg/Hohner* Rn. 13.
[51] *Scholz/K. Schmidt* Rn. 16.
[52] § 72 Rn. 15; *Meyer-Landrut/Miller/Niehus* Rn. 2; *Baumbach/Hueck/Schulze-Osterloh* Rn. 7; BeckBilKomm/*Sarx* 1. Aufl. Anh. 3 Rn. 255; *Scholz/K. Schmidt* Rn. 9.
[53] *Budde/Förschle/Deubert* (Fn. 5) U 195.
[54] ZB Sozialplan; vgl. auch *Baumbach/Hueck/Schulze-Osterloh* Rn. 24.
[55] BeckBilKomm/*Sarx* 1. Aufl. Anh. 3 Rn. 261; *Baumbach/Hueck/Schulze-Osterloh* Rn. 25.

Bilanz; Rechte und Pflichten § 71

der Stand der Liquidation darzustellen, soweit er sich in der Vergangenheit entwickelt hat, und weiter ist der voraussichtliche Erfolg der vorgesehenen Abwicklung darzulegen.[56] Angaben, die für die Abwicklung keinerlei Bedeutung haben, können entfallen.[57]

3. Feststellung der Bilanzen. Nach Abs. 2 S. 1 haben die Gesellschafter die von den Liquidatoren aufgestellte Eröffnungsbilanz sowie die folgenden Jahresabschlüsse festzustellen (und über die Entlastung der Liquidatoren zu befinden). Die Frage, ob die Gesellschafter diese Abschlüsse festzustellen haben, war unter dem bis 1986 geltenden Recht umstritten, wurde aber mehr und mehr, auch hier, als notwendig angesehen. Diese Streitfrage ist durch die Änderung aufgrund des BilanzrichtlinienG von 1985 entschieden. Dieses „Grundrecht der Gesellschafter" ist damit bestätigt. § 42a Abs. 2 gilt entsprechend, daher auch die Acht-Monatsfrist zur Feststellung – elf Monate für „kleine" Gesellschaften.[58] 17

4. Offenlegung. Die in den §§ 325 ff. HGB genannten Offenlegungs-Vorschriften sind zu beachten.[59] Für kleine und mittelgroße GmbHs ist in §§ 326 f. HGB eine beschränkte Offenlegung vorgesehen. Streitig ist, ob die Offenlegung auch für die Liquidationsschlussbilanz (Rn. 25 ff.) gilt.[60] Da diese Bilanz nicht gesetzlich erforderlich ist, treffen auch die Offenlegungsvorschriften auf sie nicht zu. Über die Verwendung des Bilanzgewinns braucht nichts gesagt zu werden, da eine Ausschüttung erst zum Schluss vorkommen kann.[61] 18

IV. Weitere Rechnungswerke

1. Schlussbilanz der werbenden Gesellschaft. Es ist in Rn. 3 darauf hingewiesen worden, dass außer den Abschlüssen, die nach § 71 aufzustellen sind, die Liquidatoren weitere Rechnungswerke zu erstellen haben. Dazu gehört zunächst die **letzte normale Jahresbilanz** zum Ende des letzten vollen Geschäftsjahres, soweit diese bei der Auflösung noch nicht aufgestellt ist; der Liquidator hat die gesetzlichen Fristen dafür zu beachten.[62] Weiter gehört dazu **insbesondere die Schlussbilanz der werbenden Gesellschaft,** die also, wenn der Auflösungstag nicht mit dem Beginn eines neuen Geschäftsjahres zusammenfällt, den Zeitraum vom Beginn des letzten ordentlichen Geschäftsjahres bis zum Tag vor dem Auflösungstag betrifft. Es ist wenig bestritten, dass ein solcher Jahresabschluss für den Zeitraum bis zur Beendigung der werbenden Tätigkeit der Gesellschaft aufzustellen ist.[63] Diese Bilanz ist nach den 19

---

[56] BeckBilKomm/*Sarx* Rn. 262; *Baumbach/Hueck/Schulze-Osterloh* Rn. 26.
[57] *Hachenburg/Hohner* Rn. 15; *Scholz/K. Schmidt* Rn. 28.
[58] *Küting/Weber/Bohl* Rechnungslegung Rn. 40; *Baumbach/Hueck/Schulze-Osterloh* Rn. 12; wohl auch BayObLG GmbHR 1990, 299, 300; zur Anfechtbarkeit des Feststellungsbeschlusses wegen inhaltlicher Mängel der Bilanz s. KG NZG 2001, 845 ff.
[59] *Baumbach/Hueck/Schulze-Osterloh* Rn. 31; *Scholz/K. Schmidt* Rn. 26; *Küting/Weber/Bohl* Rechnungslegung Rn. 44; *Roth/Altmeppen* Rn. 18; BeckBilKomm/*Sarx* 1. Aufl. Anh. 3 Rn. 265; aA *Meyer-Landrut/Miller/Niehus* Rn. 10.
[60] Nötig: *Baumbach/Hueck/Schulze-Osterloh* Rn. 31; aA *Scholz/K. Schmidt* Rn. 35; BeckBilKomm/*Sarx* Rn. 273.
[61] *Hachenburg/Hohner* Rn. 18.
[62] BayObLG BB 1990, 600 f. = GmbHR 1990, 299 f.
[63] BFH BStBl. 1974 II S. 692, 693; *Adler* S. 74 ff.; *Förster* S. 95 ff.; *Baumbach/Hueck/Schulze-Osterloh* Rn. 2; *Scholz/K. Schmidt* Rn. 7; *Hachenburg/Hohner* Rn. 4; aA *Budde/Förschle/Deubert* (Fn. 5) U 50–53; *dies.* DB 1994, 998 gegen BayObLG BB 1994, 476.

§ 71　　　　　5. Abschnitt. Auflösung und Nichtigkeit der Gesellschaft

Grundsätzen der ordentlichen Jahresbilanzen aufzustellen, also eine **Erfolgsbilanz,** sie weist das Ergebnis des faktischen Rumpfgeschäftsjahres nach den normalen Bewertungsgrundsätzen aus. Das Rumpfgeschäftsjahr endet am Tage vor der Auflösung,[64] **Stichtag** für die Aufstellung ist der Tag vor der Auflösung.

20　**Bewertungsgrundsätze.** Insbesondere nachdem der Gesetzgeber jetzt auch für die Liquidationseröffnungsbilanz grundsätzlich die Vorschriften über den Jahresabschluss für entsprechend anwendbar erklärt hat, beeinflusst die Tatsache der Auflösung den Ansatz und die Bewertung der Wirtschaftsgüter und Verbindlichkeiten in der Schlussbilanz nicht.[65] Das gilt selbst dann, wenn für die Liquidationseröffnungsbilanz bereits wegen der bevorstehenden Einstellung der Geschäftstätigkeit Neubewertungen, insbesondere auch aufgrund von Abs. 2 S. 3, nötig werden.[66] Die Gewinnfeststellung der Schlussbilanz kann Dritten, zB den letzten Geschäftsführern, zur Grundlage der Berechnung ihres Gewinnanteils dienen, und sie bildet auch die Grundlage für die Entlastung der Geschäftsführer und ggf. Aufsichtsratsmitglieder.[67] Der Gewinn des Rumpfgeschäftsjahres kann aber nicht vor Ablauf des Sperrjahres ausgeschüttet, sondern nur als Rechnungsposten bei der Verteilung des Vermögens an die Gesellschafter berücksichtigt werden, denn § 73 gilt auch insoweit.[68] Daran ändert auch nichts, dass der Gewinn vor der Auflösung erwirtschaftet worden ist.[69]

21　**GuV. Offenlegung.** Für diese Schlussbilanz der werbenden Gesellschaft sind eine Gewinn- und Verlustrechnung und ein Anhang aufzustellen sowie der Lagebericht gemäß § 264 HGB.[70] Dieser Abschluss ist auch der Abschlussprüfung zu unterziehen und unterliegt den Vorschriften über die Offenlegungen,[71] soweit nicht für kleine Gesellschaften die Ausnahme gemäß §§ 316, 326 HGB gilt.

22　**2. Vermögensstatus zur Überschuldungsfeststellung.** Die in § 71 geforderte Liquidationseröffnungsbilanz mag in manchen Fällen, insbesondere zur Feststellung einer etwaigen Überschuldung nicht genügen.[72] Die Liquidatoren werden dann in entsprechenden Fällen, um ihren allgemeinen Pflichten zu genügen, einen Vermögensstatus aufzustellen haben, der die Erfolgsaussichten der Liquidation in das Rechnungswerk einbringt, also die Realisierungswerte zeigt.[73] Dies sind im allgemeinen die **Liquidationswerte,** wie sie nach der bis 1986 überwiegend als geltend angenommenen Rechtslage für die Liquidationseröffnungsbilanz anzusetzen waren.[74] Wenn allerdings ein Verkauf des gesamten Unternehmens zu erwarten wäre, würden die Fortführungswerte indirekt wieder im erwarteten Kaufpreis aufscheinen. Wenn also überhaupt dieser Vermögensstatus nötig ist, ergeben sich die Bewertungsgrundsätze aus

---

[64] BFH BStBl. 1974 II S. 692, 693; BayObLG BB 1994, 476; *Baumbach/Hueck/Schulze-Osterloh* Rn. 2; *Meyer-Landrut/Miller/Niehus* Rn. 5; aA: Tag der materiellen Liquidationseröffnung *Lutter/Hommelhoff* Rn. 8.
[65] S. mit Begründung *Baumbach/Hueck/Schulze-Osterloh* Rn. 3.
[66] *Scholz/K. Schmidt* Rn. 8; *Hachenburg/Hohner* Rn. 5; *Meyer-Landrut/Miller/Niehus* Rn. 5.
[67] *Baumbach/Hueck/Schulze-Osterloh* Rn. 3.
[68] S. § 72 Rn. 15; *Scholz/K. Schmidt* Rn. 9; *Hachenburg/Hohner* Rn. 4; *Baumbach/Hueck/Schulze-Osterloh* Rn. 3; BFH GmbHR 1999, 429 f.: Ausschüttung unter Berücksichtigung der §§ 30, 73 zulässig.
[69] AA BFH BStBl. 1974 II S. 14 und 692; BeckBilKomm/*Sarx* 1. Aufl. Anh. 3 Nr. 199.
[70] BFH BStBl. 1974 II S. 692, 693.
[71] *Baumbach/Hueck/Schulze-Osterloh* Rn. 4; *Hachenburg/Hohner* Rn. 6; für Prüfungspflicht auch *Scholz/K. Schmidt* Rn. 8.
[72] Vgl. Rn. 3 ff. im Anschluss an die Ausführungen von *Scholz/K. Schmidt* Rn. 4, 6, 30.
[73] RGZ 80, 104, 107; *Hachenburg/Hohner* Rn. 21: nur ausnahmsweise.
[74] *Scholz/K. Schmidt* Rn. 31.

Bilanz; Rechte und Pflichten   § 71

dem Zweck, die Überschuldung festzustellen, und aus dem voraussichtlichen Erfolg der Liquidation. Nicht verwertbare Aktiva müssen eliminiert werden, bei Gegenständen des Anlagevermögens wird häufig der Schrottwert abzüglich der Verschrottungskosten der niedrigste Wert sein, der höchste könnte über den Anschaffungskosten liegen, wenn die Wiederbeschaffungskosten zum gegebenen Zeitpunkt erheblich höher sind.[75] Es ist also im Prinzip Abs. 2 S. 3 auf das gesamte Anlagevermögen anzuwenden.

Bei den **Passiva** wird das **Stammkapital nicht mehr gesondert ausgewiesen**,[76] sondern mit den Rücklagen zusammen in einem Posten aufgeführt, den *Hachenburg/Hohner*[77] als „Vermögensüberschuss" zu benennen vorschlagen. Im übrigen müssen in den Passiva natürlich alle erkennbaren Risiken erfasst und auch die Kosten der Abwicklung zurückgestellt werden. 23

Da dieser Vermögensstatus **nicht gesetzlich vorgeschrieben** ist, braucht auch weder ein Anhang noch ein Lagebericht dazu erstellt zu werden; eine Abschlussprüfung und die Offenlegung sind nicht vorgeschrieben. Im einzelnen zum Vermögensstatus und zur Fortsetzungsprognose vgl. § 63 Rn. 21 ff., 33 ff., 69 ff., § 64 Rn. 9 ff. 24

3. Liquidationsschlussbilanz, Schlussrechnung. § 71 Abs. 1 verlangt keine **Liquidationsschlussbilanz** und auch § 74 nicht, aber sie ist zu **empfehlen**[78] als Teil der externen Rechnungslegung. Sie ergibt sich sogar aus den Pflichten zur ordnungsgemäßen Liquidation.[79] Nach anderer Begründung ist sie als letzte Jahres- (Rumpfjahres-) Bilanz gemäß § 71 Abs. 1 S. 1 zu erstellen.[80] Diese Schlussbilanz ist zu prüfen,[81] aber nicht offenzulegen,[82] da es an einem Interesse der Öffentlichkeit bei einer demnächst gelöschten Gesellschaft fehlt. 25

§ 74 Abs. 1 setzt ausdrücklich die **Schlussrechnung** voraus; die hM sah sie auch bereits früher für die GmbH als erforderlich an.[83] Die Schlussrechnung ist die abschließende interne Rechnungslegung[84] der Liquidatoren gegenüber den Gesellschaftern und auch von gerichtlich bestellten Liquidatoren vorzulegen.[85] An sich ist damit eine Rechnungslegung iS des § 259 Abs. 1 BGB gemeint,[86] also im allgemeinen eine Überschussrechnung. Doch ist bei Aufstellung der oben genannten Liquidationsschlussbilanz davon auszugehen, dass diese das Ziel einer Rechnungslegung im kaufmännischen Bereich sehr viel besser erfüllt und damit die Schlussrechnung darstellt.[87] Dann besteht die eigentliche Schlussrechnung zusätzlich noch aus dem Verteilungsplan 26

---

[75] *Scholz/K. Schmidt* Rn. 32.
[76] *Scholz/K. Schmidt* Rn. 32.
[77] In der 7. Aufl. Rn. 10, für die Liquidationseröffnungsbilanz alten Rechts.
[78] *Scholz/K. Schmidt* Rn. 30; *Hachenburg/Hohner* Rn. 20: nur ausnahmsweise.
[79] *Lutter/Hommelhoff* Rn. 12; *Baumbach/Hueck/Schulze-Osterloh* Rn. 27.
[80] *Budde/Förschle/Deubert* (Fn. 5) U 266; *Scherrer/Heni* (Fn. 33) S. 39: aus HGB-Vorschriften herzuleiten.
[81] *Scholz/K. Schmidt* Rn. 30; *Budde/Förschle/Deubert* (Fn. 5) U 305; *Scherrer/Heni* (Fn. 33) S. 143.
[82] AA *Scholz/K. Schmidt* Rn. 30; *Budde/Förschle/Deubert* (Fn. 5) U 345.
[83] *Adler* S. 76 ff.; *Förster* S. 81 ff.; 148 ff.; *Hofmann* GmbHR 176, 258, 261; *Scholz/K. Schmidt* Rn. 35; *Lutter/Hommelhoff* Rn. 12.
[84] *Scholz/K. Schmidt* Rn. 30.
[85] BayObLG BB 1963, 664.
[86] BayObLG BB 1963, 664; *Budde/Förschle/Deubert* (Fn. 5) U 281; Kölner KommAktG/*Kraft* 2. Aufl. § 273 Rn. 6, *Hüffer* 4. Aufl. § 273 Rn. 3.
[87] *Hachenburg/Hohner* § 74 Rn. 16; *Roth/Altmeppen* Rn. 17; *Baumbach/Hueck/Schulze-Osterloh* Rn. 27 a; anders noch die Vorauf. hier; aA auch *Scholz/K. Schmidt* Rn. 30.

§ 71 5. Abschnitt. Auflösung und Nichtigkeit der Gesellschaft

für das aus der Liquidationsschlussbilanz ersichtliche Restvermögen. Die Schlussrechnung ist also **vor der Verteilung des Restvermögens aufzustellen.**[88]

27 Allerdings ist zu sagen, dass die Verwendung der **Terminologie** und die Bedeutung dieser Rechnungslegung vielfach umstritten ist und die Benennung zum Teil unklar ist – Diese interne Schlussrechnung (im allgemeinen Liquidationsschlussbilanz mit Verteilungsplan) braucht nicht geprüft zu werden und ist nicht zu veröffentlichen.[89] Sie ist der Gesellschafterversammlung zur Genehmigung vorzulegen und nach der Beschlussfassung[90] kann die Schlussverteilung vorgenommen werden. Auf Beschlussfassung und Entlastung haben die Liquidatoren keinen Anspruch, ebensowenig wie die Geschäftsführer vorher.[91] Da es sich um ein internes Rechnungswerk handelt, können alle Gesellschafter gemeinsam auf formelle Schlussrechnung verzichten. Wenn aber nur ein Gesellschafter nicht verzichtet, ist vollständig Rechnung zu legen.[92]

V. Befreiung von Prüfungsvorschriften (Abs. 3)

28 **1. Allgemein.** Die von § 71 vorgeschriebenen Abschlüsse, also die Liquidationseröffnungsbilanz und die Jahresabschlüsse (nicht die Schlussrechnung, d. h. auch nicht die Liquidationsabschlussbilanz, s. Rn. 25 ff.) unterliegen der **Prüfungspflicht** der §§ 316 ff. HGB, da in Abs. 2 S. 2 auf die Vorschriften über den Jahresabschluss verwiesen ist und Abs. 2 S. 3 davon ausgeht.[93] Demnach müssen die Gesellschafter die Abschlussprüfer wählen.[94] Gemäß § 316 Abs. 1 HGB ist bei kleinen Gesellschaften (§ 267 Abs. 1 HGB) keine Prüfung vorgeschrieben. – Im früheren GmbH-Recht gab es eine entsprechende Bestimmung wie Abs. 3 nicht, weil die Abschlüsse von GmbHs, soweit sie nicht unter das Publizitätsgesetz fielen, nicht prüfungspflichtig waren. § 270 Abs. 3 AktG aF nahm Liquidations-Aktiengesellschaften von der Prüfungspflicht aus, ermächtigte aber die Gerichte, aus wichtigem Grund die Prüfung anzuordnen. In Anbetracht der allgemeinen Prüfungspflichten ist die gegenwärtige Fassung des Abs. 3, die auch der heutigen Fassung des § 270 Abs. 3 AktG entspricht, dem System entsprechender.[95]

29 **2. Abs. 3.** Abs. 3 erlaubt dem Gericht (Registergericht), die Gesellschaft **von der Prüfungspflicht der Jahresabschlüsse zu befreien.** Dazu müssen die Liquidatoren einen entsprechenden Antrag stellen.[96] Das Gesetz verlangt Verhältnisse der Gesellschaft, die so überschaubar sind, dass eine Überprüfung im Interesse der Gläubiger und Gesellschafter nicht geboten erscheint. Dies könnte bei mittelgroßen Gesellschaften eher der Fall sein, bei großen höchstens im Endstatium der Abwicklung.[97] Ist noch

---

[88] Anders noch die Vorauﬂ.; *Budde/Förschle/Deubert* (Fn. 5) U 280; *Scholz/K. Schmidt* Rn. 35; wie hier die Autoren, die die Liquidationsschlussbilanz als Erfüllung der Verpflichtung der Erstellung einer Schlussrechnung ansehen; *Lutter/Hommelhoff* Rn. 12.
[89] *Hachenburg/Hohner* Rn. 20; aA *Budde/Förschle/Deubert* (Fn. 5) U 305, 345; *Baumbach/Hueck/Schulze-Osterloh* Rn. 29.
[90] *Hüffer* § 273 Rn. 3 führt aus, dass die zustimmende Beschlussfassung gleichzeitig die Entlastung für die Liquidatoren bedeutet.
[91] § 74 Rn. 4.
[92] *Scholz/K. Schmidt* Rn. 35 aE.
[93] *Baumbach/Hueck/Schulze-Osterloh* Rn. 28; *Hachenburg/Hohner* Rn. 11, 17; *Lutter/Hommelhoff* Rn. 10; *Roth/Altmeppen* Rn. 18; *Scholz/K. Schmidt* Rn. 25; aA *Meyer-Landrut/Miller/Niehus* Rn. 8.
[94] *Meyer-Landrut/Miller/Niehus* Rn. 8; *Scholz/K. Schmidt* Rn. 25; *Küting/Weber/Bohl* Rechnungslegung Rn. 42.
[95] *Scholz/K. Schmidt* Rn. 25.
[96] *Meyer-Landrut/Miller/Niehus* Rn. 9; *Baumbach/Hueck/Schulze-Osterloh* Rn. 30.
[97] Vgl. auch *Scholz/K. Schmidt* Rn. 25; *Roth/Altmeppen* Rn. 19.

Bilanz; Rechte und Pflichten **§ 71**

eine Geschäftstätigkeit in nennenswertem Umfang zu erwarten, kommt die Befreiung wohl nicht in Betracht.[98] Sollte das Gericht Zweifel an der ordnungsgemäßen Durchführung der Liquidation oder Aufstellung des Jahresabschlusses haben, wird es die Befreiung von der Prüfung ablehnen.[99] Das Verfahren richtet sich nach dem FGG, woraus *Scholz/K. Schmidt* (s. Fn. 99) folgern, dass das Gericht von Amts wegen tätig zu werden hat, also auf Anregung irgendeines Beteiligten. Die sofortige Beschwerde ist gemäß Abs. 3 S. 2 gegeben. Hat das Gericht die Befreiung versagt, so wird die Gesellschaft beschwerdeberechtigt sein, bei Zubilligung der Befreiung sind die Gesellschafter oder auch die Gläubiger beschwerdeberechtigt.[100]

VI. Auf Liquidatoren anwendbare Vorschriften (Abs. 4)

Ebenso wie die Verweisung in § 69 auf den zweiten und dritten Abschnitt ist die **Verweisung** in § 71 Abs. 4 **auf einzelne für Liquidatoren anwendbare Bestimmungen unvollständig.** Zur Anwendbarkeit der allgemeinen GmbH-Normen wird auf die Erläuterungen zu § 69 verwiesen. Zu den in Abs. 4 aufgeführten Bestimmungen ist zusätzlich noch auszuführen: § 36 besagt nur, was (heute, nicht 1892 bei Einführung des GmbHG) ohnehin in § 164 BGB festgesetzt ist. § 37 befasst sich mit der Geschäftsführungsbefugnis und der Unwirksamkeit beschränkender Vorschriften der Satzung oder weisungsberechtigter Organe auf die Vertretungsmacht. Nach neuerer Ansicht wird auch bei den Liquidatoren die Vertretungsmacht der Liquidatoren nicht durch Geschäftsführungsbeschränkungen berührt.[101] **§ 43 Abs. 1, 2 und 4** befassen sich mit der Haftung der Geschäftsführer[102] und gelten für Liquidatoren ebenfalls. **§ 43 Abs. 3** ist nicht aufgeführt, weil die strengere Vorschrift des § 73 Abs. 3 eingreift. Allerdings kann ein Verstoß gegen § 33 analog zu § 43 Abs. 3 zur Haftung führen.[103] Der BGH[104] hat die Frage offengelassen, ob ein Liquidator (wie ein Rechtsanwalt) seine eigene Haftung zu offenbaren habe, anderenfalls die Verjährung nach § 43 Abs. 4 nicht zu laufen beginne. Dies sollte wegen völlig unterschiedlicher Grundvoraussetzungen der Haftung verneint werden.[105] Gemäß **§ 49 Abs. 1 und 2** haben Liquidatoren Gesellschafterversammlungen einzuberufen. Vgl. zum nicht zitierten Abs. 3: § 69 Rn. 15 und dort Erl. zu § 49 Abs. 3. **§ 64** (Insolvenzantragspflicht) ist insgesamt auf Liquidatoren anwendbar.[106] Wenn die Liquidatoren Gefahr vermuten, müssen sie einen Überschuldungsstatus erstellen (Rn. 22). Im übrigen s. Erl. zu § 64.

VII. Angaben auf Geschäftsbriefen (Abs. 5)

Zur Einführung des Abs. 5 s. Rn. 1. Die Vorschrift entspricht § 35a, so dass auf die Erl. dort verwiesen wird. Zusätzlich wird – entsprechend § 68 Abs. 2 – die Kennzeichnung als Abwicklungsgesellschaft erfordert. Daher sind Zusätze wie „in Liquida-

---

[98] *Budde/Förschle/Deubert* (Fn. 5) U 317.
[99] *Scholz/K. Schmidt* Rn. 25.
[100] *Baumbach/Hueck/Schulze-Osterloh* Rn. 30; *Scholz/K. Schmidt* Rn. 25; *Geßler/Hefermehl/Hüffer* AktG, § 270 Rn. 35; unklar *Meyer-Landrut/Miller/Niehus* Rn. 9; *Roth/Altmeppen* Rn. 20 wollen Gläubigern kein Beschwerderecht gewähren.
[101] § 70 Rn. 5.
[102] S. Erl. zu § 43.
[103] *Scholz/K. Schmidt* Rn. 44; *Meyer-Landrut/Miller/Niehus* Rn. 17.
[104] GmbHR 1971, 177.
[105] Ebenso *Hachenburg/Hohner* 7. Aufl. Rn. 22.
[106] OLG Celle GmbHR 1995, 54 f.

§ 72 5. Abschnitt. Auflösung und Nichtigkeit der Gesellschaft

tion" oder auch nur „i. L." zu führen.[107] Wird der Liquidationszusatz nicht geführt, berührt das nicht die Wirksamkeit einer rechtsgeschäftlichen Erklärung der Liquidatoren für die Gesellschaft,[108] führt jedoch zu Sanktionen nach § 79 Abs. 1, aber möglicherweise auch zu persönlicher Haftung, s. § 68 Rn. 8 ff.

VIII. Steuerrechtliche Hinweise

32 Steuerrechtlich soll **mindestens nach drei Jahren der Liquidationsgewinn ermittelt** werden gemäß § 11 KStG, der dann zu versteuern ist.[109] Allerdings wird das Ergebnis nicht durch Vergleich mit der Liquidationseröffnungsbilanz, sondern mit der Schlussbilanz der werbenden Gesellschaft (Rn. 19) ermittelt.[110] Dies gilt auch heute noch, nachdem die Liquidationseröffnungsbilanz grundsätzlich eine Ertragsbilanz ist (Rn. 3, 10 f.), denn auch bei der Eröffnungsbilanz sind schon Abweichungen gegenüber der Schlussbilanz der werbenden Gesellschaft möglich. Nach Abschnitt 46 Abs. 1 S. 5 KStR kann die Gesellschaft verlangen, dass statt der Besteuerung ab Auflösung der Gesellschaft bereits das Rumpfgeschäftsjahr bis zur Schlussbilanz der werbenden Gesellschaft (Rn. 19) in den Besteuerungszeitraum der Liquidation einbezogen wird.[111] Die Gesellschaft kann auch beantragen, den Drei-Jahres-Zeitraum zu verlängern.[112] Dies dürfte sich empfehlen, wenn in absehbarer Zeit mit einer Beendigung der Liquidation gerechnet werden kann.[113]

IX. Österreichisches Recht

33 Die Rechte und Pflichten der Liquidatoren sind weitgehend in § 91 ÖGmbHG festgesetzt. Insbesondere haben sie eine Liquidationseröffnungsbilanz und dann zum Schluss jedes Geschäftsjahres weitere Liquidationsbilanzen, ggf. Geschäftsberichte, zu erstellen. Die Eröffnungsbilanz ist nicht nach den Vorschriften für Jahresbilanzen zu erstellen, sondern Aktiva und Passiva sind mit den realen Werten einzustellen.[114] – § 92 Abs. 1 ÖGmbHG bestimmt, dass die Vorschriften, die auf Geschäftsführer Anwendung finden, sinngemäß auch für Liquidatoren gelten.

§ 72 [Vermögensverteilung]

¹**Das Vermögen der Gesellschaft wird unter die Gesellschafter nach Verhältnis ihrer Geschäftsanteile verteilt.** ²**Durch den Gesellschaftsvertrag kann ein anderes Verhältnis für die Verteilung bestimmt werden.**

Literatur: *Hofmann* Zur Liquidation einer GmbH, GmbHR 1976, 258.

---

[107] § 68 Rn. 8 ff.
[108] § 68 Rn. 8.
[109] *Scholz/K. Schmidt* § 60 Rn. 43 ff.
[110] § 11 Abs. 2 bis 4 KStG; *Hachenburg/Hohner* Rn. 36 mwN.
[111] *Hachenburg/Hohner* Rn. 36; *Scholz/K. Schmidt* § 60 Rn. 74; auf rechtliche Bedenken weisen *Baumbach/Hueck/Schulze-Osterloh* Rn. 36 mwN hin.
[112] *Scholz/K. Schmidt* § 60 Rn. 74.
[113] Zu weiteren steuerlichen Fragen s. *Hachenburg/Hohner* § 60 Rn. 36; *Scholz/K. Schmidt* § 60 Rn. 74; *Baumbach/Hueck/Schulze-Osterloh* Rn. 36 f.; *Neu* GmbHR 2000, 57 ff., und natürlich die steuerrechtliche Literatur.
[114] S. ausführlich *Koppensteiner* Rn. 4.

Vermögensverteilung § 72

Übersicht

	Rn.		Rn.
I. Normzweck	1	5. Erfüllung des Anspruchs	9
II. Recht der Gesellschafter	2–11	6. Durchsetzung des Anspruchs	10
1. Entstehung des Anspruchs	2	7. Verjährung des Anspruchs	11
2. Anspruchsgläubiger	3–5	**III. Verteilungsmaßstab**	12–14
a) Gesellschafter	3	1. Verhältnis der Geschäftsanteile (S. 1)	12
b) Dritte als Gläubiger	4	2. Anderer Verteilungsmaßstab (S. 2)	13
c) Kein Überschuss. Eigene Geschäftsanteile	5	3. Verteilung gemäß Absprache	14
3. Anspruchsschuldner	6	**IV. Einzelansprüche der Gesellschafter**	15
4. Anspruchsgegenstand	7, 8	**V. Steuerrechtliche Fragen**	16
a) Leistung in Geld, Rückgabe geliehener Sachen	7	**VI. GmbH & Co. KG**	17, 18
b) Leistung in anderen Vermögenswerten	8	**VII. Österreichisches Recht**	19

I. Normzweck

Die Norm regelt seit 1892 unverändert den **Verteilungsmaßstab** bei der **Schlussverteilung** des Vermögens an die Gesellschafter. Der **Anspruch der Gesellschafter** darauf ergibt sich aus dem Grundgedanken der Abwicklung, dass nämlich nach Befriedigung (oder Sicherstellung) aller Verbindlichkeiten gemäß § 73 der Vermögensüberschuss den Gesellschaftern zusteht.[1] Der Anspruch wird vom Gesetz nicht ausdrücklich gewährt, sondern vorausgesetzt. Die Regelung des § 72 S. 1 kann durch Vorschriften des Gesellschaftsvertrages geändert (S. 2) oder auch durch Vereinbarung aller Gesellschafter anders geregelt werden.[2] Wenn die Gesellschafter **keinen Anspruch** auf den Liquidationsüberschuss haben, müssen ihnen andere Gesellschafterrechte zustehen,[3] damit überhaupt von einer Gesellschafterstellung gesprochen werden kann. – Verbindlichkeiten der Gesellschaft, die nicht aus deren Vermögen befriedigt werden können, bleiben unerledigt; eine Verteilung von Verbindlichkeiten auf die Gesellschafter gibt es nicht, da diese grundsätzlich nicht persönlich haften. Vor einer Verteilung an die Gesellschafter ist § 73 zu beachten.

1

II. Recht der Gesellschafter

1. Entstehung des Anspruchs. Der **Anspruch der Gesellschafter auf Verteilung des Vermögens** entsteht, sobald die Gläubiger befriedigt oder ihre Ansprüche gemäß § 73 sichergestellt sind; vorher besteht das allgemeine Recht der Gesellschafter auf den Liquidationsüberschuss.[4] Auch nach Befriedigung oder Sicherstellung der Gläubiger kann das Sperrjahr des § 73 noch nicht abgelaufen, der Anspruch also noch nicht fällig sein.[5] Dieses allgemeine Recht kann zwar im Wege der Vorausverfügung abgetreten werden, doch wird der Rechtsübergang nicht vor Entstehung des Anspruchs wirksam.[6] Recht wie Anspruch sind, wenn nicht der Gesellschaftsvertrag etwas anderes besagt, **unentziehbar**. Änderungen des Gesellschaftsvertrages oder spätere

2

---

[1] RGZ 92, 77.
[2] RGZ 169, 65, 82; BGHZ 14, 264, 272 f.; *Hachenburg/Hohner* Rn. 1, 8 ff.; *Scholz/K. Schmidt* Rn. 2.
[3] Gewinn-, Stimmrechte; s. BGHZ 14, 264, 272 f.; *Hachenburg/Hohner* Rn. 9.
[4] RGZ 124, 210, 215; *Hachenburg/Hohner* Rn. 2.
[5] *Hachenburg/Hohner* Rn. 2.
[6] BGH JZ 1984, 99 f. = MDR 1984, 122.

Gesellschafterbeschlüsse, die das Recht oder den Anspruch entziehen oder modifizieren, bedürfen der Zustimmung der betroffenen, also normalerweise aller Gesellschafter.[7]

3   **2. Anspruchsgläubiger. a) Gesellschafter.** Anspruchsgläubiger sind im Regelfall die Gesellschafter, die zum Zeitpunkt der Verteilung gegenüber der Gesellschaft gemäß § 16 legitimiert sind. Frühere Gesellschafter haben mit der Übertragung der Geschäftsanteile oder dem Verlust ihrer Gesellschaftereigenschaft durch Einziehung gemäß § 34, Kaduzierung gemäß § 21 oder Abandon gemäß § 27, wenn der Anteil unverwertbar ist, ihre Rechte verloren.[8] Der Erwerber muss sich aber ordnungsgemäß gemäß § 16 Abs. 1 bei der Gesellschaft angemeldet haben, sonst ist er nicht anspruchsberechtigt.[9] Gibt es keinen Gesellschafter (Keinmann-Gesellschaft), so ist der Fiskus analog §§ 45 f., 1936 BGB berechtigt.[10]

4   **b) Dritte als Gläubiger.** Der Gesellschaftsvertrag kann ggf. neben den Gesellschaftern oder an ihrer Stelle **andere Berechtigte** für den Liquidationsüberschuss bestimmen.[11] Dies ist regelmäßig bei gemeinnützigen oder sonstigen Gesellschaften mit idealen Zwecken zu finden, bei denen nach den auf sie anwendbaren Steuervorschriften meist eine entsprechende Satzungsbestimmung Voraussetzung für Steuerfreiheit ist. Andere Anspruchsgläubiger als die Gesellschafter können aber auch bei gewerblich tätigen Gesellschaften vorgesehen werden; dies ist zB bei der Mischform der gemeinnützigen Wohnungsunternehmen[12] gesetzlich vorgeschrieben.[13] Die begünstigten Dritten haben bis zur Übertragung des Liquidationsüberschusses auf sie keinen Anspruch, da die Satzungsklausel wegen § 310 BGB nicht als Vertrag zugunsten Dritter iS des § 328 BGB wirksam ist.[14] Die Gesellschafter können also durch Änderung des Gesellschaftsvertrages bis zur Auskehrung den begünstigten Dritten ohne deren Zustimmung das Recht entziehen und es sich selbst oder anderen Personen zuwenden.[15]

5   **c) Kein Überschuss. Eigene Geschäftsanteile.** Das **Recht** auf Verteilung des Überschusses **fällt weg,** wenn kein Überschuss verbleibt, d. h. der Anspruch ist dann gegenstandslos. Bei Fortsetzung der Gesellschaft[16] bleibt das allgemeine Recht der Gesellschafter auf den (später anfallenden) Liquidationsüberschuss bestehen, ein bereits fälliger Anspruch auf Verteilung wandelt sich wieder in dieses allgemeine Recht um.[17] – **Eigene Geschäftsanteile** geben der Gesellschaft naturgemäß keinen Anspruch auf Berücksichtigung bei der Verteilung.

6   **3. Anspruchsschuldner.** Schuldner des Anspruchs ist die **Gesellschaft,** nicht der Liquidator.[18] Die **Liquidatoren** haben die Verteilung vorzunehmen,[19] und zwar so-

---

[7] Vgl. BGHZ 14, 264, 269 ff.; KG JW 1937, 2979; *Hofmann* GmbHR 1976, 258, 267; *Scholz/K. Schmidt* Rn. 3; *Hachenburg/Hohner* Rn. 11; *Baumbach/Hueck/Schulze-Osterloh* Rn. 2.
[8] *Scholz/K. Schmidt* Rn. 4.
[9] *Baumbach/Hueck/Schulze-Osterloh* Rn. 8.
[10] § 60 Rn. 9.
[11] *Scholz/K. Schmidt* Rn. 5; *Baumbach/Hueck/Schulze-Osterloh* Rn. 13; *Meyer-Landrut/Miller/Niehus* Rn. 6.
[12] §§ 9, 11 Wohnungsgemeinnützigkeitsgesetz vom 29. 2. 1940, RGBl. I S. 438.
[13] *Hachenburg/Hohner* Rn. 9.
[14] RGZ 169, 65, 82 f.; *Scholz/K. Schmidt* Rn. 5.
[15] *Lutter/Hommelhoff* Rn. 9; *Baumbach/Hueck/Schulze-Osterloh* Rn. 13; *Scholz/K. Schmidt* Rn. 5; *Hachenburg/Hohner* Rn. 11, allerdings unter Hinweis auf mögliche Rechte des Dritten gemäß § 328 Abs. 2 BGB.
[16] § 60 Rn. 65 ff.
[17] Vgl. *Scholz/K. Schmidt* Rn. 6 aE.
[18] *Scholz/K. Schmidt* Rn. 6; *Meyer-Landrut/Miller/Niehus* Rn. 7; *Baumbach/Hueck/Schulze-Osterloh* Rn. 9.

Vermögensverteilung §72

bald die Voraussetzungen nach § 73 erfüllt sind. Bei Liquidatoren, die gleichzeitig Gesellschafter sind, steht § 181 BGB der Verteilung von Vermögenswerten an sich selbst nicht entgegen, da es sich um die Erfüllung einer Verbindlichkeit handelt.[20] Die Gesellschafter können den Liquidatoren Anweisungen geben, etwa mit der Auszahlung zu warten bis zu einem günstigeren Zeitpunkt der Restversilberung. Dabei müssen die Liquidatoren aber darauf achten, dass die Erfüllung des fälligen Anspruchs jeden Gesellschafters auch nur mit dessen Zustimmung hinausgeschoben oder lediglich teilweise ausgeführt werden darf.[21]

4. Anspruchsgegenstand. a) Leistung in Geld, Rückgabe geliehener Sachen. 7
Der Anspruch geht grundsätzlich auf Leistung in Geld.[22] Dieses ist am leichtesten aufzuteilen; auch deshalb ist die „Versilberung" in § 70 vorgeschrieben. Der Anspruch auf Geldleistung kann, wenn der Gesellschaftsvertrags nichts anderes vorsieht, nicht ohne Zustimmung des Gesellschafters durch Sachleistung seitens der Gesellschaft erfüllt werden (Rn. 8). Auch dem Gesellschafter, der satzungsgemäß eine Sacheinlage erbracht hat, steht der Liquidationsüberschuss in Geld zu, er braucht die eingelegte Sache nicht zurückzunehmen. Soweit Gesellschafter als Teil ihrer Einlage Gegenstände zur **Nutzung überlassen** haben, erhalten sie diese **in natura** zurück (wobei es sich nicht um Verteilung des Gesellschaftsvermögens handelt, sondern um die Erfüllung der Rückgabeverpflichtung bei nicht mehr benötigtem Betriebsvermögen).

b) Leistung in anderen Vermögenswerten. Die Verteilung kann aber auch andere Vermögenswerte als Geld umfassen (allgM). Dies kann besonders dann interessant sein, wenn sich gewisse Gegenstände nicht schnell genug zum wirklichen Wert veräußern lassen. Eine Sachverteilung bietet sich auch an, wenn etwa Wertpapiere gleicher Gattung übrigbleiben, die auf die Gesellschafter im richtigen Verhältnis[23] aufgeteilt werden können. Hier wird man von den Gesellschaftern im allgemeinen die Zustimmung zu dieser Art der Verteilung verlangen dürfen.[24] Ansonsten aber soll die Verteilung in natura nur zulässig sein, wenn der Gesellschaftsvertrag sie vorsieht oder wenn sämtliche Gesellschafter zustimmen.[25] Richtiger dürfte es sein, im allgemeinen nur die **Zustimmung** der Gesellschafter zu fordern, die andere Gegenstände als Geld entgegennehmen sollen.[26] Die Zustimmung der geldempfangenden Gesellschafter ist nur, aber dann jedenfalls, nötig, wenn die Bewertung der an andere zu verteilenden Gegenstände schwierig ist und zu Ungleichheiten führen könnte.[27] Die Zustimmung kann formlos erteilt werden und bei Übertragung eines Grundstücks unterliegt sie 8

---

[19] AllgM, vgl. *Scholz/K. Schmidt* Rn. 6.
[20] OLG Darmstadt GmbHR 1915, 388; *Hofmann* GmbHR 1976, 258, 266; *Baumbach/Hueck/Schulze-Osterloh* Rn. 17; *Meyer-Landrut/Miller/Niehus* Rn. 8; *Hachenburg/Hohner* Rn. 19; *Scholz/K. Schmidt* Rn. 6.
[21] *Hachenburg/Hohner* Rn. 18; vgl. auch *Scholz/K. Schmidt* Rn. 16; *Baumbach/Hueck/Schulze-Osterloh* Rn. 6.
[22] § 70 S. 1, vgl. dort Rn. 20.
[23] S. zum Verteilungsmaßstab Rn. 12 ff. – Zur Sachauskehrung s. *Carlé/Bauschatz* GmbHR 2001, 615 ff.
[24] *Baumbach/Hueck/Schulze-Osterloh* Rn. 11; *Lutter/Hommelhoff* Rn. 10; *Scholz/K. Schmidt* Rn. 9, die gegen RGZ 62, 56, 59 f. auf §§ 731, 752 BGB hinweisen.
[25] *Hofmann* GmbHR 1976, 258, 264; *Hachenburg/Hohner* § 70 Rn. 17; *Scholz/K. Schmidt* Rn. 9, 10; *Roth/Altmeppen* Rn. 4; aA RGZ 62, 56, 57 ff.; 124, 279, 300 – beide für eine AG: Mehrheitsbeschluss.
[26] So für Wertpapiere und Forderungen *Scholz/K. Schmidt* Rn. 9 aE, 11.
[27] *Baumbach/Hueck/Schulze-Osterloh* Rn. 11; *Hachenburg/Hohner* Rn. 17.

nicht der Form des § 311 b Abs. 1 BGB nF.[28] Die Anrechnung hat zum **Verkehrswert** zu erfolgen.[29] Wird ein Gesellschafter durch einen Verteilungsbeschluss über Sachwerte benachteiligt, kann er den Beschluss anfechten.[30]

9 **5. Erfüllung des Anspruchs.** Die Gesellschaft hat durch die Liquidatoren den Anspruch der Gesellschafter auf Verteilung des Überschusses zu erfüllen (Rn. 6). Dazu bedarf es der Übertragungshandlungen, die für die betreffenden Gegenstände vorgesehen sind; es genügt Banküberweisung oder Scheckübergabe (erfüllungshalber) bei Geldleistung, Grundstücke müssen durch Auflassung und Eintragung gemäß §§ 873, 925 BGB, GmbH-Anteile von Tochtergesellschaften gemäß § 15 Abs. 3 übertragen werden etc. Ggf., etwa bei Abtretung von (nicht frei übertragbaren) Forderungen oder von Rechten und Pflichten aus einem Vertrag, ist die Zustimmung des Vertragspartners einzuholen.

10 **6. Durchsetzung des Anspruchs.** Die Gesellschafter können den (fälligen, s. Rn. 2) Anspruch gegen die Gesellschaft, vertreten durch die Liquidatoren, einklagen. Schiedsabreden sind zu beachten.[31] Fühlt sich ein Gesellschafter in seinen Rechten verletzt, insbesondere im Recht auf Gleichbehandlung, so kann er anstelle der Anfechtung des Gesellschafterbeschlusses (Rn. 8) auch seinen (höheren als zugestandenen) Anspruch direkt gegen die Gesellschaft geltend machen.[32] Ist nach Abschluss der Liquidation kein Vermögen der Gesellschaft mehr vorhanden, kann ein Gesellschafter Ansprüche wegen unrichtiger Berechnung, falscher Rechtsanwendung durch die Liquidatoren oder wegen anfechtbaren Gesellschafterbeschlusses als Ausgleichsansprüche gegen die Mitgesellschafter direkt einklagen.[33] Auch die Abwickler selbst können dem Gesellschafter wegen fehlerhafter Verteilung haftbar sein.[34] Zu Ansprüchen der Gesellschafter als Drittgläubiger vgl. Rn. 15 und § 73 Rn. 20.

11 **7. Verjährung des Anspruchs.** Der Anspruch auf den Liquidationsüberschuss unterliegt ab 1. 1. 2002 der regelmäßigen Verjährung von **3 Jahren gemäß § 195 BGB aF**.[35] Die Frist beginnt gem. § 199 Abs. 1 BGB nF mit dem Schluss des Jahres, in dem der Anspruch entstanden ist und der Gläubiger davon und von der Person des Schuldners Kenntnis erlangt oder grob fahrlässig nicht erlangt hat. Der Gesellschaftsvertrag kann die Verjährungsfrist gemäß § 202 BGB nF verkürzen oder verlängern und kann auch Ausschlussfristen vorsehen, innerhalb deren die Ansprüche anzumelden sind, vorausgesetzt, die Rechte der Gesellschafter werden nicht zu sehr beschränkt.[36] Beides ist in GmbH-Verträgen selten anzutreffen. Spätere Satzungsänderungen mit solchen Regelungen bedürfen der Zustimmung aller Gesellschafter.[37] Die eingehenden Übergangsvorschriften finden sich in Art. 229 § 6 EGBGB nF.

---

[28] *Scholz / K. Schmidt* Rn. 8, für § 313 BGB a. F.
[29] *Scholz / K. Schmidt* Rn. 10; *Meyer-Landrut / Miller / Niehus* Rn. 9.
[30] *Hachenburg / Hohner* Rn. 22.
[31] *Hachenburg / Hohner* Rn. 22.
[32] *Hachenburg / Hohner* Rn. 25; *Baumbach / Hueck / Schulze-Osterloh* Rn. 19.
[33] *Baumbach / Hueck / Schulze-Osterloh* Rn. 21; *Lutter / Hommelhoff* Rn. 12; *Scholz / K. Schmidt* Rn. 17; *Hachenburg / Hohner* Rn. 25.
[34] *Baumbach / Hueck / Schulze-Osterloh* Rn. 20; *Scholz / K. Schmidt* Rn. 17.
[35] Bis Ende 2001 galt die 30-jährige Frist: KG JW 1937, 2979, 2980; *Baumbach / Hueck / Schulze-Osterloh* Rn. 15; *Hachenburg / Hohner* Rn. 20; *Scholz / K. Schmidt* Rn. 18.
[36] KG JW 1937, 2979, 2980; *Hachenburg / Hohner* Rn. 20; *Scholz / K. Schmidt* Rn. 19.
[37] *Meyer-Landrut / Miller / Niehus* Rn. 11; aA *Scholz / K. Schmidt* Rn. 18; *Hachenburg / Hohner* Rn. 20, gegen Voraufl.; *Baumbach / Hueck / Schulze-Osterloh* Rn. 15: nur wenn Frist nicht mehr angemessen ist; ähnlich KG JW 1937, 2979 f.

III. Verteilungsmaßstab

1. Verhältnis der Geschäftsanteile (S. 1). Nach § 72 S. 1 ist das **Vermögen** (Liquidationsüberschuss) **nach dem Verhältnis ihrer Geschäftsanteile** unter die Gesellschafter zu verteilen. Auf das Verhältnis zum gesamten Stammkapital kommt es nicht an.[38] Wenn durch Erwerb eigener Anteile, Kaduzierung, Einziehung oder Abandon ohne Verwertungsmöglichkeit die Summe der Anteile nicht mehr gleich dem Stammkapital ist, bleibt das Verhältnis der zu bedienenden Anteile gleich, jedoch ist der prozentuale Anteil der Gesellschafter am Gesellschaftsvermögen höher.[39] Für die Berechnung kommt es auf den Nennbetrag der Anteile an. Es ist ohne Bedeutung, ob Geld- oder Sacheinlagen geleistet worden waren.[40] Ebenso spielt es keine Rolle, ob die Stammeinlagen voll eingezahlt sind oder nicht. Wenn aber Leistungen auf die **Einlagen in unterschiedlicher Höhe** erbracht wurden, so ist dies **auszugleichen.** Dies geschieht am besten entsprechend § 271 Abs. 3 AktG: die geleisteten Einlagen werden erstattet, der weitere Überschuss entsprechend dem Verhältnis der Anteile ausgekehrt.[41] Rückständige Einlagen müssen erbracht werden, soweit dies nötig ist, um eine gleichmäßige Befriedigung aller Gesellschafter zu gewährleisten oder um satzungsgemäße Liquidationsvorrechte zu befriedigen.[42]

2. Anderer Verteilungsmaßstab (S. 2). Der **Gesellschaftsvertrag** kann ein **anderes Verhältnis** als das der Geschäftsanteile zur Verteilung festsetzen (S. 2). Dass die Gesellschafter auch ganz von der Verteilung ausgeschlossen sein können, ist in Rn. 4 bereits ausgeführt. Soll ein anderer Verteilungsmaßstab durch Satzungsänderung eingefügt werden, so müssen alle betroffenen Gesellschafter **zustimmen,** da das Recht auf Gleichbehandlung (entsprechend der Kapitalbeteiligung) beschnitten werden soll.[43] Selbstverständlich sind die allgemeinen Erfordernisse für eine Satzungsänderung zu erfüllen. Gerade wenn schon vor der beabsichtigten Satzungsänderung ein anderweitiger Verteilungsmaßstab vorgesehen war, ist ggf. sorgfältig zu ergründen, wer benachteiligt werden könnte und daher jedenfalls zuzustimmen hat.[44] Eine Änderung des Gesellschaftsvertrages kann auch noch im Abwicklungsstadium vorgenommen werden.[45] Ist ein Dritter am Überschuss oder einem Teil davon berechtigt, so bedarf es für eine Änderung des Verteilungsschlüssels seiner Zustimmung ebensowenig wie zum Entzug der gesamten Berechtigung (Rn. 4).

3. Verteilung gemäß Absprache. Entgegen des Wortlauts des § 72 S. 2 können die Gesellschafter während der Abwicklung nicht nur durch Satzungsänderung, sondern auch durch **formlosen Beschluss** einen anderen Verteilungsmaßstab vorsehen,

---

[38] Baumbach/Hueck/Schulze-Osterloh Rn. 5.
[39] OLG Darmstadt GmbHR 1915, 388; Hachenburg/Hohner Rn. 4; Meyer-Landrut/Miller/Niehus Rn. 2; Baumbach/Hueck/Schulze-Osterloh Rn. 4, 5; Scholz/K. Schmidt Rn. 13.
[40] RG JW 1913, 1040; Baumbach/Hueck/Schulze-Osterloh Rn. 3; Scholz/K. Schmidt Rn. 13; Hachenburg/Hohner Rn. 6.
[41] Andere Berechnungsarten ergeben dasselbe; vgl. etwa Baumbach/Hueck/Schulze-Osterloh Rn. 4; Lutter/Hommelhoff Rn. 11; Meyer-Landrut/Miller/Niehus Rn. 3; Hachenburg/Hohner Rn. 7; Scholz/K. Schmidt Rn. 13.
[42] Scholz/K. Schmidt Rn. 13; Baumbach/Hueck/Schulze-Osterloh Rn. 4; Meyer-Landrut/Miller/Niehus Rn. 3.
[43] KG JW 1937, 2979; Baumbach/Hueck/Schulze-Osterloh Rn. 11, 12; Meyer-Landrut/Miller/Niehus Rn. 5; Hofmann GmbHR 1976, 258, 267; Hachenburg/Hohner Rn. 11; Scholz/K. Schmidt Rn. 2.
[44] Hachenburg/Hohner Rn. 11.
[45] § 69 Rn. 18 (zu § 53).

wenn die zu benachteiligenden Gesellschafter zustimmen.[46] Dies wird gerade im Liquidationsstadium nicht selten vorkommen. Ein solcher Beschluss bände als schuldrechtliche Absprache allerdings nicht ohne weiteres den Erwerber eines Geschäftsanteils der aufgelösten Gesellschaft.[47]

IV. Einzelansprüche der Gesellschafter

15 Einem Gesellschafter können **andere Ansprüche** gegen die Gesellschaft zustehen als der auf Auskehrung seines Anteils am Liquidationsüberschuss. Soweit es sich um **Fremdansprüche** handelt (zB aus Dienst-, Miet- oder Werkvertrag), ist er wie ein Fremdgläubiger zu behandeln und (auch vor Ablauf des Sperrjahres gemäß § 73) zu befriedigen.[48] Anders ist es mit Ansprüchen aus dem **Gesellschaftsverhältnis**. Diese dürfen nicht selbständig geltend gemacht bzw. erfüllt werden.[49] Sie gehen als Rechnungsposten in dem Recht auf die Liquidationsquote auf. In gewissen Fällen können aber auch diese Ansprüche schon vor Beendigung der Liquidation erfüllt werden,[50] insbesondere wenn Forderungen (zB Dividendenansprüche) vor Auflösung ordnungsgemäß begründet und bereits fällig waren.[51] **Gewinnansprüche,** die vor Beginn der Liquidation begründet, aber noch nicht durch Bilanzfeststellung fällig geworden sind, werden dem Gesellschafter zur Berücksichtigung bei der Verteilung gemäß § 73 gutgebracht.[52] Das ist von Bedeutung, wenn Gewinnanspruch und Anspruch auf das Liquidationsguthaben in prozentual unterschiedlicher Höhe bestehen. § 30 ist bis zur Befriedigung aller sonstigen Gläubigerrechte zu beachten. Bei Ansprüchen aus Gesellschafterdarlehen, die kapitalersetzende Funktion haben und deren Rückzahlung nach Befriedigung aller Gläubigerinteressen nicht gesichert ist, muss auf die Rückzahlung bis zur Klarstellung verzichtet werden.[53] Umgekehrt gehen **Schadensersatzforderungen gegen den Gesellschafter** ebenfalls in die Auseinandersetzungsrechnung ein.[54]

V. Steuerrechtliche Fragen

16 Gewinne während des Liquidationszeitraums werden grundsätzlich **normal versteuert.** Sie unterliegen bei der Gesellschaft sowohl der Körperschaftsteuer als auch der Gewerbesteuer zu den gewöhnlichen Steuersätzen. Dabei ist für den gesamten Liquidationszeitraum normalerweise nur eine Steuererklärung abzugeben. Der Besteuerungszeitraum soll drei Jahre nicht übersteigen, § 11 KStG. Die Ausschüttung des Liquidationsüberschusses führt grundsätzlich zur Besteuerung des Anteilseigners, **bis zum Steuerjahr 2000 bzw. 2001** unter Anrechnung der gezahlten Körperschaftsteuer gemäß § 36 Abs. 2 Nr. 3 EStG. Soweit nicht § 20 EStG eingreift, ist der Liqui-

---

[46] RG JW 1915, 335; *Hachenburg/Hohner* Rn. 12; *Scholz/K. Schmidt* Rn. 15; *Baumbach/Hueck/Schulze-Osterloh* Rn. 10, 11; *Meyer-Landrut/Miller/Niehus* Rn. 5.
[47] *Hachenburg/Hohner* Rn. 12.
[48] § 73 Rn. 20.
[49] BGHZ 37, 299, 304 = NJW 1962, 1863, 1864; NJW 1984, 1455 f. = WM 1984, 491 f.; LM BGB § 730 Nr. 2; WM 1955, 302; 1968, 1086 – alle zu Personengesellschaften; vgl. *Scholz/K. Schmidt* Rn. 21; *Baumbach/Hueck/Schulze-Osterloh* Rn. 22.
[50] BGH (vorige Fn.); BGH WM 1959, 886 f.; AG 1980, 47, 48.
[51] § 73 Rn. 21.
[52] *Scholz/K. Schmidt* § 69 Rn. 25, § 72 Rn. 21; *Hohner/Hachenburg* § 69 Rn. 25; aA BFH GmbHR 1999, 429 f.: Ausschüttung unter Wahrung der §§ 30, 73 zulässig; s. *Brodmann* § 69 Anm. 2; *Vogel* § 69 Anm. 4; s. § 73 Rn. 21.
[53] § 73 Rn. 22; *Scholz/K. Schmidt* § 70 Rn. 20.
[54] BGH DB 1992, 728.

dationsüberschuss entweder steuerfrei bei im Privatbesitz gehaltener nicht wesentlicher Beteiligung oder es kommt bei im Privatbesitz gehaltener wesentlicher Beteiligung die tarifgünstige Besteuerung des Veräußerungsgewinns gemäß §§ 17, 34 EStG in Betracht. Lagen die Anteile im Betriebsvermögen, so erhöht ein Liquidationsüberschuss über dem Buchwert steuerlich den Ertrag des Betriebes. Die Ausschüttungen unterfallen nicht der Kapitalertragsteuer, soweit es sich um Kapitalrückzahlungen handelt. **Ab dem Steuerjahr 2000 bzw. 2001** unterliegt der Liquidationsgewinn auf der Ebene eines privaten Anteilseigners dem Halbeinkunftsverfahren; auf der Ebene eines Anteilseigners in der Form einer Körperschaft ist der Liquidationserlös ab Steuerjahr 2001 bzw. 2002 steuerfrei. Im einzelnen s. die steuerrechtliche Literatur.

VI. GmbH & Co. KG

§ 155 Abs. 1 HGB, der über § 161 Abs. 2 HGB auch für die KG gilt, setzt fest, 17 dass das Vermögen nach Berichtigung der Schulden an die Gesellschafter im Verhältnis ihrer Kapitalanteile aufgrund der Schlussbilanz zu verteilen ist. Ein anderer Verteilungsmaßstab kann im Gesellschaftsvertrag oder durch einstimmigen Gesellschafterbeschluss gemäß § 119 Abs. 1 HGB festgesetzt werden. Meist wird in Kommanditgesellschaften das **Kapitalkonto festgeschrieben,** so dass die Schlussbilanz am Verteilungsmaßstab nichts ändert. Im übrigen sind Fremdforderungen der Gesellschafter wie bei der GmbH auch vorab zu begleichen (Rn. 15). Rechte der Gesellschaft darf sich ein Gesellschafter auch dann nicht aneignen, wenn sie sonst erlöschen oder gegenstandslos würden, wie etwa Firma oder Lizenzrechte, Alleinvertriebsrechte o. ä.[55]

Einzelheiten. Die Kommanditisten haften Gläubigern bei mangelndem Gesell- 18 schaftsvermögen nicht auf Zahlung, da ihre Haftung gemäß **§ 171 Abs. 1 HGB** auf die Erbringung der Hafteinlage beschränkt ist (s. aber auch §§ 172 Abs. 4, 173 HGB). – Sind zwei GmbH & Co.-Gesellschaften durch eine gemeinsame Komplementär-GmbH verbunden und sind an allen drei Gesellschaften dieselben Gesellschafter im selben Verhältnis beteiligt, so ist für das Auseinandersetzungsguthaben eine konsolidierte Rechnung erforderlich.[56]

VII. Österreichisches Recht

§ 91 Abs. 3 S. 2 ÖGmbHG bestimmt, dass mangels anderer Vorschriften des Ge- 19 sellschaftsvertrages das Vermögen nach Befriedigung der Gläubiger den Gesellschaftern im Verhältnis ihrer Einzahlungen auf die Stammeinlagen zu verteilen ist und nicht im Verhältnis der Geschäftsanteile (Rn. 13). Eine abweichende Regelung oder die Verteilung in natura kann auch ohne Satzungsänderung einstimmig beschlossen werden.[57]

§ 73 [Sperrjahr]

(1) **Die Verteilung darf nicht vor Tilgung oder Sicherstellung der Schulden der Gesellschaft und nicht vor Ablauf eines Jahres seit dem Tage vorgenommen werden, an welchem die Aufforderung an die Gläubiger (§ 65 Abs. 2) in den öffentlichen Blättern zum dritten Male erfolgt ist.**

---

[55] BGH DB 1980, 966, 967; *Scholz/K. Schmidt* Rn. 24.
[56] OLG Hamm DB 1984, 1921 f.; *Scholz/K. Schmidt* Rn. 24 zustimmend, vorausgesetzt, dass beide KGs einheitlich geführt und aufgelöst worden sind.
[57] *Koppensteiner* § 91 Rn. 16.

§ 73 5. Abschnitt. Auflösung und Nichtigkeit der Gesellschaft

(2) [1] Meldet sich ein bekannter Gläubiger nicht, so ist der geschuldete Betrag, wenn die Berechtigung zur Hinterlegung vorhanden ist, für den Gläubiger zu hinterlegen. [2] Ist die Berichtigung einer Verbindlichkeit zur Zeit nicht ausführbar oder ist eine Verbindlichkeit streitig, so darf die Verteilung des Vermögens nur erfolgen, wenn dem Gläubiger Sicherheit geleistet ist.

(3) [1] Liquidatoren, welche diesen Vorschriften zuwiderhandeln, sind zum Ersatz der verteilten Beträge solidarisch verpflichtet. [2] Auf den Ersatzanspruch finden die Bestimmungen in § 43 Abs. 3 und 4 entsprechende Anwendung.

Literatur: *Eder* Auflösung und Liquidation in den GmbH-Rechten der EWG-Länder, GmbHR 1966, 173; *Erle* Die Funktion des Sperrjahres in der Liquidation der GmbH, GmbHR 1998, 216 ff.; *Gericke* Zur steuerrechtlichen Haftung der Liquidatoren von Personen- und Kapitalgesellschaften, GmbHR 1957, 173; *Hofmann* Zur Liquidation einer GmbH, GmbHR 1976, 258; *Holzapfel, Raupach u. a.* Die Beendigung von Unternehmen, JbFSt. 1990/91, 275 ff.; *Mertens* Die Geschäftsführungshaftung in der GmbH und das ITT-Urteil, FS Robert Fischer, 1979, S. 461; *Karsten Schmidt* Zur Gläubigersicherung im Liquidationsrecht der Kapitalgesellschaften, Genossenschaften und Vereine, ZIP 1981, 1; *ders.* Kapitalisierung in der GmbH & Co., GmbHR 1989, 141 ff.; *ders.* Vorfinanzierung der Liquidationsquote, DB 1994, 2013 ff.; *Schulze zur Wiesche* Die Haftung des GmbH-Geschäftsführers nach der AO 1977, GmbHR 1978, 138; *Vomhof* Die Haftung des Liquidators der GmbH, 1988.

Übersicht

	Rn.		Rn.
I. Normzweck	1, 2	V. Wirkung der rechtmäßigen Verteilung	24, 25
II. Sperrjahr	3–5	VI. Verstoß gegen § 73	26–36
III. Behandlung der Verbindlichkeiten (Abs. 2)	6–19	1. Haftung der Liquidatoren (Abs. 3)	26–32
1. Grundprinzip	6	a) Einzelheiten	26, 27
2. Feststellung der Ansprüche	7–9	b) Gläubiger	28
3. Befriedigung	10–12	c) Schutzgesetz	29
4. Hinterlegung (Abs. 2 S. 1)	13–15	d) Art des Anspruchs	30
5. Sicherheitsleistung (Abs. 2 S. 2)	16–19	e) Rangfolge	31
a) Allgemeines	16	f) Steuerrecht: pro rata	32
b) Recht der Gesellschaft	17	2. Haftung der Gesellschafter	33, 34
c) Art der Sicherheitsleistung	18	3. Haftung bevorzugter Gläubiger?	35
d) Rentenverpflichtungen	19	4. Verjährung, Verzicht	36
IV. Verbindlichkeiten gegenüber Gesellschaftern	20–23	VII. GmbH & Co. KG	37, 38
		VIII. Österreichisches Recht	39

I. Normzweck

1 § 73 Abs. 1, textlich seit 1892 ohne Änderung, stellt die **Voraussetzungen** für die **Verteilung** des Gesellschaftsvermögens an die Gesellschafter gemäß § 72 auf: **Ablauf des Sperrjahres** und **Befriedigung oder Sicherstellung der Gläubiger**. § 73 ist zwingendes Recht und eine der wesentlichsten Gläubigerschutzbestimmungen für die Abwicklung. Sie gewährt im Falle ihrer Verletzung ausdrücklich einen Ersatzanspruch gegen die Liquidatoren gemäß Abs. 3. § 73 beinhaltet eine allgemeine Sperre der Auszahlung des haftenden Gesellschaftsvermögens an die Gesellschafter bis zur Erfüllung der Voraussetzungen – nämlich Tilgung aller Verbindlichkeiten oder Sicherstellung sowie Ablauf des Sperrjahres. Ausgenommen von der Sperre sind grundsätzlich Individualverbindlichkeiten gegenüber Gesellschaftern, die wie andere Verbindlichkeiten der Gesellschaft erfüllt werden können.[1]

---

[1] Rn. 20; § 72 Rn. 15.

§ 30 ist neben § 73 anwendbar, und § 32a hindert die Rückzahlung von kapitalersetzenden Gesellschafterdarlehen, die als Individualverpflichtungen der Gesellschaft an sich ohne die Sperre des § 73 hätten ausgezahlt werden müssen (Rn. 22f.). **Darlehen an Gesellschafter** dürfen ab Auflösung im Rahmen der Vermögensverwaltung durch den Liquidator nur bei völlig gesicherter jederzeitiger Rückzahlung durch den Gesellschafter gewährt werden,[2] da § 73 den Erhalt liquider Mittel erfordert, bis die Ausschüttungsvoraussetzungen vorliegen. Etwas anders will *Erle*[3] bei strengen Anforderungen an die Bonität des Gesellschafters generell, unter Beachtung nur des § 30, die Darlehensgewährung oder bedingte Vorabauskehrung vor Ablauf des Sperrjahres zulassen; bei dem Wortlaut und Sinn der gesetzlichen Regelung ist dies abzulehnen: es schafft nur Grauzonen, geht aber im Ergebnis nicht weit über obigen Standpunkt hinaus. – War eine Gesellschaft nach dem LöschG gelöscht und ist wegen noch abzugebender Willenserklärungen eine nachzuholende Liquidation[4] nötig, so braucht der Gläubigeraufruf und demnach das Sperrjahr nicht beachtet zu werden.[5]

II. Sperrjahr

Das **Sperrjahr** beginnt mit dem Tage, an dem zum dritten Male der Gläubigeraufruf gemäß § 65 Abs. 2 erschienen ist. „Sperrjahr" ist ein Euphemismus, denn bei vielen Liquidationen dauert es viel länger, bis alle bekannten Gläubiger gemäß Abs. 1 befriedigt oder die Gläubiger wegen ihrer Ansprüche sichergestellt sind. Die **Gläubiger,** insbesondere bis dahin unbekannte, erhalten durch den Gläubigeraufruf die **Möglichkeit, sich** vor einer Verteilung des Vermögens an die Gesellschafter **zu melden.** Sperrjahr bedeutet nur, dass es den Liquidatoren verboten ist, vor dessen Ablauf Vermögensgegenstände an die Gesellschafter zu verteilen. Es hat keinen Einfluss auf Bestand oder Fälligkeit der Verpflichtungen der Gesellschaft: Vor Ablauf des Sperrjahres fällige Forderungen (außer solchen aus dem Gesellschaftsverhältnis) sind zu begleichen. Das Ende des Sperrjahres bewirkt nicht die Fälligkeit betagter Forderungen, bewirkt aber auch nicht den Ausschluss von bisher nicht bekannten Ansprüchen.[6]

Das Verbot der Verteilung des Vermögens vor Ablauf der Jahresfrist gilt selbst dann, wenn alle (bekannten) Ansprüche befriedigt sind oder dafür Sicherheit geleistet ist. Das Registergericht darf grundsätzlich vor Ablauf des Sperrjahres nicht die Löschung verfügen. Nur wenn infolge Gläubigerbefriedigung keinerlei Vermögen mehr vorhanden ist,[7] kann die Löschung vorher erfolgen.[8] Ist aber durch verbotene Verteilung an die Gesellschafter das haftende Vermögen der Gesellschaft entzogen, so bestehen Ersatzansprüche gegen Liquidatoren und Gesellschafter (Rn. 26ff.) und damit noch Vermögenswerte. Das Registergericht kann die Übertragung des Handelsgeschäfts auf einen Gesellschafter auch vor Ablauf des Sperrjahres eintragen;[9] materiell ist der Kauf des Geschäfts durch einen Gesellschafter jedoch nur rechtmäßig, wenn dieser den vollen

---

[2] *K. Schmidt* DB 1994, 2013, 2015; *Scholz/K. Schmidt* Rn. 2a; *Raupach/Holzapfel* JbFfSt. 1990/91, S. 275, 306ff.; s. § 73 Rn. 23.
[3] GmbHR 1998, 216, 221.
[4] § 60 Rn. 64; vor allem § 74 Rn. 18, 21.
[5] OLG Hamm GmbHR 1987, 470, 471 = BB 1987, 294, 295.
[6] RGZ 92, 77, 82; 124, 210, 213; allgM, vgl. nur *Scholz/K. Schmidt* Rn. 3.
[7] Dann liegen auch die Voraussetzungen des § 141a FGG vor, s. § 60 Rn. 31ff.
[8] KG DR 1941, 2130f.; *Baumbach/Hueck/Schulze-Osterloh* § 74 Rn. 2; *Hachenburg/Hohner* Rn. 7; *Scholz/K. Schmidt* Rn. 3; zum Verhältnis zu dem früheren § 2 LöschG, heutigen § 141a FGG s. *Groschuff* Anm. zu LG Berlin DR 1939, 1167, 1168; nur scheinbar aA *Meyer-Landrut/Miller/Niehus* Rn. 2.
[9] LG Frankfurt KGBl. 31 (1920), 81; *Scholz/K. Schmidt* Rn. 3.

Preis bezahlt hat, sonst liegt ein Verstoß gegen § 73 Abs. 1 vor.[10] Andere Behörden, zB das Grundbuchamt, können § 73 nicht beachten, etwa die Umschreibung eines Grundstücks auf einen Gesellschafter vor Ablauf des Sperrjahres ablehnen:[11] der Übertragungsakt ist nicht gemäß § 134 BGB nichtig, falls nicht Kollusion vorliegt,[12] und des weiteren fehlt es dem Grundbuchamt auch an eigener Erkenntnismöglichkeit über den Gesellschafterstatus des Erwerbers und über dessen Recht zum Erwerb.

5   Die **Bestimmung des § 73 Abs. 1 ist zwingend,** der Gesellschaftsvertrag kann von der Einhaltung nicht entbinden und die Gesellschafter dürfen nichts anderes beschließen. Selbst die Zustimmung aller (bekannten) Gläubiger zur vorzeitigen Verteilung ändert an dem Verteilungsverbot nichts.[13] Bisher unbekannte Ansprüche könnten noch angemeldet werden, und deren Inhaber sollen durch § 73 Abs. 1 geschützt werden. Sogar die Garantie eines Gesellschafters oder Dritten gegenüber allen bekannten und unbekannten Gläubigern macht die vorzeitige Verteilung nicht zulässig, da das Innenverhältnis des Garanten zur Gesellschaft neue Ansprüche ergeben kann.[14] Wird dennoch vor Ablauf des Sperrjahres geleistet, haften Liquidatoren und empfangende Gesellschafter.[15]

III. Behandlung der Verbindlichkeiten (Abs. 2)

6   **1. Grundprinzip.** Die **Regelung der Pflichten und Rechte der Liquidatoren** ist in Abs. 2 unvollständig und ungenau gefasst. Das Grundprinzip ist einsichtig: alle berechtigten Ansprüche müssen bei Fälligkeit erfüllt werden (das ist in § 70 gesagt und daher in Abs. 2 nicht noch einmal aufgenommen worden); liegen die Voraussetzungen für eine Hinterlegung vor, so können die Liquidatoren hinterlegen, ggf. mit der Befreiungswirkung gemäß § 378 BGB. Wollen die Liquidatoren eine Verteilung des Gesellschaftsvermögens an die Gesellschafter vornehmen, so hat die Gesellschaft zuvor für Ansprüche, deren Berichtigung zur Zeit nicht ausführbar ist, oder für streitige Ansprüche Sicherheit gemäß § 232 BGB zu leisten. Der Wortlaut des Abs. 2 ist unglücklich: bei S. 1 kommt es nicht darauf an, ob ein Gläubiger sich meldet oder nicht. Ist er bekannt, muss seine Forderung erfüllt werden, wenn sie berechtigt und fällig ist.[16] Die Liquidatoren haben nach S. 1 auch bei Vorliegen der Voraussetzungen nicht die Pflicht zur Hinterlegung, wie der Wortlaut nahelegen könnte, sondern die Wahl zwischen Hinterlegung oder der Sicherheitsleistung nach S. 2.[17] Schließlich brauchen sie überhaupt nicht zu hinterlegen, können dann aber die Vermögensverteilung nicht beginnen (Abs. 1). Betagte Forderungen berechtigen zur Sicherheitsleistung nach S. 2, obwohl sie im Zweifel gemäß § 271 Abs. 2 BGB ausführbar sind. So steht der Gesetzestext dem Verständnis eher entgegen.

7   **2. Feststellung der Ansprüche.** Die Liquidatoren haben zunächst festzustellen, **welche Ansprüche** gegen die Gesellschaft bestehen, wer der **Gläubiger** ist, wann

---

[10] Vgl. zum Erwerb durch den Mehrheitsgesellschafter auch § 70 Rn. 17.
[11] *Hachenburg/Hohner* 7. Aufl. Rn. 44.
[12] BGH NJW 1973, 1695.
[13] *Hofmann* GmbHR 1976, 258, 266; *Scholz/K. Schmidt* Rn. 5; *Hachenburg/Hohner* Rn. 4; *Baumbach/Hueck/Schulze-Osterloh* Rn. 2; *Lutter/Hommelhoff* Rn. 1; aA GroßkommAktG/*Wiedemann* § 272 Anm. 7.
[14] *Hachenburg/Hohner* Rn. 7.
[15] Vgl. *Scholz/K. Schmidt* Rn. 5; s. Rn. 26 ff.
[16] *Baumbach/Hueck/Schulze-Osterloh* Rn. 3; *Meyer-Landrut/Miller/Niehus* Rn. 6; *Scholz/K. Schmidt* Rn. 8.
[17] *Hachenburg/Hohner* Rn. 19 f.; *Scholz/K. Schmidt* Rn. 10.

Fälligkeit eintritt, ob Ansprüche **bedingt** oder nach Grund oder Höhe **streitig** sind, und schließlich, **wie** der Gläubiger mit der Erfüllungshandlung zu erreichen ist. – Wenn in Abs. 1 S. 1 von „bekannter Gläubiger" die Rede ist, so hieße es besser „bekannte Forderung",[18] denn in erster Linie ist die Verbindlichkeit der Gesellschaft festzustellen. Ansprüche sind dann zu berücksichtigen, wenn sie im wesentlichen nach Grund und Höhe bekannt sind.[19] Allerdings müssen zur Aufklärung wohl höhere Anforderungen an den Liquidator gestellt werden, als die genannten reichsgerichtlichen Urteile dies erkennen lassen.[20]

Ist die Höhe noch ungewiss, etwa bei Schadensersatzforderungen, so genügt die Kenntnis des Grundes, um die Forderung vor der Verteilung des Vermögens zu berücksichtigen.[21] Das Kennenmüssen der Liquidatoren steht ihrem Kennen nicht gleich.[22] Es dürfen nicht zu geringe Ansprüche an die Sorgfalt der Liquidatoren bei der Ermittlung von Verbindlichkeiten gestellt werden.[23] Die Veröffentlichung gemäß § 65 Abs. 2 erreicht vielfach die Gläubiger nicht. Die Abwickler haben daher **Anhaltspunkten für das Bestehen von Ansprüchen nachzugehen.** Sie werden die Korrespondenz der letzten Jahre durchzusehen haben, zumindest wenn sich vermutlich Hinweise auf weitere Verbindlichkeiten ergeben könnten, und jedenfalls ist die Buchhaltung zu überprüfen.[24] Bei einer Reihe von verbrieften Ansprüchen kann zwar die Verbindlichkeit sicher, der Gläubiger aber unbekannt sein, insbesondere bei Inhaberpapieren oder Orderpapieren (zB Wechseln). Dann ist zu hinterlegen oder Sicherheit zu leisten. Es liegt an dem unrichtigen Ausgangspunkt des Gesetzes „bekannte Gläubiger", dass die Literatur zu Hilfsbegründungen greifen muss wie, die Inhaber von Schuldverschreibungen müssten als „bekannt" angesehen werden.[25] Melden sich Gläubiger mit bisher unbekannten Ansprüchen, so sind diese zu prüfen, auch wenn sie erst nach Ablauf des Sperrjahres (Rn. 3 ff.), aber vor der ordnungsmäßigen Verteilung (Rn. 24 ff.) geltend gemacht werden.

Ob Ansprüche vor oder nach der Auflösung entstanden sind, ist gleichgültig.[26] Lehnen die Liquidatoren Ansprüche als unberechtigt ab, laufen sie Gefahr, nach Abs. 3 zu **haften**; in Zweifelsfällen sollten sie daher negative Feststellungsklage erwägen. Haben die Liquidatoren bekannte Ansprüche ernsthaft und kompetent **geprüft** oder prüfen lassen und halten sie sie für zweifellos unbegründet, so sind sie mangels Verschulden in keinem Fall, auch wenn keine Feststellungsklage erhoben wurde, haftbar.[27] Auch die Fälligkeit und ggf. die Verjährung von Ansprüchen sind zu prüfen (s. auch Rn. 10). In Zweifelsfällen ist den Liquidatoren anzuraten, einen Gesellschafterbeschluss herbeizuführen, um ihre Haftung diesen gegenüber auszuschließen.

3. Befriedigung. Der in § 70 angesprochene selbstverständliche **Grundsatz** für das Handeln der Liquidatoren ist, dass **berechtigte fällige Ansprüche zu erfüllen** sind (Rn. 6). Ob sich ein Gläubiger gemeldet hat oder nicht, ist ohne Belang. Sind Ansprüche noch nicht fällig, kann evtl. eine vorzeitige Leistung gemäß § 271 Abs. 2 BGB

---

[18] RGZ 92, 77, 80; *Bing* JW 1930, 2943; *Scholz/K. Schmidt* Rn. 6.
[19] RGZ 92, 77, 80; *Bing* JW 1930, 2943.
[20] So richtig *Hachenburg/Hohner* Rn. 10; iErg. auch *Baumbach/Hueck/Schulze-Osterloh* Rn. 6.
[21] Für strenge Anforderungen an Abwickler auch *Roth/Altmeppen* Rn. 2.
[22] RGZ 92, 77, 80; *Bing* JW 1930, 2943; *Scholz/K. Schmidt* Rn. 10.
[23] So auch *Hachenburg/Hohner* Rn. 10.
[24] *Hachenburg/Hohner* Rn. 10; *Scholz/K. Schmidt* Rn. 6.
[25] ZB bei *Hachenburg/Hohner* Rn. 11.
[26] *Scholz/K. Schmidt* Rn. 7.
[27] *Scholz/K. Schmidt* Rn. 12; s. auch Rn. 26 ff.

§ 73   5. Abschnitt. Auflösung und Nichtigkeit der Gesellschaft

in Betracht kommen, um den Weg für eine Verteilung des Vermögens an die Gesellschafter freizumachen; ggf. kann dabei mit dem Gläubiger ein Nachlass oder eine Abzinsung vereinbart werden. – Befriedigt kann in jeder Weise werden: durch Leistung, Aufrechnung, Leistung an Erfüllungs statt oder (wohl selten) Erlassvertrag mit dem Gläubiger. Eine besondere Form der Leistung ist die **Hinterlegung** gemäß § 372 iVm. dem Verzicht des Schuldners auf die Rücknahme, §§ 376, 378 BGB (Rn. 13).

11 **Anders als im Insolvenzverfahren** brauchen die Gläubiger an sich (s. aber Rn. 32) **nicht gleichmäßig befriedigt** zu werden.[28] Die Liquidatoren können Ansprüche in der Reihenfolge des Bekanntwerdens oder des Abschlusses der Prüfung erfüllen, können aber auch die Erfüllung gewisser Forderungen vorziehen, etwa wenn von dem betreffenden Gläubiger noch Leistungen für die Abwicklung erwartet werden. Zu den Forderungen des **Fiskus** auf gleichmäßige Befriedigung aller Gläubiger vgl. aber Rn. 32. Stellt sich aber im Laufe der Prüfung heraus, dass das Nettovermögen der Gesellschaft die Verbindlichkeiten nicht mehr deckt, so ist auch noch im Abwicklungszeitraum das **Insolvenzverfahren** wegen Überschuldung (oder auch wegen Illiquidität) **zu beantragen**.[29] Gerade bei dem Ansatz von Zerschlagungswerten in dem evtl. notwendigen Vermögensstatus[30] kann sich bei nachträglich angemeldeten Forderungen eine Überschuldungssituation ergeben, und die Liquidatoren müssen entsprechend handeln, um sich nicht der Gefahr persönlicher Haftung nach § 64 Abs. 2 auszusetzen. Es kann bei Zweifeln geraten sein, für eine gewisse Zeit eine pro rata-Befriedigung der Gläubiger vorzunehmen bis feststeht, ob Überschuldung vorliegt oder ob das haftende Vermögen zur vollständigen Befriedigung aller Gläubiger ausreicht.[31] Allerdings brauchen sich die Gläubiger grundsätzlich nicht mit einer teilweisen Befriedigung abzufinden, sondern können bis zur Insolvenzsperre Zwangsmaßnahmen durchsetzen.

12 Ggf. haben die Liquidatoren, soweit zur Befriedigung der Gläubiger nötig, ausstehende Einlageforderungen gegen die Gesellschafter einzuziehen.[32] Sie dürfen diese Forderungen nicht durch Abtretung bei nicht adäquater Gegenleistung der Liquidationsmasse entziehen.[33] – Die Befriedigung verjährter Forderungen kann, etwa bei entsprechenden Handelsgewohnheiten, geboten sein; führen die Liquidatoren nicht einen Gesellschafterbeschluss darüber herbei, könnten sie diesen haftbar werden, es sei denn, ihr Handeln sei auch den Gesellschaftern gegenüber als rechtmäßig anzusehen,[34] etwa gerade wegen eines Handelsbrauchs oder wenn der Gläubiger für eine erfolgreiche Liquidation noch zu anderen Leistungen benötigt wird.

13 **4. Hinterlegung (Abs. 2 S. 1).** Sind die **Voraussetzungen** für eine Hinterlegung gegeben, so **kann** die Abwicklungsgesellschaft hinterlegen. Ob sich der Gläubiger meldet oder nicht, spielt keine Rolle (Rn. 6). Gemeint ist die Hinterlegung gemäß § 372 BGB oder § 373 HGB.[35] Eine **Verpflichtung** zur Hinterlegung besteht auch bei Vorliegen der Voraussetzungen **nicht** (entgegen dem Wortlaut der Vorschrift),

---

[28] BGHZ 53, 71, 74; *Baumbach/Hueck/Schulze-Osterloh* Rn. 3; *Meyer-Landrut/Miller/Niehus* Rn. 5; *Lutter/Hommelhoff* Rn. 8; *Hachenburg/Hohner* Rn. 15; *Scholz/K. Schmidt* Rn. 9; s. aber auch die Empfehlung zur proportionalen Befriedigung der Gläubiger Rn. 32.
[29] § 69 Rn. 20; § 71 Rn. 22; s. Erl. zu § 64.
[30] § 71 Rn. 22.
[31] *Hachenburg/Hohner* Rn. 15; *Scholz/K. Schmidt* Rn. 9; aA *Meyer-Landrut/Miller/Niehus* Rn. 5.
[32] § 70 Rn. 14.
[33] Beispiel BGHZ 53, 71, 74.
[34] Vgl. *Scholz/K. Schmidt* Rn. 9.
[35] *Scholz/K. Schmidt* Rn. 10.

sondern die Liquidatoren können auch gemäß S. 2 **Sicherheit leisten** (Rn. 16 ff.) statt zu hinterlegen.[36] Das eine oder andere ist aber vorzunehmen, bevor mit der Verteilung des Vermögens an die Gesellschafter begonnen werden darf. Bei Hinterlegung gemäß § 372 BGB besteht das Recht, aber nicht die Pflicht der Liquidatoren, durch **Verzicht auf die Rücknahme** die Leistung zu bewirken, §§ 376, 378 BGB.[37] Ohne Verzicht auf die Rücknahme ist die Wirkung gemäß § 379 Abs. 1 BGB, dass der Gläubiger auf die hinterlegten Gegenstände verwiesen werden kann.

§ 372 BGB und § 373 HGB stimmen insofern überein, als **Annahmeverzug des Gläubigers** gemäß §§ 293 ff. BGB zur Hinterlegung berechtigt. Während die handelsrechtliche Hinterlegung gemäß § 373 Abs. 1 HGB in einem öffentlichen Lagerhaus oder sonst in sicherer Weise geschehen kann, ist bei Hinterlegung gemäß § 372 BGB das Amtsgericht Hinterlegungsstelle gemäß § 1 HintO. Im allgemeinen dürfte es sich empfehlen, beim Amtsgericht zu hinterlegen, wenn es sich um Geld, Wertpapiere, Urkunden oder Kostbarkeiten handelt (nur bei den letzten drei Kategorien könnte auch § 373 HGB in Betracht kommen). § 372 BGB sieht als **alternative Voraussetzungen zur Hinterlegung** vor, dass der Schuldner aus einem in der Person des Gläubigers liegenden Grund oder infolge einer **unverschuldeten Ungewissheit über die Person des Gläubigers** die Verbindlichkeit nicht oder nicht mit Sicherheit erfüllen kann. Der Gläubiger kann unerreichbar sein wegen Reisen oder Krankheit, sein Konto nicht bekannt oder aufgelöst sein, er kann die Forderung abgetreten haben, ohne den neuen Inhaber klar zu benennen etc. Bei Streit unter mehreren Gläubigern, auch unter Gesellschaftern wegen der Verteilung, befinden sich die Liquidatoren in Unkenntnis über den Gläubiger und können die zu verteilende Masse hinterlegen.[38]

Nach § 372 BGB darf allerdings die Unkenntnis des Schuldners nicht auf Fahrlässigkeit beruhen. *Hachenburg/Hohner*[39] meinten, in Verbindung mit § 73 Abs. 2 S. 1 GmbHG dürfe Verschulden keine Rolle spielen, da es zwecks Beendigung der Liquidation möglich sein müsse, jede Forderung durch Leistung oder Hinterlegung als Hindernis vor der Verteilung aus dem Wege zu räumen. Allerdings könnte dies auch durch Sicherheitsleistung gemäß S. 2 geschehen. Da aber bei Hinterlegung gemäß § 372 BGB durch Verzicht auf die Rücknahme gemäß §§ 376, 378 BGB Erfüllung zu erzielen und dies für die Abwicklung als endgültige Bereinigung vorzuziehen ist, **sollte** tatsächlich **von dem Erfordernis des Nichtverschuldens abgesehen werden.** – Obwohl S. 1 vom geschuldeten „Betrag" spricht, können auch Ansprüche auf Wertpapiere, Urkunden oder Kostbarkeiten nach § 372 BGB und andere Waren nach § 373 HGB hinterlegt werden.[40]

5. Sicherheitsleistung (Abs. 2 S. 2). a) Allgemeines. Ist die **Berichtigung von Ansprüchen** zur Zeit **nicht ausführbar** oder sind sie **streitig**, so darf die Vermögensverteilung an die Gesellschafter erst nach Sicherheitsleistung zugunsten der Gläubiger begonnen werden (S. 2). Nicht ausführbar ist die Erledigung von Ansprüchen, wenn der Gläubiger unbekannt ist oder die Gesellschaft aus irgendwelchen Gründen nicht leisten kann, zB weil sie durch Feuer in der Fabrik, deren Wiederaufbau in der Liquidationsphase völlig unwirtschaftlich wäre, die herzustellende Sache nicht mehr fertigen kann (und dann den Ersatzanspruch sicherstellt), aber auch ein verzinsliches

---

[36] *Scholz/K. Schmidt* Rn. 10; *Meyer-Landrut/Miller/Niehus* Rn. 8; *Hachenburg/Hohner* Rn. 19 f.; zT aA *Baumbach/Hueck/Schulze-Osterloh* Rn. 6.
[37] *Scholz/K. Schmidt* Rn. 10.
[38] BayObLG BB 1979, 185.
[39] 7. Aufl. Rn. 10, heute nicht mehr: Rn. 19.
[40] *Scholz/K. Schmidt* Rn. 10.

§ 73   5. Abschnitt. Auflösung und Nichtigkeit der Gesellschaft

Darlehen, dessen Gläubiger der vorzeitigen Rückzahlung nicht zustimmt.[41] Auch ein bedingter Anspruch oder ein noch laufender Gewährleistungsanspruch eines Kunden kann nicht ausführbar sein. Noch nicht fällige Ansprüche brauchen zwar noch nicht erfüllt zu werden, können aber gemäß § 271 Abs. 2 BGB im Zweifel befriedigt werden. Trotz der an sich vorliegenden Ausführbarkeit werden betagte Ansprüche allgemein als unter S. 2 fallend angesehen, wobei die Problematik von Rentenverpflichtungen eine besondere Rolle spielt.[42] Auch wenn der Gläubiger in Annahmeverzug ist, kann statt einer möglichen Hinterlegung nach §§ 372 BGB, 373 HGB Sicherheit geleistet werden (Rn. 13), obwohl dieser Gläubiger nach einiger Zeit durchaus wieder annahmebereit, die Berichtigung der Verbindlichkeit also ausführbar sein könnte. Aus praktischen Gründen ist dem allen zuzustimmen. Bei streitigen Forderungen ist, auch wenn eine negative Feststellungsklage erhoben wird (Rn. 9), Sicherheit zu leisten, bevor verteilt werden kann.

17   **b) Recht der Gesellschaft.** Die **Sicherheitsleistung ist nicht Pflicht** der Gesellschaft, sondern ein **Recht**; ohne Sicherheitsleistung oder ohne Hinterlegung in den vorgesehenen Fällen ist die Verteilung des Restvermögens auch dann verboten, wenn das Sperrjahr abgelaufen ist. Die Gläubiger haben keinen Anspruch auf die Sicherheitsleistung.[43] Die Letztgenannten wollten noch in der Vorauf.[44] im Falle einer Gefahr der Vermögensverschlechterung bei langgezogener Liquidation oder bevorstehender Vermögensverteilung Klagen, Arreste oder einstweilige Verfügungen ausnahmsweise zulassen. Jedoch dienen diese Rechtswege der Sicherung des Hauptanspruchs des Gläubigers,[45] nicht eines (nicht vorhandenen) Rechts auf Sicherheitsleistung;[46] solche Sicherungsverfahren sind zulässig. Da keine Pflicht zur Sicherheitsleistung besteht, brauchen die Liquidatoren diese erst zu bestellen, wenn sie tatsächlich anschließend mit der Verteilung an die Gesellschafter beginnen wollen.[47] Ist das Unternehmen der Gesellschaft verkauft und haftet der Erwerber für die Verbindlichkeiten (entweder durch Vertrag mit der Gesellschaft oder kraft Gesetzes gemäß § 25 HGB), so ist diese zusätzliche Haftung nicht etwa eine genügende Sicherheitsleistung seitens der Gesellschaft.[48]

18   **c) Art der Sicherheitsleistung.** Die Sicherheitsleistung hat gemäß **§§ 232 ff. BGB** zu erfolgen. In erster Linie kommen also die Hinterlegung von Geld oder Wertpapieren oder die Verpfändung von Forderungen oder unbeweglicher oder beweglicher Sachen in Betracht. Nur subsidiär kann ein **tauglicher Bürge** gestellt werden, wobei die Bürgschaft einer deutschen Großbank oder Sparkasse wohl allgemein als zulässig und ausreichend iS des § 232 Abs. 2 BGB angesehen wird.[49] *K. Schmidt* will auch die Bürgschaft eines Gesellschafters gelten lassen: richtigerweise ist jeder taugliche Bürge zu akzeptieren, aber nur subsidiär, und dem Liquidator ist zur Meidung eigener

---

[41] *Baumbach/Hueck/Schulze-Osterloh* Rn. 7.
[42] *Baumbach/Hueck/Schulze-Osterloh* Rn. 7; *Lutter/Hommelhoff* Rn. 7; *Hachenburg/Hohner* Rn. 23.
[43] *Scholz/K. Schmidt* Rn. 11; *Baumbach/Hueck/Schulze-Osterloh* Rn. 7; *Meyer-Landrut/Miller/Niehus* Rn. 9; *Hachenburg/Hohner* Rn. 25.
[44] 7. Aufl. Rn. 19.
[45] *Scholz/K. Schmidt* Rn. 11, 14 f., auch zum Unterlassungsanspruch gegen gesetzwidrige Vermögensverteilung.
[46] S. zu Sicherungsrechten auch *Meyer-Landrut/Miller/Niehus* Rn. 15; *Baumbach/Hueck/Schulze-Osterloh* Rn. 10.
[47] RGZ 143, 301, 303; *Scholz/K. Schmidt* Rn. 11; *Meyer-Landrut/Miller/Niehus* Rn. 9.
[48] *Scholz/K. Schmidt* Rn. 11.
[49] *Hachenburg/Hohner* Rn. 22; *Baumbach/Hueck/Schulze-Osterloh* Rn. 7; *Meyer-Landrut/Miller/Niehus* Rn. 9; *Lutter/Hommelhoff* Rn. 7; *Scholz/K. Schmidt* Rn. 11.

Haftung große Vorsicht anzuraten. Die **als Sicherheitsleistung erbrachte Hinterlegung** ist nicht die des § 372 BGB (Rn. 13), insbesondere nicht von deren Voraussetzungen abhängig. Sie hat bei Übergang des Eigentums an den hinterlegten Beträgen oder Wertpapieren auf den Fiskus die Pfandrechtswirkung gemäß § 233 BGB. Hinterlegungsstelle ist wiederum das Amtsgericht gemäß § 1 HintO. Zu Fragen der Sicherheitsleistung im allgemeinen vgl. die Literatur zu §§ 234 ff. BGB.

d) **Rentenverpflichtungen.** Wenig klar ist, wie eine Sicherheitsleistung für **Pensionsverpflichtungen,** die möglicherweise noch über 40 Jahre oder mehr laufen, erfolgen kann. Die Hinterlegungsstelle des Amtsgerichts kann sicher nicht die Auszahlung, einschließlich Abführung der Lohnsteuer, übernehmen. Damit die Beendigung der Abwicklung nicht auf Jahrzehnte unmöglich wird, bleibt nur die Absicherung durch eine Versicherungsgesellschaft gegen Einmalprämie übrig.[50] Aber eine Versicherung ist wegen der Kapitalisierungssätze und der Anpassungsverpflichtung enorm teuer. Hat die Abwicklungsgesellschaft nicht genügend Mittel dazu, käme eine Garantie oder Bürgschaft der Muttergesellschaft oder des Mehrheitsgesellschafters in Betracht; diese könnte allenfalls nach § 232 Abs. 2 BGB als genügende Sicherheitsleistung angesehen werden, wenn sonstige Sicherstellung nicht möglich und der Garant oder Bürge ein erstklassiges Unternehmen ist. Allerdings wäre die Sicherheit für den Pensionsberechtigten auch in einem solchen Fall doch größer, wenn Insolvenz einträte und er sich dann an den Pensionssicherungsverein halten könnte.

IV. Verbindlichkeiten gegenüber Gesellschaftern

Fremdforderungen der Gesellschafter (denen Individualverpflichtungen auf seiten 20 der Gesellschaft gegenüberstehen), etwa aus Dienst-, Miet-, Werk- oder Darlehensverträgen, sind grundsätzlich wie alle anderen Forderungen zu behandeln.[51] Sie können daher auch **vor** Ablauf des Sperrjahres befriedigt werden. War das Entgelt nicht adäquat, sondern überhöht, stellt sich die Frage, ob der Vertrag nicht zu einem Teil der dem Gesellschafter zustehenden Gegenleistung nur aus dem Gesellschaftsverhältnis zu erklären ist.

Forderungen der Gesellschafter **aus dem Gesellschaftsverhältnis,** insbesondere 21 der Anspruch auf das Liquidationsguthaben, unterliegen natürlich der Sperre des § 73 Abs. 1 und 2 (und des § 30, s. Rn. 22). Leistet ein Gesellschafter als Bürge für eine Schuld der GmbH i. L., so wird er mit dem Rückgriffsanspruch nicht Drittgläubiger.[52] Umstritten ist, ob Ansprüche aus dem Gesellschaftsverhältnis, die zu Fremdforderungen erstarkt sind, nicht auch wie solche behandelt werden können. Als Beispiel solcher Forderungen können Dividendenansprüche gelten, die vor der Auflösung ordnungsgemäß durch Gesellschafterbeschluss begründet wurden. Nach herrschender und richtiger Meinung können diese zu Individualverpflichtungen der Gesellschaft gewordenen Ansprüche ebenfalls wie Fremdansprüche ohne Berücksichtigung des § 73 erfüllt werden.[53]

---

[50] *Hachenburg/Hohner* Rn. 23; dabei ist auf §§ 16, 8 des Gesetzes zur Verbesserung der betrieblichen Altersversorgung vom 19. 12. 1974 (BGBl. I S. 3610) zu verweisen, wonach auch der Pensionssicherungsverein seine Leistungspflicht auf ein Konsortium von Lebensversicherern überträgt; ebenso für die Versicherungslösung *Meyer-Landrut/Miller/Niehus* Rn. 9; *Baumbach/Hueck/Schulze-Osterloh* Rn. 7; *Lutter/Hommelhoff* Rn. 7.
[51] AllgM, s. § 70 Rn. 10, § 72 Rn. 15; zu Darlehensverträgen s. aber auch Rn. 23.
[52] OLG Hamburg ZIP 1985, 1390 f. = GmbHR 1986, 121 f.
[53] BGHZ 37, 299, 304 = NJW 1962, 1863, 1864; WM 1959, 866 f.; AG 1980, 47, 48; *Scholz/K. Schmidt* Rn. 2, gegen Vorauf.; *Baumbach/Hueck/Schulze-Osterloh* § 72 Rn. 22; *Lutter/Hommelhoff* Rn. 2; *Roth/Altmeppen* § 70 Rn. 8: sie sind nachrangig, aber nicht dem Sperrjahr unterworfen.

Soweit eine Bilanz mit Stichtag vor dem Auflösungszeitpunkt dem Gesellschafter Gewinnrechte verschafft (§ 29 oder aufgrund besonderer Satzungsvorschrift), die aber mangels Dividendenbeschlusses noch nicht zu einem Anspruch geworden sind, so gehen sie nur als unselbständige Rechnungsposten in die Verteilungsrechnung ein und § 73 ist zu beachten;[54] Wenn Anspruch auf Gewinn und auf Liquidationsguthaben nicht gleich sind, ist dies für einzelne Gesellschafter ggf. von nachteiliger Bedeutung; sind aber nach Erfüllung von § 73 alle Gesellschafter einverstanden, so ist diese Gewinnausschüttung mit dem BFH zulässig.

22 Es gilt **§ 30 Abs. 1 neben § 73,** d. h. Ansprüche aus dem Gesellschaftsverhältnis, auch vor Auflösung festgestellte Dividendenforderungen, dürfen ohne Beachtung der Voraussetzungen des § 30 nicht zu einer Rückzahlung des Stammkapitals führen.[55] Die Erfüllung von Individualverpflichtungen gegenüber Gesellschaftern ist aber kein Verstoß gegen § 30 Abs. 1.[56] **§ 30 Abs. 2** erlaubt zwar die Rückzahlung eingezahlter Nachschüsse, soweit nicht das Stammkapital damit abzudecken ist, doch geht § 73 einer solchen Leistung vor; war der Gesellschafterbeschluss zur Rückzahlung aber schon vor Auflösung gefasst, so steht § 73 der Auszahlung nicht entgegen.[57]

23 **Gesellschafterdarlehen** sind an sich Individualverpflichtungen der Gesellschaft (Rn. 20) und daher unabhängig von § 73 zu behandeln.[58] Wenn sie aber **unter § 32 a fallen,**[59] also Kapital ersetzen, so gilt § 73, d. h. sie müssen wie Ansprüche aus dem Gesellschafterverhältnis behandelt werden, dürfen also erst nach Ablauf des Sperrjahres und nach Befriedigung oder Sicherstellung aller Gläubiger zurückgezahlt werden.[60] Sind sie nicht mehr kapitalersetzend, so können sie grundsätzlich wie alle Fremdrechte behandelt werden.[61] Entsprechendes gilt für Darlehen der Gesellschafter mit Rangrücktritt, d. h. sie können erst nach Eintritt der Voraussetzungen des Abs. 1 bedient werden. Beachte für Unternehmen im **Mehrheitsbesitz der Treuhandanstalt** Besonderheiten gemäß § 56 e DMBilG. – Umgekehrt sind **Darlehen der Liquidationsgesellschaft an die Gesellschafter,** bei genügender Liquidität vor Ablauf des Sperrjahres gegeben, grundsätzlich unzulässig.[62]

V. Wirkung der rechtmäßigen Verteilung

24 Die Verteilung des Vermögens unter Beachtung des § 73 Abs. 1 u. 2 hat auf den Bestand **unbekannter Forderungen,** die noch gegen die Gesellschaft geltend gemacht werden oder werden können, an sich **keinen Einfluss.** Die Gesellschaft ist trotz Vermögenslosigkeit mangels Löschung noch nicht beendet.[63] Aber für die Gläubiger ist

---

[54] § 72 Rn. 15; s. aber BFH GmbHR 1999, 429 f.: Ausschüttung möglich, aber §§ 30, 73 zu beachten.
[55] *Baumbach/Hueck/Schulze-Osterloh* § 72 Rn. 24; *Hachenburg/Hohner* Rn. 2 und § 69 Rn. 26; *Scholz/K. Schmidt* § 70 Rn. 8.
[56] § 30 Rn. 31 f.; allgM.
[57] *Hachenburg/Hohner* § 69 Rn. 26.
[58] *Baumbach/Hueck/Schulze-Osterloh* § 72 Rn. 22; *Meyer-Landrut/Miller/Niehus* § 70 Rn. 6; *Scholz/K. Schmidt* Rn. 2.
[59] Oder unter die fortgeltende BGH-Rechtsprechung zu § 30 vor der Einführung des § 32a, s. BGHZ 90, 370, 376 = NJW 1984, 1891, 1892 f. = WM 1984, 652, 654.
[60] *Scholz/K. Schmidt* Rn. 2; *Baumbach/Hueck/Schulze-Osterloh* § 70 Rn. 6 unter Berufung auf BGHZ 90, 370, 375 verneinen sie dies für Darlehen, die nur unter § 32a fallen.
[61] *Scholz/K. Schmidt* § 70 Rn. 8; s. aber o. Rn. 2.
[62] *K. Schmidt* DB 1994, 2013, 2015; s. aber Rn. 2.
[63] § 60 Rn. 54 ff.

die **Haftungsmasse weggefallen**.[64] Es bestehen im Regelfall keine Ansprüche der Gesellschaft gegen Gesellschafter oder Liquidatoren, die gepfändet werden könnten: Die Gesellschafter brauchen rechtmäßig verteilte Leistungen nicht wieder zurückzuzahlen, auch nicht aus § 31 oder wegen ungerechtfertigter Bereicherung.[65] Die Liquidatoren haben ihr Amt ordnungsgemäß erfüllt (Rn. 26 ff.). Gläubiger, deren Ansprüche nicht bis zur rechtmäßigen Verteilung des Vermögens bekannt geworden sind, können daher gegen die Gesellschafter und Liquidatoren keinerlei Rechte durchsetzen. Es verbleibt allenfalls ein **Restvermögen** der Gesellschaft als Haftungsobjekt, nämlich gemäß Abs. 2 hinterlegte oder zur Sicherheitsleistung verwandte Werte. Auf diese können Rückforderungsansprüche bestehen, wenn ein gesicherter Anspruch sich nachträglich als unbegründet erweist oder wegen Verjährung nicht mehr befriedigt zu werden braucht. Solche Werte einer Gesellschaft sind selten und schwer zu realisieren, da oft neue Liquidatoren bestellt werden müssen.

Nicht zum verwertbaren Vermögen gehört ein **Regressanspruch** der Gesellschaft 25 gegen die Liquidatoren wegen eines doch etwa vorgenommenen Verstoßes gegen § 73, denn diese Ersatzforderung ist nur zugunsten des übergangenen Gläubigers, dessen Anspruch also früh genug bekannt war, zu verwenden.[66] Ist das Vermögen noch nicht vollständig verteilt und wird dann eine Verbindlichkeit bekannt, müssen die Liquidatoren sie vor weiterer Verteilung erfüllen oder sicherstellen.[67] – **Bürgschaftsansprüche von Gläubigern,** die unbekannt geblieben waren und deshalb nicht befriedigt wurden, erlöschen gegen den Bürgen, da die Hauptschuldnerin, nämlich die Liquidationsgesellschaft, nicht wegen Vermögensverfalls untergegangen ist.[68] Wird allerdings die GmbH nach § 141a FGG gelöscht,[69] so liegt Vermögensverfall vor und die Bürgschaftsforderung wird ein selbständiger Anspruch.[70]

VI. Verstoß gegen § 73

1. Haftung der Liquidatoren (Abs. 3). a) Einzelheiten. Die Liquidatoren sind 26 die Adressaten der Gebote des § 73, sie haften bei Verstoß **persönlich**. Voraussetzung der Haftung ist die **objektive Verletzung des § 73** und das **Verschulden** des einzelnen Liquidators daran.[71] Die **Beweislast** für den objektiven Verstoß, d. h. die Kenntnis der Gesellschaft von dem Anspruch, trägt der Kläger (die Gesellschaft oder der pfändende Gläubiger). *Roth/Altmeppen*[72] fordert aus der Interessenlage und der Beweisnähe des Liquidators eine Umkehr der Beweislast, doch ist für den Liquidator der Beweis einer negativen Tatsache schwer zu führen. Allenfalls sollte ein Gericht bei Nachweis des Absendens eines Schreibens seitens des Gläubigers einen Beweis des ersten Anscheins für den Zugang feststellen und dessen Erschütterung dem Liquidator auferlegen. Für den Verschuldenstatbestand trägt der Liquidator die **Beweislast**.[73] Die Sorg-

---

[64] Vgl. *Scholz/K. Schmidt* Rn. 16, 18.
[65] RGZ 124, 210, 213 ff. zu § 812; *Henze* BB 1999, 1623 f.; *Baumbach/Hueck/Schulze-Osterloh* Rn. 9; *Lutter/Hommelhoff* Rn. 9; *Meyer-Landrut/Miller/Niehus* Rn. 7; *Hachenburg/Hohner* Rn. 46; *Scholz/K. Schmidt* Rn. 18; s. Rn. 33 f.
[66] *Scholz/K. Schmidt* Rn. 28; s. Rn. 26 ff.
[67] *Scholz/K. Schmidt* Rn. 13; *Baumbach/Hueck/Schulze-Osterloh* Rn. 9.
[68] BGHZ 82, 323, 326 f.; LG Lübeck GmbHR 1992, 539 f. = WM 1991, 1337.
[69] Früher § 2 LöschG.
[70] KG NJW-RR 1999, 1206 f.; OLG Schleswig NJW-RR 1993, 754 f.
[71] *Hofmann* GmbHR 1976, 258, 265; *Baumbach/Hueck/Schulze-Osterloh* Rn. 12; *Meyer-Landrut/Miller/Niehus* Rn. 10; *Hachenburg/Hohner* Rn. 32; *Scholz/K. Schmidt* Rn. 26.
[72] Dort Rn. 11.
[73] *Scholz/K. Schmidt* Rn. 26; *Baumbach/Hueck/Schulze-Osterloh* Rn. 12.

§ 73 5. Abschnitt. Auflösung und Nichtigkeit der Gesellschaft

falt eines ordentlichen Geschäftsführers ist nötig, §§ 71 Abs. 4, 43 Abs. 1. Ein Beschluss der Gesellschafter entlastet gemäß § 43 Abs. 3 S. 3 den Liquidator nicht; ggf. hat er sein Amt niederzulegen.[74] Auch ein Verzicht der oder Vergleich mit der Gesellschaft befreit die Liquidatoren gegenüber den Gläubigern gemäß §§ 43 Abs. 3 S. 2, 9b Abs. 1 nicht.

27 Mehrere Liquidatoren haften **gesamtschuldnerisch** und haben demgemäß untereinander Ausgleichsansprüche gemäß § 426 BGB iVm. § 254 BGB;[75] Gesellschafter-Liquidatoren gleichen untereinander nach dem Verhältnis aus, das sich aus der Abrechnung des Gesellschaftsverhältnisses ergibt.[76] Entgegen dem Wortlaut des Abs. 3 S. 1 haften die Liquidatoren auch dann, wenn nicht „Beträge", sondern **Sachwerte** zu Unrecht verteilt wurden.[77]

28 b) **Gläubiger.** Der Ersatzanspruch **steht der Gesellschaft zu,** kann also von ihr direkt geltend gemacht werden. Der Gläubiger kann den Anspruch nach herrschender Meinung **pfänden und sich überweisen lassen.**[78] Nur der geschädigte, d. h. **übergangene Gläubiger** kann die Forderung gegen den Liquidator pfänden, nicht etwa sich nachträglich meldende andere Gläubiger.[79] Für die Geltendmachung des Anspruchs durch die Gesellschaft, vertreten durch einen neuen Liquidator, ist ein Gesellschafterbeschluss erforderlich gemäß § 46 Nr. 8.[80] Allerdings benötigt der Insolvenzverwalter oder der Gläubiger, dem die Forderung überwiesen ist, einen solchen Beschluss nicht.[81] Gegen die Sachgerechtigkeit dieser Regelung sind erhebliche Bedenken geltend gemacht worden.[82] Da der übergangene Gläubiger, wenn nicht ohnehin eine Nachtragsliquidation stattfindet, ggf. nur wegen seiner Klage einen Nachtragsliquidator bestellen lassen, dann den Anspruch gegen den Liquidator sich überweisen lassen und evtl. noch einklagen muss, gibt *K. Schmidt*[83] zu überlegen, ob dem **Gläubiger nicht die direkte Geltendmachung** des Anspruchs der Gesellschaft entsprechend §§ 268 Abs. 2, 93 Abs. 5 AktG, § 75 Abs. 6 RegE 1971 ermöglicht werden sollte. Jedoch dürfte de lege lata eine solche Direktklage nicht zulässig sein.

29 c) **Schutzgesetz.** Etwas anderes ist, ob nicht der übergangene **Gläubiger eigene Rechte gegen die Liquidatoren** hat. *K. Schmidt*[84] gewährt den Gläubigern einen eigenen Anspruch gegen die Liquidatoren, indem er § 73 Abs. 1 und 2 als Schutzgesetze zugunsten „bekannter Gläubiger" versteht; somit erhalten die Gläubiger gemäß § 823 Abs. 2 BGB gegen die gegen das Gesetz verstoßenden Liquidatoren einen eige-

---

[74] *Hachenburg/Hohner* Rn. 32, 34; s. § 43 Rn. 33, § 47 Rn. 100.
[75] *Scholz/K. Schmidt* Rn. 34; *Roth/Altmeppen* Rn. 13; aA wohl *Vogel* Anm. 4.
[76] OLG Hamburg ZIP 1985, 1390f. = GmbHR 1986, 121; *Baumbach/Hueck/Schulze-Osterloh* Rn. 12; *Scholz/K. Schmidt* Rn. 35.
[77] RG JW 1930, 2685; *Baumbach/Hueck/Schulze-Osterloh* Rn. 14; *Hachenburg/Hohner* Rn. 31; *Scholz/K. Schmidt* Rn. 25.
[78] RGZ 109, 387, 391; *Eder* GmbHR 1966, 173, 187; *Hofmann* GmbHR 1976, 258, 265; *Baumbach/Hueck/Schulze-Osterloh* Rn. 13; *Hachenburg/Hohner* Rn. 37.
[79] *Lutter/Hommelhoff* Rn. 12; *Scholz/K. Schmidt* Rn. 28; aA *Hachenburg/Hohner* Rn. 37, obwohl dort in Rn. 29 dem Liquidator eine exceptio zugebilligt wird.
[80] *Hachenburg/Hohner* Rn. 33; *Meyer-Landrut/Miller/Niehus* Rn. 10; aA *Baumbach/Hueck/Schulze-Osterloh* Rn. 13; *Scholz/K. Schmidt* Rn. 28; *Lutter/Hommelhoff* Rn. 12.
[81] BGH NJW 1960, 1667 zur Genossenschaft, für den Konkursverwalter; *Hachenburg/Hohner* Rn. 33; *Scholz/K. Schmidt* Rn. 28.
[82] *Vomhof* Die Haftung des Liquidators der GmbH, 1988, S. 61 ff.
[83] ZIP 1981, 1 ff.; *Scholz/K. Schmidt* Rn. 29; ebenso *Lutter/Hommelhoff* Rn. 13; *Meyer-Landrut/Miller/Niehus* Rn. 11.
[84] ZIP 1981, 1 ff., 8; *Scholz/K. Schmidt* Rn. 30.

nen Schadensersatzanspruch. Dieser könnte subsidiär zur Geltendmachung des Anspruchs der Gesellschaft von den Gläubigern erhoben werden. *Hachenburg/Hohner*[85] lehnen ein eigenes Recht des Gläubigers aus Schutzgesetzverletzung ab, halten aber die aktienrechtliche Regelung für analog anwendbar. In der Tat sollte jedoch **§ 73 Abs. 1 und Abs. 2 als Schutzgesetz** zugunsten der Inhaber bekannter Ansprüche angesehen werden, das nicht nur von der Gesellschaft, sondern auch von den Liquidatoren selbst verletzt werden kann, da diese Pflichten sie persönlich treffen, wie sich aus der an sich systemwidrigen persönlichen Haftung nach § 73 Abs. 3 ergibt, und da § 73 nun in der Tat nicht nur das Vermögen der Gesellschaft schützt,[86] sondern die wesentlichste Gläubigerschutzbestimmung ist.[87] Allerdings ist der Anspruch subsidiär zur Geltendmachung durch die Gesellschaft selbst.[88] Zum Umfang des Anspruchs s. Rn. 30.

d) Art des Anspruchs. Es handelt sich nach allgemeiner Ansicht um einen **Schadensersatzanspruch**, wobei nicht der Schaden der Gesellschaft, sondern der des Gläubigers zu ersetzen ist.[89] In der Tat ist ein Schaden der Gesellschaft schwer ersichtlich, denn wenn auch die bekannte Verbindlichkeit nicht durch Befriedigung, Hinterlegung oder Sicherheitsleistung untergegangen ist, so ist der Gesellschaft dafür zum Ausgleich ein Ersatzanspruch gegen den Liquidator erwachsen.[90] Dieser Anspruch nach § 73 Abs. 3 geht allerdings nur auf „Ersatz der verteilten Beträge" (oder Sachwerte, s. Rn. 27), d.h. dessen, was dem Gläubiger bei Beachtung der Abs. 1 u. 2 zugeflossen wäre.[91] Insoweit muss auch ein eigener Anspruch des Gläubigers aus § 823 Abs. 2 BGB begrenzt sein, weil sonst die Haftungsbegrenzung des Abs. 3 aufgehoben würde. Die Beschränkung des Anspruchs auf das, was dem betreffenden Gläubiger bei ordnungsgemäßem Handeln zugeflossen wäre, zeigt zugleich, dass **Inhaber von im Zeitpunkt der rechtmäßigen Verteilung unbekannten Ansprüchen keinen Anspruch** gegen die Liquidatoren haben (Rn. 24 f.). Sie erhalten auch dann nichts, wenn die Liquidatoren übergangenen Gläubigern gegenüber haften.[92]

e) Rangfolge. Die Haftung der Liquidatoren ist **nicht subsidiär** gegenüber der Gesellschafterhaftung,[93] denn der eigentliche Gesetzesverstoß liegt bei den Liquidatoren. Umgekehrt kann die Gesellschaft (oder der pfändende Gläubiger) sich zunächst an die (bereicherten) Gesellschafter halten,[94] wenn bei ihnen die Durchsetzung des Anspruchs leichter erscheint. Zum Rückgriffsrecht der Liquidatoren s. ebenfalls Rn. 33 f. – Einen eigenen Weg der Haftung des Liquidators schlägt *Vomhof*[95] im Anschluss an die Kapitalerhaltungspflichten des Geschäftsführers vor: über §§ 268 Abs. 2, 93 Abs. 5 AktG kommt sie zur Direktklage der Gläubiger[96] und damit zu einem ähnlichen Ergebnis wie die Schutzgesetztheorie (Rn. 29).

---

[85] Rn. 40, 41.
[86] So aber *Hachenburg/Hohner* Rn. 40.
[87] Ebenso im Ergebnis *Lutter/Hommelhoff* Rn. 14; *Meyer-Landrut/Miller/Niehus* Rn. 11; aA *Baumbach/Hueck/Schulze-Osterloh* Rn. 22; ausführliche Kritik des § 73 als Schutzgesetz bei *Vomhof* (Fn. 82) S. 77 ff.
[88] *Scholz/K. Schmidt* Rn. 30; *Baumbach/Hueck/Schulze-Osterloh* Rn. 22; *Meyer-Landrut/Miller/Niehus* Rn. 11; kritisch *Vomhof* (Fn. 82) S. 83 f.
[89] *Hachenburg/Hohner* Rn. 41; *Scholz/K. Schmidt* Rn. 28, 31.
[90] Dagegen *Vomhof* (Fn. 82) S. 141.
[91] *Scholz/K. Schmidt* Rn. 31.
[92] *Scholz/K. Schmidt* Rn. 31; *Lutter/Hommelhoff* Rn. 12.
[93] *Scholz/K. Schmidt* Rn. 35.
[94] Zum Anspruch s. Rn. 33 f.
[95] (Fn. 82) S. 110 ff.
[96] *Vomhof* (Fn. 82) S. 171 ff.

§ 73   5. Abschnitt. Auflösung und Nichtigkeit der Gesellschaft

32   f) **Steuerrecht: pro rata.** Für **steuerrechtliche Ansprüche des Fiskus haftet der Liquidator** gemäß § 69 AO. Dies ist besonders gefährlich, weil neben der allgemeinen Haftung der BFH verlangt, dass wie beim Insolvenzverfahren die Gläubiger gleichmäßig befriedigt werden,[97] und daher kann die persönliche Haftung des Liquidators bei nicht gleichwertiger Bedienung der Steuerschulden häufig eintreten. Deshalb ist im Zweifel doch gleichmäßige Befriedigung zu empfehlen.[98]

33   **2. Haftung der Gesellschafter.** Ist die Verteilung des Vermögens den Vorschriften des § 73 entsprechend erfolgt, haften die Gesellschafter nicht.[99] Haben die Liquidatoren unter **Verstoß gegen § 73** das Vermögen verteilt, so hat die Gesellschaft einen **körperschaftlichen Rückgewähranspruch** gegen die Gesellschafter[100] allenfalls bei kollusivem Handeln (§ 138 BGB). Der Rückgewähranspruch **steht der Gesellschaft zu;** er ist von den Liquidatoren geltend zu machen. Eines Gesellschafterbeschlusses bedarf es dazu nicht, die Gläubiger können den Anspruch pfänden.[101] Für einen Direktanspruch der Gläubiger aus § 812 BGB fehlt es an einem direkten Vermögensübergang auf den Gesellschafter auf Kosten des Gläubigers.[102] Hatte ein Gesellschafter aufgrund Bürgschaft für eine Schuld der GmbH i. L. geleistet, so ist der Rückgriffsanspruch gegen die Gesellschaft nur im Rahmen der Schlussrechnung (wie bei richtiger Abwicklung) gegenüber den anderen Gesellschaftern zu berücksichtigen.[103]

34   Die **Haftung der Gesellschafter gegenüber Liquidator.** Sind übergangene Gläubiger befriedigt ist die Haftung umstritten. Die klare Meinung, Liquidatoren hätten wegen ihres schuldhaften Verstoßes gegen § 73 Abs. 1 u. 2 kein Rückgriffsrecht gegen die Gesellschafter,[104] ist vereinzelt geblieben und nicht sachgerecht. Vernünftig ist die Ansicht, die Liquidatoren könnten von der Gesellschaft verlangen – aus dem Grundgedanken des § 255 BGB zu begründen –, ihnen die Bereicherungsansprüche gegen die Gesellschafter **abzutreten.**[105] Die praktische Schwierigkeit ist, dass die nicht mehr im Amt befindlichen Liquidatoren nur wegen ihres Rückgriffs eine Nachtragsliquidation beantragen müssen.[106] Wenn die Liquidatoren noch im Amt sind, können sie ohne Verletzung des § 181 BGB die Abtretung an sich vornehmen. Richtiger ist daher die

---

[97] BFH BStBl. 1984 II S. 776, 779; 1985 II S. 702, 704.
[98] Allgemein dazu *Scholz/K. Schmidt* Rn. 9.
[99] RGZ 124, 210, 215; Rn. 24 f.
[100] BGHZ 136, 125, 130 f.; BGH BB 1999, 1621 ff.; dazu *Henze* BB 1999, 1623 ff. in der Urteilsbesprechung; anders, Anspruch nach § 31 BGB analog: *Baumbach/Hueck/Schulze-Osterloh* Rn. 17; *Lutter/Hommelhoff* Rn. 15; *Meyer-Landrut/Miller/Niehus* Rn. 12; *Hachenburg/Hohner* Rn. 44; *Scholz/K. Schmidt* Rn. 19; *Roth/Altmeppen* Rn. 18; *Hachenburg/Hohner* Rn. 44; ebenso noch die Vorauf.: Bereicherungsrecht anwendbar, analog zu § 31. Die unrechtmäßige Verteilung des Vermögens ist jedoch dinglich wirksam; § 134 BGB greift insoweit nicht ein, BGHZ 136, 125, 129 f. = NJW 1997, 2599, 2600 gemäß §§ 30, 31; dazu auch *Henze* BB 1999, 1624 f.; *Baumbach/Hueck/Schulze-Osterloh* Rn. 17; *Meyer-Landrut/Miller/Niehus* Rn. 12; *Roth/Altmeppen* Rn. 17; *Hachenburg/Hohner* Rn. 43; *Scholz/K. Schmidt* Rn. 19.
[101] S. dazu *Hachenburg/Hohner* Rn. 37; *Scholz/K. Schmidt* Rn. 20; *Baumbach/Hueck/Schulze-Osterloh* Rn. 18.
[102] RGZ 92, 77, 83; 124, 210, 214 f.; *Baumbach/Hueck/Schulze-Osterloh* Rn. 17; *Hachenburg/Hohner* Rn. 46; *Scholz/K. Schmidt* Rn. 20; *Gericke* GmbHR 1957, 173; aA OLG Braunschweig MDR 1956, 352 für §§ 51 f. BGB.
[103] OLG Hamburg ZIP 1985, 1390 f. = GmbHR 1986, 121 f.
[104] *Liebmann/Saenger* Anm. 2 (1927!).
[105] *Meyer-Landrut/Miller/Niehus* Rn. 13; *Lutter/Hommelhoff* Rn. 17; ähnlich *Hachenburg/Hohner* Rn. 48.
[106] *Scholz/K. Schmidt* Rn. 35.

Anwendung des § 426 BGB, d.h. der Liquidator kann die Gesellschafter als eine Art Gesamtschuldner in Anspruch nehmen, ohne dass es einer Abtretung bedarf.[107] Es bleibt dann noch zu klären, ob die Liquidatoren von den Gesellschaftern den gesamten erstatteten Betrag zurückverlangen können oder nur einen Teil. Es kommt in Betracht: Ersatz der Hälfte des dem übergangenen Gläubiger erstatteten Betrages,[108] eine Abwägung der Beteiligung beider Seiten an der gesetzwidrigen Verteilung,[109] oder volle Erstattung seitens der Gesellschafter an die Liquidatoren.[110] Dieser letzteren Ansicht ist zuzustimmen: § 73 ist zum Schutze der Gläubiger, nicht der Gesellschafter aufgestellt; jedes Verschulden der Liquidatoren, ob Fahrlässigkeit oder Vorsatz, begünstigt die Gesellschafter, die also im schlimmsten Fall alles Erlangte wieder herauszugeben haben.

3. Haftung bevorzugter Gläubiger? Sind einige Gläubiger voll befriedigt worden, andere aber wegen des Verstoßes gegen § 73, d.h. Vermögensverteilung an die Gesellschafter, nicht mehr, so besteht **kein Anspruch benachteiligter Gläubiger gegen befriedigte Gläubiger**.[111] Nur aufgrund Gläubigeranfechtung oder Insolvenzanfechtung kann den befriedigten Gläubigern wieder etwas entzogen werden, allenfalls besteht bei Kollusion Anspruch aus § 826 BGB. – Die nicht unter § 73 fallende Frage, ob befriedigte Gläubiger denjenigen Gläubigern haften, die sich erst später, aber noch vor Ablauf des Sperrjahres gemeldet haben und mangels weiteren Gesellschaftsvermögens ausgefallen sind, ist zu verneinen: es gibt kein Recht auf gleichmäßige Befriedigung.[112] 35

4. Verjährung, Verzicht. Die **Ansprüche** der Gesellschaft **gegen die Liquidatoren verjähren** gemäß §§ 73 Abs. 3 S. 2, 43 Abs. 4 in fünf Jahren. Die Frist beginnt mit dem Ende der Verteilung.[113] Ist dem Liquidator „böslicher Handlungsweise" gemäß § 31 Abs. 5 S. 2 vorzuwerfen, so galt nach altem Schuldrecht diese Bestimmung.[114] Seitdem nach neuem Schuldrecht die regelmäßige Verjährungsfrist gem. § 195 BGB nF nur noch drei Jahre beträgt (s. für Gesellschafteransprüche § 72 Rn. 11), bleibt es bei den allgemeinen Vorschriften. Ein **Verzicht** der Gesellschafter auf die Haftung der Liquidatoren ist nach Abs. 3 S. 2 und §§ 43 Abs. 3, 9b Abs. 1 grundsätzlich **unwirksam**. Ein **Weisungsbeschluss** der Gesellschafter zur Verteilung schließt die Haftung der Liquidatoren nicht aus.[115] – Die **Ansprüche** der Gesellschaft **gegen die Gesellschafter analog § 31 verjähren in fünf Jahren**.[116] 36

VII. GmbH & Co. KG

Wird eine GmbH & Co. KG insgesamt abgewickelt, **gilt für die KG § 155 HGB** iVm. § 161 Abs. 2 HGB. Die Abwicklung der Komplementär-GmbH, für die § 73 37

---

[107] *Hofmann* GmbHR 1976, 258, 266; *Scholz/K. Schmidt* Rn. 35; *Baumbach/Hueck/Schulze-Osterloh* Rn. 24; aA *Hachenburg/Hohner* Rn. 48.
[108] *Scholz* 5. Aufl. Rn. 20.
[109] In der 7. Aufl. noch *Hachenburg/Hohner* Rn. 43.
[110] *Scholz/K. Schmidt* Rn. 35; *Roth/Altmeppen* Rn. 23; *Baumbach/Hueck/Schulze-Osterloh* Rn. 24; jetzt auch *Hachenburg/Hohner* Rn. 49.
[111] *Hachenburg/Hohner* Rn. 47; *Scholz/K. Schmidt* Rn. 36; *Meyer-Landrut/Miller/Niehus* Rn. 14.
[112] Rn. 11; § 70 Rn. 11.
[113] *Scholz/K. Schmidt* Rn. 32; *Baumbach/Hueck/Schulze-Osterloh* Rn. 15; *Meyer-Landrut/Miller/Niehus* Rn. 14.
[114] *Hachenburg/Hohner* Rn. 43 f.; *Scholz/K. Schmidt* Rn. 32.
[115] § 43 Abs. 3 S. 3, s. Rn. 26 ff.
[116] § 31 Abs. 5, s. Rn. 33 f. zur Anspruchsgrundlage.

§ 73   5. Abschnitt. Auflösung und Nichtigkeit der Gesellschaft

gilt, ist meist von untergeordneter Bedeutung. §§ 155 Abs. 1, 149 S. 1 HGB verlangen zunächst die Berichtigung der Schulden der Gesellschaft, ohne besondere Vorschriften über Gläubigeraufruf oder Sicherheitsleistung für betagte oder bestrittene Verbindlichkeiten festzusetzen. Auch ein Sperrjahr ist nicht vorgeschrieben, jedoch ist die Einhaltung einer gewissen Sperrzeit schon empfehlenswert,[117] wenn auch der Gleichklang mit der Abwicklung bei der GmbH wegen deren geringer Bedeutung nicht unbedingt die Jahresfrist vorschreibt. Das HGB geht davon aus, dass bei einer KG wenigstens eine (ursprünglich: natürliche) Person weiterhin voll haftet und daher die Schuldentilgung und Verteilung des Vermögens nicht im einzelnen reglementiert zu werden braucht. Dass diese Vorstellung bei einer GmbH & Co. mit mehr oder weniger vermögensloser Komplementär-GmbH nicht den Verhältnissen entspricht, liegt auf der Hand. Dies ist wohl für *K. Schmidt*[118] Anlass zu verlangen,[119] **§ 73** solle auch für die Liquidation der KG gelten, allerdings nur, wenn KG und GmbH in Insolvenz sind. Unseres Erachtens ist diese Folgerung nicht zu ziehen, denn entweder ist die GmbH nur gering mit Eigenkapital versehen, dann nützt es den Gläubigern wenig, oder sie ist selbst sehr werthaltig, dann können sich die Gläubiger an die GmbH halten.

38 Schon **vor der Beendigung** der Abwicklung kann **überschüssiges Geld** (aber auch sonstiges Vermögen) **vorläufig verteilt** werden, während für betagte und bestrittene Verbindlichkeiten entsprechende Beträge gemäß § 155 Abs. 2 S. 1 u. 2 HGB zurückzubehalten sind. Das vorläufig Verteilte kann **zurückverlangt** werden, soweit es benötigt wird zur Schuldenabdeckung.[120] Der Rückforderungsanspruch besteht kraft gesetzlichen Vorbehalts des § 155 Abs. 2 S. 1 HGB und ist kein Bereicherungsanspruch; daher ist § 818 BGB nicht anwendbar.[121] Die Rückzahlung kann auch von Zessionaren des Anspruchs auf vorläufige Zahlung sowie von Pfändungsgläubigern des Gesellschafters verlangt werden.[122] Werden Gläubiger übergangen, so müssen die Kommanditisten das Empfangene zurückzahlen, Gläubiger können diesen Anspruch der Gesellschaft pfänden, die Liquidatoren haften der Gesellschaft ggf. auf Schadensersatz.[123] War über das Vermögen des Gesellschafters das Insolvenzverfahren eröffnet und war die vorläufige Zahlung zur Insolvenzmasse gelangt, so ist der Rückforderungsanspruch Masseschuld gemäß § 55 Abs. 1 Nr. 3 InsO.[124] Zur Koordination der Abwicklung der KG und der GmbH s. *K. Schmidt* GmbHR 1980, 261 ff.

VIII. Österreichisches Recht

39 § 91 Abs. 2 und 4 ÖGmbHG entsprechen im Grundgedanken § 73 Abs. 2. § 91 Abs. 3 ÖGmbHG lässt die Verteilung des Restvermögens bereits drei Monate nach dem Gläubigeraufruf des § 91 Abs. 1 S. 2 ÖGmbHG zu, im Gegensatz zu dem Sperrjahr nach deutschem Recht. Soweit Gläubiger vor Verteilung an die Gesellschaft noch nicht befriedigt sind oder soweit Gesellschafter die ihnen zustehenden Beträge nicht erhoben haben, ist bei Gericht zu hinterlegen.

---

[117] *Scholz/K. Schmidt* Rn. 38.
[118] *Scholz/K. Schmidt* Rn. 39 f.; *ders.* GmbHR 1989, 141, 144.
[119] Unter Hinweis auf die st. Rspr. seit BGHZ 60, 324 ff. zur Auszahlungssperre des § 30 bei der GmbH & Co.
[120] RG LZ 1931, 1268; *Staub/Habersack* § 155 Rn. 27; *Scholz/K. Schmidt* Rn. 38.
[121] So *Scholz/K. Schmidt* Rn. 38; aA *Staub/Habersack* § 155 Rn. 27 und *Schlegelberger/K. Schmidt* § 155 Rn. 13; wie hier *Baumbach/Hopt* § 155 Rn. 1.
[122] *Scholz/K. Schmidt* Rn. 38; *Staub/Habersack* § 155 Rn. 37.
[123] *Scholz/K. Schmidt* Rn. 38.
[124] *Staub/Habersack* § 155 Rn. 27.

§ 74 [Schluß der Liquidation]

(1) ¹Ist die Liquidation beendet und die Schlußrechnung gelegt, so haben die Liquidatoren den Schluß der Liquidation zur Eintragung in das Handelsregister anzumelden. ²Die Gesellschaft ist zu löschen.

(2) ¹Nach Beendigung der Liquidation sind die Bücher und Schriften der Gesellschaft für die Dauer von zehn Jahren einem der Gesellschafter oder einem Dritten in Verwahrung zu geben. ²Der Gesellschafter oder der Dritte wird in Ermangelung einer Bestimmung des Gesellschaftsvertrags oder eines Beschlusses der Gesellschafter durch das Gericht (§ 7 Abs. 1) bestimmt.

(3) ¹Die Gesellschafter und deren Rechtsnachfolger sind zur Einsicht der Bücher und Schriften berechtigt. ²Gläubiger der Gesellschaft können von dem Gericht (§ 7 Abs. 1) zur Einsicht ermächtigt werden.

Literatur: *Bork* Die als vermögenslos gelöschte GmbH im Prozeß, JZ 1991, 841; *Buchner* Amtslöschung, Nachtragsliquidation und masselose Insolvenz von Kapitalgesellschaften, 1988; *Budde/Förschle* Sonderbilanzen, 1994, S. 267 ff.; *Eder* Auflösung und Liquidation in den GmbH-Rechten der EWG-Länder, GmbHR 1966, 173; *Fleck* Anm. LM § 74 Nr. 2; *Gottschling* Anm. zu BayObLG GmbHR 1956, 76; *ders.* Anm. zu BFH GmbHR 1968, 190; *Heller* Die vermögenslose GmbH, 1989; *Hönn* Die konstitutive Wirkung der Löschung von Kapitalgesellschaften, ZHR 138 (1974), 50; *Hofmann* Zur Liquidation einer GmbH, GmbHR 1976, 258; *Hüffer* Das Ende der Rechtspersönlichkeit bei Kapitalgesellschaften, Gedächtnisschrift Schulz, 1987, S. 99 ff.; *Kalter* Die Konkursfähigkeit der im Handelsregister gelöschten GmbH, KTS 1984, 525; *Richert* Zur Frage der Wiedereintragung einer gelöschten Handelsgesellschaft als noch in Liquidation befindlich, MDR 1956, 149; *Saenger* Die im Handelsregister gelöschte GmbH im Prozeß, GmbHR 1994, 300; *Hubert Schmidt* Zur Vollbeendigung juristischer Personen, 1989; *Karsten Schmidt* Löschung und Beendigung der GmbH, GmbHR 1988, 209 ff.

Übersicht

	Rn.		Rn.
I. Normzweck	1	b) Folgen der Nichtbeendigung	14
II. Pflichten der Liquidatoren bis zur Beendigung der Liquidation (Abs. 1)	2–6	c) Prozessstatus	15
		d) Verjährung, Sicherheiten	16
1. Beendigung der Abwicklung	2	e) Fortsetzung	17
2. Schlussrechnung, Entlastung	3, 4	V. Nachtragsliquidation	18–30
3. Schlussanmeldung	5	1. Abwicklungsbedarf	18–20
4. Sonstige Pflichten der Liquidatoren	6	a) Vermögen	18
III. Aufbewahrung der Bücher und Schriften (Abs. 2)	7–11	b) Durchsetzung	19
		c) Zuständigkeit und § 142 FGG	20
1. Aufbewahrungspflicht	7, 8	2. Andere Fälle von Abwicklungsbedarf	21–23
2. Aufbewahrungsperson	9	3. Liquidatoren	24, 25
3. Einsichtsrechte (Abs. 3)	10, 11	4. Verfahren	26, 27
IV. Beendigung der Gesellschaft	12–17	5. Aufgaben und Erledigung	28, 29
1. Zeitpunkt der Beendigung	12	6. Prozesssituation	30
2. Rechtsfolgen	13–17	VI. GmbH & Co. KG	31, 32
a) Folgen der Beendigung	13	VII. Österreichisches Recht	33

I. Normzweck

§ 74 ist zum erstenmal seit 1892 geändert worden durch das Gesetz zur Durchführung der 11. Gesellschaftsrechtlichen Richtlinie des Rates der EG, vom 22. 7. 1993, BGBl. I S. 1282, Art. 2 Nr. 4: **Abs. 1 ist neu eingefügt,** die folgenden Absätze sind neu numeriert worden. Damit werden nun die Liquidatoren formell verpflichtet, bei Abschluss der Liquidation Schlussrechnung zu legen und die Gesellschaft löschen zu lassen; dies wurde natürlich immer schon als ihre Pflicht angesehen. – Abs. 2 ver- 1

§ 74

pflichtet die Liquidatoren, zum Abschluss ihrer Tätigkeit („nach Beendigung der Liquidation") die Bücher und Schriften der Gesellschaft in Verwahrung zu geben. Die sonstigen Pflichten, denen sie nach Verteilung des Gesellschaftsvermögens gemäß §§ 72, 73 bis zur vollständigen Beendigung ihrer Tätigkeit noch unterliegen, führt das Gesetz in Abs. 1 nur teilweise auf; sie sind in Rn. 2 ff. behandelt. Nach Beendigung der Liquidation sollte die Gesellschaft im Handelsregister gelöscht sein. Sie ist dann erloschen, wenn sie keinerlei Vermögen und keinen sonstigen Abwicklungsbedarf mehr hat (Rn. 12 ff.). Ansonsten ist wohl eine Nachtragsliquidation erforderlich (Rn. 18 ff.). Die Verwahrung der Bücher ist eine die Abwicklung überdauernde Vorschrift und dient u. a. den Zwecken einer evtl. Nachtragsliquidation. Für Aktiengesellschaften ist die entsprechende Vorschrift des § 273 AktG besser gefasst, und diese Fassung sollte nach RegE 1971 weitgehend in das GmbHG übernommen werden (§ 225 RegE). Die Rechtsgedanken des AktG können aber auch ohne ausdrückliche Bestimmung im GmbHG verwertet werden. Abs. 3 regelt das Recht zur Einsichtnahme in die aufbewahrten Bücher und Schriften.

II. Pflichten der Liquidatoren bis zur Beendigung der Liquidation (Abs. 1)

2   **1. Beendigung der Abwicklung.** Die Liquidation ist beendet, wenn die Liquidatoren ihre Arbeit einstellen können. Dass sie ihre Tätigkeit bis zur Verteilung des Vermögens gemäß §§ 70 bis 73 durchgeführt haben, genügt nicht, da noch die untengenannten Pflichten zu erfüllen sind.[1] Insofern ist auch der erst 1993 eingefügte Abs. 1 ungenau und unvollständig. Die letzte Handlung der Liquidatoren ist die Übergabe der Bücher an eine die Verwahrung übernehmende Person.

3   **2. Schlussrechnung, Entlastung.** Abs. 1 schreibt jetzt ausdrücklich – wie der früher analog angewandte § 273 Abs. 1 AktG – fest, dass eine **Schlussrechnung** zu legen ist. Dies folgt schon aus der Pflicht zur ordnungsmäßigen Liquidation. Was allerdings eine Schlussrechnung darstellt, ist streitig. Jedenfalls ist nach wohl hM eine Liquidationsschlussbilanz aufzustellen und die Schlussrechnung wird zT als daneben erforderliche Rechnungslegung, zT als identisch angesehen.[2] Das Recht auf Schlussrechnung steht der Gesellschaft, nicht dem einzelnen Gesellschafter zu.[3] Es sind dann noch die Kosten für Eintragung und Veröffentlichung der Löschung der Gesellschaft zurückzuhalten und zurückzustellen, während restliche Steuern und die Kosten der Abwicklung beglichen oder sichergestellt sein müssen.

4   Die Liquidatoren haben (ebenso wie Geschäftsführer) **keinen Anspruch** darauf, dass die **Gesellschafterversammlung** ihnen nach Prüfung und Genehmigung der Schlussrechnung **Entlastung** erteilt.[4] Dasselbe muss für die gerichtlich bestellten Liquidatoren gelten. Natürlich können die Liquidatoren Entlastung beantragen und die Gesellschafter können sie beschließen. Ist Entlastung ohne Schlussrechnung[5] erteilt, so kann der Entlastungsbeschluss von Gesellschaftern, die nicht einverstanden waren, an-

---

[1] Etwas genauer § 273 AktG.
[2] Vgl. hierzu ausführlich § 71 Rn. 25 ff., zT gegen die Voraufl.
[3] BayObLG BB 1963, 664; *Hachenburg/Hohner* Rn. 17; *Scholz/K. Schmidt* Rn. 3.
[4] Grundlegend BGHZ 94, 324 ff.; *Scholz/K. Schmidt* Rn. 3 und § 46 Rn. 101 f.; *Roth/Altmeppen* Rn. 5; *Lutter/Hommelhoff* § 46 Rn. 15 und § 74 Rn. 8; *Hachenburg/Hohner* Rn. 18; *Meyer-Landrut/Miller/Niehus* § 46 Rn. 28; aA *Baumbach/Zöllner* § 46 Rn. 29; wohl auch *Koppensteiner*, oben § 46 Rn. 31.
[5] § 71 Rn. 27.

Schluß der Liquidation § 74

gefochten werden.[6] Ist die Schlussrechnung nicht ordnungsgemäß aufgestellt, so kann die Gesellschafterversammlung von den Liquidatoren eine eidesstattliche Versicherung gemäß § 259 Abs. 2 BGB verlangen[7] und zunächst die Entlastung verweigern. Die Gesellschafterversammlung kann in Anbetracht des neuen Abs. 1 die Liquidatoren von der Vorlage der Schlussrechnung befreien.[8] Wenn kein Gesellschafter sie verlangt, ist die Liquidation abgeschlossen.

3. **Schlussanmeldung.** Die **Pflicht** der Liquidatoren, die **Löschung der Gesellschaft** im Handelsregister **zu beantragen,** ist im neuen Abs. 1 nun ausdrücklich festgelegt; sie wurde auch vorher postuliert. Zur Anmeldung genügt die (beglaubigte) Unterschrift von Liquidatoren in vertretungsberechtigter Zahl gemäß § 78. Anzumelden ist, wie eingetragen wird, nämlich nach der einen Meinung entsprechend § 31 Abs. 2 HGB: „Die Firma ist erloschen",[9] richtiger aber: „Die Gesellschaft ist erloschen".[10] Tatsächlich aber ist durch die Löschung die Gesellschaft nur dann beendet, wenn kein Vermögen mehr vorhanden und kein weiterer Abwicklungsbedarf mehr gegeben ist.[11] Das Gericht kann die Richtigkeit der Anmeldung gemäß § 12 FGG überprüfen und ggf. Nachweise verlangen.[12] Vor Ablauf des Sperrjahres gemäß § 73 soll die Löschung grundsätzlich nicht erfolgen.[13] Melden die Liquidatoren die Beendigung der Gesellschaft nicht an, kann das Registergericht gemäß § 14 HGB Zwangsgelder festsetzen und die Amtslöschung auch nach § 141a FGG (früher § 2 LöschG) anordnen, wenn der Zwang nicht zur Anmeldung führt, §§ 31 Abs. 2 S. 2 HGB, 141 FGG.[14] In der Anmeldung der Beendigung der Gesellschaft liegt auch die Anmeldung der Beendigung des Liquidatorenamts, doch braucht dies nicht besonders ausgesprochen zu werden.[15] Zur Frage des evtl. Fortbestehens der Stellung der Liquidatoren bei einer Nachtragsliquidation s. Rn. 24. 5

4. **Sonstige Pflichten der Liquidatoren.** Die Liquidatoren müssen nicht nur die Beendigung der Gesellschaft anmelden (Rn. 5), sondern **alles tun, um die Eintragung des Erlöschens zu erreichen.** Sie haben also Rückfragen und Aufforderungen des Gerichts (etwa zur Vorlage von Nachweisen) zu erledigen, sie haben die Kosten der Eintragung und Veröffentlichung zurückzubehalten und zu zahlen und sie haben den Gesellschaftern Kenntnis von der Eintragung zu geben. Die **Liquidatoren müssen** ggf. vor der Schlussverteilung noch **Beträge für Steuern zurückbehalten,** die möglicherweise erst nach der Löschung endgültig festgesetzt oder fällig werden. Solange allerdings diese Gelder nicht ausbezahlt sind, ist die Löschung der Gesellschaft nicht möglich, es sei denn, der Betrag sei gemäß § 73 Abs. 2 zugunsten des Fiskus hinterlegt, also aus dem Verfügungsbereich der Gesellschaft hinausgegangen. Auch die Kosten der Aufbewahrung der Bücher und Schriften (Rn. 7 ff.) sind vorzusehen. 6

---

[6] *Scholz/K. Schmidt* Rn. 3; zur AG RGZ 34, 57, 58; Kölner KommAktG/*Kraft* § 273 Rn. 8.
[7] *Hachenburg/Hohner* Rn. 18.
[8] AA *Hachenburg/Hohner* Rn. 15.
[9] Vgl. auch *Scholz/K. Schmidt* Rn. 6.
[10] *Hachenburg/Ulmer* § 60 Rn. 14; *Roth/Altmeppen* § 65 Rn. 4; *Hüffer* NJW 1984, 1223; ähnlich *Meyer-Landrut/Miller/Niehus* Rn. 3; ausführlichere Eintragung: *Lutter/Hommelhoff* Rn. 10.
[11] Str., s. § 60 Rn. 52 ff.; s. auch Rn. 12 ff.
[12] *Hachenburg/Hohner* Rn. 23; *Scholz/K. Schmidt* Rn. 5.
[13] Zu Ausnahmen s. § 73 Rn. 4.
[14] Vgl. ausführlicher dazu und zur daneben möglichen Amtslöschung gemäß § 141a FGG (früher § 2 LöschG) *Scholz/K. Schmidt* Rn. 8 f.
[15] BGHZ 53, 264, 267 = NJW 1970, 1044; BayObLG NJW-RR 1994, 617 f. = MDR 1994, 356; *Hachenburg/Hohner* Rn. 21; *Scholz/K. Schmidt* Rn. 10; *Roth/Altmeppen* Rn. 3.

III. Aufbewahrung der Bücher und Schriften (Abs. 2)

7 **1. Aufbewahrungspflicht.** § 74 Abs. 2 S. 1 verlangt, die **Bücher und Schriften der Gesellschaft für zehn Jahre aufzubewahren.** Zur Person, die verwahrt, s. Rn. 9. Dies soll „nach Beendigung der Liquidation" geschehen (Abs. 2), doch ist die Übergabe der Unterlagen in Wirklichkeit der letzte Schritt der Liquidation. **Bücher und Schriften** sind alle tatsächlich geführten und gesammelten Unterlagen, nicht nur die gesetzlich gemäß §§ 238ff., 257 HGB geforderten; dazu gehören zB alle Jahresabschlüsse und Buchhaltungsunterlagen auch aus der Liquidationszeit einschließlich der Originalbelege, alle Korrespondenzen, Frachtbriefe, Urteile, behördliche Bescheide etc.[16] Heute gehören dazu auch Computerunterlagen, Disketten etc. Ist die Aufbewahrungspflicht nach §§ 257 HGB, 147 AO im Zeitpunkt der Übergabe der Unterlagen an die Aufbewahrungsperson bereits abgelaufen, brauchen die Dokumente nicht übergeben zu werden.[17] Laufen die Fristen für gewisse Unterlagen nach Beginn der Verwahrung gemäß § 74 ab, so müssen diese noch für die volle Zehnjahresfrist des § 74 aufbewahrt werden. Die Frist beginnt mit der Übergabe an die Aufbewahrungsperson, nicht mit vorheriger (Rn. 2) „Beendigung der Liquidation".[18]

8 Die Übergabe zur Aufbewahrung **ist Pflicht der Liquidatoren,** zu der sie von Gesellschaftern und Gläubigern auf dem Klagewege, nicht durch Zwangsgeld seitens des Gerichts, angehalten werden können.[19] Die Liquidatoren können sich bei Unterlassung im Falle des Insolvenzverfahrens gemäß §§ 283, 283b StGB strafbar machen,[20] d. h. wenn in einer Nachtragsliquidation es noch zur Insolvenzeröffnung kommt. Der Streit zwischen dem Liquidator und dem Insolvenzverwalter, wen die Pflicht zur Sorge für die Aufbewahrung trifft, kann nicht im Verfahren nach §§ 74 GmbHG, 148, 146 FGG entschieden werden.[21] Diese Pflicht trifft aber den Liquidator.[22]

9 **2. Aufbewahrungsperson.** Aufzubewahren hat die Unterlagen **ein Gesellschafter oder ein Dritter** (Abs. 2 S. 1). In erster Linie bestimmt der Gesellschaftsvertrag diese Person, doch kommt dies selten vor. Schweigt die Satzung oder ist die darin benannte Person nicht geeignet oder bereit, so sollen die Gesellschafter darüber beschließen. Ist ein solcher Beschluss nicht zu erlangen, **bestimmt das Registergericht diese Person** (Abs. 2 S. 2). Den Antrag werden im allgemeinen die Liquidatoren stellen, doch können auch Gesellschafter oder gemäß Abs. 3 ermächtigte Gläubiger (Rn. 10) als Antragsteller auftreten. Die bestellte Person muss damit einverstanden sein.[23] Das Verfahren richtet sich nach §§ 146, 148 FGG; daher ist ein „Gegner", etwa wenn Streit über den Aufbewahrer besteht, tunlichst vom Gericht zu hören.[24] Jeder Dritte, der geeignete Aufbewahrungsmöglichkeiten für zehn Jahre bietet, kann

---

[16] BayObLGZ 1967, 240 = NJW 1968, 56; *Baumbach/Hueck/Schulze-Osterloh* Rn. 7; *Lutter/Hommelhoff* Rn. 12; *Hachenburg/Hohner* Rn. 4; *Scholz/K. Schmidt* Rn. 28.
[17] *Hachenburg/Hohner* Rn. 5; *Scholz/K. Schmidt* Rn. 28.
[18] *Hofmann* GmbHR 1976, 258, 268; *Baumbach/Hueck/Schulze-Osterloh* Rn. 8; *Hachenburg/Hohner* Rn. 5; *Scholz/K. Schmidt* Rn. 31.
[19] BayObLGZ 1967, 240 = NJW 1968, 56; *Hofmann* GmbHR 1976, 258, 267f.; *Hachenburg/Hohner* Rn. 3; *Scholz/K. Schmidt* Rn. 29; *Baumbach/Hueck/Schulze-Osterloh* Rn. 10; *Meyer-Landrut/Miller/Niehus* Rn. 6.
[20] *Hachenburg/Hohner* Rn. 3; *Baumbach/Hueck/Schulze-Osterloh* Rn. 10; *Scholz/K. Schmidt* Rn. 29.
[21] OLG Stuttgart KTS 1984, 491, 492.
[22] OLG Stuttgart NZG 1999, 31.
[23] OLG Stuttgart KTS 1984, 491.
[24] *Hachenburg/Hohner* Rn. 6; *Scholz/K. Schmidt* Rn. 30.

Schluß der Liquidation § 74

berufen werden, auch ein Liquidator; häufig werden Treuhandgesellschaften dies gegen Entgelt übernehmen. Hat die Gesellschaft ihr Unternehmen veräußert und dem Erwerber die Unterlagen übergeben, kann und braucht sie diese nicht in eigener Verantwortung beim Erwerber zu überwachen, aber dieser muss die Einsichtsrechte gewähren.[25] Der Verwahrer ist nicht Vertreter der Gesellschaft.[26] Die Liquidationsgesellschaft hat die Veräußerungsunterlagen und Folgedokumente wieder gemäß § 74 zu behandeln.[27] – Die **Kosten der Aufbewahrung** sind für die zehn Jahre im voraus zu bezahlen.[28]

3. Einsichtsrechte (Abs. 3). Die **Gesellschafter** und ihre **Rechtsnachfolger** 10 sind **stets** zur Einsichtnahme in die aufbewahrten Unterlagen berechtigt (S. 1). Als Gesellschafter sind nicht nur die zur Zeit der Abwicklung bei der Gesellschaft registrierten Anteilsinhaber anzusehen, sondern auch **frühere Gesellschafter,**[29] denn auch diese haben, etwa zwecks Überprüfung früherer Jahresabschlüsse, ein berechtigtes Interesse an der Einsicht. Das Recht gewährt grundsätzlich keinen Anspruch auf Herausgabe der Akten, doch muss die Möglichkeit zur Durchsicht und zum Anfertigen von Abschriften vorhanden sein,[30] heute auch die Gelegenheit zum Fotokopieren gegeben sein. Zu letzterem Zweck ist ggf. die kurzfristige Entnahme zu gestatten. Übersendung von Kopien kann nicht verlangt werden.[31] Sachverständige können hinzugezogen werden.[32] **Gläubiger bedürfen zur Einsichtnahme einer Ermächtigung des Registergerichts** (S. 2); auch Gläubiger, die schon vor der Liquidation (teil)befriedigt wurden, und solche, die sich erst nach Abschluss der Liquidation melden, können ermächtigt werden. Gläubiger müssen ihre Berechtigung glaubhaft machen, wozu die Glaubhaftmachung ihrer Gläubigerposition genügt.[33] Bei Abwägung des Bankgeheimnisses (Kreditakten) und des Einsichtsrechts ist diesem im Prinzip wohl Vorrang zu gewähren.[34] Wird die Liquidation einfach nicht beendet, kann der Gläubiger auch vor Löschung der Gesellschaft Einsicht verlangen.[35]

Verfahren. Es verläuft nach §§ 146, 148 FGG;[36] ggf. ist die Gesellschaft durch noch 11 erreichbare Liquidatoren zu hören.[37] Geschäftsführer und Liquidatoren der Gesellschaft

---

[25] OLG Hamburg OLGRspr. 11, 400, 401; *Hachenburg/Hohner* Rn. 7; *Scholz/K. Schmidt* Rn. 32; *Baumbach/Hueck/Schulze-Osterloh* Rn. 9; *Meyer-Landrut/Miller/Niehus* Rn. 7.
[26] LG Köln ZIP 1988, 1125, weshalb die Analogie von *K. Schmidt* in GmbHR 1988, 209, 213 zur Nachtragsliquidation nicht überzeugt, s. Rn. 24 f.
[27] *Hachenburg/Hohner* Rn. 7; *Baumbach/Hueck/Schulze-Osterloh* Rn. 9.
[28] *Lutter/Hommelhoff* Rn. 4; *Baumbach/Hueck/Schulze-Osterloh* Nr. 11; aA *Scholz/K. Schmidt* Rn. 1; *Hachenburg/Hohner* Rn. 8.
[29] *Lutter/Hommelhoff* Rn. 16; *Roth/Altmeppen* Rn. 7; *Scholz/K. Schmidt* Rn. 35; aA *Hachenburg/Hohner* Rn. 10 gegen Voraufl.; *Baumbach/Hueck/Schulze-Osterloh* Rn. 13.
[30] *Baumbach/Hueck/Schulze-Osterloh* Rn. 12; *Meyer-Landrut/Miller/Niehus* Rn. 8; *Hachenburg/Hohner* Rn. 13; *Lutter/Hommelhoff* Rn. 16; *Scholz/K. Schmidt* Rn. 34.
[31] *Meyer-Landrut/Miller/Niehus* Rn. 8.
[32] RGZ 25, 88; *Baumbach/Hueck/Schulze-Osterloh* Rn. 12; *Scholz/K. Schmidt* Rn. 36.
[33] OLG Zweibrücken vom 13. 11. 1997 – 3 W 204/97 –, wohl nicht veröffentlicht; OLG Braunschweig GmbHR 1993, 509; *Hachenburg/Hohner* Rn. 13 gegen 7. Aufl.; *Baumbach/Hueck/Schulze-Osterloh* Rn. 14; *Lutter/Hommelhoff* Rn. 13; *Scholz/K. Schmidt* Rn. 35; auch *Roth/Altmeppen* Rn. 7.
[34] OLG Braunschweig GmbHR 1993, 509 f. = WM 1992, 1912 f.; *Hachenburg/Hohner* Rn. 11.
[35] LG Berlin GmbHR 1992, 539.
[36] Vgl. LG Köln ZIP 1988, 1125 f.
[37] *Hachenburg/Hohner* Rn. 13; aber ein Nachtragsliquidator ist wegen Antrags auf Einsichtnahme nicht zu bestellen, OLG Hamm GmbHR 2001, 819, 821.

§ 74   5. Abschnitt. Auflösung und Nichtigkeit der Gesellschaft

werden in Abs. 3 nicht als Berechtigte genannt. Ihnen dürfte häufig ein eigenes rechtliches Interesse an der Einsichtnahme zustehen (etwa wenn sie haftbar gemacht werden), das gemäß § 810 BGB ein Einsichtsrecht gewährt.[38] Auch dieses Einsichtsrecht sollte das Registergericht gewähren können, obwohl es in Abs. 2 nicht genannt ist und das Recht nach § 810 BGB normalerweise vor dem Prozessgericht geltend gemacht werden muss. Dagegen sollte dieses Recht der Gläubiger (und wohl auch der Gesellschafter) nach dem FGG durchgesetzt werden können.[39] Der Verwahrer vertritt nicht die (beendete) Gesellschaft, sondern ist selbst beteiligt im Verfahren.[40] – Die **Kosten** der Einsichtnahme trägt der Einsehende; der Verwahrer kann im Prinzip keine Erstattung eigener Kosten verlangen.[41]

IV. Beendigung der Gesellschaft

12   **1. Zeitpunkt der Beendigung.** Nach früher hM ist die Gesellschaft beendet, wenn sie vermögenslos ist; die Eintragung ist dann nur noch deklaratorisch.[42] Es ist aber der **heute herrschenden Ansicht** zu folgen, dass die Beendigung durch einen **erweiterten Doppeltatbestand** eintritt: **Löschung und das Fehlen weiteren Abwicklungsbedarfs.**[43] Die Vermögenslosigkeit allein führt das Erlöschen der Gesellschaft nicht herbei; das zeigt schon die Existenz zahlreicher GmbH-Mäntel ohne Vermögen, die infolge noch funktionierender Organisation nicht auffallen.[44] Auf der anderen Seite genügt die Löschung im Handelsregister nicht, wenn noch Vermögen vorhanden ist.[45] Erst wenn Löschung, Vermögenslosigkeit und das Fehlen berechtigten Abwicklungsbedarfs zusammenkommen, ist die Gesellschaft erloschen.[46] Dabei ist in Kauf zu nehmen, dass Kapitalgesellschaften existieren, die nicht mehr im Register eingetragen sind; das schadet kaum etwas.

13   **2. Rechtsfolgen. a) Folgen der Beendigung.** Ist die vermögenslose Gesellschaft ohne weiteren Abwicklungsbedarf **durch Löschung tatsächlich beendet,** so sind die **Gesellschaft** und ihre **Firma endgültig erloschen,** irgendwelche Handlungen, Tätigkeiten, Maßnahmen kommen nicht mehr in Betracht. Stellt sich später heraus, dass doch noch Vermögen oder sonstiger Abwicklungsbedarf vorhanden ist, so war die Gesellschaft nur scheinbar beendet, eine **Nachtragsliquidation** (Rn. 18 ff.) hat stattzufinden. Zur Frage, welche Handlungen auch ohne Vermögen noch erledigt, welche Willenserklärungen abgegeben werden können, s. Rn. 21 f. zur Nachtragsliquidation.

---

[38] *Hachenburg/Hohner* Rn. 9; *Scholz/K. Schmidt* Rn. 35; vgl. auch *Baumbach/Hueck/Schulze-Osterloh* Rn. 15.

[39] So nur für Gläubiger: *Scholz/K. Schmidt* Rn. 37; *Lutter/Hommelhoff* Rn. 16; *Meyer-Landrut/Miller/Niehus* Rn. 8, 9; *Baumbach/Hueck/Schulze-Osterloh* Rn. 13, 14; *Hachenburg/Hohner* Rn. 11.

[40] *Hachenburg/Hohner* Rn. 11; *Scholz/K. Schmidt* Rn. 37, obwohl nicht ganz klar; ebenso *Baumbach/Hueck/Schulze-Osterloh* Rn. 14; LG Köln ZIP 1988, 1125 f.

[41] OLG Braunschweig GmbHR 1993, 509 f. = WM 1992, 1912 f.; s. auch LG Berlin GmbHR 1992, 539.

[42] S. Nachweise und Erörterung § 60 Rn. 52 ff., wo auch weitere Theorien abgehandelt werden.

[43] § 60 Rn. 55 ff.; OLG Stuttgart ZIP 1998, 1880, 1882.

[44] S. Ausführungen zum Mantel § 60 Rn. 6.

[45] Entgegen einer insbesondere von *Ulmer* vertretenen Meinung, s. § 60 Rn. 53; *Hachenburg/Hohner* § 74 Rn. 26 entscheidet sich wegen der relativ geringen praktischen Bedeutung in dem dogmatischen Streit nicht.

[46] § 60 Rn. 55, sog. „erweiterter Doppeltatbestand"; s. auch *Bork* JZ 1991, 841, 844 f.; *Saenger* GmbHR 1994, 300, 302.

Die beendete Gesellschaft ist **weder rechtsfähig noch parteifähig**,[47] ein laufender Prozess ist beendet, nicht nur unterbrochen.[48] Der BGH hat mit dem zitierten Urteil mit unterschiedlicher Begründung vorgetragene Einwände von Rechtsprechung und Literatur zurückgewiesen.[49] Die Zustellung einer Klageschrift begründet kein Prozessverhältnis mehr.[50]

b) Folgen der Nichtbeendigung. Ist die Gesellschaft aber nicht beendet, weil sie noch Vermögen hat oder noch Abwicklungsnotwendigkeit besteht,[51] so kann sie auch noch Aktiv- und Passivprozesse führen. Wer ihre weiter bestehende Rechtsfähigkeit behauptet, wird dies substantiiert vortragen und letztlich beweisen müssen.[52] Die Löschung bringt die Vermutung mit sich, der Doppeltatbestand (und nach diesseitiger Ansicht der „erweiterte" Doppeltatbestand) sei erfüllt.[53]

c) Prozessstatus. Prozessual ist die gelöschte GmbH mit Vermögen noch **rechts-, also parteifähig, aber nicht prozessfähig.**[54] Hatte sie aber vorher einen Prozessbevollmächtigten Vollmacht erteilt, so kann dieser sie vor Gericht vertreten.[55] Die prozessuale Frage ist sehr streitig, ob das Gericht trotz Weiterführung des Verfahrens gemäß § 246 ZPO und Weiterbestehens der Prozessvollmacht gemäß § 86 ZPO von amtswegen die Prozessvoraussetzung der Prozessfähigkeit vor Erlass eines Sachurteils zu prüfen hat.[56] Hier wird der Ansicht beigetreten, dass im Verfahren die (neue) Vollmacht zu prüfen ist, etwa damit bei Erfolg des Aktivprozesses ein Liquidator das Ergebnis entgegennehmen kann. Da es sich bei der Parteifähigkeit um eine Prozessvoraussetzung handelt, fällt wie häufig die Prozessvoraussetzung (etwa: vorhandenes Vermögen der GmbH) mit der materiell-rechtlichen Entscheidung zusammen. Das Gericht muss daher die Richtigkeit der Behauptung unterstellen[57] und bei Widerlegung gegen die GmbH ein Sachurteil erlassen.[58] Dabei genügt es in einem Passivverfahren der Gesellschaft nicht, dass der Kläger seinerseits Geldforderungen gegen die GmbH erhebt, da eine vermögenslose GmbH diese Forderung nicht mehr erfüllen kann.[59] Der Kläger müsste Vermögenswerte der GmbH oder ihn betreffenden Abwicklungsbedarf

---

[47] *Scholz/K. Schmidt* Rn. 17; allgM; für e. V. OLG Düsseldorf NJW 1966, 1034, 1035; vgl. den Fall des BFH GmbHR 2001, 839 f., in dem trotz Löschung der Geschäftsführer als Liquidator die GmbH vertreten soll; s. aber auch OLG Saarbrücken OLGR Saarbrücken 2001, 227 f. = GmbHR 2001, 580 (Leitsatz): Vertretungsbefugnis des Geschäftsführers endet mit der Löschung.

[48] BGHZ 74, 212, 213 = NJW 1979, 1592; *Scholz/K. Schmidt* Rn. 17; *Bork* JZ 1991, 841, 846; *Baumbach/Hueck/Schulze-Osterloh* Rn. 19, jeweils mwN; s. aber auch BFH, oben Fn. 47.

[49] Vgl. näher *Scholz/K. Schmidt* Rn. 17.

[50] OLG Bremen GmbHR 1988, 445.

[51] S. auch OLG Koblenz GmbHR 1992, 761.

[52] *Saenger* GmbHR 1994, 300, 303; *Bork* JZ 1991, 841, 848 f.

[53] *H. Schmidt* Zur Vollbeendigung juristischer Personen, 1989, S. 134; *Bork* JZ 1991, 841, 846; *Scholz/K. Schmidt* Anh. § 60 Rn. 18 für seinen engeren Doppeltatbestand.

[54] Die prozessualen Fragen sind bei *Bork* JZ 1991, 841, 845 ff. und *Saenger* GmbHR 1994, 300, 303 ff. eingehend behandelt.

[55] BGHZ 121, 263, 265 = NJW 1993, 1654; *Baumbach/Hueck/Schulze-Osterloh* Rn. 18; allgM.

[56] Nein: BGHZ 121, 263, 265; BFH NJW 1986, 2599; OLG Hamburg GmbHR 1996, 860 f.; NJW-RR 1997, 1400; OLG Koblenz NZG 1998, 637 f.; *Saenger* GmbHR 1994, 300, 305 f.; *Baumbach/Hueck/Schulze-Osterloh* Rn. 18; doch zu prüfen: Hess. FG EFG 1998, 1144 f.: sonst Klage unzulässig; *Weber-Grellet* NJW 1986, 2559 f.; *Ahmann* GmbHR 1997, 439 ff.; *Vollkommer* EWiR 1993, 165 f.; *Stein/Jonas/Roth* § 246 Rn. 11.

[57] BayObLG GmbHR 1993, 821 f.

[58] *Bork* JZ 1991, 841, 846; *Saenger* GmbHR 1994, 300, 303; *Zöller/Vollkommer* § 50 Rn. 4 b.

[59] *Saenger* GmbHR 1994, 300, 304; vgl. BGHZ 74, 212, 213 für einen Verein.

§ 74   5. Abschnitt. Auflösung und Nichtigkeit der Gesellschaft

nachweisen, sonst wird seine Klage abgewiesen.⁶⁰ Seine Forderung ist aber wegen Hemmung nach § 203 BGB (heute: § 204 BGB nF) zwischenzeitlich nicht verjährt.⁶¹ Es dürfte nicht genügen, dass der Kläger einer Geldforderung anderweitigen Abwicklungsbedarf zugunsten Dritter aufzeigt (etwa das Recht eines früheren Angestellten auf Zeugnis oder ein Verlangen auf Löschung einer zugunsten der GmbH eingetragenen Grundschuld), denn solche Abwicklungsnotwendigkeiten, anders als Vermögen der GmbH, können nur für den betreffenden Anspruchsgläubiger den Rechtsweg gegen die gelöschte GmbH eröffnen, nicht für jeden Kläger. Wird die Gesellschaft in einem laufenden Prozessverfahren gemäß § 141a FGG (früher § 2 Abs. 1 LöschG) gelöscht, ist sie aber nicht beendet, so muss Nachtragsliquidation gemäß § 66 Abs. 5, bei nicht vermögensmäßigen Ansprüchen analog § 273 Abs. 4 AktG beantragt werden.⁶²

16   **d) Verjährung, Sicherheiten.** Die **Verbindlichkeiten** der beendeten GmbH sind nicht mehr eintreibbar, verjähren aber bei noch vorhandenem Vermögen nicht. **Akzessorische Sicherheiten** verselbständigen sich, da nur so der Sicherungszweck zu erreichen ist.⁶³ Daher können **Bürgen** weiterhin in Anspruch genommen, Grundpfandrechte auch an Grundstücken Dritter durchgesetzt werden. Ist aber die Liquidation nach § 73 ordnungsgemäß mit der Verteilung von Vermögen an die Gesellschafter beendet worden, so hätte sich der Gläubiger aus dem Vermögen vorher befriedigen können, und insoweit verfällt die Bürgschaftsverpflichtung des Bürgen.⁶⁴

17   **e) Fortsetzung.** Eine Fortsetzung der beendeten Gesellschaft ist nicht möglich,⁶⁵ sonst könnte jede erloschene Gesellschaft durch die Gesellschafter wieder belebt werden, ohne dass die Erfordernisse einer Neugründung zu erfüllen und die formalen Kontrollen vor der Eintragung zu passieren wären.

V. Nachtragsliquidation

18   **1. Abwicklungsbedarf. a) Vermögen.** Stellt sich **nach Löschung** der Gesellschaft noch **Vermögen** oder **anderer Handlungsbedarf** heraus, so ist eine Nachtragsliquidation durchzuführen. Es kommt nicht darauf an, weshalb die Gesellschaft als erloschen gelöscht ist. Eine Nachtragsliquidation ist im GmbHG erst neuerdings in § 66 Abs. 5⁶⁶ vorgesehen, aber die ausdrückliche Bestimmung des § 273 Abs. 4 AktG und § 2 Abs. 2 LöschG führten immer schon zur Bejahung der Möglichkeit der Nachtragsliquidation.⁶⁷ Die scheinbar beendete Gesellschaft besteht in Wirklichkeit noch.⁶⁸ Vermögenswerte können schon während des Auflösungsstadiums vorhanden, nur unbekannt gewesen sein,⁶⁹ sie können aber gerade auch durch Verteilungshandlungen der Liquidatoren geschaffen worden sein, wie Regressansprüche gegen Liquidatoren we-

---

⁶⁰ BGHZ 48, 303, 307; *Bork* JZ 1991, 841, 848f.
⁶¹ OLG Hamm GmbHR 1990, 303ff. = DB 1990, 1226f.; anders *H. Schmidt* (Fn. 53) S. 124.
⁶² *Saenger* GmbHR 1994, 300, 305; *Baumbach/Hueck/Schulze-Osterloh* § 60 Rn. 64 aE.
⁶³ § 60 Rn. 56; BGHZ 82, 323, 326 = BB 1982, 331, 332; *Scholz/K. Schmidt* Rn. 16; *Hachenburg/Hohner* Rn. 28; *Baumbach/Hueck/Schulze-Osterloh* Rn. 16.
⁶⁴ LG Lübeck GmbHR 1992, 539f. = WM 1991, 1337, bezugnehmend auf BGHZ 82, 326; *Palandt/Sprau* § 765 Rn. 29.
⁶⁵ § 60 Rn. 67 mwN auch zu Gegenstimmen; *K. Schmidt* GmbHR 1988, 209, 211f.
⁶⁶ S. dort Rn. 32.
⁶⁷ Vgl. BGHZ 48, 303, 307; BGHZ 53, 264, 266 = NJW 1970, 1044; BGHZ 105, 259, 262 = NJW 1989, 220; LM § 74 Nr. 1; BayObLG ZIP 1984, 450, 451; *Baumbach/Hueck/Schulze-Osterloh* § 60 Rn. 64 und § 66 Rn. 36; *Meyer-Landrut/Miller/Niehus* Rn. 10; *Lutter/Hommelhoff* Rn. 17ff.; *Hachenburg/Hohner* Rn. 30f.; *Roth/Altmeppen* Rn. 11ff.; *Scholz/K. Schmidt* Rn. 19.
⁶⁸ Zur Vollbeendigung s. § 60 Rn. 52ff.
⁶⁹ KGJ 41, 139; *Scholz/K. Schmidt* Rn. 19; vgl. den Fall OLG Köln GmbHR 1993, 823f.

Schluß der Liquidation § 74

gen Verstoß gegen § 73 oder Bereicherungsansprüche gegen die Gesellschafter aus gleichem Grunde.[70] Ein noch bestehender Einlageanspruch gegen einen Gesellschafter genügt.[71] Nach der Vereinigung Deutschlands sich ergebende Ansprüche wegen **in der DDR enteigneter Gegenstände** führen auch zur Nachtragsliquidation einer nach dem früheren § 2 LöschG gelöschten Gesellschaft, nicht zur Amtslöschung der Löschung nach § 142 FGG.[72] So sind Rückübertragungsansprüche der im alten Bundesgebiet gelöschten GmbH Grund für eine Nachtragsliquidation.[73]

b) **Durchsetzung.** Die Vermögenswerte müssen **realisierbar** und an Gläubiger und/oder Gesellschafter **verteilbar** sein;[74] ggf. auch nur an einen Gläubiger.[75] Der Antragsteller hat die Realisierbarkeit des Anspruchs schlüssig darzulegen.[76] Werden verspätet weitere Ansprüche bekannt, die nach ordnungsmäßiger Verteilung nicht mehr zu befriedigen sind, so kann dies ohne verteilbares Vermögen grundsätzlich nicht zu einer Nachtragsliquidation führen.[77] Diesen Gläubigern steht keine Haftungsmasse mehr zur Verfügung, und zwar auch dann nicht, wenn etwa für vorher bekannte Gläubiger noch Regressansprüche der Gesellschaft gegen Liquidatoren wegen unrechtmäßiger Verteilung bestehen.[78] Um aber den entgegen § 73 übergangenen Gläubigern (oder auch Gesellschaftern) die Ausübung ihrer Rechte zu ermöglichen, genügt es, dass sie das Vorhandensein von Vermögen, etwa von Ansprüchen gegen Dritte oder Regressansprüchen wegen Verstoß gegen § 73, glaubhaft machen, damit das Registergericht die Gesellschaft wieder einträgt und Liquidatoren bestellt.[79] 19

c) **Zuständigkeit und § 142 FGG.** Die Nachtragsliquidation hat der **Richter** anzuordnen, nicht der Rechtspfleger.[80] Das Auffinden von Vermögenswerten führt nicht zur Amtslöschung der Löschung nach § 142 FGG,[81] da kein Verfahrensfehler vorliegt. 20

2. **Andere Fälle von Abwicklungsbedarf.** Auch wenn kein Vermögen mehr vorhanden ist, kann Bedarf bestehen, eine beendete Gesellschaft handeln zu sehen. Gemäß § 273 Abs. 4 AktG ist die Nachtragsliquidation einer AG einzuleiten, wenn sich nachträglich ein Bedürfnis für weitere Abwicklungsmaßnahmen ergibt.[82] Das wird auch schon seit langem für die GmbH anerkannt, insbesondere wenn **in ihrem Na-** 21

---

[70] BGHZ 53, 264, 266 = NJW 1970, 1044; BGHZ 105, 259, 261 = NJW 1989, 220; WRP 1977, 394, 395; *Bokelmann* NJW 1977, 1130; vgl. auch § 73 Rn. 26 ff.
[71] BayObLG BB 1985, 7 f. = DB 1985, 107.
[72] LG Frankfurt Rpfleger 1991, 23 f.; zur durch DDR-Maßnahmen voll beendeten GmbH nach der Wende s. OVG Berlin GmbHR 1993, 511 f.
[73] OLG Dresden vom 28. 4. 1997, RGV D V 94.
[74] *Scholz/K. Schmidt* Rn. 19.
[75] BGHZ 105, 259, 262 = NJW 1989, 220.
[76] BayObLG BB 1985, 7 f. = DB 1985, 107; NZG 2000, 833, 834 = NJW-RR 2000, 1348, 1349.
[77] BayObLG WM 1984, 159, 161 re. Sp.; vgl. auch OLG Karlsruhe NJW-RR 1990, 100 f.; *Meyer-Landrut/Miller/Niehus* Rn. 10; *Hachenburg/Hohner* Rn. 31; *Scholz/K. Schmidt* Rn. 21.
[78] § 73 Rn. 24.
[79] BayObLG NZG 2000, 833 f. = ZIP 2000, 1054 f.; *Hachenburg/Hohner* Rn. 35; *Brodmann* Anm. 3; *Liebmann/Saenger* Anm. 5 a; *Scholz/K. Schmidt* Rn. 21; *Lutter/Hommelhoff* Rn. 20; aA KG OLGRspr. 38, 193; BayObLG RJA 12, 221, die beide vollen Beweis fordern; s. aber BayObLG ZIP 1984, 450, 451 zur nachzuholenden Liquidation gemäß dem früheren § 2 LöschG; BayObLG BB 1985, 7 f. = GmbHR 1985, 215: schlüssige Darlegung genügt.
[80] OLG Frankfurt/M. DB 1993, 578 = GmbHR 1993, 230 f.; OLG Schleswig NZG 2000, 317.
[81] BayObLG NZG 2000, 833 f. = ZIP 2000, 1054 f.
[82] Ebenso § 225 RegE 1971.

men noch Erklärungen abzugeben sind, etwa zur Löschung einer zu ihren Gunsten eingetragenen Grundschuld.[83] Wenn dem so ist, kann vernünftigerweise die Gesellschaft **noch nicht beendet** sein,[84] weshalb hier ein erweiterter Doppeltatbestand für die Beendigung angenommen wird. Es sind eine Vielzahl von Sachverhalten denkbar, bei deren Vorliegen die gelöschte Gesellschaft noch Handlungen vornehmen muss. So könnte die **Mitwirkung der Gesellschaft in Passivprozessen** nötig sein, in denen etwa frühere Arbeitnehmer oder Kunden sich noch gegen ehrverletzende Behauptungen zur Wehr setzen oder die fehlende Berechtigung zu einer fristlosen Kündigung feststellen lassen wollen.[85] Ist ein Darlehen vollständig an die gelöschte Gesellschaft zurückgezahlt, so stellt die auf dem Schuldnergrundstück noch eingetragene Hypothek kein verteilungsfähiges Vermögen dar. Da ein Bedürfnis für die Löschung der Hypothek besteht, ist ein Liquidator zu bestellen.[86]

22 Es sind also immer dann Abwicklungsmaßnahmen durchzuführen, wenn ein **berechtigtes Interesse** daran besteht,[87] und zwar **analog § 273 Abs. 4 AktG**.[88] *K. Schmidt*[89] meint, statt eines Liquidators solle in solchen Fällen analog § 74 Abs. 2 ein „Handlungsträger" bestellt werden, der die betreffende Maßnahme vornehmen soll. Tatsächlich aber wird ein Vertreter (Organ) der gelöschten Gesellschaft benötigt, was der Verwahrer gemäß Abs. 2 nicht ist. Daher ist keine Analogie zulässig. Auch die Bestellung eines Pflegers nach § 1913 BGB[90] ist zu weit hergeholt. – **Keine Nachtragsliquidation** ist nötig, wenn nur noch die eidesstattliche Versicherung zum Vermögen abzugeben ist, was der alte Liquidator zu tun hat.[91] – Allerdings werden die die Nachtragsliquidation Beantragenden selbst bei Obsiegen im Prozess die **Kosten** übernehmen müssen, da die Gesellschaft vermögenslos ist. Auch der Liquidator sollte das Amt erst übernehmen, wenn die Kostenfrage geklärt ist, anderenfalls erhält er möglicherweise für seine Tätigkeit nichts und muss ggf. andere Kosten selbst tragen.[92]

23 Werden insbesondere bei einer nach § 60 Abs. 1 Nr. 7 gelöschten Gesellschaft die **Bücher und Unterlagen** nicht ordnungsgemäß nach § 74 verwahrt, weil etwa die Geschäftsführer schon vor Amtslöschung ihre Tätigkeit eingestellt haben, so ist auch ein Liquidator zum Zweck der Sicherstellung der Bücher zu bestellen, vorausgesetzt, dass die Kosten vorgestreckt werden. Die Einsichtnahme in solche Bücher erfolgt entsprechend § 74.[93]

---

[83] BGH NJW 1989, 220; BayObLGZ 1955, 288, 292 = GmbHR 1955, 636, 641 m. zust. Anm. *Gottschling*; BayObLG BB 1985, 7 = DB 1985, 107; OLG Karlsruhe NJW-RR 1990, 100 f.; *Marowski* JW 1938, 11, 12; *Baumbach/Hueck/Schulze-Osterloh* § 60 Rn. 64; *Meyer-Landrut/Miller/Niehus* Rn. 10; *Hachenburg/Hohner* Rn. 36.
[84] Rn. 12; § 60 Rn. 55 ff.
[85] Vgl. etwa BAG WM 1982, 219 ff. zu einer Kündigungsschutzklage; BayObLG ZIP 1984, 450, 451 = WM 1984, 159 ff. zur Zustellung eines Steuerbescheids und Teilnahme am Steuerverfahren nach Beiladung, ebenso OLG Hamm GmbHR 1997, 75 f.; s. OLG München GmbHR 1988, 225 f.; anders dazu OLG Karlsruhe NJW-RR 1990, 100 f.
[86] BGHZ 105, 259, 260 f. = NJW 1989, 220; BayObLGZ 1955, 288, 295; BayObLG ZIP 1984, 450 f. zur analogen Anwendung von § 273 Abs. 4 AktG.
[87] BGHZ 105, 259, 262 = NJW 1989, 220 f. = MDR 1989, 142.
[88] Ebenso *Bork* JZ 1991, 841, 847; *Saenger* GmbHR 1994, 300, 303; s. auch OLG Hamburg NJW-RR 1989, 570 f. zur Berufungseinlegung gegen eine gelöschte GmbH.
[89] *Scholz/K. Schmidt* Rn. 20; ders. GmbHR 1988, 209, 212 f.
[90] Vorschlag *Scholz/Ulmer* Anh. § 60 Rn. 40.
[91] OLG Köln ZIP 1990, 1330: evtl. sogar der frühere Geschäftsführer.
[92] KGJ 30, A 125, A 127; FG Bad.-Württ. GmbHR 2001, 741 = EFG 2001, 542 f.
[93] OLG Oldenburg GmbHR 1983, 200.

Schluß der Liquidation § 74

3. Liquidatoren. Das **Registergericht** hat die Liquidatoren zu bestellen. Die 24
früher vertretene Meinung, das Amt der vorherigen Liquidatoren bestehe fort,[94]
wird heute zu Recht wohl überwiegend abgelehnt:[95] im Anschluss an die aktienrechtliche Regelung in § 273 Abs. 4 AktG und heute § 66 Abs. 5 GmbHG wird nur
dem Registergericht die Zuständigkeit zur Ernennung eines oder mehrerer Liquidatoren zuerkannt.[96] Die Gesellschafterversammlung ist nicht mehr zuständig.[97] Auch für
eine **Abberufung** oder etwa nötige **Zweitbestellung** der Liquidatoren bleibt das Gericht, nicht die Gesellschafter, zuständig.[98] Ist die Bestellung ohne wirksamen Antrag
erfolgt, bleibt sie wirksam.[99] Funktionell zuständig ist der Richter, nicht der Rechtspfleger.[100]

Das Gericht kann die **alten Liquidatoren erneut bestellen** oder **sonstige Personen**, 25
auch Gesellschafter nach seinem Ermessen,[101] **berufen**. Die früheren Liquidatoren können aber auch ohne erneute Bestellung die gelöschte Gesellschaft gegenüber
dem Gericht vertreten, soweit es um das Bestreiten der Voraussetzungen für eine
Nachtragsliquidation geht.[102] Ratsam ist es, schon im Antrag einen Vorschlag zu machen, wer Liquidator sein soll; das Gericht ist jedoch nicht daran gebunden.[103] – Die
Vertretungsmacht der Liquidatoren ist unbeschränkt, wenn noch Restvermögen
vorhanden ist;[104] sind nur einzelne Abwicklungshandlungen nötig, dann ist die
Vertretungsmacht darauf beschränkt.[105] Das wird man aber nur akzeptieren können,
wenn die Gesellschaft nicht wieder eingetragen ist (Rn. 27). Bei Eintragung muss
der Gläubigerschutz vorgehen.[106] – Natürlich kann – und wird – das Registerge-

---

[94] RGZ 109, 387, 393; BGH LM § 74 Nr. 1; BayObLGZ 1955, 288, 291; OLG Köln OLGZ 1975, 349, 350; *Brodmann* Anm. 3; *Marowski* JW 1938, 11, 12; *Gottschling* GmbHR 1956, 76; *ders.* GmbHR 1968, 190, 191.
[95] BGHZ 53, 264, 266 = NJW 1970, 1044 = LM § 74 Nr. 2 m. Anm. *Fleck*; BGH NJW 1985, 2479 = ZIP 1985, 676, 678; BayObLG NJW-RR 1998, 1333 = ZIP 1998, 421; WM 1984, 159, 160; BFH GmbHR 1968, 190; OLG Hamm GmbHR 2001, 819, 821; OLG Frankfurt GmbHR 1970, 65; *Hofmann* GmbHR 1976, 258, 268; *Baumbach/Hueck/Schulze-Osterloh* § 60 Rn. 65; *Lutter/Hommelhoff* Rn. 21; *Meyer-Landrut/Miller/Niehus* Rn. 11; *Scholz/K. Schmidt* Rn. 22.
[96] Offengelassen, nach welcher Vorschrift zu ernennen: BGHZ 105, 259, 262 = NJW 1989, 220f.; BayObLG NZG 2000, 278, 229 = NJW-RR 2000, 1333; es ist auch auf §§ 48, 29 BGB zu verweisen.
[97] BayObLG NZG 2000 833, 834 = NJW-RR 2000, 1348, 1349; NZG 1998, 228, 229 = GmbHR 1998, 384.
[98] So aber *Lutter/Hommelhoff* Rn. 21; wie hier *Baumbach/Hueck/Schulze-Osterloh* § 60 Rn. 65; *Roth/Altmeppen* Rn. 16.
[99] KG NZG 1999, 163. Bei Personengesellschaften will der BGH allerdings die Vertretungsmacht der früheren Liquidatoren auch bei Nachtragsliquidation bestehen lassen, NJW 1979, 1987; anders für Publikums-KG BayObLG NZG 2000, 833, 834 = ZIP 2000, 1054, 1055.
[100] OLG Frankfurt/M. DB 1993, 578; OLG Schleswig NZG 2000, 317; *Baumbach/Hueck/Schulze-Osterloh* § 60 Rn. 65; s. § 17 Nr. 2b RPflG.
[101] BGHZ 53, 264, 267; KG ZIP 1982, 59, 60; s. KG GmbHR 2001, 252ff.
[102] BayObLG AG 1984, 23, 24 = WM 1984, 159, 160, mit allerdings bedenklicher Begründung; *Scholz/K. Schmidt* Rn. 25; zweifelnd *Roth/Altmeppen* Rn. 18.
[103] *Hachenburg/Hohner* Rn. 34; *Meyer-Landrut/Miller/Niehus* Rn. 11.
[104] *Baumbach/Hueck/Schulze-Osterloh* § 60 Rn. 65; *Hachenburg/Hohner* Rn. 40; aA KG NZG 1999,163, 165f. = DB 1998, 2009, 2010; *Hachenburg/Ulmer* Anh. § 60 Rn. 41: keine unbeschränkten Befugnisse.
[105] VG Weimar v. 6. 3. 2001, 4 K 2489/98, wohl nicht veröffentlicht; *Roth/Altmeppen* Rn. 20; *Baumbach/Hueck/Schulze-Osterloh* § 60 Rn. 65; *Scholz/K. Schmidt* Rn. 23.
[106] *Hachenburg/Hohner* Rn. 40.

§ 74   5. Abschnitt. Auflösung und Nichtigkeit der Gesellschaft

richt den Wirkungskreis, also die **Geschäftsführungsbefugnis** des Nachtragsliquidators auf das angesagte Betätigungsfeld beschränken.[107] Hat der Liquidator nur wenige Aufgaben zu erfüllen, kann die Eintragung der Gesellschaft und des Liquidators unterbleiben.[108]

26   **4. Verfahren. Auf Antrag** eines Beteiligten (§ 66 Abs. 5 und § 273 Abs. 4 AktG) **hat der Registerrichter** bei Glaubhaftmachung vorhandenen Vermögens (Rn. 19) oder des sonstigen Abwicklungsbedarfs (Rn. 21 ff.) **Liquidatoren zu ernennen.** Der Ernannte muss zur Übernahme bereit sein, er kann, wenn nur er die Aufgabe erfüllen kann, zur Übernahme verpflichtet sein, zB bei notwendiger Zeugniserteilung.[109] **Beteiligte** sind Gesellschafter, Gläubiger, frühere Liquidatoren und derjenige, der sich aus der Nachtragsliquidation etwas verspricht.[110] Das Gericht bestellt die Liquidatoren und trägt dann die Gesellschaft wieder in das Handelsregister als in Nachtragsliquidation befindlich ein. Für die Wiedereintragung bedarf es keines besonderen Antrags, sondern der Antrag auf Bestellung des Nachtragliquidators genügt.

27   Es findet **keine Amtslöschung** der vorhergehenden Löschung der Gesellschaft gemäß § 142 Abs. 1 FGG statt,[111] denn zwar fehlte eine wesentliche Voraussetzung für die Löschung – keinerlei Vermögen und keinerlei Handlungsbedarf mehr –, aber die Löschung beruhte nicht auf einem wesentlichen Verfahrensmangel des Gerichts.[112] Standen der Löschung aber tatsächlich **wesentliche Verfahrensfehler** entgegen,[113] so gilt die Vertretungsmacht der bisherigen Liquidatoren oder Geschäftsführer fort.[114] Zur Bestellung auf unwirksamen Antrag s. Rn. 24. Die **Wiedereintragung** der Gesellschaft und Eintragung der Liquidatoren erfolgt gleichzeitig. Es wird die Meinung vertreten, in Anbetracht des begrenzten Zwecks der Nachtragsliquidation sei im allgemeinen keine Eintragung nötig.[115] Richtiger dürfte sein, allgemein die Eintragung zu verlangen, insbesondere auch bei vorhandenem Vermögen,[116] sie bei besonders begrenztem Zweck aber als unnötig zu unterlassen.[117] – Entsprechend seiner allgemeinen Meinung von einer überbleibenden Gesamthand scheidet für *Ulmer*[118] eine erneute Eintragung der Gesellschaft aus; es kommt nur eine Eintragung der Liquidatoren in Betracht. Gegen die Bestellung oder Nichtbestellung eines Liquidators ist die **Beschwerde** möglich; vorsichtshalber ist die **sofortige Beschwerde analog § 273**

---

[107] BayObLG BB 1976, 998, 999; KG NZG 1999, 163, 165 f.
[108] BayObLGZ 1955, 288, 243; *Hofmann* GmbHR 1976, 259, 268; *Scholz/K. Schmidt* Anh. § 60 Rn. 20.
[109] S. dazu eingehend KG GmbHR 2001, 252 ff. m. Anm. *Hohlfeld*.
[110] Kölner KommAktG/*Kraft* § 273 Rn. 26; *Scholz/K. Schmidt* Rn. 22; *Hachenburg/Hohner* Rn. 34.
[111] OLG Hamm GmbHR 2001, 819 ff.; *Scholz/K. Schmidt* Anh. § 60 Rn. 23 mwN.
[112] OLG Frankfurt NJW-RR 1998, 612 f. = GmbHR 1997, 1004 ff. mwN; *Scholz/K. Schmidt* Anh. § 60 Rn. 23.
[113] BGH NJW 1979, 1987.
[114] FG Münster GmbHR 1993, 187.
[115] *Brodmann* Anm. 3.
[116] Vgl. *Scholz/K. Schmidt* Rn. 20; *Lutter/Hommelhoff* Rn. 20; *Baumbach/Hueck/Schulze-Osterloh* § 60 Rn. 67.
[117] BayObLGZ 1955, 292 f. = GmbHR 1956, 76 m. zust. Anm. *Gottschling*; *Eder* GmbHR 1966, 173, 188; *Hofmann* GmbHR 1976, 258, 268; *Lutter/Hommelhoff* Rn. 20; *Hachenburg/Hohner* Rn. 38; *Scholz/K. Schmidt* Rn. 23; aA *Meyer-Landrut/Miller/Niehus* Rn. 11: immer neu einzutragen; wie hier auch *Baumbach/Hueck/Schulze-Osterloh* § 60 Rn. 67.
[118] *Hachenburg/Ulmer* Anh. § 60 Rn. 45.

Abs. 5 AktG einzulegen.[119] Ein Gläubiger hat gegen die Nachtragsliquidation kein Beschwerderecht.[120]

5. Aufgaben und Erledigung. Die Aufgaben der Liquidatoren einer Nachtragsliquidation sind **im allgemeinen begrenzt.** Werden noch ursprüngliche Vermögenswerte aufgefunden, dann sollten Liquidatoren auch versuchen, noch mehr Werte aufzuspüren,[121] daher Eintragung (Rn. 27) und unbeschränkte Vertretungsmacht (Rn. 25). Es müssen leer ausgegangene Gläubiger befriedigt werden, gleichgültig ob sie rechtzeitig vor der ordentlichen Schlussverteilung gemäß §§ 72, 73 mit ihren Ansprüchen bekannt waren oder sich erst später gemeldet haben. Besteht das Vermögen nur in Ansprüchen gegen Liquidatoren (und ggf. gegen Gesellschafter) wegen Verstoßes gegen § 73, sind insoweit nur die jeweils geschädigten Gläubiger zu befriedigen, deren Ansprüche also früh genug bekannt waren.[122] Sind alle Gläubiger befriedigt, kann eine neue Verteilung des restlichen Vermögens an die Gesellschafter stattfinden. Es ist aber weder ein neuer Gläubigeraufruf noch der Ablauf eines erneuten Sperrjahres zur Verteilung nötig.[123] Stellt sich während der Nachtragsliquidation eine Überschuldung oder Zahlungsunfähigkeit heraus, haben die Liquidatoren auch jetzt noch Insolvenzantrag zu stellen.[124]

28

Rechnungslegung. Fortsetzung. Die Liquidatoren brauchen keine Eröffnungsbilanz aufzustellen und kein Sperrjahr zu beachten,[125] wohl aber **Jahresbilanzen** bei längerer Dauer ihres Amts vorzulegen.[126] Zum Abschluss haben sie wieder eine **Schlussrechnung** zu erstellen[127] und die neuen Bücher verwahren zu lassen.[128] Die Aufgabe des Liquidators wird nicht selten gerade darin bestehen, Ersatzansprüche gegen frühere Liquidatoren oder Bereicherungsansprüche gegen Gesellschafter geltend zu machen. Oder es sind noch Willenserklärungen abzugeben oder Prozesse zu führen (Rn. 30). Die Liquidatoren sollten darauf achten, dass die Kosten des Verfahrens und der neuen Abwicklung zur Verfügung stehen, sonst müssen sie sie möglicherweise selbst zahlen (Rn. 22 aE). Eine **Fortsetzung der gelöschten GmbH** in Nachtragsliquidation **kommt nicht in Betracht.**[129] Die Gesellschaft darf nicht wieder zur werbenden werden,[130] da sonst mit jeder gelöschten GmbH ohne Beachtung der Gründungsvorschriften eine neue Geschäftstätigkeit begonnen werden könnte. – Nach Beendigung ihrer Aufgaben haben die Liquidatoren die **erneute Löschung** der Ge-

29

---

[119] *Hachenburg/Hohner* Rn. 37; das BayObLG GmbHR 1993, 821 f. hat diese Frage offengelassen.
[120] OLG Köln DB 1993, 100; häufig auch nicht gegen die Ablehnung der Nachtragsliquidation, s. BayObLG GmbHR 2001, 256.
[121] Vgl. *Hachenburg/Hohner* Rn. 40.
[122] § 73 Rn. 24.
[123] Für Nachtragsliquidation zwecks bloßer Abgabe einer Willenserklärung OLG Hamm BB 1987, 294 f. = GmbHR 1987, 470 ff.; *Baumbach/Hueck/Schulze-Osterloh* § 60 Rn. 68; *Meyer-Landrut/Miller/Niehus* Rn. 11; *Lutter/Hommelhoff* Rn. 22; *Hofmann* GmbHR 1976, 258, 268 f.; *Hachenburg/Hohner* Rn. 39; *Scholz/K. Schmidt* Rn. 23; s. auch OLG Hamm GmbHR 1997, 75 ff. für eine GmbH & Co. KG.
[124] *Kalter* KTS 1984, 525, 528.
[125] *Lutter/Hommelhoff* Rn. 22; OLG Hamm BB 1987, 294 f.: nicht bei sonstigem Abwicklungsbedarf.
[126] *Baumbach/Hueck/Schulze-Osterloh* § 60 Rn. 68; aA *Scholz/K. Schmidt* Rn. 23; *Hachenburg/Hohner* Rn. 39.
[127] *Hofmann* GmbHR 1976, 258, 268 f.; *Hachenburg/Hohner* Rn. 39; *Scholz/K. Schmidt* Rn. 23; *Meyer-Landrut/Miller/Niehus* Rn. 11.
[128] *Lutter/Hommelhoff* Rn. 22.
[129] § 60 Rn. 67, das dort Gesagte gilt auch hier.
[130] *Hachenburg/Hohner* 7. Aufl. Rn. 42.

sellschaft anzumelden.[131] War sie nicht wieder eingetragen worden, genügt eine Anzeige an das Registergericht, dass die Nachtragsliquidation beendet ist.

30 **6. Prozesssituation.** Die Prozesssituation der Gesellschaft, die gelöscht ist,[132] aber noch Vermögen oder anderen Abwicklungsbedarf hat, ist gekennzeichnet von der unverändert bestehenden **Parteifähigkeit**.[133] Für den Prozessbeginn ist zunächst die (substantiierte, s. *Scholz/K. Schmidt*, Fn. 133) Behauptung des Klägers ausreichend, es sei noch Vermögen vorhanden. Selbst wenn kein Vermögen und kein weiterer Abwicklungsbedarf mehr vorhanden sind und die Gesellschaft schon gelöscht wurde, muss die Parteifähigkeit für einen Streit hierüber angenommen werden, ebenso wie für Verfahren zu Kostenentscheidungen.[134] Ist die Parteifähigkeit wegen Vollbeendigung unstreitig erloschen, kann keine Kostenentscheidung nach § 91a ZPO gegen die erloschene Gesellschaft mehr ergehen.[135] – Das BAG hat für eine Kündigungsschutzklage den Fortbestand der während des Rechtsstreits gelöschten und vermögenslosen GmbH unterstellt.[136] Die Feststellungsklage würde nach diesseitiger Meinung als weiterer Abwicklungsbedarf gewertet. Der BFH (I B 30/00 v. 28. 2. 01, nicht veröff.) hat bei Löschung der GmbH während des Revisionsverfahrens die GmbH, die einen Prozessbevollmächtigten bestellt hatte, als vertreten angesehen.

VI. GmbH & Co. KG

31 Für die Kommanditgesellschaft ist über § 161 Abs. 2 HGB **§ 157 HGB** die entsprechende Vorschrift zu § 74 GmbHG. In Abs. 1 ist dort ausdrücklich die Anmeldung des Erlöschens der Firma zum Handelsregister festgesetzt; Abs. 2 sieht die Verwahrung der „Bücher und Papiere" der Gesellschaft vor, ohne einen besonderen Zehn-Jahreszeitraum zu nennen. Die zeitliche Verpflichtung zur Aufbewahrung richtet sich nach § 257 HGB.[137] Bestimmen die Gesellschafter nicht die Aufbewahrungsperson, so hat das Gericht sie gemäß § 157 Abs. 2 S. 2 HGB zu benennen. Während die Gesellschafter und ihre Erben das Recht zur Einsicht und Benutzung haben, ist die Gestattung der Einsicht durch das Gericht an Gläubiger in § 157 Abs. 3 HGB nicht vorgesehen, jedoch nach § 810 BGB möglich.[138] Wird die Komplementär-GmbH gleichzeitig abgewickelt, so darf sie nicht vor der KG beendet werden,[139] es sei denn, ein anderer Komplementär sei noch vorhanden.

32 Eine **Nachtragsliquidation** sieht das HGB nicht vor, doch kann sie bei einer Personengesellschaft mit den alten Liquidatoren durchgeführt werden,[140] also auch

---

[131] *Lutter/Hommelhoff* Rn. 22; *Meyer-Landrut/Miller/Niehus* Rn. 11.
[132] Zu den prozessualen Fragen iE s. *Bork* JZ 1991, 841, 845ff.; *Saenger* GmbHR 1994, 300ff. sowie *Heller* Die vermögenslose GmbH, 1989, S. 174ff.
[133] BGHZ 48, 303, 307 = NJW 1968, 297; BGH WM 1986, 145; NJW 1993, 2943f.; BAG NJW 1988, 2637; OLG Koblenz NZG 1998, 637f. mwN; OLG Hamm NZG 1998, 778f.; *Bokelmann* NJW 1977, 1130f.; *Scholz/K. Schmidt* Anh. § 60 Rn. 22; aA *Hachenburg/Ulmer* Anh. § 60 Rn. 47 mwN, die einen Liquidator für das Gesamthandvermögen verlangen.
[134] S. Rspr. (Fn. 133); BGHZ 24, 91, 94; BGHZ 74, 212, 214 = NJW 1979, 1592; BGH NJW 1982, 238f. = WM 1981, 1387f.
[135] OLG Hamm GmbHR 1988, 267f. gegen BGH NJW 1982, 283f. und OLG Hamburg NJW-RR 1989, 570.
[136] BAG WM 1982, 219ff.
[137] Vgl. *Baumbach/Hopt* § 157 Rn. 4.
[138] *Baumbach/Hopt* § 157 Rn. 7.
[139] Vgl. *K. Schmidt* GmbHR 1980, 264.
[140] BGH NJW 1979, 1987.

bei einer GmbH & Co. KG. Die Grundlage der Nachtragsliquidation ist bei der Komplementär-GmbH problemlos, bei der KG § 146 Abs. 2 HGB, es sei denn, es handle sich um eine Publikums-GmbH & Co. KG.[141] Zur Behandlung der Publikums-KG wie eine GmbH, demzufolge nach Löschung Bestellung von Nachtragsliquidatoren nur durch das Gericht s. BayObLG BB 2000, 1055. Die Nachtragsliquidation kann auch bei anderweitigem Abwicklungsbedarf erfolgen.[142] War für die GmbH & Co. KG ein Liquidator bestellt, so hindert die inzwischen erfolgte Löschung sowohl der Komplementär-GmbH als auch der KG nicht die Geltendmachung von Forderungen durch den Liquidator ohne erneute Eintragung.[143]

VII. Österreichisches Recht

§ 93 Abs. 1 ÖGmbHG setzt fest, dass die Liquidatoren die Beendigung der Liquidation zum Handelsgericht anzumelden und die Löschung der Liquidationsfirma zu beantragen haben. Dabei ist ihre Entlastung durch Beschluss der Gesellschafter nachzuweisen. Die Löschung ist deklaratorisch und bewirkt nur die Beendigung der juristischen Person, wenn kein Vermögen mehr vorhanden ist.[144] Bei Auffinden weiteren Vermögens ist eine Nachtragsliquidation durchzuführen, für die das Gericht auf Antrag eines Beteiligten gemäß § 93 Abs. 5 ÖGmbHG die Liquidatoren ernennt. Dabei braucht aber die bereits gelöschte Gesellschaft nicht wieder eingetragen zu werden.[145] Bedarf für Nachtragsliquidation wegen anderweitigem Abwicklungsbedarfs hat sich offenbar in Österreich noch nicht ergeben, da *Koppensteiner*[146] dazu nicht Stellung nimmt. — Die „Bücher und Papiere" der Gesellschaft sind gemäß § 93 Abs. 3 ÖGmbHG für sieben Jahre ab Ende des Jahres, in dem die Liquidation beendet wurde, aufzubewahren von einer Person, die mangels Satzungsklausel oder Gesellschafterbeschluss vom Gericht bestellt wird: gemäß § 93 Abs. 4 ÖGmbHG können die Unterlagen ähnlich wie nach § 74 eingesehen werden.

33

§ 75 [Nichtigkeitsklage]

(1) **Enthält der Gesellschaftsvertrag keine Bestimmungen über die Höhe des Stammkapitals oder über den Gegenstand des Unternehmens oder sind die Bestimmungen des Gesellschaftsvertrags über den Gegenstand des Unternehmens nichtig, so kann jeder Gesellschafter, jeder Geschäftsführer und, wenn ein Aufsichtsrat bestellt ist, jedes Mitglied des Aufsichtsrats im Wege der Klage beantragen, daß die Gesellschaft für nichtig erklärt werde.**

(2) **Die Vorschriften der *§§ 272, 273 des Handelsgesetzbuchs** finden entsprechende Anwendung.**

---

[141] OLG Hamm GmbHR 1997, 75, 77.
[142] OLG Hamm NJW 1990, 1371 f.: durch gerichtlich angeordnete Nachtragsliquidation, wenn die Komplementär-GmbH ebenfalls gemäß früherem § 2 Abs. 1 LöschG gelöscht ist.
[143] LG Hamburg BB 1986, 1395 f. unter Berufung auf BGH NJW 1979, 1987: Liquidatorenamt besteht bei der KG auch nach Löschung fort.
[144] *Koppensteiner* § 93 Rn. 8 f.
[145] OGH GesRZ 1985, 101, 102.
[146] § 93 Rn. 12 f.
* Jetzt §§ 246 bis 248 AktG.

§ 75 5. Abschnitt. Auflösung und Nichtigkeit der Gesellschaft

Literatur: *Anton* Nichtige GmbH-Satzung, GmbHR 1975, 75; *Bumiller/Winkler* Freiwillige Gerichtsbarkeit, 7. Aufl. 1999; *Berger* GmbH-rechtliche Beschlußmängelstreitigkeiten vor Schiedsgerichten, ZHR 164 (2000), 295; *Jansen* FGG, 2. Aufl. Bd. II 1970; *ders.* NJW 1966, 1813 (Urteilsanmerkung); *Keidel/Kuntze/Winkler* Freiwillige Gerichtsbarkeit, 14. Aufl. 1999; *Koppensteiner* ÖGmbHG, Kommentar, 2. Aufl. 1999; *Meyer* Neue und alte Mäntel im Kapitalgesellschaftsrecht, ZIP 1994, 1661; *Paschke* Die fehlerhafte Korporation, ZHR 155 (1991), 1; *Priester* Mantelverwendung und Mantelgründung bei der GmbH, DB 1983, 2291.

Übersicht

	Rn.		Rn.
I. Normzweck	1–5	3. Passivlegitimation	24
II. Abgrenzung der Nichtigkeit der Gesellschaft von anderen Nichtigkeitsfällen	6–11	4. Zuständigkeit, Verfahren	25–37
		a) Landgericht	26
		b) Vertretung der Gesellschaft	27
1. Nichtigkeit der Gesellschaft	6	c) Vorherige Aufforderung der Gesellschaft	28
2. Nichtigkeit einzelner Bestimmungen des Gesellschaftsvertrags	7	d) Keine Klagefrist	29
3. Nichtigkeit einzelner Beitrittserklärungen	8	e) Bekanntmachung	30
		f) Klagehäufung	31
4. Gläubigeranfechtung und Insolvenzanfechtung	9	g) Urteil, Rechtskraft	32
		h) Streitwert	33
5. Formmängel des Gesellschaftsvertrags	10	i) Eintragung, Anmeldung	34
6. Mängel der Anmeldung	11	j) Einstweilige Verfügung	35
		k) Schadensersatz	36
III. Die Nichtigkeitsgründe des Abs. 1	12–21	l) Urteilswirkungen	37
1. Keine Bestimmung über die Höhe des Stammkapitals	12	V. Amtslöschung nach § 144 Abs. 1 FGG	38–49
2. Keine Bestimmung über den Gegenstand des Unternehmens oder Nichtigkeit dieser Bestimmung	13–21	1. Voraussetzungen	38
		2. Zuständigkeit, Verfahren	39–46
a) Verstoß gegen §§ 134, 138 BGB	14	a) Zuständigkeit des Registergerichts	40
b) Staatliche Genehmigung	15	b) Einleitung des Verfahrens	41
c) Zum Schein vereinbarter Unternehmensgegenstand	16	c) Beginn des Verfahrens	42
d) Mantel- oder Vorratsgründung	17	d) Pflichtgemäßes Ermessen	43
e) Mangelnde Konkretisierung	18	e) Rechtsbehelfe	44
f) Tatsächliche Änderung	19	f) Auflösung	45
g) Satzungsänderung	20	g) Wirkungen	46
h) Heilung	21	3. Nichtigkeitsprozess und Löschungsverfahren	47, 48
IV. Nichtigkeitsklage	22–37	4. Kosten	49
1. Erforderlichkeit der Klage	22	VI. Österreichisches Recht	50
2. Aktivlegitimation	23		

I. Normzweck

1 **Mängel** des Gesellschaftsvertrags und fehlende Eintragungsvoraussetzungen **werden** grundsätzlich **durch Eintragung geheilt** (§ 2 Rn. 57, 72; § 10 Rn. 20; vgl. aber Rn. 6, 7 ff.). Dieses Prinzip des Kapitalgesellschaftsrechts (§ 60 Rn. 27; vgl. für die Verschmelzung § 20 Abs. 1 Nr. 4, Abs. 2 UmwG und für den Formwechsel § 202 Abs. 1 Nr. 3, Abs. 3 UmwG) soll der eingetragenen Gesellschaft im Interesse des Rechtsverkehrs einen erhöhten Bestandsschutz gewähren.[1] Nur besonders schwere Mängel können nach § 75 **ausnahmsweise** auch der eingetragenen Gesellschaft den Boden entziehen. Das Gesetz spricht in der Überschrift des Fünften Abschnitts missverständlich von „Nichtigkeit der Gesellschaft". Das ist unscharf, weil die in § 75 aufgezählten Mängel die Gesellschaft nicht per se nichtig machen, sondern nur vernichtbar durch Klage und weil ferner das Nichtigkeitsurteil nach Rechtskraft (Rn. 31) die

---

[1] *Roth/Altmeppen* Rn. 2.

Gesellschaft nicht erlöschen lässt, sondern auflöst und zur Abwicklung bringt (§ 77 Abs. 1). Die Nichtigkeit ist deshalb in Wahrheit ein weiterer Auflösungsgrund entsprechend § 60 Abs. 1 Nr. 5.[2] Nur mit dieser Maßgabe kann von „Nichtigkeit" die Rede sein. Nichtigkeit derart, dass trotz Eintragung keine Gesellschaft zur Entstehung gelangt **(Scheingesellschaft),** ist allenfalls für nur theoretisch in Betracht kommende Extremfälle denkbar, etwa bei Unwirksamkeit der Beitrittserklärungen aller Gesellschafter bezw. der Gründungserklärung des Einmanns oder wenn eine Anmeldung nicht vorlag und auch nicht dem Willen der anmeldepflichtigen Geschäftsführer entsprach. In solchen Fällen ist die Gesellschaft nach § 142 FGG, nicht nach § 144 FGG (Rn. 4) zu löschen.[3]

§ 75 ist nur auf die **eingetragene GmbH** anwendbar. Solange die Gesellschaft 2 nicht eingetragen ist, gelten für die Behandlung von Mängeln des Gesellschaftsvertrags und der Beitrittserklärungen die Bestimmungen des BGB teils eingeschränkt, teils uneingeschränkt, je nach dem, ob die Gesellschaft schon in Vollzug gesetzt war oder nicht.[4] Ferner sind die Grundsätze über die fehlerhafte Vorgesellschaft zu beachten (Vor § 1 Rn. 6; § 2 Rn. 65 ff.; § 11 Rn. 70).

Ob auch bei einer bereits aus anderen Gründen **aufgelösten Gesellschaft** die 3 Nichtigkeitsklage nach § 75 erhoben werden kann,[5] ist eine weitgehend theoretische Frage, weil das Nichtigkeitsurteil wiederum nur zur Auflösung führt (Rn. 1) und deshalb in aller Regel das Rechtsschutzinteresse für eine derartige Klage fehlt.[6]

Mit der Nichtigkeitsklage nach § 75 geht einher das **Amtslöschungsverfahren** 4 **nach § 144 Abs. 1 FGG** (Gesetzestext bei § 60 Rn. 26). Es ist an dieselben Voraussetzungen geknüpft wie die Nichtigkeitsklage und kann von jedermann angeregt werden, auch von demjenigen, der zur Nichtigkeitsklage berechtigt ist und sie bereits erhoben hat (i. E. vgl. Rn. 46). Das **Auflösungsverfahren nach § 144a FGG** hat das Registergericht einzuleiten, wenn weitere, nicht von § 75 erfasste Bestimmungen des notwendigen Inhalts des Gesellschaftsvertrags fehlen (§ 3 Abs. 1 Nr. 1 und 4) oder nichtig sind (§ 3 Abs. 1 Nr. 1, 3, 4). Verstöße gegen § 19 Abs. 4 S. 1 bringen das **Auflösungsverfahren nach § 144b FGG** in Gang. Die Rechtskraft von Verfügungen nach §§ 144a, 144b FGG löst die Gesellschaft auf, § 60 Abs. 1 Nr. 5 (iE vgl. § 60 Rn. 26 ff. und § 3 Rn. 5).

§§ 75 bis 77 sind **nachträglich** (1897) in das GmbHG entsprechend der aktien- 5 rechtlichen Regelung des HGB aufgenommen worden. Die **Nichtigkeitsgründe** hat das Gesetz zur Durchführung der Ersten Richtlinie des Rats der Europäischen Gemeinschaften v. 15. 8. 1969 (BGBl. I S. 1146) **eingeschränkt.** Die herausgenommenen Nichtigkeitsgründe wurden jedoch nicht ersatzlos gestrichen, sondern in den gleichzeitig eingeführten § 144a FGG übernommen (Rn. 4). Die **GmbH-Novelle 1980** hat die §§ 75 bis 77 nicht geändert, aber § 144b FGG eingefügt und § 60 Abs. 1 Nr. 5 (jetzt: Nr. 6) dieser Einfügung angepasst (§ 60 Rn. 26 ff.).

---

[2] § 60 Rn. 7; *Hachenburg/Hohner* Rn. 21; *Roth/Altmeppen* Rn. 2; *Scholz/K. Schmidt* Rn. 1.
[3] *Baumbach/Hueck/Schulze-Osterloh* Rn. 7; *Lutter/Hommelhoff* Rn. 4; aA KG BB 2001, 110 wegen Vorrangs des Vertrauens- und Bestandsschutzes; ebenso *Roth/Altmeppen* § 2 Rn. 36, die offenbar nur ein Löschungsverfahren nach § 144a FGG für möglich halten; ebenso wohl auch *Scholz/ K. Schmidt* Rn. 1, 6 und jetzt auch – entgegen der Voraufl. – *Hachenburg/Hohner* Rn. 8; vgl. auch § 2 Rn. 71; § 10 Rn. 20; unten Rn. 8, 11.
[4] *Baumbach/Hueck/Schulze-Osterloh* Rn. 2; *Scholz/K. Schmidt* Rn. 2; vgl. auch § 2 Rn. 58 ff.
[5] Bejahend *Scholz/K. Schmidt* Rn. 3.
[6] Ebenso *Scholz/K. Schmidt* Rn. 3 und jetzt auch – entgegen der Voraufl. – *Hachenburg/ Hohner* Rn. 6.

II. Abgrenzung der Nichtigkeit der Gesellschaft von anderen Nichtigkeitsfällen

6 **1. Nichtigkeit der Gesellschaft.** Sie ergreift den Bestand der GmbH als solchen und im Ganzen, wenn auch mit der Möglichkeit der Heilung bestimmter Mängel nach § 76. Wegen dieser weitreichenden Wirkung sind die Nichtigkeitsgründe in § 75 **abschließend** aufgezählt.[7] Andere Mängel des Gesellschaftsvertrags können die Nichtigkeit der Gesellschaft nicht begründen. Das schließt ihre Geltendmachung auch nach Eintragung der Gesellschaft grundsätzlich nicht aus.[8] Sie lassen aber den Bestand der Gesellschaft unberührt (Rn. 7 ff.). **§ 139 BGB** ist durch § 75 ausgeschlossen und deshalb **nicht anwendbar.**[9]

7 **2. Nichtigkeit einzelner Bestimmungen des Gesellschaftsvertrags.** Verstoßen einzelne Bestimmungen des Gesellschaftsvertrags gegen zwingende Vorschriften des GmbHG, wird etwa das Stammkapital auf weniger als € 25 000 festgesetzt (§ 5 Abs. 1) oder befreit der Gesellschaftsvertrag die Gesellschafter entgegen § 25 von den in §§ 21 bis 24 bezeichneten Rechtsfolgen, so sind diese Bestimmungen nach **§ 134 BGB** nichtig. Die Nichtigkeit ergreift jedoch nur die mangelhafte Vertragsbestimmung, der Gesellschaftsvertrag im Übrigen und die Gesellschaft selbst bleiben gültig (Rn. 6). § 139 BGB ist allenfalls im Verhältnis der nichtigen Vertragsbestimmung zu einer mit ihr unmittelbar zusammenhängenden anwendbar.[10] Die nichtige Vertragsbestimmung kann **durch Satzungsänderung geheilt** werden.[11] Lässt sich ein entsprechender Beschluss nicht herbeiführen, so steht dem einzelnen Gesellschafter uU die **Auflösungsklage** aus wichtigem Grund (§ 61) zu.[12] Entsprechendes gilt, wenn einzelne Bestimmungen des Gesellschaftsvertrags **§ 138 BGB** verletzen, zB das Einziehungsentgelt zu Lasten von Gläubigern der Gesellschafter kürzen[13] oder wenn andere als die in § 75 genannten notwendigen Bestimmungen des Gesellschaftsvertrags **fehlen** (§ 3 Abs. 1 Nr. 1 und 4). Im letzteren Fall und wenn die Bestimmung über das Stammkapital (§ 3 Abs. 1 Nr. 3, § 5 Abs. 1) nichtig ist, können Gesellschafter und Dritte auch anregen, ein Verfahren nach § 144a FGG einzuleiten (Rn. 4). Zur **Nichtigkeit des Gesellschaftsvertrags im Ganzen** vgl. Rn. 14.

8 **3. Nichtigkeit einzelner Beitrittserklärungen.** Sie wird durch Eintragung regelmäßig geheilt. Das gilt insbesondere für Mängel der **Übernahmeerklärungen,** die durch Irrtum, Täuschung oder Drohung beeinflusst sein können. Doch wird die Berufung auf **fehlende Geschäftsfähigkeit und Vertretungsmacht** zugelassen.[14] Verfehlt erscheint es dagegen, die Unwirksamkeit der Beitrittserklärung eines Geschäftsunfähigen auch auf die Stammeinlagebestimmung (§ 3 Abs. 1 Nr. 4) durchschlagen zu lassen mit der Folge der Anwendbarkeit des § 144a FGG;[15] denn das steht mit dem strikten numerus-clausus-Charakter der gesetzlichen Regelung in Widerspruch. Sind

---
[7] BGHZ 21, 378, 380; vgl. auch § 227 Abs. 1 S. 2 RegE 1971 und § 275 Abs. 1 S. 2 AktG; *Baumbach/Hueck/Schulze-Osterloh* Rn. 9; *Hachenburg/Hohner* Rn. 2, 7.
[8] *Anton* GmbHR 1973, 75, 79 ff.; *Scholz/K. Schmidt* Rn. 4.
[9] RGZ 128, 1, 5; *Hachenburg/Hohner* Rn. 14; *Roth/Altmeppen* Rn. 9; *Scholz/K. Schmidt* Rn. 6, 12.
[10] *Anton* GmbHR 1973, 75, 79; vgl. auch § 2 Rn. 63.
[11] *Roth/Altmeppen* § 76 Rn. 1; *Scholz/K. Schmidt* § 76 Rn. 6.
[12] *Hachenburg/Hohner* Rn. 7; *Scholz/K. Schmidt* Rn. 6; vgl. auch § 2 Rn. 69; § 61 Rn. 9.
[13] Vgl. § 34 Rn. 38 und dazu BGHZ 144, 365 = DNotZ 2001, 868 m. krit. Anm. *Zöllner.*
[14] § 2 Rn. 72 ff.; § 57 Rn. 39; *Anton* GmbHR 1973, 75, 79 ff., dort auch zu den Wirkungen auf Geschäftsanteil und Stammkapital.
[15] So aber *Roth/Altmeppen* Rn. 8.

Nichtigkeitsklage § 75

alle Beitrittserklärungen unwirksam, gelangt die Gesellschaft – nach allerdings bestrittener Meinung – nicht zur Entstehung (Rn. 1).

4. Gläubigeranfechtung und Insolvenzanfechtung. Gläubigeranfechtung und 9 Insolvenzanfechtung (§ 11 AnfG, § 143 InsO) gegen die GmbH hinsichtlich der von einem Gesellschafter erbrachten Einlagen sind nur insoweit zulässig, als dadurch das zur Erhaltung des Stammkapitals erforderliche Vermögen nicht angetastet wird.[16]

5. Formmängel des Gesellschaftsvertrags. Sie werden durch Eintragung geheilt.[17] 10

6. Mängel der Anmeldung. Mängel der Anmeldung werden ebenfalls grundsätzlich durch Eintragung geheilt.[18] Eine **Ausnahme** ist für den Fall zu machen, dass eine Anmeldung nicht vorlag und auch nicht dem Willen der anmeldepflichtigen Gesellschafter entsprach.[19] 11

III. Die Nichtigkeitsgründe des Abs. 1

1. Keine Bestimmung über die Höhe des Stammkapitals. Praktische Bedeutung kommt diesem Nichtigkeitsgrund nicht zu; denn es ist kaum vorstellbar, dass eine GmbH in das Handelsregister eingetragen wird, obwohl der Gesellschaftsvertrag nichts über das Stammkapital sagt.[20] Denkbar ist eher, dass das Stammkapital auf weniger als € 25 000 (§ 5 Abs. 1) festgelegt und so eingetragen wird. Dann ist nur diese Bestimmung nichtig, die Gesellschaft selbst bleibt gültig.[21] Es kann aber das Auflösungsverfahren nach § 144a FGG eingeleitet werden (Rn. 4, 7). Enthält der Gesellschaftsvertrag keine Bestimmung über die Höhe des Stammkapitals, so ist nicht etwa der gesetzliche Mindestbetrag (§ 5 Abs. 1) als vereinbart anzusehen.[22] Der **Mangel** ist auch **nicht** nach § 76 **heilbar.**[23] 12

2. Keine Bestimmung über den Gegenstand des Unternehmens oder Nichtigkeit dieser Bestimmung. Dass der Gesellschaftsvertrag keine Bestimmung über den Gegenstand des Unternehmens enthält und die Gesellschaft doch eingetragen wird, ist ein ebenso seltener Fall wie das Fehlen einer Bestimmung über das Stammkapital (Rn. 12). Tritt er doch ein, so schließt der Umstand, dass die **Firma** eine Sachfirma ist (§ 4 Abs. 1 S. 1 aF), die Nichtigkeit nicht aus. Dagegen kommt Eintragung der GmbH trotz Nichtigkeit der Bestimmung über den Unternehmensgegenstand in mehrfacher Hinsicht in Betracht: 13

a) Verstoß gegen §§ 134, 138 BGB. Der Unternehmensgegenstand ist nichtig, wenn er gegen ein **gesetzliches Verbot** (§ 134 BGB) oder gegen die **guten Sitten** (§ 138 BGB) verstößt. Das ist nur der Fall, wenn der Unternehmensgegenstand unmittelbar auf eine gesetzwidrige oder gegen die guten Sitten verstoßende Tätigkeit ge- 14

---

[16] § 2 Rn. 77, str.; aA zB *Anton* GmbHR 1973, 75, 79.
[17] § 2 Rn. 49; *Hachenburg/Hohner* Rn. 13; *Scholz/K. Schmidt* Rn. 12.
[18] § 7 Rn. 49; *Hachenburg/Hohner* Rn. 9; *Scholz/K. Schmidt* Rn. 6.
[19] Rn. 1; *Scholz/K. Schmidt* Rn. 6.
[20] *Meyer-Landrut/Miller/Niehus* Rn. 3.
[21] *Baumbach/Hueck/Schulze-Osterloh* Rn. 10; *Hachenburg/Hohner* Rn. 11; *Roth/Altmeppen* Rn. 6; *Scholz/K. Schmidt* Rn. 10; o. Rn. 6, 7.
[22] *Scholz/K. Schmidt* Rn. 10.
[23] *Baumbach/Hueck/Schulze-Osterloh* Rn. 11; *Meyer-Landrut/Miller/Niehus* Rn. 3; aA *Lutter/Hommelhoff* § 76 Rn. 2; *Scholz/K. Schmidt* Rn. 10 und jetzt offenbar auch – entgegen der Vorauf. – *Hachenburg/Hohner* § 76 Rn. 4; vgl. auch § 76 Rn. 1, 5.

richet ist.[24] Ein solcher Unternehmensgegenstand ist vom **unzulässigen Gesellschaftszweck** zu unterscheiden (§ 1 Rn. 5, 46 ff.). Letzterer führt nur dann zur Nichtigkeit der Gesellschaft, wenn er mit dem Unternehmensgegenstand zusammenfällt.[25] Das kommt selten vor. Die Errichtung eines Gemeinschaftsunternehmens zur Herstellung und zum Vertrieb eines bestimmten Erzeugnisses kann gegen das Kartellverbot (§ 1 GWB) verstoßen, wenn die Gründer eine Wettbewerbsbeschränkung bezwecken. Dann ist nur der Gesellschaftszweck nichtig, der Unternehmensgegenstand ist wirksam vereinbart. Nach Eintragung ist die Gesellschaft nicht nichtig, sondern nur mit der Klage nach § 61 Abs. 1 auflösbar.[26] Es kommen auch Auflösungsanordnungen des Bundeskartellamts in Betracht (§ 41 Abs. 3, 4 GWB, vgl. § 77 Anh. Rn. 24) sowie das Eingreifen der allgemeinen Verwaltungsbehörde nach § 62 (§ 62 Rn. 14). Die Unzulässigkeit des Zwecks macht idR den **ganzen Gesellschaftsvertrag nichtig**, zB wenn Ausländer ohne Erlaubnis zur selbstständigen Erwerbstätigkeit eine GmbH gründen und diese kapital- und weisungsmäßig beherrschen.[27] Obwohl die Nichtigkeit des Gesellschaftsvertrags auch die Bestimmung über den Unternehmensgegenstand ergreift, führt sie nicht zur Anwendbarkeit des § 75 oder der Amtslöschung nach § 144 FGG.[28] In derartigen, anderweitig nicht zu regelnden Fällen kann aber ein Vorgehen nach § 62 in Betracht kommen (vgl. auch § 62 Rn. 3).

15 b) **Staatliche Genehmigung.** Um einen gesetzwidrigen Unternehmensgegenstand handelt es sich nicht, wenn der Unternehmensgegenstand staatlicher Genehmigung bedarf, diese bei der Eintragung aber nicht vorlag. Kann sie endgültig nicht beigebracht werden, liegt ein Auflösungsgrund nach § 61 Abs. 1 vor.[29]

16 c) **Zum Schein vereinbarter Unternehmensgegenstand.** Dem wegen Gesetzwidrigkeit nichtigen ist der nur vorgeschobene, zum Schein vereinbarte Unternehmensgegenstand gleichzusetzen, der die tatsächlich ausgeübte Geschäftstätigkeit verschleiern soll.[30]

17 d) **Mantel- oder Vorratsgründung.** Dem nur zum Schein vereinbarten Unternehmensgegenstand stellt die hM die „verdeckte" Mantel- oder Vorratsgründung gleich und reiht sie wegen nicht zutreffender Wiedergabe des Unternehmensgegenstandes in die Nichtigkeitsfälle des § 75 ein.[31] Die „offene" Mantel- oder Vorratsgründung wird dagegen als zulässig angesehen, dh. wenn die Gesellschaft mit ausreichen-

---

[24] BayObLG DB 1972, 1015: Herstellung und Vertrieb von Zündwaren entgegen dem Verbot des Zündwarenmonopolgesetzes.
[25] *Hachenburg/Ulmer* § 1 Rn. 4, 27; § 2 Rn. 76; § 3 Rn. 18.
[26] *Hachenburg/Ulmer* § 1 Rn. 27; § 2 Rn. 76; *Scholz/Emmerich* § 1 Rn. 17, 22; vgl. auch § 61 Rn. 8.
[27] OLG Stuttgart BB 1984, 690 und dazu § 1 Rn. 47.
[28] BGHZ 21, 378, 381 für den Fall der Nichtigkeit des Gesellschaftsvertrags nach § 117 BGB; aA *Scholz/K. Schmidt* Rn. 12; *Hachenburg/Ulmer* § 2 Rn. 91 und § 3 Rn. 20 für „seltene Ausnahmefälle".
[29] *Hachenburg/Hohner* Rn. 16; vgl. auch § 1 Rn. 48; § 8 Rn. 9 ff.; § 61 Rn. 6.
[30] *Hachenburg/Hohner* Rn. 19; *Roth/Altmeppen* § 3 Rn. 15; *Scholz/K. Schmidt* Rn. 11. BayObLG ZIP 2000, 2067, 2069 rechnet dazu auch das Fehlen der ernsthaften Absicht, den angegebenen Unternehmensgegenstand tatsächlich zu verwirklichen. Dieser Fall ist jedoch von der nicht vollständigen Ausnutzung des satzungsmäßigen Unternehmensgegenstandes („Vorratsgegenstände") zu unterscheiden, die grundsätzlich nicht zu beanstanden ist, vgl. § 53 Rn. 19, dort auch zur „faktischen Satzungsänderung" durch Maßnahmen mit Auswirkung auf den Unternehmensgegenstand und ihre Folgen.
[31] ZB BGH NJW 1992, 1824 und dazu *Meyer* ZIP 1994, 1661; *Lutter/Hommelhoff* Rn. 3; *Scholz/Emmerich* § 3 Rn. 20; *Roth/Altmeppen* § 3 Rn. 13.

dem Vermögen ausgestattet ist und der Unternehmensgegenstand die Verwaltung dieses Vermögens vorsieht.[32] Dass aus der Zulässigkeit der „offenen" Mantel- oder Vorratsgründung die Notwendigkeit der Beschränkung der Anwendbarkeit des § 75 auf diejenigen Fälle der „verdeckten" Mantel- oder Vorratsgründung folgt, bei denen neben dem Unternehmensgegenstand auch der Gesellschaftszweck unzulässig ist,[33] kann nicht anerkannt werden.

e) Mangelnde Konkretisierung. Mangelnde Konkretisierung des Unternehmensgegenstandes (§ 3 Rn. 13) ist kein Nichtigkeitsgrund.[34] 18

f) Tatsächliche Änderung. Ändert sich der Unternehmensgegenstand tatsächlich 19 derart, dass er nicht mehr durch die Bestimmung des Gesellschaftsvertrags gedeckt ist, so führt das nicht zur Nichtigkeit der Gesellschaft.[35]

g) Satzungsänderung. Wird dagegen durch Satzungsänderung der ursprünglich 20 erlaubte zum **unzulässigen Unternehmensgegenstand** gemacht und in das Handelsregister eingetragen, so sind Nichtigkeitsklage nach § 75 und Amtslöschung nach § 144 Abs. 1 FGG wie beim von Anfang an nichtigen Unternehmensgegenstand möglich.[36] Die Sanktion kann auch auf Löschung des nichtigen Satzungsänderungsbeschlusses nach § 144 Abs. 2 FGG beschränkt werden. Zur Nichtigkeitsklage nach **Umwandlung** vgl. zB § 77 Anh. Rn. 79.

h) Heilung. Zur Heilung eines unzulässigen Unternehmensgegenstandes durch 21 Gesellschafterbeschluss vgl. die Erläuterungen zu § 76.

IV. Nichtigkeitsklage

1. Erforderlichkeit der Klage. Wer die Nichtigkeit der Gesellschaft geltend ma- 22 chen will, muss Klage erheben oder die Einleitung des Amtslöschungsverfahrens nach § 144 Abs. 1 FGG anregen (Rn. 38 ff.). Im Wege der **Einrede** kann sich der Beklagte, zB ein auf Zahlung von Nachschüssen in Anspruch genommener Gesellschafter, auf die Nichtigkeit nicht berufen.[37] Dagegen bestehen keine Bedenken, die Geltendmachung der Nichtigkeit im Wege der **Widerklage** zuzulassen.[38] Ob die Klage auch im **Schiedsverfahren** erhoben werden kann, ist umstritten.[39] Für die Zulässigkeit könnte sprechen, dass kein einleuchtender Grund ersichtlich ist, die Nichtigkeitsklage, die ih-

---

[32] BGH NJW 1992, 1824; vgl. iE § 3 Rn. 16; § 60 Rn. 6.
[33] So *Hachenburg/Hohner* Rn. 18.
[34] KG KGJ 34, A 149; *Baumbach/Hueck/Schulze-Osterloh* Rn. 12; *Roth/Altmeppen* § 3 Rn. 15; *Scholz/K. Schmidt* Rn. 11.
[35] § 1 Rn. 53; § 3 Rn. 5, 15; § 53 Rn. 19; § 60 Rn. 28; *Scholz/Emmerich* § 3 Rn. 17 und jetzt auch *Hachenburg/Hohner* Rn. 20; a.A. *Baumbach/Hueck/Schulze-Osterloh* Rn. 12 und *Scholz/ K. Schmidt* Rn. 11, die § 75 analog anwenden; *Meyer-Landrut/Miller/Niehus* Rn. 4; *Hachenburg/Ulmer* § 3 Rn. 26.
[36] § 1 Rn. 53 zur Zweckänderung; *Meyer-Landrut/Miller/Niehus* Rn. 4; *Scholz/K. Schmidt* Rn. 11; *Scholz Emmerich* § 1 Rn. 23.
[37] KG OLGE 39, 50; *Baumbach/Hueck/Schulze-Osterloh* Rn. 13; *Lutter/Hommelhoff* Rn. 2; *Hachenburg/Hohner* Rn. 21; *Roth/Altmeppen* Rn. 10; vgl. auch § 275 Abs. 4 AktG für die aktienrechtliche Nichtigkeitsklage, wo auf § 249 Abs. 1 S. 2 AktG nicht verwiesen ist, wonach die Nichtigkeit des Hauptversammlungsbeschlusses auch auf andere Weise als durch Klagerhebung geltend gemacht werden kann; aA *Scholz/K. Schmidt* Rn. 13 mit der Maßgabe, dass die Einrede nicht die Auflösung herbeiführt.
[38] Vgl. § 47 Rn. 153; *Scholz/K. Schmidt* Rn. 15 und jetzt auch *Hachenburg/Hohner* Rn. 21.
[39] Bejahend zB *Roth/Altmeppen* Rn. 17; *Scholz/K. Schmidt* Rn. 18; verneinend zB *Baumbach/ Hueck/Schulze-Osterloh* Rn. 17; *Hachenburg/Hohner* Rn. 29.

§ 75

rer Natur nach der Auflösungsklage nahe steht (Rn. 1), anders zu behandeln als die Auflösungsklage, die nach ganz hM auch vor einem Schiedsgericht erhoben werden kann (§ 61 Rn. 11). Der BGH hat jedoch in einem neueren Urteil zur Schiedsfähigkeit von Beschlussmängelstreitigkeiten entschieden, dass Anfechtungsklagen gegen Gesellschafterbeschlüsse einer GmbH im Hinblick auf die mangelnde Bindungswirkung des Schiedsspruchs für und gegen Dritte nicht schiedsfähig seien.[40] Dieser Gesichtspunkt könnte auch der Schiedsfähigkeit einer Nichtigkeitsklage nach § 75 entgegengehalten werden, da auch das stattgebende Urteil im Nichtigkeitsprozess Rechtskraftwirkung für und gegen alle Gesellschafter und Gesellschaftsorgane entfalten muss.[41] Der Wertungswiderspruch zur Behandlung der Auflösungsklage bliebe jedoch bestehen, weil das Auflösungsurteil nicht anders als das Urteil im Anfechtungs- und Nichtigkeitsprozess Rechtskraft für und gegen alle Beteiligten schafft.[42] Ob durch entsprechende Gestaltung der Schiedsvereinbarung den Bedenken des BGH Rechnung getragen werden kann, erscheint zweifelhaft.[43] Die Erhebung einer Nichtigkeitsklage vor einem Schiedsgericht ist deshalb derzeit noch mit einem erheblichen Risiko belastet.

23   **2. Aktivlegitimation.** Nur die in Abs. 1 genannten Personen sind klagebefugt, nicht dritte Personen, insbesondere nicht die Gläubiger der Gesellschaft.[44] Anders als bei der Auflösungsklage (§ 61 Abs. 2 S. 1) kann **jeder Gesellschafter** Klage erheben, auch wenn er weniger als 10 % des Stammkapitals innehat. Ob der Geschäftsanteil voll eingezahlt ist oder dem Gesellschafter ein Stimmrecht zusteht, ist ohne Bedeutung (vgl. auch § 50 Rn. 3; § 61 Rn. 11). **Treugeber, Nießbraucher** und **Pfandgläubiger** sind nicht Gesellschafter und können deshalb nicht klagen.[45] Steht der Geschäftsanteil **mehreren Gesellschaftern** zu (§ 18), so können sie nur zusammen klagen.[46] Wird der Geschäftsanteil nach Klagerhebung im Ganzen **veräußert,** so entfällt die Klagebefugnis (§ 61 Rn. 11). Klagen **mehrere Berechtigte** aus dem gleichen Grund, so sind sie **notwendige Streitgenossen** nach § 62 ZPO.[47] Ferner ist **jeder Geschäftsführer** legitimiert, auch der stellvertretende (§ 44), gleichgültig, ob er alleinige Vertretungsbefugnis hat oder nicht.[48] Dem Geschäftsführer steht der **Liquidator** gleich, sofern man die Nichtigkeitsklage noch im Liquidationsstadium (Rn. 3) zulassen will.[49] Klageberechtigt ist schließlich **jedes Aufsichtsratsmitglied,** jedoch nicht der Aufsichtsrat als solcher, auch nicht das Mitglied eines Beirats.[50]

---

[40] BGHZ 132, 278 = NJW 1996, 1753.

[41] Vgl. Rn. 32.

[42] Vgl. § 61 Rn. 17. Die Neuordnung des schiedsrichterlichen Verfahrens nach dem Schiedsverfahrens-Neuregelungsgesetz (§§ 1025 ff. ZPO) hat die Streitfrage nicht geklärt. Vielmehr wurde in § 1030 ZPO bewusst keine Regelung zu den gesellschaftsrechtlichen Anfechtungs- und Nichtigkeitsklagen getroffen, um die Problematik einer Lösung der Rechtsprechung zu überlassen, vgl. *Lachmann/König* Handbuch für die Schiedsgerichtspraxis, 1998, Rn. 102 ff. mN.

[43] Hierzu eingehend *Berger* ZHR 164 (2000), 295.

[44] OLG Naumburg OLGE 27, 394; *Lutter/Hommelhoff* Rn. 2; *Hachenburg/Hohner* Rn. 24; *Scholz/K. Schmidt* Rn. 16.

[45] *Scholz/K. Schmidt* Rn. 16; vgl. auch § 61 Rn. 13.

[46] *Scholz/K. Schmidt* Rn. 16; vgl. auch § 18 Rn. 6.

[47] *Baumbach/Hueck/Schulze-Osterloh* Rn. 15; *Hachenburg/Hohner* Rn. 30; *Scholz/K. Schmidt* Rn. 16.

[48] *Hachenburg/Hohner* Rn. 24.

[49] *Baumbach/Hueck/Schulze-Osterloh* Rn. 15; *Meyer-Landrut/Miller/Niehus* Rn. 7; *Scholz/K. Schmidt* Rn. 16.

[50] *Hachenburg/Hohner* Rn. 24; *Scholz/K. Schmidt* Rn. 16; aA für die Mitglieder eines Beirats oÄ *Lutter/Hommelhoff* Rn. 2.

Nichtigkeitsklage § 75

3. Passivlegitimation. Beklagte ist die Gesellschaft, vertreten durch die Geschäftsführer und, falls vorhanden, durch den Aufsichtsrat. Klagt ein Geschäftsführer oder klagen alle Geschäftsführer, so vertritt der Aufsichtsrat. Klagt ein Aufsichtsratsmitglied, so wird die Gesellschaft durch die Geschäftsführer vertreten (§ 75 Abs. 2 iVm. § 246 Abs. 2 AktG). Ist ein Aufsichtsrat nicht vorhanden und klagt ein Geschäftsführer oder klagen Geschäftsführer und Aufsichtsratsmitglieder, so hat analog §§ 29 BGB, 57 ZPO das Gericht einen besonderen Vertreter zu bestellen, sofern nicht die Gesellschafter nach § 46 Nr. 8 einen Notvertreter bestellen.[51]   24

4. Zuständigkeit, Verfahren. Hierzu verweist § 75 Abs. 2 nach Aufhebung der §§ 272, 273 HGB jetzt wie § 275 Abs. 4 AktG auf die Vorschriften des AktG über die Anfechtungsklage gegen Hauptversammlungsbeschlüsse (§§ 246 ff. AktG iVm. § 29 Abs. 2 EGAktG 1965, § 18 Abs. 2 EGAktG 1937). Hinsichtlich des Umfangs der Verweisung gibt es Zweifelsfragen (Rn. 28, 32).   25

a) Landgericht. Zuständig für die Klage ist ausschließlich das Landgericht (Kammer für Handelssachen), in dessen Bezirk die Gesellschaft ihren Sitz hat (§ 246 Abs. 3 S. 1 AktG, § 95 Abs. 2 GVG).   26

b) Vertretung der Gesellschaft. Wird die Gesellschaft durch die Geschäftsführer vertreten, so sind sie in der Klageschrift in vertretungsberechtigter Zahl anzugeben (§ 254 Abs. 4, § 130 Nr. 1 ZPO), jedoch genügt **Zustellung der Klage** an einen von ihnen (§ 171 Abs. 3 ZPO). Vertritt der Aufsichtsrat die Gesellschaft, allein oder zusammen mit den Geschäftsführern (Rn. 24), so sind alle **Mitglieder des Aufsichtsrats namentlich anzugeben.**[52] Doch braucht die Klage auch hier nur einem Aufsichtsratsmitglied zugestellt zu werden.[53]   27

c) Vorherige Aufforderung der Gesellschaft. Einer vorherigen Aufforderung der Gesellschaft zur Beseitigung des Mangels im Falle seiner Heilbarkeit (§ 76) bedarf es nicht.[54] § 227 Abs. 2 RegE 1971, der die dahingehende Regelung des § 275 Abs. 2 AktG in das GmbHG übernehmen sollte, ist nicht Gesetz geworden. Doch kann die Klagerhebung **treuwidrig** sein, wenn die Gesellschaft zur Heilung bereit ist.[55]   28

d) Keine Klagefrist. Eine Klagefrist gibt es nicht. Auf § 246 Abs. 1 AktG erstreckt sich die Verweisung in § 75 Abs. 2 nicht, weil §§ 272, 273 HGB keine Monatsfrist kannten. Ebenso wenig kommt die Dreijahresfrist des § 275 Abs. 3 AktG in Betracht.[56] Ob an die Stelle dieser Fristen eine **angemessene Frist** treten kann,[57] erscheint fraglich, weil die Erwägungen, die für eine solche Frist bei der Anfechtung von Gesellschafterbeschlüssen angestellt werden (§ 47 Rn. 139), hier nicht passen. Zutreffender wird die Klagefrist deshalb durch den Grundsatz der **Verwirkung** begrenzt.[58]   29

---

[51] *Baumbach/Hueck/Schulze-Osterloh* Rn. 16; *Hachenburg/Hohner* Rn. 27; *Lutter/Hommelhoff* Rn. 2; *Scholz/K. Schmidt* Rn. 17; vgl. auch § 46 Rn. 44.
[52] *Scholz/K. Schmidt* Rn. 17; *Baumbach/Hueck/Schulze-Osterloh* Rn. 16.
[53] *Baumbach/Hueck/Schulze-Osterloh* Rn. 16; *Hachenburg/Hohner* Rn. 31 mN; *Scholz/K. Schmidt* Rn. 17.
[54] *Baumbach/Hueck/Schulze/Osterloh* Rn. 19; *Hachenburg/Hohner* Rn. 25; *Scholz/K. Schmidt* Rn. 19.
[55] *Baumbach/Hueck/Schulze/Osterloh* Rn. 19; *Hachenburg/Hohner* Rn. 25; *Scholz/K. Schmidt* Rn. 19.
[56] *Baumbach/Hueck/Schulze/Osterloh* Rn. 18; *Hachenburg/Hohner* Rn. 26; *Roth/Altmeppen* Rn. 13; *Scholz/K. Schmidt* Rn. 19.
[57] In diese Richtung wohl *Lutter/Hommelhoff* Rn. 2.
[58] *Baumbach/Hueck/Schulze-Osterloh* Rn. 18; *Roth/Altmeppen* Rn. 13; *Scholz/K. Schmidt* Rn. 19 und jetzt auch *Hachenburg/Hohner* Rn. 26.

§ 75   5. Abschnitt. Auflösung und Nichtigkeit der Gesellschaft

30   **e) Bekanntmachung.** Die Geschäftsführer haben die Klagerhebung und den Verhandlungstermin unverzüglich in den Gesellschaftsblättern bekanntzumachen (§ 246 Abs. 4 AktG).[59] Sind solche nicht vorhanden, so ist entsprechend §§ 10, 11 HGB bekannt zu machen. Wird mit der Zustellung der Klage nicht zugleich zur mündlichen Verhandlung geladen, sondern ein schriftliches Vorverfahren angeordnet (§ 276 ZPO), so sind Klagezustellung und Verhandlungstermin gesondert bekannt zu machen; denn die Bekanntmachung soll die Gesellschafter und Organmitglieder nicht nur von der Klagerhebung unterrichten, sondern ihnen auch Gelegenheit geben, sich am Rechtsstreit frühzeitig durch Beitritt zu beteiligen.[60]

31   **f) Klagehäufung. Mehrere Nichtigkeitsklagen** sind zu gemeinsamer Verhandlung und Entscheidung zu **verbinden,** ob entsprechend § 246 Abs. 3 S. 3 oder § 249 Abs. 2 AktG ist streitig, aber unerheblich.[61]

32   **g) Urteil, Rechtskraft.** Das Urteil ist Gestaltungsurteil, führt jedoch nur zur Auflösung der Gesellschaft (Rn. 1). Diese Wirkung tritt bereits mit der Rechtskraft des Urteils ein, nicht erst mit seiner Eintragung im Handelsregister.[62] Das Urteil wirkt über § 248 Abs. 1 AktG hinaus nicht nur für und gegen alle Gesellschafter, Geschäftsführer und Aufsichtsratsmitglieder, sondern für und gegen jedermann.[63] Es bindet folglich auch das Registergericht, das ein Verfahren nach § 144 Abs. 1 FGG nicht mehr weiterverfolgen darf.[64] Wird die Klage abgewiesen, so kann eine neue Nichtigkeitsklage durch andere Berechtigte erhoben oder ein Verfahren nach § 144 Abs. 1 FGG eingeleitet werden.[65]

33   **h) Streitwert.** Bei der Festsetzung des Streitwerts ist dem richterlichen Ermessen durch den analog anzuwendenden § 247 AktG breiter Raum gegeben.[66] Klagt ein Gesellschafter, so passt allerdings der auf große Publikums-Aktiengesellschaften zugeschnittene § 247 Abs. 1 S. 2 AktG nicht.[67] Hier dürfte der Wert des Geschäftsanteils des Klägers einen zutreffenden Maßstab abgeben.[68] Klagt dagegen ein Fremdgeschäftsführer oder ein nicht zu den Anteilseignern gehörendes Aufsichtsratsmitglied, so kann das Gericht auch auf § 247 Abs. 1 S. 2 AktG zurückgreifen.

34   **i) Eintragung, Anmeldung.** Die Eintragung der Nichtigkeit im Handelsregister erfolgt durch einen Vermerk, der die Gesellschaft als nichtig bezeichnet (§ 45 Abs. 2 HRV; vgl. auch Rn. 42). Streitig ist, ob der Eintragung eine **Anmeldung** analog § 65

---

[59] *Baumbach/Hueck/Schulze-Osterloh* Rn. 14; *Meyer-Landrut/Miller/Niehus* Rn. 6.
[60] *Kölner KommAktG/Zöllner* § 246 Rn. 98.
[61] *Hachenburg/Hohner* Rn. 30; *Roth/Altmeppen* Rn. 11; *Scholz/K. Schmidt* Rn. 16.
[62] *Baumbach/Hueck/Schulze-Osterloh* Rn. 20; § 77 Rn. 2; *Lutter/Hommelhoff* Rn. 5; *Hachenburg/Ulmer* § 78 Rn. 9; *Josef* ZHR 84 (1921), 78; *Roth/Altmeppen* Rn. 15; *Scholz/K. Schmidt* Rn. 20; § 77 Rn. 6 und jetzt auch – entgegen der Vorauft. – *Hachenburg/Hohner* § 77 Rn. 2; aA *Meyer-Landrut/Miller/Niehus* § 77 Rn. 2; vgl. auch § 77 Rn. 3.
[63] *Baumbach/Hueck/Schulze-Osterloh* Rn. 20; *Lutter/Hommelhoff* Rn. 5; *Scholz/K. Schmidt* Rn. 20; vgl. auch § 47 Rn. 155.
[64] Rn. 47; *Scholz/K. Schmidt* Rn. 20; iErg. ebenso *Baumbach/Hueck/Schulze-Osterloh* Rn. 20: Erledigung des Registerverfahrens.
[65] *Baumbach/Hueck/Schulze-Osterloh* Rn. 20; *Scholz/K. Schmidt* Rn. 20; vgl. u. Rn. 47.
[66] Hierzu vgl. OLG Frankfurt WM 1984, 1471.
[67] *Baumbach/Hueck/Schulze-Osterloh* Rn. 22; *Hachenburg/Ulmer* § 61 Rn. 47; differenzierend *Hachenburg/Hüffer* Anh. § 47 Rn. 229; vgl. auch § 47 Rn. 144.
[68] OLG Frankfurt WM 1984, 1470; *Hüffer* in *Geßler/Hefermehl/Eckardt/Kropff* § 247 Rn. 12; vgl. auch § 61 Rn. 20.

Nichtigkeitsklage § 75

vorauszugehen hat⁶⁹ oder ob formlose **Einreichung** des Urteils nach § 75 Abs. 2 iVm. § 248 Abs. 1 S. 2 AktG genügt.⁷⁰ Wenn man die Auflösung der Gesellschaft bereits mit Rechtskraft des Nichtigkeitsurteils eintreten lässt (Rn. 32), erscheint die Anwendung des § 65 konsequenter. Indessen kommt der Streitfrage keine wesentliche Bedeutung zu, weil auch die Einreichung nach § 248 Abs. 1 S. 2 AktG den Liquidatoren⁷¹ zur Pflicht gemacht ist und nach einhelliger Auffassung gemäß § 14 HGB erzwungen werden kann (vgl. auch § 77 Rn. 3; § 78 Rn. 5; § 79 Rn. 7).

j) Einstweilige Verfügung. Einstweilige Verfügungen zur Verhinderung einer mit dem Liquidationszweck unvereinbaren Geschäftstätigkeit sind nach Einreichung der Klage möglich.⁷² 35

k) Schadensersatz. Wer eine unbegründete Klage erhebt, haftet auf Schadenersatz nur ausnahmsweise wegen Verletzung der Treupflicht der Gesellschafter oder der Pflichten eines Organmitglieds oder nach §§ 823 ff. BGB.⁷³ Die kraft Verweisung anwendbar gewesene Sondervorschrift des § 200 AktG 1937 über die Haftung aus unbegründeter Anfechtungsklage hat das AktG 1965 gestrichen, weil sie eine ungerechtfertigte Benachteiligung des Anfechtungsklägers darstellte. 36

l) Urteilswirkungen. Zu den Urteilswirkungen iE vgl. die Erläuterungen zu § 77. 37

V. Amtslöschung nach § 144 Abs. 1 FGG

1. Voraussetzungen. Sie sind dieselben wie für die Nichtigkeitsklage nach § 75, also das Fehlen einer Bestimmung über die Höhe des Stammkapitals (Rn. 12) oder über den Unternehmensgegenstand (Rn. 13) oder die Nichtigkeit der Bestimmung über den Unternehmensgegenstand (Rn. 14 ff.). Voraussetzung ist weiter, dass der Mangel noch nicht gemäß § 76 geheilt ist.⁷⁴ Anders als nach § 144 Abs. 2 FGG ist jedoch **nicht** zu prüfen, ob ein **öffentliches Interesse** an der Löschung besteht.⁷⁵ Gegenüber § 142 FGG ist § 144 Abs. 1 FGG lex specialis.⁷⁶ 38

2. Zuständigkeit, Verfahren. Sie richten sich ausschließlich nach den Bestimmungen des FGG, insbesondere den §§ 1 bis 34, §§ 125 ff. 39

a) Zuständigkeit des Registergerichts. Zuständig ist das Registergericht des Sitzes der Gesellschaft, nach Sitzverlegung das Registergericht des neuen Bezirks. Das Registergericht der Zweigniederlassung ist zur Einleitung eines Löschungsverfahrens nicht befugt, es kann die Löschung beim Gericht der Hauptniederlassung nur anregen.⁷⁷ 40

b) Einleitung des Verfahrens. Das Verfahren wird von Amts wegen eingeleitet oder auf Anregung, die jedermann geben kann, zB die zur Erhebung einer Nichtig- 41

---

⁶⁹ So *Hachenburg/Ulmer* § 78 Rn. 9; *Lutter/Hommelhoff* Rn. 5; *Scholz/K. Schmidt* Rn. 21; *Scholz/Winter* § 78 Rn. 6.
⁷⁰ So *Baumbach/Hueck/Schulze-Osterloh* Rn. 23; *Hachenburg/Hohner* § 77 Rn. 3; *Roth/Altmeppen* Rn. 16.
⁷¹ Nicht den Geschäftsführern, so zutreffend *Baumbach/Hueck/Schulze-Osterloh* Rn. 23; *Scholz/K. Schmidt* Rn. 21; vgl. auch LG Bielefeld DB 1987, 628.
⁷² *Baumbach/Hueck/Schulze-Osterloh* Rn. 26; *Hachenburg/Hohner* Rn. 35; *Scholz/K. Schmidt* Rn. 22; vgl. auch § 61 Rn. 19.
⁷³ *Baumbach/Hueck/Schulze-Osterloh* Rn. 27; *Hachenburg/Hohner* Rn. 36; *Scholz/K. Schmidt* Rn. 23.
⁷⁴ *Keidel/Kuntze/Winkler* § 144 Rn. 14; *Scholz/K. Schmidt* Rn. 25 mwN.
⁷⁵ *Hachenburg/Hohner* Rn. 41; *Scholz/K. Schmidt* Rn. 26.
⁷⁶ *Keidel/Kuntze/Winkler* § 144 Rn. 1; *Hachenburg/Hohner* Rn. 37.
⁷⁷ *Keidel/Kuntze/Winkler* § 144 Rn. 32.

§ 75 5. Abschnitt. Auflösung und Nichtigkeit der Gesellschaft

keitsklage nach § 75 befugten Personen und die Organe des Handelsstandes (§ 126 FGG), insbesondere die IHK. **Beteiligt** sind nur die Gesellschaft als solche und deren gesetzliche Vertreter, also die Geschäftsführer, nicht die Gesellschafter und Aufsichtsratsmitglieder, ob auch die IHK, ist streitig.[78]

42 c) **Beginn des Verfahrens.** Das Verfahren beginnt mit der Benachrichtigung der Beteiligten von der beabsichtigten Löschung und der Bestimmung einer Frist zur Geltendmachung eines **Widerspruchs,** die mindestens drei Monate betragen muss (§ 144 Abs. 1, 3 iVm. § 142 Abs. 2 FGG). Innerhalb dieser Frist kann die Gesellschaft den Mangel beseitigen, soweit er nach § 76 heilbar ist.[79] Der Widerspruch bedarf keiner Form und Begründung. Über ihn entscheidet das Registergericht. Gegen dessen zurückweisende Verfügung ist die sofortige Beschwerde an das Landgericht gegeben (§ 144 Abs. 1 iVm. § 142 Abs. 3, § 141 Abs. 3, § 22 FGG). Widerspruchs- und beschwerdeberechtigt ist nur die Gesellschaft, die IHK dann, wenn man sie als Verfahrensbeteiligte ansieht (Rn. 41). Ist ein Widerspruch nicht erhoben oder rechtskräftig zurückgewiesen, verfügt das Gericht die **Löschung** durch Eintragung eines **Vermerks,** der die Gesellschaft als nichtig bezeichnet (§ 142 Abs. 1 S. 2 FGG, § 45 Abs. 2 S. 1 HRV; vgl. auch Rn. 34, ferner § 77 Rn. 3).

43 d) **Pflichtgemäßes Ermessen.** Streitig ist, ob die Löschung im pflichtgemäßen Ermessen des Gerichts liegt. Eine starke Meinung bejaht dies im Anschluss an KG JW 1938, 3048.[80] Soweit dabei auf das Vorliegen eines öffentlichen Interesses abgehoben wird, steht dies mit den Eingriffsvoraussetzungen nicht in Einklang, die kein solches Interesse erfordern (Rn. 38). Angesichts des für das Registergericht im Falle des § 144a FGG bestehenden Eingriffszwangs wird man auch in den Fällen des § 144 Abs. 1 FGG trotz des Gesetzeswortlauts („kann") von einer Verpflichtung des Gerichts zum Einschreiten ausgehen müssen[81]. Hierdurch ist das Registergericht nicht gehindert, von der Einleitung eines Löschungsverfahrens abzusehen, wenn eine Nichtigkeitsklage anhängig ist (Rn. 47).

44 e) **Rechtsbehelfe.** Gegen die Löschungsverfügung gibt es **keine Beschwerde** nach § 19 FGG[82]. Die Löschung kann aber **durch Amtslöschung** nach § 142 FGG **beseitigt werden,** auch durch das vorgeordnete Landgericht (§ 143 FGG), wenn wesentliche Verfahrensfehler vorlagen und die Löschung materiell unrichtig war.[83]

45 f) **Auflösung.** Der Löschungsvermerk (Rn. 42) bewirkt nur die Auflösung der Gesellschaft und ihren Eintritt in das Liquidationsstadium, nicht ihr Erlöschen. Es gilt dasselbe wie für das Nichtigkeitsurteil (Rn. 32).

46 g) **Wirkungen.** Zu den Wirkungen des Löschungsvermerks iE vgl. die Erläuterungen zu § 77, der entsprechend gilt.[84]

---

[78] *Hachenburg/Hohner* Rn. 40: Besondere verfahrensmäßige Rechtsstellung; bejahend offenbar *Keidel/Kuntze/Winkler* § 144 Rn. 34.
[79] OLG Stuttgart OLGZ 1974, 340, 342; *Jansen* NJW 1966, 1813; *Hachenburg/Hohner* Rn. 44; *Roth/Altmeppen* Rn. 18.
[80] *Keidel/Kuntze/Winkler* § 144 Rn. 31; *Meyer-Landrut/Miller/Niehus* Rn. 9.
[81] So zutr. *Scholz/K. Schmidt* Rn. 26 und ihm folgend *Baumbach/Hueck/Schulze-Osterloh* § 77 Anh. Rn. 9; *Lutter/Hommelhoff* Rn. 6; *Roth/Altmeppen* Rn. 18 und jetzt auch – entgegen der Voraufl. – *Hachenburg/Hohner* Rn. 42.
[82] *Baumbach/Hueck/Schulze-Osterloh* § 77 Anh. Rn. 11; *Scholz/K. Schmidt* Rn. 27; aA *Hachenburg/Hohner* Rn. 48.
[83] *Baumbach/Hueck/Schulze-Osterloh* § 77 Anh. Rn. 11; *Scholz/K. Schmidt* Rn. 27.
[84] *Baumbach/Hueck/Schulze-Osterloh* § 77 Anh. Rn. 29; *Roth/Altmeppen* Rn. 19; *Scholz/K. Schmidt* Rn. 28.

3. Nichtigkeitsprozess und Löschungsverfahren. Nichtigkeitsprozess und Lö- 47
schungsverfahren konkurrieren miteinander. Die Erhebung der Nichtigkeitsklage hindert nicht die Einleitung eines Amtslöschungsverfahrens. Umgekehrt fehlt der Nichtigkeitsklage nicht das Rechtsschutzbedürfnis, weil bereits ein Verfahren nach § 144 Abs. 1 FGG eingeleitet ist. Der Nichtigkeitsprozess kann aber nach § 148 ZPO, das Löschungsverfahren kann nach § 127 FGG ausgesetzt werden bis zur Entscheidung des jeweils anderen Gerichts.[85] Wird die Löschung nach § 144 Abs. 1 FGG verfügt, kann die Nichtigkeitsklage in der Hauptsache für erledigt erklärt werden. Wird das Nichtigkeitsurteil rechtskräftig, ist das Verfahren nach § 144 Abs. 1 FGG einzustellen.[86] Eine abweisende Entscheidung im einen Verfahren hindert nicht die Einleitung oder Fortsetzung des anderen Verfahrens.[87]

Zur **Löschung der vermögenslosen GmbH** nach §§ 141a FGG, 60 Abs. 1 Nr. 7 48
vgl. § 60 Rn. 79.

4. Kosten. Gemäß § 88 Abs. 2 S. 1 KostO werden für Löschungen nach § 144 49
Abs. 1 FGG keine Gebühren, sondern nur Auslagen erhoben. Für die Zurückweisung des Widerspruchs gegen eine angedrohte Löschung fällt dagegen dieselbe Gebühr an wie für die Löschung auf Anmeldung hin.[88]

VI. Österreichisches Recht

Das ÖGmbHG kennt die Nichtigkeitsklage nicht.[89] Eine solche ist nur für die AG 50
zugelassen (§§ 216 bis 218 ÖAktG, die nahezu wörtlich den Vorschriften der §§ 275 bis 277 des deutschen AktG entlehnt sind). § 84 Abs. 1 Nr. 6 ÖGmbHG sieht aber vor, dass die Gesellschaft durch Beschluss des Handelsgerichts aufgelöst werden kann. Das Verfahren richtet sich nach den Vorschriften des Firmenbuchgesetzes (FBG) von 1991, durch das die früheren §§ 142 Abs. 1 S. 1 und 144 ÖFGG ersetzt wurden. Maßgebend war ursprünglich § 10 Abs. 2 FGB, der bestimmt, dass das Firmenbuchgericht Eintragungen löschen kann, die wegen Mangels einer wesentlichen Voraussetzung unzulässig waren oder sind. Das EU-Gesellschaftsrechtsänderungsgesetz von 1996 hat § 10 FGB durch einen dritten Absatz ergänzt. Danach hat das Firmenbuchgericht (Registergericht) die Nichtigkeit der Gesellschaft einzutragen, wenn die sinngemäß anzuwendenden Voraussetzungen des § 216 Abs. 1 AktG verwirklicht sind. Dabei handelt es sich um das Fehlen gesellschaftsvertraglicher Bestimmungen über die Firma, die Höhe des Stammkapitals oder den Unternehmensgegenstand. Im Anwendungsbereich von § 10 Abs. 3 wird Abs. 2 dieser Bestimmung verdrängt.[90] Das Verfahren ist dem Amtslöschungsverfahren nach § 144 Abs. 1 FGG verwandt. Die Nichtigkeit hat die Auflösung der Gesellschaft und ihre Liquidation zur Folge (§ 94 Abs. 1 ÖGmbHG). Eine starke Meinung hält eine Klage auf Nichtigerklärung der GmbH analog den §§ 216ff. ÖAktG für möglich (arg. aus § 5 Nr. 5 FGB).[91] Die Klage auf Nichtigerklärung und das Verfahren nach § 10 Abs. 3 FGB stehen unabhängig nebeneinander.[92] Die Rechtslage entspräche dann im Ergebnis derjenigen in Deutschland.

---

[85] *Baumbach/Hueck/Schulze-Osterloh* § 77 Anh Rn. 26; *Hachenburg/Hohner* Rn. 49; *Scholz/K. Schmidt* Rn. 29 mwN.
[86] *Jansen* § 144 Anm. 21; *Scholz/K. Schmidt* Rn. 29 mwN.
[87] *Hachenburg/Hohner* Rn. 49; *Scholz/K. Schmidt* Rn. 29 mwN.
[88] § 88 Abs. 2 S. 2 iVm. Abs. 1 S. 1, § 79 Abs. 1, § 26 Abs. 4 Nr. 1 KostO.
[89] *Gellis* 3. Aufl. § 3 Anm. 10; § 84 Anm. 8.
[90] *Koppensteiner* § 84 Rn. 15.
[91] Vgl. *Koppensteiner* § 84 Rn. 20 mN.
[92] *Koppensteiner* § 84 Rn. 20.

§ 76 [Mängelheilung durch Gesellschafterbeschluß]

Ein Mangel, der die Bestimmungen über den Gegenstand des Unternehmens betrifft, kann durch einstimmigen Beschluß der Gesellschafter geheilt werden.

Literatur: Vgl. die Angaben bei § 75.

Übersicht

	Rn.		Rn.
I. Normzweck	1, 2	4. Satzungsänderung	6
II. Heilungsbeschluss	3–8	5. Einstimmigkeit	7
1. Vor Auflösung der Gesellschaft	3	6. Verpflichtung zur Mitwirkung beim Heilungsbeschluss	8
2. Nach Auflösung der Gesellschaft	4		
3. Kein Heilungsbeschluss beim Fehlen einer Bestimmung über die Höhe des Stammkapitals	5	III. Österreichisches Recht	9

I. Normzweck

1 **Mängel des Gesellschaftsvertrags** können grundsätzlich durch Satzungsänderung **geheilt** werden (§ 75 Rn. 7), sogar noch nach Auflösung der Gesellschaft (§ 53 Rn. 64). Hiernach scheint § 76 die Erfordernisse einer Satzungsänderung (§ 53) dahin zu modifizieren, dass ein Mangel im Unternehmensgegenstand nur durch einstimmigen Gesellschafterbeschluss geheilt werden kann. Die h.M. leitet aus der Vorschrift jedoch weitergehend den **Ausschluss der Heilung** des Mangels her, der im Fehlen einer Bestimmung über die Höhe des Stammkapitals liegt.[1] **Demgegenüber** wollen andere[2] auch für den Heilungsbeschluss nach § 76 die allgemeine gesetzliche und vertragliche Satzungsänderungsmehrheit (§ 53 Abs. 2) genügen lassen und die Heilbarkeit auch auf das Fehlen einer Bestimmung über die Höhe des Stammkapitals erstrecken. Dem ist nicht zu folgen. Zwar lässt die aktienrechtliche Regelung (§ 276 AktG) die Heilung eines Mangels im Unternehmensgegenstand durch normalen Satzungsänderungsbeschluss zu. Die **GmbH-Novelle 1980** hat § 76 aber unverändert gelassen und auch § 228 RegE 1971 wollte trotz enger Anlehnung an das aktienrechtliche Vorbild das Erfordernis der Einstimmigkeit nicht beseitigen. Die von *Scholz/K. Schmidt*[3] vorgeschlagene Korrektur ist deshalb insoweit contra legem. Hinsichtlich der Erstreckung der Heilungsmöglichkeit auf das Fehlen einer Bestimmung über die Höhe des Stammkapitals ist zuzugeben, dass der Behebbarkeit aller Auflösungsgründe keine zwingenden Erwägungen im Wege stehen. Auch trifft zu, dass die Fortsetzung einer aufgelösten Gesellschaft entgegen früherer Meinung heute in allen Auflösungsfällen des § 60 für möglich gehalten wird (§ 60 Rn. 65ff.) und die generelle Fortsetzungsmöglichkeit die generelle Möglichkeit von Heilungsbeschlüssen nahelegt.[4] Dennoch ist die vorgeschlagene Korrektur auch in diesem Punkt abzulehnen, weil § 76 auf § 75 rückbezogen ist und einhellig schon immer so verstanden wurde. Angesichts der praktischen Bedeu-

---

[1] ZB *Baumbach/Hueck/Schulze-Osterloh* Rn. 3; *Roth/Altmeppen* Rn. 3; wohl auch *Hachenburg/Ulmer* § 60 Rn. 112.

[2] *Scholz/K. Schmidt* Rn. 1ff; § 60 Rn. 59 und ihm folgend *Lutter/Hommelhoff* Rn. 2; sympathisierend *Hachenburg/Hohner* Rn. 4 hinsichtlich der Erstreckung der Heilungsmöglichkeit auf das Fehlen einer Bestimmung über die Höhe des Stammkapitals.

[3] Fn. 2.

[4] *Scholz/K. Schmidt* Rn. 3, 5.

tungslosigkeit des Nichtigkeitsgrundes der fehlenden Bestimmung über die Höhe des Stammkapitals ist auch kein Bedürfnis für die Änderung der bisherigen Gesetzesinterpretation erkennbar (vgl. auch Rn. 5).

Seine jetzige Fassung hat § 76 durch das Gesetz v. 15. 8. 1969 erhalten, das die Nichtigkeitsgründe des § 75 einschränkte (§ 75 Rn. 5). Dieser Einschränkung entspricht diejenige der Heilungsmöglichkeiten. **2**

II. Heilungsbeschluss

1. Vor Auflösung der Gesellschaft. Vor Auflösung durch rechtskräftiges Nichtigkeitsurteil (§ 75 Rn. 32) oder Eintragung eines Löschungsvermerks nach § 144 Abs. 1 FGG (§ 75 Rn. 42) kann ein Heilungsbeschluss jederzeit gefasst werden.[5] **3**

2. Nach Auflösung der Gesellschaft. Nach neuerer Auffassung ist ein Heilungsbeschluss möglich, wenn die Voraussetzungen für einen **Fortsetzungsbeschluss** gegeben sind, also auch nach Eintragung des Nichtigkeitsurteils oder des Löschungsvermerks im Handelsregister.[6] Das ist nicht mehr der Fall, wenn die Gesellschaft mit der Verteilung des Vermögens begonnen hat (§ 60 Rn. 66). Ein bis zu diesem Zeitpunkt gefasster Heilungsbeschluss ist zugleich als Fortsetzungsbeschluss zu werten.[7] **4**

3. Kein Heilungsbeschluss beim Fehlen einer Bestimmung über die Höhe des Stammkapitals. Vgl. zunächst Rn. 1. Der Ausschluss der Heilung in diesem Fall lässt erkennen, dass die Festsetzung der Stammkapitalziffer in der gesetzlichen Wertung das wesentlichste Element des Gesellschaftsvertrags ist.[8] Für den unwahrscheinlichen Fall ihres Fehlens kommt nur die Neuvornahme der Gründung in Betracht.[9] Eine „Heilung" des Mangels kann allerdings durch **Verwirkung** des Klagerechts (§ 75 Rn. 29) eintreten, sofern wegen Zeitablaufs auch das Registergericht von der Einleitung eines Verfahrens nach § 144 Abs. 1 FGG absieht. **5**

4. Satzungsänderung. Da der Heilungsbeschluss den Unternehmensgegenstand erfasst, ändert er stets die Satzung. Er erfordert deshalb insbesondere die Abhaltung einer Gesellschafterversammlung und notarielle Beurkundung (§ 53). Zu seiner Wirksamkeit bedarf der Beschluss der Eintragung in das Handelsregister (§ 54 Abs. 3, ganz hM). **6**

5. Einstimmigkeit. Zusätzlich bedarf der Heilungsbeschluss der **Einstimmigkeit**. Das bedeutet aber nur, dass dem mit Dreiviertelmehrheit (§ 53 Abs. 2) zu fassenden Beschluss die bei der Beschlussfassung nicht anwesenden Gesellschafter vorher oder nachher zustimmen müssen.[10] Die **Zustimmung** kann **formlos** erteilt werden (vgl. § 53 Rn. 56).[11] Einer besonderen Zustimmung des zum Gesellschafterkreis gehören- **7**

---

[5] *Hachenburg/Hohner* Rn. 18.
[6] *Baumbach/Hueck/Schulze-Osterloh* Rn. 10; § 77 Rn. 7; *Hachenburg/Hohner* Rn. 12; *Hachenburg/Ulmer* § 60 Rn. 112; *Roth/Altmeppen* Rn. 7; *Scholz/K. Schmidt* Rn. 7.
[7] *Scholz/K. Schmidt* Rn. 7.
[8] *Roth* GmbHG 2. Aufl. Anm. 2.
[9] *Meyer-Landrut/Miller/Niehus* Rn. 4; *Roth* GmbHG 2. Aufl. Anm. 2.
[10] *Baumbach/Hueck/Schulze-Osterloh* Rn. 6; *Hachenburg/Hohner* Rn. 6; *Lutter/Hommelhoff* Rn. 2; *Roth* GmbHG 2. Aufl. Anm. 2.
[11] *Hachenburg/Hohner* (Rn. 6) fordern Schriftform, die sich allerdings zum Nachweis gegenüber dem Registergericht empfiehlt und die auch § 228 RegE 1971 vorsah. Noch weitergehend verlangen *Lutter/Hommelhoff* (Rn. 2) und *Baumbach/Hueck/Schulze-Osterloh* (Rn. 6) notarielle Beurkundung, was zu weitgehend erscheint. Allerdings schreibt das UmwG dort, wo der Umwandlungsbeschluss die Zustimmung nicht erschienener Anteilsinhaber vorsieht, notarielle Beurkundung der Erklärungen vor, vgl. z. B. §§ 13 Abs. 1 S. 1; 193 Abs. 3 S. 1 UmwG.

§ 77   5. Abschnitt. Auflösung und Nichtigkeit der Gesellschaft

den Nichtigkeitsklägers[12] bedarf es im Hinblick auf das Erfordernis der Einstimmigkeit nicht. Insoweit liegen die Verhältnisse anders als beim Fortsetzungsbeschluss nach Auflösungsklage (vgl. § 60 Rn. 70).

8   **6. Verpflichtung zur Mitwirkung beim Heilungsbeschluss.** Bei Satzungsänderungen wird eine (positive) **Stimmpflicht der Gesellschafter** im Allgemeinen verneint (§ 53 Rn. 58). Eine andere Beurteilung ergibt sich für den Heilungsbeschluss nicht daraus, dass dieser Einstimmigkeit verlangt. Allenfalls wird man eine Verpflichtung der an der fehlerhaften Satzungsbestimmung beteiligten Gesellschafter zur Mitwirkung an deren Heilung annehmen können.[13] Auch die **Geschäftsführer** trifft grundsätzlich keine Pflicht, auf die Herbeiführung eines Heilungsbeschlusses hinzuwirken.

III. Österreichisches Recht

9   § 217 ÖAktG sieht die Heilung der in § 216 ÖAktG genannten nichtigen Bestimmungen der Satzung einer AG durch satzungsändernden Beschluss vor. Die Regelung entspricht derjenigen des § 276 des deutschen AktG. Soweit eine Nichtigkeitsklage auch bei der GmbH im Wege der (Gesamt)Analogie zu den Vorschriften des ÖAktG über die Nichtigkeit der Gesellschaft für möglich gehalten wird,[14] kommt auch die sinngemäße Anwendung des § 217 ÖAktG zum Zuge, wonach der Heilungsbeschluss nur der satzungsändernden Mehrheit bedarf, nicht der Einstimmigkeit, wie nach § 76 GmbHG.

---

§ 77 [Wirkung der Nichtigkeit]

(1) **Ist die Nichtigkeit einer Gesellschaft in das Handelsregister eingetragen, so finden zum Zwecke der Abwicklung ihrer Verhältnisse die für den Fall der Auflösung geltenden Vorschriften entsprechende Anwendung.**

(2) **Die Wirksamkeit der im Namen der Gesellschaft mit Dritten vorgenommenen Rechtsgeschäfte wird durch die Nichtigkeit nicht berührt.**

(3) **Die Gesellschafter haben die versprochenen Einzahlungen zu leisten, soweit es zur Erfüllung der eingegangenen Verbindlichkeiten erforderlich ist.**

Literatur: Vgl. die Angaben bei § 75.

I. Normzweck

1   Nach der Vorstellung des Gesetzgebers kommt der nichtigen Gesellschaft nur für den Liquidationszweck eine gewisse Rechtsbeständigkeit zu. Im Hinblick hierauf bestimmt Abs. 1 die Anwendung der Vorschriften über die Abwicklung, wenn die Nichtigkeit in das Handelsregister eingetragen ist. Dass sie nur „entsprechend" angewendet werden sollen, beruht auf dieser Vorstellung und ist ohne Bedeutung.[1] In Wahrheit ist die Nichtigkeit nur ein weiterer Auflösungsgrund (§ 75 Rn. 1). Deshalb sagt auch

---

[12] *Hachenburg/Ulmer* § 60 Rn. 112.
[13] *Baumbach/Hueck/Schulze-Osterloh* Rn. 8; *Hachenburg/Hohner* Rn. 7; *Scholz/K. Schmidt* Rn. 9; ähnlich wohl *Roth/Altmeppen* Rn. 6; vgl. auch 60 Rn. 71 zur Stimmpflicht beim Fortsetzungsbeschluss; gänzlich abl. *Meyer-Landrut/Miller/Niehus* Rn. 5.
[14] Vgl. § 75 Rn. 50.
[1] *Roth/Altmeppen* Rn. 3.

Wirkung der Nichtigkeit § 77

Abs. 2 nur Selbstverständliches.[2] Ebenso wenig weicht Abs. 3 von den allgemeinen Liquidationsregeln ab; denn Einlageschulden sind im Rahmen des Liquidationszwecks stets zu erfüllen (§ 69 Rn. 8).

§ 77 gilt analog nach Eintragung eines Löschungsvermerks gemäß § 144 Abs. 1 FGG.[3]

II. Folgen der Eintragung der Nichtigkeit

1. Eintragung. Die Eintragung erfolgt durch einen Vermerk, der die Gesellschaft als nichtig bezeichnet (§ 45 Abs. 2 HRV, vgl. § 75 Rn. 34, 42). Im Falle des § 144 Abs. 1 FGG markiert sie den Stichtag der Auflösung und wirkt somit **konstitutiv**. Im Falle des Nichtigkeitsurteils nach § 75 hat sie nur **deklaratorische** Bedeutung, da die Auflösung schon mit Rechtskraft des Urteils eintritt (§ 75 Rn. 32, str.). Die Eintragung entspricht hier derjenigen nach § 65.[4]

2. Abwicklung (Abs. 1). Es gelten für das Innen- und Außenverhältnis uneingeschränkt die Vorschriften der §§ 66 ff. Insbesondere bleibt die Gesellschaft bis zur Vollbeendigung rechtsfähig und parteifähig.[5] Die Geschäftsführer werden Liquidatoren und sind als solche anzumelden und einzutragen.[6] Liquidationswidrige Geschäfte dürfen sie nicht abschließen.[7]

3. Wirksamkeit von Rechtsgeschäften (Abs. 2). Die Regelung des Abs. 2 sagt Selbstverständliches (Rn. 1). Sie ist keine Ausnahme vom Grundsatz des § 15 Abs. 1 HGB; denn da die Nichtigkeit nur einen latenten Auflösungsgrund darstellt, ist § 15 Abs. 1 nicht anwendbar.[8] Der Dritte kann sich auf Abs. 2 auch dann berufen, wenn ihm die Nichtigkeit bekannt war. Allenfalls kann ihm die Arglisteinrede (§ 242 BGB) entgegengesetzt werden, wenn er zum Schaden der auflösungsreifen Gesellschaft mit den Geschäftsführern zusammengewirkt hat.[9] Abs. 2 gilt sowohl für die Zeit vor Nichtigerklärung und Eintragung als auch für die Zeit danach. Er gilt auch für das **Innenverhältnis**.[10] Gesellschafterbeschlüsse werden somit durch die Nichtigerklärung nicht in Frage gestellt, ebenso wenig die Bestellung von Geschäftsführern und sonstigen Gesellschaftsorganen, die Einzahlung von Stammeinlagen usw. Der **Veräußerer** eines Geschäftsanteils kann nicht schon wegen der Nichtigkeit gemäß § 437 BGB auf Gewährleistung in Anspruch genommen werden.[11]

4. Einzahlungen (Abs. 3). Einlageschulden sind auch nach Auflösung der Gesellschaft zu erfüllen, soweit der Liquidationszweck reicht (§ 69 Rn. 8). Insoweit bringt Abs. 3 wiederum nur einen allgemeinen Grundsatz zum Ausdruck.[12] Macht ein Gesellschafter geltend, die Erfüllung der Einlageschuld sei zur Deckung der Verbindlich-

---

[2] *Scholz/K. Schmidt* Rn. 2.
[3] § 75 Rn. 46; vgl. ferner *Hachenburg/Hohner* Rn. 1; *Roth/Altmeppen* Rn. 2; *Scholz/K. Schmidt* Rn. 1.
[4] *Scholz/K. Schmidt* Rn. 6.
[5] RGZ 59, 325.
[6] *Meyer-Landrut/Miller/Niehus* Rn. 3.
[7] *Hachenburg/Hohner* Rn. 4; *Scholz/K. Schmidt* Rn. 4, 6; iE vgl. die Erl. zu §§ 66 ff.
[8] Zutreffend *Scholz/K. Schmidt* Rn. 2; *Hachenburg/Hohner* Rn. 5; ebenso *Meyer-Landrut/Miller/Niehus* Rn. 4.
[9] *Vogel* Anm. 2; *Scholz/K. Schmidt* Rn. 2.
[10] *Hachenburg/Hohner* Rn. 5; *Roth/Altmeppen* Rn. 4; *Scholz/K. Schmidt* Rn. 5.
[11] *Scholz/K. Schmidt* Rn. 5.
[12] *Scholz/K. Schmidt* Rn. 3.

Anh. nach § 77   5. Abschnitt. Auflösung und Nichtigkeit der Gesellschaft

keiten der Gesellschaft nicht erforderlich, so trägt er hierfür auch im Rahmen von Abs. 3 die Beweislast.[13] Einzufordern sind die Einlagen unter Wahrung des **Gleichbehandlungsgebots**.

7 Ist die Gesellschaft noch nicht nach § 75 für nichtig erklärt oder gemäß § 144 Abs. 1 FGG gelöscht, so liegt kein Fall des Abs. 3 vor. Die Einlagen sind in voller Höhe zu leisten.[14]

8 **Keine Einzahlungspflicht** besteht für den Gesellschafter, dessen Beitrittserklärung wegen Geschäftsunfähigkeit ungültig ist.[15]

9 Abs. 3 ist auf **nichtige Kapitalerhöhungsbeschlüsse** entsprechend anwendbar.[16]

III. Österreichisches Recht

10 Die Eintragung der Nichtigkeit nach § 10 Abs. 3 FGB hat die Auflösung der Gesellschaft und ihre Liquidation zur Folge (§ 75 Rn. 50). Besondere Liquidationsvorschriften für diesen Fall enthält das ÖGmbHG nicht. Es gelten vielmehr die allgemeinen Liquidationsvorschriften der §§ 89 ff. Das stellt § 94 Abs. 1 ausdrücklich klar.[17]

Anhang nach § 77
Umwandlung

Inhaltsverzeichnis

	Rn.		Rn.
I. Einführung	1–37	X. Formwechsel einer GmbH in eine OHG	218–243
II. Formwechsel einer GmbH in eine AG	38–149	XI. Formwechsel einer GmbH in eine KG	244–252
III. Formwechsel einer GmbH in eine KGaA	150–156	XII. Formwechsel einer GmbH in eine Gesellschaft bürgerlichen Rechts	253–257
IV. Formwechsel einer GmbH in eine eingetragene Genossenschaft	157–165	XIII. Formwechsel einer GmbH in eine Partnerschaftsgesellschaft	258–264
V. Formwechsel einer AG in eine GmbH	166–177	XIV. Formwechsel einer OHG in eine GmbH	265–297
VI. Formwechsel einer KGaA in eine GmbH	178–183	XV. Formwechsel einer KG in eine GmbH	298–304
VII. Formwechsel einer eingetragenen Genossenschaft in eine GmbH	184–195	XVI. Formwechsel einer Partnerschaftsgesellschaft in eine GmbH	305–309
VIII. Formwechsel eines rechtsfähigen Vereins in eine GmbH	196–208	XVII. Verschmelzung von Gesellschaften mbH	310–451
IX. Formwechsel von Körperschaften und Anstalten des öffentlichen Rechts in eine GmbH	209–217	XVIII. Verschmelzung von Aktiengesellschaften oder Kommanditgesellschaften aA mit einer GmbH	452–470

---

[13] *Baumbach/Hueck/Schulze-Osterloh* Rn. 5; *Roth/Altmeppen* Rn. 5; *Scholz/K. Schmidt* Rn. 3 und jetzt auch *Hachenburg/Hohner* Rn. 6; vgl. auch oben § 69 Rn. 8.

[14] *Roth/Altmeppen* Rn. 6; *Scholz/K. Schmidt* Rn. 3.

[15] *Hachenburg/Hohner* Rn. 7; vgl. auch oben § 75 Rn. 8.

[16] *Lutter/Hommelhoff* Rn. 2; *Scholz/K. Schmidt* Rn. 3; aA *Hachenburg/Hohner* Rn. 7; vgl. iE § 55 Rn. 21.

[17] *Koppensteiner* § 94 Rn. 1 zur Löschung nach § 10 Abs. 2 FGB.

Umwandlung   Anh. nach § 77

	Rn.		Rn.
XIX. Verschmelzung von Gesellschaften mbH mit einer AG oder KGaA	471–479	XXV. Verschmelzung von Gesellschaften mbH mit Partnerschaftsgesellschaften	507–512
XX. Verschmelzung von Gesellschaften mbH mit eingetragenen Genossenschaften und von eingetragenen Genossenschaften mit Gesellschaften mbH	480, 481	XXVI. Verschmelzung einer GmbH mit dem Vermögen eines Alleingesellschafters	513–518
		XXVII. Spaltung von Gesellschaften mbH	519–637
XXI. Verschmelzung von Gesellschaften mbH mit rechtsfähigen Vereinen und von rechtsfähigen Vereinen mit Gesellschaften mbH	482	XXVIII. Ausgliederung aus dem Vermögen eines Einzelkaufmanns zur Aufnahme in eine GmbH oder zur Neugründung einer GmbH	638–670
XXII. Verschmelzung von Personenhandelsgesellschaften mit Gesellschaften mbH	483–497	XXIX. Ausgliederung aus dem Vermögen von Gebietskörperschaften oder Zusammenschlüssen von Gebietskörperschaften zur Aufnahme durch eine GmbH oder zur Neugründung einer GmbH	671–678
XXIII. Verschmelzung von Partnerschaftsgesellschaften mit Gesellschaften mbH	498, 499		
XXIV. Verschmelzung von Gesellschaften mbH mit Personenhandelsgesellschaften	500–506	XXX. Übertragung des Vermögens einer GmbH auf die öffentliche Hand	679–686
		XXXI. Spruchverfahren	687–706

I. Einführung

Literatur: (zum **neuen Recht** ab dem Diskussionsentwurf eines Gesetzes zur Bereinigung des Umwandlungsrechts v. 3. 8. 1988, Beilage Nr. 214a zum BAnz. Nr. 214 m. 15. 11. 1988): *Amtl. Begr. zum UmwBerG* (= Amtl. Begr.), BT-Drucks. 12/6699 (= *Neye* S. 87 ff.); *Angermeyer* Die Prüfung von Sacheinlagen im neuen Umwandlungsrecht, WPg 1995, 681; *App* Das Spruchstellenverfahren bei der Abfindung von Gesellschaftern nach einer Umwandlung, BB 1995, 267; *Autenrieth* Umwandlung mittelständischer GmbH in Personengesellschaften, Gestaltungsüberlegungen, in Neuorientierung der Rechenschaftslegung, Bericht über die Fachtagung des IDW, 1995, S. 463; *Bachner* Individualarbeits- und kollektivrechtliche Auswirkungen des neuen Umwandlungsgesetzes, NJW 1995, 2881; *Bauer/Lingemann* Das neue Umwandlungsrecht und seine arbeitsrechtlichen Auswirkungen, NZA 1994, 1057; *Bartodziej* Reform des Umwandlungsrechts und Mitbestimmung, ZIP 1994, 580; *ders.* Besprechung von *Dehmer* Umwandlungsrecht, Umwandlungssteuerrecht, WM 1994, 1734; *Beuthin* Genossenschaftsgesetz mit Umwandlungsrecht, 13. Aufl. 2000; *ders./Wolff* Genossenschaftsverschmelzung auf einen künftigen Verschmelzungsstichtag, BB 2001, 2126; *Blumers* Ausgliederung und Spaltung und wesentliche Betriebsgrundlagen, DB 1995, 496; *ders.* Der Teilbetrieb im Aufbau im Umwandlungssteuerrecht, BB 1995, 1821; *Blumers/Beinert* Grundregeln für die Optimierung des Unternehmenskaufs nach neuem Umwandlungs-(Steuer)recht, DB 1995, 1043; *Blumers/Siegels* Ausgliederung und Spaltung und Zuordnung von Wirtschaftsgütern, DB 1996, 7; *Böhringer* Grundzüge des neuen Umwandlungsrechts, Zs. f. d. Notariat in Bad.-Württ. 1995, 97; *Boecken* Der Übergang von Arbeitsverhältnissen bei Spaltung nach dem neuen Umwandlungsrecht, ZIP 1994, 1087; *Bokelmann* Eintragung eines Beschlusses; Prüfungskompetenz des Registerrichters bei Nichtanfechtung, rechtsmissbräuchlicher Anfechtungsklage und bei Verschmelzung, DB 1994, 1341; *Bolk/Reiß* Überblick z. Umwandlungsbereinigungsgesetz 1995, Steuer und Studium 1995, 247; *Bork* Beschlußverfahren und Beschlußkontrolle nach dem Referentenentwurf eines Gesetzes zur Bereinigung des Umwandlungsrechts, ZGR 1993, 343; *ders.* Das Unbedenklichkeitsverfahren nach § 16 Abs. 3 UmwG, in *Lutter* Kölner Umwandlungsrechtstage, S. 261; *Brandmüller* Die Betriebsaufspaltung nach Handels- und Steuerrecht, 6. Aufl. 1994; *Brandmüller/Küffner* Bonner Handbuch GmbH, Stand 1995; *Buchna* Ausgewählte Fragen z. Umwandlungsgesetz und Umwandlungssteuergesetz, DStR 1995, 15; *Bungert* Zuständigkeit des Landgerichts bei Bestellung des Verschmelzungsprüfers im neuen Umwandlungsrecht, DB 1995, 27; *Busch* Die Deckung des Grundkapitals bei Formwechsel einer GmbH in eine Aktiengesellschaft, AG 1995, 555; *Buyer* Änderung der Unternehmensform, 7. Aufl. 1999; *Courage* Fiktiver Vermögensübergang und Grunderwerbsteuer bei Formwechsel zwischen Kapital- und Personengesellschaft?, DB 1995, 1102; *Crezelius* Grundsätzliches und Zweifelsfragen z. Umwandlungsrecht 1995, Stbg 1995, 438; *Dehmer* Auf dem Wege zur Reform des Umwandlungsrechts: Die Entwürfe zur Bereinigung des Umwandlungsrechts und zur Änderung des Umwandlungssteuerrechts, WiB 1994, 307; *ders.* Umwandlungsgesetz, Umwandlungssteuergesetz, 2. Aufl. 1996; *ders.* Umwandlungssteuererlass 1998, Erläuterungsbuch für die Steuerpraxis, 1998; *Decher*

Anh. nach § 77 5. Abschnitt. Auflösung und Nichtigkeit der Gesellschaft

Formwechsel – Allgemeine Vorschriften –, in *Lutter* Kölner Umwandlungsrechtstage, S. 201; *Deutscher Anwaltverein e. V.* Stellungnahme des Handelsrechtsausschusses zum Diskussionsentwurf eines Gesetzes zur Bereinigung des Umwandlungsrechts, 1990; *ders.* Stellungnahme des Handelsrechtsausschusses zum Referentenentwurf eines Gesetzes zur Bereinigung des Umwandlungsrechts, WM Sonderbeilage Nr. 2/1993; *ders.* Stellungnahme des Handelsrechtsausschusses zu steuerrechtlichen Problemen im Zusammenhang mit der geplanten Neufassung des handelsrechtlichen Umwandlungsgesetzes, 1990; *ders.* Stellungnahme des Steuerrechtsausschusses zum Entwurf eines Gesetzes zur Änderung des Umwandlungssteuerrechts, BB 1993, 1711; *ders.* Vorschläge des Handelsrechtsausschusses zur Änderung des UmwG, NZG 2000, 802; *Dietz* Die Ausgliederung nach dem UmwG und nach Holzmüller, 2000; *Dörrie* Erbrecht und Gesellschaftsrecht bei Verschmelzung, Spaltung und Formwechsel, GmbHR 1996, 245; *Eder/Kallmeyer* GmbH-Handbuch, Stand 1998; *Eilers/Müller-Eising* Die Umwandlung als neue Form des Unternehmenskaufs, WiB 1995, 11; *Engelmeyer* Die Spaltung von Aktiengesellschaften nach dem neuen Umwandlungsrecht, 1995; *Feddersen/Kiem* Die Ausgliederung zwischen „Holzmüller" und neuem Umwandlungsrecht, ZIP 1994, 1078; *Felix* Formwechsel nach §§ 190ff. UmwG und Grunderwerbsteuer – „Rechtsform-Häutung" als steuerlicher Erwerbsvorgang?, NJW 1995, 1137; *ders.* Steuerberatungsbezogene Einführung in die Umwandlung der beherrschten Gesellschaft mbH in die GmbH & Co KG oder das Einzelunternehmen, KÖSDI 1995, 1232; *Fleischmann* Der Zusammenschluss der Daimler Benz AG und der Chrysler Corp. zur DaimlerChrysler AG aus steuerlicher Sicht, DB 1998, 1883; *Fischer* Verschmelzung von GmbH in der Handels- und Steuerbilanz, DB 1995, 485; *ders.* Formwechsel zwischen GmbH und GmbH & Co KG, BB 1995, 2173; *Frotz* Ausgewählte steuerliche Aspekte bei der Unternehmensbewertung, in *Sierke/Albe* (Hrsg.), Branchenübergreifende Erfolgsfaktoren, 1995, S. 165; *Gäbelein* Die Unternehmensspaltung – Aktuelle Probleme und Gesetzgebungsvorhaben, BB 1989, 1420; *Ganske* Umwandlung von Unternehmen – Neuere Entwicklungen im Gesellschaftsrecht, DB 1992, 125; *ders.* Gesetz zur Bereinigung des Umwandlungsrechts, 2. Aufl. 1995; *ders.* Die Reform des Umwandlungsrechts, in *Wassermeyer* (Hrsg.), Grundfragen der Unternehmensbesteuerung, S. 43; *ders.* Der Weg vom Diskussionsentwurf zum Referentenentwurf eines Gesetzes zur Bereinigung des Umwandlungsrechts, in: IDW (Hrsg.), Reform des Umwandlungsrechts, 1993, S. 15; *ders.* Reform des Umwandlungsrechts – Ein Bericht, WM 1993, 1117; *ders.* Umwandlungsrecht – Regierungsentwürfe des Gesetzes zur Bereinigung des Umwandlungsrechts und des Gesetzes zur Änderung des Umwandlungssteuerrechts, 1994; *Gaul/Otto* Unterrichtungsanspruch und Widerspruchsrecht bei Betriebsübergang und Umwandlung, DB 2002, 634; *Gemeinsamer Arbeitsausschuß des BDI, BDA, DIHT und des Gesamtverbands der deutschen Versicherungswirtschaft* Stellungnahme zum Referentenentwurf eines Gesetzes zur Bereinigung des Umwandlungsrechts, 1992; *Geck* Die Spaltung von Unternehmen nach dem neuen Umwandlungsrecht, DStR 1995, 416; *Glade/Steinfeld* Umwandlungssteuergesetz 1977, 3. Aufl. 1980; *Goutier/Knopf/Tulloch* Kommentar z. Umwandlungsrecht, 1995; *Graf* Umwandlungen aus der Sicht des Registergerichts, Zs. f. d. Notariat in Bad.-Württ. 1995, 103; *Gratzel* Kleine Versäumnisse bei der Bereinigung des Umwandlungsrechts, BB 1995, 2438; *Grother* Grunderwerbsteuerliche Probleme bei der Umstrukturierung von Unternehmen und Konzernen, BB 1994, 1970; *ders.* Steuerrechtliche Vorüberlegungen zum handelsrechtlichen Entwurf eines Umwandlungsgesetzes unter besonderer Berücksichtigung der Spaltung von Kapitalgesellschaften, StVj 1990, 211; *Grunewald* Die Verschmelzung von Kapitalgesellschaften, in *Lutter* Kölner Umwandlungsrechtstage, S. 19; *Habersack* Der Finanzplatz Deutschland und die Rechte der Aktionäre, ZIP 2001, 1230; *Habersack/Koch/Winter/Bearbeiter* Die Spaltung im neuen Umwandlungsrecht und ihre Rechtsfolgen, 1999; *Hahn* Zum Gläubigerschutz bei der Spaltung von Kapitalgesellschaften, GmbHR 1991, 242; *Happ* Formwechsel von Kapitalgesellschaften, in *Lutter* Kölner Umwandlungsrechtstage, S. 223; *Hanau* Arbeitsrecht und Mitbestimmung in Umwandlung und Fusion, ZGR 1990, 548; *Haritz/Benkert* Umwandlungssteuergesetz, 2. Aufl. 2000/2001; *Heckschen* Verschmelzung von Kapitalgesellschaften, 1989; *ders.* Verschmelzung von Kapitalgesellschaften unter Berücksichtigung des Entwurfs zum Umwandlungsgesetz, MitRhNotK 1989, 101; *ders.* Die Verschmelzung auf den Alleingesellschafter – eine missglückte gesetzliche Regelung, ZIP 1996, 450; *ders.* Die Entwicklung des Umwandlungsrechts aus Sicht der Rechtsprechung und Praxis, DB 1998, 1385; *Heidemann* Möglichkeiten und Verfahrensweisen bei der Rechtsformumwandlung in eine Aktiengesellschaft, BB 1996, 558; *Heidenhain* Spaltungsvertrag und Spaltungsplan, NJW 1995, 2873; *ders.* Sonderrechtsnachfolge bei der Spaltung, ZIP 1995, 801; *ders.* Fehlerhafte Umsetzung der Spaltungs-Richtlinie, EuZW 1995, 327; *ders.* Entstehung vermögens- und subjektloser Kapitalgesellschaften. Bemerkungen zu §§ 130, 131, 135 UmwG, GmbHR 1995, 264; *Heiss* Gläubigerschutz bei der Unternehmensspaltung, ZIP 1993, 12; *Hense* Die Rechnungslegung im Umwandlungsfall, in: IDW (Hrsg.), Reform des Umwandlungsrechts, 1993, S. 171; *Hennrichs* Wirkungen der Spaltung – Überlegungen zu §§ 126 Abs. 2, 131 Abs. 1 Nr. 1 S. 2 des Referentenentwurfs eines Gesetzes zur Bereinigung des Umwandlungsrechts, AG 1993, 508; *ders.* Zum Formwechsel und zur Spaltung nach dem neuen Umwandlungsgesetz, ZIP 1995, 794; *Henze* Neue Maßstäbe für die Auslegung des Umwandlungsrechts?, BB 1999, 2208; *ders.* Aktienrecht – Höchstrichterliche Rechtsprechung, 5. Aufl. 2002; *Herzig/Förster* Problembereiche bei der Auf- und Abspaltung von Kapitalgesellschaften nach neuem Umwandlungssteuerrecht, DB 1995,

338; *Herzig/Momen* Die Spaltung von Kapitalgesellschaften im neuen Umwandlungssteuergesetz, DB 1994, S. 2157, 2210; *Herzig/Ott* Das Steuerrecht als Umwandlungs- und Spaltungsbremse – zugleich steuerliche Würdigung des Diskussionsentwurfs für ein Gesetz zur Bereinigung des Umwandlungsrechts, DB 1989, 2033; *Hey* Umwandlungssteuergesetz nach der Unternehmenssteuerreform, GmbHR 2001, 993; *Hill* Das neue Umwandlungsrecht und seine Auswirkungen auf die betriebl. Altersversorgung 1995, 4; *Hirte* Beteiligungserwerb und Sacheinlage im Entwurf des Umwandlungsgesetzes, AG 1990, 373; *ders.* Die Behandlung unbegründeter oder missbräuchlicher Gesellschafterklagen im Referentenentwurf eines Umwandlungsgesetzes – die Regelung der vorläufigen Eintragung einer Umwandlung, DB 1993, 77; *Hoffmann-Becking* Der materielle Gesellschafterschutz: Abfindungsspruchverfahren, ZGR 1990, 482; *Hommelhoff* Minderheitenschutz bei Umstrukturierungen, ZGR 1993, 452; *ders.* Zur Kontrolle strukturändernder Gesellschafterbeschlüsse, ZGR 1990, 447; *ders.* Spaltung, in *Lutter* Kölner Umwandlungsrechtstage, S. 89; *Horn* Internationale Zusammenschlüsse, ZIP 2000, 473; *Hügel* Reform des Umwandlungssteuerrechts, in *Wassermeyer* (Hrsg.), DStJG 17 (1994), 69; *Ihrig* Gläubigerschutz durch Kapitalaufbringung bei Verschmelzung und Spaltung nach neuem Umwandlungsrecht, GmbHR 1995, 622; *Institut der Wirtschaftsprüfer* Stellungnahme zum Referentenentwurf eines Gesetzes zur Bereinigung des Umwandlungsrechts, WPg 1992, 613; *Jakobs/Plewka* Formwechselnde Umwandlung einer Kapitalgesellschaft in eine Personengesellschaft aus der Sicht beschränkt steuerpflichtiger Gesellschafter, DB 1995, 1630; *Joost* Formwechsel von Personenhandelsgesellschaften, in *Lutter* Kölner Umwandlungsrechtstage, S. 245; *ders.* Umwandlungsrecht und Arbeitsrecht, in *Lutter* Kölner Umwandlungsrechtstage, S. 297; *ders.* „Holzmüller 2000" vor dem Hintergrund des Umwandlungsgesetzes, ZHR 163 (1999), 164; *Kallmeyer* Die Reform des Umwandlungsrechts, DB 1993, 367; *ders.* Die Auswirkungen des neuen Umwandlungsrechts auf die mittelständische GmbH, GmbHR 1993, 461; *ders.* Das neue Umwandlungsgesetz, ZIP 1994, 1746; *ders.* Das neue Umwandlungsgesetz. Verschmelzung, Spaltung und Formwechsel von Handelsgesellschaften, ZIP Wirtschaftsrecht 1994, 1746; *ders.* Kombination von Spaltungsarten nach dem neuen Umwandlungsgesetz, DB 1995, 81; *ders.* Der Einsatz von Spaltung und Formwechsel nach dem UmwG 1994 für die Zukunftssicherung von Familienunternehmen, DB 1996, 28; *ders.* Der Formwechsel der GmbH oder GmbH & Co in die AG oder KGaA zur Vorbereitung des Going public, GmbHR 1995, 888; *ders.* Der Ein- und Austritt der Komplementär-GmbH einer GmbH & Co KG bei Verschmelzung, Spaltung und Formwechsel nach dem UmwG 1994, GmbHR 1996, 80; *ders.* Grenzüberschreitende Verschmelzungen und Spaltungen, ZIP 1996, 535; *ders.* Spaltung: Wie man mit § 132 UmwG 1994 leben kann, GmbHR 1996, 242; *Kallmeyer/Bearbeiter* Umwandlungsgesetz, 2. Aufl. 2001; *Karollus* Ausgliederung, in *Lutter* Kölner Umwandlungsrechtstage, S. 157; *Keller* Heilung fehlerhafter Umwandlungen der volkseigenen Betriebe der Gebäudewirtschaft, VIZ 1996, 16; *Kiem* Unternehmensumwandlung, 2000; *ders.* Das neue Umwandlungsrecht und die Vermeidung „räuberischer" Anfechtungsklagen, AG 1992, 430; *Kleindiek* Vertragsfreiheit und Gläubigerschutz im künftigen Spaltungsrecht nach dem Referentenentwurf UmwG, ZGR 1992, 513; *Knop/Küting* Anschaffungskosten im Umwandlungsrecht, BB 1995, 1023; *Knopf/Söffing* Einzelaspekte zur Umwandlung einer Kapitalgesellschaft in eine Personengesellschaft nach neuem UmwStG, BB 1995, 850; *Knott/Schröter* Der Aufstieg des leitenden Angestellten zum Geschäftsführer der ausgegliederten Konzerngesellschaft – ein arbeitsrechtliches Problem, GmbHR 1996, 238; *Kögel* Firmenrechtliche Besonderheiten des Umwandlungsrechts, GmbHR 1996, 168; *Köster* Steuerliche Optimierung von Unternehmenskäufen nach dem neuen Umwandlungssteuerrecht, GmbHR 1995, 422; *Köstler* Amtsende des Aufsichtsrats nach formwechselnder Umwandlung einer GmbH in eine Aktiengesellschaft?, BB 1993, 81; *Korn* Die Umwandlung einer GmbH in eine GmbH & Co KG durch Formwechsel: Ein Fallbeispiel, KÖSDI 1995, 10273; *Kowalski* Kapitalerhöhung bei horizontaler Verschmelzung, GmbHR 1996, 158; *Krebs* Die geplante Reform des Umwandlungssteuerrechts, in IDW (Hrsg.), Reform des Umwandlungsrechts, 1993, S. 241; *ders.* Änderungen des Umwandlungssteuerrechts, BB 1994, 2115; *Kraus/Grünewald* Gibt es einen objektiven Unternehmenswert?, BB 1995, 1839; *Krieger* Der Konzern in Fusion und Umwandlung, ZGR 1990, 517; *ders.* Spruchverfahren (§§ 305 bis 312 UmwG), in *Lutter* Kölner Umwandlungsrechtstage, S. 275; *Kröner* Verlustverwertung bei der Verschmelzung von Kapitalgesellschaften, GmbHR 1996, 256; *Küller* Mitbestimmung im Umwandlungsfall, in: IDW (Hrsg.) Reform des Umwandlungsrechts, 1993, S. 133; *Langenfeld* GmbH-Vertragspraktikum, 3. Aufl. 1999; *Langohr/Plato* Umwandlung und Nachhaftung: neue rechtliche Aspekte in der betrieblichen Altersversorgung, MDR 1996, 325; *Leinekugel* Die Ausstrahlungswirkungen des Umwandlungsgesetzes, 2000; *Lüdicke* Nachfolgeplanung und neues Umwandlungsrecht/Umwandlungssteuerrecht, Zs. f. Erbrecht- und Vermögensnachfolge 1995, 132; *Lüttge* Das neue Umwandlungs- und Umwandlungssteuerrecht, NJW 1995, 417; *Lutter* Zur Reform von Umwandlung und Fusion, ZGR 1990, 392; *ders./Bearbeiter* Kölner Umwandlungsrechtstage (Verschmelzung, Spaltung, Formwechsel nach neuem Umwandlungsrecht und Umwandlungssteuerrecht), 1995; *Lutter/Leinekugel* Planmäßige Unterschiede im umwandlungsrechtlichen Minderheitenschutz?, ZIP 1999, 261; *Marsch-Barner/Mackenthun* Das Schicksal gespeicherter Daten bei Verschmelzung und Spaltung von Unternehmen, ZHR 165 (2001), 426; *Mayer* Erste Zweifelsfragen bei der der Unternehmensspaltung, DB 1995, 861; *ders.* Umwandlungsrecht, in Mün-

Anh. nach § 77   5. Abschnitt. Auflösung und Nichtigkeit der Gesellschaft

chener Handbuch des Gesellschaftsrechts, Band 3, 1996; *Maiterth* Die steuerliche Behandlung des Vermögensübergangs von einer Kapitalgesellschaft auf eine Peronengesellschaft oder eine natürliche Person nach dem neuen UmwStG, BB 1995, 1980; *W. Meilicke* Kein Rechtsschutz gegen rechtswidrige Handelsregistereintragungen?, DB 2001, 1235; *ders.* Insolvenzsicherung für die Abfindung außenstehender Aktionäre?, DB 2001, 2387; *Mertens* Die formwechselnde Umwandlung einer GmbH in eine Aktiengesellschaft mit Kapitalerhöhung und die Gründungsvorschriften, AG 1995, 561; *Kai Mertens* Zur Universalsukzession in einem neuen Umwandlungsrecht, AG 1994, 66; *ders.* Umwandlung und Universalsukzession, 1992; *Möller/Pötsch* Das neue Übernahmerecht – Der Regierungsentwurf vom 11. Juli 2001, ZIP 2001, 1256; 1735; *Mülbert* Übernahmerecht zwischen Kapitalmarktrecht und Aktien(konzern)recht – die konzeptionelle Schwachstelle des RegE WpÜG, ZIP 2001, 1221; *Müller/Gatermann* Die Reform des Umwandlungssteuerrechts, WPg 1993, 723; *Mujkanovic* Zur Bewertung bei Verschmelzung am Beispiel von AG und GmbH, BB 1995, 1735; *Münch* Rückumwandlung einer GmbH in eine Betriebsform des öffentlichen Rechts, insbesondere in einen Eigenbetrieb, DB 1995, 550; *Naraschewski* Haftung bei der Spaltung von Kommanditgesellschaften, DB 1995, 1265; *Neu* Die Nutzbarmachung von Verlustvorträgen einer Kapitalgesellschaft durch Umwandlung in eine Personenunternehmung, DB 1995, 1731; *Neufang* Verlustvortrag und Übernahmeverlust bei der Umwandlung einer GmbH in ein Einzelunternehmen oder eine Personengesellschaft, DB 1995, 1933; *Neufang/Henrichs* Rückumwandlung, 1995; *Neye* Der Regierungsentwurf zur Reform des Umwandlungsrechts, ZIP 1994, 165; *ders.* Das neue Umwandlungsrecht vor der Verabschiedung im Bundestag, ZIP 1994, 917; *ders.* Die Reform des Umwandlungsrechts, DB 1994, 2069; *ders.* Umwandlungsgesetz, Umwandlungssteuergesetz, RWS-Dokumentation 17, 2. Aufl. 1995; *ders.* Überblick über die Gesetzesänderungen, in *Lutter* Kölner Umwandlungsrechtstage, S. 1; *Niederleithinger* Auf dem Weg zu einem neuen deutschen Umwandlungsrecht, DStR 1991, 879; *Nitsche* Das neue Nachhaftungsbegrenzungsgesetz – Vertragsübergang kraft Gesetzes?, ZIP 1994, 1919; *Orth* Überlegungen zur erstmaligen Anwendung des UmwStG 1994, DB 1995, 169; *ders.* Umwandlung, in Beck'sches HdB GmbH, S. 911 ff.; *v. d. Osten* Die Umwandlung einer GmbH in eine GmbH & Co, GmbHR 1995, 438; *Ossadnik/Maus* Die Verschmelzung im neuen Umwandlungsrecht aus betriebswirtschaftlicher Sicht, DB 1995, 105; *Otto* Buy-Out Finanzierungen: Neue Akquisitionsstrukturen nach neuem Umwandlungsrecht, DB 1994, 2121; *Patt* Errichtung einer Betriebsaufspaltung durch Umwandlung eines Einzelunternehmens, DStR 1994, 1383; *Priester* Strukturänderungen – Beschlußvorbereitung und Beschlußfassung, ZGR 1990, 420; *ders.* Die Bedeutung der Umwandlungsprüfung, in IDW (Hrsg.), Reform des Umwandlungsrechts, 1993, S. 196; *ders.* Kapitalgrundlage beim Formwechsel – Zwang zur Buchwertfortführung? –, DB 1995, 911; *ders.* Umwandlung mittelständischer GmbH in Personengesellschaften, zivilrechtliche Probleme, in Neuorientierung der Rechenschaftslegung, Bericht über die Fachtagung 1994 des IDW, 1995, S. 419; *ders.* Spaltung, in *Lutter* Kölner Umwandlungsrechtstage, S. 99, 148; *ders.* Die „Umwandlung" einer GmbH auf ihren nicht vollkaufmännischen Alleingesellschafter, DB 1996, 413; *ders.* Das neue Umwandlungsrecht aus notarieller Sicht, DNotZ 1995, 427; *ders.* Die klassische Ausgliederung – ein Opfer des Umwandlungsgesetzes 1994?, ZHR 163 (1999), 187; *Raiser* Gesamthand und juristische Person im Licht des neuen Umwandlungsrechts, AcP 194 (1994), 495; *Raupach* Anforderungen an die Reform des Umwandlungssteuerrechts, in IDW (Hrsg.), Reform des Umwandlungsrechts, 1993, S. 259; *Reichert* Folgen der Anteilsvinkulierung für Umstrukturierungen von Gesellschaften mit beschränkter Haftung und Aktiengesellschaften nach dem Umwandlungsgesetz 1995, GmbHR 1995, 176; *ders.* Ausstrahlungswirkungen der Ausgliederungsvoraussetzungen nach UmwG auf andere Strukturänderungen, in *Habersack/Koch/Winter* S. 25; *Rödder* Vermögensübertragung von Kapitalgesellschaften auf Personengesellschaften und natürliche Personen im Referentenentwurf des neuen UmwStG, DStR 1993, 1349; *Rödder/Hötzel* Perspektiven für die steueroptimale Form des Unternehmenskaufs – Das Umwandlungsmodell nach dem Regierungsentwurf eines neuen Umwandlungssteuergesetzes, FR 1994, 285; *Rümker* Anmerkungen zum Gläubigerschutz nach dem RegE eines Gesetzes z. Bereinigung des Umwandlungsrechts, WM-Festgabe für Thorwald Hellner, WM Sonderheft 1994, 73; *Sagasser/Bula/Brünger* Umwandlungen, 2. Aufl. 2000; *Saß* Außensteuerliche Aspekte des Umwandlungssteuergesetzes 1995 und EU-Steuerprobleme in einigen Mitgliedstaaten, BB 1995, 1439; *Schaumburg* Steuerliche Besonderheiten der Umwandlung von Kapitalgesellschaften und Personengesellschaften, in *Lutter* Kölner Umwandlungsrechtstage, S. 329; *Schaumburg/Rödder* Umwandlungsgesetz, Umwandlungssteuergesetz, 1995; *dies.* Das neue Umwandlungssteuergesetz, WiB 1995, 10; *Schmalz/Brüggemann* Die Auswirkungen der Umwandlung von Kapitalgesellschaften auf die Rechtsverhältnisse zwischen der Gesellschaft und den Gesellschaftsorganen, 1993; *H. Schmidt* Verschmelzung von Personengesellschaften, in *Lutter* Kölner Umwandlungsrechtstage S. 59; *ders.* Anforderungen an die Reform des Umwandlungsrechts, in IDW (Hrsg.), Reform des Umwandlungsrechts, 1993, S. 35; *ders.* Gläubigerschutz bei Umstrukturierungen, ZGR 1993, 366; *K. Schmidt* Zur gesetzlichen Befristung der Nichtigkeitsklage gegen Verschmelzungs- und Umwandlungsbeschlüsse, DB 1995, 1949; *ders.* Volleinzahlungsgebot beim Formwechsel in die AG oder GmbH?, ZIP 1995, 1385; *ders.* Vermögensveräußerung aus der Personengesellschaft: Ein Lehrstück am Rande des neuen Umwandlungsrechts, ZGR 1995, 675; *ders.* Formwechsel zwischen GmbH und

GmbH & Co KG, GmbHR 1995, 693; *ders.* Universalsukzession kraft Rechtsgeschäfts – Bewährungsprobe eines zivilrechtsdogmatischen Rechtsinstituts im Unternehmensrecht, AcP 1991, 495; *ders.* Gesetzliche Gestaltung und dogmatisches Konzept eines neuen Umwandlungsgesetzes – Überlegungen zur legislatorischen Praxis und Theorie, ZGR 1990, 580; *ders.* Wider eine „lex Holzmüller", FS Heinsius, 1991, S. 715; *ders.* Zum Analogieverbot des § 1 Abs. 2 UmwG – Denkanstöße gegen ein gesetzliches Denkverbot-, FS Kropff, 1997, S. 259; *ders.* Einschränkung der umwandlungsrechtlichen Eintragungswirkungen durch den umwandlungsrechtlichen numerus clausus?, ZIP 1998, 181; *ders.* Umwandlung von Vorgesellschaften? §§ 41 AktG, 11 GmbHG und umwandlungsrechtlicher numerus clausus, FS Zöllner, 1998, S. 521; *ders.* Die freiberufliche Partnerschaft, NJW 1995, 1, 7; *Schmitt/Hörtnagel/Stratz* Umwandlungsgesetz Umwandlungssteuergesetz, 3. Aufl. 2001 (des von *Dehmer* in 1. und 2. Aufl. unter dem gleichen Titel erschienenen Erläuerungsbuches); *Schnorbus* Gestaltungsfreiheit im Umwandlungsrecht, 2001 (Diss. Mainz 2000); *ders.* Analogieverbot und Rechtsfortbildung im Umwandlungsrecht, DB 2001, 1654; *Schöne* Die Klagefrist des § 14 Abs. 1 UmwG: Teils Rechtsfortschritt, teils „Aufforderung" zu sanktionslosen Geheimbeschlüssen?, DB 1995, 1317; *ders.* Auf- und Abspaltung nach den §§ 123 ff. UmwG – ein Überblick unter Berücksichtigung der Rechtslage für die GmbH, Zs. f. d. Anwaltspraxis 1995, 693; *ders.* Das Aktienrecht als „Maß aller Dinge" im neuen Umwandlungsrecht? Zugleich Anmerkungen zu den Kölner Umwandlungsrechtstagen, GmbHR 1995, 325; *Schulze-Osterloh* Bilanzierung nach dem Referentenentwurf eines Gesetzes zur Bereinigung des Umwandlungsrechts, ZGR 1993, 420; *Schüppen/Sanna* Probleme beim Abschied von der wesentlichen Beteiligung, BB 2001, 2397; *Schwarz* Das neue Umwandlungsrecht, DStR 1994, 1694; *ders.* Umwandlung mittelständischer Unternehmen im Handels- und Steuerrecht, 1995; *Schwedhelm* Die Unternehmensumwandlung, 3. Aufl. 1999; *Schwedhelm/Streck/Mack* Die Spaltung der GmbH nach neuem Umwandlungsrecht (I), GmbHR 1995, 7; *dies.* Die Spaltung der GmbH nach neuem Umwandlungsrecht (II), GmbHR 1995, 100; *Seibt/Heiser* Regelungskonkurrenz zwischem neuen Übernahmerecht und Umwandlungsrecht, ZHR 165 (2001), 466; *Simitis* Umwandlungen: ein blinder Fleck im Datenschutz?, ZHR 165 (2001), 453; *Steding* Die AG – Rechtsförmliche Alternative zur eG?, JZ 1995, 591; *Steuck* Die privatisierende Umwandlung, NJW 1995, 2887; *Streck/Posdziech* Verschmelzung und Formwechsel nach dem neuen Umwandlungssteuergesetz (I), GmbHR 1995, 271; *dies.* Verschmelzung und Formwechsel nach dem neuen Umwandlungssteuergesetz (II), GmbHR 1995, 357; *Teichmann* Die Spaltung von Rechtsträgern als Akt der Vermögensübertragung, ZGR 1993, 396; *ders.* Spaltung, in *Lutter* Kölner Umwandlungsrechtstage, S. 90; *Teichmann/Kiessling* Datenschutz bei Umwandlungen, ZGR 2001, 33; *Thiel* Die grenzüberschreitende Umstrukturierung von Kapitalgesellschaften im Ertragsteuerrecht, GmbHR 1994, 277; *ders.* Wege aus der Kapitalgesellschaft – Gestaltungsmöglichkeiten und Zweifelsfragen, DB 1995, 1196; *ders.* Umwandlung von Kapitalgesellschaften auf Personengesellschaften mit beschränkt steuerpflichtigen Gesellschaftern, GmbHR 1995, 708; *Timm* Einige Zweifelsfragen zum neuen Umwandlungsrecht, GmbHR 1996, 247; *Treptow* Die Wertermittlung im Umwandlungsfall, in IDW (Hrsg.), Reform des Umwandlungsrechts, 1993, 155; *Tröger* Vorbereitung von Zustimmungsbeschlüssen bei Strukturmaßnahmen, ZIP 2001, 2029; *Trölitzsch* Aktuelle Tendenzen im Umwandlungsrecht, DStR 1999, 764; *Werner* Bereinigung des Umwandlungsrechts, WM 1993, 1178; *ders.* Die Ausgliederung – Ein Beitrag zum Entwurf eines Gesetzes zur Bereinigung des Umwandlungsrechts, FS Quack, 1991, S. 519; Umwandlungsrecht, ZIP 1995, 712; *K. Weber* Ausgewählte Zweifelsfragen zum Formwechsel einer Kapitalgesellschaft in eine Personengesellschaft (I), GmbHR 1996, 263; *Weber-Rey/Schütz* Zum Verhältnis von Übernahmerecht und Umwandlungsrecht, AG 2001, 325; *Weerth* Die „Verschmelzung" von Personengesellschaften und das neue Umwandlungs-(Steuer-)recht, WiB 1995, 15; *Wertenbruch* Partnerschaftsgesellschaft und neues Umwandlungsrecht, ZIP 1995, 712; *Widmann* Steuerfragen von Fusion und Umwandlung, ZGR 1990, 562; *Wiedemann* Identität beim Rechtsformwechsel, ZGR 1999, 568; *Wiesen* Der materielle Gesellschafterschutz: Abfindung und Spruchverfahren, ZGR 1990, 503; *Willemsen* Arbeitsrechtliche Anforderungen an die Reform des Umwandlungsrechts, in IDW (Hrsg.), Reform des Umwandlungsrechts, 1993, 105; *ders.* Arbeitsrechtliche Aspekte der Reform des Umwandlungsrechts, RdA 1993, 133; *Willemsen/Hohenstatt/Schweibert* Umstrukturierung und Übernahme von Unternehmen, 1999; *M. Winter* Die Verschmelzung von Kapitalgesellschaften, in *Lutter* Kölner Umwandlungsrechtstage, S. 19; *Wißmann/Märtens/Bommel* Umwandlungen in den neuen Bundesländern nach der Rechtsprechung des BGH, 2001; *Wlotzke* Arbeitsrechtliche Aspekte des neuen Umwandlungsrechts, DB 1995, 40; *Wochinger/Dötsch* Das neue Umwandlungssteuergesetz und seine Folgeänderungen bzw. Auswirkungen bei der Einkommen-, Körperschaft- und Gewerbesteuer, DB Beilage Nr. 14/1994; *Wrede* Umwandlungssteuerrecht, in Münchner Handbuch des Gesellschaftsrechts, Band 3, 1996, S. 1275 ff.; *Zimmermann* Verschmelzungsprüfung bei der GmbH-Verschmelzung, FS Brandner, 1996, S. 167; *Zöllner* Bemerkungen zu allgemeinen Fragen des Referentenentwurfs eines Umwandlungsgesetzes, ZGR 1993, 335; *ders.* Aktienrechtsreform in Permanenz – Was wird aus den Rechten der Aktionäre?, AG 1994, 336, 340; *ders.* Rechtssubjektivität von Personengesellschaften?, FS Gernhuber, 1993, S. 563; *ders.* Umwandlung und Datenschutz, ZHR 165 (2001), 440; *Zürbig* Der Formwechsel einer Personengesellschaft in eine Kapitalgesellschaft, 1999.

Anh. nach § 77 5. Abschnitt. Auflösung und Nichtigkeit der Gesellschaft

Zum früheren und älteren Recht vgl. 2. Aufl. Anh. nach § 77 Einführung und vor Rn. 381, ferner Voraufl. S. 1705, 1706.

Übersicht

	Rn.		Rn.
1. Rechtsgrundlagen, Rechtsentwicklung	1–7	5. Mitbestimmung, Mitwirkung der Arbeitnehmer	19–23
a) Geltendes Umwandlungsrecht	1	a) Umwandlungsfreiheit nach den Mitbestimmungsgesetzen	19
b) Umwandlungen nach DDR-Recht	2	b) Mitwirkung der Arbeitnehmer	20
c) Umwandlungssteuerrecht	3	c) Besondere Schutzvorschriften zugunsten der Arbeitnehmer	21
d) Rechtsentwicklung GmbHG bis UmwG 1969 und UmwStG 1977	4–7	d) Anwendung des § 613a BGB	22
2. Begriff, Abgrenzung	8–16	e) Betriebsaufspaltung	23
a) Umzuwandelndes Rechtssubjekt	8	6. Zusammenschlusskontrolle (Fusionskontrolle), Unternehmensübernahme	24, 24a
b) Gemeinsame Merkmale	9		
c) Aufhebung alter Unterscheidungen und Abgrenzungen	10–12	7. Umwandlung und Datenschutz	24b
d) Spaltung	13	8. Motive für den Umwandlungsentschluss	25
e) Betriebsaufspaltung	14		
f) Realteilung	15	9. Grundzüge der gesetzlichen Regelung	26–36
g) Vermögensübertragung	16	a) UmwG	26–35
3. Numerus clausus, Analogieverbot, Ausstrahlungswirkungen	17	b) UmwStG	36
4. Verschmelzung über die Grenze (internationale Fusion)	18	10. Umfang der Erläuterungen	37

1. Rechtsgrundlagen, Rechtsentwicklung. a) Geltendes Umwandlungsrecht. 1
Das geltende Umwandlungsrecht beruht auf dem am 1. 1. 1995 in Kraft getretenen Umwandlungsgesetz (**UmwG oder UmwG 1994**)[1] in der Fassung von Art. 1 des Gesetzes zur Bereinigung des Umwandlungsrechts (**UmwBerG**) v. 24. 10. 1994,[2] geändert insbesondere durch das StückAG v. 25. 3. 1998,[3] das EuroEG v. 9. 6. 1998,[4] das HRefG v. 22. 6. 1998,[5] das Gesetz zur Änderung des Umwandlungsgesetzes, des Partnerschaftsgesellschaftsgesetzes und anderer Gesetze v. 22. 7. 1998,[6] das Gesetz vom 18. 1. 2001,[7] das Gesetz zur Anpassung der Formvorschriften des Privatrechts und anderer Vorschriften an den modernen Rechtsgeschäftsverkehr v. 13. 7. 2001[8] und das Gesetz zur Modernisierung des Schuldrechts v. 26. 11. 2001.[9] Das bis dahin in Kraft gewesene **UmwG** v. 6. 11. **1969**,[10] zuletzt geändert durch Art. 2 des Gesetzes v. 18. 3. 1994,[11] wurde durch § 320 des neuen UmwG aufgehoben. Das UmwG 1994 geht auf einen Auftrag des Deutschen Bundestags zurück, alle Vorschriften über Umwandlung und Verschmelzung in einem einzigen Gesetz zusammenzufassen,[12] weil diese zuvor auf fünf Gesetze (UmwG, AktG, KapErhG, GenG, VAG) verteilt waren und dadurch

---

[1] In der 3. Aufl. auch als „UmwG 1995" bezeichnet.
[2] BGBl. I S. 3210, ber. BGBl. 1995 I S. 428.
[3] BGBl. I S. 590.
[4] BGBl. I S. 1242.
[5] BGBl. I S. 1474.
[6] BGBl. I S. 1878.
[7] BGBl. I S. 123.
[8] BGBl. I S. 1542.
[9] BGBl. I S. 3138.
[10] BGBl. I S. 2081.
[11] BGBl. I S. 560.
[12] BT-Drucks. 8/3908 S. 77.

zur Zersplitterung und Unübersichtlichkeit des Umwandlungsrechts geführt hatten. Dem UmwBerG waren ein **Diskussionsentwurf** des Bundesministeriums der Justiz v. 3. 8. 1988[13] vorausgegangen,[14] der zu einem **Referentenentwurf** v. 15. 4. 1992[15] und von dort zum **Regierungsentwurf** v. 4. 2. 1994[16] führte.[17] Das UmwBerG soll nach der Begründung des Regierungsentwurfs[18] die schon bestehenden Möglichkeiten zur Veränderung (Umstrukturierung, Reorganisation) von Unternehmen zusammenfassen, die Lücken der gesetzlichen Regelungen schließen und den Schutz von Anlegern, insbesondere von Minderheitsbeteiligungen und von Gläubigern, berücksichtigen.[19] Zugleich dient das UmwBerG, soweit es Regelungen über Umwandlungen unter Beteiligung von Aktiengesellschaften enthält, der Umsetzung von Bestimmungen der **Zweiten Richtlinie** des Rats der EG v. 13. 12. 1976,[20] der **Dritten Richtlinie** des Rats vom 9. 10. 1978 (Verschmelzungsrichtlinie)[21] und der **Sechsten Richtlinie** des Rats vom 17. 12. 1982 (Spaltungsrichtlinie).[22]

b) Umwandlungen nach DDR-Recht. Als Fall der Umwandlung behandelt das UmwG 1994 die **Spaltung** (zur Begriffsbestimmung der Umwandlung vgl. Rn. 8). Eine Spaltungsregelung für den Anwendungsbereich der **Treuhandunternehmen** enthielt schon das Gesetz über die Spaltung der von der Treuhandanstalt verwalteten Unternehmen (SpTrUG) v. 5. 4. 1991.[23] Es handelte sich um eine vorweggenommene Kodifizierung des neuen Spaltungsrechts.[24] Dem SpTrUG waren im Zuge der Privatisierung und Reorganisation des volkseigenen Vermögens der früheren DDR besondere Umwandlungsregelungen vorausgegangen, nämlich die Verordnung zur Umwandlung volkseigener Kombinate, Betriebe und Einrichtungen in Kapitalgesellschaften **(UmwVO)** v. 1. 3. 1990[25] sowie die §§ 11 ff. des Treuhandgesetzes **(TreuhandG)** v. 17. 9. 1990,[26] außerdem die Verordnung über die Gründung, Tätigkeit und Umwandlung von Produktionsgenossenschaften des Handwerks **(PHG-VO)** v. 8. 3. 1990,[27] geändert durch Art. 8 des Gesetzes v. 22. 3. 1991.[28] Eine Umwandlungsregelung für landwirtschaftliche Produktionsgenossenschaften durch Formwechsel in eine eingetragene Genossenschaft, Personengesellschaft oder Kapitalgesellschaft enthalten ferner die §§ 23 bis 38a des Landwirtschaftsanpassungsgesetzes **(LAG)** in der Fassung v. 3. 7. 1991,[29] zuletzt geändert durch Art. 2 § 9 des Gesetzes v. 21. 9. 1994[30] und durch

---

[13] Beilage Nr. 214a zum BAnz. Nr. 214 v. 15. 11. 1988.
[14] Vgl. 2. Aufl. Rn. 2, 4, 10a bis 10i.
[15] Beilage Nr. 112a zum BAnz. Nr. 112 v. 20. 6. 1992.
[16] BR-Drucks. 75/94.
[17] Wortgleich mit dem Entwurf der Fraktionen der Regierungskoalition v. 1. 2. 1994, BT-Drucks. 12/6699.
[18] BT-Drucks. 12/6699 = Amtl. Begr., vgl. auch Lit. Einf.
[19] Amtl. Begr. S. 71.
[20] 77/91/ EWG.
[21] 78/855/EWG.
[22] 82/891/EWG.
[23] BGBl. I S. 854.
[24] *Happ/von der Recke* ZHR 158 (1994), 402, 403; zur ertragsteuerlichen Behandlung solcher Spaltungen vgl. BMF-Schreiben v. 8. 5. 1991, BStBl. I S. 743.
[25] GBl. der DDR I S. 107.
[26] GBl. der DDR I S. 300.
[27] GBl. der DDR I S. 164.
[28] BGBl. I S. 766.
[29] BGBl. I S. 1418.
[30] BGBl. I S. 2457.

Art. 19 des UmwBerG selbst. Diese Vorschriften werden bei den Erläuterungen des Umwandlungsrechts wegen ihrer beschränkten örtlichen und temporären Bedeutung nicht besonders berücksichtigt. Insoweit wird auf die Spezialliteratur verwiesen.[31]

3 **c) Umwandlungssteuerrecht.** Dem UmwG ist ein Umwandlungssteuergesetz (**UmwStG** oder **UmwStG 1994**)[32] beigegeben, das durch Art. 1 des Gesetzes zur Änderung des Umwandlungssteuerrechts v. 28. 10. 1994[33] eingeführt wurde und erstmals auf Vermögensübergänge anzuwenden ist, die auf Rechtsakten beruhen, die nach dem 31. 12. 1994 wirksam wurden.[34] Auch das UmwStG 1994 ist seither mehrfach, zT einschneidend, geändert worden, zuletzt durch das StEntlG 1999/2000/2002 v. 24. 3. 1999,[35] das StBereinG v. 22. 12. 1999,[36] das StSenkG v. 23. 10. 2000,[37] das StÄndG 2001 v. 20. 12. 2001[38] und das UntStFG v. 20. 12. 2001.[39] Alle diese Änderungen haben im Ergebnis zu Steuerverschärfungen geführt. Zur Auslegungung des UmwStG ist ferner der UmwSt-Erlass v. 25. 3. 1998[40] ergangen. Das Umwandlungssteuergesetz 1977 v. 6. 9. 1976,[41] zuletzt geändert durch das Standortsicherungsgesetz v. 13. 9. 1993,[42] war letztmals auf Vermögensübergänge anzuwenden, die auf Rechtsakten beruhten, die vor dem 1. 1. 1995 wirksam wurden (§ 27 Abs. 2 UmwStG). Im UmwStG 1994 (§ 15) ist der **Spaltungserlass** (BMF-Schreiben vom 9. 1. 1992 betr. ertragsteuerliche Behandlung der Spaltung von Körperschaften)[43] verankert, der dem handelsrechtlichen Umwandlungsrecht vorauseilt war und bis zur Bereinigung des Umwandlungsrechts gelten sollte. Die auf die **Fusionsrichtlinie** des Rats der EG v. 23. 7. 1990 über das gemeinsame Steuersystem für Fusionen, Spaltungen, die Einbringung von Unternehmensteilen und den Austausch von Anteilen, die Gesellschaften verschiedener Mitgliedschaften betreffen,[44] zurückgehenden Regelungen über die Einbringung innerhalb der Europäischen Union (§ 20 Abs. 6 S. 2 ff., Abs. 8 UmwStG 1977) sind nunmehr in einen eigenen Paragraphen (§ 23 UmwStG) überführt worden, wobei der Begriff der „**EU-Kapitalgesellschaften**" eingeführt wurde.

4 **d) Rechtsentwicklung GmbHG bis UmwG 1969 und UmwStG 1977.** Umstrukturierungen (Umwandlungen) von Unternehmen lassen sich nach allgemeinem Recht regelmäßig nur auf umständliche, Kosten und Steuern (zB durch Aufdeckung und Versteuerung stiller Reserven) verursachende Weise bewerkstelligen, nämlich durch Übertragung der Vermögensgegenstände und Rechtsverhältnisse iE (Einzelrechtsnachfolge). Der Gesetzgeber hat deshalb Umwandlungen schon früh durch besondere Rechtsvorschriften vereinfacht und erleichtert, wobei er auch rechtspolitische Ziele verfolgte. So hatten bereits die §§ 80, 81 GmbHG die Umwandlung einer AG in

---

[31] Vgl. zB *Wißmann/Märtens/Bommel* Umwandlungen in den neuen Bundesländern nach der Rechtsprechung des BGH, 2001.
[32] In der 3. Aufl. auch als „UmwStG 1995" bezeichnet.
[33] BGBl. I S. 3267.
[34] § 27 Abs. 1 UmwStG; vgl. dazu BMF-Schreiben v. 19. 12. 1994, BStBl. 1995 I S. 42 und dazu *Korn* KÖSDI 1995, 20275.
[35] BGBl. I S. 402.
[36] BGBl. I S. 2601.
[37] BGBl. I S. 1433.
[38] BGBl. I S. 3794.
[39] BGBl. I S. 3858.
[40] BStBl. I S. 268.
[41] BGBl. I S. 2641.
[42] BGBl. I S. 1569.
[43] BStBl. I S. 47.
[44] 90/434/EWG, ABl. EG v. 20. 8. 1990.

eine GmbH durch Übertragung ihres Vermögens auf eine GmbH geregelt. Das Vermögen ging im Wege der Gesamtrechtsnachfolge über. Die §§ 80, 81 GmbHG wurden durch das EG zum AktG 1937 aufgehoben, das in seinen §§ 257 bis 287 erstmals die formwechselnde Umwandlung der wichtigsten Kapitalgesellschaften ohne Vermögensübertragung ermöglichte. Das alte HGB hatte nur die Umwandlung einer KGaG auf eine AG vorgesehen. Das **erste spezielle Umwandlungsgesetz** stammt vom 5. 7. **1934**.[45] Es sollte nach seiner Präambel „die Abkehr von anonymen Kapitalformen zur Eigenverantwortung des Unternehmers erleichtern" und war deshalb von einem „Gesetz über Steuererleichterungen bei der Umwandlung und Auflösung von Kapitalgesellschaften" vom gleichen Tage begleitet.[46] Diesem Gesetzeszweck entsprechend ließ das UmwG 1934 nur die erleichterte Umwandlung einer AG, KGaA oder GmbH auf eine OHG, KG oder den alleinigen Gesellschafter im Wege der Vermögensübertragung zu, nicht auch die umgekehrten Umwandlungen. Außerdem begrenzte es seinen zeitlichen Anwendungsbereich bis zum 31. 12. 1936, der aber mehrfach, zuletzt bis zum 31. 12. 1956, verlängert wurde, im Gegensatz zum UmwStG 1934, dessen Vergünstigungen am 31. 12. 1937 ausliefen. Die Umwandlungsgesetzgebung hatte bis Ende 1939 den Rückgang der Zahl der Aktiengesellschaften von 9148 auf 5353 und der Gesellschaften mbH von etwa 55 000 auf 23 505 zur Folge.[47] Dabei muss allerdings berücksichtigt werden, dass das AktG 1937 den Mindestnennbetrag des Grundkapitals auf RM 500 000,– heraufgesetzt hatte und deshalb für die geringer kapitalisierten Gesellschaften,[48] die ihr Kapital nicht erhöhen konnten, der Zwang zur Umwandlung zur Vermeidung der Liquidation bestand.

An die Stelle des Gesetzes von 1934 trat das **UmwG** v. 12. 11. **1956**[49] (BGBl. I S. 844), das die Regelung des abgelaufenen Gesetzes mit geringfügigen Erweiterungen der Umwandlungsmöglichkeiten übernahm, jedoch keine zeitliche Befristung mehr enthielt, also für die Dauer bestimmt war. Das parallele UmwStG v. 11. 10. 1957[50] (BGBl. I S. 1723) befristete demgegenüber seine Geltung unter Bruch des Dauerprinzips der handelsrechtlichen Regelung auf Umwandlungen, die bis zum 31. 12. 1959 beschlossen worden waren. **5**

Das EG zum AktG 1965 beschränkte die Umwandlungsmöglichkeiten nach dem UmwG 1956, um missbräuchliche Umwandlungen zu verhindern und den Minderheitenschutz zu verstärken.[51] Zugleich sollten hierdurch und einige die Umwandlung einer AG in eine GmbH erschwerende Bestimmungen im AktG 1965 der Flucht aus der AG über die formwechselnde Umwandlung ein Riegel vorgeschoben werden.[52] **6**

Das **UmwG 1969** (vgl. Rn. 1) sollte den Unternehmen über das geltende Recht hinaus die Möglichkeiten geben, eine neue, den veränderten Größenverhältnissen und dem Wettbewerb im gemeinsamen Markt angepasste Unternehmensform zu wählen.[53] Demgemäß ermöglichte das Gesetz erstmals die Umwandlung einer Personenhandelsgesellschaft in eine Kapitalgesellschaft sowie die Umwandlung des Unternehmens eines Einzelkaufmanns in eine AG, dagegen nicht in eine GmbH. Letztere ließ erst die **7**

---

[45] RGBl. I S. 569.
[46] RGBl. I S. 572.
[47] Vgl. *Bühler* Steuerrecht der Gesellschaften und Konzerne, 1951, S. 2, 3.
[48] Etwa 20 % aller AG, vgl. *Schlegelberger/Quassowski* Vor § 257.
[49] BGBl. I S. 844.
[50] BGBl. I S. 1723.
[51] Vgl. Amtl. Begr. zu § 39 EG, abgedruckt bei *Kropff* S. 566.
[52] Vgl. GroßkommAktG/*Meyer-Landrut* Vor § 362.
[53] Vgl. Amtl. Begr. S. 1.

Anh. nach § 77   5. Abschnitt. Auflösung und Nichtigkeit der Gesellschaft

GmbH-Novelle 1980 zu, die das UmwG 1969 entsprechend ergänzte. Eine weitere Änderung erfuhr das UmwG durch das **Verschmelzungsrichtlinie-Gesetz** v. 25. 10. 1982.[54] Durch das **BiRiLiG** wurden nur redaktionelle Änderungen vorgenommen. Dem UmwG 1969 wurde ein **UmwStG** v. 14. 8. 1969[55] beigegeben, das zwar anders als seine Vorgänger als Dauergesetz gedacht war, gleichwohl aber die wesentlichen steuerlichen Vergünstigungen nur für Umwandlungen gewährte, die bis zum 31. 12. 1972 beschlossen wurden. Demgemäß erreichte die Umwandlungswelle ähnlich wie Ende der fünfziger Jahre vor Ablauf der Steuerbegünstigungen einen Höhepunkt. Das UmwStG 1969 wurde im Zusammenhang mit dem **KStG 1977** am 6. 9. 1976[56] als **UmwStG 1977** neu gefasst (vgl. Rn. 3).

8   **2. Begriff, Abgrenzung. a) Umzuwandelndes Rechtssubjekt.** § 1 Abs. 1 UmwG zählt die geregelten rechtlichen Strukturänderungen als Umwandlungsfälle auf, ohne sie durch gemeinsame Merkmale zu kennzeichnen. Umwandlungen können danach stattfinden durch Verschmelzung, Spaltung (Aufspaltung, Abspaltung, Ausgliederung), Vermögensübertragung und Formwechsel. Die Benennung als „Umwandlung" passt dem Wortsinn nach nur auf den Formwechsel, während die Einordnung der übrigen Regelungsgegenstände des Gesetzes als Umwandlungsfälle nur unter Systematisierungsgesichtspunkten gerechtfertigt ist.[57] Als umwandlungsfähige Rechtssubjekte nennt das Gesetz „Rechtsträger" mit Sitz im Inland. Das UmwG 1969 ging noch von der Umwandlung von „Gesellschaften" aus und musste deshalb eine Ausnahme bei der Übertragung des Geschäftsvermögens eines Einzelkaufmanns auf eine AG, KGaA oder GmbH (§§ 50 ff.) machen. Dort sprach es vom „Unternehmen" eines Einzelkaufmanns, das in eine Kapitalgesellschaft umgewandelt werden konnte und verwandte darüber hinaus die „Umwandlung anderer Unternehmen" als Abschnittsüberschrift für die Umwandlung der Unternehmen von Gebietskörperschaften und Gemeindeverbänden in Kapitalgesellschaften (§§ 57 ff.). Der Diskussionsentwurf (Rn. 1) sprach in § 1 Abs. 1 schlechthin von der Umwandlung von „Unternehmen" und wollte den Unternehmensbegriff für die rechtlich selbstständige Einheit, also für den Unternehmensträger, verstanden wissen.[58] Demgegenüber verwendet das UmwG den Begriff „Rechtsträger" und verwirft damit den Begriff „Unternehmen",[59] weil es in nahezu allen Fällen der Umwandlung nicht darauf ankomme, ob ein Rechtsträger ein Unternehmen im betriebswirtschaftlichen und rechtlichen Sinne betreibe.[60] Dessen ungeachtet spricht die Amtl. Begr.[61] bei der Erläuterung der Gesetzesziele von der Absicht, die bestehenden Möglichkeiten zur „Veräußerung von Unternehmen" zusammenzufassen und zu systematisieren.

9   **b) Gemeinsame Merkmale.** Die begriffliche Unsicherheit hinsichtlich des umzuwandelnden Rechtssubjekts hat allenfalls dogmatische, jedoch keine praktische Bedeutung. Wichtiger sind die **gemeinsamen Merkmale,** welche die Umwandlung kennzeichnen, nämlich der Wechsel des Rechtsträgers von Vermögen, ohne dass die Vermögensteile einzeln zu übertragen sind. Die Übertragung geschieht vielmehr durch **Gesamtrechtsnachfolge** oder partielle Gesamtrechtsnachfolge (Sonderrechtsnach-

---

[54] BGBl. I S.1425.
[55] BGBl. I S. 1163.
[56] BGBl. I S. 2651.
[57] Rn. 11, vgl. auch Zöllner AG 1994, 336, 340.
[58] Amtl. Begr. Allgemeines II.
[59] Ausnahme bei der Ausgliederung des Unternehmens eines Einzelkaufmanns (Rn. 648) und des Unternehmens einer Gebietskörperschaft (Rn. 673).
[60] Amtl. Begr. S. 71.
[61] S. 81.

folge, partielle Universalsukzession), wobei der übertragende Rechtsträger bei voller Vermögensübertragung zwar aufgelöst, aber nicht abgewickelt wird (§§ 2, 123 Abs. 1, 174 UmwG). Beim **Formwechsel** findet allerdings keinerlei Vermögensübertragung statt, weil der Rechtsträger des Vermögens derselbe bleibt.[62] Es ändert sich nur seine rechtliche Organisation. In diesem Sinn besteht **Rechtskontinuität** (rechtliche Identität).[63] Die Gemeinsamkeit mit den Umwandlungsfällen der Verschmelzung und der Spaltung besteht aber auch beim Formwechsel darin, dass zum Vermögensübergang keinerlei Übertragungsakte erforderlich sind, wobei hier vernachlässigt werden soll, dass die Annahme einer Identität des Rechtsträgers jedweden Übergang von Rechten und Pflichten schon begrifflich ausschließt.[64]

c) **Aufhebung alter Unterscheidungen und Abgrenzungen.** Der wesentliche Unterschied im begrifflichen Verständnis der Umwandlung nach dem alten Umwandlungsrecht und dem UmwG 1994 besteht darin, dass die Trennung zwischen **formwechselnder** und **übertragender Umwandlung**[65] aufgehoben und damit dem Umwandlungsbegriff ein anderer Bedeutungsinhalt gegeben wurde. Formwechselnde Umwandlungen waren nach altem Recht nur zwischen gleichartigen Gesellschaftstypen zugelassen, also zwischen Gesellschaften gleichartiger rechtlicher Organisationsform, zB von einer AG in eine GmbH (§§ 369 bis 375 AktG aF) oder von einer GmbH in eine AG (§§ 376 bis 383 AktG aF). Der Wechsel von der Kapitalgesellschaft in eine Personengesellschaft (§§ 1 bis 39 UmwG 1969) oder von einer Personenhandelsgesellschaft in eine Kapitalgesellschaft (§§ 40 bis 49 UmwG) war dagegen nur möglich durch Gründung eines neuen Rechtsträgers, dem das Vermögen des bisherigen Rechtsträgers im Wege der Gesamtrechtsnachfolge übertragen wurde (**„errichtende Umwandlung"**), oder durch eine derartige Vermögensübertragung auf eine bereits bestehende Gesellschaft (**„verschmelzende Umwandlung"**), wobei der übertragende Rechtsträger in beiden Fällen unterging.[66] Nunmehr werden auch die Fälle der früheren übertragenden Umwandlung als bloßer Formwechsel eingestuft. Dabei wird die Wahrung der **Identität** des Rechtsträgers postuliert und mit einer modernen Auffassung von der Natur der Personenhandelsgesellschaft gerechtfertigt.[67]

10

Die Veränderung des Bedeutungsinhalts des Umwandlungsbegriffs findet ferner darin ihren Ausdruck, dass die **Verschmelzung** jetzt als Hauptfall der Umwandlung behandelt und deshalb an die Spitze der Umwandlungsfälle gestellt wird (§ 1 Abs. 1 Nr. 1 UmwG). Die übrigen Umwandlungsfälle (mit Ausnahme des Formwechsels) sind in erheblichem Umfang durch Verweisung auf die Verschmelzungsvorschriften geregelt. Schon dadurch ist die Verschmelzung nicht mehr grundsätzlich zur Abgrenzung gegenüber der Umwandlung geeignet, aber auch im Hinblick darauf nicht mehr, dass Verschmelzungen jetzt nicht nur, wie früher, zwischen Kapitalgesellschaften (und einigen anderen juristischen Personen) stattfinden können, sondern auch zwischen Kapitalgesellschaften und Personenhandelsgesellschaften, so dass das Umwandlungsziel der

11

---

[62] Jedenfalls bei abstrakter Betrachtungsweise, vgl. *Zöllner* ZGR 1993, 334, 336, s. aber Rn. 10.
[63] Vgl. Amtl. Begr. S. 136.
[64] Zur Definition der Umwandlungen vgl. auch *Kai Mertens* AG 1994, 66, 74.
[65] Vgl. 2. Aufl. Rn. 1, 2.
[66] Vgl. 2. Aufl. Rn. 1, 3, 161.
[67] Amtl. Begr. S. 136; vgl. auch *Raiser* AcP 194 (1994), 495, 512; das Grundlagenurteil des BGH zur Rechts- und Parteifähigkeit der GbR (NJW 2001, 1056 = DStR 2001, 310 m. Anm. *Goette*) knüpft ausdrücklich an den identitätswahrenden Charakter des Formwechsels von Kapitalgesellschaften in Personengesellschaften nach neuem Umwandlungsrecht an; vgl. dazu auch Rn. 275 m. Fn.; zum Identitätsgrundsatz beim Formwechsel in der Praxis vgl. ferner *Limmer*, FS Widmann, 2000, S. 51 ff.

(früheren) übertragenden Umwandlung, nämlich der Übergang von der Gesellschaftsform eines Grundtyps in denjenigen eines anderen Grundtyps, heute auch durch Verschmelzung erreicht wird. In diesem Licht kann man sagen, dass Verschmelzung, Spaltung und Vermögensübertragung (jedoch nicht der Formwechsel, auch nicht beim Wechsel von Personenhandelsgesellschaft in Kapitalgesellschaft und umgekehrt) **übertragende Umwandlungen** sind.

12 Wie relativ und deshalb begrenzt die gesetzlich angeordnete Wahrung der rechtlichen Identität des Rechtsträgers in allen Fällen des Formwechsels ist (Rn. 9), zeigt die Behandlung des Formwechsels im **Umwandlungssteuerrecht**. Dieses anerkennt den identitätswahrenden Charakter des Vorgangs nur beim Formwechsel von Körperschaft zu Körperschaft und verzichtet deshalb dort gänzlich auf eine gesetzliche Regelung. Bei der Umwandlung einer Kapitalgesellschaft in eine Personengesellschaft folgt das Steuerrecht dem Handelsrecht jedoch nicht, sondern behandelt den Formwechsel wegen der Eigenständigkeit der Besteuerung der Kapitalgesellschaft und ihrer Gesellschafter wie einen Vermögensübergang von einer Kapitalgesellschaft auf eine Personengesellschaft, greift also zu einer **Fiktion**[68] und fordert demgemäß die Aufstellung einer Übertragungsbilanz durch die Kapitalgesellschaft und einer Eröffnungsbilanz durch die Personengesellschaft, während handelsrechtlich auf die Aufstellung einer Umwandlungsbilanz verzichtet wird. Um die Steuerneutralität des Formwechsels auch in diesem Fall zu gewährleisten, ordnet § 14 UmwStG die entsprechende Anwendung der §§ 3 bis 8 und 10 an.[69] Gleichermaßen ordnet § 25 UmwStG für den Formwechsel einer Personengesellschaft in eine Kapitalgesellschaft die entsprechende Anwendung der §§ 20 ff. UmwStG über die Einbringung an und fingiert damit einen Rechtsträgerwechsel wie bei der übertragenden Umwandlung.[70] Da die Fiktionen des UmwStG sich nicht ausdrücklich auf das **Grunderwerbsteuerrecht** erstrecken, hatte die Finanzverwaltung in einem gemeinsamen Ländererlass betr. „Sogenannte formwechselnde Umwandlungen nach dem UmwBerG"[71] den Wechsel des Rechtsträgers beim Formwechsel in typenverschiedene Rechtsformen auch für diesen Bereich dekretiert und nahm deshalb beim Vorhandensein von Grundstücken im Vermögen des formwechselnden Rechtsträgers Grunderwerbsteuerpflicht an. Diese Auffassung ist in der Literatur heftig bekämpft worden[72] und auch der BFH ist ihr nicht gefolgt.[73] Die Finanzverwaltung akzeptierte diesen Standpunkt des BFH und hob in einem späteren Ländererlass[74] den gegenteiligen Erlass vom 12. 12. 1994 wieder auf. In einem gewissen Widerspruch zur Identitätstheorie stehen auch die gesetzlich angeordnete **Anwendung der Gründungsvorschriften** (§ 197, vgl. Rn. 102),[75] der **Gläubigerschutz-**

---

[68] *Schaumburg/Rödder* WiB 1995, 10, 17.
[69] Vgl. Begr. RegE BR-Drucks. 132/94, S. 38 ff. = Amtl. Begr. S. 62 zu § 14 UmwStG.
[70] Amtl. Begr. zu § 25 UmwStG.
[71] Vgl. FinMin. Bad.-Württ. v. 12. 12. 1994, NJW 1995, 1138; vgl. ferner FinMin. Nds. v. 2. 8. 1995, BB 1995, 1993.
[72] Vgl. zB *Lutter/Schaumburg Kölner Umwandlungsrechtstage*, S. 379, 380; *Lutter/Schaumburg* Umwandlungsgesetz Anh. § 304 Rn. 5; *von der Osten* GmbHR 1995, 438; *Schaumburg/Rödder* UmwG, UmwStG § 14 Rn. 11, § 25 Rn. 8; *dies.* WiB 1995, 17; *Felix* NJW 1995, 1137; *ders.* KÖSDI 1995, 10239; *Courage* DB 1995, 1102; vgl. ferner *Autenrieth* S. 468; *Thiel* DB 1995, 1196, 1203.
[73] BFH DB1997, 97.
[74] Vgl. FinMin. Bad.-Württ. v. 18. 9. 1997, DB 1997, 2002 und die bei Rn. 430 (Fn. 888) aufgeführten weiteren Erlasse, ferner Rn. 586, 607, 669.
[75] Vgl. dazu auch *Priester* DB 1995, 911, 912 ff.; *ders.*, FS Zöllner, 1998, S. 449, 450 ff.; Rn. 277.

Umwandlung   Anh. nach § 77

vorschriften (§ 204 iVm. § 22, vgl. Rn. 126) und die **Haftung der Verwaltungsträger** (§§ 205, 206, vgl. Rn. 131).[76]

d) **Spaltung.** Die Spaltung eines Rechtsträgers konnte früher als Gegenstück zur 13 Verschmelzung begriffen werden und war dem deutschen Recht als besonderes Rechtsinstitut zur Entflechtung von Unternehmen fremd.[77] Sie ist nach der neuen Gesetzessystematik jetzt eher als (spiegelbildlicher) Unterfall der Verschmelzung zu verstehen, weniger als eigenständige Regelung.[78] Die EG-Spaltungsrichtlinie (Sechste Richtlinie, vgl. Rn. 1) verpflichtete die Mitgliedstaaten nicht zur Einführung einer Spaltungsregelung, sondern nur zu ihrer Beachtung im Falle der Einführung einer Spaltungsregelung.

e) **Betriebsaufspaltung.** Mit der Spaltung korrespondiert die vor allem im Steuer- 14 recht gebräuchliche Rechtsfigur der Betriebsaufspaltung, worunter in der Regel die Aufteilung eines Unternehmens in eine Betriebskapitalgesellschaft und ein Besitzunternehmen (meist Personengesellschaft) verstanden wird, welches das Anlagevermögen hält und an die Betriebsgesellschaft verpachtet.[79] Mit Hilfe der neuen Rechtsinstitute der **Abspaltung** und **Ausgliederung** lassen sich nunmehr Betriebsaufspaltungen in einfacherer Form durchführen, da keine Einzelrechtsübertragungen mehr erforderlich sind, sondern die abgespaltenen oder ausgegliederten Teile des übertragenden Unternehmens einschließlich der Verbindlichkeiten jeweils „als Gesamtheit", also im Wege der partiellen Universalsukzession (Sonderrechtsnachfolge), auf die übernehmenden Unternehmen übergehen können (§ 131).[80] Mit Hilfe der Betriebsaufspaltung soll das Anlagevermögen der Haftung für betriebliche Verbindlichkeiten entzogen werden. Konzernrechtliche Haftungsverhältnisse können diese Absicht jedoch durchkreuzen. Ferner ist in § 134 eine besondere Mithaftung der Anlagegesellschaft (Besitzunternehmen) für bestimmte Ansprüche der Arbeitnehmer vorgesehen (vgl. Rn. 23).

f) **Realteilung.** Unter Realteilung verstand man früher nur die Verteilung des 15 Vermögens einer Personengesellschaft auf die Gesellschafter im Wege der Einzelrechtsnachfolge ohne Liquidation. Sie ist vor allem Gegenstand der steuerrechtlichen Rechtsprechung und Literatur.[81] Der Begriff der Spaltung war der Realteilung von Kapitalgesellschaften vorbehalten.[82] Die Spaltungsregelung des UmwG (§§ 123 ff.) gilt

---

[76] Vgl. DAV in WM-Sonderbeilage 2/1993 Rn. 162, 170; *Lutter/Decher* Kölner Umwandlungsrechtstage, S. 205, 209; *Lutter/Happ* Kölner Umwandlungsrechtstage, S. 227, 239.
[77] Nachweise vgl. 3. Aufl. Rn. 4; zur Spaltung nach dem SpTrUG vgl. Rn. 2.
[78] Vgl. auch Amtl. Begr. S. 115.
[79] *Brandmüller* Rn. 4 ff.; *Dehmer* UmwStG § 20 Rn. 400 ff.; zur „umgekehrten Betriebsaufspaltung" vgl. *Dehmer* Die Betriebsaufspaltung, 2. Aufl. 1987, Rn. 1041 ff. Die Grundsätze zur Überführung von Wirtschaftsgütern im Rahmen einer Betriebsaufspaltung bleiben auch nach der Neuregelung des Umwandlungs-und Umwandlungssteuerrechts unberührt, Tz. 20.09 UmwStErl.; *Schmitt/Hörtnagel/Stratz* UmwStG § 20 Rn. 208.
[80] Vgl. auch Amtl. Begr. S. 74.
[81] § 16 Abs. 3 S. 2 EStG idF des StEntlG 1999 enthielt erstmals eine gesetzliche Regelung der Realteilung von Personengesellschaften, ohne jedoch die Realteilung selbst zu definieren. Danach war Voraussetzung für die Buchwertfortführung, dass ein Teilbetrieb oder ein Mitunternehmeranteil übertragen wurde. Die Übertragung einzelner Wirtschaftsgüter galt als Betriebsaufgabe mit der Folge der Aufdeckung und Versteuerung der stillen Reserven. Das UntStFG hat § 16 Abs. 3 S. 2 EStG neu gefasst und erlaubt ab 1. 1. 2001 die Buchwertfortführung unter gewissen Voraussetzungen auch bei der Übertragung einzelner Wirtschaftsgüter. Zur Rechtslage nach früherem recht vgl. BFH BB 1994, 2060; BMF-Schreiben v. 11. 8. 1994, DB 1994, 1699; *Dehmer* UmwStG § 24 Rn. 3000 ff.; *Schmitt/Hörtnagel/Stratz* UmwStG § 24 Rn. 280 ff.
[82] Vgl. *Herzig* DB 1986, 1401.

aber auch für Personenhandelsgesellschaften, so dass die Begriffe Realteilung und Spaltung jetzt synonym verwendet werden können.[83]

16   g) **Vermögensübertragung.** Die Vermögensübertragung (§§ 174 bis 189) entspricht der Verschmelzung, unterscheidet sich jedoch von ihr dadurch, dass die Gegenleistung nicht in Anteilen oder Mitgliedschaften, sondern in einer anderen Leistung besteht, insbesondere einer Barzahlung, und zwar wegen der Struktur einiger an solchen Vorgängen beteiligter Rechtsträger (öffentliche Hand, öffentlich-rechtliche Versicherungsunternehmen). Das UmwG übernimmt die Regelungen des früheren Rechts (§§ 359, 360 AktG, 44b, 44c und 53a VAG) und erweitert diese um Rechtsträger, die bisher nicht an einer Vermögensübertragung beteiligt sein konnten, zB um die GmbH als übertragender Rechtsträger. Neu eingeführt ist die Rechtsfigur der Teilübertragung (§ 174 Abs. 2), durch die ein Unternehmensverkauf im Wege der Sonderrechtsnachfolge zugelassen wird (vgl. Amtl. Begr. S. 133). **Die Verpflichtung zur Vermögensübertragung** (§ 361 AktG aF), die der Diskussionsentwurf noch als §§ 251, 252 in das neue UmwG übernehmen wollte,[84] ist als Fremdkörper im Recht der Umwandlung aus diesem ausgeklammert und statt dessen in etwas veränderter Form als § 179a in das Satzungsänderungsrecht des AktG eingestellt worden. Für die GmbH hat die Möglichkeit der Vermögensübertragung nur begrenzte Bedeutung (vgl. Rn. 679 ff.).

17   **3. Numerus clausus, Analogieverbot, Ausstrahlungswirkungen.** Die Aufzählung der Umwandlungsarten in § 1 Abs. 1 ist abschließend (numerus clausus), § 1 Abs. 2. Für die Fälle des Formwechsels ist diese Regel in § 190 Abs. 2 noch einmal konkretisiert. Die nach allgemeinem Zivil- und Handelsrecht möglichen Methoden der Umstrukturierung werden durch das UmwG jedoch nicht eingeschränkt, also zB die Realteilung oder die Ausgliederung im Wege der Einzelrechtsnachfolge, auch nicht der Wechsel von der Rechtsform einer Personenhandelsgesellschaft zur Rechtsform einer Gesellschaft des bürgerlichen Rechts.[85] Aus § 1 Abs. 2 (und § 190 Abs. 2) folgt ein **Analogieverbot.**[86] Es ist also zB nicht möglich, die formwechselnde Umwandlung einer Gesellschaft bürgerlichen Rechts in eine GmbH im Wege der Gesamtrechtsnachfolge durchzuführen (wohl aber eine Umwandlung derart, dass die Gesellschafter einer Gesellschaft bürgerlichen Rechts eine von ihnen gemeinsam errichtete GmbH in die Gesellschaft aufnehmen und dann aus dieser ausscheiden, sog. „Anwachsungsmodell"). Ebensowenig kommt die Umwandlung einer EWIV in Betracht, obwohl diese der OHG gleichgestellt ist.[87] Die Partnerschaft ist infolge einer Gesetzesergänzung (§§ 3 Abs. Nr. 1; 191 Abs. 1 Nr. 1) seit 1. 8. 1998 ebenfalls umwandlungsfähiger Rechtsträger. Nicht umwandlungsfähig sind **Vorgesellschaften** als solche.[88] Das Analogieverbot ist schon während der Entwurfsberatungen überwiegend kritisiert worden,[89] aber

---

[83] Vgl. auch Amtl. Begr. S. 71, 74.
[84] Vgl. 2. Aufl. Rn. 10 d.
[85] Amtl. Begr. S. 80, 197; kritisch zu der wenig geglückten Fassung des § 190 Abs. 2 *Zöllner* ZGR 1993, 334, 340.
[86] *Neye* DB 1994, 2069, 2070.
[87] *Zöllner* ZGR 1993, 334, 340; *Widmann/Mayer/Vossius* UmwG § 191 Rn. 8 ff.; aA *Lutter/Joost* Kölner Umwandlungsrechtstage, S. 246; *Lutter/H. Schmidt* Kölner Umwandlungsrechtstage, S. 59, 70; *K. Schmidt* NJW 1995, 1, 7; *Lutter/Lutter* Umwandlungsgesetz § 1 Rn. 18; *Lutter/Decher* Umwandlungsgesetz § 191 Rn. 2. Rspr. offenbar noch nicht vorhanden.
[88] Vgl. dazu *K. Schmidt*, FS Zöllner, 1998, S. 521 ff. und § 53 GmbHG Rn. 66.
[89] *Lutter* ZGR 1990, 397; *K. Schmidt* ZGR 1990, 590 ff.; Arbeitskreis Umwandlungsrecht ZGR 1993, 323 und dort zB Zöllner 334, 341; *K. Mertens* AG 1994, 66, 74; vgl. auch *K. Schmidt* NJW 1995, 1, 7; *ders.*, FS Kropff, 1997, S. 259.

Umwandlung **Anh. nach § 77**

nunmehr geltendes Recht. Es kann nur durch ein Bundes- oder Landesgesetz **durchbrochen** werden, § 1 Abs. 2. Das ist in § 301 Abs. 1 für den Formwechsel einer Körperschaft oder Anstalt des öffentlichen Rechts noch einmal ausdrücklich wiederholt worden, um genossenschaftlich strukturierten Kreditinstituten, die kraft früherer Verleihungen den Status einer Körperschaft oder Anstalt des öffentlichen Rechts besitzen, die Möglichkeit der Umwandlung in eine eG zu eröffnen,[90] ohne dass der Formwechsel auf diesen Fall beschränkt ist. Hiervon hat zB das Land Baden-Württemberg durch Gesetz v. 18. 12. 1995[91] (GBl. S. 875) Gebrauch gemacht, welches der Sparda-Bank Karlsruhe die Umwandlung in eine eG erlaubte, und durch ein weiteres Gesetz v. 28. 3. 2000[92] (GBl. S. 364), durch das dem St.-Vincentius-Verein Karlsruhe die Umwandlung in eine AG ermöglicht wurde. Ob ein Verstoß gegen das Analogieverbot bei Eintragung der Umwandlung in das Handelsregister entsprechend §§ 20 Abs. 2, 131 Abs. 2 und 202 Abs. 3 die Umwandlungswirkungen eintreten lässt, ist nicht abschließend geklärt. Zwar hat der Landwirtschaftssenat des BGH in einem Urteil zu § 34 Abs. 3 LwAnpG,[93] der den §§ 20 Abs. 2, 131 Abs. 2 und 202 Abs. 3 UmwG entspricht, die Frage verneint. Das Urteil ist aber überwiegend auf Ablehnung gestoßen.[94] Der II. Zivilsenat des BGH hat in einem späteren Urteil[95] einem nicht identitätswahrenden und deshalb außerhalb des numerus clausus der gesetzlichen Umwandlungsformen des LwAnpG liegenden Formwechsel die Wohltat des § 34 Abs. 3 LwAnpG ebenfalls versagt. *Henze*[96] hat die Bedeutung dieses Urteils und eines weiteren Urteils des II. Zivilsenats zu § 34 Abs. 3 LwAnpG[97] in einer Besprechung der Urteile[98] aber relativiert und zum Ausdruck gebracht, dass die Rechtsprechung zum LwAnpG nicht zur Übertragung auf das Umwandlungsrecht geeignet sei. Demgemäß ist anzunehmen, dass die Reichweite der §§ 20 Abs. 2, 131 Abs. 2 und 202 Abs. 3 vom BGH bei passender Gelegenheit geklärt wird. Von dem Verbot, die gesetzlich allein zugelassenen Umwandlungsformen im Wege der Analogie auf andere Umstrukturierungen zu erstrecken, ist die Frage zu unterscheiden, ob bestimmte **Wertungen** des UmwG auf Umwandlungen außerhalb des UmwG übertragen werden können. Eine Analogie in diesem begrenzten Sinne ist grundsätzlich nicht verboten.[99] Man spricht hier auch von „**Ausstrahlungswirkungen**" des UmwG.[100] Rspr. und Literatur haben sich mit diesen zB im Zusammenhang mit der Frage befasst, ob gewisse Schutzmechanismen der umwandlungsrechtlichen Ausgliederungsvorschriften auf die Ausgliederung im Wege der Einzelrechtsnachfolge anwendbar sind[101] und ob bei der sogenannten „übertragenden Auflösung" (Vermögensübertragung nach § 179a AktG auf den Mehrheitsaktionär,

---

[90] Vgl. Stellungnahme des Bundesrats, abgedruckt bei *Schaumburg/Rödder* UmwG § 301 Rn. 4.
[91] GBl. S. 875.
[92] GBl. S. 364.
[93] ZIP 1997, 2134.
[94] Vgl. zB *K. Schmidt* ZIP 1998, 181; *Heckschen* DB 1998, 1385; *Trölitzsch* DStR 1999, 764; vgl. auch *Wißmann/Märtens/Bommel* Rn. 106 ff.
[95] DStR 1999, 1238 m. Anm. *Goette* = NZG 1999, 1120 m. Anm. *Hartung*.
[96] Richter im II. Zivilsenat des BGH.
[97] DStR 1999, 1240 m. Anm. *Goette*.
[98] BB 1999, 2208; vgl. auch *Henze* Aktienrecht Rn. 1373 ff.
[99] *Lutter/Lutter* Umwandlungsgesetz § 1 Rn. 24.
[100] *Habersack/Koch/Winter/Reichert* S. 25 ff.; *Leinekugel* S. 156 ff.; *Priester* ZHR 163 (1999), 187, 191; *Trölitzsch* DStR 1999, 764.
[101] Bejahend LG Karlsruhe ZIP 1998, 385 = EWiR 1997, 1147 *(Bork)*; verneinend LG Hamburg DB 1997, 516 = EWiR 1997, 1111 *(Veil)*; *Heckschen* DB 1998, 1385, 1386; differenzierend *Habersack/Koch/Winter Reichert* S. 25, 74 ff.

vgl. Rn. 705) zum Schutz der Minderheitsaktionäre ein Anspruch auf angemessene Barabfindung und deren Überprüfung in einem Spruchstellenverfahren analog §§ 29, 305 UmwG in Betracht kommen.[102] Weiterhin wird im Zusammenhang mit der Ermittlung der Bagatellgrenze für sogenannte „Holzmüller-Fälle"[103] die analoge Anwendung des § 62 UmwG erwogen.[104] Die Entwicklung ist noch nicht abgeschlossen.[105]

18 **4. Verschmelzung über die Grenze (internationale Fusion).** § 1 Abs. 1 beschränkt die Umwandlungsmöglichkeiten auf **Rechtsträger mit Sitz im Inland**. Die Ausdehnung des Gesetzes auf internationale Fälle wurde wegen der erheblichen politischen und rechtstechnischen Probleme zurückgestellt.[106] Unter europa-rechtlichen Gesichtspunkten (unmittelbare Anwendung der Art. 43, 48 EGV über die Niederlassungsfreiheit) wird jedoch neuerdings verstärkt die Möglichkeit grenzüberschreitender Umwandlungen de lege lata vertreten.[107] Freilich kann das wegen der klaren gesetzgeberischen Entscheidung des § 1 Abs. 1 und Abs. 2 nicht unmittelbar nach den Bestimmungen des UmwG erfolgen, sondern nur unter Heranziehung allgemeiner Grundsätze und Regeln, vor allem denjenigen der 3. und 6. EG-Richtlinie.[108] Dass schon de lege lata internationale Zusammenschlüssn in mehreren Schritten möglich sind, zeigt die Fusion der Daimler-Benz AG mit der Chryler Corp. im Jahre 1998.[109] Das Steuerrecht stellt jedoch bereits jetzt Regelungen für die Einbringung innerhalb der EU zur Verfügung (§ 23 UmwStG, vgl. Rn. 3).

19 **5. Mitbestimmung, Mitwirkung der Arbeitnehmer. a) Umwandlungsfreiheit nach den Mitbestimmungsgesetzen.** Die Umwandlungsfreiheit wird durch die Mitbestimmungsgesetze[110] nicht eingeschränkt.[111] Die Umwandlung gehört zu den Grundlagenentscheidungen der Anteilseigner, welche die Mitbestimmungsgesetze unberührt lassen.[112] Deshalb bedarf sie grundsätzlich nicht der Zustimmung eines mitbestimmten Aufsichtsrats, und zwar selbst dann nicht, wenn dieser infolge der Umwandlung wegfällt, zB beim Formwechsel einer Kapitalgesellschaft in eine Personengesellschaft.[113] Wo die Mitbestimmungsgesetze ausnahmsweise die Mitwirkung eines

---

[102] Verneinend BayObLG ZIP 1998, 2002 = EWiR 1998, 1057 *(Windbichler)*; OLG Stuttgart ZIP 1997, 362; bejahend BVerfG DNotZ 2000, 868 m. Anm. *Fleischer*; *Lutter/Leinekugel* ZIP 1999, 261; *Trölitzsch* DStR 1999, 764, 765; eingehend zum Spruchverfahren vgl. Rn. 705; vgl. auch Rn. 117 zum Verfahren nach § 16 Abs. 3 UmwG.
[103] Ausgliederung wesentlicher Betriebsteile auf Tochtergesellschaften im Wege der Einzelrechtsnachfolge, vgl. BGHZ 83, 122.
[104] Vgl. zB *Emmerich/Habersack* Aktien und GmbH-Konzernrecht, 2. Aufl. 2001, Vor § 311 Rn. 19: *Joost* ZHR 163 (1999), 164; kritisch zur Übertragung von Regelungen des UmwG auf Holzmüller-Fälle *v. Rechenberg*, FS Bezzenberger, 2000, S. 359 ff., 378.
[105] Dezidiert dagegen *Schnorbus* Diss. Mainz 2000, § 5 II; *ders.* DB 2001, 1654; vgl. zum Diskussionsstand auch *Tröger* ZIP 2001, 2029, 2033 mN.
[106] Amtl. Begr. S. 80; vgl. zu der Sperre nach dem UmwG auch *Kallmeyer* ZIP 1994, 1746, 1752 mit Literaturangaben, der freilich in einer späteren Veröffentlichung (ZIP 1996, 535) § 1 Abs. 1 UmwG auch auf grenzüberschreitende Verschmelzungen und Spaltungen anwenden will.
[107] Vgl. *Lutter/Lutter* Umwandlungsgesetz § 1 Rn. 9 ff. mN.
[108] *Lutter/Lutter* Umwandlungsgesetz § 1 Rn. 13.
[109] Vgl. hierzu *Fleischmann* DB 1998, 1883 und *Horn* ZIP 2000, 473; ferner *Rödder* Praxisfragen von Großfusionen, 24. 1. 2000 (Skript).
[110] BetrVG 1952, MitbestG 1976, Montan-MitbestG 1951, Montan-MitbestErgG 1956.
[111] Vgl. *Wiedemann* § 12 II, 2; *ders.*, FS Fleck, 1988, S. 446, 463.
[112] Vgl. *Hanau/Ulmer* § 1 Rn. 18, 30; § 32 Rn. 2.
[113] Zu den Auswirkungen von Unternehmensumgliederungen auf die Arbeitnehmer im Aufsichtsrat vgl. *Rosendahl* AG 1985, 325.

mitbestimmten Aufsichtsrats vorschreiben (§§ 32 Abs. 1 MitbestG, 15 Abs. 1 Montan-MitbestErgG), sind nur die Vertreter der Anteilseigner stimmberechtigt. Der RegE des neuen UmwG wollte es hierbei bewenden lassen und hat das ungewöhnlich umfangreich begründet.[114] Im Gesetzgebungsverfahren brach hierüber jedoch ein Meinungsstreit aus, der beinahe die Verabschiedung des Gesetzes verhindert hätte. Anlass waren vor allem die neuen Spaltungsregelungen. Mit einer Kompromisslösung machte der Vermittlungsausschuss den Weg für den Gesetzeserlass frei. Danach bleiben Unternehmen noch fünf Jahre lang mitbestimmt, auch wenn nach einer Abspaltung oder Ausgliederung die in den Mitbestimmungsgesetzen genannten Arbeitnehmer-Schwellenwerte unterschritten werden, es sei denn, dass durch die Spaltung etc. die Zahl der Arbeitnehmer auf weniger als ein Viertel der Schwellenwerte absinkt.[115]

b) Mitwirkung der Arbeitnehmer. Die Umwandlung ist auch keine Angelegenheit, die der Mitbestimmung des **Betriebsrats** nach dem BetrVG unterliegt.[116] Wo ein Wirtschaftsausschuss besteht, ist dieser allerdings nach § 106 Abs. 3 Nr. 8, 10 BetrVG[117] über die beabsichtigte Umwandlung zu unterrichten. Hat die Umwandlung jedoch eine Betriebsänderung zur Folge, wozu auch der Zusammenschluss mit anderen Betrieben oder die Spaltung von Betrieben gehört (§ 111 Nr. 3 BetrVG nF), sind die Mitbestimmungs- und Mitwirkungsrechte des Betriebsrats nach §§ 111, 112 BetrVG zu beachten.[118] Unabhängig von diesen Geboten des BetrVG schreibt das **UmwG selbst** bei allen Umwandlungsarten die Aufzeichnung der Folgen der Umwandlung für die Arbeitnehmer und ihre Vertretungen sowie die Unterrichtung des zuständigen Betriebsrats hiervon vor.[119]

c) Besondere Schutzvorschriften zugunsten der Arbeitnehmer. Zusätzlich wurden in das UmwG noch einige weitere Schutzvorschriften zu Gunsten der Arbeitnehmer aufgenommen. Hat die Spaltung oder Teilübertragung eines Rechtsträgers die Spaltung eines Betriebs zur Folge, so bleibt dessen Betriebsrat für eine Übergangszeit von längstens sechs Monaten im Amt (§ 321, vgl. schon § 13 SpTrUG). Bleibt bei der Spaltung eines Rechtsträgers die betriebsorganisatorische Einheit „Betrieb" unverändert, so wird nach § 322 Abs. 1 widerlegbar vermutet, dass die an der Spaltung beteiligten Rechtsträger den Betrieb gemeinsam weiterführen.[120] Eine Betriebsänderung iS der §§ 111 ff. BetrVG liegt in solchem Falle nicht vor.[121] **Kündigungsschutzrechtlich** gilt die Vermutung des § 322 Abs. 1 nicht. Liegen die Voraussetzungen für einen gemeinsamen Betrieb aber vor, so gilt dieser als Betrieb iS des KSchG. Das stellt § 322 Abs. 2 klar mit der Folge, dass bei der Prüfung der anderweitigen Beschäftigungsmöglichkeiten und der sozialen Auswahl im Zusammenhang mit einer betriebsnotwendigen Kündigung nach der Rechtsprechung des BAG[122] die Möglichkeiten im gesamten gemeinsamen Betrieb sowie in den anderen Betrieben der am gemeinsamen

---

[114] Amtl. Begr. S. 75 ff.
[115] § 325; vgl. zum Verlauf des Meinungsstreits *Neye* UmwG, UmwStG S. 1, 2.
[116] Nachw. vgl. 3. Aufl. Rn. 13.
[117] Neufassung v. 25. 9. 2001, BGBl. I S. 2518.
[118] BAG DB 1987, 1442.
[119] § 5 Abs. 1 Nr. 9, Abs. 3; § 126 Abs. 1 Nr. 11, Abs. 3; § 136; §§ 176, 177; § 194 Abs. 1 Nr. 7, Abs. 2. IE vgl. hierzu *Lutter/Grunewald* Kölner Umwandlungsrechtstage, S. 21 ff.; *Lutter/Joost* Kölner Umwandlungsrechtstage, S. 297 ff.; *Joost* ZIP 1995, 976; *Wlotzke* DB 1995, 40 ff.; vgl. auch Rn. 70, 215, 251, 297, 494.
[120] Was möglich ist, vgl. BAGE 52, 325.
[121] *Kallmeyer* ZIP 1994, 1746, 1757.
[122] Grundlegend BAGE 55, 117.

Anh. nach § 77 5. Abschnitt. Auflösung und Nichtigkeit der Gesellschaft

Betrieb beteiligten Unternehmen maßgebend sind.[123] § 322 Abs. 1 verbietet darüber hinaus die Verschlechterung der **kündigungsrechtlichen** Stellung eines Arbeitnehmers des übertragenden Rechtsträgers auf Grund der Spaltung oder Teilübertragung für die Dauer von zwei Jahren ab dem Zeitpunkt ihres Wirksamwerdens. Die Reichweite der Vorschrift ist umstritten. Nach der Amtl. Begr. (S. 175) betrifft das Verschlechterungsverbot den Fall, dass in dem neuen Rechtsträger die für die Anwendbarkeit kündigungsrechtlicher Vorschriften notwendige Beschäftigtenzahl nicht erreicht wird. Mit Recht wird demgegenüber geltend gemacht, dass kündigungsrechtliche Stellung nicht gleichbedeutend mit kündigungsschutzrechtlicher Stellung ist und dass das Verschlechterungsverbot deshalb u. a. auch die zweijährige Weitergeltung eines tariflichen, bisher schon bestehenden Ausschlusses der ordentlichen Kündigung umfasst,[124] auch wenn beim neuen Arbeitgeber ein ungünstigerer Tarifvertrag gilt. § 323 Abs. 2 legt fest, dass beim Zustandekommen eines **Interessenausgleichs** anlässlich einer Verschmelzung, Spaltung oder Vermögensübertragung die namentliche Zuordnung der Arbeitnehmer zu einem bestimmten Betrieb oder Betriebsteil durch das Arbeitsgericht nur auf grobe Fehlerhaftigkeit überprüft werden kann. Die Vorschrift ist erst bei den Gesetzesberatungen formuliert worden. Ihre Tragweite ist unklar. Nach bestrittener aber wohl herrschender Ansicht ist gemeint, dass die Zuordnung im Interessenausgleich erfolgen muss und dann bindende Wirkung entfaltet, aber nur eingeschränkt gerichtlich überprüfbar ist.[125] Zum Verhältnis der Vorschrift zu § 613 a BGB vgl. Rn. 22.

22 d) **Anwendung des § 613 a BGB.** In der besonderen Vorschrift des § 324 (RegE § 132) wird klargestellt, dass § 613 a Abs. 1 und 4 BGB jetzt auch bei Verschmelzung, Spaltung und Vermögensübertragung (nicht aber beim Formwechsel) anzuwenden ist. Damit wurde Vorschlägen der Literatur[126] entsprochen. Im Verhältnis zu § 613 a Abs. 1 S. 2 bis 4 BGB ist § 323 Abs. 1 (Rn. 21) lex specialis.[127]

23 e) **Betriebsaufspaltung.** Führt die Spaltung eines Rechtsträgers zu einer Betriebsaufspaltung (Rn. 14), so haftet nach § 134 das Besitzunternehmen über § 133 hinaus gesamtschuldnerisch mit der Betriebsgesellschaft auch für solche Forderungen der Arbeitnehmer, die binnen fünf Jahren nach dem Wirksamwerden der Spaltung etwa auf Grund Sozialplänen oder einer Versorgungszusage begründet werden, wobei eine zusätzliche konzernrechtliche Haftung unberücksichtigt bleibt.[128] Vorausgesetzt wird, dass an den beteiligten Rechtsträgern im wesentlichen dieselben Personen beteiligt sind (iE vgl. Rn. 569).

---

[123] Vgl. *Wlotzke* DB 1995, 40, 44.

[124] *Wlotzke* DB 1995, 40, 44.

[125] Vgl. hierzu *Lutter/Joost* Umwandlungsgesetz § 323 Rn. 33 m. zahlr. Nachw.; ferner *Wlotzke* DB 1995, 40, 45; *Lutter/Joost* Kölner Umwandlungsrechtstage, S. 297, 321; *Dehmer* § 323 Rn. 20, 21; *Goutier/Knopf/Tulloch/Bermel* § 323 Rn. 13 ff.

[126] Vgl. *Hanau* ZGR 1990, 548, 554, 555; *Willemsen* RdA 1993, 133 ff. Dem § 613 a BGB sind durch Art. 4 des „Gesetzes zur Änderung des Seemannsgesetzes und anderer Gesetze" v. 23. 3. 2002 (BGBl. I S. 1163) die Abs. 5 und 6 angefügt worden, die den bisherigen Arbeitgeber oder neuen Inhaber zur detaillierten Unterrichtung der Arbeitnehmer über den Betriebsübergang verpflichten und das seit längerem anerkannte Widerspruchsrecht der Arbeitnehmer einer eigenständigen gesetzlichen Regelung zuführen. Die in § 324 UmwG enthaltene Verweisung auf § 613 a BGB wurde durch Art. 5 des Gesetzes entsprechend angepasst (vgl. dazu *Gaul/Otto* DB 2002, 634).

[127] *Wlotzke* DB 1995, 40, 44; zur Anwendung des § 613 a Abs. 1 und 4 vgl. ferner *Joost* S. 297, 317 ff.; *ders.* ZIP 1995, 976, 980; vgl. auch Rn. 394.

[128] Amtl. Begr. S. 122.

6. Zusammenschlusskontrolle (Fusionskontrolle), Unternehmensübernahme. Zusammenschlüsse von Unternehmen sind beim Vorliegen bestimmter Voraussetzungen hinsichtlich der Unternehmensgröße und der Marktanteile vor dem Vollzug beim Bundeskartellamt anzumelden (§ 39 Abs. 1 GWB). Das GWB in der seit 1. 1. 1999 geltenden Fassung unterscheidet nicht mehr zwischen nur anzeigepflichtigen Zusammenschlüssen, die erst im Nachhinein geprüft werden, und anzumeldenden Zusammenschlussvorhaben, bei denen eine vorbeugenden Prüfung stattfindet. Vielmehr unterliegen jetzt alle Zusammenschlüsse, welche die Voraussetzungen des § 35 GWB erfüllen, einer Präventivkontrolle und sind demgemäß anzumelden. Zwar sind auch angemeldete und freigegebene Zusammenschlüsse nach ihrem Vollzug anzeigen (§ 39 Abs. 6 GWB). Die Anzeige dient aber lediglich der Unterrichtung des Bundeskartellamts. Gemäß § 37 Abs. 1 Nr. 1 GWB gilt als Zusammenschluss auch der Erwerb des Vermögens eines anderen Unternehmens ganz oder zu einem wesentlichen Teil, worunter auch der Erwerb durch Umwandlung fällt (was in der alten Gesetzesfassung – § 23 Abs. 2 Nr 1 GWB – noch ausdrücklich gesagt war, von der 6. GWB-Novelle aber als überflüssig gestrichen wurde). Nach bis zum In-Kraft-Treten des UmwG 1994 hM fielen hierunter **nicht** die **formwechselnden Umwandlungen,** weil hierbei kein Vermögensübergang auf ein anderes Unternehmen stattfand.[129] Bei den übertragenden Umwandlungen nach dem UmwG 1969 wurde mit unterschiedlichen Begründungen der Zusammenschlusscharakter verneint, wenn es sich um einen Vermögensübergang auf den alleinigen Gesellschafter oder eine aus allen bisherigen Gesellschaften gebildete neue Gesellschaft handelte.[130] Nach der vom UmwG 1994 angeordneten Wahrung der Identität des Rechtsträger bei allen Arten des Formwechsels, auch beim Wechsel von Personenhandelsgesellschaft in Kapitalgesellschaft und umgekehrt (vgl. Rn. 10), wird man konsequenterweise annehmen müssen, dass allen diesen Fällen der Zusammenschlusscharakter fehlt, also weder eine Anmelde- noch eine Anzeigepflicht besteht. Dass das Umwandlungssteuerrecht den identitätswahrenden Formwechsel bei den übertragenden Umwandlungen früheren Rechts nicht anerkennt (Rn. 12), steht nicht entgegen, weil insoweit andere Wertungsgrundsätze maßgeblich sind. Ein vollzogener und rechtskräftig untersagter Zusammenschluss kann **aufgelöst** werden (§ 41 Abs. 3 GWB GWB), nicht mehr jedoch, sobald die Voraussetzungen einer Untersagung nicht mehr vorliegen.[131] Dabei kann die **Spaltung** ein Instrument zur Auflösung sein.[132] Soweit ein Zusammenschluss gemeinschaftsweite Bedeutung hat und deswegen unter die **Fusionskontrollverordnung** der EG[133] fällt, finden die Vorschriften des GWB keine Anwendung (§ 35 Abs. 3 GWB).

Mit der Zusammenschlusskontrolle verwandt ist die Aufsicht über Unternehmensübernahmen nach dem zum 1. 1. 2002 in Kraft getretenen **WpÜG**.[134] Dieses Gesetz regelt Angebote, die auf den Erwerb der „Kontrolle" eines Unternehmens gerichtet sind („Übernahmeangebote"), wobei unter Kontrolle das Halten von mindestens 30 %

---

[129] Vgl. *Kleinmann/Bechthold* Kommentar zur Fusionskontrolle, 2. Aufl. 1989, § 23 Rn. 28; *Immenga/Mestmäcker* 2. Aufl. 1992, § 23 Rn. 137.

[130] Vgl. *Kleinmann/Bechthold* Kommentar zur Fursionskontrolle, 2. Aufl. 1989, § 23 Rn. 30; *Immenga/Mestmäcker* 2. Aufl. 1992, § 23 Rn. 138–141.

[131] Vgl. BGH AG 1986, 223, dazu *Emmerich* AG 1986, 345, 358.

[132] Amtl. Begr. S. 74, vgl. auch Rn. 25.

[133] Verordnung (EWG) Nr. 4064/89 des Rates v. 21. 12.1989 über die Kontrolle von Unternehmenszusammenschlüssen, ABl. EG Nr. L 257 v. 21. 9. 1990, S. 14, geändert durch Verordnung (EG) Nr. 1310/97 v. 30. 6. 1997, ABl. EG Nr. L 180 v. 9. 7. 1997, S. 1.

[134] BGBl. I S. 3822. Vgl. dazu *M. Winter/Harbarth* ZIP 2002, 1. Zum RegE s. *Möller/Pötsch* ZIP 2001, 1256 und *Mülbert* ZIP 2001, 1220.

der Stimmen der „Zielgesellschaft" verstanden wird, § 29. Die Aufsicht bei Angeboten nach den Vorschriften des WpÜG übt jedoch nicht das Bundeskartellamt aus, sondern das neugeschaffene Bundesaufsichtsamt für den Wertpapierhandel. Das Gesetz ist nur auf Angebote zum Erwerb börsennotierter Aktien anzuwenden und spielt deshalb im GmbH-Recht keine unmittelbare Rolle. Mit dem Umwandlungsrecht verknüpft sind Übernahmetatbestände insoweit, als die Zusammenführung von Unternehmen auch nach allgemeinem Gesellschaftsrecht unter Zuhilfenahme von Mitteln des UmwG stattfinden kann, zB durch Einbringungen und Verschmelzungen. Trotz möglicher gleicher Wirkungen sind die Vorschriften des WpÜG jedoch auf Umwandlungstatbestände nicht anzuwenden, auch nicht analog.[135]

24b **7. Umwandlung und Datenschutz.** Datenschutzfragen können sich bei Umwandlungsvorgängen in vielfältiger Weise stellen, zB bei der Abspaltung (Ausgliederung) von Unternehmensteilen und/oder Verschmelzungen, vor allem im Bereich von Kreditinstituten. Diese Fragen befinden sich derzeit noch in der Diskussion. Einigkeit besteht wohl darin, dass das Instrumentarium des Umwandlungsrechts durch das Datenschutzrecht nicht verhindert werden darf.[136]

25 **8. Motive für den Umwandlungsentschluss.** Anlass für eine Umwandlung ist häufig die **Veränderung der Unternehmensgröße** oder die Regelung der **Unternehmernachfolge,** wobei **Haftungsfragen** mitspielen können, und das Bedürfnis zur Einführung einer **Fremdgeschäftsführung. Veräußerung, Erwerb** oder **Aufgabe von Unternehmen** können durch Umwandlung erleichtert werden. Durch **Teilübertragung** ist zB der Unternehmensverkauf im Wege der Sonderrechtsnachfolge möglich (Rn. 16). Für die **Spaltung** führt die Amtl. Begr. (S. 74) allein zwölf übliche Anlässe auf, darunter die Auflösung eines nach GWB untersagten Zusammenschlusses (vgl. Rn. 24). Die Umwandlung (Verschmelzung) der GmbH auf ihren Alleingesellschafter vermeidet die langwierige Liquidation der GmbH nach §§ 65 ff. GmbHG. Die gesetzliche Schaffung von Zugangserleichterungen für eine Gesellschaftsform kann den Umwandlungsentschluss befördern, zB das **Gesetz für kleine Aktiengesellschaften** und zur Deregulierung des Aktienrechts v. 2. 8. 1994 (BGBl. I S. 1961) den Wechsel von der GmbH zur AG. Die Umwandlung ist vor allem unentbehrliches Instrument bei der **Konzentration** von Unternehmen. Bei **Ausgründungen** (Ausgliederungen) wird die auf die Holdingfunktion reduzierte Muttergesellschaft nicht selten in eine Gesellschaft mit einfacherer Organisationsform umgewandelt. Die Umwandlung der einfacheren in die aufwändigere Organisationsform kann der **Bestandssicherung** von Unternehmen dienen[137] und vom Wunsch auf Zugang zum Kapitalmarkt getragen sein. Mit dem Wechsel der Unternehmensform soll zuweilen auch alten oder neuen gesetzlichen Pflichten ausgewichen werden, die an die Rechtsform des Unternehmens anknüpfen, zB **Publizitätspflichten,** etwa solche nach dem **BiRiLiG**[138] oder dem

---

[135] Zutr. *Weber-Rey/Schütz* AG 2001, 325; teilweise anders *Seibt/Heiser* ZHR 165 (2001), 466: Anwendung nebeneinander, wenn jemand die Kontrolle über ein börsenorientiertes Unternehmen durch Umwandlung erwirbt.

[136] Vgl. den Diskussionsbericht von *Schneider* ZHR 165 (2001), 462 zur ZHR-„Expertenrunde zum Datenschutz" v. 5. 4. 2001 und dazu *Marsch-Barner/Mackenthun* ZHR 165 (2001), 426; *Simits* ZHR 165 (2001), 453; *Zöllner* ZHR 165 (2001), 440; vgl. ferner *Teichmann/Kiessling* ZGR 2001, 33.

[137] Vgl. *Reuter* AcP 1981, 1, 22.

[138] Vgl. hierzu 2. Aufl. Rn. 16. Neuerdings ist in diesem Zusammenhang auch das KapCoRiLiG zu nennen, zu dessen Umgehung häufig eine natürliche Person als weiterer persönlich haftender Gesellschafter in eine GmbH & Co. KG eintritt.

Umwandlung   Anh. nach § 77

Mitbestimmungsrecht der Arbeitnehmer nach den Mitbestimmungsgesetzen. Die Umwandlung kann in Verbindung mit einer Kapitalherabsetzung ferner der **Sanierung** eines Unternehmens dienen.[139] Auch die **Umgehung eines gesetzlichen Verbots** kann durch die „Umwandlung" bezweckt sein.[140] Vielfach haben Umwandlungen **steuerliche Gründe**. In der Vergangenheit wurden Unternehmen beispielsweise umgewandelt, um der steuerlichen Doppelbelastung der Gewinne von Kapitalgesellschaften zu entgehen, die vor dem In-Kraft-Treten des KStG 1977 bestand. Aber auch heute noch sind steuerliche Gründe ein Motiv für den Umwandlungsentschluss, wenn sich durch Änderung von Steuersätzen Belastungsverschiebungen zwischen Personen- und Kapitalgesellschaften ergeben.[141] Neuerdings werden Personengesellschaften in Kapitalgesellschaften umgewandelt, weil diese nach dem StSenkG Beteiligungen an anderen Kapitalgesellschaften steuerfrei veräußern können. Der Übergang von der Personengesellschaft zur Kapitalgesellschaft kann auch wegen der Möglichkeit attraktiv erscheinen, den steuerlichen Gewinn der Kapitalgesellschaft durch Ausgaben zu Gunsten der geschäftsführenden Anteilseigner zu mindern, zB durch Zuführung zu Pensionsrückstellungen. Derartige Gewinnbeeinflussungen sind bei der Personengesellschaft nicht möglich.[142] Schließlich kann ein **Zwang zur Umwandlung** infolge gesetzgeberischer Maßnahmen bestehen, wie etwa durch § 163 BBergG v. 13. 8. 1980, wonach bergrechtliche Gewerkschaften mit Ablauf des 1. 1. 1986 aufgelöst waren, wenn bis dahin kein Umwandlungs- oder Verschmelzungsbeschluss gefasst oder die Gewerkschaft in sonstiger Weise aufgelöst wurde.[143] Ähnlich sah Art. 12 § 1 Abs. 1 der **GmbH-Novelle 1980** die Auflösung von Gesellschaften mbH mit einem Stammkapital von weniger als DM 50 000,– zum 31. 12. 1985 vor, wenn sie bis dahin keinen Kapitalerhöhungsbeschluss oder einen Beschluss über die Umwandlung in eine andere Rechtsform zur Eintragung in das Handelsregister angemeldet hatten.[144] Ein Zwang zur Umwandlung besteht mittelbar auch, wenn ein Geschäftsbetrieb zwingend eine bestimmte Rechtsform erfordert, wie zB der Betrieb eines Versicherungsgeschäfts (vgl. §§ 5, 7 VAG), und wenn ein schon vorhandener Rechtsträger, der diesen Geschäftsbetrieb künftig ausüben soll, die erforderliche Rechtsform nicht hat. Im Übrigen kennt das geltende Recht keine **Umwandlungsverpflichtungen,** etwa beim Erreichen einer bestimmten Unternehmensgröße. **Umwandlungen kraft Gesetzes** fanden nach §§ 11, 14 TreuhG statt, zB Volkseigene Kombinatsbetriebe in Gesellschaften mbH im Aufbau.[145] Von den Umwandlungen kraft Gesetzes zu unterscheiden ist das Erfordernis der **staatlichen Genehmigung zur Umwandlung** (vgl. Rn. 108).

9. Grundzüge der gesetzlichen Regelung. a) UmwG. Das Erste Buch des 26 UmwG besteht nur aus dem § 1, der die möglichen Umwandlungsarten aufführt, nämlich Verschmelzung, Spaltung (Aufspaltung, Abspaltung, Ausgliederung), Vermögensübertragung und Formwechsel. Die Aufzählung ist abschließend. Andere Umwandlungsfälle bedürfen einer ausdrücklichen gesetzlichen Regelung (§ 1 Abs. 2

---

[139] Vgl. *K. Schmidt* AG 1985, 150 ff.
[140] ZB bei der Umwandlung einer Filiale in eine selbstständige GmbH zur Umgehung des Verbots des Filialausverkaufs nach § 8 Abs. 2 UWG, vgl. OLG Frankfurt GRUR 1988, 773.
[141] Vgl. *Flick* DB 1994, 64: Motto 1994: Raus aus der GmbH, rein in die Personengesellschaft!
[142] Vgl. Einl. GmbHG C I 2 Rn. 56.
[143] Die Frist wurde später für im Bergbau werbend tätige Unternehmen bis zum 1. 1. 1989 verlängert, vgl. 2. Aufl. Rn. 138.
[144] Vgl. auch 2. Aufl. Rn. 17 zum Umwandlungszwang anlässlich der Erhöhung des Mindestgrundkapitals auf RM 500 000 durch das AktG 1937.
[145] Vgl. BGHZ 126, 351.

UmwG, vgl. Rn. 17). Umwandlungsfähig sind nur Rechtsträger mit Sitz im Inland (vgl. Rn. 18).

27 Im Zweiten bis Fünften Buch sind die einzelnen Umwandlungsarten näher geregelt. Dabei werden für jede Umwandlungsart zunächst die allen Rechtsformen gemeinsamen Vorschriften in einem Allgemeinen Teil (Allgemeine Vorschriften) zusammengefasst. In den Besonderen Vorschriften sind dann jeweils abweichende und ergänzende Bestimmungen, die nur für einzelne Rechtsformen von Bedeutung sind, enthalten. Sind Rechtsträger verschiedener Rechtsformen an einem Vorgang beteiligt, so müssen die Vorschriften des Allgemeinen Teils und die für jede Rechtsform geltenden Besonderen Vorschriften nebeneinander angewandt werden. Dies soll zu einer wesentlichen Vereinfachung gegenüber dem bisherigen Recht führen.[146]

28 Im Zweiten Buch ist die **Verschmelzung** auf der Basis des bisherigen Rechts geregelt, d.h. die Übertragung des Vermögens eines oder mehrerer Rechtsträger unter Auflösung ohne Abwicklung auf einen anderen schon bestehenden oder im Zuge der Verschmelzung neu gegründeten Rechtsträger gegen Gewährung von Anteilen oder Mitgliedschaften des übernehmenden oder neuen Rechtsträgers an die Anteilsinhaber des übertragenden Rechtsträgers (§ 2).

29 Im Dritten Buch ist die **Spaltung** geregelt in den drei Formen der Aufspaltung, Abspaltung und Ausgliederung (§ 123). Bei der **Aufspaltung** teilt ein übertragender Rechtsträger unter Auflösung ohne Abwicklung sein gesamtes Vermögen auf und überträgt die Vermögensteile auf mindestens zwei andere schon bestehende oder neugegründete Rechtsträger. Wie bei der Verschmelzung werden als Gegenleistung Anteile der übernehmenden oder neuen Rechtsträger an die Anteilsinhaber des übertragenden Rechtsträgers gewährt. Bei der **Abspaltung** bleibt der übertragende Rechtsträger bestehen und überträgt nur einen Teil seines Vermögens auf einen anderen oder mehrere andere, bereits bestehende oder neue Rechtsträger, ebenfalls gegen Gewährung von Anteilen an die Anteilsinhaber des übertragenden Rechtsträgers. Bei der **Ausgliederung** wird nur ein Teil des Vermögens eines Rechtsträgers auf andere Rechtsträger übertragen. Der Unterschied gegenüber den beiden anderen Spaltungsformen besteht darin, dass die als Gegenleistung gewährten Anteile der übernehmenden oder neuen Rechtsträger nicht an seine Anteilsinhaber gelangen, sondern in das Vermögen des übertragenden Rechtsträgers fallen. In allen drei Spaltungsfällen geht das Vermögen oder gehen Teile des Vermögens des spaltenden Rechtsträgers im Wege der Gesamtrechtsnachfolge (Sonderrechtsnachfolge) über. **Die Spaltung ist das eigentlich Neue** des UmwG 1994.

30 Die im Vierten Buch geregelte **Vermögensübertragung** (§ 174) kann wie die Verschmelzung eine Vollübertragung sein oder wie die Spaltung eine **Teilübertragung.** Der Unterschied zur Verschmelzung besteht darin, dass die Gegenleistung nicht in Anteilen oder Mitgliedschaften, sondern in einer andern Leistung besteht, insbesondere einer Barzahlung (vgl. Rn. 16).

31 Bei dem im Fünften Buch geregelten **Formwechsel** (§ 190) soll anders als bei den übrigen Umwandlungsfällen **keine Übertragung von Vermögen** stattfinden. Vielmehr soll sich unter Fortbestand der rechtlichen und wirtschaftlichen Identität des Rechtsträgers lediglich seine Rechtsform ändern (vgl. Rn. 10).

32 Das **Umwandlungsverfahren** läuft bei allen Umwandlungsarten im Wesentlichen nach dem gleichen Muster ab:[147]

---

[146] *Neye* UmwG, UmwStG, S. 4.
[147] Vgl. die Zusammenfassung bei *Neye* UmwG, UmwStG S. 4, 5.

– rechtsgeschäftliche Grundlage ist ein Vertrag, bei Entstehung neuer Rechtsträger anlässlich einer Spaltung ein entsprechender Plan. Beim Formwechsel tritt an dessen Stelle der Entwurf des Umwandlungsbeschlusses;
– die Anteilsinhaber der beteiligten Rechtsträger sind grundsätzlich durch einen besonderen Bericht über die Einzelheiten der geplanten Umwandlung zu unterrichten. Dem Schutz ihrer Interessen dient die generell oder unter bestimmten Voraussetzungen vorgeschriebene Prüfung durch unabhängige Sachverständige;
– alsdann beschließen die Anteilsinhaber über die Umwandlung durch notariell beurkundeten Beschluss, der regelmäßig der für Satzungsänderungen vorgeschriebenen Mehrheit bedarf. Eine Klage gegen den Beschluss kann nicht darauf gestützt werden, dass das Umtauschverhältnis der Anteile, der Gegenwert oder eine anzubietende Barabfindung zu niedrig oder ein solches Angebot gar nicht erfolgt ist. Die Erledigung dieser Beschwerden ist wie schon bisher einem besonderen Spruchverfahren vorbehalten (Sechstes Buch, s. unten);
– die Umwandlung wird durch die Eintragung in das Handelsregister wirksam, die auch den Vermögensübergang bewirkt und, beim Formwechsel, das Fortbestehen in der neuen Rechtsform;
– zugunsten der Anteilsinhaber, der Inhaber von Sonderrechten und Gläubiger der beteiligten Rechtsträger sind besondere Schutzvorschriften vorgesehen.

Das Sechste Buch regelt das Spruchverfahren zur Entschädigung von Anteilsinhabern der durch die Umwandlung betroffenen Rechtsträger. 33

Das Siebte Buch enthält Strafvorschriften für Gesetzesverstöße im Zusammenhang mit der Umwandlung. 34

Das Achte Buch enthält Übergangs- und Schlussvorschriften, wozu auch die besonderen Mitbestimmungs- und arbeitsrechtlichen Schutzvorschriften gehören (vgl. Rn. 19–23). 35

b) UmwStG. Das UmwStG passt in seiner Neufassung das Steuerrecht terminologisch an die gesellschaftsrechtlichen Änderungen an. Materiell wird die Steuerneutralität der Umwandlungen erhöht. Insbesondere können nunmehr Verschmelzungen von Körperschaften auf Personengesellschaften und natürliche Personen steuerneutral erfolgen. Entsprechendes gilt für die Spaltung von Körperschaften. Die Möglichkeiten, nichtverbrauchte Verluste des übertragenden Rechtsträgers auf die übernehmenden Rechtsträger zu übertragen, werden erweitert. Die Vorschriften betreffend die Einbringungstatbestände sind neu geordnet und gestrafft.[148] 36

10. Umfang der Erläuterungen. Die Erläuterungen der Umwandlungsfälle beschränken sich auf Gestaltungen im Bereich der GmbH und sehen von der Darstellung von Vorgängen ab, die innerhalb eines GmbH-Kommentars von geringer Bedeutung sind. Der Formwechsel wird dabei als klassischer Fall der Umwandlung an den Anfang gestellt und der Formwechsel einer GmbH in eine AG ausführlich als Ausgangsfall vor den sonstigen Formwechseln einer GmbH oder in eine GmbH behandelt. Alsdann erst folgen die neuen Umwandlungsfälle der Verschmelzung, Spaltung und Vermögensübertragung entsprechend der Systematik des UmwG. 37

---

[148] Zu alledem s. *Neye* UmwG, UmwStG S. 6.

II. Formwechsel einer GmbH in eine AG
(§§ 190 bis 212, 226, 238 bis 250 UmwG 1994)

Literatur: Vgl. die Angaben bei I, insbesondere und ferner: *Armbrüster* Treuhänderische GmbH-Beteiligungen (I), Begründung, Übertragung, Umwandlung, Beendigung, GmbHR 2001, 941; *Bärwald/Schabacker* Der Formwechsel als modifizierte Neugründung, ZIP 1998, 1293; *Brandner/Bergmann* Anfechtungsklage und Registersperre, FS Bezzenberger, 2000, S. 59; *Busch* Die Deckung des Grundkapitals bei Formwechsel einer GmbH in eine Aktiengesellschaft, AG 1995, 555; *Decher* Formwechsel – Allgemeine Vorschriften –, in *Lutter* Kölner Umwandlungsrechtstage, S. 201 ff.; *ders.* Die Überwindung der Registersperre nach § 16 Abs. 3 UmwG, AG 1997, 388; *Happ* Formwechsel von Kapitalgesellschaften, in *Lutter* Kölner Umwandlungsrechtstage, S. 223 ff.; *Heermann* Auswirkungen einer Behebbarkeit oder nachträglichen Korrektur von gerügten Verfahrensmängeln auf das Unbedenklichkeitsverfahren nach § 16 Abs. 3 UmwG; *Heidinger* Die Euroumstellung beim Formwechsel von Kapitalgesellschaften, NZG 2000, 532; *Henze* Aspekte und Entwicklungstendenzen der aktienrechtlichen Anfechtungsklage in der Rechtsprechung des BGH, ZIP 2001, 97; *Hommel/Braun/Schmotz* Neue Wege in der Unternehmensbewertung, DB 2001, 341; *Kiem* Die schwebende Umwandlung, ZIP 1999, 173; *ders.* Die Stellung der Vorzugsaktionäre bei Umwandlungsmaßnahmen, ZIP 1997, 1627; *Kösters* Das Unbedenklichkeitsverfahren nach § 16 Abs. 3 UmwG, WM 2000, 1921; *Kröll* Beurkundung gesellschaftsrechtlicher Vorgänge durch einen ausländischen Notar, ZGR 2000, 111, 150; *Liebscher* Einschränkung der Verzinslichkeit des Abfindungsanspruchs dissentierender Gesellschafter gemäß §§ 30 Abs. 1 S. 2, 208 UmwG, § 305 Abs. 3 S. 3 1. Halbs. AktG, AG 1996, 455; *Limmer* Der Identitätsgrundsatz beim Formwechsel in der Praxis, FS Widmann, 2000, S. 51; *Löhr* Bewertung von Kapitalgesellschaften mit dem Zukunftswert – Auswirkungen des Steuersenkungsgesetzes, BB 2001, 351; *Lutter/Bearbeiter* Kölner Umwandlungsrechtstage (Verschmelzung, Spaltung, Formwechsel nach neuem Umwandlungsrecht und Umwandlungssteuerrecht), 1995; *Martens* Nachgründungskontrolle beim Formwechsel einer GmbH in eine AG, ZGR 1999, 548; *Mertens* Die formwechselnde Umwandlung einer GmbH in eine Aktiengesellschaft mit Kapitalerhöhung und die Gründungsvorschriften, AG 1995, 561; *Kai Mertens* Die stille Beteiligung an einer GmbH und ihre Überleitung bei Umwandlungen in die AG, AG 2000, 32; *Müller* Auswirkungen von Umstrukturierungen nach dem Umwandlungsgesetz auf Beherrschungs- und Gewinnabführungsverträge, BB 2002, 157; *Noack* Das Freigabeverfahren bei Umwandlungsbeschlüssen – Bewährung und Modell, ZHR 164 (2000), 274; *Priester* Kapitalgrundlage beim Formwechsel – Zwang zur Buchwertfortführung? –, DB 1995, 911; *Reuter* Unternehmensbewertung bei Sacheinlagen: Der neue IdW-Standard S 1 auf dem Prüfstand des Kapitalaufbringungsrechts, BB 2000, 2298; *Riegger/Schockenhoff* Das Unbedenklichkeitsverfahren zur Eintragung der Umwandlung ins Handelsregister, ZIP 1997, 2105; *Schlitt/Beck* Spezielle Probleme bei stillen Beteiligungen im Vorfeld eines Börsengangs, NZG 2001, 688; *Schmid* Einstweiliger Rechtsschutz von Kapitalgesellschaften gegen die Blockade von Strukturentscheidungen durch Anfechtungsklagen, ZIP 1998, 1057; *K. Schmidt* Konzernrechtliche Wirksamkeitsvoraussetzungen für typische stille Beteiligungen an Kapitalgesellschaften?, ZGR 1984, 295; *ders.* Volleinzahlungsgebot beim Formwechsel in die AG oder GmbH?, ZIP 1995, 1385; *Sinewe* Keine Anfechtungsklage gegen Umwandlungsbeschlüsse bei wertbezogenen Informationsmängeln, DB 2001, 690; *Sosnitza* Das Unbedenklichkeitsverfahren nach § 16 III UmwG, NZG 1999, 965; *Veil* Die Registersperre bei der Umwandlung einer AG in eine GmbH, ZIP 1996, 1065; *ders.* Der nicht-verhältniswahrende Formwechsel von Kapitalgesellschaften – Eröffnet das neue Umwandlungsgesetz den partiellen Ausschluss von Anteilsinhabern?, DB 1996, 2529; *Wolfsteiner* Gründungsaufwand beim Formwechsel, FS Bezzenberger, 2000, S. 467; vgl. auch 2. Aufl. vor Rn. 22.

Übersicht

	Rn.		Rn.
1. Normzweck	38, 39	4. Notwendigkeit und Durchführung der Gesellschafterversammlung	46, 47
a) Überleitung der Organisation	38		
b) Umwandlungsmotiv	39		
2. Umwandlungsbericht	40–44	a) Schriftliche Abstimmung nicht ausreichend	46
a) Zweck, Inhalt, Vermögensaufstellung	40–42	b) Auslegung des Umwandlungsberichts	47
b) Entbehrlichkeit des Berichts	43		
c) Übersendung, Auslegung	44	5. Umwandlungsbeschluss	48–51
3. Vorbereitung der Gesellschafterversammlung	45	a) Dreiviertelmehrheit, notarielle Beurkundung	48

	Rn.		Rn.
b) Stimmbindungsvertrag, Ein-Mann-Gesellschafter	49, 50	11. Angebot der Barabfindung	87–95
c) Namentliche Aufführung der zustimmenden Gesellschafter, Gründerhaftung	51	a) Voraussetzungen des Angebots, Widerspruch zur Niederschrift	87
6. Zustimmungserfordernisse	52–56	b) Verzicht auf das Angebot	88
a) Inhaber von Sonderrechten	52	c) Bewertungsmethode	89
b) Gesellschafter mit Nebenpflichten	53	d) Prüfung der Angemessenheit	90, 91
c) Verlierer sonstiger Sonderrechte	54	e) Bestimmung der Abfindung im Spruchverfahren	92
d) Sonstige Erfordernisse bei Änderung des Gesellschaftsvertrags	55	f) Annahme des Angebots	93
		g) Verzinsung	94
		h) Übertragungsvertrag	95
e) Abweichende Festsetzung des Nennbetrags der Aktien	56	12. Bare Zuzahlung	96
7. Inhalt des Umwandlungsbeschlusses	57–70	13. Gründungs- und Umwandlungsprüfung	97–103
a) Neue Rechtsform	57	a) Zweck	97
b) Firma der AG	58	b) Sondervorteile, Umwandlungsaufwand, Sacheinlagen und Sachübernahmen	98
c) Identität des beteiligten Personenkreises	59	c) Gründungs- und Umwandlungsbericht	99
d) Künftige Beteiligung an der AG, vollständige neue Satzung	60, 61	d) Geschäftsverlauf und Lage der GmbH	100
e) Mindestinhalt der Satzung, Kapitalerhöhung, Kapitalherabsetzung, Sondervorteile, Sacheinlagen, Sonstiges	62–68	e) Prüfung durch Vorstands- und Aufsichtsratsmitglieder, Umwandlungsprüfer	101
		f) Prüfung durch das Registergericht	102
f) Abfindungsangebot	69	g) Nichtanwendbarkeit von Gründungsvorschriften	103
g) Folgen des Formwechsels für die Arbeitnehmer und ihre Vertretungen	70	14. Anmeldung des Formwechsels	104–109
		a) Gegenstand der Anmeldung	104
8. Mängel des Umwandlungsbeschlusses	71–77	b) Anmelder	105
a) Fehlende Zustimmungen	71	c) Anmeldung der Vorstandsmitglieder	106
b) Fehlende notarielle Beurkundung der Zustimmungserklärungen und des Umwandlungsbeschlusses	72	d) Sitzverlegung	107
		e) Anlagen der Anmeldung	108, 109
c) Fehlen der namentlichen Aufführung der zustimmenden Gesellschafter	73	15. Negativerklärung, Eintragungssperre (Registersperre)	110–118
		a) Aufhebung der Sperre beim Formwechsel denkbar?	112
d) Fehlende Satzung der AG	74	b) Unzulässigkeit der Klage	113
e) Fehlende Festsetzungen über Sondervorteile etc.	75	c) Offensichtliche Unbegründetheit der Klage	114
f) Fehlendes Abfindungsangebot	76	d) Interessenabwägung, Rechtsmissbrauch	115
g) Fehlende Darstellung der Folgen des Formwechsels für die Arbeitnehmer	77	e) Bindung des Registerrichters	116
		f) Verbesserung des Verfahrens, Ausstrahlungswirkung	117, 118
9. Geltendmachung der Mängel	78–81	16. Prüfung durch das Registergericht	119
a) Anregung beim Registergericht	78	17. Eintragung in das Handelsregister und Bekanntmachung des Formwechsels	120, 120 a
b) Klage gegen die Wirksamkeit des Umwandlungsbeschlusses	79	a) Einzutragende Tatsachen	120
c) Ausschluss der Klage	80, 81	b) Bekanntzumachende Tatsachen	120 a
10. Aufsichtsrat	82–86	18. Wirkungen der Eintragung	121–129
a) Notwendiges Verfassungsorgan	82	a) Rechtliche Kontinuität und Identität	121
b) Altes Recht, neues Recht	83–86		

	Rn.		Rn.
b) Beteiligung am Rechtsträger neuer Rechtsform, Rechte Dritter	122, 123	21. Schutz der Inhaber von Sonderrechten	135
c) Aktiv- und Passivlegitimation im Prozess	124	22. Kapitalschutz	136
d) Keine Amtskontinuität bei Geschäftsführern und Aufsichtsratsmitgliedern	125, 126	23. Schadensersatzpflicht der Verwaltungsträger	137–146
		a) Umfang der Haftung	138
		b) Begrenzung der Haftung	139
		c) Schaden	140
e) Heilung des Mangels der notariellen Beurkundung und erforderlicher Zustimmungserklärungen	127	d) Schaden durch den Formwechsel	141
		e) Verjährung	142
f) Sitzverlegung	128	f) Geltendmachung der Schadenersatzansprüche	143
g) Mängel des Formwechsels	129	g) Verteilung des Erlöses	144
19. Wirkungen des Formwechsels	130, 131	h) Auslagen und Vergütung des Vertreters	145
a) Stammkapital wird zum Grundkapital, Unterbilanz	130	i) Verantwortlichkeit der Umwandlungsgesellschafter	146
b) Vereinfachte Kapitalherabsetzung	131	24. Formwechsel nach Auflösung	147
20. Schutz der Gläubiger	132–134	25. Umstellung auf den Euro	148
a) Sicherheitsleistung	132	26. Steuerrecht	149
b) Ausschlussfrist	133		
c) Leistung der Sicherheit	134		

38 **1. Normzweck. a) Überleitung der Organisation.** Nach der Amtl. Begr. zum AktG 1937 (DRanz. v. 4. 2. 1937), das erstmals die Umwandlung einer GmbH in eine AG zuließ (§§ 269 bis 277), sollte die GmbH das ihr zu eng gewordene Kleid ohne große Mühe mit dem weiteren der AG vertauschen können. Die Überleitung der Organisation der GmbH in diejenige der AG sollte deshalb mit einem Minimum an Aufwand stattfinden. Das AktG 1965 benötigte dafür acht Paragraphen (§§ 376 bis 383). Der Regelungsaufwand für den Formwechsel ist jetzt bedeutend höher. Zu beachten sind zunächst die Allgemeinen Vorschriften der §§ 190 bis 213, sodann aus den Besonderen Vorschriften § 226 über den Formwechsel von Kapitalgesellschaften allgemein und schließlich die §§ 238 bis 250 über den Formwechsel in eine Kapitalgesellschaft anderer Rechtsform im besonderen. Diese wiederum verweisen zT auf Vorschriften über den Formwechsel von Personengesellschaften und in eine Personengesellschaft (§§ 238, 243). Die Allgemeinen Vorschriften schließlich (§ 192) verweisen auf Vorschriften des Verschmelzungsrechts. Hierunter leidet die Übersichtlichkeit der Regelung.[149] Da sich der Formwechsel aber von allen anderen Arten der Umwandlung erheblich unterscheidet, konnte nicht allgemein auf die Vorschriften über die Verschmelzung als den Haupt- und Ausgangsfall der Umwandlung (vgl. Rn. 11) verwiesen werden. Vielmehr mussten die Vorschriften über den Formwechsel im Wesentlichen ausformuliert[150] und auf Verweisungen untereinander beschränkt werden.

39 **b) Umwandlungsmotiv.** Die Umwandlung einer GmbH in eine AG konnte *Fischer*[151] noch als „höchst seltenen Fall" bezeichnen.[152] Inzwischen hat sich dieser Rechtsformwechsel zu einem der häufigsten entwickelt, wobei die Absicht vor-

---

[149] Vgl. *Zöllner* ZGR 1993, 338, 341.
[150] Vgl. Amtl. Begr. S. 137.
[151] *Scholz/Fischer* 10. Aufl. 1983, §§ 80, 81 Anm. 2 d.
[152] Vgl. auch die Daten des Statistischen Bundesamts für 1962 bis 1978, abgedruckt bei Kölner KommAktG/*Zöllner* Vor § 362 Anm. 22.

herrscht, nach anschließendem Börsengang den Kapitalmarkt in Anspruch zu nehmen.[153]

2. Umwandlungsbericht. a) Zweck, Inhalt, Vermögensaufstellung. Sein 40
Vorbild ist der schon aus dem früheren Recht bekannte Verschmelzungsbericht (§ 8).
Im Recht der formwechselnden Umwandlung ist er neu. Das Vertretungsorgan des
formwechselnden Rechtsträgers, also die Geschäftsführer der GmbH, haben ihn ausführlich schriftlich zu erstatten. Er hat den Formwechsel und insbesondere die künftige
Beteiligung der Anteilseigner an dem Rechtsträger rechtlich und wirtschaftlich zu erläutern und zu begründen. An einer derartigen Vorabinformation haben die Anteilseigner, soweit sie nicht selbst geschäftsführungsbefugt sind, ein berechtigtes Interesse.[154]
Durch Verweisung in § 192 Abs. 1 S. 2 auf § 8 Abs. 1 S. 2 bis 4 und Abs. 2 ist den
Geschäftsführern zur Pflicht gemacht, auch auf **besondere Schwierigkeiten** bei der
Bewertung der Rechtsträger sowie auf die **Folgen für die Beteiligung der Anteilsinhaber** hinzuweisen. Schwierige Bewertungsfragen können beim Formwechsel
von GmbH in AG allerdings kaum auftreten, allenfalls im Zusammenhang mit einer
gleichzeitig vorgenommenen Kapitalerhöhung oder Kapitalherabsetzung (vgl. Rn. 65,
66). Auch die Folgen des Formwechsels für die Beteiligung der Anteilsinhaber werfen
Probleme nur auf, wenn nicht umwandlungsfähige Spitzen (vgl. Rn. 62) entstehen.
Die Verweisung auf § 8 Abs. 1 S. 3 und 4 (Berichtspflicht über **verbundene Unternehmen**) ergibt beim Formwechsel der GmbH in eine AG ebenfalls wenig Sinn; denn
sie ist darauf zugeschnitten, dass an der Umwandlung mehrere Rechtsträger beteiligt
sind, deren Verhältnisse den Anteilseignern einer Seite nicht bekannt sein müssen. Das
ist hier nicht der Fall. Die Verweisung auf § 8 Abs. 2 schließlich bedeutet, dass **schädliche Informationen** in den Bericht nicht aufgenommen werden müssen, wobei die
Verweigerungsgründe darzulegen sind. Insoweit knüpft die Regelung an die aktienrechtlichen Vorschriften über das **Auskunftsverweigerungsrecht** (§ 131 Abs. 3
Nr. 1 AktG) und die hierzu ergangene Rechtsprechung an.[155]

Kernstück des Umwandlungsberichts ist der **Entwurf des Umwandlungsbe-** 41
schlusses (§ 192 Abs. 1 S. 3). Er hat dieselbe Funktion wie bei der Verschmelzung der
Entwurf des Verschmelzungsvertrags und tritt an dessen Stelle, da es beim Formwechsel keinen Vertragspartner und deshalb keinen Umwandlungsvertrag gibt. Der Entwurf
des Umwandlungsbeschlusses ist spätestens einen Monat vor dem Tag der Gesellschafterversammlung, die den Formwechsel beschließen soll, dem **Betriebsrat zuzuleiten,**
§ 194 Abs. 2 (vgl. Rn. 20).

Eine **Umwandlungsbilanz** ist nicht aufzustellen. Das AktG 1937 hatte sie als 42
Grundlage für die Entscheidung der Gesellschafter noch für erforderlich gehalten, das
AktG 1965 hat sie gestrichen.[156] Sowohl der Diskussionsentwurf als auch der Referentenentwurf und der Regierungsentwurf hatten vorgesehen, dass dem Umwandlungsbericht eine **Vermögensaufstellung** beizufügen ist, in der die Gegenstände und Verbindlichkeiten der GmbH mit ihrem wirklichen Wert am Tage der Erstellung des
Berichts anzusetzen sind (§ 192 Abs. 2). Diese **Vermögensbilanz**[157] war ausdrücklich
als Entscheidungsgrundlage für die Anteilseigner auch beim Formwechsel einer GmbH
in eine AG und umgekehrt vorgesehen, weil das Informationsbedürfnis der Gesell-

---

[153] Vgl. auch die Daten des Statischen Bundesamts für 1979 bis 1991 abgedruckt bei *Geßler/
Hefermehl/Eckhardt/Kropff/Semler/Grunewald* Vor §§ 362 ff. Rn. 60.
[154] Amtl. Begr. S. 83.
[155] ZB BGHZ 107, 296, Amtl. Begr. S. 84; vgl. auch Rn. 311 zur Verschmelzung.
[156] Vgl. 2. Aufl. Rn. 22.
[157] Buchwerte zuzüglich stiller Reserven und abzüglich stiller Lasten, vgl. Amtl. Begr. S. 138.

schafter in allen Fällen des Formwechsels gleich ist.[158] Auf Empfehlung des Rechtsausschusses ist jedoch die Pflicht zur Beifügung einer Vermögensaufstellung beim Formwechsel zwischen Kapitalgesellschaften wieder herausgenommen worden (§ 238 S. 2), weil sich die Rechtsstellung der Anteilsinhaber durch den Wechsel innerhalb der Kategorie Kapitalgesellschaft nicht grundlegend ändere.[159] Das ist zu bedauern, weil auch in diesen Umwandlungsfällen die Beteiligung der Anteilseigner eine **qualitative Veränderung** erfährt[160] und deshalb ein gesteigertes Unterrichtsbedürfnis besteht, das noch dadurch verstärkt wird, dass anders als bei der Verschmelzung eine Prüfung durch Sachverständige (§ 9) nicht stattfindet.[161]

43 **b) Entbehrlichkeit des Berichts.** Die Unterrichtung der Anteilseigner durch einen Umwandlungsbericht ist auf Gesellschaften mit großem Gesellschafterkreis zugeschnitten. Der Bericht ist deshalb entbehrlich, wenn **nur ein Gesellschafter vorhanden** ist, der Formwechsel also eine 100 %-ige Konzerntochter betrifft, oder wenn **alle Gesellschafter** auf seine Erstellung durch notariell beurkundete Erklärung **verzichten** (§ 192 Abs. 3). Ein solcher Verzicht kommt praktisch nur bei Gesellschaften mit geringer Gesellschafterzahl in Betracht. Der Verzicht kann auch im Umwandlungsbeschluss (§ 193) erklärt oder in die Zustimmungserklärungen nach § 193 Abs. 2 und 3 (vgl. Rn. 56) aufgenommen werden.[162] Das kann im Ergebnis auf einstimmige Beschlussfassung zum Formwechsel hinauslaufen (obwohl Dreiviertelmehrheit genügt, § 240 Abs. 1, vgl. Rn. 48), muss aber nicht,[163] wenn zwar alle Gesellschafter auf Erstattung des Umwandlungsberichts verzichten, der Umwandlung aber nicht sämtlich zustimmen.

44 **c) Übersendung, Auslegung.** Ist ein Umwandlungsbericht zu erstatten, so haben ihn die Geschäftsführer allen Gesellschaftern zu übersenden, und zwar spätestens zusammen mit der Einberufung der Gesellschafterversammlung, die den Formwechsel beschließen soll (§ 238 iVm. § 230 Abs. 1). Der Umwandlungsbericht ist außerdem in dieser Gesellschafterversammlung auszulegen (§ 239 Abs. 1). Die Amtl. Begr. (S. 156) verweist insoweit darauf, dass schon nach bisherigem Recht in den Fällen, in welchen für den Formwechsel eine Umwandlungsbilanz vorgeschrieben war, diese in der maßgeblichen Gesellschafterversammlung auch „vorzulegen" gewesen sei (zB § 389 Abs. 3 S. 1 aF AktG). Nach neuem Recht ist aber eine Umwandlungsbilanz (Vermögensaufstellung) beim Formwechsel von Kapitalgesellschaft zu Kapitalgesellschaft nicht vorgesehen (§ 238 S. 2, vgl. Rn. 42). Indessen bezieht sich die Auslegungspflicht auf den Umwandlungsbericht im Ganzen und dieser muss auch den Entwurf des Umwandlungsbeschlusses enthalten (§ 192 Abs. 1 S. 3, vgl. Rn. 41). Das rechtfertigt die Auslegungspflicht. Sie ist zu beachten, obwohl die Gesellschafter schon durch die Übersendung des Umwandlungsberichts unterrichtet sind.

45 **3. Vorbereitung der Gesellschafterversammlung.** Auf sie sind nach § 238 die §§ 230 und 231 entsprechend anzuwenden. Zur Übersendung des **Umwandlungsberichts** vgl. Rn. 44. Spätestens mit der Einberufung der Gesellschafterversammlung

---

[158] Amtl. Begr. S. 155.
[159] Bericht des Rechtsausschusses, abgedruckt bei *Neye* UmwG, UmwStG S. 378.
[160] Zutr. Amtl. Begr. zu § 192, S. 138.
[161] Kritisch hierzu auch *Lutter/Happ* Kölner Umwandlungsrechtstage, S. 229 ff. AA Vorschläge des Handelsrechtsausschusses des Deutschen Anwaltvereins e. V. zur Änderung des UmwG (NZG 2000, 802, 807), die auf ersatzlose Streichung der Vermögensaufstellung in allen Fällen des Formwechsels zielen.
[162] Vgl. *Lutter/Decher* Kölner Umwandlungsrechtstage, S. 209.
[163] Insoweit unzutr. *Kallmeyer* ZIP 1994, 1746, 1755.

Umwandlung   **Anh. nach § 77**

haben die Geschäftsführer auch das **Abfindungsangebot** nach § 207 (vgl. Rn. 87) zu übersenden (§ 231 Abs. 1 S. 1). Statt dessen kann das Abfindungsangebot auch im BAnz. und in sonst bestimmten Gesellschaftsblättern bekanntgemacht werden (§ 231 Abs. 1 S. 2). Die **Auslegung** des Angebots in den Geschäftsräumen der Gesellschaft ist **nicht ausreichend**.[164] Mit der Pflicht zur Vorlage eines Abfindungsangebots geht das neue Recht erheblich über die Regelung des alten Rechts hinaus (vgl. Rn. 87). Im Übrigen gelten die allgemeinen gesetzlichen (§§ 49, 52 GmbHG) und die besonderen gesellschaftsvertraglichen Vorschriften über die **Einberufung** der Gesellschafterversammlung und die **Ankündigung** der Beschlussgegenstände.

4. Notwendigkeit und Durchführung der Gesellschafterversammlung. 46
a) Schriftliche Abstimmung nicht ausreichend. § 193 Abs. 1 S. 2 stellt klar, dass der Umwandlungsbeschluss „nur" in einer Versammlung der Gesellschafter gefasst werden kann. Schriftliche Abstimmung gemäß § 48 Abs. 2 GmbHG reicht deshalb nicht aus. Das war schon für das alte Recht hM, der Gesetzesfassung (§ 376 Abs. 1 AktG) aber nicht ohne weiteres zu entnehmen.[165]

b) Auslegung des Umwandlungsberichts. Für die Durchführung der Gesell- 47
schafterversammlung bestimmt § 239 Abs. 1 die Auslegung des Umwandlungsberichts, sofern ein solcher zu erstatten ist (vgl. Rn. 43), nicht jedoch seine mündliche Erläuterung durch die Geschäftsführer zu Beginn der Verhandlung. Eine solche sieht § 239 Abs. 2 nur für das Kernstück des Umwandlungsberichts, den Entwurf des Umwandlungsbeschlusses (Rn. 41) vor, aber nur, wenn es sich um den Umwandlungsbeschluss einer AG oder KGaA handelt. Diese Beschränkung erklärt sich daraus, dass sich die Vorschriften über den Formwechsel insoweit an die für die Verschmelzung unter Beteiligung von Aktiengesellschaften und Kommanditgesellschaften auf Aktien geltenden Verfahrensregeln (§ 64 Abs. 1, § 78 S. 1 und 2) angleichen, die ihrerseits auf den durch das Verschmelzungsrichtliniegesetz von 1982 eingeführten § 340d Abs. 5 AktG zurückgehen. Im Übrigen sind auch für die Durchführung der Gesellschafterversammlung die etwaigen Regelungen des Gesellschaftsvertrags zu beachten.

5. Umwandlungsbeschluss. a) Dreiviertelmehrheit, notarielle Beurkundung. 48
Er bedarf einer Mehrheit von mindestens drei Vierteln der bei der Gesellschafterversammlung abgegebenen Stimmen, § 240 Abs. 1 S. 1 und der notariellen Beurkundung (§ 193 Abs. 3 S. 1).[166] Der Gesellschaftsvertrag kann eine größere Mehrheit und weitere Erfordernisse bestimmen, § 240 Abs. 1 S. 2. Insoweit ist der Formwechsel in eine AG entsprechend dem alten Recht (§ 376 AktG) wie eine **Änderung des Gesellschaftsvertrags** ausgestaltet, geht aber iÜ über eine bloße Satzungsänderung hinaus, weil grds. das **Gründungsrecht** für anwendbar erklärt ist, § 197 S. 1.[167] Das hat zur Folge, dass auch die überstimmten Gesellschafter Aktionäre werden, aber aus der AG gegen Barabfindung (§ 207 ff., vgl. Rn. 87 ff.) wieder ausscheiden können. Eigene Geschäftsanteile der Gesellschaft haben bei der Fassung des Umwandlungsbeschlusses ebenso wenig ein Stimmrecht wie bei anderen Gesellschafterbeschlüssen (vgl. § 33 GmbHG Rn. 47; § 47 GmbHG Rn. 21).

b) Stimmbindungsvertrag, Ein-Mann-Gesellschafter. Besteht ein Stimmbin- 49
dungsvertrag, ist die überstimmte Minderheit nur dann verpflichtet, für die Umwand-

---
[164] Amtl. Begr. S. 154.
[165] Vgl. 2. Aufl. Rn. 24.
[166] Die Anerkennung einer Beurkundung im Ausland richtet sich nach den gleichen Grundsätzen wie die Beurkundung anderer Vorgänge, vgl. hierzu § 53 Rn. 39, 40.
[167] Vgl. Amtl. Begr. S. 157.

lung zu stimmen, wenn innerhalb des Stimmrechtspools die gesetzliche Dreiviertelmehrheit oder die satzungsgemäße größere Mehrheit zustande gekommen ist. Eine umfassende, ohne Vorbehalt für qualifizierte Beschlusserfordernisse formulierte einfache Mehrheitsklausel ist insoweit unwirksam und für die dissentierenden Mitglieder bei der Abstimmung in der GmbH unverbindlich,[168] zumal durch die Umwandlung erheblich in die Rechtsstellung des Gesellschafters eingegriffen wird[169] und mit der Zustimmung zur Umwandlung nicht nur die Gründerhaftung verbunden ist (§§ 197, 245 Abs. 1, vgl. Rn. 51), sondern auch spezielle Minderheitsrechte widersprechender Gesellschafter verloren gehen (§§ 207 ff.; vgl. Rn. 87; vgl. auch § 53 GmbHG Rn. 45). Ist der im Stimmrechtspool überstimmte Gesellschafter zugleich Geschäftsführer, so verliert er durch den Formwechsel darüber hinaus seine Organstellung, ohne Anspruch auf Bestellung zum Vorstand zu haben (vgl. Rn. 119).

50 Der **Ein-Mann-Gesellschafter** iS des § 48 Abs. 3 GmbHG ist zwar von der Erstattung eines Umwandlungsberichts befreit (§ 192 Abs. 3, vgl. Rn. 43), hat aber ebenfalls die Form des § 193 Abs. 3 S. 1 zu beachten.

51 **c) Namentliche Aufführung der zustimmenden Gesellschafter, Gründerhaftung.** Die Gesellschafter, die für die Umwandlung gestimmt haben, sind in der Niederschrift über den Umwandlungsbeschluss namentlich aufzuführen, weil sie den Gründern der AG gleichstehen und deshalb der Gründerhaftung unterliegen (§ 244 Abs. 1 iVm. § 245 Abs. 1; § 46 AktG). Diese Haftung kann durch Stimmenthaltung vermieden werden.[170]

52 **6. Zustimmungserfordernisse. a) Inhaber von Sonderrechten.** Dem Umwandlungsbeschluss müssen die Gesellschafter zustimmen, von deren Genehmigung die **Abtretung von Geschäftsanteilen** abhängt (§ 193 Abs. 2) sofern es sich hierbei um ein Sonderrecht einzelner Gesellschafter handelt, das ihnen ohne ihren Willen nicht genommen werden kann.[171] Dieses Sonderrecht lässt sich nicht in die AG überleiten, da Inhaberaktien frei veräußerlich sein müssen und die Übertragbarkeit von Namensaktien nur an die Zustimmung der Gesellschaft gebunden werden kann, die vom Vorstand zu erteilen ist, gegebenenfalls nach Beschlussfassung des Aufsichtsrats oder der Hauptversammlung (§ 68 Abs. 2 AktG). Von einem Sonderrecht einzelner Gesellschafter ist nicht die Rede, wenn die Abtretung an die **Genehmigung der Gesellschaft** geknüpft ist (§ 15 Abs. 5 GmbHG) oder wenn der Gesellschaftsvertrag die Genehmigung der Gesellschafterversammlung vorsieht. Erfordert der Gesellschaftsvertrag dagegen die Zustimmung aller Gesellschafter zur Abtretung von Geschäftsanteilen oder einen einstimmigen Beschluss aller Gesellschafter, dann müssen alle Gesellschafter „als Einzelne" dem Umwandlungsbeschluss zustimmen. An diesen Grundsätzen, die schon für das alte Recht galten,[172] wollte das neue Recht nichts ändern.[173]

53 **b) Gesellschafter mit Nebenpflichten.** Dem Umwandlungsbeschluss müssen ferner die Gesellschafter zustimmen, denen der Gesellschaftsvertrag Nebenpflichten auferlegt hat (§ 3 Abs. 2 GmbHG, zB Wettbewerbsverbot, Nachschusspflicht), sofern

---

[168] Ähnlich bereits 2. Aufl. Rn. 25 a; jetzt eingehend und grundlegend *Habersack* ZHR 164 (2000), 1 ff. gegen *Noack* Gesellschaftervereinbarungen bei Kapitalgesellschaften, 1994, S. 207 ff.; ferner MüKo AktG/*Pentz* § 23 Rn. 195.
[169] Vgl. Amtl. Begr. S. 146.
[170] Vgl. Kölner KommAktG/*Zöllner* § 376 Anm. 23; vgl. auch Rn. 99, 146.
[171] § 35 BGB, vgl. Amtl. Begr. S. 139.
[172] Vgl. *v. Godin/Wilhelmi* § 376 Anm. 4; Kölner KommAktG/*Zöllner* § 376 Anm. 26.
[173] Amtl. Begr. S. 139; vgl. auch – eingehend – *Reichert* GmbHR 1995, 176, 193.

Umwandlung   Anh. nach § 77

diese über die in § 55 AktG zugelassenen hinausgehen und deshalb auf die AG nicht übergeleitet werden können (§ 241 Abs. 3, nahezu wortgleich § 376 Abs. 2 S. 3 AktG aF). Das Zustimmungserfordernis lässt sich hier aus § 35 BGB aber nur herleiten, wenn man unterstellt, dass den Nebenverpflichtungen regelmäßig Ansprüche gegen die GmbH entsprechen. Ob die Zustimmung deshalb entbehrlich ist, wenn der betroffene Gesellschafter durch die Nebenverpflichtungen ausnahmsweise nur belastet wird, ihre Aufhebung ihm also nur nützt, ist fraglich.[174] Im Interesse der Rechtssicherheit wird man die Zustimmung in jedem Falle verlangen müssen, zumal die Entscheidung der Frage, ob die Belastung mit Nebenverpflichtungen den Betroffenen nur Nachteile bringt, im Einzelfall Schwierigkeiten bereiten kann, insbesondere, wenn allen Gesellschaftern Nebenverpflichtungen auferlegt sind. Soweit der Wegfall von Nebenverpflichtungen den Charakter der GmbH ändert oder den Gesellschaftszweck gefährdet, ist das Zustimmungserfordernis unter diesem Gesichtspunkt gerechtfertigt.[175] Zur andersartigen Rechtslage bei der Verschmelzung vgl. Rn. 360.

c) **Verlierer sonstiger Sonderrechte.** Der Umwandlungsbeschluss bedarf schließlich der Zustimmung der Gesellschafter, die durch den Formwechsel **auf dem Gesellschaftsvertrag beruhende Minderheitsrechte** verlieren, worunter auch **Vorkaufs- oder Vorerwerbsrechte** fallen können[176] oder die im Hinblick auf das strengere AktG sonstige Sonderrechte einbüßen, wie etwa das Recht, zum Geschäftsführer bestellt zu werden oder bei der Bestellung der Geschäftsführer mitzuwirken. Dieses nach altem Recht aus allgemeinen Rechtsgedanken abgeleitete Zustimmungserfordernis[177] ist nunmehr in § 241 Abs. 2 iVm. § 50 Abs. 2 ausdrücklich in das Gesetz aufgenommen worden.[178] 54

d) **Sonstige Erfordernisse bei Änderung des Gesellschaftsvertrags.** Da der Umwandlungsbeschluss auch Gesellschaftsvertragsänderung ist (Rn. 48), müssen endlich auch alle nach dem Gesellschaftsvertrag hierfür aufgestellten anderen Erfordernisse (§ 240 Abs. 1 S. 2, § 53 Abs. 2 S. 2 GmbHG) vorliegen. Das können größere Stimmenmehrheiten sein oder die Zustimmung bestimmter Gesellschaftergruppen. Von der Zustimmung eines außenstehenden Dritten kann die Gesellschaftsvertragsänderung nicht abhängig gemacht werden, also zB nicht von der Zustimmung eines nicht ausschließlich aus Gesellschaftern zusammengesetzten Bei- oder Aufsichtsrats (vgl. § 53 GmbHG Rn. 32). 55

e) **Abweichende Festsetzung des Nennbetrags der Aktien.** Wegen des Zustimmungserfordernisses bei abweichender Festsetzung des Nennbetrags der Aktien, § 241 Abs. 1, vgl. Rn. 62. Sämtliche **Zustimmungserklärungen** einschließlich der erforderlichen Zustimmungserklärungen nicht erschienener Anteilsinhaber müssen **notariell beurkundet** werden, § 193 Abs. 3 S. 1. Insoweit geht das neue Recht in Anlehnung an die Verschmelzungsregelungen (§ 13 Abs. 3 S. 1) über das alte Recht hinaus, nach dem nicht ausdrücklich der Beurkundungspflicht unterworfene Zustimmungserklärungen auch formlos erteilt werden konnten.[179] Wer dem Umwandlungs- 56

---

[174] Bejahend Kölner KommAktG/*Zöllner* § 376 Anm. 28, ferner *Geßler/Hefermehl/Eckhardt/Kropff/Semler/Grunewald* § 376 Rn. 21; verneinend wohl GroßkommAktG/*Meyer-Landrut* § 376 Anm. 3.
[175] Vgl. *Böttcher/Meilicke* Umwandlung und Verschmelzung von Kapitalgesellschaften, 5. Aufl. 1958, § 269 Anm. 20 für den Wegfall von Kartellpflichten.
[176] Vgl. *Reichert* GmbHR 1995, 176, 193.
[177] Vgl. 2. Aufl. Rn. 30.
[178] Vgl. Amtl. Begr. S. 156.
[179] Vgl. 2. Aufl. Rn. 31.

Zimmermann

beschluss zugestimmt hat, braucht als Inhaber eines Sonderrechts aber nicht noch einmal zuzustimmen. Solange eine **Zustimmung fehlt**, ist der Umwandlungsbeschluss schwebend, wenn sie verweigert wird, endgültig unwirksam (vgl. § 47 GmbHG Rn. 11; u. Rn. 71). Wird der Formwechsel jedoch ohne die erforderlichen Zustimmungserklärungen in das **Handelsregister eingetragen, so wird der Mangel** nach § 202 Abs. 1 Nr. 3 abweichend vom alten Recht **geheilt** (vgl. Rn. 127).

57 7. **Inhalt des Umwandlungsbeschlusses. a) Neue Rechtsform.** Der Beschluss muss zum Ausdruck bringen, dass die Gesellschaft künftig eine AG sein soll (§ 194 Abs. 1 Nr. 1).

58 b) **Firma der AG.** Er muss ferner die Firma der AG bestimmen (§ 194 Abs. 1 Nr. 2). Dabei darf die Firma der GmbH fortgeführt werden (§ 200 Abs. 1 S. 1). Das hatte bis zum In-Kraft-Treten des HRefG vor allem für Personenfirmen Bedeutung, weil nach § 4 Abs. 1 S. 1 AktG aF die Firma der AG „in der Regel" dem Gegenstand des Unternehmens zu entnehmen, eine Personenfirma also nur ausnahmsweise zulässig war, nämlich nur dann, wenn ein schutzwürdiges Interesse hieran bestand. Die Firma der AG muss aber anstelle der Bezeichnung „mit beschränkter Haftung" oder einer allgemein verständlichen Abkürzung dieser Bezeichnung die Bezeichnung „Aktiengesellschaft" oder eine allgemein verständliche Abkürzung dieser Bezeichnung erhalten (§ 200 Abs. 2, § 4 AktG). Ist allerdings in der Firma der GmbH der Name einer natürlichen Person enthalten, deren Beteiligung an der AG entfällt, so darf der Name dieses Gesellschafters in der Firma der AG nur weiter verwendet werden, wenn der Gesellschafter oder dessen Erben ausdrücklich in die Verwendung des Namens einwilligen, § 200 Abs. 3.[180]

59 c) **Identität des beteiligten Personenkreises.** Weiterhin soll im Umwandlungsbeschluss festgelegt werden „eine Beteiligung der bisherigen Anteilsinhaber an dem Rechtsträger nach den für die neue Rechtsform geltenden Vorschriften", § 194 Abs. 1 Nr. 3. Nach der Amtl. Begr. (S. 139, 140) soll hierdurch (und durch § 202 Abs. 1 Nr. 2 S. 1) „die Identität des an dem Umwandlungsvorgang beteiligten Personenkreises" zum Ausdruck gebracht werden (Prinzip der Mitgliederidentität beim Formwechsel).[181] Danach genügt eine Bestimmung, die etwa sagt, dass die bisherigen Gesellschafter der GmbH nach dem Formwechsel an der AG entsprechend ihrer Beteiligung an der GmbH als Aktionäre beteiligt sein sollen.[182]

60 d) **Künftige Beteiligung an der AG, vollständige neue Satzung.** Im Umwandlungsbeschluss soll außerdem die künftige Beteiligung der GmbH-Gesellschafter an der AG **qualitativ** und **quantitativ** näher bestimmt werden, d. h. es sollen Zahl,

---

[180] Wegen des Prinzips der Mitgliederidentität beim Formwechsel (vgl. Rn. 59) ist eine solche Gestaltung allerdings nur denkbar, wenn im Zuge der Umwandlung in eine AG ein GmbH-Gesellschafter stirbt oder gemäß § 207 iVm. §§ 29 ff. ausscheidet (Rn. 87), vgl. *Widmann/Mayer/Vollrath* § 18 Rn. 32; denn das rechtsgeschäftliche Ausscheiden eines Gesellschafters anlässlich des Formwechsels kommt ebenso wenig in Betracht wie der Beitritt eines neuen Gesellschafters (ausgenommen beim Ausscheiden des Komplementärs aus einer formwechselnden KGaA, §§ 236, 247 Abs. 3, vgl. Rn. 181 und Beitritt von Komplementären beim Formwechsel in eine KGaA, § 243 Abs. 1 S. 1 iVm. § 218 Abs. 2, vgl. Rn. 145; vgl. auch Rn. 225).

[181] Hierzu vgl. zB BGH DStR 1999, 1238 m. Anm. *Goette* = DStR 1999, 1240 m. Anm. *Hartung;* kritisch *Wiedemann* ZGR 1999, 568, 578, 579: Prinzip der Mitgliederidentität ist kein Dogma des Formwechsels; gegen die Anerkennung dieses Prinzips auch *Bärwald/Schabacker* ZIP 1998, 1293, 1298 m. ähnlichen Stimmen Fn. 49, 50; vgl. ferner Rn. 17, 152, 244.

[182] Zur Verschiebung der Beteiligungsquoten beim Formwechsel vgl. Rn. 62, 122, 225; vgl. ferner Rn. 244, 277, 303.

Art und Umfang der Aktien, welche die GmbH-Gesellschafter durch den Formwechsel erlangen sollen, angegeben werden (§ 194 Abs. 1 Nr. 4) sowie die Rechte, die den einzelnen GmbH-Gesellschaftern in der AG gewährt werden sollen (§ 194 Abs. 1 Nr. 5). Nach der Amtl. Begr. (S. 140) soll jedoch hinsichtlich dieser Angaben auf den Wortlaut der **Satzung** der künftigen AG **Bezug genommen** werden dürfen. Diese Satzung ist gemäß § 243 Abs. 1 S. 1 iVm. § 218 Abs. 1 **im Umwandlungsbeschluss festzustellen** (vgl. Rn. 62), und zwar in vollständiger Form, nicht nur hinsichtlich einzelner Regelungen wie nach § 234 beim Formwechsel in eine Personenhandelsgesellschaft (vgl. Rn. 227).

Insoweit geht das neue Recht über das alte Recht hinaus, das wegen des Charakters der Umwandlung der GmbH in eine AG als bloße Satzungsänderung nur die Aufnahme der unbedingt nötigen Abänderungen des Gesellschaftsvertrags in den Umwandlungsbeschluss vorsah (§ 376 Abs. 3 S. 1 AktG, vgl. 2. Aufl. Rn. 33 ff.). Die Amtl. Begr. (S. 157) hat diese Abweichung vom alten Recht mit dem Interesse an einer Vereinheitlichung des Umwandlungsverfahrens sowie damit begründet, dass nach dem an anderer Stelle zum Ausdruck gekommenen Willen des Gesetzgebers dem Handelsregister stets der **vollständige Wortlaut** des Gesellschaftsvertrags oder **der Satzung** zur Verfügung stehen müsse (§ 54 Abs. 1 S. 2 GmbHG, § 181 Abs. 1 S. 2 AktG; vgl. auch schon 2. Aufl. Rn. 43). 61

e) Mindestinhalt der Satzung, Kapitalerhöhung, Kapitalherabsetzung, Sondervorteile, Sacheinlagen, Sonstiges. Welchen Mindestinhalt die Satzung der AG haben muss, ergibt sich aus § 23 Abs. 3 AktG. Nach Nr. 4 dieser Vorschrift muss die Satzung die Zerlegung des Grundkapitals entweder in Nennbetragsaktien oder in Stückaktien, bei Nennbetragsaktien deren Nennbeträge und die Zahl der Aktien jeden Nennbetrags, bei Stückaktien deren Zahl, außerdem, wenn mehrere Gattungen bestehen, die Gattung der Aktien und die Zahl der Aktien jeder Gattung bestimmen. Nach Nr. 5 muss die Satzung bestimmen, ob die Aktien auf den Inhaber oder auf den Namen ausgestellt werden. Das sind die qualitativen Angaben, die § 194 Abs. 1 Nr. 4 und 5 im Auge haben. Im Umwandlungsbeschluss sind diese qualitativen Bestimmungen quantitativ für die einzelnen Anteilsinhaber zu konkretisieren. Werden die **Geschäftsanteile** der formwechselnden GmbH mit ihren Nennbeträgen auf Nennbetragsaktien **umgestellt,** so entstehen keine Schwierigkeiten, weil der Geschäftsanteil jedes Gesellschafters mindestens 100 € beträgt und durch 50 teilbar ist (§ 5 Abs. 1 und 3 GmbHG), während Nennbetragsaktien auf mindestens einen € lauten müssen (§ 8 Abs. 2 AktG). Soll dagegen der Nennbetrag der Aktien auf einen höheren Betrag als den Mindestbetrag und abweichend vom Nennbetrag der Geschäftsanteile festgesetzt werden, was gemäß § 243 Abs. 3 S. 1 zulässig ist, so muss der Festsetzung jeder Gesellschafter in notarieller Form (§ 193 Abs. 3 S. 1, vgl. Rn. 98) **zustimmen,** der sich nicht dem Gesamtnennbetrag seiner Geschäftsanteile entsprechend beteiligen kann (§ 241 Abs. 1 S. 1). Ein solcher Fall liegt zB vor, wenn der Nennbetrag der Aktien auf 1000 € festgelegt wird, die Geschäftsanteile aber nicht glatt durch 1000 teilbar sind, zB wenn sie 2500 € betragen. Ohne Zustimmung der betroffenen Gesellschafter kann somit ihre Gesellschafterposition nicht nachteilig verändert werden. Hieraus folgt zugleich die Pflicht, die Nennbeträge der Aktien so festzusetzen, dass jeder Gesellschafter sich entsprechend dem Gesamtbetrag seiner Geschäftsanteile am Grundkapital der AG beteiligen kann.[183] Stimmen die Inhaber von Geschäftsanteilen mit **nicht** 62

---

[183] Vgl. *Geßler/Hefermehl/Eckardt/Kropff/Semler/Grunewald* § 376 Rn. 40. Der Bemühung der Treuepflicht des Mehrheitsaktionärs (wie nach Kapitalherabsetzung auf Null und gleichzeitiger Kapitalerhöhung), den Nennbetrag der neuen Aktien so festzusetzen, dass möglichst vielen Akti-

Anh. nach § 77   5. Abschnitt. Auflösung und Nichtigkeit der Gesellschaft

umwandlungsfähigen Spitzen der Festsetzung des Nennbetrags zu, sind aus den Spitzen Aktien zu bilden, die den betroffenen Gesellschaftern gemeinsam zustehen und erforderlichenfalls für ihre Rechnung öffentlich versteigert werden können (§ 248 Abs. 1 iVm. § 226 AktG). § 241 Abs. 1 S. 2 stellt die Festsetzung vom Nennbetrag der Geschäftsanteile abweichender Aktiennennbeträge ausdrücklich vom Teilungsverbot des § 17 Abs. 6 GmbHG frei, wobei allerdings fraglich ist, ob es hier überhaupt eingreifen würde.[184] Die in der Voraufl.[185] problematisierte und bejahte Frage, ob im Hinblick auf § 8 Abs. 1 S. 1 AktG idF des Zweiten Finanzmarktförderungsgesetzes vom 26. 7. 1994 (BGBl. I S. 1749) und trotz des entgegenstehenden Wortlauts des § 243 Abs. 3 S. 2 die Geschäftsanteile auf Aktien mit einem geringeren Nennbetrag als 50 DM umgestellt werden dürfen, hat sich inzwischen infolge der Änderung des § 243 Abs. 3 durch das StückAG iS der hier vertretenen Ansicht erledigt.[186] § 194 Abs. 1 Nr. 4 verbietet nicht die anderweitige Festsetzung der Beteiligungsquote der GmbH-Gesellschafter in der AG im Zuge der Umwandlung. ZB kann der Gesellschafter A von seiner Beteiligung von 20 % an der GmbH an den Gesellschafter B 10 % abgeben, so dass sich dessen Beteiligung in der AG um diese 10 % erhöht und die Beteiligung des Gesellschafters A entsprechend vermindert, sog. **nicht verhältniswahrender Formwechsel** (vgl. Rn 122).

63   Nach § 23 Abs. 3 Nr. 6 AktG muss die Satzung die Zahl der Mitglieder des **Vorstands** oder die Regeln angeben, nach denen diese Zahl festgelegt wird. Für den **Aufsichtsrat** fehlt eine entsprechende Regelung, so dass die dem Umwandlungsbeschluss beizugebende Satzung hierüber Festsetzungen nur enthalten muss, wenn der Aufsichtsrat aus mehr als drei Mitgliedern bestehen soll (§ 95 S. 2 AktG, vgl. auch Rn. 82–86).

64   Obwohl § 247 Abs. 1 ausdrücklich sagt, dass durch den Formwechsel das bisherige Stammkapital einer formwechselnden GmbH zum Grundkapital der AG wird, muss in der Satzung auf Grund der zwingenden Vorschrift des § 23 Abs. 3 Nr. 3 die Höhe des **Grundkapitals** bestimmt werden.[187]

65   Entspricht das Stammkapital nicht dem Mindestnennbetrag des Grundkapitals von 50 000 € (§ 7 AktG), dann ist es durch **Kapitalerhöhung** auf diesen Betrag aufzustocken, wenn der Formwechsel wirksam werden soll. Wird das Mindestkapital nicht erreicht, darf der Registerrichter den Formwechsel nicht eintragen. Die Kapitalerhöhung ist dann noch eine Maßnahme der GmbH, weil diese bis zur Eintragung der Umwandlung in das Handelsregister fortbesteht (§ 202 Abs. 1 Nr. 1, vgl. Rn. 121) und die Kapitalerhöhung als Abänderung des Gesellschaftsvertrags erst mit der Eintragung im Handelsregister wirksam wird (§ 54 Abs. 3 GmbHG). Es gelten deshalb die §§ 55–57 GmbHG, nicht die aktienrechtlichen Vorschriften. Diese schon in den Vorauflagen für das alte Recht (§ 376 AktG) vertretene Auffassung[188] ist allerdings nicht unumstritten. ZB hielten *v. Godin/Wilhelmi*,[189] *Zöllner*[190] und *K. Schmidt*[191] einen „Vorgriff auf Aktien-

---

onären der Verbleib in der Gesellschaft ermöglicht wird (vgl. § 58a GmbHG Rn. 16), bedarf es hier deshalb nicht.

[184] Verneinend *Widmann/Mayer/Rieger* § 241 Rn. 36 und ihm folgend *Lutter/Happ* Umwandlungsgesetz § 241 Rn. 8.; vgl. auch *Ritter* Aktiengesetz, 2. Aufl. 1939, § 69 AktG 1937 Anm. 5b.

[185] Rn. 62.

[186] Im umgekehrten Umwandlungsfall müssen die Geschäftsanteile mindestens 50 € betragen und durch zehn teilbar sein, vgl. Rn. 170.

[187] Anders die 2. Aufl. Rn. 35 auf Grund der alten Rechtslage.

[188] Vgl. 2. Aufl. Rn. 36.

[189] § 376 Anm. 9.

[190] Kölner KommAktG § 376 Anm. 26, 38.

[191] AG 1985, 150 ff. und GesR § 12 II, 4b.

Umwandlung   **Anh. nach § 77**

recht" und damit die Anwendbarkeit der §§ 182 ff. AktG für möglich. *Mertens*[192] geht demgemäß sogar davon aus, es sei nach altem Recht anerkannt gewesen, dass die Kapitalerhöhung iVm. der Umwandlung nach Aktienrecht erfolgen musste, wenn sie erst zum Zeitpunkt der Eintragung der Umwandlung Wirksamkeit erlangen sollte und beruft sich dafür auf *Semler/Grunewald*.[193] ME wird hierbei zu wenig unterschieden zwischen der notwendigen Kapitalerhöhung zur Erreichung des Mindestbetrags des Grundkapitals (§ 7 AktG) und Kapitalerhöhungen, die nur bei Gelegenheit der Umwandlung ohne gesetzlichen Zwang zur Kapitalaufstockung beschlossen werden sollen. Im ersten Fall kann das Stammkapital nur dann mit der Eintragung des Formwechsels zum Grundkapital werden (§ 247 Abs. 1), wenn es zu diesem Zeitpunkt als Kapital der GmbH vorhanden ist. Das schließt einen Vorgriff auf Aktienrecht aus. Im zweiten Fall soll das erhöhte Kapital erst der künftigen AG zur Verfügung stehen. Hier bestehen deshalb gegen die Anwendung der §§ 182 ff. AktG keine Bedenken. Entscheidend ist also, ob die Kapitalerhöhung unabhängig von der Umwandlung Wirksamkeit erlangen soll oder nur iVm. dieser. In diesem Sinn sind wohl auch die Erläuterungen von *Semler/Grunewald*[194] zu verstehen, die zusätzlich auf den umgekehrten Umwandlungsfall verweisen und dort[195] ausführen, dass die Kapitalveränderung nach den Bestimmungen des Aktienrechts durchgeführt werden muss, wenn sie zugleich mit der Umwandlung wirksam werden soll.[196] Vertretbar erscheint es indessen, den Beschluss über die Kapitalerhöhung mit dem Umwandlungsbeschluss zu verbinden und gleichzeitig zur Eintragung in das Handelsregister anzumelden. Es ist dann zuerst die Kapitalerhöhung und danach der Formwechsel einzutragen.

Die Notwendigkeit der Beachtung der besonderen Vorschriften über die **Kapital-** **66** **veränderung** ist jetzt in § 243 Abs. 2 ausdrücklich statuiert, wonach Vorschriften anderer Gesetze über die Änderung des Stammkapitals oder des Grundkapitals unberührt bleiben. Nach der Amtl. Begr. (S. 157) sollte hierdurch klargestellt werden, dass die in § 197 S. 1 angeordnete Anwendung des für die neue Rechtsform geltenden Gründungsrechts nicht als Ermächtigung zu einer freien Neufestsetzung des Nennkapitals in der Satzung des Rechtsträgers neuer Rechtsform aufgefasst werden darf. Entsprechendes gilt für eine **Kapitalherabsetzung** aus Anlass des Formwechsels. Auch sie ist noch eine Maßnahme der GmbH, wenn sie schon im Zeitpunkt der Wirksamkeit des Formwechsels wirksam werden soll. Allerdings kommt eine ordentliche Kapitalherabsetzung im zeitlichen Zusammenhang mit dem Formwechsel wegen des langwierigen Verfahrens (§ 58 GmbHG) nicht in Betracht. Die Streitfragen nach altem Recht betrafen deshalb in erster Linie die Frage, ob anlässlich der Umwandlung bereits eine Kapitalherabsetzung auf dem vereinfachten Weg nach §§ 229 ff. AktG durchgeführt werden konnte, wenn mit der Umwandlung also eine Sanierung erstrebt wurde,[197] oder ob die Anwendung dieser Bestimmungen den Vollzug der Umwandlung voraussetzte. Im letzteren Fall war fraglich, ob die Kapitalherabsetzung dann auch gemäß § 234 AktG auf die letzte Jahresbilanz der GmbH vor der Umwandlung rückbezogen werden konnte. Diese Frage ist jetzt durch § 247 Abs. 2 positiv geklärt (vgl. Rn. 131). Da

---

[192] AG 1995, 561 ff.
[193] § 376 Rn. 28.
[194] AaO.
[195] *Geßler/Hefermehl/Eckardt/Kropff* § 369 Rn. 37.
[196] Wie hier wohl auch *Schmitt/Hörtnagl/Stratz* § 243 Rn. 6, 7; *Lutter/Happ* Umwandlungsgesetz § 243 Rn. 46, jedoch anders Rn. 47; nicht eindeutig *Goutier/Knopf/Tulloch/Laumann* § 243 Rn. 23 ff.
[197] Vgl. 2. Aufl. Rn. 36.

nunmehr die vereinfachte Kapitalherabsetzung auch im GmbH-Recht zugelassen ist (§§ 58a–58f GmbHG, vgl. dort), kommt der Sanierungszweck als Motiv für den Formwechsel einer GmbH in eine AG nicht mehr in Betracht.

67 Wegen § 23 Abs. 4 AktG sind auch noch Bestimmungen über die Form der **Bekanntmachungen** der Gesellschaft zu treffen. Das GmbHG schreibt sie nicht vor.

68 Sind im Gesellschaftsvertrag der GmbH bereits Festsetzungen über **Sondervorteile, Gründungsaufwand, Sacheinlagen** und **Sachübernahmen** enthalten, so sind sie in die Satzung der AG zu übernehmen (§ 243 Abs. 1 S. 2), es sei denn, dass die Fristen des § 26 Abs. 4 und 5 AktG bereits verstrichen (§ 243 Abs. 1 S. 3) oder die Sondervorteile etc. bereits vollständig abgewickelt sind oder sich sonstwie endgültig erledigt haben. Werden Sondervorteile erst anlässlich der Umwandlung gewährt oder entsteht sonstiger **Umwandlungsaufwand** zugunsten von Gesellschaftern oder Dritten, so ist auch das nach § 245 Abs. 1 UmwG iVm. § 26 Abs. 2 AktG in die Satzung der AG aufzunehmen (vgl. auch Rn. 98). Dazu gehören die durch die Umwandlung entstehenden Gebühren und Auslagen des Registergerichts für die Eintragung und Veröffentlichung des Formwechsels, nicht aber die anlässlich der Umwandlung entstehenden Beratungskosten.[198]

69 f) **Abfindungsangebot.** Eine weitere wesentliche Änderung gegenüber dem alten Recht ist die Vorschrift des § 194 Abs. 1 Nr. 6, wonach der Umwandlungsbeschluss ein Abfindungsangebot nach § 207 (vgl. Rn. 87–94) enthalten muss, sofern nicht ein solches Angebot von vornherein ausscheidet, weil der Umwandlungsbeschluss nach der Satzung der GmbH (vgl. Rn. 48) der Zustimmung aller Gesellschafter bedarf oder weil an der GmbH nur ein Gesellschafter beteiligt ist (bedarf der Umwandlungsbeschluss schon kraft Gesetzes zu seiner Wirksamkeit der Zustimmung aller Gesellschafter, zB beim Formwechsel einer GmbH in eine OHG und umgekehrt, kommt ein Abfindungsangebot erst recht nicht in Betracht, vgl. Rn. 226, 277; zum Verzicht auf das Abfindungsangebot vgl. Rn. 88.

70 g) **Folgen des Formwechsels für die Arbeitnehmer und ihre Vertretungen.** Schließlich sind nach § 194 Abs. 1 Nr. 7 im Umwandlungsbeschluss die Folgen des Formwechsels für die Arbeitnehmer und ihre Vertretungen sowie die insoweit vorgesehenen Maßnahmen aufzuzeigen (vgl. Rn. 20). Nach der Amtl. Begr.[199] soll hierdurch insbesondere den Arbeitnehmervertretungen eine frühzeitige Information über den Formwechsel und die durch ihn bewirkten Folgen für die Arbeitnehmer zur Verfügung gestellt werden, um bereits im Vorfeld des Umwandlungsvorgangs seine möglichst sozialverträgliche Durchführung zu erleichtern.[200]

71 8. **Mängel des Umwandlungsbeschlusses. a) Fehlende Zustimmungen.** Mängelanfällig ist der Umwandlungsbeschluss vor allem im Bereich der erforderlichen Zustimmungen (Rn. 52–62). Fehlt die Zustimmung der Inhaber von Sonderrechten, ist der Umwandlungsbeschluss kraft ausdrücklicher gesetzlicher Vorschrift unwirksam (§ 193 Abs. 2). Zweifelhaft ist, ob auch das Fehlen der Zustimmung nach § 241 Abs. 1 zur Unwirksamkeit des Umwandlungsbeschlusses führt oder nur zur Unwirksamkeit der Festsetzung der Anteile. Diese Frage wurde im alten Recht (dort zu § 376 Abs. 4 AktG) kontrovers beantwortet. Nach hier für richtig gehaltener Ansicht war sie zu bejahen.[201] Der Problematik fehlender Zustimmungen kommt nach neuem Recht jedoch

---

[198] Zutr. *Wolfsteiner*, FS Bezzenberger, S. 467, 472.
[199] S. 140 iVm. S. 83.
[200] Der Entwurf des Umwandlungsbeschlusses ist gem. § 194 Abs. 2 dem Betriebsrat zuzuleiten, vgl. Rn. 41.
[201] Vgl. 2. Aufl. Rn. 39.

Umwandlung **Anh. nach § 77**

nur noch eine beschränkte Bedeutung zu. Solange zum Umwandlungsbeschluss erforderliche Zustimmungen fehlen, darf der Registerrichter den Formwechsel in das Handelsregister nicht eintragen (vgl. Rn. 102). Trägt er gleichwohl ein, so treten trotz des Mangels die vollen Wirkungen des Formwechsels ein, d.h. die Unwirksamkeit des Umwandlungsbeschlusses wegen fehlender Zustimmungen kann anders als nach altem Recht[202] nicht mehr geltend gemacht werden (§ 202 Abs. 3, vgl. Rn. 129).

b) Fehlende notarielle Beurkundung der Zustimmungserklärungen und des 72
Umwandlungsbeschlusses. Sind die erforderlichen Zustimmungserklärungen zwar vorhanden, aber nicht notariell beurkundet (§ 193 Abs. 3), so wird dieser Mangel durch die Eintragung des Formwechsels in das Handelsregister kraft ausdrücklicher gesetzlicher Vorschrift (§ 202 Abs. 1 Nr. 3) geheilt, d.h. nach der Eintragung können aus dem Mangel der notariellen Beurkundung der Zustimmungserklärungen keinerlei Einwendungen mehr hergeleitet werden. Dasselbe gilt für die fehlende notarielle Beurkundung des Umwandlungsbeschlusses selbst (vgl. Rn. 127).

c) Fehlen der namentlichen Aufführung der zustimmenden Gesellschafter. 73
Das Fehlen der namentlichen Aufführung der Gesellschafter, die für den Formwechsel gestimmt haben (§ 244 Abs. 1 iVm. § 245 Abs. 1, vgl. Rn. 51), macht den Umwandlungsbeschluss nicht unwirksam (allgM), wohl aber anfechtbar.[203]

d) Fehlende Satzung der AG. Fehlt die im Umwandlungsbeschluss festzustellen- 74
de Satzung der AG (Rn. 60) oder enthält diese nicht die nach § 23 Abs. 3 AktG erforderlichen Mindestangaben (Rn. 62), so macht auch das den Umwandlungsbeschluss unwirksam.

e) Fehlende Festsetzungen über Sondervorteile etc. Sind in die Satzung der 75
künftigen AG die Festsetzungen über Sondervorteile, Gründungsaufwand, Sacheinlagen und Sachübernahmen oder anlässlich der Umwandlung gewährte Sondervorteile und Umwandlungsaufwand zugunsten von Gesellschaftern oder Dritten (Rn. 68) nicht aufgenommen worden, so macht das den Umwandlungsbeschluss ebenfalls unwirksam.

f) Fehlendes Abfindungsangebot. Fehlt das Abfindungsangebot nach § 207 76
(Rn. 69) oder ist das Angebot zu niedrig bemessen, so erscheint es richtig, diesen Mangel auf die Wirksamkeit des Umwandlungsbeschlusses nicht durchschlagen zu lassen, wie aus § 210 hergeleitet werden kann, unbeschadet des Anspruchs auf gerichtliche Entscheidung im Spruchverfahren nach §§ 212, 305 ff. (vgl. Rn. 81).

g) Fehlende Darstellung der Folgen des Formwechsels für die Arbeitneh- 77
mer. Sind im Umwandlungsbeschluss die Folgen des Formwechsels für die Arbeitnehmer und ihre Vertretungen sowie die insoweit vorgesehenen Maßnahmen nicht bestimmt (vgl. Rn. 70), so wird hierdurch die Wirksamkeit des Umwandlungsbeschlusses ebenfalls nicht berührt. Wegen dieses Verstoßes kommt (im Zusammenhang mit einem gleichzeitigen Verstoß gegen § 194 Abs. 2) allenfalls eine Ahndung als betriebsverfassungsrechtliche Ordnungswidrigkeit nach § 121 iVm. § 111 BetrVG in Betracht.

9. Geltendmachung der Mängel. a) Anregung beim Registergericht. Wird der 78
Formwechsel trotz der Mängel des Umwandlungsbeschlusses zur Eintragung in das Handelsregister angemeldet, kann jeder Gesellschafter formlos beim Registergericht **anregen, die Eintragung abzulehnen** oder durch Zwischenverfügung auf die Beseitigung behebbarer Mängel hinzuwirken, zB auf die Beibringung fehlender Zustimmungen.

---

[202] Vgl. dazu Voraufl. Rn. 66.
[203] Vgl. GroßkommAktG/*Meyer-Landrut* § 376 Anm. 9; aA Kölner KommAktG/*Zöllner* § 376 Anm. 24; *Lutter/Happ* Umwandlungsgesetz § 244 Rn. 10.

Anh. nach § 77 5. Abschnitt. Auflösung und Nichtigkeit der Gesellschaft

79 **b) Klage gegen die Wirksamkeit des Umwandlungsbeschlusses.** Unabhängig hiervon können die Gesellschafter „gegen die Wirksamkeit" des Umwandlungsbeschlusses binnen eines Monats Klage erheben, § 195 Abs. 1. Diese Regelung ist neu und schließt an die entsprechende Regelung des § 14 Abs. 1 über Klagen gegen die Wirksamkeit eines Verschmelzungsbeschlusses an. Die Gesetzesfassung ergreift **alle Klagetypen,** mit denen die Nichtigkeit, Unwirksamkeit oder Anfechtbarkeit eines Gesellschafterbeschlusses geltend gemacht werden kann[204] und ist somit nicht auf die Anfechtungsklage des Kapitalgesellschaftsrechts beschränkt. Die Monatsfrist ist eine **Ausschlussfrist**[205] und geht als lex specialis den allgemeinen Fristenregelungen vor. Das ist von Bedeutung für die gerichtliche Geltendmachung von Unwirksamkeits- oder Nichtigkeitsgründen, die grds. an keine Fristen gebunden sind und für Anfechtungsklagen, wenn der Gesellschaftsvertrag für ihre Erhebung eine längere Frist als einen Monat vorsieht.[206] Die Auffassung, nach Ablauf der Monatsfrist könne gegen die Wirksamkeit des Umwandlungsbeschlusses auch noch durch Feststellungsklage nach § 256 ZPO vorgegangen werden und eine solche Klage stelle ein Eintragungshindernis mit der Folge der Möglichkeit der Aussetzung des Eintragungsverfahrens nach § 127 FGG dar,[207] ist abzulehnen, da sie dem Gesetzeszweck widerspricht, das Wirksamwerden der Umwandlung nicht auf unbestimmte Zeit hinauszuschieben.[208] Im Rahmen einer Klage gegen die Wirksamkeit des Umwandlungsbeschlusses findet eine **materielle Beschlusskontrolle** auf die Erforderlichkeit des Formwechsels und die Wahrung der Belange der Minderheit nicht statt. Der Minderheitenschutz ist auch ohne solche Kontrolle durch das Angebot der Barabfindung (Rn. 87–94) und den Anspruch auf bare Zuzahlung (Rn. 96) voll gewährleistet und gegenüber dem alten Recht erheblich verbessert. Die Amtl. Begr.[209] hat die Einführung einer Sachkontrolle speziell für Umwandlungsbeschlüsse mit der Erwägung abgelehnt, es handle sich hierbei um ein „Grundsatzproblem des Gesellschaftsrechts", das allenfalls allgemein für wichtige Gesellschafterbeschlüsse geregelt werden könne.[210] Dem ist prinzipiell zuzustimmen.[211] Eine **Missbrauchsprüfung** ist dagegen stets möglich. So soll es rechtsmissbräuchlich sein, wenn der Formwechsel der GmbH in die AG dem alleinigen Zweck dient, dem Hauptgesellschafter nach Durchführung des Formwechsels den Ausschluss der Minderheitsgesellschafter im Wege des Squeeze-out-Verfahrens nach §§ 327a ff. AktG[212] zu ermöglichen.[213]

---

[204] Amtl. Begr. S. 146 iVm. S. 87.
[205] Amtl. Begr. S. 87.
[206] Vgl. *Schöne* DB 1995, 1317, 1318.
[207] So *K. Schmidt* DB 1995, 1849, 1852; ders. in GroßkommAktG § 249 Rn. 43, 44.
[208] Amtl. Begr. S. 87.
[209] S. 139 iVm. S. 86.
[210] Vgl. zum alten Recht 2. Aufl. Rn. 74a, 125, 417.
[211] Vgl. auch *Lutter/Decher* Kölner Umwandlungsrechtstage, S. 220; zur Verschmelzung vgl. Rn. 368.
[212] Vgl. dazu Rn. 688.
[213] Vgl. *Krieger* BB 2002, 53, 62; ähnlich *Grunewald* ZIP 2002, 18, 22; wohl auch *Habersack* ZIP 2001, 1230, 1234. Hier erscheint jedoch Skepsis hinsichtlich der praktischen Durchführbarkeit einer Missbrauchsklage am Platze. Erfolgt der Squeeze-out in nahem zeitlichen Zusammenhang mit einem vorausgegangenen Formwechsel, ist es für eine Klage gegen den Umwandlungsbeschluss schon deshalb zu spät, weil der Formwechsel nach seiner Eintragung im Handelsregister nicht mehr rückgängig gemacht werden kann, § 202 Abs. 3 (was *Krieger* nicht verkennt). Dass der spätere Squeeze-out als alleiniger Zweck der Umwandlung durch den Nachweis der Planung und Vorbereitung der Rückumwandlung für den Fall des Squeeze-out im Missbrauchsverfahren dargetan werden kann *(Grunewald),* ist eine wohl theoretische Überlegung.

Umwandlung Anh. nach § 77

c) Ausschluss der Klage. Die Wirksamkeit des Umwandlungsbeschlusses kann 80
nach § 195 Abs. 2 **nicht** mit der Begründung in Frage gestellt werden, dass die für den
umgewandelten Geschäftsanteil gewährten **Aktien zu niedrig bemessen** seien. Die
Gesellschafter kann jedoch die Angemessenheit der neuen Beteiligung im Spruchverfahren nach §§ 305 ff. überprüfen lassen und dort gegebenenfalls einen **Ausgleich
durch bare Zuzahlung** erstreiten (§ 196 iVm. § 15 Abs. 2, vgl. Rn. 95 und 687 ff.).

Die Klage gegen die Wirksamkeit des Umwandlungsbeschlusses kann ferner **nicht** 81
darauf gestützt werden, dass das **Abfindungsangebot** nach § 207 **zu niedrig bemessen** oder dass die **Barabfindung** im Umwandlungsbeschluss **nicht oder nicht
ordnungsgemäß angeboten** war, § 210. In diesen Fällen kommt gem. § 222 nur
eine gerichtliche Nachprüfung im Spruchverfahren nach §§ 305 ff. (vgl. Rn. 92 und
687 ff.) in Betracht. Und schließlich soll der in den §§ 210, 212 für die Fälle des zu
niedrigen, des nicht ordnungsgemäßen und des fehlenden Abfindungsangebots normierte Ausschluss von Klagen gegen den Umwandlungsbeschluss nach der jüngsten
Rechtsprechung des BGH auch insoweit gelten, als die Verletzung von **Informations-, Auskunfts- oder Berichtspflichten** im Zusammenhang mit der gemäß
§ 207 anzubietenden Barabfindung geltend gemacht wird.[214] Solche die Abfindung
betreffenden abfindungswertbezogenen Informationsmängel sollen ebenfalls nur im
Spruchverfahren gemäß §§ 305 ff. gerügt werden können. Derartige Mängel sind beim
Formwechsel der GmbH in die AG aber eher theoretischer Natur, weshalb die neue
Rechtsprechung in erster Linie auf Umwandlungssachverhalte unter Beteiligung von
Aktiengesellschaften als umzuwandelnden Rechtsträger gemünzt ist. Sie wird daher erst
beim Formwechsel der AG in die GmbH (Rn. 176) näher behandelt.

10. Aufsichtsrat. a) Notwendiges Verfassungsorgan. Die Verfassung der 82
GmbH sieht einen Aufsichtsrat nicht vor, sondern überlässt es den Gesellschaftern, ob
sie einen Aufsichtsrat bestellen und welche Befugnisse sie ihm geben wollen (§ 52
GmbHG). Zwingend vorgeschrieben ist ein Aufsichtsrat nur bei größeren Gesellschaften
nach dem BetrVG und den Mitbestimmungsgesetzen (vgl. die Erl. zu § 52 GmbHG).
Dagegen ist der Aufsichtsrat bei der AG stets notwendiges Verfassungsorgan. Deshalb
muss beim Formwechsel der GmbH in eine AG bestimmt werden, wie ein noch nicht
vorhandener Aufsichtsrat einzurichten und ein vorhandener überzuleiten ist.

b) Altes Recht, neues Recht. Die gesetzliche Regelung des alten Rechts war un- 83
vollkommen.[215] Dennoch hat das neue Recht von besonderen gesetzlichen Regelungen über die Bildung und Zusammensetzung des Aufsichtsrats bei Rechtsträgern, die
von einer Umstrukturierung betroffen werden, abgesehen. Die aufgehobenen alten
Sondervorschriften hätten mehr Probleme geschaffen, als sie zu lösen in der Lage waren. Bei Rechtsträgern neuer Rechtsformen ergebe sich aus den für sie geltenden Organisationsregelungen, ob überhaupt ein Aufsichtsrat gebildet werden müsse und wie
er sich zusammensetze. Gebe es Meinungsverschiedenheiten hierüber, so könne nach
den allgemeinen Vorschriften der §§ 97 ff. AktG eine Klärung herbeigeführt werden.[216]
Klarstellende Regelungen wurden nur für zwei Fälle in das Gesetz aufgenommen
(§§ 197, 203). Danach gilt folgendes:

Die grds. auf den Formwechsel für die neue Rechtsform anwendbaren **Grün-** 84
dungsvorschriften (§ 197 S. 1) **sind nicht anzuwenden, soweit sie die Bildung**

---

[214] BGH NJW 2001, 1425 und dazu *Henze* ZIP 2002, 97, 103 ff.; ders. Aktienrecht – Höchstrichterliche Rechtsprechung, 5. Aufl. 2002, Rn. 1350 ff.
[215] Vgl. iE 2. Aufl. Rn. 45 ff.
[216] Amtl. Begr. S. 76 bis 78.

Anh. nach § 77 5. Abschnitt. Auflösung und Nichtigkeit der Gesellschaft

und Zusammensetzung des ersten Aufsichtsrats betreffen (§ 197 S. 2). Das hat zur Folge, dass der Aufsichtsrat der AG von vornherein entsprechend dem materiellen Recht gemäß den Vorschriften der §§ 95, 96 AktG und den Vorschriften der Mitbestimmungsgesetze zu bilden und zusammenzusetzen ist. Das wiederum bedeutet, dass beim **mitbestimmten Aufsichtsrat** anders als nach § 30 Abs. 2 AktG die Vorschriften über die Bestellung von Aufsichtsratsmitgliedern der Arbeitnehmer anzuwenden sind und dass auch § 31 AktG nicht gilt.[217] Durch die hiernach erforderlichen Wahlen kann sich die Eintragung des Formwechsels in das Handelsregister verzögern. Das Hinausschieben der Wahlen bis nach der Eintragung ist nicht möglich.[218] Zwar kann man versuchen, eine gerichtliche Bestellung der Arbeitnehmervertreter in analoger Anwendung des § 104 AktG zu erreichen.[219] Hierbei stößt man aber häufig auf den Widerstand der Gerichte,[220] zumal diese in aller Regel ein Tätigwerden nach § 104 AktG von der vorherigen Durchführung des Statusverfahrens nach §§ 97 ff. AktG abhängig machen,[221] das ebenfalls zeitaufwändig ist. Auch die weitere Anwendung des aufgehobenen § 363 Abs. 3 aF AktG kommt nicht in Betracht.[222] Danach stand es der Wirksamkeit der Umwandlung nicht entgegen, dass die Aufsichtsratsmitglieder der Arbeitnehmer noch nicht gewählt waren. Da aber nach § 246 Abs. 2 mit der Anmeldung des Formwechsels zur Eintragung in das Handelsregister die Vorstandsmitglieder der Aktiengesellschaft zur Eintragung anzumelden sind und die Bestellung der Vorstandsmitglieder der Aufsichtsrat der künftigen AG einschließlich der Arbeitnehmervertreter (§ 31 MitbestG) vorzunehmen hat, ergibt sich ein Zwang zur Bestellung des Aufsichtsrats vor der Anmeldung des Formwechsels zum Handelsregister. Im Ergebnis ist somit bei der mitbestimmten AG der **gesamte Aufsichtsrat** stets **vor der Anmeldung** des Formwechsels zum Handelsregister **zu wählen.** Von der Wahl der Arbeitnehmervertreter kann nur abgesehen werden, wenn sich durch den Formwechsel das auf die Bildung und Zusammensetzung des Aufsichtsrats anwendbare Recht nicht ändert, wenn sich der Aufsichtsrat also bei dem Rechtsträger neuer Rechtsform in gleicher Weise wie bei dem formwechselnden Rechtsträger bildet und zusammensetzt. In solchem Falle bleiben die Mitglieder des Aufsichtsrats für den Rest ihrer Wahlzeit als Mitglieder des Aufsichtsrats des Rechtsträgers neuer Rechtsform im Amt (§ 203 S. 1). Eine **Amtskontinuität** kann danach beim Formwechsel einer GmbH in eine AG nur stattfinden, wenn eine **mitbestimmte GmbH**

---

[217] Die Vorschläge des Handelsrechtsausschusses des *Deutschen Anwaltvereins e. V.* zur Änderung des UmwG (NZG 2000, 802, 807) weisen zutr. darauf hin, dass sich die Anwendbarkeit des § 31 AktG schwerlich durch eine teleologische Reduktion des § 197 S. 2 herbeiführen lässt (vgl. Rn. 275) und empfehlen deshalb eine gesetzliche Klarstellung iS seiner Anwendbarkeit.
[218] Str., aA zB *Hergeth/Mingau* DStR 1999, 1948 mwN zu abw. Meinungen.
[219] So zB *Widmann/Mayer* § 197 Rn. 15; *Kallmeyer/Meister/Glöckner* § 197 Rn. 73; *Kallmeyer/Dirksen* § 218 Rn. 16.
[220] Vgl. zB Beschl. des BayObLG ZIP 2000, 1445 = EWiR 2001, 21 (Kort), der allerdings den anders gelagerten Fall der Ausgliederung von Eigenbetrieben einer Stadt in Gesellschaften mbH nach § 168 UmwG betraf; vgl. dazu Rn. 677; vgl. ferner Rn. 275 zum Formwechsel OHG in GmbH und Rn. 666 zur Ausgliederung des Unternehmens eines Einzelkaufmanns in eine GmbH.
[221] Von der Notwendigkeit der vorherigen Durchführung eines Statusverfahrens im Falle der Anwendung des § 104 AktG geht offenbar auch *Lutter/Decher* Umwandlungsgesetz § 197 Rn. 50 und § 203 Rn. 14, 15 aus; vgl. ferner die Amtl. Begr. bei *Neye* S. 95 ff., aus der sich ergibt, dass nach Auffassung des Gesetzgebers das Statusverfahren schon für die erstmalige Bestellung des Aufsichtsrats einzuhalten ist.
[222] AA zB *Lutter/Decher* Umwandlungsgesetz § 197 Rn. 50 und § 203 Rn. 21.

Umwandlung   **Anh. nach § 77**

ihre Form wechselt.²²³ Auch im Falle des § 203 S. 1 können die Gesellschafter der GmbH aber im Umwandlungsbeschluss für ihre Aufsichtsratsmitglieder die **Beendigung des Amtes** bestimmen.

Im Übrigen findet eine Amtskontinuität im Hinblick auf die unterschiedlichen 85 äußeren rechtlichen Rahmenbedingungen für den Aufsichtsrat bei der GmbH und der AG entsprechend dem alten Recht **nicht** statt.²²⁴ Erst recht nicht wird ein **Beirat** ohne weiteres zum Aufsichtsrat (vgl. auch Rn. 227). Auch in solchen Fällen muss deshalb anlässlich des Formwechsels eine **Neuwahl der Aufsichtsratsmitglieder** durchgeführt werden, gleichgültig, ob die GmbH bereits einen Aufsichtsrat hatte oder nicht. Die **Amtszeit** der neugewählten (oder in ihrem Amt bestätigten) Aufsichtsratmitglieder richtet sich nach der Satzung und § 102 AktG (nicht nach dem nur für die Gründung geltenden § 30 Abs. 3 AktG).

Entspricht der gewählte **Aufsichtsrat nicht der Zusammensetzung** nach § 96 86 AktG, so wird die **Wirksamkeit des Formwechsels hierdurch nicht berührt**; vielmehr ist lediglich die Wahl nichtig (vgl. § 250 Abs. 1 Ziff. 1 AktG), wobei sich die Geltendmachung der Nichtigkeit nach GmbH-Recht richtet.

11. Angebot der Barabfindung. a) Voraussetzungen des Angebots, Wider- 87 **spruch zur Niederschrift.** Gemäß § 194 Abs. 1 Nr. 6 hat der Umwandlungsbeschluss ein Abfindungsangebot zu enthalten, sofern nicht der Umwandlungsbeschluss nach der Satzung der GmbH der Zustimmung aller Gesellschafter bedarf oder an der GmbH nur ein Gesellschafter beteiligt ist (vgl. Rn. 69). § 207 Abs. 1 schreibt vor, dass die GmbH jedem Gesellschafter, der gegen den Umwandlungsbeschluss Widerspruch zur Niederschrift erklärt hat, den Erwerb seiner umgewandelten Geschäftsanteile gegen eine angemessene Barabfindung anzubieten hat. Dabei wird vorausgesetzt, dass der widersprechende Gesellschafter gegen den Formwechsel stimmte und die Wirksamkeit des Umwandlungsbeschlusses auch sonst nicht von seiner Zustimmung (Rn. 52–54, 56) abhängig machen konnte.²²⁵ Durch die Verweisung in § 207 Abs. 2 auf § 29 Abs. 2 wird dem Gesellschafter, der sich durch Widerspruch gegen den Formwechsel gewehrt hat, der Gesellschafter gleichgestellt, der sich nicht wehren konnte, weil er zB zu der Gesellschafterversammlung zu Unrecht nicht zugelassen worden war. Das **Abandon- oder Preisgaberecht** widersprechender Gesellschafter des alten Rechts (§ 383 AktG) hat das UmwG 1994 nicht übernommen, weil es zu Recht zum Schutz der bei einer Umwandlung durch Mehrheitsbeschluss überstimmten Gesellschafter als nicht ausreichend angesehen wurde.²²⁶ Das Angebot der GmbH geht auf Erwerb der Aktien, die der widersprechende Gesellschafter durch den Formwechsel für seine Geschäftsanteile erhält, wobei § 71 Abs. 4 S. 2 AktG nicht anzuwenden ist. Das bedeutet, dass das Erwerbsangebot auch dann wirksam ist, wenn die Gesellschaft durch den Er-

---

²²³ Vgl. hierzu auch *Köstler* BB 1993, 81; Amtskontinuität war in § 65 Abs. 2 UmwG 1969 auch für die Umwandlung einer bergrechtlichen Gewerkschaft in eine mitbestimmte GmbH angeordnet.
²²⁴ Amtl. Begr. S. 145.
²²⁵ Amtl. Begr. S. 146; aA neuerdings *Lutter/Decher* Umwandlungsgesetz § 207 Rn. 10, die auch den zustimmenden Gesellschafter für widerspruchsberechtigt halten, was jedoch dem Regelungssystem des Gesetzes zuwiderläuft, das beim Erfordernis der Zustimmung aller Gesellschafter zur Wirksamkeit des Umwandlungsbeschlusses ein Abfindungsangebot überhaupt nicht vorsieht, § 194 Abs. 1 Nr. 6; vgl. auch *Lutter/Decher* Kölner Umwandlungsrechtstage, S. 218 und *Hommelhoff* ZGR 1993, 452, 470; *Zimmermann*, FS Brandner, 1996, S. 179; *Goutier/Knopf/Tulloch/Bermel* UmwG § 29 Rn. 28; *Schmitt/Hörtnagl/Stratz* § 207 Rn. 4; *Lutter/Grunewald* Umwandlungsgesetz § 29 Rn. 10; *Widmann/Mayer/Vollrath* § 29 Rn. 24.
²²⁶ Amtl. Begr. S. 146; vgl. Voraufl. Rn. 73 ff.

werb über die 10 %-ige Erwerbsgrenze des § 71 Abs. 2 AktG gelangt (zum Formwechsel einer AG in eine GmbH vgl. Rn. 176).

88 **b) Verzicht auf das Angebot.** Auf das bare Abfindungsangebot kann nach allgemeinen Regeln verzichtet werden, wobei der Verzicht notariell zu beurkunden[227] und analog § 199 zum Handelsregister einzureichen ist.[228] Da die Ermittlung der Abfindung eine Unternehmensbewertung voraussetzt und das Abfindungsangebot grds. zu prüfen ist (vgl. Rn. 89, 90), was regelmäßig erhebliche Kosten verursacht, wird der Verzicht immer dann in Betracht kommen, wenn klar ist, dass kein Gesellschafter gegen den Formwechsel stimmen wird. In diesem Fall braucht das Abfindungsangebot nicht in den Umwandlungsbeschluss und seinen Entwurf aufgenommen zu werden mit der Folge, dass keine Registerpublizität der Unternehmensbewertung stattfindet und auch der Betriebsrat den Wert des Unternehmens nicht erfährt.[229]

89 **c) Bewertungsmethode.** Der Anspruch auf Barabfindung geht auf Zahlung des anteiligen Werts des Geschäftsanteils des widersprechenden Gesellschafters am Unternehmenswert der GmbH im Zeitpunkt der Beschlussfassung über den Formwechsel, § 208 iVm. § 30 Abs. 1. Eine bestimmte Bewertungsmethode ist anders als bei den entsprechenden Vorschriften des alten Rechts[230] nicht vorgeschrieben, weil die Berücksichtigung und Gewichtung der verschiedenen Methoden je nach Natur und Gegenstand des Unternehmens verschieden sein könne.[231] Die Gesetzesfassung beschränkt sich deshalb auf die nichts sagende Anweisung, dass die Barabfindung „die Verhältnisse" des formwechselnden Rechtsträgers berücksichtigen müsse (§ 30 Abs. 1 S. 1). Das läuft auch heute noch in den meisten Fällen auf eine Bewertung auf der Grundlage des **Ertragswertverfahrens**[232] hinaus.[233] Der Ertragswert eines Unternehmens besteht im Barwert zukünftiger Überschüsse der Einnahmen und Ausgaben. Notwendig ist eine Prognose der künftigen Überschüsse anhand einer Analyse der Vergangenheit. Für die Prognose kommt die sogenannte Phasenmethode in Betracht, die auf der Planung des Unternehmens für seine künftige Entwicklung aufbaut.[234] Beim Ertragswertverfahren kommt dem **Kapitalisierungszinsfuß** eine wichtige Rolle zu, der aus dem Basiszinssatz, einem Inflationsabschlag und einem Risikozuschlag besteht.[235] Gesondert zu berücksichtigen ist der Wert (Verkehrswert) des Beteiligungsbesitzes und des **nicht be-**

---

[227] Schluss aus § 30 Abs. 2 S. 3 Halbs. 2; wie hier *Lutter/Decher* Umwandlungsgesetz § 207 Rn. 23; aA *Widmann/Mayer/Vollrath* § 207 Rn. 21: formfrei.
[228] *Lutter* Umwandlungsgesetz/*Decher* § 207 Rn. 23.
[229] Hierzu vgl. *Priester* DNotZ 1995, 427, 450.
[230] ZB § 375 Abs. 1 S. 1 Halbs. 2 iVm. § 320 Abs. 5 S. 5, 6 AktG; § 15 Abs. 1 S. 1 iVm. § 12 Abs. 1 S. 2 UmwG 1969; Berücksichtigung der Vermögens- und Ertragslage der Gesellschaft.
[231] Amtl. Begr. S. 146 iVm. S. 94.
[232] Vgl. „Grundsätze zur Unternehmensbewertung" des IDW, WP-HdB 1985/86, Bd. I S. 1053; Stellungnahme 2/1983 des HFA des IDW, WPg 1983, 468; Stellungnahme 2/1988 des HFA des IDW, WPg 1988, 468, ferner die Weiterentwicklung dieser Grundsätze in WP-HdB 1998 Bd. II A 65 ff. und seit 28. 6. 2000 Standard S 1 des IDW, FN IDW 2000, 415 und dazu *Hommel/Braun/Schmotz* DB 2001, 341; zu den Auswirkungen des StSenkG auf die Bewertung vgl. *Löhr* BB 2001, 351; vgl. auch Rn. 698 zum Spruchverfahren.
[233] Vgl. die Entscheidungen zu § 305 AktG, dessen Abs. 3 S. 2 durch Art. 6 UmwBerG dem Wortlaut des § 30 Abs. 1 S. 1 angepasst wurde, zB OLG Düsseldorf AG 1990, 397; LG Dortmund AG 1990, 85; BayObLG BB 1995, 1759; DB 1995, 2590.
[234] BayObLG NZG 2001, 1137 (Vorlagebeschluss an den BGH) = EWiR 2001, 1027 *(Luttermann)*.
[235] Vgl. zB BayObLG NZG 2001, 1034; 1037; DB 1995, 2590, 2591; LG Berlin AG 2000, 284.

triebsnotwendigen Vermögens, das regelmässig mit dem Liquidationswert angesetzt wird.[236] Neuere Bewertungsmethoden, wie sie vor allem bei Unternehmenskäufen herangezogen werden, zB die DCF-Methode[237] oder die Vergleichsmethode,[238] haben bisher kaum Eingang in die Gerichtspraxis gefunden. Da es keine allen Fällen gerecht werdende Bewertungsformel gibt,[239] hat das Gericht einen **Bewertungsspielraum** (§ 287 ZPO).[240] Die Bewertung muss aber zu einer **vollwertigen Abfindung** der Beteiligung führen.[241] Ein Börsenkurs (s. dazu Rn. 176, 698) kommt beim GmbH-Formwechsel nicht in Betracht.

d) Prüfung der Angemessenheit. Die Angemessenheit der anzubietenden Barabfindung ist durch einen besonderen Prüfer zu prüfen (§ 208 iVm. § 30 Abs. 2 S. 1). Der Prüfer ist von den Geschäftsführern der GmbH oder auf deren Antrag vom Gericht zu bestellen (§ 208 iVm. § 30 Abs. 2 S. 2, § 10 Abs. 1). Zuständig für die gerichtliche Bestellung ist das Landgericht am Sitz der formwechselnden GmbH, und zwar der Vorsitzende der Kammer für Handelssachen, falls eine solche dort gebildet ist (§ 10 Abs. 2). § 30 Abs. 2, auf den in § 208 verwiesen wird, und die Weiterverweisung in § 30 Abs. 2 auf § 10 gehen von der Bestellung mehrerer Prüfer aus. Das beruht jedoch auf den Besonderheiten der Verschmelzung, an der regelmäßig mindestens zwei Rechtsträger beteiligt sind. § 9 Abs. 1 erlaubt die Prüfung jedoch auch durch einen einzigen Prüfer. Auf diese Vorschrift ist in §§ 208, 30 allerdings nicht verwiesen. Dass beim Formwechsel regelmäßig die Bestellung eines einzigen Prüfers genügt, folgt aus der Natur der Sache. Dem Prüfer des Formwechsels ist im Gesetz eine besondere Bezeichnung nicht verliehen. Die Prüfer der Verschmelzung heißen Verschmelzungsprüfer, die Prüfer der Spaltung Spaltungsprüfer und die Prüfer einer Vermögensübertragung Übertragungsprüfer (§ 314 Abs. 1, § 315 Abs. 1 Nr. 2). Die Prüfer der Barabfindung beim Formwechsel könnte man **Umwandlungsprüfer** nennen, worunter allerdings auch die Gründungsprüfer zu verstehen sind (vgl. Rn. 101). Für die **Auswahl**, das **Auskunftsrecht** und die **Verantwortlichkeit** der Prüfer sind die für Abschlussprüfer geltenden Vorschriften des HGB entsprechend anwendbar (§§ 208, 30 Abs. 2, 11 iVm. § 319 Abs. 1 bis 3, 320 Abs. 1 S. 2 und Abs. 2 S. 1 und 2 HGB). Die Regelung entspricht den aktienrechtlichen Verschmelzungsvorschriften des alten Rechts. Die Prüfer haben über das Ergebnis der Prüfung schriftlich zu berichten (§ 12 Abs. 1). Der **Prüfungsbericht** ist mit einer Erklärung darüber abzuschließen, **ob die angebotene Barabfindung angemessen** ist. Nicht etwa haben die Prüfer eine eigene Barabfindung vorzuschlagen.[242] Dabei ist insbesondere anzugeben, nach welchen Methoden die Abfindung ermittelt worden ist (§ 12 Abs. 2 Nr. 1) und aus welchen Gründen die Anwendung dieser Methoden angemessen ist (§ 12 Abs. 2 Nr. 2). Ist, wie üblich, die Ertragswertmethode angewandt worden (Rn. 89), genügt der Hinweis auf diese Methode in ihrer konkreten Ausprägung.[243] **Unternehmensschädliche Tatsa-**

90

---

[236] BayObLG 2001, 1033, 1034; zur Nichtberücksichtigung der im nicht betriebsnotwendigen Vermögen liegenden stillen Reserven vgl. OLG Düsseldorf DB 2000, 81 = EWiR 2000, 109 *(Luttermann)*.
[237] Discounted Cash-Flow-Methode.
[238] Comparables' Trading Analysis-Methode. S. hierzu auch *Barthel* DB 1996, 149.
[239] OLG Düsseldorf BB 1984, 742, 743.
[240] *Dielmann/König* AG 1984, 57, 66; vgl. zu diesen Fragen auch 2. Aufl. Rn. 126, 226 ff., 464; vgl. ferner *Kraus/Grünewald* BB 1995, 1839 ff. und Rn. 350, 385 zur Verschmelzung.
[241] BVerfGE 14, 263, 284; 100, 289, 304 ff.; BayObLG NZG 2001, 1137, 1138; vgl. dazu auch die Rechtsprechungsübersicht bei *Henze* Konzernrecht, 2001, S. 136 ff.
[242] Vgl. *Geßler/Hefermehl/Eckardt/Kropff/Grunewald* § 340 b Rn. 16.
[243] *Geßler/Hefermehl/Eckardt/Kropff/Grunewald* § 340 b Rn. 14; *Mertens* AG 1990, 20, 32.

chen brauchen in den Bericht nicht aufgenommen zu werden (§ 12 Abs. 3 iVm. § 8 Abs. 2). Vgl. iÜ Rn. 341 zur Verschmelzungsprüfung.

91 Der **Prüfung** oder der Erstattung des **Prüfungsberichts** bedarf es **nicht,** wenn **alle Gesellschafter,** die gegen den Umwandlungsbeschluss Widerspruch zur Niederschrift erklärt haben, hierauf durch **notarielle Erklärungen verzichten** (§ 208 iVm. § 30 Abs. 2 S. 2; beim Formwechsel einer Personenhandelsgesellschaft in eine GmbH durch Mehrheitsentscheidung findet eine Prüfung nur auf Verlangen eines Gesellschafters statt, vgl. Rn. 274).

92 e) **Bestimmung der Abfindung im Spruchverfahren.** War die Barabfindung im Umwandlungsbeschluss nicht oder nicht ordnungsgemäß angeboten oder ist sie nach Auffassung eines widersprechenden Gesellschafters zu niedrig bemessen, so hat auf seinen Antrag das Gericht im Spruchverfahren nach §§ 305 ff. die angemessene Barabfindung zu bestimmen (§ 212). Eine Klage gegen die Wirksamkeit des Umwandlungsbeschlusses kann hierauf nicht gestützt werden (§ 210, vgl. Rn. 81).

93 f) **Annahme des Angebots.** Das Abfindungsangebot kann nur binnen zwei Monaten nach dem Tag angenommen werden, an dem die Eintragung der AG als bekanntgemacht gilt (§ 209 S. 1). Das ist der Fall, wenn die Eintragung durch den BAnz. und durch mindestens ein weiteres Blatt ihrem ganzen Inhalt nach bekanntgemacht und der Tag abgelaufen ist, an dem das letzte der Blätter erschienen ist (§ 202 Abs. 1 Nr. 1 iVm. § 201 S. 2). Im Falle des § 212 (vgl. Rn. 92) kann das Angebot binnen zwei Monaten nach dem Tag angenommen werden, an dem die Entscheidung im BAnz. bekanntgemacht worden ist. Hierdurch ist klargestellt, dass die zweite Frist auch erst nach Ablauf der ersten Frist beginnen kann.[244] Die Fristen sind **Ausschlussfristen.** Der Gesellschafter, der gegen den Umwandlungsbeschluss Widerspruch zur Niederschrift erklärt hat, kann innerhalb der Frist des § 209 seine Aktien an **Dritte** auch dann **veräußern,** wenn die Satzung der in eine AG umgewandelten GmbH eine **Verfügungsbeschränkung** enthält (§ 211). Als solche kommt allerdings nur die Vinkulierung von Namensaktien in Betracht (§ 68 AktG, vgl. Rn. 52). Dieses Recht steht Gesellschaftern, die dem Formwechsel zugestimmt haben, nicht zu, auch nicht Gesellschaftern, die zwar dagegen gestimmt, aber keinen Widerspruch zur Niederschrift erklärt haben.[245] Da die Frist des § 209 erst ab der Bekanntmachung der Eintragung des Formwechsels läuft, ist die Frage, ob die Befreiung von der Verfügungsbeschränkung schon vorher beginnt, nämlich mit der Fassung des Umwandlungsbeschlusses. Diese Frage ist zu bejahen,[246] jedoch besteht vor der Eintragung des Formwechsels in das Handelsregister noch keine AG (§ 202 Abs. 1 Nr. 1, vgl. Rn. 121), so dass der berechtigte Gesellschafter keine Aktien, sondern nur seinen GmbH-Geschäftsanteil veräußern kann, wobei § 15 Abs. 3 GmbHG zu beachten ist. Im Übrigen kann jeder Gesellschafter seine Beteiligung an Dritte veräußern, ob er dem Formwechsel zugestimmt hat oder nicht. Das war in § 375 Abs. 4 S. 1 AktG aF noch ausdrücklich gesagt, ist in § 211 aber als Selbstverständlichkeit nicht übernommen worden. Wer keinen Widerspruch zur Niederschrift erklärt hat, kann aber die Verfügungsbeschränkungen der Satzung nicht überspringen (zur Verschmelzung vgl. Rn. 326).

---

[244] Amtl. Begr. S. 147.
[245] BGH NJW 1989, 2693; OLG Frankfurt WM 1989, 144; *Geßler/Hefermehl/Eckardt/Kropff/Semler/Grunewald* § 375 Rn. 36; aA Kölner KommAktG/*Zöllner* § 375 Anm. 45, 46.
[246] Vgl. *Geßler/Hefermehl/Eckardt/Kropf/Semler/Grunewald* § 375 Rn. 34; *Goutier/Knopf/Tulloch/Laumann* UmwG § 211 Rn. 3; *Dehmer* UmwG § 211 Rn. 3; *Lutter/Decher* Umwandlungsgesetz § 211 Rn. 8.

Umwandlung   **Anh. nach § 77**

g) Verzinsung. Gemäß § 208 iVm. § 30 Abs. 1 S. 2 und § 15 Abs. 2 S. 1 ist die **94**
Barabfindung mit jährlich 2 % über dem jeweiligen Diskontsatz der Deutschen Bundesbank[247] nach Ablauf des Tages, an dem die Eintragung des Formwechsels in das Handelsregister als bekanntgemacht gilt (Rn. 93), zu verzinsen.[248] Die Geltendmachung eines weiteren Schadens ist nicht ausgeschlossen (§ 15 Abs. 2 S. 1). Insoweit knüpft das Gesetz an ähnliche Regelungen in anderen Gesetzen an, zB § 288 Abs. 2 aF (= 288 Abs. 4 nF) BGB.[249]

h) Übertragungsvertrag. Wird das Barabfindungsangebot fristgerecht angenommen, **95**
was durch formlose Erklärung gegenüber der Gesellschaft geschehen kann, hat der Gesellschafter **Anspruch auf Abschluss eines Übertragungsvertrags.** Die Übertragung der Beteiligung richtet sich nach Aktienrecht, da der Formwechsel im Zeitpunkt der Annahme des Abfindungsangebots bereits vollzogen sein muss. § 209 setzt für den Beginn der Annahmefrist die Eintragung und Bekanntmachung des Formwechsels und damit sein Wirksamwerden (§ 202 Abs. 1 Nr. 1) voraus. Vor diesem Zeitpunkt kann das Angebot rechtswirksam nicht angenommen werden. Die Übertragung erfolgt bei Inhaberaktien grds. formlos durch Einigung und Übergabe der Aktienurkunden, bei Namensaktien durch Abtretung und Übergabe der Aktien oder durch Indossament und Übergabe (§ 68 Abs. 1 AktG). Den **Erwerbspreis** für die eigenen Aktien darf die Gesellschaft gemäß § 71 Abs. 2 S. 2 AktG nur aus der Rücklage nach § 272 Abs. 4 HGB bezahlen. Ein Verstoß hiergegen macht den Erwerb aber nicht unwirksam.[250] Die Aktien müssen aber entsprechend § 71 c AktG veräußert werden. Die **Kosten** der Übertragung trägt die Gesellschaft (§ 207 Abs. 1 S. 3).

12. Bare Zuzahlung. Nach § 195 Abs. 2 kann eine Klage gegen die Wirksamkeit **96**
des Umwandlungsbeschlusses nicht darauf gestützt werden, dass die für den umgewandelten Geschäftsanteil gewährten Aktien zu niedrig bemessen seien (Rn. 80). § 196 S. 1 gewährt jedem in dieser Weise benachteiligten Gesellschafter einen Anspruch auf eine Ausgleichsleistung durch bare Zuzahlung, der im Spruchverfahren nach §§ 305 ff. (Rn. 687 ff.) durchgesetzt werden kann. Die Regelung behandelt somit die Korrektur des Umwandlungsbeschlusses als Ausgleich für den Ausschluss des Klagerechts gegen den Umwandlungsbeschluss. Eine ähnliche Regelung enthielt schon § 31a KapErhG für die Verschmelzung von Gesellschaften mbH. Der **Gesellschafter- und Minderheitenschutz** wird gegenüber dem alten Recht jedoch dadurch verstärkt, dass der Ausgleichsanspruch nicht auf diejenigen Gesellschafter beschränkt wird, die sich dem Formwechsel widersetzt haben.[251] Die Zuzahlung ist mit 2 % über Bundesbankdiskont[252] zu **verzinsen** (§ 196 S. 2 iVm. § 15 Abs. 2), wobei auch hier die Geltendmachung eines weiteren Schadens möglich ist (vgl. Rn. 94).

13. Gründungs- und Umwandlungsprüfung. a) Zweck. § 197 S. 1 ordnet für **97**
den Formwechsel die Geltung der Gründungsvorschriften des AktG an, wodurch vor allem verhindert werden soll, dass die aktienrechtlichen Gründungsvorschriften durch Errichtung einer GmbH und anschließender Umwandlung in eine AG unterlaufen er-

---

[247] An die Stelle des Diskontsatzes ist nach Art. 1 § 1 EuroEG bis zum 31. 12. 2001 der jeweilige Basiszinssatz getreten.
[248] Die relativ hohe Verzinsung soll nach der Amtl. Begr. (S. 140 iVm. S. 88) eine Verzögerung des Spruchverfahrens nach § 306 zur Überprüfung der Barabfindung (Rn. 687 ff.) verhindern.
[249] Amtl. Begr. S. 140 iVm. S. 88.
[250] Rn. 87, vgl. *Lutter/Happ* Kölner Umwandlungsrechtstage, S. 240.
[251] Amtl. Begr. S. 88; zur Kritik an der Regelung des alten Rechts vgl. 2. Aufl. Rn. 462.
[252] Jetzt: über Basiszinssatz, vgl. Art. 1 § 1 EuroEG.

den. Damit werden die Vorschriften über die Gründungsprüfung und über die Verantwortlichkeit der Gründer in das Umwandlungsrecht einbezogen. Von diesem **Zweck** her ist klar, dass die Prüfung sich nicht auf den Umwandlungsvorgang beschränken darf, sondern sich auch auf die Gründung der GmbH erstrecken muss. Das war schon nach altem Recht herrschende Meinung, obwohl die GmbH-Novelle 1980 die Gründungsvorschriften für die GmbH verschärft hat, weil die Gründungsvorschriften für die GmbH hinter denjenigen für die AG zurückbleiben.[253] Wo sich die Gründungsvorschriften des AktG und des GmbHG decken, wie zT im Bereich der Sachgründung, besteht für eine erneute Gründungsprüfung der GmbH kein Bedürfnis.

98   **b) Sondervorteile, Umwandlungsaufwand, Sacheinlagen und Sachübernahmen.** Anzuwenden sind die Vorschriften der §§ 26 und 27 AktG über Sondervorteile, Gründungsaufwand (Umwandlungsaufwand), Sacheinlagen und Sachübernahmen (Rn. 68). Werden im Zug des Formwechsels Vereinbarungen getroffen, die nach GmbH-Recht zu ihrer Wirksamkeit keiner Aufnahme in den Gesellschaftsvertrag bedürfen, aber von § 27 Abs. 1 AktG oder von § 52 AktG erfasst werden, wie die Sachübernahme ohne Verrechnungsabrede, müssen sie in die Satzung der AG aufgenommen werden. Anderenfalls sind sie der AG gegenüber unwirksam (§ 27 Abs. 3 S. 1 AktG). Die für Nachgründungen in § 52 Abs. 1 AktG bestimmte Frist von zwei Jahren beginnt mit dem Wirksamwerden des Formwechsels (§ 245 Abs. 1 S. 2 iVm. § 20 Abs. 3 S. 2). Neuerdings wird empfohlen, § 245 Abs. 1 durch einen Satz 3 zu ergänzen, wonach § 52 AktG nur entsprechend anzuwenden ist, falls der Formwechsel vor Ablauf von zwei Jahren seit Eintragung der GmbH wirksam wird.[254]

99   **c) Gründungs- und Umwandlungsbericht.** Den schriftlichen Gründungs- und Umwandlungsbericht nach § 32 AktG (nicht zu verwechseln mit dem Umwandlungsbericht gemäß § 192 Abs. 1, vgl. Rn. 40) haben alle Gesellschafter zu erstatten, die für die Umwandlung gestimmt haben (§ 245 Abs. 1 S. 1). Der Bericht eines Teils dieser Gesellschafter reicht nicht aus, auch wenn sie über eine für Satzungsänderungen erforderliche Mehrheit verfügen.[255] Wer sich der Stimme enthielt, braucht an der Erstattung des Berichts nicht mitzuwirken (vgl. Rn. 51). Inhaltlich hat sich der Bericht nicht nur mit dem Formwechsel zu befassen, sondern auch mit der Gründung der GmbH, insbesondere den Sacheinlagen und Sachübernahmen anlässlich der Gründung, einer späteren Kapitalerhöhung und des Formwechsels (vgl. Rn. 68). Die Nähe dieser Vorgänge zum Formwechsel bestimmt ihr Gewicht im Bericht. Vorgänge aus alter Zeit werden von den Umwandlungsgesellschaftern ohnehin nicht aufzuklären sein. Liegt schon ein Sachgründungsbericht nach § 5 Abs. 4 GmbHG vor, genügt die Bezugnahme auf diesen und seine Beifügung. Falsche Angaben oder das Verschweigen erheblicher Umstände im Bericht können **strafrechtlich** nach § 399 Abs. 1 Nr. 2 AktG geahndet werden.

100 **d) Geschäftsverlauf und Lage der GmbH.** Im Bericht sind der bisherige Geschäftsverlauf und die Lage der GmbH darzulegen, § 245 Abs. 1 S. 2 iVm. § 220 Abs. 2. Für die Erstattung des Berichts bedürfen die Umwandlungsgesellschafter regelmäßig der Mithilfe der Geschäftsführer, die durch § 51a GmbHG erzwungen werden kann. Da eine **Umwandlungsbilanz (Vermögensaufstellung)** nicht erforderlich ist (vgl. Rn. 42), kommt auch deren Erläuterung nicht in Betracht.

---

[253] Vgl. 2. Aufl. Rn. 52 mN; *Geßler/Hefermehl/Eckardt/Kropff/Semler/Grunewald* § 378 Rn. 2, 3.

[254] Vgl. die Vorschläge des Handelsrechtsausschusses des *Deutschen Anwaltvereins e. V.* zur Änderung des UmwG, NZG 2000, 802, 808.

[255] Str., aA *Geßler/Hefermehl/Eckardt/Kropff/Semler/Grunewald* § 378 Rn. 8 und ihnen folgend *Lutter/Happ* Umwandlungsgesetz § 245 Rn. 43.

Umwandlung **Anh. nach § 77**

e) Prüfung durch Vorstands- und Aufsichtsratsmitglieder, Umwandlungs- 101
prüfer. Die Vorstands- und Aufsichtsratsmitglieder der künftigen AG haben den Hergang der Gründung und des Formwechsels zu prüfen (§ 33 Abs. 1 AktG), nicht die Geschäftsführer und Aufsichtsratsmitglieder der GmbH, es sei denn, dass diese mit den Organen der AG personengleich sind. Außerdem muss in jedem Fall eine weitere Prüfung durch einen oder mehrere, vom Gericht bestellte „**Umwandlungsprüfer**" stattfinden, § 245 Abs. 1 iVm. § 220 Abs. 3 S. 1. Insoweit unterscheidet sich der Formwechsel von der Gründung, bei der Gründungsprüfer nur in den Fällen des § 33 Abs. 2 AktG einzusetzen sind. Bei der Prüfung durch die Umwandlungsprüfer handelt es sich nicht um eine „Über"-prüfung der Prüfung des Vorstands und Aufsichtsrats, sondern um eine selbstständige Prüfung. Demgemäß haben beide Prüfstellen über ihre Prüfung **getrennte schriftliche Berichte** anzufertigen (§ 34 Abs. 2 AktG). Für die auf das AktG 1937 zurückgehende zusätzliche und obligatorische Prüfung durch besondere Umwandlungsprüfer ist allerdings kein zwingender Grund mehr ersichtlich; denn nach § 271 Abs. 3 AktG 1937 oblag diesen Prüfern in erster Linie die Prüfung der Umwandlungsbilanz, die weder nach AktG 1965 aufzustellen war noch nach neuem Recht aufzustellen ist (vgl. Rn. 42, 100). Die Prüfungen der Vorstands- und Aufsichtsratsmitglieder sowie der Umwandlungsprüfer haben sich gemäß § 34 Abs. 1 S. 2 AktG u.a. darauf zu erstrecken, ob der Wert der Sacheinlagen den Nennbetrag der dafür zu gewährenden Aktien erreicht. Aus dem Zweck der in § 197 angeordneten Anwendung der Gründungsvorschriften wird man schließen dürfen, dass es nicht auf die Wertverhältnisse beim Formwechsel ankommt, sondern auf diejenigen bei der Erbringung der Sacheinlagen.[256] Demgemäß ist es unschädlich, wenn die im ursprünglichen Stammkapital vollwertig enthaltenen Sacheinlagen jetzt die Nennbeträge der in Aktien umgewandelten Geschäftsanteile nicht mehr decken. Allerdings kann hieraus eine Hinweispflicht im Lagebericht folgen. Die Umwandlungsprüfer können von den Umwandlungsgesellschaftern nach § 35 Abs. 1 AktG alle **Aufklärungen und Nachweise** verlangen, die für eine sorgfältige Prüfung notwendig sind. Die Umwandlungsgesellschafter werden solche Informationen aber nicht immer erteilen können. In solchem Fall wird man die §§ 145 Abs. 2 AktG, 320 Abs. 2 HGB entsprechend anzuwenden haben, wonach Sonderprüfer und Abschlussprüfer von Vorstand und Aufsichtsrat Unterrichtung verlangen können.

f) Prüfung durch das Registergericht. Zu der Prüfung des Formwechsels durch 102
Vorstand und Aufsichtsrat sowie durch die besonderen Umwandlungsprüfer tritt die Prüfung durch das Registergericht, § 38 AktG. Dieses hat zu prüfen, ob die Voraussetzungen des Formwechsels vorliegen, zB die Zustimmung betroffener Gesellschafter (vgl. Rn. 71). Die Prüfung hat sich auch auf die Ordnungsmäßigkeit des Gründungs- und Umwandlungsberichts der Umwandlungsgesellschafter (Rn. 99) sowie der Prüfungsberichte der Vorstands- und Aufsichtsratsmitglieder und der Umwandlungsprüfer zu erstrecken.[257] Hat das Gericht Zweifel an der Werthaltigkeit von Sacheinlagen, kann es die Eintragung des Formwechsels ablehnen, § 38 Abs. 2 S. 2 AktG. Ist diese für die Zeit der Gründung der GmbH trotz gegenwärtiger **Unterbilanz** (vgl. Rn. 130) nicht zu beanstanden oder ist das Grundkapital jetzt voll belegt trotz ursprünglicher Unterdeckung, darf das Gericht die Eintragung des Formwechsels nicht ablehnen.[258]

---

[256] Vgl. Kölner KommAktG/*Zöllner* § 378 Anm. 11.
[257] Vgl. *Geßler/Hefermehl/Eckardt/Kropff/Semler/Grunewald* § 378 Rn. 13.
[258] Vgl. Kölner KommAktG/*Zöllner* § 378 Anm. 15, 16.

103 **g) Nichtanwendbarkeit von Gründungsvorschriften.** Die in § 197 S. 1 vorgeschriebene Anwendung der Gründungsvorschriften auf den Formwechsel soll nicht dazu führen, dass der Formwechsel einer Neugründung gleichkommt, die durch ihn gerade vermieden werden soll.[259] Deshalb ist der Grundsatz der Anwendbarkeit des Gründungsrechts eingeschränkt. Insbesondere sind nach § 197 S. 2 Vorschriften nicht anzuwenden, die für Unternehmensgründungen eine **Mindestzahl von Gründern** vorschreiben. Dabei hatte das Gesetz vor allem die Gründungsvorschriften des AktG im Auge, das in § 2 aF mindestens fünf Personen als Gründer vorschrieb. § 2 AktG in der Fassung des Gesetzes für kleine Aktiengesellschaften und zur Deregulierung des Aktienrechts vom 2. 8. 1994 (BGBl. I S. 1961) lässt jetzt jedoch die Gründung durch eine Person zu, so dass insoweit § 197 S. 2 obsolet ist. Unanwendbar auf den Formwechsel sind nach dieser Bestimmung auch die Vorschriften über die Bildung und Zusammensetzung des **ersten Aufsichtsrats** (vgl. Rn. 84). – Zum Widerspruch der Anwendung des Gründungsrechts mit der Identitätstheorie beim Formwechsel vgl. Rn. 12 aE.

104 **14. Anmeldung des Formwechsels. a) Gegenstand der Anmeldung.** Die Wirksamkeit des Formwechsels hängt von seiner Eintragung in das Handelsregister ab (§ 202, vgl. Rn. 121). Die Eintragung hat somit konstitutive Wirkung. Es besteht demnach keine öffentlich-rechtliche Anmeldepflicht (vgl. § 78 GmbHG Rn. 8). Gegenstand der Anmeldung ist abweichend vom alten Recht (§ 379 S. 1 AktG) nicht mehr der Umwandlungsbeschluss, sondern die neue Rechtsform der GmbH, § 198 Abs. 1 („die Gesellschaft ist jetzt Aktiengesellschaft", o. ä.). Die Niederschrift des Umwandlungsbeschlusses ist aber der Anmeldung als Anlage beizufügen (§ 199, vgl. Rn. 108). Die Amtl. Begr. (S. 142) betrachtet dies als Vereinfachung für diejenigen Fälle des Formwechsels, in denen der formwechselnde Rechtsträger bereits in ein Register eingetragen ist und eine Eintragung in einem anderen Register nicht in Betracht kommt (hierzu vgl. Rn. 107), sondern allenfalls die Eintragung in einer anderen Abteilung desselben Registers.

105 **b) Anmelder.** Anzumelden haben nach § 246 Abs. 1 die **Geschäftsführer** der formwechselnden GmbH, und zwar **in vertretungsberechtigter Zahl,** nicht alle Geschäftsführer, es sei denn, dass mit Umwandlung eine Kapitalerhöhung verbunden ist, § 78 Halbs. 2 GmbHG.[260] Die Gegenmeinung[261] war dem Gesetzgeber bekannt, hat ihn aber nicht veranlasst, eine Klarstellung vorzunehmen, weshalb davon auszugehen ist, dass er im Hinblick auf die hM keinen Regelungsbedarf sah.

106 **c) Anmeldung der Vorstandsmitglieder.** Zugleich mit der neuen Rechtsform sind die Vorstandsmitglieder der AG zur Eintragung in das Handelsregister anzumelden, § 246 Abs. 2. Die Gleichzeitigkeit der Anmeldung war schon im alten Recht vorgesehen (§ 379 S. 1 AktG), weil der Formwechsel mit seiner Eintragung wirksam werden und deshalb in diesem Zeitpunkt auch Klarheit über die neuen Vertretungsverhältnisse bestehen soll.[262] Der bei der Gründung abzugebenden Versicherung, dass das Grundkapital eingezahlt ist und zur freien Verfügung des Vorstands steht (§ 37 Abs. 1 AktG, vgl. auch § 8 Abs. 2 GmbHG), bedarf es nach § 246 Abs. 3 nicht, um der Möglichkeit eines Formwechsels bei **Unterbilanz** Rechnung zu tragen. Die Klar-

---

[259] Amtl. Begr. S. 141.
[260] Für das alte Recht *Geßler/Hefermehl/Eckardt/Kropff/Semler/Grunewald* § 379 Rn. 4; wie hier jetzt auch *Lutter/Happ* Umwandlungsgesetz § 246 Rn. 7.
[261] Vgl. 2. Aufl. Rn. 61.
[262] Amtl. Begr. S. 158.

Umwandlung **Anh. nach § 77**

stellung hielt der Gesetzgeber wie in anderen Fällen auch hier für erforderlich, da das Gesetz den Formwechsel nicht mehr nur als bloße Satzungsänderung behandelt.[263]

d) Sitzverlegung. Ist mit dem Formwechsel eine Sitzverlegung verbunden und **107** wird dadurch die Zuständigkeit eines anderen Registergerichts begründet, so ist statt der neuen Rechtsform abweichend von den allgemeinen Grundsätzen der Sitzverlegung (vgl. § 13h HGB, § 45 AktG) die AG als solche zur Eintragung beim Registergericht des neuen Sitzes anzumelden, § 198 Abs. 2 S. 2 Halbs. 2 iVm. S. 1. Die Umwandlung ist zugleich auch zum Handelsregister des bisherigen Sitzes der GmbH anzumelden mit dem Vermerk, dass die Umwandlung erst mit der Eintragung der AG in das für diese maßgebende neue Register wirksam wird, § 198 Abs. 2 S. 3 und 4. Die AG darf erst eingetragen werden, nachdem die Umwandlung im Handelsregister der ehemaligen GmbH eingetragen ist, § 198 Abs. 2 S. 5.

e) Anlagen der Anmeldung. Der Anmeldung des Formwechsels ist die **Nieder-** **108** **schrift des Umwandlungsbeschlusses** in Ausfertigung oder öffentlich beglaubigter Abschrift beizufügen (§ 199, vgl. Rn. 104). Ferner sind beizufügen die Zustimmungserklärungen der Inhaber von Sonderrechten usw. (Rn. 52–54, 56, 62). Da es sich hierbei durchweg um notariell zu beurkundende Erklärungen handelt (§ 193 Abs. 3), sind sie ebenfalls in Ausfertigung oder öffentlich beglaubigter Abschrift vorzulegen. Im Bereich sonstiger Erfordernisse für eine Gesellschaftsvertragsänderung (Rn. 55), die nicht notariell zu beurkunden sind, genügt die Beifügung in Urschrift oder Abschrift. Das gilt auch für den **Umwandlungsbericht.** Ist auf seine Erstellung verzichtet worden, so sind die Verzichtserklärungen vorzulegen. Da diese notariell zu beurkunden sind (Rn. 43), bedarf es auch für sie der Vorlage in Ausfertigung oder öffentlich beglaubigter Abschrift. Entsprechendes gilt für etwaige Verzichtserklärungen hinsichtlich des **Abfindungsangebots** (Rn. 88). Außerdem ist beizufügen ein Nachweis über die **Zuleitung** des Entwurfs des Umwandlungsbeschlusses **an den zuständigen Betriebsrat** nach § 194 Abs. 2 (Rn. 41; vgl. auch Rn. 269, 381). Schließlich ist die **Genehmigungsurkunde** beizufügen, wenn der Formwechsel der staatlichen Genehmigung bedarf. Eine solche Genehmigung kommt vor allem im Bereich des VAG in Betracht. § 14a dieses Gesetzes in der Fassung nach Art. 8 des UmwBerG bestimmt, dass jede Umwandlung eines Versicherungsunternehmens nach § 1 UmwG der Genehmigung der Aufsichtsbehörde bedarf, wobei die Genehmigung auch versagt werden kann, wenn die Vorschriften über die Umwandlung nicht beachtet worden sind (vgl. Rn. 25).

In § 199 nicht ausdrücklich erwähnt aber im Begriff der „sonst erforderlichen Un- **109** terlagen" eingeschlossen sind die nach den gemäß § 197 anzuwendenden Gründungsvorschriften einzureichenden Unterlagen, nämlich der **Gründungs- und Umwandlungsbericht der Umwandlungsgesellschafter** (Rn. 99, 100), die **Prüfungsberichte der Vorstands- und Aufsichtsratsmitglieder** sowie der **Umwandlungsprüfer** (Rn. 101), eine Bescheinigung der Industrie- und Handelskammer über die Einreichung des Berichts der Umwandlungsprüfer (§ 197 iVm. § 34 Abs. 3 AktG), die **Urkunde über die Bestellung der Vorstandsmitglieder** (§ 197 iVm. § 37 Abs. 4 Nr. 3 AktG) und der **vollständige Wortlaut der Satzung der AG** (Rn. 60, 62). Anders als nach § 379 S. 2 AktG ist **keine Liste der Aufsichtsratsmitglieder** einzureichen, weil das neue Recht keine besonderen gesetzlichen Regelungen über die Bildung und Zusammensetzung des Aufsichtsrats enthält (vgl. Rn. 83, 84). Da jedoch die **Urkunde über die Bestellung der Vorstandsmitglieder** vorzulegen ist und diese vom Aufsichtsrat vorzunehmen ist (Rn. 84), können jedenfalls die Namen der Auf-

---

[263] Amtl. Begr. S. 158, vgl. Rn. 48.

Anh. nach § 77   5. Abschnitt. Auflösung und Nichtigkeit der Gesellschaft

sichtsratsmitglieder den Anmeldeunterlagen mittelbar entnommen werden. Die **Versicherung der Vorstandsmitglieder** nach § 81 Abs. 3 iVm. § 76 Abs. 3 S. 2 und 3 AktG stellt keine Anlage zur Anmeldung dar, sondern ist in der Anmeldung selbst enthalten, desgleichen die **Namensunterschrift der Vorstandsmitglieder** (§§ 81 Abs. 4, 37 Abs. 5 AktG). Die Beifügung der Anlagen soll einerseits dem **Registergericht die Prüfung erleichtern,** ob alle Voraussetzungen für die Eintragung erfüllt sind, andererseits den **Schutz der Anteilsinhaber** verstärken.[264]

110   **15. Negativerklärung, Eintragungssperre (Registersperre).** Schließlich haben die Geschäftsführer der GmbH bei der Anmeldung des Formwechsels auch noch die sogenannte **Negativerklärung** abzugeben. Darauf läuft die in § 198 Abs. 3 angeordnete entsprechende Anwendung des § 16 Abs. 2 und 3 hinaus. Die Geschäftsführer haben also zu erklären, dass eine Klage gegen die Wirksamkeit des Umwandlungsbeschlusses (§ 195 Abs. 1) nicht oder nicht fristgemäß erhoben oder eine solche Klage rechtskräftig abgewiesen oder zurückgenommen worden ist. Diese aus dem **Verschmelzungsrecht** stammende Regelung ist für den Formwechsel übernommen worden, weil die Interessenlage der Beteiligten derjenigen bei der Verschmelzung vergleichbar sei.[265] Abweichend vom alten Verschmelzungsrecht haben die Geschäftsführer der GmbH nach § 16 Abs. 2 S. 1 Halbs. 2 die zusätzliche Pflicht, das Registergericht auch nach der Anmeldung über die Erhebung einer Klage zu unterrichten.[266] Das Fehlen der Negativerklärung hindert die Eintragung, führt also zu einer **Eintragungssperre** (**Registersperre,** nicht: Anmeldungssperre). Aus § 16 Abs. 1 S. 1 ergibt sich, dass eine Anmeldung vor Ablauf der Frist des § 195 Abs. 1 nicht ordnungsgemäß ist. Die Frage, ob eine erhobene Anfechtungsklage die Eintragung stets hindert, war im alten Recht umstritten,[267] aber bereits im Wesentlichen durch die höchstrichterliche Rechtsprechung iS der jetzigen gesetzlichen Regelung geklärt.[268] Hierdurch soll verhindert werden, dass bei erfolgreicher Klage eine durch Eintragung wirksame Umwandlung wieder rückgängig gemacht werden muss. Die **Eintragung** des Formwechsels ist nach § 16 Abs. 2 S. 2 Halbs. 2 ohne Negativerklärung **sofort möglich,** wenn alle klageberechtigten Gesellschafter durch notarielle Erklärung auf die Klage gegen die Wirksamkeit des Umwandlungsbeschlusses **verzichtet** haben. Derartige Verzichte wurden in der Praxis bei Gesellschaften mit kleinem Gesellschafterkreis schon früher regelmäßig bereits in den Umwandlungsbeschluss aufgenommen.[269] **Dem Verzicht** auf die Klage **steht es** nach § 16 Abs. 3 **gleich, wenn** nach Klagerhebung **das Prozessgericht durch rechtskräftigen Beschluss feststellt, dass die Erhebung der Klage der Eintragung nicht entgegensteht.** Ein solcher Beschluss kann nur auf Antrag der formwechselnden GmbH ergehen und nur dann, wenn die Klage unzulässig oder offensichtlich unbegründet ist oder wenn das alsbaldige Wirksamwerden des Formwechsels nach freier Überzeugung des Gerichts unter Berücksichtigung der Schwere der mit der Klage geltend gemachten Rechtsverletzungen zur Abwendung der vom Antragsteller dargelegten wesentlichen Nachteile für die Gesellschaft und ihre Anteilsinhaber vorrangig erscheint. Die gesetzliche Regelung hat zur Folge, dass nur

---

[264] Amtl. Begr. S. 142.
[265] Vgl. Amtl. Begr. S. 142; abl. *Deutscher Anwaltverein e. V.* WM Sonderbeilage Nr. 2/1993 Rn. 10; vgl. auch Rn. 112.
[266] Was auf Anregungen aus der Praxis zur Stärkung der Stellung etwaiger Kläger zurückgehen soll, Amtl. Begr. S. 88.
[267] Vgl. 2. Aufl. Anh. § 77 Rn. 423.
[268] Vgl. BGHZ 112, 9.
[269] Vgl. 2. Aufl. Anh. § 77 Rn. 423.

noch das Prozessgericht, nicht aber das Registergericht über die Frage entscheiden darf, ob die Umwandlung trotz erhobener Klage eingetragen werden kann. Die Bindung des Registergerichts besteht jedoch nur hinsichtlich solcher Mängel, die Gegenstand der Anfechtungsklage sind. Im Übrigen bleiben Prüfungsrecht und Prüfungspflicht des Registergerichts unberührt.[270] Analogiefähig ist § 16 Abs. 3 nicht.[271] Zu den **Ausstrahlungswirkungen** des Verfahrens s. Rn. 117.

Der Beschluss des Prozessgerichts kann in dringenden Fällen[272] ohne mündliche **111** Verhandlung ergehen, wobei Glaubhaftmachung der vorgebrachten Tatsachen genügt (§ 16 Abs. 3 S. 3 und 4). Gegen den Beschluss des Prozessgerichts findet (nur) sofortige Beschwerde statt (§ 16 Abs. 3 S. 5). Erweist sich die Klage später als begründet, so hat die Gesellschaft, die den Beschluss erwirkt hat, dem Kläger (Antragsgegner des Beschlussverfahrens) den Schaden zu ersetzen, der ihm aus einer auf dem Beschluss beruhenden Eintragung des Formwechsels entstanden ist; als Ersatz des Schadens kann jedoch nicht die Beseitigung der Wirkungen der Eintragung des Formwechsels verlangt werden. **Die Herstellung eines status quo ante kommt also nicht in Betracht.**[273]

IE wirft § 16 Abs. 3 vor allem die folgenden Fragen auf: **a) Aufhebung der Sperre** **112** **beim Formwechsel denkbar?** Gemäß § 203 Abs. 3 lassen Mängel des Formwechsels die Wirkungen der Eintragung in das Handelsregister unberührt, d.h. die durch Eintragung vollzogene Umwandlung kann nicht mehr in Frage gestellt werden (Erhaltungsgrundsatz, Bestandsschutz, vgl. Rn. 129). Die Eintragungssperre ist das Korrelat zum Bestandsschutz der Umwandlung nach ihrer Eintragung im Handelsregister, soll aber beim Vorliegen der in § 16 Abs. 3 genannten Voraussetzungen durchbrochen werden können. Hier stellt sich die **grundsätzliche Frage,** ob es beim Formwechsel überhaupt Gestaltungen gibt, die eine solche Durchbrechung zu rechtfertigen geeignet sind. Bei der Verschmelzung wird regelmäßig ins Feld geführt, der Aufschub des Vollzugs führe zu erheblichen Schäden wegen der Verzögerung des Eintritts von Synergieeffekten oder wegen gravierender Kostennachteile. Derartiges kommt beim Formwechsel kaum in Betracht. Deshalb ist hier ein vorrangiges Eintragungsinteresse der umwandelnden Gesellschaft selten belegbar mit der Folge, dass die Freigabekriterien äußerst zurückhaltend anzuwenden sind.[274] Beim Formwechsel werden häufig steuerliche Gründe für die Aufhebung der Eintragungssperre geltend gemacht werden. Hierbei handelt es sich dann zwar nicht um unmittelbare Interessen der formwechselnden Gesellschaft, sondern in der Regel um solche des Mehrheitsgesellschafters. Die Berücksichtigung dieser Interessen ist nach dem Gesetzeswortlaut aber nicht verboten.[275]

---

[270] Vgl. iE *Lutter/Bork* Kölner Umwandlungsrechtstage, S. 261, 266, 273; vgl. auch Rn. 102, 116, 119.
[271] LG Hanau DB 1995, 2362 betr. Zustimmungsbeschluss zu einem Unternehmensvertrag; *Lutter/Bork* Kölner Umwandlungsrechtstage, S. 273, 274; *Timm* ZGR 1996, 247, 257; *Sosnitza* NZG 1999, 965, 967 mN.
[272] Hierzu vgl. OLG Frankfurt/M. WM 1996, 534.
[273] Die These von *Schmid* ZGR 1997, 493, 521, die Irreversibilität der Eintragung sei schon nach geltendem Recht als ultima ratio zum Schutz gegen „räuberische" Anfechtungsklagen überwindbar, findet im gesetzgeberischen Willen keine Stütze.
[274] Vgl. *Noack* ZHR 164 (2000), 274, 284; *Lutter/Decher* Umwandlungsgesetz § 198 Rn. 47; OLG Karlsruhe EWiR 1998, 469 – *Bayer* betr. Formwechsel AG in GmbH.
[275] Demgemäß hat das OLG Düsseldorf ZIP 2001, 1717 = EWiR 2001, 1161 *(Bayer/Riedel)*, ein Vollzugsinteresse iS von § 198 Abs. 3, § 16 Abs. 3 S. 2 Alt. 3 für begründet erklärt, wenn ausschließlich einer Mehrheitsgesellschafterin durch eine Verzögerung der Eintragung wesentliche (steuerliche) Nachteile drohen. Für großzügige Handhabung insoweit auch *Lutter/Decher* Umwandlungsgesetz § 198 Rn. 49.

113 **b) Unzulässigkeit der Klage.** Die **Unzulässigkeit** einer Klage kommt allenfalls wegen formeller Mängel in Betracht, zB wenn der Kläger nicht klagebefugt ist[276] oder die Klage gegen den falschen Beklagten gerichtet wird. Im Übrigen sind kaum praktische Fälle denkbar. Verspätete Klagen (§ 195 Abs. 1) machen sie nicht unzulässig, sondern unbegründet.[277]

114 **c) Offensichtliche Unbegründetheit der Klage.** Schwieriger ist zu entscheiden, wann eine Klage **offensichtlich unbegründet** ist. Mit dieser Frage beschäftigt sich eine Mehrzahl der veröffentlichten Entscheidungen zu § 16. Nach OLG Hamm[278] ist eine Anfechtungsklage offensichtlich unbegründet, wenn sich ohne weitere Aufklärung in der Sache die Überzeugung gewinnen lässt, dass die Klage voraussichtlich keinen Erfolg haben wird. Es kommt nicht entscheidend darauf an, ob zur Beurteilung der Erfolgsaussicht schwierige rechtliche Überlegungen angestellt werden müssen. Nach OLG Düsseldorf[279] ist eine Anfechtungsklage nicht offensichtlich unbegründet, wenn die Beurteilung der Anfechtungsgründe von nicht zweifelsfrei zu beantwortenden Rechtsfragen abhängt. Nach OLG Frankfurt/M.[280] meint „offensichtlich" die zweifelsfreie Unbegründetheit der Klage. Auf leichte Erkennbarkeit komme es nicht an. In einer früheren Entscheidung sagt das gleiche Gericht,[281] eine Anfechtungsklage sei nur dann offensichtlich unbegründet, wenn sich dies ohne weitere sachliche Ermittlung und ohne schwierige rechtliche Überlegungen zweifelsfrei ergebe. Nach OLG Karlsruhe[282] ist eine Klage nicht offensichtlich unbegründet, wenn die Rechtsfrage noch nicht höchstrichterlich entschieden oder sonst hinreichend sicher geklärt ist. Das OLG Stuttgart[283] schließlich vertritt die Ansicht, dass ein Umwandlungsbeschluss auch dann trotz Anfechtung eingetragen werden kann, wenn die gegen den Beschluss gerichtete Klage nicht offensichtlich unbegründet ist. Die Tendenz dieser Entscheidungen geht mehr oder weniger auf restriktive Handhabung der Offensichtlichkeitsregelung, wobei Unterschiede allenfalls in der Frage bestehen, ob es zur Beurteilung der Erfolgsaussicht einer Klage schwieriger Überlegungen bedarf oder nicht. Dieser Tendenz ist zu folgen, da sie am ehesten dem Spannungsverhältnis zwischen dem absoluten Bestandsschutz der Eintragung der Umwandlung und der hierauf beruhenden Eintragungssperre gerecht wird. In der Literatur ist eine ähnliche Richtung zu erkennen,[284] wobei auch hier die Meinungen geteilt sind, ob die Offensichtlichkeit schon zu verneinen ist, wenn schwierige rechtliche Überlegungen anzustellen sind[285] oder ob dieser Gesichtspunkt ohne Bedeutung ist.[286] Erscheint die Beschlussmängelklage **offensichtlich begründet,** kann ein Freigabebeschluss nicht ergehen, ohne dass noch eine Interessenabwägung vorzunehmen

---

[276] OLG Naumburg DB 1997, 466 (keine Klagebefugnis des Betriebsrats bei Umwandlung einer AG in eine GmbH).
[277] Vgl. *Noack* ZHR 164 (2000), 274, 281. In diesem Falle kann die Registersperre aber schon durch ein Negativattest nach § 16 Abs. 2 überwunden werden (so zutr. *Lutter/Bork* Umwandlungsgesetz § 16 Rn. 19).
[278] NJW-RR 1999, 973 = EWiR 1999, 521 *(Veil)* betr. Verschmelzung.
[279] ZIP 1999, 793 = EWiR 1999, 1185 *(Keil)* betr. Verschmelzung.
[280] NJW-RR 1999, 334 = EWiR 1998, 665 *(Bayer)* betr. Formwechsel AG in GmbH & Co. KG. So auch OLG Düsseldorf ZIP 2001, 1717 betr. Formwechsel AG in KG.
[281] DB 1997, 1911 = EWiR 1997, 1039 *(Kiem)* betr. Formwechsel AG in GmbH & Co. KG.
[282] EWiR 1998, 469 *(Bayer)* betr. Formwechsel AG in GmbH.
[283] ZIP 1997, 75 = EWiR 1997, 131 *(Bork)* betr. Ausgliederung.
[284] Vgl. *Noack* ZHR 164 (2000) 274, 281, 282.
[285] So zB *Lutter/Bork* Umwandlungsgesetz § 16 Rn. 19 a.
[286] So zB *Hüffer* § 319 Rn. 18; *Kösters* WM 2000, 1921, 1926; diff. *Sosnitza* NZG 1999, 965, 970.

Umwandlung **Anh. nach § 77**

ist.[287] Nach zT vertretener Ansicht soll es insoweit auf die Schwere der mit der Klage geltend gemachten Mängel ankommen.[288] Diese Ansicht ist abzulehnen. Ob geringfügige Mängel einen Anfechtungsgrund darstellen, kann nicht im Verfahren nach § 16 Abs. 3 geprüft werden, sondern muss im Hauptsacheprozess entschieden werden.[289]

d) **Interessenabwägung, Rechtsmissbrauch.** Im Rahmen der **Interessenabwägung** ist zu prüfen, ob die Klage **rechtsmissbräuchlich** erhoben ist, sofern man diesen Gesichtspunkt nicht schon als Sonderfall in die Prüfungskategorie „offensichtliche Unbegründetheit" einordnet.[290] Im Übrigen ist bei der Interessenabwägung die Schwere der vom Kläger behaupteten Rechtsverletzung zu prüfen, wobei Nichtigkeitsgründe gewichtiger sind als Anfechtungsgründe.[291] Auch die Größe des Anteilsbesitzes des Klägers kann in die Abwägung aufgenommen werden, obgleich diese kein Anfechtungskriterium ist.[292] Ob die Interessenabwägung dazu führen kann, einen Unbedenklichkeitsbeschluss mit Auflagen zu verknüpfen,[293] erscheint zweifelhaft und ist eher abzulehnen, weil das Verfahren nach § 16 Abs. 3 die beschleunigte Eintragung einer Umwandlung bezweckt und dieser Zweck nicht erreicht wird, wenn der Registerrichter die Eintragung von der Erfüllung der Auflagen abhängig machen müsste, mit deren Überwachung er vermutlich überfordert wäre. 115

e) **Bindung des Registerrichters.** Ist durch rechtskräftigen Beschluss nach § 16 Abs. 3 festgestellt, dass die Klage der Eintragung der Umwandlung nicht entgegensteht, so ist der Registerrichter hieran **gebunden,** jedoch nur insoweit, wie über einen Mangel befunden worden ist. Hinsichtlich anderer Mängel besteht die Prüfungsbefugnis des Registerrichters fort.[294] 116

f) **Verbesserung des Verfahrens, Ausstrahlungswirkung.** Zur Frage, ob das Verfahren nach § 16 Abs. 3 einer **Verbesserung** bedarf, vgl. die Vorschläge des Handelsrechtsausschusses des Deutschen Anwaltvereins e. V. zur Änderung des UmwG.[295] Für den Fall der „**schwebenden Umwandlung**" bei Ablehnung eines Antrags auf Überwindung der Registersperre wird die Aufnahme von Verhaltenspflichten im Umwandlungsvertrag empfohlen.[296] Inwieweit dem Unbedenklichkeitsverfahren nach § 16 Abs. 3 (und dem entsprechenden Verfahren nach § 319 Abs. 6 AktG bei der Eingliederung) eine **Ausstrahlungswirkung** auf andere Sachverhalte beigemessen werden kann, zB auf die Anfechtung von Kapitalerhöhungsbeschlüssen, wird derzeit mit unterschiedlichen Ergebnissen diskutiert, vor allem im Hinblick auf die Aussetzungsmöglichkeit des Registerrichters nach § 127 FGG bei erhobener Anfechtungsklage, und ist hier nicht weiter zu erörtern.[297] 117

Das Beschlussverfahren beim Prozessgericht gemäß § 16 Abs. 3 ist als **besonderer Gebührentatbestand** in § 20 GKG und § 42 BRAGO aufgenommen. 118

---

[287] Zutr. *Noack* ZHR 164 (2000), 274, 283.
[288] Vgl. zB *Decher* AG 1997, 388, 391; *Riegger/Schockenhoff* ZIP 1997, 2105, 2109.
[289] Zutr. *Noack* ZHR 164 (2000), 274, 283.
[290] So zB *Lutter/Decher* Umwandlungsgesetz § 198 Rn. 36.
[291] Vgl. *Noack* ZHR 164 (2000), 274, 284.
[292] Vgl. *Noack* ZHR 164 (2000), 274, 285 mN.
[293] So *Heermann* ZIP 1999, 1861.
[294] Vgl. *Noack* ZHR 164 (2000), 274, 287.
[295] NGZ 2000, 802 bei Ziff. 9.
[296] Vgl. *Kiem* ZIP 1999, 173.
[297] S. dazu *Baums* Gutachten für den 63. DJT 2000 und die dort gefassten Beschlüsse; *Noack* ZHR 164 (2000), 274, 287 ff. mN; *Priester* ZHR 163 (1999), 187, 197; *Leinekugel* S. 187; *Schmid* ZIP 1998, 1057; vgl. auch Rn. 17.

Anh. nach § 77 5. Abschnitt. Auflösung und Nichtigkeit der Gesellschaft

119 **16. Prüfung durch das Registergericht.** Insoweit wird zunächst auf Rn. 102 Bezug genommen. Das Registergericht prüft neben der Ordnungsmäßigkeit der Anmeldung, zu welcher die Abgabe der Negativerklärung (Rn. 110) gehört, ob der Umwandlungsbeschluss wirksam zustande gekommen ist, nicht aber, ob er im Interesse der Gesellschaft liegt (vgl. hierzu Rn. 79). Stellt das Registergericht Mängel fest, so hat es die Eintragung abzulehnen oder durch Zwischenverfügung auf die Beseitigung behebbarer Mängel hinzuwirken (vgl. Rn. 78). Trägt das Registergericht ein, obwohl die Klagefrist gegen den Umwandlungsbeschluss gemäß § 14 Abs. 1 noch nicht abgelaufen und deshalb die Anmeldung nicht ordnungsgemäß war (vgl. Rn. 110), kommt eine **Amtslöschung der Eintragung** nach § 144 Abs. 2 FGG nicht in Betracht.[298]

120 **17. Eintragung in das Handelsregister und Bekanntmachung des Formwechsels. a) Einzutragende Tatsachen.** Einzutragen in das Handelsregister sind außer dem Formwechsel der GmbH in eine AG deren Vorstandsmitglieder mit ihrer Vertretungsbefugnis, die Firma und der Tag der Beschlussfassung der Umwandlung. Ist in der Satzung der AG der Unternehmensgegenstand gegenüber demjenigen der GmbH geändert oder ist das Grundkapital durch Kapitalerhöhung gegenüber dem Stammkapital geändert oder sind in die Satzung neue Bestimmungen über die Dauer der Gesellschaft oder über das genehmigte Kapital aufgenommen, so ist auch das in das Handelsregister einzutragen (§ 181 Abs. 2 S. 1 iVm. § 39 AktG). Ist mit dem Formwechsel eine **Sitzverlegung** verbunden, so ist im Register des neuen Sitzes die AG mit allen für eine Neueintragung erforderlichen Angaben einzutragen, daneben ist die Umwandlung aber auch im alten Register zu vermerken (vgl. Rn. 107).

120a **b) Bekanntzumachende Tatsachen.** Was bekanntzumachen ist, ergibt sich zunächst aus § 10 Abs. 1 S. 2 HGB, nämlich der ganze Inhalt der Eintragung. § 201 wiederholt diese Regel, indem er anordnet, dass das für die Anmeldung der neuen Rechtsform oder des Rechtsträgers neuer Rechtsform zuständige Gericht die Eintragung der neuen Rechtsform oder des Rechtsträger neuer Rechtsform durch den Bundesanzeiger und durch mindestens ein anderes Blatt ihrem ganzen Inhalt nach bekanntzumachen hat und dass mit dem Ablauf des Tages, an dem das letzte der die Bekanntmachung enthaltenden Blätter erschienen ist, die Bekanntmachung als erfolgt gilt. Da im Falle des Formwechsels mit Sitzverlegung (Rn. 107) nicht lediglich die neue Rechtsform zur Eintragung anzumelden ist (§ 198 Abs. 1), sondern der Rechtsträger neuer Rechtsform (§ 198 Abs. 2), könnte die Fassung des § 201 zu der Annahme führen, nur das Registergericht am neuen Sitz habe seine Eintragung bekanntzumachen. Das ist jedoch nicht der Fall. Vielmehr hat auch das Gericht am alten Sitz die in seinem Register vorzunehmenden Eintragungen bekanntzumachen.

121 **18. Wirkungen der Eintragung. a) Rechtliche Kontinuität und Identität.** Gemäß § 202 Abs. 1 Nr. 1 hat die Eintragung die Wirkung, dass die Gesellschaft als Aktiengesellschaft weiterbesteht, ihre rechtliche Kontinuität und Identität also erhalten bleibt. Der Rechtsträger des Unternehmens ist derselbe geblieben. Das **Vermögen** ist mit der Eintragung Vermögen der AG geworden (vgl. auch Rn. 9). Nicht etwa liegt ein Vermögensübergang von der GmbH auf die AG vor, wie bei einer Verschmelzung, so dass für die Anwendung des § 613a BGB (Betriebsübergang) kein Raum ist.[299] **Beherrschungs- und Gewinnabführungsverträge** werden in ihrem Bestand nicht ver-

---

[298] OLG Karlsruhe DB 2001, 1483 für den gleichliegenden Fall des § 319 Abs. 5 AktG; krit. zu dieser Praxis *Meilicke* DB 2001, 1235.
[299] Vgl. Rn. 394.

ändert, gleichgültig, ob der Formwechsel bei der Ober- oder bei der Untergesellschaft stattfindet.[300]

b) Beteiligung am Rechtsträger neuer Rechtsform, Rechte Dritter. § 202 **122** Abs. 1 Nr. 2 S. 1 bestimmt, dass die Gesellschafter der GmbH nach dem Formwechsel an der AG beteiligt sind, und zwar auch diejenigen Gesellschafter, die gegen die Umwandlung gestimmt haben. Diese können jedoch das Abfindungsangebot der Gesellschaft (Rn. 87 ff.) annehmen und sich dadurch ihrer Beteiligung entledigen (vgl. auch Rn. 48). Das in § 202 Abs. 1 Nr. 2 (und in § 194 Abs. 1 Nr. 3) zum Ausdruck kommende Prinzip der Mitgliederidentität (vgl. Rn. 59) wird nicht tangiert, wenn die Gesellschafter der GmbH mit Zustimmung aller Anteilsinhaber anlässlich der Umwandlung ihre Beteiligungsquoten verschieben, sog. **nicht verhältniswahrender Formwechsel**.[301]

§ 202 Abs. 1 Nr. 2 S. 2 legt fest, dass **Rechte Dritter** an den GmbH-Geschäfts- **123** anteilen an den Aktien weiterbestehen. Gemeint sind nur dingliche Rechte, also Pfandrecht und Nießbrauch.[302] Die **Testamentsvollstreckung** ist kein solches (dingliches) Recht, sondern eine Beschränkung des Erben (§ 2306 BGB). Sie setzt sich aber Kraft des Surrogationsprinzips an der Aktie fort.[303] Pfandgläubiger und Nießbraucher können Herausgabe der Aktienurkunden verlangen (§§ 952, 1292, 1293 BGB). Inwieweit **schuldrechtliche Rechtspositionen** Dritter tangiert werden, ist zweifelhaft, insbesondere, ob ein **Vorkaufsrecht** sich fortsetzt. Die Entscheidung richtet sich nach bürgerlichem Recht.[304] Der Fortbestand solcher Rechte ist deshalb nicht prinzipiell ausgeschlossen.[305] Auch eine **stille Gesellschaft** wird regelmäßig als fortbestehend angesehen werden können. Daran ändert der Umstand nichts, dass stille Gesellschaften mit Aktiengesellschaften nach nahezu einhelliger Auffassung in Rechtsprechung und Literatur als Teilgewinnabführungsverträge iSv. § 292 Abs. 1 Nr. 2 AktG angesehen werden[306] und die danach erforderlichen Formvorschriften bei Einräumung der stillen Beteiligungen meist nicht eingehalten wurden. Ob der Vorstand nach dem Wirksamwerden des Formwechsels gehalten ist, die fortbestehende stille Gesellschaft zur Eintragung in das Handelsregister anzumelden,[307] kann dahinstehen. Konstitutive Wirkung kommt einer solchen Eintragung jedenfalls nicht zu.[308]

c) Aktiv- und Passivlegitimation im Prozess. Im Prozess wird die Aktiv- und **124** Passivlegitimation der Gesellschaft durch den Formwechsel nicht berührt.[309] Es ist le-

---

[300] Vgl. *Müller* BB 2002, 157, 158, 160.
[301] Vgl. *Veil* DB 1996, 2529; *Lutter/Decher* Umwandlungsgesetz § 202 Rn. 20, 21 mwN; vgl. auch Rn. 62.
[302] AllgM, vgl. nur zum alten Recht *Geßler/Hefermehl/Eckardt/Kropff/Semler/Grunewald* § 382 Rn. 11.
[303] §§ 2041, 2111 BGB, vgl. HansOLG MDR 1982, 84. Auch beim Formwechsel der GmbH in eine KG bleibt das Verwaltungsrecht des Testamentsvollstreckers erhalten, es sei denn, dass der Geschäftsanteil zum Anteil eines persönlich haftenden Gesellschafters wird, vgl. BGHZ 108, 187, 195 = EWiR 1989, 991 *(Rowedder)*.
[304] Vgl. Kölner KommAktG/*Zöllner* § 381 Anm. 9 iVm. § 372 Anm. 9.
[305] Zu treuhänderischen GmbH-Beteiligungen vgl. *Armbrüster* GmbHR 2001, 941, 948; vgl. auch *Geßler/Hefermehl/Eckardt/Kropff/Semler/Grunewald* § 381 Rn. 11 iVm. § 372 Rn. 12; weitergehend *Lutter/Decher* Umwandlungsgesetz § 202 Rn. 28, der aus § 202 Abs. 1 Nr. 1 einen grundsätzlichen Fortbestand folgert.
[306] Nachw. bei *Schlitt/Beck* NZG 2001, 688 und *Kai Mertens* AG 2000, 32.
[307] So *Schlitt/Beck* NZG 2001, 688, 691.
[308] Zutr. *Schlitt/Beck* NZG 2001, 688, 691; aA *Kai Mertens* AG 2000, 32, der bei Nichteintragung Beendigung der stillen Gesellschaft im Zeitpunkt der Eintragung der Umwandlung annimmt.
[309] Vgl. Kölner KommAktG/*Zöllner* Vor § 362 Anm. 48, 49.

diglich das Rubrum zu berichtigen. Das soll sich auch auf die gesetzliche Vertretung beziehen.[310] Dem ist zuzustimmen mit der Maßgabe, dass dadurch nicht Mängel der Vertretungsbefugnis geheilt werden können. War zB die Klage eines ausgeschiedenen Geschäftsführers gegen eine mitbestimmte GmbH „vertreten durch die Geschäftsführer" gerichtet, obwohl der Aufsichtsrat das richtige Vertretungsorgan gewesen wäre, bleibt die Klage unzulässig, auch wenn nach der Umwandlung das Rubrum dahin zu berichtigen beantragt wird, dass Beklagte nunmehr die AG sei, „vertreten durch den Aufsichtsrat".[311] Die dem AktG unbekannte Auflösungsklage (§ 61 GmbHG) kann nach dem Formwechsel allerdings nicht fortgeführt werden.[312]

125 **d) Keine Amtskontinuität bei Geschäftsführern und Aufsichtsratsmitgliedern.** Mit dem Wirksamwerden des Formwechsels hört der Geschäftsführer auf, Organ der Gesellschaft zu sein. Diese wird jetzt durch die Vorstandsmitglieder vertreten. Der Dienstvertrag des Geschäftsführers gilt aber weiter, wie beim Widerruf der Geschäftsführerbestellung ohne wichtigen Grund (§ 38 Abs. 1 GmbHG). Wird der Geschäftsführer zum Vorstandsmitglied bestellt, ist im Hinblick auf § 84 Abs. 1 AktG gegebenenfalls einvernehmliche Begrenzung des Dienstvertrags auf fünf Jahre anzunehmen.[313] Enthält die mit der Anmeldung des Formwechsels zum Handelsregister vorzulegende Urkunde über die Bestellung des Vorstands (vgl. Rn. 109) keine Angaben über Beginn und Ende der Amtszeit, beginnt die fünfjährige Amtszeit mit der Eintragung des Formwechsels im Handelsregister, weil vor diesem Zeitpunkt ein Vorstandsamt nicht ausgeübt werden kann und für die Fristberechnung nach § 84 Abs. 1 AktG ganz allgemein auf den Beginn der Amtszeit abzustellen ist, nicht auf die zeitlich früher liegende Bestellungserklärung.[314] Wird der Geschäftsführer nicht zum Vorstandsmitglied bestellt, so steht ihm ein Recht zur fristlosen Kündigung des Dienstvertrags zu, sofern dieser nichts anderes bestimmt.[315] Sieht der Dienstvertrag ein Ruhegeld für den Fall seiner Beendigung vor, ohne dass ein Verhalten des Geschäftsführers hierfür ursächlich war, so behält der Geschäftsführer den Ruhegeldanspruch. Für die Gesellschaft ist die Beendigung der Organstellung des Geschäftsführers dagegen kein Grund zur fristlosen Kündigung des Dienstvertrags.[316] Sieht der Geschäftsführer von einer Kündigung des Dienstvertrags ab, so ist er in der Regel nicht verpflichtet, eine andere Tätigkeit auszuüben.[317] Dagegen bleibt eine erteilte **Prokura** fortbestehen. Ihre

---

[310] *Lutter/Decher* Umwandlungsgesetz § 202 Rn. 41.
[311] Vgl. BGH ZIP 1997, 1108, wo die Klage eines ehemaligen Geschäftsführers einer dem Montan-Mitbestimmungsgesetz unterliegenden, inzwischen in eine AG umgewandelten GmbH auf Erfüllung einer Versorgungszusage abgewiesen wurde, weil sowohl die GmbH als auch die AG durch den Aufsichtsrat hätten vertreten sein müssen und nicht – die AG – durch den Vorstand.
[312] Vgl. *v. Godin/Wilhelmi* § 381 Anm. 6.
[313] Offen gelassen in BGH WM 1989, 215, 218 für den Anstellungsvertrag des Geschäftsführers der Komplementär-GmbH einer GmbH & Co KG bei deren Umwandlung in eine AG; die in diesem Zusammenhang verschiedentlich zitierte BGH-Entscheidung WM 1997, 1211 (zur Umwandlung einer AG in eine GmbH) ist nicht einschlägig, weil dort das Vorstandsmitglied der AG nach der Umwandlung formgerecht zum Geschäftsführer berufen und danach eine zeitlang nach dem mit der AG geschlossenen Anstellungsvertrag verfahren worden war.
[314] *Hüffer* § 84 Rn. 7.
[315] Vgl. *Hueck* DB 1957, 1259, 1262; GroßkommAktG/*Meyer-Landrut* § 381 Anm. 4.
[316] Vgl. *Hueck* DB 1957, 1260; GroßkommAktG/*Meyer-Landrut* § 381 Anm. 4; *Neflin* AG 1960, 216; *Petersen*, FS Luther, 1976, S. 127 ff.; Kölner KommAktG/*Zöllner* § 381 Anm. 6 iVm. § 365 Anm. 6.
[317] Vgl. *Hueck* DB 1957, 1260; Kölner KommAktG/*Zöllner* § 381 Anm. 6 iVm. § 365 Anm. 6.

Umwandlung **Anh. nach § 77**

Eintragung auf einem neuen Registerblatt darf nicht von einer Neuanmeldung abhängig gemacht werden.[318] Entsprechendes gilt für die von der formwechselnden Gesellschaft erteilten **Handlungsvollmachten**.

In gleicher Weise endet das Amt etwaiger **Aufsichtsratsmitglieder** der GmbH. **126** Eine **Amtskontinuität** findet nur statt, wenn eine mitbestimmte GmbH ihre Form wechselt, § 203 S. 1, vgl. Rn. 84.

e) Heilung des Mangels der notariellen Beurkundung und erforderlicher **127** **Zustimmungserklärungen.** Nach § 202 Abs. 1 Nr. 3 wird der Mangel der notariellen Beurkundung des Umwandlungsbeschlusses und gegebenenfalls erforderlicher Zustimmungs- oder Verzichtserklärungen einzelner Anteilsinhaber durch die Eintragung geheilt.

f) Sitzverlegung. Wird zugleich mit der Umwandlung eine Sitzverlegung be- **128** schlossen (§ 198 Abs. 2 S. 2, vgl. Rn. 107), so treten die im Vorstehenden erörterten Wirkungen der Eintragung in das Handelsregister gemäß § 202 Abs. 2 mit der Eintragung der AG in das Register am neuen Sitz ein.

g) Mängel des Formwechsels. Gemäß § 202 Abs. 3 lassen Mängel des Form- **129** wechsels die **Wirkungen der Eintragung** der neuen Rechtsform oder des Rechtsträgers neuer Rechtsform in das Register **unberührt.** Das bedeutet, dass nach Eintragung der AG in das Handelsregister, sei es des alten Registers, sei es (im Falle der Sitzverlegung, vgl. Rn. 107) in das Register des neuen Sitzes, mit einer wie auch immer gearteten Klage gegen die Wirksamkeit des Umwandlungsbeschlusses (§ 195 Abs. 1, vgl. Rn. 79) der Formwechsel als solcher nicht mehr in Frage gestellt werden kann. Die Vorschrift geht auf § 352a aF AktG zurück, der durch das Verschmelzungsrichtlinie-Gesetz von 1982[319] eingeführt wurde. Die Gesetzesfassung stellt klar, dass Mängel der Einzelakte des Formwechsels diesen nach seiner Eintragung im Handelsregister nicht beseitigen können, dass die Mängel selbst hingegen nicht geheilt werden (mit Ausnahme der in § 202 Abs. 1 Nr. 3 genannten), sondern weiterhin zur Grundlage von Schadenersatzansprüchen gegen die Verantwortlichen gemacht werden können (§§ 205, 206, vgl. Rn. 137–146). Hierdurch soll den Schwierigkeiten der Rückabwicklung durchgeführter Umstrukturierungsmaßnahmen Rechnung getragen werden. Der Gesetzestext schließt insbesondere die Nichtigkeit des Umwandlungsbeschlusses als Unwirksamkeitsgrund nach Eintragung des Formwechsels in das Handelsregister aus. § 202 Abs. 3 beruht nach der Amtl. Begr. (S. 144) auf einer allgemeinen Tendenz, gesellschaftsrechtliche Aktie möglichst zu erhalten. Tatsächlich ist die Gesetzesfassung in erster Linie auf die Verschmelzung zugeschnitten, wo sie verhindern soll, dass die vermischten Vermögensmassen der vereinigten Gesellschaften wieder getrennt werden müssen. Allerdings waren ähnliche Regelungen schon bei einigen seltenen Umwandlungsfällen des alten Rechts bekannt (vgl. zB § 385p Abs. 2 AktG). Das UmwG 1994 erstreckt den **Erhaltungsgrundsatz** auf alle Umwandlungsfälle (vgl. zur Verschmelzung § 20 Abs. 2, zur Spaltung § 131 Abs. 2, zur Vermögensübertragung § 176 iVm. § 20 Abs. 2). Eine **Amtslöschung** der Eintragung des Formwechsels nach § 144 Abs. 2 FGG wegen Nichtbeachtung der Registersperre nach § 16 Abs. 2 kommt nicht in Betracht.[320]

19. Wirkungen des Formwechsels. a) Stammkapital wird zum Grundkapi- 130 tal, Unterbilanz. Ergänzend zu den in § 202 festgelegten Rechtsfolgen des Form-

---

[318] OLG Köln DNotZ 1996, 700 (betr. Formwechsel einer GmbH in eine GmbH & Co. KG).
[319] Vgl. 3. Aufl. Rn. 3, 418.
[320] OLG Hamm DB 2001, 85 (betr. Umwandlung einer AG in eine KG).

Anh. nach § 77   5. Abschnitt. Auflösung und Nichtigkeit der Gesellschaft

wechsels bestimmt § 247 Abs. 1, dass durch den Formwechsel das bisherige Stammkapital der GmbH zum Grundkapital der AG wird. Das ist eine Konsequenz aus der rechtlichen Kontinuität und Identität des Rechtsträgers. Das Grundkapital wird nicht neugeschaffen, sondern ist lediglich eine Fortschreibung des Stammkapitals.[321] Das Gründungsrecht wird insoweit verdrängt mit der Folge, dass ein Formwechsel auch **bei Unterbilanz** möglich ist.[322] Das entspricht dem alten Recht.[323] Im Widerspruch hierzu scheint der Gesetzeswortlaut des neuen Rechts zu stehen, der fordert, dass das Vermögen der formwechselnden GmbH nach Abzug der Verbindlichkeiten das (künftige) Grundkapital der AG decken muss (§ 245 Abs. 1 S. 2 iVm. § 220 Abs. 1). Eine starke Meinung[324] will deshalb § 220 Abs. 1 auf den Formwechsel einer GmbH in eine AG nicht anwenden. Der vermeintliche Widerspruch wird jedoch aufgelöst, wenn man die Unterbilanz auf der Grundlage der Handelsbilanz ermittelt, die Belegung des Nennkapitals aber auf der Grundlage der wirklichen Vermögenswerte nach den Regeln der Unternehmensbewertung prüft (Zeitwert, der bei § 220 Abs. 1 ohnehin nach hM gemeint ist, vgl. Rn. 277). Eine Unterbilanz hindert danach den Formwechsel nicht, solange das Grundkapital durch stille Reserven gedeckt wird, die Unterbilanz somit nur eine formelle, nicht auch eine materielle ist.[325] Dieser Auffassung ist zuzustimmen.[326] Auch bei Unterbilanz besteht **keine Pflicht zur Volleinzahlung noch ausstehender Einlagen,** weil es eine solche beim Formwechsel grundsätzlich nicht gibt.[327] Da nicht volleingezahlte Aktien nach § 10 Abs. 2 AktG nur auf den Namen lauten dürfen, müssen für teileingezahlte Geschäftsanteile Namensaktien ausgegeben werden.[328] Die noch nicht erbrachten Einzahlungen sind nach der Eintragung des Formwechsels in das Handelsregister nicht mehr nach §§ 21 ff. GmbHG, sondern nach §§ 63 ff. AktG zu behandeln, es sei denn, dass Zahlungsaufforderungen nach § 24 GmbHG schon ergangen waren.[329] Entsprechendes gilt für die Einforderung von Nachschüssen (§ 26 GmbHG), die das AktG nicht kennt (§ 54 Abs. 1 AktG). Wegen **Kapitaländerungen** anlässlich des Formwechsels s. Rn. 65, 66. – Waren Geschäftsanteile nur mit Zustimmung der Gesellschaft übertragbar, werden sie zu **vinkulierten Namensaktien** nur durch ausdrückliche Satzungsbestimmung, sonst zu Inhaberaktien (vgl. Rn. 62).

---

[321] Amtl. Begr. S. 158.
[322] Amtl. Begr. S. 158.
[323] Vgl. 2. Aufl. Rn. 52.
[324] Vgl. *Lutter/Happ* Umwandlungsgesetz 1. Aufl. § 245 Rn. 11 ff.; wohl auch noch 2. Aufl. § 245 Rn. 13.
[325] Möglicherweise hat der Verfasser der Amtl. Begr. den Formwechsel sogar bei materieller Unterbilanz zulassen wollen, vgl. *Schmitt/Hörtnagl/Stratz* § 245 Rn. 6.
[326] Zust. auch *Busch* AG 1995, 555; *Mertens* AG 1995, 561 Fn. 3; *ders.* ZGR 1999, 548, 563; *Priester,* FS Zöllner, 1998, S. 449, 459 bis 461; *Schmitt/Hörtnagl/Stratz* § 245 Rn. 6; wohl auch *Widmann/Mayer/Rieger* § 245 Rn. 50, 51; grds. gegen die Zulassung des Formwechsels bei Unterbilanz *K. Schmidt* ZIP 1995, 1385, weil eine Unterbilanz durch eine jetzt mögliche vereinfachte Kapitalherabsetzung nach §§ 58 a ff. GmbHG beseitigt werden könne. Die Vorschläge des Handelsrechtsausschusses des *Deutschen Anwaltvereins e.V.* zur Änderung des UmwG (NZG 2000, 802, 808) empfehlen die Korrektur des § 245 iS einer Beschränkung der Verweisung auf § 220 Abs. 2 und 3, wodurch klargestellt werden soll, dass der Formwechsel auch bei Unterbilanz möglich ist.
[327] AllgM, vgl. *Lutter/Happ* Umwandlungsgesetz § 245 Rn. 14 ff. mN; eingehend *K. Schmidt* ZGR 1995, 1385 ff.
[328] Vgl. *Geßler/Hefermehl/Eckardt/Kropff/Semler/Grunewald* § 385d Rn. 16.
[329] Vgl. *Geßler/Hefermehl/Eckardt/Kropff/Semler/Grunewald* § 381 Rn. 6; Kölner KommAktG/*Zöllner* § 381 Anm. 7.

Umwandlung   Anh. nach § 77

b) Vereinfachte Kapitalherabsetzung. Nach § 247 Abs. 2 kann eine vereinfachte   131
Kapitalherabsetzung nach dem Formwechsel in der Jahresbilanz auch dann rückwirkend berücksichtigt werden, wenn diese Bilanz das letzte vor dem Formwechsel abgelaufene Geschäftsjahr einer formwechselnden GmbH betrifft. Diese Regelung soll nach der Amtl. Begr.[330] Sanierungen erleichtern, die mit einem Formwechsel angestrebt werden. Nachdem inzwischen die vereinfachte Kapitalherabsetzung auch im GmbH-Recht zugelassen ist (§§ 58a–58f, vgl. dort), kommt der Sanierungszweck als Motiv für den Formwechsel einer GmbH in eine AG nicht mehr in Betracht (vgl. Rn. 66), weshalb die Regelung des § 247 Abs. 2 keine praktische Bedeutung haben dürfte. Die Vorschläge des Handelsrechtsausschusses des Deutschen Anwaltvereins e. V. zur Änderung des UmwG[331] empfehlen deshalb die Streichung des § 247 Abs. 2.

20. Schutz der Gläubiger. a) Sicherheitsleistung. Nach § 204 iVm. § 22 Abs. 1   132
ist den Gläubigern der GmbH Sicherheit zu leisten, wenn sie binnen sechs Monaten nach dem Tag, an dem die Eintragung des Formwechsels in das Handelsregister als bekanntgemacht gilt (§ 201), ihren Anspruch nach Grund und Höhe schriftlich anmelden, soweit sie nicht Befriedigung verlangen können. Dieses Recht steht den Gläubigern jedoch nur zu, wenn sie **glaubhaft machen,** dass durch den Formwechsel die Erfüllung ihrer Forderung gefährdet wird. Die Gläubiger sind in der Bekanntmachung des Formwechsels auf dieses Recht hinzuweisen. Das Recht, Sicherheitsleistung zu verlangen, wurde nach altem Recht den Gläubigern nur im umgekehrten Fall der formwechselnden Umwandlung einer AG in eine GmbH gewährt (§ 374 AktG) und in den Fällen der übertragenden Umwandlungen. Die Ausdehnung des Sicherheitsleistungsrechts auf alle Fälle des Formwechsels ist nur unter dem Gesichtspunkt der Vereinheitlichung des gesamten Umwandlungsrecht verständlich; denn die Rechtsstellung der Gläubiger der GmbH erfährt durch die Umwandlung in eine AG allenfalls eine Verbesserung, aber keine Verschlechterung, weil die Vermögensbindung bei der AG strenger geregelt ist als bei der GmbH. Überdies bleibt die Haftungsmasse beim Formwechsel von Kapitalgesellschaft zu Kapitalgesellschaft voll erhalten (was beim Formwechsel von Kapitalgesellschaft zu Personengesellschaft wegen der Möglichkeit von Entnahmen anders ist, vgl. Rn. 229). Als Regulativ gegen ein ungerechtfertigtes Sicherheitsleistungsverlangen wirkt allerdings die aus der Verschmelzungsregelung des § 347 Abs. 1 S. 2 aF AktG übernommene Voraussetzung, dass der Gläubiger eine **Gefährdung** seiner Forderung glaubhaft machen muss (in § 347 aF AktG war noch ein Nachweis verlangt).[332] – Zum Widerspruch der Regelung mit der Identitätstheorie beim Formwechsel vgl. Rn. 12 aE.

b) Ausschlussfrist. Die Sechsmonatsfrist des § 22 Abs. 1 S. 1 ist eine Ausschlussfrist   133
und beginnt nach richtiger Ansicht auch dann zu laufen, wenn das Registergericht entgegen § 22 Abs. 1 S. 3 keinen entsprechenden Hinweis in die Bekanntmachung aufgenommen hat, weil anderenfalls die Gesellschaft auf unabsehbare Zeit mit Sicherungspflichten belastet wäre.[333] Bei unterlassenem Hinweis sind Schadenersatzansprüche wegen Amtspflichtverletzung denkbar. Gläubiger **fälliger Forderungen** haben keinen Anspruch auf Sicherheitsleistung, weil sie Befriedigung verlangen können (allgM),

---

[330] S. 158.
[331] NZG 2000, 802, 808.
[332] Entsprechend § 22 Abs. 2 kann Sicherheitsleistung auch nicht verlangt werden, wenn für einen Betriebsrentenanspruch nach § 7 BetrAVG Insolvenzsicherung besteht, BAG DB 1997, 531.
[333] S. die Nachw. zu der entsprechenden Regelung des § 7 UmwG 1969, 2. Aufl. Rn. 204.

und zwar auch dann nicht, wenn die Forderung bestritten ist.[334] Geht man davon aus, dass der jeweilige Anspruch aus einem **Dauerschuldverhältnis** erst mit der Fälligkeit der Teilleistung entsteht, sind von der Sicherheitsleistung auch zukünftige Ansprüche aus solchen Verhältnissen ausgeschlossen. Auch Gläubigern, die im Falle der **Insolvenz** ein Recht auf vorzugsweise Befriedigung aus einer Deckungsmasse haben, die nach gesetzlicher Vorschrift zu ihrem Schutz errichtet und staatlich überwacht ist, steht ein **Recht auf Sicherheitsleistung nicht zu,** § 22 Abs. 2. Die entsprechende Regelung des § 347 Abs. 2 aF AktG war auf Versicherungsgesellschaften, Schiffsbanken und Hypothekenbanken zugeschnitten (vgl. §§ 77, 79 VAG, 35 SchiffsbankG, § 35 HypbankG). Da Versicherungsgesellschaften, Schiffs- und Hypothekenbanken nicht in der Rechtsform der GmbH betrieben werden dürfen (vgl. §§ 5, 7 VAG, § 2 SchiffsbankG, § 2 HypbankG), wird die Regelung insoweit beim Formwechsel einer GmbH in eine AG kaum praktisch. Die Amtl. Begr. zu § 22 (S. 92) wies aber zu Recht darauf hin, dass der Grundgedanke der Regelung des § 22 Abs. 2 für alle Ansprüche verallgemeinert werden kann, bei denen Gläubiger bereits anderweitig für den Fall der Insolvenz des umwandelnden Rechtsträgers gesichert sind, sofern diese Sicherheiten nach gesetzlicher Vorschrift bestehen und staatlich überwacht werden. Deshalb ist die Regelung auch auf die von dem besonderen Insolvenzschutz durch den Pensionssicherungsverein nach den §§ 7 ff. des BetrAVG erfassten **Versorgungsansprüche** und unverfallbaren Versorgungsanwartschaften der Arbeitnehmer anwendbar, die sich aus einer unmittelbaren Versorgungszusage des Arbeitgebers ergeben (vgl. Fn. 332).

134 c) **Leistung der Sicherheit.** Für die Leistung der Sicherheit gelten die §§ 232 ff. BGB (vgl. iE § 58 GmbHG Rn. 31).

135 21. **Schutz der Inhaber von Sonderrechten.** § 204 ordnet die entsprechende Anwendung des § 23 auf den Formwechsel an. Das bedeutet, dass den Inhabern von Rechten in einem formwechselnden Rechtsträger, die kein Stimmrecht gewähren, insbesondere den Inhabern von Anteilen ohne Stimmrecht, von Wandelschuldverschreibungen, von Gewinnschuldverschreibungen und von Genussrechten, im Umwandlungsbeschluss (§ 194 Abs. 1 Nr. 5) gleichwertige Rechte in dem Rechtsträger neuer Rechtsform zu gewähren sind. Die Gesetzesfassung spricht nur „Inhaber von Rechten **in einem Rechtsträger**" an und will diese dadurch von Gläubigern auf nur schuldrechtlicher Ebene abgrenzen,[335] wobei den angesprochenen Rechtsinhabern jedoch die Möglichkeit fehlt, durch Ausübung des Stimmrechts auf den Umwandlungsvorgang Einfluss zu nehmen. Das Gesetz nennt in erster Linie die Inhaber von Anteilen ohne Stimmrecht. Das sind bei der GmbH die Inhaber sogenannter **Vorzugsgeschäftsanteile,** bei denen als Ausgleich für den Ausschluss des Stimmrechts ein Vorzug bei der Gewinnverteilung eingeräumt ist.[336] Von den Vorzugsgeschäftsanteilen zu unterscheiden sind die Wandelschuldverschreibungen und Gewinnschuldverschreibungen. Sie kommen bei der GmbH anders als bei der AG (§ 221 AktG) praktisch nicht vor. Dagegen sind **Genussrechte** auch bei der GmbH eine durchaus gängige Erscheinung.[337] Beim Formwechsel der GmbH in eine AG werden die Genussrechte aber nicht berührt, da die Gesellschaft nicht beendet wird, sondern nur ihre Form än-

---

[334] OLG Celle BB 1989, 868.
[335] Amtl. Begr. S. 92.
[336] Vgl. *Hachenburg/Ulmer* § 5 Rn. 166; eine ausdrückliche gesetzliche Regelung entsprechend § 139 AktG kennt das GmbHG nicht.
[337] Vgl. *Hachenburg/Goerdeler/Müller* Anh. § 29 Rn. 1 ff.

Umwandlung   Anh. nach § 77

dert.³³⁸ Einer besonderen Einräumung gleichwertiger Genussrechte bei der AG bedarf es deshalb nicht. § 23 dient insgesamt dem **Schutz gegen Verwässerung** von Sonderrechten. Den Schutz genießen auch diejenigen Inhaber von Sonderrechten, die dem Formwechsel zugestimmt haben.³³⁹ Die Verwässerungsgefahr besteht auch bei **Kapitalerhöhungen.** Bei **Kapitalerhöhungen aus Gesellschaftsmitteln** sind die Genussrechtsinhaber nach § 57m Abs. 3 GmbHG gegen die Verwässerung ihrer Rechte geschützt (vgl. § 55 GmbHG Rn. 54; § 57m GmbHG Rn. 8). Sind den Inhabern von Vorzugsgeschäftsanteilen Vorzugsaktien ohne Stimmrecht einzuräumen, ist § 139 Abs. 2 AktG zu beachten. Außerdem ist bereits in der Satzung der AG (§ 23 Abs. 2 Nr. 4) auf die Vorzugsaktien hinzuweisen. – Vgl. auch Rn. 407 zur Verschmelzung.

22. Kapitalschutz. § 245 Abs. 1 S. 2 schreibt die entsprechende Anwendung des **136** § 220 (Formwechsel einer Personenhandelsgesellschaft in eine Kapitalgesellschaft) ohne Einschränkung vor, also auch die Anwendung des § 220 Abs. 1, wonach der Nennbetrag des Grundkapitals der AG durch das Reinvermögen der GmbH gedeckt sein muss. Das steht in Widerspruch zu der Vorschrift des § 247 Abs. 1, wonach durch den Formwechsel das bisherige Stammkapital der GmbH zum Grundkapital der AG wird, und könnte bei einer **Unterbilanz** den Formwechsel hindern. Deshalb stellt sich die Frage, ob die Buchwerte der formwechselnden GmbH beim Vorhandensein stiller Reserven, also bei bloß formeller Unterbilanz,³⁴⁰ (wenigstens) bis zur Höhe des Grundkapitals **aufgestockt** werden können.³⁴¹ Das **Kapitalerhaltungsgebot** und der **Schutz der Gläubiger** stehen einer derartigen Aufstockung möglicherweise nicht entgegen,³⁴² wohl aber der Grundsatz der **Bilanzkontinuität**, der bei Zulassung der Aufstockung durchbrochen werden müsste. Die Aufstockung ist deshalb nicht möglich.³⁴³ Insoweit sind die Verhältnisse anders als beim Formwechsel einer Personenhandelsgesellschaft in eine Kapitalgesellschaft (Rn. 277), weil sich beim Übergang von Kapitalgesellschaft zu Kapitalgesellschaft die Bilanzierungsregeln nicht ändern.

23. Schadenersatzpflicht der Verwaltungsträger. Erleiden die **formwechseln- 137 de GmbH,** ihre **Gesellschafter** oder **Gläubiger** durch den Formwechsel einen **Schaden,** so **haften** ihnen hierfür die **Geschäftsführer** und, wenn ein **Aufsichtsrat** vorhanden ist, dessen Mitglieder als Gesamtschuldner (§ 205 Abs. 1 S. 1). Gemeint sind nur die Mitglieder eines Gremiums mit echten Aufsichtsfunktionen, nicht eines **Beirats** mit nur beratenden Aufgaben. Ist ein Schaden eingetreten, so wird Verschulden der Organe der formwechselnden GmbH vermutet. Diese müssen deshalb beweisen, dass sie ihre Sorgfaltspflicht beachtet haben, wenn sie sich exkulpieren wollen (§ 205 Abs. 1 S. 2 iVm. § 25 Abs. 1 S. 2). Die Regelung ist gegenüber der formwechselnden Umwandlung des alten Rechts neu, welches eine derartige Haftung nur bei der Verschmelzung kannte. Nach der Amtl. Begr. (S. 145) können Schäden durch pflichtwidriges Verhalten der Unternehmensorgane bei der Vorbereitung und Durchführung des Formwechsels deshalb besondere Bedeutung erlangen, weil nach § 202 Abs. 3 (vgl. Rn. 129) Mängel des Formwechsels die Wirkungen der Eintragung der neuen Rechts-

---
³³⁸ *Hachenburg/Goerdeler/Müller* § 29 Rn. 17.
³³⁹ RegE zu § 347a AktG, BT-Drucks. 9/1065 S. 19.
³⁴⁰ Vgl. Rn. 130.
³⁴¹ Bejahend und eingehend hierzu *Priester* DB 1995, 911 ff.
³⁴² *Priester* DB 1995, 917.
³⁴³ Ebenfalls verneinend und eingehend hierzu *Busch* AG 1995, 555, 559 ff.; *Widmann/Mayer/Rieger* § 245 Rn. 97.

form in das Handelsregister unberührt lassen. Daneben haben aber wohl Gesichtspunkte der Herstellung eines Gleichlaufs mit der Regelung der Verschmelzung die Übernahme der Haftungsregelung in das Recht des Formwechsels bestimmt; denn bei fortbestehender rechtlicher und wirtschaftlicher Identität des Rechtsträgers erscheint die Regelung überflüssig (vgl. Rn. 12 aE).

138 a) **Umfang der Haftung.** Die Haftung der Geschäftsführer der formwechselnden GmbH nach § 205 Abs. 1 **geht über die Haftung nach § 43 GmbHG hinaus**, da die Geschäftsführer auch von den Gesellschaftern und Gesellschaftsgläubigern in Anspruch genommen werden können (was sonst nur ausnahmsweise möglich ist, vgl. § 43 GmbHG Rn. 43 ff.; allerdings können die Ansprüche nach § 205 Abs. 1 nur durch einen besonderen Vertreter geltend gemacht werden, vgl. Rn. 143). Ähnliches gilt für die Haftung der Aufsichtsratsmitglieder (denen allerdings schon nach § 52 Abs. 1 GmbHG iVm. §§ 116, 93 Abs. 5 AktG eine Inanspruchnahme durch Gesellschaftsgläubiger drohen kann). Haben die Verwaltungsträger nach **Weisungen** der Gesellschafter aufgrund eines Gesellschafterbeschlusses gehandelt, besteht eine Haftung nach allgemeinen Grundsätzen nur gegenüber den Gläubigern (§§ 43 Abs. 3 S. 3 GmbHG, 93 Abs. 5 S. 3 AktG; vgl. hierzu iE Rn. 410 bei der Verschmelzung). Entsprechendes gilt, soweit einem Verwaltungsträger in Kenntnis der anspruchsbegründenden Umstände **Entlastung** erteilt ist.

139 b) **Begrenzung der Haftung.** Die Haftung der Verwaltungsträger ist begrenzt auf die Beachtung der Sorgfaltspflicht bei der **Prüfung der Vermögenslage** der formwechselnden GmbH (§ 205 Abs. 1 S. 2 iVm. § 25 Abs. 1 S. 2) sowie bei der **Vorbereitung und Durchführung des Umwandlungsbeschlusses** (dieser tritt an die Stelle des Verschmelzungsvertrags in § 25 Abs. 1 S. 2, vgl. Rn. 41). Soweit ein Schadensausgleich durch Barabfindung gemäß § 207 stattfindet (vgl. Rn. 87 ff.), entfällt der Schadenersatzanspruch nach § 205. Die Versäumung der Frist zur Annahme des Barabfindungsgebots (§ 209, vgl. Rn. 93) können die Verwaltungsträger einem Anspruch nach § 205 jedenfalls dann entgegenhalten, wenn andere Gesellschafter, notfalls im Spruchverfahren nach § 212 (vgl. Rn. 92), einen Schadensausgleich erlangt haben. Zu den Sorgfaltspflichten bei der Vorbereitung und Durchführung des Formwechsels wird man insbesondere die Pflicht der Organe rechnen müssen, für wirksame Zustimmungen zum Umwandlungsbeschluss (vgl. Rn. 52 ff.) zu sorgen.

140 c) **Schaden.** Ein Schaden der **formwechselnden GmbH** ist bei wirksamem Formwechsel kaum denkbar, weil die Gesellschaft, wenngleich in anderer Rechtsform, fortbesteht. Hier liegen die Verhältnisse anders als bei der Verschmelzung, durch welche die (übertragende) Gesellschaft erlischt. Der einem **Gesellschafter** durch den Formwechsel entstandene Schaden ist eher fassbar, zB wenn seine zum Formwechsel erforderliche Zustimmung nicht eingeholt wurde und er mit der Eintragung des Formwechsels Sonderrechte verliert (vgl. Rn. 52 ff., 127). Dass **Gläubiger** durch den Formwechsel geschädigt werden können, ist ebenfalls kaum vorstellbar, da die Rechtsstellung der Gläubiger der GmbH durch die Umwandlung in eine AG allenfalls eine Verbesserung erfährt und die Haftungsmasse beim Formwechsel von Kapitalgesellschaft zu Kapitalgesellschaft voll erhalten bleibt. Überdies können die Gläubiger der GmbH unter bestimmten Voraussetzungen Sicherheitsleistung verlangen (vgl. Rn. 132).

141 d) **Schaden durch den Formwechsel.** Durch den Formwechsel ist ein Schaden entstanden, wenn die Umwandlung der GmbH in eine AG durch Eintragung in das Handelsregister wirksam geworden ist (§ 201 Abs. 1 Nr. 1). Kommt es nicht zur Eintragung, etwa weil diese durch Klage gegen die Wirksamkeit des Umwandlungsbeschlusses verhindert wird (vgl. Rn. 79), so gelten für die Inanspruchnahme der Ver-

Umwandlung   **Anh. nach § 77**

waltungsträger wegen Verletzung von Sorgfaltspflichten die allgemeinen Vorschriften, wonach regelmäßig nur die umzuwandelnde GmbH aktiv legitimiert ist (§§ 43, 52 Abs. 1 GmbHG iVm. §§ 116, 93 AktG). Gesellschaftern und Gläubigern kann ein Schaden schwerlich entstanden sein, der Gesellschaft selbst auch nur durch die Vorbereitungs- und Durchführungsmaßnahmen ihrer Organe.

e) Verjährung. Die Ansprüche nach § 205 Abs. 1 verjähren in fünf Jahren seit dem Tage, an dem die anzumeldende Eintragung der AG in das Handelsregister nach § 201 S. 2 als bekanntgemacht gilt (vgl. Rn. 120a). Soweit die Verwaltungsträger nach sonstigen Vorschriften haften, zB nach §§ 823, 826 BGB, richtet sich die Verjährung nach diesen. **142**

f) Geltendmachung der Schadenersatzansprüche. Um eine Vielzahl schadensrechtlicher Verfahren mit unterschiedlichen Ergebnissen im Zusammenhang mit dem Formwechsel zu vermeiden, schreibt § 206 S. 1 die **einheitliche Geltendmachung** der Ansprüche nach § 205 Abs. 1 in einem zusammengefassten Verfahren **durch einen besonderen Vertreter** vor. Dieser ist auf Antrag eines Gesellschafters oder Gläubigers durch das Gericht (Amtsgericht, § 145 FGG) des Sitzes der AG zu bestellen (§ 206 S. 2). Gläubiger sollen gemäß der ausdrücklichen Verweisung in § 206 S. 3 auf § 26 Abs. 1 S. 3 nur antragsberechtigt sein, wenn sie von dem übernehmenden Rechtsträger keine Befriedigung erlangen können. Diese Vorschrift passt für den Formwechsel von Kapitalgesellschaft zu Kapitalgesellschaft ebenso wenig wie die grundsätzliche Einräumung von Schadenersatzansprüchen an Gläubiger in § 205 Abs. 1 (vgl. Rn. 140). Davon abgesehen sind Gläubiger, denen nach § 204 Sicherheit geleistet ist (Rn. 132), nicht antragsberechtigt, soweit sie aus der Sicherheit Befriedigung erlangen können. Der Vertreter hat die Gesellschafter und Gläubiger der formwechselnden GmbH unter Setzung einer angemessenen Frist, die mindestens einen Monat betragen soll, und Hinweis auf den Zweck seiner Bestellung durch Veröffentlichung im Bundesanzeiger und den Gesellschaftsblättern (der AG) zur **Anmeldung ihrer Ansprüche** nach § 205 Abs. 1 bei ihm aufzufordern (§ 206 S. 3 iVm. § 26 Abs. 2). Der **Vertreter** hat die angemeldeten Ansprüche gegen die Verwaltungsträger **im eigenen Namen,** erforderlichenfalls gerichtlich, geltend zu machen und ist insofern Partei kraft Amtes.[344] **143**

g) Verteilung des Erlöses. Für die Verteilung des Erlöses schreibt § 206 S. 3 iVm. § 26 Abs. 3 S. 2 und 3 die entsprechende Anwendung der Vorschriften über die Verteilung vor, die im Falle der Abwicklung der umgewandelten GmbH anzuwenden sind. Danach sind zunächst die noch nicht befriedigten oder sichergestellten Gläubiger zu befriedigen, notfalls anteilig, der Rest wird unter die Gesellschafter gemäß § 71 GmbHG verteilt. **Nicht berücksichtigt** werden Gläubiger und Gesellschafter, die ihre Ansprüche nicht fristgerecht angemeldet haben. Der Gesetzeswortlaut regelt nur die Verteilung der aus der Geltendmachung der Ansprüche der formwechselnden Gesellschaft erzielten Beträge. Soweit sich diese Ansprüche mit den Ansprüchen der Gesellschafter und der Gläubiger decken, was regelmäßig der Fall sein wird, ist davon auszugehen, dass alle erzielten Erlöse der gesetzlichen Verteilungsregelung unterfallen. Das hat zur Folge, dass bei der Verteilung nicht unterschieden wird, aus der Geltendmachung welcher Ansprüche der erzielte Erlös stammt. Das gilt jedoch nur für die gemeinsamen Ansprüche der Gesellschafter und Gläubiger. Soweit einzelnen Gesellschaftern oder Gläu- **144**

---

[344] Vgl. *Geßler/Hefermehl/Eckart/Kropff/Grunewald* § 350 Rn. 12; *Lutter/Grunewald* Umwandlungsgesetz § 26 Rn. 15; *Lutter/Hommelhoff* 13. Aufl. § 29 KapErhG Rn. 3; *Lutter/Decher* Umwandlungsgesetz § 206 Rn. 4; aA *Widmann/Mayer/Vossius* § 26 Rn. 43: Prozessgeschäftsführer kraft richterlicher Bestellung.

bigern wegen besonderer Schädigung zusätzliche Ansprüche zustehen, also solche, die nicht dem Anspruch der formwechselnden Gesellschaft gleichzusetzen sind, hat der Vertreter die einzelnen Beträge den Sonderberechtigten vorab zuzuweisen.[345] Stehen überhaupt nur solche Ansprüche zur Diskussion, halten *Hachenburg/Schilling/Zutt*[346] die Bestellung eines besonderen Vertreters für überflüssig. Da Zweck der Regelung die Vermeidung einer Mehrzahl von Prozessen mit unterschiedlichen Ergebnissen ist (vgl. Rn. 143), erscheint die Bestellung eines besonderen Vertreters auch dort noch sinnvoll, wo Ansprüche der formwechselnden Gesellschaft selbst nicht in Betracht kommen.

145 h) **Auslagen und Vergütung des Vertreters.** Wegen des Ersatzes der Auslagen des Vertreters, zu denen auch Anwalts- und Gerichtskosten gehören, sowie wegen seiner **Vergütung** verweist § 206 S. 3 auf § 26 Abs. 4, wonach die Auslagen und die Vergütung vom Gericht festgesetzt werden. Dieses bestimmt nach den gesamten Verhältnisses des einzelnen Falles nach freiem Ermessen, in welchem Umfang die Auslagen und die Vergütung von beteiligten Gesellschaftern und Gläubigern zu tragen sind. Die Heranziehung von Gesellschaftern und Gläubigern zur Kostentragung kommt jedoch nur in Betracht, soweit die Kosten nicht aus dem Erlös gedeckt werden können. Der Vertreter hat Anspruch auf **Vorschuss**. Das ist in § 26 Abs. 4 anders als in § 308 Abs. 2 S. 3 für das Spruchverfahren nach §§ 196, 212 (vgl. Rn. 92, 96) zwar nicht ausdrücklich gesagt, aber nicht zweifelhaft.[347] Ist als Vertreter ein **Rechtsanwalt** bestellt, so ist seine Vergütung grundsätzlich nach den Gebührensätzen der BRAGO festzusetzen. Insoweit können die Grundsätze herangezogen werden, die für die Vergütung des gemeinsamen Vertreters nach § 306 AktG entwickelt worden sind (vgl. auch Rn. 702 zum Spruchverfahren nach §§ 305 ff.).

146 i) **Verantwortlichkeit der Umwandlungsgesellschafter.** Für die Richtigkeit und Vollständigkeit ihrer Angaben im Gründungs- und Umwandlungsbericht nach § 32 AktG haften die Gesellschafter, die für die Umwandlung gestimmt haben, nach § 46 AktG. Das ordnet § 245 Abs. 1 S. 1 iVm. § 197 S. 1 in Übereinstimmung mit den Vorschriften des alten Rechts (§ 378 Abs. 1 S. 1 Halbs. 2 aF AktG) an. Die Verantwortlichkeit trifft nicht die Gesellschafter, die sich beim Umwandlungsbeschluss der Stimme enthielten (vgl. Rn. 51). Zum Inhalt des Berichts der Umwandlungsgesellschafter vgl. Rn. 99. Wer die Tatsachen weder kannte noch kennen musste, welche die Haftung begründen, ist nach § 46 Abs. 3 AktG von der Haftung befreit. Das kann von Bedeutung sein, wenn entgegen § 245 Abs. 1 S. 2 iVm. § 220 Abs. 1 der Formwechsel eingetragen wird, obwohl das Vermögen der formwechselnden GmbH nach Abzug der Verbindlichkeiten das Grundkapital der AG nicht deckt; denn eine verschuldensunabhängige **Differenzhaftung** der Umwandlungsgesellschafter wegen Unterdeckung des Grundkapitals kommt nicht in Betracht.[348]

147 24. **Formwechsel nach Auflösung.** Der Formwechsel ist auch bei einer aufgelösten GmbH möglich, wenn ihre Fortsetzung in der bisherigen Rechtsform beschlossen werden könnte, § 191 Abs. 3. Das entspricht den Regelungen des alten Rechts für die übertragenden Umwandlungen (vgl. §§ 2, 40 Abs. 2, 46 S. 2 UmwG 1969). Die Vorschriften über formwechselnden Umwandlungen (§§ 362 ff. aF AktG) enthielten

---

[345] *Geßler/Hefermehl/Eckardt/Kropff/Grunewald* § 350 Rn. 22 ff.
[346] § 29 KapErhG Rn. 40.
[347] Vgl. die Literatur zu § 29 Abs. 4 KapErhG, auf den § 26 Abs. 4 zurückgeht, zB *Scholz/Priester* 7. Aufl. Rn. 8 mN.
[348] Vgl. *Busch* AG 1995, 555, 559; *Lutter/Happ* Umwandlungsgesetz § 245 Rn. 54 mwN Fn. 70.

Umwandlung   Anh. nach § 77

solche Regelungen nicht. Die Fortsetzung der aufgelösten Gesellschaft ist nur möglich, solange noch nicht mit der Verteilung des Vermögens an die Gesellschafter begonnen worden ist (vgl. § 274 AktG, der entsprechend für die GmbH gilt; zu den Voraussetzungen des Fortsetzungsbeschlusses iE vgl. § 60 GmbHG Rn. 65ff.). Eine **Zustimmungspflicht** der Gesellschafter zum Umwandlungsbeschluss kraft Treuepflicht besteht **nicht,** da anders als bei der Kapitalerhöhung zur Fortsetzung einer aufgelösten Gesellschaft (vgl. § 55 GmbHG Rn. 18) durch die Umwandlung nicht lediglich „die alte Geschäftsgrundlage wieder hergestellt",[349] sondern wesentlich verändert wird. Im Übrigen setzt die Umwandlung einer in Abwicklung begriffenen Gesellschaft nach § 191 Abs. 3 voraus, dass die **Fortsetzung in der bisherigen Rechtsform** beschlossen werden könnte. Wo die Auflösung eintritt, weil der Gesetzgeber eine Gesellschaftsform aus dem Typenkatalog gestrichen hat, wie die bergrechtliche Gewerkschaft,[350] bedarf es deshalb einer sondergesetzlichen Regelung zur Ermöglichung der Umwandlung im Abwicklungsstadium. § 164a BBergG idF des Gesetzes v. 24. 4. 1986 (BGBl. I S. 560) traf sie durch die Fiktion, dass die Fortsetzung der Gewerkschaft unter bestimmten Voraussetzungen als beschlossen galt.

25. Umstellung auf den Euro. Die hiermit beim Formwechsel von Kapitalgesellschaften zusammenhängenden Fragen sind in der Übergangsvorschrift des § 318 Abs. 2 geregelt.[351]   148

26. Steuerrecht. Der Formwechsel der GmbH in die AG ist steuerneutral. Der identitätswahrende Charakter des Vorgangs wird beim Formwechsel von Körperschaft zu Körperschaft steuerlich voll anerkannt. Deshalb ist hier gänzlich auf eine gesetzliche Regelung verzichtet worden (vgl. Rn. 12).[352] Die neue Gesellschaft ist in allen Beziehungen dasselbe Steuersubjekt wie die bisherige. Sie kann deshalb die Wirtschaftsgüter der bisherigen Gesellschaft in ihrer Bilanz zu den Buchwerten fortführen. Der Formwechsel löst keine Ertrag- oder Verkehrsteuern aus. Insbesondere fällt keine Grunderwerbsteuer an (vgl. Rn. 12). Ein Verlustvortrag der GmbH bleibt in vollem Umfang erhalten. Allerdings kann **bei den Gesellschaftern** ein steuerpflichtiger **Veräußerungsgewinn** entstehen, wenn ein Gesellschafter, der gegen den Umwandlungsbeschluss Widerspruch zur Niederschrift erklärt hat (Rn. 87), das **Barabfindungsangebot** der Gesellschaft annimmt und seine Aktien auf die Gesellschaft überträgt (Rn. 95), sofern die Aktien zu einem Betriebsvermögen gehörten oder die Merkmale eines privaten Veräußerungsgeschäfts (Spekulationsgeschäfts, § 23 EStG) vorliegen. Ob die Eintragung des Formwechsels steuerlich **zurückwirkt,** etwa auf den Zeitpunkt des Umwandlungsbeschlusses oder den Stichtag einer dem Formwechsel zugrundegelegten Bilanz, war nach altem Recht streitig.[353] Nach Auffassung der Finanzverwaltung findet eine Rückwirkung bei den formwechselnden Umwandlungen grundsätzlich nicht statt.[354] Besondere Bedeutung kommt der Frage nicht zu, da die steuerlichen Buchwerte und auch der Verlustvortrag fortgeführt werden können.   149

---

[349] BGHZ 98, 276, 283.
[350] Vgl. 2. Aufl. Rn. 138.
[351] Vgl. dazu *Heidinger* NZG 2000, 532; *Lutter/Lutter* Umwandlungsgesetz § 318 Rn. 7 ff.
[352] Anders beim Formwechsel von Kapitalgesellschaft zu Personengesellschaft, § 14 UmwStG (vgl. Rn. 230 ff.).
[353] Vgl. die Nachw. in der 2. Aufl. Rn. 75.
[354] Vgl. die Nachw. bei *Widmann/Mayer* Rn. 6512 (Stand Oktober 1981), die eine Rückwirkung auf den Beginn des Wirtschaftsjahres annehmen, in dem der Umwandlungsbeschluss gefasst wurde.

III. Formwechsel einer GmbH in eine KGaA
(§§ 190 bis 212, 226, 238 bis 250 UmwG 1994)

Literatur: Vgl. die Angaben bei I und II, insbesondere *Decher* Formwechsel – Allgemeine Vorschriften, in *Lutter* Kölner Umwandlungsrechtstage, S. 201 ff.; *Happ* Formwechsel von Kapitalgesellschaften, in *Lutter* Kölner Umwandlungsrechtstage, S. 223 ff.; *Mayer* Das Umwandlungsrecht als Instrumentarium der Unternehmensnachfolge, DNotZ 1998, 159; *Niedner/Kusterer* Der Weg von der GmbH in die GmbH & Co. KGaA, GmbHR 1998, 584.

Übersicht

	Rn.		Rn.
1. Normzweck	150	c) Aufsichtsrat	154
2. Durchführung des Formwechsels .	151–155	d) Anmeldung der persönlich haftenden Gesellschafter	155
a) Zustimmung der persönlich haftenden Gesellschafter	152	3. Steuerrecht	156
b) Gründungs- und Umwandlungshaftung	153		

150 **1. Normzweck.** Für den Formwechsel einer GmbH in eine KGaA können die gleichen Gründe bestimmend sein wie für den Formwechsel in eine AG. Das Gesetz lässt ihn deshalb, wie schon nach altem Recht, ebenfalls in erleichterter Form zu und macht dadurch den indirekten Weg über den Formwechsel in eine AG und von dort in eine KGaA überflüssig. Ins Auge springende Vorteile des Formwechsels in die KGaA gegenüber demjenigen in die AG gibt es nicht. Die Möglichkeit, als Komplementär die Geschäfte der Gesellschaft mit nur durch die Satzung begrenzbarem Freiraum zu führen,[355] muss durch die Übernahme der persönlichen Haftung erkauft werden. Der steuerliche Anreiz für einen GmbH-Gesellschafter zur Umwandlung seines Geschäftsanteils in die Einlage eines persönlich haftenden Gesellschafters einer KGaA statt in Aktienbesitz war schon im Hinblick auf das durch das KStG 1977 eingeführte körperschaftsteuerliche Vollanrechnungsverfahren jedenfalls hinsichtlich der Gewinnbesteuerung weitgehend entfallen. Die Ersetzung dieses Verfahrens durch das Halbeinkünfteverfahren des StSenkG hat hieran nichts geändert; denn die Belastungsunterschiede bei der Besteuerung von Kapital- und Personengesellschaften hängen von so vielen Gesichtspunkten ab, dass eine grundsätzliche Aussage über die Vorteilhaftigkeit der einen gegenüber der anderen Rechtsform nur nach Prüfung des jeweiligen Einzelfalles möglich ist. Tendenziell lässt sich allenfalls sagen, dass Kapitalgesellschaften und deren Gesellschafter keinesfalls höher besteuert werden als Personengesellschaften.[356] Erbschaft- und schenkungsteuerlich wird die Einlage des Komplementärs der KGaA allerdings günstiger behandelt als der Aktienbesitz der Kommanditaktionäre (vgl. Rn. 156).

151 **2. Durchführung des Formwechsels.** Sie richtet sich grundsätzlich nach den Vorschriften über den Formwechsel einer GmbH in eine AG, so dass auf die Erläuterungen zu II verwiesen werden kann. Folgende Besonderheiten sind zu beachten:

152 **a) Zustimmung der persönlich haftenden Gesellschafter.** Der Umwandlungsbeschluss nach § 193 muss vorsehen, dass sich an der KGaA mindestens ein Gesellschafter der GmbH als persönlich haftender Gesellschafter **beteiligt** oder dass der Gesellschaft mindestens ein persönlich haftender Gesellschafter **beitritt** (§ 243 Abs. 1 S. 1

---
[355] *Geßler/Hefermehl/Eckhardt/Kropff/Semler/Grunewald* § 362 Rn. 7.
[356] Vgl. PwC Deutsche Revision Unternehmessteuerreform, 2001, S. 104.

Umwandlung   Anh. nach § 77

iVm. § 218 Abs. 2). Dass die persönlich haftenden Gesellschafter den Gläubigern der Gesellschaft für alte und neue Schulden persönlich unbeschränkt haften, ist anders als in § 391 S. 4 AktG aF nicht mehr ausdrücklich gesagt, weil sich das schon aus § 278 Abs. 2 AktG iVm. §§ 161 Abs. 2, 128, 130 HGB ergibt.[357] Dem Formwechsel (d.h. dem Umwandlungsbeschluss) müssen alle Gesellschafter zustimmen, die in der KGaA **die Stellung eines persönlich haftenden Gesellschafters haben sollen** (§ 240 Abs. 2 S. 1). Die Zustimmungserklärungen müssen **notariell beurkundet** werden (§ 193 Abs. 3). Soll in der KGaA ein Gesellschafter die Stellung des Komplementärs übernehmen, welcher der Gesellschaft nicht angehört hat, so muss sein **Beitritt** ebenfalls **notariell beurkundet** werden (§ 240 Abs. 2 S. 2 iVm. § 221). Die Wirksamkeit der künftigen Satzung der KGaA ist von der Genehmigung des beitretenden Gesellschafters abhängig (§ 240 Abs. 2 S. 2 iVm. § 221 S. 2). Auch die **Genehmigung** ist **notariell zu beurkunden.** Das ergab sich im alten Recht aus § 389 Abs. 2 S. 2 und 3 aF AktG, wonach der Beitritt notariell zu beurkunden und „hierbei" die Satzungsänderung zu genehmigen war. Hieran wollte das UmwG 1994 nichts ändern[358] Die Genehmigung ist nicht nur wegen der durch den Beitritt zu übernehmenden Haftung für die Verbindlichkeiten selbstverständlich, sondern auch im Hinblick darauf, dass alle Satzungsänderungen der Zustimmung der persönlich haftenden Gesellschafter bedürfen (§§ 278 Abs. 2, 285 Abs. 2 AktG). Durch die Möglichkeit des Beitritts eines weiteren Gesellschafters als Komplementär im Zuge der Umwandlung ist das Prinzip der Mitgliederidentität beim Formwechsel[359] in gewisser Weise durchbrochen. Übernimmt ein GmbH-Gesellschafter die Komplementärstellung, kann er seine bisherige Beteiligung am Stammkapital nicht zugleich ganz oder teilweise in eine Komplementäreinlage umwandeln; denn diese Beteiligung wird nach § 247 Abs. 1 zwingend in Grundkapital der KGaA umgewandelt.[360] Er wird also mit seinem bisherigen Geschäftsanteil Kommanditaktionär und außerdem Komplementär (ohne Kapitaleinlage, was nach § 285 Abs. 1 S. 1 AktG möglich ist), kann aber eine (zusätzliche) Einlage leisten.[361] Dass persönlich haftender Gesellschafter auch eine Kapital- oder Personengesellschaft sein kann, ist seit der Klarstellung durch die BGH-Entscheidung vom 24. 2. 1997[362] und der hierdurch veranlassten Neufassung des § 279 Abs. 2 AktG nicht mehr streitig.

b) Gründungs- und Umwandlungshaftung. Der Gründungs- und Umwandlungshaftung unterliegen nicht nur die Gesellschafter, die dem Formwechsel zugestimmt haben, sondern auch im Zuge des Formwechsels beitretende persönlich haftende Gesellschafter, § 245 Abs. 1 S. 1, 2. Halbs. Sie haben den schriftlichen Gründungs- und Umwandlungsbericht nach § 32 AktG (iVm. § 278 Abs. 3 AktG) zu erstatten (vgl. Rn. 99). Für neu beitretende persönlich haftende Gesellschafter könnte eine Vermögensaufstellung von Nutzen sein, die § 192 Abs. 2 grundsätzlich vorsieht, jedoch beim Formwechsel von Kapitalgesellschaften in Kapitalgesellschaften nicht für erforderlich hält, § 238 S. 2.[363]   153

c) Aufsichtsrat. Der Aufsichtsrat ist auch bei der KGaA stets notwendiges Verfassungsorgan (§ 278 Abs. 3 iVm. §§ 95 ff. AktG und den Vorschriften der Mitbestimmungsgesetze). Für seine Bildung und Zusammensetzung anlässlich des Formwechsels   154

---

[357] Amtl. Begr. S. 149.
[358] Vgl. *Lutter/Joost* Umwandlungsgesetz § 221 Rn. 7.
[359] S. hierzu Rn. 59.
[360] Vgl. Rn. 130.
[361] Vgl. *Lutter/Happ* Umwandlungsgesetz § 240 Rn. 14; vgl. auch Rn. 156 zum Steuerrecht.
[362] DB 1997, 1219.
[363] Vgl. Rn. 42, 179 und *Lutter/Happ* Umwandlungsgesetz S. 230, 231.

einer GmbH in eine KGaA enthält das UmwG keine Sondervorschriften. Es kann deshalb auf die Rn. 82–86 Bezug genommen werden.

155 **d) Anmeldung der persönlich haftenden Gesellschafter.** Anstelle der Vorstandsmitglieder, die es bei der KGaA nicht gibt, sind gemäß § 246 Abs. 2 die persönlich haftenden Gesellschafter der KGaA zur Eintragung in das Handelsregister anzumelden.

156 **3. Steuerrecht.** Für das Steuerrecht gelten einige Besonderheiten wegen der Stellung des persönlich haftenden Gesellschafters und seiner Beteiligung am Kapital der Gesellschaft. Wird der persönlich haftende Gesellschafter echter Mitunternehmer, leistet er also eine Kapitaleinlage, dann sind die auf diese Einlage entfallenden Gewinnanteile ebenso wie die Vergütungen für seine Tätigkeit im Dienst der Gesellschaft Einkünfte aus Gewerbebetrieb nach § 15 Abs. 1 Nr. 3 EStG, nicht Einkünfte aus Kapitalvermögen wie die auf die Kommanditaktionäre entfallenden Dividenden nach § 20 Abs. 1 Nr. 1 EStG. Vermögensteuerlich war nach der Rechtslage bis zum 1. 1. 1997 eine Nachfeststellung des Betriebsvermögens gemäß § 23 BewG erforderlich.[364] Eine **gesonderte Feststellung der Einkünfte** nach § 180 Abs. 1 Nr. 2a AO soll dagegen nicht nur nicht erforderlich, sondern auch nicht zulässig sein.[365] Wird die Einlage durch Umwandlung von Stammkapital in Komplementärkapital im Wege der **Kapitalherabsetzung** gebildet oder bar eingezahlt, treten keine steuerlichen Folgen ein.[366] Erbringen die Komplementäre **Sacheinlagen,** die nicht auf das Grundkapital geleistet werden, findet § 24 UmwStG unter den dort bezeichneten Voraussetzungen Anwendung.[367] Für diesen Fall ist auch **Grunderwerbsteuerpflicht** denkbar. **Erbschaft- und schenkungsteuerlich** wird die Einlage des Komplementärs günstiger behandelt als der Aktienbesitz der Kommanditaktionäre. Bemessungsgrundlage für die Einlage des Komplementärs ist nach § 12 Abs. 5 ErbStG iVm. § 97 Abs. 1 Nr. 5, Abs. 1a BewG der anteilige Wert des Betriebsvermögens. Dieser wird nur nach der Substanz ermittelt. Bemessungsgrundlage für den Aktienbesitz ist dagegen der gemeine Wert der Aktien, der nach § 11 Abs. 2 BewG mangels eines Börsenkurses oder Verkaufskurses zu schätzen ist, wobei auch die Ertragsaussichten zu berücksichtigen sind. Von wesentlicher Bedeutung ist ferner, dass für Betriebsvermögen nach § 13a Abs. 1 und 2 ErbStG Freibeträge gewährt werden und der nach Abzug dieser Beträge verbleibende Wert nur mit 60 % angesetzt wird, und zwar ohne Rücksicht auf die Höhe der Beteiligung. Demgegenüber werden diese Vergünstigungen bei Aktien nur gewährt, wenn der vererbte odeer geschenkte Aktienbesitz mehr als ein Viertel des Nennkapitals der Gesellschaft beträgt.[368]

---

[364] Vgl. *Widmann/Mayer/Widmann* UmwStG § 1 Rn. 124.
[365] Str., vgl. *Widmann/Mayer/Widmann* UmwStG § 1 Rn. 125 mN.
[366] Vgl. *Schürmann/Beyer* S. 62; *Widmann/Mayer/Widmann* UmwStG § 1 Rn. 127.
[367] Vgl. Formkomm. 2501 Anm. 29; *Widmann/Mayer/Widmann* UmwStG § 24 Rn. 114.
[368] Zu beachten ist dabei, dass wegen des Zwanges zur Überführung des gesamten Stammkapitals der GmbH in das Grundkapital der KGaA nach § 247 Abs. 1 eine direkte Umwandlung von Geschäftsanteilen in Komplementärkapital nicht möglich ist, vgl. Rn. 65, 66 und 130. Die Komplementäre müssen deshalb ihre Einlagen zusätzlich erbringen, s. oben. Zur Umstrukturierung der GmbH in eine atypische Familien – KGaA in mehreren Schritten vgl. *Mayer* DNotZ 1998, 159, 187 und *Niedner/Kusterer* GmbHR 1998, 584.

Umwandlung Anh. nach § 77

IV. Formwechsel einer GmbH in eine eingetragene Genossenschaft
(§§ 190 bis 212, 226, 252 bis 256 UmwG 1994)

Literatur: Vgl. die Angaben bei I, insbesondere *Beuthien* Genossenschaftsgesetz mit Umwandlungsrecht, 13. Aufl. 2000.

Übersicht

	Rn.		Rn.
1. Normzweck	157	c) Statut der Genossenschaft	161
2. Durchführung des Formwechsels .	158–165	d) Anmeldung	162
a) Vorbereitung, Vermögensaufstellung	159	e) Geschäftsanteil, Firma	163
b) Umwandlungsbeschluss, Mehrheiten	160	f) Geschäftsguthaben, Zahlungsausgleich	164
		g) Steuerrecht	165

1. Normzweck. Nach der Amtl. Begr. (S. 73) ist seit längerer Zeit ein dringliches 157 Bedürfnis geltend gemacht worden, die Umwandlung von Aktiengesellschaften in Genossenschaften durch Formwechsel zuzulassen. Worauf dieses Bedürfnis beruht, ist nicht näher erläutert. Einleuchtender ist ein Bedürfnis für den umgekehrten Umwandlungsfall, welcher in der Regel der Verbesserung der Möglichkeiten zur Beschaffung von Eigenkapital dient[369] und 1969 zur Zulassung der formwechselnden Umwandlung einer eingetragenen Genossenschaft in eine AG führte (§§ 385 m bis 385 p aF AktG). Gleichwohl hat sich ein Umwandlungsbedarf dieser Art nicht allzu oft geregt.[370] Ob ein Bedürfnis auch für die Umwandlung von Gesellschaften mbH in eingetragene Genossenschaften besteht, mag zweifelhaft erscheinen, ist aber denkbar, etwa für Gemeinschaftsunternehmen zum Wareneinkauf (vgl. §§ 4, 5 GWB) in der Rechtsform der GmbH. Eher liegt aber die Annahme nahe, dass die Eröffnung des Formwechsels in die eingetragene Genossenschaft (eG) der Lückenschließung im Umwandlungsrecht dient.

2. Durchführung des Formwechsels. Sie richtet sich grundsätzlich nach demselben 158 Verfahren, das in den anderen Fällen des Formwechsels einer Kapitalgesellschaft vorgeschrieben ist. Zusätzlich sind Vorschriften einzuhalten, die auf der besonderen Struktur der Genossenschaft beruhen, vor allem diejenigen, die den Wechsel von der Kapitalbeteiligung der GmbH-Gesellschafter zur Mitgliedschaft bei der Genossenschaft betreffen. Hier kommt zum Ausdruck, dass die eG zwar eine Körperschaft ist (juristische Person, § 17 Abs. 1 GenG), aber mit **personenbezogener Struktur.** Im Einzelnen gilt:

a) Vorbereitung, Vermögensaufstellung. Für die Vorbereitung der Gesellschaf- 159 terversammlung, die den Formwechsel beschließen soll, verweist § 251 Abs. 1 auf die §§ 229 bis 231 und § 192 Abs. 3. Daraus ergibt sich, dass dasselbe Verfahren eingehalten werden soll, das auch in den anderen Fällen des Formwechsels einer Kapitalgesellschaft vorgeschrieben ist. Gegenüber dem Formwechsel der GmbH in eine AG besteht jedoch die Abweichung, dass dem Umwandlungsbericht eine Vermögensaufstellung (Rn. 42) beizufügen ist, es sei denn, dass ein Umwandlungsbericht nicht erstattet werden muss (Rn. 43). Die Vermögensaufstellung entfällt nach § 238 S. 2 nur beim Formwechsel von Kapitalgesellschaften untereinander. Die eG ist zwar eine Körper-

---
[369] Amtl. Begr. S. 73.
[370] *Steding* JZ 1995, 531, 594.

schaft (Rn. 157), jedoch keine Kapitalgesellschaft (§ 3 Abs. 1 Nr. 2). Ist ein Umwandlungsbericht zu erstatten, so ist dieser den Gesellschaftern zu übersenden (§ 251 Abs. 1 iVm. § 230 Abs. 1) und in der Gesellschafterversammlung auszulegen (§ 251 Abs. 2 iVm. § 239 Abs. 1, vgl. Rn. 44). Außerdem ist den Gesellschaftern gemäß § 251 Abs. 1 iVm. § 231 das **Abfindungsangebot** (§ 207, vgl. Rn. 87 bis 95) zu übersenden, wobei es der Übersendung gleichsteht, wenn das Abfindungsangebot im Bundesanzeiger und den sonst bestimmten Gesellschaftsblättern bekanntgemacht wird.

160   b) **Umwandlungsbeschluss, Mehrheiten.** Im Umwandlungsbeschluss ist das **Statut** der Genossenschaft festzustellen (Rn. 161). Sieht das Statut der eG keine Nachschusspflicht der Genossen vor (§ 6 Nr. 3 GenG), ist der Umwandlungsbeschluss mit denselben Mehrheiten zu fassen und gelten dieselben **Zustimmungserfordernisse** wie beim Formwechsel der GmbH in eine AG, § 252 Abs. 2 (vgl. Rn. 48 bis 56). Sieht das Statut dagegen eine **beschränkte** oder **unbeschränkte Nachschusspflicht** der Genossen vor, so ist für den Formwechsel die **Zustimmung aller Gesellschafter** der GmbH erforderlich, § 252 Abs. 1.

161   c) **Statut der Genossenschaft.** Das Statut der Genossenschaft, das im Umwandlungsbeschluss enthalten sein muss (§ 253 Abs. 1 S. 1, vgl. Rn. 60, 61, 160), bedarf abweichend von §§ 5, 11 Abs. 2 Nr. 1 GenG nicht der Unterzeichnung durch die Genossen, § 253 Abs. 1 S. 2. Der Umwandlungsbeschluss muss weiter die Beteiligung jedes Genossen mit mindestens einem **Geschäftsanteil** vorsehen, § 253 Abs. 2 S. 1. Hierdurch wird § 194 Abs. 1 Nr. 3 (vgl. Rn. 59) konkretisiert.[371] Dieser ist (anders als in § 14 GmbHG) nicht der Inbegriff aller mitgliedschaftlichen Rechte und Pflichten, sondern der **Höchstbetrag,** bis zu dem sich der Genosse mit Einlagen an der eG beteiligen kann,[372] wobei das Statut bestimmen kann, dass sich ein Genosse mit mehr als einem Geschäftsanteil beteiligen darf oder muss, §§ 7, 7a GenG. Zur Erhaltung der Kapitalgrundlage der formwechselnden GmbH kann der Umwandlungsbeschluss auch eine gestaffelte Beteiligung mit mehreren Geschäftsanteilen vorsehen, die nach dem Grundsatz der Gleichbehandlung das Verhältnis berücksichtigen muss, in dem die Gesellschafter bisher an der formwechselnden GmbH beteiligt waren. Dieser Bezug soll dadurch hergestellt werden, dass die **Geschäftsguthaben** der einzelnen Genossen auf der Grundlage ihrer bisherigen Beteiligung an der formwechselnden Gesellschaft zu berechnen sind, § 253 Abs. 2 S. 2.[373] Zu beachten ist in diesem Zusammenhang wiederum, dass das Prinzip der Anwendbarkeit des **Gründungsrechts** (vgl. Rn. 48) hinsichtlich der Gründerzahl eingeschränkt ist (§ 197 S. 2) und deshalb die Zahl der Genossen abweichend von § 4 GenG nicht mindestens sieben betragen muss.

162   d) **Anmeldung.** Die Anmeldung der Genossenschaft und ihres Status zur Eintragung in das Genossenschaftsregister obliegt abweichend von § 11 Abs. 1 GenG den Geschäftsführern der formwechselnden GmbH, die aber zugleich die Mitglieder des Vorstandes der Genossenschaft anzumelden haben, §§ 198 Abs. 1, 254. Die Umwandlung ist auch zur Eintragung in das Handelsregister der formwechselnden GmbH anzumelden, § 198 Abs. 2 (vgl. Rn. 104 bis 109).

163   e) **Geschäftsanteil, Firma.** Der Formwechsel hat die Wirkung, dass jeder ehemalige GmbH-Gesellschafter an der Genossenschaft mit mindestens einem Geschäftsanteil beteiligt ist. Die Beteiligung mit mehr als einem Geschäftsanteil setzt voraus, dass durch den Umwandlungsbeschluss und das Statut die nötigen Voraussetzungen dafür ge-

---

[371] Amtl. Begr. S. 159, 149.
[372] *Beuthin* § 7 Rn. 1.
[373] Vgl. Amtl. Begr. S. 149.

schaffen worden sind, § 255 Abs. 1 S. 1 und 2. Die allgemeine Regel des § 202 Abs. 1 Nr. 2 S. 2 über den Fortbestand von **Rechten Dritter** an der neuen Beteiligung (Rn. 123) ist mit der Maßgabe anzuwenden, dass die Rechte nicht am Geschäftsanteil des Genossen, sondern an dessen übertragbarem **Geschäftsguthaben** weiterbestehen, § 255 Abs. 1 S. 2. Die allgemeine Einschränkung des Prinzips der Anwendbarkeit des Gründungsrechts hinsichtlich der Mindestzahl der Gründer in § 197 S. 2 (Rn. 161) dient nur der Erleichterung des Umwandlungsvorgangs als solchen, lässt aber Vorschriften unberührt, die den Fortbestand des Rechtsträgers davon abhängig machen, dass eine bestimmte Mitgliederzahl erreicht wird.[374] Derartiges ist in § 80 Abs. 1 GenG vorgesehen, wonach das Gericht auf Antrag des Vorstandes und, wenn der Antrag nicht binnen sechs Monaten erfolgt, von Amts wegen die **Auflösung der Genossenschaft** auszusprechen hat, wenn die **Zahl der Genossen weniger als sieben** beträgt. Das wird in § 255 Abs. 2 ausdrücklich klargestellt, wobei die in § 80 Abs. 1 GenG vorgesehene Frist von sechs Monaten auf ein Jahr verlängert wird. Der Umwandlungsbeschluss muss schließlich die **Firma** der eG bestimmen (§ 194 Abs. 1 Nr. 2). Dabei kann die Firma der GmbH fortgeführt werden. Die Einschränkungen hinsichtlich der Fortführung einer Personenfirma[375] sind durch die Streichung des § 200 Abs. 1 S. 2 aF und die Neufassung des § 18 sowie des § 3 GenG durch das HRefG entfallen. Die Genossenschaft darf deshalb jetzt auch die Personenfirma der GmbH fortführen. Die Firma muss aber anstelle der Bezeichnung „mit beschränkter Haftung" die Bezeichnung „eingetragene Genossenschaft" oder die Abkürzung „eG" erhalten (§ 200 Abs. 2 iVm. § 3 Abs. 1 S. 1 GenG).

f) Geschäftsguthaben, Zahlungsausgleich. Nach § 256 Abs. 1 ist jedem Genossen als Geschäftsguthaben der Wert der Geschäftsanteile gutzuschreiben, mit denen er an der formwechselnden GmbH beteiligt war. Ein festes Gesellschaftskapital gibt es bei der eG nicht, sodass das Stammkapital der formwechselnden GmbH nicht ohne weiteres (anders als beim Formwechsel in eine AG, vgl. § 247 Abs. 1) zum Kapital der eG wird, an dem der Genosse nach Maßgabe seiner bisherigen Beteiligung beteiligt werden kann. § 256 Abs. 1 soll sicherstellen, dass die Gesellschafter der GmbH durch den Wechsel von der Kapitalbeteiligung an dieser zur Mitgliedschaft bei der eG keine Vermögenseinbuße erleiden.[376] Übersteigt das durch den Formwechsel erlangte Geschäftsguthaben eines Genossen den Gesamtbetrag der Geschäftsanteile, mit denen er an der eG beteiligt ist, so ist der übersteigende Betrag an den Genossen auszuzahlen, jedoch erst, wenn die Gläubiger, die sich nach § 204 iVm. § 22 gemeldet haben, befriedigt oder sichergestellt sind, § 256 Abs. 2 (vgl. Rn. 132 bis 134). U. a. zur Sicherung dieses Anspruchs auf Zahlungsausgleich sieht § 256 Abs. 3 eine **Unterrichtungspflicht** der eG gegenüber den Genossen vor.

164

g) Steuerrecht. Trotz ihrer personenbezogenen Struktur behandelt das Steuerrecht die Genossenschaften als Körperschaften (§ 1 Abs. 1 Nr. 2 KStG) und stellt sie damit grds. den Kapitalgesellschaften gleich. Der Formwechsel der GmbH in die eG ist deshalb in gleicher Weise steuerneutral wie der Formwechsel der GmbH in die AG, sodass auf die dortigen Ausführungen (Rn. 149) Bezug genommen werden kann. Dass Genossenschaften gewisse steuerliche Vergünstigungen genießen können, hat für die Besteuerung des Formwechsels keine Bedeutung.

165

---

[374] Vgl. Amtl. Begr. S. 160.
[375] Vgl. Voraufl. Rn. 156.
[376] Amtl. Begr. S. 160.

V. Formwechsel einer AG in eine GmbH
(§§ 190 bis 213, 226, 238 bis 250 UmwG 1994)

Literatur: Vgl. die Angaben bei I und II, insbesondere und ferner *Decher* Formwechsel – Allgemeine Vorschriften –, in *Lutter* Kölner Umwandlungsrechtstage, S. 223 ff.; *Flesch* Die Beteiligung von 5-DM-Aktionären an der GmbH nach einer formwechselnden Umwandlung, ZIP 1996, 2153; *Happ* Formwechsel von Kapitalgesellschaften, in *Lutter* Kölner Umwandlungsrechtstage, S. 201 ff.; *Henze* Aspekte und Entwicklungstendenzen der aktienrechtlichen Anfechtungsklage in der Rechtsprechung des BGH, ZIP 2002, 97; *ders.* Aktienrecht – Höchstrichterliche Rechtsprechung, 5. Aufl. 2002; *Meyer-Landrut/Kiem* Der Formwechsel einer Publikumsaktiengesellschaft, WM 1997, 1361 (Teil I), 1413 (Teil II); *Rinnert* Auswirkungen eines Formwechsels von einer AG in eine GmbH auf das bedingte Kapital zur Sicherung von Bezugsrechten, NZG 2001, 865; *Quack* Die Offenlegung des Prüfungsberichts nach §§ 208, 30 UmwG, FS Bezzenberger, 2000, S. 321; *Veil* Die Registersperre bei der Umwandlung einer AG in eine GmbH, ZIP 1996, 1065.

Übersicht

	Rn.		Rn.
1. Normzweck	166	7. Anmeldung des Formwechsels	172
2. Umwandlungsbericht, Vorbereitung der Hauptversammlung	167	8. Wirkungen der Eintragung in das Handelsregister und des Formwechsels	173
3. Notwendigkeit und Durchführung der Hauptversammlung	168	9. Umtausch der Aktien	174, 175
4. Umwandlungsbeschluss	169	10. Barabfindung	176
5. Zustimmungserfordernisse	170	11. Steuerrecht	177
6. Aufsichtsrat	171		

166 **1. Normzweck.** Ebenso wie die GmbH zur AG werden darf, wenn der Unternehmenszweck durch eine größer dimensionierte Organisationsform besser erreichbar erscheint, soll die AG nicht gehindert werden, sich kleiner gewordenen Verhältnissen durch Formwechsel in eine GmbH anzupassen. Schon die §§ 80, 81 GmbHG hatten diese Möglichkeit eröffnet, wenngleich es sich dort nicht um eine formwechselnde, sondern um eine übertragende Umwandlung handelte. Die durch das AktG 1937 (§§ 263 bis 288) eingeführte formwechselnde Umwandlung hatte das AktG 1965 übernommen, jedoch in mehrfacher Weise erschwert, um einer Flucht aus der AG zu begegnen, die mit dem wirtschaftlichen Aufschwung nach dem zweiten Weltkrieg einhergegangen und häufig nur als Flucht aus der Publizität zu verstehen war.[377] Dieses Motiv kann heute eine Umwandlung im Hinblick auf die seit dem BiRiLiG erweiterten Rechnungs- und Offenlegungspflichten für Gesellschaften mbH nicht mehr tragen. Ein Trend, die Rechtsform der AG zu verlassen,[378] kann deshalb heute nicht mehr festgestellt werden. Eher gibt es einen umgekehrten Trend (vgl. Rn. 39), der durch die Schaffung von Zugangserleichterungen nach dem Gesetz für kleine Aktiengesellschaften und zur Deregulierung des Aktienrechts vom 2. 8. 1994 (BGBl. I S. 1961) noch gefördert wird (vgl. Rn. 25). Eine praktische Rolle spielt der Formwechsel der AG in eine GmbH allerdings bei 100 %-igen Konzerntöchtern, die als Gesellschaften mbH einfacher zu leiten sind als eine AG.[379]

---

[377] Vgl. GroßkommAktG/*Meyer-Landrut* § 369 Einl. und Stellungnahme des Bundesrats zum RegE bei *Kropff* Aktiengesetz, 1995, S. 478.
[378] Vgl. *Kübler* AG 1981, 5 ff. und auch noch *Geßler/Hefermehl/Eckhardt/Kropff/Semler/Grunewald* § 369 Rn. 1.
[379] Vgl. *Lutter/Decher* Kölner Umwandlungsrechtstage, S. 202.

Umwandlung **Anh. nach § 77**

2. Umwandlungsbericht, Vorbereitung der Hauptversammlung. Insoweit **167** ergeben sich keine Abweichungen gegenüber dem umgekehrten Formwechsel. Wird im Umwandlungsbericht die Höhe der Barabfindung für widersprechende Minderheitsaktionäre nicht plausibel erläutert, soll dieser Mangel den Bericht anfechtbar machen.[380] Das ist nur schwer einzusehen, da die §§ 210, 212 sogar den Fall der nicht ordnungsgemäßen oder überhaupt nicht angebotenen Barabfindung von der Anfechtbarkeit ausnehmen und dem Spruchverfahren nach §§ 305 ff. unterstellen.[381] Im Übrigen wird auch beim Formwechsel einer AG in eine GmbH auf eine Vermögensaufstellung verzichtet (§ 238 S. 2 iVm. § 192 Abs. 2, vgl. auch Rn. 42, 153, 179). Die Einladung zur Hauptversammlung muss sowohl den Wortlaut des Umwandlungsbeschlusses als auch die vorgeschlagene Satzung der GmbH enthalten.[382]

3. Notwendigkeit und Durchführung der Hauptversammlung. Auch insoweit gilt entsprechend, was zum ungekehrten Umwandlungsfall gesagt ist mit der Maßgabe, dass anders als dort der **Entwurf des Umwandlungsbeschlusses** vom Vorstand zu Beginn der Verhandlung **zu erläutern** ist, § 239 Abs. 2 (vgl. auch Rn. 47). **168**

4. Umwandlungsbeschluss. Er ist im Grundsatz Satzungsänderung,[383] geht aber **169** darüber hinaus (vgl. Rn. 48). Im alten Recht unterschied sich die Umwandlung der AG in eine GmbH erheblich vom umgekehrten Umwandlungsfall, weil § 369 Abs. 2 AktG aF grundsätzlich die Zustimmung aller Aktionäre forderte. Infolge der Vereinheitlichung der Vorschriften über den Formwechsel durch das UmwG 1994 genügt jetzt für den Umwandlungsbeschluss eine Mehrheit von mindestens drei Vierteln des bei der Beschlussfassung vertretenen Grundkapitals, soweit die Satzung der AG keine größere Mehrheit und keine weiteren Erfordernisse bestimmt. Das Absehen von den strengeren Mehrheitserfordernissen des alten Rechts rechtfertigt die Amtl. Begr.[384] mit dem gegenüber früher verbesserten Gläubigerschutz, insbesondere durch stärkere Publizitätserfordernisse, und dem verbesserten Minderheitenschutz bei der GmbH. Der im Umwandlungsbeschluss festzustellende **Gesellschaftsvertrag der GmbH** (§ 243 Abs. 1 iVm. § 218 Abs. 1) braucht abweichend von § 2 Abs. 1 S. 2 GmbHG von den Gesellschaftern **nicht unterzeichnet** zu werden, § 244 Abs. 2. Eine namentliche Aufführung der Aktionäre, die für die Umwandlung gestimmt haben, in der Niederschrift über den Umwandlungsbeschluss sieht das Gesetz anders als im umgekehrten Umwandlungsfall (§ 244 Abs. 1 iVm. § 245 Abs. 1, vgl. Rn. 51) nicht vor. Das ist gerechtfertigt, weil die Gründungsvorschriften beim Formwechsel einer AG in eine GmbH im Hinblick auf die schärferen Kapitalschutzvorschriften der AG nur eine untergeordnete Rolle spielen (Amtl. Begr. S. 157). Deshalb ist nach § 245 Abs. 4 auch ein **Sachgründungsbericht** (§ 4 Abs. 4 GmbHG) **entbehrlich**. Eine **Kapitalerhöhung** kommt anlässlich des Formwechsels kaum in Betracht, weil das Mindestgrundkapital der AG höher ist als das Mindeststammkapital der GmbH. Wird sie beschlossen, so gelten hierfür die Vorschriften des AktG (§§ 182 ff.). Danach wird die Kapitalerhöhung erst mit der Eintragung der Durchführung der Kapitalerhöhung im Handelsregister wirksam, § 189 AktG. Es bestehen jedoch keine Bedenken, den Beschluss über die Erhöhung des Grundkapitals, die Durchführung der Erhöhung und den Umwand-

---

[380] KG AG 1999, 268; in der Tendenz ähnlich LG Heidelberg AG 1996, 523 = EWiR 1996, 901 *(Veil)*.
[381] Zutr. insoweit OLG Karlsruhe NZG 1999, 604.
[382] Vgl. LG Hanau ZIP 1996, 422 = EWiR 1996, 533 *(Dreher)*.
[383] *Hüffer* § 179 Rn. 37.
[384] S. 156 iVm. S. 103.

lungsbeschluss gleichzeitig zur Eintragung in das Handelsregister anzumelden.[385] Dagegen ist nicht denkbar, dass noch vor dem Formwechsel eine erst nach GmbH-Recht durchzuführende Kapitalerhöhung beschlossen wird.[386] Eher ist im Zusammenhang mit dem Formwechsel an eine **Kapitalherabsetzung** zu denken. Anzuwenden sind die Vorschriften des AktG, §§ 222 ff., wobei im Unterschied zur Kapitalerhöhung die Kapitalherabsetzung zu ihrer Wirksamkeit nur der Eintragung des Herabsetzungsbeschlusses bedarf, nicht auch der Durchführung der Herabsetzung, § 224 AktG. Kapitalherabsetzungsbeschluss und Umwandlungsbeschluss können gleichzeitig zur Eintragung in das Handelsregister angemeldet werden. In solchem Fall ist die Anmeldung und Eintragung der Durchführung der Kapitalherabsetzung entbehrlich.[387] Wird die Kapitalherabsetzung mit dem Formwechsel kombiniert, kann sie auf einen Betrag beschlossen werden, der unter dem Mindestgrundkapital von 50 000,- € liegt (allgM), sofern das Mindeststammkapital von 25 000,- € (§ 5 Abs. 1 GmbHG) nicht unterschritten wird. Eine **Unterbilanz** hindert die Umwandlung nicht. Das ist anders als beim umgekehrten Umwandlungsfall (Rn. 130) und beim Formwechsel der OHG in eine GmbH (Rn. 277) allg. Ansicht,[388] weil § 245 Abs. 4 nicht auf § 220 Abs. 1 verweist.[389] Eine Kapitalherabsetzung zur Beseitigung der Unterbilanz ist deshalb nicht erforderlich. Wird eine **börsennotierte Publikumsaktiengesellschaft** in eine GmbH umgewandelt, führt das automatisch zur Beendigung der Börsenzulassung. Gegen die hierdurch möglicherweise eintretende Beeinträchtigung ihrer Interessen können sich die Minderheitsaktionäre (Kleinanleger) nicht zur Wehr setzen. Insbesondere bedarf es keines zusätzlichen Hauptversammlungsbeschlusses über den Börsenaustritt.[390] Im Übrigen hat der Umwandlungsbeschluss wie im umgekehrten Umwandlungsfall (Rn. 135) nach §§ 204, 23, 194 Abs. 1 Nr. 5 Bestimmungen über den Schutz der Inhaber von Sonderrechten zu enthalten.[391]

170   **5. Zustimmungserfordernisse.** Sind mehrere Gattungen von Aktien vorhanden, so bedarf der Umwandlungsbeschluss zu seiner Wirksamkeit der Zustimmung der stimmberechtigten **Aktionäre jeder Gattung,** wobei über die Zustimmung die Aktionäre jeder Gattung einen **Sonderbeschluss** mit mindestens Dreiviertelmehrheit zu fassen haben, § 240 Abs. 1 iVm. § 65 Abs. 2. Von Bedeutung sind solche Sonderbeschlüsse zB, wenn sowohl Inhaber- als auch Namensaktien ausgegeben wurden und mit dem Formwechsel die **Übertragbarkeit der Geschäftsanteile beschränkt** werden soll. Sind **nicht voll eingezahlte Aktien** vorhanden (die gem. § 10 Abs. 2 AktG nur als Namensaktien ausgegeben werden dürfen), so werden wegen der Solidarhaftung nach § 24 GmbHG die Inhaber von Inhaberaktien durch den Formwechsel besonders betroffen und müssen dies bei der Fassung ihres Zustimmungsbeschlusses berücksichtigen. Das ist durch die Fassung des § 65 Abs. 2 klargestellt. **Vorzugsaktien**

---

[385] Vgl. Kölner KommAktG/*Zöllner* § 369 Anm. 63.
[386] AA Kölner KommAktG/*Zöllner* § 369 Anm. 67; zur Kapitalerhöhung beim Formwechsel einer GmbH in eine AG vgl. Rn. 65.
[387] Vgl. Kölner KommAktG/*Zöllner* § 369 Anm. 71.
[388] Vgl. *Lutter/Happ* Kölner Umwandlungsrechtstage, S. 243; *Priester* DB 1995, 911, 914; *ders.*, FS Zöllner, 1998, S. 449, 459 bis 461.
[389] Deshalb steht sogar eine materielle Unterbilanz dem Formwechsel nicht entgegen, vgl. *Widmann/Mayer/Rieger* § 245 Rn. 47.
[390] Zutr. *Meyer-Landrut/Kiem* WM 1997, 1361, 1366 ff.; ebenso *Lutter/Happ* Umwandlungsgesetz § 233 Rn. 61 für den Fall des Formwechsels einer AG in eine Personengesellschaft.
[391] Wozu auch Bezugsrechte gehören, die durch bedingtes Kapital gesichert waren, das infolge des Formwechsels wegfällt, vgl. *Rinnert* NZG 2001, 865.

Umwandlung **Anh. nach § 77**

ohne Stimmrecht bilden keine besondere Gattung, solange ihnen das Stimmrecht nicht nach § 140 Abs. 2 AktG zusteht,[392] auch wenn sie sich anlässlich des Formwechsels in eigene Geschäftsanteile verwandeln sollen. Solange die erforderlichen Sonderbeschlüsse nicht gefasst sind, ist der **Umwandlungsbeschluss unwirksam,** wie sich aus dem in § 240 Abs. 1 in Bezug genommenen § 65 Abs. 2 unmittelbar ergibt (vgl. iE Rn. 71). Soll in dem Gesellschaftsvertrag der GmbH der **Nennbetrag der Geschäftsanteile abweichend vom Nennbetrag der Aktien** festgesetzt werden, so muss der Festsetzung jeder Aktionär zustimmen, der sich nicht dem Gesamtbetrag seiner Aktien entsprechend beteiligen kann, § 242. Vorausgesetzt wird hierbei allerdings, dass die Unmöglichkeit solcher Beteiligung nicht durch § 243 Abs. 3 S. 2 bedingt ist, wonach der auf einen Geschäftsanteil entfallende Betrag des Stammkapitals mindestens 50 € betragen und durch zehn teilbar sein muss. Hat ein Aktionär also zB 25 Aktien zu je einem €, so bedarf es seiner Zustimmung zum Formwechsel nicht. Entsprechendes gilt, wenn bei einem Grundkapital von 50 000 € 50 000 Stückaktien ausgegeben wurden (§ 23 Abs. 3 Nr. 4 AktG) und der Aktionär 25 Aktien besitzt. Die nicht in selbstständige Geschäftsanteile umwandlungsfähigen Aktien mehrer Aktionäre werden zu einem gemeinsamen Geschäftsanteil zusammengefasst, an dem Bruchteilsgemeinschaft besteht und auf den § 18 GmbHG anwendbar ist.[393] Obwohl der Formwechsel weit weniger bloße Satzungsänderung ist als die formwechselnde Umwandlung nach altem Recht und grundsätzlich Gründungsrecht für anwendbar erklärt ist (§ 197 S. 1, vgl. Rn. 48), ist der Formwechsel der AG in eine GmbH nicht der Gründung einer GmbH gleichzusetzen. Demgemäß kann ein Gesellschafter abweichend von § 5 Abs. 2 GmbHG beim Formwechsel **mehrere Geschäftsanteile** erhalten.[394]

6. Aufsichtsrat. Das UmwG 1994 sieht anders als das alte Recht von besonderen gesetzlichen Regelungen über die Bildung und Zusammensetzung des Aufsichtsrats bei Rechtsträgern ab, die von einer Umstrukturierung betroffen werden (vgl. iE Rn. 82–86). Klarstellende Regelungen wurden nur für zwei Fälle in das Gesetz aufgenommen (§§ 197, 203). Danach findet eine **Amtskontinuität** des Aufsichtsrats der formwechselnden AG nur statt, wenn der Formwechsel in eine **mitbestimmte GmbH** erfolgt und der Aufsichtsrat dort in gleicher Weise wie bei der formwechselnden AG gebildet und zusammengesetzt ist (so schon § 65 Abs. 2 UmwG 1969 bei der Umwandlung einer bergrechtlichen Gewerkschaft in eine mitbestimmte GmbH). In allen übrigen Fällen endet das Amt der Aufsichtsratsmitglieder der formwechselnden AG ohne weiteres mit dem Wirksamwerden des Formwechsels. Ein neuer Aufsichtsrat ist nur zu bilden, wenn ihn die Satzung der GmbH vorsieht. **171**

7. Anmeldung des Formwechsels. Vgl. zunächst Rn. 104, 105 zum umgekehrten Umwandlungsfall. Zu den gemäß § 199 der Anmeldung beizufügenden „sonst erforderlichen Unterlagen" gehört auch die **Liste der Gesellschafter der GmbH,** § 8 Abs. 1 Nr. 3 GmbHG iVm. § 197. Wegen der **Bezeichnung unbekannter Aktionäre** verweist § 213 auf § 35, wonach die unbekannten Aktionäre durch Angabe ihrer Aktienurkunden und der auf die Aktien entfallenden Geschäftsanteile bezeichnet werden müssen. Dies entspricht der Regelung des alten Rechts (§ 371 Abs. 1 S. 3 AktG). **172**

8. Wirkungen der Eintragung in das Handelsregister und des Formwechsels. Zu den Wirkungen der Eintragung des Formwechsels in das Handelsregister vgl. **173**

---

[392] Vgl. *Kiem* ZIP 1997, 1627, 1630; zur Verschmelzung s. Rn. 458.
[393] Vgl. *Flesch* ZIP 1996, 2153; *Meyer-Landrut/Kiem* WM 1997, 1361, 1372; *Lutter/Happ* Umwandlungsgesetz § 242 Rn. 17.
[394] Ebenso *Lutter/Happ* Umwandlungsgesetz § 242 Rn. 8.

§ 202 und Rn. 121 ff. Was dort zur Amtskontinuität von Geschäftsführern gesagt ist, gilt sinngemäß für den **Vorstand** der formwechselnden AG. Dieser hört mit dem Wirksamwerden des Formwechsels auf, Organ der Gesellschaft zu sein. Die Gesellschaft wird jetzt durch die Geschäftsführer vertreten (die betriebsintern meist weiterhin als „Vorstand" tituliert werden, wenn sie mit dem früheren Vorstand personengleich sind). Der Dienstvertrag der Vorstandsmitglieder gilt aber weiter. Es kann nicht angenommen werden, dass dieser durch die Beendigung der Organstellung auflösend bedingt sein soll.[395] Ergänzend zu den in § 202 festgelegten Rechtsfolgen der Eintragung des Formwechsels in das Handelsregister bestimmt § 247 Abs. 1, dass durch den Formwechsel das bisherige Grundkapital der AG zum Stammkapital der GmbH wird. **Noch nicht erbrachte Einzahlungen** auf die Aktien hindern die Umwandlung nicht, sofern die Mindestzahlungen (§ 36a AktG) geleistet wurden.[396] Sagt die nach § 243 Abs. 1 S. 1 iVm. § 218 Abs. 1 in den Umwandlungsbeschluss aufzunehmende vollständige Satzung der GmbH nichts anderes aus, dann werden **vinkulierte Namensaktien** nicht zu vinkulierten Geschäftsanteilen. Ausnahmsweise zugelassene **Mehrstimmrechtsaktien** werden nicht zu entsprechenden Geschäftsanteilen. **Vorzugsaktien ohne Stimmrecht** verwandeln sich nicht in ebensolche Vorzugsgeschäftsanteile. Die gegenteilige Auffassung der 2. Aufl. (Rn. 101) kann im Hinblick darauf nicht aufrechterhalten werden, dass der Formwechsel der AG in die GmbH nach neuem Recht weit weniger bloße Satzungsänderung ist als nach altem Recht.

174 9. **Umtausch der Aktien.** Da über Geschäftsanteile **Urkunden** selten ausgestellt werden, kommt ein Umtausch von Aktien in Anteilscheine nur ausnahmsweise in Betracht. Deshalb führt die Regelung des § 248 Abs. 2 und 3 mit der Verweisung auf § 73 Abs. 1 und 2 AktG im Allgemeinen nur zur Ungültigstempelung eingereichter und zur **Kraftloserklärung** nicht eingereichter Aktienurkunden, wobei eine Genehmigung des Gerichts zur Kraftloserklärung nicht erforderlich ist. Der Aktionär hat **keinen Anspruch auf Ausstellung eines GmbH-Anteilscheins** anstelle eingereichter Aktienurkunden, was schon daraus folgt, dass sich die Verweisung des § 248 Abs. 2 nicht auf § 73 Abs. 3 AktG erstreckt. Werden Anteilscheine ausgegeben, so verliert die Verbriefung der Mitgliedschaftsrechte ihre Wertpapiereigenschaft, weil Anteilscheine nur Beweisurkunden sind. Bis zur Kraftloserklärung der Aktien ist die Mitgliedschaft auch nach dem Wirksamwerden des Formwechsels noch nach Aktienrecht übertragbar, also regelmäßig nach § 929 BGB, die Einhaltung der notariellen Form nach § 15 Abs. 3 GmbHG ist nicht erforderlich.[397]

175 Wichtiger als für den Umtausch der Aktien ist die Regelung des § 248 Abs. 2 für die **Zusammenlegung** von Aktien, wenn nicht auf jede Aktie ein Geschäftsanteil gewährt wird oder wenn es um die **Behandlung nicht beteiligungsfähiger Spitzen** geht.[398]

176 10. **Barabfindung.** Wegen ihrer Voraussetzungen und Durchführung wird auf Rn. 87 bis 95 zum Formwechsel einer GmbH in eine AG verwiesen. Anders als dort

---

[395] Vgl. Kölner KommAktG/*Zöllner* § 373 Anm. 6 iVm. § 365 Anm. 6 gegen Kölner KommAktG/*Mertens* § 84 Anm. 53, der allerdings den mit der Umwandlung nicht ohne weiteres vergleichbaren Fall des Widerrufs der Vorstandsbestellung aus wichtigem Grund im Auge hat; wie hier auch *Geßler/Hefermehl/Eckhardt/Kropff/Semler/Grunewald* § 372 Rn. 8 iVm. § 365 Rn. 7; vgl. auch Rn. 125.
[396] *K. Schmidt* ZIP 1995, 1385 ff.; zum umgekehrten Formwechsel vgl. Rn. 124.
[397] Vgl. BGHZ 21, 175; *Henze* Aktienrecht Rn. 1359; *K. Schmidt* GesR § 12 II 4a; *Geßler/Hefermehl/Eckhardt/Kropff/Semler/Grunewald* § 374 Rn. 16.
[398] Vgl. Rn. 170, ferner iE Kölner KommAktG/*Zöllner* § 373 Anm. 18–23.

spielt hier der Ausschluss der Klage gegen die Wirksamkeit des Umwandlungsbeschlusses wegen Verletzung von **Informations-, Auskunfts- und oder Berichtspflichten** im Zusammenhang mit der Barabfindung (vgl. Rn. 81) eine wichtigere Rolle, weil die Möglichkeiten der Durchsetzung der entsprechenden Informationsrechte der Aktionäre hinter denjenigen der GmbH-Gesellschafter zurückbleiben. Die neue Rechtsprechung des BGH hierzu, welche die Anfechtungsklage wegen Informationsmängeln ausschließt und deren Geltendmachung in das Spruchverfahren nach §§ 305 ff. verweist, ist denn auch zu einer formwechselnden Umwandlung einer AG in eine GmbH ergangen.[399] Der Auffassung des BGH lässt sich eine innere Logik nicht absprechen, da schwer einzusehen ist, dass eine Auskunftspflichtverletzung die Anfechtungsklage ermöglichen soll, obwohl nicht einmal das vollständige Informationsdefizit beim gänzlichen Fehlen eines Abfindungsangebots die Anfechtung rechtfertigt. Die neue Rechtsprechung des BGH lässt sich ohne weiteres auf den Ausgleich durch **bare Zuzahlung** bei zu niedrig bemessenen Umtauschverhältnis (Rn. 96) anwenden.[400] – Sind die Aktien der formwechselnden AG an der Börse notiert, so ist nach ebenfalls neuer Rechtsprechung auch der **Börsenkurs** in die Bewertung einzubeziehen (eingehend hierzu s. Rn. 698) und grundsätzlich vor dem Ertragswert (vgl. Rn. 89) für die Abfindung maßgebend. – Der Übertragungsvertrag für die Geschäftsanteile bedarf der Form des § 15 Abs. 3 GmbHG. Der seit 1. 1. 1995 geltende neue Abs. 3 des § 33 GmbHG erlaubt den Erwerb eigener Geschäftsanteile nach § 207 Abs. 1 UmwG grundsätzlich, auch noch nicht voll eingezahlter, ordnet aber analog § 71 Abs. 2 S. 2 AktG einschränkend an, dass der Erwerb nur zulässig ist, wenn die Gesellschaft die nach § 272 Abs. 4 HGB vorgeschriebene Rücklage für eigene Anteile bilden kann, ohne das Stammkapital oder eine nach dem Gesellschaftsvertrag zu bildende Rücklage zu mindern, die nicht zu Zahlungen an die Gesellschafter verwandt werden darf. Überdies muss der Erwerb binnen sechs Monaten nach dem Wirksamwerden der Umwandlung erfolgen. Verfügt die formwechselnde AG nicht über die erforderliche Rücklage, muss sie noch vor der Umwandlung eine Kapitalherabsetzung beschließen. Auf eine danach beschlossene ordentliche Kapitalherabsetzung wäre GmbH-Recht anzuwenden, deren Jahresfrist (§ 58 Abs. 1 Nr. 3 GmbHG) mit der Sechsmonatsfrist des § 33 Abs. 3 GmbHG kollidieren würde.[401]

11. Steuerrecht. Hier gilt entsprechend, was zum umgekehrten Formwechsel gesagt ist (vgl. Rn. 149). **177**

VI. Formwechsel einer KGaA in eine GmbH
(§§ 190 bis 227, 238 bis 250 UmwG 1994)

Literatur: Vgl. die Angaben bei I und II, insbesondere *Decher* Formwechsel – Allgemeine Vorschriften – in *Lutter* Kölner Umwandlungsrechtstage, 1995, S. 201 ff.; *Happ* Formwechsel von Kapitalgesellschaften in *Lutter* (Hrsg.) Kölner Umwandlungsrechtstage, 1995, S. 223 ff. sowie 2. Aufl. vor Rn. 129.

---

[399] BGH NJW 2001, 1425 = LM UmwG Nr. 9 m. zust. Anm. *Marsch-Barner* = GmbHR 2001, 200 m. krit. Anm. *Kallmeyer* und bestätigend BGH GmbHR 2001, 247 m. krit. Anm. *Bärwaldt*. Kritisch auch *Luttermann* BB 2001, 382; *Wenger* EWiR 2001, 331 und wohl auch *Grunewald/H.-F. Müller* JZ 2001, 1120, 1131; der Auffassung des BGH zust. *Sinewe* DB 2001, 690.

[400] Vgl. *Henze* ZIP 2002, 97, 106. Zweifelnd jedoch hinsichtlich der Verbesserung des Umtauschverhältnisses bei der Verschmelzung, vgl. Rn. 459. Vgl. auch *Henze* Aktienrecht Rn. 1350 ff.

[401] Vgl. *Lutter/Happ* Kölner Umwandlungsrechtstage, S. 240.

Übersicht

	Rn.		Rn.
1. Normzweck	178	dauer und Begrenzung ihrer Haftung	181
2. Durchführung des Formwechsels	179–182	c) Einwilligung in die Fortführung der Personenfirma	182
a) Zustimmung der persönlich haftenden Gesellschafter	180	3. Steuerrecht	183
b) Ausscheiden der persönlich haftenden Gesellschafter, Fort-			

178 **1. Normzweck.** Für den Formwechsel einer KGaA in eine GmbH können ähnliche Gründe bestimmend sein wie für den Formwechsel einer AG in eine GmbH (vgl. Rn. 166). Er war deshalb schon nach altem Recht zugelassen und macht dadurch den indirekten Weg über den Formwechsel in eine AG und von dort in eine GmbH überflüssig. Ihr individualistischer Charakter rückt die KGaA in eine gewisse Nähe zu der von Natur aus personalistisch verfassten GmbH und schafft damit günstige Voraussetzungen für einen Formwechsel.

179 **2. Durchführung des Formwechsels.** Sie richtet sich grundsätzlich nach den Vorschriften über den Formwechsel einer AG in eine GmbH, sodass auf die Erläuterungen zu V. verwiesen werden kann. Insbesondere wird auch beim Formwechsel einer KGaA in eine GmbH auf eine **Vermögensaufstellung verzichtet** (§ 238 S. 2 iVm. § 192 Abs. 2). Das ist zu bedauern. Nach altem Recht war der Hauptversammlung, die über die Umwandlung zu beschließen hatte, eine Umwandlungsbilanz vorzulegen (§ 386 Abs. 2 S. 1 AktG aF). Zweck dieser Bilanz war in erster Linie die Information der Aktionäre über die finanziellen Folgen des Ausscheidens der persönlich haftenden Gesellschafter aus der Gesellschaft, die gemäß § 247 Abs. 3 mit dem Wirksamwerden des Formwechsels eintritt. Beim Formwechsel einer KGaA in eine Personengesellschaft ist dagegen eine Vermögensaufstellung erforderlich (§ 229). Freiwillig kann die Gesellschaft selbstverständlich dem Umwandlungsbericht eine Vermögensaufstellung beifügen oder im Umwandlungsbericht einschlägige Daten mitteilen.[402] Bedarf es keiner Auseinandersetzung mit den persönlich haftenden Gesellschaftern, etwa weil diese zur Leistung einer Einlage nicht verpflichtet waren und deshalb keine Abfindung erhalten, ist eine Vermögensaufstellung nicht erforderlich. Nach altem Recht war auch in diesem Fall eine Umwandlungsbilanz aufzustellen (vgl. 2. Aufl. Rn. 133). Im Übrigen sind für die Durchführung des Formwechsels gegenüber dem Formwechsel einer AG in eine GmbH folgende Besonderheiten zu beachten:

180 **a) Zustimmung der persönlich haftenden Gesellschafter.** Der Umwandlungsbeschluss bedarf der Zustimmung der persönlich haftenden Gesellschafter, § 240 Abs. 3 S. 1. Das alte Recht (§ 386 Abs. 1 AktG) sah die Zustimmung aller persönlich haftenden Gesellschafter vor, wobei streitig war, ob dieses Erfordernis durch Satzungsbestimmung ganz oder teilweise ausgeschlossen werden konnte (vgl. 2. Aufl. Rn. 131). § 240 Abs. 3 S. 2 lässt nunmehr eine Mehrheitsentscheidung der persönlich haftenden Gesellschafter zu, wenn die Satzung der KGaA dies vorsieht. Ganz ausschließen kann die Satzung das Zustimmungserfordernis wegen § 1 Abs. 3 nicht (vgl. Rn. 469 zur Verschmelzung).

181 **b) Ausscheiden der persönlich haftenden Gesellschafter, Fortdauer und Begrenzung ihrer Haftung.** Mit der Eintragung des Formwechsels scheiden die persönlich haftenden Gesellschafter als solche aus der Gesellschaft aus, § 247 Abs. 3. Ihre Haftung für die bis zur Eintragung entstandenen Verbindlichkeiten der Gesellschaft

---

[402] Vgl. *Lutter/Happ* Kölner Umwandlungsrechtstage, S. 231; vgl. auch Rn. 42 und 153.

bleibt jedoch unberührt, § 249 iVm. § 224 Abs. 1. Die Nachhaftung ist, entsprechend der Konzeption des § 160 HGB in der Fassung des Nachhaftungsbegrenzungsgesetzes (NachhBG) v. 18. 3. 1994,[403] auf Verbindlichkeiten begrenzt, die vor Ablauf von fünf Jahren nach dem Formwechsel fällig wurden und dem Gesellschafter gegenüber in einer in § 197 Abs. 1 Nr. 3 bis 5 BGB nF bezeichneten Art festgestellt sind oder eine gerichtliche oder behördliche Vollstreckungshandlung vorgenommen oder beantragt wird, § 224 Abs. 2. Die Verjährungsvorschriften des BGB (nF) sind hierauf entsprechend anzuwenden, § 224 Abs. 3. Jedoch ist anzunehmen, dass gemäß § 105 Abs. 2 HGB, 738 Abs. 1 S. 2 BGB die Gesellschaft verpflichtet ist, die persönlich haftenden Gesellschafter von dieser Haftung zu befreien.[404] Da die persönlich haftenden Gesellschafter mit der Eintragung des Formwechsels aus der Gesellschaft ausscheiden, steht ihnen im Regelfall gemäß § 278 Abs. 2 AktG iVm. § 161 Abs. 2 und §§ 105 Abs. 2 HGB ein Anspruch auf Abfindung in Höhe ihres Auseinandersetzungsguthabens nach Maßgabe der §§ 738 bis 740 BGB zu.[405] Im Hinblick hierauf sind für sie die besonderen umwandlungsrechtlichen **Abfindungsregeln** der §§ 207 bis 212 gemäß § 227 **nicht anzuwenden.** Eine Übergangsregelung für **Altverbindlichkeiten** enthält § 319. Im Übrigen findet eine spezielle **Gründerhaftung** der Gesellschafter, die für den Formwechsel in eine GmbH gestimmt haben, **nicht** statt.[406]

c) **Einwilligung in die Fortführung der Personenfirma.** Firmenrechtliche Probleme entstehen beim Formwechsel der KGaA in eine GmbH seit der Neufassung der §§ 4 und 279 AktG, 4 GmbHG nicht mehr (vgl. auch Rn. 58). Scheidet jedoch eine natürliche Person als persönlich haftender Gesellschafter durch den Formwechsel aus der Gesellschaft aus, deren Namen in der Firma enthalten war, und bleibt sie auch nicht an der GmbH beteiligt (§ 247 Abs. 3, vgl. Rn. 181), ist die weitere Verwendung ihres Namens in der Firma der GmbH nur zulässig, wenn sie oder ihre Erben ausdrücklich in die Verwendung ihres Namens einwilligen, § 200 Abs. 3, was bedeutet, dass konkludentes Handeln nicht genügt Ist der Namensträger schon vor der Beschlussfassung übere den Formwechsel verstorben, bedarf es der Einwilligung der Erben in die weitere Namensverwendung nicht.[407]

182

3. Steuerrecht. Hierwegen wird auf die Erläuterungen zu dem umgekehrten Formwechsel (Rn. 156) Bezug genommen. Erhalten die persönlich haftenden Gesellschafter eine über dem Buchwert ihrer Beteiligung liegende **Abfindung,** tritt Steuerpflicht nach § 16 Abs. 1 Nr. 3 EStG ein. Bei der GmbH ist ein dem Veräußerungsgewinn entsprechender Betrag auf die einzelnen Wirtschaftsgüter zu verteilen, soweit stille Reserven vorhanden sind.[408] Werden die persönlich haftenden Gesellschafter mit Geschäftsanteilen abgefunden, was eine gleichzeitige Sachkapitalerhöhung bei der GmbH voraussetzt,[409] gelten die Vorschriften des Achten Teils des UmwStG.

183

---

[403] BGBl. I S. 560.
[404] Kölner KommAktG/*Zöllner* § 387 Anm. 3 iVm. § 368 Anm. 8.
[405] Amtl. Begr. S. 152.
[406] Wohl über wM, die darauf gestützt wird, dass § 245 keine diesbezügliche Regelung enthält und überdies in Abs. 4 bestimmt, dass ein Sachgründungsbericht nicht erforderlich ist, vgl. *Widmann/Mayer/Rieger* § 245 Rn. 42; *Lutter/Happ* Umwandlungsgesetz § 245 Rn. 24.
[407] Vgl. *Lutter/Decher* Umwandlungsgesetz § 200 Rn. 11.
[408] Vgl. *Glade/Steinfeld* Tz. 152.
[409] Vgl. *Widmann/Mayer/Rieger* § 247 Rn. 37.

VII. Formwechsel einer eingetragenen Genossenschaft in eine GmbH
(§§ 190 bis 212, 258 bis 271 UmwG 1994)

Literatur: Vgl. die Angaben bei I, ferner *Beuthien* Genossenschaftsgesetz mit Umwandlungsrecht, 13. Aufl. 2000.

Übersicht

	Rn.		Rn.
1. Normzweck	184	f) Anmeldung des Formwechsels	191
2. Durchführung des Formwechsels	185–194	g) Wirkungen des Formwechsels, Benachrichtigung der Anteilsinhaber	192
a) Vorbereitung der Generalversammlung	186		
b) Durchführung der Generalversammlung	187	h) Abfindungsangebot	193
		i) Fortdauer der Nachschusspflicht	194
c) Umwandlungsbeschluss	188		
d) Inhalt des Beschlusses	189	3. Steuerrecht	195
e) Kapitalschutz	190		

184 **1. Normzweck.** Die Zulassung dieses Formwechsels (und des Formwechsels einer eG in eine KGaA, § 258 Abs. 1) ist neu. Die Umwandlung einer eG in eine AG war schon 1969 durch die §§ 385m bis 385q AktG aF erlaubt worden (vgl. Rn. 157). Ein besonderes Bedürfnis für die Einführung des Formwechsels einer eG in eine GmbH ist nicht erkennbar, zumal eingetragene Genossenschaften regelmäßig eine Vielzahl von Genossen haben (vgl. § 262 Abs. 1). Es ist deshalb anzunehmen, dass die Eröffnung des Formwechsels der eG in die GmbH auch hier nur der Lückenschließung im Umwandlungsrecht dient. Die Regelung folgt weitgehend den Vorschriften des alten Rechts über die formwechselnde Umwandlung einer eG in eine AG.[410]

185 **2. Durchführung des Formwechsels.** Sie richtet sich grundsätzlich nach demselben Verfahren, das in den anderen Fällen des Formwechsels vorgeschrieben ist. Zusätzlich sind Vorschriften einzuhalten, die auf der besonderen Struktur der Genossenschaft beruhen, vor allem diejenigen, die den Wechsel von der Mitgliedschaft bei der Genossenschaft zur Kapitalbeteiligung der GmbH-Gesellschafter betreffen (vgl. auch Rn. 158 für den umgekehrten Formwechsel). Im Einzelnen gilt:

186 **a) Vorbereitung der Generalversammlung.** Für die Vorbereitung der Generalversammlung, die den Formwechsel beschließen soll, bestimmt § 260 Abs. 1 S. 1 ausdrücklich, dass der Vorstand der formwechselnden Genossenschaft allen Genossen spätestens zusammen mit der Einberufung der Generalversammlung, die den Formwechsel beschließen soll, diesen Formwechsel als Gegenstand der Beschlussfassung **schriftlich anzukündigen** hat. Die Notwendigkeit der Ankündigung als solcher ergibt sich bereits nach allgemeinen Regeln, weil die Ankündigung Beschlussvoraussetzung ist (§ 46 Abs. 2 GenG). Die Bedeutung der Vorschrift liegt deshalb vor allem in dem Erfordernis der Schriftlichkeit der Ankündigung. Eine im Statut vorgesehene andere Form, zB Einladung und Ankündigung durch öffentliche Blätter, reicht nicht aus. In der Ankündigung ist auf die für die Beschlussfassung nach § 262 Abs. 1 erforderlichen Mehrheiten (Rn. 188) sowie auf die Möglichkeit der Erhebung eines Widerspruchs und die sich daraus ergebenden Rechte hinzuweisen, § 260 Abs. 1 S. 2. Vor der Einberufung der Generalversammlung ist ein **Prüfungsgutachten** des Prüfungsverbands nach Maßgabe des § 259 einzuholen. Dieses Prüfungsgutachten ist zusammen mit den sonst er-

---
[410] Amtl. Begr. S. 160.

forderlichen Unterlagen (zB Umwandlungsbericht, § 260 Abs. 2 iVm. § 230 Abs. 2) in dem Geschäftsraum der formwechselnden Genossenschaft zur Einsicht der Genossen auszulegen, denen auf Verlangen unverzüglich und kostenlos eine Abschrift des Prüfungsgutachtens zu erteilen ist, § 260 Abs. 3.

b) Durchführung der Generalversammlung. Das nach § 259 erstattete Prüfungsgutachten ist ferner in der Generalversammlung **auszulegen,** zusammen mit dem Umwandlungsbericht, falls ein solcher nicht gemäß § 192 Abs. 3 entfällt (§ 261 Abs. 1 S. 1 iVm. § 260 Abs. 2). Das ist von Bedeutung, wenn die Generalversammlung, wie häufig, nicht in den Geschäftsräumen der Genossenschaft stattfindet. Gemäß § 261 Abs. 1 S. 2 hat der Vorstand den Umwandlungsbeschluss zu Beginn der Verhandlung **mündlich zu erläutern.** Außerdem ist in der Generalversammlung das Prüfungsgutachten zu **verlesen,** § 261 Abs. 2 S. 1. Der Prüfungsverband ist berechtigt, an der Generalversammlung beratend teilzunehmen, § 261 Abs. 2 S. 2. 187

c) Umwandlungsbeschluss. Der Umwandlungsbeschluss bedarf grundsätzlich nur einer Mehrheit von mindestens **drei Vierteln** der abgegebenen Stimmen, § 262 Abs. 1 S. 1. Er bedarf jedoch einer **Mehrheit** von **neun Zehnteln** der abgegebenen Stimmen, wenn spätestens bis zum Ablauf des dritten Tages vor der Generalversammlung wenigstens hundert Genossen, bei Genossenschaften mit weniger als tausend Genossen ein Zehntel der Genossen, durch eingeschriebenen Brief **Widerspruch** gegen den Formwechsel erhoben haben. Das Statut kann größere Mehrheiten und weitere Erfordernisse bestimmen, § 262 Abs. 1 S. 2 und 3. Diese Regelung entspricht dem alten Recht (§ 385m Abs. 2 AktG aF) und erstreckt sie auf den Formwechsel in eine GmbH. 188

d) Inhalt des Beschlusses. Auf den Umwandlungsbeschluss sind nach § 263 Abs. 1 auch die §§ 218, 243 Abs. 3 und 244 Abs. 2 entsprechend anzuwenden, was vor allem bedeutet, dass dem Beschluss zumindest als Anlage der **vollständige Text des Gesellschaftsvertrags der GmbH** beizufügen ist. Es genügt also nicht lediglich ein Text, der die für den Formwechsel unerlässlichen Änderungen gegenüber dem Statut der formwechselnden Genossenschaft enthält.[411] Die **Unterzeichnung** des Gesellschaftsvertrags der GmbH durch die Gesellschafter ist **entbehrlich,** wie sich aus der Verweisung aus § 244 Abs. 2 ergibt (vgl. auch Rn. 169). Zur Konkretisierung der in § 194 Abs. 1 Nr. 4 vorgeschriebenen Festlegung von Zahl, Art und Umfang der Anteile bestimmt § 263 Abs. 2, dass **an dem Stammkapital** der GmbH **jeder Genosse** in dem Verhältnis **beteiligt wird,** in dem am Ende des letzten vor der Beschlussfassung über den Formwechsel abgelaufenen Geschäftsjahres sein Geschäftsguthaben zur Summe der Geschäftsguthaben aller Genossen bestanden hat, die durch den Formwechsel Gesellschafter geworden sind. Der Nennbetrag des Stammkapitals ist so zu bemessen, dass auf jeden Genossen möglichst ein voller Geschäftsanteil oder ein möglichst hoher Teil eines Geschäftsanteils (Teilrecht) entfällt. Dabei ist § 258 Abs. 2 zu beachten, wonach der Formwechsel nur möglich ist, wenn auf jeden Genossen als Gesellschafter der GmbH ein durch zehn teilbarer Geschäftsanteil von mindestens fünfzig € entfällt. **Das bedeutet, dass das festzusetzende Stammkapital mindestens das fünfzigfache der Mitgliederzahl betragen muss.** Nach Abs. 3 des § 263 sollen die Geschäftsanteile auf einen höheren Nennbetrag als 100 € nur gestellt werden, soweit auf die Genossen der formwechselnden Genossenschaft volle Geschäftsanteile mit dem höheren Nennbetrag entfallen. 189

e) Kapitalschutz. Gemäß § 264 Abs. 1 darf der Nennbetrag des Stammkapitals der GmbH das nach Abzug der Schulden verbleibende Vermögen der formwechselnden 190

---

[411] Amtl. Begr. S. 161.

Genossenschaft nicht übersteigen. Diese Vorschrift entspricht § 220 Abs. 1 und dient wie beim Formwechsel einer Personenhandelsgesellschaft in eine Kapitalgesellschaft dem Kapitalschutz (Schutz der Gläubiger), weil die eG ebenso wenig wie eine Personenhandelsgesellschaft ein gebundenes Nennkapital hat. Demgemäß ist hier wie dort eine Umwandlung beim Vorliegen einer **Unterbilanz** bei der Genossenschaft nicht möglich.[412] Die Vorschriften über die **Gründungsprüfung** sind anzuwenden, jedoch werden die Genossen der formwechselnden Genossenschaft auch dann nicht den Gründern der Gesellschaft gleichgestellt, wenn sie dem Formwechsel zugestimmt haben. Demgemäß sind die Genossen nicht verpflichtet, einen **Sachgründungsbericht** zu erstatten, § 264 Abs. 2.

191 f) **Anmeldung des Formwechsels.** Bei der Anmeldung des Formwechsels ist zu unterscheiden: Die GmbH ist durch die Geschäftsführer zur Eintragung in das Handelsregister anzumelden. Die Anmeldung der Umwandlung zur Eintragung in das Genossenschaftsregister nach § 198 Abs. 2 S. 3 kann auch durch den Vorstand der formwechselnden Genossenschaft vorgenommen werden, § 265 iVm. § 222 Abs. 1 S. 1 und Abs. 3. **Konstitutiv** für den Formwechsel ist die Eintragung der GmbH.[413] Den Katalog der Anlagen, die gemäß § 199 der Anmeldung beizufügen sind, ergänzt § 265 durch die Beifügung des Prüfungsgutachtens.

192 g) **Wirkungen des Formwechsels, Benachrichtigung der Anteilsinhaber.** Durch den Formwechsel werden die bisherigen Geschäftsanteile an der Genossenschaft zu Geschäftsanteilen an der GmbH und zu Teilrechten, die selbstständig veräußerlich und vererblich sind, § 266 Abs. 1 und 2. Die Rechte aus den Teilrechten können nur geltend gemacht werden, wenn sie entweder in einer Hand vereinigt werden oder wenn sich die Teilrechtsinhaber zur Ausübung ihrer Rechte zusammenschließen, § 266 Abs. 2 (vgl. auch § 57k Abs. 2 GmbHG und § 18 GmbHG). Die an den bisherigen Geschäftsguthaben der Genossen bestehenden **Rechte Dritter** bestehen an den durch den Formwechsel erlangten Geschäftsanteilen und Teilrechten weiter, § 266 Abs. 1 S. 2. Die Geschäftsführer der GmbH haben jedem Gesellschafter unverzüglich nach der Bekanntmachung der Eintragung der GmbH die wichtigsten **Informationen** über seine neue Beteiligung schriftlich mitzuteilen und deren Inhalt in den Gesellschaftsblättern bekanntzumachen, § 267.

193 h) **Abfindungsangebot.** Das Abfindungsangebot nach § 207 Abs. 1 S. 1 gilt nicht nur für jeden Genossen, der gegen den Umwandlungsbeschluss Widerspruch zur Niederschrift erklärt hat, sondern gemäß § 270 auch für den Genossen, der dem Formwechsel bis zum Ablauf des dritten Tages vor dem Tage, an dem der Umwandlungsbeschluss gefasst worden ist, durch eingeschriebenen Brief widersprochen hat (vgl. auch § 262 Abs. 1 S. 2).

194 i) **Fortdauer der Nachschusspflicht.** Die Nachschusspflicht der Genossen dauert zum Schutz der Gläubiger nach Maßgabe des § 271 fort, wobei jedoch die Nachschusspflicht auf die Befriedigung von Altverbindlichkeiten beschränkt wird, um eine ungerechtfertigte Besserstellung der Neugläubiger zu vermeiden.[414]

195 3. **Steuerrecht.** Hier gilt entsprechend, was zum umgekehrten Formwechsel gesagt ist (vgl. Rn. 165).

---

[412] Vgl. *Geßler/Hefermehl/Eckhardt/Kropff/Semler/Grunewald* § 385 m Rn. 21; vgl. auch Rn. 130.
[413] Vgl. Amtl. Begr. S. 162.
[414] Amtl. Begr. S. 163.

VIII. Formwechsel eines rechtsfähigen Vereins in eine GmbH
(§§ 190 bis 212, 272 bis 282 UmwG 1994)

Literatur: Vgl.die Angaben bei I, ferner *Grüter/Mitsch* Keine Steuerneutralität des Formwechsels eines eingetragenen Vereins in eine Kapitalgesellschaft?, DStR 2001, 1827.

Übersicht

	Rn.		Rn.
1. Normzweck	196	e) Anmeldung des Formwechsels	203
2. Durchführung des Formwechsels .	197–207	f) Bekanntmachung des Formwechsels	204
a) Vorbereitung und Durchführung der Mitgliederversammlung	198	g) Wirkungen des Formwechsels .	205
b) Umwandlungsbeschluss	199	h) Benachrichtigung der Anteilsinhaber	206
c) Inhalt des Beschlusses	200, 201	i) Abfindungsangebot	207
d) Kapitalschutz	202	3. Steuerrecht	208

1. Normzweck. Die Möglichkeit dieses Formwechsels ist neu. Der Gesetzgeber **196** hat hier in erster Linie an wirtschaftliche Vereine gedacht,[415] beschränkte die Regelung aber nicht auf solche, sondern erstreckte sie auf alle im Vereinsregister eingetragenen rechtsfähigen Vereine. Dabei ist zu beachten, dass ein wirtschaftlicher Verein nur ein solcher ist, dessen Zweck auf einen wirtschaftlichen Geschäftsbetrieb gerichtet ist und seine Rechtsfähigkeit durch staatliche Verleihung erlangt (§ 22 BGB). Derartige Vereine sind selten.[416] Alle übrigen rechtsfähigen Vereine sind Idealvereine (§ 21 BGB). Idealverein ist auch der Wirtschaftsverband, welcher der Förderung der gewerblichen Interessen seiner Mitglieder dient. In diesem Bereich ist ein Umwandlungsbedürfnis denkbar. Die Unterscheidung zwischen wirtschaftlichen Vereinen und Idealvereinen ist für die Mehrheitserfordernisse des Umwandlungsbeschlusses von Bedeutung, wenn durch die Umwandlung der Übergang von einem ideellen Vereinszweck zu einem wirtschaftlichen Unternehmensgegenstand bewirkt werden soll (§ 275 Abs. 1, vgl. Rn. 199). Zugelassen ist nur der Formwechsel in eine Kapitalgesellschaft oder eingetragene Genossenschaft (§ 272 Abs. 1), nicht aber in eine Personengesellschaft. Voraussetzung ist, dass die Satzung des Vereins oder Landesrecht dem Formwechsel nicht entgegenstehen, § 272 Abs. 2. Eine ausdrückliche Verbotsvorschrift ist nicht erforderlich. Es genügt, dass die Satzung sonstwie einer grundlegenden Änderung der Verbandsstruktur entgegensteht,[417] in welchem Falle die einschlägigen Satzungsbestimmungen zunächst geändert werden müssen. Der Hinweis auf die Vereinbarkeit des Formwechsels mit dem Landesrecht zielt auf wirtschaftliche Vereine, die Rechtsfähigkeit nur durch staatliche Verleihung erlangen können, wobei für die Verleihung regelmäßig die Bundesländer zuständig sind (§ 22 BGB).

2. Durchführung des Formwechsels. Sie richtet sich grundsätzlich nach dem **197** Verfahren, das in anderen Fällen des Formwechsels vorgeschrieben ist. Besonderheiten entsprechen weitgehend dem Formwechsel einer eingetragenen Genossenschaft in eine GmbH (vgl. Rn. 184 bis 195). Im Einzelnen gilt:

a) Vorbereitung und Durchführung der Mitgliederversammlung. Für die **198** Vorbereitung und Durchführung der Mitgliederversammlung, die den Formwechsel

---
[415] Vgl. Amtl. Begr. S. 163.
[416] ZB Taxizentralen, vgl. BGHZ 45, 395.
[417] Amtl. Begr. S. 164.

beschließen soll, schreibt § 274 Abs. 1 die entsprechende Anwendung der §§ 229, 230 Abs. 1, 231 S. 1, 239 und 260 Abs. 1 vor. Das bedeutet **schriftliche Ankündigung des Formwechsels** unter Hinweis auf die erforderlichen Beschlussmehrheiten (Rn. 199) sowie die Möglichkeit der Erhebung eines Widerspruchs und die sich daraus ergebenden Rechte, Erstellung einer **Vermögensaufstellung** zum Umwandlungsbericht (sofern dieser nicht nach § 192 Abs. 3 entbehrlich ist), **Auslegung** des Umwandlungsberichts in der Mitgliederversammlung und **Erläuterung** des Umwandlungsbeschlusses in dieser durch den Vorstand des Vereins (vgl. Rn. 186, 187).

199 b) **Umwandlungsbeschluss.** Der Umwandlungsbeschluss bedarf grundsätzlich nur einer **Mehrheit** von mindestens **drei Vierteln** der erschienenen Mitglieder, § 275 Abs. 2 S. 1. Er bedarf jedoch einer **Mehrheit** von **neun Zehnteln** der erschienenen Mitglieder, wenn spätestens bis zum Ablauf des dritten Tages vor der Mitgliederversammlung wenigstens hundert Mitglieder, bei Vereinen mit weniger als tausend Mitgliedern ein Zehntel der Mitglieder, durch eingeschriebenen Brief **Widerspruch** gegen den Formwechsel erhoben haben. Die Satzung kann größere Mehrheiten und weitere Erfordernisse bestimmen, § 275 Abs. 2 S. 2 und 3. Die Regelung entspricht derjenigen beim Formwechsel einer eingetragenen Genossenschaft in eine GmbH (vgl. Rn. 188). Soll der **Zweck des Vereins** anlässlich des Formwechsels **geändert** werden, müssen **alle Vereinsmitglieder zustimmen,** sowohl die erschienenen als auch die nicht erschienenen, § 275 Abs. 1. Die Zustimmung der Letzteren bedarf der notariellen Beurkundung, § 193 Abs. 3. Die Regelung soll die Umgehung der Vorschrift des § 33 Abs. 1 S. 2 BGB verhindern.[418] Eine Zweckänderung liegt stets vor, wenn ein Idealverein einen Unternehmensgegenstand in der künftigen Satzung der GmbH festlegt, der auf den Betrieb eines Handelsgewerbes gerichtet ist. Findet der bisherige ideelle Zweck dagegen seinen Ausdruck auch im Unternehmensgegenstand der GmbH, was nach § 1 GmbHG möglich ist, genügt für den Umwandlungsbeschluss die Dreiviertelmehrheit, desgleichen im Falle der Beibehaltung des bisherigen wirtschaftlichen Vereinszwecks durch die GmbH.[419]

200 c) **Inhalt des Beschlusses.** Auf den Umwandlungsbeschluss sind nach § 276 Abs. 1 auch die §§ 218, 243 Abs. 3, 244 Abs. 2 und 263 Abs. 2 S. 2, Abs. 3 entsprechend anzuwenden, was vor allem bedeutet, dass dem Beschluss zumindest als Anlage der **vollständige Text des Gesellschaftsvertrags der GmbH** beizufügen ist. Es genügt also nicht lediglich ein Text, der die für den Formwechsel unerlässlichen Änderungen gegenüber der Satzung des formwechselnden Vereins enthält (vgl. Rn. 189). Die **Unterzeichnung** des Gesellschaftsvertrags der GmbH durch die Gesellschafter ist **entbehrlich,** wie sich aus der Verweisung auf § 244 Abs. 2 ergibt (vgl. Rn. 169, 189). Der Nennbetrag des Stammkapitals ist so zu bemessen, dass auf jedes Vereinsmitglied möglichst ein voller Geschäftsanteil oder ein möglichst hoher Teil eines Geschäftsanteils (Teilrecht) entfällt. Dabei ist § 273 zu beachten, wonach der Formwechsel nur möglich ist, wenn auf jedes Mitglied, das an der GmbH beteiligt wird, als Gesellschafter der GmbH ein durch zehn teilbarer Geschäftsanteil von mindestens fünfzig € entfällt. **Das bedeutet, dass das festzusetzende Stammkapital mindestens das fünfzigfache der Mitgliederzahl betragen muss.** Nach Abs. 3 des in § 276 Abs. 1 in Bezug genommenen § 263 sollen die Geschäftsanteile auf einen höheren Nennbetrag als 100 € nur gestellt werden, soweit auf die Mitglieder des formwechselnden Vereins volle Geschäftsanteile mit dem höheren Nennbetrag entfallen.

---

[418] Amtl. Begr. S. 164.
[419] Amtl. Begr. S. 163, 164.

Die **Beteiligung** der Vereinsmitglieder am Stammkapital der GmbH wird regelmä- 201
ßig in gleich hohen Geschäftsanteilen festgesetzt werden. S. 2 der Ursprungsfassung,[420]
der von Nennbetragsaktien ausging, wurde durch das StückAG gestrichen. Im Übrigen
sind die Vereinsmitglieder in der Wahl des Beteiligungsmaßstabs nicht frei, sondern
dürfen die Beteiligung nur nach bestimmten, in § 276 Abs. 2 genau festgelegten, Kriterien festsetzen, zB der Höhe der Vereinsbeiträge (Nr. 2) oder der Dauer der Mitgliedschaft (Nr. 6). Diese Kriterien sind größtenteils den Vorschriften des alten Rechts
für die formwechselnde Umwandlung eines Versicherungsvereins auf Gegenseitigkeit
in eine AG entnommen (§ 385 e Abs. 2 AktG).

d) Kapitalschutz. Für den Kapitalschutz sind dieselben Vorkehrungen vorgesehen 202
wie beim Formwechsel einer eingetragenen Genossenschaft in eine GmbH, § 277
iVm. § 264 (vgl. Rn. 190).

e) Anmeldung des Formwechsels. Auch für die Anmeldung des Formwechsels 203
gelten die Vorschriften für den Formwechsel einer eingetragenen Genossenschaft in
eine GmbH entsprechend, § 278 iVm. § 222 Abs. 1 und 3 (vgl. Rn. 191). Zusätzlich
ist § 278 Abs. 2 zu beachten, der für wirtschaftliche Vereine gilt, die zu Recht oder
Unrecht nicht in das Handelsregister eingetragen sind.[421]

f) Bekanntmachung des Formwechsels. In der Bekanntmachung des Form- 204
wechsels nach § 201 S. 1 ist auch anzugeben, nach welchen Maßstäben die Vereinsmitglieder an der GmbH beteiligt sind, § 279 (vgl. Rn. 201).

g) Wirkungen des Formwechsels. Durch den Formwechsel werden die bisheri- 205
gen Vereinsmitgliedschaften zu Geschäftsanteilen und zu Teilrechten, § 280 S. 1, wobei § 266 Abs. 1 S. 2, Abs. 2 und 3 entsprechend anzuwenden sind, § 280 S. 2 (vgl.
Rn. 192).

h) Benachrichtigung der Anteilsinhaber. Wie beim Formwechsel einer einge- 206
tragenen Genossenschaft in eine GmbH haben die Geschäftsführer den Gesellschaftern
die wichtigsten **Informationen** über ihre neue Beteiligung schriftlich mitzuteilen,
§ 281 Abs. 1 (vgl. Rn. 192).

i) Abfindungsangebot. Für das Abfindungsangebot verweist § 282 Abs. 1 auf die 207
Regelung des § 270 für den Formwechsel einer eingetragenen Genossenschaft in eine
GmbH (vgl. Rn. 193). Das Abfindungsangebot entfällt nach § 282 Abs. 2 jedoch insgesamt beim Formwechsel eines **gemeinnützigen Vereins.** Diese Vorschrift ist erst
auf Empfehlung des Rechtsausschusses in Parallelität zu § 104a (Verschmelzung) in das
Gesetz aufgenommen worden, weil einerseits der Gewährung einer Abfindung an ausscheidende Mitglieder regelmäßig die bestehende Zweckbestimmung des Vereins entgegenstünde und andererseits der steuerliche Gemeinnützigkeitsstatus gefährdet werden
könnte.[422]

3. Steuerrecht. Eingetragene Vereine sind grundsätzlich körperschaftsteuerpflichtig 208
nach § 1 Abs. 1 Nr. 4 KStG, soweit sie nicht als gemeinnützige Vereine von der Körperschaftsteuerpflicht nach § 5 Abs. 1 Nr. 9 KStG befreit sind. Für den Formwechsel in
eine GmbH gilt entsprechend, was zum Formwechsel einer eingetragenen Genossenschaft in eine GmbH gesagt ist (vgl. Rn. 195, 165). Allerdings vertritt die Finanzverwaltung den Standpunkt, dass der Formwechsel eines eingetragenen Vereins in eine

---

[420] Vgl. Voraufl. Rn. 194.
[421] Amtl. Begr. S. 165, vgl. auch § 33 Abs. 1 HGB.
[422] Vgl. Bericht des Rechtsausschusses zu § 282 Abs. 2 und § 104a, abgedruckt bei *Schaumburg/ Rödder* S. 446 und 183.

Anh. nach § 77   5. Abschnitt. Auflösung und Nichtigkeit der Gesellschaft

Kapitalgesellschaft den Schenkungsteuertatbestand des § 7 Abs. 1 Nr. 9 ErbStG erfüllen könne (vgl. koord. Ländererlass v. 7. 12. 2000, DStR 2000, 2189 für den Formwechsel in eine AG). Dieser Standpunkt ist jedoch abzulehnen (zutr. *Grüter/Mitsch* DStR 2001, 1827).

IX. Formwechsel von Körperschaften und Anstalten des öffentlichen Rechts in eine GmbH
(§§ 190 bis 212, 301 bis 304 UmwG 1994)

Literatur: Vgl. die Angaben bei I und vor Rn. 152 der 2. Aufl., ferner *Busch* Die Nachhaftung des Anstalts- bzw. Gewährträgers bei Privatisierung der Rechtsform öffentlich-rechtlicher Kreditinstitute, AG 1997, 357.

Übersicht

	Rn.		Rn.
1. Normzweck	209	d) Geschäftsanteile, Gründer	213
2. Durchführung des Formwechsels .	210–216	e) Gründungsvorschriften des GmbHG	214
a) Rechtsfähigkeit der Körperschaft oder Anstalt	210	f) Kapitalschutz	215
b) Zulassung durch das maßgebliche öffentliche Recht	211	g) Wirksamwerden des Formwechsels	216
c) Allgemeine Vorschriften, Gesellschaftsvertrag der GmbH ...	212	3. Steuerrecht	217

209   **1. Normzweck.** Das Gesetz hat in modifizierter Form die wenigen Vorschriften des alten Rechts übernommen.[423] Die Umwandlung in eine AG war in §§ 385 a bis 385 c AktG geregelt,[424] die Umwandlung in eine GmbH im UmwG 1969 (§ 59). Abweichend vom alten Recht ist jetzt auch die Umwandlung in eine KGaA zugelassen (§ 301 Abs. 1). Die Zulassung der Umwandlung einer Körperschaft oder Anstalt des öffentlichen Rechts in eine Kapitalgesellschaft entsprach bei ihrer erstmaligen Einführung keinem besonderen praktischen Bedürfnis,[425] sondern diente (wie zahlreiche Vorschriften des neuen Rechts) eher der Perfektionierung des Umwandlungssystems.[426] Neuerdings wird auch für diese Umwandlungsform eine Regelungsnotwendigkeit anerkannt.[427] Die Umwandlung war nach altem Recht als formwechselnde konzipiert (vgl. § 59 Abs. 5 UmwG 1969), stand aber der Sache nach einer übertragenden Umwandlung näher.[428] Da das neue Recht die Unterscheidung zwischen formwechselnden und übertragenden Umwandlungen beseitigt hat (vgl. Rn. 10, 11), könnte die Unterscheidung allenfalls noch für das Steuerrecht von Bedeutung sein (vgl. Rn. 12). Das Steuerrecht hat jedoch insoweit keine nachteiligen Folgerungen gezogen (vgl. Rn. 217).

210   **2. Durchführung des Formwechsels. a) Rechtsfähigkeit der Körperschaft oder Anstalt.** Die Identitätswahrung des Formwechsels setzt voraus, dass die umzuwandelnde Körperschaft oder Anstalt **rechtsfähig** ist, § 301 Abs. 1. Für den Form-

---

[423] Amtl. Begr. S. 169.
[424] Eingeführt durch das Gesetz v. 15. 8. 1969, BGBl. I S. 1171.
[425] Vgl. *Caspers* WM 1969, Sonderbeilage Nr. 3, S. 15, 16; *H. Westermann*, FS Luther, 1976, S. 191.
[426] Vgl. Kölner KommAktG/*Zöllner* Vor § 385 a bis 385 c.
[427] Vgl. zB *Busch* AG 1997, 357; *Lutter/H. Schmidt* Umwandlungsgesetz Vor § 301 Rn. 3.
[428] Vgl. 2. Aufl. Rn. 152.

wechsel kommen danach zB öffentlich-rechtliche Sparkassen in Betracht, nicht aber kommunale Eigenbetriebe.[429]

b) Zulassung durch das maßgebliche öffentliche Recht. Der Formwechsel ist 211 nur zulässig, wenn das maßgebliche **öffentliche Recht** (Bundes- oder Landesrecht) ihn erlaubt, § 301 Abs. 2. Das geschieht regelmäßig durch Sondergesetz im Einzelfall, wie die Umwandlung der Bayerischen Staatsbank in eine AG auf Grund eines Gesetzes v. 23. 7. 1970.[430]

c) Allgemeine Vorschriften, Gesellschaftsvertrag der GmbH. Die Allgemei- 212 nen Vorschriften des Ersten Teils über den Formwechsel (§§ 190 bis 213) sind nur anzuwenden, soweit sich aus dem für die formwechselnde Körperschaft oder Anstalt maßgeblichen öffentlichen Recht nichts anderes ergibt, § 302 S. 1. Dieses Recht bestimmt auch, auf welche Weise der Gesellschaftsvertrag der GmbH abgeschlossen wird, § 302 S. 2. Gibt es nach der Satzung der Körperschaft oder Anstalt kein hierfür zuständiges Beschlussorgan, kann durch Gesetz oder Verwaltungsakt ein Vertragsgeber bestimmt oder der Vertrag unmittelbar festgesetzt werden.

d) Geschäftsanteile, Gründer. Das maßgebliche öffentliche Recht bestimmt fer- 213 ner, wer an der GmbH mit Geschäftsanteilen beteiligt wird und welche Person oder welche Personen den Gründern der Gesellschaft gleichstehen. Die Mitglieder der Körperschaft des öffentlichen Rechts kommen als Gesellschafter der GmbH wegen des besonderen Charakters der Mitgliedschaft an der Körperschaft kaum in Betracht.[431] Die Anstalt des öffentlichen Rechts hat überhaupt keine Mitglieder. Die Geschäftsanteile werden deshalb regelmäßig **Außenstehenden** zuzuweisen sein. Erhält eine einzige Rechtsperson alle Geschäftsanteile, liegt eine **Einmanngründung** vor.

e) Gründungsvorschriften des GmbHG. Im Übrigen gelten für den Form- 214 wechsel die Gründungsvorschriften des GmbHG, § 197 S. 1, § 303 Abs. 1, soweit sich aus dem maßgeblichen öffentlichen Recht (vgl. Rn. 211) nichts anderes ergibt. Fraglich ist, ob § 2 GmbHG gilt, der **notarielle Beurkundung** des Gesellschaftsvertrags und Unterzeichnung durch sämtliche Gründungsgesellschafter vorschreibt. Die Vorschrift ist jedenfalls dann nicht anwendbar, wenn der Gesellschaftsvertrag durch das den Formwechsel erlaubende Gesetz selbst oder durch Verwaltungsakt festgestellt wird.[432] Soweit die Körperschaft oder Anstalt hoheitliche Aufgaben wahrgenommen hat, können diese von der GmbH grundsätzlich nicht weiterverfolgt werden.[433] Das **Stammkapital** der GmbH muss mindestens 25 000,– € (§ 5 Abs. 1 GmbHG) betragen.

f) Kapitalschutz. Gemäß § 303 Abs. 1 ist auch § 220 entsprechend anzuwenden, 215 wonach der Nennbetrag des Stammkapitals der GmbH das nach Abzug der Schulden verbleibende Vermögen der Körperschaft oder Anstalt nicht übersteigen darf. Diese Vorschrift dient dem Kapitalschutz (Schutz der Gläubiger), weil die Körperschaft oder Anstalt ebenso wenig wie eine Personenhandelsgesellschaft ein gebundenes Nennkapital hat. Demgemäß ist hier wie dort eine Umwandlung beim Vorliegen einer **Unterbilanz** bei der Körperschaft oder Anstalt nicht möglich (vgl. auch Rn. 136, 190). Ebenfalls dem Schutz der Gläubiger dienen Bestimmungen über die **Fortdauer der**

---

[429] Vgl. Kölner KommAktG/*Zöllner* § 385 a Anm. 5.
[430] BayGVBl. S. 302, vgl. Kölner KommAktG/*Zöllner* § 385 a Anm. 2 bis 4; vgl. ferner § 19 Abs. 2 bis 6 des Entwurfs eines Gesetzes über die Deutsche Genossenschaftsbank v. 9. 4. 1975, abgedruckt bei *H. Westermann* S. 192; vgl. auch Rn. 17.
[431] Vgl. Kölner KommAktG/*Zöllner* § 385 a Anm. 7.
[432] Vgl. näher 2. Aufl. Rn. 157; ebenso *Lutter/H. Schmidt* Umwandlungsgesetz § 302 Rn. 7.
[433] Vgl Kölner KommAktG/*Zöllner* § 385 c Anm. 4.

Gewährträgerhaftung für Altverbindlichkeiten, die in den für die Umwandlung öffentlich-rechtlicher Kreditinstitute maßgeblichen Sondernormen regelmäßig enthalten sind.[434] Infolge der Verweisung auf § 220 findet auch dessen Abs. 2 Anwendung, wonach ein **Sachgründungsbericht** zu erstatten ist. Die Erstattung eines **Umwandlungsberichts** mit **Vermögensaufstellung** (§ 192) dürfte dagegen im Hinblick auf deren Zweck (vgl. Rn. 40 bis 44) beim Formwechsel einer Körperschaft oder Anstalt des öffentlichen Rechts nicht in Betracht kommen.

216 g) **Wirksamwerden des Formwechsels.** Der Formwechsel wird mit der Eintragung der GmbH in das Handelsregister wirksam, § 304 S. 1. Ab diesem Zeitpunkt unterliegt die frühere Körperschaft oder Anstalt nicht mehr den Vorschriften des öffentlichen Rechts.[435] Auch Mängel des Formwechsels sollen hieran nichts ändern, § 304 S. 2. Diese Klarstellung war auch im Hinblick darauf erforderlich, dass wegen § 302 S. 1 (vgl. Rn. 212) zweifelhaft sein könnte, ob die Vorschrift des § 202 Abs. 3, die dasselbe sagt, wie § 304 S. 2 (vgl. Rn. 130), anwendbar ist.

217 3. **Steuerrecht.** Der Formwechsel ist auch hier steuerneutral. Es liegt ein Formwechsel von Körperschaft zu Körperschaft vor, bei dem das Steuerrecht den identitätswahrenden Charakter anerkennt. Auch für das **Grunderwerbsteuerrecht** gilt nichts anderes (vgl. Rn. 12).

X. Formwechsel einer GmbH in eine OHG
(§§ 190 bis 212, 226 bis 237 UmwG 1994)

Literatur: Vgl. die Angaben bei I, insbesondere *Autenrieth* Gestaltungsüberlegungen, in Neuorientierung der Rechnungslegung, Bericht über die IDW-Fachtagung 1995, S. 463; *Decher* Formwechsel – Allgemeine Vorschriften –, in *Lutter* Kölner Umwandlungsrechtstage, S. 201 ff.; *Dehmer* Umwandlungssteuererlass 1998; *Eckert* Der Formwechsel einer Kapitalgesellschaft in eine Personengesellschaft und seine Auswirkungen auf öffentlich – rechtliche Befugnisse, ZIP 1998, 1950; *Ernst & Young/BDI* Die Unternehmenssteuerreform, 2. Aufl. 2000; *Gaiser* Die Umwandlung und ihre Auswirkungen auf personenbezogene öffentlich-rechtliche Erlaubnisse – ein unlösbarer Konflikt zwischen Umwandlungsrecht und Gewerberecht?, DB 2000, 361; *Happ* Formwechsel von Kapitalgesellschaften, in *Lutter* Kölner Umwandlungsrechtstage, 1995, S. 223 ff.; *Hey* Umwandlungssteuergesetz nach der Unternehmenssteuerreform, GmbHR 2001, 993; *Kessler/Schmidt* Steuersenkungsgesetz: Umwandlung von Kapital- in Personengesellschaften: Vergleich der derzeitigen und künftigen Wirkungen im Gründerfall, DB 2000, 2032; *Linklaters Oppenhoff & Rädler* Steueränderungen zum 1.1.2002 im Unternehmensbereich, DB 2002, Beilage Nr. 1; *Märkle* Umwandlung mittelständischer GmbH in Personengesellschaften, Steuerliche Aspekte, in Neuorientierung der Rechenschaftslegung, Bericht über die IDW-Fachtagung 1994, S. 439 ff.; *Priester* Umwandlung mittelständischer GmbH in Personengesellschaften, Zivilrechtliche Probleme, in Neuorientierung der Rechenschaftslegung, Bericht über die IDW-Fachtagung 1995, S. 419 ff.; *ders.* Das neue Umwandlungsrecht aus notarieller Sicht, DNotZ 1995, 427; *PwC Deutsche Revision* Unternehmenssteuerreform, 2001; *Schüppen/Sanna* Probleme beim Abschied von der wesentlichen Beteiligung, BB 2001, 2397; *Stegner/Heinz* Übernahmeverlust bei der Umwandlung einer Kapitalgesellschaft in ein Personenunternehmen, GmbHR 2001, 54; *Thiel* Wege aus der Kapitalgesellschaft – Gestaltungsmöglichkeiten und Zweifelsfragen, DB 1995, 1196.

Übersicht

	Rn.		Rn.
1. Normzweck	218	c) Umwandlungsbericht, Vermögensaufstellung, Entwurf des Umwandlungsbeschlusses	222
2. Durchführung des Formwechsels	219–229		
a) Zulässigkeit	220		
b) Möglichkeit des Formwechsels	221	d) Firma der OHG	223

---

[434] Vgl. *Busch* AG 1997, 357.
[435] Amtl. Begr. S. 169.

Umwandlung   **Anh. nach § 77**

	Rn.		Rn.
e) Umwandlungsbeschluss, Zustimmung aller Gesellschafter	224	c) Übernahmegewinn, Übernahmeverlust	233
f) Verschiebung der Beteiligungsquoten	225	d) Übernahmegewinn	234–237
g) Kein Abfindungsangebot	226	e) Übernahmeverlust	238
h) Gesellschaftsvertrag der OHG	227	f) Gewerbesteuer	239
i) Anmeldung des Formwechsels	228	g) Gewährleistung der späteren Besteuerung der stillen Reserven	240
j) Schutz der Gläubiger	229	h) Stichtag der Bilanz	241
3. Steuerrecht	230–243	i) Grunderwerbsteuer	242
a) Buchwertfortführung, steuerliche Schlussbilanz der GmbH	231	j) Umsatzsteuer, Erbschaftsteuer	243
b) Steuerliche Eröffnungsbilanz der OHG, Wertverknüpfung	232		

1. Normzweck. Die Umwandlung einer GmbH in eine OHG hatte erstmals **218** das UmwG 1934 zugelassen. Sie diente ebenso wie die gleichzeitig zugelassene Umwandlung einer AG oder KGaA in eine OHG, KG oder auf den alleinigen Gesellschafter der Erleichterung der politisch gewollten „Abkehr von den anonymen Kapitalformen zur Eigenverantwortung des Unternehmers" (vgl. Rn. 4). Die Umwandlung war eine übertragende (errichtende oder verschmelzende, vgl. Rn. 10), nicht anders als nach den späteren Umwandlungsgesetzen, während sie nunmehr identitätswahrend, also lediglich formwechselnd, ausgestaltet ist. In jüngerer Zeit konnten vor allem steuerliche Gründe den Formwechsel in eine Personenhandelsgesellschaft nahelegen, zB die Möglichkeit der Verrechnung von Verlusten der Gesellschaft bei den Gesellschaftern mit positiven Einkünften, Erlangung der Tarifbegrenzung nach § 32c EStG durch Schaffung von gewerblichen Einkünften der Gesellschafter anstelle von Einkünften aus Kapitalvermögen, Erlangung der Vergünstigungen beim Ansatz von Betriebsvermögen bei der Erbschaftsteuer (§ 13a Abs. 1 und 2 ErbStG), Vermeidung der Bewertung der Gesellschaftsanteile nach dem Stuttgarter Verfahren für Zwecke der Erbschaftsteuer[436] u. Ä. Derzeit allerdings muss die Frage, ob steuerliche Gründe allein tragfähig für die Entscheidung zum Formwechsel sein können, im Hinblick auf die teilweise grundlegenden Änderungen des Steuersystems durch das StSenkG neu überdacht werden.[437] Im Übrigen müssen etwaige steuerliche Vorteile beim Formwechsel in eine OHG mit der vollen persönlichen Haftung der Gesellschafter erkauft werden, weshalb die Praxis den Formwechsel in eine GmbH & Co KG bevorzugt (vgl. Rn. 244). Dennoch wird nachfolgend der Formwechsel in eine OHG als Grundfall des Formwechsels in eine Personengesellschaft ausführlich behandelt und bei den übrigen Formwechseln hierauf Bezug genommen.

2. Durchführung des Formwechsels. Der Formwechsel läuft grundsätzlich nach **219** dem gleichen Schema ab wie der Formwechsel in eine Kapitalgesellschaft anderer Rechtsform, beginnend also mit der Erstellung des Umwandlungsberichts, der Vorbereitung der Gesellschafterversammlung und setzt sich fort in der Beschlussfassung der Gesellschafter in einer Gesellschafterversammlung sowie der Anmeldung, Eintragung und Bekanntmachung des Formwechsels (vgl. iE die ausführliche Darstellung in Abschnitt II Rn. 38–149). Im Besonderen gilt:

a) Zulässigkeit. Dass der Formwechsel der GmbH in eine OHG zulässig ist, ergibt **220** sich zunächst aus § 191 Abs. 1 Nr. 2 iVm. Abs. 2 Nr. 2 und ist in § 226 wiederholt, wonach eine Kapitalgesellschaft durch Formwechsel nur die Rechtsform einer Gesell-

---
[436] Vgl. *Märkle* S. 440 und Rn. 156.
[437] Vgl. auch Rn. 151.

221 **b) Möglichkeit des Formwechsels.** Der Formwechsel war nach § 228 Abs. 1 aF iVm. § 105 Abs. 1 und § 4 Abs. 1 HGB aF nur möglich, wenn der **Unternehmensgegenstand** der GmbH im Zeitpunkt des Wirksamwerdens des Formwechsels auf den Betrieb eines vollkaufmännischen Handelsgewerbes gerichtet war. Genügte der Unternehmensgegenstand diesen Vorschriften nicht, musste er geändert werden, wobei die Eintragung dieser Satzungsänderung wegen § 54 Abs. 3 GmbHG vor der Eintragung des Umwandlungsbeschlusses zu erfolgen hatte. War aus tatsächlichen Gründen zweifelhaft, ob nach dem Unternehmensgegenstand der GmbH der Formwechsel in eine OHG möglich war, konnte im Umwandlungsbeschluss bestimmt werden, dass die GmbH nur eine Gesellschaft des bürgerlichen Rechts werden sollte, § 228 Abs. 2. Hierdurch konnte das Scheitern des Formwechsels im Ganzen aufgefangen werden. Diese Gesetzesvorschrift ist zwar beibehalten und dem § 228 lediglich ein Abs. 3 angefügt worden, der den Formwechsel in eine Partnerschaftsgesellschaft betrifft (vgl. Rn. 258 ff.). Die Gesetzesüberschrift ist aber von „Maßgeblichkeit des Unternehmensgegenstandes" geändert worden in „Möglichkeit des Formwechsels". Damit wurde der Änderung des § 105 Abs. 2 HGB und der Aufhebung des § 4 HGB durch das HRefG Rechnung getragen. Danach und gemäß § 1 Abs. 2 HGB nF ist jetzt Handelsgewerbe jeder Gewerbebetrieb, der einen in kaufmännischer Weise eingerichteten Geschäftsbetrieb erfordert, und Gewerbebetriebe, welche diese Voraussetzung nicht erfüllen oder die nur eigenes Vermögen verwalten, können durch Eintragung ihrer Firma in das Handelsregister zur offenen Handelsgesellschaft werden. Durch die Eintragung des Formwechsels einer GmbH, die kein Handelsgewerbe betreibt, in das Handelsregister wird diese somit ohne weiteres zur offenen Handelsgesellschaft, ohne dass es zuvor einer Satzungsänderung bezüglich des Unternehmensgegenstandes bedarf, vorausgesetzt, dass sie einen Gewerbebetrieb unterhält oder eigenes Vermögen verwaltet[438] und dass die Umwandlung in eine offene Handelsgesellschaft beschlossen wird.[439] Danach kommt der hilfsweise zu beschließende Formwechsel in eine Gesellschaft bürgerlichen Rechts wegen Zweifeln aus dem Unternehmensgegenstand der GmbH kaum noch in Betracht. Für den umgekehrten Fall, dass der Formwechsel in eine Gesellschaft des bürgerlichen Rechts gewollt ist, der Unternehmensgegenstand der GmbH aber nur den Formwechsel in eine OHG zulässt, gilt das jedoch nicht.[440] Da alle umwandelnden Gesellschafter der GmbH die Fähigkeit haben müssen, Gesellschafter der OHG zu werden, muss eine **Erbengemeinschaft** vor dem Formwechsel auseinandergesetzt werden. Sie kommt zwar als Gesellschafterin der GmbH in Betracht,[441] nicht aber als Gesellschafterin einer OHG.[442] Das galt nach bisher überwM auch für die **Gesellschaft bürgerlichen Rechts**,[443] dürfte aber nicht mehr aufrechtzuerhalten sein, nach-

---

[438] Was zB bei einer GmbH, in der freiberufliche Tätigkeit ausgeübt wird, nicht der Fall ist. Diese kann aber formwechselnd in eine Gesellschaft bürgerlichen Rechts oder eine Partnerschaftsgesellschaft umgewandelt werden, vgl. Rn. 253, 258.
[439] Das kommt nicht in Betracht, wenn die GmbH zwar einen Gewerbebetrieb unterhält, der aber keinen in kaufmännischer Weise eingerichteten Geschäftsbetrieb erfordert und die Gesellschafter deshalb nur den Formwechsel in eine Gesellschaft bürgerlichen Rechts beabsichtigen.
[440] Amtl. Begr. S. 153, vgl. Rn. 253.
[441] Sogar als Gründungsgesellschafterin, vgl. BGH NJW 1981, 682 für die Gesellschaft des bürgerlichen Rechts.
[442] Vgl. BGHZ 22, 192, 193.
[443] Vgl. die Nachw. bei *Lutter/Happ* Umwandlungsgesetz § 228 Rn. 10 m. Fn. 13.

dem der BGH die Teilrechtsfähigkeit der GbR anerkannt hat[444] und ihre Fähigkeit, Gesellschafterin einer anderen GbR[445] sowie Kommanditistin einer KG[446] zu sein.

c) Umwandlungsbericht, Vermögensaufstellung, Entwurf des Umwandlungsbeschlusses. Dem Umwandlungsbericht (§ 192, vgl. Rn. 40–44) ist eine Vermögensaufstellung beizufügen. Die Befreiungsvorschrift des § 238 S. 2 beim Formwechsel der GmbH in eine andere Kapitalgesellschaft (vgl. Rn. 43) gilt hier nicht. Wegen des Einstimmigkeitserfordernisses für den Umwandlungsbeschluss (§ 233 Abs. 1, vgl. Rn. 217) wird auf die Erstattung des Berichts aber regelmäßig nach § 192 Abs. 3 verzichtet werden. Ist das nicht der Fall, muss nach dem Zweck der gesetzlichen Regelung ein enger zeitlicher Zusammenhang zwischen dem Stichtag der Vermögensaufstellung und dem Tag der Erstellung des Umwandlungsberichts bestehen. Trotz des entgegenstehenden Gesetzeswortlauts wird aus praktischen Gründen eine gewisse Differenz zwischen beiden Tagen hingenommen, die nach überwM aber nicht mehr als drei Monate betragen soll.[447] Der Verzicht auf die Erstellung des Berichts befreit jedoch nicht von der Pflicht zur Erstellung des **Entwurfs** des Umwandlungsbeschlusses nach § 192 Abs. 2 S. 3, weil dieser gemäß § 194 Abs. 2 dem Betriebsrat zuzuleiten ist (näher hierzu s. Rn. 269). In diesem Entwurf ist bei der Bestimmung der Folgen des Formwechsels für die Arbeitnehmer und ihre Vertretungen gegebenenfalls darauf hinzuweisen, dass der Formwechsel zum **Wegfall jeglicher Mitbestimmung** führt. Ist ein Umwandlungsbericht zu erstatten, so ist er in der Gesellschafterversammlung auszulegen, die den Formwechsel beschließen soll, § 232 Abs. 1 (vgl. Rn. 47). In jedem Fall hat die GmbH nach § 14 S. 2 UmwStG eine **Übertragungsbilanz**, die OHG eine **Eröffnungsbilanz** aufzustellen (vgl. Rn. 231). Handelsrechtlich wird auf die Aufstellung einer Umwandlungsbilanz verzichtet.

d) Firma der OHG. Die OHG darf die Firma (§ 194 Abs. 1 Nr. 2) der GmbH fortführen, auch wenn diese Sachfirma war, muss aber den Rechtsformzusatz „offene Handelsgesellschaft" oder eine allgemein verständliche Abkürzung dieser Bezeichnung aufnehmen, § 200 Abs. 1 S. 1 iVm. § 19 Abs. 1 Nr. 2 HGB. Der Zusatz „mit beschränkter Haftung" ist in jedem Fall zu streichen, § 200 Abs. 1 S. 2. Der in der Firma der GmbH enthalten gewesene Name einer natürlichen Person, deren Beteiligung an der offenen Handelsgesellschaft entfällt, darf aber nur mit ausdrücklicher Einwilligung des betroffenen Gesellschafters oder dessen Erben weiter verwendet werden, § 200 Abs. 3. Wegen des Grundsatzes der Identität des am Formwechsel beteiligten Personenkreises (vgl. Rn. 59, 225) ist dieser Fall aber nur denkbar, wenn ein namenstragender Gesellschafter der GmbH im Zuge der Umwandlung verstirbt. Die Regelung entspricht der Firmenbildung in anderen Fällen des Formwechsels seit In-Kraft-Treten der durch das HRefG eingeführten Änderung der firmenrechtlichen Vorschriften des HGB.

e) Umwandlungsbeschluss, Zustimmung aller Gesellschafter. Der Umwandlungsbeschluss bedarf der Zustimmung aller anwesenden Gesellschafter. Ihm müssen

---
[444] Vgl. Rn. 258 m. Fn. 531 und Rn. 275 m. Fn. 555.
[445] BGH NJW 1998, 376.
[446] BGH NJW 2001, 3121.
[447] Vgl. zB *Widmann/Mayer/Mayer* § 192 Rn. 89; *Schmitt/Hörtnagl/Stratz* § 192 Rn. 22; *Kallmeyer/Meister/Klöcker* § 192 Rn. 28. Feste monatliche Vorgaben sind aber kaum begründbar. Man sollte deshalb darauf abstellen, inwieweit im Einzelfall eine Vermögensaufstellung noch aktuelle Aussagekraft besitzt, ähnlich *Meyer-Landrut/Kiem* WM 1997, 1413, 1417. Das LG Mainz (NZG 2001, 951 m. krit. Anm. *Rottnauer*) hat die zeitliche Nähe verneint, wenn zwischen Umwandlungsbericht und Stichtag der Vermögensaufstellung acht Monate liegen.

auch die **nicht erschienenen Gesellschafter** zustimmen, § 233 Abs. 1, und zwar in **notariell beurkundeter Form,** § 193 Abs. 3 S. 1, weil die Gesellschafter mit der Wirksamkeit des Formwechsels persönlich unbeschränkt für die Verbindlichkeiten der Gesellschaft haften, §§ 128, 130 HGB).[448] Für die **Vollmacht** zur Vertretung in der Gesellschafterversammlung oder zur Abgabe der Zustimmungserklärung soll wie nach altem Recht Schriftform gemäß § 47 Abs. 3 GmbHG genügen.[449] Jedoch deckt die gewöhnliche Stimmrechtsvollmacht den Formwechsel in die offene Handelsgesellschaft nicht.[450] Die nach altem Recht möglich gewesene **Mehrheitsumwandlung**[451] ist **beseitigt.** Wer gegen den Formwechsel stimmt, verhindert ihn. Nicht etwa scheidet der widersprechende Gesellschafter gegen Abfindung aus der Gesellschaft aus. Die damit verbundene Erschwerung des Formwechsels einer Kapitalgesellschaft in eine Personengesellschaft wollte der Gesetzgeber im Interesse einer weitgehenden Vereinheitlichung des Umwandlungsrechts und einer Verbesserung des Minderheitenschutzes hinnehmen.[452] Eine aus der Treuepflicht der Gesellschafter hergeleitete **Verpflichtung** der Gesellschafter **zur Zustimmung** zum Formwechsel dürfte kaum jemals in Betracht kommen.[453]

225 f) **Verschiebung der Beteiligungsquoten.** Wegen des in § 194 Abs. 1 Nr. 3 zum Ausdruck gekommenen **Prinzips der Identität** des am Formwechsel beteiligten Personenkreises[454] kann im Zuge der Umwandlung kein Gesellschafter aus der Gesellschaft ausscheiden oder in diese eintreten (Ausnahme zB Ausscheiden der Komplementäre aus einer formwechselnden KGaA, §§ 236, 247 Abs. 3, vgl. Rn. 181 und Beitritt von Komplementären beim Formwechsel in eine KGaA, § 243 Abs. 1 S. 1 iVm. § 218 Abs. 2 vgl. Rn. 152). Eine **Verschiebung der Beteiligungsquoten** ist jedoch für zulässig zu halten, bedarf aber der Zustimmung der benachteiligten Gesellschafter.[455]

226 g) **Kein Abfindungsangebot.** Ein Abfindungsangebot (§§ 207, 231) ist den Gesellschaftern nicht zu machen, da der Umwandlungsbeschluss zu seiner Wirksamkeit der Zustimmung aller Gesellschafter bedarf, § 194 Abs. 1 Nr. 6.

227 h) **Gesellschaftsvertrag der OHG.** Anders als beim Formwechsel einer GmbH in eine andere Kapitalgesellschaft (vgl. Rn. 60, 61) ist der vollständige Wortlaut des Gesellschaftsvertrags nicht in den Umwandlungsbeschluss aufzunehmen. Über die nach § 194 Abs. 1 zu machenden Angaben (insbesondere die Firma der OHG) hinaus verlangt § 234 Nr. 1 nur noch die Bestimmung des Sitzes der OHG. Das ist folgerichtig, weil der Gesellschaftsvertrag einer Personengesellschaft nicht formbedürftig ist[456] und deshalb auch nicht zum Handelsregister eingereicht werden muss. Das schließt jedoch nicht aus, dass die Gesellschafter in den Umwandlungsbeschuss einen vollständigen

---

[448] Amtl. Begr. S. 154.
[449] *Priester* Neuorientierung der Rechenschaftslegung, S. 428; *Lutter/Happ* Umwandlungsgesetz § 233 Rn. 35, 37; vgl. auch 2. Aufl. Rn. 264.
[450] Ebenso *Lutter/Happ* Umwandlungsgesetz § 233 Rn. 39.
[451] Vgl. 2. Aufl. Rn. 221 ff., 278 ff.
[452] Amtl. Begr. S. 154, 152, 144; s. aber Rn. 235 zur abw. Regelung beim Formwechsel einer GmbH in eine KG.
[453] Vgl. *Lutter/Happ* Kölner Umwandlungsrechtstage, S. 232; s. auch § 53 GmbHG Rn. 55.
[454] Amtl. Begr. S. 140; zu diesem Prinzip und zur Kritik hieran vgl. auch Rn. 17, 59, 152, 244.
[455] *Priester* Neuorientierung der Rechenschaftslegung S. 430; *ders.* DNotZ 1995, 427, 451; vgl. auch Rn. 62, 122 und 2. Aufl. Rn. 305.
[456] Amtl. Begr. S. 154.

Gesellschaftsvertrag aufnehmen,[457] was üblich und zur Vermeidung von Zweifelsfragen auch geboten ist. ZB wird ein **Beirat** der GmbH ohne ausdrückliche vertragliche Regelung nicht zum Beirat der OHG.[458]

i) Anmeldung des Formwechsels. Die Anmeldung des Formwechsels nach § 198 **228** Abs. 1 (Rn. 104) ist durch die Geschäftsführer der formwechselnden GmbH vorzunehmen, § 235 Abs. 2. Damit soll vermieden werden, dass die Anmeldung von sämtlichen Gesellschaftern (§ 108 Abs. 1 HGB) vorgenommen werden muss.[459] Eine doppelte Anmeldung zum Handelsregister Abt. A und Abt. B ist nicht erforderlich, weil sich die „Art" des Registers (§ 198 Abs. 2 S. 2) nicht ändert.[460]

j) Schutz der Gläubiger. Zu ihrem Schutz können die Gläubiger der GmbH bei **229** Gefährdung ihrer Ansprüche durch den Formwechsel nach § 204 iVm. § 22 Abs. 1 **Sicherheitsleistung** verlangen (vgl. iE Rn. 132–134). Eine solche Gefährdung ist trotz der persönlichen Haftung der Gesellschafter der OHG denkbar, weil nunmehr die Gläubiger der GmbH mit den Privatgläubigern der Gesellschafter konkurrieren.[461] Ferner ist es möglich, dass die Gesellschafter Entnahmen aus dem Gesellschaftsvermögen machen und dadurch die Gläubiger benachteiligt werden.[462]

3. Steuerrecht. Wegen der Eigenständigkeit der Besteuerung der Kapitalgesell- **230** schaft und ihrer Gesellschafter behandelt das Steuerrecht den Formwechsel wie einen Vermögensübergang von der Kapitalgesellschaft auf die Personengesellschaft, also wie die Verschmelzung einer Kapitalgesellschaft auf eine Personengesellschaft und negiert damit den identitätswahrenden Charakter des Vorgangs (vgl. Rn. 12). Dennoch vollzieht sich der Formwechsel auch hier wie beim Formwechsel von Kapitalgesellschaft in Kapitalgesellschaft im Wesentlichen **steuerneutral,** weil § 1 Abs. 3 UmStG für diesen Formwechsel die Geltung der §§ 14 und 18 UmStG anordnet und § 14 UmStG die entsprechende Anwendung der §§ 3 bis 8 und 10 UmStG vorschreibt, die eine **Buchwertfortführung** beim Vermögensübergang von der Kapitalgesellschaft auf die Personengesellschaft ermöglichen und dadurch die Aufdeckung stiller Reserven vermeiden.[463]

a) Buchwertfortführung, steuerliche Schlussbilanz der GmbH. Die Buch- **231** wertfortführung stellt den Übertragungsgewinn nicht nur steuerfrei, sondern verhindert seine Entstehung.[464] Die GmbH darf die Wirtschaftsgüter in ihrer steuerlichen Schlussbilanz (das ist die **Übertragungsbilanz** gemäß § 14 S. 2 UmStG) auch mit einem höheren Wert ansetzen, § 3 S. 1 UmStG, höchstens jedoch mit dem **Teilwert,** § 3 S. 4 UmStG, sofern das übergehende Vermögen Betriebsvermögen der OHG wird. Hieran können die Gesellschafter der OHG ein Interesse haben, wenn die GmbH einen noch nicht ausgeglichenen Verlust hat, weil ein verbleibender **Verlustvortrag** iSd. § 10d EStG **nicht** auf sie **übergeht,** § 4 Abs. 2

---

[457] So auch *Lutter/Happ* Kölner Umwandlungsrechtstage, S. 236; *Priester* Neuorientierung der Rechnungslegung, S. 431; vgl. auch Rn. 247.
[458] Zutr. *Autenrieth* Neuorientierung der Rechenschaftslegung, S. 479; vgl. auch Rn. 85.
[459] Amtl. Begr. S. 155.
[460] *Priester* DNotZ 1995, 427, 453; *Lutter/Decher* Umwandlungsgesetz § 198 Rn. 5; aA *von der Osten* GmbHR 1995, 438, 440.
[461] *Priester* Neuorientierung der Rechnungslegung, S. 436.
[462] Amtl. Begr. S. 145.
[463] Zur Steuerrechtslage vor dem In-Kraft-Treten des UmStG 1994 vgl. 2. Aufl. Rn. 210 ff., 321 ff., ferner *Märkle* Neuorientierung der Rechenschaftslegung, S. 443 zur damaligen steuerlichen „Einbahnstraße" bei der Umwandlung.
[464] *Märkle* Neuorientierung der Rechenschaftslegung, S. 443.

S. 2 UmwStG.⁴⁶⁵ Die **Aufstockung** der Buchwerte bis zum Teilwert schafft ein zusätzliches **Abschreibungsvolumen** und wird deshalb beim Bestehen eines Verlustvortrags empfohlen.⁴⁶⁶ Die Aufstockung erhöht jedoch den Übernahmegewinn oder vermindert den Übernahmeverlust (der allerdings nach den Änderungen des UmwStG durch das StSenk ohnehin außer Ansatz bleibt, vgl. Rn. 238) und macht deshalb nur in wenigen Fällen Sinn.⁴⁶⁷ Sind Verlustvorträge nicht vorhanden, führt ein über dem Buchwert liegender Wertansatz nach § 18 Abs. 1 S. 1 UmwStG zu einem voll körperschaftsteuerpflichtigen und gewerbesteuerpflichtigen **Übertragungsgewinn**.⁴⁶⁸

232 **b) Steuerliche Eröffnungsbilanz der OHG, Wertverknüpfung.** Die OHG hat die auf sie übergegangenen Wirtschaftsgüter in ihrer steuerlichen Eröffnungsbilanz (§ 14 S. 2 UmwStG) mit den in der Schlussbilanz der GmbH enthaltenen Werten zu übernehmen (Wertverknüpfung), § 4 Abs. 1 UmwStG. Steuerlich findet eine **Gesamtrechtsnachfolge** statt⁴⁶⁹ mit der Folge, dass die OHG in die steuerliche Rechtsstellung der GmbH eintritt, insesondere bezüglich der Bewertung der übernommenen Wirtschaftsgüter, der Absetzungen für Abnutzung (AfA) und der den steuerlichen Gewinn mindernden Rücklagen, § 4 Abs. 2 S. 2 UmwStG, nicht jedoch bezüglich eines verbleibenden Verlustvortrags (vgl. Rn. 231). Ist die Dauer der Zugehörigkeit eines Wirtschaftsguts zum Betriebsvermögen für die Besteuerung bedeutsam, so ist die Besitzzeit der GmbH anzurechnen, § 4 Abs. 2 S. 3 UmwStG. Das Gesetz geht für derlei Beziehungen vom Regelfall der Buchwertfortführung aus. Der Grundsatz der Gesamtrechtsnachfolge gilt aber auch dann, wenn die auf die OHG übergegangenen Wirtschaftsgüter der GmbH in deren steuerlicher Schlussbilanz mit einem über dem Buchwert liegenden Wert angesetzt sind. Für diesen Fall bestimmt § 4 Abs. 3 UmwStG ergänzend, dass die AfA nach § 7 Abs. 4 S. 1 und § 7 Abs. 5 EStG nach der bisherigen Bemessungsgrundlage zuzüglich des Aufstockungsbetrags und iÜ nach dem aufgestockten Buchwert zu bemessen sind, was zu einer Verlängerung der Abschreibungsdauer führen kann.⁴⁷⁰

233 **c) Übernahmegewinn, Übernahmeverlust.** Der Übernahmegewinn oder Übernahmeverlust soll sich aus dem Unterschiedsbetrag zwischen dem Wert, mit dem die Wirtschaftsgüter der GmbH von der OHG zu übernehmen sind und dem Buchwert der Geschäftsanteile der GmbH ergeben, § 4 Abs. 4 S. 1 UmwStG. Buchwert ist der Wert, mit dem die Geschäftsanteile nach den steuerlichen Vorschriften über die Gewinnermittlung in einer für den steuerlichen Übertragungsstichtag aufzustellenden Steuerbilanz anzusetzen sind oder anzusetzen wären, § 4 Abs. 4 S. 2 UmwStG. Diese Definition ist auf den Grundfall der Verschmelzung durch Aufnahme ausgelegt, bei dem die aufnehmende OHG alleinige Gesellschafterin der GmbH ist, und passt nicht auf den Formwechsel, bei dem die GmbH-Anteile sich nicht im Betriebsvermögen der OHG befunden haben können. Deshalb muss die in § 4 Abs. 4 S. 1 und 2 UmwStG

---

⁴⁶⁵ Amtl. Begr. S. 46; vgl. auch Rn. 232. Die Finanzverwaltung (vgl. Tz. 14.01–14.03 UmwStErl.) will allerdings nach dem Grundsatz der Maßgeblichkeit der Handelsbilanz für die Steuerbilanz (§ 5 Abs. 1 EStG) die Aufstockung nur zulassen, wenn für den steuerlichen Übertragungsstichtag eine formelle Handelsbilanz vorliegt, die das UmwG nicht verlangt. Die Ansicht der Finanzverwaltung wird deshalb zu Recht überw. abgelehnt, vgl. *Haritz/Benkert* § 14 Rn. 44, 53. Vgl. auch Rn. 284 m. Fn. 591 zum umgekehrten Formwechsel.
⁴⁶⁶ Vgl. zB *Streck/Posdziech* DB 1995, 271, 274; *Wochinger/Dötsch* DB 1994 Beil. 14, S. 6.
⁴⁶⁷ *Schaumburg/Rödder* UmwStG § 3 Rn. 18; krit. auch *Thiel* DB 1995, 1196, 1199.
⁴⁶⁸ Vgl. *Lutter/Schaumburg* Umwandlungsgesetz Anh. § 304 Rn. 15.
⁴⁶⁹ Amtl. Begr. S. 48.
⁴⁷⁰ Zu den Unterschieden gegenüber der Rechtslage vor dem In-Kraft-Treten des UmwStG 1994 vgl. Amtl. Begr. S. 49 und *Märkle* Neuorientierung der Rechenschaftslegung, S. 448.

vorausgesetzte Situation **fingiert,** d. h. es muss so angesehen werden, als seien die GmbH-Anteile am steuerlichen Übertragungsstichtag in das Betriebsvermögen der OHG eingelegt worden. Das führt zur Anwendung des § 5 UmwStG.[471]

d) Übernahmegewinn. Die steuerliche Behandlung des Übernahmegewinns ist dem Wechsel des Besteuerungssystems vom körperschaftsteuerlichen Vollanrechnungsverfahren zum Halbeinkünfteverfahren und der Steuerbefreiung der Gewinne aus der Veräußerung von Anteilen an Kapitalgesellschaften durch das **StSenkG** angepasst worden. Dabei hängt die Besteuerung davon ab, ob sich die Anteile der GmbH am steuerlichen Übertragungsstichtag in einem inländischen Betriebsvermögen befinden, eine wesentliche Beteiligung iSd. § 17 EStG oder einbringungsgeborene Anteile iSd. § 21 UmwStG darstellen, einer Körperschaft gehören oder im Privatvermögen eines nicht wesentlich beteiligten Gesellschafters liegen.[472] **234**

Nach der Senkung der Wesentlichkeitsschwelle des § 17 EStG auf mindestens 1% durch das StSenkG dürften die Anteile der formwechselnden GmbH regelmäßig in die erstgenannte Inhabergruppe (inländisches Betriebsvermögen, wesentliche Beteiligung, einbringungsgeborene Anteile) fallen.[473] Der Übernahmegewinn dieser Gruppe unterliegt nach § 4 Abs. 7 S. 2 UmwStG nF der **Einkommensteuer nur zur Hälfte.**[474] Allerdings ist bei einbringungsgeborenen Anteilen die siebenjährige Behaltefrist des § 3 Nr. 40 S. 4 Buchst. a EStG nF zu beachten. Die einjährige Behaltefrist des § 3 Nr. 40 S. 5 EStG idF des StSenkG für Anteile im Betriebsvermögen hat Art. 3 des Gesetzes zur Änderung des Investitionszulagengesetzes 1999 v. 20. 12. 2000[475] wieder gestrichen. Für die Frage, auf welche Wesentlichkeitsgrenze des § 17 EStG bei der Anwendung der §§ 4 und 5 zur Ermittlung des Übernahmeergebnisses abzustellen ist, wenn sich die Grenze geändert hat, kommt es nach überwM auf den **Zeitpunkt des zivilrechtlichen Wirksamwerdens** des Formwechsels an, nicht auf den steuerlichen Übertragungsstichtag.[476] **235**

---

[471] Vgl. *Haritz/Benkert* § 14 Rn. 68; *Schmitt/Hörtnagl/Stratz* § 14 UmwStG Rn. 34.

[472] Auf die Darstellung der Übergangsproblematik vom alten zum neuen System wird hier verzichtet; vgl. dazu *Schmitt/Hörtnagl/Stratz* § 14 UmwStG Rn. 44ff.

[473] Dabei ist zu beachten, dass § 17 EStG nicht nur auf unbeschränkt Steuerpflichtige anwendbar ist, sondern auch auf beschränkt Steuerpflichtige, die nicht durch ein DBA geschützt sind, vgl. § 49 Abs. 1 Nr. 8 EStG nF. Im Übrigen spricht das Gesetz im Hinblick auf die Senkung der Wesentlichkeitsschwelle auf mindestens 1 % in diesem Zusammenhang nicht mehr von „wesentlicher Beteiligung", sondern nur noch von „Beteiligung" und hat demgemäß in den §§ 17, 49 EStG, 7 UmwStG und wo sonst noch von wesentlicher Beteiligung die Rede war, das Wort „wesentlich" gestrichen oder die Vorschriften neu gefasst. § 17 EStG nF dient nach dem Konzept des StSenkG nicht mehr der Gleichstellung zum Mitunternehmer, sondern soll die Gewinne aus der Veräußerung von Kapitalbeteiligungen entsprechend der lückenlosen Besteuerung von Dividendeneinkünften erfassen, soweit die Beteiligung die Bagatellgrenze von 1 % übersteigt, vgl. *Schüppen/Sanna* BB 2001, 2397, 2407.

[474] Die Regelung soll offensichtlich der Behandlung von Dividenden nach § 3 Nr. 40 EStG nF folgen, in welchem Falle nach § 3c Abs. 2 EStG nF Betriebsausgaben im wirtschaftlichen Zusammenhang mit dem Übernahmegewinn auch nur zur Hälfte abgezogen werden können, vgl. hierzu *PwC Deutsche Revision* S. 216.

[475] BGBl. I S. 1850.

[476] Vgl. Vfg. der OFD Magdeburg v. 22. 12. 2000, DB 2001, 233 m. umfassendem Literaturnachweis zum Formwechsel einer Kapitalgesellschaft in eine Personengesellschaft in 1999 rückwirkend auf einen steuerlichen Übertragungsstichtag in 1998. Das gilt nach der Vfg. der OFD Koblenz v. 28. 12. 2000, GmbHR 2001, 162, nicht nur für die Senkung der Wesentlichkeitsgrenze von mehr als 25 % auf mindestens 10 % durch das StEntlG 1999/2000/2002, sondern auch für die Senkung von mindestens 10 % auf mindestens 1 % durch das StSenkG.

Anh. nach § 77 5. Abschnitt. Auflösung und Nichtigkeit der Gesellschaft

236 Entfällt der Übernahmegewinn auf einen Gesellschafter der umgewandelten GmbH, der eine Körperschaft iSd. § 1 KStG ist, bleibt er nach § 4 Abs. 7 S. 1 UmwStG nF ganz **außer Ansatz**. Hierunter sind, wie bei § 8b KStG nF, auch beschränkt steuerpflichtige Körperschaften zu verstehen.[477] Die einjährige Behaltefrist des § 8b Abs. 2 S. 1 KStG idF des StSenkG, an dessen Anwendung hier zu denken gewesen wäre, hat Art. 4 des Gesetzes zur Änderung des Investitionszulagengesetzes 1999 v. 20. 12. 2000[478] wieder gestrichen.

237 Hielt der Gesellschafter der GmbH seinen Anteil im Privatvermögen und handelte es sich dabei weder um eine Beteiligung iSd. § 17 EStG nF noch um einen einbringungsgeborenen Anteil iSd. 21 UmwStG, so nimmt er an der Ermittlung des Übernahmeergebnisses nach § 4 Abs. 4 UmwStG nicht teil. Vielmehr sind ihm gemäß § 7 UmwStG nF die in der Steuerbilanz der GmbH ausgewiesenen offenen Rücklagen mit Ausnahme des Einlagekontos iSd. 27 KStG nF anteilig als Einkünfte aus Kapitalvermögen gemäß § 20 Abs. 1 Nr. 1 EStG nF zuzurechnen mit der Folge, dass nach § 3 Nr. 40 Buchst. d EStG nF auch hier das **Halbeinkünfteverfahren** zum Zuge kommt und auf die Kosten § 3c Abs. 2 EStG nF anwendbar ist.[479]

238 **e) Übernahmeverlust.** Nach § 4 Abs. 6 nF UmwStG bleibt ein Übernahmeverlust (vgl. Rn. 233) in allen Fällen außer Ansatz. Das ist eine der wesentlichsten Neuerungen im Bereich des UmwStG durch das StSenkG. Nach der Begründung des RegE des StSenkG[480] sollte hierdurch verhindert werden, dass stille Reserven der Besteuerung entzogen werden. Gedacht war dabei nicht an den Formwechsel zur reinen Umstrukturierung der Kapitalgesellschaft in eine Personengesellschaft, sondern an das sogenannte „**Step-up-Modell**" oder „**Umwandlungsmodell**", d. h. den Fall, dass ein Einzelunternehmer seinen Betrieb zu Buchwerten in eine Kapitalgesellschaft einbringt und anschließend seine Anteile an dieser veräußert. Der Veräußerungsgewinn unterliegt bei ihm alsdann der Halbeinkünftebesteuerung. Wandelt der Erwerber anschließend die Kapitalgesellschaft in eine Personengesellschaft um, ergibt sich regelmäßig ein Übernahmeverlust, da der Erwerber die stillen Reserven des Betriebs im Rahmen des Kaufpreises mitbezahlt hat. In Höhe des Übernahmeverlustes könnte nun der Erwerber die stillen Reserven in den Wirtschaftsgütern des Betriebs aufdecken und sich hierdurch neues Abschreibungsvolumen verschaffen. Veräußerte daraufhin der Erwerber den Betrieb, ergäbe sich kein Veräußerungsgewinn, da die stillen Reserven aufgedeckt wurden. Im Ergebnis fände eine Aufdeckung der stillen Reserven statt, ohne dass eine Einmalbesteuerung einträte. Zur Vermeidung dieses Ergebnisses sollte daher ein Übernahmeverlust steuerlich nicht mehr anerkannt werden.[481] Trotz der gegen diese Regelung erhobenen Einwendungen[482] ist es bei der Nichtberücksichtigung des Übernahmeverlustes geblieben mit der Folge, dass des Umwandlungsmodell keine Attraktivität mehr besitzt.[483] Davon abgesehen ist die Nichtberücksichtigung des Übernahme-

---

[477] Zutr. *PwC Deutsche Revision* S. 215.
[478] BGBl. I S. 1850.
[479] Vgl. *PwC Deutsche Revision* S. 216; *Ernst & Young/BDI* S. 154; *Schmitt/Hörtnagl/Stratz* § 7 UmwStG Rn. 36. Zu beachten ist, dass das UntStFG § 7 UmwStG ab 1. 1. 2002 verschärft hat und das Einlagekonto nur insoweit steuerfrei stellt, als es durch Einlagen des Anteilseigners gebildet ist.
[480] Zu Art. 5 Nr. 1 Buchstabe a (§ 4 Abs. 5 UmwStG).
[481] Dieses Modell wurde in erster Linie verwendet für den Erwerb von Anteilen an einer GmbH im Betriebsvermögen, wenn der Veräußerer nur Anteile der GmbH veräußern wollte und nicht die Einzelwirtschaftsgüter des Betriebs.
[482] Vgl. zB *Dötsch/Pung* DB 2000, Beilage 4, S. 17.
[483] Gewerbesteuerlich wurde das Umwandlungsmodell schon nach Tz. 18.02 UmwStErl. und auf Grund der Neufassung des § 18 Abs. 2 S. 1 UmwStG durch das Steuerentlastungsgesetz 1999

verlustes bei an der Umwandlung beteiligten Körperschaften als Kehrseite der Steuerfreiheit von Veräußerungs- und Übernahmegewinnen zu begreifen.[484]

f) Gewerbesteuer. Der Übernahmegewinn oder -verlust wird gewerbesteuerlich nicht erfasst, § 18 Abs. 2 UmwStG. Wird jedoch der Betrieb der offenen Handelsgesellschaft innerhalb von **fünf Jahren** nach dem Vermögensübergang aufgegeben oder veräußert, unterliegt ein Auflösungs- oder Veräußerungsgewinn der Gewerbesteuer, § 18 Abs. 4 UmwStG. Durch diese **Missbrauchsvorschrift** soll verhindert werden, dass eine Kapitalgesellschaft, deren Liquidation der Gewerbesteuer unterliegt, vor der Liquidation in eine Personengesellschaft umgewandelt wird, deren Liquidationsgewinn bei der Gewerbesteuer nach Abschn. 40 Abs. 1 GewStR nicht erfasst wird.[485] § 18 Abs. 4 UmwStG sah die Gewerbesteuerpflicht ursprünglich nur im Falle der Aufgabe oder Veräußerung des Betriebs im ganzen vor. Durch Gesetz v. 20. 12. 1996[486] wurde Abs. 4 um einen Satz 2 erweitert, wonach Satz 1 entsprechend gilt, soweit ein Teilbetrieb oder ein Anteil an der Personengesellschaft aufgegeben oder veräußert wird. Das führt bei der Veräußerung eines Mitunternehmeranteils systemwidrig zur Gewerbesteuerpflicht des Gesellschafters, weil Steuergegenstand grds. nur der Gewerbebetrieb der Gesellschaft ist und demgemäß auch nur die Gesellschaft die Steuer schuldet.[487] § 18 Abs. 4 UmwStG ist aber (insgesamt) ein Sondertatbestand der Gewerbesteuerpflicht.[488] Als Auflösungs- und Veräußerungsgewinn iS der Vorschrift ist nicht der Gewinn im Zeitpunkt der Umwandlung zu verstehen, sondern der Gewinn im tatsächlichen Zeitpunkt der Aufgabe oder Veräußerung, sodass keine „Nachversteuerung" stattfindet. Das hat zur Folge, dass auch nach der Umwandlung gebildete stille Reserven erfasst werden.[489] Das UntStFG hat § 18 Abs. 4 UmwStG einen S. 3 angefügt, wonach der auf Veräußerungs- oder Aufgabegewinne iSd. der Sätze 1 und 2 beruhende Teil des Gewerbesteuermessbetrags bei der pauschalen Ermäßigung der Einkommensteuer um die Gewerbesteuer nach § 35 EStG nicht zu berücksichtigen ist.

239

g) Gewährleistung der späteren Besteuerung der stillen Reserven. Voraussetzung für die Buchwertfortführung ist, dass die spätere Besteuerung der stillen Reserven bei den Gesellschaftern der Personengesellschaft sichergestellt ist. Diese Voraussetzung ist gegeben, wenn das Vermögen der übertragenden Kapitalgesellschaft **Betriebsvermögen** der übernehmenden Personengesellschaft wird (§ 3 S. 1 UmwStG). Das war beim Formwechsel der GmbH in eine offene Handelsgesellschaft vor dem In-Kraft-Treten des HRefG stets der Fall. Nunmehr kann aber auch der Formwechsel einer GmbH in eine nur vermögensverwaltende OHG stattfinden (vgl. Rn. 221). Das Vermögen der formwechselnden GmbH wird dann steuerlich nicht Betriebsvermögen der OHG,[490] sondern den Gesellschaftern unmittelbar zugerechnet. Ebenso kann es beim Formwechsel in eine Gesellschaft des bürgerlichen Rechts liegen (vgl. Rn. 257). Maß-

240

---

nicht mehr anerkannt. – Zu künftigen systemkonformen Lösungsansätzen s. *Stegner/Heinz* GmbHR 2001, 54.
[484] Vgl. *Hey* GmbHR 2001, 993, 2001.
[485] Tz. 18.03 UmwStErl.
[486] BGBl. I S. 2049.
[487] § 2 Abs. 1 iVm. § 5 Abs. 1 S. 3 GewStG.
[488] Vgl. Tz. 18.04 S. 3 UmwStErl.
[489] Tz. 18.07 UmwStErl.; *Dehmer* Umwandlungssteuererlass 1998, S. 317 Tz. 18.07; aA *Lutter/Schaumburg* Umwandlungsgesetz Anh. § 122 Rn. 62 auf Grund teleologischer Reduktion, die jedoch im Hinblick auf den unmissverständlichen Gesetzeswortlaut problematisch erscheint.
[490] Vgl. *Widmann/Mayer/Widmann* UmwStG Vor § 3 Rn. 59.

gebender **Zeitpunkt** für den Übergang des Vermögens soll nach bestrittener Auffassung die Eintragung des Formwechsels im Handelsregister sein, nicht der Stichtag der steuerlichen Übertragungsbilanz (zu dieser s. Rn. 241).[491] Die Streitfrage konnte für die Zurechnung eines Übernahmeverlustes für den Gesellschafter von Bedeutung sein, der vor der Fassung des Umwandlungsbeschlusses, aber vor dem steuerlichen Übertragungsstichtag einen Geschäftsanteil erworben hatte.[492] Nachdem ein Übertragungsverlust steuerlich in keinem Fall mehr anerkannt wird (vgl. Rn. 238), dürfte die Frage kaum noch praktische Bedeutung haben.

241 h) **Stichtag der Bilanz.** Die **steuerliche Schlussbilanz** (Übertragungsbilanz) der GmbH und die **steuerliche Eröffnungsbilanz** der offenen Handelsgesellschaft sind auf den Zeitpunkt aufzustellen, in dem der Formwechsel wirksam wird, § 14 S. 2 UmwStG. Das ist nicht der Tag der Fassung des Umwandlungsbeschlusses oder seiner Eintragung in das Handelsregister, wie der Gesetzeswortlaut nahelegen könnte, sondern der Stichtag der Bilanz, die dem Vermögensübergang zugrunde liegt, und der nach § 14 S. 3 UmwStG höchstens **acht Monate** vor der Anmeldung des Formwechsels zur Eintragung in das Handelsregister liegen darf.[493] Dadurch ist die **steuerliche Rückwirkung** beibehalten und von bisher sechs Monaten nach dem vor dem In-Kraft-Treten des UmwStG 1994 geltenden Steuerrecht auf acht Monate in Anlehnung an die handelsrechtliche Regelung des § 17 Abs. 2 UmwG verlängert worden.

242 i) **Grunderwerbsteuer.** Hat die formwechselnde GmbH in ihrem Vermögen Grundstücke, so ist inzwischen geklärt, dass Grunderwerbsteuerpflicht nicht besteht (vgl. Rn. 12 mwN). Jedoch ist bei Weiterübertragung der Grundstücke auf eine gesellschafteridentische Gesamthand vor Ablauf von fünf Jahren zu beachten, dass der Umwandlungsbeschluss als „Rechtsgeschäft unter Lebenden" iSd. § 6 Abs. 4 GrEStG gilt (vgl. Rn. 257).

243 j) **Umsatzsteuer, Erbschaftsteuer.** Umsatzsteuer wegen Geschäftsveräußerung im Ganzen fällt bei der Umwandlung seit 1. 1. 1994 im Hinblick auf die Neufassung des § 1 Abs. 1a UStG nicht mehr an.[494] Erbschaftsteuerlich ist § 13a ErbStG zu beachten. Danach bleiben beim Erwerb von Todes wegen und beim Erwerb im Wege der vorweggenommenen Erbfolge Anteile an inländischen Kapitalgesellschaften, an deren Nennkapital der Erblasser/Schenker zu mehr als einem Viertel beteiligt war, bis zu einem Wert von 500 000 DM außer Ansatz und ist der verbleibende Wert der Kapitalanteile nur mit 60 % anzusetzen. Gemäß Abs. 5 Nr. 4 dieser Vorschrift fallen der Freibetrag und der verminderte Wertansatz mit Wirkung für die Vergangenheit weg, wenn der Erwerber innerhalb von **fünf Jahren** nach dem Erwerb die erworbenen Anteile ganz oder teilweise veräußert oder wenn Vermögen der Kapitalgesellschaft im Wege der **Umwandlung auf eine Personengesellschaft,** eine natürliche Person oder eine andere Körperschaft übertragen wird.

---

[491] Vgl. *Widmann/Mayer/Widmann* UmwStG § 3 Rn. 8 mN und Tz. 05.03 UmwStErl.
[492] Vgl. *Centrale-Gutachten* GmbHR 1997, 834 und 1998, 83.
[493] Zutr. *Korn* KÖSDI 1995 S. 10350; vgl. zum umgekehrten Formwechsel § 25 S. 2 iVm. § 20 Abs. 7, 8 UmwStG und dazu Rn. 282.
[494] Vgl. *Autenrieth* Neuorientierung der Rechenschaftslegung, S. 471; *Korn* KÖSDI 1995, 10277.

Umwandlung **Anh. nach § 77**

XI. Formwechsel einer GmbH in eine KG
(§§ 190 bis 212, 226 bis 237 UmwG 1994, besonders: §§ 233 Abs. 2, 234 Nr. 2)

Literatur: Vgl. die Angaben bei X, ferner *Felix* Steuerberatungsbezogene Einführung in die Umwandlung der beherrschten Gesellschaft mbH in die GmbH & Co. KG oder das Einzelunternehmen, KÖSDI 1995, 10232; *M. Fischer* Formwechsel zwischen GmbH und GmbH & Co. KG, BB 1995, 2173; *Kallmeyer* Der Ein- und Austritt der Komplementär GmbH einer GmbH & Co. KG bei Verschmelzung, Spaltung und Formwechsel nach dem UmwG 1994, GmbHR 1996, 80; *Kerssenbrock* Bilanzierungskonkurrenz: Sonderbetriebsvermögen infolge formwechselnder Umwandlung?, BB 2000, 763; *Korn* Die Umwandlung einer GmbH in eine GmbH & Co. KG durch Formwechsel: Ein Fallbeispiel, KÖSDI 1995, 10273; *K. Schmidt* Formwechsel zwischen GmbH und GmbH & Co. KG, GmbHR 1995, 693; *Sigel* Von der GmbH in die GmbH & Co. KG, GmbHR 1998, 1208; *von der Osten* Die Umwandlung in eine GmbH & Co., GmbHR 1995, 438; *Wiedemann* Identität beim Rechtsformwechsel, ZGR 1999, 568.

Übersicht

	Rn.		Rn.
1. Normzweck, GmbH & Co. KG	244	c) Abfindungsangebot	248
2. Durchführung des Formwechsels	245–249	d) Entwurf des Umwandlungsbeschlusses	249
a) Umwandlungsbeschluss, Dreiviertelmehrheit	246	3. Einmann-GmbH	250
b) Angabe der Kommanditisten und ihrer Einlage, Gesellschaftsvertrag der KG	247	4. Kosten	251
		5. Steuerrecht	252

1. Normzweck, GmbH & Co. KG. Vgl. zunächst Rn. 218. Die Motive für den 244
Formwechsel sind regelmäßig die gleichen wie beim Formwechsel der GmbH in eine OHG. Der Formwechsel in eine KG ist jedoch weit bedeutsamer als derjenige in eine OHG, weil den Gesellschaftern einer GmbH der Übergang von der Haftungsfreiheit zur beschränkten Kommanditistenhaftung leichter fällt als die Übernahme der vollen Haftung in einer OHG (vgl. Rn. 217). Im Vordergrund steht dabei der Formwechsel in eine **GmbH & Co. KG,** der nach altem Recht unzulässig war (§ 1 Abs. 2 S. 1 UmwG 1969). Das UmwG 1994 erlaubt ihn nicht ausdrücklich, enthält aber in den einschlägigen §§ 226, 228 keine dem § 1 Abs. 2 S. 1 UmwG 1969 entsprechenden Einschränkungen mehr, worauf in der Amtl. Begr.[495] hingewiesen wird. In der Amtl. Begr. zu § 39[496] wird der Wegfall des Verbots mit seiner leichten Umgehbarkeit und deshalb Wirkungslosigkeit begründet. Fraglich ist, ob das **Prinzip der Identität des am Formwechsel beteiligten Personenkreises** (vgl. Rn. 225) dem Beitritt eines weiteren Gesellschafters als persönlich haftender im Zuge des Formwechsels entgegensteht, ob also die Komplementärin schon im Zeitpunkt der Fassung des Umwandlungsabschlusses und nicht erst im Zeitpunkt des Wirksamwerdens des Formwechsels an der GmbH mit einem eigenen Geschäftsanteil beteiligt sein muss. Der in § 194 Abs. 1 Nr. 4 erwähnte Beitritt eines persönlich haftenden Gesellschafters bezieht sich nur auf den Komplementär der KGaA.[497] Die hM und die Praxis gingen bisher und gehen derzeit noch immer von der ersteren Rechtslage aus und verstehen somit das Prinzip der Mitgliederidentität als gesetzlich gewollt.[498] Danach ist vor der Fassung des Umwandlungsbeschlusses die Komplementär-GmbH zu errichten, die allerdings im Zeitpunkt

---
[495] S. 152.
[496] S. 98.
[497] *Priester* DNotZ 1995, 427, 449.
[498] Vgl. zB *Lutter/Decher* Umwandlungsgesetz § 202 Rn. 14, 15; *Sigel* GmbHR 1998, 1208, 1210 mwN; *Rückert* BWNotZ 1998, 97, 117; *Centrale-Gutachtendienst* GmbHR 1997, 740.

der Beschlussfassung noch nicht im Handelsregister eingetragen sein muss, weil bereits die GmbH i. Gr. als Vorgesellschaft Gesellschafterin einer GmbH sein kann.[499] Da die GmbH an der GmbH & Co. KG im Allgemeinen keinen Kapitalanteil erhält, kann vorgesehen werden, dass die künftige Komplementär-GmbH ihren Geschäftsanteil an der formwechselnden GmbH treuhänderisch für einen oder mehrere künftige Kommanditisten hält.[500] Demgegenüber vertreten andere[501] die Auffassung, es sei eine **simultane Umwandlung** derart möglich, dass gleichzeitig mit dem Umwandlungsbeschluss der GmbH-Gesellschafter der Beitritt einer aus diesen Gesellschaftern (den künftigen Kommanditisten) gegründeten Komplementär-GmbH (ohne Kapitalbeteiligung) zum Handelsregister angemeldet wird. Nach wiederum anderer Ansicht hat der Gesetzgeber die Änderung im Mitgliederkreis anlässlich des Formwechsels mit Zustimmung aller Betroffenen gar nicht ausschließen wollen und die diese Annahme nahelegende amtl. Begründung[502] sei einschränkend zu verstehen,[503] so dass Ersatzlösungen nicht erwogen werden müssten. Die höchstrichterliche Rechtsprechung hat sich mit diesem Problemkreis noch nicht abschließend befasst. In einer jüngeren Entscheidung des BGH[504] lässt sich jedoch eine gewisse Sympathie für die von der hM abweichenden Ansichten ausmachen. Dort ging es um einen Formwechsel nach dem LwAnpG. Der BGH stellte leitsatzmäßig fest, dass die für den Formwechsel einer LPG erforderliche Konitinuität der Mitgliedschaft nicht gewahrt sei, wenn an dem Unternehmen neuer Rechtsform – einer GmbH & Co. KG – neben der Komplementär-GmbH zunächst nur ein Treuhandkommanditist beteiligt sein solle. In den Urteilsgründen heißt es hierzu, dem Kontinuitätsprinzip möge es zwar nicht entgegenstehen, dass im Zuge des Formwechsels ein Gesellschafter neu hinzutrete, wie im entschiedenen Fall die Komplementär-GmbH. Mit einem identitätswahrenden Formwechsel sei es aber nicht mehr vereinbar, dass von den ursprünglichen mehreren hundert LPG-Mitgliedern nur noch ein Treuhandkommanditist an der KG beteiligt sein solle. Das geht deutlich in die Richtung, dass es dem Gesetzgeber vor allem darauf ankam, die Möglichkeit des Zwangsausschlusses von Gesellschaftern zu verhindern.[505] Auch eine Entscheidung des BayObLG[506] scheint auf dieser Linie zu liegen. Im Leitsatz des Gerichts heißt es, der Eintragung der formwechselnden Umwandlung einer GmbH in eine KG stehe es nicht entgegen, dass der zukünftige Komplementär erst nach Fassung des Umwandlungsbeschlusses – aber vor Eintragung – Gesellschafter des formwechselnden Rechtsträgers geworden sei. Es genüge, wenn die Voraussetzungen für den Formwechsel zum Zeitpunkt der Eintragung vorlägen. Entgegen optimistischer Ausdeutungen dieser Entscheidung[507] ist aber darauf hinzuweisen, dass sie auf einer atypischen Fallgestaltung beruhte und das Gericht ausdrücklich erklärt hat, die Frage, ob das UmwG es zulasse, dass erst im Moment des Formwechsels ein persönlich haftender Gesellschafter beitrete, der bis dahin noch nicht Mitglied des formwechselnden Rechtsträgers war, bedürfe vorliegend keiner Entscheidung. Im Hinblick auf die regelmäßig erheblichen kosten-

---

[499] Vgl. § 11 Rn. 80; *Centrale-Gutachtendienst* GmbHR 1998, 83.
[500] *Priester* DB 1995, 427, 449; *Lutter/Decher* Umwandlungsgesetz § 202 Rn. 15; *Rückert* BWNotZ 1998, 97, 107; *Lutter/Schaumburg* Umwandlungsgesetz Anh. § 304 Rn. 29; *Widmann/Mayer/Vossius* § 228 Rn. 100.
[501] Vgl. insbesondere *K. Schmidt* GmbHR 1995, 693; ähnlich *Kallmeyer* GmbHR 1996, 80.
[502] S. 140.
[503] So insbesondere *Wiedemann* ZGR 1999, 568, 579.
[504] DStR 1999, 1238 m. Anm. *Goette* = NZG 1999, 1120 m. Anm. *Hartung*.
[505] Wohin auch die Argumentation von *Wiedemann* in ZGR 1999, 568, 578, 579 geht.
[506] NZG 2000, 166 m. Anm. *Bungert* = EWiR 2000, 457 *(Rottnauer)*.
[507] Vgl. *Rottnauer* EWiR 2000, 457.

Umwandlung   Anh. nach § 77

mäßigen und wirtschaftlichen Auswirkungen einer gescheiterten Umwandlung empfiehlt es sich deshalb nach wie vor, beim Formwechsel in eine GmbH & Co. KG den sicheren Weg des Beitritts der Komplementär-GmbH vor der Fassung des Umwandlungsbeschlusses zu wählen. – Die Umwandlung der GmbH in eine **Stiftung & Co. KG** war schon nach altem Recht zulässig, da die Stiftung zwar juristische Person, aber keine Kapitalgesellschaft ist, weshalb § 1 Abs. 2 S. 1 UmwG 1969 der Umwandlung nicht entgegenstand.[508] Die Umwandlung einer GmbH in eine GmbH & Co. KG kann außer durch Formwechsel auch durch **Verschmelzung** der GmbH mit einer zuvor gegründeten GmbH & Co. KG herbeigeführt werden,[509] wobei die Umwandlung durch Formwechsel regelmäßig die einfachere Lösung darstellt.[510]

2. Durchführung des Formwechsels. Es gilt entsprechend, was zum Formwechsel in eine OHG gesagt ist (Rn. 218 ff.). Folgende Abweichungen sind jedoch zu beachten: 245

a) Umwandlungsbeschluss, Dreiviertelmehrheit. Der Umwandlungsbeschluss (Rn. 224) bedarf nur einer Dreiviertelmehrheit der abgegebenen Stimmen, sofern der Gesellschaftsvertrag der GmbH keine größere Mehrheit oder weitere Erfordernisse bestimmt. Ihm müssen **alle Gesellschafter zustimmen,** die in der KG die Stellung eines persönlich haftenden Gesellschafters haben sollen, ferner die Gesellschafter, die durch den Formwechsel auf dem Gesellschaftsvertrag beruhende **Minderheitsrechte** oder **Sonderrechte** verlieren, § 233 Abs. 2 iVm. § 50 Abs. 2 (vgl. Rn. 54, 55). 246

b) Angabe der Kommanditisten und ihrer Einlage, Gesellschaftsvertrag der KG. Neben der Bestimmung des Sitzes der KG (vgl. Rn. 227) muss der Umwandlungsbeschluss auch die Kommanditisten und den Betrag ihrer Einlage angeben, § 234 Nr. 2. Mit Einlage ist die in das Handelsregister einzutragende **Haftsumme** gemeint, nicht die gesellschaftsvertraglich bestimmte Kommanditeinlage.[511] Die Einlagen befreien die Kommanditisten von ihrer Haftung nach §§ 171 Abs. 1, 172 Abs. 1 HGB nur in Höhe des anteiligen Reinvermögens der GmbH. Die Beträge der bisherigen Stammeinlagen und der neuen Haftsummen brauchen nicht übereinzustimmen.[512] Da der vollständige Wortlaut des Gesellschaftsvertrags der KG nicht in den Umwandlungsbeschluss aufzunehmen ist (Rn. 227), stellt sich die Frage, ob die Dreiviertelmehrheit den kompletten KG-Vertrag im Umwandlungsbeschluss formulieren *darf*. Die Frage konnte für den Formwechsel in eine OHG unbedenklich bejaht werden, weil dieser Formwechsel nur einstimmig beschlossen werden kann (Rn. 224, 227). Sie ist aber auch für die Mehrheitsumwandlung in eine KG positiv zu beantworten, weil anderenfalls die vom Gesetz gewollte Mehrheitsumwandlung nicht möglich wäre und weil die überstimmte Minderheit die Möglichkeit hat, gegen Barabfindung (§ 207, vgl. Rn. 248) aus der Gesellschaft auszuscheiden. Dass bei der Festlegung des Gesellschaftsvertrags der KG die Gesellschaftermehrheit auf die Interessen der Minderheit Rücksicht nehmen muss, ist selbstverständlich. Unterbleibt die Festlegung des vollständigen Gesellschaftsvertrags im Umwandlungsbeschluss der GmbH und beschränkt sich dieser insoweit auf die in § 234 geforderten Angaben, dann können nach dem Wirksamwerden des Formwechsels weitere gesellschaftsvertragliche Regelungen nur einstimmig getroffen 247

---

[508] Vgl. *Dehmer* Umwandlungsrecht Umwandlungssteuerrecht, 1994, § 1 UmwG Anm. 9 a.
[509] Vgl. *Korn* KÖSDI 1995, 10273, 10274 und Rn. 500 ff.
[510] *Korn* KÖSDI 1995, 10273, 10274.
[511] Vgl. zB *Lutter/Happ* Umwandlungsgesetz § 234 Rn. 31.
[512] *Lutter/Happ* Umwandlungsgesetz § 234 Rn. 34; aA *M. Fischer* BB 1995, 2173, 2177, 2178; missverständlich insoweit Voraufl. Rn. 237, zutr. 2. Aufl. Rn. 292.

Anh. nach § 77 5. Abschnitt. Auflösung und Nichtigkeit der Gesellschaft

werden.[513] – **Alte Kapitalaufbringungsansprüche** der GmbH (zB nach § 31 Abs. 1 GmbHG) verwandeln sich in Kapitalaufbringungsansprüche nach §§ 171 Abs.1, 172 Abs. 1 HGB.

248 c) **Abfindungsangebot.** Für das Abfindungsangebot (§ 207, vgl. iE Rn. 87–95) greift anders als beim Formwechsel in eine OHG (Rn. 226) die Befreiungsvorschrift des § 194 Abs. 1 Nr. 6 nur ein, wenn die Satzung der GmbH für den Umwandlungsbeschluss die Zustimmung aller Gesellschafter verlangt. Das Abfindungsangebot ist den Gesellschaftern zu übersenden, § 231 (vgl. iE Rn. 45). Es ist gemäß § 207 Abs. 1 S. 2 für den Fall zu machen, dass der Gesellschafter sein Ausscheiden aus der KG erklärt. Besondere Schutzvorschriften zur Erhaltung des Gesellschaftskapitals (vgl. zB Rn. 176) sind nicht zu beachten, weil es solche beim Ausscheiden aus einer Personengesellschaft nicht gibt.

249 d) **Entwurf des Umwandlungsbeschlusses.** In dem Entwurf des Umwandlungsbeschlusses (§ 192 Abs. 2 S. 3) ist gemäß § 194 Abs. 1 Nr. 7 gegebenenfalls darauf hinzuweisen, dass der Formwechsel zum **Wegfall der Mitbestimmung** führt, es sei denn, die aus dem Formwechsel hervorgehende KG ist eine GmbH & Co. KG (oder sonstige Kapitalgesellschaft & Co. KG) und fällt unter das MitbestG.[514]

250 3. **Einmann-GmbH.** Sofern eine solche in eine KG umgewandelt werden soll, muss ihr vor dem Wirksamwerden des Formwechsels ein weiterer Gesellschafter durch Erwerb eines Geschäftsanteils beitreten, da die KG zwingend mindestens zwei Gesellschafter haben muss. Praktisch wird dieser Fall regelmäßig nur, wenn der Formwechsel in eine GmbH & Co. KG beabsichtigt ist. Insoweit wird auf Rn. 244 verwiesen. Die **Umwandlung der Einmann-GmbH in ein einzelkaufmännisches Unternehmen** (§ 15 Abs. 1 UmwG 1969) ist kein Fall des Formwechsels, sondern ein Fall der Verschmelzung, der in § 3 Abs. 2 Nr. 2 iVm. § 2 Nr. 1 als Übernahme des Vermögens einer Kapitalgesellschaft durch den Alleingesellschafter unter Auflösung der Kapitalgesellschaft ohne Abwicklung beschrieben ist, sofern der Alleingesellschafter eine natürliche Person ist (vgl. Rn. 513 ff.).

251 4. **Kosten.** Als **Geschäftswert** des Umwandlungsbeschlusses ist nach § 27 Abs. 2 KostO der Wert des Aktivvermögens der formwechselnden GmbH anzusetzen. Die Entscheidung des BayObLG v. 31. 10. 1997,[515] wonach sich der Geschäftswert nach § 27 Abs. 1 KostO bemessen soll, weil Vermögen nicht übertragen wird, ist durch die Einfügung des neuen § 27 Abs. 2 KostO durch das Gesetz v. 18. 6. 1997 überholt.[516] Die Höchstwertvorschrift des § 27 Abs. 4 KostO gilt nicht für Umwandlungsbeschlüsse nach § 27 Abs. 2 KostO, ebensowenig die Höchstwertvorschrift des § 39 Abs. 4 KostO. Für solche Beschlüsse verbleibt es aber bei der Höchstgebühr nach § 47 S. 2 KostO von 5000 Euro.[517] Für die **Grundbuchberichtigung** nach Formwechsel einer Kapitalgesellschaft in eine Personengesellschaft ist nach § 67 Abs. 1 KostO ein Viertel der vollen Gebühr zu erheben.[518]

---

[513] Wie hier *Lutter/Happ* Umwandlungsgesetz § 234 Rn. 40; *Widmann/Mayer/Vollrath* § 194 Rn. 60. Um die sich aus der gesetzlichen Regelung ergebenden Unsicherheiten zu vermeiden, schlägt der *Handelsrechtsausschuss des Deutschen Anwaltvereins e. V.* vor (NZG 2000, 802, 808), in § 234 ebenso wie in § 218 den gesamten Gesellschaftsvertrag als notwendigen Inhalt des Umwandlungsbeschlusses zu bestimmen.
[514] Vgl. auch Rn. 222, 269.
[515] NZG 1998, 116.
[516] Vgl. *Korintenberg/Reimann* § 27 Rn. 6, 56.
[517] Vgl. *Korintenberg/Reimann* § 27 Rn. 101.
[518] OLG Oldenburg DB 1997, 1126.

5. Steuerrecht. Es ergeben sich keine Besonderheiten gegenüber dem Formwechsel in eine OHG, so dass vollumfänglich auf die Rn. 230–243 verwiesen werden kann. Zur Frage, ob das einer Tochter-GmbH von der Mutterkapitalgesellschaft vermietete Grundstück nach der Umwandlung der Tochterkapitalgesellschaft in eine KG als Sonderbetriebsvermögen der Mitunternehmerschaft zu erfassen ist vgl. die Überlegungen von *Kerssenbrock*.[519] 252

XII. Formwechsel einer GmbH in eine Gesellschaft bürgerlichen Rechts
(§§ 190 bis 212, 226 bis 235 UmwG 1994)

Literatur: Vgl. die Angaben bei X und XI, ferner *Heidinger* Haftung der BGB-Gesellschafter beim Formwechsel aus einer GmbH, GmbHR 1996, 890; *Bärwaldt/Schabacker* Der vorsorgliche Formwechsel in eine OHG beim Formwechsel einer Kapitalgesellschaft in eine GbR, NJW 1999, 623.

Übersicht

	Rn.		Rn.
1. Normzweck	253	b) Haftung für Altverbindlichkeiten	256
2. Durchführung des Formwechsels	254–256	3. Steuerrecht	257
a) Firma	255		

1. Normzweck. Die durch das HRefG geschaffene neue Rechtslage ermöglicht 253 jeder GmbH den Formwechsel in eine OHG oder KG, sofern sie einen Gewerbebetrieb unterhält oder eigenes Vermögen verwaltet und der Umwandlungsbeschluss den Formwechsel in eine solche Gesellschaft vorsieht (vgl. Rn. 221). Fehlt es am Gewerbebetrieb und an der Vermögensverwaltung, kann nach § 228 Abs. 2 der Formwechsel in eine Gesellschaft des bürgerlichen Rechts beschlossen werden. Bestehen trotz der neuen Rechtslage Unklarheiten, ob der Formwechsel in eine OHG oder KG möglich ist, kann **hilfsweise** der Formwechsel in eine Gesellschaft bürgerlichen Rechts beschlossen werden. Ohne einen Hilfsbeschluss scheitert die Umwandlung, wenn der Unternehmensgegenstand der GmbH den Formwechsel in eine Personenhandelsgesellschaft nicht zulässt. Ist umgekehrt der Formwechsel in eine Gesellschaft bürgerlichen Rechts gewollt, lässt der Unternehmensgegenstand der GmbH aber nur den Formwechsel in eine Personenhandelsgesellschaft zu, ist ein Hilfsbeschluss auf Umwandlung in eine OHG oder KG nicht zulässig. Für diesen Fall wird empfohlen, die Umwandlung in eine Personenhandelsgesellschaft zu beschließen und hilfsweise die Umwandlung in eine Gesellschaft bürgerlichen Rechts,[520] womit den Beteiligten aber in aller Regel kaum gedient sein dürfte.[521] Die Umwandlung einer GmbH in eine Gesellschaft bürgerlichen Rechts kommt vor allem für Gesellschaften mbH in Betracht, in denen Freiberufler tätig sind, soweit nicht der jetzt mögliche Formwechsel in eine Partnerschaftsgesellschaft vorgezogen wird (vgl. Rn. 258 ff.).

2. Durchführung des Formwechsels. Es gilt entsprechend, was zum Form- 254 wechsel in eine OHG gesagt ist (Rn. 218 ff.). Folgende Abweichungen sind jedoch zu beachten:

---

[519] BB 2000, 763.
[520] Vgl. *Lutter/Happ* Umwandlungsgesetz § 228 Rn. 20, 21; *Bärwaldt/Schabacker* NJW 1999, 623.
[521] Der *Handelsrechtsausschuss des Deutschen Anwaltvereins e. V.* schlägt vor (NZG 2000, 802. 807), entweder § 228 Abs. 2 ersatzlos zu streichen oder auf den umgekehrten Fall des Hilfsformwechsels auszudehnen.

255 **a) Firma.** Da die Gesellschaft des bürgerlichen Rechts keine Firma hat, erlischt die Firma der GmbH durch den Formwechsel, § 200 Abs. 5. Anders als nach § 198 Abs. 1 ist nicht die neue Rechtsform zur Eintragung in das Handelsregister **anzumelden,** sondern die Umwandlung der GmbH in eine Gesellschaft des bürgerlichen Rechts, § 235 Abs. 1. War die GmbH an einer Personengesellschaft beteiligt, kann die Mitgliedschaft auf die Gesellschaft des bürgerlichen Rechts übergehen. Das dürfte nach der Anerkennung der Teilrechtsfähigkeit der GbR durch den BGH und ihre anerkannte Fähigkeit, Gesellschafterin einer anderen GbR oder Kommanditistin einer KG zu sein, nicht mehr in Zweifel stehen.[522]

256 **b) Haftung für Altverbindlichkeiten.** Die Haftung der Gesellschafter für die Altverbindlichkeiten der umgewandelten GmbH wird bei der durch den Formwechsel entstandenen OHG zwanglos aus den Vorschriften der §§ 128, 130 HGB hergeleitet (vgl. Rn. 224). Diese Regelung findet im Recht der Gesellschaft bürgerlichen Rechts keine Entsprechung. Die Theorien, mit deren Hilfe eine der klaren gesetzlichen Vorgabe der §§ 128, 130 HGB nahekommende Haftung der Gesellschafter einer Gesellschaft bürgerlichen Rechts begründet werden könnte, waren umstritten. Nach der sogenannten „Doppelverpflichtungstheorie" kam eine Haftung für Altverbindlichkeiten der GmbH nicht in Betracht. Der BGH, der dieser Theorie gefolgt war, hat sie in jüngerer Zeit aufgegeben und die Teilrechtsfähigkeit der GbR anerkannt.[523] Hieraus wird zu Recht geschlossen, dass nunmehr § 130 HGB entsprechend auf die Haftung für Altverbindlichkeiten angewandt werden kann.[524]

257 **3. Steuerrecht.** Es ergeben sich grundsätzlich keine Abweichungen gegenüber dem Formwechsel in eine OHG (Rn. 230–243). Zu beachten ist aber der in § 8 UmwStG geregelte Sonderfall des **Vermögensübergangs auf eine Personengesellschaft ohne Betriebsvermögen,** der früher praktisch nur beim Formwechsel in eine Gesellschaft des bürgerlichen Rechts vorkam, seit dem In-Kraft-Treten des HRefG aber auch beim Formwechsel in eine Personenhandelsgesellschaft vorkommen kann.[525] Hat sich die Tätigkeit der GmbH in der Vermögensverwaltung (Grundstücks-GmbH) erschöpft und beschränkt sich die übernehmende Gesellschaft des bürgerlichen Rechts auf die Fortsetzung dieser Tätigkeit, so hat sie in steuerlichem Sinn kein Betriebsvermögen, ihre Einkünfte sind solche aus Vermietung und Verpachtung. Hier gelten für die Ermittlung der Einkünfte aus dem Vermögensübergang **Besonderheiten,** welche die steuerliche Begünstigung des Umwandlungsvorgangs ausschließen sollen. In der steuerlichen Schlussbilanz der GmbH sind die Wirtschaftsgüter mit dem gemeinen Wert anzusetzen.[526] Die Einkünfte aus dem Vermögensübergang sind nicht einheitlich bei der Gesellschaft festzustellen, sondern bei den einzelnen Gesellschaftern zu ermitteln. Bei diesen können sich die folgenden Einkünfte ergeben: Betriebliche Einkünfte, wenn die Anteile an der GmbH zu einem Betriebsvermögen des Gesellschafters gehören; Einkünfte iS des § 17 EStG (wobei § 17 Abs. 3 und § 34 Abs. 1 EStG nicht anzuwenden sind); Einkünfte iS des § 7 UmwStG nF, wenn sich die Anteile an der übertragenden GmbH im Privatvermögen des nicht iSd. § 17 beteiligten Gesellschafters befanden. Im letzteren Falle sind dem Gesellschafter die in der Steuerbilanz der

---

[522] Vgl. Rn. 221 m. Fn. 444–446; zur früheren Rechtslage vgl. 2. Aufl. Rn. 295.
[523] Vgl. BGH GmbHR 1999, 1134 und Rn. 221, 259 m. Fn.
[524] Vgl. OLG Hamm BB 2002, 370.
[525] Vgl. Rn. 221, 240.
[526] Vgl. § 16 Abs. 3 S. 5 EStG, wonach Wirtschaftsgüter, die anlässlich der Aufgabe des Gewerbebetriebs Privatvermögen werden, in der steuerlichen Schlussbilanz mit dem gemeinen Wert auszuweisen sind, s. Amtl. Begr. S. 55 iVm. S. 46.

GmbH ausgewiesenen offenen Rücklagen mit Ausnahme des Einlagekontos iSd. § 27 KStG nF anteilig als Einkünfte aus Kapitalvermögen gemäß § 20 Abs. 1 Nr. 1 EStG nF zuzurechnen mit der Folge, dass nach § 3 Nr. 40 Buchst. d EStG nF das **Halbeinkünfteverfahren** zum Zuge kommt und auf die Kosten § 3c Abs. 2 EStG nF anzuwenden ist. Hinsichtlich der **Grunderwerbsteuer** ist zu beachten, dass der Umwandlungsbeschluss als „Rechtsgeschäft unter Lebenden" iSd. § 6 Abs. 4 GrEStG behandelt wird und die Fünf-Jahres-Frist dieser Vorschrift erst mit der Eintragung des Formwechsels im Handelsregister beginnt,[527] so dass bei Weiterübertragung von Grundstücken auf eine gesellschafteridentische Gesamthand vor Ablauf von fünf Jahren Grunderwerbsteuer zu entrichten ist.

XIII. Formwechsel einer GmbH in eine Partnerschaftsgesellschaft
(§§ 190 bis 212, 226 bis 234 UmwG 1994)

Literatur: Vgl. die Angaben bei X und XII, ferner *Neye* Die Änderungen im Umwandlungsrecht nach den handels- und gesellschaftsrechtlichen Reformgesetzen in der 13. Legislaturperiode, DB 1998, 1649.

Übersicht

	Rn.		Rn.
1. Normzweck	258	schluss, Zustimmung aller Gesellschafter	262
2. Durchführung des Formwechsels	259–263		
a) Nur Freiberufler als Partner	260	d) Anmeldung zur Eintragung in das Partnerschaftsregister	263
b) Nichtigkeit des Umwandlungsbeschlusses	261	3. Steuerrecht	264
c) Aufnahme des Partnerschaftsvertrags in den Umwandlungsbe-			

1. Normzweck. Die Partnerschaft ist als eigenständige Gesellschaftsform erst durch 258 das PartGG vom 25. 7. 1994[528] etabliert worden. Zu jener Zeit stand das UmwG 1994 nach langer Entwurfszeit kurz vor der Verabschiedung. Dennoch hat der Gesetzgeber im UmwG noch keinerlei Regelungen für die Umwandlung unter Beteiligung von Partnerschaftsgesellschaften getroffen. Offenbar sollte zunächst abgewartet werden, wie die neue Gesellschaftsform von den Angehörigen Freier Berufe, für deren Berufsausübung sie bestimmt ist (§ 1 Abs. 1 PartGG), aufgenommen wird.[529] Erst durch das Gesetz zur Änderung des Umwandlungsgesetzes, des Partnerschaftsgesellschaftsgesetzes und anderer Gesetze vom 22. 7. 1998[530] wurde die Partnerschaftsgesellschaft in das System des UmwG einbezogen. Der Formwechsel der GmbH in eine Partnerschaftsgesellschaft kommt vor allem für Steuerberatungs- und Wirtschaftsprüfungsgesellschaften mbH in Betracht und neuerdings auch für die Anwalts GmbH (§ 59c BRAO), obgleich derzeit noch keine Zahlen über die Inanspruchnahme dieser Umwandlungsmöglichkeit vorliegen. Wie in anderen Fällen ist die Verbreiterung des Umwandlungsspektrums deshalb auch hier unter dem Gesichtspunkt der Komplettierung des Umwandlungssystems zu sehen.

2. Durchführung des Formwechsels. Es gilt entsprechend, was zum Formwechsel 259 in eine OHG (Rn. 218 ff.) und in eine Gesellschaft bürgerlichen Rechts (Rn. 253 ff.)

---

[527] BFH DStR 2001, 1069.
[528] BGBl. I S. 1744.
[529] Vgl. *Neye* DB 1998, 1649.
[530] BGBl. I S. 1978.

gesagt ist. Gesellschaftsrechtlich steht die Partnerschaftsgesellschaft beiden Gesellschaftsformen nahe. Nach § 1 Abs. 4 PartGG finden auf die Partnerschaft die Vorschriften des BGB über die Gesellschaft Anwendung, soweit im PartGG nichts anderes bestimmt ist. Die Partnerschaft besitzt aber, anders als nach früherer Meinung die Gesellschaft bürgerlichen Rechts, Teilrechtsfähigkeit, wie sich aus dem Verweis in § 7 Abs. 2 PartGG auf § 124 HGB ergibt.[531] Folgende Besonderheiten gegenüber dem Formwechsel in eine OHG und in eine Gesellschaft bürgerlichen Rechts sind zu beachten:

260 **a) Nur Freiberufler als Partner.** Gemäß § 228 Abs. 3 müssen im Zeitpunkt des Wirksamwerdens des Formwechsels **alle Anteilsinhaber** der formwechselnden GmbH **natürliche Personen** sein, die einen Freien Beruf ausüben (§ 1 Abs. 1 und 2 PartGG). Die Wirksamkeit des Formwechsels tritt erst mit seiner Eintragung im Partnerschaftsregister ein (§ 202 Abs. 1 Nr. 1, § 7 Abs. 1 PartGG). Das wirft die Frage auf, ob an der Beschlussfassung über den Formwechsel auch Anteilsinhaber der GmbH teilnehmen können, welche die gesetzlichen Voraussetzungen für eine Partnerschaft nicht erfüllen, ohne dass hierdurch die Wirksamkeit des Umwandlungsbeschlusses beeinträchtigt wird. Nach dem Prinzip der Identität des am Formwechsel beteiligten Personenkreises wäre die Frage zu verneinen. Die gleiche Problematik hat sich aber schon beim Formwechsel der GmbH in eine GmbH & Co. KG gestellt (vgl. Rn. 244). Dort ist darauf hingewiesen, dass die Rechtslage derzeit noch als offen anzusehen ist, dass sich aber in der höchstrichterlichen Rechtsprechung gewisse Sympathien für die Vernachlässigung dieses Prinzips ausmachen lassen. Gleichwohl empfiehlt sich auch beim Formwechsel in eine Partnerschaftsgesellschaft derzeit noch der sichere Weg des Ausscheidens nicht partnerschaftsfähiger Anteilsinhaber vor der Fassung des Umwandlungsbeschlusses.[532]

261 **b) Nichtigkeit des Umwandlungsbeschlusses.** Erfüllt der Umwandlungsbeschluss die Voraussetzungen des § 228 Abs. 3 nicht, dann ist er vom Standpunkt des Identitätsprinzips aus nichtig und kann angefochten werden. Hält man eine Teilnahme nicht partnerschaftsfähiger Anteilsinhaber an der Fassung des Umwandlungsbeschlusses für zulässig, dann müssen diese Anteilsinhaber jedenfalls vor der Eintragung des Beschlusses aus der GmbH ausgeschieden sein, wenn die Anfechtung ausgeschlossen sein soll.[533] Wird ein unter Verstoß gegen § 228 gefasster Umwandlungsbeschluss eingetragen, dann wird der beschlossene Formwechsel wirksam. Die GmbH ist nunmehr Partnerschaftsgesellschaft, nicht etwa Personenhandelsgesellschaft oder Gesellschaft bürgerlichen Rechts, wie zuweilen angenommen wird.[534] Eine solche Annahme verträgt sich nicht mit dem grundsätzlich uneingeschränkten Bestandsschutz des Formwechsels nach Eintragung (§ 202 Abs. 3, vgl. auch Rn. 129) und ist auch nicht geboten. Es ist Sache der Mitglieder der Partnerschaft, sich nach den Regeln des auf die Partnerschaft anwendbaren Gesellschaftsrechts von dem nicht zum Kreis der Freiberufler gehörenden Mitglied zu trennen. Eine Amtslöschung der Eintragung nach §§ 160b Abs. 1, 142 FGG ist nicht veranlasst.[535]

262 **c) Aufnahme des Partnerschaftsvertrags in den Umwandlungsbeschluss, Zustimmung aller Gesellschafter.** Anders als beim Formwechsel in eine OHG, KG oder Gesellschaft des bürgerlichen Rechts (vgl. Rn. 227, 247) muss in den Umwand-

---

[531] Seit der Grundlagenentscheidung des BGH zur Rechts- und Parteifähigkeit der GbR (NJW 2001, 1056 = DStR 2000, 310 m. Anm. *Goette*) ist jedoch auch von der Teilrechtsfähigkeit der GbR auszugehen. Vgl. auch Rn. 275 m. Fn. 555.
[532] AA *Lutter/Happ* Umwandlungsgesetz § 228 Rn. 32.
[533] So muss wohl *Lutter/Happ* Umwandlungsgesetz § 228 Rn. 34 verstanden werden.
[534] So zB *Lutter/Happ* Umwandlungsgesetz § 228 Rn. 34.
[535] AA *Lutter/Happ* Umwandlungsgesetz § 228 Rn. 34.

lungsbeschluss der vollständige Wortlaut des Partnerschaftsvertrags aufgenommen werden, § 234 Nr. 3. Das beruht auf der Formbedürftigkeit des Vertrags (Schriftform, § 3 Abs. 1 PartGG) und entspricht dem allgemeinen Grundsatz beim Formwechsel in Rechtsträger, deren Gründungsverträge formbedürftig sind (zB § 218, vgl. Rn. 60, 273).[536] Wie beim Formwechsel in eine OHG und Gesellschaft bürgerlichen Rechts (vgl. Rn. 224) bedarf der Umwandlungsbeschluss wegen der persönlichen Haftung der Partner (§ 8 PartGG) der Zustimmung aller Gesellschafter, § 233 Abs. 1.

d) Anmeldung zur Eintragung in das Partnerschaftsregister. Entsprechend der allgemeinen Regelung des § 198 Abs. 2 S. 2 und 3 ist die Partnerschaft zur Eintragung in das Partnerschaftsregister (§ 4 PartGG) anzumelden und daneben die Umwandlung zum Handelsregister der GmbH. 263

3. Steuerrecht. Es gelten die gleichen Grundsätze wie beim Formwechsel in eine OHG oder KG (vgl. Rn. 230ff., 252). Nicht anzuwenden ist § 8 UmwStG, weil das übergehende Vermögen stets Betriebsvermögen der Partnerschaft wird. Insoweit liegen die Verhältnisse anders als bei bestimmten Gestaltungen beim Formwechsel in eine Gesellschaft bürgerlichen Rechts (vgl. Rn. 257). Zwar übt die Partnerschaft kein Gewerbe und insbesondere kein Handelsgewerbe aus, § 1 Abs. 1 S. 2 PartGG. Steuerlich steht dem Gewerbebetrieb aber die Ausübung eines freien Berufs gleich, § 96 S. 1 BewG, mit der Folge, dass alles Vermögen der Partnerschaft Betriebsvermögen („nichtgewerbliches Betriebsvermögen") wird. Dessen ungeachtet erzielt die Partnerschaftsgesellschaft nur freiberufliche Einkünfte, keine Einkünfte aus Gewerbebetrieb und kann deshalb kein vom Kalenderjahr abweichendes Wirtschaftsjahr haben (§ 4a EStG). 264

XIV. Formwechsel einer OHG in eine GmbH
(§§ 190 bis 212, 214 bis 225 UmwG 1994)

Literatur: Vgl. die Angaben bei I, insb. und ferner *Carlé/Bauschatz* Der Ausgleichsposten nach § 220 Abs. 1 UmwG im Umwandlungs- und Umwandlungssteuerrecht, GmbHR 2001, 1149; *Decher* Formwechsel – Allgemeine Vorschriften – in *Lutter* Kölner Umwandlungsrechtstage, S. 201 ff.; *Freshfields Bruckhaus Deringer* Unternehmenssteuerreform – Die Neuregelungen des Steuersenkungsgesetzes für Kapitalgesellschaften und ihre Anteilseigner, NJW-Beilage 51/2000; *Hergeth/Mingau* Mitbestimmung und Aufsichtsratsbesetzung bei Umwandlung einer Personengesellschaft in eine Aktiengesellschaft, DStR 1999, 1948; *Joost* Formwechsel von Personenhandelsgesellschaften in *Lutter* Kölner Umwandlungsrechtstage, 1995, S. 245 ff.; *ders.* Die Bildung des Aufsichtsrats beim Formwechsel einer Personenhandelsgesellschaft in eine Kapitalgesellschaft, FS Claussen, 1997, S. 187; *Kilger* Durchbrechung des Maßgeblichkeitsgrundsatzes bei der formwechselnden Umwandlung von einer Personenhandelsgesellschaft in eine Kapitalgesellschaft, DB 2001, 230; *Lishaut/Förster* Steuersenkungsgesetz: Anteilsveräußerungen im neuen Recht, GmbHR 2000, 1121; *K. Schmidt* Volleinzahlungsgebot beim Formwechsel in die AG oder GmbH?, ZIP 1995, 1385; *Strahl* Einbringungsgeborene Anteile: Probleme und Gestaltungsmöglichkeiten, KÖSDI 2001, 12728; *Timmermans* Kapitalaufbringung und Kapitalfestsetzung bei dem Formwechsel einer Personenhandelsgesellschaft in eine Kapitalgesellschaft, DB 1999, 948; *Wochinger/Dötsch* Das neue Umwandlungssteuergesetz und seine Folgeänderungen bzw. Auswirkungen bei der Einkommen-Körperschaft- und Gewerbesteuer, DB-Beilage Nr. 14, 1994.

Übersicht

	Rn.		Rn.
1. Normzweck	265	c) Entwurf des Umwandlungsbeschlusses	269
2. Durchführung des Formwechsels	266–280		
a) Zulässigkeit	267	d) Unterrichtung über den Formwechsel, Abfindungsangebot	270
b) Entbehrlichkeit des Umwandlungsberichts	268		

---

[536] *Neye* DB 1998, 1649, 1651.

Anh. nach § 77 5. Abschnitt. Auflösung und Nichtigkeit der Gesellschaft

	Rn.		Rn.
e) Umwandlungsbeschluss, Mehrheiten	271	b) Buchwertverknüpfung, Bewertungswahlrecht, Gewinnrealisierung	284
f) Gründer	272		
g) Gesellschaftsvertrag der GmbH	273	c) Einschränkung des Bewertungswahlrechts	285
h) Abfindungsangebot, Abfindungszahlung	274	d) Auswirkungen bei Buchwertverknüpfung	286
i) Anmeldung des Formwechsels	275		
j) Gründerhaftung	276	e) Auswirkungen bei Zwischenwert, Teilwert	287
k) Kapitalschutz, Aufstockung	277		
l) Sachgründungsbericht	278	f) Gewerbesteuer	288
m) Nachhaftung	279	g) Besteuerung des Einbringungsgewinns	289
n) Sicherheitsleistung	280		
3. Formwechsel nach Auflösung der OHG	281	h) Anschaffungskosten der GmbH-Geschäftsanteile, Veräußerung einbringungsgeborener Anteile	290–294
4. Steuerrecht	282–297	i) Grunderwerbsteuer	295
a) Übertragungsbilanz, Übernahmebilanz	283	j) Umsatzsteuer	296
		k) Sonderbetriebsvermögen	297

265 **1. Normzweck.** Die Möglichkeit der Umwandlung einer Personengesellschaft in eine Kapitalgesellschaft hat erstmals das UmwG 1969 eröffnet. Die grundsätzlichen Bedenken gegen eine derartige Umwandlungsmöglichkeit beruhten auf der Gefahr der Umgehung der Schutzvorschriften für die Gründung einer Kapitalgesellschaft (vgl. 2. Aufl. Rn. 297). Der Gesetzgeber hat sie damals zugunsten einer größeren Flexibilität des Rechtsformwechsels zurückgestellt. Das UmwG 1994 hatte die Möglichkeiten der Umwandlung von Personengesellschaften gegenüber dem alten Recht zunächst nicht erweitert. Zugelassen war nur der Formwechsel von **Personenhandelsgesellschaften** (§ 214 Abs. 1), das sind offene Handelsgesellschaften und Kommanditgesellschaften (§ 3 Abs. 1 Nr. 1) unter Einschluss der GmbH & Co KG, anderer Kapitalgesellschaften & Co KG und der Stiftung & Co KG, **nicht** aber der Formwechsel einer **Gesellschaft des bürgerlichen Rechts.** Insoweit hat der Gesetzgeber ein Umwandlungsbedürfnis nicht gesehen (Amtl. Begr. S. 147), was nicht verständlich ist, weil nicht nur aus Kleingewerbetreibenden bestehende Gesellschaften bürgerlichen Rechts einen anerkennenswerten Anlass zum Formwechsel in eine GmbH haben können, sondern auch Dienstleister, insbesondere Freiberufler, zB Steuerberater und Wirtschaftsprüfer. Wegen des Analogieverbots (§§ 1 Abs. 2, 190 Abs. 2, vgl. Rn. 17) ist eine entsprechende Anwendung der für Personenhandelsgesellschaften geltenden Umwandlungsvorschriften auf die Gesellschaft bürgerlichen Rechts nicht möglich (die „Umwandlung" in eine GmbH kann aber nach dem „Anwachsungsmodell" durchgeführt werden, vgl. Rn. 17). Aus dem gleichen Grund sind diese Vorschriften auch nicht auf die **EWIV** anzuwenden.[537] Eine Erweiterung haben die Umwandlungsmöglichkeiten durch das UmwG 1994 nur insoweit erfahren, als darin auch der Formwechsel in eine eingetragene Genossenschaft vorgesehen wurde. Die Novelle zum UmwG von 1998 ermöglicht jetzt ferner den Formwechsel aus einer Partnerschaftsgesellschaft.

266 **2. Durchführung des Formwechsels.** Der Formwechsel läuft grundsätzlich nach dem gleichen Schema ab, wie der Formwechsel einer GmbH in eine Kapitalgesellschaft anderer Rechtsform oder der Formwechsel in eine Personengesellschaft, beginnend also mit der Erstellung des Umwandlungsberichts, der Vorbereitung der Gesellschafterversammlung und setzt sich fort in der Beschlussfassung der Gesellschafter in einer Gesellschafterversammlung sowie der Anmeldung, Eintragung und Bekanntmachung des

---

[537] Vgl. Rn. 17 mN.

Umwandlung   Anh. nach § 77

Formwechsels (vgl. iE die ausführliche Darstellung in Abschnitt II Rn. 38 ff.). Im Besonderen gilt:

a) Zulässigkeit. Dass der Formwechsel einer OHG in eine GmbH zulässig ist, ergibt sich zunächst aus § 191 Abs. 1 Nr. 1 iVm. Abs. 2 Nr. 3 und ist in § 214 Abs. 1 wiederholt, wonach eine Personenhandelsgesellschaft durch Formwechsel nur die Rechtsform einer Kapitalgesellschaft oder einer eingetragenen Genossenschaft erlangen kann. **267**

b) Entbehrlichkeit des Umwandlungsberichts. Gemäß § 215 ist der Umwandlungsbericht entbehrlich, wenn alle Gesellschafter der Personenhandelsgesellschaft zur Geschäftsführung berechtigt sind, weil sie sich dann über sämtliche für den Formwechsel relevanten Unternehmensdaten selbst unterrichten und alle Unterlagen einsehen können.[538] Bei der OHG ist das grundsätzlich der Fall (§ 114 Abs. 1 HGB). Nur wenn Gesellschafter nach § 114 Abs. 2 HGB von der Geschäftsführung ausgeschlossen sind oder einem Gesellschafter die Geschäftsführungsbefugnis nach § 117 HGB entzogen ist, kommt danach die Erstattung eines Umwandlungsberichts in Betracht. Jedoch können die von der Geschäftsführung ausgeschlossenen Gesellschafter gemäß § 192 Abs. 3 auf die Erstattung des Umwandlungsberichts verzichten.[539] **268**

c) Entwurf des Umwandlungsbeschlusses. Fraglich ist, ob der im Umwandlungsbericht enthaltene Entwurf des Umwandlungsbeschlusses (§ 192 Abs. 1 S. 3, vgl. Rn. 41) bei Entbehrlichkeit des Umwandlungsberichts nach §§ 215, 192 Abs. 3 gleichwohl erstellt werden muss (vgl. schon Rn. 222, 249). Die Frage ist zu bejahen, weil der Entwurf des Umwandlungsbeschlusses auch der Unterrichtung des Betriebsrats dient und ihm deshalb gemäß § 194 Abs. 2 zuzuleiten ist.[540] Zwar soll der Umwandlungsbericht im Ganzen die Gesellschafter über den Formwechsel informieren und ist deshalb in § 192 Abs. 3 zu ihrer Disposition gestellt. Die Dispositivität kann sich jedoch nicht auf den Entwurf des Umwandlungsbeschlusses erstrecken, weil anderenfalls ein Wertungswiderspruch zu § 194 Abs. 2 bestünde. Diese Ansicht wird unterstrichen durch § 194 Abs. 1 Nr. 7, wonach in dem Umwandlungsbeschluss auch die Folgen des Formwechsels für die Arbeitnehmer und ihre Vertretungen sowie die insoweit vorgesehenen Maßnahmen bestimmt werden müssen. Hierunter können beim Formwechsel einer OHG in eine GmbH die **mitbestimmungsrechtlichen Folgen** fallen, zB nach § 76 BetrVG 1952.[541] Es ist schwerlich anzunehmen, dass die Entbehrlichkeit des Umwandlungsberichts nach §§ 215, 193 Abs. 2 zur Vorenthaltung derartiger Informationen führen soll. **Besteht kein Betriebsrat,** kann auch auf den Entwurf des Umwandlungsbeschlusses verzichtet werden.[542] **269**

d) Unterrichtung über den Formwechsel, Abfindungsangebot. Gemäß § 216 sind die von der Geschäftsführung ausgeschlossenen Gesellschafter von den geschäftsführenden Gesellschaftern der OHG in vertretungsberechtigter Zahl (§ 125 HGB) über den beabsichtigten Formwechsel **in Textform**[543] zu unterrichten, und zwar spätestens **270**

---

[538] Amtl. Begr. S. 98 zur Parallelvorschrift des § 41 für die Verschmelzung.
[539] Ebenso *Widmann/Mayer/Vossius* und jetzt auch *Lutter/Joost* Umwandlungsgesetz § 215 Rn. 11.
[540] Ebenso *Lutter/Joost* Umwandlungsgesetz § 215 Rn. 8.
[541] Vgl. hierzu Rn. 84, ferner *Hergeth/Mingau* DStR 1999, 1948.
[542] *Lutter/Joost* Umwandlungsgesetz § 215 Rn. 9; *Felix* KÖSDI 1995, 10234 für die gleichliegende Situation beim Verschmelzungsvertrag, § 5 Abs. 1 Nr. 9; vgl. auch *Korn* KÖSDI 1995, 10276 zur Frage, ob in derartigen Fällen die Arbeitnehmer durch Aushang am schwarzen Brett oder dergl. zu unterrichten sind.
[543] Das ursprüngliche Wort „schriftlich" hat das Gesetz v. 13. 7. 2001 (BGBl. I S. 1542) durch die Wörter „in Textform" ersetzt, die in § 126 b BGB definiert ist.

zusammen mit der Einberufung der Gesellschafterversammlung, die den Formwechsel beschließen soll. Mit der Ankündigung des Formwechsels als Beschlussgegenstand ist den zu unterrichtenden Gesellschaftern der **Umwandlungsbericht zu übersenden,** soweit auf ihn nicht nach § 192 Abs. 3 verzichtet wurde (Rn. 268), sowie ein Abfindungsangebot nach § 207. Das Abfindungsangebot kann jedoch nur praktisch werden, wenn der Gesellschaftsvertrag der OHG den Formwechsel durch Mehrheitsbeschluss erlaubt, § 217 Abs. 1 S. 2 (vgl. Rn. 271). Demgemäß ist die Abgabe eines Abfindungsangebots nicht erforderlich, wenn der Umwandlungsbeschluss der Zustimmung aller Gesellschafter bedarf (vgl. auch Rn. 274).

271 e) **Umwandlungsbeschluss, Mehrheiten.** Der Umwandlungsbeschluss (§ 193 Abs. 1) bedarf grundsätzlich der **Zustimmung aller Gesellschafter,** § 217 Abs. 1 S. 1, wobei die zur Beschlussfassung nicht erschienenen Gesellschafter durch notariell beurkundete Erklärung zustimmen müssen, § 193 Abs. 3 S. 1. Der Gesellschaftsvertrag der OHG kann jedoch für den Formwechsel eine Mehrheitsentscheidung der Gesellschafter vorsehen, § 217 Abs. 1 S. 2. Die Mehrheit muss mindestens **drei Viertel** der **abgegebenen Stimmen** betragen, § 217 Abs. 1 S. 3. Diese Fassung hat das Gesetz erst durch die Novelle zum UmwG von 1998 erhalten. In der ursprünglichen Gesetzesfassung fehlte das Wort „abgegebenen", was zu der Ansicht führte, es seien die Stimmen aller Gesellschafter gemeint.[544] Die Zulässigkeit der Umwandlung durch Mehrheitsbeschluss entspricht der Rechtslage nach altem Recht.[545] Für die gesellschaftsvertragliche Mehrheitsklausel ist der **Bestimmtheitsgrundsatz** zu beachten,[546] was bedeutet, dass sich die Klausel ausdrücklich auf den Beschluss über den Formwechsel beziehen muss. Das ist in der Amtl. Begr. (S. 149 iVm. S. 98) für den gleichliegenden Fall der Verschmelzung expressis verbis gesagt (vgl. Rn. 492).

272 f) **Gründer.** Wird der Formwechsel durch Mehrheitsentscheidung beschlossen, so sind die zustimmenden Gesellschafter in der Niederschrift über den Umwandlungsbeschluss namentlich aufzuführen, § 217 Abs. 2. Dadurch sollen diese Gesellschafter als Gründer erfasst werden, § 219 S. 2 iVm. § 197.[547] Außerhalb der Gesellschafterversammlung zustimmende Gesellschafter sind durch die notarielle Beurkundung ihrer Erklärungen als Gründer identifiziert.[548]

273 g) **Gesellschaftsvertrag der GmbH.** Im Umwandlungsbeschluss muss auch der Gesellschaftsvertrag der GmbH enthalten sein, § 218 Abs. 1 S. 1. Gemeint ist dessen **vollständiger Text,** nicht nur der für den Formwechsel unerlässliche.[549] Dieser muss deshalb auch Angaben über die **Firma** der GmbH enthalten. Gemäß §§ 197, 200 darf die GmbH die Firma der OHG beibehalten. Dabei kann auch der Firmenzusatz „& Partner" übernommen werden, wenn die OHG hieran nach § 11 PartGG Bestandsschutz erworben hatte. Vorausgesetzt wird dabei, dass der Rechtsformzusatz OHG gestrichen und durch den Zusatz GmbH ersetzt wird.[550]

274 h) **Abfindungsangebot, Abfindungszahlung.** Kommt ein Abfindungsangebot in Betracht (Rn. 270), so ist dessen Angemessenheit nur zu prüfen (Rn. 89), wenn ein Gesellschafter dies verlangt, wobei die Gesellschaft die Kosten zu tragen hat, § 225. Es

---

[544] Vgl. Voraufl. Rn. 253.
[545] Vgl. BGHZ 85, 350, 353 ff. und 2. Aufl. Rn. 303.
[546] BGHZ 85, 350, 356.
[547] Amtl. Begr. S. 149, 150.
[548] *Lutter/Joost* Kölner Umwandlungsrechtstage, S. 251.
[549] Amtl. Begr. S. 156; Rn. 61.
[550] OLG Frankfurt/M. NZG 1999, 351 = EWiR 1999, 417 *(Seibert).*

Umwandlung **Anh. nach § 77**

handelt sich hierbei um eine Parallelvorschrift zu § 44 betreffend die Verschmelzung durch Mehrheitsentscheidung,[551] vgl. Rn. 490. Die Abfindungszahlung unterliegt den Schranken des § 30 GmbHG zur Erhaltung des Stammkapitals (Amtl. Begr. S. 146), weil sie von der GmbH für die durch den Formwechsel zu Geschäftsanteilen gewordenen Kapitalanteile entrichtet wird. Insoweit ist die Rechtslage anders als beim Formwechsel einer GmbH in eine AG (Rn. 87; zum Formwechsel einer AG in eine GmbH vgl. Rn. 176).

i) **Anmeldung des Formwechsels.** Die Anmeldung des Formwechsels zur Eintragung in das Handelsregister (§ 198) ist durch alle Geschäftsführer der künftigen GmbH vorzunehmen. Ist bei der GmbH ein **mitbestimmter Aufsichtsrat** einzurichten, müssen dessen Mitglieder ebenfalls anmelden, § 222 Abs. 1. Die Bildung dieses Aufsichtsrats folgt den gleichen Regeln wie beim Formwechsel einer GmbH in eine AG.[552] Nicht etwa ergibt sich etwas anderes aus dem Umstand, dass die OHG nach überkommener Dogmatik eine Gesamthand und die GmbH eine juristische Person ist mit der Folge, dass der Übergang von der einen in die andere Rechtsform nur über ein Gründungsstadium („Vorgesellschaft") der Letzteren führen könne, in welchem nach zum Teil vertretener Ansicht das Mitbestimmungsgesetz nicht zur Anwendung kommt,[553] oder mit anderen Worten, dass ein Aufsichtsrat erst bei der eingetragenen GmbH zu bilden sei und nicht schon bei der Anmeldung des Formwechsels vorhanden sein müsse.[554] Diese Meinung verkennt, dass nach neuem Recht nicht nur der Formwechsel von Kapitalgesellschaft zu Kapitalgesellschaft **identitätswahrend** erfolgt, sondern auch der Formwechsel von der Personenhandelsgesellschaft in die Kapitalgesellschaft. In beiden Fällen ist der Rechtsträger vor und nach dem Formwechsel derselbe.[555] Diese Identität des Rechtsträgers verbietet denkgesetzlich die Einschaltung einer Gründungsphase mit neuem Zwischenrechtsträger. Dass auf den Formwechsel nach § 197 auch Gründungsrecht anzuwenden ist, führt ebenfalls nicht zur Annahme einer Neugründung des formwechselnden Rechtsträgers; denn dadurch soll nur verhindert werden, dass mit Hilfe des Formwechsels die Kapitalaufbringungsvorschriften für eine Sachgründung unterlaufen werden.[556] Aus der vom Gesetz ausdrücklich angeordneten Teilnahme des gesamten Aufsichtsrats an der Anmeldung des Formwechsels nach §§ 222 Abs. 1, 198 folgt daher die Notwendigkeit seiner vorherigen und vollständigen Bestellung.[557] Demgemäß müssen auch die Arbeitnehmervertreter im Zeitpunkt der Anmeldung gewählt sein. Konstruktionsversuche zur Umgehung dieser Wahl dürften mit der bestehenden Gesetzeslage nicht in Übereinstimmung stehen.[558] Das gilt insbesondere für den Vorschlag, § 197 S. 2 teleologisch dahin zu verkürzen, dass er für den Formwechsel einer Personenhandelsgesellschaft nicht gilt und statt des-

275

---

[551] Amtl. Begr. S. 151.
[552] Vgl. Rn. 82 ff.
[553] Vgl. Rn. 677.
[554] So zB. *Schmitt/Hörtnagl/Stratz* § 222 Rn. 3; *Widmann/Mayer/Vossius* § 222 Rn. 17.
[555] Vgl. Rn. 9, 10 und *Lutter/Decher* Umwandlungsgesetz § 190 Rn. 3. Der Gesetzgeber des UmwG 1994 hat damit Vorarbeit zu Einebnung des Grabens zwischen Gesamthand und juristischer Person geleistet, die mit der Grundlagenentscheidung des BGH zur Rechts- und Parteifähigkeit der GbR (NJW 2001, 1056) fortgesetzt worden ist (vgl. dazu *Habersack* BB 2001, 477; *K. Schmidt* NJW 2001, 993, 996; *Ulmer* ZIP 2001, 585; *Westermann* NZG 2001, 289).
[556] Vgl. Amtl. Begr., abgedruckt bei *Neye* S. 334; *Lutter/Decher* Umwandlungsgesetz § 197 Rn. 5.
[557] Vgl. Amtl. Begr., abgedruckt bei *Neye* S. 334.
[558] Vgl. Rn. 84; unzutreffend auch das Gutachten zum Umwandlungsrecht 1996/97 des Deutschen Notarinstituts, 1998, Nr. 45 S. 328, 330, 331.

sen § 31 AktG analog anzuwenden ist.[559] Die im alten Recht (§ 49 Abs. 1 S. 1 UmwG 1969) vorgesehen gewesene zusätzliche Anmeldung durch alle Gesellschafter ist entfallen, weil die Anmeldung einer GmbH auch bei Gründung (§§ 7 Abs. 1, 78 GmbHG) allein Sache der Geschäftsführer ist[560] und der Formwechsel insoweit dem Gründungsrecht folgen soll (§ 197 S. 1). Ist mit dem Formwechsel eine **Sitzverlegung** verbunden, so ist die Umwandlung auch zur Eintragung in das Register anzumelden, in dem die OHG eingetragen ist, § 198 Abs. 2 S. 2 und 3. Diese Anmeldung kann nach § 222 Abs. 3 wahlweise auch von den vertretungsberechtigten Gesellschaftern der OHG vorgenommen werden.

276 **j) Gründerhaftung.** Die Gründerhaftung (Differenzhaftung nach § 9 GmbHG) trifft nach §§ 197, 219 nur die Gesellschafter, die dem Formwechsel **zugestimmt haben,** im Falle einer Mehrheitsentscheidung (Rn. 271) also nicht die Gesellschafter, die sich der Stimme enthalten oder gegen den Formwechsel gestimmt haben. Zur Gründerhaftung des Kommanditisten vgl. Rn. 301. Ansprüche aus der Gründerhaftung verjähren regelmäßig in fünf Jahren. Die Verjährung beginnt mit dem Wirksamwerden des Formwechsels, §§ 198, 202 iVm. § 9b Abs. 2 GmbHG.

277 **k) Kapitalschutz, Aufstockung.** Der Nennbetrag des Stammkapitals der GmbH muss durch das Reinvermögen der OHG gedeckt sein, § 220 Abs. 1. Diese Kapitalschutzvorschrift ist beim Formwechsel der Personenhandelsgesellschaft von besonderer Bedeutung, weil das Personengesellschaftsrecht keine Kontrollvorschriften für die **Kapitalaufbringung** kennt. Bei der Prüfung, ob das Vermögen nach Abzug der Schulden den Nennbetrag des Stammkapitals deckt, sind Aktiva und Passiva mit ihren **wirklichen Werten** anzusetzen.[561] Diese können dem Registergericht bei der Anmeldung der neuen Rechtsform nach §§ 198, 199 durch die Vermögensaufstellung gemäß § 192 Abs. 2 nachgewiesen werden. Ist ein Umwandlungsbericht, dem die Vermögensaufstellung beizufügen ist, auf Grund der §§ 192 Abs. 3, 215 entbehrlich (Rn. 268), kommt die Erstellung eines entsprechenden Vermögensstatus in Betracht.[562] Eine bloß formelle **Unterbilanz** hindert also den Formwechsel nach § 220 Abs. 1 nicht.[563] Ob die GmbH die Buchwerte der Bilanz zur Beseitigung der Unterbilanz beim Vorhandensein stiller Reserven handelsrechtlich **aufstocken** kann,[564] ist allerdings umstritten. Auszugehen ist davon, dass die OHG keine Umwandlungsbilanz aufstellen muss und die GmbH keine Eröffnungsbilanz.[565] Das ist eine Konsequenz der Wahrung der Iden-

---

[559] So aber *Lutter/Joost* Umwandlungsgesetz § 218 Rn. 15, 26 und FS Claussen, 1997, S. 187, 197; wie hier *Handelsrechtsausschuss des Deutschen Anwaltvereins e. V.* NZG 2000, 802, 807; *Halm* BB 2000, 1849, 1853, der jedoch die Notwendigkeit der Bildung eines mitbestimmten Aufsichtsrats vor dem Wirksamwerden des Formwechsels überhaupt verneint (vgl. dazu auch Rn. 677).
[560] Amtl. Begr. S. 150.
[561] Das ist jetzt ganz hM, vgl. *Carlé/Bauschatz* GmbHR 2001, 1149; *Timmermans* DB 1999, 948; *Sagasser/Bula/Brünger/Sickinger* R 90; *Schmitt/Hörtnagl/Stratz* UmwG § 220 Rn. 6; *Goutier/Knopf/Tulloch/Laumann* § 220 Rn. 9 ff.; *Widmann/Mayer/Vossius* § 220 Rn. 16; *Lutter/Joost* Umwandlungsgesetz § 220 Rn. 13; *Kallmeyer/Dirksen* § 220 Rn. 8; aA *Sagasser/Bula/Brünger/Schlösser* S. 15.
[562] Zutr. *Schmitt/Hörtnagl/Stratz* § 220 Rn. 7.
[563] *Carlé/Bauschatz* GmbHR 2001, 1149, 1150; *Widmann/Mayer/Vossius* § 220 Rn. 23.
[564] Was beim Formwechsel einer GmbH in eine AG von vornherein nicht in Betracht kommt, weil das Grundkapital nur eine Fortschreibung des Stammkapitals ist, vgl. Rn. 130, 136.
[565] Entgegen der hM (vgl. zB Stellungnahme des HFA des IDW 1/1996, WPg 1996, 507, 508) fordert allerdings *Baumbach/Hueck/Schulze-Osterloh* § 41 Rn. 44 die Aufstellung einer Eröffnungsbilanz, weil sich beim Formwechsel der Personengesellschaft in die Kapitalgesellschaft die Bilanzierungsregeln ändern.

tität des Rechtsträgers beim Formwechsel.[566] Nach altem Recht waren derartige Bilanzen dagegen vorgeschrieben,[567] weil es einen Formwechsel zwischen typenverschiedenen Gesellschaften nicht gab und der Übergang von der OHG in die GmbH infolge dessen als übertragende Umwandlung eingestuft wurde.[568] Demgemäß war die Aufstockung der Buchwerte in der Umwandlungsbilanz bis zu den wirklichen Werten zugelassen.[569] Hieran knüpft die Meinung an, dass nach neuem Recht eine Aufstockung der Buchwerte unzulässig sei, weil sie der jetzt normierten Identität der Rechtsträger vor und nach dem Formwechsel und dem daraus folgenden Grundsatz der Bilanzkontinuität (§ 252 Abs. 1 Nr. 1 HGB) widerspreche.[570] Diese Meinung vernachlässigt jedoch den Gründungscharakter des Formwechsels (§ 197), der eine Neufestsetzung des Kapitals rechtfertigt, und steht im Widerspruch zu der Grundtendenz des neuen Rechts, Umwandlungen zu erleichtern und nicht zu erschweren. Sie wird deshalb hier nicht für zutreffend gehalten.[571] Lehnt man die Möglichkeit einer Aufstockung der Buchwerte in der Handelsbilanz ab,[572] ist nach wohl hM ein **Ausgleichsposten** in die Bilanz einzustellen, dessen weitere bilanzielle Entwicklung davon abhängt, wodurch die Unterbilanz entstanden ist. Auch hierzu gibt es unterschiedliche Auffassungen.[573] Wird ein Stammkapital vorgesehen, das durch das Reinvermögen der OHG nicht gedeckt ist, müssen die Gesellschafter der OHG vor der Fassung des Umwandlungsbeschlusses entsprechende Einlagen leisten oder die Leistung solcher Einlagen wenigstens beschließen und einfordern. Dass **Einlagen ausstehen,** hindert die Umwandlung nicht. Volleinzahlung ist nicht Voraussetzung der Umwandlung.[574] Diese Meinung ist allerdings wiederum umstritten. Die Gegenansicht macht geltend, die Berücksichtigung ausstehender Einlagen führe zu einer unzulässigen Vermischung von Bareinlage und Sacheinlage und widerspreche dem Charakter des Formwechsels als Sachgründung.[575] Dem ist entgegenzuhalten, dass Gegenstand der Sacheinlage das Vermögen der OHG ist, also ein Sachinbegriff, der Sachen und Forderungen umfasst. Ob in der Bilanz der OHG eine Einlageforderung gegen einen Gesellschafter ausgewiesen wird oder eine Forderung aus einem Umsatzgeschäft, kann keinen Unterschied machen, solange beide Forderungen vollwertig sind. Forderungen aus Umsatzgeschäften sollen den Formwechsel anders als Einlageforderungen nämlich nicht negativ beeinflussen.[576] Nach altem Recht wurde die dem heutigen Formwechsel entsprechende übertragende Umwandlung als

---

[566] Hierzu vgl. Rn. 9 ff.
[567] Vgl. 2. Aufl. Rn. 307.
[568] Vgl. Rn. 10.
[569] Vgl. 2. Aufl. Rn. 307.
[570] So zB *Carlé/Bauschatz* GmbHR 2001, 1149, 1150; ähnlich *Kallmeyer/Dirksen* § 220 Rn. 10; *Schmitt/Hörtnagl/Stratz* § 220 Rn. 12; *Widmann/Mayer/Widmann* § 24 Rn. 482, 483; *Widmann/Mayer/Vossius* § 220 Rn. 26.
[571] Grundlegend in diesem Sinne *Priester* DB 1995, 911; *ders.,* FS Zöllner, 1998, S. 457; ebenso *Lutter/Joost* Umwandlungsgesetz § 220 Rn. 23; *Goutier/Knopf/Tulloch/Laumann* § 220 Rn. 21.
[572] Die auch nicht analog § 24 UmwG möglich ist, weil diese Bestimmung aus gesetzessystematischen Gründen auf den Formwechsel keine Anwendung finden kann, vgl. *Priester* DB 1995, 911.
[573] Vgl. iE *Carlé/Bauschatz* GmbHR 2001, 1149, 1151; Stellungnahme des HFA des IDW 1/1996, WPg 1996, 507, 508.
[574] *K. Schmidt* ZIP 1995, 1385 ff.; vgl. auch Rn. 130 (Formwechsel GmbH in AG) und 173 (Formwechsel AG in GmbH).
[575] *Priester,* FS Zöllner, 1998, S. 457, 461 ff., 468; *Widmann/Mayer/Vossius* § 220 Rn. 30; *Lutter/Joost* Umwandlungsgesetz § 220 Rn. 14 ff.
[576] *Lutter/Joost* Umwandlungsgesetz § 220 Rn. 15.

Anh. nach § 77   5. Abschnitt. Auflösung und Nichtigkeit der Gesellschaft

zulässig angesehen, auch wenn das Stammkapital der GmbH durch das Vermögen der OHG nur unter Berücksichtigung von Einlageforderungen gedeckt war.[577] Die andersartige Behandlung nach neuem Recht wird im Ergebnis lediglich auf eine Zusammenschau der §§ 197 und 220 Abs. 1 gestützt, die den § 220 Abs. 1 überflüssig erscheinen lassen könnte, wenn ausstehende Einlagen berücksichtigt werden dürften.[578] Eine solche Auslegung ist jedoch nicht geboten und verträgt sich erneut nicht mit dem Anliegen des neuen Rechts, Strukturänderungen zu begünstigen.

278   **l) Sachgründungsbericht.** Da der Formwechsel einer OHG in eine GmbH der Sache nach eine Sachgründung der GmbH ist,[579] haben die Gesellschafter der OHG einen Sachgründungsbericht zu erstatten, in dem sie auch den Geschäftsverlauf und die Lage der OHG darzulegen haben, § 220 Abs. 2.

279   **m) Nachhaftung.** Die Gesellschafter der OHG haften den Gläubigern der Gesellschaft auch nach dem Wirksamwerden des Formwechsels (§ 202) für deren in diesem Zeitpunkt begründeten Ansprüche aus Verbindlichkeiten der OHG persönlich, § 224 Abs. 1 iVm. § 128 HGB. Der Formwechsel ist also nicht geeignet zur Flucht aus einer bestehenden persönlichen Haftung.[580] Diese Nachhaftung ist jedoch nach dem Vorbild des § 160 HGB idF des Nachhaftungsbegrenzungsgesetzes (NachhBG) vom 18. 3. 1994[581] zeitlich befristet (vgl. auch Rn. 181). Sie beschränkt sich auf Verbindlichkeiten, die vor Ablauf von fünf Jahren nach dem Formwechsel fällig und dem Gesellschafter gegenüber in einer in § 197 Abs. 1 Nr. 3 bis 5 nF BGB bezeichneten Art festgestellt sind oder eine gerichtliche oder behördliche Vollstreckungshandlung vorgenommen oder beantragt wird, § 224 Abs. 2. Die Frist beginnt mit dem Tag, an dem die Eintragung der GmbH in das Handelsregister nach § 201 S. 2 als bekanntgemacht gilt, § 224 Abs. 3 S. 1. Hierauf sind die Verjährungsvorschriften des BGB (nF) entsprechend anzuwenden, § 224 Abs. 3 S. 2. Derartiger Voraussetzungen bedarf es nicht, wenn der Gesellschafter den Anspruch schriftlich anerkannt hat, § 224 Abs. 4.

280   **n) Sicherheitsleistung.** Zu ihrem Schutz können die **Gläubiger** der OHG bei Gefährdung ihrer Ansprüche durch den Formwechsel wie im umgekehrten Umwandlungsfall (Rn. 229) Sicherheitsleistung verlangen, § 204 iVm. § 22 (vgl. iE Rn. 132 bis 136). Eine solche Gefährdung ist jedoch nicht bereits durch den Wegfall der persönlichen Haftung der Gesellschafter indiziert, zumal diese für einen begrenzten Zeitraum gemäß § 224 (Rn. 279) weiterhaften. Demgemäß sah das alte Recht für die Umwandlung einer Personenhandelsgesellschaft in eine Kapitalgesellschaft einen Gläubigerschutz durch Sicherheitsleistung überhaupt nicht vor.[582] Auch der Umstand, dass die Fälligkeit einer Forderung erst nach Ablauf der Nachhaftungsfrist von fünf Jahren eintritt, kann einen Anspruch auf Sicherheitsleistung nicht begründen, weil dies dem Zweck der Befristung der Nachhaftung zuwider liefe.[583]

281   **3. Formwechsel nach Auflösung der OHG.** § 191 Abs. 3 lässt den Formwechsel auch bei aufgelösten Rechtsträgern zu, wenn ihre Fortsetzung in der bisherigen Rechtsform beschlossen werden könnte (vgl. Rn. 147). § 214 Abs. 2 beschränkt diese Möglichkeit auf Fallgestaltungen, bei denen ohne den Formwechsel eine Abwicklung

---

[577] Vgl. 2. Aufl. Rn. 304.
[578] Vgl. *Lutter/Joost* Umwandlungsgesetz § 220 Rn. 18, 19.
[579] Krit. hierzu *K. Schmidt* ZIP 1995, 1385, 1387, 1389.
[580] *Lutter/Joost* Kölner Umwandlungsrechtstage S. 259.
[581] BGBl. I S. 560.
[582] Vgl. 2. Aufl. Rn. 315.
[583] AA *Widmann/Mayer/Vossius* § 204 Rn. 19.

Umwandlung   Anh. nach § 77

nach § 145 Abs. 1 HGB stattfinden würde. § 214 Abs. 2 verlangt jedoch nicht mehr (wie das alte Recht, vgl. § 40 Abs. 2 UmwG 1969), dass eine Liquidation durchgeführt wird und nur noch die Verteilung des nach der Berichtigung der Verbindlichkeiten verbliebenen Vermögens an die Gesellschafter aussteht; denn die Gläubiger der OHG werden durch die Haftung der GmbH und die Nachhaftung der bisherigen Gesellschafter (Rn. 279) geschützt.[584] Der Formwechsel einer aufgelösten OHG ist deshalb nur dann untersagt, wenn die Gesellschafter nach § 145 Abs. 1 HGB eine andere Art der Auseinandersetzung als die Abwicklung oder den Formwechsel vereinbart haben,[585] weil dann nicht sichergestellt ist, dass das Vermögen der aufgelösten Gesellschaft im Zeitpunkt des Umwandlungsbeschlusses noch vorhanden ist.[586] Ist die OHG durch Eröffnung des **Insolvenzverfahrens** über ihr Vermögen aufgelöst worden, so richtet sich die Zulässigkeit des Formwechsels allein nach § 191 Abs. 3, d.h. der Formwechsel ist möglich, wenn das Insolvenzverfahren unter den Voraussetzungen des § 144 Abs. 1 HGB aufgehoben oder eingestellt worden ist, so dass die Fortsetzung der Gesellschaft beschlossen werden könnte.[587]

4. Steuerrecht. Wie beim Formwechsel der Kapitalgesellschaft in eine Personengesellschaft (vgl. Rn. 230) negiert das Steuerrecht auch beim Formwechsel einer Personengesellschaft in eine Kapitalgesellschaft den identitätswahrenden Charakter des Vorgangs und behandelt ihn wie einen Vermögensübergang von der Personengesellschaft auf die Kapitalgesellschaft, also wie eine Verschmelzung der Personengesellschaft auf die Kapitalgesellschaft. Gemäß § 25 S. 1 UmwStG finden auf den Formwechsel einer Personengesellschaft in eine Kapitalgesellschaft die Vorschriften des achten Teils des UmwStG über die Einbringung eines Betriebs, Teilbetriebs oder Mitunternehmeranteils in eine Kapitalgesellschaft gegen Gewährung von Gesellschaftsrechten entsprechende Anwendung, § 25 S. 1 iVm. §§ 20 bis 22 UmwStG, d.h. der Formwechsel wird als **Einbringung von Mitunternehmeranteilen** in eine Kapitalgesellschaft behandelt.[588] Wie nach altem Recht[589] ist eine Übertragung des Betriebsvermögens zu **Buchwerten,** Zwischenwerten und Teilwerten möglich (§ 20 Abs. 2 UmwStG), so dass sich bei **Buchwertfortführung** der Formwechsel auch hier im Wesentlichen **steuerneutral** vollzieht. Im Einzelnen gilt: 282

a) **Übertragungsbilanz, Übernahmebilanz.** Zur Ermittlung eines Übertragungsgewinns hat die OHG als „übertragende" Gesellschaft eine Steuerbilanz (Übertragungsbilanz, Schlussbilanz) auf den **steuerlichen Übertragungsstichtag** (vgl. Rn. 231) aufzustellen, § 25 S. 2 UmwStG. Dass die GmbH als „übernehmende" Gesellschaft ebenfalls eine Bilanz aufzustellen hat (Übernahmebilanz, Eröffnungsbilanz), ergibt sich aus der Verweisung in § 25 S. 1 UmwStG auf §§ 20 ff. UmwStG.[590] Der steuerliche Übertragungsstichtag darf wie beim umgekehrten Formwechsel (vgl. Rn. 231) auf höchstens **acht Monate** vor Anmeldung des Formwechsels zur Eintragung in das Handelsregister rückbezogen werden, § 20 Abs. 7, 8 UmwStG. 283

b) **Buchwertverknüpfung, Bewertungswahlrecht, Gewinnrealisierung.** Die OHG hat die Wirtschaftsgüter in ihrer Übertragungsbilanz mit dem Buchwert anzuset- 284

---

[584] Amtl. Begr. S. 148.
[585] ZB die Naturalteilung des Gesellschaftsvermögens, vgl. *Baumbach/Hopt* § 145 Rn. 10.
[586] Amtl. Begr. S. 148 iVm. S. 97, 98.
[587] Amtl. Begr. S. 148.
[588] Zu den Zweifelsfragen hierzu vgl. *Lutter/Schaumburg* Kölner Umwandlungsrechtstage, S. 357 und *Schaumburg/Rödder* § 20 UmwStG Rn. 43.
[589] Vgl. iE 2. Aufl. Rn. 321 ff.
[590] *Schaumburg/Rödder* § 25 UmwStG Rn. 9.

zen, § 20 Abs. 2 S. 3 UmwStG. Die GmbH hat ein Bewertungswahlrecht, das übergehende Vermögen mit dem Buchwert, dem höheren Teilwert oder einem Zwischenwert anzusetzen, § 20 Abs. 2 S. 1 UmwStG.[591] Der Ansatz mit dem Buchwert ist auch dann zulässig, wenn in der Handelsbilanz das eingebrachte Betriebsvermögen nach handelsrechtlichen Vorschriften mit einem höheren Wert angesetzt werden muss, § 20 Abs. 2 S. 2 UmwStG. **Beim Ansatz des Buchwerts** (Buchwertverknüpfung) entsteht bei der OHG **kein Übertragungsgewinn (Einbringungsgewinn).** Setzt die GmbH in ihrer Übernahmebilanz höhere Werte an, findet eine Gewinnrealisierung in Höhe des Unterschiedsbetrags zwischen dem Buchwert und dem höheren Wert statt (zu dessen Besteuerung bei den Gesellschaftern der OHG vgl. Rn. 289).

285 c) **Einschränkung des Bewertungswahlrechts.** Übersteigen die Passivposten des von der OHG eingebrachten Betriebsvermögens die Aktivposten, so hat die GmbH das eingebrachte Betriebsvermögen mindestens so anzusetzen, dass sich Aktiv- und Passivposten ausgleichen, wobei das Eigenkapital nicht zu berücksichtigen ist, § 20 Abs. 2 S. 4 UmwStG. Durch diese Einschränkung des Bewertungswahlrechts, die zu einer **Aufstockung** der Aktiva führt, entsteht bei der OHG zwangsläufig ein Übertragungsgewinn (Einbringungsgewinn). Das gilt entsprechend, wenn Mitunternehmeranteile mit **negativem Kapitalkonto** übertragen werden.[592] Erhalten Gesellschafter wegen zu niedriger Bemessung ihres GmbH-Geschäftsanteils einen **Ausgleich durch bare Zuzahlung** nach § 196 UmwG (vgl. Rn. 96), muss die GmbH das von der OHG eingebrachte Betriebsvermögen mindestens mit dem gemeinen Wert der baren Zuzahlung ansetzen, sofern dieser den Buchwert des eingebrachten Vermögens übersteigt, § 20 Abs. 2 S. 5 UmwStG. Hierdurch wird das Bewertungswahlrecht weiter verkürzt.

286 d) **Auswirkungen bei Buchwertverknüpfung.** Findet eine Buchwertverknüpfung statt, so gelten hinsichtlich der Anrechnung von Besitzzeiten, der AfA u. Ä. gemäß § 22 Abs. 1 UmwStG die §§ 4 Abs. 2 S. 3 und 12 Abs. 3 S. 1 UmwStG analog. Insoweit entspricht die Rechtslage derjenigen beim umgekehrten Formwechsel (**steuerliche Gesamtrechtsnachfolge,** vgl. Rn. 232). Ein **Verlustvortrag** geht jedoch nicht über, was sich daraus ergibt, dass in der Verweisungskette zwar auf § 12 Abs. 3 S. 1 UmwStG verwiesen wird, nicht aber auf § 12 Abs. 3 S. 2 UmwStG, der einen Übergang des Verlustvortrags vorsieht.[593] Das gilt auch für den gewerbesteuerlichen Verlustvortrag iSd. § 10a GewStG, § 22 Abs. 4 UmwStG.

287 e) **Auswirkungen bei Zwischenwert, Teilwert.** Setzt die GmbH das übergegangene Betriebsvermögen mit einem über dem Buchwert, aber unter dem Teilwert liegenden Wert an (Zwischenwert), werden die AfA etc. nach den bisherigen Anschaffungs- oder Herstellungskosten, vermehrt um den aufgestockten Betrag, bemessen, § 22 Abs. 2 iVm. § 12 Abs. 3 S. 1 UmwStG. Setzt die GmbH das übergangene Betriebsvermögen mit dem **Teilwert** an, so gilt nach § 22 Abs. 3 Halbs. 2 UmwStG Entsprechendes (vgl. auch Rn. 232 zum umgekehrten Formwechsel).

---

[591] Nach Tz. 20.30 des UmwStErl. sind beim Formwechsel einer Personengesellschaft in eine Kapitalgesellschaft zwingend die Buchwerte fortzuführen. Diese auf den Grundsatz der Maßgeblichkeit des Handelsrechts für das Steuerrecht (§ 5 Abs. 1 EStG) gegründete Ansicht wird jedoch weder von der Literatur noch von der Rspr. geteilt, vgl. zB *Haritz/Benkert* § 25 Rn. 15; *Strahl* KÖSDI 2001, 1278, 1279 und FG München EFG 2001, 32; vgl. hierzu auch *Kilger* DB 2001, 230. Vgl. ferner Rn. 231 m. Fn. 465 zum umgekehrten Formwechsel.
[592] *Lutter/Schaumburg* Kölner Umwandlungsrechtstage, S. 359; *Dehmer* § 20 UmwStG Anm. 52b.
[593] Vgl. *Lutter/Schaumburg* Umwandlungsgesetz Anh. § 304 Rn. 42.

Umwandlung   Anh. nach § 77

f) Gewerbesteuer. Ein etwaiger Einbringungsgewinn unterliegt bei der OHG   288
nicht der Gewerbesteuer, weil dieser dem (steuerfreien) Veräußerungsgewinn gleichgestellt wird.[594]

g) Besteuerung des Einbringungsgewinns. Im Fall der Buchwertverknüpfung   289
entsteht bei der OHG kein Übertragungsgewinn (Einbringungsgewinn, vgl. Rn. 231), so dass der Formwechsel bei den Gesellschaftern keine Steuern entstehen lässt. Erhalten Gesellschafter jedoch **bare Zuzahlungen** (vgl. Rn. 2) oder scheiden Gesellschafter gegen **Barabfindung** aus der Gesellschaft aus (vgl. Rn. 256), kommt ein Einbringungsgewinn auch bei Buchwertverknüpfung in Betracht.[595] Ein Einbringungsgewinn entsteht stets beim Ansatz des übergehenden Betriebsvermögen mit einem über dem Buchwert liegenden Wert. Dieser Einbringungsgewinn ist als **Veräußerungsgewinn** bei den Gesellschaftern der OHG tarifbegünstigt, soweit sie natürliche Personen sind, § 20 Abs. 5 S. 1 UmwStG (neugefasst durch das StSenkErgG) iVm. §§ 16, 34 EStG. Der Freibetrag nach § 16 Abs. 4 EStG wird jedoch nur gewährt, wenn die GmbH das eingebrachte Betriebsvermögen mit dem Teilwert ansetzt, § 20 Abs. 5 S. 2 UmwStG. Entfällt ein Veräußerungsgewinn auf eine an der OHG beteiligte Kapitalgesellschaft, so unterliegt dieser voll der Körperschaftsteuer, die jedoch nach § 23 Abs. 1 KStG idF d. StSenkG nur noch 25% beträgt.

h) Anschaffungskosten der GmbH-Geschäftsanteile, Veräußerung einbrin-   290
gungsgeborener Anteile. Als **Anschaffungskosten** für die GmbH-Geschäftsanteile gilt für den Gesellschafter der Wert, mit dem die GmbH das eingebrachte Betriebsvermögen der GmbH ansetzt, § 20 Abs. 4 S. 1 UmwStG. Das hat zur Folge, dass bei Veräußerung eines derartigen „einbringungsgeborenen" Anteils auch der Unterschiedsbetrag zwischen dem von der GmbH angesetzten Wert des eingebrachten Vermögens und dessen Teilwert als **Veräußerungsgewinn** iSd. § 16 EStG gilt, wenn die GmbH das übernommene Vermögen mit einem unter dem Teilwert liegenden Wert angesetzt hat, § 21 Abs. 1 S. 1 UmwStG.[596] Im Einzelnen gilt unter Berücksichtigung der insoweit seit dem 31. 12. 2001[597] geltenden Neuregelungen des StSenkG und des StSenkErgG folgendes:

Dividendeneinnahmen einer **natürlichen Person** werden nach § 3 Nr. 40 S. 1   291
Buchst. d EStG nF nur zur Hälfte angesetzt, sind also zur Hälfte steuerfrei.[598] Umgekehrt sind nach § 3c Abs. 2 EStG nF im Zusammenhang mit den Einnahmen stehende Ausgaben ebenfalls nur zur Hälfte anzusetzen. Entsprechend werden Einnahmen natürlicher Personen aus der Veräußerung von Kapitalgesellschaftsanteilen nach § 3 Nr. 40 S. 1 Buchst. a und b EStG nF nur zur Hälfte besteuert[599] und sind mit der Veräußerung korrespondierende Ausgaben nach § 3c Abs. 2 EStG nF nur zur Hälfte abzugsfähig. Um zu verhindern, dass dieses „Veräußerungsprivileg" dadurch erlangt wird, dass man Anteile an Personengesellschaften, die bei ihrer Veräußerung voll steuerpflichtig wären, zunächst steuerneutral (Buchwertverknüpfung) in eine GmbH einbringt, zB im Wege des Formwechsels, um danach die aus der Einbringung entstande-

---

[594] Vgl. Abschnitt 39 Abs. 1 Nr. 1 GewStR und *Lutter/Schaumburg* Kölner Umwandlungsrechtstage, S. 358.
[595] *Lutter/Schaumburg* Kölner Umwandlungsrechtstage, S. 361.
[596] „Einbringungsgeborene" Anteile iSd. § 21 Abs. 1 S. 1 UmwStG sind nur solche, die der Inhaber oder sein Rechtsvorgänger durch eine Sacheinlage unter dem Teilwert, also zum Buchwert oder einem Zwischenwert, erworben hat.
[597] § 52 Abs. 4a Nr. 2, Abs. 8a EStG nF; § 34 Abs. 6d S. 1 Nr. 2 KStG nF.
[598] „Dividendenprivileg", vgl. *Lishaut/Förster* GmbHR 2000, 1121.
[599] „Veräußerungsprivileg", vgl. *Lishaut/Förster* GmbHR 2000, 1121.

nen GmbH-Anteile steuerbegünstigt zu veräußern, bestimmt § 3 Nr. 40 S. 3 EStG nF, dass das „Veräußerungsprivileg" für einbringungsgeborene Anteile nicht gilt. Der bei ihrer Veräußerung entstehende Gewinn ist deshalb voll steuerpflichtig. Allerdings soll auf diesen Gewinn die Fünftelungs-Regelung des § 34 Abs. 1 EStG Anwendung finden, weil es sich bei dem Veräußerungsgewinn gemäß § 21 Abs. 1 S. 1 UmwStG um einen Gewinn iSd. § 16 EStG handelt und damit um außerordentliche Einkünfte iSv. § 34 Abs. 2 Nr. 1 EStG nF.[600] Wahlweise soll die Neuregelung des § 34 Abs. 3 EStG nF in Anspruch genommen werden können, wenn der Gesellschafter das 55. Lebensjahr vollendet hat oder dauernd berufsunfähig ist (= halber Steuersatz für den Veräußerungsgewinn bis 5 Mio € und nur einmal im Leben).[601] Etwas anderes gilt nach § 3 Nr. 40 S. 4 Buchst. a EStG nF nur dann, wenn die Veräußerung später als sieben Jahre nach der Einbringung stattfindet.

292 Mit dem Vollzug des Formwechsels werden sich die nunmehrigen GmbH-Anteile in aller Regel steuerlich im Privatvermögen des ehemaligen OHG-Gesellschafters befinden, sofern dieser eine natürliche Person ist. Bei ihm sind deshalb die Gewinnausschüttungen der GmbH Einkünfte aus Kapitalvermögen nach § 20 Abs. 1 Nr. 1 EStG, nicht Einkünfte aus Gewerbebetrieb nach § 15 Abs. 1 S. 1 Nr. 2 EStG. Dass § 21 Abs. 1 S. 1 UmwStG den Gewinn aus der Veräußerung einbringungsgeborener GmbH-Anteile als Gewinn aus der Veräußerung eines Mitunternehmeranteils nach § 16 Abs. 1 Nr. 2 EStG behandelt, steht nicht entgegen; denn hierbei handelt es sich nur um eine Rechtsfolgenverweisung.[602] Werden die GmbH-Anteile nach dem Wirksamwerden des Formwechsels in ein Betriebsvermögen eingelegt, handelt es sich um einen Vorgang, der einer selbstständigen steuerlichen Beurteilung unterliegt. Nach der Herabsetzung der Wesentlichkeitsschwelle auf 1 % bei der Veräußerung von Anteilen an einer Kapitalgesellschaft nach § 17 EStG wird es sich bei der Veräußerung einbringungsgeborener Anteile aus dem Formwechsel einer OHG in den meisten Fällen zugleich um die Veräußerung einer „wesentlichen Beteiligung" iSd. früheren gesetzlichen Sprachgebrauchs handeln, wenn sie vor Ablauf von sieben Jahren stattfindet. Allerdings ist in § 3 Nr. 40 S. 3 und 4 EStG nF die Vorschrift des § 3 Nr. 40 S. 1 Buchst. c EStG nF nicht genannt, die auch den Veräußerungspreis nach § 17 Abs. 2 EStG nur zur Hälfte erfasst. Das dürfte darauf beruhen, dass das UmwStG in § 21 Abs. 1 S. 1 einbringungsgeborene Anteile im Falle ihrer Veräußerung § 16 EStG und nicht § 17 EStG zuordnet.[603]

293 War Gesellschafter der OHG eine **Körperschaft**, zB eine GmbH, so käme nach § 8b Abs. 2 KStG nF grundsätzlich Steuerfreiheit des Gewinns aus der Veräußerung der durch den Formwechsel entstandenen GmbH-Anteile in Betracht.[604] Auch das KStG nF enthält jedoch für die Veräußerung einbringungsgeborener Anteile eine Sonderregelung in § 8b Abs. 4 S. 1 Nr. 1, die derjenigen des § 3 Nr. 40 S. 4 EStG nF entspricht, d.h. die Steuerfreiheit des Veräußerungsgewinns gilt nicht für einbringungsgeborene Anteile, die vor Ablauf von sieben Jahren veräußert werden. Dieser Veräußerungsgewinn unterliegt vielmehr der normalen Körperschaftsteuer von 25%.

---

[600] *Strahl* KÖSDI 2001, 12728, 12739, str.
[601] *Strahl* KÖSDI 2001, 12728, 12739, str.
[602] Vgl. *L. Schmidt* § 16 Rn. 22; *Dehmer* UmwStG § 21 Rn. 18 und wohl auch *Schmitt/Hörtnagl/Stratz* UmwStG § 21 Rn. 15.
[603] Zutr. *Freshfields Bruckhaus Deringer* S. 43.
[604] Das Gesetz stellt hier anders als in § 3 Nr. 40 EStG nicht den Veräußerungspreis teilweise steuerfrei, sondern den Gewinn aus der Veräußerung.

Der Gewinn aus der Veräußerung einbringungsgeborener Anteile unterliegt selbst 294
dann grundsätzlich nicht der **Gewerbesteuer,** wenn die einbringungsgeborenen Anteile zu einem Betriebsvermögen gehören.[605]

i) Grunderwerbsteuer. Beim Übergang von Grundstücken besteht keine Grund- 295
erwerbsteuerpflicht (vgl. Rn. 12 mN sowie zum umgekehrten Formwechsel Rn. 242).
Demgemäß ist für die Grundbuchberichtigung die Vorlage einer Unbedenklichkeitsbescheinigung nach § 22 GrEStG nicht erforderlich.[606]

j) Umsatzsteuer. Umsatzsteuer wegen Geschäftsveräußerung im Ganzen fällt bei 296
der Umwandlung seit 1. 1. 1994 im Hinblick auf die Neufassung des § 1 Abs. 1a
UStG nicht mehr an.[607]

k) Sonderbetriebsvermögen. Sonderbetriebsvermögen kann beim Formwechsel 297
schon deshalb nicht auf die GmbH übergehen, weil es sich bei ihm um Wirtschaftsgüter der Gesellschafter handelt, nicht um Gegenstände im Gesamthandsvermögen der
OHG. Bildet das Sonderbetriebsvermögen eine **wesentliche Betriebsgrundlage** der
OHG, sog. Sonderbetriebsvermögen I, liegt eine Betriebseinbringung iSd. § 20 UmwStG insgesamt nur vor, wenn auch das Sonderbetriebsvermögen übertragen wird,[608]
was die Eigentumsverschaffung an den Gegenständen des Sonderbetriebsvermögens
erfordert. Bloße Überlassung zur Nutzung genügt nicht.[609] Befinden sich **Grundstücke** im übertragenen Sonderbetriebsvermögen, kommt insoweit **Grunderwerbsteuer** in Betracht.[610]

XV. Formwechsel einer KG in eine GmbH
(§§ 190 bis 212, 214 bis 225 UmwG 1994)

Literatur: Vgl. die Angaben bei XIV, ferner *Wolf* Die Haftung des Kommanditisten beim Formwechsel in die GmbH, ZIP 1996, 1200.

Übersicht

	Rn.		Rn.
1. Normzweck	298	c) Nachhaftung	302
2. Durchführung des Formwechsels	299–303	d) GmbH & Co. KG	303
a) Umwandlungsbericht	300	3. Steuerrecht	304
b) Gründerhaftung	301		

1. Normzweck. Vgl. zunächst Rn. 265. Da an der umzuwandelnden Personen- 298
handelsgesellschaft eine Kapitalgesellschaft beteiligt sein kann, ist der Formwechsel

---

[605] UmwStErl. Tz. 2113; Abschn. 39 Abs. 1 S. 2 Nr. 1 S. 17 GewStR1998; *Strahl* KÖSDI 2001, 12728, 12732; *Schmitt/Hörtnagl/Stratz* UmwStG § 21 Rn. 168; aA offenbar *Freshfields Bruckhaus Deringer* S. 46.

[606] LG Dresden DB 1998, 1807. Zu beachten ist aber, dass eine vorangegangene Steuerbefreiung nach § 6 Abs. 3 iVm. Abs. 1 GrEStG wegen Grundstücksübergangs von einer Gesamthand auf eine andere entfallen kann, wenn der Formwechsel in die Personengesellschaft in engem sachlichen und zeitlichen Zusammenhang mit diesem steht, vgl. FG Nürnberg DStR 2001, 933. Vgl. auch § 6 Abs. 3 S. 2 GrEStG idF des StÄndG 2001.

[607] Vgl. *Autenrieth* Neuorientierung der Rechenschaftslegung, S. 471; zum umgekehrten Formwechsel vgl. Rn. 243.

[608] Tz. 20.08 UmwStErl.

[609] Tz. 20.08 UmwStErl.; aA *Dehmer* UmwStErl. Tz. 20.08 und UmwStG § 20 Rn. 52; anders jetzt wohl *Schmitt/Hörtnagl/Stratz* UmwStG § 20 Rn. 53.

[610] Vgl. dazu auch *Sudhoff/Düll* GmbH & Co. KG, 15. Aufl. 2000, § 56 Rn. 40 ff.

Anh. nach § 77 5. Abschnitt. Auflösung und Nichtigkeit der Gesellschaft

einer **GmbH & Co. KG** in eine GmbH unmittelbar möglich. Die Umwandlung einer GmbH & Co. KG in eine GmbH kann außerhalb des UmwG auch dadurch herbeigeführt werden, dass alle Kommanditisten aus der KG ausscheiden, wodurch der GmbH als einzigem verbleibenden Gesellschafter deren Anteile am Gesellschaftsvermögen nach § 738 BGB **anwachsen**. Eine weitere Möglichkeit der Umwandlung außerhalb des UmwG ist die **Einbringung** der Kommanditgesellschaftsanteile in die Komplementär-GmbH im Zug einer Kapitalerhöhung bei dieser.[611]

299 2. **Durchführung des Formwechsels.** Vgl. zunächst Rn. 266 ff. Gegenüber dem Formwechsel einer OHG ergeben sich beim Formwechsel einer KG in eine GmbH lediglich folgende Besonderheiten:

300 a) **Umwandlungsbericht.** Der Umwandlungsbericht ist nach § 215 nur dann entbehrlich, wenn allen Kommanditisten gesellschaftsvertraglich die Geschäftsführungsbefugnis eingeräumt ist (was selten vorkommt) oder die nichtgeschäftsführenden Kommanditisten gemäß § 192 Abs. 3 auf die Erstattung des Umwandlungsberichts verzichten.[612]

301 b) **Gründerhaftung.** Auch die Kommanditisten unterliegen uneingeschränkt der Gründerhaftung (Differenzhaftung nach § 9 GmbHG), wenn sie für den Formwechsel gestimmt haben, § 197 S. 1 iVm. § 217 Abs. 2 und § 219 S. 2, obwohl der Kommanditist nach § 171 HGB den Gläubigern der Gesellschaft nicht haftet, sofern er seine Einlage geleistet und nicht zurückerhalten hat. Die Gründerhaftung der Kommanditisten steht ferner in besonderem Masse in Widerspruch zu der These von der Identitätswahrung des Rechtsträgers beim Formwechsel,[613] ist aber gewollt und galt schon nach altem Recht.[614]

302 c) **Nachhaftung.** Die Nachhaftung gemäß § 224 (Rn. 279) kann auch die Kommanditisten treffen. Zwar ist in § 224 Abs. 1 nur von der Haftung der persönlich haftenden Gesellschafter nach § 128 HGB die Rede. Einer unmittelbaren persönlichen Haftung gegenüber den Gläubigern der KG unterliegen aber auch die Kommanditisten in den Fällen der §§ 171 Abs. 1, 172 Abs. 4, 173, 176 HGB. Es ist nicht anzunehmen, dass diese Haftung mit dem Formwechsel beendet sein soll, zumal das alte Recht (§ 49 Abs. 4 iVm. § 145 Abs. 1 UmwG 1969) vom Fortbestand der Haftung ausging.[615] § 224 Abs. 1 ist deshalb analog auf die Kommanditistenhaftung anzuwenden.[616] Eine Nachhaftung geschäftsführend tätig gewesener Kommanditisten (vgl. Rn. 300) findet nicht statt, weil diese allein durch ihre Geschäftsführungstätigkeit nicht in die in § 224 Abs. 1 vorausgesetzte persönliche Haftung geraten. Die Regelung des § 224 Abs. 5, wonach die Abs. 1 bis 4 auch anzuwenden sind, wenn der Gesellschafter in dem Rechtsträger anderer Rechtsform geschäftsführend tätig wird, bezieht sich auf den Fall, dass der ehemalige persönlich haftende Gesellschafter der Personenhandelsgesellschaft in der GmbH zum Geschäftsführer bestellt wird. Hierbei handelt es sich wie bei der Neufassung der §§ 45 Abs. 3, 49 Abs. 4 S. 2 UmwG 1969 durch Art. 2 des NachhBG um eine gesetzgeberische Klarstellung, dass auch einem solchen Gesellschafter das

---

[611] Vgl. hierzu näher 2. Aufl. Rn. 299.
[612] *Lutter/Joost* Kölner Umwandlungsrechtstage, S. 249; *Widmann/Mayer/Mayer* § 192 Rn. 21.
[613] Zutr. *Lutter/Joost* Kölner Umwandlungsrechtstage, S. 256; vgl. auch Rn. 12 aE; krit. auch *Wolf* ZIP 1996, 1200.
[614] Vgl. *Scholz/Priester* 7. Aufl. Anh. Umwandlung und Verschmelzung, § 47 UmwG Rn. 19.
[615] Vgl. 2. Aufl. Rn. 304.
[616] So zutr. *Lutter/Joost* Kölner Umwandlungsrechtstage, S. 259; *Widmann/Mayer/Vossius* § 224 Rn. 41.

Umwandlung   Anh. nach § 77

Haftungsprivileg zugute kommt. Die Klarstellung war durch die von einem Teil der Literatur befürchtete Ausweitung der zum geschäftsleitenden Kommanditisten ergangenen Rechtsprechung auf die Fälle der Umwandlung veranlasst.[617]

d) GmbH & Co. KG. Soll eine GmbH & Co. KG umgewandelt werden, bei welcher die Komplementär-GmbH keinen Kapitalanteil besitzt, muss dieser vor dem Wirksamwerden des Umwandlungsbeschlusses ein solcher verschafft werden, zB dadurch, dass die Komplementär-GmbH eine Einlage leistet (Identität des am Umwandlungsvorgang beteiligten Personenkreises, § 194 Abs. 1 Nr. 3, vgl. Rn. 225, 244, 277). Zum Stimmrecht des **Testamentsvollstreckers** vgl. § 53 GmbHG Rn. 44.   303

3. Steuerrecht. Es ergeben sich keine Unterschiede gegenüber der Besteuerung des Formwechsels der OHG in eine GmbH. Es wird deshalb auf die Rn. 282–297 Bezug genommen.   304

XVI. Formwechsel einer Partnerschaftsgesellschaft in eine GmbH
(§§ 190 bis 212, 225a bis 225c iVm. §§ 214 Abs. 2, 217 bis 225)

Literatur: Vgl. die Angaben bei XIV und XV, ferner *Neye* Die Änderungen im Umwandlungsrecht nach den handels- und gesellschaftsrechtlichen Reformgesetzen in der 13. Legislaturperiode, DB 1998, 1649.

Übersicht

	Rn.		Rn.
1. Normzweck	305	b) Fortdauer der persönlichen Haftung	308
2. Durchführung des Formwechsels	306–308		
a) Umwandlungsbericht	307	3. Steuerrecht	309

1. Normzweck. Vgl. zunächst Rn. 258 zum Formwechsel einer GmbH in eine Partnerschaftsgesellschaft. Für den umgekehrten Formwechsel soll zB ein Bedürfnis bestehen, wenn sich die Partnerschaft personell erweitert und sich daraus ein erhöhter Kapitalbedarf ergibt.[618] Das mag vorkommen, eher dürften aber die Nachteile der Rechtsform der Kapitalgesellschaft, insbesondere die Offenlegungspflicht (§§ 325 ff. HGB) und die Gewerbesteuerpflicht des Gewinns (§§ 7 ff. GewStG), die Beteiligten von einem Formwechsel in die GmbH abhalten. Zahlen über die Inanspruchnahme dieser Umwandlungsmöglichkeit liegen einstweilen ebenso wenig vor wie für den Formwechsel der GmbH in die Partnerschaft. Es liegt deshalb auch hier die Annahme nicht fern, dass die Schaffung von Umwandlungsmöglichkeiten für die Partnerschaft sich in erster Linie in der Komplettierung des Umwandlungssystems erschöpft.   305

2. Durchführung des Formwechsels. Es gilt entsprechend, was zum Formwechsel einer OHG gesagt ist, § 225 c. Folgende Sondervorschriften sind zu beachten: 306

a) Umwandlungsbericht. Nach § 225b S. 1 ist ein Umwandlungsbericht nur erforderlich, wenn ein Partner der formwechselnden Partnerschaft gemäß § 6 Abs. 2 PartGG von der Geschäftsführung ausgeschlossen ist. Der Sache nach entspricht die Regelung derjenigen des § 215 (vgl. Rn. 268). Die von der Geschäftsführung ausgeschlossenen Partner sind nach § 225b S. 2 entsprechend § 216 zu unterrichten (vgl. Rn. 270). Auch hier können aber diese Gesellschafter nach § 192 Abs. 3 auf die Erstellung des Umwandlungsberichts verzichten. Darauf hinzuweisen ist, dass ein Partner   307

---
[617] Vgl. *Nitzsche* ZIP 1994, 1919, 1922 mN; vgl. auch 2. Aufl. Rn. 316, 319.
[618] *Neye* DB 1998, 1649.

Anh. nach § 77   5. Abschnitt. Auflösung und Nichtigkeit der Gesellschaft

nicht schlechthin von der Führung der Geschäfte ausgeschlossen werden kann, sondern nach § 6 Abs. 2 PartGG nur von der Führung der „sonstigen Geschäfte". An der Erbringung seiner beruflichen Leistungen (§ 6 Abs. 1 PartGG) kann ein Partner also nicht gehindert werden.

308 **b) Fortdauer der persönlichen Haftung.** Die in § 225c angeordnete entsprechende Anwendung des § 224 ist insofern missglückt,[619] als die Partner für Verbindlichkeiten der Partnerschaft dann nicht sämtlich persönlich haften, wenn nur einzelne Partner mit der Bearbeitung eines Auftrags befasst waren. In solchem Fall haften nur sie für berufliche Fehler neben der Partnerschaft, soweit es sich nicht um Bearbeitungsbeiträge von untergeordneter Bedeutung handelt, § 8 Abs. 2 PartGG.

309 **3. Steuerrecht.** Es ergeben sich keine Unterschiede gegenüber der Besteuerung des Formwechsels einer OHG in eine GmbH. Auf die Rn. 282–297 wird deshalb verwiesen.

XVII. Verschmelzung von Gesellschaften mbH
(§§ 2 bis 34, 36 bis 38, 46 bis 59 UmwG 1994)

Literatur: Vgl. die Angaben bei I, insbesondere und ferner: *Baums* Verschmelzung mit Hilfe von Tochtergesellschaften, FS Zöllner, 1998, S. 65; *Beckmann* Grunderwerbsteuer bei Umstrukturierungen, GmbHR 1999, 217; *Dehmer* Umwandlungssteuererlass 1998; *Dieterlen/Schaden* Ertragsteuerliche Behandlung von Umwandlungskosten bei der Verschmelzung von Tochterkapitalgesellschaften auf ihre Mutterkapitalgesellschaft, BB 1997, 2297; *Bartovics* Die Ausschlußfrist gemäß § 17 Abs. 2 UmwG, GmbHR 1996, 514; *Drygala* Die Reichweite der arbeitsrechtlichen Angaben im Verschmelzungsvertrag, ZIP 1996, 1365; *Gärtner* Verschmelzung von Kapitalgesellschaften und Grundstücksfragen, DB 2000, 409; *Germann* Die Acht-Monats-Frist für die Einreichung der Schlussbilanz nach Verschmelzung und ihre Bedeutung für die Praxis, GmbHR 1999, 591; *Giesberts/Frank* Sanierungsverantwortlichkeit nach BBodSchG bei Erwerb, Veräußerung und Umwandlung von Unternehmen und bei Grundstückstransaktionen, DB 2000, 505; *Götz* Grunderwerbsteuerliche und organschaftliche Fragen bei Umwandlungen im Konzern, GmbHR 2001, 277; *Grunewald/M. Winter* Die Verschmelzung von Kapitalgesellschaften, in *Lutter* Kölner Umwandlungsrechtstage, S. 19 ff.; *Heckschen* Die Entwicklung des Umwandlungsrechts aus Sicht der Rechtsprechung und Praxis, DB 1998, 1385; *Haritz/Benkert* Umwandlungssteuergesetz, 2. Aufl. 2000, 2001; *Henze* Aspekte und Entwicklungstendenzen der aktienrechtlichen Anfechtungsklage in der Rechtsprechung des BGH, ZIP 2002, 97; *ders.* Aktienrecht – Höchstrichterliche Rechtsprechung, 5. Aufl. 2002; *Herzig/Förster* Steuerneutrale Umstrukturierung von Konzernen, StuW 1998, 99; *Hjort* Der notwendige Inhalt eines Verschmelzungsvertrags aus arbeitsrechtlicher Sicht, NJW 1999, 750; *Ihrig* Gläubigerschutz durch Kapitalaufbringung bei Verschmelzung und Spaltung nach neuem Umwandlungsrecht, GmbHR 1995, 622; *Kallmeyer* Umwandlung nach UmwG und Unternehmensakquisition, DB 2002, 568; *Katschinski* Die Begründung eines Doppelsitzes bei Verschmelzung, ZIP 1997, 620; *Kiem/Uhrig* Der umwandlungsbedingte Wechsel des Mitbestimmungsstatuts, NZG 2001, 680; *König* Doppelsitz eines Kapitalgesellschaft – Gesetzliches Verbot oder zulässiges Mittel der Gestaltung einer Fusion?, AG 2000, 18; *Koppensteiner* Sonderrechte bei Auflösung, Unternehmensübertragung und verschmelzender Umwandlung im Recht der GmbH, FS Sigle, 2000, S. 163; *Körner/Rodewald* Bedingungen, Befristungen, Rücktritts- und Kündigungsrechte in Verschmelzungs- und Spaltungsverträgen, BB 1999, 853; *Kowalski* Kapitalerhöhung bei horizontaler Verschmelzung, GmbHR 1996, 159; *Kröner* Verlustverwertung bei der Verschmelzung von Kapitalgesellschaften, GmbHR 1996, 256; *Lenz* Verschmelzung zur Neugründung, GmbHR 2001, 717; *Lüttge* Unternehmensumwandlungen und Datenschutz, NJW 2000, 2463; *Martens* Verschmelzung, Spruchverfahren und Anfechtungsklage in Fällen eines unrichtigen Umtauschverhältnisses, AG 2000, 301; *Mayrhofer/Dohm* Das Rechtsschutzbedürfnis des Aktionärs bei einer Beschlußanfechtungsklage nach einer Verschmelzung, DB 2000, 961; *Müller* Die Zuleitung des Verschmelzungsvertrages an den Betriebsrat nach § 5 Abs. 3 Umwandlungsgesetz, DB 1997, 713; *ders.* Auswirkungen von Umstrukturierungen nach dem Umwandlungsgesetz auf Beherrschungs- und Gewinnabführungsverträge, BB 2002, 157; *Naraschewski* Verschmelzung im Konzern: Ausgleichs- und Abfindungsansprüche außenstehender Aktionäre bei Erlöschen eines Unternehmensvertrages, DB 1997, 1653; *Orth* in Beck'sches Handbuch der GmbH § 14 Rn. 465 ff.; *ders.* Um-

---

[619] *Lutter/Joost* Umwandlungsgesetz § 225c Rn. 5.

wandlungskosten. Bilanzielle und steuerliche Behandlung, GmbHR 1998, 511; *Priester* Kapitalaufbringung und Bilanzansatz, Verbot bilanzieller Unterpariemission im Anwendungsbereich von § 24 UmwG?, GmbHR 1999, 1273; *PWC Deutsche Revision* Unternehmenssteuerreform 2001; *Reuter* Börsenkurs und Unternehmenswertvergleich aus Eignersicht, DB 2001, 2483; *Rieble* Verschmelzung und Spaltung von Unternehmen und ihre Folgen für Schuldverhältnisse mit Dritten, ZIP 1997, 301; *Riegger* Zum Schicksal von Beteiligungen an Drittgesellschaften bei Verschmelzungen, FS Bezzenberger, 2000, S. 379; *Sagasser/Bula/Brünger* Umwandlungen, 2. Aufl. 2000; *Schaub* Das Abfindungsangebot nach § 29 UmwG, NZG 1998, 626; *Schaumburg* Steuerliche Besonderheiten bei der Umwandlung von Kapitalgesellschaften und Personengesellschaften, in *Lutter* Kölner Umwandlungsrechtstage, 1995, S. 329 ff.; *K. Schmidt* Haftungsrisiken bei „steckengebliebenen" Verschmelzungen?, DB 1996, 1859; *ders.* § 673 BGB bei Verschmelzungsvorgängen in Dienstleistungsunternehmen – oder: Geisterstunde im Umwandlungsrecht?, DB 2000, 1019; *Schwab* Abfindungsanspruch außenstehender Aktionäre bei Beendigung des Unternehmensvertrags durch Verschmelzung, BB 2000, 527; *Streck/Posdziech* Verschmelzung und Formwechsel nach dem neuen UmwStG (II), GmbHR 1995, 357; *Stilz* Börsenkurs und Verkehrswert, ZGR 2001, 875; *M. Winter* Die Anteilsgewährung – zwingendes Prinzip des Verschmelzungsrechts?, FS Lutter, 2001, S. 1279; *Zilles* Handelsregisteranmeldung von Unternehmesverträgen bei Verschmelzung der herrschenden Gesellschaft, GmbHR 2001, 21; *Zimmermann* Verschmelzungsprüfung bei der GmbH-Verschmelzung, FS Brandner, 1996, S. 167; ferner die Kommentare zum KapErhG.

Übersicht

	Rn.
1. Verschmelzungsbegriff, Abgrenzung	310
2. Normzweck	311
3. Verschmelzung durch Aufnahme	312
4. Verschmelzungsvertrag	313–329
a) Notarielle Beurkundung, Entwurf	314
b) Vereinbarung der Vermögensübertragung	315
c) Nennbetrag der zu gewährenden Geschäftsanteile	316
d) Kapitalerhöhung	317
e) Unzulässigkeit der Kapitalerhöhung	318
f) Verschmelzung von Schwestergesellschaften	319
g) Umtauschverhältnis, bare Zuzahlungen	320
h) Zeitpunkt der Gewinnberechtigung	321
i) Verschmelzungsstichtag	322
j) Rechte einzelner Gesellschafter	323
k) Besondere Vorteile für Geschäftsführer etc.	324
l) Folgen der Verschmelzung für die Arbeitnehmer	325
m) Barabfindungsangebot	326
n) Sonstige Angaben, schuldrechtliche Abreden	327
o) Zukünftige Verschmelzung, Kündigung, Rücktritt, Änderung, Aufhebung des Verschmelzungsvertrags	328
p) Konzernverschmelzung	329
5. Verschmelzungsbericht	330–339
a) Rechtliche und wirtschaftliche Erläuterung der Verschmelzung als solcher	333
b) Erläuterung der Bestimmungen des Verschmelzungsvertrags	334
c) Umtauschverhältnis	335
d) Barabfindung	336
e) Folgen der Verschmelzung für die Beteiligung der Anteilsinhaber	337
f) Verbundene Unternehmen	338
g) Unternehmensschädliche Angaben	339
6. Verschmelzungsprüfung	340–344
7. Verschmelzungsprüfungsbericht	345
8. Offenlegung des Verschmelzungsvertrags, des Verschmelzungsberichts und des Verschmelzungsprüfungsberichts	346–350
a) Offenlegung Verschmelzungsvertrag gegenüber Gesellschaftern	346
b) Offenlegung Verschmelzungsvertrag gegenüber Betriebsrat	347
c) Offenlegung Verschmelzungsbericht	348
d) Offenlegung Verschmelzungsprüfungsbericht	349
e) Auslegung von Verschmelzungsunterlagen	350
9. Zustimmungsbeschlüsse	351–362
a) Gesellschafterversammlung	352
b) Dreiviertelmehrheit	353
c) Stimmverbot	354
d) Beurkundung	355
e) Aufsichtsrat	356
f) Nicht voll eingezahlte Geschäftsanteile	357
g) Vinkulierung von Geschäftsanteilen	358
h) Minderheitsrechte, Sonderrechte	359
i) Nebenpflichten	360
j) Kleinstanteile	361

Anh. nach § 77   5. Abschnitt. Auflösung und Nichtigkeit der Gesellschaft

	Rn.		Rn.
k) Stimmrechtslose Geschäftsanteile	362	derlicher Zustimmungserklärungen	404
10. Kapitalerhöhungsbeschluss	363–365	h) Mängel der Verschmelzung	405
a) Unanwendbarkeit der §§ 55 Abs. 1, 56 a, 57 Abs. 2, Abs. 3 Nr. 4 GmbHG	364	19. Schutz der Gläubiger	406
		20. Schutz der Inhaber von Sonderrechten	407
b) Mindestnennbetrag der Geschäftsanteile	365	21. Wertansätze der übernehmenden Gesellschaft	408
11. Austrittsrecht aus wichtigem Grund	366	22. Schadenersatzpflicht der Verwaltungsträger	409–416
12. Mängel der Verschmelzung	367–372	a) Umfang der Haftung	410
a) Materielle Kontrolle	368	b) Begrenzung der Haftung	411
b) Mängel des Verschmelzungsvertrags	369	c) Schaden	412
		d) Schaden durch die Verschmelzung	413
c) Fehlende Zustimmungen, notarielle Beurkundung	370	e) Verjährung	414
d) Aufsichtsrat	371	f) Fiktion des Fortbestehens der übertragenden Gesellschaft	415
e) Vom Bundeskartellamt untersagtes Verschmelzungsvorhaben	372	g) Einheitliche Geltendmachung der Ansprüche durch besonderen Vertreter, Verfahren	416
13. Geltendmachung der Mängel	373–375		
a) Anregung beim Registergericht	373	23. Passivlegitimation nach Eintragung der Verschmelzung	417
b) Klage gegen die Wirksamkeit des Verschmelzungsbeschlusses	374	24. Steuerrecht	418–433
c) Ausschluss der Klage	375	a) Bewertungswahlrecht der übertragenden Gesellschaft	419, 420
14. Anmeldung der Verschmelzung	376–383	b) Übertragungsgewinn	421
a) Auch durch Geschäftsführer der übernehmenden Gesellschaft	377	c) Voraussetzungen für den Buchwertansatz	422
b) Negativerklärung	378	d) Übernahmegewinn	423
c) Erklärung über das Vorliegen von Zustimmungen	379	e) Übernahmefolgegewinn	424
d) Erklärung über Kapitalerhöhung	380	f) Eintritt der übernehmenden Gesellschaft in die AfA etc., Verlustvortrag	425
e) Anlagen zur Anmeldung	381–383		
15. Anmeldung der Kapitalerhöhung	384, 385	g) Gliederung des verwendbaren Eigenkapitals	426
16. Prüfung durch das Registergericht	386	h) Wechselseitige Beteiligung	427
17. Eintragung der Verschmelzung	387–391	i) Verschmelzung Muttergesellschaft auf Tochtergesellschaft	428
a) Reihenfolge	388	j) Gewerbeertragsteuer	429
b) Eintragung bei Erhöhung des Stammkapitals	389	k) Umsatzsteuer, Erbschaftsteuer, Grunderwerbsteuer	430
c) Verfahrensregeln für die Registergerichte, Bekanntmachung	390	l) Umwandlungskosten	431
d) Nichteinhaltung der Reihenfolge	391	m) Besteuerung der Gesellschafter der übertragenden Gesellschaft	432
18. Wirkungen der Eintragung	392–405	n) Bare Zuzahlungen, Barabfindung	433
a) Gesamtrechtsnachfolge, Vertragsverhältnisse und Verbindlichkeiten	393–398	25. Verschmelzung durch Neugründung	434–444
b) Erlöschen der übertragenden Gesellschaft	399	a) Gründer	435
		b) Gesellschaftsvertrag	436
c) Fortführung der Firma der übertragenden Gesellschaft	400	c) Gründungsvorschriften	437
d) Gesellschafter der übertragenden Gesellschaft werden Gesellschafter der übernehmenden Gesellschaft, Rechte Dritter	401	d) Sachgründungsbericht	438
		e) Zustimmungsbeschluss	439
		f) Aufsichtsrat	440
e) Ausschluss des Erwerbs der Mitgliedschaft	402	g) Mängel der Verschmelzung	441
f) Handelsregisterakten der übertragenden Gesellschaft	403	h) Anmeldung der Verschmelzung	442
		i) Eintragung der Verschmelzung	443
g) Heilung des Mangels der notariellen Beurkundung und erfor-		j) Besteuerung	444
		26. Konzernverschmelzung	445–451

Umwandlung **Anh. nach § 77**

1. Verschmelzungsbegriff, Abgrenzung. Verschmelzung (Fusion) im Sinne 310
des Gesellschaftsrechts ist die Übertragung des gesamten Vermögens eines Rechtsträgers auf einen anderen, entweder schon bestehenden oder neugegründeten Rechtsträger im Wege der Gesamtrechtsnachfolge unter Auflösung ohne Abwicklung, wobei den Anteilsinhabern des übertragenden und erlöschenden Rechtsträgers durch Anteilstausch eine Beteiligung an dem übernehmenden oder neuen Rechtsträger gewährt wird. Dieser Begriff ist sachlich unverändert aus dem alten Recht übernommen worden[620] und hat in § 2 seinen Niederschlag gefunden. Während früher jedoch Verschmelzungen nur zwischen Kapitalgesellschaften und einigen anderen juristischen Personen stattfinden konnten, sind sie nunmehr auch zwischen Kapitalgesellschaften und Personenhandelsgesellschaften sowie einer Reihe anderer Rechtsträger möglich. Die Verschmelzung behandelt das Gesetz als Hauptfall der Umwandlung und stellt sie deshalb an die Spitze der Umwandlungsfälle (§ 1 Abs. 1 Nr. 1 UmwG, vgl. Rn. 11). Diese Ausweitung der Verschmelzungsmöglichkeiten beruht vor allem darauf, dass in die Verschmelzungsregelung die früher im Umwandlungsgesetz geregelten Fälle der übertragenden (verschmelzenden) Umwandlung einbezogen wurden. Da die Verschmelzung jetzt selbst ein Umwandlungsfall ist, kann sie nicht mehr gegen die Umwandlung abgegrenzt werden (vgl. Rn. 11). Die Verschmelzung kann durch **Aufnahme** oder durch **Neugründung** durchgeführt werden. Bei der Verschmelzung durch Aufnahme überträgt ein Rechtsträger oder übertragen mehrere Rechtsträger ihr Vermögen als Ganzes auf einen anderen bestehenden Rechtsträger (§ 2 Nr. 1). Bei der Verschmelzung durch **Neugründung** übertragen zwei oder mehr Rechtsträger ihr Vermögen als Ganzes auf einen neuen, von ihnen dadurch gegründeten Rechtsträger (§ 2 Nr. 2). Man spricht üblicherweise von der Verschmelzung von Rechtsträgern **miteinander** (vgl. §§ 79, 109, Überschrift Neunter Abschnitt; §§ 33 Abs. 1, 34 Abs. 1, 35 Abs. 1 des aufgehobenen KapErhG). In der Praxis gebräuchlich ist aber seit langem auch die Bezeichnung der Vereinigung als Verschmelzung eines Rechtsträgers **auf** einen anderen, wodurch einerseits der Vermögensübergang (§ 2 Nr. 1) angesprochen und andererseits die Rolle des übernehmenden (aufnehmenden) oder neuen Rechtsträgers („Zielgesellschaft") hervorgehoben wird. Verschmelzung ist auch die Übernahme des Vermögens einer Kapitalgesellschaft durch den **Alleingesellschafter,** sofern dieser eine **natürliche Person** ist (§ 3 Abs. 2 Nr. 2). **Keine Verschmelzung** liegt vor, wenn sämtliche Geschäftsanteile einer GmbH im Weg der Sachkapitalerhöhung in eine andere GmbH eingebracht werden.[621] Verschmelzungsfähige Rechtsträger können **nicht** sein die Gesellschaft des bürgerlichen Rechts, die Erbengemeinschaft und die EWiV. Die Partnerschaftsgesellschaft ist erst durch das Änderungsgesetz v. 22. 7. 1998[622] unter die verschmelzungsfähigen Rechtsträger aufgenommen worden (§ 3 Abs. 1 Nr. 3). Zur **Verschmelzung über die Grenze** vgl. Rn. 3, 18.

2. Normzweck. Die Verschmelzung als Konzentrationsmaßnahme war ursprünglich auf große Gesellschaften zugeschnitten und deshalb an der Verschmelzung unter Beteiligung einer Aktiengesellschaft orientiert. Die Verschmelzung von Gesellschaften mbH untereinander hat erst die GmbH-Novelle 1980 zugelassen. Sie diente der Komplettierung der Vereinigungsmöglichkeiten von Kapitalgesellschaften, erlangte aber praktische Bedeutung, nachdem die von der Praxis bevorzugte

---
[620] Amtl. Begr. S. 71, 80.
[621] Vgl. OLG Celle WM 1988, 1375.
[622] BGBl. I S. 1744.

verschmelzende Umwandlung durch das Verschmelzungsrichtlinie-Gesetz beseitigt worden war.[623]

312 **3. Verschmelzung durch Aufnahme.** Sie ist die Grundform der Fusion und häufiger als die Verschmelzung durch Neugründung, weil sie weniger Kosten verursacht. Zugelassen ist jetzt auch die **gleichzeitige Aufnahme mehrerer Gesellschaften,** die nach altem Recht nur möglich war, wenn als aufnehmende Gesellschaft eine AG oder KGaA fungierte.[624] Die Verschmelzung ist nach § 3 Abs. 3 auch zulässig, wenn die übertragende Gesellschaft **aufgelöst** ist, sofern die Fortsetzung der Gesellschaft beschlossen werden könnte. Das ist nicht der Fall, wenn die Gesellschaft überschuldet ist und deshalb eine Pflicht zur Stellung des Insolvenzantrags besteht.[625] Die Regelung entspricht derjenigen beim Formwechsel, § 191 Abs. 3 (vgl. Rn. 147, 281). Die unterschiedliche Textfassung (dort: „Fortsetzung in der bisherigen Rechtsform", hier: „Fortsetzung dieser Rechtsträger") ist ohne Bedeutung. Ein Fortsetzungsbeschluss muss nicht gefasst werden. Das gilt jedoch nicht für die übernehmende Gesellschaft, wenn diese aufgelöst ist. Sie muss vor der Verschmelzung ihre Fortsetzung beschließen,[626] soweit sie das rechtswirksam noch tun kann.[627] Durch die Zulassung der Verschmelzung aufgelöster Gesellschaften sollen vor allem **Sanierungsfusionen** erleichtert werden.[628]

313 **4. Verschmelzungsvertrag.** Zur Vorbereitung der Verschmelzung ist von den **Geschäftsführern** der an der Verschmelzung beteiligten Gesellschaften in vertretungsberechtigter Zahl ein **Verschmelzungsvertrag** zu schließen, § 4 Abs. 1. Sind nach den Gesellschaftsverträgen der beteiligten Gesellschaften weitere Organe zuständig (zB Aufsichts- oder Beirat), haben auch diese am Vertragsschluss mitzuwirken. Hat die Gesellschafterversammlung nach § 37 Abs. 1 GmbHG zuzustimmen, deckt sich der Zustimmungsbeschluss mit dem Beschluss nach §§ 13, 50[629] (zur Zustimmung der Gesellschafterversammlung iÜ vgl. Rn. 322 ff.). Ein **Prokurist** kann allein auf der Seite der übertragenden Gesellschaft am Vertragsschluss nicht mitwirken, da die Prokura eine Geschäftsveräußerung nicht deckt.[630] Im Übrigen gilt für den Verschmelzungsvertrag folgendes:

314 **a) Notarielle Beurkundung, Entwurf.** Er muss nach § 6 notariell beurkundet werden. § 4 Abs. 2 setzt voraus, dass der Verschmelzungsvertrag auch nach den Zustimmungsbeschlüssen der Gesellschafterversammlungen (§ 13, vgl. Rn. 351 ff.) geschlossen werden kann. In solchem Fall ist der Beschlussfassung ein schriftlicher **Entwurf** des Verschmelzungsvertrags zugrundezulegen.[631] Daraus ergibt sich, dass die notarielle Beurkundung eines vor der Beschlussfassung der Gesellschafterversammlungen

---

[623] Zur Rechtsentwicklung iE vgl. Rn. 1 und 2. Aufl. Rn. 392 ff. Neuerdings wird die Verschmelzung auch als Mittel der Unternehmensakquisition propagiert, vgl. *Kallmeyer* DB 2002, 568.

[624] Vgl. iE 2. Aufl. Rn. 394.

[625] BayObLG NJW-RR 1998, 902.

[626] Str., wie hier Begr. RegE 1977 BT-Drucks. 8/1347 S. 49; zum Meinungsstand s. KG NZG 1999, 359 m. Anm. *Boujong*; s. auch Rn. 484.

[627] Was nicht mehr der Fall ist, wenn die GmbH nach § 1 Abs. 1 S. 1 des inzwischen aufgehobenen LöschG aufgelöst ist, KG NZG 1999, 359 m. Anm. *Boujong*.

[628] Amtl. Begr. S. 82.

[629] Ebenso *Lutter/Lutter* Umwandlungsgesetz § 4 Rn. 12.

[630] Vgl. *Baumbach/Hopt* § 49 Rn. 2.

[631] Für den schon seit BGHZ 82, 188, 194 (zum gleichliegenden Fall des § 361 AktG aF, s. die nachfolgende Fn.) keine notarielle Beurkundung mehr gefordert wurde.

"abgeschlossenen" Verschmelzungsvertrags der Beschlussfassung nachfolgen kann.[632] Hierdurch können die Beurkundungskosten zunächst erspart werden, wenn die Zustimmung der Gesellschafterversammlungen ungewiss ist. Dass es neben dem Entwurf des Verschmelzungsvertrags noch einen bindenden **Vorvertrag** zum Abschluss eines Verschmelzungsvertrags geben kann, ist kaum denkbar, weil der Verschmelzungsvertrag gemäß § 4 Abs. 1 von den Vertretungsorganen der beteiligten Rechtsträger zu schließen ist und nur mit Zustimmung der Anteilseigner (vgl. Rn. 351) die Verschmelzung bewirken kann. Deshalb ist kein Grund ersichtlich, weshalb sich die Vertretungsorgane zum Abschluss eines notariellen Verschmelzungsvertrags sollten verpflichten wollen.[633] Die Beurkundung kann nach gegenwärtiger Rechtslage auch im **Ausland** vorgenommen werden, sofern die ausländische Beurkundung der deutschen gleichwertig ist.[634] Insbesondere Großunternehmen machen hiervon wegen der wesentlich geringeren Beurkundungsgebühren im Ausland häufig Gebrauch. Der Mangel der notariellen Beurkundung des Verschmelzungsvertrags wird durch die Eintragung der Verschmelzung in das Handelsregister geheilt (§ 20 Abs. 1 Nr. 4, vgl. Rn. 404). Der **Geschäftswert** für die Gebühren der notariellen Beurkundung richtet sich grundsätzlich nach dem Betrag der Aktivseite der Schlussbilanz der übertragenden Gesellschaft.[635] Bei der Verschmelzung einer 100 %-igen Tochter- auf die Muttergesellschaft verstoßen die auf der Grundlage dieses Geschäftswertes ermittelten Gebühren nicht gegen Art. 10 der Gesellschaftsteuerrichtlinie der EG.[636]

b) Vereinbarung der Vermögensübertragung. Kernstück des Verschmelzungsvertrags ist die Vereinbarung der Übertragung des Vermögens der übertragenden Gesellschaft als Ganzes gegen Gewährung von Geschäftsanteilen der übernehmenden Gesellschaft, § 5 Abs. 1 Nr. 2. Eine „Ausgliederung" einzelner Aktiva oder Passiva ist nicht möglich, wohl aber sind Einzelverfügungen über Gegenstände der übertragenden Gesellschaft bis zur Eintragung der Verschmelzung in das Handelsregister (§ 19) zulässig.[637] 315

c) Nennbetrag der zu gewährenden Geschäftsanteile. Der Verschmelzungsvertrag hat für jeden Gesellschafter der übertragenden Gesellschaft den Nennbetrag des Geschäftsanteils zu bestimmen, den die übernehmende Gesellschaft ihm zu gewähren hat, § 46 Abs. 1 S. 1, nicht lediglich das Umtauschverhältnis (zu diesem vgl. Rn. 320). Der Nennbetrag kann abweichend vom Nennbetrag der Anteile an der übertragenden GmbH festgesetzt werden. Das bestimmt § 46 Abs. 1 S. 2 zwar nur für den Fall, dass Aktien in Geschäftsanteile umgetauscht werden sollen. Das hat jedoch nur klarstellende 316

---

[632] Zur Rechtsentwicklung vgl. 2. Aufl. Rn. 398.
[633] Die in NZG 2000, 899 abgedruckte Entscheidung des LG Paderborn (m. Anm. *Gehling*) betraf trotz der missverständlichen Überschrift der Schriftleitung keinen Vorvertrag zum Abschluss eines Verschmelzungsvertrags, sondern ein Strafversprechen für den Fall, dass eine Partei an der Fassung der Verschmelzungsbeschlüsse nicht mitwirken sollte („break-up-fee"). Das Gericht hat dieser Vereinbarung mangels notarieller Beurkundung nach § 13 Abs. 3 UmwG die Wirksamkeit versagt.
[634] Vgl. dazu § 53 Rn. 40.
[635] Vgl. BayObLG GmbHR 1997, 506. Er ist auch dann mit diesem Betrag anzusetzen, wenn zwischen den zu verschmelzenden Rechtsträgern ein Treuhandverhältnis besteht, das die Beteiligung des übertragenden Rechtsträgers an einer dritten Gesellschaft im Auftrag und für Rechnung des übernehmenden Rechtsträgers zum Gegenstand hat, OLG Karlsruhe ZIP 2001, 517. Die beim übertragenden Rechtsträger bilanzierten Rückgriffsansprüche gegen den übernehmenden Rechtsträger als Treugeber sind nicht abzuziehen.
[636] OLG Karlsruhe ZIP 2001, 517. Vgl. dazu auch § 55 GmbHG Rn. 57.
[637] Nachweise s. 2. Aufl. Rn. 400.

Bedeutung, weil die zu gewährenden Anteile vom Umtauschverhältnis abhängen und deshalb nur ausnahmsweise mit den Anteilen an der übertragenden GmbH übereinstimmen werden.[638] Der Nennbetrag muss abweichend von § 5 Abs. 1 Halbs. 2 und Abs. 3 S. 2 GmbHG nur **mindestens 50 €** betragen und lediglich **durch zehn teilbar** sein. Die Regelung entspricht § 54 Abs. 3 S. 1 Halbs. 2 und § 55 Abs. 1 S. 2 Halbs. 2 (vgl. Rn. 365). Gemeint ist in § 46 Abs. 1 S. 1 die **namentliche Zuordnung,** soweit die Gesellschafter bekannt sind.[639] Demgemäß steht schon mit der Eintragung der Verschmelzung in das Handelsregister fest, mit welcher Beteiligung die Gesellschafter der übertragenden GmbH Gesellschafter der übernehmenden GmbH geworden sind, § 20 Abs. 1 Nr. 3 Halbs. 1 (vgl. Rn. 373). Dass auch etwaige **bare Zuzahlungen** der übernehmenden Gesellschaft (§ 54 Abs. 4, vgl. Rn. 320) in den Verschmelzungsvertrag aufzunehmen sind, ist jetzt anders als nach altem Recht auch für Gesellschaften mbH vorgeschrieben, § 5 Abs. 1 Nr. 3.

317 d) **Kapitalerhöhung.** In aller Regel müssen die von der übernehmenden Gesellschaft zu gewährenden Geschäftsanteile durch eine Kapitalerhöhung mit Sacheinlagen geschaffen werden, die von den Gesellschaftern der übertragenden Gesellschaft durch Einbringung ihrer Geschäftsanteile zu leisten sind. Angaben hierüber sind üblich, § 46 Abs. 2 schreibt sie wie im alten Recht dagegen nur vor, wenn die neuzuschaffenden Geschäftsanteile mit andern Rechten und Pflichten als die schon vorhandenen Geschäftsanteile der übernehmenden Gesellschaft ausgestattet werden sollen, zB Mehrstimmrechten oder Abtretungsbeschränkungen (vgl. Rn. 359 und § 3 Abs. 2 GmbHG). Besitzt die übernehmende Gesellschaft **eigene Geschäftsanteile,** so kann sie diese den Gesellschaftern der übertragenden Gesellschaft zur Verfügung stellen. In solchem Fall braucht die übernehmende Gesellschaft ihr Stammkapital nicht zu erhöhen, § 54 Abs. 1 S. 2 Nr. 1. Den Angaben nach § 46 Abs. 1 Halbs. 1 ist dann noch hinzuzufügen, dass es sich bei den gewährten Geschäftsanteilen um eigene handelt, § 46 Abs. 3. Hierdurch sollen offenbar Zweifel darüber ausgeschaltet werden, wem beim Wirksamwerden der Verschmelzung (§ 20 Abs. 1 Nr. 3 Halbs. 1) die eigenen Geschäftsanteile der übernehmenden Gesellschaft zustehen.[640] Wie eigene Geschäftsanteile der übernehmenden Gesellschaft werden **voll eingezahlte Geschäftsanteile der übertragenden Gesellschaft an der übernehmenden Gesellschaft** behandelt, weil diese durch die Verschmelzung auf die übernehmende Gesellschaft im Wege der Gesamtrechtsnachfolge übergehen und dadurch zu eigenen Geschäftsanteilen der übernehmenden Gesellschaft werden, § 54 Abs. 1 S. 2 Nr. 2. Allerdings kann die übernehmende Gesellschaft sie den Gesellschaftern der übertragenden Gesellschaft nach bestrittener Meinung erst nach diesem Durchgangserwerb „gewähren", wobei der Übergang auf die Gesellschafter der übertragenden Gesellschaft mit der Eintragung der Verschmelzung im Handelsregister stattfindet.[641] Diese Geschäftsanteile erfasst § 46 Abs. 3 in gleicher Weise wie ursprünglich eigene Geschäftsanteile der übernehmenden

---

[638] Wohl allgM, vgl. *Lutter/Winter* Umwandlungsgesetz § 46 Rn. 8.

[639] Wohl hM, vgl. *Lutter/Winter* Umwandlungsgesetz § 46 Rn. 4 mN. Für unbekannte Aktionäre einer übertragenden AG oder KGaA enthält § 35 eine Sonderregelung, vgl. Rn. 461.

[640] Vgl. Begr. RegE 1977 BT-Drucks. 8/1347 S. 52; wie hier auch *Lutter/Winter* Umwandlungsgesetz § 46 Rn. 14.

[641] Die überwM verneint einen Durchgangserwerb und nimmt unmittelbaren Übergang auf die Gesellschafter an, vgl. zB *Lutter/Winter* Umwandlungsgesetz § 54 Rn. 13; *Lutter/Hommelhoff* 13. Aufl. § 25 KapErhG Rn. 20; *Hachenburg/Schilling/Zutt* 7. Aufl. § 25 KapErhG Rn. 52; *Scholz/Priester* 7. Aufl. § 25 KapErhG Rn. 27; *Dehmer* 1. Aufl. 1994, § 25 KapErhG Anm. 15; wie hier Kölner KommAktG/*Lutter* § 71 Rn. 40; vgl. auch Rn. 428 zur steuerlichen Behandlung.

Gesellschaft, so dass die dort geforderten Angaben auch für diese Geschäftsanteile zu machen sind.

e) Unzulässigkeit der Kapitalerhöhung. Für die übernehmende Gesellschaft besteht **kein Zwang**, ihre eigenen Geschäftsanteile oder voll eingezahlte Geschäftsanteile der übertragenden Gesellschaft, die durch die Verschmelzung zu eigenen Geschäftsanteilen der übernehmenden Gesellschaft werden, den Gesellschaftern der übertragenden Gesellschaft zur Verfügung zu stellen. Sie kann stattdessen auch die Kapitalerhöhung wählen. Das ergibt sich aus dem Wortlaut des § 54 Abs. 1 S. 2 Nr. 1 und 2 ohne weiteres (zum Kapitalerhöhungsbeschluss vgl. Rn. 363). Unzulässig ist die Kapitalerhöhung, soweit der übernehmenden Gesellschaft Geschäftsanteile der übertragenden Gesellschaft gehören, § 54 Abs. 1 S. 1 Nr. 1 oder die übertragende Gesellschaft eigene Geschäftsanteile oder nicht voll einbezahlte Geschäftsanteile der übernehmenden Gesellschaft inne hat, § 54 Abs. 1 S. 1 Nr. 2 und 3. In den ersten beiden Fällen benötigt die übernehmende Gesellschaft keine Geschäftsanteile für die Gesellschafter der übertragenden Gesellschaft, so dass die Kapitalerhöhung nur einen unerwünschten Erwerb eigener Geschäftsanteile durch die übernehmende Gesellschaft zur Folge hätte. Im letzten Fall würde die Kapitalerhöhung zu einem nach § 33 Abs. 1 GmbHG verbotenen erb eigener Geschäftsanteile führen.[642] In den Fällen des § 54 Abs. 1 wird die **verdeckte Anteilsinhaberschaft** der offenen gleichgestellt.[643]

318

f) Verschmelzung von Schwestergesellschaften. Ob bei der Verschmelzung von Schwestergesellschaften („**horizontale Verschmelzung**") eine Kapitalerhöhung zur Schaffung neuer Gesellschaftsanteile für die Gesellschafter der übertragenden Gesellschaft zwingend erforderlich ist, war im alten Recht umstritten.[644] In der 2. Aufl. war hier Partei für die Auffassung von der Entbehrlichkeit der Kapitalerhöhung ergriffen worden, zumal die Muttergesellschaft ihre Geschäftsanteile an der übertragenden Gesellschaft in die übernehmende Gesellschaft einbringen und danach eine Konzernverschmelzung durchführen könnte.[645] Der in der 2. Aufl. vertretene Standpunkt wurde in der Vorauflage[646] aufgegeben, weil sich die Amtl. Begr. des UmwG 1994[647] ausführlich mit dem Fall auseinandergesetzt und das unabdingbare Erfordernis der Kapitalerhöhung bei der übernehmenden GmbH aus Gründen des Kapitalschutzes bejaht hatte. Die Entwicklung seither hat noch immer keine Klarheit, sondern weitere Uneinigkeit gebracht. Die Rechtsprechung ist gespalten. Anknüpfend an Entscheidungen zum alten Recht[648] hält das Kammergericht[649] die Gewährung von Geschäftsanteilen der übernehmenden GmbH für unabweislich, ebenso wie das OLG Frankfurt/M.[650] Den gegenteiligen Standpunkt vertritt das LG München,[651] das § 54 nicht als Gläubigerschutzvorschrift versteht und beim Verzicht aller Anteilsinhaber die Anteilsgewährung durch die aufnehmende Gesellschaft für entbehrlich hält. Auch in

319

---

[642] Vgl. Amtl. Begr. S. 101 und Begr. RegE 1977 BT-Drucks. 80/1347 S. 51; zur Aufnahme einer 100 %-igen Tochtergesellschaft vgl. Rn. 418.
[643] Amtl. Begr. S. 101
[644] Vgl. die Nachw. in der 2. Aufl. Rn. 487.
[645] Zur Konzernverschmelzung s. Rn. 445.
[646] 3. Aufl. Rn. 291.
[647] S. 101.
[648] Vgl. insbesondere OLG Hamm ZIP 1988 = EWiR 1989, 607 *(Zimmermann)*; BayObLG ZIP 1989, 1122 = EWiR 1989, 1013 *(Timm)*.
[649] NZG 1999, 174 m. Anm. *Zeidler* = EWiR 1998, 1145 *(Rottnauer)*.
[650] WM 1999, 322.
[651] Zur Konzernverschmelzung s. Rn. 445.

der Literatur gibt es keine einheitliche Meinung. Kennzeichnend hierfür ist der Kommentar von *Lutter,* in dem sowohl für die Notwendigkeit der Anteilsgewährung argumentiert wird,[652] als auch dagegen.[653] Jüngst hat sich *M. Winter*[654] noch einmal grundsätzlich mit der Problematik befasst mit dem überzeugenden Ergebnis, dass die Anteilsgewährung kein zwingendes Prinzip des Verschmelzungsrechts nach dem UmwG ist. Dennoch wäre eine Klärung durch eine Entscheidung des BGH oder eine Klarstellung durch den Gesetzgeber erwünscht.[655]

320 **g) Umtauschverhältnis, bare Zuzahlungen.** Der Verschmelzungsvertrag hat Angaben über das Umtauschverhältnis der Geschäftsanteile und gegebenenfalls die Höhe der baren Zuzahlung zu enthalten, § 5 Abs. 1 Nr. 3. Das Umtauschverhältnis gibt an, wieviele Geschäftsanteile der übernehmenden GmbH die Gesellschafter der übertragenden GmbH für ihre bisherigen Geschäftsanteile erhalten.[656] Ob dabei auch der sogenannte **Verbundeffekt** („Synergieeffekt") der Verschmelzung berücksichtigt werden muss, d. h. die Differenz zwischen der Summe der Zukunftserfolge der fusionierten Gesellschaften ohne und nach Verschmelzung, ist streitig.[657] Aus der Entscheidung des BGH zur grundsätzlichen Maßgeblichkeit des Börsenkurses für das Umtauschverhältnis bei börsennotierten Unternehmen[658] werden neuerdings Indizien dafür herausgelesen, dass nunmehr auch Synergien in die Bewertung einfließen sollen.[659] Zur Festlegung des Umtauschverhältnisses sind **Unternehmensbewertungen** sämtlicher an der Verschmelzung beteiligten Gesellschaften erforderlich. Die Bewertung erfolgt durch ein Gutachten, das regelmäßig nach dem **Ertragswertverfahren** erstellt wird.[660] Die Berücksichtigung eines **Börsenwerts**[661] kommt bei der reinen GmbH-Verschmelzung nicht in Betracht. Trotz Gutachtenseinholung sind in der Praxis auch noch Bilanzen üblich, welche die wahren Werte (Zeitwerte) des Vermögens der übertragenden Gesellschaft ausweisen **(Verschmelzungsbilanzen),**[662] und Hilfsfunktion **(Substanzwert)** haben.[663] **Bewertungsstichtag** ist der Tag der Gesellschafterversammlung der übertragenden GmbH.[664] **Bare Zuzahlungen** dürfen 10 % der von der übernehmenden Gesellschaft den Gesellschaftern der übertragenden Gesellschaft gewährten Geschäftsanteile nicht übersteigen, § 54 Abs. 4, wobei diese Grenze nur für solche Zuzahlungen gilt, die schon im Verschmelzungsvertrag festgelegt sind, also nicht für spätere Erhöhungen oder Neufestsetzungen im Spruchstellenverfahren gemäß

---

[652] *Lutter/Lutter* Umwandlungsgesetz § 5 Rn. 77.
[653] *Lutter/Winter* Umwandlungsgesetz § 54 Rn. 18.
[654] FS Lutter, 2001, S. 1279 mit umfassender Literaturübersicht.
[655] So auch *M. Winter,* FS Lutter, 2001, S. 1279, 1284. Die Vorschläge des *Handelsrechtsausschusses des Deutschen Anwaltvereins e. V.* zur Änderung des UmwG, NZG 2000, 802, fordern ebenfalls eine Klarstellung iS eines Verzichts auf die Anteilsgewährung.
[656] Vgl. *Orth* Rn. 466 mN.
[657] Dafür zB *Nonnenmacher* AG 1982, 153, 155; *Fleischer* ZGR 1997, 368; dagegen OLG Celle NZG 1998, 987 m. Anm. *Bungert.*
[658] NZG 2001, 893, eingehend hierzu Rn. 698 zum Spruchverfahren.
[659] Vgl. zB *Reuter* DB 2001, 2387 ff.; *Stilz* ZGR 2001, 875, 889 ff.
[660] Zu diesem vgl. Rn. 89 m. Fn. Dort auch zu neueren Bewertungsverfahren; vgl. auch Rn. 698 zum Spruchverfahren.
[661] Eingehend Rn. 698 ff. zum Spruchverfahren.
[662] Zu diesem vgl. Rn. 89 m. Fn. Dort auch zu neueren Bewertungsverfahren; vgl. auch Rn. 698 zum Spruchverfahren.
[663] Vgl. iE Rn. 89, 335 und die dort angeführte Rspr. und Lit., ferner *Orth* Rn. 466 mwN.
[664] Vgl. *Hoffmann-Becking,* FS Fleck, 1988, S. 105, 116; *Orth* Rn. 466 und jetzt auch entgegen früherer Meinung *Widmann/Mayer/Mayer* § 5 Rn. 131.

§§ 15, 305 ff. (vgl. Rn. 365). Der Verschmelzungsvertrag hat außerdem die **Einzelheiten** für die Übertragung der Geschäftsanteile der übernehmenden GmbH zu enthalten. Hierunter sind vor allem die in § 46 Abs. 2 und 3 geregelten Fälle zu verstehen.

h) Zeitpunkt der Gewinnberechtigung. Der Verschmelzungsvertrag hat den **Zeit-** 321 **punkt der Gewinnberechtigung** der von der übernehmenden Gesellschaft gewährten Geschäftsanteile anzugeben sowie alle Besonderheiten in Bezug auf diesen Anspruch, § 5 Abs. 1 Nr. 5. Dieser Zeitpunkt ist der Stichtag der letzten Jahresbilanz der übertragenden Gesellschaft, sofern abweichende Vereinbarungen nicht getroffen wurden. Der Stichtag kann mit dem Verschmelzungsstichtag (Rn. 322) übereinstimmen.[665]

i) Verschmelzungsstichtag. Der Verschmelzungsvertrag muss den Verschmelzungs- 322 stichtag nennen, das ist der Zeitpunkt, von dem an die Handlungen der übertragenden Gesellschaft als für Rechnung der übernehmenden Gesellschaft vorgenommen gelten sollen, § 5 Abs. 1 Nr. 6. Dieser Zeitpunkt, der nur für das **Innenverhältnis** der beteiligten Gesellschaften gilt, kann ebenso wie der Stichtag gemäß § 5 Abs. 1 Nr. 5 von den Beteiligten frei bestimmt werden[666] und fällt häufig mit dem Stichtag gemäß § 5 Abs. 1 Nr. 5 (Rn. 321) zusammen.[667]

j) Rechte einzelner Gesellschafter. In dem Verschmelzungsvertrag müssen auch 323 die Rechte aufgeführt werden, welche die übernehmende GmbH einzelnen Gesellschaften sowie Inhabern von Sonderrechten gewährt oder die Maßnahmen, die für diese Personen vorgesehen sind, § 5 Abs. 1 Nr. 7. Die Regelung entspricht derjenigen für den Formwechsel, § 194 Abs. 1 Nr. 5 (vgl. Rn. 60).

k) Besondere Vorteile für Geschäftsführer etc. Der Verschmelzungsvertrag 324 muss jeden besonderen Vorteil aufführen, der Geschäftsführern, Aufsichtsratsmitgliedern, Beiratsmitgliedern (sofern diese Überwachungsfunktionen ausüben, vgl. Rn. 409, 494), Abschlussprüfern oder Verschmelzungsprüfern gewährt wird, § 5 Abs. 1 Nr. 8. Diese Angaben waren in § 340 Abs. 2 AktG für die aktienrechtliche Verschmelzung vorgeschrieben, nicht aber für die Verschmelzung von Gesellschaften mbH. Neu ist für alle Verschmelzungsfälle die Pflicht zur Angabe von Vorteilen, die einem **Abschlussprüfer** gewährt werden. Hier ist vor allem an Zahlungen gedacht, die an Abschlussprüfer übertragender Gesellschaften geleistet werden, weil diese Gesellschaften durch die Fusion erlöschen und der Abschlussprüfer dadurch einen Klienten verliert.[668] Solche „Abfindungszahlungen" werden prinzipiell als bedenklich angesehen.[669]

l) Folgen der Verschmelzung für die Arbeitnehmer. Schließlich hat der Ver- 325 schmelzungsvertrag die Folgen der Verschmelzung für die Arbeitnehmer und ihre Vertretungen sowie die insoweit vorgesehenen Maßnahmen darzulegen, § 5 Abs. 1 Nr. 9. Vgl. hierzu zunächst Rn. 20 mN. Nach der amtl. Begr.[670] fallen hierunter auch die durch die Verschmelzung eintretenden individual- und kollektivarbeitsrechtlichen Änderungen, wozu zB die mit Hilfe der Fusion erstrebten Rationalisierungseffekte gehören, soweit durch sie Arbeitsplätze wegfallen können.[671] Übergeht der Verschmel-

---

[665] Vgl. *Orth* Rn. 466, 472 mN.
[666] Amtl. Begr. S. 82.
[667] Vgl. *Orth* Rn. 466, 471 mN.
[668] Amtl. Begr. S. 82.
[669] *Lutter/Grunewald* Kölner Umwandlungsrechtstage, S. 21.
[670] S. 82.
[671] *Lutter/Grunewald* Kölner Umwandlungsrechtstage, S. 22; *Wlotzke* DB 1995, 40, 45; zur Reichweite der arbeitsrechtlichen Angaben vgl. auch *Drygala* ZIP 1996, 1365; *Hjort* NJW 1999, 750.

zungsvertrag diesen Punkt oder behandelt er ihn in nicht nachvollziehbarer Weise, so kann ein Zustimmungsbeschluss **anfechtbar** sein, nicht aber nichtig.[672] Auch ist der Registerrichter berechtigt, die Eintragung der Verschmelzung abzulehnen.[673] Schadensersatzansprüche von Arbeitnehmern kommen dagegen nicht in Betracht, da der Verschmelzungsvertrag insoweit weder als Vertrag zu Gunsten Dritter noch § 5 Abs. 1 Nr. 9 als Schutzgesetz iSd. § 823 Abs. 2 BGB verstanden werden kann.[674] Besteht bei keiner der beteiligten Gesellschaften ein Betriebsrat, so müssen die Folgen der Verschmelzung für die Arbeitnehmer im Verschmelzungsvertrag nicht geregelt werden, auch dann nicht, wenn die übertragende Gesellschaft keine Arbeitnehmer beschäftigt.[675]

326   **m) Barabfindungsangebot.** Vorgeschrieben ist endlich die Aufnahme eines Angebots der übernehmenden Gesellschaft an die Gesellschafter der übertragenden Gesellschaft auf angemessene Barabfindung in den Verschmelzungsvertrag, wenn durch die Verschmelzung Geschäftsanteile an der übertragenden Gesellschaft durch Geschäftsanteile an der übernehmenden Gesellschaft ersetzt werden, die in dem Gesellschaftsvertrag der übernehmenden Gesellschaft Verfügungsbeschränkungen unterworfen sind, § 29 Abs. 1 S. 2.[676] Voraussetzung für die Geltendmachung des Anspruchs auf Barabfindung ist, dass der Gesellschafter **Widerspruch** zur Niederschrift gegen den Verschmelzungsbeschluss erklärt hat, § 29 Abs. 1 S. 1, Abs. 2.[677] Die Barabfindung muss die Verhältnisse der übertragenden Gesellschaft im Zeitpunkt der Beschlussfassung über die Verschmelzung berücksichtigen, § 30 Abs. 1 S. 1. Darunter ist eine **vollwertige Abfindung** zu verstehen.[678] Die Angemessenheit der Barabfindung ist durch den oder die **Verschmelzungsprüfer** zu **prüfen,** wenn nicht auf die Prüfung oder den Prüfungsbericht durch notarielle Erklärungen **verzichtet** worden ist, § 30 Abs. 2. IE wird hierwegen und hinsichtlich der Annahme des Angebots (§ 31) auf die entsprechenden Regelungen beim Formwechsel Bezug genommen (vgl. Rn. 87–95). Wegen des **Spruchstellenverfahrens** bei Unangemessenheit des Angebots (§§ 32, 34) vgl. Rn. 687 ff. Was die Möglichkeit anderweitiger Veräußerung betrifft (§ 33), so besteht insofern eine Abweichung von der entsprechenden Regelung beim Formwechsel (§ 211, vgl. Rn. 93), als es dort um das Überspringen von Verfügungsbeschränkungen in der Satzung des Rechtsträgers neuer Rechtsform geht, während § 33 Verfügungsbeschränkungen in der Satzung des übertragenden Rechtsträgers im Auge hat, der bei Beginn der Frist des § 31 (Eintragung der Verschmelzung in das Register des Sitzes der übernehmenden Gesellschaft) nicht mehr existiert. Deshalb ist hier erst recht anzunehmen, dass die Veräußerungsmöglichkeit schon früher beginnt, nämlich mit der Fassung der Verschmelzungsbeschlüsse.[679] Die Pflicht zur Abgabe eines Barabfindungsgebots

---

[672] *Lutter/Grunewald* Kölner Umwandlungsrechtstage, S. 22, 23; *Lutter/Lutter* Umwandlungsgesetz § 13 Rn 42; aA *Lutter/Priester* Kölner Umwandlungsrechtstage, S. 99, 113, 114, weil die Regelung nicht dem Schutz der Gesellschafter dient; vgl. auch Rn. 369.
[673] OLG Düsseldorf ZIP 1998, 1190.
[674] So aber *Lutter/Grunewald* Kölner Umwandlungsrechtstage, S. 24.
[675] LG Stuttgart DNotZ 1996, 701; aA *Lutter/Lutter* Umwandlungsgesetz § 5 Rn. 87 mN zum Meinungsstand.
[676] Der ursprüngliche Gesetzeswortlaut erfasste nur satzungsmäßige Verfügungsbeschränkungen. Durch Gesetz v. 22. 7. 1998 (BGBl. I S. 1878) wurde § 29 Abs. 1 S. 2 geändert und ist jetzt auch auf gesetzliche Verfügungsbeschränkungen anwendbar, was schon vor der Gesetzesänderung einer starken Meinung entsprach, vgl. *Schaub* NZG 1998, 626. Gemeint sind dabei in erster Linie Verschmelzungen auf Personengesellschaften (s. dort).
[677] Hierzu vgl. Rn. 87 zum Formwechsel und *Zimmermann,* FS Brandner, 1996, S. 178.
[678] Vgl. iE Rn. 89.
[679] *Lutter/Grunewald* Kölner Umwandlungsrechtstage, S. 56.

besteht auch dann, wenn die Geschäftsanteile der übertragenden Gesellschaft ebenfalls vinkuliert waren, die Vinkulierung sich also in der übernehmenden Gesellschaft nur fortsetzt.[680] Der Gesetzeswortlaut macht hier keine Ausnahme.[681] Für andere Belastungen (zB Wettbewerbsverbote) gilt § 29 nicht.[682]

n) Sonstige Angaben, schuldrechtliche Abreden. Neben den im Vorstehenden erörterten Mindestangaben, zu denen nach § 5 Abs. 1 Nr. 1 auch **Name, Firma** und **Sitz** der an der Verschmelzung beteiligten Gesellschaften gehören, kann der Verschmelzungsvertrag beliebige sonstige Angaben enthalten. Werden im Zusammenhang mit der Verschmelzung schuldrechtliche Abreden getroffen, so sind diese in jedem Fall in den Verschmelzungsvertrag aufzunehmen, weil anderenfalls die Gefahr der Unwirksamkeit des Verschmelzungsvertrags (§ 139 BGB) besteht.[683] Üblich ist eine Klausel im Verschmelzungsvertrag, nach der die Wirksamkeit der Verschmelzung von ihrer Eintragung bis zu einem bestimmten Zeitpunkt in das Handelsregister abhängt.[684] In Betracht kommen gegebenenfalls auch Angaben über die Änderung der **Firma** der aufnehmenden Gesellschaft und die Neuordnung der Geschäftsführung (vgl. Rn. 400). Die Vereinbarung eines **Doppelsitzes** anlässlich der Verschmelzung wird von der hM jedoch grundsätzlich für unzulässig gehalten.[685]

327

o) Zukünftige Verschmelzung, Kündigung, Rücktritt, Änderung, Aufhebung des Verschmelzungsvertrags. Für den Verschmelzungsvertrag gilt § 311b Abs. 2 BGB (= § 310 BGB aF) nicht, wonach ein Vertrag nichtig ist, durch den sich der eine Teil verpflichtet, sein künftiges Vermögen zu übertragen, § 4 Abs. 1 S. 2. Demgemäß kann eine zukünftige Verschmelzung im Voraus vereinbart werden, wofür ein Bedürfnis besteht, wenn die Verschmelzung das letzte Glied einer zunächst weniger engen wirtschaftlichen Kooperation sein soll. Die Bindung an einen **aufschiebend bedingten Verschmelzungsvertrag** ist jedoch begrenzt. § 7 gibt den Beteiligten ein **Kündigungsrecht** nach Ablauf von fünf Jahren mit halbjähriger Frist, wenn die Bedingung binnen fünf Jahren nach Abschluss des Vertrags nicht eingetreten ist; im Verschmelzungsvertrag kann eine kürzere Zeit als fünf Jahre vereinbart werden. Die Kündigung kann stets nur für den Schluss des Geschäftsjahres der Gesellschaft ausgesprochen werden, der gegenüber sie erklärt wird, § 7. Nach altem Recht (§ 21 Abs. 5 S. 2 KapErhG) betrug die Frist zehn Jahre. Weggefallen ist die Kündigungsmöglichkeit für Verschmelzungsverträge, deren Wirkung erst nach mehr als zehn Jahren eintreten soll (§ 21 Abs. 5 S. 1 KapErhG), weil derlei Verschmelzungsverträge in der Praxis nicht vorkommen (Amtl. Begr. S. 83). Auch Verträge mit fünfjährigem Aufschub ihres In-Kraft-Tretens sind selten, weil jeder Aufschub erhebliche Bewertungsprobleme bei der Festlegung des Umtauschverhältnisses zur Folge hat. Die Kündigung ist von den Geschäftsführern zu erklären, für deren Wirksamkeit ein Gesellschafterbeschluss nicht vorgesehen ist. Hiervon zu unterscheiden ist der Fall, dass der Verschmelzungsvertrag nicht wirksam werden kann, weil ein Zustimmungs- oder Kapitalerhöhungsbeschluss nicht innerhalb angemessener Frist gefasst wird. Für diesen Fall sehen die Verschmel-

328

---

[680] Zutr. *Lutter/Grunewald* Umwandlungsgesetz § 29 Rn. 5.
[681] *Lutter/Grunewald* Kölner Umwandlungsrechtstage, S. 24.
[682] *Lutter/Grunewald* Kölner Umwandlungsrechtstage, S. 24.
[683] Vgl. BGHZ 81, 188.
[684] Vgl. *Balser/Bokelmann/Piorreck/Dostmann/Kauffmann* Umwandlung, Verschmelzung, Vermögensübertragung 1990, H. 255, ferner *Körner/Rodewald* BB 1999, 853 sowie Rn. 328.
[685] Vgl. § 4a GmbHG Rn. 15; *Lutter/Lutter* Umwandlungsgesetz § 5 Rn. 6; für Zulässigkeit bei berechtigtem Interesse *Katschinski* ZIP 1997, 620; ähnlich *König* AG 2000, 18 und jetzt auch LG Essen ZIP 2001, 1632 = EWiR 2001, 1077 (*König*) betr. Fusion Tyssen/Krupp.

zungsverträge meist ein **Rücktrittsrecht** o.Ä. vor.[686] Auch für die Ausübung dieses Rücktrittsrechts (oder eines Kündigungsrechts aus wichtigem Grund oder wegen Wegfalls der Geschäftsgrundlage) bedarf es keines Gesellschafterbeschlusses.[687] Selbstverständlich können alle diese Rechte nicht mehr ausgeübt werden, wenn die Verschmelzung durch Eintragung in das Handelsregister der übernehmenden Gesellschaft wirksam geworden ist (§§ 19, 20). Für **Änderungen** des Verschmelzungsvertrags vor seiner Eintragung in das Handelsregister sind dagegen Zustimmungsbeschlüsse der Gesellschafterversammlungen der beteiligten Gesellschaften mit den Mehrheiten und in der Form der §§ 13, 50 erforderlich.[688] Für die einvernehmliche **Aufhebung** des Verschmelzungsvertrags genügen jedoch wie bei der Aufhebung satzungsändernder Beschlüsse (vgl. § 53 GmbHG Rn. 59) Zustimmungsbeschlüsse mit einfacher Mehrheit und ist notarielle Beurkundung entbehrlich.[689]

329   p) **Konzernverschmelzung.** Befinden sich alle Anteile der übertragenden Gesellschaft in der Hand der übernehmenden Gesellschaft (Konzernverschmelzung vgl. Rn. 445 ff.), so entfallen die Angaben über das Umtauschverhältnis und die damit zusammenhängenden Angaben (§ 5 Abs. 1 Nr. 2 bis 5, vgl. Rn. 315 bis 327), soweit sie die Aufnahme dieser Gesellschaft betreffen, § 5 Abs. 2. Alle übrigen Angaben sind jedoch zu machen.

330   5. **Verschmelzungsbericht.** Er ist ein „Kind des Aktienrechts"[690] und war der reinen GmbH-Verschmelzung im alten Recht fremd, auch der Verschmelzung einer AG mit einer GmbH als aufnehmender Gesellschaft. Ein Verschmelzungsbericht war nur bei Verschmelzungen von Gesellschaften mbH mit einer AG oder KGaA vorgesehen.[691] Der Verschmelzungsbericht, § 8, dient der umfassenden Information der Gesellschafter über die geplante Verschmelzung, deren diese bei personalistisch strukturierten Gesellschaften mbH mit kleinem Gesellschafterkreis häufig nicht bedürfen. Das macht den Verschmelzungsbericht aber bei der GmbH-Verschmelzung nicht überflüssig, da er eine zusammenhängende Unterrichtung gewährleistet, die durch den Auskunftsanspruch der Gesellschafter nach § 51a GmbHG nicht ersetzt wird.[692] Der Verschmelzungsbericht bei der GmbH-Verschmelzung darf somit nicht lediglich als Komplettierungsmaßnahme zur Vereinheitlichung des Umwandlungsrechts gesehen werden. Dem Verschmelzungsbericht entspricht beim Formwechsel der Umwandlungsbericht, § 192 (Rn. 40), bei der Spaltung der Spaltungsbericht § 127 (Rn. 533), bei der Vermögensübertragung der Übertragungsbericht, § 176 iVm. § 8 (Rn. 682).

331   Der Verschmelzungsbericht ist **nicht erforderlich,** wenn alle Gesellschafter aller an der Verschmelzung beteiligten Gesellschaften auf seine Erstattung in notarieller Urkunde **verzichten,** weil er nur ihrem Schutz dient.[693] Gleiches gilt, wenn sich alle Geschäftsanteile der übertragenden Gesellschaft in der Hand der übernehmenden Gesellschaft befinden, § 8 Abs. 3 (vgl. Rn. 419 zur Konzernverschmelzung).

---

[686] Nachw. vgl. 2. Aufl. Rn. 404; vgl. zu diesen Fragen auch *Körner/Rodewald* BB 1999, 853.
[687] Nachw. vgl. 2. Aufl. Rn. 404.
[688] Für das alte Recht vgl. die Nachw. in der 2. Aufl. Rn. 404 und BGHZ 82, 188, 194 ff.
[689] Wie hier *Lutter/Lutter* Umwandlungsgesetz § 4 Rn. 20; aA *Widmann/Mayer/Mayer* § 4 Rn. 62, 63.
[690] *Schöne* GmbHR 1995, 325, 333.
[691] Vgl. 2. Aufl. Rn. 515.
[692] Zutr. *Lutter/Winter* Kölner Umwandlungsrechtstage, S. 26; skeptisch *Schöne* GmbHR 1995, 325, 334.
[693] Amtl. Begr. S. 84.

Zur Erstattung des Verschmelzungsberichts verpflichtet sind die Geschäftsführer 332
jeder der an der Verschmelzung beteiligten Gesellschaften, § 8 Abs. 1. Der Bericht
kann von diesen auch **gemeinsam erstattet** werden, § 8 Abs. 1 Halbs. 2, wodurch
eine Streitfrage des alten Rechts iSd. überwM[694] geklärt wird. Die gemeinsame Erstattung liegt nahe, da nach richtiger Ansicht die im Verschmelzungsbericht geforderten
Angaben von jedem Geschäftsführer nicht nur für das eigene Unternehmen zu machen
sind, sondern auch in Bezug auf andere an der Verschmelzung beteiligte Unternehmen.[695] § 8 Abs. 1 legt fest, worüber sich der Verschmelzungsbericht iE auszulassen
hat.

a) Rechtliche und wirtschaftliche Erläuterung der Verschmelzung als solcher. Der Verschmelzungsbericht muss die Verschmelzung als solche rechtlich und 333
wirtschaftlich erläutern und begründen, worunter die Amtl. Begr. (S. 83, 84), anknüpfend an die Regelung des § 186 Abs. 4 S. 2 AktG betreffend Bezugsrechtsausschluss bei
Kapitalerhöhung, die rechtlichen und wirtschaftlichen Gründe versteht, welche die
Verschmelzung als das geeignete Mittel zur Verfolgung des Unternehmenszwecks erscheinen lassen. Die Darstellung solcher Gründe war bei der aktienrechtlichen Verschmelzung schon nach altem Recht geboten, obwohl § 340a AktG sie nicht ausdrücklich forderte.[696] Außer den durch die Verschmelzung erhofften Verbesserungen
gehören dazu auch die gegen die Verschmelzung sprechenden Gründe.[697]

b) Erläuterung der Bestimmungen des Verschmelzungsvertrags. Im Einzelnen zu erläutern sind ferner die Bestimmungen des Verschmelzungsvertrags oder seines 334
Entwurfs, soweit diese nicht schon aus sich selbst heraus verständlich sind.

c) Umtauschverhältnis. Zentraler Punkt des Verschmelzungsberichts ist die Begründung des Umtauschverhältnisses, zu dem Angaben im Verschmelzungsvertrag zu 335
machen sind, § 5 Abs. 1 Nr. 3 (vgl. Rn. 320). Der Verschmelzungsbericht hat insbesondere die **vergleichende Bewertung** der an der Verschmelzung beteiligten Gesellschaften unter Darstellung der **Bewertungsmethoden** zu erläutern. Einzugehen ist
auf die zur Ermittlung der **Ertragskraft** in der Vergangenheit erzielten und für die
Zukunft geschätzten Erträge,[698] auf die Bewertung des **nicht betriebsnotwendigen
Vermögens** und den **Kapitalisierungszinsfuß**.[699] Die Darlegung der Grundsätze,
nach denen das Umtauschverhältnis ermittelt wurde, genügt keinesfalls.[700] Auf **besondere Schwierigkeiten bei der Bewertung** (zB bei einem Unternehmen in der Krise) ist im Verschmelzungsbericht hinzuweisen. Haben solche nicht bestanden, empfiehlt sich die Feststellung, dass besondere Schwierigkeiten nicht aufgetreten sind. Ob
bei Unzulänglichkeit des Verschmelzungsberichts hinsichtlich der Begründung des
Umtauschverhältnisses gegen den Verschmelzungsbeschluss noch die Anfechtungsklage
eröffnet ist[701] oder nur die Rüge im Spruchverfahren nach §§ 305 ff. in Betracht

---

[694] Vgl. *Geßler/Hefermehl/Eckardt/Kropff/Grunewald* § 340a Rn. 19, 20.
[695] *Geßler/Hefermehl/Eckardt/Kropff/Grunewald* § 340a Rn. 116.
[696] *Lutter/Winter* Kölner Umwandlungsrechtstage, S. 28 mN.
[697] *Geßler/Hefermehl/Eckardt/Kropff/Grunewald* § 340a Rn. 7, 8; *Lutter/Winter* Kölner Umwandlungsrechtstage, S. 28.
[698] Nach OLG Stuttgart BB 2001, 794 kann es bei der Bewertung nach dem Ertragswertverfahren geboten sein, im Wesentlichen auf die Zukunftsplanung abzustellen und auf eine Vergangenheitsanalyse weitgehend zu verzichten.
[699] IE vgl. Rn. 89, 320 und eingehend *Geßler/Hefermehl/Eckardt/Kropff/Grunewald* § 340a Rn. 10 ff.
[700] BGH WM 1989, 1128; 1990, 140; 1990, 2033.
[701] So OLG Frankfurt/M. ZIP 2000, 1928 = EWiR 2000, 1125 *(Keil)*.

kommt, könnte im Hinblick auf die neue Rechtsprechung des BGH zu §§ 210, 212[702] fraglich erscheinen, ist aber wohl zu bejahen.

336   d) **Barabfindung.** Zu erläutern und zu begründen ist auch die **Höhe** der anzubietenden Barabfindung (Rn. 326). Das hier mitzuteilende Zahlen- und Datenwerk wird sich im Großen und Ganzen mit demjenigen decken, das zum Umtauschverhältnis (Rn. 335) darzulegen ist. Hierdurch soll den Verschmelzungsprüfern eine Unterlage für ihre Prüfung nach § 30 Abs. 2 an die Hand gegeben werden.[703]

337   e) **Folgen der Verschmelzung für die Beteiligung der Anteilsinhaber.** Neu ist die Pflicht zur Darlegung der Folgen der Verschmelzung für die Beteiligung der Anteilsinhaber, weil mit der Verschmelzung regelmäßig eine Änderung der Beteiligungsquote verbunden sei.[704] Das ist insofern missverständlich, als sich die Beteiligungsquote wirtschaftlich nicht ändert, wenn das Umtauschverhältnis richtig ermittelt wird. Sind die miteinander zu verschmelzenden Gesellschaften gleichwertig und soll ein mit 10 % an der übertragenden Gesellschaft beteiligter Gesellschafter Geschäftsanteile der übernehmenden Gesellschaft erhalten, die 5 % des Wertes der zu verschmelzenden Gesellschaften insgesamt darstellen, dann ist seine Beteiligungsquote wirtschaftlich gleichgeblieben. Gemeint sind deshalb nur die Konsequenzen der rein zahlenmäßigen Veränderung der Beteiligungsquoten. Das ist vor allem für **Minderheitsgesellschafter** von Bedeutung. Sinkt die Beteiligungsquote des 10 %-igen Gesellschafters nach der Verschmelzung auf 5 %, so verliert er sein Recht auf Einberufung einer Gesellschafterversammlung (§ 50 GmbHG). Hierauf ist im Verschmelzungsbericht hinzuweisen, wobei abstrakte Angaben genügen und nicht die Folgen der Veränderung der Beteiligungsquote für jeden einzelnen Gesellschafter darzustellen sind.[705]

338   f) **Verbundene Unternehmen.** Ist eine der an einer Verschmelzung beteiligten Gesellschaften ein verbundenes Unternehmen iSd. § 15 AktG, so sind im Verschmelzungsbericht auch Angaben über alle für die Verschmelzung wesentlichen Angelegenheiten der anderen verbundenen Unternehmen zu machen, § 8 Abs. 1 S. 3. Wann Angelegenheiten verbundener Unternehmen für die Verschmelzung wesentlich sind, ist unklar.[706] Besteht eine Unternehmensverbindung, dann ist diese schon bei der Ermittlung des Unternehmenswerts der betreffenden Gesellschaft und damit der Festlegung des Umtauschverhältnisses zu berücksichtigen. Das allein kann deshalb nicht gemeint sein. Man wird vielmehr annehmen müssen, dass das Gesetz alle Verhältnisse verbundener Unternehmen im Auge hat, über die im Verschmelzungsbericht Angaben zu machen wären, wenn es sich um Verhältnisse der an der Verschmelzung unmittelbar beteiligten Gesellschaften handeln würde.

339   g) **Unternehmensschädliche Angaben.** Sie brauchen in den Bericht nicht aufgenommen zu werden, § 8 Abs. 2 (vgl. iE Rn. 40 beim Formwechsel).

340   6. **Verschmelzungsprüfung.** Sie bezieht sich nur auf den Verschmelzungsvertrag oder seinen Entwurf und ist durch einen oder mehrere **Verschmelzungsprüfer** vorzunehmen, § 9 Abs. 1. Für die GmbH-Verschmelzung ist sie neu. Bei der Verschmelzung einer GmbH mit einer AG fand sie nur statt, wenn ein Gesellschafter sie

---

[702] NJW 2001, 1425 = GmbHR 2001, 200 und BGH GmbHR 2001, 247; *Henze* Aktienrecht Rn. 1350 ff.; vgl. Rn. 81, 176.
[703] Amtl. Begr. S. 84.
[704] Amtl. Begr. S. 84.
[705] Zutr. *Lutter/Winter* Kölner Umwandlungsrechtstage, S. 29.
[706] Zutr. *Geßler/Hefermehl/Eckardt/Kropff/Grunewald* § 340 a Rn. 17.

Umwandlung **Anh. nach § 77**

verlangte, § 355 Abs. 2 S. 2 Halbs. 2 AktG.[707] Das gilt jetzt grundsätzlich, wenn Verschmelzungen unter Beteiligung von Gesellschaften mbH durchgeführt werden, also auch bei reinen GmbH-Verschmelzungen, § 48 S. 1.

Die **Kosten** der Prüfung trägt die Gesellschaft, § 48 S. 2. Der misstrauische Gesellschafter soll nicht durch eine Kostenlast von der Stellung eines Prüfungsantrags abgehalten werden. Die Kostenregelung soll aber auch die Geschäftsführer veranlassen, im Verschmelzungsbericht umfassende und überzeugende Informationen zu geben, die eine Verschmelzungsprüfung überflüssig machen.[708] Haben alle Gesellschafter aller an der Verschmelzung beteiligten Gesellschaften in notarieller Form **auf die Prüfung verzichtet,** kann ein Prüfungsantrag nicht mehr gestellt werden, § 9 Abs. 3 iVm. § 8 Abs. 3. Eine **Verschmelzungsprüfung** ist ferner **nicht erforderlich,** wenn sich alle Anteile einer übertragenden Gesellschaft in der Hand der übernehmenden Gesellschaft befinden, § 9 Abs. 2, weil die Verschmelzungsprüfung in erster Linie der Bewertung des Umtauschverhältnisses dient und es bei der Konzernverschmelzung nicht zu einem Umtausch von Anteilen kommt.[709] 341

Eine **Verschmelzungsprüfung** hat auch **ohne Antrag** stattzufinden, wenn der Verschmelzungsvertrag nach § 29 Abs. 1 S. 2 ein **Barabfindungsangebot**[710] enthalten muss (vgl. Rn. 326), es sei denn, dass die **Berechtigten** auf die Prüfung oder den Prüfungsbericht notariell **verzichtet** haben, § 30 Abs. 2 S. 3. „Berechtigte" sind diejenigen, die aus dem Unternehmen ausscheiden wollen,[711] d. h. gegen den Verschmelzungsbeschluss Widerspruch zur Niederschrift erklärt haben, § 29 Abs. 1 S. 1.[712] 342

Ist eine **Verschmelzungsprüfung** nur auf **Antrag** durchzuführen (Rn. 341), so kann der Antrag noch in der Zustimmungs-Gesellschafterversammlung gestellt werden. Die Gesellschafterversammlung ist dann zu vertagen. Anderenfalls liegt ein Anfechtungsgrund vor.[713] 343

Zur **Bestellung der Verschmelzungsprüfer** vgl. zunächst Rn. 90. Das Gesetz geht davon aus, dass für jede der an der Verschmelzung beteiligten Gesellschaften ein Prüfer zu bestellen ist, lässt aber die Bestellung eines gemeinsamen Prüfers für mehrere oder alle beteiligten Gesellschaften durch die Geschäftsleitungen der beteiligten Gesellschaften oder auf deren Antrag durch das Gericht zu, § 10 Abs. 1 S. 1 und 2.[714] Verschmelzungsprüfer können nach § 11 Abs. 1 S. 1 iVm. § 319 Abs. 1 HGB Wirtschaftsprüfer und Wirtschaftsprüfungsgesellschaften sein, bei mittelgroßen Gesellschaften mbH (§ 267 Abs. 2 HGB) auch vereidigte Buchprüfer und Buchprüfungsgesellschaften. Nicht geregelt ist, wer kleine Gesellschaften mbH (§ 267 Abs. 1 HGB) prüfen 344

---

[707] Vgl. 2. Aufl. Rn. 516.
[708] Amtl. Begr. S. 100.
[709] Amtl. Begr. S. 84, vgl. auch Rn. 445 zur Konzernverschmelzung.
[710] *Schöne* Die Spaltung unter Beteiligung von GmbH, 1998, S. 264, beanstandet, dass zwischen Verschmelzungs(Spaltungs)prüfungsbericht und Barabfindungsbericht nicht streng unterschieden wird, weil die Unterscheidung insbesondere bei GmbH-Spaltungen relevant werde, bei denen eine Spaltungsprüfung nicht vorgenommen werden muss, wohl aber eine Barabfindungsprüfung. Richtig ist, dass die Prüfungen unterschiedliche Prüfungsgegenstände haben, die sich aber aus der Natur der Sache ergeben, so dass ein Missverständnis bei der synonymen Verwendung der Bezeichnungen für beide Umwandlungsformen schwerlich entstehen kann.
[711] Amtl. Begr. S. 95.
[712] IE vgl. Rn. 326 und Rn. 87–95 beim Formwechsel.
[713] Vgl. iE *Zimmermann,* FS Brandner, 1996, S. 173; *Lutter/Winter* Kölner Umwandlungsrechtstage, S. 33; ähnlich wohl *Geßler/Hefermehl/Eckardt/Kropff/Grunewald* § 355 Rn. 6.
[714] Zu Besonderheiten bei der Beteiligung mehrerer Aktiengesellschaften an der Verschmelzung s. § 60 Abs. 3 S. 1 und Rn. 454.

darf. Hier wird man die Regelung für mittelgroße Gesellschaften mbH unbedenklich übernehmen können.[715] Den Verschmelzungsprüfern stehen Auskunftsrechte analog § 320 Abs. 1 S. 2 und Abs. 2 S. 1 und 2 HGB zu, § 11 Abs. 1 S. 1. Für ihre Verantwortlichkeit gilt § 323 HGB entsprechend, § 11 Abs. 2.

345 **7. Verschmelzungsprüfungsbericht.** Er ist, wenn mehrere Prüfer bestellt sind, von jedem einzelnen Prüfer zu erstellen. Die mehreren Prüfer können den **Bericht** aber auch **gemeinsam erstatten**, § 12 Abs. 1 S. 2. Da sich die Verschmelzungsprüfung nur auf den Verschmelzungsvertrag oder seinen Entwurf bezieht (Rn. 312), ist im Prüfungsbericht nur zu diesem Stellung zu nehmen, nicht auch zum Verschmelzungsbericht der Geschäftsführer.[716] Insoweit hat sich die Rechtslage gegenüber der aktienrechtlichen Verschmelzungsprüfung nach § 340b AktG nicht geändert. Zum Pflichtenkreis der Verschmelzungsprüfer gehört deshalb nur die Feststellung, ob der Verschmelzungsvertrag den gesetzlichen Anforderungen genügt, nicht aber eine Stellungnahme zur wirtschaftlichen Zweckmäßigkeit der Verschmelzung.[717] Im Mittelpunkt des Berichts steht die **Stellungnahme zur Plausibilität des vorgeschlagenen Umtauschverhältnisses.** Hierzu enthält § 12 Abs. 2 eine Reihe von Vorgaben und insoweit muss sich der Prüfungsbericht zwangsläufig mit den entsprechenden Erläuterungen der Geschäftsführer im Verschmelzungsbericht (Rn. 335) befassen. Ist ein **Barabfindungsangebot** nach § 29 zu machen (Rn. 326), so ist auch dieses im Prüfungsbericht zu behandeln, sofern nicht auf seine Prüfung oder den Prüfungsbericht nach § 30 Abs. 2 verzichtet wurde. Unternehmensschädliche Tatsachen brauchen im Prüfungsbericht nicht offenbart zu werden (§ 12 Abs. 3 iVm. § 8 Abs. 2, vgl. Rn. 40). Im Übrigen wird wegen des Inhalts des Prüfungsberichts auf die Empfehlungen des IdW[718] Bezug genommen.

346 **8. Offenlegung des Verschmelzungsvertrags, des Verschmelzungsberichts und des Verschmelzungsprüfungsberichts. a) Offenlegung Verschmelzungsvertrag gegenüber Gesellschaftern.** Der Verschmelzungsvertrag oder sein Entwurf ist den Gesellschaftern spätestens zusammen mit der Einberufung der Gesellschafterversammlung, die über die Zustimmung zum Verschmelzungsvertrag beschließen soll (§ 13 Abs. 1, vgl. Rn. 352), zu übersenden, § 47. Gemäß § 51 Abs. 1 S. 2 GmbHG kann es sein, dass die Gesellschafter den Verschmelzungsvertrag erst eine Woche vor der Gesellschafterversammlung erhalten.

347 **b) Offenlegung Verschmelzungsvertrag gegenüber Betriebsrat.** Demgegenüber ist der Verschmelzungsvertrag oder sein Entwurf dem Betriebsrat gemäß § 5 Abs. 3 spätestens einen Monat vor der in Rn. 346 bezeichneten Gesellschafterversammlung zuzuleiten. Offenbar soll der Betriebsrat durch die im Zweifel längere Frist in die Lage versetzt werden, den Geschäftsführern Bedenken gegen den Vertrag mitzuteilen und ihnen Gelegenheit zur Nachbesserung des Vertrags zu geben.[719] Der Be-

---

[715] Vgl. *Ossadnik/Maus* DB 1995, 105, 106.
[716] Vgl. Beck'sches HdB GmbH/*Orth* § 14 Rn. 493; *Geßler/Hefermehl/Eckardt/Kropff/Grunewald* § 340b Rn. 10; *Mertens* AG 1990, 20, 29; *Meyer zu Lösebeck* Wpg 1989, 499; *Lutter/Winter* Kölner Umwandlungsrechtstage, S. 35; aA *Widmann/Mayer/Mayer* § 12 Rn. 16; 179 *Dirrigl* Wpg 1989, 413 ff., 454 ff., 617, der sich für die Prüfung der Angaben in den Verschmelzungsberichten ausspricht, die für die Überprüfung des Umtauschverhältnisses relevant sind.
[717] Vgl. 2. Aufl. Rn. 516 mN; ferner *Dehmer* 1. Aufl. 1994, § 340b AktG Anm. 8; *Geßler/Hefermehl/Eckardt/Kropff/Grunewald* § 340b Rn. 10; *Lutter/Winter* Kölner Umwandlungsrechtstage, S. 35, alle mN zur Gegenansicht; *Widmann/Mayer/Mayer* § 12 Rn. 27.
[718] Hauptfachausschuss (HFA) des IDW 6/88, WpG 1989, 42 ff.
[719] Vgl. auch Amtl. Begr. S. 83.

triebsrat kann aber auf die Einhaltung der Monatsfrist gegenüber dem Handelsregister. Die Zuleitung ist dem Registergericht bei der Anmeldung der Verschmelzung nachzuweisen, § 17 Abs. 1 (vgl. Rn. 381). Fehlt oder misslingt dieser Nachweis, darf die Verschmelzung nicht eingetragen werden.[720] Der Betriebsrat kann aber auf die Einhaltung der Monatsfrist gegenüber dem Handelsregister wirksam verzichten.[721] Besteht kein Betriebsrat, so gibt es auch keine Zuleitungspflicht.[722]

c) Offenlegung Verschmelzungsbericht. Der Verschmelzungsbericht der Geschäftsführer ist den **Gesellschaftern** ebenfalls in der Frist des § 47 (Rn. 346) zuzuleiten. Dem **Betriebsrat** ist er **nicht** zur Kenntnis zu bringen, weil der Verschmelzungsbericht ausschließlich dem Schutz der Anteilsinhaber dient,[723] die deshalb auf seine Erstattung verzichten können (§ 8 Abs. 3, vgl. Rn. 331). **348**

d) Offenlegung Verschmelzungsprüfungsbericht. Der Verschmelzungsprüfungsbericht ist nach dem Gesetzeswortlaut weder den Gesellschaftern noch dem Betriebsrat zuzuleiten. Was die Gesellschafter angeht, so liegt hierin ein gewisser Widerspruch, weil die Prüfung grds. nur auf Verlangen eines Gesellschafters, also in seinem Interesse, stattfindet (§ 48, vgl. Rn. 341). Anderseits ist zu berücksichtigen, dass der Verschmelzungsprüfungsbericht nicht den Gesellschaftern, sondern den Geschäftsführern der an der Verschmelzung beteiligten Gesellschaften erstattet wird, weil diese den Prüfungsauftrag zu erteilen haben (§ 10 Abs. 1 S. 1). Das hindert die Zuleitung des Berichts an die Gesellschafter indessen nicht. Sie ist deshalb entsprechend § 47 vorzunehmen.[724] **349**

e) Auslegung von Verschmelzungsunterlagen. Von der Einberufung der Gesellschafterversammlung an, die über die Zustimmung zum Verschmelzungsvertrag beschließen soll, sind in dem Geschäftsraum der Gesellschaft die Jahresabschlüsse und die Lageberichte der an der Verschmelzung beteiligten Gesellschaften für die letzten drei Geschäftsjahre zur Einsicht durch die Gesellschafter auszulegen, § 49 Abs. 2. Nicht auszulegen sind der Verschmelzungsvertrag oder sein Entwurf und der Verschmelzungsbericht, weil diese Unterlagen den Gesellschaftern bereits zugänglich gemacht worden sind (Rn. 346, 348). Nicht auszulegen ist nach dem Gesetzeswortlaut auch ein etwa erstatteter Verschmelzungsprüfungsbericht (Rn. 345). Liegt er vor und ist er den Gesellschaftern noch nicht entsprechend § 47 übersandt worden (Rn. 349), dann sollte er den Gesellschaftern durch Auslegung wie bei der Verschmelzung unter Beteiligung von Aktiengesellschaften (§ 63 Abs. 1 Nr. 5, vgl. Rn. 456) zugänglich gemacht werden. Wo das nicht geschieht, kann der Zustimmungsbeschluss angefochten werden. Unabhängig hiervon können die Gesellschafter auf Grund ihres Auskunftsrechts nach § 51a GmbHG Informationen über den Verschmelzungsprüfungsbericht verlangen. Die Erteilung von Abschriften des Verschmelzungsprüfungsberichts kann damit freilich nicht erzwungen werden.[725] Darüberhinaus haben die Geschäftsführer jedem Gesellschafter auf Verlangen jederzeit **Auskunft** auch **über** alle für die Verschmelzung wesentlichen **Angelegenheiten der anderen beteiligten Gesellschaften** zu geben, § 49 Abs. 3. Zur Auskunftserteilung verpflichtet sind die Geschäftsführer derjenigen Gesellschaft, welcher der die Auskunft verlangende Gesellschafter angehört.[726] **350**

---

[720] *Lutter/Lutter* Umwandlungsgesetz § 5 Rn. 88; *Müller* DB 1997, 713.
[721] LG Stuttgart GmbHR 2000, 622 m. Anm. *Kinzelmann*.
[722] *Lutter/Lutter* Umwandlungsgesetz § 5 Rn. 87.
[723] Amtl. Begr. S. 84.
[724] Vgl. iE *Zimmermann*, FS Brandner, 1996, S. 176.
[725] Vgl. § 51a GmbHG Rn. 7; *Scholz/K. Schmidt* § 51a Rn. 23, 26.
[726] Vgl. *Scholz/Priester* 7. Aufl. § 20 KapErhG Rn. 17.

Anh. nach § 77   5. Abschnitt. Auflösung und Nichtigkeit der Gesellschaft

351   **9. Zustimmungsbeschlüsse.** Der Verschmelzungsvertrag wird nur wirksam, wenn die Anteilsinhaber der beteiligten Gesellschaften ihm durch Beschluss **(Verschmelzungsbeschluss)** zustimmen, § 13 Abs. 1 S. 1.

352   **a) Gesellschafterversammlung.** Beschluss kann nur in einer Versammlung der Gesellschafter gefasst werden, § 13 Abs. 1 S. 2. Schriftliche Abstimmung reicht deshalb nicht aus.[727] Die **Verschmelzung** als Gegenstand der Beschlussfassung ist von den Geschäftsführern in der Einberufung der Gesellschafterversammlung **anzukündigen,** § 49 Abs. 1. Diese Vorschrift geht über die allgemeinen Bestimmungen des § 50 Abs. 2 und Abs. 4 GmbHG hinaus, nach denen eine „Tagesordnung" erst drei Tage vor der Versammlung angekündigt werden muss.

353   **b) Dreiviertelmehrheit.** Der Beschluss bedarf einer Mehrheit von mindestens drei Vierteln der abgegebenen Stimmen, § 50 Abs. 1 S. 1. Eine Kapitalmehrheit ist nicht erforderlich. Eine geringere Mehrheit kann der Gesellschaftsvertrag nicht bestimmen, wohl aber eine größere Mehrheit und weitere Erfordernisse, § 13 Abs. 1 S. 2. Stellt der Gesellschaftsvertrag für die Verschmelzung keine **besonderen Erfordernisse** auf, aber **für Satzungsänderungen** allgemein, so gelten diese wegen des Strukturänderungscharakters der Verschmelzung (vgl. § 53 GmbHG Rn. 32) auch für den Zustimmungsbeschluss.[728] Das gilt auch für das neue Recht.[729]

354   **c) Stimmverbot.** Ein Stimmverbot wegen Beteiligung einer der fusionierenden Gesellschaften an der anderen nach § 47 Abs. 4 S. 2 GmbHG besteht nicht.[730] Die Amtl. Begr. zu § 50 (S. 100) stellt dies ausdrücklich fest. Für gegenteilige Auffassungen[731] dürfte deshalb kein Raum mehr sein. Der **Minderheitenschutz** wird im Verschmelzungsrecht auf andere Weise gewährleistet, zB durch Kontrolle des Umtauschverhältnisses, Spruchstellenverfahren.[732]

355   **d) Beurkundung.** Da der Zustimmungsbeschluss die Grundlagen der Gesellschaft berührt, ist er wie bei Änderungen des Gesellschaftsvertrags (§ 53 GmbHG) der Beurkundungspflicht unterworfen, § 13 Abs. 3 S. 1. Der Verschmelzungsvertrag oder sein Entwurf ist dem Beschluss als Anlage beizufügen. Auf Verlangen hat die betreffende Gesellschaft jedem Gesellschafter auf dessen Kosten unverzüglich eine Abschrift des Verschmelzungsvertrags oder seines Entwurfs und der Niederschrift des Verschmelzungsbeschlusses zu erteilen, § 13 Abs. 3 S. 2 und 3.

356   **e) Aufsichtsrat.** Zur Gesellschafterversammlung, die den Verschmelzungsbeschluss zu fassen hat, ist ein obligatorischer Aufsichtsrat, insbesondere ein mitbestimmter, einzuladen, weil dieser ein Teilnahmerecht hat (§ 25 Abs. 1 Nr. 2 MitBestG iVm. § 118 Abs. 2 AktG, vgl. § 48 GmbHG Rn. 10; § 52 GmbHG Rn. 49). Neben der Tagesordnung ist ihm auf Verlangen auch der Verschmelzungsvertrag zuzuleiten (§ 25 Abs. 1 Nr. 2 MitBestG iVm. § 125 Abs. 3 AktG). Wird er nicht eingeladen, ist der Zustimmungsbeschluss anfechtbar (Rn. 371). Davon zu unterscheiden ist die Frage, wie beim

---

[727] Inzwischen wohl allgM, vgl. *Lutter/Winter* Umwandlungsgesetz § 50 Rn. 3; vgl. auch § 53 GmbHG Rn. 36 und oben Rn. 46 zum Formwechsel.
[728] Vgl. 2. Aufl. Rn. 407 mN.
[729] Vgl. *Reichert* GmbHR 1995, 176, 185; *Lutter/Winter* Kölner Umwandlungsrechtstage, S. 37.
[730] Eingehend hierzu vgl. 2. Aufl. Rn. 408, 529; vgl. auch *Koppensteiner,* FS Sigle, 2000, S. 163, 175 und OLG Stuttgart BB 2001, 794 für Strukturänderungen körperschaftlichen Charakters schlechthin.
[731] Vgl. *Hachenburg/Hüffer* § 47 Rn. 174.
[732] *Lutter/Winter* Kölner Umwandlungsrechtstage, S. 39.

Wechsel des Mitbestimmungsstatuts[733] der Aufsichtsrat der aufnehmenden Gesellschaft einzusetzen ist. Durchzuführen ist das Statusverfahren nach §§ 97 ff. AktG. Solange es hieran fehlt, bleibt der bisherige AR der aufnehmenden Gesellschaft im Amt, § 98 Abs. 2 AktG. Schwierigkeiten für die Dauer des Verfahrens kann der Zeitpunkt der Wahlen der Arbeitnehmervertreter bereiten. Ob deren gerichtliche Bestellung nach § 104 AktG vor den Wahlen durchgesetzt werden kann, ist zweifelhaft. Insoweit können ähnliche Probleme wie beim Formwechsel (Rn. 84) und bei der Ausgliederung (Rn. 665, 666, 677) auftreten.[734]

f) Nicht voll eingezahlte Geschäftsanteile. Dem Verschmelzungsbeschluss 357 müssen **alle** anwesenden Gesellschafter der übertragenden Gesellschaft **zustimmen,** wenn Geschäftsanteile der übernehmenden Gesellschaft noch nicht voll eingezahlt sind, § 51 Abs. 1 S. 1. Die nichterschienenen Gesellschafter müssen ihm ebenfalls zustimmen, § 51 Abs. 1 S. 2, und zwar in notarieller Form, § 13 Abs. 3 S. 1. Hierdurch wird dem Haftungsrisiko der Gesellschafter der übertragenden Gesellschaft Rechnung getragen, die nach § 24 GmbHG Gefahr laufen, für die Einlagerückstände aufkommen zu müssen, weil sie nach Wirksamwerden der Verschmelzung Gesellschafter der übernehmenden Gesellschaft sind. Diese Regelung gilt nach § 51 Abs. 1 S. 3 entsprechend, wenn die Einlagen der übertragenden GmbH noch nicht in voller Höhe bewirkt sind. Das bedeutet, dass in solchem Fall alle Gesellschafter der übernehmenden Gesellschaft der Verschmelzung zustimmen müssen, weil auch in diesem Fall (für die Gesellschafter der übernehmenden Gesellschaft) die Ausfallhaftung nach § 24 GmbHG eingreift.[735] Die Gesellschafter der durch die Verschmelzung untergehenden übertragenden Gesellschaft haften ohnehin weiter, weil auf die übernehmende Gesellschaft die Einlageforderungen der übertragenden Gesellschaft übergehen (vgl. Rn. 398). Mit der Regelung des § 51 Abs. 1 S. 3 ist eine Streitfrage des alten Rechts geklärt.[736]

g) Vinkulierung von Geschäftsanteilen. Dem Verschmelzungsbeschluss müssen 358 ferner die Gesellschafter der übertragenden Gesellschaft zustimmen, von deren Genehmigung die **Abtretung von Geschäftsanteilen** abhängt, § 13 Abs. 2, sofern es sich hierbei um ein **Sonderrecht einzelner Gesellschafter** handelt. Die Regelung entspricht derjenigen beim Formwechsel (vgl. Rn. 52), so dass auf die dortigen Ausführungen verwiesen werden kann.[737] Sind dagegen die Geschäftsanteile nur bei der **aufnehmenden Gesellschaft vinkuliert,** nicht aber bei der übertragenden, greift § 13 Abs. 2 nicht ein.[738] Umgekehrt bleibt § 13 Abs. 2 anwendbar, auch wenn den in Betracht kommenden Gesellschaftern der übertragenden Gesellschaft bei der übernehmenden Geschäftsanteile mit entsprechenden Vetorechten angeboten werden.[739] Insofern ist die Rechtslage anders als im Fall des § 50 Abs. 2 (vgl. Rn. 359). Unabhängig von der Frage, ob Gesellschaftern der übertragenden Gesellschaft ein Vetorecht gemäß § 13 Abs. 2 zusteht oder nicht, lösen Vinkulierungsklauseln im Gesellschaftsvertrag der

---

[733] ZB bei erstmaliger Anwendung der Drittelmitbestimmung, weil infolge der Verschmelzung die Mitarbeiterzahl 500 überschreitet, §§ 76 ff. BetrVG 1952, oder beim Übergang der Drittelmitbestimmung auf die paritätische Mitbestimmung nach dem MitbestG 1976.
[734] Vgl. iE *Kiem/Uhrig* NZG 2001, 680.
[735] Amtl. Begr. S. 100.
[736] Vgl. *Lutter/Winter* Kölner Umwandlungsrechtstage, S. 45 mwN.
[737] Vgl. auch *Reichert* GmbHR 1995, 176, 186; *Lutter/Winter* Kölner Umwandlungsrechtstage, S. 42.
[738] Vgl. 2. Aufl. Rn. 411 und *Reichert* GmbHR 1995, 176, 187, 189.
[739] Vgl. *Reichert* GmbHR 1995, 176, 181.

übernehmenden GmbH ein **Abfindungsangebot** der übernehmenden GmbH nach § 29 aus (vgl. Rn. 326).

359 **h) Minderheitsrechte, Sonderrechte.** Der Verschmelzungsbeschluss bedarf außerdem der **Zustimmung** der Gesellschafter der übertragenden Gesellschaft, die durch die Verschmelzung auf dem Gesellschaftsvertrag beruhende Minderheitsrechte verlieren oder denen ein Sonderrecht auf Geschäftsführung, Bestellung von Geschäftsführern oder ein Vorschlagsrecht für die Geschäftsführung zustehen, § 50 Abs. 2. Die Regelung entspricht auch hier derjenigen beim Formwechsel (vgl. Rn. 54). Eine Beeinträchtigung von Minderheits- und Sonderrechten iS des § 50 Abs. 2 liegt nicht vor, wenn den dort genannten Gesellschaftern in der übernehmenden gleichartige und gleichwertige Rechte eingeräumt werden.[740] Die Neueinräumung solcher Rechte im Gesellschaftsvertrag der übernehmenden Gesellschaft bedarf der Satzungsänderung, der alle nicht selbst begünstigten Gesellschafter zustimmen müssen. Im Übrigen sind derartige Regelungen im Verschmelzungsvertrag nach § 46 Abs. 2 UmwG offenzulegen.[741]

360 **i) Nebenpflichten.** Sind den Gesellschaftern der übertragenden Gesellschaft im Gesellschaftsvertrag Nebenpflichten auferlegt (denen regelmäßig Ansprüche gegen die Gesellschaft entsprechen, vgl. Rn. 53), so ist die **Zustimmung** dieser Gesellschafter **nicht erforderlich.** Insoweit ist die Rechtslage eine andere als beim Formwechsel (vgl. Rn. 53). Die Zustimmungspflicht ergibt sich weder aus § 13 Abs. 2 noch aus den §§ 50 Abs. 2 und 51 Abs. 1. Die Amtl. Begr. (S. 86) rechtfertigt die Nichtübernahme der Regelung des § 376 Abs. 2 S. 3 AktG in das allgemeine Verschmelzungsrecht damit, dass die nebenleistungspflichtigen Gesellschafter für den Verlust des Gegenwerts dieser Verpflichtungen im Rahmen der Bestimmung des Umtauschverhältnisses angemessen entschädigt werden können. Enthält der Gesellschaftsvertrag der übernehmenden Gesellschaft Nebenpflichten, so soll es der Zustimmung der Gesellschafter der übertragenden Gesellschaft (aller Gesellschafter) ebenfalls nicht bedürfen. Die nach altem Recht hM hatte eine solche Pflicht aus den Rechtsgedanken der §§ 180 Abs. 1 AktG und 53 Abs. 3 GmbHG hergeleitet.[742] Die Amtl. Begr. zum neuen Recht (S. 86) verwirft die Übernahme dieser Rechtsgedanken als unzweckmäßig, weil dadurch Verschmelzungen häufig verhindert würden.[743] Angesichts des Gewichts der Gesetzesbegründung, „der bei der Auslegung des neuen Rechts die gebührende Beachtung geschenkt werden sollte",[744] ist jedoch der Annahme einer Gesetzeslücke mit Skepsis zu begegnen.[745]

361 **j) Kleinstanteile.** Dass Inhaber von Kleinstanteilen durch ein Vetorecht die Verschmelzung verhindern können, wenn sie nach dem Umtauschverhältnis keinen Ge-

---

[740] *Reichert* GmbHR 1995, 176; *Lutter/Winter* Kölner Umwandlungsrechtstage, S. 44.
[741] *Lutter/Winter* Kölner Umwandlungsrechtstage, S. 44; vgl. Rn. 317.
[742] Vgl. zB *Scholz/Priester* § 20 KapErhG Rn. 8.
[743] Krit. hierzu *Lutter/Winter* Kölner Umwandlungsrechtstage, S. 45 ff., der eine nach seiner Meinung vorliegende Gesetzeslücke analog § 707 BGB und § 53 Abs. 3 GmbHG schließen will; ähnlich *Lutter/H. Schmidt* Kölner Umwandlungsrechtstage, S. 84, der eine analoge Anwendung von § 29 empfiehlt, wogegen sich wiederum *Lutter/Winter* Kölner Umwandlungsrechtstage, S. 48 ausspricht.
[744] *Lutter/Winter* Kölner Umwandlungsrechtstage, S. 27.
[745] *Lutter/Winter* Umwandlungsgesetz § 51 Rn. 13 will die „Schutzlücke" analog § 53 Abs. 3 GmbHG (Zustimmung aller Gesellschafter der übertragenden Gesellschaft) schließen; ebenso *Lutter/Lutter* Umwandlungsgesetz § 13 Rn. 30; *Widmann/Mayer/Mayer* hält ein Eingreifen des Gesetzgebers für erforderlich.

schäftsanteil erhalten, war nach altem Recht nahezu einhM.[746] Vorausgesetzt war dabei, dass der betroffene Gesellschafter noch nicht einmal den gesetzlich vorgeschrieben gewesenen Mindestnennbetrag von 50,– DM erreichte (§§ 22 Abs. 1 S. 2, 23 Abs. 2 KapErhG). Begründet wurde diese Meinung vor allem mit der Erwägung, dass eine völlige Auszahlung eines Gesellschafters vom Gesetz nicht gewollt sei, das nur von baren „Zuzahlungen" (§ 23 Abs. 3 KapErhG) sprach.[747] Gegen diese Auffassung sind für das neue Recht gewichtige Bedenken erhoben worden, insbesondere im Hinblick darauf, dass nach § 8 Abs. 2 S. 1 AktG nF die Ausgabe von Aktien mit einem Nennbetrag von lediglich einem € erlaubt ist und nach § 8 Abs. 3 S. 3 AktG nF Stückaktien mit einem anteiligen Grundkapitalbetrag von ebenfalls nur einem € möglich sind. Somit könnte bei der Verschmelzung einer AG mit einer GmbH der Inhaber einer derartigen Kleinstbeteiligung nach alter Auffassung die Verschmelzung verhindern. Dies stünde aber mit der erklärten Absicht des Gesetzgebers, Verschmelzungen nicht unnötig zu erschweren, in einem nicht hinnehmbaren Widerspruch.[748] Entsprechendes gilt, wenn bei der reinen GmbH-Verschmelzung das Umtauschverhältnis für die Anteile der übertragenden GmbH so ungünstig ist, dass deren Gesellschafter nicht einmal dann einen Anteil an der aufnehmenden GmbH erhalten können, wenn deren Anteile mit der Mindestgröße nach § 46 Abs. 1 S. 3 angesetzt werden. Diesen Bedenken ist Rechnung zu tragen. An der hier nach altem Recht vertretenen Auffassung ist deshalb schon in der Vorauflage[749] nicht mehr festgehalten worden. Inhabern von Kleinstanteilen ist also kein Vetorecht gegen die Verschmelzung zuzubilligen, sondern nur ein Barabfindungsangebot zu machen, wobei ihnen die **Anfechtung** des Verschmelzungsbeschlusses offensteht, wenn die Verschmelzung ihren Ausschluss bezweckt.[750] Der **Zustimmung** derjenigen Gesellschafter der übertragenden Gesellschaft zur Verschmelzung, die sich nicht mit ihrem gesamten Anteilsbesitz an der übernehmenden Gesellschaft beteiligen können, bedarf es nach § 51 Abs. 2 nur dann, wenn die abweichende Nennbetragsfestsetzung nicht durch § 46 Abs. 1 S. 3 bedingt ist.

k) Stimmrechtslose Geschäftsanteile. Die Inhaber stimmrechtsloser Geschäftsanteile müssen ebenfalls inner- oder außerhalb der Gesellschafterversammlung zustimmen, soweit die im vorstehenden erörterten besonderen Zustimmungserfordernisse bestehen, weil die Verschmelzung eine Strukturänderung des Verbands ist, für die auch stimmrechtslose Anteile das Stimmrecht gewähren.[751] Zum etwaigen Austrittsrecht eines Gesellschafters und zur sachlichen Rechtfertigung der Verschmelzung vgl. Rn. 366, 368. **362**

10. Kapitalerhöhungsbeschluss. Die Gesellschafter der übernehmenden Gesellschaft haben einen Kapitalerhöhungsbeschluss nach § 55ff. GmbHG zu fassen, wenn die übernehmende Gesellschaft zur Durchführung der Verschmelzung ihr Stammkapital erhöht (vgl. Rn. 317, 318). Da es sich um eine Kapitalerhöhung mit Sacheinlagen handelt, gilt vor allem § 56 GmbHG. Jedoch gewährt das Gesetz Erleichterungen, § 55 Abs. 1: **363**

a) Unanwendbarkeit der §§ 55 Abs. 1, 56a, 57 Abs. 2, Abs. 3 Nr. 4 GmbHG. Unanwendbar sind §§ 55 Abs. 1, 56a, 57 Abs. 2, Abs. 3 Nr. 4 GmbHG, weil sie für **364**

---

[746] Vgl. 2. Aufl. Rn. 414; dagegen schon nach altem Recht *Geßler/Hefermehl/Eckardt/Kropff/Grunewald* § 344 Rn. 16.
[747] Vgl. zB *Lutter/Hommelhoff* 13. Aufl. Anh. Verschmelzung, § 23 KapErhG Rn. 5.
[748] *Lutter/Winter* Umwandlungsgesetz § 54 Rn. 37.
[749] Rn. 361.
[750] *Lutter/Winter* Umwandlungsgesetz § 54 Rn. 57: *ders.*, FS Lutter, 2001, S. 1279, 1285.
[751] Vgl. 2. Aufl. Rn. 412 mN.

die Verschmelzung nicht passen. Der Übernahmevertrag und die Übernahmeerklärungen werden durch die notwendigen Angaben des Verschmelzungsvertrags und die Zustimmungsbeschlüsse der Gesellschafter ersetzt, die Einlagen auf das erhöhte Stammkapital werden durch den sich kraft Gesetzes (§ 20 Abs. 1 Nr. 1) vollziehenden Vermögensübergang geleistet. Deshalb bedarf es auch nicht der Versicherung, dass die Einlagen auf das neue Stammkapital bewirkt sind. Eine Art **gesetzliches Bezugsrecht** der Gesellschafter der übernehmenden Gesellschaft ähnlich wie bei der Kapitalerhöhung aus Gesellschaftsmitteln (§ 57j GmbHG, vgl. dort) gibt es nicht, weil es die Verschmelzung verhindern würde.[752]

365 b) **Mindestnennbetrag der Geschäftsanteile.** Die den Gesellschaftern der übertragenden Gesellschaft zu gewährenden Geschäftsanteile müssen abweichend von § 5 Abs. 1 Halbs. 2 und Abs. 3 S. 2 GmbHG **nur mindestens 50,– €** betragen und lediglich **durch zehn teilbar** sein, gleichgültig, ob es sich um Geschäftsanteile aus einer Kapitalerhöhung oder um eigene Geschäftsanteile der übernehmenden Gesellschaft handelt, § 55 Abs. 1 S. 2, § 54 Abs. 3 S. 1. Im letzteren Fall ist eine Stückelung der Geschäftsanteile in solche mit geringeren Nennbeträgen zulässig. **Die Teilung ausschließende oder erschwerende Bestimmungen des Gesellschaftsvertrags sind nicht anzuwenden,** zB solche nach § 17 Abs. 6 S. 2 GmbHG sowie mittelbar erschwerend wirkende.[753] Hierdurch soll vermieden werden, dass eine Verschmelzung unterbleiben muss, wenn die Beteiligung eines Gesellschafters der übertragenden Gesellschaft so klein war, dass ihm im Hinblick auf das vereinbarte Umtauschverhältnis nicht einmal ein Geschäftsanteil von 100,– € an der übernehmenden Gesellschaft zugeteilt werden könnte.[754] Alles das gilt auch bei **verdeckter Anteilsinhaberschaft,** die § 54 Abs. 3 S. 2 der offenen gleichstellt.[755] Wertunterschiede zwischen den hingegebenen und den empfangenen Geschäftsanteilen kann die übernehmende Gesellschaft durch **bare Zuzahlungen** ausgleichen, die aber 10 % des Gesamtnennbetrags der gewährten Geschäftsanteile nicht übersteigen dürfen, § 54 Abs. 4 (vgl. Rn. 320). Um eine Zuzahlung handelt es sich nicht, wenn ein Gesellschafter der übertragenden Gesellschaft nach dem Umtauschverhältnis überhaupt keinen Geschäftsanteil erhalten kann und deshalb durch eine Zahlung abgefunden wird (vgl. Rn. 361).

366 11. **Austrittsrecht aus wichtigem Grund.** Ein solches soll dem Gesellschafter ausnahmsweise zustehen, wenn sich die Verhältnisse der Gesellschaft durch die Verschmelzung in einer für ihn nicht zumutbaren Weise ändern.[756] Angesichts der Beschränkung des Barabfindungsanspruchs in § 29 auf Fälle der Mischverschmelzung und der Vinkulierung der Anteile des übernehmenden Rechtsträgers wird an ein Austritts- und Abfindungsrecht außerhalb der gesetzlichen Regelung nur in Extremfällen zu denken sein. Dass ein solcher Extremfall vorliegt, wenn Nebenleistungspflichten bei der aufnehmenden Gesellschaft bestehen,[757] hängt von den Umständen des Einzelfalles ab.

367 12. **Mängel der Verschmelzung.** Sie können beim Verschmelzungsvertrag, den Zustimmungsbeschlüssen und dem Kapitalerhöhungsbeschluss liegen. Ob durch solche

---

[752] Vgl. 2. Aufl. Rn. 413 mN und u. Rn. 444 zur Verschmelzung einer GmbH mit einer AG.
[753] Vgl. 2. Aufl. Rn. 414 mN.
[754] Vgl. BT-Drucks. 8/1347 S. 50 sowie die entsprechende Regelung beim Formwechsel, § 243 Abs. 3, Rn. 165 und § 57h Abs. 1 S. 2 GmbHG.
[755] Amtl. Begr. S. 101.
[756] Nachw. vgl. 2. Aufl. Rn. 386, 415.
[757] Vgl. Rn. 331.

Mängel die Verschmelzung gefährdet wird, hängt vom Zeitpunkt ihrer Feststellung und Geltendmachung ab, weil gewisse Mängel durch Eintragung der Verschmelzung geheilt werden, andere die Wirkungen der Verschmelzung unberührt lassen. Ein Interesse an der Geltendmachung von Mängeln wird deshalb nach Eintragung der Verschmelzung kaum noch bestehen.

a) Materielle Kontrolle. Eine allgemeine materielle Kontrolle der Verschmelzung auf ihre Erforderlichkeit und Zweckmäßigkeit sowie ihre Verhältnismäßigkeit für die betroffene Minderheit (im Rahmen einer Anfechtungsklage) hatte nach überwM zum alten Recht nicht stattzufinden.[758] Der Gesetzgeber des neuen Rechts hat die Frage ausdrücklich ungeregelt gelassen.[759] Ob er sich damit tendenziell gegen eine Sachkontrolle ausgesprochen hat,[760] mag dahinstehen. Jedenfalls hat der BGH für den dem Verschmelzungsbeschluss (der übertragenden Gesellschaft) ähnlichen Auflösungsbeschluss[761] zur Vorbereitung der Übernahme des Vermögens der aufgelösten Gesellschaft durch den Mehrheitsgesellschafter entschieden, dass dieser keiner sachlichen Rechtfertigung bedürfe, weil er „seine Rechtfertigung in sich" trage.[762] Für eine Sachkontrolle des Verschmelzungsbeschlusses dürfte danach kaum noch Raum bleiben, zumal das Verschmelzungsverfahren durch die Vorschriften des UmwG über den Inhalt des Verschmelzungsvertrags (§ 5), den Verschmelzungsbericht (§ 8), die Verschmelzungsprüfung (§§ 9 bis 12), die Verbesserung des Umtauschverhältnisses durch bare Zuzahlungen (§ 15) usw. allen Beteiligten Sicherheit zur Wahrung ihrer Rechte bietet.[763] Unabhängig hiervon ist wie beim Formwechsel (Rn. 79) eine **Missbrauchsprüfung** stets möglich. Zur Prüfung der Verschmelzung durch das Registergericht vgl. Rn. 386.

368

b) Mängel des Verschmelzungsvertrags. Enthält der Verschmelzungsvertrag oder sein Entwurf nicht alle nach §§ 5, 29, 46 erforderlichen Angaben oder hat er einen gesetzwidrigen Inhalt, ist er nichtig oder anfechtbar. Ein Zustimmungsbeschluss zu einem solchen Verschmelzungsvertrag ist seinerseits anfechtbar.[764] Bei zu niedriger Bemessung des **Umtauschverhältnisses** kommt allerdings eine Klage nicht in Betracht, § 14 Abs. 2. Dieser Mangel ist im Spruchstellenverfahren (vgl. Rn. 687ff.) gerichtlich geltend zu machen, §§ 15 Abs. 1, 305ff. Das Gleiche gilt, wenn das **Abfindungsangebot** gemäß § 29 Abs. 1 im Verschmelzungsvertrag (Rn. 326) nicht oder nicht ordnungsgemäß angeboten oder zu niedrig bemessen worden ist, § 32 (vgl. Rn. 81). Ob auch die Verletzung von **Informations-, Auskunfts-** oder **Berichtspflichten** in diesem Zusammenhang die Anfechtungsklage nach der neuen Rechtsprechung des BGH ausschließt, ist anders als beim Formwechsel zweifelhaft (vgl. Rn. 176, 459, 687). Fehlt die nach § 6 erforderliche **notarielle Beurkundung** des Verschmelzungsvertrags, so wird dieser Mangel durch Eintragung der Verschmelzung geheilt, § 20 Abs. 1 Nr. 4. Zur Behandlung eines vom Bundeskartellamt untersagten Verschmelzungsvorhabens vgl. Rn. 372.

369

---

[758] Vgl. 2. Aufl. Rn. 417 mN.
[759] Amtl. Begr. S. 86, vgl. auch Rn. 79.
[760] So *Lutter/Decher* Kölner Umwandlungsrechtstage, S. 220.
[761] *Lutter/Winter* Kölner Umwandlungsrechtstage, S. 40.
[762] BGHZ 76, 352, 353; vgl. auch BGHZ 103, 184, 189 ff., ferner OLG Stuttgart ZIP 1995, 1515 und dazu *Henze* ZIP 1995, 1473 ff.
[763] *Henze* ZIP 1995, 1473, 1481; *Schöne* Die Spaltung unter Beteiligung von GmbH, 1998, S. 253 für den Fall der Spaltung; *Lutter/Lutter* Umwandlungsgesetz § 13 Rn. 33; aA bezüglich der Gesellschafter der übernehmenden Gesellschaft bei Kapitalerhöhung zur Durchführung der Verschmelzung *Lutter/Winter* Kölner Umwandlungsrechtstage, S. 41.
[764] *Geßler/Hefermehl/Eckardt/Kropff/Grunewald* § 340 Rn. 34.

370 **c) Fehlende Zustimmungen, notarielle Beurkundung.** Fehlt die Zustimmung der Inhaber von Sonderrechten (Rn. 358), ist der Zustimmungsbeschluss kraft ausdrücklicher gesetzlicher Vorschrift unwirksam, § 13 Abs. 2. Bloße Anfechtbarkeit ist die Folge beim Fehlen von Zustimmungen nach § 50 Abs. 2 (Rn. 359). Der Problematik fehlender Zustimmungen kommt nach neuem Recht jedoch nur noch eine beschränkte Bedeutung zu. Solange zum Verschmelzungsbeschluss erforderliche Zustimmungen fehlen, darf der Registerrichter die Verschmelzung in das Handelsregister nicht eintragen (vgl. Rn. 386). Trägt er gleichwohl ein, so treten trotz des Mangels die vollen Wirkungen der Verschmelzung ein, d.h. die etwaige Unwirksamkeit des Verschmelzungsbeschlusses wegen fehlender Zustimmungen kann nicht mehr geltend gemacht werden, § 20 Abs. 1 Nr. 4 (Rn. 404). Die Heilung tritt kraft ausdrücklicher Gesetzesvorschrift jedoch erst mit der Eintragung der Verschmelzung in das Register des Sitzes der übernehmenden Gesellschaft ein, § 20 Abs. 1 S. 1.[765] Gleiches gilt, wenn die erforderlichen Zustimmungserklärungen zwar vorhanden, aber nicht notariell beurkundet sind. Soweit Mängel geheilt sind, können sie eine Verantwortlichkeit der Verwaltungsträger (§ 25, vgl. Rn. 409 ff.) nicht mehr begründen.

371 **d) Aufsichtsrat.** Ist ein Aufsichtsrat mit Teilnahmerecht (Rn. 356) zur Gesellschafterversammlung nicht eingeladen worden, die den Zustimmungsbeschluss fasste, so ist der Beschluss anfechtbar.[766]

372 **e) Vom Bundeskartellamt untersagtes Verschmelzungsvorhaben.** Eine vom Bundeskartellamt nicht freigegebene Verschmelzung darf nicht vollzogen werden, § 41 Abs. 1 S. 1 GWB. Rechtsgeschäfte, die gegen dieses Verbot verstoßen, sind unwirksam, § 41 Abs. 1 S. 2 GWB. **Unwirksam ist** danach auch ein **verbotswidrig abgeschlossener Verschmelzungsvertrag.** Wird die Verschmelzung jedoch in das Handelsregister eingetragen, tritt die Unwirksamkeitsfolge nicht ein, § 41 Abs. 1 S. 3 GWB. Insoweit stimmt die kartellrechtliche Regelung mit der gesellschaftsrechtlichen des § 20 Abs. 2 (vgl. Rn. 405) überein. Anders als die gesellschaftsrechtliche Regelung, die auf einer allgemeinen Tendenz beruht, gesellschaftsrechtliche Akte möglichst zu erhalten (Amtl. Begr. S. 91), will die kartellrechtliche Regelung lediglich das Vertrauen Dritter in die Richtigkeit des Handelsregisters schützen. Deshalb ist auch ein durch Eintragung der Verschmelzung in das Handelsregister **verbotswidrig vollzogener Zusammenschluss aufzulösen,** den das Bundeskartellamt untersagt oder dessen Freigabe es widerrufen hat, § 41 Abs. 3 GWB.[767] Wegen der gesellschaftsrechtlichen Wirksamkeit der Verschmelzung ist eine Auflösung aber nur nach den allgemeinen Regeln des Gesellschaftsrechts möglich, zB durch Liquidation der aufnehmenden Gesellschaft[768] und Neugründung der übertragenden Gesellschaft.[769] Im Ergebnis führt danach die Eintragung der Verschmelzung in das Handelsregister nur im gesellschaftsrechtlichen Bereich zum Ausschluss von Mängelrügen. Das steht in Übereinstimmung mit Art. 22 Abs. 3 der Dritten EG-Richtlinie, welche die nationale Gesetzgebungsbe-

---

[765] Anders das alte Recht, vgl. 2. Aufl. Rn. 420.
[766] Vgl. § 48 GmbHG Rn. 11; *Zöllner,* FS R. Fischer, 1979, S. 905, 910; aA *Hommelhoff* ZGR 1978, 119, 149.
[767] Vgl. zur Auflösung allgemein BGHZ 88, 273 = NJW 1984, 2286 und § 75 GmbHG Rn. 14.
[768] Vgl. *Immenga/Mestmäcker* § 41 Rn. 14, 57.
[769] Vgl. *Köhler* ZGR 1985, 307, 333, 337. Die zur Auflösung erforderlichen Maßnahmen ordnet das Bundeskartellamt an, wobei die Wettbewerbsbeschränkung auch auf andere Weise als durch Wiederherstellung des früheren Zustandes beseitigt werden kann, § 41 Abs. 3 S. 2 und 3 GWB.

fugnis auf dem Gebiet der **kartellrechtlichen Entflechtung** keinerlei Schranken unterwirft.[770]

13. Geltendmachung der Mängel. a) Anregung beim Registergericht. Wird 373 die Verschmelzung trotz vorliegender Mängel zur Eintragung in das Handelsregister angemeldet, kann jeder Gesellschafter formlos beim Registergericht anregen, die **Eintragung abzulehnen** oder durch Zwischenverfügung auf die Beseitigung behebbarer Mängel hinzuwirken, zB auf die Beibringung fehlender Zustimmungs- oder Verzichtserklärungen, sofern diese im Zeitpunkt der Anmeldung vorlagen, aber entgegen §§ 17, 52 der Anmeldung nicht beigefügt waren.

b) Klage gegen die Wirksamkeit des Verschmelzungsbeschlusses. Unabhängig hiervon können die Gesellschafter „gegen die Wirksamkeit" des Verschmelzungsbeschlusses **binnen eines Monats nach der Fassung des Verschmelzungsbeschlusses** (vgl. Rn. 351) Klage erheben, § 14 Abs. 1. Die Gesetzesfassung ergreift **alle Klagetypen,** mit denen die Nichtigkeit, Unwirksamkeit oder Anfechtbarkeit eines Gesellschafterbeschlusses geltend gemacht werden kann (Amtl. Begr. S. 87) und geht als lex specialis den allgemeinen Fristenregelungen vor. Das ist von Bedeutung für die gerichtliche Geltendmachung von Unwirksamkeits- oder Nichtigkeitsgründen, die grundsätzlich an keine Fristen gebunden sind und für Anfechtungsklagen, wenn der Gesellschaftsvertrag für ihre Erhebung eine längere Frist als einen Monat vorsieht.[771] Die Monatsfrist ist eine Ausschlussfrist.[772] Die Auffassung, nach Ablauf der Monatsfrist könne gegen die Wirksamkeit des Verschmelzungsbeschlusses noch im Wege einer Feststellungsklage nach § 256 ZPO vorgegangen werden und eine solche Klage sei ein Eintragungshindernis mit der Folge der Möglichkeit der Aussetzung des Eintragungsverfahrens nach § 127 FGG,[773] ist abzulehnen, da sie dem Gesetzeszweck zuwiderläuft, das Wirksamwerden der Verschmelzung nicht auf unbestimmte Zeit hinauszuschieben.[774]

c) Ausschluss der Klage. Ausgeschlossen ist die Klage bei zu niedriger Bemessung 375 des Umtauschverhältnisses und des Barabfindungsangebots, ferner dann, wenn die Barabfindung im Verschmelzungsvertrag nicht oder nicht ordnungsgemäß angeboten worden ist, §§ 14 Abs. 2, 32 (vgl. Rn. 81, 369). Die Angemessenheit der neuen Beteiligung kann jedoch im Spruchverfahren nach §§ 305 ff. (vgl. Rn. 687 ff.) überprüft werden und dort gegebenenfalls zu einem **Ausgleich durch bare Zuzahlung** führen, § 15 Abs. 1. Der Klageausschluss gilt jedoch nur für die Gesellschafter der übertragenden Gesellschaft. Den Gesellschaftern der aufnehmenden Gesellschaft ist die Klage nicht abgeschnitten (die mit ihr aber kaum ein zu niedriges Umtauschverhältnis rügen dürften). Das wird teilweise mit Recht als verfehlt angesehen.[775]

14. Anmeldung der Verschmelzung. Die Verschmelzung ist von den **Geschäfts-** 376 **führern** der beteiligten Gesellschaften in **vertretungsberechtigter** Zahl jeweils zur

---

[770] Vgl. *Ganske* DB 1981, 1551, 1557.
[771] Vgl. *Schöne* DB 1995, 1317, 1318.
[772] Amtl. Begr. S. 87.
[773] So *K. Schmidt* DB 1995, 1849, 1850; *ders.* in GroßkommAktG § 249 Rn. 43, 44.
[774] Amtl. Begr. S. 87; vgl. auch Rn. 79 zum Formwechsel.
[775] Vgl. zB *Deutscher Anwaltverein e. V.* NZG 2000, 800, 802, 803; *Kallmeyer/Marsch-Barner* § 14 Rn. 16 mwN. Vgl. auch BGH NJW 2001, 1425 = GmbHR 2001, 200 und BGH GmbHR 2001, 247, wo (obiter) beim Formwechsel die analoge Anwendung der §§ 210, 212 für die in der neuen Rechtsform verbleibenden Anteilseigner bei einem zu hohen Barangebot (de lege ferenda) erwogen wird, s. dazu *Henze* ZIP 2002, 97, 107; *ders.* Aktienrecht Rn. 1358; ferner Rn. 691.

Eintragung in das Handelsregister des Sitzes ihrer Gesellschaft **anzumelden**, § 16 Abs. 1 S. 1. Die Anmeldung durch sämtliche Geschäftsführer (§ 78 GmbHG) der übernehmenden Gesellschaft ist nur erforderlich, wenn diese zur Durchführung der Verschmelzung ihr Stammkapital erhöht (Rn. 384).[776]

377 **a) Auch durch Geschäftsführer der übernehmenden Gesellschaft.** Auch die Geschäftsführer der übernehmenden Gesellschaft sind berechtigt, die Verschmelzung zur Eintragung in das Handelsregister des Sitzes der übertragenden Gesellschaften anzumelden, § 16 Abs. 1 S. 2. Diese Regelung ist für die GmbH-Verschmelzung neu, bei der aktienrechtlichen Verschmelzung galt sie bereits nach altem Recht (§ 345 Abs. 1 S. 2 AktG aF). Nach der Amtl. Begr. (S. 88) wird die Ausdehnung der Anmeldebefugnis auf alle Verschmelzungsfälle mit dem Interesse des Vertretungsorgans des übernehmenden Rechtsträgers begründet, dass die Verschmelzung so schnell wie möglich in die Register eingetragen und damit wirksam wird. Die an sich mögliche **Klage** einer Gesellschaft gegen die andere auf Verurteilung zur Anmeldung[777] kommt danach kaum noch in Betracht.

378 **b) Negativerklärung.** Bei der Anmeldung haben die Vertretungsorgane zu erklären, dass eine Klage gegen die Wirksamkeit eines Verschmelzungsbeschlusses nicht oder nicht fristgemäß erhoben oder eine solche Klage rechtskräftig abgewiesen oder zurückgenommen worden ist, § 16 Abs. 2 S. 1 Halbs. 1. Zu dieser Negativerklärung iE sowie zur **Eintragungssperre** beim Fehlen der Negativerklärung und weiteren Modalitäten vgl. Rn. 110–117 zum Formwechsel.

379 **c) Erklärung über das Vorliegen von Zustimmungen.** Müssen alle Gesellschafter dem Verschmelzungsvertrag **zustimmen** (Rn. 357), haben die Geschäftsführer aller an der Verschmelzung beteiligten Gesellschaften auch zu erklären, dass die Zustimmungen vorliegen, § 52 Abs. 1. Nicht folgerichtig ist es, dass die Gesetzesfassung nur eine Erklärung über das Vorliegen der Zustimmungserklärungen der Gesellschafter der übertragenden Gesellschaft verlangt und nicht auch eine Erklärung hinsichtlich der Gesellschafter der übernehmenden Gesellschaft, wenn Geschäftsanteile der übertragenden Gesellschaft nicht voll eingezahlt sind (§ 51 Abs. 1 S. 3, vgl. Rn. 357).[778]

380 **d) Erklärung über Kapitalerhöhung.** Muss zur Durchführung der Verschmelzung das Stammkapital der übernehmenden Gesellschaft erhöht werden, so ist das **bei der Anmeldung der Verschmelzung** ebenfalls zu erklären, und zwar auch von den Geschäftsführern der übertragenden Gesellschaft, weil die Verschmelzung weder in das Handelsregister der übertragenden noch in das der übernehmenden Gesellschaft eingetragen werden darf, bevor die Erhöhung des Stammkapitals im Handelsregister eingetragen worden ist, § 53 (vgl. Rn. 389).

381 **e) Anlagen zur Anmeldung.** Zur besseren Lesbarkeit sind die der Anmeldung beizufügenden Anlagen in besonderen Bestimmungen zusammengefasst (§§ 17, 52 Abs. 2). Dabei wird unterschieden zwischen Anlagen, die in Ausfertigung oder öffentlich beglaubigter Abschrift vorzulegen sind und Anlagen, die in Urschrift oder Abschrift vorgelegt werden können, je nach dem, ob der Gegenstand der Anlagen nota-

---

[776] Ebenso *Lutter/Winter* Umwandlungsgesetz § 52 Rn. 4; aA offenbar *Widmann/Mayer/Mayer* § 52 Rn 5.

[777] Vgl. 2. Aufl. Rn. 430.

[778] *Lutter/Winter* Umwandlungsgesetz § 52 Rn. 6 sieht hierin ein reines Redaktionsversehen und hält demgemäß auch eine Erklärung über das Vorliegen der Zustimmungen der Gesellschafter der übernehmenden GmbH für erforderlich. AA *Widmann/Mayer/Mayer* § 52 Rn. 5.1, die den Vorzug verdient.

Umwandlung   **Anh. nach § 77**

riell zu beurkunden ist oder nicht. In Ausfertigung oder öffentlich beglaubigter Abschrift sind danach bei der **Anmeldung der übertragenden Gesellschaft** beizufügen:
- der Verschmelzungsvertrag;[779]
- die Niederschriften der Verschmelzungsbeschlüsse aller beteiligten Gesellschaften;
- die Zustimmungserklärungen der Inhaber von Sonderrechten usw. (Rn. 358, 359);
- die Zustimmungserklärungen nicht erschienener Gesellschafter (Rn. 357);
- etwaige Verzichtserklärungen hinsichtlich des Verschmelzungsberichts (§ 8 Abs. 3) oder des Verschmelzungsprüfungsberichts (§§ 48, 12 Abs. 3);
- etwaige Verzichtserklärungen hinsichtlich der Prüfung des Barabfindungsangebots oder des Berichts über die Prüfung des Barabfindungsangebots (Rn. 326).

In Urschrift oder Abschrift sind beizufügen:
- der Verschmelzungsbericht (Rn. 330 bis 340);
- der Verschmelzungsprüfungsbericht (Rn. 345);
- ein Nachweis über die rechtzeitige Zuleitung des Verschmelzungsvertrags oder seines Entwurfs an den zuständigen Betriebsrat. Wie dieser Nachweis zu führen ist, soll der Praxis überlassen bleiben (zB Vorlage des Übersendungsschreibens oder Empfangsbestätigung des Vorsitzenden des Betriebsrats; vgl. auch Amtl. Begr. S. 90);
- eine etwa erforderliche staatliche Genehmigung (die bei der GmbH-Verschmelzung aber kaum in Betracht kommt, auch nicht nach §§ 13, 14 VAG, weil nach §§ 5, 7 VAG Versicherungsgeschäfte nicht von Gesellschaften mbH betrieben werden dürfen).
- **Schlussbilanz** der übertragenden Gesellschaft, deren Stichtag höchstens acht Monate vor dem Tag der Anmeldung liegen darf (§ 17 Abs. 2 S. 4). „Bilanz" ist wörtlich zu verstehen. Vorzulegen ist deshalb nur die Bilanz iSd. § 242 Abs. 1 S. 1 HGB, nicht der gesamte Jahresabschluss iSd. §§ 242 Abs. 3, 264 Abs. 1 S. 1 HGB, also nicht auch die Gewinn- und Verlustrechnung, der Anhang und der Lagebericht[780] Diese Bilanz dient nicht der Festlegung des Umtauschverhältnisses (Rn. 320), sondern soll den Registerrichter lediglich zeitnah über das Vermögen der übertragenden Gesellschaft unterrichten.[781] Da für die Schlussbilanz die entsprechende Anwendung der Vorschriften über die Jahresbilanz angeordnet ist, § 17 Abs. 2 S. 2, handelt es sich um eine Ertragsbilanz, nicht um eine Vermögensbilanz. Abweichend vom alten Recht[782] haben die Wertansätze in der Schlussbilanz keine Bindungswirkung für die Anschaffungskosten (§ 352 HGB) in der Jahresbilanz der übernehmenden GmbH, § 24 (vgl. Rn. 408). Auch für die Prüfung der Schlussbilanz sollen die Vorschriften über die Jahresbilanz entsprechend gelten, § 17 Abs. 2 S. 2. Ist die übertragende Gesellschaft eine kleine GmbH, so braucht danach eine Prüfung nicht stattzufinden

---

[779] Ist die Abschrift des Verschmelzungsvertrags mit der Ausfertigung der Verschmelzungsbeschlüsse durch Schnur und Prägesiegel verbunden, hat der Ausfertigungsvermerk auch Beglaubigungsfunktion für die beigefügte Urkundenabschrift, OLG Karlsruhe GmbHR 1998, 379. Der Einreichung eines weiteren Exemplars des Verschmelzungsvertrags bedarf es nicht, wenn die Verschmelzungsbeschlüsse dem notariell beurkundeten Verschmelzungsvertrag nachfolgen und ihnen dieser in der nach § 17 UmwG vorgeschriebenen Form beigefügt ist, OLG Karlsruhe aaO.
[780] LG Dresden GmbHR 1998, 1086; *Widmann/Mayer/Widmann* § 24 Rn. 35; *Schmitt/Hörtnagl/Stratz* § 17 Rn. 14; *Kallmeyer/Müller* § 17 Rn. 18; Beck'sches HdB GmbH/*Orth* § 14 Rn. 474; aA *Sagasser/Bula/Brünger/Schlösser* K Rn. 11 wegen des Charakters der Bilanz als Erfolgsbilanz.
[781] Vgl. Beck'sches HdB GmbH/*Orth* § 14 Rn. 474; vgl. ferner Rn. 385.
[782] Vgl. 2. Aufl. Rn. 426.

Anh. nach § 77   5. Abschnitt. Auflösung und Nichtigkeit der Gesellschaft

(§ 316 Abs. 1 S. 1 HGB). In keinem Fall braucht die Schlussbilanz bekanntgemacht zu werden, § 17 Abs. 2 S. 3. Die Frist für das Alter der Schlussbilanz soll es ermöglichen, die Bilanz des letzten Geschäftsjahres als Schlussbilanz zu verwenden.[783] Ist die Schlussbilanz auf einen früheren Zeitpunkt aufgestellt, darf der Registerrichter die Verschmelzung nicht eintragen, § 17 Abs. 2 S. 4.[784] Trägt er gleichwohl ein, berührt das die Wirksamkeit der Verschmelzung nicht, § 20 Abs. 2.[785] Dem Register der übernehmenden Gesellschaft muss die Bilanz nicht vorgelegt werden, so dass dieses Registergericht das Alter der Bilanz nicht zu prüfen hat.[786] Wird die fristgerecht aufgestellte Schlussbilanz der – rechtzeitigen – Anmeldung versehentlich nicht beigefügt, so kann diese auch nach Ablauf der Acht-Monats-Frist kurzfristig nach Kenntnis der Versäumnis nachgereicht werden.[787] Unschädlich soll auch die nicht zeitgerechte Bilanzvorlage sein, wenn mit der Verschmelzung eine Kapitalerhöhung verbunden ist und die Zeitdauer des Verfahrens zur Eintragung der Kapitalerhöhung bei der übernehmenden GmbH eine frühere Anmeldung nicht ermöglicht.[788] – Zur **steuerlichen Schlussbilanz** vgl. Rn. 419.

382   Ist die Verschmelzung an eine aufschiebende Bedingung geknüpft (vgl. Rn. 328), so ist es nicht erforderlich, eine gesonderte **Erklärung zum Eintritt der Bedingung** vorzulegen. Jedoch empfiehlt sich die Abgabe einer solchen Erklärung in der Anmeldung selbst oder in gesonderter Form, weil vor Eintritt der Bedingung die Verschmelzung nicht eingetragen werden darf[789] und sich infolgedessen die Prüfungszuständigkeit des Registergerichts auf diesen Punkt erstreckt.

383   Bei **Anmeldung der aufnehmenden Gesellschaft** sind wiederum beizufügen der Verschmelzungsvertrag, die Zustimmungsbeschlüsse aller Gesellschaften, der Verschmelzungsbericht, der Verschmelzungsprüfungsbericht, der Nachweis über die Zuleitung des Verschmelzungsvertrags oder seines Entwurfs an den zuständigen Betriebsrat sowie eine etwa erforderliche staatliche Genehmigung. Wegen des Eintritts etwaiger Bedingungen vgl. Rn. 382. Die Beifügung der Schlussbilanz der übertragenden Gesellschaft bei der Anmeldung zum Register der übernehmenden Gesellschaft ist in § 17 nicht vorgesehen, aber nach dem Zweck der Schlussbilanz zu empfehlen; denn die Prüfung der Werthaltigkeit der Sacheinlage hat der Registerrichter an dem Sitz der übernehmenden Gesellschaft anzustellen (vgl. Rn. 381). Außerdem ist der Anmeldung eine von den Geschäftsführern berichtete **Gesellschafterliste** beizufügen, § 52 Abs. 2. Diese Liste hat auch die Namen der Gesellschafter der übertragenden Gesellschaft zu enthalten, die mit der Eintragung der Verschmelzung Gesellschafter der übernehmenden Gesellschaft werden, § 20 Abs. 1 Nr. 3 Halbs. 1.

384   **15. Anmeldung der Kapitalerhöhung.** Die Kapitalerhöhung zur Durchführung der Verschmelzung kann, braucht aber nicht besonders zur Eintragung in das Handelsregister angemeldet zu werden. Vielmehr kann die übernehmende Gesellschaft die

---

[783] Amtl. Begr. S. 90.

[784] BayObLG NJW-RR 2000, 990 = EWiR 2000, 1013 *(Rottnauer); Lutter/Bork* Umwandlungsgesetz § 17 Rn. 6.

[785] Ebenso die wohl hM, vgl. *Lutter/Bork* Umwandlungsgesetz § 17 Rn. 6; vgl. auch die Nachw. zum alten Recht in der 2. Aufl. Rn. 426, ferner *Geßler/Hefermehl/Eckardt/Kropff/Grunewald* § 345 Rn. 13 mit Bedenken für den Fall der Kapitalerhöhung.

[786] *Bartovics* GmbHR 1996, 514; *Germann* GmbHR 1999, 591.

[787] LG Frankfurt/M. GmbHR 1998, 380; *Heckschen* DB 1998, 1385; *Widmann/Mayer/Schwarz* § 17 Rn. 11; *Lutter/Bork* Umwandlungsgesetz § 17 Rn. 6.

[788] LG Frankfurt/M. GmbHR 1998, 379. Mit Recht krit. *Michalski* NZG 1998, 435.

[789] *Geßler/Hefermehl/Eckardt/Kropff/Grunewald* § 341 Rn. 13.

Umwandlung **Anh. nach § 77**

Anmeldung der Kapitalerhöhung mit der Anmeldung der Verschmelzung verbinden. Bei verbundener Anmeldung müssen allerdings **sämtliche Geschäftsführer** der übernehmenden Gesellschaft mitwirken (§ 78 GmbHG), eine vertretungsberechtigte Zahl wie bei der gesonderten Anmeldung der Verschmelzung (vgl. Rn. 376) genügt nicht. Die Verbindung der Anmeldung der Kapitalerhöhung mit der Anmeldung der Verschmelzung ist zweckmäßig, weil auch der Anmeldung der Kapitalerhöhung der Verschmelzungsvertrag und die Verschmelzungsbeschlüsse in Ausfertigung oder öffentlich beglaubigter Abschrift beizufügen sind, § 55 Abs. 2, bei getrennter Anmeldung mithin doppelt vorgelegt werden müssten. Der Verschmelzungsvertrag und die Verschmelzungsbeschlüsse ersetzen die bei der normalen Kapitalerhöhung nach § 57 Abs. 3 Nr. 1 GmbHG beizufügenden Erklärungen (vgl. Rn. 364). Der gesonderten Anmeldung der Kapitalerhöhung und der mit der Verschmelzung verbundenen ist ferner eine **Liste der Übernehmer der neuen Stammeinlagen** beizufügen, die durch die nach § 52 Abs. 2 vorzulegende Gesellschafterliste (vgl. Rn. 383) nicht ersetzt wird, obwohl auch in dieser die Übernehmer der neuen Stammeinlagen verzeichnet sind.[790] Nach § 55 Abs. 2 iVm. § 57 Abs. 3 Nr. 3 GmbHG sind außerdem die Verträge einzureichen, die den Sacheinlagen zugrunde liegen. Solche Verträge gibt es indessen bei der Verschmelzung nicht,[791] wobei der Verschmelzungsvertrag hier nicht gemeint ist. Beizufügen ist schließlich noch der **vollständige Wortlaut des Gesellschaftsvertrags mit notarieller Bescheinigung** (§ 54 Abs. 1 GmbHG).

Zur Wirksamkeit der Kapitalerhöhung ist die **Beifügung weiterer Unterlagen** 385 nicht erforderlich. Insbesondere verlangt § 57 Abs. 3 GmbHG anders als § 8 Abs. 1 Nr. 5 GmbHG nicht die Beifügung von Unterlagen über die Vollwertigkeit der Sacheinlagen (§ 57 GmbHG Rn. 19). Andererseits hat das Registergericht vor der Eintragung zu prüfen, ob das Vermögen der übertragenden Gesellschaft überbewertet ist (§ 57a iVm. § 9c S. 2 GmbHG). Eine solche Prüfung ist nicht ohne die Bilanzwerte der übertragenden Gesellschaft möglich. Ob hierfür die Werte der von der übertragenden Gesellschaft einzureichenden Schlussbilanz (vgl. Rn. 381) ausreichen, hängt davon ab, welches Vertrauen das Registergericht dieser Bilanz gewährt. Es ist umso größer, je gesicherter die in ihr ausgewiesenen Werte erscheinen. Eine geprüfte und testierte Schlussbilanz (zB die Bilanz einer großen oder mittelgroßen GmbHG, vgl. § 316 iVm. § 267 HGB) wird dem Registergericht regelmäßig genügen. Dass es stets die **Vorlage früherer Jahresabschlüsse** und erforderlichenfalls deren nachträgliche Prüfung verlangen müsse,[792] erscheint übertrieben.[793] Erweist sich das Vermögen der übertragenden Gesellschaft als überbewertet, so kommt eine **Differenzhaftung** ihrer Gesellschafter nach § 56 Abs. 2, § 9 GmbHG nicht in Betracht, da die Sacheinlage nicht von diesen, sondern von der übertragenden Gesellschaft erbracht wird.[794] Denkbar ist dagegen eine Haftung der die Kapitalerhöhung anmeldenden Geschäftsführer nach § 57 Abs. 4, § 9 Abs. 1 und 3 GmbHG.[795]

---

[790] Ebenso *Meyer-Landrut/Müller/Niehus* § 22 KapErhG Rn. 4; *Scholz/Priester* 7. Aufl. § 22 KapErhG Rn. 7; aA *Lutter/Hommelhoff* 13. Aufl. § 22 KapErhG Rn. 3; *Hachenburg/Schilling/Zutt* 7. Aufl. § 22 KapErhG Rn. 10.
[791] Ebenso *Scholz/Priester* 7. Aufl. § 22 KapErhG Rn. 7.
[792] So *Lutter/Hommelhoff* 13. Aufl. § 22 KapErhG Rn. 4; *Lutter* DB 1980, 1317, 1323.
[793] Vgl. *Gersch/Herget/Marsch/Stützle* Rn. 464; *Hachenburg/Schilling/Zutt* 7. Aufl. § 22 KapErhG Rn. 10; *Scholz/Priester* 7. Aufl. § 22 KapErhG Rn. 10.
[794] Vgl. *Gersch/Herget/Marsch/Stützle* Rn. 465; *Hachenburg/Schilling/Zutt* 7. Aufl. § 22 KapErhG Rn. 11; *Meyer-Landrut/Miller-Niehus* § 22 KapErhG Rn. 5; aA *Lutter/Hommelhoff* 13. Aufl. § 22 Rn. 6 m. eingehender Begr.; *Scholz/Priester* 7. Aufl. § 22 KapErhG Rn. 11.
[795] Vgl. *Gersch/Herget/Marsch/Stützle* Rn. 465; *Scholz/Priester* 7. Aufl. § 22 KapErhG Rn. 11.

Anh. nach § 77   5. Abschnitt. Auflösung und Nichtigkeit der Gesellschaft

386   **16. Prüfung durch das Registergericht.** Zur etwaigen Prüfung der Verschmelzung durch Verschmelzungsprüfer (vgl. Rn. 312–315) tritt die Prüfung durch das Registergericht, und zwar sowohl des Gerichts des Sitzes der übertragenden Gesellschaft als auch des Gerichts des Sitzes der übernehmenden Gesellschaft. Diese Gerichte haben zunächst die Ordnungsmäßigkeit der Anmeldungen zu prüfen, wozu das Vorhandensein der bei der Anmeldung abzugebenden Zustimmungs- und sonstigen Erklärungen (vgl. Rn. 349–351) als auch der Anlagen zu den Anmeldungen (Rn. 352–354) gehört. Anhand dieser Unterlagen hat das jeweilige Registergericht zu prüfen, ob der Verschmelzungsbeschluss wirksam zustandegekommen ist, nicht aber, ob die Verschmelzung erforderlich, zweckmäßig und für die betroffene Minderheit verhältnismäßig ist.[796] Eine solche Prüfung findet allenfalls im Rahmen der Anfechtung der Zustimmungsbeschlüsse statt (vgl. Rn. 368). Ebensowenig darf der Registerrichter das Umtauschverhältnis prüfen. Diese Prüfung ist allein dem Spruchverfahren nach §§ 15, 34, 306 ff. vorbehalten. Erhöht die übernehmende Gesellschaft zur Durchführung der Verschmelzung ihr Kapital, so hat das zuständige Registergericht auch noch die Wertigkeit des Vermögens der übertragenden Gesellschaft zu prüfen (vgl. Rn. 385). Stellt das Registergericht Mängel fest, so hat es die Eintragung abzulehnen oder durch Zwischenverfügung auf die Beseitigung behebbarer Mängel hinzuwirken (vgl. Rn. 373).

387   **17. Eintragung der Verschmelzung.** Für die Eintragung der Verschmelzung in das Handelsregister schreiben die §§ 53, 19, eine bestimmte Reihenfolge vor, die sich aus den materiellen Wirkungen der Eintragung ergibt:

388   **a) Reihenfolge.** Nach § 25 Abs. 2 S. 1 KapErhG ging das Vermögen der übertragenden Gesellschaft einschließlich der Verbindlichkeiten bereits mit der Eintragung der Verschmelzung in das Handelsregister dieser Gesellschaft auf die übernehmende Gesellschaft über. Die Eintragung in das Handelsregister der übernehmenden Gesellschaft hatte nur deklaratorische Bedeutung. In Anlehnung an § 346 AktG ist die Regelung auf den Kopf gestellt worden. Nach § 20 Abs. 1 Nr. 1 geht nunmehr das Vermögen der übertragenden Gesellschaft erst nach der Eintragung der Verschmelzung in das Handelsregister der übernehmenden Gesellschaft auf diese über. Diese Umkehrung der Rechtslage wurde im Hinblick auf die durch das UmwG eingeführte Möglichkeit der gleichzeitigen Aufnahme mehrerer Rechtsträger in einem Verschmelzungsvorgang für alle erfassten Rechtsformen erforderlich. Gleichwohl darf aber auch nach § 19 Abs. 1 S. 1 die Verschmelzung in das Handelsregister der übernehmenden Gesellschaft erst eingetragen werden, nachdem sie im Handelsregister des Sitzes der übertragenden Gesellschaft eingetragen worden ist, weil der Vorrang der Eintragung bei den übertragenden Gesellschaften Warnfunktion haben soll.[797] Da diese Eintragung aber noch nicht die Wirksamkeit der Verschmelzung herbeiführt, muss sie im Handelsregister mit einem Vermerk versehen werden, dass die Verschmelzung erst mit der Eintragung im Handelsregister der übernehmenden Gesellschaft wirksam wird, § 19 Abs. 1 S. 2.

389   **b) Eintragung bei Erhöhung des Stammkapitals.** Erhöht die übernehmende Gesellschaft zur Durchführung der Verschmelzung ihr Stammkapital, so darf die Verschmelzung erst eingetragen werden, nachdem die Erhöhung des Stammkapitals im Handelsregister eingetragen worden ist, § 53. Hierdurch soll erreicht werden, dass beim Wirksamwerden der Verschmelzung die für die Abfindung der Gesellschafter der übertragenden Gesellschaft erforderlichen Geschäftsanteile zur Verfügung

---

[796] Vgl. *Lutter/Hommelhoff* 13. Aufl. § 24 KapErhG Rn. 10; *Scholz/Priester* 7. Aufl. § 24 KapErhG Rn. 17.
[797] Vgl. RegE zum Verschmelzungsrichtlinie-Gesetz BT-Drucks. 9/1065 S. 18.

stehen.⁷⁹⁸ Die Kapitalerhöhung erlangt jedoch abweichend von § 54 Abs. 3 GmbHG erst mit dem Wirksamwerden der Verschmelzung ihre Wirksamkeit.⁷⁹⁹

c) Verfahrensregeln für die Registergerichte, Bekanntmachung. Nach Eintragung der Verschmelzung in das Register des Sitzes der übernehmenden Gesellschaft hat das dafür zuständige Registergericht von Amts wegen dem Gericht des Sitzes der übertragenden Gesellschaft oder der übertragenden Gesellschaften den Tag der Eintragung der Verschmelzung mitzuteilen, § 19 Abs. 2 S. 1. Nach Eingang der Mitteilung hat das Gericht des Sitzes jedes der übertragenden Gesellschaften von Amts wegen den Tag der Eintragung der Verschmelzung im Register des Sitzes der übernehmenden Gesellschaft im Register des Sitzes der übertragenden Gesellschaft zu vermerken, § 19 Abs. 2 S. 2. Die Bekanntmachung der Verschmelzung regelt § 19 Abs. 3 entsprechend § 10 HGB. 390

d) Nichteinhaltung der Reihenfolge. Wird die in § 19 Abs. 1 S. 1, § 53 vorgeschriebene Reihenfolge der Eintragungen nicht eingehalten, so hat das auf die Wirksamkeit der Verschmelzung nur dann Einfluss, wenn die Verschmelzung eingetragen wird, bevor die Erhöhung des Stammkapitals eingetragen worden ist. In solchem Fall können die Verschmelzungswirkungen nicht eintreten, weil die Gesellschafter der übertragenden Gesellschaft mangels neuer Geschäftsanteile nicht Gesellschafter der übernehmenden Gesellschaft werden können. Über § 20 Abs. 2 (Rn. 405) lässt sich die Wirksamkeit der Verschmelzung nicht begründen, weil die fehlende Eintragung der Kapitalerhöhung kein Mangel, sondern eine fehlende Voraussetzung der Verschmelzung ist. Die **Eintragung der Verschmelzung vor Eintragung der Kapitalerhöhung** ist deshalb **unwirksam**. Wird die Eintragung der Kapitalerhöhung nachgeholt, so tritt die Wirksamkeit der Verschmelzung erst bei nochmaliger Eintragung der Verschmelzung ein. Das war zum alten Recht nahezu einhM.⁸⁰⁰ Für das neue Recht ist sie nicht deshalb überholt, weil jetzt nicht mehr der Eintragung der Verschmelzung im Register der übertragenden Gesellschaft konstitutive Wirkung zukommt, sondern der Eintragung im Register der übernehmenden Gesellschaft.⁸⁰¹ Wird nach Eintragung der Kapitalerhöhung entgegen § 19 Abs. 1 S. 1 die Verschmelzung in das Handelsregister der übernehmenden Gesellschaft eingetragen, bevor sie im Handelsregister der übertragenden Gesellschaft eingetragen ist, so macht das die Verschmelzung nicht unwirksam.⁸⁰² 391

18. Wirkungen der Eintragung. Die Eintragung der Verschmelzung in das Handelsregister des Sitzes der übernehmenden Gesellschaft hat folgende Wirkungen: 392

a) Gesamtrechtsnachfolge, Vertragsverhältnisse und Verbindlichkeiten. Das Vermögen der übertragenden Gesellschaft geht einschließlich der Verbindlichkeiten auf die übernehmende Gesellschaft über, § 20 Abs. 1 Nr. 1. Das ist die gesetzlich angeordnete Gesamtrechtsnachfolge (§ 2, vgl. Rn. 9), zu deren Herbeiführung zusätzliche Willenserklärungen der Beteiligten nicht erforderlich sind. Demgemäß bedarf es beim Übergang von Grundstücken nur der **Grundbuchberichtigung**.⁸⁰³ Die Gesamtrechts- 393

---

⁷⁹⁸ Vgl. *Lutter/Hommelhoff* 13. Aufl. § 25 KapErhG Rn. 3.
⁷⁹⁹ Vgl. *Lutter/Hommelhoff* 13. Aufl. § 25 KapErhG Rn. 3.
⁸⁰⁰ Vgl. *Lutter/Hommelhoff* 13. Aufl. § 25 KapErhG Rn. 3; *Hachenburg/Schilling/Zutt* 7. Aufl. § 25 KapErhG Rn. 4; *Scholz/Priester* 7. Aufl. § 25 KapErhG Rn. 4; Kölner KommAktG/*Kraft* § 352a Rn. 34; aA *Geßler/Hefermehl/Eckard/Kropff/Grunewald* § 352a Rn. 13.
⁸⁰¹ So aber *Lutter/Winter* Umwandlungsgesetz § 53 Rn. 5 und ihm folgend *Widmann/Mayer/Mayer* § 53 Rn. 12. Wie hier *Widmann/Mayer/Schwarz* § 19 Rn. 15.1.
⁸⁰² Ebenso *Lutter/Winter* Umwandlungsgesetz § 53 Rn. 6; *Widmann/Mayer/Mayer* § 53 Rn. 13.
⁸⁰³ Dazu und zu den Kosten vgl. *Gärtner* DB 2000, 409; zur Sanierungsverantwortlichkeit der übernehmenden Gesellschaft nach § 4 Abs. 3 S. 1 BBodSchG vgl. *Giesberts/Frank* DB 2000, 505.

nachfolge erfasst bekannte und unbekannte Vermögensteile, gleichgültig, wo sie sich befinden, grundsätzlich also auch **Vermögen im Ausland.** Nach zT vertretener Meinung soll das selbst dann gelten, wenn dem ausländischen Recht die Gesamtrechtsnachfolge auf Grund Gesellschaftsrechts unbekannt ist.[804] Hierauf werden sich die Beteiligten aber kaum verlassen können, sondern entsprechend der jeweilige lex rei sitae insbesondere bei Grundstücken einen zusätzlichen rechtsgeschäftlichen Erwerbstatbestand herbeiführen müssen.[805] Gehören zum Vermögen der übertragenden GmbH **Beteiligungen an Kapitalgesellschaften,** so gehen diese auf die übernehmende Gesellschaft über. Bei **Beteiligungen an Personengesellschaften** wird beim Fehlen einer ausdrücklichen gesellschaftsvertraglichen Regelung für diesen Fall die Auslegung des Gesellschaftsvertrags ergeben müssen, ob die übernehmende Gesellschaft die vollen Mitgliedschaftsrechte der übertragenden GmbH übernehmen kann oder auszuscheiden hat. Gegen die Übernahme der Kommanditistenstellung werden im Allgemeinen keine Bedenken bestehen. Soll die übernehmende Gesellschaft eine Komplementärstellung einnehmen, kann eine andere Beurteilung geboten sein. Das Erlöschen der übertragenden Gesellschaft (§ 20 Abs. 1 Nr. 2, vgl. Rn. 371) ist zwar nicht dem Tod einer natürlichen Person ohne weiteres gleichzusetzen. Die gesellschaftsvertragliche Regelung für den Todesfall von Gesellschaftern wird aber den wesentlichen Anhaltspunkt für die Auslegung liefern, ob die übernehmende GmbH Gesellschafterin werden kann, zumal seit der Neufassung des § 131 HGB durch das HRefG der Tod eines Gesellschafters nur mangels abweichender vertraglicher Bestimmungen zu seinem Ausscheiden aus der Gesellschaft führt (§ 131 Abs. 3 S. 1 Nr. 3 HGB).[806] Entsprechendes gilt bei der Nachfolge in die Beteiligung an einer BGB-Gesellschaft.[807] Ist die rechtsgeschäftliche Übertragung der Gesellschaftsbeteiligung an eine **Zustimmung** gebunden, so ist diese für den Übergang durch Gesamtrechtsnachfolge nicht erforderlich. Eine **stille Gesellschaft** wird mit der übernehmenden Gesellschaft fortgesetzt, ohne dass es der Zustimmung des Stillen bedarf.[808] – Steht der übertragenden GmbH ein **Nießbrauch,** eine beschränkte persönliche **Dienstbarkeit** oder ein **Vorkaufsrecht** an einem Grundstück zu, sind die Sonderregelungen der §§ 1059a, 1092 Abs. 2 und 1098 Abs. 3 BGB zu beachten.[809]

394 Rechte und Pflichten aus **Dienstverträgen,** die keine Arbeitsverträge sind, gehen auf Grund der Gesamtrechtsnachfolge über, nicht wegen § 613a Abs. 1 BGB, der auf Arbeitsverhältnisse beschränkt ist. Etwas anderes gilt nur, sofern der Vertrag oder seine Auslegung solches ergibt (zu den Anstellungsverträgen der Geschäftsführer und ihrer Ämter vgl. Rn. 399). Auch für **Arbeitsverhältnisse** wurde die Anwendbarkeit des § 613a Abs. 1 und 4 BGB überwiegend verneint.[810] Nunmehr stellt der (unglücklich

---

[804] *Widmann/Mayer/Vossius* § 20 Rn. 41.
[805] Vgl. GroßkommAktG/*Meyer-Landrut* 3. Aufl. 1975, § 5 UmwG 1969 Anm. 1; *Hachenburg/Schilling* UmwG 1969 § 5 Rn. 4; *Lutter/Grunewald* Umwandlungsgesetz § 20 Rn. 12.
[806] Vgl. die Nachw. in der 2. Aufl. Rn. 194 zur übertragenden Umwandlung einer GmbH auf eine OHG; *Geßler/Hefermehl/Eckard/Kropff/Grunewald* § 346 Rn. 15; wohl auch *Lutter/Grunewald* Umwandlungsgesetz § 20 Rn. 19, 20 und *Riegger,* FS Bezzenberger, S. 379, 384.
[807] *Lutter/Grunewald* Umwandlungsgesetz § 20 Rn. 18.
[808] Nachw. zu alledem vgl. 2. Aufl. Rn. 436 iVm. Rn. 194; ferner *Lutter/Grunewald* Umwandlungsgesetz § 20 Rn. 17, 20; *Riegger,* FS Bezzenberger, S. 379, 386, der allerdings dem Stillen ein außerordentliches Kündigungsrecht geben will, wenn er der Verschmelzung nicht zugestimmt hat; LG Bonn EWiR 2001, 445 *(Blaurock/Brandner).*
[809] Nachw. vgl. 2. Aufl. Rn. 456 iVm. Rn. 196, ferner *Lutter/Grunewald* Umwandlungsgesetz § 20 Rn. 14, 15.
[810] Nachw. vgl. 2. Aufl. Rn. 196.

Umwandlung   Anh. nach § 77

formulierte) § 324 klar, dass § 613a Abs. 1, 4–6 BGB bei Verschmelzung, Spaltung oder Vermögensübertragung „unberührt" bleibt, d. h. uneingeschränkt anzuwenden ist.[811] Vorausgesetzt wird dabei, dass im Zug der Verschmelzung ein Betrieb oder Betriebsteil übernommen wird, was der Normalfall ist. Deshalb gilt § 613a BGB beim Formwechsel nicht, weil dort der Betriebsinhaber derselbe bleibt und nur seine Rechtsform ändert.[812] Da § 613a BGB uneingeschränkt anwendbar ist, sind auch die dazu entwickelten Rechtsprechungsregeln zum **Widerspruchsrecht** des Arbeitnehmers zu beachten.[813] Weil aber die übertragende Gesellschaft nach Eintragung der Verschmelzung erlischt, führt die Geltendmachung des Widerspruchsrechts nicht zum Fortbestehen des bisherigen Arbeitsverhältnisses, sondern zu seiner Beendigung.[814] Das hat zur Folge, dass Ansprüche auf Wettbewerbsunterlassung aus dem aufgelösten Arbeitsverhältnis von der übernehmenden Gesellschaft nicht mehr verfolgt werden können.[815] Beim Zustandekommen eines **Interessenausgleichs** anlässlich der Verschmelzung ist § 323 Abs. 2 zu beachten (vgl. Rn. 21).

Auch **sonstige Vertragsverhältnisse** werden übertragen, zB **Geschäftsbesorgungsverträge**. § 673 BGB ist bei der Verschmelzung nicht anwendbar.[816] Jedoch kann die Verschmelzung zum Wegfall oder der Änderung der **Geschäftsgrundlage** und damit zu einem Anpassungsanspruch oder Kündigungsrecht aus wichtigem Grund führen.[817] Zum Anpassungsverlangen oder zur Kündigung befugt sind auch die Gläubiger der übertragenden Gesellschaft, sofern ihnen nicht Sicherheit geleistet wird (§ 22, vgl. Rn. 406). Unter dieser Voraussetzung kommt auch eine Kündigungsbefugnis aus wichtigem Grund der Gläubiger der übernehmenden Gesellschaft in Betracht.[818] Einen Sonderfall dieser Art regelt § 21. Anders als im Normalfall geht es hier nicht um die Anpassung eines einzelnen Vertragsverhältnisses an veränderte Umstände, sondern um **die Anpassung zweier unabhängiger Vertragsverhältnisse** aneinander, sofern diese zurzeit der Verschmelzung noch von keiner Seite vollständig erfüllt sind. Hier kommen vor allem Alleinbezugs- und Alleinvertriebsbindungen in Betracht, die miteinander nicht in Übereinstimmung zu bringen sind. In solchen Fällen soll sich der Umfang der Verpflichtungen nach Billigkeit bestimmen, also wie bei Änderung der Geschäftsgrundlage. Das Gleiche gilt, wenn die Erfüllung beider Verpflichtungen eine schwere Unbilligkeit für die übernehmende Gesellschaft bedeuten würde. Die Vorschrift dürfte weit auszulegen sein, worauf schon ihr Wortlaut („ähnliche Verpflichtungen") hindeutet,[819] und auch Wettbewerbsverbote erfassen.[820] Anzupassen hat die übernehmende Gesellschaft nach § 315 Abs. 2, 3 BGB.[821]

395

---

[811] Vgl. *Lutter/Joost* Umwandlungsgesetz § 324 Rn. 3 ff.; *ders.* ZIP 1995, 976, 980.
[812] Vgl. BAG BB 2000, 2156, 2157; *Lutter/Joost* Umwandlungsgesetz § 324 Rn. 11.
[813] BAG BB 2000, 2156, 2157, vgl. dazu auch Rn. 22 m. Fn. 126.
[814] Vgl. *Lutter/Joost* Umwandlungsgesetz § 324 Rn. 34, 36.
[815] ArbG Münster DB 2000, 1182.
[816] Vgl. *K. Schmidt* DB 2001, 1019.
[817] Vgl. *Lutter/Grunewald* Umwandlungsgesetz § 20 Rn. 52; *Rieble* ZIP 1997, 301; *K. Schmidt* DB 2001, 1019.
[818] Vgl. *Geßler/Hefermehl/Eckardt/Kropff/Grunewald* § 346 Rn. 21.
[819] Ebenso *Geßler/Hefermehl/Eckardt/Kropff/Grunewald* § 346 Rn. 39 und *Lutter/Grunewald* Umwandlungsgesetz § 21 Rn. 4; aA GroßkommAktG/*Schilling* 3. Aufl. 1975, § 346 Anm. 29.
[820] Vgl. Kölner KommAktG/*Kraft* § 356 Anm. 20; ebenso *Scholz/Priester* 7. Aufl. § 25 KapErhG Rn. 15.
[821] Str., wie hier *Hachenburg/Schilling/Zutt* 7. Aufl. § 25 KapErhG Rn. 44; *Meyer-Landrut/Miller/Niehus* § 25 KapErhG Rn. 11; aA *Bartel/Henke/Schlarb* § 25 KapErhG Rn. 13; *Lutter/Hommelhoff* 13. Aufl. § 25 KapErhG Rn. 11; *Scholz/Priester* 7. Aufl. § 25 KapErhG Rn. 23.

396 Für die **Verbindlichkeiten** der übertragenden Gesellschaft haftet die übernehmende Gesellschaft voll. Eine Haftungsbeschränkung auf das übernommene Vermögen kommt seit der Aufhebung des § 419 BGB[822] ohnehin nicht mehr in Betracht, wurde von der hM aber schon unter dessen Geltung abgelehnt.[823]

397 **Unternehmensverträge,** insbesondere Beherrschungsverträge, erlöschen, wenn die an diesen Verträgen beteiligten Gesellschaften miteinander verschmolzen werden.[824] Gleiches gilt, wenn die abhängige Gesellschaft als übertragende in einer dritten Gesellschaft aufgeht.[825] Dagegen bleiben Unternehmensverträge fortbestehen, welche die übernehmende Gesellschaft abgeschlossen hat oder die übertragende Gesellschaft als herrschende Gesellschaft.[826] Entsprechend ist zu entscheiden, wenn die herrschende Gesellschaft von einer dritten Gesellschaft aufgenommen wird.[827] Eine **Dividendengarantie** erlischt, wenn sie von einer der an der Verschmelzung beteiligten Gesellschaften den Gesellschaftern der anderen gegeben wurde, bleibt jedoch bestehen, wenn die übertragende Gesellschaft sie gegenüber Dritten übernommen hatte.[828]

398 Waren Geschäftsanteile der übertragenden **Gesellschaft noch nicht voll eingezahlt,** so geht die Einlageforderung der übertragenden Gesellschaft auf die übernehmende Gesellschaft über, obwohl die Geschäftsanteile untergehen.[829]

399 **b) Erlöschen der übertragenden Gesellschaft.** Die übertragende Gesellschaft erlischt, ohne dass es einer besonderen Löschung bedarf (§ 20 Abs. 1 Nr. 2).[830] Eine Abwicklung findet wegen des Vermögensübergangs auf die übernehmende Gesellschaft nicht statt, § 2. Die **Ämter** der **Geschäftsführer** und etwaiger **Aufsichtsratsmitglieder** der übertragenden GmbH erlöschen ebenso wie erteilte **Prokuren** und **Handlungsvollmachten** (für letztere ist die Situation somit anders als beim Formwechsel, vgl. Rn. 125). Die **Anstellungsverträge** der Geschäftsführer bleiben dagegen bestehen,[831] jedoch kann die Verschmelzung uU einen wichtigen Grund für die vorzeitige Kündigung abgeben.[832] Auf **schwebende Prozesse** sind §§ 239, 246 ZPO analog

---

[822] Art. 33 EGInsO v. 5. 10. 1994 (BGBl. I S. 2911).

[823] Vgl. Voraufl. Rn. 368.

[824] Vgl. *Lutter/Grunewald* Umwandlungsgesetz § 20 Rn. 39 m. eingehenden Nachw.

[825] OLG Karlsruhe WM 1994, 2023; *Geßler/Hefermehl/Eckardt/Kropff/Grunewald* § 346 Rn. 30 mN; eingehend auch *Müller* BB 2002, 157, 159.

[826] Vgl. *Geßler/Hefermehl/Eckardt/Kropff/Grunewald* § 346 Rn. 29, 31. Zur Handelsregisteranmeldung im letzteren Fall vgl. *Zilles* GmbHR 2001, 21.

[827] OLG Karlsruhe ZIP 1991, 101, 104; *Lutter/Hommelhoff* 13. Aufl. § 25 KapErhG Rn. 13; *Scholz/Priester* 7. Aufl. § 25 KapErhG Rn. 13, alle m. eingehenden wN.; aA GroßkommAktG/ *Würdinger* § 291 Anm. 24.

[828] Vgl. *Geßler/Hefermehl/Eckardt/Kropff/Grunewald* § 346 Rn. 32; *Lutter/Hommelhoff* 13. Aufl. § 25 KapErhG Rn. 14; *Scholz/Priester* 7. Aufl. § 25 KapErhG Rn. 14; *Hachenburg/Schilling/Zutt* 7. Aufl. § 25 KapErhG Rn. 35.

[829] Vgl. *Lutter/Grunewald* Umwandlungsgesetz § 20 Rn. 42; *Hachenburg/Schilling/Zutt* 7. Aufl. § 25 KapErhG Rn. 47; *Scholz/Priester* 7. Aufl. § 25 KapErhG Rn. 31; vgl. auch Rn. 328.

[830] Ob im Zusammenhang mit der Verschmelzung und dem Erlöschen der übertragenden Gesellschaft datenschutzrechtliche Tatbestände verwirklicht werden, wird im Schrifttum kontrovers diskutiert, vgl. einerseits *Wengert/Widmann/Wengert* NJW 2000, 1289 und andererseits *Lüttge* NJW 2000, 2463.

[831] OLG Hamm NJW-RR 1995, 1317, 1318 zur Verschmelzung von Genossenschaften; *Lutter/Grunewald* Umwandlungsgesetz § 20 Rn. 28.

[832] Vgl. *Geßler/Eckardt/Hefermehl/Kropff/Grunewald* § 346 Rn. 26; vgl. auch Rn. 119, 120 beim Formwechsel.

anwendbar.[833] Aus einem Urteil gegen die übertragende Gesellschaft kann nach **Titelumschreibung** gegen die übernehmende Gesellschaft vollstreckt werden.[834]

c) Fortführung der Firma der übertragenden Gesellschaft. Mit der übertragenden Gesellschaft erlischt auch ihre Firma, was im Gesetz nicht ausdrücklich gesagt wird. Die übernehmende Gesellschaft darf aber die Firma der übertragenden Gesellschaft mit oder ohne Beifügung eines das Nachfolgeverhältnis andeutenden Zusatzes fortführen, wenn sie deren Handelsgeschäft durch die Verschmelzung erwirbt, § 18 Abs. 1 S. 1. Abweichend von § 22 Abs. 1 HGB kommt es nicht auf die Einwilligung der übertragenden Gesellschaft an, weil diese durch die Verschmelzung aufgelöst und voll beendigt wird und demgemäß kein Interesse mehr daran haben kann, dass ihr Name nicht weiter verwendet wird.[835] Gleichwohl empfiehlt es sich, die **Übernahme der Firma** im Verschmelzungsvertrag festzulegen (vgl. Rn. 327). Bei der übernehmenden Gesellschaft ist sie **Satzungsänderung.** Ist in der Firma der übertragenden GmbH der Name einer natürlichen Person enthalten, die an der übernehmenden Gesellschaft nicht beteiligt wird (weil sie gegen Barabfindung ausscheidet, vgl. Rn. 326), so darf diese Gesellschaft den Namen des ausscheidenden Gesellschafters nur mit dessen Einwilligung oder der Einwilligung seiner Erben fortführen, § 18 Abs. 2. 400

d) Gesellschafter der übertragenden Gesellschaft werden Gesellschafter der übernehmenden Gesellschaft, Rechte Dritter. Die Gesellschafter der übertragenden Gesellschaft werden Gesellschafter der übernehmenden Gesellschaft (§ 20 Abs. 1 Nr. 3 Halbs. 1), entweder mit vorhandenen Geschäftsanteilen dieser Gesellschaft oder mit durch Kapitalerhöhung neu geschaffenen (was die vorherige Eintragung der Kapitalerhöhung voraussetzt, vgl. Rn. 360). Im zweiten Falle bedeutet die Regelung des § 20 Abs. 1 Nr. 3 Halbs. 1 eine **Ausnahme von § 54 Abs. 3 GmbHG,** weil die Gesellschafter der übertragenden Gesellschaft die neuen Geschäftsanteile nicht schon mit der Eintragung der Kapitalerhöhung erwerben, sondern erst mit der Eintragung der Verschmelzung.[836] **Rechte Dritter** an den auf die Gesellschafter der übertragenden Gesellschaft übergehenden Geschäftsanteilen, zB Pfandrechte, bleiben bestehen.[837] Rechte Dritter am untergegangenen Geschäftsanteil eines Gesellschafters der übertragenden Gesellschaft setzen sich am durch die Verschmelzung erworbenen Geschäftsanteil der übernehmenden Gesellschaft fort, was nunmehr in § 20 Abs. 1 Nr. 3 S. 2 im Gegensatz zum alten Recht ausdrücklich bestimmt ist. Das gilt im Ergebnis kraft des Surrogationsprinzips auch für die **Testamentsvollstreckung.** Die Situation ist hier ähnlich wie beim Formwechsel der GmbH in eine AG.[838] 401

e) Ausschluss des Erwerbs der Mitgliedschaft. § 20 Abs. 1 Nr. 3 S. 1 Halbs. 2 schließt den Erwerb der Mitgliedschaft bei der übernehmenden Gesellschaft aus, soweit die übernehmende Gesellschaft oder ein im eigenen Namen, jedoch für Rechnung dieser Gesellschaft handelnder Dritter Geschäftsanteile der übertragenden Gesellschaft innehat oder soweit die übertragende Gesellschaft eigene Geschäftsanteile oder ein im eigenen Namen, jedoch für Rechnung dieser Gesellschaft handelnder Dritter Geschäftsanteile der übertragenden Gesellschaft besitzt. Hierdurch soll (entsprechend 402

---

[833] Vgl. *Lutter/Grunewald* Umwandlungsgesetz § 20 Rn. 53 mN.
[834] OLG München DB 1989, 1918.
[835] Amtl. Begr. S. 91.
[836] Vgl. RegE BT-Drucks. 8/1347 S. 52.
[837] Vgl. *Hachenburg/Schilling/Zutt* § 25 KapErhG Rn. 53; *Scholz/Priester* § 25 KapErhG Rn. 28.
[838] Vgl. Rn. 123 und *Dörrie* GmbHR 1996, 245, 254.

§ 71d S. 1 AktG) die Entstehung eigener Geschäftsanteile verhindert und ein Zwang zum Abbau solcher Bestände ausgeübt werden.[839]

403 **f) Handelsregisterakten der übertragenden Gesellschaft.** Mit dem Erlöschen der übertragenden Gesellschaft werden ihre Handelsregisterakten zu solchen der übernehmenden Gesellschaft. § 19 Abs. 2 S. 2 bestimmt deshalb, dass diese Akten vom Registergericht der übertragenden Gesellschaft dem Registergericht der übernehmenden Gesellschaft zu übersenden sind.

404 **g) Heilung des Mangels der notariellen Beurkundung und erforderlicher Zustimmungserklärungen.** Mängel der notariellen Beurkundung des Verschmelzungsvertrags und gegebenenfalls erforderlicher Zustimmungs- oder Verzichtserklärungen einzelner Anteilsinhaber werden durch die Eintragung geheilt, § 20 Abs. 1 Nr. 4.

405 **h) Mängel der Verschmelzung.** Mängel der Verschmelzung lassen die **Wirkungen** der Eintragung der Verschmelzung **unberührt,** § 20 Abs. 2. Das bedeutet, dass nach Eintragung der Verschmelzung in das Handelsregister des Sitzes der übernehmenden Gesellschaft mit einer wie auch immer gearteten Klage gegen die Wirksamkeit des Verschmelzungsbeschlusses (§ 14 Abs. 1, vgl. Rn. 374) die Verschmelzung als solche nicht mehr in Frage gestellt werden kann. Im Einzelnen wird auf die Erläuterungen zu der gleich lautenden Vorschrift des § 195 Abs. 1 beim Formwechsel Bezug genommen (Rn. 129). § 20 Abs. 2 hindert jedoch nicht die Nichtigkeitsklage gemäß § 75 GmbHG nach einer Verschmelzung durch Neugründung (vgl. Rn. 441). Ist die **Verschmelzung wegen fehlender Eintragung** in das Handelsregister **unwirksam,** sind auch die Grundsätze über die Behandlung fehlerhafter gesellschaftsrechtlicher Akte unanwendbar.[840]

406 **19. Schutz der Gläubiger.** Nach § 22 Abs. 1 ist den Gläubigern der an der Verschmelzung beteiligten Gesellschaften **Sicherheit zu leisten,** wenn sie binnen sechs Monaten nach dem Tag, an dem die Eintragung der Verschmelzung in das Register des Sitzes derjenigen Gesellschaft, deren Gläubiger sie sind, nach § 19 Abs. 3 als bekanntgemacht gilt, ihren Anspruch nach Grund und Höhe schriftlich anmelden, soweit sie nicht Befriedigung verlangen können. Dieses Recht steht den Gläubigern jedoch nur zu, wenn sie **glaubhaft machen,** dass durch die Verschmelzung die Erfüllung ihrer Forderung gefährdet wird. Die Gläubiger sind in der Bekanntmachung der Verschmelzung auf dieses Recht hinzuweisen. § 22 geht insofern über das alte Recht hinaus, als nunmehr auch die Gläubiger der übernehmenden GmbH in den Gläubigerschutz einbezogen werden. Das alte Recht sah diese Einbeziehung nur bei der aktienrechtlichen Verschmelzung vor.[841] Wegen der Einzelheiten des Gläubigerschutzes wird auf die Erläuterungen zu § 204 beim Formwechsel Bezug genommen (Rn. 132 bis 134). Bei einem **Dauerschuldverhältnis** ist die Sicherheit nicht schlechthin nach den während der Restlaufzeit des Vertrags fällig werdenden Ansprüchen zu bemessen; maßgebend für die Höhe ist vielmehr das konkret zu bestimmende Sicherungsinteresse des Gläubigers.[842]

407 **20. Schutz der Inhaber von Sonderrechten.** Den Inhabern von Rechten in einer übertragenden Gesellschaft, die kein Stimmrecht gewähren, sind gleichwertige Rechte in der übernehmenden Gesellschaft zu gewähren, § 23. Das Gesetz erwähnt

---

[839] Vgl. Amtl. Begr. S. 91.
[840] BGH WM 1996, 205 = EWiR 1996, 267 *(Grunewald)* zu § 25 KapErhG.
[841] Vgl. 2. Aufl. Rn. 445.
[842] BGH WM 1996, 816 zu § 26 KapErhG.

insbesondere die Inhaber von Anteilen ohne Stimmrecht, von Wandelschuldverschreibungen, von Gewinnschuldverschreibungen und von Genussrechten, also von Vermögensrechten, nicht von Rechten nach Art der in § 50 Abs. 2 genannten. Die Inhaber solcher Rechte sollen gegen deren **Verwässerung** geschützt werden. Bei der reinen GmbH-Verschmelzung kommen für einen solchen Schutz praktisch nur die Inhaber von **Vorzugsgeschäftsanteilen** und von **Genussrechten** in Betracht, weil Wandelschuldverschreibungen und Gewinnschuldverschreibungen bei der GmbH nicht vorkommen. Den Schutz gegen Verwässerung hat die übernehmende Gesellschaft auch dann zu gewähren, wenn die Inhaber von Sonderrechten der Verschmelzung zugestimmt haben.[843] Im Einzelnen wird auf die Erläuterungen zu der § 23 entsprechenden Vorschrift des § 204 beim Formwechsel verwiesen (Rn. 135; vgl. auch Rn. 458).

21. Wertansätze der übernehmenden Gesellschaft. Das alte Recht (§ 27 Abs. 1 **408** KapErhG, § 348 Abs. 1 AktG) schrieb vor, dass die in der Schlussbilanz der übertragenden Gesellschaft angesetzten Werte für die Jahresbilanzen der übernehmenden Gesellschaft als Anschaffungskosten iSd. § 253 Abs. 1 HGB zu gelten hatten. Da in der Schlussbilanz die Buchwerte anzusetzen sind und diese regelmäßig hinter dem wirklichen Wert des übertragenen Vermögens zurückbleiben, die zu gewährenden Geschäftsanteile sich aber nach diesem richten, entstand bei der übernehmenden Gesellschaft häufig ein **Verschmelzungsverlust.** Hierfür durfte die übernehmende Gesellschaft handelsrechtlich zwar einen Ausgleichsposten in die Aktivseite der Bilanz einstellen, wenn sie zur Durchführung der Verschmelzung ihr Stammkapital erhöht hatte. Dieser Posten war aber in längstens fünf Jahren abzuschreiben (§ 27 Abs. 2 KapErhG, § 48 Abs. 2 AktG). Das neue Recht hat in § 24 diese strikte Buchwertverknüpfung abgemildert und durch ein **Wahlrecht** ersetzt, anstelle der Buchwerte die Anschaffungskosten[844] anzusetzen, wobei der Wortlaut des Gesetzes von einer Neubewertung ausgeht.[845] Bei der Ausübung des Wahlrechts ist zu beachten, dass wegen Wegfalls der Möglichkeit der Aktivierung eines Verschmelzungsmehrwerts ein Verschmelzungsverlust den Jahresüberschuss mindert bzw. den Jahresfehlbetrag der übernehmenden Gesellschaft erhöht.[846] – Zur Regelung im Umwandlungssteuerrecht vgl. Rn. 420.

22. Schadenersatzpflicht der Verwaltungsträger. Erleiden die **übertragende 409 GmbH**, ihre **Gesellschafter** oder **Gläubiger** durch die Verschmelzung einen **Schaden,** so **haften** ihnen hierfür die Geschäftsführer und, wenn ein **Aufsichtsrat** vorhanden ist, dessen Mitglieder als Gesamtschuldner, § 25 Abs. 1 S. 1. Gemeint sind nur die Mitglieder eines gesellschaftsvertraglich verankerten Gremiums mit echten Aufsichtsfunktionen, nicht eines **Beirats** mit nur beratenden Aufgaben.[847] Ist ein Schaden eingetreten, so wird Verschulden der Organe der übertragenden GmbH vermutet. Diese müssen deshalb beweisen, dass sie ihre Sorgfaltspflicht beachtet haben, wenn sie sich exkulpieren wollen, § 25 Abs. 1 S. 2.

a) Umfang der Haftung. Die Haftung der Geschäftsführer der übertragenden **410** Gesellschaft nach § 25 Abs. 1 **geht über die Haftung nach § 43 GmbHG hinaus,**

---

[843] Vgl. RegE zu § 347a AktG BT-Drucks. 9/1065 S. 19.
[844] ISd. § 255 Abs. 1 HGB, vgl. Beck'sches HdB GmbH/*Orth* § 14 Rn. 484.
[845] Ebenso *Lutter/Priester* Umwandlungsgesetz § 24 Rn. 5. Ein Zwang zur Aufstockung bis zum Ausgabebetrag der neuen Anteile aus Günden der Kapitalaufbringung zur Vermeidung einer bilanziellen Unterpariemission besteht jedoch nicht, vgl. iE *Priester* GmbHR 1999, 1273.
[846] Kritisch zur gesetzlichen Neuregelung *Mujkanovic* BB 1995, 1735; vgl. auch *Knop/Willich-Neersen/Küting* BB 1995, 1023.
[847] Vgl. *Hachenburg/Schilling/Zutt* 7. Aufl. § 28 KapErhG Rn. 4; *Scholz/Priester* 7. Aufl. § 28 KapErhG Rn. 3; aA *Lutter/Grunewald* Umwandlungsgesetz § 25 Rn. 5; vgl. auch Rn. 494.

da die Geschäftsführer auch von den Gesellschaftern und Gesellschaftsgläubigern in Anspruch genommen werden können (was sonst nur ausnahmsweise möglich ist, vgl. § 43 GmbHG Rn. 46 ff.). Allerdings können die Ansprüche nach § 26 Abs. 1 nur durch einen besonderen Vertreter geltend gemacht werden, vgl. Rn. 416. Ähnliches gilt für die Haftung der Aufsichtsratsmitglieder (denen allerdings schon nach § 52 Abs. 1 GmbHG iVm. §§ 116, 93 Abs. 5 AktG eine Inanspruchnahme durch Gesellschaftsgläubiger drohen kann). Haben die Verwaltungsträger nach **Weisung** der Gesellschafter auf Grund eines Gesellschafterbeschlusses gehandelt, besteht eine Haftung nach allgemeinen Grundsätzen nur gegenüber den Gläubigern (§§ 43 Abs. 3 S. 3 GmbHG, 93 Abs. 5 S. 3 AktG).[848] Entsprechendes gilt, soweit einem Verwaltungsträger in Kenntnis der anspruchsbegründenden Umstände **Entlastung** erteilt ist.

411 **b) Begrenzung der Haftung.** Die Haftung der Verwaltungsträger ist begrenzt auf die Beachtung der Sorgfaltspflicht bei der **Prüfung der Vermögenslage** der übertragenden und der übernehmenden Gesellschaft sowie beim **Abschluss des Verschmelzungsvertrags,** § 25 Abs. 1 S. 2. Damit ist insbesondere das **Umtauschverhältnis** zwischen eingebrachten und empfangenen Geschäftsanteilen gemeint. Ein zu niedrig bemessenes Umtauschverhältnis kann durch **bare Zuzahlungen** im Spruchverfahren ausgeglichen werden (§§ 15, 305 ff., vgl. Rn. 687 ff.). Soweit hierdurch ein Ausgleich gewährt wird, entfällt ein Ersatzanspruch nach § 25. Die Versäumung der Antragsfrist für die Einleitung des Spruchverfahrens (§ 305) und den dadurch eingetretenen Verlust des Ausgleichsanspruchs können die Verwaltungsträger einem Anspruch nach § 25 jedenfalls dann entgegenhalten, wenn andere Gesellschafter im Spruchverfahren einen Ausgleich erlangt haben. Zu der Sorgfaltspflicht beim Abschluss des Verschmelzungsvertrags wird man auch die Pflicht der Organe rechnen müssen, wirksame Zustimmungsbeschlüsse (Rn. 351 ff.) herbeizuführen oder die Verschmelzung nur anzumelden, wenn solche Beschlüsse gefasst sind, so dass die Verletzung dieser Pflicht ebenfalls Schadensersatzansprüche nach § 25 auslösen kann.[849]

412 **c) Schaden.** Der einem **Gesellschafter** der übertragenden Gesellschaft durch die Verschmelzung entstandene Schaden ist verhältnismäßig einfach festzustellen, insbesondere wenn er das Umtauschverhältnis oder die Zustimmungserfordernisse betrifft. Ein **Schaden der übertragenden Gesellschaft selbst** ist dagegen bei wirksamer Verschmelzung kaum denkbar und deshalb regelmäßig dem Schaden der Gesellschafter und Gläubiger gleichzusetzen.[850] **Gläubiger** der übertragenden Gesellschaft werden geschädigt, wenn infolge der Verschmelzung ihre Zugriffsmöglichkeiten geschmälert werden, etwa weil sie in Konkurrenz mit den Gläubigern der übernehmenden Gesellschaft vollstrecken müssen (vgl. § 26 Abs. 1 S. 3).

---

[848] Str., aA zB GroßkommAktG/*Schilling* § 349 Anm. 11; *Geßler/Hefermehl/Eckardt/Kropff/Grunewald* § 349 Rn. 15, 16; *Gersch/Herget/Marsch/Stützle* Rn. 497, weil die Verschmelzung und damit die Handlungen der Verwaltungsträger stets auf einem Gesellschafterbeschluss beruhten. Der Verschmelzungsbeschluss ist hier aber nicht gemeint, sondern ein besonderer Gesellschafterbeschluss hinsichtlich einer einzelnen Maßnahme im Zusammenhang mit der Verschmelzung. Wie hier *Lutter/Hommelhoff* 13. Aufl. § 28 KapErhG Rn. 6; *Meyer-Landrut/Miller/Niehus* § 28 KapErhG Rn. 4; *Scholz/Priester* 7. Aufl. § 28 KapErhG Rn. 6; missverständlich *Hachenburg/Schilling/Zutt* 7. Aufl. § 28 KapErhG Rn. 8; jetzt auch *Lutter/Grunewald* Umwandlungsgesetz § 25 Rn. 20 mit Fn. 36 unter Aufgabe der früheren Ansicht (s. oben).

[849] Vgl. *Scholz/Priester* 7. Aufl. § 28 KapErhG Rn. 5.

[850] *Lutter/Hommelhoff* 13. Aufl. § 28 KapErhG Rn. 7; *Hachenburg/Schilling/Zutt* 7. Aufl. § 29 KapErhG Rn. 3; *Meyer-Landrut/Miller/Niehus* § 28 KapErhG Rn. 2; *Scholz/Priester* 7. Aufl. § 28 KapErhG Rn. 1.

Umwandlung **Anh. nach § 77**

d) Schaden durch die Verschmelzung. Durch die Verschmelzung ist ein Scha- 413
den nur entstanden, wenn die Verschmelzung durch Eintragung in das Handelsregister
wirksam geworden ist (§ 20). Kommt es nicht zur Eintragung, etwa weil diese durch
Anfechtungsklage gegen den Verschmelzungsbeschluss verhindert wird, so gelten für
die Inanspruchnahme der Verwaltungsträger wegen Verletzung von Sorgfaltspflichten
die allgemeinen Vorschriften, wonach regelmäßig nur die übertragende Gesellschaft
aktiv legitimiert ist (§§ 43, 52 Abs. 1 GmbHG iVm. §§ 116, 93 AktG).[851] Mangels
Vermögensübergangs kann den Gesellschaftern und Gläubigern ein Schaden auch
kaum entstehen, der übertragenden Gesellschaft selbst auch nur durch die Verschmelzungsverhandlungen ihrer Organe.[852]

e) Verjährung. Die Ansprüche nach § 25 Abs. 1 verjähren in fünf Jahren seit dem 414
Tage, an dem die Eintragung der Verschmelzung in das Register des Sitzes der übernehmenden Gesellschaft nach § 19 Abs. 3 als bekanntgemacht gilt. Soweit die Verwaltungsträger nach sonstigen Vorschriften haften, zB nach §§ 823, 826 BGB (vgl.
Rn. 415), richtet sich die Verjährung nach diesen.

f) Fiktion des Fortbestehens der übertragenden Gesellschaft. Da die übertra- 415
gende Gesellschaft mit dem Wirksamwerden der Verschmelzung erlischt, fingiert § 25
Abs. 2 ihr Fortbestehen zur Geltendmachung der Ansprüche nach § 25 Abs. 1 sowie
für weitere Ansprüche für und gegen die übertragende Gesellschaft nach allgemeinen
Vorschriften auf Grund der Verschmelzung. Es kommen hier neben **Ansprüchen der
übertragenden Gesellschaft** aus unerlaubter Handlung gegen ihre Verwaltungsträger
und Dritte vor allem Ansprüche der übertragenden Gesellschaft gegen die übernehmende aus dem Verschmelzungsvertrag und aus unerlaubter Handlung ihrer Organe in
Betracht. Insoweit **vereinigen** sich Forderungen und Verbindlichkeiten durch die
Verschmelzung **nicht,** § 25 Abs. 2 S. 2. Umgekehrt ist die Geltendmachung von
Ansprüchen der übernehmenden Gesellschaft gegen die übertragende aus dem
Verschmelzungsvertrag nach Durchführung der Verschmelzung wegen des Vermögensübergangs auf die übernehmende Gesellschaft nur sinnvoll, wenn die übertragende
Gesellschaft selbst Ansprüche nach § 25 Abs. 1 und 2 realisieren kann.[853] Da die Gegenansprüche der übernehmenden Gesellschaft nicht durch Konfusion erlöschen, ist
eine Aufrechnungserklärung erforderlich.[854] Mit Hilfe der Fortbestehensfiktion kommt
auch eine Anfechtung des Verschmelzungsvertrags nach §§ 119, 123 BGB oder eine
Klage auf Feststellung seiner Nichtigkeit in Betracht. Hieran kann jedoch wegen der
Regelung des § 20 Abs. 2 kaum noch ein Interesse bestehen. Soweit ein Schadenersatzanspruch auf ein Verhalten gestützt werden soll, das zur Anfechtbarkeit oder Nichtigkeit des Verschmelzungsvertrags geführt hat, kann ein solcher Anspruch direkt geltend gemacht werden.[855] Das Fortbestehen der Aktivlegitimation der übertragenden
Gesellschaft soll schließlich auch für Ansprüche Dritter Bedeutung haben, die erst nach
dem Wirksamwerden der Verschmelzung entstanden sind und für welche die übernehmende Gesellschaft deshalb nicht haftet.[856] Solche Ansprüche sind jedoch nicht

---

[851] Vgl. *Meyer-Landrut/Miller/Niehus* § 28 KapErhG Rn. 5; *Scholz/Priester* 7. Aufl. § 28 Kap
ErhG Rn. 2.
[852] Vgl. *Hachenburg/Schilling/Zutt* 7. Aufl. § 29 KapErhG Rn. 2; GroßkommAktG/*Schilling*
3. Aufl. 1975, § 349 Anm. 3.
[853] Ebenso *Scholz/Priester* § 28 KapErhG Rn. 9; *Geßler/Hefermehl/Eckardt/Kropff/Grunewald*
§ 349 Rn. 22.
[854] *Lutter/Grunewald* Umwandlungsgesetz § 25 Rn. 26.
[855] *Geßler/Hefermehl/ Eckardt/Kropff/Grunewald* § 352 a Rn. 8.
[856] Vgl. Kölner KommAktG/*Kraft* § 349 Anm. 18.

denkbar, weil sie in Wahrheit schon bei der Verschmelzung insofern begründet sind, als das zum Schadenersatzanspruch führende Fehlverhalten vor dem Wirksamwerden der Verschmelzung liegt und deshalb die übernehmende Gesellschaft für dieses als Gesamtrechtsnachfolgerin haftet.[857]

416 **g) Einheitliche Geltendmachung der Ansprüche durch besonderen Vertreter, Verfahren.** Wegen der einheitlichen Geltendmachung der Ansprüche durch einen besonderen Vertreter vgl. § 26 Abs. 2 bis 4 und dazu Rn. 143 bis 146 zur entsprechenden Regelung beim Formwechsel.

417 **23. Passivlegitimation nach Eintragung der Verschmelzung.** Gemäß § 28 ist eine Klage gegen die Wirksamkeit des Verschmelzungsbeschlusses einer übertragenden Gesellschaft gegen die übernehmende Gesellschaft zu richten, nachdem die Verschmelzung in das Handelsregister des Sitzes der übernehmenden Gesellschaft eingetragen ist. Die Bedeutung der Vorschrift ist gering, da nach Eintragung der Verschmelzung in dieses Register die Wirkungen der Verschmelzung nicht mehr rückgängig gemacht werden können, § 20 Abs. 2 (vgl. Rn. 405). Durch die Ausschlussfrist des § 14 Abs. 1 für die Klageerhebung (Rn. 374) wird ihr Anwendungsbereich weiter begrenzt. Schließlich ist zu beachten, dass die Eintragung der Verschmelzung grundsätzlich zu unterbleiben hat, wenn vor der Eintragung eine Klage gegen die Wirksamkeit des Verschmelzungsbeschlusses erhoben worden ist, § 16 Abs. 2, 3 (vgl. Rn. 110–118, 378). § 28 hat danach in erster Linie Bedeutung für bei Eintragung der Verschmelzung in das Handelsregister der übernehmenden Gesellschaft bereits anhängige Klagen, die nach Unterbrechung des Verfahrens durch das Wirksamwerden der Verschmelzung (§§ 239, 246 ZPO, vgl. Rn. 399) von der übernehmenden Gesellschaft aufgenommen werden können.[858] Für die danach mögliche Fortsetzung eines Rechtsstreites gegen die übernehmende Gesellschaft ist jedoch zu prüfen, ob das allgemeine Rechtsschutzbedürfnis für die Klage oder den Antrag infolge der Eintragung der Verschmelzung noch gegeben ist. Das LG München hat das Fortbestehen verneint für eine Anfechtungsklage gegen die Entlastung der Organe der übertragenden Gesellschaft[859] und bejaht für ein Auskunftserzwingungsverfahren nach §§ 131, 132 AktG.[860] Den Entscheidungen kann im Ergebnis gefolgt werden. Ob die Entlastung hätte versagt werden müssen oder nicht, hat für die übernehmende Gesellschaft keine Bedeutung. Etwaige Schadensersatzansprüche gegen die (früheren) Organe der übertragenden Gesellschaft werden durch die Entlastung nicht ausgeschlossen (§ 120 Abs. 2 S. 2 AktG).[861] Dagegen kann die begehrte Auskunft die Grundlage für Schadensersatzansprüche abgeben.[862]

418 **24. Steuerrecht.** Wie beim Formwechsel der GmbH in eine Personengesellschaft (Rn. 223 ff.) vollzieht sich auch die Verschmelzung im Wesentlichen **steuerneutral.**

---

[857] So zutr. *Geßler/Hefermehl/Eckardt/Kropff/Grunewald* § 349 Rn. 24.
[858] Ebenso *Geßler/Hefermehl/Eckardt/Kropff/Grunewald* § 352 Rn. 5 und *Lutter/Grunewald* Umwandlungsgesetz § 28 Rn. 2. Die Anwendbarkeit der Norm ergibt sich aus der Gesamtrechtsnachfolge oder aus ihrer analogen Anwendung.
[859] DB 1999, 628.
[860] DB 1999, 629 = EWiR 1999, 241 *(Kort).*
[861] IÜ wirkt die Entlastung von Organmitgliedern der übernehmenden Gesellschaft nicht zugleich als Entlastung derselben Organmitglieder für deren Verwaltungstätigkeit bei der übertragenden Gesellschaft, OLG München DB 2001, 524.
[862] Zutr. *Kort* EWiR 1999, 241. *Mayrhofer/Dohm* DB 2000, 961 leiten aus dem Wesen der dinglichen Surrogation grundsätzlich ein Fortbestehen des Rechtsschutzinteresses her, was zu weit geht.

Umwandlung   Anh. nach § 77

Maßgebend sind §§ 1 Abs. 2, 2 sowie 11 bis 13, 19 UmwStG. Sie beziehen sich auf die Körperschaftsteuer/Einkommensteuer und die Gewerbesteuer.

a) Bewertungswahlrecht der übertragenden Gesellschaft. Die übertragende 419 GmbH darf in ihrer **steuerlichen Schlussbilanz** die Wirtschaftsgüter insgesamt[863] mit dem Buchwert, einem Zwischenwert oder mit dem Teilwert ansetzen, wobei der Teilwert der Höchstwert ist, § 11 Abs. 1 UmwStG. Steuerliche Schlussbilanz ist die Übertragungsbilanz der GmbH, die auf den **steuerlichen Übertragungsstichtag** aufgestellt ist, d. h. den Stichtag der Bilanz, die dem Vermögensübergang zugrundeliegt, § 2 Abs. 1 UmwStG.[864] Dieser Stichtag darf höchstens **acht Monate** vor der Anmeldung der Verschmelzung zur Eintragung in das Handelsregister liegen. Das ist in § 2 Abs. 1 UmwStG bewusst nicht gesagt, weil sich die **steuerliche Rückwirkung** eng an die handelsrechtliche Regelung anlehnt,[865] die in § 17 Abs. 2 S. 4 UmwG das Alter der Schlussbilanz (vgl. Rn. 381) auf acht Monate begrenzt. Insoweit liegen die Verhältnisse anders als beim Formwechsel der GmbH in eine Personengesellschaft, für den § 14 S. 3 UmwStG die Frist von acht Monaten ausdrücklich festlegt, weil handelsrechtlich keine Bilanzierungspflicht besteht (vgl. Rn. 241).

Das **Bewertungswahlrecht** steht nur der übertragenden Gesellschaft zu. Die über- 420 nehmende GmbH hat die übergehenden Wirtschaftsgüter mit den in der steuerlichen Schlussbilanz der übertragenden Gesellschaft enthaltenen Werten zu übernehmen, § 12 Abs. 1 iVm. § 4 Abs. 1 UmwStG **(Wertverknüpfung)**. Insoweit weicht die steuerrechtliche Regelung von der handelsrechtlichen des § 24 UmwG ab (vgl. Rn. 408). Eine Ausnahme gilt nach § 12 Abs. 1 S. 2 UmwStG beim Vermögensübergang von einer steuerfreien auf eine steuerpflichtige Gesellschaft, in welchem Fall die übergegangenen Wirtschaftsgüter zwingend mit dem Teilwert anzusetzen sind.

b) Übertragungsgewinn. Ein Übertragungsgewinn entsteht nur, wenn die über- 421 tragende GmbH in ihrer steuerlichen Schlussbilanz stille Reserven aufdeckt, die Wirtschaftsgüter also nicht mit dem Buchwert ansetzt. Dieser Gewinn unterliegt voll der Körperschaftsteuer.[866]

c) Voraussetzungen für den Buchwertansatz. Von der Aufdeckung der stillen 422 Reserven in der steuerlichen Schlussbilanz darf die übertragende Gesellschaft allerdings nur absehen, wenn **sichergestellt** ist, dass diese **später** bei der übernehmenden Gesellschaft der **Körperschaftsteuer unterliegen**. Das ist immer dann der Fall, wenn die übernehmende Gesellschaft unbeschränkt steuerpflichtig und nicht persönlich steuerbefreit ist.[867] Geht **ausländisches Betriebsstättenvermögen** über, dessen Gewinnbesteuerung nur dem Betriebsstättenstaat zusteht, bleibt das Bewertungswahlrecht nach § 11 Abs. 1 UmwStG erhalten, ohne dass hierdurch eine Besteuerung ausgelöst wird.[868] Voraussetzung für die Fortführung der Buchwerte ist ferner, dass für das übergegangene Vermögen eine Gegenleistung nicht gewährt wird oder in Gesellschaftsrechten besteht, § 11 Abs. 1 Nr. 1 und 2 UmwStG. Liegen diese Voraussetzungen nicht vor, sind die übergegangenen Wirtschaftsgüter mit dem Wert der für die Übertragung gewährten Gegenleistung anzusetzen oder, wenn eine Gegenleistung nicht

---

[863] D. h. einheitlich für alle Wirtschaftsgüter, vgl. *Streck/Posdziech* GmbHR 1995, 357, 358.
[864] Das bedeutet, dass der (fiktive) Vermögensübergang am Ende des maßgeblichen Stichtages erfolgen soll, auf den die Schlussbilanz des übertragenden Rechtsträgers aufgestellt ist, BFH BB 2000, 1334 (zu § 2 Abs. 1 UmwStG 1977).
[865] Amtl. Begr. S. 45.
[866] UmwStErl. Tz. 11.22.
[867] Vgl. *Streck/Posdziech* GmbHR 1995, 357, 358.
[868] Vgl. *Lutter/Schaumburg* Umwandlungsgesetz Anh. § 122 Rn. 92 mN.

gewährt wird, mit dem Teilwert, § 11 Abs. 2 UmwStG. Das ist schon dann der Fall, wenn die übernehmende Gesellschaft **bare Zuzahlungen (Spitzenausgleich)** nach § 15 UmwG oder **Barabfindungen** nach § 29 UmwG leistet.[869] Auch hierdurch entsteht also ein körperschaftsteuerpflichtiger Übertragungsgewinn. Bei der übernehmenden Gesellschaft ergeben sich keine steuerlichen Konsequenzen.[870]

423 d) **Übernahmegewinn.** Ein Übernahmegewinn der aufnehmenden Gesellschaft ist grundsätzlich steuerfrei, § 12 Abs. 2 S. 1 UmwStG. Er besteht aus dem Unterschied zwischen dem Buchwert der Anteile an der übertragenden Gesellschaft (§ 4 Abs. 4 S. 2 UmwStG) und dem Wert, mit dem die übergegangenen Wirtschaftsgüter zu übernehmen sind. Ergibt sich dabei ein **Verlust,** bleibt dieser ebenfalls außer Ansatz. Ist die übernehmende Gesellschaft an der übertragenden nicht beteiligt, liegt in Höhe der anzusetzenden Werte des übernommenen Vermögens ein Übernahmegewinn vor.[871] Ein Übernahmegewinn unterliegt **ausnahmsweise** insoweit der Besteuerung, als die tatsächlichen Anschaffungskosten der Anteile der übertragenden Gesellschaft deren Buchwerte übersteigen, § 12 Abs. 2 S. 2 UmwStG. Das führt zur Nachversteuerung von Teilwertabschreibungen oder Übertragungen nach § 6b EStG **(Beteiligungskorrekturgewinn).**[872] Dieser Gewinn ist dem Gewinn der übernehmenden Gesellschaft außerhalb der Bilanz hinzurechnen, weil er sich nicht durch Betriebsvermögensvergleich nach § 4 Abs. 1, 5 EStG ermitteln lässt.[873] Nach Auffassung der Finanzverwaltung ist § 12 Abs. 2 S. 2 UmwStG nicht nur auf die Verschmelzung der Tochtergesellschaft auf die Muttergesellschaft („up-stream-merger") anzuwenden, sondern auch auf den umgekehrten Fall der Verschmelzung der Muttergesellschaft auf die Tochtergesellschaft („down-stream-merger") und außerdem auf die Verschmelzung von Schwestergesellschaften.[874] Das ist jedenfalls bei der Verschmelzung der Mutter auf die Tochter wenig einleuchtend, weil die Tochter an der Mutter nicht beteiligt ist und es deshalb bei der übernehmenden Gesellschaft einen Buchwert der Anteile an der übertragenden Gesellschaft nicht gibt.[875] Die Hinzurechnung eines Beteiligungskorrekturgewinns unterbleibt jedoch, soweit die Teilwertabschreibung nach § 8b Abs. 3 KStG nF nicht anerkannt wurde. Das hat das StSenkG durch eine Neufassung des § 12 Abs. 2 S. 3 UmwStG klargestellt. **Erhöht** die übernehmende Gesellschaft zur Durchführung der Verschmelzung ihr **Kapital,** ist das übergehende Vermögen als ertragsteuerneutrale **Einlage** zu behandeln.[876] Gewährt die übernehmende Gesellschaft den Gesellschaftern der übertragenden Gesellschaft **eigene Anteile,** die nicht aus einer Kapitalerhöhung stammen („alte Anteile"), kommt es zu einem Übernahmegewinn oder Übernahmeverlust, je nachdem, ob der Buchwert dieser Anteile unter oder über dem anteiligen Übernahmewert der übertragenen Wirtschaftsgüter liegt. Entsteht ein Übernahmegewinn, so ist streitig, ob dieser steuerfrei ist.[877] Zur Vermeidung etwaiger negativer Steuerfolgen wählt die Praxis deshalb regelmäßig die Kapitalerhöhung.[878]

---

[869] UmwStErl. Tz. 11.05, 11.06.
[870] Vgl. *PwC Deutsche Revision* S. 212.
[871] Vgl. *Streck/Posdziech* GmbHR 1995, 357, 360.
[872] Vgl. *Lutter/Schaumburg* Umwandlungsgesetz Anh. § 122 Rn. 101; UmwStErl. Tz. 12.04.
[873] UmwStErl. Tz. 1205; *Dehmer* UmwStErl. S. 229 zu Tz. 1205.
[874] UmwStErl. Tz. 12.07, 1208 mit Tz. 11.24 bis 11.30.
[875] Zutr. *Dehmer* UmwStErl. S 231 zu Tz. 12.07.
[876] Vgl. Beck'sches HdB GmbH/*Orth* § 14 Rn. 558.
[877] Bejahend *Glade/Steinfeld* Tz. 821; *Dehmer* UmwStG § 12 Rn. 34, 35; ebenso *Haritz/Benkert* § 12 Rn. 24; verneinend *Widmann/Mayer* Stand Dezember 1988, Rn. 604.
[878] Vgl. Beck'sches HdB GmbH/*Orth* § 14 Rn. 559.

e) **Übernahmefolgegewinn.** Steuerpflichtig ist jedoch der Übernahmefolgegewinn, das ist die Gewinnerhöhung bei der übernehmenden Gesellschaft, die dadurch eintritt, dass die Verschmelzung zum Erlöschen von Forderungen und Verbindlichkeiten zwischen übertragender und übernehmender Gesellschaft führt. Die übernehmende Gesellschaft darf aber für den Teil dieses Gewinns, der ihrer Beteiligung am Kapital der übertragenden Gesellschaft entspricht, eine den Gewinn mindernde **Rücklage** bilden, die in den auf ihre Bildung folgenden drei Wirtschaftsjahren mit mindestens je einem Drittel gewinnerhöhend aufzulösen ist, § 12 Abs. 4 S. 2 iVm. § 6 Abs. 1 und 2 UmwStG. Zu beachten ist allerdings die **Missbrauchsklausel** des § 26 Abs. 1 UmwStG.[879]   424

f) **Eintritt der übernehmenden Gesellschaft in die AfA etc., Verlustvortrag.**   425
Bezüglich der **AfA** etc. tritt die übernehmende Gesellschaft entsprechend der Gesamtrechtsnachfolge (§ 20 Abs. 1 Nr. 1 und 2 UmwG) in die Rechtsstellung der übertragenden ein, § 12 Abs. 3 (vgl. Rn. 225 beim Formwechsel). Das gilt auch und abweichend vom alten Recht für einen bei der übertragenden Gesellschaft nach einem Verlustrücktrag verbleibenden **Verlustvortrag** iSd. § 10d EStG, § 12 Abs. 3 S. 2 UmwStG, sofern der Betrieb oder Betriebsteil, der den Verlust verursacht hat, über den Verschmelzungsstichtag hinaus in einem nach dem Gesamtbild der wirtschaftlichen Verhältnisse vergleichbaren Umfang in den folgenden fünf Jahren fortgeführt wird. Die jetzige Gesetzesfassung ist gegenüber der ursprünglichen des UmwStG 1994 verschärft und soll der Verwertung von **Verlustmänteln** entgegenwirken.[880] Vorausgesetzt wird dabei, dass die übertragende Gesellschaft ihrerseits zum Verlustvortrag vor der Verschmelzung nach § 8 Abs. 4 KStG berechtigt war.[881] Streitig ist, ob der übernommene Verlustvortrag **rückgetragen** werden kann.[882] Ist die übernehmende Gesellschaft eine **Organgesellschaft,** hat § 15 Nr. 1 KStG nach Auffassung der Finanzverwaltung Vorrang vor § 12 Abs. 3 S. 2, so dass ein übergehender Verlustvortrag während der Dauer des Gewinnabführungsvertrags nicht verwendet werden kann.[883]

g) **Gliederung des verwendbaren Eigenkapitals.** Regelungen für den Übergang   426
des verwendbaren Eigenkapitals haben sich im Hinblick auf die Abschaffung des Anrechnungsverfahrens durch das StSenkG erübrigt.

h) **Wechselseitige Beteiligung.** Auch bei wechselseitiger Beteiligung der an der   427
Verschmelzung beteiligten Gesellschaften ist eine Buchwertfortführung nach § 11 Abs. 1 UmwStG möglich. Zwar werden die Anteile der übertragenden Gesellschaft an der übernehmenden bei dieser zu eigenen Anteilen. Die darin liegenden stillen Reserven brauchen aber nicht aufgelöst zu werden, und zwar selbst dann nicht, wenn die übernehmende Gesellschaft die eigenen Anteile einzieht.[884]

i) **Verschmelzung Muttergesellschaft auf Tochtergesellschaft.** Wird die Mut-   428
tergesellschaft auf die Tochtergesellschaft verschmolzen[885] („down-stream-merger"), so

---

[879] Vgl. *Lutter/Schaumburg* Umwandlungsgesetz Anh. § 122 Rn. 35.
[880] Vgl. *Lutter/Schaumburg* Umwandlungsgesetz Anh. § 122 Rn. 106; zur Rechtslage nach altem Recht vgl. 2. Aufl. Rn. 470.
[881] Zum Verhältnis des § 12 Abs. 3 S. 2 UmwStG zu § 8 Abs. 4 KStG vgl. *Schmitt/Hörtnagl/Stratz* UmwStG § 12 Rn. 109 ff.; *Haritz/Benkert* § 12 Rn. 98 ff.
[882] Bejahend *Kröner* GmbHR 1996, 256 ff.; *Dehmer* UmwStG § 12 Rn. 118; ders. UmwStErl. S. 237 zu Tz. 12.16; verneinend UmwStErl. Tz. 12.16; *Haritz/Benkert* § 12 Rn. 57; *Lutter/Schaumburg* Umwandlungsgesetz Anh. § 122 Rn. 104.
[883] UmwStErl. Org. 27; ebenso *Sagasser/Bula/Brünger/Pfaar* L 41; aA *Dehmer* UmwStErl. S. 339 zu Org. 27: Der Verlust wird sofort beim Organträger wirksam.
[884] UmwStErl. Tz. 11.27; vgl. ferner *Streck/Posdziech* GmbHR 1995, 357, 359.
[885] Vgl. *Baums*, FS Zöllner, 1998, S. 65 ff.

Anh. nach § 77   5. Abschnitt. Auflösung und Nichtigkeit der Gesellschaft

findet nach hier vertretener, aber bestrittener Meinung hinsichtlich der voll eingezahlten Geschäftsanteile der Mutter an der Tochter vor deren Übertragung auf die Gesellschafter der Mutter ein Durchgangserwerb der Tochter statt (vgl. Rn. 317). Eine Gewinnrealisierung auf der Ebene der Tochtergesellschaft wird aber verneint.[886] Derlei Verschmelzungen erfolgten in der Vergangenheit vor allem zur Nutzung der Verlustvorträge der Tochtergesellschaft.[887] Da nunmehr der Verlustvortrag der übertragenden Gesellschaft auf die übernehmende Gesellschaft übergeht, dürften Verschmelzungen der Muttergesellschaft auf die Tochtergesellschaft kaum noch von Bedeutung sein.

429   j) **Gewerbeertragsteuer.** Nach § 1 Abs. 2 iVm. § 19 Abs. 1 UmwStG gelten die vorstehend dargestellten Grundsätze auch für die **Gewerbeertragsteuer,** d. h. eine Besteuerung findet nur statt, soweit ein Übertragungs- oder Übernahmegewinn der Körperschaftsteuer unterliegt. Der **gewerbesteuerliche Verlustvortrag** ist wie bei der Körperschaftsteuer geregelt, § 19 Abs. 2 UmwStG (vgl. Rn. 425).

430   k) **Umsatzsteuer, Erbschaftsteuer, Grunderwerbsteuer.** Umsatzsteuer wegen Geschäftsveräußerung im Ganzen fällt bei der Verschmelzung im Hinblick auf die Neufassung des § 1 Abs. 1a UStG seit 1. 1. 1994 nicht mehr an (vgl. Rn. 243). Erbschaftsteuerlich ist § 13a ErbStG zu beachten (vgl. Rn. 243). Übergehende Grundstücke unterliegen der Grunderwerbsteuer, die vom Grundbesitzwert zu berechnen ist (§§ 1 Abs. 1 Nr. 3, 8 Abs. 2 Nr. 2 GrEStG iVm. § 138 Abs. 2, 3 BewG).[888]

431   l) **Umwandlungskosten.** Ob Umwandlungskosten (zB Grunderwerbsteuern) als Anschaffungsnebenkosten oder Betriebsausgaben bilanziell und steuerlich zu behandeln sind, hat der UmwStErl.[889] dahin geregelt, dass jeder an einer Umwandlung beteiligte Rechtsträger die auf ihn entfallenden Kosten selbst zu tragen hat und dass es sich hierbei um Betriebsausgaben handelt.

432   m) **Besteuerung der Gesellschafter der übertragenden Gesellschaft. Für die Gesellschafter der übertragenden GmbH** ist der Austausch der Geschäftsanteile **einkommensteuerlich neutral,** wenn die Anteile zu einem **Betriebsvermögen** gehören. Sie gelten dann nämlich als zum Buchwert veräußert und die an ihre Stelle tretenden Anteile als mit diesem Wert angeschafft, § 13 Abs. 1 S. 1 UmwStG, gleichgültig, ob es sich bei den Anteilen der übernehmenden Gesellschaft um eigene („alte") oder um solche aus einer Kapitalerhöhung handelt. Vorausgesetzt wird dabei allerdings, dass auch die eingetauschten Anteile an der übernehmenden Gesellschaft wieder in ein Betriebsvermögen gelangen. Anderenfalls sind die Anteile als im Zeitpunkt der Eintragung der

---

[886] Weil ein Durchgangserwerb verneint wird, wenn die Gesellschafter der Muttergesellschaft für ihre Anteile an der Muttergesellschaft von dieser gehaltene Anteile an der Tochtergesellschaft erhalten, UmwStErl. Tz. 11.28; ebenso *Lutter/Schaumburg* Umwandlungsgesetz Anh. § 122 Rn. 98; vgl. auch Beck'sches HdB GmbH/*Orth* § 14 Rn. 560 mN.

[887] Übersah ein Steuerberater die Möglichkeiten zur Nutzung des Verlustvortrags der Tochtergesellschaft und riet er statt zur Verschmelzung der Muttergesellschaft auf die Tochtergesellschaft zur umgekehrten Verschmelzung („up-stream-merger"), so hatte er der übrig gebliebenen Gesellschaft den Schaden zu ersetzen, der darin bestand, dass es bei ihr zu einer höheren Steuerbelastung kam, als es bei einer Verschmelzung auf die untergegangene Gesellschaft der Fall gewesen wäre, BGH ZIP 1997, 322 = EWiR 1997, 711 *(Gladys).*

[888] Vgl. FinMin Bad.-Württ., Erlass v. 19. 12. 1997, Abschn. A I, DB 1998, 166, modifiziert durch Erlass v. 15. 10. 1999, DB 1999, 2187, geändert durch Erlass v. 31. 1. 2000, DB 2000, 303. Zur Grunderwerbsteuer bei Umstrukturierungen vgl. auch *Beckmann* GmbHR 1999, 217; *Götz* GmbHR 2001, 277.

[889] Tz. 03.13 und 04.43; vgl. dazu auch *Orth* GmbHR 1998, 511; *Dieterlen/Schaden* BB 1997, 2297.

Umwandlung **Anh. nach § 77**

Verschmelzung in das Handelsregister als entnommen anzusehen[890] Gehörten die Anteile der übertragenden GmbH zum **Privatvermögen** eines Gesellschafters und stellten sie eine (wesentliche) Beteiligung iSd. § 17 EStG dar, so wird die Gewinnrealisierung nach § 13 Abs. 2 S. 1 UmwG dadurch vermieden, dass die Anteile als zu ihren Anschaffungskosten veräußert gelten. Die im Zuge des Vermögensübergangs gewährten Anteile gelten als Anteile iSd. § 17 EStG, § 13 Abs. 2 S. 2 UmwStG, und zwar unabhängig davon, ob der bisher iSd. des § 17 EStG an der übertragenden Gesellschaft beteiligte Gesellschafter nach der Verschmelzung noch eine Beteiligung von mindestens 1 % an der übernehmenden Gesellschaft hält oder ob erst durch den Anteilstausch eine solche Beteiligung entsteht. Im letzteren Fall wird die Steuerneutralität dadurch erreicht, dass für diese Anteile der gemeine Wert als Anschaffungskosten gilt, § 13 Abs. 2 S. 3 UmwStG. **Stille Reserven** werden also weder aufgedeckt noch versteuert.[891] Bei den übrigen zum Privatvermögen eines Gesellschafters gehörenden Anteilen findet nach allgemeinen Regeln ohnehin keine Besteuerung stiller Reserven statt. Stellt der Anteilstausch ein **privates Veräußerungsgeschäft** (früher: Spekulationsgeschäft) iSd. § 23 EStG dar, so gewährleistet der Ansatz mit den Anschaffungskosten ebenfalls die Steuerneutralität (§ 13 Abs. 2 S. 1 UmwStG). Schließlich geschieht auch der Umtausch **einbringungsgeborener Anteile** (§ 21 UmwStG) der übertragenden Gesellschaft steuerneutral, indem die erworbenen Anteile anstelle der hingegebenen Anteile treten, § 13 Abs. 3 UmwStG. Die Besteuerung der in den einbringungsgeborenen Anteilen liegenden stillen Reserven nach Maßgabe des § 21 UmwStG erfolgt somit erst später.[892]

n) Bare Zuzahlungen, Barabfindung. Bare Zuzahlungen (Spitzenausgleich), **433** gleichgültig, ob schon im Verschmelzungsvertrag vorgesehen oder erst im Spruchstellenverfahren festgesetzt (vgl. Rn. 320), sind bei den Anteilseignern sonstige Bezüge iSd. § 20 Abs. 1 Nr. 1 EStG.[893] Ist der Anteilseigner eine Körperschaft oder ist die Körperschaft mittelbar über eine Mitunternehmerschaft beteiligt, sind die Zuzahlungen nach § 8b Abs. 1 KStG, gegebenenfalls iVm. § 8 Abs. 6 KStG, steuerbefreit. Ist der Anteilseigner eine natürliche unbeschränkt oder beschränkt steuerpflichtige Person, unterliegen die Zuzahlungen dem Halbeinkünfteverfahren nach § 3 Nr. 40 EStG.[894] **Barabfindungen** stellen bei der übernehmenden Gesellschaft Anschaffungskosten für den Erwerb der Anteile der übertragenden Gesellschaft dar. Ist der Anteilseigner eine Körperschaft, so bleibt ein etwaiger Veräußerungsgewinn[895] nach § 8b Abs. 2 KStG steuerfrei.[896] Die ursprünglich hierfür im StSenkG vorgesehen gewesene Behaltefrist von einem Jahr ist durch das Gesetz v. 20. 12. 2000[897] wieder gestrichen worden. Ist der Empfänger eine unbeschränkt oder beschränkt steuerpflichtige natürliche Person, unterliegt die Barabfindung nur dann der Besteuerung nach dem Halbeinkünfteverfahren, wenn die veräußerten Anteile eine Beteiligung iSd. § 17 EStG darstellten oder einbringungsgeborene Anteile nach § 21 UmwStG waren oder oder wenn die Abgabe der Anteile innerhalb der Jahresfrist des § 23 EStG erfolgte.[898]

---

[890] *Schmitt/Hörtnagl/Stratz* UmwStG § 13 Rn. 21; *Lutter/Schaumburg* Umwandlungsgesetz Anh. § 122 Rn. 113.
[891] Vgl. auch Beck'sches HdB GmbH/*Orth* § 14 Rn. 578; *Streck/Posdziech* GmbHR 1995, 357, 363; *Lutter/Schaumburg* Umwandlungsgesetz Anh. § 122 Rn. 117, 118.
[892] Vgl. *Streck/Posdziech* GmbHR 1995, 357, 364.
[893] UmwStErl. Tz. 13.04.
[894] Vgl. *PwC Deutsche Revision* S. 212.
[895] Zu dessen Ermittlung vgl. *Lutter/Schaumburg* Umwandlungsgesetz Anh. § 122 Rn. 121.
[896] Vgl. *PwC Deutsche Revision* S. 212.
[897] BGBl. I S. 1850.
[898] Vgl. *PwC Deutsche Revision* S. 212.

434 **25. Verschmelzung durch Neugründung.** Sie ist weniger häufig als die Verschmelzung durch Aufnahme, weil sich durch die Gründung einer neuen Gesellschaft und den Übergang mehrerer Vermögen auf diese die Kosten erhöhen und neben den umwandlungsrechtlichen Vorschriften auch die Vorgaben für den neuen Rechtsträger zu beachten sind.[899] Das Gesetz (§ 2 Nr. 2) spricht nicht mehr wie das alte Recht (§ 32 KapErhG) von der Neubildung einer GmbH durch Verschmelzung, sondern von der Neugründung. Die Verschmelzung durch Neubildung war nach altem Recht die einzige Möglichkeit zur Vereinigung mehrerer Gesellschaften mbH ohne Abwicklung, da die Verschmelzung durch gleichzeitige Aufnahme mehrerer Gesellschaften auf die aktienrechtliche Verschmelzung begrenzt blieb.

435 **a) Gründer.** §§ 36, 56 bestimmen die **entsprechende Anwendung der Vorschriften über die Verschmelzung durch Aufnahme,** soweit sich keine Abweichungen daraus ergeben, dass die übernehmende Gesellschaft gegründet werden muss. Dabei gilt jede der sich vereinigenden Gesellschaften (mindestens zwei, vgl. § 2 Nr. 2) als übertragende und die neue Gesellschaft als übernehmende. Den Gründern der neuen Gesellschaft stehen die übertragenden Gesellschaften gleich, § 36 Abs. 2 S. 2. Insbesondere sind anwendbar die Vorschriften über den Verschmelzungsvertrag, die Zuleitung des Verschmelzungsvertrags oder seines Entwurfs an den zuständigen Betriebsrat, den Verschmelzungsbericht, die Verschmelzungsprüfung, die Verschmelzungsbeschlüsse, die Eintragung der Verschmelzung und ihre Wirkungen.

436 **b) Gesellschaftsvertrag.** Kernstück des Verschmelzungsvertrags ist die **Gründung einer neuen Gesellschaft,** auf welche das Vermögen der übertragenden Gesellschaften übergeht. Dazu gehört der Abschluss des Gesellschaftsvertrags der neuen Gesellschaft, § 37, der infolgedessen mitzubeurkunden ist (§ 6), wobei es genügt, dass der Gesellschaftsvertrag dem Verschmelzungsvertrag beigefügt und in diesem auf den Gesellschaftsvertrag verwiesen wird.[900] § 37 klärt eine Streitfrage des alten Rechts.[901] Abzuschließen ist der Verschmelzungsvertrag von den Geschäftsführern und etwaigen nach Gesellschaftsvertrag zur Mitwirkung berufenen weiteren Organ der übertragenden Gesellschaften (vgl. Rn. 313). Die neue Gesellschaft wird somit von den sich vereinigenden Gesellschaften errichtet, nicht von deren Gesellschaftern. Diese unterliegen deshalb keiner Gründerhaftung. Die übertragenden Gesellschaften werden aber nicht Gesellschafter der neuen Gesellschaft, weil sie mit der Entstehung dieser Gesellschaft durch Eintragung in das Handelsregister erlöschen (§ 20 Abs. 1 Nr. 2). Gesellschafter der neuen Gesellschaft werden vielmehr im gleichen Zeitpunkt die Gesellschafter der sich vereinigenden Gesellschaften (§ 20 Abs. 1 Nr. 3). Die Gründung der neuen Gesellschaft weicht damit erheblich von der normalen Gründung ab. Bei jener kann nicht Gesellschafter werden, wer keine Stammeinlage übernimmt, d.h. eine Bar- oder Sacheinlage leistet (§ 3 Abs. 1 Nr. 4 GmbHG). Die Einlagen werden bei Gründung der neuen Gesellschaft von den sich vereinigenden Gesellschaften erbracht, indem sie ihr Vermögen auf die neue Gesellschaft übertragen, nicht von ihren Gesellschaftern. Diese und nicht die übertragenden Gesellschaften erhalten aber von der neuen Gesellschaft Geschäftsanteile. Es findet somit eine Trennung zwischen Gründern und (ersten) Ge-

---

[899] Vgl. *Lenz* GmbHR 2001, 717, der auf Vorteile der Verschmelzung durch Neugründung hinweist, die er zB darin sieht, dass hierbei den Gesellschaftern aller übertragenden Gesellschaften die Klage wegen unzutreffender Bemessung des Umtauschverhältnisses durch § 14 Abs. 2 abgeschnitten ist, während sie bei der Verschmelzung durch Aufnahme den Gesellschaftern der aufnehmenden Gesellschaft offen bleibt (vgl. Rn. 375).
[900] § 9 Abs. 1 S. 2 BeurkG, vgl. Amtl. Begr. S. 97.
[901] Vgl. hierzu 2. Aufl. Rn. 475.

sellschaftern statt, die bei der normalen Gründung nicht vorgesehen ist. Bei der aktienrechtlichen Verschmelzung treten die konstruktiven Schwierigkeiten des Gründungsvorgangs weniger hervor, weil das AktG besondere Gründer kennt. Das sind die Aktionäre, welche die Satzung feststellen und alle Aktien übernehmen (§§ 2, 28 AktG). Häufig handelt es sich hierbei um Banken, die nur bei der Gründung eingeschaltet werden und die Aktien nach Übernahme ihren Kunden zum Kauf anbieten. Solchen Gründern sind hier die übertragenden Gesellschaften vergleichbar. Freilich werden die aktienrechtlichen Gründer im Normalfall auch Gesellschafter (Aktionäre) und scheiden erst nach Eintragung der AG im Handelsregister durch Veräußerung ihrer Aktien aus der Gesellschaft aus (vgl. § 41 Abs. 4 AktG).

c) **Gründungsvorschriften.** Auf die Gründung der neuen Gesellschaft sind grundsätzlich die für sie geltenden Gründungsvorschriften anzuwenden, § 36 Abs. 2 S. 1. Es sind sonach die Vorschriften des § 3 Abs. 1, der §§ 4, 5 Abs. 1 und Abs. 3 S. 2, der §§ 6, 10 Abs. 1 und des § 11 GmbHG zu beachten. Hinsichtlich der Firma gilt die Erleichterung des § 18 (vgl. Rn. 400). Was die Stammeinlagen betrifft, so ist nach § 56 die Vorschrift des § 54 Abs. 3 S. 1 Halbs. 2 nicht anzuwenden, so dass der Mindestnennbetrag der Geschäftsanteile nicht wie bei der Verschmelzung durch Aufnahme (vgl. Rn. 365) herabgesetzt werden kann. Damit ist eine Streitfrage des alten Rechts[902] erledigt. Die Haftung nach § 11 Abs. 2 GmbHG wird kaum praktisch, weil das Handeln vor Eintragung der neuen Gesellschaft regelmäßig unternehmensbezogen, also den übertragenden Gesellschaften zuzurechnen ist.[903] Nach § 57 sind Festsetzungen über **Sondervorteile, Gründungsaufwand, Sacheinlagen und Sachübernahmen,** die in den Gesellschaftsverträgen der übertragenden Gesellschaften enthalten waren, in den Gesellschaftsvertrag der neuen Gesellschaft zu übernehmen. Hierdurch soll verhindert werden, dass die Bestimmungen über die Offenlegung solcher Vereinbarungen (vgl. GmbHG § 3 Rn. 51, § 5 Rn. 67–70; § 5 Abs. 4) durch Neugründung einer Gesellschaft im Wege der Verschmelzung umgangen werden.[904] Werden diese Regelungen nicht übernommen, so gehen die entsprechenden Rechte unter.[905] 437

d) **Sachgründungsbericht.** Ein Sachgründungsbericht (§ 5 Abs. 4 GmbHG) ist gemäß § 58 Abs. 2 nicht erforderlich, wenn eine GmbH übertragender Rechtsträger ist.[906] 438

e) **Zustimmungsbeschluss.** Der Gesellschaftsvertrag der neuen Gesellschaft wird nur wirksam, wenn ihm die Gesellschafter jeder der übertragenden Gesellschaften durch Verschmelzungsbeschluss zustimmen, § 59 S. 1. Das bedeutet, dass die für die Zustimmung zum Verschmelzungsvertrag erforderlichen Mehrheiten (§§ 13, 50) auch für die Zustimmung zu dem Gesellschaftsvertrag der neuen Gesellschaft erforderlich sind. Nicht nötig ist ein besonderer Zustimmungsbeschluss, der zusätzlich zum Verschmelzungsbeschluss gefasst werden müsste. Vielmehr umfasst die Zustimmung zum Verschmelzungsvertrag (Verschmelzungsbeschluss, § 13) notwendig die Zustimmung zum Gesellschaftsvertrag, weil dieser nach § 37 Bestandteil des Verschmelzungsvertrags ist.[907] 439

---

[902] Vgl. 2. Aufl. Rn. 479.
[903] Ebenso *Meyer-Landrut/Miller/Niehus* § 32 KapErhG Rn. 4.
[904] Vgl. GroßkommAktG/*Schilling* 3. Aufl. 1975, § 353 Anm. 15.
[905] Vgl. *Widmann/Mayer/Mayer* § 57 Rn. 14, 17; diff. *Lutter/Winter* Umwandlungsgesetz § 57 Rn. 8.
[906] Kritisch hierzu *Ihrig* GmbHR 1995, 622, 629, der die Ausnahmeregelung für verfehlt und den Registerrichter nach § 12 FGG zur Anordnung einer Sachgründungsprüfung befugt hält.
[907] Zutr. *Lutter/Winter* Umwandlungsgesetz § 59 Rn. 4; *Widmann/Mayer/Mayer* § 59 Rn. 5 will die Zustimmung zum Verschmelzungsvertrag nur „im Zweifel" als Zustimmung zum Gesellschaftsvertrag werten und empfiehlt deshalb eine ausdrückliche Erklärung der Anteilsinhaber.

440   **f) Aufsichtsrat.** Soll die neue Gesellschaft nach ihrem Gesellschaftsvertrag sofort einen Aufsichtsrat haben, dessen Mitglieder von den Gesellschaftern der sich vereinigenden Gesellschaften zu wählen sind, so gilt § 59 S. 1 entsprechend, § 59 S. 2. Das bedeutet, dass zwar die übertragenden Gesellschaften als Gründer der neuen Gesellschaft (vgl. Rn. 436) den Aufsichtsrat bestellen, ihre Gesellschafter der Bestellung aber durch Beschluss (Verschmelzungsbeschluss) zustimmen müssen, für den Dreiviertelmehrheit gilt (§§ 56, 50 Abs. 1). Für einen auf andere Weise, zB durch Dritte, zu bestellenden Aufsichtsrat, ist die Vorschrift nicht anwendbar.[908] Ein etwaiger **mitbestimmter Aufsichtsrat** ist erst nach Eintragung der neuen Gesellschaft zu bilden, weil erst mit dem Wirksamwerden der Verschmelzung durch Eintragung der neuen GmbH (§§ 36, 19, 20 Abs. 1 Nr. 1) die Arbeitsverhältnisse übergehen, die durch ihre Vielzahl (§ 1 Abs. 1 MitbestG) die Mitbestimmung begründen.[909] Deshalb hielt schon der Gesetzgeber des KapErhG Vorschriften hierüber für entbehrlich.[910]

441   **g) Mängel der Verschmelzung.** Wegen der Rechtsfolgen von Mängeln der Verschmelzung vgl. Rn. 367 ff. § 20 Abs. 2, wonach Mängel der Verschmelzung die Wirkungen der Verschmelzung unberührt lassen (vgl. Rn. 405), hindert nicht die Nichtigkeitsklage nach § 75 GmbHG, da diese nicht eigentlich Mängel des Verschmelzungsvorgangs zum Gegenstand hat und auch nicht zur Nichtigkeit der Verschmelzung führt, sondern zur Auflösung der Gesellschaft (§ 77 Abs. 1 GmbHG).

442   **h) Anmeldung der Verschmelzung.** Die Verschmelzung ist von den **Geschäftsführern** der übertragenden Gesellschaften **in vertretungsberechtigter Zahl** jeweils zur Eintragung in das Handelsregister des Sitzes ihrer Gesellschaft anzumelden, § 38 Abs. 1. Die Anmeldung durch sämtliche Geschäftsführer (§ 78 GmbHG) ist nicht erforderlich (vgl. Rn. 376). Die Geschäftsführer aller übertragenden Gesellschaften haben ferner die neue Gesellschaft bei dem Gericht, in dessen Bezirk es seinen Sitz haben soll, zur Eintragung in das Handelsregister anzumelden, § 38 Abs. 2. Die neue Gesellschaft ist also nicht von deren Geschäftsführern anzumelden, sondern von den Geschäftsführern der durch die Verschmelzung untergehenden Gesellschaften. Der Sinn dieser von §§ 7, 78 GmbHG abweichenden Regelung ist nicht ohne weiteres erkennbar, zumal das Gesetz voraussetzt, dass im Zeitpunkt der Anmeldung der neuen Gesellschaft deren Geschäftsführer bestellt sind (vgl. § 36 Abs. 2 S. 1 iVm. § 10 Abs. 1 GmbHG). Da die Verschmelzungswirkungen erst mit der Eintragung der neuen Gesellschaft eintreten (vgl. Rn. 443), soll offenbar den Geschäftsführern der übertragenden Gesellschaften die Entscheidung vorbehalten bleiben, diese Wirkungen durch Anmeldung herbeizuführen. Obwohl grundsätzlich Gründungsrecht für anwendbar erklärt ist (§ 36 Abs. 2 S. 1) und dieses die Anmeldung durch alle Geschäftsführer vorschreibt (§§ 7 Abs. 1, 78 GmbHG), sieht § 38 Abs. 2 nur die Anmeldung durch Geschäftsführer der übertragenden Gesellschaften in jeweils vertretungsberechtigter Zahl vor. Man wird das als bewusste Entscheidung des Gesetzgebers hinnehmen müssen, der zB bei der Anmeldung des Formwechsels einer OHG in eine GmbH die Anmeldung der neuen Rechtsform zum Handelsregister durch alle Geschäftsführer für erforderlich gehalten hat, §§ 198 Abs. 1, 222 Abs. 1 (vgl. Rn. 275).[911]

---

[908] Vgl. RegE zur GmbH-Novelle 1980 BT-Drucks. 8/1347 S. 53.

[909] Vgl. RegE zur GmbH-Novelle 1980 BT-Drucks. 8/1347 S. 53; *Lutter/Winter* Umwandlungsgesetz § 59 Rn. 5 m. Rn. 6 Fn. 11; vgl. dazu auch Rn. 666 zur Ausgliederung aus dem Vermögen eines Einzelkaufmanns, dort auch zur Vorgesellschaftsproblematik.

[910] RegE vorhergehende Fn.; vgl. auch *Gersch/Hegert/Marsch/Stützle* Rn. 506.

[911] AA *Lutter/Winter* Umwandlungsgesetz § 59 Rn. 6, der ein Redaktionsversehen annimmt.

Umwandlung   Anh. nach § 77

i) Eintragung der Verschmelzung. Für die Eintragung der Verschmelzung und 443
der neuen Gesellschaft in das Handelsregister ist nach § 36 Abs. 1 iVm. § 19 folgende
Reihenfolge einzuhalten: Zunächst ist die Verschmelzung in die Handelsregister der
übertragenden Gesellschaften einzutragen. Dann erst darf die neue Gesellschaft in das
Handelsregister ihres Sitzes eingetragen werden. Die Wirkungen der Verschmelzung
treten erst mit der letztgenannten Eintragung ein.

j) Besteuerung. Für die Besteuerung der Verschmelzung durch Neugründung 444
kann auf die Bemerkungen zur Besteuerung der Verschmelzung durch Aufnahme verwiesen werden (vgl. Rn. 418 ff.), soweit sich nicht daraus etwas anderes ergibt, dass die übernehmende Gesellschaft neu gegründet werden muss. Unanwendbar sind deshalb die Bemerkungen, die das Bestehen einer Beteiligung der übernehmenden Gesellschaft an der übertragenden oder das Vorhandensein eigener Geschäftsanteile bei der übernehmenden Gesellschaft voraussetzen.

26. Konzernverschmelzung. Ein hoher Prozentsatz von Verschmelzungen und 445
sonstigen Umwandlungen findet innerhalb von Unternehmensverbindungen statt, also
in Konzernen. Der Diskussionsentwurf eines UmwG von 1988 (vgl. Rn. 1) sah deshalb
ein besonderes Achtes Buch mit dem Titel „Umwandlung im Konzern" (§§ 385 bis
389) vor, das sich jedoch auf die Schaffung von Regeln für den **Minderheitenschutz**
beschränkte und die Erleichterung der Umwandlung im Konzern für die beteiligten
Unternehmen nicht im Auge hatte. Das UmwG 1994 hat die Vorschriften des Achten
Buches des Diskussionsentwurfs jedoch ersatzlos gestrichen, weil die Entwicklung des
Konzernrechts noch im Fluss und die Zeit für die Aufstellung allgemeiner Regeln für
die Konzernumwandlung deshalb noch nicht reif sei.[912] Geblieben sind einige wenige
Regeln zur Erleichterung der Umwandlung im Konzern, die zT auf § 352b AktG zurückgehen:

Nach § 5 Abs. 2 entfallen die Angaben über den **Umtausch der Anteile,** wenn 446
sich alle Anteile einer übertragenden Gesellschaft in der Hand der übernehmenden
Gesellschaft befinden (vgl. Rn. 329). Da es keine außenstehenden Anteilsinhaber gibt,
kommt es nicht zu einem Anteilsumtausch. Die aufnehmende Gesellschaft braucht sich
nicht selbst Anteile zu gewähren.[913]

Unter derselben Voraussetzung ist ein **Verschmelzungsbericht** nicht erforderlich, 447
§ 8 Abs. 3 (vgl. Rn. 330).

Ebensowenig bedarf es in solchem Fall einer **Verschmelzungsprüfung,** § 9 Abs. 2 448
(vgl. Rn. 341).

Der Erleichterung der Konzernverschmelzung dient schließlich § 62 UmwG, der 449
§ 352b AktG nachgebildet ist. Er betrifft die Verschmelzung einer AG oder GmbH auf
eine AG, sofern sich mindestens neun Zehntel des Kapitals der übertragenden Gesellschaft in der Hand der AG befinden (vgl. Rn. 446).

Bei der Verschmelzung von **Schwestergesellschaften** wird dem Konzernverhältnis 450
keine Rechnung getragen (vgl. Rn. 319).

Im Übrigen gehören sachlich diejenigen Bestimmungen des UmwG in den Bereich 451
der Konzernverschmelzung, welche die **Verschmelzung** von Kapitalgesellschaften
mit dem Vermögen eines Alleingesellschafters betreffen (§§ 120 bis 122, vgl.
Rn. 513 ff.). Hinsichtlich der **Kosten** gilt, dass sich bei einer Verschmelzung zur Aufnahme der 100 %-igen Tochter durch die Mutter der **Geschäftswert** für die Beurkundung des Verschmelzungsvertrags nach § 39 Abs. 1 KostO bestimmt, weil kein

---
[912] Amtl. Begr. S. 75.
[913] Vgl. BayObLG NJW 1984, 1691.

Anh. nach § 77 5. Abschnitt. Auflösung und Nichtigkeit der Gesellschaft

Ausgleich durch Gewährung von Geschäftsanteilen in Betracht kommt. Er ist demgemäß nach dem Aktivvermögen der übertragenden Tochtergesellschaft anzusetzen. Entsprechendes gilt nach § 27 Abs. 2 S. 1 KostO für den Geschäftswert der Verschmelzungsbeschlüsse. Art. 10 iVm. Art. 12 Abs. 1 Buchst. e der EWG-Gesellschaftsteuerrichtlinie (69/335/EWG idF der Richtlinie 85/303/EWG) findet keine Anwendung.[914]

XVIII. Verschmelzung von Aktiengesellschaften oder Kommanditgesellschaften aA mit einer GmbH
(§§ 2 bis 38, 46 bis 78 UmwG 1994)

Literatur: Vgl. die Angaben bei XVII, ferner *Bungert* DAT/Altana: Der BGH gibt der Praxis Rätsel auf, BB 2001, 1163; *ders./Hentzen* Kapitalerhöhung zur Durchführung von Verschmelzung oder Abspaltung bei parallelem Rückkauf eigener Aktien durch die übertragende Aktiengesellschaft, DB 1999, 2501; *Henze* Aspekte und Entwicklungstendenzen der aktienrechtlichen Anfechtungsklage in der Rechtsprechung des BGH, ZIP 2002, 97; *ders.* Aktienrecht – Höchstrichterliche Rechtsprechung, 5. Aufl. 2002; *Hüttemann* Börsenkurs und Unternehmensbewertung, ZGR 2001, 454; *Kiem* Die Stellung der Vorzugsaktionäre bei Umwandlungsmaßnahmen, ZIP 1997, 1627; *Piltz* Unternehmensbewertung und Börsenkurs im aktienrechtlichen Spruchstellenverfahren, ZGR 2001, 185; *Reuter* Börsenkurs und Unternehmenswertvergleich aus Eignersicht, DB 2001, 2483; *Weiler/Meyer* Heranziehung des Börsenkurses zur Unternehmensbewertung bei Verschmelzungen, ZIP 2001, 2153; *Wilsung/Kruse* Maßgeblichkeit des Börsenkurses bei umwandlungsrechtlichen Verschmelzungen?, DStR 2001, 991.

Übersicht

	Rn.		Rn.
1. Normzweck	452	j) Schadenersatzpflicht der Verwaltungsträger	463
2. Verschmelzung einer AG mit einer GmbH durch Aufnahme	453–464	k) Besteuerung	464
a) Prüfung der Verschmelzung	454	3. Verschmelzung einer AG mit einer GmbH durch Neugründung	465
b) Einreichung des Verschmelzungsvertrags, Bekanntmachung	455	4. Verschmelzung einer KGaA mit einer GmbH durch Aufnahme	466–469
c) Auslegung von Unterlagen	456	a) Zustimmung der persönlich haftenden Gesellschafter	467
d) Auslegung in der Hauptversammlung	457	b) Nachhaftung der persönlich haftenden Gesellschafter	468
e) Verschmelzungsbeschluss	458	c) Rückzahlung der Einlagen, Steuerrecht	469
f) Barabfindungsangebot	459	5. Verschmelzung einer KGaA mit einer GmbH durch Neugründung	470
g) Aufsichtsrat	460		
h) Gesellschafterliste, unbekannte Aktionäre	461		
i) Umtausch, Zusammenlegung von Aktien	462		

452 **1. Normzweck.** Die Verschmelzung einer AG oder KGaA mit einer GmbH hatte schon das alte Recht zugelassen,[915] jedoch nur durch Aufnahme, nicht durch Neubildung. Das UmwG 1994 erlaubt im Zug der Komplettierung der Verschmelzungsmöglichkeiten und ihrer Vereinheitlichung auch die Mischverschmelzung durch Neugründung. Zu beachten sind die Vorschriften des Dritten und Vierten Abschnitts (§§ 60 bis 78), die für alle Verschmelzungen gelten, an denen Aktiengesellschaften oder Kommanditgesellschaften auf Aktien beteiligt sind. Diese Sonderregeln beruhen überwiegend auf der Umsetzung der Dritten EG-Richtlinie (Verschmelzungsrichtlinie; vgl. Rn. 1).

---

[914] OLG Karlsruhe NJW-RR 2002, 321; vgl. dazu auch Rn. 314 und § 55 GmbHG Rn. 57.
[915] Vgl. 2. Aufl. Rn. 488.

Umwandlung   Anh. nach § 77

2. Verschmelzung einer AG mit einer GmbH durch Aufnahme. Da die 453
Grundlagen der Verschmelzung in den Allgemeinen Vorschriften (§§ 4 bis 38) für alle
Verschmelzungsarten und alle an ihr beteiligten Rechtsträger jetzt einheitlich geregelt
sind, braucht nicht mehr (wie in § 33 Abs. 2 S. 2 KapErhG) ausdrücklich gesagt zu
werden, dass an die Stelle der Geschäftsführer und der Gesellschafter der übertragenden
GmbH der Vorstand und die Hauptversammlung der AG treten. Im Übrigen gilt:

a) Prüfung der Verschmelzung. Die Prüfung der Verschmelzung ist für die 454
übertragende AG zwingend vorgeschrieben, § 60 Abs. 1. Das alte Recht sah sie
nicht vor. Sind mehrere Aktiengesellschaften an der Verschmelzung als übertragende
Rechtsträger beteiligt, ist für jede von ihnen mindestens ein Verschmelzungsprüfer
durch den jeweiligen Vorstand zu bestellen, § 60 Abs. 2. Soll nur ein Prüfer oder sollen
mehrere Prüfer für alle beteiligten Aktiengesellschaften bestellt werden (§ 10 Abs. 1
S. 2), so müssen die Prüfer auf gemeinsamen Antrag der Vorstände durch das Gericht
bestellt werden, § 60 Abs. 3 S. 1. Für die aufnehmende GmbH findet eine Verschmelzungsprüfung nur auf Antrag eines Gesellschafters statt, § 48 (vgl. Rn. 341). In solchem
Fall können die Geschäftsführer der GmbH auch die für die AG bestellten Prüfer
bestellen, sofern der Vorstand der übertragenden AG an der Bestellung mitwirkt oder
das Gericht auf Antrag eine solche Bestellung vornimmt, § 10 Abs. 1 S. 1 u. 2. Eine
Verschmelzungsprüfung bei den beteiligten Aktiengesellschaften ist nicht erforderlich,
wenn alle Gesellschafter aller an der Verschmelzung beteiligten Rechtsträger (also auch
die Gesellschafter der aufnehmenden GmbH) auf die Prüfung in notarieller Urkunde
verzichten, § 9 Abs. 3 iVm. § 8 (vgl. Rn. 341).

b) Einreichung des Verschmelzungsvertrags, Bekanntmachung. Der Ver- 455
schmelzungsvertrag oder sein Entwurf ist vor der Zustimmungs-Hauptversammlung
der übertragenden AG beim Handelsregister **einzureichen,** § 61 S. 1. Im Verschmelzungsverfahren sind **unbekannte Aktionäre** durch Angabe ihrer Aktienurkunden und
der auf ihre Aktien entfallenden Geschäftsanteile zu bezeichnen, § 35 (vgl. auch
Rn. 461). Auf die Einreichung hat das Registergericht durch Bekanntmachung hinzuweisen, § 61 Abs. 2. Da die Frist zur Einberufung der Hauptversammlung mindestens
einen Monat beträgt (§ 123 Abs. 1 AktG), genügt Einreichung unmittelbar vor der
Einberufung (§ 121 Abs. 3 AktG), weil den Aktionären dann noch genügend Vorbereitungszeit verbleibt.[916] Die bei der Einberufung der Hauptversammlung bekanntzumachende Tagesordnung muss den wesentlichen Inhalt des Verschmelzungsvertrags
enthalten, § 124 Abs. 2 S. 2 AktG.[917]

c) Auslegung von Unterlagen. Zusätzlich zu den gemäß § 49 Abs. 2 in dem 456
Geschäftsraum der Gesellschaft auszulegenden Unterlagen (vgl. Rn. 350) sind der
Verschmelzungsvertrag oder sein Entwurf sowie die Verschmelzungsberichte (§ 8) und
Verschmelzungsprüfungsberichte (§ 60 iVm. § 12) auszulegen, § 63 Abs. 1 Nr. 1, 4, 5,
ferner eine **Zwischenbilanz,** falls sich der Letzte gemäß § 63 Abs. 1 Nr. 3 auszulegende Jahresabschluss auf ein Geschäftsjahr bezieht, das mehr als sechs Monate vor dem
Abschluss des Verschmelzungsvertrags oder der Aufstellung seines Entwurfs abgelaufen
ist. Der Stichtag dieser Bilanz darf nicht vor dem ersten Tag des dritten Monats liegen,
der dem Abschluss des Verschmelzungsvertrags oder der Aufstellung seines Entwurfs
vorausgeht, § 63 Abs. 1 Nr. 3. Weitere Vorschriften für die Zwischenbilanz enthält
§ 63 Abs. 2. Sie soll die Aktionäre über die Vermögenslage der Gesellschaft zeitnah

---

[916] Vgl. *Lutter/Grunewald* Kölner Umwandlungsrechtstage, S. 19, 51; *Widmann/Mayer/Rieger*
§ 61 Rn. 7.
[917] Vgl. hierzu *Lutter/Grunewald* Kölner Umwandlungsrechtstage, S. 51, 52.

unterrichten.⁹¹⁸ Insoweit ist der Informationsstand der Aktionäre aktueller als derjenige des Registergerichts, das sich mit einer Schlussbilanz begnügen muss, die acht Monate alt sein darf (vgl. Rn. 381). Von allen in § 63 Abs. 1 bezeichneten Unterlagen kann jeder Aktionär Abschriften verlangen, die unverzüglich und kostenlos zu erteilen sind, § 63 Abs. 3. Für die übernehmende GmbH gilt § 63 Abs. 1 Nr. 3 nicht, der auf der Verschmelzungsrichtlinie (vgl. Rn. 1) beruht, die nur an Verschmelzungen beteiligte Aktiengesellschaften erfasst.

457 **d) Auslegung in der Hauptversammlung.** Die in § 63 Abs. 1 bezeichneten Unterlagen sind auch in der Hauptversammlung auszulegen, die häufig nicht in dem Geschäftsraum der Gesellschaft stattfindet, wo diese Unterlagen bereits ausgelegt sind (vgl. Rn. 456), § 64 Abs. 1. Der Vorstand hat den Verschmelzungsvertrag oder seinen Entwurf zu Beginn der Verhandlung mündlich zu **erläutern**, § 63 Abs. 1 S. 2, wobei die Aktualisierung des Verschmelzungsberichts durch zwischenzeitliche Entwicklungen im Vordergrund stehen sollte.⁹¹⁹ Der Vorstand hat jedem Aktionär über § 131 Abs. 1 S. 1 AktG hinaus Auskunft auch über alle für die Verschmelzung wesentlichen Angelegenheiten der anderen an der Verschmelzung beteiligten Gesellschaften zu geben, jedoch anders als die Geschäftsführer der beteiligten GmbH nicht „jederzeit" (§ 49 Abs. 3, vgl. Rn. 350), sondern nur in der Hauptversammlung, § 64 Abs. 2, weil Aktionäre grundsätzlich nur dort ihre Rechte ausüben können (§ 118 Abs. 1 AktG).

458 **e) Verschmelzungsbeschluss.** Der Verschmelzungsbeschluss bedarf lediglich einer Mehrheit von drei Vierteln des bei der Beschlussfassung vertretenen Grundkapitals, wobei die Satzung auch hier eine größere Kapitalmehrheit und weitere Erfordernisse bestimmen kann, § 65 Abs. 1. Die Vorschrift gilt auch für die Mischverschmelzung einer AG mit einer GmbH. Damit sind die strengen Mehrheitserfordernisse des alten Rechts⁹²⁰ aufgegeben, weil die dafür angeführten Gründe – geringerer Gläubigerschutz wegen schwacher Publizitätserfordernisse und geringerer Minderheitenschutz bei der übernehmenden GmbH – nicht mehr zuträfen.⁹²¹ Sind mehrere Gattungen von Aktien vorhanden, so bedarf der Verschmelzungsbeschluss zu seiner Wirksamkeit der Zustimmung der Aktionäre jeder Gattung durch **Sonderbeschluss,** § 65 Abs. 2. Im Gesetzgebungsverfahren ist auf Empfehlung des Rechtsausschusses in Abs. 2 das Wort „stimmberechtigten" eingefügt worden, wodurch klargestellt werden sollte, dass **Vorzugsaktionären ohne Stimmrecht** auch bei der Beschlussfassung über eine Verschmelzung kein Stimmrecht zusteht.⁹²² Diese Aktien bilden demnach keine Gattung iSd. § 65 Abs. 2 S. 2.⁹²³ Der Schutz der Inhaber von Anteilen ohne Stimmrecht wird durch § 23 bewirkt. Ein Hauptversammlungsbeschluss liegt nicht vor, wenn Aktionäre mit unterschiedlichen Aktiengattungen nur in jeweils getrennten Sonderbeschlüssen über die Verschmelzung beschließen.⁹²⁴ Läuft während der Verschmelzung ein **Aktienrückerwerbsprogramm**⁹²⁵ der übertragenden Gesellschaft, ist der für die Kapitalerhöhung zur Durchführung der Verschmelzung erforderliche Kapitalbetrag bei

---

⁹¹⁸ Vgl. *Geßler/Hefermehl/Eckardt/Kropff/Grunewald/*§ 340 d Rn. 8 m. weit. Einzelheiten.
⁹¹⁹ Vgl. *Geßler/Hefermehl/Eckardt/Kropff/Grunewald* § 340 d Rn. 14 mN.
⁹²⁰ Vgl. 2. Aufl. Rn. 493.
⁹²¹ Vgl. Amtl. Begr. S. 103; zweifelnd insoweit wohl *Lutter/Grunewald* Kölner Umwandlungsrechtstage, S. 52.
⁹²² Vgl. BT-Drucks. 12/7858 S. 36, abgedruckt auch bei *Schaumburg/Rödder* S. 141.
⁹²³ Ebenso *Lutter/Grunewald* Umwandlungsgesetz § 65 Rn. 8; aA *Kiem* ZIP 1997, 1627, 1629 für den Fall, dass der übernehmende Rechtsträger keine Anteile mit Vorzügen gewährt.
⁹²⁴ LG Hamburg EWiR § 65 UmwG 1/96 *(Timm)* zur Ausgliederung.
⁹²⁵ Vgl. § 71 Abs. 1 Nr. 8 AktG idF des KonTraG.

Fassung des Verschmelzungsbeschlusses u.U. nicht vorhersehbar, weil im Umfang des Eigenanteilsbesitzes der übertragenden Gesellschaft eine Kapitalerhöhung nicht statthaft ist (§ 54 Abs. 1 Nr. 2), vgl. Rn. 318. In solchem Falle wird ein Kapitalerhöhungsbeschluss mit Höchstbetrag („um bis zu") empfohlen, der jedoch vor Eintragung in das Handelsregister konkretisiert sein muss.[926]

f) Barabfindungsangebot. Da es sich bei der Verschmelzung einer AG mit einer GmbH um eine Mischverschmelzung handelt, hat die übernehmende GmbH den widersprechenden Aktionären der übertragenden AG im Verschmelzungsvertrag oder seinem Entwurf ein Barabfindungsangebot zu machen, § 29 Abs. 1 S. 1. Hierzu vgl. iE Rn. 326 iVm. Rn. 87–96, 176 beim Formwechsel. Dabei ist auch ein etwaiger **Börsenkurs** heranzuziehen.[927] Ob die neue Rechtsprechung des BGH zum Ausschluss der Anfechtungsklage wegen Verletzung von **Informations-, Auskunfts- oder Berichtspflichten** im Zusammenhang mit dem Barabfindungsangebot beim Formwechsel und die Verweisung solcher Rügen in das Spruchverfahren (Rn. 81, 176, 369) auch auf die Verschmelzung übertragen werden kann, ist zweifelhaft. Der Gesetzgeber hat nämlich bei den Gesetzesberatungen die Problematik erkannt, den Ausschluss der Anfechtungsklage aber abgelehnt.[928] Das sollte indessen im Interesse der Systemgeschlossenheit die Erstreckung der neuen Rechtsprechung auf die Verschmelzung nicht hindern.[929]

459

g) Aufsichtsrat. Anders als das alte Recht[930] enthält das UmwG 1994 keine Regelungen für die Bildung eines Aufsichtsrats bei der übernehmenden GmbH. Es gibt auch keine den §§ 197, 203 für den Formwechsel entsprechenden Vorschriften über die Amtskontinuität des Aufsichtsrats (vgl. Rn. 171) der übertragenden AG. Demgemäß endet das Amt der Aufsichtsratsmitglieder der übertragenden AG mit dem Wirksamwerden der Verschmelzung. Bei der aufnehmenden GmbH ist ein Aufsichtsrat nur zu bilden, wenn diese infolge der Verschmelzung wegen der größer gewordenen Arbeitnehmerzahl zur **mitbestimmten GmbH** wird oder die Satzung der GmbH einen Aufsichtsrat vorsieht. Hat die GmbH bereits einen Aufsichtsrat und unterliegt sie nach dem Wirksamwerden der Verschmelzung nicht der Mitbestimmung, kann sie ihren Aufsichtsrat beibehalten. Ist nach den Mitbestimmungsgesetzen erstmals ein Aufsichtsrat zu bilden oder ein vorhandener zu ersetzen, fragt es sich, ob die Organe der GmbH schon vor dem Wirksamwerden der Verschmelzung das Statusverfahren nach §§ 97ff. AktG in die Wege leiten können. Hiergegen bestehen keine Bedenken, jedoch ist zu beachten, dass die Arbeitnehmer der übertragenden Gesellschaft und ihre Vertretungen ihre Rechte in diesem Verfahren erst nach Eintragung der Verschmelzung im Handelsregister der übernehmenden Gesellschaft wahrnehmen können. Diese Rechte würden verkürzt, wenn die Frist des § 97 Abs. 2 AktG vor dem Wirksamwerden der Verschmelzung abliefe oder jedenfalls so, dass sie nicht voll ausgenutzt werden könnte. Mit Rücksicht hierauf ist die Einleitung des Statusverfahrens vor der Eintragung der Verschmelzung bei der übernehmenden GmbH problematisch.[931]

460

---

[926] Vgl. *Bungert/Hentzen* DB 1999, 2501.
[927] Vgl. iE Rn. 698 m. Fn. zum Spruchverfahren.
[928] Weshalb *Henze* ZIP 2002, 97, 106, 108 die Anwendung der neuen Rechtsprechung auf die Verschmelzung ablehnen zu müssen glaubt.
[929] Vgl. auch *Sinewe* DB 2001, 690; *Marsch-Barner* Anm. zu LM UmwG Nr. 9.
[930] § 33 Abs. 3 KapErhG iVm. § 370 AktG, vgl. 2. Aufl. Rn. 496.
[931] Zur Bildung eines mitbestimmten Aufsichtsrats bei der Verschmelzung durch Neugründung vgl. Rn. 440, 477; beim Formwechsel vgl. Rn. 83, 84, 171, 275; bei der Ausgliederung Rn. 666, 677.

461 **h) Gesellschafterliste, unbekannte Aktionäre.** In der von der aufnehmenden GmbH der Anmeldung der Verschmelzung beizufügenden Gesellschafterliste (§ 52 Abs. 2, vgl. Rn. 383) sind unbekannte Aktionäre durch die Angabe ihrer Aktienurkunden und der auf ihre Aktien entfallenden Geschäftsanteile zu bezeichnen, § 35 (vgl. auch Rn. 455, 172).

462 **i) Umtausch, Zusammenlegung von Aktien.** Für den Umtausch von Aktien gegen Geschäftsanteile enthält § 72 Abs. 1 eine der Regelung für den Formwechsel einer AG in eine GmbH (§ 248 Abs. 2, 3) entsprechende Regelung in § 72 Abs. 1. Auf die dortigen Erläuterungen (vgl. Rn. 174) kann deshalb verwiesen werden. Wichtiger als für den Umtausch von Aktien ist die Verweisung in § 72 Abs. 1 auf § 226 Abs. 1 und 3 AktG für die Zusammenlegung von Aktien, wenn nicht auf jede Aktie ein Geschäftsanteil gewährt werden kann.

463 **j) Schadenersatzpflicht der Verwaltungsträger.** Für die Schadenersatzpflicht der Verwaltungsträger (vgl. Rn. 409 bis 416) gelten keine Besonderheiten. § 70, der den Antrag auf Bestellung eines besonderen Vertreters nach § 26 Abs. 1 S. 2 vom vorherigen Umtausch der Aktien abhängig macht, ist nur anwendbar, wenn ausnahmsweise (vgl. Rn. 462) über Geschäftsanteile Urkunden ausgestellt werden. Ist das der Fall, findet aber wegen der Zusammenlegung von Aktien (vgl. Rn. 462) ein Umtausch nicht statt, so wird hierdurch das Antragsrecht nicht ausgeschlossen.[932] Ohnehin ist nicht ersichtlich, welchen Zweck die Vorschrift hat.[933]

464 **k) Besteuerung.** Für die Besteuerung der Verschmelzung ergeben sich keine Abweichungen gegenüber der Verschmelzung durch Aufnahme einer GmbH (vgl. Rn. 418 ff.).

465 **3. Verschmelzung einer AG mit einer GmbH durch Neugründung.** Gegenüber der Verschmelzung unter ausschließlicher Beteiligung von Gesellschaften mbH enthält die gesetzliche Regelung nur die Besonderheit, dass gemäß § 76 Abs. 1 die Verschmelzung erst beschlossen werden darf, wenn die übertragende AG und jede andere übertragende AG bereits **zwei Jahre im Handelsregister eingetragen** sind. Die Regelung übernimmt die alte aktienrechtliche Regelung des § 353 Abs. 1 AktG und bezweckt, eine Umgehung der aktienrechtlichen Nachgründungsvorschriften (§ 52 AktG) zu verhindern.[934] Regeln über die Nachgründung gibt es jedoch im GmbH-Recht nicht, sie gelten nur für Aktiengesellschaften. Deshalb ist die Frage, ob § 76 Abs. 1 auch für die Verschmelzung zur Neugründung einer GmbH gelten soll. Der Wortlaut der Vorschrift lässt diese Annahme zu und auch die amtliche Begründung[935] sagt ausdrücklich, es werde (zwar) geltendes Recht übernommen, (jedoch) werde dieses auf die Fälle der Mischverschmelzung erweitert. Einen Sinn ergibt die Regelung für eine Verschmelzung auf eine neugegründete GmbH jedoch nicht, weshalb davon ausgegangen werden kann, dass sie nur Verschmelzungen zur Neugründung einer AG erfasst.[936] Sie ist deshalb im Zusammenhang mit der Verschmelzung zur Neugründung einer GmbH nicht von Interesse.

---

[932] Vgl. *Geßler/Hefermehl/Eckardt/Kropff/Grunewald* § 350 Rn. 4.
[933] Vgl. *Geßler/Hefermehl/Eckardt/Kropff/Grunewald* § 350 Rn. 4.
[934] Vgl. *Geßler/Hefermehl/Eckardt/Kropff/Grunewald* § 353 Rn. 12.
[935] Vgl. *Neye* zu § 76.
[936] Zutr. *Lutter/Grunewald* Umwandlungsgesetz § 76 Rn. 4; *Kallmeyer/N. Zimmermann* § 76 Rn. 2 unterstellt offenbar die Einschränkung, ohne sie ausdrücklich zu erwähnen, während *Goutier/Knopf/Tulloch/Bermel* § 76 Rn. 1 von der Anwendung der Vorschrift auch auf die Mischverschmelzung ausgeht.

Umwandlung **Anh. nach § 77**

4. Verschmelzung einer KGaA mit einer GmbH durch Aufnahme. § 78 regelt sie durch Verweisung auf die Vorschriften über die Verschmelzung unter Beteiligung von Aktiengesellschaften, wobei an die Stelle der AG und ihres Vorstands die KGaA und die zu ihrer Vertretung berechtigten persönlich haftenden Gesellschafter treten. Es gelten somit die Erläuterungen der Rn. 452–464 sinngemäß. Zusätzlich sind die Vorschriften zu beachten, die sich aus der besonderen Rechtsstellung der persönlich haftenden Gesellschafter ergeben. 466

a) Zustimmung der persönlich haftenden Gesellschafter. Danach bedarf der Verschmelzungsbeschluss auch der Zustimmung der persönlich haftenden Gesellschafter, nicht nur der Kommanditaktionäre, wobei jedoch die Satzung der KGaA eine **Mehrheitsentscheidung** der persönlich haftenden Gesellschafter vorsehen kann, § 78 S. 3 Halbs. 2 (vgl. auch Rn. 180 zum Formwechsel einer KGaA in eine GmbH). Ganz ausschließen kann die Satzung das Zustimmungserfordernis wegen § 1 Abs. 3 nicht.[937] 467

b) Nachhaftung der persönlich haftenden Gesellschafter. Die Haftung der persönlich haftenden Gesellschafter für die Zeit nach dem Erlöschen der KGaA (§ 20 Abs. 1 Nr. 2) bestimmt sich nach § 278 Abs. 2 AktG iVm. §§ 161 Abs. 1, 128, 159 HGB, dauert also grundsätzlich fünf Jahre nach dem Erlöschen fort. Da § 159 HGB auch idF des Nachhaftungsbegrenzungsgesetzes (NachhBG) v. 18. 3. 1994[938] bei späterer Fälligkeit der Verbindlichkeit keine zeitliche Begrenzung der Haftung der Gesellschafter vorsieht (anders als § 160 HGB beim Ausscheiden der Gesellschafter), könnte es hier zu einer Endloshaftung der persönlich haftenden Gesellschafter kommen. Diese stünde im Widerspruch zur Systematik des UmwG 1994 iÜ; denn bei Verschmelzung einer Personenhandelsgesellschaft mit einer GmbH (vgl. Rn. 495) sieht § 45 eine zeitliche Begrenzung der Haftung der persönlich haftenden Gesellschafter entsprechend § 160 HGB vor und auch beim Formwechsel einer KGaA in eine GmbH findet eine solche Begrenzung statt, § 249 iVm. § 224 (vgl. Rn. 181). Die Fortdauer der Haftung der Gesellschafter nach § 159 HGB hat ihren Grund darin, dass die Gesellschaft nach ihrer Auflösung und Liquidation den Gläubigern als Haftungssubjekt nicht mehr verbleibt.[939] Bei der Verschmelzung haftet das Vermögen der übertragenden Gesellschaft den Gläubigern aber weiter, genauso wie beim Formwechsel. Das ist bei der Verschmelzung einer KGaA mit einer GmbH nicht anders als bei der Verschmelzung einer Personenhandelsgesellschaft mit einer GmbH. Es ist deshalb anzunehmen, dass das Fehlen einer dem § 45 (bzw. den §§ 249, 224) entsprechenden Regelung in § 78 auf einem Redaktionsversehen beruht und deshalb § 45 entsprechend angewendet werden darf.[940] 468

c) Rückzahlung der Einlagen, Steuerpflicht. Ob die Einlagen der persönlich haftenden Gesellschafter zurückgezahlt oder im Weg der Kapitalerhöhung in Stammkapital umgewandelt werden, richtet sich nach dem Verschmelzungsvertrag. Erhalten die persönlich haftenden Gesellschafter eine über dem Buchwert ihrer Beteiligung liegende **Abfindung,** so tritt Steuerpflicht nach § 16 Abs. 1 Nr. 3 EStG ein. Werden die persönlich haftenden Gesellschafter mit Geschäftsanteilen abgefunden, gilt § 13 UmwStG (vgl. Rn. 432). 469

---

[937] Zutr. *Goutier/Knopf/Tulloch/Bermel* § 78 UmwG Rn. 8; ebenso *Lutter/Grunewald* Umwandlungsgesetz § 78 Rn. 6 iVm. Rn. 4; *Kallmeyer/Marsch-Barner* § 78 Rn. 5; anders die hM zum alten Recht, vgl. *Geßler/Hefermehl/Eckardt/Kropff/Grunewald* § 366 Rn. 15.
[938] BGBl. I S. 560.
[939] Vgl. *Reichold* NJW 1994, 1617, 1618.
[940] Ebenso wohl *Goutier/Knopf/Tulloch/Bermel* § 78 UmwG Rn. 16.

470 **5. Verschmelzung einer KGaA mit einer GmbH durch Neugründung.** Sie war im alten Recht nicht zugelassen (vgl. Rn. 452). Gegenüber der Verschmelzung durch Aufnahme ergeben sich keine Abweichungen, abgesehen von dem Verschmelzungsvorgang als solchem. Auch hier haben sämtliche persönlich haftenden Gesellschafter dem Verschmelzungsbeschluss zuzustimmen, soweit die Satzung der KGaA keine Mehrheitsentscheidung dieser Gesellschafter vorsieht, § 78.

XIX. Verschmelzung von Gesellschaften mbH mit einer AG oder KGaA
(§§ 2 bis 38, 46 bis 78 UmwG 1994)

Literatur: Vgl. die Angaben bei XVII.

Übersicht

	Rn.		Rn.
1. Normzweck	471	4. Verschmelzung einer GmbH mit einer AG durch Neugründung	477
2. Verschmelzung einer GmbH mit einer AG durch Aufnahme	472–475	5. Besteuerung	478
a) Nachgründung	473	6. Verschmelzung einer GmbH mit einer KGaA durch Aufnahme und durch Neugründung	479
b) Prüfung der Sacheinlagen	474		
c) Treuhänder	475		
3. Konzernverschmelzung	476		

471 **1. Normzweck.** Diese schon im alten Recht[941] zugelassene Verschmelzungsmöglichkeit war als Unterfall der aktienrechtlichen Verschmelzung geregelt, erschien aber wegen der Nichtanwendbarkeit einiger Vorschriften der aktienrechtlichen Verschmelzung als Zwitter zwischen AG-Verschmelzung und GmbH-Verschmelzung. Das UmwG 1994 unterstellt auch diese Form der Mischverschmelzung wie den umgekehrten Verschmelzungsfall (vgl. Rn. 452 ff.) den allgemeinen Regeln sowie den Vorschriften der dritten und vierten Abschnitte (§§ 60–78) über die Verschmelzung unter Beteiligung von Aktiengesellschaften und Kommanditgesellschaften aA.

472 **2. Verschmelzung einer GmbH mit einer AG durch Aufnahme.** Es gelten für die übernehmende AG dieselben Regeln wie für die übertragende AG im umkehrten Umwandlungsfall, also insbesondere die Vorschriften über die Prüfung der Verschmelzung (vgl. Rn. 454), die Einreichung des Verschmelzungsvertrags oder seines Entwurfs beim Handelsregister und seine Bekanntmachung (vgl. Rn. 455), die im Geschäftsraum auszulegenden und in der Hauptversammlung zu erläuternden Unterlagen (vgl. Rn. 456, 457), den Verschmelzungsbeschluss und etwaige Sonderbeschlüsse (vgl. Rn. 458) sowie das Barabfindungsangebot (vgl. Rn. 459). Im Übrigen gilt:

473 **a) Nachgründung.** Wird der Verschmelzungsvertrag in den ersten **zwei Jahren** seit Eintragung der übernehmenden AG in das Handelsregister geschlossen, so ist § 52 Abs. 3, 4, 7 bis 9 AktG über die Nachgründung entsprechend anzuwenden, § 67 S. 1. Die Vorschrift entspricht dem früheren § 342 AktG über die Verschmelzung unter ausschließlicher Beteiligung von Aktiengesellschaften. Das alte Recht (§ 355 Abs. 4 AktG) hatte bei der Mischverschmelzung einer GmbH mit einer AG die Verschmelzung erst zugelassen, wenn die übernehmende AG bereits zwei Jahre im Handelsregister eingetragen war, wodurch die Anwendung der aktienrechtlichen Nachgründungsvorschriften überflüssig gemacht wurde. Maßgebend ist der Vertragsschluss, nicht die

---

[941] Vgl. 2. Aufl. Rn. 509 ff.

Umwandlung **Anh. nach § 77**

Aufstellung des Entwurfs oder der Zeitpunkt der Fassung der Zustimmungsbeschlüsse.[942] Die entsprechende Anwendung der Nachgründungsregeln bedeutet insbesondere, dass der Aufsichtsrat der übernehmenden AG den Verschmelzungsvertrag zu prüfen und einen schriftlichen Bericht zu erstatten hat, dass der Prüfung die gesamten Umstände der Verschmelzung durch gerichtlich bestellte Prüfer, die auch die Verschmelzungsprüfer sein können, unterliegen und dass der Prüfungsbericht dem (Register-)Gericht und dem Vorstand auszuhändigen ist.[943] Werden die Regeln über die Nachgründung nicht eingehalten, so wird der Verschmelzungsvertrag nicht wirksam und die Verschmelzung darf nicht eingetragen werden. Der Zustimmungsbeschluss der übernehmenden AG ist alsdann anfechtbar.[944] Die Vorschriften über die Nachgründung sind jedoch nur anwendbar, wenn der Gesamtnennbetrag der den Gesellschaftern der übertragenden GmbH zu gewährenden Aktien 10 % des Grundkapitals der übernehmenden AG übersteigt, § 67 S. 2 (vgl. § 52 Abs. 1 S. 1 AktG).[945] Soll zur Durchführung der Verschmelzung das Grundkapital erhöht werden, so ist der Berechnung nicht das satzungsmäßige Grundkapital, sondern das erhöhte Grundkapital zugrundezulegen, § 67 S. 3.

b) Prüfung der Sacheinlagen. Die Vorschriften über die Verschmelzung ohne und mit **Kapitalerhöhung** (§§ 68, 69) bei der übernehmenden AG und über die **Reihenfolge der Eintragungen** bei Verschmelzung mit Kapitalerhöhung (§ 69) entsprechen denjenigen bei der GmbH-Verschmelzung (§§ 54, 55, 53, vgl. Rn. 317, 318, 381). Abweichend hiervon sieht § 69 Abs. 1 Halbs. 2 zwingend eine Prüfung der Sacheinlagen nach § 183 Abs. 3 AktG vor, wenn 474

– Vermögensgegenstände in der Schlussbilanz der GmbH (vgl. Rn. 381) höher bewertet worden sind als in deren letzter Jahresbilanz oder
– die in einer Schlussbilanz angesetzten Werte nicht als Anschaffungskosten in der Jahresbilanz der übernehmenden AG angesetzt werden oder
– das Gericht Zweifel hat, ob der Wert der Sacheinlagen den Nennbetrag der dafür zu gewährenden Aktien erreicht.

Die erste Alternative beruht auf der Erwägung, dass hier stets die Gefahr einer Aushöhlung des Grundkapitals und damit einer Verletzung des Verbots der Unter-pari-Emission besteht, weil die neue Bewertung so hoch ausfallen kann, dass der reale Wert des bewerteten Teils der Sacheinlagen nicht mehr dem Nennwert der für sie neu begebenen Aktien entspricht.[946] Die zweite Alternative berücksichtigt den nach § 24 möglichen Fall, dass die übernehmende AG die Buchwerte aus der Schlussbilanz der übertragenden GmbH nicht fortführt, sondern die übernommenen Wirtschaftsgüter neu bewertet. Auch hier soll einer zu hohen Bewertung durch eine Sacheinlagenprüfung vorgebeugt werden.[947] Die dritte Alternative entspricht der Regelung des alten § 343 AktG.

c) Treuhänder. Die übertragende GmbH hat für den Empfang der zu gewährenden Aktien und der baren Zuzahlungen einen Treuhänder zu bestellen, § 71 Abs. 1 475

---

[942] Vgl. *Geßler/Hefermehl/Eckardt/Kropff/Grunewald* § 342 Rn. 2.
[943] Vgl. *Lutter/Grunewald* Umwandlungsgesetz § 67 Rn. 11 ff.
[944] Vgl. *Grunewald* vorherige Fn.
[945] Durch das NaStraG v. 18. 1. 2001 (BGBl. I S. 123) ist der Anwendungsbereich des § 52 Abs. 1 AktG dahin eingeschränkt worden, dass Kleinaktionäre mit nicht mehr als 10 %-igem Aktienbesitz und Verträge mit Dritten nicht mehr unter die Nachgründungsvorschriften fallen. Zugleich wurde der Freistellungsbereich des § 52 Abs. 9 AktG erweitert; vgl. dazu *Priester* DB 2001, 467.
[946] Vgl. Amtl. Begr. S. 104.
[947] Vgl. Amtl. Begr. S. 104.

S. 1. Die Verschmelzung darf erst eingetragen werden, wenn der Treuhänder dem Gericht angezeigt hat, dass er im Besitz der Aktien und der baren Zuzahlungen ist, § 71 Abs. 1 S. 2, wobei der Gesetzestext jetzt ausdrücklich klarstellt, dass es sich bei den Zuzahlungen um die im Verschmelzungsvertrag festgesetzten handelt. Das bedeutet, dass ein Spruchverfahren, in dem es zur Festsetzung weiterer barer Zuzahlungen kommen kann, die Eintragung der Verschmelzung nicht hindert.[948] Der Treuhänder erhält wie der besondere Vertreter nach § 26 Abs. 4 Ersatz seiner Auslagen und eine Vergütung, § 71 Abs. 2.[949]

476 **3. Konzernverschmelzung.** Der Erleichterung der Konzernverschmelzung (vgl. Rn. 445 ff.) in einem Sonderfall dient § 62, der § 352b AktG nachgebildet ist, der seinerseits auf Art. 27 der Verschmelzungsrichtlinie zurückgeht. Danach ist ein Verschmelzungsbeschluss der übernehmenden AG zur Aufnahme einer übertragenden Gesellschaft nicht erforderlich, wenn sich mindestens neun Zehntel des Nennkapitals dieser Gesellschaft in der Hand der übernehmenden AG befinden, § 62 Abs. 1 S. 1, wobei eigene Anteile der übertragenden Gesellschaft und Anteile, die einem anderen für Rechnung dieser Gesellschaft gehören, nicht mitgezählt werden, § 62 Abs. 1 S. 2. Mit dieser Regelung soll den Schwierigkeiten begegnet werden, welche die Einberufung von Hauptversammlungen mit sich bringen kann (vgl. Amtl. Begr. S. 103). Die Erleichterung kommt nicht zum Zug, wenn 5 % der Aktionäre der übernehmenden AG auf der Durchführung einer Hauptversammlung bestehen, § 62 Abs. 2. Um sicherzustellen, dass diese Aktionäre ihr Minderheitsverlangen geltend machen können, sieht § 62 Abs. 3 Maßnahmen zu ihrer Unterrichtung vor. Wird nicht wie dort vorgeschrieben verfahren, darf die Verschmelzung **nicht** eingetragen werden.[950] **Erlischt** infolge der Verschmelzung ein **Unternehmensvertrag** (vgl. Rn. 397), so ist ein anhängiges Spruchverfahren (§ 306 AktG) fortzusetzen.[951]

477 **4. Verschmelzung einer GmbH mit einer AG durch Neugründung.** Wie bei der Verschmelzung unter ausschließlicher Beteiligung von Gesellschaften mbH sind in die Satzung Festsetzungen über Sondervorteile etc. aus dem Gesellschaftsvertrag der übertragenden GmbH zu übernehmen, § 74, der § 57 entspricht. **Gründungsbericht** und **Gründungsprüfung** sind ebenfalls **nicht erforderlich,** § 75 Abs. 2, der § 58 zur Parallele hat. Die Bestellung der Mitglieder des **Aufsichtsrats** hat nach dem anzuwendenden Gründungsrecht (§ 36 Abs. 2) zwingend vor Eintragung der Gesellschaft zu erfolgen (§ 37 Abs. 4 Nr. 3 AktG). Es sind nach § 76 Abs. 2 S. 2 aber nur die Vertreter der Anteilseigner zu bestellen. § 31 AktG ist dort ausdrücklich für anwendbar erklärt und nicht, wie beim Formwechsel (§ 197 S. 2, vgl. Rn. 84), für unanwendbar. Das bedeutet, dass nach dem Wirksamwerden der Verschmelzung durch Eintragung der neuen Gesellschaft im Handelsregister sofort das Wahlverfahren zur Ergänzung des Aufsichtsrats um die Vertreter der Arbeitnehmer in Gang gesetzt werden kann, wenn zB wegen der dann vorhandenen Arbeitnehmerzahl ein **mitbestimmter Aufsichtsrat** gebildet werden muss. Insoweit ist die Situation eine andere als bei der Verschmelzung zur Neugründung einer GmbH (Rn. 440). Es kommt dann auch die gerichtliche Er-

---

[948] Vgl. Amtl. Begr. S. 104.
[949] Wegen der Rechtsverhältnisse an den vom Treuhänder in Empfang genommenen Aktien und Zuzahlungen sowie zur Frage, wann die Gesellschafter der übertragenden GmbH einen unmittelbaren Anspruch gegen den Treuhänder auf Aushändigung der Aktienurkunden haben, vgl. *Geßler/Hefermehl/Eckardt/Kropff/Grunewald* § 346 Rn. 45 ff.
[950] Vgl. *Lutter/Grunewald* Kölner Umwandlungsrechtstage, S. 53; *Henze* AG 1993, 341, 345.
[951] *Schwab* BB 2000, 527; aA *Naraschewski* DB 1997, 1653, 1657.

Umwandlung   **Anh. nach § 77**

satzbestellung der Arbeitnehmervertreter nach § 104 AktG in Betracht.[952] Im Übrigen gilt das Gründungsrecht der AG, § 36 Abs. 2 S. 1, das durch § 77 über die **Bekanntmachung** spezifischer Verschmelzungstatsachen ergänzt wird.

5. Besteuerung. Sowohl bei der Verschmelzung einer GmbH durch Aufnahme in eine AG als auch bei der Verschmelzung durch Neugründung einer AG ergeben sich keine Abweichungen gegenüber der reinen GmbH-Verschmelzung (vgl. Rn. 418 ff., 444). Zur Beendigung einer **Betriebsaufspaltung** durch Verschmelzung der Betriebs-GmbH mit einer AG bei gleichzeitiger Einbringung des Besitzunternehmens in die AG vgl. BFH v. 24. 10. 2000.[953] 478

6. Verschmelzung einer GmbH mit einer KGaA durch Aufnahme und durch Neugründung. Es ergeben sich gegenüber der Verschmelzung mit einer AG nur insoweit Abweichungen, als an die Stelle der AG und ihres Vorstands die KGaA und die zu ihrer Vertretung ermächtigten persönlich haftenden Gesellschafter treten und dass der Verschmelzungsbeschluss auch der Zustimmung der persönlich haftenden Gesellschafter bedarf, entweder aller oder ihrer Mehrheit, wenn die Satzung der KGaA das vorsieht, § 78. 479

XX. Verschmelzung von Gesellschaften mbH mit eingetragenen Genossenschaften und von eingetragenen Genossenschaften mit Gesellschaften mbH
(§§ 2 bis 34, 36 bis 38, 46 bis 59, 79 bis 98 UmwG 1994)

Literatur: Vgl. die Angaben bei I und XVII, insbesondere *Beuthien* Genossenschaftsgesetz mit Umwandlungsrecht, 13. Aufl. 2000; *ders./Wolff* Genossenschaftsverschmelzung auf einen künftigen Verschmelzungsstichtag, BB 2001, 2126.

Normzweck. Die Verschmelzung von **Genossenschaften untereinander** war schon nach altem Recht (§§ 93a bis 93s GenG aF) möglich, ergänzt durch die Möglichkeit der Verschmelzung genossenschaftlicher Prüfungsverbände (§§ 63e bis 63i GenG aF). Das UmwG 1994 hat die Möglichkeiten für die Verschmelzung von Genossenschaften untereinander erweitert und durch die Zulassung von **Mischverschmelzungen** mit anderen Rechtsträgern oder anderen Rechtsträgern mit eingetragenen Genossenschaften komplettiert. Möglich ist sowohl die Verschmelzung durch Aufnahme (§§ 79 bis 95) als auch die Verschmelzung durch Neugründung (§§ 96 bis 98). Ergänzt werden die Vorschriften über die Verschmelzung unter Beteiligung eingetragener Genossenschaften durch die Vorschriften über die **Verschmelzung genossenschaftlicher Prüfungsverbände** (§§ 105 bis 108). 480

Die Amtl. Begr.[954] rechtfertigt die Erweiterung der Verschmelzungsmöglichkeiten mit einem besonders für die Verschmelzung mit Aktiengesellschaften hervorgetretenen Bedürfnis der Praxis und dem System des UmwG, das insgesamt den Rechtsträgern möglichst viele Möglichkeiten der Umstrukturierung zur Verfügung stellen soll. Der letztere Gesichtspunkt dürfte den Ausschlag gegeben haben, wenngleich die Amtl. Begr. auch noch ein Bedürfnis für die Mischverschmelzung im Fall der Rückübernahme früher ausgegliedeter Tochtergesellschaften in die eG anführt. Die praktische Bedeutung der Mischverschmelzung unter Beteiligung von eingetragenen Genossen- 481

---
[952] Hierzu vgl. MüKo AktG/*Pentz* § 31 Rn. 30 mN.
[953] DStR 2001, 346.
[954] S. 106.

Anh. nach § 77   5. Abschnitt. Auflösung und Nichtigkeit der Gesellschaft

schaften wird hier gering veranschlagt, weshalb auf die Darstellung der Verschmelzung iE, anders als beim Formwechsel eingetragener Genossenschaften (vgl. Rn. 184 ff.) oder in eine eingetragene Genossenschaft (vgl. Rn. 157 ff.), verzichtet wird.

XXI. Verschmelzung von Gesellschaften mbH mit rechtsfähigen Vereinen und von rechtsfähigen Vereinen mit Gesellschaften mbH
(§§ 2 bis 34, 36 bis 38, 46 bis 59, 99 bis 104a UmwG 1994)

Literatur: Vgl. die Angaben bei I.

482   **Normzweck.** Auch diese Verschmelzungsmöglichkeiten hat erst das UmwG 1994 zugelassen. Zu unterscheiden ist zwischen **eingetragenen Idealvereinen** (§ 3 Abs. 1 Nr. 4) und **wirtschaftlichen Vereinen** (§ 3 Abs. 2 Nr. 1). Eingetragenen Vereinen sind dieselben Möglichkeiten der Verschmelzung eröffnet worden wie Handelsgesellschaften. Wirtschaftlichen Vereinen (§ 22 BGB) ist nur die Verschmelzung im Wege der Aufnahme durch einen anderen Rechtsträger möglich, sie können also nicht aufnehmende oder neuer Rechtsträger sein, weil solche Vereine als Unternehmensträger aus rechtspolitischen Gründen nicht gefördert werden sollen.[955] Aus den gleichen Erwägungen wie bei der Verschmelzung unter Beteiligung von eingetragenen Genossenschaften (vgl. Rn. 481) wird hier von einer Erläuterung der Verschmelzung iE abgesehen (zum Formwechsel rechtsfähiger Vereine in eine GmbH vgl. Rn. 196 ff.).

XXII. Verschmelzung von Personenhandelsgesellschaften mit Gesellschaften mbH
(§§ 2 bis 34, 36 bis 45, 46 bis 59 UmwG 1994)

Literatur: vgl. die Angaben bei I, insbesondere: *H. Schmidt* Verschmelzung von Personengesellschaften, in *Lutter* Kölner Umwandlungsrechtstage, 1995, S. 59 ff.; *Schaumburg* Steuerliche Besonderheiten bei der Umwandlung von Kapitalgesellschaften und Personengesellschaften, in *Lutter* Kölner Umwandlungsrechtstage, 1995, S. 357 ff.

Übersicht

	Rn.		Rn.
1. Normzweck	483	e) Zustimmungsbeschluss	492
2. Aufgelöste Personenhandelsgesellschaften	484, 485	f) Anmeldung der Verschmelzung ..	493
3. Verschmelzung durch Aufnahme	486–495	g) Schadenersatzpflicht der Verwaltungsträger	494
a) Konzernverschmelzung	487	h) Nachhaftung	495
b) Verschmelzungsbericht	488	4. Verschmelzung durch Neugründung	496
c) Übersendung von Unterlagen	489		
d) Verschmelzungsprüfung	490, 491	5. Steuerrecht	497

483   **1. Normzweck.** Die Verschmelzung von Personenhandelsgesellschaften (§ 3 Abs. 1 Nr. 1 einschließlich der Kapitalgesellschaften & Co.) untereinander sowie alle Formen der Mischverschmelzung unter Beteiligung von Personenhandelsgesellschaften sind neu. Die BGB-Gesellschaft ist nicht einbezogen, weil ein Bedürfnis nicht habe begründet werden können.[956] Für die „Verschmelzung" einer BGB-Gesellschaft mit

---

[955] Vgl. Amtl. Begr. S. 11 iVm. S. 81.
[956] Vgl. Amtl. Begr. S. 97; vgl. auch Rn. 17.

Umwandlung **Anh. nach § 77**

einer GmbH außerhalb des UmwG ist deshalb nach wie vor das „Anwachsungsmodell" (vgl. Rn. 17, 265) von Bedeutung.[957] Insgesamt dient die gesetzliche Neuregelung auch hier der Komplettierung der Verschmelzungsmöglichkeiten. Nach Erlass des UmwG 1994 hinzugekommen ist auch die Verschmelzung unter Beteiligung von Partnerschaftsgesellschaften (vgl. Rn. 498 ff.).

2. Aufgelöste Personenhandelsgesellschaften. § 3 Abs. 3 lässt die Verschmelzung auch mit aufgelösten übertragenden Rechtsträgern zu, wenn die Fortsetzung dieser Rechtsträger beschlossen werden könnte. Damit sollen vor allem Sanierungsfusionen erleichtert werden.[958] § 39 beschränkt diese Möglichkeit auf Fallgestaltungen, bei denen ohne die Verschmelzung eine Abwicklung nach § 145 Abs. 1 HGB stattfinden würde. Die Vorschrift entspricht fast wortgleich § 214 Abs. 2 beim Formwechsel, weshalb auf die dortigen Erläuterungen (vgl. Rn. 281) verwiesen werden kann (vgl. auch Rn. 147). Aus dem Wortlaut des § 3 Abs. 3 dürfte folgen, dass eine aufgelöste Personenhandelsgesellschaft als übernehmende Gesellschaft an der Verschmelzung nicht teilnehmen kann.[959] Solche Gesellschaften müssen vor der Verschmelzung ihre Fortsetzung beschließen (vgl. Rn. 312, 501). **484**

Liegen die Voraussetzungen nicht oder nicht mehr vor, von denen die Eintragung als Personenhandelsgesellschaft im Handelsregister abhängt, kann der Registerrichter die Eintragung der Verschmelzung genauso ablehnen, wie er die Eintragung der Verschmelzung unter Beteiligung einer BGB-Gesellschaft als übertragender Gesellschaft ablehnen könnte, weil er durch § 5 HGB nicht gebunden ist.[960] Trägt er gleichwohl ein, entfaltet die Verschmelzung nach § 20 Abs. 2 die vollen Wirkungen. **485**

3. Verschmelzung durch Aufnahme. Für die übertragende Personenhandelsgesellschaft und die übernehmende GmbH gelten zunächst die allgemeinen Vorschriften des ersten Teils des UmwG über den Verschmelzungsvertrag, seinen Abschluss und Inhalt, den Verschmelzungsbericht usw. Die übernehmende GmbH hat ferner die besonderen Vorschriften der §§ 46 bis 55 zu beachten. Für die übertragende Personenhandelsgesellschaft gelten folgende Besonderheiten: **486**

a) Konzernverschmelzung. Die Vorschrift des § 5 Abs. 2, wonach im Fall der Konzernverschmelzung die Angaben über den **Umtausch** der **Anteile** entfallen können (vgl. Rn. 445), ist bei der Personenhandelsgesellschaft als übertragender Gesellschaft nicht anwendbar, weil diese begriffsnotwendig das Vorhandensein von wenigstens zwei Gesellschaftern voraussetzt. Deshalb soll die Vorschrift auch nicht bei der Einmann-GmbH & Co. KG zum Zug kommen, auch dann nicht, wenn der GmbH ein Kapitalanteil nicht eingeräumt ist.[961] Das leuchtet nach dem Zweck der Vorschrift wenig ein, entspricht aber dem Gesetzeswortlaut. **487**

b) Verschmelzungsbericht. Ein Verschmelzungsbericht ist nicht erforderlich, wenn alle Gesellschafter der übertragenden Personenhandelsgesellschaft zur Geschäfts- **488**

---

[957] Zu weiteren verschmelzungsähnlichen Umstrukturierungen außerhalb des UmwG vgl. *Lutter/H. Schmidt* Kölner Umwandlungsrechtstage, S. 65.
[958] Vgl. Amtl. Begr. S. 82.
[959] Vgl. OLG Naumburg EWiR 1997 *(Bayer)*; Begr. RegE 1977 BT-Drucks. 8/1347 S. 49; *Lutter/Hommelhoff* 13. Aufl. § 19 KapErhG Rn. 12; *Scholz/Priester* 7. Aufl. § 19 KapErhG Rn. 9; *Lutter/Lutter* Umwandlungsgesetz § 3 Rn. 16; aA *Lutter/H. Schmidt* Kölner Umwandlungsrechtstage, S. 68.
[960] Zutr. *Lutter/H. Schmidt* Kölner Umwandlungsrechtstage, S. 70.
[961] Vgl. *Goutier/Knopf/Tulloch/Bermel* § 5 UmwG Rn. 112; *Lutter/Lutter* Umwandlungsgesetz § 5 Rn. 81; *Lutter/H. Schmidt* Kölner Umwandlungsrechtstage, S. 72.

führung berechtigt sind, § 41, weil sie dann die Möglichkeit haben, alle Unterlagen einzusehen und an der Verschmelzung mitzuwirken.[962] Ist das nicht der Fall, kommt ein Verzicht auf den Bericht nach § 8 Abs. 3 S. 1 Halbs. 1 (vgl. Rn. 303) in Betracht, während die Ausnahmeregelung des § 8 Abs. 3 S. 1 Halbs. 2 für die Konzernverschmelzung nicht Platz greifen kann (vgl. Rn. 459).

489 c) **Übersendung von Unterlagen.** Der Verschmelzungsvertrag und der Verschmelzungsbericht sind nur den Gesellschaftern zu übersenden, die von der Geschäftsführung ausgeschlossen sind, und zwar spätestens mit der Einberufung der Gesellschafterversammlung, die über die Zustimmung zum Verschmelzungsvertrag beschließen soll, § 42. Diese Vorschrift konkretisiert das Kontrollrecht nach § 118 HGB und schafft für die (nicht geschäftsführenden) Kommanditisten ein selbstständiges Auskunftsrecht,[963] das durch den Gesellschaftsvertrag wegen § 1 Abs. 3 S. 1 nicht abbedungen werden kann.[964]

490 d) **Verschmelzungsprüfung.** Eine Verschmelzungsprüfung nach §§ 9 bis 12 sieht § 44 nur vor, wenn der Gesellschaftsvertrag für die Zustimmung zum Verschmelzungsvertrag einen Mehrheitsbeschluss genügen lässt (vgl. Rn. 492) und wenn ein Gesellschafter der übertragenden Personenhandelsgesellschaft die Prüfung verlangt.[965] Zu beachten ist jedoch, dass es sich bei der Verschmelzung einer Personenhandelsgesellschaft mit einer GmbH um eine Mischverschmelzung handelt. Deshalb muss die übernehmende GmbH den widersprechenden Gesellschaftern der übertragenden Personenhandelsgesellschaft ein Abfindungsangebot nach § 29 machen (vgl. Rn. 326, 87). Die Angemessenheit dieses Angebots ist nach § 30 Abs. 2 stets durch Verschmelzungsprüfer zu prüfen, es sei denn, dass die Berechtigten auf die Prüfung oder den Prüfungsbericht nach § 30 Abs. 2 S. 3 verzichten. Wenngleich sich der Gegenstand der Verschmelzungsprüfung nach § 9 Abs. 1 (Umtauschverhältnis) und der Gegenstand der Angemessenheitsprüfung nach § 30 Abs. 2 S. 1 (Unternehmenswert) nicht vollständig decken, werden beide Prüfungen selten nebeneinander vorkommen.

491 Für die **Auswahl der Prüfer** verweist § 11 Abs. 1 S. 2 und 3 auf die für die Kapitalgesellschaften geltenden Regeln (vgl. Rn. 344).

492 e) **Zustimmungsbeschluss.** Der Zustimmungsbeschluss der Gesellschafterversammlung zum Verschmelzungsvertrag muss **einstimmig** gefasst werden; ihm müssen auch die nichterschienenen Gesellschafter (in notarieller Form, vgl. § 13 Abs. 3) zustimmen, § 43 Abs. 1. Der Gesellschaftsvertrag kann eine **Mehrheitsentscheidung** der Gesellschafter vorsehen, § 43 Abs. 2 S. 1. Die Mehrheit muss mindestens **drei Viertel der „abgegebenen" Stimmen** der Gesellschafter betragen, § 43 Abs. 2 S. 2. Diese Fassung hat das Gesetz erst durch das Änderungsgesetz v. 22. 7. 1998[966] erhalten. Anlass für die Neufassung der Vorschrift waren Meinungsverschiedenheiten im Schrifttum darüber, ob die Stimmen aller Gesellschafter gemeint waren oder ob die Mehrheit nur aus den abgegebenen Stimmen zu errechnen war.[967] Für die gesellschaftsvertragliche Mehrheitsklausel ist der **Bestimmtheitsgrundsatz** zu beachten, was bedeutet, dass sich die Klausel ausdrücklich auf die Verschmelzung beziehen muss.[968] Dennoch

---

[962] Vgl. Amtl. Begr. S. 98.
[963] Vgl. Amtl. Begr. S. 98.
[964] Vgl. *Lutter/H. Schmidt* Kölner Umwandlungsrechtstage, S. 63.
[965] Zum Zeitpunkt des Prüfungsverlangens, vgl. Rn. 314 und *Lutter/H. Schmidt* Kölner Umwandlungsrechtstage, S. 76.
[966] BGBl. I S. 1878 und dazu *Neye* DB 1998, 1649 ff.
[967] Vgl. Voraufl. Rn. 464.
[968] Vgl. Amtl. Begr. S. 98; zum Formwechsel vgl. Rn. 271.

Umwandlung	Anh. nach § 77

wird man im Hinblick auf die gesetzliche Definition der Umwandlung in § 1 Abs. 1 eine Bestimmung als ausreichend ansehen dürfen, die „Umwandlungen" oder „Umwandlungsbeschlüsse" allgemein der Mehrheitsentscheidung unterwirft.[969] Eine Korrektur der zur Frage der Zulässigkeit von Mehrheitsentscheidungen im Umwandlungsrecht grundlegenden Entscheidung BGHZ 85, 350ff. ist hierdurch nicht veranlasst; denn die dort geprüfte Klausel des Gesellschaftsvertrags nannte ausdrücklich „die Umwandlung der (Kommandit)gesellschaft in eine GmbH" als Gegenstand eines Gesellschafterbeschlusses mit qualifizierter Mehrheit. Streitig war in dem vom BGH entschiedenen Fall mit Blick auf den Bestimmtheitsgrundsatz nur, ob eine einstimmig beschlossene Ermächtigungsklausel wirksam war, die es der qualifizierten Mehrheit erlaubte, den Gesellschaftsvertrag auch hinsichtlich der Grundlagen des Gesellschaftsverhältnisses zu ändern, ohne dass die Beschlussgegenstände näher bezeichnet waren. Aufgrund dieser Ermächtigungsklausel hatte die qualifizierte Mehrheit später die Umwandlungsklausel in den Gesellschaftsvertrag aufgenommen, nicht etwa war auf Grund der Ermächtigungsklausel eine Umwandlung beschlossen worden. Der BGH hat die Ermächtigungsklausel wegen der „durch die Größe der Mitgliederzahl und die körperschaftliche Verfassung vom gesetzlichen Leitbild abweichenden KG" für gültig gehalten. Hierdurch wurde jene KG jedoch nicht zur Publikums-KG. Vielmehr hat der BGH aaO die KG ausdrücklich als „Familiengesellschaft" eingestuft. Unabhängig davon erscheint es nicht gerechtfertigt, bei der Anwendung des § 43 Abs. 2 S. 1 und 2 auf Publikumsgesellschaften von der Anwendung des wie auch immer modifizierten Bestimmtheitsgrundsatzes abzusehen.[970]

f) Anmeldung der Verschmelzung. Zur Anmeldung der Verschmelzung nach § 16 Abs. 1 genügen Mitglieder des Vertretungsorgans in vertretungsberechtigter Zahl. Eine Mitwirkung aller Mitglieder (wie zB in §§ 107, 108 Abs. 1, 148 Abs. 1 S. 1 HGB) oder auch der Kommanditisten schreibt das Gesetz nicht vor.[971]   493

g) Schadenersatzpflicht der Verwaltungsträger. Hat die übertragende Personenhandelsgesellschaft einen **Beirat,** dem echte Aufsichtsbefugnisse gesellschaftsvertraglich eingeräumt sind, so kommt eine Schadensersatzpflicht seiner Mitglieder nach § 25 in Betracht.[972]   494

h) Nachhaftung. Die Nachhaftung der persönlich haftenden Gesellschafter für die Zeit nach dem Erlöschen der übertragenden Personenhandelsgesellschaft ist nach § 45 entsprechend § 160 HGB idF des NachhBG auf fünf Jahre begrenzt (iE vgl. Rn. 181, 279, 302, 468, 658).[973] Die Haftungsbegrenzung gilt auch für den Kommanditisten, dessen Einlage zurückgezahlt wurde. Die Annahme eines Abfindungsangebots nach § 29 ist keine Einlagenrückgewähr, und zwar schon deshalb nicht, weil der abzufin-   495

---

[969] Wohl hM, vgl. *Lutter/H. Schmidt* Umwandlungsgesetz § 43 Rn. 17 mN.

[970] So aber zB *Lutter/H. Schmidt* Umwandlungsgesetz § 43 Rn. 19 unter Aufgabe seiner gegenteiligen Meinung in *Lutter* Kölner Umwandlungsrechtstage, S. 59, 67, 80. Hierbei wird nicht nur vernachlässigt, dass es einen zuverlässig gegen andere Gesellschaftsformen abgrenzbaren Begriff der Publikumsgesellschaft derzeit noch nicht gibt, sondern auch nicht hinreichend gewürdigt, dass das UmwG darauf verzichtet hat, für einen solchen Gesellschaftstyp Sonderregelungen zu treffen, vgl. Amtl. Begr. S. 97.

[971] Vgl. *Lutter/H. Schmidt* Kölner Umwandlungsrechtstage, S. 81.

[972] Vgl. Rn. 409 und *Lutter/H. Schmidt* Kölner Umwandlungsrechtstage, S. 71, 85.

[973] Hat ein persönlich haftender Gesellschafter die persönliche Mithaft für einen der Gesellschaft gewährten Kredit übernommen, haftet er inhaltlich nur auf die Höhe des Tagessaldos zum Zeitpunkt des Wirksamwerdens der Verschmelzung und nur auf den niedrigsten sich in der Folgezeit bis zur Kündigung des Kredits ergebenden Rechnungsabschlusses, OLG Dresden DB 2002, 35.

Anh. nach § 77 5. Abschnitt. Auflösung und Nichtigkeit der Gesellschaft

dende Gesellschafter bei Annahme des Angebots (§ 31) nicht mehr Kommanditist der übertragenden KG sein kann.[974] Das Haftungsprivileg geht nicht dadurch verloren, dass der ehemalige persönlich haftende Gesellschafter in der GmbH zum Geschäftsführer bestellt wird, § 45 Abs. 4 (vgl. Rn. 302).

496 **4. Verschmelzung durch Neugründung.** Sonderregelungen hierfür sieht das UmwG nicht vor. Es gelten deshalb die allgemeinen Vorschriften der §§ 36 bis 38 über die Neugründung und die Vorschriften der §§ 56 und 59 über die Verschmelzung durch Neugründung unter Beteiligung von Gesellschaften mbH, die ihrerseits grds. auf die Vorschriften über die Verschmelzung durch Aufnahme verweisen.

497 **5. Steuerrecht.** Für die Verschmelzung von Personenhandelsgesellschaften mit Kapitalgesellschaften enthält das UmwStG keine spezifischen Sonderregelungen. Es gelten vielmehr die Vorschriften der §§ 20 bis 22 UmwStG über die **„Einbringung"** von Mitunternehmeranteilen in eine Kapitalgesellschaft (vgl. auch § 20 Abs. 8 UmwStG, wo von der „Sacheinlage durch Verschmelzung iSd. § 2 des UmwG" die Rede ist). Es kann demgemäß in vollem Umfang auf die Erläuterungen zur steuerlichen Behandlung des Formwechsels einer Personenhandelsgesellschaft in eine Kapitalgesellschaft verwiesen werden, den das Steuerrecht wie eine Verschmelzung der Personenhandelsgesellschaft auf eine Kapitalgesellschaft behandelt (vgl. Rn. 282–297, 309).

XXIII. Verschmelzung von Partnerschaftsgesellschaften mit Gesellschaften mbH
(§§ 2 bis 34, 39, 45, 45a bis 45e, 46 bis 59 UmwG 1994)

Literatur: Vgl. die Angaben bei I, XIII, XVI, XXII.

498 **1. Normzweck.** Auch diese Umwandlungsvariante dient in erster Linie der Komplettierung des Umwandlungssystems und ist erst durch das Änderungsgesetz vom 22. 7. 1998 in das UmwG aufgenommen worden (näher dazu vgl. Rn. 258).

499 **2. Durchführung der Verschmelzung.** Es gilt entsprechend, was zur Verschmelzung von Personenhandelsgesellschaften mit Gesellschaften mbH gesagt ist (Rn. 483 ff.). Die Sondervorschriften der §§ 45a bis 45e haben vor allem für den umgekehrten Umwandlungsfall Bedeutung. Hier ist von Interesse, dass ein **Verschmelzungsbericht** gemäß § 45c S. 1 nur erforderlich ist, wenn ein Partner von der Geschäftsführung ausgeschlossen ist. Dabei ist darauf hinzuweisen, dass ein Partner nach der genannten Gesetzesbestimmung nicht schlechthin von der Geschäftsführung ausgeschlossen werden kann, sondern nur von der Führung der „sonstigen Geschäfte". An der Erbringung seiner beruflichen Leistungen kann ein Partner nicht gehindert werden. Der Sache nach entspricht die Regelung des § 45c derjenigen des § 41 (vgl. Rn. 488). Die von der Geschäftsführung ausgeschlossenen Gesellschafter sind nach § 45c S. 2 entsprechend § 42 zu unterrichten (vgl. Rn. 489). Der **Verschmelzungsbeschluss** der Partner ist nach § 45d grundsätzlich einstimmig zu fassen, jedoch kann der Partnerschaftsvertrag eine Mehrheitsentscheidung (mindestens drei Viertel der abgegebenen Stimmen) vorsehen. Auch insoweit entspricht die gesetzliche Regelung derjenigen des § 43 bei der Verschmelzung von Personenhandelsgesellschaften (vgl. Rn. 492). Zu beachten ist schließlich, dass die Verschmelzung auch in das **Partnerschaftsregister** einzutragen ist, § 19.

---

[974] Vgl. *Lutter/H. Schmidt* Kölner Umwandlungsrechtstage, S. 86.

XXIV. Verschmelzung von Gesellschaften mbH mit Personenhandelsgesellschaften
(§§ 2 bis 34, 36 bis 45, 46 bis 59 UmwG 1994)

Literatur: Vgl. die Angaben bei I, ferner *Hannemann* Down-Stream-Merger einer Kapitalgesellschaft auf eine Personengesellschaft, DB 2000, 2497; *H. Schmidt* Verschmelzung von Personengesellschaften, in *Lutter* Kölner Umwandlungsrechtstage, 1995, S. 59 ff.; *Schaumburg* Steuerliche Besonderheiten bei der Umwandlung von Kapitalgesellschaften und Personengesellschaften, in *Lutter* Kölner Umwandlungsrechtstage, 1995, S. 336 ff.

Übersicht

	Rn.		Rn.
1. Normzweck	500	c) Fortführung der Firma	504
2. Verschmelzung durch Aufnahme	501–504	3. Verschmelzung durch Neugründung	505
a) Verschmelzungsvertrag	502		
b) Zustimmung persönlich haftender Gesellschafter	503	4. Steuerrecht	506

1. Normzweck. Die Verschmelzung von Kapitalgesellschaften mit Personenhandelsgesellschaften ist ebenso neu wie der umgekehrte Verschmelzungsfall. Insoweit wird auf Rn. 483 Bezug benommen. **500**

2. Verschmelzung durch Aufnahme. Für die übertragende GmbH und die übernehmende Personenhandelsgesellschaft gelten zunächst die allgemeinen Vorschriften des Ersten Teils des UmwG über den Verschmelzungsvertrag, seinen Abschluss und Inhalt, den Verschmelzungsbericht usw. Die übertragende GmbH hat ferner die besonderen Vorschriften der §§ 46–55 zu beachten, während für die übernehmende Personenhandelsgesellschaft die besonderen Vorschriften der §§ 40 Abs. 2, 41 bis 44 gelten (vgl. Rn. 485, 488 bis 493, wobei hier an die Stelle der übertragenden Personenhandelsgesellschaft die übernehmende tritt). Eine **aufgelöste Personenhandelsgesellschaft** kann als übernehmende Gesellschaft an der Verschmelzung nicht teilnehmen. Sie muss vor der Verschmelzung ihre Fortsetzung beschließen (vgl. Rn. 312, 484). Im Übrigen gelten folgende Besonderheiten: **501**

a) Verschmelzungsvertrag. Der Verschmelzungsvertrag hat neben den in § 5 geforderten Angaben für jeden Gesellschafter der GmbH zu bestimmen, ob ihm in der übernehmenden Personenhandelsgesellschaft die Stellung eines persönlich haftenden Gesellschafters oder Kommanditisten gewährt wird. Dabei ist der Betrag der Einlage jedes Gesellschafters festzusetzen, § 40 Abs. 1. Da die Gesellschafter der GmbH nicht unbeschränkt für deren Verbindlichkeiten gehaftet haben, können sie nur mit ihrer Zustimmung in der übernehmenden Personenhandelsgesellschaft persönlich haftende Gesellschafter werden, anderenfalls werden sie Kommanditisten, § 40 Abs. 2. **502**

b) Zustimmung persönlich haftender Gesellschafter. Widerspricht bei gesellschaftsvertraglich vorgesehener Mehrheitsentscheidung (vgl. Rn. 492) **ein persönlich haftender Gesellschafter** der übernehmenden Personenhandelsgesellschaft der Verschmelzung, so ist ihm in dieser Gesellschaft die Stellung eines Kommanditisten einzuräumen, § 43 Abs. 2 S. 3 Halbs. 2. Das gilt auch bei der Mischverschmelzung einer GmbH mit einer Personenhandelsgesellschaft. Zwar scheint das Gesetz in erster Linie die Aufnahme einer Gesellschaft mit einem persönlich haftenden Gesellschafter (OHG, KG, KGaA) durch eine OHG oder KG im Auge zu haben (vgl. § 43 Abs. 2 S. 3 Halbs. 1). Der Gesetzeszweck, den überstimmten persönliche haftenden Gesellschafter der übernehmenden Gesellschaft nicht zu zwingen, auch noch für die Ver- **503**

bindlichkeiten des übertragenden Rechtsträgers persönlich zu haften,[975] ergreift aber auch den Fall der Übernahme einer GmbH durch eine Personenhandelsgesellschaft. Der persönlich haftende Gesellschafter der übernehmenden Personenhandelsgesellschaft kann statt dessen seinen **Austritt** aus der übernehmenden Personenhandelsgesellschaft gegen Barabfindung gemäß § 29 erklären.[976]

504 c) **Fortführung der Firma.** Die übernehmende Personenhandelsgesellschaft darf die Firma der übertragenden GmbH fortführen, auch wenn diese Sachfirma war, muss aber den Rechtsformzusatz „offene Handelsgesellschaft" oder „Kommanditgesellschaft" oder allgemein verständliche Abkürzungen dieser Bezeichnungen aufnehmen, § 18 Abs. 1 iVm. § 19 Abs. 1 Nr. 2 und 3 HGB. Das entspricht der Firmenbildung seit In-Kraft-Treten der durch das HRefG eingeführten Änderung der firmenrechtlichen Vorschriften des HGB. Der in der Firma der GmbH enthalten gewesene Name einer natürlichen Person, deren Beteiligung an der übernehmenden Personenhandelsgesellschaft entfällt, darf aber nur mit ausdrücklicher Einwilligung des betroffenen Gesellschafters oder dessen Erben weiter verwendet werden, § 18 Abs. 2.

505 3. **Verschmelzung durch Neugründung.** Vgl. hierzu Rn. 496 zum umgekehrten Verschmelzungsfall. Zu beachten ist, dass gemäß § 37 im Verschmelzungsvertrag der Gesellschaftsvertrag der neuen Personenhandelsgesellschaft enthalten sein muss (vgl. Rn. 436). Das hat nicht nur zur Folge, dass der Gesellschaftsvertrag wegen § 6 notariell zu beurkunden ist, sondern auch, dass der Betriebsrat vom Inhalt des Gesellschaftsvertrags Kenntnis erlangt (§ 5 Abs. 3) und wegen § 17 Abs. 1 auch jeder sonstige Dritte, der Einsicht in das Handelsregister oder die Registerakten (§ 9 HGB) nimmt.[977]

506 4. **Steuerrecht.** Gemäß § 1 Abs. 2 UmwStG gelten für die Besteuerung der Verschmelzung einer Kapitalgesellschaft mit einer Personenhandelsgesellschaft die §§ 3 bis 8, 10, und 18 UmwStG, die in gleicher Weise auf den Formwechsel einer Kapitalgesellschaft in eine Personengesellschaft anwendbar sind, den das Steuerrecht wie die Verschmelzung einer Kapitalgesellschaft auf eine Personenhandelsgesellschaft behandelt.[978] Es kann deshalb in vollem Umfang auf die Erläuterungen zur steuerlichen Behandlung des Formwechsels einer GmbH in eine Personengesellschaft verwiesen werden (vgl. Rn. 230–243, 252).

XXV. Verschmelzung von Gesellschaften mbH mit Partnerschaftsgesellschaften
(§§ 2 bis 34, 39, 45, 45a bis 45e, 46 bis 59 UmwG 1994)

Literatur: Vgl. die Angaben bei I, XIII, XVI, XXII und XXIII.

507 1. **Normzweck.** Wie der umgekehrte Verschmelzungsfall dient auch diese Umwandlungsvariante vor allem der Komplettierung des Umwandlungssystems und ist erst durch das Änderungsgesetz vom 22. 7. 1998 in das UmwG aufgenommen worden (näher dazu vgl. Rn. 258). Der Gesetzgeber hat hier (§ 45a Abs. 1 S. 1) den in der Praxis gängigen Ausdruck der Verschmelzung „auf" den übernehmenden Rechtsträger (vgl. Rn. 310) in die Gesetzessprache übernommen und spricht nicht mehr von der Verschmelzung „mit" diesem.

---

[975] Vgl. Amtl. Begr. S. 98.
[976] Ebenso wohl *Goutier/Knopf/Tulloch/Bermel* UmwG § 43 Rn. 23.
[977] Vgl. *Lutter/H. Schmidt* Kölner Umwandlungsrechtstage, S. 72.
[978] Steuerlich anzuerkennen ist auch der „down-stream-merger" einer Kapitalgesellschaft auf eine Personenhandelsgesellschaft, vgl. *Hannemann* DB 2000, 2497.

2. Durchführung der Verschmelzung. Es gilt entsprechend, was zur Verschmelzung einer GmbH mit einer Personenhandelsgesellschaft gesagt ist (vgl. Rn. 501 ff.). Folgende Besonderheiten sind zu beachten: 508

§ 45a S. 1 schränkt die allgemeinen Verschmelzungsregeln insoweit ein, als die Verschmelzung auf eine Partnerschaft nur möglich ist, wenn im Zeitpunkt ihrer Wirksamkeit alle Anteilsinhaber des übertragenden Rechtsträgers natürliche Personen sind, die einen Freien Beruf ausüben. Diese Einschränkung folgt aus § 1 Abs. 1 und 2 PartGG. § 45a S. 2 stellt durch Verweisung auf § 1 Abs. 3 PartGG ferner klar, dass berufsrechtliche Einschränkungen auch bei Verschmelzungen zu beachten sind, vor allem, wenn sie die Zusammenarbeit verschiedener Berufe betreffen. Mit Blick hierauf ist auch § 45b Abs. 1 zu verstehen, wonach ergänzend zu § 5 und entsprechend § 3 Abs. 2 Nr. 2 PartGG im Verschmelzungsvertrag für jeden Anteilsinhaber des übertragenden Rechtsträgers Namen und Vornamen sowie der in der übernehmenden Partnerschaftsgesellschaft ausgeübte Beruf und der Wohnort jedes Partners enthalten sein muss. 509

Zum **Verschmelzungsbericht** und **Verschmelzungsbeschluss** vgl. Rn. 499 beim umgekehrten Verschmelzungsfall. 510

Für die Verschmelzung einer GmbH auf eine Partnerschaftsgesellschaft kommen wegen der Einschränkung der Verschmelzungsmöglichkeiten nach § 45a Gesellschaften mbH nicht in Betracht, deren Anteilsinhaber im Zeitpunkt der Eintragung der Verschmelzung im Partnerschaftsregister der übernehmenden Partnerschaftsgesellschaft nicht sämtlich einen Freien Beruf aktiv ausüben. Auf den Unternehmensgegenstand der übertragenden GmbH kommt es dagegen nicht an. Geht dieser zB auf die Verwaltung von Immobilien, so steht der Verschmelzung nichts im Wege, wenn sämtliche Gesellschafter Rechtsanwälte sind, die mit Hilfe der GmbH ein gemeinsames Bürogebäude verwalten lassen. Ist der Unternehmensgegenstand der GmbH dagegen auf eine freie Berufstätigkeit gerichtet und sind die Gesellschafter durchweg Freiberufler, wie zB bei der Rechtsanwaltsgesellschaft mbH (§§ 59c ff. BRAO), bestehen gegen die Verschmelzungsfähigkeit der GmbH von vornherein keine Bedenken. 511

Für die **Anmeldung** der Verschmelzung zum Partnerschaftsregister der übernehmenden Partnerschaftsgesellschaft genügt in Abweichung von § 4 Abs.1 S. 1 PartGG Anmeldung der Vertretungsorgane in vertretungsberechtigter Zahl.[979] Der Registerrichter darf sich auf die gemachten Angaben grundsätzlich verlassen, insbesondere zur Berufszugehörigkeit, § 4 Abs. 2 S. 2 PartGG. Allerdings sieht § 3 Abs. 1 S. 2 PRV als Sollvorschrift die Einreichung von Nachweisen vor, wenn die Berufsausübung eine staatliche Zulassung oder Prüfung voraussetzt. Das geht insofern über den Amtsermittlungsgrundsatz des § 12 FGG hinaus, als dieser nur bei begründeten Zweifeln an der Richtigkeit der Anmeldung eingreift, und wird deshalb als bedenklich betrachtet.[980] 512

XXVI. Verschmelzung einer GmbH mit dem Vermögen eines Alleingesellschafters
(§§ 2 bis 34, 46 bis 55, 120 bis 122 UmwG 1994)

Literatur: Vgl. die Angaben bei I und XVII insbesondere und ferner: *Heckschen* Die Verschmelzung auf den Alleingesellschafter – eine mißglückte gesetzliche Regelung, ZIP 1996, 45; *Priester* Die „Umwandlung" einer GmbH auf ihren nicht-vollkaufmännischen Alleingesellschafter, DB 1996, 413; *Dehmer/Stratz* Nochmals: Die Verschmelzung auf den Alleingesellschafter, DB 1996, 1071.

---

[979] Vgl. *Lutter/H. Schmidt* Kölner Umwandlungsrechtstage, § 45a Rn. 15.
[980] Vgl. *Lutter/H. Schmidt* Kölner Umwandlungsrechtstage, § 45a Rn. 16, 17.

Übersicht

	Rn.		Rn.
1. Normzweck	513	b) Eintragung in das Handelsregister	516
2. Durchführung der Verschmelzung	514–517	c) Eintragungspflicht	517
a) Verschmelzungsvertrag, Verschmelzungsbeschluss	515	3. Steuerrecht	518

513 **1. Normzweck.** Diese Verschmelzungsmöglichkeit war schon im alten Recht als verschmelzende Umwandlung bekannt (§§ 1, 15, 24 UmwG 1969), jedoch mit der Abweichung, dass die Umwandlung auch auf den Hauptgesellschafter möglich war, sofern dieser mehr als neun Zehntel des Stammkapitals besaß. Diese Variante hat das UmwG 1994 nicht übernommen, weil es den (heutigen) Grundsätzen des Minderheiten- und Anlegerschutzes nicht entspreche, außenstehende Anteilsinhaber, wenn auch gegen Abfindung, aber ohne ihre Zustimmung, aus der Gesellschaft hinauszudrängen.[981] Entgegen der Amtl. Begr.,[982] die für die Beibehaltung der Regelung des alten Rechts nur seltene Anwendungsfälle sah, erfüllt die Verschmelzung auf den Alleingesellschafter mancherlei praktische Bedürfnisse, zB die Vermeidung der umständlichen Liquidation der Einmann-GmbH[983] oder den Übergang von der in einer GmbH ausgeübten freiberuflichen Tätigkeit in eine solche persönlicher Art.[984] Die Regelung kann als Spiegelbild der Ausgliederung eines einzelkaufmännischen Unternehmens in eine neugegründete Kapitalgesellschaft angesehen werden.[985] Zugelassen ist nur die Verschmelzung mit dem Vermögen einer **natürlichen Person,** nicht mit einer juristischen Person. Die natürliche Person muss im Hinblick auf den Ausschluss der Verschmelzung über die Grenze (vgl. Rn. 18) ihren Geschäfts- oder Wohnsitz im Inland haben.[986] Auf die Staatsangehörigkeit der natürlichen Person kommt es dagegen nicht an. Zur Eintragung der natürlichen Person in das Handelsregister (§ 122) vgl. Rn. 516.

514 **2. Durchführung der Verschmelzung.** Sie ist **Verschmelzung durch Aufnahme,** da sie die Existenz eines Gesellschafters als Rechtsträger voraussetzt, der alle Gesellschaftsanteile der übertragenden GmbH besitzt.[987] Das stellt § 120 Abs. 1 klar. Dabei werden eigene Geschäftsanteile der GmbH dem Gesellschafter zugerechnet, § 120 Abs. 2. IE gilt:

515 **a) Verschmelzungsvertrag, Verschmelzungsbeschluss.** Anwendbar sind für die übertragende GmbH grds. die Vorschriften des ersten Teils (§§ 2 bis 34) und des Zweiten Teils (§§ 46 bis 55), § 121. Das bedeutet, dass zwischen der GmbH und ihrem Alleingesellschafter ein Verschmelzungsvertrag geschlossen werden muss und ein bloßer Umwandlungsbeschluss nicht genügt.[988] Erforderlich ist auch ein Verschmelzungsbeschluss der übertragenden Gesellschaft nach § 13.[989] Eines solchen des Allein-

---

[981] Vgl. Amtl. Begr. S. 114; der Diskussionsentwurf hatte das noch anders gesehen und in § 137 die Verschmelzung auf den Hauptgesellschafter zugelassen.
[982] S. 114.
[983] Vgl. Rn. 25 und *Heckschen* ZIP 1996, 451.
[984] Vgl. *Priester* DB 1996. 413.
[985] Amtl. Begr. S. 114.
[986] Vgl. *Heckschen* ZIP 1996, 451; aA *Lutter/Karollus* Umwandlungsgesetz § 120 Rn. 23: Sitz im Ausland ist unschädlich, wenn beide beteiligten Rechtsordnungen dies zulassen, so dass die maßgeblichen Vorschriften beider Rechtsordnungen zu beachten sind.
[987] Vgl. Amtl. Begr. S. 114.
[988] Vgl. Amtl. Begr. S. 115.
[989] Ebenso *Lutter/Karollus* Umwandlungsgesetz § 121 Rn. 10; aA offenbar Beck'sches HdB GmbH/*Orth* § 14 Rn. 419.

gesellschafters bedarf es nicht.⁹⁹⁰ Jedoch entfallen der **Verschmelzungsbericht** wegen § 8 Abs. 3 S. 1 Halbs. 2 (vgl. Rn. 331) und die **Verschmelzungsprüfung** wegen § 9 Abs. 3 iVm. § 8 Abs. 3 S. 1 Halbs. (vgl. Rn. 341). Es kommt auch keine Kapitalerhöhung zur Durchführung der Verschmelzung (§§ 53, 55) in Betracht. Im Übrigen sieht das Gesetz keine besonderen Vorschriften zum Schutz des Alleingesellschafters vor, weil ein solcher über hinreichende geschäftliche Erfahrung zur Wahrung seiner Interessen bei einer durch ihn allein entschiedenen Fusion verfügt.⁹⁹¹

b) Eintragung in das Handelsregister. Betreibt die GmbH nur ein Kleingewerbe, so wird der Alleingesellschafter durch die Verschmelzung zum Minderkaufmann. Ein solcher konnte sich vor dem In-Kraft-Treten des HRefG (1. 7. 1998) nicht in das Handelsregister eintragen lassen. Das alte Recht ließ hieran die Verschmelzung nicht scheitern.⁹⁹² Nach dem In-Kraft-Treten des UmwG 1994 gab es hierüber jedoch Meinungsverschiedenheiten,⁹⁹³ die der BGH⁹⁹⁴ iS des alten Rechts dahin klärte, dass die Verschmelzung einer GmbH auf ihren Alleingesellschafter als natürliche Person nach neuem Recht auch dann zulässig sei, wenn dieser als Minderkaufmann nicht in das Handelsregister eingetragen werden könne. Die Wirkungen der Verschmelzung träten in diesem Fall mit ihrer Eintragung in das Register der übertragenden GmbH ein. Dieser Auffassung hat der Gesetzgeber⁹⁹⁵ mit einer Neufassung des § 122 Rechnung getragen. Abs. 2 dieser Vorschrift bestimmt jetzt ausdrücklich, dass die Verschmelzungswirkungen durch die Eintragung der Verschmelzung in das Register der übertragenden Kapitalgesellschaft eintreten, wenn eine Eintragung des Alleingesellschafters in das Handelsregister „nicht in Betracht" kommt. Zwar lässt § 2 HGB idF d. HRefG auch die Eintragung eines Minderkaufmanns in das Handelsregister auf dessen Antrag zu. Nach richtiger Auffassung will § 122 den Minderkaufmann aber nicht zwingen, im Zuge einer Verschmelzung einen solchen Antrag zu stellen.⁹⁹⁶ Stellt er ihn nicht, dann kommt eine Eintragung in das Handelsregister iSv. § 122 Abs. 2 „nicht in Betracht". Ohne weiteres klar ist der Eintritt der Verschmelzungswirkungen durch bloße Eintragung im Register der übertragenden GmbH, wenn diese kein Gewerbe, sondern ein freiberufliches Unternehmen betrieb. Entsprechendes hat aber auch für den Fall zu gelten, dass die GmbH zwar ein vollkaufmännisches Unternehmen betrieb, der Alleingesellschafter deren Handelsgeschäft aber nicht weiterbetreiben will, weil die Verschmelzung nur der vereinfachten Liquidation der GmbH dient und ihr Vermögen durch die Umwandlung Teil des Privatvermögens des Alleingesellschafters werden soll.⁹⁹⁷

c) Eintragungspflicht. Eintragungspflicht besteht nur, wenn der Alleingesellschafter das (vollkaufmännische) Handelsgeschäft der GmbH fortführen will. Er hat dann einen entsprechenden Eintragungsantag zu stellen. Seine **Firma** kann er unter Verwendung der Firma der GmbH bilden, § 122 Abs. 1 iVm. § 18 Abs. 1, mit oder ohne Nachfolgezusatz. Der Rechtsformzusatz ist aber in jedem Falle zu streichen. Ist der Alleingesellschafter schon im Handelsregister eingetragen, weil er ein Handelsgewerbe

---

⁹⁹⁰ Weil es mehrere Anteilsinhaber nicht gibt, so zutr. LG Dresden DB 1997, 88 gegen AG Dresden GmbHR 1997, 33; vgl. auch *Lutter/Karollus* Umwandlungsgesetz § 121 Rn. 12.
⁹⁹¹ Vgl. Amtl. Begr. S. 115.
⁹⁹² Vgl. 2. Aufl. Rn. 242.
⁹⁹³ Vgl. Voraufl. Rn. 480, ferner LG Tübingen GmbHR 1997, 849; AG Dresden DB 1996, 1813.
⁹⁹⁴ WM 1998, 1490.
⁹⁹⁵ Durch das HRefG.
⁹⁹⁶ Ebenso *Lutter/Karollus* Umwandlungsgesetz § 122 Rn. 7.
⁹⁹⁷ Ebenso *Lutter/Karollus* Umwandlungsgesetz § 122 Rn. 9.

Anh. nach § 77   5. Abschnitt. Auflösung und Nichtigkeit der Gesellschaft

betreibt, kann er das auf ihn übergegangene Handelsgeschäft der GmbH mit seinem Handelsgewerbe vereinigen und das vereinigte Unternehmen unter seiner bisherigen[998] oder einer nach § 18 Abs. 1 gebildeten Firma fortführen. Er kann beide Handelsgeschäfte aber auch organisatorisch getrennt halten.[999] Die Fortführung der Firma der GmbH für das übernommene Handelsgeschäft unter Beibehaltung der bisherigen Firma für das eigene Handelsgeschäft ist zulässig, weil der Einzelkaufmann anders als eine OHG berechtigt ist, mehrere Handelsgeschäfte unter verschiedenen Firmen zu betreiben.[1000] Dass § 122 Abs. 1 nur auf § 18 Abs. 1 und nicht auch auf § 18 Abs. 2 verweist, folgt daraus, dass § 18 Abs. 2 von der Beteiligung einer namensgebenden natürlichen Person an dem übertragenden Rechtsträger ausgeht, was im Hinblick auf die bei der Verschmelzung auf den Alleingesellschafter notwendig vorausgesetzte Alleininhaberschaft dieses Gesellschafters an den Geschäftsanteilen von vornherein nicht in Betracht kommen kann.[1001]

518   **3. Steuerrecht.** Die Verschmelzung von Kapitalgesellschaften mit dem Vermögen eines Alleingesellschafters ist steuerlich lediglich als Unterfall des Vermögensübergangs von einer Kapitalgesellschaft auf eine Personengesellschaft im Zweiten und Siebten Teil des UmwStG geregelt, also wie die Verschmelzung einer Kapitalgesellschaft auf eine Personenhandelsgesellschaft bzw. wie der Formwechsel einer Kapitalgesellschaft in eine Personengesellschaft. Demgemäß kann auf die Erläuterungen bei den Rn. 506 und 230 bis 243 verwiesen werden. IE gelten somit für die übertragende GmbH die §§ 3 und 18 UmwStG (vgl. Rn. 230, 231). Für den Alleingesellschafter wird gemäß § 9 UmwStG unterschieden, ob das Vermögen der übertragenden GmbH Betriebsvermögen wird (§ 9 Abs. 1 UmwStG) oder Privatvermögen (§ 9 Abs. 2). Im ersten Fall sind die §§ 4 bis 6 Abs. 2 UmwStG entsprechend anzuwenden, im zweiten Fall § 4 Abs. 2 S. 1 und 2 und Abs. 3 sowie § 5 Abs. 1 und § 8 Abs. 2. Anzuwenden sind ferner in beiden Fällen die §§ 10 und 18 UmwStG.

XXVII. Spaltung von Gesellschaften mbH
(§§ 123 bis 140 UmwG 1994)

Literatur: Vgl. die Angaben bei I, insbesondere und ferner: *Aha* Einzel- oder Gesamtrechtsnachfolge bei der Ausgliederung?, AG 1997, 345; *Bayer/Wirth* Eintragung der Spaltung und Eintragung der neuen Rechtsträger – oder Pfadsuche im Verweisungsdschungel des neuen Umwandlungsrechts?, ZIP 1996, 817; *Blumers* Ausgliederung und Spaltung und wesentliche Betriebsgrundlagen, DB 1995, 496; *ders.* Demerger – Die Spaltung börsennotierter Gesellschaften (national und international), DB 2000, 589; *Blumers/Siegels* Ausgliederung und Spaltung und Zuordnung von Wirtschaftsgütern, DB 1996, 7; *Boecken* Der Übergang von Arbeitsverhältnissen bei Spaltung nach dem neuen Umwandlungsrecht, ZIP 1994, 1097; *Borges* Einheitlicher Vertrag bei Ausgliederung mehrerer Vermögensteile?, BB 1997, 589; *Bremer* Öffentlich-rechtliche Rechtspositionen im Rahmen von Spaltungen nach dem Umwandlungsgesetz, GmbHR 2000, 865; *Buchner* Die Ausgliederung von betrieblichen Funktionen (Betriebsteilen) unter arbeitsrechtlichen Aspekten, GmbHR 1997, 377, 434; *Bungert* Die Übertragung beschränkter persönlicher Dienstbarkeiten bei der Spaltung, BB 1997, 897; *Engelmeyer* Die Spaltung von Aktiengesellschaften nach dem neuen Umwandlungsrecht, 1995; *dies.* Ausgliederung durch partielle Gesamtrechtsnachfolge und Einzelrechtsnachfolge – ein Vergleich, AG 1999, 263; *Feddersen/Kiem* Die Ausgliederung zwischen „Holzmüller" und neuem Umwandlungsrecht, ZIP 1994, 1078; *Fuhrmann/Simon* Praktische Probleme der umwandlungsrechtlichen Ausgliederung, AG 2000, 49; *Haarmann* Der Begriff des Teilbetriebs im deutschen Steuerrecht, FS Widmann, 2000, S. 375; *Habersack* Grundfragen der Spaltungshaftung nach § 133 Abs. 1 S. 1 UmwG, FS Bezzenberger, 2000, 93; *Heidenhain* Spaltungsver-

---
[998] OLG Schleswig BB 2001, 223.
[999] So zum alten Recht 2. Aufl. Rn. 242 mN.
[1000] Nachw. s. 2. Aufl. Rn. 242.
[1001] Was *Lutter/Karollus* Umwandlungsgesetz § 122 Rn. 19 aE offenbar übersehen hat.

trag und Spaltungsplan, NJW 1995, 2873; *ders.* Sonderrechtsnachfolge bei der Spaltung, ZIP 1995, 801; *ders.* Entstehung vermögens- und subjektloser Kapitalgesellschaften: Bemerkungen zu §§ 130, 131, 135 UmwG, GmbHR 1995, 264; *Hennrichs* Zum Formwechsel und zur Spaltung nach dem neuen Umwandlungsgesetz, ZIP 1995, 794; *Herzig/Förster* Problembereiche bei der Auf- und Abspaltung von Kapitalgesellschaften nach neuem Umwandlungsrecht, DB 1995, 338; *Herzig/Momen* Die Spaltung von Kapitalgesellschaften im neuen Umwandlungssteuergesetz (Teil I), DB 1994, 2157; *dies.* Die Spaltung von Kapitalgesellschaften im neuen Umwandlungssteuergesetz (Teil II), DB 1994, 2210; *Hommelhoff* Gläubigerschutz und Anteilseigner-Information bei Spaltungen, in *Lutter* Kölner Umwandlungsrechtstage, S. 117; *Ihrig* Gläubigerschutz durch Kapitalaufbringung bei Verschmelzung und Spaltung nach neuem Umwandlungsrecht, GmbHR 1995, 622; *Kallmeyer* Kombination von Spaltungsarten nach dem neuen Umwandlungsgesetz, DB 1995, 81; *ders.* Der Einsatz von Spaltung und Formwechsel nach dem UmwG 1994 für die Zukunftssicherung von Familienunternehmen, DB 1996, 28; *ders.* Spaltung nach neuem Umwandlungsgesetz: Anwendung des § 133 UmwG auf Arbeitnehmeransprüche?, ZIP 1995; *ders.* Spaltung: wie man mit § 132 UmwG 1994 leben kann; *ders.* GmbH-HdB Rn. 657.7, 657.8; *Karollus* Ausgliederung, in *Lutter* Kölner Umweltrechtstage, S. 157; *Knott/Schröter* Der Aufstieg des leitenden Angestellten zum Geschäftsführer der ausgegliederten Konzerngesellschaft – ein arbeitsrechtliches Problem, GmbHR 1996, 238; *Köster/Prinz* Verlustverwertung durch Spaltung von Kapitalgesellschaften, GmbHR 1997, 336; *Koppensteiner* Ausgliederung und Spaltungsgesetz, FS Zöllner, 1998, S. 295; *Krebs* Zur Veräußerung von Anteilen an einer Kapitalgesellschaft nach der Spaltung, DB 1997, 1817; *Küting/Hayn/Hütten* Die Abbildung konzerninterner Spaltungen im Einzel- und Konzernabschluß, BB 1997, 565; *Langenfeld* GmbH-Vertragspraktikum, 3. Aufl. 1999; *Langohr-Plato* Umwandlung und Nachhaftung: neue rechtliche Aspekte in der betrieblichen Altersversorgung, MDR 1996, 325; *Mayer* Erste Zweifelsfragen bei der Unternehmensspaltung, DB 1995, 861; *ders.* Spaltungsbremse? Ein Vorschlag zur sachgerechten Auslegung des § 132 UmwG, GmbHR 1996, 403; *Meister* Übergang von Unternehmensverträgen bei der Spaltung der herrschenden Gesellschaft, DStR 1999, 1741; *Müller* Spaltung nach dem Umwandlungsgesetz und Übergang von Verträgen mit Abtretungsbeschränkungen, BB 2000, 365; *ders.* Die gesamtschuldnerische Haftung bei der Spaltung nach §§ 133, 134 UmwG, DB 2001, 2637; *ders.* Auswirkungen von Umstrukturierungen nach dem Umwandlungsgesetz auf Beherrschungs- und Gewinnführungsverträge, BB 2002, 157; *Mutter* Teilbarkeit von Grundstücksmietverträgen in der Unternehmensspaltung?, ZIP 1997, 139; *Nagel* Die Spaltung durch Einzelrechtsnachfolge und nach neuem Umwandlungsrecht, DB 1996, 1221; *Naraschewski* Die vereinfachte Kapitalherabsetzung bei der Spaltung einer GmbH, GmbHR 1995, 697; *Neye* Nochmals: Entstehung vermögens- und subjektloser Kapitalgesellschaften, GmbHR 1995, 565; *Nörr/Simmler* Der aufgedrängte Mitgesellschafter – Zum Geltungsumfang von § 132 Satz 1 Umwandlungsgesetz, FS Sigle, 2000, S. 359; *Pickhardt* Die Abgrenzung des spaltungsrelevanten Vermögensteils als Kernproblem der Spaltung, DB 1999, 729; *Priester* Spaltungsvertrag/ Spaltungsplan, in *Lutter* Kölner Umwandlungsrechtstage, S. 99; *ders.* Bilanzierung in Spaltungsfällen, in *Lutter* Kölner Umwandlungsrechtstage, S. 148; *ders.* Die klassische Ausgliederung – ein Opfer des Umwandlungsgesetzes 1994?, ZHR 163 (1999), 187; *Sauter* Schlußbilanzen bei Spaltungen, FS Widmann, 2000, S. 99; *Schöne* Die Spaltung unter Berücksichtigung von GmbH, 1998; *Schwedhelm/Streck/Mack* Die Spaltung der GmbH nach neuem Umwandlungsrecht (I), GmbHR 1995, 7; *dies.* Die Spaltung der GmbH nach neuem Umwandlungsrecht (II), GmbHR 1995, 100; *Stahl* Spaltung von Personen- und Kapitalgesellschaften: Beratungspraktische Hinweise, KÖSDI 1998, 11424; *Teichmann* Die Bedeutung der Spaltungsvorschriften im UmwG, in *Lutter* Kölner Umwandlungsrechtstage, S. 91; *ders.* die Wirkungen der Spaltung (§§ 131 f. UmwG), in *Lutter* Kölner Umwandlungsrechtstage, S. 140; *Tiedtke/Wälzholz* Zum Teilbetriebsbegriff bei Betriebsaufspaltung und -verpachtung, BB 1999, 765; *Wirth* Auseinanderspaltung als Mittel zur Trennung von Familienstämmen und zur Filialabspaltung, AG 1997, 455; *Wochinger* Nichtverhältniswahrende Spaltung, FS Widmann, 2000, S. 639.

Übersicht

	Rn.		Rn.
1. Normzweck	519	h) Eintragung und Bekanntmachung	539
2. Aufspaltung zur Aufnahme	520–552	i) Wirkung der Eintragung	540–542
a) Spaltungsvertrag	521–530	j) Schutz der Gläubiger der übertragenden Gesellschaft	543–546
b) Keine Erleichterung bei Aufspaltung im Konzern	531	k) Schutz der Inhaber von Sonderrechten	547
c) Notarielle Beurkundung	532	l) Schutz der Alt-Gläubiger der übernehmenden Gesellschaften	548
d) Spaltungsbericht, Berechnung des Beteiligungsverhältnisses	533, 534	m) Ausgleichungspflicht unter den übernehmenden Gesellschaften	549
e) Spaltungsprüfung	535		
f) Spaltungsbeschluss	536, 537		
g) Anmeldung der Spaltung	538		

Anh. nach § 77 5. Abschnitt. Auflösung und Nichtigkeit der Gesellschaft

	Rn.
n) Bilanzierung der Haftungsverbindlichkeiten	550
o) Wertansätze bei den übernehmenden Gesellschaften	551
p) Besondere Schutzvorschriften zugunsten der Arbeitnehmer	552
3. Aufspaltung zur Neugründung	553–563
a) Spaltungsplan	554
b) Umtauschverhältnis	555
c) Gesellschaftsverträge der neuen Gesellschaften	556
d) Geschäftsanteil, Stammkapital, Stammeinlage	557
e) Kein Beitritt Dritter	558
f) Sachgründungsbericht	559
g) Anmeldung der Spaltung	560
h) Kein Spaltungsvertrag	561
i) Anmeldung, Eintragung, Bekanntmachung	562
j) Verstoß gegen die Reihenfolge der Eintragungen	563
4. Abspaltung zur Aufnahme	564–573
a) Anmeldung der Abspaltung	565
b) Wirkung der Eintragung	566
c) Fortbestehen der übertragenden Gesellschaft	567
d) Schutz der Inhaber von Sonderrechten	568
e) Betriebsaufspaltung	569, 570
f) Besondere Schutzvorschriften zu Gunsten der Arbeitnehmer, Beibehaltung der Mitbestimmung	571
g) Anwendung des § 613a Abs. 2 BGB	572
h) Vereinfachte Kapitalherabsetzung	573
5. Abspaltung zur Neugründung	574
6. Steuerrecht der Aufspaltung und Abspaltung	575–586
a) Teilbetriebseigenschaft des übertragenen Vermögens	576
b) Teilbetriebseigenschaft des verbleibenden Vermögens	577
c) Missbrauchstatbestände	578–582
d) Wertansatzwahlrecht, Verlustvortrag	583
e) Gewerbesteuer	584
f) Umsatzsteuer	585
g) Grunderwerbsteuer	586
7. Ausgliederung, Allgemeines	587–590
8. Ausgliederungsverfahren	591–600
a) Ausgliederungsvertrag, Ausgliederungsplan	592
b) Keine Prüfung	593
c) Ausgliederungsbericht	594
d) Ausgliederungsbeschluss	595
e) Kapitalerhöhung, Kapitalherabsetzung	596
f) Anmeldung der Ausgliederung	597
g) Eintragung der Ausgliederung	598
h) Firma	599

	Rn.
i) Schutzvorschriften zugunsten der Arbeitnehmer	600
9. Steuerrecht der Ausgliederung	601–608
a) Ausgliederungsgegenstände	602
b) Fortführung der Buchwerte	603
c) Verlustvortrag	604
d) Steuerliche Rückwirkung	605
e) Umsatzsteuer	606
f) Grunderwerbsteuer	607
g) Gesellschafterebene	608
10. Kombination von Spaltungsarten	609
11. Spaltung unter Beteiligung von Aktiengesellschaften und Kommanditgesellschaften auf Aktien	610–622
a) Spaltungsverbot	611
b) Prüfung der Sacheinlage, kein Bezugsrecht	612
c) Kapitalerhöhung	613
d) Besondere Unterrichtungspflichten	614
e) Gründungsbericht, Gründungsprüfung	615
f) Kapitalherabsetzung	616
g) Spaltung zur Neugründung	617
h) Zustimmungsbeschluss	618
i) Erster Aufsichtsrat	619
j) Entbehrlichkeit des Spaltungsbeschlusses	620
k) Anmeldung der Abspaltung oder Ausgliederung	621
l) Keine steuerlichen Besonderheiten	622
12. Spaltung unter Beteiligung von Personenhandelsgesellschaften und Partnerschaftsgesellschaften	623–632
a) Spaltungsfähigkeit	624
b) Vollkaufmännische Tätigkeit	625
c) Beteiligung von mindestens zwei Gesellschaftern	626
d) Spaltung zur Neugründung einer GmbH & Co. KG	627
e) Gewährung der Stellung eines persönlich haftenden Gesellschafters oder Kommanditisten	628
f) Barabfindungsangebot	629
g) Spaltungsbericht	630
h) Spaltungsbeschluss	631
i) Wiederaufleben der Kommanditistenhaftung, Nachhaftung der persönlich haftenden Gesellschafter	632
13. Steuerrecht der Spaltung unter Beteiligung von Personenhandelsgesellschaften	633–637
a) Auf- und Abspaltung auf eine Personenhandelsgesellschaft	634
b) Auf- und Abspaltung auf eine GmbH	635
c) Ausgliederung auf eine Personenhandelsgesellschaft	636
d) Ausgliederung auf eine GmbH	637

Umwandlung **Anh. nach § 77**

1. Normzweck. Vgl. zunächst Rn. 13, 29. Die Spaltung ist Mittel zur **Realteilung** 519 von Gesellschaften (vgl. Rn. 15). Hierfür gibt es vielfältige **Motive.** Die Amtl. Begr.[1002] zählt zwölf Hauptfälle auf, darunter die Auseinandersetzung unter Gesellschaftergruppen oder Familienstämmen.[1003] Die drei Spaltungstypen – Aufspaltung, Abspaltung, Ausgliederung – sind in § 123 definiert, wobei für jeden Spaltungstyp zwei Spaltungsarten zugelassen werden, nämlich die Spaltung zur Aufnahme durch bereits bestehende Rechtsträger und die Spaltung zur Neugründung eines oder mehrerer neuer Rechtsträger. Die Spaltung zur Aufnahme kann auch als **Teilverschmelzung** bezeichnet werden,[1004] also als eine Verschmelzung nicht des Vermögens insgesamt, sondern von Vermögensteilen des übertragenden Rechtsträgers im Weg der Aufnahme dieser Teile durch bereits vorhandene oder neue Rechtsträger.[1005] Die Möglichkeit der Spaltung ist allein in § 3 Abs. 1 als verschmelzungsfähig bezeichneten Rechtsträgern eröffnet, § 124 Abs. 1, wobei entsprechend der Regelung für die Verschmelzung auch die Spaltung bereits aufgelöster übertragender Rechtsträger möglich ist und die Übertragung auf Rechtsträger verschiedener Rechtsformen, § 124 Abs. 2 iVm. § 3 Abs. 3 und 4. Wegen der Ähnlichkeit der Spaltung mit der Verschmelzung, insbesondere der Teilverschmelzung, sind grds. die Verschmelzungsvorschriften entsprechend anzuwenden, § 125, und zwar „spiegelbildlich".[1006] Das gilt nicht nur für die Allgemeinen Vorschriften des Zweiten Buchs (§§ 2 bis 38), sondern auch für dessen Besondere Vorschriften für die jeweiligen Rechtsträger (GmbH: §§ 46 bis 55), wobei jedoch einige für die Spaltung nicht passende Vorschriften von der Anwendung ausgeschlossen sind. Zusätzlich zu beachten sind die Allgemeinen Vorschriften für die Spaltung (§ 123 bis 137) und die Besonderen Vorschriften für die jeweils beteiligten Rechtsträger (GmbH: §§ 138 bis 140). Für das GmbH-Recht sind die Grundformen der Spaltung die Aufspaltung einer GmbH auf mehrere Gesellschaften mbH, die Abspaltung von einer GmbH auf eine andere GmbH oder mehrere andere Gesellschaften mbH und die Ausgliederung aus einer GmbH auf eine andere GmbH oder auf mehrere andere Gesellschaften mbH. Zur **Kombination** von Spaltungsarten vgl. Rn. 520, 609. Als Fall der Spaltung behandelt das UmwG auch die Ausgliederung des Unternehmens eines Einzelkaufmanns zur Aufnahme durch eine GmbH und zur Neugründung einer GmbH, vgl. Rn. 639 ff.

2. Aufspaltung zur Aufnahme. Sie unterscheidet sich von der Verschmelzung 520 durch Aufnahme dadurch, dass nur eine einzige Gesellschaft als übertragender Rechtsträger in Betracht kommt und notwendig mindestens zwei Gesellschaften als übernehmende Rechtsträger vorhanden sein müssen, § 123 Abs. 1 Nr. 1.[1007] Bei der Verschmelzung sind die Verhältnisse gerade umgekehrt. Dort ist die Teilnahme mehrerer übertragender Rechtsträger möglich, jedoch nur ein einziger übernehmender Rechtsträger vorhanden. Allerdings können bei der Spaltung die übernehmenden Rechtsträger sowohl bestehende als auch durch die Spaltung neugegründete Rechtsträger sein, § 123 Abs. 4. Es handelt sich dann um eine Kombination zweier Spaltungsarten. Die

---

[1002] S. 74.
[1003] Vgl. hierzu *Kallmeyer* DB 1996, 28; ferner Rn. 25.
[1004] Vgl. Amtl. Begr. S. 115.
[1005] Vgl. *Lutter/Teichmann* Kölner Umwandlungsrechtstage, S. 98.
[1006] Vgl. Amtl. Begr. S. 115, 117; *Lutter/Teichmann* Kölner Umwandlungsrechtstage, S. 98: Übergang der Vermögensteile erfolgt „parallel" zur Verschmelzung.
[1007] Unzutr. *Lutter/Teichmann* Kölner Umwandlungsrechtstage, S. 95, der die Beteiligung mehrerer übertragender Rechtsträger für zulässig hält; wie hier Amtl. Begr. S. 116; *Widmann/Mayer/Schwarz* § 123 Rn. 9.

Spaltung zur Aufnahme ist gesetzestechnisch der Grundfall der Spaltung (§§ 126 bis 134). Praktisch wichtiger ist jedoch die Spaltung zur Neugründung.[1008] Hierzu vgl. Rn. 523.

521 a) **Spaltungsvertrag.** Dem Verschmelzungsvertrag bei der Verschmelzung entspricht bei der Spaltung zur Aufnahme der **Spaltungs- und Übernahmevertrag (Spaltungsvertrag)** oder sein Entwurf, § 126. Er ist als **einheitlicher Vertrag** von den Geschäftsführern der beteiligten Gesellschaften in vertretungsberechtigter Zahl zu schließen, § 125 iVm. § 4 Abs. 1. Einzelverträge sind unzulässig.[1009] Für seinen **Inhalt** gilt entsprechend, was zum Verschmelzungsvertrag in § 5 Abs. 1 gesagt ist (vgl. Rn. 313–329). Folgende Besonderheiten sind zu beachten:

522 **Kernstück** des Spaltungsvertrags ist die **Vereinbarung der Vermögensübertragung** gegen Gewährung von Gesellschaftsanteilen der übernehmenden Gesellschaften, jedoch nicht wie bei der Verschmelzung die Übertragung des gesamten Vermögens (vgl. Rn. 287), sondern nur jeweils der **Teile des Vermögens,** welche die einzelnen übernehmenden Gesellschaften erhalten sollen, § 126 Abs. 1 Nr. 2. Zu vereinbaren ist die Übertragung dieser Teile „jeweils als Gesamtheit", d. h. im Weg der **partiellen Gesamtrechtsnachfolge** (Sonderrechtsnachfolge, vgl. Rn. 9, 29, 540). Sie sind im Spaltungsvertrag genau zu bezeichnen und aufzuteilen nach Gegenständen des Aktiv- und des Passivvermögens, § 126 Abs. 1 Nr. 9. Sollen **Betriebe** oder **Betriebsteile** übergehen, so sind auch diese unter Zuordnung zu den übernehmenden Gesellschaften zu bezeichnen. Die Bezeichnung der übergehenden Betriebe oder Betriebsteile erleichtert die Feststellung, welche **Arbeitsverhältnisse** nach § 613a BGB auf die übernehmenden Gesellschaften übergehen (vgl. dazu auch Rn. 22, 394). Deshalb brauchen diese Arbeitsverhältnisse im Spaltungsvertrag nicht mehr einzeln nach § 126 Abs. 1 Nr. 9 aufgeführt zu werden. Gehen keine Betriebe oder Betriebsteile über, müssen die zu übertragenden Arbeitsverhältnisse genau bezeichnet werden. Im Übrigen kommt der Bezeichnung der Arbeitsverhältnisse im Spaltungsvertrag innerhalb des Anwendungsbereichs des § 613a BGB nur **deklaratorische** Bedeutung zu.[1010] Aber auch außerhalb dieses Anwendungsbereichs kann der Spaltungsvertrag konstitutive Wirkung hinsichtlich des Übergangs von Arbeitsverhältnissen nicht entfalten. § 132 schreibt nämlich die Anwendung des allgemeinen Rechts hinsichtlich der Übertragbarkeit eines Gegenstands vor. Gemäß § 613 S. 2 BGB bedarf die Übertragung des Anspruchs auf Dienstleistung wegen seines persönlichen Charakters iZw. der Zustimmung des Arbeitnehmers, d. h. dann, wenn die Übertragung eine Änderung des Inhalts der Dienstleistung zur Folge hat. Das ist bei der Spaltung wegen der Änderung der Betriebsbezogenheit stets der Fall.[1011] Ohne Zustimmung des Arbeitnehmers kann deshalb ein im Spaltungsvertrag vorgesehener Übergang des Arbeitsverhältnisses nicht stattfinden. Im Übrigen scheitert ein Übergang auch im Bereich des § 613a BGB, wenn der Arbeitnehmer von dem ihm nach der Rechtsprechung[1012] zustehenden Widerrufsrecht Gebrauch macht.[1013] Wegen des Erlöschens der übertragenden Gesellschaft nach Eintragung der Spaltung im Handelsregister (§ 131 Abs. 1 Nr. 2, vgl. Rn. 505) führt der Widerspruch allerdings nur zur Beendigung des Arbeitsverhältnis-

---

[1008] Vgl. *Lutter/Priester* Kölner Umwandlungsrechtstage, S. 99.
[1009] Vgl. Amtl. Begr. S. 117.
[1010] Vgl. Amtl. Begr. S. 118.
[1011] Vgl. *Boecken* ZIP 1994, 1090, 1093.
[1012] Vgl. BAG NJW 1993, 3156; das Widerspruchsrecht ist nunmehr auch gesetzlich in den neuen Absätzen 5 und 6 des § 613a BGB geregelt, vgl. Rn. 22 m. Fn. 126.
[1013] Vgl. Amtl. Begr. S. 121.

ses.[1014] Entsprechendes gilt bei Verweigerung der Zustimmung des Arbeitnehmers zum Übergang des Rechtsverhältnisses außerhalb des Bereichs des § 613a BGB.[1015] Im Übrigen hat nach § 324 die Regelung des § 613a Abs. 1 und 4 BGB Vorrang vor einer spaltungsrechtlichen Regelung.[1016]

Die Bezeichnung der übergehenden **Betriebe und Betriebsteile** nach § 126 Abs. 1 Nr. 9 ist nicht nur im Hinblick auf § 613a BGB von Bedeutung (vgl. Rn. 522), sondern auch wegen § 15 Abs. 1 UmwStG, der die **Buchwertfortführung** nur zulässt, wenn wenigstens ein **Teilbetrieb** übertragen wird (vgl. Rn. 576). Die handelsrechtliche Regelung hat dieses Abgrenzungsmerkmal schon deshalb nicht übernommen, weil die Eigenschaft einer Vermögensmasse als Betrieb oder Teilbetrieb zweifelhaft sein und dem Registerrichter eine entsprechende Prüfung bei der Eintragung der Spaltung nicht zugemutet werden könne.[1017]

523

Abgesehen von der Überleitung der Arbeitsverhältnisse besteht demnach handelsrechtlich **Zuordnungsfreiheit,** d.h. die Beteiligten können grds. jeden Gegenstand jedem beliebigen übernehmenden Rechtsträger zuweisen.[1018] Theoretisch kann damit auch ein **einzelner Gegenstand** im Weg der partiellen Gesamtrechtsnachfolge übertragen werden,[1019] wenngleich die Einzelübertragung regelmäßig einfacher sein dürfte als das komplizierte Spaltungsverfahren. Bei der Aufspaltung dürften derlei Gestaltungen jedoch weniger vorkommen als bei der Abspaltung (vgl. Rn. 564ff.) Grenzen der Zuordnungsfreiheit ergeben sich aus der Natur der Sache. So kann bei Aufspaltung des herrschenden Unternehmens ein **Unternehmensvertrag** nicht auf sämtliche übernehmenden Gesellschaften übertragen werden, weil bei Beherrschungsverträgen die Herrschaftsmacht grds. nicht von mehreren Unternehmen ausgeübt werden kann.[1020]

524

Wie **genau** die übergehenden Gegenstände des Aktiv- und Passivvermögens zu bezeichnen sind, richtet sich nach den Anforderungen, die das allgemeine Zivilrecht an ihre Individualisierung zum Zweck der Übertragung stellt. Unter „Gegenstand" ist die einzelne Sache (§ 90 BGB) oder das einzelne Recht oder die einzelne Verbindlichkeit zu verstehen. Auf Aktivierungs- oder Passivierungsfähigkeit des Gegenstands oder der Verbindlichkeit nach Rechnungslegungsgrundsätzen kommt es nicht an.[1021] Soweit für die Übertragung von Gegenständen im Fall der Einzelrechtsnachfolge in den allgemeinen Vorschriften eine besondere Art der Bezeichnung bestimmt ist, sind diese Regelungen auch bei § 126 Abs. 1 Nr. 9 anzuwenden, § 126 Abs. 2. Gemeint sind zB die Grundsätze über die **Sicherungsübereignung** von Warenbeständen[1022] oder die **Veräußerung von Unternehmen** durch Übertragung der einzelnen Wirtschaftsgüter.[1023] Dabei kann auf vorhandene Urkunden Bezug genommen werden, soweit sie die **Bestimmbarkeit** einzelner Gegenstände ermöglichen, § 126 Abs. 2

525

[1014] Vgl. Amtl. Begr. S. 121.
[1015] Vgl. *Boecken* ZIP 1994, 1090, 1093.
[1016] Vgl. *Boecken* ZIP 1994, 1090, 1093, 1995.
[1017] Vgl. Amtl. Begr. S. 118.
[1018] Vgl. Amtl. Begr. S. 118 und Rn. 492.
[1019] Vgl. *Lutter/Teichmann* Kölner Umwandlungsrechtstage, S. 97, 141; *Lutter/Priester* Kölner Umwandlungsrechtstage, S. 109.
[1020] Vgl. *Widmann/Mayer/Mayer* § 126 Rn. 232; *Timm* DB 1993, 569ff.; *Müller* BB 2002, 157, 159, 161; zur Behandlung von Unternehmensverträgen bei der Verschmelzung vgl. Rn. 397.
[1021] Vgl. Amtl. Begr. S. 118.
[1022] Vgl. Amtl. Begr. S. 119.
[1023] Vgl. *Lutter/Priester* Kölner Umwandlungsrechtstage, S. 109; *Widmann/Mayer/Mayer* § 126 Rn. 174, 180.

S. 3.[1024] Diese Urkunden sind dem Spaltungsvertrag **beizufügen**, § 126 Abs. 2 S. 3 Halbs. 2.

526 Als Bezeichnungshilfsmittel nennt § 126 Abs. 2 S. 3 auch **Bilanzen** und **Inventare**. Hier ist zu beachten: Wie bei der Verschmelzung hat die übertragende Gesellschaft eine **Schlussbilanz** aufzustellen, die nicht älter als acht Monate sein darf und der Anmeldung der Spaltung zum Handelsregister beizufügen ist, § 125 iVm. § 17 Abs. 2 (vgl. Rn. 381). Die generelle Bezugnahme auf diese Bilanz kann die Voraussetzungen des § 126 Abs. 1 Nr. 9 aber nicht erfüllen, weil sie nicht erkennen lässt, welche Vermögensteile auf welche Gesellschaften übergehen und sie die nicht bilanzierungspflichtigen Gegenstände nicht ersichtlich macht, die vom Vermögensübergang erfasst werden sollen.[1025] Die Schlussbilanz ist deshalb allenfalls Hilfsmittel bei der Prüfung der Werthaltigkeit des Vermögens der übertragenden Gesellschaft im Fall der Durchführung einer Kapitalerhöhung bei den aufnehmenden Gesellschaften oder bei der Aufspaltung durch Neugründung von Gesellschaften, vgl. Rn. 385, 386.[1026] Sollen Betriebe oder Teilbetriebe übergehen, so liegt die Aufstellung von **Spaltungs-Teilbilanzen** für diese nahe, obwohl eine gesetzliche Verpflichtung hierzu nicht besteht.[1027] Solche Teilbilanzen sind aber zu ergänzen um eine Liste der nicht bilanzierungsfähigen, aber nach § 126 Abs. 1 Nr. 9 bezeichnungspflichtigen Gegenstände, die übergehen sollen, zB **Dauerschuldverhältnisse** wie Miet-, Pacht- und Lizenzverträge, **schwebende Verträge**, zB Kaufverträge, **selbstgeschaffene immaterielle Wirtschaftsgüter**, zB Patente, Lizenzen, Konzessionen.[1028] Die Teilbilanzen können zugleich der Festlegung des **Umtauschverhältnisses** dienen, wenn die Vermögensgegenstände mit ihren Zeitwerten angesetzt sind (§ 126 Abs. 1 Nr. 3, vgl. Rn. 320, 335 bei der Verschmelzung) und für **steuerliche Zwecke** den Nachweis des Vorliegens von Teilbetrieben erbringen (vgl. Rn. 523, 576 ff.). Auch wenn keine Betriebe oder Teilbetriebe übertragen werden, ist die Errichtung von Teilbilanzen für die übergehenden Gegenstände des Aktiv- und Passivvermögens sinnvoll.[1029] Soll mit Teilbilanzen die Werthaltigkeit der eingebrachten Gegenstände bei Kapitalerhöhung oder Neugründung dargetan werden, empfehlen sich entsprechende, testatsähnliche (§ 323 HGB) Bescheinigungen von Angehörigen der wirtschaftsprüfenden und steuerberatenden Berufe hierüber.[1030]

527 Für **Grundstücke** schreibt § 126 Abs. 2 S. 2 die Beachtung von § 28 GBO vor, also ihre Bezeichnung mit den Grundbuchdaten. Im Übrigen können für den erforderlichen Umfang der Kennzeichnung nach § 126 Abs. 1 Nr. 9 die Grundsätze herangezogen werden, die für die Übersicht nach § 56c Abs. 3 S. 2 iVm. § 52 Abs. 4 UmwG 1969 bei der Umwandlung des Unternehmens eines Einzelkaufmanns durch Übertragung des Geschäftsvermögens auf eine GmbH entwickelt wurden.[1031]

[1024] Vgl. auch Amtl. Begr. S. 119.
[1025] Ebenso wohl Beck'sches HdB GmbH/*Orth* § 14 Rn. 620; *Widmann/Mayer/Mayer* § 126 Rn. 203, 204.
[1026] Kritisch zur Eignung der Schlussbilanz als Wertnachweisunterlage in diesen Fällen *Widmann/Mayer/Mayer* § 126 Rn. 207.
[1027] Vgl. Beck'sches HdB GmbH/*Orth* § 14 Rn. 621; *Lutter/Priester* Kölner Umwandlungsrechtstage, S. 148.
[1028] Vgl. Beck'sches HdB GmbH/*Orth* § 14 Rn. 621; *Lutter/Priester* Kölner Umwandlungsrechtstage, S. 111.
[1029] Vgl. Beck'sches HdB GmbH/*Orth* § 14 Rn. 621.
[1030] Vgl. *Priester* S. 149; *Widmann/Mayer/Mayer* § 126 Rn. 207.
[1031] So zutr. *Lutter/Priester* Kölner Umwandlungsrechtstage, S. 110; vgl. hierzu 2. Aufl. Rn. 356 ff.

Umwandlung Anh. nach § 77

Die Zuordnungsfreiheit (vgl. Rn. 524) erlaubt es den beteiligten Gesellschaften, **528** **Forderungen und Verbindlichkeiten** verschiedenen Übernehmern zuzuweisen, auch wenn sie einem einheitlichen Vertragsverhältnis entspringen.[1032] Nicht möglich ist die Aufteilung einer einzelnen Verbindlichkeit auf mehrere Übernehmer.[1033] Insoweit hat das deutsche Recht von den durch die Spaltungsrichtlinie (vgl. Rn. 1) eröffneten Aufteilungsmöglichkeiten keinen Gebrauch gemacht.[1034] Auch akzessorische Sicherungsrechte (§ 401 BGB) lassen sich nicht getrennt von den zu sichernden Verbindlichkeiten übertragen, wohl aber nichtakzessorische Grundpfandrechte, wenngleich derlei Gestaltungen kaum praktisch sein dürften.[1035] Von Grundstücken können **Teilflächen** auf unterschiedliche Übernehmer übertragen werden,[1036] wobei jedoch das Eigentum nicht bereits mit der Eintragung der Spaltung im Handelsregister übergeht (§ 131 Abs. 1 Nr. 1), sondern erst nach Vorliegen der Teilungsgenehmigung nach §§ 19 ff. BauGB. Das dürfte sich aus § 132 S. 1 ergeben, wonach allgemeine Vorschriften, nach denen die Übertragung eines bestimmten Gegenstandes der staatlichen Genehmigung bedarf, durch die Wirkungen der Eintragung unberührt bleiben.[1037] Ist die **Abtretung** nach § 399 BGB **ausgeschlossen,** so hindert das die Aufspaltung nicht, § 132 S. 2. Hier zeigt sich der Charakter der Aufspaltung als Teilverschmelzung (vgl. Rn. 483). Entsprechend diesem Charakter wird man § 132 S. 2 über seinen Wortlaut hinaus auch auf **sonstige Übertragungshindernisse** anwenden können, die bei der Einzelrechtsnachfolge den Vermögensübergang ausschließen, wie etwa § 473 beim Vorkaufsrecht (allerdings besteht dann eine Inkongruenz zu § 613 S. 2 BGB, der auch bei der Aufspaltung anwendbar bleiben soll, vgl. Rn. 522). Auch vinkulierte Namensaktien und GmbH-Geschäftsanteile sowie gepfändete Gegenstände sind danach übertragbar, Mitgliedschaften in Personengesellschaften insoweit, als sie auch bei einer vollen Verschmelzung übernommen werden könnten (vgl. Rn. 393). Für Nießbrauchsrechte, persönliche Dienstbarkeiten und Vorkaufsrechte an Grundstücken sind wie bei der Verschmelzung die Sonderregelungen der §§ 1059a, 1092 Abs. 2 und 1098 Abs. 3 BGB zu beachten (vgl. Rn. 393). Die **Grenze** ist dort gezogen, wo die Gefahr besteht, dass der **Schutzzweck der Übertragungshindernisse** durch die Spaltung unterlaufen würde.[1038] Bei Beschränkung des § 132 auf seinen Wortlaut würden die nichtübertragbaren Rechte wegen Erlöschens der übertragenden GmbH nach Eintragung der Aufspaltung im Handelsregister untergehen (§ 131 Abs. 1 Nr. 2). Das kann die gesetzliche Regelung schwerlich bezwecken, weil sie anderenfalls systemwidrig wäre.[1039] Bei der Abspaltung und Ausgliederung liegen die Verhältnisse anders. **Verbindlichkeiten** sind in § 132 nicht erwähnt. Nach § 414 BGB ist zu ihrer Übernahme die Zustimmung des Gläubigers erforderlich. Aus § 126 Abs. 1 Nr. 9 wird jedoch gefolgert, dass bei der Aufspaltung eine solche Zustimmung nicht erforderlich ist.[1040] Frag-

---

[1032] Vgl. *Lutter/Priester* Kölner Umwandlungsrechtstage, S. 111.
[1033] AA bei Teilbarkeit offenbar *Heidenhain* NJW 1995, 2873, 2877.
[1034] Vgl. Amtl. Begr. S. 118.
[1035] Vgl. *Lutter/Priester* Kölner Umwandlungsrechtstage, S. 111.
[1036] Vgl. *Lutter/Priester* Kölner Umwandlungsrechtstage, S. 111.
[1037] So auch *Widmann/Mayer/Mayer* § 126 Rn. 213; vgl. auch LG Ellwangen EWiR 1996, 471 (*Suppliet*) und Rn. 529.
[1038] Ähnlich *Hennrichs* ZIP 1995, 794, 798; *Schwedhelm/Streck/Mack* GmbHR 1995, 7, 10; *Lutter/Teichmann* Kölner Umwandlungsrechtstage, S. 140, 144; *Goutier/Knopf/Tulloch/Goutier* UmwG § 131 Rn. 10; *Kallmeyer* GmbHR 1996, 242; vgl. auch Rn. 543.
[1039] Vgl. *Lutter/Teichmann* Kölner Umwandlungsrechtstage, S. 140, 142; strikt gegen einschränkende Auslegung des eindeutigen Gesetzeswortlauts *Nörr/Simmler*, FS Sigle, 2000, S. 359 ff., 372.
[1040] Vgl. *Lutter/Teichmann* Kölner Umwandlungsrechtstage, S. 140, 145.

Anh. nach § 77 5. Abschnitt. Auflösung und Nichtigkeit der Gesellschaft

lich und wohl zu verneinen ist, ob **Rentenverpflichtungen** aus einer Versorgungszusage entgegen § 4 BetrAVG frei zugeordnet werden können.[1041] Bei **Unterlassungspflichten** (zB Wettbewerbsverbot) kann die Aufspaltung zur Verpflichtung mehrerer übernehmender Gesellschaften führen,[1042] auch wenn nicht die Pflichten als solche übernommen werden, sondern nur das auf die Pflichten bezügliche Aktivvermögen.

529 Sind **Gegenstände des Aktivvermögens** bei der Aufteilung übersehen und **keiner der übernehmenden Gesellschaften zugeteilt** worden, so ist zunächst durch Vertragsauslegung zu ermitteln, welcher Übernehmerin der Gegenstand zugeteilt werden soll. Scheitert diese, so geht der Gegenstand anteilig über, hilfsweise sein Gegenwert, § 131 Abs. 3. Für „vergessene" **Verbindlichkeiten** gilt diese Regelung nicht. Vielmehr greift § 133 Abs. 1 ein, wonach die an der Aufspaltung beteiligten Gesellschaften für die vor dem Wirksamwerden der Spaltung begründeten Verbindlichkeiten der übertragenden Gesellschaft **gesamtschuldnerisch haften** (vgl. Rn. 543 ff.; 546) und über § 125 iVm. § 22 Sicherheitsleistung (vgl. Rn. 406) in Betracht kommt.[1043] Sind Gegenstände **wegen Versagung einer staatlichen Genehmigung** (vgl. Rn. 528) nicht vertragsgemäß übergegangen, ist ebenfalls durch Vertragsauslegung oder Vertragsergänzung festzulegen, wie sie behandelt werden sollen. Bei Versagung einer Grundstücks-Teilungsgenehmigung (vgl. Rn. 528) kann die Auslegung ergeben, dass die Übernehmerinnen Miteigentum am ungeteilten Grundstück erwerben.

530 Nach § 126 Abs. 1 Nr. 11 sind wie bei der Verschmelzung (§ 5 Abs. 1 Nr. 9, vgl. Rn. 325) die **Folgen der Spaltung für die Arbeitnehmer und ihre Vertretungen** sowie die insoweit vorgesehenen Maßnahmen anzugeben. Die Unterlassung oder die Unvollständigkeit der Angaben kann einen Grund für die Anfechtung des Zustimmungsbeschlusses darstellen.[1044]

531 **b) Keine Erleichterung bei Aufspaltung im Konzern.** Erleichterungen für den Mindestinhalt des Spaltungsvertrags sieht § 126 anders als § 5 Abs. 2 für den Fall nicht vor, dass den übernehmenden Gesellschaften oder einer von ihnen **alle Anteile** der übertragenden Gesellschaft gehören (Aufspaltung im Konzern; zur Konzernschmelzung vgl. Rn. 319, 329, 446). Die Angaben über die Aufteilung der Anteile und deren Umtausch (§ 126 Abs. 1 Nr. 10) sind bei der Aufspaltung niemals entbehrlich, weil es stets zu einem Anteilstausch kommt.[1045]

532 **c) Notarielle Beurkundung.** Der Spaltungsvertrag bedarf wie der Verschmelzungsvertrag der notariellen Beurkundung (§ 125 iVm. § 6), die hier für noch wichtiger als bei der Verschmelzung gehalten wird, weil sie auch dem Schutz gegen Umgehung der zwingenden Vorschriften des BGB für die Einzelübertragung dient.[1046]

533 **d) Spaltungsbericht, Berechnung des Beteiligungsverhältnisses.** Der Spaltungsbericht ist das Gegenstück zum Verschmelzungsbericht (§ 8) und muss zusätzlich den Maßstab für die Aufteilung der Anteile erläutern und begründen, § 127, weil hierfür eine erhebliche Freiheit der vertraglichen Gestaltung eingeräumt ist (§ 126 Abs. 1 Nr. 10, vgl. Rn. 537). Die Anteile der übernehmenden Gesellschaften können sowohl im Verhältnis der bisherigen Beteiligungen zugeteilt werden **(verhältnis-**

[1041] Vgl. *Langohr/Plato* MDR 1996, 325, 329.
[1042] Vgl. *Lutter/Teichmann* Kölner Umwandlungsrechtstage, S. 140, 145.
[1043] Vgl. Amtl. Begr. S. 121.
[1044] Vgl. Rn. 325; aA *Lutter/Priester* Kölner Umwandlungsrechtstage, S. 113, 114, weil die Regelung nicht dem Schutz der Gesellschafter dient.
[1045] Vgl. Amtl. Begr. S. 119.
[1046] ZB § 311b BGB, vgl. Amtl. Begr. S. 119.

wahrende Spaltung) als auch beliebig (**nichtverhältniswahrende Spaltung,** vgl. Rn. 537). Bei der **Berechnung des Beteiligungsverhältnisses** (der Anteilsinhaber der übertragenden Gesellschaft insgesamt an der übernehmenden Gesellschaft) ist der jeweils zu übertragende Teil des Vermögens zugrundezulegen, § 128 S. 2, weil die Anteilsinhaber der übertragenden Gesellschaft auch an dem bisherigen Vermögen einer übernehmenden Gesellschaft beteiligt werden und deshalb an diesem eine niedrigere Beteiligungsquote erhalten müssen, als sie an der übertragenden Gesellschaft hatten.[1047]

Der Spaltungsbericht muss ausführlich auch zu den **Verbindlichkeiten** Stellung nehmen, für welche die übernehmenden Gesellschaften als Gesamtschuldner haften (§ 133, vgl. Rn. 543). Das ist in § 127 zwar nicht ausdrücklich angeordnet, ergibt sich aber aus § 127 iVm. § 126 Abs. 1 Nr. 9, wonach der Spaltungsbericht u. a. den Spaltungsvertrag zu erläutern und zu begründen hat und damit die auf jede Übernehmerin übertragenen Schulden. Das ist mehr als eine bloße Auflistung der Verbindlichkeiten. Vielmehr muss der Spaltungsbericht sagen, wie die Verbindlichkeiten erfüllt werden können, ob hierfür die eigenen Mittel der Übernehmerin eingesetzt werden müssen oder ob die Schulden durch übernommenes Aktivvermögen gedeckt sind. Bei noch nicht fälligen Verbindlichkeiten kann eine **Prognose** erforderlich sein.[1048] Zu weitgehend erscheint es allerdings, im Spaltungsbericht derjenigen Gesellschaften, welche für die einer anderen Gesellschaft zugeordnete Verbindlichkeit nur fünf Jahre lang mithaften (§ 133 Abs. 3, vgl. Rn. 543), Angaben über die Leistungsfähigkeit des „Hauptschuldners" und etwaiger anderer mithaftender Gesellschaften zu verlangen.[1049] Wie bei der Verschmelzung (vgl. Rn. 332) können die Geschäftsführer der an der Aufspaltung beteiligten Gesellschaften den **Spaltungsbericht gemeinsam erstatten,** § 127 S. 1 Halbs. 2. Dass sich ein gemeinsamer Bericht für die lediglich mithaftenden Gesellschaften verbietet, weil durch einen solchen die spezifische Gefahrenlage einer Gesellschaft leicht übersehen werden könnte,[1050] leuchtet nicht ein, da die zu geringe Einschätzung einer Gefahrenlage auch oder eher bei Sonderberichten für jede Gesellschaft droht. Im Übrigen kann auch bei der Spaltung auf die Erstattung des Berichts **verzichtet** werden, § 127 S. 2 iVm. § 8 Abs. 3.

e) Spaltungsprüfung. Für die Spaltungsprüfung gelten über § 125 die § 9 Abs. 1 und 3 bis 12 und § 48 entsprechend, d. h. eine Prüfung findet grds. nur auf Verlangen eines Gesellschafters statt (vgl. Rn. 341 ff.). Die Prüfung wird hier für noch notwendiger als bei der Verschmelzung gehalten, weil die Gefahren eines Spaltungsvorgangs wegen der Möglichkeit, Vermögensgegenstände willkürlich zu teilen, größer seien.[1051] Unanwendbar ist § 9 Abs. 2, der bei der Konzernverschmelzung die Verschmelzungsprüfung entbehrlich macht, weil es bei der **Konzernspaltung** stets zu einem Anteilstausch kommt.[1052]

[1047] Vgl. Amtl. Begr. S. 120.
[1048] Vgl. *Lutter/Hommelhoff* Kölner Umwandlungsrechtstage, S. 117, 135, 138.
[1049] So aber *Lutter/Hommelhoff* Kölner Umwandlungsrechtstage, S. 117, 135, 138; *Lutter/Hommelhoff* Umwandlungsgesetz § 127 Rn. 23; zurückhaltender auch *Goutier/Knopf/Tulloch/Goutier* UmwG § 127 Rn. 5.
[1050] So *Lutter/Hommelhoff* Kölner Umwandlungsrechtstage, S. 117, 139 und *Lutter/Hommelhoff* Umwandlungsgesetz § 127 Rn. 14.
[1051] Vgl. Amtl. Begr. S. 124; *Schöne* S. 399 hält diese Argumentation für verfehlt, weil sie übersehe, dass bei der Abspaltung einer 100 %-igen Tochter auf ihre Mutter gemäß §§ 125 S. 1, 54 Abs. 1 S. 1 auf Grund entstehender Konfusion ein Anteilsgewährungsverbot gilt.
[1052] Vgl. Amtl. Begr. S. 117.

Anh. nach § 77   5. Abschnitt. Auflösung und Nichtigkeit der Gesellschaft

536 **f) Spaltungsbeschluss.** Der Spaltungsvertrag bedarf zu seiner Wirksamkeit der **Zustimmung der Anteilsinhaber** der beteiligten Gesellschaften durch Beschluss (Spaltungsbeschluss), § 125 iVm. § 13 Abs. 1 S. 1, wobei grds. **Dreiviertelmehrheit** der abgegebenen Stimmen genügt.

537 Die **Zustimmung aller Anteilsinhaber** der übertragenden Gesellschaft (einschließlich der nichterschienenen, § 125 iVm. § 13 Abs. 3) ist erforderlich, wenn bei der Aufspaltung die Anteile der übernehmenden Gesellschaften den Anteilsinhabern der übertragenden Gesellschaft nicht in dem Verhältnis zugeteilt werden, das ihrer Beteiligung an der übertragenden Gesellschaft entspricht, § 128 S. 1. Diese **nichtverhältniswahrende Spaltung** (vgl. Rn. 533) ist zugelassen worden, um mit ihr die Auseinandersetzung von Gesellschaftergruppen und Familienstämmen im Weg der Sonderrechtsnachfolge zu ermöglichen, wofür ein Bedürfnis bestehe.[1053] Der Spaltungsvertrag kann deshalb vorsehen, dass ein oder mehrere Gesellschafter der übertragenden Gesellschaft nur jeweils Anteile an einer der übernehmenden Gesellschaften erhalten.[1054] Bei der Abspaltung ist es möglich, dass Gesellschafter der übertragenden Gesellschaft überhaupt keine Anteile an den übernehmenden Gesellschaften erhalten. Gegen diese **Spaltung „zu Null"** sind durchgreifende Bedenken schon im Hinblick auf das Erfordernis der Zustimmung aller Anteilsinhaber nicht zu erheben.[1055]

538 **g) Anmeldung der Spaltung.** Die Anmeldung der Spaltung kann wie die Anmeldung der Verschmelzung (§ 16 Abs. 1 S. 2) auch von den Geschäftsführern der übernehmenden Gesellschaften zur Eintragung in das Register des Sitzes der übertragenden Gesellschaft vorgenommen werden, § 129. Da an der Aufspaltung zur Aufnahme notwendig mindestens zwei Gesellschaften als übernehmende Rechtsträger beteiligt sein müssen (vgl. Rn. 520), stellt § 129 zu § 16 Abs. 1 S. 2 klar, dass das Vertretungsorgan jedes der übernehmenden Rechtsträger zur Anmeldung berechtigt ist. Für die **Anlagen** zur Anmeldung ist (über § 125) § 17 zu beachten.

539 **h) Eintragung und Bekanntmachung.** Für die Eintragung und Bekanntmachung der Spaltung knüpft § 130 spiegelbildlich an das System bei der Verschmelzung an.[1056] Danach (Abs. 1 S. 1) darf die Spaltung in das Register der sich aufspaltenden Gesellschaft erst eingetragen werden, nachdem sie im Register jeder der übernehmenden Gesellschaften eingetragen worden ist. Die Eintragung dort ist mit dem Vermerk zu versehen, dass die Aufspaltung erst mit der Eintragung im Register der übertragenden Gesellschaft wirksam wird (Abs. 2 S. 2). Allerdings tritt an Stelle der Übersendung der Registerunterlagen (§ 19 Abs. 2 S. 2 aE) nach § 130 Abs. 2 S. 1 die Übersendung eines Handelsregisterauszugs sowie beglaubigter Abschriften des Gesellschaftsvertrags der übertragenden Gesellschaft an die Register aller übernehmenden Gesellschaften. Für die Bekanntmachung gilt über § 125 die Vorschrift des § 19 Abs. 3.

540 **i) Wirkungen der Eintragung.** Die Eintragung der Aufspaltung in das Register der übertragenden GmbH hat die Wirkung, dass ihr Vermögen einschließlich der Verbindlichkeiten im Weg der **partiellen Gesamtrechtsnachfolge** (Sonderrechtsnach-

---

[1053] Vgl. Amtl. Begr. S. 118, 120.
[1054] Vgl. *Widmann/Mayer/Mayer* § 128 Rn. 29.
[1055] Vgl. *Lutter/Teichmann* Kölner Umwandlungsrechtstage, § 123 Rn. 16; *Lutter/Priester* Umwandlungsgesetz § 128 Rn. 11 unter Aufgabe der in der Vorauf. geäußerten Zweifel; *Schmitt/Hörtnagl/Stratz* § 128 Rn. 13; *Widmann/Mayer* § 128 Rn. 1; LG Konstanz NZG 1998, 827 = ZIP 1998, 1226 m. zust. Anm. *Katschinski*; aA *Schöne* S. 149 Fn. 155 im Hinblick auf das Erfordernis der Gewährung irgendwelcher Anteile als Gegenleistung.
[1056] Vgl. Amtl. Begr. S. 120.

folge) entsprechend der im Spaltungsvertrag vorgesehenen Aufteilung (vgl. Rn. 522 ff.) **jeweils als Gesamtheit** auf die übernehmenden Gesellschaften übergeht, § 131 Abs. 1 Nr. 1. Die Regelung entspricht derjenigen bei der Verschmelzung (vgl. Rn. 393 ff.). Problematisch ist das Schicksal der **nicht** durch Rechtsgeschäft **übertragbaren Gegenstände**. Diese verbleiben nach § 131 Abs. 1 Nr. 1 S. 2 bei Abspaltung und Ausgliederung beim übertragenden Rechtsträger. Für die Aufspaltung ist eine Regelung nicht getroffen. Da in diesem Fall der übertragende Rechtsträger erlischt, § 131 Abs. 1 Nr. 2 (vgl. Rn. 541), würden ohne Auslegungsmaßnahmen die nicht übertragbaren Gegenstände ihren Eigentümer oder Inhaber verlieren. Um dieses offenbar zweckwidrige Ergebnis zu vermeiden, ist § 132 S. 2 über seinen Wortlaut hinaus umfassend auszulegen (vgl. Rn. 528), so dass nur ausnahmsweise ein Rechtsverhältnis wegen Übertragungshindernissen ungeregelt bleibt und mit dem Erlöschen des übertragenden Rechtsträgers beendet wird. Ein solches Rechtsverhältnis ist zB das Arbeitsverhältnis, wenn der Arbeitnehmer die Zustimmung zum Übergang verweigert (vgl. Rn. 522).

Mit der Eintragung der Aufspaltung im Handelsregister **erlischt die übertragende** **541** **GmbH**, ohne dass es einer besonderen Löschung bedarf, § 131 Abs. 1 Nr. 2. Die **Ämter** der Geschäftsführer und etwaiger Aufsichtsratsmitglieder der übertragenden Gesellschaft erlöschen ebenso wie erteilte **Prokuren** und **Handlungsvollmachten**. Die **Anstellungsverträge** der Geschäftsführer bleiben dagegen wie bei der Verschmelzung bestehen (vgl. Rn. 399), vorausgesetzt, dass diese den übernehmenden Gesellschaften zugeordnet waren. Ist dies nicht geschehen, so werden die Anstellungsverträge mit dem Erlöschen der übertragenden GmbH beendet.[1057] Eine „Aufteilung" nach § 131 Abs. 3 (vgl. Rn. 529) ist nicht möglich. Für die Ansprüche aus den Anstellungsverhältnissen haften aber die übernehmenden Gesellschafter als Gesamtschuldner nach § 133 Abs. 1 (vgl. Rn. 543). Mit dem Erlöschen der übertragenden Gesellschaft erlischt auch ihre **Firma**, wenn sie nicht nach dem Spaltungsvertrag von einer der übernehmenden Gesellschaften übernommen wird (§ 125 iVm. § 18 Abs. 1 S. 1). Die Übernahme durch mehrere oder alle übernehmenden Gesellschaften ist denkbar, wenn durch unterscheidende Nachfolgezusätze dem Grundsatz der Firmenwahrheit entsprochen werden kann.

Die Gesellschafter der übertragenden GmbH werden entsprechend der im Spal- **542** tungsvertrag vorgesehenen Aufteilung **Gesellschafter der übernehmenden Gesellschaften**, § 131 Abs. 1 Nr. 3. Die Regelung entspricht derjenigen bei der Verschmelzung (§ 20 Abs. 1 Nr. 3, vgl. Rn. 401, 402). Das Gleiche gilt für die **Heilung von Mängeln**, § 131 Abs. 1 Nr. 4 und den **Einfluss von Mängeln** auf die Wirkungen der Spaltung, § 131 Abs. 2. Auch insoweit kann deshalb auf die Erläuterungen zu den entsprechenden Verschmelzungsvorschriften (§ 20 Abs. 1 Nr. 4, Abs. 2) verwiesen werden (vgl. Rn. 404, 405).

j) Schutz der Gläubiger der übertragenden Gesellschaft. Zum Schutz der **543** Gläubiger der übertragenden Gesellschaft ordnet § 133 Abs. 1 S. 1 die **gesamtschuldnerische Haftung aller an der Spaltung beteiligten Gesellschaften für die Verbindlichkeiten** der übertragenden Gesellschaft an, die vor dem Wirksamwerden der Spaltung begründet wurden. Das ist das Korrelat zur Spaltungsfreiheit, die nur durch das **Verbot des Rechtsmissbrauchs** begrenzt wird[1058] und zB darin ihren Ausdruck findet, dass der Gläubiger bei der Zuordnung von Verbindlichkeiten entgegen § 414

[1057] Vgl. auch Rn. 522.
[1058] Vgl. Amtl. Begr. S. 122; *Lutter/Hommelhoff* Umwandlungsgesetz § 133 Rn. 15; *Schöne* S. 35 ff., 59; *Habersack*, FS Bezzenberger, 2000, S. 93, dort auch insgesamt zu den Grundfragen der Spaltungshaftung nach § 133 Abs. 1 S.1; vgl. dazu ferner *Müller* DB 2001, 2637.

BGB nicht zustimmen muss (vgl. Rn. 528). Eine gegenständlich beschränkte Haftung auf das übernommene Aktivvermögen findet nicht statt. Gläubiger **noch nicht fälliger Verbindlichkeiten** können darüber hinaus **Sicherheitsleistung** verlangen, § 133 Abs. 1 S. 2 Halbs. 1 iVm. §§ 125, 22, allerdings nur von der übernehmenden Gesellschaft, der die zu sichernde Verbindlichkeit im Spaltungsvertrag zugewiesen wurde, § 133 Abs. 1 S. 2 Halbs. 2. Diese Gesellschaft haftet iÜ im Rahmen der Verjährungsfristen zeitlich unbeschränkt, was zB für betriebliche Versorgungszusagen von Bedeutung sein kann. Die anderen übernehmenden Gesellschaften haften als Gesamtschuldner nur für diejenigen Verbindlichkeiten, die innerhalb von fünf Jahren nach der Spaltung fällig und gerichtlich geltend gemacht werden, § 133 Abs. 3. Die Regelung entspricht derjenigen des § 45 bei der Verschmelzung einer Personenhandelsgesellschaft mit einer GmbH (vgl. Rn. 495).

544 **Weitere Haftungsgrundlage** für die übernehmenden Gesellschaften ist § 25 HGB, § 133 Abs. 1 S. 2 Halbs. 1 (die dort noch genannten §§ 26, 28 HGB kommen bei der reinen GmbH-Aufspaltung nicht in Betracht), ferner § 613a Abs. 2 BGB (vgl. Rn. 522)[1059] und § 75 AO (Übernahme eines Betriebs).

545 Sind Verbindlichkeiten beim Wirksamwerden der Spaltung noch nicht begründet worden, aber schon „**angelegt**", zB solche aus **Produkt- oder Umwelthaftung**, ist der Haftungsschuldner mangels ausdrücklicher Regelung im Spaltungsvertrag durch ergänzende Vertragsauslegung entsprechend dem Grundgedanken des § 131 Abs. 3 zu ermitteln. Solche Auslegung kann dazu führen, dass die Verbindlichkeit aus Produkthaftpflicht derjenigen Gesellschaft zugewiesen wird, welche die Produktionsanlage der beanstandeten Produkte übernommen hat oder bei Umweltschäden, die von einem Grundstück ausgehen, der Übernehmerin des Grundstücks. Die übrigen Übernehmer sind dann nur Mithafter nach § 133 Abs. 3. Führt eine ergänzende Vertragsauslegung nicht zum Ziel, sind alle Übernehmer gesamtschuldnerisch haftende „Hauptschuldner",[1060] die infolgedessen ihre Haftung nach § 133 Abs. 3 zeitlich nicht begrenzen können.

546 Nach diesen Grundsätzen sind auch im Spaltungsvertrag „**vergessene**" **Verbindlichkeiten** zu behandeln (vgl. Rn. 529). Können diese im Weg ergänzender Vertragsauslegung nicht einer bestimmten Übernehmerin zugewiesen werden, haften alle Übernehmer als „Hauptschuldner".[1061]

547 **k) Schutz der Inhaber von Sonderrechten.** Der Schutz der Inhaber von Sonderrechten (§ 125 iVm. § 23, vgl. Rn. 135, 407) wird dadurch sichergestellt, dass die übernehmenden Gesellschaften für die Einräumung gleichwertiger Rechte gesamtschuldnerisch haften, § 133 Abs. 2 S. 1. An etwaige Festlegungen im Spaltungsvertrag ist der Sonderrechtsinhaber nicht gebunden. Vielmehr kann er sich an alle Übernehmer gleichermaßen halten, wobei die Ansprüche gegen diese (anders als nach § 133 Abs. 3) gleichmäßig in fünf Jahren verjähren (§ 133 Abs. 6).

548 **l) Schutz der Alt-Gläubiger der übernehmenden Gesellschaften.** Der Schutz der Alt-Gläubiger der übernehmenden Gesellschaften ergibt sich aus § 133 Abs. 1 S. 2, § 125 iVm. § 22. Sie können unter den Voraussetzungen des § 22 **Sicherheitsleistung** verlangen. Eine Gefährdung ihrer Forderungen kann sich daraus ergeben, dass die übernehmenden Gesellschaften mit dem Wirksamwerden der Spaltung auch für die Verbindlichkeiten der übertragenden Gesellschaft haften, § 133 Abs. 1 S. 1.[1062] Zur Si-

---

[1059] Ebenso *Widmann/Mayer/Vossius* § 133 Rn. 12; aA *Schöne* S. 86.
[1060] Zutr. *Lutter/Hommelhoff* Kölner Umwandlungsrechtstage, S. 125.
[1061] So wohl auch Amtl. Begr. S. 121; *Schöne* S. 79.
[1062] *Schöne* S. 92, 93.

m) **Ausgleichungspflicht unter den übernehmenden Gesellschaften.** Unter 549
den übernehmenden Gesellschaften besteht im Fall ihrer Inanspruchnahme als Gesamtschuldner eine Ausgleichungspflicht nach § 426 BGB. Ein lediglich mithaftender Übernehmer hat bei Inanspruchnahme einen Erstattungsanspruch in voller Höhe gegen den „Hauptschuldner", bei drohender Inanspruchnahme einen Freistellungsanspruch.[1064] Lassen sich Erstattungsansprüche gegen diesen nicht realisieren, kommt ein Ausgleich unter mehreren Mithaftern entsprechend § 131 Abs. 3 im Verhältnis der übernommenen Nettovermögen in Betracht.[1065]

Vorangehend befindet sich folgender Text:

cherheitsleistung verpflichtet ist jedoch nur die übernehmende Gesellschaft, welche die noch nicht fällige Forderung zu erfüllen hat. Die Spaltung allein berechtigt den Alt-Gläubiger nicht, seine noch nicht fällige Forderung aus wichtigem Grund fällig zu stellen.[1063]

n) **Bilanzierung der Haftungsverbindlichkeiten.** Die Haftungsverbindlichkeiten 550
sind nur vom „Hauptschuldner" zu **bilanzieren** (passivieren), nicht auch von den nach § 133 Abs. 1 S. 1 mithaftenden Übernehmern. Diese haben lediglich einen Vermerk im Anhang nach § 285 Nr. 3 HGB zu machen.[1066] Droht jedoch den Mithaftern eine Inanspruchnahme, so haben sie eine Rückstellung oder Verbindlichkeit zu passivieren, evtl. mit gleichzeitiger Aktivierung eines Freistellungsanspruchs gegen den „Hauptschuldner" oder eines Ausgleichsanspruchs gegen die jeweils übrigen Mithafter.[1067]

o) **Wertansätze bei den übernehmenden Gesellschaften.** Hinsichtlich der Wert- 551
ansätze für die durch die Spaltung übergegangenen Vermögensteile der übertragenden Gesellschaft bei den übernehmenden Gesellschaften gilt Entsprechendes wie bei der Verschmelzung (§ 125 iVm. § 24, vgl. Rn. 408). Es besteht sonach ein Wahlrecht, anstelle der Buchwerte der übertragenden Gesellschaft die Anschaffungskosten der übernehmenden Gesellschaften anzusetzen.[1068]

p) **Besondere Schutzvorschriften zugunsten der Arbeitnehmer.** Hierzu 552
(§§ 321 bis 324) vgl. Rn. 21, 22.

3. Aufspaltung zur Neugründung. Wie bei der Aufspaltung zur Aufnahme sind 553
grundsätzlich die Verschmelzungsvorschriften entsprechend anzuwenden, § 125, d.h. insbesondere die Vorschriften der §§ 36 bis 38 über die Verschmelzung durch Neugründung (vgl. Rn. 434 ff.). Ferner sind die Vorschriften über die Spaltung zur Aufnahme entsprechend anzuwenden, soweit sich keine Abweichungen daraus ergeben, dass die übernehmenden Gesellschaften gegründet werden müssen, § 135 Abs. 1 S. 1. An die Stelle der übernehmenden Gesellschaften treten die neuen Gesellschaften, § 135 Abs. 1 S. 2. Im Übrigen sind auf die Gründung der neuen Gesellschaften die Gründungsvorschriften anzuwenden, § 135 Abs. 2 S. 1, unter Beachtung der rechtsformspezifischen Vorschriften über die Spaltung unter Beteiligung von Gesellschaften mbH,

---

[1063] Vgl. *Lutter/Hommelhoff* Kölner Umwandlungsrechtstage, S. 129.
[1064] Vgl. *Lutter/Hommelhoff* Kölner Umwandlungsrechtstage, S. 130.
[1065] Vgl. *Goutier/Knopf/Tulloch/Goutier* UmwG § 133 Rn. 14; wohl auch *Lutter/Hommelhoff* Kölner Umwandlungsrechtstage, S. 131.
[1066] Vgl. *Rümker* WM Sonderheft 1994, 73, 76; *Adler/Düring/Schmalz* HGB § 251 Rn. 38; BeckBilKomm/*Ellrott* HGB § 251 Rn.25; *Schöne* S. 85; aA *Lutter/Hommelhoff* Kölner Umwandlungsrechtstage, S. 121 und *Lutter/Hommelhoff* Umwandlungsgesetz § 133 Rn. 32, der einen Ausweis unter der Bilanz gemäß § 251 HGB für erforderlich hält.
[1067] So zutr. *Lutter/Priester* Kölner Umwandlungsrechtstage, S. 155.
[1068] Vgl. iE *Lutter/Priester* Kölner Umwandlungsrechtstage, S. 149 ff.

Anh. nach § 77 5. Abschnitt. Auflösung und Nichtigkeit der Gesellschaft

§§ 138 ff. Dabei steht den Gründern die übertragende Gesellschaft gleich, § 135 Abs. 2 S. 2. Während die Verschmelzung durch Neugründung weniger häufig vorkommt als die Verschmelzung durch Aufnahme (vgl. Rn. 434), dürfte es bei der Aufspaltung umgekehrt sein,[1069] vor allem weil die Aufspaltung zur Neugründung auch als Maßnahme der Konzernbildung in Betracht kommt. Im Einzelnen gilt:

554 **a) Spaltungsplan.** An die Stelle des Spaltungsvertrags tritt der Spaltungsplan, der von den Geschäftsführern der übertragenden Gesellschaft aufzustellen ist, weil die erst zu gründenden neuen Gesellschaften nicht Vertragspartner sein können, § 136. Er ist einseitige, nicht empfangsbedürftige Willenserklärung.[1070] Für ihn gelten aber alle Vorschriften über den Spaltungsvertrag, also insbesondere das Erfordernis der notariellen Beurkundung, § 136, § 125 iVm. § 6 und der Zustimmung der Gesellschafter, § 135 Abs. 1 S. 1, § 125 iVm. §§ 13, 50.[1071]

555 **b) Umtauschverhältnis.** Im Spaltungsplan sind insbesondere auch Angaben zum Umtauschverhältnis zu machen.[1072]

556 **c) Gesellschaftsverträge der neuen Gesellschaften.** Da bei einer Aufspaltung auf der übernehmenden Seite notwendig mindestens zwei Rechtsträger beteiligt sind,[1073] hat der Spaltungsplan die Gesellschaftsverträge mindestens zweier Gesellschaften zu enthalten, § 135, § 125 iVm. § 37, es sei denn, die Aufspaltung wird nach § 123 Abs. 4 kombiniert durch gleichzeitige Übertragung auf eine oder mehrere bestehende und nur eine einzige neue Gesellschaft durchgeführt.

557 **d) Geschäftsanteil, Stammkapital, Stammeinlage.** Schon im Spaltungsplan ist nach § 125 iVm. § 56 und § 46 Abs. 1 S. 1 für jeden Anteilsinhaber der übertragenden Gesellschaften der Nennbetrag des Geschäftsanteils zu bestimmen, den die neue Gesellschaft ihm zu gewähren hat. Unabhängig hiervon haben die Gesellschaftsverträge der neuen Gesellschaften das Stammkapital und für jeden Gesellschafter die Höhe seiner Stammeinlage zu enthalten, § 135 Abs. 2 S. 1 iVm. § 3 Abs. 1 Nr. 2, 4 GmbHG. Das Stammkapital hat mindestens 25 000,– € zu betragen, die Stammeinlage mindestens 100,– €, § 135 Abs. 2 S. 1 iVm. § 5 Abs. 1 GmbHG.

558 **e) Kein Beitritt Dritter.** An der übertragenden Gesellschaft nichtbeteiligte Dritte können im Zug der Aufspaltung zur Neugründung der neuen Gesellschaft nicht beitreten.[1074]

559 **f) Sachgründungsbericht.** Da die Neugründung einer GmbH im Weg der Spaltung eine Sachgründung ist, hat die übertragende GmbH einen Sachgründungsbericht zu erstatten. Das ist in § 138 für die Spaltung unter Beteiligung von Gesellschaften mbH ausdrücklich gesagt, obwohl sich die Erforderlichkeit eines solchen Berichts bereits aus § 135 Abs. 2 iVm. § 5 Abs. 4 GmbHG ergibt. Der nochmalige besondere Hinweis in § 138 („ein Sachgründungsbericht ist stets erforderlich") soll klarstellen, dass auch dann ein Sachgründungsbericht nötig ist, wenn eine Kapitalgesellschaft über-

---

[1069] Ähnlich wohl *Lutter/Priester* Kölner Umwandlungsrechtstage, S. 99; vgl. auch Rn. 520.
[1070] Wie die Umwandlungserklärung nach § 56 b UmwG 1969, vgl. 2. Aufl. Rn. 348; *Lutter/Priester* Kölner Umwandlungsrechtstage, S. 99, 100 m. Fn. 26.
[1071] Vgl. Amtl. Begr. S. 123.
[1072] Wie hier wohl *Lutter/Priester* Kölner Umwandlungsrechtstage, S. 104; aA *Schmitt/Hörtnagl/Stratz* § 136 Rn. 9; *Widmann/Mayer/Mayer* § 136 Rn. 21; *Lutter/Priester* Umwandlungsgesetz § 136 Rn. 8; vgl. auch Rn. 531.
[1073] Vgl. Rn. 520 und Amtl. Begr. S. 117.
[1074] Vgl. *Schmitt/Hörtnagl/Stratz* §§ 124 Rn. 6, 136 Rn. 14; aA *Kallmeyer/Kallmeyer* § 135 Rn. 15; vgl. auch Rn. 580 sowie ausführlich zum Formwechsel Rn. 244.

tragender Rechtsträger ist. Bei der Verschmelzung wird in solchem Fall ein Sachgründungsbericht nicht verlangt, § 58 Abs. 2, weil bei Kapitalgesellschaften ein Gläubigerschutz durch Maßnahmen der Aufbringung und Erhaltung des Unternehmenskapitals sichergestellt ist und ihnen deshalb grundsätzlich Vertrauen entgegengebracht werden kann.[1075] Diese Maßnahmen greifen bei der Spaltung zur Neugründung aber dann nicht, wenn der übertragende Rechtsträger nur seine weniger wertvollen Vermögensteile an eine neue Gesellschaft abstößt. Dieser Gefahr soll durch den Sachgründungsbericht vorgebeugt werden.[1076] Sie besteht bei der Verschmelzung nicht, weil dort das Vermögen stets „als Ganzes" (§ 2) auf einen einzigen anderen Rechtsträger übergehen muss. Ein Sachgründungsbericht ist bei der Aufspaltung zur Neugründung also unabhängig von der Rechtsform des übertragenden Rechtsträgers nötig. Bei der Aufspaltung zur Aufnahme kommt ein Sachgründungsbericht hingegen nicht in Betracht.[1077] Insoweit ist die Situation ähnlich der bei der Sachkapitalerhöhung (vgl. hierzu § 56 GmbHG Rn. 23). Im Sachgründungsbericht sind auch der **Geschäftsverlauf** und die **Lage** der übertragenden Gesellschaft darzulegen, § 135, § 125 iVm. § 58 Abs. 1.

g) Anmeldung der Spaltung. Zur Anmeldung der Spaltung sind nur die Geschäftsführer der übertragenden Gesellschaft befugt, weil die neugegründeten Gesellschaften erst mit ihrer Eintragung im Handelsregister entstehen. § 129 findet deshalb keine Anwendung, § 135 Abs. 1 S. 1, § 137 Abs. 2.

560

h) Kein Spaltungsvertrag. Nicht anwendbar sind ferner die Vorschriften der über § 125 in Betracht kommenden §§ 4, 7 über den Spaltungsvertrag, § 135 Abs. 1 S. 1. An seine Stelle tritt der **Spaltungsplan** (vgl. Rn. 554).

561

i) Anmeldung, Eintragung, Bekanntmachung. Ebensowenig kommt über die Verweisung des § 125 die Vorschrift des § 16 Abs. 1 über das Anmeldeverfahren zum Zug, § 135 Abs. 1 S. 1. Dieses ist vielmehr in § 137 besonders geregelt. Danach haben die Geschäftsführer der übertragenden GmbH jede der neuen Gesellschaften bei dem Gericht ihres Sitzes zur Eintragung in das Handelsregister anzumelden, § 137 Abs. 1. Das Gericht des Sitzes der neuen Gesellschaften hat die Eintragung mit dem Hinweis zu versehen, dass die neue Gesellschaft erst mit der Eintragung der Spaltung im Register der übertragenden GmbH entsteht, § 135 Abs. 1 iVm. § 130 Abs. 1 S. 2. Die Geschäftsführer der übertragenden GmbH haben ferner die Spaltung zur Eintragung in das Register des Sitzes der übertragenden Gesellschaft anzumelden, § 137 Abs. 2. Die Spaltung darf jedoch erst eingetragen werden, wenn das Gericht des Sitzes der übertragenden GmbH von den Gerichten der neuen Gesellschaften von Amts wegen die Mitteilungen über die Eintragung der neuen Gesellschaften erhalten hat, § 137 Abs. 3 S. 1 und 2, § 135 Abs. 1 iVm. § 130 Abs. 1 S. 1. Mit der Eintragung der Spaltung treten deren Wirkungen ein, § 135 Abs. 1 iVm. § 131 (vgl. Rn. 540 ff.). Den Zeitpunkt der Eintragung der Spaltung hat das Gericht des Sitzes der übertragenden Gesellschaft den Gerichten jeder der neuen Gesellschaften mitzuteilen, die ihn in den Registern der neuen Gesellschaften einzutragen haben. Die Registerakten der durch die Eintragung der Spaltung erlöschenden übertragenden GmbH verbleiben bei dem für sie zuständigen Registergericht. Deshalb hat dieses wie bei der Aufspaltung zur Aufnahme (vgl. Rn. 539) den Registergerichten der neuen Gesellschaften Handelsregisterauszüge über die übertragende Gesellschaft und eine beglaubigte Abschrift von deren Gesellschafts-

562

[1075] Vgl. Amtl. Begr. S. 102.
[1076] Vgl. Amtl. Begr. S. 125.
[1077] Arg. aus § 5 Abs. 4 GmbHG und Amtl. Begr. S. 125, vgl. *Schmitt/Hörtnagl/Stratz* § 138 Rn. 3.

vertrag zu übersenden. Erst danach ist die Bekanntmachung über die Eintragung der neuen Gesellschaften zulässig, § 137 Abs. 3.[1078]

563 **j) Verstoß gegen die Reihenfolge der Eintragungen.** Bei einem Verstoß gegen die Reihenfolge der Eintragungen ist zu unterscheiden: Wird die Spaltung eingetragen, bevor die neuen Gesellschaften eingetragen sind, so hindert das den Eintritt der Spaltungswirkungen nicht, § 135 Abs. 1 iVm. § 131 Abs. 2. Die neuen Rechtsträger entstehen ohne Eintragung, weil anderenfalls die Vermögensübertragung nicht stattfinden könnte.[1079] Die Eintragung der neuen Rechtsträger ist nachzuholen. Das bereitet keine Schwierigkeiten, wenn eine entsprechende Anmeldung bereits vorliegt. Aber auch bei ihrem Fehlen ist die Eintragung vorzunehmen. Die Anmeldung kann dann erforderlichenfalls durch Zwangsgeld nach § 14 HGB erzwungen werden, weil die Eintragung vorzunehmen ist und danach nicht mehr rückgängig gemacht werden kann. In solchem Fall steht die konstitutive Eintragungswirkung der Anmeldung der Festsetzung von Zwangsgeld ausnahmsweise nicht entgegen.[1080] Sind die neuen Gesellschaften eingetragen und kommt es endgültig nicht zur Eintragung der Spaltung bei der übertragenden Gesellschaft, so sind die neuen Gesellschaften nicht zur Entstehung gelangt. Ihre Eintragung im Handelsregister ist nach § 142 FGG als nachträglich unzulässig geworden zu löschen.

564 **4. Abspaltung zur Aufnahme.** Vgl. zunächst Rn. 519. Anders als bei der Aufspaltung zur Aufnahme ist eine Abspaltung zur Aufnahme auch auf einen einzigen bestehenden Rechtsträger möglich, § 123 Abs. 2 Nr. 1. Abgespalten werden können jedoch **nur Vermögensteile,** nicht das Vermögen im ganzen. Insoweit ist die Situation anders als bei der Ausgliederung (vgl. Rn. 589). Anwendbar sind die §§ 123 bis 134 sowie über § 125 die allgemeinen Vorschriften der §§ 2 bis 35 über die Verschmelzung, jedoch mit Ausnahme des § 9 Abs. 2 (Konzernspaltung, vgl. Rn. 535). Unanwendbar ist ferner § 18 (Firma), weil der firmenführende Rechtsträger fortbesteht.[1081] Anwendbar sind schließlich auch die §§ 46 bis 55. Im Übrigen gilt entsprechend, was zur Aufspaltung zur Aufnahme gesagt ist, soweit sich nicht daraus etwas anderes ergibt, dass die übertragende Gesellschaft fortbesteht. Es ist also ein **Spaltungsvertrag** zu schließen (Rn. 485 ff.), ein **Spaltungsbericht** zu erstellen (Rn. 533) und eine **Spaltungsprüfung** durchzuführen, sofern ein Gesellschafter sie verlangt (Rn. 535). In der Regel dürfte eine **Kapitalerhöhung** bei den übernehmenden Gesellschaften oder der übernehmenden Gesellschaft erforderlich werden (Rn. 317, 318, 363 ff.) zur Gewährung von **Geschäftsanteilen** der übernehmenden Gesellschaften und sind **Spaltungsbeschlüsse** bei den beteiligten Gesellschaften zu fassen (Rn. 536, 537). Folgende Besonderheiten sind zu beachten:

565 **a) Anmeldung der Abspaltung.** Bei der Anmeldung der Abspaltung zur Eintragung in das Handelsregister der übertragenden Gesellschaft[1082] haben deren Geschäftsführer auch zu erklären, dass die durch Gesetz und Gesellschaftsvertrag vorgesehenen

---

[1078] Zur Problematik der Eintragungen im Hinblick auf die Verweisungstechnik des UmwG vgl. einerseits *Neye* GmbHR 1995, 565, 566, *Kallmeyer/N. Zimmermann* § 137 Rn. 22, *Widmann/Mayer/Mayer* § 137 Rn. 6 m. Fn. 3 und anderseits *Heidenhain* GmbHR 1995, 264, 265, 566, 567 sowie krit. zu beiden mit eigener Lösung *Bayer/Wirth* ZIP 1996, 817, 824.
[1079] Zutr. *Schmitt/Hörtnagl/Stratz* § 137 Rn. 9.
[1080] Vgl. § 79 GmbHG Rn. 7; iErg. auch *Schmitt/Hörtnagl/Stratz* § 137 Rn. 9.
[1081] Vgl. Amtl. Begr. S. 117; krit. hierzu *Kögel* GmbHR 1966, 168, 173; für Zulassung der Firmenfortführung bei Abspaltung eines Teilbetriebs MünchHdB GesR III/*Mayer* § 76 Rn. 214 unter Hinweis auf den inzwischen durch das HRefG aufgehobenen § 4 Abs. 1 S. 3 GmbHG.
[1082] Muster bei *Langenfeld* Rn. 370 a.

Voraussetzungen für die Gründung dieser Gesellschaft unter Berücksichtigung der Abspaltung im Zeitpunkt der Anmeldung vorliegen, § 140. Dadurch soll die Erhaltung der Kapitalausstattung der übertragenden Gesellschaft gewährleistet und verhindert werden, dass das Stammkapital und die Stammeinlagen unter die gesetzlichen Mindesterfordernisse und satzungsmäßigen Festsetzungen absinken, wofür insbesondere bei Herabsetzung des Stammkapitals im Zug der Abspaltung (vgl. Rn. 573) ein Bedürfnis besteht.[1083] Jedoch darf der Registerrichter die Beobachtung der Kapitalerhaltungsvorschriften nicht überprüfen.[1084] Für die Richtigkeit ihrer Erklärung haben die Geschäftsführer unter Strafandrohung (§ 313 Abs. 2) einzustehen.

b) Wirkung der Eintragung. Mit der **Eintragung der Abspaltung im Handelsregister** der übertragenden GmbH (vgl. Rn. 540) gehen nur die abgespaltenen Vermögensteile und Verbindlichkeiten auf die übernehmenden Gesellschaften über, § 131 Abs. 1 Nr. 1 S. 1. Die **nicht übertragbaren Gegenstände** verbleiben im Eigentum der übertragenden Gesellschaft, § 131 Abs. 1 Nr. 1 S. 2. Auslegungsprobleme wie bei der Aufspaltung (vgl. Rn. 540) entstehen wegen des Fortbestehens der übertragenden Gesellschaft nicht. Die Regelung des § 131 Abs. 3 für „**vergessene Gegenstände**" (vgl. Rn. 529, 546) gilt nicht für die Abspaltung. Solche Gegenstände verbleiben deshalb ebenfalls bei der übertragenden Gesellschaft. Zur Vermeidung nachteiliger Konsequenzen dieser Rechtslage wird empfohlen, im Spaltungsvertrag eine Regelung vorzusehen, welche die Beteiligten zur Mitwirkung an der Einzelübertragung solcher Gegenstände verpflichtet und damit zugleich eine Haftungsverteilung der Beteiligten (§ 133) im Innenverhältnis herbeiführt.[1085] Allerdings lässt sich bei der Abspaltung anders als bei der Aufspaltung nicht ohne weiteres feststellen, ob ein Gegenstand im Spaltungsvertrag „vergessen" wurde. Demgemäß wird eine Auffangregelung an den Zweck der Abspaltung anzuknüpfen haben.

566

c) Fortbestehen der übertragenden Gesellschaft. Die übertragende Gesellschaft erlischt nicht (arg. aus § 131 Abs. 1 Nr. 2).

567

d) Schutz der Inhaber von Sonderrechten. Der Schutz der Inhaber von Sonderrechten (vgl. Rn. 547) wird dadurch erweitert, dass sie die Einräumung gleichwertiger Rechte auch in der übertragenden Gesellschaft verlangen können, § 133 Abs. 2 S. 2.

568

e) Betriebsaufspaltung. Bezweckt die Abspaltung eine sogenannte „Betriebsaufspaltung" (vgl. Rn. 14, 23, 589), so genießen die Arbeitnehmer der Betriebsgesellschaft über § 133 hinaus nach § 134 einen besonderen Schutz. Diese können nämlich ihre Ansprüche aus Sozialplänen etc. (§§ 111 bis 113 BetrVG) und ihre **Versorgungsansprüche** nach dem BetrAVG auch gegen die Besitzgesellschaft (Anlagegesellschaft) geltend machen, die mit der Betriebsgesellschaft für solche Ansprüche gesamtschuldnerisch haftet. Voraussetzung ist, dass die Forderungen der Arbeitnehmer nach dem BetrVG binnen fünf Jahren nach dem Wirksamwerden der Spaltung (§ 131) begründet werden. Das sind entgegen dem Wortlaut des § 134 Abs. 1 S. 1 nur diejenigen Arbeitnehmer, die bei der übertragenden Gesellschaft (Betriebsgesellschaft) im Zeitpunkt der Eintragung der Spaltung in deren Handelsregister beschäftigt waren, nicht auch Arbeitnehmer, die innerhalb von fünf Jahren danach in ein Beschäftigungsverhältnis zur Be-

569

[1083] Amtl. Begr. S. 125.
[1084] Amtl. Begr. S. 125.
[1085] Vgl. *Widmann/Mayer/Vossius* § 131 Rn. 33 ff.; *Lutter/Teichmann* Umwandlungsgesetz § 131 Rn. 22 und *Lutter/Teichmann* Kölner Umwandlungsrechtstage, S. 146 für nicht übertragbare Gegenstände.

triebsgesellschaft getreten sind;[1086] denn § 134 bezweckt, den bei Durchführung der Betriebsaufspaltung in der übertragenden Gesellschaft tätigen Arbeitnehmern einen Ausgleich für die Schmälerung der Haftungsmasse durch Verlagerung von Vermögensteilen auf die Besitzgesellschaft (Anlagegesellschaft) zu gewähren.[1087] Nur solche Arbeitnehmer werden durch die Betriebsaufspaltung in ihrem Besitzstand beeinträchtigt, diese jedoch auch dann, wenn ihre Forderungen erst nach der Betriebsaufspaltung begründet wurden. Für Versorgungsansprüche nach dem BetrAVG bestehen insoweit keine Zweifel, weil die gesamtschuldnerische Haftung für solche Ansprüche nach § 134 Abs. 2 nur eintritt, wenn die Versorgungsverpflichtungen vor dem Wirksamwerden der Spaltung begründet wurden, was das Bestehen eines Arbeitsverhältnisses vor diesem Zeitpunkt voraussetzt. Voraussetzung für den Eintritt der gesamtschuldnerischen Haftung ist nach § 134 Abs. 1 weiter, dass an der Besitz- und Betriebsgesellschaft „im Wesentlichen dieselben Personen beteiligt" sind. Gemeint sein dürften die Voraussetzungen für die Annahme einer **personellen Verflechtung** iSd. steuerrechtlichen Betriebsaufspaltung, die vorliegt, wenn die hinter der Besitz- und Betriebsgesellschaft stehenden Personen einen **einheitlichen geschäftlichen Betätigungswillen** haben, wofür Beteiligungsidentität an beiden Gesellschaften nicht erforderlich ist, sondern **Beherrschungsidentität** genügt.[1088] § 134 macht in Abs. 1 S. 1 den früheren Ausnahmefall der Betriebsaufspaltung zum Regelfall und in Abs. 1 S. 2 den früheren Regelfall zum Ausnahmefall;[1089] denn übertragen werden üblicherweise aus dem ursprünglich einheitlichen Unternehmen (meist Einzelunternehmen oder Personengesellschaft) die zur Betriebsführung erforderlichen Vermögensteile auf eine Betriebs-Kapitalgesellschaft, während die Anlagewerte (Grundstücke, Gebäude, Maschinen) beim ursprünglichen Unternehmen verbleiben, dessen Funktion sich auf den Besitz und die Verwaltung dieser Werte reduziert, „**echte Betriebsaufspaltung**".[1090] § 134 Abs. 1 S. 1 hat den selteneren umgekehrten Fall im Auge, bei dem das ursprünglich einheitliche Unternehmen die Anlagewerte abspaltet und danach weiterhin als Betriebsunternehmen tätig ist. § 134 bezieht sich auf alle Betriebsaufspaltungen, an denen spaltungsfähige Rechtsträger (§ 125 iVm. § 3 Abs. 1) beteiligt sein können, also auch eine Betriebsaufspaltung von einer GmbH auf eine andere GmbH, „**kapitalistische Betriebsaufspaltung**",[1091] die allerdings weniger häufig vorkommt. Zu beachten ist, dass der Einzelkaufmann und die Gesellschaft bürgerlichen Rechts keine abspaltungsfähigen Rechtsträger sind, so dass die Standardfälle der Betriebsaufspaltung aus dem Anwendungsbereich des § 134 fallen. Die Abspaltung von einer Personenhandelsgesellschaft auf eine Betriebsgesellschaft ist jedoch möglich. Der Einzelkaufmann kann aber durch **Ausgliederung** eine Betriebsaufspaltung nach dem UmwG herbeiführen (vgl. Rn. 589) und die Gesellschaft bürgerlichen Rechts kann durch Einzelübertragung von Vermögensteilen die Betriebsaufspaltung bewirken, welcher Weg i. Ü. nach wie vor allen Rechtsträgern offensteht (vgl. Rn. 590). Dass in solchem Fall die Schutzvorschrift des § 134 analog angewendet werden könnte,[1092] ist allerdings nicht gänzlich von der Hand zu weisen.

[1086] Zutr. *Schmitt/Hörtnagl/Stratz* UmwG § 134 Rn. 4; aA *Lutter/Hommelhoff* Umwandlungsgesetz § 134 Rn. 54.
[1087] Vgl. Amtl. Begr. S. 122.
[1088] Eingehend hierzu *Schmitt/Hörtnagl/Stratz* UmwG § 134 Rn. 23 ff.
[1089] Worauf *Schmitt/Hörtnagl/Stratz* UmwG § 134 Rn. 38 zutr. hinweisen.
[1090] Vgl. *Dehmer* UmwStG § 20 Rn. 441.
[1091] Vgl. *Dehmer* UmwStG § 20 Rn. 444.
[1092] Vgl. *Goutier/Knopf/Tulloch/Goutier* § 134 Rn. 5.

Umwandlung   **Anh. nach § 77**

Die **Enthaftung** der Besitzgesellschaft tritt zehn Jahre nach Bekanntmachung der 570
Spaltung ein, § 134 Abs. 3. Eine Haftung der Besitzgesellschaft auf anderer rechtlicher
Grundlage, etwa konzernrechtlicher Art, bleibt unberührt.[1093]

f) Besondere Schutzvorschriften zu Gunsten der Arbeitnehmer, Beibehal- 571
tung der Mitbestimmung. Zu den besonderen Schutzvorschriften zugunsten der
Arbeitnehmer (§§ 321 bis 324) vgl. Rn. 21, 22, zur Beibehaltung der Mitbestimmung
(§ 325) vgl. Rn. 19.

g) Anwendung des § 613 a Abs. 2 BGB. Im Anwendungsbereich des § 133 572
Abs. 1 und 3 wird § 613 a Abs. 2 BGB verdrängt. § 324 bestimmt, dass § 613 a Abs. 1
und 4–6 BGB durch die Wirkungen der Eintragung einer Spaltung unberührt bleiben
(vgl. Rn. 23). Bei der Aufspaltung entfällt die in § 613 a Abs. 2 BGB vorgesehene
Haftung des bisherigen Arbeitgebers gemäß § 613 a Abs. 3 BGB, weil die übertragende
Gesellschaft erlischt. § 613 a Abs. 2 ist in § 324 nicht erwähnt, was seine Anwendbarkeit auf den Fall der Abspaltung aber nicht prinzipiell ausschließt. Indessen würde die
Anwendung des § 613 a Abs. 2 BGB anstelle des § 133 den Arbeitnehmer als Gläubiger
schlechter als andere Gläubiger stellen, was dem Regelungszweck des UmwG wider-
spräche. Auch nach dem Grundsatz lex posterior specialis derogat legi priori generali
dürfte am Vorrang des § 133 kein Zweifel bestehen.[1094]

h) Vereinfachte Kapitalherabsetzung. Bei der Abspaltung werden Vermögens- 573
teile der übertragenden Gesellschaft auf die übernehmenden Gesellschaften übertragen.
Den Gegenwert erhalten jedoch die Gesellschafter der übertragenden Gesellschaft
(§ 123 Abs. 2 letzter Satzteil). Hierdurch kann es zu einer Unterbilanz der übertragenden Gesellschaft kommen, wenn nämlich die verbleibenden Vermögensteile abzüglich
der Schulden das Stammkapital nicht mehr decken oder, anders betrachtet, wenn das
abgespaltene Reinvermögen buchmäßig die Summe aus Kapitalrücklage, Gewinnrücklagen, Gewinnvortrag und Jahresergebnis (sog. offene Eigenkapitalpositionen) übersteigt[1095] oder wenn solche offenen Eigenkapitalposten überhaupt fehlen.[1096] Die
Abspaltung verstößt dann gegen § 30 GmbHG und führt zu Erstattungspflicht der
Gesellschafter nach § 31 GmbHG. Um das zu vermeiden, lässt § 139 eine **Kapitalher-**
absetzung in vereinfachter Form zu. Streitig ist, ob es sich dabei um eine bloße
Rechtsfolgenverweisung handelt[1097] oder um eine Rechtsgrundverweisung.[1098]
Die Amtl. Begr.[1099] trägt zur Lösung der Frage nichts bei. Die Streitfrage ist von
Bedeutung für den Fall, dass die Abspaltung nicht zu einer Unterbilanz führt und
das Stammkapital der übertragenden Gesellschaft somit erhalten bleibt. Bei Annahme
einer Rechtsgrundverweisung wäre § 58 a Abs. 2 GmbHG anzuwenden mit der
Folge der Unzulässigkeit der Kapitalherabsetzung. Das kann schwerlich gewollt sein.
Gründe des Schutzes der Gesellschaftsgläubiger und der Gesellschafter erfordern eine
derartige Einengung nicht, da die Schutzmechanismen des UmwG ausreichend er-

---

[1093] Amtl. Begr. S. 122.
[1094] IErg. ebenso *Joost* ZIP 1995, 976, 981; *Wlotzke* DB 1995, 40, 43; aA *Kallmeyer* ZIP 1995, 550.
[1095] So Beck'sches HdB GmbH/*Orth* § 14 Rn. 682.
[1096] *Widmann/Mayer/Mayer* § 139 Rn. 10.
[1097] So MünchHdB GesR III/*Mayer* § 76 Rn. 210; *Naraschewski* GmbHR 1995, 697; *Priester* DNotZ 1995, 427, 447 ff.; *Lutter/Priester* Umwandlungsgesetz § 139 Rn. 5; *Kallmeyer/Kallmeyer* § 139 Rn. 1.
[1098] So *Dehmer* UmwG § 139 Rn. 8; wohl auch *Schmitt/Hörtnagl/Stratz* § 139 Rn. 8, 9; *Wid-mann/Mayer/Mayer* § 139 Rn. 24, 25; *Schöne* S. 68.
[1099] S. 125.

scheinen.[1100] Die besseren Gründe dürften deshalb für die Annahme einer Rechtsfolgenverweisung sprechen. Im Übrigen sind die Vertreter beider Meinungen darüber einig, dass einerseits die Ausschüttungsverbote der §§ 58b Abs. 1, 58c zu beachten sind,[1101] andererseits die Rückwirkungsvorschriften der §§ 58e, 58f nicht gelten.[1102] Differenzen bestehen hinsichtlich der Beschränkung der Gewinnausschüttung nach § 58d, die bei der Abspaltung zwar fast durchweg für nicht notwendig gehalten, von den Vertretern der Rechtsgrundverweisung aber aus systematischen Gründen für erforderlich gehalten wird.[1103] Wird das Stammkapital herabgesetzt, darf die **Abspaltung erst eingetragen** werden, nachdem die **Herabsetzung im Handelsregister eingetragen** worden ist, § 139 S. 2. Hierdurch soll erreicht werden, dass die Vermögensminderung durch die Spaltung vor dieser Änderung offengelegt wird.[1104]

574 5. **Abspaltung zur Neugründung.** Sie entspricht der Aufspaltung zur Neugründung. Es gelten die Erläuterungen zur Abspaltung zur Aufnahme (Rn. 564–573), soweit sich keine Abweichungen daraus ergeben, dass die übernehmenden Gesellschaften gegründet werden müssen. Es gelten ferner die Erläuterungen zur Aufspaltung zur Neugründung (Rn. 553–563), soweit sich keine Abweichungen daraus ergeben, dass die übertragende Gesellschaft erlischt. Zur **Abgrenzung gegenüber der Abspaltung zur Aufnahme** ist demgemäß besonders darauf hinzuweisen, dass der Spaltungsplan den **Gesellschaftsvertrag der neuen Gesellschaft oder die Gesellschaftsverträge der neuen Gesellschaften** enthalten muss (vgl. Rn. 556), dass ein **Sachgründungsbericht** zu erstatten ist (vgl. Rn. 559) und dass das **Anmeldeverfahren** besonders geregelt ist (vgl. Rn. 562). Zu beachten ist ferner (wie auch bei der Aufspaltung zur Neugründung und überhaupt bei allen Spaltungsfällen), dass der Vermögenserwerb von der übertragenden Gesellschaft durch die neugegründeten Gesellschaften einen **Zusammenschlusstatbestand** nach § 37 Abs. 1 Nr. 1 GWB darstellen und Anmeldepflichten auslösen kann (vgl. Rn. 24). Die Abspaltung zur Neugründung eignet sich in besonderem Maß zu einer nichtverhältniswahrenden Spaltung aus Anlass der Trennung von Gesellschafterstämmen (vgl. Rn. 533, 537, 582), indem die Anteile an den neugegründeten Gesellschaften jeweils nur einem Gesellschafterstamm gewährt werden.

575 6. **Steuerrecht der Aufspaltung und Abspaltung.** § 1 Abs. 1 S. 1 und Abs. 4 UmwStG erklären die §§ 15, 16, 18 und 19 UmwStG für anwendbar. Nach § 15 Abs. 1 S. 1 UmwStG gelten für den Vermögensübergang von einer Körperschaft durch Aufspaltung oder Abspaltung auf eine andere Körperschaft, also auch von Gesellschaften mbH auf andere Gesellschaften mbH, die §§ 11 bis 13 über die Verschmelzung entsprechend.

576 a) **Teilbetriebseigenschaft des übertragenen Vermögens.** Voraussetzung ist, dass durch die Spaltung ein Teilbetrieb übertragen wird. Insoweit weicht das Steuerrecht vom Handelsrecht ab, das auch die Übertragung einzelner Gegenstände durch partielle Gesamtrechtsnachfolge erlaubt (vgl. Rn. 524). Das Steuerrecht will hierdurch verhindern, dass unter dem Mantel der Spaltung durch „Einzelveräußerungen im Wege der Einzelrechtsnachfolge" die Besteuerung der in den einzelnen Wirtschaftsgütern

---

[1100] Vgl. *Naraschewski* GmbHR 1995, 697, 698 bis 700.
[1101] Vgl. *Naraschewski* GmbHR 1995, 697, 703.
[1102] Vgl. *Schmitt/Hörtnagl/Stratz* UmwG § 139 Rn. 35.
[1103] Vgl. *Schmitt/Hörtnagl/Stratz* UmwG § 139 Rn. 34; für Ausschüttungsbeschränkung auch *Widmann/Mayer/Mayer* § 139 Rn. 78, 79.
[1104] Amtl. Begr. S. 125; spiegelbildlich zur Kapitalerhöhung § 53.

Umwandlung   Anh. nach § 77

enthaltenen stillen Reserven ausgeschlossen wird.[1105] Teilbetrieb ist ein mit einer gewissen Selbständigkeit ausgestatteter, organisatorisch geschlossener Teil eines Gesamtbetriebs, der als solcher lebensfähig ist.[1106] Dabei spielt der Begriff der „wesentlichen Betriebsgrundlagen" eine Rolle.[1107] Als Teilbetrieb gilt auch ein Mitunternehmeranteil oder die Beteiligung an einer Kapitalgesellschaft, die das gesamte Nennkapital der Gesellschaft umfasst, § 15 Abs. 1 S. 3 UmwStG (sog. **„fiktive Teilbetriebe"** im Gegensatz zu echten oder „originären" Teilbetrieben). **Mitunternehmeranteile** sind zB Anteile an Gesellschaften bürgerlichen Rechts, an offenen Handelsgesellschaften und Kommanditgesellschaften.[1108]

b) Teilbetriebseigenschaft des verbleibenden Vermögens. Voraussetzung ist 577 weiter, dass im Fall der Abspaltung das der übertragenden Gesellschaft verbleibende Vermögen die Teilbetriebseigenschaft besitzt, § 15 Abs. 1 S. 2 UmwStG. Auch insoweit genügt das Vorhandensein eines Mitunternehmeranteils oder einer 100 %-igen Beteiligung an einer Kapitalgesellschaft, § 15 Abs. 1 S. 3.

c) Missbrauchstatbestände. Schließlich ist Voraussetzung, dass kein Missbrauchs- 578 tatbestand (zur Umgehung des § 15 Abs. 1 S. 1 UmwStG) vorliegt. Ein solcher ist gegeben, wenn:
– Mitunternehmeranteile oder 100 %-ige Beteiligungen an einer Kapitalgesellschaft 579 innerhalb eines Zeitraums von drei Jahren vor dem steuerlichen Übertragungsstichtag (§ 2 Abs. 1 UmwStG, vgl. Rn. 381, 419) durch Übertragung von Einzelwirtschaftsgütern erworben oder aufgestockt worden sind, § 15 Abs. 3 S. 1 UmwStG. Das soll sowohl für übergehende als auch (bei Abspaltung) für verbleibende Teilbetriebe gelten.[1109] Gemeint sind zB die steuerneutrale Einbringung von Einzelwirtschaftsgütern in eine Mitunternehmergemeinschaft mit anschließender Übertragung eines Mitunternehmeranteils[1110] und die steuerneutrale Einbringung von Einzelwirtschaftsgütern in eine Kapitalgesellschaft gegen Gewährung von Gesellschaftsanteilen.[1111] Nicht unter den Missbrauchstatbestand fallen der Kauf von Mitunternehmeranteilen oder der Zukauf von Anteilen an einer Kapitalgesellschaft zur Erreichung einer 100 %-igen Beteiligung zu Verkehrswerten,[1112] weil in solchem Fall keine Erschleichung von Steuervorteilen in Betracht kommt. Das Gleiche muss gelten, wenn Einbringungen zu Teilwerten erfolgen, weil dann alle stillen Reserven in den eingebrachten Wirtschaftsgütern aufgedeckt sind.[1113] Unter den Missbrauchstatbestand fällt ferner nicht die Schaffung originärer Teilbetriebe durch Zuordnung (Erwerb, Übertragung) von Wirtschaftsgütern kurz vor der Spaltung.[1114]

[1105] Amtl. Begr. S. 64 zu § 15 UmwStG.
[1106] UmwStErl. Tz. 15.02 bis 15.11; Abschn. 139 Abs. 3 EStR 2001; BFH DB 1989, 1752; *Blumers/Siegels* DB 1996, 7 mwN; krit. zum überkommenen Teilbetriebsbegriff *Tiedtke* und *Wälzholz* BB 1999, 765, ferner *Haarmann*, FS Widmann, 2000, S. 375 ff.
[1107] Vgl. *Blumers* DB 1995, 496 ff.
[1108] Vgl. iE hierzu *Schmitt/Hörtnagl/Stratz* UmwStG § 15 Rn. 76 iVm. § 20 Rn. 102 ff.
[1109] Amtl. Begr. S. 65 zu § 15 UmwStG; UmwStErl. Tz. 15.14, 15.15; dagegen zB *Haritz/Benkert* UmwStG § 15 Rn. 73; *Lutter/Schaumburg* Umwandlungsgesetz Anh. § 151 Rn. 18 und *Dehmer* Umwandlungssteuererlass 1998, S. 275, die § 15 Abs. 1 S. 3 UmwStG nicht auf das verbleibende Vermögen anwenden wollen.
[1110] *Schmitt/Hörtnagl/Stratz* UmwStG Stratz § 15 Rn. 111; *Widmann/Mayer* (1995) Rn. S 428.
[1111] *Haritz/Benkert* UmwStG § 15 Rn. 85.
[1112] *Haritz/Benkert* UmwStG § 15 Rn. 85, 86.
[1113] *Schmitt/Hörtnagl/Stratz* UmwStG § 15 Rn. 122.
[1114] Vgl. *Herzig/Förster* DB 1995, 338, 343.

Anh. nach § 77 5. Abschnitt. Auflösung und Nichtigkeit der Gesellschaft

580 – Durch die Spaltung eine Veräußerung an außenstehende Personen vollzogen wird, § 15 Abs. 3 S. 2 UmwStG. Gemeint ist die Veräußerung von durch Spaltung entstandenen Gesellschaftsanteilen. Sie ist handelsrechtlich aber nicht möglich, weil der Grundsatz der Gesellschafteridentität die Gewährung von Anteilen nur an Anteilsinhaber der übertragenden Gesellschaft erlaubt, § 123 Abs. 3 UmwG (vgl. auch Rn. 558). Die Vorschrift des § 15 Abs. 3 S. 2 UmwStG ist deshalb praktisch wirkungslos und allenfalls anwendbar, wenn die Spaltung gesetzwidrig durchgeführt und in das Handelsregister eingetragen worden ist[1115] und wohl nur als Einleitungssatz zu § 15 Abs. 3 S. 3 und 4 UmwStG verständlich.[1116] Außenstehende Personen sind auch nicht etwa **Konzernunternehmen** eines Gesellschafters der übertragenden Gesellschaft.[1117]

Ebensowenig handelt es sich bei nicht-verhältniswahrenden Spaltungen (Rn. 533) um Veräußerungen an außenstehende Personen.[1118]

581 – Durch die Spaltung die Voraussetzungen für eine Veräußerung geschaffen werden, § 15 Abs. 3 S. 3 UmwStG. Gemeint sind auch hier nur die durch Spaltung entstehenden Gesellschaftsanteile, nicht auch einzelne übertragene oder verbleibende Wirtschaftsgüter.[1119] Erfasst werden soll die **subjektive Veräußerungsabsicht.** Diese wird nach § 15 Abs. 3 UmwStG **vermutet** („davon ist auszugehen"), wenn innerhalb von fünf Jahren nach dem steuerlichen Übertragungsstichtag Anteile an einer an der Spaltung beteiligten Gesellschaft veräußert werden, die mehr als 20 % der vor Wirksamwerden der Spaltung an der Gesellschaft bestehenden Anteile ausmachen. Ob diese Vermutung widerlegt werden kann oder ob es sich um eine unwiderlegliche Fiktion handelt, ist streitig.[1120] Offenbar hat sich aber die Auffassung von der widerlegbaren Vermutung in der Praxis nicht durchsetzen können. Jedenfalls geht auch der UmwStErl.[1121] von einer absoluten Veräußerungssperre von fünf Jahren aus, die sich als **Spaltungsbremse** erweisen kann.[1122] Nach der Amtl. Begr. zu § 15 UmwStG[1123] bezweckt die Vorschrift die Verhinderung der steuerfreien Veräußerung der Anteile durch im Ausland sitzende oder steuerbefreite oder nicht steuerpflichtige Anteilseigner. So betrachtet ist der Tatbestand des § 15 Abs. 3 S. 3 zu weit gefasst, weil er auch andere Veräußerungsfälle einschließt.[1124] Als der Veräußerung wirtschaftlich entsprechend wertet der UmwStErl.[1125] auch eine **Kapitalerhöhung** bei einem der an der Spaltung beteiligten Rechtsträger innerhalb von fünf Jahren.[1126]

[1115] *Dehmer* UmwStG § 15 Rn. 137, 142.
[1116] *Haritz/Benkert* UmwStG § 15 Rn. 101, jedoch unter Aufgabe der gegenteiligen Auffassung der Voraufl. zum Grundsatz der Gesellschafteridentität.
[1117] UmwStErl. Tz. 15.26; *Haritz/Benkert* UmwStG § 15 Rn. 105.
[1118] *Haritz/Benkert* UmwStG § 15 Rn. 106.
[1119] *Haritz/Benkert* UmwStG § 15 Rn. 110.
[1120] Für widerlegbare Vermutung zB *Herzig/Förster* DB 1995, 338, 345; *Haritz/Benkert* UmwStG § 15 Rn. 111; dagegen zB *Schmitt/Hörtnagl/Stratz* UmwStG § 15 Rn. 144.
[1121] Tz. 15.27, 15.31 und ihm folgend *Lutter/Schaumburg* Umwandlungsgesetz Anh. § 151 Rn. 23.
[1122] *Lutter/Schaumburg* Umwandlungsgesetz Anh. § 151 Rn. 23.
[1123] S. 65.
[1124] Deshalb erwägen *Haritz/Benkert* UmwStG § 15 Rn. 112 eine teleologische Reduktion der Vorschrift, die jedoch im Hinblick auf den eindeutigen Gesetzeswortlaut nicht in Betracht kommen dürfte.
[1125] Tz. 15.25.
[1126] Kritisch dazu *Dehmer* Umwandlungssteuererlass 1998, S. 285.

Umwandlung   Anh. nach § 77

– Bei der **Trennung von Gesellschafterstämmen** die Beteiligungen an der über- 582
tragenden Gesellschaft nicht mindestens fünf Jahre vor dem steuerlichen Übertragungsstichtag bestanden haben, § 15 Abs. 3 S. 5 UmwStG. Trennung ist insbesondere eine nichtverhältniswahrende Spaltung (vgl. Rn. 533, 537, 574). Eine völlige Entflechtung setzt der Trennungsbegriff nicht voraus.[1127] Es genügt, dass die Beteiligung des Gesellschafterstammes fünf Jahre bestanden hat, eine Beteiligung des einzelnen Mitglieds während fünf Jahren ist nicht erforderlich.[1128] Es ist auch nicht nötig, dass die Beteiligung der Höhe nach fünf Jahre bestanden hat. Hinzuerwerbe während des Fünfjahreszeitraums sind deshalb unschädlich.[1129] Hat die übertragende Körperschaft noch keine fünf Jahre bestanden, soll nach dem UmwStErl.[1130] grundsätzlich keine steuerneutrale Trennung von Gesellschafterstämmen im Wege der Spaltung möglich sein. Das steht jedoch mit Sinn und Zweck der Regelung nicht in Übereinstimmung. Vielmehr ist davon auszugehen, dass eine Trennung von Gesellschafterstämmen immer dann steuerneutral durchgeführt werden kann, wenn die Beteiligungen seit Gründung der Gesellschaft bestanden haben.[1131]

d) **Wertansatzwahlrecht, Verlustvortrag.** Sind die bei den Buchstaben a) und b) 583
erläuterten Voraussetzungen gegeben und liegt auch kein Missbrauchstatbestand gemäß Buchstabe c) vor, können die übergegangenen Wirtschaftsgüter wie bei der Verschmelzung gemäß § 11 Abs. 1 UmwStG in der steuerlichen Schlussbilanz der übertragenden Gesellschaft mit dem **Buchwert** angesetzt werden, wodurch ein **Übertragungsgewinn** vermieden wird (Rn. 418–422). Ein **Übernahmegewinn** ist steuerfrei, § 12 Abs. 2 S. 1 UmwStG (Rn. 423). Bezüglich der **AfA** etc. tritt die übernehmende Gesellschaft in die Rechtsstellung der übertragenden, § 12 Abs. 3 UmwStG (Rn. 425). Das **Wertansatzwahlrecht** kann für mehrere übergehende Teilbetriebe getrennt ausgeübt werden, wenn diese auf verschiedene übernehmende Gesellschaften übergehen, jedoch innerhalb eines Betriebes nur einheitlich.[1132] Fraglich ist jedoch, ob das Wertansatzwahlrecht auch für verschiedene Teilbetriebe getrennt ausgeübt werden kann, die auf ein- und dieselbe übernehmende Gesellschaft übergehen. Die Frage dürfte eher zu verneinen sein, wenn man die Abspaltung auch mehrerer Teilbetriebe als einheitlichen Vorgang sieht.[1133] Ein **verbleibender Verlustvortrag** geht nach § 15 Abs. 1 iVm. § 12 Abs. 3 S. 2 UmwStG anteilig auf die übernehmenen Gesellschaften über (Rn. 425), und zwar nach dem Verhältnis der übergehenden Vermögensteile zu dem bei der übertragenden Gesellschaft vor der Spaltung bestehenden Vermögen, wobei in

---

[1127] Vgl. *Herzig/Förster* DB 1995, 338, 346; *Dehmer* UmwStG § 15 Rn. 162; aA *Haritz/Benkert* UmwStG § 15 Rn. 139 und jetzt auch *Schmitt/Hörtnagl/Stratz* UmwStG § 15 Rn. 223.
[1128] *Schmitt/Hörtnagl/Stratz* UmwStG § 15 Rn. 224; *Haritz/Benkert* UmwStG § 15 Rn. 144; *Herzig/Förster* DB 1995, 338, 346.
[1129] *Herzig/Förster* DB 1995, 338, 346; *Dehmer* UmwStG § 15 Rn. 168; differenzierend *Haritz/Benkert* UmwStG § 15 Rn. 144; enger anscheinend UmwStErl Tz. 15.35.
[1130] Tz. 15.37.
[1131] Zutr. *Dehmer* Umwandlungssteuererlass 1998, S. 295; *Lutter/Schaumburg* Umwandlungsgesetz Anh. § 152 Rn. 25; zur steuerlichen Problematik der nichtverhältniswahrenden Spaltung vgl. auch *Wochinger*, FS Widmann, 2000, S. 639 ff.
[1132] *Herzig/Förster* DB 1995, 338, 347; *Schmitt/Hörtnagl/Stratz* UmwStG § 15 Rn. 237; *Haritz/Benkert* UmwStG § 15 Rn. 166; aA *Thiel* DStR 1995, 237, 239 im Hinblick auf das Wort „insgesamt" in § 11 Abs. 1 UmwStG.
[1133] Vgl. *Dehmer* UmwStG § 15 Rn. 195; *Thiel* DStR 1995, 237, 239; aA *Herzig/Förster* DB 1995, 338; 347, die darauf hinweisen, dass die Beteiligten auch mehrere aufeinander folgende Spaltungen durchführen könnten, um das gewünschte Ergebnis zu erreichen; sich ihnen anschließend jetzt auch *Schmitt/Hörtnagl/Stratz* UmwStG § 15 Rn. 238.

der Regel auf die Angaben zum Umtauschverhältnis im Spaltungsvertrag oder Spaltungsplan abzustellen ist, § 15 Abs. 4 S. 1 UmwStG. Entspricht das Umtauschverhältnis nicht dem Verhältnis der übergehenden Vermögensteile zu dem Vermögen der übertragenden Gesellschaft vor der Spaltung, ist das Verhältnis der gemeinen Werte maßgebend. Für die **Besteuerung der Gesellschafter der übertragenden GmbH** gelten die Erläuterungen zur Verschmelzung (Rn. 432) entsprechend.[1134]

584 e) Gewerbesteuer. Zur gewerbesteuerlichen Behandlung der Spaltung vgl. die entsprechend geltenden Erläuterungen zur Verschmelzung (Rn. 429).[1135]

585 f) Umsatzsteuer. Umsatzsteuer fällt ebenso wenig an wie bei der Verschmelzung (Rn. 430), vorausgesetzt, dass Betriebe oder Teilbetriebe übergehen.[1136] Die Abspaltung einzelner Wirtschaftsgüter fällt nicht unter die Vorschriften des Fünften Teils des UmwStG und ist deshalb nach allgemeinen Grundsätzen steuerpflichtig.[1137]

586 g) Grunderwerbsteuer. Auch hinsichtlich der Grunderwerbsteuer kann auf die Erläuterungen zur Verschmelzung (Rn. 430) Bezug genommen werden.

587 **7. Ausgliederung, Allgemeines.** Sie ist als **Unterfall der Spaltung** in § 123 Abs. 3 geregelt und unterscheidet sich von der Aufspaltung dadurch, dass der übertragende Rechtsträger wie bei der Abspaltung bestehen bleibt, Empfänger der Gegenleistung für die übertragenen Vermögensteile aber anders als bei der Abspaltung nicht die Anteilsinhaber des übertragenden Rechtsträgers sind, sondern dieser selbst ist. Wie bei Aufspaltung und Abspaltung kann die **Gegenleistung** nur in Anteilen des übernehmenden Rechtsträgers bestehen. Ein **Anteilstausch findet** deshalb anders als bei Aufspaltung und Abspaltung **nicht statt.** Übertragende, übernehmende oder neue Rechtsträger können gemäß § 124 Abs. 1 die in § 3 Abs. 1 genannten sein, also insbesondere Kapitalgesellschaften. Als übertragende Rechtsträger kommen ferner u. a. Einzelkaufleute in Betracht (vgl. Rn. 638 ff.). Ausgegliedert werden können beliebige Vermögensteile, sowohl ein einzelner Vermögensgegenstand als **auch das gesamte Vermögen** (vgl. Rn. 589). Betriebs- oder Teilbetriebseigenschaft brauchen die ausgegliederten Vermögensteile nicht zu besitzen. Die **steuerliche Begünstigung** der Ausgliederung hängt jedoch davon ab, dass ein Betrieb, Teilbetrieb, Mitunternehmeranteil oder – unter gewissen Voraussetzungen – Anteile an Kapitalgesellschaften ausgegliedert werden (vgl. Rn. 601 ff.). Inwieweit gewisse Schutzmechanismen der umwandlungsrechtlichen Ausgliederung auf Ausgliederungen durch Einzelrechtsnachfolge anwendbar sind, also eine **Ausstrahlungswirkung** entfalten, ist streitig.[1138]

588 Für die Ausgliederung gelten die Allgemeinen Vorschriften der §§ 123 ff. über die Spaltung und die Besonderen Vorschriften der §§ 138 ff. für die jeweils an der Ausgliederung beteiligten Rechtsträger (für die GmbH §§ 138 bis 140). Über § 125 gelten ferner die Verschmelzungsvorschriften, wobei die Vorschriften über die **Firma** (§ 18, vgl. dazu auch Rn. 599), die Verschmelzungsprüfung (§§ 9 bis 12) und die Abfindung (§§ 29 bis 34) von der Verweisung ausgenommen sind. Unanwendbar sind ferner die Kapitalerhöhungsverbote der §§ 54 und 68. In § 125 S. 3 wird schließlich noch einmal klargestellt, dass an der Ausgliederung nur ein einziger übertragender Rechtsträger beteiligt ist und dass ein einziger oder mehrere übernehmende Rechtsträger in Betracht

---

[1134] Vgl. *Schwedhelm/Streck/Mack* GmbHR 1995, 100, 104.
[1135] Vgl. ferner *Schwedhelm/Streck/Mack* GmbHR 1995, 100, 104.
[1136] *Haritz/Benkert* Einf. Rn. 420.
[1137] Vgl. *Schwedhelm/Streck/Mack* GmbHR 1995, 100, 105.
[1137] Vgl. iE *Lutter/Karollus* Kölner Umwandlungsrechtstage, S. 160, 173 ff., 177.
[1138] Vgl. dazu Rn. 17.

kommen. Wie bei Aufspaltung und Abspaltung kann die Ausgliederung zur Aufnahme und zur Neugründung erfolgen. Im Übrigen enthält das Gesetz keine Sonderregelungen für die Ausgliederung, sondern erfaßt sie mit den Regeln über die Spaltung. Eine Ausnahme gilt für die **Ausgliederung aus dem Vermögen eines Einzelkaufmanns,** die in den §§ 152 bis 161 besonders geregelt ist (vgl. Rn. 638 ff.) und für zwei weitere Sonderfälle der Ausgliederung.

Ausgliederungen, in bestimmten Fällen auch „Ausgründungen" genannt, kommen **589** vor allem im **Konzern** vor, zB als Ausgründungen auf neuerrichtete Töchter, zum Zweck der Trennung von Unternehmen, zur Schaffung von Gemeinschaftsunternehmen, indem mehrere Gesellschaften gleichartige Produktions- oder Vertriebsbereiche auf eine gemeinsame Tochter übertragen, oder zur Schaffung einer Holding, wenn die Mutter ihr gesamtes Unternehmen auf eine Tochter oder mehrere Töchter überträgt und dadurch zur **Holding** wird.[1139] § 123 Abs. 3, der von der Übertragung von Teilen von Vermögen spricht, steht der **Übertragung des gesamten Vermögens** nicht im Weg, zumal die übertragende Gesellschaft niemals vermögenslos werden kann, weil die als Gegenleistung zu gewährenden Anteile anders als bei der Abspaltung in ihr Vermögen gelangen.[1140] Besonders zu erwähnen ist in diesem Zusammenhang noch einmal die **Betriebsaufspaltung** (vgl. Rn. 569, 570), die statt durch Abspaltung auch durch Ausgliederung durchgeführt werden kann. Sinnvoll erscheint der Weg der Ausgliederung aber nur beim Einzelkaufmann als übertragendem Rechtsträger, weil dieser nur hierdurch eine Betriebsaufspaltung im Weg der Gesamtrechtsnachfolge durchführen kann.[1141]

Die Übertragung von Vermögensteilen gegen Gewährung von Gesellschaftsrechten **590** kann auch **außerhalb des UmwG** nach den allgemeinen Vorschriften durchgeführt werden. Ein Zwang hierzu besteht für die **nicht spaltungsfähigen Rechtsträger,** nämlich den Einzelkaufmann, der nicht im Handelsregister eingetragen ist, und die Gesellschaft bürgerlichen Rechts. Auch Ausgliederungen auf eine Gesellschaft bürgerlichen Rechts sind nur mit Hilfe der allgemeinen Vorschriften möglich. Kommen beide Wege in Betracht, entscheidet die Situation des Einzelfalls die Wahl. Der **Hauptvorteil** der Ausgliederung nach dem UmwG ist der Übergang der ausgegliederten Vermögensteile durch **partielle Gesamtrechtsnachfolge,** die insbesondere die Übertragung ganzer Vertragsverhältnisse ohne Zustimmung des Vertragspartners erlaubt.[1142] Dieser Vorteil muss mit der **Kompliziertheit des Umwandlungsverfahrens,** insbesondere der Notwendigkeit der Zustimmung der Anteilseigner durch Spaltungsbeschlüsse, erkauft werden. Außerhalb des UmwG ist die Ausgliederung reine **Geschäftsführungsmaßnahme,** die allerdings ab einer gewissen Größenordnung nach den Grundsätzen des „Holzmüller"-Urteils des BGH[1143] auch der Zustimmung der Anteilseigner bedarf.[1144] Schwerfällig ist die Ausgliederung nach dem UmwG auch im

---

[1139] Vgl. iE *Lutter/Karollus* Kölner Umwandlungsrechtstage, S. 160, 173 ff., 177.
[1140] Ebenso *Schmitt/Hörtnagl/Stratz* UmwG § 123 Rn. 22; *Lutter/Karollus* Kölner Umwandlungsrechtstage, S. 176; *Schöne* S. 24 Fn. 49; jetzt auch *Kallmeyer/Kallmeyer* § 123 Rn. 12; aA *Kallmeyer* ZIP 1994, 1746, 1749, hiervon iErg. jedoch wieder abweichend *Kallmeyer* DB 1995, 81 ff.
[1141] Vgl. *Lutter/Karollus* Kölner Umwandlungsrechtstage, S. 183; Rn. 532 u. 611.
[1142] Vgl. *Lutter/Karollus* Kölner Umwandlungsrechtstage, S. 195.
[1143] BGHZ 83, 122, 130 ff.
[1144] Vgl. hierzu Anh. § 52 Rn. 36; *Lutter/Karollus* Kölner Umwandlungsrechtstage, S. 134; *Emmerich/Habersack* Aktien- und GmbH-Konzernrecht, 2. Aufl. 2001, Vor § 311 Rn. 14 ff.; *Feddersen/Kiem* ZIP 1994, 1078, 1084 ff.; *Kallmeyer* ZIP 1994, 1746, 1749; vgl. ferner BGH NJW 1995, 596 und dazu *K. Schmidt* ZGR 1995, 676 und *Grunewald* JZ 1995, 577.

Hinblick auf die **Gläubigerschutzvorschriften** des § 133 (vgl. Rn. 543) und die besonderen **arbeitsrechtlichen Schutzvorschriften** der §§ 321–325 (vgl. Rn. 571) sowie im Sonderfall der Betriebsaufspaltung des § 134 (vgl. Rn. 569). **Steuerrechtlich** (vgl. Rn. 601) bietet die Ausgliederung nach dem UmwG keine Vorteile gegenüber der Alternative nach den allgemeinen Vorschriften, da das UmwStG (§§ 20 ff.) nicht auf Ausgliederungen nach dem UmwG beschränkt ist. Es wird deshalb **empfohlen,** bei der Ausgliederung **kleinerer Vermögensteile das UmwG nicht** zu wählen,[1145] es sei denn, es handelt sich um eine Ausgliederung aus dem Vermögen eines Einzelkaufmanns, bei dem die Formalien keine Rolle spielen (vgl. Rn. 638). Bei der Ausgliederung auf eine erst noch zu gründende Kapitalgesellschaft kann das Verfahren nach dem UmwG Vorteile bieten, weil es die Probleme der **Vorgesellschaft** ausschließt.[1146] Zu den „**Ausstrahlungswirkungen**" der umwandlungsrechtlichen Ausgliederungsvorschriften vgl. Rn. 17.

591 8. Ausgliederungsverfahren. Vgl. zunächst Rn. 588.

592 a) **Ausgliederungsvertrag, Ausgliederungsplan.** Wie bei den anderen Spaltungsfällen ist ein Spaltungsvertrag zu schließen (§ 126, vgl. Rn. 521 ff.) oder ein Spaltungsplan aufzustellen (§ 136, vgl. Rn. 554 ff.), wobei im Fall der Ausgliederung zur Aufnahme (§ 123 Abs. 3 Nr. 1) vom Ausgliederungsvertrag und bei der Ausgliederung zur Neugründung (§ 123 Abs. 3 Nr. 2) vom Ausgliederungsplan gesprochen werden kann.

593 b) **Keine Prüfung.** Eine Prüfung des Ausgliederungsvertrags oder des Ausgliederungsplans findet nicht statt, § 125 S. 2, weil es zu einem Anteilstausch nicht kommt und das Leitungsorgan des ausgliedernden Rechtsträgers im Rahmen seiner Sorgfaltspflicht auf die Angemessenheit der Gegenleistung für die übergehenden Werte zu achten hat.[1147]

594 c) **Ausgliederungsbericht.** Dagegen ist auch bei der Ausgliederung ein Ausgliederungsbericht zu erstatten, § 127 (vgl. Rn. 533, 534), wobei im Fall der Ausgliederung zur Neugründung nur die übertragende Gesellschaft einen Bericht erstatten kann, weil die neuzugründende Gesellschaft noch nicht besteht. Für den Bericht sind nach § 127 Abs. 2 die Vorschriften des § 8 Abs. 3 zu beachten. Nach der zweiten Alternative des S. 1 entfällt bei der Ausgliederung zur Aufnahme die Berichtspflicht, wenn sich alle Anteile der übertragenden GmbH in der Hand der übernehmenden befinden, wenn also von der Tochter auf die Mutter ausgegliedert wird. Die entsprechende Anwendung dieser Vorschrift auf den umgekehrten Fall der Ausgliederung von der Mutter auf die Tochter ist nicht möglich, da hier die unmittelbare Beteiligung der Gesellschafter der Muttergesellschaft im Ergebnis in eine nur mittelbare Beteiligung an der Tochter umgewandelt wird und deshalb bei den Gesellschaftern der Muttergesellschaft ein Informationsbedürfnis über die Gründe der Ausgliederung besteht.[1148] Auch bei der Ausgliederung ist der Vertrag oder der Plan dem **Betriebsrat** zuzuleiten, § 126 Abs. 3.

595 d) **Ausgliederungsbeschluss.** Dem Ausgliederungsvertrag müssen die Gesellschafter der übertragenden und übernehmenden Gesellschaft durch Beschluss (Ausgliederungsbeschluss) zustimmen, bei der Ausgliederung zur Neugründung nur die Gesellschafter der übertragenden Gesellschaft, § 125 S. 1 iVm. § 13 (vgl. Rn. 536, 554, 564).

[1145] *Lutter/Karollus* Kölner Umwandlungsrechtstage, S. 198.
[1146] *Lutter/Karollus* Kölner Umwandlungsrechtstage, S. 198.
[1147] Amtl. Begr. S. 117.
[1148] *Lutter/Karollus* Kölner Umwandlungsrechtstage, S. 176; vgl. auch Rn. 590 zum „Holzmüller-Urteil" des BGH.

e) **Kapitalerhöhung, Kapitalherabsetzung.** Wie bei der Abspaltung kommen bei der Ausgliederung zur Aufnahme Kapitalerhöhung (vgl. Rn. 564) bei der übernehmenden Gesellschaft und Kapitalherabsetzung bei der übertragenden Gesellschaft in Betracht (vgl. 573). **596**

f) **Anmeldung der Ausgliederung.** Die Ausgliederung ist wie die übrigen Spaltungsfälle zur Eintragung in das Handelsregister anzumelden, §§ 129, 137, 140, § 125 iVm. §§ 16, 17 (vgl. Rn. 538, 560, 564, 565, 574). Ein **Sachgründungsbericht** (§ 138) ist nur bei der Ausgliederung zur Neugründung erforderlich (vgl. Rn. 559, 574). **597**

g) **Eintragung der Ausgliederung.** Die Ausgliederung wird mit ihrer **Eintragung** im Handelsregister der übertragenden Gesellschaft wirksam, §§ 131, 135 Abs. 1. Die ausgegliederten Vermögensteile gehen mit diesem Zeitpunkt auf die übernehmende Gesellschaft oder die übernehmenden Gesellschaften über (Rn. 577, 599). **598**

h) **Firma.** Hinsichtlich der Firma der übertragenden Gesellschaft gilt entsprechend, was zur Abspaltung gesagt ist. Die Anwendbarkeit des § 18 über die Fortführung der Firma ist in § 125 S. 1 ausdrücklich ausgeschlossen.[1149] Das dürfte jedoch der Anwendbarkeit des § 22 HGB nicht im Weg stehen, wenn dessen Voraussetzungen gegeben sind.[1150] **599**

i) **Schutzvorschriften zugunsten der Arbeitnehmer.** Die besonderen Schutzvorschriften zugunsten der Arbeitnehmer (§§ 321 bis 324) und zur **Beibehaltung der Mitbestimmung** (§ 325) gelten wie bei der Abspaltung (vgl. Rn. 571).[1151] **600**

9. Steuerrecht der Ausgliederung. Sie wird als **Einbringung** in eine Kapitalgesellschaft gegen Gewährung von Gesellschaftsrechten iSd. einschlägigen Vorschriften des Achten Teils des UmwStG (§§ 20 bis 22) behandelt. § 1 Abs. 1 S. 2 UmwStG nimmt die Ausgliederung ausdrücklich von der in § 1 Abs. 1 S. 1 UmwStG für Umwandlungen nach § 1 UmwG von Kapitalgesellschaften angeordneten Geltung des Zweiten bis Siebten Teils des UmwStG aus. In der Amtl. Begr.[1152] heißt es hierzu, in den Fällen der Ausgliederung würden die für das übertragene Vermögen gewährten Anteile nicht den Anteilseignern, sondern dem übertragenden Unternehmen selbst gewährt, weshalb diese Fälle steuerlich als Einbringungstatbestände anzusehen seien, die unter die Vorschriften der §§ 20 ff. UmwStG fielen (vgl. auch § 20 Abs. 8 UmwStG, wo vom Vermögensübergang im Wege der Sacheinlage durch Ausgliederung nach § 123 UmwG die Rede ist). Es gelten somit die allgemeinen Einbringungsgrundsätze, die insbesondere schon beim Formwechsel der Personenhandelsgesellschaft in eine Kapitalgesellschaft (OHG in GmbH, vgl. Rn. 282 ff.) und bei der Verschmelzung von Personenhandelsgesellschaften mit Kapitalgesellschaften (GmbH, vgl. Rn. 497) dargestellt worden sind. Es werden deshalb lediglich noch einmal die folgenden Punkte hervorgehoben: **601**

a) **Ausgliederungsgegenstände.** Eine steuerlich begünstigte Einbringung liegt nur vor, wenn ein **Betrieb** oder **Teilbetrieb** oder ein **Mitunternehmeranteil** (vgl. Rn. 576) ausgegliedert werden, § 20 Abs. 1 S. 1 UmwStG. Gleichgestellt sind **Anteile an einer Kapitalgesellschaft,** wenn die übernehmende GmbH aufgrund ihrer Betei- **602**

[1149] Vgl. Rn. 564, ferner *Kögel* GmbHR 1996, 168, 174.
[1150] *Lutter/Karollus* Kölner Umwandlungsrechtstage, S. 172.
[1151] Zur Übernahme von Organfunktionen in ausgegliederten Tochtergesellschaften durch leitende Angestellte der Holding vgl. *Knott/Schröter* GmbHR 1996, 238 ff.
[1152] S. 44.

Anh. nach § 77 5. Abschnitt. Auflösung und Nichtigkeit der Gesellschaft

ligung einschließlich der übernommenen Anteile nachweislich unmittelbar die **Mehrheit der Stimmrechte** an der Gesellschaft hat, deren Anteile eingebracht werden, § 20 Abs. 1 S. 2 UmwStG. Insoweit ist die Ausgliederung gegenüber der Auf- und Abspaltung steuerlich bevorzugt, weil dort nur die Übertragung einer 100 %-igen Beteiligung begünstigt ist (vgl. Rn. 577).

603   b) **Fortführung der Buchwerte.** Führt die übernehmende Gesellschaft die von der ausgliedernden Gesellschaft anzusetzenden Buchwerte (§ 20 Abs. 2 S. 3 UmwStG) fort, ist die Ausgliederung **ertragsteuerneutral.**

604   c) **Verlustvortrag.** Ein Verlustvortrag geht nicht über, wie inzwischen auf Grund der Änderung der Verweisung in § 22 Abs. 1 und 2 UmwStG auf § 12 Abs. 3 S. 1 UmwStG durch das Jahressteuergesetz 1996[1153] klargestellt worden ist.[1154]

605   d) **Steuerliche Rückwirkung.** Für die steuerliche Rückwirkung der Ausgliederung besteht nach § 20 Abs. 8 S. 1 und 2 UmwStG ein **Wahlrecht.** Die Ausgliederung „darf" auf Antrag (§ 20 Abs. 7 S. 1 UmwStG) auf den handelsrechtlichen Spaltungsstichtag (§ 125 iVm. § 17 Abs. 2 UmwG) rückbezogen werden. Wird dieses Wahlrecht nicht ausgeübt, treten die steuerlichen Wirkungen nach allgemeinen Grundsätzen an dem Tag ein, an welchem die Einbringung bewirkt ist. Das ist handelsrechtlich der Tag der Eintragung der Ausgliederung im Handelsregister, § 131 UmwG. Steuerrechtlich kann die Einbringung uU aber schon früher als bewirkt gelten.[1155] Bei der Auf- und Abspaltung besteht ein solches Wahlrecht nicht. Dort ist für den Eintritt der steuerlichen Wirkungen stets der handelsrechtliche Spaltungsstichtag maßgebend, § 15 Abs. 2 iVm. § 2 Abs. 1 UmwStG (vgl. Rn. 575 iVm. Rn. 419).

606   e) **Umsatzsteuer.** Umsatzsteuer wegen Geschäftsveräußerung im ganzen (Einbringung) fällt bei der Einbringung seit 1. 1. 1994 im Hinblick auf die Neufassung des § 1 Abs. 1a UStG nicht mehr an (vgl. auch Rn. 296).

607   f) **Grunderwerbsteuer.** Gehören zu dem ausgegliederten Vermögen Grundstücke, fällt insoweit Grunderwerbsteuer an.[1156]

608   g) **Gesellschafterebene.** Da bei der Ausgliederung ein Anteiltausch nicht stattfindet, die für die Vermögensübertragung gewährten Anteile vielmehr in das Vermögen der übertragenden Gesellschaft gelangen (vgl. Rn. 587), sind die **Gesellschafter** der übertragenden Gesellschaft durch die Ausgliederung **steuerlich** unmittelbar **nicht tangiert,** so dass steuerliche Fragen auf der Ebene der Gesellschafter nicht zu erörtern sind.

609   **10. Kombination von Spaltungsarten.** Gemäß § 123 Abs. 4 UmwG kann die Spaltung auch durch gleichzeitige Übertragung auf bestehende und neue Rechtsträger erfolgen. Eine Kombination von Abspaltung und Ausgliederung uno actu derart, dass ein Teil der Anteile an dem übertragenden Rechtsträger den Anteilsinhabern des übertragenden Rechtsträgers, der andere Teil dem übertragenden Rechtsträger selbst gewährt wird, ist jedoch wegen des Analogieverbots (§ 1 Abs. 2) nicht möglich.[1157]

[1153] BGBl. 1995 I S. 1250.

[1154] Vgl. auch UmwStErl. Tz. 22.02.

[1155] Zeitpunkt der Übertragung des wirtschaftlichen Eigentums, vgl. *Schmitt/Hörtnagl/Stratz* UmwStG § 20 Rn. 218.

[1156] Vgl. die Nachw. bei Rn. 430 (Fn.).

[1157] *Lutter/Karollus* Kölner Umwandlungsrechtstage, S. 162; aA *Kallmeyer* DB 1995, 81 ff.; *Mayer* DB 1995, 861; *Widmann/Mayer/Schwarz* § 123 Rn. 7.2; *Schöne* S. 25; differenzierend *Schmitt/Hörtnagl/Stratz* UmwG § 123 Rn. 17.

Umwandlung   **Anh. nach § 77**

Dagegen bestehen keine Bedenken gegen die parallele Durchführung von Abspaltungs- und Ausgliederungsmaßnahmen.[1158]

11. Spaltung unter Beteiligung von Aktiengesellschaften und Kommanditgesellschaften auf Aktien. Solche Rechtsträger können sowohl auf der übertragenden als auch auf der übernehmenden Seite beteiligt sein. Die jeweils andere Seite ist dann bei der GmbH-Spaltung eine GmbH oder sind mehrere Gesellschaften mbH. 610

a) **Spaltungsverbot.** Eine AG oder KGaA, die **noch nicht zwei Jahre im Handelsregister eingetragen** ist, kann nicht gespalten werden, § 141. Hierdurch soll der besonderen Gefährdung der Aktionäre und Gläubiger in der sogenannten Nachgründungsperiode (§ 52 AktG) Rechnung getragen werden.[1159] Die Vorschrift gilt für alle Spaltungsarten, also auch für die Ausgliederung und entspricht den §§ 67 und 73 bei der Verschmelzung (vgl. Rn. 465, 473). 611

b) **Prüfung der Sacheinlage, kein Bezugsrecht.** Ist eine AG oder KGaA übernehmender Rechtsträger und erhöht er zur Durchführung der Spaltung sein Kapital, so hat eine Prüfung der Sacheinlage nach § 183 Abs. 3 AktG stets stattzufinden, § 142 Abs. 1. Die bei der Verschmelzung geltenden Erleichterungen des § 69 Abs. 1 Halbs. 2 (vgl. Rn. 474) werden hier nicht gewährt. Im Übrigen ist § 64 über § 125 entsprechend anzuwenden, was insbesondere bedeutet, dass den Aktionären der übernehmenden AG oder KGaA auch bei einer Ausgliederung wie bei der Verschmelzung ein Bezugsrecht nach § 186 AktG nicht zusteht.[1160] 612

c) **Kapitalerhöhung.** Erhöht die **übernehmende AG** zur Durchführung der Spaltung ihr Kapital, so ist im Spaltungsbericht (§ 127) auf den Bericht über die Prüfung der Sacheinlagen nach § 183 Abs. 3 AktG ausdrücklich hinzuweisen und dabei das für die Hinterlegung des Sacheinlageprüfungsberichts zuständige Handelsregister anzugeben, § 142 Abs. 2 (das ist nach § 184 Abs. 1 S. 2 AktG das Handelsregister des Sitzes der übernehmenden AG). 613

d) **Besondere Unterrichtungspflichten.** Dem Vorstand einer übertragenden AG bzw. den vertretungsberechtigten persönlich haftenden Gesellschaftern einer übertragenden KGaA obliegen nach § 143 zusätzlich zu den Pflichten über die Durchführung der Hauptversammlung (§ 125 iVm. § 64) besondere Unterrichtungspflichten über Wertschwankungen des zu übertragenden Vermögens. 614

e) **Gründungsbericht, Gründungsprüfung.** Entsteht eine AG durch Spaltung zur Neugründung, so sind ein Gründungsbericht (§ 32 AktG) und eine Gründungsprüfung (§ 33 Abs. 2 AktG) stets erforderlich (§ 144). § 75 Abs. 2, wonach bei der Verschmelzung zur Neugründung ein Gründungsbericht und eine Gründungsprüfung nicht notwendig sind, gilt somit bei der Spaltung nicht. 615

f) **Kapitalherabsetzung.** Ist zur Durchführung der Abspaltung oder Ausgliederung eine Kapitalherabsetzung bei der übertragenden AG oder KGaA erforderlich, so kann diese (wie nach § 139 bei der GmbH) **in vereinfachter Form** vorgenommen werden, wobei die Abspaltung oder die Ausgliederung erst eingetragen werden dürfen, wenn die Durchführung der Herabsetzung des Grundkapitals im Handelsregister eingetragen ist (vgl. Rn. 573). 616

[1158] *Lutter/Karollus* Kölner Umwandlungsrechtstage, S. 162.
[1159] Amtl. Begr. S. 126.
[1160] Vgl. Amtl. Begr. S. 126.

617 **g) Spaltung zur Neugründung.** Bei der Spaltung zur Neugründung einer AG ist deren Satzung durch die Geschäftsführer der übertragenden GmbH festzustellen, §§ 135, 125 iVm. § 37 (vgl. Rn. 556).

618 **h) Zustimmungsbeschluss.** Die Satzung der AG bedarf in diesem Fall der Zustimmung der Gesellschafter der übertragenden GmbH durch Beschluss, § 125 iVm. § 76 Abs. 2.

619 **i) Erster Aufsichtsrat.** Die übertragende GmbH hat als Gründerin den ersten Aufsichtsrat der AG zu bestellen, § 135 Abs. 2. Die Bestellung bedarf ebenfalls der Zustimmung der Gesellschafter der übertragenden GmbH durch Beschluss, soweit die Mitglieder des Aufsichtsrats nach § 31 AktG zu wählen sind, § 125 iVm. § 76 Abs. 2.

620 **j) Entbehrlichkeit des Spaltungsbeschlusses.** Bei einer Spaltung zur Aufnahme bedarf es eines Spaltungsbeschlusses der übernehmenden AG nicht, wenn sich mindestens **neun Zehntel des Stammkapitals** der übertragenden GmbH in der Hand der AG befinden, § 125 iVm. § 62 Abs. 1. Dies gilt nicht unter den Voraussetzungen des § 62 Abs. 2.

621 **k) Anmeldung der Abspaltung oder Ausgliederung.** Wie bei der GmbH gemäß § 140 (vgl. Rn. 565) haben auch die Vertretungsorgane der AG oder KGaA bei der Anmeldung der Abspaltung oder Ausgliederung eine unter Strafsanktion stehende Erklärung über die Erhaltung der Kapitalausstattung abzugeben. Zusätzlich ordnet § 146 Abs. 2 die **Beifügung des Spaltungsberichts** nach § 127 und des **Spaltungsprüfungsberichts** nach § 125 iVm. § 12 an. Das ist insofern missverständlich, als sich die Notwendigkeit der Beifügung dieser Unterlagen bereits aus § 125 iVm. § 17 ergibt.

622 **l) Keine steuerlichen Besonderheiten.** Steuerliche Besonderheiten gegenüber der reinen GmbH-Spaltung sind nicht zu beachten.

623 **12. Spaltung unter Beteiligung von Personenhandelsgesellschaften und Partnerschaftsgesellschaften.** Gemäß § 125 iVm. § 3 können auch Personenhandelsgesellschaften und Partnerschaftsgesellschaften als übertragende oder übernehmende Rechtsträger beteiligt sein. Die jeweils andere Seite ist dann bei der GmbH-Spaltung eine GmbH oder sind mehrere Gesellschaften mbH. Anders als bei der Spaltung unter Beteiligung von Aktiengesellschaften und Kommanditgesellschaften auf Aktien enthält das Dritte Buch des UmwG **keine Sondervorschriften** für die Spaltung unter Beteiligung von Personenhandelsgesellschaften und Partnerschaftsgesellschaften. Bei Anwendung der allgemeinen Regeln gilt folgendes:

624 **a) Spaltungsfähigkeit.** Spaltungsfähig sind nach § 125 iVm. § 3 Abs. 1 neben Partnerschaftsgesellschaften nur Personen**handels**gesellschaften, nicht auch die Gesellschaft bürgerlichen Rechts. Sollen auf eine solche Gesellschaft Vermögensteile im Weg der Gesamtrechtsnachfolge übertragen werden, wird der (umständliche) Weg der Abspaltung auf eine GmbH und alsdann deren Formwechsel in eine Gesellschaft bürgerlichen Rechts empfohlen,[1161] der nach § 191 Abs. 1 und 2 zulässig ist (vgl. Rn. 253 ff.). Für an einer Spaltung beteiligte **Partnerschaftsgesellschaften** gelten über § 125 auch die §§ 45a bis 45e über die Verschmelzung unter Beteiligung von Partnerschaftsgesellschaften. Das bedeutet insbesondere, dass bei einer Spaltung auf eine Partnerschaftsgesellschaft als übernehmender Rechtsträger Anteilsinhaber übertragender Rechtsträger an der Partnerschaftsgesellschaft nur beteiligt werden können, soweit sie natürliche Personen sind, die einen Freien Beruf ausüben, § 45a (vgl. Rn. 509). Anders als bei der Verschmelzung ergibt die Verweisung auf § 45a jedoch nicht, dass alle Anteilsinhaber

---

[1161] Vgl. *Widmann/Mayer* (1995) Rn. 350.

des übertragenden Rechtsträgers die Freiberuflerqualifikation haben müssen. Vielmehr folgt aus der Zulässigkeit der nicht verhältniswahrenden Spaltung (§ 128, vgl. Rn. 509), dass nur solche Anteilsinhaber des übertragenden Rechtsträgers gemeint sind, denen Mitgliedschaften der Partnerschaftsgesellschaft zugeteilt werden.[1162] Da bei der **Ausgliederung** die als Gegenleistung zu gewährenden Anteile oder Mitgliedschaften des empfangenden Rechtsträgers dem ausgliedernden Rechtsträger und nicht dessen Anteilsinhabern zu gewähren sind (§ 123 Abs. 3), käme eine Ausgliederung auf eine Partnerschaftsgesellschaft nur in Betracht, wenn der ausgliedernde Rechtsträger eine natürliche Person wäre, die einen freien Beruf ausübt. Eine solche Konstellation lässt sich nach dem UmwG (§§ 3, 125) jedoch nicht herstellen.[1163]

b) Vollkaufmännische Tätigkeit. Bei der Spaltung zur Neugründung einer Personenhandelsgesellschaft kommt es seit der Änderung des § 105 Abs. 2 HGB und der Aufhebung des § 4 HGB durch das HRefG nicht mehr darauf an, dass mit Hilfe der übertragenen Vermögensteile (zB Teilbetrieb) eine vollkaufmännische Tätigkeit ausgeübt werden kann. Insoweit gilt entsprechend, was zum Formwechsel einer GmbH in eine Personenhandelsgesellschaft gesagt ist (vgl. Rn. 221).

625

c) Beteiligung von mindestens zwei Gesellschaftern. Bei Auf- und Abspaltung zur Neugründung einer Personenhandelsgesellschaft müssen an der übertragenden GmbH mindestens zwei Gesellschafter beteiligt sein, weil diese Gesellschafter der neuen Gesellschaft werden und es Einmann-Personenhandelsgesellschaften nicht gibt. § 135 Abs. 2 S. 3 ist auf diesen Fall nicht anwendbar.[1164] Deshalb ist auch eine **Ausgliederung zur Neugründung** einer Personenhandelsgesellschaft **nicht möglich,** weil das zur Entstehung einer Einmann-Personenhandelsgesellschaft führen würde.[1165]

626

d) Spaltung zur Neugründung einer GmbH & Co. KG. Bei einer Spaltung zur Neugründung einer GmbH & Co. KG entstehen die gleichen Probleme wie beim Formwechsel einer GmbH in eine GmbH & Co. KG, wenn die vorgesehene Komplementär-GmbH noch nicht existiert oder nicht an der übertragenden GmbH beteiligt ist (vgl. Rn. 244). Es sollte also die Komplementär-GmbH vor der Spaltung an der übertragenden GmbH beteiligt werden, wobei auch eine nur treuhänderische Beteiligung in Betracht kommt. Eine **simultane Umwandlung** ist nicht zu empfehlen (vgl. iE Rn. 244).

627

e) Gewährung der Stellung eines persönlich haftenden Gesellschafters oder Kommanditisten. Bei der Spaltung der GmbH auf eine Personenhandelsgesellschaft hat der Spaltungsvertrag oder der Spaltungsplan für jeden Gesellschafter der GmbH zusätzlich zu bestimmen, ob ihm in der Personenhandelsgesellschaft die Stellung eines persönlich haftenden Gesellschafters oder eines Kommanditisten gewährt wird. Dabei ist der Betrag der Einlage jedes Gesellschafters festzusetzen. Den GmbH-Gesellschaftern ist die Stellung eines Kommanditisten einzuräumen, es sei denn, dass alle betroffenen Gesellschafter dem etwas anderes bestimmenden Spaltungsvertrag oder Spaltungsplan zustimmen, § 125 iVm. § 40.

628

f) Barabfindungsangebot. Den der Spaltung der GmbH auf eine Personenhandelsgesellschaft widersprechenden Gesellschaftern ist ein Barabfindungsangebot zu machen, § 125 iVm. §§ 29 ff., vgl. Rn. 87, 326.

629

[1162] Zutr. *Lutter/Teichmann* Umwandlungsgesetz Anh. § 137 Rn. 19.
[1163] AA offenbar *Lutter/Teichmann* Umwandlungsgesetz Anh. § 137 Rn. 19.
[1164] So zutr. *Schmitt/Hörtnagl/Stratz* UmwG § 124 Rn. 5; ähnlich *Kallmeyer/Kallmeyer* § 135 Rn. 14.
[1165] So zutr. *Schmitt/Hörtnagl/Stratz* UmwG § 124 Rn. 27.

630 **g) Spaltungsbericht.** Ein Spaltungsbericht ist bei einer an einer Spaltung beteiligten Personenhandelsgesellschaft nicht erforderlich, wenn alle Gesellschafter zur Geschäftsführung berechtigt sind, § 125 iVm. § 41.

631 **h) Spaltungsbeschluss.** Der Spaltungsbeschluss einer Personenhandelsgesellschaft bedarf der Zustimmung aller Gesellschafter, § 125 iVm. § 43 Abs. 1. Eine im Gesellschaftsvertrag enthaltene **Mehrheitsklausel** für den Beschluss muss mindestens eine Dreiviertelmehrheit vorsehen und dem **Bestimmtheitsgrundsatz** genügen (vgl. Rn. 492). In einer solchen Mehrheitsklausel liegt eine grds. Aufhebung der Unübertragbarkeit von Gesellschaftsanteilen der Personenhandelsgesellschaft nur dann, wenn die Klausel das unzweifelhaft erkennen lässt und nicht nur den Umwandlungsfall regelt.[1166] § 13 Abs. 2 ist auf den generellen Ausschluss der Übertragbarkeit von Gesellschaftsanteilen unmittelbar nicht anzuwenden.[1167]

632 **i) Wiederaufleben der Kommanditistenhaftung, Nachhaftung der persönlich haftenden Gesellschafter.** Die Abspaltung von Vermögensteilen einer KG kann zum Wiederaufleben der Kommanditistenhaftung nach § 172 Abs. 4 HGB führen, wenn das buchmäßige Kapitalkonto des Kommanditisten, gemindert um den gemeinen Wert der bei der Abspaltung erhaltenen Anteile, die Hafteinlage nicht mehr deckt.[1168] Werden bei der Abspaltung von einer Personenhandelsgesellschaft auf eine GmbH Verbindlichkeiten auf die GmbH übertragen, kommt eine Nachhaftung der persönlich haftenden Gesellschafter der übertragenden Personenhandelsgesellschaft nach § 125 iVm. § 45 in Betracht, soweit nicht (bei der Betriebsaufspaltung) die Sonderregelung des § 134 eingreift.[1169]

633 **13. Steuerrecht der Spaltung unter Beteiligung von Personenhandelsgesellschaften.** Hier ist zu unterscheiden:

634 **a) Auf- und Abspaltung auf eine Personenhandelsgesellschaft.** Bei der Auf- und Abspaltung einer GmbH auf eine Personenhandelsgesellschaft gelten nach § 16 UmStG die §§ 3 bis 8, 10 und 15 UmStG entsprechend. Über die Verweisung auf § 15 gelten auch die §§ 11 bis 13 UmStG. Jedoch hat die direkte Verweisung auf die §§ 3 bis 8, 10 Vorrang vor der mittelbaren Verweisung auf die für die Verschmelzung von Körperschaften mit Körperschaften geltenden §§ 11 bis 13.[1170] Welchen Zweck die Verweisung auf § 15 UmStG hat, ist unklar. Nach der Amtl. Begr. zu § 16 UmStG[1171] scheint sie sich nur auf die in § 15 Abs. 1 bis 4 UmStG genannten Voraussetzungen zu beziehen, was bedeuten würde, dass die §§ 11 bis 13 UmStG nicht anwendbar wären.[1172] Streitig war deshalb insbesondere, ob für das auf die Personenhandelsgesellschaft übergehende und das gegebenenfalls bei der GmbH verbleibende Vermögen die Teilbetriebsvoraussetzungen (§ 15 Abs. 1 UmStG) vorliegen müssen und die Missbrauchstatbestände (§ 15 Abs. 3 UmStG) nicht gegeben sein dürfen (vgl. Rn. 576 bis 583). Die Frage ist schon in der Vorauflage (Rn. 597 mit Meinungsstand) tendenziell bejaht worden und darf heute wohl als nicht mehr streitig anzusehen sein.[1173] Soweit

---

[1166] *Reichert* GmbHR 1995, 176, 181.
[1167] *Reichert* GmbHR 1995, 176, 180, 181; aA offenbar *Widmann/Mayer* (1995) Rn. 428.
[1168] Vgl. *WidmannMayer* (1995) Rn. 430; aA *Naraschewski* DB 1995, 1265, 1268, der § 172 Abs. 4 HGB bei der Spaltung nicht anwenden will.
[1169] *Widmann/Mayer* (1995) Rn. 431.
[1170] *Widmann/Mayer* (1995) Rn. 507; *Dehmer* UmStG § 16 Rn. 1.
[1171] S. 10.
[1172] So *Dehmer* UmStG § 16 Rn. 1 bis 3.
[1173] Vgl. UmStErl. Tz. 15.10, 15.13; *Haritz/Benkert* § 16 Rn. 13, 14, 20; *Lutter/Schaumburg* Umwandlungsgesetz Anh. § 151 Rn. 9, 18 ff.; *Schmitt/Hörtnagl/Stratz* UmStG § 16 Rn. 14, 18.

Gesellschafter bei Abspaltung an der übertragenen GmbH beteiligt bleiben, sind zur Berechnung des Übernahmegewinns die **Anschaffungskosten** bzw. die **Buchwerte** der Anteile an der übertragenden GmbH **aufzuteilen**. Ein verbleibender Verlustvortrag der übertragenden GmbH mindert sich in dem Verhältnis, in dem das Vermögen auf die Personenhandelsgesellschaft übergeht, § 16 S. 3 UmwStG, d. h. ein **Verlustvortrag geht nicht über**. Im Übrigen kann infolge der Verweisungen in § 16 UmwStG in vollem Umfang auf die Erläuterungen zur steuerlichen Behandlungen der Verschmelzung einer GmbH mit einer Personenhandelsgesellschaft Bezug genommen werden (vgl. Rn. 506 iVm. Rn. 230–243, 252).

b) Auf- und Abspaltung auf eine GmbH. Bei der Auf- und Abspaltung einer Personenhandelsgesellschaft auf eine GmbH liegt steuerlich eine Einbringung in eine Kapitalgesellschaft iSd. § 20 UmwStG vor, wobei als **Einbringende** die Gesellschafter der Personenhandelsgesellschaft angesehen werden,[1174] die deshalb auch die Geschäftsanteile an der GmbH erhalten. Die steuerliche Behandlung entspricht damit derjenigen der Verschmelzung einer Personenhandelsgesellschaft auf eine GmbH, so dass auf die Erläuterungen in Rn. 497 iVm. Rn. 282–297, 304 verwiesen werden kann.

635

c) Ausgliederung auf eine Personenhandelsgesellschaft. Bei der Ausgliederung von einer GmbH auf eine Personenhandelsgesellschaft handelt es sich steuerlich um eine Einbringung in eine Personengesellschaft iSd. § 24 UmwStG. Vorausgesetzt wird, dass die einbringende GmbH **Mitunternehmer** der Personenhandelsgesellschaft wird, was im Allgemeinen der Fall ist, wenn die GmbH persönlich haftender Gesellschafter oder Kommanditist wird und ihre Gesellschafterrechte vertraglich nicht soweit eingeschränkt werden, dass ein Mitunternehmerrisiko entfällt.[1175] § 24 UmwStG spricht nur von der Einbringung eines Betriebs, Teilbetriebs oder Unternehmeranteils, nicht auch wie § 15 Abs. 1 S. 3 und § 20 Abs. 1 UmwStG von Anteilen an einer Kapitalgesellschaft. Nach hM wird aber jedenfalls die 100 %-ige Beteiligung an einer Kapitalgesellschaft wie ein Teilbetrieb behandelt.[1176] Die Regelungen des § 24 UmwStG dienen dem gleichen Zweck wie diejenigen des § 20 und sind entsprechend ausgestaltet. Die Ausgliederung kann deshalb **ertragsteuerneutral** durch **Fortführung der Buchwerte** durchgeführt werden. Da § 24 Abs. 4 UmwStG die entsprechende Geltung des § 22 anordnet, geht ein **Verlustvortrag** nicht über (vgl. Rn. 604). Eine **steuerliche Rückbeziehung** der Einbringung ist jedoch anders als bei der Einbringung in eine Kapitalgesellschaft (vgl. Rn. 605) **nicht** vorgesehen. Steuerlicher Einbringungszeitpunkt ist deshalb regelmäßig der Tag der Eintragung der Ausgliederung im Handelsregister der übertragenden GmbH, § 131 UmwStG (vgl. Rn. 605). Hinsichtlich der **Verkehrsteuern** gilt entsprechend, was bei der Einbringung nach § 20 UmwStG gesagt ist (vgl. Rn. 606, 607).

636

d) Ausgliederung auf eine GmbH. Bei der Ausgliederung von einer Personenhandelsgesellschaft auf eine GmbH gelten wiederum die §§ 20 bis 22 UmwStG, so dass auf die Erläuterungen in den Rn. 282 ff., 497, 601 Bezug genommen werden kann.

637

[1174] *Widmann/Mayer* (1995) Rn. 81.
[1175] Vgl. *Schwedhelm* Tz. 384; eingehend *Schmitt/Hörtnagl/Stratz* UmwStG § 24 Rn. 114 ff.
[1176] Vgl. *Schmitt/Hörtnagl/Stratz* UmwStG § 24 Rn. 69.

XXVIII. Ausgliederung aus dem Vermögen eines Einzelkaufmanns zur Aufnahme in eine GmbH oder zur Neugründung einer GmbH
(§§ 152 bis 160 UmwG 1994)

Literatur: Vgl. die Angaben bei XXVI, insbesondere: Beck'sches HdB GmbH/*Orth* § 14; *Ihrig* Gläubigerschutz durch Kapitalaufbringung bei Verschmelzung und Spaltung nach neuem Umwandlungsrecht, GmbHR 1995, 622; *Lutter/Karollus* Kölner Umwandlungsrechtstage, S. 157, 185 ff.; *Schöne* Die Spaltung unter Beteiligung von GmbH, 1998; *Schwedhelm* Die Unternehmensumwandlung, 3. Aufl. 1999; *Wilken* Zur Gründungsphase bei der Spaltung zur Neugründung, DStR 1999, 677.

Übersicht

	Rn.		Rn.
1. Normzweck	638	o) Zustimmungsbeschluss, weitere Zustimmungserfordernisse	654
2. Ausgliederung zur Aufnahme	639–658	p) Kapitalerhöhung	655
a) Eintragung des Einzelkaufmanns im Handelsregister	640	q) Anmeldung der Ausgliederung ..	656
b) Mehrere Unternehmen des Einzelkaufmanns	641	r) Erlöschen der Firma des Einzelkaufmanns	657
c) Nicht im Handelsregister eingetragener Einzelkaufmann	642	s) Haftung, Nachhaftung des Einzelkaufmanns	658
d) Zu Unrecht im Handelsregister eingetragener Einzelkaufmann ...	643	3. Ausgliederung zur Neugründung	659–667
e) Inländische Zweigniederlassung	644	a) Neugründung von Kapitalgesellschaften	660
f) Nießbraucher	645	b) Ausgliederungsplan	661
g) Erbengemeinschaft	646	c) Kein Ausgliederungsbericht	662
h) Testamentsvollstrecker	647	d) Sachgründungsbericht	663
i) Unternehmensbegriff	648	e) Zustimmungserfordernisse	664
j) Ausgliederungsverbot	649	f) Anmeldung der Ausgliederung	665
k) Prüfung des Registergerichts	650	g) Mitbestimmter Aufsichtsrat	666
l) Eintragung trotz Fehlens der Umwandlungsvoraussetzungen ..	651	h) Schlussbilanz	667
m) Ausgliederungsvertrag	652	4. Steuerrecht	668–670
n) Keine Prüfung des Ausgliederungsvertrages, kein Ausgliederungsbericht	653	a) Betrieb, Teilbetrieb, Ertragsteuern, Verkehrsteuern	669
		b) Zurückbehaltung von Wirtschaftsgütern, Einbringungsgewinn, Anschaffungskosten	670

638 **1. Normzweck.** Das UmwG 1994 behandelt die Umwandlung eines einzelkaufmännischen Unternehmens in eine GmbH als Fall der Spaltung (Ausgliederung) in den §§ 152 ff. Im alten Recht war diese Umwandlungsvariante als Fall der übertragenden (errichtenden) Umwandlung in den §§ 56a bis 56f. UmwG 1969 geregelt.[1177] Die Anwendungsfälle wurden erstreckt auf die Übertragung auf schon bestehende Gesellschaften (Personenhandelsgesellschaften, Kapitalgesellschaften, eingetragene Genossenschaften). Die Ausgliederung kann somit sowohl auf bestehende als auch auf neugegründete Rechtsträger erfolgen (auf letztere allerdings nur, wenn es sich um Kapitalgesellschaften handelt). Zweck der Regelung ist wie im alten Recht die Möglichkeit der Einbringung durch Sacheinlage eines Unternehmens im Wege der **Gesamtrechtsnachfolge**.

639 **2. Ausgliederung zur Aufnahme.** Diese Möglichkeit ist gegenüber dem alten Recht neu (vgl. Rn. 638).

640 **a) Eintragung des Einzelkaufmanns im Handelsregister.** Zulässig ist die Ausgliederung nur, wenn der Einzelkaufmann im **Handelsregister eingetragen** ist. Diese

---

[1177] Vgl. 2. Aufl. Rn. 334 ff.

Umwandlung **Anh. nach § 77**

Eintragung setzt nach dem HRefG den Betrieb eines vollkaufmännischen Handelsgewerbes nicht mehr voraus. Die frühere Versagung dieser Umwandlungsmöglichkeit für den Minderkaufmann hatte ohnehin nicht überzeugt.[1178] Nach wie vor nicht eingetragen werden kann das Unternehmen eines Rechtsanwalts, weil dieser kein Gewerbe betreibt.[1179]

b) Mehrere Unternehmen des Einzelkaufmanns. Betreibt ein Einzelkaufmann 641
unter verschiedenen Firmen mehrere Unternehmen, so darf er eines, mehrere oder alle in eine GmbH oder mehrere Gesellschaften mbH ausgliedern. Er braucht nicht für jedes Unternehmen eine rechtlich selbstständige Gesellschaft zu gründen.[1180] Die abweichende Meinung, wonach nur jeweils ein Unternehmen in jeweils eine GmbH ausgegliedert werden könne und die Umwandlung mehrerer Unternehmen in ein- und dieselbe GmbH eine vorherige Zusammenlegung der auszugliedernden Unternehmen erfordere,[1181] findet im Gesetz keine Stütze.[1182]

c) Nicht im Handelsregister eingetragener Einzelkaufmann. Ist der Einzel- 642
kaufmann nicht im Handelsregister eingetragen, kann die Ausgliederung gleichwohl eingetragen werden, wenn die Firma des Einzelkaufmanns vor der Ausgliederung in das Handelsregister eingetragen wird.[1183]

d) Zu Unrecht im Handelsregister eingetragener Einzelkaufmann. Ist der 643
Einzelkaufmann zu Unrecht im Handelsregister eingetragen, ist die Eintragung der Ausgliederung gleichwohl zulässig.[1184] Infolge der Erleichterung der Erlangung der Kaufmannseigenschaft durch das HRefG wird ein solcher Fall nur noch selten vorkommen. Gedacht werden kann an die Eintragung eines nicht gewerblichen Unternehmers, zB eines Freiberuflers, der die Kaufmannseigenschaft nur nach § 5 HGB erlangt hat. Der Registerrichter ist auch in solchem Falle weder berechtigt noch verpflichtet, die Eintragung der Ausgliederung abzulehnen. Eine andere Frage ist es, ob der Registerrichter vor Eintragung der Umwandlung die unrichtige Eintragung der Firma des Minderkaufmanns nach § 142 FGG von Amts wegen löschen und der Ausgliederung dadurch die Grundlage entziehen kann. Diese Frage ist zu bejahen.[1185]

e) Inländische Zweigniederlassung. Die inländische Zweigniederlassung eines 644
Einzelkaufmanns mit Hauptniederlassung im Ausland kann nicht ausgegliedert werden.[1186] Zwar erlaubt § 152 auch die Ausgliederung von Teilen eines Unternehmens. § 1 Abs. 1 lässt die Umwandlung aber nur zu, wenn der Einzelkaufmann („Rechtsträger") seinen Sitz im Inland hat (vgl. auch Rn. 18). Das ist beim Einzelkaufmann mit

---

[1178] Vgl. Voraufl. Rn. 603.
[1179] OLG Frankfurt/M. NJW-RR 2000, 770.
[1180] Nachw. vgl. 2. Aufl. Rn. 337; bejahend für das neue Recht auch *Lutter/Karollus* Kölner Umwandlungsrechtstage, S. 192; *Lutter/Karollus* Umwandlungsgesetz § 152 Rn. 40.
[1181] Nachw. vgl. 2. Aufl. Rn. 337.
[1182] Ablehnend für das neue Recht auch *Lutter/Karollus* Umwandlungsgesetz § 152 Rn. 32; *Widmann/Mayer/Mayer* UmwG § 152 Rn. 65; widersprüchlich *Schmitt/Hörtnagl/Stratz* UmwG § 152 Rn. 16, 17; unentschieden *Schwedhelm* Tz. 187.
[1183] Vgl. 2. Aufl. Rn. 339; *Schmitt/Hörtnagl/Stratz* UmwG § 152 Rn. 9; *Lutter/Karollus* Kölner Umwandlungsrechtstage, S. 186; *Lutter/Karollus* Umwandlungsgesetz § 152 Rn. 24; *Schwedhelm* Tz. 179.
[1184] Vgl. 2. Aufl. Rn. 339; *Lutter/Karollus* Umwandlungsgesetz § 152 Rn. 27; aA *Schmitt/Hörtnagl/Stratz* UmwG 152 Rn. 10.
[1185] Vgl. 2. Aufl. Rn. 339; insoweit zutr. *Schmitt/Hörtnagl/Stratz* UmwG § 152 Rn. 10; aA *Lutter/Karollus* § Umwandlungsgesetz § 152 Rn. 27.
[1186] AA *Schwedhelm* Tz. 189.

Hauptniederlassung im Ausland nicht der Fall.[1187] Inländische Zweigniederlassungen eines Einzelkaufmanns mit Sitz im Ausland können deshalb nur als Sacheinlage im Weg der Einzelrechtsnachfolge in eine GmbH eingebracht werden.

645   f) **Nießbraucher.** Der Nießbraucher eines einzelkaufmännischen Unternehmens hat zwar die volle unternehmerische Stellung, er ist Kaufmann und die Kaufmannseigenschaft des Bestellers endet mit der Nießbrauchsbestellung.[1188] Dennoch kann er eine Umwandlungserklärung nicht wirksam abgeben, weil er das Unternehmen nicht im Ganzen veräußern kann.[1189] Vielmehr bedarf er hierzu der Zustimmung des Bestellers.[1190] Entsprechendes gilt bei der **Verpachtung** des Unternehmens.[1191]

646   g) **Erbengemeinschaft.** Die Erbengemeinschaft, die das Handelsgeschäft nach dem Tod des Einzelkaufmanns weiterführt, ist als solche nicht Einzelkaufmann und deshalb zur Ausgliederung nicht zugelassen.[1192]

647   h) **Testamentsvollstrecker.** Führt der Testamentsvollstrecker das im Nachlass befindliche einzelkaufmännische Unternehmen im eigenen Namen als Treuhänder des Erben für dessen Rechnung fort,[1193] so ist er zur Veräußerung des Unternehmens und damit auch zur Umwandlung in eine GmbH berechtigt.[1194]

648   i) **Unternehmensbegriff.** Wie § 56a UmwG 1969 spricht § 152 von der Ausgliederung des „**Unternehmens**" des Einzelkaufmanns oder von Teilen desselben. Der Rückgriff auf den im UmwG 1994 grundsätzlich aufgegebenen Unternehmensbegriff (vgl. Rn. 8) war wohl durch die Notwendigkeit der Abgrenzung zum Privatvermögen des Einzelkaufmanns veranlasst.[1195] Die Amtl. Begr. lässt sich hierzu bei § 152 nicht aus. Die Begriffsverwendung ist jedoch nur insoweit von praktischem Interesse, als sie die Frage aufwirft, ob der Registerrichter prüfen muss, ob ein Unternehmen oder ein Teil desselben übertragen wird und welche Anforderungen an diese Merkmale zu stellen sind. Diese Frage ist klar zu verneinen, weil der Registerrichter mit einer solchen Prüfung überfordert wäre und diese auch im Widerspruch zu den sonstigen Spaltungsgrundsätzen stünde, die dem Parteiwillen keine Schranken setzen.[1196] Der Einzelkauf-

---

[1187] AA *Lutter/Karollus* Umwandlungsgesetz § 152 Rn. 26 für den Fall, dass das Heimatrecht des Einzelkaufmanns die Umwandlung zulässt, eine wohl nur theoretisch denkbare Gestaltung.

[1188] Vgl. *Staub/Brüggemann* § 1 Anm. 30.

[1189] Nachw. vgl. 2. Aufl. Rn. 340, ferner *Schmitt/Hörtnagl/Stratz* UmwG § 152 Rn. 12; *Schwedhelm* Tz. 182.

[1190] Vgl. *Lutter/Karollus* Umwandlungsgesetz § 152 Rn. 20.

[1191] Vgl. *Schmitt/Hörtnagl/Stratz* UmwG § 152 Rn. 12; *Lutter/Karollus* Umwandlungsgesetz § 152 Rn. 20; aA *Schwedhelm* Tz. 185 mit der Maßgabe, dass nicht die Pachtgegenstände auf die GmbH übergehen, sondern nur der Pachtvertrag.

[1192] HM, vgl. nur *Schmitt/Hörtnagl/Stratz* § 152 UmwG Rn. 4; *Widmann/Mayer/Mayer* § 152 Rn. 32; für Zulassung *Lutter/Karollus* Kölner Umwandlungsrechtstage, S. 188 m. Fn. 90 unter Bezugnahme auf *Damrau* NJW 1985, 2236, 2239; *Lutter/Karollus* Umwandlungsgesetz § 152 Rn. 16.

[1193] Vgl. *Baumbach/Hopt* HGB § 1 Rn. 23.

[1194] Vgl. *Staudinger/Reimann* § 2205 Rn. 103, 147; *Scholz/Priester* 7. Aufl. 1988, § 56a UmwG 1969 Rn. 3; *Widmann/Mayer/Mayer* § 152 Rn. 44; *Lutter/Karollus* Umwandlungsgesetz § 152 Rn. 21.

[1195] *Lutter/Karollus* Kölner Umwandlungsrechtstage, S. 191; das alte Recht sprach auch von der „Übertragung des Geschäftsvermögens, des dem Betrieb des zur Umwandlung bestimmten Unternehmens dient", § 51 Abs. 1 Nr. 2 UmwG 1969; vgl. auch Rn. 673 zur Ausgliederung des Unternehmens von Gebietskörperschaften.

[1196] Vgl. Amtl. Begr. S. 118 zur Frage der Betriebs- oder Teilbetriebseigenschaft der durch einen Spaltungsvorgang übertragenen Gegenstände.

mann kann also die auszugliedernden Vermögensteile frei bestimmen und dabei auch Gegenstände des Privatvermögens übertragen.[1197] Er hat Grenzen nur insoweit einzuhalten, als er bei der Ausgliederung zur Neugründung (Rn. 659ff.) die Kapitalaufbringungsregeln beachten muss.[1198] Auch private Verbindlichkeiten können frei übertragen werden, zB private Steuerschulden. Will der Einzelkaufmann allerdings die steuerlichen Vergünstigungen der Ausgliederung nutzen (wie im Regelfall), muss er gegenüber der Finanzbehörde den Nachweis der Ausgliederung eines Betriebs oder eines echten oder fiktiven Teilbetriebs erbringen (vgl. Rn. 602). Da der Einzelkaufmann beliebige Vermögensgegenstände in die Ausgliederung einbeziehen kann, stellt sich nicht mehr wie im alten Recht die Frage, ob Gegenstände des Betriebsvermögens zurückbehalten werden dürfen.[1199] Die Möglichkeit solcher Zurückhaltung eröffnet dem Einzelkaufmann die **Betriebsaufspaltung** im Weg der Gesamtrechtsnachfolge (vgl. Rn. 569, 589). Andererseits kann der Einzelkaufmann praktisch sein gesamtes Vermögen ausgliedern, also sowohl sein Geschäftsvermögen als auch sein Privatvermögen.[1200]

j) Ausgliederungsverbot. Von den Umwandlungsverboten des alten Rechts ist als 649 Ausgliederungsverbot noch die Vorschrift des § 152 S. 2 geblieben, wonach die Ausgliederung nicht erfolgen kann, wenn die Verbindlichkeiten des Einzelkaufmanns sein Vermögen übersteigen. Ob das der Fall ist, richtet sich nach einem **Vermögensvergleich,** bei dem das gesamte Privat- und Geschäftsvermögens des Einzelkaufmanns seinen privaten und geschäftlichen Verbindlichkeiten gegenüberzustellen ist, wobei die Vermögensgegenstände nicht mit ihrem Buchwert, sondern mit ihrem wirklichen Wert anzusetzen sind.[1201] Eine Fortführungsprognose wie bei der Feststellung eines Konkursgrunds nach § 64 GmbHG vor dem In-Kraft-Treten der InsO ist nicht anzustellen, da das Ausgliederungsverbot dem Gläubigerschutz dient und nichts mit der Überlebensfähigkeit des Einzelkaufmanns zu tun hat.[1202] Das Ausgliederungsverbot sollte nämlich nach altem Recht verhindern, dass der Einzelkaufmann Vermögenswerte auf eine Gesellschaft überträgt, die von seinen Privatgläubigern nicht in Anspruch genommen werden kann.[1203] Diese Überlegung trifft heute wegen der gesamtschuldnerischen Haftung nach § 133 (vgl. Rn. 543) allenfalls noch beschränkt zu, abgesehen davon, dass die Privatgläubiger sich stets an den Geschäftsanteil halten können, den der Einzelkaufmann für die Unternehmensübertragung erhält. Gegen die Beibehaltung dieses Umwandlungsverbots werden deshalb Bedenken geltend gemacht, zumal es auch gilt, wenn das einzelkaufmännische Unternehmen an sich lebensfähig ist und die Überschuldung im Privatbereich des Einzelkaufmanns ihre Ursache hat.[1204] Dennoch ergibt das Ausgliederungsverbot einen Sinn, weil die Ausgliederung bei Überschuldung des Einzelkaufmanns nach wie vor einen maroden Rechtsträger zurückließe, der lediglich eine Vermögensumschichtung vorgenommen hätte, woran auch unter Umstruk-

---

[1197] Amtl. Begr. S. 129; *Lutter/Karollus* Kölner Umwandlungsrechtstage, S. 191; *Schmitt/Hörtnagl/Stratz* UmwG § 152 Rn. 20; *Widmann/Mayer/Mayer* UmwG § 152 Rn. 102.
[1198] *Schwedhelm* Tz. 177.
[1199] Vgl. 2. Aufl. Rn. 357.
[1200] Vgl. auch Rn. 589; aA Beck'sches HdB GmbH/*Orth* § 14 Rn. 170.
[1201] Vgl. *Schmitt/Hörtnagl/Stratz* UmwG § 152 Rn. 25; *Lutter/Karollus* Umwandlungsgesetz § 152 Rn. 44.
[1202] Zutr. *Schmitt/Hörtnagl/Stratz* UmwG § 152 Rn. 25; *Lutter/Karollus* Umwandlungsgesetz § 152 Rn. 45, 46; *Widmann/Mayer/Mayer* UmwG § 152 Rn. 78.
[1203] Nachw. vgl. Voraufl. Rn. 345.
[1204] Vgl. *Schmitt/Hörtnagl/Stratz* UmwG § 152 Rn. 22, 23.

turierungsgesichtspunkten kein Interesse bestehen kann. Insoweit ist die Situation anders als bei einer sanierenden Verschmelzung (vgl. Rn. 312), weil dort der nicht mehr lebensfähige Rechtsträger mit der Eintragung der Verschmelzung erlischt. Im Übrigen kann eine „sanierende" Ausgliederung eines einzelkaufmännischen Unternehmens durch seine Einbringung in eine GmbH im Weg der Einzelrechtsnachfolge durchgeführt werden; denn der **Einmann-Sachgründung steht die Überschuldung** des Einzelkaufmanns **nicht entgegen.**[1205] Das Ausgliederungsverbot besteht ferner dann nicht, wenn das nach Durchführung der Ausgliederung verbleibende Vermögen des Einzelkaufmanns seine Schulden nicht mehr deckt.[1206]

650   **k) Prüfung des Registergerichts.** Eine Prüfung des Registergerichts auf das Nichtvorliegen der Überschuldung findet bei der Ausgliederung zur Aufnahme **nicht** statt. Ist aber **offensichtlich,** dass die Verbindlichkeiten des Einzelkaufmanns sein Vermögen übersteigen, hat der Registerrichter die Eintragung abzulehnen, § 154. „Offensichtlich" ist dieser Tatbestand nur, wenn er sich dem sachkundigen Registerrichter aus den gesamten Umständen der Ausgliederung ohne weiteres ergibt. Dabei darf er auch offenkundige Tatsachen (§ 291 ZPO) berücksichtigen, zB die Ablehnung eines Insolvenzantrags mangels Masse. Offensichtlich bedeutet zweifelsfrei.[1207] Abzulehnen ist die Auffassung, der Registerrichter könne vom Einzelkaufmann die Abgabe einer Versicherung verlangen, dass er nicht überschuldet sei.[1208] Diese aus dem alten Recht hergeleitete Auffassung ist schon deshalb nicht haltbar, weil dort (§ 56e Abs. 2 Nr. 3 UmwG 1969) ausdrücklich bestimmt war, dass die Eintragung auch abgelehnt werden musste, wenn die Verbindlichkeiten des Kaufmanns sein Vermögen überstiegen, was eine Pflicht zur grundsätzlichen Prüfung der Verschmelzung voraussetzte. Im neuen Recht soll eine solche Prüfung aber gerade vermieden werden (allerdings hat der Einzelkaufmann bei einer Ausgliederung zur Neugründung einer AG oder KGaA den Prüfern eine Vermögensaufstellung zur Feststellung vorzulegen, ob eine Überschuldung vorliegt, § 159 Abs. 3, und diese Aufstellung unterliegt der formellen Prüfung durch das Registergericht).

651   **l) Eintragung trotz Fehlens der Umwandlungsvoraussetzungen.** Wird die Ausgliederung in das Handelsregister eingetragen, obwohl die Umwandlungsvoraussetzungen nicht vorliegen, der Einzelkaufmann zB nicht im Handelsregister eingetragen oder überschuldet war, so ist die Ausgliederung gleichwohl wirksam, § 131 Abs. 2.

652   **m) Ausgliederungsvertrag.** Wie bei der Ausgliederung aus dem Vermögen einer GmbH hat der Einzelkaufmann mit der übernehmenden Gesellschaft oder den übernehmenden Gesellschaften einen Ausgliederungsvertrag zu schließen, § 126 (vgl. Rn. 521 ff., 592). Wirkt der Einzelkaufmann zugleich als Geschäftsführer der GmbH am Vertragsschluss mit, muss er bei der GmbH von den Beschränkungen des § 181 BGB befreit sein.[1209] Kernstück des Vertrags ist die Bezeichnung der übergehenden Gegenstände des Aktiv- und Passivvermögens, § 126 Abs. 1 Nr. 9 (vgl. Rn. 522ff.). Es

---

[1205] Nachw. vgl. 2. Aufl. Rn. 347.
[1206] Nachw. vgl. Voraufl. Rn. 345; ferner *Schmitt/Hörtnagl/Stratz* UmwG § 152 Rn. 26; *Lutter/Karollus* Umwandlungsgesetz § 152 Rn. 44; *Widmann/Mayer/Mayer* UmwG § 152 Rn. 77.
[1207] *Lutter/Karollus* Umwandlungsgesetz § 154 Rn. 4; so auch für § 38 Abs. 2 AktG *Hüffer* § 38 Rn. 8.
[1208] So aber *Schmitt/Hörtnagl/Stratz* UmwG § 154 Rn. 4; *Widmann/Mayer/Mayer* UmwG § 154 Rn. 12; *Kallmeyer/Kallmeyer* § 154 Rn. 5; zutr. dagegen *Lutter/Karollus* Umwandlungsgesetz § 154 Rn. 12.
[1209] *Schwedhelm* Tz. 291.

entfallen insbesondere Angaben zum Umtauschverhältnis (§ 126 Abs. 1 Nr. 3), desgleichen Angaben zur Aufteilung der gewährten Anteile (§ 126 Abs. 1 Nr. 10).

n) Keine Prüfung des Ausgliederungsvertrages, kein Ausgliederungsbericht. 653
Eine Prüfung des Ausgliederungsvertrags findet **nicht** statt, § 125 S. 2 (vgl. Rn. 593). Ein Ausgliederungsbericht ist für den Einzelkaufmann nicht erforderlich, § 153, da er nicht über seine eigenen Gründe für die Ausgliederung unterrichtet werden muss.[1210] Für die Gesellschafter der übernehmenden GmbH ist ein solcher Bericht aber von deren Geschäftsführern nach allgemeinen Regeln zu erstellen, es sei denn, dass alle Gesellschafter der aufnehmenden Gesellschaft hierauf verzichten (§ 125 iVm. § 8 Abs. 3, vgl. Rn. 330 ff.).

o) Zustimmungsbeschluss, weitere Zustimmungserfordernisse. Dem Ausgliederungsvertrag haben die Gesellschafter der übernehmenden GmbH durch Beschluss zuzustimmen (§ 125 iVm. § 13, vgl. Rn. 595). Ein Zustimmungserfordernis auf der Seite des Einzelkaufmanns kommt beim Bestehen einer **stillen Gesellschaft** in Betracht, jedoch nur im Innenverhältnis.[1211] Die **Zustimmung des Ehegatten** bei Zugewinngemeinschaft ist erforderlich, wenn das ausgegliederte Unternehmen das Vermögen des Einzelkaufmanns im ganzen ist, § 1365 Abs. 1 BGB. Der gesetzliche Vertreter eines **minderjährigen Einzelkaufmanns** bedarf der Genehmigung des Vormundschaftsgerichts nach § 1822 Nr. 3 BGB jedenfalls dann, wenn der Einzelkaufmann sein ganzes Unternehmen ausgliedert. 654

p) Kapitalerhöhung. Wie bei der Ausgliederung aus einer GmbH zur Aufnahme (vgl. Rn. 596) kommt bei der Ausgliederung aus dem Vermögen eines Einzelkaufmanns eine Kapitalerhöhung der übernehmenden Gesellschaft zur Schaffung der dem Einzelkaufmann zu gewährenden Geschäftsanteile in Betracht. 655

q) Anmeldung der Ausgliederung. Für die Anmeldung der Ausgliederung gelten die allgemeinen Regeln, insbesondere § 129, wonach die Geschäftsführer der übernehmenden GmbH auch zur Anmeldung der Ausgliederung zum Handelsregister des Einzelkaufmanns berechtigt sind. Der Anmeldung zum Register des Einzelkaufmanns ist u. a. die **Schlussbilanz** des Einzelkaufmanns beizufügen, § 125 iVm. § 17 Abs. 2, nicht aber der Anmeldung zum Register der übernehmenden oder neugegründeten Gesellschaft.[1212] Zu den gesetzlich nicht vorgeschriebenen **Ausgliederungs-Teilbilanzen** vgl. Rn. 526. Zur steuerlichen Schlussbilanz vgl. Rn. 283. 656

r) Erlöschen der Firma des Einzelkaufmanns. Gliedert der Einzelkaufmann sein gesamtes Unternehmen aus, so erlischt seine Firma mit der Eintragung der Ausgliederung, § 155 S. 1. Diese Rechtsfolge tritt an die Stelle der Eintragungswirkung nach § 131 Abs. 1 Nr. 2 (Erlöschen des übertragenden Rechtsträgers). Das Erlöschen der Firma ist von Amts wegen in das Register einzutragen, § 155 S. 2, d. h. eines Eintragungsantrags bedarf es nicht. Ob der Einzelkaufmann sein gesamtes Unternehmen ausgegliedert hat, muss das Gericht anhand der vom Einzelkaufmann (oder von den Geschäftsführern der übernehmenden GmbH, vgl. Rn. 656) mit der Anmeldung der Ausgliederung vorgelegten Unterlagen prüfen, erforderlichenfalls muss es nach § 12 FGG weitere Ermittlungen anstellen. Werden nur einzelne Unternehmensteile ausgegliedert, ist § 155 nur anwendbar, wenn der Einzelkaufmann mit den bei ihm verblie- 657

[1210] Amtl. Begr. S. 129.
[1211] Nachw. vgl. 2. Aufl. Rn. 341, ferner *Baumbach/Hopt* HGB § 230 Rn. 15; *Schmitt/Hörtnagl/Stratz* UmwG § 152 Rn. 29.
[1212] BayObLG ZIP 1999, 968 m. Anm. *Wilken* = EWiR 1999, 373 *(Neye)*.

benen Unternehmensteilen eine kaufmännischen Betrieb nicht weiterführen kann.[1213] Eine Fortführung der erloschenen Firma durch die übernehmende Gesellschaft ist nach § 125 S. 1 ausgeschlossen.

658 **s) Haftung, Nachhaftung des Einzelkaufmanns.** Nach § 156 S. 1 wird der Einzelkaufmann durch den Übergang von Verbindlichkeiten auf übernehmende Gesellschaften von der Haftung für die Verbindlichkeiten nicht befreit. Das ergibt sich bereits aus § 133 Abs. 1, der die gesamtschuldnerische Haftung aller an der Spaltung beteiligten Rechtsträger für die Verbindlichkeiten des übertragenden Rechtsträgers anordnet. Die Vorschrift des § 418 BGB über das Erlöschen von Sicherungsrechten bei Schuldübernahme ist nach § 156 S. 2 nicht anzuwenden, was jedoch nur eine Klarstellung bedeutet, da § 418 BGB bei Gesamtrechtsnachfolge ohnehin nicht anwendbar ist.[1214] Die Nachhaftung des Einzelkaufmanns ist jedoch nach dem Vorbild des § 45 **zeitlich begrenzt**, § 157 (vgl. Rn. 495, 279). Ungeregelt ist, ob die gesamtschuldnerische **Haftung** der übernehmenden Gesellschaft auch für die **Privatschulden** des Einzelkaufmanns gilt, wenn diese im Ausgliederungsvertrag nicht aufgeführt wurden. Im alten Recht haftete die übernehmende Gesellschaft für derartige Schulden nur, wenn die vom Einzelkaufmann übernommenen Vermögensgegenstände dessen Vermögen iSd. (inzwischen weggefallenen) § 419 Abs. 1 BGB darstellten.[1215] In solchem Fall bestand ein Umwandlungsverbot (§ 56a iVm. § 50 S. 2 Nr. 1 UmwG 1969). Dieses Verbot ist in das neue Recht offensichtlich deshalb nicht übernommen worden, weil § 133 Abs. 1 ganz allgemein die gesamtschuldnerische Haftung aller an der Spaltung beteiligten Rechtsträger anordnet und nach der Amtl. Begr.[1216] damit gerade Missbräuchen vorgebeugt werden sollte. Danach entspricht es der Logik, die Haftung der übernehmenden Gesellschaft auch auf die im Ausgliederungsvertrag nicht enthaltenen Privatschulden des Einzelkaufmanns zu erstrecken.[1217] Dass die **Nachhaftung** des Einzelkaufmanns in § 157 nur für die im Ausgliederungsvertrag aufgeführten Verbindlichkeiten zeitlich begrenzt wurde, steht nicht entgegen.

659 **3. Ausgliederung zur Neugründung.** Auf sie sind zunächst die Vorschriften über die Ausgliederung zur Aufnahme entsprechend anzuwenden, § 158. Im Besonderen gilt:

660 **a) Neugründung von Kapitalgesellschaften.** Die Ausgliederung kann nur zur Neugründung von Kapitalgesellschaften erfolgen, § 152 S. 1. Das ergibt sich aus dem begrifflichen Ausschluss der Gründung einer Einmann-Personenhandelsgesellschaft.[1218] Um den wirtschaftlichen Erfolg einer Ausgliederung zur Neugründung einer Personenhandelsgesellschaft zu erreichen, wird häufig die Gründung einer Personenhandelsgesellschaft mit keiner oder nur geringfügiger Einlage der Gesellschafter empfohlen, auf die alsdann eine Ausgliederung zur Aufnahme erfolgen könne.[1219]

661 **b) Ausgliederungsplan.** An die Stelle des Ausgliederungsvertrags tritt der Ausgliederungsplan (Ausgliederungserklärung) des Einzelkaufmanns, der den **Gesellschafts-**

[1213] Vgl. *Schmitt/Hörtnagl/Stratz* UmwG § 155 Rn. 2.
[1214] Vgl. *Schmitt/Hörtnagl/Stratz* UmwG § 156 Rn. 2.
[1215] § 56f Abs. 2 iVm. § 55 Abs. 3 UmwG 1969, vgl. 2. Aufl. Rn. 342.
[1216] S. 122.
[1217] Ebenso *Lutter/Karollus* Kölner Umwandlungsrechtstage, S. 199; *Lutter/Karollus* Umwandlungsgesetz § 156 Rn. 12.
[1218] Amtl. Begr. S. 128.
[1219] Vgl. zB *Karollus* S. 185.

Umwandlung Anh. nach § 77

vertrag der neuen GmbH enthalten muss (vgl. Rn. 574). Soll die neue Gesellschaft die **Ausgliederungskosten** tragen, sind diese in der Satzung der GmbH mit ihrem Betrag anzusetzen.[1220] Die Gründung der GmbH ist eine Einmann-Gründung.

c) Kein Ausgliederungsbericht. Ein Ausgliederungsbericht ist für den Einzelkaufmann nach § 153 nicht zu erstatten (vgl. Rn. 653) und für die neuzugründende GmbH nicht, weil sie noch nicht besteht (und überdies der Einzelkaufmann ihr einziger Gesellschafter ist). 662

d) Sachgründungsbericht. Es ist ein Sachgründungsbericht zu erstellen, § 159 Abs. 1 iVm. § 58 Abs. 1 (vgl. Rn. 597). 663

e) Zustimmungserfordernisse. Wie für die Ausgliederung zur Aufnahme ist für die Ausgliederung zur Neugründung gegebenenfalls die Zustimmung des **Ehegatten** nach § 1365 Abs. 1 BGB erforderlich. Entsprechendes gilt für die Genehmigung des **Vormundschaftsgerichts** beim minderjährigen Einzelkaufmann.[1221] 664

f) Anmeldung der Ausgliederung. Die Anmeldung der neugegründeten GmbH ist nach § 160 Abs. 1 vom Einzelkaufmann und allen Geschäftsführern (§ 78 GmbHG) vorzunehmen. Die Geschäftsführer können dabei in **Vollmacht** des Einzelkaufmanns handeln. Die Vollmachtserteilung kann sich durch Auslegung der Anmeldung der Geschäftsführer ergeben, vor allem dann, wenn der Anmeldung die Schlussbilanz des Einzelkaufmanns beigefügt ist, die nur zur Anmeldung der Ausgliederung (durch den Einzelkaufmann) benötigt wird (vgl. Rn. 667).[1222] Für den beurkundenden Notar gilt dagegen die Vollmachtsvermutung des § 129 FGG nicht, weil die dort vorausgesetzte Pflicht zur Anmeldung bei einer Ausgliederung nach dem UmwG nicht besteht.[1223] Die Mitglieder eines **mitbestimmten Aufsichtsrats** der neuen Gesellschaft müssen an der Anmeldung nicht mitwirken. Zwar sieht die Vorschrift auch die Anmeldung durch die Mitglieder des Aufsichtsrats einer neuen Gesellschaft vor, jedoch nur in Gemeinschaft mit den Mitgliedern des Vorstands. Ersichtlich hat § 160 Abs. 1 damit die Ausgliederung auf eine AG im Auge. Das wird bestätigt durch einen Vergleich mit dem UmwG 1969, welches die Anmeldevorschriften getrennt für die Ausgliederung auf eine AG in § 54 Abs. 1 und die Ausgliederung auf eine GmbH in § 56e Abs. 1 geregelt hatte. Das UmwG 1994 hat diese Regelungen in einer einzigen Vorschrift zusammengefasst. Eine Heranziehung von § 222 Abs. 1, der bei der Umwandlung einer Personenhandelsgesellschaft in eine GmbH auch die Mitglieder eines mitbestimmten Aufsichtsrats zur Anmeldung verpflichtet, ist nicht möglich, da es sich hierbei um eine Sondervorschrift für den rechtsdogmatisch anders gelagerten Formwechsel handelt (Rn. 275). 665

g) Mitbestimmter Aufsichtsrat. Nicht ohne weiteres klar ist, ob schon vor dem Wirksamwerden der Ausgliederung ein mitbestimmter Aufsichtsrat zu bilden ist. Zwar dürften einzelkaufmännische Unternehmen in der für das Eingreifen der Mitbestimmungsregeln erforderlichen Größenordnung (§ 1 Abs. 1 MitbestG) nicht häufig vorkommen. Sie bedürfen dann aber der Ausgliederungsmöglichkeiten in besonderem Maße. Auszugehen ist davon, dass bei der Ausgliederung anders als beim Formwechsel 666

[1220] *Schwedhelm* Tz. 227 unter Bezugnahme auf BGH GmbHR 1989, 250.
[1221] Vgl. Rn. 654; ebenso *Lutter/Karollus* Umwandlungsgesetz § 152 Rn. 18; *Schmitt/Hörtnagl/Stratz* UmwG § 152 Rn. 27; *Schwedhelm* Tz. 198; aA *Widmann/Mayer/Mayer* UmwG § 152 Rn. 87 hins. der Zustimmung des Ehegatten.
[1222] BayObLG NJW-RR 2000, 990 = EWiR 2000, 1013 *(Rottnauer)*.
[1223] BayObLG NJW-RR 2000, 990 = EWiR 2000, 1013 *(Rottnauer)*.

Anh. nach § 77 5. Abschnitt. Auflösung und Nichtigkeit der Gesellschaft

(Rn. 275) in dem Stadium zwischen der notariellen Beurkundung des Ausgliederungsplans, der den Gesellschaftsvertrag der GmbH enthalten muss (Rn. 556, 592, 678), und dem Wirksamwerden der Ausgliederung durch ihre Eintragung im Handelsregister des Einzelkaufmanns (§ 131 Abs. 1 Nr. 1) die Entstehung einer **Vorgesellschaft** nicht von vornherein zu verneinen ist; denn nach richtiger Ansicht ist auch die Rechtsfigur der Einpersonen-Vorgesellschaft anzuerkennen.[1224] Ob bei der Vorgesellschaft die Vorschriften über den mitbestimmten Aufsichtsrat eingreifen, ist jedoch umstritten. Nach einer etablierten Meinung gilt das MitbestG erst für die errichtete GmbH, während andere die Mitbestimmungsregeln auch auf die Vorgesellschaft anwenden wollen.[1225] Die Problematik ist im GmbH-Schrifttum bisher ohne Berücksichtigung der umwandlungsrechtlichen Besonderheiten erörtert worden. Diese beruhen darauf, dass zwischen der Einbringung eines Unternehmens als Sacheinlage außerhalb des UmwG und der Einbringung durch Ausgliederung nach Maßgabe des UmwG der grundlegende Unterschied besteht, dass sich die Einbringung im ersten Fall durch Einzelrechtsnachfolge und im zweiten Fall im Wege der Gesamtrechtsnachfolge vollzieht. Der Übergang des Vermögens findet bei der Ausgliederung erst mit ihrem Wirksamwerden statt, d.h. mit der Eintragung der Ausgliederung im Handelsregister des Einzelkaufmanns (§ 131 Abs. 1 Nr. 1). Das bedeutet, dass das Unternehmen nicht schon wie bei der normalen Gründung in die Vorgesellschaft einzubringen ist (§§ 7 Abs. 3, 8 Abs. 2 GmbHG), sondern gar nicht eingebracht werden kann. Die GmbH erwirbt demgemäß auch nach ihrer Eintragung im Handelsregister, die vor der Eintragung der Ausgliederung im Handelsregister des Einzelkaufmanns zu erfolgen hat (§§ 135 Abs. 1, 130 Abs. 1), keinen Einlageanspruch.[1226] Ob daraus folgt, dass die GmbH bis zur Eintragung der Ausgliederung in keiner Weise handlungs- und verpflichtungsfähig ist, weil sie kein Vermögen hat,[1227] kann dahinstehen; denn jedenfalls ist im Hinblick darauf, dass das Unternehmen des Einzelkaufmanns erst mit der Vollendung der Ausgliederung auf die neue GmbH übergehen kann, davon auszugehen, dass alles unternehmensbezogene Handeln des Einzelkaufmanns auch nach Beurkundung des Ausgliederungsplans bis zur Eintragung der Ausgliederung ihm und nicht der Vorgesellschaft zuzurechnen ist.[1228] Weil das Unternehmen nicht schon im Zustand der Vorgesellschaft übergehen kann, gehen auch die Arbeitsverhältnisse der Arbeitnehmer erst mit der Vollendung der Ausgliederung auf die neue GmbH über.[1229] Es ist danach mindestens zweifelhaft, ob der Ausgangspunkt für die Anwendung der Mitbestimmungsregeln in der Vorgesellschaft richtig ist, dass nämlich schon bei der Vorgesellschaft ein Unternehmen in der Größenordnung von mehr als 2000 Arbeitnehmern vorhanden sein kann, das des Mitbestimmungsschutzes bedarf. Der Meinung, dass die Regeln des MitbestG erst auf die errichtete GmbH anzuwenden sind, hat sich jüngst das BayObLG[1230] angeschlossen. Es hat im Hinblick hierauf die gerichtliche Ersatzbestellung der Arbeitnehmervertreter im

---

[1224] Vgl. hierzu eingehend MüKo AktG/*Pentz* § 41 Rn. 22 ff., 79 ff.
[1225] Zum Meinungsstand s. bei § 11 GmbHG Rn. 49 ff. und § 52 GmbHG Rn. 23.
[1226] Der grds. der Vorgesellschaft zusteht, vgl. MüKo AktG/*Pentz* § 36a Rn. 25.
[1227] So *Wilken* ZIP 1999, 969 und DStR 1999, 677.
[1228] Vgl. 2. Aufl. Rn. 360 zum alten Recht und die dort angegebene Literatur. Ähnlich *Lutter/Karollus* Umwandlungsgesetz § 159 Rn. 22, 31, der sogar im Anschluss an *Ihrig* GmbHR 1995, 622, 636 (für die Verschmelzung zur Neugründung) ein Handeln des Einzelkaufmanns für die Vorgesellschaft generell als unzulässig bzw. gar – mangels Vertretungsmacht – als unmöglich ansieht. Ebenso wohl auch *Wilken* ZIP 1999, 969 und DStR 1999, 677.
[1229] Vgl. auch Rn. 440 zur Verschmelzung durch Neugründung.
[1230] BB 2000, 1538 zur Ausgliederung eines Eigenbetriebs auf eine GmbH; vgl. hierzu Rn. 677.

Umwandlung   Anh. nach § 77

Aufsichtsrat nach § 104 AktG abgelehnt.[1231] Die umwandlungsrechtlichen Besonderheiten blieben dabei jedoch unerörtert.

h) Schlussbilanz. Der Anmeldung der Ausgliederung zum Register des Einzelkaufmanns ist nach § 17 Abs. 2 eine Schlussbilanz[1232] beizufügen, und zwar auch dann, wenn der Einzelkaufmann nur Teile seines Unternehmens ausgliedert.[1233] Der Beifügung der Schlussbilanz zur Anmeldung beim Register der neugegründeten GmbH bedarf es dagegen nicht, wohl aber der Beifügung des Sachgründungsberichts.[1234] Wird ein einzelkaufmännisches Unternehmen auf eine „kleine" GmbH (§ 267 Abs. 1 Nr. 1 HGB) zur Neugründung ausgegliedert, darf der Registerrichter die **Eintragung** der Umwandlung nicht generell von der Vorlage einer durch einen unabhängigen Prüfer geprüften und testierten Bilanz (§ 319 HGB) abhängig machen.[1235] Liegt die Schlussbilanz der rechtzeitigen Anmeldung nicht bei, so kann sie auf Zwischenverfügung des Registergerichts kurzfristig nachgereicht werden (vgl. Rn. 381). Für die Eintragung gilt i. Ü. die Regel des § 130 Abs. 1 S. 2, d. h. die Eintragung im Register der übernehmenden Gesellschaft ist mit dem Vermerk zu versehen, dass dass die Ausgliederung erst mit der Eintragung im Register des Einzelkaufmanns wirksam wird. Dieser Vermerk hat jedoch nur deklaratorische Bedeutung und unterliegt, sofern er sachlich richtig ist, nicht der Amtslöschung nach § 142 FGG, auch wenn er verspätet und damit möglicherweise rechtsfehlerhaft eingetragen wurde.[1236]   667

4. Steuerrecht. Sowohl die Ausgliederung zur Aufnahme als auch die Ausgliederung zur Neugründung sind steuerlich **Einbringungen** in eine Kapitalgesellschaft gegen Gewährung von Gesellschaftsrechten iSd. §§ 20 bis 22 UmwStG. Es gelten somit die Erläuterungen der Rn. 601–608 zur Ausgliederung aus dem Vermögen einer GmbH entsprechend. Diese Grundsätze sind bereits beim Formwechsel der Personenhandelsgesellschaft in eine Kapitalgesellschaft (Rn. 282 ff.) und bei der Verschmelzung von Personenhandelsgesellschaften mit Kapitalgesellschaften (Rn. 497) dargestellt worden. Zusammengefasst ergibt sich danach unter Berücksichtigung der Besonderheiten der Einbringung durch einen Einzelkaufmann folgendes: 668

a) Betrieb, Teilbetrieb, Ertragsteuern, Verkehrsteuern. Es muss ein Betrieb oder ein („echter" oder „fiktiver", vgl. Rn. 576) Teilbetrieb ausgegliedert werden (Rn. 602). Dann können die **Buchwerte** des ausgegliederten einzelkaufmännischen Unternehmens fortgeführt und damit die Ausgliederung **ertragsteuerneutral** gestaltet werden (Rn. 603). Ein **Verlustvortrag** geht nicht über (Rn. 604). Für die **steuerliche Rückwirkung** besteht ein **Wahlrecht** (Rn. 605), wobei der Ausgliederungsstichtag höchstens acht Monate vor der Anmeldung der Ausgliederung zur Eintragung in das Handelsregister liegen darf (§ 20 Abs. 8 UmwStG). **Umsatzsteuer** fällt nicht an (Rn. 606), wohl aber **Grunderwerbsteuer,** wenn Grundstücke übergehen (Rn. 607).   669

b) Zurückbehaltung von Wirtschaftsgütern, Einbringungsgewinn, Anschaffungskosten. Behält der Einzelkaufmann Wirtschaftsgüter zurück, die nicht mehr betrieblich genutzt werden, so gehen diese grds. in sein Privatvermögen über,   670

[1231] Deren Zulässigkeit bei der Vorgesellschaft außerhalb der Umwandlung häufig bejaht wird, vgl. MüKo AktG/*Pentz* § 31 Rn. 30 mN.
[1232] Zu dieser vgl. iE *Sauter*, FS Widmann, 2000, S. 99 ff.
[1233] Vgl. *Lutter/Karollus* Umwandlungsgesetz § 154 Rn. 11.
[1234] BayObLG ZIP 1999, 968 m. Anm. *Wilken* = EWiR 1999, 373 – *Neye*. Vgl. dazu auch Rn. 674.
[1235] OLG Düsseldorf DB 1995, 1392 für das alte Recht.
[1236] OLG Düsseldorf NZG 1999, 176.

was zur Realisierung der stillen Reserven führt. Der dabei entstehende Gewinn ist nach § 34 iVm. § 16 Abs. 3, 4 EStG tarifbegünstigt.[1237] Während bei der Ausgliederung aus dem Vermögen einer GmbH auf der Ebene der Gesellschafter keine steuerlichen Bewegungen stattfinden (Rn. 608), kann sich beim Einzelkaufmann ein Einbringungsgewinn ergeben, wenn die GmbH das eingebrachte Vermögen über dem Buchwert ansetzt. Dieser ist nach § 20 Abs. 5 S. 1 UmwStG iVm. §§ 16, 34 EStG als Veräußerungsgewinn tarifbegünstigt (vgl. Rn. 289). Wegen der Anschaffungskosten für die GmbH-Geschäftsanteile[1238] und der Entstehung „einbringungsgeborener" Anteile vgl. Rn. 290.

XXIX. Ausgliederung aus dem Vermögen von Gebietskörperschaften oder Zusammenschlüssen von Gebietskörperschaften zur Aufnahme durch eine GmbH oder zur Neugründung einer GmbH
(§§ 168 bis 173 UmwG 1994)

Literatur: Vgl. die Angaben bei I, insbesondere zum früheren und älteren Recht, ferner die Angaben bei XXVI, XXVII sowie bei XVIII Anh. § 77 der 2. Aufl. und *Sauter* Schlussbilanzen bei Spaltungen, FS Widmann, 2000, S. 99; *Schindhelm/Stein* Der Gegenstand der Ausgliederung bei einer Privatisierung nach dem UmwG, DB 1999, 1375; *Steuck* Die privatisierende Umwandlung, NJW 1995, 2887.

Übersicht

	Rn.		Rn.
1. Normzweck	671	d) Ausgliederungsbericht, Ausgliederungsbeschluss, Sachgründungsbericht, Wirkungen der Ausgliederung, Forthaftung	676
2. Durchführung der Ausgliederung ...	672–677		
a) Unternehmen im Ganzen	673		
b) Mehrere Gebietskörperschaften ..	674		
c) Rechtsformen der neuen Rechtsträger, keine Ausgliederung auf mehrere Rechtsträger	675	e) Mitwirkung eines mitbestimmten Aufsichtsrats bei der Anmeldung?	677
		3. Steuerrecht..................	678

671 **1. Normzweck.** Um Bund, Ländern, Gemeinden oder Zweckverbänden die Verselbstständigung und damit **Privatisierung** ihrer Regie- und Eigenbetriebe (zB Stadtwerke, Verkehrs- und Versorgungsbetriebe, Hafenbetriebe) zu erleichtern, hat schon das UmwG 1969 (§§ 57, 58) deren Umwandlung zugelassen, also die Übertragung des Vermögens solcher Betriebe im Wege der Gesamtrechtsnachfolge. Das UmwG 1994 hat die Ausgliederungsmöglichkeiten erweitert. Zugelassen ist jedoch nur die **Ausgliederung,** nicht die Auf- und Abspaltung, und zwar schon deswegen nicht, weil letztere die Gewährung von Gesellschaftsrechten an die Anteilsinhaber des übertragenden Rechtsträgers voraussetzen (§ 123 Abs. 1), die es bei Gebietskörperschaften und ihren Zusammenschlüssen nicht gibt.[1239] Vorausgesetzt wird, dass das öffentliche Recht der Ausgliederung nicht entgegensteht (§ 168 letzter Satzteil). Damit sind die Umwandlungsvoraussetzungen gegenüber dem alten Recht erleichtert, weil nach den §§ 57, 58 UmwG 1969 die Umwandlung nur möglich war, wenn das maßgebenden Bundes- oder Landesrecht sie vorsah oder zuließ. Umwandlungsverbote sieht das öffentliche Recht heute regelmäßig nicht vor, dagegen häufig Genehmigungsvorbehalte.[1240]

[1237] Vgl. *Schwedhelm* Tz. 233 bis 235.
[1238] Die in der Hand des Einzelkaufmanns grds. **Privatvermögen** sind, vgl. *Schwedhelm* Tz. 275.
[1239] Zutr. *Lutter/H. Schmidt* Umwandlungsgesetz Vor § 168 Rn. 4.
[1240] Vgl. die Zusammenstellung bei *Widmann/Mayer/Heckschen* § 168 Rn. 104 ff.

2. Durchführung der Ausgliederung. Sie richtet sich zunächst nach den allge- 672
meinen Vorschriften der §§ 123 Abs. 3, 125 iVm. den Verschmelzungsregelungen des
Zweiten Buches, soweit diese in § 125 nicht ausdrücklich ausgenommen sind. Folgende Besonderheiten sind zu beachten:

a) Unternehmen im Ganzen. Ausgegliedert werden kann nur ein Unternehmen 673
und dieses nur im Ganzen, nicht zu einem Teil, auch wenn dieser abspaltbar wäre. Das
ergibt sich unmittelbar aus § 168. Auf den **Unternehmensgegenstand** kommt es
nicht an. Als Unternehmen wird man ein organisatorisch verselbstständigtes Sondervermögen mit eigenem Haushaltsplan und eigener Buchführung verstehen können.[1241]

b) Mehrere Gebietskörperschaften. Die im früheren Recht streitig gebliebene 674
Frage, ob ein von mehreren Gebietskörperschaften gemeinsam betriebenes Unternehmen in eine GmbH umgewandelt werden kann, wird man im Hinblick auf den Text
des § 168 heute dahin beantworten können, dass die Ausgliederung eines solchen Unternehmens nur dann möglich ist, wenn die mehreren Gebietskörperschaften **zusammengeschlossen** sind.[1242]

c) Rechtsformen der neuen Rechtsträger, keine Ausgliederung auf mehrere 675
Rechtsträger. Die Ausgliederung kann zur Aufnahme durch eine bestehende Gesellschaft (Personenhandelsgesellschaft, Kapitalgesellschaft, eingetragene Genossenschaft)
oder zur Neugründung einer Gesellschaft (dann aber nur Kapitalgesellschaft und eingetragene Genossenschaft) erfolgen. Die Möglichkeit der Ausgliederung auf schon bestehende Rechtsträger ist gegenüber dem früheren Recht neu. Eine Ausgliederung auf
mehrere Rechtsträger ist jedoch nicht möglich.[1243]

d) Ausgliederungsbericht, Ausgliederungsbeschluss, Sachgründungsbericht, 676
Wirkungen der Ausgliederung, Forthaftung. Ein Ausgliederungsbericht ist von
der Gebietskörperschaft **nicht** zu erstatten, § 169 S. 1. Die Vorschrift entspricht § 153
bei der Ausgliederung aus dem Vermögen eines Einzelkaufmanns. Ebensowenig wie
dieser über seine Gründe für die Ausgliederung unterrichtet werden muss, bedarf die
ausgliedernde Gebietskörperschaft einer solchen Information (vgl. Rn. 653). Da die
Gebietskörperschaft keine Anteilseigner hat, ist bei ihr auch ein **Ausgliederungsbeschluss** entbehrlich, soweit das öffentliche Recht nicht etwas anderes vorschreibt,
§ 169 S. 2. Bei der übernehmenden Gesellschaft verbleibt es jedoch bei den allgemeinen Regeln, d.h. bei ihr muss sowohl ein Bericht erstattet werden, soweit auf diesen
nicht nach § 8 Abs. 3 verzichtet wird, als auch müssen die Anteilseigner einen Zustimmungsbeschluss fassen. Bei der Ausgliederung zur Neugründung entfällt dagegen
der Zustimmungsbeschluss bei der neuen GmbH. Für den **Sachgründungsbericht**
ordnet § 170 die entsprechende Anwendung des § 58 Abs. 1 an. Die Streitfrage, ob für
die Handelsregisteranmeldung eine **Schlussbilanz** des ausgegliederten Unternehmens
erforderlich ist oder nicht,[1244] ist weitgehend theoretischer Natur. Sie ist aufgekommen, weil § 125 uneingeschränkt auf § 17 verweist, nach dessen Abs. 2 (nur) der

---

[1241] Zum Unternehmensbegriff iSd. § 168 iE vgl. *Schindhelm/Stein* DB 1999, 1375; *Steuck* NJW 1995, 2887, 2888; *Lutter/H. Schmidt* Umwandlungsgesetz § 168 Rn. 9; *Widmann/Mayer/Heckschen* UmwG § 168 Rn. 131 bis 133 iVm. Rn. 42–64; vgl. ferner Rn. 648 zur Ausgliederung des Unternehmens eines Einzelkaufmanns und Rn. 8 zum Unternehmensbegriff des UmwG.
[1242] Zutr. *Lutter/H. Schmidt* Umwandlungsgesetz § 168 Rn. 8; aA *Widmann/Mayer/Heckschen* UmwG § 168 Rn. 9, 16.
[1243] Vgl. Amtl. Begr. bei *Neye* S. 299.
[1244] Bejahend *Widmann/Mayer/Heckschen* UmwG § 168 Rn. 24, 241; verneinend *Lutter/H. Schmidt* Umwandlungsgesetz § 168 Rn. 5.

Anh. nach § 77   5. Abschnitt. Auflösung und Nichtigkeit der Gesellschaft

Anmeldung zum Handelsregister des übertragenden Rechtsträgers eine Schlussbilanz beizufügen ist, mangels Eintragung der übertragenden Gebietskörperschaft im Handelsregister hier eine solche Eintragung aber nicht in Betracht kommt. Verneint man die Frage, so ist der Anmeldung zum Handelsregister der aufnehmenden oder neugegründeten GmbH eine Schlussbilanz der übertragenden Gebietskörperschaft nicht beizufügen. Hieraus darf indessen nicht geschlossen werden, dass kein Register in den Besitz einer Bilanz des ausgegliederten Unternehmens gelangt. In der Mehrzahl der Fälle dürfte es sich bei diesem um einen Eigenbetrieb handeln. In den Eigenbetriebsgesetzen und Eigenbetriebsverordnungen der Bundesländer ist die Bilanzierung überwiegend vorgeschrieben. Die Einbringung des Unternehmens in die GmbH ist bei der Ausgliederung zur Neugründung Sachgründung, was die Beteiligten zur Vorlage eines Sachgründungsberichts (§ 170) nötigt. Diesem wird bei der Einlage eines Unternehmens stets eine Einbringungsbilanz beigefügt, die zwar gesetzlich nicht vorgeschrieben, aber unumgänglich ist.[1245] In aller Regel wird einer derartigen Bilanz auch noch der Prüfungsbericht eines Wirtschaftsprüfers beigefügt. Überdies pflegt im Gesellschaftsvertrag der GmbH bei den Vorschriften über das Stammkapital und die Stammeinlagen im Falle der Sacheinlage eines Unternehmens zur Vereinfachung der Beschreibung der eingelegten Gegenstände gesagt zu werden, dass dieses mit Aktiven und Passiven „gemäß Bilanz zum ..." eingebracht werde und diese Bilanz wird dem Gesellschaftsvertrag als Bestandteil beigefügt. Der Gesellschaftsvertrag seinerseits ist bei der Ausgliederung in den Ausgliederungsplan aufzunehmen und der Anmeldung zum Handelsregister beizufügen (§§ 135, 136, 125, 37, 17). Schließlich ist es üblich, im Ausgliederungsplan der übertragenden Gebietskörperschaft bei der Bezeichnung der Gegenstände des Aktiv- und Passivvermögens (§ 126 Abs. 1 Nr. 9) auf eine beigefügte Bilanz Bezug zu nehmen. Und endlich erfordert die schon aus steuerlichen Gründen üblicherweise angestrebte **Buchwertverknüpfung** (§ 24) ohne Rücksicht auf eine bestehende Bilanzierungspflicht des übertragenden Rechtsträgers die Erstellung einer Schlussbilanz.[1246] Das Registergericht der übernehmenden Gesellschaft gelangt somit im Allgemeinen auch ohne förmlichen Hinweis auf eine beigefügte Schlussbilanz nach § 17 Abs. 2 in den Besitz einer solchen.[1247] – Abweichend von der Regelung des § 131 treten nach § 171 die **Wirkungen der Ausgliederung** schon mit der Eintragung im Register des übernehmenden oder, wenn zur Neugründung ausgegliedert worden ist, mit der Eintragung des neuen Rechtsträgers ein, weil Unternehmen von Gebietskörperschaften ohne eigene Rechtspersönlichkeit nicht in das Handelsregister eingetragen werden können.[1248] Wegen der **Forthaftung** der ausgliedernden Körperschaft und deren zeitliche **Begrenzung** vgl. §§ 172 und 173.

677   **e) Mitwirkung eines mitbestimmten Aufsichtsrats bei der Anmeldung?** Da Unternehmen von Gebietskörperschaften, insbesondere die so genannten Stadtwerke großer Gemeinden, wegen ihrer vielfältigen Versorgungssparten personalintensiv sind, ist bei der Ausgliederung zur Neugründung häufig ein mitbestimmter Aufsichtsrat in

---

[1245] Vgl. *Baumbach/Hueck/Fastrich* § 5 Rn. 31, 53.
[1246] Zutr. *Sauter*, FS Widmann, 2000, S. 99, 106.
[1247] Das BayObLG ZIP 1999, 968 m. Anm. *Wilken* = EWiR 1999, 373 *(Neye)* hat bei der Anmeldung der Ausgliederung des Unternehmens eines Einzelkaufmanns zur Neugründung einer GmbH die Notwendigkeit der Vorlage einer Schlussbilanz des Einzelkaufmanns nach § 17 Abs. 2 beim Register der neuen GmbH unter Hinweis auf den klaren Gesetzeswortlaut und die einhellige Meinung in der Literatur verneint, vgl. auch Rn. 656.
[1248] § 36 HGB aF, der solchen Unternehmen die Eintragung freistellte, ist durch das HRefG aufgehoben worden.

Umwandlung   **Anh. nach § 77**

der durch die Ausgliederung errichteten GmbH zu bilden. Bei der Frage, ob dieser bei der Anmeldung der neuen Gesellschaft mitzuwirken hat und deshalb zuvor schon seine Arbeitnehmervertreter gewählt sein müssen, treten die gleichen Probleme auf wie bei der Ausgliederung aus dem Vermögen eines Einzelkaufmanns. Auf die dortigen Ausführungen wird deshalb Bezug genommen (Rn. 665, 666).

3. Steuerrecht. Für die Ausgliederung von Gebietskörperschaften auf Kapitalgesellschaften enthält das UmStG keine Sonderregelungen. Vielmehr wird die Ausgliederung als **Einbringung** behandelt, für welche die §§ 20 bis 22 UmwStG gelten.[1249] Es kann deshalb auf die allgemeinen Ausführungen zur Einbringung von Betrieben in eine Kapitalgesellschaft (Rn. 601 ff.) Bezug genommen werden. Daraus ergibt sich insbesondere, dass ein **Verlustvortrag** nicht übergeht (Rn. 604).

678

XXX. Übertragung des Vermögens einer GmbH auf die öffentliche Hand
(§§ 174 bis 177 UmwG 1994)

Literatur: Vgl. die Angaben bei I, insbesondere: *Münch* Rückumwandlung einer GmbH in eine Betriebsform des öffentlichen Rechts, insbesondere in einen Eigenbetrieb, DB 1995, 550; *Schwedhelm* Die Unternehmensumwandlung, 3. Aufl. 1999, Tz. 1518 iVm. Tz. 110 ff.

Übersicht

	Rn.		Rn.
1. Normzweck	679, 680	b) Abweichungen von den Verschmelzungsregeln	683
2. Vollübertragung	681–683	3. Teilübertragung	684
a) Übertragungsvertrag, Übertragungsbericht, Zustimmungsbeschluss	682	4. Steuerrecht	685, 686
		a) Vollübertragung	685
		b) Teilübertragung	686

1. Normzweck. Vgl. zunächst Rn. 16. Die Vermögensübertragung ist entweder **Vollübertragung** oder **Teilübertragung.** Bei der Vollübertragung überträgt ein Rechtsträger unter Auflösung ohne Abwicklung sein ganzes Vermögen im Weg der Gesamtrechtsnachfolge auf einen anderen Rechtsträger, § 174 Abs. 1. Bei der Teilübertragung werden nur Vermögensteile durch partielle Gesamtrechtsnachfolge übertragen, § 174 Abs. 2. Die Vollübertragung folgt den Regeln der **Verschmelzung,** § 176 Abs. 1, die Teilübertragung den Regeln der **Spaltung** (Aufspaltung, Abspaltung, Ausgliederung), § 177. Der entscheidende **Unterschied** zu diesen anderen Umwandlungsarten liegt darin, dass die **Gegenleistung** für das übertragene Vermögen **nicht in Anteile oder Mitgliedschaften,** sondern in einer anderen Leistung besteht, § 174, zB einer Barzahlung. Zugelassen sind nur die Übertragung von einer Kapitalgesellschaft auf den Bund, ein Land, eine Gebietskörperschaft oder einen Zusammenschluss von Gebietskörperschaften (§ 175 Nr. 1) sowie Übertragungen im Bereich der Versicherungswirtschaft (§ 175 Nr. 2). Damit ist auch die Vermögensübertragung von einer **GmbH** auf die genannten übernehmenden Rechtsträger möglich. Das alte Recht ließ nur die Übertragung von einer AG oder KGaA auf die öffentliche Hand zu (§ 359 AktG aF).

679

Die Vermögensübertragung dient in der Regel als **Auffangstatbestand** für Sonderfälle.[1250] Ihre praktische Bedeutung ist demgemäß gering, zumal die Verstaatlichung

680

[1249] Vgl. *Lutter/Schaumburg* Umwandlungsgesetz Anh. § 173 Rn. 6, 11.
[1250] Amtl. Begr. S. 72.

nicht den Grundsätzen unserer Wirtschaftsordnung entspricht.[1251] Der umgekehrte Weg der Ausgliederung von Vermögen der öffentlichen Hand in Kapitalgesellschaften ist von größerer Bedeutung. Der durch die Privatisierung erhoffte Effekt tritt jedoch nicht immer ein. Da der Weg zurück durch den Zwang zur Aufdeckung und Versteuerung stiller Reserven nach dem früheren Umwandlungssteuerrecht verbaut war,[1252] unterblieben zuweilen an sich gewünschte Rückumwandlungen.[1253] Diese sind nach neuem Umwandlungssteuerrecht erleichtert.

681 **2. Vollübertragung.** Zugelassen ist nur die Vermögensübertragung von einem einzigen Rechtsträger auf einen anderen bereits bestehenden Rechtsträger. Eine Vermögensübertragung zur Neugründung ist nicht möglich, weil eine öffentliche Hand nicht durch einen privaten Rechtsakt geschaffen werden kann.

682 **a) Übertragungsvertrag, Übertragungsbericht, Zustimmungsbeschluss.** Die nach § 176 Abs. 1 vorgeschriebene Anwendung der Verschmelzungsregeln (vgl. Rn. 679) bedeutet insbesondere, dass ein Übertragungsvertrag abzuschließen ist, §§ 4 ff. (vgl. Rn. 313 ff.), ein Übertragungsbericht erstattet, § 8 (vgl. Rn. 330 ff.) und der Übertragungsvertrag geprüft werden muss, §§ 9 ff. (vgl. Rn. 341 ff.). Auch müssen bei der übertragenden GmbH die Gesellschafter der Übertragung durch Beschluss zustimmen, § 13 (vgl. Rn. 351 ff.).

683 **b) Abweichungen von den Verschmelzungsregeln.** Abweichend von den Verschmelzungsregeln **entfallen** nach § 176 Abs. 2 S. 1 und 3 die Angaben, die bei der Verschmelzung im Zusammenhang mit dem **Anteilstausch** stehen (§ 5 Abs. 1 Nr. 4, 5, 7). An die Stelle des Umtauschverhältnisses der Anteile treten Art und Höhe der Gegenleistung. An die Stelle des **Registers** des übernehmenden Rechtsträgers tritt das Register des Sitzes der übertragenden Gesellschaft, § 176 Abs. 2 S. 2. An die Stelle der Gewährung gleichwertiger Rechte im übernehmenden Rechtsträger (§ 23, Verwässerungsschutz) tritt ein Anspruch auf Barabfindung, auf den § 29 Abs. 1, § 30 und § 34 entsprechend anwendbar sind, § 176 Abs. 2 S. 4; denn gleichwertige Sonderrechte an der öffentlichen Hand sind nicht denkbar.[1254] Mit der Eintragung der Vermögensübertragung in das Handelsregister des Sitzes der übertragenden Gesellschaft geht deren Vermögen einschließlich der Verbindlichkeiten auf den übernehmenden Rechtsträger über und die übertragende Gesellschaft **erlischt**, ohne dass es einer besonderen Löschung bedarf, § 176 Abs. 3. § 176 Abs. 4 stellt klar, dass die Maßnahmen, die nach Staats- und Verwaltungsrecht für einen öffentlich-rechtlichen Rechtsträger erforderlich sind, den hierfür maßgebenden Vorschriften folgen müssen.[1255]

684 **3. Teilübertragung.** Für sie gelten nach § 177 Abs. 1 die **Spaltungsregeln** (vgl. Rn. 679). Je nach dem, ob bei der Teilübertragung die übertragende GmbH aufgelöst wird oder bestehen bleibt und wem die Gegenleistung zufließen soll, kommen entweder die Vorschriften über die Aufspaltung oder die Vorschriften über die Abspaltung und Ausgliederung zum Zug. Nach § 177 Abs. 2 sind i. Ü. die Abweichungen zu beachten, die auch für die Vollübertragung gelten (vgl. Rn. 683). An die Stelle des § 5 Abs. 1 Nr. 4, 5 und 7 tritt § 126 Abs. 1 Nr. 4, 5, 7 und 10.

685 **4. Steuerrecht. a) Vollübertragung.** Für die Vollübertragung gilt nach § 1 Abs. 2 UmwStG das Steuerrecht der **Verschmelzung** von Kapitalgesellschaften, so dass die

---
[1251] Vgl. *Gessler/Hefermehl/Eckardt/Kropff* § 359 Rn. 5.
[1252] „Einbahnstraße der Umwandlung", vgl. Rn. 230 m. Fn. 463.
[1253] Vgl. *Münch* DB 1995, 550.
[1254] Amtl. Begr. S. 134.
[1255] Amtl. Begr. S. 134.

Umwandlung **Anh. nach § 77**

§§ 11 bis 13 und § 19 UmwStG Anwendung finden (vgl. Rn. 418 ff.). Dabei ist aber zu beachten, dass § 11 Abs. 1 UmwStG die Sicherstellung der späteren Besteuerung der stillen Reserven bei der übernehmenden Körperschaft sowie die Nichtgewährung einer Gegenleistung oder einer Gegenleistung voraussetzt, die in Gesellschaftsrechten besteht. Da juristische Personen des öffentlichen Rechts als solche regelmäßig nicht körperschaftsteuerpflichtig sind (vgl. § 1 KStG) und Gesellschaftsrechte bei der Vermögensübertragung nicht gewährt werden, kommt eine **Buchwertfortführung** (vgl. Rn. 420) nur dann in Betracht, wenn das übergehende Vermögen bei der öffentlichen Hand kommunalrechtlich als **Sondervermögen** (Eigenbetrieb, vgl. § 1 Abs. 1 Nr. 6, § 4 KStG) geführt und eine Gegenleistung nicht gewährt wird. Das ist allerdings regelmäßig möglich, weil sich rechtlich selbstständige Versorgungsbetriebe meist zu 100 % im Besitz der jeweiligen öffentlichen Hand befinden.[1256] Gehören zu dem übergehenden Vermögen Grundstücke, fällt **Grunderwerbsteuer** an.[1257]

b) Teilübertragung. Für die Teilübertragung gelten nach § 1 Abs. 4 UmwStG die **686** §§ 15 und 19 UmwStG, soweit es sich um **Auf- und Abspaltungsvorgänge** handelt (vgl. Rn. 575 ff.). Weil § 15 UmwStG auch auf § 11 Abs. 1 UmwStG verweist, hat das zur Folge, dass nur die Aufspaltung oder Abspaltung von Teilbetrieben ohne Gegenleistung auf kommunale Eigenbetriebe (vgl. Rn. 685) ertragsteuerneutral durchgeführt werden kann.[1258] Die Vermögensübertragung durch **Ausgliederung** ist im UmwStG nicht erwähnt. Es gelten deshalb die allgemeinen Grundsätze über die Besteuerung der Veräußerung einzelner Wirtschaftsgüter oder von Teilbetrieben.[1259]

XXXI. Spruchverfahren
(§§ 305 bis 312 UmwG 1994)

Literatur: Vgl. die Angaben bei I, insbesondere und ferner: *Aha* Aktuelle Aspekte der Unternehmensbewertung im Spruchstellenverfahren, AG 1997, 26; *App* Das Spruchstellenverfahren bei der Abfindung von Gesellschaftern nach einer Umwandlung, BB 1995, 267; *Bork* Zuständigkeitsprobleme im Spruchverfahren, ZIP 1998, 550; *Bilda* Zur Dauer der Spruchstellenverfahren, NZG 2000, 296; *Bungert* Behebung der doppelten gerichtlichen Zuständigkeit bei Spruchverfahren wegen Doppelverschmelzungen, DB 2000, 205; *ders.* DAT/Altana: Der BGH gibt der Praxis Rätsel auf, BB 2001, 1163; *ders.* und *Eckert* Unternehmensbewertung nach Börsenwert: Zivilgerichtliche Umsetzung der BVerfG-Rechtsprechung, BB 2000, 1845; *DAV* Stellungnahme des Deutschen Anwaltvereins z. Referentenentwurf eines Spruchverfahrensneuordnungsgesetzes, NZG 2002, 119; *Erb* Der Gegenstandwert der Anwaltsgebühren im aktienrechtlichen Spruchverfahren nach §§ 306 VII AktG, 30 I KostO, NZG 2001, 161; *Fleischer* Die Barabfindung außenstehender Aktionäre nach den §§ 305 und 320b AktG; Stand-alone-Prinzip oder Verbundberücksichtigungsprinzip?, ZGR 1997, 368; *Großfeld* Börsenkurs und Unternehmenswert, BB 2000, 261; *Grunewald* Die neue Squeeze-out-Regelung, ZIP 2002, 18; *Henze* Aspekte und Entwicklungstendenzen der aktienrechtlichen Anfechtungsklage in der Rechtsprechung des BGH, ZIP 2002, 97; *ders.* Aktienrecht – Höchstrichterliche Rechtsprechung, 5. Aufl. 2002; *Heurung* Zur Anwendung und Angemessenheit verschiedener Unternehmenswertverfahren im Rahmen von Umwandlungsfällen (Teil I), DB 1997, 837; *Hüttemann* Börsenkurs und Unternehmensbewertung, ZGR 2001, 454; *Krieger* Spruchverfahren (§§ 305–312 UmwG), in *Lutter* Kölner Umwandlungsrechtstage, 1995, S. 275; *ders.* Squeeze-Out nach neuem Recht: Überblick und Zweifelsfragen, BB 2002, 53; *Kruschwitz/Löffler* Unendliche Probleme bei der Unternehmensbewertung, BB 1998, 1041; *Liebscher* Einschränkung der Verzinslichkeit des Abfindungsanspruchs dissentierender Gesellschafter gemäß §§ 30 Abs. 1 S. 2, 208 UmwG; 305 Abs. 3 S. 3, 1. Halbs. AktG, AG 1996, 455; *Lutter/Bezzenberger* Für eine Reform des Spruchverfahrens im Aktien- und Umwandlungsrecht, AG 2000, 433; 455; *Luttermann* Der „durchschnittliche" Börsenkurs bei Abfindung von Aktionären und Verschmelzungswertrelation, ZIP 2001, 869; *Maier-Reimer* Verbesserung des Umtauschverhältnisses in Spruchverfahren, ZHR 164 (2000),

---
[1256] Vgl. *Münch* DB 1995, 550; *Schwedhelm* Tz. 122.
[1257] Vgl. Rn. 430 mN (Fn.).
[1258] Vgl. *Schwedhelm* Tz. 126.
[1259] Vgl. *Schwedhelm* Tz. 127.

Anh. nach § 77 5. Abschnitt. Auflösung und Nichtigkeit der Gesellschaft

563; *Martens* Verschmelzung, Spruchverfahren und Anfechtungsklage in Fällen eines unrichtigen Umtauschverhältnisses, AG 2000, 301; *Meilicke* Insolvenzsicherung für die Abfindung außenstehender Aktionäre?, DB 2001, 2387; *W. Müller* Die Unternehmensbewertung in der Rechtsprechung, FS Bezzenberger, 2000, S. 705; *Neye* Konkurrierende gerichtliche Zuständigkeit für Spruchverfahren bei „überregionalen" Umwandlungsvorgängen, FS Widmann, 2000, S. 87; *ders.* Die Reform des Spruchverfahrens, NZG 2002, 23; *Adolf Pentz* Zur Kostenregelung der gerichtlichen Verfahren bei Beherrschungs- und Gewinnabführungsverträgen, DB 1990, 1317; *ders.* Geschäftswert, Gegenstandswert und Rechtsstellung des gemeinsamen Vertreters im Spruchstellenverfahren nach § 306 AktG, DB 1993, 621; *Andreas Pentz* Anm. zum BGH-Beschl. NZG 1999, 346; *ders.* Anm. zum Beschl. des OLG Düsseldorf NZG 1999, 941; *Philipp* Ist die Verschmelzung von Aktiengesellschaften nach dem neuen Umwandlungsrecht noch vertretbar?, AG 1998, 264; *Piltz* Unternehmensbewertung und Börsenkurs im aktienrechtlichen Spruchstellenverfahren, ZGR 2001, 185; *Reuter* Börsenkurs und Unternehmenswertvergleich aus Eignersicht, DB 2001, 2483; im Spruchverfahren, WM 1994, 45; *ders.* Spruchverfahren und Unternehmensbewertung im Wandel, WM 1999, 565; *Riegger* Der Börsenkurs als Untergrenze der Abfindung?, DB 1999, 1889; *Rodloff* Börsenkurs statt Unternehmensbewertung – Zur Ermittlung der Abfindung in Spruchstellenverfahren, DB 1999, 1149; *Schulenberg* Die Antragsberechtigung gemäß §§ 15, 305 ff. UmwG und die „Informationslast" des Antragstellers im Spruchverfahren, AG 1998, 74; *Seetzen* Die Bestimmung des Verschmelzungswertverhältnisses im Spruchverfahren, WM 1994, 45; *ders.* Spruchverfahren und Unternehmensbewertung im Wandel, WM 1999, 565; *Sinewe* Keine Anfechtungsklage gegen Umwandlungsbeschlüsse bei wertbezogenen Informationsmängeln, DB 2001, 690; *Stilz* Börsenkurs und Verkehrswert, ZGR 2001, 875; *Van Aerssen* Die Antragsbefugnis im Spruchstellenverfahren des Aktiengesetzes und im Spruchverfahren des Umwandlungsgesetzes, AG 1999, 249; *Vetter* Börsenkurs und Unternehmensbewertung, DB 2001, 1347; *Weiler/Meyer* Heranziehung des Börsenkurses zur Unternehmensbewertung bei Verschmelzungen, ZIP 2001, 2153; *Wiedemann* Minderheitsrechte ernstgenommen, ZGR 1999, 557; *Wilsing/Kruse* Maßgeblichkeit der Börsenkurse bei umwandlungsrechtlichen Verschmelzungen?, DStR 2001, 991.

Übersicht

	Rn.		Rn.
1. Normzweck	687, 688	h) Gemeinsamer Vertreter	699, 700
2. Zuständigkeit	689	i) Entscheidung, Rechtsmittel	701
3. Verfahren	690–703	j) Kosten des Verfahrens	702, 703
a) Antrag, Antragsberechtigung	691, 692	4. Analoge Anwendung der Spruchverfahrensvorschriften?	704–706
b) Antragsfrist	693	a) Anteilsinhaber des übernehmenden Rechtsträgers	704
c) Antragsgegner	694		
d) Antragsinhalt	695		
e) Bekanntmachung des Antrags	696	b) Übertragende Auflösung	705
f) Verfahren nach FGG	697	c) Delisting	706
g) Unternehmensbewertungen	698		

687 **1. Normzweck.** Das Spruchverfahren findet zur **Verbesserung des Umtauschverhältnisses** der Anteile in den Fällen der Verschmelzung (§ 15, vgl. Rn. 375) und des Formwechsels (§ 196, vgl. Rn. 96) statt sowie zur **Gewährung** oder **Verbesserung** einer **Barabfindung** in diesen Fällen (§ 34, vgl. Rn. 375; § 212, vgl. Rn. 92) und im Fall der Vermögensübertragung (§§ 174 bis 177, vgl. Rn. 679 ff.; §§ 178 bis 181, 184, 186). Diese Fälle sind in § 305 aufgeführt. Zu ihnen kommen über die Verweisung in § 125 S. 1 auch noch die Fälle der Spaltung. Ihnen ist gemeinsam, dass eine Klage zur Korrektur der Beeinträchtigung ausgeschlossen ist (§§ 14 Abs. 2, 32, vgl. Rn. 369; § 195 Abs. 2, vgl. Rn. 96; § 210, vgl. Rn. 81, 92). Die Klage soll nach einer neuen Rechtsprechung des BGH (vgl. Rn. 81, 176, 369, 459) auch wegen abfindungswertbezogener **Informationsmängel** im Zusammenhang mit der Barabfindung beim Formwechsel nicht mehr zulässig sein mit der Folge, dass Informationsrügen nur noch im Spruchverfahren erhoben werden können. Das Spruchverfahren bietet somit den **Ausgleich** dafür, dass im Interesse des Bestands einer Umwandlung deren Anfechtung wegen nicht ausreichender Entschädigung ausgeschlossen ist.[1260] Zugleich

---

[1260] Amtl. Begr. S. 169.

bietet das Spruchverfahren den Vorteil, dass grundsätzlich nur in einem einzigen Verfahren eine einzige Entscheidung für alle Anteilsinhaber ergeht, auch wenn sie sich am Verfahren nicht beteiligt haben.[1261]

Die Regelungen der §§ 305 ff. gehen auf Vorschriften des alten Rechts zurück.[1262] **688** Entsprechende Regelungen enthält das AktG in den §§ 304, 305, 306, 320 für die Festsetzung von Ausgleich und Abfindung zugunsten der außenstehenden Aktionäre beim Abschluss von Beherrschungs- und Gewinnabführungsverträgen sowie bei Eingliederungen. Die genannten Vorschriften sind durch das UmwBerG (Art. 6) dem UmwG angepasst worden, wobei § 320 AktG um die §§ 320a und 320b AktG erweitert wurde. Maßgebend war die Erwägung, dass Umwandlung (Verschmelzung) und Unternehmensvertrag zu dem gleichen wirtschaftlichen Ergebnis führen können.[1263] Inhaltsgleiche Regelungen enthält ferner § 327f AktG für die gerichtliche Nachprüfung der Abfindung beim Ausschluss von Minderheitsaktionären auf Verlangen des Hauptaktionärs, dem Aktien in Höhe von 95% des Grundkapitals gehören (**„Squeeze out"**).[1264] Im Unterschied zum Spruchverfahren nach dem UmwG wird das entsprechende Verfahren des AktG heute allgemein als „Spruchstellenverfahren" bezeichnet, wobei diese Bezeichnung im Gegensatz zu derjenigen des UmwG nicht amtlich ist.[1265] Da Zweck und Regeln beider Verfahren weitgehend übereinstimmen, können die in einem der beiden Verfahren ergehenden Gerichtsentscheidungen im Allgemeinen auch für das andere Verfahren übernommen werden.[1266] In neuerer Zeit haben sich die Stimmen gemehrt, welche die aus der Schwierigkeit der Materie folgende, meist überlange, Dauer beider Verfahren kritisieren[1267] und deshalb ihre

---

[1261] Zu einer etwaigen gerichtlichen Doppelzuständigkeit und damit zu voneinander abweichenden Gerichtsentscheidungen vgl. Rn. 689.

[1262] § 352c AktG, § 31a KapErhG, vgl. Vorauf. Rn. 460 ff.; oben Rn. 96.

[1263] Amtl. Begr. S. 178, 179.

[1264] Diese Ausschlussmöglichkeit hat das WpÜG durch Einfügung der §§ 327a bis 327f in das AktG mit Wirkung vom 1. 1. 2002 an eröffnet. Für die GmbH ist eine entsprechende Ausschlussmöglichkeit nicht eingeführt worden. Das aktienrechtliche Ausschlussverfahren kann aber im Zusammenhang mit dem Formwechsel der GmbH in die AG unter Missbrauchsgesichtspunkten eine Rolle spielen, vgl. Rn. 79 m. Fn. 213. Zum Squeeze-out vgl. auch Rn. 698 und Rn. 705.

[1265] Die Bezeichnung „Spruchstelle" geht auf § 135 Abs. 2 AktG 1937 zurück und bezeichnete den Spruchkörper, der über Meinungsverschiedenheiten zwischen den Abschlussprüfern und dem Vorstand über die Auslegung der Vorschriften über den Jahresabschluss und den Geschäftsbericht zu entscheiden hatte. Das Verfahren war in den §§ 27 ff. der 1. DVO zum AktG geregelt. Spruchstelle des ersten Rechtszugs war ein Zivilsenat des OLG, Spruchstelle des zweiten Rechtszugs das Reichsgericht. Das UmwG 1956 übernahm die Bezeichnung Spruchstelle für das Verfahren zur Feststellung der Abfindung ausscheidender Aktionäre und übertitelte den einschlägigen Abschnitt der §§ 30 ff. mit „Spruchverfahren". Die Begründung des RegE zu den (inzwischen aufgehobenen) Vorschriften der §§ 162 ff. AktG 1965, die an die Stelle des früheren § 135 Abs. 3 AktG traten, führt bei § 169 aus, dass man von der Verwendung der Bezeichnung Spruchstelle abgesehen habe, um nicht den Eindruck zu vermitteln, dass nicht ein ordentliches Gericht zuständig sei. In der Literatur fand sich jedoch bald für das Verfahren nach § 306 AktG das Wort „Spruchstellenverfahren", zB *Beyerle* in ZGR 1977, 650 ff. Das künftige **SpruchG** (vgl. Rn. 688) verwendet für sämtliche Verfahren nach dem AktG und dem UmwG einheitlich die Bezeichnung „Spruchverfahren".

[1266] Vgl. BayObLG EWiR 1996, 291 *(Hirte/Schaal);* vgl. auch Rn. 702.

[1267] Vgl. zB *Bilda* NZG 2000, 296. Eine Abkürzung der Verfahrensdauer verspricht sich *Neye* (EWiR 1999, 751) bei Berücksichtigung des Börsenkurses bei der Festsetzung der Abfindung (vgl. hierzu Rn. 698).

Anh. nach § 77   5. Abschnitt. Auflösung und Nichtigkeit der Gesellschaft

Reform fordern. Vorgeschlagen wird vor allem die Zusammenfassung der Spruchverfahrensregeln in einem geschlossenen Abschnitt des FGG, wodurch die Verfahrensregelungen des AktG und des UmwG gestrichen werden könnten.[1268] Auch der 63. Deutsche Juristentag[1269] und die Regierungskommission „Coporate Governance" haben sich für eine Neuregelung des Spruchverfahrens ausgesprochen. Das BVerfG hat in einem Nichtannahmebeschluss[1270] die Dauer eines landgerichtlichen Verfahrens von sieben Jahren noch als verfassungsrechtlich hinnehmbar bezeichnet und dies mit der Schwierigkeit des Verfahrens begründet, zugleich aber dem Landgericht Hinweise für eine zügige Fortsetzung und Beendigung des Verfahrens gegeben. Derzeit ist der Referentenentwurf eines Spruchverfahrensneuordnungsgesetzes des BMJ[1271] in der Diskussion, das alle einschlägigen bisherigen Regelungen des AktG und des UmwG in einem gesonderten Verfahrensgesetz **(Spruchverfahrensgesetz – SpruchG)** zusammenfasst und dessen Ziel es vordringlich ist, durch Verfahrensvereinfachung eine Abkürzung der Verfahrensdauer herbeizuführen. Da nicht abzusehen ist, wann und in welcher Form der Entwurf Gesetz wird,[1272] müssen sich die nachstehenden Erläuterungen auf die Darstellung des derzeitigen Rechtszustands beschränken, wobei an wichtigen Punkten auf die geplante Neuregelung hingewiesen wird.

689   **2. Zuständigkeit.** Zuständig ist das Landgericht, in dessen Bezirk der Rechtsträger, dessen Anteilsinhaber antragsberechtigt sind, seinen Sitz hat, § 306 Abs. 1. Da antragsberechtigt die Anteilinhaber der übertragenden bzw. formwechselnden Rechtsträger sind (vgl. Rn. 691), kommt es auf deren Sitz an. Nach § 306 Abs. 3 können die Länder die Zuständigkeit eines Zentralgerichts bestimmen. Von dieser Ermächtigung ist mehrfach Gebrauch gemacht worden.[1273] Es entscheidet die Kammer für Handelssachen, wenn bei dem Landgericht eine solche gebildet ist, § 306 Abs. 2. Das ist bei den Zentralgerichten stets der Fall. Zur Beschleunigung des Verfahrens sind dem Vorsitzenden einige Entscheidungen allein übertragen, wobei der Vorsitzende im Einverständnis der Beteiligten auch iÜ anstelle der Kammer entscheiden kann. Nehmen mehrere übertragende Rechtsträger an einer Verschmelzung teil, kann es zu einer doppelten gerichtlichen Zuständigkeit kommen, wenn deren Sitze in verschiedenen Gerichtsbezirken liegen und für diese keine Konzentrationszuständigkeit besteht.[1274] Zur Vermeidung widersprechender Entscheidungen der mehreren Gerichte wird die analoge Anwendung der §§ 4, 5 FGG empfohlen.[1275] Diese Empfehlung hat der Entwurf des **SpruchG** (Rn. 688) in seinem § 2 Abs. 1 aufgegriffen.

[1268] Vgl. den Gesetzesentwurf von *Lutter/Bezzenberger* AG 2000, 433, 444 ff.

[1269] Vgl. Beschluss Nr. 11 c.

[1270] AG 1999, 370.

[1271] Stand 26. 11. 2001, abgedruckt in NZG 2002, 25 ff.; vgl. dazu *Neye* NZG 2002, 23; *DAV* NZG 2002, 119.

[1272] Nach der derzeitigen Planung soll das Gesetz noch in der zweiten Jahreshälfte 2002 in Kraft treten, vgl. *Neye* NZG 2002, 23, 24.

[1273] Vgl. die Zusammenstellung in *Lutter/Krieger* Umwandlungsgesetz § 306 Rn. 6.

[1274] Vgl. *Bungert* DB 2000, 2051; LG Dortmund NZG 1999, 1175 m. Anm. *Behnke*.

[1275] *Bungert* DB 2000, 2051, der iÜ eine entsprechende gesetzliche Klarstellung vorschlägt; ebenso *Lutter/Bezzenberger* AG 2000, 433, 440 und *Neye*, FS Widmann, 2000, S. 87 ff.: der *Handelsrechtsausschuss des Deutschen Anwaltvereins e. V.* empfiehlt eine Gesetzesergänzung dahin, dass bei einer Verschmelzung mehrerer übertragender Rechtsträger das LG zuständig sein soll, in dessen Bezirk der übernehmende oder neue Rechtsträger seinen Sitz hat, NZG 2000, 802, 808; ähnlich *Bork* ZIP 1998, 550, 554, der auf die Problematik als erster hingewiesen hat und *Martens* AG 2000, 301, 308. Vgl. neuerdings auch BayObLG NZG 2002, 96 und dazu *Bork* NZG 2002, 163.

Umwandlung **Anh. nach § 77**

3. Verfahren. Seine Einleitung setzt einen Antrag voraus. **690**

a) Antrag, Antragsberechtigung. Antragsberechtigt sind nur die Anteilsinhaber **691** des übertragenden bzw. formwechselnden Rechtsträgers (vgl. §§ 15, 34, 196, 212).[1276] Nicht antragsberechtigt sind die Gesellschafter der übernehmenden Gesellschaft.[1277] Diesen steht nach der Gesetzeslage wegen eines zu hoch bemessenen Umtauschverhältnisses nur die Klage gegen den Umwandlungsbeschluss ihres Rechtsträgers zu, die nicht nach § 14 Abs. 2 beschränkt ist, aber innerhalb der Frist des § 14 Abs. 1 erhoben werden muss.[1278] Der BGH hat allerdings in zwei neueren Entscheidungen[1279] zum Formwechsel einer AG in eine GmbH die analoge Anwendung der §§ 210, 212 für die in der neuen Rechtsform verbleibenden Anteilseigner bei einem zu hohen Barabfindungsgebot erwogen (obiter). Dieselbe Situation besteht auch für die Minderheitsgesellschafter bei der Verschmelzung. Jedoch werden deren Belange als durch ihr Anfechtungsrecht de lege lata hinreichend geschützt angesehen.[1280] Nicht antragsberechtigt sind auch die Vertretungsorgane der übertragenden bzw. formwechselnden Rechtsträger. Die Voraussetzungen der Antragsberechtigung sind aber verschieden, je nach dem, ob es sich um die Überprüfung des Umtauschverhältnisses oder um die Überprüfung der Barabfindung handelt. Im ersten Fall ist jeder Anteilsinhaber antragsberechtigt, dessen Klagerecht ausgeschlossen ist (§§ 15 Abs. 1, 196 Abs. 1). Nicht vorausgesetzt wird, dass der Antragsteller gegen den Umwandlungsbeschluss gestimmt oder Widerspruch zur Niederschrift erklärt hat.[1281] Insoweit unterscheidet sich die Neuregelung von der Regelung des alten Rechts, die voraussetzte, dass der Antragsteller gegen den Beschluss gestimmt hatte.[1282] Im zweiten Fall hängt die Antragsberechtigung davon ab, dass der Antragsteller gegen den Umwandlungsbeschluss Widerspruch zur Niederschrift erklärt hat (§ 29 Abs. 1 S. 1, § 207 Abs. 1 S. 1, vgl. Rn. 87, 298). Nicht antragsberechtigt sind schließlich diejenigen Anteilsinhaber, die das Barabfindungsangebot angenommen haben und dadurch aus der übertragenden Gesellschaft ausgeschieden sind.[1283]

Zur Antragstellung ist auch berechtigt, wer den Anteil an dem übertragenden **692** Rechtsträger von einem zur Antragstellung berechtigten Anteilsinhaber durch Gesamtrechtsnachfolge oder Einzelrechtsnachfolge nach der Beschlussfassung über die Umwandlung **erwirbt**.[1284] Erfolgt der Erwerb während des Spruchverfahrens, so ist dieses nach § 265 ZPO im Fall der Einzelrechtsnachfolge vom Veräußerer fortzusetzen.[1285] Die Antragstellung kann ausnahmsweise **rechtsmissbräuchlich** sein, wenn zB ein Antragsteller eine einzige Aktie erwirbt, um ein Spruchverfahren aus eigennützigen Erwägungen durchzuführen.[1286]

[1276] Das kann auch ein Legitimationsaktionär sein, der in Prozessstandschaft den Antrag stellt, vgl. OLG Stuttgart NZG 2001, 854.
[1277] Zur Kritik hieran vgl. schon 2. Aufl. Rn. 460.
[1278] Vgl. Amtl. Begr. S. 87; *Lutter/Krieger* Kölner Umwandlungsrechtstage, S. 279.
[1279] NJW 2001, 1425 = GmbHR 2001, 200 und GmbHR 2001, 247, vgl. Rn. 81, 176.
[1280] *Henze* ZIP 2002, 97, 108; *ders.*, Aktienrecht Rn. 1358, dort allerdings die Einbeziehung in das Spruchverfahren fordernd.
[1281] Vgl. *Lutter/Krieger* Kölner Umwandlungsrechtstage, S. 278.
[1282] Vgl. 2. Aufl. Rn. 461.
[1283] OLG Düsseldorf ZIP 2001, 158.
[1284] Vgl. *Lutter/Krieger* Kölner Umwandlungsrechtstage, S. 279, 280.
[1285] Vgl. *Lutter/Krieger* Kölner Umwandlungsrechtstage, S. 280.
[1286] Vgl. *Hüffer* § 306 Rn. 7, der zutr. darauf hinweist, dass zwar das Erpressungspotential hier geringer ist als bei eintragungsbedürftigen Hauptversammlungsbeschlüssen, dass aber nicht davon gesprochen werden kann, es ließen sich für Missbräuche kaum relevante Beispiele finden.

693 b) **Antragsfrist.** Der Antrag kann nur **binnen zwei Monaten** nach dem Tag gestellt werden, an dem die Eintragung der Umwandlung als bekanntgemacht gilt, § 305. Das ist der Ablauf des Tages, an dem das letzte der die Bekanntmachung enthaltenden Blätter erschienen ist, § 19 Abs. 3 S. 2, § 201 S. 2.[1287] Die Frist ist eine **Ausschlussfrist** und beginnt auch dann zu laufen, wenn gegen den Umwandlungsbeschluss Klage erhoben ist.[1288] Die Antragstellung beim **unzuständigen Gericht,** auch dem Gericht des übernehmenden Rechtsträgers, wahrt die Frist nur, wenn der Antrag vor Ablauf der Frist beim zuständigen Gericht eingeht.[1289]

694 c) **Antragsgegner.** Der Antrag ist gegen den **übernehmenden oder neuen Rechtsträger** oder gegen den **Rechtsträger neuer Rechtsform** zu richten, im Falle einer **Gesellschaft bürgerlichen Rechts** gegen deren Gesellschafter, § 307 Abs. 2. Im Hinblick auf die Grundlagenentscheidung des BGH zur Rechts- und Parteifähigkeit der GbR[1290] und den dadurch anerkannten „Gruppencharakter" der GbR[1291] wird Halbs. 2 des § 307 Abs. 2 nur in modifizierter Form anzuwenden sein. Wer Antragsgegner ist, wird in § 5 des Entwurfs des **SpruchG** (Rn. 688) ausdrücklich geregelt. Gegenüber den Regelungen des UmwG ergeben sich keine Abweichungen.

695 d) **Antragsinhalt.** Richtet sich der Antrag auf Verbesserung des Umtauschverhältnisses, ist ein **Ausgleich durch bare Zuzahlung** zu beantragen (§§ 15 Abs. 1, 196). Geht er auf Erhöhung der Barabfindung, ist auf **Bestimmung der angemessenen Barabfindung** durch das Gericht anzutragen (§§ 34, 212). Bestimmte Beträge braucht der Antragsteller in beiden Fällen nicht zu verlangen. Für den **Zinsanspruch** (§§ 15 Abs. 2, 30 Abs. 1 S. 2, 196 Abs. 2, 208, vgl. Rn. 94, 96) ist ein besonderer Antrag nicht erforderlich.[1292]

696 e) **Bekanntmachung des Antrags.** Den Antrag hat das Landgericht im Bundesanzeiger bekanntzumachen, außerdem in den sonstigen Gesellschaftsblättern, falls solche im Gesellschaftsvertrag bestimmt sind, § 307 Abs. 3. Binnen zwei Monaten nach dieser Bekanntmachung können andere Antragsberechtigte eigene Anträge stellen (sog. **Anschlussantragsteller**). Hierauf ist in der Bekanntmachung hinzuweisen, § 307 Abs. 3 S. 2 und 3. Werden innerhalb der zweimonatigen Antragsfrist des § 305 mehrere, zeitlich auseinanderliegende Anträge gestellt, so ist nur der erste Antrag bekanntzumachen mit der Folge, dass die weitere Zweimonatsfrist des § 307 Abs. 3 S. 2 mit dieser Bekanntmachung beginnt.[1293] Anschlussantragsteller können nach Ablauf der Antragsfrist gemäß § 305 Anträge nur insoweit stellen, als sie sich mit den Anträgen der ursprünglichen Antragsteller decken. Ist von diesen nur eine Verbesserung des Umtauschverhältnisses beantragt, können Anschlussantragsteller keine Erhöhung der Barabfindung beantragen.[1294]

[1287] Vgl. Rn. 114.
[1288] Vgl. *Lutter/Krieger* Umwandlungsgesetz § 305 Rn. 10.
[1289] KG ZIP 2000, 498.
[1290] NJW 2001, 1056 = DStR 2000, 310 m. Anm. *Goette*; vgl. dazu auch Rn. 275 m. Fn. 555.
[1291] Vgl. *Goette* vorherige Fn.
[1292] Vgl. 2. Aufl. Rn. 231; *Lutter/Krieger* Kölner Umwandlungsrechtstage, S. 283. Die relativ hohe Verzinsung soll nach der Amtl. Begr. (S. 88) zu § 15 eine Verzögerung des Spruchverfahrens verhindern. Die meist lange Dauer dieses Verfahrens hat jedoch andere Ursachen (vgl. Rn. 687), worauf *Philipp* AG 1998, 264, 270 mit Recht hinweist, so dass die hohe Verzinslichkeit kein geeignetes Mittel zu ihrer Beseitigung ist; für Einschränkung der Verzinslichkeit (durch teleologische Reduktion) auch *Liebscher* AG 1996, 455.
[1293] Vgl. 2. Aufl. Rn. 231; Amtl. Begr. S. 170; *Lutter/Krieger* Kölner Umwandlungsrechtstage, S. 284.
[1294] Vgl. *Lutter/Krieger* Kölner Umwandlungsrechtstage, S. 284.

Umwandlung **Anh. nach § 77**

f) Verfahren nach FGG. Auf das Verfahren ist das FGG anzuwenden, soweit in 697 den §§ 307 ff. nichts anders bestimmt ist, § 307 Abs. 1. Es gilt also insbesondere der Amtsermittlungsgrundsatz des § 12 FGG. **Anwaltszwang** besteht vor dem Landgericht nicht. Das Landgericht hat jeden verpflichteten Rechtsträger zu hören, § 307 Abs. 4.

g) Unternehmensbewertungen. Kernstück des Verfahrens ist die **Überprüfung** 698 **des Umtauschverhältnisses** und der **Angemessenheit der Barabfindung.** Hierzu sind Unternehmensbewertungen[1295] unumgänglich. Diese liegen zwar üblicherweise schon vor, weil in den Umwandlungsberichten (Verschmelzungsberichten, Spaltungsberichten, Übertragungsberichten) und den Prüfungsberichten der Prüfer zum Umtauschverhältnis und zur Angemessenheit der Barabfindung Stellung genommen werden muss. Die Objektivität dieser Bewertungen wird von den Antragstellern aber stets in Zweifel gezogen, weshalb in der Verfahrenspraxis die Einholung eines gerichtlichen Sachverständigengutachtens (Amtsermittlung) ebenso wie in den Fällen der §§ 304 ff. AktG die Regel ist. Zwar wird das Gericht die Einholung eines Sachverständigengutachtens nicht beschließen, wenn der Antragsteller keine konkreten Angriffe gegen die der Umwandlung zugrunde liegenden Bewertungen erhebt. Solche Angriffe lassen sich aber leicht führen und nicht ohne weiteres durch Einschaltung der Umwandlungsprüfer erledigen.[1296] Einen breiten Raum nehmen deshalb die Erörterungen zur Auswahl des gerichtlichen Sachverständigen ein, den das Gericht tunlich erst bestellt, wenn alle Verfahrensbeteiligten sich mit ihm einverstanden erklären. Sind Aktiengesellschaften am Spruch- oder Spruchstellenverfahren beteiligt und haben deren Aktien einen **Börsenkurs,** so ist dieser in die Bewertung einzubeziehen. Grundlegend für den Zwang zu dessen Berücksichtigung sind die Beschlüsse des BVerfG v. 27. 4. 1999[1297] und v. 8. 9. 1999.[1298] In der dazu entstandenen Literatur[1299] und der Rechtsprechung zur Umsetzung der Beschlüsse des BVerfG war streitig, ob es auf einen Durchschnittskurs während eines Referenzzeitraums ankommt[1300] oder den Börsenkurs am Tag der Beschlussfassung der Hauptversammlung.[1301] Das BVerfG hatte diesen Punkt ausdrücklich offengelassen, einen Durchschnittskurs zur Vermeidung eines Missbrauchs beider Sei-

---

[1295] Zu diesen vgl. Rn. 89, 320, 335 und ausführlich *Seetzen* WM 1999, 565; *ders.* DB 1997, 837; *ders.* WM 1994, 45; *Kruschwitz/Löffler* DB 1998, 1041; *Aha* AG 1997, 26; BayObLG WM 1996, 526. Als Untergrenze des Unternehmenswertes sollte der Liquidationswert angesetzt werden.
[1296] Von der generellen Einschaltung der Umwandlungsprüfer versprechen sich auch die Reformvorschläge von *Lutter/Bezzenberger* AG 2000, 433, 438 ff. (vgl. Rn. 689) eine Verbesserung. Das künftige **SpruchG** (Rn. 688) misst den Erkenntnissen der Umwandlungsprüfer erhebliches Gewicht bei und schreibt grundsätzlich deren Anhörung als sachverständige Zeugen in der mündlichen Verhandlung vor (§ 9 Abs. 2 des E), wobei eine Änderung des UmwG dahin vorgesehen ist, dass die Umwandlungsprüfer vom Gericht ausgewählt und bestellt werden. Dessen ungeachtet soll es dem Gericht unbenommen sein, weitere Sachverständige zu beauftragen (vgl. *Neye* NZG 2002, 23, 24). De lege lata haben schon das OLG Düsseldorf (EWiR 2001, 247 *(Vetter)* und BB 2001, 1108) sowie das LG Frankfurt (BB 2001, 1813) die Einschaltung der Umwandlungsprüfer als gerichtliche Sachverständige als ausreichend und unbedenklich erklärt.
[1297] NZG 1999, 931 – DAT/Altana = EWiR 1999, 751 *(Neye).* Angedeutet hatte sich eine Tendenz zur Berücksichtigung des Börsenkurses bereits in der Entscheidung des BayObLG ZIP 1998, 1872 = EWiR 1998, 965 *(Luttermann),* die der Beschl. des BVerfG nicht erwähnt, worauf *Neye* aaO zutr. hinweist.
[1298] ZIP 1999, 1804.
[1299] Vgl. zB *Großfeld* BB 2000, 261; *Bungert/Eckert* BB 2000, 1845; *Riegger* DB 1999, 1889; *Rodloff* DB 1999, 1149.
[1300] So OLG Stuttgart DB 2000, 709 m. Anm. *Drüke* = EWiR 2000, 109 *(Luttermann).*
[1301] So OLG Düsseldorf BB 2000, 1905 = EWiR 2000, 751 *(W. Müller).*

ten aber für möglich gehalten. Der BGH[1302] hat sich erwartungsgemäß für einen Referenzkurs entschieden, der aus dem Mittel der Börsenkurse der letzten drei Monate vor dem Stichtag (Tag der Hauptversammlung) gebildet wird. Zugleich hat der BGH die grundsätzliche Verbindlichkeit des Börsenkurses festgelegt und ein Ausweichen auf den Schätzwert (Unternehmenswert) nur ausnahmsweise für den Fall zugelassen, dass der Schätzwert höher ist als der Börsenwert und auch das grundsätzlich nur bei der Bewertung der Untergesellschaft.[1303] Diese Maßgaben sind in der Literatur nicht ohne Kritik geblieben. So wird geltend gemacht, die Anknüpfung des Endzeitpunkts des Referenzzeitraums an den Tag der Hauptversammlung sei ungeeignet, Kursmanipulationen zu verhindern, weshalb auf einen früheren Zeitpunkt zurückgegangen werden müsse, etwa den der Veröffentlichung des Unternehmensvertrags oder der Bekanntgabe des Abfindungsangebots.[1304] Ferner wird das bloße Abstellen auf den Kurs im Referenzzeitraum bemängelt und eine Gewichtung nach Aktienumsätzen empfohlen.[1305] Als nicht überzeugend wird es angesehen, dass der höhere Schätzwert grundsätzlich nur bei der Untergesellschaft zugrundegelegt werden soll, bei der Obergesellschaft nur unter besonderen Umständen.[1306] In diesem Zusammenhang wird die Bewertung aller beteiligten Gesellschaften nach einheitlichen Bewertungsmaßstäben gefordert,[1307] was zur Folge hätte, dass der Börsenkurs als Bewertungsmaßstab ausscheidet, wenn nur eine der beteiligten Gesellschaften börsennotiert ist. Eine endgültige Stellungnahme zu dieser Kritik erscheint derzeit verfrüht. Den weiterführenden Überlegungen zur Börsenwertentscheidung des BGH ist jedoch zu folgen, soweit sie aus ihr das künftige Einfließen von **Synergieeffekten** in die Bewertung herauslesen[1308] und ihre Erstreckung auf **Verschmelzungssachverhalte**[1309] propagieren.

699 h) **Gemeinsamer Vertreter.** Zur Wahrung der Rechte der außenstehenden Anteilsinhaber, die nicht selbst Antragsteller (oder Anschlussantragsteller) sind, hat das Gericht einen gemeinsamen Vertreter zu bestellen, § 308 Abs. 1 S. 1. Werden nebeneinander die Festsetzung eines Ausgleichs durch bare Zuzahlung und die Festsetzung der angemessenen Barabfindung beantragt, so ist für jeden Antrag ein gemeinsamer Vertreter zu bestellen, § 308 Abs. 1 S. 3, d. h. für jede Antragsart je ein gemeinsamer Vertreter.[1310] **Außenstehende Anteilsinhaber** können nach dem Zweck der Bestellung des gemeinsamen Vertreters nur die Anteilsinhaber sein, die keinen Antrag gestellt

---

[1302] WM 2001, 856 (zu §§ 304, 305 AktG) auf Vorlage des OLG Düsseldorf (vorherige Fn.) = NZG 2001, 893 m. Anm. *Bauer* = EWiR 2001, 605 *(Wenger);* vgl. dazu *Luttermann* ZIP 2001, 869.

[1303] Ähnlich zuvor schon das LG München I ZIP 2000, 1055 = EWiR 2000, 595 *(Vetter);* zum Vorrang des Ertragswerts, wenn der Börsenkurs hinter diesem zurückbleibt, s. auch BayObLG NZG 2001, 1033, 1035 und 1137 = EWiR 2001, 1027 *(Luttermann).*

[1304] *Bungert* BB 2001, 1163, 1164 ff.; *Stilz* ZGR 2001, 875, 887 ff.; *Vetter* DB 2001, 1347, 1348 ff.; zuvor schon in diesem Sinne LG Dortmund NZG 2001, 1145 m. Anm. *Bauer:* Ende des Referenzzeitraums am Tag der Bekanntgabe des Abfindungsangebots.

[1305] *Stilz* ZGR 2001, 875, 891.

[1306] *Vetter* DB 2001, 1347, 1353.

[1307] *Piltz* ZGR 2001, 185, 211.

[1308] *Reuter* DB 2001, 2383, 2387 ff.; *Stilz* ZGR 2001, 875, 889 ff.; vgl. auch Rn. 320.

[1309] *Hüttemann* ZGR 2001, 454, 477; *Piltz* ZGR 2001, 185, 205 ff.; *Reuter* DB 2001, 2483, 2489; *Weiler/Meyer* ZIP 2001, 2153; differenzierend *Wilsung/Kruse* DStR 2001, 991; abl. *Bungert* BB 2001, 1163, 1166; vgl. auch Rn. 459.

[1310] Der E des **SpruchG** (Rn. 688) behält das Rechtsinstitut des gemeinsamen Vertreters bei, jedoch soll künftig im Regelfall ein einziger gemeinsamer Vertreter genügen, auch wenn Abfindungs- und Ausgleichsleistungen nebeneinander verlangt werden, § 7 des E.

haben, obwohl sie antragsberechtigt sind.[1311] Die Bestellung eines gemeinsamen Vertreters kann unterbleiben, wenn die Wahrung der Rechte der (außenstehenden) Anteilsinhaber auf andere Weise sichergestellt ist, § 308 Abs. 1 S. 4. Weder zur wortgleichen Vorschrift des § 306 Abs. 4 S. 4 AktG noch zu § 33 Abs. 1 S. 2 UmwG 1969, woher die Vorschrift kommt, ist geklärt worden, wann diese Voraussetzungen vorliegen. Im Allgemeinen wird hierzu der von *Koppensteiner*[1312] erwähnte Fall zitiert, dass sich der übernehmende Rechtsträger bereits mit sämtlichen außenstehenden Anteilsinhabern geeinigt hat[1313] und BayObLG,[1314] wo die Bestellung als nicht erforderlich angesehen wurde, weil die antragstellende Schutzvereinigung für Wertpapierbesitz die Gewähr für die Interessenwahrung der nicht antragstellenden Anteilsinhaber biete. Für die Praxis ist deshalb davon auszugehen, dass die Bestellung eines gemeinsamen Vertreters die Regel ist. Das Gericht hat die Bestellung des gemeinsamen Vertreters im Bundesanzeiger und etwaigen anderen Gesellschaftsblättern bekanntzumachen, § 308 Abs. 1 S. 4 iVm. § 307 Abs. 3 S. 1. Ob außenstehende Dritte dem Spruchverfahren als **Nebenintervenienten** beitreten können, dürfte im Allgemeinen schon wegen mangelnden Rechtsschutzinteresses zu verneinen sein.[1315]

Der gemeinsame Vertreter hat die Stellung eines **gesetzlichen Vertreters** der außenstehenden Anteilsinhaber, § 308 Abs. 1 S. 2. An deren Weisungen ist er nicht gebunden. Er kann abberufen werden, zB wenn die Notwendigkeit für seine Bestellung entfällt.[1316] Der gemeinsame Vertreter kann das Verfahren auch nach Rücknahme eines Antrags weiterführen und steht in diesem Fall einem Antragsteller gleich, § 308 Abs. 3. Diese Vorschrift regelt eine Streitfrage des alten Rechts auch für das Verfahren nach § 306 AktG, dessen Abs. 4 durch das UmwBerG ein Satz 10 angefügt wurde, wonach § 308 Abs. 3 UmwG anzuwenden ist. Hierdurch soll Manipulationen der betroffenen Unternehmen durch „Auskaufen" der Antragsteller zu Lasten der außenstehenden Anteilsinhaber der Boden entzogen werden.[1317]

i) Entscheidung, Rechtsmittel. Die Entscheidung des Gerichts ergeht durch zu begründenden **Beschluss**, der den Beteiligten zuzustellen ist, § 307 Abs. 5.[1318] Die positive Entscheidung besteht in der Festsetzung einer baren Zuzahlung beim Angriff

700

701

[1311] Zutr. *Schmitt/Hörtnagl/Stratz* UmwG § 308 Rn. 15; zur Problematisierung des Begriffs vgl. *Lutter/Krieger* Kölner Umwandlungsrechtstage, S. 288, 289.
[1312] In Kölner KommAktG § 306 Rn. 12.
[1313] Vgl. zB *Lutter/Krieger* Kölner Umwandlungsrechtstage, § 308 Rn. 4; *Schmitt/Hörtnagl/Stratz* UmwG § 308 Rn. 6.
[1314] EWiR 1992, 5 *(Hommelhoff)*.
[1315] So OLG Schleswig NJW-RR 2000, 41 = NZG 2000, 48 m. Anm. *Behnke* gegen Vorinstanz LG Lübeck AG 1999, 575 für Aktionäre einer Gesellschaft, die ihrerseits im Spruchverfahren Ansprüche geltend macht; zu den Unterschieden zwischen Nebenintervenienten und außenstehenden Aktionären, die durch den gemeinsamen Vertreter vertreten werden, vgl. *Andreas Pentz* NZG 1999, 346 und ihm folgend OLG Düsseldorf NZG 1999, 941.
[1316] Vgl. *Lutter/Krieger* Kölner Umwandlungsrechtstage, S. 290.
[1317] Eingehend hierzu Amtl. Begr. S. 170 und *Lutter/Krieger* Kölner Umwandlungsrechtstage, S. 290.
[1318] Schon nach geltendem Recht geht der Entscheidung regelmäßig eine mündliche Verhandlung voraus. Nach dem E des **SpruchG** (Rn. 688) soll die mündliche Verhandlung obligatorisch sein. Er enthält eingehende Vorschriften zur Vorbereitung und Durchführung der mündlichen Verhandlung (§§ 8, 9) und statuiert eine Verfahrensförderungspflicht für alle Beteiligten (§ 10). Ihre Verletzung ist durch Ausschluss von Vorbringen sanktioniert (§ 11). Bei diesen Vorschriften handelt es sich um die Kernelemente der Neukonzeption des Spruchverfahrens (*Neye* NZG 2002, 23, 24).

Anh. nach § 77 5. Abschnitt. Auflösung und Nichtigkeit der Gesellschaft

auf das Umtauschverhältnis und in einer Erhöhung der Barabfindung beim Angriff auf diese. Eine **Verzinsung** braucht nicht festgesetzt zu werden, weil diese sich aus dem Gesetz ergibt (§ 208 iVm. §§ 30 Abs. 1 S. 2, 15 Abs. 2; § 305 Abs. 3 S. 3 AktG) und die Entscheidung keinen Leistungstitel darstellt.[1319] Im Übrigen kommt nur die Abweisung des Antrags in Betracht. Eine reformatio in peius ist ausgeschlossen.[1320] Gegen die Entscheidung findet die **sofortige Beschwerde** statt,[1321] für die **Anwaltszwang** besteht und über welche das Oberlandesgericht zu entscheiden hat. Die **weitere Beschwerde** ist ausgeschlossen, § 309 Abs. 1 und 2, jedoch kommt Vorlage an den BGH nach § 28 Abs. 2 und 3 FGG bei Abweichung in Betracht, § 309 Abs. 2 S. 2. Wie für das Verfahren erster Instanz (vgl. Rn. 689) können die Länder auch für das Beschwerdeverfahren eine zentrale OLG-Zuständigkeit bestimmen, § 309 Abs. 3.[1322] Wirksam wird die Entscheidung erst mit ihrer **Rechtskraft**, § 311 S. 1. Sie wirkt für und gegen alle, § 311 S. 2. Das bedeutet, dass bei Verbesserung des Umtauschverhältnisses jeder Anteilsinhaber des übertragenden bzw. formwechselnden Rechtsträgers die bare Zuzahlung verlangen kann und jeder Anteilsinhaber Anspruch auf die erhöhte Barabfindung hat, auch wenn er das ursprüngliche Abfindungsangebot vorbehaltlos angenommen hatte.[1323] Die rechtskräftige Entscheidung ist ohne Gründe im Bundesanzeiger und etwaigen sonstigen Gesellschaftsblättern bekanntzumachen, § 310.

702   **j) Kosten des Verfahrens.** Schuldner der Kosten des Verfahrens sind die übernehmenden oder neuen Rechtsträger oder der Rechtsträger neuer Rechtsform, § 312 Abs. 4 S. 1. Deshalb ist der Antragsteller nicht vorschusspflichtig nach § 8 KostO.[1324] Die Kosten können jedoch ganz oder zum Teil einem anderen Beteiligten auferlegt werden, wenn dies der Billigkeit entspricht, § 312 Abs. 4 S. 2. Das kommt selten vor.[1325] Die Höhe der Gerichtskosten richtet sich nach der KostO, § 312 Abs. 1 und 2. Der **Geschäftswert** ist von Amts wegen festzusetzen und bestimmt sich nach § 30 Abs. 1 KostO, § 312 Abs. 3. Dabei ist das Interesse aller Anteilsinhaber des übertragenden oder formwechselnden Rechtsträgers an der beantragten Verbesserung des Umtausch- oder Beteiligungsverhältnisses und der Barabfindung zu berücksichtigen.[1326] Im

---

[1319] OLG Hamburg DB 2001, 2641.
[1320] Vgl. *Lutter/Krieger* Kölner Umwandlungsrechtstage, S. 291.
[1321] Nach dem E des **SpruchG** (Rn. 688) ist sie nur noch als Rechtsbeschwerde möglich. § 13 Abs. 1 S. 2 des E bestimmt ausdrücklich, dass sie nur auf eine Verletzung des Gesetzes gestützt werden kann. Diese Neuerung soll ebenfalls der Staffung des Verfahrens dienen (vgl. Begr. des E zu § 13).
[1322] Vgl. die Zusammenstellung bei *Lutter/Krieger* Umwandlungsgesetz § 309 UmwG Rn. 6.
[1323] Vgl. 2. Aufl. Rn. 231; *Lutter/Krieger* Umwandlungsgesetz § 311 Rn. 3 und Amtl. Begr. S. 170; differenzierend *Schmitt/Hörtnagl/Stratz* UmwG § 311 Rn. 8.
[1324] OLG Düsseldorf NZG 1998, 510.
[1325] Vom OLG Karlsruhe AG 1998, 288 für den Fall gehandhabt, dass ein Beschwerdeführer mit seiner pauschalen Wiederholung schon in der Vorinstanz erhobener Einwendungen lediglich den Versuch macht, das Beschwerdegericht zu abweichenden Einschätzungen zu veranlassen. Das Gleiche soll gelten, wenn ein Beschwerdeführer sein Rechtsmittel überhaupt nicht begründet hat. Das LG Dortmund NZG 2002, 343 hat einem Antragsteller die Kosten auferlegt, weil er sich nicht ernsthaft mit einem Bewertungsgutachten auseinandergesetzt hatte und lediglich dessen kostenlose Überprüfung erreichen wollte.
[1326] OLG Düsseldorf DB 2001, 1353. Der E des **SpruchG** (Rn. 688) begrenzt in § 16 den Geschäftswert auf eine Million Euro. Für des Verfahren des ersten und des zweiten Rechtszugs wird (als Ausgleich) das Vierfache der vollen Gebühr erhoben. Die außergerichtlichen Kosten sollen künftig grundsätzlich von den Antragstellern selbst getragen werden. Jedoch kann das Gericht eine teilweise oder volle Kostenerstattung anordnen. Maßstäbe hierfür ergeben sich aus der Gesetzesbegründung.

Verfahren nach § 306 AktG, dessen Grundsätze auch im Spruchverfahren nach §§ 305 ff. UmwG herangezogen werden können,[1327] wird üblicherweise von einem **gespaltenen Geschäftswert** ausgegangen, der zwischen dem Wert der gerichtlichen und dem der anwaltlichen Tätigkeit differenziert. Dies beruht darauf, dass Gegenstand der Tätigkeit der Verfahrensbevollmächtigten die Vertretung der durch den jeweiligen Anteilsbesitz bestimmten materiellen Interessen ihrer Mandanten ist, während der Wert der gerichtlichen Tätigkeit in der Regel dem am gesamten Anteilsbesitz der außenstehenden Anteilsinhaber ausgerichteten Interesse entspricht.[1328] Der Löwenanteil der Gerichtskosten entfällt üblicherweise auf die Gebühren für das gerichtliche Sachverständigengutachten.[1329] Hinsichtlich der Anwaltsgebühren ist streitig, wie der Geschäftswert für die Gerichtsgebühren auf die einzelnen Antragsteller und damit für die Gebühren der sie vertretenden Anwälte aufzuteilen ist. Der Wert des Gegenstandes der anwaltlichen Tätigkeit eines jeden Antragstellers wird teilweise anhand des Betrags ermittelt, der sich für die von ihm gehaltenen Anteile aus der Differenz zwischen angebotener und angemessener Abfindungs- und Ausgleichszahlung ermittelt. Teilweise wird der für die Bemessung der Gerichtsgebühren festgesetzte Geschäftswert nach Köpfen aufgeteilt, d.h. einem einzigen Antragsteller wird der gesamte Geschäftswert zugerechnet, bei mehreren Antragstellern wird er durch ihre Anzahl geteilt. Der BGH[1330] hat sich im Anschluss an die Rechtsprechung des BayObLG[1331] für die letztere Ansicht entschieden, wenn sich der Gegenstand der gerichtlichen Tätigkeit nicht mit dem der anwaltlichen Tätigkeit deckt. Die Deckungsgleichheit soll immer dann fehlen, wenn mehrere Antragsteller vorhanden sind, deren Interessen nicht dem für die Wertfestsetzung nach § 30 Abs. 1 KostO maßgebenden Geschäftsinteresse entsprechen.[1332] Die Entscheidung des BGH bindet indessen die Instanzgerichte nicht. Will ein OLG von ihr abweichen, hat es nicht die Sache nach § 28 Abs. 2 FGG dem BGH vorzulegen, weil diese Vorschrift für Verfahren der Geschäftswertfestsetzung nicht gilt.[1333] Demgemäß haben das OLG Düsseldorf[1334] und das LG Köln[1335] unter ausdrücklicher Ablehnung der BGH-Meinung entschieden, dass sich der Geschäftswert für den einzelnen Antragsteller nach seinem Aktienbesitz im Verhältnis zur Gesamtzahl der Aktien der außenstehenden Aktionäre richtet. Macht ein Antragsteller keine Angaben zur Höhe seines Aktienbesitzes, so ist dieser mit dem Mindestbesitz von einer Aktie anzusetzen.

[1327] Vgl. BayObLG EWiR 1996, 291 *(Hirte/Schaal);* vgl. auch Rn. 688.

[1328] Vgl. OLG Karlsruhe AG 1990, 83; Beschluss v. 7. 12. 1994, 15 W 19/94; Beschluss v. 11. 8. 1995, 15 W 11/94; vgl. ferner *Lutter/Krieger* Kölner Umwandlungsrechtstage, S. 295 mN.

[1329] Vgl. den Fall OLG Stuttgart DB 2001, 1926: Vom Sachverständigen veranschlagte Kosten 3,36 Mio DM. Das Gericht kann nach § 7 Abs. 2 ZSEG die Zustimmung der Antragsgegnerin zu über den Höchstsätzen des ZSEG liegenden Kostenanforderungen des Sachverständigen ersetzen, OLG Stuttgart aaO.

[1330] NZG 1999, 346; ihm folgend OLG Hamburg NZG 2001, 471.

[1331] Vgl. zB BayObLGZ 1991, 84; bestätigend BayObLG DB 2001, 191 und DB 2001, 2138, ferner DB 2002, 732.

[1332] Zust. *Erb* NZG 2001, 161 mit eingehenden Nachw. der divergierenden Rspr.; abl. *Andreas Pentz* NZG 1999, 346 mit guten Gründen; ähnlich schon *Adolf Pentz* DB 1990, 1317 und DB 1993, 621 m. umfänglichen Nachw.; dem BGH folgend OLG Karlsruhe DB 2000, 1116, jedoch mit der Maßgabe, dass keine abweichende Bemessungsgrundlage, zB nach Aktienbesitz, festgestellt werden kann.

[1333] MüKo AktG/*Bilda* § 306 Rn. 156 m. Fn. 195.

[1334] NGZ 1999, 941 m. zust. Anm. *Andreas Pentz*; DB 2002, 731; zust. auch MüKo AktG/*Bilda* § 306 Rn. 156 m. Fn. 195.

[1335] EWiR 2000, 1149 *(Bork).*

703 Auch die **Vergütung des gemeinsamen Vertreters** und seine Auslagen sind vom Gericht festzusetzen, § 308 Abs. 2 S. 2. Hierfür ist ebenfalls die Festsetzung eines Geschäftswerts üblich und die Bemessung der Vergütung nach diesem Geschäftswert unter direkter oder analoger Anwendung des Gebührenrahmens des § 118 BRAGO, wenn der gemeinsame Vertreter Rechtsanwalt ist.[1336] Einen anderen Standpunkt vertritt das BayObLG, das für die Höhe der Vergütung des gemeinsamen Vertreters den Umfang seiner Verantwortung, die von ihm geleistete Arbeit und deren Schwierigkeit sowie die Dauer des Verfahrens und die Verwertung besonderer Kenntnisse und Erfahrungen für maßgeblich erklärt.[1337] Indessen lässt auch das BayObLG den Ansatz jedenfalls eines fiktiven Gegenstandswerts und die Anwendung des § 118 BRAO auf diesen Wert zu, um einen Anhalt für die angemessene Vergütung zu finden.[1338]

704 **4. Analoge Anwendung der Spruchverfahrensvorschriften? a) Anteilsinhaber des übernehmenden Rechtsträgers.** Sie kommt in Betracht für die Anteilsinhaber eines übernehmenden Rechtsträgers und die in einer neuen Rechtsform verbleibenden Anteilsinhaber.[1339] Bisher ist aber eine solche Erstreckung, soweit feststellbar, noch nicht praktiziert worden.

705 **b) Übertragende Auflösung.** Sie ist abgelehnt worden im Falle der so genannten übertragenden Auflösung, d. h. der Übertragung des gesamten Vermögens eines Rechtsträgers auf eine Tochtergesellschaft des Mehrheitsgesellschafters und anschließender Auflösung des Rechtsträgers.[1340] Hier ist die Frage, ob die durch die Liquidation hinausgedrängten Minderheitsgesellschafter eine gerichtliche Überprüfung ihres anteiligen Liquidationserlöses durch ein Spruchverfahren entsprechend §§ 305 ff. AktG, 305 ff. UmwG verlangen können. Im Fall „**Moto Meter**" hatte das OLG Stuttgart[1341] die Analogiefähigkeit der umwandlungsrechtlichen Spruchverfahrensvorschriften grundsätzlich verneint und die Antragsteller auf ihre parallel zum Spruchverfahren eingereichte Anfechtungsklage gegen den Vermögensübertragungs- und Auflösungsbeschluss verwiesen (die abgewiesen wurde). Ihre Verfassungsbeschwerden gegen die ihnen nachteiligen Entscheidungen nahm das BVerfG nicht an. In seinem Nichtannahmebeschluss v. 23. 8. 2000[1342] erhob das BVerfG zwar keine verfassungsrechtlichen Bedenken gegen das Hinausdrängen der Minderheit durch den Mehrheitsaktionär. Solche Bedenken bestünden aber gegen die „Moto Meter-Methode" mit Blick auf den Schutz des Vermögensinteresses der Mindherheitsaktionäre. Dieses Interesse erfordere eine Kontrolle des vom Großaktionär gezahlten Preises für das Gesellschaftsvermögen, welche die angefochtenen Entscheidungen unterlassen hätten. Eine analoge Anwendung des § 306 AktG sei hierfür nicht ge-

---

[1336] Nachw. bei *Lutter/Krieger* Umwandlungsgesetz § 308 Rn. 12.
[1337] Vgl. BayObLG DB 1992, 1130; DB 1995, 2516 = EWiR 1996, 291 *(Hirte/Schaal)*; bestätigend BayObLG DB 2001, 191.
[1338] BayObLG DB 1995, 2516. Hier hat das BayObLG auch die Zuständigkeit des Beschwerdegerichts für die Festsetzung der Vergütung des gemeinsamen Vertreters entgegen dem Wortlaut des § 306 Abs. 4 S. 7 AktG anerkannt; bestätigend BayObLG DB 2001, 191.
[1339] BGH NJW 2001, 1425 = GmbHR 2001, 200 und BGH GmbHR 2001, 247, vgl. iE Rn. 81 m. Fn. 214.
[1340] Die Bezeichnung geht zurück auf *Lutter/Drygala*, FS Kropff, 1997, S. 191, 193.
[1341] ZIP 1997, 362 = EWiR 1997, 197 *(Dreher)*. Ähnlich entschied später das BayObLG in einem anderen Fall, NZG 1998, 1001 m. Anm. *Sosnitza* = EWiR 1998, 1057 *(Windbichler)*; krit. zu der Entscheidung des BayObLG *Wiedemann* ZGR 1999, 857.
[1342] DB 2000, 1905 = EWiR 2000, 913 *(Neye)*.

boten.[1343] Vielmehr könne die Kontrolle auch im Rahmen einer Anfechtungsklage erfolgen. Die durch diesen Nichtannahmebeschluss des BVerfG aufgeworfenen Fragen zur Problematik der „Moto Meter-Methode" sind durch die Squeeze-out-Regelung der § 327a AktG[1344] für den Bereich des Aktienrechts entschärft worden.[1345]

c) Delisting. Sie ist ferner abgelehnt worden im Fall des sogenannten **„Delisting"**, 706 also eines Hauptversammlungsbeschlusses zur Ermächtigung des Vorstandes, einen Antrag auf Widerruf der Börsenzulassung zu stellen, hinsichtlich der Nachteile, welche die Minderheitsaktionäre durch die mit dem „going private" verbundene Einschränkung der Handelbarkeit ihrer Aktien erleiden. Das OLG München[1346] hat insoweit keine gesetzliche Regelungslücke gesehen, die einer Ausfüllung durch analoge Anwendung der Spruchverfahrensvorschriften des § 306 AktG zugänglich sein könne.

[1343] Vgl. hierzu auch *Henze* BB 2001, 53, 56, der zutr. darauf hinweist, dass der Gesetzgeber seine ursprüngliche Absicht, die Vermögensübernahme durch den Mehrheitsgesellschafter dem Umwandlungsrecht zu unterstellen, vorbehaltlos aufgegeben hat.
[1344] IdF des WpÜG.
[1345] Vgl. dazu *Grunewald* ZIP 2002, 18, 20; *Krieger* BB 2002, 53.
[1346] AG 2001, 364.

Sechster Abschnitt. Schlussbestimmungen

§ 78 [Anmeldungspflichtige]

Die in diesem Gesetz vorgesehenen Anmeldungen zum Handelsregister sind durch die Geschäftsführer oder die Liquidatoren, die in § 7 Abs. 1, § 57 Abs. 1, § 57i Abs. 1, § 58 Abs. 1 Nr. 3 vorgesehenen Anmeldungen sind durch sämtliche Geschäftsführer zu bewirken.

Literatur: *Goebeler* Die Entwicklung des Registerrechts in den Jahren 1980–1986, BB 1987, 2314; *Gustavus* Die Vollmacht zu Handelsregisteranmeldungen bei Personengesellschaften und Gesellschaften mit beschränkter Haftung, GmbHR 1978, 219; *ders.* Handelsregisteranmeldungen, 1983.

Übersicht

	Rn.		Rn.
I. Normzweck	1, 2	4. Anmeldepflichtige Personen	10–14
II. Anmeldung	3–21	a) Geschäftsführer	11
1. Rechtsnatur	3	b) Liquidatoren	12
2. Eintragungsvoraussetzung	4, 5	c) Sämtliche Geschäftsführer	13
3. Anmeldepflicht	6–9	d) Sämtliche Liquidatoren	14
a) Öffentlich-rechtliche Anmeldepflicht	7	5. Bevollmächtigte	15–17
		6. Form	18
b) Keine öffentlich-rechtliche Anmeldepflicht	8	7. Mängel	19
		8. Rechtsmittel	20
c) Anmeldepflicht gegenüber der Gesellschaft	9	9. Kosten	21
		III. Österreichisches Recht	22

I. Normzweck

1   Die Vorschrift regelt, **wer** die im GmbHG vorgesehenen Anmeldungen zum Handelsregister durchzuführen hat. Sie ist auch für diejenigen in den Angelegenheiten der GmbH vorzunehmenden Anmeldungen von Bedeutung, die außerhalb des GmbHG geregelt sind, zB im HGB und im UmwG (Rn. 7, 8, 13). § 78 unterscheidet gewöhnliche Anmeldungen von solchen, die größeres Gewicht haben (Rn. 13). **Wie** die Anmeldungen zu bewirken sind, ergibt sich aus § 12 HGB, § 129 iVm. §§ 39, 40 BeurkG, § 129 FGG (Rn. 15, 18). § 78 wird ergänzt durch § 79 und § 14 HGB, die bestimmen, in welchen Fällen zur Durchsetzung von Anmeldungen Zwangsgeld festgesetzt werden kann (Rn. 7).

2   Die **GmbH-Novelle 1980** hat aus § 78 Halbs. 2 den § 12 Abs. 1 gestrichen. Für die Anmeldung der Errichtung von Zweigniederlassungen ist deshalb die Mitwirkung sämtlicher Gesellschafter nicht mehr erforderlich.[1] Das **UmwBerG** hat in den Katalog des § 78 die Verweisung auf den neuen § 57i Abs. 1 betreffend die Anmeldung einer Kapitalerhöhung aus Gesellschaftsmitteln aufgenommen. Diese Maßnahme diente nur der Klarstellung, weil schon bisher § 78 analog auf diesen Fall angewandt wurde (vgl. Rn. 13).

---

[1] AllgM vgl. z.B. *Meyer-Landrut/Miller/Niehus* Rn. 1.

II. Anmeldung

1. Rechtsnatur. Sie ist eine Erklärung gegenüber dem Gericht (§ 11 FGG) und zugleich organschaftlicher Akt der Geschäftsführung (§ 7 Rn. 4). Die Vorschriften über Willenserklärungen sind aber entsprechend anwendbar.[2] Zur Bevollmächtigung vgl. Rn. 15.

2. Eintragungsvoraussetzung. Ohne Anmeldung werden Eintragungen in das Handelsregister nur in den vom Gesetz ausdrücklich genannten Fällen vorgenommen (Rn. 5). Die Anmeldung ist deshalb regelmäßig **Eintragungsantrag**.[3]

Keiner Anmeldung bedürfen Eintragungen, die **von Amts wegen** vorgenommen werden. Das sind vor allem die Eröffnung des Insolvenzverfahrens oder dessen Ablehnung mangels Masse und die dadurch bewirkte Auflösung der Gesellschaft (§ 65 Abs. 1 S. 2 und 3 iVm. § 60 Abs. 1 Nr. 4, 5), die Auflösung in den Fällen der §§ 144a, 144b FGG (§ 65 Abs. 1 S. 2 und iVm. § 60 Abs. 1 Nr. 6), die Bestellung und Abberufung von Liquidatoren durch das Gericht (§ 67 Abs. 4), die Löschung der Gesellschaft nach § 141a FGG (§ 65 Abs. 1 S. 4 iVm. 60 Abs. 1 Nr. 7) sowie die Löschung wegen Nichtigkeit der Gesellschaft nach § 144 Abs. 1 FGG (vgl. § 75 Rn. 38 ff.). Das Nichtigkeitsurteil nach § 75 wird dagegen nicht von Amts wegen eingetragen, sondern auf Anmeldung oder Einreichung hin.[4]

3. Anmeldepflicht. Hier ist die öffentlich-rechtliche, gegenüber dem Registergericht bestehende Pflicht von der Pflicht der Geschäftsführer gegenüber der Gesellschaft zu unterscheiden.

a) Öffentlich-rechtliche Anmeldepflicht. Eine öffentlich-rechtliche Anmeldepflicht besteht hinsichtlich derjenigen in das Handelsregister einzutragenden Tatsachen, die ihre Wirkung unabhängig von der Eintragung entfalten. Für sie hat die Eintragung nur **deklaratorische** Bedeutung.[5] Sie soll die Übereinstimmung des Handelsregisters mit den wirklichen Verhältnissen herbeiführen und kann deshalb nach § 79 Abs. 1 iVm. § 14 HGB erzwungen werden. Derartige Tatsachen sind Erteilung und Widerruf der Prokura (§ 53 HGB), Errichtung einer Zweigniederlassung (§ 12), Änderungen in der Person der Geschäftsführer und ihrer Vertretungsbefugnis (§ 39), Auflösung der Gesellschaft in den Fällen des § 60 Abs. 1 Nr. 1, 2, 3, Person der Liquidatoren und ihre Vertretungsbefugnis (§ 67 Abs. 1), Fortsetzung der Gesellschaft außer im Falle des Art. 12 § 1 Abs. 3 der GmbH-Novelle 1980 und wenn sie eine Satzungsänderung erfordert (§ 60 Rn. 84). Zur Behandlung des Nichtigkeitsurteils nach § 75 vgl. Rn. 5. Solange eine dieser Tatsachen nicht eingetragen ist, gilt § 15 Abs. 1 HGB.

b) Keine öffentlich-rechtliche Anmeldepflicht. Führt erst die Eintragung die Rechtsänderung herbei, so hat sie **konstitutive** Wirkung. In solchem Falle besteht keine öffentlich-rechtliche Anmeldepflicht. Das ergibt sich aus § 79 Abs. 2, der die Anmeldung für derartige Eintragungen von der Zwangsgeldsanktion des § 14 HGB ausnimmt. Ob die Gesellschafter eine Gesellschaft durch Eintragung zur Entstehung gelangen oder eine Satzungsänderung oder Kapitalerhöhung oder Kapitalherabsetzung wirksam werden lassen wollen, soll ihnen überlassen bleiben (vgl. § 7 Rn. 5; § 54

---

[2] *Hachenburg/Ulmer* Rn. 3; enger *Scholz/Winter* Rn. 4: nur zur Lückenausfüllung.
[3] BayObLG AG 1986, 45, 47; *Hachenburg/Ulmer* Rn. 3, 6; *Scholz/Winter* Rn. 5.
[4] § 75 Rn. 34; § 79 Rn. 7; *Lutter/Hommelhoff* Rn. 6; *Hachenburg/Ulmer* Rn. 9; *Scholz/ K. Schmidt* § 75 Rn. 21; *Scholz/Winter* Rn. 6.
[5] *Hachenburg/Ulmer* Rn. 4, 8; *Roth/Altmeppen* Rn. 6; *Scholz/Winter* Rn. 7.

§ 78   6. Abschnitt. Schlussbestimmungen

Rn. 7; § 57 Rn. 12; § 58 Rn. 32). Daran ändert nichts die Gesetzesfassung, die auch hier formuliert, dass der Vorgang zur Eintragung „anzumelden ist".[6] Hierdurch wird lediglich zum Ausdruck gebracht, dass die Eintragung eine Anmeldung voraussetzt.[7] Ähnlich verhält es sich in den Fällen eines Fortsetzungsbeschlusses nach Art. 12 § 1 Abs. 3 GmbH-Novelle 1980 (§ 60 Rn. 81), den Umwandlungsfällen der Verschmelzung, Spaltung, Vermögensübertragung und des Formwechsels (§§ 16, 38, 52, 129, 137, 176 ff., 198, 222, 235, 246, 254, 265, 278 UmwG) sowie der Anmeldung eines Beherrschungs- oder Gewinnabführungsvertrags (vgl. § 53 Rn. 32).

9   c) **Anmeldepflicht gegenüber der Gesellschaft.** Dagegen sind die **Geschäftsführer** gegenüber der Gesellschaft stets zur Anmeldung verpflichtet, sofern die Gesellschafter durch Gesellschafterbeschluss keine gegenteilige Weisung erteilen.[8]

10 **4. Anmeldepflichtige Personen.** Das sind nur die **Geschäftsführer**, nach Auflösung der Gesellschaft die **Liquidatoren**.

11 a) **Geschäftsführer.** Anzumelden haben grundsätzlich soviele Geschäftsführer, wie zur Vertretung der Gesellschaft erforderlich sind (§ 35 Abs. 2 S. 2). **Unechte Gesamtvertretung** ist möglich, wenn sie die Satzung zulässt.[9] Die Pflicht, für eine ordnungsgemäße Anmeldung zu sorgen, trifft aber alle Geschäftsführer gleichmäßig. Ihre Erfüllung kann durch Klage erzwungen werden. Soweit zur Bewirkung der Anmeldung Zwangsgelder in Betracht kommen, können diese gegen alle Geschäftsführer festgesetzt werden,[10] nicht aber gegen die Prokuristen bei unechter Gesamtvertretung.[11] **Prokuristen** und **Handlungsbevollmächtigte** als solche können nicht anmelden, weil Anmeldungen zum Handelsregister nicht zum Betrieb eines Handelsgewerbes gehören.[12]

12 b) **Liquidatoren.** Ist die Gesellschaft aufgelöst, so haben die Liquidatoren in vertretungsberechtigter Zahl anzumelden. Sind die Liquidatoren andere Personen als die Geschäftsführer, so obliegt die Pflicht zur Anmeldung der Auflösung nur den Liquidatoren.[13] Nach **Insolvenzeröffnung,** die von Amts wegen eingetragen wird (Rn. 5), ist der Insolvenzverwalter abweichend von § 78 für die Angelegenheiten anmeldepflichtig, welche die Insolvenzmasse betreffen.[14] Nicht zu den die Insolvenzmasse berührenden Angelegenheiten gehört der durch das Insolvenzverfahren nicht verdrängte gesellschaftsrechtliche Bereich. Hierzu zählt zB die Anmeldung der Abberufung und der Neubestellung von Geschäftsführern.[15]

13 c) **Sämtliche Geschäftsführer.** In besonders wichtigen, in § 78 Halbs. 2 hervorgehobenen Fällen, haben ausnahmsweise sämtliche Geschäftsführer einschließlich der Stellvertreter[16] anzumelden, nämlich bei der Errichtung der Gesellschaft (§ 7 Abs. 1), der Kapitalerhöhung (§ 57 Abs. 1), der Kapitalerhöhung aus Gesellschaftsmitteln

---

[6] *Hachenburg/Ulmer* Rn. 10; *Meyer-Landrut/Miller/Niehus* Rn. 2.
[7] *Roth/Altmeppen* Rn. 6; *Scholz/Winter* Rn. 9.
[8] § 7 Rn. 6; § 54 Rn. 8; § 57 Rn. 9; *Hachenburg/Ulmer* Rn. 11; *Scholz/Winter* Rn. 9.
[9] *Hachenburg/Ulmer* Rn. 14.
[10] *Hachenburg/Ulmer* Rn. 18; *Scholz/Winter* Rn. 15; vgl. auch § 79 Rn. 17.
[11] *Hachenburg/Ulmer* Rn. 14.
[12] AllgM, vgl. BGH WM 1969, 43; *Staub/Hüffer* § 12 Rn. 5.
[13] IE vgl. § 65 Rn. 2; *Hachenburg/Ulmer* Rn. 15; *Scholz/Winter* Rn. 12; vgl. auch LG Bielefeld DB 1987, 628.
[14] *Hachenburg/Ulmer* Rn. 16 mN; *Scholz/Winter* Rn. 13.
[15] OLG Köln DB 2001, 1982 = GmbHR 2001, 923.
[16] § 44, vgl. *Hachenburg/Ulmer* Rn. 19; *Scholz/Winter* Rn. 16.

Anmeldungspflichtige   § 78

(§ 57i), der Kapitalherabsetzung (§ 58 Abs. 1 Nr. 3) und wohl auch der Satzungsänderung vor Eintragung der Gesellschaft (§ 54 Rn. 6). Entsprechend anwendbar wegen der gleichliegenden Anwendungsvoraussetzungen ist § 78 Halbs. 2 bei der Anmeldung der Zweigniederlassung einer englischen „private company limited".[17] Zu den Anmeldepflichtigen in den Umwandlungsfällen der Verschmelzung, Spaltung, Vermögensübertragung und des Formwechsels (vgl. Rn. 8) siehe Anh. § 77. Das UmwG schreibt teils Anmeldung durch sämtliche Geschäftsführer, teils Anmeldung nur durch Geschäftsführer in vertretungsberechtigter Zahl vor (vgl. zB Anh. § 77 Rn. 104). – Haben nicht alle Anmeldepflichtigen angemeldet und erlässt der Registerrichter hierwegen eine Zwischenverfügung oder weist er die Anmeldung zurück, so folgt die **Beschwerdebefugnis** aus § 20 Abs. 2, nicht aus § 20 Abs. 1 FGG.[18]

d) **Sämtliche Liquidatoren.** § 78 Halbs. 2 gilt unmittelbar auch nach Auflösung **14** der GmbH, obwohl die **Liquidatoren** nicht ausdrücklich genannt sind.[19] Die Regelung kommt hier in erster Linie für die Kapitalerhöhung in Betracht.[20] Zulässig und denkbar ist in der Liquidation zwar auch eine Kapitalherabsetzung. Dann haben alle Liquidatoren anzumelden.[21] Ein solcher Fall dürfte aber nur selten praktisch werden.[22]

5. Bevollmächtigte. Bevollmächtige können nach h.M. anstelle der Geschäfts- **15** führer diejenigen Anmeldungen vornehmen, bei denen § 78 Anmeldung nur durch Geschäftsführer oder Liquidatoren in vertretungsberechtigter Zahl vorschreibt.[23] Jedoch bedarf die **Vollmacht** abweichend von § 167 Abs. 2 BGB der **öffentlichen Beglaubigung** (§ 12 Abs. 2 S. 1 HGB) und muss die betreffende Handelsregisteranmeldung decken. Das ist nicht der Fall bei **Prokura** und **Handlungsvollmacht** (Rn. 11). Im Anschluss an LG Frankfurt[24] wird der Standpunkt vertreten, dass eine **Generalvollmacht** ausreiche.[25] Dem ist nicht zu folgen. Abgesehen davon, dass die Entscheidung des LG Frankfurt nicht ergibt, ob die Generalvollmacht für die Handelsregisteranmeldung einer GmbH erteilt war, ist daran festzuhalten, dass Generalvollmachten zur Vertretung der Geschäftsführer einer GmbH unwirksam sind[26] und deshalb für Handelsregisteranmeldungen keine Verwendung finden können.[27] Die Vollmacht muss von allen Geschäftsführern erteilt sein, wenn diese nur gemeinsam vertretungsberechtigt sind.[28] Besteht eine Pflicht zur Anmeldung (Rn. 7), so gilt der Notar, der die zur Eintragung erforderliche Erklärung beurkundet oder beglaubigt hat, als zur Stellung des Eintragungsantrags berechtigt.[29] Das ist zB nicht der Fall bei der Satzungsänderung.[30]

---

[17] BayObLG AG 1986, 45 m. Anm. *Niessen* AG 1986, 116.
[18] Vgl. BayObLG DB 1988, 281 und *Goebeler* BB 1987, 2314, 2315.
[19] *Baumbach/Hueck/Schulze-Osterloh* Rn. 9.
[20] § 55 Rn. 24, 25, vgl. *Hachenburg/Ulmer* Rn. 19; *Scholz/Winter* Rn. 17.
[21] *Baumbach/Hueck/Schulze-Osterloh* Rn. 9.
[22] Vgl. § 58 Rn. 21 und § 58a Rn. 27.
[23] *Baumbach/Hueck/Schulze-Osterloh* Rn. 4; *Lutter/Hommelhoff* Rn. 2; *Hachenburg/Ulmer* Rn. 20; *Meyer-Landrut/Miller/Niehus* Rn. 3; *Scholz/Winter* Rn. 18; *Straub/Hüffer* § 12 Rn. 5, 6.
[24] BB 1972, 512.
[25] *Hachenburg/Ulmer* Rn. 20.
[26] § 35 Rn. 9; BGH NJW 1977, 199.
[27] Ebenso *Gustavus* GmbHR 1978, 219, 225; *Baumbach/Hueck/Schulze-Osterloh* Rn. 4; *Meyer-Landrut/Miller/Niehus* Rn. 3; *Scholz/Winter* Rn. 18.
[28] BayObLG RPfleger 1973, 363.
[29] § 129 FGG; vgl. hierzu iE *Staub/Hüffer* § 12 Rn. 10 ff.
[30] § 54 Rn. 7; wegen weiterer Gerichtsentscheidungen zu Vollmachtsfragen vgl. die Zusammenstellung bei *Gustavus* Handelsregisteranmeldungen B. § 12 HGB Nr. 2 bis 9.

§ 78 6. Abschnitt. Schlussbestimmungen

16 Dagegen kommt eine **Bevollmächtigung nicht** in Betracht, wenn sämtliche Geschäftsführer oder Liquidatoren anmelden müssen (§ 78 Halbs. 2). In diesen Fällen haben die Anmelder zugleich Versicherungen über die Bewirkung der Einlagen oder die Befriedigung oder Sicherstellung von Gläubigern abzugeben, bei denen eine Vertretung nicht möglich ist.[31]

17 Von der Bevollmächtigung zur Vornahme der Anmeldung ist die Ermächtigung zur **Einreichung** der von den Geschäftsführern formgerecht abgegebenen Anmeldeerklärung zu unterscheiden. Letztere ist stets möglich.[32]

18 **6. Form.** § 12 Abs. 1 HGB schreibt öffentliche Beglaubigung vor, die sich nach § 129 Abs. 1 BGB iVm. §§ 39, 40 BeurkG richtet. Die öffentliche Beglaubigung wird durch notarielle Beurkundung der Erklärung ersetzt (§ 129 Abs. 2 BGB).

19 **7. Mängel.** Stellt sie der Registerrichter bei Prüfung der Anmeldung fest, so kann er den Anmeldern zu ihrer Behebung durch **Zwischenverfügung** eine Frist setzen und nach deren fruchtlosen Ablauf die Eintragung ablehnen. Durch **Eintragung** werden Mängel der Anmeldung grundsätzlich geheilt. **Inhaltlich unrichtige** Eintragungen können jedoch unter den Voraussetzungen des § 142 Abs. 1 FGG von Amts wegen **gelöscht** werden, desgleichen **konstitutiv** wirkende Eintragungen (Rn. 8), wenn eine Anmeldung fehlt.[33] Haben in den Fällen des § 78 Halbs. 2 nicht sämtliche Geschäftsführer oder Liquidatoren angemeldet, so scheidet eine Amtslöschung aus, wenn die Anmeldung vom Willen aller Anmeldepflichtigen gedeckt ist.[34] Die fehlenden Anmeldungen können jedoch nachträglich mittels Zwangsgeld erzwungen werden.[35]

20 **8. Rechtsmittel.** Trägt der Registerrichter eine angemeldete Tatsache nicht oder nicht vollständig ein oder erlässt er eine Zwischenverfügung, so findet hiergegen die nicht befristete **einfache Beschwerde** nach § 19 Abs. 1 FGG statt, über welche das Landgericht entscheidet (§ 29 Abs. 2 FGG). Gegen die Entscheidung des Landgerichts kommt die **weitere Beschwerde** nach § 27 FGG zum Oberlandesgericht in Betracht (§ 28 FGG). **Beschwerdeberechtigt** ist nach § 20 Abs. 2 FGG nur die Gesellschaft, soweit es sich um konstitutiv wirkende Eintragungen (Rn. 8) handelt.[36] Für nur deklaratorisch wirkende Eintragungen (Rn. 7) ist die Gesellschaft ebenfalls als beschwerdeberechtigt anzusehen. Wegen der Sanktion der bei solchen Eintragungen bestehenden Anmeldepflicht (Rn. 7) der Geschäftsführer durch Zwangsgeldandrohung (§ 79 Abs. 1) muss man aber auch den Geschäftsführern ein persönliches Beschwerderecht einräumen.[37] Das ist von praktischer Bedeutung vor allem bei zwischenzeitlicher Beendigung des Geschäftsführeramts.[38]

---

[31] BayObLG BB 1986, 1532, 1533; *Goebeler* BB 1987, 2314, 2315; *Gustavus* GmbHR 1978, 219, 224; *Baumbach/Hueck/Schulze-Osterloh* Rn. 4; *Lutter/Hommelhoff* Rn. 2; *Hachenburg/Ulmer* Rn. 21; *Meyer-Landrut/Miller/Niehus* Rn. 4; *Scholz/Winter* Rn. 19; aA OLG Köln NJW 1987, 135; *Roth/Altmeppen* Rn. 4.
[32] § 7 Rn. 8; § 57 Rn. 11; *Hachenburg/Ulmer* Rn. 21; *Scholz/Winter* Rn. 19.
[33] *Hachenburg/Ulmer* Rn. 28, 29; *Scholz/Winter* Rn. 26, 27; aA für rechtsbegründende Eintragungen *Meyer-Landrut/Miller/Niehus* Rn. 6; vgl. iE § 7 Rn. 15, 16; § 54 Rn. 36 bis 38; § 57 Rn. 35 bis 45; § 58 Rn. 41, 42; § 57 c Rn. 19.
[34] *Hachenburg/Ulmer* Rn. 29; *Scholz/Winter* Rn. 27.
[35] *Meyer-Landrut/Miller/Niehus* Rn. 6; vgl. auch § 79 Rn. 9.
[36] BGHZ 105, 324, 327 = NJW 1989, 295; BGH NJW 1992, 1824; jetzt auch BayObLGZ 1991, 52, 56 entgegen früherer Rspr.
[37] So zutr. OLG Köln DB 2001, 1982 = GmbHR 2001, 923; BayObLG FG Prax 2000, 40; *Hachenburg/Ulmer* Rn. 27; *Lutter/Hommelhoff* Rn. 8.
[38] *Hachenburg/Ulmer* Rn. 27.

Zwangsgelder § 79

9. Kosten. Die **Kosten** der Anmeldung sind von der **Gesellschaft**, nicht von den 21
Geschäftsführern oder Liquidatoren zu tragen, unbeschadet der Kostentragungs- und
Haftungsregeln der §§ 2 ff. KostO und der Haftung nach § 11 Abs. 2 bei der Anmeldung der Gesellschaft nach § 7 Abs. 1.[39]

III. Österreichisches Recht

Eine zentrale Regelung für alle Anmeldungen entsprechend § 78 kennt das 22
ÖGmbHG nicht. Wo nach § 78 Halbs. 2 sämtliche Geschäftsführer handeln müssen,
ist jedoch auch nach dem ÖGmbHG die Anmeldung von allen Geschäftsführern zu
bewirken (§§ 9, 51, 55), aber darüber hinaus und abweichend vom GmbHG bei jeder
Satzungsänderung (§ 51) und deshalb auch bei der Kapitalerhöhung (§ 53), obwohl
dort nicht ausdrücklich Anmeldung durch alle Geschäftsführer vorgeschrieben ist, ferner bei jeder Einforderung weiterer Einzahlungen nicht voll eingezahlter Stammeinlagen (§ 64). Ob Bevollmächtigung zulässig ist, ist zweifelhaft,[40] desgleichen, ob Stellvertreter von Geschäftsführern (§ 27 ÖGmbHG) bei den von sämtlichen Geschäftsführern vorzunehmenden Anmeldungen mitwirken müssen.[41]

§ 79 [Zwangsgelder]

(1) ¹Geschäftsführer oder Liquidatoren, die §§ 35a, 71 Abs. 5 nicht befolgen,
sind hierzu vom Registergericht durch Festsetzung von Zwangsgeld anzuhalten;
§ 14 des Handelsgesetzbuchs bleibt unberührt. ²Das einzelne Zwangsgeld darf
den Betrag von fünftausend Euro nicht übersteigen.

(2) In Ansehung der in §§ 7, 54, 57 Abs. 1, § 58 Abs. 1 Nr. 3 bezeichneten
Anmeldungen zum Handelsregister findet, soweit es sich um die Anmeldung
zum Handelsregister des Sitzes der Gesellschaft handelt, eine Festsetzung von
Zwangsgeld nach § 14 des Handelsgesetzbuchs nicht statt.

Literatur: *Bassenge* Tatsachenermittlung, Rechtsprüfung und Ermessensausübung in den registergerichtlichen Verfahren nach §§ 132 bis 144 FGG, RPfleger 1974, 173; *Goebeler* Die Entwicklung des Registerrechts in den Jahren 1980–1986, BB 1987, 2314; *Göhler* Das Einführungsgesetz zum Strafgesetzbuch, NJW 1974, 825; *ders.* Gesetz über Ordnungswidrigkeiten, 9. Aufl. 1990; *Keidel/Kuntze/Winkler* Freiwillige Gerichtsbarkeit, 14. Aufl. 1999.

Übersicht

	Rn.		Rn.
I. Normzweck	1–4	III. Erzwingung von Anmeldungs- und ähnlichen Pflichten (Abs. 1 S. 1 Halbs. 2, Abs. 2 iVm. § 14 HGB)	6–11
II. Erzwingung der Pflichten nach §§ 35a, 71 Abs. 5 (Abs. 1 S. 1 Halbs. 1)	5	1. Anmeldungspflichten	6–9

---
[39] *Hachenburg/Ulmer* Rn. 24; *Scholz/Winter* Rn. 23; wegen der Kosten iE vgl. die Erläuterungen zu den einzelnen Bestimmungen des GmbHG; vgl. ferner *Gustavus* Handelsregisteranmeldungen Anh. Teil A.
[40] Verneinend *Koppensteiner* § 9 Rn. 9: Zulässig nur Ermächtigung zur Einreichung durch die Geschäftsführer.
[41] Bejahend *Koppensteiner* § 9 Rn. 8; verneinend *Gellis* 3. Aufl. § 9 Anm. 2.

§ 79

6. Abschnitt. Schlussbestimmungen

	Rn.		Rn.
2. Zeichnung der Unterschrift	10	**V. Zwangsgeldverfahren (§§ 132 ff.**	
3. Einreichung von Schriftstücken	11	**FGG)**	16–21
IV. Zwangsgeld	12–15	1. Beteiligte	16, 17
1. Rechtsnatur	12	2. Einleitung	18
2. Verschulden	13	3. Verfügung des Registergerichts	19
3. Höhe	14	4. Einspruch, Beschwerde	20
4. Umwandlung in Beugehaft	15	5. Kosten, Vollstreckung	21
		VI. Österreichisches Recht	22

I. Normzweck

1 Die Vorschrift soll es dem Registergericht ermöglichen, durch Zwangsgeld Geschäftsführer und Liquidatoren zu veranlassen, die in §§ 35a, 71 Abs. 5 vorgeschriebenen Angaben auf Geschäftsbriefen zu machen (Abs. 1 S. 1 Halbs. 1). Sie bestätigt ferner die in § 14 HGB dem Registergericht gegebene Befugnis, mit Hilfe von Zwangsgeld die vorgeschriebenen Anmeldungen, Unterschriftszeichnungen und Einreichungen von Schriftstücken zum Handelsregister durchzusetzen (Abs. 1 S. 1 Halbs. 2), wobei Anmeldungen, die eine konstitutiv wirkende Eintragung zum Gegenstand haben (§ 78 Rn. 8), von der Sanktion ausgenommen werden (Abs. 2).

2 Abs. 1 hat das Gesetz zur Durchführung der Ersten Richtlinie des Rats der Europäischen Gemeinschaften v. 15. 8. 1969 (BGBl. I S. 1146) dem früheren einzigen Absatz des § 79 und heutigen Abs. 2 vorgeschaltet, um die handelsregisterliche Publizität zu ergänzen, die durch den gleichzeitig eingefügten § 15 Abs. 3 HGB erweitert wurde. Den Begriff „Zwangsgeld" hat das EGStGB v. 2. 3. 1974 (BGBl. I S. 469) anstelle des ursprünglichen Begriffs „Ordnungsstrafe" gesetzt. Der in Abs. 2 aufgeführte § 80 Abs. 5 ist durch das EGAktG 1937 aufgehoben worden. § 79 entspricht im Wesentlichen § 407 Abs. 1 AktG. Diesen Vorschriften nachgebildet ist § 316 UmwG für die Umwandlungsfälle der Verschmelzung, Spaltung, Vermögensübertragung und des Formwechsels (Rn. 8).

3 Die **GmbH-Novelle 1980** hat § 79 nicht geändert.

4 Das **BiRiLiG** hat die Angabe „§ 71 Abs. 3" wegen einer Erweiterung des § 71 um zwei Absätze durch die Angabe „§ 71 Abs. 5" ersetzt und in § 335 S. 1 HGB die Möglichkeit der Zwangsgeldfestsetzung auch für den Fall bestimmt, dass Geschäftsführer oder Liquidatoren ihre Pflichten zur Aufstellung des Jahresabschlusses, des Lageberichts und andere Rechnungslegungspflichten nicht befolgen. Das Registergericht wird jedoch, anders als nach § 14 HGB, § 79 GmbHG, nur auf Antrag eines Gesellschafters, Gläubigers oder des Betriebsrats im Verfahren nach § 132 FGG tätig (§ 335 S. 2 ff. HGB).

II. Erzwingung der Pflichten nach §§ 35a, 71 Abs. 5 (Abs. 1 S. 1 Halbs. 1)

5 Wegen des Inhalts dieser Pflichten wird auf die Erläuterungen zu §§ 35a, 71 verwiesen. Wie sich aus § 79 Abs. 1 ergibt, sind sie von den Geschäftsführern und Liquidatoren zu erfüllen. Nur gegen sie kann deshalb Zwangsgeld festgesetzt werden (Rn. 16; wegen weiterer Rechtsfolgen von Verstößen vgl. § 35a Rn. 10).

III. Erzwingung von Anmeldungs- und ähnlichen Pflichten (Abs. 1 S. 1 Halbs. 2, Abs. 2 iVm. § 14 HGB)

6 **1. Anmeldungspflichten.** Zu den anmeldepflichtigen Vorgängen vgl. § 78 Rn. 7, 8. Nur soweit die auf eine Anmeldung vorzunehmende Eintragung **deklaratorische**

Bedeutung hat, kommt die Festsetzung von Zwangsgeld in Betracht;[1] denn nur für solche Anmeldungen besteht eine (öffentlich-rechtliche) Anmeldungspflicht (§ 78 Rn. 7). Hat die Eintragung **konstitutive** Wirkung (§ 78 Rn. 8), so besteht kein Anmeldungszwang, weil das Handelsregister nicht in Widerspruch zur tatsächlichen Rechtslage steht und es den Beteiligten überlassen bleiben muss, ob sie durch Anmeldung und Eintragung die Rechtslage ändern wollen oder nicht.[2] Abs. 2 stellt das unter Aufzählung der einschlägigen Anmeldungen ausdrücklich klar.

Auch die Anmeldung oder Einreichung des **Nichtigkeitsurteils** nach § 75 kann gemäß § 14 HGB erzwungen werden. Diese Ansicht wird wegen des öffentlichen Interesses an der Kundbarmachung des Nichtigkeitsurteils selbst von den Autoren vertreten, die der Eintragung des Urteils konstitutive Wirkung beimessen.[3] Die Anmeldung des **Fortsetzungsbeschlusses** nach Auflösung der Gesellschaft kann mit Hilfe von Zwangsgeld nur durchgesetzt werden, wenn er keine Satzungsänderung darstellt und kein Fall des Art. 12 § 1 Abs. 3 der GmbH-Novelle 1980 vorliegt.[4] 7

Da auch die Eintragung der **Umwandlung** von Gesellschaften mbH konstitutiv wirkt, bestimmt § 316 Abs. 2 UmwG entsprechend § 79 Abs. 2, dass die auf die Eintragung gerichteten Anmeldungen nicht erzwungen werden können. 8

Eine **Ausnahme** vom Grundsatz der Nichterzwingbarkeit von Anmeldungen mit konstitutiver Eintragungswirkung liegt vor, wenn eine derartige Anmeldung trotz Unvollständigkeit zur Eintragung führt und nicht rückgängig gemacht werden kann (§ 78 Rn. 7). Haben zB nicht alle anmeldungspflichtigen Geschäftsführer und Stellvertreter angemeldet, so können die fehlenden Anmeldungen nachträglich durch Zwangsgeld erzwungen werden. In solchem Falle muss die Möglichkeit zur Behebung des Mangels gegeben sein, weil die Eintragung nicht beseitigt werden kann.[5] Deshalb kommt eine derartige Mangelbehebung nicht in Betracht, wenn die Voraussetzungen zur Amtslöschung der Eintragung nach § 142 FGG vorliegen.[6] 9

2. Zeichnung der Unterschrift. Zeichnung der Unterschrift zur Aufbewahrung bei Gericht ist in § 8 Abs. 5, § 39 Abs. 4 für die Geschäftsführer und in § 67 Abs. 5 für die Liquidatoren vorgesehen. § 14 HGB führt sie als erzwingbar neben den Registeranmeldungen auf.[7] 10

3. Einreichung von Schriftstücken. Die Einreichung von Schriftstücken ist in § 8 Abs. 1, § 39 Abs. 2, § 52 Abs. 2 S. 2, § 54 Abs. 1 S. 2, § 57 Abs. 3, § 58 Abs. 1 Nr. 4, § 67 Abs. 2 angeordnet. Einzureichen ist auch das **Nichtigkeitsurteil** nach § 75 Abs. 2 iVm. § 248 Abs. 1 S. 2 AktG, sofern man eine förmliche Anmeldung für entbehrlich hält (§ 75 Rn. 34). Die Einreichung kann in allen diesen Fällen nach § 14 HGB wie die Anmeldungen und Unterschriftszeichnungen erzwungen werden.[8] 11

---

[1] *Hachenburg/Kohlmann* Rn. 7; *Scholz/Winter* Rn. 5, 14.
[2] *Baumbach/Hueck/Schulze-Osterloh* Rn. 8; *Lutter/Hommelhoff* Rn. 1; *Hachenburg/Kohlmann* Rn. 7; *Meyer-Landrut/Miller/Niehus* Rn. 3; *Roth/Altmeppen* Rn. 3; *Scholz/Winter* Rn. 5, 14.
[3] *Hachenburg/Kohlmann* Rn. 10; vgl. auch Rn. 9; § 75 Rn. 34; § 78 Rn. 5.
[4] *Hachenburg/Kohlmann* Rn. 11; *Scholz/Winter* Rn. 10; vgl. § 53 Rn. 22, 33; § 60 Rn. 73, 84; § 78 Rn. 7.
[5] *Hachenburg/Kohlmann* Rn. 8; *Scholz/Winter* Rn. 16, 17.
[6] *Hachenburg/Kohlmann* Rn. 9.
[7] *Baumbach/Hueck/Schulze-Osterloh* Rn. 4.
[8] *Lutter/Hommelhoff* Rn. 1; *Hachenburg/Kohlmann* Rn. 5; einschränkend *Baumbach/Hueck/Schulze-Osterloh* Rn. 5; *Meyer-Landrut/Miller/Niehus* Rn. 3; *Scholz/Winter* Rn. 7: Wenn öffentlich-rechtlich Anmeldpflicht besteht oder eine sonstige ohne das Vorliegen der erforderlichen Anmeldeunterlagen vorgenommen wurde.

IV. Zwangsgeld

12   **1. Rechtsnatur.** Das Zwangsgeld ist weder Kriminalstrafe noch Bußgeld, sondern **Beugemittel.**[9] Trotz vorhandener Unterschiede besteht eine gewisse Verwandtschaft zum **Ordnungsgeld**[10] und eine deutliche Parallele zum **Zwangsgeld nach § 888 ZPO** zur Erzwingung unvertretbarer Handlungen.

13   **2. Verschulden.** Verschulden des Geschäftsführers oder Liquidators ist für die Festsetzung des Zwangsgeldes nicht erforderlich, aber für die Bemessung seiner Höhe von Bedeutung.[11]

14   **3. Höhe.** Das einzelne Zwangsgeld darf nach Abs. 1 S. 2 fünftausend Euro nicht übersteigen (die frühere Angabe „zehntausend Deutsche Mark" wurde durch das NaStraG v. 18. 1. 2001, BGBl. I, S. 123, geändert). Es kann aber beliebig oft bis zu diesem Betrag festgesetzt werden.[12]

15   **4. Umwandlung in Beugehaft.** Eine Umwandlung des Zwangsgeldes in Beugehaft (Zwangshaft) ist **nicht möglich,** auch nicht bei erfolgloser Beitreibung.[13]

V. Zwangsgeldverfahren (§§ 132 ff. FGG)

16   **1. Beteiligte.** Beteiligte an dem Verfahren sind die Geschäftsführer und ihre Stellvertreter, gegebenenfalls die Liquidatoren (§ 79 Abs. 1 iVm. § 132 Abs. 1 FGG), nicht die GmbH als solche, nicht die Gesellschafter, auch nicht der Einmann-Gesellschafter, sofern er nicht zugleich Geschäftsführer ist, nicht Bevollmächtigte.[14] Ist eine juristische Person Liquidator (§ 66 Rn. 8), so sind nur ihre gesetzlichen Vertreter am Verfahren beteiligt.[15]

17   Müssen nicht alle Geschäftsführer, Stellvertreter oder Liquidatoren an einer Anmeldung mitwirken, so kann Zwangsgeld gleichwohl gegen alle festgesetzt werden, bis Organmitglieder in vertretungsberechtigter Zahl der Verpflichtung nachkommen.[16]

18   **2. Einleitung.** Die Einleitung des Verfahrens erfolgt, sobald das Gericht glaubhafte Kenntnis von einem Sachverhalt erlangt hat, der ein Einschreiten rechtfertigt (§ 132 Abs. 1 FGG). Einen **Ermessensspielraum** hat das Gericht nicht.[17] Lehnt das Gericht einen Antrag oder eine Anregung zur Einleitung eines Verfahrens nach § 132 FGG ab, so hat der Anzeiger gemäß §§ 19, 20 FGG ein Beschwerderecht, wenn eines seiner Rechte durch die Ablehnung beeinträchtigt wird. Die Organe des Handelsstandes sind nach § 126 FGG stets beschwerdeberechtigt.[18]

---

[9] *Göhler* Vor § 1 Rn. 41; *ders.* NJW 1974, 825, 926; *Hachenburg/Kohlmann* Rn. 12; *Scholz/Winter* Rn. 11.
[10] ZB §§ 380, 390, 890 ZPO, vgl. *Hachenburg/Kohlmann* Rn. 13; *Scholz/Winter* Rn. 12.
[11] *Hachenburg/Kohlmann* Rn. 15; *Scholz/Winter* Rn. 13.
[12] *Hachenburg/Kohlmann* Rn. 14; *Meyer-Landrut/Miller/Niehus* Rn. 4; *Roth/Altmeppen* Rn. 2; *Scholz/Winter* Rn. 27.
[13] *Hachenburg/Kohlmann* Rn. 28; *Scholz/Winter* Rn. 32.
[14] *Hachenburg/Kohlmann* Rn. 16 bis 18; *Scholz/Winter* Rn. 18.
[15] KG JFG 10, 86; OLG München JFG 14, 488, 492.
[16] *Hachenburg/Kohlmann* Rn. 19; *Scholz/Winter* Rn. 19.
[17] *Bassenge* RPfleger 1974, 173, 174; *Bumiller/Winkler* § 132 Rn. 21; *Goebeler* BB 1987, 2314, 2322; *Keidel/Kuntze/Winkler* § 132 Rn. 22; *Hachenburg/Kohlmann* Rn. 20; *Scholz/Winter* Rn. 20.
[18] *Hachenburg/Kohlmann* Rn. 21; *Scholz/Winter* Rn. 20.

Vorbemerkung   **Vor §§ 82–85**

3. Verfügung des Registergerichts. Die Verfügung des Registergerichts gegen 19
die Beteiligten geht dahin, der gesetzlichen Verpflichtung innerhalb einer bestimmten
Frist nachzukommen oder die Unterlassung durch Einspruch zu rechtfertigen (§ 132
Abs. 1 FGG). Eine Beschwerde gegen diese Verfügung ist unzulässig (§ 132 Abs. 2
FGG). Wird weder der Verpflichtung genügt noch Einspruch erhoben, so ist das angeordnete Zwangsgeld festzusetzen und zugleich die frühere Verfügung unter Androhung eines erneuten Zwangsgeldes zu wiederholen (§ 133 FGG).

4. Einspruch, Beschwerde. Vgl. hierzu §§ 134 bis 137, 139 FGG. 20

5. Kosten, Vollstreckung. Die Kosten des Verfahrens sind den Beteiligten aufzu- 21
erlegen, sofern ein Zwangsgeld festgesetzt wurde (§ 138 FGG). Anderenfalls (§ 135
Abs. 2 S. 2 FGG) kommt eine Auferlegung von Kosten nicht in Betracht. **Kostenschuldner** sind die Beteiligten (§ 3 Nr. 1 KostO). Die Gesellschaft haftet nicht.[19] Wegen der **Höhe** der Kosten vgl. § 119 KostO. Die **Vollstreckung** richtet sich nach den
Vorschriften der JustizbeitreibungsO und der EBAO.[20]

VI. Österreichisches Recht

Eine dem § 79 ähnliche Vorschrift ist § 125 ÖGmbHG in der Fassung des Firmen- 22
buchgesetzes (FBG) von 1991. Die Vorschrift erfasst jedoch nur einen geringen Teil
der Tatbestände des § 79, darunter (durch Verweisung auf § 14 HGB) die Verlautbarungen auf Geschäftsbriefen und Bestellscheinen. Die Sanktion besteht in der Verhängung von Zwangsstrafen bis zu 3 600 € (50 000 S). Im Übrigen gilt die Sanktion
„unbeschadet der allgemeinen handelsrechtlichen Vorschriften", womit auf andere
funktionsähnliche Normen verwiesen wird.[21]

§§ 80 bis 81 a *(aufgehoben)*.

Vorbemerkung vor §§ 82–85

Literatur: *Arloth* Zur Abgrenzung von Untreue und Bankrott bei der GmbH, NStZ 1990, 570; *Arn-
hold* Auslegungshilfen zur Bestimmung einer Geschäftslagetäuschung im Rahmen der §§ 331 Nr. 1
HGB, 400 Abs. 1 Nr. 1 AktG, 82 Abs. 2 Nr. 2 GmbHG, 1993, zugleich Diss. Köln 1992; *Auer* Gläubigerschutz durch § 266 StGB bei der einverständlichen Schädigung einer GmbH, Diss. Berlin 1991; *Bitt-
mann/Rudolph* Untreue des GmbH-Geschäftsführers trotz Anordnung der Insolvenzverwaltung?, wistra
2000, 401; *Blumers* Bilanzierungstatbestände und Bilanzierungsfristen im Handelsrecht und im Strafrecht,
1983; *Brammsen* Strafbare Untreue des Geschäftsführers bei einverständlicher Schmälerung des GmbH-
Vermögens?, DB 1989, 1609; *Cobet* Fehlerhafte Rechnungslegung. Eine strafrechtliche Untersuchung
zum neuen Bilanzrecht am Beispiel von § 331 Abs. 1 Nr. 1 des Handelsgesetzbuches, 1991; *Dannecker*
Die strafrechtsautonome Bestimmung der Untreue als Schutzgesetz im Rahmen des § 823 II BGB,
NZG 2000, 243; *Fleck* Missbrauch der Vertretungsmacht oder Treubruch des mit Einverständnis aller
Gesellschafter handelnden GmbH-Geschäftsführers aus zivilrechtlicher Sicht, ZGR 1990, 31; *Fuhrmann*
Die Bedeutung des „faktischen Organs" in der strafrechtlichen Rechtsprechung des Bundesgerichtshofs,
FS Tröndle, 1989, S. 139; *Gramich* Die Strafvorschriften des Bilanzrichtliniengesetzes, wistra 1987, 157;
Gribbohm Untreue zum Nachteil der GmbH – Zur Harmonisierung zivil- und strafrechtlicher Pflichten
des GmbH-Geschäftsführers und -Gesellschafters, ZGR 1990, 1; *ders.* Strafrechtliche Untreue zum
Nachteil der GmbH durch den GmbH-Geschäftsführer und die zivilrechtlichen Folgen, DStR 1991,

---
[19] *Hachenburg/Kohlmann* Rn. 33; *Scholz/Winter* Rn. 34.
[20] Vgl. iE *Hachenburg/Kohlmann* Rn. 34; *Scholz/Winter* Rn. 35.
[21] Vgl. iE *Koppensteiner* § 125 Rn. 5, 6

248; *Hartung* Der Rangrücktritt eines GmbH-Gläubigers – eine Chance für Wirtschaftskriminelle?, NJW 1995, 1186; *ders.* Kapitalersetzende Darlehen – eine Chance für Wirtschaftskriminelle?, NJW 1996, 229; *Hillenkamp* Risikogeschäft und Untreue, NStZ 1981, 161; *Klussmann* Geschäftslagetäuschung nach § 400 AktG, 1975; *Kohlmann* Untreue zum Nachteil des Vermögens einer GmbH trotz Zustimmung sämtlicher Gesellschafter?, FS Werner, 1984, S. 387; *Kohlmann/Löffeler* Die strafrechtliche Verantwortlichkeit des GmbH-Geschäftsführers, 1990; *Krüger* Zur Anwendbarkeit der §§ 283 StGB, 84 GmbHG in den neuen Bundesländern vor In-Kraft-Treten der Insolvenzordnung, wistra 2000, 289; *Labsch* Einverständliche Schädigung des Gesellschaftsvermögens und Strafbarkeit des GmbH-Geschäftsführers, JuS 1985, 602; *ders.* Die Strafbarkeit des GmbH-Geschäftsführers im Konkurs der GmbH, wistra 1985, 1, 59; *Liebl* Statistik als Rechtstatsachenforschung – Ein Abschlußbericht zur bundesweiten Erfassung von Wirtschaftsstraftaten nach einheitlichen Gesichtspunkten, wistra 1988, 83; *Lipps* Nochmals – Verdeckte Gewinnausschüttung bei der GmbH als strafrechtliche Untreue?, NJW 1989, 502; *Lübchen/Landfermann* Neuregelung der Gesamtvollstreckung, NJ 1990, 396; *Maul* Geschäfts- und Konzernlagetäuschungen als Bilanzdelikte, DB 1989, 185; *Meilicke* Verdeckte Gewinnausschüttung: Strafrechtliche Untreue bei der GmbH?, BB 1988, 1261; *Muhler* Darlehen von GmbH-Gesellschaftern im Strafrecht, wistra 1994, 283; *Müller-Christmann/Schnauder* Durchblick: Zum strafrechtlichen Schutz des Gesellschaftsvermögens, JuS 1998, 1080; *Nack* Untreue im Bankbereich durch Vergabe von Großkrediten, NJW 1980, 1599; *U. Nelles* Untreue zum Nachteil von Gesellschaften, 1991; *Reck/Hey* Die neue Qualität der Wirtschaftsstraftaten in den Neuen Bundesländern unter besonderer Beachtung der GmbH, GmbHR 1996, 658; *Reiß* Verdeckte Gewinnausschüttungen und verdeckte Entnahmen als strafbare Untreue des Geschäftsführers?, wistra 1989, 81; *Rotsch* Zur Unanwendbarkeit der §§ 283 StGB, 84 GmbHG in den neuen Bundesländern vor In-Kraft-Treten der Insolvenzordnung, wistra 2000, 5; *ders.* Nochmals: Zur Unanwendbarkeit der §§ 283 StGB, 84 GmbHG in den neuen Bundesländern vor In-Kraft-Treten der Insolvenzordnung, wistra 2000, 294; *C. Schäfer* Untreue zum Nachteil von GmbH, GmbHR 1992, 509; *ders.* Zur strafrechtlichen Verantwortlichkeit des GmbH-Geschäftsführers, GmbHR 1993, 780, 787; *H. Schäfer* Die Strafbarkeit der Untreue zum Nachteil einer KG, NJW 1983, 2850; *Schüppen* Systematik und Auslegung des Bilanzstrafrechts, 1993; *Schulte* Strafbarkeit der Untreue zum Nachteil einer KG?, NJW 1984, 1671; *ders.* Abgrenzung von Bankrott, Gläubigerbegünstigung und Untreue bei der KG, NJW 1983, 1773; *Tiedemann* Wirtschaftsstrafrecht und Wirtschaftskriminalität, Bd. 2 1976, S. 133 ff.; *ders.* Straftatbestand und Normambivalenz am Beispiel der Geschäftsberichtsfälschung, FS Schaffstein, 1975, S. 195; *ders.* Handelsgesellschaften und Strafrecht: Eine vergleichende Bestandsaufnahme, FS Würtenberger, 1977, S. 241; *ders.* Die Bekämpfung der Wirtschaftskriminalität durch den Gesetzgeber, JZ 1986, 865; *ders.* Untreue bei Interessenkonflikten. Am Beispiel der Tätigkeit von Aufsichtsratsmitgliedern, FS Tröndle, 1989, S. 319; *Ulmer* Die GmbH und der Gläubigerschutz, GmbHR 1984, 256; *ders.* Schutz der GmbH gegen Schädigung zugunsten ihrer Gesellschafter? – Zur Relevanz der Rechtsprechung zu § 266 StGB für das Gesellschaftsrecht, FS Pfeiffer, 1988, S. 853; *Wimmer* Die zivil- und strafrechtlichen Folgen mangelhafter Jahresabschlüsse bei GmbH und KG, DStR 1997, 1931; *Winkelbauer* Strafrechtlicher Gläubigerschutz im Konkurs der KG und der GmbH & Co. KG, wistra 1986, 17.

Übersicht

	Rn.
I. Rechtsentwicklung des GmbH-Strafrechts	1–4
1. Entstehung und Reformen	1, 2
2. Geltung in der ehemaligen DDR	3
3. Geltung in den neuen Bundesländern	4
II. Normzweck, Tatbestandsaufbau und Bedeutung der Straftatbestände	5–7
III. Ergänzende Strafbestimmungen	8
IV. Gesellschaftsrechtliche Untreue	9–28
1. Allgemeines	9
2. Vermögensbetreuungspflicht	10–14
3. Nachteil	15
4. Einwilligung der Gesellschafter	16–19
5. Risikogeschäfte	20
6. Innerer Tatbestand	21
7. Weitere Beispiele aus der Rechtsprechung	22, 23
8. Untreue bei GmbH & Co. KG	24–27
9. Anwendung der Insolvenzstraftatbestände	28
V. Strafvorschriften des Handelsgesetzbuches	29–79
1. Antragspflicht bei Zahlungsunfähigkeit oder Überschuldung einer GmbH & Co. KG	29–31
a) § 130a. Antragspflicht bei Zahlungsunfähigkeit oder Überschuldung	31
b) § 130b. Strafvorschriften	31
c) § 172. Umfang der Haftung	31
d) § 177a. Angaben auf Geschäftsbriefen; Antragspflicht bei Zahlungsunfähigkeit oder Überschuldung	31
2. Straf- und Bußgeldtatbestände des Bilanzrechts des Handelsgesetzbuches	32–79
a) § 331 HGB. Unrichtige Darstellung	33–46
aa) Allgemeines	33, 34
bb) Täterkreis und Tatbeteiligung	35

Vorbemerkung   Vor §§ 82–85

	Rn.		Rn.
cc) Tathandlungen	36–41	aa) Allgemeines	62
dd) Gegenstand der Tathandlung	42–45	bb) Täterkreis und Tatbeteiligung	63
ee) Innerer Tatbestand	46	cc) Tathandlungen	64–69
b) § 332 HGB. Verletzung der Berichtspflicht	47–61	dd) Innerer Tatbestand	70, 71
aa) Allgemeines	47	ee) Qualifizierungstatbestand (§ 332 Abs. 2 S. 1 HGB)	72
bb) Täterkreis und Tatbeteiligung	48, 49	d) § 334 HGB. Bußgeldvorschriften	73–79
cc) Tathandlungen	50–53	aa) Allgemeines	73, 74
dd) Gegenstand der Tathandlung	54–57	bb) Täterkreis	75
ee) Innerer Tatbestand	58–60	cc) Tathandlungen	76
ff) Qualifizierungstatbestand (§ 332 Abs. 2 HGB)	61	dd) Innerer Tatbestand	77, 78
c) § 333 HGB. Verletzung der Geheimhaltungspflicht	62–72	ee) Täterschaft und Tatbeteiligung	79
		VI. Österreichisches Recht	80, 81

I. Rechtsentwicklung des GmbH-Strafrechts

1. Entstehung und Reformen. Das GmbHG vom 20. 4. 1892 (RGBl. S. 477) hat **1** mit der Gesellschaft mit beschränkter Haftung ein völlig neues Rechtsinstitut des Gesellschaftsrechts geschaffen.[1] Diese neue Gesellschaftsform sollte eine Mittelstellung zwischen den reinen Personalgesellschaften der Offenen Handelsgesellschaft (OHG) und der Kommanditgesellschaft (KG) und der Aktiengesellschaft (AG) als reiner Kapitalgesellschaft einnehmen und dem Kaufmann die Möglichkeit bieten, seine Haftung wie bei einer AG zu beschränken, aber die verhältnismäßig umständliche Gründung, die schwerfällige Verwaltung und das Bereitstellen eines hohen Gesellschaftskapitals zu vermeiden. Angesichts der Erfahrungen, die der Gesetzgeber in den Gründerjahren mit der Umstellung des Aktienrechts von dem Konzessionssystem zu dem System der Normativbestimmungen gewonnen hatte,[2] enthielt das GmbHG mit den §§ 82 bis 84 von Anfang an eine Reihe von Strafbestimmungen, die den entsprechenden Straftatbeständen des Aktienrechts und des Genossenschaftsrechts nachgebildet worden waren. Es handelte sich dabei um die Tatbestände der falschen Angaben gegenüber dem Handelsregister oder in öffentlichen Mitteilungen (§ 82), um einen Tatbestand, der die Anwendung der Strafvorschriften der §§ 239 bis 241 der Konkursordnung auf den Geschäftsführer einer GmbH vorschrieb (Bankrott und Gläubigerbegünstigung – § 83) und um die Pönalisierung der Unterlassung des Konkursantrages bei Zahlungsunfähigkeit oder Überschuldung der GmbH (§ 84). Auf einen besonderen Tatbestand der gesellschaftsrechtlichen Untreue, wie er im Aktienstrafrecht und im Genossenschaftsstrafrecht enthalten war, hatte der Gesetzgeber des GmbHG zunächst verzichtet. Er ist in Gestalt des § 81a erst durch das Gesetz vom 26. 5. 1933 (RGBl. I S. 298) eingeführt worden.[3] In dieser Fassung galten die Strafvorschriften des GmbHG auch nach Errichtung der Bundesrepublik Deutschland.[4] Die Bankrott- und Gläubigerbegünstigung nach § 83 ist durch das EGOWiG vom 24. 5. 1968 (BGBl. I S. 503) mit Wirkung vom 1. 10. 1968 und die gesellschaftsrechtliche Untreue nach § 81a durch das 1. StrRG vom 25. 6. 1969 (BGBl. I S. 645) mit Wirkung vom 1. 4. 1970 aufgehoben worden. Durch das letztere Gesetz und das EGStGB vom 2. 3. 1974 (BGBl. I S. 429) sind die Strafdrohungen der §§ 82 und 84 dem reformierten Strafrecht angepasst worden. Das EGStGB hat außerdem in § 84 auch den fahrlässigen Verstoß gegen die Antragspflicht unter Strafe gestellt.

---

[1] Einl. Rn. 1.
[2] Vgl. Einl. Rn. 2.
[3] Vgl. dazu *Gribbohm* ZGR 1990, 1, 10.
[4] *Dalcke/Fuhrmann/Schäfer* Strafrecht und Strafverfahren, 37. Aufl. 1961, unter B III 4.

2 Die GmbH-Novelle vom 4. 7. 1980 (BGBl. I S. 836) hat die Straftatbestände der §§ 82 und 84 den entsprechenden Straftatbeständen der §§ 399 und 401 AktG angeglichen und den Straftatbestand der Verletzung der Geheimhaltungspflicht nach § 85 neu eingeführt. Das geltende GmbH-Strafrecht beruht weitgehend auf der Fassung dieses Gesetzes. Geringfügige Änderungen brachte lediglich das Bilanzrichtlinien-Gesetz (BiRiLiG) vom 19. 12. 1985 (BGBl. I S. 2355), durch das der Straftatbestand des § 82 Abs. 2 Nr. 2 im Hinblick auf den neu geschaffenen Straftatbestand des § 331 HGB subsidiär ausgestaltet worden ist. Schließlich ist durch das 2. WiKG vom 15. 5. 1986 (BGBl. I S. 721) § 64 Abs. 1 geändert worden. Diese Änderung wirkte sich auf den Tatbestand des § 84 Abs. 1 Nr. 2 aus, weil sich dieser auf die Ausfüllungsvorschrift des § 64 Abs. 1 bezieht (vgl. näher § 84 Rn. 5). § 84 Abs. 1 Nr. 2 ist ferner durch Art. 3 des Gesetzes vom 25. 7. 1994 (BGBl. I S. 1682, 1686) der Änderung des § 71 durch das BiRiLiG und durch Art. 48 EGInsO vom 5. 10. 1994 (BGBl. I S. 2911, 2933) der Neugestaltung des Insolvenzverfahrens angepasst worden (vgl. dazu § 84 Rn. 3). Die Änderung durch Art. 48 EGInsO gilt mit Wirkung zum 1. 1. 1999. Das Gesetz zur Bereinigung des Umwandlungsrechts (UmwBerG) vom 20. 10. 1994 hat in § 82 Abs. 1 eine neue Nr. 4 eingefügt, wodurch die bisherige Nr. 4 zur Nr. 5 wurde.

3 **2. Geltung in der ehemaligen DDR.** Im Gebiet der ehemaligen DDR galt bis zum 30. 6. 1990 im wesentlichen das GmbHGesetz in der Fassung vom 26. 2. 1935 (RGBl. I S. 321). Es enthielt neben den Strafvorschriften der §§ 82 und 84 sowohl die gesellschaftsrechtliche Untreue nach § 81a wie auch die Bankrott- und Gläubigerbegünstigung nach § 83.[5] Für die Zeit danach ist durch das Gesetz über die Inkraftsetzung von Rechtsvorschriften der Bundesrepublik Deutschland in der Deutschen Demokratischen Republik vom 21. 6. 1990 (GBl. DDR 1990 S. 357, 359) das GmbHG idF vom 15. 5. 1986 (BGBl. I S. 721) auch in der DDR für anwendbar erklärt worden. Zu den Strafvorschriften der §§ 82, 84 und 85 wurde lediglich der Zusatz gemacht, dass neben der Freiheitsstrafe auch auf „Verurteilung auf Bewährung" erkannt werden könne.

4 **3. Geltung in den Neuen Bundesländern.** Mit dem Wirksamwerden des Beitritts der ehemaligen DDR zur Bundesrepublik Deutschland am 3. 10. 1990 gilt das GmbH-Strafrecht nach Art. 8 EinigungsV (vom 31. 8. 1990) im gesamten Gebiet der Bundesrepublik Deutschland einschließlich des Beitrittsgebiets. Maßgaben sieht der Einigungsvertrag für dieses Rechtsgebiet nicht vor. Auch die Strafvorschrift des § 84 Abs. 1 Nr. 2 ist von Anfang an anwendbar.[6] Bedenken gegen eine Anwendbarkeit von § 84 vor In-Kraft-Treten der Insolvenzordnung zum 1. 1. 1999 sind daraus hergeleitet worden, dass im Beitrittsgebiet anstelle der Konkursordnung, auf die sich § 84 Abs. 1 Nr. 2 bezog, die Gesamtvollstreckungsordnung galt und die in § 1 Abs. 4 GesO enthaltene Generalklausel nicht ausreichend bestimmt sei, um § 84 auch im Beitrittsgebiet Geltung zu verschaffen.[7] Dieser Auffassung ist nicht zu folgen. Der Wille des Gesetzgebers ging dahin, durch die Verweisungsvorschrift des § 1 Abs. 4 GesO die Strafvorschrift des § 84 Abs. 1 Nr. 2 im Beitrittsgebiet auch dann für anwendbar zu erklären, wenn ein Gesamtvollstreckungsverfahren durchzuführen war.[8] Eine derartige Ausle-

---

[5] Vgl. Synopse der GmbHGesetze BRD-DDR der Centrale für GmbH Dr. Otto Schmidt, 1990; Einl. Rn. 314.

[6] BGHR StGB § 263 Abs. 1 Täuschung 14 = NStZ 1998, 247 = wistra 1998, 177, 178; bestätigt durch BGH wistra 2000, 475; OLG Dresden NStZ-RR 1999, 27 = NZG 1998, 818.

[7] *Rotsch* wistra 2000, 5; *ders.* wistra 2000, 294.

[8] Vgl. *Lübchen/Landfermann* NJ 1990, 396.

Vorbemerkung **Vor §§ 82–85**

gung der Vorschrift des § 1 Abs. 4 GesO ist im Ergebnis möglich.[9] Wegen der rechtlichen Gestaltung der GmbH erfreute sich diese Gesellschaftsform in den Neuen Bundesländern sofort großer Beliebtheit.[10] Allerdings traten insbesondere bei der Umwandlung von Produktionsgenossenschaften in eine GmbH mangels gesetzlicher Vorgaben und durch Überschneidung mit noch geltendem DDR-Recht schwierige Fragen bei der Rechtsanwendung auf.[11]

II. Normzweck, Tatbestandsaufbau und Bedeutung der Straftatbestände

Die Straftatbestände des GmbHG (§§ 82, 84 und 85) sollen sicherstellen, dass die Bestimmungen dieses Gesetzes, die dem Schutz dritter Personen dienen, insbesondere den Gläubigern der Gesellschaft und anderen an ihr interessierten Personen, eingehalten werden. Die GmbH ist eine mit Rechtspersönlichkeit ausgestattete Personengemeinschaft, bei der die Gesellschaft unbeschränkt haftet, während die Gesellschafter nur für die Einzahlung ihrer Einlagen gegenüber der Gesellschaft einzustehen haben. Bei ihr handelt es sich um eine personengebundene Kapitalgesellschaft, deren Haftung sich auf ihr Gesellschaftsvermögen beschränkt. Die beschränkte Haftung kann im Wirtschaftsleben zu besonderen Risiken für außenstehende Personen führen. Diesen Risiken will das Gesetz dadurch beggenen, dass es den Geschäftsführern der GmbH, ihren Gesellschaftern, den Mitgliedern eines gebildeten Aufsichtsrats und den Liquidatoren der Gesellschaft besondere Pflichten auferlegt, die geeignet sind, die Gefahren zu mindern. Die Straftatbestände des GmbHG haben die Aufgabe, besonders gefährliche Verstöße gegen diese Pflichten mit **Strafe** zu bedrohen. 5

Entsprechend der besonderen Pflichtenlage dieses Personenkreises können Täter der Straftatbestände nur Personen sein, denen besondere Eigenschaften zukommen und deren Tätereigenschaft sich aus besonderen persönlichen Merkmalen (§ 14 Abs. 1 StGB) ergibt. Es handelt sich deshalb bei allen Straftatbeständen des GmbHG um **echte Sonderdelikte** mit allen Konsequenzen für die Tatbeteiligung (vgl. näher § 82 Rn. 81ff.). Zum Teil verweisen sie (§§ 82, 84) bei der Tatbeschreibung auf andere Vorschriften des GmbHG oder verwenden Begriffe, die ihre wahre Bedeutung erst aufgrund anderer Bestimmungen des Gesetzes gewinnen. Bei ihnen handelt es sich deshalb um **blankettartige Bestimmungen,** deren Tatbestände sich erst aus einer Gesamtschau der jeweiligen blankettartigen Norm und den einzelnen Ausfüllungsvorschriften ergeben. Das kann für die Vollendung des Delikts wie auch für die innere Tatseite und insbesondere für Irrtumsfragen bedeutsam sein. 6

Die Straftatbestände der §§ 82, 84 und 85 haben im Wirtschaftsstrafrecht eine **nicht unerhebliche Bedeutung.** Die Quote der GmbH-Insolvenzen, bei denen die Eröffnung des Insolvenzverfahrens mangels Masse abgelehnt wird, soll bei etwa 50 bis 75 % liegen;[12] das zeigt, dass viele Insolvenzanträge verspätet gestellt worden sind. Es kann deshalb nicht überraschen, dass die Gesellschaftsform der GmbH mit allen ihren Erscheinungsformen (auch als GmbH & Co. KG) an Wirtschaftsstraftaten iS des § 74c GVG in mehr als 50 % aller bekannt gewordenen Fälle beteiligt sein soll.[13] Allerdings handelt es sich dabei auch um allgemeine Straftaten, bei denen die GmbH lediglich 7

---

[9] Vgl. *Krüger* wistra 2000, 289; ebenso LK/*Tiedemann* § 283 Rn. 9 für die dortige vergleichbare Problematik.
[10] *Reck/Hey* GmbHR 1996, 658.
[11] OLG Jena NZG 1998, 955.
[12] *Ulmer* GmbHR 1984, 256; *K. Schmidt* NJW 1993, 2934, 2935; *Scholz/Tiedemann* Vor § 82 Rn. 5.
[13] *Scholz/Tiedemann* Vor § 82 Rn. 2; *Eisenberg* § 47 Rn. 43 a.

Mittel und Zweck ist, wie insbesondere bei Betrugstaten, gesellschaftsrechtlicher Untreue und Straftaten im Zusammenhang mit Insolvenzen. Der Anteil der Strafverfahren nach den Tatbeständen des GmbHG (§§ 82, 84 und 85) hieran betrug 1985 etwa 26 %.[14] Dabei sind Schäden in erheblichem Umfang verursacht worden; so wurden in den Jahren 1993 und 1998 bei den Insolvenzdelikten nach § 84 sowie nach §§ 130 b, 177 a HGB in 21,5 % und 17,6 % aller erfassten Fälle Schäden von mehr als DM 100 000 registriert.[15] Nach *Uhlenbruck*[16] sind jährlich gegen mehr als 4000 GmbH-Geschäftsführer Strafverfahren eingeleitet worden. In den Jahren 1996 und 1997 kam es in den „alten" Bundesländern zu 886 und 1116 Aburteilungen nach den §§ 82, 84 und 85.[17] Auch in den Neuen Bundesländern sind entsprechende Täter sehr schnell tätig geworden.[18] Die Tatbestände der §§ 82 und 84 haben weitgehend die Bedeutung von Auffangtatbeständen in den Fällen gewonnen, in denen Betrugs-, Untreue- oder Insolvenzdelikte nicht nachgewiesen werden können.[19] Es darf jedoch nicht übersehen werden, dass bereits die Existenz dieser Strafvorschriften dazu beitragen kann, den Schutzbestimmungen des GmbHG Nachdruck zu verleihen.

III. Ergänzende Strafbestimmungen

8 Das GmbHG regelt nur einen Teil der Straftaten, die im Zusammenhang mit einer GmbH begangen werden können. So bedroht **§ 5 der Übergangsvorschriften** (Art. 12) der GmbH-Novelle (Rn. 2) den Geschäftsführer einer Alt-GmbH, deren Stammkapital vor dem 1. 1. 1986 weniger als DM 50 000 betrug, mit Freiheitsstrafe bis zu drei Jahren oder mit Geldstrafe, wenn er zum Zweck der Fortsetzung der Gesellschaft in den nach § 1 Abs. 1 S. 3, Abs. 2 oder Abs. 3 S. 4 der Übergangsvorschriften abzugebenden Versicherungen falsche Angaben macht. Die Vorschrift ist insoweit lex specialis gegenüber § 82 Abs. 1 Nr. 3.[20] Nach den **§§ 313 bis 315 UmwG** vom 28. 10. 1994 können der Geschäftsführer einer GmbH, die Mitglieder ihres Aufsichtsrats, der Liquidator und auch bestimmte Prüfer der Gesellschaft mit Freiheits- oder Geldstrafe bestraft werden, wenn sie unrichtige Darstellungen abgeben (§ 313 UmwG), ihre Berichtspflicht verletzen (§ 314 UmwG) oder ihrer Geheimhaltungspflicht nicht nachkommen (§ 315 UmwG). Die dabei in Betracht kommenden Tatbestandsmerkmale stimmen weitgehend mit den entsprechenden Merkmalen der §§ 82 und 85 überein. Da durch das BiRiLiG die Rechnungslegungs- und Prüfungsvorschriften in weitem Umfang in das HGB übernommen worden sind (vgl. Einl. Rn. 32), hat der Gesetzgeber dort die **Straf- und Bußgeldvorschriften der §§ 331 bis 334 HGB** geschaffen, die auch für die GmbH und ihre Organe erhebliche Bedeutung haben (vgl. Rn. 32–79). Das HGB enthält ferner auch Vorschriften, die bei einer GmbH & Co. KG zu beachten sind (vgl. Rn. 29–31). Eine wesentliche Rolle spielten früher in der Rechtsprechung der Strafgerichte die inzwischen aufgehobenen Sonderregelungen der gesellschaftsrechtlichen Untreue (§ 81 a) und der Bankrott- und Gläubigerbegünstigung (§ 83). Auf die von diesen Tatbeständen früher erfassten Straftaten sind nunmehr die allgemeinen Strafvorschriften der **Untreue nach § 266 StGB**

---

[14] *Liebl* wistra 1988, 83, 87; *Scholz/Tiedemann* Vor § 82 Rn. 1–9.
[15] *Eisenberg* § 47 Rn. 42.
[16] DStR 1991, 351.
[17] *Eisenberg* § 47 Rn. 43 a.
[18] *Reck/Hey* GmbHR 1996, 658.
[19] *Scholz/Tiedemann* Vor § 82 Rn. 9; *Eisenberg* § 47 Rn. 43 b; *Müller-Gugenberger/Bieneck* § 84 Rn. 3.
[20] *Scholz/Tiedemann* § 82 Rn. 109.

Vorbemerkung Vor §§ 82–85

und der **Insolvenzstraftaten** nach §§ 283 ff. **StGB** anzuwenden (vgl. dazu näher Rn. 9–28).

IV. Gesellschaftsrechtliche Untreue

1. Allgemeines. Dieser früher in § 81a geregelte Spezialtatbestand (vgl. Rn. 1) bestrafte den Geschäftsführer, den Liquidator oder das Mitglied eines Aufsichtsrats oder eines ähnlichen Organs der GmbH, wenn sie vorsätzlich zum Nachteil der Gesellschaft handelten. Er ist mit Wirkung vom 1. 4. 1970 als überflüssig abgeschafft worden (vgl. BT-Drucks. V/4094, S. 56). Die im Schrifttum gegen diese Auffassung erhobenen Bedenken sind unbegründet, weil bereits § 81a aF durch Rechtsprechung und Schrifttum deckungsgleich mit § 266 StGB ausgelegt worden ist.[21] Untreuehandlungen von Geschäftsführern oder von Liquidatoren bei der Wahrnehmung ihrer Aufgaben oder von Mitgliedern eines bei der GmbH gebildeten Aufsichtsrats oder eines ähnlichen Organs richten sich deshalb nunmehr nach dem allgemeinen Untreuetatbestand des § 266 StGB. Dieser lautet: 9

§ 266 Untreue

(1) Wer die ihm durch Gesetz, behördlichen Auftrag oder Rechtsgeschäft eingeräumte Befugnis, über fremdes Vermögen zu verfügen oder einen anderen zu verpflichten, mißbraucht oder die ihm kraft Gesetzes, behördlichen Auftrags, Rechtsgeschäfts oder eines Treueverhältnisses obliegende Pflicht, fremde Vermögensinteressen wahrzunehmen, verletzt und dadurch dem, dessen Vermögensinteressen er zu betreuen hat, Nachteil zufügt, wird mit Freiheitsstrafe bis zu fünf Jahren oder mit Geldstrafe bestraft.

(2) § 243 Abs. 2 und die §§ 247, 248a und 263 Abs. 3 gelten entsprechend.

2. Vermögensbetreuungspflicht. Untreue nach § 266 StGB setzt voraus, dass der Täter seine Pflicht zur Betreuung fremder Vermögensinteressen verletzt und dadurch demjenigen einen Nachteil zufügt, der ihn mit der Wahrung seiner Vermögensinteressen betraut hat. § 266 StGB ist deshalb, ähnlich wie die Tatbestände des GmbH-Strafrechts, ein echtes Sonderdelikt mit allen Konsequenzen für die Tatbeteiligung (vgl. dazu näher § 82 Rn. 81 ff.). Tätermerkmal ist die Betreuungspflicht. Den früher in § 81a aF bezeichneten Täterkreis (vgl. Rn. 7) trifft eine Pflicht zur Betreuung der Vermögensverhältnisse der GmbH. 10

Diese Pflicht ergibt sich bei dem **Geschäftsführer** und dem **Liquidator** in der Regel aus dem Missbrauchstatbestand, der Rechtsbeziehungen schützen will, durch die einem Beteiligten ein rechtliches Können gewährt wird, das im Innenverhältnis über das rechtliche Dürfen hinausgeht;[22] gleiches gilt für den Stellvertreter eines Geschäftsführers (§ 44) oder Liquidators, soweit er vertretungsweise tätig geworden ist.[23] Bei diesem Personenkreis folgt die bestimmungswidrige Ausübung der Verfügungs- und Verpflichtungsbefugnis und damit der Missbrauch dieser Befugnis aus der nach außen unbeschränkten Vertretungsbefugnis der §§ 35 Abs. 1, 37 Abs. 2 und den im Verhältnis zur Gesellschaft bestehenden Beschränkungen des § 37 Abs. 1.[24] Daneben können 11

---

[21] *Scholz/Tiedemann* Vor § 82 Rn. 11 mwN.
[22] BGHSt. 5, 61, 63 = NJW 1954, 202; BGHR § 266 Abs. 1 Mißbrauch 2 = wistra 1988, 191.
[23] BGHSt. 6, 314, 315 f. = NJW 1954, 1854.
[24] LK/*Schünemann* § 266 Rn. 125; *Scholz/Tiedemann* Vor § 82 Rn. 14; *Hachenburg/Kohlmann* Vor § 82 Rn. 80.

Geschäftsführer und Liquidatoren auch den Treubruchstatbestand erfüllen, der nicht nur ein rechtsgeschäftliches Handeln voraussetzt, sondern die Verletzung jeder rechtlich oder tatsächlich begründeten Treuepflicht zur Wahrnehmung fremder Vermögensinteressen erfasst. Die Befugnisse des Geschäftsführers einer GmbH und seine ihr gegenüber bestehenden Pflichten zur Wahrnehmung ihrer Vermögensinteressen erfüllen die Anforderungen an die Annahme der Täterstellung sowohl nach dem Missbrauchs- wie auch nach dem Treubruchstatbestand.[25] Das kommt insbesondere in Betracht, wenn die Verletzung der Treuepflicht durch ein tatsächliches Einwirken auf die betreuten Vermögensinteressen erfolgt, wie zB durch den Griff in die Kasse, durch den Verbrauch anvertrauter Gelder oder durch die Vernichtung von Urkunden.[26] Voraussetzung ist in jedem Fall, dass die den Nachteil zufügende Handlung der Geschäftsführer (oder Liquidatoren) pflichtwidrig war.[27] Maßstab für die Pflichtverletzung ist § 43 Abs. 1, der den Geschäftsführer, aber nach § 71 Abs. 4 auch den Liquidator, verpflichtet, bei der Geschäftsführung die Sorgfalt eines ordentlichen Geschäftsmannes anzuwenden und Vermögensopfer mit der Sorgfalt eines Treuhänders zu erbringen, der über Geld verfügt, das nicht ihm, sondern der juristischen Person gehört. Insbesondere darf er privaten Präferenzen keinen unangemessenen Raum geben. Er hat sorgsam zu wirtschaften und muss seine Entscheidung jeweils in Abwägung der ihm obliegenden Verantwortung für den Unternehmenserfolg treffen.[28] Maßgeblich sind dabei aber nur Pflichtverletzungen, die sich auf die Vermögensfürsorge beziehen und gravierend sind. Ob eine Pflichtverletzung gravierend ist, bestimmt sich aufgrund einer Gesamtschau insbesondere der gesellschaftsrechtlichen Kriterien. Bedeutsam sind dabei: fehlende Nähe zum Unternehmensgegenstand, Unangemessenheit im Hinblick auf die Ertrags- und Vermögenslage, fehlende innerbetriebliche Transparenz sowie Vorliegen sachwidriger Motive, namentlich Verfolgung rein persönlicher Präferenzen.[29] Die Tätereigenschaft des Geschäftsführers endet, wenn über das Vermögen der Gesellschaft das Insolvenzverfahren eröffnet und ein Insolvenzverwalter bestellt wird.[30] Das gilt auch bei der Bestellung eines Sequestors nach § 106 Abs. 1 KO, wenn diesem die alleinige Verfügungsbefugnis über das Gesellschaftsvermögen übertragen wird.[31] Bei der Bestellung eines vorläufigen Insolvenzverwalters und Auferlegung eines allgemeinen Verfügungsverbots nach § 21 Abs. 2 Nr. 1, 2 InsO wird das grundsätzlich auch anzunehmen sein. Nach weitergehender Auffassung[32] soll durch die InsO die Pflichtstellung des Geschäftsführers so ausgestaltet worden sein, dass ihn im Einzelfall auch nach Anordnung der Insolvenzverwaltung eine Vermögensbetreuungspflicht treffen und er damit Täter einer Untreue sein könne.

---

[25] BGH NJW 1984, 2539; BGHR StGB § 266 Abs. 1 Treubruch 2 = NStZ 1993, 239.
[26] *Scholz/Tiedemann* Vor § 82 Rn. 14; *Kohlmann/Löffeler* Rn. 197.
[27] RGSt. 69, 203, 206; BGHSt. 3, 23, 24 = GmbHR 1952, 108 m. Anm. *Schneider*; BGH bei *Herlan* GA 1958, 46; BGH wistra 1986, 25; wistra 1993, 301.
[28] Vgl. BGHZ 135, 244, 253 = NJW 1997, 1926 = DB 1997, 1068; BGH, Urt. 6. 12. 2001 – 1 StR 215/01 – S. 14, zur Veröffentlichung in BGHSt. bestimmt; LK/*Schünemann* § 266 Rn. 94; *Hachenburg/Kohlmann* Vor § 82 Rn. 142; *Müller-Guggenberger/Schmid* § 31 Rn. 103.
[29] BGH, Urt. 6. 12. 2001 (Fn. 28) S. 16 f.; *Gribbohm* ZGR 1990, 1, 14.
[30] BGHR StGB § 266 Abs. 1 Vermögensbetreuungspflicht 20 = NJW 1992, 250 = NStZ 1991, 432.
[31] BGHR StGB § 266 Abs. 1 Treubruch 2 = NJW 1993, 1278 = NStZ 1993, 239; BGHR StGB § 266 Abs. 1 Vermögensbetreuungspflicht 27 = wistra 1997, 146; BGHR StGB § 266 Abs. 1 Vermögensbetreuungspflicht 28 = NStZ 1998, 192 = StV 1998, 423 = wistra 1998, 105.
[32] *Bittmann/Rudolph* wistra 2000, 401, 405.

Auch einen **faktischen Geschäftsführer oder Liquidator** (vgl. hierzu § 82 **12**
Rn. 11) kann eine Vermögensbetreuungspflicht treffen und kann ihn deshalb zum
Täter machen.[33] So wenn der Geschäftsführer der Gesellschaft Ansprüche oder Anwartschaften auf Erwerb des Eigentums an zur Sicherung übereigneten oder unter
Eigentumsvorbehalt gelieferten Gegenständen entzieht,[34] wenn er eigene Schulden mit
den Forderungen der Gesellschaft verrechnen lässt oder Gegenstände für eine eigene
Firma mit Mitteln der Gesellschaft erwirbt,[35] oder wenn ein Generalbevollmächtigter
als faktischer Geschäftsführer ausschließlich aus eigennützigen Zielen Geschäfte abschließt, die mit dem Geschäftszweck nicht zu vereinbaren sind, der in dem Gesellschaftsvertrag festgelegt ist.[36] Ob sich die Vermögensbetreuungspflicht in solchen Fällen
nur aus dem Treubruchstatbestand ergeben kann,[37] ist mindestens zweifelhaft. Auch
ein nur tatsächlich die Aufgaben eines Geschäftsführers wahrnehmender Täter wird in
der Regel bevollmächtigt sein, Rechtsgeschäfte für die Gesellschaft einzugehen.

Unter Umständen kann auch ein bloßer **Gesellschafter** Täter in Gestalt eines Mit- **13**
täters sein, wenn er in das treuwidrige Verhalten des Geschäftsführers einwilligt.[38]

Bei den **Mitgliedern des Aufsichtsrats** ergibt sich die Vermögensbetreuungs- **14**
pflicht in der Regel aus dem Treubruchstatbestand, weil sie für die Gesellschaft nicht
rechtsgeschäftlich tätig werden. Den Aufsichtsrat treffen nach § 52 Abs. 1 eine Reihe
von Verpflichtungen, die sich aus dem Aktienrecht ergeben. Dazu gehört auch die
Verpflichtung, nach § 111 Abs. 1 AktG die Geschäftsführung der Gesellschaft durch
die Geschäftsführer zu überwachen sowie weitere gesetzlich vorgeschriebene Aufgaben
wahrzunehmen.[39] Jedes Mitglied des Aufsichtsrats ist Überwachungsgarant zugunsten
Dritter gegenüber Straftaten der Geschäftsführung und Beschützergarant zugunsten des
Gesellschaftsvermögens gegenüber Schädigungen durch die Geschäftsführer.[40] Verletzen die Mitglieder des Aufsichtsrats bei der Wahrnehmung ihrer Aufgaben vorsätzlich
ihre Sorgfaltspflichten aus § 116 AktG, so verletzen sie damit gleichzeitig auch ihre
Vermögensbetreuungspflicht iS des § 266 StGB, wenn sich die Pflichtverletzung auf
die Vermögensfürsorge für die Gesellschaft bezieht. Ein Aufsichtsratsmitglied begeht zB
Untreue, wenn es entgegen § 33 Abs. 2 an dem Erwerb eines eigenen Gesellschaftsanteils mitwirkt.[41] Jedes einzelne Mitglied des Aufsichtsrats trifft die strafrechtliche Verantwortung, wenn der Aufsichtsrat in seiner Gesamtheit zum Nachteil der Gesellschaft
handelt. Es kann sich nur dann entlasten, wenn es jedes rechtlich zulässige Mittel ergriffen hat, um das Zustandekommen eines die Gesellschaft schädigenden Beschlusses
zu verhindern.[42]

3. Nachteil. Einen Nachteil erleidet die GmbH, wenn ihr durch die Verletzung der **15**
Vermögensbetreuungspflicht ein Vermögensschaden zugefügt wird. Dieser umfasst alle

---

[33] BGHR StGB § 266 Abs. 1 Vermögensbetreuungspflicht 25 = NJW 1997, 66, 67 = NStZ 1996, 540 m. Anm. *Langkeit* WiB 1996, 1131; BGH NStZ 1999, 558; *Scholz/Tiedemann* Vor § 82 Rn. 15; Hachenburg/*Kohlmann* Vor § 82 Rn. 68; Roth/*Altmeppen* § 43 Rn. 61; *Fuhrmann*, FS Tröndle, 1989, S. 139 ff. mwN.
[34] BGHSt. 3, 32, 38 = GmbHR 1952, 125 m. Anm. *Schneider*.
[35] BGHSt. 34, 379, 382 f. = NJW 1988, 1397 = DB 1987, 1930.
[36] BGH, Urt. vom 23. 10. 1979 – 1 StR 156/79.
[37] *Scholz/Tiedemann* Vor § 82 Rn. 15; *Kohlmann/Löffeler* Rn. 177; aA LK/*Schünemann* § 266 Rn. 125 Buchst. b.
[38] *Gribbohm* ZGR 1990, 1, 20, 21.
[39] Vgl. § 52 Rn. 11.
[40] *Tiedemann*, FS Tröndle, 1989, S. 319, 322.
[41] BGHSt. 9, 203, 209 = NJW 1956, 1326.
[42] BGHSt. 9, 203, 216 = NJW 1956, 1326.

Vermögenswerte, die unter diesen Begriff beim Betrug fallen.[43] Ebenso wie bei dem Betrug muss bei der Untreue das Vermögen, das die Gesellschaft ohne den Befugnismissbrauch oder ohne die Pflichtverletzung ihrer Organe hätte, mit dem Vermögen verglichen werden, über das die Gesellschaft infolge einer dieser Handlungen oder Unterlassungen verfügt.[44] Erfasst wird alles, was nach wirtschaftlicher Betrachtungsweise in Geld messbar ist.[45] Dazu gehören auch das Ausbleiben einer Vermögensvermehrung,[46] die Belastung mit Verbindlichkeiten[47] wie auch die schadensgleiche Gefährdung der betreuten Vermögensinteressen.[48] An einem Nachteil fehlt es jedoch, wenn dem Täter ein entsprechender Vergütungsanspruch gegenüber der Gesellschaft zusteht[49] oder wenn er jederzeit eigene Mittel zur Verfügung hat, die zur Deckung ausreichen und er auch bereit ist, diese Mittel ständig zum Ausgleich zu benutzen.[50] Ein Schaden entfällt auch dann, wenn durch die pflichtwidrige Handlung zugleich ein Vorteil entsteht, durch den der Nachteil ausgeglichen wird (Schadenskompensation). Maßgebend ist dabei eine wirtschaftliche Gesamtbetrachtung.[51] An den Geschäftsführer geleistete Schmiergelder bewirken bei der GmbH nur dann einen Nachteil, wenn diese Geldbeträge in die Kalkulation des Bestechenden eingestellt und über den Preis auf die GmbH umgelegt werden.[52] Der Nachteil muss der Gesellschaft zugefügt werden, d. h. zwischen der Vermögensbetreuungspflicht und dem Handeln des Täters muss ein innerer Zusammenhang bestehen.[53] Bei dem Missbrauchstatbestand bedeutet das, dass der Nachteil durch die Ausübung der rechtlichen Verfügungsmacht entstanden ist;[54] bei dem Treubruchstatbestand muss ein ursächlicher Zusammenhang zwischen der Verletzung der Treuepflicht und dem Nachteil bestehen. Durch den Nachteil betroffen kann nur ein mit dem Täter nicht identischer Träger fremden Vermögens sein. Das kann eine natürliche oder eine juristische Person sein.[55] Bei einer Untreue zum Nachteil einer GmbH ist in erster Linie diese als Vermögensinhaberin geschädigt.[56]

16 **4. Einwilligung der Gesellschafter.** Umstritten ist in Rechtsprechung und Schrifttum, ob die Einwilligung der Gesellschafter in die pflichtwidrige Verletzung der

---

[43] BGHSt. 15, 342, 343 = NJW 1961, 685; LK/*Schünemann* § 266 Rn. 132; *Schönke/Schröder/Lenckner/Perron* § 266 Rn. 39; *Lackner/Kühl* § 266 Rn. 17; *Kohlmann/Löffeler* Rn. 299; *Hachenburg/Kohlmann* Vor § 82 Rn. 168; weitergehend *Tröndle/Fischer* § 266 Rn. 17.
[44] BGHSt. 15, 342, 343 = NJW 1961, 685.
[45] BGH NJW 1975, 1234, 1235.
[46] BGHSt. 20, 143, 144 = NJW 1965, 770; BGHSt. 31, 232, 234 f. = NJW 1983, 1807 = wistra 1983, 149; BGHR StGB § 266 Abs. 1 Nachteil 41 = NStZ 1998, 246.
[47] BGHR StGB § 266 Abs. 1 Nachteil 44 = NStZ 1999, 557 = wistra 1999, 381.
[48] BGHSt. 20, 304, 305 = NJW 1966, 261; BGHSt. 35, 333, 336 = NJW 1989, 112 = NStZ 1989, 23; BGHR StGB § 266 Abs. 1 Nachteil 8 = wistra 1988, 191; BGHR StGB § 266 Abs. 1 Nachteil 26 = wistra 1991, 218; BGHR StGB § 266 Abs. 1 Nachteil 34 = NStZ 1995, 233 = wistra 1995, 144.
[49] BGHR StGB § 266 Abs. 1 Nachteil 33 = NStZ 1995, 185 = WiB 1995, 403 m. Anm. *Langkeit*; BGH wistra 1999, 340; 2000, 466.
[50] BGHR StGB § 266 Abs. 1 Nachteil 34 = NStZ 1995, 233 = wistra 1995, 144.
[51] *Hachenburg/Kohlmann* Vor § 82 Rn. 179.
[52] BGHR StGB § 266 Abs. 1 Nachteil 35 = NStZ 1995, 233 = wistra 1995, 144; BGHR StGB § 266 Abs. 1 Nachteil 49 = NJW 2001, 2102 = wistra 2001, 267; BGH NStZ 2001, 432, 433 = wistra 2001, 341, 343 (insoweit in BGHSt. 47, 8 nicht abgedruckt).
[53] BGHR StGB § 266 Abs. 1 Vermögensbetreuungspflicht 20 = NJW 1992, 250 = NStZ 1991, 432.
[54] BGH wistra 1989, 142.
[55] BGHR StGB § 266 Abs. 1 Nachteil 27 = StV 1992, 465 = wistra 1992, 24.
[56] *Gribbohm* ZGR 1990, 1, 11 ff.

Vorbemerkung **Vor §§ 82–85**

Vermögensbetreuungspflicht durch den Geschäftsführer (Liquidator) oder die Mitglieder des Aufsichtsrats die Strafbarkeit der Tat ausschließen oder diese rechtfertigen kann. Nach der heute wohl überwiegenden Auffassung wird die Strafbarkeit der Untreue nicht dadurch ausgeschlossen, dass sämtliche Gesellschafter (oder ein Alleingesellschafter) den pflichtwidrigen, das Vermögen der Gesellschaft schädigenden Maßnahmen der Organe der GmbH zustimmen oder diese genehmigen.[57] Die Gesellschafter können sich nicht auf die Vorteile der Vermögenstrennung durch die GmbH berufen, wenn es um ihre Haftung geht, andererseits aber Vermögenseinheit geltend machen, wenn sie der GmbH willkürlich wirtschaftliche Werte zum eigenen Vorteil entziehen.[58] Die Vertreter der Gegenmeinung[59] übersehen, dass die GmbH als juristische Person ein Kunstgebilde ist, das die Möglichkeit bietet, die Haftung auf das Gesellschaftsvermögen zu beschränken. Sie muss deshalb im Interesse der Gesellschaftsgläubiger als eigene Rechtspersönlichkeit vor ihren Anteilseignern geschützt werden, wenn diese durch willkürliche Verminderung des Gesellschaftsvermögens den Gesellschaftsgläubigern die Haftungsgrundlage entziehen.

Das gilt aber nur, soweit die Vermögensverschiebungen schädliche Folgen haben, **17** welche über die durch die Entnahme bewirkte Vermögensminderung hinaus reichen und sich deshalb als rechtswidriger Nachteil für die GmbH erweisen. Wenn es die Vermögenslage der GmbH und ihre Liquidität erlauben, können die Gesellschafter dem Geschäftsführer Sonderentnahmen gestatten oder ihm Sondervergütungen für besondere Leistungen bewilligen.[60] Rechtswidrige Vermögensverfügungen sind nach der neueren Rechtsprechung des BGH[61] zu bejahen, wenn durch an sich zulässige Gewinnentnahmen die Existenz der GmbH konkret gefährdet wird. Eine solche Existenzgefährdung liegt zB vor, wenn das nach § 30 geschützte Stammkapital der GmbH angegriffen wird.[62] Sie kann aber auch dann in Betracht kommen, wenn das Stamm-

---

[57] BGHSt. 3, 23, 25 = GmbHR 1952, 108 m. Anm. *Schneider;* BGHSt. 3, 32, 39 = GmbHR 1952, 125 m. Anm. *Schneider;* BGHSt. 9, 203, 216 = NJW 1956, 1326; BGHSt. 34, 379, 384 = NJW 1988, 1397 = DB 1987, 1930; BGHSt. 35, 333, 337 = NJW 1989, 112 = NStZ 1989, 13; BGHR StGB § 266 Abs. 1 Nachteil 18 = NJW 1989, 1168 = NStZ 1989, 184; BGHR StGB § 266 Abs. 1 Nachteil 21 = wistra 1990, 99 = BB 1989, 1712; BGHR StGB § 266 Abs. 1 Nachteil 23 = wistra 1991, 107; BGH NStZ 1984, 118, 119; LK/*Schünemann* § 266 Rn. 125 Buchst. c) bb); *Tröndle/Fischer* § 266 Rn. 14; *Lackner/Kühl* § 266 Rn. 20; *Scholz/Tiedemann* Vor § 82 Rn. 15; *Hachenburg/Kohlmann* Vor § 82 Rn. 183 ff.; *Müller-Gugenberger/Schmid* § 31 Rn. 60 ff.; *Gribbohm* ZGR 1990, 1, 20 ff.; *Fleck* ZGR 1990, 31; *Dannecker* NZG 2000, 243, 245; einschränkend *Kohlmann,* FS Werner, 1984, S. 387 ff.; *Kohlmann/Löffeler* Rn. 180 ff.; *Ulmer,* FS Pfeiffer, 1988, S. 853, 868; *Meilicke* BB 1988, 1261; *Lipps* NJW 1989, 502; *Brammsen* DB 1989, 1609, 1612.

[58] BGHSt. 34, 379, 384, 385 = NJW 1988, 1397 = DB 1987, 1930; BGH, Urt. vom 11. 9. 1979 – 1 StR 394/79 – S. 11 (insoweit in MDR 1980, 108 nicht abgedruckt).

[59] *Roth/Altmeppen* § 43 Rn. 73 ff.; *Schönke/Schröder/Lenckner/Perron* § 266 Rn. 21; SK-StGB/*Samson/Günther* § 266 Rn. 46 ff.; *Labsch* wistra 1985, 1, 6 ff.; *ders.* JuS 1985, 602, 603 ff.; *Winkelbauer* wistra 1986, 17; *Reiß* wistra 1989, 81; *Arloth* NStZ 1990, 570, 574; *U. Nelles* S. 483 ff., 512 ff.

[60] BGH, Urt. vom 29. 1. 1964 – 2 StR 485/63 – S. 7 (insoweit in GA 1964, 207 nicht abgedruckt).

[61] Grundlegend BGHSt. 35, 333, 336 = NJW 1989, 112 = NStZ 1989, 23; BGHZ 142, 92, 95 = NJW 1999, 2817 = ZIP 1999, 1352 m. zust. Anm. *Altmeppen;* zust. *Hachenburg/Kohlmann* Vor § 82 Rn. 196 ff.

[62] BGHSt. 3, 32, 40 = GmbHR 1952, 125 m. Anm. *Schneider;* BGHSt. 9, 203, 211 = NJW 1956, 1326; BGHSt. 34, 379, 387 = NJW 1988, 1397 = DB 1987, 1930; BGHR StGB § 266 Abs. 1 Nachteil 21 = wistra 1990, 99 = BB 1989, 1712; BGHR StGB § 266 Abs. 1 Nachteil 23 = wistra 1991, 107; BGHR StGB § 266 Abs. 1 Nachteil 37 = NJW 1997, 66 = NStZ 1996, 540;

kapital zwar nicht beeinträchtigt wird, aber der GmbH notwendige Betriebsmittel entzogen werden,[63] ihre Liquidität gefährdet wird[64] oder besondere für ihre Existenz wesentliche Interessen gefährdet werden.[65] Dagegen ist die frühere Rechtsprechung, wonach eine willkürliche Vermögensminderung bereits dann vorlag, wenn der Geschäftsführer Vermögen der Gesellschaft verschob und dabei unter Missachtung seiner Pflicht nach § 41 die Vermögensverschiebung durch Falsch- oder Nichtbuchen verschleierte, überholt.[66]

18 Bei der **Beurteilung der Lage der Gesellschaft** hat der Tatrichter auch die Umstände des Einzelfalls zu berücksichtigen. Er kann, aber braucht sich dabei nicht auf eine Vermögensbilanz zu stützen. Insbesondere bei relativ großen Entnahmen und wenn die Gesellschaft in absehbarem zeitlichem Zusammenhang damit insolvent wird, kann sich eine durch die Entnahmen bewirkte Gefährdung des Gesellschaftsvermögens in der Regel auch ohne Aufstellung einer Vermögensbilanz allein aufgrund des tatsächlichen Geschehensablaufs feststellen lassen.[67] Wird eine Vermögensbilanz herangezogen, ist sie regelmäßig auf der Grundlage von Zerschlagungswerten aufzustellen.[68] Die zu dieser Vermögensbewertung bei der Überschuldung entwickelten Grundsätze können entsprechend herangezogen werden.[69]

19 Bei einer **Vorgesellschaft** (vgl. § 11 Rn. 4 ff.), bei der die GmbH als solche noch nicht besteht und ihr keine eigene Rechtspersönlichkeit zukommt, kann die Zustimmung der Gründungsgesellschafter dagegen die Handlungsweise des Geschäftsführers rechtfertigen.[70]

20 **5. Risikogeschäfte.** Werden durch die Geschäftsführer Risikogeschäfte durchgeführt, ist zu beachten, dass Untreue auch mit dem Betreiben von gewagten Geschäften begangen werden kann. Voraussetzung ist, dass der Täter nach Art eines Spielers und entgegen den Regeln kaufmännischer Sorgfalt eine auf das äußerste gesteigerte Verlustgefahr auf sich nimmt, nur um eine höchst zweifelhafte Gewinnaussicht zu erlangen. Risikogeschäfte sind zwar im Wirtschaftsleben nicht grundsätzlich unerlaubt. Denn nicht jedes gewagte Geschäft ist pflichtwidrig, wenn es missglückt oder zu Schaden

---

BGHR StGB § 266 Abs. 1 Nachteil 45 = NJW 2000, 154 = NZG 2000, 307, 308 m. zust. Anm. *Zeidler.*

[63] BGH, Urt. vom 29. 1. 1964 – 2 StR 485/63 – S. 7; BGHSt. 35, 333, 337 = NJW 1989, 112 = NStZ 1989, 23; BGHR StGB § 266 Abs. 1 Nachteil 23 = wistra 1991, 107; BGHR StGB § 266 Abs. 1 Nachteil 37 = NJW 1997, 66 = NStZ 1996, 540 m. krit. Anm. *Geerds* JR 1997, 340.

[64] BGHSt. 35, 333, 337 = NJW 1989, 112 = NStZ 1989, 23; BGHR StGB § 266 Abs. 1 Nachteil 23 = wistra 1991, 107; BGHR StGB § 266 Abs. 1 Nachteil 25 = wistra 1991, 183; BGHR StGB § 266 Abs. 1 Nachteil 33 = NStZ 1995, 185 = WiB 1995, 403 m. Anm. *Langkeit;* BGH bei *Herlan* GA 1958, 46; BGH, Urt. vom 29. 1. 1964 – 2 StR 485/63 – S. 7.

[65] BGH bei *Herlan* GA 1958, 46; BGHSt. 35, 333, 337 = NJW 1989, 112 = NStZ 1989, 23; BGHR StGB § 266 Abs. 1 Nachteil 18 = NJW 1989, 1168 = NStZ 1989, 184; BGHR StGB § 266 Abs. 1 Nachteil 37 = NJW 1997, 66 = NStZ 1996, 540 m. krit. Anm. *Geerds* JR 1997, 340.

[66] BGHSt. 35, 333, 337 = NJW 1989, 112 = NStZ 1989, 23; *Müller-Christmann/Schnauder* JuS 1998, 1080, 1083 mwN.

[67] BGHSt. 35, 333, 338 = NJW 1989, 112 = NStZ 1989, 23; *Hachenburg/Kohlmann* Vor § 82 Rn. 201.

[68] BGHZ 76, 326, 335 = NJW 1980, 1524 = WM 1980, 589; BGHSt. 35, 333, 338 = NJW 1989, 112 = NStZ 1989, 23; aA *Ulmer,* FS *Pfeiffer,* 1988, S. 853, 866; *Kohlmann/Löffeler* Rn. 194.

[69] Vgl. dazu die Gl. in § 84 Rn. 22.

[70] BGHSt. 3, 23, 25 = GmbHR 1952, 108 m. Anm. *Schneider;* BGHR StGB § 266 Abs. 1 Nachteil 27 = StV 1992, 465 = wistra 1992, 24; BGH wistra 2000, 178, 179 f. = NStZ 2000, 318.

führt. Es gibt Bereiche in der Wirtschaft, bei denen solche Geschäfte, wie im Börsenwesen, zur eigentlichen Geschäftstätigkeit gehören. Auch kommt es darauf an, ob der Täter sich im Rahmen seines ihm vorgegebenen Risikobereiches hält, der mitunter sehr weit sein kann. Ist der Pflichtenkreis dagegen nicht oder nicht genügend konkretisiert, ist maßgebend, ob mit dem Geschäft noch die Grenzen eines nach den Regeln kaufmännischer Sorgfalt wirtschaftlich vertretbaren Risikos eingehalten werden. Entscheidend ist dann, ob bei wirtschaftlich vernünftiger, alle bekannten Umstände berücksichtigender Gesamtbetrachtung die Gefahr eines Verlustgeschäftes wahrscheinlicher ist als die Aussicht auf Gewinnzuwachs.[71] Der Vermögensnachteil liegt bei Risikogeschäften dieser Art darin, dass die Pflichtverletzung bei Abschluss dieser Geschäfte zu einer schadensgleichen Vermögensgefährdung führt, die in der Regel durch die Gewinnaussichten nicht ausgeglichen wird.[72]

6. Innerer Tatbestand. Auf der inneren Tatseite verlangt der Tatbestand der Untreue ein vorsätzliches Handeln. Dabei reicht bedingter Vorsatz aus. Die Rechtsprechung stellt jedoch wegen des weiten Rahmens des objektiven Tatbestandes der Untreue strenge Anforderungen an den inneren Tatbestand. Das gilt vor allem, wenn der Täter bedingt vorsätzlich und nicht eigensüchtig handelt. In diesem Fall reicht es nicht aus, dass der Täter die Pflichtwidrigkeit seines Handelns für möglich hält; sie muss ihm bewusst sein.[73] Diese Einschränkung bezieht sich aber nicht auf den durch die Pflichtwidrigkeit herbeigeführten Nachteil. Bei ihm reicht es aus, dass der Täter ihn nur für möglich hält.[74] Das kommt insbesondere bei Risikogeschäften in Betracht. Bei ihnen schließt die unsichere Hoffnung auf den guten Ausgang des Geschäfts den bedingten Vorsatz nicht aus, wenn der Täter die gegenwärtige Benachteiligung des Geschäftsherrn erkannt hat oder wenigstens für möglich hält.[75] Bei Irrtum finden die allgemeinen Grundsätze des Strafrechts über den Tatbestandsirrtum nach § 16 StGB und den Verbotsirrtum nach § 17 StGB Anwendung.[76]

7. Weitere Beispiele aus der Rechtsprechung. Ein Geschäftsführer begeht Untreue, wenn er dem Vermögen der Gesellschaft Ansprüche oder Anwartschaften auf Erwerb des Eigentums an zur Sicherung übereigneten oder unter Eigentumsvorbehalt gelieferten Gegenständen entzieht.[77] Bei unordentlicher oder falscher Buchführung, zB wenn der Geschäftsführer einen irrtümlich entstandenen Buchungsfehler nicht beseitigen lässt, durch den der Eindruck entsteht, dass ein der GmbH zugeflossener Geldbe-

---

[71] BGHR StGB § 266 Abs. 1 Vorsatz 2 = NJW 1990, 3219 = NStZ 1990, 437; BGH NJW 1975, 1234, 1236; GA 1977, 342, 343; wistra 1982, 148, 150 = bei *Holtz* MDR 1982, 624; wistra 1985, 190; *Schönke/Schröder/Lenckner/Perron* § 266 Rn. 20; *Tröndle/Fischer* § 266 Rn. 16; *Lackner/Kühl* § 266 Rn. 7; *Müller-Gugenberger/Schmid* § 31 Rn. 115ff., 120; *Nack* NJW 1980, 1599, 1602; *Hillenkamp* NStZ 1981, 161; enger *Scholz/Tiedemann* Vor § 82 Rn. 19; *Schünemann* § 266 Rn. 94–98.
[72] BGH NJW 1975, 1234, 1236; GA 1977, 342, 343; *Schönke/Schröder/Lenckner/Perron* § 266 Rn. 45; *Tröndle/Fischer* § 266 Rn. 25; *Lackner/Kühl* § 266 Rn. 17; *Nack* NJW 1980, 1599, 1602; *Hillenkamp* NStZ 1981, 161.
[73] BGHR StGB § 266 Abs. 1 Vorsatz 1 = wistra 1987, 137; BGHR StGB § 266 Abs. 1 Vorsatz 2 = NJW 1990, 3219 = NStZ 1990, 437; BGH NJW 1975, 1234, 1236; 1983, 461; NStZ 1986, 455, 456; wistra 1986, 25; *Tröndle/Fischer* § 266 Rn. 26; krit. *Schünemann* § 266 Rn. 150ff.; *Schönke/Schröder/Lenckner/Perron* § 266 Rn. 50.
[74] BGH NJW 1979, 1512 m. Anm. *Otto* S. 2414; *Nack* NJW 1980, 1599, 1602.
[75] *Schönke/Schröder/Lenckner/Perron* § 266 Rn. 49; *Schünemann* § 266 Rn. 155; vgl. auch BGHSt. 31, 264, 287 = NJW 1983, 2509.
[76] Vgl. dazu näher § 82 Rn. 98ff.
[77] BGHSt. 3, 32, 39 = GmbHR 1952, 125 m. Anm. *Schneider*.

trag ihr nur darlehnsweise gegeben worden ist[78] oder wenn er falsche Buchungen in den Büchern der Gesellschaft veranlasst, durch welche die Nichteinzahlung des Gesellschaftskapitals verschleiert wird,[79] uU auch bei einer vorübergehend unverbuchten Entnahme,[80] ist eine für Untreue relevante Vermögensgefährdung gegeben, wenn die Durchsetzung eines berechtigten Anspruchs der GmbH verhindert oder zumindest erheblich erschwert worden ist.[81] Eine Untreue liegt ferner vor, wenn der Geschäftsführer Bewirtungsaufwendungen damit rechtfertigt, dass Mitgeschäftsführer nur zu Besprechungen zu gewinnen sind, sofern ihnen die Möglichkeit eines alkoholischen Genusses geboten wird oder dass auf die Amtstätigkeit von Behördenvertretern durch deren Bewirtung in unzulässiger oder gar strafbarer Weise Einfluss genommen werden soll;[82] wenn er die Liquidität des Unternehmens durch den Bau eines Wohnhauses für persönliche Zwecke gefährdet;[83] wenn er Gesellschaftsmittel zum Erwerb eigener Grundstücke benutzt[84] oder mit ihnen einen Pkw kauft, den er seinem Vermögen einverleibt;[85] wenn er Arbeitnehmer der GmbH für einen Privatbau einsetzt, ohne einen angemessen Werklohn zu vergüten;[86] wenn er sich überhöhte Provisionen bei der Akquisition von Aufträgen aus dem Gesellschaftsvermögen auszahlen lässt, die seine dabei entstandenen Aufwendungen übersteigen;[87] wenn er als Geschäftsführer einer der öffentlichen Daseinsvorsorge dienenden kommunalen Gesellschaft (Stadtwerke GmbH) einen zu hohen Repräsentationsaufwand betreibt;[88] wenn er schwarze Kassen bildet[89] oder auf ein verdecktes Konto Firmeneinnahmen umleitet, zumindest wenn er diese zu unternehmensfremden Zwecken verwendet;[90] wenn er überhöhte Privatentnahmen vornimmt;[91] wenn er Zahlungen von Schuldnern der Gesellschaft entgegennimmt, die Zahlungen nicht verbucht und die Beträge für sich behält;[92] wenn er aus Gefälligkeit Wechselakzepte begibt;[93] wenn er Vermögenswerte der GmbH an eine neue Gesellschaft überträgt, die ausschließlich zu diesem Zweck gegründet worden ist oder wenn er der GmbH zustehende Geldbeträge auf ein Bankkonto seiner Ehefrau überweist;[94] wenn er Investitionen vornimmt, für die es in der vorgenommenen Größenordnung keinen wirtschaftlich vertretbaren Grund gibt; das Streben nach Verlustzuweisung ist auch bei einer Abschreibungsgesellschaft kein solcher Grund;[95] wenn er einen Kaufvertrag, ohne sich von wirtschaftlichen Erwägungen im Interesse der Gesellschaft leiten zu lassen, zu einem höheren Preis abschließt, um die Kaufpreisdifferenz zu der erzielbar

---

[78] BGH bei *Herlan* GA 1955, 363 (insoweit in BGHSt. 7, 157 nicht abgedruckt).
[79] BGH bei *Herlan* GA 1959, 337.
[80] BGH, Urt. vom 6. 7. 1956 – 1 StR 98/56 – S. 25 f.
[81] BGHSt. 47, 8, 11 = NStZ 2001, 432 = wistra 2001, 341.
[82] BGH bei *Herlan* GA 1955, 363.
[83] BGH, Urt. vom 24. 1. 1961 – 1 StR 132/60 (insoweit in BGHSt. 15, 306 nicht abgedruckt).
[84] BGH, Urt. vom 2. 9. 1969 – 5 StR 214/69.
[85] BGH wistra 2000, 136, 137 (insoweit in NStZ 2000, 206 nicht abgedruckt).
[86] BGH wistra 2000, 136 (Fn. 85).
[87] BGH wistra 1987, 65.
[88] OLG Hamm NStZ 1986, 119 m. zust. Anm. *Molketin* NStZ 1987, 369.
[89] BGH GA 1956, 121, 122; 1956, 154.
[90] BGH NStZ 2000, 206, 207 (Fn. 85).
[91] BGH, Urt. vom 13. 5. 1954 – 3 StR 352/53 (insoweit in GA 1954, 308 nicht abgedruckt).
[92] BGH, Urt. vom 17. 11. 1955 – 3 StR 339/55 – S. 3, 5 (insoweit in GA 1956, 345 nicht abgedruckt).
[93] BGH, Urt. vom 22. 6. 1954 – 1 StR 451/53 – S. 23.
[94] BGH, Urt. vom 27. 3. 1979 – 5 StR 836/78 – S. 9 f.
[95] BGH, Urt. vom 14. 3. 1978 – 1 StR 13/78.

günstigeren Einkaufsmöglichkeit einem Angehörigen oder sich selbst zukommen zu lassen;[96] das gilt allerdings nicht, wenn die Rechtsordnung die Realisierung der günstigeren Möglichkeit in irgendeiner Form (zB wettbewerbswidriges Verhalten) missbilligt;[97] wenn er als Geschäftsführer einer Komplementär-GmbH eine Provision nicht an die Kommanditgesellschaft weiterleitet, die er sonst als Preisnachlass für die Gesellschaft erhalten hätte;[98] wenn er die Einlagen der Gesellschafter nicht selbst zahlt, obwohl diese von ihm als Strohmänner vorgeschoben und von ihnen keinen Einlagen eingefordert worden sind[99] oder wenn er Geld, das der GmbH von einer Bank zur Finanzierung des Kaufs einer Maschine zur Verfügung gestellt worden war, für eigene Zwecke verbraucht.[100] Zur Frage der Untreue bei kapitalersetzenden Darlehen vgl. *Hartung*.[101]

Der Geschäftsführer fügt der Gesellschaft **pflichtwidrig** einen Nachteil zu, wenn durch die Gewährung von Darlehen an die Gesellschafter die Liquidität des Unternehmens gefährdet oder das zur Erhaltung des Stammkapitals erforderliche Vermögen vermindert wird, nicht aber, wenn es sich bei den Zahlungen um Gewinnausschüttungen handelt, die im Einverständnis aller Gesellschafter vorgenommen worden sind.[102] Pflichtwidrig handelt der Geschäftsführer auch, wenn durch von ihm veranlasste falsche Buchungen der Gesellschaft die Übersicht über den wahren Vermögensgegenstand unmöglich gemacht wird;[103] wenn er entgegen einem Gesellschafterbeschluss zur Erfüllung eigener Verbindlichkeiten die GmbH durch einen Vertrag verpflichtet, der sich vermögensmindernd auswirkt,[104] oder wenn er entgegen §§ 675, 667 BGB eine ihm im Zusammenhang mit seiner Geschäftsbesorgung gewährte Treueprämie oder andere Sonderprovisionen, Vermittlungsgebühren, Sonderrabatte und Bestechungsgelder nicht dem Gesellschaftsvermögen zuführt.[105] Das ist jedoch nicht stets der Fall; die Pflicht zur Herausgabe von Schmiergeldern oder Provisionen ist keine spezifische Treuepflicht, deren Verletzung immer zu einem Treuebruch führt.[106] Auch wenn ihm Insichgeschäfte (§ 181 BGB) gestattet sind, darf er weder anderen noch sich selbst willkürlich Vermögen der Gesellschaft zuschieben.[107] Nicht jede Pflichtverletzung eines Geschäftsführers gegenüber den Gesellschaftsgläubigern enthält eine Pflichtwidrigkeit gegenüber der GmbH. So sind Zahlungen an eine überschuldete Gesellschaft nicht ohne weiteres pflichtwidrig, wenn sie zu dem Zweck geleistet werden, diese Gesellschaft wieder zahlungsfähig zu machen; der Geschäftsführer handelt in einem solchen Fall nur pflichtwidrig, wenn er die Sorgfalt eines ordentlichen Geschäftsführers nicht beachtet.[108] Das wird aber regelmäßig der Fall sein, wenn die Nichterfüllung der Verpflichtungen den Ruf der GmbH zu schädigen geeignet ist oder wenn sie Gegen-

23

---

[96] BGHR StGB § 266 Abs. 1 Nachteil 36 = NJW 1997, 66 = NStZ 1996, 540.
[97] BGH, Beschl. vom 10. 1. 1979 – 3 StR 347/78.
[98] BGH wistra 1986, 67.
[99] BGH GA 1958, 368.
[100] BGH wistra 1993, 301.
[101] NJW 1996, 229, 231 ff.
[102] BGHSt. 35, 333, 336 = NJW 1989, 112 = NStZ 1989, 23; BGH bei *Herlan* GA 1958, 46.
[103] BGH bei *Herlan* GA 1963, 102.
[104] BGH, Urt. vom 24. 7. 1974 – 3 StR 133/74.
[105] BGH GA 1964, 207.
[106] BGHR StGB § 266 Abs. 1 Nachteil 35 = NStZ 1995, 233, 234 = wistra 1995, 144; BGHR StGB § 266 Abs. 1 Nachteil 49 = NJW 2001, 2102, = wistra 2001, 267; BGHR StGB § 266 Abs. 1 Vermögensbetreuungspflicht 32 = wistra 2001, 304.
[107] BGH, Urt. vom 13. 2. 1979 – 5 StR 814/78.
[108] BGH, Beschl. vom 13. 12. 1960 – 5 StR 86/60.

maßnahmen der Gläubiger befürchten lässt.[109] Der Geschäftsführer handelt grundsätzlich pflichtwidrig, wenn er Verbote des Gesellschaftsvertrages oder Beschlüsse der Gesellschafter nicht beachtet. Allerdings macht allein der Umstand, dass der Gesellschaftsvertrag ein bestimmtes Verhalten nicht ausdrücklich erlaubt, dieses noch nicht pflichtwidrig. So ist die Zahlung von Provisionen an Angehörige steuerberatender Berufe kein willkürliches Zuschieben von Vermögenswerten der Gesellschaft, wenn der Geschäftsführer sich dabei vom wirtschaftlichen Vorteil der Gesellschaft leiten lässt.[110]

24 **8. Untreue bei GmbH & Co. KG.** Bei einer GmbH & Co. KG kommt Untreue sowohl gegenüber der Kommanditgesellschaft (KG) als auch der GmbH in Betracht.

25 Untreue **gegenüber der KG** kommt nur in Betracht, wenn durch die pflichtwidrige Handlung des Geschäftsführers der Komplementär-GmbH den Gesellschaftern der KG ein Nachteil entsteht. Eine KG kommt als verselbständigtes Gesamthandvermögen einer juristischen Person zwar nahe, besitzt aber keine eigene Rechtspersönlichkeit. Die Schädigung des Gesamthandvermögens ist deshalb nur bedeutsam, wenn sie gleichzeitig das Vermögen der Gesellschafter berührt.[111] Das ist zB der Fall, wenn der Geschäftsführer der Komplementär-GmbH, der gleichzeitig Kommanditist der KG ist, eine dieser Gesellschaft zustehende Provision als Einzahlung auf seine Kommanditeinlage verbucht. Er schädigt dadurch das Vermögen seiner Mitkommanditisten und begeht mehrere (in gleichartiger Tateinheit) stehende Untreuehandlungen.[112] *Tiedemann*[113] will für bestimmte Fälle im Wege der Rechtsfortbildung der KG einen eigenständigen Rechtsschutz zubilligen.

26 Ob der persönlich haftenden **GmbH** ein Schaden entstanden ist, wird von ihren Vermögensverhältnissen abhängen, vor allem von der vertraglichen Ausgestaltung ihrer Beteiligung an der KG.[114] Sie kann durch die pflichtwidrige Handlung ihres Geschäftsführers allerdings auch dann geschädigt werden, wenn sie kapital- und verlustmäßig nicht an der KG beteiligt ist, sondern dieser gegenüber nur einen Anspruch auf Erstattung der entstandenen notwendigen Auslagen hat, wie das heute vielfach üblich ist. Das kommt insbesondere dann in Betracht, wenn sie infolge ihrer Komplementärhaftung für die Verbindlichkeiten der KG einzustehen hat, die diese infolge Überschuldung nicht mehr begleichen kann. Diese Haftung der Komplementär-GmbH einer KG aus den §§ 128, 161 Abs. 2 HGB kann bei der Berechnung der Höhe des Nachteils iS des § 266 StGB nicht unberücksichtigt bleiben.[115]

27 Ähnliche Grundsätze gelten auch bei einer **Vorgesellschaft** (vgl. Rn. 19 und § 11 Rn. 4 ff.). Sie hat vor ihrer Eintragung in das Handelsregister keine Rechtspersönlich-

---

[109] BGH bei *Herlan* GA 1954, 308.
[110] BGH wistra 1984, 226.
[111] BGHSt. 34, 221, 223 = NJW 1987, 1710 = wistra 1987, 100; BGHR StGB § 266 Abs. 1 Nachteil 25 = wistra 1991, 183; BGH wistra 1984, 71 = bei *Holtz* MDR 1984, 277; BGH wistra 1984, 226; 1987, 216, 217 = NStZ 1987, 279; BGH, Beschl. vom 2. 10. 1981 – 2 StR 544/81; Beschl. vom 31. 1. 1984 – 5 StR 885/83; *Hachenburg/Kohlmann* Vor § 82 Rn. 298 ff.; aA LG Bonn NJW 1981, 469.
[112] BGH wistra 1986, 67.
[113] *Scholz/Tiedemann* Vor § 82 Rn. 27; vgl. ferner zu dieser Rechtsfrage H. *Schäfer* NJW 1983, 2850; *Schulte* NJW 1984, 1671; *Winkelbauer* wistra 1986, 17.
[114] BGH wistra 1984, 71 = bei *Holtz* MDR 1984, 277.
[115] BGHR StGB § 266 Abs. 1 Nachteil 25 = wistra 1991, 183; BGHR StGB § 266 Abs. 1 Nachteil 45 = NJW 2000, 154 = NZG 2000, 307, 308 m. zust. Anm. *Zeidler*; BGH wistra 1987, 216, 217 = NStZ 1987, 279.

keit. Bei ihr kommt Untreue nur in Betracht, wenn durch die pflichtwidrige Handlung gleichzeitig das Vermögen der Gesellschafter berührt wird.[116]

9. Anwendung der Insolvenzstraftatbestände. Die einzelnen Tatbestände des Bankrotts (§§ 283 ff. StGB) kann der Geschäftsführer einer GmbH nur erfüllen, wenn er die Vermögensbestandteile der Gesellschaft für sie und (wenigstens auch) in deren Interesse beiseite geschafft hat. Das ergibt sich aus § 14 StGB, der iVm. den allgemeinen Strafvorschriften an die Stelle des früheren § 83 (vgl. Rn. 1) getreten ist.[117] Handelt der Geschäftsführer dagegen eigennützig zum Nachteil der Gesellschaft, kommt nur Untreue in Betracht.[118] Dabei ist eine wirtschaftliche Betrachtungsweise maßgeblich.[119] Das gilt selbst dann, wenn der die Vermögenswerte veruntreuende Geschäftsführer sämtliche Geschäftsanteile der Gesellschaft besitzt,[120] oder wenn er im Einverständnis mit dem „wirtschaftlichen Eigentümer" und auch zu dessen Vorteil tätig wird. Der Tatbestand der Untreue schützt die GmbH als eigene Rechtspersönlichkeit, über deren Vermögen die Anteilseigner schon im Interesse der Gesellschaftsgläubiger nur im Rahmen der Vorschriften des GmbHG verfügen können.[121] Der Geschäftsführer der Komplementär-GmbH einer GmbH & Co. KG kann jedoch auch wegen Bankrotts strafbar sein, wenn er Vermögenswerte der Gesellschaft auch im Interesse der (anderen) Gesellschafter beiseite schafft;[122] die Schädigung des Gesamthandvermögens muss gleichzeitig das Vermögen der Gesellschafter berühren.[123] Das ist der Fall, wenn der persönlich haftende Gesellschafter der KG mit einem faktisch die Geschäfte führenden Kommanditisten einverständlich zusammenwirkt,[124] nicht dagegen, wenn der Geschäftsführer der Komplementär-GmbH Alleingesellschafter dieser Gesellschaft und gleichzeitig auch alleiniger Kommanditist ist.[125]

V. Strafvorschriften des Handelsgesetzbuches

1. Antragspflicht bei Zahlungsunfähigkeit oder Überschuldung einer GmbH & Co. KG. Für die Gesellschaftsformen der offenen Handelsgesellschaft (OHG) und der Kommanditgesellschaft (KG), bei denen kein Gesellschafter eine natürliche Person ist, sieht § 130a HGB, ebenso wie bei § 64, eine Antragspflicht vor,

---

[116] BGHR StGB § 266 Abs. 1 Nachteil 27 = StV 1992, 465 = wistra 1992, 24; BGH wistra 2000, 178 179 f.; vgl. dazu auch *C. Schäfer* GmbHR 1993, 717, 720.

[117] BGHSt. 28, 371, 372 = NJW 1980, 406 = MDR 1979, 687; 30, 127, 128 = NJW 1981, 1793 = NStZ 1981, 437; BGHR StGB § 283 Abs. 1 Konkurrenzen 3 = wistra 1992, 140; BGH GA 1979, 311, 313.

[118] BGHSt. 6, 314, 316 = NJW 1954, 1854; BGH wistra 1986, 262 = GmbHR 1987, 260; OLG Hamm wistra 1985, 138; *Hachenburg/Kohlmann* Rn. 297; *Hartung* NJW 1996, 229, 231; kritisch LK/*Tiedemann* Vor § 283 Rn. 78 ff.; *ders.* NJW 1986, 1842, 1844; *ders.* GmbHG Vor § 82 Rn. 29; *Schönke/Schröder/Lenckner/Perron* § 14 Rn. 26; *Arloth* NStZ 1990, 570, 572; *C. Schäfer* GmbHR 1993, 780, 797; *Muhler* wistra 1994, 283, 286.

[119] BGH NJW 1969, 1494; BGH, Urt. vom 15. 4. 1977 – 2 StR 799/76.

[120] BGHSt. 3, 32, 39, 40 = GmbHR 1952, 125 m. Anm. *Schneider*; BGH GA 1979, 311, 313; bei *Holtz* MDR 1979, 806; wistra 1987, 216 = NStZ 1987, 279.

[121] BGH wistra 1983, 71; kritisch *Kohlmann*, FS Werner, 1984, S. 387 ff.; *Labsch* wistra 1985, 1, 7.

[122] BGH wistra 1984, 71 = bei *Holtz* MDR 1984, 277; aA *Winkelbauer* wistra 1986, 17, 19.

[123] BGH, Urt. vom 31. 1. 1984 – 5 StR 885/83.

[124] BGHSt. 34, 221, 223 = NJW 1987, 1710 = wistra 1987, 100; BGHR StGB § 266 Abs. 1 Konkurrenzen 1 = wistra 1989, 264.

[125] BGH wistra 1987, 216, 217 = NStZ 1987, 279.

wenn die Gesellschaft zahlungsunfähig oder überschuldet ist.[126] Die Verletzung dieser Antragspflicht ist in § 130b HGB strafbewehrt. § 177a HGB dehnt diese Regelung auch auf eine KG aus, bei der zwar ein Kommanditist eine natürliche Person ist, nicht aber der persönlich haftende Gesellschafter. Im Wirtschaftsleben handelt es sich hierbei in der Regel um die Gesellschaftsform der GmbH & Co. KG,[127] bei der die Komplementär-GmbH wie auch die Kommanditisten keine natürlichen Personen sind (§ 130b HGB) oder bei der nur der Komplementär eine GmbH ist (§ 177a HGB).

30 Für diese Straftatbestände gelten die gleichen Grundsätze wie bei der in § 84 GmbHG strafbewehrten Antragspflicht des § 64. Danach sind die organschaftlichen Vertreter der Gesellschaft verpflichtet, einen Insolvenzantrag zu stellen, wenn die Gesellschaft zahlungsunfähig oder überschuldet ist (vgl. zu diesen Begriffen § 84 Rn. 24ff., 35ff.). Das ist der Geschäftsführer der Komplementär-GmbH, zu dem als Normadressat auch der faktische Geschäftsführer (vgl. zu diesem Begriff § 84 Rn. 10) gehört.[128] Die Handlungspflicht beginnt auch bei ihm, sobald die Insolvenzlage objektiv eingetreten ist (vgl. § 84 Rn. 45). Bei der Feststellung der Überschuldung (vgl. dazu § 84 Rn. 35ff.) sind Darlehen in Höhe ihres kapitalersetzenden Charakters nicht zu passivieren und Ansprüche aus der Rückzahlung kapitalersetzender Darlehen – soweit realisierbar – zu aktivieren.[129] Die innere Tatseite verlangt ein vorsätzliches oder fahrlässiges Handeln. Dabei gelten die gleichen Grundsätze wie bei dem Tatbestand des § 84 Abs. 1 Nr. 2 (vgl. § 84 Rn. 51ff.).

Diese Vorschriften lauten:

31 a) § 130a. [Antragspflicht bei Zahlungsunfähigkeit oder Überschuldung]

(1) Wird eine Gesellschaft, bei der kein Gesellschafter eine natürliche Person ist, zahlungsunfähig oder ergibt sich die Überschuldung der Gesellschaft, so ist die Eröffnung des Insolvenzverfahrens zu beantragen; dies gilt nicht, wenn zu den Gesellschaftern der offenen Handelsgesellschaft eine andere offene Handelsgesellschaft oder Kommanditgesellschaft gehört, bei der ein persönlich haftender Gesellschafter eine natürliche Person ist. Antragspflichtig sind die organschaftlichen Vertreter der zur Vertretung der Gesellschaft ermächtigten Gesellschafter und die Liquidatoren. Der Antrag ist ohne schuldhaftes Zögern, spätestens aber drei Wochen nach Eintritt der Zahlungsunfähigkeit oder der Überschuldung der Gesellschaft zu stellen.

(2) Nachdem die Zahlungsunfähigkeit der Gesellschaft eingetreten ist oder sich ihre Überschuldung ergeben hat, dürfen die organschaftlichen Vertreter der zur Vertretung der Gesellschaft ermächtigten Gesellschafter und die Liquidatoren für die Gesellschaft keine Zahlungen leisten. Dies gilt nicht von Zahlungen, die auch nach diesem Zeitpunkt mit der Sorgfalt eines ordentlichen und gewissenhaften Geschäftsleiters vereinbar sind.

(3) Wird entgegen Absatz 1 die Eröffnung des Insolvenzverfahrens nicht oder nicht rechtzeitig beantragt oder werden entgegen Absatz 2 Zahlungen geleistet, nachdem die Zahlungsunfähigkeit der Gesellschaft eingetreten ist oder sich ihre Überschuldung ergeben hat, so sind die organschaftlichen Vertreter der zur Vertretung der Gesellschaft ermächtigten Gesellschafter und die Liquidatoren der

---

[126] Vgl. BGHZ 104, 44, 46 = NJW 1988, 1789 = WM 1988, 756.
[127] Vgl. dazu *Baumbach/Hopt* Anh. § 177a Rn. 1.
[128] BGHSt. 33, 21, 24 = NJW 1984, 2598 = NStZ 1985, 271; BGHZ 104, 44, 46 = NJW 1988, 1789 = WM 1988, 756; OLG Dresden NZG 1999, 438.
[129] OLG München NStZ 1996, 94.

Vorbemerkung Vor §§ 82–85

Gesellschaft gegenüber zum Ersatz des daraus entstehenden Schadens als Gesamtschuldner verpflichtet. Ist dabei streitig, ob sie die Sorgfalt eines ordentlichen und gewissenhaften Geschäftsleiters angewandt haben, so trifft sie die Beweislast. Die Ersatzpflicht kann durch Vereinbarung mit den Gesellschaftern weder eingeschränkt noch ausgeschlossen werden. Soweit der Ersatz zur Befriedigung der Gläubiger der Gesellschaft erforderlich ist, wird die Ersatzpflicht weder durch einen Verzicht oder Vergleich der Gesellschaft noch dadurch aufgehoben, daß die Handlung auf einem Beschluß der Gesellschafter beruht. Satz 4 gilt nicht, wenn der Ersatzpflichtige zahlungsunfähig ist und sich zur Abwendung des Insolvenzverfahrens mit seinen Gläubigern vergleicht oder wenn die Ersatzpflicht in einem Insolvenzplan geregelt wird. Die Ansprüche aus diesen Vorschriften verjähren in fünf Jahren.

(4) Diese Vorschriften gelten sinngemäß, wenn die in den Absätzen 1 bis 3 genannten organschaftlichen Vertreter ihrerseits Gesellschaften sind, bei denen kein Gesellschafter eine natürliche Person ist, oder sich die Verbindung von Gesellschaften in dieser Art fortsetzt.

b) § 130 b. [Strafvorschriften]

(1) Mit Freiheitsstrafe bis zu drei Jahren oder mit Geldstrafe wird bestraft, wer es entgegen § 130 a Abs. 1 oder 4 unterläßt, als organschaftlicher Vertreter oder Liquidator bei Zahlungsunfähigkeit oder Überschuldung der Gesellschaft die Eröffnung des Insolvenzverfahrens zu beantragen.

(2) Handelt der Täter fahrlässig, so ist die Strafe Freiheitsstrafe bis zu einem Jahr oder Geldstrafe.

c) § 172. [Umfang der Haftung]

(1) Im Verhältnisse zu den Gläubigern der Gesellschaft wird nach der Eintragung in das Handelsregister die Einlage eines Kommanditisten durch den in der Eintragung angegebenen Betrag bestimmt.

(2) Auf eine nicht eingetragene Erhöhung der aus dem Handelsregister ersichtlichen Einlage können sich die Gläubiger nur berufen, wenn die Erhöhung in handelsüblicher Weise kundgemacht oder ihnen in anderer Weise von der Gesellschaft mitgeteilt worden ist.

(3) Eine Vereinbarung der Gesellschafter, durch die einem Kommanditisten die Einlage erlassen oder gestundet wird, ist den Gläubigern gegenüber unwirksam.

(4) Soweit die Einlage eines Kommanditisten zurückbezahlt wird, gilt sie den Gläubigern gegenüber als nicht geleistet. Das gleiche gilt, soweit ein Kommanditist Gewinnanteile entnimmt, während sein Kapitalanteil durch Verlust unter den Betrag der geleisteten Einlage herabgemindert ist, oder soweit durch die Entnahme der Kapitalanteil unter den bezeichneten Betrag herabgemindert wird.

(5) Was ein Kommanditist auf Grund einer in gutem Glauben errichteten Bilanz in gutem Glauben als Gewinn bezieht, ist er in keinem Falle zurückzuzahlen verpflichtet.

(6) Gegenüber den Gläubigern einer Gesellschaft, bei der kein persönlich haftender Gesellschafter eine natürliche Person ist, gilt die Einlage eines Kommanditisten als nicht geleistet, soweit sie in Anteilen an den persönlich haftenden Gesellschaftern bewirkt ist. Dies gilt nicht, wenn zu den persönlich haftenden

Gesellschaftern eine offene Handelsgesellschaft oder Kommanditgesellschaft gehört, bei der ein persönlich haftender Gesellschafter eine natürliche Person ist.

d) § 177 a. [Angaben auf Geschäftsbriefen; Antragspflicht bei Zahlungsunfähigkeit oder Überschuldung]

Die §§ 125 a, 130 a und 130 b gelten auch für die Gesellschaft, bei der ein Kommanditist eine natürliche Person ist, § 130 a jedoch mit der Maßgabe, daß anstelle des Absatzes 1 Satz 1 zweiter Halbsatz der § 172 Abs. 6 Satz 2 anzuwenden ist. Der in § 125 a Abs. 1 Satz 2 für die Gesellschafter vorgeschriebenen Angaben bedarf es nur für die persönlich haftenden Gesellschafter der Gesellschaft.

32 **2. Straf- und Bußgeldtatbestände des Bilanzrechts des Handelsgesetzbuches.** Die Neugestaltung des Gesellschaftsrechts durch das Bilanzrichtlinien-Gesetz vom 19. 12. 1985 (Rn. 1) hat dazu geführt, dass bei allen Kapitalgesellschaften, zu denen nach der Überschrift im 3. Buch 2. Abschnitt des HGB auch die GmbH gehört, das Rechnungslegungs- und Prüfungsrecht schwerpunktmäßig im HGB geregelt ist. Das hat den Gesetzgeber veranlasst, dort auch entsprechende Straf- und Bußgeldtatbestände zu schaffen, um den neu getroffenen Regelungen Nachdruck zu verschaffen und sie unter Strafschutz zu stellen. Es handelt sich dabei um folgende Vorschriften, die hier – in Ergänzung der Kommentierung zu §§ 42 bis 42a sowie Anhang I und II nach § 42a – aus strafrechtlicher Sicht überblickartig erläutert werden, um eine erste Information über ihre Bedeutung zu ermöglichen:

a) § 331. Unrichtige Darstellung

Mit Freiheitsstrafe bis zu drei Jahren oder mit Geldstrafe wird bestraft, wer

1. als Mitglied des vertretungsberechtigten Organs oder des Aufsichtsrats einer Kapitalgesellschaft die Verhältnisse der Kapitalgesellschaft in der Eröffnungsbilanz, im Jahresabschluß, im Lagebericht oder im Zwischenabschluß nach § 340 a Abs. 3 unrichtig wiedergibt oder verschleiert,

2. als Mitglied des vertretungsberechtigten Organs oder des Aufsichtsrats einer Kapitalgesellschaft die Verhältnisse des Konzerns im Konzernabschluß, im Konzernlagebericht oder im Konzernzwischenabschluß nach § 340 i Abs. 4 unrichtig wiedergibt oder verschleiert,

3. als Mitglied des vertretungsberechtigten Organs einer Kapitalgesellschaft zum Zwecke der Befreiung nach den §§ 291, 292 a oder einer nach § 292 erlassenen Rechtsverordnung einen Konzernabschluß oder Konzernlagebericht, in dem die Verhältnisse des Konzerns unrichtig wiedergegeben oder verschleiert worden sind, vorsätzlich oder leichtfertig offenlegt oder

4. als Mitglied des vertretungsberechtigten Organs einer Kapitalgesellschaft oder als Mitglied des vertretungsberechtigten Organs oder als vertretungsberechtigter Gesellschafter eines ihrer Tochterunternehmen (§ 290 Abs. 1, 2) in Aufklärungen oder Nachweisen, die nach § 320 einem Abschlußprüfer der Kapitalgesellschaft, eines verbundenen Unternehmens oder des Konzerns zu geben sind, unrichtige Angaben macht oder die Verhältnisse der Kapitalgesellschaft, eines Tochterunternehmens oder des Konzerns unrichtig wiedergibt oder verschleiert.

33 **aa) Allgemeines.** Die Tatbestände der unrichtigen Darstellung entsprechen im wesentlichen den Straftatbeständen des § 400 AktG 1965, dem schon § 82 Abs. 2 Nr. 2

Vorbemerkung **Vor §§ 82–85**

GmbHG für den Bereich der öffentlichen Mitteilung über die Vermögenslage nachgebildet worden ist (vgl. dort Rn. 83). Er bezeichnet einen besonderen Personenkreis mit Sondereigenschaften als geeignete Täter und ist deshalb ein **echtes Sonderdelikt** mit allen Konsequenzen für die Tatbeteiligung (vgl. Rn. 35). § 331 HGB soll mit seiner Strafdrohung sicherstellen, dass die Angaben des von ihm erfassten Personenkreises über die Verhältnisse einer Kapitalgesellschaft in bestimmten Bilanzen richtig und vollständig sind. Er ist als Äußerungsdelikt ausgestaltet und soll bereits im Vorfeld schadensträchtiger Handlungen verhindern, dass in Bilanzen falsche Angaben gemacht werden. Er ist deshalb ein abstraktes Gefährdungsdelikt.[130] **Geschütztes Rechtsgut** ist das Vertrauen der Gesellschafter und auch der Öffentlichkeit[131] in die Richtigkeit und Vollständigkeit dieser Angaben.[132] Er schützt nicht nur die Anteilseigner, sondern alle Personen, die zu der Gesellschaft in rechtlicher oder wirtschaftlicher Beziehung stehen oder unmittelbar in eine solche Beziehung treten wollen. Das sind die Gesellschaftsgläubiger und andere Geschäftspartner sowie die Arbeitnehmer der Gesellschaft. Aus diesem Normzweck ergibt sich, dass § 331 HGB auch die Individualinteressen des von ihm geschützten Personenkreises gewährleisten soll. Er ist deshalb **Schutzgesetz iS des § 823 Abs. 2 BGB** für diesen Personenkreis,[133] nicht jedoch auch für die Gesellschaft.[134]

Alle Tatbestände des § 331 HGB sind **blankettartige Normen,** die auf andere Vorschriften verweisen oder die auf Merkmale zurückgreifen, deren wahre Bedeutung erst aufgrund anderer Vorschriften des HGB Gestalt gewinnen. Die einzelnen Tatbestände ergeben sich deshalb aus einer Gesamtschau der jeweiligen Blankettnorm und der einzelnen Ausfüllungsvorschriften. Die Tatbestände verweisen somit teilweise auf materielles Bilanzrecht. Soweit dieses EG-Richtlinien umgesetzt hat, muss die Auslegung des materiellen Bilanzrechts richtlinienkonform erfolgen, was auch im Rahmen der strafrechtlichen Anwendung zu berücksichtigen ist.[135] 34

bb) Täterkreis und Tatbeteiligung. § 331 Nr. 1 und Nr. 2 HGB bezeichnet als mögliche Täter die Mitglieder des vertretungsberechtigten Organs und des Aufsichtsrats der Kapitalgesellschaft und in § 331 Nr. 3 und Nr. 4 HGB nur die Mitglieder des vertretungsberechtigten Organs. Das sind bei einer GmbH, die nach der Überschrift Vor § 264 HGB eine Kapitalgesellschaft ist, die Geschäftsführer und die Liquidatoren (vgl. dazu die § 82 Rn. 10–15) sowie die Mitglieder des Aufsichtsrats (vgl. dazu § 82 Rn. 16). Da § 331 Nr. 1 und Nr. 2 HGB – anders als § 82 Abs. 2 Nr. 2 GmbHG – die Mitglieder eines ähnlichen Organs nicht als mögliche Täter nennt, können diese auch nicht Täter sein. Nur Personen, welche die vom Gesetz angeführten besonderen persönlichen Merkmale aufweisen, können Täter (Einzeltäter, mittelbare Täter oder Mittäter) sein. Anstifter oder Gehilfe kann dagegen jedermann sein. Angestellte der Gesellschaft, wie etwa Leiter der Buchhaltung unterhalb der Geschäftsführerebene, können je nach Tatbeitrag und Willenslage nur Anstifter oder Gehilfen sein, wenn sie nicht faktisch die Stellung eines Geschäftsführers ausüben (vgl. zu diesem Begriff § 82 Rn. 11–13). Auch Steuerberater können nur Anstifter oder Gehilfen sein, selbst wenn sie mit der Bilanzaufstellung beauftragt sind.[136] Bei einer Geschäftsverteilung innerhalb 35

---

[130] *Heymann/Otto* § 331 Rn. 3; *Scholz/Tiedemann* Vor § 82 Rn. 65; *Maul* DB 1989, 185.
[131] BGH wistra 1996, 348.
[132] *Gramich* wistra 1987, 157, 158; *Tiedemann* JZ 1986, 865, 867.
[133] *Baumbach/Hueck/Schulze-Osterloh* Anh. § 82 Rn. 3; *Erbs/Kohlhaas/Schaal* HGB § 331 Rn. 1 mwN.
[134] *Wimmer* DStR 1997, 1931, 1933; aA *Heymann/Otto* § 331 Rn. 2.
[135] *Erbs/Kohlhaas/Schaal* HGB § 331 Rn. 4 mwN.
[136] *Scholz/Tiedemann* Vor § 82 Rn. 68.

einer mehrgliedrigen Geschäftsführung gelten die gleichen Grundsätze wie bei den Straftatbeständen des GmbHG (vgl. dazu § 82 Rn. 85).

36 **cc) Tathandlungen.** Tathandlungen sind in den Tatbeständen des § 331 Nr. 1 und Nr. 2 HGB die unrichtige Wiedergabe oder Verschleierung der Gesellschafts- oder Konzernverhältnisse in bestimmten Bilanzen und ihren Anlagen, in dem Tatbestand des § 331 Nr. 3 HGB die Offenlegung dieser Bilanzen zum Zweck der Befreiung von der Aufstellung einer Konzernbilanz und in dem Tatbestand des § 331 Nr. 4 HGB das Machen falscher Angaben in Aufklärungen oder Nachweisen, die dem Abschlußprüfer nach § 320 HGB zu geben sind oder die unrichtige Wiedergabe oder Verschleierung von Geschäfts- oder Konzernverhältnissen in diesen Aufklärungen oder Nachweisen.

37 α) **Gesellschafts- oder Konzernverhältnisse** sind Beziehungen jeder Art, die geeignet sind, nicht nur die Vermögenslage der Gesellschaft oder des Konzerns, sondern auch alle anderen Umstände zu beurteilen, welche die Situation der Gesellschaft oder des Konzerns im Wirtschaftsleben und in ihrem politischen und sozialen Umfeld kennzeichnen. § 331 HGB schützt – ebenso wie § 400 AktG – nicht nur die Vermögensverhältnisse der Gesellschaft oder des Konzerns, sondern auch ihre sonstigen Interessen. Der Begriff der Gesellschafts- oder Konzernverhältnisse erfasst deshalb alle Tatsachen, Vorgänge, Daten und Schlussfolgerungen, die für die Beurteilung der Situation der Gesellschaft oder des Konzerns und ihre künftige Entwicklung von Bedeutung sein können.[137] Unter ihn fallen deshalb nicht nur die wirtschaftlichen Verhältnisse der Gesellschaft oder des Konzerns sondern auch soziale, politische oder sonstige Beziehungen, die Anhaltspunkte für die Einschätzung der Lage der Gesellschaft oder des Konzerns, ihrer Funktion, ihrer Entwicklung und ihres sonstigen Erscheinungsbildes geben.[138]

38 β) **Unrichtig wiedergegeben** werden die Gesellschafts- oder Konzernverhältnisse, wenn die über sie gemachten Aussagen mit der Wirklichkeit nicht übereinstimmen. Das ist unter Berücksichtigung ihres Sinnes und ihres Zusammenhanges objektiv zu entscheiden. In der Regel handelt es sich bei diesen Aussagen um das Behaupten von Tatsachen. Es können aber auch Werturteile sein, wie Schätzungen, Bewertungen und Prognosen, wenn diese einen nachprüfbaren tatsächlichen Kern haben oder sonst in objektiver Weise überprüft werden können. Eine unrichtige Wiedergabe von Gesellschafts- oder Konzernverhältnissen kann auch durch Unterlassen begangen werden.[139]

39 γ) **Verschleiert** werden die Verhältnisse der Gesellschaft oder des Konzerns, wenn die Aussagen über sie in ihrem tatsächlichen Kern richtig sind, ihrem äußeren Anschein nach aber geeignet sind, die Verhältnisse anders darzustellen, als sie in Wahrheit sind. Die Verschleierung ist von der unrichtigen Wiedergabe nicht deutlich abzugrenzen, weil bei einem Verschweigen erheblicher Umstände sowohl der Gesamtgehalt der Aussage unrichtig wiedergegeben, wie auch das Gesamtbild der Darstellung verfälscht und damit verschleiert wird.[140]

---

[137] *Fuhrmann* in *Geßler/Hefermehl/Eckardt/Kropff* § 400 Rn. 13; *Heymann/Otto* § 331 Rn. 21; *Gramich* wistra 1987, 157, 159; *Maul* DB 1989, 185.

[138] § 41 Rn. 23; *Erbs/Kohlhaas/Schaal* HGB § 331 Rn. 12; aA *Heymann/Otto* § 331 Rn. 22; *Baumbach/Hueck/Schulze-Osterloh* Anh. § 82 Rn. 5.

[139] Vgl. *Fuhrmann* in *Geßler/Hefermehl/Eckardt/Kropff* § 400 Rn. 20, 21; *Erbs/Kohlhaas/Schaal* HGB § 331 Rn. 19 ff. mwN.

[140] *Fuhrmann* in *Geßler/Hefermehl/Eckardt/Kropff* § 400 Rn. 22; *Heymann/Otto* § 331 Rn. 29, 30.

Vorbemerkung **Vor §§ 82–85**

δ) Die **Offenlegung** des Konzernabschlusses und des Konzernlageberichts der 40 Muttergesellschaft ist nach der Legaldefinition des § 325 Abs. 1 HGB das Einreichen dieser Unterlagen in deutscher Sprache an das Handelsregister und die Bekanntmachung dieses Vorganges im Bundesanzeiger.[141] Die Offenlegung muss zum Zweck der Befreiung von der Aufstellung eines Konzernabschlusses und eines Konzernlageberichts nach § 291 HGB oder nach Maßgabe einer nach § 292 HGB erlassenen Rechtsverordnung erfolgen. Denn bei Konzernabschlüssen und Konzernlageberichten, die nicht aufgrund gesetzlicher Vorschriften aufgestellt und daher auch nicht offengelegt werden müssen, lässt erst die tatsächliche Offenlegung zum Zweck der Befreiung erkennen, dass von den Konzernabschlüssen und Konzernlageberichten zur Erfüllung gesetzlicher Verpflichtungen Gebrauch gemacht wird (RegE BT-Drucks. 10/3440, S. 46). Zum Zweck der Befreiung handelt der Täter, wenn sein Tun objektiv geeignet ist, sein Ziel zu erreichen und wenn er subjektiv die Absicht hat, mit seinem Handeln die Befreiung zu erlangen. Wenn die Offenlegung in der vom Gesetz geforderten Weise geschieht, wird sie stets objektiv geeignet sein. Die Befreiungsabsicht ist ein zusätzliches Merkmal des inneren Tatbestandes, das auch erfüllt sein muss, wenn der Täter sonst nur leichtfertig handelt.

ε) **Unrichtige Angaben** macht, wer nachprüfbare ernst gemeinte Aussagen über 41 Tatsachen äußert, deren Inhalt mit der Wirklichkeit nicht übereinstimmt. § 331 Nr. 4 HGB verwendet bei dieser Tatform einen Begriff, dem im Gesellschaftsrecht eine bestimmte Bedeutung zukommt. Ähnlich wie bei der Tatform der unrichtigen Wiedergabe handelt es sich dabei in der Regel um tatsächliche Behauptungen; es können aber auch Werturteile sein (vgl. näher zu diesem Begriff § 82 Rn. 17, 18).

dd) Gegenstand der Tathandlung. Als Gegenstand der Tathandlung bezeichnet 42 das Gesetz bestimmte Bilanzen, die über die Verhältnisse der Gesellschaft Auskunft geben.

α) In **§ 331 Nr. 1 HGB** handelt es sich um die Eröffnungsbilanz nach § 242 Abs. 1 43 HGB, den Jahresabschluss nach § 242 Abs. 3 HGB, den Lagebericht nach den §§ 264 Abs. 1, 289 HGB und den Zwischenabschluss nach § 340a Abs. 3.[142] Zu dem Jahresabschluss gehört auch sein Anhang, weil dieser nach der Begriffsbestimmung des § 264 Abs. 1 mit der Bilanz und der Gewinn- und Verlustrechnung eine inhaltliche Einheit bildet.[143] Das gilt auch für die strafrechtliche Beurteilung.[144]

β) In **§ 331 Nr. 2 und 3 HGB** werden der Konzernabschluss nach § 297 HGB, 44 der Konzernlagebericht nach § 315 HGB und der Konzernzwischenabschluss nach § 340i Abs. 4 HGB[145] bezeichnet.

γ) In **§ 331 Nr. 4 HGB** sind Gegenstand der Tathandlung Aufklärungen und 45 Nachweise, die nach § 320 HGB den Abschlussprüfern der Gesellschaft oder des Konzerns zu geben sind. Nach § 320 Abs. 2 S. 1 HGB kann der Abschlussprüfer alle Aufklärungen und Nachweise verlangen, die für eine sorgfältige Prüfung notwendig sind. Dieses Recht erstreckt sich nach § 320 Abs. 3 S. 2 HGB auch auf Mutter- und Tochterunternehmen, wenn die Gesellschaft einen Konzernabschluss aufzustellen hat. Aufklärungen und Nachweise sind Begriffe, die im Gesellschaftsrecht häufig benutzt wer-

---

[141] § 41 Rn. 139 ff.; *Baumbach/Hopt* § 325 Rn. 1, 2; *Heymann/Otto* § 331 Rn. 59.
[142] Vgl. zu diesen Begriffen § 41 Rn. 91 ff.; *Erbs/Kohlhaas/Schaal* HGB § 331 Rn. 13 ff.
[143] BGHZ 124, 111, 121 = NJW 1994, 520 = WM 1994, 22.
[144] *Scholz/Tiedemann* Vor § 82 Rn. 70; enger *Heymann/Otto* § 331 Rn. 20.
[145] Vgl. zu diesen Begriffen Anh. II nach § 42a Rn. 9 ff.; *Erbs/Kohlhaas/Schaal* HGB § 331 Rn. 27 ff.

den und weit auszulegen sind, so dass eine umfassende Unterrichtung des Prüfers ermöglicht wird.[146] Sie umfassen alle (schriftlichen und mündlichen) Auskünfte, die von Prüfern zur Erfüllung ihrer Aufgaben benötigt werden. **Aufklärungen** sind Erklärungen jeder Art, die zur Klärung von Zweifelsfragen oder Widersprüchen erforderlich werden. **Nachweise** sind Unterlagen (Bücher, Schriften, Urkunden, Datenträger) oder andere Gegenstände, welche den von der Prüfung erfassten Bereich belegen.[147]

46   **ee) Innerer Tatbestand.** Die Tatbestände des § 331 Nr. 1, 2 und 4 HGB können nur vorsätzlich begangen werden. Ein bedingt vorsätzliches Handeln reicht jedoch aus.[148] Der Tatbestand des § 331 Nr. 3 HGB verlangt einerseits darüber hinaus ein absichtliches Handeln, das sich aber nur auf die Befreiung von der Pflicht zur Aufstellung eines Konzernabschlusses zu erstrecken hat (vgl. Rn. 28). Dieser Tatbestand kann andererseits auch leichtfertig begangen werden. Leichtfertigkeit bedeutet einen erhöhten Grad von Fahrlässigkeit, der der groben Fahrlässigkeit im Zivilrecht entspricht.[149]

b) § 332. Verletzung der Berichtspflicht

(1) **Mit Freiheitsstrafe bis zu drei Jahren oder mit Geldstrafe wird bestraft, wer als Abschlußprüfer oder Gehilfe eines Abschlußprüfers über das Ergebnis der Prüfung eines Jahresabschlusses, eines Lageberichts, eines Konzernabschlusses, eines Konzernlageberichts einer Kapitalgesellschaft oder eines Zwischenabschlusses nach § 340a Abs. 3 oder eines Konzernzwischenabschlusses gemäß § 340i Abs. 4 unrichtig berichtet, im Prüfungsbericht (§ 321) erhebliche Umstände verschweigt oder einen inhaltlich unrichtigen Bestätigungsvermerk (§ 322) erteilt.**

(2) **Handelt der Täter gegen Entgelt oder in der Absicht, sich oder einen anderen zu bereichern oder einen anderen zu schädigen, so ist die Strafe Freiheitsstrafe bis zu fünf Jahren oder Geldstrafe.**

47   **aa) Allgemeines.** § 332 entspricht im wesentlichen dem Straftatbestand des § 403 AktG. Er dient ebenfalls dem Zweck, die Richtigkeit und Vollständigkeit der in dem Prüfungsbericht enthaltenen Angaben strafrechtlich abzusichern. Die Abschlussprüfer im Rahmen ihrer Prüftätigkeit Berichte liefern, die ein wahres und unparteiisches Bild über den Gegenstand ihrer Prüfung geben. **Geschütztes Rechtsgut** ist deshalb das Vertrauen in die Wahrhaftigkeit der Prüfungsberichte.[150] Durch ihn werden die Interessen der Gesellschaft selbst, ihrer Anteilseigner und die Interessen anderer Personen geschützt, die rechtliche oder wirtschaftliche Beziehungen zu der Gesellschaft unterhalten. Gegenüber diesem Personenkreis ist § 332 HGB Schutzgesetz iS des § 823 Abs. 2 BGB.[151] Er verweist auf die Vorschriften des Handelsgesetzbuches und ist deshalb eine blankettartige Norm, deren Gesamttatbestand sich aus ihr und den entsprechenden Ausfüllungsvorschriften zusammensetzt (vgl. zum Begriff der blankettartigen Norm § 82 Rn. 5).

48   **bb) Täterkreis und Tatbeteiligung.** Als mögliche Täter nennt § 332 HGB nur die Abschlussprüfer und ihre Gehilfen. Es handelt sich dabei um einen bestimmten

---
[146] *Maul* DB 1989, 185, 187; *Heymann/Otto* § 331 Rn. 69.
[147] Vgl. zu diesen Begriffen § 42a Rn. 38; *Erbs/Kohlhaas/Schaal* HGB § 331 Rn. 42 ff.
[148] *Heymann/Otto* § 331 Rn. 33, 61, 75.
[149] BGHSt. 14, 240, 255 = NJW 1960, 1678; BGHSt. 33, 66, 67 = NJW 1985, 690 = NStZ 1985, 319 m. Anm. *Roxin*; *Heymann/Otto* § 331 Rn. 62.
[150] *Fuhrmann* in *Geßler/Hefermehl/Eckardt/Kropff* § 403 Rn. 2; *Heymann/Otto* § 332 Rn. 2.
[151] *Erbs/Kohlhaas/Schaal* HGB § 332 Rn. 1 mwN.

Vorbemerkung **Vor §§ 82–85**

Personenkreis mit Sondereigenschaften, die sich als strafbegründende persönliche Merkmale nach § 28 StGB darstellen. § 332 HGB ist deshalb ein echtes **Sonderdelikt** mit allen Konsequenzen für die Tatbeteiligung (vgl. Rn. 35). Nur Abschlussprüfer und ihre Gehilfen können Täter (Einzeltäter, mittelbare Täter oder Mittäter) sein. Anstifter und Gehilfe kann jedermann sein.[152]

Abschlussprüfer sind sachverständige Personen, die bei den Kapitalgesellschaften 49 die Rechnungslegung prüfen.[153] Sie werden nach § 318 HGB von den Gesellschaftern gewählt oder durch das Registergericht bestellt. Sie müssen die Voraussetzungen des § 319 HGB erfüllen. **Prüfungsgehilfe** ist jede Person, die den Abschlussprüfer bei seinen Prüfungshandlungen unterstützt.[154] Für § 332 kann das nur bedeutsam sein, wenn er auch an der Erstellung des Prüfungsberichts mitzuwirken hat. Er ist ebenso wie der Prüfer selbst und die bei der Prüfung mitwirkenden Vertreter einer Prüfungsgesellschaft nach § 323 Abs. 1 HGB zur gewissenhaften und unparteiischen Prüfung und zur Verschwiegenheit verpflichtet.

cc) Tathandlungen. Der Straftatbestand des § 332 HGB enthält drei Tathandlun- 50 gen. Der Täter kann über das Ergebnis seiner Prüfung unrichtig berichten, er kann in dem Bericht erhebliche Umstände verschweigen und deshalb einen unrichtigen Gesamteindruck hervorrufen oder er kann einen inhaltlich unrichtigen Bestätigungsvermerk zum Prüfungsbericht erteilen. Es handelt sich nicht um mehrere Tatbestände, sondern um verschiedene Begehungsformen eines Delikts.

α) **Unrichtige Berichterstattung.** Der Bericht ist unrichtig, wenn er nicht mit 51 dem Ergebnis der Prüfung übereinstimmt. Unrichtig ist er auch, wenn er sich mit dem Ergebnis der Prüfung nicht deckt, aber den tatsächlichen Verhältnissen entspricht. So wenn der Bericht einen Mangel verschweigt, der bei der Prüfung festgestellt worden ist, in Wirklichkeit aber nicht besteht. Strafrechtlich geschützt wird nicht die Wahrheit der Prüfungsergebnisse, sondern die Richtigkeit des Berichts über das Ergebnis der Prüfung, gleichgültig, ob dieses wahr oder falsch gewesen ist.[155] Unrichtig berichtet der Prüfer auch, der einen Prüfungsbericht erstattet, obwohl er überhaupt nicht geprüft hat; zB weil er sich auf die ihm mitgeteilten Tatsachen verlassen hat, ohne sie im einzelnen nachzuprüfen.[156] Das Gesetz verlangt nicht, dass die unrichtigen Tatsachen in einem schriftlichen Bericht des Prüfers enthalten sind. Der unrichtige Bericht kann auch mündlich gegeben werden. Die pflichtwidrige Nichterstattung des Prüfungsberichts fällt dagegen nicht unter den Tatbestand des § 332 HGB.[157]

β) **Verschweigen erheblicher Umstände.** Das Verschweigen von erheblichen 52 Umstände macht den Bericht unvollständig und deshalb unrichtig, wenn die Umstände für den Adressaten des Berichts oder für einen sonstigen interessierten Beteiligten im Hinblick auf die Gesamtwirkung der mitgeteilten Tatsachen von Bedeutung sein können. Das werden regelmäßig die Umstände sein, auf die sich die Prüfungs- und Berichtspflicht nach den §§ 317, 321 HGB erstreckt.[158] Es gelten die gleichen Grundsätze wie sonst bei der Auslegung des Gesellschaftsstrafrechts (vgl. § 82 Rn. 17).

---

[152] *Fuhrmann* in *Geßler/Hefermehl/Eckardt/Kropff* § 403 Rn. 4; *Heymann/Otto* § 332 Rn. 4.
[153] Vgl. zu diesem Begriff § 42a Rn. 21 ff.; *Erbs/Kohlhaas/Schaal* HGB § 332 Rn. 6 ff.
[154] Vgl. zu diesem Begriff *Erbs/Kohlhaas/Schaal* HGB § 332 Rn. 9.
[155] *Heymann/Otto* § 332 Rn. 15; *Fuhrmann* in *Geßler/Hefermehl/Eckardt/Kropff* § 403 Rn. 9.
[156] OLG Karlsruhe WM 1985, 940, 941.
[157] *Heymann/Otto* § 332 Rn. 19; *Fuhrmann* in *Geßler/Hefermehl/Eckardt/Kropff* § 403 Rn. 10.
[158] *Heymann/Otto* § 332 Rn. 22.

53 γ) **Erteilen eines unrichtigen Bestätigungsvermerks.** Ein inhaltlich unrichtiger Bestätigungsvermerk wird erteilt, wenn die in ihm enthaltenen Aussagen nicht mit dem Ergebnis der Prüfung übereinstimmen. Das ist der Fall, wenn der Bestätigungsvermerk erteilt wird, obwohl er hätte versagt werden müssen oder nur eingeschränkt hätte erteilt werden dürfen; wenn er uneingeschränkt erteilt wird, obwohl nach dem Ergebnis der Prüfung Einwendungen zu erheben wären; wenn er nicht ergänzt wird, obwohl zusätzliche Bemerkungen erforderlich erscheinen, um einen falschen Eindruck über den Inhalt der Prüfung und die Tragweite des Bestätigungsvermerks zu vermeiden; wenn der Bestätigungsvermerk versagt oder nur eingeschränkt erteilt wird, obwohl nach dem Ergebnis der Prüfung berechtigte Einwendungen nicht zu erheben sind.[159] Falsche Angaben über den Ort und die Zeit der Erteilung des Vermerks fallen nicht unter den Straftatbestand, weil dieser nur inhaltlich unrichtige Angaben erfasst.

54 dd) **Gegenstand der Tathandlung.** Als Gegenstand der Tathandlung bezeichnet das Gesetz den Prüfungsbericht über bestimmte Rechnungslegungen und den Bestätigungsvermerk.

55 α) **Prüfungsbericht.** Es handelt sich um die abschließende und umfassende Berichterstattung des Abschlussprüfers über das von ihm ermittelte Ergebnis der Prüfung. Nach § 321 Abs. 2 HGB ist im Hauptteil des Berichts u. a. darzustellen, ob die Buchführung, der Jahresabschluss, der Lagebericht, der Konzernabschluss und der Konzernlagebericht den gesetzlichen Vorschriften entsprechen und ob die gesetzlichen Vertreter die verlangten Aufklärungen und Nachweise erbracht haben. Deshalb ist es grundsätzlich nicht Aufgabe des Prüfers, die von der Rechnungslegung erfassten wirtschaftlichen Vorgänge und Tatsachen zu prüfen.[160] Die Aufstellung zB des Jahresabschlusses ist Aufgabe des zuständigen Organs der Gesellschaft. Der Abschlussprüfer hat lediglich diese Rechnungslegung auf ihre sachliche Richtigkeit, ihre Ordnungsmäßigkeit und Gesetzlichkeit zu prüfen.[161] Allerdings hat der Abschlussprüfer nach § 321 Abs. 2 S. 2 HGB auch darauf einzugehen, ob der Abschluss ein den tatsächlichen Verhältnissen entsprechendes Bild der Vermögens-, Finanz- und Ertragslage des zu prüfenden Unternehmens gibt.

56 β) **Bestätigungsvermerk.** Als weiteren Gegenstand der Tathandlung bezeichnet § 332 HGB den Bestätigungsvermerk nach § 322 HGB. Durch ihn unterrichtet der Abschlussprüfer die Adressaten der Rechnungslegung (Gesellschafter, Gesellschaftsgläubiger, andere Markpartner, Arbeitnehmer usw.), dass die Buchführung und der Abschluss bzw. Bericht den gesetzlichen Vorschriften entspricht. Als Gesamturteil über das Prüfungsergebnis kommt ihm im Wirtschaftsleben eine erhebliche Bedeutung zu. Er ist in dem Prüfungsbericht aufzunehmen (§ 322 Abs. 5 S. 2 HGB), seiner Funktion nach jedoch eine Erklärung, die der Öffentlichkeit gegenüber das Ergebnis der Prüfung feststellt.[162]

57 Den **Kernsatz** des Bestätigungsvermerks legt § 322 Abs. 1 S. 3 HGB fest. Nach der Neufassung des § 322 HGB durch das KonTraG (Einl. Rn. 16) darf sich der Vermerk aber nicht auf den Kernsatz beschränken. Der Prüfer hat vielmehr auch seine Tätigkeit zu umschreiben und eine Bewertung des Prüfungsergebnisses in sein Testat aufzunehmen (§ 322 Abs. 1 S. 2 HGB). Die Darstellung der durchgeführten Prüfungshandlun-

---

[159] *Heymann/Otto* § 332 Rn. 24–27.
[160] Vgl. BGHZ 16, 17 = NJW 1955, 257; § 42a Rn. 18 ff.
[161] OLG Celle NZG 2000, 613, 614 m. Anm. *Großfeld*; *Heymann/Herrmann* § 317 Rn. 3; *Erbs/Kohlhaas/Schaal* HGB § 332 Rn. 14 f.; *Baumbach/Hueck/Schulze-Osterloh* § 41 Rn. 59.
[162] BayObLG NJW-RR 1988, 163, 164; *Heymann/Otto* § 332 Rn. 12; § 42a Rn. 45 ff.

Vorbemerkung Vor §§ 82–85

gen ist deshalb von Interesse, weil dem Abschlussprüfer meistens nur eine Prüfung in Form von Stichproben möglich ist.[163] Bei der abzugebenden Beurteilung ist auch auf die vorhandenen Risiken, die den Fortbestand des Unternehmens gefährden können und über die von der Geschäftsführung zu berichten ist, einzugehen (§ 322 Abs. 2 HGB).

ee) **Innerer Tatbestand.** § 332 HGB setzt ein **vorsätzliches** Verhalten voraus. 58 Dazu genügt auch ein bedingt vorsätzliches Handeln. Ein bedingter Vorsatz ist vor allem anzunehmen, wenn der Prüfer Anhaltspunkte dafür hat, dass der Prüfungsbericht lückenhaft ist, er ihn aber gleichwohl erstellt, ohne eine weitere Prüfung vorzunehmen.[164] Bei dem Verschweigen erheblicher Umstände muss der Täter um die Erheblichkeit der verschwiegenen Umstände wissen oder diese wenigstens für möglich halten.

Bei einem **Irrtum** finden die allgemeinen Grundsätze des Strafrechts über den Tat- 59 bestandsirrtum nach § 16 StGB und den Verbotsirrtum nach § 17 StGB Anwendung. Irrt der Täter zB über die Erheblichkeit des Umstandes, so liegt ein vorsatzausschließender Tatbestandsirrtum vor. Die Erheblichkeit ist ein normatives Tatbestandsmerkmal.[165]

Zu dem inneren Tatbestand gehören gegebenenfalls ferner die **Qualifizierungs-** 60 **merkmale** des Abs. 2 (vgl. Rn. 61).

ff) **Qualifizierungstatbestand (§ 332 Abs. 2 HGB).** Wenn der Täter die Quali- 61 fikationsmerkmale des Abs. 2 erfüllt, kann er härter bestraft werden. Das Gesetz greift hierbei auf Merkmale zurück, die es auch an anderer Stelle für die Erhöhung des Strafrahmens heranzieht. Diese ausschließlich zum inneren Tatbestand gehörenden Merkmale gleichen denen des Qualifizierungstatbestandes des § 85. Auf die Erläuterungen dort (Rn. 24 ff.) wird verwiesen.

c) § 333. Verletzung der Geheimhaltungspflicht

(1) **Mit Freiheitsstrafe bis zu einem Jahr oder mit Geldstrafe wird bestraft, wer ein Geheimnis der Kapitalgesellschaft, eines Tochterunternehmens (§ 290 Abs. 1, 2), eines gemeinsam geführten Unternehmens (§ 310) oder eines assoziierten Unternehmens (§ 311), namentlich ein Betriebs- oder Geschäftsgeheimnis, das ihm in seiner Eigenschaft als Abschlußprüfer oder Gehilfe eines Abschlußprüfers bei Prüfung des Jahresabschlusses oder des Konzernabschlusses bekannt geworden ist, unbefugt offenbart.**

(2) **Handelt der Täter gegen Entgelt oder in der Absicht, sich oder einen anderen zu bereichern oder einen anderen zu schädigen, so ist die Strafe Freiheitsstrafe bis zu zwei Jahren oder Geldstrafe. Ebenso wird bestraft, wer ein Geheimnis der in Absatz 1 bezeichneten Art, namentlich ein Betriebs- oder Geschäftsgeheimnis, das ihm unter den Voraussetzungen des Absatzes 1 bekannt geworden ist, unbefugt verwertet.**

(3) **Die Tat wird nur auf Antrag der Kapitalgesellschaft verfolgt.**

aa) **Allgemeines.** § 333 HGB entspricht im Wesentlichen § 404 Abs. 2 AktG und 62 übernimmt in einem Teilbereich dessen Aufgaben. Er ergänzt § 85, der im GmbH-Recht die Verletzung der Geheimhaltungspflicht durch die Geschäftsführer und Liquidatoren sowie durch die Mitglieder eines Aufsichtsrats mit Strafe bedroht. § 333 HGB

---

[163] Vgl. ergänzend *Erbs/Kohlhaas/Schaal* HGB § 332 Rn. 29.
[164] *Heymann/Otto* § 332 Rn. 29.
[165] *Heymann/Otto* § 332 Rn. 39; aA Kölner KommAktG/*Geilen* § 403 Rn. 40.

soll die Schweigepflicht der Abschlussprüfer und ihrer Gehilfen, die bei ihrer Prüftätigkeit Gelegenheit erhalten, Geheimnisse der Gesellschaft zu erfahren, strafrechtlich absichern. **Geschütztes Rechtsgut** sind die Interessen der Gesellschaft einschließlich der weiteren in § 333 HGB genannten Unternehmen und deren Gesellschafter bzw. sonstiger Eigner an der Bewahrung der Geheimnisse der Gesellschaft; Gläubiger und Arbeitnehmer der Gesellschaft gehören dagegen nicht zum geschützten Personenkreis.[166] Die Straftatbestände des § 333 sind Schutzgesetze iS des § 823 Abs. 2 BGB. Die Erläuterungen zu § 85 können weitgehend auch für die Auslegung des § 333 HGB herangezogen werden. Lediglich der Täterkreis ist ein anderer. Als Antragsdelikt kann § 333 HGB nur verfolgt werden, wenn von der GmbH ein Strafantrag gestellt wird (Abs. 3). Er muss von der Geschäftsführung für die Gesellschaft gestellt werden.

63 bb) **Täterkreis und Tatbeteiligung.** § 333 HGB bezeichnet als mögliche Täter nur Abschlussprüfer und ihre Gehilfen. Ebenso wie § 332 HGB handelt es sich dabei um einen Personenkreis mit Sondereigenschaften, der § 333 HGB zu einem **echten Sonderdelikt** mit entsprechenden Konsequenzen für die Tatbeteiligung macht. Da es sich dabei um den gleichen Täterkreis wie in § 332 HGB handelt, kann weitgehend auf die dortigen Erläuterungen verwiesen werden (vgl. Rn. 35). Eine einschränkende Auslegung des Begriffs „Gehilfe" und die Herausnahme von Schreib- und sonstigen Hilfskräften ist nicht gerechtfertigt. Gerade durch diesen Personenkreis ist eine Tatverwirklichung naheliegend. Es ist daher kein Grund ersichtlich, den Begriff des Prüfungsgehilfen in diesem Sinne einzuschränken und für diesen Täterkreis auf eine Bestrafung nach § 203 StGB zu verweisen.[167] Der Umstand, dass der Täter zur Tatzeit nicht mehr die Eigenschaft eines Geheimnisträgers hat, steht einer Bestrafung nicht entgegen. Wesentlich ist nur, dass ihm das Geheimnis in seiner Eigenschaft als Abschlussprüfer oder als dessen Gehilfe bei der Prüfungstätigkeit bekannt geworden ist. Es fehlt aber an einer Tatbestandsmäßigkeit, wenn der Täter das Geheimnis außerdienstlich erfahren hat oder es schon kannte, bevor er die Eigenschaft als Geheimnisträger erlangt hat (vgl. § 85 Rn. 7). Die Schweigepflicht für den Abschlussprüfer und seinen Gehilfen ergibt sich aus § 323 Abs. 1 HGB.

64 cc) **Tathandlungen.** § 333 HGB enthält zwei Tathandlungen. Das unbefugte Offenbaren eines Geheimnisses (Abs. 1) und die unbefugte Verwertung eines Geheimnisses (Abs. 2 S. 2). Beide Tathandlungen sind mit denen identisch, die § 85 enthält. Es kann deshalb auf die dortigen Erläuterungen (Rn. 12 ff.) verwiesen werden.

65 α) **Geheimnis.** Gegenstand der Tathandlung ist ein Geheimnis der Kapitalgesellschaft oder eines der genannten Unternehmen, namentlich ein Betriebs- oder Geschäftsgeheimnis, das dem Täter in seiner Eigenschaft als Abschlussprüfer oder dessen Gehilfe bekannt geworden ist. § 333 HGB verwendet einen Geheimnisbegriff, der ebenso wie in § 404 AktG und in § 85 eine umfassende Bedeutung hat (vgl. dazu § 85 Rn. 9 ff.).

66 β) **Kapitalgesellschaft.** Die Bezeichnung ist bei § 331 HGB (Rn. 23) erläutert.

67 γ) **Tochterunternehmen.** Zum Begriff wird auf die vorstehenden Ausführungen zu § 331 HGB (Rn. 45) verwiesen.

68 δ) **Gemeinsam geführtes Unternehmen.** Besteht zwischen mehreren Unternehmen ein Mutter-Tochterverhältnis, so bilden sie einen Konzern, für den nach § 290 HGB eine Konzernrechnungslegung einschließlich eines Konzernabschlusses[168]

---

[166] *Heymann/Otto* § 333 Rn. 4 ff.; vgl. ergänzend *Erbs/Kohlhaas/Schaal* HGB § 333 Rn. 1.
[167] *Fuhrmann* in *Geßler/Hefermehl/Eckardt/Kropff* § 403 Rn. 4; *Erbs/Kohlhaas/Schaal* HGB § 333 Rn. 4; aA *Heymann/Otto* § 333 Rn. 10.
[168] Vgl. hierzu *Erbs/Kohlhaas/Schaal* HGB § 331 Rn. 27, 28.

erforderlich ist. Durch § 310 HGB wird die Möglichkeit eröffnet, in den Konzernabschluss ein Gemeinschaftsunternehmen, an dem ein Konzernunternehmen beteiligt ist, entsprechend der Beteiligungsquote einzubeziehen (sog. Quotenkonsolidisierung). Ein Gemeinschaftsunternehmen (auch Joint Venture) ist ein Unternehmen, das von mindestens zwei rechtlich selbständigen Unternehmen (sog. Gesellschafterunternehmen) idR zu gleichen Anteilen und mit gleichen Rechten einheitlich geleitet wird.[169] Gesellschafterunternehmen kann dabei sowohl das Mutterunternehmen als auch ein Tochterunternehmen sein.

ε) **Assoziiertes Unternehmen.** Das assoziierte Unternehmen wird in § 311 HGB gesetzlich definiert und ist dadurch gekennzeichnet, dass ein in den Konzernabschluss einbezogenes Unternehmen eine Beteiligung nach § 271 Abs. 1 HGB an einem anderen, nicht einbezogenen Unternehmen hält, auf dessen Geschäfts- und Finanzpolitik es tatsächlich einen maßgeblichen Einfluss ausübt; ein maßgeblicher Einfluss wird bei einem Stimmrechtsanteil von 20 % an vermutet. Eine eindeutige Abgrenzung gegenüber dem Gemeinschaftsunternehmen ist nur schwer möglich. 69

dd) **Innerer Tatbestand.** § 333 HGB verlangt bei beiden Tatbeständen ein vorsätzliches Handeln. Dieses liegt auch vor, wenn der Täter nur mit bedingtem Vorsatz handelt. Der Täter muss deshalb wissen oder mit der Möglichkeit rechnen, dass es sich um ein Geheimnis der Gesellschaft handelt, welches ihm bei der Prüfung bekannt geworden ist, und muss es unter diesen Umständen an Unbefugte mitteilen oder es wirtschaftlich ausnutzen. 70

Zu Fragen bei einem **Irrtum** vgl. § 85 Rn. 22. Zu dem inneren Tatbestand gehören gegebenenfalls auch die **Qualifizierungsmerkmale** des Abs. 2 S. 1 (vgl. Rn. 72). 71

ee) **Qualifizierungtatbestand (§ 333 Abs. 2 S. 1 HGB).** Der Tatbestand des unbefugten Offenbarens eines Geheimnisses nach § 333 Abs. 1 HGB kann härter bestraft werden, wenn der Täter gegen Entgelt oder in Bereicherungs- oder Schädigungsabsicht handelt. Bei diesen Qualifikationsmerkmalen handelt es sich ausschließlich um Merkmale der inneren Tatseite. Sie sind mit denen des § 85 Abs. 2 GmbHG identisch (vgl. dort Rn. 24 ff.). 72

d) § 334. Bußgeldvorschriften

(1) Ordnungswidrig handelt, wer als Mitglied des vertretungsberechtigten Organs oder des Aufsichtsrats einer Kapitalgesellschaft
1. bei der Aufstellung oder Feststellung des Jahresabschlusses einer Vorschrift
   a) des § 243 Abs. 1 oder 2, der §§ 244, 245, 246, 247, 248, 249 Abs. 1 Satz 1 oder Abs. 3, des § 250 Abs. 1 Satz 1 oder Abs. 2, des § 251 oder des § 264 Abs. 2 über Form oder Inhalt,
   b) des § 253 Abs. 1 Satz 1 in Verbindung mit § 255 Abs. 1 oder 2 Satz 1, 2 oder 6, des § 253 Abs. 1 Satz 2 oder Abs. 2 Satz 1, 2 oder 3, dieser in Verbindung mit § 279 Abs. 1 Satz 2, des § 253 Abs. 3 Satz 1 oder 2, des § 280 Abs. 1, des § 282 oder des § 283 über die Bewertung,
   c) des § 265 Abs. 2, 3, 4 oder 6, der §§ 266, 268 Abs. 2, 3, 4, 5, 6 oder 7, der §§ 272, 273, 274 Abs. 1, des § 275 oder des § 277 über die Gliederung oder
   d) des § 280 Abs. 3, des § 281 Abs. 1 Satz 2 oder 3 oder Abs. 2 Satz 1, des § 284 oder des § 285 über die in der Bilanz oder im Anhang zu machenden **Angaben,**

---

[169] *Baumbach/Hopt* § 310 Rn. 1.

2. bei der Aufstellung des Konzernabschlusses einer Vorschrift
   a) des § 294 Abs. 1 über den Konsolidierungskreis,
   b) des § 297 Abs. 2 oder 3 oder des § 298 Abs. 1 in Verbindung mit den §§ 244, 245, 246, 247, 248, 249 Abs. 1 Satz 1 oder Abs. 3, dem § 250 Abs. 1 Satz 1 oder Abs. 2 oder dem § 251 über Inhalt oder Form,
   c) des § 300 über die Konsolidierungsgrundsätze oder das Vollständigkeitsgebot,
   d) des § 308 Abs. 1 Satz 1 in Verbindung mit den in Nummer 1 Buchstabe b bezeichneten Vorschriften oder des § 308 Abs. 2 über die Bewertung,
   e) des § 311 Abs. 1 Satz 1 in Verbindung mit § 312 über die Behandlung assoziierter Unternehmen oder
   f) des § 308 Abs. 1 Satz 3, des § 313 oder des § 314 über die im Anhang zu machenden Angaben,
3. bei der Aufstellung des Lageberichts einer Vorschrift des § 289 Abs. 1 über den Inhalt des Lageberichts,
4. bei der Aufstellung des Konzernlageberichts einer Vorschrift des § 315 Abs. 1 über den Inhalt des Konzernlageberichts,
5. bei der Offenlegung, Veröffentlichung oder Vervielfältigung einer Vorschrift des § 328 über Form oder Inhalt oder
6. einer auf Grund des § 330 Abs. 1 Satz 1 erlassenen Rechtsverordnung, soweit sie für einen bestimmten Tatbestand auf diese Bußgeldvorschrift verweist,

zuwiderhandelt.

(2) Ordnungswidrig handelt auch, wer zu einem Jahresabschluß oder einem Konzernabschluß, der auf Grund gesetzlicher Vorschriften zu prüfen ist, einen Vermerk nach § 322 erteilt, obwohl nach § 319 Abs. 2 er oder nach § 319 Abs. 3 die Wirtschaftsprüfungsgesellschaft oder Buchprüfungsgesellschaft, für die er tätig wird, nicht Abschlußprüfer sein darf.

(3) Die Ordnungswidrigkeit kann mit einer Geldbuße bis zu fünfundzwanzigtausend Euro geahndet werden.

(4) Die Absätze 1 bis 3 sind auf Kreditinstitute im Sinne des § 340 und auf Versicherungsunternehmen im Sinne des § 341 Abs. 1 nicht anzuwenden.

73 aa) **Allgemeines.** Die Vorschrift enthält eine Reihe von Bußgeldtatbeständen zur Rechnungslegung von Kapitalgesellschaften, die die Strafvorschriften in §§ 331 bis 333 HGB ergänzen. Die Verstöße gegen § 334 HGB sind als Ordnungswidrigkeiten eingestuft, weil es sich bei ihnen nicht um kriminelles Unrecht sondern um Handlungen mit geringerem Unrechtsgehalt handelt. Hinsichtlich des **geschützten Rechtsguts** ist zu unterscheiden. In § 334 Abs. 1 HGB werden Verstöße im Zusammenhang mit der Aufstellung oder Feststellung des Jahresabschlusses, Konzernabschlusses, Lageberichts und Konzernlageberichts von Kapitalgesellschaften geahndet. Das geschützte Rechtsgut entspricht dem des § 331 HGB (Rn. 33). Die Vorschrift ist insoweit Schutzgesetz iS des § 823 Abs. 2 BGB.[170] In § 334 Abs. 2 HGB werden Verstöße des Abschlussprüfers gegen gesetzliche Ausschlussgründe nach § 319 Abs. 2 und 3 HGB geahndet. Das geschützte Rechtsgut entspricht dem des § 332 HGB (Rn. 47). Die Vorschrift ist insoweit Schutzgesetz iS des § 823 Abs. 2 BGB.[171] Auf Kreditinstitute und Versicherungsunternehmen, die Kapitalgesellschaften sind, ist § 334 nach dessen Abs. 4 nicht anzuwenden. Insoweit bestehen in §§ 340n, 341n HGB besondere Bußgeldtatbestände.

---

[170] *Heymann/Otto* § 334 Rn. 9.
[171] *Heymann/Otto* § 334 Rn. 9.

Vorbemerkung **Vor §§ 82–85**

Die Tatbestände in § 334 Abs. 1 und Abs. 2 HGB sind **echte Sonderdelikte** mit 74 allen Konsequenzen für Täterschaft und Tatbeteiligung (vgl. Rn. 75). Die Vorschrift soll falschen Angaben in Bilanzen bereits im Vorfeld schadensträchtiger Handlungen entgegenwirken; es handelt sich deshalb um ein abstraktes Gefährdungsdelikt.[172]

bb) **Täterkreis.** Täter nach § 334 Abs. 1 HGB können nur Mitglieder des vertre- 75 tungsberechtigten Organs oder des Aufsichtsrats einer Kapitalgesellschaft sein. Das sind bei einer GmbH, ebenso wie in § 331 HGB, die Geschäftsführer und die Liquidatoren sowie die Mitglieder des Aufsichtsrats (Rn. 35). Als Täter nach § 334 Abs. 2 HGB kommen nur Personen in Betracht, die an sich Abschlussprüfer sein können, aber nach § 319 Abs. 2, 3 HGB aus persönlichen Gründen ausgeschlossen sind. Das sind Wirtschaftsprüfer oder vereidigte Buchprüfer sowie Angestellte einer Wirtschaftsprüfungs- oder Buchprüfungsgesellschaft.[173]

cc) **Tathandlungen.** Die einzelnen Tatbestände des § 334 Abs. 1 HGB erklären 76 Zuwiderhandlungen gegen bestimmte Vorschriften des HGB über die Aufstellung oder Feststellung des Jahresabschlusses (Abs. 1 Nr. 1), über die Aufstellung des Konzernabschlusses (Abs. 1 Nr. 2), des Lageberichts (Abs. 1 Nr. 3) oder des Konzernlageberichts (Abs. 1 Nr. 4), über die Offenlegung, Veröffentlichung oder Vervielfältigung (Abs. 1 Nr. 5) oder Verstöße gegen die Verordnung für Formblätter (Abs. 1 Nr. 6) zu Ordnungswidrigkeiten. § 334 Abs. 2 HGB bedroht Personen mit Bußgeld, die einen Bestätigungsvermerk nach § 322 HGB als Abschlussprüfer erteilen, obwohl sie nach § 319 Abs. 2 oder Abs. 3 HGB von diesem Amt ausgeschlossen sind.[174]

dd) **Innerer Tatbestand.** Alle Bußgeldtatbestände des § 334 HGB verlangen ein 77 vorsätzliches Handeln. Ein nichtvorsätzliches Verhalten ist nach § 10 OWiG nur ahndbar, wenn in dem einzelnen Bußgeldtatbestand ausdrücklich darauf hingewiesen wird. Vorsätzlich handelt der Täter (oder ein Beteiligter, vgl. Rn. 79), wenn er alle Tatbestandsmerkmale der einzelnen Tatbestände kennt und unter diesen Umständen die Tat ausführen will. Dazu gehören bei den blankettartigen Vorschriften wie sie § 334 HGB weitgehend enthält, nicht nur die Merkmale der blankettartigen Norm sondern auch die der Ausfüllungsvorschriften. Vorsätzlich handelt jedoch auch, wer die Verwirklichung der einzelnen Tatbestandsmerkmale nur für möglich hält, die Tat aber dennoch billigend in Kauf nimmt. Bedingter Vorsatz reicht bei allen Bußgeldtatbeständen des § 334 aus.[175]

Bei Irrtum findet § 11 OWiG Anwendung. Er regelt den Tatbestands- und Ver- 78 botsirrtum nach den im Strafrecht entwickelten Grundsätzen.

ee) **Täterschaft und Tatbeteiligung.** Obwohl die Tatbestände des § 334 HGB 79 die Voraussetzungen eines echten Sonderdelikts erfüllen, hat das im Ordnungswidrigkeitenrecht nicht die Bedeutung wie im Strafrecht. Die Tatbeteiligung richtet sich nach § 14 OWiG, der keine unterschiedliche Beteiligungsform (Mittäter, mittelbarer Täter, Anstifter, Gehilfe) kennt. Es können deshalb bei den Tatbeständen des Abs. 1 und des Abs. 2 nicht die Probleme auftreten, die sich im Strafrecht bei den echten Sonderdelikten ergeben (vgl. Rn. 35). Nach dem im Ordnungswidrigkeitenrecht gemäß § 14 Abs. 1 OWiG geltenden Einheitstäterbegriff liegt eine Ordnungswidrigkeit auch dann vor, wenn sich der Betroffene an der Ordnungswidrigkeit eines anderen beteiligt hat. Voraussetzung hierfür ist, dass die Haupttat vorsätzlich begangen

---

[172] *Scholz/Tiedemann* Vor § 82 Rn. 83.
[173] *Heymann/Otto* § 334 Rn. 12, 30; *Scholz/Tiedemann* Vor § 82 Rn. 84, 92.
[174] Vgl. näher *Erbs/Kohlhaas/Schaal* HGB § 334 Rn. 7ff.
[175] *Heymann/Otto* § 334 Rn. 31.

wurde[176] und der Beteiligte seine Teilnahmehandlung in Kenntnis der Haupttat erbringt, deren Vollendung er auch will. Begeht also der Geschäftsführer eine Ordnungswidrigkeit nach § 334 HGB, so kann der Steuerberater oder Bilanzbuchhalter als Beteiligter mit der gleichen Geldbuße wie der Geschäftsführer belegt werden. Ist der Täter eine juristische Person oder eine Personengesellschaft, findet § 9 OWiG Anwendung. In solchen Fällen kann auch gegen das Unternehmen selbst eine Geldbuße verhängt werden (§ 30 OWiG). Sie ist allerdings nur eine Nebenfolge und setzt stets das ordnungswidrige Handeln einer natürlichen Person voraus; diese braucht nach § 30 Abs. 4 OWiG aber aus tatsächlichen Gründen nicht verfolgbar zu sein.

VI. Österreichisches Recht

80 Die Strafvorschriften des ÖGmbHG waren ursprünglich in den §§ 121 bis 125 ÖGmbHG aF geregelt. Sie enthielten die drei Tatbestände der Ausstellung unzulässiger Urkunden (§ 121), des Machens falscher Angaben (§ 122) und der falschen Darstellung der Vermögenslage (§ 123). Nur die Tatbestände der §§ 122 und 123 ÖGmbHG waren mit den entsprechenden Straftatbeständen des § 82 GmbHG zu vergleichen.

81 Durch Art. III Rechnungslegungsgesetz vom 28. 6. 1990 (ÖBGBl. Nr. 422), ergänzt durch Art. IV Bundesgesetz (ÖBGBl. 1991 Nr. 10), sind für die Geschäftsjahre, die nach dem 31. 12. 1991 begonnen haben, die Strafvorschriften in § 122 zusammengefasst worden. Der Straftatbestand des § 121 ÖGmbHG aF ist im ÖGmbHG nicht mehr enthalten. Die Vorschrift des § 122 ÖGmbHG aF ist mit geringen Änderungen nunmehr in § 122 Abs. 2 ÖGmbHG übernommen worden. § 122 Abs. 1 ÖGmbHG hat im wesentlichen die Vorschrift des § 123 ÖGmbHG aF übernommen. Die Strafdrohung beträgt nunmehr zwei Jahre Freiheitsstrafe oder Geldstrafe bis zu 360 Tagessätzen und ist damit höher als nach dem alten Recht, aber geringer als im deutschen Recht (zu Einzelheiten vgl. § 82 Rn. 123 ff.). § 125 ÖGmbHG sieht Zwangsstrafen vor. Dabei handelt es sich aber nicht um eine Kriminalstrafe, sondern um Zwangsgelder, die mit dem Zwangsgeld nach § 79 gleichzusetzen sind.

§ 82 [Falsche Angaben]

(1) **Mit Freiheitsstrafe bis zu drei Jahren oder mit Geldstrafe wird bestraft, wer**
1. **als Gesellschafter oder als Geschäftsführer zum Zweck der Eintragung der Gesellschaft über die Übernahme der Stammeinlagen, die Leistung der Einlagen, die Verwendung eingezahlter Beträge, über Sondervorteile, Gründungsaufwand, Sacheinlagen und Sicherungen für nicht voll eingezahlte Geldeinlagen,**
2. **als Gesellschafter im Sachgründungsbericht,**
3. **als Geschäftsführer zum Zweck der Eintragung einer Erhöhung des Stammkapitals über die Zeichnung oder Einbringung des neuen Kapitals oder über Sacheinlagen,**
4. **als Geschäftsführer in der in § 57 i Abs. 1 Satz 2 vorgeschriebenen Erklärung oder**
5. **als Geschäftsführer in der nach § 8 Abs. 3 Satz 1 oder § 39 Abs. 3 Satz 1 abzugebenden Versicherung oder als Liquidator in der nach § 67 Abs. 3 Satz 1 abzugebenden Versicherung**
falsche Angaben macht.

---

[176] BGHSt. 31, 309 ff. = NJW 1983, 2272 = NStZ 1983, 416.

Falsche Angaben § 82

(2) Ebenso wird bestraft, wer
1. als Geschäftsführer zum Zweck der Herabsetzung des Stammkapitals über die Befriedigung oder Sicherstellung der Gläubiger eine unwahre Versicherung abgibt oder
2. als Geschäftsführer, Liquidator, Mitglied eines Aufsichtsrats oder ähnlichen Organs in einer öffentlichen Mitteilung die Vermögenslage der Gesellschaft unwahr darstellt oder verschleiert, wenn die Tat nicht in § 331 Nr. 1 des Handelsgesetzbuchs mit Strafe bedroht ist.

Literatur: *Baumgarte* Die Strafbarkeit von Rechtsanwälten und anderen Beratern wegen unterlassener Konkursanmeldung, wistra 1992, 41; *Brandes* Die Rechtsprechung des BGH zur GmbH, WM 1995, 641; *Bruns* Die sog. „tatsächliche" Betrachtungsweise im Strafrecht – Ihre methodische Bedeutung und ihr praktischer Anwendungsbereich, JR 1984, 133; *ders*. Zur strafrechtlichen Relevanz des gesetzesumgehenden Täterverhaltens, GA 1986, 1; *Cadus* Die faktische Betrachtungsweise, 1984; *Cobet* Fehlerhafte Rechnungslegung, 1991; *Cramer* Rechtspflicht des Aufsichtsrats zur Verhinderung unternehmensbezogener strafbarer Handlungen und Ordnungswidrigkeiten, FS Stree und Wessels, 1993, S. 563; *Dannecker* Die Verfolgungsverjährung bei Submissionsabsprachen und Aufsichtspflichtverletzungen in Betrieben und Unternehmen, NStZ 1985, 49; *Dierlamm* Der faktische Geschäftsführer im Strafrecht – ein Phantom?, NStZ 1996, 153; *Enderle* Blankettstrafgesetze: Verfassungs- und strafrechtliche Probleme von Wirtschaftsstraftatbeständen, 2000 (Diss. Freiburg 1999) *Eyermann* Untersagung der Berufsausübung durch Strafurteil und Verwaltungsakt, JuS 1964, 269; *Fuhrmann* Die Bedeutung des „faktischen Organs" in der strafrechtlichen Rechtsprechung des Bundesgerichtshofs, FS Tröndle, 1989, S. 139; *Gübel* Die Auswirkungen der faktischen Betrachtungsweise auf die strafrechtliche Haftung faktischer GmbH-Geschäftsführer, 1994; *Gustavus* Die Praxis der Registergerichte zur Versicherung des GmbH-Geschäftsführers über die Unbedenklichkeit der Mindesteinlagen, GmbHR 1988, 47; *Hartung* Der Rangrücktritt eines GmbH-Gläubigers – eine Chance für Wirtschaftskriminelle?, NJW 1995,1186; *Henze* Zur Problematik der „verdeckten (verschleierten) Sacheinlage" im Aktien- und GmbH-Recht, ZHR 154 (1990), 105; *Hildesheim* Die strafrechtliche Verantwortung des faktischen Mitgeschäftsführers in der Rechtsprechung des BGH, wistra 1993, 166; *Hilger* Neues Strafverfahrensrecht durch das OrgKG, 1. und 2. Teil, NStZ 1992, 457 und 523; *Hüffer* Das Gründungsrecht der GmbH – Grundzüge, Fortschritte und Neuerungen, JuS 1983, 161; *Jäger* Die Versicherung des Geschäftsführers nach § 8 II GmbHG zur Vorbelastung, MDR 1995, 1184; *Joerden* Grenzen der Auslegung des § 84 Abs. 1 Nr. 2 GmbHG, wistra 1990, 1; *Jürgenmeyer/Maier* Der Gründungsaufwand bei der GmbH als verdeckte Gewinnausschüttung, BB 1996, 2135; *Kaligin* Das neue GmbH-Strafrecht, NStZ 1981, 90; *ders*. Anm. zu BGHSt. 31, 118 in BB 1983, 790; *Kohlmann/Löffeler* Die strafrechtliche Verantwortlichkeit des GmbH-Geschäftsführers, 1990; *Kratzsch* Das „faktische Organ" im Gesellschaftsstrafrecht – Grund und Grenzen einer strafrechtlichen Garantenstellung, ZGR 1985, 506; *Krekeler* Die strafrechtliche Verantwortlichkeit des Notars bei der Gründung einer GmbH, AnwBl. 1993, 69; *Krey/Haubrich* Zeugenschutz, Rasterfahndung, Lauschangriff, Verdeckte Ermittler, JR 1992, 309; *Labsch* Die Strafbarkeit des GmbH-Geschäftsführers im Konkurs der GmbH, wistra 1985, 1 und 59; *Löffeler* Strafrechtliche Konsequenzen faktischer Geschäftsführung, wistra 1989, 4; *Maul* Geschäfts- und Konzernlagetäuschungen als Bilanzdelikte, DB 1989, 185; *Mayer* Die Heilung verdeckter Sacheinlagen im Recht der GmbH, MittBayNot. 1996, 164; *Montag* Die Anwendung der Strafvorschriften des GmbH-Rechts auf faktische Geschäftsführer, 1994; *Otto* Anm. zu BGH StV 1984, 461, 462; *ders*. Die sog. tatsächliche oder wirtschaftliche Betrachtungsweise – eine spezifisch strafrechtliche Auslegungsmethode?, Jura 1989, 328; *ders*. Das Strafbarkeitsrisiko berufstypischen, geschäftsmäßigen Verhaltens, JZ 2001, 436; *Peter* Die strafrechtliche Verantwortlichkeit von Kollegialorganmitgliedern der AG und der GmbH für das Nichteinschreiten bei Gründungsschwindelhandlungen anderer Kollegialorganmitglieder, 1990; *Pfeiffer* Unterlassen der Verlustanzeige und des Konkurs- und Vergleichsantrags nach § 84 GmbHG, FS Rowedder, 1994, S. 347; *Priester* Wertgleiche Deckung statt Bardepot?, ZIP 1994, 599; *Ransiek* Zur deliktischen Eigenhaftung des GmbH-Geschäftsführers aus strafrechtlicher Sicht, ZGR 1992, 203; *Reck/Hey* Die neue Qualität der Wirtschaftsstraftaten in den Neuen Bundesländern unter besonderer Beachtung der GmbH, GmbHR 1996, 658; *Richter* Der Konkurs der GmbH aus der Sicht der Strafrechtspraxis, GmbHR 1984, 113 und 137; *ders*. Zur Strafbarkeit externer „Sanierer" konkursgefährdeter Unternehmen, wistra 1984, 97; *Rieß* Neue Gesetze zur Bekämpfung der Organisierten Kriminalität, NJ 1992, 491; *Rotsch* Unternehmen, Umwelt und Strafrecht – Ätiologie einer Misere (Teil 1), wistra 1999, 321; *Rümker* Verdeckte Sacheinlage und Bankenhaftung, ZBB 1991, 176; *C. Schäfer* Zur strafrechtlichen Verantwortlichkeit des GmbH-Geschäftsführers (I und II), GmbHR 1993, 717 und 780; *H. Schäfer* Die Entwicklung der Rechtsprechung zum Konkursstrafrecht, wistra 1990, 81; *H. Schmidt* Weitere Hinweise zum Betäubungsmittelgesetz, MDR 1981, 881; *K. Schmidt* Die Strafbarkeit „faktischer Geschäftsführer" wegen Konkursverschleppung als Methoden-

§ 82

problem. Bemerkungen zum Wert der „faktischen Betrachtungsweise" im Strafrecht, FS Rebmann, 1989, S. 419; *Schüppen* Aktuelle Fragen der Konkursverschleppung durch den GmbH-Geschäftsführer, DB 1994, 197; *Schwarzburg* Einsatzbedingte Straftaten Verdeckter Ermittler, NStZ 1995, 469; *Stein* Die Normadressaten der §§ 64, 84 GmbHG und die Verantwortlichkeit von Nichtgeschäftsführern wegen Konkursverschleppung, ZHR 148 (1984), 207; *dies.* Das faktische Organ, 1984; *Steinmetz* Die verschleierte Sacheinlage im Aktienrecht aus zivil- und strafrechtlicher Sicht, 1990; *Tiedemann* Handhabung und Kritik des neuen Wirtschaftsstrafrechts – Versuch einer Zwischenbilanz, FS Dünnebier, 1982, S. 519; *ders.* Gründungs- und Sanierungsschwindel durch verschleierte Sacheinlagen, FS Lackner, 1987, S. 737; *Turner* Der Beirat als fakultatives Organ im sogenannten Ein-Kammer-System, DB 1996, 1609; *Uhlenbruck* Die GmbH-Novelle und ihre Auswirkungen auf das Insolvenzrecht, KTS 1980, 319; *Ulmer* Verdeckte Sacheinlagen im Aktien- und GmbH-Recht, ZHR 154 (1990), 128; *Volk* Zum Strafbarkeitsrisiko des Rechtsanwalts bei Rechtsrat und Vertragsgestaltung, BB 1987, 139; *Wiedemann* Beiratsverfassung in der GmbH, FS Lutter, 2000, S. 801; *Wohlschlegel* Gleichbehandlung von Sacheinlagen und Sachübernahmen im Gründungsrecht der GmbH, DB 1995, 2053. Ergänzend vgl. Schrifttum Vor §§ 82–85.

Übersicht

	Rn.		Rn.
I. Allgemeines	1–6	**VIII. Schwindel bei der Kapitalerhöhung aus Gesellschaftsmitteln (Abs. 1 Nr. 4)**	63–67
1. Normzweck	1, 2		
2. Entstehungsgeschichte	3	1. Allgemeines	63
3. Tathandlungen	4–6	2. Täter	64
II. Täterkreis	7–16	3. Tathandlung	65
1. Gesellschafter	9	4. Gegenstand der falschen Angaben	66
2. Geschäftsführer	10–14	5. Vorsatz	67
3. Liquidator	15	**IX. Abgabe unrichtiger Versicherungen (Abs. 1 Nr. 5)**	68–75
4. Mitglied des Aufsichtsrats oder eines ähnlichen Organs	16		
III. Falsche Angaben	17–24	**X. Kapitalherabsetzungsschwindel (Abs. 2 Nr. 1)**	76–82
IV. Zum Zweck der Eintragung	25–27		
V. Gründungsschwindel durch unrichtige Anmeldung (Abs. 1 Nr. 1)	28–52	**XI. Schwindel durch öffentliche Mitteilungen über die Vermögenslage (Abs. 2 Nr. 2)**	83–95
1. Übernahme der Stammeinlagen	31, 32	1. Öffentliche Mitteilungen	86, 87
2. Leistung der Einlagen	33–39	2. Unwahre Darstellung der Vermögenslage	88–90
3. Verwendung eingezahlter Beträge	40–44	3. Verschleierung der Vermögenslage	91
4. Sondervorteile	45	4. Beispiele aus der Rechtsprechung	92–95
5. Gründungsaufwand	46	**XII. Rechtswidrigkeit**	96
6. Sacheinlagen	47–51	**XIII. Innerer Tatbestand**	97–100
7. Sicherungen für nicht voll eingezahlte Geldeinlagen	52	**XIV. Tatvollendung und Tatbeendigung**	101–104
VI. Gründungsschwindel durch unrichtigen Sachgründungsbericht (Abs. 1 Nr. 2)	53, 54	**XV. Täterschaft und Tatbeteiligung**	105–114
VII. Schwindel bei der Kapitalerhöhung mit Einlagen (Abs. 1 Nr. 3)	55–62	**XVI. Konkurrenzen**	115–119
1. Zeichnung des neuen Kapitals	57	**XVII. Strafverfolgung und Rechtsfolgen**	120–122
2. Einbringung des neuen Kapitals	58–60		
3. Sacheinlagen	61, 62	**XVIII. Österreichisches Recht**	123–127

I. Allgemeines

1 **1. Normzweck.** § 82 soll mit seiner Strafdrohung sicherstellen, dass gegenüber dem Registergericht oder in öffentlichen Mitteilungen keine falschen Angaben über bestimmte, für das Vertrauen der Gesellschaftsgläubiger oder anderer dritter Personen besonders wesentlicher Umstände gemacht werden. Er dient dem Schutz gutgläubiger

Falsche Angaben **§ 82**

Dritter, die zu der Gesellschaft rechtliche und wirtschaftliche Beziehungen unterhalten oder die solche begründen wollen, vor bestimmten Täuschungen durch die im Gesetz genannten Organe der Gesellschaft. Ein solcher Schutz ist im Hinblick auf die besonderen Risiken erforderlich, die sich im Wirtschaftsleben daraus ergeben, dass die GmbH als eigene Rechtspersönlichkeit nur mit ihrem Gesellschaftsvermögen haftet. Auch soll als Verstärkung der zivilrechtlichen Schutzvorschriften die tatsächliche Aufbringung des Stammkapitals als Garantiekapital der Gesellschaft gewährleistet werden.[1] Bei den Erklärungen des Anmeldepflichtigen handelt es sich um Versicherungen, denen ein öffentliches Interesse zukommt und die in erster Linie dazu bestimmt sind, nach außen und für dritte Personen zu wirken. Die Öffentlichkeit soll durch das ihr zugängliche Handelsregister in die Lage versetzt werden, sich über die wichtigsten Verhältnisse der Gesellschaft, insbesondere über ihre finanziellen Grundlagen, zuverlässig zu unterrichten.[2] **Geschütztes Rechtsgut** ist deshalb bei diesem Tatbestand das Vertrauen der Gesellschaftsgläubiger und sonstiger interessierter dritter Personen, wie zB künftigen Gesellschaftern, in die Wahrhaftigkeit der Handelsregistereintragung und deren Grundlagen oder sonstiger öffentlicher Mitteilungen über die Vermögenslage der GmbH.[3] Ebenso wie § 399 AktG[4] verfolgt auch § 82 den Zweck, jede arglistige Täuschung der Öffentlichkeit über die wesentlichen wirtschaftlichen Grundlagen des Unternehmens zu verhindern.[5] Die einzelne GmbH wird dagegen nicht geschützt.[6]

Die Straftatbestände des § 82 sind **Schutzgesetze** iS des § 823 Abs. 2 BGB, soweit sie nicht nur Allgemeininteressen, sondern auch den Individualinteressen des von ihnen geschützten Personenkreises dienen. Diese Voraussetzung ist für künftige Gesellschafter sowie für gegenwärtige und künftige Gläubiger gegeben bei Abs. 1 Nr. 1,[7] Abs. 1 Nr. 2,[8] Abs. 1 Nr. 3,[9] Abs. 1 Nr. 4,[10] Abs. 1 Nr. 5,[11] für gegenwärtige Gläubi- 2

---

[1] RGSt. 49, 340 f.; BGHZ 105, 121, 125 = NJW 1988, 2794 = WM 1988, 1315 zu der vergleichbaren Vorschrift des § 399 AktG; *Kohlmann/Löffeler* Rn. 26.

[2] RGSt. 40, 285, 286.

[3] Ähnlich *Scholz/Tiedemann* Rn. 8; *Hachenburg/Kohlmann* Rn. 11; *Müller-Gugenberger/Schmid* § 27 Rn. 125.

[4] Vgl. hierzu BGHZ 105, 121 = NJW 1988, 2794 = WM 1988, 1315.

[5] RGSt. 38, 128, 129; 43, 323, 325; 48, 153, 159; 73, 232; BGH GA 1959, 87, 88 = GmbHR 1959, 27.

[6] *Steinmetz* S. 103 Fn. 39; *Baumbach/Hueck/Schulze-Osterloh* Rn. 9 mwN.

[7] OLG München NJW-RR 1988, 290 und 2000, 1130; *Rümker* ZBB 1991, 176, 179; *Baumbach/Hueck/Schulze-Osterloh* Rn. 9; *Lutter/Hommelhoff* Rn. 27; *Roth/Altmeppen* Rn. 3; enger – gegenwärtige und künftige Gläubiger *Hachenburg/Kohlmann* Rn. 74; weiter – auch Gesellschaft und gegenwärtige Gläubiger *Meyer-Landrut/Miller/Niehus* Rn. 2.

[8] *Baumbach/Hueck/Schulze-Osterloh* Rn. 26; *Lutter/Hommelhoff* Rn. 27; *Roth/Altmeppen* Rn. 3; enger – gegenwärtige und künftige Gläubiger *Hachenburg/Kohlmann* Rn. 80; weiter – auch Gesellschaft und gegenwärtige Gläubiger *Meyer-Landrut/Miller/Niehus* Rn. 2.

[9] BGHZ 105, 121, 123 ff. = NJW 1988, 2794 = WM 1988, 1315 zu der vergleichbaren Vorschrift des § 399 Abs. 1 Nr. 4 AktG; *Rümker* ZBB 1991, 176, 179; *Baumbach/Hueck/Schulze-Osterloh* Rn. 35; *Lutter/Hommelhoff* Rn. 27; *Roth/Altmeppen* Rn. 3; enger – gegenwärtige und künftige Gläubiger *Hachenburg/Kohlmann* Rn. 89; weiter – auch Gesellschaft und gegenwärtige Gläubiger *Meyer-Landrut/Miller/Niehus* Rn. 2.

[10] Vgl. § 57i Rn. 5; *Baumbach/Hueck/Schulze-Osterloh* Rn. 48a; *Lutter/Hommelhoff* Rn. 27; wohl auch *Scholz/Tiedemann* Rn. 119a; enger – Gesellschaftsgläubiger *Roth/Altmeppen* § 57 Rn. 7.

[11] BayObLGZ 1981, 396, 400 = GmbHR 1982, 210 zu Nr. 4 aF; vgl. ergänzend Rn. 68; aA *Baumbach/Hueck/Schulze-Osterloh* Rn. 49; *Lutter/Hommelhoff* Rn. 27; *Meyer-Landrut/Miller/Niehus* Rn. 2, 7 zu Nr. 4 aF.

§ 82 6. Abschnitt. Schlussbestimmungen

ger bei Abs. 2 Nr. 1[12] und für Gesellschafter sowie für Gläubiger und andere Geschäftspartner und auch die Arbeitnehmer der Gesellschaft bei Abs. 2 Nr. 2.[13] Eine zivilrechtliche Haftung wegen Verletzung des Schutzgesetzes wird aber nur gegeben sein, soweit der geschützte Personenkreis einen Schaden im Vertrauen auf die Richtigkeit der zum Handelsregister gemachten Angaben erlitten hat.[14] Dies setzt die Kenntnis der Geschädigten voraus, dass die in Betracht kommenden Angaben bei der Anmeldung zum Handelsregister gemacht worden sind.[15]

3 **2. Entstehungsgeschichte.** § 82 ist seit Erlass des GmbHG mehrfach ergänzt und geändert worden. Dabei handelt es sich aber nur um geringfügige Änderungen, so durch das 1. StrRG vom 25. 6. 1969 (BGBl. I S. 645) und das EGStGB vom 2. 3. 1974 (BGBl. I S. 469). Die heutige Fassung beruht im wesentlichen auf dem Gesetz zur Änderung des Gesetzes betreffend die Gesellschaften mit beschränkter Haftung und anderer handelsrechtlicher Vorschriften **(GmbH-Novelle 1980)** vom 4. 7. 1980 (BGBl. I S. 836). Hierdurch (vgl. ergänzend Einl. Rn. 6) ist § 82 der ähnlichen Vorschrift des § 399 AktG unter Berücksichtigung der andersgearteten Gesellschaftsform angeglichen worden. Hierbei sind die verschiedenen Tatbestände des alten Rechts ergänzt und umgestellt worden. Die Tatbestände des Abs. 1 Nr. 1 und 3 entsprechen im wesentlichen den Tathandlungen der früheren Nr. 1. Die Tatbestände des Abs. 1 Nr. 2 und 5 (ehemals Nr. 4) sind neu. Sie mussten geschaffen werden, um den neu eingeführten Schutzvorschriften der §§ 5 Abs. 4 und 6 Abs. 2 Strafschutz zu gewähren. In Abs. 2 sind die früheren Tatbestände der Nr. 2 und 3 geregelt. Durch das Bilanzrichtlinien-Gesetz **(BiRiLiG)** vom 19. 12. 1985 (BGBl. I S. 2355, 2398; vgl. ergänzend Einl. Rn. 32) ist der Tatbestand des Abs. 2 Nr. 2 im Hinblick auf den neu geschaffenen Tatbestand des § 331 Nr. 1 HGB (vgl. Vor §§ 82–85 Rn. 29) subsidiär ausgestaltet worden (vgl. näher Rn. 117). Insgesamt ist die Neufassung dem Gesetzgeber aber wenig gelungen, wie unten im einzelnen ausgeführt wird.[16] Durch das Gesetz zur Bereinigung des Umwandlungsrechts **(UmwBerG)** vom 28. 10. 1994 (BGBl. I S. 3210; vgl. ergänzend § 57c Rn. 6 und Anhang nach § 77 Rn. 1) ist Abs. 1 Nr. 4 mit Wirkung zum 1. 1. 1995 eingefügt worden, wodurch die bisherige Nr. 4 zur Nr. 5 wurde.

4 **3. Tathandlungen.** Die Tathandlungen des Abs. 1 setzen falsche Angaben voraus, die bei der Gründung zum Zweck der Eintragung in das Handelsregister (Abs. 1 Nr. 1), im Sachgründungsbericht (Abs. 1 Nr. 2), bei der Erhöhung des Stammkapitals (Abs. 1 Nr. 3 und 4) oder bei der Abgabe bestimmter Versicherungen gegenüber dem Registergericht (Abs. 1 Nr. 5) gemacht werden. In Abs. 2 ist Tathandlung die Abgabe unwahrer Versicherungen über die Befriedigung oder Sicherstellung der Gläubiger bei der Herabsetzung des Stammkapitals (Abs. 2 Nr. 1) und die unwahre Darstellung oder Verschleierung der Vermögenslage der Gesellschaft in einer öffentlichen Mitteilung (Abs. 2 Nr. 2). Die Tathandlungen sind demnach sogenannte Äußerungsdelikte.

---

[12] *Baumbach/Hueck/Schulze-Osterloh* Rn. 60; *Lutter/Hommelhoff* Rn. 27; *Meyer-Landrut/Miller/Niehus* Rn. 2; ohne Konkretisierung *Hachenburg/Kohlmann* Rn. 111.
[13] *Baumbach/Hueck/Schulze-Osterloh* Rn. 71; *Lutter/Hommelhoff* Rn. 27; *Meyer-Landrut/Miller/Niehus* Rn. 2; *Erbs/Kohlhaas/Schaal* HGB § 331 Rn. 1 mwN zu der Vorschrift des § 331 HGB; ohne Konkretisierung *Hachenburg/Kohlmann* Rn. 161.
[14] OLG München NJW-RR 2000, 1130.
[15] BGHZ 96, 231, 243 = NJW 1986, 837 = WM 1986, 2; BGHZ 105, 121, 126 = NJW 1988, 2794 = WM 1988, 1315; *Rümker* ZBB 1991, 176, 179; *Baumbach/Hueck/Schulze-Osterloh* Rn. 9.
[16] Ähnlich *Scholz/Tiedemann* Rn. 3.

Die Vorschrift des § 82 ist eine **blankettartige Norm,** die auf andere Vorschriften verweist oder die Begriffe verwendet, welche ihre wahre Bedeutung erst aufgrund anderer Vorschriften des GmbHG gewinnen;[17] Blankettstrafgesetze können die Beschreibung des Straftatbestandes auch durch Verweisung auf eine Ergänzung im gleichen Gesetz ersetzen.[18] Ob es sich bei § 82 um ein echtes Blankettgesetz handelt, ist aber umstritten. Teilweise wird im strafrechtlichen Schrifttum[19] die Auffassung vertreten, die Trennung von Normen und Begriffen habe im GmbHGesetz nur technische Gründe und sei ohne Bedeutung. Auf die richtige Einordnung dieses Begriffs kommt es bei § 82 insoweit nicht an, als auch nach dieser Auffassung § 82 mit seinen Grundnormen „zusammenzulesen" ist und sich die einzelnen Tatbestände somit aus einer Gesamtschau der jeweiligen blankettartigen Norm des § 82 und den einzelnen Ausfüllungsvorschriften ergeben. Die so im einzelnen gekennzeichneten Tatbestände sind auch ausreichend **gesetzlich bestimmt iS des Art. 103 Abs. 2 GG.** In ihnen werden die Tatbestandsmerkmale vom Gesetzgeber so konkret umschrieben, dass Tragweite und Anwendungsbereich des jeweiligen Straftatbestandes erkennbar sind und sich durch Auslegung ermitteln lassen.[20] Im übrigen muss beachtet werden, dass das Strafrecht nicht darauf verzichten kann, allgemeine Begriffe zu verwenden, die nicht eindeutig allgemeingültig umschrieben werden können und die im besonderen Maße der Auslegung durch den Richter bedürfen.[21] Der Gesetzgeber darf auch Generalklauseln oder unbestimmte, wertausfüllungsbedürftige Begriffe verwenden, wenn sich unter Berücksichtigung des Normzusammenhanges oder aufgrund einer gefestigten Rechtsprechung eine zuverlässige Grundlage für die Auslegung und Anwendung der Norm gewinnen lässt, so dass der einzelne die Möglichkeit hat, den durch die Strafnorm geschützten Wert sowie das Verbot bestimmter Verhaltensweisen zu erkennen und die staatliche Reaktion vorauszusehen.[22] Werden diese Grundsätze bei der Auslegung der einzelnen Tatbestände des § 82 beachtet, bestehen gegen ihre Anwendung keine verfassungsrechtlichen Bedenken,[23] zumal er sich an einen Täterkreis wendet (vgl. Rn. 7), an den vom Gesetzgeber mit Recht auch höhere Anforderungen gestellt werden können.[24]

Durch die Tathandlungen des § 82 braucht ein bestimmter Gefährdungserfolg oder ein Schaden nicht eingetreten zu sein.[25] Die Vorschrift ist danach, ebenso wie § 399 AktG, ein **abstraktes Gefährdungsdelikt,**[26] das vorbeugend den Gefahren für das Vermögen von Personen entgegenwirken will, die sich aus der Aufnahme der Geschäftsbeziehungen mit einer GmbH wegen deren beschränkter Haftung erge-

---

[17] So auch *Baumbach/Hueck/Schulze-Osterloh* Rn. 4; kritisch *Enderle* S. 82.
[18] BVerfGE 14, 245, 252 = NJW 1962, 1563; LK/*Gribbohm* § 1 Rn. 34; KK OWiG/*Rogall* Vor § 1 Rn. 16; *Enderle* S. 174; vgl. zum Begriff der Blankettnorm auch BVerfGE 37, 201, 208 = NJW 1974, 1860; BVerfGE 75, 329, 342 = NJW 1987, 3175; BGHSt. 28, 213, 215 = NJW 1979, 825.
[19] *Scholz/Tiedemann* Rn. 7 mwN; *Montag* S. 24 Fn. 63; *Peter* S. 9 ff.
[20] Zu den Anforderungen des Art. 103 Abs. 2 GG vgl. BVerfGE 47, 109, 120 = NJW 1978, 933; BVerfGE 71, 108, 114 = NJW 1986, 1671; BVerfGE 73, 206, 234 = NJW 1987, 43; BVerfGE 75, 329, 340 = NJW 1987, 3175.
[21] BVerfGE 26, 41, 42 = NJW 1969, 1759; BGHSt. 30, 285, 287 = NJW 1982, 775.
[22] BVerfGE 45, 363, 371 f. = NJW 1977, 1815; BVerfGE 48, 48, 56 ff. = NJW 1978, 1423.
[23] So auch *Baumbach/Hueck/Schulze-Osterloh* Rn. 4.
[24] Vgl. BVerfGE 48, 48, 57 = NJW 1978, 1423; BVerfGE 75, 329, 343 = NJW 1987, 3175; Schönke/Schröder/Eser § 1 Rn. 21.
[25] *Müller-Gugenberger/Schmid* § 27 Rn. 126.
[26] *Lutter/Hommelhoff* Rn. 1; *Müller-Gugenberger/Häcker* § 95 Rn. 74.

§ 82
6. Abschnitt. Schlussbestimmungen

ben.[27] Da § 82 weitgehend den entsprechenden Straftatbeständen des § 399 AktG nachgebildet worden ist, können die hierzu ergangene Rechtsprechung und die im Schrifttum vertretenen Auffassungen auch bei der Auslegung der Straftatbestände des § 82 herangezogen werden.

II. Täterkreis

7 Als **Täter** bezeichnet § 82 in den einzelnen Tatbeständen des Abs. 1 den **Gesellschafter** (Gründungs- und Sachgründungsschwindel nach Abs. 1 Nr. 1 und 2), den **Geschäftsführer** (Gründungs-, Kapitalerhöhungs-, Eignungs-, und Kapitalherabsetzungsschwindel sowie Geschäftslagetäuschung nach Abs. 1 Nr. 1, 3, 4, 5 und Abs. 2 Nr. 1, 2) und den **Liquidator** (Eignungsschwindel und Geschäftslagetäuschung nach Abs. 1 Nr. 5 und Abs. 2 Nr. 2). In den Tatbeständen des Abs. 2 wird zusätzlich auch das **Mitglied eines Aufsichtsrats oder ähnlichen Organs** (Geschäftslagetäuschung nach Abs. 2 Nr. 2) genannt. Täter können auch die **Stellvertreter** von Geschäftsführern (§ 44) oder Liquidatoren sein, soweit sie bei Anmeldungen zum Handelsregister nach § 78 Halbs. 2 mitzuwirken haben oder wenn sie vertretungsweise tätig geworden sind.[28] Letzteres wird in der Regel nur bei solchen Handlungen zutreffen, die sie in einem Zeitpunkt begehen, in dem der Geschäftsführer oder Liquidator an der Geschäftsführung verhindert ist.[29]

8 Die Tatbestände in § 82 sind **echte Sonderdelikte** mit allen sich daraus ergebenden Folgerungen für die Tatbeteiligung.[30] Mittäter oder mittelbarer Täter kann deshalb nur eine Person sein, die diese Sondereigenschaft hat. Anstifter oder Gehilfe kann dagegen jedermann sein (vgl. Rn. 107–110). Die Sondereigenschaften dieses Personenkreises begründen gleichzeitig besondere persönliche Merkmale mit der Folge, dass § 28 StGB Anwendung findet, so dass der Strafrahmen gegebenenfalls nach §§ 28 Abs. 1, 49 Abs. 1 StGB zu mildern ist.[31] Die Vertretungsregelung des § 14 StGB gewinnt dagegen keine Bedeutung.[32] Sie setzt voraus, dass die persönlichen Merkmale, welche die Strafbarkeit begründen, in der Person des Vertretenen (§ 14 Abs. 1 StGB) oder des Inhabers eines Betriebes oder Unternehmens (§ 14 Abs. 2 StGB) vorliegen. Zu diesem durch § 14 StGB begrenzten Personenkreis gehören die von § 82 angeführten Täter nicht.

9 **1. Gesellschafter.** Gesellschafter sind idR natürliche Personen, können aber auch Personengesellschaften (OHG und KG) sowie juristische Personen sein (vgl. § 2 Rn. 15). § 82 führt den Gesellschafter als Täter in den Tatbeständen des Abs. 1 Nr. 1 und 2 an. Diese Tatbestände betreffen ausschließlich die Eintragung der Gründungsvorgänge in das Handelsregister. Als Täter kommen deshalb nur die Gründungsgesellschafter in Betracht, welche die GmbH errichten und nach § 2 Abs. 1 den Gesell-

---

[27] Ähnlich *Scholz/Tiedemann* Rn. 16.
[28] BGHSt. 6, 314, 315 f. = NJW 1954, 1854.
[29] BGH BB 1958, 930 = GmbHR 1958, 179 f.
[30] BGHSt. 46, 62, 64 = NJW 2000, 2285 = wistra 2000, 307 zu Abs. 1 Nr. 1 und 3; *Scholz/Tiedemann* Rn. 18; *Lutter/Hommelhoff* Rn. 2; *Baumbach/Hueck/Schulze-Osterloh* Rn. 3; *Meyer-Landrut/Miller/Niehus* Rn. 3; *Roth/Altmeppen* Rn. 2; *Müller-Gugenberger/Häcker* § 95 Rn. 73.
[31] BGHSt. 46, 62, 64 = NJW 2000, 2285 = wistra 2000, 307; BGH, Beschl. vom 14. 8. 1991–3 StR 159/91.
[32] BGHSt. 31, 118, 122 = NJW 1983, 240 = wistra 1983, 31; BGHR GmbHG § 64 Abs. 1 Antragspflicht 3 = NStZ 2000, 34, 36 = wistra 1999, 459; *Baumbach/Hueck/Schulze-Osterloh* Rn. 3.

schaftsvertrag unterzeichnet haben. Das gilt auch für bloße Treuhänder[33] und trifft entsprechend auch auf den Gesellschafter der Einmann-GmbH zu, den § 1 idF der GmbH-Novelle 1980 nunmehr als Alleingesellschafter zuläßt (§ 2 Rn. 3). In der geltenden Fassung spricht § 82 nicht mehr von „Mitgliedern einer Gesellschaft", sondern von „Gesellschafter". Damit sollte dieses Tatbestandsmerkmal nicht begrifflich geändert, sondern lediglich an die sonstige Terminologie des Gesetzes angeglichen werden. In der Rechtsprechung und im Schrifttum ist früher die Auffassung vertreten worden, dass nach der Entstehungsgeschichte und dem Gesetzeszusammenhang ein Gesellschafter (Mitglied einer Gesellschaft) nicht Täter sein könne und dass es sich bei der Aufnahme dieses Merkmals in den Tatbestand um ein Redaktionsversehen gehandelt habe.[34] Auch bei der Neufassung des § 82 Abs. 1 Nr. 1 könnte einiges dafür sprechen, dass es bei diesem Merkmal erneut zu einem Redaktionsversehen gekommen ist. In dem Gesetzesentwurf der Bundesregierung (BT-Drucks. 8/1347, S. 55) ist ausdrücklich darauf hingewiesen worden, dass auch die Gründer der Gesellschaft Täter sein sollen, weil diese entgegen der alten Gesetzesfassung in die Anmeldepflicht des § 78 einbezogen werden sollten. Diese Regelung ist auf Empfehlung des Rechtsausschusses des Bundestages nicht übernommen worden (BT-Drucks. 8/3908, S. 77); anmeldepflichtig bleiben nach wie vor nur der Geschäftsführer und der Liquidator. Die Anmeldepflicht des § 78 kann jedoch nicht allein dafür ausschlaggebend sein, ob ein bestimmter Personenkreis Täter sein kann. Es ist sachgerecht, auch den Gründungsgesellschafter in den Täterkreis einzubeziehen, weil von ihm ein wesentlicher Teil der Grundlagen für die Eintragung in das Handelsregister geschaffen wird. Jeder Gesellschafter kann entscheidenden Einfluss auf die Registereintragungen nehmen und über einen gutgläubigen oder abhängigen (und dolosen) Geschäftsführer als Tatmittler die Tat als mittelbarer Täter durchführen.[35] Die Möglichkeit, ihn als Täter und nicht nur als Anstifter oder Gehilfen zu bestrafen, ist schon deshalb kriminalpolitisch sinnvoll, weil Geschäftsführer häufig als „Strohmänner" der hinter ihnen stehenden wirtschaftsstarken Gesellschafter nur deren Willen vollziehen. In diesen Fällen wird der Gesellschafter gerade bei einer Tat nach § 82 Abs. 1 Nr. 1 häufig nicht als faktischer Geschäftsführer (vgl. Rn. 11–13) angesehen werden können, weil er sich im Gründungsstadium der Gesellschaft in der Geschäftsführung bewusst zurückgehalten hat. Im übrigen kann nicht angenommen werden, dass dem Gesetzgeber ein in Rechtsprechung und Schrifttum breit erörtertes Redaktionsversehen ein zweites Mal unterläuft, zumal er mit dem Tatbestand des Abs. 1 Nr. 2 den Gesellschafter aus guten Gründen zum Täter eines neu eingeführten Straftatbestandes gemacht hat. Ist der Gesellschafter eine juristische Person, sind Täter die nach § 14 StGB bestimmten Personen.

2. Geschäftsführer. Geschäftsführer kann nur eine natürliche, unbeschränkt geschäftsfähige Person sein, die bestimmte Voraussetzungen erfüllen muss (§ 6 Rn. 10 ff.). Sie kann Gesellschafter der GmbH oder eine andere Person sein, die im Gesellschaftsvertrag (§ 6 Abs. 3) oder durch Mehrheitsbeschluss der Gesellschafter (§§ 45, 46 Nr. 5) bestellt worden ist (vgl. näher § 6 Rn. 23 ff.). Geschäftsführer ist auch der stellvertretende Geschäftsführer (§ 44), wenn er als Geschäftsführer tätig geworden ist (vgl. Rn. 7).

10

---

[33] BayObLG NStZ 1994, 548 = wistra 1994, 276 = WiB 1994, 643 m. Anm. *Langkeit.*
[34] RGSt. 40, 191, 192 ff.
[35] So auch BayObLG NStZ 1994, 548 = wistra 1994, 276 = WiB 1994, 643 m. Anm. *Langkeit; Scholz/Tiedemann* Rn. 35; *Hachenburg/Kohlmann* Rn. 14; *Baumbach/Hueck/Schulze-Osterloh* Rn. 20; *Meyer-Landrut/Miller/Niehus* Rn. 3; *Lutter/Hommelhoff* Rn. 3; *Roth/Altmeppen* Rn. 9; vgl. auch Rn. 106; aA *Kaligin* NStZ 1981, 90, 91.

11 Für die strafrechtliche Verantwortlichkeit des Geschäftsführers ist es ohne Bedeutung, ob er einer nicht rechtswirksam errichteten Gesellschaft angehört,[36] ob er durch einen unwirksamen Bestellungsakt zum Geschäftsführer berufen worden ist[37] oder ob er überhaupt nicht formell dazu bestellt[38] worden ist. Strafrechtlich bedeutsam ist lediglich, ob er seine Geschäftsführungstätigkeit aufgenommen und tatsächlich ausgeübt hat. Geschäftsführer ist deshalb auch, wer ohne förmlich dazu bestellt oder im Handelsregister eingetragen zu sein, im Einverständnis oder mit Duldung des für seine Bestellung zuständigen Gesellschaftsorgans die tatsächliche Stellung eines Geschäftsführers mit der diesem zukommenden Funktionen und Aufgaben einnimmt. Dieser Begriff des **faktischen Geschäftsführers** beruht auf einer langjährigen, gefestigten höchstrichterlichen Rechtsprechung für das Gesellschaftsrecht. Bereits im Jahre 1868 hat das Reichsgericht[39] entschieden, die strafrechtliche Verantwortlichkeit des Vorstandsmitglieds einer eingetragenen Genossenschaft werde nicht dadurch ausgeschlossen, dass der Bestellungsakt unwirksam gewesen sei. Auch der Bundesgerichtshof bekennt sich ausdrücklich zur Strafbarkeit des faktischen Geschäftsführers.[40] Der Begriff des faktischen Geschäftsführers wird entsprechend auch in der zivilrechtlichen Rechtsprechung des Bundesgerichtshofs verwandt[41] und ist im Schrifttum weitgehend anerkannt.[42] Wenn die Rechtsprechung über das faktische Organ nicht schon bestehen würde, müsste sie erfunden werden, um den tatsächlichen Gegebenheiten unseres Wirtschaftslebens gerecht zu werden.[43] Die Gegner einer faktischen Organstellung[44] lehnen diesen von der Rspr. entwickelten Begriff völlig ab oder wollen ihn nur für die Fälle anerkennen, in denen der Täter wegen Fehler bei dem Bestellungsakt rechtlich keine Organstellung

---

[36] RGSt. 43, 407, 410, 413 ff.
[37] RGSt. 16, 269, 271; 64, 81, 84.
[38] BGHR GmbHG § 64 Abs. 1 Antragspflicht 2 = wistra 1990, 60; BGHR GmbHG § 64 I Antragspflicht 3 = NStZ 2000, 34, 36 = wistra 1999, 459.
[39] RGSt. 16, 269 und später RGSt. 43, 407, 413; 64, 81, 84; 71, 112, 113.
[40] BGHSt. 3, 32, 37 = GmbHR 1952, 125; BGHSt. 6, 314, 315 = NJW 1954, 1854; BGHSt. 21, 101, 104 = NJW 1966, 2225; BGHSt. 28, 20, 21 = NJW 1978, 2105; BGHSt. 31, 118, 122 = NJW 1983, 240 = wistra 1983, 31; BGHSt. 34, 221, 222 = NJW 1987, 1710 = wistra 1987, 100; BGHSt. 34, 379, 382 = NJW 1988, 1397 = wistra 1987, 334; BGHSt. 46, 62 = NJW 2000, 2285 = wistra 2000, 307 zu Abs. 1 Nr. 1 und 3 = JZ 2001, 309 m. abl. Anm. *Joerden*; BGH GmbHR 1955, 61 m. Anm. *Vogel* (insoweit in BGHSt 7, 157 nicht abgedruckt); BGH bei *Herlan* GA 1971, 35 f.; bei *Holtz* MDR 1980, 453; wistra 1984, 178 = StV 1984, 461 m. abl. Anm. *Otto*; wistra 1990, 97; wistra 2001, 338.
[41] BGHZ 41, 282, 287 = NJW 1964, 1367 = DB 1964, 802; BGHZ 47, 341, 343 = NJW 1967, 1711 = WM 1967, 603; BGHZ 75, 96, 106 = NJW 1979, 1823 = WM 1979, 878; BGHZ 104, 44, 46 = NJW 1988, 1789 = WM 1988, 756.
[42] *Karsten Schmidt*, FS Rebmann, 1989, S. 419 ff.; *Fuhrmann*, FS Tröndle, 1989, S. 139 ff; *Bruns* JR 1984, 133; GA 1986, 1, 12; *Richter* GmbHR 1984, 113, 118; *H. Schäfer* wistra 1990, 81 ff.; *Hildesheim* wistra 1993, 166; *C. Schäfer* GmbHR 1993, 717, 723; *Pfeiffer*, FS Rowedder, 1994 S. 347, 351; *Gübel* S. 79 ff., 179; *Meyer-Landrut/Miller/Niehus* Rn. 3; *Erbs/Kohlhaas/Fuhrmann* AktG § 399 Anm. 4; *Erbs/Kohlhaas/Schaal* GmbHG § 82 Rn. 7; LK/*Schünemann* § 14 Rn. 23, 72; *Müller-Gugenberger/Schmid* § 30 Rn. 11 ff.; einschränkend *Kratzsch* ZGR 1985, 506, 530 ff.; *Löffeler* wistra 1989, 121; *Montag* S. 111 ff.; *Otto* StV 1984, 462; *Scholz/Tiedemann* Rn. 42; *Hachenburg/Kohlmann* Vor § 82 Rn. 20; *Kohlmann/Löffeler* Rn. 11 ff.; *Heymann/Otto* § 331 Rn. 8 ff.; SK-StGB/*Samson* 12. Lfg. § 14 Rn. 7 b.
[43] *Fuhrmann*, FS Tröndle, 1989, S. 139, 150.
[44] *Cadus* S. 146 f.; *Stein* Organ S. 70, 130 ff.; *dies*. ZHR 1984, 202, 222; *Kaligin* BB 1983, 790; *Schulze-Osterloh* EWiR § 84 GmbHG 1/88, 477; *Joerden* wistra 1990, 1, 4; *Ransiek* ZGR 1992, 203, 209; *Schüppen* DB 1994, 197, 203 f.; *Lutter/Hommelhoff* Rn. 2 und § 84 Rn. 3; *Baumbach/Hueck/Schulze-Osterloh* Rn. 77.

gewonnen hat. Sie stützen sich bei ihrer Auffassung teilweise auf verfassungsrechtliche Bedenken und übersehen dabei, dass es bei der faktischen Betrachtungsweise lediglich um einen Auslegungsgrundsatz geht, den die Rspr. bei der Auslegung dieses Tatbestandsmerkmals angewendet hat. Nur eine solche Auslegung kann den tatsächlichen Gegebenheiten gerecht werden, die bei den Organen juristischer Personen in den verschiedensten Erscheinungsformen auftreten, und kann eine wirksame Bekämpfung dieser besonders gefährlichen Wirtschaftskriminalität sicherstellen. Sie verstößt weder gegen das Analogieverbot noch gegen den Grundsatz der Tatbestimmtheit.[45] Wesentlich ist nur, dass der Täter seine Tätigkeit als Geschäftsführer mit Billigung des maßgebenden Gesellschaftsorgans tatsächlich aufgenommen und ausgeübt hat.[46] Der Bestellungsakt, der im Wege der Duldung auch stillschweigend durch das zuständige Gesellschaftsorgan vorgenommen werden kann, bedarf der Mehrheit, welche das Gesetz oder die Satzung vorschreibt (vgl. § 6 Rn. 24–27, § 46 Rn. 21, 22); Einstimmigkeit ist nur erforderlich, wenn das die Satzung verlangt.[47]

Eine Stellung als faktischer Geschäftsführer neben einem tatsächlich vorhandenen, **12** bestellten und verantwortlichen **(Mit-)Geschäftsführer** ist aber nicht schon dann zu bejahen, wenn beide gleichberechtigt sind. Denn wenn ein verantwortlicher Geschäftsführer vorhanden ist, besteht zunächst kein Anlass, eine weitere Person in diese Verantwortung miteinzubeziehen.[48] Erforderlich ist, dass der Betreffende die überragende Stellung in der Geschäftsführung hat[49] oder ihm dabei wenigstens ein Übergewicht zukommt.[50] Die nur interne Einwirkung auf den satzungsmäßigen Geschäftsführer genügt dagegen nicht, kann aber Strafbarkeit wegen Anstiftung begründen.[51]

Ob die Voraussetzungen einer faktischen Geschäftstätigkeit im Einzelfall vorliegen, **13** kann idR nur aufgrund einer **Gesamtbetrachtung** entschieden werden.[52] Es ist daher erforderlich, die tatsächliche Geschäftsführung im einzelnen aufzuklären und im Urteil darzustellen.[53] Beweisanzeichen für eine faktische Geschäftstätigkeit ist die maßgebliche Beteiligung an der Geschäftseröffnung der Gesellschaft und an der tatsächlichen Führung ihrer Geschäfte. Für eine solche Beteiligung kann sprechen, wenn der faktische Geschäftsführer bestimmenden Einfluss auf die Geschäfte der Gesellschaft nach innen und außen ausübt, schon im Gründungsstadium wie auch später Verhandlungen für die Gesellschaft führt, für sie Aufträge vergibt und Anweisungen an die Angestellten der Gesellschaft sowie an Unternehmen gibt, die Aufträge für die Gesellschaft ausführen, oder wenn ihm Verfügungsbefugnis über die Geschäftskonten zusteht.[54] Andererseits kann es gegen eine faktische Geschäftsführertätigkeit sprechen, wenn ein Rechtsan-

---

[45] BGHSt. 46, 62, 65 = NJW 2000, 2285 = wistra 2000, 307; *Fuhrmann*, FS Tröndle, 1989, S. 139, 145 ff.; *Montag* S. 65; *Otto* Jura 1989, 328, 329; LK/*Schünemann* § 14 Rn. 69; näher § 84 Rn. 8.
[46] BGHR GmbHG § 64 Abs 1 Antragspflicht 3 = NStZ 2000, 34, 36 = wistra 1999, 459.
[47] AA *Scholz/Tiedemann* Rn. 42 und § 84 Rn. 34, der stets ein einstimmiges Einverständnis fordert.
[48] Vgl. RGSt. 72, 187, 192; OLG Düsseldorf NJW 1988, 3166 f. = NStZ 1988, 368 m. Anm. *Hoyer*; BayObLG wistra 1991, 195, 197; KG GewA 1993, 198, 199; *Kohlmann/Löffeler* Rn. 19; *Hildesheim* wistra 1993, 166.
[49] BGHSt. 31, 118, 122 = NJW 1983, 240 = wistra 1983, 31; BGH wistra 1990, 97; *H. Schäfer* wistra 1990, 81, 82; *Gübel* S. 113 ff., 176; *Dierlamm* NStZ 1996, 153, 157.
[50] BGH wistra 1984, 178 = StV 1984, 461; aA *Scholz/Tiedemann* § 84 Rn. 33.
[51] BGH WM 1973, 1354, 1355; BGH, Beschl. vom 14. 8. 1991 – 3 StR 159/91.
[52] vgl. BGHZ 104, 44, 48 = NJW 1988, 1789 = WM 1988, 756.
[53] BayObLG wistra 1991, 195, 197; KG GewA 1993, 198, 199; *H. Schäfer* wistra 1990, 81, 82.
[54] Näher dazu *Fuhrmann*, FS Tröndle, 1989, S. 139, 142 ff.

§ 82   6. Abschnitt. Schlussbestimmungen

walt, der damit beauftragt wurde, die Geschäftstätigkeit der GmbH bis zum Jahresende abzuwickeln und damit die GmbH auf Zeit aufrecht erhält, gegenüber den Kunden stets in seiner Eigenschaft als Rechtsanwalt aufgetreten ist und zur Abwicklung des Zahlungsverkehrs ein Rechtsanwaltsanderkonto eingerichtet hat.[55]

14 Strafrechtlich verantwortlich ist **jeder Geschäftsführer**. Bei mehreren Geschäftsführern ist es unerheblich, ob ihnen jeweils durch eine Geschäftsverteilung ein besonderes Aufgabengebiet zugewiesen worden ist (vgl. näher Rn. 111). Eine Geschäftsverteilung kann allenfalls zu einer Verteilung des Verantwortungsgewichts, nicht aber zu einer Verlagerung der Verantwortung auf den betreffenden Geschäftsführer führen;[56] die Verantwortlichkeit bleibt in der Regel auch dann bestehen, wenn ein Mitglied durch die anderen majorisiert wird (vgl. Rn. 113). Die Geschäftsverteilung wird zumeist nur für die Frage Bedeutung haben, ob einem Geschäftsführer auch die innere Tatseite nachgewiesen werden kann.

15 3. **Liquidator.** Liquidator ist der Abwickler (Geschäftsführungs- und Vertretungsorgan) einer aufgelösten GmbH. Seine Funktion nimmt grundsätzlich der Geschäftsführer der GmbH wahr, wenn diese Aufgabe nicht durch Gesellschaftsvertrag oder Beschluss der Gesellschafter einer anderen Person übertragen worden ist (§ 66 Abs. 1). Er kann aus wichtigem Grund auch vom Registergericht bestellt werden, wenn Gesellschafter, deren Anteil mindestens 10 % des Stammkapitals ausmacht, das beantragen (§ 66 Abs. 2). Liquidator kann – anders als bei dem Geschäftsführer – eine juristische Person oder eine Gesamthandsgemeinschaft sein (§ 66 Rn. 8). In einem solchen Fall sind Täter die nach § 14 StGB (Handeln für einen anderen) bestimmten Personen. Nach § 66 Abs. 4 muss der Liquidator aber bestimmte Voraussetzungen erfüllen, die nach § 6 Abs. 2 S. 3 und 4 auch bei dem Geschäftsführer verlangt werden (vgl. § 6 Rn. 17, 18). Ebenso wie der Geschäftsführer kann auch der Liquidator die Geschäftsführungs- und Vertretungstätigkeit nur faktisch ausüben, ohne förmlich dazu bestellt worden zu sein.[57]

16 4. **Mitglied des Aufsichtsrats oder eines ähnlichen Organs.** Mitglied ist, wer aufgrund des Gesellschaftsvertrages oder einer nachträglichen Satzungsänderung durch Beschluss der Gesellschafter nach § 53 zum Mitglied des Aufsichtsrats (fakultativer Aufsichtsrat, vgl. § 52 Rn. 6, 7) oder eines ähnlichen Organs bestellt worden ist. Da bei der GmbH häufig statt eines Aufsichtsrats andere Gremien existieren, erweitert § 82 Abs. 2 Nr. 2 den Täterkreis um Mitglieder des dem Aufsichtsrat ähnlichen Organs. Dieses Merkmal ist eng auszulegen; es muss ein Organ sein, das eine Überwachungsfunktion gegenüber der Geschäftsführung hat, auch wenn diese sich nur auf Teilbereiche der Geschäftsführung bezieht. Hierzu gehören vor allem ein Beirat,[58] ein Verwaltungsrat und ein Ausschuss. Ein Betriebsrat oder ein anderes Organ, das nur die Interessen der Arbeitnehmer wahrzunehmen hat, fällt nicht darunter.[59] Auf den Aufsichtsrat oder das ihm ähnliche Organ finden weitgehend die entsprechenden Vorschriften des AktG Anwendung, soweit nicht im Gesellschaftsvertrag (oder in der abgeänderten Satzung) etwas anderes bestimmt ist (§ 52 Abs. 1). Zwingend ist allerdings die

---

[55] BGHR GmbHG § 64 Abs. 1 Antragspflicht 3 = NStZ 2000, 34, 36 = wistra 1999, 459.
[56] Vgl. BGHSt. 31, 264, 277 = NJW 1983, 2509 für Vorstandsmitglieder einer Aktiengesellschaft.
[57] BGHR GmbHG § 64 Abs. 1 Antragspflicht 3 = NStZ 2000, 34, 36 = wistra 1999, 459; BayObLG wistra 1990, 201 = GmbHR 1990, 299; ergänzend Rn. 11.
[58] OLG Brandenburg NZG 2000, 143; *Turner* DB 1996, 1609; *Wiedemann*, FS Lutter, 2000, S. 801.
[59] *Hachenburg/Kohlmann* Rn. 114; *Baumbach/Hueck/Schulze-Osterloh* Rn. 80.

Bestimmung des § 52 Abs. 2 (vgl. § 52 Rn. 21). Die Entscheidung über die Errichtung eines Aufsichtsrats oder eines ähnlichen Organs obliegt somit den Gesellschaftern der GmbH, die sie in dem Gesellschaftsvertrag oder später treffen können. Diese Dispositionsfreiheit der Gesellschafter gilt nicht bei einer GmbH, die mehr als 500 Arbeitnehmer beschäftigt und bei der die Mitbestimmungsgesetze einen Aufsichtsrat vorschreiben (obligatorischer Aufsichtsrat, vgl. § 52 Rn. 3). Bei einer solchen Gesellschaft ist nach § 77 des Betriebsverfassungsgesetzes vom 11. 10. 1952 (BGBl. I S. 681) ein Aufsichtsrat zu bilden, dem auch Arbeitnehmervertreter als Mitglieder angehören. Dieselbe Verpflichtung ergibt sich aus dem MitbestimmungsG vom 4. 5. 1976 (BGBl. I S. 1153) und dem MitbestimmungsergänzungsG vom 7. 8. 1956 (BGBl. I S. 707). Diese Gesetze gehen allerdings von einer größeren Mindestanzahl von Arbeitnehmern aus (vgl. näher § 52 Rn. 5 und ausführlich Einl. Rn. 149 ff.). Alle Mitglieder des Aufsichtsrats, auch die Aufsichtsratsmitglieder der Arbeitnehmer, unterliegen den Strafbestimmungen des GmbHG und können Täter sein. Bei allen Aufsichtsratsmitgliedern kommt es ebensowenig wie bei dem Geschäftsführer darauf an, dass die GmbH rechtswirksam besteht[60] oder dass sie selbst auf rechtswirksame Weise gewählt oder sonst bestellt worden sind. Entscheidend ist auch bei ihnen nur, ob sie ihre Funktionen mit Billigung der übrigen Gesellschaftsorgane nach außen tatsächlich ausüben.[61] Die strafrechtliche Verantwortung trifft jedes Aufsichtsratsmitglied. Das gilt auch dann, wenn der Aufsichtsrat in seiner Gesamtheit Beschlüsse fasst. Das einzelne an den Beschlüssen beteiligte Mitglied trifft nur dann kein Schuldvorwurf, wenn es jedes rechtlich zulässige Mittel ergriffen hat, um das Zustandekommen des Beschlusses zu verhindern.[62] Die Gesamtverantwortung der Aufsichtsratsmitglieder kann allerdings in ihrem Gewicht verringert sein, wenn der Aufsichtsrat entsprechend § 107 Abs. 3 AktG für bestimmte Aufgaben Ausschüsse gebildet hat (vgl. näher Rn. 114). Mitglieder dieses Ausschusses können jedoch nur Aufsichtsratsmitglieder sein (§ 52 Rn. 36), die ihrerseits die volle Verantwortung für die von dem Ausschuss getroffenen Beschlüsse trifft.

III. Falsche Angaben

Dieses Tatbestandsmerkmal enthalten alle Tathandlungen des § 82 Abs. 1. Falsche **17** Angaben sind nachprüfbare, ernstgemeinte **Aussagen** über Tatsachen, deren Inhalt mit der objektiven Wahrheit nicht übereinstimmt. Dies ist unter Berücksichtigung von Sinn und Zusammenhang der Aussage objektiv zu entscheiden.[63] Abweichende Abreden zwischen den Beteiligten, die in den Erklärungen des Täters nicht zum Ausdruck kommen, sind unbeachtlich.[64] Denn § 82 soll jeden, der mit der Gesellschaft in Geschäftsverbindung treten will, vor Täuschungen schützen und ihm die Möglichkeit geben, sich durch Einsicht in das Handelsregister und seine Unterlagen über die wirtschaftliche Lage des Unternehmens zu unterrichten.[65]

Bei diesen Aussagen handelt es sich idR um tatsächliche Behauptungen; es kön- **18** nen aber auch **Werturteile** sein, wie etwa Schätzungen, Bewertungen und Prognosen, wenn diese einen nachprüfbaren tatsächlichen Kern haben oder wenn sie in

---

[60] RGSt. 43, 407, 413, 416 für die AG.
[61] Ebenso *Scholz/Tiedemann* Rn. 48.
[62] BGHSt. 9, 203, 215, 216 = NJW 1956, 1326.
[63] Ebenso *Scholz/Tiedemann* Rn. 60; *Hachenburg/Kohlmann* Rn. 22; *Baumbach/Hueck/Schulze-Osterloh* Rn. 10.
[64] RGSt. 40, 285, 287.
[65] RGSt. 49, 340, 342.

§ 82 6. Abschnitt. Schlussbestimmungen

anderer Weise überprüft werden können.[66] Anderenfalls würden zahlreiche vom Gesetz verlangte Angaben, die zB bei der verdeckten Sacheinlage bestimmte Gründungsvorgänge nur falsch werten, von dem Gründungsschwindel nicht erfasst werden.[67]

19 Der Gesetzentwurf der Bundesregierung zur GmbH-Novelle 1980 wollte das Tatbestandsmerkmal „falsche Angaben macht" ebenso wie bei § 399 AktG durch die Begriffe „und erhebliche Umstände **verschweigt**" ergänzen (vgl. BT-Drucks. 8/1347, S. 55). Diese Ergänzung hat der Rechtsausschuss des BTags mit Recht abgelehnt (BT-Drucks. 8/3908, S. 77). Erheblich können Umstände nur sein, wenn sie im Rahmen einer Aussage verschwiegen werden, weil sie sich nach den einzelnen Tatbeständen des § 82 Abs. 1 auf ganz bestimmte Inhalte der Äußerungen des Täters beziehen müssen; sie müssen für den Inhalt der Äußerungen mindestens mitursächlich sein.[68] Diese Äußerung wird insgesamt falsch, wenn nur die Offenbarung des erheblichen Umstandes den wahren Gehalt der Angabe erkennbar macht. Diesen Schluss hat die Rspr. bei dem ähnlich lautenden Begriff der unwahren Angabe in § 4 UWG bereits gezogen.[69] Maßgeblich für die Frage, wann ein Umstand erheblich ist, ist deshalb seine Bedeutung für die Gesamtwirkung der Angabe. Dafür ist der Standpunkt der interessierten Öffentlichkeit entscheidend.[70] Wird dieser Umstand verschwiegen, so wird insgesamt eine falsche Angabe gemacht. Werden unerhebliche Angaben verschwiegen, so ist das für die Frage der Unrichtigkeit der Angabe ohne Bedeutung. Mit dem Verschweigen erheblicher Umstände macht der Täter deshalb idR konkludent eine falsche Angabe.[71]

20 Ob daneben auch falsche Angaben durch **Unterlassen** gemacht werden können, richtet sich danach, ob der Täter nach § 13 StGB eine Garantenstellung hat. Das kann zB in Betracht kommen, wenn der zunächst gutgläubige Täter erst nach der Anmeldung bemerkt, dass seine Angaben unvollständig oder sonst falsch sind. In diesem Fall ist der Täter durch sein vorangegangenes pflichtwidriges Tun bei der Antragstellung gehalten, seine unrichtigen Angaben zu berichtigen.[72]

21 Ob die Bewertung richtig oder **falsch** ist, ist eine Entscheidung, die der Tatrichter im Einzelfall nach objektiven Gesichtspunkten nach seiner Überzeugung zu treffen hat.[73] Er kann dabei berücksichtigen, dass gerade bei Werturteilen zumeist ein Ermessensspielraum besteht und dass in der Regel nur schlechthin unvertretbare Beurteilungsfehler eine Angabe unrichtig machen.[74] Das gilt jedoch bei rechtlichen Wertungen nicht, in denen sich bereits eine gefestigte Rechtsprechung herausgebildet hat. In solchen Fällen wird dem Zweifelsgrundsatz ausreichend dadurch genügt, dass der Gründungsschwindel nur vorsätzlich begangen werden und der Täter sich deshalb auf Irrtum berufen kann.

22 Ob die Angaben „**freiwillig**" gemacht worden sind, also ihre Unrichtigkeit die Zulässigkeit der Eintragung nicht berührt, ist gleichgültig (vgl. auch Rn. 27, 23). Die

---

[66] Ähnlich *Scholz/Tiedemann* Rn. 59; *Kohlmann/Löffeler* Rn. 30.
[67] *Steinmetz* S. 146; Kölner KommAktG/*Geilen* § 399 Rn. 51.
[68] Vgl. BGHSt. 30, 285, 289 = NJW 1982, 775.
[69] Vgl. *Erbs/Kohlhaas/Diemer* UWG § 4 Rn. 11 und 13 mwN.
[70] RGSt. 40, 285, 287.
[71] *Scholz/Tiedemann* Rn. 62.
[72] *Steinmetz* S. 142; *Scholz/Tiedemann* Rn. 98; *Baumbach/Hueck/Schulze-Osterloh* Rn. 25; *Kohlmann/Löffeler* Rn. 29; ähnlich *Peter* S. 24 f.; *Ransiek* ZGR 1992, 203, 218 f.
[73] Vgl. BGHSt. 30, 285, 288 = NJW 1982, 775.
[74] RGSt. 39, 222, 223; BGHZ 29, 300, 307 = NJW 1959, 934 = WM 1959, 437; *Scholz/Tiedemann* Rn. 60; *Kohlmann/Löffeler* Rn. 77.

von *Geilen*[75] zum Aktienstrafrecht vertretene Gegenmeinung übersieht, dass die „Solidität der Gründung" aus der Sicht der Allgemeinheit nicht nur von den gesetzlichen Mindestanforderungen abhängt.[76]

Maßgebender **Zeitpunkt** für die Beurteilung der Richtigkeit einer Angabe ist ihr **Eingang beim Registergericht**.[77] Wenn die Angabe zu dieser Zeit mit der Wirklichkeit nicht übereinstimmt, ist sie falsch. Wird die Anmeldung später ergänzt, müssen zwischenzeitlich eingetretene Veränderungen auch mitgeteilt werden. Denn das Registergericht muss zum Zeitpunkt seiner Entscheidung möglichst umfassend über die Gesellschaft informiert sein.[78]

23

Werden zur Aufklärung von Straftaten von erheblicher Bedeutung Beamte des Polizeidienstes als **Verdeckte Ermittler** eingesetzt,[79] so dürfen diese zu ihrer Tarnung nach § 110a Abs. 2 S. 1 StPO unter einer ihnen verliehenen, auf Dauer angelegten veränderten Identität (Legende) ermitteln. Um die Legende aufzubauen und aufrechtzuerhalten, dürfen nach § 110a Abs. 3 StPO entsprechende Urkunden, wie zB Personalausweise, hergestellt, verändert und gebraucht werden. Verdeckte Ermittler dürfen nach § 110a Abs. 2 S. 2 StPO unter ihrer Legende am Rechtsverkehr teilnehmen und können somit alle Rechtsgeschäfte und sonstigen Rechtshandlungen unter dieser Legende vornehmen und auch klagen und verklagt werden. Soll eine (Schein-) GmbH zur Eintragung in das Handelsregister angemeldet werden, so erlaubt diese Vorschrift es dem Verdeckten Ermittler, sich unter der der Legende entsprechenden veränderten Identität im Handelsregister eintragen zu lassen.[80] Gleiches gilt für nach Eintragung der GmbH erfolgende Mitteilungen zum Handelsregister bei der Erhöhung des Stammkapitals nach Abs. 1 Nr. 3, bei den in Abs. 1 Nr. 4 und 5 genannten Erklärungen und Versicherungen und bei der Herabsetzung des Stammkapitals nach Abs. 2 Nr. 1 sowie den Mitteilungen nach Abs. 2 Nr. 2. Damit entfällt insoweit jedenfalls die Rechtswidrigkeit des Vergehens nach § 82. Einen generellen Rechtfertigungsgrund für das Begehen von Straftaten bildet die Tätigkeit als Verdeckter Ermittler aber nicht.[81] Ob in Ausnahmefällen mit der Legende nicht zusammenhängende Handlungsweisen des einzelnen Polizeibeamten, wie zB Falschangaben über geleistete Einlagen oder andere einsatzbedingte Straftaten[82] nach §§ 34, 35 StGB gerechtfertigt oder entschuldigt sind, kann sich nur aus den Umständen des Einzelfalls ergeben.[83]

24

IV. Zum Zweck der Eintragung

Dieses Tatbestandsmerkmal hat für mehrere Tatbestände des § 82 Bedeutung. Ausdrücklich erwähnt wird es in den Tatbeständen des Abs. 1 Nr. 1 und 3. Abs. 2 Nr. 1 (Kapitalherabsetzungsschwindel) spricht davon, dass „zum Zweck der Herabsetzung des

25

---

[75] Kölner KommAktG/*Geilen* § 399 Rn. 63, 74.
[76] *Scholz/Tiedemann* Rn. 63.
[77] RGSt. 43, 323; BGH, Urt. vom 17. 6. 1952–1 StR 668/51 – in BGHSt. 3, 23 nicht abgedruckt; BGH, Urt. vom 14. 4. 1954 – 1 StR 565/53.
[78] BGHR AktG § 399 Angaben 1 = NStZ 1993, 442 = wistra 1993, 225; näher Rn. 42, 51 und 102.
[79] Vgl. für die Notwendigkeit solcher Ermittlungsmethoden BGHSt. 32, 115, 121 = NJW 1984, 247.
[80] *Hilger* NStZ 1992, 523f.; KK/*Nack* § 110a Rn. 10ff.; *Kleinknecht/Meyer-Goßner* § 110a Rn. 7f.
[81] *Rieß* NJ 1992, 491, 496.
[82] *Krey-Haubrich* JR 1992, 309, 315.
[83] *Schwarzburg* NStZ 1995, 469, 472; *Tröndle/Fischer* § 34 Rn. 24.

Stammkapitals ... eine unwahre Versicherung" abgegeben wird. Da mit diesem Tatbestand die alte Regelung des § 82 Nr. 2 übernommen worden ist (BT-Drucks 8/1347, S. 55), die von der Abgabe einer unwahren Versicherung sprach, „um die Eintragung einer Herabsetzung des Stammkapitals in das Handelsregister zu erwirken", ist davon auszugehen, dass die Neufassung dieses Tatbestandes nichts anderes bezweckt. Sie ist daher zu lesen: „Zum Zweck der Eintragung einer Herabsetzung des Stammkapitals ... eine unwahre Versicherung abgibt". Anders sind dagegen die Tatbestände des Abs. 1 Nr. 4 und 5 zu bewerten. Auch bei ihnen geht es zwar um die Abgabe einer Versicherung gegenüber dem Registergericht. Das Gesetz hat aber bei ihnen davon abgesehen, den Beweggrund der Tathandlung als Merkmal in den Tatbestand aufzunehmen; das Merkmal „zum Zweck der Eintragung" fehlt bei ihnen ebenso, wie bei den Tatbeständen des Abs. 1 Nr. 2 und Abs. 2 Nr. 2. Das wirkt sich mindestens auf die Anforderungen zur inneren Tatseite aus.

26 Das Merkmal „zum Zweck der Eintragung" dient dazu, die Tathandlungen des Abs. 1 Nr. 1 und 3 sowie Abs. 2 Nr. 1 auf die falschen oder unvollständigen Angaben **einzuschränken,** die zum Zweck der Eintragung der Errichtung einer GmbH oder der Erhöhung oder der Herabsetzung ihres Stammkapitals gemacht werden; zum Zweck der Fortsetzung einer wieder werbend gewordenen GmbH dagegen nicht (vgl. Rn. 29). Ob dies in rechtswirksamer Weise geschehen ist, ist für die Strafbarkeit nach § 82 bedeutungslos.[84] Zu einer Eintragung im Handelsregister, also dem erstrebten Erfolg, braucht es nicht gekommen zu sein.[85]

27 Zum Zweck der Eintragung handelt der Täter, wenn sein Tun **objektiv geeignet** ist, die Eintragung in das Handelsregister zu bewirken und wenn er **subjektiv die Absicht** hat, mit den Angaben die Eintragung zu erreichen.[86] Diese in der Rspr. zu dem Merkmal „zu Zwecken des Wettbewerbs" in § 12 UWG aF entwickelte Auslegung[87] gilt auch bei diesem Tatbestandsmerkmal. Nur die objektive Eignung der Angaben gehört zur äußeren Tatseite. Geeignet sind alle Angaben, die nach § 8 (oder §§ 57, 58) zur Anmeldung in das Handelsregister bei dem Gericht gemacht werden müssen, die also für die Eintragung von Bedeutung sind. Dazu gehören allerdings nicht nur die Angaben, die § 7 Abs. 2 und Abs. 3 (oder §§ 57, 58) vorschreiben. Auch darüber hinausgehende **freiwillige Angaben,** die aber als Grundlage für die Eintragung erheblich sein können, sind geeignet die Eintragung zu fördern und deshalb für sie wesentlich. Das ist in der Rechtsprechung anerkannt[88] und wird im Schrifttum weitgehend gebilligt.[89] So können, auch wenn die Art der Bewirkung der Stammeinlage eigentlich nicht angegeben zu werden braucht, falsche Angaben über eine Bareinzahlung der Stammeinlage gemacht werden, falls die Anmeldung mit unzutreffenden Belegen für eine Bareinzahlung der Stammeinlage verbunden ist.[90] Das Erfordernis der Geeignetheit der Angaben für die Eintragung schränkt den Begriff der Angaben ein und zeigt gleichzeitig auf, wann die betreffenden Tathandlungen vollendet sind.

---

[84] RGSt. 43, 407, 414.
[85] RGSt. 37, 25, 27.
[86] Ebenso *Scholz/Tiedemann* Rn. 56; *Meyer-Landrut/Miller/Niehus* Rn. 4.
[87] Vgl. *Erbs/Kohlhaas/Fuhrmann* UWG § 12 aF Rn. 11 mN.
[88] RGSt. 43, 323, 325; BGH bei *Herlan* GA 1953, 25; BGH NJW 1955, 678, 679 – in BGHSt. 7, 157 nicht abgedruckt; BayObLG NStZ 1994, 548, 549 = wistra 1994, 276 = WiB 1994, 643.
[89] *Scholz/Tiedemann* Rn. 56; *Kohlmann/Löffeler* Rn. 30; GroßkommAktG/*Otto* § 399 Rn. 47; wohl auch Kölner KommAktG/*Geilen* § 399 Rn. 73; enger *Baumbach/Hueck/Schulze-Osterloh* Rn. 10.
[90] BayObLG NStZ 1994, 548, 549 = wistra 1994, 276 = WiB 1994, 643.

Falsche Angaben **§ 82**

Kommen nur Angaben in Betracht, die geeignet sind, die Eintragung zu bewirken, gehört zur Vollendung der Tat, dass sie gegenüber dem Gericht und nicht gegenüber anderen Personen gemacht werden (vgl. Rn. 102).

V. Gründungsschwindel durch unrichtige Anmeldung (Abs. 1 Nr. 1)

Täter dieses Tatbestandes können Gesellschafter oder Geschäftsführer (Rn. 9 und 10–14) sein, die zum Zweck der Eintragung einer (durch Gesellschaftsvertrag) errichteten GmbH bei dem Handelsregister falsche oder unvollständige Angaben (Rn. 17–24) machen. 28

Zum Zweck der Eintragung bedeutet bei diesem Tatbestand die **erstmalige Eintragung** nach der Gründung der Gesellschaft. § 82 Abs. 1 Nr. 1 erfasst deshalb nicht die Fortsetzung einer nach § 60 aufgelösten, aber wieder werbend gewordenen GmbH.[91] 29

Eine neu gegründete GmbH ist nach § 7 Abs. 1 zur Eintragung in das Handelsregister anzumelden. Welche **Angaben** dabei zu machen sind, regelt § 8, insbesondere sein Abs. 2. Tatbestandsmäßig sind aber nicht nur die nach dieser Vorschrift vorgeschriebenen Angaben.[92] Tatbestandsmäßig sind vielmehr alle Angaben, die sich auf die im Gesetz genannten Gründungsvorgänge (vgl. Rn. 31 ff.) beziehen, gleichgültig, ob der Anmeldende zu ihrer Angabe verpflichtet ist oder sie freiwillig macht (vgl. auch Rn. 22). § 82 Abs. 1 soll nicht die Einhaltung der Formalien, sondern die inhaltliche Wahrheit der dem Registergericht gemachten Angaben schützen.[93] Auf sie soll sich jedermann verlassen können, der an den Registereintragungen interessiert ist. Sie müssen allerdings für die Eintragung erheblich sein (Rn. 27). Die GmbH-Novelle 1980 (vgl. Rn. 3) hat den Katalog dieser Vorgänge gegenüber dem früheren Recht (nur „Einzahlungen auf Stammeinlagen") erheblich erweitert und damit der durch die Rechtsprechung eingeleiteten Entwicklung Rechnung getragen (vgl. BT-Drucks. 8/1347, S. 55), welche jede Leistung auf die Stammeinlage (also auch die Leistung von Sacheinlagen) als Einzahlung angesehen[94] und auch freiwillige, über den Mindestbetrag des § 7 Abs. 2 hinausgehende, Einzahlungen dazu gerechnet hat.[95] Um lückenlos alle Angaben gegenüber dem Registergericht zu erfassen, die für dritte Personen bei der Beurteilung der wirtschaftlichen Grundlagen des Unternehmens von Bedeutung sein können, ist der Gesetzgeber dabei allerdings über das notwendige Maß der Beschreibung der in Betracht kommenden Vorgänge hinausgegangen. Die Vielzahl der als Gegenstand der Angaben angeführten Vorgänge überschneiden sich und schaffen unnötige Konkurrenzprobleme (vgl. Rn. 116 ff.). Es handelt sich dabei um folgende **Gründungsvorgänge,** denen besondere Bedeutung für die Vertrauenswürdigkeit und Leistungsfähigkeit einer neu gegründeten GmbH im Wirtschaftsleben zukommt: 30

---
[91] BGHSt. 7, 157, 159 f. = NJW 1955, 678 = GmbHR 1955, 61 m. Anm. *Vogel; Scholz/Tiedemann* Rn. 55; *Hachenburg/Kohlmann* Rn. 50; *Baumbach/Hueck/Schulze-Osterloh* Rn. 10; *Lutter/Hommelhoff* Rn. 8; zur Strafbarkeit nach anderen Vorschriften vgl. Vor §§ 82–85 Rn. 8 ff.
[92] RGSt. 43, 323, 325; 49, 340, 341; BGH GA 1953, 25; NJW 1955, 678, 679 – in BGHSt. 7, 157 nicht abgedruckt; GA 1959, 87 = GmbHR 1959, 27; BGH, Urt. vom 13. 5. 1954 – 3 StR 352/53.
[93] *Hachenburg/Kohlmann* Rn. 19.
[94] RGSt. 38, 128, 130; 43, 250, 251; 43, 323, 324; 43, 430, 431; 48, 153, 156; BGH GA 1959, 87, 88 = GmbHR 1959, 27.
[95] RGSt. 43, 323, 325; BGH bei *Herlan* GA 1953, 25.

§ 82   6. Abschnitt. Schlussbestimmungen

31   **1. Übernahme der Stammeinlagen.** Nach § 3 Abs. 1 Nr. 4 muss in dem Gesellschaftsvertrag festgelegt sein, welche Stammeinlage jeder Gesellschafter zu übernehmen hat. Stammeinlage ist der von jedem Gesellschafter zu leistende Beitrag zum Stammkapital[96] oder der Betrag, mit dem sich der Gesellschafter an der Gründung beteiligt (§ 5 Rn. 11). Die Stammeinlage muss mindestens 100 Euro betragen (§ 5 Abs. 1) und kann für jeden Gesellschafter verschieden bestimmt sein (§ 5 Abs. 3). Bei der Anmeldung der GmbH zum Handelsregister muss eine Liste der Gesellschafter mit deren Personalien eingereicht und der Betrag angegeben werden, der von jedem Gesellschafter als Stammeinlage übernommen worden ist (§ 8 Abs. 1 Nr. 3). Werden dabei falsche oder unvollständige Angaben gemacht, erfüllen diese den Tatbestand des § 82 Abs. 1 Nr. 1.

32   **Falsch** ist **beispielsweise** eine Angabe, in der die auf einen bestimmten Gesellschafter entfallende Einlage nicht richtig angeführt oder wenn in ihr ein an der GmbH mit einer Einlage beteiligter Gesellschafter verschwiegen wird. Ferner, wenn über die Art der Einlage (Bar oder Sachleistung) oder über die Rechtswirksamkeit des Beitritts eines Gesellschafters unrichtige Angaben gemacht werden. Falsch oder unvollständig können auch die Angaben zu den Personalien der Gesellschafter sein.[97] Auch diese Angaben sind für die Eintragung bedeutsam. Denn es kann für Geschäftspartner der neu gegründeten GmbH wirtschaftlich interessant sein, wer bestimmte Stammeinlagen übernommen hat. Das ist insbesondere von Bedeutung, wenn erst ein Viertel der Stammeinlage eingezahlt ist (§ 7 Abs. 2) und sonst nur eine Verpflichtung der Gründungsgesellschafter zur Einzahlung besteht. Wer mit einer GmbH in Geschäftsverbindung treten will, soll zu seiner Sicherung die Möglichkeit haben, sich durch Einsicht des Handelsregisters und seiner Unterlagen (zuverlässig) über die wirtschaftliche Lage der Gesellschaft zu unterrichten.[98] Bei einer Treuhand- oder Strohmanngründung ist das Verschweigen des Hintermannes keine falsche Angabe.[99]

33   **2. Leistung der Einlagen.** Eine Anmeldung der Gesellschaft beim Handelsregister darf nach § 7 Abs. 2 und 3 erst erfolgen, wenn bestimmte Beträge auf die Stammeinlage eingezahlt und die Sacheinlagen so bewirkt sind, dass sie zur freien Verfügung des Geschäftsführers stehen. Bei der Anmeldung muss der Geschäftsführer versichern, dass die in § 7 Abs. 2 und 3 bezeichneten Leistungen auf die Stammeinlagen bewirkt sind und dass der Gegenstand der Leistung sich endgültig in der freien Verfügung des Geschäftsführers befindet (§ 8 Abs. 2). Versicherung heißt hier nicht mehr als Erklärung oder das Machen von Angaben, also jede Aussage, die eine „Leistung der Einlagen" zum Gegenstand hat (vgl. § 8 Rn. 15 ff.).

34   Leistung der Einlage ist ein **Oberbegriff**.[100] Er umfasst – weiter als in § 399 Abs. 1 Nr. 1 AktG – jegliche Leistungen, die der einzelne Gesellschafter auf die von ihm übernommene Stammeinlage bewirkt, d.h. in das Vermögen der Gesellschaft tatsächlich überführt hat. Mit ihm soll die Leistung der Einlagen „gleich welcher Art" erfasst werden (BT-Drucks. 8/1347, S. 55). Darunter fallen die Einzahlungen von Geldbeträgen (in bar, durch Überweisung auf ein Konto der Gesellschaft, oder durch Hingabe eines Schecks – vgl. § 7 Rn. 22–26), die Abtretung von Forderungen oder Rechten, die Übereignung von Grundstücken oder anderen Sachwerten sowie jede andere Art einer Leistung, die zur Erfüllung der dem Gesellschafter aufgrund des Gesellschaftsver-

---

[96] *Scholz/Emmerich* § 3 Rn. 28.
[97] Vgl. § 3 Rn. 20; ebenso *Scholz/Tiedemann* Rn. 66; zu falschen Angaben bei dem Einsatz von Verdeckten Ermittlern vgl. Rn. 24.
[98] RGSt. 49, 340, 342.
[99] *Scholz/Tiedemann* Rn. 66, 96; *Kohlmann/Löffeler* Rn. 33.
[100] Ähnlich *Scholz/Tiedemann* Rn. 68.

Falsche Angaben **§ 82**

trages gegenüber der GmbH obliegenden Verpflichtung gehört, seine Einlage zu erbringen und die jederzeit mit Sicherheit ohne Wertverlust in Geld umgesetzt werden kann.[101] Sie muss dem Empfänger damit in vergleichbarer Weise die freie Verfügung über die geleisteten Beträge ermöglichen (vgl. § 7 Rn. 35–37).

Unter diesen Begriff fallen auch die Angaben, wie die Leistungen zur Erfüllung dieser Verpflichtung bewirkt worden sind, also die **Art und Weise,** wie die Leistung der Einlagen erbracht worden sind und ob sie endgültig zur freien Verfügung des Geschäftsführers stehen. Dazu gehören deshalb auch die Angaben über die Verwendung der eingezahlten Beträge, über Gründungsaufwand und über Sacheinlagen. Das bedeutet, dass zahlreiche der in Abs. 1 Nr. 1 angeführten übrigen Gründungsvorgänge von dem weit gefassten Begriff der „Leistung der Einlagen" umfasst werden, so dass ihre gesonderte Anführung an sich überflüssig ist. Sie sind deshalb mehr als Beispiele für die Art der zu erbringenden Leistungen auf die Einlagen zu verstehen. Sie haben nur eigenständige Bedeutung, wenn unter sie Angaben fallen, die von dem Begriff „Leistung der Einlagen" nicht erfasst werden. Eine jede andere Art der Leistung ausschließende Regelung stellen sie nicht dar. 35

Maßgebend dafür, ob die Angabe falsch ist, ist der **Zeitpunkt** des Einganges der Erklärung beim Registergericht (näher Rn. 23, 102). 36

Die Angaben über die Leistung der Einlagen sind **falsch oder unvollständig,** wenn Einzahlung behauptet wird, obwohl sie nicht, nicht in dem angegebenen Umfang,[102] in der angegebenen Zeit oder in der angegebenen Art stattgefunden hat. Die Einlage muss von dem Gesellschafter effektiv aufgebracht worden sein.[103] Wie das zu geschehen hat, legt § 19 fest. 37

Nach der **Rechtsprechung** steht nicht jeder Wechsel oder Scheck einer Bareinzahlung gleich.[104] Falsch ist zB die Bezeichnung einer Einzahlung als Barzahlung, obwohl aufgerechnet worden ist.[105] Keine Einzahlung liegt ferner vor, wenn eine Bank zugunsten der GmbH oder eines Gesellschafters lediglich einen Kredit gewährt,[106] wenn mündlich der Anspruch gegenüber einer Sparkasse abgetreten wird[107] oder wenn die Stammeinlage durch die Einbringung von Waren oder zweifelhaften Auseinandersetzungsguthaben erbracht worden ist;[108] wenn insgesamt das im Antrag genannte Stammkapital aufgebracht, einzelne Stammeinlagen jedoch nicht eingezahlt worden sind[109] oder wenn bei einer Bareinlage der Geschäftsführer einer Einmann-GmbH das Geld bewusst in seinem privaten Bereich belässt, um damit sonstige Geschäfte zu tätigen.[110] Wird die Leistung der Einlage im Wege des unbaren Zahlungsverkehrs erbracht, so muss die Gutschrift auf einem Konto der Gesellschaft oder auf einem Konto des Geschäftsführers vorgenommen werden, das ausdrücklich seine Organeigenschaft ausweist.[111] Unrichtig ist auch die Behauptung der Einzahlung, wenn sofortige Rückgabe des Einzahlungsbetrages nach Anmeldung vereinbart worden ist, es sich also nur 38

---

[101] RGSt. 32, 82, 84; 36, 185 f.; *Scholz/Tiedemann* Rn. 70.
[102] BGHSt. 46, 62, 63 = NJW 2000, 2285 = wistra 2000, 307.
[103] *Scholz/Tiedemann* Rn. 69.
[104] RGSt. 36, 185, 187.
[105] RGSt. 53, 149; RGZ 94, 61, 62.
[106] RG LZ 1914, 950, 951; BGH, Urt. vom 17. 6. 1952 – 1 StR 668/51.
[107] RG JW 1931, 2991.
[108] BGH, Urt. vom 13. 5. 1954 – 3 StR 352/53.
[109] RGSt. 26, 66, 67; 33, 252, 254.
[110] BayObLG wistra 1994, 239 = DB 1994, 524 OLG Hamburg NZI 2002, 53.
[111] BayObLGSt. 1987, 7 = NJW-RR 1987, 675 = wistra 1987, 191; kritisch *Roth/Altmeppen* Rn. 6.

um Vorzeigegeld[112] oder sonst um Scheinzahlungen[113] gehandelt hat. So wird bei einer innerhalb weniger Tage erfolgenden Hin- und Herüberweisung des Einlagebetrags die Einlageschuld regelmäßig nicht getilgt, weil nicht davon ausgegangen werden kann, dass der Einlagebetrag endgültig zur freien Verfügung des Geschäftsführers gestanden habe.[114] Falsch ist auch die Angabe, eine Bareinlage gemacht zu haben, wenn in Wahrheit eine verdeckte (oder verschleierte) Sacheinlage geleistet worden ist (vgl. Rn. 43 f.). In diesen Fällen stehen die eingezahlten Beträge nicht zur freien Verfügung des Geschäftsführers. Daran fehlt es auch, wenn die Leistung aus einem Kredit der GmbH an den Gesellschafter stammt[115] oder aus einem von der Gesellschaft bei einem Dritten aufgenommenen Kredit bewirkt wird.[116] Ferner wenn der Anmeldende eine Einzahlung behauptet, obwohl die Einlage an einen Dritten gezahlt worden ist.[117] Falsch kann die Angabe auch sein, wenn der Geldbetrag zwar auf die Stammeinlage eingezahlt worden ist, er aber zZ der Anmeldung anderweitig verbraucht worden ist (vgl. Rn. 40, 41 und 46). Zum Begriff der Einzahlung vgl. ferner § 7 Rn. 22–26. Keine Einzahlung liegt schließlich vor, wenn nur eine Sacheinlage geleistet wird und der Gesellschaftsvertrag nach § 5 Abs. 4 keine entsprechende Vereinbarung enthält (§ 19 Abs. 5).

39 Wird die Stammeinlage nicht durch Einzahlung, sondern in Form von **Sacheinlagen** (vgl. Rn. 47) geleistet, müssen die sich darauf beziehenden Angaben ebenfalls richtig und vollständig sein. Angaben hierzu fallen an sich auch unter den Begriff Leistung der Einlagen (s. Rn. 33). Da der Tatbestand des § 82 Abs. 1 Nr. 1 die sich darauf beziehenden Tathandlungen jedoch gesondert anführt, werden die damit zusammenhängenden Fragen dort behandelt. Zur verdeckten (oder verschleierten) Sacheinlage vgl. Rn. 44.

40 **3. Verwendung eingezahlter Beträge.** § 8 verlangt anders als § 37 Abs. 1 AktG bei der Anmeldung der Gesellschaft keine Angaben über die Verwendung eingezahlter Beträge. Die Aufnahme dieser Tatbestandsalternative beruht offenbar auf einem Versehen des Gesetzgebers.[118] In dem Regierungsentwurf zu der GmbH-Novelle 1980 war in § 7a Abs. 3 eine Vorschrift vorgesehen, die der entsprechenden Bestimmung des § 36 Abs. 2 AktG nachgebildet war. Sie sah vor, dass der eingezahlte Betrag, soweit er nicht bereits zur Bezahlung der bei der Gründung angefallenen Steuern und Gebühren verwandt worden ist, bei der Anmeldung endgültig zur freien Verfügung der Geschäftsführer stehen muss. Bei der Anmeldung der Gesellschaft sollte dies nach § 8 Abs. 2 des Entwurfs nachzuweisen sein (BT-Drucks. 8/1347). Diese Regelung hat der Rechtsausschuss des Bundestages nicht übernommen (BT-Drucks. 8/3908, S. 9, 71) und dabei ersichtlich übersehen, dass § 82 Abs. 1 Nr. 1 Gründungsvorgänge enthält, die sich auf die im Regierungsentwurf enthaltenen besonderen Regelungen bei der

---

[112] RGSt. 24, 286, 289; 30, 300, 314; RGZ 157, 213, 225; BGHZ 15, 66, 69 = NJW 1954, 1844 = WM 1955, 71; BGHR GmbHG § 57 Abs 2 Stammkapital 1 = NStZ 1996, 238, 239 = StV 1996, 267; BGH wistra 2001, 338.
[113] RG JW 1915, 356; 1927, 1698; 1938, 3297, 3299; BGHZ 28, 314, 317 = NJW 1959, 383 = WM 1959, 114; BGHZ 113, 335, 347 = NJW 1991, 1754 = WM 1991, 671; BGH bei *Herlan* GA 1961, 356; WM 1975, 177, 178; OLG Koblenz BB 1989, 451.
[114] BGH GmbHR 2001, 1114.
[115] RGZ 98, 276, 277.
[116] BGHZ 28, 77, 78 = NJW 1958, 1351 = WM 1958, 936; *Steinmetz* S. 28.
[117] RGZ 144, 138, 151; BGH NJW 1986, 989; OLG Hamburg GmbHR 1982, 157, 158; kritisch *Roth/Altmeppen* Rn. 6.
[118] Ähnlich *Scholz/Tiedemann* Rn. 77.

Falsche Angaben **§ 82**

Anmeldung bezogen. Dieses Redaktionsversehen macht diese Tatbestandsalternative, die ohnehin nur ein Beispiel für den Oberbegriff der „Leistung der Einlagen" ist (vgl. Rn. 33), nicht völlig überflüssig. Sie beschreibt eine Tathandlung, die in der Praxis vorkommen kann.

Nach § 8 Abs. 2 muss sich der Gegenstand der Leistung, also auch eingezahlte Beträge und nicht nur Sacheinlagen, die § 7 Abs. 2 ausdrücklich anführt, **endgültig in der freien Verfügung des Geschäftsführers** befinden. Er muss zum Zeitpunkt der Anmeldung zum Handelsregister über diese Beträge wie bei einer Barzahlung verfügen können.[119] Er muss mithin in die Lage versetzt werden, diese Beträge ohne weiteres für die wirtschaftlichen Zwecke der Gesellschaft einzusetzen; bei der Verwendung dieser Beträge darf er nicht beschränkt sein. Eine entsprechende Versicherung muss der Geschäftsführer bei der Anmeldung abgeben. In diesem Zusammenhang können auch Angaben über die Verwendung bereits eingezahlter Beträge notwendig werden. Etwa, wenn Steuern und Gebühren bei der Gründung der Gesellschaft oder sonst Kosten entstanden sind, die vor der Anmeldung beglichen worden sind.[120] Dazu zählen auch Verpflichtungen, welche die Geschäftsführer der Vorgesellschaft mit Zustimmung der Gesellschafter eingegangen sind;[121] allerdings nicht, wenn diese nur der verschleierten (verdeckten) Sacheinlage dienen.[122] Die Angaben hierüber müssen wahr sein und dürfen erhebliche Umstände nicht verschweigen. Zwar dürfen nach neuerer Rechtsprechung die eingezahlten Gelder schon vor der Anmeldung verausgabt werden, die nach § 8 zu machenden Angaben sind aber falsch, wenn verschwiegen wird, dass erhebliche Beträge anderweitig zu Gesellschaftszwecken verwandt worden und die Einlagen deshalb entwertet oder vermindert sind und somit auch wertmäßig nicht mehr uneingeschränkt zur freien Verfügung stehen.[123] **41**

Wird eine zunächst unvollständige **Anmeldung** einer GmbH später **ergänzt**, so liegt erst zu diesem Zeitpunkt eine wirksame, eintragungsfähige Anmeldung vor. Ist bei der Ergänzung die Erklärung nach § 8 Abs. 2 nicht ohnehin wiederholt worden, müssen daher auch Angaben über die inzwischen eingetretene Verwendung eingezahlter Beträge gemacht werden.[124] § 82 Abs. 1 Nr. 1 will mit allen seinen Tatformen sicherstellen, dass das der Gesellschaft zugesagte Stammkapital am Eintragungsstichtag tatsächlich seinem Werte nach effektiv zur Verfügung steht. Dem Registergericht muss bei der Anmeldung die wahre wirtschaftliche Lage der Gesellschaft dargetan werden. **42**

In der neueren zivilrechtlichen Rechtsprechung werden solche Verwendungsbeschränkungen teilweise nicht mehr als Verstoß gegen die freie Verfügbarkeit, sondern unter dem Gesichtspunkt der **verdeckten** (verschleierten) **Sacheinlage** behandelt.[125] **43**

---

[119] *Hüffer* JuS 1983, 161, 164; vgl. Rn. 33, 37 ff.
[120] Vgl. Rn. 46; *Hachenburg/Ulmer* § 5 Rn. 183; *Baumbach/Hueck/Schulze-Osterloh* Rn. 13.
[121] *Hachenburg/Kohlmann* Rn. 41; einschränkend *Scholz/Tiedemann* Rn. 78; *Baumbach/Hueck/ Schulze-Osterloh* Rn. 13.
[122] Vgl. OLG Hamburg BB 1988, 504.
[123] BGHZ 113, 335, 348 = NJW 1991, 1754 = WM 1991, 671; BGHZ 119, 177, 186 ff. = NJW 1992, 3300 = WM 1992, 1775; *C. Schäfer* GmbHR 1993, 717, 727 f.; vgl. ergänzend § 8 Rn. 20.
[124] BGHR AktG § 399 Angaben 1 = NStZ 1993, 442 = wistra 1993, 225; KG OLGZ 1972, 151 = NJW 1972, 951; *Jäger* MDR 1995, 1184, 1185; Rn. 18.
[125] BGHZ 110, 47, 52 ff. = NJW 1990, 982 = WM 1990, 222; BGHZ 113, 335, 341, 346 ff. = NJW 1991, 1754 = WM 1991, 671; BGHZ 118, 83, 93 ff. = NJW 1992, 2222 = NJW-RR 1992, 1315; BGHZ 125, 141, 150 f. = NJW 1994, 1477 = ZIP 1994, 701; BGHZ 135, 381 = NJW 1997, 2516 = JZ 1998, 199; BGH WiB 1996, 479 m. Anm. *Mannheim*; OLG Köln NJW-RR 1995, 552 m. Anm. *Schwennicke* WiB 1995, 591.

§ 82

Die Rspr. folgt damit einer Lehre,[126] die besagt, dass bei einer Umgehung der für die Sacheinlage bestehenden Schutzvorschriften die Geldleistungspflicht fortbesteht.

44 Im Strafrecht ist die Übernahme dieser Lehre im Hinblick auf das Analogieverbot des Art. 103 Abs. 2 GG auf Bedenken gestoßen.[127] Das LG Koblenz[128] hat in einem solchen Fall die Anwendung des vergleichbaren § 399 Abs. 1 Nr. 4 AktG darüber hinaus auch wegen fehlender Tatbestimmtheit abgelehnt. Diese Bedenken sind ungerechtfertigt. Nach der hier vertretenen Begriffsbestimmung der freien Verfügbarkeit fallen alle bisher von der Rechtsprechung unter dem Gesichtspunkt der verdeckten Sacheinlage behandelten Fälle unter diesen Begriff. Bei ihm handelt es sich um einen allgemeinen Begriff, der der Auslegung durch den Richter bedarf. Er ist jedoch durch eine gefestigte Rechtsprechung seit langem soweit ausgedeutet worden, dass jeder Betroffene in der Lage ist, sich darüber zu unterrichten, was im Rahmen des § 82 unter einer verbotenen und mit Strafe bedrohten unwahren Angabe über die Leistung der Einlagen und die Verwendung eingezahlter Beträge zu verstehen ist. Überdies hat *Tiedemann*[129] mit Recht darauf hingewiesen, dass in den meisten Fällen einer verdeckten Sacheinlage ein wirtschaftlich einheitlicher Vorgang (Barzahlung und Kauf oder Tilgung einer Forderung) zur Vermeidung einer ordnungsgemäß dokumentierten Sacheinlage lediglich künstlich in zwei getrennte rechtliche Vorgänge aufgespalten wird und dass die Angaben über Einzahlung, Leistung oder Eintragung des Kapitals iS einer effektiven Kapitalaufbringung nur wirtschaftlich-faktisch zu verstehen sind. *Steinmetz*[130] geht deshalb zutreffend davon aus, dass bei der gebotenen wirtschaftlichen Betrachtungsweise im wesentlichen alle Fälle der verdeckten Sacheinlage falsche Angaben über die in Wahrheit nicht eingebrachte Bareinlage enthalten. Wirtschaftlich betrachtet sind Bareinlagen, bei denen vor der Anmeldung bestimmte Abreden über deren Verwendung getroffen werden, die zu einem Abfließen des Kapitals führen, keine Bareinlagen, sondern Sacheinlagen, die nur bei Einhalten der vom Gesetz vorgeschriebenen Schutzvorschriften eingebracht werden dürfen. Die wirtschaftliche oder faktische Betrachtungsweise wird in der strafrechtlichen Rechtsprechung schon seit langem für die Auslegung der Tatbestände des Wirtschaftsstrafrechts herangezogen, um den Missbrauch rechtlicher Gestaltungsmöglichkeiten zu unterbinden.[131] Im Steuerrecht ist sie in § 42 AO gesetzlich festgeschrieben worden und wird auch im Steuerstrafrecht angewendet.[132] Es besteht deshalb kein Anlass, auf sie bei der Auslegung des Tatbestandes des § 82 zu verzichten, zumal mit ihr dem Normzweck des Gründungsschwindels (vgl. Rn. 1) auch in den Fällen wirksam Rechnung getragen werden kann, in denen es das Zivilrecht für geboten hält, die Lehre von der verdeckten Sacheinlage anzuwenden. Die Geschäftsführer einer GmbH bei Vorliegen einer verdeckten Sacheinlage vor der

---

[126] §§ 5 Rn. 48 ff., 19 Rn. 110 ff. und 56 Rn. 4; *Henze* ZHR 154 (1990), 105 ff.; *Ulmer* ZHR 154 (1990), 128 ff. jeweils mwN.
[127] Vgl. *Steinmetz* S. 106 ff. zu § 399 AktG mwN; *Roth/Altmeppen* Rn. 8.
[128] ZIP 1991, 1284, 1287 ff. m. Anm. *Schöne* EWiR § 399 AktG 1/91, 749.
[129] FS Lackner, 1987, S. 737, 740, 751; zust. *C. Schäfer* GmbHR 1993, 717, 725 ff.
[130] S. 128 ff.
[131] Vgl. BGHSt. 11, 102, 103 = NJW 1958, 310; BGHSt. 20, 333, 338 = NJW 1966, 460; BGHSt. 46, 62, 65 = NJW 2000, 2285 = wistra 2000, 307; BGHR StGB § 264 Abs. 1 subventionserhebliche Tatsache 2 = wistra 1992, 257 = StV 1992, 462; BGH bei *Holtz* MDR 1982, 624 = wistra 1982, 148; *Bruns* JR 1984, 133; GA 1986, 1, 12, 31; *Fuhrmann*, FS Tröndle, 1989, S. 139, 148; *Steinmetz* S. 128 f.; *Schönke/Schröder/Eser* § 1 Rn. 56; LK/*Gribbohm* § 1 Rn. 86; *Lackner/Kühl* § 1 Rn. 7; kritisch *Enderle* S. 160 f.; aA *Cadus* S. 98 f.
[132] BGH NStZ 1982, 206; BGHR AO § 40 Schätzung 1 und § 42 Basisgesellschaft 1, 2; BFH wistra 1983, 202.

Falsche Angaben **§ 82**

Strafbarkeit nach § 82 Abs. 1 Nr. 1 oder 3 zu bewahren, ist nicht geboten.[133] Soweit zivilrechtlich eine Heilung der verdeckten Sacheinlage auch nach Eintragung im Handelsregister dadurch bewirkt werden kann, dass die fehlgeschlagene Bareinlage in eine Sacheinlage umgewandelt wird,[134] ist dies strafrechtlich nicht ohne weiteres von Belang. Da mit dem Eingang der Anmeldung beim Registergericht die falschen Angaben bereits gemacht worden sind (vgl. Rn. 102), kann Strafbarkeit wohl nur beim Vorliegen eines Tatbestandsirrtums (vgl. hierzu Rn. 99) entfallen.

4. Sondervorteile. Sondervorteile sind besondere Vorteile, die einem einzelnen 45 Gesellschafter von der GmbH eingeräumt werden. Es kann dabei um vermögensrechtliche oder andere Vorteile gehen, die idR nicht mit den Leistungen der Einlagen im Zusammenhang stehen, weil es sich dabei zumeist um sogenannte Gründervorteile handelt. So etwa Lizenzrechte,[135] Warenbezugsrechte, Wiederkaufsrecht an einer eingebrachten Sache, ständige Inkassoabgabe,[136] das Recht auf Geschäftsführung[137] sowie das Recht, allein in einer Heilanstalt tätig zu sein.[138] Sie können auch nicht-vermögensrechtlicher Art sein, zB ein besonderes Stimmrecht oder ein Weisungsrecht gegenüber der Geschäftsleitung.[139] Diese Vorteile müssen im Gesellschaftsvertrag unter Bezeichnung des Berechtigten festgesetzt werden. Der Regierungsentwurf zur GmbH-Novelle 1980[140] wollte diesen Grundsatz in Anlehnung an die entsprechende Regelung des § 26 Abs. 1 AktG auch im GmbHG gesetzlich festlegen.[141] Der Rechtsausschuss des BTags hat eine solche gesetzliche Regelung jedoch für entbehrlich angesehen, weil dieser Grundsatz als ungeschriebenes geltendes Recht angesehen werden könne.[142] In der Tat ist es in Rechtsprechung und Schrifttum anerkannt, dass solche Sonderrechte der Gesellschafter gegen die Gesellschaft nur wirksam sind, wenn sie in den Gesellschaftsvertrag aufgenommen werden; andernfalls sind sie nichtig.[143] Ob darunter auch faktische Sondervorteile fallen, also Vorteile, die nicht rechtswirksam vereinbart worden sind, sich aber wirtschaftlich auswirken,[144] ist zweifelhaft. Da der Gesellschaftsvertrag dem Registergericht vorgelegt werden muss (§ 8 Abs. 1 Nr. 1), sind die in ihm enthaltenen Erklärungen Bestandteile der Angaben, die dem Gericht gemacht werden. Sind sie falsch oder unvollständig (vgl. Rn. 17 ff.), handelt der Täter tatbestandsmäßig.

5. Gründungsaufwand. Hierunter ist der Gesamtaufwand zu verstehen, der zu 46 Lasten der Gesellschaft an Gründer oder andere Personen als Ersatz von Aufwendungen im Zusammenhang mit der Gründung oder als sog. Gründerlohn als Belohnung für die Gründung oder ihre Vorbereitung gewährt wird. In Betracht kommen vor allem Notar- und Gerichtskosten für die Anmeldung und Eintragung der Gesellschaft

---

[133] *Hachenburg/Ulmer* § 7 Rn. 52.
[134] BGHZ 132, 141 = NJW 1996, 1473 = JZ 1996, 908 m. zust. Anm. *Lutter*.
[135] RGZ 113, 241, 244.
[136] RG DR 1943, 1230.
[137] § 3 Rn. 50.
[138] RGZ 165, 129, 134.
[139] *Scholz/Tiedemann* Rn. 80.
[140] BT-Drucks. 8/1347.
[141] § 5a Abs. 1 des Entwurfs.
[142] BT-Drucks. 8/3908, S. 70.
[143] RGZ 113, 241, 244f.; 125, 323, 335; 165, 129, 131; RG JW 1930, 3735, 3736; BGH GmbHR 1982, 129; § 3 Rn. 50; *Hachenburg/Ulmer* § 3 Rn. 115; *Scholz/Emmerich* § 3 Rn. 60.
[144] *Scholz/Tiedemann* Rn. 80; *Baumbach/Hueck/Schulze-Osterloh* Rn. 14; *Kohlmann/Löffeler* Rn. 38.

§ 82 6. Abschnitt. Schlussbestimmungen

sowie die anfallende Gesellschaftssteuer. Dieser Aufwand kann der Gesellschaft nur dann überbürdet werden, wenn er in der Satzung gesondert festgesetzt ist, wobei die Angabe des Gesamtbetrages genügt.[145] Anderenfalls sind die Gründer gegenüber der GmbH erstattungspflichtig. Das ergibt sich nach inzwischen hM aus einer analogen Anwendung des § 26 Abs. 2 AktG, der im Interesse des Gläubigerschutzes in der Satzung die Offenbarung verlangt, wie weit das Grundkapital durch Gründungsaufwand vorbelastet ist.[146] Das Nichterwähnen des Gründungsaufwands ist falsch, wenn er sich zZ der Anmeldung mindernd auf das Stammkapital der Gesellschaft ausgewirkt hat und nicht in der Satzung festgesetzt war.[147] Zum gleichen Ergebnis führt die Erwägung, dass der Geschäftsführer über die eingebrachten Einlagen nur frei verfügen kann, wenn er sie ohne weiteres für die „wirtschaftlichen" Zwecke der Gesellschaft einsetzen kann (zum Begriff der freien Verfügbarkeit vgl. Rn. 40ff.). Das ist nicht der Fall, wenn die Einlagen bereits anderweitig verwendet worden sind. Die Angabe, dass die Einlagen eingebracht oder sonst bewirkt worden sind, ist unter diesen Umständen falsch. Es sind insoweit Angaben, die sich auf „die Leistung der Einlagen" beziehen (Rn. 33). Aber auch wenn sonst bei der Anmeldung Angaben über den Gründungsaufwand gemacht werden, müssen diese wahr und vollständig sein. § 82 Abs. 1 Nr. 1 erfasst auch die Angaben, die der Täter ohne gesetzliche Verpflichtungen freiwillig macht (näher Rn. 27, 30 mwN). Das gilt auch, wenn ein bestimmter Aufwand behauptet wird, der nicht entstanden ist. Auch die nur vorgetäuschte Belastung mit Verbindlichkeiten verfälscht die Information über die Vermögenslage der Gesellschaft.[148] Ob der angegebene Gründungsaufwand gerechtfertigt war, hat für § 82 Abs. 1 Nr. 1 keine Bedeutung, kann aber eine Untreue der in Betracht kommenden Gesellschafter oder Geschäftsführer begründen (vgl. Vor §§ 82–85 Rn. 15).

47 **6. Sacheinlagen.** Dieser Begriff war bis zur Neufassung des GmbHG durch die GmbH-Novelle 1980 (Rn. 3) in § 5 Abs. 4 definiert. Danach sind Sacheinlagen alle Einlagen, die nicht in Geld zu leisten sind. Es handelt sich um die Einbringung von Sachen oder sonstigen vermögenswerten Gütern gegen Ausgabe von Beteiligungsrechten.[149] Die Sacheinlagevereinbarung enthält die Verpflichtung des Gesellschafters, die in Betracht kommenden Gegenstände der Gesellschaft zu übertragen oder ihr ein Nebenrecht daran zu verschaffen.[150] Darunter fallen alle vermögenswerten Gegenstände, die Gegenstand des Rechtsverkehrs sein können,[151] d.h. alle übertragbaren Sachen, Rechte und sonstigen Gegenstände, denen ein Vermögenswert zukommt; bilanzfähig braucht dieser nicht zu sein.[152] Das sind Grundstücke und bewegliche Sachen jeder Art, Forderungen, Erfinder-, Urheber- und Lizenzrechte, Herstellungsverfahren, Beteiligungen an fremden Unternehmen, aber auch ein Handelsgeschäft mit Firma und Kundenstamm.[153]

---

[145] BGHZ 107, 1, 7 = NJW 1989, 1610 = WM 1989, 573; *Jürgenmeyer/Maier* BB 1996, 2135, 2137.
[146] BGHZ 107, 1, 5f. = NJW 1989, 1610 = WM 1989, 573; BGH NJW 1998, 233; § 5 Rn. 67f. mwN.
[147] *C. Schäfer* GmbHR 1993, 717, 727f.; *Scholz/Winter* § 7 Rn. 38.
[148] *Scholz/Tiedemann* Rn. 83.
[149] *Hachenburg/Ulmer* § 5 Rn. 21.
[150] BGHZ 45, 338, 345 = NJW 1966, 1311 = WM 1966, 571; § 5 Rn. 23.
[151] *Hachenburg/Ulmer* § 5 Rn. 30.
[152] BGHZ 29, 300, 304 = NJW 1959, 934 = WM 1959, 437.
[153] Vgl. dazu näher § 5 Rn. 26ff.; *Hachenburg/Ulmer* § 5 Rn. 38ff.; *Scholz/Winter* § 5 Rn. 45ff.; *Baumbach/Hueck/G. Hueck/Fastrich* § 5 Rn. 25ff.

Falsche Angaben **§ 82**

Diese **Begriffsbestimmung** des § 5 Abs. 4 aF wollte der Regierungsentwurf zur 48
GmbH-Novelle 1980 in § 5b des Entwurfs gemeinsam mit der ebenfalls in § 5 Abs. 4
aF enthaltenen Begriffsbestimmung der Sachübernahme übernehmen (BT-Drucks.
8/1347). Der Rechtsausschuss des Bundestags hat statt dessen die heutige Fassung des
§ 5 Abs. 4 durchgesetzt. Sie setzt den Begriff der Sacheinlage als bekannt voraus und
verzichtet auf die Definition der Sachübernahme (Übernahme von Anlagen oder anderen Vermögensgegenständen unter Anrechnung der von der Gesellschaft zu leistenden
Vergütung auf die Stammeinlage).[154] Der Rechtsausschuss wollte mit dieser Fassung des
§ 5 Abs. 4 den regelungsbedürftigen Tatbestand „redaktionell einfacher gestalten, ohne
jedoch das geltende Recht einzuschränken". Auf die Regelung der Sachübernahme hat
er verzichtet, weil es sich bei ihr „der Sache nach" um eine Einlage handelt, die nicht
in Geld zu leisten ist (BT-Drucks. 8/3908, S. 69). Der neue Begriff der Sacheinlage iS
des § 5 Abs. 4 geht deshalb weiter als der entsprechende Begriff des § 27 Abs. 1 AktG
und umfasst sowohl diesen als auch die Sachübernahme mit Anrechnungsabrede.[155]
Dies ergibt sich auch aus § 19 Abs. 5, der beide Begriffe bei der Frage erwähnt, wie die
Leistung von Sacheinlagen zu bewirken ist. Von dem neuen Begriff der Sacheinlage
sollen auch die Fälle der verschleierten Sachgründung[156] erfasst werden, sofern sie unter ihm einzuordnen sind (Ausschussbericht aaO). *Tiedemann*[157] hält diese ausdehnende
Auslegung mit Recht für überflüssig, weil solche Umgehungsfälle ohnehin von dem
umfassenden Begriff „Leistung der Einlage" erfasst werden (vgl. Rn. 33 ff.).

Der Gegenstand der Sacheinlage und der Betrag der Stammeinlage, auf die sich die 49
Sacheinlage bezieht, müssen im Gesellschaftsvertrag festgesetzt werden (§ 5 Abs. 4
S. 1), d.h. es muss eine Bewertung der Sacheinlage vorgenommen werden. Diese muss
in Euro erfolgen. Dabei darf der in Ansatz gebrachte Wert den wirklichen Wert nicht
übersteigen.[158] Nach dem Bericht des Rechtsausschusses (aaO) verpflichtet diese Vorschrift die Gesellschafter, in dem Gesellschaftsvertrag die Person des Gesellschafters anzugeben, die zu der Sacheinlage befugt ist.

Bei der **Anmeldung** der GmbH zum Handelsregister muss wie bei allen Leistungen 50
auf die Stammeinlage versichert werden, dass die Leistung bewirkt ist und dass ihr Gegenstand sich endgültig in der freien Verfügung des Geschäftsführers befindet (§ 8
Abs. 2). Außerdem muss der Anmeldende den Gesellschaftsvertrag (§ 8 Abs. 1 Nr. 1)
und Unterlagen vorlegen, aus denen hervorgeht, dass der Wert der Sacheinlagen den
Betrag der dafür übernommenen Stammeinlagen erreicht (§ 8 Abs. 1 Nr. 5). Alle damit zusammenhängenden Angaben müssen richtig und vollständig sein, auch soweit
sie von dem anmeldenden Geschäftsführer über die rechtliche Verpflichtung des § 8
hinaus freiwillig gemacht werden.

Beispiele für unvollständig und deshalb falsch sind Angaben (vgl. Rn. 17–23) über 51
Sacheinlagen zB, wenn ein Geschäft als Sacheinlage eingebracht wird, ohne anzugeben, dass ein großer Teil des Inventars verkauft worden ist,[159] oder dass der Kundenstamm sich erheblich verringert hat. Ferner, wenn Patentrechte eingebracht werden, die in schwindelhafter Weise überbewertet worden sind[160] oder wenn ein als

---

[154] BGHZ 28, 314, 318, 319 = NJW 1959, 383 = WM 1959, 114; zum Begriff ferner § 5 Rn. 43.
[155] § 5 Rn. 18, 42; *Wohlschlegel* DB 1995, 2053; *Scholz/Winter* § 5 Rn. 37; *Baumbach/Hueck/
G. Hueck/Fastrich* § 5 Rn. 16; enger *Meyer-Landrut/Miller/Niehus* § 5 Rn. 26.
[156] § 5 Rn. 48; OLG Hamburg BB 1988, 504.
[157] *Scholz/Tiedemann* Rn. 87.
[158] BGHZ 68, 191, 195 = NJW 1977, 1196 = DB 1977, 423.
[159] RGSt. 40, 285, 287.
[160] RGSt. 49, 340, 342.

§ 82

„hypothekenfrei" einzubringendes Grundstück mit einer Hypothek belastet ist; in diesem Fall können auch falsche Angaben über den Wert des Grundstücks gemacht worden sein.[161] Falsche Angaben liegen auch vor, wenn einzubringende Inventarstücke nicht zur freien Verfügung des Geschäftsführers stehen, weil der bisherige Eigentümer der Gegenstände die Verfügungsgewalt nicht auf den Geschäftsführer übertragen hat; die Erlangung der freien Verfügungsgewalt durch diesen setzt voraus, dass der Übertragende seine eigene Verfügungsgewalt aufgegeben hat.[162] Ebenso wenn andere unrichtige Angaben über die freie Verfügbarkeit der Sacheinlagen gemacht werden. So wenn Maschinen als Sacheinlagen eingebracht werden, die von der Bank nur für den Zeitraum der Geschäftsgründung freigegeben worden sind, nach Abschluss des Gesellschaftsvertrages aber rückübereignet werden müssen[163] oder wenn Grundstücksrechte vor der Anmeldung in Wahrheit noch nicht rechtswirksam übertragen worden sind; die Auflassung eines Grundstücks in bindender Form reicht nicht aus;[164] ebensowenig die Eintragung einer Vormerkung.[165] Falsch sind die Angaben auch, wenn sie zwar bei der Anmeldung richtig waren, sie sich aber im Laufe des Eintragungsverfahrens verändert haben und der Geschäftsführer den Wertverlust der Sacheinlage entgegen seiner dahingehenden Verpflichtung nicht mitgeteilt hat.[166] Zu falschen Angaben bei dem Einsatz von Verdeckten Ermittlern vgl. Rn. 24, zum Begriff der verdeckten Sacheinlage Rn. 43, 44.

52 **7. Sicherungen für nicht voll eingezahlte Geldeinlagen.** Hierbei geht es um die Sicherungen, die der Gesellschafter einer **Einmann-GmbH** nach § 7 Abs. 2 S. 3 für den Teil der Geldeinlage zu bestellen hat, die er bisher nicht geleistet hat (vgl. dazu näher § 7 Rn. 30, 31). Über diese Sicherungen hat der Geschäftsführer bei der Anmeldung der GmbH zum Handelsregister eine besondere Versicherung abzugeben (§ 8 Abs. 2 S. 2), die so konkret sein muss, dass das Gericht prüfen kann, ob die Voraussetzungen des § 7 Abs. 2 S. 2 eingehalten worden sind (§ 8 Rn. 22). Sie muss mindestens Angaben nach Art und Höhe der Sicherung enthalten.[167] Sie ist falsch oder unvollständig, wenn die Sicherungen nicht oder nicht richtig angegeben werden oder wenn wesentliche Umstände, die sich auf die Art und den Wert der Sicherungen beziehen, verschwiegen werden. Etwa wenn eine Bankbürgschaft durch ein entsprechendes Festgeldkonto der GmbH bei der Bank erlangt worden ist, das die Bürgschaft absichert.[168] Unrichtig sind die Angaben auch, wenn die Höhe der tatsächlich eingezahlten Geldeinlage nicht zutreffend mitgeteilt und deshalb die Höhe der Sicherung falsch angegeben worden ist.

VI. Gründungsschwindel durch unrichtigen Sachgründungsbericht (Abs. 1 Nr. 2)

53 **Täter** dieses Tatbestandes können nur Gesellschafter der GmbH sein (zu diesem Begriff vgl. Rn. 9). In Betracht kommen die sogenannten **Gründungsgesellschafter,**

---

[161] RG LZ 1914, 950, 951.
[162] RGSt. 48, 153, 154, 157.
[163] BGH GA 1959, 87, 88 = GmbHR 1959, 27.
[164] *Hüffer* JuS 1983, 161, 165; enger *Roth/Altmeppen* § 7 Rn. 32.
[165] § 7 Rn. 36.
[166] BGHZ 80, 129, 143 = NJW 1981, 1373 = WM 1981, 400; *Baumbach/Hueck/G. Hueck/Fastrich* § 8 Rn. 8; *Meyer-Landrut/Miller/Niehus* § 8 Rn. 19.
[167] *Meyer-Landrut/Miller/Niehus* § 8 Rn. 26.
[168] Ebenso *Baumbach/Hueck/Schulze-Osterloh* Rn. 17; *Lutter/Hommelhoff* Rn. 13.

Falsche Angaben **§ 82**

weil nur diese nach § 5 Abs. 4 S. 2 einen Sachgründungsbericht zu erstatten haben.[169] Bei der Erhöhung des Stammkapitals kann zwar auch mit Sacheinlagen geleistet werden; eines besonderen Berichts über die Umstände, die für die Angemessenheit der Leistung wesentlich sind, bedarf es jedoch nicht (§ 56). Verpflichtet zur Erstellung des Berichts sind alle Gründungsgesellschafter. Maßgebend dafür, wer als Gesellschafter für die Erstattung des Berichts in Betracht kommt, ist der Zeitpunkt der Anmeldung,[170] nicht der Zeitpunkt der Eintragung in das Handelsregister.[171] Zum Zeitpunkt der Anmeldung tritt die GmbH erstmals hervor und tritt als solche nach außen in Erscheinung. Das Gesetz verlangt die Erstellung des Sachgründungsberichts nur von den Gründungsgesellschaftern und nicht von später in die Gesellschaft eintretenden Gesellschaftern. Gesellschafter, die nach der Anmeldung aus der Gesellschaft ausscheiden, bleiben weiter strafrechtlich verantwortlich, weil sie den Tatbestand bereits erfüllt haben (vgl. Rn. 101, 103). Sie müssen aber zum Zeitpunkt der Anmeldung noch Gesellschafter gewesen sein.[172] Der Sachgründungsbericht muss von den Gesellschaftern persönlich erstattet werden. Eine rechtsgeschäftliche Vertretung ist unzulässig. Juristische Personen und Personenhandelsgesellschaften handeln durch ihren gesetzlichen Vertreter.

Die **Tathandlung** besteht darin, dass ein oder die Gesellschafter in dem Sachgründungsbericht nach § 5 Abs. 4 S. 2 falsche oder unvollständige Angaben (Rn. 17 ff.) machen. Der Sachgründungsbericht ist von den Gesellschaftern schriftlich abzufassen und zu unterzeichnen. Er ist nicht Bestandteil des Gesellschaftsvertrags und soll ähnlich wie in § 32 AktG den Schutz gegen eine unzulängliche Aufbringung des Stammkapitals verstärken und dem Gericht die Prüfung erleichtern, ob die Gesellschaft ordnungsmäßig errichtet worden ist (Begr. BT-Drucks. 8/1347, S. 30). Inhaltlich hat er die für die Angemessenheit der Leistungen für Sacheinlagen wesentlichen Umstände darzulegen. Bei der Einbringung oder Übernahme eines Unternehmens sind auch die Jahresergebnisse der beiden letzten Geschäftsjahre, oder wenn es noch nicht so lange besteht, die bisher erzielten Unternehmensergebnisse anzugeben. Auf diese Umstände müssen sich die falschen oder unvollständigen Angaben beziehen. Welche Angaben zu machen sind, ergibt sich aus den Umständen des Einzelfalls (vgl. dazu näher § 5 Rn. 64). Zum Begriff der Leistungen für Sacheinlagen vgl. Rn. 48. Wesentliche Umstände sind alle Umstände, die für die Beurteilung der Angemessenheit der Leistungen in irgendeiner Weise von Bedeutung sind oder Rückschlüsse auf ihre Bewertung zulassen. Das Gesetz verlangt bei diesem Tatbestand nicht, dass die falschen Angaben „zum Zweck der Eintragung" (Rn. 25) gemacht werden. § 82 Abs. 1 Nr. 2 erfasst eine Tathandlung, die im Gründungsstadium der GmbH, also vor der Anmeldung der Gesellschaft durch den Geschäftsführer, begangen wird. Das hat für den Umfang und die Vollendung der Tat Bedeutung (vgl. Rn. 103). Im Gegensatz zu den Tatbeständen des § 82 Abs. 1 Nr. 1 müssen die falschen Angaben nicht geeignet sein, die Eintragung zu bewirken. Die Tat kann deshalb auch mit falschen Angaben begangen werden, die für die Eintragung unerheblich sind.[173] Anders als bei dem vergleichbaren Tatbestand des § 399 Abs. 1 Nr. 2 AktG ist bei diesem Tatbestand eine einschränkende Auslegung nicht erforderlich. Das Gesetz umschreibt die Anforderungen an den Sachgründungsbericht und damit auch

54

---

[169] So auch *Meyer-Landrut/Miller/Niehus* Rn. 5; *Baumbach/Hueck/Schulze-Osterloh* Rn. 29; *Lutter/Hommelhoff* Rn. 15.
[170] § 5 Rn. 63; *Hachenburg/Ulmer* § 5 Rn. 137.
[171] So aber *Scholz/Winter* § 5 Rn. 99.
[172] AA *Scholz/Tiedemann* Rn. 101; *Baumbach/Hueck/Schulze-Osterloh* Rn. 29.
[173] Zust. *Baumbach/Hueck/Schulze-Osterloh* Rn. 28.

§ 82 6. Abschnitt. Schlussbestimmungen

an den Gegenstand der falschen Angaben bestimmt genug. Allein der Umstand, dass das Gesetz zur Beschreibung des Tatbestandes normative Tatbestandsmerkmale heranzieht, macht diese nicht iS des Art. 103 Abs. 2 GG bedenklich mit der Folge, dass der Straftatbestand auf „eindeutige§ oder „offensichtliche" Falschangaben beschränkt werden müßte.[174] Das Strafrecht kann nicht darauf verzichten, allgemeine Begriffe zu verwenden, die in besonderem Maße einer Deutung durch den Richter bedürfen.[175]

VII. Schwindel bei der Kapitalerhöhung mit Einlagen (Abs. 1 Nr. 3)

55 Die einzelnen Tathandlungen des Kapitalerhöhungsschwindels ähneln denen des Gründungsschwindels nach Abs. 1 Nr. 1. Er erfasst ähnliche Verhaltensweisen, die sich nur dadurch unterscheiden, dass es hier nicht um die Gründung einer GmbH, sondern um die Erhöhung ihres Stammkapitals geht. Als **Täter** nennt das Gesetz nur den **Geschäftsführer** (Rn. 10–14). Das ist konsequent. Denn nach § 78 obliegt allein diesem die Anmeldepflicht. Ein Liquidator (Rn. 15), der in der Liquidationsphase eine Kapitalerhöhung anmeldet, kann wegen des Wortlauts der Vorschrift nicht Täter sein. Jede andere Auslegung, auch wenn sie vernünftig wäre, verstößt gegen Art. 103 Abs. 2 GG.[176] Auch bei dem Kapitalerhöhungsschwindel sind die Tathandlungen dadurch beschränkt, dass die falschen oder unvollständigen Angaben (Rn. 17 ff.) zum Zweck der Eintragung in das Handelsregister (Rn. 25) gemacht werden müssen. Der Geschäftsführer ist nach § 57 Abs. 1 verpflichtet, die beschlossene Erhöhung des Stammkapitals zur Eintragung in das Handelsregister anzumelden. Die nach § 57 Abs. 2 abzugebende Versicherung ist ein notwendiger Bestandteil der Anmeldung.[177]

56 **Gegenstand der falschen Angaben.** Die falschen oder unvollständigen Angaben müssen sich auf bestimmte Vorgänge beziehen, denen bei der Kapitalerhöhung besondere Bedeutung zukommt. Das Gesetz führt hierbei die Angaben über die Zeichnung oder die Einbringung des neuen Kapitals sowie die Angaben über Sacheinlagen auf.

57 **1. Zeichnung des neuen Kapitals.** Zeichnung des neuen Kapitals ist die Verpflichtung zur Übernahme der auf das erhöhte Kapital zu leistenden Stammeinlage. Die Tathandlung entspricht der Übernahme der Stammeinlage bei § 82 Abs. 1 Nr. 1. Die Verpflichtung bedarf einer notariell aufgenommenen oder beglaubigten Erklärung des Übernehmers (§ 55 Abs. 1). Diese Erklärung oder eine beglaubigte Abschrift ist nach § 57 Abs. 3 Nr. 1 dem Registergericht vorzulegen. Zu den Angaben über die Zeichnung gehören auch die Aussagen in der von dem Geschäftsführer nach § 57 Abs. 3 Nr. 2 bei der Anmeldung vorzulegenden Liste über die Personen, welche die neuen Stammeinlagen übernommen haben. Aus ihr muss der Betrag der von jedem übernommenen Einlage ersichtlich sein. Falsch sind zB die Angaben, wenn die auf einen bestimmten Gesellschafter entfallende Einlage nicht richtig angeführt oder wenn ein an der Kapitalerhöhung beteiligter Gesellschafter aus irgendeinem Grund verschwiegen wird.[178] Bei einer Beteiligung über einen „Strohmann" ist allerdings nur dieser und nicht der im Hintergrund bleibende Geldgeber anzugeben. Falsch sind die Angaben

---

[174] So aber *Scholz/Tiedemann* Rn. 106; *Hachenburg/Kohlmann* Rn. 78; *Lutter/Hommelhoff* Rn. 15; *Baumbach/Hueck/Schulze-Osterloh* Rn. 28.
[175] BGHSt. 30, 285, 287 = NJW 1982, 775; vgl. auch Rn. 5.
[176] OLG Jena NStZ 1998, 307 = wistra 1998, 73; *Scholz/Tiedemann* Rn. 43; weiter (Anwendung auf geborene Liquidatoren): Voraufl. Rn. 40; *Hachenburg/Kohlmann* Rn. 82; *Müller-Gugenberger/Schmid* § 50 Rn. 23.
[177] BayObLG BB 1984, 1447.
[178] Vgl. die entsprechenden Erl. in Rn. 31 f.; ebenso *Scholz/Tiedemann* Rn. 113.

Falsche Angaben **§ 82**

auch, wenn der Geschäftsführer eine inhaltlich unrichtige beglaubigte Übernahmeerklärung dem Registergericht vorlegt. Er macht sich diese Erklärung mit der Vorlage (durch schlüssiges Handeln) zu eigen und handelt tatbestandsmäßig, wenn er weiß oder mit der Möglichkeit rechnet, dass sie unrichtig ist.

2. Einbringung des neuen Kapitals. Einbringung des neuen Kapitals ist die 58 Leistung der Stammeinlage, die auf das erhöhte Kapital zu erbringen ist. Es geht dabei um die Leistung des neuen Kapitals, d.h. des Unterschiedsbetrages zwischen dem bisherigen und dem erhöhten Kapital. Für sie ist § 7 Abs. 2 S. 1 und 3 sowie Abs. 3 entsprechend anzuwenden (§ 56a). Dieser Vorgang entspricht der Leistung der Einlage bei § 82 Abs. 1 Nr. 1. Von ihm werden alle Leistungen erfasst, also die Einzahlung von Geldbeträgen in jeder Form, die Abtretung von Forderungen und anderen Rechten, die Übereignung von Grundstücken oder anderen Sachwerten sowie jede andere Art einer Leistung, die zur Erfüllung der dem Gesellschafter aufgrund der Zeichnung des neuen Kapitals obliegenden Verpflichtung gehört, seine Einlage zu erbringen (vgl. Rn. 33 ff.). Darunter fällt auch die Leistung einer Sacheinlage, so dass an sich die weitere Tatbestandsalternative der falschen Angabe über Sacheinlagen weitgehend überflüssig ist. Denn diese ist nur ein spezieller Teil der Erbringung des neuen Kapitals.

Bei der Anmeldung muss der Geschäftsführer versichern, dass die Mindesteinlagen 59 (berechnet auf das neue Stammkapital) in der durch § 7 Abs. 2 S. 1 und 3 sowie durch § 7 Abs. 3 (vgl. § 56a) bestimmten Höhe – also ein Viertel der Bareinlagen,[179] Sicherung bei Alleingesellschaftern,[180] Leistung der Sacheinlagen – bewirkt sind und dass der Gegenstand der Leistung sich endgültig in der freien Verfügung des Geschäftsführers befindet (§ 57 Abs. 2). Dabei kann er sich nicht durch Bevollmächtigte vertreten lassen (§ 57 Rn. 8). Diese **Angaben müssen richtig und vollständig sein,** weil ihnen für die Beurteilung der wirtschaftlichen Lage der Gesellschaft durch Dritte eine entscheidende Bedeutung zukommt.[181] Insbesondere müssen auch Angaben zu der Höhe der von jedem Übernehmer geleisteten Anzahlung[182] sowie bei Alleingesellschaftern Angaben über die Art der Sicherung gemacht werden.[183] Das gilt auch für Angaben des Geschäftsführers, die dieser über seine Verpflichtung aus § 57 hinaus freiwillig macht, um die Eintragung der GmbH in das Handelsregister zu erreichen.[184] Bewirkt ist die Einlage auf das neue Kapital, wenn der Gegenstand der Leistung durch einen Übertragungsakt in das Vermögen der Gesellschaft überführt ist, d.h. wenn der Gesellschafter seine Verpflichtung aus der Zeichnung des neuen Kapitals erfüllt hat. Der Geschäftsführer kann zum maßgebenden Zeitpunkt der Anmeldung beim Registergericht über diesen Gegenstand endgültig frei verfügen, wenn er ihn ohne weiteres für die (wirtschaftlichen) Zwecke der Gesellschaft einsetzen kann. Schuldrechtliche Verwendungsabreden, wie zB die Zweckbindung einer Stammkapitaleinlage zur Ablösung der Forderung eines bestimmten Gläubigers zu verwenden, sind grundsätzlich unbedenklich;

---

[179] BayObLG GmbHR 1986, 159, 160 = NJW-RR 1986, 1088; OLG Hamm BB 1987, 358.
[180] BayObLGZ 1986, 41 = GmbHR 1986, 160, 162 = BB 1986, 760.
[181] Einschränkend *Zimmermann* § 57 Rn. 6, der nur Angaben über die Mindesteinlagen verlangt.
[182] BGHSt. 46, 62, 63 = NJW 2000, 2285 = wistra 2000, 307; BayObLG DB 1980, 438, 439; GmbHR 1986, 159, 160 = NJW-RR 1986, 1088; OLG Hamm GmbHR 1983, 102, 103; OLG Celle NJW-RR 1986, 1482; *Gustavus* GmbHR 1988, 47, 48; *Hachenburg/Ulmer* § 57 Rn. 8; *Meyer-Landrut/Miller/Niehus* § 57 Rn. 7; aA *Zimmermann* § 57 Rn. 6.
[183] BayObLG GmbHR 1986, 160 = DB 1986, 760.
[184] Vgl. BGH NJW 1955, 678, 679; *Scholz/Tiedemann* Rn. 112.

§ 82   6. Abschnitt. Schlussbestimmungen

die Grenze liegt erst dort, wo eingezahlte Mittel nicht zugunsten der Gesellschaft verwendet oder gar unmittelbar oder mittelbar einem Einleger selbst wieder zufließen sollen.[185] Auch schon vor der Anmeldung der Durchführung der Kapitalerhöhung kann über die Einlage verfügt werden, sofern der Gesellschaft ein den aufgewandten Mitteln entsprechender Wert zufließt. Die Erklärung gegenüber dem Registergericht enthält nach neuerer zivilrechtlicher Rechtsprechung lediglich die Versicherung, dass das neue Kapital bzw. die neue Sacheinlage wertmäßig zur freien Verfügung steht.[186] Bei **verdeckten Sacheinlagen** gelten dieselben Grundsätze wie bei dem Gründungsschwindel nach § 82 Abs. 1 Nr. 1 (vgl. Rn. 43f.). Daher werden falsche Angaben gemacht, wenn die Angaben über die Art der Einbringung unvollständig sind (vgl. Rn. 17ff., 37f.), d.h. wenn Umstände verschwiegen werden, welche den Wert der Bareinlage vermindern.[187]

60 **Beispiele** für falsche Angaben: Das eingebrachte neue Kapital steht nicht zur freien Verfügung der Geschäftsführer, wenn der Gesellschafter die Einlage auf ein Bankkonto eingezahlt und die Ansprüche aus diesem Konto an einen Dritten zur Sicherung einer Darlehensforderung verpfändet hat[188] oder wenn die Gesellschaft mit der Bank, bei der die Einlage eingezahlt worden ist, vereinbart hatte, dass mit der Einlage ein Vorfinanzierungskredit zurückgezahlt werde.[189] Ferner wenn eine Gutschrift auf „gesperrtem" Bankkonto mit sofortiger Verrechnung durch die Bank ohne Einwirkungsmöglichkeit des Geschäftsführers erfolgt ist[190] oder wenn sich das Kapital noch als Festgeld auf einem Bankkonto befindet und aufgrund eines Abtretungsvertrages erst demnächst der GmbH gutgeschrieben wird.[191] Ebenso wenn der Eingang eines Geldbetrages als Einzahlung auf das erhöhte Stammkapital angegeben wird, obwohl dieser der GmbH ohnehin aus einer Forderung zustand[192] oder wenn bei Übernahme einer Bareinlage die Leistung dieser Einlage behauptet wird, obwohl der neue Gesellschafter weniger Geld eingezahlt hat als angemeldet wird[193] oder mit seiner Bareinlage einen Darlehensgläubiger der Gesellschaft befriedigt hat.[194] Der Geschäftsführer kann über eine eingezahlte Einlage eines nach der Kapitalerhöhung neu eingetretenen Gesellschafters nicht frei verfügen, wenn die GmbH sich gleichzeitig verpflichtet hat, sich in Höhe der Einlage an einer ausländischen Gesellschaft zu beteiligen, die von dem neuen Gesellschafter beherrscht wird.

61 **3. Sacheinlagen.** Über diese Leistung auf das neue Kapital trifft § 56 besondere Bestimmungen. Danach müssen bei einer Sacheinlage ihr Gegenstand und der Betrag der Stammeinlage, auf den die Sacheinlage angerechnet wird, in dem Gesellschafterbeschluss über die Erhöhung des Stammkapitals festgesetzt werden. Die Festsetzung ist außerdem in die Übernahmeerklärung nach § 55 Abs. 1 aufzunehmen. Die Übernahmeerklärung und die Verträge, die der Festsetzung nach § 56 zugrunde liegen oder zu

---

[185] BGH NStZ 1996, 238 = StV 1996, 267; § 57 Rn. 9.
[186] BGHZ 119, 177, 186ff. = NJW 1992, 3300 = WM 1992, 1775; § 57 Rn. 7.
[187] BGHZ 113, 335, 341 = NJW 1991, 1754 = WM 1991, 671; *Scholz/Tiedemann* Rn. 118.
[188] Vgl. BGH GA 1977, 340, 341; *Brandes* WM 1995, 641, 645; aA *C. Schäfer* GmbHR 1993, 717, 724.
[189] BGHZ 96, 231, 241 = NJW 1986, 837 = WM 1986, 2; BGH NJW 1991, 226, 227.
[190] Vgl. BGHZ 119, 177, 186ff. = NJW 1992, 3300 = WM 1992, 1775; *Priester* ZIP 1994, 599, 600.
[191] Vgl. OLG Jena NStZ 1998, 307, 308 = wistra 1998, 73.
[192] BGH NJW 1955, 678, 679.
[193] BGHSt. 46, 62, 63 = NJW 2000, 2285 = wistra 2000, 307.
[194] BGHZ 119, 177, 191 = NJW 1992, 3300 = WM 1992, 1775; OLG Hamburg GmbHR 1982, 157.

Falsche Angaben § 82

ihrer Ausführung geschlossen worden sind, hat der Geschäftsführer bei der Anmeldung der GmbH zum Handelsregister vorzulegen (§ 57 Abs. 3 Nr. 1 und 3). Außerdem muss er nach § 57 Abs. 2 versichern, dass diese Leistungen vor der Anmeldung bewirkt worden sind und dass sie endgültig zur freien Verfügung des Geschäftsführers stehen (vgl. § 57 Rn. 6). Im Gegensatz zu Bareinlagen bedeutet das bei Sacheinlagen, dass sie mit ihrem vollen Wert auch noch zum Zeitpunkt der Anmeldung zur freien Verfügung des Geschäftsführers stehen müssen (§ 57a Rn. 8). Der Begriff der Sacheinlage ist identisch mit dem entsprechenden Begriff in § 82 Abs. 1 Nr. 1. Er umfasst auch den früher in § 56 aF enthaltenen weiteren Begriff der Sachübernahme. Die Neufassung des § 56 beruht auf der GmbH-Novelle 1980 (Rn. 3), die den Begriff der Sacheinlage erweitert hat (Rn. 48).

Falsche oder unvollständige **Angaben** über Sacheinlagen fallen im wesentlichen 62 auch unter die Tathandlung der falschen Angaben über die Einbringung des neuen Kapitals. Sie können aber darüber hinausgehen, wenn in den vorgelegten Verträgen über die Sacheinlagen (§ 57 Abs. 3 Nr. 3) falsche Angaben enthalten sind, die der Geschäftsführer sich bei der Anmeldung zu eigen macht, etwa wenn er auf sie in seiner Versicherung nach § 57 Abs. 3 verweist. Unvollständige und damit falsche Angaben macht der Geschäftsführer auch, wenn er nicht seiner Verpflichtung nachkommt, auf den Wertverlust einer Sacheinlage hinzuweisen, der zwischen dem Bewirken der Einlage und dem Zeitpunkt der Eintragung eingetreten ist (vgl. Rn. 50f.).

VIII. Schwindel bei der Kapitalerhöhung aus Gesellschaftsmitteln (Abs. 1 Nr. 4)

1. Allgemeines. Dieser durch das UmwBerG (Rn. 3) eingefügte Tatbestand betrifft 63 die Kapitalerhöhung aus Gesellschaftsmitteln und entspricht dem bisherigen § 36 des Gesetzes über die Kapitalerhöhung aus Gesellschaftsmitteln und über die Gewinn- und Verlustrechnung (KapErhG) vom 23. 12. 1959 (BGBl. I S. 789). Einen vergleichbaren Tatbestand enthält § 399 Abs. 2 AktG, auf dessen Auslegung durch Rechtsprechung und Literatur ergänzend zurückgegriffen werden kann. Kapitalerhöhungen aus Gesellschaftsmitteln unterscheiden sich von Kapitalerhöhungen mit Bar- oder Sacheinlagen dadurch, dass bei der Kapitalerhöhung aus Gesellschaftsmitteln keine neuen Mittel von den Anteilseignern zugeführt werden, die zur Erhöhung des Nennkapitals erforderlichen Mittel vielmehr aus dem Eigenvermögen der Gesellschaft genommen und durch einen „Umbuchungsvorgang" zu haftendem Kapital werden (vgl. ergänzend § 57c Rn. 1, 2). Tathandlung sind falsche Angaben in derjenigen Erklärung, die bei Erhöhung des Grundkapitals aus Gesellschaftsmitteln nach § 57i Abs. 1 S. 2 von den Geschäftsführern gegenüber dem Registergericht abzugeben ist. Es kann weitgehend auf den Tatbestand des Kapitalerhöhungsschwindels nach Abs. 1 Nr. 3 (vgl. Rn. 55ff.) Bezug genommen werden. Das geschützte Rechtsgut ist das Vertrauen der Allgemeinheit in Gestalt der Gesellschaftsgläubiger und der sonst interessierten Öffentlichkeit in die Wahrhaftigkeit der Handelsregistereintragungen und deren Grundlagen (vgl. Rn. 1). Im Umfang des geschützten Rechtsguts ist § 82 Abs. 1 Nr. 4 auch Schutzgesetz iS des § 823 Abs. 2 BGB, wenn der geschützte Personenkreis im Vertrauen auf die Richtigkeit der zum Handelsregister gemachten Angaben einen Schaden erlitten hat (vgl. Rn. 2).

2. Täter. Die Vorschrift bezeichnet als mögliche Täter die Geschäftsführer 64 (Rn. 10–14). Das ist konsequent, weil nach § 57 Abs. 1 S. 2 iVm. § 78, ebenso wie bei der Kapitalerhöhung mit Einlagen (Rn. 55), die Anmeldung durch die Geschäftsführer zu bewirken ist. Dabei haben sämtliche Geschäftsführer mitzuwirken, auch die Stell-

§ 82 6. Abschnitt. Schlussbestimmungen

vertreter. Der Tatbestand ist echtes Sonderdelikt mit allen Konsequenzen für Mittäterschaft, mittelbare Täterschaft und Tatbeteiligung.[195]

65   **3. Tathandlung.** Die Tathandlung wurde in § 36 KapErhG als Abgabe wahrheitswidriger Erklärungen gekennzeichnet. Dabei handelte es sich um Tatbestandsmerkmale, die inhaltlich mit der Tatform des Machens falscher Angaben, wie sie sonst in den Tatbeständen des § 82 Abs. 1 verwendet wird, gleichzusetzen waren, so dass eine sachliche Änderung mit der Einstellung in das GmbHG nicht erfolgt ist. Das Merkmal der falschen Angaben bezieht sich auf die Angaben, die bei der Anmeldung einer Kapitalerhöhung aus Gesellschaftsmitteln zu machen sind.[196] Falsche Angaben sind nachprüfbare, ernst gemeinte Äußerungen über Tatsachen, deren Inhalt mit der Wirklichkeit nicht übereinstimmt. In der Regel wird es sich bei ihnen um tatsächliche Behauptungen handeln. Es können aber auch Werturteile sein, wenn diese einen nachprüfbaren tatsächlichen Kern haben oder wenn sie in anderer Weise überprüft werden können (vgl. Rn. 17 ff.). Falsche Angaben liegen auch vor, wenn der Täter es im Rahmen der Erklärung unterlässt, erhebliche Umstände mitzuteilen.[197] Denn die unvollständige Erklärung wird insgesamt verfälscht, wenn nur die Offenbarung der verschwiegenen erheblichen Umstände ihren wahren Gehalt erkennen lässt.

66   **04. Gegenstand der falschen Angaben.** Die falschen oder unvollständigen Angaben in der Erklärung müssen Gegenstand der Anmeldung sein, die das Gesetz bei der Kapitalerhöhung aus Gesellschaftsmitteln verlangt. Nach § 57i Abs. 1 ist der Beschluss der Gesellschafterversammlung über die Erhöhung des Grundkapitals aus Gesellschaftsmitteln (§ 57c Abs. 1) anzumelden und die Bilanz beizufügen, die dieser Kapitalerhöhung zugrunde liegt; war das eine Sonderbilanz nach § 57f, auch die letzte Jahresbilanz, soweit sie noch nicht eingereicht ist. Gesellschaftsmittel sind Rücklagen iS des § 57d. In der Erklärung nach § 57i Abs. 1 S. 2 haben die Geschäftsführer zu versichern, dass nach ihrer Kenntnis seit dem Stichtag der beigefügten Bilanz keine Vermögensminderung eingetreten ist, die einer Kapitalerhöhung entgegenstünde, wenn sie am Tage der Anmeldung beschlossen worden wäre. Die Erklärung, keine Kenntnis von negativen Entwicklungen zu haben, ist unzureichend.[198] Vor Abgabe der Erklärung müssen sich die Geschäftsführer vielmehr positive Gewissheit über das Vorhandensein der Rücklagen verschaffen.[199] Sinn dieser Bestimmung ist es, nach Möglichkeit sicherzustellen, dass das durch die Kapitalerhöhung geschaffene erhöhte Grundkapital zum Zeitpunkt des Wirksamwerdens des Beschlusses wirtschaftlich zur Verfügung steht.[200] Das ist nicht der Fall, wenn in der Zwischenzeit eine Vermögensminderung eingetreten ist, welche bei Anrechnung der entstandenen Verluste auf die umwandlungsfähigen Rücklagen deren Verwendung nach § 57d Abs. 2 unmöglich machen würde. Falsch ist deshalb die Erklärung, wenn inzwischen die Rücklagen nicht bzw. nicht in ausreichender Höhe mehr in der Gesellschaft vorhanden sind oder wenn den Rücklagen ein Verlust oder Verlustvortrag gegenübersteht, da das Eigenkapital dadurch

---

[195] Vgl. Rn. 8; *Scholz/Tiedemann* Rn. 109.
[196] *Fuhrmann* in *Geßler/Hefermehl/Eckardt/Kropff* § 399 Rn. 89; Kölner KommAktG/*Geilen* § 399 Rn. 166.
[197] Kölner KommAktG/*Geilen* Rn. 166; *Erbs/Kohlhaas/Fuhrmann* AktG § 399 Anm. 10; aA *Baumbach/Hueck* AktG § 399 Rn. 19.
[198] Vgl. *Lutter/Hommelhoff* § 57i Rn. 3.
[199] § 57i Rn. 4 mwN; *Baumbach/Hueck/Schulze-Osterloh* Rn. 48c; *Müller-Gugenberger/Schmid* § 50 Rn. 28.
[200] § 57i Rn. 4; *v. Godin/Wilhelmi* § 210 Anm. 2.

Falsche Angaben **§ 82**

gemindert wird (§ 57 d Rn. 9). Maßstab dafür, ob die Angaben in der Erklärung unrichtig oder unvollständig sind, ist hier das subjektive Vorstellungsbild des Täters. Die Anmeldenden haben die Erklärung nach „ihrer Kenntnis" abzugeben.[201] Anders als beim Kapitalerhöhungsschwindel nach § 82 Abs. 1 Nr. 3 und bei § 399 Abs. 2 AktG verlangt das Gesetz bei diesem Tatbestand nicht, dass die falschen Angaben „zum Zweck der Eintragung" gemacht werden. *Schulze-Osterloh*[202] will den Tatbestand entsprechend ergänzen, weil die Erklärung nach § 57 i Abs. 1 S. 2 nur dazu diene, die Eintragung herbeizuführen. Dem ist zu widersprechen (vgl. Rn. 25 f.). Das Fehlen dieses Tatbestandsmerkmals hat auf der inneren Tatseite vielmehr zur Folge, dass der Täter nur die Unrichtigkeit oder Unvollständigkeit der von ihm gemachten Angaben kennen oder mit ihnen rechnen, nicht aber die Absicht haben muss, mit den Angaben die Eintragung zu erreichen. Die Tat kann deshalb auch mit falschen Angaben begangen werden, die für die Eintragung unerheblich sind.

5. Vorsatz. Der Tatbestand erfordert ein vorsätzliches Handeln; ein bedingter Vorsatz reicht aus. Der Täter muss deshalb mindestens mit der Möglichkeit rechnen, dass er zu dem Täterkreis gehört und dass die von ihm abgegebene Erklärung für die Eintragung geeignet und inhaltlich falsch oder unvollständig ist. Er muss bereit sein, seine Erklärungen auch unter diesen für möglich gehaltenen Umständen gegenüber dem Registergericht abzugeben (vgl. Rn. 97). Indizielle Wirkung kann der Frage zukommen, ob sich der Täter auf eine zeitnahe Buchführung gestützt hatte. Bei Irrtum sind die allgemeinen Grundsätze des Strafrechts nach den §§ 16, 17 StGB anzuwenden (vgl. dazu Rn. 98 ff.). 67

IX. Abgabe unrichtiger Versicherungen (Abs. 1 Nr. 5)

Dieser Tatbestand soll die durch die GmbH-Novelle 1980 (Rn. 3) eingeführte besondere Versicherung des Geschäftsführers nach § 8 Abs. 3 S. 1 oder § 39 Abs. 3 S. 1 und des Liquidators nach § 67 Abs. 3 S. 1 strafrechtlich absichern. Er verweist ausdrücklich auf diese Ausfüllungsvorschriften. Tathandlung sind die falschen oder unvollständigen Angaben (Rn. 17 ff.), die von einem Geschäftsführer oder einem Liquidator in einer gegenüber dem Registergericht abzugebenden Versicherung über bestimmte persönliche Umstände gemacht werden. Mit diesem Tatbestand soll sichergestellt werden, dass die verschärften Bestimmungen über die Eignung des Geschäftsführers oder Liquidators eingehalten werden (vgl. ergänzend Rn. 73–75). Dieser Aspekt der Einführung persönlicher Eignungsvoraussetzungen für die Geschäftsführer wird übersehen, wenn lediglich auf die Erleichterung des Registergerichts abgestellt wird, keinen Auszug nach dem BZRG einholen zu müssen, und deshalb der Charakter als Schutzgesetz iS des § 823 Abs. 2 BGB verneint wird (vgl. Nachweise in Rn. 2). Mit der Verschiebung des Tatbestandes zur jetzigen Nr. 5 (vgl. Rn. 3) ist keine sachliche Änderung verbunden; Rechtsprechung und Literatur zur früheren Nr. 4 können uneingeschränkt herangezogen werden. 68

Bei diesem Tatbestand verlangt das Gesetz nicht, dass diese Tathandlung **„zum Zweck der Eintragung"** (Rn. 25) begangen sein muss. Das ist an sich im Vergleich zu den meisten übrigen Tatbeständen des § 82 nicht ganz verständlich, weil die Versicherungen gegenüber dem Registergericht abzugeben sind und dazu dienen sollen, die Eintragung der Gesellschaft und ihrer gesetzlichen Vertreter in das Handelsregister zu 69

---

[201] Vgl. *Scholz/Tiedemann* Rn. 119 a; *Baumbach/Hueck/Schulze-Osterloh* Rn. 48 c; Kölner KommAktG/*Geilen* § 399 Rn. 168; unklar *Lutter/Hommelhoff* Rn. 16.
[202] In *Baumbach/Hueck* Rn. 48 f.

§ 82 6. Abschnitt. Schlussbestimmungen

bewirken. Das Fehlen dieses Tatbestandsmerkmals hat deshalb auf der inneren Tatseite zur Folge, dass der Täter nur die Unrichtigkeit oder Unvollständigkeit der von ihm gemachten Angaben kennen oder mit ihnen rechnen, nicht aber die Absicht haben muss, mit den Angaben die Eintragung zu erreichen.

70 Täter können nur Geschäftsführer (Rn. 10–14) oder Liquidatoren (Rn. 15) sein. Ist der Geschäftsführer zB wegen einer Insolvenzstraftat einschlägig vorbestraft, so besteht zwar nach § 6 Abs. 2 ein Ausschlußgrund und der Bestellungsakt ist unwirksam.[203] Dies führt aber nicht mangels Tätereigenschaft zu Straflosigkeit, sondern hat die Anwendung der Regeln über die faktische Geschäftsführung zur Folge.[204] Gesellschafter, Mitglieder des Aufsichtsrats oder beteiligte Dritte können nur Anstifter oder Gehilfen sein (vgl. Rn. 107 ff.).

71 **Gegenstand der falschen Angaben.** Die Geschäftsführer (und Liquidatoren) haben nach den oben angeführten Vorschriften zu versichern, dass keine Umstände vorliegen, die ihrer Bestellung nach § 6 Abs. 2 S. 3 und 4 entgegenstehen und dass sie über ihre unbeschränkte Auskunftspflicht gegenüber dem Gericht belehrt worden sind. Hinsichtlich der wegen Unzuverlässigkeit, Ungeeignetheit oder Unwürdigkeit untersagten Ausübung eines Berufes oder Gewerbes ergibt sich die unbeschränkte Auskunftspflicht aus §§ 41 Abs. 1 Nr. 1, 32 Abs. 2 Nr. 11, 10 Abs. 2 Nr. 2, 3 Nr. 3 BZRG. Hinsichtlich des durch Strafurteil nach § 70 StGB verhängten Berufsverbots, das eine Maßregel der Besserung und Sicherung ist, besteht an sich nach § 53 Abs. 1 BZRG in gleicher Weise wie für Bestrafungen nur eine beschränkte Offenbarungspflicht des Verurteilten (§§ 3 Nr. 1, 4 Nr. 2, 32 Abs. 2 Nr. 8 BZRG, § 61 Nr. 6 StGB). Gegenüber dem Registergericht entfällt das Verschweigerecht aber, wenn der Betroffene nach § 53 Abs. 2 BZRG darüber belehrt wird, dass er zur unbeschränkten Auskunft verpflichtet ist. Diese Belehrung kann vom Gericht oder von einem Notar (§ 8 Abs. 3) vorgenommen werden. Die Versicherung muss so konkret sein, dass dem Gericht die Überzeugung vermittelt wird, der Versichernde habe – auch im Hinblick auf die Strafdrohung des § 82 Abs. 1 Nr. 5 – alle Bestellungshindernisse gekannt und nach sorgfältiger Prüfung wahrheitsgemäße Angaben gemacht.[205] Diese Versicherung haben nicht nur die Geschäftsführer einer gegründeten und erstmals bei dem Handelsregister angemeldeten GmbH abzugeben, sondern jeder neu bestellte Geschäftsführer und auch jeder Liquidator, wenn ihre Bestellung zu diesem Amt bei dem Handelsregister angemeldet wird. Die falschen oder unvollständigen Angaben (Rn. 17–24) müssen in dieser Versicherung enthalten sein, d. h. die Versicherung muss inhaltlich falsch oder lückenhaft sein. Das ist auch der Fall, wenn der Geschäftsführer oder Liquidator auf Aufforderung des Registergerichts klarstellende ergänzende Angaben macht, die falsch sind.[206] Bei den Angaben geht es nur um solche, die § 6 Abs. 2 S. 3 und 4 vorschreibt. Andere falsche oder unvollständige Angaben, die in der Versicherung enthalten sind, unterliegen nicht dem Strafschutz des § 82 Abs. 1 Nr. 5. Straflos bleibt es auch, wenn ein Geschäftsführer entgegen der Verpflichtung des § 8 Abs. 3 S. 1 überhaupt keine Versicherung abgibt.[207]

72 § 6 Abs. 2 legt fest, wer Geschäftsführer sein darf und schließt natürliche Personen von diesem Amt auf eine gewisse Dauer aus, die wegen einer Straftat nach den §§ 283

---

[203] Vgl. § 6 Rn. 19; OLG Naumburg ZIP 2000, 622.
[204] Rn. 11; *Baumbach/Hueck/Schulze-Osterloh* Rn. 53.
[205] BayObLG BB 1984, 238; *Lutter/Hommelhoff* Rn. 17.
[206] Vgl. BayObLGZ 1981, 396, 399 = DB 1982, 273.
[207] *Scholz/Tiedemann* Rn. 127; *Hachenburg/Kohlmann* Rn. 94; *Baumbach/Hueck/Schulze-Osterloh* Rn. 50; *Lutter/Hommelhoff* Rn. 17.

Falsche Angaben **§ 82**

bis 283d StGB, also wegen einer Insolvenzstraftat, rechtskräftig verurteilt oder gegen die durch ein rechtskräftiges Urteil oder eine vollziehbare Entscheidung einer Verwaltungsbehörde ein Berufsverbot ausgesprochen worden ist (vgl. dazu § 6 Rn. 16–18). Durch diese Vorschrift soll verhindert werden, dass ein Geschäftsführer (oder Liquidator) alsbald nach seiner Verurteilung oder nach Erlass eines Berufsverbots unter dem Deckmantel einer anonymen Kapitalgesellschaft seine Geschäfte wieder aufnehmen und hierdurch Dritte gefährden kann. Diese Verschärfung der **Eignungsvoraussetzungen** von Geschäftsführern und Liquidatoren beruht auf einer Empfehlung der Kommission zur Bekämpfung der Wirtschaftskriminalität (Begr. BT-Drucks. 8/1347, S. 31).

Zu den **Insolvenzstraftaten** gehören nach der ausdrücklichen Festlegung des § 6 Abs. 2 nur die Tatbestände der §§ 283 bis 283d StGB. Dieser die Eignung als Geschäftsführer ausschließende Umstand hat deshalb nur eine eingeschränkte Wirkung. Der Gesetzgeber hat bei der Schaffung des § 6 Abs. 2 übersehen, dass das Beiseiteschaffen von Vermögenswerten im eigenen Interesse des Organmitgliedes kein Bankrottdelikt sondern Untreue ist.[208] Eine Ausdehnung der Versicherungspflicht nach § 6 Abs. 2 auch auf den Tatbestand des § 266 StGB könnte zivilrechtlich im Wege einer richterlichen Rechtsfortbildung in Erwägung gezogen werden, weil es hierbei lediglich um eine andere rechtliche Einordnung eines gleichartigen Verhaltens geht. Im strafrechtlichen Bereich scheitert eine solche Rechtsfortbildung an dem Bestimmtheitsgebot des Art. 103 Abs. 2 GG, der auch für die Ausfüllungsvorschrift gilt. Aus der gleichen Erwägung können strafrechtliche Verurteilungen ausländischer Gerichte, auch wenn ein den §§ 283 ff. StGB vergleichbarer Tatbestand zugrundeliegt, nicht berücksichtigt werden.[209] Derartige Verurteilungen werden zwar nach Maßgabe des § 54 BZRG im Bundeszentralregister eingetragen und nach § 56 BZRG wie Eintragungen von Verurteilungen durch deutsche Gerichte behandelt. Auslandstaten könnten aber hier als Vortaten nur erfasst werden, wenn dies, wie etwa in §§ 66 Abs. 3 oder 261 Abs. 8 StGB, ausdrücklich gesetzlich bestimmt wäre.

Als **Berufsverbot** gilt jede Untersagung der Ausübung eines Berufes, eines Berufszweigs, eines Gewerbes oder eines Gewerbezweiges (vgl. § 70 Abs. 1 StGB). Bei einer Insolvenzstraftat erstreckt sich die Nichteignung als Geschäftsführer oder als Liquidator auf alle Gesellschaften, gleichgültig welcher Berufs- oder Geschäftszweig Unternehmensgegenstand ist. Bei einem Berufsverbot kommt es dagegen darauf an, für welchen Berufs- oder Gewerbezweig das Verbot ausgesprochen worden ist. Eine Bestellung als Geschäftsführer oder Liquidator ist nur in solchen Gesellschaften ausgeschlossen, bei denen die Art der geschäftlichen Tätigkeit ganz oder teilweise mit dem Gegenstand des Unternehmens übereinstimmt (§ 6 Abs. 2 S. 4). Der Beruf oder der Berufszweig und das Gewerbe oder der Gewerbezweig, auf den sich das Verbot erstreckt, muss in dem Urteil genau bezeichnet sein.[210] Ist das bei einem rechtskräftigen Urteil nicht in dem von der Rechtsprechung geforderten Umfang der Fall, berechtigt das den Geschäftsführer allerdings nicht, eine unrichtige Versicherung abzugeben. Schwierig wird es aber dann, den Unternehmensgegenstand genau zu bestimmen, für den das Berufsverbot gilt. Das kann unter Umständen zu einem unvermeidbaren Subsumtionsirrtum

---

[208] Vgl. Vor §§ 82–85 Rn. 28; dazu auch *Tiedemann,* FS Dünnebier, 1982, S. 522; *Uhlenbruck* KTS 1980, 319, 320 f.; *Labsch* wistra 1985, 1, 9.
[209] LG Köln NJW-RR 1995, 553; aA OLG Naumburg ZIP 2000, 622, 625; *Scholz/Schneider* § 6 Rn. 20.
[210] Vgl. OLG Karlsruhe wistra 1995, 195 = NStZ 1995, 446 m. Anm. *Stree; Schönke/Schröder/ Stree* § 70 Rn. 15, 16; *Tröndle/Fischer* § 70 Rn. 10.

führen. Ein nach § 132a StPO angeordnetes vorläufiges Berufsverbot braucht nach dem Wortlaut des § 6 Abs. 2 nicht angegeben zu werden, weil es durch gerichtlichen Beschluss und nicht durch gerichtliches Urteil verhängt wird.[211] Diese Rechtslage ist unbefriedigend, weil das vorläufige Berufsverbot ebenso wirksam ist wie ein durch Urteil (§ 132a Abs. 1 S. 2 StPO iVm. § 70 Abs. 3 StGB) oder vollziehbare Entscheidung einer Verwaltungsbehörde angeordnetes Verbot und die Zeit des vorläufigen Berufsverbots sich auf die Dauer eines endgültig verhängten zeitlichen Berufsverbots auswirkt (§ 70 Abs. 2 und Abs. 4 S. 2 StGB). Ein nach § 70a StGB nachträglich zur Bewährung ausgesetztes Berufsverbot ist nicht iS des § 6 Abs. 2 wirksam und braucht deshalb nach § 8 Abs. 3 ebenfalls nicht angegeben zu werden.[212] So macht sich auch – anders als bei einem vorläufigen Berufsverbot – derjenige, der seinen Beruf ausübt, während die Maßregel nach § 70a StGB ausgesetzt ist, nicht nach § 145c StGB wegen Verstoßes gegen das Berufsverbot strafbar.[213] Als gerichtliches Berufsverbot sind auch die ehrengerichtliche Ausschließung aus der Rechtsanwaltschaft (§ 114 Abs. 1 Nr. 5 BRAO) oder andere ehrengerichtliche Anordnungen anzusehen, welche die Berufsausübung untersagen. Ebenso ein Berufsverbot, das in einem verwaltungsgerichtlichen Urteil enthalten ist.[214] Verwaltungsbehörden können zB nach § 35 GewO oder nach gewerberechtlichen Spezialregelungen die Ausübung eines Gewerbes untersagen.[215] Allerdings führt ein nach § 35 Abs. 1 GewO gegen die GmbH (und nicht gegen deren Geschäftsführer) verhängtes Gewerbeverbot nicht zu einer Amtsunfähigkeit des Geschäftsführers.[216] Wenn die Verwaltungsbehörde keine Maßnahme nach § 35 Abs. 1 GewO trifft, sondern lediglich nach § 16 Abs. 3 HandwO untersagt, einen konkreten Betrieb fortzuführen, ist dies nicht als ein zur Amtsunfähigkeit führendes Gewerbeverbot anzusehen.[217]

75 Als **Dauer für die Nichteignung** setzt § 6 Abs. 2 fünf Jahre seit Rechtskraft oder den Zeitraum an, in dem das Berufsverbot wirksam ist. In die Fünfjahresfrist wird die Zeit nicht eingerechnet, in welcher der Täter auf behördliche Anordnung in einer Anstalt verwahrt worden ist. Ist die Tilgungsreife nach den Vorschriften des BZRG schon vor Ablauf der Frist eingetreten, muss das Berufsverbot nach § 8 Abs. 3 dennoch als Umstand angegeben werden, der der Bestellung entgegensteht.[218] Das Berufsverbot des § 70 StGB kann für die Dauer von einem Jahr bis zu fünf Jahren, aber auch auf Lebenszeit angeordnet werden (zu den Voraussetzungen vgl. Rn. 122).

X. Kapitalherabsetzungsschwindel (Abs. 2 Nr. 1)

76 **Täter** dieses Tatbestandes kann nur ein Geschäftsführer sein (vgl. zu diesem Begriff Rn. 10–14). Ein Liquidator, der in der Abwicklungsphase eine Kapitalherabsetzung anmeldet, kann nicht Täter sein.[219] Das wäre eine unzulässige Erweiterung des Täter-

---

[211] Im Ergebnis ebenso § 6 Rn. 18; *Scholz/Tiedemann* Rn. 123; *Scholz/Schneider* § 6 Rn. 22; *Baumbach/Hueck/G. Hueck/Fastrich* § 6 Rn. 11; *Hachenburg/Ulmer* § 6 Rn. 13.
[212] *Scholz/Tiedemann* Rn. 123; *Scholz/Schneider* § 6 Rn. 22; *Hachenburg/Ulmer* § 6 Rn. 13.
[213] *Tröndle/Fischer* § 145c Rn. 2.
[214] *Erbs/Kohlhaas/Fuhrmann* AktG § 399 Anm. 9b; Kölner KommAktG/*Geilen* § 399 Rn. 158.
[215] Vgl. dazu § 6 Rn. 18; *Eyermann* JuS 1964, 269; *Richter* GmbHR 1984, 137, 150.
[216] BayObLGZ 1986, 197 = NJW-RR 1986, 1362; *Scholz/Schneider* § 6 Rn. 22.
[217] BVerwG DÖV 1971, 465; BayObLG 1986, 197 = NJW-RR 1986, 1362; *Scholz/Schneider* § 6 Rn. 22; *Baumbach/Hueck/G. Hueck/Fastrich* § 6 Rn. 11; *Hachenburg/Ulmer* § 6 Rn. 14.
[218] *Hachenburg/Kohlmann* Rn. 95; *Kohlmann/Löffeler* Rn. 49.
[219] Vgl. *Scholz/Tiedemann* Rn. 44; *Baumbach/Hueck/Schulze-Osterloh* Rn. 65; *Roth/Altmeppen* Rn. 16; *Erbs/Kohlhaas/Schaal* GmbHG Rn. 45; s. auch Rn. 55.

Falsche Angaben **§ 82**

kreises, die von dem Tatbestand nicht gedeckt wird (Art. 103 GG). Die bisher vertretene weitergehende Auffassung wird aufgegeben.

Tathandlung ist die Abgabe einer unwahren Versicherung über die Befriedigung 77 oder Sicherstellung der Gläubiger zum Zweck der Herabsetzung des Stammkapitals. Damit verweist dieser Tatbestand auf § 58 als Ausfüllungsvorschrift (vgl. Rn. 5), der eine Herabsetzung des Stammkapitals (zum Begriff vgl. § 58 Rn. 1 ff.) nur unter bestimmten Voraussetzungen zulässt. Auf die vereinfachte Kapitalherabsetzung nach § 58a findet dieser Tatbestand dagegen keine Anwendung. Die §§ 58a bis 58f sind im Zuge der Insolvenzrechtsreform (vgl. hierzu § 58a Rn. 1) in Anlehnung an §§ 228ff. AktG in das GmbHG eingefügt worden. Diese Vorschriften ermöglichen die vereinfachte Kapitalherabsetzung zum Ausgleich von Wertminderungen oder zur Deckung sonstiger Verluste, also auch einer Unterbilanz, ohne dass insbesondere die Einhaltung eines Sperrjahres erforderlich ist. Da hierbei Gesellschaftsvermögen nicht verfügbar, sondern lediglich nominell herabgesetzt wird (ähnlich der ebenfalls nur nominell wirkenden Kapitalerhöhung aus Gesellschaftsmitteln nach § 57c), erschien das Sperrjahr zur Gläubigersicherung nicht erforderlich. Weggefallen ist aber auch die zum Schutz der Gläubiger vorgesehene Versicherung nach § 58 Abs. 1 Nr. 4, dass alle Gläubiger, die sich gemeldet haben, befriedigt oder sichergestellt sind. Demzufolge scheidet die Möglichkeit einer Strafbarkeit nach § 82 Abs. 2 Nr. 1 von vornherein aus. Zum Zweck der Herabsetzung des Stammkapitals heißt: „Zum Zweck der Eintragung einer Herabsetzung des Stammkapitals" (vgl. näher Rn. 25). Die Versicherung muss nach § 58 Abs. 1 Nr. 4 gegenüber dem Registergericht abgegeben werden. Das hat für die Vollendung der Tat (Rn. 101) und für die innere Tatseite (Rn. 97) Bedeutung.

Eine **unwahre Versicherung** gibt der Täter ab, wenn er in ihr falsche Angaben 78 macht; gleichgültig ob er dazu gesetzlich verpflichtet war oder sie nur zur Erläuterung der vorgeschriebenen Angaben freiwillig macht.[220] Ebenso wie bei der Kapitalerhöhung[221] muss die Versicherung des Geschäftsführers das Registergericht in die Lage versetzen, die gesetzlichen Voraussetzungen einer Kapitalherabsetzung anhand der in der Versicherung mitgeteilten Tatsachen zu überprüfen. Die Angaben müssen daher vollständig sein. Die Tathandlung der unwahren Versicherung ist deshalb in ihrem Gehalt mit der falschen Angabe in § 82 Abs. 1 vergleichbar. Unwahr ist die Versicherung, wenn die in ihr enthaltenen Angaben nicht mit der objektiven Wahrheit übereinstimmen (vgl. zum Begriff der falschen Angaben näher Rn. 17ff.).

Die Herabsetzung des Stammkapitals setzt voraus, dass der dahingehende **Gesell-** 79 **schafterbeschluss** in der Form des § 30 Abs. 2 **bekanntgemacht** wird (§ 58 Abs. 1 Nr. 1). Unwahr ist die Versicherung, wenn die Geschäftsführer verschweigen, dass die nach § 58 Abs. 1 Nr. 1 erforderliche Bekanntmachung (vgl. § 58 Rn. 22, 23) nicht oder nicht richtig erfolgt ist. Da die Meldung tatsächlich nur möglich ist, wenn der Herabsetzungsbeschluss dem Gläubiger bekannt gemacht worden ist, gehört die Angabe der ordnungsgemäßen Bekanntmachung zu den Tatsachen, welche die Versicherung enthalten muss.[222]

Bei der Anmeldung des Herabsetzungsbeschlusses zum Handelsregister müssen die 80 Geschäftsführer der Gesellschaft versichern, dass die Gläubiger der Gesellschaft, welche

---

[220] Ebenso *Scholz/Tiedemann* Rn. 131.
[221] Vgl. dazu BayObLG GmbHR 1986, 159 = NJW-RR 1986, 1088; 1986, 160 = BB 1986, 760 = BayObLGZ 1986, 41; OLG Celle NJW-RR 1986, 1482; OLG Hamm BB 1987, 358.
[222] Vgl. § 58 Rn. 36; *Scholz/Tiedemann* RdNr 133; *Kohlmann/Löffeler* Rn. 119; ähnlich *Baumbach/Hueck/Schulze-Osterloh* Rn. 62; aA *Lutter/Hommelhoff* Rn. 18.

§ 82   6. Abschnitt. Schlussbestimmungen

sich gemeldet und der Herabsetzung widersprochen haben, befriedigt oder sichergestellt worden sind (§ 58 Abs. 1 Nr. 4). **Gläubiger** ist jeder, der Forderungen gegen die Gesellschaft hat oder dem sonst Ansprüche gegen sie zustehen.[223] Eine Befriedigung oder Sicherstellung der Gläubiger ist nur erforderlich, wenn sie sich bei der Gesellschaft gemeldet haben (§ 58 Abs. 1 Nr. 4); nur diese Gläubiger meint der Tatbestand des § 82 Abs. 2 Nr. 1, weil er sich auf die Ausfüllungsvorschrift des § 58 bezieht. Die in der Versicherung enthaltenen Angaben sind unrichtig, wenn die Geschäftsführer Gläubiger nicht anführen, die Ansprüche geltend gemacht haben.

81   Ob die Ansprüche von der Gesellschaft bestritten werden, ist ohne Bedeutung.[224] Allerdings ist der Umfang der Versicherungspflicht nach § 58 nicht völlig abgesichert. Übereinstimmung besteht darin, dass auch **bestrittene Forderungen** grundsätzlich sicherzustellen sind. Wenn die geltend gemachten Forderungen offensichtlich unbegründet sind oder die Geschäftsführer nach sorgfältiger Prüfung zu dem Ergebnis kommen, dass sie nicht bestehen, soll die Versicherung nach überwiegender Auffassung uneingeschränkt abgegeben werden dürfen.[225] In strafrechtlicher Hinsicht wird hieraus teilweise der Schluss gezogen, dass der Geschäftsführer sich hinsichtlich des Merkmals „Gläubiger" in einem Tatbestandsirrtum befunden habe, wenn sich später dennoch herausstelle, dass die Forderung bestehe, und deshalb straffrei sei.[226] Richtig ist, dass ein solches Verhalten den Straftatbestand des § 82 erfüllt. Ob ein entsprechender Irrtum des Betroffenen angenommen oder statt dessen zumindest bedingter Vorsatz bejaht würde, wäre eine Frage der tatrichterlichen Beweiswürdigung. Ist die angemeldete Forderung aus tatsächlichen oder rechtlichen Gründen aus der Sicht des Geschäftsführers zweifelhaft, empfiehlt sich deshalb eine Sicherstellung. Auch wenn der Geschäftsführer eine Forderung für offensichtlich unbegründet hält, geht er mit der Nichtmeldung ein strafrechtliches Risiko ein.[227] Er muss deshalb zumindest einen Vorbehalt in die Versicherung aufnehmen, wonach die Forderung bestritten werde und aus diesem Grunde der Gläubiger weder befriedigt noch sichergestellt worden sei.

82   **Befriedigung** heißt, dass die Ansprüche des Gläubigers erfüllt worden sind; die **Sicherstellung** muss nach den §§ 232 bis 240 BGB erfolgen (§ 58 Rn. 31). Unwahr ist die Versicherung, wenn die Gesellschaftsgläubiger in Wahrheit nicht, oder nicht ausreichend befriedigt oder sichergestellt worden sind. In der Versicherung muss auch mitgeteilt werden, ob und wie die Befriedigung oder Sicherstellung bewirkt worden ist. Andernfalls ist die Versicherung unvollständig.[228]

XI. Schwindel durch öffentliche Mitteilungen über die Vermögenslage (Abs. 2 Nr. 2)

83   Dieser Tatbestand ähnelt in seiner Ausgestaltung § 400 Abs. 1 Nr. 1 AktG und soll mit seiner Strafdrohung neben den zivilrechtlichen Schutzvorschriften sicherstellen, dass bestimmte Erklärungen des von ihm erfassten Personenkreises über die Vermögenslage der GmbH richtig und vollständig sind (vgl. Rn. 1, 2).

---

[223] *Scholz/Tiedemann* Rn. 132; *Hachenburg/Kohlmann* Rn. 105; *Baumbach/Hueck/Schulze-Osterloh* Rn. 62; *Meyer-Landrut/Miller/Niehus* Rn. 8; einschränkend *Zimmermann* § 58 Rn. 26.
[224] *Baumbach/Hueck/Schulze-Osterloh* Rn. 62; *Lutter/Hommelhoff* Rn. 18; *Meyer-Landrut/Miller/Niehus* Rn. 8; ebenso *Müller-Gugenberger/Schmid* § 50 Rn. 41.
[225] Vgl. § 58 Rn. 27, 35; *Hachenburg/Ulmer* Rn. 54; *Meyer-Landrut/Miller/Niehus* Rn. 24; aA *Roth/Altmeppen* Rn. 23; jeweils zu § 58.
[226] *Scholz/Tiedemann* Rn. 132, 179; *Hachenburg/Kohlmann* Rn. 105; *Kohlmann/Löffeler* Rn. 118.
[227] *Scholz/Tiedemann* Rn. 132; *Baumbach/Hueck/Schulze-Osterloh* Rn. 62.
[228] *Meyer-Landrut/Miller/Niehus* Rn. 8.

Falsche Angaben **§ 82**

Täter dieses Tatbestandes können Geschäftsführer, Liquidatoren und Mitglieder des 84
Aufsichtsrats oder eines ähnlichen Organs sein (vgl. zu diesen Merkmalen Rn. 7 ff.).
Sanierer, Bankangestellte oder sonstige Dritte können nur Anstifter oder Gehilfen
sein.[229] Die Täter müssen aber in ihrer Eigenschaft als Organ handeln; rein private Erklärungen sind nicht tatbestandsmäßig. Die Täter müssen mindestens auch im Interesse der Gesellschaft tätig werden.[230] Abgrenzungsschwierigkeiten können auch bei einer Doppelfunktion entstehen. Zu Aufsichtsratsmitgliedern werden in der Regel Personen bestellt, die über Erfahrungen im Wirtschaftsleben verfügen und die im Hauptberuf andere Funktionen ausüben, etwa als Vorstandsmitglied einer Bank. Auch ist es denkbar, dass ein Geschäftsführer gleichzeitig Geschäftsführer einer anderen Gesellschaft, etwa einer GmbH & Co. KG ist. Bei ihnen kommt es darauf an, in welcher Eigenschaft sie die für § 82 maßgeblichen Erklärungen abgegeben haben.[231] Wird die Erklärung für die andere Gesellschaft abgegeben, so scheidet Strafbarkeit nach § 82 aus. Es kommt dann aber eine Bestrafung wegen betrügerischen Verhaltens in Betracht, wenn die Erklärung zu einem Schaden geführt hat.

Tathandlung ist die unwahre Darstellung oder Verschleierung der Vermögenslage 85
der Gesellschaft in einer öffentlichen Mitteilung. Da durch das BiRiLiG die unrichtige Darstellung oder Verschleierung von Gesellschaftsverhältnissen, zu denen auch die Vermögenslage gehört, allgemein für alle Kapitalgesellschaften in § 331 Nr. 1 HGB unter Strafe gestellt worden ist (vgl. Rn. 3 und Vor §§ 82–85 Rn. 33 ff.), ist der Tatbestand des Abs. 2 Nr. 2 subsidiär ausgestaltet worden (vgl. näher Rn. 118).

1. Öffentliche Mitteilungen. Öffentliche Mitteilungen sind (schriftliche oder 86
mündliche) Erklärungen, die sich – unmittelbar oder mittelbar – an einen unbestimmten Personenkreis richten; sie müssen einer nach Zahl und Zusammensetzung unbestimmten Mehrheit von Personen wahrnehmbar sein.[232] Ähnlich der öffentlichen Ankündigung in § 399 Abs. 1 Nr. 3 AktG sind sie nicht mit den öffentlichen Bekanntmachungen des § 4 UWG gleichzusetzen,[233] sondern erfassen auch tatsächliche Angaben, die sich an einen bestimmten begrenzten Teil der Öffentlichkeit, wie zB dem Kundenkreis einer Bank oder eines Anlageberaters oder an die Gläubiger der Gesellschaft wenden, wenn es sich bei ihnen nicht nur um einzelne Personen, sondern um eine größere Gruppe von Personen handelt. Sie müssen aber nach außen gerichtet sein; interne Mitteilungen, die für Außenstehende nur zugänglich, nicht aber bestimmt sind (wie etwa Rundschreiben an die Gesellschafter), gehören nicht dazu.[234] Ebenso nicht Mitteilungen, die sich an einzelne außenstehende Personen richten.[235] Mitteilungen an die Gläubiger der Gesellschaft sind nur öffentlich, wenn es sich um eine größere Anzahl handelt.[236] So bei einer Publikums-GmbH & Co. KG für Mitteilungen an alle Kommanditisten.[237] Ob die öffentliche Mitteilung von den Personen zur Kenntnis ge-

---

[229] Vgl. Rn. 105 ff.; *Scholz/Tiedemann* Rn. 138.
[230] RGSt. 5, 146, 149; 45, 210, 211, 212; *Scholz/Tiedemann* Rn. 159; *Hachenburg/Kohlmann* Rn. 118; aA *Lutter/Hommelhoff* Rn. 23.
[231] Vgl. Kölner KommAktG/*Geilen* § 400 Rn. 16; *Kohlmann/Löffeler* Rn. 65.
[232] RGSt. 58, 53.
[233] Vgl. dazu *Erbs/Kohlhaas/Diemer* UWG § 4 Rn. 57.
[234] *Scholz/Tiedemann* Rn. 140 f.; *Baumbach/Hueck/Schulze-Osterloh* Rn. 72; *Roth/Altmeppen* Rn. 18; *Meyer-Landrut/Miller/Niehus* Rn. 9; wohl auch *Kohlmann/Löffeler* Rn. 58, 59.
[235] *Scholz/Tiedemann* Rn. 140; *Hachenburg/Kohlmann* Rn. 116; *Baumbach/Hueck/Schulze-Osterloh* Rn. 72.
[236] *Richter* GmbHR 1984, 113, 116 f.; *Kohlmann/Löffeler* Rn. 62.
[237] *Scholz/Tiedemann* Rn. 142.

§ 82   6. Abschnitt. Schlussbestimmungen

nommen worden ist, an die sie sich richtet, ist für die Frage der Tatbestandserfüllung ohne Bedeutung. Ebenso ist belanglos, ob die für die Veröffentlichung bestimmten und hergestellten Mitteilungsträger in den Verkehr gebracht worden sind. Wesentlich ist allein, dass sie an die „Außenwelt" gelangt sind.[238]

87 Unter den Begriff der öffentlichen Mitteilung fallen **beispielsweise** deshalb Veröffentlichungen (auch Inserate) in Zeitungen, Zeitschriften oder anderen Druckschriften, wie Prospekten, Postwurfsendungen oder Rundschreiben an alle oder einen großen Teil der Gläubiger, der Aushang in Schalterräumen, in Büros oder Schaufenstern von Banken, Sparkassen, anderen Kreditinstituten oder Anlageberatern. Ferner gehören dazu mündliche Mitteilungen im Rundfunk oder Fernsehen, auch in öffentlichen Vorträgen bei entsprechenden öffentlichen Veranstaltungen. Nicht dagegen Mitteilungen in einer Gesellschafterversammlung oder im Aufsichtsrat, es sei denn, dass zu diesen Veranstaltungen die Presse zugelassen ist.[239] Gleiches gilt für Mitteilungen in dem Betriebsrat, in einem Beirat oder in einem anderen Überwachungs- oder Beratungsorgan.[240] Auch Mitteilungen an eine Bank (zB zur Erlangung eines Kredits) oder an das Finanzamt sind keine öffentlichen Mitteilungen.[241] Mitteilungen an das Handelsregister sind mittelbar der Öffentlichkeit zugängliche Erklärungen; sie gelten als öffentliche Mitteilungen.[242]

88 **2. Unwahre Darstellung der Vermögenslage.** Die unwahre Darstellung der **Vermögenslage** kann sich aus Berichten und Übersichten jeder Art ergeben, die sich auf den Vermögensstand der Gesellschaft beziehen. Dazu zählen Lageberichte, Bilanzen und alle Erklärungen, die über die Vermögensverhältnisse der Gesellschaft Auskunft geben. Zu den Vermögensverhältnissen gehören nicht nur die einzelnen (aktiven oder passiven) Bilanzposten, sondern auch Umstände, die für die Kreditwürdigkeit der Gesellschaft oder für deren künftige wirtschaftliche Entwicklung bedeutsam sind; zB Investitionsentscheidungen, nichtbilanzfähige Vermögenswerte, wie know how und Vertragsabschlüsse, Fusionsabsichten oder die geplante Art eines Betriebskredites.[243] Auch Einzelheiten eines Sanierungsplans.[244] Da der Tatbestand des Abs. 2 S. 2 – anders als § 400 Abs. 1 AktG – nur von Vermögenslage spricht, fallen andere Verhältnisse der Gesellschaft, die nicht ihre Vermögenslage berühren, wie zB Veruntreuungen des Geschäftsführers, wenn die Ersatzansprüche der Gesellschaft mit richtiger Bewertung in der Bilanz enthalten sind,[245] nicht unter diesen Tatbestand.[246]

89 Unwesentlich ist es, ob die Angaben ein günstiges oder ungünstiges Bild über die Vermögensverhältnisse der Gesellschaft ergeben. Auch wirtschaftlich ungünstige Berichte können Außenstehende bei ihren wirtschaftlichen Entscheidungen hinsichtlich der Gesellschaft beeinflussen.[247] **Unwahr** ist die Darstellung der Vermögenslage, wenn die in ihr enthaltenen Angaben objektiv unrichtig sind. Hier gelten dieselben Grundsätze, wie bei den falschen Angaben (Rn. 17 ff.). Wer im Rahmen seiner Mitteilung

---

[238] Vgl. RGSt. 40, 122, 130.
[239] Ebenso *Baumbach/Hueck/Schulze-Osterloh* Rn. 72; *Kohlmann/Löffeler* Rn. 59.
[240] *Meyer-Landrut/Miller/Niehus* Rn. 9.
[241] *Scholz/Tiedemann* Rn. 141.
[242] OLG Jena NStZ 1998, 307, 308 = wistra 1998, 73; *Hachenburg/Kohlmann* Rn. 115; *Scholz/Tiedemann* Rn. 143; *Baumbach/Hueck/Schulze-Osterloh* Rn. 72; *Lutter/Hommelhoff* Rn. 21.
[243] *Scholz/Tiedemann* Rn. 147.
[244] *Richter* GmbHR 1984, 113, 116.
[245] Vgl. RGSt. 38, 195, 197.
[246] *Baumbach/Hueck/Schulze-Osterloh* Rn. 73.
[247] Vgl. *Hachenburg/Kohlmann* Rn. 123 mit Beispielen.

Falsche Angaben **§ 82**

einen erheblichen Umstand verschweigt, macht eine unvollständige Aussage, die insgesamt falsch ist, wenn nur die Offenbarung des erheblichen Umstandes ihren wahren Gehalt erkennen lässt. Der Täter bringt in einem solchen Fall mit seinem Verhalten schlüssig zum Ausdruck, dass seine Äußerung einen anderen Inhalt hat, als dieser in Wirklichkeit ist. Diesen Schluss hat die Rechtsprechung schon früh gezogen.[248] Er ist auch im Schrifttum anerkannt.[249] So kann, wenn die Handelsbilanz wegen der Forderung eines Gläubigers der GmbH eine Überschuldung ausweist, das Nichterwähnen eines bestehenden Rangrücktritts tatbestandsmäßig sein.[250]

Darüber hinaus ist eine unrichtige Wiedergabe durch **Unterlassen** nach § 13 StGB 90 strafbar, wenn der Täter aufgrund einer Garantenstellung zur Offenbarung eines bestimmten Umstandes verpflichtet ist. So kann beispielsweise ein Geschäftsführer den Tatbestand des § 82 Abs. 2 Nr. 2 erfüllen, wenn er seiner Verpflichtung, gegen falsche Darstellungen über die Vermögenslage der Gesellschaft einzuschreiten, nicht nachkommt und das tatbestandsmäßige Verhalten eines anderen Organmitgliedes nicht verhindert.[251] Ebenso wenn der Täter zunächst unvorsätzlich, aber unter Verstoß gegen seine Sorgfaltspflicht (vgl. § 43 Rn. 7 ff.), eine falsche Darstellung gegeben hat und diese nicht berichtigt, nachdem ihm die Unrichtigkeit bewusst geworden ist.[252]

3. Verschleierung der Vermögenslage. Eine Verschleierung der Vermögenslage 91 liegt vor, wenn die Angaben über die Vermögensverhältnisse der Gesellschaft in ihrem tatsächlichen Kern richtig sind, also nicht im Gegensatz zur objektiven Wahrheit stehen, ihrem äußeren Anschein nach aber geeignet sind, die Verhältnisse inhaltlich anders darzustellen, als sie in Wahrheit sind. Eine Verschleierung ist eine Darstellung, welche die wahren Tatsachen undeutlich oder unkenntlich macht, ihr Gesamtbild verfälscht und dadurch zu einer unrichtigen Beurteilung der Sachlage führt.[253] Beurteilungsmaßstab ist dabei der bilanzkundige Leser.[254] Die Tatbestandsmerkmale der unwahren Darstellung und der Verschleierung der Vermögenslage sind nicht in allen Fällen deutlich voneinander abzugrenzen, weil bei einem Verschweigen erheblicher Umstände sowohl der Gesamtgehalt der Aussage unrichtig wiedergegeben, wie auch das Gesamtbild der Mitteilung verfälscht und damit verschleiert werden kann. Eine scharfe Grenzziehung zwischen unwahrer Darstellung und Verschleierung ist daher nicht möglich.[255] Das Merkmal des Verschleierns hat im Strafverfahren vorwiegend beweiserleichternde Bedeutung, weil dem Täter damit häufig die Einlassung abgeschnitten wird, seine Darstellung sei zwar „geschickt", aber nicht unwahr.[256]

4. Beispiele aus der Rechtsprechung. Die öffentliche Mitteilung enthält eine 92 unwahre Darstellung oder Verschleierung der Vermögenslage der Gesellschaft, wenn durch sie ein unrichtiges Gesamtbild ihrer Vermögensverhältnisse hervorgerufen wird.

---

[248] RGSt. 43, 407, 416; 49, 358, 363.
[249] Erbs/Kohlhaas/Fuhrmann AktG § 400 Anm. 3; Heymann/Otto § 331 Rn. 28; Kohlmann/Löffeler Rn. 70.
[250] Hartung NJW 1995, 1186, 1190 f.
[251] Vgl. RGSt. 38, 195, 200; 45, 210, 214; 49, 239, 241; Ransiek ZGR 1992, 203, 218 f.; Scholz/Tiedemann Rn. 158; Baumbach/Hueck/Schulze-Osterloh Rn. 87; Heymann/Otto § 331 Rn. 38; Kohlmann/Löffeler Rn. 72.
[252] Scholz/Tiedemann Rn. 158; weitergehend Hachenburg/Kohlmann Rn. 124; Kohlmann/Löffeler Rn. 71.
[253] RGSt. 37, 433, 434; 41, 293, 300; Baumbach/Hueck/Schulze-Osterloh Rn. 75.
[254] RGSt. 68, 346, 349; Scholz/Tiedemann Rn. 154.
[255] Vgl. RGSt. 37, 433, 434.
[256] Scholz/Tiedemann Rn. 156; Baumbach/Hueck/Schulze-Osterloh Rn. 75.

§ 82   6. Abschnitt. Schlussbestimmungen

Das **Gericht hat** deshalb **alle** hierfür **wesentlichen Fakten festzustellen.** Dazu gehört bei einem Jahresabschluss grundsätzlich die Kenntnis der Jahresbilanz sowie der Gewinn- und Verlustrechnung, gegebenenfalls auch des Geschäftsberichts.[257] Ein Geschäftsbericht muss alle Tatsachen oder Umstände enthalten, die nach vernünftigem Ermessen bei Berücksichtigung der Anschauungen des Verkehrs zur Beurteilung der gesamten Geschäftslage des Unternehmens von Bedeutung sind.[258] Dazu gehört, dass auf den Unterschied zwischen dem Anschaffungswert und dem Warenwert des Betriebsgegenstandes hingewiesen wird.[259]

93   Die Vermögenslage der Gesellschaft wird **unwahr dargestellt,** wenn Grundstücke, Gegenstände des Anlagevermögens, Warenbestände oder sonstige Vermögenswerte falsch bewertet, oder wenn zu hohe oder zu geringe Abschreibungen vorgenommen werden.[260] Die Bilanz muss den in Betracht kommenden Bilanzierungsvorschriften des HGB und des GmbHG entsprechen (§ 42 Rn. 1 ff.). Zweck der Vorlage der Bilanz ist es, den Vermögensstand der Gesellschaft richtig und zuverlässig für den Zeitpunkt darzulegen und festzustellen, auf den sich die Bilanz bezieht.[261] Die Bilanz darf nicht so gestaltet sein, dass sie in wesentlichen Punkten ein falsches Bild bietet und den Leser zu falschen Schlüssen über die Ertragslage und den Vermögensstand der Gesellschaft führt.[262] Ein unrichtiges Gesamtbild der Bilanz wird nicht nur durch die Aufnahme fiktiver, in Wirklichkeit nicht vorhandener Außenstände hervorgerufen, sondern auch durch unrichtige Schätzungen entsprechender Außenstände.[263] Unrichtig ist die Bilanz, wenn in ihr ein Grundstück als Eigentum (Sacheinlage) der Gesellschaft angeführt wird, obwohl es der Gesellschaft nie gehört hat,[264] wenn bestimmte wertvolle Vermögensstücke oder andere Vermögenswerte (auch Forderungen) in ihr nicht erscheinen, sondern als stille Reserven behandelt werden.[265] Nicht jeder Verstoß gegen die förmlichen Vorschriften über die Gliederungen der Bilanz macht diese ohne weiteres unrichtig oder bewirkt eine Verschleierung des Standes der Verhältnisse der Gesellschaft. Es kommt in jedem Fall darauf an, ob die Bilanz sachlich unrichtig ist. Ist die GmbH Inhaberin einer werthaltigen und alsbald fällig werdenden Forderung gegen eine Bank, so ist die Erklärung, die Gesellschaft könne über den Betrag bereits endgültig frei verfügen, keine unwahre Darstellung der Vermögenslage.[266] Die Vermögenslage wird von einem Unternehmen dagegen unrichtig dargestellt, welches durch einen „Sanierer" an die Gläubiger der GmbH mitteilen lässt, dass sich das Unternehmen zwar in wirtschaftlichen Schwierigkeiten befinde, dass aber von dritter Seite auf einem Anderkonto Beträge größeren Umfangs bereitgestellt seien, obwohl das nicht der Fall ist.[267] In solchen Fällen machen sich der Geschäftsführer oder die übrigen Verantwortlichen (Rn. 83) als Täter und der Sanierer als Gehilfe strafbar.

94   Eine unrichtige Darstellung liegt auch vor, wenn **erhebliche Umstände verschwiegen** werden, obwohl eine Offenbarungspflicht besteht, der die als Täter in Be-

---

[257] BGH StV 1982, 155, 156 m. Anm. *Jungfer.*
[258] RGSt. 41, 293, 298.
[259] RGSt. 41, 293, 298.
[260] Vgl. BGHSt. 13, 382, 383 = NJW 1960, 444.
[261] RGZ 112, 19, 23.
[262] RGSt. 49, 358, 363.
[263] RGSt. 37, 433, 435.
[264] RGSt. 43, 407, 416.
[265] RGSt. 62, 357, 359.
[266] OLG Jena NStZ 1998, 307 = wistra 1998, 73.
[267] OLG Stuttgart wistra 1984, 114 m. Anm. *Richter, ders.* GmbHR 1984, 113, 116; *Kohlmann/Löffeler* Rn. 62; *Müller-Gugenberger/Häcker* § 95 Rn. 81 ff.

Falsche Angaben **§ 82**

tracht kommenden Personen insbesondere für ihre „Darstellungen", „Übersichten" und „Vorträge" unterliegen.[268] So muss ein Geschäftsführer widersprechen, wenn in seiner Gegenwart ein anderer Mitgeschäftsführer den Vermögensstand unvollständig wiedergibt; tut er das nicht, ist er Mittäter.[269] Ihm muss aber mindestens iS eines bedingten Vorsatzes bewusst sein, dass die Darstellung falsch oder irreführend ist.[270] Das Mitglied eines Aufsichtsrats erkennt eine unwahre Darstellung des Geschäftsführers in der Bilanz stillschweigend an, wenn er sie in Kenntnis der Unrichtigkeit ohne den Hinweis darauf der Hauptversammlung vorlegt.[271] Das gilt auch für entsandte Aufsichtsratsmitglieder oder Arbeitnehmervertreter.

Eine **Verschleierung** liegt vor, wenn ein Bilanzkundiger die in der Bilanz darzustellende Geschäftslage aus ihr nicht oder kaum erkennen kann.[272] Voraktivierungen von erwarteten Gewinnen müssen als solche in der Bilanz erkennbar gemacht werden.[273] Passiva dürfen in der Bilanz nicht verschwiegen werden, während die damit in Verbindung stehenden Aktiva mitgeteilt werden.[274] 95

XII. Rechtswidrigkeit

Für die Rechtswidrigkeit gelten die allgemeinen Grundsätze des Strafrechts. Einwilligung und Weisungen durch die Gesellschafter sind strafrechtlich regelmäßig unbeachtlich, weil diese über die durch § 82 geschützten Rechtsgüter nicht verfügen dürfen (vgl. Rn. 1). Bei Abs. 2 Nr. 2 ist das Verschweigen ungünstiger Umstände und Ereignisse nicht deshalb erlaubt, weil ihr Bekanntwerden die Gesellschaft schädigen würde.[275] Dass die volle Offenbarung eines wichtigen Umstandes den Zusammenbruch der Gesellschaft bewirken kann, rechtfertigt aus diesem Grunde nicht eine unwahre Darstellung des Geschäftsberichts.[276] Eine Rechtfertigung nach § 34 StGB kann nur in ganz extremen Ausnahmefällen in Betracht kommen.[277] Wirtschaftliche Zwänge, wie zB ein ungerechtfertigter Boykott, können jedenfalls unwahre oder verschleierte Darstellungen über die Vermögenslage nicht nach § 34 StGB rechtfertigen.[278] In solchen Fällen kann zivilrechtlich gegen den Verursacher der wirtschaftlichen Zwänge vorgegangen werden. Auch die Strafverfolgungsbehörden können sich nicht allgemein auf diesen Rechtfertigungsgrund berufen, wenn bei dem Einsatz von Verdeckten Ermittlern Scheinfirmen gegründet und bei der Anmeldung zum Handelsregister falsche Angaben gemacht werden (vgl. Rn. 24). 96

XIII. Innerer Tatbestand

Alle Tatbestände des § 82 können nur **vorsätzlich** begangen werden; ein fahrlässiges Verhalten reicht nicht aus (§ 15 StGB). Vorsätzlich handelt der Täter, wenn er alle Merkmale des äußeren Tatbestandes kennt, also weiß, dass er zu dem Täterkreis ge- 97

---

[268] RGSt. 43, 407, 415; 49, 358, 363.
[269] Vgl. RGSt. 49, 239, 241; enger allerdings RGSt. 45, 210, 212, 214.
[270] RG JW 1935, 2427.
[271] Vgl. RGSt. 14, 80, 83; 37, 433, 435; 38, 195, 200.
[272] RGSt. 68, 346, 349.
[273] RGSt. 67, 349, 350.
[274] RG JW 1930, 2709.
[275] Vgl. RGSt. 49, 358, 363, 365.
[276] RGSt. 38, 195, 198.
[277] *Scholz/Tiedemann* Rn. 165.
[278] *Scholz/Tiedemann* Rn. 165; *Baumbach/Hueck/Schulze-Osterloh* Rn. 81; aA *Hachenburg/Kohlmann* Rn. 148; *Kohlmann/Löffeler* Rn. 91.

hört, an den sich der Tatbestand richtet, dass die Angaben, Versicherungen, Darstellungen unrichtig oder unvollständig sind, sich auf die im Gesetz genannten Gegenstände beziehen, und die Tat unter diesen Umständen begehen will. Wie bei allen Straftatbeständen, die kein wissentliches Verhalten verlangen, liegt ein vorsätzliches Handeln auch vor, wenn der Täter mit dem Eintreten des schädlichen Erfolges in der Weise einverstanden ist, dass er ihn billigend in Kauf nimmt oder dass er sich wenigstens mit der Tatbestandsverwirklichung abfindet; **bedingter Vorsatz** reicht.[279] Der Täter braucht deshalb die Unrichtigkeit oder Unvollständigkeit der von ihm gemachten Angaben, abgegebenen Versicherungen oder Darstellungen nur für möglich zu halten; zu kennen braucht er sie nicht. Bedingter Vorsatz kann zB vorliegen, wenn der Täter ohne ausreichende Prüfung die Angaben eines anderen übernimmt.[280] Eine **Absicht** zum Täuschen braucht er nicht zu haben.[281] Erforderlich ist jedoch bei den Tatbeständen, die voraussetzen, dass der Täter die falschen Angaben oder die unwahren Versicherungen zum Zweck der Eintragung in das Handelsregister machen muss (Abs. 1 Nr. 1 und 3, Abs. 2 Nr. 1), die Absicht, mit den Angaben oder der Versicherung die Eintragung zu erreichen.[282] Die Eintragung ist das Ziel, das der Täter mit seinem Handeln anstreben muss. Diesen Erfolg seines Handelns strebt er auch an, wenn er seinen Eintritt nur für möglich, aber nicht für sicher hält. Für das Tatbestandsmerkmal der Absicht kommt es nur darauf an, dass der Täter den angestrebten Erfolg unter allen Umständen verwirklichen will.[283]

98 Bei **Irrtum** finden die allgemeinen Grundsätze des Strafrechts über den Tatbestandsirrtum nach § 16 StGB und den Verbotsirrtum nach § 17 StGB Anwendung. Ein Tatbestandsirrtum liegt vor, wenn der Täter über einzelne Umstände des gesetzlichen Tatbestandes, d. h. über die Merkmale des äußeren Tatbestandes irrt. Er schließt ein vorsätzliches Handeln aus. Dabei ist zu beachten, dass bei blankettartig ausgebildeten Tatbeständen (vgl. Rn. 5) auch die Ausfüllungsvorschriften zum Tatbestand gehören. Einen Irrtum festzustellen, bereitet in der Regel keine Schwierigkeiten, wenn es nur um das Wissen von tatsächlichen Umständen geht, die das Tatbestandsmerkmal ausmachen. Anders ist es, wenn das Erkennen der Erfüllung eines Tatbestandsmerkmals schwierige Wertungen voraussetzt, wie das bei den Straftatbeständen des GmbH-Rechts teilweise der Fall ist. Das kommt vor allem in Betracht, wenn die Bedeutung der gemachten Angaben von der Auslegung rechtlicher Vorschriften oder der Verkehrsauffassung abhängt. Die Tatbestandsmerkmale braucht der Täter nur ihrem Begriff nach, nicht nach ihrer Bezeichnung im Gesetz zu kennen. Nimmt er irrtümlich an, ein Merkmal, das er seinem Wesen nach kennt, falle nicht unter die gesetzliche Begriffsbestimmung, so unterliegt er einem bloßen Subsumtionsirrtum oder Bewertungsirrtum. Dieser Irrtum schließt den Vorsatz nicht aus, sondern kann zu einem Verbotsirrtum führen;[284] dann ist bei unvermeidbarer Verbotsunkenntnis die Schuld aus-

---

[279] RGSt. 15, 34; 47, 282; 48, 389; BGHR StGB § 15 Vorsatz, bedingter 2 = NStZ 1987, 362; BGH, Urt. vom 14. 4. 1954 – 1 StR 565/53; vgl. zu dem entsprechenden Tatbestand des § 399 AktG BGH GA 1977, 340, 342; *Scholz/Tiedemann* Rn. 168; *Hachenburg/Kohlmann* Rn. 61, 151.
[280] *Baumbach/Hueck/Schulze-Osterloh* Rn. 82.
[281] RGSt. 64, 422, 423.
[282] Rn. 27; ebenso *Scholz/Tiedemann* Rn. 168.
[283] BGHSt. 18, 246, 248 = NJW 1963, 915; BGHSt. 21, 283, 284 = NJW 1967, 2319; BGHSt. 35, 325, 327 = NJW 1989, 595; BGH NJW 1981, 2204; *Schönke/Schröder/Cramer/Sternberg-Lieben* § 15 Rn. 65 ff.; *Tröndle/Fischer* § 15 Rn. 6.
[284] BGHSt. 7, 261, 265 = NJW 1955, 800; BGHSt. 9, 341, 347 = NJW 1956, 1687; BGHSt. 13, 135, 138 = NJW 1959, 1549; BGHSt. 35, 347, 350 = NJW 1989, 912 = NStZ 1989, 176.

Falsche Angaben **§ 82**

geschlossen, bei vermeidbarer Verbotsunkenntnis bleibt der Schuldvorwurf dagegen bestehen.[285] Anders ist es jedoch, wenn den einzelnen Tatbestandsmerkmalen ein normativer Sinngehalt zukommt, den der Täter in seiner rechtlichen Bedeutung kennen muss. Ein solcher Irrtum schließt den Vorsatz aus, wenn der Täter den sozialen Sinngehalt des Begriffs nicht wenigstens in seiner Laiensphäre parallel richtig gewertet hat.[286] Bei einem Irrtum über die Bedeutung bestimmter Angaben wird es sich häufig um einen Subsumtionsirrtum handeln. Bevor der Tatrichter sich mit dieser schwierigen Rechtsfrage befasst, sollte er jedoch stets sorgfältig bei der Beweiswürdigung prüfen, ob dem Täter der behauptete Irrtum zu glauben ist. In der Praxis kommen häufig Fälle vor, in denen die entsprechenden Einlassungen der Angeklagten nur unwahre Schutzbehauptungen sind.[287]

Die Rechtsprechung nimmt bei dem Irrtum über die Tatbestandsmerkmale des Gründungs- oder Kapitalerhöhungsschwindels in der Regel einen **Tatbestandsirrtum** an. So bei dem Irrtum darüber, ob das eingezahlte Kapital endgültig zur freien Verfügung des Geschäftsführers steht.[288] Werden die strafrechtlich bedeutsamen Umstände einer verdeckten Sacheinlage (Rn. 43, 44) nicht erkannt, ist ein Tatbestandsirrtum gegeben;[289] als Indiz für sein Bestehen kommt eine spätere Heilung der verdeckten Sacheinlage in Betracht.[290] Tatbestandsirrtum ist ebenfalls anzunehmen bei dem Irrtum über die Unrichtigkeit oder Unvollständigkeit einer Angabe; auch wenn der Täter darüber irrt, dass er bei einer Nachanmeldung Angaben über die inzwischen erfolgte Verwendung der Bareinlagen machen muss.[291] Ebenso wenn der Täter darüber irrt, dass die Einzahlung auf das persönliche Konto des Geschäftsführers keine ordnungsgemäße Leistung der Einlage ist.[292] Ein Tatbestandsirrtum liegt auch vor, wenn aufgrund einer falschen Berechnung oder durch Übersehen bestimmter Umstände ein überhöhter Betrag als eingezahlt angegeben wird, wenn der Täter fälschlich annimmt, dass die bei Abgabe der Erklärung noch nicht erfolgte Einzahlung bei Einreichung der Anmeldung vollzogen sein wird,[293] wenn er darüber irrt, ob auch freiwillige, über seine Verpflichtung aus §§ 8 Abs. 2, 57 Abs. 2 oder 58 Abs. 1 Nr. 4 hinausgehende Angaben unter den Begriff der falschen Angaben oder der unwahren Versicherung fallen, wenn er sich über seine Verpflichtung zur Mitteilung des erheblichen Umstandes irrt, wenn bei Sacheinlagen oder Sachübernahmen irrtümlich ein falscher Wert oder wenn ein zur Einzahlung ausgestellter Scheck irrtümlich als bestätigt ausgegeben wird.[294] Um einen Tatbestandsirrtum handelt es sich auch, wenn der Täter Umstände übersieht, die seine Bewertung der Vermögenswerte der Gesellschaft als falsch erscheinen lässt oder Tatsachen nicht erkennt, welche sonst die Vermögenswerte der Gesellschaft beeinträchti-

99

---

[285] BGHR BtMG § 29 Abs. 1 Nr. 11 Irrtum 1 = NStZ 1996, 236, 237.
[286] BGHSt. 3, 248, 254, 255 = NJW 1953, 113; BGHSt. 4, 347, 352 = NJW 1953, 1680; *Schönke/Schröder/Cramer/Sternberg-Lieben* § 15 Rn. 43 bis 46; *Tröndle/Fischer* § 16 Rn. 11; *Lackner/Kühl* § 15 Rn. 14, 15.
[287] Vgl. BGH bei *Holtz* MDR 1978, 108 sowie die Bedenken des BGH gegen die tatrichterlichen Feststellungen im Fall GA 1977, 340, 341.
[288] BGH GA 1977, 340, 341 zur parallelen Frage bei § 399 AktG; *Scholz/Tiedemann* Rn. 175; *Baumbach/Hueck/Schulze-Osterloh* Rn. 22.
[289] *Scholz/Tiedemann* Rn. 175; *Baumbach/Hueck/Schulze-Osterloh* Rn. 22.
[290] *Mayer* MittBayNot 1996, 164, 168.
[291] BGHR AktG § 399 Angaben 1 = NStZ 1993, 442 = wistra 1993, 225.
[292] BayObLGSt. 1987, 7 = NJW-RR 1987, 675 = wistra 1987, 191; *Baumbach/Hueck/Schulze-Osterloh* Rn. 22.
[293] *Hachenburg/Kohlmann* Rn. 55.
[294] Kölner KommAktG/*Geilen* § 399 Rn. 80.

gen;²⁹⁵ das kann bei der Erklärung nach Abs. 1 Nr. 4 der Fall sein, wenn er die Vermögensminderung erkannt, aber bilanzrechtlich nicht für so gewichtig gehalten hat, dass sie der Kapitalerhöhung entgegenstünde.²⁹⁶ Ferner wenn er sich bei Abgabe einer unrichtigen Versicherung (Abs. 1 Nr. 5) über die Berechnung der Fristen irrt²⁹⁷ oder wenn der Geschäftsführer bei der Abgabe der Versicherung nach § 58 Abs. 1 Nr. 4 (bei dem Kapitalherabsetzungsschwindel nach Abs. 2 Nr. 1) davon ausgeht, dass eine Forderung nicht besteht. Er irrt in diesem Fall über das Tatbestandsmerkmal des Gläubigers.²⁹⁸ Anders steht es dagegen bei der Behauptung, eine von der Gesellschaft bestrittene Forderung bestehe nicht. In diesen Fällen liegt häufig die Annahme eines bedingten Vorsatzes nahe; der Tatrichter wird deshalb bei der Beweiswürdigung abzuwägen haben, ob dem Täter eine solche Einlassung zu glauben ist.

100 Ein **Verbotsirrtum** liegt dagegen vor, wenn der Täter annimmt, die Hingabe von Wechseln oder eine Kreditzusage erfülle die Voraussetzungen einer Bareinzahlung.²⁹⁹ Ebenso wenn der Täter irrtümlich davon ausgeht, eine verdeckte Sacheinlage wäre eine Bareinlage oder wenn er glaubt, eine noch ausstehende, restliche Einzahlung sei so geringfügig oder ihr Eingang stehe so kurz bevor, dass dieser Umstand bei der Anmeldung nicht erwähnt werden müsse.³⁰⁰ Ein Verbotsirrtum liegt vor, wenn der Täter zwar weiß, dass eine eingebrachte Sache nicht zur freien Verfügung des Geschäftsführers steht, er die Abgabe einer falschen Angabe jedoch wegen der Mitwirkung eines Notars für erlaubt hält.³⁰¹ Ferner auch, wenn der Täter trotz Kenntnis der tatsächlichen Umstände verkennt, dass er die Eigenschaften eines faktischen Geschäftsführers besitzt und in die entsprechende Pflichtenstellung eingerückt ist.³⁰² Die irrige Annahme, eine Mitteilung sei nicht „öffentlich" iS des § 82 Abs. 2 Nr. 2, ist ein Subsumtionsirrtum, der als Verbotsirrtum zu werten ist.³⁰³ Ein Verbotsirrtum ist ferner bei dem Tatbestand des Abs. 2 Nr. 2 die irrige Annahme, die Vermögenslage unwahr darstellen zu dürfen, um die GmbH nicht in Schwierigkeiten zu bringen,³⁰⁴ oder wegen geplanter Sanierungsarbeiten könne die Lage der in Schwierigkeiten befindlichen Gesellschaft in einer öffentlichen Mitteilung unrichtig dargestellt werden.³⁰⁵ In diesen Fällen ist der Subsumtionsirrtum ein Verbotsirrtum, der den Täter nur entschuldigt, wenn er unvermeidbar war. Die Beurkundung unwahrer Angaben durch einen Notar kann eine solche Annahme rechtfertigen.³⁰⁶ In den neuen Bundesländern kann für die Zeit unmittelbar nach der Wende ein Irrtum über die bei der Sachgründung einzuhaltenden Formalien wegen teilweise unübersichtlicher Rechtslage als entschuldbar erscheinen.³⁰⁷

---

²⁹⁵ *Hachenburg/Kohlmann* Rn. 152.
²⁹⁶ *Scholz/Tiedemann* Rn. 178; *Baumbach/Hueck/Schulze-Osterloh* Rn. 48 g.
²⁹⁷ *Scholz/Tiedemann* Rn. 178 a.
²⁹⁸ *Scholz/Tiedemann* Rn. 179.
²⁹⁹ RGSt. 36, 185, 187; RG JW 1931, 2991; BGHR AktG § 399 Angaben 1 = NStZ 1993, 442 = wistra 1993, 225; BGH GmbHR 1952, 108; *Kohlmann/Löffeler* Rn. 44; *C. Schäfer* GmbHR 1993, 717, 725; aA *Baumbach/Hueck/Schulze-Osterloh* Rn. 22.
³⁰⁰ RGSt. 14, 36, 45.
³⁰¹ BGH GA 1959, 87, 88 = GmbHR 1959, 27.
³⁰² BGH wistra 1984, 178 = StV 1984, 461; offengelassen von BayObLG wistra 1991, 195, 197; *Gübel* S. 117 ff.; unklar *Baumbach/Hueck/Schulze-Osterloh* Rn. 22, 83.
³⁰³ Ebenso *Scholz/Tiedemann* Rn. 181.
³⁰⁴ RGSt. 38, 195, 200.
³⁰⁵ *Hachenburg/Kohlmann* Rn. 156; *Scholz/Tiedemann* Rn. 181.
³⁰⁶ Vgl. BGH GA 1959, 87 = GmbHR 1959, 27.
³⁰⁷ Zu weitgehend OLG Jena NZG 1998, 955 m. Anm. *Ebbing*.

XIV. Tatvollendung und Tatbeendigung

Der Zeitpunkt der Vollendung ist deshalb bedeutsam, weil der Versuch einer Straftat nach § 82 nicht strafbar ist. Von der Tatbeendigung hängen die Bestimmung der Konkurrenzen, die Tatbeteiligung und die Verjährung ab. Für die **Tatvollendung** ist es bei allen Tatbeständen maßgebend, dass es sich bei ihnen um Äußerungsdelikte handelt (vgl. Rn. 4), die vollendet sind, wenn die in der Äußerung enthaltenen Angaben dem Adressaten zugegangen sind. Es ist deshalb zwischen den Tatbeständen zu unterscheiden, die das Tatbestandsmerkmal des Eintragungszwecks enthalten (Abs. 1 Nr. 1 und 3, Abs. 2 Nr. 1) und den anderen Tatbeständen, die dieses Tatbestandsmerkmal nicht aufweisen (Abs. 1 Nr. 2 und Abs. 2 Nr. 2). 101

Bei den Tatbeständen des **Abs. 1 Nr. 1 und 3, Abs. 2 Nr. 1,** bei denen falsche oder unvollständige Angaben sowie unwahre Versicherungen zum Zweck der Eintragung gemacht werden (vgl. Rn. 25 ff.), ist die Tathandlung vollendet, wenn die Angaben oder die Versicherung im Rahmen der Anmeldung bei dem Registergericht ordnungsgemäß eingegangen, d. h. in den Bereich des amtlichen Gewahrsams gelangt sind. Dass das Registergericht davon Kenntnis genommen oder die beantragte Eintragung vorgenommen hat, gehört nicht zum Tatbestand;[308] ob die Gesellschaft vorher schon besteht oder ob ihre Eintragung später wirklich erfolgt, ist ohne Bedeutung.[309] Mündliche Angaben gegenüber dem Registergericht werden in der Regel für die Tatbestände des § 82 keine Bedeutung haben (vgl. § 7 Rn. 10, § 8 Rn. 17). Es kann deshalb dahinstehen, ob diese dem Registerbeamten auch tatsächlich zur Kenntnis gelangt sein müssen.[310] Die Abgabe der falschen Angaben oder der unwahren Versicherung gegenüber einem Notar reicht nicht aus.[311] Die tatbestandsmäßige Handlung wird nicht dadurch beseitigt, dass der Täter seine Angaben vor der Eintragung berichtigt.[312] Das ist nur möglich, wenn die Berichtigung erfolgt, bevor sie bei dem Registergericht eingeht.[313] Spätere Leistungen beseitigen die Strafbarkeit der falschen Angaben nicht, sondern können sich nur auf die Strafzumessung auswirken. Bei der sukzessiven Einreichung mehrerer Urkunden tritt die Vollendung bereits mit dem Eingang der ersten Urkunde ein, die falsche Angaben enthält.[314] Bei den Tatbeständen der Abgabe einer unrichtigen Erklärung bzw. Versicherung nach **Abs. 1 Nr. 4 bzw. 5** ist die Frage der Tatvollendung ähnlich zu beurteilen. Obwohl bei diesen Tatbeständen das Merkmal „zum Zweck der Eintragung" fehlt, ist die Versicherung gegenüber dem Registergericht abzugeben und dient dazu, die Eintragung der Gesellschaft und ihrer gesetzlichen Vertreter zu bewirken (Rn. 66, 69). Bei ihnen tritt deshalb die Vollendung ebenfalls mit dem Zeitpunkt des Eingangs der Versicherung bei dem Gericht ein.[315] 102

Bei dem Tatbestand des Gründungsschwindels durch unrichtigen Sachbericht nach **Abs. 1 Nr. 2** wird die Tat dadurch vollendet, dass der fertiggestellte Bericht dritten Personen zugeht.[316] Das werden regelmäßig die Geschäftsführer sein, welche die Ge- 103

---

[308] RGSt. 37, 25, 27; 43, 323; 43, 430, 431; RG GA Bd. 51 (1904), 361; BGH GA 1959, 87 = GmbHR 1959, 27.
[309] RGSt. 43, 430, 431.
[310] AA *Scholz/Tiedemann* Rn. 91.
[311] *Hachenburg/Kohlmann* Rn. 51; *Scholz/Tiedemann* Rn. 92.
[312] RGSt. 37, 25, 27.
[313] *Scholz/Tiedemann* Rn. 92.
[314] *Scholz/Tiedemann* Rn. 91; *Hachenburg/Kohlmann* Rn. 52.
[315] Ebenso *Scholz/Tiedemann* Rn. 120, 128.
[316] Ebenso *Scholz/Tiedemann* Rn. 107; *Baumbach/Hueck/Schulze-Osterloh* Rn. 32.

§ 82 6. Abschnitt. Schlussbestimmungen

sellschaft anzumelden haben, es sei denn, diese haben selbst als Gesellschafter an der Erstellung des Sachgründungsberichts mitgewirkt. Dann ist es jede dritte Person, der der Sachgründungsbericht nicht nur zufällig vorgelegt wird. Das kann zB auch ein Notar sein, der den Gesellschaftsvertrag aufsetzt. Bei dem Tatbestand des Schwindels durch öffentliche Mitteilungen über die Vermögenslage nach **Abs. 2 Nr. 2** tritt die Vollendung ein, wenn die öffentliche Mitteilung der Öffentlichkeit zugänglich geworden ist (vgl. Rn. 86 f.). So mit dem Erscheinen der ersten Zeitung, dem Anschlag des Plakats, dem Eingang des versandten Plakats. Wird die Mitteilung mündlich gemacht, ist der Zeitpunkt maßgeblich, zu dem die Mitteilung von einem Zuhörer wahrgenommen wird. Bei mittelbaren Mitteilungen, zB über das Handelsregister, mit der Wahrnehmung durch eine dritte Person; die bloße Möglichkeit der Einsichtnahme durch dritte Personen ist nicht ausreichend.[317]

104 **Beendet** sind die Tathandlungen des § 82, wenn sie tatsächlich abgeschlossen sind. Bei den Tatbeständen, die eine Eintragung in das Handelsregister bezwecken, hat das Tatgeschehen seinen Abschluss gefunden, wenn diese Absicht realisiert, d. h. die Eintragung vollzogen ist;[318] auf den Eingang der Anmeldung zum Handelsregister abzustellen,[319] berücksichtigt nicht ausreichend, dass zu diesem Zeitpunkt noch keine endgültige Rechtsgutverletzung[320] eingetreten ist. Bei dem Gründungsschwindel nach § 82 Abs. 1 Nr. 2 ist die Tat beendet, wenn der Sachgründungsbericht dem Registergericht vorliegt und von diesem bei seiner Entscheidung berücksichtigt worden ist.[321] Bei dem Schwindel durch öffentliche Mitteilungen nach § 82 Abs. 2 Nr. 2 tritt Tatbeendigung nicht erst mit Kenntnisnahme durch eine Person ein, die Teil der Öffentlichkeit ist,[322] sondern bereits wenn ein großer Teil der Personen, an die sich die Mitteilungen richten, Gelegenheit hatte, von ihnen Kenntnis zu nehmen.[323]

XV. Täterschaft und Tatbeteiligung

105 Für die Beteiligung gelten die allgemeinen Vorschriften des Strafrechts über Täterschaft und Teilnahme (§§ 25 bis 31 StGB). Da die Tatbestände in § 82 echte Sonderdelikte sind (Rn. 8), ergeben sich daraus bestimmte Konsequenzen.

106 Strafbarkeit als Mittäter (§ 25 Abs. 2 StGB) oder als mittelbarer Täter (§ 25 Abs. 1 StGB) ist nur möglich, wenn der Täter die Sondereigenschaften hat, von denen § 82 die Täterschaft abhängig macht.[324] Sind mehrere Geschäftsführer bestellt, so handeln sie als **Mittäter,** wenn sie aufgrund eines gemeinsamen Entschlusses die Gesellschaft nach § 78 zur Eintragung zum Handelsregister anmelden und dabei vorsätzlich falsche Angaben über die im Gesetz genannten Gründungsvorgänge machen.[325] Dabei reicht eine faktische Organeigenschaft aus (Rn. 12). Ein Geschäftsführer kann sich als Mittäter nach § 82 Abs. 2 Nr. 2 strafbar machen, wenn er dazu schweigt, dass ein Mitgeschäftsführer in seiner Gegenwart den Vermögensstand der Gesellschaft vorsätzlich unwahr

---

[317] AA *Scholz/Tiedemann* Rn. 162.
[318] BGH wistra 1987, 212; *Scholz/Tiedemann* Rn. 94; *Hachenburg/Kohlmann* Rn. 72; *Müller-Gugenberger/Schmid* § 50 Rn. 25.
[319] BGH NJW 2000, 2285 – insoweit in BGHSt. 46, 62 = NJW 2000, 2285 = wistra 2000, 307 nicht abgedruckt.
[320] Vgl. hierzu allgemein *Dannecker* NStZ 1985, 49, 51 f.
[321] Ebenso *Scholz/Tiedemann* Rn. 108; *Baumbach/Hueck/Schulze-Osterloh* Rn. 33.
[322] So *Scholz/Tiedemann* Rn. 163; *Baumbach/Hueck/Schulze-Osterloh* Rn. 86.
[323] Zust. *Cobet* S. 80.
[324] RGSt. 24, 286, 290; BGHSt. 14, 280, 281, 282 = NJW 1960, 1677 = DB 1960, 1183.
[325] *Scholz/Tiedemann* Rn. 27.

Falsche Angaben **§ 82**

wiedergibt.[326] Eine Strafbarkeit als **mittelbarer Täter** kommt beim Betrieb wirtschaftlicher Unternehmen auch in Betracht, wenn der Hintermann durch Organisationsstrukturen bestimmte Rahmenbedingungen ausnutzt, innerhalb derer sein Tatbeitrag regelhafte Abläufe auslöst, ohne dass es auf die Gut- oder Bösgläubigkeit des unmittelbar Handelnden ankommt.[327] So kann ein Gesellschafter, der nicht selbst zur Anmeldung der Gesellschaft befugt ist, mittelbarer Täter nach § 82 Abs. 1 Nr. 1 sein, wenn der Geschäftsführer die Gesellschaft aufgrund von Falschangaben des Gesellschafters anmeldet.[328]

Teilnahme in der Form der Anstiftung (§ 26 StGB) oder der Beihilfe (§ 27 StGB) kann von jedermann begangen werden.[329] **107**

Als **Anstifter** kommen Personen in Betracht, die intern auf den Geschäftsführer einwirken[330] und im Hintergrund bleiben, aber im eigenen Interesse aufgrund ihrer wirtschaftlichen Machtstellung Gesellschafter oder Geschäftsführer dazu veranlassen, falsche Angaben zu Eintragungszwecken zu machen, ohne selbst auch nach außen hin wie ein Geschäftsführer aufzutreten. Unter Umständen kann auch ein Bilanzierungsfachmann Anstiftung begehen, wenn er einen Geschäftsführer, der erwägt, die Vermögenslage der Gesellschaft unwahr iS des Abs. 2 Nr. 2 darzustellen, über illegale Möglichkeiten einer Lagedarstellung berät.[331] **108**

Als **Gehilfe** kommt jeder in Frage, der dem Täter mit Rat oder Tat in irgendeiner Weise behilflich ist. In der Regel werden das an der Tat wirtschaftlich interessierte oder wirtschaftlich abhängige Personen sein, denen die Tätereigenschaft fehlt. Ein Gesellschafter fördert die falschen Angaben des Geschäftsführers als Gehilfe, wenn er vor dem Notar wahrheitswidrig erklärt, er werde die Einlage in voller Höhe erbringen und dadurch den Eindruck einer redlichen Gesellschaftsgründung erweckt.[332] Es muss aber im einzelnen festgestellt werden, wodurch der Gesellschafter die Tat des Geschäftsführers gefördert hat. Allein das Mitunterschreiben des Gesellschaftsvertrages ist keine Beihilfe, wenn nicht feststeht, dass der Gesellschafter die Unrichtigkeit der in ihm enthaltenen Angaben kennt oder wenigstens mit dieser Möglichkeit rechnet.[333] Gehilfen können auch Angehörige der rechtsberatenden Berufe (Rechtsanwälte, Notare) oder Wirtschaftsprüfer und Steuerberater sein, wenn sie die Täter bei ihrer Tat in Kenntnis der tatbegründenden Umstände (oder mit deren Möglichkeit billigend rechnend) im Rahmen ihrer beruflichen Tätigkeit unterstützen.[334] Ob sie sich äußerlich im Rahmen ihrer Verfahrens- und Berufsordnung halten, ist gleichgültig. Ein solches Handeln rechtfertigt nicht deshalb ihren Tatbeitrag, weil er zwar im Rahmen, aber unter Missbrauch der Verfahrens- und Berufsordnung begangen worden ist. Inwieweit sie den Willen haben, eine Straftat ihres Mandanten zu fördern, ist eine Tatfrage, die der Tatrichter anhand der Umstände des Einzelfalls zu entscheiden hat. Er kann dabei berück- **109**

---

[326] RGSt. 49, 239, 241; vgl. Rn. 90, 94.
[327] BGHSt. 40, 218, 236 = NJW 1994, 2703 = NStZ 1994, 537; BGHSt. 40, 307, 316 = NJW 1995, 1564 = NStZ 1995, 126; BGHR StGB § 263 Täterschaft 1 = NJW 1998, 767, 769 = NStZ 1998, 568; *Tröndle/Fischer* § 25 Rn. 3a; *Rotsch* wistra 1999, 321, 325–327.
[328] Vgl. RGSt. 18, 105, 110; BayObLG NStZ 1994, 548, 549; Hachenburg/Kohlmann Rn. 14; *Müller-Gugenberger/Schmid* § 27 Rn. 129; vgl. auch Rn. 9.
[329] BGHZ 105, 121, 133 = NJW 1988, 2794 = WM 1988, 1315.
[330] BGH, Beschl. vom 14. 8. 1991 – 3 StR 159/91.
[331] *Maul* DB 1989, 185, 187.
[332] BGH, Urt. vom 11. 9. 1979 – 1 StR 394/79 – in MDR 1980, 108 nicht abgedruckt.
[333] BGH, Urt. vom 13. 5. 1954 – 3 StR 352/53.
[334] *Richter* wistra 1984, 97, 98; *Baumgarte* wistra 1992, 41; *Müller-Gugenberger/Häcker* § 94 Rn. 9 ff.; *Tröndle/Fischer* § 27 Rn. 7.

sichtigen, dass die Angehörigen der rechtsberatenden Berufe sich bei ihrer beratenden Tätigkeit in aller Regel berufsadäquat verhalten und nur beraten wollen aber keinen die Straftat ihres Mandanten fördernden Willen haben werden.[335] Doch schließt das nicht aus, dass sie im Einzelfall vorsätzlich handeln. Dabei reicht auch bedingter Vorsatz aus.[336] Die neuere Rspr.,[337] die in der Literatur[338] teilweise als zu weitgehend angesehen wird, differenziert bei berufstypischen „neutralen" Handlungen innerhalb des bedingten Vorsatzes: Hält der Hilfeleistende es lediglich für möglich, dass sein Tun vom Haupttäter zur Begehung einer Straftat genutzt wird, so ist sein Handeln regelmäßig erst dann als strafbare Beihilfehandlung zu beurteilen, wenn das von ihm erkannte Risiko strafbaren Verhaltens des von ihm Unterstützten derart hoch war, dass er sich mit seiner Hilfeleistung „die Förderung eines erkennbar tatgeneigten Täters angelegen sein" ließ. Bilanzierungsfachleute können Beihilfe begehen, wenn sie (Zwischen-) Bilanzen manipulieren, die der Täter bei einer öffentlichen Mitteilung iS des Abs. 2 Nr. 2 verwendet;[339] ebenso Mitarbeiter einer Bank, die dem Geschäftsführer einer GmbH zur Vorlage beim Registergericht bewusst eine unrichtige Bankbestätigung ausstellen, wonach eine Bareinlage geleistet sei und endgültig zur freien Verfügung der Geschäftsführer stehe.[340]

110 Anstiftung und Beihilfe zu einer **unvorsätzlichen Tat** sind nicht möglich. Die früher dahingehende Rechtsprechung des BGH[341] ist überholt[342] und wird von der geltenden Fassung der §§ 26, 27 StGB nicht gedeckt.[343] Das führt bei den Sonderdelikten dazu, dass der Anstifter auch dann nach § 82 straflos bleibt, wenn er in Wirklichkeit der eigentliche Täter im Hintergrund ist, welcher den objektiv gegebenen Gründungsschwindel durch Täuschung der maßgebenden Gesellschaftsorgane herbeigeführt hat. Diese kriminalpolitisch unbefriedigende Rechtsfolge hat mit dazu geführt, dass die strafrechtliche Rechtsprechung den Begriff der tatsächlichen Organstellung weiter entwickelt hat, um kriminellen Missbräuchen der rechtlichen Gestaltungsfreiheit im Gesellschaftsrecht wirksam entgegentreten zu können.[344] Die Anwendung dieses Begriffs ist aber nur möglich, wenn der Täter seine Voraussetzungen (vgl. Rn. 11–13) und die eines mittelbaren Täters erfüllt. In allen anderen Fällen bleibt er, ebenso wie der Gehilfe einer unvorsätzlichen Tat, straflos.

111 Weitere Probleme ergeben sich bei der Teilnahme, wenn bei mehreren bestellten Geschäftsführern eine **Geschäftsverteilung** vorgenommen worden ist (vgl. § 37 Rn. 38 ff.). Eine solche Geschäftsverteilung ist in allen größeren Gesellschaften üblich und schon von der Sache her nicht zu umgehen, weil nur auf diese Weise die fachliche Kompetenz der einzelnen Geschäftsführer im größtmöglichen Umfang für die Gesell-

---

[335] BGHR StGB § 27 Abs. 1 Hilfeleisten 6 = NJW 1992, 3047 = NStZ 1993, 43; BGHR StGB § 266 Abs. 1 Beihilfe 3 = NStZ-RR 1999, 184 = wistra 1999, 103.
[336] BGHSt. 38, 345 = NStZ 1993, 79 = JR 1994, 114 m. Anm. *Beulke*; BGH wistra 1993, 181; aA LG Koblenz ZIP 1991, 1284, 1290 m. Anm. *Schöne* EWiR § 399 AktG 1/91, 749; *Volk* BB 1987, 139; *Krekeler* AnwBl. 1993, 69, 72; *Scholz/Tiedemann* Rn. 25.
[337] BGHSt. 46, 107, 112 f. = NJW 2000, 3010 = wistra 2000, 340; BGHR StGB § 27 Abs. 1 Hilfeleisten 20 = NStZ 2000, 34 = wistra 1999, 459.
[338] *Otto* JZ 2001, 436, 442 f.
[339] *Maul* DB 1989, 185, 187.
[340] Vgl. BGHZ 113, 335, 346 ff. = NJW 1991, 1754 = WM 1991, 671; *Rümker* ZBB 1991, 176, 179.
[341] Vgl. Urt. vom 20. 1. 1955 – 4 StR 492/54 –, insoweit nicht in BGHSt. 7, 157 abgedruckt.
[342] BGHSt. 9, 370, 375 = NJW 1957, 29.
[343] Vgl. dazu näher LK/*Roxin* Vor § 26 Rn. 28; *Schönke/Schröder/Cramer/Heine* Vor § 25 Rn. 29.
[344] Vgl. *Fuhrmann*, FS Tröndle, 1989, S. 139, 149.

Falsche Angaben **§ 82**

schaft genutzt werden kann. Die Verteilung der Geschäfte kann sich auf die Verantwortlichkeit der einzelnen Geschäftsführer und insbesondere auf deren Kenntnisstand über die den einzelnen Geschäftsführungsmaßnahmen zugrundeliegenden Tatsachen auswirken. Jeder Geschäftsführer trägt für sein eigenes Arbeitsgebiet die volle Verantwortung. Im übrigen tritt eine gewisse Entlastung ein, weil für die anderen Arbeitsgebiete in erster Linie die jeweils zuständigen Geschäftsführer verantwortlich sind. Jedoch ist im Schrifttum anerkannt, dass der einzelne Geschäftsführer durch die Aufteilung der Geschäfte nicht von seiner Verantwortung für die gesamte Geschäftsführung befreit wird.[345] Mit Recht hat deshalb der BGH darauf hingewiesen, dass die Verteilung der Geschäfte in einer Geschäftsordnung nur zur Verteilung der Verantwortungsgewichte, nicht aber zu einer Verlagerung der Verantwortung auf das für ein bestimmtes Gebiet zuständige Mitglied der Geschäftsleitung eines Unternehmens führt.[346] Grundsätzlich bleibt eine Aufteilung des Geschäftsbereichs unter mehreren Geschäftsführern deshalb ohne Einfluss auf die Verantwortung jedes einzelnen für die Geschäftsführung insgesamt.[347] Den nach dem Geschäftsverteilungsplan nicht unmittelbar zuständigen Geschäftsführer trifft deshalb mindestens eine Überwachungspflicht, die ihn zwingt, einzugreifen, wenn sich Anhaltspunkte dafür ergeben, dass der nach der Geschäftsordnung an sich zuständige Geschäftsführer in seinem Arbeitsbereich die Geschäfte nicht ordnungsgemäß führt.[348] Ob solche Anhaltspunkte bestehen, ergeben die Umstände des Einzelfalles. Jedenfalls genügt ein Geschäftsführer nicht grundsätzlich seiner Überwachungspflicht, wenn er sich lediglich auf der Geschäftsführerversammlung auf das verlässt, was ihm dort mitgeteilt wird.[349] An die Überwachungspflicht sind je nach der Art und der Bedeutung der in Betracht kommen Geschäftsführungstätigkeit unterschiedliche Anforderungen zu stellen. Soweit es um die eigene Verantwortung des Geschäftsführers für eine gesetzmäßige Leitung des Unternehmens geht, ist ein strenger Maßstab an die in einem solchen Fall ohnehin weitgehenden Kontrollpflichten anzulegen.[350] Wenn es sich um eine Tätigkeit handelt, die besonders risikoreich ist oder das Gesellschaftskapital in einem erheblichen Umfang beansprucht, kann sich die Überwachungspflicht des für die in Betracht kommende Tätigkeit nicht im einzelnen zuständigen Geschäftsführers zu einer Mitwirkungspflicht steigern, die auch ihn dazu zwingt, sich im einzelnen mit den Geschäften zu befassen, um sie in ihrer Bedeutung für die Interessen der Gesellschaft beurteilen zu können. Da die Straftaten nach dem GmbHG mit wenigen Ausnahmen jedoch nur vorsätzlich begangen werden können, wird sich die pflichtverletzende Untätigkeit regelmäßig nur auf der inneren Tatseite auswirken.

Zu berücksichtigen ist ferner, dass es Geschäfte gibt, die zu den Aufgaben der Geschäftsführung gehören, die **kraft Gesetzes** oder **von der Sache her** der Entscheidung sämtlicher Geschäftsführer vorbehalten sind.[351] Bei ihnen handelt es sich um Geschäfte, die nicht auf einzelne Geschäftsführer übertragbar sind. Sie müssen durch Beschluss aller Geschäftsführer entschieden werden, die damit insgesamt die Verantwortung in vollem Umfang übernehmen. Bei dem Gründungs- und Kapitalerhö-

112

---

[345] § 37 Rn. 45; *Peter* S. 115f.
[346] BGHSt. 31, 264, 277 = NJW 1983, 2509; vgl. auch Rn. 14.
[347] BGHSt. 37, 106, 123 = NJW 1990, 2560 = NStZ 1990, 588; BGHR StGB § 13 Abs. 1 Garantenstellung 13 = BGH NStZ 1997, 545= StV 1998, 126.
[348] BGHZ 133, 370, 377f. = NJW 1997, 130 = NStZ 1997, 125; BGH NJW 1986, 54, 55; 1994, 2149, 2150; OLG Düsseldorf GmbHR 1994, 403.
[349] Vgl. § 43 Rn. 10.
[350] BGH NJW 1994, 2149, 2150.
[351] BGHSt. 37, 106, 124 = NJW 1990, 2560 = NStZ 1990, 588; vgl. § 37 Rn. 6, 16, 18.

hungsschwindel nach § 82 Abs. 1 Nr. 1 und 3 geht es in der Regel um Entscheidungen, die schon wegen ihrer Bedeutung, aber zum Teil auch kraft Gesetzes (§ 78), eine Entscheidung sämtlicher Geschäftsführer erfordern. Alle Geschäftsführer handeln deshalb unabhängig davon, ob einem von ihnen nach der Geschäftsordnung besondere Pflichten zukommen, als Mittäter, wenn sie gemeinschaftlich den Beschluss fassen, bei der Anmeldung zum Handelsregister falsche Angaben zu machen.[352]

113 Bei Gesamtgeschäftsführung entsteht das Problem der **Majorisierung,** sobald die Entscheidungen nicht einstimmig, sondern von einer Mehrheit des Organs getroffen worden sind. In einem solchen Fall darf sich der unterlegene Geschäftsführer nicht mit der Entscheidung abfinden. Er muss schon bei der Beratung des entsprechenden Beschlusses widersprechen und auch nach dem Beschluss alle rechtlichen Möglichkeiten ausschöpfen, um damit die strafbare Handlung zu verhindern, insbesondere nicht an der Anmeldung mitwirken.[353] Das kann so weit gehen, dass der unterlegene Geschäftsführer notfalls sein Amt niederlegen[354] oder die entsprechenden Behörden oder Gerichte (allerdings nicht die Strafverfolgungsbehörden) unterrichten muss.[355] Tut er das nicht, bleibt er für die gegen seine Stimme getroffene Entscheidung auch strafrechtlich mitverantwortlich.

114 Ähnliche Probleme können auch bei Aufsichtsratsmitgliedern auftreten. Von einer strafrechtlichen Mitverantwortung ist das überstimmte Mitglied des Aufsichtsrats nur befreit, wenn es alles ihm Mögliche und Zumutbare getan hat, um die gebotene Entscheidung herbeizuführen.[356]

XVI. Konkurrenzen

115 Ob Tateinheit (§ 52 StGB) oder Tatmehrheit (§ 53 StGB) vorliegt, ist vor allem für Schuldspruch und Rechtsfolgen von Bedeutung.

116 **Einheitliche Tat.** Problematisch ist das Konkurrenzverhältnis zwischen den einzelnen Tatformen des Gründungsschwindels nach Abs. 1 Nr. 1. Der Gesetzgeber hat bei diesem Tatbestand eine Fülle von Gründungsvorgängen als Gegenstand der falschen Angaben in dem Tatbestand angeführt und dabei nicht beachtet, dass eine ganze Anzahl von ihnen von dem Oberbegriff der „Leistung der Einlage" erfasst wird (vgl. Rn. 33). Sie gehen daher als unselbständige Teilstücke in dieser umfassenden Tatform auf. Die Rechtsprechung des BGH zum unerlaubten Handeltreiben mit Betäubungsmitteln ist hier entsprechend anzuwenden.[357]

117 **Tateinheit.** Tateinheit ist möglich mit Betrug (§ 263 StGB), Untreue (§ 266 StGB, vgl. zur gesellschaftsrechtlichen Untreue Vor §§ 82–85 Rn. 9 ff.), Urkundenfälschung (§ 267 StGB), strafbarer Werbung (§ 4 UWG) oder anderen Tatbeständen des StGB oder des Nebenstrafrechts, wenn die Voraussetzungen des § 52 StGB vorliegen. Zwischen den einzelnen Tatbeständen des § 82 ist auch gleichartige Tateinheit möglich; zu beachten ist hierbei aber der Zeitpunkt der Tatvollendung. Regelmäßig ist Tateinheit gegeben, wenn bei der Anmeldung gleichzeitig über verschiedene Gründungsvorgänge falsche Angaben gemacht werden.

---

[352] *Scholz/Tiedemann* Rn. 27.
[353] Ähnlich *Scholz/Tiedemann* Rn. 31; *Hachenburg/Kohlmann* Rn. 58.
[354] Vgl. BGHZ 125, 366, 372 = NJW 1994, 1801 = WM 1994, 896 zu § 130 OWiG; *Brandes* WM 1995, 641, 653.
[355] *Scholz/Tiedemann* Rn. 31.
[356] BGHSt. 9, 203, 215, 216 = NJW 1956, 1326; BGHSt. 37, 106, 131 = NJW 1990, 2560 = NStZ 1990, 588; einschränkend *Cramer*, FS Stree und Wessels, 1993, S. 563, 577.
[357] Vgl. zB BGHSt. 31, 163, 165 = NJW 1983, 692; ebenso *Scholz/Tiedemann* Rn. 184.

Falsche Angaben **§ 82**

Subsidiarität. Der Tatbestand des § 82 Abs. 2 Nr. 2 tritt im Wege der Subsidiarität 118 hinter den Tatbestand des § 331 Nr. 1 HGB zurück, wenn dieser durch die Tat verwirklicht wird. § 331 Nr. 1 HGB erfasst jede unrichtige Wiedergabe oder Verschleierung von Verhältnissen einer Kapitalgesellschaft, die in der Eröffnungsbilanz, in der Jahresbilanz oder im Lagebericht (vgl. Vor 82 Rn. 43) gemacht werden. Verhältnisse einer Gesellschaft sind Beziehungen jeder Art, die geeignet sind, nicht nur deren Vermögenslage sondern auch alle anderen Umstände zu beurteilen, welche die Situation der Gesellschaft im Wirtschaftsleben und in ihrem politischen und sozialen Umfeld kennzeichnen (Vor §§ 82–85 Rn. 37). Zu den Begriffen unrichtige Wiedergabe und Verschleierung vgl. Rn. 88 ff., 91. Der Tatbestand des § 331 Nr. 1 HGB ist damit weiter aber auch enger als § 82 Abs. 2 Nr. 2.[358] Denn § 82 Abs. 2 Nr. 2 bezieht sich einerseits nur auf die Vermögenslage der Gesellschaft, erfasst aber andererseits neben Zwischenabschlüssen[359] jede öffentliche Mitteilung, also auch jede mündliche und schriftliche Erklärung (Rn. 86 f.), die sich mit der Vermögenslage der Gesellschaft befasst (Rn. 68 ff.), und bezieht Mitglieder eines dem Aufsichtsrat ähnlichen Organs (Rn. 16) in den Täterkreis ein. Es wird deshalb in jedem Einzelfall zu prüfen sein, ob der Tatbestand des § 331 Nr. 1 HGB die Tat abdeckt, oder ob daneben auch § 82 Abs. 2 Nr. 2 Bedeutung behält. In solchen Fällen wird regelmäßig Tatmehrheit zwischen den Tatbeständen bestehen, weil die Tathandlungen in verschiedenen Äußerungen oder gegenüber unterschiedlichen Personen begangen werden. Abs. 2 Nr. 2 ist auch subsidiär gegenüber Abs. 1 Nr. 3, soweit Erklärungen zum Zweck der Eintragung einer Kapitalerhöhung gegenüber dem Registergericht abgegeben werden.[360]

Tatmehrheit. Werden beim Gründungsschwindel nach Abs. 1 Nr. 1 falsche Anga- 119 ben über die freie Verfügbarkeit geleisteter Stammeinlagen gemacht, so kommt Tatmehrheit mit § 156 StGB in Betracht, wenn dem Registergericht nachträglich auf dessen Anfrage an Eides Statt versichert wird, dass es sich bei den eingezahlten Beträgen um eigenes Kapital handele.[361] Zwischen Gründungsschwindel durch unrichtige Anmeldung (Abs. 1 Nr. 1) und Gründungsschwindel durch unrichtigen Sachgründungsbericht (Abs. 1 Nr. 2) wird wegen des unterschiedlichen Zeitpunktes der Tatvollendung häufig Tatmehrheit bestehen; ebenso zwischen Abs. 1 Nr. 1 und Abs. 1 Nr. 3.[362] Tatmehrheit kann auch gegeben sein, wenn das Vermögen, das zur Gründung der Gesellschaft dienen sollte, bei Anmeldung der Eintragung unterschlagen wurde.[363] Ebenso wenn in öffentlichen Mitteilungen nach Abs. 2 Nr. 2 die gleichen falschen Angaben enthalten sind, die bereits bei der Anmeldung gemacht wurden. Mit § 271 StGB ist Tateinheit nicht möglich, weil die Eintragung in das Handelsregister für die Richtigkeit der in ihm enthaltenen Tatsachen keine Beweiskraft gegen jedermann hat.[364]

XVII. Strafverfolgung und Rechtsfolgen

Straftaten nach § 82 werden von Amts wegen verfolgt. Es handelt sich um Strafver- 120 fahren, die nach § 74 c Abs. 1 Nr. 1 GVG zum Zuständigkeitsbereich der Wirtschafts-

---

[358] *Baumbach/Hueck/Schulze-Osterloh* Anh § 82 Rn. 4; *Erbs/Kohlhaas/Schaal* HGB § 331 Rn. 65.
[359] *Müller-Gugenberger/Schmid* § 40 Rn. 45.
[360] OLG Jena NStZ 1998, 307 = wistra 1998, 73; *Baumbach/Hueck/Schulze-Osterloh* Rn. 35.
[361] BGH GA 1954, 308.
[362] Vgl. den Sachverhalt in BGHSt. 46, 62 = NJW 2000, 2285 = wistra 2000, 307.
[363] *Reck/Hey* GmbHR 1996, 658, 659 f.
[364] RGSt. 18, 179, 180; RG GA Bd. 51 (1904), 187; *Scholz/Tiedemann* Rn. 189; aA *Baumbach/Hueck/Schulze-Osterloh* Rn. 8.

strafkammern gehören, wenn sie bei dem Landgericht anhängig sind.[365] Sie werden deshalb regelmäßig von den für Wirtschaftsstrafsachen zuständigen Schwerpunktstaatsanwaltschaften verfolgt. Im Klageerzwingungsverfahren sind Verletzte iS des § 172 Abs. 1 StPO alle Personen, die von dem Tatbestand des § 82 geschützt werden[366] und die im Vertrauen auf die Richtigkeit der zum Handelsregister oder in öffentlichen Mitteilungen gemachten Angaben einen Schaden erlitten haben (vgl. Rn. 1, 2). Die Strafverfolgung einer Straftat nach § 82 verjährt in der Regel in fünf Jahren (§ 78 Abs. 3 Nr. 4 StGB). Die allgemeinen Vorschriften über die Verfolgungsverjährung (§§ 78 ff. StGB) finden dabei Anwendung. Die Verjährungsfrist beginnt mit der Beendigung der Tat (vgl. Rn. 79). Wird der Schwindel bei der öffentlichen Mitteilung nach § 82 Abs. 2 Nr. 2 in Gestalt eines Presseinhaltsdelikts, zB mit Werbeinseraten in der Zeitung, begangen, so beträgt die Verjährungsfrist nach allen Landespressegesetzen sechs Monate.[367] Die Verjährung beginnt dann mit dem ersten Verbreitungsakt.[368] Allerdings gilt nach fast allen Landespressegesetzen die kurze presserechtliche Verjährung nicht für solche Druckwerke, die nur Zwecken des Gewerbes dienen, wozu gedruckte Geschäfts-, Jahres- und Verwaltungsberichte gehören, aber auch Prospekte zur Werbung von Anlegern.[369]

121 Bei einer Verurteilung nach einem der Tatbestände des § 82 ist darauf zu achten, dass auch in der **Urteilsformel** und nicht nur in den Urteilsgründen zum Ausdruck gebracht wird, aufgrund welchen Tatbestandes der Täter verurteilt wird. Diese vom BGH zu § 11 BtMG aF entwickelte Rechtsprechung[370] ist ebenso wie bei den sonstigen Tatbeständen des Nebenstrafrechts[371] auch bei den Tatbeständen des § 82 anzuwenden. Die Urteilsformel muss bei der Vielzahl der in dieser Vorschrift geregelten Tatbestände erkennen lassen, gegen welchen Tatbestand der Täter verstoßen hat. Die Straftat nach § 82 Abs. 2 Nr. 2 wird etwa als „unwahre Darstellung der Vermögenslage der Gesellschaft in einer öffentlichen Mitteilung" zu bezeichnen sein.[372]

122 Straftaten nach § 82 sind Vergehen (§ 12 Abs. 2 StGB). Sie können wahlweise mit Freiheitsstrafe bis zu drei Jahren oder mit Geldstrafe bestraft werden. Hat der Täter sich bereichert oder versucht, das zu tun, kann neben einer Freiheitsstrafe zusätzlich auf eine Geldstrafe erkannt werden (§ 41 StGB). Auch finden die allgemeinen Vorschriften über Verfall und Einziehung (§§ 73, 74 StGB) Anwendung. Ferner kommt die Verhängung eines Berufsverbots nach § 70 StGB in Betracht, wenn der Täter die ihm durch seinen Beruf gegebenen Möglichkeiten bei seiner Berufstätigkeit bewusst zu Straftaten ausgenutzt hat.[373] Dabei ist jedoch nach § 62 StGB der Grundsatz der Verhältnismäßigkeit zu wahren. Bei Tatbeteiligten, die nicht zu dem Täterkreis gehören, ist § 28 StGB zu beachten (vgl. Rn. 8). Nach dieser Vorschrift ist die Strafe gemäß § 49 StGB zu mildern, wenn bei dem Teilnehmer besondere persönliche Merkmale fehlen, welche die Strafbarkeit des Täters begründen. Wird allerdings allein wegen Fehlens der besonderen persönlichen Merkmale Beihilfe statt (Mit-) Täterschaft ange-

---

[365] Auch in der Berufungsinstanz, OLG Koblenz MDR 1978, 779; OLG Stuttgart MDR 1982, 252.
[366] OLG Stuttgart NJW 2001, 840 für Untreue zum Nachteil einer GmbH.
[367] Vgl. *Erbs/Kohlhaas/Stöckel* PresseG Vorb. Rn. 19 und § 25.
[368] BGHSt. 27, 18 = NJW 1977, 305.
[369] Vgl. BGHSt 40, 385, 387 f. = NJW 1995, 892 = NStZ 1995, 240 m. Anm. *S. Cramer* WiB 1995, 305.
[370] Nachweise bei *Schmidt* MDR 1981, 881.
[371] Vgl. BGH GA 1981, 412 zum AMG und WZG; *Kleinknecht/Meyer-Goßner* § 260 Rn. 23.
[372] Vgl. BGH, Beschl. vom 11. 6. 1996 – 4 StR 221/96 zu § 331 Nr. 1 HGB.
[373] BGH wistra 1995, 22 = NStZ 1995, 124; zu den Rechtsfolgen vgl. Rn. 56 f.

Falsche Angaben § 82

nommen, so kommt dem Gehilfen nur eine einmalige Strafmilderung zugute, nicht eine doppelte nach § 27 Abs. 2 S. 2 StGB und § 28 Abs. 1 StGB.[374]

XVIII. Österreichisches Recht

Ähnliche Tatbestände wie § 82 enthielten für vor dem 1. 1. 1992 beginnende Geschäftsjahre die §§ 122 und 123 ÖGmbHG aF. Für nach dem 31. 12. 1991 beginnende Geschäftsjahre sind die Strafvorschriften nun in **§ 122 ÖGmbHG** zusammengefasst worden (vgl. zur Rechtsentwicklung Vor §§ 82–85 Rn. 49, 50). 123

In **Abs. 1 Nr. 1** ist die Strafbarkeit ähnlich wie in § 82 Abs. 2 Nr. 2 GmbHG geregelt. Die Regelung ist dem deutschen Recht, insbes. § 400 Abs. 1 Nr. 1 AktG, angenähert. Bestraft werden können Geschäftsführer, Mitglieder des Aufsichtsrats, Beauftragte und Liquidatoren, die die Verhältnisse der Gesellschaft unrichtig wiedergeben oder erhebliche Umstände verschweigen. Erfasst werden damit nicht nur wie bei § 82 Abs. 2 Nr. 2 Angaben über die Vermögenslage, sondern auch soziale, politische und sonstige Beziehungen, die Anhaltspunkte für die Einschätzung der Lage der Gesellschaft, ihrer Funktion, ihrer Entwicklung und ihres sonstigen Erscheinungsbildes geben.[375] Die unrichtige Wiedergabe oder das Verschweigen erheblicher Umstände muss sich aus Darstellungen, aus Übersichten über den Vermögensstand, insbesondere aus Jahresabschlüssen, aus einer öffentlichen Aufforderung zur Beteiligung an der Gesellschaft oder aus Vorträgen oder Auskünften in der Generalversammlung ergeben. Erfasst wird auch der Fall der Prospektwerbung.[376] Darstellungen sind Berichte jeder Art, in denen die Verhältnisse der Gesellschaft wiedergegeben werden; eine Beschränkung wie in § 400 Abs. 1 Nr. 1 AktG auf Darstellungen über den Vermögensstand der Gesellschaft ergibt sich aus dem Wortlaut der Vorschrift nicht. Übersichten über den Vermögensstand sind Bilanzen aller Art, d.h. alle Zusammenstellungen von Zahlenmaterial, die einen Überblick über die Vermögens- und Ertragslage der Gesellschaft ermöglichen. Vorträge und Auskünfte in der Generalversammlung sind alle schriftlichen und mündlichen Äußerungen, die die Verhältnisse der Gesellschaft zum Gegenstand haben; einen wirtschaftlichen Bezug brauchen sie nicht zu haben. Unrichtig wiedergegeben werden die Verhältnisse einer Gesellschaft, wenn die sich auf diese Verhältnisse beziehenden Erklärungen tatsächliche Behauptungen enthalten, die inhaltlich nicht mit der Wirklichkeit übereinstimmen. Dem Merkmal des Verschweigens erheblicher Umstände kommt daneben keine besondere Bedeutung zu. Es gelten dieselben Grundsätze wie bei § 82 GmbHG (vgl. Rn. 17, 18, 66). 124

In **Abs. 1 Nr. 2** werden falsche Angaben sanktioniert, die in Auskünften enthalten sind, die nach § 272 ÖHGB einem Abschlussprüfer oder sonstigen Prüfern der Gesellschaft zu geben sind. Das deutsche GmbHG kennt einen solchen Straftatbestand ebensowenig wie für die in **Abs. 1 Nr. 3** sanktionierten falschen Angaben über die im Anhang (§§ 236 bis 240 ÖHGB) oder im Lagebericht (§ 243 ÖHGB) anzugebenden Tatsachen. Jedoch sind in § 331 Nr. 1, 4 HGB vergleichbare Straftatbestände enthalten (vgl. hierzu Vor §§ 82–85 Rn. 21 ff.). 125

Die Tathandlung des **Abs. 2 Nr. 1** besteht darin, dass von dem Täter gegenüber dem Registergericht falsche Angaben gemacht oder erhebliche Umstände verschwiegen werden. Täter kann nur ein Geschäftsführer sein. Gegenstand der falschen Angaben sind die Erklärungen des Geschäftsführers, die dieser zum Zweck der Eintragung 126

---

[374] BGHR StGB § 28 Abs. 1 Merkmal 2 = wistra 1988, 303.
[375] Ähnlich *Koppensteiner* § 122 Rn. 7.
[376] *Koppensteiner* § 122 Rn. 7.

§ 84

der Gesellschaft oder der Eintragung einer Erhöhung oder Herabsetzung des Stammkapitals in das Handelsregister in den Fällen der § 9 (Einreichung der Liste der Gesellschafter mit Namen und Anschrift sowie Betrag der übernommenen Stammeinlage), § 10 (Anmeldung der Einzahlung der Stammeinlage und Erklärung, dass diese zur freien Verfügung der Geschäftsführer stehen), § 53 (Anmeldung der Erhöhung des Stammkapitals) und § 56 (Anmeldung der Herabsetzung des Stammkapitals) abgibt. § 122 Nr. 1 ist mit den Tatbeständen des § 82 Abs. 1 Nr. 1, 3 und Abs. 2 Nr. 1 GmbHG zu vergleichen.

127 Nach **Abs. 2 Nr. 2** können Geschäftsführer und Liquidatoren bestraft werden, die bei Angaben nach § 26 die Vermögenslage unrichtig wiedergeben oder erhebliche Umstände verschweigen. Die Vorschrift des § 26 ist durch Art. IV des Bundesgesetzes (ÖBGBl. 1991 Nr. 10; vgl. Vor §§ 82–85 Rn. 50) neu gefasst worden. Sie bestimmt nunmehr bei gewissen Änderungen von seiten der Gesellschafter die Anmeldungspflichten zum Firmenbuch, für deren richtige und rechtzeitige Einhaltung die Geschäftsführer auch zivilrechtlich haften (§ 26 Abs. 2). Erfasst werden insbesondere Angaben über Stammeinlagen und auf die Stammeinlagen geleistete Einzahlungen.[377] Zum Begriff der Vermögenslage kann auf Rn. 66–70 verwiesen werden.

§ 83 *(aufgehoben)*

§ 84 [Pflichtverletzung bei Verlust, Zahlungsunfähigkeit oder Überschuldung]

(1) **Mit Freiheitsstrafe bis zu drei Jahren oder mit Geldstrafe wird bestraft, wer es**

1. **als Geschäftsführer unterläßt, den Gesellschaftern einen Verlust in Höhe der Hälfte des Stammkapitals anzuzeigen, oder**
2. **als Geschäftsführer entgegen § 64 Abs. 1 oder als Liquidator entgegen § 71 Abs. 4 unterläßt, bei Zahlungsunfähigkeit oder Überschuldung die Eröffnung des Insolvenzverfahrens zu beantragen.**

(2) **Handelt der Täter fahrlässig, so ist die Strafe Freiheitsstrafe bis zu einem Jahr oder Geldstrafe.**

Literatur: *Baumgarte* Die Strafbarkeit von Rechtsanwälten und anderen Beratern wegen unterlassener Konkursanmeldung, wistra 1992, 41; *Berz* Das Erste Gesetz zur Bekämpfung der Wirtschaftskriminalität, BB 1976, 1435; *Bieneck* Die Zahlungseinstellung in strafrechtlicher Sicht, wistra 1992, 89; *ders.* Strafrechtliche Relevanz der Insolvenzordnung und aktueller Änderungen des Eigenkapitalersatzrechts, StV 1999, 43; *Bilo* Zum Problemkreis der Überschuldung im strafrechtlichen Bereich, GmbHR 1981, 73 und 104; *Bittmann* Zahlungsunfähigkeit und Überschuldung nach der Insolvenzordnung (Teil 1 und 2), wistra 1998, 321 und wistra 1999, 10; *Bittmann/Pikarski* Strafbarkeit der Verantwortlichen der Vor-GmbH, wistra 1995, 91; *Brandes* Zur Rechtsprechung des BGH zur GmbH, WM 1988, Sonderbeilage 2; *Canaris* Die Haftung für fahrlässige Verletzungen der Konkursantragspflicht nach § 64 GmbHG, JZ 1993, 649; *Deutscher/Körner* Strafrechtlicher Gläubigerschutz in der Vor-GmbH, wistra 1996, 8; *Dierlamm* Der faktische Geschäftsführer im Strafrecht – ein Phantom?, NStZ 1996, 153; *Enderle* Blankettstrafgesetze: Verfassungs- und strafrechtliche Probleme von Wirtschaftsstraftatbeständen, 2000 (Diss. Freiburg 1999); *R. Fischer* Rangrücktritt und Überschuldungsstatus einer GmbH, GmbHR 2000, 66; *Franzheim* Das Tatbestandsmerkmal der Krise im Bankrottstrafrecht, NJW 1980, 2500; *ders.* Der straf-

---

[377] *Koppensteiner* § 122 Rn. 12.

Pflichtverletzung bei Verlust, Zahlungsunfähigkeit oder Überschuldung **§ 84**

rechtliche Überschuldungsbegriff, wistra 1984, 212; *Fuhrmann* Die Bedeutung des „faktischen Organs" in der strafrechtlichen Rechtsprechung des Bundesgerichtshofs, FS Tröndle, 1989, S. 139; *Gübel* Die Auswirkungen der faktischen Betrachtungsweise auf die strafrechtliche Haftung faktischer GmbH-Geschäftsführer, 1994; *Gurke* Verhaltensweisen und Sorgfaltspflichten von Vorstandsmitgliedern und Geschäftsführern bei drohender Überschuldung, 1982; *Hahne* Die Konkursantragspflicht der GmbH-Geschäftsführer, Rbeistand 1985, 3; *Hartung* Der Rangrücktritt eines GmbH-Gläubigers – eine Chance für Wirtschaftskriminelle?, NJW 1995, 1186; *ders.* Kapitalersetzende Darlehen – eine Chance für Wirtschaftskriminelle?, NJW 1996, 229; *ders.* Probleme bei der Feststellung der Zahlungsunfähigkeit, wistra 1997, 1; *Hey/Regel* „Firmenbestatter" – Das Geschäft mit der Pleite, Kriminalistik 1999, 258; *dies.* Firmenbestatter – Strafrechtliche Würdigung eines neuen Phänomens, GmbHR 2000, 115; *Hildesheim* Die strafrechtliche Verantwortung des faktischen Mitgeschäftsführers in der Rechtsprechung des BGH, wistra 1993, 166; *Hoffmann* Berücksichtigung von Rückstellungen bei Prüfung der Überschuldung im Sinne des Bankrottstrafrechts, MDR 1979, 93; *ders.* Zahlungsunfähigkeit und Zahlungseinstellung, MDR 1979, 713; *Joerden* Grenzen der Auslegung des § 84 Abs. 1 Nr. 2 GmbHG, wistra 1990, 1; *Kohlmann* „Vor-GmbH" und Strafrecht, FS Geerds, 1995, S. 675; *Kohlmann/Löffeler* Die strafrechtliche Verantwortlichkeit des GmbH-Geschäftsführers, 1990; *Krause* Zur Berücksichtigung „beiseitegeschaffter" Vermögenswerte bei der Feststellung der Zahlungsunfähigkeit im Rahmen des § 283 II StGB, NStZ 1999, 161; *Krüger* Zur Anwendbarkeit der §§ 283 StGB, 84 GmbHG in den neuen Bundesländern vor In-Kraft-Treten der Insolvenzordnung, wistra 2000, 289; *Lüderssen* Der Begriff der Überschuldung in § 84 GmbHG, Gedächtnisschrift Kaufmann, 1989, S. 675; *Möhrenschlager* Der Regierungsentwurf eines Zweiten Gesetzes zur Bekämpfung der Wirtschaftskriminalität, 2. Teil, wistra 1983, 17; *Montag* Die Anwendung der Strafvorschriften des GmbH-Rechts auf faktische Geschäftsführer, 1994; *Moosmayer* Einfluß der Insolvenzordnung 1999 auf das Insolvenzstrafrecht, 1997; *Otto* Anm. zu BGH StV 1984, 461, 462; *Ogiermann* Die Strafbarkeit des systematischen Aufkaufs konkursreifer Unternehmen, wistra 2000, 250; *Papke* Zum Begriff der Zahlungsunfähigkeit, DB 1969, 735; *Penzlin* Strafrechtliche Auswirkungen der Insolvenzordnung, 2000 (zugleich Diss. Bayreuth 1999); *ders.* Kritische Anmerkungen zum Insolvenzeröffnungsgrund der Zahlungsunfähigkeit (§ 17 InsO), NZG 1999, 1203; *Pfeiffer* Unterlassen der Verlustanzeige und des Konkurs- und Vergleichsantrags nach § 84 GmbHG, FS Rowedder, 1994, S. 347; *Priester* Kurzkommentar zu BGH EWiR § 32a GmbHG 1/01, 329; *Reck/Hey* Die neue Qualität der Wirtschaftsstraftaten in den Neuen Bundesländern unter besonderer Beachtung der §§ 283 StGB, GmbH 1996, 658; *Reulecke* Die Feststellung der Zahlungsunfähigkeit in der wirtschaftsstrafrechtlichen Praxis, Kriminalistik 1984, 80; *Richter* Der Konkurs der GmbH aus der Sicht der Strafrechtspraxis, GmbHR 1984, 113 und 137; *ders.* Zur Strafbarkeit externer „Sanierer" konkursgefährdeter Unternehmen, wistra 1984, 97; *Roth* Geschäftsführerpflichten und Gesellschafterhaftung bei Überschuldung der GmbH, GmbHR 1985, 137; *Rotsch* Zur Unanwendbarkeit der §§ 283 StGB, 84 GmbHG in den neuen Bundesländern vor In-Kraft-Treten der Insolvenzordnung, wistra 2000, 5; *ders.* Nochmals: Zur Unanwendbarkeit der §§ 283 StGB, 84 GmbHG in den neuen Bundesländern vor In-Kraft-Treten der Insolvenzordnung, wistra 2000, 294; *C. Schäfer* Zur strafrechtlichen Verantwortlichkeit des GmbH-Geschäftsführers (I und II), GmbHR 1993, 717 und 780; *H. Schäfer* Die Entwicklung der Rechtsprechung zum Konkursstrafrecht, wistra 1990, 81; *Schaub* Die GmbH in der Krise – Kriterien für die Feststellung von Zahlungsunfähigkeit, Überschuldung und Kreditunwürdigkeit, DStR 1993, 1483; *Schlitt* Die GmbH & Co. KG in der Insolvenz nach neuem Recht (1. und 2. Teil), NZG 1998, 701 und 755; *Schlüchter* Die Krise im Sinne des Bankrottstrafrechts, MDR 1978, 265; *dies.* Zur Bewertung der Aktiva für die Frage der Überschuldung, wistra 1984, 41; *Schüppen* Aktuelle Fragen der Konkursverschleppung durch den GmbH-Geschäftsführer, DB 1994, 197; *Schulze-Osterloh* Grenzen des Gläubigerschutzes bei fahrlässiger Konkursverschleppung, AG 1984, 141; *Spannowsky* Konkursverschleppung bei Gesellschaften ohne Geschäftsführer, wistra 1990, 48; *Stein* Die Normadressaten der §§ 64, 84 GmbHG und die Verantwortlichkeit von Nichtgeschäftsführern wegen Konkursverschleppung, ZHR 148 (1984), 207; *Tiedemann* Die Überschuldung als Tatbestandsmerkmal des Bankrotts, Gedächtnisschrift Schröder, 1978, S. 289; *ders.* Der BGH zum neuen Konkursstrafrecht, NJW 1979, 254; *ders.* Zur Streichung (und zur Existenz) von Bilanzerfordernissen in §§ 64, 84 GmbHG, GmbHR 1985, 281; *Uhlenbruck* Gesetzliche Konkursantragspflichten und Sanierungsbemühungen, ZIP 1980, 73; *ders.* Die Pflichten des Geschäftsführers einer GmbH oder GmbH & Co. KG in der Krise des Unternehmens, BB 1985, 1277; *ders.* Haftungstatbestände bei Konkursverursachung und -verschleppung, DStR 1991, 351; *ders.* Strafrechtliche Aspekte der Insolvenzrechtsreform 1994, wistra 1996, 1; *ders.* Rechte und Pflichten des GmbH-Geschäftsführers in der Unternehmenskrise unter besonderer Berücksichtigung der Insolvenzrechtsreform (I und II), WiB 1996, 409 und 466; *Undritz* Kurzkommentar zu BayObLG EWiR § 84 GmbHG 1/01, 71; *Weyand* Insolvenzdelikte: Unternehmenszusammenbruch und Strafrecht, 4. Aufl. 1998. Ergänzend vgl. Literatur Vor §§ 82–85.

§ 84

6. Abschnitt. Schlussbestimmungen

Übersicht

	Rn.		Rn.
I. Allgemeines	1–7	**V. Rechtswidrigkeit und Unzumutbarkeit der Anzeigeerstattung**	50
1. Normzweck	1, 2		
2. Entstehungsgeschichte	3, 4	**VI. Innerer Tatbestand**	51–55
3. Tathandlung	5–7	1. Abs. 1 Nr. 1	52
II. Täterkreis	8–12	2. Abs. 1 Nr. 2	53
III. Unterlassene Verlustanzeige (Abs. 1 Nr. 1)	13–21	3. Abs. 2	54
		4. Irrtum	55
IV. Unterlassener Insolvenzantrag (Abs. 1 Nr. 2)	22–49	**VII. Tatvollendung und Tatbeendigung**	56–62
1. Zahlungsunfähigkeit	24–34	1. Tatvollendung	56–58
a) Zahlungsunfähigkeit bis zum 31. 12. 1998	25–30	2. Tatbeendigung	59–61
b) Zahlungsunfähigkeit ab dem 1. 1. 1999	31–34	3. Versuch	62
2. Überschuldung	35–42	**VIII. Täterschaft und Tatbeteiligung**	63, 64
a) Überschuldung bis zum 31. 12. 1998	36–39	**IX. Konkurrenzen**	65
b) Überschuldung ab dem 1. 1. 1999	40–42	**X. Strafverfolgung und Rechtsfolgen**	66, 67
3. Handlungspflicht nach § 64 Abs. 1	43–49	**XI. Österreichisches Recht**	68

I. Allgemeines

1 **1. Normzweck.** § 84 soll das Interesse der Gesellschaftsgläubiger, der Gesellschafter oder anderer dritter Personen an einer wirtschaftlich gesunden Gesellschaft schützen.[1] Er dient der strafrechtlichen Sicherung der für das GmbH-Recht besonders wichtigen Schutzvorschriften der §§ 49 Abs. 3 und 64 Abs. 1.[2] Mit ihm soll den Gefahren vorgebeugt werden, die sich für das Wirtschaftsleben daraus ergeben, dass die GmbH als eigene Rechtspersönlichkeit nur mit ihrem Gesellschaftsvermögen haftet.[3] Solche Gefahren bestehen insbesondere dann, wenn die Gesellschaft starke Verluste erleidet oder wenn sogar Zahlungsunfähigkeit oder Überschuldung eintritt. Allerdings werden in diesen Krisensituationen unterschiedliche Interessen berührt. Während bei einem Verlust der Hälfte des Stammkapitals in erster Linie die Gesellschafter der GmbH betroffen sind,[4] werden bei einer Zahlungsunfähigkeit oder Überschuldung der Gesellschaft die Interessen aller Personen berührt, die rechtliche oder wirtschaftliche Beziehungen zu ihr unterhalten. Bei der Krisensituation des § 84 Abs. 1 Nr. 1 sollen die Gesellschafter Gelegenheit erhalten, zur Stabilisierung der Vermögensverhältnisse der Gesellschaft die notwendigen Entscheidungen über die in Betracht kommenden Maßnahmen (Sanierung oder Auflösung) zu treffen. Die sonst an der Gesellschaft interessierten Dritten (Gesellschaftsgläubiger, Arbeitnehmer, sonstige Vertragspartner) werden durch einen solchen Kapitalverlust nicht in dem Maße betroffen wie die Gesellschafter, weil das Restkapital der Gesellschaft ausreicht, um ihre Ansprüche zu befriedigen; andernfalls wäre eine Überschuldung eingetreten. Im Falle des § 84 Abs. 1 Nr. 2 kommt es darauf an, die rechtzeitige Einleitung des Insolvenzverfahrens sicherzustellen, von dem jeder betroffen ist, der Ansprüche an die Gesellschaft stellen kann. Das durch die

---

[1] BGH NJW 1982, 1952, 1954 = wistra 1982, 189, 191 – insoweit in BGHSt. 31, 32 nicht abgedruckt.
[2] Vgl. BGHZ 29, 100, 103 = NJW 1959, 623 = DB 1959, 230.
[3] BGHZ 29, 100, 106 = NJW 1959, 623 = DB 1959, 230; BGHZ 126, 181, 194 = NJW 1994, 2220 = WM 1994, 1428.
[4] Vgl. § 49 Rn. 1; *Scholz/Tiedemann* Rn. 11, 12.

beiden Tatbestände geschützte Rechtsgut muss deshalb je nach der Interessenlage der betroffenen Personen unterschiedlich bestimmt werden.[5] Durch § 84 Abs. 1 Nr. 1 werden die Interessen der Gesellschafter an einer wirtschaftlich gesunden Gesellschaft aber auch im weiteren Sinne die Gesellschaft selbst geschützt. § 84 Abs. 1 Nr. 2 schützt dagegen auch die Interessen der Gesellschaftsgläubiger und aller anderen Personen, die rechtliche oder wirtschaftliche Beziehungen zu ihr unterhalten;[6] dazu gehören auch die Arbeitnehmer der Gesellschaft.[7]

Die Straftatbestände des § 84 sind **Schutzgesetze** iS des § 823 Abs. 2 BGB, wenn ihre Merkmale objektiv und subjektiv erfüllt werden. Sie dienen nicht nur Allgemeininteressen, sondern auch den Individualinteressen des von ihnen geschützten Personenkreises. Während § 84 Abs. 1 Nr. 1 die Gesellschaft selbst und ihre Gesellschafter schützt, wenn ihnen durch die unterlassene Verlustanzeige ein Schaden erwächst,[8] können sich auf § 84 Abs. 1 Nr. 2 vor allem die Gesellschaftsgläubiger,[9] daneben auch die Gesellschaft und die Gesellschafter,[10] berufen, wenn sie durch die Insolvenzverzögerung einen Schaden erleiden.

2. Entstehungsgeschichte. Der Straftatbestand des § 84 ist ebenso wie der des § 82 seit Erlass des GmbHG mehrmals geändert worden. Dabei handelt es sich aber nur um geringfügige Änderungen, zuletzt durch das 1. StrRG vom 25. 6. 1969 (BGBl. I S. 645) und das EGStGB vom 2. 3. 1974 (BGBl. I S. 469). Er beruht in seiner seit dem 1. 1. 1981 geltenden Fassung auf dem Gesetz zur Änderung des Gesetzes betreffend die Gesellschaften mit beschränkter Haftung und anderer handelsrechtlicher Vorschriften **(GmbH-Novelle 1980)** vom 4. 7. 1980 (BGBl. I S. 836), durch das er in Abs. 1 Nr. 1 inhaltlich der Regelung des § 401 AktG (BT-Drucks. 8/1347, S. 56) angeglichen worden ist (vgl. ergänzend Rn. 6, Einl. vor Rn. 6 und Vor §§ 82–85 Rn. 2). Zuvor war bereits durch das EGStGB vom 2. 3. 1974 die Strafdrohung erheblich angehoben (Höchststrafe von drei Monaten auf drei Jahre) und klargestellt worden, dass auch der fahrlässige Verstoß gegen diesen Tatbestand strafbar ist. Durch das **Bilanzrichtlinien-Gesetz** (BiRiLiG) vom 19. 12. 1985 (BGBl. I S. 2355) wurde der frühere § 71 Abs. 2, auf den in § 84 Abs. 1 Nr. 2 verwiesen wird, zum jetzigen § 71 Abs. 4 (vgl. auch Einl. Rn. 32 und § 71 Rn. 1). Infolge eines Versehens des Gesetzgebers war die erforderliche Folgeänderung in § 84 unterblieben[11] und ist erst durch Gesetz vom 25. 7. 1994 (BGBl. I S. 1682) nachgeholt worden. Der **Gesetzestext in § 84 Abs. 1 Nr. 2** war deshalb insoweit **falsch**, als hinsichtlich der Strafbarkeit als Liquidator unzutreffend auf § 71 Abs. 2 Bezug genommen wurde. Zu den sich hieraus ergebenden Auswirkungen auf die Strafbarkeit von Liquidatoren vgl. Rn. 66. Durch das **Zweite Gesetz zur Bekämpfung der Wirtschaftskriminalität** (2. WiKG) vom 15. 5. 1986

---

[5] *Scholz/Tiedemann* Rn. 6, 12; *Hachenburg/Kohlmann* Rn. 4, 33 f.
[6] Vgl. BGH NJW 1982, 1952, 1954 = wistra 1982, 189, 191.
[7] *Scholz/Tiedemann* Rn. 9; *Hachenburg/Kohlmann* Rn. 33.
[8] *Scholz/Tiedemann* Rn. 11, 12; *Hachenburg/Kohlmann* Rn. 4; *Baumbach/Hueck/Schulze-Osterloh* Rn. 10; *Lutter/Hommelhoff* Rn. 1; *Meyer-Landrut/Miller/Niehus* Rn. 2; enger – nur Gesellschafter *Roth/Altmeppen* Rn. 8.
[9] BGHZ 29, 100, 103 = NJW 1959, 623 = DB 1959, 230; BGHZ 75, 96, 106 = NJW 1979, 1823 = DB 1979, 1689; BGHZ 126, 181, 192 = NJW 1994, 2220 = WM 1994, 1428; BGH NJW 1993, 2931 m. Anm. *Canaris* JZ 1993, 649 f.; *Schüppen* DB 1994, 197; *Baumbach/Hueck/Schulze-Osterloh* Rn. 19; *Lutter/Hommelhoff* Rn. 1; *Meyer-Landrut/Miller/Niehus* Rn. 2; *Roth/Altmeppen* Rn. 14.
[10] *Scholz/Tiedemann* Rn. 10; *Hachenburg/Kohlmann* Rn. 33 f.
[11] Vgl. auch *Bartl/Fichtelmann/Schlarb* Rn. 972; *Meyer-Landrut/Miller/Niehus* Rn. 1, 8; *Baumbach/Hueck/Schulze-Osterloh* Rn. 1; *Roth/Altmeppen* Rn. 1.

§ 84

6. Abschnitt. Schlussbestimmungen

(BGBl. I S. 721, 728) ist in § 64 Abs. 1, auf den in § 84 Abs. 1 Nr. 2 verwiesen wird, auf das Bilanzerfordernis als Voraussetzung der Insolvenzantragspflicht und damit auch der Strafbarkeit verzichtet worden. Die in § 64 Abs. 1 S. 2 früher enthaltenen Worte, wenn sich „bei der Aufstellung der Jahresbilanz oder einer Zwischenbilanz ergibt, dass das Vermögen nicht mehr die Schulden deckt", sind gestrichen worden, um eine Bestrafung auch in den Fällen zu ermöglichen, in denen eine Bilanzziehung wegen Vernachlässigung der Buchführungspflicht nicht stattgefunden hat (BT-Drucks. 10/318, S. 54).

4   Die **Insolvenzordnung** (InsO) vom 5. 10. 1994 (BGBl. I S. 2866) hat mit ihrem In-Kraft-Treten zum 1. 1. 1999 die Konkursordnung und die Vergleichsordnung durch ein neues Insolvenzrecht abgelöst und zur Verwirklichung der innerdeutschen Rechtseinheit durch den Wegfall der in den neuen Bundesländern als Übergangsrecht geltenden Gesamtvollstreckungsordnung beigetragen. Zu den Kernstücken der Insolvenzrechtsreform gehört die Neugestaltung der Voraussetzungen für die Verfahrenseröffnung u. a. mit einer gesetzlichen Definition der Insolvenzgründe. Durch das im Zuge der Insolvenzrechtsreform ergangene **Einführungsgesetz zur Insolvenzverordnung** (EGInsO) vom 5. 10. 1994 (BGBl. I S. 2911) sind mit Wirkung zum 1. 1. 1999 auch §§ 64, 84 über die gesetzliche Insolvenzantragspflicht einschließlich der dazugehörigen Strafvorschrift an die InsO angepasst worden. In Abs. 1 Nr. 2 sind die bisherigen Worte „Konkursverfahrens oder des gerichtlichen Verfahrens" durch das Wort „Insolvenzverfahrens" ersetzt worden. Die in der Literatur teilweise vertretene Auffassung, vor In-Kraft-Treten der InsO sei § 84 Abs. 1 Nr. 2 in den neuen Bundesländern nicht anwendbar gewesen,[12] ist unzutreffend (vgl. hierzu Vor §§ 82–85 Rn. 4).

5   **3. Tathandlung.** Die Tatbestände des § 84 stellen jeweils ein bestimmtes Unterlassen unter Strafe. In § 84 Abs. 1 Nr. 1 unterlässt es der Täter, den Gesellschaftern den Verlust der Hälfte des Stammkapitals anzuzeigen, wenn ein solcher Verlust eingetreten ist. In § 84 Abs. 1 Nr. 2 unterlässt es der Täter, die Eröffnung des Insolvenzverfahrens zu beantragen, wenn die Gesellschaft zahlungsunfähig geworden oder überschuldet ist. Beide Tatbestände sind deshalb **echte Unterlassungsdelikte.**[13]

6   Dabei verweisen sie teilweise (Abs. 1 Nr. 2) zur näheren Konkretisierung des Tatbestandes auf die Ausfüllungsvorschriften der §§ 64 Abs. 1 und 71 Abs. 4. Sie sind insoweit **blankettartige Tatbestände,** die sich aus der blankettartigen Norm des § 84 Abs. 1 Nr. 2 und den dort genannten Ausfüllungsvorschriften zusammensetzen.[14] Sie entsprechen auch in dieser Form den Anforderungen der Tatbestimmtheit iS des Art. 103 Abs. 2 GG.[15] Im Ergebnis ähnlich ist die Auffassung von *Tiedemann*,[16] der § 84 Abs. 1 Nr. 2 aber die Qualität eines Blankettstraftatbestandes abspricht. Der Tatbestand des Abs. 1 Nr. 1 enthält dagegen keine Verweisung, sondern beschreibt die Tathandlung eigenständig. Er verwendet dabei allerdings Begriffe, die in § 49 Abs. 3 näher umschrieben werden. Die geltende Fassung dieses Tatbestandes beruht auf einer Entschließung des Rechtsausschusses des BTag, der die im RegE enthaltene Verwei-

---

[12] *Rotsch* wistra 2000, 5 und 2000, 294; dagegen *Krüger* wistra 2000, 289.
[13] BGHSt. 14, 280, 281 = NJW 1960, 1677 = DB 1960, 1183; BGHSt. 28, 371, 380 = NJW 1980, 406 = MDR 1979, 687; BGH GA 1959, 87, 89.
[14] So auch *Baumbach/Hueck/Schulze-Osterloh* Rn. 5; *Deutscher/Körner* wistra 1996, 8, 11; vgl. zum Begriff der Blankettnorm BVerfGE 14, 245, 252 = NJW 1962, 1563; BVerfGE 37, 201, 208 = NJW 1974, 1860; BVerfGE 75, 329 = NJW 1987, 3175; BGHSt. 28, 213, 215 = NJW 1979, 825 und Rn. 66.
[15] Näher § 82 Rn. 5; *Pfeiffer*, FS Rowedder, 1994, S. 347, 351.
[16] *Scholz/Tiedemann* Rn. 5.

Pflichtverletzung bei Verlust, Zahlungsunfähigkeit oder Überschuldung **§ 84**

sung auf § 49 Abs. 3 (BT-Drucks. 8/1347) gestrichen hat, weil er die Strafsanktion des Tatbestandes nicht von dem formalen Gesichtspunkt einer Nichteinberufung der Gesellschafterversammlung, sondern nur davon abhängig machen wollte, dass der Geschäftsführer es unterlassen hat, die Gesellschafter von dem Vermögensverlust der GmbH zu unterrichten. Dabei sollte es ihm überlassen werden, in welcher Weise er die Unterrichtung vornehmen will (BT-Drucks. 8/3908, S. 78). Unklar bleibt, ob der Gesetzgeber damit auch auf das Erfordernis verzichtet hat, dass sich der Vermögensverlust aus einer Bilanz ergeben muss, wie das § 49 Abs. 3 vorsieht. *Tiedemann*[17] folgert aus dem Zusammenhang des Gesetzes, dass auf dieses Erfordernis nicht verzichtet werden sollte und dass es sich insoweit um ein Redaktionsversehen des Gesetzgebers handele. Dieser Auffassung ist nicht zuzustimmen (vgl. dazu näher unten Rn. 15). Der Tatbestand des Abs. 1 Nr. 1 ist demnach kein Blankettstraftatbestand.[18]

Beide Tatbestände machen die vom Gesetz verlangten Handlungspflichten nicht von 7 dem Eintritt eines bestimmten Gefährdungserfolges oder eines Schadens abhängig. Sie sind deshalb **abstrakte Gefährdungsdelikte**.[19] Die Tatbestände des § 84 entsprechen den Straftatbeständen des § 401 AktG. Die zu diesen Tatbeständen ergangene Rechtsprechung kann deshalb auch für die Auslegung des § 84 herangezogen werden.

II. Täterkreis

Als **Täter** bezeichnet § 84 Abs. 1 Nr. 1 nur die **Geschäftsführer** (zum Begriff vgl. 8 § 82 Rn. 10–14), § 84 Abs. 1 Nr. 2 **zusätzlich auch Liquidatoren** (zum Begriff vgl. § 82 Rn. 15). Täter können auch die **Stellvertreter** von Geschäftsführern (§ 44) oder Liquidatoren sein, wenn sie vertretungsweise tätig geworden sind.[20] Das wird in der Regel nur für solche Handlungen zutreffen, die sie in einem Zeitpunkt begehen, in dem der Geschäftsführer oder Liquidator an der Geschäftsführung verhindert ist.[21]

Die Tatbestände in § 84 Abs. 1 Nr. 1 und 2 sind **echte Sonderdelikte** mit allen 9 sich daraus ergebenden Folgerungen für die Tatbeteiligung.[22] Mittäter oder mittelbarer Täter kann deshalb nur eine Person sein, die diese Sondereigenschaft hat. Anstifter oder Gehilfe kann dagegen jedermann sein (vgl. Rn. 63, 64). Mitglieder des Aufsichtsrats können aus diesem Grunde bei dem Tatbestand des Abs. 1 Nr. 1 keine Täter sein, obwohl nach § 49 Abs. 3 auch der Aufsichtsrat zur Einberufung der Gesellschafterversammlung bei einem Verlust der Hälfte des Stammkapitals verpflichtet sein kann.[23] Auch der nicht-geschäftsführende Gesellschafter einer GmbH kann nicht Täter im Sinne des § 84 sein.[24]

Die Sondereigenschaften dieses Täterkreises begründen gleichzeitig besondere per- 10 sönliche Merkmale. Daraus folgt, dass § 28 StGB anzuwenden ist. Die Vertretungsre-

---

[17] *Scholz/Tiedemann* Rn. 3.
[18] Ebenso *Baumbach/Hueck/Schulze-Osterloh* Rn. 4.
[19] BGHSt. 14, 280, 281 = NJW 1960, 1677 = DB 1960, 1183; BGHSt. 28, 371, 380 = NJW 1960, 1677 = DB 1960, 1183; *Canaris* JZ 1993, 649, 651; *Hachenburg/Kohlmann* Rn. 7f., 35; *Lutter/Hommelhoff* Rn. 1; *Müller-Gugenberger/Bieneck* § 84 Rn. 3; differenzierend *Scholz/Tiedemann* Rn. 15, 17.
[20] BGHSt. 6, 314, 315f. = NJW 1954, 1854.
[21] BGH BB 1958, 930.
[22] Vgl. BGHSt. 14, 280, 281 = NJW 1960, 1677 = DB 1960, 1183; *Scholz/Tiedemann* Rn. 18; *Baumbach/Hueck/Schulze-Osterloh* Rn. 3.
[23] Ebenso *Scholz/Tiedemann* Rn. 21; *Hachenburg/Kohlmann* Rn. 11; *Bartl/Fichtelmann/Schlarb* Rn. 971.
[24] BGH BB 1958, 930.

gelung des § 14 StGB gewinnt dagegen keine Bedeutung.[25] Sie setzt voraus, dass die persönlichen Merkmale, welche die Strafbarkeit begründen, in der Person des Vertretenen (§ 14 Abs. 1 StGB) oder des Inhabers eines Betriebes oder Unternehmens (§ 14 Abs. 2 StGB) vorliegen. Zu diesem durch § 14 StGB begrenzten Personenkreis gehören die von § 84 angeführten Täter nicht. Die mit Rücksicht auf die Vertretungsregelung des § 14 StGB von Teilen der Literatur[26] geäußerten Bedenken gegen eine in der Rechtsprechung zu weitgehende Heranziehung des Begriffs eines **faktischen Geschäftsführers** gehen von einem falschen Verständnis dieser allgemeinen Strafvorschrift aus. § 14 Abs. 3 StGB ist keine abschließende Regelung, die der Rspr. des BGH über die faktische Organstellung enge Grenzen setzt.[27] Sie will diese schon seit hundert Jahren existierende Rspr. nicht einschränken, sondern setzt sie als bestehend voraus.[28] Geschäftsführer und Liquidatoren können deshalb auch Personen sein, die nicht rechtswirksam zu diesen Ämtern bestellt worden sind, die aber tatsächlich die mit diesem Amt verbundenen Aufgaben wahrnehmen.[29] Mindestens im Strafrecht kommt der faktischen (oder auch wirtschaftlichen) Betrachtungsweise eine ausschlaggebende Bedeutung zu, weil es andernfalls vielfach unmöglich wäre, die wirklich Verantwortlichen für ihr Verhalten heranzuziehen. Auch sonst wird, insbesondere bei der Bekämpfung der Wirtschaftskriminalität, auf die tatsächlichen Verhältnisse des Täters und auf die wirtschaftliche Bedeutung der Tat abgestellt. Eine rein rechtliche Betrachtungsweise gäbe den meist besonders raffiniert vorgehenden und rechtlich gut beratenen Wirtschaftsstraftätern zu große Möglichkeiten, sich einer Bestrafung zu entziehen; sie würde den tatsächlichen Gegebenheiten nicht gerecht. Verfassungsrechtliche Bedenken gegen diese Auslegungsmethode bestehen nicht.[30] Es ist der Rechtsprechung der sachlich zuständigen Fachgerichtsbarkeit überlassen, welche – auch sonst anerkannten – Auslegungsgrundsätze sie im Interesse einer wirksamen Bekämpfung der Kriminalität bei der Auslegung eines bestimmten Tatbestandsmerkmals benutzt.

11 Wesentlich ist nur, ob der Täter seine Tätigkeit als Geschäftsführer im Einverständnis mit den Gesellschaftern (oder mindestens ihrer Mehrheit) tatsächlich aufgenommen und ausgeübt hat (vgl. näher § 82 Rn. 11). Eine faktische Geschäftsführereigenschaft kann selbst dann begründet werden, wenn der Geschäftsführer sein Amt zuvor wirksam niedergelegt hatte[31] oder wenn andere Geschäftsführer rechtswirksam für dieses Amt bestellt worden sind und dieses Amt auch ausüben; bloßer Strohmann braucht der rechtswirksam bestellte Geschäftsführer nicht zu sein. Entscheidend ist, ob der faktische Geschäftsführer (Liquidator) eine überragende Stellung in der Geschäftslei-

---

[25] BGHSt. 31, 118, 122 = NJW 1983, 240 = NStZ 1983, 124; BGHR GmbHG § 64 Abs. 1 Antragspflicht 3 = NStZ 2000, 34 = wistra 1999, 459.
[26] Vgl. *Stein* ZHR 1984, 207, 223; *Scholz/Tiedemann* Rn. 32; *Hachenburg/Kohlmann* Rn. 16; wN in § 82 Rn. 11.
[27] So wohl *Scholz/Tiedemann* Rn. 27 mwN.
[28] *Fuhrmann*, FS Tröndle, 1989, S. 150, 151; LK/*Schünemann* § 14 Rn. 68.
[29] BGHZ 104, 44, 46 = NJW 1988, 1789 = DB 1988, 1262; BGHSt. 33, 21, 24 = NJW 1984, 2958 = NStZ 1985, 271; BGHSt. 46, 62, 64 = NJW 2000, 2285 = JZ 2001, 309 m. abl. Anm. *Joerden*; BGHR GmbHG § 64 Abs. 1 Antragspflicht 2 = wistra 1990, 60; BGHR GmbHG § 64 Abs 1 Antragspflicht 3 = NStZ 2000, 34 = wistra 1999, 459; *H. Schäfer* wistra 1990, 81, 82; *Hildesheim* wistra 1993, 166; *C. Schäfer* GmbHR 1993, 717, 722; *Pfeiffer*, FS Rowedder, 1994, S. 347, 351, 357; *Gübel* S. 168 ff.; *Montag* S. 97 f., 101 f., 118 ff.; *Dierlamm* NStZ 1996, 153; aA *Joerden* wistra 1990, 1, 4; *Schüppen* DB 1994, 197, 203 f.; *Enderle* S. 153 f., 160; wN zu diesem Streitstand in § 82 Rn. 11.
[30] *Fuhrmann*, FS Tröndle, 1989, S. 150, 145 ff.
[31] BGH, Urt. vom 13. 7. 1983 – 3 StR 132/83.

tung³² oder wenigstens ein Übergewicht besitzt.³³ Faktischer Geschäftsführer kann ein Mitgesellschafter sein, wenn er einen entsprechenden Einfluss auf die Geschäftsleitung ausübt,³⁴ aber auch ein Aufsichtsratsvorsitzender, der eine so dominierende Stellung in der Gesellschaft hat, dass alle wesentlichen Entscheidungen von ihm getroffen werden. Selbst ein Bankenvertreter im Aufsichtsrat oder in einem entsprechenden Aufsichtsorgan der Gesellschaft (vgl. § 82 Rn. 16) kann diese Stellung einnehmen, wenn die Geschäftsleitung faktisch von ihm und der hinter ihm stehenden Bank gesteuert wird. Auf die Tätigkeit eines Rechtsanwalts, der die Abwicklung der Geschäftstätigkeit einer GmbH nach außen übernommen hat, aber die Weisungen des Alleingesellschafters umsetzt, sind die zur faktischen Geschäftsführung entwickelten Kriterien jedoch nur eingeschränkt anzuwenden.³⁵

Strafrechtlich verantwortlich ist **jeder Geschäftsführer** oder bei dem Tatbestand 12 des Abs. 1 Nr. 2 auch jeder Liquidator, selbst wenn mehrere bestellt sind. Ob er allein- oder nur gesamtvertretungsberechtigt (dazu § 37 Rn. 16 f.) ist, ist gleichgültig.³⁶ Eine Aufteilung der Geschäftsbereiche unter mehreren Geschäftsführern einer GmbH bleibt nicht nur zivilrechtlich (dazu § 37 Rn. 45 und § 63 Rn. 5) ohne Einfluss auf die Verantwortung jedes einzelnen für die Geschäftsführung insgesamt. Auch im Strafrecht greift der Grundsatz der Generalverantwortung und Allzuständigkeit der Geschäftsleitung ein, wo – wie etwa in Krisen- und Ausnahmesituationen – aus besonderem Anlass das Unternehmen als Ganzes betroffen ist.³⁷ Diese Voraussetzung ist bei den Handlungspflichten nach § 84 stets gegeben.³⁸ Jeder Geschäftsführer ist deshalb verpflichtet, alles ihm Mögliche und Zumutbare zu tun, um die Handlungspflicht zu erfüllen.³⁹ Eine Verteilung der Geschäfte zwischen mehreren Geschäftsführern ist deshalb in der Regel für die strafrechtliche Verantwortung ohne Bedeutung.⁴⁰ Sie kann auf der inneren Tatseite wesentlich werden, wenn etwa der für die Finanzen zuständige Geschäftsführer sein Wissen über die Vermögenssituation der Gesellschaft nicht weitergibt und die anderen Geschäftsführer auch sonst keine Kenntnis von ihr erhalten. Auch dabei ist jedoch zu berücksichtigen, dass der Tatbestand des § 84 Abs. 1 Nr. 1 auch fahrlässig begangen werden kann. Die Pflicht zum Tätigwerden entfällt auch nicht dadurch, dass der Geschäftsführer sein Amt vor Ablauf der Dreiwochenfrist des § 64 Abs. 1 niederlegt (näher Rn. 49).

III. Unterlassene Verlustanzeige (Abs. 1 Nr. 1)

Dieser Unterlassungstatbestand ist erfüllt, wenn der Geschäftsführer (nicht Mitglied 13 des Aufsichtsrats – vgl. Rn. 9) seiner Handlungspflicht zur Anzeige des Vermögensverlustes nicht nachkommt. Das Erfüllen der Pflicht soll den Gesellschaftern eine

---

³² BGHSt. 31, 118, 122 = NJW 1983, 240 = NStZ 1983, 124; BGHR StGB § 263 Täterschaft 1 = NJW 1998, 767, 769 = wistra 1998, 148; BayObLG NJW 1997, 1936 = WiB 1997, 810 m. Anm. *Dietz*.
³³ BGH wistra 1984, 178 = StV 1984, 461 m. abl. Anm. *Otto*; aA *Scholz/Tiedemann* Rn. 33.
³⁴ Einschränkend *Hachenburg/Kohlmann* Rn. 15 bis 17; *Scholz/Tiedemann* Rn. 31, 35.
³⁵ BGHR GmbHG § 64 Abs. 1 Antragspflicht 3 = NStZ 2000, 34 = wistra 1999, 459.
³⁶ *Hachenburg/Kohlmann* Rn. 13; *Scholz/Tiedemann* Rn. 23, 24.
³⁷ BGHSt. 37, 106, 124 = NJW 1990, 2560 = wistra 1990, 342.
³⁸ BGHR StGB § 263 Abs. 1 Täuschung 14 = NStZ 1998, 247 = wistra 1998, 177; BGH NJW 1994, 2149, 2150.
³⁹ BGH (Fn. 38).
⁴⁰ Vgl. BGHR AO § 35 Verfügungsberechtigter 2 = wistra 1990, 97 = GmbHR 1995, 298; näher § 82 Rn. 111.

§ 84

grundsätzliche Diskussion über die weitere Geschäftspolitik ermöglichen.[41] Der Gesetzgeber misst dem große Bedeutung bei und hat deshalb das Unterlassen einer entsprechenden Anzeige unter die Strafdrohung des Abs. 1 Nr. 1 gestellt.

14 Voraussetzung für das Entstehen der Handlungspflicht ist, dass ein **Verlust** in Höhe von mindestens der Hälfte des Stammkapitals eingetreten ist. Das ist der Fall, wenn das Gesellschaftervermögen auf einen Betrag sinkt, der unter der Hälfte des Stammkapitals liegt.[42] Für die Bemessung des Verlustes sind die für den Jahresabschluss geltenden Bilanzvorschriften des HGB maßgebend. Entgegen einer früheren Entscheidung des BGH[43] dürfen deshalb stille Reserven nur aufgelöst werden, soweit sie auch im Jahresabschluss aufgelöst werden dürften.[44]

15 Umstritten ist, ob sich der Vermögensverlust aus einer **Bilanz** ergeben muss. Obwohl das Gesetz ein solches Erfordernis nicht aufstellt, entnehmen *Tiedemann*[45] und *Meyer-Landrut*[46] der Entstehungsgeschichte und dem Zusammenhang des Gesetzes, dass der Gesetzgeber auch bei diesem Tatbestand nicht auf die Aufstellung einer Bilanz verzichten wollte. Ihnen ist zuzugeben, dass die Entstehungsgeschichte (vgl. Rn. 3) einen solchen Schluss zulässt. Auch ist eine Übersicht über das Gesellschaftsvermögen in den meisten Fällen nicht ohne Aufstellung einer Bilanz zu gewinnen. Der BGH hat deshalb aus ähnlichen Erwägungen bei dem Tatbestand des § 401 Abs. 1 Nr. 2 AktG, der mit seiner Bezugnahme auf § 92 Abs. 2 AktG dieses Tatbestandsmerkmal nicht enthält, von einem ungeschriebenen Tatbestandsmerkmal gesprochen.[47] Die Pflichtenlage des Geschäftsführers ist hier aber eine andere als bei der Überschuldung. Es geht nicht um die Stellung eines Insolvenzantrages, der den Bestand der Gesellschaft mindestens stark gefährdet, sondern um eine Unterrichtung der Gesellschafter über die Vermögenslage der GmbH, die diesen Gelegenheit geben soll die Gesellschaft zu sanieren,[48] eine Kapitalerhöhung zu beschließen[49] oder ihnen wenigstens eine grundsätzliche Diskussion über die weitere Geschäftspolitik zu ermöglichen (§ 49 Rn. 1). Auch wenn die Gesellschafter bei diesen Sanierungsbemühungen nicht – wie bei § 64 – an bestimmte Fristen gebunden sind, hat das nur Sinn, wenn sie möglichst schnell über die gefährliche Vermögenssituation unterrichtet werden. Zivilrechtlich ist der Geschäftsführer deshalb zur eigenen Prüfung der Vermögenslage der Gesellschaft verpflichtet, wenn ihm Anhaltspunkte für einen derartigen Verlust des Gesellschaftsvermögens bekannt werden. Notfalls muss er schon vor Erstellung der Bilanz die Gesellschafterversammlung einberufen oder mindestens die Gesellschafter von seinem Prüfungsergebnis unterrichten, obwohl § 49 Abs. 3 an sich die Feststellung des Vermögensverlustes aufgrund einer Bilanz verlangt.[50]

16 Wenn der Gesetzgeber unter diesen Umständen bei der Neufassung eines Straftatbestandes auf das Merkmal der Bilanzaufstellung verzichtet, kann dem seine Bedeutung nicht abgesprochen werden. Es gibt in der Praxis immer wieder Fälle, in denen der

---

[41] Vgl. BGH NJW 1979, 1829, 1831 zu § 92 Abs. 1 AktG.
[42] BGH WM 1958, 1417; *Hachenburg/Hüffer* § 49 Rn. 21; näher auch § 49 Rn. 10.
[43] S. Fn. 42.
[44] *Hachenburg/Hüffer* § 49 Rn. 23; *Roth/Altmeppen* § 49 Rn. 12 und § 84 Rn. 10; *Baumbach/Hueck/Schulze-Osterloh* Rn. 11; aA *Scholz/Tiedemann* Rn. 42.
[45] GmbHR 1985, 281, 282; *Scholz/Tiedemann* Rn. 3, 57.
[46] *Meyer-Landrut/Miller/Niehus* Rn. 6.
[47] BGH, Urt. vom 21. 3. 1961 – 1 StR 32/61.
[48] *Hachenburg/Hüffer* § 49 Rn. 22.
[49] *Scholz/Schmidt* § 49 Rn. 21.
[50] *Scholz/Schmidt* § 49 Rn. 21, 23; enger *Koppensteiner* § 49 Rn. 10, der nur eine Verpflichtung zur Aufstellung einer Zwischenbilanz anerkennt.

Geschäftsführer aus den ihm zur Verfügung stehenden Geschäftsunterlagen den Vermögensverlust ohne weiteres feststellen kann oder mindestens bei Anwendung der von ihm zu verlangenden Sorgfalt eines ordentlichen Geschäftsmannes (§ 43 Abs. 1) hätte ermitteln können. Diese Fälle von dem Strafschutz des § 84 Abs. 1 Nr. 1 auszunehmen, besteht bei der Gesetz gewordenen Fassung dieses Tatbestandes kein Anlas.[51] Auch für die Annahme eines entsprechenden ungeschriebenen Tatbestandsmerkmals besteht unter diesen Umständen kein Bedürfnis. Dass es in vielen Fällen einer Vermögensbilanz bedarf, um den von dem Gesetz erforderten Vermögensverlust festzustellen, ändert daran nichts. Die Annahme eines ungeschriebenen Tatbestandsmerkmals ist nur gerechtfertigt, wenn die Tathandlung – wie bei der Vermögensverfügung des Betruges – ein solches Merkmal zwingend erfordert. Die mit dem Erfordernis der Bilanzaufstellung verbundene empfindliche Einschränkung des Tatbestandes würde im übrigen auch die Fälle straflos stellen, in denen der Täter seinen Pflichten als Geschäftsführer zur Erstellung einer Bilanz aus (bewusster aber nicht nachweisbarer) Nachlässigkeit nicht nachkommt. Das kann nicht Sinn eines Straftatbestandes sein, der im Interesse des Bestandes der Gesellschaft Handlungspflichten des Geschäftsführers unter eine Strafsanktion stellen will, die bereits im Vorfeld einer Krise den Gesellschaftern Sanierungsbemühungen ermöglichen soll. Auch würde die Tatform der fahrlässigen Nichtanzeige des Verlustes eine ihrer wesentlichsten Aufgaben verfehlen, wenn sie nicht Nachlässigkeiten erfasst, die dazu führen, dass eine Bilanz nicht erstellt wird, obwohl konkrete Anhaltspunkte für einen entsprechenden Vermögensverlust vorliegen.

Es entspricht im übrigen der neueren Gesetzgebung, die Handlungspflicht der Organvertreter einer juristischen Person nicht mehr von dem Erfordernis einer Bilanzaufstellung abhängig zu machen;[52] auch im Schrifttum wird die gegenteilige Auffassung im wesentlichen nicht mehr vertreten.[53] Es wäre schließlich widersinnig, bei diesem Tatbestand ein Bilanzerfordernis anzunehmen, obwohl der Gesetzgeber auf dieses Tatbestandsmerkmal gerade bei dem viel schwerwiegenderen Tatbestand des Abs. 1 Nr. 2 mit dem 2. WiKG verzichtet hat (vgl. Rn. 3, 37).

Die **Anzeigepflicht beginnt** zu dem Zeitpunkt, in dem ein objektiver Betrachter, der die Vermögenslage der Gesellschaft nach betriebswirtschaftlichen Grundsätzen bewertet, zu dem Ergebnis gelangt, dass ein Verlust der Hälfte des Stammkapitals eingetreten ist. Auf die tatsächliche Kenntnis der Geschäftsführer von dem Vermögensverlust kommt es nicht an.[54] Strafrechtlich verantwortlich ist er für die Nichtanzeige allerdings nur, wenn er den Verlust kannte, mit der Möglichkeit seines Eintritts rechnete oder ihn unter Verletzung seiner Sorgfaltspflicht nicht erkannt hat (vgl. Rn. 33, 35). In diesem Fall muss er unverzüglich, d. h. ohne schuldhaftes Zögern,[55] tätig werden. Die Anzeigepflicht endet zu dem Zeitpunkt, in dem sich die Vermögenslage der GmbH so gebessert hat, dass der Verlust nicht mehr die Hälfte des Stammkapitals erreicht.[56] Die verspätete Anzeige beseitigt die bereits eingetretene Strafbarkeit nicht, kann aber für die Strafzumessung bedeutsam sein.[57]

---

[51] Ähnlich *Richter* GmbHR 1984, 113, 121; *Hachenburg/Kohlmann* Rn. 20 f.
[52] BGHSt. 33, 21, 24, 25 = NJW 1984, 2958 = NStZ 1985, 271.
[53] Vgl. *Pfeiffer*, FS Rowedder, 1994, S. 347, 353; *Richter* GmbHR 1984, 113, 121; *Hachenburg/Kohlmann* Rn. 20 f.; *Kohlmann/Löffeler* Rn. 466; *Baumbach/Hueck/Schulze-Osterloh* Rn. 11 d; *Müller-Gugenberger/Schmid* § 40 Rn. 46.
[54] *Baumbach/Hueck/Schulze-Osterloh* Rn. 12; *Scholz/Tiedemann* Rn. 59; aA *Hachenburg/Kohlmann* Rn. 18.
[55] Vgl. BGHZ 75, 96, 108 = NJW 1979, 1823 = DB 1979, 1689.
[56] *Baumbach/Hueck/Schulze-Osterloh* Rn. 12; *Kohlmann/Löffeler* Rn. 469.
[57] *Scholz/Tiedemann* Rn. 62.

§ 84

19 Die **Anzeigepflicht** des Geschäftsführers **entfällt,** wenn alle Gesellschafter bereits ausreichend von dritter Seite (oder auch von einem anderen Geschäftsführer oder einem informierten Gesellschafter) über den Vermögensverlust unterrichtet worden sind oder sonst Kenntnis davon erlangt haben. Dieser zu § 138 StGB entwickelte Gesichtspunkt[58] gilt auch für die Anzeigepflicht des § 84 Abs. 1 Nr. 1.[59] Der Verzicht der Gesellschafter auf eine Anzeige entbindet die Geschäftsführer dagegen nicht von ihrer Pflicht zur Unterrichtung der Gesellschafter.[60] Die strafbewehrte Anzeigepflicht dient öffentlichen Interessen und ist deshalb durch die Satzung nicht abdingbar.[61] Auch wenn die Gesellschafter gegenüber den Geschäftsführern generell zum Ausdruck bringen, dass sie kein Interesse an derartiger Information haben, müssen die Geschäftsführer ihrer Pflicht zur Unterrichtung nachkommen, um den Gesellschaftern im Einzelfall die Möglichkeit zu geben, das Gesellschaftsvermögen aufzufüllen und die Gesellschaft wieder zu sanieren. *Tiedemann*[62] übersieht, dass im Schrifttum zu § 49 nur von einem Verzicht der Gesellschafter auf die Einberufung der Gesellschafterversammlung, nicht aber von einem Verzicht auf Unterrichtung die Rede ist.[63]

20 Die Anzeigepflicht entfällt in der Regel nicht deshalb, weil sie dem Geschäftsführer **unzumutbar** ist. Insbesondere kann er sich auf eine Unzumutbarkeit nicht deshalb berufen, weil er den Verlust selbst verschuldet hat und eine zivilrechtliche Haftung oder eine Strafverfolgung befürchtet.[64] Ob überhaupt in diesem Zusammenhang eine Berufung auf den Rechtfertigungsgrund des § 34 StGB möglich ist, erscheint zweifelhaft. Die Angst vor drohender Arbeitslosigkeit kann diesen Rechtfertigungsgrund jedenfalls nicht begründen.[65]

21 Jede Art der **Unterrichtung** genügt der Anzeigepflicht. Der Gesetzgeber wollte die Strafsanktion nicht von dem formalen Gesichtspunkt einer Nichteinberufung des Gesellschafterversammlung, sondern allein davon abhängig machen, ob der Geschäftsführer die Gesellschafter von dem Vermögensverlust unterrichtet hat (vgl. Rn. 6). Anders als bei dem vergleichbaren Tatbestand des § 401 Abs. 1 Nr. 1 AktG verweist der Tatbestand der unterlassenen Verlustanzeige nicht auf die entsprechende Vorschrift des § 49 Abs. 3, die den Geschäftsführer verpflichtet, die Gesellschafterversammlung einzuberufen, wenn die GmbH einen derartigen Vermögensverlust erlitten hat. Eine bestimmte Form der Unterrichtung schreibt das Gesetz nicht vor. Sie kann daher schriftlich oder mündlich erfolgen (vgl. § 49 Rn. 12). Der Geschäftsführer muss aber alle Gesellschafter unterrichten, er kann sich nicht darauf berufen, dass er die Mehrheit der Gesellschafter unterrichtet hat.[66] Anzeigepflichtig ist jeder Geschäftsführer, gleichgültig ob er allein- oder nur gesamtvertretungsberechtigt ist (§ 49 Rn. 13).

---

[58] Vgl. LK/*Hanack* § 138 Rn. 22; *Schönke/Schröder/Cramer/Sternberg-Lieben* § 138 Rn. 2.
[59] *Richter* GmbHR 1984, 113, 121; *Scholz/Tiedemann* Rn. 17, 63; *Baumbach/Hueck/Schulze-Osterloh* Rn. 12; *Kohlmann/Löffeler* Rn. 468; *Meyer-Landrut/Miller/Niehus* Rn. 5; aA *Lutter/Hommelhoff* Rn. 4.
[60] *Hachenburg/Kohlmann* Rn. 24; *Kohlmann/Löffeler* Rn. 465; *Baumbach/Hueck/Schulze-Osterloh* Rn. 12; aA *Richter* GmbHR 1984, 113, 121; *Scholz/Tiedemann* Rn. 64, 65; *Meyer-Landrut/Miller/Niehus* Rn. 5; ebenso offenbar *Koppensteiner* § 49 Rn. 10.
[61] Vgl. *Scholz/Schmidt* § 49 Rn. 35; *Hachenburg/Hüffer* § 49 Rn. 31; *Baumbach/Hueck/Zöllner* § 49 Rn. 18; *Lutter/Hommelhoff* Rn. 4; *Roth/Altmeppen* § 49 Anm. 34; aA *Koppensteiner* § 49 Rn. 14.
[62] *Scholz/Tiedemann* Rn. 64, 65.
[63] Vgl. *Scholz/Schmidt* § 49 Rn. 24; *Hachenburg/Hüffer* § 49 Rn. 27.
[64] *Scholz/Tiedemann* Rn. 67; *Kohlmann/Löffeler* Rn. 470.
[65] AA *Scholz/Tiedemann* 64, 65.
[66] *Hachenburg/Kohlmann* Rn. 23.

Pflichtverletzung bei Verlust, Zahlungsunfähigkeit oder Überschuldung § 84

IV. Unterlassener Insolvenzantrag (Abs. 1 Nr. 2)

Es handelt sich um zwei eigenständige[67] Tatbestände. Sie sind erfüllt, wenn der Geschäftsführer oder – bei der Abwicklung einer aufgelösten GmbH – der Liquidator (vgl. zu diesen Begriffen Rn. 8 ff.) es unterlassen, die Eröffnung des Insolvenzverfahrens zu beantragen, obwohl die GmbH zahlungsunfähig oder überschuldet ist. Die blankettartige Norm des Abs. 1 Nr. 2 (vgl. Rn. 6) verweist hierbei auf die §§ 64 Abs. 1 und 71 Abs. 4. Die letztere Vorschrift bestimmt lediglich, dass § 64 auch für den Liquidator gilt. Nach § 64 Abs. 1 hat der Geschäftsführer (Liquidator) nach Eintritt der Zahlungsunfähigkeit oder der Überschuldung ohne schuldhaftes Zögern, spätestens aber nach drei Wochen dieser Handlungspflicht nachzukommen.

Seit dem **In-Kraft-Treten der InsO** (vgl. Rn. 4) ist in § 17 Abs. 2 S. 1 InsO der Begriff der Zahlungsunfähigkeit, in § 19 Abs. 2 InsO der der Überschuldung gesetzlich definiert. Durch die erfolgte Konkretisierung der Begriffe sind die Voraussetzungen, nach denen ein Insolvenzantrag zu stellen ist, teilweise ausgedehnt worden (vgl. näher Rn. 31 ff., 40 ff.). Wenngleich noch nicht abschließend geklärt ist, ob diese zivilrechtlichen Begriffsbestimmungen im Strafrecht uneingeschränkt anwendbar sind oder ob hier eine lediglich funktionale Akzessorietät besteht, die eigenständigen strafrechtlichen Definitionen nicht entgegensteht,[68] führt dies im Ergebnis zu einer Ausweitung des Strafbarkeitsbereichs.[69] Eine Übergangsvorschrift ist nicht erlassen worden, so dass § 2 StGB Anwendung findet. Nach § 2 Abs. 1 StGB bestimmt sich die Strafe nach dem Gesetz, das zur Zeit der Tat gilt. Wird dieses Gesetz vor der Entscheidung geändert, so ist nach § 2 Abs. 3 StGB das **mildeste Gesetz** anzuwenden. Nach der hier vertretenen Auffassung handelt es sich bei § 84 um einen blankettartigen Tatbestand. Eine Änderung der blankettausfüllenden Norm einschließlich des Insolvenzrechts ist deshalb wie eine Änderung des § 84 selbst zu behandeln.[70] Strafrechtlich ist daher bei Taten, bei denen der Insolvenzantrag bis zum 31. 12. 1998 hätte gestellt werden müssen, die bisherige Definition für Zahlungsunfähigkeit und Überschuldung zugrunde zu legen.[71]

1. Zahlungsunfähigkeit. Die gesetzliche Umschreibung des Begriffs der Zahlungsunfähigkeit in § 17 InsO hat den Anwendungsbereich mit der Folge erweitert, dass die Eröffnung eines Insolvenzverfahrens frühzeitiger als bisher beantragt werden muss. In strafrechtlicher Hinsicht ist deshalb zu unterscheiden, bis zu welchem Zeitpunkt der Insolvenzantrag hätte gestellt werden müssen (vgl. Rn. 23).

a) Zahlungsunfähigkeit bis zum 31. 12. 1998. Sie liegt dem Wortsinn nach vor, wenn ein Schuldner seine fälligen Schulden aus Mangel an bereiten Mitteln nicht bezahlen kann.[72] Der Begriff wird nicht nur in § 84, sondern auch in § 64 sowie in §§ 92, 401 AktG, §§ 130a, 130b, 177a HGB, §§ 102, 105 KO aF und §§ 283, 283a, 283c und 283d StGB verwendet. Nach ganz herrschender Meinung, auch im Zivilrecht (vgl. hierzu § 63 Rn. 21), ist Zahlungsunfähigkeit das nach außen hin in Erschei-

---

[67] Vgl. BGH, Beschl. vom 17. 2. 1995 – 2 StR 729/94 – S. 4 f.; BGH NJW 2000, 154, 156.
[68] Vgl. *Penzlin* S. 146 ff., 212 f.; *Schönke/Schröder/Stree/Heine* § 283 Rn. 50a; *Tröndle/Fischer* Vor § 283 Rn. 6; *Lackner/Kühl* § 283 Rn. 5.
[69] *Moosmayer* S. 148 ff., 159 f., 210 f.
[70] Vgl. BGHSt. 20, 177, 180 f. = NJW 1965, 981; BGHSt. 34, 272, 282 = NJW 1987, 1273 = StV 1987, 197.
[71] KG, Urt. v. 19. 10. 99 – 5–27/99; *Bieneck* StV 1999, 43; *Müller-Guggenberger/Bieneck* § 75 Rn. 64.
[72] RGSt. 41, 309, 314.

§ 84   6. Abschnitt. Schlussbestimmungen

nung tretende, auf dem Mangel an Zahlungsmitteln beruhende, voraussichtlich dauernde Unvermögen der GmbH, ihre sofort zu erfüllenden Geldschulden im wesentlichen zu befriedigen.[73] Mit einer Zahlungseinstellung ist sie nicht gleichzusetzen,[74] obwohl Zahlungseinstellung nur das Offenbarwerden der Zahlungsunfähigkeit ist.[75]

26   Die **sofort zu erfüllenden Geldschulden** sind die fälligen Geldschulden.[76] Soweit aus strafrechtlicher Sicht verlangt wird, die fälligen Verbindlichkeiten müssten von den Gläubigern ernsthaft eingefordert werden,[77] ist damit wohl nur gemeint, dass ebenso wie im Insolvenzrecht die Forderungen nicht – auch nicht stillschweigend – gestundet sein dürfen.[78] So sind fristlos gekündigte Kredite, wenn die GmbH mit der Bank ein Stillhalteabkommen treffen konnte,[79] nicht als fällige Schulden zu berücksichtigen, geschuldete Lohnsteuern gegebenenfalls erst nach Ablauf einer von der Finanzbehörde angeordneten Schonfrist.[80] Auch ist es zu berücksichtigen, wenn einzelne Verbindlichkeiten durch Leistung an Erfüllungs Statt erloschen sind.[81]

27   Zu den zur Tilgung bereiten **Zahlungsmitteln** gehören die vorhandenen oder (kurzfristig) herbeizuschaffenden Mittel,[82] so dass auch zustehende Kredite Berücksichtigung finden können.[83] Solange die Gesellschaft ihren Zahlungsverpflichtungen nachkommt, ist es unerheblich, aus welcher Quelle ihre Einnahmen stammen. Illegale Einkünfte sind deshalb ebenfalls heranzuziehen.[84] Doch muss dabei beachtet werden, dass illegale Einkünfte unsicher sind und deshalb die Zahlungsfähigkeit auf Dauer nicht gewährleisten können.[85] Ein Mangel an bereiten Zahlungsmitteln und damit Zahlungsunfähigkeit ist zu verneinen, wenn der Schuldner aus Irrtum über seine Zahlungsfähigkeit oder sonstigen Gründen nur zahlungsunwillig ist oder wenn er sich scheut, seine Vermögenswerte seinen Gläubigern zur Befriedigung zur Verfügung zu stellen.[86] Da-

---

[73] Vgl. RGZ 50, 39, 41; RG JW 1934, 841, 842; BGH bei *Herlan* GA 1954, 308; BGH NJW 1982, 1952, 1954 = wistra 1982, 189, 191; BGHR GmbHG § 64 Abs. 1 Zahlungsunfähigkeit 1 = wistra 1987, 218, 219 = StV 1987, 343; BGHR StGB § 283 Abs. 1 Zahlungsunfähigkeit 2 = wistra 1991, 26 = bei *Holtz* MDR 1990, 1067; *Franzheim* NJW 1980, 2500, 2503; *Bilo* GmbHR 1981, 73, 74; *Hartung* wistra 1997, 1; *Hachenburg/Kohlmann* Rn. 39; *Scholz/Tiedemann* Rn. 44; *Tröndle/Fischer* Vor § 283 Rn. 10; *LK/Tiedemann* Vor § 283 Rn. 126; *Schönke/Schröder/Stree/Heine* § 283 Rn. 52.
[74] RG JW 1934, 841, 842.
[75] BGH, Urt. vom 21. 3. 1961 – 1 StR 32/61; vgl. auch § 63 Rn. 3.
[76] BGH NJW 1982, 1952, 1954 = wistra 1982, 189, 191; BGHR HGB § 130b Abs. 1 Zahlungsunfähigkeit 1 = NStZ 1987, 279 = wistra 1987, 216.
[77] BGH GA 1981, 472f.; BGHR HGB § 130b Abs. 1 Zahlungsunfähigkeit 1 = NStZ 1987, 279 = = wistra 1987, 216f.; *Scholz/Tiedemann* Rn. 44; *Erbs/Kohlhaas/Schaal* GmbHG § 84 Rn. 11; *Kohlmann/Löffeler* Rn. 462.
[78] Vgl. BGH WM 1955, 1468; BayObLG wistra 1988, 363 = BB 1988, 1840 m. Anm. *Birner*; *C. Schäfer* GmbHR 1993, 780, 783; LK/*Tiedemann* Vor § 283 Rn. 120.
[79] BGH, Urt. vom 21. 3. 1961 – 1 StR 32/61.
[80] OLG Stuttgart NStZ 1987, 460.
[81] BGHR HGB § 130b Abs. 1 Zahlungsunfähigkeit 1 = NStZ 1987, 279 = wistra 1987, 216, 217.
[82] BGH, Urt. vom 21. 3. 1961 – 1 StR 32/61 und vom 20. 12. 1978 – 3 StR 408/78 S. 6, in BGHSt. 28, 231 nicht abgedruckt; BGHR HGB § 130b Abs. 1 Zahlungsunfähigkeit 1 = NStZ 1987, 279 = wistra 1987, 218, 219; BGHR StGB § 283 Abs. 1 Zahlungsunfähigkeit 3 = wistra 1993, 184.
[83] BGH, Urt. vom 7. 5. 1953 – 4 StR 557/52.
[84] BGH LM Nr. 6 zu § 30 KO; WM 1975, 6f.
[85] BGH wistra 1982, 189, 191 = NJW 1982, 1952, 1954.
[86] RG LZ 1926, 492; RG JW 1934, 841, 842; BGH WM 1957, 67, 68; OLG Düsseldorf BB 1983, 229.

Pflichtverletzung bei Verlust, Zahlungsunfähigkeit oder Überschuldung **§ 84**

her erscheint die Rspr. zu § 283 Abs. 2 StGB,[87] wonach Gelder, die der Schuldner auf Konten juristisch selbständiger „Offshore-Gesellschaften" beiseite geschafft und damit den Zugriff der Gläubiger aber nur faktisch erschwert hat, bei der Feststellung der Zahlungsfähigkeit nicht zu berücksichtigen sind, als zu weitgehend.[88] Böswillige Zahlungsunwilligkeit ist etwas anderes als Zahlungsunfähigkeit.[89]

Wann die GmbH wegen Geldmangels andauernd außerstande ist, ihren sofort zu erfüllenden Geldschulden **im wesentlichen** nachzukommen, beurteilt sich nach der Verkehrsauffassung.[90] Dass der Schuldner noch in der Lage ist, einzelne Gläubiger zu befriedigen, stellt seine Zahlungsunfähigkeit nicht in Frage, wenn er sich im übrigen außerstande sieht, seinen allgemein fälligen Verbindlichkeiten nachzukommen.[91] Unter Umständen kann es auch ausreichen, wenn nach Befriedigung mehrerer Gläubiger nur einer nicht mehr befriedigt werden kann.[92] Ob sich dafür ein Prozentsatz festlegen lässt, erscheint zweifelhaft. Im strafrechtlichen Schrifttum werden Werte von 15 %[93] sowie zwischen 25 %[94] und 50 %[95] genannt. In der Rechtsprechung ist teilweise darauf abgestellt worden, ob die Zahlung noch die Regel oder schon die Ausnahme ist.[96] Verneint worden ist das Merkmal der Wesentlichkeit bei einer Unterdeckung von 18 %,[97] bejaht worden bei einer solchen von 25 %.[98] Jedenfalls dürfte das Zurückbleiben der Zahlungsmittel hinter den Schulden um ein Viertel das Mindestmaß darstellen. **28**

Wann ein **andauerndes** Unvermögen der GmbH zur Zahlung zu bejahen ist, wird uneinheitlich beantwortet. Übereinstimmung besteht darin, dass ein vorübergehender Mangel an Zahlungsmitteln noch nicht zur Zahlungsunfähigkeit führt. Es handelt sich dabei um eine Zahlungsstockung, der das Merkmal der Dauer fehlt.[99] Im Zivilrecht wird dauerndes Unvermögen überwiegend ab einer Zeitspanne von einem Monat zugrunde gelegt.[100] Im Strafrecht soll ein Zeitraum von drei Monaten[101] zugrunde gelegt werden, wobei positive Liquiditätsentwicklungen innerhalb weiterer drei Monate noch mit berücksichtigt werden sollen.[102] Diese Auffassung wird teilweise auch in der Rechtsprechung[103] vertreten. Ein fester Zeitraum ist bisher noch nicht allgemein aner- **29**

---

[87] OLG Frankfurt NStZ 1997, 551; offengelassen von BGHR StGB § 283 Abs. 1 Nr. 1 Beiseiteschaffen 4 = NStZ 2001, 485.
[88] *Hartung* wistra 1997, 1, 8; *Krause* NStZ 1999, 161.
[89] In diesem Sinne auch *Berz* BB 1976, 1435, 1440; *Uhlenbruck* wistra 1996, 1, 5.
[90] BGH bei *Herlan* GA 1954, 308.
[91] BGH, Urt. vom 11. 10. 1960 – 5 StR 155/60; BGH NJW 1982, 1952, 1954 = wistra 1982, 189, 191.
[92] RGSt. 39, 326f.; 41, 309, 314; BGH, Urt. vom 7. 5. 1953 – 4 StR 557/52 und vom 25. 9. 1957 – 2 StR 313/57.
[93] *Hoffmann* MDR 1979, 713, 714; *Weyand* S. 56; *Müller-Gugenberger/Bieneck* § 76 Rn. 43.
[94] *Papke* DB 1969, 735; *C. Schäfer* GmbHR 1993, 780, 784; LK/*Tiedemann* Vor § 283 Rn. 132; *Schönke/Schröder/Stree/Heine* § 283 Rn. 52.
[95] *Schlüchter* MDR 1978, 265, 268; *Scholz/Tiedemann* Rn. 44; unklar *Bieneck* wistra 1992, 89, 90.
[96] Vgl. BGH, Urt. vom 23. 4. 1954 – 5 StR 526/53; BGH bei *Herlan* GA 1958, 46 = BB 1957, 522, 523.
[97] BGH bei *Herlan* GA 1958, 46 = BB 1957, 522, 523.
[98] BayObLG wistra 1988, 363 = BB 1988, 1840; KG, Urt. vom 19. 10. 99 – 5 – 27/99.
[99] *Uhlenbruck* ZIP 1980, 73, 77, 80; LK/*Tiedemann* Vor § 283 Rn. 134.
[100] Vgl. § 63 Rn. 25; *Schaub* DStR 1993, 1483.
[101] *Schlüchter* MDR 1978, 265, 268; *Franzheim* NJW 1980, 2500, 2504; LK/*Tiedemann* Vor § 283 Rn. 134; *Kohlmann/Löffeler* Rn. 463; enger *Papke* DB 1969, 735: sechs Wochen.
[102] Hiergegen kritisch *C. Schäfer* GmbHR 1993, 780, 784 Fn. 133.
[103] BayObLG wistra 1988, 363 = BB 1988, 1840.

§ 84   6. Abschnitt. Schlussbestimmungen

kannt. Ein fester Zeitraum von insgesamt sechs Monaten, bei dem die voraussichtlichen zukünftigen Einnahmen und Ausgaben zu berücksichtigen wären, führt tendenziell zu einer Gleichsetzung von Zahlungsunfähigkeit und Überschuldung, ohne dass dadurch etwas gewonnen wäre. Ein fester Zeitraum für die Abgrenzung bloßer Zahlungsstockung von bereits vorliegender Zahlungsunfähigkeit lässt sich nicht allgemeinverbindlich festlegen. Entscheidend ist, innerhalb welcher Frist nach der jeweiligen Verkehrsauffassung bei redlichem wirtschaftlichem Gebaren die fällige Verbindlichkeit zu tilgen ist und ob der Mangel an Mitteln kurzfristig, zB durch Aufnahme eines Überbrückungskredits, behoben werden kann.

30 Zahlungsunfähigkeit setzt Illiquidität im betriebswirtschaftlichen Sinn voraus.[104] Die Zahlungsunfähigkeit ist deshalb in der Regel durch eine stichtagsbezogene Gegenüberstellung der fälligen und eingeforderten Verbindlichkeiten und der zu ihrer Tilgung vorhandenen oder herbeizuschaffenden Mittel festzustellen.[105] Neben dieser betriebswirtschaftlichen **Methode zur Bestimmung** der Zahlungsunfähigkeit gibt es aber auch wirtschaftskriminalistische Beweisanzeichen. Wichtige Anzeichen liegen darin, ob und wie lange Löhne, Sozialbeiträge, Strom- und Wassergebühren bezahlt worden sind.[106] Ebenso können die Häufigkeit der Wechsel- und Scheckproteste, fruchtlose Pfändungen oder das Ableisten einer eidesstattlichen Versicherung jeder kaufmännisch ausgebildeten Person auch ohne Vorliegen einer stichtagsbezogenen Gegenüberstellung erkennbar machen, dass Zahlungsunfähigkeit vorliegt.[107] Da Gläubiger zumeist erst mit Verzögerung auf eine nicht erfolgte Zahlung reagieren, wird bei dieser Methode die Zahlungsunfähigkeit jedoch erst für einen späteren Zeitpunkt festgestellt werden können.[108] Stets sind aber die Umstände des Einzelfalles zu beachten. So können gegen die Gesellschaft betriebene Zwangsvollstreckungen die Tauglichkeit als Beweisanzeichen einbüßen, wenn sie durch Zahlung abgewendet wurden.[109] Ebenso braucht bei einer Handelsgesellschaft die vorangegangene fruchtlose Zwangsvollstreckung in körperliche Sachen kein zuverlässiges Beweisanzeichen zu sein, weil solche Gesellschaften zwar über verhältnismäßig wenig pfändbare Sachen, um so mehr aber über andere Vermögensstücke, insbesondere Forderungen, verfügen können.[110]

31 **b) Zahlungsunfähigkeit ab dem 1. 1. 1999.** Nach der Legaldefinition in § 17 Abs. 2 S. 1 InsO ist der Schuldner zahlungsunfähig, wenn er nicht in der Lage ist, die fälligen Zahlungspflichten zu erfüllen. Bei der Begriffsbestimmung ist die Definition zugrunde gelegt worden, die sich in Rechtsprechung und Literatur zum Begriff der Zahlungsunfähigkeit durchgesetzt hatte (Begr. des RegE, BT-Drucks. 12/2443, S. 114). Im Unterschied zur vorherigen Rechtslage (vgl. Rn. 25 ff.) sind aber die Merkmale des

---

[104] *Schlüchter* MDR 1978, 265, 267; *Franzheim* NJW 1980, 2500, 2503; *Reulecke* Kriminalistik 1984, 80; *Uhlenbruck* BB 1985, 1277, 1281; *Weyand* S. 53.
[105] BGH, Urt. vom 21. 3. 1961 – 1 StR 32/61 und vom 20. 12. 1978 – 3 StR 408/78; BGHR GmbHG § 64 Zahlungsunfähigkeit 1 = StV 1987, 343 = wistra 1987, 218, 219; NJW 1990, 1055 f.; BGHR StGB § 283 Abs. 1 Zahlungsunfähigkeit 3 = wistra 1993, 184; NJW 2000, 154, 156.
[106] BGH bei *Herlan* GA 1958, 46 = BB 1957, 522, 523.
[107] BGHR GmbHG § 64 Abs 1 Zahlungsunfähigkeit 1 = wistra 1987, 218, 219 = StV 1987, 343; BGHR GmbHG § 64 Abs 1 Überschuldung 1 = NJW 1990, 1055 f. = wistra 1990, 68; BGH wistra 1992, 145, 146; BGH, Beschl. vom 17. 2. 1995 – 2 StR 729/94; *Franzheim* NJW 1980, 2500, 2504; *Hartung* wistra 1997, 1, 11 f.; vgl. mit weiteren Beispielen LK/*Tiedemann* Vor § 283 Rn. 132; *Weyand* S. 58 ff.
[108] *Hoffmann* MDR 1979, 713, 715; *Bieneck* wistra 1992, 89, 90.
[109] BGH, Beschl. vom 12. 6. 1990 – 1 StR 123/90.
[110] BGH, Urt. vom 21. 3. 1961 – 1 StR 32/61.

"ernsthaften Einforderns der Verbindlichkeit", der "Dauer" und der "Wesentlichkeit" entfallen. Soweit nach § 17 Abs. 2 S. 2 InsO Zahlungsunfähigkeit in der Regel anzunehmen ist, wenn der Schuldner seine Zahlungen eingestellt hat, handelt es sich lediglich um eine für das Zivilrecht bedeutsame widerlegliche Vermutung; so liegt im Falle der böswilligen Zahlungsverweigerung noch keine Zahlungsunfähigkeit des Schuldners vor.[111]

Fällige Zahlungspflichten sind die sofort zu erfüllenden Geldschulden. Durch Leistungen an Erfüllungs Statt erloschene Verbindlichkeiten sind nicht mehr fällig.[112] Anders als nach der alten Rechtslage kommt es nicht mehr darauf an, ob die fälligen Verbindlichkeiten von den Gläubigern ernsthaft eingefordert werden.[113] Allerdings begründen ausdrücklich gestundete Forderungen auch weiterhin keine Zahlungsunfähigkeit.[114] Hinsichtlich sog. eigenkapitalersetzender Gesellschafterdarlehen ist zu unterscheiden: Die Regelung des § 39 Abs. 1 Nr. 5 InsO, wonach diese Darlehen im Insolvenzverfahren nachrangig sind, führt nicht dazu, dass diese Verbindlichkeiten von vornherein unberücksichtigt bleiben.[115] Nur soweit ihrer Durchsetzbarkeit die §§ 30ff. entgegenstehen oder der Gesellschafter einen Rangrücktritt erklärt hat, sind diese nicht als fällige Schulden zu berücksichtigen. Bei der Feststellung der Überschuldung (Rn. 42) sind diese dagegen einzubeziehen. 32

Eine **andauernde** Unfähigkeit zur Erfüllung der Zahlungspflichten ist nicht mehr erforderlich. Damit kann die frühere Auffassung, wonach auch eine über Monate fortbestehende Illiquidität nicht zwangsläufig zur Annahme von Zahlungsunfähigkeit führen musste (vgl. Rn. 29), nicht mehr aufrecht erhalten werden. Allerdings begründet eine lediglich vorübergehende Zahlungsstockung, die einige Tage nicht überschreitet, noch keine Zahlungsunfähigkeit.[116] Die Dauer des Bemessungszeitraums ist in der Literatur noch umstritten. Nach wohl überwiegender Meinung ist Zahlungsunfähigkeit jedenfalls bei einer mehr als zwei Wochen anhaltenden Illiquidität zu bejahen.[117] Soweit teilweise auf einen längeren Zeitraum abgestellt wird, etwa drei Wochen,[118] einen[119] oder zwei[120] oder gar drei[121] Monate, erscheint dies als zweifelhaft. 33

Einen **wesentlichen Teil** der Verbindlichkeiten braucht die Zahlungsunfähigkeit nicht mehr zu betreffen. Die frühere Auffassung, dass der Schuldner einen bestimmten Bruchteil der Gesamtsumme seiner Verbindlichkeiten nicht mehr erfüllen können musste (vgl. Rn. 28), ist überholt. Lediglich ganz geringfügige Liquiditätslücken haben 34

---

[111] *Smid* InsO § 17 Rn. 3; *Uhlenbruck* wistra 1996, 1, 5; vgl. auch Rn. 27.
[112] BGHR HGB § 130b Abs 1 Zahlungsunfähigkeit 1 = NStZ 1987, 279 = wistra 1987, 216, 217.
[113] BGHR StGB § 283 Abs. 1 Nr. 1 Beiseiteschaffen 4 = NStZ 2001 485; *Baumbach/Hueck/Schulze-Osterloh* Rn. 21 iVm. § 64 Rn. 5; *Tröndle/Fischer* StGB Vor § 283 Rn. 9 aE; Erg. § 63 Rn. 23.
[114] *Smid* InsO § 17 Rn. 3; *Kübler/Prütting/Pape* InsO § 17 Rn. 6.
[115] Streitig; wie hier § 63 Rn. 31; *Baumbach/Hueck/Schulze-Osterloh* Rn. 21 iVm. § 64 Rn. 7; *Smid* InsO § 17 Rn. 3; wohl auch *Kübler/Prütting/Pape* InsO § 17 Rn. 7; *Hartung* wistra 1997, 1, 6, bei Rangrücktritt; aA *Roth/Altmeppen* § 67 Rn. 7.
[116] Vgl. Begr. des RegE – BT-Drucks. 12/2443, S. 114; § 63 Rn. 26f.; *Kübler/Prütting/Pape* InsO § 17 Rn. 11; *Weyand* S. 61; *Smid* InsO § 17 Rn. 7.
[117] *Baumbach/Hueck/Schulze-Osterloh* Rn. 21 iVm. § 64 Rn. 5; *Kübler/Prütting/Pape* InsO § 17 Rn. 11; *Tröndle/Fischer* Vor § 283 Rn. 9.
[118] *Bieneck* StV 1999, 43, 44; *Müller-Gugenberger/Bieneck* § 76 Rn. 57.
[119] BGH ZIP 1995, 929, 931; 1997, 1509, 1510; *Lutter/Hommelhoff* Rn. 5 iVm. § 64 Rn. 6; *Lackner/Kühl* § 283 Rn. 7.
[120] *Penzlin* S. 153; *ders.* NZG 1999, 1203, 1208.
[121] *Bittmann* wistra 1998, 321, 324.

§ 84　　　　　　　　　　　　　　　　6. Abschnitt. Schlussbestimmungen

außer Betracht zu bleiben.[122] Auch hier ist umstritten, welcher Maßstab anzulegen ist. Überwiegend wird bereits bei einer Deckungslücke von 5 bis 10 %[123] Zahlungsunfähigkeit angenommen. Soweit teilweise auf eine Unterdeckung von 20 %[124] oder 25 %[125] abgestellt wird, erscheint dies als zu weitgehend.

35　**2. Überschuldung.** Die gesetzliche Umschreibung des Begriffs der Überschuldung in § 19 InsO hat den Anwendungsbereich mit der Folge erweitert, dass die Eröffnung eines Insolvenzverfahrens frühzeitiger als bisher beantragt werden muss. In strafrechtlicher Hinsicht ist deshalb zu unterscheiden, bis zu welchem Zeitpunkt der Insolvenzantrag hätte gestellt werden müssen (vgl. Rn. 23).

36　**a) Überschuldung bis zum 31. 12. 1998.** Nach der früheren Definition in § 64 Abs. 1 S. 2 aF liegt Überschuldung vor, wenn das Vermögen der Gesellschaft nicht mehr die Schulden deckt (vgl. § 63 Rn. 33 mwN). Dementsprechend ist nach der strafrechtlichen Rechtsprechung Überschuldung auch gegeben, wenn die vorhandenen Vermögenswerte die Schulden nicht mehr decken[126] oder wenn die Aktiven die Passiven nicht mehr decken[127] bzw. wenn die Passiven die Aktiven überwiegen.[128] Überschuldung bedeutet nicht notwendig Zahlungsunfähigkeit, so dass Geldbewegungen in erheblichem Umfang auf den Geschäftskonten für sich allein noch nichts besagen.[129] Sie wird nicht dadurch beseitigt, dass die Gesellschaft wieder zahlungsfähig wird; das gilt insbesondere dann, wenn die Zahlungsunfähigkeit durch Aufnahme von Krediten behoben wird, weil in diesem Fall die Forderung des Kreditgebers die Passiven erhöht.[130] Eine Erhöhung des Stammkapitals[131] und mit einer Rangrücktrittsvereinbarung versehene Gesellschafterdarlehen iS des § 32a[132] können allerdings als Sanierungsmittel die Überschuldung ebenso beseitigen wie der in Form eines Erlassvertrags erfolgte Rangrücktritt eines Gläubigers der GmbH.[133]

37　Ob die GmbH in dem maßgebenden Zeitpunkt überschuldet war, ist vom Gericht durch einen sog. **Überschuldungsstatus** festzustellen.[134] Diese Überschuldungsbilanz (dazu § 63 Rn. 38 ff.) ist weder mit der Handels- oder Steuerbilanz (§§ 247 ff. HGB; §§ 5, 6 EStG) noch mit dem Jahresabschluss, der eine über das Ergebnis des betreffen-

---

[122] Vgl. BGH NJW 2002, 515, 517 f.; Begr. des RegE – BT-Drucks. 12/2443, S. 114; § 63 Rn. 24; *Kübler/Prütting/Pape* InsO § 17 Rn. 12 f.; *Smid* InsO § 17 Rn. 4 f.
[123] *Tröndle/Fischer* Vor § 283 Rn. 9; *Lackner/Kühl* § 283 Rn. 7.
[124] *Penzlin* S. 153.
[125] *Bittmann* wistra 1998, 321, 323.
[126] BGH, Urt. vom 14. 4. 1954 – 1 StR 565/53.
[127] RGSt. 44, 48, 50 f.; BGH, Urt. vom 21. 3. 1961 – 1 StR 32/61 und vom 29. 1. 1980 – 1 StR 615/79.
[128] BGH GA 1959, 87, 88; BGH bei *Holtz* MDR 1981, 454.
[129] BGH NJW-RR 1995, 289 = ZIP 1995, 124, 126.
[130] BGH GmbHR 1957, 131 = BB 1957, 273.
[131] BGH, Urt. vom 14. 4. 1954 – 1 StR 565/53; BGHSt. 15, 306, 310 = NJW 1961, 740 = DB 1961, 569.
[132] BGHZ 146, 264, 271 = NJW 2001, 1280 = DB 2001, 373 m. zust. Anm. *Priester* EWiR § 32a GmbHG 1/01, 329; BGH NJW 1994, 724; Hans. OLG Hamburg WM 1986, 1110 m. Anm. *Rümker* WuB II C. § 32a GmbHG 2.86; OLG München wistra 1994, 278 = NStZ 1996, 94, aber teilweise zu weitgehend; *Hartung* NJW 1996, 229, 230 f.; *C. Schäfer* GmbHR 1993, 780, 786; vgl. auch § 63 Rn. 63.
[133] *Hartung* NJW 1995, 1186, 1191.
[134] BGHZ 146, 264, 267 f. = NJW 2001, 1280 = DB 2001, 373 m. zust. Anm. *Priester* EWiR § 32a GmbHG 1/01, 329; BGHR StGB § 283 Abs. 1 Überschuldung 1 = wistra 1987, 28 = StV 1987, 21; BGH, Beschl. vom 17. 2. 1995 – 2 StR 729/94; OLG Düsseldorf StV 1999, 28, 29.

den Geschäftsjahres im Verhältnis zum Vorjahr Auskunft gebende Erfolgsbilanz ist,[135] gleichzusetzen. Die Überschuldungsbilanz ist vielmehr eine Vermögensbilanz,[136] in der über die wirklichen Gegenstandswerte des Schuldnervermögens Auskunft gegeben wird,[137] d. h. in der die Aktiva und Passiva eines Unternehmens vollständig und richtig dargestellt werden, um den inneren Wert eines Unternehmens aufzuzeigen.[138] Bei ihr sind die wahren Werte, d. h. die Verkehrswerte, in Ansatz zu bringen.[139] Die Strafbarkeit wegen unterlassener Antragstellung setzt aber nicht (mehr) voraus, dass sich für den Handlungspflichtigen (Rn. 43) die Überschuldung aus einer Bilanz ergibt.[140] Es entspricht der neueren Gesetzgebung, die Handlungspflicht der Organvertreter einer juristischen Person nicht mehr von dem Erfordernis einer Bilanzaufstellung abhängig zu machen.[141] Dementsprechend ist durch das 2. WiKG (Rn. 3) auf das in § 64 Abs. 1 S. 2 enthalten gewesene Erfordernis einer Jahres- oder Zwischenbilanz verzichtet worden. Nunmehr genügt der faktische Eintritt der Überschuldung.[142] Wenn die Überschuldung in der Regel tatsächlich auch nur aus einer schriftlichen Vermögensübersicht zu ersehen sein wird, reicht es aus, wenn der Handlungspflichtige aufgrund der ihm zur Verfügung stehenden Geschäftsunterlagen oder aufgrund anderer Umstände in der Lage ist, die Vermögenslage der Gesellschaft zu übersehen und nach einer (auch gedanklichen) Gegenüberstellung von Aktiven und Passiven zu dem Ergebnis gelangt, dass die Gesellschaft überschuldet ist. Zu § 64 ist schon bisher die Auffassung vertreten worden, dass der Geschäftsführer gehalten ist, bei Anzeichen für eine Insolvenzreife entsprechende Maßnahmen zu ergreifen und insbesondere festzustellen, ob die rechnerische Überschuldung tatsächlich eingetreten ist.[143]

Zum **Erstellen des Überschuldungsstatus** sind grundsätzlich die anerkannten **38** Bewertungsmaßstäbe heranzuziehen, die für den Täter am günstigsten sind. Nur so kann wegen der im Zivilrecht bestehenden Bewertungsunsicherheiten und ungeklärten Bewertungsmaßstäbe dem Grundsatz „in dubio pro reo" Rechnung getragen werden.[144] Deshalb sind regelmäßig die Betriebsfortführungswerte heranzuziehen, denn diese stellen im Strafverfahren den angeklagten Geschäftsführer am günstigsten und werden deshalb in vielen Fällen für die Feststellung der Überschuldung ausschlaggebend sein. Danach erfolgt die Bewertung der einzelnen Bilanzposten nach dem Wert, der bei einem weiterarbeitenden Betrieb anzusetzen ist und nicht nach dem sog. Zerschlagungswert, der sich bei einer Liquidation des Betriebes ergeben würde.[145] Die Ansetzung der Betriebsfortführungswerte als Wertmaßstab wird im strafrechtlichen Schrifttum weitgehend befürwortet.[146] Einschränkend äußert sich *Bilo*,[147] der die Be-

---

[135] BGHSt. 15, 306, 309 = NJW 1961, 740 = DB 1961, 569; vgl. auch Vor § 82 Rn. 43.
[136] BGHSt. 15, 306, 309 = NJW 1961, 740 = DB 1961, 569.
[137] BGHR StGB § 283 Abs. 1 Überschuldung 2; BGH NJW 1994, 724 f.
[138] *Bilo* GmbHR 1981, 73, 74.
[139] BGH, Urt. vom 21. 3. 1961 – 1 StR 32/61.
[140] *Scholz/Tiedemann* Rn. 4; *Lutter/Hommelhoff* Rn. 5; *Meyer-Landrut/Miller/Niehus* Rn. 8; *Roth/Altmeppen* Rn. 15.
[141] BGHSt. 33, 21, 24, 25 = NJW 1984, 2958 = NStZ 1985, 271.
[142] *Lüderssen*, Gedächtnisschrift für Kaufmann, 1989, S. 675, 676.
[143] BGHZ 100, 19, 22 = NJW 1987, 2433 = DB 1987, 1243.
[144] Vgl. OLG Düsseldorf StV 1999, 28; *Scholz/Tiedemann* Rn. 47; *Roth/Altmeppen* Rn. 15.
[145] Vgl. zu diesen Begriffen näher *Schlüchter* wistra 1984, 41, 44; *Franzheim* wistra 1984, 212; LK/*Tiedemann* Vor § 283 Rn. 145, 146.
[146] *Schlüchter* MDR 1978, 265; differenzierter wistra 1984, 41, 43; *Tiedemann*, Gedächtnisschrift für Schröder, 1978, S. 289, 301; *Franzheim* NJW 1980, 2500, 2501; *Richter* GmbHR 1984, 137, 140 f.; *Lüderssen* (Fn. 142) S. 675, 680 f., 685; *Pfeiffer*, FS Rowedder, 1994, S. 347, 360.

§ 84   6. Abschnitt. Schlussbestimmungen

wertung von der konkreten Verwertungsmöglichkeit abhängig machen will. Im zivilrechtlichen Schrifttum wird aber überwiegend ein zweistufiger Überschuldungsbegriff mit einer objektiven Fortführungsprognose befürwortet.[148] Die Rspr. im Zivilrecht[149] und Strafrecht[150] hat sich dieser Auffassung angeschlossen und nimmt eine Überschuldung an, wenn das Vermögen der Gesellschaft bei Ansatz von Liquidationswerten unter Einbeziehung der stillen Reserven die bestehenden Verbindlichkeiten nicht deckt (rechnerische Überschuldung) und die Finanzkraft der Gesellschaft nach überwiegender Wahrscheinlichkeit mittelfristig zur Fortführung des Unternehmens nicht ausreicht (Überlebens- oder Fortbestehungsprognose). Das Abstellen auf den wirklichen Wert[151] hilft nicht weiter, weil damit offenbleibt, nach welchen Maßstäben er beurteilt werden soll. Auf den Zerschlagungswert kann nur abgestellt werden, wenn der Zusammenbruch der Gesellschaft so offensichtlich ist, dass jeder objektive Betrachter den Zustand der Gesellschaft bei Kenntnis der in Betracht kommen Umstände erkennen wird.[152] Das wird insbesondere der Fall sein, wenn die Existenz der Gesellschaft so weit gefährdet ist, dass Sanierungsbemühungen von vornherein aussichtslos erscheinen.[153] Auf der inneren Tatseite (vgl. Rn. 55) wird es jedenfalls nur schwer möglich sein, dem Täter nachzuweisen, dass er aufgrund einer bestimmten Prognose zu dem Ergebnis gelangt ist, dass eine Sanierung aussichtslos ist.[154] Ein solcher Fall wird allerdings immer dann vorliegen, wenn ihm nachzuweisen ist, dass er keinen Fortführungs- und Sanierungswillen hatte.[155]

39   Nach der Rechtsprechung des BGH darf der Tatrichter bei der Ermittlung des Wertes einer verlustreichen Unternehmensbeteiligung die rechtliche Möglichkeit der Kündigung der Beteiligung oder der Sanierung außer Betracht lassen, wenn diese Möglichkeit nach dem zu erwartenden Verhalten der Beteiligten auszuschließen ist.[156] Zur Berücksichtigung von Rückstellungen bei der Prüfung der Überschuldung s. *Hoffmann*.[157]

40   **b) Überschuldung ab dem 1. 1. 1999.** In § 19 Abs. 2 S. 1 InsO wird der Begriff der Überschuldung in Anlehnung an § 64 Abs. 1 S. 2 aF definiert. Damit verbleibt es auch grundsätzlich bei einer zweistufigen Überschuldungsprüfung (vgl. Rn. 38).

41   Ein wesentlicher Unterschied zur vorherigen Rechtslage (vgl. Rn. 36 ff.) besteht aber in der durch § 19 Abs. 2 S. 2 InsO erfolgten Einschränkung. Danach ist bei der Bewertung des Vermögens des Schuldners die Fortführung des Unternehmens zugrunde zu legen, wenn diese nach den Umständen überwiegend wahrscheinlich ist. In der Begründung des RegE (BT-Drucks. 12/2443, S. 115) heißt es hierzu, damit werde entschieden von der Auffassung in BGHZ 119, 201, 214 abgewichen. Praktisch bedeutet dies, dass die Überlebensprognose allein bei der Bewertung der Aktiva eine

---

[147] GmbHR 1981, 73, 75, 76.
[148] Vgl. § 63 Rn. 36 sowie weitere Nachweise bei *Uhlenbruck* ZIP 1980, 73, 81; BB 1985, 1277, 1281; WiB 1996, 409, 410 f.; *Gurke* S. 46 ff.; *Scholz/Schmidt* § 63 Rn. 10 ff.; *Baumbach/Hueck/Schulze-Osterloh* § 64 Rn. 11; differenzierend *Roth* GmbHR 1985, 137, 142.
[149] BGHZ 119, 201, 213 f. = NJW 1992, 2891 = WM 1992, 1650.
[150] OLG München wistra 1994, 278 = NStZ 1996, 94; zust. *C. Schäfer* GmbHR 1993, 780, 784 ff.
[151] *Hachenburg/Kohlmann* Rn. 42; *Meyer-Landrut/Miller/Niehus* Rn. 8.
[152] Ähnlich *Pfeiffer*, FS Rowedder, 1994, S. 347, 361; *Scholz/Tiedemann* Rn. 47 aE.
[153] Vgl. BGHSt. 35, 333, 338 = NJW 1989, 112 = wistra 1989, 23.
[154] *Hahne* Rbeistand 1985, 3, 4.
[155] *Richter* GmbHR 1984, 137, 140.
[156] BGH JZ 1979, 75, 77; dazu *Tiedemann* NJW 1979, 254.
[157] MDR 1979, 93.

Rolle spielen darf. Zunächst ist also rechnerisch die Überschuldung unter Zugrundelegung von Liquidationswerten zu prüfen. Ergibt sich dabei eine Überschuldung, so ist weiter festzustellen, ob die Fortführung des Unternehmens nach den Umständen wahrscheinlicher ist als die Stillegung. Fällt diese Bewertung positiv aus, kann bei der Überschuldungsprüfung von Liquidationswerten auf Betriebsfortführungswerte umgestellt werden. Besteht danach noch immer eine rechnerische Überschuldung, ist immer das Insolvenzverfahren anzumelden. Die Fortführungsprognose kann damit niemals mehr allein entscheidendes Moment der Überschuldungsprüfung sein.[158] *Tiedemann*[159] stimmt dem grundsätzlich zu, will aber abweichend von § 19 Abs. 2 S. 2 InsO im Strafrecht wie bisher bereits dann von der Fortführung ausgehen, wenn diese „nicht ganz unwahrscheinlich" ist. Nach *Penzlin*[160] soll die Anwendung des Überschuldungsbegriffs aus § 19 Abs. 2 InsO im Strafrecht gegen den Grundsatz der Tatbestandsbestimmtheit und damit gegen Art. 103 Abs. 2 GG verstoßen, weil der Gesetzgeber keine Grundsätze zur Bilanzierung der Überschuldung vorgegeben habe. Dabei wird jedoch übersehen, dass auf die bisherigen Grundsätze zum Erstellen eines Überschuldungsstatus (s. Rn. 38) zurückgegriffen werden kann.

42 Ein weiterer Unterschied besteht seit dem In-Kraft-Treten der InsO darin, dass auf der Passivseite des Überschuldungsstatus auch nachrangige Verpflichtungen iS des § 39 Abs. 1 Nr. 5 InsO, also kapitalersetzende Darlehen eines Gesellschafters, zu berücksichtigen sind. Hieraus wird teilweise der Schluß gezogen, dass nach neuem Recht auch ein vereinbarter Rangrücktritt das Gebot zur Passivierung nicht aufhebe. Solle eine Überschuldung vermieden werden, sei das nur in der Weise möglich, dass die Forderung des Gläubigers für den Fall der Eröffnung des Insolvenzverfahrens erlassen werde.[161] Diese Auffassung hat der BGB[162] inzwischen abgelehnt. Forderungen eines Gesellschafters aus der Gewährung eigenkapitalersetzender Leistungen sind, soweit für sie eine Rangrücktrittserklärung abgegeben worden ist, nicht in den Überschuldungsstatus aufzunehmen.

3. Handlungspflicht nach § 64 Abs. 1. Nach dieser Vorschrift – die gemäß § 71 **43** Abs. 4 auch für den Liquidator gilt – hat der Geschäftsführer bei Zahlungsunfähigkeit oder Überschuldung (Insolvenzlage) ohne schuldhaftes Zögern aber spätestens nach drei Wochen den Antrag auf Eröffnung des Insolvenzverfahrens zu stellen. Der Antrag ist eine Prozesshandlung, die auf das Ergehen einer gerichtlichen Entscheidung gerichtet ist und zulässig sein muss; bedingt oder befristet darf er nicht sein.[163] Wenn bei Antragstellung ein Verzeichnis der Gläubiger und Schuldner oder eine Übersicht der Vermögensmasse der GmbH nicht eingereicht werden, so nimmt das dem Antrag nicht seine Wirksamkeit, so dass Geschäftsführer, die keinen Zugang zu Buchführung und Bilanzierung ihres Unternehmens haben, einen wirksamen Antrag stellen können; auch der Verstoß gegen die Auskunftspflicht nach §§ 20, 97 ff. InsO ist durch § 84 nicht

---

[158] § 63 Rn. 36; *Uhlenbruck* WiB 1996, 409, 411; *Baumbach/Hueck/Schulze-Osterloh* Rn. 22 iVm. § 64 Rn. 11; *Roth/Altmeppen* § 63 Rn. 15; *Kübler/Prütting/Pape* InsO § 19 Rn. 5 f.; *Smid* InsO § 19 Rn. 17.
[159] LK/*Tiedemann* Vor § 283 Rn. 155; ebenso *Lackner/Kühl* § 283 Rn. 6.
[160] S. 156 f., 213.
[161] RegE BT-Drucks. 12/2443, S. 115; *Uhlenbruck* wistra 1996, 1, 6; *Bieneck* StV 1999, 43, 46; *Müller-Gugenberger/Bieneck* § 76 Rn. 14; *Tröndle/Fischer* Vor § 283 Rn. 7; aA *Bittmann* wistra 1999, 10, 15; R. *Fischer* GmbHR 2000, 66, 69; *Baumbach/Hueck/Schulze-Osterloh* Rn. 23 mwN.
[162] BGHZ 146, 264, 271 = NJW 2001, 1280 = DB 2001, 373 m. zust. Anm. *Priester* EWiR § 32a GmbHG 1/01, 329; zust. § 63 Rn. 67 f.
[163] *Pfeiffer*, FS Rowedder, 1994, S. 347, 361; *Scholz/Tiedemann* Rn. 77.

§ 84

strafbewehrt.[164] Die Annahme, einem Antrag könne wegen bewusst unvollständiger Angaben die Ernsthaftigkeit fehlen und er könne deshalb als nicht gestellt behandelt werden,[165] begegnet aus diesem Grunde Bedenken.[166] Welchen Antrag der Geschäftsführer stellt, obliegt seinem pflichtgemäßen Ermessen.[167] **Antragsberechtigt** ist nach § 15 Abs. 1 InsO **jeder Geschäftsführer oder Liquidator.** Das gilt auch dann, wenn eine Gesamtvertretung besteht (vgl. Rn. 12). Den Geschäftsführer einer **Vorgesellschaft** (§ 11 Rn. 9 ff.), der seine Tätigkeit vor Eintragung der Gesellschaft in das Handelsregister bereits faktisch ausübt, trifft wegen des Analogieverbots des Art. 103 Abs. 2 GG keine strafrechtlich bedeutsame Antragspflicht.[168] Er kann sich nur wegen einer Insolvenzstraftat (§§ 283 ff. StGB; vgl. Vor §§ 82–85 Rn. 28) strafbar machen.

44 § 64 Abs. 1 zwingt den Geschäftsführer oder Liquidator jedoch nicht, den Antrag sofort nach Eintritt der Insolvenzlage zu stellen. Er muss nur **unverzüglich** (ohne schuldhaftes Zögern) handeln. Das schließt die Befugnis und gegebenenfalls die Pflicht ein, mit der Sorgfalt eines ordentlichen Geschäftsmannes (§ 43 Abs. 1) zu prüfen und zu entscheiden, ob nicht andere, weniger einschneidende Maßnahmen (zB eine entsprechende Erhöhung des Stammkapitals) besser als ein Insolvenzverfahren geeignet sind, Schaden von der Gesellschaft, ihren Gläubigern und der Allgemeinheit abzuwenden.[169] Das hierdurch dem Geschäftsführer eingeräumte pflichtmäßige Ermessen wird allerdings durch die für seine Ausübung gesetzte Höchstfrist von drei Wochen begrenzt. Aber auch innerhalb dieses Zeitraums handelt der Geschäftsführer nur dann ohne schuldhaftes Zögern, wenn er sinnvolle Sanierungsversuche unternimmt.[170] So ist zu bedenken, dass in drei Wochen der Abschluss eines außergerichtlichen Vergleichs mit einer Vielzahl von Gläubigern weitgehend nicht möglich sein wird.[171] Die Dreiwochenfrist muss auch eingehalten werden, wenn die Hoffnung oder gar die Aussicht besteht, durch eine Kapitalerhöhung den Insolvenzgrund zu beseitigen.[172] Gelingt es dabei, den Insolvenzgrund zu beseitigen, entfällt die Antragspflicht.[173]

45 Umstritten ist, ob die **Handlungspflicht** mit dem objektiven Eintritt der Insolvenzlage[174] oder erst **beginnt,** wenn Geschäftsführer oder Liquidator von dem Eintritt der Insolvenzlage positive Kenntnis erlangt haben.[175] Richtigerweise ist zu unterschei-

---

[164] OLG Frankfurt GmbHR 1977, 279 zu § 104 KO aF; BayObLGSt. 2000, 30 = NStZ 2000, 595 m. zust. Anm. *Undritz* EWiR § 84 GmbHG 1/01, 71; *Lutter/Hommelhoff* Rn. 2; *Müller-Gugenberger/Bieneck* § 84 Rn. 10.
[165] *Hey/Regel* Kriminalistik 1999, 258, 261; *dies.* GmbHR 2000, 115, 123.
[166] BayObLGSt. 2000, 30 = NStZ 2000, 595; KG, Beschl. v. 13. 2. 2002 – 1 Ss 243/01.
[167] *Richter* GmbHR 1984, 113, 120; *Hachenburg/Kohlmann* Rn. 45.
[168] *Bittmann/Pikarski* wistra 1995, 91; *Deutscher/Körner* wistra 1996, 8, 11; *Pfeiffer,* FS Rowedder, 1994, S. 347, 364; *Scholz/Tiedemann* Rn. 87; *Hachenburg/Kohlmann* Rn. 48; *Roth/Altmeppen* Rn. 1.
[169] Vgl. BGHZ 75, 96, 107, 108 = NJW 1979, 1823 = DB 1979, 1689 für § 92 Abs. 2 AktG; näher § 64 Rn. 14; enger RGSt. 37, 25, 26; 37, 324, 325; 61, 291, 292, die Sanierungsversuche auch innerhalb der Frist nicht zulassen wollen.
[170] BGHZ 75, 96, 108 = NJW 1979, 1823 = DB 1979, 1689; BGH, Urt. vom 29. 1. 1980 – 1 StR 615/79; *Uhlenbruck* ZIP 1980, 73, 75; *Scholz/Tiedemann* Rn. 81; aA *Scholz/Schmidt* § 64 Rn. 16, der eine Fristüberschreitung für zulässig hält.
[171] *Richter* wistra 1984, 97, 98.
[172] BGH, Urt. vom 14. 4. 1954 – 1 StR 565/53; BGH GmbHR 1957, 131 = BB 1957, 273.
[173] BGHSt. 15, 306, 310 = NJW 1961, 740 = DB 1961, 569.
[174] So *Scholz/Tiedemann* Rn. 80; *Roth/Altmeppen* Rn. 16; *Müller-Gugenberger/Bieneck* § 84 Rn. 21; *Gurke* S. 109 ff.; *C. Schäfer* GmbHR 1993, 780, 781 f.
[175] So *Möhrenschlager* wistra 1983, 17, 22; *Schulze-Osterloh* AG 1984, 141, 144, 147; *Pfeiffer,* FS Rowedder, 1994, S. 347, 362 f.; *Baumbach/Hueck/Schulze-Osterloh* Rn. 28; nur bei Überschuldung: *Hachenburg/Kohlmann* Rn. 50.

Pflichtverletzung bei Verlust, Zahlungsunfähigkeit oder Überschuldung **§ 84**

den zwischen der Pflicht zur Antragstellung und dem Beginn der Dreiwochenfrist. Ist die Insolvenzlage objektiv eingetreten, so besteht die Pflicht zur Antragstellung. Demgemäss hat die Rspr.[176] für den Insolvenzgrund der Zahlungsunfähigkeit das fahrlässige Nichterkennen genügen lassen. Auch für den Insolvenzgrund der Überschuldung war die entgegenstehende Auffassung[177] nur solange berechtigt, als sich die Überschuldung nach dem Gesetzeswortlaut aus einer Bilanz ergeben musste;[178] dieses Erfordernis ist aber infolge der Änderung durch das 2. WiKG (Rn. 3) entfallen. Die in der Vorauflage vertretene Gegenmeinung wird aufgegeben. Strafbarkeit nach § 84 setzt aber zusätzlich Verschulden, d.h. vorsätzliches oder fahrlässiges Verhalten, voraus. Dabei ist zu berücksichtigen, dass der Geschäftsführer oder der Liquidator zu einer laufenden Prüfung der wirtschaftlichen Lage des Unternehmens verpflichtet ist.[179] Bei Anzeichen einer Krise muss er einen Vermögensstatus aufstellen und sich dadurch einen Überblick über den Vermögensstand verschaffen. Hierbei ist dem Geschäftsführer ein gewisser Beurteilungsspielraum zuzubilligen; vor allem kommt es nicht auf nachträgliche Erkenntnisse, sondern auf die damalige Sicht eines ordentlichen Geschäftsleiters an. Notfalls muss sich der Geschäftsleiter fachkundig beraten lassen (vgl. auch § 64 Rn. 5). Versäumt er es, bei Anhaltspunkten für eine Krise für die Aufstellung eines Vermögensstatus und Feststellung der Insolvenzlage zu sorgen, so kommt Strafbarkeit wegen fahrlässigen Verhaltens in Betracht.[180] Die Dreiwochenfrist beginnt dagegen erst mit der positiven Kenntnis des organschaftlichen Vertreters oder Liquidators von der Insolvenzlage.[181] Das kann Auswirkungen haben für den Zeitpunkt der Tatvollendung (Rn. 56 ff.).

Die **Handlungspflicht** des Geschäftsführers (Liquidators) nach § 64 Abs. 1 **endet** grundsätzlich erst, wenn dieser – sofern die Insolvenzlage nicht inzwischen beseitigt ist – einen Insolvenzantrag gestellt hat. **46**

Durch den Insolvenzantrag eines nach § 14 InsO berechtigten **Gläubigers** entfällt sie nicht.[182] Dieser handelt in eigenem Interesse, um im Wege der Gesamtvollstreckung Befriedigung für seine Forderung zu erhalten und kann seinen Antrag jederzeit zurücknehmen.[183] Etwas anderes ist es aber, wenn auf diesen Antrag das Insolvenzverfahren eröffnet wird.[184] Dem stimmt *Tiedemann*[185] grundsätzlich zu, will aber darüber hinaus Ausnahmen zulassen, sofern feststeht, dass durch den Antrag des Gläubigers eine **47**

---

[176] BGH bei *Herlan* GA 1958, 46 = BB 1957, 522, 523.
[177] ZB BGHSt. 15, 306, 310 = NJW 1961, 740 = DB 1961, 569; BGHZ 75, 96, 110 = NJW 1979, 1823 = DB 1979, 1689.
[178] Vgl. *Roth/Altmeppen* Rn. 16; *Erbs/Kohlhaas/Schaal* GmbHG § 84 Rn. 20.
[179] Vgl. BGHZ 126, 181, 199 = NJW 1994, 2220 = WM 1994, 1428; OLG Düsseldorf NJW-RR 1999, 913 = NZG 1999, 349.
[180] Vgl. *Roth/Altmeppen* Rn. 17.
[181] Vgl. BGHZ 126, 181, 199 = NJW 1994, 2220 = WM 1994, 1428; *Roth/Altmeppen* § 64 Rn. 6; *Schlitt* NZG 1998, 701, 707.
[182] BGHR GmbHG § 64 Abs 1 Antragspflicht 1 = wistra 1988, 69; OLG Dresden NStZ-RR 1999, 27 = NZG 1998, 818 zur Gesamtvollstreckungsordnung; § 64 Rn. 22; *Hachenburg/Kohlmann* Rn. 46; aA *Müller-Gugenberger/Bieneck* § 84 Rn. 10.
[183] BGH GmbHR 1957, 131 = BB 1957, 273; BGH NJW 2002, 515, 516; BGHSt. 14, 280, 281 = NJW 1960, 1677 = DB 1960, 1183.
[184] BGH, Urt. vom 13. 2. 1979 – 5 StR 814/78; BGHSt. 28, 371, 380 = NJW 1980, 406 = MDR 1979, 687; *C. Schäfer* GmbHR 1993, 780, 782 f; *Pfeiffer*, FS Rowedder, 1994, S. 347, 363; *Baumbach/Hueck/Schulze-Osterloh* Rn. 25; *Kohlmann/Löffeler* Rn. 482; aA *Lutter/Hommelhoff* Rn. 5.
[185] *Scholz/Tiedemann* Rn. 89 bis 91.

Gefährdung der übrigen Gläubigerinteressen ausgeschlossen wird. Ob und wann die Antragspflicht des Geschäftsführers auch dann endet, wenn das Insolvenzgericht auf Antrag eines Gläubigers das Insolvenzverfahren mangels Masse ablehnt,[186] hat der BGH[187] offen gelassen. Unerheblich ist es dagegen, ob die Gläubiger der Gesellschaft damit einverstanden sind, den Antrag nicht zu stellen, denn die Pflicht zur Stellung des Insolvenzantrags dient auch öffentlichen Interessen (vgl. § 64 Rn. 6). Stundung, Forderungsverzicht oder andere konkrete Sanierungsmaßnahmen der Gläubiger können allerdings dazu führen, dass die Insolvenzlage wegfällt und damit auch die Antragspflicht entfällt.[188]

48 Ein **zuvor gestellter Antrag** auf Insolvenzeröffnung, der zurückgenommen wird, gilt als nicht gestellt.[189] Dagegen lebt die Handlungspflicht des Geschäftsführers einer GmbH, bei der der Insolvenzantrag mangels Masse abgelehnt worden ist und die im Handelsregister gelöscht ist, nicht wieder auf, wenn sich während der Liquidationsphase herausstellt, dass die Gesellschaft doch über Vermögenswerte verfügt.[190] Das scheitert schon daran, dass die Vertretungsbefugnis des Geschäftsführers (Liquidators) mit der Löschung der Gesellschaft endet.[191] Eine Antragspflicht kann nur für vom Gericht neu bestellte Liquidatoren bestehen.[192] Allerdings hat der Antrag eines einzelnen Geschäftsführers befreiende Wirkung für die übrigen Mitgeschäftsführer und lässt die Pflicht zur Antragstellung entfallen.[193]

49 Eine nach dem **Ausscheiden** des Geschäftsführers **aus der Geschäftsleitung** eintretende Zahlungsunfähigkeit begründet für ihn keine Antragspflicht mehr.[194] Legt der Geschäftsführer dagegen sein Amt erst während des Laufs der Dreiwochenfrist des § 64 Abs. 1 nieder, so ist zwar die Amtsniederlegung grundsätzlich sofort wirksam,[195] dennoch hat er den Insolvenzantrag noch rechtzeitig vor seinem Ausscheiden zu stellen oder auf den neuen Geschäftsführer einzuwirken, um diesen zu veranlassen, den Antrag in der Frist zu stellen.[196]

V. Rechtswidrigkeit und Unzumutbarkeit der Anzeigeerstattung

50 Für die Rechtswidrigkeit gelten ebenso wie bei § 82 (Rn. 96) und § 85 (Rn. 20) die allgemeinen Grundsätze des Strafrechts. Bei Abs. 1 Nr. 1 entfällt in der Regel die Anzeigepflicht nicht deshalb, weil sie dem Geschäftsführer unzumutbar ist. Insbesondere kann er sich auf eine Unzumutbarkeit dann nicht berufen, wenn er den Verlust selbst

---

[186] Bejahend *Kohlmann/Löffeler* Rn. 482; *Schäfer* GmbHR 1993, 780, 782 f.
[187] BGHR GmbHG § 64 Abs. 1 Antragspflicht 1 = wistra 1988, 69.
[188] *Richter* GmbHR 1984, 113, 120; *Scholz/Tiedemann* Rn. 93; *Kohlmann/Löffeler* Rn. 484; *Müller-Gugenberger/Bieneck* § 84 Rn. 17.
[189] RGSt. 44, 48, 52; BGH, Urt. vom 5. 7. 1956 – 3 StR 140/56 – in GmbHR 1957, 131 = BB 1957, 273 nur teilweise abgedruckt.
[190] AA *Richter* GmbHR 1984, 113, 121.
[191] Vgl. BGHZ 53, 264 = NJW 1970, 1044 = DB 1970, 874; BGH NJW 1985, 2479; *Brandes* WM 1988, Sonderbeilage Nr. 2, S. 17.
[192] *Kohlmann/Löffeler* Rn. 480; weitergehend *Scholz/Tiedemann* Rn. 88.
[193] BGHZ 75, 96, 106 = NJW 1979, 1823 = DB 1979, 1689; *Kohlmann/Löffeler* Rn. 482.
[194] BGH, Urt. vom 30. 9. 1980 – 1 StR 407/80 – in MDR bei *Holtz* 1981, 100 nur teilweise abgedruckt.
[195] BGHZ 121, 257 = NJW 1993, 1198 = DB 1993, 830; BayObLG MDR 1994, 356.
[196] BGHSt. 2, 53, 54 = NJW 1952, 554 = DB 1952, 269; *Kohlmann/Löffeler* Rn. 22; *Pfeiffer*, FS Rowedder, 1994, S. 347, 352; *Hey/Regel* GmbHR 2000, 115, 120; *Ogiermann* wistra 2000, 250, 251; zust. bei rechtsmissbräuchlicher Amtsniederlegung *Spannowsky* wistra 1990, 48, 49; kritisch *Richter* GmbHR 1984, 113, 119; *Scholz/Tiedemann* Rn. 39.

verschuldet hat und eine zivilrechtliche Haftung oder eine Strafverfolgung befürchtet.[197] Ob überhaupt in diesem Zusammenhang eine Berufung auf den Rechtfertigungsgrund des § 34 StGB möglich ist, erscheint zweifelhaft. Die Angst vor drohender Arbeitslosigkeit kann diesen Rechtfertigungsgrund jedenfalls nicht begründen.[198] Bei Abs. 1 Nr. 2 kann sich der Geschäftsführer nicht darauf berufen, die Antragstellung sei für ihn wegen gegenteiliger Weisungen der Gesellschafter unzumutbar. Auch in „extremen Ausnahmefällen" kann dies nicht für zulässig gehalten und als Entschuldigungsgrund gesehen werden.[199] Eine solche Weisung wäre rechtswidrig und könnte den Geschäftsführer nicht binden. Als letztes Mittel bliebe ihm die Möglichkeit, die Geschäftsführung niederzulegen.[200]

VI. Innerer Tatbestand

Die Tatbestände des § 84 können vorsätzlich (Abs. 1) und fahrlässig (Abs. 2) begangen werden. **Vorsätzlich** handelt der Täter bei einem Unterlassungsdelikt (Rn. 5), wenn er die Tatumstände kennt, die ihn zum Handeln verpflichten und gleichwohl davon absieht, dem vom Gesetz bestimmten Gebot nachzukommen.[201] Der Täter muss also wissen, dass er Geschäftsführer ist, und er muss die Umstände kennen, aus denen sich die Anzeigepflicht ergibt. Bedingter Vorsatz reicht aus. Ein solcher liegt vor, wenn der Täter es für möglich hält, dass ihn das Gesetz zum Handeln verpflichtet, er aber dennoch unter Billigung dieses Ergebnisses davon absieht, die von ihm verlangte Handlung vorzunehmen (vgl. auch § 82 Rn. 97). **Fahrlässig** handelt er, wenn er entweder unter Verletzung seiner Sorgfaltspflicht nicht erkennt oder voraussieht, dass er in der gebotenen Art und Weise zu handeln hat (unbewusste Fahrlässigkeit), oder zwar mit dieser Möglichkeit rechnet, entgegen dieser Einsicht aber pflichtwidrig davon ausgeht, dass er nicht so handeln muss (bewusste Fahrlässigkeit). 51

1. Abs. 1 Nr. 1. Diese allgemeinen Grundsätze finden auf die vorsätzlichen und fahrlässigen Tatbestände des § 84 Abs. 1 Nr. 1 und Abs. 2 volle Anwendung. Der Täter handelt deshalb auch vorsätzlich, wenn er es für möglich hält, dass er zu dem Täterkreis gehört und dass ein Verlust in Höhe der Hälfte des Stammkapitals eingetreten ist, und er gleichwohl seiner Anzeigepflicht nicht nachkommt.[202] 52

2. Abs. 1 Nr. 2. Auch bei den vorsätzlichen und fahrlässigen Unterlassungstatbeständen des § 84 Abs. 1 Nr. 2 und Abs. 2 gelten die angeführten allgemeinen Grundsätze (Rn. 51). Die Pflicht zur Beantragung des Insolvenzverfahrens hängt nicht davon ab, dass der Täter die Insolvenzlage positiv kennt (Rn. 45 m. Nachw. der Gegenmeinung). Deshalb ist auch für die Kenntnis der wirtschaftlichen Situation der Gesellschaft bedingter Vorsatz ausreichend.[203] Ob bedingter Vorsatz zu bejahen oder möglicherweise nur eine fahrlässige Falscheinschätzung der Insolvenzlage gegeben ist, ist eine Frage der tatrichterlichen Beweiswürdigung.[204] 53

---

[197] *Scholz/Tiedemann* Rn. 67; *Kohlmann/Löffeler* Rn. 470.
[198] AA *Scholz/Tiedemann* Rn. 67.
[199] So aber *Scholz/Tiedemann* Rn. 96.
[200] Vgl. BGHZ 125, 366, 372 = NJW 1994, 1801 = GmbHR 1994, 390 zu § 130 OWiG.
[201] BGHSt. 19, 295, 298 = NJW 1964, 1330; *Schönke/Schröder/Cramer/Sternberg-Lieben* § 15 Rn. 94.
[202] *Kohlmann/Löffeler* Rn. 471.
[203] BGH bei *Herlan* GA 1958, 46 = BB 1957, 522, 523 zur Zahlungsunfähigkeit; *Scholz/Tiedemann* Rn. 98; *Richter* GmbHR 1984, 113, 120.
[204] Vgl. hierzu BGH wistra 1988, 69, 70.

54 **3. Abs. 2.** Hat der Täter beim Tatbestand des Abs. 1 Nr. 1 zwar den Eintritt des Verlustes erkannt oder mit seiner Möglichkeit gerechnet, ist aber seiner Anzeigepflicht nicht rechtzeitig oder nicht in der erforderlichen Art und Weise nachgekommen, kommt ein fahrlässiges Delikt nach § 84 Abs. 2 in Betracht.[205] Eine solche Tatform liegt auch vor, wenn der Täter den Verlust unter Verletzung der Sorgfaltspflichten nicht erkannte.[206] Beim Tatbestand des Abs. 1 Nr. 2 handelt der Täter fahrlässig und ist nach § 84 Abs. 2 zu bestrafen, wenn er die Insolvenzlage kennt, aber fahrlässig den Insolvenzantrag nicht oder nicht rechtzeitig stellt.[207] Weiß zB der Täter, dass die Gesellschaft überschuldet ist und sieht er von einer Antragstellung ab, weil er annimmt, die Überschuldung könne in der Dreiwochenfrist des § 64 Abs. 1 beseitigt werden, kann er sich eines fahrlässigen Verstoßes schuldig machen. Ein Geschäftsführer, der sich wie ein ordentlicher Geschäftsmann verhält, darf sich, wenn ihm die Überschuldung bekannt geworden ist, er sie aber durch zwischenzeitliche Gewinne für beseitigt hält, nicht mit ungewissen Annahmen und Mutmaßungen zufrieden geben, sondern ist zu gewissenhafter Prüfung verpflichtet. Diese wird in aller Regel in der Aufstellung einer schriftlichen Vermögensbilanz zu bestehen haben, welche den gegenwärtigen Status der Gesellschaft wiedergibt.[208] Fahrlässigkeit kommt auch in Betracht, wenn der Täter die Antragstellung nach Kenntniserlangung vergisst,[209] ist aber auch denkbar, wenn er diese unter Verstoß gegen seine Sorgfaltspflichten verzögert oder unterlässt.[210] Ebenso wenn er es versäumt, bei Anhaltspunkten für eine Krise für die Aufstellung eines Vermögensstatus und Feststellung der Insolvenzlage zu sorgen.[211] *Tiedemann*[212] will mit Rücksicht auf die Schwierigkeiten bei der Überschuldungsfeststellung die Strafbarkeit auf grobe Fahrlässigkeit begrenzen.

55 **4. Irrtum.** Bei Irrtum finden die allgemeinen Grundsätze des Strafrechts nach den §§ 16, 17 StGB Anwendung. Da die Tatbestände des § 84 auch fahrlässig begangen werden können, werden Irrtumsfragen weniger große Bedeutung gewinnen; sie sind nur dafür maßgeblich, ob der Strafrahmen des Abs. 1 oder des Abs. 2 anzuwenden ist. Sie können aber insbesondere erheblich werden, wenn der Täter bei dem Tatbestand des § 84 Abs. 1 Nr. 1 irrig annimmt, der Verlust habe noch nicht die Höhe der Hälfte des Stammkapitals erreicht oder bei dem Tatbestand des § 84 Abs. 1 Nr. 2 einem Irrtum über die Insolvenzlage unterliegt. Irrt der Täter über die tatsächlichen Voraussetzungen der Gebotsnorm,[213] also zB darüber, ob die GmbH auf Dauer in der Lage sein wird, ihre Geldschulden zu begleichen oder ob tatsächlich ihr Vermögen die Schulden nicht mehr deckt, so liegt ein Tatbestandsirrtum iS des § 16 StGB vor;[214] fahrlässiger Irrtum führt aber nach § 16 Abs. 1 S. 2 StGB zur Bestrafung wegen einer Fahrlässigkeitstat.[215] Irrt der Täter dagegen darüber, ob das Gesetz von ihm in dieser Lage die

---

[205] *Baumbach/Hueck/Schulze-Osterloh* Rn. 15.
[206] *Pfeiffer*, FS Rowedder, 1994, S. 347, 354.
[207] Ebenso *Pfeiffer*, FS Rowedder, 1994, S. 347, 365; *Baumbach/Hueck/Schulze-Osterloh* Rn. 29.
[208] BGHSt. 15, 306, 310 = NJW 1961, 740 = DB 1961, 569.
[209] *Hachenburg/Kohlmann* Rn. 55; *Baumbach/Hueck/Schulze-Osterloh* Rn. 29.
[210] BGHZ 126, 181, 199 = NJW 1994, 2220 = WM 1994, 1428; *Baumbach/Hueck/Schulze-Osterloh* Rn. 29; *Pfeiffer*, FS Rowedder, 1994, S. 347, 365.
[211] BGHZ 126, 181, 199 = NJW 1994, 2220 = WM 1994, 1428; *Müller-Gugenberger/Bieneck* § 84 Rn. 21.
[212] *Scholz/Tiedemann* Rn. 104.
[213] Nach LK/*Jescheck* Vor § 13 Rn. 94: „tatbestandsmäßige Situation".
[214] Vgl. RG LZ 1926, 492.
[215] *Pfeiffer*, FS Rowedder, 1994, S. 347, 365; *Baumbach/Hueck/Schulze-Osterloh* Rn. 30.

Antragstellung verlangt, irrt er über das Bestehen der Gebotsnorm und befindet sich deshalb in einem Gebotsirrtum, der einem Verbotsirrtum nach § 17 StGB gleichsteht.[216] Ein solcher Gebotsirrtum liegt beispielsweise vor, wenn der Täter die Begriffe der Zahlungsunfähigkeit oder der Überschuldung falsch wertet (Subsumtionsirrtum), wenn er meint, er wäre nicht zur Antragstellung verpflichtet, sofern er über die Dreiwochenfrist hinaus Vergleichsverhandlungen betreibt oder wenn er annimmt, ein Gläubiger habe bereits den Insolvenzantrag gestellt und er sei unter diesen Umständen nicht zur Antragstellung verpflichtet.[217] Ein Verbotsirrtum liegt ferner vor, wenn der Täter irrtümlich Umstände annimmt, die seine Handlungspflicht unzumutbar machen würden. Ist dieser Irrtum vermeidbar, bleibt der Schuldvorwurf bestehen. Bei unvermeidbarer Verbotsunkenntnis wird die Schuld ausgeschlossen. Bei der Beurteilung, ob der Verbotsirrtum unvermeidbar war, ist ein strenger Maßstab anzulegen.[218] Die Beratung durch Steuerberater und Rechtsanwalt, dass im Überschuldungsstatus ein Gesellschafterdarlehen iS des § 32a als Eigenkapital anzusehen ist, kann zur Annahme von Unvermeidbarkeit führen.[219] Zum Irrtum über die Stellung als faktischer (Mit-) Geschäftsführer vgl. § 82 Rn. 75.

VII. Tatvollendung und Tatbeendigung

1. Tatvollendung. Da es sich bei den Tatbeständen des § 84 um echte Unterlassungsdelikte handelt (Rn. 5), ist die Tat zu dem Zeitpunkt tatbestandsmäßig vollendet, bis zu dem die gebotene Handlung hätte vorgenommen werden müssen.[220] 56

Wann das der Fall ist, ist bei dem Tatbestand des **Abs. 1 Nr. 1** nicht ohne Schwierigkeiten zu beantworten. Nach § 49 Abs. 3 hat der Geschäftsführer unverzüglich die Gesellschafterversammlung einzuberufen und ihr den Verlust anzuzeigen. Da aber Abs. 1 Nr. 1 nicht die Einberufung der Gesellschafterversammlung verlangt, sondern jede Unterrichtung ausreichen lässt (Rn. 21), obliegt es dem Geschäftsführer, wie er die Gesellschafter unterrichtet. Das wird davon abhängen, wie viel Gesellschafter die GmbH hat, wie diese zu erreichen sind und ob es gegebenenfalls dafür satzungsrechtliche Regelungen gibt. Er ist dabei aber verpflichtet, unverzüglich, d.h. ohne schuldhaftes Zögern, tätig zu werden.[221] Es wird deshalb stets von den Umständen des Einzelfalls abhängen, wann die ihm zuzubilligende Frist zur Unterrichtung der Gesellschafter oder zur Einberufung der Gesellschafterversammlung abgelaufen und damit das Unterlassungsdelikt vollendet ist.[222] Es kann sich dabei aber stets nur um einen geringen Zeitraum handeln, dessen Dauer sich auch danach richten kann, ob der Geschäftsführer innerhalb kürzester Zeit einen Verlustausgleich herbeiführen kann.[223] 57

Bei den Tatbeständen des **Abs. 1 Nr. 2** verpflichtet die Ausfüllungsvorschrift des § 64 Abs. 1 den Täter, spätestens nach drei Wochen den Antrag auf Eröffnung des 58

---

[216] BGH, Urt. vom 5. 7. 1956 – 3 StR 140/56 – in GmbHR 1957, 131 = BB 1957, 273 nur teilweise abgedruckt; vgl. ferner allgemein zum Gebotsirrtum BGHSt. 19, 295, 299 = NJW 1964, 1330; BGHSt. 25, 13, 18 = NJW 1972, 2004.
[217] Ähnlich *Scholz/Tiedemann* Rn. 99; *Hachenburg/Kohlmann* Rn. 54.
[218] Vgl. BGHZ 126, 181, 199 f. = NJW 1994, 2220 = WM 1994, 1428; BGHZ 133, 370, 382 = NJW 1997, 130 = BGH NStZ 1997, 125, 127.
[219] OLG Stuttgart GmbHR 1998, 89 = NZG 1998, 232.
[220] *Schönke/Schröder/Eser* Vor § 22 Rn. 2.
[221] *Baumbach/Hueck/Schulze-Osterloh* Rn. 17.
[222] Ähnlich *Hachenburg/Kohlmann* Rn. 25.
[223] Vgl. *Scholz/Tiedemann* Rn. 60.

§ 84   6. Abschnitt. Schlussbestimmungen

Insolvenzverfahrens zu stellen. Zu diesem Zeitpunkt ist deshalb in jedem Fall die Vollendung eingetreten.[224] Die Pflicht zur Antragstellung kann im Einzelfall aber auch früher eintreten, weil § 64 Abs. 1 neben der zeitlichen Höchstgrenze eine Antragstellung ohne schuldhaftes Zögern verlangt. Die Frist zur Antragstellung ist deshalb kürzer und führt zu einer früheren Vollendung, wenn zB von Anfang an feststeht oder sich vor Ablauf von drei Wochen herausstellt, dass eine rechtzeitige Sanierung nicht ernstlich zu erwarten ist.[225] Hat der Täter nach der hier vertretenen Auffassung (Rn. 45) zunächst fahrlässig den Eintritt der Insolvenzlage nicht erkannt, so wird das vollendete Unterlassungsdauerdelikt[226] unterbrochen, solange ihm nach positiver Kenntnis von der Insolvenzlage noch die Dreiwochenfrist zur Antragstellung zur Verfügung steht.[227]

59 **2. Tatbeendigung.** Tatsächlich beendet sind die Unterlassungsdelikte des § 84, wenn die Pflicht zum Handeln entfallen ist.

60 Das ist bei den Tatbeständen des **Abs. 1 Nr. 1** der Fall, wenn die Gesellschafter von dem Verlust unterrichtet worden sind oder wenn sich die Vermögenslage der Gesellschaft vorher so gebessert hat, dass der Verlust nicht mehr die Hälfte des Stammkapitals erreicht.

61 Bei den Tatbeständen des **Abs. 1 Nr. 2** entfällt die Handlungspflicht nicht schon mit dem bloßen Ablauf der Dreiwochenfrist.[228] Die Tat ist erst beendet, wenn der Insolvenzantrag vom Geschäftsführer gestellt[229] oder von einem Gläubiger gestellt und das entsprechende Verfahren eröffnet worden ist[230] oder wenn sonst die Überschuldung vorher überwunden wird.[231] Die Handlungspflicht besteht selbst dann weiter fort, wenn der Täter wegen dieser Tat bereits verurteilt worden ist, die Insolvenzlage aber weiterhin gegeben ist.[232] Beide Tatbestände des § 84 sind Unterlassungsdauerdelikte.

62 **3. Versuch.** Der Versuch ist bei allen Tatbeständen nicht strafbar (§ 23 Abs. 1 StGB).

VIII. Täterschaft und Tatbeteiligung

63 Strafbarkeit als **Mittäter** (§ 25 Abs. 2 StGB) oder als **mittelbarer Täter** (§ 25 Abs. 1 StGB) ist nur möglich, wenn der Täter Geschäftsführer oder Liquidator oder deren Vertreter ist.[233] Sind mehrere Geschäftsführer bestellt und unterlassen sie ohne Absprache (auch nicht stillschweigend) die Anzeige (Abs. 1 Nr. 1) oder den Antrag

---

[224] BGHSt. 14, 280, 281 = NJW 1960, 1677 = DB 1960, 1183; BGHSt. 28, 371, 379 = NJW 1980, 406 = MDR 1979, 687; BGHR GmbHG § 64 Abs. 1 Antragspflicht 1 = wistra 1988, 69; *Scholz/Tiedemann* Rn. 84.
[225] BGHZ 75, 96, 111, 112 = NJW 1979, 1823 = DB 1979, 1689; *Scholz/Tiedemann* Rn. 84.
[226] *Scholz/Tiedemann* Rn. 85.
[227] *Roth/Altmeppen* Rn. 16 und § 64 Rn. 6.
[228] BGHSt. 14, 280, 281 = NJW 1960, 1677 = DB 1960, 1183; BGHR GmbHG § 64 Abs. 1 Antragspflicht 1 = wistra 1988, 69; *Scholz/Tiedemann* Rn. 85.
[229] BGHSt. 28, 371, 379 = NJW 1980, 406 = MDR 1979, 687.
[230] BGH, Urt. vom 13. 2. 1979 – 5 StR 814/78; BGH wistra 1988, 69.
[231] BGHSt. 15, 306, 310 = NJW 1961, 740 = DB 1961, 569.
[232] RGSt. 47, 154, 155; BGHSt. 14, 280, 281 = NJW 1960, 1677 = DB 1960, 1183.
[233] RGSt. 24, 286, 290; BGHSt. 14, 280, 282 = NJW 1960, 1677 = DB 1960, 1183.

Pflichtverletzung bei Verlust, Zahlungsunfähigkeit oder Überschuldung § 84

(Abs. 1 Nr. 2) unabhängig voneinander, so sind sie Nebentäter.[234] Fassen sie gemeinschaftlich den Entschluss, die ihnen obliegende Pflicht nicht zu erfüllen, sind sie Mittäter.[235] Dabei reicht eine faktische Organeigenschaft aus.[236]

Teilnahme in der Form der **Anstiftung** (§ 26 StGB) oder der **Beihilfe** (§ 27 StGB) **64** kann von jedermann begangen werden.[237] Als Anstifter oder Gehilfen kommen insbesondere Gesellschafter oder Aufsichtsratsmitglieder in Betracht, welche die Geschäftsführer drängen oder anweisen, ihren Verpflichtungen nicht nachzukommen.[238] Das gilt sowohl für deren Anzeigepflicht nach Abs. 1 Nr. 1, wie für deren Antragspflicht nach Abs. 1 Nr. 2. Denkbar ist deshalb Beihilfe des Hintermannes, der eine insolvenzreife GmbH aufkauft und den neuen Geschäftsführer zur Insolvenzverschleppung anhält.[239] Sie können aber als faktische Geschäftsführer auch Mittäter (mittelbare Täter) sein, wenn sie eine so dominierende Stellung in der Gesellschaft haben, dass sie tatsächlich die mit diesem Amt verbundenen Aufgaben wahrnehmen (näher Rn. 10 f.). Gehilfen werden die Gesellschafter sein, wenn sie keinen so starken Einfluss auf die Geschäftsleitung ausüben, aber den noch schwankenden Geschäftsführer in seinem Entschluss bestärken, keinen Insolvenzantrag zu stellen oder ihn in seinem Beschluss durch eine bestimmte Handlungsweise festigen,[240] zB sich in Kenntnis der Krisensituation durch Einlösen von Schecks am Hinauszögern des Insolvenzantrags beteiligen,[241] nicht aber, wenn sie in anderer Weise, etwa durch Erklärungen gegenüber Gesellschaftsgläubigern, den Zusammenbruch der Gesellschaft vertuschen und damit die Eröffnung des Insolvenzverfahrens verhindern oder verzögern wollen.[242] Bei Aufsichtsratsmitgliedern kann unter Umständen Beihilfe durch Unterlassen möglich sein, wenn sie aufgrund ihrer Überwachungspflicht zum Einschreiten verpflichtet sind.[243] Anstiftung und Beihilfe können aber auch zB von leitenden Angestellten aus der Finanzbuchhaltung oder von Angehörigen der rechtsberatenden Berufe (Rechtsanwälte und Notare) sowie von Wirtschaftsprüfern und Steuerberatern begangen werden (näher § 82 Rn. 109). So kann bei einem Rechtsanwalt, der trotz seiner Pflicht, den Geschäftsführer zum Einhalten der Insolvenzantragspflicht anzuhalten, auftragsgemäß die Abwicklung der Geschäftstätigkeit übernommen und damit die GmbH auf Zeit aufrechterhalten hat, psychische Beihilfe gegeben sein.[244] Diese kann im Einzelfall auch gefunden werden, wenn ein den Kauf einer insolvenzreifen GmbH beurkundender Notar den Übernahmevertrag solange in der Schwebe belässt, bis der Verkäufer das sog. Entsorgungsgeld gezahlt hat.[245] Bei Angestellten oder Organen einer Bank kann Anstiftung oder Beihilfe gegeben sein, wenn sie sich am Aufschieben des Insolvenzantrags dadurch beteili-

---

[234] Vgl. zu dieser Rechtsfigur BGHR StGB § 25 Abs. 2 Nebentäter 1 = StV 1992, 160.
[235] BGHSt. 37, 106, 129 = NJW 1990, 2560 = wistra 1990, 342.
[236] BayObLG wistra 1991, 195, 197; offengelassen in BGH wistra 1987, 147 f.; jeweils zu § 370 Abs. 1 Nr. 2 AO; *Pfeiffer*, FS Rowedder, 1994, S. 347, 366; *Hey/Regel* Kriminalistik 1999, 258, 261.
[237] BGHSt. 14, 280, 281 = NJW 1960, 1677 = DB 1960, 1183.
[238] *Scholz/Tiedemann* Rn. 20; *Müller-Gugenberger/Bieneck* § 84 Rn. 6; *Uhlbruck* DStR 1991, 351, 352; *Hey/Regel* GmbHR 2000, 115, 122.
[239] *Ogiermann* wistra 2000, 250, 252.
[240] RGSt. 27, 157, 158; BGH NJW 1974, 57 = WM 1973, 1354, 1355; BGH, Urt vom 30. 9. 1980 – 1 StR 407/80; BGH NJW 1990, 2560, 2569.
[241] BGH NJW-RR 1995, 289, 290 = ZIP 1995, 124, 126.
[242] BGHSt. 14, 280, 282 = NJW 1960, 1677 = DB 1960, 1183; *Scholz/Tiedemann* Rn. 20.
[243] Ebenso *Pfeiffer*, FS Rowedder, 1994, S. 347, 367; *Müller-Gugenberger/Bieneck* § 84 Rn. 7.
[244] BGHR StGB § 27 Abs 1 Hilfeleisten 20 = NStZ 2000, 34 = wistra 1999, 459.
[245] *Hey/Regel* GmbHR 2000, 115, 124.

§ 84   6. Abschnitt. Schlussbestimmungen

gen, dass sie in Kenntnis der Krisensituation Kredite gewähren, die sie durch Bestellung umfassender Mobiliar- und Immobiliarsicherheiten absichern.[246] Beihilfe ist bis zur tatsächlichen Beendigung der Tat (Rn. 59 ff.) möglich.[247]

IX. Konkurrenzen

65 Bei den Unterlassungstatbeständen des § 84 kommt Tateinheit (§ 52 StGB) nur in Betracht, wenn die unterschiedlichen Handlungspflichten durch dieselbe Handlung zu erfüllen sind und dementsprechend dieselbe Unterlassung zu mehreren Gesetzesverletzungen führt.[248] Tateinheit wird deshalb zwischen den Tatbeständen des Abs. 1 Nr. 1 und Nr. 2 regelmäßig nicht in Betracht kommen, weil die Anzeigepflicht des Abs. 1 Nr. 1 einen anderen Inhalt hat und sich an einen anderen Adressaten richtet, wie die Antragspflicht des Abs. 1 Nr. 2.[249] Auch mit den Insolvenzstraftaten gemäß §§ 283 ff. StGB wird deshalb meistens Tatmehrheit (§ 53 StGB) bestehen;[250] ferner auch mit Untreue (vgl. dazu Vor §§ 82–85 Rn. 9 ff.) sowie mit Betrug[251] oder Unterschlagung zum Nachteil der Gläubiger der GmbH.[252] Auch Steuerhinterziehung, selbst wenn sie durch Unterlassen begangen wird, steht in Tatmehrheit zu den Tatbeständen des § 84, weil die Handlungspflichten nicht miteinander übereinstimmen.[253] Tateinheit ist bei der unterlassenen Verlustanzeige (Abs. 1 Nr. 1) und dem unterlassenen Insolvenzantrag (Abs. 1 Nr. 2) unter Umständen mit Untreue zum Nachteil der GmbH möglich, wenn dadurch eine Sanierung oder ein erfolgreiches Vergleichsverfahren bewusst verhindert wird.[254] Wird ein Insolvenzantrag allein deshalb nicht unverzüglich gestellt, um einem Gläubiger noch eine Pfändungsmöglichkeit zu gewähren, kommt Tateinheit mit § 283 c StGB in Betracht.[255] Bei einer GmbH & Co. KG auch mit § 283 b StGB und §§ 130 b, 177 a HGB, wenn die Komplementär-GmbH ebenso wie die Kommanditgesellschaft zahlungsunfähig oder überschuldet und deshalb der Geschäftsführer der GmbH zur Antragstellung für beide Gesellschaften verpflichtet ist.[256]

X. Strafverfolgung und Rechtsfolgen

66 Straftaten nach § 84 werden **von Amts wegen** verfolgt. Es geht dabei um Strafverfahren, die nach § 74 c Abs. 1 Nr. 1 GVG zum Zuständigkeitsbereich der Wirtschaftsstrafkammern gehören, wenn sie bei dem LG anhängig sind. Das gilt auch für die Berufungsinstanz.[257] Sie werden deshalb regelmäßig von den für Wirtschaftsstrafsachen zuständigen Schwerpunktstaatsanwaltschaften verfolgt. Im Klageerzwingungsverfahren sind Verletzte iS des § 172 Abs. 1 StPO im Fall des § 84 Abs. 1 Nr. 1 die Gesellschafter

---

[246] *Moosmayer* S. 18 f.
[247] BGHSt. 14, 280, 281 = NJW 1960, 1677 = DB 1960, 1183.
[248] BGHSt. 18, 376, 379 = NJW 1963, 1627; BGHSt. 28, 371 = NJW 1980, 406 = MDR 1979, 687; BGH, Beschl. vom 13. 2. 1979 – 5 StR 814/78.
[249] *Pfeiffer*, FS Rowedder, 1994, S. 347, 367; *Scholz/Tiedemann* Rn. 105; aA *Hachenburg/Kohlmann* Rn. 59.
[250] RG GA Bd. 60 (1913), 91.
[251] Bei Warenbestellung BGH NJW 1998, 767, 768; *Reck/Hey* GmbHR 1996, 658, 663.
[252] *Scholz/Tiedemann* Rn. 108.
[253] Vgl. RGSt. 76, 140, 144; *Scholz/Tiedemann* Rn. 106.
[254] Vgl. *Hachenburg/Kohlmann* Rn. 59; *Scholz/Tiedemann* Rn. 106.
[255] *Richter* GmbHR 1984, 137, 147; *Kohlmann/Löffeler* Rn. 487.
[256] BGHSt. 33, 21, 25 f. = NJW 1984, 2958 = NStZ 1985, 271; BGH bei *Holtz* MDR 1981, 454; BGH, Beschl. vom 13. 2. 1979 – 5 StR 814/78; *Scholz/Tiedemann* Rn. 106.
[257] OLG Stuttgart MDR 1982, 252; *Kleinknecht/Meyer-Goßner* GVG § 74 c Rn. 6.

§ 84

Pflichtverletzung bei Verlust, Zahlungsunfähigkeit oder Überschuldung

und im Fall des § 84 Abs. 1 Nr. 2 die Gesellschaftsgläubiger (vgl. Rn. 2). Die **Verjährung** der Strafverfolgung richtet sich nach der angedrohten Höchststrafe. Deshalb verjähren die vorsätzlichen Straftaten nach § 84 Abs. 1 in fünf Jahren (§ 78 Abs. 1 Nr. 4 StGB) und die fahrlässigen Straftaten nach § 84 Abs. 2 in drei Jahren (§ 78 Abs. 1 Nr. 5 StGB). Die allgemeinen Vorschriften über Verfolgungsverjährung (§§ 78 ff. StGB) finden dabei Anwendung. Die Verjährungsfrist beginnt nicht mit dem Zeitpunkt der tatbestandsmäßigen Vollendung des Vergehens zu laufen, sondern mit dem Zeitpunkt seiner tatsächlichen Beendigung (dazu Rn. 59 ff.). Das ist bei den Straftaten nach § 84 der Zeitpunkt, zu dem die Pflicht zum Handeln entfällt.[258] Nach der 1984 durch das BiRiLiG erfolgten Änderung des § 71 (Ersetzung von Abs. 1 durch drei neue Absätze und Verschiebung von Abs. 2, 3 zu Abs. 4, 5; vgl. auch Rn. 3) war der Gesetzestext in § 84 Abs. 1 Nr. 2 insoweit falsch, als hinsichtlich der Strafbarkeit als **Liquidator** unzutreffend weiterhin auf § 71 Abs. 2 Bezug genommen wurde. Die Verweisung auf § 71 Abs. 2 ging ins Leere, weil die Vorschrift dort nunmehr Aufgaben der Liquidatoren in Verbindung mit dem Aufstellen von Bilanzen zum Inhalt hat, nicht jedoch Pflichten im Zusammenhang mit Zahlungsunfähigkeit oder Überschuldung regelt. Dieses Versehen[259] war nicht unbeachtlich, sondern hatte nach der hier vertretenen Auffassung zur Folge, dass § 84 insoweit dem verfassungsrechtlichen Gebot des Art. 103 Abs. 2 GG nicht mehr genügte und die Strafbarkeit eines Liquidators nicht ausreichend „gesetzlich bestimmt" war. Bei blankettartigen Straftatbeständen (vgl. Rn. 6) müssen die Voraussetzungen der Strafbarkeit sowie Art und Maß der Strafe im Blankettstrafgesetz selbst oder in einer anderen gesetzlichen Vorschrift, auf die das Blankettstrafgesetz Bezug nimmt, hinreichend deutlich umschrieben werden.[260] Aus § 84 Abs. 1 Nr. 2 aF wurde aber nicht mehr hinreichend deutlich, dass sich die „Verweisung" nunmehr auf § 71 Abs. 4 und die weiteren dort genannten Bestimmungen beziehen sollte. Wenn erst eine über den erkennbaren Wortsinn der Vorschrift hinausgehende Interpretation ein strafbares Verhalten begründet, so kann dies nicht zu Lasten des Bürgers gehen.[261] Ein solcher Mangel führt dazu, dass eine Strafbarkeitslücke entsteht und die Strafbarkeit entfällt.[262] Die erst 1994 erfolgte Anpassung des § 84 an die in § 72 vorgenommene Änderung hat wegen der Vorschrift des § 2 Abs. 3 StGB deshalb eine Strafbarkeit nur für nach dieser Gesetzesänderung begangene Straftaten begründen können.[263] Die teilweise vertretene Auffassung,[264] bei § 84 handele es sich nicht um einen blankettartigen Tatbestand, sondern um teilweise offene Tatbestandsmerkmale, bei denen die Bezugnahme auf „§ 71 Abs. 2" bedeutungslos sei, ist abzulehnen. § 84 umschreibt das mit Strafe bedrohte Verhalten nicht vollständig, sondern unter Bezugnahme auf eine andere Bestimmung. Der Straftatbestand ist in eine Verhaltensnorm und eine Sanktionsnorm zweigeteilt, so dass zur Bestimmung der Strafbarkeit die §§ 64 Abs. 1, 84 Abs. 1 Nr. 2 ebenso zusammenzulesen sind wie die §§ 72 Abs. 4, 84 Abs. 1 Nr. 2.[265]

---

[258] BGHSt. 28, 371, 379, 380 = NJW 1980, 406 = MDR 1979, 687.
[259] Vgl. auch *Bartl/Fichtelmann/Schlarb* Rn. 972; *Meyer-Landrut/Miller/Niehus* Rn. 1, 8; *Baumbach/Hueck/Schulze-Osterloh* Rn. 1; *Roth/Altmeppen* Rn. 1; *Lutter/Hommelhoff* GmbHG, 13. Aufl. 1991, § 84 vor Rn. 1.
[260] BVerfGE 14, 245, 252 = NJW 1962, 1563; BVerfGE 22, 1, 18 = NJW 1967, 1555.
[261] BVerfGE 47, 109, 121 = NJW 1978, 933; BVerfGE 75, 329, 341 = NJW 1987, 3175.
[262] BVerfGE 81, 132 = NJW 1990, 1103; BGHR StGB § 2 Abs. 3 Gesetzesänderung 8 = NStZ 1992, 535, 536; jeweils zu einer unzureichenden Verweisung.
[263] Vgl. BGHR StGB § 2 Abs. 3 Gesetzesänderung 8 = NStZ 1992, 535, 536.
[264] *Scholz/Tiedemann* Rn. 5.
[265] So auch *Müller-Gugenberger/Bieneck* § 84 Rn. 4.

§ 85

67 Bei einer Verurteilung nach einem der Tatbestände des § 84 ist darauf zu achten, dass auch in der **Urteilsformel** und nicht nur in den Urteilsgründen zum Ausdruck gebracht wird, welche Schuldform gegeben ist. Die Urteilsformel muss erkennen lassen, ob der Täter vorsätzlich oder fahrlässig gehandelt hat.[266] Die Straftaten nach § 84 sind Vergehen (§ 12 Abs. 2 StGB). Das Gesetz sieht einen unterschiedlichen **Strafrahmen** für vorsätzliche und für fahrlässige Zuwiderhandlungen vor. Bei vorsätzlichen Straftaten kann nach § 84 Abs. 1 wahlweise auf Freiheitsstrafe bis zu drei Jahren oder auf Geldstrafe erkannt werden. Bei dem fahrlässigen Verstoß (§ 84 Abs. 2) ist der Strafrahmen Freiheitsstrafe bis zu einem Jahr oder Geldstrafe. Hat der Täter sich durch die Tat bereichert oder versucht, das zu tun, kann neben einer Freiheitsstrafe zusätzlich auf eine Geldstrafe erkannt werden (§ 41 StGB). Bei der Strafzumessung ist das Unterlassen eines Antrags auf Gesamtvollstreckung bzw. auf Eröffnung des Insolvenzverfahrens Tatbestandsmerkmal im Sinne der §§ 84 Abs. 1 Nr. 2 GmbHG, 1 Abs. 4 S. 1 GesO und darf daher wegen des Verbots der Doppelverwertung in § 46 Abs. 3 StGB nicht nochmals herangezogen werden.[267]

XI. Österreichisches Recht

68 Vergleichbare Tatbestände enthält das ÖGmbHG nicht.

§ 85 [Verletzung der Geheimhaltungspflicht]

(1) Mit Freiheitsstrafe bis zu einem Jahr oder mit Geldstrafe wird bestraft, wer ein Geheimnis der Gesellschaft, namentlich ein Betriebs- oder Geschäftsgeheimnis, das ihm in seiner Eigenschaft als Geschäftsführer, Mitglied des Aufsichtsrats oder Liquidator bekannt geworden ist, unbefugt offenbart.

(2) ¹Handelt der Täter gegen Entgelt oder in der Absicht, sich oder einen anderen zu bereichern oder einen anderen zu schädigen, so ist die Strafe Freiheitsstrafe bis zu zwei Jahren oder Geldstrafe. ²Ebenso wird bestraft, wer ein Geheimnis der in Absatz 1 bezeichneten Art, namentlich ein Betriebs- oder Geschäftsgeheimnis, das ihm unter den Voraussetzungen des Absatzes 1 bekanntgeworden ist, unbefugt verwertet.

(3) ¹Die Tat wird nur auf Antrag der Gesellschaft verfolgt. ²Hat ein Geschäftsführer oder ein Liquidator die Tat begangen, so sind der Aufsichtsrat und, wenn kein Aufsichtsrat vorhanden ist, von den Gesellschaftern bestellte besondere Vertreter antragsberechtigt. ³Hat ein Mitglied des Aufsichtsrats die Tat begangen, so sind die Geschäftsführer oder die Liquidatoren antragsberechtigt.

Literatur: *Amelunxen* Spionage und Sabotage im Betrieb, 1977; *Armbrüster* Verschwiegenheitspflicht des GmbH-Geschäftsführers und Abtretung von Vergütungsansprüchen, GmbHR 1997, 56; *Bauer/Diller* Nachvertragliche Wettbewerbsverbote mit GmbH-Geschäftsführern, GmbHR 1999, 885; *Caspari* Die geplante Insiderregelung in der Praxis, ZGR 1994, 530; *Dierlamm* Der faktische Geschäftsführer im Strafrecht – ein Phantom?, NStZ 1996, 153; *Fleck* Eigengeschäfte eines Aufsichtsratsmitglieds, FS Heinsius, 1991, S. 89; *Gaul* Information und Vertraulichkeit der Aufsichtsratsmitglieder einer GmbH, GmbHR 1986, 296; *Gübel* Die Auswirkungen der faktischen Betrachtungsweise auf die strafrechtliche Haftung faktischer GmbH-Geschäftsführer, 1994; *Heldmann* Das deutsche Insider-Gesetz ad portas,

---

[266] BGH, Urt. vom 16. 12. 1964 – 2 StR 426/64.
[267] BGHR StGB § 263 Abs. 1 Täuschung 14 = NStZ 1998, 247 = BGH wistra 1998, 177, 178.

Verletzung der Geheimhaltungspflicht § 85

ZRP 1990, 393; *Hommelhoff* Kurzkommentar zu OLG Koblenz EWiR § 383 ZPO 1/87, 513; *Kissling* Der nach § 17 UWG strafbare Verrat von Wirtschaftsgeheimnissen, Diss. Tübingen 1957; *Kohlmann-Löffeler* Die strafrechtliche Verantwortlichkeit des GmbH-Geschäftsführers, 1990; *Kragler* Wirtschaftsspionage, Schutz des Wirtschaftsgeheimnisses, Bd. 2 Strafrechtlicher Bereich, 1982; *ders.* Schutz des geheimen Know-how, 1987; *Lutter* Information und Vertraulichkeit im Aufsichtsrat, 1979; *Mes* Arbeitsplatzwechsel und Geheimnisschutz, GRUR 1979, 584; *Otto* Verrat von Betriebs- und Geschäftsgeheimnissen, § 17 UWG, wistra 1988, 125; *Probst* Wirtschaftsverrat und Wirtschaftsspionage, 1976; *Richter* Der Konkurs der GmbH aus der Sicht der Strafrechtspraxis, GmbHR 1984, 113; *Rogall* Die Verletzung von Privatgeheimnissen (§ 203 StGB), NStZ 1983, 1; *Säcker* Aktuelle Probleme der Verschwiegenheitspflicht der Aufsichtsratsmitglieder, NJW 1986, 803; *Schwintowski* Verschwiegenheitspflicht für politisch legitimierte Mitglieder des Aufsichtsrats, NJW 1990, 1009; *Semler* Kurzkommentar zu OLG Düsseldorf EWiR § 35 GmbHG 1/85, 299; *v. Stebut* Geheimnisschutz und Verschwiegenheitspflicht im Aktienrecht, 1972; *ders.* Gesetzliche Vorschriften gegen den Missbrauch von Insiderinformationen, DB 1974, 613; *Sturm* Änderungen des Besonderen Teils des Strafgesetzbuches durch das Einführungsgesetz zum Strafgesetzbuch, JZ 1975, 6; *Többens* Wirtschaftsspionage und Konkurrenzausspähung in Deutschland, NStZ 2000, 505; *Tuffner* Der strafrechtliche Schutz von Wirtschaftsgeheimnissen im Staatsschutzrecht und Wettbewerbsrecht, Diss. Erlangen 1978; *Ulsenheimer* Zur Strafbarkeit des Missbrauchs von Insider-Informationen, NJW 1975, 1999; *van Venrooy* Das strafrechtliche Risiko des Geschäftsführers bei Verletzung von Geheimhaltungspflichten, GmbHR 1993, 609; *Volhard/Weber* Gesellschaftsvertragliche Verschwiegenheits- und Offenbarungspflichten bei der Veräußerung von GmbH-Geschäftsanteilen, FS Semler, 1993, S. 387. Ergänzend vgl. Schrifttum Vor §§ 82–85.

Übersicht

	Rn.		Rn.
I. Allgemeines	1–4	4. Schädigungsabsicht	28
1. Normzweck	1, 2	IX. Tatvollendung und Tatbeendigung	29–33
2. Entstehungsgeschichte	3	1. Tatvollendung	30, 31
3. Tathandlungen	4	2. Tatbeendigung	32, 33
II. Täterkreis	5–8	X. Täterschaft und Tatbeteiligung	34
III. Geheimnis	9–11	XI. Konkurrenzen	35
IV. Unbefugtes Offenbaren eines Geheimnisses (Abs. 1)	12–16	XII. Strafverfolgung und Rechtsfolgen	36–42
V. Unbefugtes Verwerten eines Geheimnisses (Abs. S. 2)	17–19	1. Zuständigkeit	36
VI. Rechtswidrigkeit	20	2. Strafantrag	37
VII. Innerer Tatbestand	21–23	3. Strafantragsberechtigte	38
VIII. Qualifizierungstatbestand (Abs. 2 S. 1)	24–28	4. Strafantragsfrist	39
1. Allgemeines	24	5. Strafantragsrücknahme	40
2. Handeln gegen Entgelt	25	6. Verjährung	41
3. Bereicherungsabsicht	26, 27	7. Rechtsfolgen	42
		XIII. Österreichisches Recht	43

I. Allgemeines

1. Normzweck. Die Vorschrift soll die Schweigepflichten eines bestimmten Personenkreises, der kraft seiner Funktion die Gelegenheit hat, Geheimnisse der Gesellschaft zu erfahren, strafrechtlich absichern und dient dem Schutz des Geheimbereichs der Gesellschaft vor unredlichen Eingriffen. Damit sollen auch die Vermögensverhältnisse der Gesellschaft bewahrt werden, die insbesondere durch die Tathandlung der unbefugten Verwertung der Geheimnisse in Mitleidenschaft gezogen werden können. Ferner soll mit dieser Vorschrift verhindert werden, dass der vom Gesetz als mögliche Täter bezeichnete Personenkreis aus den ihm anvertrauten Geheimnissen für sich selbst Kapital schlägt.[1] **Geschütztes Rechtsgut** sind die Interessen der GmbH und deren

1

---

[1] Vgl. *Schönke/Schröder/Lenckner* § 204 Rn. 1; Kölner KommAktG/*Geilen* § 404 Rn. 10.

§ 85

Gesellschafter an der Bewahrung der Geheimnisse der Gesellschaft.[2] Nach anderer Auffassung[3] wird nur die Gesellschaft selbst, nicht werden ihre Gesellschafter geschützt. Dabei wird übersehen, dass das Antragserfordernis des Abs. 3 den Schutzbereich dieses Tatbestandes nicht nur auf die GmbH, sondern auch auf deren Anteilseigner erstreckt. Die von *Klug*[4] zu § 404 AktG vertretene Auffassung, dass auch die Gesellschaftsgläubiger zu dem geschützten Personenkreis gehören, geht allerdings zu weit.[5] Der Gesetzgeber hat mit der Schaffung des Antragsdeliktes und der Einschränkung des Antragsrechts auf die jeweils in Betracht kommenden Organe der Gesellschaft deutlich gemacht, dass er den Schutzbereich der Tatbestände des § 85 auf die Gesellschaft selbst und deren Anteilseigner beschränken wollte. Die Arbeitnehmer der Gesellschaft gehören ebenfalls nicht zum geschützten Personenkreis.[6] Sie haben nur ein allgemeines Interesse am Wohlergehen der Gesellschaft und sind durch den Geheimnisbruch deshalb nicht unmittelbar betroffen.

2 Die Straftatbestände des § 85 sind **Schutzgesetze** iS des § 823 Abs. 2 BGB, soweit der geschützte Personenkreis betroffen ist.[7]

3 **2. Entstehungsgeschichte.** § 85 ist durch das Gesetz zur Änderung des Gesetzes betreffend die Gesellschaften mit beschränkter Haftung und anderer handelsrechtlicher Vorschriften **(GmbH-Novelle 1980)** vom 4. 7. 1980 (BGBl. I S. 836) mit Wirkung zum 1. 1. 1981 eingeführt worden (vgl. ergänzend Einl. Rn. 6 ff.). Er entspricht in seiner Tatbestandsbeschreibung dem § 404 AktG, dem er nachgebildet worden ist (BT-Drucks. 8/1347, S. 56). Er erfasst aber einen kleineren Täterkreis, weil in das GmbHG entgegen dem RegE. keine Vorschriften über die Prüfung der GmbH durch Prüfer aufgenommen worden ist (BT-Drucks. S. 78). Die Verletzung der Geheimhaltungspflicht durch Abschlussprüfer ist durch das Bilanzrichtlinien-Gesetz **(BiRiLiG)** vom 19. 12. 1985 (BGBl. I S. 2355) nunmehr allgemein für alle Kapitalgesellschaften in § 333 HGB unter Strafe gestellt worden (vgl. auch Einl. Rn. 32 sowie Vor §§ 82–85 Rn. 2, 62 ff.). § 85 ist ebenso wie § 404 AktG als Antragsdelikt ausgestaltet worden, das nur verfolgt werden kann, wenn die dazu Berechtigten (Abs. 3) einen Strafantrag gestellt haben.

4 **3. Tathandlungen.** § 85 enthält zwei Tatbestände: das unbefugte Offenbaren eines Geheimnisses (Abs. 1) und die unbefugte Verwertung eines Geheimnisses (Abs. 2 S. 2). Der Strafrahmen des Tatbestandes des unbefugten Offenbarens eines Geheimnisses verschiebt sich nach oben, wenn die Voraussetzungen des Qualifizierungstatbestandes des Abs. 2 S. 1 vorliegen. Bei beiden Tatbeständen muss ein bestimmter Täterkreis ein Unternehmensgeheimnis unbefugt offenbart oder verwertet haben. Beide Tatbestände gleichen in ihrer Ausgestaltung den ebenfalls dem Geheimnisschutz dienenden Strafvorschriften der §§ 203, 204 StGB, des § 404 AktG, des § 17 UWG sowie des § 333 HGB. Die dortige Rechtsprechung und Literatur (vgl. ergänzend Vor §§ 82–85 Rn. 62 ff.) kann deshalb auch zur Auslegung des § 85 herangezogen werden. Die Vor-

---

[2] Ähnlich *Scholz/Tiedemann* Rn. 2 und *Hachenburg/Kohlmann* Rn. 12, die zusätzlich auch das Vertrauen in die Funktionsfähigkeit der GmbH als Institution geschützt sehen wollen.
[3] *v. Stebut* DB 1974, 613, 616; *Lutter/Hommelhoff* Rn. 1; *Meyer-Landrut/Miller/Niehus* Rn. 2; *Baumbach/Hueck/Schulze-Osterloh* Rn. 1.
[4] GroßkommAktG/*Klug* 3. Aufl. § 404 Anm. 2.
[5] Ebenso *Scholz/Tiedemann* Rn. 2; *Hachenburg/Kohlmann* Rn. 12; GroßkommAktG/*Otto* § 404 Rn. 2; Kölner KommAktG/*Geilen* § 404 Rn. 11.
[6] AA *Heldmann* ZRP 1990, 393, 395; Kölner KommAktG/*Geilen* § 404 Rn. 11.
[7] OLG Koblenz DB 1987, 1036; *Lutter/Hommelhoff* Rn. 1; *Meyer-Landrut/Miller/Niehus* Rn. 2; *Baumbach/Hueck/Schulze-Osterloh* Rn. 1.

schrift ist kein Verletzungsdelikt, sondern ein **abstraktes Gefährdungsdelikt**.[8] Eine konkrete Gefährdung der GmbH oder ein Schaden braucht durch die Handlung nicht eingetreten zu sein.

II. Täterkreis

Täter können bei beiden Tatbeständen nur **Geschäftsführer, Mitglieder des Aufsichtsrats** oder **Liquidatoren** sein. Die verwendeten Täterbegriffe sind dieselben, die auch sonst in den Straftatbeständen des GmbH-Gesetzes genannt sind, so dass auf die vorhergehenden Ausführungen zur Erläuterung der Begriffe in § 82 (Rn. 10 ff.) verwiesen werden kann. Anders als in § 82 sind jedoch die Mitglieder eines dem Aufsichtsrat ähnlichen Organs nicht erfasst.[9] Es handelt sich bei den bezeichneten Tätern um einen Personenkreis mit Sondereigenschaften. § 85 ist deshalb ein **echtes Sonderdelikt** mit allen Folgerungen, die sich daraus für die Frage der Tatbeteiligung ergeben. Auf Abschlussprüfer und deren Gehilfen ist § 333 HGB anzuwenden.

Es gelten auch bei diesem Tatbestand die Grundsätze über die **faktische Organstellung** (vgl. zum Streitstand § 82 Rn. 11). Geschäftsführer und Liquidatoren können deshalb auch Personen sein, die nicht rechtswirksam dazu bestellt sind, aber tatsächlich die mit diesem Amt verbundenen Funktionen wahrnehmen.[10] Gleiches gilt für Mitglieder des Aufsichtsrats.

Das Gesetz verlangt, dass dem Täter das Geheimnis **in seiner Eigenschaft als Funktionsträger bekannt geworden** ist, also als Geschäftsführer, Aufsichtsratsmitglied oder Liquidator. Bekannt geworden ist dem Täter das Geheimnis, wenn es ihm in dieser Eigenschaft in irgendeiner Weise zugänglich geworden ist. Seine Eigenschaft als Geheimnisträger muss also mindestens mitursächlich dafür gewesen sein, dass er das Geheimnis kennengelernt hat. Hat der Täter auf andere Weise von dem Geheimnis Kenntnis erlangt, fehlt es an der Tatbestandsmäßigkeit. Das ist der Fall, wenn der Täter das Geheimnis außerdienstlich erfahren hat oder es schon kannte, bevor er die Eigenschaft als Geheimnisträger erlangt hat,[11] insbesondere er das Geheimnis in seinem privaten Bereich erfahren hat, etwa aus seinem Bekanntenkreis oder als persönlicher Kunde eines Unternehmens, mit dem er geschäftlich nichts zu tun hat und dem seine Funktion nicht bekannt ist.[12] Gleiches gilt für den Geschäftsführer hinsichtlich der Höhe seiner Vergütung, da diese vor Begründung seiner Geschäftsführerstellung ausgehandelt wird.[13] Allerdings kann es Fälle des Missbrauchs geben, in denen sich bei näherer Prüfung herausstellt, dass auch die außerdienstliche oder sonst erfolgte Kenntnisnahme im Zusammenhang mit der Funktionsstellung stand. In diesen Fällen kann mit einer weiten Auslegung des Merkmals „bekannt geworden" einer solchen missbräuchlichen Ausnutzung der an sich gerechtfertigten Einschränkung des Tatbestandes entgegengetreten und beispielsweise auch das private Gespräch in einer Werkskantine erfasst werden.[14]

---

[8] *Rogall* NStZ 1983, 1, 5; *Kohlmann/Löffeler* Rn. 121; *Lutter/Hommelhoff* Rn. 1.
[9] *Lutter/Hommelhoff* Rn. 2; *Roth/Altmeppen* Rn. 2.
[10] Ebenso *Scholz/Tiedemann* Rn. 3, 5; *Lutter/Hommelhoff* Rn. 3; *Meyer-Landrut/Miller/Niehus* Rn. 3; *Kohlmann/Löffeler* Rn. 122; *Gübel* S. 166 f.; *Dierlamm* NStZ 1996, 153; enger *Baumbach/Hueck/Schulze-Osterloh* Rn. 14, 15: falls auch das äußere Erscheinungsbild des Bestellungsaktes vorliegt.
[11] *Scholz/Tiedemann* Rn. 5; *Hachenburg/Kohlmann* Rn. 34; *Baumbach/Hueck/Schulze-Osterloh* Rn. 12; *Meyer-Landrut/Miller/Niehus* Rn. 6.
[12] Vgl. *Kohlmann/Löffeler* Rn. 122.
[13] *Armbrüster* GmbHR 1997, 56, 58.
[14] Vgl. *Amelunxen* S. 71; Kölner KommAktG/*Geilen* § 404 Rn. 18.

8 Der Umstand, dass der Täter das Geheimnis zwar als Geschäftsführer, Mitglied des Aufsichtsrats oder Liquidator erfahren hat, zur Zeit der Tat aber nicht mehr die Eigenschaft eines Geheimnisträgers hat, steht einer Strafbarkeit nach § 85 nicht entgegen. Es ist nicht erforderlich, dass die Funktionsstellung des Täters noch zur Tatzeit andauert.[15] Maßgebend ist allein, ob der Täter das Geheimnis in seiner Eigenschaft als Geheimnisträger erlangt hat. Die Fortdauer der Verschwiegenheitspflicht für nicht mehr amtierende oder tätige Geschäftsführer, Mitglieder des Aufsichtsrats und Liquidatoren entspricht der zivilrechtlichen Regelung. Mitglieder des Aufsichtsrats sind nach § 52 Abs. 1, der auf §§ 116, 93 Abs. 1 AktG verweist, verpflichtet, über Geschäftsgeheimnisse zu schweigen. Für den Geschäftsführer und den Liquidator ergibt sich diese Pflicht aus § 43 Abs. 1.[16] Die Schweigepflicht endet nicht mit der Beendigung der Amtszeit, sondern besteht – anders als bei § 17 UWG[17] – nach Maßgabe der allgemeinen Treuepflicht auch nachträglich fort.[18] Den beruflichen Interessen des ausgeschiedenen Geschäftsführers (Liquidators), insbesondere an der Verwertung bekannt gewordener Geheimnisse, kann grundsätzlich nur im Rahmen einer Interessenabwägung nach § 34 StGB Rechnung getragen werden (Rn. 13, 16).

III. Geheimnis

9 § 85 verwendet mit dem Tatbestandsmerkmal **Geheimnis** der Gesellschaft einen umfassenden Begriff und erläutert diesen beispielhaft mit den Begriffen Betriebs- oder Geschäftsgeheimnis. Unter diesen Begriff fallen alle Geheimnisse der GmbH, die zu ihrem Schutz im Interesse ihrer Wettbewerbsfähigkeit und ihres Ansehens nicht bekannt werden dürfen.[19] Dieser Oberbegriff wird im wesentlichen durch den Begriff des Unternehmensgeheimnisses ausgefüllt, wie er in § 17 UWG zu den Tatbestandsmerkmalen des (technischen) Betriebs- und (kaufmännischen) Geschäftsgeheimnisses entwickelt worden ist.[20] Darunter fallen alle Tatsachen, die in dem Zusammenhang mit dem Betrieb des Unternehmens stehen, nur einem eng begrenzten Personenkreis bekannt, also nicht offenkundig sind und nach dem bekundeten oder doch erkennbaren Willen des maßgeblichen Organs der Gesellschaft geheimgehalten werden sollen.[21] Der Geheimnisbegriff ist nicht formal, sondern inhaltlich materiell bestimmt.[22] Bei dem Tatbestand des unbefugten Offenbarens (Abs. 1) will *Tiedemann*[23] darüber hinausgehen und auch einen Geheimhaltungswillen als wesentlich ansehen, der auf die Durchsetzung immaterieller Interessen gerichtet ist. Dem ist angesichts des weit gefassten Geheimnisbegriffes des § 85 zuzustimmen,[24] zumal die Gesellschaftsform der GmbH nicht nur von wirtschaftlichen Unternehmen, sondern auch von wissenschaftlichen und

---

[15] *Richter* GmbHR 1984, 113, 117; *Scholz/Tiedemann* Rn. 4; *Hachenburg/Kohlmann* Rn. 16; *Baumbach/Hueck/Schulze-Osterloh* Rn. 14–16; *Meyer-Landrut/Miller/Niehus* Rn. 3; Großkomm-AktG/*Otto* § 404 Rn. 11.
[16] Vgl. § 43 Rn. 21 und § 52 Rn. 16; *Hachenburg/Mertens* § 43 Rn. 46.
[17] Vgl. *Erbs/Kohlhaas/Diemer* UWG § 17 Rn. 22.
[18] Vgl. § 43 Rn. 21; *Hachenburg/Mertens* § 43 Rn. 49.
[19] *Hachenburg/Kohlmann* Rn. 19.
[20] So im Wesentlichen *Scholz/Tiedemann* Rn. 6.
[21] BGHSt. 41, 140 = NJW 1995, 2301 = NStZ 1995, 551; BGH LM § 17 UWG Nr. 2; RGZ 149, 329, 334; RG JW 1936, 2081; JW 1938, 3050; OLG Hamm GA 1959, 288.
[22] *Fuhrmann* in *Geßler/Hefermehl/Eckardt/Kropff* § 404 Rn. 7; *Hachenburg/Kohlmann* Rn. 28.
[23] *Scholz/Tiedemann* Rn. 6.
[24] BGH NJW 1996, 2576 = WiB 1996, 841; ebenso *Baumbach/Hueck/Schulze-Osterloh* Rn. 9; *Roth/Altmeppen* Rn. 4.

künstlerischen Vereinigungen genutzt wird (vgl. § 1 Rn. 46). Ob Bekanntsein in einem gewissen Personenkreis das Wesen des Geheimnisses aufhebt, ist eine Tatfrage, die nur von dem Tatrichter anhand des Einzelfalles entschieden werden kann,[25] und die zB bejaht wurde bei einer großen Zahl von Vertragshändlern.[26] Offenkundig ist eine Tatsache erst, wenn sie bereits in einer Weise in die Öffentlichkeit gelangt ist, die sie jedermann zugänglich macht.[27]

Maßgebend für die Bekundung des **Willens zur Geheimhaltung** ist bei einer GmbH in der Regel der Geschäftsführer, da die Einstufung einer Tatsache als Geheimnis eine Maßnahme der Geschäftsführung nach § 37 ist.[28] Ist der Geschäftsführer alleinige Organperson, so wird er als für eine Zustimmung zum Offenbaren berechtigtes Organ anzusehen sein, sofern er beim Offenbaren von Geheimnissen, zB im Rahmen von Verkaufsgesprächen oder Auftragserteilungen, die Sorgfalt eines ordentlichen Geschäftsmannes nach § 43 Abs. 1 anwendet.[29] Es gibt aber auch Tatsachen, deren Geheimhaltung allein in den Entscheidungsbereich des Aufsichtsrats fällt, so zB Umstände, die während seiner Beratung den Mitgliedern des Aufsichtsrats bekannt werden. Sollen sie geheim bleiben, ist der Aufsichtsrat selbst das Organ, das darüber zu entscheiden hat.[30] Ebenso kann für die Bildung des Geheimhaltungswillens die Gesamtheit der Gesellschafter zuständig sein.[31] Im Fall der Veräußerung von GmbH-Geschäftsanteilen soll in Anlehnung an § 60 Nr. 2 für eine damit in unmittelbarem Sachzusammenhang stehende Offenbarung von Gesellschaftsinterna an Dritte eine Dreiviertelmehrheit der Gesellschafterversammlung ausreichend sein.[32] Nach Eröffnung des Insolvenzverfahrens ist in Angelegenheiten der Insolvenzmasse der Insolvenzverwalter, der zur optimalen Verwertung der Masse über die erforderlichen Informationen verfügen können muss, dispositionsbefugt und deshalb insoweit „Geheimnisherr".[33] Eine zusätzliche Zustimmung des Geschäftsführers, etwa wenn in einem gegen ihn gerichteten Strafverfahren ein Steuerberater der GmbH von seiner Verschwiegenheitspflicht entbunden werden soll, ist bei bloß geschäftlichen Geheimnissen nicht erforderlich.[34] Geschützt ist das Geheimhaltungsinteresse der GmbH, das mit dem privaten Interesse des Geschäftsführers nicht gleichzusetzen ist. Allein der Wille des maßgebenden Organs macht allerdings eine bestimmte Tatsache noch nicht zu einem Geheimnis. Der Geheimhaltungswille muss auf einem berechtigten wirtschaftlichen Interesse beruhen.[35] Das maßgebende Organ muss an der Geheimhaltung der geschützten Vorgänge im Interesse der

---

[25] RGSt. 31, 90, 92; 38, 108, 110; 42, 394, 396.
[26] OLG Karlsruhe NJW-RR 1993, 1516f.
[27] BGH NJW 1958, 671; RGZ 65, 333, 335; RG JW 1929, 1227; ähnlich *Otto* wistra 1988, 125, 126.
[28] Vgl. *Kohlmann/Löffeler* Rn. 136.
[29] *Van Venrooy* GmbHR 1993, 609, 612; *Meyer-Landrut/Miller/Niehus* Rn. 6; *Kohlmann/Löffeler* Rn. 136, 137; *Baumbach/Hueck/Schulze-Osterloh* Rn. 11; aA *Lutter/Hommelhoff* Rn. 4: Zustimmung der Gesellschafterversammlung.
[30] BGHZ 64, 325, 329 = NJW 1975, 1412; *Säcker* NJW 1986, 803; Einl. Rn. 257.
[31] Vgl. *Scholz/Tiedemann* Rn. 9.
[32] *Volhard/Weber*, FS Semler, 1993, S. 407f.
[33] BGHZ 109, 260, 270 = NJW 1990, 510; BGH NJW 1994, 2220, 2225 (insoweit in BGHZ 126, 181 nicht abgedruckt).
[34] Vgl. LG Lübeck NJW 1978, 1014; LG Hamburg wistra 2002, 77 mwN; KK/*Nack* § 97 Rn. 6; aA OLG Koblenz NStZ 1985, 426, 427; OLG Düsseldorf StV 1993, 346; LG Saarbrücken wistra 1995, 239 m. abl. Anm. *Weyand*; KK/*Senge* § 53 Rn. 47; *Kleinknecht/Meyer-Goßner* § 53 Rn. 46.
[35] BGH NJW 1960, 1999, 2000; RGSt. 29, 426, 430; RGZ 65, 333, 337; 149, 329, 333; OLG Celle GRUR 1969, 548; OLG Hamm GmbHR 1988, 218.

§ 85 6. Abschnitt. Schlussbestimmungen

Gesellschaft objektiv interessiert sein.[36] Umstritten ist, ob ein objektiv zu bestimmendes Geheimhaltungsinteresse genügt[37] oder ob ein Geheimhaltungswille zur Begründung des Geheimnisses hinzutreten muss.[38] Diese Frage kann in § 85 nicht anders entschieden werden als in § 17 UWG, bei dem die Rspr. stets den Geheimhaltungswillen als unverzichtbares Merkmal des Geheimnisbegriffes angesehen hat. Nur eine solche Auslegung gelangt zu praktischen Ergebnissen, weil ein Organ vorhanden sein muss, das darüber entscheidet, welche Tatsache und wie lange diese im Interesse der Gesellschaft geheimhaltungsbedürftig ist.

11 **Beispiele** für Unternehmensgeheimnisse sind insbesondere geschäftliche Vorhaben und geschäftspolitische Ziele der Gesellschaft, aber auch Gegenstand, Verlauf und Ergebnisse der Beratungen des Aufsichtsrats,[39] ferner Guthaben und Umsätze der Gesellschaft, Kredite bei Banken, Kundenkarteien,[40] Preiskalkulationen, Jahresabschlüsse, die noch nicht gemäß § 325 HGB offen gelegt sind,[41] getätigte oder beabsichtigte Vertragsabschlüsse, durch eine öffentliche Ausschreibung erlangte Angebote[42] und deren Anbieter,[43] Zahlungsbedingungen, Agentenverzeichnisse, Computerprogramme,[44] stille Beteiligungen und Personalakten,[45] auch die Höhe eines vom üblichen Vergütungsniveau erheblich abweichenden Gehalts des Geschäftsführers,[46] sowie Produktionsabläufe und vorhandene Qualitätstechnologie,[47] auch beabsichtigte Zusammenschlüsse mit anderen Unternehmen.[48] Ebenso zählen hierzu Übernahmeangebote, vorgesehene Umtauschangebote, geplante Kapitalerhöhungen oder andere Tatsachen, die zu dem sogenannten Insiderwissen gehören.[49] Geheimnisse dieser Art werden regelmäßig als vertraulich bezeichnet werden. Voraussetzung ist dies aber nicht. Ob bei einer GmbH & Co. KG zu den geschützten Geschäftsgeheimnissen der Komplementär-GmbH auch die Geheimnisse einer KG gehören, die von ihr betrieben wird, erscheint im Hinblick darauf zweifelhaft, dass der Geschäftsführer der KG nicht unter § 85 fällt.[50]

IV. Unbefugtes Offenbaren eines Geheimnisses (Abs. 1)

12 Tathandlung dieses Tatbestandes ist das **Offenbaren** eines Geheimnisses. Offenbart wird ein Geheimnis, wenn es einem Außenstehenden mitgeteilt oder einem sonst Un-

---

[36] BGHZ 80, 25, 35 = NJW 1981, 1089; vgl. weiter zum Geheimnisbegriff *Erbs/Kohlhaas/Diemer* UWG § 17 Rn. 5 ff.; *Baumbach/Hefermehl* Wettbewerbsrecht, 22. Aufl. 2000, § 17 Rn. 2 ff.
[37] So *Baumbach/Hueck/Schulze-Osterloh* Rn. 11; *Meyer-Landrut/Miller/Niehus* Rn. 4; *Lutter/Hommelhoff* Rn. 4; *GroßkommAktG/Otto* § 404 Rn. 17 f.
[38] So *Scholz/Tiedemann* Rn. 7; *Hachenburg/Kohlmann* Rn. 26; *Kohlmann/Löffeler* Rn. 130; *Erbs/Kohlhaas/Schaal* GmbHG § 85 Rn. 6; *Erbs/Kohlhaas/Diemer* UWG § 17 Rn. 8.
[39] Vgl. zB BGHZ 64, 325, 330 = NJW 1975, 1412; *Säcker* NJW 1986, 803, 807; *Gaul* GmbHR 1986, 296, 299.
[40] BGH NJW 1999, 3043 (LS) = NJW-RR 1999, 1131, 1132.
[41] BGH NJW 2000, 1329, 1330 = NZG 2000, 207; *Hachenburg/Kohlmann* Rn. 22.
[42] BGHSt. 41, 140 = NJW 1995, 2301 = NStZ 1995, 551.
[43] BayObLG NJW 1996, 268, 272.
[44] Für Geldspielautomaten: BGH NStZ 1995, 135 = WiB 1995, 353, 354; BayObLG wistra 1994, 149, 150.
[45] *Scholz/Tiedemann* Rn. 7.
[46] *Ihrig* Anm. zu BGH WiB 1996, 841, 842 = NJW 1996, 2576; *Armbrüster* GmbHR 1997, 56, 58.
[47] *Kragler* 1987 S. 39 ff.; *van Venrooy* GmbHR 1993, 609, 610.
[48] *Säcker* NJW 1986, 803, 804.
[49] *Heldmann* ZRP 1990, 393, 394; Erg. Rn. 16, 18.
[50] BGH NJW 2000, 1329, 1330 = NZG 2000, 207; bejahend *Scholz/Tiedemann* Rn. 6.

Verletzung der Geheimhaltungspflicht § 85

befugten in einer Weise bekanntgemacht wird, die diesem die Ausnutzung der geheimzuhaltenden Tatsache in irgendeiner Weise ermöglicht. Dem Empfänger der Mitteilung muss das Geheimnis noch neu, mindestens aber noch nicht sicher bekannt sein. Es genügt, wenn ihm eine Vermutung oder ein Gerücht bestätigt wird.[51] Offenbaren liegt auch vor, wenn der Täter die geheimzuhaltende Tatsache in der Form eines Gerüchts mitteilt, ebenso in der Bestätigung eines Gerüchts. Gleichgültig ist, ob er die Mitteilung von sich aus macht oder lediglich eine Frage beantwortet.[52] Die Mitteilung kann auch in einem schlüssigen Tun bestehen, etwa wenn der Täter bewusst ein Schriftstück liegen lässt, in dem ein Geheimnis enthalten ist.[53] Ferner kann die Tathandlung auch durch Unterlassen verwirklicht werden,[54] wenn der Täter zB zulässt, dass ein Unbefugter in das Schriftstück Einsicht nimmt, in dessen Besitz er zufällig ohne Wissen des Täters gelangt ist. Bei der letzten Tatform ist allerdings Voraussetzung, dass der Täter, zB als Geschäftsführer nach § 43 Abs. 1, Garant ist. Der Unbefugte kann ein Außenstehender oder auch ein nicht befugter Unternehmensangehöriger sein. Ohne Bedeutung ist es, ob der Empfänger der Mitteilung selbst zu dem Kreis der Schweigepflichtigen gehört.[55] Entscheidend ist stets, ob der Empfänger nach dem Willen der jeweils zuständigen Organe der Gesellschaft zu dem Kreis der Personen gehört, denen das betreffende Geheimnis in ihrer Eigenschaft als Schweigepflichtiger zugänglich gemacht werden durfte. So darf zB über Beratungen im Aufsichtsrat ohne Zustimmung dieses Organs der Gesellschaft nichts an Dritte, selbst wenn sie im Unternehmen tätig sind, bekanntgegeben werden (Rn. 10). Schon ein innerbetriebliches unbefugtes Offenbaren kann deshalb den Tatbestand erfüllen.

Unbefugt handelt der Täter, wenn er unberechtigt das Geheimnis preisgibt, d.h. 13 sich rechtswidrig verhält;[56] mit diesem Begriff wird auf bestehende Offenbarungsrechte verwiesen.[57] Es handelt sich hier nicht um ein normatives Tatbestandsmerkmal, sondern um ein allgemeines Deliktsmerkmal, das die Rechtswidrigkeit des Offenbarens nur entfallen lässt, wenn eine Gegennorm das Handeln des Täters rechtfertigt.[58] Auch wenn das Geheimnis mit Zustimmung des maßgebenden Gesellschaftsorgans offenbart wird, entfällt deshalb nicht bereits die Tatbestandsmäßigkeit des Handelns.[59] Lediglich das vollständige Aufheben des Geheimnischarakters der Tatsache durch eine generelle Einverständniserklärung des befugten Organs führt zu einem Tatbestandsausschluss.[60]

Als **Rechtfertigungsgrund** kommt in erster Linie die **Zustimmung** des dazu be- 14 rechtigten Organs der Gesellschaft in Betracht. Sind die Gesellschafter,[61] Geschäftsfüh-

---

[51] RGSt. 26, 5, 7; 38, 62, 65; *Säcker* NJW 1986, 803, 805; *Scholz/Tiedemann* Rn. 14.
[52] Vgl. *Schönke/Schröder/Lenckner* § 203 Rn. 19.
[53] OLG Hamm GA 1959, 288; *Többens* NStZ 2000, 505, 507.
[54] *Scholz/Tiedemann* Rn. 14; *Hachenburg/Kohlmann* Rn. 37; *Baumbach/Hueck/Schulze-Osterloh* Rn. 13; *Lutter/Hommelhoff* Rn. 5; *Meyer-Landrut/Miller/Niehus* Rn. 6.
[55] BGHZ 116, 268, 272 = NJW 1992, 737; BayObLG NJW 1995, 1623.
[56] *Dreher* MDR 1962, 592; *Rogall* NStZ 1983, 1, 6; GroßkommAktG/*Otto* § 404 Rn. 37; Kölner KommAktG/*Geilen* § 404 Rn. 74; *Baumbach/Hueck/Schulze-Osterloh* Rn. 17; *Brandmüller* in *Brandmüller/Küffner* Rn. 376; *Tröndle/Fischer* § 203 Rn. 27.
[57] OLG Schleswig NJW 1985, 1090, 1092.
[58] Vgl. BGHSt. 2, 194, 195 = NJW 1952, 593.
[59] So aber OLG Köln NJW 1962, 686 m. zust. Anm. *Bindokat* = MDR 1962, 591 m. abl. Anm. *Dreher*; *Scholz/Tiedemann* Rn. 20; *Hachenburg/Kohlmann* Rn. 44; *Meyer-Landrut/Miller/Niehus* Rn. 6; *Schönke/Schröder/Lenckner* § 203 Rn. 21; *Kohlmann/Löffeler* Rn. 122.
[60] *Otto* wistra 1988, 125, 128; *Baumbach/Hueck/Schulze-Osterloh* Rn. 13, 17; Kölner KommAktG/*Geilen* § 404 Rn. 76; *Heymann/Otto* § 333 Rn. 33, 34.
[61] *Roth/Altmeppen* Rn. 9.

§ 85

rer oder der Aufsichtsrat ausdrücklich damit einverstanden, dass ein Geheimnis einem Unbefugten mitgeteilt wird, so ist das Offenbaren befugt. Die Zustimmung kann auch stillschweigend erteilt werden.[62] Unter Umständen kann die Befugnis aber auch aus einer mutmaßlichen Einwilligung dieser Organe hergeleitet werden, wenn der Täter in deren vermeintlichem Interesse und Einverständnis handelt.[63]

15   In Betracht kommt ferner auch das **gesetzliche Gebot** zum Offenbaren,[64] das zB hinsichtlich der Offenlegung des Jahresabschlusses nach § 325 HGB[65] oder der Aussagepflicht des Zeugen vor Gericht bestehen kann. Im Strafverfahren geht die Aussagepflicht des Zeugen seiner Geheimhaltungspflicht vor. Steht ihm kein Zeugnis- oder Aussageverweigerungsrecht nach den §§ 52 bis 55 StPO zu, muss er aussagen. Das gilt auch für ein Verfahren vor einem parlamentarischen Untersuchungsausschuss.[66] Im Zivilprozess ist § 383 Abs. 1 Nr. 6 ZPO zu beachten, wonach etwa ein Steuerberater der GmbH[67] oder ein ehemaliger Geschäftsführer berechtigt sein kann, das Zeugnis zu verweigern, sofern sich die Vernehmung auf Tatsachen erstrecken würde, die ihm anvertraut sind und deren Geheimhaltung geboten ist.[68] Eine Offenbarung ist auch dann nicht unbefugt, wenn ein Geschäftsführer das berechtigte Auskunftsverlangen eines Gesellschafters nach § 51a[69] oder des Aufsichtsrats nach § 52 Abs. 1 iVm. § 90 AktG erfüllt.

16   Ferner kann eine Offenbarung auch aus dem Gesichtspunkt des **rechtfertigenden Notstands** (§ 34 StGB) gerechtfertigt sein. Das setzt allerdings eine Interessen- und Güterabwägung voraus. Ein solcher Fall kann vorliegen, wenn der Täter rechtlich schutzwürdige eigene Interessen gegenüber der Gesellschaft verfolgt und die Offenbarung des Geheimnisses zur Wahrung seiner Interessen zwingend erforderlich und ein angemessenes Mittel dafür ist.[70] Zu denken ist daran, dass der Täter sich in einem Strafverfahren anders nicht sachgemäß verteidigen kann[71] oder sich in einem Rechtsstreit mit der Gesellschaft befindet,[72] etwa wenn er selbst einen Vergütungsanspruch geltend macht.[73] Die Abtretung des Vergütungsanspruchs des Geschäftsführers an einen Dritten wird trotz der damit nach § 402 BGB verbundenen umfassenden Informationspflicht des Zedenten regelmäßig nicht gegen § 85 verstoßen, weil bei einem Festgehalt[74] sowie einer garantierten Tantieme[75] üblicherweise keine Geschäftsgeheimnisse offenbart werden müssen und bei einer erfolgsbezogenen Tantieme[76] der für ihre Höhe maßgebliche Gewinn der GmbH in der Jahresbilanz nach § 325 HGB regelmäßig

---

[62] *Scholz/Tiedemann* Rn. 20; *Lutter/Hommelhoff* Rn. 4.
[63] Vgl. *Scholz/Tiedemann* Rn. 24; *Kohlmann/Löffeler* Rn. 143.
[64] Vgl. dazu näher *v. Stebut* 1972 S. 112 ff.
[65] BGH NJW 2000, 1329, 1330 = NZG 2000, 207.
[66] BVerfGE 76, 363 = NJW 1988, 897, 899.
[67] BGH NJW 1994, 2220, 2225 (insoweit in BGHZ 126, 181 nicht abgedruckt).
[68] OLG Koblenz DB 1987, 1036 m. Anm. *Hommelhoff* EWiR § 383 ZPO 1/87, 513; vgl. § 43 Rn. 21; *Kohlmann/Löffeler* Rn. 148; aA *Baumbach/Hueck/Schulze-Osterloh* Rn. 21.
[69] OLG Hamm GmbHR 1988, 218; vgl. § 51a Rn. 24.
[70] *Scholz/Tiedemann* Rn. 25; *Hachenburg/Kohlmann* Rn. 53.
[71] BGHSt. 1, 366, 368 = NJW 1952, 151.
[72] Vgl. BGHZ 122, 115, 120 = NJW 1993, 1638 = WM 1993, 1009; *Kohlmann/Löffeler* Rn. 149.
[73] *Armbrüster* GmbHR 1997, 56, 60.
[74] BGH NJW 1996, 2576 = WiB 1996, 841 m. Anm. *Ihrig* (Abänderung von OLG Frankfurt NJW-RR 1995, 1504).
[75] OLG Köln NZG 2000, 210 = DB 2000, 765.
[76] BGH NJW 2000, 1329, 1330 = NZG 2000, 207.

Verletzung der Geheimhaltungspflicht **§ 85**

offen gelegt werden muss. Die Weitergabe von Insiderinformationen (Rn. 11, 18) aus gesellschaftsfremdem Interesse, etwa durch Aufsichtsratsmitglieder an Dritte, deren Fremdinteresse sie wahrnehmen sollen, wird regelmäßig nicht gerechtfertigt sein.[77] Die Erstattung einer Anzeige bei Straftaten, die § 138 StGB anführt, ist stets befugt. Das gilt aber auch bei der Anzeige von Straftaten, die nicht zu diesem Katalog gehören. Zweifelhaft kann das nur bei Bagatelldelikten oder Ordnungswidrigkeiten sein.[78]

V. Unbefugtes Verwerten eines Geheimnisses (Abs. 2 S. 2)

Bei diesem Tatbestand muss der Täter ein ihm unter den Voraussetzungen des Abs. 1 bekanntgewordenes Geheimnis unbefugt für eigene oder fremde Zwecke ausnutzen. Der Täter muss also ein Geschäftsführer, Mitglied des Aufsichtsrats oder Liquidator sein, dem das Geheimnis in dieser Eigenschaft zugänglich geworden ist (vgl. Rn. 7). Das Merkmal **verwerten** ist als wirtschaftliches Ausnutzen des Geheimnisses zum Zwecke der Gewinnerzielung zu verstehen.[79] Erfasst wird jede Tätigkeit, die darauf gerichtet ist, den Wert aus einer Sache zu ziehen, sie also irgendwie wirtschaftlich zu nutzen.[80] Darunter ist jede auf einen vermögensrechtlichen Gewinn abzielende Handlung zu verstehen, wobei es aber nicht darauf ankommt, dass der Gewinn tatsächlich erzielt wird.[81] Ob es dabei stets um eine praktische Verwendung zu einem gewerblichen Zweck gehen muss, ist umstritten. Während die Rspr. des RG zu § 17 UWG das stets verlangt hat,[82] wird im Schrifttum zu § 404 AktG die Auffassung vertreten, dass der Begriff des Verwertens nach Wortlaut und Zweck eine solche einschränkende Auslegung nicht erfordere.[83] Dieser sehr weitgehenden Auslegung ist entgegenzuhalten, dass der Tatbestand des Verwertens den Tatbestand des Offenbarens ergänzen soll und deshalb nicht vorliegen kann, wenn die Verwertung ausschließlich im Offenbaren des Geheimnisses zu sehen ist. Schon aus dem Wortlaut „verwertet" und nicht „verwendet" ist zu schließen, dass es dabei um ein wirtschaftliches Ausnutzen des Geheimnisses gehen muss. Nur eine solche Auslegung ist im Hinblick auf den Schutzzweck des § 85 (vgl. Rn. 1) sinnvoll und erklärt auch, warum das Gesetz für diesen Tatbestand den qualifizierten Strafrahmen des Abs. 2 vorsieht, während bei dem bloßen Offenbaren die Qualifizierungsmerkmale des Abs. 2 S. 1 hinzutreten müssen, um diesen Strafrahmen zu begründen.[84] Bei dem gleichartigen Tatbestand des § 204 StGB wird unter Verwerten ebenfalls nur ein wirtschaftliches Ausnutzen zur Gewinnerzielung verstanden.[85] Ein Ausnutzen zu politischen Zwecken oder zu Zwecken der Erpressung fällt daher nicht unter dieses Tatbestandsmerkmal.

Beispiele für ein wirtschaftliches Ausnutzen von Betriebsgeheimnissen sind es, wenn der Täter ein Magnetband mit Kundenadressen der GmbH dem Vertreter einer

17

18

---

[77] *Ulsenheimer* NJW 1975, 1999, 2002.
[78] *Scholz/Tiedemann* Rn. 26; *Kohlmann/Löffeler* Rn. 151.
[79] BayObLG NStZ 1984, 169 zu § 355 StGB; *Scholz/Tiedemann* Rn. 15; *Hachenburg/Kohlmann* Rn. 38; *Baumbach/Hueck/Schulze-Osterloh* Rn. 42; *Lutter/Hommelhoff* Rn. 6; *Meyer-Landrut/Miller/Niehus* Rn. 8; *GroßkommAktG/Otto* § 404 Rn. 27.
[80] RGSt. 63, 205, 207.
[81] RG MuW 1909/10, 96.
[82] RGSt. 39, 83, 85; 40, 406, 408; 63, 205, 206.
[83] *Ulsenheimer* NJW 1975, 1999, 2001; *Baumbach/Hueck* AktG Rn. 8; *v. Godin/Wilhelmi* Anm. 8.
[84] Vgl. *Fuhrmann* in *Geßler/Hefermehl/Eckardt/Kropff* § 404 Rn. 11; ähnlich Kölner KommAktG/*Geilen* § 404 Rn. 56; *Roth/Altmeppen* Rn. 18.
[85] *Sturm* JZ 1975, 6, 10; *Schönke/Schröder/Lenckner* § 204 Rn. 5/6; *Tröndle/Fischer* § 204 Rn. 3.

§ 85

Firma zur Verfügung stellt, damit dieser versuchen kann, Kunden der GmbH abzuwerben[86] oder wenn ein (früherer) Geschäftsführer unter Verwertung der Kundenkartei der Gesellschaft ein eigenes Unternehmen aufbaut.[87] Auch das Verwerten von Insiderinformationen[88] kann nach § 85 strafbar sein. Bei dieser Art der Geheimnisverwertung kommt es entscheidend darauf an, ob das verwertete Geheimnis wegen eines berechtigten wirtschaftlichen Interesses der Gesellschaft geheimgehalten werden soll. Zu einer Entreicherung der Gesellschaft braucht das Verwerten durch den Geheimnisträger (Insider) nicht zu führen.[89] Der Tatbestand des § 85 Abs. 2 S. 2 verlangt auf der Seite der Gesellschaft nicht den Eintritt eines wirtschaftlichen Schadens. Das Gesetz geht nur davon aus, dass der Täter das Geheimnis wirtschaftlich nutzt. Es besteht kein Anlas, die Verwirklichung des Tatbestandes von einem Merkmal abhängig zu machen, das der Tatbestand nicht enthält. Die Gesellschaft kann auch ein wirtschaftliches Interesse an der Geheimhaltung der Insiderinformation haben, wenn sie selbst nicht durch deren Verwertung geschädigt wird.

19 **Unbefugt** handelt der Täter, wenn er das Geheimnis unberechtigt verwendet. Für dieses Tatbestandsmerkmal gelten die gleichen Auslegungsgrundsätze wie bei dem des unbefugten Offenbarens (Rn. 13–16). So wird bei einem Aufsichtsratsmitglied, das für eigene Geschäfte mit der GmbH betriebliche Informationen ausnutzt, das Verwerten konkludent genehmigt sein, wenn die Interessen der Gesellschaft dadurch nicht beeinträchtigt werden.[90] Wenn der Täter nach seinem Ausscheiden aus der GmbH beabsichtigt, das bei seiner früheren Tätigkeit erlangte Wissen für seine berufliche Tätigkeit zu verwerten, kann das Verhalten deshalb nur aus dem Gesichtspunkt des rechtfertigenden Notstands (§ 34 StGB) gerechtfertigt sein.[91] Dass ein nachvertragliches Wettbewerbsverbot (vgl. § 35 Rn. 106; § 43 Rn. 19) nicht vereinbart wurde, ändert nichts; für den Geschäftsführer und die anderen in Abs. 1 genannten Organmitglieder begründet § 85 ein Wettbewerbsverbot ohne zeitliche Einschränkung und Entschädigung.[92]

VI. Rechtswidrigkeit

20 Für die Rechtswidrigkeit gelten ebenso wie bei § 82 (Rn. 71) und § 84 (Rn. 32) die allgemeinen Grundsätze des Strafrechts. Auch bei dem Merkmal „unbefugt" handelt es sich um ein Element der Rechtswidrigkeit (vgl. Rn. 12, 16).

VII. Innerer Tatbestand

21 Beide Tatbestände setzen ein vorsätzliches Handeln voraus. Bedingter **Vorsatz** reicht aus. Der Täter muss deshalb wissen oder mit der Möglichkeit rechnen, dass es

---

[86] Vgl. BGHR StPO § 264 Abs. 1 Tatidentität 21 = NJW 1992, 1776 = MDR 1992, 700.
[87] *Richter* GmbHR 1984, 113, 117; *Scholz/Tiedemann* Rn. 16; *Kohlmann/Löffeler* Rn. 153, 160.
[88] Vgl. hierzu *v. Stebut* DB 1974, 613; *Ulsenheimer* NJW 1975, 1999; *Heldmann* ZRP 1990, 393; Erg. Rn. 11, 16.
[89] BayObLG NStZ 1984, 169 zu § 355 StGB m. abl. Anm. *Maiwald; Baumbach/Hueck/Schulze-Osterloh* Rn. 42; *Kohlmann/Löffeler* Rn. 158; Kölner KommAktG/ *Geilen* § 404 Rn. 63; *Heymann/Otto* § 333 Rn. 26; aA *Richter* GmbHR 1984, 113, 117; *Scholz/Tiedemann* Rn. 17; *Meyer-Landrut/Miller/Niehus* Rn. 8; *Schönke/Schröder/Lenckner* § 204 Rn. 5, 6.
[90] *Fleck*, FS Heinsius, S. 89, 99.
[91] *Scholz/Tiedemann* Rn. 27; *Hachenburg/Kohlmann* Rn. 17; *Lutter/Hommelhoff* Rn. 8; *Kohlmann/Löffeler* Rn. 162; unklar *Richter* GmbHR 1984, 113, 117.
[92] BGHZ 91, 1, 6 = NJW 1984, 2366; zust. *Semler* EWiR § 35 GmbHG 1/85, 299; krit. *Bauer/Diller* GmbHR 1999, 885.

Verletzung der Geheimhaltungspflicht § 85

sich um ein Betriebs- oder Geschäftsgeheimnis handelt, und muss es unter diesen Umständen an Unbefugte mitteilen oder es wirtschaftlich ausnutzen.

Irrt er sich über seine Befugnis zum Offenbaren oder zum Verwerten des Geheimnisses, so ist das ein **Irrtum** über einen Rechtfertigungsgrund (vgl. Rn. 13–16, 19). Dieser Irrtum schließt ein vorsätzliches Handeln nach § 16 StGB nur aus, wenn er sich auf die tatsächlichen Voraussetzungen des Rechtfertigungsgrundes bezieht. Zieht der Täter dagegen trotz Kenntnis der wahren Umstände den falschen Schluss, dass er zum Offenbaren oder Verwerten des Geheimnisses befugt sei, so ist das ein Verbotsirrtum nach § 17 StGB.[93] Um einen Verbotsirrtum handelt es sich daher, wenn der Täter glaubt, ein Geheimnis schon deshalb offenbaren zu dürfen, weil der Mitteilungsempfänger selbst schweigepflichtig ist.[94] Zu der Abgrenzung des Tatbestandsirrtums vom Verbotsirrtum vgl. die Erläuterungen zu § 82 (dort Rn. 98 ff.). 22

Zu dem inneren Tatbestand gehören gegebenenfalls ferner die **Qualifizierungsmerkmale** des Abs. 2 S. 1 (vgl. Rn. 24–28). 23

VIII. Qualifizierungstatbestand (Abs. 2 S. 1)

1. **Allgemeines.** Der Tatbestand des unbefugten Offenbarens eines Geheimnisses (Abs. 1) kann höher bestraft werden, wenn der Täter gegen Entgelt oder in Bereicherungs- oder Schädigungsabsicht handelt. Bei diesen Qualifizierungsmerkmalen handelt es sich ausschließlich um Merkmale des inneren Tatbestandes, die der Gesetzgeber auch sonst für die Begründung der Erhöhung des Strafrahmens heranzieht (vgl. § 203 Abs. 5 StGB, §§ 403 Abs. 2, 404 Abs. 2 AktG). 24

2. **Handeln gegen Entgelt.** Gegen Entgelt handelt der Täter, wenn er sich zu seinem Tun von einer Gegenleistung leiten lässt, die in einem Vermögensvorteil besteht (vgl. Legaldefinition des Begriffs Entgelt in § 11 Abs. 2 Nr. 9 StGB). Die Gegenleistung braucht kein Geld zu sein; es kann jeder vermögenswerte Gegenstand sein, also auch die Übertragung von Rechten oder der Verzicht auf sie, wie etwa Forderungsabtretung, Übergabe von Wechseln oder Schecks und Schulderlass. Es reicht aus, wenn die Gegenleistung vorher vereinbart worden ist. Ob sie tatsächlich gewährt wird, ist gleichgültig. Die Gegenleistung braucht nur das Ziel zu sein, für das der Täter handelt.[95] 25

3. **Bereicherungsabsicht.** Unter **Absicht** ist ein zielgerichtetes Handeln (§ 82 Rn. 97) zu verstehen. Weder der von dem Täter für sich oder einen anderen erstrebte Vermögensvorteil noch der einem anderen zugedachte Nachteil muss eingetreten sein. Dieser vorgestellte Erfolg muss nur das Ziel des Täterhandelns sein.[96] 26

Der Täter handelt in der Absicht, sich **zu bereichern,** wenn er bestrebt ist, durch seine Handlungsweise sich oder einem anderen einen Vermögensvorteil zu verschaffen. Rechtswidrig muss der erstrebte Vermögensvorteil nicht sein.[97] Eine solche Auslegung entspräche weder dem Wortlaut der Vorschrift noch wäre sie durch das Motiv der Qualifizierung – höhere Verwerflichkeit eines Geheimnisverrats zu wirtschaftlichen 27

---

[93] Differenzierend *Scholz/Tiedemann* Rn. 31, 32.
[94] Vgl. BayObLG NJW 1995, 1623.
[95] AA *Baumbach/Hueck/Schulze-Osterloh* Rn. 33, der darin ein objektives Tatbestandsmerkmal sieht, es im Gegensatz dazu aber für unerheblich hält, ob das Entgelt tatsächlich gewährt wird.
[96] Ebenso *Scholz/Tiedemann* Rn. 35.
[97] BGH NStZ 1993, 538, 539 zu § 203 StGB; Kölner KommAktG/*Geilen* § 403 Rn. 51; LK/*Schünemann* § 203 Rn. 163; *Tröndle/Fischer* § 203 Rn. 36; *Lackner/Kühl* § 203 Rn. 28.

Zwecken – geboten. Der Gegenmeinung[98] ist daher nicht zu folgen. Im übrigen handelt es sich um das gleiche Tatbestandsmerkmal, das auch in § 263 StGB enthalten ist. Die dazu entwickelte Rechtsprechung kann zur Auslegung herangezogen werden.[99] Da jedoch § 85 als Gefährdungsdelikt keinen Vermögensschaden voraussetzt, entfällt das Erfordernis der Stoffgleichheit.

28 4. **Schädigungsabsicht.** Diese ist gegeben, wenn der Täter einer anderen Person einen Nachteil zufügen will. Das kann die Gesellschaft sein, aber auch ein Gesellschafter.[100] Eine dritte Person, etwa ein Gesellschaftsgläubiger, kommt nicht in Betracht,[101] denn sie wird durch § 85 nicht geschützt (Rn. 1). Der Nachteil braucht kein Vermögensschaden zu sein. Es genügt auch ein ideeller Schaden.[102] Die von *Klug*[103] vertretene Gegenansicht übersieht, dass bei einer solchen Auslegung dieses innere Tatbestandsmerkmal im Hinblick auf die Bereicherungsabsicht überflüssig wäre. Denn dem bei diesem Merkmal auf Seiten des Täters erstrebten rechtswidrigen Vermögensvorteil muss bei einer anderen Person ein Vermögensschaden gegenüberstehen. Allein das Inkaufnehmen eines Vermögensschadens bei dem anderen hat keinen so hohen Unrechtsgehalt, um die erhöhte Strafdrohung des Abs. 2 zu rechtfertigen. Das Merkmal der Schädigungsabsicht wird auch sonst im wesentlichen nicht anders verstanden.[104] Im Hinblick darauf, dass die Gesellschaftsform der GmbH auch von wissenschaftlichen und künstlerischen Vereinigungen genutzt wird (§ 1 Rn. 45), kann ein immaterieller Schaden durchaus Bedeutung haben.

IX. Tatvollendung und Tatbeendigung

29 Der Zeitpunkt von Vollendung und Beendigung der Tat ist hier von gleicher **Bedeutung** wie in § 82 (dort Rn. 101 ff.). Der **Versuch** ist nicht strafbar (§ 23 Abs. 1 StGB).

30 1. **Tatvollendung.** Das unbefugte **Offenbaren** ist vollendet, wenn das Geheimnis durch das Tun oder Unterlassen des Täters mindestens einem Unbefugten zugegangen ist. Inhaltliche Kenntnis braucht dieser Adressat noch nicht erlangt zu haben. Ihm muss das Geheimnis aber in einer Form mitgeteilt worden sein, die ihm das Ausnutzen der geheimzuhaltenden Tatsache in irgendeiner Form ermöglicht. Eine objektiv verständliche, aber trotzdem von dem Empfänger nicht verstandene mündliche Erklärung oder das Überlassen von Dokumenten an einen Unbefugten, die von diesem nicht durchgesehen werden, reicht deshalb zur Vollendung des Offenbarens aus.[105] Die Qualifizierungsmerkmale des Abs. 2 S. 1 sind nur die Ziele, welche den Täter zu seiner Handlung motivieren (vgl. Rn. 26). Vollendet ist das Offenbaren deshalb schon, bevor das Entgelt gewährt, der erstrebte Vermögensvorteil eingetreten oder der Nach-

---

[98] Voraufl. Rn. 24; *Scholz/Tiedemann* Rn. 34; *Hachenburg/Kohlmann* Rn. 65; *Baumbach/Hueck/Schulze-Osterloh* Rn. 36; *Roth/Altmeppen* Rn. 17; *Meyer-Landrut/Miller/Niehus* Rn. 7; *Schönke/Schröder/Lenckner* § 203 Rn. 74.
[99] Vgl. dazu LK/*Lackner* § 263 Rn. 248 ff.
[100] Zweifelnd *Kohlmann/Löffeler* Rn. 152.
[101] AA *Meyer-Landrut/Miller/Niehus* Rn. 7.
[102] *Scholz/Tiedemann* Rn. 35; *Hachenburg/Kohlmann* Rn. 68; *Baumbach/Hueck/Schulze-Osterloh* Rn. 37; *Meyer-Landrut/Miller/Niehus* Rn. 7.
[103] GroßkommAktG/*Klug* 3. Aufl. § 403 Anm. 17.
[104] Vgl. *Schönke/Schröder/Lenckner* § 203 Rn. 74.
[105] *Hachenburg/Kohlmann* Rn. 69; *Baumbach/Hueck/Schulze-Osterloh* Rn. 28; *Többens* NStZ 2000, 505, 507.

Verletzung der Geheimhaltungspflicht **§ 85**

teil entstanden ist. Lediglich für die Beendigung der Tat können sie von Bedeutung sein.

Ein unbefugtes **Verwerten** ist vollendet, wenn der Täter eine Handlung begeht, die 31
auf einen vermögensrechtlichen Gewinn abzielt. Dass der Gewinn tatsächlich erzielt worden ist, gehört nicht zum Tatbestand und kann nur für die Beendigung der Tat von Bedeutung sein. Die Vollendung dieser Tathandlung ist eingetreten, wenn ein Zustand herbeigeführt worden ist, in dem eine Gewinnerzielung unmittelbar möglich erscheint.[106] Wann dieser Zustand erreicht ist, richtet sich nach den Umständen des Einzelfalls. Entscheidend ist dabei die Art der Verwertung. Benutzt der Täter zB seine geheimzuhaltenden Kenntnisse für Börsenspekulationen, kann das Delikt bereits mit der Auftragserteilung an die Bank oder den Makler vollendet sein; bei dem Verkauf eines Produktionsplanes oder eines entsprechenden Computerprogramms tritt Vollendung mit der Übergabe ein. Zu einer Herstellung oder Inbetriebnahme der danach gefertigten Maschine braucht es nicht gekommen zu sein.[107] Will dagegen der Täter seine Kenntnisse in seinem eigenen Betrieb verwerten, müssen die entsprechenden Maßnahmen, mit denen das Geheimnis ausgenutzt werden soll, konkret eingeleitet sein.[108]

2. **Tatbeendigung.** Der Beendigungszeitpunkt fällt regelmäßig mit dem Zeitpunkt 32
der Vollendung zusammen. Beim unbefugten **Offenbaren** kommen nach der abgeschlossenen Offenbarung keine Handlungen mehr in Betracht, mit denen das Tatunrecht noch erweitert wird. Das gilt auch für den Fall der Qualifizierung nach Abs. 2 S. 1. Die erhöhte Strafbarkeit folgt allein aus dem Motiv der höheren Verwerflichkeit des Verrats zu wirtschaftlichen Zwecken, bedingt aber keine Erweiterung des Tatunrechts.[109]

Beim unbefugten **Verwerten** ist die Tat beendet, wenn das Geheimnis ausgenutzt 33
worden ist.[110]

X. Täterschaft und Tatbeteiligung

Für Täterschaft und Teilnahme gelten die allgemeinen Vorschriften des Strafrechts 34
(§§ 25 bis 31 StGB). Da die Tatbestände in § 85 echte Sonderdelikte sind (Rn. 5), können nur Geschäftsführer, Mitglieder des Aufsichtsrats und Liquidatoren unmittelbare und mittelbare Täter sowie Mittäter (§ 25 StGB) sein. Teilnahme in der Form der Anstiftung (§ 26 StGB) oder der Beihilfe (§ 27 StGB) kann von jedermann begangen werden. Es gelten die gleichen Grundsätze wie bei § 82 (vgl. dort Rn. 105 ff.).

XI. Konkurrenzen

Zwischen den Tatbeständen des unbefugten Offenbarens und des unbefugten Ver- 35
wertens besteht keine Gesetzeskonkurrenz iS einer Spezialität. Das Verwerten setzt kein Offenbaren voraus, weil der Täter das Geheimnis selbst verwerten kann, ohne es anderen Personen mitzuteilen. Zwischen beiden Tatbeständen ist deshalb sowohl Tateinheit als auch Tatmehrheit möglich.[111] Tateinheit kann ferner möglich sein mit §§ 203, 204 StGB bei einem Amtsträger, der auch Aufsichtsrat ist, mit Unterschlagung nach § 246 StGB, Untreue nach § 266 StGB (vgl. Vor §§ 82–85 Rn. 9 ff.), aber auch

---

[106] Vgl. *Scholz/Tiedemann* Rn. 16; *Schönke/Schröder/Lenckner* § 204 Rn. 10.
[107] Zu eng RGSt. 40, 406, 408; 63, 205, 206.
[108] *Kohlmann/Löffeler* Rn. 153, 166; GroßkommAktG/*Otto* § 404 Rn. 34.
[109] BGH NStZ 1993, 538, 539.
[110] Vgl. auch BayObLG NJW 1996, 268, 271 f.
[111] Ebenso *Scholz/Tiedemann* Rn. 18; *Hachenburg/Kohlmann* Rn. 71.

§ 85 6. Abschnitt. Schlussbestimmungen

mit § 17 UWG bei einem Geschäftsführer, der kraft seiner Anstellung gleichzeitig Angestellter der Gesellschaft ist[112] und mit § 38 Abs. 1 Nr. 2 WpHG bei einem Insider, der eine Insidertatsache unbefugt mitteilt oder zugänglich macht,[113] oder mit anderen Tatbeständen, wenn sie durch dieselbe Handlung (§ 52 StGB) begangen werden. Bei Betriebsspionage, die für das Ausland betrieben wird, kann Tateinheit mit Landesverrat oder anderen Staatsschutzdelikten bestehen. Weder gegenüber den §§ 203, 204 StGB[114] noch gegenüber § 17 UWG[115] ist § 85 Spezialregelung. § 85 erfasst mit seinem weiten Geheimnisbegriff (Rn. 9–11) auch Fälle, die nicht unter die genannten Tatbestände fallen. Der Tatbestand des § 315 UmwG tritt dagegen im Wege der Subsidiarität zurück.

XII. Strafverfolgung und Rechtsfolgen

36 **1. Zuständigkeit.** Anders als § 17 UWG gehören die Tatbestände des § 85 nicht zu den in § 374 StPO genannten Privatklagedelikten. Die Staatsanwaltschaft muss sie deshalb verfolgen, wenn ein rechtsgültiger Strafantrag vorliegt; ein Klageerzwingungsverfahren nach § 172 StPO ist zulässig. Für das Strafverfahren zuständig ist nach § 74c Abs. 1 Nr. 1 GVG die Wirtschaftsstrafkammer, wenn es bei dem Landgericht anhängig wird. Das gilt auch für das Berufungsverfahren.[116] Im Ermittlungsverfahren werden die Straftaten nach § 85 regelmäßig von den für Wirtschaftsstrafsachen zuständigen Schwerpunktstaatsanwaltschaften verfolgt.

37 **2. Strafantrag.** Die Strafverfolgung einer Straftat nach § 85 setzt einen Strafantrag voraus (Abs. 3). Dieser ist eine Strafverfolgungsvoraussetzung.[117] Fehlt er oder ist er nicht rechtzeitig oder richtig gestellt worden, so liegt ein Verfahrenshindernis vor, das zu einer Einstellung des Verfahrens nötigt. Auf ihn sind die Vorschriften des allgemeinen Strafrechts nach §§ 77 ff. StGB anzuwenden. Danach muss der Antrag inhaltlich den Willen des Antragsberechtigten erkennen lassen, dass die Strafverfolgungsbehörden gegen den Beschuldigten tätig werden sollen;[118] in ihm muss unzweideutig das Verlangen zum Ausdruck kommen, dass der in ihm bezeichnete Täter wegen der in Betracht kommenden Tat strafrechtlich verfolgt werden soll.[119]

38 **3. Strafantragsberechtigte.** Antragsberechtigt ist die Gesellschaft als Verletzte (Abs. 3 S. 1). Da als Täter nur Organe der GmbH in Betracht kommen (Rn. 5), musste das Gesetz besondere Regelungen über die Antragsberechtigung treffen. Danach ist der Aufsichtsrat antragsberechtigt, wenn ein Geschäftsführer oder Liquidator die Tat begangen hat, der Geschäftsführer oder Liquidator, wenn ein Aufsichtsratsmitglied Täter ist. Hat die Gesellschaft keinen Aufsichtsrat, so müssen die Gesellschafter durch einen entsprechenden Beschluss (auch in der Form des § 48 Abs. 2) einen besonderen Vertreter bestellen, der den Strafantrag stellt. Wer bei einem mehrgliedrigen Organ zur Antragstellung berechtigt ist, bestimmt sich nach den gesellschaftsrechtlichen

---

[112] Vgl. *Erbs/Kohlhaas/Diemer* UWG § 17 Rn. 13, 52.
[113] *Caspari* ZGR 1994, 530, 533.
[114] AA *Scholz/Tiedemann* Rn. 36; *Hachenburg/Kohlmann* Rn. 71; *Baumbach/Hueck/Schulze-Osterloh* Rn. 31, 50.
[115] *Scholz/Tiedemann* Rn. 37; *Baumbach/Hueck/Schulze-Osterloh* Rn. 31, 50; *Meyer-Landrut/Miller/Niehus* Rn. 1; aA *Hachenburg/Kohlmann* Rn. 71.
[116] *Kleinknecht/Meyer-Goßner* GVG § 74c Rn. 6.
[117] BGHSt. 6, 155 = NJW 1954, 1414; BGHSt. 18, 123, 125 = NJW 1963, 57.
[118] RGSt. 67, 125, 127.
[119] BGH GA 1957, 17; BGHR StGB § 77 Abs. 1 Form 1.

Vertretungsregeln; aus § 77 Abs. 4 StGB ergibt sich nichts Gegenteiliges.[120] Der Aufsichtsrat stellt den Antrag entweder durch Beschluss oder ermächtigt einzelne Mitglieder dazu, wie etwa seinen Vorsitzenden.[121] Bei mehreren Geschäftsführern kommt es darauf an, in welchem Umfang sie vertretungsberechtigt sind. Wird die Gesellschaft durch zwei Geschäftsführer vertreten, so reicht deren Antrag aus, auch wenn daneben weitere Geschäftsführer bestellt sind.[122] Der Antrag ist auch formgerecht gestellt, wenn ihn nur ein Mitglied des antragsberechtigten Organs gestellt hat, die anderen Mitglieder des Organs ihm aber zugestimmt haben oder ihm noch innerhalb der Antragsfrist zustimmen.[123]

4. Strafantragsfrist. Die Strafantragsfrist beträgt nach § 77b Abs. 1 StGB drei Monate. Sie beginnt mit der Kenntnis des Antragsberechtigten von der Straftat. Wird die GmbH von dem Geschäftsführer (oder Liquidator) vertreten, weil ein Aufsichtsratsmitglied die Tat begangen hat, beginnt die Frist mit dessen Kenntnis.[124] Bei einer Gesamtvertretung ist Kenntnis aller Organmitglieder erforderlich.[125] Dieselben Grundsätze gelten bei den Mitgliedern des Aufsichtsrats. Ist dieser antragsberechtigt, müssen alle seine Mitglieder Kenntnis von der Tat haben; erst dann beginnt die Antragsfrist zu laufen.[126] Besteht kein Aufsichtsrat und muss der Vertreter erst durch die Gesellschafter bestellt werden, ist deren Kenntnis maßgebend. **39**

5. Strafantragsrücknahme. Der Strafantrag kann nach § 77d Abs. 1 StGB bis zum rechtskräftigen Ende des Strafverfahrens zurückgenommen werden. Dabei ist aber zu beachten, dass nach § 470 S. 1 StPO der Antragsteller grundsätzlich die entstandenen Verfahrenskosten zu tragen hat, deren Höhe insbesondere in Fällen von Wirtschaftsspionage nicht unterschätzt werden darf.[127] **40**

6. Verjährung. Die Verjährung richtet sich nach den allgemeinen Vorschriften über die Verfolgungsverjährung (§§ 78 ff. StGB). Straftaten nach Abs. 1 verjähren deshalb in drei Jahren (§ 78 Abs. 2 Nr. 5 StGB); Straftaten nach Abs. 2 in fünf Jahren (§ 78 Abs. 2 Nr. 4 StGB). Die Verjährung beginnt mit der Beendigung des Offenbarens und Verwertens (Rn. 32, 33). **41**

7. Rechtsfolgen. Die Straftaten nach § 85 sind Vergehen (§ 12 Abs. 2 StGB). Bei einem Verstoß gegen Abs. 1 können sie wahlweise mit Freiheitsstrafe bis zu einem Jahr oder mit Geldstrafe geahndet werden. Bei unbefugtem Verwerten eines Geheimnisses (Abs. 2 S. 2) und bei unbefugtem Offenbaren eines Geheimnisses unter den qualifizierten Voraussetzungen des Abs. 2 S. 1 kann auf Freiheitsstrafe bis zu zwei Jahren oder auf Geldstrafe erkannt werden. Hat der Täter sich bereichert oder versucht, das zu tun, ist die Verhängung einer Geldstrafe auch neben der Freiheitsstrafe zulässig (§ 41 StGB). **42**

XIII. Österreichisches Recht

Vergleichbare Tatbestände enthält das ÖGmbHG nicht. **43**

---

[120] *Van Venrooy* GmbHR 1993, 609, 612; *Baumbach/Hueck/Schulze-Osterloh* Rn. 52; *Meyer-Landrut/Miller/Niehus* Rn. 9; *Roth/Altmeppen* Rn. 21; aA wohl *Hachenburg/Kohlmann* Rn. 76.
[121] BGHZ 41, 282, 285 = NJW 1964, 1367.
[122] Vgl. RGSt. 47, 338.
[123] Vgl. *Schönke/Schröder/Stree/Sternberg-Lieben* § 77 Rn. 35.
[124] OLG Hamburg MDR 1980, 598.
[125] Vgl. RGSt. 47, 338, 339; 68, 263, 265.
[126] *Baumbach/Hueck/Schulze-Osterloh* Rn. 53; *Roth/Altmeppen* Rn. 21.
[127] *Kragler* S. 68.

§ 86 [Umstellung auf Euro]

(1) ¹Gesellschaften, die vor dem 1. Januar 1999 in das Handelsregister eingetragen worden sind, dürfen ihr auf Deutsche Mark lautendes Stammkapital beibehalten; entsprechendes gilt für Gesellschaften, die vor dem 1. Januar 1999 zur Eintragung in das Handelsregister angemeldet, aber erst danach bis zum 31. Dezember 2001 eingetragen werden. ²Für Mindestbetrag und Teilbarkeit von Kapital, Einlagen und Geschäftsanteilen sowie für den Umfang des Stimmrechts bleiben bis zu einer Kapitaländerung nach Satz 4 die bis dahin gültigen Beträge weiter maßgeblich. ³Dies gilt auch, wenn die Gesellschaft ihr Kapital auf Euro umgestellt hat; das Verhältnis der mit den Geschäftsanteilen verbundenen Rechte zueinander wird durch Umrechnung zwischen Deutscher Mark und Euro nicht berührt. ⁴Eine Änderung des Stammkapitals darf nach dem 31. Dezember 2001 nur eingetragen werden, wenn das Kapital auf Euro umgestellt und die in Euro berechneten Nennbeträge der Geschäftsanteile auf einen durch zehn teilbaren Betrag, mindestens jedoch auf fünfzig Euro gestellt werden.

(2) ¹Bei Gesellschaften, die zwischen dem 1. Januar 1999 und dem 31. Dezember 2001 zum Handelsregister angemeldet und in das Register eingetragen werden, dürfen Stammkapital und Stammeinlagen auch auf Deutsche Mark lauten. ²Für Mindestbetrag und Teilbarkeit von Kapital, Einlagen und Geschäftsanteilen sowie für den Umfang des Stimmrechts gelten die zu dem vom Rat der Europäischen Union gemäß Artikel 109 l Abs. 4 Satz 1 des EG-Vertrages unwiderruflich festgelegten Umrechnungskurs in Deutsche Mark umzurechnenden Beträge des Gesetzes in der ab dem 1. Januar 1999 geltenden Fassung.

(3) ¹Die Umstellung des Stammkapitals und der Geschäftsanteile sowie weiterer satzungsmäßiger Betragsangaben auf Euro zu dem gemäß Artikel 109 l Abs. 4 Satz 1 des EG-Vertrages unwiderruflich festgelegten Umrechnungskurs erfolgt durch Beschluß der Gesellschafter mit einfacher Stimmenmehrheit nach § 47; § 53 Abs. 2 Satz 1 findet keine Anwendung. ²Auf die Anmeldung und Eintragung der Umstellung in das Handelsregister ist § 54 Abs. 1 Satz 2 und Abs. 2 Satz 2 nicht anzuwenden. ³Werden mit der Umstellung weitere Maßnahmen verbunden, insbesondere das Kapital verändert, bleiben die hierfür geltenden Vorschriften unberührt; auf eine Herabsetzung des Stammkapitals, mit der die Nennbeträge der Geschäftsanteile auf einen Betrag nach Absatz 1 Satz 4 gestellt werden, findet jedoch § 58 Abs. 1 keine Anwendung, wenn zugleich eine Erhöhung des Stammkapitals gegen Bareinlagen beschlossen und diese in voller Höhe vor der Anmeldung zum Handelsregister geleistet werden.

Literatur: *Baßler* Die Auswirkungen des EURO auf bestehende gesellschaftsrechtliche Vertragsverhältnisse, BWNotZ 1998, 159; *Becht* Die Umstellung der Steuergesetze auf die Währungseinheit Euro, DB 2001, 1741; *Dehmer/Batke-Spitzer* Die Einführung des Euro am 1. 1. 1999, DStR 1998, 36; *Geyrhalter* Auswirkungen der Einführung des EURO zum 1. 1. 1999 auf das GmbHG, BB 1998, 905; ders. Vorschläge für GmbH-Gesellschafterbeschlüsse zur Euro-Umstellung, ZIP 1998, 1608; *Habel* Abtretung künftiger Aufstockungsbeträge bei Kapitalerhöhungen, GmbHR 2000, 267; *Heidinger* Teilung von Geschäftsanteilen einer GmbH nach Euro-Glättung, DNotZ 2000, 329; *Heitland* Euroumstellungen im Kostenrecht, NJW 2001, 2305; *Kallmeyer* Einführung des „Euro" für die GmbH, GmbHR 1998, 963; *Mehler/Birner* Kapitalumstellung von GmbHs auf Euro durch Kapitalerhöhung von maximal 9,99 Euro, MittBayNot. 1999, 269; *Mitzlaff* Konsequenzen der Einführung des Euro für die AG und die GmbH, ZNotP 1998, 226; *Ries* Der Euro und die GmbH – Probleme aus der Sicht der handelsregisterlichen Praxis, GmbHR 2000, 464; *Scheel* Rechtliche Probleme bei der Einführung des Euro – Teil D: GmbH-Recht, BuW 1999, 349; *Schefold* Die Europäische Verordnung über die Einführung des Euro,

Sonderbeil. Nr. 4 zu WM 1996, 1; *Schick/Trapp* Die Konsequenzen der Einführung des Euro für die GmbH, GmbHR 1998, 209; *Schneider* Die Anpassung des GmbH-Rechts bei Einführung des Euro, NJW 1998, 3158; *Schorkopf* Die Einführung des Euro: der europäische und deutsche Rechtsrahmen, NJW 2001, 3734; *Schürmann* Die Anpassung des Gesellschaftsrechts bei Einführung des Euro, DB 1997, 1381; *ders.* Euro und Aktienrecht, NJW 1998, 3162; *Seibert* Die Umstellung des Gesellschaftsrechts auf den Euro, ZGR 1998, 1; *Sprockhoff* Besonderheiten im Kapitalgesellschaftsrecht bei der Umstellung auf den Euro, NZG 1998, 889; *Steffan/Schmidt* Die Auswirkungen der Euro-Einführung bei GmbH, Genossenschaft und Personengesellschaft sowie im Umwandlungsrecht, DB 1998, 709; *Theile/Köhler* Kapitalumstellung auf den Euro durch minimale Kapitalerhöhung, GmbHR 1999, 516; *Zeidler* Ausgewählte Probleme des neuen § 86 GmbHG, NZG 1999, 13; **Österreich:** *Kloiber* 1. Euro-Justiz-Begleitgesetz, ÖJZ 1998, 777.

Übersicht

	Rn.		Rn.
I. Einleitung/Normzweck	1–3	cc) Form	39
1. Einführung des Euro	1	dd) Treuepflicht	40–42
2. Normzweck	2	e) Registerkosten	43
3. Die drei Gruppen von Gesellschaften	3	III. Übergangsgesellschaften, Abs. 2	44–50
II. Altgesellschaften, Abs. 1	4–43	1. Begriff	44
1. Begriff	4	2. Die zwei Optionen	45–49
2. Fristwahrung trotz fehlerhafter Anmeldung oder verspäteter Eintragung der Gesellschaft?	5, 6	a) Maßgeblichkeit der neuen Vorschriften auch bei DM-Ausweis, Abs. 2 S. 2	45
a) Fehlerhafte Anmeldung	5	b) Keine automatische Rückwandlung der DM-Werte in Euro-Beträge nach Ablauf der Übergangszeit	46, 47
b) Verspätete Eintragung	6	c) Keine Notwendigkeit sonstiger Satzungsanpassungen	48
3. Die vier Optionen	7–43	d) Euro-Ausweis	49
a) Keine Änderungen	8	3. Registersperre	50
b) Kapitaländerungen und ähnliche Maßnahmen während der Übergangszeit	9	IV. Neugesellschaften	51
c) Umstellung durch schlichte Umrechnung	10–18	V. Andere auf DM lautende Satzungsbestimmungen	52
aa) Maßgeblichkeit der alten Vorschriften	10, 11	VI. Österreichisches Recht	53–61
bb) Mögliche Diskrepanz zwischen Gesamtbetrag der Stammeinlagen und Stammkapital	12, 13	1. Gesetzliche Regelung	53
cc) Verfahren	14–18	2. Altgesellschaften	54–58
d) Umstellung und Glättung von Stammkapital und der Nennbeträge der Geschäftsanteile	19–42	a) Begriff	54
aa) Überblick	19	b) Folgen	55–58
bb) Die gesellschaftsrechtlichen Instrumente	20–38	3. Übergangsgesellschaften	59
		4. Neugründungen	60
		5. Registerkosten	61

I. Einleitung/Normzweck

1. Einführung des Euro. Die Vorschrift wurde dem GmbHG zur Verwirklichung 1 der Währungsumstellung auf den Euro[1] angefügt.[2] Nachdem bereits Art. 6 Abs. 1 der VO (EG) Nr. 974/98[3] die nationalen Währungen zu Untereinheiten (= Hilfsrecheneinheiten bzw. Denominationen[4]) des Euro für die Übergangszeit vom 1. 1. 1999 bis

---

[1] Vgl. dazu Art. 121 Abs. 3 und 4 (Art. 109 j Abs. 3 und 4 aF) EGV sowie VO (EG) Nr. 1103/97 v. 17. 6. 1997 ABl. EG Nr. L 162, 1 (Euro-VO I); vgl. *Schorkopf* NJW 2001, 3734, 3736 f.
[2] Art. 3 § 3 Nr. 5 des EuroEG v. 9. 6. 1998, BGBl. I S. 1242.
[3] ABl. EG Nr. L 139/1, 3 f. v. 3. 5. 1998 (Euro-VO II).
[4] Vgl. *Schefold* Sonderbeil. Nr. 4 zu WM 1996, 1, 7 ff.; *Dehmer/Batke-Spitzer* DStR 1998, 36, 39.

§ 86

31. 12. 2001 umgewidmet hatte, wurde der Umrechungskurs durch VO (EG) Nr. 2866/98[5] mit Wirkung ab 1. 1. 1999 von DM zu Euro auf 1 € = 1,95583 DM verbindlich festgelegt. Mit der Ersetzung der nationalen Währungen der teilnehmenden Mitgliedstaaten durch den Euro wurde zwar eine eigenständige supranationale Währung geschaffen,[6] aber im Wege eines *schlichten Umrechungsvorgangs* und nicht in Verbindung mit einer Währungsreform.

2   **2. Normzweck.** In Umsetzung der europäischen Vorgaben erfüllt § 86 die Funktion einer Übergangsbestimmung[7] für die Zeit vom 1. 1. 1999 bis 31. 12. 2001 und in gewissem Umfang auch danach (vgl. Rn. 8). Motive für die Regelung waren vor allem: Sicherung eines gewissen Bestandsschutzes für eingetragene und angemeldete Gesellschaften, Erweiterung des Umstellungszeitraums über die Übergangszeit hinaus, Wahlfreiheit entsprechend dem Grundsatz „keine Behinderung, kein Zwang"[8] für die Art der Umstellung sowie geringer Umstellungsaufwand.[9] Zu diesem Zweck gewährt § 86 gewisse Verfahrens- und Formerleichterungen. Ziel der Regelung mag wohl auch sein, die Arbeitsbelastung der Registergerichte und uU der Notare zu entzerren.[10]

3   **3. Die drei Gruppen von Gesellschaften.** Demgemäss unterscheidet das Gesetz zwischen den drei Gruppen der
- Altgesellschaften, Abs. 1 (Rn. 4 ff.)
- Übergangsgesellschaften, Abs. 2 (Rn. 44 ff.) und
- Neugesellschaften (Rn. 51),

wobei den ersten beiden Gruppen in recht komplizierter Weise und zudem abgestuft weitreichende Optionen für einen DM-Ausweis von Stammkapital und Stammeinlagen eingeräumt werden.

II. Altgesellschaften, Abs. 1

4   **1. Begriff.** Altgesellschaften iSd. Abs. 1 sind solche, die entweder vor dem 1. 1. 1999 bereits in das Handelsregister eingetragen worden sind[11] oder die vor dem 1. 1. 1999 (gemäß §§ 7, 8) zur Eintragung angemeldet *und* erst danach bis zum 31. 12. 2001 eingetragen werden,[12] Abs. 1 S. 1 Halbs. 2. Für diese Gesellschaften besteht grds. kein Zwang zur Umstellung ihres Stammkapitals von DM auf Euro, vgl. Rn. 8 sowie zu den weiteren Optionen Rn. 9 ff.

5   **2. Fristwahrung trotz fehlerhafter Anmeldung oder verspäteter Eintragung der Gesellschaft? a) Fehlerhafte Anmeldung.** Auch eine fehlerhafte Anmeldung, sei sie unrichtig oder unvollständig, die bis zum 31. 12. 1998 beim Registergericht eingereicht wurde, wirkt fristwahrend, denn Abs. 1 S. 1 hebt seinem Wortlaut nach nur auf das formale Erfordernis der Antragstellung ab, ohne dies mit inhaltlichen Anforderungen zu verbinden. Etwas anderes kann nur für den Fall gelten, dass der Antrag of-

---

[5] ABl. EG Nr. L 359, 1, 2 v. 31. 12. 1998.
[6] Vgl. *Schefold* Sonderbeil. Nr. 4 zu WM 1996, 7 f.
[7] Infolge der Umstellung auf Euro wurden iÜ geändert: § 5 Abs. 1 mit § 7 Abs. 2 S. 2; 47 Abs. 2 sowie § 5 Abs. 3 S. 2 mit §§ 57 h Abs. 1 S. 2; 58 a Abs. 3 S. 2 und 3.
[8] Vgl. BT-Drucks. 13/9347 S. 23.
[9] Vgl. dazu BT-Drucks. 13/9347 S. 30 f.
[10] *Schneider* NJW 1998, 3158, 3159; *Geyrhalter* BB 1998, 905, 906; relativierend hinsichtlich der Notare *Mitzlaff* ZNotP 1998, 226, 235.
[11] „Altgesellschaften I", *Schneider* NJW 1998, 3158 ff.
[12] „Altgesellschaften II", *Schneider* aaO; „unechte" Altgesellschaften, *Zeidler* NZG 1999, 13, 14.

fenkundig rechtsmissbräuchlich oder grob fehlerhaft ist.[13] Das Registergericht hat die Fehlerhaftigkeit bzw. Unvollständigkeit unter den Voraussetzungen des § 9 c zu beanstanden und eine Korrektur im Übergangszeitraum bis zum 31. 12. 2001[14] durch die Gesellschaft zu verlangen.

b) Verspätete Eintragung. Abs. 1 S. 1 setzt weiterhin voraus, dass die bis zum 1. 1. 1999 angemeldeten Gesellschaften **bis zum 31. 12. 2001** auch tatsächlich (gemäß § 10) *eingetragen* werden. Verspätete nach dem 31. 12. 2001 vorgenomme Eintragungen sind unabhängig vom Grund der Verzögerung (Überlastung des Registergerichtes oder spätere gerichtliche Erzwingung der vom Registergericht abgelehnten Eintragung) nicht mehr fristwahrend iS des Abs. 1 S. 1.[15] Nach dem Wortlaut des Abs. 1 S. 1 handelt es sich um eine Stichtagsregelung, deren Sinn und Zweck es ist, unabhängig von anderen Ereignissen Rechtssicherheit zu schaffen. Solche Gesellschaften, die die rechtzeitige Eintragung „verpasst" haben, unterliegen dem neuen GmbH-Recht mit seinen ausschließlich auf Euro abgestellten Vorschriften. Die nunmehrige Eintragung setzt die Anpassung der Satzung an diese Vorschriften voraus.

3. Die vier Optionen. Die Altgesellschaften können sich gegenüber der Euro-Einführung wie folgt verhalten:

a) Keine Änderungen. Die Gesellschaft braucht keine Änderungen vorzunehmen, Abs. 1 S. 1. Gemäß Abs. 1 S. 1, 2 bleiben die gesellschaftsvertraglich festgesetzten DM-Beträge *ohne zeitliche Begrenzung* nach Maßgabe des § 5 Abs. 1 aF (Mindeststammkapital DM 50 000 und Mindeststammeinlage DM 500) und Abs. 3 aF (Teilbarkeitsfaktor 100) bestehen. Dieser Bestandsschutz wirkt jedoch nach dem 31. 12. 2001 gemäß der Registersperre des Abs. 1 S. 4 nur so lange, bis sich die Gesellschaft zu einer Kapitaländerung veranlasst sieht.[16] Für diesen Fall setzt Abs. 1 S. 4 die Umstellung von Stammkapital und Geschäftsanteilen auf Euro voraus, wobei letztere auf einen durch 10 teilbaren Betrag, mindestens jedoch auf € 50 gestellt sein müssen. Wegen des Umrechnungskurses (vgl. Rn. 1) ist eine Anpassung zur Erreichung der genannten Eurowerte des neuen GmbH-Rechts im Wege der Kapitalerhöhung oder -herabsetzung vonnöten, auf deren Grundlage sodann die eigentlich beabsichtigten Kapitalmaßnahmen durchgeführt werden können.[17]

b) Kapitaländerungen und ähnliche Maßnahmen während der Übergangszeit. Für Kapitaländerungen etc. während der Übergangszeit vom 1. 1. 1999 bis 31. 12. 2001 gilt das alte Recht weiter. Euro-bezogene Änderungen werden auch nicht durch eine der Registersperre des Abs. 1 S. 4 entsprechende Regelung erzwungen.

---

[13] *Zeidler* NZG 1999, 13.
[14] Das anlässlich der Umsetzung der GmbH-Novelle 1980 aufgestellte Erfordernis unverzüglicher Behebung der registergerichtlichen Beanstandung (vgl. *Scholz/Winter* 8. Aufl. § 5 Rn. 16 Fn. 27) ist mangels Vergleichbarkeit des damals bezweckten Anpassungsdrucks mit dem § 86 zugrunde liegenden Ziel liberaler Euroeinführung (vgl. Rn. 2) nicht übertragbar, *Zeidler* NZG 1999, 13, 14; *Geyrhalter* ZIP 1998, 1608, 1610 Fn. 7; *Sprockhoff* NZG 1998, 889, 893.
[15] *Seibert* ZGR 1998, 1, 5; *Zeidler* NZG 1999, 13, 14; *Lutter/Hommelhoff* Rn. 9.
[16] Zum mangelnden Umstellungsinteresse kleinerer Gesellschaften vgl. *Sprockhoff* NZG 1998, 889, 892 f.
[17] Ein Gesellschafter, der dies dadurch verhindert, dass er der erforderlichen Glättung nicht zustimmt, dürfte angesichts der hierfür benötigten geringen Beträge in der Regel treuwidrig handeln, vgl. *Mitzlaff* ZNotP 1998, 226, 235. Zur Mitwirkungspflicht der Gesellschafter iE vgl. Rn. 40 ff.

§ 86
6. Abschnitt. Schlussbestimmungen

10 **c) Umstellung durch schlichte Umrechnung. aa) Maßgeblichkeit der alten Vorschriften.** Altgesellschaften können die Umstellung durch schlichte Umrechnung von DM in Euro (Abs. 1 S. 3) während der Übergangszeit freiwillig vornehmen.[18] Dennoch bleiben „für Mindestbetrag und Teilbarkeit von Kapital, Einlagen und Geschäftsanteilen sowie für den Umfang des Stimmrechts die bis dahin gültigen (DM-) Beträge" und die ihnen zugrunde liegenden Vorschriften des GmbHG aF maßgeblich, Abs. 1 S. 2. Materielle Folgen sind mit der schlichten Umrechnung nicht verbunden.[19] Demgemäss wird auch das Verhältnis der mit den Geschäftsanteilen verbundenen Rechte zueinander durch die Umrechnung nicht berührt, Abs. 1 S. 3.[20]

11 Die wegen des Umrechnungskurses, vgl. Rn. 1, entstehenden „krummen" Euro-Beträge spielen also insoweit keine Rolle und ebensowenig Rundungsdifferenzen, die sich aus der Auf- oder Abrundung auf den nächsten Cent[21] ergeben.[22]

12 **bb) Mögliche Diskrepanz zwischen Gesamtbetrag der Stammeinlagen und Stammkapital.** Durch die Rundung der Euro-Beträge kann die **Summe der Nennbeträge der Stammeinlagen** nicht mehr mit dem Betrag des Stammkapitals übereinstimmen, was an sich der zwingenden Regelung des § 5 Abs. 3 S. 3 widerspricht.[23] Die Differenz dürfte bei der GmbH im Gegensatz zur AG mit ihrer Vielzahl (klein-) gestückelter Aktien[24] ohnehin solange nicht ins Gewicht fallen (vgl. § 5 Rn. 16), wie die Anzahl der Geschäftsanteile gering und somit kein Multiplikatoreffekt zu befürchten ist.[25] Schließlich wird sie von der gewählten Berechnungsmethode bestimmt.[26] Rechtsdogmatisch erscheint dies unproblematisch, weil das GmbH-Recht Diskrepanzen, abgesehen von Gründung und Kapitalerhöhung, hinnimmt, zB bei der Einziehung eines Geschäftsanteils.[27] Dies alles wird vermieden, wenn zunächst die Nennbeträge der Geschäftsanteile umgerechnet und gerundet werden und sodann durch Addition dieser Beträge das Stammkapital ermittelt wird.[28]

13 Kritisch ist zur Regelung des Abs. 1 S. 3 anzumerken, dass die Gesellschaften zwar ihr Kapital auf Euro umrechnen können, aber das alte Recht beibehalten wird, so dass mit krummen Beträgen zu arbeiten ist. Die komplizierten Umrechnungserfordernisse, zB bei der Bemessung der Stimmkraft der einzelnen Gesellschafter oder bei der Teilung von Geschäftsanteilen, tragen nicht zu Rechtssicherheit und Rechtsklarheit bei.[29]

14 **cc) Verfahren. α) Gesellschaftsrecht.** Abs. 3 S. 1 Halbs. 2 hebt § 53 Abs. 2 S. 1 für das Verfahren zur schlichten Umrechnung auf. Für den notwendigen **Umstellungsbeschluss** der Gesellschafter genügt die *einfache Mehrheit*. Der Beschlussgegenstand braucht sich nicht in der schlichten Umrechnung von Stammkapital und Geschäftsan-

---

[18] *Geyrhalter* ZIP 1998, 1608, 1610; *Seibert* ZGR 1998, 1, 6.
[19] *Mitzlaff* DNotP 1998, 226, 234.
[20] *Kallmeyer* GmbHR 1998, 363, 364; *Geyrhalter* BB 1998, 905, 907; *ders.* ZIP 1998, 1608, 1611; *Schick/Trapp* GmbHR 1998, 209, 211; *Baumbach/Hueck/G. Hueck/Fastrich* § 5 Rn. 56.
[21] Vgl. Art. 5 S. 1 VO (EG) 1103/97 (Euro-VO I); ABl. EG Nr. L 162/1 v. 17. 6. 1997.
[22] *Schick/Trapp* GmbHR 1998, 209, 211.
[23] *Geyrhalter* ZIP 1998, 1608, 1611; *Schick/Trapp* GmbHR 1998, 209, 211.
[24] Vgl. deshalb die spezielle Regelung in § 3 Abs. 4 EGAktG; iE *Schürmann* NJW 1998, 3162, 3165.
[25] BT-Drucks. 13/9347 S. 38; *Schick/Trapp* GmbHR 1998, 209, 211; kritisch gegenüber der Einschätzung durch die RegBegr. als zu verallgemeinernd *Baumbach/Hueck/Zöllner* § 55 Rn. 45.
[26] *Schneider* NJW 1998, 3158, 3160.
[27] BT-Drucks. 13/9347 S. 38; *Schick/Trapp* GmbHR 1998, 209, 211
[28] *U. H. Schneider* NJW 1998, 3158, 3160; *Lutter/Hommelhoff* Rn 3 aE.
[29] *Geyrhalter* BB 1998, 905, 907 f.; *Kallmeyer* GmbHR 1998, 963, 964; *Lutter/Hommelhoff* Rn. 6.

teilen zu erschöpfen,[30] sondern kann auch weitere satzungsmäßige Betragsangaben betreffen, zB die Umrechnung der Schwellenwerte zustimmungspflichtiger Geschäfte.[31] Des Weiteren ist eine *notarielle Beurkundung* des Beschlusses *nicht erforderlich*.

Diese Verfahrenserleichterungen werden damit gerechtfertigt, dass die Umstellung durch schlichte Umrechnung nur eine Satzungsänderung formaler Natur sei.[32] Andere wollen in dem Vorgang, der nur eine „Umbenennung" sei, nichts weiteres als eine Satzungsneufassung[33] bzw. schlichte Fassungsänderung[34] der Satzung sehen, was letztlich iErg. auf das Gleiche hinauslaufen dürfte.[35]

Abs. 3 S. 1 ersetzt die nach § 53 Abs. 2 S. 1 erforderliche ³/₄-Mehrheit durch die einfache Mehrheit. § 53 Abs. 2 S. 2, der noch „andere Erfordernisse" für Satzungsänderungen zulässt, wäre mithin nicht ausgenommen. Es würde jedoch dem gesetzgeberischen Ziel erleichterter Beschlussfassung zur Änderung der Währungsbezeichnung zuwiderlaufen, wenn zB andere statutarische Beschlussmehrheiten oder Zustimmungsvorbehalte von Gesellschaftern[36] dies konterkarieren könnten, zumal die Minderheitsrechte nicht berührt werden, vgl. Abs. 1 S. 3.[37] Hingegen bleiben von der Kapitalbeteiligung abweichende Stimmrechtsverteilungen oder das Beschlussverfahren betreffende Vorschriften beachtlich.[38] Insoweit ist die pauschale Verweisung auf § 47 (und nicht nur auf Abs. 1) in der Begründung zum Regierungsentwurf[39] lediglich redaktionell unscharf formuliert.[40]

β) Handelsregister. Weitere Verfahrenserleichterungen betreffen **Anmeldung** und **Eintragung** der Umstellung in das Handelsregister sowie deren **Veröffentlichung:** nach Abs. 3 S. 2 ist einmal § 54 Abs. 1 S. 2 (Beifügung des vollständigen Satzungswortlauts nebst notarieller Bestätigung) nicht anwendbar, so dass die Einreichung des die geänderten Satzungsbestandteile wiedergebenden Beschlusswortlauts der Niederschrift über die Gesellschafterversammlung genügt.[41] Dem Registergericht obliegt allerdings die Prüfung, ob die Änderungsbeschlüsse ordnungsgemäß zustande gekommen sind.[42] Das Registergericht kann bei der Eintragung auf die zur Anmeldung eingereichten Unterlagen Bezug nehmen. § 54 Abs. 2 S. 1 iVm. § 10 Abs. 1 HGB schließt dies zwar aus gläubigerschützenden Gründen für Satzungsänderungen, die die Höhe des Stammkapitals betreffen, aus; vorliegend handelt es sich jedoch nur um die Änderung der Währungsbezeichnung und nicht um eine materielle Änderung des Stammkapitals.[43] Weiter bedarf es der an sich gemäß § 12 HGB vorgeschriebenen öffentli-

---

[30] So noch RegE BR-Drucks. 725/97 S. 16.
[31] Vgl. *Mitzlaff* ZNotP 1998, 226, 235.
[32] BT-Drucks. 13/9347 S. 39; *Geyrhalter* ZIP 1998, 1610; *Mitzlaff* ZNotP 1998, 226, 234: mathematischer Vorgang.
[33] *Seibert* ZGR 1998, 1, 6.
[34] *Schick/Trapp* GmbHR 1998, 209, 211.
[35] *Geyrhalter* BB 1998, 905, 907 Fn. 13.
[36] Ein Zustimmungsvorbehalt zugunsten des Aufsichtsrats oder Beirats ist nicht möglich, vgl. § 53 Rn. 43; aA *Zeidler* NZG 1999, 13, 15.
[37] *Zeidler* NZG 1999, 13, 15; *Baumbach/Hueck/Zöllner* § 55 Rn. 38.
[38] Vgl. § 53 Rn. 43; *Zeidler* NZG 1999, 13, 15; *Baumbach/Hueck/Zöllner* § 55 Rn. 38.
[39] BT-Drucks. 13/9347 S. 38.
[40] *Zeidler* NZG 1999, 13, 15.
[41] Vgl. BT-Drucks. 13/9347 S. 65.
[42] OLG Hamm DB 2001, 2396 = GmbHR 2001, 920 = ZIP 2001, 1918; KG DB 1997, 1124 = NJW-RR 1997, 1127 = Rpfleger 1997, 440; *Schick/Trapp* GmbHR 1998, 209, 214; *Mitzlaff* ZNotP 1998, 226, 234 f.
[43] Vgl. hierzu und zur Gesetzgebungsgeschichte *Zeidler* NZG 1999, 13, 15 f.

§ 86

chen Beglaubigung der Anmeldung für diesen Umstellungsfall nicht, Art. 45 Abs. 1 S. 1 EGHGB, wodurch allerdings die obligatorische Prüfung der sachlichen Legitimation des Anmelders durch das Registergericht nicht hinfällig wird.[44] Schließlich wird die Eintragung abweichend von § 10 HGB nicht bekanntgemacht, vgl. Abs. 3 S. 2, der auch § 54 Abs. 2 S. 2 (hins. dessen Verweisung auf den aufgeh. § 13b Abs. 4 HGB ohnehin ins Leere laufend, vgl. § 54 Rn. 30) ausschließt, sowie Art. 45 Abs. 1 S. 2 EGHGB mit demselben Ergebnis.[45]

18 γ) **Grenzen.** Die Verfahrenserleichterungen gelten nur für die Umstellung durch schlichte Umrechnung,[46] mit der also keine weiteren gesellschaftsrechtlichen Maßnahmen, und seien es auch nur Änderungen zur Nennbetragsglättung, verbunden sind, vgl. Abs. 3 S. 3 Halbs. 1.[47] Ferner müssen die Beschlüsse nach dem 1. 1. 1999 gefasst werden; sog. Vorratsbeschlüsse (d.h. vor dem 1. 1. 1999) müssen den allgemeinen Anforderungen an Satzungsänderungsbeschlüsse entsprechen.[48]

19 d) Umstellung und Glättung von Stammkapital und der Nennbeträge der Geschäftsanteile. aa) Überblick. Für die Glättung der bei schlichter Umrechung entstehenden krummen Euro-Beträge von Stammkapital und Geschäftsanteilen (vgl. Option, Rn. 10 ff.) stehen die üblichen Instrumente des GmbH-Rechts zur Kapitalveränderung vermehrt um die Möglichkeit nach Abs. 3 S. 3 Halbs. 2 zur Verfügung:
(1) Kapitalerhöhung aus Gesellschaftsmitteln, §§ 57 c ff. (Rn. 21 ff.)
(2) Kapitalherabsetzung, §§ 58 ff. (Rn. 27)
(3) Privilegierte Kapitalherabsetzung kombiniert mit effektiver Barkapitalerhöhung, Abs. 3 S. 3 Halbs. 2 (Rn. 28 ff.)
(4) Ordentliche Kapitalerhöhung, §§ 55 bis 57b (Rn. 31 ff.).

20 bb) Die gesellschaftsrechtlichen Instrumente. Die Instrumente des GmbH-Rechts zur Kapitalveränderung sind iE:

21 (1) Kapitalerhöhung aus Gesellschaftsmitteln, §§ 57 c ff. Voraussetzung ist das Vorhandensein umwandlungsfähiger Rücklagen, § 57d.[49] Der durch § 57j statuierte Gleichbehandlungsgrundsatz bewirkt die automatische Zuweisung der neuen Geschäftsanteile an die Gesellschafter entsprechend ihrer bisherigen Beteiligung.[50]

22 Entgegenstehende Beschlüsse sind auch bei geringfügigen Abweichungen[51] und trotz eventueller Zustimmung der betroffenen Gesellschafter angesichts des eindeutigen Gesetzeswortlauts des § 57j S. 2 nichtig.[52] – Angesichts der allenfalls marginalen Nachteile (vgl. Fn. 55) gebietet die Treuepflicht den Gesellschaftern, den Erhöhungsbeschluss zur Glättung nicht zu behindern, d.h. die für dessen Zustandekommen erfor-

---

[44] Vgl. BT-Drucks. 13/9346 S. 65.
[45] Die Regelungsinhalte der beiden Bestimmungen sind nicht homologisiert; vgl. *Mitzlaff* DNotP 1998, 226, 235; *Steffan/V. Schmidt* DB 1998, 709, 710.
[46] BT-Drucks. 13/9347 S. 31; *Mitzlaff* ZNotP 1998, 226, 234.
[47] *Geyrhalter* ZIP 1998, 1608, 1610.
[48] *Kallmeyer* GmbHR 1998, 963, 964.
[49] Vgl. dazu *Schick/Trapp* GmbHR 1998, 963, 965.
[50] Vgl. § 57 j Rn. 1; *Hachenburg/Ulmer* § 57 b Anh. § 9 KapErhG Rn. 1 f.; *Baumbach/Hueck/Zöllner* § 58 j Rn. 1.
[51] *Hachenburg/Ulmer* § 57 b Anh. § 9 KapErhG Rn. 5 mwN; *Scholz/Priester* Anh. § 57 b § 9 KapErhG Rn. 2; *Baumbach/Hueck/Zöllner* § 57 j Rn. 4.
[52] § 57j Rn. 2 mwN; OLG Dresden DB 2001, 584 (zum entsprechenden § 212 S. 2 AktG); kritisch, für mehr Parteiautonomie plädierend *Priester* Gedächtnisschrift für Knobbe-Keuk, 1997, 293, 299 f.; *ders.* DStR 2001, 795, 797; *Steiner* in Anm. zu OLG Dresden DB 2001, 585 f. mwN.

Umstellung auf Euro **§ 86**

derliche qualifizierte Mehrheit nicht zu konterkarieren[53] oder ggf. auch zuzustimmen.[54]

Der Kapitalerhöhung aus Gesellschaftsmitteln ist eine testierte Bilanz zugrunde zu legen, die entweder die Jahresbilanz oder eine Zwischenbilanz sein kann, vgl. §§ 57c bis 57f.[55] 23

Die **Rücklagenumwandlung,** die bilanziell[56] als ein Umbuchungsvorgang zu verstehen ist, ist rechnerisch[57] so zu gestalten, dass die Geschäftsanteile nach der Erhöhung durch 10 teilbar und auf mindestens € 50 gestellt sind, § 57h Abs. 1 S. 2 (sowie Abs. 1 S. 4, vgl. Rn. 8). 24

Zur **Ausführungsart** der Kapitalerhöhung aus Gesellschaftsmitteln eröffnet § 57h Abs. 1 S. 1 neben der Bildung neuer Geschäftsanteile auch die Möglichkeit der Erhöhung des Nennbetrags der vorhandenen Geschäftsanteile, was allein dem Glättungsziel entspricht. 25

Zur begünstigenden Kostenregelung durch Art. 45 Abs. 3 EGHGB vgl. Rn. 43. 26

(2) Kapitalherabsetzung, §§ 58 ff. Sind keine Rücklagen vorhanden, kann die Glättung auch durch eine Kapitalherabsetzung bewirkt werden. Da alle Geschäftsanteile gleichmäßig betroffen sind, ändert sich das Beteiligungsverhältnis nicht.[58] Wie § 58 Abs. 2 ausdrücklich betont, darf die Mindestkapitalziffer von € 25 000 (§ 5 Abs. 1) nicht unterschritten werden.[59] § 58 liegt jedoch die gesetzgeberische Vorstellung einer Teilrückzahlung des Stammkapitals zugrunde.[60] Die dadurch notwendigen gläubigersichernden Bestimmungen des § 58 Abs. 1 (insbesondere Information und Aufforderung der Gläubiger, ggf. Befriedigung und Sicherstellung derselben und das Sperrjahr) lassen die ordentliche Kapitalherabsetzung für Glättungsvorhaben als wenig attraktiv erscheinen.[61] 27

(3) Privilegierte Kapitalherabsetzung kombiniert mit effektiver Barkapitalerhöhung, Abs. 3 S. 3 Halbs. 2. Wird die Kapitalherabsetzung mit einer effektiven 28

---

[53] Ebenso *Baumbach/Hueck/Zöllner* § 55 Rn. 47; aA *U. H. Schneider* NJW 1998, 3158, 3161, weil die beschränkte Registersperre gemäß Abs. 1 S. 4 andere Satzungsänderungen nicht hindere; *Ries* GmbHR 2000, 264, 266.
[54] Weitergehend iS einer Mitwirkungspflicht *Lutter/Hommelhoff* Rn. 18.
[55] Deshalb und wegen des Gleichbehandlungsgrundsatzes hält *Ries* GmbHR 2000, 264, 265 die Kapitalerhöhung aus Gesellschaftsmitteln für unpraktikabel.
[56] Das der gesetzlichen Bindung der §§ 30, 31 unterliegende Haftkapital erhöht sich um den aus den Rücklagen zugeführten Betrag. Als rein buchungstechnischer Vorgang wäre er mithin nicht erschöpfend charakterisiert, vgl. *Hachenburg/Ulmer* § 57 b Vor § 1 KapErhG Rn. 7.
[57] Spitzenbeträge, die auf die Bildung neuer Geschäftsanteile hinauslaufen, vgl. *Schick/Trapp* GmbHR 1998, 209, 213; *Kallmeyer* GmbHR 1998, 963, 965 f., können angesichts des Zwangs beteiligungsproportionaler Erhöhung (so *Scholz/Priester* Anh. § 57 b § 10 KapErhG Rn. 1) und zwar solange, bis *alle* Geschäftsanteile das Erfordernis des § 57 h Abs. 1 S. 1 erfüllen, nicht entstehen, vgl. auch *Lutter/Hommelhoff* Rn. 18.
[58] Vgl. § 58 Rn. 8.
[59] Vgl. § 58 Rn. 14; verfügt die Gesellschaft bisher über ein Mindeststammkapital von DM 50 000 und will sie künftig ein solches von € 25 000 haben, ist das Kapital um DM 1 104,24 herabzusetzen.
[60] Vgl. § 58 Rn. 1 sowie zu weiteren Herabsetzungszwecken Rn. 2 ff.; *Baumbach/Hueck/Zöllner* § 58 Rn. 1. Die von *Schick/Trapp* GmbHR 1958, 209, 214 erwähnte Sanierungsfunktion wird vornehmlich durch die erleichterte Herabsetzung gemäß §§ 58a ff. erfüllt, die wegen ihrer Verlustdeckungsfunktion für das vorliegende Glättungsziel nicht verwendbar ist, ebenso *Ries* GmbHR 2000, 264, 265.
[61] Krit. deshalb auch *Ries* GmbHR 2000, 264, 265.

Barkapitalerhöhung kombiniert, erleichtert dies Abs. 3 S. 3 Halbs. 2 durch die Nichtanwendbarkeit der Gläubigerschutzbestimmungen des § 58 Abs. 1. Voraussetzung ist, dass mit der Herabsetzung zugleich eine anschließende Barkapitalerhöhung beschlossen *und* der Erhöhungsbetrag vor Anmeldung zum Handelsregister in voller Höhe in bar geleistet wird. – Der Gesetzgeber ging hierbei von der Entbehrlichkeit der Gläubigersicherung gemäß § 58 Abs. 1 aus, weil die effektive Barerhöhung den Nachteil der vorangegangenen Kapitalherabsetzung betragsmäßig kompensiere.[62] Auch wenn der Wortlaut des Abs. 3 S. 3 Halbs. 2 den Umfang der Barerhöhung offen lässt, ergeben die gesetzgeberischen Motive, dass das neue Stammkapital mindestens so hoch wie der ursprüngliche Nennbetrag sein muss. Wegen des Glättungsziels dürfte der neue Nennbetrag sogar höher liegen.[63]

29 Zur Gestaltung als proportionale/verhältniswahrende oder disproportionale/nicht verhältniswahrende Erhöhung vgl. Rn. 35 u. 38.

30 Dennoch erscheint dieses Verfahren von mehr theoretischer Natur als praktischem Nutzen,[64] wenn nicht gar von Nachteil[65] zu sein. Bei gleichzeitiger Sanierungslage steht die vereinfachte Kapitalherabsetzung, §§ 58a ff., ohne die einschränkenden Voraussetzungen des § 58 Abs. 1, zur Verfügung. Wird diese mit einer Kapitalerhöhung verbunden, braucht nicht wie bei Abs. 3 S. 3 Halbs. 2 der ursprüngliche Nennbetrag des Stammkapitals erreicht zu werden, sondern lediglich der Mindestbetrag gemäß § 5 Abs. 1, vgl. § 58a Abs. 4 S. 1.

31 **(4) Ordentliche Kapitalerhöhung, §§ 55 bis 57b.** α) **Überblick.** Das reine Glättungsziel dürfte hingegen mit Hilfe einer ordentlichen Kapitalerhöhung problemloser zu erreichen sein. Nach allgemeinem GmbH-Recht kann diese als Barerhöhung[66] oder gegen Sacheinlagen durchgeführt werden. Schon wegen der die krummen Ausgangswerte glättenden ungeraden Erhöhungswerte erscheint die Anpassung im Wege der Barerhöhung gegenüber der durch Sacheinlagen als das geeignetere Mittel.[67] Im Gegensatz zur Erhöhung aus Gesellschaftsmitteln (vgl. Rn. 21) kann die ordentliche Kapitalerhöhung nicht nur proportional/verhältniswahrend, sondern auch disproportional/nicht verhältniswahrend durchgeführt werden.

32 β) **Bestimmung des Anteilszuschnitts.** Entscheidend für den Erhöhungsaufwand ist zunächst die gesetzlich vorgegebene Anteilsgröße. Nach Abs. 3 S. 3 Halbs. 1 bleiben zwar für Kapitaländerungen die hierfür geltenden Vorschriften unberührt; demgemäss wäre u. a. auch § 55 Abs. 4 iVm. § 5 Abs. 1 u. 3 S. 2 anzuwenden (Mindesthöhe der Stammeinlage € 100, Teilbarkeitsfaktor 50).[68] Zur Erleichterung des Glättungsziels gestattet aber Abs. 1 S. 4 – entsprechend den Regelungen in §§ 57h Abs. 1 und 58a Abs. 3 S. 2[69] – die Teilbarkeit durch 10 und einen Mindestbetrag von € 50, ohne dies von der Einhaltung einer bestimmten Art von Kapitaländerungsmaßnahmen abhängig

---

[62] Vgl. BT-Drucks. 13/9347 S. 39; *Schick/Trapp* GmbHR 1998 209, 214; *Zeidler* NZG 1999, 13, 16.

[63] *Schick/Trapp* GmbHR 1998, 209, 214; *Geyrhalter* ZIP 1998, 1608, 1612.

[64] Vgl. auch *Zeidler* NZG 1999, 13, 16; *Baumbach/Hueck/Zöllner* § 55 Rn. 44.

[65] Vgl. *Ries* GmbHR 2000, 264, 265.

[66] Das Ausschüttungs-Rückholverfahren hat nach Wegfall des gespaltenen Steuersatzes für einbehaltene und ausgeschüttete Gewinne und Einführung des Halbeinkünfteverfahrens an Interesse verloren, vgl. Einl. Rn. 80 ff., 86, § 55 Rn. 60.

[67] *Ries* GmbHR 2000, 264, 265 bestätigt dies für die Praxis.

[68] *Kallmeyer* GmbHR 1998, 963, 965 hält dies auch für Kapitalerhöhungen zur Glättung für zwingend.

[69] Vgl. auch insoweit den Hinweis in RegBegr. BT-Drucks. 13/9347 S. 1, 38.

zu machen.⁷⁰ Eine durch die Glättung nicht bedingte Neustückelung der Geschäftsanteile auf € 50 scheitert an § 17 Abs. 6 S. 1, vgl. dazu Rn. 34. Es ist den Gesellschaftern andererseits unbenommen, die in den Gründungsvorschriften des § 5 Abs. 1 u. 3 S. 2 bestimmten Beträge zu wählen.⁷¹

γ) Art der Kapitalerhöhung. Die Art der Kapitalerhöhung kann nicht nur bei der aus Gesellschaftsmitteln, vgl. § 57h Abs. 1 S. 1, sondern auch bei derjenigen gegen Einlagen vornehmlich durch *Aufstockung* der vorhandenen Geschäftsanteile (Nennbetragserhöhung)⁷² oder uU durch *Bildung neuer Geschäftsanteile*⁷³ erfolgen. 33

Eine nicht durch das Glättungsziel bedingte *Neustückelung* des Stammkapitals, die unter verschiedenen Voraussetzungen für möglich gehalten wird,⁷⁴ brächte eine Teilung der vorhandenen Gesellschaftsanteile mit sich, was gemäß § 17 Abs. 6 S. 1 nur im Falle der Veräußerung und Vererbung zulässig ist.⁷⁵ Ein Folgeproblem ist nach erfolgter Glättung die spätere Teilbarkeit der geschaffenen Geschäftsanteile.⁷⁶ 34

δ) Proportionale/verhältniswahrende Kapitalerhöhung. Die proportionale, d. h. beteiligungsverhältniswahrende Kapitalerhöhung erfordert eine **qualifizierte Glättung** in der Weise, dass nicht nur die bei der Umstellung von DM auf Euro entstehenden krummen Euro-Vorgaben des Anteilszuschnitts gemäß Abs. 1 S. 4 angepasst werden, sondern dieser rechnerische Vorgang so auszutarieren ist, dass die bisherigen Beteiligungsverhältnisse erhalten bleiben. Das BMJ bietet ein Rechenprogramm an, das Anteilsverschiebungen vermeidet und gleichzeitig die geringsten Erhöhungsbeträge errechnet.⁷⁷ 35

Der **Kapitalaufwand bei der qualifizierten Glättung** ist höher als bei der einfachen Glättung. Wegen des kleinen Teilungsfaktors hält er sich bei groß geschnittenen Geschäftsanteilen in Grenzen.⁷⁸ 36

Trotz der Beachtung der Beteiligungsquoten kann sich eine Verschiebung von Stimmrechtsverhältnissen ergeben, da gemäß § 47 Abs. 2 nF nicht mehr DM 100 eine Stimme gewähren, sondern € 50.⁷⁹ Abhilfe schafft insoweit nur eine entsprechende Sonderbestimmung im Gesellschaftsvertrag; auch bestehende Stimmrechtsklauseln müssen unter diesem Gesichtspunkt kritisch überprüft werden. 37

ε) Disproportionale/nicht verhältniswahrende Kapitalerhöhung. Ist die Wahrung der Beteiligungsverhältnisse nicht geboten, genügt eine **einfache Glättung** in der Weise, dass das Stammkapital nur so weit erhöht wird, dass alle Stammeinlagen den nächsten durch zehn teilbaren Euro-Betrag erreichen. Dadurch ändern sich die Beteiligungsquoten. Der Kapitalerhöhungsbeschluss erfordert deshalb die Einstimmig- 38

---

⁷⁰ LG Bonn NJW 2000, 3221, 3222; *Zeidler* NZG 1999, 13, 16; *Ries* GmbHR 2000, 264, 265; *Baumbach/Hueck/Zöllner* § 55 Rn. 43.
⁷¹ Vgl. auch *Baumbach/Hueck/Zöllner* § 55 Rn. 43.
⁷² *Geyrhalter* BB 1998, 905, 908; *Dehmer/Batke-Spitzer* DStR 1998, 36, 42; *Kallmeyer* GmbHR 1998, 963, 964.
⁷³ Dazu *Schick/Trapp* GmbHR 1998, 209, 213.
⁷⁴ Vgl. einerseits *Schürmann* DB 1997, 1381, 1387, andererseits unter erheblichen Kautelen *Schick/Trapp* GmbHR 1998, 209, 213.
⁷⁵ Ebenso *Baumbach/Hueck/Zöllner* § 55 Rn. 43.
⁷⁶ Dazu *Heidinger* DNotZ 2000, 329.
⁷⁷ http://www.bmj.bund.de/euro/gmbh.htm oder http://www.gmbhr.de; Berechnungsmethoden finden sich bei: *Steffan/Schmidt* DB 1998, 711; *Theile/Köhler* GmbHR 1999, 516 ff.; *Schneider* NJW 1998, 3158, 3160 f.; *Mehler/Birner* BayMittNot. 1999, 269.
⁷⁸ BT-Drucks. 13/934 S. 38; kritisch zu Recht *Baumbach/Hueck/Zöllner* § 55 Rn. 45.
⁷⁹ Vgl. *Scheel* BuW 1999, 349, 350 f. mit entsprechenden Beispielen.

keit der Gesellschafter, weil mit ihm ein relativer Verlust von Beteiligungsrechten einhergeht.[80] Andere halten Einstimmigkeit wegen des geringen Umfangs des Bezugsrechtsausschlusses und der überwiegenden Belange der Gesellschaft nicht für erforderlich.[81] Hiergegen sprechen verfassungsrechtliche (Art. 14 Abs. 1 GG) und wegen des den Bestands- und Minderheitenschutz sichernden Gleichbehandlungsprinzips gesellschaftsrechtliche Bedenken.[82] – Der **Kapitalaufwand für eine einfache Glättung** ist gering, da nur der Teilungsfaktor 10 zu beachten ist und im Regelfall verhältnismäßig groß geschnittene Gesellschaftsanteile existieren.[83]

39   cc) Form. Für Beschlüsse zur Umstellung und Glättung von Stammkapital und der Neubeträge der Geschäftsanteile gelten grds. die allgemeinen Vorschriften. So bedarf es insbesondere einer notariellen Beurkundung des Gesellschafterbeschlusses, § 53 Abs. 2. Der Beschluss bedarf auch eines qualifizierten Quorums gemäß § 53 Abs. 2, weil es sich insoweit um eine Satzungsänderung handelt. Umstellungs- und Kapitaländerungsbeschluss können zusammengefasst werden. Erleichterungen wie für einfache Umstellungsbeschlüsse gemäß § 86 Abs. 3 S. 1 erschienen nicht angezeigt.[84]

40   dd) Treuepflicht. Die Treuepflicht[85] kann den Gesellschafter verpflichten, die Kapitaländerung nicht zu behindern oder ihr sogar zuzustimmen.[86] Hierbei sind die schutzwürdigen Interessen des Gesellschafters gegenüber denen der Gesellschaft abzuwägen.

41   Dem reinen Glättungsziel wird die Bedeutung eines überwiegenden Gesellschaftsinteresses abgesprochen, weil die Registersperre des Abs. 1 S. 4 sich nur auf Kapitaländerungen beschränkt, hingegen sonstige Satzungsänderungen nicht hindert.[87] In Anbetracht der Vereinfachung bei glatten Euro-Beträgen müssten die mit der Kapitaländerung verbundenen Belastungen für den Gesellschafter schwer wiegen. Das ist jedoch nicht der Fall bei einer Kapitalerhöhung aus Gesellschaftsmitteln, die lediglich die Ausschüttungssperre gemäß § 30 erhöht, oder bei einer Kapitalherabsetzung und schließlich auch bei einer Barerhöhung mit geringem Kapitalaufwand für den betroffenen Gesellschafter. Etwas anderes könnte dann gelten, wenn der Gesellschafter im Falle disproportionaler Erhöhung seine Stimmacht einbüßen oder Minderheitenrechte verlieren würde.

42   Unter den genannten Gegebenheiten kann daher ein Gesellschafter die Frage nach der Notwendigkeit einer Kapitalzufuhr – etwa zur Beseitigung einer Unterkapitalisierung, Vermeidung drohender Insolvenz oder auch zur Ermöglichung wirtschaftlich vernünftiger Expansion und seiner Beteiligung hieran bzw. künftigen Gesellschafterstellung[88] – nicht dadurch von vornherein blockieren, dass er die zur Beseitigung der Registersperre gemäß Abs. 1 S. 4 erforderlichen Kapitalmaßnahmen ablehnt. – Sofern teileingezahlte Stammeinlagen einer Glättung durch Barkapitalerhöhung entgegenste-

---

[80] *Zeidler* NZG 1999, 13, 16 mwN; *Geyrhalter* ZIP 1998, 1608, 1612.
[81] *Kallmeyer* GmbHR 1998, 963, 965; vgl. auch *Schneider* NJW 1998, 3158, 3159, 3161.
[82] *Zeidler* NZG 1999, 13, 16.
[83] BT-Drucks. 13/9347 S. 38; krit. *Baumbach/Hueck/Zöllner* § 55 Rn. 45.
[84] BT-Drucks. 13/9347 S. 39.
[85] Vgl. § 13 Rn. 42 u. Fn. 83.
[86] Vgl. § 13 Rn. 51; zweifelnd hinsichtlich positiver Stimmpflicht *Baumbach/Hueck/Zöllner* § 55 Rn. 47.
[87] Vgl. *Schneider* NJW 1998, 3158, 3161; *Ries* GmbHR 2000, 264, 266; *Mitzlaff* ZNotP 1998, 226, 235.
[88] Vgl. die Vorschläge von *Zeidler* NZG 1999, 13, 15; ähnlich *Kallmeyer* GmbHR 1998, 963, 965.

Umstellung auf Euro **§ 86**

hen, können die Gesellschafter mit einfacher Mehrheit nach § 46 Nr. 2 die Volleinzahlung beschließen. Ist die Einforderung auf Grund satzungsmäßiger späterer Fälligkeitstermine noch nicht möglich, kann die Treuepflicht den Gesellschaftern gebieten, die Fälligkeitsklauseln aufzuheben.

e) Registerkosten.[89] Die Registerkosten für die Umstellung durch schlichte Umrechnung des Stammkapitals von DM auf Euro (vgl. Rn. 10 ff.) betragen gemäß Art. 45 Abs. 2 EGHGB iVm. §§ 26 Abs. 7,[90] 79 Abs. 1, 32 KostO. € 26[91] (bis 31. 12. 2001: DM 50) (Geschäftswert: € 3000 bis zum 31. 12. 2001: DM 5000). – Wird die Umstellung zur Eurobetragsglättung mit einer Kapitalerhöhung aus Gesellschaftsmitteln, § 57c, auf den nächsthöheren oder mit einer Kapitalherabsetzung auf den nächstniedrigeren Wert verbunden, ist die Registergebühr nach der Hälfte des für Kapitalveränderungen geltenden Geschäftswerts, d.h. des Unterschiedsbetrags, zu berechnen, Art. 45 Abs. 3 EGHGB iVm. § 26 Abs. 1 Nr. 3 KostO.[92] – Die Kapitalerhöhung gegen Einlagen ist hingegen nicht begünstigt, weil durch sie die Eigenkapitalausstattung der GmbH verändert wird.[93] 43

III. Übergangsgesellschaften, Abs. 2

1. Begriff. Abs. 2 betrifft Gesellschaften, die in der Übergangszeit, d.h. zwischen dem 1. 1. 1999 und dem 31. 12. 2001 zum Handelsregister angemeldet *und* eingetragen werden – **Übergangsgesellschaften,**[94] S. 1.[95] Die Gründung, d.h. der notariell beurkundete Errichtungsakt kann vor dem 1. 1. 1999 geschehen sein und der Ausweis von Stammkapital und Stammeinlagen bereits auf Euro lauten, obwohl § 5 nF dies erst ab dem 1. 1. 1999 vorsieht.[96] 44

2. Die zwei Optionen. a) Maßgeblichkeit der neuen Vorschriften auch bei DM-Ausweis, Abs. 2 S. 2. Bei den Übergangsgesellschaften können Stammkapital und Teilbarkeitsfaktor auf Euro lauten oder in DM ausgewiesen werden.[97] Der DM- 45

---

[89] *Schneider* NJW 1998, 3161; *Schick/Trapp* GmbHR 1998, 209, 215; *Mitzlaff* ZNotP 1998, 226, 235; zur Gesetzesentwicklung des Art. 45 EGHGB vgl. *Seibert* ZGR 1998, 1, 5.
[90] Zur Frage der Europarechtswidrigkeit von § 26 KostO vgl. § 10 Rn. 30.
[91] Kostenordnung idF des KostREuroUG v. 27. 4. 2001 BGBl. I S. 751, das am 1. 1. 2002 in Kraft getreten ist.
[92] S. Fn. 91.
[93] Vgl. RegBegr. BT-Drucks. 13/9347 S. 1, 46.
[94] Eine einheitliche Terminologie hat sich nicht herausgebildet. Die Mehrheit spricht in Anlehnung an die RegBegr. zum EuroEG (BT-Drucks. 13/9347 S. 1, 38) von „Neugründungen während der Übergangszeit" o.Ä. (*Baßler* BW NotZ 1998, 159, 165; *Ries* GmbHR 2000, 264; *Schick/Trapp* GmbHR 1998, 209, 212; *Seibert* ZGR 1998, 1, 4 f.; *Steffan/Schmidt* DB 1998, 709, 711; *Lutter/Hommelhoff* Rn. 7; *Baumbach/Hueck/Zöllner* § 55 Rn. 50); *Schneider* NJW 1998, 3158, 3160 unterscheidet zwischen Neugesellschaften I (= „Übergangsgesellschaften") und Neugesellschaften II, d.h. nach dem 1. 1. 2002 entstandene; einige verwenden die Bezeichnung „Neugesellschaften" unter Beifügung der differenzierenden Daten (*Geyrhalter* ZIP 1998, 1608, 1613; *ders.* BB 1998, 905, 910; auch *Baumbach/Hueck/G. Hueck/Fastrich* § 5 Rn. 56).
[95] Zu den auch bei diesen Gesellschaften möglichen Problemen verspäteter Eintragung nach Ablauf der Übergangszeit vgl. Rn. 6.
[96] LG Bonn GmbHR 1999, 864 f.; *Ries* GmbHR 2000, 264.
[97] Diese Wahlfreiheit verwirklicht ebenfalls den für die Euroeinführung maßgeblichen Grundsatz „keine Behinderung, kein Zwang – no compulsion, no prohibition", vgl. BT-Drucks. 13/9347 S. 1, 23, 38; sowie ferner *Seibert* ZGR 1998, 1, 5. Unter dem Gesichtspunkt von Rechtsklarheit und Rechtssicherheit erscheint die Bestimmung keineswegs glücklich, vgl. *Geyrhalter* BB 1998, 905, 910.

§ 86   6. Abschnitt. Schlussbestimmungen

Ausweis hat jedoch nur die Funktion einer von den gemäß § 5 nF maßgeblichen Euro-Beträgen abgeleiteten Währungs*bezeichnung*. Mit Hilfe des DM-Ausweises ist also eine Rückkehr zur Regelung des § 5 aF nicht möglich. Im Gegensatz zu den Altgesellschaften, vgl. Rn. 4 ff., bestimmen also die „runden" Euro-Beträge der §§ 5 Abs. 1 u. 3; 7 Abs. 1 nF die DM-Werte mit der Folge stets „krummer" DM-Ergebnisse: zB € 25 000,– = DM 48 895,75; € 100,– = DM 195,58,[98] § 5 Abs. 1; Teilbarkeitsfaktor € 50,– = DM 97,79,[99] § 5 Abs. 3; € 12 500,– = DM 24 447,875, § 7 Abs. 2.

46   **b) Keine automatische Rückwandlung der DM-Werte in Euro-Beträge nach Ablauf der Übergangszeit.** Die DM-Werte wandeln sich entgegen der RegBegr. zum EuroEG[100] auch nach Ablauf der Übergangszeit nicht in die runden Eurobeträge, von denen sie abgeleitet wurden.[101] Art. 14 der VO (EG) Nr. 974/98[102] zur Einführung des Euro bestimmt lediglich die Maßgeblichkeit des Euro-Umrechnungskurses für die nach der Übergangszeit verbliebenen Bezugnahmen auf die nationalen Währungen. Dementsprechend stellt auch § 3 Abs. 3 iVm. § 1 Abs. 2 S. 2 EGAktG, auf den die RegBegr. zum EuroEG aaO abhebt, eine solche Zwangsläufigkeit nicht her.

47   Zur Umbenennung in Euro bedarf es eines Gesellschafterbeschlusses, allerdings unter den erleichternden Voraussetzungen des Abs. 3 S. 1.[103]

48   **c) Keine Notwendigkeit sonstiger Satzungsanpassungen.** Weitere Satzungsänderungen, insbesondere Kapitaländerungen zu Umstellung und Glättung, sind – anders als bei den Altgesellschaften – bei diesen Gesellschaften nicht erforderlich, da deren Gründung bereits den neuen Vorschriften des GmbHG genügen muss.[104]

49   **d) Euro-Ausweis.** Ursprünglich wurde erwartet,[105] dass dem DM-Ausweis größere praktische Bedeutung zukäme, zumal die Steuererklärungen auch in der Übergangszeit idR in DM abzugeben sind.[106] Hiervon ist jedoch tatsächlich kaum Gebrauch gemacht worden.[107]

50   **3. Registersperre.** Eine ausdrückliche Registersperre für Kapitalerhöhungen etc., wie in Abs. 1 S. 4 für Altgesellschaften angeordnet, fehlt. Es wäre ein widersprüchliches Ergebnis, wenn Altgesellschaften in der Verwendung der DM-Beträge zeitlich limitiert sind, Übergangsgesellschaften hingegen nicht. Anderseits ist zu berücksichtigen, dass die Registersperre für Altgesellschaften wegen der Fortgeltung des § 5 aF

---

[98] Ungerundet: DM 195,983. Für Rundung analog § 3 Abs. 4 EGAktG nF bei entsprechendem Vorbehalt im Gesellschaftsvertrag *Ries* GmbHR 2000, 264; ebenfalls von Rundung ausgehend *Lutter/Hommelhoff* Rn. 7.
[99] Ungerundet: DM 97, 7915.
[100] BT-Drucks. 13/9347 S. 1, 38 und im Anschluss hieran *Schick/Trapp* GmbHR 1998, 209, 213; *Baßler* BWNotZ 1998, 159, 165; *Geyrhalter* ZIP 1998, 1608, 1613; *Zeidler* NZG 1999, 13, 14; *Scholz/Winter* § 5 Rn. 16.
[101] Ebenso *Sprockhoff* NZG 1998, 889, 892; *Baumbach/Hueck/Zöllner* § 55 Rn. 50.
[102] ABl. EG Nr. L 139/1, 5 v. 3. 5. 1998 (EuroVO II).
[103] Vgl. *Baumbach/Hueck/Zöllner* § 55 Rn. 50 aE; *Lutter/Hommelhoff* Rn. 10; *Zeidler* NZG 1999, 13, 14 f.
[104] *Zeidler* NZG 1999, 13, 14; *Schneider* NJW 1998, 3158, 3160.
[105] *Seibert* ZGR 1998, 1, 5; skeptisch bereits *Schneider* NJW 1998, 3158.
[106] Vgl. Euro-Einführungsschreiben des BMF v. 15. 12. 1998, BStBl. I S. 1625 = DB 1999, 20: lediglich USt- und Lohnsteuererklärungen können wahlweise in Euro oder DM abgegeben werden. Vgl. hierzu und insbesondere den weiteren Steuererklärungen iE *Becht* DB 2001, 1741 ff.
[107] Vgl. die Beobachtungen von *Ries* GmbHR 2000, 264.

besonders gerechtfertigt erscheint, was wegen der Geltung des § 5 nF für Übergangsgesellschaften nicht der Fall ist. Der Gesetzgeber hielt wohl eine Abs. 1 S. 4 entsprechende Regelung für überflüssig, weil er der von ihm unterstellten automatischen „Wandlung" von DM in Euro eine entsprechende Wirkung beimaß.[108] In Anbetracht der so nicht gewollten Lücke erscheint eine entsprechende Anwendung des Abs. 1 S. 4 auch auf Übergangsgesellschaften gerechtfertigt.[109]

IV. Neugesellschaften

Gesellschaften, die nach dem 31. 12. 2001 in das Handelsregister eingetragen werden, unterliegen dem neuen GmbH-Recht mit seinen ausschließlich auf Euro lautenden Beträgen – **Neugesellschaften.** Ein Wahlrecht entsprechend § 86 Abs. 2 haben sie nicht. Ohne Belang ist, ob die Anmeldung bereits in der Übergangszeit geschehen ist sowie die Gründe deren verzögerter Behandlung, da die aus Abs. 1 S. 1 ersichtliche Stichtagsregelung auf den *Eintragungs*zeitpunkt abstellt und nicht im Sinne einer Erstreckung des Übergangsprivilegs auf den der Anmeldung, vgl. Rn. 5.[110] 51

V. Andere auf DM lautende Satzungsbestimmungen

§ 86 ist nicht anwendbar auf andere auf DM lautende Satzungsbestimmungen (außer den in Rn. 19 ff. behandelten), wie zB Nebenleistungen, Nachschüsse oder Vertragsstrafen. Derartige Verbindlichkeiten können bis zum Ende der Übergangszeit, d.h. bis zum 31. 12. 2001, sowohl in DM als auch in Euro begründet werden. Danach sind diese zwingend in Euro umzurechnen und zu erfüllen.[111] Die beschränkte Registersperre des § 86 Abs. 1 S. 4 erfasst oben genannte Fälle nicht. 52

VI. Österreichisches Recht

1. Gesetzliche Regelung. Die Übergangsvorschriften für die Umstellung des Stammkapitals für GmbHs finden sich in Österreich in Art. I 4. Abschnitt, Art. X des 1. Euro-Justiz-Begleitgesetzes.[112] 53

2. Altgesellschaften. a) Begriff. Altgesellschaften sind in Österreich vor **1. 1. 1999** zur Eintragung angemeldete oder bereits eingetragene Gesellschaften. 54

b) Folgen. Auch für solche Altgesellschaften sind die **alten Rechtsvorschriften** weiterhin anzuwenden; das betrifft auch die Zeit nach dem 1. 1. 2002 (dann entsprechen die Schilling-Beträge aber umgerechneten Euro-Beträgen[113]), Art. X § 5 Nr. 2 1. Euro-JuBeG. 55

Den Altgesellschaften steht es jedoch frei, die Schilling-Beträge auf Euro umzustellen. Es ist dabei ebenfalls eine einfache Umrechnung der Beträge möglich. Rundungsfehler werden mit ihrem Betrag in die Bilanz eingestellt, Art. I § 12 Abs. 3 1. Euro-JuBeG. Durch die einfache Umstellung kommt es rechtlich ebenfalls zu keiner Ände- 56

---

[108] Vgl. Rn. 46.
[109] Ebenso iE *Ries* GmbHR 2000, 264; *Baumbach/Hueck/Zöllner* § 55 Rn. 50 aE.
[110] *Seibert* ZGR 1998, 1, 5 f.; *Zeidler* NZG 1999, 13, 14; *Lutter/Hommelhoff* Rn. 9; *Baumbach/Hueck/G. Hueck/Fastrich* § 5 Rn. 56 aE.
[111] Eine Ausnahme besteht hinsichtlich der Erfüllung durch Banknoten und Münzen, welche erst zum 30. 6. 2002 ihre Eigenschaft als gesetzliches Zahlungsmittel verlieren, BT-Drucks. 13/9347 S. 22; *Scheffler* NJW 1998, 3174.
[112] ÖBGBl. I 1998/125.
[113] Art. 14 VO EG, vgl. Rn. 46.

§ 86

rung der Stimmrechtsverhältnisse und der Verhältnisse der Stammeinlagen, Art. I § 12 Abs. 2 1. Euro-JuBeG.

57 Wie im deutschen Recht wird ein gewisser Anpassungszwang an die neuen Bestimmungen durch eine drohende Registersperre ausgeübt, wenn nach dem 1. 1. 2002 eine Kapitaländerung ohne Umstellung des Stammkapitals auf Euro erfolgt, Art. X § 5 Nr. 3 1. Euro-JuBeG. Eine freiwillige Anpassung an die neuen gesetzlichen Vorgaben ist aber bereits ab 1. 1. 1999 möglich.

58 Die Anforderungen an die Gesellschafterbeschlüsse zur Änderung des Gesellschaftsvertrages bei der Anpassung an die neuen Bestimmungen sind vereinfacht: eine einfache Mehrheit genügt für den Beschluss, wenn es zu keiner Änderung der Beteiligungsquoten kommt, auch wenn Gesellschaftsvertrag insoweit etwas anderes vorschreibt, Art. I § 13 Abs. 1 S. 1, Abs. 3 1. Euro-JuBeG. Die einfache Mehrheit genügt demzufolge auch bei Fällen der qualifizierten Glättung, einer Glättung der umgestellten Euro-Beträge unter Beachtung der Beteiligungsverhältnisse. – Ändern sich mit der Umstellung und durch eine eventuelle Glättung jedoch die Beteiligungsverhältnisse in der Gesellschaft, bedarf es eines einstimmigen Beschlusses, Art. I § 13 Abs. 1 S. 2 1. Euro-JuBeG.

59 **3. Übergangsgesellschaften.**[114] In der Übergangsphase (d.h. nach dem **31. 12. 1998** zur Eintragung angemeldete und **bis 31. 12. 2001** eingetragene Gesellschaften) ist eine Gründung der Gesellschaften weiterhin in Schilling möglich, aber nach den neuen Vorschriften des ÖGmbHG (insbesondere Stammkapital gemäß § 6 ÖGmbHG: 35 000 €), Art. X § 6 1. Euro-JuBeG. Eine Registersperre wird bei jeglichen Änderungen des Gesellschaftsvertrages (also nicht nur bei Kapitalerhöhungen oder -herabsetzungen) nach dem 1. 1. 2002 verhängt, wenn eine Umstellung der Schillingbeträge in Euro nicht erfolgt, Art. X § 6 Nr. 3 1. Euro-JuBeG.

60 **4. Neugründungen.** Für Gesellschaften, die **nach dem 31. 12. 2001 zur Eintragung angemeldet oder eingetragen** werden, gibt es keine Besonderheiten: das neue Recht wird vollständig angewandt, es gibt weder Umstellungs- noch Umrechnungsprobleme.

61 **5. Registerkosten.** Soweit lediglich Vorschriften des 1. Euro-JuBeG durch die Gesellschaften umgesetzt werden und Anmeldung der Satzungsänderungen bis zum 1. 1. 2003 erfolgt, werden keine Gebühren erhoben, Art. X § 7 1. Euro-JuBeG.

---

[114] *Kloiber* ÖJZ 1998, 779: Neugründungen.

Sachverzeichnis

Bearbeiter: Torsten Tiefel, Rechtsanwalt in Dresden; Steffen Russ, Referendar iur.

Die fett gedruckten Zahlen bezeichnen die Paragraphen, die mageren die Randnummern

Abandon (Preisgabe), Abgrenzung zum Erwerb eigener Geschäftsanteile **33** 8; absolut unentziehbares Mitgliedschaftsrecht **14** 18; andere Art der Verwertung **27** 42; Anfall an die Gesellschaft **27** 49; Aufrechnung **27** 27; Berechnung der Monatsfrist **27** 17; Berechtigter **27** 37; Beschluss der Gesellschafterversammlung **27** 11; beschränkte Nachschusspflicht **28** 11; Beschränkung des Preisgaberechts **27** 52; Bilanzfragen **27** 57; eigene Geschäftsanteile **33** 8; Einschränkung des Aufrechnungsrechts zu Lasten der Gesellschaft **27** 27; Erklärung durch den Gesellschafter **27** 16; Erlöschen von Rechten Dritter **27** 48; Ermessen der Gesellschaft **27** 35; fingierter Abandon **27** 34; Folgen, der Abandonnierung **27** 40 (– der Preisgabe **27** 31; – des Verkaufs **27** 46); Form der Preisgabeerklärung **27** 20; Formvorschriften **15** 40; freigabeberechtigter Gesellschafter **27** 37 f.; freihändiger Verkauf **27** 42; Frist **27** 16; Fristverlängerung **27** 36; Gesellschafterversammlung **27** 11; Güterrecht **15** 103; Inhaber des abandonnierten Geschäftsanteils **27** 24; Inhalt der Preisgabeerklärung **27** 20; Kein-Mann-Gesellschaft **27** 28; mangelhafte Preisgabeerklärung **27** 26; mangelnde Bereitschaft zur Einzahlung **34** 79; mehrere Geschäftsanteile **27** 21; mehrere Inhaber eines Geschäftsanteils **27** 15; Mehrerlös **27** 43; Mindererlös **27** 45; Mitberechtigung am Geschäftsanteil **18** 24; nachgiebiges Recht **27** 29; Nachschüsse **42** 9; nachträgliche Beschränkung des Preisgaberechts **27** 55; nachträgliche Einführung der unbeschränkten Nachschusspflicht **27** 9; öffentliche Versteigerung **27** 41; österreichisches Recht **27** 58; Preisgabe, des Geschäftsanteils **27** 16 (– durch alle Gesellschafter **27** 28); Preisgabeberechtigte **27** 19 (– bei fingiertem Abandon **27** 39); Preisgabewillen **27** 20; Rechtsfolge der Nichteinhaltung der Monatsfrist **27** 18; Rechtsstellung des Gesellschafters bis zur Veräußerung **27** 32; Sonderfragen der Abandonnierung **27** 21 ff.; Stellung des ausscheidenden Gesellschafters **27** 47 (– des Erwerbers **27** 46); Steuerfragen **27** 57; Teilung des Geschäftsanteils **27** 57; Umwandlung **77 Anh.** 87; unbeschränkte Nachschusspflicht **27** 8; unentziehbares Recht **27** 16; Unterbleiben des Verkaufs **27** 43; Unverwertbarkeit des Anteils **27** 49; Veräußerung des Anteils für Rechnung der Gesellschaft **27** 45; Verlängerung der Preisgabefrist **27** 30; Verlust des Preisgaberechts **27** 18; Verwertung **27** 40; volle Zahlung des Gesellschafters **27** 33; Vollständige Einzahlung der Stammeinlage **27** 13; Voraussetzung **27** 2 ff. (– der Beschränkung des Preisgaberechts **27** 53 f.); Wirkungen **27** 23 ff.; Zahlungsaufforderung **27** 12, 16; Zahlungsrückstand **27** 14; Zeitpunkt des Anfalls an die Gesellschaft **27** 49 f.; kein zwingendes Recht **27** 29

Abberufung, Abgrenzung zur Kündigung des Anstellungsvertrages **38** 50; Ansprüche abberufener Liquidatoren **66** 29; Anstellungsvertrag **38** 50; – der Arbeitnehmervertreter im Aufsichtsrat **Einl.** 242; Arbeitsdirektor **38** 20 (– Abberufung durch Gericht **66** 28); Aufsichtsratsmitglieder **52** 9, 32; **Einl.** 231, 278; Beendigung des Anstellungsverhältnisses **38** 41; einstweiliger Rechtsschutz **38** 27; Ermächtigung des Gesellschafters **6** 25; Fristen **38** 16; Geschäftsführer **38** 1; **46** 26; – des Geschäftsführers bei Verletzung der Buchführungspflicht **41** 17; – des Geschäftsführers bei Nichtvorlage des Jahresabschlusses **42 a** 12; Geschäftsführer, durch andere Organe **38** 6 (– durch Gesellschafter **38** 5, **46** 26; – durch Gesellschafterbeschluss **46** 21; – nach Betriebsverfassungsgesetz 1952 (BetrVG 1952) **Einl.** 285; – in der Insolvenz **63** 132); GmbH & Co. KG **38** 40; Kündigung aus wichtigem Grund **38** 46; Kündigungsfolgen **38** 45; Liquidatoren **66** 25; (– Abberufung durch Gericht **66** 27); Mitbestimmungsgesetze **38** 15; Notgeschäftsführer **35** 77, **38** 1; österreichisches Recht **38** 54; qualifizierte Mehrheit **38** 19; Rechtsfolgen **38** 31; stellvertretende Geschäftsführer **44** 2; Stimmrecht des Betroffenen **47** 71; Teilnahme des Gesellschafter-Geschäftsführers an der – **38** 18; Treuepflicht **13** 58; Übergang der Abberufungskompetenz betr. Geschäftsführer **6** 28; unberechtigte Kündigung **38** 45; Verfahren bei Abberufung des Liquidators durch das Gericht **66** 29; Vertretung der Gesellschaft im Rechtsstreit **38** 28; Vertretungszuständigkeit bei einstweiligem Rechtsschutz **38** 29; vorläufige Amtsenthebung **38** 32; vorzeitige Abberufung des Arbeitnehmervertreters aus dem Aufsichtsrat **Einl.** 243; – wegen grober Pflichtverletzung **38** 11; – wegen Störung der Drittbeziehung **38** 14; – wegen Unfähigkeit zur ordnungsgemäßen Geschäftsführung **38** 12; wichtige Gründe **38** 10, 13; wichtiger Grund für die Abberufung von Liquidatoren **66** 14; – (aus) wichtigem Grund **45** 13; Widerruf aus wichtigem Grund **38** 9; Wirksamwerden des Widerrufs **38** 21; Zuständigkeit **38** 17; **46** 26; Zuständigkeit in mitbestimmten Gesellschaften **38** 20

Sachverzeichnis

Fette Zahlen = §§

Abfindung, Abfindungsanspruch des ausgeschiedenen Gesellschafters **34** 127 f.; Abfindungsguthaben in Jahresraten **34** 114; Abwägung **34** 118 f.; – bei Ausschluss **34** 64; – bei Austritt **34** 64, 93 ff.; belassene Abfindungsguthaben **32 a** 149; Bemessung der endgültigen – **34** 105; Einziehungsentgelt **34** 43; Fälligkeit **34** 113; Feststellungsklage **34** 115; gerichtliche Überprüfung **34** 117; – in Jahresraten **34** 114; Kapitalherabsetzung **58** 4; Leistungsklage **34** 115; Prozessuales **34** 115; Stichtag für die Bewertung des Geschäftsanteils **34** 106; Umwandlung **77 Anh.** 89; Zug-um-Zug-Regelung **34** 116; – bei Zwangseinziehung **34** 30 ff.

Abfindungsentgelt, Ermittlung **34** 95; statutarische Normierung **34** 107

Abgeleitete Firma, Duldung der Fortführung **4** 60; Einwilligung in die Fortführung **4** 60; Erwerb **4** 59; Firma **4** 58; Firmenfortführung bei formwechselnder Umwandlung **4** 63; Fortführung **4** 59 ff.; GmbH-Zusatz **4** 58; Haftung **4** 62; Nachfolgezusatz **4** 61; Rechtsformzusatz als Unterscheidungskriterium **4** 30; Streichung des Vornamens **4** 61; unveränderte Fortführung **4** 61; Zusätze, die auf andere Rechtsform hinweisen **4** 61; Zusatz „Gesellschaft mit beschränkter Haftung" uÄ **4** 58; Zweigniederlassung mit besonderer Firma **4** 58

Ablehnung der Eintragung, Agio **57 a** 10; Altgesellschaften (Nov. 1980) **57 a** 9; Aufgeld **57 a** 10; Bekanntmachung der Eintragung der Kapitalerhöhung **57 b** 1; Beschwerde **9 c** 35; Bewertungsgrundsätze **57 a** 8; Bewertungsstichtag **57 a** 8; Differenzhaftung **57 a** 10; eigene Ermittlungen des Registergerichts **57 a** 7; Einbringung von Unternehmen **57 a** 7; Firma **4** 57, 67; Fehlen der Eintragungsvoraussetzungen **9 c** 6 ff., 35; **57 a** 9; Geldeinlagen **57 a** 5; Gesellschafterforderungen **57 a** 7; Gleichbehandlungsgrundsatz **57 a** 2; GmbH-Nov. 1980 **9 c** 1; **57 a** 1; Kapitalerhöhung aus Gesellschaftsmitteln **57 i** 7; Kapitalerhöhungsbeschluss **57 a** 2; Kosten **57 a** 11; österreichisches Recht **57 a** 13; Ordnungsmäßigkeit der Anmeldung **57 a** 2; Prüfung durch das Registergericht **57 a** 2; Prüfungsgegenstand **57 a** 2; Prüfungsgrundlagen **57 a** 4; Prüfungspflicht **57 a** 1; Prüfungsrecht **57 a** 1; Rechtsmittel **9 c** 35; registergerichtliche Prüfung **9 c** 34 f.; Sacheinlagen **5** 16; **57 a** 3, 6; Sacheinlagevereinbarung **5** 62; Sachkapitalerhöhungsbericht **57 a** 7; Sachübernahmen **57 a** 6; sachverständige Prüfer **57 a** 6; Sachverständigengutachten **57 a** 7; Sitz der Gesellschaft **4** 17 f.; Staatshaftung **57 a** 12; Teilwert **57 a** 8; Überbewertung **57 a** 8; – wegen Überbewertung von Sacheinlagen **57 a** 10; Übernahmeerklärungen **57 a** 2; Unterbewertung **57 a** 8; Versicherungen der Anmelder **8** 15 ff.; **57 a** 6; weitere Beschwerde **9 c** 35; Zeitwert **57 a** 8; Zwischenverfügung **57 a** 7

Abschlagszahlungen, Gesellschafterversammlung **29** 99; Rückzahlungsanspruch der Gesellschaft **29** 100; Zulässigkeit **29** 98 f.

Abschlussprüfer, Abberufung **42 a** 30; Auskunftspflichten gegenüber Gesellschaftern **42 a** 100 f.; Auskunftsrechte **42 a** 38; Ausschlussgründe von der Prüfung **42 a** 23 ff.; Auswahl des Abschlussprüfers **42 a** 21 (– bei freiwilliger Prüfung **42 a** 54); Berichtspflicht über bisherige Prüfung **42 a** 34; Bestätigungsvermerk **42 a** 41 ff., 45, **Vor 82–85** 56; Bestellung **42 a** 30 (– durch Gericht **42 a** 36 f.); Buchprüfer **29** 55; **42 a** 21; Buchprüfungsgesellschaften **42 a** 21; Bußgeldvorschriften **Vor 82–85** 73 ff.; Durchsetzung seiner Rechte **42 a** 39; Einsichtsrechte **42 a** 38; Erteilung des Prüfungsauftrags **42 a** 31; freiwillige Prüfung **42 a** 52; Folgen der Kündigung des Prüfungsauftrags **42 a** 34 (– der Verletzung der Auskunftspflicht **42 a** 102; – der Verletzung der Teilnahmepflicht **42 a** 102); gerichtliche Abberufung **29** 54; gerichtliche Bestellung **29** 54; Haftung, bei freiwilliger Prüfung **42 a** 56 (– gegenüber der Gesellschaft **42 a** 52); Informationsrechte **42 a** 38 (– des Konzernabschlussprüfers **42 a Anh. II** 350); Jahresabschluss **42 a** 2; Konzernabschluss **42 a Anh. II** 343; Kündigung des Prüfungsauftrages durch den Abschlussprüfer **42 a** 33; Lagebericht **42 a** 2; Pflichten gegenüber der Gesellschaft **42 a** 2; Prüfung des Jahresabschlusses **42 a** 13 (– des Konzernlageberichts **42 a Anh. II** 338); Prüfungsauftrag **29** 54; **42 a** 31; Prüfungsbericht **42 a** 39; Rechtsfolgen bei fehlerhafter Auswahl **42 a** 22 (– bei Verstoß gegen Ausschlussgrund **42 a** 29); schriftliche Berichterstattung über den Konzernabschluss **42 a Anh. II** 351; Tauglichkeit **29** 55; Teilnahme an der Gesellschafterversammlung **42 a** 94 ff.; Teilnahmepflicht an der Gesellschafterversammlung **42 a** 100; Tod **42 a** 35; Unterzeichnung des Prüfungsberichts **42 a** 44; Verletzung der Berichtspflicht **Vor 82–85** 49 (– der Geheimhaltungspflicht **Vor 82–85** 63); Verschwiegenheitspflicht **42 a** 51; Verwertungsverbot **42 a** 51; Vollständigkeitserklärung **42 a** 38; Vorlage des Prüfungsberichts **42 a** 2, 44; Vorlagerechte **42 a** 38; Vorwegberichterstattung **42 a** 41 ff.; Wahl **29** 54; **42 a** 21; Widerruf des Prüfungsauftrags durch die Gesellschaft **42 a** 32; Wirtschaftsprüfer **29** 55; **42 a** 21; **42 a Anh.** 344; Wirtschaftsprüfungsgesellschaften **29** 55; **42 a** 21; **42 a Anh. II** 344

Abschlussprüfung, Anspruch auf Erteilung und Widerruf des Bestätigungsvermerks **42 a** 48 f.; Auskunftsrechte **42 a** 38; Auswahl des Abschlussprüfers **42 a** 21 (– des Abschlussprüfers bei freiwilliger Prüfung **42 a** 54); Befreiung von der Prüfungspflicht **42 a** 13 (– von Prüfungsvorschriften **71** 28 f.); Bescheinigung bei freiwilliger Prüfung **42 a** 55; Bestätigung bei freiwilliger Prüfung **42 a** 55; Bestätigungsvermerk **42 a** 45; Bestellung des Abschlussprüfers **42 a** 30 (– des Abschlussprüfers durch das Gericht **42 a** 36); Buchprüfer **29** 55; **42 a** 21; Buchprüfungsgesellschaften **42 a** 21; Einsichtsrechte **42 a** 38; Erteilung des Prüfungs-

2644

Magere Zahlen = Randnummern

Sachverzeichnis

auftrags **42 a** 31; freiwillige Prüfung **42 a** 13, 53; Gegenstand **42 a** 16 (– der Konzernabschlussprüfung **42 a Anh. II** 345); Informationsrechte des Konzernabschlussprüfers **42 a Anh. II** 350; Inhalt des Prüfungsberichts **42 a** 41 ff.; Jahresabschluss 29 53; **42 a** 2; Kleine GmbH **42 a** 13, 53; Konzernabschluss **42 a Anh. II** 343; Konzernlagebericht **42 a Anh. II** 343, 349; Kündigung des Prüfungsauftrags durch den Abschlussprüfer **42 a** 33; Lagebericht 29 53; **42 a** 2; Nachtragsprüfung **42 a** 15; **42 a Anh. II** 345; Pflichtprüfung **42 a** 13; Plausibilitätsprüfung **42 a** 20; Prüfung bei ausländischen Konzernunternehmen **42 a Anh. II** 348 (– bei inländischen Konzernunternehmen **42 a Anh. II** 348); Prüfungsbericht **42 a** 39 (– als Tatobjekt **Vor 82–85** 55); Rechtsfolgen unterlassener Pflichtprüfungen **42 a** 14; Risikofrüherkennungssystem **42 a Anh. II** 349; schriftliche Berichterstattung bei Konzernabschluss **42 a Anh. II** 351; Strafvorschriften **Vor 82–85** 47 f.; taugliche Abschlussprüfer 29 55; Teilnahme des Abschlussprüfers an der Gesellschafterversammlung **42 a** 94 ff.; Tod des Abschlussprüfers **42 a** 35; Umfang **42 a** 18 ff. (– der Prüfung des Lageberichts **42 a** 18 ff.); Unterzeichnung des Prüfungsberichtes **42 a** 44; Verletzung der Berichtspflicht **Vor 82–85** 47; Vorlage des Prüfungsgerichts **42 a** 44; Vor- und Zwischenprüfung **42 a** 38; Wahl des Abschlussprüfers 29 54; **42 a** 21; Widerruf des Prüfungsauftrags durch die Gesellschaft **42 a** 32; Wirtschaftsprüfer 29 55; **42 a** 21; **42 a Anh. II** 344; Wirtschaftsprüfungsgesellschaften **42 a** 21, **42 a Anh. II** 344
Abschreibung, Abschreibungsplan **42 a Anh. I** 129; Änderung des Abschreibungsplans **42 a Anh. I** 137; AfA **42 a Anh. I** 138 (–, abnutzbare Wirtschaftsgüter **42 a Anh. I** 138; –, Begriff **42 a Anh. I** 138; degressive – **42 a Anh. I** 138; lineare – **42 a Anh. I** 138; –, nach Maßgabe der Leistung **42 a Anh. I** 138; progressive – **42 a Anh. I** 138; –, Steuerrecht **42 a Anh. I** 138); allgemeine Verwaltungskosten **42 a Anh. I** 395; arithmetisch-degressive Methode **42 a Anh. I** 134; Aufwendungen für Ingangsetzung und Erweiterung des Geschäftsbetriebes **42 a Anh. I** 368; außerplanmäßige – 29 90 f.; **42 a Anh. I** 395; Besonderheiten für Kapitalgesellschaften & Co. **42 a Anh. I** 127; degressive – **42 a Anh. I** 134; digitale – **42 a Anh. I** 134; Finanzanlagen **42 a Anh. I** 376; geometrisch-degressive Methode **42 a Anh. I** 134; immaterielle Vermögensgegenstände des Anlagevermögens und Sachanlagen **42 a Anh. I** 368; Kombinationsformen **42 a Anh. I** 136; leistungsbedingte – **42 a Anh. I** 135; lineare – **42 a Anh. I** 134; Methoden **42 a Anh. I** 134; Nutzungsdauer **42 a Anh. I** 130; planmäßige – **42 a Anh. I** 129 ff.; progressive – **42 a Anh. I** 134; Restwert **42 a Anh. I** 131; steuerrechtlich zulässige Abschreibungen **42 a Anh. I** 276; Vermögensgegenstände des Umlaufvermögens **42 a Anh. I** 369; Wertaufholungen 29 90 f.; Wertpapiere des Umlaufvermögens **42 a Anh. I** 376; Zuschreibungen **42 a Anh. I** 139 ff.
Abschreibungsgesellschaften Einl. 144
Abspaltung 77 **Anh.** 29, Abgrenzung gegenüber Abspaltung zur Neugründung 77 **Anh.** 574; – zur Aufnahme 77 **Anh.** 564; – zur Neugründung 77 **Anh.** 574 AfA 77 **Anh.** 583; Anmeldeverfahren bei Abspaltung zur Neugründung 77 **Anh.** 574; Anmeldung der – 77 **Anh.** 565; Arbeitnehmer 77 **Anh.** 571; Auf- und Abspaltung einer GmbH auf Personenhandelsgesellschaften 77 **Anh.** 634; Auf- und Abspaltung einer Personenhandelsgesellschaft auf GmbH 77 **Anh.** 635; Ausgliederung bei Einzelkaufmann 77 **Anh.** 569, 590; Beibehaltung der Mitbestimmung 77 **Anh.** 571; Beherrschungsidentität 77 **Anh.** 569; besondere Schutzvorschriften für Arbeitnehmer 77 **Anh.** 571; Besteuerung der Gesellschafter der übertragenden GmbH 77 **Anh.** 583; Betriebsaufspaltung 77 **Anh.** 569; Buchwert 77 **Anh.** 583; echte Betriebsaufspaltung 77 **Anh.** 569; einheitlicher geschäftlicher Betätigungswille 77 **Anh.** 569; Eintragung 77 **Anh.** 566; Einzelkaufmann 77 **Anh.** 569, 590; Enthaftung der Besitzgesellschaft 77 **Anh.** 570; Erlöschen der Gesellschaft 77 **Anh.** 567; fiktive Teilbetriebe 77 **Anh.** 576; Geschäftsanteile 77 **Anh.** 583; Gewerbesteuer 77 **Anh.** 584; Grunderwerbsteuer 77 **Anh.** 607; GWB 77 **Anh.** 574; Kapitalerhöhung 77 **Anh.** 564; Kapitalerhöhung als Veräußerung 77 **Anh.** 581; Kapitalherabsetzung in vereinfachter Form 77 **Anh.** 573; kapitalistische Betriebsaufspaltung 77 **Anh.** 569; Kombination von Spaltungsarten 77 **Anh.** 609; Missbrauchstatbestände 77 **Anh.** 578 ff., 585; Mitbestimmung 77 **Anh.** 571; Mitunternehmeranteil 77 **Anh.** 576; nicht übertragbare Gegenstände 77 **Anh.** 566; personelle Verflechtung bei Abspaltung zur Neugründung 77 **Anh.** 569; Sachgründungsbericht bei Abspaltung zur Neugründung 77 **Anh.** 574; Schutz der Inhaber von Sonderrechten 77 **Anh.** 568; Spaltungsbericht 77 **Anh.** 564; Spaltungsbeschlüsse 77 **Anh.** 564; Spaltungsbremse 77 **Anh.** 581; Spaltungsprüfung 77 **Anh.** 564; Spaltungsvertrag 77 **Anh.** 564; Steuerrecht der Aufspaltung und Abspaltung 77 **Anh.** 575; subjektive Veräußerungsabsicht 77 **Anh.** 581; Teilbetrieb 77 **Anh.** 576 f.; Trennung von Gesellschafterstämmen 77 **Anh.** 582; Übernahmegewinn 77 **Anh.** 583; Übertragungsgewinn 77 **Anh.** 583; Umgehung des § 15 Abs. 1 S. 1 UmwStG 77 **Anh.** 578 ff.; Umsatzsteuer 77 **Anh.** 585; Umwandlungsrecht 77 **Anh.** 14; Unterbilanz der übertragenden Gesellschaft 77 **Anh.** 573; verbleibender Verlustabzug 77 **Anh.** 583; Verdrängung des § 613 a BGB 77 **Anh.** 572; vereinfachte Kapitalherabsetzung **58 a** 1; vergessene Gegenstände 77 **Anh.** 566; Vermögensan-

2645

Sachverzeichnis

Fette Zahlen = §§

teile **77 Anh.** 564; Vermutung der Veräußerungsabsicht **77 Anh.** 581; Verlustvortrag **77 Anh.** 583; Wertansatzwahlrecht **77 Anh.** 583; zur Aufnahme **77 Anh.** 564, Zusammenschlusstatbestand nach § 37 Abs. 1 Nr. 1 GWB **77 Anh.** 574

Abstimmung, Abänderung der Stimmrechtsvertretung durch Gesellschaftsvertrag **47** 49; Abberufung **47** 71 (– des Gesellschafter-Geschäftsführers **47** 77); abhängige Unternehmen **47** 12; Ablehnung des Antrages **47** 5; Abspaltung des Stimmrechts **47** 24; abweichende Regelungen im Gesellschaftsvertrag **47** 16; abweichende Vereinbarungen **47** 83; actus contrarius **47** 7; amtlicher Eingriff **47** 107; anfechtbare Beschlüsse, Anfechtbarkeit **47** 86, 116; Anfechtung besonderer Beschlussgegenstände **47** 132; Anfechtungsberechtigte **47** 117; Anfechtungsgründe **47** 120; Anfechtungsklage (*s. auch dort*) **47** 141; Anstellungsbedingungen **47** 71; Anwendbarkeit aktienrechtlicher Bestimmungen **47** 94, 108, 116; Anwendbarkeit zivilrechtlicher Grundsätze **47** 4; aufhebende Beschlüsse **47** 6 f.; Aufhebungsbeschluss **47** 14; Auflösungsbeschluss **47** 72, 126; Ausführung nichtiger Beschlüsse **47** 122; Ausgleichsforderungen **47** 105; Ausnahmen von Stimmverboten **47** 70; Ausschließungsbeschluss **47** 12; Ausschließungsklage **47** 73; Ausschluss der Anfechtung **47** 133 (– des Stimmrechts **47** 21), 50; Bedeutung der Anfechtung **47** 117 (– der Nichtigkeit **47** 111; – des Gesellschaftsvertrages **47** 119); Befangenheit der Gesellschaft **47** 59; Befangenheit von Personenvereinigungen **47** 63 f.; Befreiung von einer Verbindlichkeit **47** 67; Beherrschungsvertrag **47** 12; Beschlussfähigkeit **47** 17; Beschlussfassung in Versammlungen **48** 4; Beschlussmodalitäten **48** 3; Beschlusswirkung **47** 6; Bestätigungsbeschluss **47** 137; Beurkundung durch ausländischen Notar **47** 99; Beurkundungsmängel **47** 113; Dreiviertelmehrheit **47** 12; Durchsetzung der Stimmbindung **47** 34; eigene Geschäftsanteile **47** 21; Einberufungsmängel **47** 95 ff.; einfache Mehrheit **47** 8; Einforderung von Stammeinlagen **47** 74; Eingriffe in das Mitgliedschaftsrecht **47** 129; einheitliche Abstimmung mehrerer Anteile **47** 41; Einladungsverzicht **47** 98; Einleitung des Rechtsstreits **47** 75; Einpersonen-Gesellschaft **48** 2; Einschränkung des Anfechtungsrechts **47** 119; Einstimmigkeitsprinzip **47** 12, 13; einstweilige Verfügung **47** 145; einstweiliger Rechtsschutz **47** 82, 93; Eintragung in das Handelsregister **47** 113; Enthaltung **47** 8; Entlastung **47** 65; Entlastungsbeschluss **47** 126; Erledigung des Rechtsstreits **47** 75; Erweiterung der Anfechtungsbefugnis **47** 119; fehlerhafte Beschlüsse in der Einpersonen-Gesellschaft **47** 87; Fehlhaftigkeit von Beschlüssen **47** 1, 85 ff.; Feststellung von Beschlüssen **47** 9 ff.; Feststellungsklage **47** 9; Fortsetzungsbeschluss **47** 12; Gesamtvertretung **47** 48; Geschäftsanteil **47** 39; Gesellschafterbeschluss **47** 3; Gesellschafter-Geschäftsführer **47** 69, 77; Gesellschafterversammlung **48** 2; Gesellschaftsangelegenheit **47** 1; Gesellschaftsvertrag **47** 119; gesellschaftsvertragliche Abänderung **47** 49; gesellschaftsvertragliche Bestimmungen **47** 16; Gesellschaftszweck **47** 123; Gewinnabführungsvertrag **47** 12; Gewinnverwendung **47** 131; gläubigerschützende Normen **47** 101; Gleichbehandlungsgrundsatz **47** 124; Grenzen, der Satzungsautonomie **47** 18 (– der Stimmrechtsvollmacht **47** 48); Gruppenvertretung **47** 48; gute Sitten **47** 105; Heilung von Beurkundungsmängeln **47** 113 (– der Nichtigkeit **47** 113); im öffentlichen Interesse stehende Norm des § 47 **47** 102; Inhaltsmängel **47** 100, 122; innergesellschaftliches Leben **47** 70; Insolvenzverwalter **47** 19, 146 ff.; kaduzierte Anteile **47** 21; Kaduzierung **47** 73; kassatorischer Prozess **47** 144; klageabweisendes Urteil **47** 159; kollidierendes Eigeninteresse **47** 62; Kollision mit unternehmerischem Interesse **47** 59; Legitimationszession **47** 24, 27; lex societatis **47** 37; Mehrheitserfordernis **47** 8; Mitbestimmungsgesetze **47** 103; mitbestimmungsrechtliche Streitigkeiten **47** 143; mitgliedschaftsunabhängiges Stimmrecht **47** 25; mittelbares Betroffensein **47** 58; Mitzählung unwirksam abgegebener Stimmen **47** 91; nachträgliche Veränderungen der Abstimmungsmodi **47** 18; Näheverhältnis **47** 58; Nichtbeschlüsse **47** 90; Nichtbeschluss **47** 5; nichtige Beschlüsse **47** 86; Nichtigkeit **47** 86, 94 ff.; Nichtigkeitsbestimmungen einzelner Beschlussgegenstände **47** 109; Nichtigkeitserklärung **47** 156; Nichtigkeitsklage **47** 114, 141; notarielle Beurkundung eines Beschlusses **47** 10 (keine –) **86** 14; Notwendigkeit einer Gesellschafterversammlung **47** 1; obligatorische Vertretung **47** 49; österreichisches Recht **47** 160 ff.; Ordnungsvorschriften **47** 116; Provision **47** 126; Prozessbeteiligte **47** 146 ff.; prozessrechtliche Fragen **47** 146 ff.; Prozessverlauf **47** 154; qualifizierte Mehrheit **47** 12; RA-GmbH **1** 32; Rechtsfolgen bei Stimmrechtsbevollmächtigung **47** 47 (– bei Verstößen gegen Stimmverbote **47** 82; – der Anfechtung **47** 117; – nichtiger Gesellschafterbeschlüsse **47** 112); Rechtsgeschäft **47** 3 f., 68; rechtsgeschäftliche Bindungen **47** 29; rechtsmissbräuchliches Verhalten **47** 138; Rechtsschutzinteresse **47** 142; Rechtsstreit **47** 75 f.; Rügeverzicht **47** 98; Satzungsänderungen **47** 72; Scheinbeschlüsse **47** 90; Schutz Dritter **47** 106; Selbstkontrahieren **47** 79; Sittenwidrigkeit **47** 105; Sondervorteile zum Schaden der Gesellschaft **47** 126; stattgebendes Urteil **47** 155; Stichentscheid **47** 17; Stimmabgabe **47** 22 f.; Stimmabgabe ist Willenserklärung **47** 23; Stimmberechtigte **47** 19; Stimmbindungen **47** 28 f.; Stimmbindungsverträge **47** 31 ff.; Stimmenkauf **47** 33; Stimmenthaltung **47** 8; Stimmpflichten **47** 19; **53** 58; Stimmrecht **47** 16, 19 (kein –) **47** 21; Stimmrechtsabspaltung **47** 24; stimmrechtsausschließende Interessenkollision **47** 62; stimmrechtsspaltende Vertretung **47** 48; Stimmrechtsvollmacht **47** 45 ff.; Stimmverbot des Vertreters **47** 56 (– in der GmbH & Co. KG **47** 53; – in der Vorgesellschaft **47** 53); (weitere) Stimmverbote **47** 77; Streitgegenstand **47** 141; Teilnichtigkeit von Gesellschafterbeschlüssen **47** 110; Testamentsvollstrecker **47** 19, 146 ff.; Treuepflicht **13** 49, 55, 59; **47** 125; Treuepflichten bei der Stimmabgabe **47** 125; treuwidrige Stimmabgabe **47** 125; treuwidriges Verhalten **47** 126; **86** 40 ff.; Übertragbarkeit des Stimmrechts **47** 24; Übertragung des Stimmrechts **47** 24; Übertragung vinkulierter Anteile **47** 73; Umfang der Stimmrechtsvollmacht **47** 45; Umwandlung **77 Anh.** 46, Umwandlungsbeschlüsse **47** 72; uneinheitliche Stimmabgabe **47** 38; ungültige Stimmen **47** 8; unternehmensbezogene Entscheidungen **47** 130; Unternehmensverkauf **47** 12; Unternehmensverträge **47** 72; unwirksam abgegebene Stimmen **47** 91; unwirksame Beschlüsse **47** 88; Unzulässige uneinheitliche Stimmabgabe **47** 42; Urteilswirkung **47** 155 f.; Veräußerung des Unternehmens **47** 72; Verbot, des Selbstkontrahierens **47** 51, 79 ff. (– missbräuchlicher Stimmrechtsausübung **47** 51); Vereinigung mehrerer Anteile **47** 40; Verfahrensfehler **47** 121; Verkauf des Unternehmens **47** 72; Versammlungsort **47** 97; Versammlungszeit **47** 97; Verstöße gegen den Gesellschaftszweck **47** 123; Vertretung bei der Stimmabgabe **47** 43 f. (– des Gesellschafters in der RA-GmbH **1** 32); Vollstreckung der Stimmbindung **47** 35; Vorgesellschaft **47** 15; Vornahme eines Rechtsgeschäfts **47** 68; Wahl zum Organmitglied **47** 71; Widerspruch **47** 116; Willenserklärung **47** 4; willkürliche Ungleichbehandlung **47** 124; wirkungslose Beschlüsse **47** 90; Zulässigkeit von Stimmbindungen **47** 29; Zuständigkeit, bei Klagen **47** 143 (– zur Stimmabgabe **47** 22); Zustandekommen von Entscheidungen **47** 1; Zustimmung Anfechtungsberechtigter **47** 136 (– Betroffener **47** 136; – einzelner Gesellschafter **47** 13; – zum Gesellschafterwechsel **47** 80); Zustimmungserfordernisse **47** 13 (– bei Umwandlung **77 Anh.** 52 ff.); Zwangsamortisation **47** 73

Abtretung, Anfechtung **15** 194 ff.; Anmeldung **15** 49 f., **16** 1; Anteilschein **15** 168; Antragsberechtigte für Erteilung der Zustimmung **15** 183; Austritt des Gesellschafters **34** 92; Beurkundung durch ausländischen Notar **53** 40; Einforderung von Nachschüssen **26** 36; Einzahlungen auf die Stammeinlage **19** 170 f.; Erbfolge **15** 114 f.; Erstattungsanspruch gemäß § 31 **31** 4, 44; fehlerhafte Gesellschaft **15** 194 ff.; Genehmigung **15** 172 ff.; Genehmigung der Gesellschaft **15** 161 f.; Geschäftsanteil **14** 42; **34** 130; Gewinnansprüche aus eigenen Anteilen **33** 22; Gewinnanteilsschein **29** 128; Gewinnauszahlungsanspruch **29** 31; Gewinnbezugsrecht **29** 30; Gleichgestellte Rechtsgeschäfte **15** 188; Gründungshaftung **9 b** 8; Nichtigkeit **15** 194 ff.; Nießbrauch **15** 188; Pfändung eines Teils des Geschäftsanteils **15** 140; Rechtsfolgen **15** 46 f.; Sachmängelhaftung **15** 35; schwebende Unwirksamkeit **15** 187; Steuerrecht **15** 197 ff.; Teilabtretungen **17** 13; Übertragungsanspruch **15** 42; Versagung der Genehmigung **15** 180 f.; Verschaffungspflicht **15** 12 f.; Willkür **15** 182; Zustimmung, der Geschäftsführer **15** 176 (– der Gesellschaft **15** 172, 175; – „der Gesellschaftsversammlung" **15** 177; – durch „die Gesellschafter" **15** 179)

Abwicklung s. *Auflösung, Liquidation,* Begriff **60** 2; GmbH **13** 7 ff.; Vorgesellschaft **11** 65, 68, 69

Abwicklungsstadium, Insolvenzverfahren **4** 71; Zusatz „i. A.", „i. L." **4** 71

actio pro societate s. *auch actio pro socio,* Begriff **13** 114; Beseitigungsansprüche **43** 53; beteiligte Unternehmen **13** 114; Haftung bei Pflichtverletzungen **45** 19 (– der Geschäftsführer **43** 48); Minderheitenschutz **13** 114; Unterlassungsansprüche **43** 53; Verletzung der Treuepflicht **13** 114

actio pro socio s. *auch actio pro societate*, absolut unentziehbares Mitgliedschaftsrecht **14** 18; abweisendes Urteil **13** 120; Anwendung auf die GmbH **Einl.** 58; Begriff **13** 114; Beschlussnotwendigkeit **13** 118; beteiligte Unternehmen **13** 114; Buchführungspflicht **41** 10; dogmatische Einordnung **13** 116 f.; Drittforderungen **13** 115; Einwand der Rechtshängigkeit **13** 120; Entbehrlichkeit des Beschlusses nicht erfasster Forderungen **13** 115; Haftung bei Pflichtverletzungen **45** 19; Haftung der Geschäftsführer **43** 48; Konzernrecht **52 Anh.** 79; Kostenrisiko **43** 49; Minderheitsschutz **13** 114; Mitgliedschaftsstreit **13** 121; prozessuale Fragen **13** 120; quasigesetzliche Prozessstandschaft **13** 116 f.; Rechtskraft der Entscheidung **13** 120; Subsidiarität **13** 119; Treuepflichtverletzung **13** 85, 114; Verfahrenskosten **13** 120; Zwei-Personen-Gesellschaft **13** 116; **34** 96

AfA s. Abschreibung

Agio (Aufgeld), Ablehnung der Eintragung **57 a** 10; Bilanzierung **5** 15; Einzahlungen auf die Stammeinlage **19** 13; Einzahlungen bei Anmeldung **7** 21; Erhöhung des Stammkapitals **55** 16, 34, 37; Gleichbehandlung der Gesellschafter **19** 13; Gründung **3** 36; Kapitalerhöhung **3** 36; Kapitalerhöhung aus Gesellschaftsmitteln **57 d** 3; Leistungen auf das neue Stammkapital **56 a** 2; – bei Mindesteinzahlung bei Anmeldung **7** 21; Nebenleistungspflichten **3** 33; Sacheinlage **5** 35; **57 a** 10; Stammeinlage **5** 15; Verbot der Beeinträchtigung der Einforderung **19** 34

Akademiker, promovierter, Firma der GmbH **4** 47

Aktiengesellschaft, Konzessionssystem **Einl.** 2; Normativbestimmungen **Einl.** 2; Prototyp großer Unternehmen beim Mitbestimmungsrecht **Einl.** 177 ff.

Sachverzeichnis

Fette Zahlen = §§

Alleinvertretungsbefugnis s. *Einzelvertretungsbefugnis*

Allgemeine Differenzhaftung s. auch *Vorbelastungshaftung und Vorgesellschaft*, Vorgesellschaft **11** 14, 26 ff.

Altersversorgung, Gewinn- und Verlustrechnung **42 a** Anh. I 365; Rückstellungen **42 a** Anh. I 285 ff.

Altgesellschaften (Euro-Umstellung), keine Änderung von DM-Beträgen **86** 9; andere statutarische Beschlussmehrheiten **86** 16 Anmeldung **86** 17 Art der Kapitalerhöhung **86** 33 Aufstockung **86** 33 Ausführungsart der Kapitalerhöhung aus Gesellschaftsmitteln **86** 21 Begriff **86** 4; Beschlussgegenstand **86** 14 Bestimmung des Anteilszuschnitts **86** 32 Bilanz bei Kapitalerhöhung aus Gesellschaftsmitteln **86** 23 Bildung neuer Geschäftsanteile **86** 33 Diskrepanz zwischen Gesamtbetrag der Stammeinlagen und Stammkapital **86** 12 f.; disproportionale/nicht verhältniswahrende Erhöhung **86** 29, 38; einfache Glättung **86** 38; einfache Mehrheit **86** 14; Eintragung **86** 17; Form des Glättungsbeschlusses **86** 39; Gesellschaftsrecht **86** 14; Glättung der Nennbeträge, der Geschäftsanteile **86** 19 (– des Stammkapitals **86** 19); Gleichbehandlungsgrundsatz **86** 21; Grenzen der Verfahrenserleichterung **86** 18; Handelsregister **86** 17; Handelsregistersperre **86** 50; Instrumente des GmbHG zur Kapitalveränderung **86** 20; Kapitaländerungen und ähnliche Maßnahmen während der Übergangszeit **86** 9; Kapitalaufwand bei einfacher Glättung **86** 38; Kapitalaufwand bei qualifizierter Glättung **86** 36; Kapitalerhöhung aus Gesellschaftsmitteln **86** 21; Kapitalherabsetzung **86** 27; Kosten **86** 26; krumme Euro-Beträge **86** 11; Maßgeblichkeit alter Vorschriften **86** 10; Neustückelung des Stammkapitals **86** 34; Nichtigkeit entgegenstehender Beschlüsse bei Kapitalerhöhung aus Gesellschaftsmitteln **86** 22; notarielle Beurkundung **86** 14, 39; österreichisches Recht **86** 53 ff.; Optionen bei Umstellung auf Euro **86** 7 ff.; ordentliche Kapitalerhöhung **86** 31; privilegierte Kapitalherabsetzung kombiniert mit effektiver Barkapitalerhöhung **86** 28; proportionale/verhältniswahrende Erhöhung **86** 29, 35; qualifizierte Glättung **86** 35; Registerkosten **86** 43; Rücklagenumwandlung **86** 24; Satzungsänderung **86** 15; Treuepflicht der Gesellschafter **86** 40 ff.; Umstellung durch schlichte Umrechnung **86** 10; Umstellungsbeschluss **86** 14; vereinfachte Kapitalherabsetzung **86** 30; Verfahren **86** 14; Verfahrenserleichterung **86** 18; Veröffentlichung **86** 39; Verschiebung von Stimmrechtsverhältnissen **86** 37

Altgesellschaften (Nov. 1980), Ablehnung der Eintragung **57 a** 9; Alt-Einpersonen-Gesellschaften **7** 30; Anpassung des Stammkapitals **5** 5; Differenzhaftung **9** 13; Ersatzansprüche nach § 9a **9 b** 17; Ergebnisverwendung **29** 3 f., **46** 2; Gründungshaftung **9 a** 37; Haftung nach § 9 a **9 a** 37; Handelsregistersperre **29** 12 f.;

Jahresabschluss **46** 2; Mindesteinzahlungspflicht bei Anmeldung **7** 27; Teilung von Geschäftsanteilen **17** 6

Altgesellschafter, Anpassung des Stammkapitals **53** 58

Amortisation, s. *Einziehung*

Amtshaftung, s. *Staatshaftung*

Amtslöschung, Anmeldungsmängel bei Satzungsänderung **54** 37; Beendigung der Insolvenz **63** 142; Beseitigung der Löschung **75** 44; deklaratorische Wirkung **60** 53; Durchführung **60** 37; Eintragung, der Gesellschaft **10** 4 (– des Formwechsels **77** Anh. 129); Eintragungsmängel **10** 20; Erlöschen **60** 53 ff.; Ermessensentscheidung **60** 38; Fehlen der Anmeldung **57** 42; fehlerhaft eingetragene Satzungsänderung **54** 36; fehlerhafte Eintragung **54** 28, **57** 40; Firma **4** 68; Gesellschaftsvertrag **2** 68; **3** 5; Inhaltsmängel mit Nichtigkeitsfolge **54** 38; Kapitalherabsetzung **58** 42; konstitutive Wirkung der Eintragung **10** 4; Kosten **75** 49; LöschG (aufgeh.) **60** Anh. 1, 2; Löschung, trotz vorhandenen Vermögens **60** 57 (– vermögensloser GmbH nach LöschG (aufgeh.) **75** 48); Löschungsverfügung **60** 39; Mängel der Kapitalerhöhung **57** 40; – nach Nichtigkeitsklage **75** 4, 38; Nichtigkeitsprozess und Löschungsverfahren **75** 47; öffentliches Interesse **54** 38, **60** 38; Rechtsmittel gegen Löschungsverfügung **75** 44; sachliche Mängel bei Satzungsänderung **54** 38; Satzungsänderung **54** 36; schwere Mängel des Gesellschaftsvertrages **10** 20; Sitz der Gesellschaft **4 a** 17 f.; sofortige Beschwerde **60** 37; Verfahren **60** 36; **75** 39, 41; Verfahrensmängel bei Satzungsänderung **54** 37; Verletzung zwingenden Rechts **54** 38; – bei Vermögenslosigkeit **60** 31; Widerspruch **60** 37 (– bei Nichtigkeitsklage **75** 42); Wirkung der Löschung **60** 53; Zulässigkeit **60** 39; Zuständigkeit bei Nichtigkeitsklage **75** 39

Amtsniederlegung, Aufsichtsrat **52** 32; Erklärungsempfänger **38** 36; Fehlen wichtiger Niederlegungsgründe **38** 34; Geschäftsführer **38** 33; – des Geschäftsführers bei Insolvenz **64** 21; Insolvenzantragspflicht **64** 21; **84** 49; Rechtsfolgen unzulässiger Amtsniederlegung **38** 35; rechtsmissbräuchliche Amtsniederlegung **38** 35; wichtiger Grund **38** 33; Wirkung **38** 38

Anerkennung, ordre public **Einl.** 342

Anfangskapital, Differenzhaftung **9** 1; Sicherung des – **9** 1

Anfechtung, Anmeldung nach § 16 **16** 45; eigene Geschäftsanteile **33** 47; Haftung gem. § 24 **24** 31; Jahresabschluss **29** 70, 81

Anfechtungsklage, absolut unentziehbares Mitgliedschaftsrecht **14** 18; Anerkenntnisurteil **47** 154; Anfechtung besonderer Beschlussgegenstände **47** 132; Anfechtungsberechtigung **47** 117; Anfechtungsgründe **47** 120, **48** 7; Anwendung aktienrechtlicher Regelungen **47** 143; Auflösung der Gesellschaft **62** 10; Aufsichtsratswahlen **47** 157; Ausschluss der Anfechtbarkeit **47** 127, 133; Beitritt Dritter **47**

Magere Zahlen = Randnummern

Sachverzeichnis

151; Beklagte **47** 149; Einziehung **34** 45; Entbehrlichkeit **29** 25; Frist **47** 139; Fristbeginn **47** 140; gerichtliches Geständnis **47** 154; Geschäftsführerbestellung **47** 157; Gesellschafterbeschlüsse **47** 141; Gleichbehandlung der Gesellschafter **47** 124; Haftung der Geschäftsführer **43** 48; Inhalt **47** 151; Insolvenzverwalter **47** 149; Kaduzierung **21** 62; Kausalität **47** 132; Klageanerkenntnis **47** 154; Klagebefugnis **47** 147; Klagerücknahme **47** 154; Klageverzicht **47** 154; Liquidator **47** 149; mitbestimmungsrechtliche Streitigkeit **47** 143; nachträgliche Änderung des Gewinnverwendungsbeschlusses ohne Zustimmung des Gesellschafters **29** 25; notwendige Streitgenossenschaft **47** 150; Prozessbeteiligte **47** 146 ff.; Rechte der Gesellschafter **45** 20; rechtsmissbräuchliches Verhalten **47** 138; Rechtsschutzinteresse **47** 142; Schiedsgerichtsvereinbarung **47** 143; Schutz Dritter **47** 157, 158; Streitgegenstand **47** 141; Streitwert **47**; Treuepflicht **13** 66; treuwidrige Stimmabgabe **13** 78; unzulässige Einberufung der Gesellschafterversammlung **48** 7; unzutreffende Verkündung des Beschlussergebnisses **48** 17; Urteilswirkungen **47** 155 f.; Verhältnis zur Treuepflichtverletzung **13** 42; Versäumnisurteil **47** 154; Verstöße gegen den Gesellschaftszweck **47** 123; Vertretung der Gesellschaft **35** 21; Widerklage **47** 153; Wirkung der Klageabweisung **47** 159; Zuständigkeit **47** 143
Anforderung, Bekanntmachung der – **20** 12; Form **20** 11; – durch Geschäftsführer **20** 10; Stammeinlagen **20** 10; Satzungsvorgaben **20** 12; Veröffentlichungsblätter **20** 13
Angaben auf Geschäftsbriefen, Anwendungsbereich **35 a** 4; Ausland **35 a** 4; Ausnahmen **35 a** 12; bestehende Geschäftsverbindung **35 a** 13; Bestellscheine **35 a** 14; EG-Ausland **35 a** 4; EG-Richtlinie **35 a** 3 (11. – **35 a** 11); Empfänger **35 a** 7; Geschäftsführer **35 a** 8; Gesellschaftskapital **35 a** 9; Gesellschaftssitz **35 a** 8; GmbH & Co. KG **35 a** 5; Liquidation **71** 31; österreichisches Recht **35 a** 16; Rechtsfolgen bei Verstoß **35 a** 15; Rechtsform **35 a** 8; Registergericht **35 a** 8; Registernummer **35 a** 8; Vordrucke **35 a** 12; Vorsitzender des Aufsichtsrats **35 a** 8; Zusatz „i. L." **71** 31; Zweck **35 a** 1 f.; Zweigniederlassungen **35 a** 15
Anhang des Jahresabschlusses, Abweichung von Bewertungsmethoden **42 a Anh. I** 406; Abweichung von Bilanzierungsmethoden **42 a Anh. I** 406; Aktivierungswahlrechte **42 a Anh. I** 403; Anteilsbesitz an Unternehmen **42 a Anh. I** 432; Aufgliederung der Ertragsteuern der Kleinen GmbH **42 a Anh. I** 423; Aufgliederung der Umsatzerlöse **42 a Anh. I** 418; Ausweis der Kapitalherabsetzung **58** 45; Beeinflussung des Jahresergebnisses durch steuerrechtliche Abschreibungen **42 a Anh. I** 420, 422; Bekanntgabe des Anteilsbesitzes bei der Großen GmbH **42 a Anh. I** 435; Berechnung von Unternehmensanteilen **42 a Anh. I** 433; Bewertungsmethoden **42 a Anh. I** 404; Bezüge früherer Mitglieder der Geschäftsführung **42 a Anh. I** 428; Bezüge und andere Leistungen an Organmitglieder **42 a Anh. I** 427; Bilanzierungsmethoden **42 a Anh. I** 406; Buchgewinn **58** 45; Einzelvorschriften **42 a Anh. I** 400; Erläuterungen zur Kapitalherabsetzung **58 c** 6; finanzielle Verpflichtungen bei der Kleinen GmbH **42 a Anh. I** 417; Form **41** 126, **42 a Anh. I** 399; Freistellung bei der Kleinen GmbH **42 a Anh. I** 430; freiwillige Angaben **41** 125; **42 a Anh. I** 401; freiwillige Erweiterungen **42 a Anh. I** 401; Gliederung **41** 126; Gründe für planmäßige Abschreibung des Geschäfts- oder Firmenwertes **42 a Anh. I** 437; Grundlagen der Währungsumrechnung **42 a Anh. I** 405; Haftungsverhältnisse **42 a Anh. I** 429; Kleine GmbH **42 a Anh. I** 412; Konzernrechnungslegung **42 a Anh. II** 73; Kredite **42 a Anh. I** 429; kurze Pflichtangaben **42 a Anh. I** 402; Liquidation **71** 16; Materialaufwand bei Umsatzkostenverfahren **42 a Anh. I** 425; Materialaufwand bei Umsatzkostenverfahren bei der Kleinen GmbH **42 a Anh. I** 426; Mitglieder des Aufsichtsrates **42 a Anh. I** 431; Mitglieder des Geschäftsorgans **42 a Anh. I** 431; Mutterunternehmen **42 a Anh. I** 438; Nichteinbeziehung von Tochterunternehmen in den Konzernabschluss **42 a Anh. II** 104; österreichisches Recht **42 a Anh. I** 420; Passivierungswahlrechte **42 a Anh. I** 403; Personalaufwand bei Umsatzkostenverfahren **42 a Anh. I** 425; Personalaufwand bei Umsatzkostenverfahren bei der Mittelgroßen GmbH **42 a Anh. I** 426; Pflichtangaben **41** 125, **42 a Anh. I** 399; Schutzklausel **42 a Anh. I** 434; sonstige Pflichtangaben **42 a Anh. I** 412; sonstige finanziellen Verpflichtungen **42 a Anh. I** 414; sonstige Rückstellungen **42 a Anh. I** 436; Verpflichtungen gegenüber verbundenen Unternehmen **42 a Anh. I** 416; Vorschüsse **42 a Anh. I** 429; Wahlpflichtangaben **41** 125; Zahl der beschäftigten Arbeitnehmer bei der Kleinen GmbH **42 a Anh. I** 424; zusätzliche Angaben **41** 125; Zusammenfassung mit Konzernanhang **42 a Anh. II** 304, 356; Zweck **41** 124; zusätzliche Angaben bei Kapitalgesellschaften & Co. **42 a Anh. I** 440
Anmeldepflichtige, Liquidatoren **67** 3; Umwandlungsfälle **78** 13; Zwangsgelder **79** 1
Anmeldung, Abfindungsangebot **77 Anh.** 108; Ablehnung der Eintragung **9 c** 35; Abspaltung zur Neugründung **77 Anh.** 574; Änderung, der Vertretungsbefugnis **39** 5 (– des Stammkapitals vor Eintragung **7** 17); Agio **7** 21; Alt-Einpersonen-Gesellschaft **7** 30; Amtslöschung **7** 16; anfechtbare Satzungsänderungsbeschlüsse **54** 8; Anlagen zur – **8** 2; Anmeldepflicht **78** 6; Anmeldepflicht für Satzungsänderungen **54** 7; anmeldepflichtige Personen **7** 7; **78** 10; Anmeldeprinzip **7** 1; Anmeldeverpflichtung **39** 7; Anmelder der Satzungsänderung **54** 6; – des Geschäftsführers in das Handelsregister **39** 3;

2649

Sachverzeichnis

Fette Zahlen = §§

– gem. § 16 **16** 1; – der übertragenden Gesellschaft bei Verschmelzung **77 Anh.** 381; Anmeldungsmängel **54** 37; Anmeldungspflichtige **78** 1; anzumeldende Satzungsänderungen **54** 2; Auflösung **65** 1, 4; aufnehmende Gesellschaft **77 Anh.** 383; Aufrechnung **7** 24; Aufsichtsrat **8** 13; Ausländer **39** 8; Ausgliederungsteilbilanzen **77 Anh.** 656; Ausschlussgründe für Geschäftsführer **8** 23; Bareinlagen **7** 19; **8** 20; Bedeutung der – **39** 9; Befreiung vom Verbot des Selbstkontrahierens **8** 28; beizufügende Urkunden bei Satzungsänderung **54** 10; beizufügende Unterlagen bei Umwandlung **77 Anh.** 108; Bekanntmachung bei Spaltung zur Neugründung **77 Anh.** 562; Belehrung **8** 25; Berufsverbot **8** 24; Beschwerdeberechtigte **78** 20; Bevollmächtigte **54** 6; **78** 15; Bindung des Registergerichts an die Genehmigung **8** 12; deklaratorische Bedeutung **78** 7; 17; Differenzhaftung **9** 5; eigene Geschäftsanteile **33** 35; einfache Beschwerde **78** 20; Einpersonen-Gründung **7** 25, 30; **8** 22; Einreichen der Anmeldeerklärung **7** 8; einstweilige Verfügung **54** 8; Eintragungen von Amts wegen **78** 5; Eintragungsantrag **78** 4; Eintragungsvoraussetzung **78** 4; Einzahlungen **7** 17, 20, 22, 24; Einzelheiten **8** 1; Erhöhung des Stammkapitals bei Verschmelzung **77 Anh.** 380; Erhöhungsbeschluss **57i** 1; Ermächtigung unter Gesamtvertretern **39** 6; Erklärung, gegenüber dem Gericht **7** 4; **78** 3 (– zum Eintritt der Bedingungen bei Verschmelzung **77 Anh.** 382); Erwerb eigener Geschäftsanteile **33** 55; Erzwingung **7** 5; **8** 30; Erzwingungsverfahren bei Zweigniederlassungen **12** 68 ff.; Euro-Umstellung **86** 5, 17; falsche Angaben **82** 42; Form **7** 10; **78** 18 (– bei Satzungsänderung **54** 3; – bei Zweigniederlassungen **12** 33; – der Auflösung **65** 2); formelle Voraussetzungen **9 c** 7; Formwechsel **77 Anh.** 104; Fristwahrung bei Umstellung auf Euro **86** 5; Führung des Handelsregisters **7** 13; gebührenfreies Nebengeschäft **54** 13; Gegenstand bei Umwandlung **77 Anh.** 104 (– der Prüfung **54** 16); Gemischte Einlagen **7** 19, 38; Genehmigung, des vollmachtlosen Vertreters **8** 3 (– durch Vormundschaftsgericht **8** 3); Genehmigungsurkunde **8** 9; **77 Anh.** 108; Generalvollmacht **78** 15; Gesamtbetrag der Einzahlungen **7** 20; Geschäftsführer **6** 3; **8** 25; **39** 1; **54** 8, **78** 9 f.; Geschäftswert **54** 40; Gesellschafter als Nichtverfahrensbeteiligter **7** 16; Gesellschafterliste **8** 5 f.; **40** 4; Gesellschaftsvertrag **8** 2; getrennte Vornahme **7** 9; Gewerbeordnung **8** 11; gewerberechtliche Vorschriften **8** 10; GmbH **Vor 1** 5; GmbH-Nov. 1980 **7** 2; **78** 2; Gründungsschwindel, durch unrichtige Anmeldung **82** 28 ff. (– durch unrichtigen Sachgründungsbericht **82** 53 ff.); Gründungsvollmachten **8** 3; Haftung des Geschäftsführers für falsche Versicherungen **8** 18; Handelsregister **7** 13; Handlungsvollmacht **78** 15; Handwerksrolle **8** 10; Heilung von Mängeln **7** 16; **78** 19; Handelsrechtsreformgesetz (HRefG) **8** 1; höchstpersönliche Pflicht **7** 8; Höhe der Geldeinlage in der Einpersonen-Gesellschaft **7** 31; höhere Mindesteinzahlung **7** 17; Inhalt **7** 11 (– bei Kapitalherabsetzung **58** 34; – bei Satzungsänderung **54** 3 f.; – bei Zweigniederlassungen **12** 33; – bei Auflösung **65** 4; – des Gesellschaftsvertrages **54** 12); inhaltlich unrichtige Eintragung **78** 19; Inhaltsmängel mit Nichtigkeitsfolge **54** 38; inländische Zweigniederlassung einer GmbH mit Sitz im Ausland **8** 27; **12** 50 ff.; Jahresabschlüsse **8** 8; Kaduzierung **21** 43; Kapitalerhöhung **57** 1; **57i** 2 (– bei Verschmelzung **77 Anh.** 384); Kapitalherabsetzung **58** 32 (– bei gleichzeitiger Erhöhung des Stammkapitals **58 f** 13); konstitutive Wirkung **78** 8; Kosten **54** 40; **78** 21; Legitimation der Geschäftsführer **8** 4; Legitimation gesetzlicher Vertreter **8** 3; Liquidatoren **54** 6; **66** 1 f., **67** 1, **78** 10; Löschung unrichtiger Eintragungen **78** 19; Mängel **7** 15; **75** 11; **78** 19; materielle Voraussetzungen **9 c** 8; Mehrzahlungen **7** 26; Mindesteinlagen **8** 19; Mindesteinzahlungen im österreichischen Recht **7** 41; Mindesteinzahlungspflicht **7** 17; Möglichkeiten der Einzahlung **7** 32 (– im österreichischen Recht **7** 42); nachträglich eintretende Ausschlussgründe **8** 26; nachträgliche Einpersonen-GmbH **7** 32; Nachweis über Zuleitung des Umwandlungsbeschlusses an Betriebsrat **77 Anh.** 108; Nachweise **8** 19, 22; Namensänderung **39** 4; Negativattest **8** 12; nichtige Satzungsänderungsbeschlüsse **54** 38; Nichtigkeit für Gesellschaft **75** 34; Nichtigkeitsklage **75** 11; Niederschrift des Umwandlungsbeschlusses **77 Anh.** 108; Notar **7** 8, 23, **54** 6; Notargebühren **7** 39; notarielle Bescheinigung **54** 13; notarielle Beurkundung **7** 10; **78** 18 (keine –) **86** 14; notarielles Protokoll **54** 10; öffentliche Beglaubigung **7** 10; **8** 26; **78** 18; öffentlich-rechtliche Anmeldungspflicht **78** 7; österreichisches Recht **7** 40; **8** 31 f.; Ordnungsmäßigkeit der Anmeldung **54** 16; Pflicht der Geschäftsführer zur Anmeldung **7** 5; Prokura **78** 15; Prokuristen **54** 6; protokollierter gerichtlicher Vergleich **7** 10; Prüfung durch Registergericht **8** 30; **54** 15; Rechtsmittel **78** 20; Rechtsnatur **78** 3; Registergericht **4 a** 5; **8** 19; **54** 9 (– am Sitz **54** 9); Rückforderung der Sicherung **7** 34; Rücknahme **54** 14; Sacheinlagen **7** 19, 35 f.; **8** 21; Sachgründungsbericht **8** 7; sachliche Mängel bei Satzungsänderung **54** 38; Sachübernahme **7** 29, 37; Satzungsänderung **54** 1; Satzungsänderungen bzgl. der Ergebnisverwendung **29** 16; Schluss der Liquidation **74** 1; Schlussanmeldung **74** 5; Sicherung nicht eingezahlter Beträge in der Einpersonen-Gesellschaft **7** 30, 33; Sitzverlegung **54** 9; Spaltung **77 Anh.** 538, 562; Spaltung von AG oder KGaA **77 Anh.** 621; sonstige Unterlagen bei Umwandlung **77 Anh.** 109; staatliche Genehmigung **8** 9; **54** 10; Staatshaftung **54** 39; Stammeinlage **7** 18; Strafsanktion **8** 30; Strohmann-Gründung **7** 24; Übergangsvorschriften für Altgesellschaften

Magere Zahlen = Randnummern

(Nov. 1980) **7** 27; übertragende Gesellschaft **77 Anh.** 381; Umstellung auf Euro **86** 5 f., 17; Umwandlung **77 Anh.** 104 (– AG in GmbH **77 Anh.** 172; – eingetragene Genossenschaft in GmbH **77 Anh.** 191; – GmbH in eingetragene Genossenschaft **77 Anh.** 162; – GmbH in oHG **77 Anh.** 228; – GmbH in Partnerschaftsgesellschaft **77 Anh.** 263; – rechtsfähiger Verein in GmbH **77 Anh.** 204); Umwandlungsbereinigungsgesetz (UmwBerG) **78** 2; Umwandlungsbericht **77 Anh.** 108; Unbedenklichkeitsbescheinigung **8** 10, 14; unrichtige – **82** 28; Unternehmensgegenstand **8** 9; Unternehmensvertrag **54** 11; Unterschrift der Geschäftsführer **8** 29; unwirksame Satzungsänderungsbeschlüsse **54** 11; Verbindlichkeiten **8** 20; Verbindung von Kapitalherabsetzung und Kapitalerhöhung **58 a** 18; vereinfachte Kapitalherabsetzung **58 a** 18; Verfahren **9 c** 14; **39** 8 (– des Registergerichts **7** 13); Verfahrensmängel **54** 37; Vermögensbilanz **8** 8; verschiedenartige Vertretungsbefugnisse **8** 28; Verschmelzung **77 Anh.** 376 (– durch Neugründung **77 Anh.** 442; – Personengesellschaft mit GmbH **77 Anh.** 493); Versicherungen der Geschäftsführer **8** 15 ff.; Verträge über Sacheinlagen **8** 7; Vertreter **8** 3; Vertretung **78** 11 (– des Geschäftsführers **39** 7); Vertretungsbefugnisse der Geschäftsführer **8** 28; verwaltungsrechtliche Vorschriften **8** 10; vollständiger Wortlaut des Gesellschaftsvertrags **54** 11; Voranfrage **8** 8; Voraussetzungen **7** 17; Vorgesellschaft **8** 10; Vormundschaftsgericht **8** 3; Vornahme **7** 9; Vorstandsmitglieder **77 Anh.** 106; weitere Anlagen **8** 13; weitere Beschwerde **78** 20; Wert der Sacheinlage **56** 17; Wertnachweis über Sacheinlagen **8** 8; Zeichnung der Unterschrift der Geschäftsführer **8** 29; Zeitpunkt der Bewertung von Sacheinlagen **9 c** 26; zuständiges Gericht **7** 12; **54** 9; Zustimmungserklärungen **54** 10; Zwangsgelder **79** 1; Zwangsverkauf **23** 5; Zweck **7** 3; Zweigniederlassung **7** 11; **12** 45 (– ausländischer GmbH **8** 27; **12** 55; – inländischer GmbH **12** 30, 32); Zwischenverfügung **78** 19

Anmeldung der Kapitalerhöhung, Ablehnung der Eintragung **57 a** 1; Altgesellschaften (Nov. 1980) **57** 37; Amtshaftung **57** 45; Amtslöschung wegen Mängeln der Kapitalerhöhung **57** 40; anfechtbare Kapitalerhöhungsbeschlüsse **57** 36; Anmeldepflicht **57** 12; Anmelder **57** 10; Anmeldung zum Handelsregister **57** 3; (keine) Anmeldung **57** 42; Anspruch der Gesellschaft gegen Geschäftsführer **57** 38; Austrittsrecht **57** 38; beizufügende Urkunden **57** 14; Bekanntmachung **57** 33 (– der Eintragung der Kapitalerhöhung **57 b** 1); Bevollmächtigte **57** 11; Cash-Management-System **57** 7; debitorisches Bankkonto **57** 7; Einpersonen-Gesellschaften **57** 6; Eintragung eines anderen Beschlusses **57** 44 (– in das Handelsregister **57** 31); Endgültigkeit der Leistungen **57** 6; ersatzfähiger Schaden **57** 26; Europarechtswidrigkeit von Gebühren **57** 50; Exkulpation **57** 24; falsche Angaben **57** 22, 23; fehlerhafte – **57** 43; Form der Anmeldung **57** 5, 10 (– der Versicherung **57** 8, 10); freie Verfügbarkeit durch den Geschäftsführer **57** 6 f.; Gebühren **57** 46 ff.; Geltendmachung der Ersatzansprüche gegenüber Geschäftsführern **57** 27; Geschäftsführer **57** 8, 11 f.; Geschäftswert **57** 48; Gesellschafterversammlung **57** 27; GmbH-Nov. 1980 **57** 2, 6 19; Haftung, der Geschäftsführer **57** 22 (– von Gesellschaftern **57** 30); Heilung von Eintragungsmängeln **57** 37; Höchstbetrag **57** 5; Inhalt, der Anmeldung **57** 5 (– der Eintragung **57** 32); Insolvenzverwalter **57** 27; Kapitalerhöhungsaufwand **57** 23; Kosten **57** 46 (– der Anmeldung **57** 46; – der Versicherung **57** 47; – der notariellen Bescheinigung **57** 49); Liste der Übernehmer **57** 18; Mängel, der Anmeldung **57** 41 (– der Eintragung **57** 41; – des Übernahmevertrags **57** 38); Mindesteinlagen **57** 4; nichtige Kapitalerhöhungsbeschlüsse **57** 36; notarielles Protokoll über den Kapitalerhöhungsbeschluss **57** 15; österreichisches Recht **57** 51; – durch Prokuristen **57** 11; Prüfung durch das Registergericht **57** 31; **57 a** 2; Registerrichter **57** 44; Rückabwicklung **57** 35; Sacheinlagen **57** 19; Sachübernahmen **57** 19; Schaden der Gesellschaft **57** 22; Schütt-aus-Hol-zurück-Verfahren **57** 21; sonstige Haftung der Geschäftsführer **57** 29; Sorgfalt eines ordentlichen Kaufmannes **57** 24; Staatshaftung **57** 45; Strafbarkeit **57** 29; Übernahmeerklärungen **57** 17 (– nicht voll Geschäftsfähiger **57** 39; – bei Handeln eines vollmachtlosen Vertreters **57** 39); Unbedenklichkeitsbescheinigung **57** 20; Unterbilanzhaftung **57** 7; unwirksame Kapitalerhöhungsbeschlüsse **57** 36; Verjährung der Ersatzansprüche **57** 28; Verschulden **57** 24; Versicherung bei vorheriger Verausgabung der Einlagen **57** 8; Versicherung über Mindesteinlagen **57** 6; Verwendungsabreden **57** 9; Verwendungsbindungen **57** 9; Verwendungspflichten **57** 9; Verzicht auf Ersatzansprüche **57** 28; vollständiger Wortlaut des neugefassten Gesellschaftsvertrages **57** 16; Voraussetzungen **57** 3; Vorbehalt wertgleicher Deckung **57** 7; Vorbelastungsverbot **57** 7; Wirkung, bei Mängeln der Anmeldung und Eintragung **57** 41 (– bei Mängeln der Kapitalerhöhung **57** 35; – der Eintragung **57** 34); zuständiges Gericht **57** 13; Zweigniederlassungen **57** 13

Anmeldung der Liquidatoren, anmeldepflichtige Personen **67** 3; beizufügende Urkunden **67** 5; besondere Erklärung **67** 6; Eintragung ohne Anmeldung **67** 7; einzutragende Tatsachen **67** 2; GmbH & Co. KG **67** 8; Kommanditgesellschaft **67** 8; Unterschriftshinterlegung **67** 4; Verfahren **67** 3

Anmeldung gem. § 16, Abreden über Art der Anmeldung **16** 11; Adressat **16** 37; Anfechtung **16** 45; Anmeldebefugnis **16** 10; Annahme **16** 16; Anteilsbuch **16** 1; Anwachsung gemäß § 738 BGB **16** 19; Auseinandersetzung **16** 19;

2651

Sachverzeichnis

Fette Zahlen = §§

Ausfertigung, der notariellen Urkunde **16** 15 (– des gerichtlichen Protokolls **16** 15); Ausnahme von der Haftung **16** 33; Bedeutung **16** 26; bedingte – **16** 38; – durch Bevollmächtigte **16** 10, 13; empfangsbedürftige, rechtsgeschäftsähnliche Erklärung (Mitteilung) **16** 5; Ehegatte **16** 12; eheliche Gütergemeinschaft **16** 19; Erfordernis der Anmeldung **16** 18; Erschwerung **16** 9; Erwerber **16** 10; fehlerhafte Übertragung **16** 3; Folgen **16** 26; Form **16** 5; Gesamtrechtsnachfolge **16** 18 f.; gesamtschuldnerische Haftung **16** 30; Geschäftsführer **16** 37; Gesellschaft **16** 37 (– als Erwerber **16** 21; – als Veräußerer **16** 21); Gesellschaftsvertrag **16** 9; Gütergemeinschaft **16** 12, 19; Haftung des Erwerbers **16** 27 ff. (– des Veräußeres **16** 27 ff.; – für Leistungen auf die Stammeinlage **16** 27); In-Sich-Geschäft **16** 8; Insolvenz **16** 46; Kaduzierung **21** 13; **22** 6; konkludente Handlung **16** 7; Kriterien für die Ordnungsgemäßheit der Anmeldung **16** 17; Mängel, der Anmeldung **16** 39, 43 (– der Veräußerung **16** 39 f.; – des zugrundeliegenden Rechtsgeschäfts **16** 40); Nachlasspfleger **16** 12; Nachlassverwalter **16** 12; Nachweis des Übergangs der Geschäftsanteile **16** 3, 14; Nichtigkeit **16** 40; Nießbrauch **16** 22; notarielle Abtretungsurkunde gemäß § 15 Abs. 3 **16** 8; österreichisches Recht **16** 47; Pfändung **16** 22; keine Pflicht zur Anmeldung **16** 34; Rechtsfolgen bei Mängel der Veräußerung **16** 41; Rechtsnatur **16** 5; Rückgängigmachung **16** 42; Schuldrechtliche Ansprüche **16** 23; Schutz der Gesellschaft **16** 1; Sicherungsabtretung **16** 25, 35; statutarische Regelungen **16** 9; Teilung von Geschäftsanteilen **17** 19, 33; Testamentsvollstrecker **16** 12; Treuhänder **16** 32; Treuhänderische Abtretung **16** 5; Übertragung von Geschäftsanteilen **15** 49 f.; Umfang der Haftung des Erwerbers **16** 31 f.; Umwandlung **16** 20; unbeteiligter Dritter **16** 10; unwiderlegbare Vermutung **16** 2; Unwirksamkeit **16** 44; Veräußerer **16** 10; Verfügungen, die Pflichten der Gesellschaften beeinflussen **16** 24; Verhältnis zur Übertragung des Geschäftsanteils **16** 3; Vermächtnis **16** 19; Verpfändung **16** 22; Verwaltungsrechte **16** 23; Widerruf **16** 4, 45; Zurückweisung **16** 16; Zustimmung zur Abtretung **16** 35; Zweck **16** 1; zwingendes Recht **16** 1

Anmeldungspflichtige, aufgelöster GmbH **78** 14; Ausschluss der Bevollmächtigung **78** 16; Beschwerdebefugnis **78** 13; Beschwerdeberechtigte **78** 20; Bevollmächtigung **78** 15, 16; einfache Beschwerde **78** 20; – bei der Errichtung der Gesellschaft **78** 13; Formwechsel **78** 13; Generalvollmacht **78** 15; Geschäftsführer **78** 10; Handlungsbevollmächtigte **78** 11; Handlungsvollmacht **78** 15; Insolvenzverwalter **78** 12; Kapitalerhöhung **78** 13; Kapitalherabsetzung **78** 13; Kosten **78** 21; Liquidatoren **78** 10, 12, 14; Mängel der Anmeldung **78** 19; österreichisches Recht **78** 22; Prokura **78** 15; Prokuristen **78** 11; Rechtsmittel **78** 20; sämtliche Geschäftsführer **78** 13; Spaltung **78** 13; Stellvertreter **78** 13; Umwandlungsfälle **78** 13; unechte Gesamtvertretung **78** 11; Vermögensübertragung **78** 13; Verschmelzung **78** 13; weitere Beschwerde **78** 20; Zweigniederlassung **78** 13; Zwischenverfügung **78** 19

Anrechnungsverfahren, Besteuerung des Gesellschafters **Einl.** 84; Körperschaftsteuer **Einl.** 65, 76

Anschaffungskosten, Anschaffungsnebenkosten **42 a Anh. I** 75; Ausgliederung aus Vermögen eines Einzelkaufmanns **77 Anh.** 670; Ausweis des Zuwachses an Anteilsrechten in der Bilanz **57 o** 3; Bewertung **42 a Anh. I** 73; Bilanzierung **42 a Anh. I** 183; direkte Bruttomethode **42 a Anh. I** 184; Eigenkapitalzinsen **42 a Anh. I** 79; Finanzierungskosten **42 a Anh. I** 78; Fremdwährung **42 a Anh. I** 73; Gemeinkosten **42 a Anh. I** 75; geringwertige Anlagegüter **42 a Anh. I** 185; Gesamtanschaffungspreis **42 a Anh. I** 79; Kapitalerhöhung aus Gesellschaftsmitteln **57 o** 1 f.; **Vor 82–85** 22, 26; Konzernanschaffungskosten **42 a Anh. II** 202 f.; Kosten der Erlangung der Betriebsbereitschaft **42 a Anh. I** 74; nachträgliche – **42 a Anh. I** 76; österreichisches Recht **57 o** 6; Preisminderung **42 a Anh. I** 73, 77; Rechnungslegung **42 a Anh. I** 183; Sacheinlagen **42 a Anh. I** 82; Steuerrecht **57 o** 5; tauschähnliche Geschäfte **42 a Anh. I** 81; Tauschgeschäfte **42 a Anh. I** 81; Tauschgutachten **42 a Anh. I** 81; überhöhte Anschaffungspreise **42 a Anh. I** 73; Umsatzsteuer **42 a Anh. I** 73; Umwandlung oHG in GmbH **77 Anh.** 290; Vereinfachungsverfahren **42 a Anh. I** 75; Verteilung auf Geschäftsanteile bei Kapitalerhöhung **57 o** 2; Wechselkursänderungen **42 a Anh. I** 73

Anstellungsvertrag, 35 78 ff.; **37** 31; Abberufung des Geschäftsführers **38** 31; Abgrenzung zur Abberufung **38** 50; Abschluss **52** 47; Abschlusskompetenz, bei mitbestimmter Gesellschaft **35** 18 (– bei montanmitbestimmter Gesellschaft **35** 18; – bei nicht mitbestimmter Gesellschaft **35** 17); Abstimmung über – **47** 71; Änderung des Anstellungsvertrages **35** 82; Anhebung der Vergütung **35** 100; Anwendung arbeitsrechtlicher Normen **35** 78; arbeitnehmerähnlicher Geschäftsführer **35** 94; Aufhebungsvertrag **38** 38, 52; Aufsichtsrat **52** 47; Aufwendungsersatzanspruch **35** 105; Ausschluss wichtiger Kündigungsgründe **38** 47; Beendigung des Anstellungsverhältnisses **38** 41 ff.; Berechnungsweise der Tantiemen **35** 89; Beschränkung der Geschäftsführerbefugnisse **35** 83; **37** 31; Bestellung **35** 69; Dauer in mitbestimmten Gesellschaften **35** 79; Dienstvertrag **35** 78; Erweiterung der Geschäftsführungsbefugnisse **37** 37; fehlerhafter – **35** 108; Festvergütung **35** 86; Form **35** 80; Geldstrafen **35** 105; Geschäftsführer **35** 17 f., 78 ff., 106 (– nach MitbestG **Einl.** 263); Gesellschafterbeschlüsse **46** 25; Gratifikationen **35** 91;

Herabsetzung, des Ruhegehaltes **35** 97 (– der Vergütung **35** 100); Höhe des Geschäftsführergehalts **35** 98; Inhalt **35** 81 ff., 86; Insolvenz **38** 53; Kompetenz des Aufsichtsrates **35** 85; Kündigung **52** 47 (– aus wichtigem Grund **38** 46; – durch den Geschäftsführer **38** 51; – durch die Gesellschaft **38** 41); Kündigungsfolgen **38** 45; Kündigungsfrist, bei außerordentlicher Kündigung **38** 48 (– bei ordentlicher Kündigung **38** 42); Liquidator **66** 21; Mängel des Anstellungsvertrages **35** 108; nachvertragliches Wettbewerbsverbot **35** 106; Nebenansprüche des Geschäftsführers **35** 105; Nichtdiskriminierungsprinzip **35** 98; Nichtmehrbeschäftigung **35** 108; Nichtmehrtätigwerden **35** 108; Notgeschäftsführer **35** 86; österreichisches Recht **35** 115; ordentliche Kündigung **38** 41; Parteien **35** 79; Pflichten des Geschäftsführers **35** 106; Recht, des Geschäftsführers **35** 86 (– des Notgeschäftsführers **35** 86); Rechtsfolgen der Abberufung **35** 87; Ruhegehaltsanspruch **35** 93; Ruhegehaltsanwartschaft **35** 95; satzungswidrige Regelungen **35** 84; satzungswidrige Weisungen von Gesellschaftern **35** 84; Spaltung **77 Anh.** 541; Steuerrecht **35** 99; Tantiemen **35** 88; Übernahme des Liquidatorenamtes **66** 4; Umwandlung des Gesellschaft **77 Anh.** 125; Unanwendbarkeit des BetrAVG **35** 96; unberechtigte Kündigung **38** 45; Urlaubsanspruch **35** 105; verdeckte Gewinnausschüttung **35** 99; Vergütungsanspruch **35** 86 (– bei Annahmeverzug der GmbH **35** 92; – bei Verhinderung des Geschäftsführers **35** 92); Verletzung der Geschäftsführerpflichten **35** 107; bei Verschmelzung **77 Anh.** 399; Versorgungslohn **35** 87; Vertretung, bei Änderung **35** 19 (– der Gesellschaft bei Abschluss **46** 25; – der Gesellschaft bei Kündigung **38** 43); Weisungsverbote **37** 28; Wertsicherung, von Geschäftsführergehältern **35** 101 (– von Ruhegehältern **35** 102); Wettbewerbsverbot **35** 102; Widerruf der Bestellung **38** 50; Widerruflichkeit der Bestellung des Geschäftsführers **38** 4; Widerrufsbeschränkungen **38** 4; Zeugnis **35** 105; Zulässigkeit organisationsrechtlicher Bestimmungen **35** 81; Zuständigkeit bei Kündigung aus wichtigem Grund **38** 49

Anteilseigner s. auch Gesellschafter-Geschäftsführer, als Aufsichtsratsmitglied **52** 29; Bestellung von Aufsichtsratsmitgliedern **52** 30

Anteilsschein, Abtretung **14** 42; **15** 168; Beweisurkunde **14** 42; Dividendenscheine **14** 43, 45; Genußanteilsschein **14** 44 f.; Gewinnanteilsschein **29** 125; kein Gutglaubensschutz **14** 42; Inhalt **14** 41; Pfändung **14** 42; kein Schuldschein **14** 42; Teilung von Geschäftsanteilen **17** 45; Umwandlung einer AG in GmbH **77 Anh.** 174; Verbriefung von Rechten am Geschäftsanteil **14** 39; Verpfändung **14** 42; kein Wertpapier **14** 42

Anteilsübertragung, Beurkundung **2** 40; **15** 36 ff.; Haftung nach neuem und altem Schuldrecht **15** 29; Haftung für Nebenleistungspflichten **3** 45; Leistungsstörungsrecht nach der Schuldrechtsreform **15** 31 f.; Nebenleistungspflichten **3** 44; Rechtsmängelhaftung **15** 34

Anwalts-GmbH, s. Rechtsanwalts-GmbH

Arbeitnehmervertreter s. auch Mitbestimmung, Aufsichtsrat, nach dem Betriebsverfassungsgesetz 1952 (BetrVG 1952) **Einl.** 266 ff., 269 ff. (– nach dem Mitbestimmungsgesetz 1976 (MitbestG 1976) **Einl.** 205 ff., 216 ff.); Montanmitbestimmung, paritätische Beteiligung **Einl.** 155 ff., 160 ff.; persönliche Anforderungen als Aufsichtsratsmitglied **52** 28; verfassungsrechtliche Zulässigkeit der paritätischen Beteiligung **Einl.** 164 ff.; Wahl und Abberufung **Einl.** 242

Arbeitsdirektor, Abberufung **38** 20; Beschränkung der Geschäftsführungsbefugnis **37** 25; Diskriminierung **35** 98; Eingriff in den Arbeitsbereich **37** 41; Geschäftsführer **6** 8; Geschäftsführung **Einl.** 230; gleichberechtigtes Mitglied der Geschäftsführung **Einl.** 264; **37** 40; Kernbereich von Zuständigkeiten **37** 41; **Einl.** 264; Liquidator **66** 4, 28; Mitbestimmung **Einl.** 150; Mitbestimmungsgesetz 1976 (MitbestG 1976) **Einl.** 160, 259, 264; Mitbestimmung bei größeren Unternehmen **Einl.** 150; Montanmitbestimmungsgesetz (MontanMitbestG) **Einl.** 152; Montanmitbestimmungsergänzungsgesetz (MontanMitbestErgG) **Einl.** 155; Nichtdiskriminierungsprinzip **35** 51, 98, **37** 40; stellvertretende Geschäftsführer **44** 2; Verpflichtung auf das Gesellschaftsinteresse **Einl.** 264; Vertretungsmacht **Einl.** 265; Weisungen der Gesellschafter **37** 26; Wirkungskreis **37** 41; Zahl der Geschäftsführer **6** 8; Zuständigkeiten **37** 41

Aufforderung, Entbehrlichkeit der – **21** 9; erste Zahlungsaufforderung **21** 9; Form der Aufforderung **21** 12, 17; Kaduzierung **21** 9 ff.; zweite Zahlungsaufforderung **21** 13

Aufgeld, s. Agio

Auflösung, Ablehnung des Insolvenzverfahrens mangels Masse **60** 77; abweichende Satzungsbestimmungen **61** 4; Abwicklung **77** 4; Anmeldepflicht **65** 2; Anmeldepflichtige **78** 14; Anmeldung **65** 1 (– beim Handelsregister **65** 4; – der Auflösung im österreichischen Recht **65** 13; – durch Geschäftsführer **65** 2; – durch Liquidatoren **65** 2); Art **65** 3; Aufgaben der Liquidatoren **70** 1, 7; – auf Grund von Satzungsbestimmungen **60** 40, 80; – der KG **60** 86; – durch Urteil **61** 1; – durch Verwaltungsbehörde **61** 2; – wegen Vermögenslosigkeit **60** 79; Auflösungsbeschluss **13** 8; **47** 126; **60** 74; Auflösungsgründe **60** 7 (keine – **60** 10; – des § 60 Abs. 1 **60** 11 ff.; – laut Gesellschaftsvertrag **60** 40 ff.; weitere – **60** 82; zwingende – **60** 11); Auflösungsbeschluss durch Kündigung **60** 4; Auflösungsreife **60** 2; Auflösungsurteil **60** 75; Auflösungsverfahren nach § 144a FGG und § 144b FGG **75** 4; Auflösungsverfügung **60** 26, 75; ausländische GmbH **12** 65; Außenbeziehungen **69** 1; Austrittsrecht aus wichtigem

2653

Sachverzeichnis

Fette Zahlen = §§

Grund **61** 1; Beendigung der Insolvenz **60** 36; Begriff **60** 2; – beider Gesellschaften bei GmbH & Co. KG **60** 90; Bekanntmachung bei Altgesellschaften (Nov. 1980) **65** 10; Bekanntmachung der Eintragung **65** 5; Beschluss der Gesellschafter **60** 18; besonders schwere Mängel des Gesellschaftsvertrages **10** 20; bestehende GmbH **60** 33; D-Mark-Bilanzgesetz 1991 (DM-BilG 1991) **60** 50; dreimalige Veröffentlichung **65** 9; Durchführung **65** 5; Einpersonen-Vorgesellschaft **11** 151; Eintragung **65** 2, 5 (– der Gesellschaft **10** 4; – ins Handelsregister bei Insolvenz **60** 21; – ohne Anmeldung **65** 7); Eintragungsverfahren bei Abweisung des Insolvenzantrages **60** 25; Ende der werbenden Tätigkeit **60** 4 (– ohne Auflösung **60** 5); Erleichterung **61** 4; Erlöschen der Gesellschaft **60** 53; Erschwerung des Auflösungsbegehrens **61** 4; fehlerhafte Vorgesellschaft **2** 67; Form der Anmeldung **65** 4; Formwechsel nach Auflösung **77** Anh. 147; Fortsetzung **60** 65 ff. (– bei einzelnen Auflösungsgründen **60** 73 ff.; – der Gesellschaft **61** 21; **62** 15; **65** 12; – der Gesellschaft bei Insolvenz **60** 20, 22; **63** 144; – der Gesellschaft nach Auflösung **60** 65); Fortsetzungsbeschluss **60** 69; Gegenstand des Löschungsverfahrens **60** 33; Genossenschaft **77** Anh. 163; Genussrechte **29** 154; gerichtliche Mangelfeststellung **65** 7; Gerichtsstand **69** 23; – durch Gerichtsverfügung **60** 26; Geschäftsführer **65** 2; Gesellschaftsstatut **Einl.** 294; – durch Gestaltungsurteil **60** 19; Gläubigeraufruf **65** 9, 11; – der GmbH bei GmbH & Co. KG **60** 88; – der GmbH & Co. KG **60** 85; GmbH-Nov. 1980 **60** 1, **65** 1; Inhalt, der Anmeldung **65** 4 (– der Eintragung **65** 5); Insolvenzeröffnung **63** 103; Insolvenzverfahren **60** 76; **65** 7; Internationales Privatrecht **Einl.** 341; – der KG bei GmbH & Co. KG **60** 86; Klageerfordernis **61** 4; Liquidationszusatz **60** 4; **68** 9; Liquidatoren **65** 2; **66** 1; LöschG (aufgeh.) **60** Anh. 1, 2; Löschung, bei Vermögenslosigkeit **60** 31 ff. (– im Register **60** 67; – trotz vorhandenen Vermögens **60** 57); Mangel des Gesellschaftsvertrages **65** 7; – mangels Masse **60** 23; Mantel-GmbH **60** 6; Mantelkauf **60** 6; neue Bundesländer **60** 7; Nichtigkeit der Gesellschaft **60** 2; Nichtigkeitsklage **3** 5; **75** 1; Niederlassung ausländ. Gesellschaft **60** 3; österreichisches Recht **60** 92; **65** 13; Pflicht zur Anmeldung **65** 2; Rechtsfolgen bei Nichtbehebung festgestellter Mängel des Gesellschaftsvertrages **60** 28; Rechtsverhältnisse Gesellschaft/Gesellschafter **69** 1; Reformen **60** 1; Registergericht **65** 5; registergerichtliche Mangelfeststellung **60** 78; Revisibilität des Auflösungsurteils **61** 18; Satzungsänderungen **53** 64; Schiedsgericht für die Auflösungsklage **61** 15; Schlussverteilung **72** 1; Sitzverlegung **60** 8; Sperrjahr **65** 11, **73** 1; Subsidiarität der Auflösung **61** 2; Treuepflicht **13** 81 (– während der Abwicklung **69** 22); Umwandlung oHG in GmbH **77** Anh. 281; unechte Vorgesellschaft

11 65; Unzulässigkeit der Fortsetzung der Gesellschaft nach Auflösung **60** 66 f.; verbotswidrig vollzogener Zusammenschluss **77** Anh. 372; Verfahren bei Auflösung durch Gerichtsverfügung **60** 29; – bei Verlegung des Sitzes in das Ausland **Einl.** 336; Vermögenslosigkeit (s. auch dort) **60** 34; Vermögensverteilung **72** 1; Veröffentlichung **65** 9; Voraussetzung der Kündigung **60** 46; Voraussetzung der Löschung nach § 141 a FGG **60** 33; Vorgesellschaft **11** 42, 65; Vorrats-GmbH **60** 6; weitere Fälle der Auflösung von Amts wegen **65** 8; wichtiger Grund **61** 5; Widerspruch gegen Auflösungsverfügung **60** 28; Wirkung **60** 4, 22 (– der Eintragung **60** 4; – des Fortsetzungsbeschlusses **60** 83); Zeitpunkt des Eintritts der Auflösung mangels Masse **60** 24; Zeitpunkt des Gläubigeraufrufs **65** 11; zu geringes Nominalkapital **60** 81; Zuständigkeit für Auflösungsverfahren **60** 30

Auflösung durch Urteil, Abgrenzung der Tatfrage von der Rechtsfrage **61** 18; abweichende Satzungsbestimmungen **61** 4; Abtretbarkeit des Geschäftsanteils **61** 3; Änderung des Gesellschaftsvertrages **61** 2; Ausschließungsrecht **61** 2; Austrittsrecht des Gesellschafters **61** 1; Beklagter **61** 14; Beteiligung am Stammkapital **61** 11; Einfluss des Konzerns **61** 7; einstweiliger Rechtsschutz **61** 19; Erleichterung **61** 4; kein Ermessensspielraum **61** 5; erschwerende Satzungsbestimmungen **61** 4; Fortbestand der Gesellschaft **61** 2; Fortsetzung der aufgelösten Gesellschaft **61** 21; Fortsetzungsbeschluss **61** 21; Gegenstand des Unternehmens **61** 8; Gericht **61** 15; Gesellschaft **61** 14; Gesellschafter **61** 11; Gestaltungsurteil **61** 17; GmbH & Co. KG **61** 11; Kläger **61** 11; Klageabweisung **61** 17; Klageerfordernis **61** 4; Kündigungsklausel **61** 3; letztes Mittel **61** 2; Minderheitenrecht (10% des Stammkapitals) **61** 11; Nebenintervention **61** 16; Nießbraucher **61** 13; österreichisches Recht **61** 22; persönliche Gründe **61** 10; Pfandgläubiger **61** 13; Prozessvoraussetzung **61** 16; Prüfung von Amts wegen **61** 16; Rangfolge **61** 3; Revisibilität **61** 18; Schiedsgericht **61** 4, 15; sonstige sachliche Gründe **61** 9; Störung des Vertrauensverhältnisses **61** 10; Streitwert **61** 20; Subsidiarität **61** 2; Tatsachenfeststellungen **61** 19; Treugeber **61** 13; unbestimmter Rechtsbegriff „wichtiger Grund" **61** 2, 18; Unmöglichkeit, aus Rechtsgründen **61** 7 (– der Zweckerreichung **61** 6); vorübergehende Unmöglichkeit **61** 6; Urteil **61** 17; Veräußerung des Geschäftsanteils während des Prozesses **61** 12; Verfahren **61** 11, 16; Vertragsmängel **61** 9; wichtiger Grund, besonders wichtige **61** 5 f.; Zuständiges Gericht **61** 15; Zweck **61** 6 f. (– der Gesellschaft **61** 8; – der Komplementär-GmbH **61** 7); zwingende Vorschrift **61** 1

Auflösung durch Verwaltungsbehörde, Abschreibungsgesellschaften **62** 3; Abwicklung des Kreditinstituts **62** 13; Adressat der Verfügung **62** 9; Anfechtungsklage **62** 10; Anhörung **62** 9; Anmeldung der Auflösung **62** 8; anwendbares Recht **62** 9; Auflösungsvoraussetzungen **62** 2; Auflösungswirkung **62** 10; Behörde **62** 7; Brokerfirmen **62** 3; Bundeskartellamt **62** 14; Bußgelder **62** 14; Eintritt der Auflösungswirkung **62** 9; Entschädigungsanspruch **62** 11; Ermessen **62** 6; Ersatzorganisation **62** 12; Fortsetzung der Gesellschaft **62** 15; Gefährdung des Gemeinwohls **62** 3; Geschäftsbetrieb **62** 14; Geschäftsführer **62** 5; Gesellschaften mit staatsfeindlichen Bestrebungen **62** 3; Gesetzesverstoß **62** 2; gesetzeswidrige Beschlüsse, Handlungen **62** 2; Kartellrecht **62** 14; Kreditwesengesetz **62** 13; Landeskartellbehörden **62** 14; österreichisches Recht **62** 16; Pflicht zur Anmeldung der Auflösung **62** 9; private Kapitalsammelgesellschaften **62** 3; Rechtsschutz **62** 10; Rechtsweg zu den Verwaltungsgerichten **62** 7; Rücknahme des Verwaltungsaktes **62** 15; Schwindelunternehmen **62** 3; sonstige behördliche Eingriffe **62** 14; Staatsschutzbestimmungen **62** 12; Subsidiarität **62** 6; Suspensiveffekt **62** 9; Teilorganisation **62** 12; Übermaßverbot **62** 6; Untersagung des Geschäftsbetriebs **62** 14; Unwirksamkeitsverfügungen **62** 14; Vereinsgesetz **62** 12; Verfahren **62** 6, 9; Verschulden der Gesellschafter **62** 5; Verstoß, gegen verfassungsmäßige Ordnung **62** 12 (– gegen Völkerverständigung **62** 12); Verwaltungsakt **62** 7, 15; Verwaltungsgericht **62** 10; Verwaltungshandeln **62** 9; Verwaltungssache **62** 6; Verwaltungsverfahren **62** 9; Verwaltungsverfahrensgesetze **62** 9; Widerruf des Verwaltungsaktes **62** 15; Zeitpunkt des Erlasses der Auflösungsentscheidung **62** 4; zukünftige Gefahr **62** 3; Zurechnung an die Gesellschafter **62** 5; Zuständigkeit **62** 7, 8; Zustellung der Verfügung **62** 9

Auflösungsbeschluss, Dreiviertelmehrheit der abgegebenen Stimmen **60** 17; – der Gesellschafter **60** 18

Auflösungserklärung, Vorgesellschaft **2** 67

Auflösungsgründe, Ablehnung der Eröffnung des Insolvenzverfahrens mangels Masse **60** 23, 77; Abwicklung **60** 2; Abwicklung des Kreditinstituts **60** 49; Aufleben beendeter Gesellschaften **60** 50; Auflösung auf Grund Satzungsbestimmung **60** 80 (– durch Insolvenzverfahren **60** 20; – durch Urteil **60** 19, **61** 1; – durch Verwaltungsakt **60** 19; – mangels Masse **60** 23; – wegen Vermögenslosigkeit **60** 31 ff., 79); Auflösungsbeschluss **60** 16, 74; weitere Auflösungsfälle **60** 82; keine **60** 10; – des § 60 Abs. 1 **60** 11; Auflösungsrecht durch Kündigung **60** 43; Auflösungsreife **60** 2; Auflösungsurteil **60** 75; **61** 1 ff., Auflösungsverfügung **60** 26, 75; Begriffe **60** 2; Bestimmtheit **60** 41; D-Mark-Bilanzgesetz 1990/91 (DM-BilG 1990/91) **60** 50; Doppeltatbestand **60** 54 f.; Einpersonen-GmbH **60** 9; Eintragung der Fortsetzung **60** 84; Erlöschen der Gesellschaft **60** 53; Fehlen von Satzungsbestandteilen **60** 27; Fortsetzung, bei einzelnen Auflösungsgründen **60** 73 ff. (– der Gesellschaft **60** 73 ff.); Fortsetzungsbeschluss **60** 83; Gerichtsverfügung **60** 26; Geschäftsunfähigkeit eines Gesellschafters **60** 40; Gesellschaftsvertrag **60** 40, 80; GmbH & Co. KG **60** 85 ff.; GmbH-Nov. 1980 **60** 51; individuell vereinbarte Auflösungsgründe **60** 42; Insolvenz eines Gesellschafters **60** 20, 40; Insolvenzeröffnung **63** 103; Insolvenzverfahren **60** 76; keine Auflösungsgründe **60** 10, Kein-Mann-GmbH **60** 9; Kündigung **60** 46 (– aller Gesellschafter **60** 16; – gem. Satzung **60** 43); Kündigungsrecht **60** 14, 43; Liquidation **60** 2; LöschG (aufgeh.) **60 Anh.** 1; Löschung **60** 39 (– bei Vermögenslosigkeit **60** 34); Mantel-GmbH **60** 6; Mehrheit bei Auflösungsbeschluss **60** 17; neue Bundesländer **60** 7, 50; Nichtigkeit **60** 2, 47 (– der Gesellschaft **60** 3, 28); Nichtigkeitsklage **75** 1; Rechtsfolge bei Nichtbehebung festgestellter Mängel des Gesellschaftsvertrages **60** 28; registergerichtliche Mangelfeststellung **60** 78; Rücknahme der Bankerlaubnis **60** 49; selbstwirkende Auflösungsgründe **60** 40; Sitzverlegung ins Ausland **Einl.** 336; **4 a** 19; **60** 8 (– ins Inland **60** 8); Spaltung **60** 47; Spaltungsgesetz (SpaltungsG) **60** 50; Tod eines Gesellschafters **60** 40; Treuhandgesetz (TreuhandG) **60** 50; Umwandlung **66** 62; unklare oder individuell vereinbarte – **60** 42; Urteil **60** 19; Vereinsgesetz (VereinsG) **60** 48; Verkürzung der Ablauffrist **60** 14; Vermögenslosigkeit **60** 31, 79; Verschmelzung **66** 62; Verwaltungsakt **60** 19; **62** 6, – bei Vorgesellschaft **11** 66; weitere Auflösungsgründe **60** 47; Widerspruch gegen Auflösungsverfügung **60** 28; Wirkung bei Zeitablauf **60** 15; Wirkung der Kündigung **60** 44 f.; Wirkung des Fortsetzungsbeschlusses **60** 83 Zeitablauf **60** 12; zu geringes Nominalkapital **60** 81; zwingende – **60** 11

Auflösungsklage, s. auch *Auflösung*; fehlerhafte Vorgesellschaft **2** 67; lästiger Gesellschafter **34** 62; Gesellschaftsvertrag **2** 69; Güterrecht **15** 103; nichtige Vertragsbestimmungen **75** 7; Streitwert **61** 20; Verfahren **60** 11, Vorgesellschaft **2** 67; Auflösung durch Urteil;

Aufrechnung, Abandon **27** 27; Anmeldung **7** 24; (kein) aufrechnungsverbot **19** 73; Beweislast für Zulässigkeit **19** 88; eigenkapitalersetzende Gesellschafterdarlehen **32 a** 201; Erlöschen des Gewinnanspruchs **29** 26; Erstattungsanspruch gem. § 31 **31** 44; Fälligkeit, der Forderung **19** 71 (– der Gegenforderung **19** 77); Gegenforderung des Gesellschafters **19** 72; Gesellschafterdarlehen **30** 40; Gewinnanspruch **29** 26; Gleichartigkeit der Forderung **19** 71; GmbH-rechtliche Voraussetzungen **19** 75; Haftung gem. § 24 **24** 35; Hin- und Herzahlen **19** 79; Inhaber der Forderung **19** 71; Kaduzierung **21** 28; Kapitalerhöhung mit Sacheinlagen **56** 20 f.; Kontokorrent **19** 84; Liquidität der Gesellschafterforderung **19** 78; Mindesteinzahlung **7** 24; Nachschusspflicht **26** 38; Sach-

Sachverzeichnis

einlage **19** 108 f.; Stammeinlage **19** 62 ff., 66, 70; Umgehungsverbot **19** 67; Verbot der Beeinträchtigung der Einforderung **19** 32; verdeckte Sacheinlage **19** 109; Verrechnungsvertrag **19** 74, 85; Verzugszinsen **20** 28; Vollwertigkeit der Forderung **19** 76; Vollzug vor Anmeldung **19** 87; Voraussetzungen **19** 70 ff.; zulässige – **19** 86; Zulässigkeit bei Forderungen auf die Stammeinlage **19** 108; Zuständigkeit der Geschäftsführer **19** 83

Aufrechnungsverbot, Ausnahme **19** 80 ff.; Einzahlung auf die Stammeinlage **19** 62; Kontokorrent **19** 84; Liquidation **19** 69; Löschung der Gesellschaft **19** 69; personelle Reichweite **19** 62; sachliche Reichweite **19** 63; Stammeinlage **19** 62 ff.; Umgehungsverbot **19** 67; verdeckte Sacheinlagen **19** 128; Verrechnungsvertrag **19** 85; zeitliche Reichweite **19** 64

Aufsichtsrat, Abberufung **52** 32 (– von Geschäftsführern **38** 8; **52** 47; – von Aufsichtsratsmitgliedern **52** 9; – von Liquidatoren **66** 25); Abberufungszuständigkeit in mitbestimmten Gesellschaften **38** 20; Abwahl **52** 33; Amtsdauer **52** 33; Amtsniederlegung **52** 32; Amtszeit **52** 31; Angabe auf Geschäftsbriefen **35 a** 8; Anstellungsvertrag der Geschäftsführer **Einl.** 263; **35** 18, 85; **52** 47; Anteilseignervertreter **52** 29; Antragsbefugnis in der Gesellschafterversammlung **48** 14; Antragsrecht für Insolvenz **63** 8; Anweisung zur Stellung des Insolvenzantrages **63** 15; Anzahl der Mitglieder **52** 26; Arbeitnehmervertreter **52** 5; Art der Beschlussfassung **52** 19; Arten von Aufsichtsräten **11** 46, 50; **52** 1, 3, 6 f., 22; **53** 28 Aufgaben **Einl.** 219; **52** 10 ff., 47; Aufgaben des obligatorischen Aufsichtsrates **52** 47; Aufsichtsratsbeschlüsse **52** 18; Aufsichtsratsvorsitzender **Einl.** 142; bei Ausgliederung **77 Anh.** 665 f., 679; Auskunftsrecht gegenüber dem Abschlussprüfer **42 a** 34; Ausschluss **52** 47 (– des Stimmrechts **52** 43; – von der Teilnahme **52** 38); Ausschüsse **52** 36, 38; Auswahlermessen bei Geschäftsführerbestellung **35** 72; Bekanntmachung der Eintragung **10** 26; Bericht des Aufsichtsrats **42 a** 57 ff.; Berichterstattung über die Prüfung des Jahresabschlusses **42 a** 61; Berichterstattungsfrist für die Prüfung des Jahresabschlusses **42 a** 62; Beschlüsse **52** 39; Beschlussfähigkeit **52** 18, 40; **Einl.** 186; Beschlussfassung **52** 19 (– im Ausschuß **52** 46); Beschlussmängel **52** 45; Beschränkung der Geschäftsführungsbefugnisse **37** 32; Bestellung, bei Anmeldung der Gesellschaft **8** 13 (– nach Eintragung **11** 49; – der Geschäftsführer **6** 8, 30; **35** 16, 73; **37** 29; **52** 47); bestimmte Besetzung von Ausschüssen **Einl.** 184; Betriebsverfassungsgesetz (BetrVG) **52** 26, 47; Bildung, von Ausschüssen **52** 36 (– bestimmter Ausschüsse **Einl.** 184); Bußgeldvorschriften **Vor 82–85** 73 ff.; Einberufungspflicht der Gesellschafterversammlung **49** 16; **52** 12; Einberufungszuständigkeit **52** 10; Einsichts- und Prüfungsrechte **52** 11; Entscheidungen durch Beschluss **52** 18; Entsendungsrechte **52** 9; Ersatzmitglieder **Einl.** 234; fakultativer – **11** 46; **52** 1, 6 f.; **53** 28; falsche Angaben **82** 7, 16; fehlerhafte Aufsichtsratsbeschlüsse **52** 20; Feststellung des Jahresabschlusses **52** 49; Form der Beschlussfassung **52** 19; – bei Formwechsel **77 Anh.** 82 ff., 127, 155, 172, 277; Frauenquote **Einl.** 271; Gegenstand einer Geschäftsordnung **52** 37; gerichtliche Abberufung **52** 32; Geschäftsführer **Einl.** 236; **52** 8; Geschäftsordnung **Einl.** 249; **52** 37; Gesellschafterversammlung **48** 10, 14; **52** 49; Gesellschaftsinteresse **Einl.** 188; Gesellschaftsvertrag **52** 6 f., 41; Gewinnverwendungsvorschlag **52** 11, 49; Gründungsstadium **11** 47 ff.; Haftung bei vereinfachter Kapitalherabsetzung **58 b** 14; **58 c** 8; Hauptaufgabe **52** 11; Informationsrecht **52** 48; innere Ordnung **52** 33; Insolvenzantrag **63** 8; Jahresabschluss **29** 51; **52** 11, 49; körperschaftsrechtlicher Vertrag **52** 15; konkludente Beschlüsse **52** 19; Konsultationsorgan **Einl.** 253; Kontrollorgan **Einl.** 253; Kreditgewährung an Mitglieder des – **43 a** 2; Kündigung der Geschäftsführer **52** 47; Lagebericht **52** 11, 49; leitende Angestellte **52** 8; Mehrheit **52** 18, 44; Mitbestimmungsgesetz 1976 (MitbestG 1976) **52** 26, 42, 47; mitbestimmter Aufsichtsrat **52** 22; mitbestimmungsfreie GmbH **Einl.** 198; – nach Eintragung **52** 22; natürliche Personen **52** 8; Neuwahl der Aufsichtsratsmitglieder **77 Anh.** 85; Nichtigkeitsklage **47** 148; **75** 1, 23; Niederlegung des Amtes **52** 32; obligatorischer – **11** 50; **52** 1, 3, 22; obligatorischer Aufsichtsrat in der Vorgesellschaft **11** 50; österreichisches Recht **Einl.** 294 ff.; **52** 51; Organisation **52** 33; Ort der Beschlussfassung **52** 10; Patt-Situation **Einl.** 169; persönliche Voraussetzungen für Mitglieder **52** 27 ff.; Pflicht zur Bildung eines – **52** 5; Prüfung, des Ergebnisverwendungsvorschlags **42 a** 58 (– des Jahresabschlusses **42 a** 58 ff.; – des Lageberichts **42 a** 58; – von Wertaufholungen **29** 96); Prüfungsrecht **29** 51; Publizität **52** 21; Rechte gegenüber Gesellschaftern bei Liquidation **66** 6; Rechtsfolge von Pflichtverletzungen **52** 17; Rechtsstellung **52** 50 (– der einzelnen Aufsichtsratsmitglieder **52** 15; – der Mitglieder des obligatorischen Aufsichtsrats **52** 50; – und Aufgaben des Vorsitzenden **52** 34); Satzung **52** 31; Satzungsänderung **53** 28; Schadensersatz **52** 17; schriftliche Beschlussfassung **52** 19; „Siemens"-Entsch. **Einl.** 183 f.; Sitzungen **52** 38; Sitzungsleitung **52** 38; Sorgfaltsmaßstab bei delegierten Aufgaben **45** 18; Sorgfaltspflicht **52** 16; Spaltung **77 Anh.** 619 Statusverfahren **Einl.** 226, 273; stellvertretender Vorsitzender **Einl.** 183 f.; Stellvertreter **52** 33; Stichentscheid bei Stimmengleichheit in Ausschüssen **Einl.** 185; Stimmengleichheit **52** 18; Stimmrecht von Gesellschaftern **52** 9; Stimmverbote bei Aufsichtsratsmitgliedern **52** 18; Tätigkeit **52** 10; Tagesordnung **52** 10; Teilnahmeberechtigung und -verpflichtung **52** 38; Teilnahme-

Magere Zahlen = Randnummern

Sachverzeichnis

recht an der Gesellschafterversammlung **48** 10; Übertragung von Weisungsbefugnissen **37** 30; Überwachung der Geschäftsführung **52** 6 f., 11; Umwandlung **77 Anh.** 63; unrichtige Darstellung **Vor 82–85** 33 ff.; Verantwortlichkeit **52** 16; vereinfachte Kapitalherabsetzung **58 d** 13; Verletzung der Geheimhaltungspflicht **85** 5; Verjährung von Schadensersatzansprüchen **52** 17; Verkürzung der Amtszeit **52** 31; – bei Verschmelzung **77 Anh.** 356, 372, 401, 411, 442, 462, 479; Vertreter **52** 33; Vertretung, der Gesellschaft **Einl.** 254; **52** 14 (– der Gesellschaft in Rechtsstreitigkeiten über Abberufung **38** 28, 30; – in Prozessen **46** 45); Vertretungsbefugnis **52** 49; Voraussetzungen eines obligatorischen Aufsichtsrates **52** 4 f., 22; Vorgesellschaft, Vor-GmbH **11** 47; **52** 24; **52** 23; Vorhandensein eines Aufsichtsrats **52** 22; Vorlage des Prüfungsberichtes **42 a** 2; Vorsitz **52** 32; Vorsitzender **52** 33; vorzeitige Abwahl **52** 33; Wahl, der Arbeitnehmervertreter **52** 30 (– der Mitglieder **52** 9; – des Abschlussprüfers **29** 54); Weisungsbefugnisse **37** 30; Weisungsrechte **52** 13; Wohl der Gesellschaft **49** 16, **52** 12; zusätzliche Überwachungsorgane **52** 22; zusätzliches fakultatives Organ **52** 25; Zusammensetzung **Einl.** 186; **52** 26 (– des fakultativen Aufsichtsrates **52** 8; – von Ausschüssen **52** 36); Zuständigkeit bei Kündigung aus wichtigem Grund **38** 49; Zuständigkeitsgrenzen für Ausschüsse **52** 36; Zustimmung zur Geschäftsführung **Einl.** 289; **52** 13; **37** 32; Zustimmungsvorbehalt **52** 13; Zweck des Mitbestimmungsgesetzes **52** 5; Zweitstimme **Einl.** 169; zwingendes Recht **52** 35

Aufsichtsrat nach dem Betriebsverfassungsgesetz 1952 (BetrVG 1952) *s. auch Aufsichtsrat*, **Einl.** 284, **Anh.** I; Abberufung der Geschäftsführer **Einl.** 285; Änderung in der Zusammensetzung **Einl.** 274; Arbeitnehmervertreter **Einl.** 283; Aufgaben **Einl.** 288; Auflösung der Gesellschaft **Einl.** 276; Ausschüsse **Einl.** 286; Beschäftigte der GmbH **Einl.** 271; Beschlüsse **Einl.** 287; Bestellung der Geschäftsführer **Einl.** 285; Bildung **Einl.** 269; Entsendungsrechte für einzelne Mitglieder **Einl.** 270; erstmalige Bildung **Einl.** 272; Frauenquote **Einl.** 271; Geschäftsordnung **Einl.** 286; Gewerkschaftsvertreter **Einl.** 271; Haftung **Einl.** 292; Höchstzahlen für Sitze **Einl.** 270; innere Ordnung **Einl.** 286; leitende Angestellte **Einl.** 266; Rechtsverhältnis zur Gesellschaft **Einl.** 291; „Reemtsma"-Entsch. **Einl.** 288; „Siemens"-Entsch. **Einl.** 286; Sinken der maßgeblichen Arbeitnehmerzahl **Einl.** 275; Sitzungen **Einl.** 287; Statusverfahren **Einl.** 273; Umwandlung **Einl.** 277; Vertretung der Gesellschaft gegenüber Geschäftsführer **Einl.** 290; Vorsitzender **Einl.** 286; wesentliche Befugnisse **Einl.** 290; Zusammensetzung **Einl.** 269 f.; Zuständigkeit **Einl.** 288; Zustimmungsvorbehalt bei bestimmten Geschäften **Einl.** 289

Aufsichtsrat nach dem Mitbestimmungsgesetz 1976 (MitbestG 1976) *s. auch Aufsichtsrat*, **Einl. Anh.** I; Änderung der Zusammensetzung **Einl.** 225; Angestellte **Einl.** 219; Anpassung ohne gerichtliches Verfahren bei Überschreiten der maßgeblichen Arbeitnehmerzahl **Einl.** 223; Anstellungsvertrag der Mitglieder **Einl.** 255; Arbeiter **Einl.** 219; Aufgaben **Einl.** 253; Auflösung der Gesellschaft **Einl.** 229; Aufsichtsratsmitglieder der Anteilseigner **Einl.** 235 (– der Arbeitnehmer **Einl.** 238); Aufsichtsratspräsidium **Einl.** 247; Ausschuss nach § 27 Abs. 3 MitbestG **Einl.** 247; Bänkeprinzip **Einl.** 248; „Beiersdorf"-Entsch. **Einl.** 248; Beschlüsse **Einl.** 250 f.; Beschlussfähigkeit **Einl.** 252; Bestellung **Einl.** 255; Bestimmung der Arbeitnehmervertreter **Einl.** 218 Bildung **Einl.** 216; „Dynamit-Nobel"-Entsch. **Einl.** 248; erstmalige Bildung **Einl.** 220; gerichtliche Entscheidung **Einl.** 224; Geschäftsordnung **Einl.** 249; Gewerkschaftsvertreter **Einl.** 239; Größe **Einl.** 217; Haftung **Einl.** 257 (– von Aufsichtsratsmitgliedern **Einl.** 257) Interessenkonflikt **Einl.** 257 als Konsultationsorgan **Einl.** 253; Kreations- und Kontrollorgan **Einl.** 253; Kreditgewährung an Mitglieder **Einl.** 256; leichtes Übergewicht der Anteilseigner **Einl.** 169; mitbestimmter – **Einl.** 244; „Opel"-Entsch. **Einl.** 254; Patt-Situation **Einl.** 169; Prinzip der Gruppenzugehörigkeit **Einl.** 218; Prüfungsrecht **29** 51; Rechte bei Insolvenz **63** 140; Rechtsgrundlage für mitbestimmten Aufsichtsrat **Einl.** 244; Rechtsverhältnis des Aufsichtsrates zur Gesellschaft **Einl.** 255; „Reemtsma"-Entsch. **Einl.** 255; Schadensersatzansprüche gegen Aufsichtsratsmitglieder **Einl.** 258; „Siemens"-Entsch. **Einl.** 246, 248; Sinken der maßgeblichen Arbeitnehmerzahl **Einl.** 228; Sitzungen **Einl.** 250; Ständiger Ausschuss **Einl.** 247; Statusverfahren **Einl.** 221, 226; Stellvertreter **Einl.** 245; Stimmabgabe **Einl.** 251; Stimmboten **Einl.** 251; Stimmengleichheit **Einl.** 251; Übergangsregelung bei Umwandlung **Einl.** 230; Übergewicht der Gesellschafterseite **Einl.** 245; Überschreiten der maßgeblichen Arbeitnehmerzahl **Einl.** 222; Umwandlung **Einl.** 230; Verfahren der gerichtlichen Entscheidung **Einl.** 227; Verfahren der gerichtlichen Entscheidung bei Überschreiten der maßgeblichen Arbeitnehmerzahl **Einl.** 224; Vermittlungsausschuß **Einl.** 247; Vertretung der Gesellschaft gegenüber Geschäftsführer **Einl.** 254; Vorsitzender **Einl.** 245; weitere Ausschüsse **Einl.** 248; weitere Stellvertreter des Vorsitzenden **Einl.** 246; Zusammensetzung **Einl.** 216 f., 248; Zuständigkeit **Einl.** 253; Zweitstimme des Vorsitzenden **Einl.** 169; zwingendes Recht **Einl.** 216

Aufsichtsratsbeschlüsse, „Reemtsma"-Entsch. **Einl.** 263

Aufsichtsratsmitglieder, Abberufung **Einl.** 231, 278; **52** 9, 32; Abberufung der Arbeitnehmer-

2657

Sachverzeichnis

Fette Zahlen = §§

vertreter **Einl.** 242; Amtsniederlegung **52** 32; Amtszeit **Einl.** 233, 280; **52** 31; Anstellungsvertrag **Einl.** 255; – der Anteilseigner **52** 29 f.; – der Arbeitnehmer **52** 28, 30; Ausschluss des Stimmrechts **52** 43; Bekanntmachung **10** 26; Bestellung **Einl.** 231, 278 (– nach aktienrechtlichen Vorschriften **Einl.** 231; – von Anteilseignervertretern **52** 30); Betriebsverfassungsgesetz 1952 (BetrVG 1952) **Einl.** 266; **52** 30; Bußgeldvorschriften **Vor 82–85** 73 ff.; D & O-Versicherungen **Einl.** 256; Entsendungsrechte **Einl.** 282; **52** 9 (– in der Satzung **Einl.** 237); Ersatzbestellung **Einl.** 234; Ersatzmitglieder **Einl.** 234; falsche Angaben **82** 7, 16; Geheimhaltungspflicht **Einl.** 257; gerichtliche Abberufung **52** 32; gerichtliche Bestellung **52** 30; Geschäftsführer **6** 21; – der Gesellschafter **Einl.** 281; Gesellschaftsinteressen **Einl.** 257; Gewerkschaftsvertreter **Einl.** 239 f.; GmbH als Aufsichtsratsmitglied **13** 16; Haftung **Einl.** 257; Interessenkonflikt **Einl.** 257; Mitglieder, der Anteilseigner **Einl.** 235, 281 (– der Arbeitnehmer **Einl.** 238, 283); natürliche, unbeschränkt geschäftsfähige Person **Einl.** 232, 279; Nichtigkeitsklage **75** 23; Niederlegung des Amtes **52** 32; persönliche Voraussetzungen **Einl.** 232, 241, 279; **52** 27 (– für Anteilseignervertreter **52** 29; – für Arbeitnehmervertreter **52** 28); Rechtsfolgen von Pflichtverletzungen **52** 17; Rechtsstellung **52** 15, 50 (– und Aufgaben des Vorsitzenden **52** 34); Satzung **52** 29; Schadensersatz **52** 17; Schadensersatzansprüche **Einl.** 258; Schadensersatzpflicht **Einl.** 258; Schwindel durch öffentliche Mitteilung über die Vermögenslage **82** 84; Sorgfaltspflicht **52** 16; stellvertretende Geschäftsführer **44** 2; Stimmverbote **52** 18; strafrechtliche, Haftung **Einl.** 257 (– Mitverantwortung **82** 114); unrichtige Darstellung **Vor 82–85** 33 ff.; Untreue **Vor 82–85** 14; Verantwortlichkeit **52** 16; Vergütung **Einl.** 255; **52** 15; Verjährung von Schadensersatzansprüchen **52** 17; Verletzung der Geheimhaltungspflicht **85** 5; Vermögensbetreuungspflicht **Vor 82–85** 10; vorzeitige Abberufung des Arbeitnehmervertreters aus dem Aufsichtsrat **Einl.** 243; vorzeitige Abwahl **52** 33; Wahl, der Arbeitnehmervertreter **Einl.** 242; **52** 30 (– der Mitglieder **52** 9; – der Mitglieder der Anteilseigner **Einl.** 236)

Aufspaltung, Abspaltung zur Aufnahme **77 Anh.** 564; Abtretung **77 Anh.** 528; AfA **77 Anh.** 581; Anlagen zur Anmeldung **77 Anh.** 538; Anmeldeverfahren bei Spaltung zur Neugründung **77 Anh.** 560; Anmeldeverpflichtete **77 Anh.** 560; Anmeldung der Abspaltung **77 Anh.** 560; Anmeldung der Spaltung **77 Anh.** 538; Anstellungsverträge der Geschäftsführer **77 Anh.** 541; Arbeitsverhältnis **77 Anh.** 522; Aufspaltung zur Neugründung **77 Anh.** 553; Auf- und Abspaltung, einer GmbH auf Personenhandelsgesellschaften **77 Anh.** 634 (– einer Personenhandelsgesellschaft auf GmbH **77 Anh.** 635); Ausgleichspflicht **77 Anh.** 549; Ausgliederung **77 Anh.** 587; Beitritt Dritter **77 Anh.** 558; Bekanntmachung **77 Anh.** 562 (– der Spaltung **77 Anh.** 539); Berechnung des Beteiligungsverhältnisses **77 Anh.** 533; Beschlussfassung (Dreiviertelmehrheit) **77 Anh.** 538; besondere Schutzvorschriften für Arbeitnehmer **77 Anh.** 552; Besteuerung der Gesellschafter der übertragenden GmbH **77 Anh.** 583; Bestimmbarkeit einzelner Gegenstände **77 Anh.** 525; Betrieb **77 Anh.** 522 f.; Betriebsteile **77 Anh.** 522 f.; Bezeichnungshilfsmittel **77 Anh.** 526; Bilanzen **77 Anh.** 526; Bilanzierung von Haftungsverbindlichkeiten **77 Anh.** 550; Buchwert **77 Anh.** 583; Buchwertfortführung **77 Anh.** 523; Dauerschuldverhältnisse **77 Anh.** 526; Einfluss von Mängeln auf Wirkung der Spaltung **77 Anh.** 542; einheitlicher Vertrag **77 Anh.** 521; Eintragung **77 Anh.** 539, 564 (– der Abspaltung **77 Anh.** 566; – der Aufspaltung in das Handelsregister der übertragenden GmbH **77 Anh.** 540; – der Spaltung **77 Anh.** 539); Einzelrechtsnachfolge **77 Anh.** 525; Erleichterungen für Mindestinhalt des Spaltungsvertrages **77 Anh.** 531; Erlöschen der übertragenden GmbH **77 Anh.** 541; fiktive Teilbetriebe **77 Anh.** 576; Firma **77 Anh.** 541; Folgen für Arbeitnehmer und ihre Vertretungen **77 Anh.** 530; Forderungen **77 Anh.** 528; Gegenstände des Aktivvermögens **77 Anh.** 529; gesamtschuldnerische Haftung **77 Anh.** 529 (– aller beteiligten Gesellschaften **77 Anh.** 543); Geschäftsführer der übertragenden GmbH **77 Anh.** 560; Gesellschafter der übernehmenden Gesellschaften **77 Anh.** 542; gesetzliche Regelung der – **77 Anh.** 29; Gewährung von Geschäftsanteilen **77 Anh.** 564; gewerbesteuerliche Behandlung **77 Anh.** 582; Gläubigerschutz **77 Anh.** 543; Grunderwerbsteuer **77 Anh.** 586; Grundsätze über die Sicherungsübereignung von Warenbeständen **77 Anh.** 525; Grundstücke **77 Anh.** 527; Handlungsvollmacht **77 Anh.** 541; Heilung von Mängeln **77 Anh.** 542; Inhalt, des Spaltungsberichtes **77 Anh.** 534 (– des Spaltungsplanes **77 Anh.** 556 f.; – des Spaltungsvertrages **77 Anh.** 521); Inventare **77 Anh.** 526; Kapitalerhöhung **77 Anh.** 564 (– als Veräußerung **77 Anh.** 581); Kombination von Spaltungsarten **77 Anh.** 609; Konzernspaltung **77 Anh.** 535; Löschung ohne Auflösung **60** 62; Mängel **77 Anh.** 542; Maßstab für Aufteilung der Anteile **77 Anh.** 533; Mehrheitserfordernis **77 Anh.** 536; Missbrauchsfälle **77 Anh.** 578 ff.; Missbrauchstatbestand **77 Anh.** 578 ff.; Mitunternehmeranteile **77 Anh.** 576; nicht anwendbare Vorschriften **77 Anh.** 561; nicht durch Rechtsgeschäft übertragbare Gegenstände **77 Anh.** 540; nicht-verhältniswahrende Spaltung **77 Anh.** 533, 539; notarielle Beurkundung des Spaltungsvertrages **77 Anh.** 532; partielle Gesamtrechtsnachfolge **77 Anh.** 522, 542; Produkthaftung **77 Anh.** 545; Prokura **77**

Magere Zahlen = Randnummern

Sachverzeichnis

Anh. 541; Rentenverpflichtungen 77 Anh. 528; Sachgründungsbericht 77 Anh. 559; Schlussbilanz 77 Anh. 526; Schutz, der Alt-Gläubiger der übernehmenden Gesellschaften 77 Anh. 548 (– der Gläubiger 77 Anh. 543; – der Inhaber von Sonderrechten 77 Anh. 547); Schutzvorschriften zugunsten der Arbeitnehmer 77 Anh. 552; Schutzzweck der Übertragungshindernisse 77 Anh. 528; schwebende Verträge 77 Anh. 526; selbstgeschaffene immaterielle Wirtschaftsgüter 77 Anh. 526; Sicherheitsleistung 77 Anh. 543, 550; Sonderrechtsnachfolge 77 Anh. 540; Sonderregelungen des Spaltungsplanes 77 Anh. 561; sonstige Übertragungshindernisse 77 Anh. 528; Spaltung zu „Null" 77 Anh. 537; Spaltungsbericht 77 Anh. 533; Spaltungsbeschlüsse 77 Anh. 564; 77 Anh. 536; Spaltungsbremse 77 Anh. 581; Spaltungsplan 77 Anh. 554; Spaltungsprüfung 77 Anh. 535; Spaltungsteilbilanzen 77 Anh. 526; Spaltungs- und Übernahmevertrag 77 Anh. 521; Spaltungsvertrag 77 Anh. 521, 534, 556, 566; Stammeinlage 77 Anh. 555; Stammkapital 77 Anh. 555; steuerliche Zwecke 77 Anh. 526; Steuerrecht 77 Anh. 575; subjektive Veräußerungsabsicht 77 Anh. 583; Teilbetrieb 77 Anh. 523, 578; Teile des Vermögens 77 Anh. 522; Teilfläche 77 Anh. 528; Trennung von Gesellschafterstämmen 77 Anh. 582; Übernahmegewinn 77 Anh. 583; Übertragung von Gegenständen 77 Anh. 524; Übertragungsgewinn 77 Anh. 583; Übertragungshindernisse 77 Anh. 528; Umgehung des § 15 Abs. 1 S. 1 UmwStG 77 Anh. 578; Umsatzsteuer 77 Anh. 585; Umtauschverhältnis 77 Anh. 526, 557; Umwelthaftung 77 Anh. 545; Unterlassungspflichten 77 Anh. 528; Unternehmensvertrag 77 Anh. 524; Veräußerung von Unternehmen 77 Anh. 525; Verbindlichkeiten 77 Anh. 528 (– nicht fällige 77 Anh. 543; – vergessene 77 Anh. 529, 546); verbleibender Verlustabzug 77 Anh. 583; Verbot des Rechtsmissbrauchs 77 Anh. 543; Vereinbarung der Vermögensübertragung 77 Anh. 522; vergessene Gegenstände 77 Anh. 566; verhältniswahrende Spaltung 77 Anh. 533; Verlustvortrag 77 Anh. 583; Vermutung der Veräußerungsabsicht 77 Anh. 581; Versagung staatlicher Genehmigung 77 Anh. 529; Verstoß gegen Reihenfolge der Eintragung 77 Anh. 563; Verzicht auf Spaltungsbericht 77 Anh. 534; weitere Haftungsgrundlage 77 Anh. 544; Wertansätze bei der übernehmenden Gesellschaften 77 Anh. 551; Wertansatzwahlrecht 77 Anh. 583; Wirkung der Eintragung der Aufspaltung 77 Anh. 540; Zuordnungsfreiheit 77 Anh. 524; – zur Aufnahme 77 Anh. 520; Zustimmung der Anteilsinhaber 77 Anh. 536 f.

Aufstockung, Geschäftsanteile 14 8; 34 52; Kapitalerhöhung 55 13 f.; Leistungen auf das neue Stammkapital 56 a 3; Mindesteinzahlung 56 a 3; Umstellung auf Euro 86 33; Umwandlung 77 Anh. 136; Umwandlung oHG in GmbH 77 Anh. 285

Auftraggeber, Gründungshaftung 9 a 27 ff.

Ausfallhaftung, Begrenzung 24 128; Folgen 21 50; Haftung für Zinsen 21 51; Inhalt 21 50; – des Kaduzierten 24 50 f.; Kapitalerhöhung mit Sacheinlagen 56 18; sekundäre – 24 25; summenmäßige Beschränkung 24 23 f.; Voraussetzungen 21 50

Ausgliederung, allgemeine Vorschriften 77 Anh. 588; Anteile an einer Kapitalgesellschaft 77 Anh. 602; Anteilstausch 77 Anh. 587; arbeitsrechtliche Vorschriften 77 Anh. 590; Ausgliederung nach dem UmwG 77 Anh. 590; – aus dem Vermögen eines Einzelkaufmanns 77 Anh. 588, 640; – nur zur Neugründung von Kapitalgesellschaften 77 Anh. 660; – von einer GmbH auf eine Personenhandelsgesellschaft 77 Anh. 636; – einer Personenhandelsgesellschaft auf eine GmbH 77 Anh. 637; – zur Neugründung 77 Anh. 659; Ausgliederungsbericht 77 Anh. 594; Ausgliederungsbeschluss 77 Anh. 595; Ausgliederungsplan 77 Anh. 592; Ausgliederungsverfahren 77 Anh. 591; Ausgliederungsvertrag 77 Anh. 592; Ausgründungen 77 Anh. 593; – außerhalb des UmwG 77 Anh. 590; Beibehaltung der Mitbestimmung 77 Anh. 600; besondere Schutzvorschriften zugunsten von Arbeitnehmern 77 Anh. 600; Betrieb 77 Anh. 602; Betriebsaufspaltung 77 Anh. 589; Betriebsrat 77 Anh. 594; Eintragung im Handelsregister 77 Anh. 598; einzelne Vermögensgegenstände 77 Anh. 587; ertragsteuerneutrale – 77 Anh. 603; Firma 77 Anh. 588 (– der übertragenden Gesellschaft 77 Anh. 599); Fortführung der Firma 77 Anh. 599; Gegenleistung nur in Anteilen des übernehmenden Rechtsträgers 77 Anh. 587; Gemeinschaftsunternehmen 77 Anh. 589; gesamtes Vermögen 77 Anh. 587; Geschäftsführungsmaßnahme 77 Anh. 29; gesetzliche Regelung 77 Anh. 590; Gläubigerschutz 77 Anh. 590; Grunderwerbsteuer 77 Anh. 607; Haftung für falsche Angaben 9 a 3; Holding 77 Anh. 589; „Holzmüller"-Entsch. 77 Anh. 590; Kapitalerhöhung bei der übernehmenden Gesellschaft 77 Anh. 596; Kapitalherabsetzung bei der übertragenden Gesellschaft 77 Anh. 596; Kombination von Spaltungsarten 77 Anh. 609; Konzern 77 Anh. 589; Konzernrecht 52 Anh. 45; Mehrheit der Stimmrechte 77 Anh. 600; Mitbestimmung 77 Anh. 600; Mitunternehmeranteil 77 Anh. 602; neuerrichtete Tochtergesellschaften 77 Anh. 589; nicht spaltungsfähige Rechtsträger 77 Anh. 590; partielle Gesamtrechtsnachfolge 77 Anh. 590; Prüfung, des Ausgliederungsplanes 77 Anh. 593 (– des Ausgliederungsvertrags 77 Anh. 593); Sachgründungsbericht 77 Anh. 597; Satzungsänderung 53 19; Schutzvorschriften zugunsten

2659

Sachverzeichnis

Fette Zahlen = §§

der Arbeitnehmer 77 **Anh.** 600; steuerliche Begünstigung 77 **Anh.** 587, 604; steuerliche Rückwirkung 77 **Anh.** 605; Steuerrecht 77 **Anh.** 590, 603; Teilbetrieb 77 **Anh.** 602; Trennung von Unternehmen 77 **Anh.** 589; Treuepflicht 13 75; Übertragung des gesamten Vermögens 77 **Anh.** 589; Übertragung von Vermögensteilen außerhalb des UmwG 77 **Anh.** 590; Umsatzsteuer 77 **Anh.** 606; Umwandlungsrecht 77 **Anh.** 14; Unterfall der Spaltung 77 **Anh.** 587; vereinfachte Kapitalherabsetzung 58 a 1; Verfahren 77 **Anh.** 591; Verlustvortrag 77 **Anh.** 604; Vorgesellschaft 77 **Anh.** 590; Wahlrecht 77 **Anh.** 605

Ausgliederung aus dem Vermögen eines Einzelkaufmanns, Anmeldung 77 **Anh.** 656 (– neugegründeter GmbH 77 **Anh.** 665); Anschaffungskosten für die GmbH-Geschäftsanteile 77 **Anh.** 670; Ausgliederung, nur zur Neugründung von Kapitalgesellschaften 77 **Anh.** 660 (– zur Aufnahme 77 **Anh.** 639; – zur Neugründung 77 **Anh.** 659); Ausgliederungsbericht 77 **Anh.** 653, 664; Ausgliederungsbeschluss 77 **Anh.** 654; Ausgliederungserklärung 77 **Anh.** 661; Ausgliederungskosten 77 **Anh.** 661; Ausgliederungsplan 77 **Anh.** 661; Ausgliederungs-Teilbilanzen 77 **Anh.** 656; Ausgliederungsverbot 77 **Anh.** 649; Ausgliederungsvertrag 77 **Anh.** 652; Begriff des Unternehmens 77 **Anh.** 648; Betrieb 77 **Anh.** 669; Betriebsaufspaltung 77 **Anh.** 648; einbringungsgeborener Geschäftsanteil 77 **Anh.** 670; Einbringungsgewinn 77 **Anh.** 670; Einpersonen-Sachgründung 77 **Anh.** 649; Eintragung 77 **Anh.** 640 ((keine) – im Handelsregister 77 **Anh.** 642; – der Umwandlung 77 **Anh.** 667); Erbengemeinschaft 77 **Anh.** 646; ertragsneutrale – 77 **Anh.** 669; Firma 77 **Anh.** 657; Genehmigung des Vormundschaftsgerichts 77 **Anh.** 664; Gesamtrechtsnachfolge 77 **Anh.** 638; Gesellschaftsvertrag 77 **Anh.** 661; gesetzliche Vertreter 77 **Anh.** 654; Gläubigerschutz 77 **Anh.** 649; Grunderwerbsteuer 77 **Anh.** 669; Haftung 77 **Anh.** 658; Handelsgewerbe 77 **Anh.** 640; Handelsregister 77 **Anh.** 642; inländische Zweigniederlassung eines Einzelkaufmanns mit Hauptniederlassung im Ausland 77 **Anh.** 644; Kapitalerhöhung 77 **Anh.** 655; mehrere Unternehmen 77 **Anh.** 641; minderjähriger Einzelkaufmann 77 **Anh.** 654; mitbestimmter Aufsichtsrat 77 **Anh.** 665 f.; Nachhaftung des Einzelkaufmanns 77 **Anh.** 658; Neugründung von Kapitalgesellschaften 77 **Anh.** 660; Nießbraucher 77 **Anh.** 645; private Steuerschulden 77 **Anh.** 648; Privatschulden 77 **Anh.** 648, 658; Privatvermögen 77 **Anh.** 648; Prüfung des Ausgliederungsvertrags 77 **Anh.** 653; Prüfung des Registergerichts 77 **Anh.** 650; Sachgründungsbericht 77 **Anh.** 663; sanierende Ausgliederung 77 **Anh.** 649; Schlussbilanz 77 **Anh.** 656, 669; steuerliche Rückwirkung 77 **Anh.** 669; steuerliche Vergünstigungen 77 **Anh.** 648; Steuerrecht 77 **Anh.** 668; Teilbetrieb 77 **Anh.** 669; Testamentsvollstrecker 77 **Anh.** 647; Überschuldung des Einzelkaufmanns 77 **Anh.** 649; Umsatzsteuer 77 **Anh.** 669; zu Unrecht im Handelsregister eingetragener Kaufmann 77 **Anh.** 643; Unternehmen 77 **Anh.** 648; Veräußerungsgewinn 77 **Anh.** 670; Verlustvortrag 77 **Anh.** 669; Vermögensvergleich 77 **Anh.** 649; Verpachtung 77 **Anh.** 645; Vorgesellschaft 77 **Anh.** 666; Vormundschaftsgericht 77 **Anh.** 664; Wahlrecht 77 **Anh.** 669; Wirkung verbotswidriger Eintragung 77 **Anh.** 651; Zugewinngemeinschaft 77 **Anh.** 654; Zulässigkeit 77 **Anh.** 640; Zustimmung bei Ausgliederung zur Neugründung 77 **Anh.** 664; Zustimmung des Ehegatten 77 **Anh.** 654, 666; Zustimmungserfordernis bei stiller Gesellschaft 77 **Anh.** 654; Zweigniederlassung eines Einzelkaufmanns 77 **Anh.** 644

Ausgliederung aus dem Vermögen von Gebietskörperschaften oder Zusammenschlüssen von Gebietskörperschaften zur Aufnahme durch eine GmbH oder zur Neugründung einer GmbH, – auf mehrere Rechtsträger 77 **Anh.** 675; – zur Aufnahme 77 **Anh.** 675; Ausgliederungsbericht 77 **Anh.** 676; Ausgliederungsbeschluss 77 **Anh.** 676; Begrenzung der Forthaftung 77 **Anh.** 676; Buchwertverknüpfung 77 **Anh.** 676; Durchführung 77 **Anh.** 672; Forthaftung der ausgliedernden Körperschaft 77 **Anh.** 676; mitbestimmter Aufsichtsrat 77 **Anh.** 677; Mitwirkung des Aufsichtsrates bei der Anmeldung 77 **Anh.** 677; – zur Neugründung 77 **Anh.** 675; Privatisierung 77 **Anh.** 671; Sachgründungsbericht 77 **Anh.** 676; Steuerrecht 77 **Anh.** 678; Umwandlung eines von mehreren Gebietskörperschaften betriebenen Unternehmens 77 **Anh.** 674; Unternehmen 77 **Anh.** 673; Unternehmensgegenstand 77 **Anh.** 673; Wirkung der Ausgliederung 77 **Anh.** 676

Ausgründung, s. Ausgliederung

Auskunfts- und Einsichtsrecht, Abdingbarkeit 51 a 30; Abdingbarkeit der Zuständigkeit 51 b 4; absolut unentziehbares Mitgliedschaftsrecht 14 18; Anerkenntnis 51 b 8; Angelegenheiten der Gesellschaft 51 a 6; Antragsberechtigung 51 b 5; Art und Weise der Informationserteilung 51 a 8, 12; Aufsichtsrat 52 11; Auslegung 51 a 2; ausgeschiedene Gesellschafter 51 a 3; Auskunftserzwingungsverfahren 51 b 7 f.; Ausschließlichkeit des Informationserzwingungsverfahrens 51 b 2; Begründung der Informationsverweigerung 51 a 28; Beschlusserfordernis bei Informationsverweigerung 51 a 27; Beschlusskompetenz 51 a 30; Beteiligte 51 a 3; Betriebsaufspaltungen 51 a 7; Bevollmächtigte 51 a 3; Dauergefahr 51 a 23; – der Gesellschafter in der Gesellschafterversammlung 48 12; Due Diligence 51 a 21; Einschränkung des Aushändigungsrechts 42 a 11 (– des Einsichtnahmerechts 42 a 11); Effektuierung der übri-

Magere Zahlen = Randnummern

Sachverzeichnis

gen Gesellschafterrechte **51 a** 2; Geltendmachung **51 a** 10; Gericht **51 b** 3; gerichtliche Entscheidung **51 b** 1, 8; Gesellschafterbeschluss bei Verweigerung **51 a** 25; Gesellschafterversammlung **51 a** 10; gesellschaftsfremde Zwecke **51 a** 22; Gleichbehandlungsgrundsatz **51 a** 18; GmbH u. Co. KG **51 a** 6; GmbH-Nov. 1980 **Einl.** 12; **51 a** 1; Grenzen **51 a** 14; Informationsbedürfnis **51 a** 15; Informationsberechtigte **51 a** 3; Informationsbeschaffungspflicht der Gesellschaft **51 a** 16; Informationsrecht **51 a** 3 ff.; Informationssystem **51 a** 17; Informationsverlangen **51 a** 12; Informationsverweigerung **51 a** 22 ff.; **51 b** 6; Informationsverweigerungsgrund **51 a** 9; Inhalt der Auskunft **51 a** 6; inhaltlich vollständige Befriedigung **51 a** 12; Jahresabschluss **42 a** 9; jeder Gesellschafter **51 a** 3; Kammer für Handelssachen **51 b** 3; Lagericht **42 a** 9; Liquidation **51 a** 19; Liquidationsunterlagen **74** 10; Nachteil **51 a** 22; Nichtgesellschafter **51 a** 4; **51 b** 5; obligatorischer Aufsichtsrat **52** 48; österreichisches Recht **51 a** 31; **51 b** 11; Ordnungswidrigkeit **51 a** 24; Rechtsfolgen rechtswidriger Informationsverweigerung **51 a** 29, **51 b** 6; Rechtsmittel **51 b** 9; Schadensersatz **51 a** 29; Schiedsgerichtsvereinbarung **51 b** 4; Schranken des Informationsrechts **51 a** 12; Stimmberechtigung bei Auskunftsbegehren **51 a** 26; Strafbarkeit **51 a** 24; Treuepflicht **13** 65; Treuhänder **51 a** 23; Unverzüglichkeit **51 a** 9; verbundene Unternehmen **51 a** 7, 13; Verfahren **51 a** 30; **51 b** 7; Vergleich **51 b** 8; Verhältnis von Auskunfts- und Einsichtsrecht **51 a** 11 f.; – auf Verlangen **51 a** 8; Verpflichteter **51 a** 5; Vertraulichkeit **51 a** 20; Vertreter **51 b** 5; Verzicht **51 b** 8; Vollstreckung **51 b** 10; vorläufiger Rechtsschutz **51 b** 7; Wettbewerber **51 a** 23; Zulässigkeit des Auskunftserzwingungsverfahrens **51 b** 3 ff.; Zurechnungsdurchgriff **13** 155; Zuständiges Gericht **51 b** 3; Zweck **51 a** 2

Ausländer, Anmeldung zum Handelsregister **39** 8; Eignung als Geschäftsführer **6** 13; **35** 71; EU-Bürger **2** 8; gebietsfremde **2** 8; Gründungsgesellschafter einer GmbH **2** 8

Ausländische Gesellschaften, Anerkennung **Einl.** 319 f.; anglo-amerikanischer Rechtskreis **Einl.** 379; Anmeldepflicht **12** 55; Anmeldung einer Zweigniederlassung **8** 27; Auflösung einer Niederlassung im Inland **60** 3; ausländisches Unternehmen mit Sitz außerhalb der EG/innerhalb der EG **42 a Anh. II** 28; Deliktsfähigkeit **Einl.** 326; Firma **Einl.** 327; Fremdenrecht **Einl.** 345 ff.; GmbH **1** 12; Gründung **Einl.** 321; Gründungsgesellschafter einer GmbH **2** 22; Grundrechtsschutz **Einl.** 347; Handelndenhaftung **11** 109; Konzernabschlussbefreiungsverordnung **42 a Anh. II** 71; Konzernrechnungslegung **42 a Anh. II** 28; Mitbestimmungsgesetz 1976 (MitbestG 1976) **Einl.** 215; Mutterunternehmen mit Sitz, außerhalb der EG **42 a Anh. II** 71 (– innerhalb der EG **42 a Anh. II** 66); ordre public **Einl.** 342; Organisationsrecht **Einl.** 330; Partei- und Prozessfähigkeit **Einl.** 325; Rechtsfähigkeit **Einl.** 324; Rechtsstellung der Gesellschafter **Einl.** 328; Tochtergesellschaften **Einl.** 352; Verschmelzung **77 Anh.** 18; Zweigniederlassungen **12** 50 ff.

Auslandsbeurkundung, ausländischer Notar **2** 40; **53** 39; Auslandsbeschluss **48** 5; Basler Notar **53** 40; Geschäftsanteilsabtretung **53** 40; Gesellschaftsvertrag **2** 40; Gleichwertigkeitserfordernis **2** 42; **53** 39; Grundsatz der Gleichwertigkeit **Einl.** 323; Innsbrucker Notar **53** 40; Niederländischer Notar **53** 39; Notar in Zürich **2** 42; Notariat Zürich-Altstadt **53** 39; Österreichische Notare **53** 40; Ortsstatut **2** 41; **15** 52, 54; Stimmrechtsvollmachten **53** 42; Verschmelzungsvertrag **53** 39, **77 Anh.** 314; Wirksamkeit **2** 40 (– eines Verschmelzungsvertrages **2** 43); Wirkungsstatut **2** 42; **15** 52 f.; Zustimmung **53** 41; Zweck **2** 44

Auslegung, Gesellschaftsvertrag **2** 78

Ausscheiden, belassene Abfindungsguthaben **32 a** 149; Gesellschafter **34** 59; Gesellschafter aus der Vorgesellschaft **11** 63 f.; Tod eines Gesellschafters **2** 47

Ausschluss Abfindung **34** 101 ff. (– nach dem Verkehrswert **34** 101 f.); Abfindungsanspruch des ausgeschiedenen Gesellschafters **34** 127 f.; Abfindungsguthaben **34** 101; Abfindungsklausel **34** 109 f.; Abfindungsregelung **34** 108; Ablauf des Verfahrens **34** 81; actio pro socio **34** 96; äußerstes Mittel **34** 71; Anfechtungsklage **34** 85; keine Anmeldung zum Handelsregister **34** 131; ausgeschlossene Gesellschafter **15** 5; Ausschließungsklage **34** 83; kein Ausschluss ohne Abfindung **34** 111; Ausschlussklage **34** 96 f.; **47** 61; Ausschlusswiderklage **34** 96; Austritt **34** 75 ff.; bedingte Gestaltungsurteile **34** 123; begriffrührige Handlungen **34** 68; Beschluss **34** 82; Einziehung des Geschäftsanteils **34** 5; Entbehrlichkeit der Ausschlussklage **34** 84; entschädigungslose Ausschließung **34** 111; Entzug der Mitgliedschaft **14** 23; Ermittlung des Verkehrswertes **34** 103; Geheimnisverrat **34** 68; gerichtliche Entscheidung **34** 83; gerichtliche Überprüfung **34** 117; Gesamtwürdigung **34** 72; geschäftsschädigendes Auftreten **34** 68; Gestaltungsklage **34** 83; GmbH & Co. KG **34** 73; Grundsatz der Abfindungspflicht **34** 112; Haftung des Gesellschafters **34** 98; Kapitalherabsetzung **58** 4; Dreiviertel-/Zweidrittel-Mehrheit **34** 82; maßgeblicher Zeitpunkt **34** 120; Mitgliedschaftsrechte **34** 97; Nachverfahren **34** 103; Nebenleistungspflichten **34** 98; Nichtigkeitsklage **34** 85; objektive Kriterien **34** 70; persönliche Verhältnisse **34** 68; Pflichtverletzungen **34** 68; qualifizierte Mehrheit **34** 82; Rechtsbehelfe des ausscheidenden Gesellschafters **34** 85; – auf Grund der Satzung **34** 61, 65; Satzung **34** 84; Satzungsänderung **53** 33; Schädigung der Gesellschaft **34** 68; Schiedsgerichtsvereinbarung **34** 86; Sonderrecht **34** 97; Stellung des ausscheidenden Gesellschafters **34** 97;

2661

Sachverzeichnis

Fette Zahlen = §§

Stellung des Gesellschafters nach Erlass des Urteils **34** 124; Stimmrecht **34** 82, 97; kein Stimmrecht des betr. Gesellschafters **34** 82; Subsidiarität der Auflösung **61** 2; Treuepflicht **13** 69, 81; Treugeber **34** 73; Übergang zur Auflösungsklage **34** 121; unerwünschter Gesellschafter **34** 69; unsittliches Verhalten **34** 68; Verfahren **34** 97; Verfügungsrecht der Gesellschaft **34** 129; verhaltensbedingte Gründe **34** 68; Vermögensrechte **34** 97; Verschulden **34** 70; Vertreter **34** 73; Verwertung des Geschäftsanteils **34** 126; weitere Fälle **34** 67 f.; – aus wichtigem Grund **34** 59, 65; Zwei-Personen-Gesellschaft **34** 74, 96

Ausschluss des Stimmrechts, s. *Stimmverbot*

Ausschlussklage, Ausschlusswiderklage **34** 96; bedingte Gestaltungsurteile **34** 123; Entbehrlichkeit **34** 84; Gestaltungsklage **34** 83; Parteistellung **34** 87; Prozessvertreter **34** 88; Schiedsgerichtsvereinbarung **34** 86; Voraussetzung für Ausschließung **34** 82

Ausschüttung, Ausschüttungssperre **42 a Anh. I** 232; vereinfachte Kapitalherabsetzung **58 b** 13

Ausschüttungs-Rückhol-Verfahren s. *Schütt-aus-Hol-zurück-Verfahren*

Außenhaftung, Vorgesellschaft **11** 96 ff.

Außenrecht, Vorgesellschaft **11** 73 ff.

Ausstrahlungswirkungen, des UmwG **77 Anh.** 17; des Verfahrens nach § 16 Abs. 3 UmwG **77 Anh.** 587, 592

Austritt, Abfindung **34** 101 ff. (– nach dem Verkehrswert **34** 101 f.); Abfindungsentgelt **34** 93 ff.; Abfindungsguthaben **34** 101; Abfindungsklausel **34** 109 f.; Abfindungsregelung **34** 108; Ablauf des Verfahrens **34** 81; Abtretung **34** 92; äußerstes Mittel **34** 75; Auflösung **60** 43; **61** 1 f.; Auflösungsklage **34** 75; Ausschlussklage **34** 97; Austrittserklärung **34** 91; Austrittsrecht **34** 77; **61** 1 (– aus wichtigem Grund **57** 38; – bei Fortsetzung **60** 72); bedingte Gestaltungsurteile **34** 123; Bedingungen **34** 92; belassene Abfindungsguthaben **32 a** 149; Beschluss der Gesellschafterversammlung **34** 81; dauernde Ertragslosigkeit **34** 76; Einziehung des Geschäftsanteils **34** 5; entschädigungsloser Austritt **34** 111; Ermittlung des Verkehrswertes **34** 103; – bei faktischem Konzern **52 Anh.** 58; Fortsetzung der Gesellschaft **60** 80; Gesellschafter **15** 184; gesetzliches Sonderaustrittsrecht **34** 80; Grundsatz der Abfindungspflicht **34** 112; Güterrecht **15** 103; Haftung, des Gesellschafters **34** 98 (– gemäß § 24 **34** 76); Kapitalherabsetzung **58** 4; klageweise Geltendmachung **34** 89; Kündigungsklausel **61** 3; mangelnde Bereitschaft zur Einzahlung **34** 79; Mehrheit **34** 82; Mitgliedschaftsrechte **34** 93, 97; Modalitäten der Auszahlung **34** 93; Nachverfahren **34** 103; Nebenleistungspflichten **34** 95, 98; Rechtsfolgen **34** 92; Rechtsprechung **61** 1; Ruhen der Mitgliedschaftsrechte **34** 93; Satzungsregelung **34** 82; Sonderrecht **34** 97; Stellung des ausscheidenden Gesellschafters **34** 97; Steuerrecht **34** 132; Stimmrecht **34** 94, 97; Struktur der GmbH **34** 78; Subsidiarität der Auflösung **61** 2; Teilung **34** 92; Treuepflicht **34** 94; unzumutbare Belastung **34** 76; Verfahren **34** 89, 59; Verkehrswert **34** 101 f.; Vermögensrechte **34** 97; – bei Verschmelzung **77 Anh.** 366; Verschmelzung GmbH mit Personenhandelsgesellschaft **77 Anh.** 503; Verschulden **34** 79; Voraussetzungen **34** 75; Vorrang der Veräußerung **34** 75; wichtiger Grund **34** 76; zumutbare Mittel **34** 75; Zwei-Personen-Gesellschaft **34** 96

Austrittsrecht, absolut unentziehbares Mitgliedschaftsrecht **14** 18

Auszahlungssperre s. *Auszahlungsverbot*

Auszahlungsverbot, Adressaten **30** 6; Anspruch der GmbH auf Erhaltung ihres Stammkapitals **30** 51; Anspruchskonkurrenz zu § 33 **33** 38; Anwendung auf die GmbH & Co. KG **30** 66; Anwendung von Vorschriften des BGB **30** 52 f.; Aufrechnung **30** 40; Auszahlung **30** 20 (– von Gesellschaftsvermögen **30** 5, 30); Auszahlungsempfänger **30** 17; Bauzinsen **30** 41; Befristung **30** 38; Beherrschungsvertrag **30** 75; Bestellung einer Sicherheit für Verbindlichkeit eines Gesellschafters **30** 37; Beweislast **30** 43; bilanzielle Betrachtungsweise **30** 9 f.; cash-management-Verfahren **30** 50; Darlehen **30** 33 f.; D-Mark-Bilanzgesetz 1990/91 (DM-BilG 1990/91) **30** 3; Ehegatten **30** 25; eigene Anteile **33** 7; Einzelfälle **30** 41; Einzelheiten **30** 33; Erfüllungsgeschäft **30** 46; Erstattungsanspruch nach § 31 **30** 8, 44; – vor Erwerb der Mitgliedschaft **30** 18; Existenzschutz **30** 50; faktische Unternehmensverbindung **30** 76 f.; Familienangehörige **30** 25; freiwillige Zuschüsse **30** 54; Geschäftsführer **30** 44; Gesellschafter **30** 17; Gesellschafterbeschlüsse **30** 48; Gesellschafterdarlehen **30** 40; Gewährung des Bestandsschutzes **30** 51; Gewinnabführungsvertrag **30** 75; Grundlage im Gesellschaftsverhältnis **30** 31 f.; guter Glaube **31** 21; Haftung, der Geschäftsführer **30** 44 (– der Gesellschafter **30** 44; – des gutgläubigen Empfängers **31** 20 ff.); Indizien **30** 32; kapitalersetzende Leistungen **30** 4; Kollusion **30** 38; Kommanditisten **30** 29; Konzernumlagen **30** 32; Leistung an Dritte **31** 21; Leistungsverbot **30** 44; management buy out-Verfahren **30** 18, 37; minderjährige Kinder **30** 25; Missbrauch der Vertretungsmacht **30** 47, 53; Nießbraucher **30** 23; österreichisches Recht **30** 80; ordnungsgemäße Kapitalaufbringung **30** 15 f.; Pfandgläubiger **30** 28; Rechtsfolgen **30** 44; **31** 1; Reichweite der bilanziellen Betrachtungsweise **30** 12; Rückgriffsanspruch gegen den Gesellschafter **30** 44; Rückzahlung von Nachschüssen *(s. auch Nachschussrückzahlung)* **30** 54; Schutzumfang **30** 7; Sicherheitsleistungen **30** 35; Sicherheitsleistung für Anspruch des Gesellschafters gegen Dritte **30** 36; Sicherung des nominalen Stammkapitals **30** 7; sonstige Verwandte **30** 26; stiller Gesellschafter **30** 27; Strohmann **30** 24; Stundung **30** 38; subjektive Tatbestandsvoraussetzungen **30**

42; Treugeber **30** 22; Überschuldung **30** 12 f.; Umfang der Ausfallhaftung der Mitgesellschafter **30** 14; Unternehmensverbindungen **30** 29; vom Verbot erfasste Auszahlungen **30** 31; verbundene Unternehmen **30** 74; verdeckte Gewinnausschüttung **29** 167, **30** 49; Vereinbarungen nach Ausscheiden aus der Gesellschaft **30** 19; Verhältnis zu anderen Rechtsinstituten **30** 49; Verhältnis zu § 32 **32** 4; Verpflichtungsgeschäft **30** 45; Verrechnung eigenkapitalersetzender Gesellschafterdarlehen **30** 40; Verringerung des Gesellschaftsvermögens **30** 30; Verschuldenshaftung der Gesellschafter **31** 48; vertragliche Unternehmensverbindungen **30** 75; Verzicht auf möglichen Gewinn **30** 39; wechselseitige Beteiligungen **30** 74, 78; Wirksamkeit, des Erfüllungsgeschäftes **30** 46 (– des Verpflichtungsgeschäftes **30** 45); Zweck **30** 1

Auszahlungsverbot bei GmbH & Co. KG, Empfänger ist GmbH-Gesellschafter und Kommanditist **30** 67; Empfänger ist nur GmbH-Gesellschafter **30** 73; Empfänger ist nur Kommanditist **30** 72; Leistung aus GmbH-Vermögen **30** 68; Leistung aus KG-Vermögen **30** 69 ff.

„Autokran"-Entsch., **Einl.** 55 f.; **52 Anh.** 31, 93, 99, 104

Banken, eigenkapitalersetzende Gesellschafterdarlehen **32 a** 137; Konzernrechnungslegungspflicht für Kreditinstitute **42 a Anh.** II 87

Bankrott, Strafvorschriften **Vor 82–85** 28

Barabfindung, Abfindungsangebot **77 Anh.** 87; Angemessenheit **77 Anh.** 90; Annahme **77 Anh.** 93; Anspruch auf Abschluss eines Übertragungsvertrages **77 Anh.** 95; Auskunftsrecht des Prüfers **77 Anh.** 90; Ausschlussfristen **77 Anh.** 93; Auswahl der Prüfer **77 Anh.** 90; bare Zuzahlung **77 Anh.** 96; Bestimmung der angemessenen Barabfindung **77 Anh.** 695 (– im Spruchverfahren **77 Anh.** 92); Bewertungsmethoden **77 Anh.** 89; Bewertungsspielraum **77 Anh.** 89; Discounted-Cash-Flow-Methode (DCF-Methode) **77 Anh.** 89; Ertragswertverfahren **77 Anh.** 89; Erwerbspreis **77 Anh.** 95; Gesellschafterschutz **77 Anh.** 96; Höhe bei Verschmelzung **77 Anh.** 336; Kosten der Übertragung **77 Anh.** 95; Minderheitenschutz **77 Anh.** 96; nicht betriebsnotwendiges Vermögen **77 Anh.** 89; Prüfer **77 Anh.** 90; Prüfung der Angemessenheit der Barabfindung **77 Anh.** 90; Prüfungsbericht **77 Anh.** 90, 328; Spruchstellenverfahren **77 Anh.** 326; Steuerpflichtigkeit nach dem Halbeinkünfteverfahren **77 Anh.** 433; Übertragungsvertrag **77 Anh.** 95; Umwandlung **77 Anh.** 87; – bei Umwandlung OHG in GmbH **77 Anh.** 288; – bei Umwandlung AG in GmbH **77 Anh.** 176; Umwandlungsprüfer **77 Anh.** 90; unternehmensschädliche Tatsachen **77 Anh.** 90; Veräußerung der Anteile an Dritte **77 Anh.** 93; Verantwortlichkeit der Prüfer **77 Anh.** 90; Verfügungsbeschränkungen **77 Anh.** 93; Vergleichsmethode **77 Anh.** 89; – bei Verschmelzung **77 Anh.** 326; – bei Verschmelzung AG/KGaA mit GmbH **77 Anh.** 459; Verzicht **77 Anh.** 88 (– auf Prüfungsbericht **77 Anh.** 91, 328); Verzinsung **77 Anh.** 94; Verzinsung der Zuzahlung **77 Anh.** 96; vollwertige Abfindung **77 Anh.** 89, 328; Widerspruch gegen Verschmelzung **77 Anh.** 326; Zuzahlung **77 Anh.** 96

Bareinlage, Umwandlung in eine Sacheinlage **19** 164; Verzugszinsen **20** 1

„Bauhelf"-Entsch., 4 29

Bauzinsen, Auszahlungsverbot **30** 41; Ergebnisverwendung **29** 101

Beendigung, Abwicklungsbedarf **60** 55; Begriff **60** 2; deklaratorische Wirkung **60** 53; Doppeltatbestand **60** 54; **74** 12; Eintragung des Erlöschens der Gesellschaft **74** 6; Erlöschen der Gesellschaft **60** 53; erweiterter Doppeltatbestand **60** 55; Folgen, der Beendigung der Gesellschaft **74** 13 (– der Nichtbeendigung der Gesellschaft **74** 14); Fortsetzung **60** 65 ff.; Geschäftsführeramt **6** 19; – (der) Gesellschaft **60** 52, **74** 12; GmbH bei GmbH & Co. KG **60** 89; GmbH & Co. KG **60** 87; Kündigung aus wichtigem Grund **38** 47; Nachtragsliquidation **74** 28; nachzuholende Liquidation **60** 52, 64; Notbestellung eines Geschäftsführers **6** 36; Schlußanmeldung **74** 5; Vermögenslosigkeit **60** 56; noch nicht vorhandenes Vermögen **60** 56; kein weiterer Abwicklungsbedarf **60** 56; Zeitpunkt der Beendigung der Gesellschaft **60** 53; **74** 12

Beherrschungsvertrag, abhängige GmbH **52 Anh.** 53; Abschluss **Einl.** 59; Anwendbarkeit aktienrechtlicher Bestimmungen **52 Anh.** 63 f.; Aufhebung **Einl.** 59; Ausgleichsbestimmungen **52 Anh.** 58; Auszahlungsverbot gemäß § 30 **30** 75; Begriff **52 Anh.** 25; Entstehung des Verlustausgleichsanspruchs **52 Anh.** 113; Erforderlichkeit **52 Anh.** 56; Fälligkeit des Verlustausgleichsanspruchs **52 Anh.** 113; Gesellschafterbeschluss **47** 12, **52 Anh.** 54; Gesellschafterversammlung der herrschenden GmbH **52 Anh.** 65; Gesellschaftsinteresse **13** 110; Grenzen des Weisungsrechts **52 Anh.** 109; inhaltliche Voraussetzungen **52 Anh.** 57; Konzernrechnungslegungspflicht **42 a Anh.** II 61 f.; Konzernrecht **52 Anh.** 24, 108; Mehrheitserfordernis des Zustimmungsbeschlusses **52 Anh.** 55; notarielle Beurkundung **52 Anh.** 61; Rechtsfolgen bei Fehlen von Wirksamkeitsvoraussetzungen **52 Anh.** 62; Satzungsänderung **53** 32; Stimmverbote **52 Anh.** 111; Verhältnismäßigkeit **52 Anh.** 56; Verlustausgleichsanspruch **52 Anh.** 112; Verlustübernahmepflicht **52 Anh.** 57, 112; Vertretungsbefugnis **37** 51; Weisungsrecht **52 Anh.** 108; Wirksamkeitsvoraussetzungen **52 Anh.** 54; Zustimmung, bei der herrschenden GmbH **52 Anh.** 65 (– der Gesellschafterversammlung **Einl.** 59)

Sachverzeichnis

Fette Zahlen = §§

„Beiersdorf"-Entsch., Einl. 175, 185, 248
Beirat, Antragsrecht für Insolvenz **63** 8; Anweisung zur Stellung des Insolvenzantrages **63** 15; Mitbestimmung **Einl.** 199; Rechte bei Insolvenz **63** 140; Satzungsänderung **53** 28; Schadensersatzpflicht bei Verschmelzung Personenhandelsgesellschaften mit GmbH **77 Anh.** 494
Beitritt, fehlerhafte Beitrittserklärung **2** 58; – zur Vorgesellschaft **11** 63; Vor-GmbH als Komplementär der KG **11** 169
Beitrittserklärung, Abschluss des Gesellschaftsvertrages **2** 33; culpa in contrahendo (§ 311 BGB n. F.) **2** 76; fehlerhafte – **2** 58, 70; Heilung von Mängeln **2** 72; nicht entstandener Geschäftsanteil **2** 75; Rückforderung von Stammeinlagen bei unwirksamer – **2** 75; schuldrechtliche Ansprüche des Gesellschafters **2** 76; schwere Mängel **2** 73; unbedingte – **2** 35; unbefristete – **2** 35; Unterscheidung zwischen Gesellschaftsvertrag und Beitrittserklärung **2** 64; Unwirksamkeit aller Erklärungen **2** 71; in Vollzug gesetzte Gesellschaft **2** 74; Willenserklärung **2** 33
Bekanntmachung, Anmeldung der Kapitalerhöhung **57** 33; Aufsichtsratsmitglieder **10** 26; Bekanntmachungsblätter **3** 1; **10** 28; Bundesanzeiger **10** 28; Eintragung, der Kapitalerhöhung **57b 10** 1 (– der Kapitalerhöhung im österreichischen Recht **57b** 4; Eintragungsdatum **10** 27; Festsetzung über Sacheinlagen **10** 24; Formwechsel **77 Anh.** 120 f.; Gesellschaftsvertrag **3** 1; Inhalt, bei Kapitalerhöhung **57b** 2 (– bei Auflösung **65** 5; – der Eintragung **10** 22, **54** 30) Insolvenzeröffnung **63** 101; Kapitalerhöhung aus Gesellschaftsmitteln **57i** 9; Kapitalherabsetzung **58** 22, 39; Kosten **10** 30 (– bei Eintragung der Kapitalerhöhung **57b** 3; – der Satzungsänderung **54** 40); Nichtigkeitsklage **75** 30; öffentliche – **10** 25; österreichisches Recht **10** 34; Ort der Bekanntmachung **10** 28; Rückzahlung von Nachschüssen **30** 61; Sacheinlage **10** 24; Satzungsänderung **54** 22, 30; Spaltung **77 Anh.** 539; Spaltung zur Neugründung **77 Anh.** 562; Spruchverfahren **77 Anh.** 696; Staatshaftung **10** 31; Umstellung auf Euro **86** 17; Umwandlung **77 Anh.** 120a (– in AG **77 Anh.** 67; – rechtsfähiger Verein in GmbH **77 Anh.** 204); Veröffentlichungsblätter **10** 28; **12** 44; **20** 12; Verschmelzung **77 Anh.** 390; Verschmelzung GmbH mit AG oder KGaA **77 Anh.** 477; weitere Gegenstände der – **10** 23 ff.; Wirkung **10** 29, **54** 30; Zwangsverkauf **23** 12 f.; Zweigniederlassungen **12** 61 (– ausländischer GmbH **12** 50 ff.; – inländischer GmbH **12** 44 ff.)
Belgien, GmbH-Recht **12** 52
Berufsverbot, Abgabe unrichtiger Versicherungen **82** 74; Dauer der Nichteignung **82** 75; falsche Angaben **82** 74; Geschäftsführer **6** 18; **8** 24; Versicherungen gemäß § 8 24
Beschluss, s. *Gesellschafterbeschlüsse*

Beschränkte Nachschusspflicht, Abandonnierung **28** 11; Ausschluss der gerichtlichen Geltendmachung **28** 5; Begrenzung **28** 13; Erlass **28** 8; Folgen der Nichtleistung des Nachschusses **28** 2; keine Gesamthaftung der Mitgesellschafter **28** 3; gestufte Nachschusspflicht **28** 13; Höchstbetrag **28** 13; Kaduzierung **28** 2, 13; Konkurrenz mit Kaduzierungsrecht **28** 9; nachgiebiges Recht **28** 4; Nachschüsse vor Volleinzahlung der Stammeinlage **28** 10 f.; Normrisiko **28** 1; österreichisches Recht **28** 14; Rückzahlung von Nachschüssen **28** 12; Statutarische Abdingbarkeit **28** 3; Stundung **28** 8; Teilzahlung **28** 8; Verschärfung der Haftung **28** 6; Vertragsstrafen **28** 7; Verzugszinsen **28** 7; Volleinzahlung der Stammeinlage **28** 11
Beschränkung der Vertretungsbefugnis, 37 18 ff.; Anstellungsvertrag **37** 31; Arbeitsdirektor **37** 25; Aufsichtsrat **37** 32; außenwirksame Zustimmungserfordernisse **37** 49; Beherrschungsvertrag **37** 51; Bindung an Unternehmensgegenstand **37** 7; Einforderung von Einzahlungen **37** 52; Einziehung von Geschäftsanteilen **37** 52; faktische Satzungsänderung **37** 14; Geschäfte mit Mitgliedern anderer Gesellschaftsorgane **37** 53; gesellschaftsvertragliche – **37** 27; Gewinnabführungsvertrag **37** 51; GmbH & Co. KG **37** 57; Grenzen **37** 21; Grundsätze der Geschäftspolitik **37** 8; Konzernleitung **37** 15; Missbrauch der Vertretungsmacht **37** 54; Mitbestimmungsergänzungsgesetz (MitbestErgG) **37** 50; Mitbestimmungsgesetz (MitbestG) **37** 23; mitbestimmte Gesellschaften **37** 23, 29; mitbestimmungsfreie GmbH **37** 22; Normzweck **37** 1 ff.; Organkonflikte **37** 33 f.; Rechte aus Beteiligungen **37** 12; Sonderrecht **37** 22; Umfang der Vertretungsmacht der Geschäftsführer **37** 46; Unternehmensleitung **37** 15; Unternehmensverbindungen **37** 13; Verschmelzungsvertrag **37** 51; Weisungssubjekte in mitbestimmter GmbH **37** 30; Weisungssubjekte in nicht mitbestimmter GmbH **37** 30; Weisungsverbote **37** 28; Zölibatsklausel **37** 6; Zuständigkeit der Geschäftsführer **37** 6; Zustimmungsbefugnis der Gesellschafter **37** 20
Besserungsscheine, Bilanzierung **42a Anh. I** 321; Ergebnisverwendung **29** 155; Rechnungslegung **42a Anh. I** 321
Bestätigungsvermerk, Anspruch auf Erteilung eines eingeschränkten bzw. uneingeschränkten Bestätigungsvermerks **42a** 48; Anspruch auf Erteilung eines Versagungsvermerks **42a** 48; Arten **42a** 45; eingeschränkter – **42a** 46; Ergebnisverwendungsbeschluss **42a** 86; Erhöhungsbilanz **57e–57g** 11; freiwillige Prüfung **42a** 55; Inhalt **42a** 46; Kapitalerhöhung aus Gesellschaftsmitteln **57e–57g** 8; Offenlegungspflicht **42a** 45; Rechtsfolgen **42a** 47; uneingeschränkter – **42a** 46; Unterzeichnung **42a** 46; Versagung **42a** 46; Widerruf **42a** 49; Wirksamkeit bei Aufhebung der Bestellung eines durch gerichtlich bestellten Abschlussprüfer **42a** 50; Zweck **42a** 45

Magere Zahlen = Randnummern **Sachverzeichnis**

Bestellscheine, Angaben auf Geschäftsbriefen **35 a** 14
Bestellung, Annahmebedürftigkeit **46** 24; Aufsichtsratsmitglieder **Einl.** 231, 278; Auswahlermessen des Aufsichtsrates **35** 72; Begriff **35** 68; Bestellungshindernisse bei Liquidatoren **66** 20; Dauer **35** 74; Ermessen des Gerichts bei Liquidatorenbestellung **66** 11; Ersatzbestellung von Aufsichtsratsmitgliedern **Einl.** 234; fehlerhafte – **35** 75; gekorene Liquidatoren **66** 5; Geschäftsführer **35** 68; Geschäftsführer, durch Gesellschafterbeschluss **46** 21 (– nach BetrVG 1952 **Einl.** 285; – nach MitbestG 1976 **Einl.** 260; **6** 30); Insolvenzverwalter **66** 18; Liquidatoren, auf Grund anderer Gesetze **66** 15 (– durch Gericht **66** 10; – durch Gesellschafterbeschluss **66** 5; – durch Gesellschaftsvertrag **66** 9; – gemäß § 38 KWG **66** 17); Nachtragsliquidatoren **74** 24; Notbestellung von Liquidatoren **66** 15; orginäre Bestellung von Liquidatoren **66** 18; Rechtsfolgen **35** 70; stellvertretende Geschäftsführer **44** 2; Verschmelzungsprüfer **77 Anh.** 344; Vertreter nach § 18 **18** 13, 15; wichtiger Grund für die Bestellung von Liquidatoren **66** 13
Bestellung der Geschäftsführer, 35 68; Anfechtbarkeit **6** 31; Arten der Bestellung **6** 24; Befreiung vom Verbot des Selbstkontrahierens **6** 27; – im Gesellschaftsvertrag **6** 24; – nach Maßgabe der §§ 35–52 **6** 24; – nach BetrVG 1952 **Einl.** 285; Einpersonen-Gesellschaft **6** 27; Ermächtigung des Gesellschafters zur –, **6** 24; – durch Gesellschafterbeschluss **46** 21; gesellschaftsrechtlicher Akt **6** 23; – in Gründungsbestimmungen **6** 25; In-Sich-Geschäft **6** 27; Mehrheitsbeschluss der Gesellschafter **6** 27; – nach Mitbestimmungsgesetz 1976 (MitbestG 1976) **Einl.** 260; **6** 30; – nach Montanmitbestimmungsgesetz (MontanMitbestG) **6** 30; – in der Satzung **6** 25; stellvertretende Geschäftsführer **44** 2; Übertragung der Bestellungskompetenz **6** 28; Verstoß gegen Gesellschaftsvertrag **6** 31; Verstoß gegen Gesetz **6** 31
Betreuung, Genehmigung der Gründungsteilnahme durch das Vormundschaftsgericht **2** 17; Vertreter nach § 18 **18** 314
Betriebsaufspaltung, Abspaltung **77 Anh.** 14; Ausgliederung **77 Anh.** 14 (– bei Einzelkaufmann **77 Anh.** 569); Doppelgesellschaft **Einl.** 128; – durch Ausgliederung **77 Anh.** 589; echte – **77 Anh.** 569; eigene Geschäftsanteile **33** 68; eigenkapitalersetzende Gesellschafterdarlehen **32a** 162; Kapitalerhöhung mit Sacheinlagen **56** 31; kapitalistische – **77 Anh.** 569; Konzernrecht **52 Anh.** 11; Satzungsänderung **53** 23, 33; Schutz der Arbeitnehmer **77 Anh.** 569; Spaltung eines Rechtsträgers **77 Anh.** 23; Steuerrecht **56** 31; Umwandlung **77 Anh.** 14, 23; Umwandlungsrecht **77 Anh.** 14
Betriebsausgaben, Genussrechte **29** 146; Geschäftsführergehalt **35** 99; Gewerbesteuer als – **Einl.** 96

Betriebspacht, Begriff **52 Anh.** 26; Betriebspachtverträge **52 Anh.** 24, 116; eigenkapitalersetzende Gesellschafterdarlehen **32 a** 162; Umgehungsprobleme **52 Anh.** 70
Betriebsrat, Anhörung bei Insolvenz **63** 16; Mitbestimmung **Einl.** 150; Rechte in der Insolvenz **63** 79; bei Spaltung des Betriebes **77 Anh.** 21; Verschmelzungsbericht **77 Anh.** 348; Verschmelzungsprüfungsbericht **77 Anh.** 349; Verschmelzungsvertrag **77 Anh.** 347 f.
Betriebsüberlassung, Begriff **52 Anh.** 26; Betriebsüberlassungsverträge **52 Anh.** 24, 116; Umgehungsprobleme **52 Anh.** 70
Betriebsverfassungsgesetz 1952 (BetrVG 1952), Einl. Anh. I; Anwendungsbereich **Einl.** 161, 266; Aufsichtsrat **Einl.** 269; Aufsichtsratsmitglieder **Einl.** 282; Ausnahmen **Einl.** 268; Beschlussfähigkeit des Aufsichtsrats **52** 40; Bildung des Aufsichtsrats **Einl.** 269; faktisches Konzernverhältnis **Einl.** 267; Geschäftsführer **Einl.** 293; Gewerkschaftsvertreter **Einl.** 271; Beherrschungsvertrag **Einl.** 267; inländische GmbH mit mehr als 500 Arbeitnehmern **Einl.** 266; Konzernunternehmen **Einl.** 267; leitende Angestellte **Einl.** 266; Mitbestimmung **Einl.** 266; Mitbestimmungsstatut **Einl.** 158; regelmäßige Beschäftigtenzahl **Einl.** 266; Teilnahmerecht des Aufsichtsrats an der Gesellschafterversammlung **48** 10; Tendenzunternehmen **Einl.** 268; Unternehmen von Religionsgemeinschaften **Einl.** 268; Vorgesellschaft **11** 51; Wahl der Arbeitnehmervertreter **52** 30; Wahlordnung **Einl.** 157; Zahl der Beschäftigten **Einl.** 161; Zusammensetzung des Aufsichtsrats **Einl.** 269; **52** 26; zwingendes Recht **Einl.** 161, 269
Beurkundung, Anmeldung **78** 18; Anmeldung der Gesellschaft **7** 10; Annahme der Übernahmeerklärung **56** 13; ausländische Notare **2** 40; **15** 52; **53** 39; Auslandsbeschluss **48** 5; Auslandsbeurkundung **2** 40; **15** 52 ff.; **53** 39; Ausschluss eines Notars **2** 38; Basler Notare **53** 40; Beherrschungsvertrag **52 Anh.** 61; Beitrittserklärung persönlich haftender Gesellschafter bei Formwechsel **77 Anh.** 152; Belehrungspflicht **2** 38; Beschluss über Glättung „krummer" Euro-Beträge **86** 39; Beschluss über Umstellung auf Euro **86** 39; – der Kapitalerhöhung **55** 55; – der Übernahmeerklärung **55** 38; **56** 56; – von Gesellschafterbeschlüssen **47** 10; **48** 17; Beweisfunktion **2** 1; Dreiviertelmehrheit der Stimmen **53** 43; Genehmigung des Formwechsels **77 Anh.** 152; Geschäftsanteilsabtretung **53** 40; Gesellschafterbeschlüsse **47** 99; **48** 5; Gesellschaftsvertrag **2** 1, 36; **53** 46; Gewinnabführungsvertrag **52 Anh.** 61; Gleichwertigkeitserfordernis **53** 39; Gleichwertigkeitsvoraussetzung **2** 42; Heilung von Beurkundungsmängeln **47** 113; Innsbrucker Notar **53** 40; Kapitalherabsetzung **58** 44; Kosten **2** 90 (– der Satzungsänderung **53** 67); lateinisches Notariat **2** 42; Niederländischer Notar **53** 39; Notariat Zürich-Altstadt **53** 39; Österreichische

2665

Sachverzeichnis

Fette Zahlen = §§

Notare **2** 42; **53** 40; Ortsstatut **2** 41; **15** 52, 54; Prüfungsbericht bei Verschmelzung **77 Anh.** 326, Satzungsänderung **53** 37; **54** 13 (– im Ausland **53** 39; – in der Einpersonen-GmbH **53** 63); Spaltungsvertrag **77 Anh.** 532; Stimmrechtsvollmachten **53** 42; Stufenbeurkundung **2** 37; Übernahmeerklärung **55** 38, 56; **56** 13; Umfang der Beurkundung bei Satzungsänderungen **53** 38; Umstellungsbeschluss **86** 14; Umwandlung, GmbH in OHG **77 Anh.** 224 (– Körperschaften und AöR in GmbH **77 Anh.** 214); Umwandlungsbeschluss **77 Anh.** 48; Unternehmensverträge **52 Anh.** 61; Vereinigung von Geschäftsanteilen **58a** 14; Verfahren **2** 36; Verkauf des ganzen Vermögens bei Liquidation **70** 19; Verschmelzung **77 Anh.** 355, Verschmelzungsprüfung **77 Anh.** 342, Verschmelzungsvertrag **53** 39; **77 Anh.** 314; Verzicht, auf Barabfindungsangebot bei Umwandlung **77 Anh.** 88 (– auf Prüfungsbericht **77 Anh.** 91; – auf Verschmelzungsbericht **77 Anh.** 331); Vollmacht **2** 54 Warnfunktion **2** 1; Wirksamkeit ausländischer Beurkundung **2** 40; Wirkungsstatut **2** 42; **15** 52 f.; Zürcher Notar **2** 42; **48** 5; Zustimmung **53** 41; Zustimmungserklärung, bei Umwandlung **77 Anh.** 56 (– persönlich haftender Gesellschafter bei Formwechsel **77 Anh.** 152); Zweck der Auslandsbeurkundung **2** 44

Bevollmächtigter, Abschluss des Gesellschaftsvertrages **2** 50; Anmeldung **78** 15 (– der Kapitalerhöhung **57** 11; – von § **16 16** 10, 13; – von Satzungsänderungen **54** 6); Form der Vollmacht **2** 50; Haftung der Auftraggeber **9a** 29; Handelndenhaftung **11** 115; Insolvenz **63** 133; Verbot des Selbstkontrahierens **2** 52; Teilung von Geschäftsanteilen **17** 23; Vertretung sämtlicher Gründer **2** 52

Bevollmächtigung, Abgrenzung gegenüber Ermächtigung zur Einziehung **78** 17; Ausschluss **78** 16

Bewertung, Ablehnung der Eintragung **57a** 8; Abschreibung **42a Anh. I** 129; Angabe der Bewertungsmethoden im Anhang **42a Anh. I** 377; Anpassungen im Konzern **42a Anh. II** 28; Anschaffungskosten **42a Anh. I** 73 ff.; Anwendungsbereich des Festwertverfahrens **42a Anh. I** 113; Ausnahmen vom Grundsatz der einheitlichen Bewertung im Konzern **42a Anh. II** 29; Barabfindung bei Umwandlung **77 Anh.** 89; Bewertungsgrundsätze **42a Anh. I** 61 (– für den Jahresabschluss bei Liquidation **71** 14; – für die Liquidationseröffnungsbilanz **71** 10); Bewertungshilfen **42a Anh. I** 95; Bewertungsmaßstäbe **42a Anh. I** 73 f.; Bewertungsmethode bei Geschäftsanteilen **14** 47; Bewertungsvereinfachungsverfahren **41** 75 ff., **42a Anh. I** 65, 111, 409; Bewertungsvorschriften im österreichischen Recht **42a Anh. I** 451; Bewertungswahlrechte, bei Umwandlung OHG in GmbH **77 Anh.** 286 (– bei Verschmelzung **77 Anh.** 420); Bewertungszeitpunkt für Sacheinlagen **5** 36; Börsenwert **77 Anh.** 320; Discounted-Cash-Flow-Methode (DCF-Methode) **42a Anh. I** 87, **77 Anh.** 89; Durchschnittsmethoden **42a Anh. I** 119; einfach gewogener Durchschnittspreis **42a Anh. I** 119; eigene Geschäftsanteile **33** 75; einheitliche Bilanzierungs- und Bewertungsregeln **42a Anh. II** 276; Einheitlichkeit der Bewertungsmethoden **42a Anh. II** 24 f.; Einlageansprüche der Gesellschaft **55** 62; Einzelveräußerungswert **5** 36; Erhöhung des Stammkapitals **55** 62; Erhöhungsbilanz **57e–57g** 10; Erläuterung der Bewertungsmethoden **42a Anh. I** 404; Erstellen des Überschuldungsstatus **84** 38 f.; Ertragswertverfahren **41** 105; **77 Anh.** 89 (– bei Geschäftsanteilen **14** 48; – bei Verschmelzung **77 Anh.** 320; **42a Anh. I** 100); Festbewertung **42a Anh. I** 65; Festwert **42a Anh. I** 111 f.; Festwertverfahren **41** 81 ff.; **42a Anh. I** 113; Fifo-Verfahren (first in – first out) **42a Anh. I** 123; Geschäftsanteil **15** 147 ff.; Geschäftsanteil bei Umwandlung **77 Anh.** 89; Gesellschafterforderung **56** 8; gesellschaftsrechtliche Bewertung des Geschäftsanteils **14** 46; Gleichartigkeit **42a Anh. I** 116; gleitend gewogener Durchschnittspreis **42a Anh. I** 119; Grundlagen **42a Anh. I** 61 ff.; Grundsatz der Bewertungsstetigkeit **42a Anh. I** 68; Grundsatz der Einheitlichkeit **42a Anh. II** 25 f.; **42a Anh. I** 70; Grundsatz der Einzelbewertung **42a Anh. I** 65; Gruppenbewertung **41** 86 ff.; **42a Anh. I** 111, 115; Hifo-Verfahren (highest in – first out) **42a Anh. I** 124; Jahresabschluss bei Liquidation **71** 13; Kifo-Verfahren (Konzern in – first out) **42a Anh. I** 126; Lifo-Verfahren (last in – first out) **42a Anh. I** 121; Liquidationswerte **71** 14; Lofo-Verfahren (lowest in – first out) **42a Anh. I** 125; Neubewertungsmethode **42a Anh. II** 152 ff.; Nichtigkeit von Gesellschafterbeschlüssen **47** 109; Perioden-Hifo-Verfahren **42a Anh. I** 124; Perioden-Lifo-Verfahren **42a Anh. I** 121; permanentes Lifo-Verfahren **42a Anh. I** 124; Rechtsträger **77 Anh.** 40; registergerichtliche Prüfung von Sacheinlagen **9c** 25; retrograde Wertermittlung **42a Anh. I** 128; Rückstellungen **42a Anh. I** 314; Sacheinlagen **5** 36; **57a** 3, 8; Sammelbewertungsverfahren **42a Anh. I** 111, 118; Skontration **42a Anh. I** 119; steuerrechtliche Bewertung des Geschäftsanteils **14** 49; Stichtag bei Verschmelzung **77 Anh.** 320; Teilwert **5** 36; Überbewertung von Sacheinlagen **56** 17; Unternehmensbewertung bei Verschmelzung **77 Anh.** 320, Verbindlichkeiten **42a Anh. I** 325; Verbrauchsfolgeunterstellungen **42a Anh. I** 120; Verfahren der retrograden Wertermittlung **42a Anh. I** 128; Vergleichsmethode **77 Anh.** 89; Verschmelzung **77 Anh.** 320; Vorbelastungsbilanz **11** 28; **41** 102 ff.; Währungsumrechnung **42a Anh. I** 107; weitere Bewertungsgrundsätze **42a**

Magere Zahlen = Randnummern

Sachverzeichnis

Anh. I 69; Wiederbeschaffungswert **5** 36; Zuschreibungen **42a Anh. I** 99
Bezugsrecht, Anpassung des Stammkapitals von Altgesellschaften (Nov. 1980) bzw. Altgesellschaften (Euro-Umstellung) **55** 18, 31; Ausschluss **55** 30; Kapitalerhöhung **55** 29; Sacheinlagen **55** 31; Veräußerung **15** 7
Bilanz (s. auch Bilanzierungsgrundsätze), Abandon **27** 57; Abandonrecht bei Nachschüssen **42** 9; Abgrenzung der Beteiligung von bloßem Anteilsbesitz **42a Anh. I** 178; Abgrenzungsgrundsätze **42a Anh. I** 11 ff.; Abschlussprüfung **29** 53 ff.; Abschreibungen **42a Anh. I** 133 ff.; Absetzungen für Abnutzung **42a Anh. I** 138; Abweichung von Bewertungsmethoden im Anhang **42a Anh. I** 406 f.; Abweichung von Bilanzierungsmethoden im Anhang **42a Anh. I** 406; Abzahlungsgeschäft **42a Anh. I** 37; Änderung bei Kapitalerhöhung aus Gesellschaftsmitteln **57e–57g** 5; Agio **5** 15; aktiver Saldo latenter Steuern **42a Anh. I** 229; Aktivierungsfähigkeit **42a Anh. I** 24; Aktivierungspflicht **42a Anh. I** 26; Aktivierungsverbot **42a Anh. I** 162; Aktivierungswahlrechte im Anhang **42a Anh. I** 403; Altersteilzeit **42a Anh. I** 294; Altersversorgung **42a Anh. I** 285, 366; Altzusagen bei Pensionsverpflichtungen **42a Anh. I** 250; anfallende Verluste bei Kapitalgesellschaften & Co. **42a Anh. I** 259; Anhang **42a Anh. I** 399 (– im österreichischem Recht **42a Anh. I** 455); Anlagen im Bau **42a Anh. I** 172 f.; Anlagengitter **42a Anh. I** 181; Anlagenspiegel **42a Anh. I** 181; Anlagevermögen **42a Anh. I** 159 ff.; Anleihen **42a Anh. I** 329; Ansatzverbote **42a Anh. I** 26; Ansatzwahlrechte **42a Anh. I** 27; Ansatzwahlrecht für Altzusagen bei Pensionsverpflichtungen **42a Anh. I** 286; Anschaffungskosten **42a Anh. I** 73 ff., 183; Anschaffungspreisminderungen **42a Anh. I** 77; Anschaffungspreisprinzip **42a Anh. I** 15; Anspruch auf zustimmende Beteiligung **46** 6; Ansprüche gegenüber den Gesellschaftern **42a** 12 ff.; Anteilsbesitz an Unternehmen, im Anhang **42a Anh. I** 432; Anteile, an einer Kommanditgesellschaft **42a Anh. I** 267 (– an verbundenen Unternehmen **42a Anh. I** 204); Arten der Abschlüsse bei der Liquidation **71** 2; Aufgeld **5** 15; Aufgliederung der Ertragssteuern, im Anhang **42a Anh. I** 423; Aufgliederung der Umsatzerlöse, im Anhang **42a Anh. I** 418; Auflösung, der nicht mehr benötigten Rückstellungen **42a Anh. I** 360 (– von Pensionsrückstellungen **42a Anh. I** 292); aufschiebend bedingte Verbindlichkeiten **42a Anh. I** 320; Aufstellung **29** 46 (– der Schlussbilanz der werbenden Gesellschaft **63** 122); Aufwandsrückstellungen **42a Anh. I** 278, 302 f.; Aufwendungen **42a Anh. I** 87 (– für Erweiterungen des Geschäftsbetriebes **42a Anh. I** 222; – für Forschung und Entwicklungsarbeiten **42a Anh. I** 97; – für Grundlagenforschung **42a Anh. I** 97; – für Ingangsetzung des Geschäftsbetriebes **42a Anh. I** 222; – für soziale Einrichtungen **42a Anh. I** 94); Ausgaben **42a Anh. I** 87; Ausgleichsposten für aktivierte eigene Anteile **42a Anh. I** 267; Ausgliederungs-Teilbilanzen **77 Anh.** 656; Ausleihungen **42a Anh. I** 177 (– an Gesellschafter **42** 14; – bei Kapitalgesellschaften & Co. **42a Anh. I** 269; – gegenüber GmbH-Gesellschaftern **42a Anh. I** 177, 226); Ausschüttungssperre **42a Anh. I** 224, 232; außerordentliche Aufwendungen **42a Anh. I** 91; ausstehende Einlagen **42a Anh. I** 199; Auszahlungsverbot **30** 9 f.; Bauten **42a Anh. I** 167; Bauten auf fremden Grundstücken **42a Anh. I** 36, 168; Beeinflussung des Jahresergebnisses durch steuerrechtliche Abschreibungen im Anhang **42a Anh. I** 420; Befreiung von Prüfungsvorschriften **71** 28; Beibehaltung von Bewertungsmethoden **42a Anh. I** 19; beizulegender Wert **42a Anh. I** 98; Bekanntgabe der Erhöhungsbilanz **57e–57g** 13; Berechnungen von Unternehmensanteilen im Anhang **42a Anh. I** 433; Berücksichtigung von Privatvermögen **42a Anh. I** 263; Bestätigungsvermerk **57e–57g** 8; Bestimmung des Anschaffungswertes **42a Anh. I** 108; Beteiligungen **42a Anh. I** 178; Betriebsabrechnung **42a Anh. I** 88; Betriebs- und Geschäftsausstattung **42a Anh. I** 170; Bewertung der Verbindlichkeiten **42a Anh. I** 326; Bewertungsgrundsätze **42a Anh. I** 61 ff. (– bei der Erhöhungsbilanz **57e–57g** 10; – für die Liquidationseröffnungsbilanz **71** 10); Bewertungshilfen **42a Anh. I** 95; Bewertungsmaßstäbe **42a Anh. I** 73 ff.; Bewertungsmethoden im Anhang **42a Anh. I** 403 f.; Bewertungsvereinfachungsverfahren **42a Anh. I** 65, 111, 409; Bewertungsvorschriften im österreichischem Recht **42a Anh. I** 451; Bezüge früherer Mitglieder **42a Anh. I** 428; Bezüge und anderen Leistungen an Organmitglieder, im Anhang **42a Anh. I** 427; Bilanzfähigkeit von Sacheinlagen **56** 6; Bilanzierung, bei Umstrukturierungsvorgängen **42a Anh. I** 83 (– des Treugutes **42a Anh. I** 53; – eingezahlter Nachschüsse **42** 11; – von Forderungen gegen beteiligte Unternehmen **42a Anh. I** 197; – von Haftungsverbindlichkeiten bei Spaltung **77 Anh.** 550); Bilanzierungsfähigkeit **42a Anh. I** 23; Bilanzierungsgrundsätze **42** 1; Bilanzierungshilfen **42a Anh. I** 26, 29 (– bei Kapitalgesellschaften & Co. **42a Anh. I** 268); Bilanzierungsmethoden, im Anhang **42a Anh. I** 403; Bilanzierungspflicht **42a Anh. I** 23; Bilanzierungsverbot **42a Anh. I** 22; Bilanzierungswahlrechte **42a Anh. I** 23, 26; Bilanzgewinn **42a Anh. I** 253, 340; Bilanzklarheit **42a Anh. I** 18; Bilanzkontinuität **42a Anh. I** 18; Bilanzkontinuität bei Umwandlung **77 Anh.** 136; Bilanzposten, nicht umwandlungsfähige **57d** 8; Bilanzverlust **42a Anh. I** 253, 340; Bilanzwahrheit **42a Anh. I** 12; Bilanzstichtag **57e–57g** 9; Buchwert **42a**

2667

Sachverzeichnis

Fette Zahlen = §§

Anh. I 103; Bundesbankguthaben **42 a** Anh. I 212; derivativer Geschäfts- oder Firmenwert (goodwill) **42 a** Anh. I 164; Differenzhaftungs- oder Kapitalaufbringungsbilanz **41** 100; direkte Bruttomethode **42 a** Anh. I 182, 182; direkte Kosten **42 a** Anh. I 89; DM-Eröffnungsbilanz **30** 3; Disagiobilanzierung **42 a** Anh. I 218 f.; Discounted Cash Flow-Methode (DCF-Methode) **42 a** Anh. I 100; Durchbrechung des Stichtagsprinzips **58 e** 5; echte Pensionsgeschäfte **42 a** Anh. I 56 f.; echtes Factoring **42 a** Anh. I 50; EG-Recht **Einl.** 37; eigene Geschäftsanteile **33** 74; **42 a** Anh. I 207 f.; Eigenkapital **30** 3; **42 a** Anh. I 234; Eigenkapitalausweis bei der GmbH **42 a** Anh. I 234; Eigenkapitalausweis bei der Kapitalgesellschaft & Co. **42 a** Anh. I 255; eigenkapitalersetzende Darlehen **32 a** 220, 260; Eigenkapitalzinsen **42 a** Anh. I 79; Eigentumsvorbehalt **42 a** Anh. I 33; Einbauten in fremde Bauwerke **42 a** Anh. I 34; Einbeziehung von Zinsen für Fremdkapital in die Herstellungskosten **42 a** Anh. I 411; Einfluss der Methodenänderung auf Vermögens-, Finanz- und Ertragslage **42 a** Anh. I 408; eingeforderte Nachschüsse **42** 9, **42 a** Anh. I 228; eingeforderte, noch nicht gezahlte Einlagen **42 a** Anh. I 227; eingezahlte Nachschüsse **42** 11; Einkaufskommission **42 a** Anh. I 35; Einstellungen in die Kapitalrücklage **42 a** Anh. I 238 f.; Einzelkosten **42 a** Anh. I 89; Einzelvorschriften zum Anhang **42 a** Anh. I 400; entgeltlich erworbene immaterielle Vermögensgegenstände des Anlagevermögens **42 a** Anh. I 28; ergänzende Grundsätze **42 a** Anh. I 18; Ergänzungsbilanzen **42 a** Anh. I 263; erhaltene Anzahlungen auf Bestellungen **42 a** Anh. I 331; Erhöhungsbilanz **57 e–57 g** 2, 10; erläuternder Bericht bei Liquidation **71** 12; Erläuterung der Bilanz und der Gewinn- und Verlustrechnung **42 a** Anh. I 403 ff.; Eröffnungsbilanz **41** 91 ff.; **71** 2; **77** Anh. 283 (– bei Insolvenz **63** 123); Erstattungsanspruch bei Kapitalgesellschaften & Co. **42 a** Anh. I 265; Ertragswertverfahren **42 a** Anh. I 100; Erweiterung des Geschäftsbetriebs **42 a** Anh. I 29; Erweiterung des Gliederungsschemas **42 a** Anh. I 158; Erwerb eigener Aktien **42 a** Anh. I 248; Euro-Umrechnungsrücklage **42 a** Anh. I 271 ff.; fakultative Rückstellungen **42 a** Anh. I 280; Fehlbetrag, nicht durch Eigenkapital gedeckt **42 a** Anh. I 233; fertige Erzeugnisse **42 a** Anh. I 191; Festbewertung **42 a** Anh. I 65; Feststellung der – **46** 5; Feststellung, der Erhöhungsbilanz **57 e–57 g** 10 (– des Jahresabschlusses **42 a** 1); Festwert **42 a** Anh. I 111 f.; Fifo-Verfahren (first in – first out) **42 a** Anh. I 123; fiktive – **58 c** 3; Finanzanlagen **42 a** Anh. I 173; finanzielle Verpflichtungen bei der Kleinen GmbH im Anhang **42 a** Anh. I 417; Finanzierungskosten **42 a** Anh. I 78; Finanzierungsleasing **42 a** Anh. I 39 ff.; Firmenwert **42 a** Anh. I 164; flüssige Mittel **42 a** Anh. I 210; Forderungen **42 a** Anh. I 194 ff. (– aus Lieferungen und Leistungen **42 a** Anh. I 195; – bei Kapitalgesellschaften & Co. **42 a** Anh. I 269; – gegen Gesellschafter **42** 15; **42 a** Anh. I 201, 226; – gegen verbundene Unternehmen **42 a** Anh. I 197); Forderungsverzicht **42 a** Anh. I 242; Form des Anhangs **42 a** Anh. I 399; formale Stetigkeit **42 a** Anh. I 18; Formblätter **41** 121; freiwillige Angaben im Anhang **42 a** Anh. I 399, 401 ff.; freiwillige soziale Leistungen **42 a** Anh. I 94; Fremdwährung **42 a** Anh. I 106; geleistete Anzahlungen **42 a** Anh. I 193; geleistete Zahlungen **42 a** Anh. I 165, 171; Gemeinkosten **42 a** Anh. I 90; Gemeinkosten des Anschaffungsvorgangs **42 a** Anh. I 75; Genussrechte **42 a** Anh. I 322; geringwertige Anlagegüter **42 a** Anh. I 185; Gesamtanschaffungspreis **42 a** Anh. I 79; Gesamtdifferenzbetrachtung **42 a** Anh. I 231; Gesamtkostenverfahren **42 a** Anh. I 341 ff.; Geschäftsführer **29** 61; Geschäftsjahr **29** 38; geschlossene Devisenpositionen **42 a** Anh. I 109; Gesellschafterversammlung **57 e–57 g** 7; gewerbliche Schutzrechte **42 a** Anh. I 163; Gewinnrücklage **42 a** Anh. I 243 f.; **57 d** 4; Gewinnrücklage bei Kapitalgesellschaften & Co. **42 a** Anh. I 261; Gewinn- und Verlust in der Erhöhungsbilanz **57 e–57 g** 10; Gewinn- und Verlustrechnung **42 a** Anh. I 341 ff. (– bei Kapitalgesellschaften & Co. **42 a** Anh. I 265; – im österreichischem Recht **42 a** Anh. I 454; – in der Liquidationseröffnungsbilanz **71** 11); Gewinnvortrag **42 a** Anh. I 251; gezeichnetes Kapital **42 a** Anh. I 235; Gliederung **41** 120 (– des Jahresabschlusses **42 a** Anh. I 143 ff.); Gliederungsgrundsätze, bei der Erhöhungsbilanz **57 e–57 g** 10 (– des Jahresabschlusses **42 a** Anh. I 145 f.); Gliederungsschema **42 a** Anh. I 156 f. (– der Gewinn- und Verlustrechnung **42 a** Anh. I 341; – im österreichischem Recht **42 a** Anh. I 453); going-concern-principle **42 a** Anh. I 63; goodwill **42 a** Anh. I 164; Große GmbH **42 a** Anh. I 156, 435; Gründe für planmäßige Abschreibung des Geschäfts- oder Firmenwertes, im Anhang **42 a** Anh. I 437; Grundlage der Kapitalerhöhung aus Gesellschaftsmitteln **57 e–57 g** 2; **Vor 82–85** 17; Grundlagen, der Bewertung **42 a** Anh. I 61 (– der Bilanzierung **42 a** Anh. I 11 ff.; – der Währungsrechnung in Euro im Anhang – **42 a** Anh. I 405); Grundsätze ordnungsmäßiger Bilanzierung **42 a** Anh. I 11; Grundsätze ordnungsmäßiger Buchführung (GoB) **42 a** Anh. I 11; Grundsatz, der Bewertungsstetigkeit **42 a** Anh. I 20, 68 (– der Bilanzidentität **42 a** Anh. I 62; – der Darstellungsstetigkeit **42 a** Anh. I 350; – der Einheitlichkeit der Bewertung **42 a** Anh. I 68; – der Einzelbewertung **42 a** Anh. I 65; – der formellen Bilanzkontinuität **42 a** Anh. I 62; – der Fortsetzung der Unternehmenstätigkeit (going-concern-principle) **42 a** Anh. I 63; – der Klarheit **42 a** Anh. I 13; – der Meto-

Magere Zahlen = Randnummern

denbestimmtheit des Wertansatzes **42 a Anh. I** 72; – der Periodenabgrenzung **42 a Anh. I** 67; – der Stetigkeit **42 a Anh. I** 18; – der Richtigkeit und Willkürfreiheit **42 a Anh. I** 12; – der Vollständigkeit **42 a Anh. I** 14; – der Vorsicht **42 a Anh. I** 15, 66; – der Wesentlichkeit (materiality) **42 a Anh. I** 22, 70; – der Willkürfreiheit **42 a Anh. I** 12, 71; – rechtlicher Zugehörigkeit **42 a Anh. I** 25); Gruppenbewertung **42 a Anh. I** 111, 115; Grundstücke und grundstücksgleiche Rechte **42 a Anh. I** 167; Guthaben bei Kreditinstituten **42 a Anh. I** 213; Haftungsverhältnisse **42 a Anh. I** 339 f., 429; Herstellungskosten **42 a Anh. I** 85 ff., 93 ff., 183; Hifo – Verfahren (highest in – first out) **42 a Anh. I** 124; Höchstwertprinzip **42 a Anh. I** 16, 98; immaterielle Vermögensgegenstände **42 a Anh. I** 80, 162; Imparitätsprinzip **42 a Anh. I** 17, 66; indirekte Kosten **42 a Anh. I** 90; Inhalt des Jahresabschlusses **42 a Anh. I** 143 ff.; Inhalt des Postens Rückstellungen **42 a Anh. I** 279; Jahresabschluss **29** 46 ff.; Jahresabschluss im Österreichischem Recht **42 a Anh. I** 450; Jahresfehlbetrag **42 a Anh. I** 252 (– bei Kapitalgesellschaften & Co. **42 a Anh. I** 262); Jahresüberschuss **42 a Anh. I** 252; Kaduzierter Geschäftsanteil **21** 45; Kapitalanteile **42 a Anh. I** 256 (– beschränkt haftender Gesellschafter bei Kapitalgesellschaften & Co. **42 a Anh. I** 258; – persönlich haftender Gesellschafter bei Kapitalgesellschaften & Co. **42 a Anh. I** 258); Kapitalerhöhung aus Gesellschaftsmitteln **57 c** 17; **57 e–57 g** 5, **57 i** 3; Kapitalherabsetzung **58** 45; Kapitalkonten **42 a Anh. I** 257; Kapitalrücklage **42 a Anh. I** 236; Kapitalrücklage bei Kapitalgesellschaften & Co. **42 a Anh. I** 261; Kapitalveränderung des gezeichneten Kapitals **42** 5; Kassenbestand **42 a Anh. I** 210, 212; Kifo – Verfahren (Konzern in – first out) **42 a Anh. I** 126; Klarheit **42 a Anh. I** 13; Kleine GmbH **42 a Anh. I** 157, 412, 419, 422 f., 426, 430; Kommissionsgeschäfte **42 a Anh. I** 35 f.; Konsignationsgeschäfte **42 a Anh. I** 35 f.; Kontoform **41** 119; **42 a Anh. I** 156; Konzernabschluss **42 a Anh. I** 174; Konzernbilanz **42 a** 9; **42 a Anh. II** 10, 133 ff.; Konzernbilanzpolitik **42 a Anh. II** 25; Konzessionen **42 a Anh. I** 163; Korrekturgröße von Eigenkapital **42 a Anh. I** 233; Kosten der allgemeinen Verwaltung **42 a Anh. I** 94; Kostenrechnung **42 a Anh. I** 88; Kostenstellenrechnung **42 a Anh. I** 90; Kredite **42 a Anh. I** 429; Lagebericht **42 a Anh. I** 446 (– im österreichischen Recht **42 a Anh. I** 456); latente Steuern **42 a Anh. I** 307 f.; Leasing-Geschäfte **42 a Anh. I** 37 ff.; Leistungszwang **42 a Anh. I** 311 ff.; Lifo- Verfahren (last in – first out) **42 a Anh. I** 121; letzte Jahresabschluss **57 e–57 g** 2 f.; Liquidation **71** 1; Liquidationseröffnungsbilanz **71** 7 (– im österreichischen Recht **71** 33); Liquidationsschlussbilanz **71** 25 ff.; **74** 3; Liquidationswerte **71** 22;

Lizenzen **42 a Anh. I** 163; Lofo- Verfahren (lowest in – first out) **42 a Anh. I** 125; Mängel der Bilanz **57 e–57 g** 13; Materialaufwand bei Umsatzkostenverfahren, im Anhang **42 a Anh. I** 425; Materialeinzelkosten **42 a Anh. I** 89; materielle Stetigkeit **42 a Anh. I** 18; Methoden planmäßiger Abschreibungen **42 a Anh. I** 129 ff.; Mieteinbauten **42 a Anh. I** 168; Miet- und Pachtverträge **42 a Anh. I** 34; Mitglieder des Aufsichtsrats im Anhang **42 a Anh. I** 431 (– des Geschäftsführungsorgans, im Anhang **42 a Anh. I** 431); mittelbare Pensionszusagen **42 a Anh. I** 288; Mittelgroße GmbH **42 a Anh. I** 156, 419, 422, 426; Mutterunternehmen im Anhang **42 a Anh. I** 438; Nachholung von Aufwandsrückstellungen **42 a Anh. I** 305; Nachschüsse **26** 41 f. (– der Gesellschafter **42 a Anh. I** 200); Nachschusskapital **42** 8 ff.; nachträgliche Anschaffungskosten **42 a Anh. I** 76; negativer Kapitalanteil bei Kapitalgesellschaften & Co. **42 a Anh. I** 259; Neun-Spalten- Schema **42 a Anh. I** 182; Neuzusagen bei Pensionsverpflichtungen **42 a Anh. I** 286; Niederstwertprinzip **42 a Anh. I** 16, 66, 69, 98; Nominalwertprinzip **42 a Anh. I** 69; obligatorische Rückstellungen **42 a Anh. I** 280; Österreichisches Recht **42 a Anh. I** 448 ff.; Offenlegung des Jahresabschlusses **42 a Anh. I** 447; Operating-Leasing **42 a Anh. I** 38; Passivierung von Aufwandsrückstellungen **42 a Anh. I** 302 ff.; Passivierungsfähigkeit **42 a Anh. I** 25; Passivierungspflicht **42 a Anh. I** 26; assivierungswahlrechte, im Anhang **42 a Anh. I** 403; pensionsähnliche Verpflichtungen **42 a Anh. I** 289; Pensionsgeschäfte **42 a Anh. I** 55 f.; persönliche Steuern **42 a Anh. I** 263; Personalaufwand bei Umsatzkostenverfahren, im Anhang **42 a Anh. I** 425; Pflichtangaben, im Anhang **42 a Anh. I** 399; Prinzip, der Berücksichtigung drohender Verluste **42 a Anh. I** 66 (– der verlustfreien Bewertung **42 a Anh. I** 17); Prüfer **57 e–57 g** 6; Prüfung **57 e–57 g** 4 (– des Jahresabschlusses **42 a Anh. I** 447); Rahmengrundsätze **42 a Anh. I** 12 f.; Realisationsprinzip **42 a Anh. I** 15, 66; Rechnungsabgrenzungsposten **42 a Anh. I** 26, 31; Rechnungsabgrenzungsposten (aktiv) **42 a Anh. I** 214 ff.; Rechnungsabgrenzungsposten (passiv) **42 a Anh. I** 337; Rechnungsgrundlage für Pensionsrückstellungen **42 a Anh. I** 291; Roh-, Hilfs- und Betriebsstoffe **42 a Anh. I** 189; Rückbeziehung der Kapitalherabsetzung **58 e** 5; Rückdeckungsversicherung **42 a Anh. I** 292; Rücklagen **42 a Anh. I** 247; **57 d** 2 (– für den Eigenkapitalanteil von Wertaufholungen **42 a Anh. I** 340; – für eigene Anteile **42 a Anh. I** 207, 245; – für eingeforderte Nachschüsse **42 a Anh. I** 340); Rückstellungen **42 a Anh. I** 278 (– für Absatzgeschäfte **42 a Anh. I** 317 f.; – bei Beschaffungsgeschäften **42 a Anh. I** 316; – für drohende Verluste aus schwebenden Geschäften **42 a Anh. I** 278,

2669

Sachverzeichnis

Fette Zahlen = §§

315; – für faktische Verpflichtungen **42 a Anh. I** 301; – für Pensionen und ähnliche Verpflichtungen **42 a Anh. I** 285 ff.; – für ungewisse Verbindlichkeiten **42** 16; **42 a Anh. I** 278, 311 ff.; – für unterlassene Aufwendungen für Abraumbeseitigung **42 a Anh. I** 300; – für unterlassene Aufwendungen für Instandhaltung **42 a Anh. I** 297 ff.; – zur Steuerabgrenzung **42 a Anh. I** 307 f.), 340; Rückstellungsarten **42 a Anh. I** 283; Sachanlagen **42 a Anh. I** 167; Sacheinlagen **42 a Anh. I** 82; Sammelbewertungsverfahren **42 a Anh. I** 111, 118; satzungsmäßige Rücklagen **42 a Anh. I** 249; Schätzungsproblematik **42 a Anh. I** 20; Schecks **42 a Anh. I** 211; Schlussbilanz **77 Anh.** 283, 658 (– bei Insolvenz **63** 125; – der werbenden Gesellschaft **71** 19 ff.); Schlussrechnung bei Liquidation **71** 25 ff.; Schütt-aus-Hol-zurück-Verfahren **42 a Anh. I** 241; Schulden, Begriff **42 a Anh. I** 25; Schutzklausel, im Anhang **42 a Anh. I** 434; schwebende Geschäfte **42 a Anh. I** 59; selbstständige Übertragbarkeit **42 a Anh. I** 24; selbstgeschaffene immaterielle Vermögensgegenstände des Anlagevermögens **42 a Anh. I** 27; selbstgeschaffene immaterielle Vermögensgegenstände des Umlaufvermögens **42 a Anh. I** 28; Sicherungstreuhandschaft **42 a Anh. I** 51; Sicherungsübereignung/-abtretung **42 a Anh. I** 33, 52 f.; Sonderbilanzen **42 a Anh. I** 263; Sonderfragen **42 a Anh. I** 32; Sonderposten **42 a Anh. I** 221 ff., 270 ff., 340 (– auf der Passivseite **42 a Anh. I** 340; – mit Rücklageanteil **42 a Anh. I** 270 ff.; **57 d** 11; – und Erweiterungen auf der Aktivseite **42 a Anh. I** 221 ff.); Sonderrücklage **30** 3; sonstige finanzielle Verpflichtungen, im Anhang **42 a Anh. I** 414; sonstige Pflichtangaben, im Anhang **42 a Anh. I** 412 ff.; sonstige Rückstellungen **42 a Anh. I** 310, 436; sonstige Verbindlichkeiten **42 a Anh. I** 335; sonstige Vermögensgegenstände **42 a Anh. I** 194, 202; sonstige Wertpapiere **42 a Anh. I** 209; Spezial-Leasing-Verträge **42 a Anh. I** 45; Stammkapital **5** 3; **42** 4; **42 a** 147; **42 a Anh. I** 235, 256 (– bei Liquidation **71** 23); Steuerabgrenzung **42 a Anh. I** 231; Steuerabgrenzungsposten (aktiv) **42 a Anh. I** 229; Steuerbilanz **77 Anh.** 283; steuerfreie Rücklagen **42 a Anh. I** 340; steuerliche Eröffnungsbilanz **77 Anh.** 232, 242; steuerliche Schlussbilanz **77 Anh.** 231, 242, 421; Steuern vom Einkommen und vom Ertrag **42 a Anh. I** 383; steuerrechtlich zulässige Abschreibungen **42 a Anh. I** 276; Steuerrückstellungen **42 a Anh. I** 295; Steuerverbindlichkeiten **42 a Anh. I** 296; Stichtag **77 Anh.** 241 (– bei Kapitalerhöhung aus Gesellschaftsmitteln **57 e–57 g** 9; – der Erhöhungsbilanz **57 e–57 g** 10; – für die Liquidationseröffnungsbilanz **71** 9); Stichtagsprinzip **42 a Anh. I** 64; tauschähnliche Geschäfte **42 a Anh. I** 81; Tauschgeschäfte **42 a Anh. I** 81; Tauschgutachten **42 a Anh. I** 81; technische Anlagen und Maschinen **42 a Anh. I** 169; Teilamortisationsverträge bei Immobilien-Leasing **42 a Anh. I** 47; Teilamortisationsverträge bei Mobilien-Leasing **42 a Anh. I** 46; Teilwert **42 a Anh. I** 104; Teilwertverfahren **42 a Anh. I** 290 f.; Treuhandgeschäfte **42 a Anh. I** 51 ff.; Übernahmebilanz **77 Anh.** 283; Überpariemission **42 a Anh. I** 240; Überprüfung und Berichtigung der Werte am Bilanzstichtag **41** 35; Überschuldungsbilanz (s. auch dort) **63** 34, 38; **84** 37 (– bei der Komplementär-GmbH **63** 163 ff.; – der GmbH & Co. KG **63** 155 ff.; Übertragungsbilanz **77 Anh.** 231, 242, 285; Unterschiedsbeträge bei Bewertungsvereinfachungsverfahren **42 a Anh. I** 409; umgekehrte Maßgeblichkeit **42 a Anh. I** 9, 274 f.; Umlaufvermögen **42 a Anh. I** 186; Umsatzkostenverfahren **42 a Anh. I** 341, 344; Umwandlung GmbH in OHG **77 Anh.** 222; Umwandlungsbilanz **77 Anh.** 42, 100; umwandlungsfähige Bilanzposten **57 d** 2; Umwandlungsverbot **57 d** 8; unechte Pensionsgeschäfte **42 a Anh. I** 56, 58; unechtes Factoring **42 a Anh. I** 50; uneingeschränkter Bestätigungsvermerk **57 e–57 g** 8; unentgeltlich erworbene Vermögensgegenstände **42 a Anh. I** 80; unfertige Erzeugnisse **42 a Anh. I** 190; unfertige Leistungen **42 a Anh. I** 190; Unrichtigkeit des Jahresabschlusses **29** 69; Unterbilanz **30** 12; **58 a** 14; **63** 37; Unterkapitalisierung **63** 37; unterlassene Verlustanzeige **84** 15 ff.; Unternehmenserwerb **42 a Anh. I** 79; Unterschiede zwischen Handels- und Steuerbilanz **77 Anh.** 421; unwahre Darstellung der Vermögenslage **82** 88; Veräußerungswert **42 a Anh. I** 102; Verbindlichkeiten **42 a Anh. I** 319 (– aus Besserungsscheinen **42 a Anh. I** 321; – aus Lieferungen und Leistungen **42 a Anh. I** 332; – aus Wechselgeschäften **42 a Anh. I** 333; – bei Kapitalgesellschaften & Co. **42 a Anh. I** 269; – gegenüber Gesellschaftern **42** 16; **42 a Anh. I** 336, 340; – gegenüber Kreditinstituten **42 a Anh. I** 330; – gegenüber Unternehmen mit Beteiligungsverhältnissen **42 a Anh. I** 334; – gegenüber verbundenen Unternehmen **42 a Anh. I** 334); verbundene Unternehmen **42 a Anh. I** 174 ff.; verdeckte Einlagen **42 a Anh. I** 166; vereinfachte Kapitalherabsetzung **58 c** 3; Vereinfachungsverfahren **42 a Anh. I** 75 (– zur Erfassung der tatsächlichen Aufwendungen **42 a Anh. I** 75); Verfahren der retrograden Wertermittlung **42 a Anh. I** 128; Verkaufskommission **42 a Anh. I** 35; verkürzte – **41** 120, **42 a Anh. I** 142; Verlustanzeige **42 a Anh. I** 224; Verlustvortrag **42 a Anh. I** 251 (– bei Kapitalgesellschaften & Co. **42 a Anh. I** 262); Vermögensabgrenzung bei Sonderbetriebsvermögen **42 a Anh. I** 263; Vermögensbilanz **77 Anh.** 42; Vermögensgegenstand, Begriff **42 a Anh. I** 24; Vermögenslosigkeit **60** 34; Verpflichtungen gegenüber verbundenen Unternehmen im Anhang **42 a Anh. I** 416; Verschmelzungsbilanz **77**

2670

Magere Zahlen = Randnummern

Sachverzeichnis

Anh. 320; Verschmelzungsmehrwert **42 a Anh. I** 225; Verträge mit Kaufoption **42 a Anh. I** 43; Verträge mit Mietverlängerungsoption **42 a Anh. I** 44; Verträge ohne Optionsrecht **42 a Anh. I** 42; Vertriebskosten **42 a Anh. I** 96; Verursachungsprinzip **42 a Anh. I** 67; Verwaltungstreuhandschaft **42 a Anh. I** 51; Vollständigkeit **42 a Anh. I** 14; Vorbelastungsbilanz **11** 28; **41** 100 ff.; Vorräte **42 a Anh. I** 187; Vorschriften zur Eigenkapitalgliederung bei Kapitalgesellschaften & Co. **42 a Anh. I** 257; Vorschüsse **42 a Anh. I** 429; Vorsichtsprinzip **42 a Anh. I** 21; Währungsumrechnung **42 a Anh. I** 107; Währungsumrechnungen im Konzernabschluss **42 a Anh. I** 110; Währungsverbindlichkeiten **42 a Anh. I** 327; Wahl des Prüfers **57 e–57 g** 7; Waren **42 a Anh. I** 192; Wechsel **42 a Anh. I** 205; weitere Bewertungsgrundsätze **42 a Anh. I** 69 ff.; weitere Rechnungswerke bei Liquidation **71** 19 ff.; Wertpapiere **42 a Anh. I** 204 (– des Anlagevermögens **42 a Anh. I** 180); Wertzehr des Anlagevermögens **42 a Anh. I** 92; Wiederbeschaffungswert **42 a Anh. I** 101; Wirtschaftsgut **42 a Anh. I** 24; wirtschaftliches Eigentum **42 a Anh. I** 25 (– beim Treugeber **42 a Anh. I** 52; – beim Treuhänder **42 a Anh. I** 53; – des Leasinggebers **42 a Anh. I** 48; – des Leasingnehmers **42 a Anh. I** 49); Zahl der beschäftigten Arbeitnehmer, im Anhang **42 a Anh. I** 424; Zeitpunkt der Prüfung **57 e–57 g** 5; Zinsen, für Eigenkapital **42 a Anh. I** 99; – für Fremdkapital **42 a Anh. I** 95); Zulässigkeit des Erwerbs, eigener Anteile **42 a Anh. I** 246 (– von stillen Reserven **42 a Anh. I** 105); zusätzliche Angaben bei Kapitalgesellschaften & Co., im Anhang **42 a Anh. I** 440; Zuschreibungen **42 a Anh. I** 99; Zuwachs an Anteilsrechten **57 o** 3; zweckbestimmte andere Gewinnrücklagen **57 d** 12; Zwischenbilanz **57 e–57 g** 2, 10; **77 Anh.** 456
Bilanzgewinn, Ergebnisverwendung **29** 8; Feststellung **46** 8
Bilanzierungsgrundsätze, Abgrenzungsgrundsätze **42 a Anh. I** 15 ff.; Anschaffungspreisprinzip **42 a Anh. I** 15; Ausweismethode **42** 4; Ausweis nach § 42 Abs. 3 **42** 17; Beibehaltung von Bewertungsmethoden **42 a Anh. I** 19; Bilanzklarheit **42 a Anh. I** 13; Bilanzkontinuität **42 a Anh. I** 19; Bilanzwahrheit **42 a Anh. I** 12; ergänzende Grundsätze **42 a Anh. I** 18; Feststellung des Jahresabschlusses **42 a** 1; Forderungen gegenüber Gesellschaftern **42** 18; Gezeichnetes Kapital **42** 20; going-concern-principle **42 a Anh. I** 63; Grundsatz, der Bewertungsstetigkeit **42 a Anh. I** 68 (– der Bilanzidentität **42 a Anh. I** 62; – der Einheitlichkeit der Bewertung **42 a Anh. I** 70; – der Einzelbewertung **42 a Anh. I** 65; – der formellen Bilanzkontinuität **42 a Anh. I** 62; – der Fortsetzung der Unternehmenstätigkeit (going-concern-principle) **42 a Anh. I** 63; – der Klarheit und Übersichtlichkeit **42 a Anh. I** 13;

– der Methodenbestimmtheit des Wertansatzes **42 a Anh. I** 72; – der Periodenabgrenzung **42 a Anh. I** 67; – der Richtigkeit und Willkürfreiheit **42 a Anh. I** 12; – der Stetigkeit **42 a Anh. I** 18; – der Vollständigkeit **42 a Anh. I** 14; – der Vorsicht **42 a Anh. I** 15, 66; – der Wesentlichkeit (materiality) **42 a Anh. I** 22, 70; – der Willkürfreiheit **42 a Anh. I** 71; – rechtlicher Zugehörigkeit **42 a Anh. I** 25); Höchstwertprinzip **42 a Anh. I** 16, 98; Imparitätsprinzip **42 a Anh. I** 17, 66; Kapitalveränderungen **42** 5; Kollision des Ausweises **42** 16; materielle Stetigkeit **42 a Anh. I** 18; Nachschusskapital **42** 8 ff.; Niederstwertprinzip **42 a Anh. I** 16, 66, 69, 98; Nominalwertprinzip **42 a Anh. I** 69; österreichisches Recht **42** 19 ff.; Prinzip der Berücksichtigung drohender Verluste **42 a Anh. I** 66; Prinzip der verlustfreien Bewertung **42 a Anh. I** 17; Rahmengrundsätze **42 a Anh. I** 12 ff.; Realisationsprinzip **42 a Anh. I** 15, 66; Stichtagsprinzip **42 a Anh. I** 64; Verursachungsprinzip **42 a Anh. I** 67; Verbindlichkeiten gegenüber Gesellschaftern **42** 13; Vorsichtsprinzip **42 a Anh. I** 15, 21; weitere Bewertungsgrundsätze **42 a Anh. I** 69 ff.
Bilanzierungshilfen, Anlaufkosten **42 a Anh. I** 29; Geschäfts- oder Firmenwert **42 a Anh. I** 29; Ingangsetzung und Erweiterung des Geschäftsbetriebes **42 a Anh. I** 29; latente Steuern **42 a Anh. I** 29; Rechnungslegung **42 a Anh. I** 29; Währungsumstellung auf Euro **42 a Anh. I** 29
Bilanzrichtlinien-Gesetz (BiRiLiG), **42 a Anh. I** 1; Ausweis von Kapital- und Gewinnrücklagen **57 d** 1; Ergebnisverwendung **29** 2 f.; falsche Angaben **82** 3; Geheimnisschutz **85** 3; Gesellschafterbeschlüsse **46** 2; GmbH-Reform Einl. 32; Jahresabschluss **29** 46; Handelsregistersperre **29** 10; Kapitalerhöhung aus Gesellschaftsmitteln **57 c** 5; Konzernrechnungslegung **42 a Anh. II** 1; Liquidation **71** 1 f.; Pflichtverletzung bei Verlust, Zahlungsunfähigkeit, Überschuldung **84** 3; Registersperre **53** 43; Satzungsänderung **53** 43; Strafvorschriften **Vor 82–85** 2; Umwandlungsrecht **77 Anh.** 7; Zwangsgelder **79** 4
„Bilfinger & Berger"-Entsch., Einl. 175, 181 Kf., 186, 253
Blankovollmacht, Formvorschriften **15** 37
„Böhler"-Entsch., Einl. 152, 313
Börsenkurs; Berücksichtigung im Spruchverfahren **77 Anh.** 698
Börsenumsatzsteuer, Einl. 95; Kapitalerhöhung mit Sacheinlagen **56** 25
Börsenzulassung, Beendigung durch Formwechsel in GmbH **77 Anh.** 169
Bösgläubigkeit, Einreden des Gesellschafter **32** 20; Gesellschafter **32** 20; Haftung des Gesellschafters **32** 18
„Bosch"-Entsch., Einl. 121
„Bremer-Vulkan"-Entsch. Einl. 57
Bruchteilsgemeinschaft, Bestellung des gemeinsamen Vertreters **18** 16; Mitberechtigung

2671

Sachverzeichnis

Fette Zahlen = §§

am Geschäftsanteil *(s. auch Geschäftsanteil)* **18** 3; Willensbildung **18** 8

Buchführung *(s. auch Bilanz und Rechnungslegung)*, Abkürzungen **41** 51; Aufbewahrungsfristen **41** 65, 155 ff.; Aufbewahrungspflichten **41** 65, 155; ausgeweitete Stichtagsinventur **41** 32; Belegfunktion **41** 60; Belegprinzip **41** 53; – außer Haus **41** 64; – in gebundenen Büchern **41** 56; Buchführungsprinzipien **41** 53; Buchführungssysteme **41** 56 ff.; Datensicherheit **41** 62; doppelte Buchführung **41** 55; – durch faktischen Geschäftsführer **41** 2; – durch Geschäftsführer **41** 2; durch Insolvenzverwalter **41** 6; – durch Liquidatoren **41** 5 Durchschreibebuchführung **41** 57; EDV-Buchführung **41** 56, 59; Einrichtung eines Überwachungssystems **41** 159; Eröffnungsinventar **41** 71; externe – **41** 7; Führung der Handelsbücher **41** 45 ff.; Funktion des Inventars **41** 70; Gebot, der Richtigkeit **41** 53 (– der Vollständigkeit **41** 53); Gegenstand der Abschlussprüfung **42 a** 16; Große GmbH **41** 36; größenklassenabhängige Erleichterungen **41** 30; Größenklassenmerkmale **41** 31 ff.; Grundbücher **41** 46; Grundsätze ordnungsmäßiger Buchführung (GoB) **41** 37 (– ordnungsmäßiger DV-gestützter Buchführungssysteme (GoBS) **41** 60; – ordnungsmäßiger Speicherführung (GoS) **41** 60); Handelsbücher **41** 45 ff.; Hauptbuch **41** 47; Hilfsbücher **41** 45, 48; Inhalt des Inventars **41** 66; interne Buchführung **41** 7; interne Belege **41** 22; Internes Kontrollsystem (IKS) **41** 61; Inventar **41** 66 ff.; Inventarpflicht **41** 66; Jahresabschluss **41** 108 ff.; Jahresinventar **41** 71; Inventurverfahren **41** 75 ff.; Journal **41** 46; Journalbuchführung **41** 56; Journalfunktion **41** 60; Journalprinzip **41** 53; Kleine GmbH **41** 34; Kontenfunktion **41** 60; Kontenprinzip **41** 53; Kontokorrentbuchführung **41** 58; Lose-Blatt-Buchführung **41** 57; Mittelgroße GmbH **41** 35; Nebenbücher **41** 48; öffentlich-rechtliche Pflicht zur Buchführung **41** 1; österreichisches Recht **41** 161 ff.; **42 a** Anh. I 415; Offene-Posten-Buchführung **41** 58; Pflicht, zur Aufstellung des Inventars **41** 66 (– zur Führung in lebender Sprache **41** 50); Rechenschaftsbericht **41** 160; sonstige Aufzeichnungen **41** 49; Überwachungssystem **41** 159; Umfang der Inventarpflicht **41** 67 ff.; Verbot nachträglicher Änderung von Buchführungsunterlagen **41** 54; Verfahrensdokumentation **41** 63; Verpflichtete **41** 2 ff.; Währung **41** 52; Zweigniederlassung **12** 14

Buchführungspflicht, Aufbewahrungsfristen **41** 65, 155 ff.; Beginn **41** 41; Begriff der Grundsätze ordnungsmäßiger Buchführung (GoB) **41** 37; Belegfunktion **41** 60; Buchführung, außer Haus **41** 64 (– in gebundenen Büchern **41** 56; – in lebender Sprache **41** 50); Buchführungssysteme **41** 56 ff.; Datensicherheit **41** 62; – des faktischen Geschäftsführers **41** 2; – des Geschäftsführers **41** 2; – des Insolvenzverwalters **41** 6; – der Liquidatoren **41** 5; Durchschreibebuchführung **41** 57; Durchsetzung mittels actio pro socio **41** 10; Durchsetzung mittels Weisung der Gesellschafterversammlung **41** 10; EDV-Buchführung **41** 59; Einrichtung eines Überwachungssystems **41** 159; Ende der – **41** 43; Ermittlung der Grundsätze ordnungsmäßiger Buchführung (GoB), nach deduktiver Methode **41** 38 (– nach hermeneutischer Methode **41** 38); Eröffnungsinventar **41** 71; externe Buchführung **41** 7; Führung der Handelsbücher **41** 45 ff.; Funktion des Inventars **41** 70; Geschäftslagetäuschung **41** 21 f.; Grundbücher **41** 46; Grundsätze ordnungsmäßiger Buchführung (GoB) **41** 3, 7; **42 a** Anh. I 11 (– ordnungsmäßiger DV-gestützter Buchführungssysteme (GoBS) **41** 60; – ordnungsmäßiger Inventur (GoI) **41** 72; – ordnungsmäßiger Speicherbuchführung (GoS)) **41** 60; Haftung, auf Grund der Verletzung von Schutzgesetzen iSd § 823 Abs. 2 BGB **41** 16 (– des Geschäftsführers bei Verletzung der Buchführungspflicht gegenüber der Dritten **41** 13 ff.; – des Geschäftsführers bei Verletzung der Buchführungspflicht gegenüber der GmbH **41** 12; – für Steuerschulden **41** 28 f.); Handelsbücher **41** 45; Hauptbuch **41** 47; Hilfsbücher **41** 45, 48; Inhalt **41** 44; Inhalt des Inventars **41** 66; Inhalt und Umfang der Sorgepflicht für ordnungsgemäße Buchführung **41** 8; interne Buchführung **41** 7; Internes Kontrollsystem (IKS) **41** 61; Inventar **41** 66 ff.; Inventarpflicht **41** 66; Inventur *(s. auch dort)* **41** 72; Inventurverfahren **41** 75 ff.; Jahresinventar **41** 71; Journal **41** 46; Journalbuchführung **41** 56; Journalfunktion **41** 60; Kontenfunktion **41** 60; Kontokorrentbuchführung **41** 58; Lose-Blatt-Buchführung **41** 57; Nachtragsliquidation **41** 43; Nebenbücher **41** 48; objektive öffentlich-rechtliche Pflicht zur Buchführung **41** 1; Offene-Posten-Buchführung **41** 58; Ordnungsgeld bei Verletzung **41** 18; Ordnungswidrigkeit **41** 19; Pflicht zur Aufstellung des Inventars **41** 66; Rechnungslegungspflicht **41** 1; Sanktionierung **41** 17; sonstige Aufzeichnungen **41** 49; Sorgepflicht **41** 7 ff. (– der Geschäftsführer **41** 7; Sorgfaltspflicht bei Auswahl des Buchrenden **41** 4; steuerliche Haftung **41** 28 f.; Strafbarkeit, des Geschäftsführers bei Insolvenz **41** 24 f. (– bei Geschäftslagetäuschung **41** 21 f.; Täter der Ordnungswidrigkeit **41** 20 f.; Übertragung der Buchführungspflicht im Rahmen der Ressortverteilung **41** 4; Überwachungspflicht des die Buchführung Übertragenden **41** 4; Umfang der Inventarpflicht **41** 67 ff.; unechte Vorgesellschaft **41** 42; Verfahrensdokumentation **41** 63; verpflichtete Personen **41** 2 ff.; Vor-GmbH **41** 100; Vorgründungsgesellschaft **41** 42; Zwangsgeld bei Nichterfüllung der Pflicht **41** 11

Buchprüfer, Abschlussprüfer **42 a** 21; Abschlussprüfung **29** 53; Kapitalerhöhung aus Gesellschaftsmitteln **57 e–57 g** 6; taugliche Abschlussprüfer **29** 55

Buchwertfortführung, bei Umwandlungen **77** Anh. 230 ff., 284, 286, 420, 585, 592

Magere Zahlen = Randnummern

Sachverzeichnis

Buchwertmethode, 42 a **Anh. II** 145 ff.; Angabe im Konzernanhang 42 a **Anh. II** 156, 234; Anteile anderer Gesellschafter 42 a **Anh. II** 172; Equity-Bewertung 42 a **Anh. II** 221, 229; Erstkonsolidierung 42 a **Anh. II** 143; Quotenkonsolidierung 42 a **Anh. II** 216
Buchwertverknüpfung, bei Umwandlungen 77 **Anh.** 230 ff., 284, 286, 420, 585, 592
Bundeskartellamt, Fusionskontrolle 77 **Anh.** 24; Fusionskontrollverordnung (EU) 77 **Anh.** 24; Zusammenschlusskontrolle 77 **Anh.** 24
Bürgerlicher Name, Firma der GmbH 4 21; Streichung 4 65
Bürgschaft, Durchgriffshaftung 13 160; Eigenkapitalersatz 32 a 177
Bußgeldvorschriften, Abschlussprüfer **Vor 82–85** 75; Aufsichtsrat **Vor 82–85** 75; Bilanz **Vor 82–85** 76; echtes Sonderdelikt **Vor 82–85** 74; Geschäftsführer **Vor 82–85** 75; geschütztes Rechtsgut **Vor 82–85** 73; innerer Tatbestand **Vor 82–85** 77; Irrtum **Vor 82–85** 78; Jahresabschluss **Vor 82–85** 76; Konsolidierungsgrundsätze **Vor 82–85** 76; Konzernabschluss **Vor 82–85** 76; Konzernlagebericht **Vor 82–85** 76; Lagebericht **Vor 82–85** 76; Liquidatoren **Vor 82–85** 75; Mitglied des vertretungsberechtigten Organs **Vor 82–85** 75; Offenlegung **Vor 82–85** 76; Straf- und Bußgeldtatbestände des Bilanzrechts des HGB **Vor 82–85** 32; Straf- und Bußgeldvorschriften **Vor 82–85** 8; Täterkreis **Vor 82–85** 75; Tatbestand **Vor 82–85** 79; Tatbeteiligung **Vor 82–85** 79; Tathandlungen **Vor 82–85** 76; vereidigte Buchprüfer **Vor 82–85** 75; Vollständigkeitsgebot **Vor 82–85** 76; Wirtschaftsprüfer **Vor 82–85** 75

„**Calvo-Doktrin**", fehlender diplomatischer Schutz in lateinamerikanischen Staaten **Einl.** 356
„**Carl Zeiss**"-Entsch., **Einl.** 193
Cash-Management-System, 9a 13; Anmeldung der Kapitalerhöhung 57 6; Auszahlungsverbot 30 50; Leistungen auf das neue Stammkapital 56 a 4
„**Centros**"-Entsch., **Einl.** 36, 306 ff., 313, 342, 344, 350; **12** 51; **53** 18; Abkehr von der Sitztheorie **Einl.** 310; Auswirkungen auf die Sitztheorie **Einl.** 309; Entscheidung des EuGH **Einl.** 308; Fortbestand der Sitztheorie **Einl.** 312 ff.; österreichisches Recht **Einl.** 344; Sachverhalt **Einl.** 307; Rechtsfolgen **Einl.** 309
close corporations, anglo-amerikanischer Rechtskreis **Einl.** 381; GmbH-Recht **12** 54
company limited by shares, Einl. 380; Haftung des Geschäftsführers
culpa in contrahendo (cic) (311 BGB n. F.), Abtretung des Geschäftsanteils **15** 187; Außenhaftung des Geschäftsführers **43** 82 f.; Durchgriffshaftung **13** 160; Gesellschaftsvertrag **2** 76; Haftung beim Unternehmenskauf **15** 30; bei Verletzung der Buchführungspflicht **41** 14;

Insolvenzverschleppung **64** 53; Teilung von Geschäftsanteilen **17** 49
Dänemark, GmbH-Recht **12** 52
„**Daihatsu**"-Entsch., **Einl.** 33
„**Daily-Mail**"-Entsch., **Einl.** 303, 311, 314, 344, 350; österreichisches Recht **Einl.** 344
Darlehen, Arten 32 a 139 ff.; Ausleihungen an Gesellschafter 42 14; Auszahlungsverbot gemäß § 30 **30** 33 f.; gesellschafterbesicherte – 32 a 12; gesellschafterbesicherte Darlehen Dritter 32 a 170; Gesellschafterdarlehen 32 a 138; gleichgestellte Rechtshandlungen 32 a 138; kapitalersetzend besicherte Darlehen Dritter 32 a 170; Rückzahlung durch die Gesellschaft 32 b 3
„**DAT/Altana**"-Entsch., 77 **Anh.** 698
Datenschutz, GmbH **13** 20
DDR, GmbH-Recht **Einl.** 361 f.; Sitzverlegung **Einl.** 339; Strafvorschriften **Vor 82–85** 3
Deferral-Methode, Konzernabschluss 42 a **Anh. II** 284; Steuerabgrenzung 42 a **Anh. II** 284
Deliktsfähigkeit, Internationales Privatrecht **Einl.** 326; Vorgesellschaft **11** 105
Deutsch-amerikanischer Freundschafts-, Handels-, Schiffahrtsvertrag, Sitztheorie **Einl.** 303
Deutsche Rechnungslegungs-Standards Committee (DRSC), 42 a **Anh. I** 6 ff.; 42 a **Anh. II** 2
Dienstleistungen, Eigenkapitalersatz 32 a 169
Differenzanspruch, Anwendung der Vorschriften über Geldeinlagen **9** 7; Aufrechnung **9** 7; beschränkte Ausfallhaftung der Mitgesellschafter **9** 7; Beweislast **9** 9; Einlage in Geld **9** 7; Erlaß **9** 7; Fälligkeit **9** 8; Geltendmachung **9** 9; Gläubiger **9** 9; Höhe **9** 7; Insolvenz **9** 7; Mindesteinzahlung nach § 7 Abs. 2 **9** 7; Schutzgesetz **9** 9; Stundung **9** 7; Verjährung **9** 10; Vorgesellschaft **9** 7
Differenzhaftung, Ablehnung der Eintragung 57 a 10; 56 17; Altgesellschaften (Nov. 1980) **9** 13; Anfangskapital **9** 1; Anspruchsvoraussetzungen **9** 2; Differenzanspruch **9** 7; eigene Anteile **33** 6; Eintragung der Gesellschaft **9** 6; Eintragung der Kapitalerhöhung 57 a 10; Fehlbetrag **9** 3; gemischte Sacheinlage **9** 4; gesetzgeberischer Gedanke **9** 5; GmbH im Aufbau **9** 14; GmbH-Nov. 1980 **9** 1; Kapitalerhöhung mit Sacheinlagen **56** 17; maßgeblicher Zeitpunkt **9** 5; österreichisches Recht **9** 15; Sacheinlage **9** 1 f.; **11** 31; Sachgründungsbericht **9** 1; Sachübernahme **9** 2; Stammkapital **9** 1; Übergangsrecht **9** 13; bei Umwandlung einer, KG in GmbH 77 **Anh.** 301 (– OHG in GmbH 77 **Anh.** 276); Umwandlungsgesellschafter 77 **Anh.** 146; Verhältnis, zu anderen Bestimmungen **9** 11 (– zur Gründungshaftung **9** 11; – zur Haftung nach § 9 a **9 a** 35; – zur Vorbelastungshaftung **9** 12); Verschmelzung 77 **Anh.** 385; Verschulden **9** 3; volkseigene Betriebe **9** 14; Vorgesellschaft **11** 16; Zeitpunkt, der Anmeldung **9** 5 (– der Geltendmachung **9** 6); zwingendes Recht **9** 1

2673

Sachverzeichnis

Fette Zahlen = §§

Differenzierungstheorie, Internationales Privatrecht **Einl.** 301
Disagio, Bilanzierung **42 a Anh. I** 218 f.; Rechnungslegung **42 a Anh. I** 218 f.; Stammeinlage **5** 15; Verbot der Unterpari-Ausgabe **5** 15; Steuerrecht **42 a Anh. I** 220
Dispens, Konzernrecht **52 Anh.** 33
Dividende, Abschlagszahlungen **29** 98; Dividendenschein **29** 125; Gleichbehandlungsgrundsatz **29** 123; Naturaldividende **29** 123; Sachdividende **29** 123; Vorauszahlungen **29** 98; Zwischendividende **29** 98
D-Mark-Bilanzgesetz 1990/91 (DM-BiLG 1990/91), Auszahlungsverbot **30** 3; eigenkapitalersetzende Gesellschafterdarlehen **32 a** 29
Doktortitel, Firma der GmbH **4** 47
Doppelgesellschaft, GmbH innerhalb einer – **Einl.** 128
Doppelstöckige KG, Mitbestimmungsgesetz 1976 **Einl.** 212
down-stream-merger, 77 Anh. 423
Durchgriffshaftung, Abgrenzung zu sonstigen Rechtsinstituten **13** 159; Ausnahmecharakter **13** 122; Begriff **13** 122; beherrschender Gesellschafter **13** 143 f.; Bürgschaftsverpflichtungen **13** 160; culpa in contrahendo (§ 311 BGB nF) **13** 160; Einpersonen-Gesellschaft **13** 158; Einzelfälle **13** 130 f.; Garantieversprechen **13** 160; gesellschafterfreundlicher Durchgriff **13** 157; Gläubigerschädigung **13** 27; Haftung analog §§ 128, 129 HGB **13** 145; Haftung der Gesellschaft für Gesellschafterschulden **13** 145; Institutsmissbrauch **13** 132; Konzernrecht **13** 143 f.; Missbrauchslehre **13** 123 f.; Normanwendungstheorie **13** 123, 125; Patronatserklärung **13** 160; Rechtsfolgen **13** 145; Rechtsprechung **13** 126; Reflexschaden **13** 157; Schuldmitübernahme **13** 160; Sphärenvermischung **13** 142; Trennungstheorie **13** 123, 127 ff.; umgekehrter Durchgriff **13** 156; unerlaubte Handlung **13** 160; Unterkapitalisierung *(s. auch dort)* **13** 133 ff.; Vermögensvermischung *(s. auch dort)* **13** 141; Weisungserteilung **13** 143 f.
„Dynamit-Nobel"-Entsch., Einl. 175, 181 ff., 185, 248, 253
D & O – Versicherungen; Aufsichtsratsmitglied **Einl.** 256

Einführungsgesetz zur Änderung der Insolvenzordnung (EGInsOÄndG), 32 a 7 f.
EGInsOÄndG, 32 a 7 f.
EG-Recht, Beitragserhöhungsrichtlinie **Einl.** 32; Bilanzrecht **Einl.** 37; Bilanzrichtliniengesetz (BiRiLiG) **Einl.** 32; „Daihatsu"-Entsch. **Einl.** 33; ECU-Anpassungsrichtlinie **Einl.** 32; EG-Programm für Rechtsangleichung im Gesellschaftsrecht **Einl.** 385; Europäische Gesellschaft (Societas Europaea (SE)) **Einl.** 383; EGV **Einl.** 384; EU-Kapitalgesellschaften **77 Anh.** 3; Fusionskontrollverordnung (EU) **77 Anh.** 24; Fusionsrichtlinie **77 Anh.** 3; GmbH & Co. KG **Einl.** 33; Harmonisierung des Gesellschaftsrechts **Einl.** 31 ff.; International Accounting Standards (IAS) **Einl.** 37; **42 a Anh. I** 7; **42 a Anh. II** 8; Konzernrechnungslegung **42 a Anh. II** 1; Kosten bei Kapitalerhöhung **55** 57; Maßnahmen zur Rechtsangleichung im EGV **Einl.** 382 ff.; Mittelstandsrichtlinie **Einl.** 32, **42 a Anh. I** 2; partielle Rechtsangleichung **Einl.** 382; Rechnungslegung **42 a Anh. I** 1; Richtlinie für GmbH-Recht **Einl.** 386; SLIM-Initiative **Einl.** 37; Societas Europaea (SE) **Einl.** 383; Spaltungsrichtlinie **77 Anh.** 1; Steuerrecht **55** 60 f.; Übereinkommen über die gegenseitige Anerkennung von Gesellschaften und juristischen Personen **Einl.** 387; verdeckte Sacheinlage **5** 49; Verschmelzungsrichtlinie **77 Anh.** 1
EG-Richtlinien, Beitragserhöhungsrichtlinie **Einl.** 32; Bilanzrichtliniengesetz **Einl.** 32; ECU Anpassungsrichtlinie **Einl.** 32; Einpersonengesellschaftsrichtlinie **12** 52, 54; einzelne Richtlinien **Einl.** 34, 386; Fusionsrichtlinie **77 Anh.** 3; Gesellschaftssteuerrichtlinie **10** 30; GmbH & Co. KG- Richtlinie **Einl.** 33, 147, **42 a Anh. II** 4; innergemeinschaftliche Sitzverlegung **Einl.** 36; Kapitalrichtlinie **Einl.** 37; KapCoRiLiG **Einl.** 133; Mittelstandsrichtlinie **Einl.** 32; **42 a Anh. I** 2; Publizitätsrichtlinie **Einl.** 37; **10** 1; **12** 52; Rechtsangleichung in der EG **Einl.** 382 ff.; Sitzverlegungsrichtlinienentwurf **4 a** 23; Spaltungsrichtlinie **77 Anh.** 1; Übernahmerichtlinie **Einl.** 35; Verschmelzungsrichtlinie **77 Anh.** 1; Zweigniederlassungsrichtlinie **12** 3, 54
Ehegatte, Anmeldung nach § 16 **16** 12
Ehegattengesellschaft, Zulässigkeit **2** 11
Eigene Geschäftsanteile, Abandon **33** 8; Abstimmung aus eigenen Anteilen **52 Anh.** 84; Abtretung von Gewinnansprüchen **33** 22; Anfechtungsrecht **33** 47; Anmeldung **33** 35 (– des Erwerbers **33** 55); Anspruchskonkurrenz zu §§ 30 Abs. 1, 31 Abs. 1 **33** 38; Aufrechnung mit Kaufpreisanspruch **33** 17; bedingte Rechtsgeschäfte **33** 16; Befassung der Gesellschafterversammlung **33** 33; Bereicherungsausgleich **33** 37; Beschränkung der Geschäftsführer **33** 51 f.; Beweislastverteilung **33** 76; Bewertung **33** 75; bilanzielle Behandlung **33** 74; Bilanzierung **42 a Anh. I** 207 f. (– in der Überschuldungsbilanz **63** 48); Differenzhaftung **33** 6; einfache wechselseitige Beteiligung **33** 67; Einheitsgesellschaft **33** 28; Einziehung **33** 8, 77; Erhaltung des Stammkapitals **33** 2, 13; Erwerb **33** 5, 23 (– durch Dritte **33** 19; – für Rechnung der Gesellschaft **33** 40; – nach Austritt **34** 92; – voll eingezahlter Geschäftsanteile **33** 23); zu erwerbender Geschäftsanteil **33** 9 f.; Erwerbstatbestand **33** 12; Formwechsel **33** 68; Gesellschafterbeschluss bei Weiterveräußerung **33** 51 f.; Gewinnansprüche **29** 22; Gewinnbezugsrecht **33** 45 (– bei Nießbrauch **33** 46); GmbH-Nov. 1980 **33** 1; GmbH & Co. KG **33** 56 ff.; Haftung der Geschäftsführer **33** 15,

2674

Magere Zahlen = Randnummern

39 (– des Erwerbers 33 54); Innenverhältnis zwischen Gesellschaft und Treuhänder 33 41; Inpfandnahme voll eingezahlter Geschäftsanteile 33 23, 29; Kaduzierung 33 8, 77; Kapitalerhöhung 33 48; 55 28 (– aus Gesellschaftsmitteln 57j 3; – mit Sacheinlagen 56 7); Kapitalherabsetzung 33 11; 58 40; „Kein-Mann-Gesellschaft" (*s. auch dort*) 33 26 ff.; Konfusion 33 49; maßgeblicher Zeitpunkt 33 32; Mehrheiten beim Erwerb eigener Anteile 33 34; Nebenleistungen 33 5; Nichtigkeit, des Rechtsgeschäfts 33 13 (– des schuldrechtlichen Geschäfts 33 36; – des Treuhandvertrages 33 42); Nießbrauch 33 22; österreichisches Recht 33 78; Pfändung 33 21; Preisgabe 33 77; rechtliche Behandlung wirksam erworbener Geschäftsanteile 33 44; Rechtsfolgen, der Weiterveräußerung 33 53 (– des treuhänderischen Erwerbs 33 40; – des Verstoßes gegen Erwerbsvoraussetzungen 33 13 f.; – eines Verstoßes gegen Erwerb und Inpfandnahme voll eingezahlter Geschäftsanteile 33 36); Rückstände sonstiger Leistungen 33 5; Ruhen der Mitgliedschaftsrechte 33 44; Sacheinlage 56 7; Sonderrechte 33 47; sonstige Mitgliedschaftsrechte 33 47; Spaltung 33 68; 47 21; Teilnahme, an Erhöhung des Stammkapitals 57l 1 (– an Kapitalerhöhung 33 48; 57l 2; – eigener Geschäftsanteile an Kapitalerhöhung 57j 3); Teilung eines Geschäftsanteils 33 18; treuhänderischer Erwerb 33 40; Umwandlung 33 68 ff.; Verbot, der Inpfandnahme nicht voll eingezahlter Anteile 33 5 (– des Erwerbs nicht voll eingezahlter Anteile 33 5); verbundene Unternehmen 33 60 ff.; Vermögensverteilung 72 5; Verschmelzung 33 68 (– der Gesellschaft 77 Anh. 317); Verstoß gegen § 30 33 7; Vertragsstrafen 33 5; Volleinzahlung der Einlage 33 5, 23; Vorbelastungshaftung 33 6; wechselseitige Beteiligung 33 60; Weiterveräußerung durch Gesellschaft 33 50; wirksamer Erwerb durch die Gesellschaft 33 36; Wirksamkeit des Treuhandvertrages 33 43; Zeitpunkt der Rechtsfolgen 33 24; Zinsen 33 5; Zulässigkeit des Erwerbs 42 a Anh. I 226; Zulässigkeitsvoraussetzungen 33 23 (– einer Inpfandnahme 33 20; – eines Erwerbs 33 5); Zweck 33 2; zwingendes Recht 33 3

Eigenkapital, Ausweis bei der GmbH 42 a Anh. I 234; Ausweismethoden 42 4; Bilanzierung 42 2, 42 a Anh. I 234; Eigenkapitalausweis bei der Kapitalgesellschaft & Co. 42 a Anh. I 255; Fortsetzung der Gesellschaft 60 68; Genussrecht 42 a Anh. I 322; Konzernbilanz 42 a Anh. II 144; Sonderrücklage 30 3; Stammkapital 42 a Anh. I 235

Eigenkapitalersatz, Anwendungsbereich 32 a 13, 31; EGInsOÄndG 32 a 7 f.; eigenkapitalersetzende Gesellschafterdarlehen 32 a 2; Entstehungsgeschichte 32 a; Gesellschafterdarlehen gleichgestellte Handlungen 32 a 5; Gesellschaftern gleichgestellte Personen 32 a 5; Gesellschaftsinteresse 13 112; Gesellschaftskrise

32 a 32 ff.; KapAEG 32 a 9; Kleinbeteiligtenschwelle 32 a 9; KonTraG 32 a 7 ff.; Normentwicklung 32 a 6; Rangrücktrittsvereinbarung 63 64; Rechtsfolgen 32 a 190; Rückzahlung des Darlehens in der Krise der Gesellschaft 32 a 3; Sanierungsprivileg 32 a 9; Verhältnis zum Finanzplankredit 32 a 50; Zweck der §§ 32 a, 32 b 32 a 1

Eigenkapitalersetzende Gebrauchsüberlassung, Betriebsaufspaltung 32 a 162; Darlehen gleichgestellte Rechtshandlung 32 a 162; Grundpfandrechte 32 a 167; Nutzungsrecht als eigenkapitalersetzende Leistung 32 a 165 f.; Überlassung von Sachen 32 a 162; Verstrickung des Nutzungsrechtes 32 a 164; Verstrickung von Miet- bzw. Pachtzinsraten 32 a 163; Zusammentreffen von Grundpfandrechten 32 a 167

Eigenkapitalersetzende Gesellschafterdarlehen, Abgrenzung 32 a 18; Abtretung des Rückzahlungsanspruchs 32 a 151; allgemeine Anfechtungstatbestände 32 a 25; alte Bundesländer 32 a 25 ff.; alte Rechtslage 32 a 190; Anfechtung, außerhalb des Insolvenzverfahrens 32 a 199 f., 225 (– innerhalb des Insolvenzverfahrens 32 a 193); Anfechtungsgegner 32 a 194; Anfechtungsmöglichkeiten 32 a 22; Anfechtungsrechte innerhalb des Insolvenzverfahrens 32 a 16; Ansprüche des Gesellschafters 32 a 207; Anwendungsbereich 32 a 13, 31; Anzahlungen 32 a 157; Arten des Darlehens 32 a 139; atypisch stille Gesellschafter 32 a 75; Aufrechnung 32 a 201; Beendigung der Krise 32 a 65; Befriedigung 32 a 197 f.; belassene Abfindungsguthaben 32 a 149; Bestellen von Sicherheiten durch Gesellschafter 32 a 42; Betriebsaufspaltung 32 a 80; Betriebspacht 32 a 162; Betriebsüberlassung 32 a 162; Beweislast, für (fehlende) Kenntnisnahmemöglichkeiten 32 a 210 (– für nachträglichen Wegfall von Tatbestandsvoraussetzungen 32 a 212; – für Vorliegen kapitalersetzender Leistungen 32 a 209); Beweislastfragen 32 a 209; Beweislastverteilung, bei Kleinbeteiligtenschwelle 32 a 211 (– bei Sanierungsprivileg 32 a 211); bilanzielle Behandlung 32 a 260; Bilanzierung 32 a 220 (– in der Überschuldungsbilanz 63 62 f.); Bindung zugunsten des Haftungsfonds 32 a 1; Darlehen, in Geld 32 a 140 (– in vertretbaren Sachen 32 a 140); Darlehensgewährung 32 a 140; Darlehensversprechen 32 a 24, 142; Dienstleistungen 32 a 169; D-Mark-Bilanzgesetz 1990/91 (DM-BilG 1990/91) 32 a 29; Doppelbesicherung 32 a 186; Durchsetzungssperre 32 a 201; Eigenkapitalersatz 32 a 31; eigenkapitalersetzende Gebrauchsüberlassung 32 a 162 ff.; Eigentumsvorbehalt 32 a 168; Einlage eines stillen Gesellschafters 32 a 21; Einschränkung des Anwendungsbereiches 32 a 83; Einzelfälle kapitalersetzender Rechtshandlungen 32 a 154; Einzelfragen 32 a 68; EGInsOÄndG 32 a 7 f.; Entstehungsgeschichte 32 a 6; Entwicklung der Rechtsprechungsgrundsätze 32 a 213; er-

2675

Sachverzeichnis

fasste Leistungen **32 a** 217; erfasster Personenkreis **32 a** 70, 217; Erstattungspflicht des Gesellschafters **32 b** 1; Erweiterungen **32 a** 5; Erwerb einer gestundeten Forderung **32 a** 159; Factoring **32 a** 158; Fälligkeitsvereinbarungen **32 a** 156; Familienangehörige **32 a** 78; financial convenants **32 a** 76; Finanzierungsfolgenverantwortung **32 a** 17; Finanzierungsfreiheit der Gesellschafter **32 a** 18; Finanzierungsleasing **32 a** 160; Finanzierungsverantwortung **32 a** 17; Finanzplankredite *(s. auch dort)* **32 a** 46 ff.; Folgerungen von stehengelassenen Darlehen **32 a** 147 f.; Forderungsstundungen und vergleichbare Handlungen **32 a** 156; Gesellschafter **32 a** 70; gesellschafterbesicherte Darlehen **32 a** 12; Gesellschafterdarlehen **32 a** 138; Gesellschaftskrise **32 a** 32, 217; Gläubigerschutz **32 a** 17; gleichgestellte Personenkreise **32 a** 71 f.; gleichgestellte Rechtshandlungen **32 a** 138, 152 f.; GmbH-Nov. 1980 **Einl.** 10; GmbH & Co. KG *(s. auch eigenkapitalersetzende Gesellschafterdarlehen bei GmbH & Co. KG)* **32 a** 229; **63** 161; Grundfall **32 a** 2; Grundtatbestand des § 32 a **32 a** 11; Haftung der Mitgesellschafter **32 a** 219; Indizien, für eine Gesellschaftskrise **32 a** 35 (– gegen Eigenkapitalersatz **32 a** 43); Insolvenz **63** 62; insolvenzplanrechtliche Behandlung **32 a** 192; Insolvenzverfahren **32 a** 224; Jahresfrist **32 b** 3; KapAEG **32 a** 9; kapitalersetzend besicherte Darlehen Dritter **32 a** 170; Kleinbeteiligtenschwelle *(s. auch dort)* **32 a** 9, 14, 73, 83 ff., 206, 214; KonTraG **32 a** 7 f.; 9; Kreditinstitute **32 a** 137; Kreditwürdigkeit **32 a** 40 f., 19 Krisendarlehen **32 a** 63 f.; Kriterien der Gesellschaftskrise **32 a** 34; kurzfristige Stundung **32 a** 44; mittelbare Gesellschafter **32 a** 77; Nachrangigkeit der erfassten Forderungen **32 a** 191; Nachschuss **32 a** 6; nahe Verwandte **32 a** 78 f.; neue Bundesländer **32 a** 29; neue Rechtslage **32 a** 191; Nießbrauch **32 a** 74; Normentwicklung **32 a** 6; Normzweck **32 a** 17; österreichisches Recht **32 a** 262; Pfandgläubiger **32 a** 74; Rangrücktritt *(s. auch dort)* **32 a** 208, 226; Rangrücktrittserklärung **32 a** 38; Rangverhältnisse **32 a** 207; Recht auf Freistellung **32 a** 223; rechtsgeschäftliches Stehenlassen **32 a** 144; nicht rechtsgeschäftliches Stehenlassen **32 a** 145 f.; Rechtsfolgen **32 a** 190; Rechtshandlung **32 a** 195; Rechtsprechungsgrundsätze **32 a** 204, 213, 218; Regelungsinhalt des § 32 a **32 a** 10; Rückerstattungsanspruch gemäß § 31 **32 a** 218; Rückzahlung, binnen Jahresfrist vor Anfechtung **32 a** 66 (– binnen Jahresfrist vor der Eröffnung des Insolvenzverfahrens **32 a** 66; – des Darlehens **32 b** 3; – des Darlehens außerhalb der Krise **32 a** 69; – durch Gesellschaft **32 b** 3; – in der Krise der Gesellschaft **32 a** 3); Rückzahlungsverbot im Insolvenzverfahren **32 a** 4; sale and lease back-Verfahren **32 a** 160; Sanierungskredite **32 a** 36; Sanierungsprivileg *(s. auch dort)* **32 a** 9, 15, 73, 109 ff., 206, 214; Schweizer Recht **Einl.** 376; Sicherheiten, durch die Gesellschaft **32 a** 202 (– durch Dritte oder Mitgesellschafter **32 a** 203; – durch einen Gesellschafter **32 a** 42; – zugunsten der Gesellschaft **32 a** 161); Sicherung **32 a** 196; sonstige Nebenforderungen **32 a** 141; sonstige Nebenleistungen **32 a** 221; Spaltung des Darlehens **32 a** 68; ständige Gewährung kurzfristiger Kredite **32 a** 44; stehengelassene Darlehen **32 a** 143; stehengelassene Gewinne **32 a** 150; stille Beteiligung **32 a** 155; Strohmann **32 a** 70, 74; subjektive Voraussetzungen **32 a** 67; Treuhand **32 a** 74; Treuhänder **32 a** 70; Treupflicht **32 a** 17; Überbrückungskredit **32 a** 44; Übergangsrecht **32 a** 25 ff. (– zur InsO **32 a** 205); Überschuldungsstatus **32 a** 261; **63** 38; Umgehungstatbestand **32 a** 13; Unterbeteiligung **32 a** 75; Verbot der Rückgewähr von Gesellschaftsvermögen **32 a 7**, 222; verbundene Unternehmen **32 a** 81 f.; Verhältnis der Rechtsprechungsgrundsätze zu §§ 32 a, 32 b, § 135 InsO, § 6 AnfG **32 a** 214; Verhältnis zu sonstigen Bestimmungen **32 a** 20; Verhältnis zum Finanzplankredit **32 a** 50; Verhältnis zwischen Rechtsprechungsgrundsätzen und Neuregelungen **32 a** 215 f.; Verlustübernahmeanspruch entsprechend § 302 Abs. 1 AktG **32 a** 39; Versicherungsunternehmen **32 a** 137; Vorauszahlungen **32 a** 157; Vorbelastungsbilanz **32 a** 261; Zahlungsunfähigkeit **32 a** 37; Zinsen **32 a** 221; Zinsforderungen **32 a** 141; Zwerganteilsprivileg **32 a** 14

Eigenkapitalersetzende Gesellschafterdarlehen bei GmbH & Co. KG, Adressatenkreis **32 a** 230; Anwendbarkeit auf Vor-GmbH & Co. KG **32 a** 235; Anwendung des Insolvenzrechts **32 a** 254; Beteiligung einer GbR **32 a** 231; Darlehen an GmbH & Co. KG **32 a** 240 ff.; fehlendes Geschäftsführeramt bei Kleinbeteiligtenschwelle **32 a** 245; gesplittete Einlagen **32 a** 259; KGaA **32 a** 231; Kleinbeteiligtenschwelle **32 a** 236 f., 258; Leistungen, an untypische OHG/GmbH & Co. KG **32 a** 246 ff. (– des geschäftsführenden Gesellschafters an (Komplementär-) GmbH **32 a** 249 f.; – eines Gesellschafters an die (Komplementär-) GmbH **32 a** 243 f.; – eines Komplementär-/OHG-Gesellschafters **32 a** 233; – mittelbar beteiligter Gesellschafter **32 a** 230, 232; – von Kommanditisten **32 a** 234); mehrstufige Unternehmensverbindungen **32 a** 231; mittelbare Beeinträchtigung des Vermögens der GmbH **32 a** 244, 250; Nachrangigkeit des Rückzahlungsanspruches **32 a** 253 f.; Rechtsfolgen **32 a** 253 f.; Rechtsprechungsgrundsätze **32 a** 255 ff.; Sanierungsprivileg **32 a** 236, 251, 258; weitere Tatbestandsvoraussetzungen der §§ 129 a, 172 a HGB **32 a** 252; Zehn-Prozent-Schwelle **32 a** 238 f.

Einberufung der Gesellschafterversammlung, *s. Gesellschafterversammlung*

Einforderung von Nachschüssen, Durchführung **26** 33; Folgen **26** 36; Gleichbehandlungsgrundsatz **26** 34; Nachschuss **26** 32 ff.

Magere Zahlen = Randnummern

Sachverzeichnis

Einführungsgesetz zur Insolvenzordnung (EGInsO), Änderung des GmbHG **Einl.** 19
Einheitsgesellschaft, Anerkennung **Einl.** 142; eigene Geschäftsanteile **33** 28
Einheitstheorie, Internationales Privatrecht **Einl.** 301; Konzernanhang **42 a Anh. II** 290; Konzern-Gewinn- und Verlustrechnung **42 a Anh. II** 245; Konzernrechnungslegung **42 a Anh. II** 14; Vollkonsolidierung **42 a Anh. II** 133
Einkommensteuer, Anrechnungsverfahren **Einl.** 84; Berechnung nach Halbeinkünfteverfahren **Einl.** 86 f.; Betriebsvermögen der übertragenden GmbH **77 Anh.** 432; Entwicklung **Einl.** 64; Gesellschafter der übertragenden GmbH bei Verschmelzung **77 Anh.** 432; Halbeinkünfteverfahren **Einl.** 80; – nach Inkrafttreten des StSenkG bei Kapitalherabsetzung **58** 53; – vor Inkrafttreten des StSenkG bei Kapitalherabsetzung **58** 49 ff.; Kapitalerhöhung **55** 59; Kapitalerhöhung aus Gesellschaftsmitteln **57 c** 22; Kapitalherabsetzung **58** 48; Körperschaften als Anteilseigner **Einl.** 82; natürliche Personen als Anteilseigner **Einl.** 81; Privatvermögen eines Gesellschafters der übertragenden GmbH **77 Anh.** 432; Rechtsformwahl nach StSenkG **Einl.** 77 ff.; Schütt-aus-Hol-zurück-Verfahren **3** 33; Steuersatz nach StSenkG **Einl.** 77 ff.; Steuersatz und Rechtsformwahl **Einl.** 77 ff.; Thesaurierungssatz **3** 33; Übertragung von Geschäftsanteilen **15** 197; zeitliche Anwendung des neuen Halbeinkünfteverfahrens **Einl.** 83
Einlageforderung, Abtretung **19** 170; Aufforderung zur Einzahlung **21** 9, 13; Einwendungen der Gesellschafter **20** 13; Fälligkeit **19** 77; Kaduzierung **21** 5; Pfändung **19** 170; Regress gegen Rechtsvorgänger **22** 2; Verjährung **19** 26 ff.; Verzugszinsen **20** 19; Zurückbehaltungsrecht **19** 170, 174
Einlagen, Gläubigeranfechtung **2** 77; Gründungshaftung **9 a** 21 f.; Grundsatz der Kapitalerhaltung **2** 77; Haftung für Schädigung **9 a** 21; Treuepflicht **13** 46, 58
Einpersonen-GmbH, s. auch *Einpersonen-Gesellschafter u. Einpersonen-Gründung*; Abstimmung **48** 2; Anmeldung der Kapitalerhöhung **57** 6; Antragsrecht für Insolvenz **63** 8; Auflösung **19** 101; Auflösungsgrund **60** 9; Aufnahme eines weiteren Gesellschafters **19** 98 f.; Ausgliederung **77 Anh.** 649; Ausschluss bei Zwei-Personen-Gesellschaft **34** 96; Befreiung vom Verbot des Selbstkontrahierens **6** 27; Begriff der Sicherung **7** 33; **19** 97; Beschlussfassung **48** 2, 48; Bestellung des Geschäftsführer **6** 27; Bestellung einer Sicherung **7** 33; **19** 97; Drei-Monatsfrist des § 19 Abs. 4 **19** 101; EG-Richtlinie **Einl.** 386; Einpersonen-Gesellschafter-Geschäftsführer **35** 32; Einpersonen-GmbH & Co. KG **Einl.** 141; Einpersonen-Gründung **1** 2; Einpersonen-Konzern **52 Anh.** 51; Einpersonen-Sachgründung **77 Anh.** 649; Einpersonen-Vorgesellschaft **2** 5; Einreichen der Gesellschafterliste **19** 102; Erhöhung des Stammkapitals **55** 41; existenzgefährdende Weisung **43** 71 f.; falsche Angaben **82** 52; fehlerhafte Beschlüsse **47** 87; Gesellschafterbeschlüsse **48** 22; Gesellschafterversammlung **48** 2 (keine – **53** 63); Gesellschaftervertrag **2** 3; **43** 70; GmbH-Novelle 1980 **Einl.** 11; **2** 3; **19** 91 f.; GmbH-Reform **Einl.** 11; Haftung, des Geschäftsführers **43** 5 (– des Gesellschafters **43** 70 ff.; – im Konzern **52 Anh.** 96); Handelndenhaftung **11** 109; herrschender Einpersonengesellschafter **52 Anh.** 78; Höhe der Geldeinlage bei Anmeldung **7** 31; In-Sich-Geschäft **6** 27; Kapitalerhöhung **56 a** 8; Konzernrecht **52 Anh.** 96; Leistungen auf das neue Stammkapital **56 a** 8 f.; nachträgliche – **7** 32; notarielle Beurkundung von Satzungsänderungen **53** 63; Protokollierungserfordernis von Beschlüssen **48** 23; rechtsdogmatische Frage **2** 4; Rechtsfolgen der Verletzung des Protokollierungserfordernisses von Beschlüssen **48** 23; Rückforderung der Sicherung bei Anmeldung **7** 34; Satzungsänderung **53** 25, 63; Schweizer Recht **Einl.** 372; Selbstkontrahieren **53** 25; Sicherung, der Einlageforderung **19** 91 (– für nicht eingezahlte Beträge **7** 30, 33; – für nicht voll eingezahlte Geldeinlagen **82** 52); Stimmverbot **47** 54; Teilung von Geschäftsanteilen **17** 11; Treuepflicht **13** 38; umgekehrter Durchgriff **13** 158; Umwandlung GmbH in KG **77 Anh.** 250; verdeckte Gewinnausschüttung **29** 171; Vermutung der Strohmann Gründung **19** 93; „Video"-Entsch. **Einl.** 55; **52 Anh.** 96; Volleinzahlung **19** 95; Wettbewerbsverbot Wirksamkeit eines Gesellschafterbeschlusses **48** 24; Zulässigkeit **1** 2; **2** 3; **13** 4
Einpersonen-Gesellschafter, s. auch *Einpersonen-GmbH u. Einpersonen-Gründung*; Bestellung zum Geschäftsführer **46** 22; falsche Angaben **82** 9; Form der Beschlussfassung **47** 99; Gesellschafterversammlung **48** 2; Haftung **43** 70; Konzernrecht **52 Anh.** 78; Satzungsänderung **53** 63; Stimmverbot **47** 54; Umwandlung **77 Anh.** 50; Verschulden bei rechtswidrigen Weisungen **43** 73
Einpersonen-Gründung, s. auch *Einpersonen-GmbH u. Einpersonen-Gesellschafter*; Abschluss des Gesellschaftsvertrages **2** 33; Anmeldung **7** 25; **8** 22; Einpersonen-Gesellschaftsvertrag **2** 4; Einpersonen-Vorgesellschaft **11** 141 ff.; Einzahlungen bei Anmeldung **7** 30; falsche Angaben **82** 37; freie Verfügbarkeit der Einzahlungen **7** 25; Genehmigung des Vormundschaftsgerichts **2** 16; Gesellschaftsvertrag **2** 3; Handelndenhaftung im Vorgründungsstadium **11** 150; Mindesteinzahlung **7** 32; nachträgliche Entstehung **7** 32; Nachweise **8** 22; Nichtigkeit **2** 16; Scheitern **11** 151; schwebende Unwirksamkeit **2** 16; Sicherungen **7** 30, 33, 34; **8** 22; Umwandlung Körperschaft und Anstalt öffentlichen Rechts in GmbH **77 Anh.** 213; „Versicherungen" gem. § 8 Abs. 2, Abs. 3 **8** 22

2677

Sachverzeichnis

Fette Zahlen = §§

Einpersonen-Konzern, Haftung **52 Anh.** 96; herrschende Einpersonen-Gesellschafter **52 Anh.** 78; Konzernrecht **52 Anh.** 78; Verbot **52 Anh.** 51; „Video"-Entsch. **52 Anh.** 96

Einpersonen-Vorgesellschaft, **11** 160; Auflösung **11** 151; Differenzhaftung **11** 150; Ausnahme von der Binnenhaftung **11** 99; dogmatische Bedenken **11** 142; Gesamthandsstruktur **11** 143 f.; Gesellschaftsvertrag **2** 5 f.; GmbH-Recht, Anwendbarkeit von Sondervorschriften **11** 148 f.; Haftungsfragen **11** 150; Handelndenhaftung **11** 150; Körperschaftsteuer **11** 157 f.; österreichisches Recht **11** 189; Sondervermögen **11** 142, 146; Steuern **11** 148; Trennung des Sondervermögens vom Vermögen des Gründers **11** 145; Übergang von Rechten und Pflichten **11** 151; Übertragungsvorgänge **11** 147; Verlustdeckungshaftung **11** 150; Vorbelastungshaftung **11** 150

Eintragung, Ablehnung **3** 5; **9 c** 34 f. (– der Eintragung des Geschäftsführers **39** 11; – der vereinfachten Kapitalherabsetzung **58 a** 29); Abschluss des Gesellschaftsvertrages **10** 9; Abspaltung **77 Anh.** 566; Amtsauflösung **10** 20; Amtsermittlungsgrundsatz **9 c** 9; Amtslöschung **10** 4, 20; Angaben, bei Zweigniederlassungen **12** 42 (– gegenüber dem Registergericht **82** 30); Anmeldung, der Kapitalerhöhung **57** 31 (– der Liquidatoren **67** 1); Anmeldungspflichtige **78** 1; Auflösung **10** 4 (– der Gesellschaft **65** 2, 5; – ohne Anmeldung **65** 7); Ausgliederung **77 Anh.** 598; Befreiung vom Verbot des Selbstkontrahierens **10** 13; **35** 30, 36 (– bei GmbH & Co. KG **10** 13); Bekanntmachung (s. auch Bekanntmachung) **10** 1, 22 ff. (– bei Kapitalerhöhung **57 b** 1; – des Inhalts der Auflösung **65** 5); nicht beschlossene Satzungsänderung **54** 29; Beschwerde **10** 4; **78** 20; Beschwerdeberechtigte **78** 20; deklaratorische Bedeutung **78** 7; Differenzhaftung **9** 6; einstweilige Verfügung **54** 27; Eintragungsgegenstände **10** 5 ff.; Eintragungssperre **54** 32; Eintragungsvoraussetzungen **9 c** 10 f.; einzutragende Tatsachen bei Liquidatoren **67** 2; Entstehung der Gesellschaft **10** 17; Ergänzung der Eintragung **10** 4; Erhöhung des Stammkapitals bei Verschmelzung **77 Anh.** 389; Erlöschen, der Gründerhaftung **11** 34 (– der Haftung für Steuerschulden der Vorgesellschaft **11** 165; – der Handelndenhaftung **11** 140; – der Handelndenhaftung bei der Vor-GmbH & Co. KG **11** 178; – der Verlustdeckungshaftung der Gründer **11** 104, 139; – von Verbindlichkeiten aus dem Gründungsstadium **11** 138); Ermessen des Registergerichts **10** 2; falsche Angaben **82** 25; Fassungsbeschwerde **10** 4; – bei Fehlen von Unterlagen **8** 30; fehlende Voraussetzungen **10** 20; fehlerhafte – **10** 21; **54** 28; Firma **4** 57; **10** 6, 19; formelle Voraussetzungen **9 c** 7; Formwechsel **77 Anh.** 120; Fortsetzung der Gesellschaft **60** 84; Fristwahrung bei Umstellung auf Euro **86** 5; Gegenstand des Unternehmens **10** 7, 19; – gerichtlich abberufenen Liquidators **67** 7; – gerichtlich bestellter Liquidatoren **67** 7; Geschäftsführer **10** 10; GmbH – Nov. 1980 **10** 1; Grundsatzurteile im Rahmen der Vor-GmbH **11** 134; Handelndenhaftung, Erlöschen **11** 140; Handelsregister **10** 1 (–, Abt. B **10** 3); Heilung eines unzulässigen Gesellschaftszwecks **1** 52; Heilung von Mängeln **10** 20; **75** 11; Höhe des Stammkapitals **10** 8; Inhalt **9 c** 9; **10** 1, 5 (– bei Kapitalerhöhung **57** 32; – bei Kapitalerhöhung aus Gesellschaftsmitteln **57 i** 8; – bei Kapitalherabsetzung **58** 38; – bei Satzungsänderung **54** 22; – bei Auflösung **65** 5; – der Bekanntmachung bei Kapitalerhöhung **57 b** 2; – im österreichischen Recht **10** 33); Intensität der Prüfung **9 c** 12; Kapitalausstattung der Gesellschaft **5** 9; Kapitalerhöhung, aus Gesellschaftsmitteln **57 i** 6 (– mit Sacheinlagen **56** 17); Kapitalerhöhungsbeschluss **57 i** 6; Kapitalherabsetzung **58** 37; konstitutive Wirkung **10** 4; **78** 8; Kosten **10** 30; **54** 39 f.; Kündigungsbestimmungen **10** 14; Liquidatoren **67** 1; (– ohne Anmeldung **67** 7); Mängel **10** 18; materielle Voraussetzungen **9 c** 8; Maß der Gewissheit **9 c** 10; Nichtigkeit der Gesellschaft **75** 34; **77** 3; Nichtigkeitsklage **10** 20; **75** 34; örtlich unzuständiges Registergericht **10** 19; österreichisches Recht **10** 32; Person der Geschäftsführer **10** 10; Pflichten des Registergerichts **10** 2; Publizitätsrichtlinie **11** 1; Rechte und Pflichten der Vorgesellschaft **11** 133; Rechtsgeschäft unter der Bedingung der Eintragung **11** 110; Rechtslage bis zur Eintragung der Satzungsänderung **54** 24; Rechtsmittel **78** 20; Rechtswirkungen **11** 132; registersperrliche Prüfung **9 c** 6; Registersperre **54** 32; **86** 41; Satzungsänderungen **54** 22; Selbstkontrahieren **10** 13; Sitz der Gesellschaft **4 a** 17 f.; **10** 6, 19; Spaltung **77 Anh.** 539 (– von Gesellschaften **77 Anh.** 562); Staatshaftung **10** 31, **54** 39; Stammkapital **10** 8; stellvertretende Geschäftsführer **44** 2; Tag, der Eintragung **10** 15; **54** 23 (– des Abschlusses des Gesellschaftsvertrages **10** 9; – des Änderungsbeschlusses **54** 23); Tatsachen **9 c** 12; Übergang von Rechten und Pflichten auf jP **11** 135; Übergang von Verbindlichkeiten **11** 136; Umfang der – **9 c** 2; Umstellung auf Euro **86** 6, 17; unanfechtbare Verfügung **10** 4; Unternehmensgegenstand **10** 19; Unterschrift des zuständigen Beamten **10** 15; unvollständige – **10** 21; Verbindung von Kapitalherabsetzung mit Kapitalerhöhung **58 a** 18; **86** 28; Verbot **11** 14; vereinfachte Kapitalherabsetzung **58 a** 18; Verhinderung **54** 27; Verschmelzung **77 Anh.** 387 (– durch Neugründung **77 Anh.** 443); Vertretungsbefugnis der Geschäftsführer **10** 11 f.; Vorgesellschaft **11** 17 ff.; weitergehende – **10** 16; Wiedereintragung der Gesellschaft **74** 27; Wirkung **10** 17; **54** 33 (– bei Kapitalerhöhung aus Gesellschaftsmitteln **57 i** 11; – der Kapitalherabsetzung **58** 40; – bei Umwandlung **77 Anh.** 121; – bei Umwandlung AG in GmbH **77 Anh.** 173; – bei Umwandlung Körperschaften

Magere Zahlen = Randnummern

Sachverzeichnis

und Anstalten öffentlichen Rechts in GmbH 77 **Anh.** 216; – bei Verschmelzung 77 **Anh.** 388, 393; – der Auflösung 65 6; – für Vorgesellschaft 11 132); Zeitdauer der Gesellschaft 10 14; zusätzliche 10 21; Zuständigkeit 9 c 7; Zwangsgelder 79 1; Zweifel an Identität der Gesellschaft 10 19; Zweigniederlassung 12 18; 54 23; Zweigniederlassungen ausländischer GmbH 12 60 (– inländischer GmbH 12 41)
Eintragungsantrag, Stammkapital 5 9; Zurückweisung 8 30
Eintragungsmängel, Firma 10 19; Gegenstand des Unternehmens 10 19; Heilung 10 20; örtlich unzuständiges Registergericht 10 19; Sitz 10 19; Zweifel an Identität der Gesellschaft 10 19
Eintragungssperre, s. Handelsregistersperre
Einzahlung, Anforderung 20 10; Falsche Angaben über Verwendung 82 40; Kapitalerhöhung 56 a 4; Leistungen auf das neue Stammkapital 56 a ; Mehreinzahlung 56 a 5; Missbrauch der Vertretungsmacht 37 52; Verzug 20 18 ff.; Vorauszahlungen 56 a 5 f.; Voreinzahlungen 56 a 6; Vorleistungen 56 a 6; Wirkung der Nichtigkeit 77 6; Zahlungen Dritter 56 a 4; Zahlungen vor Fälligkeit 56 a 5; Zeitpunkt der Eintragung 56 a 5
Einzahlungen (bei Anmeldung), Agio 7 21; Aufrechnung 7 124; ausländische Zahlungsmittel 7 23; Bankkonto, des Geschäftsführer 7 123 (– der Gesellschaft 7 23); Bareinlagen 7 19; Barzahlung 7 23; Bundesbankscheck 7 23; Darlehen der Gesellschaft 7 23, debitorisches Bankkonto 7 23; eigene Mittel 7 24; Einpersonen-Gründung 7 25, 30; freie Verfügung der Geschäftsführer 7 22, 25; fremde Mittel 7 24; Gebühren 7 25; Gemischte Einlagen 7 19, 38; Gesamtbetrag 7 20; gesetzliche Zahlungsmittel 7 22; Konten, der Geschäftsführer 7 23 (– der Gesellschaft 7 23); Mehrzahlungen 7 26; Mindestbetrag 7 18; Mindesteinzahlung im österreichischen Recht 7 41; Mindesteinzahlungspflicht 7 17; Mindeststammkapital 7 20; Möglichkeit der Einzahlung im österreichischen Recht 7 42; Notar 7 23; restliche Einzahlungen 7 28; Sacheinlagen 7 19, 35 f.; Sachübernahme 7 29, 37; Scheck 7 23; Sicherung für nicht eingezahlte Beträge 7 30; Stammeinlage 7 18; Steuern 7 25; Strohmann-Gründung 7 24; Treuhänder 7 23; Übergangsvorschriften für Altgesellschaften (Nov. 1980) 7 127; unbarer Zahlungsverkehr 7 23; vorbehaltlose Bewirkung 7 25; Wechsel 7 23; Wirtschaftsprüfungsgesellschaften 7 20
Einzelvertretungsbefugnis, 8 15; 35 30, 44 f.
Einziehung, Abfindung zum vollen Wert 34 30; Abfindungsregelung 34 64; Abgrenzung zum Erwerb eigener Geschäftsanteile 33 43; Abstimmung 47 61; Änderung der Satzung 34 15; keine Änderung des Stammkapitals 34 50; Anfechtung 34 57; Anfechtungsklage 34 45; Anpassung der Geschäftsanteile 34 52; Arten der Einziehung 34 29; Auflösung der Gesellschaft 34 62; Auflösungsklage gem. § 61 34 62; Aufstockung 34 52; Ausscheiden eines Gesellschafters 34 59; ausscheidungswilliger Gesellschafter 34 63; Ausschließungsrecht 34 32; Ausschließungsklage 34 83; Ausschluss 34 59, 64, 43 (– aus wichtigem Grund 34 65; – eines Gesellschafters 34 6); Austritt 34 59, 64, 75; – nach Austritt 34 92; Auswirkungen auf die übrigen Gesellschafter 34 51; Beeinträchtigung des Stammkapitals 34 21; Begriff 34 1; Beschlussfassung durch Gesellschaftsorgane 34 14; Bewertung des Geschäftsanteils 34 38; eigene Geschäftsanteile 33 8, 77; Einziehung nicht volleingezahlter Anteile 34 22 ff.; Einziehungsentgelt 34 24, 38; Entgelt 34 36; entgeltliche Einziehung 34 35 ff.; entstandener Zahlungsanspruch 34 47; Entzug der Mitgliedschaft 14 23; – bei Erbfolge 15 119; Erhaltung des Stammkapitals 34 19; Erlöschen von Sonderrechten 34 49; Ertragswertmethode 34 37; Folgen der Einziehung 34 47; Form der Zustimmung 34 12; Formvorschriften 15 40; freiwillige Einziehung 34 29; gerichtliche Überprüfung 34 39; Geschäftsanteil 34 2; 46 19, 20; – bei geschäftsführender GmbH 34 56; Gesellschafterbeschlüsse 46 19; Gesellschafterbeschluss auf Einziehung 34 10; Gesellschafterversammlung 34 14; Gewinnanspruch 34 47; GmbH & Co. KG 34 56; Gründe 34 31; Güterrecht 15 103; Hauptanwendungsfälle der Einziehung zu Lasten des Stammkapitals 34 24; Inhalt des Einziehungsbeschlusses 34 16; Kapitalherabsetzung 34 24, 34; 58 4, 6; lästiger Gesellschafter 34 20, 39; Missbrauch der Vertretungsmacht 37 52; Mitgliedschaftsrechte 34 31; Mitteilung an den betroffenen Gesellschafter 34 17 f.; Nichtigkeitsklage 34 45; Niederlegung der Geschäftsführung 34 31; Nießbrauch 34 48; österreichisches Recht 34 133; Pfandrechte 34 48; Recht auf Einziehung 34 55; Reihenfolge 34 28; reine Formvorschrift 34 3; Revalorisierung 34 53 f.; Sanierung 34 24; Satzung 34 11, 23; – auf Grund der Satzung 34 61, 65; schenkungsweise Abtretung 34 6; Sonderpflichten 34 49; Sonderrechte 34 49; Stammkapital 34 21, 50; statutarische Regelung 34 46; Stellung des Gesellschafters während der Einziehung 34 43; Steuerfragen, Steuerpflichtigkeit 34 58; Teileinziehung 34 40 f.; Tod des Gesellschafters 34 32; Treuepflicht 13 81 (– bei Kündigungsfrist bei Anstellungsverträgen 38 42, 69); unentgeltliche Einziehung 34 33 f. (– beim Tode eines Gesellschafters 34 27); Unterbilanz 34 24; Unwirksamkeit 34 57; Vernichtung des Geschäftsanteils 34 3, 47; Verstoß, gegen § 34 34 57 (– gegen Wettbewerbsverbot 34 31); Volleinzahlung 34 19; Voraussetzungen 34 8 ff.; wichtiger Grund 34 25; Wiederausgabe des eingezogenen Geschäftsanteils 34 53 f.; Wirksamkeit des Einziehungsbeschlusses 34 17; Zahlungsmodalitäten 34 26; – zu Lasten des Stammkapitals 34 24;

2679

Sachverzeichnis

Fette Zahlen = §§

Zulassung im Gesellschaftsvertrag **34** 8 f.; zuständiges Organ **34** 14 f.; Zustimmung **34** 25; Zustimmung des betroffenen Gesellschafters **34** 11; Zwangseinziehung **34** 5, 30 ff.; **53** 27; Zweck **34** 5; zwingende Vorschriften des § 34 **34** 57

Einziehungsentgelt, Bewertung des Geschäftsanteils **34** 38; Einziehung zu Lasten des Stammkapitals **34** 24; entgeltliche Einziehung **34** 35 ff.; Ertragswertmethode **34** 37; gerichtliche Überprüfung **34** 39; statutarische Normierung **34** 107; Steuerpflichtigkeit **34** 58; unentgeltliche Einziehung **34** 33 f.; Zahlungsmodalitäten **34** 26

Entlastung, Abstimmung **47** 65; Begriff **46** 27; Verwaltungsträger bei Umwandlung **77 Anh.** 138; Geschäftsführer **46** 21, 27; Geschäftsführer in der Insolvenz **63** 132; Gesellschafterbeschluss **46** 29; Stimmverbote **47** 65 f.; Verschmelzung **77 Anh.** 410; Verweigerung **46** 31; Wirkung **46** 27, 30; Zuständigkeit **46** 28

Equity-Methode, assoziiertes Unternehmen **42 a Anh. II** 135, 218; Anwendungsbereich **42 a Anh. II** 222; Konsolidierungswahlrechte **42 a Anh. II** 107; Konzernrechnungslegung **42 a Anh. II** 114; österreichisches Recht **42 a Anh. II** 358; Ziel **42 a Anh. II** 220

Erbengemeinschaft, Ausgliederung aus Vermögen eines Einzelkaufmanns **77 Anh.** 646; Bestellung des gemeinsamen Vertreters **18** 18; eheliche Gütergemeinschaft **18** 9; Haftung bei Kaduzierung **22** 9; Haftung nach § 18 **18** 20; Mitberechtigung am Geschäftsanteil **18** 3; Vornahme von Rechtshandlungen durch die Gesellschaft **18** 31; Willensbildung bei gemeinsamen Geschäftsanteil **18** 8

Erbfolge, (keine) Anmeldung gem. § 16 **16** 19; Beschränkungen der Mitgliedschaftsrechte **15** 121; Haftung der Erben **15** 122; Nachlassverwaltung **15** 126; Nutzungs- und Verwaltungsrechte **15** 131; Testamentsvollstreckung **15** 127 f.; Vererblichkeit von Geschäftsanteilen **15** 116; Vermächtnis **15** 125; Vorerbschaft **15** 123 f.

Erbschaftsteuer, Übertragung von Geschäftsanteilen **15** 198; Umwandlung, GmbH in KGaA **77 Anh.** 156 (– GmbH in OHG **77 Anh.** 243); Verschmelzung **77 Anh.** 430

Ergebnisabführungsverträge, Konzern-Gewinn- und Verlustrechnung **42 a Anh. II** 265; Satzungsänderung **53** 32

Ergebnisverwendung, Abschlagszahlungen **29** 98; Abschluss eines Gewinnabführungsvertrages **29** 136 f.; Abschlussprüfung **29** 53; Änderung des Geschäftsjahrs **29** 40; Altgesellschaften (Nov. 1980) **29** 3 f., 12; Anlagevermögen **29** 43; Anspruch der Minderheit auf Rücklagenbildung **29** 87; Art der Auszahlung **29** 123; Auflösung, von Gewinnvorträgen **29** 121 (– von Rücklagen **29** 121; – von Rückstellungen **29** 121); Aufrechnung durch die Gesellschaft **29** 26; Aufsichtsrat **52** 11; Aufstellung, der Bilanz **29** 57 f. (– des Jahresabschlusses **29** 46 f.); Ausschüttungssperre **42 a Anh. I** 232; außerplanmäßige Abschreibung **29** 90; Barauszahlung **29** 123; Bauzinsen **29** 101; Begriffsbestimmung nach BiRiLiG **29** 6; Beschlussfassung **29** 104; Besserungsscheine **29** 155; Bilanz **29** 30; Bilanzgewinn **29** 8; Bilanzrichtliniengesetz (BiRiLiG) **29** 2 f.; Buchprüfer **29** 55; Dividendenscheine **29** 125; Eigenkapitalanteil an Wertaufholungen **29** 90; Einberufung der Gesellschafterversammlung durch eine Minderheit **29** 66 ff.; eingezogene Anteile **29** 21; Einteilung von Geschäftsanteilen in bestimmte Kategorien **29** 108; Ergebnisverwendungsbeschluss **29** 22, 25; Fälligkeit **29** 27; feste Verzinsung der Einlagen **29** 122; Feststellung des Jahresabschlusses **29** 46; Genussrechte **29** 138; Genussscheine (s. auch dort) **29** 138; Geschäftsführer **29** 54; Geschäftsjahr **29** 38 ff.; Gesellschafterbeschlüsse **46** 2; Gesellschaftsbeschlüsse **46** 8; gesellschaftsrechtliche Treuepflicht **29** 68; Gewinnabführungsverträge **29** 136 f.; Gewinnanspruch des Gesellschafters (s. auch dort) **29** 5, 22; Gewinnanteilscheine **29** 125; Gewinnauszahlungsanspruch **29** 19; Gewinnbeteiligungen Dritter **29** 130; Gewinnbezugsrecht **29** 19; Gewinngarantie **29** 114 (– Dritter **29** 116); Gewinnverteilung **29** 102 ff. (– nach § 29 Abs. 1 aF **29** 10 ff.); Gewinnvortrag **29** 120 f.; Gleichbehandlungsgrundsatz **29** 109, 123; Handelsregistersperre (s. auch dort) **29** 10; Idealgesellschaften **29** 124; Jahresabschluss **29** 46 ff.; Kalenderjahr **29** 39; Kapitalerhöhung aus Gesellschaftsmitteln **57 c** 17; Kupons **29** 125; Maßstäbe der Gewinnverteilung **29** 102; Mehrheitserfordernisse bei Gewinnverwendungsbeschluss **29** 104; Mehrheits-/Minderheitsverhältnisse **29** 85; Minderheitsrechte **29** 65; Mindestbezugsrecht **29** 86; mitgliedschaftsrechtlicher Gewinnanspruch **29** 20, 22; Naturaldividende **29** 123; Nichtgesellschafter **29** 133 f.; Nichtigkeit des Gewinnverwendungsbeschlusses **29** 35; Nichtigkeit von Gesellschafterbeschlüssen **47** 109; österreichisches Recht **29** 178; partiarische Rechtsverhältnisse **29** 133 f., 135; Pfändung **29** 128; Regelungsgegenstand **29** 1; Rücklagenbildung **29** 83 f. (– in Verlustjahren **29** 92); Rückstellungen **29** 88; Rückzahlungspflichten **29** 82; Sachdividende **29** 123; Satzungsregelungen zur Gewinnverteilung **29** 107; Sonderposten mit Rücklagenanteil **29** 93; Stammanteil **29** 5103; statutarische Vereinbarungen **29** 107; stille Beteiligungen **29** 133 f.; Tantiemen **29** 110, 131 f.; Teilgewinnabführungsverträge **29** 137; Treuepflicht **29** 68; Übertragung des Geschäftsanteils **29** 21; Umlaufvermögen **29** 43; Ungleichbehandlung der Gesellschafter **29** 109; verdeckte Gewinnausschüttung (s. auch dort) **29** 158 ff.; Verjährung des Gewinnanspruchs **29** 156 f.; Verluste nach Fassung des Gewinnverwendungsbeschlusses **29** 37; Verluste vor Fassung des Gewinnverwendungsbeschlusses **29**

36; Verlustjahre **29** 92; Verzicht, auf Gewinn **29** 117 (– auf Gewinn ohne Zweckbestimmung **29** 118; – auf Gewinn zugunsten der Minderheitsgesellschafter **29** 119); Verzinsung **29** 107; Vollausschüttungsprinzip **29** 3; Vorausgewinn **29** 107; Voraussetzungen des Gewinn- (auszahlungs-) anspruchs **29** 38 ff.; Vorauszahlungen **29** 98; Vorzugsrechte mit einer festen Verzinsung **29** 108; Wertaufholungen **29** 89; Wertpapier **29** 126; Wirtschaftsprüfer **29** 55; Zweipersonengesellschaft **29** 65; Zwischendividende **29** 98

Ergebnisverwendungsbeschluss, **42 a** 85 ff.; Änderung des Jahresabschlusses **42 a** 72; Anfechtbarkeit **42 a** 92; Aufhebung **42 a** 88; Bestätigungsvermerk **42 a** 86; Bilanzaufstellung mit Berücksichtigung der Ergebnisverwendung **29** 59; Bilanzaufstellung ohne Berücksichtigung der Ergebnisverwendung **29** 57 f.; Frist **42 a** 90; Fristüberschreitung bei Aufstellung des Jahresabschlusses **29** 64; Gesellschafterversammlung **29** 56; Inhalt **42 a** 86; Nichtigkeit **42 a** 91; Offenlegungspflicht **42 a** 93; Verfahren **42 a** 88; Zuständigkeit der Gesellschafterversammlung **29** 56

Erhöhung des Stammkapitals, s. *Kapitalerhöhung*

Erlass, beschränkte Nachschusspflicht **28** 8; Erstattungsanspruch gemäß § 31 **31** 43; Gesellschafterbeschluss **20** 29; Haftung der Geschäftsführer **43** 37 f.; Stammeinlagen **58** 3; Vertrag mit Dritten **19** 41; Verzugszinsen **20** 28

Erlassverbot, Annahme erfüllungshalber **19** 45; Annahme an Erfüllungs Statt **19** 45; Befreiung von der Einlageverpflichtung **19** 40; Gründungsstadium **19** 44; Kapitalerhöhung **19** 44 (– mit Sacheinlagen **56** 21); negatives Schuldanerkenntnis **19** 42; Novation **19** 46 ff.; unterlassene Mängelrüge bei Sacheinlagen **19** 43

Erlöschen, Abwicklungsbedarf **60** 55; Begriff **60** 2; – der GmbH **13** 7; – der GmbH & Co. KG **60** 85; **74** 31; Doppeltatbestand **60** 54; Erlöschensgründe **13** 9; erweiterter Doppeltatbestand **60** 55; Fortsetzung der Gesellschaft nach Auflösung **60** 65; Lehre vom Doppeltatbestand **13** 9; Löschung der Gesellschaft **13** 9; LöschG (aufgeh.) **60 Anh.** 1, 2; Schlussanmeldung **74** 5; Umwandlung **60** 62; Vermögenslosigkeit **13** 9; **60** 34; – bei Verschmelzung **60** 15; **77 Anh.** 415; noch vorhandenes Vermögen **60** 57

Eröffnungsbilanz, Abschlussprüfung **42 a** 16; anwendbare Vorschriften **41** 96; Aufbewahrungspflicht **41** 98; Aufstellungsfrist **41** 97; Feststellung bei Liquidation **71** 7; Insolvenz **63** 123; Kapitalerhaltung **30** 3; Liquidationseröffnungsbilanz **71** 7; Offenlegungspflicht **41** 99; Pflicht zur Aufstellung **41** 91 (– der Liquidationseröffnungsbilanz **71** 7); Prüfungspflicht **41** 99; Sacheinlage **41** 93; steuerliche – **77 Anh.** 232, 242; Stichtag **71** 92 (– für die Liquidationseröffnungsbilanz **71** 9); Umwandlung, GmbH in OHG **77 Anh.** 222 (– OHG in GmbH **77 Anh.** 283); unrichtige Darstellung **Vor 82–85** 33 ff.; Vorlagepflicht **42 a** 3; Zuständigkeit für die Aufstellung **41** 95; Zweck **41** 94

Erscheinungsformen der GmbH, anstaltsähnliche Institute **Einl.** 131; Betriebsaufspaltung **Einl.** 128; Doppelgesellschaft **Einl.** 128; Familiengesellschaft **Einl.** 118; Freiberufler-GmbH **Einl.** 124; Gesellschaft weniger Personen **Einl.** 117; genossenschaftliche Zwecke **Einl.** 122; Großunternehmen **Einl.** 121; Grundtypvermischung **Einl.** 125; Hauptgruppen **Einl.** 116; Kartellrecht **Einl.** 130; Kein-Mann-Gesellschaft **Einl.** 119; kirchliche Unternehmen **Einl.** 123; Komplementärin einer Publikums- oder Massen-KG **Einl.** 127; Konzernrecht **Einl.** 129; nichtwirtschaftliche Zwecke **Einl.** 131; **1** 45; Patentanwalts-GmbH **1** 25, 28; personenbezogene Gesellschaft mit Fremdbeteiligung **Einl.** 120; RA-GmbH **1** 14 ff; reguläre GmbH & Co. als selbstständiger Unternehmer **Einl.** 117; Steuerberatungsgesellschaft **Einl.** 124; Stiftungen **Einl.** 131; Träger öffentlicher Unternehmen **Einl.** 123; Wirtschaftsprüfungsgesellschaft **Einl.** 124

Erstattungsanspruch gem. § 31, Abtretbarkeit **31** 4; Abtretung **31** 44; anderweitige Wiederherstellung des Stammkapitals **31** 17; Anspruchsinhaber bei Haftung des Geschäftsführers **31** 61 f.; Anspruchskonkurrenz zu § 33 **33** 38; Anwendung auf Dritte **31** 11; Anwendung auf die GmbH & Co. KG **31** 72; Art **31** 12; Aufrechnung **31** 44; Ausschluss **32** 1; Auszahlungsempfänger **31** 2; Begriff des guten Glaubens **31** 21 f.; Beweislast, für Ausfallhaftung **31** 40 (– für fehlende Sorgfaltspflichtverletzung **31** 65; – für gutgläubigen Empfang der Leistung **31** 30; **32** 11; – für Notwendigkeit der Rückforderung **31** 31); Bösgläubigkeit des Empfängers **31** 51; **32** 13; Böslichkeit **31** 53; das zur Befriedigung der Gläubiger Erforderliche **31** 27; doppelte Auszahlung **32** 8; Dritte als Leistungsempfänger **31** 10; Dritter **31** 25; eigenkapitalersetzende Gesellschafterdarlehen **32 a** 218; Erlass **31** 43; Ersetzungsbefugnis des Gesellschafters **31** 16; Feststellungsklage **31** 56; Folgen unzulässiger Auszahlungen iSd. § 30 **31** 2; Geldanspruch **31** 13; Geltendmachung, durch Geschäftsführer **31** 5 (– durch Insolvenzverwalter **31** 5; – im Prozess **31** 5); gesamtschuldnerische Haftung **31** 33 (– der geschäftsführer **31** 71; – eines dritten Empfängers **31** 10, 41); Geschäftsführerhaftung bei anweisendem Gesellschafterbeschluss **31** 60; Gesellschafter **31** 24, 33; dem Gesellschafter gleichgestellte Person **31** 11; gesellschaftsrechtliche Natur **31** 12; Gewinnanteile **32** 4; grobe Fahrlässigkeit **32** 10; guter Glaube, Voraussetzungen **31** 21 f.; Gutgläubigkeit, der Gesellschafter **32** 9 (– des Empfängers **31** 12, 23); haftender Personenkreis **31** 32; Haftung, der Geschäftsführer **31** 58 (– der Geschäftsführer bei GmbH & Co. KG **31** 76; – der Geschäftsführer gegenüber der Gesellschaft **31**

Sachverzeichnis

Fette Zahlen = §§

69 f.; – der Gesellschaft **31** 34; – der Mitgesellschafter **31** 1; – des gutgläubigen Empfängers **31** 20); Haftungsinhalt **31** 37; Haftungsreduktion **31** 26; Haftungsumfang **31** 38; Haftungsverteilung zwischen ursprünglichem Gesellschafter und Erwerber **31** 36; Haftungsvoraussetzungen **31** 32, 59; Hemmung der Verjährung **31** 56; Inhalt **31** 13; Kapitalerhaltungsvorschriften **31** 31; Leistung an Dritte **31** 9; maßgeblicher Zeitpunkt **31** 28; Mitberechtigte **31** 33; Nießbraucher **31** 11; Notwendigkeit einer Rückforderung **31** 31; objektivierter Haftungsmaßstab **31** 63; österreichisches Recht **31** 77; ordnungsgemäße Aufbringung des Stammkapitals **31** 6; Pfändbarkeit **31** 4; Rechtsfolge der Gutgläubigkeit **31** 26; Regelungsziel von § 32 **32** 5; Regressansprüche der haftenden Gesellschafter **31** 41; Rückzahlung bei zu Unrecht erfolgter Einforderung **31** 42; Rückzahlung von Gewinn **32** 1; Sachleistungspflicht **31** 14 f.; Schadensersatzpflicht der Geschäftsführer **31** 66; sonstige Ansprüche **31** 12; sonstige Zahlungen **32** 6; stille Gesellschafter **31** 11; Streitverkündung **31** 56; Stundung **31** 44; Überschuldung **31** 27; ungerechtfertigte Bereicherung **32** 13; Vergleich **31** 45 ff.; Verhältnis zu § 32 **32** 4; verhältnismäßige Haftung der Mitgesellschafter **31** 39; Verjährung **31** 49 (– bei bösgläubigem Empfänger **31** 51; – bei Drittempfängern **31** 55; – bei GmbH & Co. KG **31** 75; – bei gutgläubigem Empfänger **31** 49; – bürgerlich-rechtlicher Ansprüche **31** 50; – gegenüber haftenden Mitgesellschaftern **31** 54; – von Ansprüchen gegen Geschäftsführer **31** 67 f.); Verlängerung von Verjährungsfristen **31** 57; Verletzung von Formvorschriften **31** 7; Verpfändbarkeit **31** 4; Verschulden, betreffs geleisteter Zahlungen **31** 64 (– der Geschäftsführer **31** 63); Verschuldenshaftung der Gesellschafter **31** 48; Wegfall **31** 17; Zahlungsunfähigkeit **31** 27; Zeitpunkt, der Gutgläubigkeit **31** 23 (– der Mithaftung **31** 35); Zinszahlungen **32** 7 (– für Gesellschafterdarlehen **32** 7); Zuständigkeit **31** 3; Zweck **31** 1; zwingendes Recht **31** 43

Erstattungspflicht des Gesellschafters, Doppelbesicherung **32 b** 3; eigenkapitalersetzende Darlehen **32 b** 1; Erfüllungssurrogate **32 b** 7; Ersatzungsbefugnis des Gesellschafters **32 b** 9; Erstattungsanspruch **32 b** 6; Freistellungsanspruch **32 b** 11; GmbH & Co. KG **32 b** 15; Haftung nach Rechtsprechungsgrundsätzen **32 b** 14; Höhe der Haftung **32 b** 8; Mithaftung der übrigen Gesellschafter **32 b** 15; nachträglicher Wegfall des Erstattungsanspruchs **32 b** 13; Kleinbeteiligte **32 b** 6; Kosten **32 b** 7; Rechtsprechungsgrundsätze **32 b** 14; Regressansprüche des in Anspruch genommenen Gesellschafters **32 b** 16; Reichweite der Haftung **32 b** 6; Sanierungsgesellschafter **32 b** 6; subjektiver Anwendungsbereich **32 b** 6; Umgehungstatbestand des § 32 Abs. 4 **32 b** 17 f.; Untergang des Sicherungsgegenstandes **32 b** 11; Verjährung

32 b 12; Zinsen **32 b** 7; Zurverfügungstellung zum Zweck der Befriedigung **32 b** 10

Erwerbsmethode (purchase-method), **42 a Anh. II** 140;

Erzwingungsverfahren, Anmeldepflicht ausländischer Gesellschaften **12** 69; Anmeldung von Zweigniederlassungen **12** 68; ständiger Vertreter **12** 69

EU-Bürger, Geschäftsführer **6** 12; Gründungsgesellschafter einer GmbH **2** 8

Euro, *s. auch Umstellung auf Euro;* Bilanzierung der Aufwendungen für die Währungsumstellung **42 a Anh. I** 29; Einführung **86** 1; Erhöhung des Stammkapitals **55** 5; **86** 31 ff.; Euroeinführungsgesetz (EuroEG) **55** 5; **57 c** 6; **86** 1 ff.; Jahresabschluss **41** 110; Kapitalerhöhung aus Gesellschaftsmitteln **57 c** 6; **86** 21 ff.; Konzernrechnungslegung **42 a Anh. II** 115; Satzungsänderung bei Umstellung **53** 20; **86** 14 ff.; Umrechnungsrücklage **42 a Anh. I** 271; Umstellung bei Formwechsel **77 Anh.** 148; Umstellung des Stammkapitals **55** 18; **86** 19 ff.

„Eurochix"-Entsch., **4** 29

Euroeinführungsgesetz (EuroEG), **55** 5; **86** 1 ff.; Änderung des GmbHG **Einl.** 17; Österreich (1. Euro-Justiz-Begleitgesetz) **86** 53; Rechnungslegung **42 a Anh. I** 2

Factoring, Bilanzierung **42 a Anh. I** 50; echtes – **42 a Anh. I** 50; eigenkapitalersetzende Gesellschafterdarlehen **32 a** 158; Sanierung zur Verminderung der Insolvenz **63** 77; unechtes – **42 a Anh. I** 50

Faktischer Geschäftsführer, Antragsberechtigung für Insolvenz **63** 5; Buchführungspflicht **41** 2; eigenkapitalersetzende Gesellschafterdarlehen **32 a** 96; Einberufungszuständigkeit der Gesellschafterversammlung **49** 2; faktische Angaben **82** 11; Gesamtbetrachtung **82** 13; Insolvenzantragspflicht **64** 17; Pflichtverletzung bei Verlust, Zahlungsunfähigkeit, Überschuldung **84** 10 f.; Vertretungsbefugnis **35** 8; Voraussetzungen einer faktischen Geschäftsführertätigkeit **82** 13

Faktischer Konzern, Austritt **52 Anh.** 80; Begriff **52 Anh** 19; Gesellschaftsinteresse **13** 111; Konzernrecht **52 Anh.** 19 ff.; qualifizierter – **52 Anh.** 19 f., 49 f.; Stimmverbote **52 Anh.** 111; Verbot **52 Anh** 49 f.

Fakultativer Aufsichtsrat, Vertretung der Gesellschaft gegenüber den Geschäftsführern **35** 20; Vorgesellschaft **11** 48, 56

Falsche Angaben, *s. auch Haftung für falsche Angaben;* Abgabe, einer unwahren Versicherung **82** 25 (– unrichtiger Versicherungen **82** 68); Absicht **82** 27, 97; abstraktes Gefährdungsdelikt **82** 6; Adressaten, mögliche **9 a** 7; Analogieverbot **82** 11, 44; Angaben über Art und Weise der Leistung der Einlagen **82** 33 f., 35; Anmeldung **82** 42, 59 (– der Kapitalerhöhung **57** 22 f.; – des Herabsetzungsbeschlusses **82** 80); Anstifter **82** 108; Anstiftung **82** 107; Anstiftung

Magere Zahlen = Randnummern

Sachverzeichnis

und Beihilfe zur unvorsätzlichen Tat **82** 110; Arbeitnehmervertreter **82** 16; Aufsichtsratsmitglieder **82** 114; Aussagen über Tatsachen **82** 17; bedingter Vorsatz **82** 97; Befriedigung **82** 82; Begriff **82** 17; Begriff der Sacheinlage **82** 48; Beihilfe **82** 107; Beispiele, für Kapitalerhöhungsschwindel mit Einlagen **82** 60 (– für unwahre Darstellung der Vermögenslage **82** 92; – zur Sacheinlage **82** 51); Bekanntmachung der Gesellschafterbeschlüsse **82** 79; Berichtigung **9 a** 11; Berufsverbot **82** 74; Betriebsrat **82** 16; bestrittene Forderungen **82** 81; Bewertung der Angaben **82** 21; Bilanzrichtlinien-Gesetz (BiRiLiG) **82** 3; blankettartige Norm **82** 5; Dauer der Nichteigung **82** 75; Dritter **9 a** 8; echte Sonderdelikte **82** 8, 64; Eignungsvoraussetzungen, für Geschäftsführer **82** 72 (– für Liquidatoren **82** 72); Einbringung des neuen Kapitals **82** 58; Eingang, beim Adressaten **82** 102 (– der Erklärung beim Registergericht **82** 23, 36); einheitliche Tat **82** 116; Einpersonen-Gesellschafter **82** 9; Einpersonen-GmbH **82** 52; Einschränkung der Tathandlung **82** 26; Einsicht in das Handelsregister **82** 17; Entstehungsgeschichte **82** 3; Ergänzung einer unvollständigen Anmeldung **82** 42; erstmalige Eintragung **82** 29; fahrlässiges Verhalten **82** 97; faktischer Geschäftsführer **82** 32; Falschheit der Angabe **82** 32; freiwillige Angaben **82** 22, 27; Garantenstellung **82** 20; Gesamtbetrachtung **82** 13; Gegenstand **82** 56, 66, 71; Gehilfe **82** 109; Gesamtgeschäftsführung **82** 113; Geschäftsführer **82** 7, 10 28, 55, 64, 70, 76, 84; Geschäftsverteilung **82** 111; geschütztes Rechtsgut **82** 1; Gesellschafter **82** 7, 9, 28, 53; Gläubiger **82** 80; GmbH – Nov. 1980 **82** 3, 19; Gründungsaufwand **82** 46; Gründungsgesellschafter **82** 53; Gründungsschwindel, durch unrichtige Anmeldung **82** 28 (– durch unrichtigen Sachgründungsbericht **82** 53); Haftung für – **9 a** 1; Herabsetzung des Stammkapitals **82** 77; Individualinteressen **82** 2; innerer Tatbestand **82** 97; Insolvenzstraftaten **82** 73; Irrtum **82** 98; Kapitalerhöhungsschwindel, aus Gesellschaftsmitteln **82** 63 (– mit Einlagen **82** 55); Kapitalherabsetzungsschwindel **82** 76; Kenntnis **82** 102; Konkurrenzen, strafrechtliche **82** 115; Leistung der Einlagen **82** 33 f.; Liquidatoren **82** 7, 15, 55, 70, 76, 84; Majorisierung **82** 113; maßgeblicher Zeitpunkt **9 a** 12; (Mit-) Geschäftsführer **82** 12; Mitglieder des Aufsichtsrats oder ähnlicher Organe **82** 7, 16, 84; Mittäter **82** 106; mittelbarer Täter **82** 106; mündliche Angaben gegenüber dem Registergericht **82** 102; Notare **82** 83; öffentliche Mitteilungen **82** 86 f.; österreichisches Recht **82** 123 ff.; Rechtsanwälte **82** 109; Rechtsfolgen **82** 120; Rechtsprechung **82** 38; Rechtswidrigkeit **82** 96; Redaktionsversehen **82** 9; Richtigkeit der Angaben **82** 59; Sacheinlagen **82** 39, 47 ff., 61 f.; Sacheinlagevereinbarung **82** 47; Schadensersatzanspruch **9 a** 17; Schutzgesetze iSd. § 823 Abs. 2 BGB **82** 2; Schwindel, bei Kapitalerhöhung aus Gesellschaftsmitteln **82** 63 (– bei Kapitalerhöhung mit Einlagen **82** 55; – durch öffentliche Mitteilung über die Vermögenslage **82** 83); Sicherstellung **82** 82; Sicherung für nicht voll eingezahlte Geldeinlagen **82** 52; Sondervorteile **82** 45; Stammeinlagen **82** 50; Stellvertreter, von Geschäftsführern **82** 7 (– von Liquidatoren **82** 7); Steuerberater **82** 107; strafrechtliche Mitverantwortung **82** 114; Strafsanktion **9 a** 2; Strafverfolgung **82** 120; Strohmänner **82** 9; Subsidiarität **82** 118; Täter **82** 7, 23 (– bei Abgabe unrichtiger Versicherungen **82** 70; – bei Gründungsschwindel durch unrichtige Anmeldung **82** 28; – bei Gründungsschwindel durch unrichtigen Sachgründungsbericht **82** 53; – bei Kapitalerhöhungsschwindel mit Einlagen **82** 55; – bei Kapitalerhöhungsschwindel mit Gesellschaftsmitteln **82** 64; – des Kapitalherabsetzungsschwindels **82** 76; – des Schwindels durch öffentliche Mitteilung über die Vermögenslage **82** 84); Täterkreis **82** 7; Täterschaft **82** 105; Tatbeendigung **82** 101, 104; Tatbestandsirrtum **82** 99; Tatbestandsmerkmal **82** 17; Tatbeteiligung **82** 105; Tateinheit **82** 115, 117; Tathandlungen **82** 4; Tathandlung, bei Gründungsschwindel durch unrichtigen Sachgründungsbericht **82** 54 (– bei Kapitalerhöhungsschwindel aus Gesellschaftsmitteln **82** 65; – des Kapitalherabsetzungsschwindels **82** 77; – des Schwindels durch öffentliche Mitteilung über die Vermögenslage **82** 85); Tatmehrheit **82** 115, 119; Tatvollendung **82** 101 ff.; Treuhänder **82** 9; Übernahme der Stammeinlagen **82** 31; Überwachungspflicht **82** 111; Umwandlungsbereinigungsgesetz (UmwBerG) **82** 3; unrichtige Wiedergabe der Vermögenslage durch Unterlassen **82** 90; Unrichtigkeit **9 a** 9; **82** 37; – durch Unterlassen **82** 20; unvollständige Angaben über Sacheinlagen **82** 62; Unvollständigkeit der Angaben **82** 37; unwahre Darstellung der Vermögenslage **82** 88 f., 93; unwahre Versicherung **82** 78; Urteilsformel **82** 121; Verantwortlichkeit jedes Geschäftsführers **82** 14; Verbotsirrtum **82** 100; verdeckte (verschleierte) Ermittler **82** 24; verdeckte (verschleierte) Sacheinlagen **82** 43, 59; Vergehen **82** 122; Verschleierung **82** 95 (– der Vermögenslage **82** 91; – von Gesellschaftsverhältnissen **82** 85); Verschweigen erheblicher Umstände **82** 19, 94; Versicherung des Geschäftsführers **82** 68; Verwendung eingezahlter Beträge **82** 40; Vollständigkeit der Angaben **82** 59; Voraussetzungen einer faktischen Geschäftstätigkeit **82** 13; Vorsatz **82** 67, 97; Wert der Sacheinlagen **82** 49; Werturteile **82** 17; Wirtschaftsprüfer **82** 107; Zeichnung des neuen Kapitals **82** 57; Zeitpunkt **9 a** 12; Zeitpunkt für die Beurteilung der Richtigkeit **82** 23, 36; zu freier Verfügung des Geschäftsführers **82** 41, 50; Zugang beim Adressaten **82** 101; – zum Zweck der Eintragung **82** 25, 69

„Fantask"-Entsch., **2** 89; **10** 30; **55** 57
Fassongründung, s. *Mantelgründung*

Sachverzeichnis

Fette Zahlen = §§

Fehlerhafte Gesellschaft, fehlerhafter Gesellschaftsvertrag **2** 58; in Vollzug gesetzte – **2** 62; nicht in Vollzug gesetzte – **2** 62; Vorgesellschaft **2** 65

Feststellung des Jahresabschlusses, 42 a 63 ff.; Abänderungsmöglichkeit **42 a** 70 ff.; Änderung, nach Feststellung **42 a** 71 (– vor Feststellung **42 a** 70); Anfechtungsrecht **42 a** 67; Bericht des Aufsichtsrats **42 a** 57 ff.; Bestätigungsvermerk **42 a** 45; Einsichtsrechte **42 a** 9; Empfänger des Jahresabschlusses **42 a** 8; Ergebnisverwendungsbeschluss **42 a** 85 ff.; Erläuterungspflicht der Geschäftsführer **42 a** 68; Feststellungskompetenz **42 a**, 64; Feststellungsorgan **42 a** 8; Frist **42 a** 69 (– für Vorlage **42 a** 4); – gleichzeitig mit Kapitalherabsetzung **58 e** 6; Nachtragsprüfung **42 a** 15; Nichtigkeit **42 a** 74; Pflicht des Geschäftsführers **42 a** 65; Prüfungsbericht **42 a** 40; Treuepflicht **13** 61; vereinfachte Kapitalherabsetzung **58 e** 6; Verfahren **42 a** 66; Vorlage des Jahresabschlusses **42 a** 2, 9; Vorlagepflicht **42 a** 2; Zuständigkeit **29** 56; **42 a** 64

Feststellungsklage, Anmeldung der Geschäftsführer **39** 11; Gesellschafterbeschlüsse **47** 9; positive Beschlussfeststellungsklage **13** 78

Festwertverfahren, 42 a Anh. I 113

Finanzplankredite, Aufhebung der Finanzplanfinanzierung **32 a** 51 f.; Aufhebung, in der Krise **32 a** 57 (– nach Eröffnung des Insolvenzverfahrens **32 a** 58; – vor Eintritt der Krise **32 a** 56); Begriff der Finanzplanfinanzierung **32 a** 46; Indizien **32 a** 47; rechtliche Behandlung **32 a** 50; Rechtsgrund der Finanzplanfinanzierung **32 a** 48 f.; Rückerstattung, bereits erbrachter Leistungen **32 a** 51, 59 (– in der Insolvenz **32 a** 62; – in der Krise **32 a** 61; – vor der Krise **32 a** 60); Satzung **32 a** 53; schuldrechtliche Nebenabreden **32 a** 54; sonstige Leistungen **32 a** 46; Verhältnis, zum Kapitalersatzrecht **32 a** 50 (– zum Krisendarlehen **32 a** 63 f.); zusätzliche Voraussetzungen für die Aufhebung **32 a** 55

Finnland, GmbH-Recht **12** 52

Firma, 4 5 f.; @ als Kennzeichnungsmittel **4** 17; „AAA...AB" **4** 13; abgeleitete Firma **4** 58 ff.; Ablehnung der Eintragung **4** 57, 67; Abgrenzung zwischen Unterscheidungskraft und Unterscheidbarkeit **4** 31; „AEG" **4** 13; Änderung **4** 64; **54** 18 (– bei Insolvenz **63** 135; – der Firma der Zweigniederlassung **12** 46); „AG", „ag", „agg" als Endung **4** 46; akademische Titel **4** 47, 61; „Albert Schweitzer" **4** 44; „ALDI" **4** 13; Allerweltsnamen **4** 11, 21; „Akademie" **4** 49; Amtslöschung **4** 68; „Anstalt" **4** 49; Ausgliederung **77 Anh.** 588, 601; Auslegung des Prinzips der Firmenwahrheit **4** 34; Ausscheiden eines Gesellschafters **53** 17; „Bank" **4** 53; „Bankier" **4** 53; „banking" **4** 53; „bauhelfer" **4** 29; BGB-Gesellschaften **4** 24; Berufsname **4** 11; Beurteilungsmaßstab für die Täuschungseignung **4** 41; Bewertung der Irreführungseignung **4** 42; Bildzeichen **4** 19; „v. Bismarck" **4** 4; „BMW" **4** 13; „Börse" **4** 48; Branchenzugehörigkeit **4** 27; Buchstabenkombinationen **4** 13; bürgerlicher Name **4** 22; „C & A" **4** 13; „Center" **4** 48; „company" **4** 4; „Concordia Fluidtechnik" **4** 37; „DAS BAD" **4** 45; „Data-Tax-Control" **4** 27; Deckname **4** 11; „Deutsche Bank 24" **4** 18; „-Dienst" **4** 49; Dr.-Titel **4** 47; Eignung, zur Irreführung **4** 38 f. (– zur Kennzeichnung **4** 8, 11); Eintragung ins Handelsregister **10** 6; Eintragungsmängel **10** 19; Entlehnungsgebot **4** 7, 27; Erlöschen **4** 65 (– bei Ausgliederung aus Vermögen eines Einzelkaufmanns **77 Anh.** 657); Ersatzfirma **4** 64; Ersichtlichkeit der Irreführung **4** 35, 57; „Euro-" **4** 42, 50; „Eurochix"-Entsch. **4** 29; Fallkataloge **4** 54; Familienname **4** 11, 21; „Farina" **4** 48; „Finanzdienstleistungsinstitut" **4** 53; „Finanzunternehmen" **4** 53; Firmenänderung in der Insolvenz **53** 65; Firmenbildung **4** 7; Firmenfortführung nach Umwandlung **4** 63; Firmenführungspflicht **4** 5; Firmenname **4** 22; Firmenrechtsfähigkeit der Vorgesellschaft **11** 75 ff.; Firmenwert **42 a Anh. I** 164, **42 a Anh. II** 164; Firmenzusätze bei Zweigniederlassung **12** 22 f.; Firmenzusatz „im Aufbau" **11** 179; Fortführung eines erworbenen Handelsgeschäftes als Zweigniederlassung **12** 24; Fremdworte **4** 14; „Frumentum" **4** 27; Gattungszugehörigkeit **4** 27; GbR mbH **4** 52; geographische Zusätze **4** 50; „Geschäftsführungs-" **4** 74; Geschäftsgröße **4** 48; Gesellschaftsstatut **Einl.** 327; Gesellschaftsvertrag **3** 4, 6; „GmbH, G.m.b.H., Ges. mbH, Ges.m.b.H." **4** 5, 55; GmbH & Co. KG **4** 73 f.; GmbH & Co. oHG **4** 75; „Goethe" **4** 44; Grundsatz der Firmenwahrheit **4** 32; „Gruppe" **4** 48; Gruppenzugehörigkeit **4** 27; „Haftpflicht" **4** 55; Handelsregisterverfahren **4** 57; „HAPAG" **4** 13; „Haus" **4** 48; „HERTIE" **4** 13; hinreichende Individualisierung **4** 27; Hinweise auf amtliche oder wissenschaftliche Stellen **4** 49; „i. A." **4** 71; „i. L." **4** 71; **69** 1; individualisierende Kennzeichnung **4** 10; „INDROHAG" **4** 39, 46; „Industrie- und Baubedarf" **4** 27; Insolvenzmasse **63** 106; „Institut" **4** 49; „interhandel GmbH" **4** 27; „International" **4** 42, 50; Internationales Privatrecht **Einl.** 327; Investmentgesellschaft **4** 53; Irreführung, aus Sicht der angesprochenen Verkehrskreise **4** 34, 37 (– bei der Personenfirma **4** 44; – bei der Sachfirma **4** 45); Irreführungsverbot **4** 8, 32; **12** 23; „ITT" **4** 13; juristische Personen **4** 23; „Kapitalanlagegesellschaft" **4** 53; Kombination, von Kennzeichnungsmitteln **4** 18 (– von Sach- und Personenfirma **4** 7); Künstlername **4** 11, 21 f.; „Lange Uhren" **4** 27; „LAVATEC" **4** 30, 46; „Limited" als Zusatz **4** 23; Liquidationsfirma **4** 71; Liquidationszusatz **69** 1; Löschung **4** 65; „LTU" **4** 13; maßgebliche Vorschriften des HGB **4** 77; maßgebliche Vorschriften für die Firmenbildung **4** 3;"MBB" **4** 13; MEDITEC **4** 45; „Met@box" **4** 16; „MITROPA" **4** 13;

2684

Nachfolgezusatz **4** 61; „Nagel Baupart" **4** 27, 45; Name **4** 11, 21; Name der GmbH **4** 6; Namensbildung, bei Beteiligung von BGB-Gesellschaften **4** 24 (– bei Beteiligung von juristischen Personen **4** 23; – bei Beteiligung von Personengesellschaften **4** 23; – bei Beteiligung von sonstigen Gemeinschaften **4** 24; – bei der Personenfirma **4** 22; – durch Aufnahme anderer Namen als die der Gesellschafter **4** 26); Namenseigenschaft **4** 6; namensrechtliche Zustimmung des Gesellschafters **4** 25; „NetCom" **4** 29; neue – **69** 3; Neuregelung durch das HRefG **4** 2; Nichtigkeit der Firmenbestimmung **4** 66; österreichisches Recht **4** 76; „One 2 One" **4** 19; „Parkota" **4** 29; Partnerschaft **4** 51; „Patentanwaltsgesellschaft" **4** 53; Personenfirma **4** 7, 21; Personengesellschaften **4** 23; Phantasiefirma **4** 7, 29; Phantasiegestalt **4** 47; Phantasienamen **4** 11, 45; „plus" **4** 16; Prinzip der freien Firmenwahl **4** 7; Professor-Titel **4** 47; promovierter Akademiker **4** 47; Pseudonym **4** 11; RA-GmbH **1** 40; „RBB" **4** 13; Rechte Dritter **4** 69; „Rechtsanwaltsgesellschaft" **4** 53; Rechtsanwaltsgesellschaft mbH **1** 40; Rechtsentwicklung **4** 1; Rechtsfolgen der Unzulässigkeit **4** 66; Rechtsformzusatz **4** 55 (– als Entscheidungskriterium **4** 30); Rechtsscheinhaftung **4** 56; Registergericht **54** 18; Reichweite des Irreführungsverbots **4** 33; reine Bildzeichen **4** 19; „Revision" **4** 45; „ROM" **4** 13; „Romy Schneider" **4** 21; Sachfirma **4** 7, 27; Satzungsänderung **53** 17; Schreibweise **53** 17; „Schwarzwald Bauern-Spezialitäten" **4** 37; Sonderbestimmungen für bestimmte Berufe **4** 53; Spaltung **77 Anh.** 541; „Sparkasse" **4** 53; Sprache als Kommunikationsmittel **4** 12; Steuerberatungsgesellschaften **4** 53; „Stiftung" **4** 46; Streichung des Vornamens bei Firmenfortführung **4** 59, 61, 63; Strohmann **4** 47; Symbole **4** 16; Systematik des § 18 HGB **4** 8; Täuschung über geschäftliche Verhältnisse **4** 36; „Transportbeton" **4** 27; Trendbegriffe **4** 27; „Treuhand" **4** 45; Übergangsbestimmungen **4** 1; Umwandlung **77 Anh.** 58 (– GmbH in eingetragene Genossenschaft **77 Anh.** 163; – GmbH in GbR **77 Anh.** 255; – GmbH in OHG **77 Anh.** 223; – KGaA in GmbH **77 Anh.** 182; – OHG in GmbH **77 Anh.** 273); „+ Partner/& Partner/und Partner" **4** 51; „Unternehmensbeteiligungsgesellschaft" **4** 53; Unterscheidungskraft **4** 8, 20; unzulässige Firmenbestimmung nach Eintragung **4** 68; Unzulässigkeit im Gründungsstadium **4** 66; Verhältnis von Eignung zur Kennzeichnung und Unterscheidungskraft **4** 9f.; Verhältnis von § 18 HGB und § 3 UWG **4** 43; – bei Verschmelzung, **77 Anh.** 400; Verschmelzung, GmbH mit Alleingesellschafter **77 Anh.** 517 (– GmbH mit Personenhandelsgesellschaft **77 Anh.** 504); Verstoß gegen § 4 **4** 68; „Verwaltungs-" **4** 74; VIDEO-Rent GMBH" **4** 27; „VOBA" **4** 53; „Volksbank" **4** 53; von GmbH abweichende Firma der Zweigniederlassung **12**

23; Voraussetzungen der Irreführung **4** 36; Vorgesellschaft **4** 70; **11** 75; Vorname **4** 11, 21, 61; Wirtschaftsprüfungsgesellschaften **4** 53; Wesentlichkeitsschwelle **4** 34, 40; Wort „Gesellschaft" **4** 3; Zahlen **4** 15; Zeichen **4** 16; „Zentrale" **4** 48; Zulässigkeit reiner Sachfirmen **4** 28; 17; Zusatz „in Gründung" **11** 75; Zustimmung, namensrechtliche **4** 25; Zweigniederlassung **4** 72; **12** 21; **53** 17

Firmenfortführung, **4** 59 f.; Umwandlung **4** 63

Firmenwert, Bilanzierung, im Jahresabschluss **42 a Anh. I** 164 (– in der Überschuldungsbilanz **63** 49)

Firmenzusätze, abgeleitete Firma **4** 58; Abkürzungen **4** 25; Angabe auf Geschäftsbriefen bei Liquidation **71** 31; Auflösung **60** 4; GbR mbH **4** 52; geographische Zusätze **4** 50; „Gesellschaft mit beschränkter Haftung" **4** 55, 58; „Ges. mbH, Ges. m. b. H.", „GmbH", G. m. b. H." **4** 55; „i. A." **4** 71; „i.G." **4** 70; „i. L." **4** 71; **68** 9; „im Aufbau" **11** 179; „in Gründung" **4** 70; **11** 75 ff.; Liquidation **4** 71; **68** 8f.; bei Liquidation **71** 31; Liquidation der GmbH & Co. KG **68** 8; Liquidationszusatz **68** 9; „...mbH" **4** 55; Nachfolgezusatz **4** 61; Partnerschaft **4** 51; Rechtsformzusätze **4** 55; Rechtsscheinhaftung **4** 56; Täuschungen **4** 28; „+Partner/& Partner/und Partner" **4** 51; Unterscheidbarkeit **4** 9 f.; Zusätze, die auf andere Rechtsformen hinweisen **4** ; Zweigniederlassung **12** 22

Forderungen, Bilanzierung **42 a Anh. I** 194 (– bei Verzicht **42 a Anh. I** 242; – des eingeforderten Betrages ausstehender Einlagen **42 a Anh. I** 199; – von antizipativen Forderungen **42 a Anh. I** 203; – von Forderungen aus Lieferungen und Leistungen **42 a Anh. I** 195; – von Forderungen gegen beteiligte Unternehmen **42 a Anh. I** 198; – von Forderungen gegen Gesellschafter **42 a Anh. I** 201, 226; – von Forderungen gegen verbundene Unternehmen **42 a Anh. I** 197)

Formmängel, Beitrittserklärung **2** 70; Gesellschaftsvertrag **2** 48; Heilung **2** 57, 72 (– von Mängeln der Gründungsvollmacht **2** 57; – von Mängeln des Gesellschaftsvertrages **2** 49); Mängel der Eintragung **10** 18

Formvorschriften, Abdingbarkeit **51** 3; Abstimmungen **47** 99; Abtretung des Übertragungsanspruchs **15** 42; Anhang zum Jahresabschluss **42 a Anh. I** 373; Anmeldung **39** 8; **54** 5; **78** 18 (– der Auflösung **65** 4; – der Gesellschaft **7** 10; – der Kapitalerhöhung **57** 5, 10; – der Kapitalherabsetzung **58** 34; – der Zweigniederlassung **12** 33; – des Liquidators **67** 5; – nach § 16 **16** 6 ff.); Annahme der Übernahmeerklärung **55** 40; **56** 13; Anstellungsvertrag des Geschäftsführers **35** 80; Aufforderung zur Einzahlung **21** 17 f.; Auslandsbeschluss **48** 5; Ausnahmen von – **15** 40; Beherrschungsvertrag **52 Anh.** 45; Beschluss über Umstellung auf Euro **86** 39; Beschlussfassung in der Einpersonen-Gesellschaft **48** 2; Beurkundung im Aus-

Sachverzeichnis

Fette Zahlen = §§

land **Einl.** 323; **2** 40 ff.; **15** 52 ff.; Beurkundungsmängel **47** 99; Blankovollmacht **15** 37; Einberufung der Gesellschafterversammlung **51** 1; Einziehung **34** 3; Form der Übernahmeerklärung **55** 38; freihändiger Verkauf **23** 23; Genehmigungserklärung bei Teilung von Geschäftsanteilen **17** 26; Geschäftsrecht **Einl.** 322; Gesellschafterbeschlüsse **47** 99; Gesellschafterversammlung **51** 1; Gesellschaftsstatut **Einl.** 322; Gesellschaftsvertrag **2** 36; Gewinnabführungsvertrag **52** **Anh.** 61; Heilung **15** 43 ff.; In-Sich-Geschäfte **35** 32; Internationales Privatrecht **Einl.** 322; Kaduzierung **21** 14, 16; Kaduzierungsandrohung **21** 17 f.; Mitteilung an Gläubiger bei Kapitalherabsetzung **58** 24; Nebenabreden zum Gesellschaftsvertrag **2** 46; Nichtbeachtung von – **15** 43; Nießbrauch **15** 70; Notariatsform **48** 5; Ortsform **Einl.** 322; **48** 5; Personalstatut **Einl.** 322; Preisgabeerklärung **27** 20; Sachgründungsbericht **5** 63; Sanktionen bei In-Sich-Geschäften **35** 33; Satzungsänderungen **53** 1, 37; Schriftform bei Gesellschafterbeschlüssen **48** 20; Sicherungsabtretung **15** 55; Stimmrechtsvollmacht **47** 46; Teilung des Geschäftsanteils **17** 26 f.; Treuhandverhältnis **2** 29; Treuhandstellung **15** 55; Unternehmensverträge **52** **Anh.** 61; der Veräußerung gleichgestellte Rechtsgeschäfte **15** 55; Veräußerung von Geschäftsanteilen **15** 36 ff.; Vereinbarung der Gütergemeinschaft **15** 40; Verkauf des ganzen Vermögens bei Liquidation **70** 19; Verpfändung **15** 143; Versicherungen **57** 10; Vertretung **35** 24; Vorvertrag **2** 85; Wirkungsstatut **Einl.** 322; Zulassungsbeschluss **55** 27; Zustimmung, zur Einziehung **34** 12 (– zur Satzungsänderung **53** 46, 56); Zwangsverkauf **23** 5; Zwangsvollstreckung **15** 40

Formwechsel s. auch *Umwandlung*, AG in eine GmbH **77** **Anh.** 166; Analogieverbot **77** **Anh.** 17; Anmeldeverpflichtete **77** **Anh.** 105; Anmeldung **77** **Anh.** 104; Anwendung des § 9 c **9 c** 3; eigene Geschäftsanteile **33** 68; eingetragene Genossenschaft in eine GmbH **77** **Anh.** 184; Erhaltungsgrundsatz **77** **Anh.** 129; Formwechsel nach Auflösung **77** **Anh.** 147; GmbH in AG **77** **Anh.** 38 (– in Co. KG. **77** **Anh.** 244, 300; – in eine eingetragene Genossenschaft **77** **Anh.** 157; – in eine Gesellschaft bürgerlichen Rechts **77** **Anh.** 253; – in eine KG **77** **Anh.** 244; – in eine KGaA **77** **Anh.** 150; – in eine OHG **77** **Anh.** 218); Haftung für falsche Angaben **9 a** 3; identitätswahrender Charakter **77** **Anh.** 12; KG in GmbH **77** **Anh.** 298; KGaA in eine GmbH **77** **Anh.** 178; Körperschaften und Anstalten des öffentlichen Rechts in eine GmbH **77** **Anh.** 209; Mängel des Formwechsels **77** **Anh.** 129; nicht verhältniswahrender – **77** **Anh.** 123; Numerus clausus **77** **Anh.** 17; OHG in eine GmbH **77** **Anh.** 265; Partnerschaftsgesellschaft in eine GmbH **77** **Anh.** 305; Prüfung durch das Registergericht **77** **Anh.** 102; rechtliche Identität **77** **Anh.** 9; rechtsfähiger Verein in eine GmbH **77** **Anh.** 196; Rechtskontinuität **77** **Anh.** 9; Sitzverlegung **77** **Anh.** 107; Spruchverfahren **77** **Anh.** 687; (keine) Übertragung von Vermögen **77** **Anh.** 31; Übertragungsbilanz **77** **Anh.** 12; Umwandlung GmbH in Partnerschaftsgesellschaft **77** **Anh.** 258; Umwandlungssteuerrecht **77** **Anh.** 12; Umwandlungsverfahren **77** **Anh.** 32; (keine) Vermögensübertragung **77** **Anh.** 9; Wirkungen **77** **Anh.** 130

Fortbestehensprognose, Anforderungen **63** 69 ff., 71, 162; **64** 11; GmbH & Co. KG **63** 162; Insolvenzantragspflicht **64** 11; Prognosezeitraum **63** 70; Überschuldung der Gesellschaft **63** 35

Fortsetzung, Ablehnung der Eröffnung des Insolvenzverfahrens **60** 77; Anforderungen **63** 71; Anmeldung **65** 12; – der aufgelösten Gesellschaft **60** 65; **61** 21; **62** 15; **65** 12; Auflösung auf Grund Satzungsänderung **60** 80; Auflösung wegen Vermögenslosigkeit **60** 79; Auflösungsbeschluss **60** 74; weitere Auflösungsfälle **60** 82; – nach Auflösungsurteil **60** 75; **61** 21; Auflösungsverfügung **60** 75; Austrittsrecht der Gesellschafter **60** 72; beendete Gesellschaft **74** 17; – trotz Beendigung (neue Bundesländer) **60** 67; – nach Beginn der Verteilung des Vermögens **60** 66; Beschlussmehrheit **60** 70; Eigenkapital **60** 68; Eintragung **60** 84; **65** 12; – bei einzelnen Auflösungsgründen **60** 73; Fortbestehen der Gesellschaft **60** 83; – der gelöschten GmbH in Nachtragsliquidation **74** 21; Fortsetzungsbeschluss **13** 8; **60** 69; zu geringes Nominalkapital **60** 81; Gläubigerschutz **63** 36; GmbH & Co. KG **63** 91; Insolvenzverfahren **60** 76; LöschG (aufgel.) **60** **Anh.** 1, 2; – nach Löschung im Register **60** 67; Prüfungsreihenfolge **63** 72 f.; registergerichtliche Mangelfeststellung **60** 78; Stimmpflicht **60** 71; Unzulässigkeit nach Auflösung **60** 66; Vermögensbewertung **63** 36; Wirkung des Fortsetzungsbeschlusses **60** 83; Zeitablauf **60** 73; Zulässigkeit der Fortsetzungsbeschlüsse **60** 83; zwingende Prüfungsreihenfolge **63** 74

Frankreich, GmbH-Recht **12** 52

Freiberufler-GmbH, s. *Rechtsanwalts-, Patentanwalts-GmbH*

Fremdenrecht, Anknüpfung **Einl.** 346; Anmeldung von Zweigniederlassungen ausländischer Gesellschaften zum Handelsregister **Einl.** 355; **12** 30 ff.; ausländische Gesellschaften **Einl.** 345; „Calvo-Doktrin" **Einl.** 356; diplomatischer Schutz **Einl.** 356 f.; Europäisches Niederlassungsabkommen **Einl.** 351; Fremden(Ausländer)eigenschaft **Einl.** 346; Gegenstand des – **Einl.** 345; genuine link **Einl.** 357; gewerberechtliche Genehmigungen **Einl.** 354; Grundrechtsschutz **Einl.** 347; Heimatstaat **Einl.** 357; Inländereigenschaft **Einl.** 349; inländische juristische Person **Einl.** 347; Internationales Privatrecht **Einl.** 301; Kontrolltheorie

Magere Zahlen = Randnummern **Sachverzeichnis**

Einl. 346; Niederlassungsrecht **Einl.** 350; Normzweck **Einl.** 346; österreichisches Recht **Einl.** 358; Rechtsgrundlage für Niederlassungsrecht **Einl.** 350; Tochtergesellschaften **Einl.** 352; Verfahrens- und Prozessgrundrechte **Einl.** 348; Versicherungs- und Kreditwirtschaft **Einl.** 354; Zulassungsbeschränkungen **Einl.** 354; Zweigniederlassungen **Einl.** 353; **12** 10 ff.
Fremdwährungen, Inflationsbereinigung **42 a Anh. II** 125; Konzernrechnungslegung **42 a Anh. II** 115; Umrechnungsdifferenz **42 a Anh. II** 127; Währungsumrechnung **42 a Anh. II** 115
Fusion, Fusionskontrolle **77 Anh.** 24; Fusionskontrollverordnung (EU) **77 Anh.** 24; Fusionsrichtlinie **77 Anh.** 3; internationale – **77 Anh.** 18; Kontrolle (*s. auch Verschmelzung*) **77 Anh.** 24; Verschmelzung über die Grenze **77 Anh.** 18; Zusammenschlusskontrolle **77 Anh.** 24
Fusionskontrolle *s. auch Kartellrecht,* **77 Anh.** 24

„Gabelstapler"-Entsch., **3** 36
Gebrauchsüberlassung, eigenkapitalersetzende **32 a** 162
Gegenstand des Unternehmens, *s. Unternehmensgegenstand*
Geheimnis, Begriff **85** 9; Beispiele für Unternehmensgeheimnisse **85** 11; Betriebs- und Geschäftsgeheimnis **85** 9; Offenbaren **85** 12 (unbefugtes – **85** 12; innerbetrieblich unbefugtes – **85** 12); unbefugtes Verwerten **85** 17; Verletzung der Geheimhaltungspflicht **Vor 82–85** 65; Wille zur Geheimhaltung **85** 10; wirtschaftliches Ausnutzen **85** 17 f.
Geheimnisschutz, Auskunfts- und Einsichtsrechte **51 a** 20; Einschränkung des Aushändigungsrechts **42 a** 12; Einschränkung des Einsichtnahmerechts **85** 9; Haftung der Geschäftsführer **43** 21; Treuepflicht **43** 21; Verletzung der Geheimhaltungspflicht **Vor 82–85** 62 ff.; **85** 1
Gemeinschaftsunternehmen, Treue- und Förderungspflichten **37** 3
Gemischte Einlagen, Bareinlagen **7** 38; Berechnung **7** 38; Einzahlung auf die Stammeinlagen **19** 22; Einzahlungen bei Anmeldung **7** 19, 38; Festsetzung im Gesellschaftsvertrag **5** 47
Gemischte Firma, **4** 27; Satzungsänderung **53** 17
Gemischte Sacheinlage, anwendbare Vorschriften **5** 47; Begriff **5** 46; Differenzhaftung **9** 4; Gesellschaftsvertrag **5** 47; Kapitalerhöhung mit Sacheinlagen **56** 5, 12
Generalvollmacht, Abschluss des Gesellschaftsvertrages **2** 51; eigenkapitalersetzende Gesellschafterdarlehen **32 a** 96; Geschäftsführer **35** 9; Konversion **35** 9
Generally Accepted Accounting Principles (US-GAAP), Konzernrechnungslegung **42 a Anh. II** 8; österreichisches Recht **42 a Anh. II** 364

Genossenschaft, Anwendung des KapCoRiLiG **42 a Anh. I** 4
Genussrechte, Anspruch der Gesellschaft auf Rückgabe der Urkunde **29** 151; Anspruchsberechtigte **29** 147; Anteil am Bilanzgewinn der Gesellschaft **29** 146; Auflösung der Gesellschaft **29** 154; Ausweis, als Eigenkapital **42 a Anh. I** 322 (– als Fremdkapital **42 a Anh. I** 322); Bedienung **29** 146; Beendigung **29** 150; Begriff **29** 138; Besserungsscheine **29** 155; Betriebsausgaben **29** 146; Bilanzierung **42 a Anh. I** 322; Dritte **29** 147; Erfüllung des zugesagten Rechts **29** 141; Ergebnisverwendung **29** 138; Genussrechtsinhaber **29** 148; Geschäftsführer **29** 140; Gesellschafter **29** 147; handelsrechtliche Relevanz **29** 146; Inhalt **29** 139; Insolvenz **29** 154; Kapitalerhöhung aus Gesellschaftsmitteln **57 m** 8; Kosten **29** 146; obligatorischer Anspruch **29** 144; Rechnungslegung **42 a Anh. I** 322; Rechte und Ansprüche des Inhabers **29** 141; Rechtsnatur **29** 144 f.; Schadensersatzanspruch des Inhabers **29** 143; Schutz des Genussrechtsinhabers **29** 148; Steuerrecht **29** 146; Umwandlung GmbH in AG **77 Anh.** 135; Veräußerung **29** 152; Verbriefung **29** 149; Vererbung **29** 152; Verschmelzung **77 Anh.** 409; Wandelgenussrechte **29** 153; Zusammenschluss der Genussrechtsinhaber **29** 148; Zuständigkeit für Ausgabe **29** 140; Zustimmung durch Gesellschafter **29** 138; Zweck **29** 138
Genussscheine, Anteilsschein **14** 44 f.; Erhöhung des Stammkapitals **55** 1
Gerichtsstand, GmbH **13** 7
„Gervais Danone"-Entsch., **52 Anh.** 92
Gesamtgeschäftsführung, Bedeutung **37** 16; Begriff **37** 17; Geschäftsverteilung unter mehreren Geschäftsführern **37** 38; mehrere Geschäftsführer **37** 16 f.
Gesamthaftung, Haftung gem. § 24 **24** 1
Gesamthaftung der Gesellschafter, Abtretbarkeit des Regressanspruchs **24** 34; Anfechtungsrecht **24** 31; anteilige Haftung **24** 22; Aufrechnung **24** 35; Ausfallhaftung der Kaduzierten **24** 14; Austrittsrecht **24** 31; Befreiungsverbot **24** 36 f. (Ausnahmen vom – **24** 37); Begrenzung auf den Ausfall **24** 28; Berechnung der Haftungsrate **24** 22; beschränkte Nachschusspflicht **28** 3; Beweislast **24** 10; Durchsetzung der Haftungsansprüche **24** 33; Einwendungen der Gesellschafter **24** 11; (kein) Erwerb des Geschäftsanteils **24** 32; Gegenrechte **24** 35; Geschäftsführer **24** 33; Gesellschaft mit eigenen Anteilen **24** 21; Haftung, auf Grund Kapitalerhöhung **24** 30 ((keine) – der Erwerbers gem. § 16 Abs. 3 **24** 20; (keine) – des Erwerbers **24** 19); Haftungsfreistellung bei Kleinbeteiligten **24** 16; Haftungsschuldner **24** 15; Inanspruchnahme des Kaduzierten **24** 14; (keine) Kaduzierung wegen Nichtbringung der Leistung gemäß § 24 **24** 29; Kapitalerhöhung **24** 30; Mitgesellschafter **24** 15; Nennbetragshaftung **24** 22; österrei-

2687

Sachverzeichnis

Fette Zahlen = §§

sches Recht **24** 39; Pfändung des Regressanspruches **24** 34; Rückgriffsansprüche, gegen Geschäftsführer **24** 27 (− gegen Kaduzierten **24** 26; − gegen Mitgesellschafter **24** 26); sekundäre Ausfallhaftung **24** 25; Stundung **24** 36; Subsidiarität **24** 4 ff.; summenmäßige Begrenzung der Ausfallhaftung **24** 23 f.; Treugeber **24** 18; Übertragbarkeit des Regressanspruches **24** 34; − der übrigen Gesellschafter **24** 15; Umfang der Haftung **24** 22; Verfahrensmängel **24** 11; Verjährung **24** 38; Verteilung von Fehlbeträgen **24** 25; Verzicht **24** 36; Voraussetzung der Inanspruchnahme **24** 4 ff.; Vormänner **24** 12; Wirkung der Zahlung **24** 32; Zahlungsfähigkeit der Vormänner **24** 12 f.; Zeitpunkt der Haftung **24** 17; Zurückbehaltungsrecht **24** 35; zwingendes Recht **24** 3; **25** 1

Gesamthandsgemeinschaft, Übernahme der Stammeinlage **5** 12

Gesamtkostenverfahren, Gewinn- und Verlustrechnung **42 a Anh. I** 341 ff.; Konsolidierung, anderer Erträge und Aufwendungen **42 a Anh. II** 258, 261 (− der Innenumsatzerlöse **42 a Anh. II** 253)

Gesamtvertretung, Ausübung **35** 41; echte − **35** 57; einseitige Erklärungen **35** 46; Einverständnis **35** 43; erleichterte Ausübung **35** 55; gemischte **35** 59; Umfang **35** 45; unechte − **35** 56; Verbot des In-Sich-Geschäfts **35** 47; Widerruf der Ermächtigung **35** 48

Geschäftsanteil, Abandon **27** 16; Abstimmung **47** 39; Abtretung **15** 6, 13; **34** 130 (− bei Umwandlung **77 Anh.** 52); Änderung des Nennbetrages **14** 8; Aktiengesellschaft **18** 4; Amortisation **34** 1; andere Art der Verwertung **27** 42; (keine) Angaben über Art der Erhöhung **57 h** 10; Anmeldung nach § 16 **16** 1; Anpassung, bei vereinfachter Kapitalherabsetzung **58 a** 14; **86** 27 (− der Nennbeträge der Geschäftsanteile **58** 16; **86** 19 ff.; − nach Einziehung **34** 52); Anschaffungskosten **57 o** 2; Anteilserwerb durch abhängige Gesellschaft **52 Anh.** 81; Anteilskauf nach altem Schuldrecht **15** 10; Anteilsschein **14** 39 f.; Anteilsveräußerung **57 n** 1; Arten der Kapitalerhöhung **57 h** 1; Aufhebung oder Einschränkung von Sonderrechten **14** 35 f.; Aufstockung **14** 8; **34** 52; **56 a** 3; Ausschluss des Bezugsrechts **55** 18; Ausübung von Teilrechten **57 k** 1; Auswirkung der Kapitalherabsetzung **58** 8; automatischer Erwerb **57 j** 4; Begriff **14** 1; Bestimmungen über die Vereinigung **15** 193; Beschränkung der Veräußerlichkeit **15** 161 ff.; Beteiligungsmaßstab **14** 2; Bewertung **14** 46; **34** 38 (− bei Pfändung **15** 147 ff.); Bewertungsmethode **14** 47; Bezugsrecht **15** 7 (− der Gesellschafter **55** 29); Bruchteilsgemeinschaft **18** 3; culpa in contrahendo (§ 311 BGB nF) **15** 187; dauernde Ertragslosigkeit **34** 76; Dividendenscheine **14** 43; eheliche Gütergemeinschaft **18** 3; eigener − **33** 1; Eigenverwaltung in der Insolvenz **15** 156; eingetragene Genossenschaft **18** 4; eingetragener Verein **18** 4; Einkommensteuer **15** 197; Einschränkung der Vererblichkeit **15** 116 ff.; Einziehung **34** 1, **46** 19, 20 (− nicht voll eingezahlter Anteile **34** 22 ff.); Entstehung **14** 2 (− bei Kapitalerhöhung **55** 42); Erbengemeinschaft **18** 3; Erbschaftsteuer **15** 198; Erlöschen von Rechten Dritter **27** 26; Ermittlung des Verkehrswertes **34** 103; Ertragswertverfahren **14** 48; Erwerb **3** 18 (− durch Gesellschaft **33** 23; **34** 92; − durch Personenmehrheit **15** 51; − von Teilrechten **57 o** 4); EWiV **18** 4; Fiktion der Volleinzahlung **57 i** 12; Folgen, der Einziehung **34** 47 (− der Nichtbeachtung des § 1365 BGB **15** 105); Form der Übernahmeerklärung **55** 38; gemeiner Wert des Geschäftsanteils **14** 49; Genehmigung des Vormundschaftsgerichts **15** 110 f.; Genussscheine **14** 43; Gesamtrechtsnachfolge **15** 8; Geschäftsanteile auf Vorrat **17** 17; Gesamterwerber **54** 25; Gesellschaft bürgerlichen Rechts (GbR) **18** 4; Gesellschafterbeschlüsse **46** 19 f.; gesellschaftsrechtliche Bewertung **14** 46; Gewinnbeteiligung der neuen Geschäftsanteile **57 n** 6; Gewinnbezugsrecht **14** 21; **29** 29; Gewinnverteilung **14** 21; Glättung der „krummen" Euro-Nennbeträge **86** 19; Grunderwerbsteuer **15** 199; Gütergemeinschaft **15** 106; **18** 3; Güterrecht **15** 98 f.; Gütertrennung **15** 106; Haftung des Erwerbers **16** 26; **23** 13; Herabsetzung des Nennbetrags **58** 8; herrenloser − **21** 44; Höhe des Entgelts bei Übertragung **15** 120; Inhaber **21** 44; Inpfandnahme durch Gesellschaft **33** 23, 29; Kaduzierung **21** 1; Kapitalerhöhung **14** 7; **15** 92; Kapitalherabsetzung **34** 53; KGaA **4**; Körperschaftsteuer **15** 197; Insolvenzverfahren **15** 150 ff.; künftiger Geschäftsanteil **15** 7; Mängel der Anteilsbildung **57 h** 9; Mantelkauf **15** 16 f.; Mindestbetrag der Geschäftsanteile **58** 10; Mindesthöhe **57 h** 2; Missbrauch der Vertretungsmacht bei Veräußerung **37** 52; Mitberechtigung **15** 6; Mitgliedschaft **14** 1; Mitgliedschaftspflichten **14** 25; Mitgliedschaftsrechte (s. auch dort) **14** 13; **15** 6; Nachschüsse **14** 11; Nennbeträge der Stammeinlage **5** 11; **14** 2, 10; Nennbetrag, als Beteiligungsmaßstab **14** 2; **14** 10 (− der Geschäftsanteile **5** 14; **58** 9); Neubildung **34** 53; neue Anteilsrechte **57 h** 2; Nichtigkeit des Kapitalerhöhungsbeschlusses **57 h** 10 ff.; Nießbrauch **14** 53; **15** 70; Nießbrauchsbestellung an einem Teil eines Geschäftsanteils **17** 53; Nutzungspfandrecht **15** 97; Öffentliche Versteigerung **27** 41; österreichisches Recht **14** 50, 54; Partnerschaftsgesellschaft **18** 4; Personenhandelsgesellschaft **18** 4; Pfändung **14** 52; **15** 134 ff.; Pflegschaft **15** 113; Pflichten des Käufers **15** 27; Preisgabe **27** 16; Quotenbeteiligung **14** 12; Recht iSd. § 823 Abs. 1 BGB **14** 13; Rechte Dritter **57 j** 4; Rechte und Pflichten **14** 13; nicht rechtsfähiger Verein **18** 4; Rechtsfolgen, der Kaduzierung **21** 44 ff. (− der Veräußerung eigener Geschäftsanteile **33** 53; − des Erwerbs **22** 29 ff.); Rechtsmängelhaftung **15** 34; Regelfall der Gewinnbeteiligung neuer

2688

Anteile **57n** 2; revalorisierter – **34** 53 f.; Rücklage für eigene Anteile **42a Anh.** I 207, 245; Sachmängelhaftung **15** 35; Satzungsregelungen zur Bewertung **34** 107; Schadensersatzansprüche bei Übertragung **15** 48; Schenkungsteuer **15** 198; Schicksal nach Austritt **34** 92; Schuldrechtsreform **15** 11; Sicherungsabtretung **15** 55; Sonderpflichten **14** 37 (– bei Übertragung des Anteils **14** 38); Sonderrechte **14** 26; spätere Veränderung **14** 8; Spaltung **77 Anh.** 564; Stammeinlagen **3** 17; nur eine Stammeinlage **3** 18; **14** 6; steuerrechtliche Bewertung **14** 49; Stichtag für die Bewertung des Geschäftsanteils **34** 106; Stiftungen **18** 4; Stimmrecht **57h** 5; stimmrechtsloser – **53** 55; „Stuttgarter Verfahren" **14** 49; subjektive Einzeltheorie **15** 102; subjektives Recht **14** 4; Teilbarkeit **57h** 3; teileingezahlte Anteile **57h** 13; **57l** 3; Teileinziehung **34** 40 f.; Teilnahme, am Gewinn des ganzen Geschäftsjahres **57n** 2 (– am Gewinn des Vorjahres **57n** 3; – an Erhöhung des Stammkapitals **57l** 1; – teileingezahlter Geschäftsanteile bei Kapitalerhöhung **57l** 3); Teilrechte **57h** 8; **57k** 1; Teilung *(s. auch dort)* **17** 1; **33** 18, **34** 130; **46** 19; Treuhand **15** 58; Treuhandstellung **15** 55; Übergang, nach Zwangsverkauf **23** 25 (– von Nebenleistungspflichten **3** 44); Übergangsregelung des § 86 Abs. 1 **57h** 5; Übernahmevertrag **55** 36; Übertragbarkeit **53** 26 (– bei RA-GmbH **1** 31); Übertragung **14** 5; **15** 6 (– bei ausländischer Gesellschaft **Einl.** 329; – bei Ausscheiden eines Gesellschafters **34** 99; – im österreichischen Recht **15** 200; – im Schweizer Recht **Einl.** 371; – künftig entstehender **55** 51; – vinkulierter Anteile **47** 73); Übertragungserschwerungen **53** 26; Umstellung auf Euro **86** 19 ff; 33; Umtausch Aktien gegen Geschäftsanteile **77 Anh.** 462; Umwandlung **15** 8 (– der Gesellschaft **77 Anh.** 62; – einer AG in GmbH **77 Anh.** 170); ungeteilte Erbengemeinschaft **18** 3; Unterbeteiligungen **18** 4; Unternehmenskauf **15** 10, 30; Unverkäuflichkeit des Anteils **23** 35; Unverwertbarkeit des Anteils **27** 49; Veräußerung **14** 1; **15** 6 (– als Rechtskauf **15** 9; – bei der Vor-GmbH **15** 14; – bei noch nicht bestehender Gesellschaft **15** 14); der Veräußerung gleichgestellte Rechtsgeschäfte **15** 55; Veräußerungsvertrag *(s. auch dort)* **15** 21 ff.; Verbriefung von Rechten am Anteil **14** 39; Verein **18** 4; Vereinigung **14** 9; **15** 190; **58a** 14 (– aller Geschäftsanteile **19** 38); Vererblichkeit **15** 114 ff. (– bei RA-GmbH **1** 31); Verfügungen über Geschäftsanteile Minderjähriger **15** 107 ff.; Verfügungsrecht der Gesellschaft **34** 129; Verhältnis zur Stammeinlage **14** 2; verhältnismäßige Teilnahme an der Erhöhung **57j** 2; Verkehrswert **34** 101 f.; Verkörperung der Mitgliedschaftsrechte **14** 13; Vermächtnis **15** 125; Vermögen im Ganzen **15** 100; Vermögensrechte **14** 16; Vermögensverteilung **72** 1; Vernichtung des Geschäftsanteils **34** 47; Verpfändung **14** 51; **15** 82, 103 (– eines Teiles eines Geschäftsanteils **17** 51); Verschaffungspflicht **15** 12 f.; Verschmelzung **77 Anh.** 365, 407 (– nicht voll eingezahlter Anteile **77 Anh.** 398); Versicherungsverein auf Gegenseitigkeit (VVaG) **18** 4; Verteilung bei Kapitalerhöhung aus Gesellschaftsmitteln **57j** 1; Verteilungsmaßstab bei Liquidation **72** 12; Vertretung durch die Erziehungsberechtigten **15** 107; Verwaltungsrechte **14** 16; Verwertung **15** 89; **34** 53 f., 126 (– bei Abandon **27** 40; – des Insolvenz des Gesellschafters **15** 153 f.; – vor Pfandreife **15** 90); Verzinsung **29** 122; Vinkulierung **15** 161; **52 Anh.** 37; **53** 26; Volleinzahlung **15** 192; vollstreckbarer Schuldtitel **15** 90; Vorgesellschaft **18** 4; Vorkaufsrechte an Geschäftsanteilen **53** 11; Vormundschaft **15** 113; Vorzugsgeschäftsanteile, bei Umwandlung **77 Anh.** 135 (– bei Verteilung der Anschaffungskosten bei Kapitalerhöhung **57o** 2); Weiterbestehen der Gesellschaft **15** 155; Wert **14** 46; **15** 184; Wiederausgabe eines eingezogenen – **34** 53 f.; Wirkung der Kapitalherabsetzung auf die Geschäftsanteile **58** 8; Zugewinngemeinschaft **15** 100 f.; **18** 3; Zusammenlegung **53** 27; Zustand **15** 15; Zustimmung der Geschäftsführer zur Abtretung **15** 176; zustimmungsfreie Rechtsakte **15** 104; Zwangseinziehung von Geschäftsanteilen **53** 27; Zwangsverkauf **23** 1; Zwangsversteigerung **15** 142 ff.; Zwangsvollstreckung **15** 134; Zwergbeteiligungen **58a** 14 f.; Zuordnung, erhöhter Geschäftsanteile **57j** 2 (– neuer Geschäftsanteile **57j** 2); Zusammenlegung **58** 10; Zuständigkeit für Vereinigung **58a** 15

Geschäftsbetrieb während Gründung, Haftung, der Geschäftsführer **11** 123 ff. (– der Gesellschafter **11** 91 ff.); Verwendung der Einzahlungen **7** 25

Geschäftsbriefe, Angaben **35a** 1; Anwendungsbereich **35a** 4; Ausland **35a** 4; Bestellscheine **35a** 1; Definition **35a** 6; EG-Ausland **35a** 4; EG-Richtlinie **35a** 3; Empfänger **35a** 7; freiwillige Angaben **35a** 9; GmbH & Co. KG **35a** 5; Mindestangaben **35a** 8; Rechtsfolgen bei Verstoß **35a** 10; Zweck **35a** 2

Geschäftsfähigkeit, Ergänzungspflegschaft **2** 13; Genehmigung des Vormundschaftsgerichts **15** 110 f.; Geschäftsanteile **15** 107 ff.; Geschäftsführer **2** 10; Geschäftsführer **2** 12; mehrere nicht vollgeschäftsfähige Gründungsgesellschafter **2** 14; Veräußerung **15** 107 ff.

Geschäftsführer, Abänderung der gesetzlichen Vertretungsverhältnisse **35** 53; Abberufung **29** 62; **35** 1 ff.; **46** 1; **52** 47 (– für den GmbH u. Co. KG **58** 40; – bei Nichtvorlage des Jahresabschlusses **42a** 12; – durch Gesellschafterbeschluss **46** 21; – einstweiliger Rechtsschutz **38** 27; – in der Insolvenz **63** 132; – nach BetrVG 1952 **Einl.** 285; – wegen grober Pflichtverletzung **38** 11; – wegen Störung der Drittbeziehung **38** 14; – wegen Unfähigkeit zur Geschäftsführung **38** 12); Abgabe, der Ka-

Sachverzeichnis

Fette Zahlen = §§

duzierungserklärung **21** 33 (– unrichtiger Versicherungen **82** 70); Abschluss eines Gewinnabführungsvertrages **29** 137; Änderung, der Vertretungsbefugnis **39** 5 (– des Anstellungsvertrages **35** 54; – persönlicher Daten **39** 4); aktive Vertretung **35** 40; Amtsbeendigungsgründe **38** 39; Amtsniederlegung **38** 33; Amtszeit **6** 29 (– nach MitbestG 1976 **Einl.** 262); andere Gesellschaftsorgane **35** 13; Anfechtbarkeit der Bestellung **6** 31; Angabe auf Geschäftsbriefen **35 a** 8; Anmeldebefugnis **39** 7; Anmeldepflicht **7** 6; **39** 7; **54** 8; **57** 12; **78** 10 f. (– gegenüber der Gesellschaft **78** 9); Anmeldeverpflichtete **39** 7; **78** 1, 10, 13; Anmeldung **8** 4, 28 (– der Auflösung der Gesellschaft **65** 2; – der Geschäftsführer **39** 1; – der Gesellschaft **6** 3; – der Insolvenz **12** 66; – der Kapitalerhöhung **57** 8, 11 **57 i** 2; – der Liquidatoren **67** 3; – der Spaltung **77 Anh.** 560; – der Verschmelzung durch Neugründung **77 Anh.** 442; – des Formwechsels **77 Anh.** 105; – gem. § 16 **16** 37; – von Satzungsänderungen **54** 5; – von Zweigniederlassungen **12** 32, 55); Annahme der Übernahmeerklärung **55** 40; Annahmebedürftigkeit der Bestellungserklärung **46** 24; Anstellungsverhältnis bei Insolvenz **63** 139; Anstellungsverträge **Einl.** 188, 263, 288; **35** 15 f., 69, 78 ff.; **37** 31; **38** 4, 31, 50; **46** 25; **52** 47 (– nach MitbestG 1976 **Einl.** 263); Antragsbefugnis in der Gesellschafterversammlung **48** 14; Antragsberechtigung für Insolvenz **63** 5 Anzeigepflicht des Geschäftsführers **84** 19; anzumeldende Tatsachen **39** 3; Arbeitgeberfunktionen **35** 109; arbeitnehmerähnlicher Geschäftsführer **35** 94 (– Gesellschafter-Geschäftsführer **35** 94); Arbeitnehmererfindungsgesetz **35** 78; Arbeitsdirektor **6** 8; **35** 98; **37** 25, 40; Arbeitsteilung **43** 12; Arbeitsvertrag **35** 78; Arbeitszeitgesetz **35** 78; Arten der Bestellung **6** 24; Aufgaben bei Insolvenz **64** 25; Aufhebung des Anstellungsvertrages **38** 52; Aufhebungsvertrag **38** 38; auflösende Bedingung **38** 39; Auflösung der Gesellschaft **38** 39; Aufsichtsrat **Einl.** 285; **35** 20, 73, 85; **52** 8 (– in der Insolvenz **63** 132); Aufsichtsratsmitglied **6** 21; Aufstellung eines Überschuldungsstatus **64** 10; Aufwendungsersatzanspruch **35** 105; Ausgabe von Genussrechten **29** 140; Auskunfts- und Einsichtsrechte **51 a**; Auskunftsrecht gegenüber dem Abschlussprüfer **42 a** 34; Ausführung des Einforderungsbeschlusses **46** 17; Ausländer **6** 12; ausländische GmbH, Zweigniederlassungen im Inland **12** 60; Auslegungsregel des § 6 Abs. 4 **6** 26; Ausscheiden/Eintreten von Geschäftsführern **39** 3; **84** 49; Ausschlussgründe **6** 16 ff.; **8** 23; **38** 39; Außenhaftung **43** 80 ff.; außenwirksame Zustimmungserfordernisse **37** 49; außergewöhnliche Maßnahmen **52 Anh.** 43; Auswahlermessen des Aufsichtsrats **35** 72; Bankrott **Vor 82–85** 28; Beamte **6** 20; Beendigung des Anstellungsverhältnisses **38** 41; Beendigung des Geschäftsführeramtes

6 19; Befreiung vom Verbot des Selbstkontrahierens **6** 27; **10** 13; **35** 30 f.; keine Befreiung von der Insolvenzantragspflicht **64** 6; befristetes Anstellungsverhältnis **38** 39; Beherrschungsvertrag **37** 51; Bekanntmachung der Kapitalherabsetzung **58** 22; Berechnungsweise der Tantieme **35** 89; Berufsausbildung **6** 22; Berufs- oder Gewerbeverbot **6** 18; Berufsrecht **6** 15; berufsrechtliche Qualifikationsvorschriften **6** 20; Berufsverbot **8** 24; **82** 74; Beschluss der Gesellschafterversammlung **20** 6; beschränkt geschäftsfähige – **6** 10; Beschränkung der Befugnisse im Anstellungsvertrag **35** 83; Beschränkung der Vertragsmacht **37** 1, 49 ff. (– eigenverantwortlicher Geschäftsführung **37** 21); Beseitigungsansprüche **43** 53; Bestellung **Einl.** 285; **35** 15, 68 ff.; **46** 21; **52** 47 (– durch Aufsichtsrat **6** 8, 28; – durch Beirat **6** 28; – durch Gesellschafter **6** 27; – durch Gesellschafterbeschluss **46** 21; – eines Notgeschäftsführers **35** 76; – eines Prozessvertreters **6** 39; – im Gesellschaftsvertrag **6** 24; – in Gründungsbestimmungen **6** 25; – in der Insolvenz **63** 132; – in der Satzung **6** 25; – nach BetrVG 1952 **Einl.** 285; – nach Maßgabe des GmbHG **6** 24; – nach Mitbestimmungsgesetz (MitbestG) 1976 **6** 30; **35** 16; **Einl.** 260; – nach Montanmitbestimmungsgesetz (MontanMitbestG) **6** 30; **35** 16; Widerruflichkeit der – **38** 3); Bestellungsdauer **35** 74, **38** 39; Bestellungskompetenz **46** 22; Bestellungsorgan **38** 27, 29; Bestellungszuständigkeit in mitbestimmten Gesellschaften **35** 73; Bestellungszuständigkeit in nicht mitbestimmten Gesellschaften **35** 73; BetrAVG **35** 95 ff.; Betreute **6** 10; Betriebsausgabe **35** 99; Betriebsverfassungsgesetz (BetrVG) 1952 **Einl.** 293; **35** 65; Bezeichnung „Geschäftsführer" **6** 4; Beziehungen zu Dritten **35** 109; Bezüge aktiver Geschäftsführer **35** 101 (– als Betriebsausgaben **Einl.** 73); Bilanzierung von Ansprüchen der Gesellschaft in der Insolvenz **63** 47; Buchführungspflicht **41** 2; Bindung an den Unternehmensgegenstand **3** 9; **37** 7; Bundespräsident **6** 20; Bußgeldvorschriften **Vor 82–85** 73 ff.; dauernde Leitung aus dem Ausland **6** 14; D & O Police **43** 6; Dauer der Bestellung **35** 74; Delikt **43** 53; deutsche Sprachkenntnisse **6** 11; Dienstvertrag **35** 78; Drittbeziehungen **35** 109; Durchführung des Einforderungsbeschlusses **26** 33; Durchsetzung der Haftungsansprüche gemäß § 24 **24** 23; Eignungsvoraussetzungen **6** 10 ff.; **35** 71; **82** 72; Einberufung der Gesellschafterversammlung **49** 1 f.; Einberufungspflicht zur Gesellschafterversammlung **49** 9; Einengung der Befugnisse **37** 18; Einforderung bei Stammeinlage **19** 11; **21** 9 (– der Mindesteinlagen **20** 5; – der Resteinlage **20** 6; – einlagegleicher Ansprüche **20** 5; – von Einzahlungen **37** 52); Einpersonen-Gesellschaft **46** 22, 27 (–, Gesellschafter **6** 27; –, Gesellschafter-Geschäftsführer **35** 32; –, Gründung **8** 22); Einreichung der Gesellschafterliste

2690

Magere Zahlen = Randnummern

Sachverzeichnis

40 4; Einstellungen von Wertaufholungen 29 95; einstweiliger Rechtsschutz bei Abberufung 38 27; Eintragung, der Vertretungsbefugnis 10 11 f. (– in das Handelsregister 10 10); Einzelvertretungsbefugnis 35 40, 44; Einziehung von Geschäftsanteilen 37 52; Entlastung 43 38; 46 27; 47 65 (– durch Gesellschafterbeschluss 46 21; – in der Insolvenz 63 132); Entlastungsbeschluss 47 126; Erfahrung 6 22; Ergebnisverwendungsvorschlag 42 a 2; Erklärung über Vermögensminderung 57 i 4; Ersatzanspruch der Gesellschaft als Insolvenzmasse 63 108; Erstattungsanspruch gem. § 31 31 58; Erweiterung der gesetzlichen Geschäftsführungsbefugnis 37 35; Erzwingung der Pflichten nach §§ 35 a, 71 Abs. 5 79 5; EU-Bürger 6 12; „faktische" Geschäftsführer 35 20; fakultativer Aufsichtsrat 35 20; falsche Angaben 82 7, 10, 85 (– durch den faktischen Geschäftsführer 82 11; – durch den (Mit-) Geschäftsführer 82 12; – von Stellvertretern 82 7); Fehlen von – 35 76 f.; fehlerhafte Bestellung 35 75; fehlerhafter Anstellungsvertrag 35 108; Feststellung des Jahresabschlusses 42 a 65; Festvergütung 35 86; Form 35 80; freie Verfügbarkeit der Einzahlungen 7 25; freie Verfügung über Sacheinlagen 7 35; Fremdgeschäftsführer 35 94, 110; 38 26; gefahrgeneigte Arbeit 43 8; Gegenstand der falschen Angaben 82 71; Geheimnisschutz 43 21; Geldstrafen 35 105; Geltendmachung von Ansprüchen nach § 31 31 5; gemischte Gesamtvertretung 35 59; Generalbereinigung 46 32; Generaldirektor 6 4; Generalvollmacht 35 9; Gesamtgeschäftsführung 37 16; Gesamtvertreter 35 40; Geschäfte mit Mitgliedern anderer Gesellschaftsorgane 37 53; Geschäftsfähigkeit 6 10; geschäftsführender Alleingesellschafter 35 26; Geschäftsführer als Liquidatoren 66 3, 21; Geschäftsführerpflichten 43 1; Geschäftsführervergütungen 29 71; 35 88 f., 91, 98 ff.; Geschäftsführung in der GmbH &. Co. KG 37 56; Geschäftsführungsbefugnis 37 2 (– im Gründungsstadium 11 45); Geschäftsführungszuständigkeit 37 5; Geschäftsverteilung unter mehreren Geschäftsführern 37 38; 41 8; Geschäftsverteilungszuständigkeit 37 42; geschlechtsspezifische Vorgaben 6 22; Gesellschafterbeschlüsse 46 22; Gesellschafter-Geschäftsführer 35 94; Gesellschafterversammlung 35 15; 48 14; 49 2, 9; gesellschaftsinterne Aufgaben bei Insolvenz 63 136; Gesellschaftsvertrag 37 18; 38 9; gesetzliche Vertretungsregeln 35 39; gesetzwidrige Handlungen 62 5; Gewinnabführungsvertrag 37 51; gewöhnlicher Geschäftsführer 37 6; – der GmbH 13 16; GmbH – Novelle 1980 6 2; Gratifikation 35 91; Grenzen der Vertretungsmacht 37 47 f.; grobe Pflichtverletzung 38 11; Gründe der Amtsbeendigung 38 39; Gründungshaftung 9 a 7; Gründungsschwindel, durch unrichtige Anmeldung 82 28 (– durch unrichtigen Sachgründungsbericht 82 53); Gründungsstadium 11 44 ff.; Grundsätze der Geschäftspolitik 37 8; Haftung 29 60; 41 12; 43 1, 19; 64 23 (– bei Auszahlungsverbot 30 44; – bei Kaduzierung 24 27; – bei Kapitalherabsetzung 58 30; – bei Umwandlung 77 Anh. 138; – bei Verschmelzung 77 Anh. 410; – für falsche Angaben 9 a 1, 5, 8, 13; 57 22; – für Lohnsteuerschulden der Vorgesellschaft 11 165; – für Steuerschulden Einl. 63; 43 87; – gem. § 31 31 58 ff.; – gemäß § 31 bei GmbH & Co. KG 31 76; – nach § 43 33 24;- trotz Amtsniederlegung 64 21); Handeln im Namen der Vorgesellschaft 11 89; Handelndenhaftung 11 111 (– bei unwirksamer Bestellung 11 112; – für Vor-GmbH & Co. 11 176; – nach Beendigung der Geschäftsführung 11 113); Handelsregister 39 1; Handelsrichter 35 109; Handlungspflicht nach § 64 Abs. 1 84 43; Heilung nichtiger Bestellung 6 19; Herabsetzung des Ruhegehaltes 35 97; Höhe des Geschäftsführergehaltes 35 98; Industrie- und Handelskammer 35 109; Informationspflicht 42 a 38; Inhalt des Anstellungsvertrages 35 81 ff., 86; In-Sich-Geschäfte 6 27; 35 26, 113; Insolvenz 38 5; Insolvenzantragspflicht 64 16; Insolvenzstraftaten 82 73; Irrtum 84 36; Irrtumszurechnung 35 67; Jahresabschluss 29 47, 50 f., 61; jederzeitige Widerruflichkeit 38 3; Kapitalanlagegesellschaften 6 7, 9; Kapitalherabsetzung 58 30; Kapitalherabsetzungsschwindel 82 76; Kaufmannseigenschaft 6 6; 35 109; Kennen 35 63 ff.; Kennenmüssen 35 63 ff.; Kollusion 37 54; Kompetenzordnung 43 55; Kompetenzüberschreitung 43 55; Kontrollzuständigkeit 46 33; Kreditgewährung 43 a 1; Kreditinstitute 6 7, 9; Kündigung, ordentliche 38 32, 41 (– aus wichtigem Grunde 38 46; 63 139; – aus wichtigem Grunde bei Insolvenz 63 139; – durch den Aufsichtsrat 52 47; – durch den Geschäftsführer 38 51; – durch die Gesellschaft 38 41); Kündigungsfrist 38 42; Landesminister 6 20; Legitimation bei Anmeldung 8 4; Leitung des Unternehmens 43 16; Liquidatoren 38 30; 66 1 (– der Vorgesellschaft 11 70); Mängel des Anstellungsvertrages 35 108; Maßnahmen zur Behebung der Insolvenz 64 14 f.; mehrere Geschäftsführer 37 16; Mehrheitsbeschluss der Gesellschafter 6 27; Minderheitenschutz 43 4; Minderheitsgesellschafter 38 26; Mindestalter 6 22; Mindestdauer der Bestellung 35 74; Missbrauch der Vertretungsmacht 37 52, 54 f.; Mitbestimmungsgesetz 1976 (MitbestG 1976) Einl. 259, Anh. I; 6 8, 30; 35 16, 39; mitbestimmte GmbH Einl. 149, Anh. I; 6 7; mitbestimmungsfreie GmbH, Geschäftsführungsbefugnis 37 22; Mitbestimmungsgesetze Einl. 149, Anh. I; 6 8; 35 72; 38 1, 8, 15; Mitglieder der Bundesregierung 6 20; Mitwirkungs- und Auskunftspflicht bei Insolvenz 63 137; MontanMitbestErgG 6 8; MontanMitbestG 6 8; 35 16, 39; Nachtragsliquidation 74 26; nachvertragliche Wettbewerbsverbote 35 106; Namensänderungen 39 4; natürliche unbeschränkt geschäftsfähige Person 6 10; Ne-

2691

Sachverzeichnis

Fette Zahlen = §§

benansprüche aus dem Anstellungsvertrag **35** 105; Nichtdiskriminierungsgebot **37** 39; Nicht-EU-Bürger **6** 13; Nichtigkeit der Bestellung **6** 19; Nichtigkeitsklage **35** 21; **75** 1, 23; Nichtgesellschafter **6** 5; Nichtmehrbeschäftigung **35** 108; Nichtmehrtätigwerden **35** 108; Notbestellung **6** 32; Notgeschäftsführer *(s. auch dort)* **6** 32; **35** 25; **38** 1; notwendiges Organ **6** 3; objektiver Verschuldensmaßstab **43** 8; obligatorischer Aufsichtsrat **35** 20; öffentlich-rechtliche Verpflichtung zur Buchführung **41** 1; österreichisches Recht **6** 40; Ordentliche Kündigung des Anstellungsvertrages durch die Gesellschaft **38** 41; Organ **6** 3; Organisationsakt **35** 68; Partner des Anstellungsvertrages **35** 79; passive Vertretungsbefugnis **35** 49; persönliche Stellung des **– 35** 109; persönliche Voraussetzungen **6** 10; Pfändungsschutz **35** 103; Pflicht, zur Anmeldung der Auflösung **65** 2 (– zur Anmeldung der Gesellschaft **7** 6 ff.; – zur Anmeldung der Kapitalherabsetzung **58** 32; – zur Anmeldung der Kapitalerhöhung **57** 12; – zur Anmeldung der Verschmelzung **77 Anh.** 376; – zur Aufstellung der Eröffnungsbilanz **41** 91; – zur Aufstellung des Jahresabschlusses **29** 61; **41** 112; – zur Aufstellung des Lageberichts **41** 130; – zur Auslegung des Umwandlungsberichtes **77 Anh.** 44; – zur Erstattung des Verschmelzungsberichtes **77 Anh.** 332; – zur Übersendung des Umwandlungsberichtes **77 Anh.** 44; – zur Unterzeichnung des Jahresabschlusses **41** 113); Pflichten, aus dem Anstellungsvertrag **35** 106 (– gegenüber anderen Gesellschaftsorganen **43** 15); Pflichtverletzung bei Verlust, Zahlungsunfähigkeit oder Überschuldung **84** 1, 8, 12; Pflichtverletzungen **84** 8; Prozess gegen Geschäftsführer **35** 20; prozessrechtliche Stellung **13** 24; Prüfung der Geschäftsführung **46** 33; Prüfungspflicht des Gerichts **39** 10; Qualifikationserfordernisse im Gesellschaftsvertrag **6** 22; **35** 71; RA-GmbH **1** 34; „Realakte" **35** 12; Realisierung des Gesellschaftszwecks **43** 16; Rechte aus dem Anstellungsvertrag **35** 86; Rechte des Notgeschäftsführers **35** 86; rechtmäßiges Verhalten der Gesellschaft **43** 10; Rechtsfolge, bei Pflichtverletzungen **41** 12 f., **45** 19 (– der Bestellung **35** 70; – des Missbrauchs der Vertretungsmacht **37** 54; – des Widerrufs **38** 31; – fehlerhafter Bestellung **35** 75); Rechtsgeschichte **6** 2; rechtsmissbräuchliche Amtsniederlegung **38** 35; Rechtsscheinhaftung **4** 56; **11** 88; Rechtsstellung **35** 9; Reichweite des Entlastungsbeschlusses **46** 30; Rückgriff gegen die Gesellschaft **11** 129; Ruhegehaltsanspruch **35** 93; Ruhegehaltsanwartschaft **35** 95; Ruhegehaltszusagen **35** 108; Sanktionen **35** 107; **41** 17; satzungswidrige Regelungen des Anstellungsvertrages **35** 84; satzungswidrige Weisungen **35** 84; Schadensersatz **43** 1 (– bei Kreditgewährung **43 a** 10); schuldhaftes Zögern **84** 44; Schwerbehindertengesetz **35** 78; Schwindel, bei der Kapitalerhöhung mit Einlagen **82** 55 (– bei der Kapitalerhöhung mit Gesellschaftsmitteln **82** 64; – durch öffentliche Mitteilung über die Finanzlage **82** 84); Selbstkontrahieren **8** 28; **10** 13; **35** 34; selbstverantwortliches Handeln der Geschäftsführer **64** 19; sofortiger Widerruf der Bestellung **38** 50; sonstige gesetzliche Beschränkungen **6** 20; Sorgfalt eines ordentlichen Geschäftsmannes **43** 7; Sorgfaltsmaßstab bei delegierten Aufgaben **45** 18; Sorgfaltspflichtverletzungen im Gründungsstadium **11** 46; Sorgfaltspflichtverletzungen in der Vorgesellschaft **11** 46; Sozialrichter **35** 109; Sozialversicherung **35** 110; Staatsangehörigkeit **6** 11; Stellung, in der Insolvenz **63** 136 (– nach Umwandlung **77 Anh.** 125); stellvertretende Geschäftsführer **44** 1; Stellvertretung bei Anmeldung **7** 1; steuerliche Haftung **Einl.** 63; Steuerrecht **35** 99; Stimmpflicht bei Mängelheilung **76** 8; Strafbarkeit falscher Angaben bei Abgabe der Versicherungen **6** 18; strafrechtliche Folgen der Verletzung von Geschäftsführerpflichten **43** 1; Straftat nach §§ 283–283 d StGB **6** 17; **6** 10; Strafvorschriften des Handelsgesetzbuches **Vor 82–85** 29; Tantiemen **29** 131; **35** 88 f.; Teilnahmerecht an der Gesellschafterversammlung **48** 10; Teilung von Geschäftsanteilen **17** 22; Testamentsvollstrecker **46** 22; Treuepflicht **43** 19; Übertragung der Abberufungskompetenz **6** 28 (– der Bestellungskompetenz **6** 28); Überwachung der Geschäftsführung **46** 33; Umfang, der Entlastungswirkung **46** 27 (– der Vertretungsmacht **37** 46); Umwandlung **77 Anh.** 125; Unbeschränkbarkeit der Vertretungsbefugnis **37** 46; unbeschränkte Geschäftsfähigkeit **6** 10; unechte Gesamtvertretung **35** 56; Unfähigkeit zur ordnungsgemäßen Geschäftsführung **38** 12; unrichtige Darstellung **Vor 82–85** 33 ff. unterlassene Verlustanzeige **84** 13; Unterlassungsansprüche **43** 53; Unternehmensgegenstand **37** 7; Unternehmensverbindungen **37** 13; Untreue **Vor 82–85** 11 (– durch faktischen Geschäftsführer **Vor 82–85** 12); Unwirksamkeit der Bestellung **6** 31; Unzumutbarkeit der Anzeigeerstattung **84** 50; Urlaubsanspruch **35** 105; Verantwortlichkeit für falsche Angaben **82** 14; Verantwortung **37** 45; Verbot, des In-Sich-Geschäfts **35** 30 f. (– des Selbstkontrahierens **35** 16; **47** 79); verdeckte Gewinnausschüttung **Einl.** 74; verdeckte Sacheinlage **5** 50; Vereinigung von Geschäftsanteilen **58 a** 15; Vergütung, bei Annahmeverzug der GmbH **35** 92 (– bei Verhinderung **35** 92); Vergütungsanspruch **35** 89; Vergütungsmaßstäbe **43** 19; Verhaltenspflichten **43** 8; Verlängerung der Preisgabefrist **27** 30; Verletzung, der Geheimhaltungspflicht **85** 5 (– der Geschäftsführerpflichten **35** 107); Vermögensbetreuungspflicht **Vor 82–85** 10; Vermögensbildungsgesetz **35** 78; Verschmelzung **77 Anh.** 399; Verschmelzungsvertrag **37** 51; **77 Anh.** 313; Versicherung **58** 35 (– bei Anmeldung **57** 6; – bei Heilung verdeckter Sach-

2692

Magere Zahlen = Randnummern

Sachverzeichnis

einlagen **19** 166; – gem. § 8 Abs. 2, Abs. 3 **6** 18; **8** 15 ff.); Verstoß, der Bestellung gegen das Gesetz **6** 31 (– der Bestellung gegen den Gesellschaftsvertrag **6** 31); Vertretung, bei der GmbH &. Co. KG **35** 111 f. (– der Gesellschaft bei Vorhandensein eines Geschäftsführers **35** 6; – bei Vorhandensein mehrerer Geschäftsführer **35** 39 ff.; – der Gesellschaft im Rechtsstreit **13** 25; **38** 28; – der Gesellschaft bei Bestellung **46** 23; – des Geschäftsführers bei Anmeldung **39** 7; – in Prozessen **46** 45); Vertretungsbefugnis, des faktischen Geschäftsführers **35** 8 (– des Scheingeschäftsführers **35** 8); Vertretungsbefugnisse **8** 25, 28; **10** 11 f.; Vertretungsmacht, bei der Vor-GmbH & Co. **11** 172 (– im Gründungsstadium **11** 82 ff.; – in der Vorgesellschaft **11** 44; – nach MitbestG 1976 **Einl.** 265); Vertretungsorgan der Vorgesellschaft **11** 84; Verweigerung der Entlastung **46** 31; Vorgesellschaft **6** 3; **11** 44; vorläufige Amtsenthebung **38** 32; Vorlagepflicht **42 a** 38; Vorsitzender der Geschäftsführung **37** 44; Vorstandsmitglied **6** 4; Wahrnehmung der Verfahrensrechte der Gesellschaft bei Insolvenz **63** 138; Wegfall/Verhinderung von Geschäftsführern **35** 60; Weisungen, der Gesellschafter **37** 26 (– in mitbestimmter Gesellschaft **37** 29); weisungsgemäßes Verhalten **43** 28; Weisungsorgan **43** 29; Weisungssubjekte **37** 30; Weisungsverbote im Anstellungsvertrag **37** 28; weitere Voraussetzungen durch Gesellschaftsvertrag **6** 22; Wertsicherung des Gehalts **35** 101; Wertsicherung des Ruhegehalts **35** 102; Wettbewerbsverbote **29** 177; **35** 106; **43** 19; Widerruf, der Bestellung **Einl.** 261; **38** 1, 3 (– aus wichtigem Grund **38** 9; – nach MitbestG 1976 **Einl.** 261); widersprüchliches Verhalten bei Einzelvertretungsbefugnis **35** 54; Wirksamwerden der Abberufung **38** 21; Wirkung, der Amtsniederlegung **38** 37 (– der Entlastung **46** 30; – der Vertretung **36** 1 ff.); Wissenszurechnung **35** 63; Zahl **6** 1, 7; Zeichnung der Unterschriften bei Anmeldung **8** 29; Zeugeneigenschaft **13** 26; Zeugniserteilung **35** 105; Zölibatsklauseln **37** 22; Zugehörigkeit zu Familien/Gesellschafter-Gruppen **6** 22; Zusammenarbeit in der Geschäftsführung **43** 11; Zuständigkeit, für Einstellungen in die Kapitalrücklage **58 c** 7 (– für zweite Zahlungsaufforderung vor Kaduzierung **21** 14; – für Aufrechnung **19** 83; – im Rahmen der Geschäftsführung **37** 6; – zur Bestellung von Geschäftsführern **35** 15); Zustimmung zur Geschäftsanteilsabtretung **5** 176; Zwangsgelder **42 a** 39, **79** 1; Zwangsverkauf **23** 8 f.; Zweigniederlassung **12** 26; zwingende persönliche Voraussetzungen **6** 1

Geschäftsführer, Haftung, s. *Haftung des Geschäftsführers*

Geschäftsführung, Abgrenzung zwischen gewöhnlichen und ungewöhnlichen Maßnahmen **37** 11; Ablehnung des Liquidatorenamtes **66** 22; Änderung der Vertretungsbefugnis **39** 5; Alleinvertretungsbefugnis **35** 40, 44; Annahmeverzug **35** 92; Anstellungsvertrag **35** 17; **37** 31; Arbeitsdirektor **Einl.** 264; **37** 25; **37** 40; Aufgaben der Geschäftsführung **82** 112; Auflösungsgrund **35** 25; Ausgliederung **77 Anh.** 590; Auslegungsregel des § 6 Abs. 4 **6** 26; Außenhaftung des Geschäftsführers **43** 80; außergewöhnliche Maßnahmen **37** 8 f.; **52 Anh.** 43; Ausübung, der Gesamtvertretung **35** 41 f. (– von Rechten aus Beteiligung **37** 12); Beendigung der Vertretungsbefugnis **46** 46; Befreiung vom Verbot des Selbstkontrahierens **35** 31; Begriff **37** 5 (– der Gesamtgeschäftsführung **37** 17); Beschränkung **37** 18 ff. (– der Vertretungsbefugnis in der GmbH & Co. KG **37** 57; – der Vertretung **37** 49 ff.; – eigenverantwortlicher Geschäftsführung **37** 21); Beseitigungsansprüche **43** 53; Bindung an den Unternehmensgegenstand **1** 6; **3** 8 ff.; **37** 7; Delikt **43** 49; Einzelvertretungsbefugnis **35** 44; Entlastung **43** 37; **46** 21, 27; **47** 65; Entlastungsbeschluss **46** 29; **47** 126; Erweiterung, der Gesellschafterzuständigkeit **45** 6 (– Geschäftsführungsbefugnis **37** 35); faktische Satzungsänderung **37** 14; Form der Vertretung **35** 23; Fremdgeschäftsführung **77 Anh.** 25; gefahrgeneigte Arbeit **43** 8; gemischte Gesamtvertretung **35** 59; Generalbereinigung **46** 32; Gesamtgeschäftsführung **37** 16; **82** 113; Gesamtvertretung **35** 40, 43; Geschäftsführung in der GmbH &. Co. KG **37** 56; Geschäftsführungsbefugnis des Nachtragsliquidators **74** 25; Geschäftsführungsbeschluss **46** 34; Geschäftsverteilung unter mehreren Geschäftsführern **37** 38; Geschäftsverteilung/Verantwortung jedes einzelnen Geschäftsführers **37** 45; Geschäftsverteilungszuständigkeit **37** 42; Gesellschaftsvertrag **3** 54; **37** 27; gewöhnlicher Geschäftsablauf **37** 6; GmbH & Co. KG **37** 55; Gratifikationen **35** 91; Grenzen, der Beschränkung **37** 21 (– der Vertretungsmacht **37** 47 f.); Gründung der Gesellschaft **6** 1; Grundsätze der Geschäftspolitik **37** 8; gute Sitten **43** 31; Haftung **64** 23 (– bei Arbeitsteilung **43** 12); Informationspflichten **46** 12; Kernbereich autonomer Geschäftsführerbefugnisse **37** 41; Kollusion **37** 54; Kompetenzordnung **43** 55; Kompetenzüberschreitung **43** 55; Kontrollzuständigkeit **46** 33; Konzernleitung **37** 15; Kündigung aus wichtigem Grund **38** 46; Kündigungsfolgen **38** 45; Liquidatoren **70** 2; Masseschmälerung **64** 26; Missbrauch der Vertretungsmacht **37** 52, 54 f.; mitbestimmte Gesellschaft **37** 23 f.; Mitbestimmung **37** 50; mitbestimmungsfreie GmbH **37** 23; Nichtdiskriminierungsverbot **37** 39; Notgeschäftsführung **35** 76 f.; Öffentlichkeitsinteresse **43** 33; österreichisches Recht **37** 58; Organkonflikte **37** 33 f.; organschaftliche Einzelvertretungsbefugnis **35** 44; Pflicht, zur Aufstellung des Jahresabschlusses **41** 112 (– zur Erstellung eines Lageberichts **41** 127); Prüfung **46** 33; Realisierung des Gesellschaftszwecks **43** 16; Rechte der Gesellschafter **45** 7; rechtmäßiges Verhalten

2693

Sachverzeichnis

Fette Zahlen = §§

der Gesellschaft **43** 10; Rechtsfolgen des Missbrauchs der Vertretungsmacht **37** 54; Rechtsgeschäfte, mit anderen Organen **37** 53 (– mit Mitgeschäftsführern **37** 53); rechtswidrige Beschlüsse des Geschäftsführergremiums **43** 13; Reduzierung der Gesellschafterzuständigkeit **45** 7; Reichweite des Entlastungsbeschlusses **46** 30; Ruhegehaltsanspruch **35** 93; schadensträchtiges Verhalten **43** 53; Sonderrecht der Geschäftsführungsbefugnis **37** 22; stellvertretende Geschäftsführer **44** 3; Treuepflicht **13** 48, 57; Überwachung des Aufsichtsrats **46** 33; **52** 6, 11; Umfang der Vertretungsmacht **35** 45; **37** 46; unberechtigte Kündigung **38** 36; unechte Gesamtvertretung **35** 65; Unterlassungsansprüche **43** 53; Unternehmensinteresse **37** 29; Unternehmensverbindungen **37** 13 f.; Verantwortung **37** 45; Verbot, des In-Sich-Geschäftes **35** 30 (– des Selbstkontrahierens **35** 30); Verhinderung des Geschäftsführers **35** 92; Verweigerung der Entlastung **46** 31; Vorgesellschaft **11** 44; Vorhandensein mehrerer Geschäftsführer **35** 39; Vorsitzender der Geschäftsführung **37** 44; Wegfall/Verhinderung von Geschäftsführern **35** 60; Weisungen, der Gesellschafter **37** 26 (– in mitbestimmter Gesellschaft **37** 29); Weisungsbefugnisse **37** 30; weisungsgemäßes Verhalten **43** 28; Weisungsorgan **43** 29; Weisungsrecht des Aufsichtsrats **52** 13; Weisungssubjekte, in mitbestimmter GmbH **37** 30 (– in mitbestimmungsfreier GmbH **37** 30); Widerruf der Einzelvertretungsbefugnis **35** 48; Willenserklärungen **35** 23; Wirkung der Entlastung **46** 30; Zölibatsklausel **37** 22; Zuständigkeit, der Geschäftsführer **37** 6 (– der Gesellschafterversammlung **43** 55); Zustimmung des Aufsichtsrats **37** 32; zustimmungsbedürftige Geschäfte **Einl.** 289; Zustimmungsbefugnis der Gesellschafter **37** 20; zustimmungsgemäßes Geschäftsführerverhalten **43** 28

Geschäftsführungsbefugnis, österreichisches Recht **37** 58; Vorgesellschaft **11** 28

Geschäftsführungsbefugnis, Erweiterung, 37 35; Gesellschafterbeschlüsse **37** 36; Anstellungsvertrag **37** 37

Geschäftsjahr, Änderung **29** 41; Ermittlung des Jahresergebnis **29** 38; Gewinnanspruch **29** 39; Höchstdauer **29** 39; Kalenderjahr **29** 40; Insolvenzverfahren **63** 121; Mindestdauer **29** 39; nachträgliche Änderung **29** 41; Rumpfgeschäftsjahr **29** 39; **63** 121; Satzungsänderung **53** 23; **54** 34; Umstellung auf nicht Kalenderjahr entsprechenden Zeitraum **29** 41

Geschäftsordnung; Aufsichtsrat **Einl.** 249

Geschäftsrecht, Formvorschriften **Einl.** 322

Geschäftsvorteil, Genussscheine **14** 43 f.; Überpariemission **42 a Anh. I** 240; Vorzugsrechte mit einer festen Verzinsung **29** 108

Geschäftswert, Anmeldung **57** 48 (– oder Anmeldung, der Kapitalerhöhung **57** 48 (– oder Eintragung der Zweigniederlassung **12** 70); Bilanzierung **42 a Anh. I** 164; Kapitalerhöhung **55** 55; Konzernverschmelzung **77 Anh.** 451; Satzungsänderung **53** 67; Umwandlung GmbH in KG **77 Anh.** 251; Verschmelzungsbetrag **77 Anh.** 314

Gesellschaft, Abwicklung **77** 4; Anhörung des Betriebsrates bei Insolvenz **63** 16; Anmeldungskosten **78** 21; Anmeldungspflichtige **78** 1; Anspruch auf Erteilung eines uneingeschränkten Bestätigungsvermerks **42 a** 48 (– eines eingeschränkten Bestätigungsvermerks **42 a** 48); Anspruch, auf Erteilung eines Versagungsvermerks **42 a** 48 (– gegen Geschäftsführer bei falschen Angaben über Kapitalerhöhung **57** 25; – gegen Gesellschafter bei Liquidation **73** 33); Anspruchsschuldner bei Vermögensverteilung **72** 6; Arbeitgeberfunktionen **35** 109; Aufgaben der Liquidatoren **70** 1; Aufleben beendeter Gesellschaften **60** 50; Auflösung, bei Abweisung des Insolvenzantrages mangels Masse **60** 23 (– durch Gerichtsverfügung **60** 26; – durch Insolvenzverfahren **60** 20; – durch Rücknahme der Bankerlaubnis **60** 49; – durch Urteil **60** 19; **61** 1; – durch Verwaltungsbehörde **60** 19; **60** 1; – durch Zeitablauf **60** 12); Auflösungsgründe **35** 25; **60** 1; Auflösungsklage **61** 14; Auskunfts- und Einsichtsrechte **51 a** 5; Beendigung **74** 12 (– bei Vermögenslosigkeit **60** 56); Beschlussfassung in Versammlungen **48** 4; Bestand als juristische Person **69** 1; Beziehungen zu Gesellschaftern **42** 12; Dauer der Gesellschaft **53** 22; Ehegattengemeinschaft **2** 11; Eintragung, der Auflösung **65** 2 (– der Dauer der Gesellschaft **10** 14); Entstehung der Gesellschaft **10** 17; Erlöschen der Gesellschaft **60** 52 ff.; Ersatzanspruch gegenüber Liquidatoren **73** 28; Folgen, der Beendigung **74** 13 (– der Nichtbeendigung **74** 14); Forderungen gegenüber Gesellschaft **42** 15; Fortbestand der Gesellschaft **61** 2; Fortsetzung **60** 65 (– bei einzelnen Auflösungsgründen **60** 73; – der aufgelösten Gesellschaft **61** 21; **62** 15); Fortsetzungsbeschluss **53** 22; **60** 69; Gefährdung des Gemeinwohls **62** 3 f.; Genehmigung der Umwandlung **77 Anh.** 52; gesetzeswidrige Handlungen **62** 2; Gläubiger der Ersatzansprüche nach § 9 a **9 a** 33; Haftung, gem. § 24 **24** 121 (– gemäß § 31 **31** 34); Informationsbeschaffungspflicht **51 a** 16; Insolvenzantragspflicht **63** 9; Kapitalerhöhung aus Gesellschaftsmitteln **57 c** 1; Kompetenzordnung **43** 55; Leistungsverweigerungsrecht **43 a** 9; Löschung, bei Vermögenslosigkeit **60** 31 (– im Register **60** 67; – trotz vorhandenen Vermögens **60** 57); Mindestdauer **3** 24; Nachtragsliquidation **60** 64; **74** 18; Nichtigkeit **60** 27; **75** 6; Nichtigkeitsgründe **75** 6; Persönliche Stellung **35** 109; Prozessfähigkeit bei Löschung **74** 15; Rechte gegenüber Abschlussprüfer **42 a** 51; rechtmäßiges Verhalten der Gesellschaft **43** 10; Rechtsfähigkeit bei Löschung **74** 15; Rechtsverhältnisse von Gesellschaft und Gesellschaftern **69** 1; Rückzahlung des Darlehens **32 b** 3; Rückzahlung von Gewinn **32** 1; Schadensersatzan-

2694

sprüche der formwechselnden GmbH gegen Geschäftsführer **77 Anh.** 137; Schadensersatzpflicht bei Treuepflichtverletzung **13** 83; Schlussverteilung **72** 1; Sitz der Gesellschaft **4 a** 1; Teilung von Geschäftsanteilen **17** 20; Treuepflicht **13** 37; Verbindlichkeiten, der beendeten Gesellschaft **74** 16 (− gegenüber Gesellschaftern **42** 16); Verbot der Ersteigerung bei Zwangsverkauf **23** 15; Verkürzung der Ablauffrist **60** 14; Verlängerung der Ablauffrist **60** 13; Vermögenslosigkeit **60** 34; Vermögensstatus zur Überschuldungsfeststellung **71** 22; Vermögensverteilung **72** 1; Verschleierung von Verhältnissen **Vor 82–85** 39; vertragliche Beziehungen zu Dritten **57 m** 8; Vertretung **53** 24 (− bei Vorhandensein eines Geschäftsführers **35** 6; − der Gesellschaft im Rechtsstreit **46** 44); Vollversammlung **51** 13; in Vollzug gesetzte − **2** 62; nicht in Vollzug gesetztes − **2** 62; Wegfall des Geschäftsführers **35** 25; Widerruf des Prüfungsauftrags des Abschlussprüfers **42 a** 32; Weiterveräußerung eigener Anteile **33** 50; Wirkung, der Nichtigkeit **77** 1 (− des Fortsetzungsbeschlusses **60** 83); zeitliche Beschränkung **3** 23; Zeitpunkt der Beendigung **60** 53; Zwei-Personen-Gesellschaft **34** 74, 96

Gesellschafter, *s. auch Rechte der Gesellschafter;* Abandon **27** 16; Abberufung, des Gesellschafter-Geschäftsführers **38** 5; **46** 26 (− des Gesellschafter-Geschäftsführers **47** 77; − von Liquidatoren **66** 25); Abfindung ausscheidender Gesellschafter **58** 4 (− im qualifizierten Konzern **52 Anh.** 89; − zum vollen Wert **34** 30); Abfindungsanspruch des ausgeschiedenen Gesellschafters **34** 127 f.; Abfindungsguthaben **34** 101; Abstimmung **47** 1; Amtsverwaltung **48** 8; Anfechtungsberechtigung **47** 117; Angabe der Namen im Gesellschaftervertrag bei Neufassung **3** 21; angemeldete − **16** 2; Anmeldung bei entgegenstehendem Willen **7** 16; Anspruch, auf Abschluss eines Übertragungsvertrags **77 Anh.** 95 (− auf Vermögensverteilung bei Liquidation **72** 2; − aus Genussrechten **29** 147); Anspruchsgläubiger bei Vermögensverteilung **72** 3; Ansprüche gegen die Gesellschaft bei Liquidation **73** 20 ff.; Antragsbefugnis in der Gesellschafterversammlung **48** 14; Antragsberechtigung, für Insolvenz **63** 7 f. (− im Informationserzwingungsverfahren **51 b** 5); Antragsrecht für Insolvenz **63** 8; Anwendung von Haftungsvorschriften auf Treugeber **2** 31; − als Arbeitnehmer einer GmbH **2** 32; Aufbewahrung der Bücher und Schriften nach Liquidationsschluss **74** 9; Auflösung der Vorgesellschaft **2** 67; Auflösungsbeschluss **47** 126; **60** 18; Auflösungsklage **34** 62; **61** 11; Ausfallhaftung des Kaduzierten **24** 14; ausgeschlossene Gesellschafter **51** 5; Ausgleichsanspruch beim qualifiziert faktischen Konzern **52 Anh.** 90; Aushändigungsrecht **42 a** 10; Auskunftsrecht **46** 12 (− bei Verschmelzung **77 Anh.** 350; − über Abschlussprüfer **42 a** 100 f.; − über Einforderung **19** 17); Auskunfts- und Einsichts-

rechte **51 a** 1; ausländische juristische Personen **2** 22; Ausscheiden **11** 63 f.; **34** 59 (− eines Gesellschafters **53** 17; − im Gründungsstadium **11** 63 f.); ausscheidungswilliger Gesellschafter **34** 63; Ausschluss **13** 81; **34** 59, 64, 71; **58** 4 (− aus wichtigem Grund **34** 59, 65; − des Stimmrechts **47** 50 ff.; − eines Gesellschafters **34** 6; − im Gründungsstadium **11** 63); Ausschlussverfahren **34** 81; Austritt **34** 59, 64, 75; **58** 4; Austrittserklärung **34** 91; Austrittsrecht **15** 184; **60** 72 (− aus wichtigem Grund **61** 1; − aus wichtigem Grund bei Verschmelzung **77 Anh.** 366; − im einfachen Konzern **52 Anh.** 80; − im qualifiziert faktischen Konzern **52 Anh.** 80); Beeinträchtigungen, des Teilnahmerechts **51** 3 (− von Teilnahme- und Mitspracherechten **47** 134 f.); Befreiung von einer Verbindlichkeit **47** 67; Begriff des § 17 **17** 29; Beitritt im Gründungsstadium **11** 63; belassene Abfindungsguthaben **32 a** 149; Beschlussfassung, in Versammlungen **48** 4 (− ohne Gesellschafterversammlung **48** 18); beschränkt geschäftsfähiger − **2** 12; besondere Qualifikation der Gesellschafter **2** 25; Beteiligung an RA-GmbH **1** 28; Besteuerung **Einl.** 80 ff. (− bei Ausgliederung **77 Anh.** 607); Betrag der übernommenen Stammeinlage **55** 37; Betreute **2** 17; Bezüge als Betriebsausgaben **Einl.** 73; Bezugsrecht der bei Erhöhung des Stammkapitals **55** 29; Bilanzierung von Ansprüchen der Gesellschaft in der Insolvenz **63** 47; BGB-Gesellschaft **2** 24; Bösgläubigkeit des Empfängers **32** 18 Darlehensversprechen **32 a** 142; Dienstleistungen **32 a** 169; Differenzhaftung **56** 17 doppelte Auszahlung **32** 8; Drohung **2** 76; Durchgriff auf Treugeber **2** 30; Durchsetzung der Vorlagepflicht für den Jahresabschluss **42 a** 12; Ehegatte **2** 9; Ehegattengesellschaft **2** 11; eheliche Gütergemeinschaft **2** 24; ehrenrührige Handlungen **34** 68; Eigen- und Fremdverwalter **43** 68; eigenkapitalersetzende Gesellschafterdarlehen **32 a** 70; Eigentumsvorbehalt **32 a** 168; Einberufungsbefugnis für Gesellschafterversammlung **49** 4; Einlageschulden **77** 6; Einpersonen-Gesellschaft **48** 2; Einschränkung des Aushändigungsrechts **42 a** 11; Einsichtsrecht **42 a** 9, 11; **46** 12 (− in Liquidationsunterlagen **74** 10); Einwendungen gegen Haftung gem. § 24 **24** 11; Einzelansprüche bei Liquidation **72** 15; Einzelkaufmann **2** 19; Einziehung **13** 81 (− des Geschäftsanteils bei Tod **34** 32; − von Geschäftsanteilen **34** 1, 11, 51); Entlastung des Geschäftsführers **46** 28; Entlastungsbeschluss **47** 126; Entziehung von Mitgliedschaftsrechten **14** 17 ff.; Erbengemeinschaft **2** 24; Ergänzungspflegschaft **2** 13; Erlöschen der Verlustdeckungshaftung **11** 104; Ermächtigung, zur Abberufung von Geschäftsführern **6** 25 (− zur Bestellung von Geschäftsführern **6** 25); Erstattungsanspruch gemäß § 32 b **32 a** 184; Erstattungspflicht des Gesellschafters **32 b** 4; Erweiterung, der Gesellschafterzuständigkeit **45** 6 (− der gesetzlichen Geschäftsführungsbe-

Sachverzeichnis

fugnis **37** 35); EU-Bürger **2** 8; existenzgefährdende Weisungen **43** 71; falsche Angaben **82** 7, 9; Fehlen geforderter Eigenschaften **2** 26; Feststellung des Jahresabschlusses **42 a** 63 ff.; **58 e** 3; Feststellungskompetenz **42 a** 64; Finanzierungsfreiheit der Gesellschafter **32 a** 18; Finanzierungsverantwortung **32 a** 17; Finanzplankredite **32 a** 46; Firma bei Ausscheiden des namensgebenden Gesellschafters **4** 25; Firmenänderung **53** 17; Folgen des Verkaufs **27** 46; Forderung der Gesellschaft als Insolvenzmasse **63** 107; Forderungen, aus dem Gesellschaftsverhältnis **73** 21 (– gegenüber der Gesellschaft **42 a Anh. I** 315, 319; **73** 20); Forderungsrecht **29** 22; Form der Übernahmeerklärung **55** 38; Forthaftung des kaduzierten Gesellschafters **23** 33 f.; Fortsetzungsbeschluss **60** 69; gebietsfremde Ausländer **2** 8; Geheimnisverrat **34** 68; Geltendmachung, von Ansprüchen gegen Geschäftsführer **43** 43 f., 47 (– von Mängeln des Umwandlungsbeschlusses **77 Anh.** 78); Gemeinschaften von – **2** 24; Genehmigung des Vormundschaftsgerichts **2** 15, 17; Gesamthaftung **24** 1; Geschäftsanteil **5** 11; Geschäftsfähigkeit **2** 12; geschäftsführender Alleingesellschafter **35** 26; Geschäftsführer **6** 5; geschäftsschädigendes Auftreten **34** 68; geschäftsunfähige – **2** 12; **60** 40; Geschäftsverteilungszuständigkeit **37** 42; Gesellschaftsvertrag **2** 7 ff.; gesellschafterbesicherte Darlehen **32 a** 175 (– Dritter **32 a** 170); Gesellschafterdarlehen **30** 33, **73** 23; Gesellschafterhaftung **43** 67; Gesellschafterliste **40** 2; Gesellschafterstellung des Erwerbers **23** 29; Gesellschafterwechsel **11** 63; Gesellschaftsstatut ausländischer Gesellschaften **Einl.** 328; Gesellschaftsvertrag **3** 4, 20; gesetzliche Vertretung **48** 8; gesetzwidrige Handlungen **62** 5; Gewinnanspruch **29** 4, 5; gewöhnlicher Aufenthalt **2** 8; GmbH als – **13** 16; Gründer **3** 20; Gründungsgesellschafter **2** 8; Gründungshaftung **9 a** 8; Gründungsschwindel, durch unrichtige Anmeldung **82** 28 (– durch unrichtigen Sachgründungsbericht **82** 53); Grundsatz der Gleichbehandlung **19** 12; **20** 8, 30; **21** 24; **26** 33; **29** 109, 123; **47** 124; **48** 12; **51 a** 18; **56 a** 11; Gütergemeinschaft **2** 10; Gutgläubigkeit der Gesellschafter **32** 9; Haftung der – **13** 122; **43** 67 ff. (– aus eigener Verpflichtung **13** 159 f.; – bei Austritt **34** 98; – bei Auszahlungsverbot **30** 44; – bei Erhöhung des Stammkapitals **55** 44; – bei Liquidation **73** 33; – der Erwerber **23** 27; – der Gesellschafter gegenüber Liquidatoren **73** 34; – für falsche Angaben **9 a** 1, 5, 8, 13; – für Lohnsteuerschulden der Vorgesellschaft **11** 165; – für Schädigung **9 a** 24; – für Verbindlichkeiten der Vorgesellschaft **11** 89; – gem. § 24 **23** 27; **24** 1, 30; – gemäß § 31 **31** 33; – gem. § 31 bei Gutgläubigkeit **31** 24); Haftungsbeschränkung bei der Vorgesellschaft **11** 102; Handelndenhaftung iSv. § 11 Abs. 2 **11** 106; Höhe der Haftung aus § 32b **32 b** 8; Informationspflichten **46** 12; Informationsrecht in der Gesellschafterversammlung **48** 12; Informationsrechte **46** 12; **51 a** 3; Insolvenz eines Gesellschafters **60** 20; interne Haftung bis zur Höhe der noch nicht geleisteten Einlagen **11** 94; interne Irreführung **2** 76; jede natürliche Person als – **2** 2; juristische Personen als – **2** 19 (– des öffentlichen Rechts **2** 21; – des Privatrechts **2** 20); Kaduzierung **21** 1; Kernbereich, autonomer Geschäftsführerbefugnisse **37** 22 (– der Mitgliedschaft **53** 51); Klagebefugnis **43** 58, 60; Kontrollzuständigkeit **46** 33; Konzernrechnungslegung **42 a Anh. II** 169; Kündigung **58** 4 (– von Geschäftsführern **46** 26); Kündigungsrecht **60** 14, 43; lästiger – **34** 62; Legitimationszession **47** 27; Leistungsvermehrung **53** 47; Liste der – **8** 5; **12** 36; **40** 3; Lohnsteuer der Vorgesellschaft, Haftung **11** 165; management buy out **30** 18; mehrere nicht vollgeschäftsfähige Gründungsgesellschafter **2** 14; Mehrheitsgesellschafter **29** 63; Mehrleistungen auf die Stammeinlage **19** 23 f.; Minderheitsrechte **29** 65; **50** 1; – als Mitberechtigte **18** 5; Mitgliedschaftsrechte **14** 13; mitgliedschaftsrechtlicher Gewinnanspruch **29** 22; mitgliedschaftsunabhängiges Stimmrecht **47** 25; mittelbare Leistungsvermehrungen **53** 49; Mitwirkungspflicht **14** 25; Nachhaftung bei Umwandlung OHG in GmbH **77 Anh.** 279; Nachschusspflicht **14** 2; **26** 1 (– bei der Vorgesellschaft **11** 71); Nachtragsliquidation **74** 26; Namen der – **3** 20; Nebenleistungspflichten **57 m** 4; **69** 3; Nichtgesellschafter **51 a** 4; Nichtigkeit einzelner Beitrittserklärungen **75** 8; Nichtigkeitsklage **75** 1, 23; nichtrechtsfähiger Verein **2** 24; Organisation des gesellschaftlichen Willensbildungsprozesses **48** 1; passive Vertretungsbefugnis **35** 62; persönliche Haftung in der Vorgesellschaft **11** 93; persönliche Verhältnisse **34** 68; Person des Übernehmers **55** 37; Personenhandelsgesellschaften **2** 23; Pfändung des Geschäftsanteils **15** 146; Pfleger **2** 14; Pflicht, zur Anerkennung des gesellschaftlichen Eigeninteresses **13** 109 (– zur Übertragung der Gegenstände bei Sacheinlagevereinbarung **5** 23); Pflichtverletzungen **34** 68; Preisgabe des Geschäftsanteils **27** 16; Preisgabeberechtigung **27** 19; Provision **47** 126; Prozessrechtliche Stellung **13** 25; Recht auf Einziehung **34** 55; Recht des Gesellschafters auf Teilnahme des Abschlussprüfers **42 a** 98; Rechte, der Gesellschafter im Allgemeinen **45** 1 (– gegenüber Aufsichtsrat bei Liquidation **66** 6); Rechtsbehelfe gegen Ausschließung **34** 85; Rechtsbeziehungen, zu Dritten bei Kapitalerhöhung aus Gesellschaftsmitteln **57 m** 9 (– zwischen Gesellschaftern und Dritten **57 m** 9); Rechtsfolgen, bei Fehlen der vormundschaftlichen Genehmigung **2** 16 (– der Anmeldung gem. § 16 **16** 26); rechtsgeschäftliche Vertretung **48** 8; rechtsmissbräuchliches Verhalten **47** 138; Rechtsstellung ausländischer Gesellschaften **Einl.** 328; Rechtsverhältnisse von Gesellschaft und Gesellschaftern **69** 1; Redezeitbeschränkungen 47 134; Reduzierung der Gesellschafterzuständigkeit 45 7; Regress, bei Inanspruchnahme nach § 31 31 41 (− gegen Rechtsvorgänger 22 2); Regressanspruch bei gesellschafterbesicherten Darlehen 32 a 183; Regressschuldner 22 5; Rückgriff der Gesellschaft gegen die Rechtsvorgänger 21 50; Satzungsänderungen 53 35; Schadensersatzansprüche, bei Formwechsel 77 Anh. 137 (− bei Verschmelzung 77 Anh. 409 ff.; − der formwechselnden GmbH gegen Geschäftsführer 77 Anh. 137); Schadensersatzpflicht 13 82 ff. (− bei Treupflichtverletzung 13 84); Schädigung der Gesellschaft 34 68; Schlussverteilung 72 1; Selbstkontrahieren 53 25; Sicherheiten durch einen Gesellschafter 32 a 42; Sicherheitsleistungen 30 35 ff.; Sonderrechte 53 51; Sonderrechte einzelner − 45 8; Sondervorteile 53 51 (− zum Schaden der Gesellschaft 47 126); sonstige Gemeinschaften als − 2 24; Staatsangehörigkeit der- 2 8; Stehenlassen von Krediten 32 a 34; Stellung, des ausscheidenden Gesellschafters 27 47 (− des Erwerbers 27 46; − in der Insolvenz 15 150 ff.; − nach Austritt 34 93; − nach Erlass des Ausschlussurteils 34 124; − während Einziehung 34 43); Stimmabgabe 47 19 (− ist Willenserklärung 47 23; 48 16); Stimmberechtigung bei Auskunftsbegehren 51 a 26; Stimmbindungen 47 28 f.; Stimmenkauf 47 33; Stimmpflicht, bei Fortsetzungsbeschluss 60 71 (− bei Mängelheilung 76 8; − bei Satzungsänderung 53 58; − 55 1; − bei vereinfachter Kapitalherabsetzung 58 a 11; − bei Erhöhung des Stammkapitals 55 18); Stimmrecht 47 16, 19; Stimmverbot, aus eigenen Anteilen 52 Anh. 84 (− bei Vornahme eines Rechtsgeschäfts 47 68); Stimmverbote, weitere 47 22; Streitverkündung 31 56; Strohmann 2 27 f.; Täuschung 2 78; (kein) Teilnahmerecht 51 4; Teilnahmerecht an der Gesellschafterversammlung 48 8; Teilnahme- und Mitspracherechte der Gesellschafter 47 134; Testamentsvollstrecker 15 133; Tod 2 47; 34 32 (− eines Gesellschafters 60 40); Treuhand 15 59; Treuhänder 2 27; Treuhandverhältnis 2 29; Treuepflicht 13 37; 53 58 (− bei der Stimmabgabe 47 125; − bei Umstellung auf Euro 86 40 ff.; − während der Abwicklung 69 22); treuwidrige Stimmabgabe 47 125; treuwidriges Verhalten 47 126; Überbrückungskredit 32 a 44; Übernahme der Stammeinlage 5 12; Übernahmeerklärung 55 37; 56 13 (− vor Beschluss über Kapitalerhöhung 55 47); Übernahmevertrag 55 36; Übernehmer 55 28; Übertragbarkeit des Stimmrechts 47 24; ultra-vires-Lehre 2 22; Umwandlungsbericht 77 Anh. 44, unbeschränkte Außenhaftung 11 96, 98; unerwünschter Gesellschafter 34 69; Ungleichbehandlung der Gesellschafter 29 109; unsittliches Verhalten 34 68; Untreue Vor 82–85 13; unzumutbare Belastung 34 76; Verbot des § 30 30 17 (− des Selbstkontrahierens 47 79 ff.); verdeckte Gewinnausschüttung 29 158; verdeckte Sacheinlage 5 50; Verhältnis der Mitgliedschaftsrechte zueinander 57 m 2; Verjährung 31 49; Verkürzung von Mitgliedschaftsrechten 53 50; Verlustausgleich bei der Vorgesellschaft? 11 71; Verlustdeckungshaftung 11 33; Vermögensverteilung 72 1; Verpflichtung zur Übernahme 55 45; Versammlungsort 47 134; Versammlungszeit 47 134; Verschärfung der Haftung 28 6; Verschuldenshaftung, der Gesellschafter 31 48 (− gemäß § 31 31 48; − der Vertreter 2 14); Vertretung, bei der Stimmabgabe 47 43 ff. (− in Prozessen 46 44; − und Aufsichtsrat 52 14); Verwirkungseinwand 21 37; Verzicht, auf den Gewinn 29 117 (− auf Prüfungsbericht 77 Anh. 91); Verzögerung der Aufstellung des Jahresabschlusses 29 63; Vollversammlung 51 13; Voraussetzungen des Gewinnauszahlungsanspruchs 29 38; (persönliche) Voraussetzungen des Gründungsgesellschafters 2 8; Vorgesellschaft 11 80; Vorlage, des Jahresabschlusses 42 a 9 (− des Lageberichts 42 a 9); Wahl zum Liquidator 66 7; Wechsel 3 20; 11 63; 47 80; Weisungen an die Liquidatoren bei GmbH & Co. KG 70 24; Weisungsrecht 37 27 (− bezüglich des Jahresabschlusses 41 112; − bezüglich des Lageberichts 41 130; − gegenüber Liquidatoren 70 3); Weisungssubjekte 37 30; Wettbewerbsverbot 13 88; Widerspruch gegen Umwandlungsbeschluss 77 Anh. 87; Wirkungen der Übernahme 55 42; Zahl 2 7; Zahlungsaufforderung bei Kaduzierung, erste 21 11 (− zweite 21 13); Zeugnisverweigerungsrecht 13 26; Zugewinngemeinschaft 2 9; Zulassung zur Übernahme der neuen Stammeinlagen 55 27; Zuordnung der neuen oder erhöhten Geschäftsanteile 57 j 2; Zusammenarbeit innerhalb der Gesellschaft 43 11; Zustimmung, bei Umwandlung, GmbH in KG 77 Anh. 246; − bei Umwandlung GmbH in OHG 77 Anh. 224; − bei Umwandlung GmbH in Partnerschaftsgesellschaft 77 Anh. 262; − bei Umwandlung OHG in GmbH 77 Anh. 271; − bei Verschmelzung durch Neugründung 77 Anh. 439; − der übrigen Gesellschafter 53 51; − des persönlich haftenden Gesellschafters bei Umwandlung KGaA in GmbH 77 Anh. 180; − zum Gesellschafterwechsel 47 80; − zum Unternehmensvertrag Einl. 59; − zur Abtretung 15 179; − zur Namensaufnahme in die Firma 4 25; − zur Kapitalherabsetzung 58 13); Zustimmungserfordernisse bei Umwandlung GmbH in eingetragene Genossenschaft 77 Anh. 160; Zustimmungspflicht bei Formwechsel nach Auflösung 77 Anh. 147; zwangsweise Einziehung eines Geschäftsanteils 34 30 ff.

Gesellschafterbeschlüsse, 47 3; Abänderung, der Stimmrechtsvertretung durch Gesellschaftsvertrag 47 49 (− des Beschlusses 53 61); Abberufung, des Gesellschafter-Geschäftsführers 47 77; − von Geschäftsführern 46 21; − von Liquidatoren 66 25); Abberufungszuständigkeit 38 7; Ablehnung des Antrages 47 5; Abschluss

Sachverzeichnis

Fette Zahlen = §§

von sonstigen Anstellungsverträgen **46** 38; Abspaltung des Stimmrechts **47** 24; Abstimmung **47** 1; Abstimmungsverfahren **48** 16; Abtretung **46** 16; abweichende Regelungen im Gesellschaftsvertrag **47** 16; actus contrarius **47** 7; Altgesellschaften (Nov. 1980) **46** 2; amtlicher Eingriff **47** 107; anfechtbare Beschlüsse **47** 88; Anfechtbarkeit **47** 86, 116 (– bei unzulässiger Einberufung der Gesellschafterversammlung **48** 7); Anfechtung besonderer Beschlussgegenstände **47** 132; Anfechtungsberechtigte **47** 117; Anfechtungsfrist **47** 139; Anfechtungsgründe **47** 120; Anfechtungsklage **47** 141; Anspruch, auf eine Abschrift des Jahresabschlusses **46** 7 (– auf zustimmende Beteiligung **46** 6); Anstellungsvertrag **46** 25; Anwendbarkeit aktienrechtlicher Bestimmungen **47** 94, 108, 116; Anwendbarkeit zivilrechtlicher Grundsätze **47** 4; Anwendung des AktG auf Beschlüsse einer Einpersonen-GmbH **48** 25; aufhebende Beschlüsse **47** 6; Aufhebung, des Beschlusses **53** 59; **55** 21 (– eines wirksam gefassten Beschlusses **47** 7); Auflösungsbeschluss **47** 126; **60** 16 ff.; Ausführung, des Einforderungsbeschlusses **46** 17 (– nichtiger Beschlüsse **47** 145); Ausgleichsforderung **47** 124; Auskunftsrecht **46** 12; Auslandsbeschluss **48** 5; Ausschließungsbeschluss **47** 12; Ausschließungsklage **47** 73; Ausschluss, der Anfechtung **47** 133 (– des Stimmrechts **47** 50 ff.); Ausübung des Teilnahmerechts **48** 11; Auszahlungsverbot **30** 48; Beeinträchtigung von Teilnahme- und Mitspracherechten **47** 134 f.; Bedeutung, der Anfechtung **47** 117 (– der Nichtigkeit **47** 111; – des Gesellschaftsvertrages **47** 119); bedingte Änderungsbeschlüsse **54** 35; Befreiung von einer Verbindlichkeit **47** 67; Begriff **47** 3; Beherrschungsverträge **47** 12, **52 Anh.** 54; Beschlüsse in der Einpersonen-GmbH **48** 22; Beschluss, über die Kapitalerhöhung **57 c** 16 (– über Kapitalherabsetzung **58** 13, **58 e** 1); Beschlusserfordernis bei Informationsverweigerung **51 a** 2; Beschlusserfordernisse der Satzung **57 c** 16; Beschlussfähigkeit der Gesellschafterversammlung **48** 13; Beschlussfassung, in Versammlungen **48** 4 (– ohne Gesellschafterversammlung **48** 18); Beschlussförmlichkeiten **46** 4; Beschlussmehrheiten **53** 46; Beschlussmodalitäten **48** 3; Beschlussverfahren **53** 46; Beschlusswirkungen **47** 6; Bestätigungsbeschluss **47** 137; Bestellung, von Geschäftsführern **6** 27; **46** 21 (– von Handlungsbevollmächtigten zum gesamten Geschäftsbetrieb **46** 37; – von Liquidatoren **65** 5; – von Prokuristen **46** 36); Beurkundung durch ausländischen Notar **47** 99; Beurkundungsmängel **47** 99; Bilanzgewinn **46** 8; Bilanzrichtliniengesetz (BiRiLiG) **46** 2; diskriminierter Gesellschafter **47** 124; Dreiviertelmehrheit **47** 12; Durchsetzung, der Stimmbindung **47** 34 (– eines Gesellschafteranspruchs **47** 5); Einberufungsmängel **47** 95 ff.; **53** 62; einfache Mehrheit **47** 8; Einforderung, von Einzahlungen auf das Stammkapital **46** 15 (– von Nachschüssen **26** 22; – von Stammeinlagen **47** 74); Eingriffe in das Mitgliedschaftsrecht **47** 129; Einpersonen-Gesellschaft **48** 2, 22 (– Gesellschafter **46** 22, **48** 2); Einschränkung des Anfechtungsrechts **47** 119; Einsichtsrecht **46** 12; einstimmige Beschlüsse **47** 12; Einstimmigkeitsprinzip **47** 13; einstweiliger Rechtsschutz **47** 82, 93, 145; Eintragung, Heilung **53** 62 (– in das Handelsregister **47** 113); Einziehung von Geschäftsanteilen **46** 19 f.; Entbehrlichkeit von – **46** 16; Entlastung **46** 21, 27; **47** 65 (– der Geschäftsführer **46** 21, 27); Entlastungsbeschluss **46** 29; **47** 126; Entschließung **48** 13; Ergebnisverwendung **46** 2; Erlass von Verzugszinsen **20** 29; Ersatzansprüche **46** 33; Erweiterung, der Anfechtungsbefugnis **47** 119 (– der Geschäftsführungsbefugnis **37** 36); Euro-Umstellung **86** 14 ff., 48; Fälligkeit der Stammeinlagen **19** 7; falsche Angaben **82** 79; Fehlerhaftigkeit von Beschlüssen **47** 85 ff.; Feststellung, des Jahresabschlusses **47** 3 (– von Beschlüssen **47** 9 ff.); Feststellungsbefugnis des Versammlungsleiters **47** 11; Feststellungsklage **47** 9; Fortsetzungsbeschluss **47** 12, **60** 69, **61** 21; Gegenstand von Beschlüssen **46** 1; Geltendmachung, von Ersatzansprüchen **46** 39 (– von Ersatzansprüchen nach § 9 a **9 a 32** f.); Generalbereinigung **46** 32; Gesamtvertretung **47** 48; Geschäftsführer **47** 65; Geschäftsverteilungszuständigkeit **37** 42; Gesellschafterversammlung **48** 1; Gesellschaftsvertrag **46** 1; **48** 21; gesellschaftsvertragliche Abänderung **47** 49 (– Bestimmungen **47** 16); Gesellschaftszweck **47** 123; gesetzeswidrige Beschlüsse **62** 5; Gewinnabführungsverträge **47** 12, **52 Anh.** 54; Gewinnverwendung **46** 8, **47** 131; gläubigerschützende Normen **47** 101; Gleichbehandlungsgrundsatz **47** 124; Grenzen der Stimmrechtsvollmacht **47** 48; Grundsatz der Gleichbehandlung **47** 124; Gruppenvertretung **47** 48; Heilungseintritt **53** 62; Heilung, von Beurkundungsmängeln **47** 113 (– der Nichtigkeit **47** 113; – von Mängeln der Satzungsänderung **53** 62); Herabsetzungsbeschluss **58 a** 10; im öffentlichen Interesse stehende Normen **47** 102; Informationspflichten **46** 12; Informationsrechte **46** 12; Inhalt der Bilanzfeststellung **46** 5; Inhaltsmängel **47** 100, 122; Insolvenzverwalter **47** 19, 146 ff.; Jahresabschluss **46** 2 ff.; Kaduzierung **47** 73; Kapitalerhöhung aus Gesellschaftsmitteln **Vor 82–85** 16; Kapitalherabsetzung **58 e** 1; kassatorischer Prozess **47** 144; klageabweisendes Urteil **47** 159; Kollision mit den guten Sitten **47** 105; kombinierte Beschlussfassung **48** 3; Kontrollzuständigkeit **46** 33; Legitimationszession **47** 24; Liquidation **46** 16; **60** 16; Liquidatoren **46** 16; Mängel, des Beschlusses **62** 5; **55** 21 (– des Herabsetzungsbeschlusses **58 a** 22; – von Satzungsänderungsbeschlüssen **53** 62); Mängelheilung **76** 1; mangelhafte Beschlüsse **54** 19; Mehrheit der abgegebenen Stimmen **47** 8; Mehr-

Magere Zahlen = Randnummern

heitserfordernis **47** 8; Mitbestimmungsgesetze **Einl.** 216 ff., 231 ff., 259 ff.; **47** 103; mitbestimmungsrechtliche Streitigkeiten **47** 143; Mitwirkungsverbot **46** 47; Mitzählung unwirksam abgegebener Stimmen **47** 91; Möglichkeiten schriftlicher Beschlussfassung **48** 19; – nach der Eintragung in das Handelsregister **53** 60; Nichtbeschlüsse **47** 90; Nichtbeschluss **47** 5; nichtige Beschlüsse **47** 88; Nichtigkeit **47** 86, 94 ff.; Nichtigkeitsbestimmungen einzelner Beschlussgegenstände **47** 109; Nichtigkeitserklärung **47** 156; Nichtigkeitsgründe **54** 19; Nichtigkeitsklage **47** 114, 141; Notariatsform **48** 5; notarielle Beurkundung **47** 10; obligatorische Vertretung **47** 49; österreichisches Recht **46** 48, **47** 160 ff.; Ordnungsvorschriften **47** 116; Ortsform **48** 5; Pfändung **46** 16; Protokollierungspflicht **48** 17; Provision **47** 126; Prozessbeteiligte **47** 146 ff.; prozessrechtliche Fragen **47** 146 ff.; Prozessvertretung **46** 39, 44; Prüfung der Geschäftsführung **46** 33; qualifizierte Mehrheit **47** 12; Recht auf Beschlussfassung **50** 11; Rechtsfolgen, bei fehlerhafter Ausübung des Teilnahmerechts **48** 11 (– bei Verletzung der Protokollierungspflicht **48** 17; – bei Verletzung der Protokollierungspflicht in der Einpersonen-GmbH **48** 23; – bei Verstößen gegen Stimmverbote **47** 82; – der Anfechtung **47** 117; – nichtiger Beschlüsse **47** 112; – unwirksamer Beschlüsse **47** 89); Rechtsgeschäft **47** 3 f., 68; rechtsgeschäftliche Bindungen **47** 28; rechtsmissbräuchliches Verhalten **47** 138; Rechtsnatur **47** 3; Rechtsschutzinteresse **47** 142; Rückzahlung von Nachschüssen **30** 60; **46** 18; Satzungsänderungen **47** 72; **53** 36 ff.; Satzungsdurchbrechung **53** 34; satzungswidrig nicht protokollierte Beschlüsse **47** 88; Scheinbeschlüsse **47** 90; Schriftform **47** 20; schriftliche Beschlussfassung **48** 18; Schutz Dritter **47** 106; Sittenwidrigkeit **47** 88; Sitz der Gesellschaft **4 a** 18 ff.; Sondervorteile zum Schaden der Gesellschaft **47** 126; Stimmabgabe ist Willenserklärung **48** 16; Stimmberechtigte **47** 19; Stimmbindungen **47** 28 f.; Stimmkauf **47** 33; Stimmenthaltung **47** 8; Stimmpflicht der Gesellschafter **47** 20; **53** 58; **55** 18; **86** 16, 40; Stimmrechtsabspaltung **47** 24; stimmrechtsausschließende Interessenkollision **47** 62; stimmrechtsspaltende Vertretung **47** 48; Stimmverbot bei Vornahme eines Rechtsgeschäftes **47** 68; Streitgegenstand **47** 141; Teilnichtigkeit **47** 110; Teilung von Geschäftsanteilen **17** 21; **46** 19; Testamentsvollstrecker **46** 22; **47** 19, 146 ff.; Treuepflicht **47** 128 (– bei der Stimmabgabe **13** 60; – bei der Stimmabgabe **47** 125;) treuwidrige Stimmabgabe **47** 125; treuwidriges Verhalten **47** 126; Übertragung, des Stimmrechts **47** 24 (– vinkulierter Anteile **47** 73); Überwachung der Geschäftsführung **46** 22; Umfang der Entlastungswirkung **46** 22; Umstellung auf Euro **86** 14 ff., **48**; Umwandlungsbeschluss **77 Anh.** 48; uneinheitliche Stimmabgabe **47** 38; ungültige Stim-

men **47** 8; unternehmensbezogene Entscheidungen **47** 130; unwirksam abgegebene Stimmen **47** 91; unwirksame Beschlüsse **47** 88; Urteilswirkung **47** 155 f.; Verbot des Selbstkontrahierens **47** 79 ff.; verdeckte Gewinnausschüttung **29** 171; Verfahrensfehler **47** 121; Verhältnis zum Gleichbehandlungsgrundsatz **13** 98 f.; Verkauf des Unternehmens **47** 72; Verkündungspflicht **48** 17; Verlängerung der Preisgabefrist **27** 30; Verlegung des Satzungssitzes ins Ausland **4 a** 19; Versammlungsleiter **47** 11; Verschmelzungsbeschlüsse **47** 72; **77 Anh.** 352; Verstöße gegen den Gesellschaftszweck **47** 123; Vertretung, bei der Stimmabgabe **47** 43 (– der Gesellschaft **46** 44); Vertretungsregelungen für Liquidatoren **68** 4; Verweigerung, der Entlastung **46** 31 (– des Auskunfts- und Einsichtsrechts **51 a** 25); Vollstreckung der Stimmbindung **47** 35; Voraussetzungen der Beschlussfassung ohne Gesellschafterversammlung **48** 18; – vor Eintragung in das Handelsregister **53** 59; Vorgesellschaft **47** 15; Vornahme eines Rechtsgeschäfts **47** 68; (weitere) Stimmverbote **47** 77; Widerruf einer Prokura **46** 38; Widerspruch **47** 116; Weiterveräußerung eigener Anteile **33** 51 f.; Willenserklärung **47** 4; willkürliche Ungleichbehandlung **47** 124; wirkungslose Beschlüsse **47** 90; Zulässigkeit, von Aufhebungsbeschlüssen **47** 14 (– von Stimmbindungen **47** 29); Zulassung zur Übernahme der neuen Stammeinlagen **55** 27; Zustandekommen von – **47** 9; Zustandekommen der Beschlussfassung ohne Versammlung **48** 21; Zuständigkeit bei Klagen **47** 143; Zustimmung Anfechtungsberechtigter **47** 136 (– Betroffener **47** 136; – einzelner Gesellschafter **47** 13); Zustimmungserfordernisse **47** 16; Zustimmung zum Gesellschafterwechsel **47** 80; Zustimmungsbeschlüsse zum Verschmelzungsvertrag **77 Anh.** 351; Zwangsamortisation **47** 73

Gesellschafterbesicherte Darlehen, Anwendungsbereich **32 a** 171; Arten der Sicherung **32 a** 177; Ausfallsicherheiten **32 a** 177; Ausgleichspflicht zwischen Gesellschafter und Gesellschaft **32 a** 189; Bürgschaft **32 a** 177; Darlehen **32 a** 174; Darlehen gleichgestellte Leistungen **32 a** 174; Doppelbesicherung **32 a** 186 f.; Dritte **32 a** 173; Erstattungsanspruch gemäß § 32b **32 a** 184; Feststellung der Kreditwürdigkeit **32 a** 176; Freistellungsanspruch **32 a** 182; Garantieversprechen **32 a** 177; Gesellschafter **32 a** 175; Gesellschaftern gleichzustellende Dritte **32 a** 175; Gesellschaftskrise **32 a** 176; Innenverhältnis zwischen Gesellschaft und Gesellschafter **32 a** 181; kapitalersetzend besicherte Darlehen Dritter **32 a** 170; maßgeblicher Zeitpunkt der Sicherung **32 a** 178; Nichtabziehen von Sicherheiten **32 a** 180; Patronatserklärungen **32 a** 177; Regressanspruch des Gesellschafters gegen die Gesellschaft **32 a** 183; Rückgriffsanspruch gegen Mitgesellschafter **32 a** 185; Sicherungsarten

Sachverzeichnis

Fette Zahlen = §§

32a 177; Sicherungsgeber **32a** 175; Sicherungsnehmer **32a** 173; Sicherungsübereignung **32a** 177; Tilgung der Forderung nach Freigabe der Sicherheit **32a** 189; Umfang der Geltendmachung **32a** 172; Verzicht des Sicherungsnehmers **32a** 188; Werthaltigkeitsgarantien **32a** 177; Zeitpunkt der Gewährung der Sicherung **32a** 179

Gesellschafterdarlehen, Abgrenzung zum Nachschuss **26** 16; Auszahlungsverbot **30** 37 f.; eigenkapitalersetzende – **32a** 1; Finanzplankredite **32a** 46 ff.; gesellschafterbesicherte Darlehen **32a** 12 (– Dritter **32a** 170); GmbH-Reform **Einl.** 10; Kapitalerhöhung mit Sacheinlagen **56** 20; Kreditunwürdigkeit **32a** 40; Liquidation **73** 23; Überbrückungskredit **32a** 44; Verrechnung **30** 40; Zinszahlungen **32** 7

Gesellschafter-Geschäftsführer, Abberufung **47** 77; Abstimmung **47** 77; arbeitnehmerähnliche Gesellschafter-Geschäftsführer **35** 94; Ausschluss des Stimmrechts **46** 28; Bezüge als Betriebsausgaben **Einl.** 73; Höhe der Geschäftsführervergütung **35** 98; „Nur-Pension" **Einl.** 75; Pensionszusagen **Einl.** 75; **35** 93 ff.; Pflicht zur Geschäftsführung als höchstpersönliche Pflicht **3** 44 f.; Sozialversicherung **35** 110; Stimmverbote **47** 77; Tantiemen **Einl.** 74, **35** 88 ff.; **29** 110; Treue- und Förderungspflichten **3** 37; Verbot des Selbstkontrahierens **47** 79; verdeckte Gewinnausschüttung **Einl.** 74 f.; **35** 99

Gesellschafterhaftung, Eigen- und Fremdverwalter **43** 68; Einpersonen-Gesellschaft **43** 70; einziger Gesellschafter **43** 70; existenzgefährdende Weisungen **43** 71; Kommanditist **43** 66; – bei Liquidation **73** 33; mehrgliedrige Gesellschaft **43** 67; Mehrheitsgesellschafter **43** 67; Personengesellschafter **43** 66; Rechtsfolge **43** 76; Rechtswidrigkeit geschäftsführungserheblichen Verhaltens **43** 68; Treuepflicht **43** 67; Treuepflichtverletzung **43** 57 f.; Verhaltensgebote aus Treuepflicht **43** 68; Verlustdeckungshaftung **11** 91 ff.; Verschuldensmaßstab **43** 69; Wettbewerbsverbot **43** 67

Gesellschafterklage, s. actio pro socio

Gesellschafterliste, Anmeldung **8** 5 f.; Anzeigepflicht des Notars **40** 8 f.; Beweislast **40** 11; Einreichung der Liste **40** 4; Erstanmeldung **40** 1; Frist zur Einreichung **40** 6; Inhalt **40** 5; Kapitalerhöhung aus Gesellschaftsmitteln **57 i** 3; Leermeldung **40** 1 f.; Liste der Übernehmer **57** 18; österreichisches Recht **40** 12; Prüfung durch Registergericht **40** 7; Sanktionen bei Verletzung der Anzeigepflicht **40** 10 f.; Stichtag der Anmeldung **8** 6; Veränderungen **40** 6; Verpflichtete **40** 4; Verschmelzung AG oder KGaA in GmbH **77 Anh.** 461; Zweck **40** 1 f.; Zweigniederlassung **12** 36

Gesellschafterversammlung, Abänderung des Einberufungsrechts **49** 8; Abberufung, der Geschäftsführer in der Insolvenz **63** 132 (– des Geschäftsführers **38** 5); Abdingbarkeit **51** 3 (– der Einberufung **49** 15); Ablauf **48** 12; absolut unentziehbares Mitgliedschaftsrecht (Teilnahmerecht) **14** 18; Abstimmung **47** 1; Abstimmungsverfahren **48** 16; Adressaten der Einberufung **51** 4; Änderung der Firma bei Insolvenz **63** 135; Amtsverwaltung **48** 8; Amtswalter **48** 10; Anfechtbarkeit der Beschlüsse **48** 7; Ankündigung, der Versammlung **51** 8 (– von Tagesordnungspunkten **50** 7); Annahme der Übernahmeerklärung **55** 40; Anstellung von Geschäftsführern **Einl.** 188; Antragsbefugnis **48** 14; Antragsrecht für Insolvenz **63** 8; Anweisung zur Stellung des Insolvenzantrages **63** 14; Aufhebung oder Einschränkung von Sonderrechten **14** 35 f.; Auflösung stiller Reserven **49** 11; Auflösungsbeschluss **13** 8; Aufsicht über Geschäftsführer in der Insolvenz **63** 132; Aufsichtsratsmitglieder **48** 10, 14; **49** 3, 16; **52** 12, 49; ausgeschlossene Gesellschafter **51** 5; Auskunfts- und Einsichtsrecht **51a** 10; – im Ausland **48** 4; Auslandsbeschluss **48** 5; Ausschließungsbeschluss **34** 82 f.; Ausschlussverfahren **34** 81; Ausübung, des Teilnahmerechts **48** 11 (– des Teilnahmerechts bei Mitberechtigung **48** 9); Beeinträchtigungen des Teilnahmerechts **51** 3; Beherrschungsvertrag **52 Anh.** 55, 65; Beschlüsse in der Einpersonen-GmbH **48** 22; Beschlüsse über die Kapitalerhöhung **57 c** 16; Beschlussfähigkeit **48** 13; Beschlussfassung, in Versammlungen **48** 4 (– ohne Gesellschafterversammlung **48** 18); Beschlussmodalitäten **48** 3; Bestellung, von Aufsichtsratsmitgliedern **52** 30 (– von Geschäftsführern **35** 15; **Einl.** 188; – von Geschäftsführern in der Insolvenz **63** 132); Bevollmächtigte **48** 10; Dispens **52 Anh.** 33; Dritte **48** 10; **51** 6; Einberufung der Versammlung **48** 7; **49** 1 (– durch den Aufsichtsrat **52** 12; – durch eine Minderheit **29** 66 ff.); Einberufungsbefugnis **49** 3 (– der Gesellschafter **49** 4; – sonstiger Personen **49** 3); Einberufungsfrist **50** 9; **51** 10; Einberufungsmängel **47** 95 ff.; **51** 1; **53** 62; Einberufungsorgan **51** 7; Einberufungspflicht **49** 1, 9; Einberufungspflicht der Minderheit **50** 3; Einberufungszuständigkeit **49** 1 f.; Einforderung, von Nachschüssen **27** 11 (– der Einzahlung **20** 6; – der Resteinlagen **20** 6, 8); Eingriff in Zuständigkeit **43** 55; Einladung **51** 1, 8 (– mittels eingeschriebenen Briefs **51** 7); Einladungsverzicht **47** 98; Einpersonen-Gesellschafter **48** 2; Einschränkung des Teilnahmerechts **48** 9; Einstellung von Wertaufholungen **29** 95; Einziehung von Geschäftsanteilen **34** 14 f.; Entlastung, der Geschäftsführer in der Insolvenz **63** 132 (– der Liquidatoren **74** 3 f.); Entscheidung über Anträge **48** 15; Entschließung **48** 13; Erforderlichkeit der Einberufung **49** 13; Ergänzung der Tagesordnung **51** 11; Ergebnisverwendungsbeschluss **29** 56 ff., **42 a** 88; Erläuterung des Beschlusses **13** 54; Erwerb eigener Anteile **33** 33; faktische Geschäftsführer **49** 2; fehlende Einladung **47** 96; fehlerhafte Einberufung **50** 12; Feststellung des Jahresabschlusses **29** 56; **42 a** 8, 64; Form der Annahme der Übernahmeerklärung 55 40; Form der Einberufung 50 10; 51 1, 7; Fristberechnung 51 10; Fristen 51 1, 10; Geltendmachung von Schadensersatzansprüchen bei Kapitalerhöhung 57 27; Genehmigung, der Teilung von Geschäftsanteilen 17 20 ff. (– von Vorauszahlungen 29 99); Geschäftsführer 48 10, 14; 49 1 f., 9; Geschäftsordnungsbeschlüsse 51 9; Gesellschafter 49 4; Gesellschafterbeschluss 48 11; Gesellschaftsvertrag 48 4; 49 13; gesetzliche, Vertreter 48 10 (– Vertretung 48 8); Gewinnabführungsvertrag 52 Anh. 55, 65; Gewinnverteilungsbeschluss 29 102 ff.; Gewinnvortrag 29 62; Gremien 49 3; Information einzelner Gesellschafter 13 54; Informationsrecht der Gesellschafter 48 12; Inhalt 51 1, 8 (– der Einberufung 50 10; – des Jahresabschlusses 29 46 ff.); Kapitalerhöhung aus Gesellschaftsmitteln Vor 82–85 16; kombinierte Beschlussfassung 48 3; Kündigung des Geschäftsführers 38 43; Ladung 13 54; Ladungsfrist 13 54; Minderheitsrechte 50 1; mitbestimmter Aufsichtsrat 49 16; Möglichkeiten schriftlicher Beschlussfassung 48 19; Nachschuss 26 22; Nachschusspflicht 27 11; Nichtigkeit der Wahl des Abschlussprüfers 42 a 29; Notariatsform 48 5; oberstes Unternehmensorgan Einl. 188; österreichisches Recht 48 26; 49 17; 51 14; Organisation des gesellschafterlichen Willensbildungsprozesses 48 1; Ort der Versammlung 48 4, 51 8; Ortsform 48 5; Pfleger 48 10; Protokollierungserfordernis 48 23; Protokollierungspflicht bei Gesellschafterbeschlüssen 48 17; Recht auf Beschlussfassung 50 11; Rechte, bei Insolvenz 63 131 (– der Gesellschafter 45 7); Rechtsfolgen, bei Nichteinberufung 49 14 (– bei Selbsthilfe 50 11 – bei Verletzung der Protokollierungspflicht 48 17; – unzulässiger Einberufung 48 7; 49 7; 51 12); rechtsgeschäftliche Vertretung 48 8; Redezeitbeschränkungen 47 134; Regelungen des Gesellschaftsvertrages 48 4; Rücknahme der Einberufung 49 6; Rügeverzicht 47 98; Satzungsänderung 53 36; Satzungsänderungen bei Insolvenz 63 134; Satzungsbestimmungen 48 13; Schiedsgerichtsbarkeit 13 29 ff.; schlüssige Erklärungen 48 21; schriftliche Beschlussfassung 48 18; Selbsthilferecht 50 8; Sitz der Gesellschaft 4 a 5; sonstige Personen 49 3; Stammeinlage 19 20; Stellung im Insolvenzverfahren 63 131; Stimmabgabe ist Willenserklärung 48 16; Stimmrechtszessionar 48 10, 14; Tagesordnung 51 9; Tagesordnungspunkte 50 7; Teilnahme des Abschlussprüfers 42 a 94 ff.; Teilnahme- und Mitspracherechte der Gesellschafter 47 134; Teilnahmerecht 48 8; 51 5 (kein – 51 4; – sonstiger Dritter 48 10); Teilung von Geschäftsanteilen 17 21; Treuepflicht 13 54; Überwachung der Geschäftsführung 45 1; Umwandlung 53 36, 77 Anh. 45 ff. (– GmbH in eingetragene Genossenschaft 77 Anh. 159); Umwandlungsbericht 77 Anh. 44; unbefugte Einberufung 49 7; Unternehmensverträge 52 Anh. 55, 65; Unerreichbarkeit eines Gesellschafters 51 7; unverzügliche Einberufung 49 12; Unzuständigkeit der Gesellschafterversammlung 50 12; vereinfachte Kapitalherabsetzung 58 a 9; Vereinigung von Geschäftsanteilen 15 191; Verfahren bei Feststellung des Jahresabschlusses 42 a 66; Verkündungspflicht von Gesellschafterbeschlüssen 48 17; Verlegung der Versammlung 51 10; Verlust der Hälfte des Stammkapitals 49 10; Versammlungsort 47 97, 51 8; Versammlungszeit 47 97, 51 8; Versammlungszweck 51 8; Verschmelzungsbeschluss 77 Anh. 352; virtuelle – 48 3; Vollversammlung 51 13; Voraussetzungen der Beschlussfassung ohne Gesellschafterversammlung 48 18; Wahl der Prüfer bei Kapitalerhöhung 57 e–57 g 7; Wahl des Abschlussprüfers 29 54; 42 a 30; Weisungsrecht zur Buchführung 41 10; Wohl der Gesellschaft 49 16; 52 12; Zeit der Versammlung 48 6; 51 8; Zuständigkeit 43 55; 45 13, 14; 49 13 (– für Ergebnisverwendungsbeschluss 42 a 87); Zustandekommen von Beschlüssen ohne Versammlung 48 21; Zustimmung, bei außergewöhnlichen Maßnahmen im Konzern 52 Anh. 43 (– durch „die Gesellschafter" 15 179; – zur Abtretung 15 177; – zum Abschluss eines Beherrschungsvertrages Einl. 59; – zur Aufhebung des Beherrschungsvertrages Einl. 59); Zweck der Versammlung 51 8

Gesellschafterwechsel, Abstimmung 47 80; Vorgesellschaft 11 63; Wechsel 3 20

Gesellschafter-Geschäftsführer, Stimmrecht bei der Gewinnverteilung 29 104; Tantieme Einl. 56; 29 110; 35 88 ff.

Gesellschaftsinteresse, Abgrenzung zwischen unternehmerischer Fehlentscheidung und unzulässiger Beeinträchtigung des gesellschaftlichen Eigeninteresses im qualifiziert faktischem Konzern 13 113; Arbeitsdirektor Einl. 264; Außerkraftsetzen des (marktwirtschaftlichen) Ordnungsmodells 13 110; Beherrschungs- und Gewinnabführungsvertrag 13 110; Eigenkapitalersatzrecht 13 112; (marktwirtschaftliches) Ordnungsmodell 13 109; Pflicht zur Anerkennung 13 109; qualifiziert faktischer Konzern 13 111; Verhältnis zum Gesellschafterinteresse 13 109, 113; Verletzung der gesellschaftlichen Treuepflicht 13 113; Verlustübernahme nach § 302 AktG 13 113

Gesellschaftskrise, Beendigung der Krise 32 a 65; Bestellen von Sicherheiten durch Gesellschafter 32 a 42; Definition 32 a 32; eigenkapitalersetzende Gesellschafterdarlehen 32 a 32; Finanzplankredite *(s. auch dort)* 32 a 46 ff.; gesellschafterbesicherte Darlehen 32 a 176; Indizien 32 a 35 (– gegen Eigenkapitalersatz 32 a 43); Konkretisierung 32 a 33; Kreditunwürdigkeit 32 a 40 f.; Krisendarlehen 32 a 63 f.; Krisenursachen 63 75; Kriterien für das Vorliegen 32 a 34; kurzfristige Stundung 32 a 44; Löschung bei Vermögenslosigkeit 60 31 ff.; maßgeblicher Zeitpunkt 32 a 45; Rangrück-

2701

Sachverzeichnis

Fette Zahlen = §§

trittserklärung **32 a** 38; Rechtsprechungsgrundsätze **32 a** 217; Sanierungskredite **32 a** 36; Sanierungsmaßnahmen **63** 75; ständige Gewährung kurzfristiger Kredite **32 a** 44; Stehenlassen von Krediten **32 a** 34; Überbrückungskredit **32 a** 44; Verlustübernahmeanspruch entsprechend § 302 Abs. 1 AktG **32 a** 39; Warenkredite **32 a** 34; Zahlungsunfähigkeit **32 a** 37
Gesellschaftsstatut, Anerkennung ausländischer Gesellschaften **Einl.** 319; Anknüpfung **Einl.** 302; Auflösung **Einl.** 341; Einheitstheorie **Einl.** 301; Firma **Einl.** 327; Formvorschriften **Einl.** 322; internationales Konzernrecht **Einl.** 333; Internationales Privatrecht **Einl.** 299; Liquidation **Einl.** 341; Mitbestimmung in ausländischen Gesellschaften **Einl.** 331; Name **Einl.** 327; Organisationsrecht **Einl.** 330
Gesellschaftsteuer, Abschaffung **Einl.** 94; Betriebsausgabe **Einl.** 93; Börsenumsatzsteuer **Einl.** 95; Gegenstand **Einl.** 92; GmbH & Co. KG **Einl.** 92; inländische Kapitalgesellschaft **Einl.** 92; Kapitalerhöhung mit Sacheinlagen **56** 24; Steuersatz **Einl.** 93; Wegfall seit dem 1. 1. 1992 **Einl.** 94
Gesellschaftssteuerrecht, GmbH & Co. KG **Einl.** 134
Gesellschaftsvertrag, Abänderbarkeit **53** 1; Abänderung, der gesetzlichen Vertretungsverhältnisse **35** 53 (– des Einberufungsrechts zur Gesellschafterversammlung **49** 8); Abberufung des Geschäftsführers **38** 5, 9; Abberufungszuständigkeit **38** 7; Abgrenzung körperschaftsrechtlicher von individualrechtlichen Bestimmungen **2** 80; Abschluss **2** 33 (– durch Vertreter **8** 3); Abschlussprüfer **42 a** 21 (– des Konzernabschlusses **42 a Anh. II** 343); Abschrift **12** 35; Abstimmungen **47** 16; Abweichungen vom Gesetz **Einl.** 48; Änderung (s. *auch Satzungsänderung*) **3** 47 (– bei der Vorgesellschaft **11** 42, 62; – bei Umwandlung **77 Anh.** 48; – der Firma **4** 64; – der Zeitbeschränkungsklausel **3** 25; – des Stammkapitals **3** 16; – nach Eintragung der GmbH **53** 2; – während des Anmeldeverfahrens **3** 4; **8** 2; – im Gründungsstadium **11** 42, 62; **53** 2); Änderungsbeschluss **53** 2; AG-Satzung als Auslegehilfe **2** 82; allgemeine Auslegungsgrundsätze **2** 78; Amtslöschung **3** 5 (– nach § 142 FGG **2** 68); Anforderung der Einzahlung **20** 12; Angabe, der Namen der Gesellschafter bei Neufassung **3** 21 (– der Stammeinlage bei Neufassung **3** 19); Anmeldung **8** 2; **54** 2 (– gem. § 16 **16** 9); Anwendung von Vorschriften des BGB **2** 58; Auflösung, bei Mangel **60** 28 (– der Gesellschaft bei Vertragsmängeln **61** 9; – durch Kündigung **60** 46); Auflösungsbeschluss **60** 17; Auflösungsgründe **60** 40; Auflösungsklage **2** 69; Auslandsbeurkundung **2** 40; **53** 39; Auslegung **2** 78 (– körperschaftsrechtlicher Bestimmungen **2** 81); Ausnahme bei der Beurkundung **2** 45; Ausschluss von Stimmbindungen **47** 30; Ausübung des Teilnahmerechts bei Mitberechtigung **48** 9; Befreiung der Geschäftsführer vom Verbot des Selbstkontrahierens **53** 25; Beitrittserklärung **2** 33; Bekanntmachung **3** 1; Berufung auf Mängel nach Eintragung **2** 68; Beschlussfähigkeit des Aufsichtsrats **52** 40; Beschränkung, der Geschäftsführungsbefugnis **37** 18 f., 27 (– der Veräußerlichkeit von Geschäftsanteilen **15** 161 ff.); besondere Qualifikation der Gesellschafter **2** 25; besonders schwere Gründungsmängel **2** 60; Bestellung, des Abschlussprüfers **42 a** 30 (– eines Gesellschafters zum Geschäftsführer **53** 10; – eines Nichtgesellschafters zum Geschäftsführer **53** 8; – von Geschäftsführern **6** 24; **35** 15; – von Liquidatoren **66** 9); Bestellungszuständigkeit für Geschäftsführer **35** 73; Bestimmtheit der Auflösungsgründe **60** 41; Beteiligung sämtlicher Gesellschafter **2** 34; Betrag, der einzelnen Stammeinlagen **3** 4, 17 (– der Stammeinlage bei Sacheinlage **5** 55; – des Stammkapitals **3** 4, 15); Betriebsausgaben **2** 94; Beurkundung **2** 1; Beurkundungskosten **2** 89 (– für Gründungsvollmachten **2** 90); Bevollmächtigter **2** 50; Bewertung von Sacheinlagen **5** 35; culpa in contrahendo (§ 311 BGB nF) **2** 76; Dauer der Gesellschaft **53** 22; deutscher Notar **2** 39; Doppelsitz **4 a** 15; Drohung **2** 76; Einberufung der Gesellschafterversammlung **49** 8; Einforderung der Stammeinlage **20** 9; Einpersonen-Gesellschaftsvertrag **2** 4 (– Gründung **2** 3, 33; – Vorgesellschaft **2** 5 f.); Einschränkung, des Anfechtungsrechts **47** 119 (– des Teilnahmerechts **48** 9); Eintragung **54** 2 (– in das Handelsregister **10** 9; – trotz ungültiger Gründungsvollmacht **2** 57); Einziehung von Geschäftsanteilen **34** 8 f.; Entstehung einer Abhängigkeitslage **52 Anh.** 37; Ergänzungen **2** 47; Ergebnisverwendungsbeschluss **42 a** 87; Erlöschen von Nebenleistungspflichten **3** 46; Erweiterung, der Anfechtungsbefugnis **47** 119 (– der Gesellschafterzuständigkeit **45** 6; – Geschäftsführungsbefugnis **37** 35); faktische Gesellschaft **2** 58; fakultative Bestandteile **3** 2; fakultativer Inhalt **3** 22; „Fantask"-Entsch. **2** 89; Fassongründung **2** 13; Fehlen, der Vollmacht **2** 56 (– des Mindestinhalts **3** 5; – einer Bestimmung über die Höhe des Stammkapitals **76** 5); fehlende Bestimmung über Stammkapital **75** 13; fehlende Gründungsvollmacht **2** 57; fehlerhafte, Beitrittserklärung **58**, 70 (– Vorgesellschaft **2** 65); fehlerhafter – **2** 58; Festsetzung der Sacheinlage **5** 55; Firma **3** 4 f., 6; Firma der Zweigniederlassung **12** 21 ff.; Firmenänderung **4** 64; Form **2** 1, 36 (– der Satzungsänderung **2** 89; – der Vollmacht **2** 54); formale Voraussetzungen **2** 1; formelle Satzungsbestandteile **3** 2; Formmängel des Gesellschaftsvertrags **2** 48; **75** 10; formungültige Gründungsvollmacht **2** 56; Formwechsel der GmbH **53** 1; Garantieverpflichtung für die Erfüllung der Nebenpflichten **3** 45; Gegenstand, der Sacheinlage **5** 59 (– des Unternehmens **3** 4 f., 8 ff.); Gemischte Sacheinlage **5** 47; Generalvollmacht **2** 51; Gesamtnichtigkeit **9 c**

24; Geschäftsführer **35** 17 f.; Geschäftsführungsbefugnis des Notgeschäftsführers **6** 35; Geschäftsunfähigkeit eines Gesellschafters **60** 40; Geschäftsverteilungszuständigkeit **37** 42; Gesellschafterbeschlüsse **48** 21; gesellschaftsrechtliche Vereinbarungen **2** 80; Gesellschafterversammlung **48** 21; Gesellschaftsvertragsänderungen vor Eintragung der GmbH **53** 2; Gesellschaftszweck **3** 8; gesetzliche Vertreter **2** 53; gesetzliches Verbot **75** 14; Gestaltungsfreiheit **53** 9; Gewinnverteilung **29** 107; Gläubigeranfechtung **2** 77; GmbH-Nov. 1980 **2** 3; **53** 4; Grenzen der Satzungsautonomie **47** 18; Gründerlohn **2** 94; Gründervorteile **3** 51 f.; Gründungsbestimmungen **2** 36; **3** 3; Gründungskosten **2** 94; Gründungsmängel **2** 59; Gründungsprotokoll **3** 3; Gründungsvollmacht **2** 50; Grunderwerbsteuer **2** 93 f.; Grundlage der Gesellschaft **53** 7; Heilung, nichtiger Bestimmungen **75** 1, 7 (– von Formmängeln **2** 49; – von Formmängeln der Gründungsvollmacht **2** 57; – von Mängeln der Beitrittserklärung **2** 72); Höhe des gezeichneten Kapitals **42** 3; Individualrechte/-vereinbarungen **3** 22; individualrechtliche Bestimmungen **2** 79; Inhalt **3** 1, 4, 22 (– bei Festsetzung von Sacheinlagen **5** 57 ff.); Inhaltsfreiheit **3** 1; Irreführung **2** 76; Insolvenz eines Gesellschafters **60** 40; Insolvenzanfechtung **2** 77; Kartellverbot **75** 14; keine spezielle Vollmacht **2** 51; Klarheit **9 c** 15; körperschaftsrechtliche Bestimmungen **2** 80 f.; Körperschaftsteuer **2** 94; Konsortialverträge **3** 53; konstitutive Wirkung **53** 7; Kosten **2** 89; Kündigungsbestimmungen **10** 14; Leistungsträger bei Nebenleistungspflichten **3** 40; Leistungsvermehrung durch einfachen/qualifizierten Mehrheitsbeschluss **53** 57; Lücken **Einl.** 61; Lückenausfüllung **Einl.** 60; Mängel **61** 9; **75** 1 (– der Anmeldung **75** 11; – der Sacheinlagevereinbarung **5** 39); Mängelheilung durch Gesellschafterbeschluss **76** 1; mangelnde Konkretisierung des Unternehmensgegenstandes **75** 18; Mantelkauf **3** 14; Mantelsitze **4 a** 15; Mehrheitserfordernisse bei Änderung **47** 17; Mindestdauervereinbarung **3** 24; Mindestinhalt **3** 1, 4; Muster-Gesellschaftsvertrag **Einl.** 132 f.; Nachschusspflichten **3** 52 f.; **26** 18 ff.; nachträgliche Veränderungen der Abstimmungsmodi **47** 18; nachträglicher Beitritt von Gründungsgesellschaftern **2** 34; Namen der Gesellschafter **3** 4 f., 20; **4** 64; Nebenabreden **2** 46; Nebenleistungspflichten **3** 26 ff.; Nichtigkeit **2** 48; **75** 1 (– der Firmenbestimmung **4** 66; – der Gesellschaft **75** 6; – einzelner Bestimmungen des Gesellschaftsvertrags **75** 7); Nichtigkeitsgründe **75** 6; Nichtigkeitsklage **3** 8, **75** 1, 7, 10; notarielle Beglaubigung **2** 54 (– Beurkundung **2** 1, 36, 54); österreichisches Recht **2** 96; **3** 54; offene, Mantelgründung **3** 13; **75** 17 (– Vorratsgründung **75** 17); Organisationsvertrag **2** 2; Ort der Gesellschafterversammlung **48** 4; Qualifikationserfordernisse für Geschäftsführer **6** 22; **35** 71; Rechte der Ge-

sellschafter **45** 1; Rechtsakte **3** 53; Rechtsanwendung im GmbH-Recht **Einl.** 60; Rechtsfolgen, bei Eintragung trotz fehlenden Mindestinhalts **3** 5 (– der Nichtbehebung von Mängeln **60** 28; – von Formmängeln **2** 48); Rechtsgeschäft iSd. BGB **2** 2; Reduzierung der Gesellschafterzuständigkeit **45** 7; Regelungen zur Feststellung des Jahresabschlusses **42 a** 8; registergerichtliche Prüfung **9 c** 15; Revisibilität im Zivilprozess **2** 83; Sacheinlage **2** 93, 95; **5** 55; Sacheinlagevereinbarung **5** 23; Sachgründungsbericht **5** 63; Sachübernahmevertrag **5** 44; salvatorische Klausel **53** 28 a; Satzung **2** 2; Satzungsänderung **53** 1, 14 (– bei Sacheinlagen **5** 56); Satzungsbegriff **53** 5; Satzungsbestandteile **53** 5; Satzungsdurchbrechung **53** 34; Satzungsgestaltungsfreiheit **2** 2; Schiedsgerichtsbarkeit **13** 29 ff.; schuldrechtliche Ansprüche des Gesellschafters **2** 76; schuldrechtliche Nebenabreden **53** 11; schwere Mängel der Beitrittserklärung **2** 73; Selbstkontrahieren **2** 52; Sitz der Gesellschaft **3** 4, 7; Sitzverlegung **3** 10; Sondervorteile **3** 50; sonstige Vereinbarungen **3** 53; staatliche Genehmigung **75** 15; Stammeinlagen **3** 4, 17, 27; Stammkapital **3** 4; Statut der GmbH **2** 2; **53** 3; Stellung des Gesellschafters während Einziehung **34** 46; Steuerklauseln **Einl.** 106; Steuerrecht **2** 91; Stimmbindungen **3** 53; Stimmpflichten **47** 20; Stimmrecht **47** 16; Stimmrechtsvertretung **47** 49; Streichung des Gesellschafternamens (Firma) **4** 64; Stufenbeurkundung **2** 37; Stufengründung **2** 34; Sukzessivgründung **2** 34; Täuschung **2** 76; Tag des Abschlusses **10** 9; Tauschgutachten **2** 96; Teilnahmerecht von Wettbewerbern **48** 9; Teilung von Geschäftsanteilen **17** 38; teilweise Fehlerhaftigkeit **2** 63; Tod eines Gesellschafters **2** 76; **60** 40; Übernahme der Stammeinlagen **3** 18; Übertragbarkeit der Geschäftsanteile **53** 26; Übertragung, der Abberufungs-/Bestellungskompetenz für Geschäftsführer auf andere Organe **6** 28; übrige Gründungsmängel **2** 61; Umfang der Prüfung durch das Registergericht **9 c** 16; Umsatzsteuer **2** 93; Umwandlung **77 Anh.** 48; unechte Satzungsbestandteile **3** 2, 53; unklare oder individuell vereinbarte Auflösungsgründe **60** 42; Unternehmenspolitik **3** 12; Unterscheidung zwischen Gesellschaftsvertrag und Beitrittserklärung **2** 64; Unterzeichnung durch sämtliche Gesellschafter **2** 45; Unwirksamkeit **3** 5 (– aller Beitrittserklärungen **2** 71); unzulässiger Gesellschaftszweck **75** 14; verdeckte, Mantelgründung **75** 17 (– Vorratsgründung **75** 17); Vererblichkeit von Geschäftsanteilen **15** 116; Verteilungsmaßstab bei Liquidation **72** 113; Verschärfung der Haftung **28** 6; Verstoß, der Bestellung von Geschäftsführern gegen vertragliche Bestimmungen **6** 31 (– gegen gute Sitten **75** 14); Vertragsabschluss unter mehreren Gesellschaftern **2** 33; Vertragsfreiheit **13** 5; Vertragsgestaltung **Einl.** 132 f.; Vertragsstrafe **20** 22; Vertreter **8** 3; Vertretung **2** 50 (– sämtli-

Sachverzeichnis

cher Gründer durch Bevollmächtigten **2** 52); Vertretungsregelungen für Liquidatoren **68** 4; Verzugszinsen **20** 19; Vinkulierung der Anteile **15** 163; **52 Anh.** 37; Vollmacht **2** 50; vollständige Neufassung **53** 15; **54** 11; Vorgaben für Geschäftsführeramt **6** 22; Vorgesellschaft **11** 35; Vorkaufsrechte an Geschäftsanteilen **53** 11; Vorratsgründung **3** 13; Vorvertrag **2** 84 ff.; Vorzugsgeschäftsanteile **3** 50 f.; Vorzugsrechte **3** 50 f.; Weisungen an die Geschäftsführer **37** 26 ff.; Widerruf der Geschäftsführerbestellung aus wichtigem Grund **38** 9; Widerruf der Vollmacht **2** 55; Wirksamkeit ausländischer Beurkundung **2** 40; Zeitdauer der Gesellschaft **10** 14; zeitliche Beschränkung der Unternehmenstätigkeit **3** 23; zum Schein vereinbarter Unternehmensgegenstand **75** 17; Zahl der Geschäftsführer **2** 7; **6** 7; Zuständigkeit **2** 39; Zuständigkeit der Gesellschafterversammlung **49** 13; Zustimmung, zur Beurkundung **2** 39 (– zu In-Sich-Geschäften **35** 35); Zustimmungserfordernisse **15** 172 ff.; Zwangseinziehung von Geschäftsanteilen **53** 27; Zwangsverkauf von Geschäftsanteilen **23** 5; Zweckmäßigkeit **9 c** 15; Zweigniederlassungen **12** 35, 63

Gesellschaftszweck, Abgrenzung zum Unternehmensgegenstand **1** 5; Änderung **1** 6; allgemeine Grenzen **1** 7; Anstaltszwecke **1** 45; Apotheke **1** 10; Architekten **1** 13; Arzt **1** 13; Auflösung der Gesellschaft **61** 6; Bankgeschäfte **1** 9; Bausparkasse **1** 9; Befähigungsnachweis **1** 48; Begriff **1** 5; Berufszweige **13** 5; Beteiligung von Ausländern trotz Untersagung **1** 47; Bordellbetrieb **1** 49; Einpersonen-Gründung **1** 2; Erweiterung des Zwecks der Vorgesellschaft **11** 37; erwerbswirtschaftliche Zwecke **1** 8; Förderungs- und Treuepflichten **1** 5; freie Berufe **1** 13; Gaststätten **1** 48; Gegenstand des Unternehmens **1** 6; **3** 8; **61** 8; Geschäftszweige **13** 17; Gesellschafterbeschlüsse **47** 123; gesetzlich verbotene Zwecke **1** 7; gesetzlich zulässiger Zweck **1** 1; gesetzliche Verbote **1** 47; Gewerbearten natürlicher Personen **1** 13; gewerbsmäßiger Schmuggel **1** 49; Handelsgeschäft **1** 1; Handwerksbetrieb **1** 48; Heilung bei Unzulässigkeit **1** 50; Hypothekenbanken **1** 9; Inkassounternehmen **1** 12; Investmentgesellschaft **1** 9; Kartellverbot **1** 47; Kartellzwecke **1** 13; Monopol **1** 47; Nichtigkeitsklage **75** 14; nichtwirtschaftliche Zwecke **1** 45; öffentliche Unternehmen **1** 44; österreichisches Recht **1** 54; Partnerschaftsgesellschaft **1** 12; Personalvermittlung **1** 48; Prüfung durch das Registergericht **1** 51; Realisierung durch Geschäftsführung **43** 16; Rechtsanwalt (*s. auch RA-GmbH*) **1** 13 ff.; Rechtsfolgen, bei später eintretender Unzulässigkeit des Zwecks **1** 53 (– bei Unzulässigkeit des Zwecks **1** 50 ff.; – bei Unzulässigkeit des Zwecks nach der Eintragung **1** 52; – bei Unzulässigkeit des Zwecks vor der Eintragung **1** 50); Religionsgesellschaften **1** 45; Satzungsänderung **53** 19; Satzungsformulierung **1** 6; Schiffsbanken **1** 9; sittenwidrige Zwecke **1** 7; sonstige wirtschaftliche und berufliche Zwecke **1** 13; soziale Einrichtungen **1** 45; Steuerberater **1** 13; Steuerberatungsgesellschaften **1** 13; Steuerhinterziehung **1** 47; Stiftungszwecke **1** 45; Syndikat **1** 13; Taxi-Besitzervereinigung **1** 48; „TBB"-Entsch. **1** 44; Treuepflicht **13** 40; Unmöglichkeit der Zweckerreichung **61** 6; Unternehmensgegenstand **1** 5 f.; Unterstützungskassen **1** 45; unzulässige Zwecke **1** 46; **75** 14; Verbote mit Erlaubnisvorbehalt **1** 48; Verkehrsbetriebe **1** 48; Vermögensverwaltung **1** 13; Versicherungsgeschäfte **1** 10; Verstoß gegen gute Sitten **1** 49; in Vollzugsetzung trotz Unzulässigkeit **1** 50; Vorgesellschaft **11** 36; Wechselreiterei **1** 49; Wirtschaftsprüfer **1** 13; Wirtschaftsprüfungsgesellschaften **1** 13; zulässige Zwecke **1** 7; Zustimmung aller Gesellschafter **1** 6; Zweck der Komplementär-GmbH **61** 7

Gesetz zur Änderung des Einführungsgesetzes zur Insolvenzordnung (EGInsOÄndG), Änderung des GmbHG **Einl.** 19; eigenkapitalersetzende Gesellschafterdarlehen **32 a** 7 f.

Gesetz zur Kontrolle und Transparenz im Unternehmensbereich (KonTraG), Änderung des GmbHG **Einl.** 16; eigenkapitalersetzende Gesellschafterdarlehen **32 a** 7 ff.; Konzernlagebericht **42 a Anh. II** 334; Pflicht zur Einrichtung eines Überwachungssystems **42 a Anh. II** 335

Gesetz zur Namensaktie und zur Erleichterung der Stimmrechtsübertragung (NaStraG), Änderung des GmbHG **Einl.** 20; Zweigniederlassungen **12** 6

Gewerbesteuer, Betriebsausgabe **Einl.** 98; Entfall des Gewerbekapitals als Bemessungsgrundlage **Einl.** 96; Gewerbeertragsteuer **Einl.** 96; Gewerbekapitalsteuer **Einl.** 96; GmbH **13** 163; StSenkG **Einl.** 79; Steuergläubiger **Einl.** 97; Umwandlung, GmbH in oHG **77 Anh.** 239 (– OHG in GmbH **77 Anh.** 288, 294); Verschmelzung **77 Anh.** 429; Vorgesellschaft **11** 162

Gewerbeverbot, Geschäftsführer **6** 18

Gewerbliche Schutzrechte als Nebenleistungspflichten **3** 34

Gewerkschaftsvertreter, Aufsichtsratmitglied **Einl.** 239, 271; Betriebsverfassungsgesetz 1952 (BetrVG 1952) **Einl.** 266, Anh. I; Vertretung der Gewerkschaft im Unternehmen **Einl.** 240

Gewinn, Abschlagszahlungen **29** 98; Art der Auszahlung **29** 123; Aufsichtsrat **52** 11; Ausschüttung bei vereinfachter Kapitalherabsetzung **58 d** 1; Ausschüttungssperre **42 a Anh. I** 224, 232; Ausschüttungsverbot **58 d** 2; Ausweis des Gewinnvortrages **42 a Anh. I** 231; Barauszahlung **29** 123; Befriedigung der Gläubiger **58 d** 11; Begriffsbestimmung nach BiRiLiG **29** 6; Bemessung des Gewinnanteils **58 d** 9; Beschränkung der Gewinnausschüttung **58 d** 8; keine Beschränkung gewinnabhängiger Zahlungen 58 d 10; Besserungsscheine 29 155; Bilanzgewinn 29 8; 42 a Anh. I 253, 340, 46 8; Dividendengarantie 58 d 7; Dividendenscheine 29 125; doppelte Auszahlung 32 8; Einbußen am Gewinnanspruch 55 30; Einfluss der Kapitalerhöhung auf die Gewinnbeteiligung Dritter 55 54; Einstellung in die Kapital- und Gewinnrücklagen 58 d 4; keine Einstellungsverpflichtung 58 d 4; Ergebnisverwendung 29 1; Erhöhung des Stammkapitals 55 16; feste Verzinsung der Einlage 29 122; Genussrecht 29 138 ff.; Gesamtkostenverfahren 42 a Anh. I 341 ff.; Geschäftsjahr 29 38; Gesellschaftsbeschlüsse 46 8; Gewinn des letzten Geschäftsjahres 57 d 5; Gewinn- und Verlustrechnung (s. auch dort) 42 a Anh. I 341 ff.; Gewinnabführungsverträge 29 136 f.; 58 d 7; gewinnabhängige Zahlungen an Dritte 58 d 7; Gewinnanspruch des Gesellschafters 29 5; Gewinnanteilscheine 29 125; Gewinnausschüttungsverbot 58 d 2; Gewinnauszahlungsanspruch 29 19; Gewinnbeteiligung, der neuen Geschäftsanteile 57 n 1 (– Dritter 29 130); Gewinnbezugsrecht 29 19; Gewinngarantie 29 114 (– Dritter 29 116); Gewinnrücklagen 57 d 4; Gewinnverteilung nach § 29 Abs. 1 aF 29 10; Gewinnverwendungsbeschluss 46 8; Gewinnvortrag 29 120 f.; 42 a Anh. I 251; Gleichbehandlungsgrundsatz 29 123; Idealgesellschaften 29 124; Jahresüberschuss 29 7; Kapitalherabsetzung 58 2; Kupons 29 125; Maßstäbe der Gewinnverteilung 29 102; Mindestbezugsrecht 29 86; Naturaldividende 29 123; Nichtgesellschafter 29 133 f.; Nichtigkeit des Gewinnverwendungsbeschlusses 58 d 13; Regelfall der Gewinnbeteiligung neuer Anteile 57 n 2; partiarische Rechtsverhältnisse 29 133 f.; Regelungsgehalt von § 32 Abs. 5; Rückzahlung 32 2; Sachdividende 29 123; Schüttaus-Hol-zurück-Verfahren 55 60; Sicherstellung der Gläubiger 58 d 11; sonstige Zahlungen 32 6; stehengelassene Gewinne 32 a 150; stille Beteiligungen 29 133 f.; Teilhabe des Mitgliedschaftsrechts 29 20; Teilnahme, an Gewinn des ganzen Geschäftsjahrs 57 n 2 (– an Gewinn des Vorjahres 57 n 3; – neuer Anteilsrechte 57 n 3); Thesaurierung 53 50; Umwandlungsfähigkeit 57 d 4 f.; verdeckte Gewinnausschüttung 29 158; vereinfachte Kapitalherabsetzung 58 d 1; Verjährung 29 156 f.; Verpflichtung zur Wiedereinlage 55 61; Verteilung des Gewinnanteils 58 d 9; Verzicht, auf Gewinnanspruch 29 113, 117 (– ohne Zweckbestimmung 29 118; – zugunsten der Minderheitsgesellschafter 29 119); Verzinsung 29 107; Vorauszahlungen 29 98; zeitliche Grenze für das Verbot der Gewinnausschüttung 58 d 6; zulässige Gewinnausschüttungen im Verbotszeitraum 58 d 7; zweckbestimmte andere Gewinnrücklagen 57 d 12; Zwischendividende 29 98; Zwischengewinne, im Konzern 42 a Anh. II 207 (– im Konzernabschluss 42 a Anh. II 200)

Gewinn- und Verlustrechnung, Abgang von Vermögensgegenständen des Anlagevermögens 42 a Anh. I 361; Abschreibungen 42 a Anh. I 368 ff. (– auf Finanzanlagen 42 a Anh. I 376; – auf immaterielle Vermögensgegenstände des Anlagevermögens und Sachanlagen 42 a Anh. I 368; – auf Vermögensgegenstände des Umlaufvermögens 42 a Anh. I 369; – auf Wertpapiere des Umlaufvermögens 42 a Anh. I 376; – für Aufwendungen für Ingangsetzung und Erweiterung des Geschäftsbetriebes 42 a Anh. I 368); allgemeine Verwaltungskosten 42 a Anh. I 395; Altersversorgung 42 a Anh. I 366; andere aktivierte Eigenleistungen 42 a Anh. I 356; Anhang 41 124; Auflösung, nicht mehr benötigter Rücklagen 42 a Anh. I 360 (– von Sonderposten mit Rücklagenanteil 42 a Anh. I 359); Aufstellung 41 123; Aufwendungen, für Altersversorgung 42 a Anh. I 366 f. (– für bezogene Leistungen 42 a Anh. I 364; – für bezogene Waren 42 a Anh. I 362 f.; – für Roh-, Hilfs- und Betriebsstoffe 42 a Anh. I 362 f.; – für Unterstützung 42 a Anh. I 367); Ausnahmen 42 a Anh. I 348; außerordentliche, Aufwendungen 42 a Anh. I 381 (– Erträge 42 a Anh. I 358, 379 f.; – Ergebnis 42 a Anh. I 382); außerplanmäßige Abschreibungen 42 a Anh. I 395; Ausweis, der Kapitalherabsetzung 58 45 (– von in die Kapitalrücklage eingestellten Beträgen 58 b 4; – des Gesamtsteueraufwandes bei Organschaftsverhältnissen 42 a Anh. I 384); Begriff 41 122; Besonderheiten, bei der Kleinen GmbH 42 a Anh. I 347 (– bei der Mittelgroßen GmbH 42 a Anh. I 347); Bruttoergebnis vom Umsatz 42 a Anh. I 393; Buchgewinn 58 45; cost of sales 42 a Anh. I 389; Erfolgsquellen, im Gesamtkostenverfahren 42 a Anh. I 346 (– im Umsatzkostenverfahren 42 a Anh. I 346); Ergebnis der gewöhnlichen Geschäftstätigkeit 42 a Anh. I 378; Erhöhung oder Verminderung des Bestandes an fertigen und unfertigen Erzeugnissen 42 a Anh. I 354 f.; Erläuterungen im Anhang 42 a Anh. I 403; Erlösschmälerungen 42 a Anh. I 353; Erträge, aus anderen Wertpapieren und Ausleihungen des Finanzanlagevermögens 42 a Anh. I 374 (– aus Beteiligungen 42 a Anh. I 371; – aus Kapitalherabsetzung 58 45); Gesamtkostenverfahren 41 123, 42 a Anh. I 341 ff.; Gesamtsteueraufwand 42 a Anh. I 384; Geschäftsführergehälter bei Kapitalgesellschaften & Co. 42 a Anh. I 444 f.; Gewinnanteile aus Beteiligungen an einer Personengesellschaft 42 a Anh. I 372; gewöhnliche Geschäftstätigkeit 42 a Anh. I 352; Gliederung 41 123, 42 a Anh. I 341; Grundsatz der Darstellungsstetigkeit 42 a Anh. I 350; Haftungsvergütung bei Kapitalgesellschaften & Co. 42 a Anh. I 443; Herstellungskosten 42 a Anh. I 389 ff. (– der zur Erzielung der Umsatzerlöse erbrachten Leistungen 42 a Anh. I 389); Inhalt, einzelner Posten nach Gesamtkostenverfahren 42 a Anh. I 351 ff. (– einzel-

Sachverzeichnis

Fette Zahlen = §§

ner Posten nach Umsatzkostenverfahren **42a Anh. I** 388 ff.); Jahresfehlbetrag **42a Anh. I** 387; Jahresüberschuss **42a Anh. I** 397; Kapitalgesellschaften & Co. **42a Anh. I** 265; Konzern-Gewinn- und Verlustrechnung *(s. auch dort)* **42a Anh. II** 10, 244 ff.; Leerposten **42a Anh. I** 349; Liquidation **71** 15; Liquidationseröffnungsbilanz **71** 11; Löhne und Gehälter **42a Anh. I** 365; österreichisches Recht **42a Anh. I** 454; Offenlegung der Einstellung in die Kapitalrücklage **58c** 6; phasengleiche Aktivierung von Dividendenansprüchen **42a Anh. I** 373; Rechnungslegung **42a Anh. I** 341; sonstige, betriebliche Aufwendungen **42a Anh. I** 370, 397 (– betriebliche Erträge **42a Anh. I** 357, 396; – Steuern **42a Anh. I** 385 f.; – Zinsen und ähnliche Erträge **42a Anh. I** 375); soziale Abgaben **42a Anh. I** 366; Staffelform **42a Anh. I** 341; Steuern, vom Einkommen und Ertrag **42a Anh. I** 383; übrige Posten des Umsatzkostenverfahrens **42a Anh. I** 398; Umlagen bei Kapitalgesellschaften & Co. **42a Anh. I** 443; Umsatzerlöse **42a Anh. I** 351, 388; Umsatzkostenverfahren **41** 123, **42a Anh. I** 341, 344; Veränderung der Kapital- und Gewinnrücklagen **42a Anh. I** 387; Verbrauchsteuern **42a Anh. I** 385; Verkehrsteuern **42a Anh. I** 385; Vermögensteuern **42a Anh. I** 385; Vertriebseinzelkosten **42a Anh. I** 394; Vertriebsgemeinkosten **42a Anh. I** 394; Vertriebskosten **42a Anh. I** 394; Zinsen und ähnliche Aufwendungen **42a Anh. I** 377; Zusammenfassung einzelner Posten **42a Anh. I** 349

Gewinnabführungsvertrag, Abfindungsregelung **52 Anh.** 59; abhängige GmbH **52 Anh** 53 ff.; Abschlusskompetenz **29** 137; Anwendbarkeit aktienrechtlicher Bestimmungen **52 Anh** 63 f.; Ausgleichsbestimmungen **52 Anh** 58; Ausschüttungsverbot **58d** 7; Auszahlungsverbot gemäß § 30 **30** 75; Begriff **52 Anh** 25; Entstehung des Verlustausgleichsanspruchs **52 Anh** 113; Erforderlichkeit **52 Anh** 56; Ergebnisverwendung **29** 136; Fälligkeit des Verlustausgleichsanspruchs **52 Anh** 113; Gesellschafterbeschluss **47** 12; **52 Anh** 54; Gesellschafterversammlung der herrschenden GmbH **52 Anh.** 65; Gesellschaftsinteresse **13** 110; Handelsregister **52 Anh.** 61; inhaltliche Voraussetzungen **52 Anh** 57; Konzernrecht **52 Anh.** 4, 24, 110; Mehrheitserfordernis des Zustimmungsbeschlusses **52 Anh** 55; notarielle Beurkundung **52 Anh.** 61; Rechtsfolgen bei Fehlen von Wirksamkeitsvoraussetzungen **52 Anh** 62; Rückwirkungsklauseln **52 Anh.** 60; Satzungsänderung **53** 32; Teilgewinnabführungsvertrag **29** 137; vereinfachte Kapitalherabsetzung **58d** 7; Verhältnismäßigkeit **52 Anh** 56; Verlustausgleichspflicht **52 Anh** 112; Verlustübernahmepflicht **52**, **57**, 112; Vertretungsbefugnis **37** 51; Wirksamkeitsvoraussetzungen **29** 137; **52 Anh** 54; Zulässigkeit **29** 136; Zustimmung bei der herrschenden GmbH **52**

Anh 65; Zustimmung der Gesellschafterversammlung **Einl.** 59

Gewinnanspruch, Abschlussprüfung **29** 53; Abtretung **29** 31; Änderung bei fehlerfreiem Jahresabschluss **29** 24 (– bei fehlerhaftem Jahresabschluss **29** 24; – eines nichtigen Jahresabschlusses **29** 24); Anspruchsberechtigte **29** 22; Aufrechnung **29** 26; Aufstellung des Jahresabschlusses **29** 46 f.; eigene Geschäftsanteile der Gesellschaft **29** 22; eingezogene Geschäftsanteile **29** 22; Entstehen **29** 22; Erfüllung **29** 26; Erlöschen **29** 26; Fälligkeit **29** 27; Feststellung des Jahresabschlusses **29** 46, 48; Geschäftsjahr *(s. auch dort)* **29** 38 ff.; Gesellschafter **29** 5, 19; Größenordnung der Gesellschaften **29** 42; Große Kapitalgesellschaft **29** 45; Insolvenz **29** 28; Kaduzierung **29** 29; Kapitalbindung **29** 34; Kleine Kapitalgesellschaft **29** 43; Liquidität **29** 33; Mittelgroße Kapitalgesellschaft **29** 44; nachträgliche Änderung **29** 23 (– des Gewinnverwendungsbeschlusses ohne Zustimmung des Gesellschafters **29** 25); Nießbrauch **29** 32; Pfändung **29** 32; prüfungspflichtige/nicht prüfungspflichtige Gesellschaft **29** 50 f.; Rücklagenbildung **29** 83 f.; Verjährung **29** 156 f.; Verpfändung **29** 32; Verzicht **29** 26; Voraussetzungen **29** 38; Vorlage des Jahresabschlusses zur Feststellung **29** 49

Gewinnanteilschein, Abtretung **29** 128; Beweisurkunde **29** 126; Dividendenscheine **29** 125; Kupons **29** 125; Pfändung **29** 129; Satzung **29** 127; staatliche Genehmigung **29** 127; Verpfändung **29** 128; Wertpapier **29** 126

Gewinnausschüttung, Befriedigung der Gläubiger **58d** 11; Bemessung des Gewinnanteils **58d** 9; Beschränkung **58d** 8; Dividendengarantie **58d** 7; Gewinnabführungsvertrag **58d** 7; gewinnunabhängige Zahlungen an Dritte **58d** 7; Gewinnausschüttungsverbot **58d** 7; Gläubigerschutz **58d** 1; Kapitalherabsetzung **58** 2; keine Beschränkung gewinnabhängiger Zahlungen **58d** 10; Sicherstellung der Gläubiger **58d** 11; Verbot bei vereinfachter Kapitalherabsetzung **58d** 2; verdeckte – **29** 158 ff.; zeitliche Grenze für das Verbot der Gewinnausschüttung **58d** 6; zulässige Gewinnausschüttung im Verbotszeitraum **58d** 7; Verteilung des Gewinnanteils **58d** 9

Gewinnausschüttung, verdeckte, *s. verdeckte Gewinnausschüttung*

Gewinnauszahlung, Auszahlung in Sachen **29** 123; Auszahlung in Geld **29** 123

Gewinnbeteiligung, von Dritten **29** 130; Besserungsschein **29** 155

Gewinnbezugsrecht, Abtretung **33** 22; – aus eigenen Geschäftsanteilen **33** 45; eingezogene Anteile **29** 21; Gewinnverteilung **14** 21; keine isolierte Abtretung **29** 30; relativ unentziehbares Mitgliedschaftsrecht **14** 21; Teil des Mitgliedschaftsrechts **29** 20; Übertragung, des Geschäftsanteils **29** 21 (– mit dem Geschäftsanteil **29** 29)

Magere Zahlen = Randnummern

Sachverzeichnis

Gewinnermittlung, Gewinn- und Verlustrechnung **42 a Anh. I** 341 ff.
Gewinngarantie, Ergebnisverwendung **29** 114; durch Dritte **29** 116; Wirksamkeit **29** 115; Zusicherung durch die Gesellschaft **29** 115
Gewinnrücklage, Bilanzierung bei Kapitalgesellschaften & Co. **42 a Anh. I** 261
Gewinnrückzahlung, Ansprüche nach BGB **32** 19; Begriff der Gutgläubigkeit **32** 10; Beteiligung Dritter **32** 15 ff.; Beweis, der Fehlerhaftigkeit der Auszahlung **32** 14 (- des guten Glaubens **32** 13); Beweislastverteilung **32** 13; doppelte Gewinnauszahlung **32** 8; Einreden des Gesellschafters bei Bösgläubigkeit **32** 20; Empfang des Gewinnanteils **32** 11; Gewinnanteile **32** 5; Haftung bei Bösgläubigkeit **32** 18; Mängel des Gewinnverteilungsbeschlusses **32** 2; maßgeblicher Zeitpunkt der Gutgläubigkeit **32** 11; österreichisches Recht **32** 22; Rechtsfolge der Gutgläubigkeit **32** 12; Regelungsgehalt des § 32 **32** 5; sonstige Zahlungen **32** 6; Verhältnis zu §§ 30, 31 **32** 4; Verjährung **32** 21; Voraussetzungen **32** 1; Zinsen **32** 7; Zweck **32** 1
Gewinnthesaurierung, Einl. 76; Satzungsänderung **53** 50
Gewinnverteilung, Besserungsschein **29** 155; Bilanzgewinn **29** 59; Einteilung von Geschäftsanteilen in bestimmte Kategorien **29** 108; Einvernehmlichkeit **29** 111; Gesellschafter-Geschäftsführer **29** 110; Gewinnbeteiligungen Dritter **29** 130; Gleichbehandlungsgrundsatz **29** 109; Gleichmäßigkeit **29** 112; Gleichzeitigkeit **29** 112; Maßgeblichkeit des Nominalbetrages **29** 103; Maßstäbe **29** 102; Satzung **29** 18; statutarische Regelungen **29** 107; Tantieme **29** 110; Ungleichbehandlung der Gesellschafter **29** 109; Verjährung **29** 156 f.; Vorausgewinn **29** 107; Vorrecht **29** 110; Vorzugsrechte mit einer festen Verzinsung **29** 108
Gewinnverteilungsbeschluss, Fristen **29** 106; Gesellschafter-Geschäftsführer **29** 104; Mehrheitserfordernisse **29** 104; Rückzahlung **32** 4; Zweipersonen-Gesellschaft **29** 105
Gewinnverwendung, *s. auch Ergebnisverwendung;* Aufsichtsrat **52** 49; Gesellschafterbeschlüsse **46** 8; Prüfung durch Aufsichtsrat **52** 11; Schweigen des Gesellschaftsvertrages **46** 9; Treuepflicht **13** 58, 61
Gewinnverwendungsbeschluss, Fristen **29** 106; Gesellschafterbeschluss **46** 8; Inhalt **46** 11; Mehrheitserfordernisse **29** 104; Nichtigkeit **29** 35; **58 d** 13; Treuepflicht der Gesellschafter **13** 61; vereinfachte Kapitalherabsetzung **58 a** 9; **58 b** 11; Verluste, vor/nach Fassung des Beschlusses **29** 36 f.; Zweipersonengesellschaft **29** 105
Gewinnvortrag, Auflösung **29** 121; Bilanzierung **42 a Anh. I** 251; Ergebnisverwendung **29** 120; vereinfachte Kapitalherabsetzung **58 a** 7, 9
Gezeichnetes Kapital, Ausweis in der Bilanz **42** 4; Begriff **42** 2; Bilanzierung **5** 3; **42 a Anh. I** 235; Bruttomethode **42** 4; Höhe **42** 3; Kapitalerhöhung **42** 6; Kapitalherabsetzung **42** 7; Kapitalveränderung **42** 5 ff.; Nennwert **42** 3; Nettomethode **42** 4; Stammkapital **5** 3, **42** 2
„Girmes"-Entsch. Einl. 59; Stimmpflicht bei vereinfachter Kapitalherabsetzung **58 a** 11
Gläubigerschutz, Abstimmungen **47** 86; Ausgliederung **77 Anh.** 590; Ausgliederungsverbot bei Einzelkaufmann **77 Anh.** 649; Ausweis von Kapital- und Gewinnrücklagen **57 d** 1; Auszahlungsverbot **30** 1; Bekanntmachung der Auflösung bei Altgesellschaften (Nov. 1980) **65** 10; dreimalige Veröffentlichung der Auflösung **65** 9; eigenkapitalersetzende Gesellschafterdarlehen **32 a** 17; Ersatzanspruch gegenüber Liquidatoren **73** 29; Fortführungsprognose bei Überschuldung **63** 36; Geltendmachung von Ansprüchen gegen Geschäftsführer **43** 46; Gewinnausschüttungsverbot **58 d** 2; Gläubigeraufruf **65** 9; Handelndenhaftung **11** 107; Haftung, bevorzugter Gläubiger **73** 35 (- der Geschäftsführer **43** 4, 30, 39; - der Liquidatoren **73** 26 ff.); Herabsetzung des Stammkapitals **58** 1; - bei Insolvenz **32 a** 17; Kapitalerhöhung, aus Gesellschaftsmitteln **57 e–57 g** 1 (- bei teileingezahlten Anteilen **57 l** 3; - mit Sacheinlagen **56** 17); Kapitalherabsetzung **58** 22 ff.; Liquidation **73** 26 ff.; Nichteintritt angenommener Verluste **58 c** 1; Offenlegung des Jahresabschlusses bei Kapitalherabsetzung **58 e** 10; Schadensersatzansprüche, bei Formwechsel **77 Anh.** 137 (- bei verdeckter Sacheinlage **19** 168; - bei Verschmelzung **77 Anh.** 411; - der formwechselnden GmbH gegen Geschäftsführer **77 Anh.** 137); Sicherheitsleistungen **30** 35; Spaltung **77 Anh.** 543, 548; Sperrjahr **65** 11; **73** 3 ff.; Strafvorschriften **Vor 82–85** 29 ff.; Umwandlung **77 Anh.** 132, 136 (- eingetragener Genossenschaft in GmbH **77 Anh.** 190; - GmbH in OHG **77 Anh.** 229; - OHG in GmbH **77 Anh.** 280); Umwandlungsrecht **77 Anh.** 12; Unternehmensverbindungen **30** 74; verbundene Unternehmen **30** 74; vereinfachte Kapitalherabsetzung **58 b** 1; **58 c** 1; **58 d** 1; **58 e** 10; Verschmelzung **77 Anh.** 406; Verzicht auf Ersatzanspruch **9 a** 1; Wirkung des Gläubigeraufrufs **65** 11; Zeitpunkt des Gläubigeraufrufs **65** 11
Gleichbehandlungsgrundsatz, Ablehnung der Eintragung **57 a** 2; Abstimmungen **47** 105; Abwehrrecht **13** 100; Adressat **13** 96; Anspruch auf Zustimmung **13** 107; Art der Gewinnauszahlung **29** 123; Ausgleichspflicht gleichheitswidriger Vermögensvorteile **13** 107; Auskunfts- und Einsichtsrechte **51 a** 18; Auswirkungen **13** 100; Beschränkung der Redezeit **48** 12; Beweislast **13** 108; Bezugsrecht **55** 30; Einlageinforderung **19** 12; Erhöhung des Stammkapitals **55** 29 f.; formale Ungleichbehandlung **13** 103; Gesellschafterbeschlüsse **47** 124; Gewinnverteilung **29** 109; Gleichbehandlung, im Unrecht **13** 100 (- nach Köpfen **13** 102); Grundlage **13** 96; Hauptrechte **13**

2707

Sachverzeichnis

Fette Zahlen = §§

102; Hilfsrechte **13** 102; Inhalt **13** 95; Kaduzierung **21** 8, 24; Kapitalerhöhung **56 a** 11 (– aus Gesellschaftsmitteln **57 h** 5); Kapitalherabsetzung **58** 10; Leistungen auf das neue Stammkapital **56 a** 11; Leistungsverweigerungsrecht **13** 107; Maßgeblichkeit der Geschäftsanteile **13** 102; Maßstab **13** 102; Minderheitenschutz **45** 24; Nachschusspflicht **26** 34; Nichtigkeit **77** 6 f.; Pflicht zur Anerkennung des gesellschaftlichen Eigeninteresses **13** 109; Prüfung **13** 101; Prüfungskriterien **13** 104; Rechtsfolgen von Verstößen **13** 107; Rückerstattungspflicht **13** 107; sachliche Rechtfertigung der Ungleichbehandlung **13** 105; Satzungsänderung **53** 50; Schadensersatzanspruch **13** 107; keine schrankenlose Dispositionsbefugnis **13** 109; Schutzgegenstand **13** 97; Stammeinlage **19** 12; Tantiemen für Gesellschafter-Geschäftsführer **29** 110; Teilhaberecht **13** 100; Treuepflicht **13** 94; Umstellung auf Euro **86** 21; Unbeachtlichkeit von Verstößen **13** 106; Ungleichbehandlung **13** 101 ff.; **29** 109; verdeckte Gewinnausschüttung **Einl.** 73 ff. **29** 164, 168; Verhältnis, zu Gesellschafterbeschlüssen **13** 98 f. (– zu Satzung **13** 98); Verstoß **13** 101; Vertragsstrafe **20** 22; Verzugszinsen **20** 30; Willkürverbot **13** 95; Zuordnung der neuen oder erhöhten Geschäftsanteile **57 j** 2

GmbH, Abschlussprüfer des Konzernabschlusses **42 a Anh. II** 341; abweichende Mitbestimmungsregelungen **Einl.** 192; Abwicklung **13** 8; actio pro societate *(s. auch dort)* **13** 114; actio pro socio *(s. auch dort)* **13** 114; Aktiengesellschaft **Einl.** 177 f.; Angaben auf Geschäftsbriefen **35 a** 11; angeordnetes Schiedsgericht **13** 29 f.; anglo-amerikanischer Rechtskreis **Einl.** 379; Anmeldung **Vor 1** 5; anstaltsähnliche Institute **Einl.** 131; Anteilserwerb durch abhängiges Unternehmens **52 Anh.** 81; Anwendung des Handelsrecht **Einl.** 23; Apotheken **1** 10; **13** 17; Arbeitnehmer als Gesellschafter **2** 32; – „im Aufbau" **Einl.** 362; Auflösungsbeschluss **13** 8; Aufsichtsratsmitglied **13** 16; ausdrückliche Regelungen über die GmbH außerhalb des GmbHG **Einl.** 25; Auslandsbesitz **Einl.** 114; Ausweis des Eigenkapitals in der Bilanz **42 a Anh. I** 234; Bankgeschäfte **13** 17; Bausparkassen **Einl.** 27; Begriff **1** 3; Bedeutung der GmbH in fremden Rechten **Einl.** 364; Bedeutung des Mitbestimmungsrechts **Einl.** 162; Berufszweige **13** 17; Besitz **13** 12; Bestellung eines Prozessvertreters **6** 39; Betreuungsgesetz (BtG) **Einl.** 4; Betriebsaufspaltung **Einl.** 128; close corporations **Einl.** 381; Datenschutz **13** 20; DDR-Recht **Einl.** 361; Definition **Einl.** 41; **1** 3; Deliktsfähigkeit **13** 19; Doppelgesellschaft **Einl.** 128; Drittorganschaft **Einl.** 34; Durchgriff **13** 122; Durchgriffshaftung *(s. auch dort)* **13** 122; eigene Firma **13** 11; eigene Geschäftsanteile **33** 1; Eigentum **13** 12; Einführungsgesetz zur Insolvenzordnung (EGInsO) **Einl.** 4, 19; Einpersonen-GmbH **Einl.** 119; **13** 4, 20; **60** 9 (– Gründung **1** 2); Einsatzzwecke **Einl.** 117 ff.; Eintragung in das Handelsregister **13** 7; Entstehung **Einl.** 1; **13** 7; Entwicklung, bis Ende des 2. Weltkrieges **Einl.** 109 (– nach dem 2. Weltkrieg **Einl.** 3, 110); Erbe **13** 14; Erbfähigkeit **13** 14; Erhaltung organisationsrechtlicher Grundregeln bei Mitbestimmung **Einl.** 189; Erlöschen **13** 7 f.; Erlöschensgründe **13** 9; Eröffnung des Insolvenzverfahrens **13** 8; Errichtung **Vor 1** 1; Erwerb von Rechten und Pflichten **13** 4; Familiengesellschaften **Einl.** 118; fehlerhafte Vorgesellschaft **11** 72; **2.** Finanzmarktförderungsgesetz **Einl.** 30; Firma **4** 1, 5; firmenbezogenes Geschäft **36** 2; „Flucht in die GmbH" **Einl.** 110; Förderungs- und Treuepflichten **1** 5; Fortsetzungsbeschluss **13** 8; Freiberufler-GmbH **Einl.** 124; Freie Berufe **Einl.** 124; freie Sitzwahl **Einl.** 18; – in fremden Rechten **Einl.** 363 f.; Fremdenrecht **Einl.** 345; GbR mbH **1** 3; Gefährdungshaftung **13** 19; Gegenstand des Unternehmens **1** 6; genossenschaftliche Zwecke **Einl.** 122; gerichtlicher Sachverständiger **13** 15; Gerichtsstand der Gesellschaft **13** 28; Geschäftsanteile **13** 6; Geschäftsführer **13** 16 (– als Zeuge **13** 26); Geschäftszweige **13** 17; Gesellschaften weniger Personen **Einl.** 117; Gesellschafter einer anderen Gesellschaft **13** 16; Gesellschafterklage **13** 114; Gesellschaftszweck **1** 1, 5; Gesetz zur Änderung des D-Markbilanzgesetzes **Einl.** 4; Gesetz zur Bereinigung des Umwandlungsrechts (UmwBerG) **Einl.** 4; Gesetz zur Einführung des Euro (EuroEG) **Einl.** 4; **86** 1 ff.; Gesetz zur Kontrolle und Transparenz im Unternehmensbereich (KonTraG) **Einl.** 4, 16; gesetzliche, Beschränkungen und Privilegierungen **Einl.** 27 (– Ergänzungen **Einl.** 22); getrenntes Vermögen **13** 12; Gewerbesteuer **13** 163; Gleichbehandlungsgrundsatz *(s. auch dort)* **13** 94; Gliederungsschema der Bilanz **42 a Anh. I** 156; GmbH & Co. **Einl.** 110; GmbH-Nov. 1980 **Einl.** 4, 6 ff.; Grenzen aller Reformbestrebungen **Einl.** 30; Größenklassen **41** 30 ff.; Große GmbH **Einl.** 203; **41** 36; Große GmbH-Reform **Einl.** 29; Großunternehmen **Einl.** 121; Gründung **Vor 1** 1; Gründungstheorie **Einl.** 317; Grundrechtsschutz **13** 20; grundtypvermischte Unternehmensformen **Einl.** 125; Grundtypvermischung **Einl.** 125; Haftung **13** 1; Haftungsbeschränkungen **Einl.** 30; Haftungszurechnung **13** 19; – als Handelsgesellschaft **1** 1; **13** 6, 32; handelsrechtliche Vorschriften außerhalb des HGB **13** 34; Handelsrechtsreformgesetz (HRefG) **Einl.** 4; Handelsvertreter **13** 17; Handlungsfähigkeit **13** 6; Hauptgruppen **Einl.** 116; herrschende – **52 Anh.** 52; historische Entwicklung **Einl.** 1; hoheitliche Funktionen **13** 18; Hypothekenbanken **Einl.** 27; Identität mit Vorgesellschaft **Einl.** 15; Inhaber von gewerblichen Schutzrechten **13** 13; Inhalt **13** 5; Insolvenzfähigkeit **63** 19; Insolvenzverwalter **13** 15;

Magere Zahlen = Randnummern　　　　　　　　　　　　　　　　**Sachverzeichnis**

institutionelle Schiedsgerichte **13** 31; internationales Privatrecht **Einl.** 297 f.; juristische Person **Einl.** 44; **13** 4 f. (– als Gesellschafter **2** 19; – des öffentlichen Rechts als Gesellschafter **2** 21; – des privaten Rechts **13** 5; – des Privatrechts als Gesellschafter **2** 20); Kammer für Handelssachen **13** 33; Kapitalanlagegesetz **Einl.** 28; Kapitalanlagegesellschaften **Einl.** 28; Kapitalaufnahmeerleichterungsgesetz (KapAEG) **Einl.** 4, 16; Kapitalgesellschaft **13** 6; **Einl.** 46; kapitalistische GmbH **13** 5; Kartellrecht **Einl.** 130; kaufmännische Organisationsform **13** 5; Kaufmann **13** 33; Kein-Mann-GmbH **Einl.** 119; **1** 4; **13** 4; **33** 26 ff.; **60** 9; kirchliche Unternehmen **Einl.** 123; kleine AG **Einl.** 30; kleine GmbH **42 a** 34; kleine Reform **Einl.** 29; Körperschaft mit personengesellschaftsrechtlichen Eigenschaften **Einl.** 45; körperschaftliche Struktur **13** 6; Körperschaftsteuer **13** 162; Komplementär **13** 16; – als Komplementär einer Publikums- oder Massen-KG **Einl.** 127; Konkordanzliste GmbHG – ÖGmbHG **Einl.** 5, 296, 344, 358, Anh. II; Konkordanzliste GmbHG – Schweizer Recht **Einl.** 378, Anh. III; Konzernrecht **Einl.** 129; Kreditinstitute **Einl.** 27; Lehre vom Doppeltatbestand **13** 9; Liquidation **13** 8; Liquidator **13** 16; Löschung der Gesellschaft **60** 6; Mantel-GmbH **60** 6; Merkmale **Einl.** 43 ff.; Mitberechtigung am Geschäftsanteil **18** 4; Mitbestimmung von Arbeitnehmervertretern **Einl.** 26; Mitglied, einer Genossenschaft **13** 16 (– eines Vereins **13** 16); Mittelgroße GmbH **41** 35; Mittellösung zwischen Kapital- und Personengesellschaft **Einl.** 2; mögliche Tätigkeiten **13** 17; (kein) Muster-Gesellschaftsvertrag **Einl.** 132 f.; – als Mutterunternehmen **52 Anh.** 42, 81; Nachlasspfleger **13** 14; Nachlassverwalter **13** 15; Namensaktiengesetz (NaStraG) **Einl.** 4, 20; Nichtigkeitserklärung **13** 8; Nichtigkeitsklage **75** 2; – mit nichtwirtschaftlichen Zwecken **Einl.** 131; Normativbestimmungen **Einl.** 44; Oechelhäuser **1** 3; öffentliche Ämter **13** 18 (– Unternehmen **Einl.** 123; **1** 44); öffentliches Recht **13** 20; österreichisches Recht **Einl.** 5, 294 ff.; **13** 165 f.; Ordnungswidrigkeitenrecht **13** 22; Organisationsrecht **35** 1; Parteifähigkeit **13** 24; partielle Rechtsangleichung **Einl.** 382; personalistische GmbH **13** 5; personenbezogene Gesellschaften mit Fremdbeteiligung **Einl.** 120; Personenhandelsgesellschaften **2** 23; Personenverband **13** 5, 35; Pfleger **13** 15; praktische Verwendung **Einl.** 109; „privat limited company" **Einl.** 380; privatrechtliche Stellung **13** 10; Prokurist **13** 17; Prozessfähigkeit **13** 24; Prozesskostenhilfe **13** 27; prozessrechtliche Stellung **13** 24; quantitative Entwicklung **Einl.** 109; RA-GmbH **1** 14; Rechnungslegungsvorschriften **42 a Anh. I** 1; Recht der „mitbestimmten GmbH" **Einl.** 179; rechtliche Selbständigkeit **13** 5; Rechtsangleichung **Einl.** 359 f. (– in der EG **Einl.** 382); Rechtsanwalt **1** 14 ff.; **13** 5; rechtsformspezifische Anwendung der Mitbestimmungsgesetze **Einl.** 177 f.; Rechtspersönlichkeit **13** 1, 4, 6, 10; Rechtsvergleichung **Einl.** 359 f.; Reformen **Einl.** 4 f.; Reformfragen **Einl.** 129; reguläre GmbH & Co. **Einl.** 126; Schiedsgerichtsvereinbarung **13** 29; Schiffspfandbriefbanken **Einl.** 27; Schweizer GmbH **Einl.** 365; Schwindelgründung **Einl.** 2; – als selbstständiger Unternehmensträger **Einl.** 117 ff.; Sitz der Gesellschaft **4 a** 1; Sitztheorie **Einl.** 303 ff.; Stammeinlagen **13** 6; Stammkapital **13** 6; Stammkapitalhöhe **Einl.** 112; Stellung im Rechtsverkehr **13** 10; steuerliche Doppelbelastung **Einl.** 110; steuerliches Rechtssubjekt **Einl.** 63; Steuern **Einl.** 64 ff.; **13** 161 ff.; Steuerrecht **Einl.** 63 ff.; steuerrechtliche Fragen **Einl.** 63 (– Identität mit Vorgesellschaft **11** 159); Stiftungen **Einl.** 131; Strafrecht **13** 22 f.; Testamentsvollstrecker **13** 14; – als Tochtergesellschaft/-unternehmen **52 Anh.** 32, 72; Träger öffentlicher Unternehmen **Einl.** 123; Trennungsprinzip **13** 6, 122; Treuepflicht **13** 35 ff.; Übergangsfristen für DDR-GmbHs **Einl.** 362; umgekehrter Durchgriff **13** 156; Umsatzsteuer **13** 164; Universalinstrument **Einl.** 42; Unternehmensgegenstand **1** 5; Unternehmensrechtsreform **Einl.** 38 ff.; USA **Einl.** 381; Verbandsperson **13** 35; Verbreitung **Einl.** 109; Vereinigtes Königreich und Nordirland **Einl.** 380; Verfahren bei Gründung **Vor 1** 4; vergleichbare Gesellschaften in fremden Rechten **Einl.** 365 ff.; Verhältnis, GmbHG zu BGB **Einl.** 24 (– GmbHG zu HGB **Einl.** 24); Vermächtnisnehmer **13** 14; Vermögenslosigkeit **13** 9; Versicherungen **Einl.** 27; Verteilung: nach Größenklassen **Einl.** 112 (– nach Wirtschaftszweigen **Einl.** 112); Vertragsfreiheit **13** 5; Vertragsgestaltung **Einl.** 109, 132 f.; Vertretung im Prozess **13** 25; Verwaltungsverfahren **13** 21; Verwendungszwecke **Einl.** 115; Vormund **13** 15; Vorrats-GmbH **60** 6; Vorstand **13** 16; Wesen **13** 5 f.; weitere Reformen **Einl.** 15; wirtschaftliche Verwendung **Einl.** 113; Wirtschaftsprüfungs- und Steuerberatungsgesellschaften **Einl.** 124; Zahl der Geschäftsführer in mitbestimmter Gesellschaft **6** 7; zeitliche Beschränkung **3** 23; Zeugnisverweigerungsrecht **13** 26; zukünftige Entwicklung **Einl.** 111; Zulässigkeit (s. *Gesellschaftszweck*) (– bestimmter Gewerbearten **1** 11); Zurechnungsdurchgriff (s. auch dort) **13** 122, 146; zuständiges Gericht **13** 33; Zustellungen an die Gesellschaft **13** 26; Zweckbestimmung **13** 5; Zwei-Personen-Gesellschaft **34** 74, 96; Zweigniederlassungen **12** 1 f.; zwingendes Recht **13** 2; **24** 3; **57 j** 2

GmbH & Co., GmbH & Co. KG *(s. auch dort)* **Einl.** 134; GmbH & Co. KGaA **Einl.** 136; GmbH & Co. OHG *(s. auch dort)* **Einl.** 135; GmbH & Still *(s. auch dort)* **Einl.** 148

GmbH & Co. KG, Abberufung des Geschäftsführers **38** 40; Abschreibungsgesellschaft **Einl.** 144; AfA **42 a Anh. I** 142; Anmeldung **8** 29 (– der Liquidatoren **67** 8); Ansprüche, der

2709

Sachverzeichnis

Fette Zahlen = §§

Kommanditgesellschaft gegen GmbH-Geschäftsführer **43** 64 (– der Kommanditgesellschaft gegen die Kommanditisten **63** 156; – der Kommanditisten **63** 160); Antragspflicht, bei einer mehrstöckigen GmbH & Co. KG **63** 152 (– bei Zahlungsunfähigkeit oder Überschuldung einer GmbH & Co. KG **Vor 82–85** 29 ff.); Antragsrecht bei Insolvenz **63** 151; Antragstellung, bei Insolvenz der KG **63** 150 (– bei Insolvenz der Komplementär-GmbH **63** 149); Anwendung, des § 35 a **35 a** 5 (– des GmbHG auf Komplementär-GmbH **Einl.** 145); Arten **Einl.** 139; Aufgaben der Liquidatoren **70** 23; Auflösung **60** 85; gemeinsame Auflösung beider Gesellschaften **60** 90; Auflösung, der GmbH **60** 88 (– der KG **60** 86; – durch Urteil **61** 7); Aufwendungen für Geschäftsführer **42 a Anh. I** 442; Auskunfts- und Einsichtsrechte **51 a** 6; ausländische Kapitalgesellschaft als Komplementär **Einl.** 134; Ausleihungen **42 a Anh. I** 269; Ausweis, von Jahresfehlbeträgen **42 a Anh. I** 262 (– von Kapitalanteilen beschränkt haftender Gesellschafter **42 a Anh. I** 258; – von Kapitalanteilen persönlich haftender Gesellschafter **42 a Anh. I** 258; – von Verlustvortrag **42 a Anh. I** 262); Auszahlungsverbot gem. § 30 **30** 66; Beendigung, der GmbH **60** 89 (– der KG **60** 87); Befreiung, von der Konzernabschlusspflicht **42 a Anh. II** 86 (– vom Verbot des Selbstkontrahierens **35** 114); Berücksichtigung von Privatvermögen **42 a Anh. I** 263; Beschränkung der Geschäftsführungsbefugnis **37** 57; Bilanzierung anfallender Verluste **42 a Anh. I** 259; Bilanzierungshilfen **42 a Anh. I** 268; Doppelbesteuerung **Einl.** 64; doppelstöckige – **Einl.** 143; doppelstöckige KG **Einl.** 212; drohende Zahlungsunfähigkeit **63** 149; echte – **Einl.** 140; EG-Recht **Einl.** 31 ff.; EG-Richtlinien **Einl.** 147, 386; eigene Geschäftsanteile **33** 28, 56 ff.; Eigenkapitalausweis **42 a Anh. I** 255; eigenkapitalersetzende Gesellschafterdarlehen (s. auch eigenkapitalersetzende Gesellschafterdarlehen) **32 a** 229 ff.; Einheitsgesellschaft **Einl.** 142; **33** 28; Einpersonen-GmbH & Co. KG **Einl.** 141; Einschränkung des Erwerbs eigener Geschäftsanteile **33** 57; Einstimmigkeit bei Fortsetzung **63** 174; Eintragung der Befreiung vom Verbot des Selbstkontrahierens **10** 13; Einziehung von Geschäftsanteilen **34** 56; Einziehungsbefugnis des Insolvenzverwalters **63** 167; Entwicklung **Einl.** 134; Ergänzungsbilanz **42 a Anh. I** 263; Ergebnis richterlicher Rechtsfortbildung **Einl.** 54; Erhöhung des Stammkapitals **55** 28; Ermittlung des Steueraufwands **42 a Anh. I** 264; Erscheinungsformen **Einl.** 139; Erstattungsanspruch **42 a Anh. I** 265 (– gem. § 31 **31** 72 ff.); Ertragsteuerrecht **Einl.** 134; Erwerb, eigener Geschäftsanteile **33** 56 (– von Anteilen der Komplementär-GmbH durch KG **33** 58); Firma **4** 73 f.; **8** 29 (– der GmbH **4** 74); Folgen des Verstoßes gegen § 33 Abs. 2 **33** 59; Forderungen **42 a Anh. I** 269; Formwechsel einer GmbH in eine KG **77 Anh.** 244; Fortführungsprognose **63** 162; Fortsetzung, bei Insolvenz **63** 174 (– der aufgelösten Gesellschaft **60** 91, **63** 174); Geschäftsbriefe **35 a** 5; Geschäftsführer der GmbH **35** 111; Geschäftsführergehälter **42 a Anh. I** 444 f.; Geschäftsführung **37** 56; Gesellschafterdarlehen **63** 161; Gesellschaftsteuer **Einl.** 92; Gesellschaftsteuerrecht **Einl.** 134; gesetzliche Regelung **Einl.** 145; gesonderte Überschuldungsbilanz **63** 163; Gewinnrücklage **42 a Anh. I** 261; Gewinn- und Verlustrechnung **42 a Anh. I** 265; GmbH & Co. KGaA **Einl.** 144; GmbH & Co.-Richtlinie **Einl.** 147; **42 a Anh. II** 4; GmbH – Nov. 1980 **Einl.** 13, 134, 146; GmbH und stille Gesellschaft **63** 170; grundtypvermischte Unternehmen **Einl.** 125; Hafteinlage **42 a Anh. I** 256; Haftung, der Geschäftsführer **43** 63 ff. (– der Geschäftsführer gemäß § 31 **31** 76; – der Kommanditisten nach § 31 **31** 73 f.; – des Kommanditisten bei Liquidation **72** 18; – für zurückgestellte Darlehen **32 b** 19; – gemäß § 31 **31** 72; – nach § 171 Abs. 1 HGB bei Übertragung von Geschäftsanteilen **33** 57); Haftungsmaßstab bei § 43 **43** 66; Haftungsvergütung **42 a Anh. I** 443; Handelndenhaftung **11** 106; Handelsrechtsreformgesetz (HRefG) **Einl.** 146; In-Sich-Geschäfte **35** 113; Insolvenz **63** 145 ff. (– der KG **63** 148; – der Komplementär- GmbH **63** 148); Insolvenzantragspflicht **64** 54; Insolvenzbeendigung **63** 168 f.; Insolvenzfähigkeit **63** 19; Insolvenzreife **63** 154; Insolvenzverfahren **63** 166; Jahresabschluss **42 a Anh. I** 146; 6; Kapitalgesellschaften & Co. Richtliniengesetz (KapCoRiLiG) **Einl.** 147; Kapitalkonten **42 a Anh. I** 257; Kapitalrücklage **42 a Anh. I** 261; Komplementär-GmbH **63** 163; Konzernabschlusspflicht **42 a Anh. II** 86; Konzernrechnungslegungspflicht **42 a Anh. II** 4 ff.; Konzernrecht **52 Anh.** 16; Leistungen auf das neue Stammkapital **56 a** 4; Liquidation **73** 26; Liquidationszusatz **68** 8 f.; Liquidatoren **63** 150; **66** 33; LöschG (aufgeh.) **60 Anh.** 1, 2; Löschung **60** 85; **74** 31; mehrstöckige GmbH & Co. KG **63** 152 (– KG **Einl.** 212); Mitbestimmungsgesetz 1976 (MitbestG 1976) **Einl.** 209 ff., 213; Motive für den Einsatz der – **Einl.** 137; Nachtragsliquidation **74** 32; negativer Kapitalanteil **42 a Anh. I** 259; Notbestellung eines Liquidators der Komplementär-GmbH **66** 33; Pensionen **42 a Anh. I** 441; persönliche Steuern **42 a Anh. I** 263; Personenfirma **4** 73; Pflicht zur Antragstellung bei Insolvenz **63** 153; Publikums- oder Anlagegesellschaft **Einl.** 144; Publikums- oder Massen-KG **Einl.** 127; reguläre Form **Einl.** 140; Schluss der Liquidation **74** 31; Sonderbilanz **42 a Anh. I** 263; Spaltung zur Neugründung **77 Anh.** 627; Stammeinlage **56 a** 4; steuerliche Vor- und Nachteile **Einl.** 138; Stimmverbot **47** 53 (– bei Vornahme des Rechtsgeschäftes **47** 68); strafrechtliche Haftung **64** 55 (– für Insolvenzantragspflicht **64**

Magere Zahlen = Randnummern

Sachverzeichnis

57); Strafvorschriften des Handelsgesetzbuches **Vor 82–85** 29; Trennungsprinzip **63** 148, 168 f.; Überschuldung **63** 149, 153; Überschuldungsbilanz, der KG **63** 155 ff. (– der Komplementär-GmbH **63** 163 f.); Umlagen **42 a Anh. I** 443; Umwandlung, GmbH in Co. KG **77 Anh.** 244 (– in GmbH **77 Anh.** 298, 305); Unterschriften der Geschäftsführer **8** 29; Untreue **Vor 82–85** 24 (– gegenüber GmbH **Vor 82–85** 26; – gegenüber KG **Vor 82–85** 25); Verbindlichkeiten **42 a Anh. I** 269; Verjährung, des Erstattungsanspruchs gemäß § 31 **31** 75 (– von Ansprüchen gegen Geschäftsführer **43** 66); Verlustübernahmepflicht **52 Anh.** 105; Vermögensvermengung **Einl.** 140; Vermögensabgrenzung bei Sonderbetriebsvermögen **42 a Anh. I** 263; Vermögensverteilung bei Liquidation **72** 17; Vertretung **35** 111 f.; Vor-GmbH & Co. **11** 166 ff.; Vorschriften zur Eigenkapitalgliederung **42 a Anh. I** 257; Weisungen der Gesellschafter gegenüber Liquidatoren **70** 24; Wirkung der Insolvenzeröffnung **63** 165; Zahlungsunfähigkeit **63** 149, 153; Zeichnung der Liquidatoren **68** 11; zivilrechtliche Haftung für Insolvenzantragspflicht **64** 55 f.; zusätzliche Angaben im Anhang **42 a Anh. I** 440; Zuständigkeit des Insolvenzverwalters **63** 166; Zweck der Komplementär-GmbH **61** 7

GmbH & Co. OHG, eigenkapitalersetzende Gesellschafterdarlehen **32 a** 230; Firma **4** 75; Zulässigkeit **Einl.** 135

GmbH & Still, Anteil an den Wertsteigerungen **63** 171; atypisch stille Gesellschaft **63** 170; Eigenkapitalcharakter **63** 170; Insolvenzverfahren **63** 170 ff.; Steuerrecht **Einl.** 148; Vorteile **Einl.** 148

GmbH „im Aufbau", Ausnahme von der Umwandlung **11** 180; Gründerhaftung **11** 183; Haftung, für Altverbindlichkeiten **11** 184 (– für Neuverbindlichkeiten **11** 184); Handelndenhaftung **11** 183; Produktionsgenossenschaften **11** 185; Rechtsnatur **11** 181 f.; TreuhandG **11** 179; Umwandlung **11** 179; volkseigene Wirtschaftseinheiten **11** 179

GmbHG, Abdingbarkeit **51 a** 30; actio pro socio (*s. auch dort*) **Einl.** 58; Aktienrecht **52** 33; **52 Anh.** 3, 6; allgemeines Schuldrecht **Einl.** 52; anwendbare Vorschriften bei Liquidation **69** 2; analoge Anwendung von Rechtssätzen außerhalb der GmbHG **Einl.** 49; Anwendung, allgemeinen Privatrechts **Einl.** 52 (– auf Komplementär-GmbH **Einl.** 145; – des Handelsrechts **Einl.** 23); ausdrückliche Regelungen über die GmbH außerhalb des GmbHG **Einl.** 25; Auslegung **Einl.** 47 ff.; „Autokran"-Entsch. **Einl.** 55 f.; **52 Anh.** 31, 93, 99, 104; Betreuungsgesetz (BtG) **Einl.** 4; BGB-Gesellschaftsrecht **Einl.** 53; „Bremer-Vulkan"-Entsch. **Einl.** 57; Bundesrecht **Einl.** 52; Einführungsgesetz zur Insolvenzordnung (EGInsO) **Einl.** 4, 19; EG-Richtlinien **Einl.** 31 ff.; Ergänzung, des allgemeinen Bilanzrechts **42** 1

(– durch Aktienrecht **Einl.** 51; – durch Personengesellschaftsrecht **Einl.** 51); Ergebnisse richterlicher Rechtsfortbildung **Einl.** 54; Euroeinführungsgesetz (EuroEG) **Einl.** 4, 17; **86** 1 ff.; Gesellschaftsvertrag **46** 1; Gesetz zur Änderung des D-MarkBilanzgesetzes **Einl.** 4; Gesetz zur Bereinigung des Umwandlungsrechts (UmwBerG) **Einl.** 4; Gesetz zur Einführung des Euro (EuroEG) **Einl.** 4; **86** 1 ff.; Gesetz zur Kontrolle und Transparenz im Unternehmensbereich KonTraG **Einl.** 4, 16; gesetzliche Ergänzungen **Einl.** 22; „Girmes"-Entsch. **Einl.** 59; GmbH – Nov. 1980 (*s. dort*); Grenzen, aller Reformbestrebungen **Einl.** 30 (– der Anwendbarkeit des Aktienrechts **Einl.** 55; – dispositiver Regelungen **Einl.** 48); Große GmbH-Reform **Einl.** 29; Haftungsbeschränkungen **Einl.** 30; Handelsrechtsreformgesetz (HRefG) **Einl.** 4, 6 ff., 18; „Hansa-Feuerfest"-Entsch. **Einl.** 59; Heranziehen des Personengesellschaftsrechts **Einl.** 58; „Holzmüller"-Entsch. **Einl.** 47; Insolvenzordnung (InsO) **63** 1; **Einl.** 19; Kapitalaufnahmeerleichterungsgesetz (KapAEG) **Einl.** 4, 16; Kleine AG **Einl.** 30; Körperschaftsrecht **Einl.** 52; Konzernhaftung **Einl.** 57; Konzernrecht **Einl.** 55; „Linotype"-Entsch. **Einl.** 59; Mitbestimmung von Arbeitnehmervertretern **Einl.** 26; Möglichkeiten dispositiver Regelungen **Einl.** 48; nachgiebiges Recht **27** 29; Namensaktiengesetz (NaStraG) **Einl.** 4, 20; Rechtsentwicklung **77 Anh.** 4 (– des GmbH-Strafrechts **Vor 82–85** 1); Rechtsprechungsgrundsätze **32 a** 213; Reformen **Einl.** 4; Reformfragen **Einl.** 29; richterliche Rechtsfortbildung **31** 48; **Einl.** 50; „Siemens"-Entsch. **Einl.** 59; 175, 181, 183 f., 246, 248, 286 „Supermarkt"-Entsch. **Einl.** 59; „TBB"-Entsch. **Einl.** 55, 57; „Tiefbau"-Entsch **Einl.** 55; Umfang richterlicher Rechtsfortbildung **Einl.** 50; UmwG 1969 **77 Anh.** 4; Umwandlungsteuergesetz 1977 UmwStG 1977 **77 Anh.** 4; Treuepflicht **Einl.** 58 (– und konzernrechtliche Probleme **Einl.** 59); Umstellung auf Euro **86** 1; Vereinsrecht **Einl.** 53; Verhältnis, GmbHG zu BGB **Einl.** 24 (– GmbHG zu HGB **Einl.** 24; – zu anderen Gesetzen **Einl.** 21); Vertragsfreiheit **13** 3; „Video"-Entsch. **Einl.** 55; Voraussetzungen der Anwendbarkeit von Aktienrecht **Einl.** 55; Vorschriften über Rechtsgeschäfte **Einl.** 52; zwingende Vorschriften des § 34 **34** 57; zwingendes Recht **13** 2; **21** 6; **22** 1; **24** 3, 36; **25** 1; **31** 43; **33** 3; **43** 4; **61** 1; 2. Gesetz zur Bekämpfung der Wirtschaftskriminalität (2.WiKG) **Einl.** 4

GmbH-Novelle 1980, Vor 1 2; Ablehnung der Eintragung **9 c** 1; **57 a** 1; Anmeldepflichtige **78** 2; Anmeldung **7** 2 (– der Kapitalerhöhung **57** 2, 6, 19); Anpassung des Stammkapitals bei Altgesellschaften (Nov. 1980) **5** 5; Auflösung **60** 1; Auflösungsgründe **60** 1; Auskunfts- und Einsichtsrechte **Einl.** 12; **51 a** 1; Bekanntmachung der Eintragung der Kapitalerhöhung

2711

Sachverzeichnis

Fette Zahlen = §§

57 b 1; Differenzhaftung **9** 1; eigenkapitalersetzende Gesellschafterdarlehen **Einl.** 10; eigene Geschäftsanteile **33** 1; Einpersonen-Gesellschaft **Einl.** 11 (– Gründung **2** 3); Eintragung in das Handelsregister **10** 1; Einzahlungen auf die Stammeinlage **19** 2, 91 f.; falsche Angaben **82** 3; Geschäftsführer **6** 2; gesetzliche Änderungen **Einl.** 6; GmbH & Co. **Einl.** 13, 146; GmbH & Co. KG **Einl.** 134, 146; Große Reform **Einl.** 29 f.; Gründungshaftung **9 b** 2; Gründungsprüfung **77 Anh.** 97; Haftung, für falsche Angaben **9 a** 2 (– für zurückgezahlte Darlehen **32 b** 1 f.); Kapitalerhöhung **55** 5; **57 a** 1 (– aus Gesellschaftsmitteln **57 c** 5; – mit Sacheinlagen **56** 2); Kreditgewährung an Geschäftsführer **43 a** 1; Leistungen auf das neue Stammkapital **56 a** 1; Mängelheilung durch Gesellschafterbeschluss **76** 1; Mindesteinzahlung **Einl.** 8; Mindest-Stammkapital **Einl.** 7; Nichtigkeitsklage **75** 42; österreichische GmbH – Nov. 1980 **Einl.** 14; Reform des GmbHG **Einl.** 4; registergerichtliche Prüfung **9 c** 1; Sacheinlagen **Einl.** 9; Sachgründungsbericht **5** 63; Satzungsänderung **53** 4, 43; Stammkapital **5** 1; steuerliche Unbedenklichkeitsbescheinigung **8** 14; Übergangsregelung **56 a** 12; Umwandlung **77 Anh.** 25; Umwandlungsrecht **77 Anh.** 7; **Einl.** 13; Verletzung der Geheimhaltungspflicht **85** 3; Verschmelzung **77 Anh.** 311; Verschmelzungsrecht **Einl.** 13; Zwangsgelder **79** 3

GmbH-Recht, allgemeines Schuldrecht **Einl.** 52; Anwendbarkeit **Einl.** 55; analoge Anwendung anderer Vorschriften **Einl.** 49; actio pro socio *(s. auch dort)* **Einl.** 58; analoge Anwendung von Rechtssätzen außerhalb des GmbHG **Einl.** 49; anglo-amerikanischer Rechtskreis **12** 54; Anwendbarkeit von Sondervorschriften auf die Einpersonen-Vorgesellschaft **11** 148; Anwendung allgemeinen Privatrechts **Einl.** 52; Auslegungsgrundsätze **Einl.** 47; Ausschluss der Anwendung ausländischen Rechts **Einl.** 342; „Autokran"-Entsch. **Einl.** 55 f.; **52 Anh.** 31, 93, 99, 104; Belgien **12** 52; BGB-Gesellschaftsrecht **Einl.** 53; „Bremer-Vulkan"-Entsch. **Einl.** 57; Bundesrecht **Einl.** 15; Dänemark **12** 52; – in der DDR **Einl.** 361 f.; Einpersonen-Vorgesellschaft **11** 148; Ergänzung durch Aktien- und Personengesellschaftsrecht **Einl.** 51; Ergebnisse richterlicher Rechtsfortbildung **Einl.** 54; Finnland **12** 52; Frankreich **12** 52; Gesellschaftsvertrag **Einl.** 60; gesetzliche Ergänzungen **Einl.** 16; „Girmes"-Entsch. **Einl.** 59; Grenzen, der Anwendbarkeit von Aktienrecht **Einl.** 55 (– dispositiver Regelungen **Einl.** 48); Griechenland **12** 52; Großbritannien **Einl.** 380; **12** 52; Große Reform **Einl.** 29 f.; „Hansa-Feuerfest"-Entsch. **Einl.** 59; Heranziehen des Personengesellschaftsrechts **Einl.** 58; „Holzmüller"-Entsch. **Einl.** 47; Irland **12** 52; Italien **12** 52; Konkordanzliste, mit österreichischem GmbH-Recht **Einl.** 5, 296, 344, 358, Anh. II (– mit schweizerischem GmbH-Recht **Einl.** 378, Anh. III); Konzernhaftung **Einl.** 57; Konzernrecht **Einl.** 55; „Linotype"-Entsch. **Einl.** 59; Lücken im Gesellschaftsvertrag **Einl.** 61; Lückenausfüllung im Einzelfall **Einl.** 60; Luxemburg **12** 52; Mitbestimmungsrecht **Einl.** 26, 177 ff.; Möglichkeiten dispositiver Regelungen **Einl.** 48; Niederlande **12** 52; Österreich *(s. auch österreichisches Recht)* **12** 52; ordre public **Einl.** 342; Personengesellschaftsrecht, Anwendbarkeit **Einl.** 58; Polen **12** 53; Portugal **12** 52; Rechtsanwendung im Einzelfall **Einl.** 60; richterliche Rechtsfortbildung **Einl.** 50; Satzungs-GmbH **Einl.** 62; schematische Typisierung **Einl.** 62; Schweden **12** 52; Schweiz **Einl.** 365 ff.; „Siemens"-Entsch. **Einl.** 59, 175, 181, 183 f., 246, 248, 286; Spanien **12** 52; Steuerrecht **Einl.** 63 ff.; „Supermarkt"-Entsch. **Einl.** 59; „TBB"-Entsch. **Einl.** 55, 57; „Tiefbau"-Entsch. **Einl.** 55; Treuepflicht **Einl.** 58 (– und konzernrechtliche Probleme **Einl.** 59); Tschechien **12** 53; Umfang richterlicher Rechtsfortbildung **Einl.** 50; Ungarn **12** 53; US-Recht **12** 54; Umstellung auf Euro **86** 1; Vereinsrecht **Einl.** 53; Vertrags-GmbH **Einl.** 62; „Video"-Entsch. **Einl.** 55; Voraussetzungen der Anwendbarkeit von Aktienrecht **Einl.** 55; Vorgesellschaft **11** 19; Vorschriften über Rechtsgeschäfte **Einl.** 52

GmbH-Reform, Gesetz für Kleine AG **Einl.** 30; Zweites Finanzmarktförderungsgesetz **Einl.** 30

GoB, *s. Grundsätze ordnungsgemäßer Buchführung*

going-concern, Bilanzierung **42 a Anh. I** 63; Fortbestehensprognose bei Insolvenz **63** 74; going-concern-principle **42 a Anh. I** 63; Grundsatz der Fortsetzung der Unternehmertätigkeit (going-concern-principle) **42 a Anh. I** 63

Griechenland, GmbH-Recht **12** 52

Großbritannien, GmbH-Recht **12** 52; private company **Einl.** 380; Rechtsvergleichung **Einl.** 380

„Große GmbH", Ausweis von Rückstellungen **42 a Anh. I** 281; Bekanntgabe des Anteilsbesitzes im Anhang **42 a Anh. I** 435; Buchführung **41** 36; Gewinn- (auszahlungs-) anspruch **29** 45; Gliederungsschema der Bilanz **42 a Anh. I** 156; Offenlegungspflicht **41** 140 ff.; Unternehmensrechtskommission **Einl.** 203

Gründerhaftung, Erlöschen **11** 33, 104, 138; GmbH „im Aufbau" **11** 183; Umwandlung; einer OHG in GmbH **77 Anh.** 276 (– KG in GmbH **77 Anh.** 301); Vorgesellschaft **11** 16, 91

Gründerkosten *s. Gründungsaufwand*

Gründervorteile, Abgrenzung zu Gründeraufwand **5** 67; Gesellschaftsvertrag **3** 51

Gründung, Angaben für – **9 a** 8; Anspruch auf Mitwirkung eines Gründers **11** 40; ausländische Gesellschaft **Einl.** 321; Einpersonen-GmbH **2** 33; Geschäftsanteil **14** 1; Gründerpflichten bei der Vorgesellschaft **11** 36, 39; Gründerrechte **11** 36; Gründungsaufwand **9 a** 22; Gründungsbestimmungen **3** 3; Gründungs-

Magere Zahlen = Randnummern **Sachverzeichnis**

haftung **9 a** 22; Gründungsschwindel, durch unrichtige Anmeldung **82** 28 (– durch unrichtigen Sachgründungsbericht **82** 53); Gründungsstadium **11** 5; Haftung **9 a** 8 (– für Schädigung **9 a** 22); Nachgründungsverträge **5** 21; Scheitern **11** 66, 71 (– der Einpersonen-Gründung **11** 151); Stufengründung **2** 34; Sukzessivgründung **2** 34, 45; Vorgesellschaft **11** 5; Vorgründungsgesellschaft **2** 84; zwingende Prüfung bei Sachgründung **5** 20

Gründungsaufwand, Anmeldungskosten **5** 68; Anwaltskosten **5** 68; Aufwendungen für Vorbereitung und Betrieb eines Unternehmens **5** 68; Beratungskosten **5** 68; Beurkundungskosten **5** 68; falsche Angaben **82** 46; Gründerlohn **2** 94; **5** 67; Gründervorteile **5** 67; Gründungshaftung **2** 92; Gründungskosten **2** 94; **5** 67; Haftung für Schädigung **9 a** 21 f.; österreichisches Recht **5** 73; registergerichtliche Prüfung **9 c** 18; Steuern **5** 68; Übernahme **5** 67; Umwandlung **77 Anh.** 68, 97; unangemessen hoher Gründerlohn **5** 69; Veröffentlichungskosten **5** 68; Verrechnung mit Einlageforderung **19** 108; Verschmelzung durch Neugründung **77 Anh.** 437; Vorbelastungshaftung **5** 70

Gründungsbericht, Spaltung unter Beteiligung einer AG oder KGaA **77 Anh.** 615; Verschmelzung GmbH mit AG oder KGaA **77 Anh.** 477

Gründungsbestimmungen, Abgrenzung Gesellschaftsvertrag **3** 3; Gründungsprotokoll **3** 3; Satzungsbescheinigung **3** 3

Gründungshaftung, Abtretung **9 b** 8; Aktivlegitimation **9 a** 33; allgemeine Differenzhaftung **9 a** 35; Altgesellschaften (Nov. 1980) **9 a** 37; Annahme an Erfüllungs statt **9 b** 8; Auftraggeber **9 a** 28; Anwendbarkeit sonstiger Vorschriften **9 b** 16; außergerichtlicher Vergleich **9 b** 7; Beginn der Verjährung **9 b** 13; Ersatzanspruch nach § **9 a 9 b** 3; Geltendmachung der Unwirksamkeit **9 b** 10; Gerichtsstand **9 a** 34; Gesamtschuldnerschaft **9 a** 31; Gesellschaft **9 a** 33; Gesellschafterbeschluss **9 a** 33; Gläubiger der Ansprüche **9 a** 33; Gläubigerschutz **9 b** 1; GmbH-Novelle 1980 **9 b** 2; Haftung, der Auftraggeber **9 a** 27 ff. (– der Geschäftsführer **9 a** 36; – der Gesellschafter **9 a** 36; – für falsche Angaben **9 a** 5 ff.; – für Schädigung **9 a** 21 ff.); Haftungstatbestände **9 a** 4; Hemmung der Verjährung **9 b** 15; Hintermann eines Strohmannes **9 a** 28; Insolvenzverfahren **9 a** 33; Notwendigkeit eines Gesellschafterbeschlusses **9 b** 4; österreichisches Recht **9 a** 38; **9 b** 18; Prozessvergleich **9 b** 6; Rechtsfolge § **9 b 9 b** 9; relative Unwirksamkeit **9 b** 9; strafrechtliche Verantwortlichkeit **9 a** 2; Strohmann **9 a** 28; Übergangsrecht **9 a** 37; **9 b** 1; Unterbrechung der Verjährung **9 b** 15; Unwirksamkeit, des Vergleichs **9 b** 9 (– des Verzichts **9 b** 9); Vergleich **9 b** 1, 3, 7, 9 (– bei Ersatzansprüchen nach § **9 a 9 b** 6); Verhältnis, zu anderen Bestimmungen **9 a** 35 (– zur Differenzhaftung **9** 11); Verjährung **9 b** 1, 11, 14, 15; Verkürzung der Verjährungsfrist **9 b** 12; Vertreter **9 a** 29; Verzicht **9 b** 1, 3, 5, 9; Vorgesellschaft **9 a** 33; weitere Vereinbarungen **9 b** 8; zivilrechtliche Haftung **9 a** 1; zwingendes Recht **9 b** 2

Gründungskosten s. *Gründungsaufwand*

Gründungsmängel, besonders schwere Gründungsmängel **2** 60; Gesellschaftsvertrag **2** 59 ff.; übrige – **2** 61

Gründungsprotokoll s. *Gründungsbestimmungen*

Gründungsprüfung, Spaltung unter Beteiligung einer AG oder KGaA **77 Anh.** 615; Verschmelzung GmbH mit AG oder KGaA **77 Anh.** 477

Gründungsschwindel s. *falsche Angaben*

Gründungsstadium, Auflösung der Vorgesellschaft **11** 65; Einpersonen-Gründung **11** 147; Eintragung **11** 132; Erhöhung des Stammkapitals **55** 22; Erlassverbot **19** 44; Nichtigkeit der Firmenbestimmung **4** 66; Rechtsfolgen unzulässiger Firmenbestimmung **4** 66; Rechtswirkungen der Eintragung **11** 132; Satzungsänderung **53** 66; Teilung von Geschäftsanteilen **17** 11; Umwandlung **53** 66; Vorgesellschaft **11** 5

Gründungstheorie, Bestimmung des Gesellschaftsstatuts im anglo-amerikanischen Recht **Einl.** 317; ordre public **Einl.** 342; Verlegung des Verwaltungssitzes **Einl.** 336

Grunderwerbsteuer, Ausgliederung **77 Anh.** 607 (– aus Vermögen eines Einzelkaufmanns **77 Anh.** 669); Bemessungsgrundlage **Einl.** 103; Bewertungsgesetz **Einl.** 103; bundesrechtliche Regelung **Einl.** 102; Gegenleistung **Einl.** 103; Gegenstand **Einl.** 103 (– der Sacheinlageverpflichtung **Einl.** 104); gesellschaftsrechtliche Vorgänge **Einl.** 104; Gesellschaftsvertrag **2** 93 f.; GrEStG 1983 **Einl.** 102; Grundbesitzwerte **Einl.** 103; Grundstücksumsätze **Einl.** 103; Grundstückswert **Einl.** 103; Kapitalerhöhung mit Sacheinlagen **56** 26; Kapitalherabsetzung **58** 54; Spaltung **77 Anh.** 586; Steuersatz **56** 26; Übergang von Geschäftsanteilen **Einl.** 105; Übertragung von Geschäftsanteilen **Einl.** 104; **15** 199; Umwandlung, GmbH in KGaA **77 Anh.** 156 (– GmbH in OHG **77 Anh.** 242; – Körperschaften und AöR in GmbH **77 Anh.** 217; – OHG in GmbH **77 Anh.** 295, 297); Umwandlungsrecht **Einl.** 12; Umwandlungsvertrag **Einl.** 104; Vereinigung von Geschäftsanteilen **Einl.** 104; Vermögensübertragung auf die öffentliche Hand **77 Anh.** 685; Verschmelzung **77 Anh.** 430; Vorgesellschaft **11** 163

Grundsätze ordnungsgemäßer Buchführung (GoB), Abgrenzungsgrundsätze **42 a Anh. I** 15 ff.; Anschaffungspreisprinzip **42 a Anh. I** 15; Beibehaltung von Bewertungsmethoden **42 a Anh. I** 19; Buchführungspflicht **42 a Anh. I** 11; ergänzende Grundsätze **42 a Anh. I** 18; Ermittlung, nach deduktiver Methode **41** 38 (– nach hermeneutischer Methode **41** 38); gesetzliche Regelungen **41** 39; Grundsatz, der Bewertungsstetigkeit **42 a Anh. I** 20

2713

Sachverzeichnis

Fette Zahlen = §§

(– der Klarheit und Übersichtlichkeit **42 a Anh. I** 13; – der Richtigkeit und Willkürfreiheit **42 a Anh. I** 12; – der Stetigkeit **42 a Anh. I** 18; – der Vollständigkeit **42 a Anh. I** 14; – der Vorsicht **42 a Anh. I** 15; – der Wesentlichkeit (materiality) **42 a Anh. I** 17); Höchstwertprinzip **42 a Anh. I** 16; Imparitätsprinzip **42 a Anh. I** 17; Jahresabschluss **42 a** 19; **42 a Anh. I** 11; Konzernabschluss **42 a** 19; Niederstwertprinzip **42 a Anh. I** 15; Prinzip der verlustfreien Bewertung **42 a Anh. I** 17; Realisationsprinzip **42 a Anh. I** 15, 21; Zweck **41** 40

Gruppen von Gesellschaften (Euro-Umst.), Umstellung auf Euro **86** 3

Gütergemeinschaft, Beteiligung eines Ehegatten an einer GmbH **2** 10

Güterrecht, Übertragung des Geschäftsanteils **15** 98 f.

Gutgläubigkeit, Begriff **31** 21 f.; **32** 10; Beweislast bzgl. Empfang der Leistung **31** 30; Bezugsobjekt **32** 9; Dritter **31** 25; Empfänger **31** 23; Gesellschafter **31** 24; **32** 9; Haftung gem. § 31 **31** 20; **32** 9; Haftungsreduktion **31** 26; Inhalt **31** 21 f.; Rechtsfolge **31** 26; Zeitpunkt **31** 23

GuV, *s. Gewinn- und Verlustrechnung*

Haftung, abgeleitete Firma **4** 62; Abschlussprüfer gegenüber der Gesellschaft **42 a** 52; – für Altschulden eines eingebrachten Handelsgeschäfts **11** 103; Aufsichtsrat nach BetrVG 1952 **Einl.** 292; Aufsichtsratsmitglieder **Einl.** 257; – des Auftraggeber **9 a** 27 ff.; – des ausscheidenden Gesellschafters **34** 98; Außenhaftung des Geschäftsführers **43** 80; – bevorzugter Gläubiger **73** 35, 37; Differenzhaftung **9** 1; Einpersonen-Gesellschafter **43** 70 (– Gründung **11** 150); Ersatzanspruch der Gesellschaft gegenüber Liquidatoren **73** 28; Erwerber eigener Geschäftsanteile **33** 54; falsche Angaben **9 a** 1, 5 ff.; gesamtschuldnerische Haftung der Liquidatoren **73** 27; Geschäftsführer **43** 1; **64** 23 (der – der formwechselnden GmbH **77 Anh.** 138; der – bei Verschmelzung **77 Anh.** 410); Gesellschafter **43** 67; – der Gesellschafter in der Liquidation **73** 33; – der Gesellschafter der Vorgesellschaft **11** 91 ff.; – der Gesellschafter gegenüber Liquidatoren **73** 34; GmbH **13** 19; Gründungshaftung **9** 1; Haftungsmodelle der Verlustdeckungshaftung **11** 94 f.; Haftungstatbestände des § 9 a **9 a** 4 – im Konzern **52 Anh.** 76 f.; – der Liquidatoren **68** 10; **70** 18, 22; **73** 9, 26; – für Lohnsteuerschulden der Vorgesellschaft **11** 165; Mitberechtigte nach § 18 **18** 19; Organe **45** 19; RA-GmbH **1** 36; Rechtsscheinhaftung **36** 4 (– bei Verstoß gegen § 4 **4** 56); Registerrichter **58 e** 8; **58 f** 13; – für Schädigung durch Einlagen oder Gründungsaufwand **9 a** 21 ff.; Solidarhaftung der Mitgesellschafter **24** 1; Sozialversicherungsbeiträge **43** 84; – für Steuerschulden der Gesellschaft **43** 87; Teilung von Geschäftsanteilen **17** 49; Umwandlungsrecht **77 Anh.** 12; unbeschränkte Außenhaftung der Gesellschafter für Verbindlichkeiten der Vorgesellschaft **11** 96 ff.; Veräußerung des Geschäftsanteils **16** 27 ff.; Verletzung des § 58 e **58 e** 11; Vorgesellschaft **11** 1, 16, 96 ff., 103

Haftung der Auftraggeber, Aktivlegitimation **9 a** 33; allgemeine Differenzhaftung **9 a** 35; Ausschluss der Gesamtschuldnerschaft **9 a** 32; Altgesellschaften (Nov. 1980) **9 a** 37; Bevollmächtigte **9 a** 29; Entlastungsbeweis, doppelter **9 a** 30; Exkulpation **9 a** 28, 30; Geltendmachung des Anspruchs **9 a** 30; Gerichtsstand **9 a** 34; Gesamtschuldnerschaft **9 a** 30 f.; Gesellschaft **9 a** 33; Gesellschafterbeschluss **9 a** 33; gesetzliche Vertreter **9 a** 29; Gläubiger der Ansprüche **9 a** 33; Haftung, der Geschäftsführer **9 a** 36 – der Gesellschafter **9 a** 36); Haftungstatbestand des § 9 a **9 a** 4, 28; Hintermänner **9 a** 27; Insolvenzverwalter **9 a** 33; österreichisches Recht **9 a** 38; Strohmänner **9 a** 26; Treugeber **9 a** 28; Übergangsrecht **9 a** 37; Verhältnis zu anderen Bestimmungen **9 a** 35; Verjährung **9 b** 11; Vertreter **9 a** 29

Haftung der Geschäftsführer, Abmilderung **43** 4; actio pro socio **43** 48; anfechtbare Weisungs-/Zustimmungsbeschlüsse **43** 35; Anfechtung massemindernder Geschäfte **64** 35; Anfechtungsklage **43** 48; Anmeldung der Kapitalerhöhung **57** 22; Anspruchsbereinigung **43** 40; Anspruchsgegner **43** 42,51; Anspruchsinhaber **43** 42; Arbeitsteilung **43** 12; Ausnahmen **43** 32 ff.; Außenhaftung **43** 80 ff.; Aussonderung **64** 29; Auszahlungsverbot **30** 44; Befolgung eines Gesellschafterbeschlusses **43** 41; Befriedigung der Gesellschaftsgläubiger **43** 32; Beklagter **43** 59; beschränkte Haftung gegenüber Dritten bei Verletzung der Buchführungspflicht **41** 15; Beseitigungsansprüche **43** 53; Beweislast für Insolvenzantragspflicht **64** 34; culpa in contrahendo (§ 311 BGB nF) **41** 14, **43** 82 f. (– bei Insolvenzverschleppung **64** 53); Darlegungs- und Beweislast **43** 36; Delikt **43** 53, 84; eigene Anteile **33** 39; eigenes Verschulden **43** 9; Einpersonen-Gesellschaft **43** 5; Eintritt der Schadensersatzpflicht der Geschäftsführer **64** 31; Entlastung **43** 37 f.; **46** 27; Erlass **43** 37 f.; Erstreckung auf andere Personen **43** 39; Fehlverhalten des Personals **43** 17; – für fehlerhafte Buchführung durch Dritte **41** 9; Gebot der Rücksichtnahme **43** 20; gefahrengeneigte Arbeit **43** 8; – gegenüber Dritten auf Grund der Verletzung von Schutzgesetzen iSd § 823 Abs. 2 BGB **41** 16; gegenüber Dritten bei Verletzung der Buchführungspflicht **41** 13 ff.; – gegenüber GmbH bei Verletzung der Pflicht aus § 41 **41** 12; – gegenüber GmbH bei Verletzung von Buchführungspflichten aus Gesellschaftsvertrag **41** 12; Geheimnisschutz **43** 21; Geltendmachung **43** 42, 46 (– durch Gläubiger **43** 50; – durch Insolvenzverwalter **43** 50; – im eigenen Namen **43** 47; – von Beseitigungsansprüchen **43** 55 f.; – von Unterlassungsansprüchen **43** 55 f.); Genehmigung **43** 37 f.; Generalbereinigung **46** 32; Gesamtschuldner **43** 79; Geschäfte nach Eintritt der Insolvenzreife **64** 28; Geschäftsführerpflichten **43** 1; Geschäftsführung ohne Auftrag (GoA) **43** 23; Gesellschafter **43** 47; Gesellschafterbeschluss **43** 2, 27, 30; Gesellschaftsvermögen **43** 44; Gläubiger **43** 42 f.; Gläubiger der Gesellschaft **43** 50; gläubigerschutzorientierte – **43** 4; Gläubigerschutz **43** 33; GmbH & Co. KG **43** 63 ff.; Grenzen des Verzichts, Vergleichs und Erlasses **43** 40; gute Sitten **43** 33; Haftung, für Steuerschulden der Gesellschaft **43** 87 (– gemäß § 31 **31** 58 ff.; – nach § 26 Abs. 3 InsO **64** 52); haftungsausschließende Wirkung von Weisungen **43** 29; Haftungsbefreiung **43** 14; Haftungsentlastung **43** 33, 37; Haftungsmaßstab bei GmbH & Co. KG **43** 66; Haftungstatbestände neben § 64 **64** 24; Hemmung der Verjährung **43** 62; Inanspruchnahme zur Befriedigung der Gesellschaftsgläubiger **43** 32; Inhalt des Schadensersatzanspruchs **64** 35; Insolvenzantragspflicht **43** 23; „ITT"- Entsch. **43** 52; Klagebefugnis der Gesellschafter **43** 58, 60; Klagen einzelner Gesellschafter **43** 54; Kompetenzordnung **43** 55; Kompetenzüberschreitung **43** 55; Leitung des Unternehmens **43** 16; Lohnsteuer **43** 88; management-buy-out **43** 45; masseschmälernde Leistungen **64** 31; Masseschmälerung **64** 26; Minderheitenschutz **43** 4; Mitverschulden **43** 26; nachträgliche Genehmigung eines bestimmten Geschäftsführerverhaltens **43** 31; objektiver Verschuldensmaßstab **43** 8; österreichisches Recht **43** 89; Öffentlichkeitsinteresse **43** 33; Organisation **43** 17; Organisationsverschulden **43** 17; Präklusion durch Entlastung **46** 30; Realisierung des Gesellschaftszwecks **43** 16; rechtmäßiges Verhalten der Gesellschaft **43** 10; rechtsgeschäftlicher Kontakt **43** 81; Rechtsscheingrundsätze **43** 81; Rechtsscheinhaftung **4** 56; **36** 4; rechtswidrige Beschlüsse des Geschäftsführergremiums **43** 13; Sanktionen bei Verletzung der Buchführungspflicht **41** 17 ff.; Schaden **43** 22; Schadensbegriff **43** 24; Schadensersatz **43** 1; **64** 35; Schadensersatzanspruch des Gesellschafters **43** 44; Schadensersatzdrohung **43** 28; Schadensminderung **43** 26; schadensträchtiges Verhalten **43** 54; Schutz der Gläubiger **43** 33; Schutzgesetz (§ 823 Abs. 2 BGB) **43** 42; sonstige Haftung bei Kapitalerhöhung **57** 29; Sorgfalt eines ordentlichen Geschäftsmannes **43** 7; Sorgfaltsverstoß **43** 7; Sozialversicherungsbeiträge **43** 84; stellvertretende Geschäftsführer **44** 3; steuerliche Haftung bei Verletzung der Buchführungspflicht **41** 28 f.; Steuerschulden **Einl.** 63; strafrechtliche Folgen der Verletzung von Geschäftsführerpflichten **43** 1; Treuepflicht **43** 19; Übernahme von Risiken **43** 18; Überschuldung **43** 25; Überwachung **43** 17; Umfang des Schadensersatzes **64** 35; Umkehr der Beweislast **43** 36; unerlaubte Handlung **43** 84; Unterkapitalisierung **5** 8; Unterlassungsansprüche **43**

53; vereinfachte Kapitalherabsetzung **58 b** 14; **58 c** 8; **58 d** 13; Vergleich **43** 37 f.; Verhältnis zur Haftung nach § 9a **9 a** 36; Verhaltensmaßstäbe **43** 19; Verhaltenspflichten **43** 8; Verjährung **43** 61; **64** 36; Verjährungsbeginn **43** 62; Verletzung von Verfahrensregeln **43** 34; Verschulden **64** 32 f.; Versicherungen gemäß § 8 Abs. 2 und Abs. 3 **8** 18; Verstoß gegen § 33 **33** 15; Verweigerung der Entlastung **46** 31; Verzicht **43** 4, 37 f. (– der Gesellschaft **64** 36); Voraussetzungen des Anspruchs **43** 6; Vornahme von Dienstleistungen nach Insolvenzreife **64** 29; Weisungen der Gesellschafterversammlung **43** 15; weisungsgemäßes Verhalten **43** 28; Weisungsorgan **43** 29, 31; Wettbewerbsverbot **43** 19; Wettbewerbsverstoß **43** 85 f.; Zahlungsunfähigkeit **43** 25; Zusammenarbeit, in der Geschäftsführung und anderen Organen **43** 11 (– innerhalb der Gesellschaft **43** 11); Zuständigkeit der Gesellschafterversammlung **43** 55; zustimmungsgemäßes Geschäftsführerverhalten **43** 28; zwingender Charakter **43** 4

Haftung des faktischen Geschäftsführers, steuerliche Haftung bei Verletzung der Buchführung **41** 29

Haftung der Gesellschafter, Abdingbarkeit **43** 4; andere Organe **43** 20; Anmeldung der Kapitalerhöhung **57** 30; Auszahlungsverbot **30** 44; Beschränkung bei der Vorgesellschaft **11** 102; Differenzhaftung **77 Anh.** 146; Direktanspruch der KG **43** 64; Einpersonen-Gesellschaften **43** 70 ff.; Gebot zur Rücksichtnahme **43** 20; Geheimnisse **43** 21; Geltendmachung von Ansprüchen **43** 76 f.; Gesamtschuldner **43** 79; GmbH & Co. KG **43** 63; GmbH-Geschäftsführer bei GmbH & Co. KG **43** 64; Gründungsbericht **77 Anh.** 146; Haftungstatbestand des § 9 a **9 a** 4; Kontrolle der Geschäftsführung **43** 60; – bei Liquidation **73** 33; – gegenüber Liquidatoren **73** 34; mehrgliedrige Gesellschaften **43** 67 ff.; Prozessstandschaft **43** 58; Rechtsfolge **43** 76; Rechtswidrigkeit **43** 68; Rückgewähranspruch der Gesellschaft **73** 33; Sachgründungsbericht **5** 66; Schaden **43** 22; Schadensersatzpflicht **43** 76 (– bei Formwechsel **77 Anh.** 137); Treuepflicht **43** 67 (– gegenüber der Gesellschaft **43** 67; – unter Gesellschaftern **43** 67); Umwandlung GmbH in GbR **77 Anh.** 256; Umwandlungsbericht **77 Anh.** 146; Unterkapitalisierung **5** 8; Unterlassungsklage **43** 78; vereinfachte Kapitalherabsetzung **58 b** 14; **58 c** 8; **58 d** 13; Verhältnis zur Haftung nach § 9a **9 a** 36; Verjährung **43** 61; Vermögensverteilung **73** 33; Verschmelzung **77 Anh.** 409; Verschulden **43** 69; Vorgesellschaft **11** 91; Wettbewerbsverbot **43** 67; Zugriff auf den GmbH-Geschäftsführer **43** 64; Zulässigkeit der Klage **43** 59

Haftung der Gesellschafter für Verbindlichkeiten der Vorgesellschaft, Außenhaftung, unbeschränkte **11** 96 ff.; Ausgestaltung der Haftung in anerkannten Ausnahmefällen **11**

Sachverzeichnis

Fette Zahlen = §§

100; Ausnahme der Binnenhaftung **11** 99; Binnenhaftungsmodell **11** 94 f.; Grundsätze des bürgerlichen Rechts und des Handelsrechts **11** 97; Grundsatzentscheidung BGHZ 134, 333 **11** 93; Haftungsbeschränkungen **11** 102; Haftungsmodelle **11** 94; Voraussetzungen **11** 101

Haftung für falsche Angaben, Aktivlegitimation **9 a** 33; allgemeine Differenzhaftung **9 a** 35; Altgesellschaften **9 a** 37; Angaben **9 a** 6 (– gegenüber Gesellschaftsorganen **9 a** 8; – gegenüber Mitgesellschaftern **9 a** 8, – gegenüber Sachverständigen **9 a** 8, – zum Zwecke der Errichtung **9 a** 7); Berichtigung **9 a** 11; Beweislast **9 a** 16; Differenz in Geld **9 a** 18 f.; Dritte **9 a** 8; Entlastungsbeweis **9 a** 14; Entstehung des Anspruches **9 a** 20; Exkulpation **9 a** 14; falsche Angaben **9 a** 10 (– Dritter **9 a** 8); Geltendmachung des Anspruches **9 a** 20; Gerichtsstand **9 a** 34; Geschäftsführer **9 a** 5, 8, 13; Gesellschaft **9 a** 33; Gesellschafter **9 a** 5, 8, 13; Gesellschafterbeschluss **9 a** 33; Gläubiger der Ansprüche **9 a** 33; GmbH-Nov. 1980 **9 a** 2; haftende Personen **9 a** 36 (– der Gesellschafter **9 a** 36); Haftungsbefreiung **9 a** 13; Haftungstatbestand des § 9 a **9 a** 4; Herkunft der Angaben **9 a** 8; Inhalt des Anspruches **9 a** 17; Insolvenzverwalter **9 a** 33; Kapitalerhöhung 57 22; maßgeblicher Zeitpunkt für Unrichtigkeit **9 a** 12; mitwirkendes Verschulden **9 a** 19; Naturalrestitution **9 a** 19; österreichisches Recht **9 a** 38; Registergericht **9 a** 8; Sachverständiger **9 a** 8; Schadensersatzanspruch **9 a** 18; Sicherungsübereignung **9 a** 10; Stellvertretung **9 a** 15; Übergangsrecht **9 a** 37; Umwandlungsfälle **9 a** 3; Unrichtigkeit der Angaben **9 a** 9 f.; verdeckte Sacheinlage **9 a** 10; Verhältnis zu anderen Bestimmungen **9 a** 35; Verjährung **9 b** 11; Vertreter **9 a** 15; Werturteile **9 a** 10; Zeitpunkt **9 a** 12; zwingendes Recht **9 a** 2

Haftung für Schädigung, Aktivlegitimation **9 a** 33; allgemeine Differenzhaftung **9 a** 35; Altgesellschaften (Nov. 1980) **9 a** 37; Entstehung des Anspruchs **9 a** 25; Exkulpation **9 a** 24; Gerichtsstand **9 a** 34; Gesamtschuldnerschaft **9 a** 24; Geltendmachung des Anspruchs **9 a** 26; Gesellschaft **9 a** 33; Gesellschafter **9 a** 23; Gesellschafterbeschluss **9 a** 33; Gläubiger der Ansprüche **9 a** 33; Gründungshaftung **9 a** 22; haftende Person **9 a** 23; Haftung, der Geschäftsführer **9 a** 36 (– der Gesellschafter **9 a** 36); Haftungstatbestand **9 a** 22; Insolvenzverwalter **9 a** 33; österreichisches Recht **9 a** 38; Schadensersatzanspruch **9 a** 25; Übergangsrecht **9 a** 37; Verhältnis zu anderen Bestimmungen **9 a** 35; Verjährung **9 b** 11; Zeitpunkt **9 a** 26

Haftung für zurückgezahlte Darlehen, Anwendung auf GmbH & Co. (KG) **32 b** 19; Anwendung nur bei eröffnetem Insolvenzverfahren **32 b** 2; Anwendungsbereich **32 b** 1 f.; erfasste Rückzahlungen **32 b** 4; Erfüllungssurrogate **32 b** 7; Ersetzungsbefugnis des Gesellschafters **32 b** 9; Erstattungsanspruch **32 b** 6; GmbH – Nov. 1980 **32 b** 1 f.; Höhe der Haftung **32 b** 8; Jahresfrist **32 b** 3; Kleinbeteiligte **32 b** 6; Kosten **32 b** 7; Mithaftung der übrigen Gesellschafter **32 b** 15; nachträglicher Wegfall des Ersatzanspruches **32 b** 13; Regressansprüche des in Anspruch genommenen Gesellschafters **32 b** 16; Reichweite der Haftung **32 b** 6; Rückzahlung durch die Gesellschaft **32 b** 3; Sanierungsgesellschafter **32 b** 6; subjektiver Anwendungsbereich **32 b** 6; Umgehungstatbestand des § 32 Abs. 4 **32 b** 17 f.; Untergang des Sicherungsgegenstandes **32 b** 11; Verjährung **32 b** 12; Zinsen **32 b** 7; Zurverfügungstellung zum Zweck der Befriedigung **32 b** 10

Haftung gem. § 24, Subsidiarität **24** 4; Voraussetzungen der Inanspruchnahme **24** 4; zwingendes Recht **24** 3

Halbeinkünfteverfahren, Berechnung der Einkommensteuer des Gesellschafters **Einl.** 86 f.; Besteuerung des Gesellschafters **Einl.** 80; Ergebnisverwendungsvorschlag **42 a** 2; Erhöhung des Stammkapitals **55** 60; Gewerbeertragsteuer **Einl.** 79; Körperschaften als Anteilseigner **Einl.** 82; Körperschaftsteuer **Einl.** 76, 78; natürliche Personen als Anteilseigner **Einl.** 81; Solidaritätszuschlag **Einl.** 87; Umwandlung, GmbH in GbR **77 Anh.** 257 (– GmbH in OHG **77 Anh.** 237); verschleierte Sachgründung **5** 48; zeitliche Anwendung **Einl.** 83

„Hammer-Bank"-Entsch., Einl. 55

Handelndenhaftung, ausländische GmbH **11** 109; Ausschluss der Haftung **11** 126; Bedingung der Eintragung **11** 118; Begriff des Handelnden **11** 110, 115; Beschränkung der Haftung **11** 126; Bevollmächtigte **11** 115; Bremsfunktion **11** 108; Dauerschuldverhältnisse **11** 131, 140; Druckfunktion **11** 108; Einpersonen-GmbH **11** 109 (– Gründung **11** 102); Erlöschen **11** 34, 130 (– bei der Vor-GmbH & Co. KG **11** 178); Freistellungsvereinbarung **11** 127; Gesamtschuldner **11** 128; Geschäftsführer **11** 111; GmbH „im Aufbau" **11** 183; GmbH & Co. KG **11** 106; Haftung nach § 179 Abs. 1 BGB **11** 124; Haftungsausschluss **11** 126; Handeln durch Bevollmächtigte **11** 115 (– gegenüber Dritten **11** 121; – namens der Gesellschaft **11** 114, 118; – im Vorgründungsstadium **11** 109, 119; – vor der Eintragung **11** 102); Handelnder **11** 103; Inhalt **11** 123; Konzessionssystem **11** 106; Mantelverwendung **11** 109; mehrere Handelnde **11** 128; Normativbestimmungen **11** 106; Normzweck **11** 107; Rechtsgeschäft unter der Bedingung der Eintragung **11** 118; rechtsgeschäftliches Handeln **11** 120; rechtsgeschäftsähnliche Handlungen **11** 120; Rückgriff gegen die Gesellschaft **11** 129; Rückgriffsansprüche des Haftenden **11** 129; Sicherung für die Gläubiger **11** 107; Straffunktion **11** 108; Umfang **11** 123; unwirksame Bestellung des Geschäftsführers **11** 112; Verhältnis zu anderen Haftungsgrundlagen **11** 124; Verschulden **11** 117; Verteidigung des

Magere Zahlen = Randnummern

Sachverzeichnis

Haftenden **11** 125; Vertretungsmacht **11** 116; Vorgesellschaft **11** 1, 16; Vor-GmbH & Co. KG **11** 168, 176; – der Vor- GmbH & Co. KG für KG-Verbindlichkeiten **11** 177; Vorgründungsgesellschaft **11** 119; Vorgründungsstadium **11** 109
Handelsgesellschaft, GmbH **1** 1; **13** 32
Handelsrechtsreformgesetz (HRefG), Änderung des GmbHG **Einl.** 18; GmbH & Co. KG **Einl.** 146; Inhalt der Anmeldung **12** 1; Neuregelung des Firmenrechts **4** 2; Sitz der Gesellschaft **4 a** 1 f.; Zweigniederlassungen **12** 5
Handelsregister, Ablehnung der Eintragung des Geschäftsführers **39** 11; Änderung, der Vertretungsbefugnis **39** 5 (– persönlicher Daten **39** 4); Anmeldeverfahren **39** 8; Anmeldepflichtete **39** 7; Anmeldung, der Auflösung **65** 1 (– der Geschäftsführer **39** 1 ff.; keine – der Kaduzierung **21** 43; – der Kapitalerhöhung **57** 1, 31; **57 i** 2; – der Kapitalherabsetzung **58** 32; – der Liquidatoren **66** 1 f.; **67** 1; – der Verschmelzung **77 Anh.** 376; – der Vorstandsmitglieder der AG **77 Anh.** 106); Anmeldepflichtige **78** 1; Anmeldungsverpflichtung **39** 7; anzumeldende Tatsachen in der Person des Geschäftsführers **39** 3; Ausscheiden/Eintreten von Geschäftsführern **39** 3; Bedeutung der Anmeldung **39** 9; Befreiung vom Verbot des Selbstkontrahierens **35** 36; Beherrschungsvertrag **52 Anh.** 61; Bekanntmachung der Eintragung **10** 3, 22 ff.; Eintragung, der Auflösung **65** 2 (– der Auflösung ohne Anmeldung **65** 7; – der Befreiung vom Verbot des In-Sich-Geschäfts **35** 31; – der Fortsetzung **60** 84; – der Gesellschaft **10** 2; – der Insolvenzeröffnung **60** 21; – der Kapitalherabsetzung **58** 37; – der Nichtigkeit **75** 34; – der Verschmelzung **77 Anh.** 387; – der Zweigniederlassung **12** 18; – des Formwechsels **77 Anh.** 120); Eintragungsgegenstände *(s. auch Eintragung)* **10** 5 ff.; Eintragungssperre **54** 32; Eintragungsverfahren bei Abweisung des Insolvenzantrags **60** 25; Formwechsel **77 Anh.** 120; Führung **7** 13; Gegenstand der Anmeldung **77 Anh.** 104; Gesamtvertreter **39** 6; Gesellschafterliste **40** 3; Gewinnabführungsvertrag **52 Anh.** 61; Gründungsschwindel, durch unrichtige Anmeldung **82** 28 (– durch unrichtigen Sachgründungsbericht **82** 53); Handelsregistersperre **29** 10; Inhalt der Eintragung **10** 5; Kapitalerhöhung aus Gesellschaftsmitteln **57 i** 6; Kapitalerhöhungsbeschluss **57 i** 6; Kapitalherabsetzung **58** 32 ff., 37 ff.; Löschung im Register **60** 67; Nichtigkeit der Gesellschaft **75** 34; Ort der Eintragung **10** 3; Prüfungspflicht des Gerichts **39** 10; Registersperre **53** 43; **54** 32; **86** 50; Schluss der Liquidation **74** 1; Schlussanmeldung **74** 5; stellvertretende Geschäftsführer **44** 2; Umstellung auf Euro **86** 17; Umwandlung **77 Anh.** 120; Unternehmensverträge **52 Anh.** 61; Verfahren **7** 13; Vertretung des Geschäftsführers bei Anmeldung **39** 7; Voraussetzungen der Anmeldung der Kapitalerhöhung **57** 3; Wirkung der Eintragung **54** 33; zuständiges Gericht **7** 12; Zwangsgelder **79** 1
Handelsregistersperre, Altgesellschaften (Nov. 1980) **29** 12 f.; Altgesellschaften (Euro-Umst.) **86** 50; Anmeldungen von Satzungsänderungen vor dem 1. 1. 1986 **29** 16; Bilanzrichtliniengesetz (BiRiLiG) **29** 10; **53** 43; **54** 32; Eintragungssperre **77 Anh.** 110; Einzelfragen **29** 14; Ergebnisverwendung **29** 10; fehlende Negativerklärung **77 Anh.** 378; Gewinnbezugsrecht **29** 17; Gewinnverwendung **29** 10, 17; Klagen gegen Umwandlungsbeschlüsse **77 Anh.** 110; Minderheitenschutz bei Satzungsänderung **29** 17; Satzungsregelungen zur Gewinnverteilung **29** 18; Umstellung auf Euro **86** 50; bei Verschmelzung **77 Anh.** 379; Vollausschüttungsgebot **29** 215; – bei Währungsumstellung **53** 20
Handlungsbevollmächtigter, Anmeldungspflichtige **78** 11; Bestellung durch Gesellschafterbeschluss **46** 37; In-Sich-Geschäft **35** 34; Liquidatoren **70** 2; RA-GmbH **1** 35; Vorgesellschaft **11** 77; Zweigniederlassung **12** 14, 26
Handlungsvollmacht, eigenkapitalersetzende Gesellschafterdarlehen **32 a** 96; Spaltung **77 Anh.** 541; Umwandlung **77 Anh.** 125; Verschmelzung **77 Anh.** 399
Handwerk, Befähigungsnachweis **1** 48; Handwerksrolle **1** 48
Handwerksrolle, Anmeldung **8** 10; Handwerk **1** 48; Vorgesellschaft **8** 10
"Hansa-Feuerfest"– Entsch., Einl. 59
"Hapag Lloyd"– Entsch., 4 a 15
Heilung, Abstimmung **47** 113; Beschlussmängel **53** 62; Beurkundungsmängel bei Gesellschafterbeschlüssen **47** 113; Eintragung **54** 28; Eintragungsmängel **10** 20; Erfordernis der Einstimmigkeit **76** 7; Fehlen einer Bestimmung über die Höhe des Stammkapitals **76** 5; fehlende Beurkundung des Verschmelzungsvertrages **77 Anh.** 369; fehlerhafte Beschlüsse **54** 28, 33; Form der Zustimmung **76** 7; Formmängel des Gesellschaftsvertrags **2** 49; **75** 10; Formvorschriften **15** 43 ff.; Gesellschafterbeschlüsse **47** 113, 136; Heilungsbeschluss **76** 3; Mängel, bei Spaltung **77 Anh.** 542 (– der Anmeldung **7** 16; **75** 11, **78** 19; – der Beitrittserklärung **72** 49; – der Gründungsvollmacht **2** 57; – der notariellen Beurkundung des Verschmelzungsvertrages **77 Anh.** 404; – der Zustimmungs- und Verzichtserklärungen bei Verschmelzung **77 Anh.** 404; – des Gesellschaftsvertrages **75** 1; **76** 1; – des Übernahmevertrags **55** 50); Mängelheilung durch Gesellschafterbeschluss **76** 1; – nach Auflösung der Gesellschaft **76** 4; – nichtiger Jahresabschlüsse **29** 80; **42 a** 83; – nichtiger Kapitalerhöhungsbeschlüsse **57 i** 13; Nichtigkeit der Bestellung von Geschäftsführern **6** 19; österreichisches Recht **76** 9; Satzungsänderung **54** 28; **76** 6; Übernahmeerklärung **55** 38; Übernahmevertrag bei Kapitalerhöhung **55** 50; unzulässiger Unternehmensgegenstand **75** 21; verdeckte Sacheinlagen **5**

2717

Sachverzeichnis

Fette Zahlen = §§

51 ff.; **19** 162 ff., 169; Verpflichtung zur Mitwirkung **76** 8; Verwirkung des Klagerechts **76** 5; – vor Auflösung der Gesellschaft **76** 3
Herabsetzung des Stammkapitals, s. *Kapitalherabsetzung*
„**Herstatt**"-Entsch., Einl. **64** 12, 16 f.
Herstellungskosten, Aufwendungen, für betriebliche Altersversorgung **42 a Anh. I** 94 (– für Forschungs- und Entwicklungsarbeiten **42 a Anh. I** 97; – für freiwillige soziale Leistungen **42 a Anh. I** 94; – für Grundlagenforschung **42 a Anh. I** 97; – für soziale Einrichtungen **42 a Anh. I** 94); Begriff **42 a Anh. I** 85, 87; Bilanzierung **42 a Anh. I** 85, 183; direkte Bruttomethode **42 a Anh. I** 184; Ermittlung **42 a Anh. I** 88; geringwertige Anlagegüter **42 a Anh. I** 185; Gewinn- und Verlustrechnung **42 a Anh. I** 389 ff.; Konzernherstellungskosten **42 a Anh. II** 202, 204; Obergrenze der Konzernherstellungskosten **42 a Anh. II** 205; Kosten der allgemeinen Verwaltung **42 a Anh. I** 94; Materialgemeinkosten **42 a Anh. I** 85 f.; Materialkosten **42 a Anh. I** 85 f.; Steuerrecht **42 a Anh. I** 86; Untergrenze der Konzernherstellungskosten **42 a Anh. II** 205; Vertriebskosten **42 a Anh. I** 96; Zinsen, für Eigenkapital **42 a Anh. I** 95 (– für Fremdkapital **42 a Anh. I** 95)
„**Hilgers**"– Entsch. Treupflicht bei Kapitalherabsetzung und gleichzeitiger Erhöhung **58 a** 16
Hinterlegung, Liquidation **73** 10, 13, 15
Hintermann, Gründungshaftung **9 a** 27
„**Hoesch**"-Entsch., Einl. 193
„**Holzmüller**"-Entsch., Einl. 47; **77 Anh.** 590
„**Holto**"-Entsch., Einl. 316
„**HSB-Wohnbau**"-Entsch., Einl. 316

IASC, Konzernrechnungslegung **42 a Anh. II** 63
Idealgesellschaften, Gewinn **29** 124
IHK-Stellungnahme, Prüfungsgegenstand **4** 40; **9 c** 12
Imparitätsprinzip, Bilanz **42 a Anh. I** 17, 66
Informationsrecht, s. *Einsichts- und Auskunftsrecht*
Innenrecht, Vorgesellschaft **11** 33–70
In-Sich-Geschäfte, § 181 BGB **35** 30; Abstimmung **47** 51, 79 f.; Anmeldung, der Befreiung vom Verbot des Selbstkontrahierens **8** 28 (– nach § 16 **16** 8); Befreiung, bei Bestellung des Geschäftsführers **6** 27 (– des Liquidators **68** 6; **70** 4; – vom Verbot **35** 30 f.; – vom Verbot bei GmbH & Co. KG **35** 114); Beschränkung der Zustimmung **35** 37; Bestellung von Geschäftsführern bei Einpersonen-Gesellschaft **6** 27; EG-Recht **35** 27; Eintragung der Befreiung in das Handelsregister **10** 13 Entscheidungskompetenz **35** 35; Formvorschriften **35** 32; Genehmigung **35** 30 f.; Geschäftsführer **35** 26; GmbH & Co. KG **35** 113; Handlungsbevollmächtigte **35** 34; Kreditgewährung an Geschäftsführer **43 a** 10; Liquida-

tor **35** 38; Missbrauch der Vertretungsmacht **37** 52; Notgeschäftsführer **35** 31; Prokuristen **35** 34; Rechtsfolge **35** 30 f.; Sanktionen bei Verletzung der Formvorschriften **35** 33; Teilung von Geschäftsanteilen **17** 22; Untervertretung **35** 29; Verbot **35** 30 f., 47; Vertretung der Gründer durch Bevollmächtigten **2** 52 Vertretungsmacht **35** 26; Voraussetzungen **35** 28; Zustimmung **35** 30 f., 35
Insiderwissen s. *Verletzung der Geheimhaltungspflicht*
Insolvenz, absonderungsberechtigte Gläubiger **63** 6; Abwendung **63 a** 36; Abweisung des Insolvenzantrages mangels Masse **60** 23; Anmeldung nach § 16 **16** 46; Anstellungsvertrag des Geschäftsführers **38** 53; Antrag **63** 4; **64** 5 ff.; Antragsberechtigte **63** 5; Antragsberechtigung, der Geschäftsführer **63** 5 (– des faktischen Geschäftsführers **63** 5; – des Gesellschafters **63** 70); (kein) Antragsrecht **63** 8; Antragsrecht der Gläubiger **63** 6 (– des Schuldners **63** 5); Anweisung zur Antragsstellung **63** 14 f.; aufgelöste Gesellschaft **63** 19; Auflösung der Gesellschaft **60** 20 (– der Vorgesellschaft **11** 67); Aufrechnungsverbot **19** 69; Aufsichtsrat **63** 8, 15; aussonderungsberechtigte Gläubiger **63** 6; Beendigung der – **60** 35; **63** 141; Beirat **63** 8, 15; Bekanntmachung **63** 101; Differenzhaftung **9** 7; drohende Zahlungsunfähigkeit **63** 32; Durchgriffshaftung bei Unterkapitalisierung **13** 138; eigenkapitalersetzende Gesellschafterdarlehen **32 a** 2, 66, 192 ff.; eigenkapitalersetzend gesicherte Darlehen Dritter **32 a** 170; Eigenverwaltung des Geschäftsanteils **15** 156; Einpersonen-Gesellschaft **63** 8; Eintragung im Handelsregister **60** 21; Entscheidung des Insolvenzgerichts **63** 82; Erhöhung des Stammkapitals **55** 22, 25; Eröffnung **63** 3; Fälligkeit der Stammeinlagen **19** 7; faktischer Geschäftsführer **63** 5; Finanzplan **63** 32; Firmenänderung **53** 65; Folgen der Insolvenzeröffnung **63** 103; Fortsetzung der aufgelösten Gesellschaft **60** 20, 22, 76; Genussrechte **29** 154; Geschäftsanteil bei Insolvenz der Gesellschaft Insolvenz **15** 159; Geschäftsführung **38** 39; Gesellschaft **63** 9; Gesellschafter **60** 40; **63** 8; Gesellschaftskrise **32 a** 32; Gesellschaftsversammlung **63** 8, 14; Gesellschaftsvertrag **2** 77; Gewinnanspruch **29** 28; Gläubiger der Gesellschaft **63** 6; Gläubigerbefriedigung **63** 1; gleichzeitige Anhängigkeit von Konkurs- und Insolvenzantrag **63** 18; GmbH & Co. KG **63** 145 ff.; Haftung der Geschäftsführer **43** 25; Handlungspflicht nach § 64 Abs. 1 **84** 43; Insolvenzantragspflicht **63** 9; **64** 1 (– bei GmbH & Co. KG **64** 54); Insolvenzfähigkeit **63** 19 (– der Vorgesellschaft **11** 81); Insolvenzgründe **63** 20 ff.; Insolvenzordnung (InsO) **63** 1; Insolvenzplan **63** 2; Insolvenzsicherung **64** 41; Insolvenzstraftaten **82** 73; Insolvenzverschleppung **64** 37; Insolvenzverwalter (*s. auch dort*) **15** 153 f.; **63** 109 ff.; Kaduzierung **21** 53 ff.; Kapitalherabsetzung **58** 21; Löschung der Gesellschaft **60** 35; Masseschmä-

Magere Zahlen = Randnummern

lerung **64** 26; maßgebliche Vorschriften der InsO **63** 176; nachrangige Insolvenzgläubiger **63** 6; Nichtigkeitsklage **75** 9; österreichisches Recht **63** 175; Pflichtverletzung **84** 22; Prognosezeitraum **63** 32; rechtliches Interesse an Insolvenzeröffnung **63** 13; Rechtsschutzinteresse **63** 13; Rücknahme des Insolvenzantrags **63** 17; Rückzahlung des Darlehens durch die Gesellschaft **32 b** 3; Satzungsänderungen **53** 65; Sicherung von Ruhegehaltsansprüchen **35** 104; Sozialplan **63** 57; Stellung des Gesellschafters **15** 150 ff.; Stille Gesellschaft **63** 170; Strafbarkeit des Geschäftsführers wegen Verletzung der Buchführungspflicht **41** 24; Teilung von Geschäftsanteilen **17** 24; Überschuldung **63** 9, 33; Unterbilanz **63** 37; Unterkapitalisierung **63** 37; unterlassener Insolvenzantrag **84** 22; Unzumutbarkeit der Anzeigeerstattung **84** 50; vereinfachte Kapitalherabsetzung **58 a** 1; Verfahrenskosten **63** 102; andere vertretungsberechtigte Personen **63** 8; Verzugszinsen **20** 7; Weiterbestehen der Gesellschaft **15** 155; Wirkung der Eintragung **60** 22; Zahlungen, zulässige **64** 30; Zahlungseinstellung **63** 21; Zahlungsstockung **63** 26; Zahlungsunfähigkeit (s. auch dort) **63** 9, 21; Zahlungsunwilligkeit **63** 25; Zurechnungsdurchgriff **13** 154; Zurückweisung des Insolvenzantrages **63** 93; zuständiges Gericht **63** 82; Zwangsverkauf **24** 42

Insolvenzantragspflicht, Aktivlegitimation **64** 49; Altgläubiger **64** 39; Amtsniederlegung des Geschäftsführers **64** 21; Anfechtung massemindernder Geschäfte **64** 29; Anmeldung der Auflösung **65** 2; Antragsfrist **64** 12; Antragsgründe **64** 8; Antragstellung, durch fakultativen Geschäftsführer **64** 17 (– durch Geschäftsführer **64** 16; – durch Gläubiger **64** 18; – durch Liquidatoren **64** 19); Antragsverfahren **64** 5; Arbeitsentgeldberechtigte **64** 41; Aufgaben der Geschäftsführer **64** 25; Aufnahme, neuer Gesellschafter mit Barkapitaleinlage **64** 14 (– von Darlehen oder Bankkrediten **64** 15); ausgeschiedener Geschäftsführer **64** 20, 50; Aussonderung **64** 29; Bedeutung der Antragsfrist **64** 12; (keine) Befreiung der Geschäftsführer **64** 6; Beginn der Antragsfrist **64** 13; Behebung der Insolvenzreife **64** 14; Bemühung um außergerichtlichen Vergleich **64** 14; Berechnung der Antragsfrist **64** 12; Beweislast für fehlendes Verschulden **64** 34 (– für Insolvenzantragspflicht **64** 48); culpa in contrahendo (§ 311 BGB n. F.) **64** 53; Deliktsgläubiger **64** 45; Drei-Wochen-Frist **63** 78; **64** 12; Eigentumsvorbehalt **64** 17; eigenverantwortliches Handeln der Geschäftsführer **64** 19; Eintritt der Schadensersatzpflicht der Geschäftsführer **64** 31; Erkennbarkeit der Insolvenzreife **64** 47; Ermittlung der Überschuldung **64** 3; Erlöschen **64** 22; Fortbestehen der Zahlungsunfähigkeit **64** 11; Fortführungsprognose **64** 6; Fristbeginn für Haftung **64** 47; Gesamtgläubigerschaden **64** 49; Geschäfte nach Eintritt der Insolvenzreife **64** 28; nicht geschützte Gläubiger **64** 41; geschützter Personenkreis **64** 38; Gesellschafterdarlehen **64** 15; GmbH & Co. KG **64** 54; Haftung der Geschäftsführer (s. auch dort) **64** 23; Haftung nach § 26 Abs. 3 InsO **64** 52; Haftungstatbestände neben § 64 **64** 24; Inhalt, der Verantwortlichkeit **64** 19 (– des Schadensersatzanspruches **64** 35); Insolvenzsicherung **64** 41; Insolvenzverschleppung **64** 37; Kapitalerhöhung durch Zuführung neuer Mittel **64** 14; Leistung von Zahlungen **64** 27; Liquidatoren **64** 16; masseschmälernde Leistungen **64** 31; Masseschmälerung **64** 26; Maßnahmen der Geschäftsführer **64** 14; (volles) negatives Interesse **64** 43; Neugläubiger **64** 40; Neugläubigerschaden **64** 43; Notwendigkeit eines Überschuldungsstatus **64** 10; öffentlich-rechtliche Verpflichtung **64** 6; österreichisches Recht **64** 58; offensichtliche Erkennbarkeit der Insolvenz **64** 13; Pensionsberechtigte **64** 41; Pflicht der Gesellschaft **63** 9; Quotenschaden der Altgläubiger **64** 42, 22; Sanierungsmaßnahmen **63** 78; Sanierungsmittel **64** 15; Schadensersatz **64** 35; Schadensersatzpflicht der Geschäftsführer **64** 26; Schadenshöhe **64** 46; Sozialversicherungsträger **64** 45; Strafbarkeit bei Unterlassen **84** 22; strafrechtliche Haftung bei GmbH & Co. KG **64** 55; Tatbestände des § 64 **64** 1; Überlegungsfrist **64** 5; Überschuldung **64** 7 (– Überschuldungsstatus **64** 6; Umfang des Schadensersatzanspruches **64** 35; Verjährung **64** 51 (– der Geschäftsführerhaftung **64** 36); Verschulden **64** 32 f., 47; Verzicht der Gesellschaft **64** 36; Voraussetzungen für die Antragspflicht **64** 7; Voraussetzung für Masseschmälerung **64** 27; Vor-GmbH **64** 7; Vorgründungsgesellschaft **64** 7; Vornahme von Dienstleistungen nach Insolvenzreife **64** 29; Zahlungsunfähigkeit **64** 7 f.; zivilrechtliche Haftung für Insolvenzantragspflicht bei GmbH & Co. KG **64** 55 f.; zulässige Zahlungen **64** 30; zweistufige Feststellung der Überschuldung **64** 3; zweistufiger Feststellungstatbestand **64** 4; zwingende öffentlich-rechtliche Verpflichtung **64** 6

Insolvenzordnung (InsO), Änderung des GmbHG **Einl.** 19; **63** 1 ff.; **64** 1 ff.; Pflichtverletzung bei Verlust, Zahlungsunfähigkeit, Überschuldung **84** 4

Insolvenzverfahren, Abberufung von Geschäftsführern **63** 132; Abgrenzung zu Zahlungsstockung und Zahlungsunwilligkeit **63** 25; Ablehnung mangels Masse **60** 77; absolute Unwirksamkeit von Verfügungen **63** 104; absonderungsberechtigte Gläubiger **63** 6; Änderung der Firma **63** 135; Aktivierungsverbot **63** 50; allgemeines Verfügungsverbot **63** 86; alsbaldige Masseunzulänglichkeit **63** 93; Amtslöschung **63** 142; Amtstheorie **63** 111; Analyse der Schwachstellen **63** 75; andere vertretungsberechtigte Personen **63** 8; Anerkenntnisurteil **63** 28; Anfechtung eigenkapitalersetzender Gesellschafterdarlehen **32 a** 16; Anhörung, der Gesellschaft **63** 16 (– des Betriebsrats **63** 16); Anmeldung nach § 16 **16** 46; Anspruch nach

2719

Sachverzeichnis

Fette Zahlen = §§

§ 9a **9b** 1; Ansprüche gegen Gesellschafter auf Einlageleistung **63** 107; Anstellungsverhältnis der Geschäftsführer **63** 139; Antragsberechtigte **63** 5; Antragsberechtigung, der Geschäftsführer **63** 5 (– des faktischen Geschäftsführers **63** 5; – des Gesellschafters **63** 70); Antragsrecht **63** 5 ff. (– der Gläubiger **63** 6; – bei Insolvenz der KG **63** 151; – der Schuldner **63** 5); Antragstellung bei Insolvenz der KG **63** 149 f.; Anweisung zur Antragstellung **63** 14; Aufhebung **63** 143 (– des Eröffnungsbeschlusses **63** 98); Auflösung der Gesellschaft **60** 20; Auflösungsgrund **63** 103; Aufsicht über Geschäftsführer **63** 132; Aufsichtsrat **63** 8, 140; Aufstellung, des Verzeichnisses der Massegegenstände **63** 114 (– einer Schlussbilanz **63** 125; – eines Sozialplans **63** 80); ausreichende Masse **63** 93; Ausschluss der sofortigen Beschwerde **63** 99; aussonderungsberechtigte Gläubiger **63** 6; Beendigung der Insolvenz **60** 35; **63** 141; Beirat **63** 8, 140; Bekanntmachung der Insolvenzeröffnung **63** 101; Beschwerdefrist **63** 97; Bestellung der Geschäftsführer **63** 132; Betriebsrat **63** 79; Betriebsvereinbarung **63** 81; keine Deckung der Verfahrenskosten **63** 141; drohende Zahlungsunfähigkeit **63** 32, 149; Eigenantrag **63** 95; eigenkapitalersetzende Gesellschafterdarlehen **32a** 224; **63** 62 ff.; Einpersonen-Gesellschaft **63** 8; Einstellung des Verfahrens **63** 141; Entbehrlichkeit der formellen Fälligkeitsvoraussetzungen für die Stammeinlagen **19** 8 f.; Entlastung der Geschäftsführer **63** 132; Entscheidung, des Gerichts über Eröffnungsantrag **63** 92 (– des Insolvenzgerichtes **63** 82); Erlöschen der Gesellschaft **13** 8; Eröffnungsbilanz **63** 123; Ersatzansprüche gegen die Geschäftsführer **63** 108; Erstellung eines jährlichen Zwischenabschlusses **63** 124; Factoring **63** 77; faktischer Geschäftsführer **63** 5; Fertigerzeugnisse **63** 43; Finanzplan **63** 32; Firma **63** 106; Firmenwert **63** 49; Firmenzusätze **4** 71; Folgen der Einstellung **63** 142; Folgen der Insolvenzeröffnung **63** 103; Forderungen auf die Stammeinlage **63** 45; Fortbestehensprognose (*s. auch dort*) **63** 35 f., 69 f.; Fortführung des Unternehmens **63** 116; Fortführungswert **63** 34; Fortsetzung, der Gesellschaft **63** 144 (– der GmbH & Co. KG **63** 174); Geschäftsführer **63** 17; Geschäftsjahr **63** 121; Geschäftsführer **63** 9; Gesellschafter **63** 8; Gesellschafterversammlung **63** 8; Gesellschaftsvermögen **63** 105; gewerbliche Schutzrechte **63** 42; Gläubiger der Gesellschaft **63** 6; Gläubigerbefriedigung **63** 118; Gläubigerversammlung **63** 115; Gläubigerverzeichnis **63** 114; Glaubhaftmachung der Forderung und des Insolvenzgrundes **63** 12; gleichzeitige Anhängigkeit von Konkurs- und Insolvenzantrag **63** 18; GmbH & Co. KG **63** 145 ff., 166; Gründe der Verfahrenseinstellung **63** 141; Grundvermögen **63** 40; Haftung für zurückgezahlte Darlehen **32b** 5; Handlungsbevollmächtigte **63** 133; Inbesitznahme **63** 113; Insolvenz, der atypisch stillen Gesellschaft **63** 173 (– der KG **63** 148; – der typisch stillen Gesellschaft **63** 171); Insolvenzanfechtung **63** 117; Insolvenzantrag **63** 4 (– eines Gläubigers **63** 11; – des Schuldners (der GmbH) **63** 10); Insolvenzantragspflicht *(s. auch dort)* **63** 9; Insolvenzbeendigung bei GmbH & Co. KG **63** 168 f.; Insolvenzeröffnung **63** 3; Insolvenzeröffnungsbeschluss **63** 94; Insolvenzfähigkeit **63** 19; Insolvenzgründe **63** 20 ff.; Insolvenzmasse **63** 105 ff.; Insolvenzordnung (InsO) **63** 1; Insolvenzplan **63** 2; Insolvenzreife **63** 154; Insolvenzverwalter *(s. dort)* **63** 109 ff.; kostendeckende Masse **63** 83; Krisenursachen **63** 75; Kündigung des Geschäftsführers aus wichtigem Grunde **63** 139; Liquidation **63** 103, 142; **73** 11; Liquidationswert **63** 34; Liquidationsverfahren **63** 143; Liquidator **63** 150; Masseergänzung **63** 117; Masseschmälerung **63** 86; Masseunzulänglichkeiten **63** 141; Massenentlassungen **63** 80; mehrstöckige GmbH & Co. KG **63** 152; Mitwirkungs- und Auskunftspflicht der Geschäftsführer **63** 137; modifizierter zweistufiger Überschuldungsbegriff **63** 36; nachrangige Insolvenzgläubiger **63** 6; Nichterbringung sonstiger Leistungen **63** 22; nichtrechtskräftige Urteile **63** 29; Organe der Gesellschaft **63** 130; örtliche Zuständigkeit **63** 82; Pflicht zur Antragstellung bei Insolvenz **63** 153; Pflichtverletzung bei Verlust, Zahlungsunfähigkeit oder Überschuldung **84** 1; Prognosezeitraum **63** 32; prognostisches Element **63** 26; Prokuristen **63** 133; Prüfungsreihenfolge der Überschuldung **63** 72; rechnerische Überschuldung **63** 36; Rechte, der Gesellschafterversammlung **63** 131 (– der Gesellschaftsorgane **63** 130; – des Betriebsrats und des Wirtschaftsausschusses **63** 79; – sonstiger Organe **63** 140); rechtliche Überschuldung **63** 36; rechtskräftige/nicht rechtskräftige Urteile **63** 28 f.; Rechtsmittel, gegen Ablehnung der Insolvenzeröffnung **63** 96 (– gegen Eröffnungsbeschluss **63** 95 ff.); Rohstoffe **63** 41; Rückgewährung von Einlagen bei der stillen Gesellschaft **63** 172; Rücknahme des Insolvenzantrages **63** 17; Sanierungsmaßnahmen zur Verhinderung der Insolvenz *(s. auch Sanierung)* **63** 75; Satzungsänderungen **63** 134; Schiedsspruch **63** 28; Schlussbilanz der werbenden Gesellschaft **63** 122; Schlusstermin **63** 143; Schutz der Gläubiger **63** 153; Schwachstellenanalyse **63** 75; sonstige Ansprüche **63** 108; Sozialplan **63** 57, 80; Stellung, der Geschäftsführer **63** 136 (– der Gesellschaftsorgane **63** 130); stille Gesellschaft **63** 170; titulierte Forderung **63** 28; Trennungsprinzip **63** 148, 168 f.; Überlebensprognose **63** 36; Überschuldung **63** 9, 33, 149, 153; Überschuldungsbilanz *(s. auch dort)* **63** 34, 38 (– der KG **63** 155; – der Komplementär-GmbH **63** 163 f.); Umwandlung oHG in GmbH **77 Anh.** 281; Unterbilanz **63** 37; Unterkapitalisierung **63** 37; Unvermögen der GmbH **63** 28; Veräußerungsverbot **63** 104; Verbindlichkeiten gegenüber Gesellschaftern **63** 31; vereinfachte Kapitalher-

Magere Zahlen = Randnummern

Sachverzeichnis

absetzung **63** 76; Verfahrenskosten **63** 83, 102; Verfahrensrechte der Gesellschaft **63** 138; Vermögensübersicht **63** 114; Versäumnisurteil **63** 29; Verwaltung **63** 113; Verwertung der Insolvenzmasse **63** 118; Vorbehaltsurteil im Urkundsprozess **63** 29; Vorbereitung der Entscheidung des Insolvenzgerichts **63** 92; vorläufige Sicherungsmaßnahmen **63** 84; vorläufiger Insolvenzverwalter *(s. auch dort)* **63** 85, 88 ff.; Wegfall des Insolvenzgrundes **63** 141; Wertansätze der Aktiva **63** 39 ff. (– der Passiva **63** 52 ff.); Wirkung der Insolvenzeröffnung **63** 103 (– bei GmbH & Co. KG **63** 165); Wirtschaftsausschuss **63** 79; Zahlungseinstellung **63** 21; Zahlungsstockung **63** 26; Zahlungstitel **63** 28 a; Zahlungsunfähigkeit *(s. auch dort)* **63** 9, 21, 149, 153; Zahlungsunwilligkeit **63** 25; Zeitpunkt **63** 23 (– Illiquidität **63** 27); Zeitraum-Illiquidität **63** 27; Zurückweisung des Insolvenzantrags **63** 93; zuständiges Gericht **63** 82; Zuständigkeit eines Aufsichtsorgans **63** 140; Zustimmung aller Insolvenzgläubiger **63** 141; Zwangsvollstreckung **63** 28, 30; Zwangsvollstreckungsmaßnahme **63** 87; Zweigniederlassung ausländischer GmbH **12** 66

Insolvenzverschleppung, Aktivlegitimation **64** 49; Altgläubiger **64** 39; Arbeitsentgeldberechtigte **64** 41; ausgeschiedener Geschäftsführer **64** 50; Beweislast für Insolvenzantragspflicht **64** 48; culpa in contrahendo (§ 311 BGB n. F.) **64** 53; Deliktsgläubiger **64** 45; Erkennbarkeit der Insolvenzreife **64** 47; Fristbeginn für Haftung **64** 47; Gesamtgläubigerschaden **64** 45; geschützter Personenkreis **64** 38; nicht geschütze Gläubiger **64** 41; Haftung, der Geschäftsführer **64** 37 (– nach § 26 Abs. 3 InsO **64** 52); (volles) negatives Interesse **64** 43; Neugläubiger **64** 40; Neugläubigerschaden **64** 43; Pensionsberechtigte **64** 41; Quotenschaden der Altgläubiger **64** 42; Schadenshöhe **64** 46; Sozialversicherungsträger **64** 45; Verschulden **64** 47

Insolvenzverwalter, Abstimmungen **47** 19; Amtstheorie **63** 111; Anfechtung von Gesellschafterbeschlüssen **47** 146; Anmeldungen **78** 12; Anmeldungspflichtige **78** 12; Arbeitgeberfunktion **63** 80; Aufstellung, der Schlussbilanz **63** 125 (– der Schlussbilanz der werbenden Gesellschaft **63** 122; – der Vermögensübersicht **63** 114; – des Gläubigerverzeichnisses **63** 114; – des Insolvenzplanes **63** 128; – des Verzeichnisses der Massegegenstände **63** 114); Befugnisse **63** 112; Bestellung **66** 18; Beweislast für Ansprüche aus der Vorbelastungshaftung **11** 28; Einziehungsbefugnis bei GmbH & Co. KG **63** 167; Ernennung **63** 109; Erstellung einer Eröffnungsbilanz **63** 123 (– eines jährlichen Zwischenabschlusses **63** 124); Firmenänderung **53** 65; Fortführung des Unternehmens **63** 116, 119; Geltendmachung, des Differenzanspruches **9** 9 (– von Ansprüchen nach § 31 **31** 5; – von Ersatzansprüchen **46** 41; – von Ersatzansprüchen nach § 9 a **9 a** 33; – von Schadensersatzansprüchen bei Kapitalerhöhung **57** 27; – von Schadensersatzansprüchen gegen Geschäftsführer **43** 50); Geschäftsanteil **15** 150 ff.; Gläubigerbefriedigung **63** 118; GmbH **13** 15; GmbH & Co. KG **63** 166; handelsrechtliche Rechnungslegung **63** 120; Inbesitznahme **63** 113; Insolvenzanfechtung **63** 117; Liquidator **66** 4; Masseergänzung **63** 117; Nichtigkeitsklage **47** 149; persönliche Voraussetzungen **63** 109; Pflicht zur Rechnungslegung als Organ des Insolvenzverfahrens **63** 126; Pflichten **15** 153 f. (– im Rahmen des Insolvenzplanes **63** 128); Prozessbeteiligung **47** 146; Rechtsanwaltsgesellschaft **63** 109; Rechtsstellung als Arbeitgeber **63** 119; sonstige Pflichten **63** 129; Stellung **63** 111; Stellungnahme zum Insolvenzplan **63** 128; Steuerberatungsgesellschaft **63** 109; steuerliche Pflichten **63** 127; Stimmrecht **47** 19; Stimmverbot **47** 55; Überwachung der Planerfüllung **63** 128; Vergütung **63** 110; Verwaltung **63** 109; Verwertung der Insolvenzmasse **63** 118; Vorbereitung der Gläubigerversammlung **63** 115; weitere Pflichten **63** 119; Wirtschaftsprüfungsgesellschaft **63** 109; Zahlungsaufforderung bei Kaduzierung, erste **21** 11

„Inspire Art"-Entsch., Einl. 316
Interessentheorie, Konzernrechnungslegung **42 a** Anh. II 15
Interessenzusammenführungsmethode, Angabe im Konzernanhang **42 a** Anh. II 189 ff.; Kapitalkonsolidierung bei Interessenzusammenführung **42 a** Anh. II 181; Voraussetzungen für die Anwendung **42 a** Anh. II 183 ff.
International Accounting Standards (IAS), **42 a** Anh. I 7; **42 a** Anh. II 8; österreichisches Recht **42 a** Anh. II 364
Internationales Privatrecht, Abkehr von Sitztheorie durch „Centros"-Entsch. Einl. 310; Anerkennung ausländischer Gesellschaften Einl. 319 f.; Auflösung der Gesellschaft Einl. 336, 341; ausländische Gesellschaft mit Sitz im Inland Einl. 332; ausländische GmbH Einl. 300; Auslandsbeurkundung Einl. 323; ausschließliche Verlegung des Satzungssitzes Einl. 338; Ausschluss der Anwendung ausländischen Rechts Einl. 342; Auswirkung auf die Sitztheorie Einl. 309; „Centros"-Entsch. Einl. 306 ff., 313, 315; „Daily Mail"-Entsch. Einl. 311, 314; Deliktsfähigkeit Einl. 326; Deliktsstatut Einl. 326; Differenzierungstheorie Einl. 301; EG-Recht Einl. 303 f.; Einheitstheorie Einl. 301; Einzelfragen Einl. 321; EMRK Einl. 303 f.; Firma der Gesellschaft Einl. 327; Formvorschriften bei Gründung Einl. 322; Fortbestehen der Sitztheorie Einl. 312 ff., 315; Fremdenrecht Einl. 300; Geltung der handelsrechtlichen Vorschriften Einl. 340; Gesellschaftsstatut Einl. 298 f.; Gründungstheorie Einl. 312, 317, 336; Gründungsvorgänge Einl. 321; Haftung Einl. 329; innerdeutsche Sitzverlegung (DDR) Einl. 339; internationale Sitzverlegung Einl. 334; internationales Konzernrecht Einl. 333; Kollisions-

2721

Sachverzeichnis

Fette Zahlen = §§

recht **Einl.** 335; Kollisionsregeln **Einl.** 305; Liquidation **Einl.** 341; Mitbestimmung **Einl.** 331; Name der Gesellschaft **Einl.** 327; Niederlassungsfreiheit **Einl.** 311; österreichisches Recht **Einl.** 344; ordre public **Einl.** 319 f., 342; Organisationsrecht der Gesellschaft **Einl.** 330; Parteifähigkeit **Einl.** 325; Personalstatut **Einl.** 298, 344; Prozessfähigkeit **Einl.** 325; Rechte und Pflichten der Gesellschafter **Einl.** 329; Rechtsfähigkeit der Gesellschaft **Einl.** 324; Rechtsfolgen der „Centros"-Entsch. **Einl.** 309; Rechtsstellung der Gesellschafter **Einl.** 328; Regelungsbereich der Sitztheorie **Einl.** 318; Sachrecht **Einl.** 336; Sitztheorie **Einl.** 303 f., 335 f.; Statutenwechsel **Einl.** 335; Übertragung von Geschäftsanteilen **Einl.** 335; Verlegung, des statuarischen Sitzes **Einl.** 336 (– des tatsächlichen Verwaltungssitzes ins Ausland **Einl.** 336; – des tatsächlichen Sitzes ins Inland **Einl.** 337; – des tatsächlichen Verwaltungssitzes **Einl.** 335); Vorgründungsgesellschaft **Einl.** 276; Vorlagebeschlüsse zum EuGH **Einl.** 316

Inventar, Begriff **41** 66; Eröffnungsinventar **41** 71; Frist zur Aufstellung **41** 71; Funktion **41** 70; Gegenstand der Abschlussprüfung **42 a** 16; Inhalt **41** 66; Jahresinventar **41** 71; österreichisches Recht **42 a Anh. I** 449; Pflicht zur Aufstellung des Inventars **41** 66; Umfang **41** 67 ff.; wirtschaftliche Zurechnung **41** 69

Inventur, allgemeine Inventurpflicht **41** 66; **42 a Anh. I** 14; Aufbewahrungsfrist **41** 90, 155 ff.; Aufbewahrungspflicht **41** 90, 155 ff.; ausgeweitete Stichtagsinventur **41** 76; Aussageäquivalenz **41** 79; Begriff **41** 73; Bestandsaufnahme **41** 73; Bewertungsvereinfachungsverfahren **41** 75 ff.; Buchinventur **41** 74; Festwertverfahren **41** 81 ff.; Grundsätze ordnungsmäßiger Inventur (GoI) **41** 72; Grundsatz, der Einzelaufnahme **41** 72; – der Nachprüfbarkeit **41** 72; – der Richtigkeit **41** 72; – der Vollständigkeit **41** 72); Gruppenbewertung **41** 86 ff.; Inventurverfahren **41** 75 ff.; Pensionsrückstellungen **41** 77; permanente – **41** 78; Rückstellungen **41** 77; Stichprobeninventur **41** 79 f.; Stichtagsinventur **41** 75; vor- oder nachverlagerte Stichtagsinventur **41** 77; Zufallsstichprobenverfahren **41** 79

Irland, GmbH-Recht **12** 52
Irrtumszurechnung, Vertretung **35** 67
Italien, GmbH-Recht **12** 52
„ITT" –Entsch., Einl. 58; **43** 46
Jahresabschluss, **41** 108 ff.; Abberufung der Geschäftsführer **29** 62, **42 a** 12; Abschlagszahlungen **29** 98; Abschlussprüfer **29** 54 f.; Abschlussprüfung **29** 53; Änderung, nach Fassung des Ergebnisverwendungsbeschlusses **42 a** 72 (– nach Feststellung **42 a** 71; – von Gliederungen und Postenbezeichnungen **42 a Anh. I** 153; – vor Feststellung **42 a** 70); Anfechtbarkeit **29** 70, 81; Angabe der Vorjahresbeträge **42 a Anh. I** 149; Anhang **29** 27; **41** 124; **42 a Anh. I** 399 (– im österreichischem Recht **Anh. I** 455); Anspruch auf eine Abschrift **46** 7; Anwendbarkeit aktienrechtlicher Normen bei Nichtigkeit **29** 71; Art der Vorlage **42 a** 9; Aufbewahrungsfrist **41** 115; Aufsichtsrat **29** 51; **52** 49; Aufstellung **29** 46 f.; Aufstellungsfrist **41** 114; Aushändigungsrecht der Gesellschafter **42 a** 9; Ausschüttungsbemessungsfunktion **41** 111; Befreiung von Prüfungsvorschriften bei Liquidation **71** 28 f.; Befreiung von der Prüfungspflicht **42 a** 13; Bericht des Aufsichtsrats **42 a** 57; Bestätigungsvermerk **42 a** 45 ff.; Bestandteile **41** 118; Bewertungsgrundsätze bei Liquidation **71** 14; Bußgeldvorschriften **Vor 82–85** 73 ff.; Dokumentationsfunktion **41** 111; Empfänger des Berichts **42 a** 8; Einsichtnahmerecht der Gesellschafter **42 a** 9; Ergebnisverwendungsbeschluss **42 a** 85 ff.; Erleichterung für Tochtergesellschaften **41** 117; Erweiterung des Gliederungsschemas **42 a Anh. I** 152; Erzwingung der Aufstellung **29** 62; Feststellung **29** 46, 48; **41** 116; **42 a** 63 ff.; **46** 3; **52** 49 (– bei Liquidation **71** 17; – durch Gesellschafterversammlung **29** 56); Feststellungsfrist **42 a** 69; Feststellungsorgan **42 a** 8; freiwillige Abschlussprüfung **42 a** 13; Fremdwährung **42 a Anh. I** 106; Frist für die Aufstellung des Jahresabschlusses **41** 114; Frist für Vorlage des – **42 a** 4; Führung, in deutscher Sprache **41** 110 (– in Euro **41** 110); Funktion bei Liquidation **71** 14; Geschäftsführer **29** 53, 60; Geschäftsjahr **41** 109; Gesellschafterbeschlüsse **46** 3; Gesellschafterversammlung **29** 56; Gewinn- und Verlustrechnung (GuV) **41** 122; Gewinnvortrag **42 a Anh. I** 251; Gliederung **42 a Anh. I** 143 ff.; Gliederungsänderung **42 a Anh. I** 153; Gliederungsgrundsätze **42 a Anh. I** 145; Grundlage steuerlicher Gewinnermittlung **41** 111; Grundsätze ordnungsmäßiger Buchführung (GoB) **42 a** 170; Grundsatz, der Darstellungsstetigkeit **42 a Anh. I** 148 (– der Klarheit und Übersichtlichkeit **42 a Anh. I** 147); Heilung der Nichtigkeit **29** 80; **42 a** 83; Informationsfunktion **41** 111; Inhalt **41** 108; **42 a Anh. I** 143 ff.; jährlicher Zwischenabschluss bei Insolvenz **63** 124; Jahresbilanz **41** 118; Jahresfehlbetrag **42 a Anh. I** 252; Jahresüberschuss **42 a Anh. I** 252; Kapitalerhöhung aus Gesellschaftsmitteln **Vor 82–85** 17; Kapitalgesellschaften & Co. **42 a Anh. I** 146; Kleine GmbH **42 a** 53; Konzern **42 a** 103; Konzernabschluss **42 a Anh. II** 9; Konzernrechnungslegung bei Liquidation **71** 13; Lagebericht **29** 26, 27, 32; Leerposten **42 a Anh. I** 155; Liquidation **71** 13; Maßgeblichkeitsprinzip **41** 111; **42 a Anh I** 9; mehrere Geschäftszweige **42 a Anh. I** 151; Mehrheitsgesellschafter **29** 63; Minderheitsrechte **29** 65; nachträgliche Änderung des Gewinnanspruchs **29** 24; Nachtragsprüfung **42 a** 15; Nichtigkeit **29** 70, 72 ff.; **42 a** 74 (– von Gesellschafterbeschlüssen **47** 109); Nichtigkeitsgründe **42 a** 75 ff.; Nichtigkeitsklage **42 a** 82; österreichisches Recht **42 a** 106 ff.; **42 a Anh. I** 450;

Magere Zahlen = Randnummern

Sachverzeichnis

Offenlegung **42 a** 84; **58 e** 10 (– bei Kapitalerhöhung und gleichzeitiger Erhöhung des Stammkapitals **58 f** 15; – bei Kapitalherabsetzung **58 e** 10; – des Jahresabschlusses **42 a Anh. I** 447); Pflichten der Geschäftsführer gegenüber dem Abschlussprüfer **42 a** 38; Pflichtprüfung **42 a** 13; Pflicht der Geschäftsführer, zur rechtzeitigen Aufstellung **29** 61 (– zur Aufstellung **41** 108; – zur Aufstellung bei Liquidation **71** 13; – zur Berichtigung **29** 69); Plausibilitätsbeurteilungen **42 a** 20; Prüfung **41** 116, 413 (– durch Abschlussprüfer **42 a** 13 ff.; – durch Aufsichtsrat **52** 11); Prüfungsbericht **42 a** 40; Prüfungspflicht **42 a** 13 (– des Feststellungsorgans **29** 69); prüfungspflichtige Gesellschaft **29** 51 (nicht – **29** 50); Prüfungsvorschriften bei Liquidationsbefreiung **71** 28 f.; Rücklagen **29** 83; Rückstellungen **29** 88; Rumpfgeschäftsjahr **41** 109; Schadensersatz **29** 63; Stichtag für die Erstellung bei Liquidation **71** 13; Teilnahme des Abschlussprüfers an der Gesellschafterversammlung **42 a** 94; Treuepflicht der Gesellschafter **13** 61; Umfang der Prüfungspflicht **42 a** 18; unrichtige Darstellung **Vor 82–85** 33 ff.; unrichtiger – **29** 69; Unterzeichnung durch Geschäftsführer **41** 113; vereinfachte Kapitalherabsetzung **58 b** 11, 13; **58 c** 8; **58 e** 1, 10; Verfahren der Änderung **42 a** 73; Verlustvortrag **42 a Anh. I** 251; Vermerk der Mitzugehörigkeit **42 a Anh. I** 150; verschiedene Gliederungsvorschriften **42 a Anh. I** 151; verspätete Erstellung des – **29** 60; Verzögerung der Aufstellung durch Mehrheitsgesellschafter **29** 63; Vorauszahlungen **29** 98; Vorlage des Jahresabschlusses **42 a** 2 (– zur Feststellung **29** 49); Vorlagefrist **42 a** 4, 6; Vorlagepflicht **42 a** 2; Vorlageverpflichtete **42 a** 7; Währungsumrechnung **42 a Anh. I** 106; Wahl des Abschlussprüfers **29** 54; Weisungsrecht der Gesellschafter **41** 112; Wertaufholungen **29** 89; Zeitpunkt der Unterzeichnung **41** 113; Zusammenfassung von Posten **42 a Anh. I** 154; Zuständigkeit für die Aufstellung **41** 112; Zweck **41** 111; Zwischenabschluss **29** 98

Jahresüberschuss, Bilanzierung **42 a Anh. I** 252; Ergebnisverwendung **29** 7

Kaduzierung, Abgrenzung zum Erwerb eigener Geschäftsanteile **33** 77; Abstimmung **47** 73; Adressat **21** 34 (– der ersten Zahlungsaufforderung **21** 11 – der zweiten Zahlungsaufforderung **21** 13); Anfechtungsklage **21** 62; Angabe des angeforderten Betrages **21** 15; Anmeldung gem. § 16 **22** 7; (keine) Anmeldung zum Handelsregister **21** 43; Anspruch auf den Gewinnanteil **21** 39; Ansprüche des Kaduzierten **21** 39; Anwendung bei beschränkter Nachschusspflicht gem. § 28 **28** 9; Aufrechnung **21** 32; Ausfallhaftung **21** 50 f. (– des Kaduzierten **24** 14); Ausgleichspflicht zwischen den Vormännern **22** 24; Ausnahmen **22** 8; Ausschließung von Gesellschaftern **21** 1; Bareinlagen **21** 4; Bedeutung **21** 38; Beendigung des Kaduzierungsverfahrens durch Zahlung **21** 28; Befreiung von gesellschaftsrechtlichen Verpflichtungen **21** 47; Beginn der Nachfrist **21** 19; Beschluss der Gesellschafterversammlung **21** 9; Beweislast, für fehlende Erlangbarkeit der Zahlung **22** 13 (– für Zugang der Zahlungsaufforderung **21** 12); Bilanzierung des kaduzierten Geschäftsanteils **21** 45; Dauer der Haftung **22** 17; eigene Geschäftsanteile **33** 8, 77; Eingang des Geldbetrages bei der Gesellschaft **21** 30; einseitige empfangsbedürftige Willenserklärung **21** 33; Eintragung **21** 12); Eintritt der Ausschlusswirkung **21** 49; Einzahlung der vollen geforderten Geldeinlage **21** 29; Einziehung des Geschäftsanteils **22** 2; Entbehrlichkeit, der Zahlungsaufforderung **21** 9 (– eines Gesellschafterbeschlusses **21** 22); Entzug der Mitgliedschaft **14** 23; Erklärung **21** 32 f. (– durch Dritte **21** 54); Erlös aus der Versteigerung **23** 31; Erlöschen der Rechte am Geschäftsanteil **21** 40; Ermessen **21** 23; Ermessensentscheidung **21** 32; erste Zahlungsaufforderung **21** 9; erster Regressschuldner **22** 6; Erwerb, der Anteile kraft Gesetzes **22** 33 (– des Geschäftsanteils **22** 29); (keine) Erzwingbarkeit **21** 7; fehlende Fälligkeit der Einlageforderung **21** 56; fehlende/mangelhafte Kaduzierungsandrohung **21** 55; fehlende Säumnis des Gesellschafters **21** 55; fehlende Spezifikation der Aufforderung **21** 57; fehlerhafte Angabe des Betrages **21** 59; fehlerhafter Regress **23** 39; fehlerhafter Zugang der Kaduzierungserklärung **21** 53; fester Termin zur Zahlung Erhöhung des Vermögens der Gesellschaft **21** 10; Folgen **21** 38 (– bei Mangelhaftigkeit **21** 61); Form, der Aufforderung **21** 17 f. (– der Erklärung **21** 36; – der Kaduzierungsandrohung **21** 17 f.; – der Zahlungsaufforderung **21** 12; **22** 14); Formvorschriften **15** 36; Forthaftung des kaduzierten Gesellschafters **23** 33; freihändiger Verkauf **23** 19, 23; Fristbeginn **22** 17; Fristberechnung **21** 20; **22** 17; Fristsetzung **21** 21; früherer Rechtsvorgänger **22** 12; fünfjährige Ausschlussfrist **22** 17; Geldeinlagen **21** 26; Geltendmachung des Anspruchs **22** 10; Gesamthaftung gem. § 24 **24** 29; Gesamtrechtsnachfolge **22** 18; Geschäftsführer **21** 9, 14, 33; Gesellschafter **21** 13; Gewährleistung der Kapitalaufbringung **21** 5; Gewinnansprüche **29** 22; Gläubiger der Gesellschafters **21** 41; Grundsatz der Gleichbehandlung **21** 8, 24; Haftung **22** 21 (– der Organe **21** 23; – der Rechtsvorgänger **22** 1; – des Rechtsvorgängers im österreichischen Recht **22** 37); Haftungsumfang **22** 21; Inhalt **21** 35; Insolvenz, der Gesellschaft **21** 65 (– des Gesellschafters **21** 64); Insolvenzverwalter **21** 11; Kaduzierungsandrohung **21** 16; Kann-Vorschrift **21** 7; Kapitalerhöhung mit Sacheinlagen **56** 16, 18; lastenfreier Erwerb **22** 36; letzter Rechtsvorgänger **22** 52 (– der Versteigerung **23** 22); Mängel **21** 52 (– der Versteigerung **23** 22); Mischeinlage **21** 4, 27; **22** 22; Mitberechtigung am Geschäftsanteil **18** 24; (Mindest-)Nachfrist **21** 19; Nichtbeachtung

2723

Sachverzeichnis

Fette Zahlen = §§

der Form bei Zugang der Erklärung **21** 60; Nichtleistung der Nachschusspflicht **28** 2; österreichisches Recht **21** 67; Pfändung nach Kaduzierung **21** 41; Rechte am Geschäftsanteil **21** 40; Rechte der Gläubiger nach Kaduzierung **22** 36; Rechte und Pflichten des kaduzierten Geschäftsanteils **21** 46; Rechtsfolgen **21** 38 (– des Erwerbs **22** 29 ff.; **22** 2); Regressschuldner **22** 5; Regressvoraussetzungen **22** 2; Rückgriff der Gesellschaft gegen die Rechtsvorgänger **21** 50; rückständige Sacheinlagen **21** 42; Sacheinlagen **21** 26; säumiger Gesellschafter **21** 11, 34; Schadensersatzpflicht **21** 25; Schicksal des kaduzierten Geschäftsanteils **21** 44; schuldrechtliche Verpflichtungen des Kaduzierten **21** 48; Solidarhaftung der Mitgesellschafter **24** 1; Sonderleistungen **21** 42; sonstige Leistungen der Gesellschafter **21** 26; Sprungregress **22** 5; Staffelregress **22** 5; statutarische Erwerbsbeschränkungen **22** 34 f.; steuerrechtliche Behandlung **21** 66; Stundung **21** 32 (– der eingeforderten Summe **22** 23); Teileinlage **21** 7; Teilleistungen **22** 28; Teilzahlung **22** 23; Umfang **21** 26; Unwiderruflichkeit des Ausschlusses **21** 49; Unwirksamkeit **21** 61; **23** 37; Veräußerung ohne Anmeldung **22** 19; Verfahren **21** 3; Verhältnis zu § 16 Abs. 3 **22** 3 f.; Verjährung **22** 17 ff.; Verlust des Geschäftsanteils **21** 47; Verrechnungsscheck **21** 31; Verschärfung der Rechtsfolgen **25** 2; Verwirkung **21** 37; Verzicht auf Anteilserwerb **22** 34 f.; Verzögerung bei der Einforderung **21** 25; Verzugszinsen **20** 27; Voraussetzungen **21** 9 (– der Haftung **22** 12; – des wirksamen Erwerbs **22** 31); Vormann **22** 32; widerlegbare Vermutung **22** 13; Wirksamkeit der Kaduzierung **22** 31; Wirksamwerden der Erklärung **21** 36; Zahlungsaufforderung **21** 9, 13; Zahlungstermin in Satzung **21** 10; Zeitpunkt der zweiten Zahlungsaufforderung **21** 13; Zugang der Zahlungsaufforderung **21** 12; zusätzliche Haftung der Rechtsvorgänger **22** 4; Zuständigkeit **21** 33 (– für zweite Zahlungsaufforderung **21** 14); Zuviel-/Zuwenigforderung **21** 15; Zwangsverkauf **21** 1; Zweck **21** 5; zweite Stufe des Kaduzierungsverfahrens **21** 1; zweite Zahlungsaufforderung **21** 13; Zwangsverkauf **23** 1; zwingende Vorschriften **21** 6; **22** 1; **25** 1

KapAEG, s. *Kapitalaufnahmeerleichterungsgesetz*

Kapitalanlagegesellschaften, erlaubte Rechtsformen **Einl. 28**; obligatorischer Aufsichtsrat bei der Vorgesellschaft **11** 50; Stammkapital **5** 10; Zahl der Geschäftsführer **6** 7, 9

Kapitalaufnahmeerleichterungsgesetz (KapAEG), Änderung des GmbHG **Einl.** 4, 16; eigenkapitalersetzende Gesellschafterdarlehen **32 a** 9; Rechnungslegung **42 a Anh. I** 2

Kapitalausstattung, Differenzhaftung bei Sacheinlagen **9** 1; Eintragungsantrag **5** 9; Stammkapital **5** 8

Kapitalberichtigung, Kapitalerhöhung aus Gesellschaftsmitteln **57 c** 1

KapCoRiLiG, s. *Kapitalgesellschaften & Co.-Richtlinien-Gesetz*

Kapitalerhöhung, abhängiges Unternehmen **55** 28; Agio **55** 16, 34, 37; Amtslöschung wegen Mängeln der Kapitalerhöhung **57** 40; analoge Anwendung gründungsrechtlicher Bestimmungen **55** 3, 53; anfechtbare Beschlüsse **57** 36 f.; Anfechtbarkeit von Zulassungsbeschlüssen **55** 33; Anmeldepflicht **57** 12; Anmeldung, der Erhöhung **57** 1 (– des Erhöhungsbeschlusses **57 i** 1; – zum Handelsregister **57** 3); Anmeldungspflichtige **78** 2; Annahme der Übernahmeerklärung **55** 40; Anpassung, des Stammkapitals von Altgesellschaften (Nov. 1980) **55** 18, 31 (– von Rechten und Pflichten **57 m** 5); Anschaffungskosten **57 o** 1 f.; Anwendung, der Grundsätze der fehlerhaften Gesellschaft **55** 21 (– der Vorschriften **55** 53); Art der Erhöhung bei Euro-Glättung **86** 33; Arten der Kapitalerhöhung aus Gesellschaftsmitteln **57 h** 1; Aufgeld **55** 16, 34, 37; Aufhebung des Beschlusses **55** 20; Auflösung **55** 42; Aufstockung **55** 11, 13 f.; Ausgleichsanspruch **55** 54; Ausgliederung **77 Anh.** 596 (– aus Vermögen eines Einzelkaufmanns **77 Anh.** 655); Ausschluss des Bezugsrechts **55** 18; Austrittsrecht **55** 7; bedingte – **55** 42; Bedingung **55** 17; Befristung **55** 17, 39; Bekanntmachung der Eintragung **57 b** 1; Beschluss **55** 6; **57 c** 16; Besteuerung der Veräußerung **55** 59; Betrag der übernommenen Stammeinlage **55** 37; Bestimmung des Anteilszuschnitts bei Umstellung auf Euro **86** 32; Beurkundung, der Kapitalerhöhung **55** 56 (– der Übernahmeerklärung **55** 56); Bewertung **55** 62; Beziehung zu Dritten **57 m** 1; Bezugsrecht der Gesellschafter **55** 29; Bezugsrechtsausschluss **55** 30; Bilanzierung **42** 6; Bindung der Gesellschaft **55** 48; Börsengang **55** 1; disproportionale/nicht verhältniswahrende Kapitalerhöhung bei Umstellung auf Euro **86** 38; Durchführung der Kapitalerhöhung **55** 35; eigene Geschäftsanteile **33** 48; **55** 28; einbringungsgeborener Anteil **55** 59; Einbußen, an Gewinnanspruch **55** 30 (– an Stimmgewicht **55** 30; – an Substanzwert **55** 30); Einfluss der Kapitalerhöhung auf Gewinnbeteiligung Dritter **55** 54; Einforderung der Stammeinlage **19** 35; Einkommensteuer **55** 59; Einpersonen-GmbH **55** 41; **56 a** 8; Eintragung ins Handelsregister **57** 31; Entstehen des Geschäftsanteils **55** 42; Erforderlichkeit **55** 30; (kein) Erfüllungsanspruch des Übernehmers **55** 48; Erhöhung, des Nennbetrages **55** 3, 11 (– des Stammkapitals **55** 1; – in Raten bei Altgesellschaften (Nov. 1980) **55** 10); Erhöhungsbetrag **55** 8; Erlassverbot **19** 44; Erwerbsrechte **57 m** 4; Euroeinführungsgesetz (EuroEG) **55** 5; Europarechtswidrigkeit von Gebühren **55** 57; falsche Angaben **82** 55, 63; fester Betrag **55** 8; Finanzbedarf **55** 31; finanzielle Krise **55** 1; Form, der Anmeldung **57** 10 (– der Übernahmeerklärung **55** 38; – des

Magere Zahlen = Randnummern

Sachverzeichnis

Zulassungsbeschlusses 55 27); genehmigtes Kapital 55 2; Genehmigung des Vormundschaftsgerichtes 55 28; Genussrechtsinhaber 57 m 8; Genussscheine 55 1; Gesamthaftung der Gesellschafter 24 30; Gesamthandsgemeinschaften 55 28; Geschäftsanteil 55 51; Geschäftsführer 55 40; Geschäftswert 55 55; Gesellschaftsteuer **Einl.** 92; 55 58; Gesellschafterversammlung 55 40; Gesetz für die Kleine Aktiengesellschaft 55 33; Gewinn 55 16; Gewinnbeteiligung der neuen Geschäftsanteile 57 n 1; Gleichbehandlungsgrundsatz 55 29 f.; GmbH & Co. KG 55 28; GmbH − Nov. 1980 55 5; Gründungsstadium 55 22; Haftung gem. § 24 24 30; Haftung neubeigetretener Gesellschafter 55 44; Halbeinkünfteverfahren 55 60; Heilung 55 38 (− der Mängel des Übernahmevertrages 55 50); Höhe der neuen Stammeinlage 55 18; höhere Einzahlungen 55 16; Höchstbetrag 55 9; Inhalt, der Bekanntmachung 57 b 2 (− der Übernahmeerklärung 55 37); in Mehrheitsbesitz stehendes Unternehmen 55 28; Insolvenzeröffnung 55 22, 25, 42; Kapitalerhöhung, aus Gesellschaftsmitteln 55 1, 4; 57 c 1 (− mit Sacheinlagen 56 1); Kapitalerhöhungsschwindel, mit Gesellschaftsmitteln 82 63 (− mit Sacheinlagen 82 55); Kapitalherabsetzung bei gleichzeitiger Erhöhung des Stammkapitals 58 f 1; Kapitalneufestsetzung nach D-Mark-Bilanz-Gesetz 1990/91 (DMBilG 1990/91) 55 18; Kapitalverwässerung 55 54; Kartellrecht 55 52; Körperschaftsteuer 55 59; Kooperationspartner 55 31; Kosten 55 55; 57 46 (− der Beurkundung 55 55; − der Eintragung 55 55); Lehre vom gesetzlichen Bezugsrecht 55 32; Kostenpflichtiger 55 55; Leistung auf Geldeinlagen 56 a 2; Leistungen auf das neue Stammkapital 56 a 1; Liquidation 55 22, 24; − im Liquidationszeitraum 69 4; Mängel 57 34 ff. (− der Form 55 38; − der Vollständigkeit 55 38; − des Beschlusses 55 21; − des Übernahmevertrags 55 49; 57 38); Maßnahme der Beschaffung neuen Eigenkapitals 55 1; Mehreinzahlung 56 a 5; Mehrstimmrecht 57 m 3; Minderheitenschutz 55 29; Mindestbetrag der Erhöhung 55 11; Mindesteinzahlung 56 a 2; Mischeinlagen 56 a 2; Mitwirkung des einzelnen Gesellschafters 5 6; Nachschüsse 55 1, 37; Neben- oder Nachschusskapital 55 16; Nebenleistungen 55 37; Nebenleistungspflichten 57 m 4; neubeitretender Gesellschafter 55 37; (keine) neuen Mitgliedschaftsrechte 55 21; Neufassung des Satzungswortlauts 55 19; 56 14; nichtige Kapitalerhöhungsbeschlüsse 57 36 f.; Nichtigkeit von Kapitalerhöhungsbeschlüssen 77 9; notarielle Beglaubigung 55 38; ordentliche Kapitalerhöhung bei Umstellung auf Euro 86 31; Ordnungsmäßigkeit der Anmeldung 57 a 2; Person des Übernehmers 55 37; Pfandrecht 15 137; Pflicht zur Übernahme der neuen Stammeinlage 55 18; Pflicht zur Leistung der Einlage 55 42; proportionale/verhältniswahrende Kapitalerhöhung bei Umstellung auf Euro 86 35; Proportionalität 57 m 3; Prüfung durch das Registergericht 57 31; 57 a 7; Rechtsbeziehungen zwischen Gesellschaftern und Dritten 57 m 9; Rückgriff auf Rechtsvorgänger 55 13; Rückwirkung 55 17; Sacheinlagen 55 31; 56 a 7; Sacheinlagevorschriften 55 61; Sachkapitalerhöhungsbericht 56 22; Sanierung 55 18; Satzungsänderung 53 49; 55 7; Schütt-aus-Hol-zurück-Verfahren 55 1, 60; schuldrechtliche Nebenabreden 55 49; Schwindel bei Kapitalerhöhung mit Sacheinlagen 82 55; Selbstkontrahieren bei Annahme der Übernahmeerklärung 55 41; Sonderfall der Satzungsänderung 55 3; 57 1; Sonderrecht auf Beibehaltung bestehender Kapitalverhältnisse 55 7; Sonderregelungen 55 4; Sondervorteile 55 16; sonstige Bestandteile des Kapitalerhöhungsbeschlusses 55 16; Spaltung 77 Anh. 564; Stammkapital 19 44; Stammkapitalziffer 55 19; 56 14; Steuern 55 58; Stimmbindung 55 27; Stimmbindungsvertrag 55 46; Stimmpflichten der Gesellschafter 55 18; Stimmverbot 55 27; Tantiemeansprüche 57 m 8; Treuepflicht 13 58, 67; 55 29 f.; Übergang zur Geldeinlage 56 5; Übernahme 55 35; Übernahmeerklärung 55 37 (− vor Beschluss über Kapitalerhöhung 55 47); Übernahmevertrag 55 36; Übernehmer 55 12, 19, 28; Überschreitung 55 43; Übertragung, der Rechte aus dem Übernahmevertrag 55 51 (− von Geschäftsanteilen 15 92); Überzeichnung 55 43; Umstellung des Stammkapitals auf Euro 55 18; 86 21, 31 ff.; Umwandlung 77 **Anh.** 65; − bei Umwandlung einer AG in GmbH 77 **Anh.** 169; ungeschriebenes gesetzliches Bezugsrecht 55 29; Unterbilanzhaftung 57 7; unwirksame Kapitalerhöhungsbeschlüsse 57 37 f.; Verbindung, mit vereinfachter Kapitalherabsetzung 58 a 8 (− von Kapitalherabsetzung und Kapitalerhöhung 58 43); verbundene Unternehmen 33 66; verdeckte Sacheinlagen 55 61; Verhältnis der Rechte 57 m 1; Verhältnismäßigkeit 55 30; Verpflichtung, zu künftiger Kapitalerhöhung 55 47 (− zum Beschluss der Kapitalerhöhung 55 46; − zur Übernahme 55 47; − zur Wiedereinlage ausgeschütteter Gewinne 55 61); Verrechnung der fälligen Gewinnansprüche 55 61; Verschiebung von Stimmrechtsverhältnissen bei Umstellung auf Euro 86 37; − bei Verschmelzung 55 11; 77 Anh. 384 f.; Verschmelzung, von AG oder KGaA mit GmbH 77 Anh. 474 (− von Gesellschaften 55 4; 77 Anh. 363); Versicherungen für Zweigniederlassungen 59 1; Verteilung der Geschäftsanteile 57 j 1; vertragliche Beziehungen zu Dritten 57 m 8; Verwässerungsschutz 55 34; Verwendungsabreden 57 9; Vinkulierung 57 7; (keine) Volleinzahlung des Altkapitals 55 15; Vollmacht zur Abgabe der Übernahmeerklärung 55 38; − vor Eintragung der Gesellschaft 55 23; Vorauszahlungen 56 a 5; Vorbehalt wertgleicher Deckung 57 7; Vorbelastungsverbot 57 7; Vorvertrag 55 47; Vorzüge 55 16; Vorzugsrechte 55 16; 57 m 3;

2725

Sachverzeichnis

Fette Zahlen = §§

Wiedereinlage, als Eigenkapital **55** 61 (– als Fremdkapital **55** 61); Wirksamkeit **42** 6; Wirkung der Übernahme **55** 42; Zulassung zur Übernahme der neuen Stammeinlagen **55** 26; Zulassungsbeschluss **55** 27; Zuordnung der neuen oder erhöhten Geschäftsanteile **57 j** 2; Zuständigkeit für Übernahmeerklärung **55** 40; Zustimmung aller Gesellschafter **55** 7; Zuzahlungen **55** 1; Zweigniederlassung **55** 55

Kapitalerhöhung aus Gesellschaftsmitteln, Ablehnung der Eintragung **57 i** 7; Änderung der Bilanz **57 e–57 g** 5; Anfechtbarkeit des Kapitalerhöhungsbeschlusses **57 e–57 g** 13; Agio **57 d** 3; Aktienrechtsreform 1965 **57 c** 5; allgemeine Beschlussvoraussetzung **57 c** 16; Anfechtbarkeit **57 m** 10; Anfechtbarkeit des Erhöhungsbeschlusses **57 d** 14; (keine) Angabe über Art der Erhöhung **57 h** 10; Angaben im Erhöhungsbeschluss **57 h** 6; Anmelder **57 i** 2; Anmeldung, des Erhöhungsbeschlusses **57 i** 1 (– durch sämtliche Geschäftsführer **57 i** 2; – zum Handelsregister **57 i** 2); Anpassung von Rechten und Pflichten **57 m** 5; Anrechnungsverfahren **57 c** 26; Anschaffungskosten **57 c** 23, 26; **57 o** 1 f.; Anteilsveräußerung **57 n** 1; Anweisung von Kapital- und Gewinnrücklagen **57 d** 1; Anwendungsbereich **57 c** 8; Arten der Kapitalerhöhung **57 h** 1 f.; Aufbewahrung von Schriftstücken **57 i** 10; Aufgeld **57 d** 3; – nach Auflösung der Gesellschaft **57 c** 10; Aufstockung eines einzigen Geschäftsanteils **57 h** 4; Ausführungsart bei Umstellung auf Euro **86** 25; Ausschlussgründe **57 e–57 g** 6, 11; Ausschüttungs-Rückholverfahren **57 c** 7; Ausübung, der Rechte **57 k** 1 (– der Rechte aus den Teilrechten **57 k** 3; – des Wahlrechts **57 h** 7); Ausweis, des Zuwachses an Anteilsrechten in der Bilanz **57 o** 3 (– von Kapital- und Gewinnrücklagen **57 d** 1); automatischer Erwerb **57 j** 4; Begriff **57 c** 1 (– der Teilrechte **57 k** 2); beizufügende Urkunden **57 i** 3; Bekanntgabe der Erhöhungsbilanz **57 e–57 g** 12; Bekanntmachung **57 i** 9 (– des Erhöhungsbeschlusses **57 i** 6); Beschluss über die Kapitalerhöhung **57 c** 16; Beschlusserfordernisse der Satzung **57 c** 16; besondere Beschlussvoraussetzungen **57 c** 17; Bestätigungsvermerk **57 e–57 g** 3, 8 (– bei Erhöhungsbilanz **57 e–57 g** 11); Beträge aus Rücklagenauflösung und Kapitalherabsetzung **58 b** 10; Bewertungsgrundsätze bei der Erhöhungsbilanz **57 e–57 g** 10; Beziehung zu Dritten **57 m** 1; Bilanz **57 c** 17 f.; **57 e–57 g** 2; **57 i** 3; Bilanzrichtliniengesetz (BiRiLiG) **57 c** 5 f.; **57 d** 1; Bilanzstichtag **57 e–57 g** 9; Bildung neuer Anteile auf teileingezahlte Anteile **57 l** 4; derivativer Geschäftswert **57 d** 10; Dividendenabgabe-VO **57 c** 3; D-Mark-Bilanz-Gesetz 1949 (DMBilG 1949) **57 c** 3; **57 d** 7; D-Mark-Bilanz-Gesetz 1990/91 (DMBilG 1990/91) **57 c** 9; Doppelmaßnahme **57 c** 2; eigene Geschäftsanteile **57 j** 2; **57 l** 1; einbringungsgeborene Anteile **57 c** 23; einheitlicher Beschluss **57 c** 13 (– Vorgang **57 c** 2); Einkommensteuer **57 c** 21; Eintragung des Erhöhungsbeschlusses in das Handelsregister **57 i** 6; entgegenstehende Zweckbestimmung **57 d** 12; Entstehung von Teilrechten **57 k** 4; Ergebnisverwendung **57 c** 17; Erhöhung, der Nennbeträge der Anteile **57 c** 18 (– des Stammkapitals **55** 1; – des Stammkapitals bei Verschmelzung **55** 4); Erhöhungsbetrag **57 c** 18; Erhöhungsbilanz **57 e–57 g** 2, 10; **57 i** 3; Erklärung über Vermögensminderung **57 i** 4; Erwerb von Teilrechten **57 o** 4; Erwerbsrechte **57 m** 4; erworbener Geschäftswert **57 d** 10; EuroEG **57 c** 6; Europarechtswidrigkeit von Gebühren **57 c** 20; falsche Angaben **82** 63; fehlerhafte Bekanntmachung **57 i** 13; fehlerhafte Eintragung **57 i** 13; Feststellung der Erhöhungsbilanz **57 e–57 g** 10; Fiktion der Volleinzahlung **57 i** 12; freie Rücklagen **57 d** 3; keine freien Spitzen **57 h** 8; Gegenposten zum Eigenkapital **57 d** 10; Gegenstand der Prüfung **57 e–57 g** 4; Genussrechtsinhaber **57 m** 8; Gesellschafterliste **57 i** 3; Gesellschafterversammlung **57 c** 16; **57 e–57 g** 7; getrennte Beschlüsse **57 c** 12; Gewährung neuer Anteile auf teileingezahlte Anteile **57 h** 13; Gewinn des letzten Geschäftsjahres **57 d** 5; Gewinn und Verlust bei der Erhöhungsbilanz **57 e–57 g** 10; Gewinnbeteiligung **57 c** 18 (– der neuen Geschäftsanteile **57 n** 1); Gewinnrücklagen **57 d** 2, 4; GmbH- Nov. 1980 **57 c** 5; Gläubigerschutz **57 e–57 g** 1; **57 l** 3; Gleichbehandlungsgebot **57 j** 2; Gleichbehandlungsgrundsatz **57 h** 7; Gliederungsgrundsätze bei der Erhöhungsbilanz **57 e–57 g** 10; Grundlage der Kapitalerhöhung aus Gesellschaftsmitteln **57 e–57 g** 2; Grundsatz der einheitlichen Beteiligung **57 h** 4; Haftungsvorschrift **57 i** 5; Heilung nichtiger Kapitalerhöhungsbeschlüsse **57 e–57 g** 13; **57 i** 13; Inhalt, der Eintragung **57 i** 8 (– der letzten Jahresbilanz **57 e–57 g** 3; – des Beschlusses **57 c** 18); KapErhG **57 c** 4; **57 d** 1; KapErhStG **57 c** 4; Kapitalberichtigung **57 c** 1; Kapitalerhöhungsschwindel mit Gesellschaftsmitteln **82** 63, 65; Kapitalrücklage **57 d** 2 f.; Körperschaftsteuer, bis zum Inkrafttreten des StSenkG **57 c** 24 (– nach Inkrafttreten des StSenkG **57 c** 28); Körperschaftsteuerreform 1977 **57 c** 7; Kombination beider Erhöhungsarten **57 h** 2; Kosten **57 c** 20; letzte Jahresbilanz **57 e–57 g** 2 f.; **57 i** 3; letzter Jahresabschluss **57 c** 17; Liquidation teileingezahlter Anteile **57 m** 7; Mängel, der Anmeldung **57 i** 13 (– der Anteilsbildung **57 h** 9; – der Bekanntgabe **57 e–57 g** 13; – der Bilanz **57 e–57 g** 13; – des Beschlusses **57 c** 19); Mängelfolgen **57 m** 10; maßgebliche Bilanz **57 d** 2; (keine) Maßnahme zur Kapitalbeschaffung **57 m** 1; Mehrstimmrecht **57 m** 3; Mindesthöhe **57 h** 3; Nachschusskapital **57 d** 6; Nebenleistungspflichten **57 m** 4; Nennbetragserhöhung **57 c** 18; **57 h** 4; nennwertbezogene Vorzugsrechte **57 m** 3 (nicht – **57 m** 3); neue Anteilsrechte **57 h** 5; neue Geschäftsanteile **57 c** 18; Nichtigkeit **57 j** 5; (– des Erhöhungsbeschlusses **57 d** 3; **57 e–57 g**

2726

Magere Zahlen = Randnummern

Sachverzeichnis

13; **57 h** 12; – des Erhöhungsbeschlusses bei rückwirkender Gewinnteilnahme **57 n** 4; – des Kapitalerhöhungsbeschlusses **57 h** 10 ff.; **57 i** 13); notarielles Protokoll über Erhöhungsbeschluss **57 i** 3; österreichisches Recht **57 c** 30; **57 d** 15; **57 e–57 g** 14; **57 h** 14; **57 i** 14; **57 j** 7; **57 k** 6; **57 l** 5; **57 m** 11; **57 n** 5; offene Rücklagen **57 d** 2; Passivtausch **57 c** 2; privates Veräußerungsgeschäft **57 c** 23; Proportionalität **57 m** 3; Prüfer **57 e–57 g** 6; Prüfer der Erhöhungsbilanz **57 e–57 g** 11; Prüfung **57 e–57 g** 1, 3 (– der Erhöhungsbilanz **57 e–57 g** 11; der letzten Bilanz **57 e–57 g** 4; – durch das Registergericht **57 i** 6); Rechte Dritter **57 j** 4; Rechtsbeziehungen zwischen Gesellschaftern und Dritten **57 m** 9; Rechtsentwicklung **57 c** 3; Rechtsnatur der Teilrechte **57 k** 3; Regelfall der Gewinnbeteiligung neuer Anteile **57 n** 2; Rücklagen **57 d** 2; **57 e–57 g** 4; Rücklagenumwandlung bei Euroumstellung **86** 24; Satzungsänderung **57 c** 16, **57 i** 1, **57 m** 3; Satzungsbestimmungen zu Rücklagen **57 e–57 g** 4; Schutzgesetz iSd. § 823 Abs. 2 BGB **57 i** 5; Schütt-aus-hol-zurück-Verfahren **57 i** 5; Sonderposten mit Rücklagenanteil **57 d** 11; Sonderrücklagen nach dem DMBilG 1949 **57 d** 7; Sondervorteile **57 m** 3; Spekulationsgeschäft **57 c** 23; Spitzenausgleich **57 l** 3; Spitzenbeträge **57 h** 3; **57 k** 1; Steuerberater **57 e–57 g** 6; Steuern **57 c** 21; Steuerrecht **57 j** 6; steuerrechtliche Behandlung von Anschaffungskosten **57 o** 5; Stichtag, der Erhöhungsbilanz **57 e–57 g** 10 (– des Kapitalerhöhungsbeschlusses **57 e–57 g** 3); stille Rücklagen **57 d** 2; Stimmrecht **57 h** 5; strafrechtliche Verantwortlichkeit **57 i** 5; StSenkG **57 c** 7; Täter des Kapitalerhöhungsschwindels mit Gesellschaftsmitteln **82** 64; Tantiemeansprüche **57 m** 8; Teilbarkeit von Anteilen **57 h** 3; teileingezahlte Geschäftsanteile **57 h** 2 f.; **57 l** 3; **57 m** 6; Teilnahme am Gewinn des Vorjahres **57 n** 3 (– an Erhöhung des Stammkapitals **57 l** 1; – am Gewinn des ganzen Geschäftsjahres **57 n** 2; – eigener Geschäftsanteile an Kapitalerhöhung **57 j** 3); Teilrechte **57 h** 3; **57 k** 1 (keine – bei Erhöhung des Nennbetrages **57 k** 5; – zum Spitzenausgleich **57 h** 8); Treuepflicht **57 h** 7; Übergangsregelung des § 86 Abs. 1 **57 h** 5; Umbuchungsvorgang **57 c** 1; Umfang der Prüfung **57 e–57 g** 4; Umgehung der Nennkapitalerhöhung **57 c** 26; Umstellung auf Euro **86** 21, 31 ff.; Umwandlung von Rücklagen **57 c** 15, 18; umwandlungsfähige Bilanzposten **57 d** 2 (nicht – **57 d** 8); Umwandlungsfähigkeit **57 d** 4 ff.; Umwandlungsverbot **57 d** 8; Umwandlungsbereinigungsgesetz (UmwBerG) **57 c** 6; uneingeschränkter Bestätigungsvermerk **57 e–57 g** 8; unrichtige Eintragung **57 i** 13; Unwirksamkeit **57 m** 10; Verbindung, mit Kapitalerhöhung mit Einlagen **57 c** 11 f. (– mit Kapitalherabsetzung **57 c** 14); Verbleib freier Spitzen **57 h** 1 2; vereidigter Buchprüfer **57 e–57 g** 6; vereinfachte Kapitalherabsetzung **58 b** 10; Verfahren **57 c** 29; Verhältnis der Mitgliedschaftsrechte zueinander **57 m** 2; verhältnismäßige Teilnahme an der Erhöhung **57 j** 2; Verlust **57 d** 9; Verlustvortrag **57 d** 9; Verrechnung **57 l** 3; Verstoß, gegen das Umwandlungsverbot **57 d** 13 (– gegen Mindesthöhe **57 h** 11; – gegen Teilbarkeit **57 h** 11); Verteilung, der Anschaffungskosten auf Geschäftsanteile **57 o** 2 (– der Geschäftsanteile **57 j** 1); vertragliche Beziehungen zu Dritten **57 m** 8; verwendbares Eigenkapital **57 c** 25; voll eingezahlte Anteile **57 m** 3; vollständiger Satzungswortlaut mit Notarbescheinigung **57 i** 3; vorherige Bekanntgabe des Jahresabschlusses **57 e–57 g** 1; Vorzugsrechte **57 m** 3; Wahl der Prüfer **57 e–57 g** 7, 11; Wahlrecht der Gesellschafter **57 h** 2; wesentliche Beteiligung **57 c** 23; Wirkung der Eintragung **57 i** 11; Wirtschaftsprüfer **57 e–57 g** 6; Wirtschaftsprüfungsgesellschaft **57 e–57 g** 26; Zeitpunkt der Prüfung **57 e–57 g** 5; Zugrundelegung der letzten Jahresbilanz **57 e–57 g** 1; Zuordnung, erhöhter Geschäftsanteile **57 j** 2 (– neuer Geschäftsanteile **57 h** 11); zusätzliche Beschlusserfordernisse der Satzung **57 c** 16; zweckbestimmte andere Gewinnrücklagen **57 d** 12; Zwischenbilanz **57 e–57 g** 2, 10

Kapitalerhöhung mit Sacheinlagen, Abreden **56** 4; allgemeine Differenzhaftung **56** 17; Angabe des Werts der Sacheinlage **56** 12; Annahme der Übernahmeerklärung **56** 13; Arten der Sacheinlage **56** 4; Aufrechnung **56** 20 f.; Ausfallhaftung **56** 18; Begriff der Sacheinlage **56** 3; Betrag der Stammeinlage **56** 12; Betrieb **56** 30; Betriebsaufspaltung **56** 31; Beurkundung der Übernahmeerklärung **56** 13; Bewertung der Forderung **56** 8; Bilanzfähigkeit der Sacheinlage **56** 6; Bilanzierung **42 a Anh. I** 81; Börsenumsatzsteuer **Einl.** 95; **56** 25; Buchwerte **56** 30; Darlehensrückzahlungsanspruch des Gesellschafters **56** 4; Differenzhaftung **56** 17; eigene Anteile der Gesellschaft **56** 7, 30; Einbringung eines Unternehmens **56** 5, 11; Eintragung **56** 17; einzelne Wirtschaftsgüter **56** 29; enger zeitlicher und sachlicher Zusammenhang **56** 4; Erbschaft **56** 4; Erhöhungsbeschluss **56** 9, 16; Erlassverbot **56** 21; Ertragsteuern **56** 28; falsche Angaben **82** 55; Festsetzung der Sacheinlage **56** 9; Forderungen gegen die GmbH **56** 29; Gegenstand der Sacheinlage **56** 6, 11; Geldeinlage **56** 7; gemischte Sacheinlagen **56** 5, 12; Gesellschafterdarlehen **56** 7, 20; Gesellschafterforderung **56** 8; Gesellschaftsteuer **Einl.** 92 ff.; **56** 24; Gewinnrealisierung mit Steuerfolge **56** 29; gewöhnliche Umsatzgeschäfte **56** 7; GmbH-Novelle 1980 **56** 2; Grunderwerbsteuer **56** 26; Hin- und Herzahlen **56** 4; Insolvenzmasse **56** 6; Kaduzierung **56** 16, 18; Kapitalerhöhungsschwindel mit Sacheinlagen **82** 55; Kosten **56** 23; Leistungen an Erfüllungs Statt **56** 20; Mängel der Festsetzung **56** 9; Mischeinlage **56** 5, 12; Mitunternehmeranteil **56** 30; Neufassung des Satzungswortlauts **56** 14; österreichisches Recht **56** 32;

Sachverzeichnis

Fette Zahlen = §§

Person des Sacheinlegers **56** 10; Rechtsgesamtheiten **56** 6; Sacheinlage **56** 3; Sachgesamtheiten **56** 6; Sachkapitalerhöhungsbericht **56** 22; Sachübernahme **56** 4; Schutzvorschriften **56** 17; Schwindel bei Kapitalerhöhung mit Sacheinlagen **82** 55; Stammkapitalziffer **56** 14; Steuern **56** 24 ff.; Täter des Kapitalerhöhungsschwindels mit Sacheinlagen **82** 55; Tausch **56** 29; Teilbetrieb **56** 30; Überbewertung von Sacheinlagen **56** 17; Übergang zur Geldeinlage **56** 15; Übernahmeerklärung **56** 13, 16; Umgehungsabsicht **56** 4; Umsatzsteuer **56** 27; Unmöglichkeit der Sacheinlagevereinbarung **56** 20; Unternehmen **56** 6, 11; Unwirksamkeit der Sacheinlagevereinbarung **56** 20; verdeckte Sacheinlagen **56** 4, 20, 30; Verrechnung, der Einlageforderung **56** 4 (– zum Nennwert **56** 8); Verschmelzung **77 Anh.** 317; Verschulden des Übernehmers **56** 18; Vollwertigkeit **56** 8; Wert der Sacheinlage **56** 12; Wertverhältnisse bei Anmeldung **56** 17; Wertverluste zwischen Einbringung und Anmeldung **56** 19; Wirtschaftsgüter, des Betriebsvermögens **56** 29; (– des Privatvermögens **56** 29)

Kapitalertragsteuer, Anrechnungsverfahren **Einl.** 85; Besteuerung des Gesellschafters **Einl.** 85

Kapitalgesellschaften & Co.-Richtlinien-Gesetz (KapCoRiLiG), Angabe von Beteiligungen an Großen Kapitalgesellschaften im Konzernanhang **42 a Anh. II** 314; erfasste Gesellschaften **42 a Anh. I** 4; Genossenschaft **42 a Anh. I** 4; GmbH-Reform **Einl.** 33; GmbH & Co. KG **Einl.** 147; Kapitalgesellschaften & Co. **42 a Anh. I** 4; Konzernrechnungslegung **42 a Anh II** 4; Konzernrechnungslegungspflicht **42 a Anh. II** 6; Rechnungslegung **42 a Anh. I** 2 ff.; Stiftung **42 a Anh. I** 4; Umgehung **42 a Anh. I** 4; Ziele **42 a Anh. I** 3

Kapitalherabsetzung, *s. auch Herabsetzung des Stammkapitals;* Abfindung **58** 4 (– ausscheidender Gesellschafter **58** 4); Änderung, des Beschlusses **58** 20 (– des Herabsetzungszwecks **58** 20); Amtslöschung **58** 42; Anfechtbarkeit des Herabsetzungsbeschlusses **58** 13; Angaben über Durchführung der Herabsetzung **58** 19; Anmeldepflicht **58** 32; Anmelder **58** 32; Anmeldung zum Handelsregister **58** 32; Anmeldungspflichtige **78** 1; Anpassung der Nennbeträge der Geschäftsanteile **58** 9, 16; Aufforderung an die Gläubiger **58** 22 (– zur Abmeldung **58** 23); Aufhebung des Beschlusses **58** 20; Ausgleich von Wertminderungen **58** 11; Ausgliederung **77 Anh.** 596; Ausschluss **58** 4; Austritt **58** 4; Ausweis, im Anhang **58** 45 (– in Gewinn- und Verlustrechnung **58** 45); Befreiung von der Einlagepflicht **19** 89; Befriedigung der Gläubiger **58** 25; begründete Forderungen **58** 27; beizufügende Urkunden **58** 36; bekannte Gläubiger **58** 24; Bekanntmachung **58** 39; Belegblätter **58** 36; Beschluss über Kapitalerhöhung **58** 13; Beseitigung einer Unterbilanz **58** 6; besondere Mitteilung zur Anmeldung **58** 24; bestrittene Forderungen **58** 27; Bilanzierung **42** 7; Buchgewinn **58** 2; Deckung sonstiger Verluste **58** 11; D-Mark-Bilanz-Gesetz 1990/91 (DMBilG 1990/91) **58** 7; dreimalige Bekanntmachung **58** 22; EGInsO **58** 6; eigene Geschäftsanteile **33** 11; **58** 40; Einkommensteuer **58** 48 (– bis zum Inkrafttreten des StSenkG **58** 49 ff.; – nach Inkrafttreten des StSenkG **58** 53); Einstellung von Rücklagen **58** 5, 40; einstweilige Verfügung **58** 29; Eintragung in das Handelsregister **58** 37; Einziehung **58** 8; Einziehung von Stammeinlagen **58** 4; Erlass von Stammeinlagen **58** 3, 40; Europarechtswidrigkeit von Gebühren **58** 44; falsche Angaben **82** 1, 76; Festbetrag **58** 14; Form, der Anmeldung **58** 34 (– der Mitteilung **58** 24); Geschäftsführer **58** 22, 32; Gesellschafterbeschluss **58 e** 1; Gesellschaftsblätter **58** 22; Gewinnausschüttung **58** 2; Gleichbehandlungsgebot **58** 10; gleichzeitige Einziehung von Geschäftsanteilen **34** 24; Grunderwerbsteuer **58** 54; Herabsetzung des Nennbetrages **58** 9; Herabsetzungsbeschluss **58 a** 10; Herabsetzungsbetrag **58** 14; **58 a** 12; Hinweispflicht **58** 24; Höchstbetrag **58** 14; Inhalt, der Anmeldung **58** 34 (– der Eintragung **58** 38); Insolvenz **58** 21; Kapitalerhöhung aus Gesellschaftsmitteln **58** 12; Kapitalherabsetzung **58** 8 (– bei gleichzeitiger Erhöhung des Stammkapitals **58 f** 1, **86** 28); Kapitalherabsetzungsschwindel **82** 76; Kapitalneufestsetzung nach dem DMBilG 1990/91 **58** 7; klagbarer Anspruch auf vorzeitige Befriedigung **58** 29; Körperschaftsteuer, bis zum Inkrafttreten des StSenkG **58** 46 (– nach Inkrafttreten des StSenkG **58** 47); Kosten, der Anmeldung **58** 44 (– der Beurkundung **58** 44; – der Eintragung **58** 44); Kündigung **58** 4; Liquitation **58** 21; Mängel **58** 41; materielle Beschlusskontrolle **58** 13; Meldefrist **58** 28; Mindestbetrag der Geschäftsanteile **58** 10; Mindestkapital bei Altgesellschaften (Nov. 1980) **58** 15; Mindestkapital von 25 000 Euro **58** 15; Neufassung des Satzungswortlautes **58** 18; Nichtigkeit **58** 41; nominelle Herabsetzung **58** 6; notarielles Protokoll **58** 19; österreichisches Recht **58** 55; privilegierte Herabsetzung kombiniert mit effektiver Barkapitalerhöhung **86** 28; Prüfung durch das Registergericht **58** 37; Rechtsschutz der Gläubiger **58** 29; Rücklagenbildung **58** 10; Rückzahlung von Stammeinlagen **58** 2, 40; Rückzahlungsanspruch **58** 40; sachliche Rechtfertigung des Herabsetzungsbeschlusses **58** 13; Sanierung **58** 6; Sanierungsmaßnahme **58** 43; Satzungsänderung **53** 20; **58** 13; satzungsändernde Mehrheit bei Abänderung **58** 20; Schadensersatzanspruch gegen Geschäftsführer **58** 30; Schutz der Gläubiger **58** 22; Sicherstellung der Gläubiger **58** 25; Sperrjahr **58** 33; Stammkapitalziffer **58** 18; Steuern **58** 46; Tathandlung des Kapitalherabsetzungsschwindels **82** 77; Überschuldung **58** 6; Umdeutung der vereinfachten in ordentliche Kapitalherabsetzung **58 b** 15; Umsatzsteuer **58** 54; Umstellung auf Euro

86 27 ff.; Umwandlung 77 **Anh.** 66 ff. (– von AG in GmbH 77 **Anh.** 169; – von GmbH in KGaA 77 **Anh.** 156); unwahre Versicherung 82 78; Verbindung von Kapitalherabsetzung mit Kapitalerhöhung 58 43; 58 a 16; vereinfachte – 58 6, 9, 11, 33, 40 f.; 58 a 1; Verkehrsteuer 58 54; Versicherung 58 35, 36; vollständiger Wortlaut des Gesellschaftsvertrages 58 36; Widerspruch 58 26; Widerspruchsberechtigte 58 27; Wirksamkeit 42 7; 58 40; Wirkung, der Eintragung 58 40 (– der Kapitalherabsetzung auf die Geschäftsanteile 58 8); Zusammenlegung 58 10; Zustimmung sämtlicher Gesellschafter 58 13; Zweck 58 17; Zweckangabe 58 14, 17; Zweigniederlassungen 58 32

Kapitalherabsetzung bei gleichzeitiger Erhöhung des Stammkapitals, Anmeldung 58 f 13; Barkapitalerhöhung 58 f 9; Beschlussfassung in derselben Gesellschafterversammlung 58 f 8; Fristberechnung 58 f 13; Fristhemmung 58 f 13; gleichzeitige Eintragung 58 f 13 f.; Haftung des Registerrichters 58 f 13; Heilung verbotswidriger Eintragungen 58 f 13; Mindestzahlungen 58 f 11; Nachweis der Übernahme und Einzahlung 58 f 12; Nichtigkeit der Beschlüsse 58 f 13; österreichisches Recht 58 f 16; Offenlegung des Jahresabschlusses 58 f 15; Rückwirkung, der Kapitalerhöhung 58 f 6 f. (– der Kapitalherabsetzung 58 f 5 f.; – von Kapitalherabsetzung und verbundener Kapitalerhöhung 58 f 4); Sacheinlagen 58 f 9; Übernahme der neuen Stammeinlagen 58 f 10; Umstellung auf Euro 86 28; keine Verpflichtung zur Rückbeziehung 58 f 3 ff.; Voraussetzungen der Rückwirkung 58 f 3 ff.; Vorleistungsverpflichtung 58 f 11

Kapitalisierung, angemessene 5 8; Differenzhaftung bei Sacheinlagen 9 1; Eintragungsantrag 5 9; Stammkapital 5 8

Kapitalmarktreform, Finanzmarktförderungsgesetze, 2., 3., 4. **Einl.** 40; Gesetz für Kleine AG **Einl.** 40; Vermögensbildung in Arbeitnehmerhand **Einl.** 40

Kapitalrücklage, Bilanzierung 42 a **Anh.** I 236 f. (– bei Kapitalgesellschaften & Co. 42 a **Anh.** I 261); Einstellungen 42 a **Anh.** I 239 f.

Kartellrecht, Bundeskartellamt 62 14; Bußgelder 62 14; Fusionskontrolle 77 **Anh.** 24; Kapitalerhöhung 55 52; Kartellrechte 75 14; Landeskartellbehörde 62 14; Untersagung des Geschäftsbetriebs 62 14; Unwirksamkeitsverfügungen 62 14; Verschmelzung 77 **Anh.** 372; Zusammenschlusskontrolle 77 **Anh.** 24

Kartellverbot, Gesellschaftsvertrag 3 38

Kaskadeneffekt, Mitbestimmung **Einl.** 175, 265

Kaufmann, Beteiligung an einer GmbH 2 18; Geschäftsführer 35 109

Kein-Mann-GmbH, 1 4; Auflösung 33 27; Auflösungsgrund 60 9; Dauerzustand 33 27; Einheitsgesellschaft 33 28; Entstehung 33 26; Erwerb aller Anteile durch die Gesellschaft 33 26; Gläubigerschutz 33 16; GmbH & Co. KG 33 28; Körperschaft 33 26; Liquidation 60 9; Preisgabe durch alle Gesellschafter 27 28; rechtliche Behandlung 33 27; Zulässigkeit 13 4; 33 26

Kleinbeteiligtenschwelle, Änderung in der Rechtsstellung des Gesellschafters 32 a 100; Ansteigen der Beteiligung über 10%-Grenze 32 a 102; atypisch beteiligter stiller Gesellschafter 32 a 99; atypischer Pfandgläubiger 32 a 99; Ausdehnung der Freistellung 32 a 87; Auswirkung auf Eigenkapitalersatzrecht 32 a 85; Beteiligung einer Personengesellschaft 32 a 86; Beweislastverteilung 32 a 211; eigenkapitalersetzende Gesellschafterdarlehen bei GmbH & Co. KG 32 a 236 ff., 258; faktischer Geschäftsführer 32 a 96; freigestellte Leistungen 32 a 103; freigestellter Personenkreis 32 a 86; Generalvollmacht 32 a 96; Geschäftsanteil mit über 10% Stimmkraft 32 a 91; Handlungsvollmacht 32 a 96; vor Inkrafttreten der – erfolgte oder stehengelassene Leistungen 32 a 105; vor Inkrafttreten der – verstrickte aber nach Inkrafttreten zurückgewährte Leistungen 32 a 107; vor Inkrafttreten der – zurückerstattete Leistungen 32 a 106; juristische Person als Gesellschafter 32 a 95; Konsortialabreden 32 a 93; koordinierter Kredit 32 a 93; Leistungen nach Inkrafttreten der – 32 a 108; Liquidatoren 32 a 97 f.; nachweisliche Nichtausübung der Gesellschafterrechte 32 a 89; Nießbraucher 32 a 99; Prokuristen 32 a 96; Rechtsprechungsregeln 32 a 84; Rechtsfolge eigenkapitalersetzender Gesellschafterdarlehen 32 a 206; Sinken der Beteiligung unter 10%-Grenze 32 a 101; Sinn und Zweck der Freistellung 32 a 87 f.; Stimmbindungsvereinbarungen 32 a 93; stimmrechtslose Geschäftsanteile 32 a 90; Treugeber 32 a 92; Übergangsrecht 32 a 104 ff.; verbundene Unternehmen 32 a 95; Verhältnis zu Rechtsprechungsgrundsätzen 32 a 214

Kleine AG, Gesetz für Kleine AG **Einl.** 30; GmbH-Reform **Einl.** 30; Rechtsentwicklung **Einl.** 40

Kleine GmbH, Abschlussprüfung 42 a 13, 53 ff.; Angabe der Unterschiedsbeträge, bei Bewertungsvereinfachungsverfahren 42 a **Anh.** I 409 (– des Materialaufwands bei Umsatzkostenverfahren, im Anhang 42 a **Anh.** I 426; – des Personalaufwands bei Umsatzkostenverfahren, im Anhang 42 a **Anh.** I 426; – finanzieller Verpflichtungen, im Anhang 42 a **Anh.** I 417; – über Beeinflussung des Jahresergebnisses durch steuerrechtliche Abschreibungen, im Anhang 42 a **Anh.** I 422; – über Zahl der beschäftigten Arbeitnehmer, im Anhang 42 a **Anh.** I 426); Aufgliederung der Ertragsteuern im Anhang 42 a **Anh.** I 423; Ausweis von Rückstellungen 42 a **Anh.** I 281; Besonderheiten bei der Gewinn- und Verlustrechnung 42 a **Anh.** I 347; Buchführung 41 34; Freistellung von der Angabepflicht 42 a **Anh.** I 430; Gewinn-(auszahlungs-)anspruch 29 43;

Sachverzeichnis

Fette Zahlen = §§

Gliederungsschema der Bilanz **42a Anh. I** 157; Offenlegungspflicht **41** 146 ff.; sonstige Pflichtangaben im Anhang **42a Anh. I** 412; verkürzte Bilanz **42a Anh. I** 157; Verpflichtung zur Aufgliederung der Umsatzerlöse im Anhang **42a Anh. I** 418

Körperschaftsteuer, Anrechnungsverfahren **Einl.** 65, 76; **3** 33; **57c** 26; ausländische Rechtsträger **Einl.** 68; Ausschüttungssteuer **Einl.** 84; Befreiung von der – **Einl.** 70; Befreiung von nichtwirtschaftlichen GmbH's **Einl.** 70; Beginn der Steuerpflicht **Einl.** 72 (– bei der Vorgesellschaft **11** 156); Bemessungsgrundlagen **Einl.** 71; beschränkte Körperschaftsteuerpflicht **Einl.** 69; Betriebsausgaben **Einl.** 73; Bezüge des Geschäftsführers als Betriebsausgaben **Einl.** 73; Doppelbesteuerung **Einl.** 64, 69; Einpersonen-Vorgesellschaft **11** 157 f.; Entwicklung bis 1977 **Einl.** 64; Erhöhung des Stammkapitals **55** 59; Fremdvergleich **Einl.** 73, 75; geschäftliche Oberleitung iSd. § 10 AO **Einl.** 66; Gewerbeertragsteuer **Einl.** 79; gewinnabhängige Tantiemen **Einl.** 74; GmbH **13** 162; Gründerlohn **2** 94; Gründungskosten **2** 94; Grunderwerbsteuer **2** 94; Halbeinkünfteverfahren **Einl.** 76, 78; Identität mit GmbH **11** 159; – bei Inkrafttreten des StSenkG **57c** 24; – nach Inkrafttreten des StSenkG bei Kapitalherabsetzung **58** 47; – vor Inkrafttreten des StSenkG bei Kapitalherabsetzung **57** 46; **58** 46; Kapitalerhöhung **55** 59; Kapitalerhöhung aus Gesellschaftsmitteln **57c** 28; Kapitalherabsetzung **58** 46 ff.; Körperschaftsteuergesetz 1977 (KStG 1977) **Einl.** 64; **77 Anh.** 7 Körperschaftsteuergesetz 1999 (KStG 1999) **Einl.** 66; Körperschaftsteuerreform 1977 **57c** 7; Konzernrecht **52 Anh** 4; Mehrerlös bei Zwangsverkauf **23** 44; öffentliche Hand **77 Anh.** 678; Organgesellschaften **Einl.** 67; Pensionszusagen **Einl.** 75; Rechtsformwahl nach StSenkG **Einl.** 77 ff.; Schütt-aus-Hol-zurück-Verfahren **3** 33; Sitzfinanzamt **Einl.** 67; Steuerpflicht der Vorgründungsgesellschaft **11** 156; Steuersatz **Einl.** 76 (– nach StSenkG **Einl.** 77 ff.; – und Rechtsformwahl **Einl.** 77 ff.); StSenkG **57c** 28; Thesaurierung **Einl.** 78; Thesaurierungssatz **3** 33; Übertragung von Geschäftsanteilen **15** 197; umsatzabhängige Tantiemen **Einl.** 74; unbeschränkte Steuerpflicht bei Sitz im Inland **Einl.** 66; unechte Vorgesellschaft **11** 158; verdeckte Gewinnausschüttung **Einl.** 74 f.; Voraussetzung der Steuerpflicht bei der Vorgesellschaft **11** 155; Vorgesellschaft **11** 153; **Einl.** 72; Vorgründungsgesellschaft **11** 154 **Einl.** 72; Zuständigkeit für Besteuerung **Einl.** 67

Komplementär, Vor-GmbH **11** 166

Komplementär-GmbH, Anwendung des GmbHG **Einl.** 145; Gegenstand des Unternehmens **3** 11

Konfusionstheorie, eigene Geschäftsanteile **33** 49

Konkurs, s. Insolvenz

Konsolidierung, Abgrenzung des Konsolidierungskreises **42a Anh. II** 91 f.; abnutzbares Anlagevermögen **42a Anh. II** 279; Abweichung vom Grundsatz der Stetigkeit **42a Anh. II** 33 ff.; Abweichungen vom Abschlussstichtag des Mutterunternehmens **42a Anh. II** 37 f.; Änderungen des Konsolidierungskreises **42a Anh. II** 249; aktiver Unterschiedsbetrag **42a Anh. II** 146, 149, 154, 188; – anderer Erträge aus Lieferungen und Leistungen **42a Anh. II** 256; – anderer Erträge und Aufwendungen **42a Anh. II** 256; Ansatz der Zeitwerte des assoziierten Unternehmens **42a Anh. II** 235; Anteile anderer Gesellschafter **42a Anh. II** 169, 171; anteiliges Eigenkapital des assoziierten Unternehmens **42a Anh. II** 235; assoziierte Unternehmen **42a Anh. II** 223 f., 246; Assoziierungsvermutung **42a Anh. II** 226; Aufwands- und Ertragskonsolidierung **42a Anh. II** 31, 244, 280; Ausgleichsposten für Anteile anderer Gesellschafter **42a Anh. II** 163, 174; Auslegung des Konsolidierungsverbotes **42a Anh. II** 102 (– von Konsolidierungswahlrechten **42a Anh. II** 106); Ausschaltung einer Konzernstufe **42a Anh. II** 180; Außenerlöse **42a Anh. II** 252; Beteiligungshöhe **42a Anh. II** 184; Bewertungsverfahren **42a Anh. II** 220; Buchwert der konsolidierungspflichtigen Anteile **42a Anh. II** 167; Buchwertmethode **42a Anh. II** 143, 145, 172, 216, 221; Bußgeldvorschriften **Vor 82–85** 73 ff.; Einbeziehung assoziierter Unternehmen **42a Anh. II** 31; Einfluss auf die Geschäfts- und Finanzpolitik **42a Anh. II** 225; einheitliche, Abschlussstichtage **42a Anh. II** 36 (– Bewertung **42a Anh. II** 23 f.); Einheitstheorie **42a Anh. II** 245; einzelne Konsolidierungswahlrechte **42a Anh. II** 105 ff.; Eliminierung von Zwischenergebnissen **42a Anh. II** 31; Equity-Methode **42a Anh. II** 135 (– für assoziierte Unternehmen **42a Anh. II** 218); erfolgsneutrale Schuldenkonsolidierung **42a Anh. I** 192; erfolgswirksame Schuldenkonsolidierung **42a Anh. II** 278; Ergebnisabführungsverträge **42a Anh. II** 265; Ergebniskorrekturen **42a Anh. II** 240; Ergebnisübernahmen, bei der Equity-Methode **42a Anh. II** 266 (– innerhalb des Konsolidierungskreises **42a Anh. II** 262 f.); Erstkonsolidierung **42a Anh. II** 141, 143, 173 (– bei sukzessivem Anteilskauf **42a Anh. II** 160; – zum Zeitpunkt der erstmaligen Einbeziehung **42a Anh. II** 159; – zum Zeitpunkt des Anteilserwerb **42a Anh. II** 158); Erwerbsmethode (purchase method) **42a Anh. II** 140; Firmenwert **42a Anh. II** 164; Folgekonsolidierung **42a Anh. II** 141, 162, 173; Gemeinschaftsunternehmen **42a Anh. II** 211 f.; Gesamtkostenverfahren **42a Anh. II** 253, 258; Geschäftswert **42a Anh. II** 164; Grundsatz, der einheitlichen Bewertung **42a Anh. II** 23 f. (– der Stetigkeit **42a Anh. II** 25, 30; – der Vollständigkeit **42a Anh. II** 20, 22;

Magere Zahlen = Randnummern

Sachverzeichnis

– der Wesentlichkeit (materiality) **42 a Anh. II** 43 f.); IASC **42 a Anh. II** 101; Innenumsatzerlöse **42 a Anh. II** 252; Interessenzusammenführungsmethode (pooling-of-interests-method) **42 a Anh. II** 140, 181; Kapitalanteilsmethode **42 a Anh. II** 221, 235; Kapitalkonsolidierung **42 a Anh. II** 31, 130, 133, 139, 277 (– bei Interessenzusammenführung **42 a Anh. II** 181; – bei mehrstufigen Konzernen **42 a Anh. II** 176); Kettenkonsolidierung **42 a Anh. II** 177 f.; – anderer Erträge und Aufwendungen **42 a Anh. II** 248, 256; – der Innenumsatzerlöse **42 a Anh. II** 248, 250; Konsolidierungsgrundsätze **42 a Anh. II** 18 f.; Konsolidierungskreis **42 a Anh. II** 91, 101; Konsolidierungsmethoden **42 a Anh. II** 31; Konsolidierungspflicht **42 a Anh. II** 93; konsolidierungspflichtige Anteile **42 a Anh. II** 142; konsolidierungspflichtiges Eigenkapital **42 a Anh. II** 144; Konsolidierungstechnik **42 a Anh. II** 215; konsolidierungstechnische Posten **42 a Anh. II** 138; Konsolidierungsverbot **42 a Anh. II** 100 (– im internationalen Bereich **42 a Anh. II** 101); Konsolidierungswahlrechte **42 a Anh. II** 105, 250; Konzernanhang **42 a Anh. II** 33; Konzernanschaffungskosten **42 a Anh. II** 202 f.; Konzernbilanz **42 a Anh. II** 169; Konzern-Gewinn- und Verlustrechnung **42 a Anh. II** 244 ff. (– bei assoziierten Unternehmen **42 a Anh. II** 243); Konzernherstellungskosten **42 a Anh. II** 202, 204; Konzernrechnungslegung **42 a Anh. II** 12; mehrstufige Konzerne **42 a Anh. II** 176; merger accounting **42 a Anh. II** 181; Neubewertungsmethode **42 a Anh. II** 143, 152, 172, 216; nicht abnutzbares Anlagevermögen **42 a Anh. II** 279; Obergrenze der Konzernherstellungskosten **42 a Anh. II** 205; österreichisches Recht **42 a Anh. II** 358; one-line-consolidation **42 a Anh. II** 220; passiver Unterschiedsbetrag **42 a Anh. II** 147, 150, 154, 165, 188; pooling-of-interests-method **42 a Anh. II** 140, 181; Prinzip der Periodenabgrenzung **42 a Anh. II** 199; purchase method **42 a Anh. II** 140; Quotenkonsolidierung **42 a Anh. II** 16, 31, 135, 211 f., 246; Realisationsprinzip **42 a Anh. II** 199; sachliche Stetigkeit **42 a Anh. II** 32; Schuldenkonsolidierung **42 a Anh. II** 31, 130, 133, 177, 179, 192 ff.; Simultankonsolidierung **42 a Anh. II** 177; sonstige Konsolidierungsmaßnahmen **42 a Anh. II** 248, 262 f.; Stetigkeit **42 a Anh. II** 32; Steuerabgrenzung, bei Quotenkonsolidierung **42 a Anh. II** 274 (– bei Vollkonsolidierung **42 a Anh. II** 274; – im Konzernabschluss **42 a Anh. II** 270 ff.); Steuerausweis **42 a Anh. II** 268; Stichtag der Erstkonsolidierung **42 a Anh. II** 157 ff. (– des Konzernabschlusses **42 a Anh. II** 39); stille Lasten **42 a Anh. II** 163; stille Reserven **42 a Anh. II** 163; true and fair view **42 a Anh. II** 18 f.; Übernahme von anteiligen Ergebnissen **42 a Anh. II** 241; Überschneidung zwischen Konsolidierungsverbot und Konsolidierungswahlrechten **42 a Anh. II** 103; Umlaufvermögen **42 a Anh. II** 279; Umsatzkostenverfahren **42 a Anh. II** 255; Untergrenze der Konzernherstellungskosten **42 a Anh. II** 205; Unterschiedsbetrag **42 a Anh. II** 148; Veränderung des konsolidierungspflichtigen Kapitals **42 a Anh. II** 168; Veränderungen des Konsolidierungskreises **42 a Anh. II** 94 f.; Verbot **42 a Anh. II** 100; Verzicht, auf die Erstellung eines Zwischenabschlusses **42 a Anh. II** 41 f. (– auf die Zwischenergebniseliminierung **42 a Anh. II** 133, 279); Vollkonsolidierung **42 a Anh. II** 246 (– mit Minderheitenausweis **42 a Anh. II** 170); Vollständigkeit **42 a Anh. II** 20, 22; Voraussetzungen der Interessenzusammenführungsmethode **42 a Anh. II** 183 ff.; Voraussetzung der Zwischenergebniseliminierung **42 a Anh. II** 201; Wechsel der Konsolidierungsmethoden **42 a Anh. II** 34; Weltabschlussprinzip **42 a Anh. II** 21, 93; Wesentlichkeit von Änderungen im Konsolidierungskreis **42 a Anh. II** 96 ff.; zeitliche Stetigkeit **42 a Anh. II** 32; Ziel der Equity- Methode **42 a Anh. II** 220; Zwischenabschluss **42 a Anh. II** 40; Zwischenergebniseliminierung **42 a Anh. II** 199; Zwischengewinne **42 a Anh. II** 200; Zwischenverluste **42 a Anh. II** 200

Konsortialverträge, eigenkapitalersetzende Gesellschafterdarlehen **32 a** 93; Gesellschaftsvertrag **3** 53

KonTraG, *s. Gesetz zur Kontrolle und Transparenz im Unternehmensbereich*

Konzern, *s. auch Konzernrecht;* Ausgliederung **77 Anh.** 589; Ausgründung **77 Anh.** 589; Betriebsaufspaltung **77 Anh.** 589; Bilanz **42 a** 64; Definition **52 Anh.** 17; eigene Geschäftsanteile **33** 60 ff.; einheitliche Leitung **52 Anh** 18; faktischer – **52 Anh.** 19; Geschäftsführung **37** 15; Gleichordnungskonzern **52 Anh.** 107; Holding **77 Anh.** 589; Konzernanschaffungskosten **42 a Anh. II** 202; Konzernherstellungskosten **42 a Anh. II** 202; Konzernleitung **37** 15; Konzernrechnungslegung **42 a Anh. II** 10 ff.; Konzernschwestern **52 Anh.** 107; Konzernverschmelzung **77 Anh.** 415; mehrstufiger – **42 a Anh. II** 176; Pflicht zur Konzernbildung **52 Anh.** 85; qualifizierter faktischer – **52 Anh** 19 f.; qualifizierter – **52 Anh.** 88; Treuepflicht **13** 36; Übertragung des gesamten Vermögens **77 Anh.** 589; Unternehmensleitung **37** 15; Verschleierung von Verhältnissen **Vor 82–85** 39; Zuständigkeitsverteilung **52 Anh.** 86

Konzern im Konzern, Arbeitnehmerzahl für das Mitbestimmungsstatut **Einl.** 208

Konzernabschluss, abnutzbares Anlagevermögen **42 a Anh. II** 279 (nicht – **42 a Anh. II** 279); Abschlussprüfer **42 a Anh. II** 343; Abweichungen von Bilanzierungs-, Bewertungs- und Konsolidierungsmethoden **42 a Anh. II** 308 (– vom Abschlussstichtag des Mutterunternehmens **42 a Anh. II** 37 f.); Änderung **42 a**

2731

Sachverzeichnis

Fette Zahlen = §§

Anh. II 345; aktiver Steuerabgrenzungsposten **42a Anh. II** 286; Aktivierungspflicht für Steuerabgrenzungsposten **42a Anh. II** 282; Angaben, in deutscher Sprache **42a Anh. II** 298 (– zu Tochterunternehmen **42a Anh. II** 310); assoziierte Unternehmen **42a Anh. II** 218; Aufstellung **42a** 104 (– in Euro **42a Anh. II** 298); Aufstellungsgrundsatz **42a Anh. II** 45; Aufwands- und Ertragskonsolidierung **42a Anh. II** 280; der Steuerabgrenzung **42a Anh. II** 161; Aussagegehalt **42a Anh. II** 34; Ausweis der Steuerabgrenzungsposten **42a Anh. II** 286; befreiender – **42a Anh. II** 63, 355; befreiende (Teil-)Konzernabschlüsse **42a Anh. II** 63; Befreiung von der Konzernabschlusspflicht für Kapitalgesellschaften & Co. **42a Anh. II** 86; Berechnung des Abgrenzungsbetrages **42a Anh. II** 281; Bestimmung des Abschlussprüfers durch den Gesellschaftervertrag **42a Anh. II** 343; Bestimmung des Steuersatzes **42a Anh. II** 284; Bilanzierung von Währungsumrechnung **42a Anh. I** 97; Bildung von Rückstellungen **42a Anh. II** 282; Bußgeldvorschriften **Vor 82–85** 73ff.; Control-Konzept **42a Anh. II** 46, 53; Deferral-Methode (Abgrenzungsmethode) **42a Anh. II** 284; einbezogene Unternehmen **42a Anh. II** 309; einheitliche, Abschlussstichtage **42a Anh. II** 36 (– Bilanzierungs- und Bewertungsregeln **42a Anh. II** 276; – Leitung **42a Anh. II** 46); Einheitsgrundsatz **42a Anh. II** 16; Einheitstheorie **42a Anh. II** 16; Einzeldifferenzenbetrachtung **42a Anh. II** 281; Entwurf einer Stellungnahme zur Währungsumrechnung im Konzernabschluss **42a Anh. II** 116; Equity-Methode **42a Anh. II** 222; erfolgswirksame Schuldenkonsolidierung **42a Anh. II** 278; Ermittlung latenter Steuern **42a Anh. II** 271; erstmalige Aufstellung **42a Anh. II** 7; Fiktion des Konzerns als Steuersubjekt **42a Anh. II** 271; Fremdwährung **42a Anh. II** 116; Gegenstand der Konzernabschlussprüfung **42a** 17; **42a Anh. II** 346f.; Gesamtdifferenzenbetrachtung **42a Anh. II** 281; größenabhängige Befreiungen **42a Anh. II** 81; Grundlagen der Steuerabgrenzung **42a Anh. II** 270; Grundsätze ordnungsmäßiger Buchführung (GoB) **42a Anh. II** 19; Grundsatz der Wesentlichkeit (materiality) **42a Anh. II** 43f.; Informationsaufgaben **42a Anh. II** 11; Informationsfunktion **42a Anh. II** 13; Konzernabschlussbefreiungsverordnung **42a Anh. II** 65; Konzernabschlusspflicht für Kapitalgesellschaften & Co. **42a Anh. II** 86; Kapitalkonsolidierung **42a Anh. II** 277; Konzernabschlusszweck **42a Anh. II** 13; konzerneinheitliche Bilanzierungs- und Bewertungsregeln **42a Anh. II** 276; latente Steuern **42a Anh. II** 270; Liability-Methode (Verbindlichkeitsmethode) **42a Anh. II** 284; Mutter-Tochter-Verhältnis **42a Anh. II** 46; Nachtragsprüfung **42a Anh. II** 345; Nichteinbeziehung von Tochterunternehmen im Anhang **42a Anh. II** 104; Nichtprüfung **42a Anh. II** 345; österreichisches Recht **42a Anh. II** 357ff.; Offenlegung **42a Anh. II** 343, 354; permanente Differenzen **42a Anh. II** 271; Pflicht zur Aufstellung **42a Anh. II** 3, 45 (– im Gleichstellungskonzern **42a Anh. II** 49); Prüfung **42a Anh. II** 343 (– bei ausländischen Konzernunternehmen **42a Anh. II** 348; – bei inländischen Konzernunternehmen **42a Anh. II** 348); quasi-permanente Differenzen **42a Anh. II** 271; Rückstellung für passive Steuerabgrenzung **42a Anh. II** 286; Saldierung aller Steuerabgrenzungsposten **42a Anh. II** 288, 273; Sprache **42a Anh. II** 298; Steuerabgrenzung **42a Anh. II** 270, 272 (– bei Quotenkonsolidierung **42a Anh. II** 270; – bei Vollkonsolidierung **42a Anh. II** 274); Steuergrenzungsposten **42a Anh. II** 273 (– in der Konzern-Gewinn- und Verlustrechnung **42a Anh. II** 289); Steuerabzug im Konzernabschluss **42a Anh. II** 39; Tannenbaumprinzip **42a Anh. II** 48, 63; (Teil-)Konzernabschluss **42a Anh. II** 48; temporäre Ergebnisdifferenzen **42a Anh. II** 271; Tochterunternehmen **42a Anh. II** 310; Umlaufvermögen **42a Anh. II** 279; unrichtige Darstellung bei Offenlegung **Vor 82–85** 40; Ursachen der Steuerabgrenzung **42a Anh. II** 275; Verzicht auf die Erstellung eines Zwischenabschlusses **42a Anh. II** 41f.; Vorlage **42a** 104; Vorlagepflicht **42a** 3; vorrangige Befreiungsmöglichkeiten **42a Anh. II** 90; Währung **42a Anh. II** 298; Währungsumrechnung **42a Anh. II** 307 (– im Konzernabschluss **42a Anh. II** 116); Wesentlichkeit **42a Anh. II** 43; Wirtschaftsprüfer **42a Anh. II** 344; Wirtschaftsprüfungsgesellschaft **42a Anh. II** 344; Zweck **42a** 104; Zwischenabschluss **42a Anh. II** 40; Zwischenergebniseliminierung **42a Anh. II** 279

Konzernabschlussprüfung, Bestätigungsvermerk **42a Anh. II** 352; Gegenstand **42a Anh. II** 346f.; Informationsrechte des Prüfers **42a Anh. II** 350; Konzernlagebericht **42a Anh. II** 349; Konzernprüfungsbericht **42a Anh. II** 352; Nachtragsprüfung **42a Anh. II** 345; Offenlegung **42a Anh. II** 343, 354; Prüfung, bei ausländischen Konzernunternehmen **42a Anh. II** 348 (– bei inländischen Konzernunternehmen **42a Anh. II** 348); Risikofrüherkennungssystem **42a Anh. II** 349; schriftliche Berichterstattung **42a Anh. II** 351; Vorlagepflicht für Prüfungsbericht **42a** 2; Zusammenfassung der Prüfungsberichte und Bestätigungsvermerke **42a Anh. II** 353

Konzernanhang, Angabe, der angewandten Bilanzierungs- und Bewertungsmethoden **42a Anh. II** 306 (– der eigenen Anteile am Mutterunternehmen **42a Anh. II** 326; – der Zeitpunkte der Erstkonsolidierung **42a Anh. II** 161; – des Einflusses steuerlicher Vorschriften auf das Konzernjahresergebnis **42a Anh. II** 323; – des Jahresüberschusses/-fehlbetrages an-

Sachverzeichnis

derer Gesellschaften **42 a Anh. II** 175; – von Abweichungen von Bilanzierungs-, Bewertungs- und Konsolidierungsmethoden **42 a Anh. II** 308; – von Grundlagen der Währungsumrechnung **42 a Anh. II** 131 f., 307; – von Vorjahreszahlen **42 a Anh. II** 303; – zu anteilmäßig einbezogenen Unternehmen **42 a Anh. II** 312; – zu assoziierten Unternehmen **42 a Anh. II** 311; – zu ausgewiesenen Verbindlichkeiten und gewährten Sicherheiten **42 a Anh. II** 319; – zu einbezogenen Unternehmen und Beteiligungen **42 a Anh. II** 309; – zu Haftungsverhältnissen **42 a Anh. II** 320; – zu Organbezügen, Organkrediten und anderen Rechtsverhältnissen **42 a Anh. II** 324 f.; – zu sonstigen finanziellen Verpflichtungen **42 a Anh. II** 320; – zu Tochterunternehmen **42 a Anh. II** 310; – zu Unternehmen mit mindestens 20% Anteilsbesitz **42 a Anh. II** 313; – zum Beteiligungsbesitz **42 a Anh. II** 305; – zum Personalaufwand **42 a Anh. II** 322; – zur Arbeitnehmerzahl **42 a Anh. II** 322; – zur Interessenzusammenführungsmethode **42 a Anh. II** 189 ff.); Anteilsbesitz **42 a Anh. II** 313, 317; Anwendung, der Buchwertmethode **42 a Anh. II** 234 (– der Interessenzusammenführungsmethode **42 a Anh. II** 189; Anzahl der Arbeitnehmer **42 a Anh. II** 322; assoziierte Unternehmen **42 a Anh. II** 211; Aufgaben **42 a Anh. II** 290; Aufgliederung der Umsatzerlöse **42 a Anh. II** 321; Aufstellung des Anteilsbesitzes **42 a Anh. II** 317; Ausweis, der Anteile an verbundenen Unternehmen **42 a Anh. II** 228 (– des Gewinn- und Verlustanteils anderer Gesellschafter **42 a Anh. II** 175); Begründung für Nichteinbeziehung von Tochterunternehmen **42 a Anh. II** 104; Beteiligungen an Großen Kapitalgesellschaften **42 a Anh. II** 314; Bewertungsmethode **42 a Anh. II** 156; Buchwertmethode **42 a Anh. II** 234; Darstellungsstetigkeit **42 a Anh. II** 299; deutsche Sprache **42 a Anh. II** 298; eigene Anteile an dem Mutterunternehmen **42 a Anh. II** 326; einbezogene Unternehmen **42 a Anh. II** 312; Einfluss steuerlicher Vorschriften auf das Konzernjahresergebnis **42 a Anh. II** 323; Einheitstheorie **42 a Anh. II** 290; Entlastungsfunktion **42 a Anh. II** 296; Ergänzungsfunktion **42 a Anh. II** 294; Erläuterung, der Konzernbilanz **42 a Anh. II** 151, 305 (– der Konzern-Gewinn- und Verlustrechnung **42 a Anh. II** 305); Erläuterungsfunktion **42 a Anh. II** 293; Ermittlungsmethode für Steuerabgrenzungsposten **42 a Anh. II** 287; Erweiterung bei börsennotierten Mutterunternehmen **42 a Anh. II** 302; Euro **42 a Anh. II** 300; Form **42 a Anh. II** 290; freiwillige Angaben **42 a Anh. II** 291; Gebot der Darstellungsstetigkeit **42 a Anh. II** 299; Gliederung **42 a Anh. II** 300; Grundlagen für die Währungsumrechnung **42 a Anh. II** 131; Grundsatz, der Klarheit **42 a Anh. II** 297 (– der Übersichtlichkeit **42 a Anh. II** 297; – der Vollständigkeit **42 a Anh. II** 297; – der Wahrheit **42 a Anh. II** 297; – der Wesentlichkeit **42 a Anh. II** 297; – der Wirtschaftlichkeit **42 a Anh. II** 297); Inhalt **42 a Anh. II** 290; Interessenzusammenführungsmethode, Barzahlung **42 a Anh. II** 186; KapCoRiLiG **42 a Anh. II** 314; Kapitalanteilsmethode **42 a Anh. II** 238; Klarheit **42 a Anh. II** 297; Konsolidierung nach der Interessenzusammenführungsmethode **42 a Anh. II** 187; Konsolidierungswahlrechte **42 a Anh. II** 105 ff.; Konzernlagebericht **42 a Anh. II** 327 ff.; Konzernrechnungslegung **42 a Anh. II** 104; Korrekturfunktion **42 a Anh. II** 295; Mutterunternehmen **42 a Anh. II** 326; Nachteile **42 a Anh. II** 316, 321; österreichisches Recht **42 a Anh. II** 367; Organbezüge **42 a Anh. II** 324 f.; Organkredite **42 a Anh. II** 324 f.; Personalaufwand **42 a Anh. II** 322; Pflichtabgaben **42 a Anh. II** 291; quotenmäßig konsolidierte Unternehmen **42 a Anh. II** 217; Rechenschaftszweck **42 a Anh. II** 292; Rechtsverhältnisse **42 a Anh. II** 324 f.; Schutzklausel **42 a Anh. II** 316; sonstige Pflichtangaben **42 a Anh. II** 318; Tochterunternehmen **42 a Anh. II** 310; Übersichtlichkeit **42 a Anh. II** 297; Unterschiede der Buchwert- und Neubewertungsmethode **42 a Anh. II** 156; Veränderungen gegenüber Vorjahr **42 a Anh. II** 151; Verzicht, auf Angaben **42 a Anh. II** 315 (– auf Zwischenergebniseliminierung **42 a Anh. II** 209); Vollständigkeit **42 a Anh. II** 297; Vorjahreszahlen **42 a Anh. II** 303; Wahlpflichtangaben **42 a Anh. II** 291; Wahlrecht der Konsolidierung des gezeichneten Kapitals des Tochterunternehmens **42 a Anh. II** 182; Wahrheit **42 a Anh. II** 297; wesentliche Angabepflichten **42 a Anh. II** 301; Wesentlichkeit **42 a Anh. II** 297; Wirtschaftlichkeit **42 a Anh. II** 297; Zusammenfassung, mit dem Anhang des Jahresabschlusses **42 a Anh. II** 304 (– mit dem Anhang des Jahresabschlusses des Mutterunternehmens **42 a Anh. II** 356); zusätzliche Angaben **42 a Anh. II** 291

Konzernbilanz, aktiver Unterschiedsbetrag **42 a Anh. II** 146, 149, 154, 188, 230 f., 236; Anforderungen **42 a Anh. II** 136; Angabe des Jahresüberschusses/-fehlbetrages anderer Gesellschafter **42 a Anh. II** 175; Ansatz der Zeitwerte des assoziierten Unternehmens **42 a Anh. II** 235; Anteile anderer Gesellschafter **42 a Anh. II** 169, 171; anteiliges Eigenkapital des assoziierten Unternehmens **42 a Anh. II** 235; Anteilstausch **42 a Anh. II** 185; assoziierte Unternehmen **42 a Anh. II** 223 f.; Assoziierungsvermutung **42 a Anh. II** 226; Aufdeckung, stiller Lasten bei der Neuwertmethode **42 a Anh. II** 153 (– stiller Reserven bei der Neuwertmethode **42 a Anh. II** 153); Aufwands- und Ertragskonsolidierung **42 a Anh. II** 244; Ausgleichsposten für Anteile anderer Gesellschafter **42 a Anh. II** 163, 174; Ausschaltung einer Konzernstufe **42 a Anh. II**

2733

Sachverzeichnis

Fette Zahlen = §§

180; Ausweis, der Anteile an verbundenen Unternehmen **42 a Anh. II** 227 (– des Gewinn- und Verlustanteils anderer Gesellschafter **42 a Anh. II** 175); Begriff des Gemeinschaftsunternehmens **42 a Anh. II** 213 f.; Berechnung des Abgrenzungsbetrages **42 a Anh. II** 281; Beteiligungshöhe **42 a Anh. II** 184; Bewertungsverfahren **42 a Anh. II** 220; Bilanzierung des aktiven Unterschiedsbetrages in den Folgejahren **42 a Anh. II** 238; Buchwert **42 a Anh. II** 229 (– der konsolidierungspflichtigen Anteile **42 a Anh. II** 167); Buchwertmethode **42 a Anh. II** 143, 145, 172, 216, 221, 229; echte Aufrechnungsdifferenzen **42 a Anh. II** 196; Einbeziehung des Gemeinschaftsunternehmens in den Konzernabschluss **42 a Anh. II** 214; Einfluss auf die Geschäfts- und Finanzpolitik **42 a Anh. II** 225; einheitliche Bilanzierungs- und Bewertungsregeln **42 a Anh. II** 276; Einheitlichkeit der Bewertungsmethoden **42 a Anh. II** 25 f.; Einheitstheorie **42 a Anh. II** 271; eliminierungsfähige Ergebnisanteile **42 a Anh. II** 206; eliminierungspflichtige Ergebnisanteile **42 a Anh. II** 206; Equity-Methode **42 a Anh. II** 135, 214 (– für assoziierte Unternehmen **42 a Anh. II** 218); erfolgsneutrale Schuldenkonsolidierung **42 a Anh. II** 194; Ergebniskorrekturen **42 a Anh. II** 242; Erläuterung im Konzernanhang **42 a Anh. II** 151, 305; Erstkonsolidierung **42 a Anh. II** 141, 143, 173 (– bei sukzessivem Anteilskauf **42 a Anh. II** 160; – zum Zeitpunkt der erstmaligen Einbeziehung **42 a Anh. II** 160; – zum Zeitpunkt des Anteilserwerb **42 a Anh. II** 158); Erwerbsmethode (purchase method) **42 a Anh. II** 140; Firmenwert **42 a Anh. II** 164; Folgekonsolidierung **42 a Anh. II** 141, 162, 173; Gebot der Stetigkeit **42 a Anh. II** 196; Gemeinschaftsunternehmen **42 a Anh. II** 211 f.; Geschäftswert **42 a Anh. II** 164; Gliederung **42 a Anh. II** 137; Große Kapitalgesellschaft **42 a Anh. II** 137; Grundsatz, der einheitlichen Bewertung **42 a Anh. II** 25 f. (– der Wesentlichkeit **42 a Anh. II** 195, 197); Handelsbilanz II **42 a Anh. II** 27; Inhalt **42 a Anh. II** 133; Interessenzusammenführungsmethode (pooling-of-interests-method) **42 a Anh. II** 140, 181 (–, Barzahlung **42 a Anh. II** 186); Kapitalanteilsmethode **42 a Anh. II** 221, 235; Kapitalkonsolidierung **42 a Anh. II** 134, 139 (– bei Interessenzusammenführung **42 a Anh. II** 181; – bei mehrstufigen Konzernen **42 a Anh. II** 176); Kettenkonsolidierung **42 a Anh. II** 177; konsolidierungspflichtige Anteile **42 a Anh. II** 142; konsolidierungspflichtiges Eigenkapital **42 a Anh. II** 144; Konsolidierungstechnik **42 a Anh. II** 215; Konzernanhang **42 a Anh. II** 290 ff.; Konzernanschaffungskosten **42 a Anh. II** 202 f.; Konzernbilanzpolitik **42 a Anh. II** 25; Konzern-Gewinn- und Verlustrechnung **42 a Anh. II** 169, 244 ff. (– bei assoziierten Unternehmen **42 a Anh. II** 243); Konzernherstellungskosten **42 a Anh. II** 202, 204; Konzernlagebericht **42 a Anh. II** 327 ff.; mehrstufige Konzerne **42 a Anh. II** 176; merger accounting **42 a Anh. II** 181; Neubewertungsmethode **42 a Anh. II** 143, 152, 172, 216; Nichtdurchführung der Schuldenkonsolidierung **42 a Anh. II** 197; Obergrenze der Konzernherstellungskosten **42 a Anh. II** 205; one-line-consolidation **42 a Anh. II** 220; passiver Unterschiedsbetrag **42 a Anh. II** 147, 150, 154, 165, 188, 230, 232, 237; pooling-of-interests-method **42 a Anh. II** 140, 181; Prinzip der Periodenabgrenzung **42 a Anh. II** 199; purchase method **42 a Anh. II** 140; Quotenkonsolidierung **42 a Anh. II** 135, 211 f.; Realisationsprinzip **42 a Anh. II** 199; Schuldenkonsolidierung **42 a Anh. II** 134, 177, 179, 192 ff.; Stetigkeitsgebot **42 a Anh. II** 198; Stichtag der Erstkonsolidierung **42 a Anh. II** 157 ff.; stille Lasten **42 a Anh. II** 163; stille Reserven **42 a Anh. II** 163; Übernahme von anteiligen Ergebnissen **42 a Anh. II** 241; unechte Aufrechnungsdifferenzen **42 a Anh. II** 195; Untergrenze der Konzernherstellungskosten **42 a Anh. II** 205; Unterschiede des Buchwert- und Neubewertungsmethode **42 a Anh. II** 155; Unterschiedsbetrag **42 a Anh. II** 148; Veränderung des konsolidierungspflichtigen Kapitals **42 a Anh. II** 168; Vereinfachungen gegenüber der Einzelbilanz **42 a Anh. II** 138; Verzicht, auf die Zwischenergebniseliminierung **42 a Anh. II** 134, 208, 210 (– auf den Ausweis von Anteilen an verbundenen Unternehmen **42 a Anh. II** 228); Vollkonsolidierung **42 a Anh. II** 133 (– mit Minderheitenausweis **42 a Anh. II** 170); Voraussetzungen, der Interessenzusammenführungsmethode **42 a Anh. II** 183 ff. (– der Zwischenergebniseliminierung **42 a Anh. II** 201); Wahlrecht der Konsolidierung des gezeichneten Kapitals des Tochterunternehmens **42 a Anh. II** 182; Zeitpunkt für die Ermittlung des Wertansatzes **42 a Anh. II** 233, 239; Ziel der Equity- Methode **42 a Anh. II** 220; Zwischenergebniseliminierung **42 a Anh. II** 199, 245; Zwischengewinne **42 a Anh. II** 200, 207; Zwischenverluste **42 a Anh. II** 200, 207

Konzern-Gewinn- und Verlustrechnung, Abgrenzung zwischen Aufwands- und Ertragskonsolidierung und Zwischenergebniseliminierung **42 a Anh. II** 245; Änderung des Konsolidierungskreises **42 a Anh. II** 249; andere Aufwendungen aus Lieferungen **42 a Anh. II** 258; andere Erträge, aus Leistungen **42 a Anh. II** 256, 260 (– aus Lieferungen **42 a Anh. II** 256 f.); Anrechnungsverfahren **42 a Anh. II** 269; Anteile anderer Gesellschafter **42 a Anh. II** 169; assoziierte Unternehmen **42 a Anh. II** 243, 246; Außenumsatzerlöse **42 a Anh. II** 252; Aufwands- und Ertragskonsolidierung **42 a Anh. II** 244; Ausweis der

Magere Zahlen = Randnummern

Sachverzeichnis

Steuerabgrenzungsposten **42 a Anh. II** 273; Einheitsgrundsatz **42 a Anh. II** 244; Equity-Methode **42 a Anh. II** 266; Ergebnisabführungsverträge **42 a Anh. II** 265; Ergebnisübernahmen **42 a Anh. II** 266 (– bei der Equity-Methode **42 a Anh. II** 266 f.; – innerhalb des Konsolidierungskreises **42 a Anh. II** 262 f.); Erläuterung im Konzernanhang **42 a Anh. II** 305; Gegenstände, des Anlagevermögens **42 a Anh. II** 258 (– des Umlaufvermögens **42 a Anh. II** 259); Gesamtkostenverfahren **42 a Anh. II** 253 f., 258, 261; Grundsatz der Wesentlichkeit **42 a Anh. II** 251; Inhalt **42 a Anh. II** 244; Innenumsatzerlöse **42 a Anh. II** 252; körperschaftsteuerrechtlicher Anrechnungsbetrag **42 a Anh. II** 264; Konsolidierung, anderer Erträge und Aufwendungen **42 a Anh. II** 248, 256 (– der Innenumsatzerlöse **42 a Anh. II** 248, 252); Konsolidierungswahlrechte **42 a Anh. II** 250; österreichisches Recht **42 a Anh. II** 366; Quotenkonsolidierung **42 a Anh. II** 246; sonstige Konsolidierungsmaßnahmen **42 a Anh. II** 248, 262 f.; Steuerabgrenzungsposten **42 a Anh. II** 289; Steuerausweis **42 a Anh. II** 268; Umsatzerlöse aus Leistungen **42 a Anh. II** 253 f.; Umsatzkostenverfahren **42 a Anh. II** 255, 258, 261; Vollkonsolidierung **42 a Anh. II** 246 f.; Zeitbezugsmethode **42 a Anh. II** 128

Konzernlagebericht, Abschlussprüfung **42 a Anh. II** 349; Änderung **42 a Anh. II** 345; Aufstellungsgrundsatz **42 a Anh. II** 45; befreiende (Teil-)Konzernlageberichte **42 a Anh. II** 63; bestandsgefährdende Risiken **42 a Anh. II** 337; Berichterstattungspflicht **42 a Anh. II** 329; Berichterstattungswahlrecht **42 a Anh. II** 329; Bußgeldvorschriften **Vor 82–85** 73 ff.; Control-Konzept **42 a Anh. II** 46, 53; Darstellung, der Lage des Konzerns **42 a Anh. II** 333 (– des Geschäftsverlaufs **42 a Anh. II** 333; – wesentlicher Risiken **42 a Anh. II** 337); Eintrittswahrscheinlichkeiten für Risiken **42 a Anh. II** 337; Erleichterungen der Berichterstattung **42 a Anh. II** 331; Forschung und Entwicklung des Konzerns **42 a Anh. II** 342; Fortführungsprognose **42 a Anh. II** 337; freiwillige Berichterstattung **42 a Anh. II** 330; Gegenstand, der Abschlussprüfung **42 a** 18 (– der Berichterstattung **42 a Anh. II** 327); Geschäftsverlauf **42 a Anh. II** 328; größenabhängige Befreiungen **42 a Anh. II** 81; Grundsatz, der Klarheit **42 a Anh. II** 330; (– der Vollständigkeit **42 a Anh. II** 330; – der Wahrheit **42 a Anh. II** 330); Inhalt **42 a Anh. II** 327 f.; Klarheit **42 a Anh. II** 330; KonTraG **42 a Anh. II** 334 f.; Konzern als Ganzes **42 a Anh. II** 327; Konzernlageberichte **42 a Anh. II** 63; Lage des Konzerns **42 a Anh. II** 328; Mindestumfang der Berichterstattung **42 a Anh. II** 330; Mutter-Tochter-Verhältnis **42 a Anh. II** 46; Nachtragsprüfung **42 a Anh. II** 345; österreichisches Recht **42 a Anh. II** 367; Offenlegung **42 a Anh. II** 354; Pflicht zum Konzernabschluss **42 a Anh. II** 45; Pflicht zur Aufstellung des – **42 a Anh. II** 3, 45, 327 (– im Gleichordnungskonzern **42 a Anh. II** 49); Pflicht zur Errichtung eines Überwachungssystems **42 a Anh. II** 335; Prüfung **42 a Anh. II** 343 (– der Risiken durch Abschlussprüfer **42 a Anh. II** 338); Risikobegriff **42 a Anh. II** 336; Risikobericht **42 a Anh. II** 334; Risikofrüherkennungssystem **42 a Anh. II** 349; Schutzklausel **42 a Anh. II** 331; Tannenbaumprinzip **42 a Anh. II** 46, 63; (Teil-)Konzernlagebericht **42 a Anh. II** 48; Umfang der Prüfungspflicht **42 a** 21; unrichtige Darstellung bei Offenlegung **Vor 82–85** 40; Vollständigkeit **42 a Anh. II** 330; Voraussetzungen der Risikoberichterstattung **42 a Anh. II** 335; voraussichtliche Entwicklung des Konzerns **42 a Anh. II** 341; Vorgänge von besonderer Bedeutung nach Schluss des Konzerngeschäftsjahres **42 a Anh. II** 340; Vorlagepflicht **42 a** 3; vorrangige Befreiungsmöglichkeiten **42 a Anh. II** 90; Warnfunktion **42 a Anh. II** 337; Wirtschaftsprüfer **42 a Anh. II** 344; Wirtschaftsprüfungsgesellschaft **42 a Anh. II** 344; Zusammenfassung **42 a Anh. II** 332 (– mit Lagebericht des Mutterunternehmens **42 a Anh. II** 332, 356)

Konzernrechnungslegung, abnutzbares Anlagevermögen **42 a Anh. II** 279 (nicht – **42 a Anh. II** 279); Abgrenzung, des Konsolidierungskreises **42 a Anh. II** 91 f. (– zum Konzernrecht **42 a Anh. II** 9; – zwischen Aufwands- und Ertragskonsolidierung und Zwischenergebniseliminierung **42 a Anh. II** 244); Abschlussstichtag des Mutterunternehmens **42 a Anh. II** 81; Abweichungen, vom Abschlussstichtag des Mutterunternehmens **42 a Anh. II** 37 f. (– vom Grundsatz der Stetigkeit **42 a Anh. II** 33 ff.); Änderung des Konsolidierungskreises **42 a Anh. II** 249; aktiver, Steuerabgrenzungsposten **42 a Anh. II** 286 (– Unterschiedsbetrag **42 a Anh. II** 146, 149, 154, 188, 230 f., 236); Aktivierung von Steuerabgrenzungsposten **42 a Anh. II** 282; Aktivierungspflicht für Steuerabgrenzungsposten **42 a Anh. II** 282; altes Recht **42 a Anh. I** 3; andere Aufwendungen aus Lieferungen **42 a Anh. II** 258; andere Erträge, aus Leistungen **42 a Anh. II** 256, 260 (– aus Lieferungen **42 a Anh. II** 256 f.); Angabe, der angewandten Bilanzierungs- und Bewertungsmethoden, im Konzernanhang **42 a Anh. II** 306 (– der eigenen Anteile am Mutterunternehmen, im Konzernanhang **42 a Anh. II** 326; – der Grundlagen für die Währungsumrechnung, im Konzernanhang **42 a Anh. II** 307; – des Einflusses steuerlicher Vorschriften auf das Konzernjahresergebnis, im Konzernanhang **42 a Anh. II** 323; – von Abweichungen von Bilanzierungs-, Bewertungs- und Konsolidierungsmethoden, im Konzernanhang **42 a Anh. II** 308; – von Beteiligungen an Großen Kapitalgesellschaften, im Konzernanhang **42 a Anh. II** 314; – zu

2735

Sachverzeichnis

Fette Zahlen = §§

anteilsmäßig einbezogenen Unternehmen, im Konzernanhang **42 a Anh. II** 312; – zu assoziierten Unternehmen, im Konzernanhang **42 a Anh. II** 311; – zu ausgewiesenen Verbindlichkeiten und gewährten Sicherheiten, im Konzernanhang **42 a Anh. II** 319; – zu einbezogenen Unternehmen, im Konzernanhang **42 a Anh. II** 309; – zu Haftungsverhältnissen, im Konzernanhang **42 a Anh. II** 320; – zu Organbezügen, Organkrediten und anderen Rechtsverhältnissen, im Konzernanhang **42 a Anh. II** 324 f.; – zu sonstigen finanziellen Verpflichtungen, im Konzernanhang **42 a Anh. II** 318; – zu Unternehmen mit mindestens 20% Anteilbesitz, im Konzernanhang **42 a Anh. II** 313; – zum Beteiligungsbesitz, im Konzernanhang **42 a Anh. II** 305; – zum Personalaufwand, im Konzernanhang **42 a Anh. II** 322; – zum Tochterunternehmen, im Konzernanhang **42 a Anh. II** 310); Anhang des Jahresabschlusses **42 a Anh. II** 73; Ansatz der Zeitwerte des assoziierten Unternehmens **42 a Anh. II** 235; Anteile, an Kapitalgesellschaften **42 a Anh. II** 52 (– an Personenhandelsgesellschaften **42 a Anh. II** 52; – anderer Gesellschafter **42 a Anh. II** 169, 171); anteiliges Eigenkapital des assoziierten Unternehmens **42 a Anh. II** 235; Anteilstausch **42 a Anh. II** 185; Anwendung, der Buchwertmethode **42 a Anh. II** 234 (– der Interessenzusammenführungsmethode **42 a Anh. II** 189); assoziierte Unternehmen **42 a Anh. II** 223 f., 246; Assoziierungsvermutung **42 a Anh. II** 226; Aufgliederung der Umsatzerlöse im Konzernanhang **42 a Anh. II** 321; Aufstellung, des Anteilsbesitzes im Konzernanhang **42 a Anh. II** 317 (– der Konzern-Gewinn- und Verlustrechnung **42 a Anh. II** 247); Aufstellungsgrundsatz **42 a Anh. II** 45; Aufwands- und Ertragskonsolidierung **42 a Anh. II** 31, 244, 280; Ausgleichsposten für Anteile anderer Gesellschafter **42 a Anh. II** 163, 174; ausländisches Unternehmen, mit Sitz außerhalb der EG **42 a Anh. II** 28 (– mit Sitz innerhalb der EG **42 a Anh. II** 28); Auslegung, des Konsolidierungsverbotes **42 a Anh. II** 102 (– von Konsolidierungswahlrechten **42 a Anh. II** 106); Ausnahmen vom Grundsatz der einheitlichen Bewertung **42 a Anh. II** 29; Aussagegehalt des Konzernabschlusses **42 a Anh. II** 34; Ausschaltung einer Konzernstufe **42 a Anh. II** 180; Außenumsatzerlöse **42 a Anh. II** 252; Ausweis, der Steuerabgrenzung **42 a Anh. II** 286 (– der Steuerabgrenzungsposten **42 a Anh. II** 288); Beantragung durch Minderheitsgesellschafter **42 a Anh. II** 68; befreiende, Konzernabschlüsse **42 a Anh. II** 63, 355 (– Teil-Konzernabschlüsse **42 a Anh. II** 63; – Konzernlageberichte **42 a Anh. II** 63); Befreiung, von der Konzernabschlusspflicht für Kapitalgesellschaften & Co. **42 a Anh. II** 86 (– von der Konzernrechnungslegungspflicht für Kreditinstitute **42 a Anh. II** 87; – von der Konzernrechnungslegungspflicht für Versicherungsunternehmen **42 a Anh. II** 88 f.; – von Mutterunternehmen außerhalb der EU/EWR **42 a Anh. II** 72 f.; – von Mutterunternehmen in der EU/EWR **42 a Anh. II** 67); Befristung von Befreiungen **42 a Anh. II** 80; Begriff, der einheitlichen Leitung **42 a Anh. II** 51 (– des Gemeinschaftsunternehmens **42 a Anh. II** 213 f.); Beherrschungsvertrag **42 a Anh. II** 61; Berechnung des Abgrenzungsbetrages **42 a Anh. II** 281; Berichterstattungspflicht **42 a Anh. II** 329; Berichterstattungswahlrecht **42 a Anh. II** 329; Bestimmung des Steuersatzes **42 a Anh. II** 283; Beteiligung **42 a Anh. II** 52; Beteiligungshöhe **42 a Anh. II** 184; Bewertungsanpassungen **42 a Anh. II** 28; Bewertungsverfahren **42 a Anh. II** 220; Bilanzierung, des aktiven Unterschiedsbetrages in den Folgejahren **42 a Anh. II** 228 (– latenter Steuern im Konzernabschluss **42 a Anh. II** 270); Bilanzsumme **42 a Anh. II** 81; Bilanzrichtlinien-Gesetz (BiRiLiG) **42 a Anh. II** 1; Bildung von Rückstellungen **42 a Anh. II** 282; Bruttomethode **42 a Anh. II** 81 f.; Buchwert **42 a Anh. II** 229 (– der konsolidierungspflichtigen Anteile **42 a Anh. II** 167); Buchwertmethode **42 a Anh. II** 143, 145, 172, 216, 221, 229; Control-Konzept **42 a Anh. II** 46, 53, 359; Darstellung der Lage des Konzerns im Konzernlagebericht **42 a Anh. II** 333; Deferral-Methode (Abgrenzungsmethode) **42 a Anh. II** 284; deutsche Unternehmen **42 a Anh. II** 29; EG-Recht **42 a Anh. II** 1; durchschnittliche Arbeitnehmerzahl **42 a Anh. II** 81; durchschnittlicher Steuersatz **42 a Anh. II** 285; echte Aufrechnungsdifferenzen **42 a Anh. II** 196; Einbeziehung, assoziierter Unternehmen **42 a Anh. II** 31 (– des Gemeinschaftsunternehmens in den Konzernabschluss **42 a Anh. II** 214; – eines Tochterunternehmens **42 a Anh. II** 112 f.); Einfluss, auf die Geschäfts- und Finanzpolitik **42 a Anh. II** 225 (– auf die Geschäfts- und Finanzpolitik im österreichischen Recht **42 a Anh. II** 361); Einheitlichkeit, der Abschlussstichtage **42 a Anh. II** 36 (– der Bewertung **42 a Anh. II** 24 f.; – der Bilanzierungs- und Bewertungsregeln **42 a Anh. II** 276; – der Leitung **42 a Anh. II** 46, 50, 359; – der Bilanzstichtage **42 a Anh. II** 359); Einheitsgrundsatz **42 a Anh. II** 244; Einheitstheorie **42 a Anh. II** 14, 16, 290, 359; Einzelabschluss **42 a Anh. II** 270; Einzeldifferenzenbetrachtung **42 a Anh. II** 281; einzelne Konsolidierungswahlrechte **42 a Anh. II** 105 ff.; Eliminierung von Zwischenergebnissen **42 a Anh. II** 31; eliminierungsfähige Ergebnisanteile **42 a Anh. II** 206; eliminierungspflichtige Ergebnisanteile **42 a Anh. II** 206; Entwurf einer Stellungnahme zur Währungsumrechnung im Konzernabschluss **42 a Anh. II** 117; Equity-Methode **42 a Anh. II** 107, 135, 214 (– für assoziierte Unternehmen **42 a Anh. II** 218); erfolgsneutrale Schuldenkonsolidierung **42a Anh. II** 194; erfolgswirksame Schuldenkonsolidierung **42a Anh. II** 278; Ergebnisabführungsverträge **42a Anh. II** 265; Ergebnisübernahmen **42a Anh. II** 266 (– bei der Equity-Methode **42a Anh. II** 266ff.; – innerhalb des Konsolidierungskreises **42a Anh. II** 262f.); Erläuterung der Konzernbilanz **42a Anh. II** 304 (– der Konzern-Gewinn- und Verlustrechnung **42a Anh. II** 304; – im Konzernanhang **42a Anh. II** 151); Ermittlung, der durchschnittlichen Arbeitnehmerzahl **42a Anh. II** 84 (– der Mehrheit der Bestellungs- und Abberufungsrechte **42a Anh. II** 58ff.; – der Mehrheit der Stimmrechte **42a Anh. II** 57; – latenter Steuern im Konzernabschluss **42a Anh. II** 271); Erstkonsolidierung **42a Anh. II** 141, 143, 173 (– bei sukzessivem Anteilskauf **42a Anh. II** 160; – zum Zeitpunkt der erstmaligen Einbeziehung **42a Anh. II** 159; – zum Zeitpunkt des Anteilserwerbs **42a Anh. II** 158); erstmalige Aufstellung des Konzernabschlusses **42a Anh. II** 7; Erwerbsmethode (purchase method) **42a Anh. II** 140 (– im österreichischem Recht **42a Anh. II** 363); Erzwingung **42a Anh. II** 69; Fiktion des Konzerns als Steuersubjekt im Konzernabschluss **42a Anh. II** 271; Firmenwert **42a Anh. II** 164; Folgekonsolidierung **42a Anh. II** 141, 162, 173; Form **42a Anh. II** 290; Fremdwährungen **42a Anh. I** 106; **42a Anh. II** 117; funktionale, Methode **42a Anh. II** 117, 119, 122 (– Währung **42a Anh. II** 118); Funktion des Konzernabschlusses **42a Anh. II** 13; Gebot der Stetigkeit **42a Anh. II** 198; Gegenseitigkeitsregelung **42a Anh. II** 75; Gegenstände, des Anlagevermögens **42a Anh. II** 258 (– des Umlaufvermögens **42a Anh. II** 259); Gemeinschaftsunternehmen **42a Anh. II** 211f. (– im österreichischen Recht **42a Anh. II** 360); Generally Accepted Accounting Prinziples (US-GAAP) **42a Anh. II** 8 (– im österreichischen Recht **42a Anh. II** 364); Gesamtdifferenzenbetrachtung **42a Anh. II** 281; Gesamtkostenverfahren **42a Anh. II** 253f., 258, 261; Geschäftsverlauf **42a Anh. II** 328; Geschäftswert **42a Anh. II** 164; Gliederung der Konzernbilanz **42a Anh. II** 137; GmbH & Co.-Richtlinie **42a Anh. II** 4; größenabhängige Befreiungen **42a Anh. II** 81; Größenkriterien nach altem Recht **42a Anh. II** 5; Große Kapitalgesellschaft **42a Anh. II** 137; Grundlagen **42a Anh. II** 10 (– der Steuerabgrenzung im Konzernabschluss **42a Anh. II** 270); Grundsatz, der einheitlichen Bewertung **42a Anh. II** 23ff. (– der Stetigkeit **42a Anh. II** 25, 30; – der Vollständigkeit **42a Anh. II** 20, 22; – der Wesentlichkeit (materiality) **42a Anh. II** 43f., 195, 197, 251); Handelsbilanz II **42a Anh. II** 27; Inflationsbereinigung **42a Anh. II** 125; Inhalt **42a Anh. II** 10 (– der Konzern-Gewinn- und Verlustrechnung **42a Anh. II** 244; – der Konzernbilanz **42a Anh. II** 133; – des Konzernlageberichtes **42a Anh. II** 328); Innenumsatzerlöse **42a Anh. II** 252; Interessentheorie **42a Anh. II** 14f.; Interessenzusammenführung im österreichischen Recht **42a Anh. II** 362; Interessenzusammenführungsmethode (pooling-of-interests) **42a Anh. II** 140, 181; International Accounting Standards (IAS) **42a Anh. I** 7; **42a Anh. II** 8 (– im österreichischen Recht **42a Anh. II** 364); International Accounting Standards Board (IASB) **42a Anh. I** 7; International Financial Reporting Standards **42a Anh. I** 7; international anerkannte, Rechnungslegungsgrundsätze **42a Anh. II** 8 (– Rechnungslegungsvorschriften **42a Anh. II** 65); internationale Praxis **42a Anh. II** 63; KapCoRiLiG **42a Anh. II** 4, 6, 314; Kapitalanteilsmethode **42a Anh. II** 221, 235; Kapitalgesellschaften & Co. **42a Anh. II** 4; Kapitalkonsolidierung **42a Anh. II** 31, 130, 134, 139, 277 (– bei Interessenzusammenführung **42a Anh. II** 181; – bei mehrstufigen Konzernen **42a Anh. II** 176ff.); Kettenkonsolidierung **42a Anh. II** 177f.; Kifo-Verfahren **42a Anh. I** 126; körperschaftsteuerlicher Anrechnungsbetrag **42a Anh. II** 264; Konsolidierung **42a Anh. II** 12 (– anderer Erträge und Aufwendungen **42a Anh. II** 248, 256; – der Innenumsatzerlöse **42a Anh. II** 248, 252); Konsolidierungsgrundsätze **42a Anh. II** 18f.; Konsolidierungskreis **42a Anh. II** 91, 101; Konsolidierungsmethoden **42a Anh. II** 31; konsolidierungspflicht **42a Anh. II** 93; konsolidierungspflichtige Anteile **42a Anh. II** 142; konsolidierungspflichtiges Eigenkapital **42a Anh. II** 144; Konsolidierungstechnik **42a Anh. II** 215; konsolidierungstechnische Posten **42a Anh. II** 138; Konsolidierungsverbot **42a Anh. II** 100 (– im internationalen Bereich **42a Anh. II** 101); Konsolidierungswahlrechte **42a Anh. II** 105, 250; Konzept der einheitlichen Leitung **42a Anh. II** 50; Konzern als Ganzes **42a Anh. II** 327; Konzernabschluss **42a Anh. II** 10 (– nach international anerkannten Rechnungslegungsgrundsätzen **42a Anh. II** 79); Konzernabschlussbefreiungsverordnung (KonBefrO) **42a Anh. II** 65, 71; Konzernabschlusspflicht für Kapitalgesellschaften & Co. **42a Anh. II** 86; Konzernabschlussstichtag **42a Anh. II** 81; Konzernabschlusszweck **42a Anh. II** 13; Konzernanhang **42a Anh. II** 10, 290 (– im österreichischen Recht **42a Anh. II** 367); Konzernanschaffungskosten **42a Anh. II** 202f.; Konzernbilanz **42a Anh. II** 10, 133; Konzernbilanzpolitik **42a Anh. II** 25; konzerneinheitliche Bilanzierungs- und Bewertungsregeln **42a Anh. II** 276; Konzern-Gewinn- und Verlustrechnung **42a Anh. II** 10, 244 (– für assoziierte Unternehmen **42a Anh. II** 243; – im österreichischen Recht **42a Anh. II** 366); Konzernherstellungskosten **42a Anh. II** 202, 204; Konzernlagebericht **42a Anh. II** 10, 327 (– im österreichischen Recht **42a Anh. II**

Sachverzeichnis

Fette Zahlen = §§

367; – nach international anerkannten Rechnungslegungsgrundsätzen **42 a Anh. II** 79); Konzernrechnungslegungspflicht **42 a Anh. II** 45 (– für Kreditinstitute **42 a Anh. II** 87; – für Versicherungsunternehmen **42 a Anh. II** 88 f.; – im Gleichordnungskonzern **42 a Anh. II** 49); Lage des Konzerns **42 a Anh. II** 328; Liability-Methode (Verbindlichkeitsmethode) **42 a Anh. II** 284; Liquidation **71** 13; Mehrheit der Stimmrechte **42 a Anh. II** 55 f.; mehrstufige Konzerne **42 a Anh. II** 176; merger accounting **42 a Anh. II** 181; Mutter-Tochter-Verhältnis **42 a Anh. II** 46; Mutterunternehmen **42 a Anh. II** 78 (– außerhalb der EU/EWR **42 a Anh. II** 71; – innerhalb der EU/EWR **42 a Anh. II** 66; – mit internationalem Konzernabschluss **42 a Anh. II** 76); Nachtragsprüfung **42 a Anh. II** 345; Nettomethode **42 a Anh. II** 81 f.; Neubewertungsmethode **42 a Anh. II** 143, 152, 172, 216; Nichtdurchführung der Schuldenkonsolidierung **42 a Anh. II** 197; Obergrenze der Konzernherstellungskosten **42 a Anh. II** 205; Österreichisches Recht **42 a Anh. II** 358 ff.; Offenlegung, des Konzernabschlusses **42 a Anh. II** 73, 341 (– des Konzernlageberichtes **42 a Anh. II** 73, 343); one-line-consolidation **42 a Anh. II** 220; organisierter Markt **42 a Anh. II** 79; Organbezüge im Konzernanhang **42 a Anh. II** 324 f.; Organkredite im Konzernanhang **42 a Anh. II** 324 f.; passiver Unterschiedsbetrag **42 a Anh. II** 147, 150, 154, 165, 188, 230, 232, 237; passive Steuerabgrenzung **42 a Anh. II** 286; permanente Differenzen im Konzernabschluss **42 a Anh. II** 271; Pflicht zur Aufstellung des Konzernabschlusses **42 a Anh. II** 3, 45 (– im Gleichordnungskonzern **42 a Anh. II** 49; – des Konzernlageberichts **42 a Anh. II** 3, 45; – des Konzernlageberichts im Gleichordnungskonzern **42 a Anh. II** 49); pooling-of-interests-method **42 a Anh. II** 140, 181; Prinzip der Periodenabgrenzung **42 a Anh. II** 199; Prüfung, des Konzernabschlusses **42 a Anh. II** 343 (– des Konzernlageberichtes **42 a Anh. II** 343); purchase method **42 a Anh. II** 140; quasi-permanente Differenzen im Konzernabschluss **42 a Anh. II** 271; Quotenkonsolidierung **42 a Anh. II** 16, 31, 135, 211 f., 246; Realisationsprinzip **42 a Anh. II** 199; Rechnungslegungspflicht, bei Beherrschungsvertrag **42 a Anh. II** 61 (– bei Mehrheit der Bestellungs- und Abberufungsrechte **42 a Anh. II** 57; – bei Mehrheit der Stimmrechte **42 a Anh. II** 55; – bei Satzungsbestimmungen **42 a Anh. II** 61; – der GmbH & Co. KG **42 a Anh. II** 4); Rechtsverhältnisse im Konzernanhang **42 a Anh. II** 324 f.; Risikobegriff **42 a Anh. II** 336; Risikobericht **42 a Anh. II** 334; Rückstellung für passive Steuerabgrenzung **42 a Anh. II** 286; sachliche Stetigkeit **42 a Anh. II** 32; Saldierung aller Steuerabgrenzungsposten **42 a Anh. II** 288; Schuldenkonsolidierung **42 a Anh. II** 31, 130, 134, 192 ff.; Schutzklausel **42 a Anh. II** 316; Schwellenwerte für Größenmerkmale **42 a Anh. II** 83; Simultankonsolidierung **42 a Anh. II** 177, 179; Sollvorschrift **42 a Anh. II** 329; sonstige Konsolidierungsmaßnahmen **42 a Anh. II** 248, 262 f.; sonstige Pflichtangaben im Konzernanhang **42 a Anh. II** 317; Stetigkeit **42 a Anh. II** 32; Stetigkeitsgebot **42 a Anh. II** 198; Steuerabgrenzung, bei Quotenkonsolidierung **42 a Anh. II** 274 (– bei Vollkonsolidierung **42 a Anh. II** 274; – im Konzernabschluss **42 a Anh. II** 270, 272); Steuerabgrenzungsposten **42 a Anh. II** 273 (– in der Konzern-Gewinn- und Verlustrechnung **42 a Anh. II** 289); Steuerausweis **42 a Anh. II** 286; Stichtag der Erstkonsolidierung **42 a Anh. II** 158 ff. (– des Konzernabschlusses **42 a Anh. II** 39); Stichtagsmethode **42 a Anh. II** 120, 123 f. (– im österreichischen Recht **42 a Anh. II** 365); stille Lasten **42 a Anh. II** 163; stille Reserven **42 a Anh. II** 163; Tannenbaumprinzip **42 a Anh. II** 48, 63; (Teil-)Konzernabschlusses **42 a Anh. II** 48; (Teil-)Konzernlagebericht **42 a Anh. II** 48; temporäre Ergebnisdifferenzen im Konzernabschluss **42 a Anh. II** 271; Tochterunternehmen **42 a Anh. II** 104; true and fair view **42 a Anh. II** 18 f.; Übernahme von anteiligen Ergebnissen **42 a Anh. II** 241; Überschneidungen zwischen Konsolidierungsverbot und Konsolidierungswahlrechten **42 a Anh. II** 103; Umlaufvermögen **42 a Anh. II** 279; Umrechnung zu Stichtagskursen **42 a Anh. II** 118; Umrechnungsdifferenz **42 a Anh. II** 127; Umsatzerlöse **42 a Anh. II** 81; Umsatzerlöse, aus Leistungen **42 a Anh. II** 254 (– aus Lieferungen **42 a Anh. II** 253); Umsatzkostenverfahren **42 a Anh. II** 255, 258; unechte Aufrechnungsdifferenzen **42 a Anh. II** 195; Untergrenze der Konzernherstellungskosten **42 a Anh. II** 205; Unternehmenseigenschaft **42 a Anh. II** 48, 68; Unterschiedsbetrag **42 a Anh. II** 148; Ursachen der Steuerabgrenzung **42 a Anh. II** 275; Veränderung, des konsolidierungspflichtigen Kapitals **42 a Anh. II** 168 (– des Konsolidierungskreises **42 a Anh. II** 94 f.); Vereinfachungen gegenüber der Einzelbilanz **42 a Anh. II** 138; Verpflichtung zur (Teil-) Konzernrechnungslegung **42 a Anh. II** 64; Versicherungsunternehmen **42 a Anh. II** 88, 137; Verzicht, auf die Erstellung eines Zwischenabschlusses **42 a Anh. II** 41 f. (– auf die Zwischenergebniseliminierung **42 a Anh. II** 208, 210, 279; – auf den Ausweis von Anteilen an verbundenen Unternehmen **42 a Anh. II** 228); Vollkonsolidierung **42 a Anh. II** 133, 246 f. (– mit Minderheitenausweis **42 a Anh. II** 170); Vollständigkeit **42 a Anh. II** 20, 22; Voraussetzungen, der Interessenzusammenführungsmethode **42 a Anh. II** 183 ff. (– der Risikoberichterstattung **42 a Anh. II** 335; – der Zwischenergebniseliminierung **42 a Anh. II** 201); vorrangige Befreiungsmöglichkeiten **42 a Anh. II** 91; Wäh-

Magere Zahlen = Randnummern

Sachverzeichnis

rungsumrechnung im Konzernabschluss **42 a Anh. II** 116 f. (– im österreichischen Recht **42 a Anh. II** 365); Wechsel der Konsolidierungsmethoden **42 a Anh. II** 33; Weltabschlussprinzip **42 a Anh. II** 3, 17, 21, 93; Wesentlichkeit **42 a Anh. II** 43 (– von Änderungen im Konsolidierungskreis **42 a Anh. II** 96 ff.); wirtschaftliche Betrachtungsweise **42 a Anh. II** 62; Wirtschaftsprüfer **42 a Anh. II** 344; Zeitbezugsmethode (temporal principle) **42 a Anh. II** 118, 121, 126 f., 129 (– im österreichischen Recht **42 a Anh. II** 365); zeitliche Stetigkeit **42 a Anh. II** 32; Zeitpunkt für die Ermittlung des Wertansatzes **42 a Anh. II** 233, 239; Ziel der Equity-Methode **42 a Anh. II** 220; Zusammenfassung von Konzernanhang und Anhang des Jahresabschlusses **42 a Anh. II** 304; Zweck **42 a Anh. II** 10; Zwischenabschluss **42 a Anh. II** 40, 359; Zwischenergebniseliminierung **42 a Anh. II** 133, 199; Zwischengewinne **42 a Anh. II** 200, 207; Zwischenverluste **42 a Anh. II** 200, 207
Konzernrecht, Abfindung des Minderheitsgesellschafters **52 Anh** 89; Abfindungsregelung **52 Anh.** 59; Abgrenzung zur Konzernrechnungslegung **42 a Anh. II** 9; abhängige, Gesellschaft **52 Anh.** 2 (– GmbH **52 Anh.** 53 ff.; – Unternehmen **52 Anh.** 8, 13); Abhängigkeit **52 Anh.** 32, 72; – von nicht konkurrierenden Unternehmen **52 Anh** 35; – von mehreren Unternehmen **52 Anh** 15); abhängigkeitsausschließende Satzungsklauseln **52 Anh.** 38 f.; Abhängigkeitsvermutung **52 Anh** 14; Abstimmung aus eigenen Anteilen **52 Anh.** 84; Abstimmungskompetenz **52 Anh.** 52; actio pro socio **52 Anh** 79; Änderung von Unternehmensverträgen **52 Anh.** 118; äquivalente Gegenleistung **52 Anh.** 69; Aktiengesetz (AktG) **Einl.** 55; **52 Anh.** 1 ff.; 63 ff., 100; andere Unternehmensverträge **52 Anh.** 115; Anteilserwerb durch abhängige Gesellschaft **52 Anh.** 81; Anteilsvinkulierung **52 Anh.** 32; anwendbares Recht **52 Anh** 5; Ausgleichsanspruch des Minderheitsgesellschafters **52 Anh** 90; Ausgliederung eines Unternehmensteils **52 Anh.** 45; Außenwirkung des Zustimmungserfordernisses **52 Anh.** 68; außergewöhnliche Maßnahmen **52 Anh** 43; Austritt des Gesellschafters **52 Anh.** 80; „Autokran"-Entsch. **52 Anh.** 93, 99, 104; Beendigung von Unternehmensverträgen **52 Anh.** 118; Befangenheit **52 Anh.** 73, 78; Beherrschungsvertrag **52 Anh.** 24 f., 53 ff., 108 f. (–, Abschluss, Aufhebung **Einl.** 59); Beteiligung **52 Anh.** 72 (– an GmbH **52 Anh** 83); Betriebsaufspaltung **52 Anh.** 11; Betriebsführungsvertrag **52 Anh** 26; Betriebspacht- und -überlassungsverträge **52 Anh.** 24, 26, 116; Beweislast bei Enthaftung **52 Anh** 97; Bindung an den Unternehmensgegenstand **52 Anh** 44; „Bremer-Vulkan"-Entsch. **Einl.** 57; Definition des Konzerns **52 Anh.** 17; dezentrale Konzernbildung **52 Anh.** 32; Dispens **52 Anh** 33; Durchgriffshaftung **13** 143 f.; Durchsetzung, von Rechten der Gesellschafter **52 Anh** 48 (– von Rechten der Gesellschaftsorgane **52 Anh** 48); einfacher Konzern **52 Anh.** 72; einheitliche Leitung **52 Anh.** 18; Einpersonen-Gesellschaft **52 Anh.** 96 (– Gesellschafter **52 Anh** 78; – Konzern **52 Anh.** 51); Entstehung einer Abhängigkeitslage **52 Anh.** 37 (– verbundener Unternehmen **52 Anh** 31); faktische, Konzerne **52 Anh.** 1, 19, 111 (– Satzungsänderung **52 Anh.** 45); freiberufliche Tätigkeit **52 Anh.** 9; „Gervais Danone"-Entsch. **52 Anh.** 92; Geschäftsführer **52 Anh.** 43; Gesellschafterversammlung der herrschenden GmbH **52 Anh.** 65; Gesellschaftsstatut **Einl.** 333; Gewinnabführungsvertrag **52 Anh.** 4, 24 f., 53 ff., 108, 110; Gewinngemeinschaft **52 Anh.** 26; Gewinngemeinschaftsverträge **52 Anh.** 24; Gleichordnungskonzern **52 Anh** 107; GmbH als herrschendes Unternehmen **52 Anh.** 106; GmbH als Mutterunternehmen **52 Anh.** 42, 81; GmbH als Tochterunternehmen **52 Anh.** 32, 72; GmbH & Co. KG **52 Anh.** 16; GmbH-Konzern **52 Anh.** 5; Grenzen des Weisungsrechts **52 Anh.** 109; Grundbegriffe **52 Anh.** 6; Haftung, des Geschäftsleiters der herrschenden GmbH **52 Anh** 78 (– des gesetzlichen Vertreters **52 Anh** 75); Handelsregister **52 Anh.** 61; herrschende, Einpersonen-Gesellschafter **52 Anh.** 78 (– Gesellschaft **52 Anh.** 2; – GmbH **52 Anh.** 8, 52); Holding-Gesellschaften **52 Anh.** 8; internationale Unternehmensverbindungen **52 Anh** 27; internationales – **Einl.** 333; kodifiziertes – **52 Anh.** 8; Körperschaftsteuerrecht **52 Anh.** 4; Konkurrenzunternehmer **52 Anh.** 17; Konzern im Konzern **Einl.** 208; Konzernhaftung **Einl.** 57; Konzernschwestern **52 Anh** 107; Konzernunternehmen **Einl.** 207; Konzernverschmelzung **77 Anh.** 329; koordinierte Unternehmen **52 Anh.** 18; Maßgeblichkeit der §§ 15 ff. AktG **52 Anh.** 6; materielle Beschlusskontrolle **52 Anh.** 36; Mehrheit bei Satzungsänderung **52 Anh.** 47; Mehrheitsbeteiligung **52 Anh.** 12, 32; mehrstufige Unternehmensverbindungen **52 Anh.** 76 f.; Minderheitenschutz **52 Anh** 54; MitbestG **52 Anh.** 4; Mitbestimmungsrecht **52 Anh.** 4; Mutter-GmbH **52 Anh.** 11; natürliche Personen **52 Anh.** 9; notarielle Beurkundung **52 Anh.** 61; Obergesellschaft **52 Anh.** 42; österreichisches Recht **52 Anh.** 119; Pflicht zur Konzernbildung **52 Anh.** 85; qualifiziert konzernierte GmbH & Co. KG **52 Anh.** 92; qualifizierte faktische Konzerne **52 Anh.** 19 f., 49 f., 80; qualifizierter Konzern **52 Anh.** 88; Rechtmäßigkeit der abhängigkeitsbegründenden Befreiungen vom Wettbewerbsverbot **52 Anh** 34; Rechtsfolgen der Unternehmensverbindungen **52 Anh.** 71; Rechtsform **52 Anh.** 9; Rechtsformneutralität **52 Anh.** 6; rechtspolitischer Hintergrund **52 Anh.** 1;

2739

Sachverzeichnis

Fette Zahlen = §§

Rechtsprechung **52 Anh**. 92 ff.; Rechtsquellen **52 Anh**. 3; richterliche Rechtsfortbildung **Einl**. 55; Rückwirkungsklauseln beim Gewinnabführungsvertrag **52 Anh**. 60; Satzungsklauseln **52 Anh**. 21, 26; Schadensersatz **52 Anh** 104; Schädigungsverbot **52 Anh**. 74; Schrifttum **52 Anh** 99 ff.; Stimmverbote **52 Anh**. 73, 84; Stimmverbot aus eigenen Anteilen **52 Anh** 84; Strukturänderungen **52 Anh**. 87; „TBB"-Entsch. **52 Anh**. 20, 95, 97, 99 ff.; Teilgewinnabführungsverträge **52 Anh**. 24, 26; Teilkonzern **Einl**. 207; „Tiefbau"-Entsch. **Einl**. 55; **52 Anh** 94; Tochter-GmbH **52 Anh**. 11; Treuepflicht des herrschenden Unternehmens **52 Anh**. 51; treuhänderische Bindungen **52 Anh** 34; Übernahme von Verlusten **52 Anh**. 91; Umfang der Beteiligung **52 Anh** 82; Umgehungsprobleme **52 Anh**. 70; ungewöhnliche Maßnahme **52 Anh**. 86; Unterlassungsklage des Gesellschafters **52 Anh** 79; Unternehmensbegriff **52 Anh**. 8; Unternehmensgegenstand **52 Anh**. 44; Unternehmensqualität **52 Anh**. 10; Unternehmensverträge **52 Anh**. 24; Unzuständigkeit der Gesellschafterversammlung **52 Anh** 46; Veräußerung einer Mehrheitsbeteiligung **52 Anh**. 40; verbundene Unternehmen **52 Anh**. 7; Verhältnis von Abhängigkeit und wechselseitiger Beteiligung **52 Anh** 23; Verlustübernahme **52 Anh**. 4 (– unter Schwestergesellschaften **52 Anh** 107); Verlustübernahmepflicht **52 Anh**. 57, 91, 99, 103; Vermutung der Abhängigkeit **52 Anh** 14; Vertragskonzerne **52 Anh**. 1; „Video"-Entsch. **52 Anh**. 94, 96, 98 f.; Vinkulierung **52 Anh**. 32; Vinkulierung der Anteile **52 Anh**. 37; wechselseitig beteiligte Unternehmen **52 Anh**. 22 f.; wechselseitige Beteiligungen **52 Anh**. 117; Weisungsrecht **52 Anh**. 108; Wettbewerbsverbot **13** 89; **52 Anh**. 40; Zuständigkeitsverteilung **52 Anh**. 86; Zustimmung bei Unternehmensbeteiligungen **52 Anh** 44

Konzernrecht, internationales, Anwendbarkeit deutschen Rechts **52 Anh**. 28; Gesellschaftsstatut **Einl**. 288; Gleichordnungsbeziehungen **52 Anh**. 30; internationale Unternehmensverbindungen **52 Anh**. 27; Kollisionsrecht **52 Anh**. 29; Über-/Unterordnungsbeziehungen **52 Anh**. 28

Konzernverschmelzung, Erleichterung **77 Anh**. 449; Geschäftswert **77 Anh**. 451; Kosten **77 Anh**. 451; Mehrheitenschutz **77 Anh**. 445; Personenhandelsgesellschaft mit GmbH **77 Anh**. 487; Schwestergesellschaft **77 Anh**. 450; Umtausch der Anteile **77 Anh**. 446; Verschmelzung GmbH mit AG oder KGaA **77 Anh**. 476; Verschmelzung mit Vermögen eines Alleingesellschafters **77 Anh**. 451; Verschmelzungsbericht **77 Anh**. 447; Verschmelzungsprüfung **77 Anh**. 448

Konzessionssystem, Gründung der Gesellschaft **11** 2; Handelndenhaftung **11** 106; Vorgesellschaft **11** 2

Kosten, Ablehnung der Eintragung **57 a** 11; Anmeldung **78** 21 (– der Kapitalerhöhung **57** 46; – und Eintragung einer Zweigniederlassung **12** 70); Ausgliederungskosten **77 Anh**. 661; Bekanntmachung **10** 30 (– der Eintragung der Kapitalerhöhung **57 b** 3); Beurkundung **2** 89 (– der Kapitalerhöhung **55** 55; – der Satzungsänderung **53** 67); Beurkundungskosten des Gesellschaftsvertrages **2** 89; Bilanzierung der Abwicklungskosten in der Überschuldungsbilanz **63** 56; Eintragung **10** 30 (– der Kapitalerhöhung **55** 55; **57** 47); Europarechtswidrigkeit **10** 30; **55** 57; **57** 50; **58** 44; **Vor 82–85** 20; „Fantask"-Entsch. **2** 89; **10** 30; fehlerhafte Eintragung **54** 39; Gebühren der Notare **10** 30; Geschäftswert, bei Anmeldung der Kapitalerhöhung **57** 48 (– bei Anmeldung oder Eintragung von Zweigniederlassungen **12** 70); Gerichtskosten **2** 89; Gesellschaftsteuerrichtlinie **10** 30; Gesellschaftsvertrag **2** 89; Gründungsaufwand **5** 67 ff.; Gründungskosten **2** 89; Gründungsvollmacht **2** 90; Insolvenzverfahren **63** 83, 102; Kapitalerhöhung, aus Gesellschaftsmitteln **55** 55 (– mit Sacheinlagen **56** 23); Kapitalherabsetzung **58** 44; Konzernverschmelzung **77 Anh**. 451; Löschung nach § 144 Abs. 1 FGG **75** 49; notarielle Bescheinigung bei Anmeldung der Kapitalerhöhung **57** 49; Notgeschäftsführung **35** 77; registergerichtliche Prüfung **9 c** 39; Registerkosten bei Umstellung auf Euro **86** 43 (– im österreichischen Recht **86** 61); Rückforderungsanspruch **10** 30; Satzungsänderung **53** 67; Spruchverfahren **77 Anh**. 702; Übertragung von Aktien bei Umwandlung **77 Anh**. 95; Umstellung auf Euro bei Altgesellschaften (Euro-Umst.) **86** 26; Umwandlung GmbH in KG **77 Anh**. 251; verdeckte Steuern **10** 30; vereinfachte Kapitalherabsetzung **58 a** 30; Verfahrenskosten der actio pro socio **13** 120; Verjährung **10** 30; Verwirkung **10** 30; Zwangsgelder **79** 21; Zweigniederlassungen **12** 68, 70

Kreditgewährung an Geschäftsführer, Begriff **43 a** 5; Dritte **43 a** 4; Ehegatten **43 a** 4; Erhaltung des Stammkapitals **43 a** 6; Gläubigergefährdung **43 a** 1; GmbH – Nov. 1980 **43 a** 1; Kredite vor dem 1.1.1981 **43 a** 8; Kreditnehmer **43 a** 3; Leistungsverweigerungsrecht **43 a** 9; minderjährige Kinder **43 a** 4; mitbestimmte Gesellschaften **43 a** 2; nachträgliches Unterschreiten des Stammkapitals **43 a** 7; Rechtsfolgen **43 a** 9; Schadensersatz **43 a** 10; Unantastbarkeit des Stammkapitals **43 a** 6; Voraussetzungen **43 a** 3

Kreditinstitute, Abwicklung des Kreditinstituts **62** 13; Auflösung **60** 49 (– durch Verwaltungsbehörde **62** 13); Befreiung von der Konzernrechnungslegungspflicht **42 a Anh. II** 87; Bilanzierung von Verbindlichkeiten gegenüber Kreditnehmern **42 a Anh. I** 330; eigenkapitalersetzende Gesellschafterdarlehen **32 a** 137; Haftung bei verdeckter Sacheinlage **19** 113, 133; Konzernrechnungslegungspflicht **42 a**

Magere Zahlen = Randnummern

Sachverzeichnis

Anh. II 87; Kreditwesengesetz 62 13; Stammkapital 5 10; Zahl der Geschäftsführer 6 7, 9

Krise, *s. Gesellschaftskrise*

Kündigung, Abgrenzung zum Widerruf der Bestellung 38 44; des Anstellungsvertrages in der Insolvenz 38 53; (keine) Auflösung 60 43 (– der Gesellschaft 60 16, 46); Auflösungsgrund 60 14; – durch Aufsichtsrat 52 47; Ausscheiden oder Auflösung 60 44; – des Anstellungsvertrages durch den Geschäftsführer 38 51; empfangsbedürftige Willenserklärung 38 44; Folgen der Kündigung des Prüfungsauftrags 42 a 34; fristlose Kündigung des Anstellungsvertrages bei Verletzung der Buchführungspflicht 41 17; Geschäftsführer bei Insolvenz 63 139; Güterrecht 15 103; Kapitalherabsetzung 58 4; – laut Satzung 60 43; Kündigungsfrist bei Anstellungsverträgen 38 42, 48; – des Liquidators 66 31; – der Nebenleistungspflichten 3 49; österreichisches Recht 38 55; ordentliche Kündigung des Anstellungsvertrages 38 41; – des Prüfungsauftrags durch den Abschlussprüfer 42 a 33; Rechtsfolgen 38 45; Rechtsfolgen unberechtigter Kündigung 38 45; Treuepflicht 13 69; vertraglicher Ausschluss wichtiger Kündigungsgründe 38 47; – wegen Informationsverweigerung 51 a 29; wichtiger Grund 38 46; – aus wichtigem Grund wegen der Verletzung der Buchführungspflicht 41 4; Zuständigkeit bei Kündigung aus wichtigem Grund 38 49

Künstlername, Firma der GmbH 4 21 f.

Kupons, Gewinnanteilsschein 29 125

Lästiger Gesellschafter, Ausschluss 34 62; Einziehung des Geschäftsanteils 34 20

Lagebericht, Art der Vorlage 42 a 9; Aufsichtsrat 52 11; Aufbewahrungsfrist 41 137, 155 ff.; Aufbewahrungspflicht 41 137, 155 ff.; Aufsichtsrat 52 49; Aushändigungsrecht der Gesellschafter 42 a 9; Aufstellung in deutscher Sprache 41 128; Aufstellungsfrist 41 136; Bilanzierung 42 a Anh. I 446; Bußgeldvorschriften Vor 82–85 73 ff.; Einsichtnahmerecht der Gesellschafter 42 a 9; Empfänger des – 42 a 8; Erleichterungen für Tochtergesellschaften 41 127; Feststellung des – 41 138; freiwillige Angaben 41 132; Frist 41 136; Gegenstand der Abschlussprüfung 42 a 16; Geschäftsverlauf 41 131; Grundsatz, der Richtigkeit 41 128 (– der Vollständigkeit 41 128; – der Vorsicht 41 128; – der Wesentlichkeit 41 128); Inhalt 41 131; Konzernlagebericht 42 a Anh. II 10, 327 ff.; Liquidation 71 16; österreichisches Recht 42 a Anh. I 456; Offenlegung 41 138 ff.; Pflicht zur Aufstellung eines – 41 127; Pflichtangaben 41 132; Prinzipien der Aufstellung 41 128; Prüfung 41 138 (– durch Aufsichtsrat 52 11); Rechnungslegung 42 a Anh. I 446; Stetigkeitsgebot 41 18, 20; unrichtige Darstellung Vor 82–85 33 ff.; Unterzeichnung 41 135; unwahre Darstellung der Vermögenslage 82 88; Verpflichtete 41 127; verspätete Erstellung 29 32; Vorlagefrist 42 a 4, 6; Vorlagepflicht 42 a 2; Vorlageverpflichtete 42 a 7; Weisungsrecht der Gesellschafter 41 130; Zusammenfassung mit dem Konzernlagebericht 42 a Anh. II 332, 356; Zuständigkeit für Erstellung 41 130; Zweck 41 129

„Landshuter-Druckhaus"-Entsch., Einl. 134, 303

latente Steuern, Steuerabgrenzung im Konzernabschluss 42 a Anh. II 270 f.

Leasing, Abzahlungsgeschäft 42 a Anh. I 37; Begriff des Finanzierungsleasing 42 a Anh. I 39; Bilanzierung 42 a Anh. I 37, 41; eigenkapitalersetzende Gesellschafterdarlehen 32 a 160; Finanzierungs-Leasing 42 a Anh. I 39 ff.; Operating-Leasing 42 a Anh. I 38; Rechnungslegung 42 a Anh. I 37; Spezial-Leasing-Verträge 42 a Anh. I 45; steuerliche Zurechnung des Leasinggegenstandes 42 a Anh. I 41; Teilamortisationsverträge, bei Immobilien-Leasing 42 a Anh. I 47 (– bei Mobilien-Leasing 42 a Anh. I 46); Verträge, mit Kaufoption 42 a Anh. I 43 (– mit Mietverlängerungsoption 42 a Anh. I 44; – ohne Optionsrecht 42 a Anh. I 42); wirtschaftliches Eigentum, des Leasinggebers 42 a Anh. I 48 (– des Leasingnehmers 42 a Anh. I 49)

Leistungen auf das neue Stammkapital, Agio (Aufgeld) 56 a 2; allgemeine Differenzhaftung 56 a 5; Anmeldung der Erhöhung 57 1; Aufstockung 56 a 3; Barzahlung 56 a 4; Bundesbankscheck 56 a 4; Cash-Management-System 56 a 4; Einpersonen-GmbH 56 a 8 f.; Einzahlung 56 a 4; Geldeinlageverpflichtungen 56 a 11; Gleichbehandlungsgrundsatz 56 a 11; GmbH – Novelle 1980 56 a 1, 12; Gutschrift auf ein Konto der Gesellschaft 56 a 4; Komplementär-GmbH 56 a 4; Leistungen auf Geldeinlagen 56 a 2; Mehreinzahlung 56 a 5; Mindesteinzahlung 56 a 2; Mischeinlagen 56 a 2, 7; österreichisches Recht 56 a 13; Sacheinlagen 56 a 7; Sachübernahmen 56 a 7; Sanierungsbedarf 56 a 6; Sicherungsmittel 56 a 10; Übergangsregelung 56 a 12; Überweisung auf ein Konto des Geschäftsführers 56 a 4; Unterbilanzhaftung 56 a 5; Verrechnung mit Forderungen des Übernehmers 56 a 7; Vorauszahlungen 56 a 5 f.; Vorbelastungshaftung 56 a 5; Voreinzahlungen 56 a 6 (– bei Sacheinlagen 56 a 7); Vorleistungen 56 a 6; Zahlungen, an die KG 56 a 4 (– Dritter 56 a 4; – vor Fälligkeit 56 a 5); Zeitpunkt der Eintragung 56 a 5

Leistungsänderung, Anpassung des Stammkapitals von Altgesellschaften Nov. 1980/Altgesellschaften Euro-Umstellung 53 58; Stimmbindungsvereinbarungen 53 58; Stimmpflicht der Gesellschafter 53 58; Unternehmensverträge 53 58

Leistungsstörungen bei einseitigen Ausführungsverträgen 3 41; bei gegenseitigen Ausführungsverträgen 3 42; bei Nebenleistungspflichten 3 43; Sacheinlagen 5 39 f.

2741

Sachverzeichnis

Fette Zahlen = §§

Leistungsvermehrung, Begriff **53** 48; einfacher (qualifizierter) Mehrheitsbeschluss **53** 57; Gesellschaftsvertrag **53** 47; mittelbare – **53** 49; Nachschusspflicht **53** 48; Satzungsänderung **53** 47; Zustimmungserfordernisse **53** 53
„**Lex Rheinstahl**"**-Entsch.,** verfassungsrechtliche Zulässigkeit der paritätischen Mitbestimmung **Einl.** 165
Liability-Methode, Konzernabschluss **42a Anh. II** 284; Steuerabgrenzung **42a Anh. II** 284
Limited company by shares, Rechtsvergleichung **Einl.** 380
Limited Liability Company (LLC), GmbH-Recht **12** 54; Rechtsvergleichung **Einl.** 381
„**Linotype**"– **Entsch., Einl.** 59
Liquidation, Altgesellschaften (Nov. 1980) **69** 4; anderweitiger Liquidationsbedarf **60** 64; Angaben auf Geschäftsbriefen **71** 31; Anhaltspunkte für das Bestehen von Ansprüchen **73** 8; Anhang **71** 16; Anmeldung, der Auflösung **65** 1 (– der Liquidatoren **66** 1; **67** 1); Annahmeverzug des Gläubigers **73** 14; Anspruch der Gesellschafter auf Vermögensverteilung **72** 2; anwendbare Vorschriften, bei Vorgesellschaft **11** 67 (– des GmbHG **69** 2ff., 11ff., 17ff.); Art der Sicherheitsleistung **73** 18; Arten der Abschlüsse **71** 3; Aufgaben der Liquidatoren **70** 1, 7; Aufrechnungsverbot **19** 69; Aufsichtsrat **Einl.** 198; Auskunfts- und Einsichtsrechte **51a** 19; – ausländischer GmbH **12** 65; gesonderter Ausweis des Stammkapitals **71** 23; Beendigung, der Abwicklung **74** 2 (– der Gesellschaft **74** 12; – der Insolvenz **63** 142; – der Nachtragsliquidation **74** 28; – im österreichischen Recht **74** 33); Befreiung von Prüfungsvorschriften **71** 28f.; Befriedigung der fälligen Ansprüche **73** 10; Begriff der – **60** 2; Behandlung der Verbindlichkeiten **73** 6; Beiträge für Steuern **74** 6; Berichtigung von Ansprüchen **73** 16; Bewertungsgrundsätze, für den Jahresabschluss **71** 14 (– für die Liquidationseröffnungsbilanz **71** 10); Bilanzrichtliniengesetz (BiRiLiG) **71** 1f.; Bürgschaftsanspruch der Gläubiger **73** 25; Darlehen an Gesellschafter **73** 2; Einforderung der Einzahlung **46** 15; Einsichtnahmeverfahren **74** 11; Eintragung der Auflösung **65** 1; Einziehung verjährter Forderungen **73** 12; Ende **71** 1; Entbehrlichkeit der formellen Fälligkeitsvoraussetzungen für die Stammeinlagen **19** 8f.; Entlastung der Liquidatoren **74** 4; Erfolgsbilanz **71** 19; Erhöhung des Stammkapitals **55** 22, 24; erläuternder Bericht **71** 12; Erlöschen der Gesellschaft **13** 8; **60** 52 ff.; Eröffnungsbilanz **71** 7; Feststellung, der Ansprüche **73** 7 (– der Bilanzen **71** 17; – der Überschuldung **71** 5); Firma **4** 71; Forderungen der Gesellschafter aus dem Geschäftsverhältnis **73** 21; Fremdforderungen **73** 20; Frist für Aufstellung der Liquidationseröffnungsbilanz **71** 7; Gerichtsstand **69** 23; Gesellschafterdarlehen **73** 23; Gesellschaftsstatut **Einl.** 341; Gewinn- und Verlustrechnungen **71** 11, 15; GmbH-Nov. 1980 **69** 4; Gläubigerschutz **73** 29; GmbH **13** 8; GmbH & Co. KG **73** 37f.; **74** 31f.; Haftung, bevorzugter Gläubiger **73** 35 (– der Gesellschafter **73** 33; – der Gesellschafter gegenüber Liquidatoren **73** 34; – der Kommanditisten **72** 18; – der Liquidatoren **69** 21; **73** 26); Hinterlegung **73** 10, 13, 15; Insolvenzverfahren **63** 103; **73** 11; Internationales Privatrecht **Einl.** 341; Jahresabschlüsse **71** 13; Kapitalerhöhung **69** 4; Kapitalherabsetzung **58** 21; Kontinuität des Unternehmens **71** 10; Konzernrechnungslegung **71** 13; Kosten der Einsichtnahme **74** 11; Lagebericht **71** 16; Liquidationseröffnungsbilanz **71** 7 (– im österreichischen Recht **71** 33); Liquidationshinweis/-zusatz **60** 4; **68** 8f.; Liquidationsschlussbilanz **71** 25ff.; **74** 3; Liquidationswerte **71** 22; Liquidatoren **63** 9; **66** 1; Nachtragsliquidation **60** 64; **74** 18; nachzuholende – **60** 64; **66** 32; Neubewertung der Buchwerte **71** 10; neue Firma **69** 3; österreichisches Recht **66** 34; Offenlegung der Rechnungslegungsunterlagen **71** 18; Pensionsverpflichtungen **73** 19; Pflichten der Liquidatoren **74** 2; Pflicht, zur Aufstellung der Liquidationseröffnungsbilanz **71** 7 (– zur Erstellung des Jahresabschlusses **71** 13); Prüfung der Liquidationseröffnungsbilanz **71** 8; Rechnungslegungsvorschriften **71** 4; Rechtsfolge bei Fehlen des Liquidationshinweises **68** 9; Rechtsmittel **74** 27; Rechtsverhältnisse von Gesellschaft und Gesellschaftern **69** 1; Regressanspruch der Gesellschaft **73** 25; Reihenfolge der Rechnungswerke **71** 6; Rückzahlung der Stammeinlage **73** 22; Satzungsänderung **53** 64; **69** 18; Schluss der – **74** 1; Schlussbilanz der werbenden Gesellschaft **71** 4, 19ff.; Schlussanmeldung **74** 5; Schlussrechnung **72** 25ff.; **74** 3; Sicherheitsleistung **73** 16f.; sonstige Pflichten der Liquidatoren **74** 6; Sperrjahr **73** 1; steuerrechtliche Hinweise **71** 32; Stichtag, für den Jahresabschluss **71** 13 (– für die Liquidationseröffnungsbilanz **71** 9); teileingezahlte Anteile **57 m** 7; Teilung von Geschäftsanteilen **77** 24; Treuepflicht der Gesellschafter **13** 68 (– während der Abwicklung **69** 22); Umwandlung **69** 21; Verbindlichkeiten gegenüber Gesellschaftern **73** 20; vereinfachte Kapitalherabsetzung **69** 19; Überschuldungsfeststellung **71** 22; Verjährung von Ansprüchen gegen Liquidatoren **73** 36; Vermögensverteilung **72** 1; **73** 7 (– im österreichischem Recht **72** 19; Vermögensverteilungsbilanzen **71** 10; Verschmelzung **69** 21; Verteilungsmaßstab **72** 12; Verzicht auf Ansprüche gegen Liquidatoren **74** 2; Verzugszinsen **20** 7; Vorgesellschaft **11** 65, 68; weitere Rechnungswerke **71** 19ff.; Wiedereintragung der Gesellschaft **74** 27; Wirkung, der Nichtigkeit **77** 1 (– der rechtmäßigen Vermögensverteilung **73** 24); Zusatz zur Firma **68** 9
Liquidationsgesellschaft, Firma **4** 71; Zusatz „i. A.", „i. L." **4** 71; **68** 9
Liquidatoren, Abberufung **66** 25ff. (– des Arbeitsdirektors durch Gericht **66** 28); Abgabe

unrichtiger Versicherungen 82 70; Ablehnung des Amtes durch Geschäftsführer 66 22; anmeldepflichtige Personen 67 3; Anmeldung 67 1; 78 12 (– bei GmbH & Co. KG 67 8; – der Auflösung der Gesellschaft 65 2; – von Satzungsänderungen 54 6; – zum Handelsregister 65 4); Anmeldungspflichtige 78 1, 10, 12, 14; Annahmeverzug des Gläubigers 73 14; Anspruch auf Vergütung 66 23; Ansprüche des Abberufenen 66 29; Anstellungsvertrag 66 21; anteilige Befriedigung der Gläubiger 70 22; Antragsrecht einer Minderheit 66 10; Antragsteller bei Insolvenz der KG 63 150; anwendbare Vorschriften bei Rechnungslegung 71 30; Anzahl 66 19; Arbeitsdirektor 66 4, 11; Art der Vertretungsmacht 68 1 ff. (– bei gerichtlicher Bestellung 68 7); Aufbewahrungspflicht 74 7 f.; Aufgaben 70 1, 7 (– bei Nachtragsliquidation 74 28); Beendigung der laufenden Geschäfte 70 8; Befreiung vom Verbot des Selbstkontrahierens (§ 181 BGB) 68 6; 70 4; Befriedigung der Gläubiger 70 11; Behandlung der Verbindlichkeiten 73 6; Berichtigung von Ansprüchen 73 16; besondere Bestimmung der Vertretungsverhältnisse 68 4; Bestellung, auf Grund anderer Gesetze 66 15 (– bei Nachtragsliquidation 74 24; – durch das Gericht 66 10; – gem. § 38 Abs. 1 KWG 66 17); Bestellungshindernisse 66 20; betagte Forderungen 70 12; Beträge für Steuern 74 6; Beweislast 73 26; bisherige Geschäftsführer 66 2; Bußgeldvorschriften Vor 82–85 73 ff.; Dienstvertrag 66 21 (– mit der Gesellschaft 66 23); eigene Forderungen 70 12; eigenkapitalersetzende Gesellschafterdarlehen 32 a 97 f.; Eignungsvoraussetzungen 66 8, 20; 82 72; Einberufungszuständigkeit der Gesellschafterversammlung 49 2; einfache Beschwerde gegen Bestellung 66 16; Eingehung neuer Geschäfte 70 9; einstweilige Verfügung 66 29; Eintragung 67 2; Eintragung ohne Anmeldung 67 7; Eintragung von gerichtlich abberufenen – 67 7; Eintragung von gerichtlich bestellten – 67 7; Einzelheiten zum Amt 66 19; Einzelvertretungsmacht 68 3; Einziehung der Forderungen 70 13; einzutragende Tatsachen 67 2; Entlastung 74 4; Erfüllung der Verbindlichkeiten 70 10; Erhaltung des Vermögens 70 21; besondere Erklärungen bei Anmeldung 67 6; Ernennung durch Gesellschafterbeschluss 66 5; Ersatzanspruch, der Gesellschaft 73 28 (– des Gläubigers 73 29); Ersatzpflicht 70 18; Erzwingung der Pflichten nach §§ 35 a, 71 Abs. 5 79 5; Fähigkeit zum Amt 66 8; falsche Angaben 82 7, 15 (– von Stellvertretern 82 7); Feststellung der Ansprüche 73 7; Firma 70 16; Forderungen, der Gesellschafter aus dem Gesellschaftsverhältnis 73 21 (– gegen Gesellschafter 70 14); Form der einzureichenden Unterlagen 67 5; Fremdforderungen 73 20; geborene – 66 3; Gegenstand der falschen Angaben 82 71; gekorene – 66 3; gesamtschuldnerische Haftung 73 27; Gesamtvertretungsmacht 68 3 (– bei GmbH &

Co. KG 70 24); Geschäftsführer 66 21; bisherige Geschäftsführer 66 3; 67 3; Geschäftsführungsbefugnis bei Nachtragsliquidation 74 25; Geschäftsführungsrecht 70 2; Geltendmachung der Schadensersatzansprüche 73 31; Gesellschafter 66 7; sämtliche Gesellschafter der KG 66 33; (durch) Gesellschafterbeschluss bestellte – 66 5; Gesellschafterdarlehen 73 23; (durch) Gesellschaftsvertrag bestellte – 66 9; gesetzliche Vertretungsmacht 66 3; Gleichbehandlung von Gläubigern 70 8; GmbH 13 16; GmbH & Co. KG 66 33; 70 23; 73 37 f.; Haftung 69 21; 70 18, 22; 73 9, 26 (– bevorzugter Gläubiger 73 35; – der Gesellschafter gegenüber Liquidatoren 73 34; – für Steuern 73 32; – nach § 68 Abs. 2 68 10); Handlungsbevollmächtigte 70 2; Handlungspflicht nach § 64 Abs. 1 84 43; Hinterlegung 73 10, 13, 15; Innenverhältnis 70 24; In-Sich-Geschäft 35 38; 68 6; Insolvenz 66 4; Insolvenzantragspflicht 64 16; 69 21; Insolvenzverwalter 4; Irrtum 84 36; juristische Person 66 8; Kündigung, des Dienstverhältnisses 66 31 (– durch Geschäftsführer aus wichtigem Grund 66 21); Liquidationsschlussbilanz 74 3; – einer Kommanditgesellschaft 70 15; Kapitalherabsetzungsschwindel 82 76; mangelnde Unparteilichkeit 66 14; Missbrauch der Vertretungsmacht 70 6; Montanmitbestimmungsgesetz (MontanMitbestG) 66 28; Nachtragsliquidation 66 4; 74 18 ff.; nachzuholende Liquidation 66 32; neubestellte – 66 23; neue Geschäfte 70 7; Nichtigkeitsklage 47 149; 75 23; Niederlegung des Amts 66 30 f.; Nießbraucher 66 10; Notbestellung 66 15 (– bei Komplementär-GmbH 66 33); österreichisches Recht 66 34; 70 25; Organ der Gesellschaft 70 2; originäre Aufgaben 66 18; Pensionsverpflichtungen 73 19; persönliche Voraussetzungen des – 66 20; Pfandgläubiger 66 10; Pflicht, zur Anmeldung der Auflösung 62 9; 65 2 (– zur Aufstellung der Liquidationseröffnungsbilanz 71 7; – zur Erstellung der Jahresabschlusses 71 13; – zur Rechnungslegung 71 4; – zur Übergabe der Bücher 74 7; keine – zur Übernahme 66 23; – zur Übernahme des Amtes 66 4; – bis zur Beendigung der Liquidation 74 2); Pflichtvergessenheit 66 14; Pflichtverletzung bei Verlust, Zahlungsunfähigkeit oder Überschuldung 84 1, 8; Prokuristen 70 2; Prüfung der Liquidationseröffnungsbilanz 71 8; Recht der sofortigen Beschwerde 66 12; Recht (Pflicht) zur Geschäftsführung 70 2; Rechte des Aufsichtsrates 66 6; rechtliches Gehör 66 12; Rechtsmittel gegen Bestellung 66 16; Registergericht 66 10; sachliche Erfordernisse 66 19; Schadensersatzanspruch 73 30; Schluss der Liquidation 74 1; Schlussanmeldung 74 5; Schlussrechnung 74 3; schuldhaftes Zögern 84 44; Schwindel bei der Kapitalerhöhung mit Einlagen 82 55 (– durch öffentliche Mitteilungen über die Vermögenslage 82 84); Sicherheitsleistung 73 16 f.; Sonderrecht auf Liquidatorenstellung 66 5; sonstige Pflichten 74 6;

2743

Sachverzeichnis

Fette Zahlen = §§

Stellung des – **70** 2; Stellung der Gesellschafter **66** 6; steuerliche Pflichten **70** 22; Steuerschulden **70** 11; Stimmberechtigung bei der Wahl **66** 7; Testamentsvollstrecker **66** 7; Treueverstoß **70** 17; Überblick über Verbindlichkeiten **70** 12; Übernahme des Amts **66** 4; unbestrittene Fremdforderungen **70** 10; Unfähigkeit **66** 14; unechte (gemischte) Gesamtvertretung **68** 5; beizufügende Unterlagen bei Anmeldung **67** 5; Unterschriftshinterlegung **67** 4; Unterschriftszeichnung **67** 4; **68** 1, 8; Untreue **Vor 82–85** 11 f.; Veräußerung **70** 15 (– der Firma **70** 16; – zum wahren Wert **70** 17); Verbindlichkeiten gegenüber Gesellschaftern **73** 20; Verfahren, bei Abberufung durch das Gericht **66** 29 (– bei Eintragung **67** 3); Vergütung **66** 23; Verjährung von Ansprüchen gegen – **73** 36; Verkauf, des Unternehmens **70** 16 (– des ganzen Vermögens **70** 19); Verletzung der Geheimhaltungspflicht **85** 5; Vermögensbetreuungspflicht **Vor 82–85** 10; Vermögensverteilung **73** 7; Versicherungen **66** 20 (–, bei Anmeldung beizufügende Unterlagen **67** 6); Vertretung bei GmbH & Co. KG **70** 23; Vertretungsmacht **66** 19; **70** 5 (– bei GmbH & Co. KG **70** 23; – bei Nachtragsliquidation **74** 25); Vertretungsrecht **70** 5; Vertretungsregelungen, durch Gesellschafterbeschluss **68** 4 (– durch Gesellschaftsvertrag **68** 4); Verwaltung des Vermögens **70** 21; Verwertung des Vermögens **70** 15 (– in Natur **70** 20); Verzicht auf Ansprüche gegen – **73** 36; Voraussetzung der Abberufung durch das Gericht **66** 27; Vorgesellschaft **11** 70; Vornahme von Geschäften **70** 8; weitere sofortige Beschwerde **66** 12; Weisungen der Gesellschafter **70** 2 (– bei GmbH & Co. KG **70** 24); wichtiger Grund, für Bestellung **66** 13 (– zur Abberufung **66** 14); Wirksamkeit der Amtsniederlegung **66** 30; Wirksamwerden der Abberufung **66** 26; Wirkung der Unterschriftszeichnung **68** 8; Zeichnung der – **68** 1 ff.; Zwangsdienstvertrag **66** 24; Zwangsgelder **79** 1

Liquidität, Gewinnvortrag **29** 62

Löschung, Ablehnung des Insolvenzverfahrens mangels Masse **60** 60; Abwicklungsbedarf **74** 18; Amtslöschung nach § 144 Abs. 1 FGG **75** 38; Amtslöschungsverfahren der freiwilligen Gerichtsbarkeit **60** 36; anderweitiger Liquidationsbedarf **60** 58, 64; Aufrechnungsverbot **19** 69; Aufspaltung **60** 62; Beantragung **74** 4; Beendigung der Insolvenz **60** 35; Begriff **60** 2; beschränkt konstitutive Wirkung **60** 57; bestehende GmbH **60** 33; deklaratorische Wirkung **60** 53; Durchführung der Amtslöschung **60** 36; Erlöschen **60** 53; Ermessensentscheidung **60** 38; Firma **4** 65; Fortsetzung der Gesellschaft nach Auflösung **60** 65; Fortsetzungsbeschluss **60** 69; Gegenstand der Löschung **60** 33; – der Gesellschaft **13** 9; Gesellschaften **60** 52; – der GmbH bei GmbH & Co. KG **60** 88; – der GmbH & Co. KG **60** 85; **74** 31; – der KG bei GmbH & Co. KG **60** 86; Kosten **75** 49;

Liquidation **60** 52; LöschG (aufgeh.) **60 Anh.** 1, 2; **75** 48; – trotz vorhandenen Vermögens **60** 57; – vermögensloser GmbH nach LöschG (aufgeh.) **75** 48; Löschungsverfügung **60** 39; **75** 44; Mantel-GmbH **60** 6; Nachtragsliquidation **60** 64; **74** 18; nachzuholende Liquidation **60** 64; Nichtigkeitsprozess und Löschungsverfahren **75** 47; Prozessfähigkeit der Gesellschaft **74** 15; öffentliches Interesse **60** 38; österreichisches Recht **60** 92; – ohne vorherige Auflösung **60** 59; Rechtsfähigkeit der Gesellschaft **74** 15; registergerichtliche Mangelfeststellung **60** 26; Schlussanmeldung **74** 5; sofortige Beschwerde **60** 37; Spaltungsgesetz für die neuen Bundesländer **60** 63; unrichtige Eintragungen **78** 19; Verfahren bei Auflösung **60** 24; Verfahren nach § 141 a FGG **60** 24; Vermögenslosigkeit **60** 31, 34, 61, 79; Verschmelzung **60** 62; Voraussetzungen der Löschung nach § 141 a FGG **60** 33; noch vorhandenes Vermögen **60** 57; Vorrats-GmbH **60** 6; Widerspruch **60** 37; Wirkung der – **60** 53; Zulässigkeit **60** 39

Lohnsteuer, Vorgesellschaft **11** 165

Lüdenscheider Abkommen, Mitbestimmung **Einl.** 199

Luxemburg, GmbH-Recht **12** 52

Mängel der Anmeldung, Amtslöschung **7** 16; Heilung **7** 16; Prüfung durch Registergericht **7** 15

Mängelheilung, – nach Auflösung der Gesellschaft **76** 4; – vor Auflösung der Gesellschaft **76** 3; Ausschluss der Heilung **76** 1; Erfordernis der Einstimmigkeit **76** 1, 7; Fehlen einer Bestimmung über die Höhe des Stammkapitals **76** 5; Form der Zustimmung **76** 7; Fortsetzungsbeschluss **76** 4; Gesellschafterbeschlüsse **53** 62; GmbH – Nov. 1980 **76** 1; Heilungsbeschluss **76** 3; Mängel des Gesellschaftsvertrags **76** 1; österreichisches Recht **76** 9; Satzungsänderung **76** 6; Stimmpflicht der Gesellschafter **76** 8; Übernahmevertrag bei Kapitalerhöhung **55** 50; Unternehmensgegenstand **76** 1; Verpflichtung zur Mitwirkung **76** 8; Verwirkung des Klagerechts **76** 5

management buy out, Erhaltung des Stammkapitals **30** 18; Haftung der Geschäftsführer **43** 45; Sicherheitsleistungen **30** 37

„Mannesmann"-Entsch., Einl. 166

Mantel, *s. auch Gründungsbestimmungen;* Auflösung **60** 6; Begriff **60** 6; Mantel-GmbH **60** 6; verdeckte Mantelgründung **75** 17

Mantelgründung, Anwendung des § 9 c **9 c** 33; Fassongründung **3** 13; Gesellschaftsvertrag **3** 13; Nichtigkeitsklage **75** 17; registergerichtliche Prüfung **9 c** 33; Vorratsgründung **3** 13; **60** 6 (offene – **3** 13; verdeckte – **3** 13); Zweck **3** 13

Mantelkauf, Auflösung **60** 6; Gesellschaftsvertrag **3** 14; Satzungsänderung **53** 17; Steuerrecht **53** 68; Stilllegung der Gesellschaft **60** 6; Übertragung von Geschäftsanteilen **15** 16 f.; Zweck **3** 13

Magere Zahlen = Randnummern

Sachverzeichnis

Mantelverwendung, Handelndenhaftung **11** 109; Satzungsänderung **53** 17; Steuerrecht **53** 68
Masseschmälerung, Haftung der Geschäftsführer **64** 26
Maßgeblichkeit, 42 a Anh. I 9; umgekehrte – **42 a Anh. I** 9, 274, 276
„MEDITEC"-Entsch., 4 45
Mehrheiten, Abberufung von Liquidatoren **66** 25; abgegebene Stimmen **53** 44; Änderung, der Gesellschaftsverträge in der Vorgesellschaft **11** 62 (– des Gesellschaftszwecks **1** 6; – des Unternehmensgegenstandes **1** 6); Aufhebung des Satzungsänderungsbeschlusses **53** 59; Aufhebungsbeschluss **47** 14; Auflösungsbeschluss **60** 17; Ausschluss eines Gesellschafters **34** 82; Beschluss zur Umstellung auf Euro **86** 14 ff.; Beschlussmehrheiten **53** 46; Bestellung der Geschäftsführer **6** 27; Einforderung von Nachschüssen **26** 22; Einführung der Einziehung von Geschäftsanteilen **34** 10; einstimmige Beschlüsse **47** 12; Enthaltungen **47** 8; **53** 44; Erfordernis der Einstimmigkeit **76** 1; Ernennung von Liquidatoren **66** 5; Erwerb eigener Anteile **33** 34; etablierte Mehrheitsverhältnisse **53** 50; Feststellung, der Dreiviertelmehrheit **53** 44 (– der Mehrheit **53** 45); Fortsetzungsbeschluss **60** 70; gesellschaftsvertragliche Änderung **47** 17; Gewinnteilungsbeschluss **29** 104; Gewinnverwendungsbeschluss **29** 104; Grundsatz der Vertragsfreiheit **53** 43; Liquidationsbeschluss **60** 17; Mehrheit der abgegebenen Stimmen **47** 8; **53** 59 (²/₃-Mehrheit für Ausschließungsbeschluss **34** 82; Dreiviertelmehrheit **34** 82; **47** 12; **53** 43); Mehrheitserfordernisse bei Änderung des Gesellschaftsvertrages **47** 17; Mehrstimmrechte **53** 45; Mitzählung unwirksam abgegebener Stimmen **47** 76; qualifizierte Mehrheit **47** 12; **53** 45; Satzungsänderung **53** 43 (– zur Ergebnisverwendung **29** 17); Spaltungsbeschluss **77 Anh.** 536; Stimmbindungsvertrag **53** 45; Stimmen nicht erschienener Gesellschafter **53** 44; Stimmenpool **53** 45; Stimmenthaltungen **47** 8; **53** 44; stimmrechtslose Beteiligungen **53** 45; Stimmrechtsregelungen **53** 45; Umwandlung, der eingetragenen Genossenschaft in GmbH **77 Anh.** 188 (– der GmbH in KG **77 Anh.** 246; – der oHG in GmbH **77 Anh.** 271; – des rechtsfähigen Vereins in GmbH **77 Anh.** 199); Umwandlungsbeschluss **77 Anh.** 48; ungültige Stimmen **47** 8; Verbot des Selbstkontrahierens **53** 44; Verschmelzung, einer AG oder KGaA mit GmbH **77 Anh.** 458 (– von Personenhandelsgesellschaften mit GmbH **77 Anh.** 492); Verschmelzungsbeschluss **77 Anh.** 353; Vertretungsregelungen für Liquidatoren **68** 4
Mehrheitsgesellschafter, Gewinnanspruch der Minderheit **29** 17; Gleichbehandlungsgrundsatz **45** 22, 24; Loyalitätsgebot **45** 22; Minderheitsrechte **50** 1; **45** 77; Verzögerung der Aufstellung **29** 63
Mehrzahlungen, freiwillige **7** 26

Minderheitenschutz, absolut unentziehbares Mitgliedschaftsrecht **14** 18; actio pro socio **13** 114; Ausweis von Kapital- und Gewinnrücklagen **57 d** 1; Bestellung von Liquidatoren **66** 10; Bezugsrecht **55** 29; Ergebnisverwendung **29** 17; Geltendmachung von Ansprüchen **43** 47; gesetzlicher Regelzustand **45** 21; Konzernrecht **52 Anh.** 36; Konzernverschmelzung **77 Anh.** 445; materielle Beschlusskontrolle im Konzern **52 Anh.** 36; Rechte der Gesellschafter **45** 21; Umwandlung **77 Anh.** 96; Verlust von Rechten bei Umwandlung **77 Anh.** 54; Verschmelzung **77 Anh.** 354
Minderheitsgesellschafter, Abfindung bei qualifizierten Konzern **52 Anh.** 89; Ausgleichsanspruch bei qualifiziert faktischen Konzern **52 Anh.** 90; Austritt **52 Anh.** 80; Minderheitsrechte **29** 35; qualifizierter faktischer Konzern **52 Anh.** 80; Schweizer Recht **Einl.** 374; Selbsthilferecht **50** 8
Minderheitsrechte, Abdingbarkeit **50** 2; Ankündigung von Tagesordnungspunkten **50** 7; Auflösungsklage **61** 1; Austritt **52 Anh.** 80; Berechnungsgrundlage **50** 3; Einberufungsfrist für Gesellschafterversammlung **50** 9; Einladungsbefugnis **50** 8; Ergebnisverwendung **29** 65; fehlerhafte Einberufung **50** 12; Form der Einberufung **50** 10; Gewinnbezugsrecht **29** 17; gerichtliche Durchsetzung der Einberufung **50** 6; Inhalt der Einberufung **50** 10; Jahresabschluss **29** 65; Minderheit von mindestens 10 Prozent **50** 3; österreichisches Recht **50** 14; qualifizierter faktischer Konzern **52 Anh.** 80; Recht, auf Ankündigung der Gesellschafterversammlung **50** 3 (– auf Beschlußfassung **50** 11; – auf Einberufung der Gesellschafterversammlung **50** 3); Rechtsfolge bei Einberufung **50** 11; Rechtsfolgen wirksamer Einberufung **50** 5; Selbsthilferecht **50** 8; Tagesordnungspunkte **50** 7; Umwandlung GmbH in KG **77 Anh.** 246; Unzuständigkeit der Gesellschafterversammlung **50** 13; Voraussetzungen einer wirksamen Einberufung **50** 4; Zweck **50** 1
Minderjährige, Genehmigung des Vormundschaftsgerichts **15** 110 f.; Kreditgewährung **43 a** 4; Pflegschaft **15** 113; Stimmrecht bei Satzungsänderung **53** 44; Veräußerung von Geschäftsanteilen **15** 107 ff.; Vormundschaft **15** 113
Mindesteinzahlungspflicht, Anmeldung **7** 17; Differenzhaftung **9** 7; höherer Betrag **7** 17; Mehrzahlungen **7** 26; Mindestbetrag **7** 18; **19** 39, 53; Versicherungen gem. § 8 Abs. 2, Abs. 3 **8** 19
Mischeinlage, Begriff **5** 46; Einzahlungen auf die Stammeinlage **19** 22; Haftung des Rechtsvorgängers bei Kaduzierung **22** 22; Kaduzierung **21** 4, 27; Kapitalerhöhung mit Sacheinlagen **56** 2; Leistungen auf das neue Stammkapital **56 a** 2, 7
Mitberechtigung am Geschäftsanteil, Abandon **18** 24; **27** 15; Abgrenzungskriterien **18** 12; Abstimmung durch den Vertreter **18** 13; Ak-

2745

Sachverzeichnis

Fette Zahlen = §§

tiengesellschaft **18** 4; Annahme von Vertragsangeboten **18** 30; Ansprüche der Gesellschaft **18** 19; Ausübung der Rechte durch gemeinsame Vertreter **18** 11; Begriff der Rechtshandlungen **18** 28; Bestellung des Vertreters **18** 13, 15; Betreuung **18** 14; Bruchteilsgemeinschaft **18** 3, 8, 16; dingliche Zuordnung **18** 2; eheliche Gütergemeinschaft **18** 3, 17; eingetragene Genossenschaft (eG) **18** 4; eingetragener Verein (e.V.) **18** 4; einheitliche Rechtsausübung **18** 6; Erbengemeinschaft **18** 3, 18; EWiV **18** 4; gemeinsamer Vertreter **18** 11; gemeinschaftliche Rechtsausübung **18** 6; gesamtschuldnerische Haftung **18** 19; Gesellschaft bürgerlichen Rechts (GbR) **18** 4; Gesellschafter als Mitberechtigte **18** 5; Gewinnanteil **18** 29; GmbH **18** 4; Haftung, bei ehelicher Gütergemeinschaft **18** 21 (– bei Erbengemeinschaft **18** 20; – der Mitberechtigten **18** 19; – gem. § 31 **31** 33); Innenverhältnis der Mitberechtigten **18** 11 ff., 25; interne Ausgleichspflicht **18** 25; Kaduzierung **18** 24; KGaA **18** 4; Liquidationserlöse **18** 29; Nachlassverwalter **18** 114; Nichterfüllung von Gesellschaftspflichten **18** 24; Normzweck **18** 1; österreichisches Recht **18** 33; Partnerschaftsgesellschaft **18** 4; Person des Vertreters **18** 12; Personenhandelsgesellschaft **18** 4; Pflegschaft **18** 14; nicht rechtsfähiger Verein **18** 4; Rechtshandlungen, bei Vorhandensein eines Vertreters **18** 11 (– der Gesellschaft **18** 26; – ohne Vorhandensein eines Vertreters **18** 27); Satzungsbestimmungen, zur Person des Vertreters **18** 12 (– zur Willensbildung **18** 10); Stiftungen **18** 4; Testamentsvollstrecker **18** 14; Umfang der Haftung **18** 22; Umsetzung **18** 7; ungeteilte Erbengemeinschaft **18** 8; Unterbeteiligungen **18** 4; Versicherungsverein auf Gegenseitigkeit **18** 14; Vertragsangebote **18** 30; Verwaltungsrechte **18** 6; Vorgesellschaft **18** 4; Vormundschaft **18** 14; Vornahme von Rechtshandlungen, bei „Erbengemeinschaft" **18** 31 (– bei „gemeinsamem Vertreter" **18** 32); Willensbildung **18** 7

Mitbestimmte Gesellschaften, Dauer des Anstellungsvertrages von Geschäftsführern **35** 79; Geschäftsverteilungszuständigkeit **37** 43; Vorsitzender der Geschäftsführung **37** 44

Mitbestimmung, abweichende Regelungen **Einl.** 192; Anwendung auf GmbH **Einl.** 26; von Arbeitnehmervertretern **Einl.** 149; Arbeitsdirektor **Einl.** 150; Aufsichtsrat in der mitbestimmungsfreien GmbH **Einl.** 198; „Aufstockung" **Einl.** 194; ausländische Gesellschaften **Einl.** 268, 330; Beiräte **Einl.** 199; Belegschaft **Einl.** 150; Beschäftigtenzahl **Einl.** 266; Bestellung der Geschäftsführer **35** 15 f., 73; **37** 29; Betriebsrat **Einl.** 150; Betriebsvereinbarung **Einl.** 200; BetrVG 1952 **Einl.** 266; Entwicklung **Einl.** 149; Erhaltung der organisationsrechtlichen Grundregeln in mitbestimmter GmbH **Einl.** 189; Erhöhung, der Zahl der Arbeitnehmer in mitbestimmter GmbH **Einl.** 197 (– der Zahl der Arbeitnehmer in mitbestimmungsfreier GmbH **Einl.** 198); Erleichterungen in der GmbH **Einl.** 191; erweiterte – **Einl.** 163; fakultativer Aufsichtsrat **Einl.** 195; Mitbestimmungsgefälle **Einl.** 163; Frauenquote **Einl.** 219; Geschäftsführung **37** 23; Geschäftsverteilung **37** 43; gesetzliche Regelungen **Einl.** 151; Gewerkschaften **Einl.** 150; institutionelle Funktionsweise der Gesellschaft **Einl.** 164; internationales Privatrecht **Einl.** 331; Kaskadeneffekt **Einl.** 173; Kriterien für – **Einl.** 150; leichtes Übergewicht der Gesellschafterseite **Einl.** 251; leitende Angestellte **Einl.** 266; Lüdenscheider Abkommen **Einl.** 199; mitbestimmungsfreie GmbH **Einl.** 195; Mitbestimmungsgesetz 1976 (MitbestG 1976) **Einl.** 159; Mitbestimmungsstatut **Einl.** 196; Montan-Mitbestimmung **Einl.** 204; Montan-Mitbestimmungsgesetz (MontanMitbestG) **Einl.** 152; Montanmitbestimmungsergänzungsgesetz (MontanMitbestErgG) *(s. auch dort)* **Einl.** 154 ff.; österreichisches Recht **Einl.** 294 ff.; paritätische – **Einl.** 163; qualifizierte – **Einl.** 163; Reformfragen **Einl.** 120 f.; Satzungsregelungen, bei mitbestimmter GmbH **Einl.** 195 (– bei mitbestimmungsfreier GmbH **Einl.** 195); Tarifvertrag **Einl.** 200; Tendenzunternehmen **Einl.** 214, 268; Umwandlung **77 Anh.** 19; Unternehmen der Religionsgemeinschaften **Einl.** 214, 268; Unternehmensrecht statt Gesellschaftsrecht **Einl.** 203; unterparitätische – **Einl.** 163; Vereinheitlichung des Mitbestimmungsrechts **Einl.** 201 f.; Verfassungsrecht **Einl.** 164; Vertretung der Gesellschaft **37** 50; Vorgesellschaft **11** 51; zwingendes Recht **Einl.** 192

Mitbestimmungsgesetz 1976 (MitbestG 1976), Anstellungsverträge von Geschäftsführern **Einl.** 263; Anwendung **Einl.** 161, 174 (– auf Kommanditistenbeteiligung **Einl.** 211; – auf Komplementärbeteiligung **Einl.** 210); Anwendungsbereich **Einl.** 205; Arbeitsdirektor **Einl.** 160, 259, 264; Aufsichtsrat **Einl.** 216 ff.; ausländische Gesellschaften **Einl.** 215 (– GmbH **Einl.** 215); Auslegung **Einl.** 174 f.; Ausnahme von der Mitbestimmung **Einl.** 214; „Beiersdorf"-Entsch. **Einl.** 175; Beschlussfähigkeit des Aufsichtsrates **52** 42; Beschränkung, der Geschäftsführungsbefugnis **37** 23 f. (– der Vertretungsmacht **37** 50); Bestellung, der Geschäftsführer **6** 30; **35** 16; **Einl.** 260 (– von Notgeschäftsführer **6** 38); Bildung des Aufsichtsrates **Einl.** 216; Bilfinger & Berger"-Entsch. **Einl.** 175; doppelstöckige KG **Einl.** 212; „Dynamit-Nobel"-Entsch. **Einl.** 175; erweiterte Mitbestimmung **Einl.** 168; Geschäftsführer **6** 8; **Einl.** 259; GmbH & Co. **Einl.** 209; GmbH & Co. KG **Einl.** 209 ff.; Grundgesetz **Einl.** 168; inländische GmbH mit mehr als 2000 Arbeitnehmern **Einl.** 205; Kaskadeneffekt der Mitbestimmung **Einl.** 173; Konzern im Konzern **Einl.** 208; Konzernunternehmen **Einl.** 207; Kreditgewährung an Mitglie-

Magere Zahlen = Randnummern

Sachverzeichnis

der des Aufsichtsrates **43 a** 2; Leiharbeitnehmer **Einl.** 205; leitende Angestellte **Einl.** 205; maßgebliche Arbeitnehmerzahl **Einl.** 205; mehrstöckige KG **Einl.** 212; Mitbestimmungsstatut **Einl.** 160; Montangesellschaften **Einl.** 214; offene Fragen **Einl.** 171; paritätische Beteiligung von Arbeitnehmervertretern **Einl.** 160; keine paritätische Mitbestimmung **Einl.** 169; Pattsituation **Einl.** 169; „Reemtsma"-Entsch. **Einl.** 175; regelmäßige Arbeitnehmerzahl **Einl.** 206; Religionsgemeinschaften **Einl.** 214; Schranken de lege ferenda **Einl.** 176; „Siemens"-Entsch. **Einl.** 175; Teilkonzern **Einl.** 207; Teilzeitbeschäftigte **Einl.** 205; Tendenzunternehmen **Einl.** 214; Umwandlung **77 Anh.** 19; Verfassungsmäßigkeit **Einl.** 170 ff. (– des § 32 MitbestG **Einl.** 173; – des § 37 Abs. 3 S. 1 und 2 MitbestG **Einl.** 172); Vertretung **35** 39; Vertretungsmacht des Geschäftsführers **Einl.** 265; Vorgesellschaft **11** 51; Wahl der Arbeitnehmervertreter **52** 30; 1., 2., und 3. Wahlordnung **Einl.** 159; Zahl der Beschäftigten **Einl.** 161; Zulässigkeit erweiterter Mitbestimmung **Einl.** 168; Zusammensetzung des Aufsichtsrats **52** 26; **Einl.** 216; Zweitstimme des Aufsichtsratsvorsitzenden **Einl.** 169; zwingendes Recht **Einl.** 161

Mitbestimmungsrecht, Abberufung des Geschäftsführers **38** 1, 8, 15; Abstimmungen **47** 103; abweichende Regelungen **Einl.** 192; Aktiengesellschaft **Einl.** 177 f.; Arbeitsdirektor **Einl.** 150; Aufstockung **Einl.** 194; „Beiersdorf"-Entsch. **Einl.** 185; Beiräte **Einl.** 199; Belegschaft **Einl.** 150; Beschlussfähigkeit des Aufsichtsrates **Einl.** 186; Betriebsrat **Einl.** 150; Betriebsvereinbarung **Einl.** 200; Betriebsverfassungsgesetz (BetrVG) 1952 **Einl.** 157; „Bilfinger & Berger"-Entsch. **Einl.** 181, 186; Carl-Zeiss-Stiftung **Einl.** 193; „Dynamit-Nobel"-Entsch. **Einl.** 181, 185; Einberufung der Gesellschafterversammlung **49** 16; Entwicklung **Einl.** 149; Erhaltung der organisationsrechtlichen Grundregeln in mitbestimmter GmbH **Einl.** 189; Erhöhung, der Zahl der Arbeitnehmer in mitbestimmter GmbH **Einl.** 197 (– der Zahl der Arbeitnehmer in mitbestimmungsfreier GmbH **Einl.** 198); Erleichterung in der GmbH **Einl.** 191; erweiterte Mitbestimmung **Einl.** 163; fast-paritätische Mitbestimmung **Einl.** 163; gemischtwirtschaftliche Gesellschaften **Einl.** 193; Gesellschaften der öffentlichen Hand **Einl.** 193; Gesellschafterbeschlüsse **47** 103; Gesellschaftsinteresse **Einl.** 188; Gesellschaftsstatut ausländischer Gesellschaften **Einl.** 331; gesetzliche Regelungen **Einl.** 151; Gewerkschaften **Einl.** 150; GmbH-Recht **Einl.** 177 ff.; Gründungsstadium **11** 51 ff.; institutionelle Funktionsweise der Gesellschaft **Einl.** 164; Kontroll- und Weisungsrechte gegenüber der Geschäftsführung **Einl.** 188; Konzernrecht **52 Anh.** 4; Kriterien für die Mitbestimmung **Einl.** 150; Liquidatoren **66** 28; mitbestimmte GmbH **Einl.** 179; mitbestimmungsfreie GmbH **Einl.** 188; Mitbestimmung von Arbeitnehmervertretern **Einl.** 149; Mitbestimmungsgefälle **Einl.** 190; Mitbestimmungsgesetz 1976 (MitbestG 1976) **Einl.** 159, 205 (s. auch dort); mitbestimmungsrechtliche Streitigkeiten **47** 143; Mitbestimmungsstatut **Einl.** 196; Montanmitbestimmung **Einl.** 204; Montanmitbestimmungsergänzungsgesetz (MontanMitbestErgG) (s. auch dort) **Einl.** 154; Montanmitbestimmungsgesetz (MontanMitbestG) (s. auch dort) **Einl.** 152; neue Bundesländer **Einl.** 156; Notbestellung des Geschäftsführers **6** 38; obligatorischer Aufsichtsrat **52** 21; Organisationsfreiheit **Einl.** 187; paritätische Mitbestimmung **Einl.** 163; praktische Bedeutung für GmbH **Einl.** 162; qualifizierte Mitbestimmung **Einl.** 163; Rechte der Gesellschafter **45** 5; rechtsformspezifische Anwendung der Mitbestimmungsgesetze **Einl.** 177 f.; Reform der betrieblichen Mitbestimmung **Einl.** 202; Reformfragen **Einl.** 201 f.; Saarland **Einl.** 156; „Siemens"-Entsch. **Einl.** 181, 183 f.; stellvertretender Aufsichtsratsvorsitzender **Einl.** 183 f.; Stichentscheid bei Stimmgleichheit in Ausschüssen **Einl.** 185; Tarifvertrag **Einl.** 200; Umwandlung einer AG in GmbH **77 Anh.** 171; Umwandlungsfreiheit **77 Anh.** 19; Unternehmensrecht statt Gesellschaftsrecht **Einl.** 203; unter-paritätische Mitbestimmung **Einl.** 163; Vereinheitlichung **Einl.** 201 f.; Verfassungsrecht **Einl.** 164; Verhältnis zum Gesellschaftsrecht **Einl.** 180; Vorgesellschaft **11** 51 ff.; Vorrang **Einl.** 181; Wegfall, bei Umwandlung in KG **Anh.** 249 (– bei Umwandlung in OHG **77 Anh.** 222); Zahl der Geschäftsführer **6** 7; Zuständigkeit der Gesellschafterversammlung in mitbestimmungsfreier GmbH **Einl.** 188; zwingendes Recht **Einl.** 192

Mitbestimmungsstatut, zwingendes Recht **Einl.** 196 f.

„Mitbestimmungsurteil BVerfG" Einl. 168 ff.

Mitgesellschafter, Haftung gem. § 24 **24** 1; Haftung nach § 31 **31** 32

Mitgliedschaftliche Pflichten, Vermögenspflichten **14** 25; Verwaltungspflichten **14** 25

Mitgliedschaftsrechte, Abandon **27** 16; Abänderbarkeit **14** 15; Abberufung und Bestellung von Liquidatoren **14** 18; absolut unentziehbare (unverzichtbare) – **14** 17 f.; Abspaltungsverbot **14** 15; actio pro socio **14** 15; Akzessorietät **14** 15; Anfechtungsklage **14** 18; Ansprüche des Gesellschafters aus schuldrechtlichen Verträgen **14** 14; Anteilscheine **14** 40; Aufhebung von Sonderrechten **14** 35; Auflösungsklage **14** 18; Auskunfts- und Einsichtsrechte **14** 18; **51 a** 1; – des ausscheidenden Gesellschafters **34** 98; Ausschließung **14** 23; Ausschluss des Stimmrechts **47** 50; – nach Austritt **34** 93; Austrittsrecht aus wichtigem Grund **14** 18; Beeinträchtigungen des Teilnahmerechts **51** 3; Beschlusserfordernis bei Informationsverweigerung **51 a**

2747

Sachverzeichnis

Fette Zahlen = §§

25, 27; Beschränkung bei Erbfolge **15** 121; Bestimmung durch Satzung **14** 22; Dividendenscheine **14** 43; Dritte **45** 10; Effektuierung der übrigen Gesellschaftsrechte **51 a** 2; Eingriffe **47** 129; Einschränkungen **14** 15, 26; Einziehung **14** 23; **34** 48 (– des Geschäftsanteils **34** 43); Entziehbarkeit **14** 6; Erhöhung des Stammkapitals **55** 21; etablierte Mehrheitsverhältnisse **53** 50; Forderungsrecht **29** 22; Genussscheine **14** 44; Gesellschafterbeschluss **14** 20; **48** 11; Gesellschafterstellung des Erwerbers **23** 29; Gesellschafterversammlung **14** 35; **48** 8; **51** 3; Gewinnbezugsrecht **14** 21; **29** 20; Gewinnthesaurierung **53** 50; Gleichbehandlungsgebot **53** 50; Gleichbehandlungsgrundsatz **56 a** 11; Jahresabschluss **29** 65; Kaduzierung **14** 23; Kapitalerhöhung aus Gesellschaftsmitteln **57 m** 2; Kernbereich der Mitgliedschaft **53** 50; Legitimationszession **47** 24, 27; Leistungsvermehrung **53** 47; Minderheitsrechte nach § **50** **14** 18; **29** 65; Mitgliedschaft **14** 23; mitgliedschaftliche Pflichten **14** 25; mitgliedschaftsrechtliches Gewinnbezugsrecht **29** 22; mitgliedschaftsunabhängiges Stimmrecht **47** 25; Nießbraucher **15** 76 f.; Nichtigkeitsklage **14** 18; Rechte iSd. § 823 Abs. 1 BGB **14** 13; Preisgaberecht **14**; Recht, auf Gewinnanteil **14** 19 (– auf Liquidationsanteil **14** 21; – auf Liquidationsquote **14** 19); Rechte, aus eigenen Geschäftsanteilen **33** 44 (– der Gesellschafter im Allgemeinen **45** 1); relativ unentziehbare – **14** 17, 21, 24; Schutz bei Zwangseinziehung **34** 30; Sonderpflichten **14** 37 f.; Sonderrechte (s. auch dort) **14** 26; **53** 51; Sondervorteile **53** 51; Stimmabgabe **47** 19 (– ist Willenserklärung **47** 23); Stimmpflicht der Gesellschafter **53** 58; **55** 18; Stimmrecht **47** 21; Teilnahme an der Gesellschafterversammlung **14** 18; Treuepflicht **53** 50; Übertragbarkeit des Stimmrechts **47** 24; Veräußerung **15** 6; Verbriefung der Rechte **14** 39; Verhältnis der Mitgliedschaftsrechte zueinander **57 m** 2; Verkürzung von Mitgliedschaftsrechten **53** 50; Verletzung durch Geschäftsführer **43** 44; Vermögensrechte **14** 16; Vermögensverteilung **72** 1; Verpfändung des Geschäftsanteils **15** 91; Verwaltungsrechte **14** 16; Vorzugsanteile **14** 26; Vorzugsrechte mit einer festen Verzinsung **29** 108; Zustimmung der übrigen Gesellschafter **53** 51

Mitgliedschaftsstreit, Treuepflicht **13** 121

Mittelgroße GmbH, Angabe, des Materialaufwands bei Umsatzkostenverfahren im Anhang **42 a Anh. I** 426 (– des Personalaufwands bei Umsatzkostenverfahren im Anhang **42 a Anh. I** 426; – über Beeinflussung des Jahresergebnisses durch steuerrechtliche Abschreibungen im Anhang **42 a Anh. I** 422); Ausweis von Rückstellungen **42 a Anh. I** 281; Besonderheiten bei der Gewinn- und Verlustrechnung **42 a Anh. I** 419; Buchführung **41** 35; Gewinn-(auszahlungs-)anspruch **29** 44; Gliederungsschema der Bilanz **42 a Anh. I** 156; Offenlegungspflicht **41** 143 ff.; Pflichtangaben in der Bilanz **42 a Anh. I** 419; Verpflichtung zur Aufgliederung der Umsatzerlöse im Anhang **42 a Anh. I** 419

Mittelstandsrichtlinie, Rechnungslegung **42 a Anh. I** 2

Mitwirkungspflicht, s. Treuepflicht

Montanmitbestimmung, Abberufung des Arbeitsdirektors **38** 20; Arbeitsdirektor **Einl.** 155; Grundgesetz **Einl.** 165; Montancharakter **Einl.** 161; montanmitbestimmte Konzernobergesellschaften **Einl.** 166; Montanmitbestimmungsgesetz (Montan-MitbestG) **Einl.** 155; paritätische Beteiligung von Arbeitnehmervertretern **Einl.** 165; paritätische – **Einl.** 167; rückläufige Entwicklung **Einl.** 204

Montanmitbestimmungsergänzungsgesetz (MontanMitbestErgG), Anwendungsbereich **Einl.** 161; Arbeitsdirektor **Einl.** 155; Beschränkung der Vertretungsmacht **37** 50; Geschäftsführer **6** 8; Holding-Novelle **Einl.** 154; „Mannesmann"-Entsch. **Einl.** 166; Mitbestimmungsstatut **Einl.** 155; Montancharakter **Einl.** 161; montanmitbestimmte Konzernobergesellschaften **Einl.** 166; paritätische Beteiligung von Arbeitnehmervertretern **Einl.** 155; Vorgesellschaft **11** 51; Wahlordnung **Einl.** 154; zwingendes Recht **Einl.** 161

Montanmitbestimmungsgesetz (Montan-MitbestG), Abberufung des Arbeitsdirektors als Liquidator **66** 28; Abberufung von Liquidatoren **66** 28; Anwendungsbereich **Einl.** 161; Arbeitsdirektor **Einl.** 153; Bestellung von Geschäftsführern **6** 30; **35** 16; Geschäftsführer **6** 8; Mitbestimmungsrecht **Einl.** 152; Mitbestimmungsstatut **Einl.** 153; Montancharakter **Einl.** 161; paritätische Beteiligung von Arbeitnehmervertretern **Einl.** 153; Vertretung **35** 39; Vorgesellschaft **11** 51; zwingendes Recht **Einl.** 161

„Moto-Meter"-Entsch., 77 Anh. 705

Nachlasspfleger, Anmeldung nach § 16 **16** 12; GmbH **13** 14

Nachlassverwalter, Anmeldung nach § 16 **16** 12; GmbH **13** 15; Vertreter nach § 18 **18** 14

Nachlassverwaltung, Geschäftsanteil **15** 126

Nachschuss, Auswirkung auf Nennbetrag des Geschäftsanteils **14** 11; Auszahlungsverbot gem. § 30 **30** 54; bilanzielle Behandlung **30** 56; Bilanzierung **42** 8 ff.; **42 a Anh. I** 182 (– der eingeforderten Nachschüsse **42** 9; **42 a Anh. I** 227; – der eingezahlten Nachschüsse **42** 11); Einzahlungen auf die Stammeinlage **19** 14; Erhöhung des Stammkapitals **55** 1, 37; Gesellschafterbeschluss bzgl. Rückzahlung **46** 18; Kapitalerhöhung aus Gesellschaftsmitteln **57 d** 6; Nachschusskapital **57 d** 6; Nachschusspflicht **3** 52; Rechnungslegung **42 a Anh. I** 227; Rückzahlung **30** 54; **46** 18; Treuepflicht **13** 46, 58

Nachschusskapital, eingeforderte Nachschüsse **42** 9; eingezahlte Nachschüsse **42** 11

Magere Zahlen = Randnummern

Sachverzeichnis

Nachschusspflicht, Abandon 27 1; Abgrenzung gegenüber sonstigen Leistungen 26 12; Abtretung 26 36; Art der Einzahlung 26 26, 28; Aufrechnung 26 38; Ausnahmen 26 31; Bedeutung 26 3; Beschluss der Gesellschafterversammlung 26 22; beschränkte – 28 1; Beschränkung 26 21; Beseitigung der Nachschusspflicht 26 19; Bilanzierungsfragen 27 41 f.; durch Gesellschaftsvertrag beschränkte – 26 10; Durchführung des Einforderungsbeschlusses 26 33; einfache Stimmenmehrheit 26 22; Einforderung 26 25 ff., 32; Einforderungsbeschluss 26 22, 26; Entstehen 26 13; Erhöhung des Vermögens der Gesellschaft 26 7; keine Erschwerung durch Satzung 27 10; Fehlen einer gesellschaftsvertraglichen Regelung 26 20; Folgen der Einforderung 26 36; Form der Einforderung 26 29; freiwillige Zuschüsse 26 15; – für einen Teil der Geschäftsanteile 26 21; genossenschaftsähnliche Gesellschaften 26 6; Geschäftsführer 26 33; Gesellschafter 26 1; Gesellschafterdarlehen 26 16; Gesellschaftsvertrag 3 52; 26 17 f.; 28 1; Gleichbehandlungsgrundsatz 26 27, 34; Grundsatz der Verhältnismäßigkeit 26 27; Höhe der Einzahlung 26 26; Inhalt 26 7; Konzernverbund 26 6; Nachteile 26 4 f.; nachträgliche Einführung 27 9; Nebenleistungspflichten 26 14; Nichterfüllung der Nachschusspflicht 28 1; Nichtleistung eines Gesellschafters 26 35; österreichisches Recht 26 45; Pfändung 26 36; Rückzahlung 27 40; Satzungsregelungen 26 17; Sicherung des Schütt-aus-Hol-zurück-Verfahrens 26 6; Stammeinlage 26 7; Steuerrecht 27 57; steuerrechtliche Behandlung 26 43 f.; Stundung 26 37; unbeschränkte – 26 9; 27 1, 8; unbeschränkte – mit beschränktem Preisgaberecht 26 11; 27 1; Verjährung 26 33; Verlagerung der Einforderungskompetenz 26 23; Verzicht 26 37; Verzinslichkeit der Nachschussbeträge 26 39; Voraussetzungen 26 13; Vorgesellschaft 11 71; vorrangige Einforderung des Stammkapitals 26 25; Wesen 26 3; zahlungspflichtiger Gesellschafter 26 34; Zeitpunkt der Einforderung 26 26; Zulassung im Gesellschaftsvertrag 26 18 ff.; zusätzliche Zustimmungsvoraussetzungen 26 24; Zweck 26 1; Zweckdienlichkeit der Einforderung 26 30

Nachschussrückzahlung, bilanzielle Behandlung der Nachschüsse 30 56; Bekanntmachungsblätter 30 61; Bundesanzeiger 30 61; Empfangsberechtigung 30 64; formelle Zulässigkeitsvoraussetzungen 30 60; Frist 30 62; Gesellschafterbeschluss 30 60; materielle Zulässigkeitsvoraussetzungen 30 58; weitere materielle Zulässigkeitsvoraussetzungen 30 59; Rechtsfolgen 31 7 (– unzulässiger Rückzahlung 30 65); Rechtslage nach Rückzahlung 30 63; Rückzahlungsvoraussetzungen 30 57; (keine) Überschuldung 30 58; (keine) Unterbilanz 30 58; unzulässige – 30 65; Verletzung von § 30 Abs. 2 31 7; Veröffentlichung 30 61; Volleinzahlung des Stammkapitals 30 59; zulässige – 30 63; zwingendes Recht 30 55

Nachtragsliquidation, Abwicklungsbedarf 74 18; andere Abwicklungsfälle 74 21; Anordnung 74 20; Antrag eines Beteiligten 74 26; Aufgaben der Liquidatoren 74 28; Aufstellung, einer Schlussrechnung 74 29 (– von Jahresbilanzen 74 29); berechtigtes Interesse an der Abwicklung 74 23; Bestellung der Liquidatoren 74 24; Beteiligte 74 26; Erledigung 74 28; Fortsetzung der gelöschten Gesellschaft 74 29; Glaubhaftmachung vorhandenen Vermögens 74 26; GmbH & Co. KG 74 32; nachzuholende Liquidation 60 64; Löschung 60 64; Parteifähigkeit der Gesellschaft 74 30; Prozesssituation 74 30; Realisierbarkeit der Vermögenswerte 74 19; Verfahren 74 26; Verteilung 74 19; Verwahrung der Bücher und Unterlagen 74 23

Nachtragsprüfung, Änderung des Jahresabschlusses 42 a 15; Konzernabschluss 42 a Anh. II 345; Konzernlagebericht 42 a Anh. II 345

NaStraG, s. *Gesetz zur Namensaktie und zur Erleichterung der Stimmrechtsübertragung*

Nebenleistungspflichten, Abgrenzung, gegenüber Nachschuss 26 14 (– gegenüber Stammeinlagepflicht 3 27); Agio (Aufgeld) 3 33; Anrechnungsverfahren 3 33; Ausführungsverträge 3 41; Auflösungsklage 3 49; Bestimmtheit 3 31; Dienstleistungspflichten 3 35; Erlöschen 3 46 (– bei Eintritt von gesellschaftsvertraglichen Bestimmungen 3 47); Einzahlungen auf die Stammeinlage 19 15; gegenseitige Ausführungsverträge 3 42; Gegenstände von – 3 32; Geldleistungspflichten 3 33; Geschäftsführung 3 35; gesellschaftsrechtliche Pflichten 3 26 f., 28; Haftung bei Anteilsübergang 3 45; höchstpersönliche Pflichten 3 44; Kapitalerhöhung aus Gesellschaftsmitteln 57 m 4; Kündigung aus wichtigem Grund 3 49; Leihe 3 32, 34; Leistungsstörungen 3 40; Liefer- und Annahmepflichten 3 38; Lieferungsverträge 3 32; Miete 3 34; nachträgliche Vereinbarung 3 30; Pflicht zur Geschäftsführung 3 44; positive Treuepflichten 3 37; Rücktritt 3 48; Sacheinlage 5 29; Sachleistungspflichten 3 34; schlichte – 3 43; Schütt-aus-Hol-zurück-Verfahren 3 33; Thesaurierungssatz 3 33; Treuepflicht 3 44; 13 46; Übergang eines Geschäftsanteils 3 44; Ungleichmäßigkeit 3 29; Unmöglichkeit 3 29, 48; Unterlassungspflichten 3 39; verdeckte Gewinnausschüttung 3 32; Vinkulierung 3 44 f.; wettbewerbsbeschränkende Verpflichtungen 3 39; Wettbewerbsverbot 3 32, 36

Neugesellschaften (Euro-Umst.), Begriff 86 51; Umstellung auf Euro 86 3, 51 (– im österreichischen Recht 86 60); Teilung von Geschäftsanteilen 17 8

„NetCom"-Entsch., 4 29

Nicht-EU-Bürger, Geschäftsführer 6 13

Nichtigkeit, Abgrenzung zu anderen Nichtigkeitsfällen 75 6; Abwicklung 77 4; Anwendbarkeit aktienrechtlicher Normen auf den Jah-

2749

Sachverzeichnis

Fette Zahlen = §§

resabschluss **29** 71; Auflösungsgrund **60** 47; Bedeutung **47** 111; Bestellung der Geschäftsführer **6** 19; deklaratorische Bedeutung **77** 3; Einlageschulden **77** 6; Einpersonen-Gesellschaft **2** 16; Einzahlungen **77** 6; Ergebnisverwendungsbeschluss **42a** 91; Erlöschen der Gesellschaft **13** 8; fehlerhafte Beschlüsse **47** 94 ff.; Firmenbestimmung **4** 66; Folgen der Eintragung **77** 3; Gesamtnichtigkeit des Gesellschaftsvertrages **9c** 24; Gesellschafterbeschlüsse **47** 86; Gleichbehandlungsgebot **77** 6 f.; Heilung **47** 113 (– des Jahresabschlusses **42a** 83); Jahresabschluss **29** 70, 72 ff.; **42a** 74; Kapitalerhöhungsbeschluss **57e–57g** 13; **57h** 10; **77** 9; keine Einzahlungspflicht **77** 8; konstitutive Wirkung **77** 3; Nichtigkeitsgründe **47** 94 ff.; österreichisches Recht **77** 10; Sitz der Gesellschaft **4a** 18; teileingezahlte Anteile **57l** 4; Teilung von Geschäftsanteilen **17** 17, 34; Treuhandvertrag bei Erwerb eigener Anteile **33** 42; Übertragung von Geschäftsanteilen **15** 194 ff.; Wirksamkeit von Rechtsgeschäften **77** 5; Wirkungen **77** 1

Nichtigkeitsklage, absolut unentziehbares Mitgliedschaftsrecht **14** 18; Abstimmung **47** 114; Änderung des Unternehmensgegenstands **75** 19; Anerkenntnisurteil **47** 154; Aktivlegitimation **75** 23; Amtslöschung nach § 144 Abs. 1 FGG **75** 38; Amtslöschungsverfahren **75** 41 (– nach § 144 Abs. 1 FGG **75** 4); Anwendung aktienrechtlicher Regelungen **47** 143; Anwendungsbereich **75** 2; aufgelöste Gesellschaft **75** 3; Auflösung der Gesellschaft **75** 32; Auflösungsgrund entspr. § 60 Abs. 1 Nr. 5 **75** 1; Auflösungsklage **75** 7; Auflösungsverfahren nach §§ 144a u. 144b FGG **75** 4; Aufsichtsrat **47** 148; Aufsichtsratsmitglied **75** 23; Aufsichtsratswahlen **47** 157; Bekanntmachung der Klageerhebung **75** 30; Beklagte **47** 149; Beitritt Dritter **47** 151; Beseitigung der Löschung **75** 44; besonders schwere Mängel des Gesellschaftsvertrages **10** 20; eingetragene GmbH **75** 2; Einrede **75** 22; Einreichung des Urteils **75** 34; einstweilige Verfügung **75** 35; Eintragung **75** 1; **77** 3 (– der Nichtigkeit im Handelsregister **75** 34); Einziehung **34** 45; Erforderlichkeit der Klage **75** 22; Ermessen des Registergerichts **75** 43; Fehlen, des Mindestinhalts des Gesellschaftsvertrages **3** 5 (– der Eintragungsvoraussetzungen **75** 1; – der Geschäftsfähigkeit **75** 8; – der Vertretungsmacht **75** 8); Festsetzung des Streitwerts **75** 33; Formmängel des Gesellschaftsvertrags **75** 10; gerichtliches Geständnis **47** 154; Geschäftsführer **75** 23; Geschäftsführerbestellung **47** 157; Gesellschafter **75** 23; Gesellschafterbeschlüsse **47** 114, 141; Gesellschaftsvertrag **3** 5; gesetzliches Verbot **75** 14; Gestaltungsurteil **75** 9; Gläubigeranfechtung **75** 9; GmbH-Nov. 1980 **75** 5; Heilbarkeit **75** 28; Heilung, des unzulässigen Unternehmensgegenstandes **75** 21 (– nichtiger Vertragsbestimmungen **75** 7); Inhalt **47** 151; Insolvenzanfechtung **75** 9; Insolvenzverwalter **47** 149; Jahresabschluss **42a** 82; keine Bestimmung, über Höhe des Stammkapitals **75** 12 (– über Unternehmensgegenstand **75** 13); Kartellverbot **75** 14; Klageanerkenntnis **47** 154; Klagebefugnis **47** 147; Klagefrist **75** 29; Klagerücknahme **47** 154; Klageverzicht **47** 154; Landgericht **75** 26; Liquidator **47** 149; **75** 23; Löschungsverfahren **75** 47; Löschungsvermerk **75** 42; Löschungsverfügung **75** 44; Mängel, der Anmeldung **75** 11 (– des Gesellschaftsvertrags **75** 1); Mängelheilung durch Gesellschafterbeschluss **76** 1; mangelnde Konkretisierung des Unternehmensgegenstandes **75** 18; mehrere Klagen **75** 31; mitbestimmungsrechtliche Streitigkeit **47** 150; Nichtigkeit, der Gesellschaft **75** 6 (– einzelner Beitrittserklärungen **75** 8; – einzelner Bestimmungen des Gesellschaftsvertrags **75** 7); Nichtigkeitsgründe **75** 5 ff.; Nichtigkeitsprozess **75** 47; Nießbraucher **75** 23; notwendige Streitgenossenschaft **47** 150; **75** 23; österreichisches Recht **75** 50; offene Mantelgründung/Vorratsgründung **75** 17; Passivlegitimation **75** 24; Pfandgläubiger **75** 23; Prozessbeteiligte **47** 146 ff.; Rechte der Gesellschafter **45** 20; Rechtskraft des Urteils **75** 32; Rechtsmittel gegen Löschungsverfügung **75** 44; Rechtsschutzinteresse **47** 142; Registergericht **75** 40; Schadensersatz **75** 36; Satzungsänderung **75** 20; Scheingesellschaft **75** 1; Schiedsgerichtsvereinbarungen **47** 143; Schiedsverfahren **75** 22; Schutz, Dritter **47** 158 (– unbeteiligter Dritter **47** 157); staatliche Genehmigung **75** 15; Streitgegenstand **47** 141; Streitwert **75** 33; Treugeber **75** 23; Treuwidrigkeit der Klageerhebung **75** 28; Übernahmeerklärungen **75** 25; Umwandlung **75** 20; unzulässiger Gesellschaftszweck **75** 14; Urteil **75** 32; Urteilswirkungen **47** 155 f.; **75** 37; verdeckte Mantelgründung **75** 17; Verfahren **75** 25 (– bei Amtslöschung **75** 39); Verletzung der Treuepflicht **75** 36; Vernichtung **75** 1; Versäumnisurteil **47** 154; Verstoß gegen gute Sitten **75** 14; Vertretung der Gesellschaft **35** 21; Verwirkung **75** 29; vorherige Aufforderung der Gesellschaft zur Mängelbeseitigung **75** 28; Widerklage **47** 153; **75** 22; Widerspruch **75** 42; Wirkung, der Klageabweisung **47** 159 (– der Nichtigkeit **77** 1; – des Löschungsvermerks **75** 45 f.); zum Schein vereinbarter Unternehmensgegenstand **75** 16; Zuständigkeit **47** 143; **75** 25 (– bei Amtslöschung **75** 39); Zustellung der Klage **75** 27

Niederlande, GmbH-Recht **12** 52
Niederlassungsfreiheit, „Daily Mail"-Entsch. **Einl.** 311; Internationales Privatrecht **Einl.** 311
Niederlassungsrecht, ausländische Gesellschaften **Einl.** 350; „Centros"-Entsch. **Einl.** 350
Nießbrauch, Anmeldung, bei der Gesellschaft **15** 71 (– gem. § 16 **16** 22); Auflösungsklage **61** 13; Ausgestaltung **15** 72; Ausgliederung aus Vermögen eines Einzelkaufmanns **77 Anh.** 645; Auszahlungsverbot **30** 23; Beendigung **15** 80 f.; Befugnisse des Nießbrauchers **15**

78 f.; Bestellung von Liquidatoren 66 10; eigene Geschäftsanteile 33 22; eigenkapitalersetzende Gesellschafterdarlehen 32 a 74, 99; Einbeziehung von Mitgliedschaftsrechten 15 76 f.; Einziehung 34 48; Erstattungsanspruch gem. § 31 31 11; Geschäftsanteil 14 53; Gewinnanspruch 29 32; Gewinnanteilsschein 29 69; Gewinnbezugsrecht aus eigenen Anteilen 33 46; Kapitalerhöhung 15 73 f.; Nichtigkeitsklage 75 23; notarielle Beurkundung 15 70; Schadensersatzansprüche des Nießbrauchers 15 75; Teilung von Geschäftsanteilen 17 53; Verschmelzung 77 Anh. 393

Nießbraucher, Stimmrecht bei Satzungsänderung 53 44; Zustimmung zur Satzungsänderung 53 55

Normativsystem, Gründung der Gesellschaft 11 2; Handelndenhaftung 11 106; Vorgesellschaft 11 2

Notar, Anmeldung 7 8 (– der Satzungsänderung 54 6); Anteilsübertragung 2 42; Anzeige der Gesellschafterliste 40 8; Auslandsbeurkundung eines Verschmelzungsvertrages 2 43; ausländischer – 2 40; 53 39; Ausschluss von der Beurkundung 2 38; Basler – 2 43; 53 40; Beglaubigung, der Anmeldung durch ausländischen Notar 7 10 (– der Anmeldung von Zweigniederlassungen 12 33); Belehrung bei Anmeldung 8 25; Belgien 2 42; Beurkundung, durch deutschen Notar 2 39 (– von Gesellschafterbeschlüssen durch ausländischen Notar 47 99; – von Satzungsänderungen 53 37); Einreichen der Anmeldeerklärung 7 8; Einzahlung auf Notarkonto 7 23; Frankreich 2 42; Gebühren, für Anmeldung 7 39 (– für Beglaubigung der Anmeldung 7 39); gebührenfreies Nebengeschäft 54 18; Geschäftsanteilsabtretungen 53 40; Gesellschaftsvertrag 2 42; 53 40; Gleichwertigkeitserfordernis 53 39; Gleichwertigkeitsvoraussetzung 2 42; Haftung für verdeckte Sacheinlage 19 135; Hauptversammlung einer AG 2 43; Inhalt der Anzeige der Gesellschafterliste 40 9; Innsbrucker – 53 40; Italien 2 42; lateinisches Notariat 2 42; niederländischer – 53 39; Niederlande 2 42; Notariat Zürich-Altstadt 2 42; 53 39; notarielle Bescheinigung 54 7; Österreich 2 42; österreichischer – 53 40; Satzungsänderung 2 42; 53 37; 54 13; Satzungsänderungen im Ausland 53 40; Spanien 2 42; Verschmelzungsvertrag 2 43; 53 39; Zürcher Notar 2 42; 48 5; Zürich 2 42

Notargebühren, Anmeldung 7 39

Notarielle Beurkundung, Anmeldung 78 18 (– der Gesellschaft 7 10); Annahme der Übernahmeerklärung 56 13; ausländischer Notar 2 40 ff.; 53 39; Ausschluss eines Notars 2 38; Basler Notar 2 43; 53 40; Beherrschungsvertrag 52 Anh. 61; Beitrittserklärung persönlich haftender Gesellschafter bei Formwechsel 77 Anh. 152; Beschluss über Umstellung auf Euro 86 39; Genehmigung des Formwechsels 77 Anh. 152; Geschäftsanteilsabtretung 53 40; Gesellschafterbeschlüsse 53 10; 48 17; Gesellschaftsvertrag 2 1, 36; Gewinnabführungsvertrag 52 Anh. 61; Gleichwertigkeitserfordernis 53 39; Gleichwertigkeitsvoraussetzungen 2 42; Innsbrucker Notar 53 40; lateinisches Notariat 2 42; niederländischer Notar 53 39; Notar in Zürich 2 42; Notariat Zürich-Altstadt 2 42; 53 39; österreichischer Notar 2 42; 53 40; Ortsstatut 2 41; Prüfungsbericht bei Verschmelzung 77 Anh. 326; Satzungsänderung 53 37; Satzungsänderung bei Einpersonen-GmbH 53 63; Spaltungsvertrag 77 Anh. 532; Stimmrechtsvollmachten 53 42; Stufenbeurkundung 2 37; Übernahmeerklärung 55 38, 56; 56 13; Umfang der Beurkundung bei Satzungsänderung 53 38; Umstellungsbeschluss 86 14 ff.; Umwandlung, GmbH in OHG 77 Anh. 224 (– von Körperschaften und Anstalten öffentlichen Rechts in GmbH 77 Anh. 214); Umwandlungsbeschluss 77 Anh. 48; Veräußerungsvertrag 15 76 ff.; Vereinigung von Geschäftsanteilen 58 a 14; Verschmelzung 77 Anh. 355; Verschmelzungsvertrag 53 39; 77 Anh. 314; Verschmelzungsprüfung 77 Anh. 342; Verzicht, auf Barabfindungsangebot bei Umwandlung 77 Anh. 88 (– auf Prüfungsbericht 77 Anh. 91; – auf Verschmelzungsbericht 77 Anh. 43; – auf Verschmelzungsbericht 77 Anh. 331); Vollmacht 2 54; Wirksamkeit ausländischer Beurkundung 2 40; Wirkungsstatut 2 42; Zustimmung 53 41; Zustimmungserklärungen, bei Umwandlung 77 Anh. 56 (– persönlich haftender Gesellschafter bei Formwechsel 77 Anh. 152); Zweck der Auslandsbeurkundung 2 44

Notgeschäftsführer, Abberufung 35 77; 38 1 (– aus wichtigem Grund 6 36); Antragsberechtigte 6 33; Aufsichtsratsmitglieder 6 36; Beendigung der Notbestellung 6 36; Befugnisse 35 77; Bestellung 6 32; 35 25 (– durch Amtsgericht 6 32; – nach MitbestG 6 38); Betriebsrat 6 33; Eignungsvoraussetzungen 35 71; einfache Beschwerde 6 36; Einzelvertretungsbefugnis 6 35; Erlöschen der Notgeschäftsführung 35 77; Fehlen des Geschäftsführers 35 76 f.; Geschäftsführer 6 33; Geschäftsführungsbefugnis 6 35; Gesellschafter 6 33; Gläubiger 6 33; Kosten 35 77; Notlage 6 33; Pflicht zur Amtsübernahme 6 34; Rechte aus dem Anstellungsvertrag 35 86; Rechtsmittel 6 36; Stellung 6 35; Vergütung 6 37; Vertretungsmacht 6 35; 37 46; Verwaltungsbehörde 6 33; weitere Beschwerde 6 36; Widerruf der Bestellung 6 36

Österreichisches Recht, Abandon 27 58; Abberufung 38 54; Ablehnung der Eintragung 57 a 13; Abstimmung 47 160 ff.; Amtsniederlegung 38 54; Angaben auf Geschäftsbriefen 35 a 16; Anhang 42 a Anh. I 455; Anmeldeprinzip 7 40; Anmeldung 7 40; 8 31 f. (– der Auflösung 65 13; – der Geschäftsführer 39 12; – der Kapitalerhöhung 57 51; – des Kapitalerhöhungsbeschlusses 57 i 14; – nach § 16 16 47; – und Eintragung von Satzungsänderungen 54

2751

Sachverzeichnis

Fette Zahlen = §§

41); Anmeldungspflichtige **78** 22; Anschaffungskosten **57 o** 6; Anstellungsvertrag **35** 115; Art der Kapitalerhöhung **57 h** 14; Aufgaben der Liquidatoren **70** 25; Auflösung der Gesellschaft **60** 92 (– durch Urteil **61** 22; – durch Verwaltungsbehörde **62** 16); Aufsichtsrat **Einl.** 294 ff.; **52** 51; Auskunfts- und Einsichtsrechte **51 a** 31; **51 b** 11; Ausweisung von Kapital- und Gewinnrücklagen **57 d** 15; Auszahlungsverbot **30** 80; Bareinlagen **5** 72; Beendigung der Liquidation **74** 33; Bekanntmachung **10** 34 (– der Eintragung der Kapitalerhöhung **57 b** 4); Beschluss über Kapitalherabsetzung **58 e** 12; Beschlussfähigkeit der Gesellschafterversammlung **47** 160 ff.; beschränkte Nachschusspflicht **28** 14; Bewertungsvorschriften **42 a Anh. I** 451 f.; Beziehungen zu Dritten bei Kapitalerhöhung **57 m** 11; Bilanzgliederungsschema **42 a Anh. I** 453; Bilanzierung **42 a Anh. I** 448 ff.; Bilanzierungsgrundsätze **42** 19 ff.; Buchführung **41** 161; **42 a Anh. I** 449; „Centros"-Entsch. **Einl.** 344; Control-concept **42 a Anh. II** 359; „Daily Mail"-Entsch. **Einl.** 344; Differenzhaftung **9** 15; eigene Geschäftsanteile **33** 78; eigenkapitalersetzende Gesellschafterdarlehen **32 a** 262; Einberufung der Gesellschafterversammlung **49** 17; Einfluss auf Geschäfts- und Finanzpolitik **42 a Anh. II** 361; einheitliche Leitung **42 a Anh. II** 359; einheitlicher Bilanzstichtag **42 a Anh. II** 359; Einheitstheorie **42 a Anh. II** 359; Einpersonen-GmbH **11** 189 (– Vorgesellschaft **11** 189); Eintragung in das Handelsregister **10** 32; Einziehung **34** 133; Equity-Methode **42 a Anh. II** 358; Ergebnisverwendung **29** 178; Erstattungsanspruch gemäß § **31** 31 77; Erwerbsmethode **42 a Anh. II** 363; 1. Euro-Justiz-Begleitgesetz **86** 53; falsche Angaben **82** 123 ff.; Fremdenrecht **Einl.** 358; Firma **4** 76; Funktion des Aufsichtsrats **Einl.** 296; Gemeinschaftsunternehmen im Konzern **42 a Anh. II** 360; Generally Accepted Accounting Prinziples (US-GAAP) **42 a Anh. II** 364; Geschäftsanteil **14** 50, 54; Geschäftsführer **6** 40; Geschäftsführungsbefugnis **37** 58; Gesellschafterbeschlüsse **46** 48; **47** 160 ff.; Gesellschafterliste **40** 12; Gesellschafterversammlung **48** 26; **51** 14; Gesellschaftsvertrag **2** 96; **3** 54; Gesellschaftszweck **1** 54; gesetzliche Zahlungsmittel **7** 42; Gewinnbeteiligung neuer Anteile **57 n** 5; Gewinn- und Verlustrechnung **42 a Anh. I** 454; GmbH **13** 165 f.; Gründerlohn **5** 73; Gründungshaftung **9 a** 38; **9 b** 18; Haftung, als falsus procurator **11** 188 (– der Auftraggeber **9 a** 38; – der Geschäftsführer **43** 89; – des Rechtsvorgängers bei Kaduzierung **22** 37; – für falsche Angaben **9 a** 38; – für Schädigung **9 a** 38; – gem. § 24 **24** 39); Handelndenhaftung **11** 186; Inhalt der Eintragung **10** 33; Interessenzusammenführung **42 a Anh. II** 362; Insolvenz **63** 175; Insolvenzantragspflicht **64** 58; International Accounting Standards (IAS) **42 a Anh. II** 364; Internationales Privatrecht **Einl.** 344; Inventar **42 a Anh. I** 449; Jahresabschluss **42 a** 106 ff.; **42 a Anh. I** 450; Kaduzierung **21** 67; **25** 3; Kapitalerhöhung **55** 63 (– aus Gesellschaftsmitteln **57 c** 30; **57 e**–**57 g** 14; – mit Sacheinlagen **56** 32); Kapitalherabsetzung **58** 55 (– bei gleichzeitiger Erhöhung des Stammkapitals **58 f** 16); Konkordanzliste GmbHG – ÖGmbHG **Einl. Anh. II**; Konsolidierung **42 a Anh. II** 358; Konto, des Geschäftsführers **7** 42 (– der Gesellschaft **7** 42); Konzernabschluss **42 a Anh. II** 357; Konzernanhang **42 a Anh. II** 367; Konzern-Gewinn- und Verlustrechnung **42 a Anh. II** 366; Konzernlagebericht **42 a Anh. II** 367; Konzernrecht **52 Anh.** 119; Kündigung des Geschäftsführers **38** 55; Lagebericht **42 a Anh. I** 456; Leistungen auf das neue Stammkapital **56 a** 13; Liquidation **66** 34; Liquidationsbilanz **71** 33; Liquidationseröffnungsbilanz **71** 33; Liquidatoren **66** 34; Löschung **60** 92; Mängelheilung durch Gesellschafterbeschluss **76** 9; Minderheitsrechte **50** 14; Mindesteinzahlung bei Anmeldung **7** 41; Mindeststammkapital **5** 71; Mitberechtigung am Geschäftsanteil **18** 33; Mitbestimmung **Einl.** 294 ff.; Möglichkeiten der Einzahlung **7** 42; Nachschusspflicht **26** 45; Nichteintritt angenommener Verluste **58 c** 10; Nichtigerklärung von Gesellschafterbeschlüssen **47** 160 ff.; Nichtigkeitsklage **75** 50; ÖGmbH-Nov. 1980 **Einl.** 14; Personalstatut **Einl.** 344; Pflicht zur Bildung eines Aufsichtsrats **Einl.** 295; Preisgaberecht **27** 58; Prüfungspflicht des Handelsgerichts **10** 32; Quotenkonsolidierung **42 a Anh. II** 358; Rechnungslegung **42 a Anh. I** 448 ff.; Rechte der Gesellschafter **45** 28; Rechtsentwicklung der GmbH **Einl.** 5; registergerichtliche Prüfung **9 c** 41; Registerkosten bei Umstellung auf Euro **86** 61; Rückzahlung von Gewinn **32** 22; Sacheinlagen **5** 72; Sachübernahmen **5** 72; Satzungsänderungen **53** 69; Sitz der Gesellschaft **4 a** 24; Sitztheorie **Einl.** 344; Sitzverlegung **4 a** 25; Sonderrechte **5** 72; Sondervorteile **5** 72; Sperrjahr **73** 39; Stammeinlage **19** 175; stellvertretende Geschäftsführer **44** 5; Stichtagsmethode **42 a Anh. II** 365; Stimmrechtsausschließungsgründe **47** 160 ff.; Stimmrechtsvertretung **47** 160 ff.; Strafvorschriften **Vor 82–85** 80 f.; Teilnahme an Erhöhung des Stammkapitals **57 l** 5; Teilrechte **57 k** 6; Teilung von Geschäftsanteilen **17** 54; Übertragung von Geschäftsanteilen **15** 200; Umstellung auf Euro **86** 53 ff.; verdeckte Sacheinlage **19** 175; vereinfachte Kapitalherabsetzung **58 a** 31; **58 b** 16; Verhältnis der Rechte bei Kapitalerhöhung **57 m** 11; Verletzung der Geheimhaltungspflicht **85** 43; Vermögensverteilung **72** 19; **73** 39; Verteilung der Geschäftsanteile **57 j** 7; Vertretungsmacht des Geschäftsführers **37** 58; Verzugszinsen **20** 32; Vollkonsolidierung **42 a Anh. II** 358; Vorgesellschaft **11** 186; Währungsumrechnung **42 a Anh. II** 365; Wirkung, der Nichtigkeit **77** 10

Magere Zahlen = Randnummern **Sachverzeichnis**

(– der Vertretung **36** 7); Zeitbezugsmethode **42a Anh. II** 365; Zwangsgelder **79** 22; Zwangsverkauf **23** 45; Zweigniederlassungen **12** 71; Zwischenabschluss **42a Anh. II** 359
Offenbarungspflichten, Bußgeldvorschriften **Vor 82–85** 73 ff.
Offenlegungspflicht, Art der Offenlegung **41** 141, 144, 147; Begriff **41** 139; Bestätigungsvermerk **42a** 45; Einstellung in die Kapitalrücklage **58c** 6; Ergebnisverwendungsbeschluss **42a** 93; Erleichterungen für Tochtergesellschaften **41** 150; Eröffnungsbilanz **41** 99; Große Gesellschaften **41** 140 ff.; Jahresabschluss **41** 116, 139 ff.; **42a Anh. I** 447 (– bei Kapitalherabsetzung **58e** 10; – bei Kapitalherabsetzung und gleichzeitiger Erhöhung des Stammkapitals **58f** 15); kleine Gesellschaften **41** 146 ff.; Konzernabschluss **42a Anh. II** 343, 354; Konzerngesellschaften **41** 149; Konzernlagebericht **42a Anh. II** 343, 354; Kredit- und Finanzdienstleistungsinstitute **41** 148; Lagebericht **41** 138, 139 ff.; – bei Liquidation **71** 18; mittelgroße Gesellschaften **41** 143 ff.; Prüfung des Jahresabschlusses **42a Anh. I** 447 (– durch das Registergericht **41** 151); Publizitätspflicht **41** 139; Sanktionierung bei Verletzung **41** 153; unrichtige Darstellung **Vor 82–85** 40; Veröffentlichung **41** 154; Verschmelzungsbericht **77 Anh.** 345; Verschmelzungsprüfungsbericht **77 Anh.** 345; Verschmelzungsvertrag **77 Anh.** 346; Vervielfältigung **41** 154
„Opel"-Entsch., Einl. 56, 254
ordre public, Anerkennung **Einl.** 342; Ausschluss der Anwendung ausländischen Rechts **Einl.** 342; Gründungstheorie **Einl.** 317; liechtensteinisches Personenrecht **Einl.** 343; Sitztheorie **Einl.** 303 ff.; sozialistische Länder **Einl.** 343
Organe, delegierte Aufgaben **45** 18; Entstehung durch Delegation von Aufgaben **45** 18; Geschäftsführer **6** 3; Haftung **45** 19; Rechte der Gesellschafter **45** 18; Wahl zum Organmitglied **47** 71
Organhaftung, s. *Durchgriffshaftung*
Organisationsrecht, Gesellschaftsstatut ausländischer Gesellschaften **Einl.** 330
Ortsform, Formvorschriften **Einl.** 322

Patentanwalts-GmbH, 1 25, 28
Pensionsgeschäfte, Bilanzierung **42a Anh. I** 55 f.; echte – **42a Anh. I** 56 f.; Legaldefinition **42a Anh. I** 55 f.; Rechnungslegung **42a Anh. I** 55 f.; unechte – **42a Anh. I** 56, 58
Personalstatut, s. auch *Gesellschaftsstatut*; Internationales Privatrecht **Einl.** 298 f.; österreichisches Recht **Einl.** 344
Personenfirma, Allerweltsnamen **4** 21; Einzelfälle zum Irreführungsverbot **4** 44; Familienname **4** 21; Firma **4** 21 ff.; Künstlername **4** 21; Name **4** 21; Namensbildung **4** 22 ff. (– bei Beteiligung von BGB-Gesellschaften **4** 24; – bei Beteiligung von juristischen Personen **4** 23; – bei Beteiligung von Personengesellschaften **4** 23; – bei Beteiligung von sonstigen Gemeinschaften **4** 24; – durch Aufnahme anderer Namen als die der Gesellschafter **4** 26); namensrechtliche Zustimmung des Gesellschafters **4** 25; Prinzip der freien Firmenwahl **4** 7; Streichung eines Gesellschafternamens **4** 64; Vornamen **4** 21
Pfändung, s. auch *Verpfändung;* Anmeldung nach § 16 **16** 22; Auszahlungsverbot **30** 28; Bewertung des Geschäftsanteils **15** 147 ff.; Dienst- und Versorgungsbezüge **35** 103; Doppelpfändung **15** 139; eigene Geschäftsanteile **33** 21; eigenkapitalersetzende Gesellschafterdarlehen **32a** 74; Einzahlungen auf die Stammeinlage **19** 170 f.; Erstattungsanspruch gemäß § 31 **31** 4; Folgen der Einforderung von Nachschüssen **26** 36; Geschäftsanteil **14** 42, 52; **15** 134; Gewinnanspruch **29** 32; Gewinnanteilsschein **29** 129; Kapitalerhöhung **15** 137; Nutzungen **15** 138; – eines Teils des Geschäftsanteils **15** 140; Pfändungspfandrecht **15** 135; Regressanspruch gem. § 24 **24** 34; Reichweite **15** 136; Stellung des Gesellschafters **15** 146; Teilung von Geschäftsanteilen **17** 52; Vorkaufsrecht der Gesellschaft **15** 141; Zwangsversteigerung **15** 142 ff.
Pfandgläubiger, eigenkapitalersetzende Gesellschafterdarlehen **32a** 74
Pfandrecht, Auflösungsklage **61** 13; Kapitalerhöhung **15** 137; Nichtigkeitsklage **75** 23
Pflegschaft, Geschäftsanteile **15** 113; Veräußerung **15** 113; Vertreter nach § 18 **18** 14
Pflichtverletzung iSd. § 84, abstrakte Gefährdungsdelikte **84** 7; andauerndes Unvermögen **84** 29; Anstiftung **84** 65; Anzeigepflicht des Geschäftsführers **84** 19; Auslegungsgrundsätze **84** 10; Ausscheiden des Geschäftsführers aus der Geschäftsleitung **84** 49; Beihilfe **84** 64; Bestimmung der Zahlungsunfähigkeit **84** 30; Bilanzrichtlinien-Gesetz (BiRiLiG) **84** 3; blankettartige Tatbestände **84** 6; echte Sonderdelikte **84** 9; echte Unterlassungsdelikte **84** 5; EGInsO **84** 4; Erfordernis der Bilanzaufstellung **84** 15 ff.; Erstellen des Überschuldungsstatus **84** 38; fällige Geldschulden **84** 26; Fahrlässigkeit **84** 51 f.; fahrlässiges Nichterkennen **84** 51; faktischer Geschäftsführer **84** 10 f.; Geldmangel **84** 29; Geschäftsführer **84** 8; Geschäftsführer einer Vorgesellschaft **84** 43; GmbH-Nov. 1980 **84** 3; Handlungspflicht nach § 64 Abs. 1 **84** 43; Illiquidität im betriebswirtschaftlichen Sinn **84** 30; Individualinteressen **84** 2; innerer Tatbestand **84** 51 f.; Insolvenzordnung **84** 4, 23; Irrtum **84** 55; Kapitalverlust **84** 1; Konkurrenzen **84** 65 Krisensituation **84** 1; Liquidatoren **84** 8; Mittäter **84** 63; mittelbarer Täter **84** 63; Pflichtverletzung per Verlust, Zahlungsunfähigkeit oder Überschuldung **84** 1; positive Kenntnis **84** 45; Rechtsfolgen **84** 66; Rechtswidrigkeit der Anzeigeerstattung **84** 50; schuldhaftes Zögern **84** 44; Schutzgesetze iSd. § 823 Abs. 2 BGB **84** 2; Sondereigenschaften des Täterkreises **84** 10; Stellvertreter, von Geschäftsfüh-

Sachverzeichnis

Fette Zahlen = §§

rern **84** 8 (– von Liquidatoren **84** 8); Strafrahmen **84** 67; Strafverfolgung **84** 66; Täter **84** 8; Täterkreis **84** 8; Täterschaft **84** 63; Tatbeendigung **84** 56, 59 ff.; Tatbestand **84** 14; Tathandlung **84** 5; Tatvollendung **84** 56 ff.; Teilnahme **84** 63; Überschuldung *(s. auch dort)* **84** 35 ff.; Überschuldungsstatus **84** 37; unterlassene Verlustanzeige **84** 13; unterlassener Insolvenzantrag **84** 22; Unterlassungsdelikte **84** 59; Unzumutbarkeit der Anzeigeerstattung **84** 50; Verantwortlichkeit **84** 12; Verjährung **84** 66; Vermögensverlust **84** 14; Versuch **84** 62; Verzicht der Gesellschafter auf eine Anzeige **84** 19; Vorsatz **84** 51 ff.; Zahlungsmittel **84** 27; Zahlungsstockung **84** 18; Zahlungsunfähigkeit *(s. auch dort)* **84** 24 ff.; Zwangsvollstreckung **84** 30; Zweites Gesetz zur Bekämpfung der Wirtschaftskriminalität (2.WiKG) **84** 3

Phantasiefirma, „Bauhelf"-Entsch. **4** 29; Grenzen der Gestaltungsfreiheit **4** 29; Namensbildung **4** 29; „NetCom"-Entsch. **4** 29; „Parkota"-Entsch. **4** 29; Prinzip der freien Firmenwahl **4** 7

Polen, GmbH-Recht **12** 53

Portugal, GmbH-Recht **12** 52

Preisgabe, *s. Abandon*

private limited company, company limited by shares **Einl.** 380; GmbH-Recht **12** 54; Rechtsvergleichung **Einl.** 380

Prokura, Filialprokura **12** 26; gemischte Gesamtvertretung **35** 59; Gesellschafterbeschlüsse **46** 36; – bei Liquidation **70** 2; RA-GmbH **1** 35; Spaltung **77 Anh.** 541; unechte Gesamtvertretung **35** 56; Umwandlung **77 Anh.** 125; unechter Prokurist **35** 58; Verschmelzung **77 Anh.** 399; Widerruf einer – durch Gesellschafterbeschluss **46** 38; Zweigniederlassungen **12** 26

Prokurist, Anmeldung, der Kapitalerhöhung **57** 11 (– von Satzungsänderungen **54** 6); Anmeldungspflichtige **57** 11; Bestellung **46** 36; eigenkapitalersetzende Gesellschafterdarlehen **32 a** 96; Filialprokurist **12** 26; gemischte Gesamtvertretung **35** 59; Gesellschafterbeschlüsse **46** 36; In-Sich-Geschäft **35** 34; Insolvenz **63** 133; Liquidator **70** 2; unechte Gesamtvertretung **35** 56; unechter – **35** 58; Verschmelzungsvertrag **77 Anh.** 313; Vorgesellschaft **11** 77; Zweigniederlassung **12** 14, 26

Prozessfähigkeit, ausländische Gesellschaften **Einl.** 325

Prüfungsvertrag, Abschlussprüfer **42 a** 31; Nichtigkeit **42 a** 29; Zustandekommen **42 a** 31 (– bei Bestellung durch Gericht **42 a** 36)

Publizitätspflichten, Ausweichen durch Umwandlung **77 Anh.** 25; *s. auch Offenlegungspflichten*

„Quickborner EDV"-Entsch., **Einl.** 55

RA-GmbH, *s. Rechtsanwalts-GmbH*

Rangrücktritt, Aufhebung **32 a** 228; Bedeutung **32 a** 226; Behandlung im Insolvenzverfahren **32 a** 227; eigenkapitalersetzende Gesellschafterdarlehen **32 a** 208, 226; **63** 64 ff.; Gesellschaftskrise **32 a** 37

Realisationsprinzip, Bilanz **42 a Anh. I** 15, 66; Zwischenergebniseliminierung im Konzernabschluss **42 a Anh. II** 199

Realteilung, Spaltung **77 Anh.** 519

Rechnungsabgrenzungsposten, aktive – **42 a Anh. I** 214 ff.; Aktivseite **42 a Anh. I** 31; Bilanzierung **42 a Anh. I** 31, 214 ff. (– in der Überschuldungsbilanz **63** 48; – passiver Rechnungsabgrenzungsposten in der Überschuldungsbilanz **63** 61); passive – **42 a Anh. I** 337; Passivseite **42 a Anh. I** 31; Rechnungslegung **42 a Anh. I** 214 ff.; Steuerrecht **42 a Anh. I** 31

Rechnungslegung, Abgrenzung der Beteiligung vom bloßen Anteilsbesitz **42 a Anh. I** 179; Abgrenzungsgrundsätze **42 a Anh. I** 15 ff.; Abschreibungen **42 a Anh. I** 133 ff.; Absetzungen für Abnutzung (AfA) **42 a Anh. I** 138; Abweichung, von Bilanzierungsmethoden im Anhang **42 a Anh. I** 406 (– von Bewertungsmethoden im Anhang **42 a Anh. I** 406 f.); Abzahlungsgeschäfte **42 a Anh. I** 37; aktiver Saldo latenter Steuern **42 a Anh. I** 229; Aktivierungsfähigkeit **42 a Anh. I** 24; Aktivierungspflicht **42 a Anh. I** 26; Aktivierungsverbot **42 a Anh. I** 162; Aktivierungswahlrechte **42 a Anh. I** 403; Altersteilzeit **42 a Anh. I** 294; Altersversorgung **42 a Anh. I** 285, 366; Altzusage bei Pensionsverpflichtungen **42 a Anh. I** 286; anfallende Verluste bei Kapitalgesellschaften & Co. **42 a Anh. I** 259; Angabe, der Gründe für planmäßige Abschreibung des Geschäfts- oder Firmenwertes **42 a Anh. I** 437 (– der Mitglieder des Aufsichtsrates, im Anhang **42 a Anh. I** 431; – der Mitglieder des Geschäftsführungsorgans, im Anhang **42 a Anh. I** 431; – der Unterschiedsbeträge bei Bewertungsvereinfachungsverfahren, im Anhang **42 a Anh. I** 409; – des Materialaufwands im Umsatzkostenverfahren, im Anhang **42 a Anh. I** 425; – des Personalaufwands bei Umsatzkostenverfahren, im Anhang **42 a Anh. I** 425; – finanzieller Verpflichtungen bei der Kleinen GmbH, im Anhang **42 a Anh. I** 417; – von Bezügen und anderen Leistungen an Organmitglieder, im Anhang **42 a Anh. I** 427; – über Beeinflussung des Jahresergebnisses durch steuerrechtliche Abschreibungen, im Anhang **42 a Anh. I** 420; – über Einbeziehung von Zinsen für Fremdkapital in die Herstellungskosten, im Anhang **42 a Anh. I** 411; – über Zahl der beschäftigten Arbeitnehmer, im Anhang **42 a Anh. I** 424; – zu Anteilsbesitz an Unternehmen, im Anhang **42 a Anh. I** 432; – zu sonstigen finanziellen Verpflichtungen, im Anhang **42 a Anh. I** 414; – zu „sonstigen Rückstellungen", im Anhang **42 a Anh. I** 436; – zum Mutterunternehmen, im Anhang **42 a Anh. I** 438); Anhang **42 a Anh. I** 399 ff.; Anlagen im Bau **42 a Anh. I**

Magere Zahlen = Randnummern

Sachverzeichnis

172 f.; Anlagengitter **42a** Anh. I 181; Anlagenspiegel **42a** Anh. I 181; Anlagevermögen **42a** Anh. I 159 ff.; Anleihen **42a** Anh. I 329; Ansatzverbote **42a** Anh. I 26; Ansatzwahlrechte **42a** Anh. I 27 (– für Altzusagen bei Pensionsverpflichtungen **42a** Anh. I 286); Anschaffungskosten **42a** Anh. I 73 ff., 183; Anschaffungspreisminderungen **42a** Anh. I 77; Anschaffungspreisprinzip **42a** Anh. I 15; Anteile an verbundenen Unternehmen **42a** Anh. I 206; antizipative Forderungen **42a** Anh. I 203; anwendbare Vorschriften bei Liquidation **71** 30; Aufgliederung, der Ertragssteuern im Anhang **42a** Anh. I 423 (– der Umsatzerlöse im Anhang **42a** Anh. I 418); Auflösung, der nicht mehr benötigten Rückstellung **42a** Anh. I 360 (– von Pensionsrückstellungen **42a** Anh. I 292); aufschiebend bedingte Verbindlichkeiten **42a** Anh. I 320; Aufwandsrückstellungen **42a** Anh. I 278, 302 f.; Aufwendungen **42a** Anh. I 87 (– für Erweiterungen des Geschäftsbetriebes **42a** Anh. I 222; – für Forschungs- und Entwicklungsarbeiten **42a** Anh. I 97; – für Grundlagenforschung **42a** Anh. I 97; – für Ingangsetzung des Geschäftsbetriebes **42a** Anh. I 222; – für soziale Einrichtungen **42a** Anh. I 94); Ausgaben **42a** Anh. I 87; Ausgleichsposten für aktivierte eigene Anteile **42a** Anh. I 267; Ausleihungen **42a** Anh. I 177 (– bei Kapitalgesellschaften & Co. **42a** Anh. I 269; – gegenüber Gesellschaftern **42a** Anh. I 177, 226); Ausschüttungssperre **42a** Anh. I 224, 232; außerordentliche Aufwendungen **42a** Anh. I 91; ausstehende Einlagen **42a** Anh. I 199; Ausweis, des Stammkapitals bei Liquidation **71** 23 (– geleisteter Anzahlungen **42a** Anh. I 165, 171; – von Jahresfehlbeträgen bei Kapitalgesellschaften & Co. **42a** Anh. I 262; – von Kapitalanteilen beschränkt haftender Gesellschafter bei Kapitalgesellschaften & Co. **42a** Anh. I 258; – persönlich haftender Gesellschafter bei Kapitalgesellschaften & Co. **42a** Anh. I 258; – von Rücklagen **42a** Anh. I 247; – vom Verlustvortrag bei Kapitalgesellschaften & Co. **42a** Anh. I 262); Bauten **42a** Anh. I 167 (– auf fremden Grundstücken **42a** Anh. I 36, 168); Befreiung von Prüfungsvorschriften bei Liquidation **71** 28 f.; beizulegender Wert **42a** Anh. I 98; Beibehaltung von Bewertungsmethoden **42a** Anh. I 19; Berechnung von Unternehmensanteilen im Anhang **42a** Anh. I 433; Berücksichtigung von Privatvermögen **42a** Anh. I 263; Bestimmung des Anschaffungspreises **42a** Anh. I 108; Beteiligungen **42a** Anh. I 178; betriebliche Altersversorgung **42a** Anh. I 94; Betriebsabrechnung **42a** Anh. I 88; Betriebs- und Geschäftsausstattung **42a** Anh. I 170; Bewertung der Verbindlichkeiten **42a** Anh. I 326; Bewertungsgrundsätze **42a** Anh. I 61 ff. (– für den Jahresabschluss bei Liquidation **71** 14; – für die Liquidationseröffnungsbilanz **71** 10); Bewertungshilfe **42a** Anh. I 95; Bewertungsmaßstäbe **42a** Anh. I 73 ff.; Bewertungsmethoden im Anhang **42a** Anh. I 403 f.; Bewertungsvereinfachungsverfahren **42a** Anh. I 65, 111, 409; Bewertungsvorschriften im österreichischem Recht **42a** Anh. I 451; Bezüge früherer Mitglieder **42a** Anh. I 428; Bilanzgewinn **42a** Anh. I 253, 340; Bilanzgliederungsschema im österreichischem Recht **42a** Anh. I 453; Bilanzierung, bei Umstrukturierungsvorgängen **42a** Anh. I 83 (– des Treuguts **42a** Anh. I 53; – von Forderungen gegen beteiligte Unternehmen **42a** Anh. I 197); Bilanzierungsfähigkeit **42a** Anh. I 23; Bilanzierungshilfen **42a** Anh. I 26, 29 (– bei Kapitalgesellschaften & Co. **42a** Anh. I 268); Bilanzierungsmethoden im Anhang **42a** Anh. I 377; Bilanzierungspflicht **42a** Anh. I 23; Bilanzierungsverbot **42a** Anh. I 22; Bilanzierungswahlrechte **42a** Anh. I 23, 26; Bilanzklarheit **42a** Anh. I 13; Bilanzkontinuität **42a** Anh. I 19; Bilanzrichtlinien-Gesetz (BiRiLiG) **42a** Anh. I 1; Bilanzverlust **42a** Anh. I 253, 340; Bilanzwahrheit **42a** Anh. I 12; Buchwert **42a** Anh. I 103; Bundesbankguthaben **42a** Anh. I 212; Darstellung von Anteilen an einer Kommanditgesellschaft **42a** Anh. I 267; derivativ (erworbene) Geschäftswerte **42a** Anh. I 29; derivativer Geschäfts- oder Firmenwert (goodwill) **42a** Anh. I 164; Deutsche Rechnungslegungs Standards Committee (DRSC) **42a** Anh. I 6 ff.; **42a** Anh. II 2; Disagiobilanzierung **42a** Anh. I 218 f.; direkte Bruttomethode **42a** Anh. I 182, 184; direkte Kosten **42a** Anh. I 89; Discounted-Cash-Flow-Methode (DCF-Methode) **42a** Anh. I 100; echtes Factoring **42a** Anh. I 50; echte Pensionsgeschäfte **42a** Anh. I 56 f.; eigene Anteile **42a** Anh. I 207 f.; Eigenkapital **42a** Anh. I 234; Eigenkapitalausweis, bei der GmbH **42a** Anh. I 234 (– bei der Kapitalgesellschaft & Co. **42a** Anh. I 255); Eigenkapitalzinsen **42a** Anh. I 79; Eigentumsvorbehalt **42a** Anh. I 33; Einbauten in fremde Bauwerke **42a** Anh. I 34; Einfluss der Methodenänderung auf die Vermögens-, Finanz- und Ertragslage **42a** Anh. I 408; eingeforderte Nachschüsse **42a** Anh. I 228; eingeforderte, noch nicht eingezahlte Einlagen **42a** Anh. I 227; Einkaufskommission **42a** Anh. I 35; Einstellungen in die Kapitalrücklage **42a** Anh. I 238 f.; Einzelkosten **42a** Anh. I 89; Einzelvorschriften zum Anhang **42a** Anh. I 400; entgeltlich erworbene Vermögensgegenstände des Anlagevermögens **42a** Anh. I 28; ergänzende Grundsätze **42a** Anh. I 18; Ergänzungsbilanzen **42a** Anh. I 263; erhaltene Anzahlungen auf Bestellung **42a** Anh. I 331; erläuternder Bericht bei Liquidation **71** 12; Erläuterungen der Bilanz **42a** Anh. I 403; Ermittlung des Rückstellungsbetrages für Pensionsverpflichtungen **42a** Anh. I 291 (– des Steueraufwands bei Kapitalgesellschaften & Co. **42a** Anh. I 264);

2755

Sachverzeichnis

Fette Zahlen = §§

Erstattungsanspruch bei Kapitalgesellschaften & Co. **42 a Anh. I** 265; Ertragswertverfahren **42 a Anh. I** 100; Erweiterung des Geschäftsbetriebs **42 a Anh. I** 29 (– des Gliederungsschemas **42 a Anh. I** 158); Erwerb eigener Aktien **42 a Anh. I** 248; EU-Recht **42 a Anh. I** 2; Euro-Bilanzgesetz (EuroBilG) **42 a Anh. I** 5; Euro-Einführungsgesetz (EuroEG) **42 a Anh. I** 2; Euroumrechnungsrücklage **42 a Anh. I** 271 ff.; fakultative Rückstellungen **42 a Anh. I** 280; fertige Erzeugnisse **42 a Anh. I** 191; Festbewertung **42 a Anh. I** 65; Festwert **42 a Anh. I** 111 ff.; Fifo-Verfahren (first in – first out) **42 a Anh. I** 123; Finanzanlagen **42 a Anh. I** 173; Finanzierungskosten **42 a Anh. I** 78; Finanzierungsleasing **42 a Anh. I** 39 ff.; Firmenwert **42 a Anh. I** 164; flüssige Mittel **42 a Anh. I** 210; Forderungen **42 a Anh. I** 194 ff. (– aus Lieferungen und Leistungen **42 a Anh. I** 195; – bei Kapitalgesellschaften & Co. **42 a Anh. I** 269; – gegen Gesellschafter **42 a Anh. I** 201, 226; – gegen verbundene Unternehmen **42 a Anh. I** 197); Forderungsverzicht **42 a Anh. I** 242; formale Stetigkeit **42 a Anh. I** 18; freiwillige Angaben im Anhang **42 a Anh. I** 399, 401 ff.; freiwillige soziale Leistungen **42 a Anh. I** 94; Fremdwährung **42 a Anh. I** 106; geleistete Anzahlungen **42 a Anh. I** 193; Gemeinkosten **42 a Anh. I** 90 (– des Anschaffungsvorganges **42 a Anh. I** 75); geringwertige Anlagegüter **42 a Anh. I** 185; Genußrecht **42 a Anh. I** 322; Gesamtanschaffungspreis **42 a Anh. I** 79; Gesamtdifferenzbetrachtung **42 a Anh. I** 231; Gesamtkostenverfahren **42 a Anh. I** 341 ff.; geschlossene Devisenpositionen **42 a Anh. I** 109; Gesetz zur Kontrolle und Transparenz im Unternehmensbereich (KonTraG) **42 a Anh. I** 2; Gesetzesvorschlag des DSRC **42 a Anh. I** 8; gewerbliche Schutzrechte **42 a Anh. I** 163; andere Gewinnrücklagen **42 a Anh. I** 250; Gewinn- und Verlustrechung **42 a Anh. I** 341 ff. (– bei Kapitalgesellschaften & Co. **Anh. I** 265; – bei Liquidation **71** 15; – im österreichischem Recht **42 a Anh. I** 454; – in der Liquidationseröffnungsbilanz **71** 11); Gewinnrücklagen **42 a Anh. I** 243 f. (– bei Kapitalgesellschaften & Co. **42 a Anh. I** 261); Gewinnvortrag **42 a Anh. I** 251; gezeichnetes Kapital **42 a Anh. I** 235; Gliederung des Jahresabschlusses **42 a Anh. I** 143 f.; Gliederungsgrundsätze des Jahresabschlusses **42 a Anh. I** 145 f.; Gliederungsschema **42 a Anh. I** 156 f. (– der Gewinn- und Verlustrechnung **42 a Anh. I** 341); GmbH & Co. KG **42 a Anh. II** 4; going-concern-principle **42 a Anh. I** 63; goodwill **42 a Anh. I** 164; Große GmbH **42 a Anh. I** 156, 435; Grundlagen der Bewertung **42 a Anh. I** 61 ff.; Grundlagen der Währungsumrechnung in Euro im Anhang **42 a Anh. I** 405; Grundsatz der Bewertungsstetigkeit **42 a Anh. I** 20, 68 (– der Bilanzidentität **42 a Anh. I** 62; – der Darstellungsstetigkeit **42 a Anh. I** 350; – der Einheitlichkeit der Bewertung **42 a Anh. I** 68; – der Einzelbewertung **42 a Anh. I** 65; – der formellen Bilanzkontinuität **42 a Anh. I** 62; – der Fortsetzung der Unternehmenstätigkeit (going-concern-principle) **42 a Anh. I** 63; – der Klarheit und Übersichtlichkeit **42 a Anh. I** 13; – der Methodenbestimmtheit des Wertansatzes **42 a Anh. I** 72; – der Periodenabgrenzung **42 a Anh. I** 67; – rechtlicher Zugehörigkeit **42 a Anh. I** 25; – der Richtigkeit und Willkürfreiheit **42 a Anh. I** 12; – der Stetigkeit **42 a Anh. I** 18; – der Vollständigkeit **42 a Anh. I** 14; – der Vorsicht **42 a Anh. I** 15, 66; – der Wesentlichkeit (materiality) **42 a Anh. I** 22, 70; – der Willkürfreiheit **42 a Anh. I** 12, 71); Grundstücke und grundstücksgleiche Rechte **42 a Anh. I** 167; Gruppenbewertung **42 a Anh. I** 111, 115; Guthaben bei Kreditinstituten **42 a Anh. I** 213; Hafteinlagen **42 a Anh. I** 256; Haftungsverhältnisse **42 a Anh. I** 339 f., 429; Herstellungskosten **42 a Anh. I** 85 ff., 93 ff., 183; Hifo-Verfahren (highest in first out) **42 a Anh. I** 124; Höchstwertprinzip **42 a Anh. I** 16, 98; immaterielle Vermögensgegenstände **42 a Anh. I** 80, 162; Imparitätsprinzip **42 a Anh. I** 17, 66; indirekte Kosten **42 a Anh. I** 90; Inhalt des Jahresabschlusses **42 a Anh. I** 143 ff. (– des Postens Rückstellungen **42 a Anh. I** 279); Insolvenzverwalter **63** 120; International Accounting Standards (IAS) **42 a Anh. I** 7; **Anh. II** 8; International Accounting Standards Board (IASB) **42 a Anh. I** 7; International Financial Reporting Standards **42 a Anh. I** 7; Jahresabschluss, bei Kapitalgesellschaften & Co. **42 a Anh. I** 146 (– bei Liquidation **71** 13 – im österreichischem Recht **42 a Anh. I** 450; – Jahresfehlbetrag **42 a Anh. I** 252; Jahresüberschuss **42 a Anh. I** 252; Kassenbestand **42 a Anh. I** 210, 212; Kapitalanteile **42 a Anh. I** 256; Kapitalaufnahmeerleichterungsgesetz (KapAEG) **42 a Anh. I** 2; Kapitalgesellschaften und Co.-Richtlinien-Gesetz **42 a Anh. I** 2 ff.; Kapitalkonten **42 a Anh. I** 257; Kapitalrücklage **42 a Anh. I** 236 (– bei Kapitalgesellschaften & Co. **42 a Anh. I** 261); Kifo-Verfahren (Konzern in – first out) **42 a Anh. I** 126; Klarheit **42 a Anh. I** 13; Kleine GmbH **42 a Anh. I** 157, 412, 419, 422 f., 426, 430; Kommissionsgeschäfte **42 a Anh. I** 29; Konsignationsgeschäfte **42 a Anh. I** 35 f.; Kontoform **42 a Anh. I** 156; Konzern **42 a Anh. II** 1 ff.; Konzernabschluss **42 a Anh. I** 174; **42 a Anh. II** 10, 45 ff.; Konzernanhang **42 a Anh. II** 10, 290 ff.; Konzernbilanz **42 a Anh. II** 10, 133 ff.; Konzern-Gewinn- und Verlustrechnung **42 a Anh. II** 10, 144 ff.; Konzernlagebericht **42 a Anh. II** 10, 327 ff.; Konzernrechnungslegung **42 a Anh. II** 9; Konzernrecht **42 a Anh. II** 9; Konzessionen **42 a Anh. I** 163; Korrekturgröße zum Eigenkapital **42 a Anh. I** 233; Kosten der allgemeinen Verwaltung **42 a Anh. I** 94;

Magere Zahlen = Randnummern

Sachverzeichnis

Kostenrechnung 42 a **Anh. I** 88; Kostenstellenrechnung 42 a **Anh. I** 90; Kredite 42 a **Anh. I** 429; Lagebericht 42 a **Anh. I** 446 (– im österreichischem Recht 42 a **Anh. I** 456); latente Steuern 42 a **Anh. I** 307 f.; Leasing-Geschäfte 42 a **Anh. I** 37 ff.; Leistungszwang 42 a **Anh. I** 311; Lifo-Verfahren (last in – first out) 42 a **Anh. I** 121; Liquidation **71** 4; Liquidationseröffnungsbilanz **71** 7; Liquidationsschlussbilanz **71** 25 ff.; Liquidationswerte **71** 22; Lizenzen 42 a **Anh. I** 163; Lofo-Verfahren (lowest in – first out) 42 a **Anh. I** 125; Maßgeblichkeitsprinzip 42 a **Anh. I** 9; Materialeinzelkosten 42 a **Anh. I** 89; materiality 42 a **Anh. I** 22; materielle Stetigkeit 42 a **Anh. I** 18; Methoden planmäßiger Abschreibung 42 a **Anh. I** 129 ff.; Mietereinbauten 42 a **Anh. I** 168; Miet- und Pachtverträge 42 a **Anh. I** 34; mittelbare Pensionszusagen 42 a **Anh. I** 288; Mittelgroße GmbH 42 a **Anh. I** 156, 419, 422, 426; Nachholung von Aufwandsrückstellungen 42 a **Anh. I** 305; Nachschüsse der Gesellschafter 42 a **Anh. I** 200; nachträgliche Anschaffungskosten 42 a **Anh. I** 76; negativer Kapitalanteil bei Kapitalgesellschaften & Co. 42 a **Anh. I** 259; Neun-Spalten-Schema 42 a **Anh. I** 182; Neuzusagen bei Pensionsverpflichtungen 42 a **Anh. I** 286; nicht durch Eigenkapital gedeckter Fehlbetrag 42 a **Anh. I** 233; Niederstwertprinzip 42 a **Anh. I** 16, 66, 69, 98; Nominalwertprinzip 42 a **Anh. I** 69; obligatorische Rückstellungen 42 a **Anh. I** 280; Österreichisches Recht 42 a **Anh. I** 448 ff.; Offenlegung bei Liquidation **71** 18 (– des Jahresabschlusses 42 a **Anh. I** 447); Operating-Leasing 42 a **Anh. I** 38; Passivierung von Aufwandsrückstellungen 42 a **Anh. I** 302 ff.; Passivierungsfähigkeit 42 a **Anh. I** 25; Passivierungspflicht 42 a **Anh. I** 26; Passivierungswahlrechte 42 a **Anh. I** 403; Pensionsgeschäfte 42 a **Anh. I** 55 f.; pensionsähnliche Geschäfte 42 a **Anh. I** 289; persönliche Steuern 42 a **Anh. I** 263; Prinzip der Berücksichtigung drohender Verluste 42 a **Anh. I** 66 (– der verlustfreien Bewertung 42 a **Anh. I** 17); Prüfung des Jahresabschlusses 42 a **Anh. I** 447; Publizitätsgesetz 42 a **Anh. II** 5; Realisationsprinzip 42 a **Anh. I** 15, 66; Rechnungsabgrenzungsposten 42 a **Anh. I** 26, 31 (– (aktiv) 42 a **Anh. I** 214 ff.; – (passiv) 42 a **Anh. I** 337); Rechnungsgrundlagen für Pensionsrückstellungen 42 a **Anh. I** 291; Rechnungslegungspflicht **41** 1; Rechnungslegungsvorschriften 42 a **Anh. I** 1; rechtliche Zugehörigkeit 42 a **Anh. I** 25; Roh-, Hilfs- und Betriebsstoffe 42 a **Anh. I** 189; Rückdeckungsversicherung 42 a **Anh. I** 292; Rücklage für den Eigenkapitalanteil von Wertaufholungen 42 a **Anh. I** 340 (– für eigene Anteile 42 a **Anh. I** 207, 245; – für eingeforderte Nachschüsse 42 a **Anh. I** 340); Rückstellungen 42 a **Anh. I** 258 (– bei Absatzgeschäften 42 a **Anh. I** 317 f.; – bei Beschaffungsgeschäften 42 a **Anh. I** 316; – für drohende Verluste aus schwebenden Geschäften 42 a **Anh. I** 278, 315; – für faktische Verpflichtungen 42 a **Anh. I** 301; – für Pensionen und ähnliche Verpflichtungen 42 a **Anh. I** 285 ff.; – für ungewisse Verbindlichkeiten 42 a **Anh. I** 278, 311 ff.; – für unterlassene Aufwendungen für Abraumbeseitigung 42 a **Anh. I** 300; – für unterlassene Aufwendungen für Instandhaltung 42 a **Anh. I** 297 ff.; – zur Steuerabgrenzung 42 a **Anh. I** 307 f., 340); Rückstellungsarten 42 a **Anh. I** 283; Sachanlagen 42 a **Anh. I** 167; Sacheinlagen 42 a **Anh. I** 82; Saldierung 42 a **Anh. I** 14; Sammelbewertungsverfahren 42 a **Anh. I** 111, 118; satzungsmäßige Rücklagen 42 a **Anh. I** 249; Schätzungsproblematik 42 a **Anh. I** 20; Scheck 42 a **Anh. I** 210 f.; Schlussbilanz der werbenden Gesellschaft **71** 19 ff.; Schlussrechnung bei Liquidation **71** 25 ff., **74** 3; Schütt-aus-Hol-zurück-Verfahren 42 a **Anh. I** 241; Schulden, Begriff 42 a **Anh. I** 25; Schutzklausel im Anhang 42 a **Anh. I** 434; schwebende Geschäfte 42 a **Anh. I** 59; selbstgeschaffene immaterielle Vermögensgegenstände des Anlagevermögens 42 a **Anh. I** 27 (– des Umlaufvermögens 42 a **Anh. I** 28); selbstständige Übertragbarkeit 42 a **Anh. I** 24; Sicherungstreuhandschaft 42 a **Anh. I** 51; Sicherungsübereignung/-abtretung 42 a **Anh. I** 33, 52 f.; Sonderbilanz 42 a **Anh. I** 263; Sonderfragen der Bilanzierung 42 a **Anh. I** 32; Sonderposten 42 a **Anh. I** 221 ff., 270 ff., 340 (– auf der Passivseite 42 a **Anh. I** 340; – mit Rücklagenanteil 42 a **Anh. I** 270 ff.); Sonderposten und Erweiterungen auf der Aktivseite 42 a **Anh. I** 221 ff.; sonstige, Pflichtangaben im Anhang 42 a **Anh. I** 412 ff.; (– Rückstellungen 42 a **Anh. I** 310; – Verbindlichkeiten 42 a **Anh. I** 335; – Vermögensgegenstände 42 a **Anh. I** 194, 202; – Wertpapiere 42 a **Anh. I** 209); Sorgepflicht **41** 2; Spezial-Leasing-Verträge 42 a **Anh. I** 35; Stammkapital 42 a **Anh. I** 235; Steuerabgrenzung 42 a **Anh. I** 231; Steuerabgrenzungsposten (aktiv) 42 a **Anh. I** 229; steuerfreie Rücklagen 42 a **Anh. I** 340; steuerliche Anerkennung von Pensionsrückstellungen 42 a **Anh. I** 293; steuerliche Relevanz von Aufwandsrückstellungen 42 a **Anh. I** 306; Steuern vom Einkommen und vom Ertrag 42 a **Anh. I** 383; steuerrechtlich zulässige Abschreibungen 42 a **Anh. I** 276; Steuerrückstellungen 42 a **Anh. I** 295; Steuerverbindlichkeiten 42 a **Anh. I** 296; Stichtag für die Liquidationseröffnungsbilanz **71** 9; Stichtagsprinzip 42 a **Anh. I** 64; Stückaktiengesetz (StückAG) 42 a **Anh. I** 2; tauschähnliche Geschäfte 42 a **Anh. I** 81; Tauschgeschäfte 42 a **Anh. I** 81; Tauschgutachten 42 a **Anh. I** 81; technische Anlagen und Maschinen 42 a **Anh. I** 169; Teilamortisationsverträge bei Immobilien-Leasing **Anh. I** 47 (– bei Mobilien-Leasing 42 a **Anh. I** 46); Teilwert 42 a **Anh. I** 104; Teil-

Sachverzeichnis

Fette Zahlen = §§

wertverfahren **42a Anh. I** 290f.; Transparenz- und Publizitätsgesetz (Entwurf) **42a Anh. I** 6; Treuhandgeschäfte **42a Anh. I** 51 ff.; Überpariemission **42a Anh. I** 240; umgekehrte Maßgeblichkeit **42a Anh. I** 9, 274 f.; Umlaufvermögen **42a Anh. I** 186; Umsatzkostenverfahren **42a Anh. I** 341, 344; unechtes Factoring **42a Anh. I** 50; unechte Pensionsgeschäfte **42a Anh. I** 56, 58; unentgeltlich erworbene Vermögensgegenstände **42a Anh. I** 80; unfertige Erzeugnisse **42a Anh. I** 190; Unternehmenserwerb **42a Anh. I** 79; Unterschiede zwischen Handels- und Steuerbilanz **42a Anh. I** 421; Veräußerungswert **42a Anh. I** 102; Verbindlichkeiten **42a Anh. I** 319 (– aus Besserungsscheinen **42a Anh. I** 321; – aus Lieferungen und Leistungen **42a Anh. I** 332; -aus Wechselgeschäften **42a Anh. I** 333; – bei Kapitalgesellschaften & Co. **42a Anh. I** 269; – gegenüber Gesellschaftern **42a Anh. I** 336, 340; – gegenüber Kreditinstituten **42a Anh. I** 330; – gegenüber Unternehmen mit Beteiligungsverhältnissen **42a Anh. I** 334; – gegenüber verbundenen Unternehmen **42a Anh. I** 334); verbundene Unternehmen **42a Anh. I** 174 f.; verdeckte Einlagen **42a Anh. I** 166; Vereinfachungsverfahren **42a Anh. I** 75 (– zur Erfassung der tatsächlichen Aufwendungen **42a Anh. I** 75); Verfahren der retrograden Wertermittlung **42a Anh. I** 128; Verkaufskommission **42a Anh. I** 35; verkürzte Bilanz **42a Anh. I** 157; Verlustanzeige **42a Anh. I** 224; Verlustvortrag **42a Anh. I** 251; Vermögensabgrenzung bei Sonderbetriebsvermögen **42a Anh. I** 263; Vermögensgegenstand, Begriff **42a Anh. I** 24; Vermögensstatus zur Überschuldungsfeststellung **71** 22; Verpflichtungen gegenüber verbundenen Unternehmen im Anhang **42a Anh. I** 416; Verschmelzungsmehrwert **42a Anh. I** 225; Verträge mit Kaufoption **42a Anh. I** 43 (– mit Mietverlängerungsoption **42a Anh. I** 44; – ohne Optionsrecht **42a Anh. I** 42); Vertriebskosten **42a Anh. I** 96; Verursachungsprinzip **42a Anh. I** 67; Verwaltungstreuhandschaft **42a Anh. I** 51; Vollständigkeit **42a Anh. I** 14; Vorräte **42a Anh. I** 187; Vorschriften zur Eigenkapitalgliederung bei Kapitalgesellschaften & Co. **42a Anh. I** 257; Vorschüsse **42a Anh. I** 429; Vorsichtsprinzip **42a Anh. I** 15, 21; Währungsumrechnung **42a Anh. I** 107 (– im Konzernabschluss **42a Anh. I** 110); Währungsverbindlichkeiten **42a Anh. I** 327; Waren **42a Anh. I** 192; Wechsel **42a Anh. I** 205; weitere Bewertungsgrundsätze **42a Anh. I** 69 ff.; weitere Rechnungswerke bei Liquidation **71** 19 ff.; Wertpapiere **42a Anh. I** 204 (– des Anlagevermögens **42a Anh. I** 180); Wertverzehr des Anlagevermögens **42a Anh. I** 92; Wiederbeschaffungswert **42a Anh. I** 101; wirtschaftliches Eigentum **42a Anh. I** 25 (– des Leasinggebers **42a Anh. I** 48; – des Leasingnehmers **42a Anh. I** 49; – des Treuhänders **42a Anh. I** 53; – des Treugebers **42a Anh. I** 52); Wirtschaftsgut, Begriff **42a Anh. I** 24; Zinsen für Eigenkapital **42a Anh. I** 95 (– für Fremdkapital **42a Anh. I** 95); Zulässigkeit, des Erwerbs eigener Anteile **42a Anh. I** 246 (– von stillen Reserven **42a Anh. I** 105); zusätzliche Angaben bei Kapitalgesellschaften & Co. im Anhang **42a Anh. I** 440; Zuschreibungen **42a Anh. I** 99

Rechte der Gesellschafter, Abdingbarkeit **45** 2, 6ff.; abweichende Gestaltungen **45** 18, 25; Anfechtungsklage **45** 20; Auflösungsklage **61** 11 ff.; Aufsichtsrat **45** 9; Außenverhältnis **45** 7; Befugnisse **45** 4; Beirat **45** 15; Delegation **45** 10 (– von Aufgaben **45** 11, 17); Dritte **45** 10; einzelner Gesellschafter **45** 3, 8; Erweiterung der Gesellschafterzuständigkeit **45** 6; Gegenstand der Gesellschafterbeschlüsse **46** 1; Gesamtheit **45** 3 (– der Gesellschafter **45** 4); Gesellschafterausschuss **45** 9; Gesellschafterentscheidung **45** 12; gesellschaftsfremden Dritten **45** 10; Gesellschaftsvertrag **45** 1, 4; gesetzlicher Regelzustand **45** 21; Gleichbehandlungsgrundsatz **45** 22, 24; Grenzen **45** 24 (– der Ausgestaltung des Gesellschaftsvertrages **45** 26; – der Delegation **45** 17); Handlungsunfähigkeit eines Organs **45** 16; Herrschaft der Gesellschafter über die Satzung **45** 10; Individualrechte **45** 21 ff.; Kollision mit Konzernrecht **45** 15; Kompetenzzuweisung **45** 7, 13; 12; Kontrollrechte **45** 21; konzernrechtliche Wertungen **45** 15; Lösungsrecht **45** 21; Loyalitätsgebot **45** 22; Minderheit **45** 3; Minderheitenrechte **45** 21 ff., 23; mitbestimmte GmbH **45** 13; Mitbestimmungsrecht **45** 5; Mitverwaltungsrechte **45** 14, 21; Nichtigkeitsklage **45** 13, 20; österreichisches Recht **45** 28; Rechtsfolge bei Pflichtverletzungen **45** 19; Reduzierung der Gesellschafterzuständigkeit **45** 7; Satzungsänderung **45** 27; Schadensersatz **45** 19; Schiedsgericht **45** 11; Schiedsstelle **45** 11; Schlichtungsstelle **45** 11; Sonderrechte einzelner Gesellschafter **45** 8; Sorgfaltsmaßstab bei delegierten Aufgaben **45** 18; Treuepflicht **45** 22; Überwachung, der Geschäftsführung **45** 14 (– der Geschäftsorgane **45** 16); verdrängende Zuständigkeit **45** 12; Vermögensrechte **45** 21; zusätzliche Organe **45** 9; Zuständigkeit der Gesellschafterversammlung **45** 14; Zustimmung eines anderen Organs **45** 12; zwingende Kompetenzzuweisungen **45** 13

Rechtsangleichung, EG Einl. 382 ff.; EG-Richtlinien **Einl.** 386; EGV **Einl.** 384

Rechtsanwalts-AG, Zulässigkeit **1** 43

Rechtsanwalts-GmbH, Abstimmung **1** 32; Angehörige sozietätsfähiger Berufe **1** 28; Antrag auf gerichtliche Entscheidung **1** 23 (– nach § 59g Abs. 1 BRAO **1** 23); Anwaltsnotare **1** 28; Anzahl **1** 17; Berufshaftpflicht **1** 36; Bestellung von Geschäftsführern **35** 71; Beteiligung an GbR **1** 27; Bezeichnung „Rechtsanwaltsgesellschaft" bei anderer Gesellschaft als der GmbH **1** 40; BGB-Gesellschaft als Gesellschafter einer – **1** 28; BGH-Anwälte **1** 28; einschlägige Vorschriften **1** 20; Entwicklung bis 1. 3. 1999 **1** 16; Firma **1** 40; **4** 53; Geschäftsführer **1** 34; Gesellschafter **1** 28; Gesellschaftszweck **1** 14; gesetzliche Regelung seit 1. 3. 1999 **1** 17; Gewinnschuldverschreibungen **1** 28; Grenzen der Betätigung **1** 27; Handlungsbevollmächtigter **1** 35; historische Entwicklung **1** 15; Insolvenzverwalter **63** 109; Kammeraufsicht **1** 41; Mehrheit, an Geschäftsanteilen **1** 29 (– an Stimmrechten **1** 29); Mindestmaß an beruflicher Aktivität **1** 28; partiarisches Darlehen **1** 28; Personenfirma **1** 40; Phantasienamen **1** 40; Postulationsfähigkeit **1** 39 (– in Strafsachen **1** 39; – vor dem BFH **1** 39; Problembereiche der Neuregelung **1** 18 ff.); Prokurist **1** 35; RA-AG **1** 43; Rechtsanwälte **1** 28; Rechtsanwaltsgesellschaft mbH **1** 40; Sachfirma **1** 40; Schwerpunkte der Neuregelung **1** 18 ff.; Sozietäten **1** 40; staatliche Genehmigung **1** 21; Sternsozietäten **1** 33; Steuerberater **1** 30; Steuerrecht **1** 42; stille Einlagen **1** 28; Übertragbarkeit von Geschäftsanteilen **1** 31; Unbedenklichkeitsbescheinigung **1** 21; Unternehmensgegenstand **1** 26; Verbot von Sternsozietäten **1** 33; Vererblichkeit von Geschäftsanteilen **1** 31; Vertretung **1** 39 (– des Gesellschafters bei Stimmrechtsabgabe **1** 32); Voraussetzungen für die Erteilung der Zulassung **1** 25; weitere Regelungen **1** 38; Wirtschaftsprüfer **1** 30; Zulassungsanspruch **1** 37; Zulassungsbehörde **1** 22; Zulassungsgebühr **1** 24; Zulassungsverfahren **1** 19 f.; Zweitberufe **1** 33

Rechtsfähigkeit, ausländische Gesellschaften **Einl.** 324; beschränkte – **11** 74, 82; Gesellschaftsstatut **Einl.** 324; Sonderanknüpfung **Einl.** 324, Vorgesellschaft **11** 73

Rechtsformwahl, gesetzliche Beschränkungen **Einl.** 27; kein Rechtsformzwang **Einl.** 38; steuerliche Aspekte **Einl.** 77 ff.

Rechtsvergleichung, Bedeutung der GmbH in fremden Rechten **Einl.** 364; close corporations **Einl.** 319; company limited by shares **Einl.** 380; DDR-Recht **Einl.** 361; GmbH im Aufbau **Einl.** 362; GmbH in der DDR **Einl.** 361 f.; GmbH in fremden Rechten **Einl.** 363 f.; Kleine Aktiengesellschaften **Einl.** 360; limited liability company **Einl.** 381; private company **Einl.** 360, 380; Übergangsfristen für DDR-GmbH's **Einl.** 362; vergleichbare Gesellschaften in fremden Rechten **Einl.** 365

Rechtsverhältnisse von Gesellschaft und Gesellschaftern, anwendbare Vorschriften des GmbHG **69** 2, 6 ff., 11 ff., 17; Außenbeziehungen **69** 1; Gerichtsstand **69** 23; Gesellschaft als juristische Person **69** 3; Nebenleistungspflichten **69** 3; neue Firma **69** 3; Treuepflicht während der Abwicklung **69** 2; Umwandlung **69** 21; Verschmelzung **69** 21

Rechtsvorgänger, Ausnahmen von der Haftung **22** 8; Erwerb des Geschäftsanteils **22** 29; Haftung **22** 5, 7, 12, 21

„Reemtsma"-Entsch., Einl. 175, 179, 188, 255, 263 f., 288; Aufsichtsratsbeschlüsse **Einl.** 263; Zusammenwirken von GmbH-Recht und Mitbestimmungsrecht **Einl.** 188

Reflexschaden, 13, 84; gesellschafterfreundlicher Durchgriff **13** 157

Registergericht, Abberufung von Liquidatoren **66** 27; Ablehnung der Eintragung **9** 5; **9 c** 34; **57 a** 1 ff. (– bei Kapitalerhöhung **57 a** 2; – einer Sacheinlagevereinbarung **5** 62); Amtsermittlungsgrundsatz **9 c** 9; Amtslöschung, bei Nichtigkeitsklage **75** 40 (– fehlerhafter Eintragungen **54** 18; – Amtspflichtverletzung **58 a** 18; andere Maßnahmen **9 c** 36; Anmeldeverfahren **7** 13; Anmeldung **7** 4 (– der Auflösung **65** 5; – der Geschäftsführer **39** 10; – der Kapitalerhöhung **57** 31; – der Satzungsänderung **54** 9); Anordnung der Nachtragsliquidation **74** 20; Auflösung der Gesellschaft **65** 5; Ausgliederung aus dem Vermögen eines Einzelkaufmanns **77 Anh.** 650; Aussetzung der Eintragung, der Satzungsänderung **54** 20 f. (– der Verfügung **9 c** 37); Bekanntmachung des Inhalts der Eintragung der Auflösung **65** 5; Bestellung von Liquidatoren **66** 10 (– für die Nachtragsliquidation **74** 24); Bestimmung der Aufbewahrungsperson **74** 9; Bindung an Genehmigung **8** 12; Differenzanspruch aus § **9** 7; eigene Ermittlungen **57 a** 7; Eintragung **9** 6 (– als unanfechtbare Verfügung **9 c** 6; – bei Fehlen von Unterlagen **8** 30; – der Auflösung **65** 5); Eintragungsverfahren bei Abweisung des Insolvenzantrages **60** 25; Ermessen, bei Liquidatorenbestellung **66** 11 (– bei Nichtigkeitsklage **75** 43); Ermittlungen **54** 17; Erzwingungsverfahren **12** 62; falsche Angaben **9 a** 8; Firmenänderungen **54** 18; Gegenstand der Prüfung **54** 16; Genehmigungsurkunde **8** 9; Gesellschafterliste **40** 7; Gutachten der Industrie- und Handelskammer **54** 18; Inhalt des Änderungsbeschlusses **54** 18; Kapitalerhöhung **9 c** 2; **57** 31 (– aus Gesellschaftsmitteln **57 i** 6); Kapitalherabsetzung **58** 37; kein Registerzwang **54** 31; Kosten **54** 40; mangelhafte Beschlüsse **54** 19; Nachweis über Einlagen **8** 19; Nichtigkeitsgründe **54** 19; notarieller Beschluss **54** 17; Offenlegung **41** 151; Ordnungsmäßigkeit der Anmeldung **54** 16; Pflichten bei Eintragung **10** 2; Prinzip der verteilten Prüfung **12** 39; Prüfung **8** 19 f., 22 (– bei Einpersonen-Gründung **8** 22; – bei Kapitalerhöhung **57 a** 2; – der Anmeldung **8** 30; **39** 10; – der Ausgliederung **77 Anh.** 650; – der Genehmigung des Vormundschaftsgerichts **8** 3; – der Gesellschafterliste **40** 7; – der Heilung der verdeckten Sacheinlage **19** 167; – der Kapitalherabsetzung **58** 37; – der Mindesteinzahlung **8** 19; – der offengelegten Unterlagen **41** 151 f.; – der Sacheinlagen **9 c** 1; **8** 21; – der Satzungsänderung **54** 15; – der Umwandlung **77 Anh.** 119; – der vereinfach-

Sachverzeichnis

Fette Zahlen = §§

ten Kapitalherabsetzung **58 a** 29; – der Verschmelzung **77 Anh.** 386; – des Formwechsels **77 Anh.** 102; – des Gesellschaftszwecks **1** 51); Prüfungspflicht **9 c** 16; Sachgründungsbericht **5** 63; Satzungsänderungen **54** 9, 15; Satzungsänderungsvoraussetzungen **54** 17; Schütt-aus-Hol-zurück-Verfahren **55** 60; Sitz der Gesellschaft **4 a** 5; Staatshaftung **9 c** 40; **54** 39 (– für fehlerhafte Eintragung **10** 31); Strafsanktion **8** 30; Umwandlungsvorgänge **9 c** 3; Unternehmensgegenstand **8** 9; Unzuständigkeit bei Eintragung **10** 19; verdeckte Sacheinlage **5** 48; vereinfachte Kapitalherabsetzung **58 a** 29; Verfahren **9 c** 35 (– bei Anmeldung **7** 13; – bei Zweigniederlassungen **12** 39 f.); Vermögenslosigkeit **60** 34; Verschmelzung **77 Anh.** 386; Versicherungen gem. § 8 Abs. 2, Abs. 3 **9** 15 ff.; Zeitpunkt der Beurteilung der Richtigkeit von Angaben **82** 23; Zurückweisung des Eintragungsantrages **8** 30; Zuständiges – **7** 12; **9 c** 7; **10** 19; **54** 9; Zwangsgeld **79** 1, 19 (– gegen Geschäftsführer **42 a** 39); Zweckmäßigkeit der Satzungsänderung **54** 18; Zweigniederlassung **12** 38 (– ausländischer GmbH **12** 59); Zwischenverfügung **9 c** 36; **78** 19; Zuständigkeit für Amtslöschung **75** 40; Zuständigkeitskonzentration für die Führung des Handelsregisters **7** 14

Registergerichtliche Prüfung, Ablehnung der Eintragung **9 c** 34 f.; Amtsermittlungsgrundsatz **9 c** 9; andere Maßnahmen **9 c** 36; Aussetzung der Verfügung **9 c** 37; Bankbestätigung **9 c** 29; Bargründung **9 c** 30; Begriff des öffentlichen Interesses **9 c** 23; bekanntzumachende Tatsachen **9 c** 19; Belastungen nach Anmeldung **9 c** 30; Beschwerde **9 c** 35; Bewertung der Sacheinlagen **9 c** 25; Eintragungsvoraussetzungen **9 c** 10 f.; einzelne Prüfungsgegenstände **9 c** 14; einzutragende Tatsachen **9 c** 19; Ermessen **10** 2; Extremfälle **9 c** 32; Firma **9 c** 17; formelle Voraussetzungen **9 c** 7; Formwechsel **9 c** 3; Gesamtnichtigkeit des Gesellschaftsvertrages **9 c** 24; Gesellschaftsvertrag **9 c** 5; gläubigerschützende Regelungen des Gesellschaftsvertrages **9 c** 20 f.; GmbH – Nov. 1980 **9 c** 1; Grundstücke **9 c** 14; IHK-Stellungnahme **9 c** 12; Intensität der Prüfung **9 c** 12; Kapitalerhöhungen **9 c** 2; Kontoauszüge **9 c** 29; Kontrollumfang **9 c** 1; Kosten **9 c** 39; Mantel-GmbH **9 c** 32; Maß der Gewißheit **9 c** 10; maßgeblicher Zeitpunkt **9 c** 26; materielle Voraussetzungen **9 c** 8; – im öffentlichen Interesse **9 c** 20; österreichisches Recht **9 c** 41; Ordnungsmäßigkeit gesellschaftsvertraglicher Regelungen **9 c** 17; Plausibilitätsprüfung **9 c** 12; Praxis der Registergerichte **9 c** 13; Prüfungsintensität **9 c** 12; Prüfungspflicht **9 c** 6; Rechtsmittel **9 c** 35; Sacheinlagen **9 c** 18; Sachgründungsbericht **9 c** 25; Sachverständigengutachten **9 c** 25; Satzungsänderungen nach Eintragung **9 c** 4; sittenwidrige Schädigung der Gläubiger **9 c** 22; Sitzbestimmung **9 c** 17; Spaltung **9 c** 3; Staatshaftung **9 c** 40; Stammeinlage **9 c** 17; Stamm-

kapital **9 c** 17; Strafregisterauszug **9 c** 29; Umfang der Prüfungspflicht des Gesellschaftsvertrages **9 c** 16; Unterkapitalisierung **9 c** 31; Verbindlichkeiten **9 c** 30; Verschmelzung **9 c** 3; „Versicherungen" nach § 8 Abs. 2 **9 c** 29; Vorrats-GmbH **9 c** 33; weitere Beschwerde **9 c** 35; Wertänderung **9 c** 27; Zeitpunkt, der Anmeldung **9 c** 26 (– der Bewertung von Sacheinlagen **9 c** 26); Zulässigkeit gesellschaftsvertraglicher Regelungen **9 c** 17; Zuständigkeit **9 c** 38; Zweifel **9 c** 25; Zwischenverfügung **9 c** 36

Registernummer, Angabe auf Geschäftsbriefen **35 a** 9

Regress, Anmeldung gem. § 16 **22** 7; Ausgleichspflicht zwischen den Vormännern **22** 24; Ausnahmen von der Haftung der Rechtsvorgänger **22** 8; Befreiung durch Teilleistungen eines Rechtsnachfolgers **22** 28; Enthaftung **22** 25; Erlöschen der Haftung, bei Versteigerung **22** 26 (– bei Wiedererlangung der Zahlungsfähigkeit **22** 27); Erwerb des Geschäftsanteils **22** 29; fehlerhafter – **23** 39; – gegen Geschäftsführer bei Kaduzierung **24** 27; Geltendmachung des Anspruchs **22** 11; Gläubiger des Rechtsvorgängers **22** 30; Haftung der Erbengemeinschaft **22** 9; – nach Inanspruchnahme gem. § 31 **31** 41; Kaduzierung **22** 5; Teilleistungen **22** 21; Verjährung **22** 17 ff.

Reingewinn, Jahresüberschuss **29** 5

Revalorisierung, keine Steuerpflichtigkeit **34** 58; Verwertung eingezogener Geschäftsanteile **34** 53 f.

Revisionsstelle, eigenkapitalersetzende Gesellschafterdarlehen **Einl.** 376; Konkordanzliste mit deutschem/Schweizer GmbH-Recht **Einl.** 378, Anh. III; Schweizer Recht **Einl.** 375 ff.

Risikofrüherkennungssystem, **42 a** Anh. II 349

Rücklagen, Auflösung **29** 121; **58 a** 9 (– von Sonderposten mit Rücklageanteil **42 a** Anh. I 359); Ausgleich, eines Jahresfehlbetrages **58 b** 8 (– eines Verlustvortrages aus dem Vorjahr **58 b** 9); Ausweis in der Bilanz **42 a** Anh. I 247; Ausweisung von Kapital- und Gewinnrücklagen **57 d** 1 f.; Beträge aus Rücklagenauflösung und Kapitalherabsetzung **58 b** 1; Bilanzierung, anderer Gewinnrücklagen **42 a** Anh. I 223, 250 (– der Gewinnrücklage bei Kapitalgesellschaften & Co. **42 a** Anh. I 261; – der Kapitalrücklage **42 a** Anh. I 236 f.; – der Kapitalrücklage bei Kapitalgesellschaften & Co. **42 a** Anh. I 261; – von Rücklagen für eigene Anteile **42 a** Anh. I 245; – von satzungsmäßigen Rücklagen **42 a** Anh. I 249); Bildung in Verlustjahren **29** 92; Bilanzrichtliniengesetz (BiRiLiG) **57 d** 1 f.; Bindung der Kapitalrücklagen **58 b** 6; derivativer Geschäftswert **57 d** 10; D-Mark-Bilanz-Gesetz 1949 (DMBilG 1949) **57 d** 7; Eigenkapital von Wertaufholungen **42 a** Anh. I 340; eingeforderte Nachschüsse **42 a** Anh. I 340; Einstellung, in die Kapital- und Gewinnrücklagen **58 d** 4 (– in die

Magere Zahlen = Randnummern

Sachverzeichnis

Kapitalrücklage **42 a Anh. I** 238 f.; **58 b** 4); Ergebnisverwendung **29** 83; erlaubte Verwendung **58 b** 7; erworbener Geschäftswert **57 d** 10; Euroumrechnungsrücklage **42 a Anh. I** 271; freie – **57 d** 3; Gewinnrücklagen **57 d** 2, 3; Gewinnvortrag **29** 120; Jahresabschluss **29** 83 f.; Kapitalerhaltungsgesetz (KapErhG) **57 d** 1 f.; Kapitalerhöhung aus Gesellschaftsmitteln **57 c** 1; **57 e–57 g** 4; **58 b** 10; Kapitalherabsetzung **58** 5, 40; Kapitalrücklage **57 d** 2 f.; keine Einstellungsverpflichtung **58 b** 4; nicht umwandlungsfähige Bilanzposten **57 d** 8; Nichteintritt angenommener Verluste **58 c** 1; Nichtigkeit von Gesellschafterbeschlüssen **47** 109; offene Gewinnrücklagen **77 Anh.** 233; offene – **57 d** 2; Offenlegung der Einstellung in die Kapitalrücklage **58 c** 6; – für eigene Anteile **42 a Anh. I** 245; Rücklagenbildung in Verlustjahren **29** 92; Satzungsänderung **53** 50; satzungsmäßige – **42 a Anh. I** 249; Schütt-aus-Hol-zurück-Verfahren **55** 60; Sonderposten mit Rücklagenanteil **42 a Anh. I** 270, 277; **57 d** 11; Sonderrücklagen nach dem DMBilG 1949 **57 d** 7; steuerfreie – **42 a Anh. I** 340; stille – **57 d** 2; Umwandlung **57 c** 15 (– angesammelter Rücklagen **57 c** 15); umwandlungsfähige Bilanzposten **57 d** 2; Umwandlungsverbot **57 d** 8; vereinfachte Kapitalherabsetzung **58 a** 7; Verlust **57 d** 9; Verlustvortrag **57 d** 9; Verstoß gegen das Umwandlungsverbot **57 d** 13; Verwendung, der Kapitalrücklage **58 c** 9 (– eingestellter Beträge **58 b** 5); Vorwegauflösung von Rücklagen **58 a** 7; Zehn-Prozent-Grenze **58 d** 5; zweckbestimmte andere Gewinnrücklagen **57 d** 12

Rückstellungen, Absatzgeschäfte **42 a Anh. I** 317 f.; Altzusagen bei Pensionsverpflichtungen **42 a Anh. I** 286; Ansatzwahlrecht bei Altzusagen für Pensionsverpflichtungen **42 a Anh. I** 287; Auflösung **29** 121 (– nicht mehr benötigter Rückstellungen **42 a Anh. I** 360; – von Pensionsrückstellungen **42 a Anh. I** 292; – von Aufwandsrückstellungen **42 a Anh. I** 278, 302 ff.); Ausweis, bei Großen Kapitalgesellschaften **42 a Anh. I** 281 (– bei Kleinen Kapitalgesellschaften **42 a Anh. I** 281; – bei Mittelgroßen Kapitalgesellschaften **42 a Anh. I** 281); Beschaffungsgeschäfte **42 a Anh. I** 316; Bilanzierung **42 a Anh. I** 278 (– der Abwicklungskosten in der Überschuldungsbilanz **63** 57, 59); Bildung von – im Konzern **42 a Anh. II** 282; drohende Verluste aus schwebenden Geschäften **42 a Anh. I** 278, 315; Ergebnisverwendung **29** 88; Ermittlung des Rückstellungsbetrages für Pensionsverpflichtungen **42 a Anh. I** 290; – für faktische Verpflichtungen **42 a Anh. I** 301; fakultative – **42 a Anh. I** 280; Inhalt des Postens **42 a Anh. I** 279; Jahresabschluss **29** 88; latente Steuern **42 a Anh. I** 307 f.; Nachholung von Aufwandsrückstellungen **42 a Anh. I** 305; Neuzusagen bei Pensionsverpflichtungen **42 a Anh. I** 286; obligatorische – **42 a Anh. I** 280;

passive Steuerabgrenzung im Konzern **42 a Anh. II** 307; Passivierung von Aufwandsrückstellungen **42 a Anh. I** 304; Pensionen und ähnliche Verpflichtungen **42 a Anh. I** 285 f.; Pflichtangaben bei sonstigen – **42 a Anh. I** 436; Rechnungsgrundlage für Pensionsrückstellungen **42 a Anh. I** 291; Rückdeckungsversicherung **42 a Anh. I** 292; – zur Steuerabgrenzung **42 a Anh. I** 307 f.; Rückstellungsarten **42 a Anh. I** 283; sonstige – **42 a Anh. I** 310; Steuerabgrenzung **42 a Anh. I** 340; steuerliche Relevanz von Aufwandsrückstellungen **42 a Anh. I** 306; steuerrechtliche Bewertung **42 a Anh. I** 314; Steuerrückstellungen **42 a Anh. I** 295; Teilwertverfahren **42 a Anh. I** 290 f.; ungewisse Verbindlichkeiten **42 a Anh. I** 278, 311 ff.; – für unterlassene Aufwendungen für Abraumbeseitigung **42 a Anh. I** 300; – – für unterlassene Aufwendungen für Instandhaltung **42 a Anh. I** 297 ff.; vor- oder nachverlagerte Stichtagsinventur **41** 77

Rumpfgeschäftsjahr, Gewinnanspruch **29** 39; Insolvenzverfahren **63** 1; Jahresabschluss **41** 109

Sacheinlage, Ablehnung der Eintragung **5** 62; **57 a** 3, 6, 10; Agio **5** 35; **57 a** 10; Aktien **5** 30; **56** 17; Altlastengrundstück **9 a** 10; andere vermögenswerte Gegenstände **5** 31; Anmeldung **7** 19; **8** 7 (– bei Kapitalerhöhung **57** 19; – der Gesellschaft **8** 7; – der Kapitalerhöhung **56 a** 7); Annahme der Übernahmeerklärung **56** 13; Anteile an Personengesellschaften **5** 30; Anwendbarkeit des § 19 Abs. 1 **19** 5; Arten **5** 18; **56** 4; Aufgeld **5** 35; **57 a** 10; Aufrechnung **19** 86, 108; **56** 20 f.; Ausnahmen von der Bareinzahlung **5** 17; Austausch **19** 50, 106; Begriff **5** 18; **56** 3; **82** 48; Bekanntmachung der Eintragung **10** 24; beschränkte dingliche Rechte **5** 30; Betrag der Stammeinlage **5** 55, 60; Betrieb **56** 30; Betriebsaufspaltung **56** 31; Betriebsvermögen **56** 29; bewegliche/unbewegliche Sachen **5** 28; **7** 36; Bewertung **5** 33; **9 c** 25 (– in Euro **5** 35); Bewertungsgrundsätze **57 a** 8; Bewertungsmethode **5** 35; Bewertungsstichtag **57 a** 8; Bilanzfähigkeit **56** 6; Bilanzierung **42 a Anh. I** 82; Buchwerte **56** 30; Buchwertfortführung **2** 95; Dienstleistungen, des Gesellschafters **5** 29 (– Dritter **5** 29); Differenzhaftung **9** 1 f.; **11** 31; **56** 17; **57 a** 10; durch Benutzung entstandene Zeichen **5** 30; eigene Anteile der Gesellschaft **56** 7, 30; Einbringung eines Unternehmens **56** 5; Einzahlung bei Anmeldung **7** 35 f.; einzelne Betriebe **5** 32; einzelne Gegenstände **5** 27; Einzelveräußerungswert **5** 36; Erbringung **19** 39; Erbschaft **56** 6; Erfindungen **5** 31; Erfüllungsgeschäft **5** 23; Erlassverbot **56** 21; Ertragsteuer **56** 28; Fabrikationsgeheimnisse **5** 31; falsche Angaben **82** 39, 47 ff., 61; Festsetzung, der Sacheinlage bei Kapitalerhöhung **56** 9 (– im Gesellschaftsvertrag **56** 55); Forderungen **5** 29; freie Verfügung der Geschäftsführer **7** 35; Gegenstand **5**

2761

Sachverzeichnis

Fette Zahlen = §§

26, 55, 59; **56** 6, 11; gemischte – **5** 46; **56** 5, 12; Geschäftsanteil **15** 38; Gesellschafterdarlehen **56** 7, 20; Gesellschafterforderung **56** 8; Gesellschaftsvertrag **2** 93 f.; **53** 12; Gewinnrealisierung mit Steuerfolge **56** 29; gewöhnliche Umsatzgeschäfte **56** 7; GmbH-Anteile **5** 30; GmbH – Nov. 1980 **Einl.** 9; GmbH-Reform **Einl.** 9; Grundbuch **7** 36; Grunderwerbsteuer **Einl.** 102 ff.; Grundstücke **7** 36; **9 c** 25; Halbeinkünfteverfahren **5** 48; Heilung verdeckter Sacheinlagen **5** 51 ff.; **56** 4; Immaterialgüterrechte **5** 30; Inhalt der Festsetzung im Gesellschaftsvertrag **5** 57; Insolvenzmasse **56** 6; Kaduzierung **21** 26; Kapitalerhöhung **55** 31, 61; **56 a** 7 (– durch Wiedereinlage **55** 61); know how **5** 31; Konzessionen **5** 31; Kundenstamm **5** 31; Leistungen, an Erfüllungs Statt **56** 20 (– auf das neue Stammkapital **56 a** 7); Leistungsstörungen **5** 38; Lieferungsanspruch **5** 31; Lizenzen an Schutzrechten **5** 31; Mängel, der Festsetzung **56** 16 (– der Sacheinlagevereinbarung **5** 38 f.); Marken **5** 30; Mischeinlagen **5** 46; **21** 27; **56** 5; Mitgliedschaften **5** 30; Mitunternehmeranteil **56** 30; Nachgründungsverträge **5** 21; nachträgliche Umwandlung der Bareinlageverpflichtung **5** 24; Nebenleistungspflichten **5** 28; Neufassung des Satzungswortlauts **56** 14; Nichterfüllung der Einlagevoraussetzungen **5** 61; Nichtigkeit der Sacheinlagevereinbarung **5** 37; notorisch bekannte Marken **5** 30; obligatorische Nutzungsrechte **5** 28; öffentlich-rechtliche Rechte **5** 31; österreichisches Recht **5** 72; Person, des Gesellschafters **5** 55, 58 (– des Sacheinlegers **56** 10); Prüfung durch Registergericht **9 c** 1; **57 a** 6; Rechtsfolgen bei Überbewertung **5** 37 (– verdeckter Sacheinlagen **5** 33; **56** 6); Rechtsmängelhaftung **5** 41; registergerichtliche Prüfung **9 c** 18, 25; Sacheinlagevereinbarung als unselbstständiger Teil des Gesellschaftsvertrages **5** 23; Sachgesamtheiten **5** 33; **56** 6; Sachgründungsbericht **5** 24, 63; **8** 7; **9 c** 25; Sachkapitalerhöhungsbericht **56** 22; Sachmängelhaftung **5** 17; Sachübernahme **5** 18, 42; **56** 4; Sachverständigengutachten **9 c** 25; Saldierung bei mehreren Gegenständen **5** 36; Satzung **53** 12; Satzungsänderung **5** 56; **53** 21; Schiffe, Schiffsbauwerke **7** 36; Schiffsregister **7** 36; Schütt-aus-Hol-zurück-Verfahren **5** 48; **55** 60; Schutzvorschriften **56** 17; sonstige Rechte **5** 30; sonstige Rechtsgesamtheiten **5** 33; sonstige Sachgesamtheiten **5** 33; Stammkapital **5** 17; Stammkapitalziffer **56** 14; Steuerrecht **2** 94; **5** 24; Tausch **56** 29; Teilbetrieb **56** 30; Teilwert **5** 36; **57 a** 8; Trennungsprinzip **5** 34; Überbewertung **5** 35; **9** 1; **56** 17; **57 a** 10; Übergang zur Geldeinlage **56** 15; Übernahmeerklärung **56** 13; Überpariausgabe **5** 35; Umgehungsabsicht **56** 4; Umgehungsverbot **17** 120; Umsatzsteuer **2** 93; Umwandlung **77 Anh.** 68, 98 (– der Bareinlage in eine Sacheinlage **19** 164; – der GmbH in KGaA **77 Anh.** 156); unechte Vorgesellschaft **11** 25; Unmöglichkeit **5** 40 (– der Sacheinlagevereinbarung **56** 20); Unterbewertung **5** 35; **57 a** 8; Unternehmen **5** 32; **56** 6, 11; Unternehmenseinbringung **8** 8; Unwirksamkeit der Sacheinlagevereinbarung **5** 20; verdeckte (verschleierte) – **5** 18, 48; **56** 4, 20, 30; Vereinbarung bei Gründung **5** 24; Verfügungsgeschäft **5** 34; Vermögensbilanz **8** 8; alle vermögenswerten Gegenstände **5** 1; Verpflichtungsgeschäft **5** 34; Verrechnung zum Nennwert **56** 8; verschleierte Sachgründung **5** 19, 48; Verschmelzung, von GmbH mit AG oder KGaA **77** 474 (– von Gesellschaften mbH **77 Anh.** 317); Vollwertigkeit **56** 8; Vorbelastungshaftung **11** 30; Voreinzahlungen **56 a** 7; Vorgesellschaft **11** 25; Vormerkung **7** 36; Wahlschuld **5** 25; Wert **57 a** 3; Wertänderung **9 c** 27; Wertdifferenz **5** 37; Wertnachweise bei Anmeldung **8** 8; Wertverhältnisse bei Anmeldung **56** 17; Wertverluste, nach Anmeldung **9 c** 27 (– zwischen Einbringung und Anmeldung **56** 19); Wiederbeschaffungswert **5** 36; Wiedereinlage **55** 61; Zeitpunkt der Bewertung **5** 36; **9 c** 26; Zeitwert **57 a** 8; Zulässigkeit **5** 22; zwingende Gründungsprüfung **5** 20

Sachfirma, Einzelfälle zum Irreführungsverbot **4** 45; Entlehnungsgebot **4** 27; individualisierender Zusatz **4** 27; „MEDITEC"-Entsch. **4** 45; Prinzip der freien Firmenwahl **4** 7; Trendbegriffe **4** 27; Umfang **4** 27; Zulässigkeit reiner Sachfirmen **4** 28

Sachgründung bei Aufspaltung zur Neugründung **77 Anh.** 559; Nachgründungsverträge **5** 21; Umfang der Vertretungsmacht bei der Vorgesellschaft **11** 86; Umwandlung oHG in GmbH **77 Anh.** 278; verschleierte – **5** 19, 48; Vorbelastungshaftung **11** 30; Vorgesellschaft **11** 38; zwingende Sachgründung **5** 20

Sachgründungsbericht, Abspaltung zur Neugründung **77 Anh.** 574; Anmeldung **8** 7; Aufspaltung zur Neugründung **77 Anh.** 559; Ausgliederung **77 Anh.** 597 (– aus dem Vermögen eines Einzelkaufmanns **77 Anh.** 663); Darlegung wesentlicher Umstände **5** 64; Differenzhaftung **9** 1; falsche Angaben **82** 1, 53; Form **5** 63; GmbH-Novelle 1980 **5** 63; Haftung der Gesellschafter **5** 66; Gründungsschwindel durch falsche Angaben **82** 53; Jahresüberschuss/-fehlbeträge **5** 65; maßgeblicher Zeitpunkt **5** 65; nachträgliche Umwandlung einer Bareinlageverpflichtung **5** 24; Registergericht **5** 63; registergerichtliche Prüfung **9 c** 25; Sachübernahme **5** 42; Schriftform **5** 63; Spaltung **77 Anh.** 559; Übergang eines Unternehmens **5** 65; Umwandlung, der AG in GmbH **77 Anh.** 169 (– der eingetragenen Genossenschaft in GmbH **77 Anh.** 190; – von Körperschaften und Anstalten öffentlichen Rechts in GmbH **77 Anh.** 215; – der oHG in GmbH **77 Anh.** 278); verdeckte Sacheinlage **19** 119; Verschmelzung durch Neugründung **77 Anh.** 438

Sachkapitalerhöhungsbericht, bei Kapitalerhöhung mit Sacheinlagen **56** 22; **57** 7

Magere Zahlen = Randnummern **Sachverzeichnis**

„Sachsenmilch"-Entsch., **58 a** 27 f.
Sachübernahme, Ablehnung der Eintragung **57 a** 6; Anmeldung der Kapitalerhöhung **57** 19; Anrechnung auf Bareinlageverpflichtung **5** 42; Begriff **5** 18, 42; **56** 3; Differenzhaftung **9** 2; Einzahlung bei Anmeldung **7** 29, 37; Einzahlungen auf die Stammeinlage **19** 116; gesellschaftsrechtlicher Tatbestand **5** 43; Gesellschaftsvertrag **53** 12; Kapitalerhöhung mit Sacheinlagen **56** 4; Leistungen auf das neue Stammkapital **56 a** 7; Leistungsstörungen **5** 45; Mängel des Sachübernahmevertrages **5** 45; österreichisches Recht **5** 72; Sachgründungsbericht **5** 42; Sachübernahmevertrag **5** 44; Satzung **53** 12; Übereignung der Gegenstände **7** 37; Umwandlung **77 Anh.** 68, 98; Verschmelzung durch Neugründung **77 Anh.** 437; Vertrag **5** 44
Sachverständigengutachten, Plausibilitätsprüfung **9 c** 12
„Saint-Gobain"-Entsch., Einl. 69
Sanierung, Analyse der Schwachstellen **63** 75; Einziehung von Geschäftsanteilen **34** 24; endogene/exogene Krisenursachen **63** 75; Factoring **63** 77; Frist für mögliche Sanierungsversuche **84** 45; Gesellschafterdarlehen **64** 15; Insolvenzantragspflicht **63** 78; Kapitalherabsetzung **58** 7 (– bei gleichzeitiger Erhöhung des Stammkapitals **58 f** 1); Kreditunwürdigkeit **32 a** 40; Krisenursachen **63** 75; Löschung bei Vermögenslosigkeit **60** 31; Sale-and-Lease-back-Verfahren **63** 77; sanierende Ausgliederung **77 Anh.** 649; Sanierungsfusion **77 Anh.** 312; Sanierungskredite **32 a** 36; Sanierungsmaßnahmen **63** 75; Sanierungsprivileg **32 a** 109; Schwachstellenanalyse **63** 75; Stimmpflicht der Gesellschafter **55** 18; Treuepflicht der Gesellschaft **13** 51; Überbrückungskredite **32 a** 44; Umwandlung **77 Anh.** 25; unwahre Darstellung der Vermögenslage **82** 88; Verbindung von Kapitalherabsetzung mit Kapitalerhöhung **58** 43; **58 a** 16; vereinfachte Kapitalherabsetzung **58 a** 1; **63** 76
Sanierungsprivileg, Altgesellschafter **32 a** 114 f.; Anteilserwerb in der Krise **32 a** 110 f.; Ausscheiden des Gesellschafters vor der Krise **32 a** 136; Beweislastverteilung **32 a** 211; Darlehen **32 a** 124; Darlehensgewährung vor Erwerb von Geschäftsanteilen **32 a** 134; Dauer der Enthaftung **32 a** 126; eigenkapitalersetzende Gesellschafterdarlehen bei GmbH & Co. **32 a** 236 ff., 258; erfaßte Leistungen **32 a** 124; erstmaliger Anteilserwerb in der Krise **32 a** 113; Fehlschlagen eines seriösen Sanierungskonzepts **32 a** 127; freigestellter Personenkreis **32 a** 112; dem Gesellschafter gleichgestellte bzw. nahe stehende Personen **32 a** 116 ff.; – bei GmbH & Co. **32 a** 251; maßgeblicher Zeitpunkt der Gesellschaftereigenschaft **32 a** 133; nach Inkrafttreten gewährte oder stehengelassene Leistungen **32 a** 132; objektiv geeignete Sanierungsmaßnahme **32 a** 121; objektive Möglichkeit der Sanierung **32 a** 120; Rechtsfolge eigenkapitalersetzender Gesellschaftsdarlehen **32 a** 206; Sanierungsgutachten **32 a** 123; sonstige Leistungen **32 a** 125; subjektiver Wille des Anteilserwerbs zur Sanierung **32 a** 122; Übergangsrecht **32 a** 128; Übertragung von Geschäftsanteilen **32 a** 135; Verhältnis zu Rechtsprechungsgrundsätzen **32 a** 214; vor Inkrafttreten geleistete oder stehengelassene Leistungen **32 a** 129; vor Inkrafttreten des – zurückerstattete Leistungen **32 a** 130; vor Inkrafttreten des – verstrickte aber nach Inkrafttreten zurückgewährte Leistungen **32 a** 131; Zweck **32 a** 119
Satzung, s. auch Gesellschaftsvertrag; Abfindungsregelung **34** 108; abhängigkeitsausschließende Satzungsklauseln **52 Anh.** 38; Änderung des Stammkapitals **3** 16; Amtslöschung fehlerhafter Eintragungen **54** 36; Amtszeit des Aufsichtsrates **52** 31; Anmeldung nach § 16 **16** 9; Aufhebung des Beschlusses **55** 20; Auflösung, bei Mangel **60** 27 (– der Gesellschaft **61** 4); Auflösungsbeschluss **53** 33; Ausgliederung **53** 19 (– eines Unternehmensteils **52 Anh.** 45); Auslegung **53** 9; Ausscheiden eines Gesellschafters **53** 17; Ausschließung eines Gesellschafters **53** 33; Ausschluss aus wichtigem Grund **34** 61, 65; Ausschlussklage **34** 84; Ausschlussverfahren **34** 81; bedingte Satzungsänderungen **54** 35; Befreiung des Geschäftsführers vom Verbot des Selbstkontrahierens **53** 25; befristete Satzungsänderungen **54** 35; Begriff **53** 5; Bekanntmachung **54** 22; Beschluss über die Kapitalerhöhung **55** 6; Beschlusserfordernisse der – **57 c** 16; Beschlussmodalitäten **48** 3; Bestandteile **53** 5; Bestellung, eines Gesellschafters zum Geschäftsführer **53** 10 (– eines Nichtgesellschafters zum Geschäftsführer **53** 8); Bestimmung von Mitgliedschaftsrechten **14** 22; Betriebsaufspaltung **53** 33; Bewertung von Geschäftsanteilen **34** 107; Bezugsrecht der Gesellschafter **55** 30; deklaratorische Wirkung **53** 8; Eintragung **54** 22; Einziehung, von Geschäftsanteilen **34** 11 (– zu Lasten des Stammkapitals **34** 24); Entschließung der Gesellschafterversammlung **48** 13; Errichtung von Tochtergesellschaften **53** 33; Erwerbsbeschränkungen bei Kaduzierung **22** 34 f.; Fälligkeit der Stammeinlagen **19** 7; faktische Satzungsänderung **37** 14; **52 Anh.** 45; fakultativer Inhalt **53** 7; Finanzplankredite **32 a** 53; **53** 7; Firmenänderung **53** 17; Form, der Satzungsänderung **53** 1 (– des Gesellschaftsvertrages **2** 2); formelle Satzungsbestandteile **3** 2; **53** 6, 8; Fortsetzungsbeschluss **53** 33; Gesellschaftsvertrag als Statut der GmbH **53** 4; Gestaltungsfreiheit **53** 9; Gewinnanteilschein **29** 127; Gewinnverteilung **29** 107; GmbH – Nov. 1980 **53** 4; Grenzen der Satzungsautonomie **47** 18; Grundlage der Gesellschaft **53** 7; Handelsregistersperre **29** 10; individualrechtliche Satzungsbestandteile **53** 8; Kapitalerhöhung als Sonderfall der Satzungsänderung **57** 1; Kapitalherabsetzung **58** 1; keine Satzungsänderung **53** 33; körperschaftsrechtliche Satzungsbestandteile

2763

Sachverzeichnis

Fette Zahlen = §§

53 7; konstitutive Wirkung 53 7; Konzernrecht 52 **Anh**. 21; korporative Satzungsbestandteile 53 7; Leistungsvermehrung 53 47; Mängel des Beschlusses 55 21; Mangel der – 60 28; materielle Satzungsbestandteile 53 6 f.; Minderheitenschutz 45 27; Nachschüsse 26 17; Nachschusspflicht 26 18 ff.; nachträgliche Veränderungen der Abstimmungsmodi 47 18; Neufassung des Satzungswortlauts 55 19; 56 14; 58 18; 58 a 21 (– bei Kapitalherabsetzung 58 18); Nichtigkeit einzelner Bestimmungen des Gesellschaftsvertrags 75 7; nichtkorporative Satzungsbestandteile 53 8; Protokollierungspflicht für Gesellschafterbeschlüsse 48 17; Prüfung durch das Registergericht 54 15; Rechtslage bis zur Eintragung 54 24; Regelungen zur Antragsbefugnis in der Gesellschafterversammlung 48 14; Sacheinlage 53 12; Sachübernahme 53 12; salvatorische Klausel 53 31; Satzung, im formellen Sinn 53 5 (– im materiellen Sinn 53 5); Satzungsänderung 47 72; 53 1, 14; Satzungsbescheinigung 53 15; Satzungsdurchbrechung 53 34; Satzungsinterpretation 53 34; satzungsmäßige Rücklagen 42 a **Anh**. I 249; satzungswidrige, Regelungen des Anstellungsvertrages 35 84 (– Weisungen 35 84); Schiedsgerichtsvereinbarung bei Ausschließung 34 86; schuldrechtliche Nebenabreden 53 11; Schutzklauseln bzgl. Abhängigkeitsentstehung 52 **Anh**. 32; Sitz 4 a 3 ff.; 53 17; Sonderrechte 14 27; Stammkapitalziffer 56 14; 58 18; stillschweigende Satzungsänderung 53 34; Stimmbindungsverträge 53 11; Stimmrechtsbindung 53 33; Teilung von Geschäftsanteilen 17 9, 21, 38 ff.; Treuepflicht der Gesellschaft 13 51; Übertragbarkeit der Geschäftsanteile 53 26; Umstellung von auf DM-lautende Bestimmungen 86 52; unechte Satzungsbestandteile 3 2, 53; 53 8; Unternehmensgegenstand 53 19; Unternehmensziele 53 19; Unterscheidung formeller und materieller Satzungsbestandteile 53 13; verdeckte Gewinnausschüttung 29 173; vereinfachte Kapitalherabsetzung 58 a 10; Verhältnis, zum Gleichbehandlungsgrundsatz 13 98 (– zwischen der Gesellschaft und den Gesellschaftern 53 7); Verkündungspflicht für Gesellschafterbeschlüsse 48 17; Verlängerung der Preisgabefrist 27 30; Verlustgarantie 53 11; Verpfändung gegenseitige Schadensersatzansprüche 15 88; Verpflichtung zur Wiedereinlage 55 61; Verschärfung der Rechtsfolgen bei Kaduzierung 25 2; Vertreter nach § 18 **18** 12; Vertretungsbefugnis 53 24; Verzugszinsen 20 9; Vinkulierung 53 26; Vorkaufsrechte 53 11; Wettbewerbsverbot des Gesellschafter 53 19; Willensbildung unter Mitberechtigten 18 10; zufällige Satzungsbestandteile 53 8; Zweck der Gesellschaft 1 1, 5

Satzungsänderung, Abänderbarkeit 53 1; Abänderung des Beschlusses 53 61; abgegebene Stimmen 53 44; Abstimmung 47 72; Änderung, der Währungsbezeichnung 53 20 (– des Geschäftsjahres 54 34; – des Unternehmensgegenstandes 3 12; – des Wortlauts 53 14; – nach Eintragung 53 2; – vor Eintragung 53 2); Änderungsbeschluss 53 2; Anpassung von Rechten und Pflichten bei Kapitalerhöhung 57 m 5; Amtslöschung 54 28 (– fehlerhafter Eintragungen 54 36); Amtszeit des Aufsichtsrats 52 31; andere Erfordernisse 53 46; anfechtbare Satzungsänderungsbeschlüsse 54 8; Anfechtung 53 62; 54 20; Anmeldepflicht 54 7; Anmelder 54 6; Anmeldung 54 1 f. (– beizufügende Urkunden 54 10; – und Eintragung im österreichischen Recht 54 41); Anmeldungsmängel 54 37; Anpassung der Satzung an die GmbH-Nov. 1980 53 43; anzumeldende Satzungsänderungen 54 2; Arglisteinwand 53 62; Aufhebung 53 29 (– des Beschlusses 53 59; – nach Eintragung in das Handelsregister 53 60; – von Unternehmensverträgen 53 32; – vor Eintragung in das Handelsregister 53 59); Aufklärung 53 62; Auflösung 53 63; Auflösungsbeschluss 53 33; 60 16; Ausführungsbeschluss 54 26; Ausgliederung 53 19; ausländischer Notar 2 42; 53 39; – im Ausland 2 40 ff.; 53 37; Auslegung 53 9; Ausscheiden eines Gesellschafters 53 17; Ausschließung 53 33, 46; Ausschluss 53 46; Basler Notar 2 42; 53 40; bedingte – 54 35; Beeinträchtigung von Sonderrechten 53 50; Beendigung von Unternehmensverträgen 53 32; Befreiung vom Verbot des Selbstkontrahierens 53 25; befristete – 54 35; Begriff 53 14; Begriff der Leistungsvermehrung 53 48; Beherrschungsverträge 53 32; Beirat 53 28; Bekanntmachung 54 22, 30; Beschluss der Gesellschafter 53 35; Beschlussform 53 36; Beschlussmehrheiten 53 46; Beschlussverfahren 53 46; Bestellung, eines Gesellschafters zum Geschäftsführer 53 10 (– eines Nichtgesellschafters zum Geschäftsführer 53 8); Bestimmungen über das Geschäftsjahr 53 23; Betriebsaufspaltung 53 23, 33; Beurkundung, der Geschäftsanteilsabtretung 53 40 (–, Umfang 53 38); Bevollmächtigte 54 6; Bilanzrichtliniengesetz (BiRiLiG) 53 43; „Centros"-Entsch. 53 18; Dauer der Gesellschaft 53 22; deklaratorische Bedeutung 53 8; Dreiviertelmehrheit der Stimmen 53 43; Einberufungsmängel 53 62; einfache Mehrheit 53 59; Eingriffe, in Individualrechte 45 27 (– in Minderheitenrechte 45 27); Einpersonen-GmbH 53 25, 63; Einschränkung des Unternehmensgegenstandes 53 19; einstweilige Verfügung 53 62; 54 8, 27; Eintragung 53 59; 54 22 (– als Wirksamkeitserfordernis 54 33; – nichtbeschlossener Satzungsänderungen 54 29; – von Unternehmensverträgen 53 32); – vor Eintragung der Gesellschaft 54 2; Eintragungssperre 54 32; Einzelfälle 53 16; Einzelrechtsübertragung 53 33; Eltern als Gesellschafter 53 44; Ergebnisabführungsverträge 53 32; Ergebnisverwendung 29 16; Erhöhung des Stammkapitals 1; Ermittlungen 54 17; Errichtung von Tochtergesellschaften 53 33; Erschwerung 53 46; Erteilung der Zustimmung 53 46; Erwerber

Magere Zahlen = Randnummern **Sachverzeichnis**

des Geschäftsanteils **54** 25; etablierte Mehrheitsverhältnisse **53** 50; faktische – **37** 14; **53** 17, 19; fakultativer, Aufsichtsrat **53** 28 (– Inhalt **53** 7); fehlende Zustimmung **53** 62; fehlerhafte Eintragungen **54** 28; Feststellung, der Dreiviertelmehrheit **53** 43 f. (– des Beschlussergebnisses **53** 46); Firma **53** 17; Firmenänderungen **54** 18; Firmenänderung in der Insolvenz **53** 64; Firmenfortführung **53** 17; Form **53** 37 (– der Anmeldung **54** 3, 5; – der Zustimmung **53** 46, 56); formelle Satzungsbestandteile **53** 8; Formwechsel der GmbH **53** 1; Fortsetzungsbeschluss **53** 22; Frist der Zustimmung **53** 56; gebührenfreies Nebengeschäft **54** 13; Gegenstand, der Prüfung **54** 16 (– des Unternehmens **53** 19); gemischte Firma **53** 17; Geschäftsanteilsabtretungen **53** 40; Geschäftsanteilserwerber **54** 25; Geschäftsführer **54** 6, 8; Geschäftsjahr **53** 23; Geschäftswert **53** 67; Gesellschafterversammlung **53** 36; Gesellschaftsvertrag **53** 1, 40; Gesellschaftsvertragsänderungen vor Eintragung der GmbH **53** 2; Gesellschaftszweck **53** 19; gesonderte Zustimmung **53** 54; Gestaltungsfreiheit **53** 9; Gewinnabführungsverträge **53** 32; Gewinnthesaurierung **53** 50; Gleichbehandlungsgebot **53** 50; Gleichwertigkeitserfordernis **53** 39; GmbH-Nov. 1980 **53** 43; Gründungsstadium **53** 63, 66; Grundlage der Gesellschaft **53** 7; Gutachten der Handwerkskammer **54** 18 (– der Industrie- und Handelskammer **54** 18); Handelsregister **53** 43; Heilung, von Beschlussmängeln **53** 62 (– fehlerhafter Beschlüsse **54** 28, 33; – von Mängeln **75** 7; **76** 1, 6); Herabsetzung des Stammkapitals **58** 1; Inhaber der Geschäftsanteile **53** 21; Inhalt, der Anmeldung **54** 3 f. (– der Eintragung **54** 22, 30; – des Änderungsbeschlusses **54** 18; – des Gesellschaftsvertrags **54** 12); Inhaltsmängel **53** 62 (– mit Nichtigkeitsfolge **54** 38); Innsbrucker Notar **53** 40; Insolvenz **53** 63, 65; **63** 134; Kapitalerhöhung **53** 49, 62; **55** 3 (– als Sonderfall der Satzungsänderung **57** 1); Kapitalherabsetzung **53** 20; **58** 13; kein Registerzwang **54** 31; keine – **53** 33; **60** 16; Kernbereich der Mitgliedschaft **53** 50; körperschaftsrechtliche Satzungsbestandteile **53** 7; konstitutive Wirkung **53** 7; korporative Satzungsbestandteile **53** 7; Kosten **54** 39 f. (– der Bekanntmachung **54** 40; – der Beurkundung **53** 67); Kündigung von Unternehmensverträgen **53** 32; Leistungsvermehrung **53** 47; Liquidation **53** 63 f.; **60** 16; Liquidationszusatz **53** 17; **68** 9; Liquidatoren **54** 6; Mängel des Beschlusses **53** 62; mangelhafte Beschlüsse **54** 19; Mantelkauf **53** 17; Mantelverwendung **53** 17; materielle Satzungsbestandteile **53** 6; Mehrheiten **53** 43 f.; Minderjährige **53** 44; mittelbare Leistungsvermehrungen **53** 49; – nach Auflösung der Gesellschaft **53** 64; – nach der Eintragung in das Handelsregister **53** 60; Nachschusspflicht **53** 48; Neufassung **53** 14; **56** 14; **58** 17; **58 a** 20; nachträgliche Änderung der Bareinlageverpflichtung **5** 54; nichtige Satzungsänderungsbeschlüsse **54** 8; Nichtigkeit des Beschlusses **53** 62; Nichtigkeitsgründe **54** 19; niederländischer Notar **53** 39; Nießbraucher **53** 44, 55; nominelle Aufstockung **53** 27; Notar **53** 15; **54** 6; Notariat Zürich-Altstadt **2** 42; **53** 39; notarielle Bescheinigung **54** 13; notarielle, Beurkundung **53** 37 (– Protokoll **54** 10); – im öffentlichen Interesse **54** 38; Öffentlichkeit **54** 1; österreichische Notare **2** 41 f.; **53** 40; österreichisches Recht **53** 69; Ordnungsmäßigkeit der Anmeldung **54** 16; Pflicht zur Änderung **53** 18; Prokuristen **54** 6; Prüfung durch das Registergericht **54** 15 (– des notariellen Beschlusses **54** 17; – nach Eintragung **9 c** 4); Prüfungsrecht des Registergerichtes **54** 15; qualifizierte Mehrheit der Stimmen **53** 45; Rechtslage bis zur Eintragung **54** 24; redaktionelle Änderungen **53** 11; Registergericht am Sitz **54** 9; Registersperre **53** 43; **54** 32; **86** 50; Rücklagen **53** 50; Rücknahme der Anmeldung **54** 14; rückwirkende – **54** 34; Sacheinlagen **5** 56; **53** 21; sachliche Mängel **54** 38; Sachübernahmen **53** 12; salvatorische Klausel **53** 31; Satzungsbegriff **53** 5; Satzungsbescheinigung **53** 15; Satzungsbestandteile **53** 5; Satzungsdurchbrechung **53** 34; Satzungsinterpretation **53** 34; Schiedsklauseln **53** 30, 50; schuldrechtliche Nebenabreden **53** 11; schwebende Unwirksamkeit des Satzungsänderungsbeschlusses **53** 56; Sitz **53** 17; Sitzverlegung **4 a** 22; **53** 18; **54** 9; Sitzverlegung ins Ausland **53** 18 (– ins Inland **53** 18); Sonderrechte **14** 27; **53** 51 (– einzelner Gesellschafter **53** 29); Sondervorteile **53** 51; staatliche Genehmigung **53** 35; **54** 10; Staatshaftung **54** 39; Stammeinlagen **53** 21; Stammkapital **53** 20; Stammkapitalziffer **56** 14; Steuerrecht **53** 23, 68; stillschweigende – **53** 34; Stimmbindungsvertrag **53** 45; Stimmen nicht erschienener Gesellschafter **53** 41; Stimmpflicht der Gesellschafter **53** 58; Stimmenpool **53** 45; Stimmenthaltungen **53** 44; Stimmrecht **53** 44; Stimmrechtsbindung **53** 33; stimmrechtslose Beteiligungen **53** 45; Stimmrechtsregelungen **53** 45; Stimmverbot **53** 44; Strukturänderungen **53** 32; Tag der Eintragung **54** 23; Tag des Änderungsbeschlusses **54** 23; Teilnichtigkeit **53** 62; Teilung von Geschäftsanteilen **17** 39; Teilunwirksamkeit des Satzungsänderungsbeschlusses **53** 56; Teilvollzug **53** 62; **54** 19; Testamentsvollstrecker **53** 44; Treuepflicht **53** 50, 58 (– der Gesellschaft **13** 51); Übertragbarkeit der Geschäftsanteile **53** 26; bertragungserschwerungen **53** 26; Umfang der Beurkundung **53** 38; Umstellung auf Euro **53** 20; **86** 15; Umwandlung **53** 66 (– der Bareinlageverpflichtung in Sachleistungspflicht **5** 24); Unternehmensgegenstand **53** 19; Unternehmensverträge **53** 32; **54** 11; Unternehmensziele **53** 19; unwirksame Satzungsänderungsbeschlüsse **54** 8, 19; Unwirksamkeit des Satzungsänderungsbeschlusses **53** 56; Veräußerung **53** 17; Verbot des Selbstkontrahierens **53** 44; vereinfachte Kapitalherabsetzung

2765

Sachverzeichnis

Fette Zahlen = §§

58 a 10; Verfahrensmängel **54** 37; Verhältnis zwischen der Gesellschaft und den Gesellschaftern **53** 7; Verhinderung der Eintragung **54** 27; Verkürzung der Ablauffrist **60** 14; Verkürzung von Mitgliedschaftsrechten **53** 50; Verlängerung der Ablauffrist **60** 13; Verlustgarantie **53** 11; Verpachtung **53** 17; Versammlungsleiter **53** 46; Verschmelzung **53** 17; **77 Anh.** 400; Verschmelzungsvertrag **53** 39; Vertretungsbefugnis **53** 24; Vinkulierung **53** 26; vollständiger Wortlaut des Gesellschaftsvertrags **54** 11; Voraussetzungen, der – **54** 17 (– der Zustimmung bei leistungsvermehrenden Gegenstand **53** 53); – vor Eintragung in das Handelsregister **53** 59; Vorkaufsrechte an Geschäftsanteilen **53** 11; weitere Änderungen bei Sitzverlegung **4 a** 23; Wettbewerbsverbot **53** 19; wichtige Einzelfälle **53** 16 ff.; Willensmängel **53** 62; Wirksamkeitsvoraussetzung **53** 46; Wirkung, der Bekanntmachung **54** 30 (– der Eintragung **54** 33; – fehlerhafter Eintragung **54** 28); Wirtschaftsprüfungsgesellschaften **54** 10; Zusammenlegung von Geschäftsanteilen **53** 27; zuständiges Gericht **54** 9; Zuständigkeit der Gesellschafter **53** 35; Zustimmung **53** 52 (– aller Gesellschafter **53** 32; – der Gesellschafterversammlung der beherrschten Gesellschaft **53** 32; – der Gesellschafterversammlung der herrschenden Gesellschaft **53** 32; – der übrigen Gesellschafter **53** 51; – eines oder mehrerer Gesellschafter **53** 46; – mit Willenserklärung **53** 56; – von Inhabern stimmrechtsloser Geschäftsanteile **53** 55); Zustimmungserfordernis bei Sondervorteilen **53** 51; Zustimmungserklärungen **54** 10; Zustimmungspflicht **53** 32; **86** 40; Zwangseinziehung von Geschäftsanteilen **53** 27; Zweckmäßigkeit **54** 18; Zweigniederlassung **53** 17; **54** 23

Satzungsdurchbrechung, **53** 34

„Schallplatten"-Entsch., Einl. 47

Scheingeschäftsführer, Vertretungsbefugnis **35** 8

Schiedsgerichtsbarkeit, Anordnung durch Gesellschaftsvertrag **13** 31; Auflösungsklage **61** 4, 15; Auskunfts- und Einsichtsrechte **51 b** 4; institutionelle Schiedsgerichte **13** 9; Nichtigkeitsklage **75** 22; Rechte der Gesellschafter **45** 11

Schiedsgerichtsvereinbarung, angeordnetes Schiedsgericht **13** 29; Ausschließung von Gesellschaftern **34** 86; institutionelle Schiedsgerichte **13** 31; Satzungsänderung **53** 30; Schiedsrechtsnovellierung **13** 30

Schluss der Liquidation, Aufbewahrungspflicht **74** 7; Aufbewahrungsperson **74** 9; Beendigung der Abwicklung **74** 2 (– der Gesellschaft **74** 12); Doppeltatbestand **74** 12; Dritter **74** 9; Einsichtsberechtigte **74** 10; Einsichtsrechte **74** 10; Eintragung des Erlöschens der Gesellschaft **74** 6; Entlastung der Liquidatoren **74** 4; Folgen, der Beendigung **74** 13 (– der Nichtbeendigung **74** 14); Gesellschafter **74** 9; GmbH & Co. KG **74** 31; Kosten der Aufbewahrung **74** 9; Liquidationsschlussbilanz **74** 3; Löschung der Gesellschaft **74** 4; Nachtragsliquidation **74** 18; Pflichten der Liquidatoren bis zur Beendigung der Liquidation **74** 2; Schlussanmeldung **74** 5; Schlussrechnung **74** 3; Zeitpunkt der Beendigung **74** 12

Schütt-aus-Hol-zurück-Verfahren, Anmeldung der Kapitalerhöhung **57** 21; Bedeutung **55** 60; Bilanzierung **42 a Anh. I** 222; Erhöhung des Stammkapitals **55** 60; Halbeinkünfteverfahren **55** 60; Hin- und Herzahlen **55** 61; Inhalt des Gesellschaftsvertrages **3** 33; Kapitalerhöhung **55** 1, 60 (– aus Gesellschaftsmitteln **57 i** 5; **57 c** 7); Nachschusspflicht **26** 6; Nebenleistungspflicht **3** 33; Registergericht **55** 61; Sacheinlage **19** 145; Sacheinlagevorschriften **55** 61; verdeckte Sacheinlage **5** 48; **19** 145; **55** 61; verschleierte Sachgründung **5** 48

Schuldrechtliche Nebenabreden, **53** 11; Bindung bei qualifizierten Beschlusserfordernissen **53** 45; als Satzungsbestandteil **53** 11; Kapitalerhöhung **55** 49; Stimmbindungsvertrag **53** 11

Schwebende Geschäfte, In-Sich-Geschäft **35** 30

Schweden, GmbH-Recht **12** 52

Schweizer Recht, Einl. 365 ff.; Aufteilung von Befugnissen zwischen Organen der Gesellschaft **Einl.** 373; Einpersonen-Gesellschaft **Einl.** 372; Entwicklung **Einl.** 365 ff.; Entwurf der Reform **Einl.** 368; GmbH-Recht **Einl.** 365 ff.; Konkordanzliste mit deutschem Recht **Einl. Anh. II;** obligatorisches Kontrollorgan **Einl.** 375; persönliche Haftung der Gesellschafter **Einl.** 370; Reform des Obligationenrechts **Einl.** 366; Schutz der (Minderheits-)Gesellschafter **Einl.** 374; Stammkapital **Einl.** 369; Übertragung der Stammanteile **Einl.** 371; Vernehmlassungsverfahren **Einl.** 367

„Seehafenbetriebe"-Entsch., s. *„Holzmüller"-Entsch.*

Selbsthilferecht, Minderheitsgesellschafter **50** 8

Selbstkontrahieren s. auch *In-Sich-Geschäft*, Anmeldung **8** 25; Annahme der Übernahmeerklärung bei Kapitalerhöhung **55** 41; Einpersonen-Gesellschaft **53** 25; Eintragung **10** 13; Geschäftsführer **35** 30; Gesellschaftsvertrag **2** 52; Kreditgewährung an Geschäftsführer **43 a** 10; Satzungsänderung **53** 25, 41; Verbot **47** 79; **53** 25

Sicherheiten, gesellschafterbesicherte Darlehen **32 a** 177

Sicherheitsleistung, für Anspruch des Gesellschafters gegen Dritte **30** 36; kein Anspruch auf Versorgungsansprüche **77 Anh.** 133; Art der Leistung **77 Anh.** 134 (– bei Liquidation **73** 18); Auszahlungsverbot **30** 35; Liquidation **73** 16 f.; management-buy-out-Verfahren **30** 37; Pensionsverpflichtungen **73** 19; Spaltung **77 Anh.** 543, 550; Umwandlung **77 Anh.** 132 (– OHG in GmbH **77 Anh.** 280); – für Verbindlichkeiten eines Gesellschafters **30** 37; – bei Vereinigung aller Geschäftsanteile **19** 91; Verschmelzung **77 Anh.** 406

Magere Zahlen = Randnummern

Sachverzeichnis

"Sicherungen" gem. **§ 7 Abs. 3 S. 3,** Einpersonen-Gründung **8** 22; Geschäftsführer **8** 22
Sicherungsabtretung, Anmeldung gem. § 16 **16** 25, 35; Güterrecht **15** 103; notarielle Beurkundung **15** 56
Sicherungsübereignung, s. Treuhand
"Siemens"-Entsch. Einl. 59, 175, 181, 183 f., 246, 248, 286
Sitz, Ablehnung der Eintragung **4 a** 17, 18; allgemeiner Gerichtsstand **4 a** 5; Amtslöschung nach § 144 Abs. 2 FGG **4 a** 18; Amtslöschungsverfahren nach § 144a FGG **4 a** 17; Angabe auf Geschäftsbriefen **35 a** 8; Auflösung **60** 8; ausländisches Unternehmen, mit Sitz außerhalb der EG **42 a Anh. II** 28 (– mit Sitz innerhalb der EG **42 a Anh. II** 28); Ausnahmen, von § 4 a Abs. 2 **4 a** 12 (– bei Neugründung **4 a** 13); Bedeutung **4 a** 5; besonders schützenswertes Interesse **4 a** 12; Betriebsort **4 a** 7 f.; Doppelsitz **4 a** 15; effektive Registerführung **4 a** 2; Eintragung ins Handelsregister **10** 6 (– trotz nachträglicher Unzulässigkeit **4 a** 18; – trotz ursprünglicher Unzulässigkeit **4 a** 17); Eintragungsmängel **10** 19; freie Wahl **Einl.** 18; freie Wahlmöglichkeit **4 a** 7; gerichtliche Überprüfung bei Abweichungen **4 a** 14; Gerichtsstand **13** 28; **69** 23; Gesellschaftsvertrag **3** 4, 7; Gläubigerschutz **4 a** 2; "Hapag-Lloyd"-Entsch. **4 a** 15; Maßgeblichkeit des statutarischen Sitzes **4 a** 3; mehrere Betriebsorte **4 a** 9; mehrere dezentralisierte Verwaltungen **4 a** 11; Mittelpunkt der geschäftlichen Oberleitung **4 a** 10; nachträgliche Unzulässigkeit, durch Gesellschafterbeschluss **4 a** 18 (– durch Veränderung der tatsächlichen Verhältnisse **4 a** 21); Neugründung einer GmbH **4 a** 10; Neuregelung durch HRefG **4 a** 2; Nichtigkeit der Sitzwahl **4 a** 18; österreichisches Recht **4 a** 24; Ort **4 a** 4 (– der Geschäftsleitung **4 a** 7, 10; – der Gesellschafterversammlung **4 a** 5; **48** 4; – der Verwaltung **4 a** 7, 11); Rechtsfolgen, bei unzulässiger Bestimmung **4 a** 16 (– bei ursprünglicher Unzulässigkeit **4 a** 17); Rechtslage bis zum HRefG **4 a** 1; Registergericht **54** 9; Satzungsänderung **53** 17; Sitzverlegung **4 a** 22; **53** 18; **54** 9; **77 Anh.** 107, 120 (– in das Ausland **Einl.** 336; **40** 1; **53** 18; **60** 8; – ins Inland **60** 8; – vom Ausland ins Inland **Einl.** 337; **4 a** 20); steuerrechtlicher Anknüpfungspunkt **4 a** 5; Tätigkeiten mit Hilfscharakter **4 a** 9; tatsächliche Sitzverlegung ins Ausland **4 a** 20; tatsächlicher – **4 a** 6; unbeschränkte Steuerpflicht bei Sitz im Inland **Einl.** 66; ursprüngliche Unzulässigkeit **4 a** 17; Verlegung des Satzungssitzes ins Ausland durch Gesellschafterbeschluss **4 a** 19; Wohnsitz des Geschäftsführers **4 a** 10; Zuständigkeit, des Insolvenzgerichts **4 a** 5 (– des Registergerichts **4 a** 5); Zweigniederlassung **59** 1
Sitztheorie, Änderung der GmbHG **Einl.** 10; Aufgabe durch "Centros"-Entsch. **Einl.** 309 f.; Bestimmung des Gesellschaftsstatuts **Einl.** 303; Deutsch-amerikanischer Freundschafts-, Handels- und Schifffahrtvertrag **Einl.** 303;

EG-Recht **Einl.** 303 f.; EMRK **Einl.** 303 f.; genuine link **Einl.** 303 f.; Kollisionsregeln **Einl.** 305, 335; österreichisches Recht **Einl.** 344; ordre public **Einl.** 342; Personalstatut **Einl.** 344; pseudo-foreign corporation **Einl.** 303; Rechtsfolgen **Einl.** 304 (– der "Centros"-Entsch. **Einl.** 309); Regelungsbereich **Einl.** 318
Sitzverlegung, Anmeldung der Satzungsänderung **54** 9; Auflösungsgrund **60** 8; – in das Ausland **4 a** 20; **60** 8; ausschließlich Verlegung des Satzungssitzes **Einl.** 338; "Centros"-Entsch. **Einl.** 306 ff.; **53** 18; DDR **Einl.** 339; EU-Richtlinienentwurf **4 a** 23; Formwechsel **77 Anh.** 120; – ins Inland **53** 18; **60** 8; innerdeutsche – **Einl.** 339; internationale – **Einl.** 334; internationales Privatrecht **Einl.** 334; österreichisches Recht **4 a** 25; Satzungsänderung **4 a** 22; **53** 17 f.; Steuerrecht **53** 68; tatsächliche – ins Ausland **4 a** 20; Umwandlung **Einl.** 107, 129 – OHG in GmbH **77 Anh.** 277); Verfahren **4 a** 22; Verlegung, in das Ausland **Einl.** 336 (– des Satzungssitzes ins Ausland durch Gesellschafterbeschluss **4 a** 19; – des tatsächlichen Sitzes ins Inland **Einl.** 337); weitere Satzungsänderungen **4 a** 23; Zweigniederlassungen **12** 52
Solidaritätszuschlag, Bemessungsgrundlage **Einl.** 87; Besteuerung der Gesellschaft **Einl.** 87 (– des Gesellschafters **Einl.** 87)
Sonderrechte, Aufhebung **14** 35 f.; Ausgestaltung **14** 32; Begriff **14** 26; Begründung **14** 27; Bereich der Mitverwaltung **14** 31; Dauer **14** 32; eigene Geschäftsanteile **33** 47; Gegenstand **14** 29; Grenzen **14** 33; österreichisches Recht **5** 72; Satzungsänderung **14** 27; **53** 29; Teilung von Geschäftsanteilen **17** 3; Übergang des Geschäftsanteils **14** 34; Umwandlung, GmbH in AG **77 Anh.** 135 (– GmbH in KG **77 Anh.** 246); ursprüngliche Satzungsbestimmungen **14** 27; vermögensrechtlicher Bereich **14** 30
Sondervorteile, Erhöhung des Stammkapitals **55** 16; falsche Angaben **82** 45; Gesellschaftsvertrag **3** 50; Kapitalerhöhung aus Gesellschaftsmitteln **57 m** 3; österreichisches Recht **5** 72; Satzungsänderung **53** 50 f.; Umwandlung **77 Anh.** 68, 98; Verschmelzung durch Neugründung **77 Anh.** 437; Zustimmungserfordernisse bei Satzungsänderung **53** 51
Sozialversicherung, Geschäftsführer **35** 110
Sozialversicherungsbeiträge, Haftung der Geschäftsführer bei Nichtabführung **43** 84
Spaltung, Abgrenzung der Abspaltung zur Neugründung gegenüber Abspaltung zur Aufnahme **77 Anh.** 574; Abspaltung **77 Anh.** 519 (– zur Aufnahme **77 Anh.** 564; – zur Neugründung **77 Anh.** 574); Abtretung **77 Anh.** 528; AfA **77 Anh.** 583; AG oder KGaA als übernehmende Rechtsträger **77 Anh.** 612; Aktiengesellschaften **77 Anh.** 610; Anlagen zur Anmeldung **77 Anh.** 538; Anmeldeverfahren **77**

2767

Sachverzeichnis

Fette Zahlen = §§

Anh. 562 (– bei Spaltung zur Neugründung 77 Anh. 562, 574); Anmeldeverpflichtete 77 Anh. 560; Anmeldung 77 Anh. 560 (– der Abspaltung 77 Anh. 565; – der Spaltung 77 Anh. 538; – der Spaltung bei AG oder KGaA 77 Anh. 621); Anstellungsverträge der Geschäftsführer 77 Anh. 541; Anteilstausch 77 Anh. 587; Anwendung, des § 9c 9c 3 (– des § 613a BGB 77 Anh. 22); Arbeitnehmer 77 Anh. 569; Arbeitnehmervertretungen 77 Anh. 530; Arbeitsverhältnis 77 Anh. 522; Auflösung untersagter Zusammenschlüsse 77 Anh. 25; Auflösungsgrund 60 47; Aufsichtsrat 77 Anh. 619 (– der AG 77 Anh. 580); Aufspaltung 77 Anh. 519 (– zur Aufnahme 77 Anh. 520; – zur Neugründung 77 Anh. 553); Auf- und Abspaltung, einer GmbH auf Personenhandelsgesellschaften 77 Anh. 634 (– einer Personenhandelsgesellschaft auf GmbH 77 Anh. 635); Auseinandersetzung unter Gesellschaftergruppen 77 Anh. 519; Ausgleichungspflicht 77 Anh. 549; Ausgliederung 77 Anh. 519, 587 (– aus dem Vermögen eines Einzelkaufmanns 77 Anh. 638; – bei Einzelkaufmann 77 Anh. 569; – einer GmbH in eine Personenhandelsgesellschaft 77 Anh. 636; – einer Personenhandelsgesellschaft auf eine GmbH 77 Anh. 637); Ausschluss der Spaltung einer AG oder KGaA 77 Anh. 611; Barabfindung 77 Anh. 629; Barabfindungsangebot 77 Anh. 629; Beibehaltung der Mitbestimmung 77 Anh. 571; Beherrschungsidentität 77 Anh. 569; Beitritt Dritter 77 Anh. 558; Bekanntmachung 77 Anh. 539, 562; Berechnung des Beteiligungsverhältnisses 77 Anh. 533; besondere Schutzvorschriften für Arbeitnehmer 77 Anh. 552, 571; besondere Unterrichtungspflichten 77 Anh. 614; Besteuerung der Gesellschafter 77 Anh. 583 (– der übertragenden Gesellschaft 77 Anh. 583); Bestimmbarkeit einzelner Gegenstände 77 Anh. 525; Bestimmtheitsgrundsatz 77 Anh. 631; Betrieb 77 Anh. 522f.; Betriebsaufspaltung 77 Anh. 569; Betriebsrat 77 Anh. 21; Betriebsteile 77 Anh. 522f.; Bezeichnungshilfsmittel 77 Anh. 526; kein Bezugsrecht 77 Anh. 612; Bilanzen 77 Anh. 526; Bilanzierung von Haftungsverbindlichkeiten 77 Anh. 550; Buchwert 77 Anh. 583; Buchwertfortführung 77 Anh. 523; Dauerschuldverhältnisse 77 Anh. 526; Dreiviertelmehrheit 77 Anh. 536, 631; echte Betriebsaufspaltung 77 Anh. 569; eigene Geschäftsanteile 33 68; Einfluss von Mängeln auf Wirkung der Spaltung 77 Anh. 542; einheitlicher geschäftlicher Betätigungswille 77 Anh. 569; einheitlicher Vertrag 77 Anh. 521; Eintragung, der Abspaltung 77 Anh. 566 (– der Aufspaltung in das Register der übertragenden GmbH 77 Anh. 540; – der Spaltung 77 Anh. 539); Einzelkaufmann 77 Anh. 569; Einzelrechtsnachfolge 77 Anh. 525; Enthaftung der Besitzgesellschaft 77 Anh. 570; Erhaltung der Kapitalausstattung 77 Anh. 621;

Erleichterungen für Mindestinhalt des Spaltungsvertrages 77 Anh. 531; (kein) Erlöschen der Gesellschaft 77 Anh. 567 (– der übertragenden Gesellschaft 77 Anh. 541); fiktive Teilbetriebe 77 Anh. 576; Firma 77 Anh. 541; Folgen für Arbeitnehmer und ihre Vertretungen 77 Anh. 530; Forderungen 77 Anh. 528; Gegenleistung nur in Anteilen des übernehmenden Rechtsträgers 77 Anh. 587; Gegenstände des Aktivvermögens 77 Anh. 529; Gesamtrechtsnachfolge 77 Anh. 522; gesamtschuldnerische Haftung 77 Anh. 529 (– aller beteiligten Gesellschaften 77 Anh. 543); Geschäftsanteile 77 Anh. 564; Geschäftsführer der übertragenden GmbH 77 Anh. 560; Gesellschaften 77 Anh. 542; gesetzliche Regelung 77 Anh. 29; Gewährung von Geschäftsanteilen 77 Anh. 564; gewerbesteuerliche Behandlung 77 Anh. 584; Gläubigerschutz 77 Anh. 543; Gesellschaften mbH 77 Anh. 519; Gründungsbericht 77 Anh. 615; Gründungsprüfung 77 Anh. 615; Grunderwerbsteuer 77 Anh. 586; Grundsätze über die Sicherungsübereignung von Warenbeständen 77 Anh. 525; Grundstücke 77 Anh. 527; Haftung für falsche Angaben 9a 3; Handlungsvollmacht 77 Anh. 541; Heilung von Mängeln 77 Anh. 542; immaterielle Wirtschaftsgüter 77 Anh. 526; Inhalt, des Spaltungsberichtes 77 Anh. 534 (– des Spaltungsplanes 77 Anh. 556f.; – des Spaltungsvertrages 77 Anh. 521); Inventare 77 Anh. 526; Kapitalerhöhung 77 Anh. 564, 615 (– als Veräußerung 77 Anh. 581); Kapitalherabsetzung 77 Anh. 573, 618 (– in vereinfachter Form 77 Anh. 573, 618); kapitalistische Betriebsaufspaltung 77 Anh. 569; Kombination von Spaltungsarten 77 Anh. 519, 611; Kommanditgesellschaften auf Aktien 77 Anh. 610; Kommanditistenhaftung 77 Anh. 632; Konzernspaltung 77 Anh. 535; Konzessionen 77 Anh. 526; Lizenzen 77 Anh. 526; Mängel 77 Anh. 542; Maßstab für Aufteilung der Anteile 77 Anh. 533; Mehrheitsklausel 77 Anh. 631; Mindestanzahl der Gesellschafter 77 Anh. 626; Missbrauchsfälle 77 Anh. 578ff.; Missbrauchstatbestand 77 Anh. 578, 585; Mittel zur Realteilung 77 Anh. 519; Mitunternehmeranteil 77 Anh. 576; Motive 77 Anh. 519; Nachhaftung der persönlich haftenden Gesellschafter 77 Anh. 632; nichtanwendbare Vorschriften 77 Anh. 561; nicht übertragbare Gegenstände 77 Anh. 566; noch nicht fällige Verbindlichkeiten 77 Anh. 541; nichtverhältniswahrende Spaltung 77 Anh. 533, 539; notarielle Beurkundung des Spaltungsvertrages 77 Anh. 532; partielle Gesamtrechtsnachfolge 77 Anh. 522, 542; Patente 77 Anh. 526; personelle Verflechtung 77 Anh. 569; Produkthaftung 77 Anh. 545; Prokura 77 Anh. 541; Prüfer 77 Anh. 90; Prüfung der Sacheinlage 77 Anh. 612; Realteilung von Gesellschaften 77 Anh. 519; Rentenverpflichtungen **77 Anh.** 528; Sacheinlagen **77 Anh.** 513; Sachgründungsbericht **77 Anh.** 559 (– bei Abspaltung zur Neugründung **77 Anh.** 574); Satzung der AG **77 Anh.** 618; Schlussbilanz **77 Anh.** 526; Schutz der Alt-Gläubiger der übernehmenden Gesellschaften **77 Anh.** 548; Schutz, der Gläubiger **77 Anh.** 543 (– der Inhaber von Sonderrechten **77 Anh.** 547, 570); Schutzvorschriften zugunsten der Arbeitnehmer **77 Anh.** 552; Schutzzweck der Übertragungshindernisse **77 Anh.** 528; schwebende Verträge **77 Anh.** 526; selbstgeschaffene immaterielle Wirtschaftsgüter **77 Anh.** 526; Sicherheitsleistung **77 Anh.** 543, 550; Sicherungsübereignung **77 Anh.** 525; simultane Umwandlung **77 Anh.** 627; Sonderrechtsnachfolge **77 Anh.** 540; Sonderregelungen des Spaltungsplanes **77 Anh.** 561; sonstige Übertragungshindernisse **77 Anh.** 528; Spaltung, unter Beteiligung von Personenhandels- und Partnerschaftsgesellschaften **77 Anh.** 623 (– zur Aufnahme **77 Anh.** 520; – zur Neugründung einer AG **77 Anh.** 617; – zur Neugründung einer GmbH & Co. KG **77 Anh.** 627; – zur Neugründung einer Personenhandelsgesellschaft **77 Anh.** 625); Spaltungsarten **77 Anh.** 519; Spaltungs- und Übernahmevertrag **77 Anh.** 521; Spaltungsbericht **77 Anh.** 533, 564, 630; Spaltungsbeschlüsse **77 Anh.** 531, 636, 564; Spaltungsbeschluss, der übernehmenden AG **77 Anh.** 620 (– einer Personenhandelsgesellschaft **77 Anh.** 631); Spaltungsbremse **77 Anh.** 581; Spaltungsfähigkeit, von Partnerschaftsgesellschaften **77 Anh.** 624 (– von Personenhandelsgesellschaften **77 Anh.** 624); Spaltungsgesetz für die neuen Bundesländer **60** 63; Spaltungsplan **77 Anh.** 554; Spaltungsprüfung **77 Anh.** 535, 564; Spaltungs-Teilbilanzen **77 Anh.** 526; Spaltungstypen **77 Anh.** 519; Spaltungsvertrag **77 Anh.** 564; Stammeinlage **77 Anh.** 557; Stammkapital **77 Anh.** 557; Stellung eines Kommanditisten **77 Anh.** 628; Stellung eines persönlich haftenden Gesellschafters **77 Anh.** 628; steuerliche Begünstigung der Ausgliederung **77 Anh.** 587; steuerliche Zwecke **77 Anh.** 526; Steuerrecht, der Abspaltung **77 Anh.** 575 (– der Aufspaltung **77 Anh.** 575; – der Spaltung unter Beteiligung von Personenhandelsgesellschaften **77 Anh.** 633); subjektive Veräußerungsabsicht **77 Anh.** 581; Teilbetrieb **77 Anh.** 523, 576; Teilbetriebseigenschaft **77 Anh.** 577; Teile des Vermögens **77 Anh.** 522; Teilflächen **77 Anh.** 528; Teilverschmelzung **77 Anh.** 519; Trennung von Gesellschafterstämmen **77 Anh.** 582; Übernahmegewinn **77 Anh.** 583; Übertragung von Gegenständen **77 Anh.** 525; Übertragungsgewinn **77 Anh.** 583; Übertragungshindernisse **77 Anh.** 528; Umgehung des § 15 Abs. 1 S. 1 UmwStG **77 Anh.** 578; Umsatzsteuer **77 Anh.** 585; Umtauschverhältnisse **77 Anh.** 526, 555; Umwandlungsverfahren **77 Anh.** 32; Umwelthaftung **77 Anh.** 545; Unterbilanz der übertragenden Gesellschaft **77 Anh.** 573; Unterfall der Verschmelzung **77 Anh.** 13; Unterlassungspflichten **77 Anh.** 528; Unternehmensvertrag **77 Anh.** 524; Veräußerung von Unternehmen **77 Anh.** 525; Verbindlichkeiten **77 Anh.** 528; verbleibender Verlustabzug **77 Anh.** 583; Verbot des Rechtsmissbrauchs **77 Anh.** 543; verbotswidrig vollzogener Zusammenschluss **77 Anh.** 372; Verdrängung des § 613 a BGB **77 Anh.** 572; Vereinbarung der Vermögensübertragung **77 Anh.** 522; vergessene, Gegenstände **77 Anh.** 566 (– Verbindlichkeiten **77 Anh.** 529, 548); verhältniswahrende Spaltung **77 Anh.** 533; Verlustvortrag **77 Anh.** 583; Vermögensanteile **77 Anh.** 564; Vermögensübertragung **77 Anh.** 522; Vermutung der Veräußerungsabsicht **77 Anh.** 581; – von Gesellschaften mbH **77 Anh.** 519; Versagung staatlicher Genehmigung **77 Anh.** 524; Verstoß gegen Reihenfolge der Eintragung **77 Anh.** 563; Verzicht auf Spaltungsbericht **77 Anh.** 534; Vorstand einer übertragenden AG **77 Anh.** 614; weitere Haftungsgrundlage **77 Anh.** 544; Wertansätze bei den übernehmenden Gesellschaften **77 Anh.** 551; Wertansatzwahlrecht **77 Anh.** 583; Wiederaufleben der Kommanditistenhaftung **77 Anh.** 632; Wirkung der Eintragung der Aufspaltung **77 Anh.** 540; – zu „Null" **77 Anh.** 537; Zuordnungsfreiheit **77 Anh.** 524; Zustimmung, aller Anteilsinhaber **77 Anh.** 536 f. (– aller Gesellschafter **77 Anh.** 631; – der Gesellschafter der übertragenden GmbH **77 Anh.** 618)

Spanien, GmbH-Recht **12** 52
Sperrjahr, Beginn **73** 3 ff.; Darlehen an Gesellschafter **73** 2; Gläubigeraufruf **65** 11; Gläubigerschutz **73** 3; GmbH & Co. KG **73** 37 f.; Kapitalherabsetzung **58** 33; österreichisches Recht **73** 39; Verbot der Verteilung **73** 4; Voraussetzung für Vermögensverteilung **73** 1; zwingendes Recht **73** 5
Sphärenvermischung, Durchgriffshaftung **13** 142
Spitzenbeträge, Entstehung **57 k** 1; Kapitalerhöhung aus Gesellschaftsmitteln **57 h** 8
Spruchverfahren, Amtsermittlung **77 Anh.** 698; analoge Anwendung der Spruchverfahrensvorschriften **77 Anh.** 704; Angemessenheit der Barabfindung **77 Anh.** 698; Anschlussantragsteller **77 Anh.** 696; Antrag **77 Anh.** 690; Antragsberechtigte **77 Anh.** 691 f.; Antragsfrist **77 Anh.** 693; Antragsgegner **77 Anh.** 694; Anwaltszwang **77 Anh.** 701; Ausgleich durch bare Zuzahlung **77 Anh.** 695; Ausschluss der Antragsberechtigten **77 Anh.** 692; Ausschlussfrist **77 Anh.** 693; außenstehende Anteilsinhaber **77 Anh.** 699; Bekanntmachung **77 Anh.** 696; Bestimmung der angemessenen Barabfindung **77 Anh.** 695; Berücksichtigung des Börsenkurses **77 Anh.** 698; Bundesanzeiger **77 Anh.** 696;

Sachverzeichnis

Fette Zahlen = §§

Entscheidung des Gerichts **77 Anh.** 701; gemeinsame Vertreter **77 Anh.** 699; Geschäftswert **77 Anh.** 702; gesetzlicher Vertreter **77 Anh.** 700; gespaltener Geschäftswert **77 Anh.** 702; Gewährung Barabfindung **77 Anh.** 687; Kammer für Handelssachen **77 Anh.** 689; Kosten **77 Anh.** 702; Landgericht **77 Anh.** 689; „Moto-Meter"-Entsch. **77 Anh.** 705; Nebenintervenienten **77 Anh.** 699; Rechtskraft **77 Anh.** 652; Rechtsmittel **77 Anh.** 701; Sachverständigengutachten **77 Anh.** 698; Sitz **77 Anh.** 689; sofortige Beschwerde **77 Anh.** 701; Spaltungsbericht **77 Anh.** 698; Überprüfung, der Barabfindung **77 Anh.** 691 (– des Umtauschverhältnisses **77 Anh.** 698); übertragende Auflösung **77 Anh.** 705; Umwandlungsbericht **77 Anh.** 698; Unternehmensbewertung **77 Anh.** 698; unzuständiges Gericht **77 Anh.** 693; Verbesserung, der Barabfindung **77 Anh.** 687 (– des Umtauschverhältnisses **77 Anh.** 687); Verfahren **77 Anh.** 690 (– nach FGG **77 Anh.** 697); Vergütung des gemeinsamen Vertreters **77 Anh.** 703; Verschmelzungsbericht **77 Anh.** 698; weitere Beschwerde **77 Anh.** 701; Zinsanspruch **77 Anh.** 695; Zuständigkeit **77 Anh.** 689

Sprungregress, Kaduzierung **22** 5

Staatshaftung, Amtshaftungsanspruch **10** 33; Eintragung ins Handelsregister **10** 33; fehlerhafte Bekanntmachung **10** 33; fehlerhafte Eintragung **10** 33; **57** 45; registergerichtliche Prüfung **9 c** 40

Staffelregress, Kaduzierung **22** 5

Stammeinlage, Abdingbarkeit des § 19 Abs. 1 **19** 20; Abgrenzung zu Nebenleistungspflichten **3** 27; Abstimmung **47** 74; Abtretung **19** 170 f.; Abwendungsvergleich **19** 59; Agio **5** 15; **19** 13, 34; **55** 16; **56 a** 2; Anfechtbarkeit des Einforderungsbeschlusses **19** 19; Anforderung **20** 10; Annahme, an Erfüllungs Statt **19** 45 (– erfüllungshalber **19** 45; – der Übernahmeerklärung **56** 13); Anwendung von Gründungsrecht **55** 51; Anwendungsbereich des § 19 **19** 3; Aufforderung zur Einzahlung **21** 9 ff.; Aufgeld **5** 15; **19** 13, 34; **55** 16; **56 a** 2; Aufrechnung **19** 32 (– bei verdeckter Sacheinlage **19** 109; – der Gesellschafter **19** 32; – durch den Gesellschafter **19** 66; – durch die Gesellschaft **19** 70); Aufrechnungsverbot **19** 62 (– Ausnahmen **19** 80 ff.); Aufrechnungsvoraussetzungen **19** 70 ff. (– nach GmbH-Recht **19** 75 ff.); Aufstockung **56 a** 3; Ausfallhaftung **19** 14; Auskunftsrecht des Gesellschafters **19** 17; Austausch von Sacheinlagen **19** 50, 106; Beeinträchtigung der Einforderung **19** 30; Befreiung, von der Einlagepflicht auf Grund Kapitalherabsetzung **19** 89 f. (– von der Leistung **19** 40); Begriff der Sicherung **19** 97; Bestellung einer Sicherung **19** 96; Betrag **3** 17; **5** 15; **56** 12; Beweislast, für wirksame Einzahlung **19** 29 (– für Zulässigkeit der Aufrechnung **19** 88); Bewertung der Einzahlungsansprüche **55** 62; Darlehensgewährung **19** 51; Disagio **5** 15; Drei-Jahres-Frist **19** 100; Einforderung, auf die Stammeinlage **19** 30 (– nach Umwandlung **77 Anh.** 130; – nicht fälliger Einlagen bei dringenden Kapitalbedarf **19** 16; – von Stammeinlagen **47** 74); Einforderungsbeschluss **20** 5; Einforderungszuständigkeit **19** 11; Einpersonen-GmbH **19** 91 f.; **56 a** 8; Einzahlung **56 a** 4 (– vor Anmeldung **11** 59; **19** 6; – auf die Stammeinlage **19** 4); Entbehrlichkeit der formellen Fälligkeitsvoraussetzungen **19** 8 f.; Entfall des Verbots der Befreiung von der Einlageverpflichtung **19** 61; Erfüllungsvoraussetzungen der Einlageleistung **19** 39; keine Erfüllungswirkung **19** 127; Erlass **19** 40; **58** 3; Erlassverbot **19** 40 (– bei Kapitalerhöhung **19** 44; – im Gründungsstadium **19** 44); Erlassvertrag mit Dritten **19** 41; Erwerb eigener Geschäftsanteile **33** 2; Fälligkeitsvoraussetzungen **19** 7; falsche Angaben **82** 31; Form der Übernahmeerklärung **55** 38; Fristen **19** 100; Funktion **5** 11; Gebot einer effektiven Kapitalaufbringung **19** 52; Geldeinlagen **19** 4; gemischte Einlage **19** 22; Geschäftsanteil **5** 11; **14** 2; Geschäftsführer **19** 11; Gesellschafterbeschluss **19** 7; Gesellschaftsvertrag **3** 4, 17; Gläubigeranfechtung **75** 9; Gleichbehandlungsgebot bei der Einlageeinforderung **19** 12; GmbH-Nov. 1980 **19** 2; Grundsatz der realen Kapitalaufbringung **19** 1; Haftung bei Veräußerung des Geschäftsanteils **16** 27; Hin- und Herzahlen **19** 79; **55** 61; Insolvenz **19** 7, 69; Insolvenzverfahren **19** 8 f.; Kapitalaufbringungsgebot **30** 2; Kapitalerhaltung **30** 2; Kapitalerhöhungen **19** 5, 35 (– mit Sacheinlagen **56** 12); Kapitalherabsetzung **19** 89 f.; Komplementär-GmbH **56 a** 4; Kontokorrent **19** 84; Lehre von der verdeckten Sacheinlage **19** 114; Leistung erfüllungshalber **19** 107 (– an Erfüllungs Statt **19** 103; – durch Abtretung einer Forderung **19** 107; – durch Scheck **19** 107; – durch sonstige Wertpapiere **19** 107; – durch Wechsel **19** 107; – auf das neue Stammkapital **56 a** 1; – auf Geldeinlagen **56 a** 2); Leistungsverweigerungsrecht **19** 16; Liquidation **19** 8 f., 69; Löschung der Gesellschaft **19** 69; Mängel des Übernahmevertrags **55** 50; Maßstab für Geschäftsanteile **14** 10; Mehreinzahlung **56 a** 5; Mehrleistung des Gesellschafters **19** 23 f.; Mindestbetrag **5** 13; Mindesteinlage **19** 39, 53; Mindesteinzahlung bei Anmeldung **7** 18; **56 a** 2; Mischeinlagen **19** 6, 22; **56 a** 2 (– durch Zahlungen an Dritte **19** 53); Möglichkeiten des Gesellschafters zur Sicherung der Einlageforderung **19** 94; Nachschüsse **19** 14; **28** 10; Nachschusspflichten **19** 34; Nebenleistungspflichten **19** 15, 34; negatives Schuldanerkenntnis **19** 42; Neufassung des Gesellschaftsvertrages **3** 19; – bei Nichtigkeit der Gesellschaft **77** 6; Nichtigkeit einzelner Beitrittserklärungen **75** 8; Novation **19** 46 ff.; österreichisches Recht **19** 175; personeller Geltungsbereich des § 19 Abs. 2 **19** 36; Pfändung **19** 170 f.; Pfändung, der eigenen Ein-

2770

Magere Zahlen = Randnummern **Sachverzeichnis**

lageschuld **19** 173 (– der Einlageforderung **19** 170); Pflicht zur Übernahme der neuen Stammeinlagen **55** 18; – als Rechnungsgröße **5** 11; Rechtsfolge von Verstößen gegen § 5 Abs. 1 **5** 16; Resteinlage **19** 6; rückwirkende Zweckänderung **19** 68; Rückzahlung **58** 7; Rückzahlungsanspruch **58** 40; Sacheinlage **5** 55, 60; **19** 5, 86, 110; Sacheinlagevereinbarung **19** 86; Sacheinlagevorschriften **55** 61; sachlicher Geltungsbereich des § 19 Abs. 2 **19** 33; Sachübernahmevereinbarung **19** 86; Satzungsänderung **53** 21; Satzungsbestimmung **19** 7; Stundung **19** 55 f.; Tatbestände der Beeinträchtigung der Einforderung **19** 31; Teilbarkeit, durch fünfzig **5** 14 (– durch zehn **5** 14); Treugeber **19** 37 f.; Treuhandverhältnisse **19** 37 f.; Übergang, von der Bar- zur Sacheinlage **19** 47 f. (– von Sach- zur Bareinlage **19** 47 ff.); Übernahme **3** 18; **5** 12; **55** 35; **58 f** 10; Übernahmeerklärung **56** 18 (– vor Beschluss über Kapitalerhöhung **55** 47); Übernahmevertrag **55** 36; Übernehmer **55** 19, 28; Umgehung des Aufrechnungsverbots **19** 67, 120; Umstellung auf Euro **86** 12 f.; unterlassene Mängelrüge bei Sacheinlagen **19** 43; Unwirksamkeit der Einforderung **19** 21; unzulässige Befreiung von der Leistungspflicht **19** 40; Verbot, der Beeinträchtigung der Einforderung **19** 30 (– der Leistung an Erfüllungs statt **19** 104 f.; – der Unterpari-Ausgabe **5** 15); verdeckte Sacheinlage *(s. auch dort)* **19** 110 ff.; Vereinigung aller Geschäftsanteile **19** 91; Vergleich **19** 57; Vergleichsverbot bei Zahlungsunfähigkeit eines Gesellschafters **19** 58; Verhältnis, der Geldeinlage **19** 4 (– des § 19 Abs. 5 zu § 19 Abs. 2, S. 2 **19** 65; – zum Geschäftsanteil **14** 10); verhältnismäßige Einzahlung **19** 4; Verjährung **19** 26 f., 138 f. (– des Einlageanspruchs **19** 26 f.); Vermutung der Strohmanngründung **19** 93; Verpfändung **19** 170 f.; Verrechnung der fälligen Gewinnansprüche **55** 61 (– mit Forderungen des Übernehmers **56 a** 4); Verrechnungsvertrag **19** 74, 85; Verstoß gegen Stundungsgebot **19** 18; Vertragstrafen **19** 14, 34; Vertretung der Gesellschaft bei Abschluss des Vergleichs **19** 60; Verwirkung des Einlageanspruchs **19** 28; Verzicht **19** 31 (– auf Angabe bei Satzungsänderung **3** 19); Verzug **20** 19; Verzugszinsen **20** 4, 34; Volljährigkeit **19** 95; Vorauszahlungen **56 a** 5 f.; Voreinzahlungen **56 a** 6; Vorleistungen **56 a** 6; Wirkungen der Übernahme **55** 42; Wirkung des Einlageanspruchs **19** 26; Zahlung, der Einlage durch Dritte **19** 54 (– ohne Zahlungszweck **19** 68); Zahlungen, an Gesellschaftsgläubiger **19** 52 (– Dritter **56 a** 4; – vor Fälligkeit **56 a** 5); Zahlungsunfähigkeit eines Gesellschafters **19** 25; zeitlicher Geltungsbereich des § 19 Abs. 2 **19** 35; Zeitpunkt der Eintragung **56 a** 5; Zinsanspruch **19** 86; zugelassene Aufrechnung **19** 108; zulässige Aufrechnung nach § 19 Abs. 5 **19** 86; zulässige Leistungsformen **19** 68; Zurückbehaltungsrecht **19** 25, 32, 172, 174 (– bei Sacheinlagen **19** 35); Zuständigkeit für Aufrechnung **19** 83; zwingendes Recht **19** 30

Stammkapital, Änderung **3** 16 (– der Währungsbezeichnung **53** 20; keine – nach Einziehung **34** 50); Altgesellschaften (Nov. 1980) **5** 5; Angabe auf Geschäftsbriefen **35 a** 9; angemessene Kapitalisierung **5** 8; Anmeldung der Erhöhung **57** 1; Anpassung, der Geschäftsanteile **34** 52 (– des Stammkapitals **55** 18; – des Stammkapitals von Altgesellschaften (Nov. 1980) **53** 58); Aufbringung **5** 3; Aufstockung **55** 13; Ausnahme von der freien Bestimmbarkeit **5** 10; Ausweis, der Kapitalherabsetzung **58** 45 (– in der Bilanz **42** 4); Auszahlung von Gesellschaftsvermögen **30** 5; Auszahlungsverbot **30** 6; Begriff **5** 2; Belastung des Startkapitals **9 c** 30; Beschluss über die Kapitalerhöhung **55** 6; **57 c** 16; Betrag **3** 15; Bezugsrecht der Gesellschafter **55** 29; Bilanzierung **5** 3; **42 a Anh. I** 235; Bilanzierung in der Überschuldungsbilanz **63** 54; Differenzhaftung bei Sacheinlagen **9** 1; D-Mark-Bilanz-Gesetz 1990/91 (DMBilG 1990/91) **30** 3; DM-Eröffnungsbilanz **30** 3; Eigenkapital **30** 3; Eigenkapitalersatz **32 a** 31; Einberufung der Gesellschafterversammlung **49** 10; Einforderung von Einzahlungen **46** 15; Eintragung in das Handelsregister **5** 9; Eintragungsantrag **5** 9; Einzahlung **56 a** 4; Einziehung, von Geschäftsanteilen **34** 50 (– zu Lasten des Stammkapitals **34** 24); Erhaltung **5** 3; **30** 1; **33** 1; **34** 75 (– bei Einziehung von Geschäftsanteilen **34** 19); Erhöhung **55** 1; **56** 1 (– des Nennbetrags **55** 3, 11; – des Stammkapitals in Raten **55** 10; – mit Sacheinlagen **55** 6; Erlass von Stammeinlagen **58** 3; Erstattungsanspruch nach § 31 **30** 44; falsche Angaben **82** 1, 55; Fehlen einer Bestimmung über die Höhe des Stammkapitals **75** 12; finanzielle Krise **55** 1; freie Bestimmbarkeit **5** 8; Funktion **5** 2; gemischte Sacheinlagen **5** 46; geschütztes Vermögen **30** 9; Gesellschaftsvertrag **3** 4, 15; gezeichnetes Kapital **5** 3; **42** 2, **42 a Anh. I** 235; Glättung „krummer" Euro-Beträge **86** 19; Gläubigerschutz **30** 1; GmbH – Nov. 1980 **Einl.** 7; **5** 1; GmbH & Co. KG **56 a** 4; Grundsatz der vollständigen Aufbringung **11** 28; Haftung, bei Unterkapitalisierung **5** 8 (– der Gesellschafter **30** 44); Herabsetzung **58** 1 (– des Nennbetrags **58** 9; – unter Mindestnennbetrag **58 a** 16); Herabsetzungsbetrag **58** 14; **58 a** 12; Höhe **5** 8; **42** 3; Kapitalanlagegesellschaft **5** 10; Kapitalaufbringungsgebot **30** 2; Kapitalausstattung **5** 8; Kapitalerhaltung **30** 2; Kapitalerhöhung in der Insolvenz **53** 65; Kapitalherabsetzung bei gleichzeitiger Erhöhung des Stammkapitals **58 f** 1; **86** 28; Kapitalneufestsetzung nach dem DMBilG 1990/91 **55** 18; **58** 7; Kapitalveränderungen **42** 5; Kapitalverwässerung **55** 54; Kreditgewährung an Geschäftsführer **43** a 6; Kreditinstitute **55** 10; Leistungen, an Dritte **30** 21 (– auf Geldeinlagen **56 a** 2; – auf das neue Stammkapital **56 a** 1); Liquidation **46** 16; management buy out **30** 18; Maß-

2771

Sachverzeichnis

Fette Zahlen = §§

nahme der Beschaffung neuen Eigenkapitals **55** 1; Mehreinzahlungen **56 a** 5; Mindestanfangsvermögen **5** 2; Mindesteinzahlung **7** 20, **56 a** 2; Mindestkapital bei Altgesellschaften (Nov. 1980) **58** 15; Mindestkapital von 25 000 Euro **58** 15; Mindeststammkapital **5** 4, 71; Mischeinlagen **5** 46; **56 a** 2; Mitwirkungspflicht des Gesellschafters zur Erfüllung der GmbH-Nov. 1980 **5** 6; Möglichkeit der Festsetzung der aufgelösten Gesellschaft **5** 7; Neustückelung bei Umstellung auf Euro **86** 34; Nichtigkeitsklage **75** 12; nominelle Aufstockung **53** 27; österreichisches Recht **5** 71 ff.; Rechnungsgröße **5** 2; Rechnungslegung **42 a Anh. I** 235; Rechtsfolgen **31** 1; Rechtsfolge von Verstößen gegen § 5 Abs. 1 **5** 16; registergerichtliche Prüfung **9 c** 30; rückwirkende Kapitalerhöhungen **55** 17; Rückzahlung von Stammeinlagen **58** 2; Sacheinlage **5** 17; Sachübernahme **5** 42; Satzungsänderung **53** 20; Schweizer Recht **Einl.** 369; Sicherung **30** 1; Sicherung des nominalen Stammkapitals **30** 7; Sonderrücklage **30** 3; Stammeinlagen **53** 21; Stammkapitalziffer **55** 19; **58** 18; Teilnahme an Erhöhung **57 l** 1; Übergangsvorschriften für Altgesellschaften (Nov. 1980) **5** 5; Überschuldung **30** 12; Überzeichnung, **55** 43; Umstellung auf Euro **86** 12 f., 19; Umwandlung angesammelter Rücklagen **57 c** 15; Unterbilanz **30** 12; Unterkapitalisierung **5** 8; unterlassene Verlustanzeige **84** 13; Unternehmensverbindungen **30** 74; Unterschreiten nach Kreditgewährung **43 a** 7; Verbindung von Kapitalherabsetzung mit Kapitalerhöhung **58** 43; **58 a** 16; verbundene Unternehmen **30** 74; vereinfachte Kapitalherabsetzung **58 a** 1; Verlust der Hälfte des – **49** 10; Verrechnung eigenkapitalersetzender Gesellschafterdarlehen **30** 40; Verstoß gegen Auszahlungsverbot gem. § 30 **31** 19; Vorauszahlungen **56 a** 6; Vorbelastungshaftung **11** 26; Voreinzahlungen **56 a** 5 f.; Vorleistungen **56 a** 6; Wirtschaftsprüfungsgesellschaften **5** 10; Zahlung vor Fälligkeit **56 a** 5; Zulässigkeit von Sacheinlagen **5** 22; Zulassung zur Übernahme der neuen Stammeinlagen **55** 26

Statut s. *Gesellschaftsvertrag*

Statutenwechsel, Verlegung der Gesellschaft in das Ausland **Einl.** 335

Stellvertretende Geschäftsführer 44 1; Abberufung **44** 2; Arbeitsdirektor **44** 2; Aufsichtsratsmitglied **44** 3; Bestellung **44** 2; Eintragung im Handelsregister **44** 2; Geschäftsführungsbefugnis **44** 3; österreichisches Recht **44** 5; Organ der Gesellschaft **44** 3; persönliche Voraussetzungen **44** 2; Vertretungsmacht **44** 4

Stellvertretung, Einreichen der Anmeldeerklärung **7** 8

Step-up-Modell, 77 Anh. 238

Steuerabgrenzung, aktiver Steuerabgrenzungsposten **42 a Anh. II** 286; Aktivierung von Steuerabgrenzungsposten **42 a Anh. II** 282; Berechnung des Abgrenzungsbetrages **42 a Anh. II** 281; Bildung von Rückstellungen **42 a Anh. II** 282; Deferral-Methode **42 a Anh. II** 284; Einzeldifferenzenbetrachtung **42 a Anh. II** 281; Ermittlungsmethode für Steuerabgrenzungsposten im Konzernanhang **42 a Anh. II** 287; Gesamtdifferenzenbetrachtung **42 a Anh. II** 281; Grundlagen **42 a Anh. II** 270; Konzernabschluss **42 a Anh. II** 270 ff.; Konzern-Gewinn- und Verlustrechnung **42 a Anh. II** 289; latente Steuern **42 a Anh. II** 270; Liability-Methode **42 a Anh. II** 284; passive Steuerabgrenzung **42 a Anh. II** 286; Rückstellung für passive Steuerabgrenzung **42 a Anh. II** 286; Quotenkonsolidierung **42 a Anh. II** 274; Steuerabgrenzungsposten **42 a Anh. II** 273, 288; Steuerabgrenzungsposten in der Konzern-Gewinn- und Verlustrechnung **42 a Anh. II** 289; Ursachen **42 a Anh. II** 275; Vollkonsolidierung **42 a Anh. II** 274

Steuerberater, Gesellschafter in RA-GmbH **1** 30

Steuerberatungsgesellschaft, Firma **4** 53; Gesellschaftszweck **1** 13; Insolvenzverwalter **63** 109; Zweigniederlassungen **12** 27

Steuerpflicht, ausländischer Rechtsträger **Einl.** 68; Befreiung von Körperschaftsteuer **Einl.** 70; Beginn der Körperschaftsteuerpflicht **Einl.** 72; beschränkte Körperschaftsteuerpflicht **Einl.** 69; DBA **Einl.** 69; unbeschränkte – bei Sitz im Inland **Einl.** 66; Vorgesellschaft **11** 155

Steuerrecht, Abandon **27** 57; Abschreibung **42 a Anh. I** 133 ff.; Absetzungen für Abnutzung (AfA) **42 a Anh. I** 138; Abspaltung **77 Anh.** 575; Abstimmung aus eigenen Anteilen **52 Anh.** 84; Abtretung **15** 197 ff.; Änderung des Geschäftsjahres **54** 34; Anrechnungsverfahren **Einl.** 84; **42 a Anh. II** 269; Anschaffungskosten bei Kapitalerhöhung **57 o** 5; Anwendungsgebiete von Steuerklauseln **Einl.** 106; Aufspaltung **77 Anh.** 575; Aufwandsrückstellungen **42 a Anh. I** 306; Aufwendungen, für Erweiterung des Geschäftsbetriebes **42 a Anh. I** 223 (– für Ingangsetzen des Geschäftsbetriebes **42 a Anh. I** 223); Ausgliederung **77 Anh.** 590, 599 ff. (– aus dem Vermögen eines Einzelkaufmanns **77 Anh.** 668 f.; – aus dem Vermögen von Gebietskörperschaften oder Zusammenschlüssen von Gebietskörperschaften zur Aufnahme durch eine GmbH oder zur Neugründung einer GmbH **77 Anh.** 678); Ausschluss **34** 132; Austritt **34** 132; Auswirkungen von Satzungsänderungen **53** 23; Besteuerung des Gesellschafters **Einl.** 80; Betriebsausgaben **Einl.** 73; Bewertung von Rückstellungen **42 a Anh. I** 314; Disagio **42 a Anh. I** 220; Doppelbesteuerung **Einl.** 64 f.; Ehegattengesellschaft **2** 11; Einkommensteuer der Gesellschafter **Einl.** 64; Einpersonen-Vorgesellschaft **11** 157; Einziehung von Geschäftsanteilen **34** 58; Ermittlung des Steueraufwandes bei Kapitalgesellschaften & Co. **42 a Anh. I** 264; Formwechsel der GmbH in die AG **77 Anh.** 141; Genussrechte **29** 146; Gesamtdifferenzbetrachtung **42 a Anh. I** 231;

2772

Magere Zahlen = Randnummern

geschäftliche Oberleitung iSd. AO **Einl.** 66; Geschäftsführer **Einl.** 63; Geschäftsführergehalt als Betriebsausgabe **35** 99; Gesellschaftsteuer **Einl.** 92; Gesellschaftsvertrag **Einl.** 106; Gewerbeertragsteuer **Einl.** 79; Gewerbesteuer **Einl.** 96; – der GmbH **13** 161; GmbH als Rechtssubjekt **Einl.** 63; Gründung der Gesellschaft **2** 91; GmbH & Still **Einl.** 148; Gründungskosten **2** 94; Grunderwerbsteuer **Einl.** 102; Haftung für Steuerschulden der Gesellschaft **Einl.** 63; **43** 87; Halbeinkünfteverfahren **Einl.** 80; Identität zwischen Vorgesellschaft und GmbH **11** 159; Kaduzierung **21** 66; Kapitalerhöhung **55** 58 (– aus Gesellschaftsmitteln **57** j 6; – mit Sacheinlagen **56** 24 ff.); Kapitalertragsteuer **Einl.** 85; Kapitalherabsetzung **58** 46 ff.; Körperschaftsteuer **Einl.** 64 ff.; Konzern-Gewinn- und Verlustrechnung **42 a Anh. II** 266; latente Steuern **42 a Anh. I** 307 f.; Liquidation **71** 32; Mantelkauf **53** 68; Mantelverwendung **53** 68; Nachschüsse **26** 43 f.; Personengesellschaft **Einl.** 79; Pflicht zur Mitteilung steuerlich relevanter Sachverhalte **2** 92; RA-GmbH **1** 42; Rechnungsabgrenzungsposten **42 a Anh. I** 31; Rechtsentwicklung **Einl.** 64; Rechtsformwahl **Einl.** 77 ff.; Rückstellungen, für Instandhaltung **42 a Anh. I** 299 (– für Pensionsverpflichtungen **42 a Anh. I** 293; – zur Steuerabgrenzung **42 a Anh. I** 307 f., 340); Sacheinlage **2** 95; **5** 24; Satzungsänderungen **53** 68; Schütt-aus-Hol-zurück-Verfahren **55** 60; Sitz der Gesellschaft **4 a** 5; Sitzfinanzamt **Einl.** 67; Sitzverlegung ins Ausland **53** 68; Solidaritätszuschlag **Einl.** 87; sonstige Steuern, der Gesellschaft **Einl.** 96 (– der Vorgesellschaft **11** 160); Spaltung, der AG oder KGaA **77 Anh.** 622 (– unter Beteiligung einer Personenhandelsgesellschaft **77 Anh.** 633 ff.; – von Gesellschaften **77 Anh.** 633 ff..); Spaltungserlass **77 Anh.** 3; Spitzensteuersatz **Einl.** 77; Steuerabgrenzung **42 a Anh. I** 231; Steuerabgrenzung im Konzernabschluss **42 a Anh. II** 270; Steuerabgrenzungsposten (aktiv) **42 a Anh. I** 229; Steuerklauseln **Einl.** 106, (– im Einzelgeschäft **Einl.** 108; – in der Satzung **Einl.** 108); steuerliche Anerkennung von Pensionsrückstellungen **42 a Anh. I** 293; steuerliche Anerkennung von Steuerklauseln **Einl.** 107; steuerliche Pflichten des Insolvenzverwalters **63** 127; Steuerpflicht bei Sitz im Inland **Einl.** 66; Steuerrückstellungen **42 a Anh. I** 295; Steuerverbindlichkeiten **42 a Anh. I** 296; Tausch **42 a Anh. I** 81; tauschähnliche Geschäfte **42 a Anh. I** 81; **42 a Anh. I** 81; Teilwert **42 a Anh. I** 104; Thesaurierungssteuersatz **Einl.** 78; Umsatzsteuer **Einl.** 99; Umwandlung **77 Anh.** 12 (– AG in GmbH **77 Anh.** 177; – eingetragene Genossenschaft in GmbH **77 Anh.** 195; – GmbH in AG **77 Anh.** 149; – GmbH in eingetragene Genossenschaft **77 Anh.** 165; – GmbH in GbR **77 Anh.** 257; – GmbH in KG **77 Anh.** 252; – GmbH in KGaA **77 Anh.** 156;

– GmbH in oHG **77 Anh.** 230 ff., 237; – GmbH in Partnerschaftsgesellschaft **77 Anh.** 264; – KGaA in GmbH **77 Anh.** 183; – Körperschaften und Anstalten öffentlichen Rechts **77 Anh.** 217; – KG in GmbH **77 Anh.** 304; – OHG in GmbH **77 Anh.** 282 ff., 295; – Partnerschaftsgesellschaft in GmbH **77 Anh.** 309; – rechtsfähiger Verein in GmbH **77 Anh.** 208); Umwandlungen **77 Anh.** 36; Umwandlungssteuerrecht **77 Anh.** 3, 12; Umwandlungssteuergesetz (UmStG) **77 Anh.** 3, 36; Umwandlungssteuergesetz 1977 (UmwStG 1977) **77 Anh.** 7; Unbedenklichkeitsbescheinigung **8** 14; unechte Vorgesellschaft **11** 158; Verbindlichkeiten **42 a Anh. I** 305; verdeckte Gewinnausschüttung **Einl.** 106; Vermögensteuer **Einl.** 88 ff.; Vermögensübertragung auf die öffentliche Hand **77 Anh.** 685 ff.; Vermögensverteilung bei Liquidation **72** 16; Verschmelzung **77 Anh.** 418 ff. (– GmbH mit Alleingesellschafter **77 Anh.** 518; – GmbH mit Personenhandelsgesellschaften **77 Anh.** 506; – Personenhandelsgesellschaften mit GmbH **77 Anh.** 497); Vorgesellschaft **11** 152 ff.; Vorgründungsgesellschaft **11** 154; Wertaufholungsgebot **42 a Anh. I** 140; Wert des Geschäftsanteils **15** 15; Zuschreibungen **42 a Anh. I** 139; Zwangsverkauf **24** 43 f.

Stichprobeninventur, Unzulässigkeit **41** 79

Stichtagsprinzip, Abschlussstichtag des Mutterunternehmens **42 a Anh. II** 81; Abweichung vom Abschlussstichtag des Mutterunternehmens im Konzern **42 a Anh. II** 37 f.; Bewertungsstichtag bei Verschmelzung **77 Anh.** 320; Bilanzierung **42 a Anh. I** 64; Durchbrechung **58 e** 5; einheitliche Abschlussstichtage im Konzern **42 a Anh. II** 36; Erhöhungsbilanz **57 e–57 g** 10; Eröffnungsbilanz **41** 92; Jahresabschluss bei Liquidation **71** 13; Kapitalerhöhung aus Gesellschaftsmitteln **57 e–57 g** 3, 9; Liquidationseröffnungsbilanz **71** 9; österreichisches Recht **42 a Anh. II** 365; Sacheinlage **41** 93; Stichtag, der Erstkonsolidierung **42 a Anh. II** 157 ff. (– des Konzernabschlusses **42 a Anh. II** 39, 81); Stichtagsmethode **42 a Anh. II** 120, 123 f.; Verschmelzungsstichtag **77 Anh.** 322; wertaufhellende Tatsachen **42 a Anh. I** 64; wertbeeinflussende Tatsachen **42 a Anh. I** 64

Stiftung, Anwendung des KapCoRiLiG **42 a Anh. I** 4; Mitberechtigung am Geschäftsanteil **18** 4

Stille Beteiligung, eigenkapitalersetzende Gesellschafterdarlehen **32 a** 155; RA-GmbH **1** 28; stille Beteiligung **32 a** 155

Stille Einlagen, Insolvenz **63** 58

Stille Gesellschaft, Anfechtbarkeit der Einlagenrückgewährung **63** 172; Anteil, an Geschäftswert **63** 171 (– an den Wertsteigerungen **63** 171); Auszahlungsverbot **30** 27; Begriff **63** 171; Eigenkapital **63** 173; eigenkapitalersetzende Gesellschafterdarlehen **32 a** 75; Fremdkapital **63** 171; Geschäftsführungsbefugnis **63**

Sachverzeichnis

Fette Zahlen = §§

171; gesplittete Einlage **63** 171; Insolvenz **63** 170; Insolvenz der atypischen – **63** 170, 173; Insolvenz der typischen – **63** 170 f.; Rückgewährung von Einlagen in der Insolvenz **63** 172; Verschmelzung **77 Anh.** 393

Stille Reserven, Aufdeckung in der Konzernbilanz **42 a Anh. II** 152; Besteuerung bei Umwandlung GmbH in OHG **77 Anh.** 240; Bilanzierung **42 a Anh. I** 105; Erstkonsolidierung **42 a Anh. II** 163; Verschmelzung **77 Anh.** 422; Zulässigkeit **42 a Anh. I** 105

Stiller Gesellschafter, Auszahlungsverbot **30** 27; Bilanzierung der Einlage **42 a Anh. I** 323; eigenkapitalersetzende Gesellschafterdarlehen **32 a** 21, 99; Erstattungsanspruch gemäß § 31 **31** 11; Umwandlung **77 Anh.** 124

Stimmbindungen, Durchsetzung **47** 34; eigenkapitalersetzende Gesellschafterdarlehen **32 a** 93; einstweilige Verfügung **47** 36; Gesellschaftsvertrag **3** 53; gesellschaftsvertraglicher Ausschluss **47** 30; Inhalt **47** 28 f.; Satzungsänderung **53** 33; Unzulässigkeit **47** 32; Vollstreckung **47** 35; Zulässigkeit **47** 29; Zulässigkeitsgrenzen **47** 31

Stimmbindungsvertrag, Durchsetzung **47** 34; – beim Formwechsel **77 Anh.** 49; Grenzen der Zulässigkeit **47** 31; Satzungsänderung **53** 11, 45

Stimmkapital, Altgesellschaften (Nov. 1980) **53** 58

Stimmrecht, Abänderung der Stimmrechtsvertretung durch Gesellschaftsvertrag **47** 49; Abspaltung des Stimmrechts **47** 24; Abspaltungsverbot **14** 15; Alt-Gesellschafter **55** 30; Anpassung des Stammkapitals von Altgesellschaften (Nov. 1980) **53** 58; **55** 31; Aufsichtsrat **52** 9; Auslegung **47** 52; – des ausscheidenden Gesellschafters **34** 97; – bei Ausschließungsbeschluss **34** 82 f.; Ausschließungsklage **47** 73; Ausschluss des Stimmrechts **47** 50 (– des Gesellschafter-Geschäftsführers **46** 28; – im Aufsichtsrat **52** 43); – bei Austritt **34** 94; Befangenheit **52 Anh.** 73; Durchsetzung **13** 79 (– der Stimmbindung **47** 34); eigene Geschäftsanteile **33** 47; Einbußen am Stimmgewicht **55** 30; Eltern als Gesellschafter **53** 44; Feststellung der Mehrheit **53** 45; Form der Stimmrechtsvollmacht **47** 46; Gesamtvertretung **47** 48; gesellschaftsvertragliche, Abänderung **47** 49 (– Bestimmungen **47** 16); Gleichbehandlungsgrundsatz **55** 30; Grenzen der Stimmrechtsvollmacht **47** 48; Gruppenvertretung **47** 48; Kaduzierung **47** 73; Kapitalerhöhung aus Gesellschaftsmitteln **57 h** 5; Konzernrecht **52 Anh.** 73; Legitimationszession **47** 24, 27; lex societatis **47** 37; Mehrstimmrechte **53** 45; Minderjährige **53** 44; mitgliedschaftsunabhängiges Stimmrecht **47** 25; mittelbares Betroffensein **47** 58; Näheverhältnis **47** 58; Nießbraucher **53** 44; obligatorische Vertretung **47** 49; qualifizierte Mehrheit der Stimmen **53** 45; Rechtsfolgen der Stimmrechtsbevollmächtigung **47** 47; rechtsgeschäftliche Bindungen **47** 28; relativ unentziehbares Mitgliedschaftsrecht **14** 21; Stimmabgabe ist Willenserklärung **47** 23; **48** 16; Stimmberechtigte **47** 19; Stimmberechtigung bei Auskunftsbegehren **51 a** 26; Stimmbindungen **47** 28 f.; **55** 27; Stimmbindungsvereinbarungen **53** 58; Stimmbindungsverträge **47** 28 f.; **53** 45; **77 Anh.** 49; Stimmen nicht erschienener Gesellschafter **53** 44; Stimmenkauf **47** 33; Stimmenpool **53** 45; Stimmenthaltungen **53** 44; Stimmpflicht **55** 18 (– bei Fortsetzungsbeschluss **60** 71; – bei Mängelheilung **76** 8; – bei Satzungsänderung **53** 58; – bei vereinfachter Kapitalherabsetzung **58 a** 11); Stimmpflichten **47** 20; – bei Erhöhung des Stammkapitals **55** 18; Stimmrechtsabspaltung **47** 24; stimmrechtsausschließende Interessenkollision **47** 62; stimmrechtslose Beteiligungen **53** 45; stimmrechtsspaltende Vertretung **47** 48; Stimmrechtsregelungen **53** 45; Stimmrechtsvollmacht **47** 43 ff.; Stimmrechtszessionar **48** 10, 14; Stimmverbot **53** 44; **55** 27 (– bei Beherrschungsvertrag **52 Anh.** 111; – des Vertreters **47** 56; – von Aufsichtsratsmitgliedern **52** 18; – im Konzern **52 Anh.** 84; – in der Einpersonen-Gesellschaft **47** 54; – in der Vorgesellschaft **47** 53; – in der GmbH & Co. KG **47** 53); Testamentsvollstrecker **53** 44; Treuepflicht **13** 48, 55; Übertragbarkeit des Stimmrechts **47** 24; Übertragung vinkulierter Anteile **47** 73; Umfang der Stimmrechtsvollmacht **47** 45; Umstellung des Stammkapitals auf Euro **53** 58; **86** 40 ff.; uneinheitliche Stimmabgabe **47** 38; Unternehmensverträge **53** 58; unzulässige uneinheitliche Stimmabgabe **47** 42; Verbot, des Selbstkontrahierens **47** 51; **53** 44 (– missbräuchlicher Stimmrechtsausübung **47** 51); Verschmelzungsbeschluss **77 Anh.** 351; Vertragsstatut **47** 37; Vertretung bei der Stimmabgabe **47** 43; Vollstreckung der Stimmbindung **47** 35; Wahl der Liquidatoren **66** 7; zulässige Abspaltung **47** 26; Zulässigkeit von Stimmbindungen **47** 29; Zuständigkeit zur Stimmabgabe **47** 22; Zwangsamortisation **47** 73

Stimmrechtsbindungsvertrag, Kollisionsrecht **47** 37

Stimmverbot, 53 44; **55** 27; – von Aufsichtsratsmitgliedern **52** 18; – bei Beherrschungsvertrag **52 Anh.** 111; – in der Einpersonen-Gesellschaft **47** 54; – in der GmbH & Co. KG **47** 53; – im Konzern **52 Anh.** 73, 84; Verschmelzung **77 Anh.** 354; – des Vertreters **47** 56; – in der Vorgesellschaft **47** 53

Strafbarkeit, Geschäftsführer, Verletzung der Buchführungspflicht **41** 24 ff.

Strafvorschriften, Antragspflicht bei Zahlungsunfähigkeit oder Überschuldung einer GmbH & Co. KG **Vor 82–85** 29 ff.; Bankrott **Vor 82–85** 28; Bedeutung der Tatbestände **Vor 82–85** 5 (– des GmbH- Strafrechts **Vor 82–85** 7); Bilanzrichtlinien-Gesetz (BiRiLiG) **Vor 82–85** 2; blankettartige Bestimmungen **Vor 82–85** 6; Bußgeldvorschriften **Vor 82–85** 73; echte Sonderdelikte **Vor 82–85** 6, 33; Einführungsgesetz zur Insolvenzordnung (EGInsO) **Vor 82–85** 2; ehemalige DDR **Vor 82–85** 3; Entstehung der – **Vor 82–85** 1; ergänzende Strafbestimmungen **Vor 82–85** 8; falsche Angaben **82** 1; Geltung, in den neuen Bundesländern **Vor 82–85** 4 (– in der ehemaligen DDR **Vor 82–85** 3); Geschäftsführer **6** 17; gesellschaftsrechtliche Untreue **Vor 82–85** 9; GmbH-Nov. 1980 **Vor 82–85** 2; Handelsgesetzbuch **Vor 82–85** 29; Insolvenzstraftaten **Vor 82–85** 8; Konkurrenzen **82** 115; **84** 65; Normzweck **Vor 82–85** 5; österreichisches Recht **Vor 82–85** 80 f.; Personenkreis **Vor 82–85** 6; Pflichtverletzung bei Verlust, Zahlungsunfähigkeit oder Überschuldung **84** 1; Rechtsentwicklung des GmbH-Strafrechts **Vor 82–85** 1; Reformen **Vor 82–85** 1; Schutzgesetze iSd. § 823 Abs. 2 BGB **84** 2, **Vor 82–85** 33; Straf- und Bußgeldtatbestände des Bilanzrechts des HGB **Vor 82–85** 32; Straf- und Bußgeldvorschriften **Vor 82–85** 8; Täter **Vor 82–85** 6; Tatbestandsaufbau **Vor 82–85** 5; Umwandlung **77 Anh.** 34; Umwandlungsbereinigungsgesetz (UmwBerG) **Vor 82–85** 2; unrichtige Darstellung **Vor 82–85** 33 ff.; unterlassene Verlustanzeige **84** 13 ff.; unterlassener Insolvenzantrag **84** 22 ff.; Untreue **Vor 82–85** 8; Verletzung, der Berichtspflicht **Vor 82–85** 47 (– der Geheimhaltungspflicht **Vor 82–85** 62; **85** 1); 2. WiKG **Vor 82–85** 2

Strohmann, Auszahlungsverbot **30** 24; Begriff **2** 28; eigenkapitalersetzende Gesellschafterdarlehen **32 a** 70, 74; Gesellschafter **2** 28; Gründungshaftung **9 a** 27

Strohmann-Gründung, Einzahlungen **7** 24

StückAG, s. *Stückaktiengesetz*

Stückaktiengesetz (StückAG), Rechnungslegung **42 a Anh. I** 2

Stufengründung, Gesellschaftsvertrag **2** 34

Stundung, beschränkte Nachschusspflicht **28** 8; Erstattungsanspruch gemäß § 31 **31** 44; Haftung gem. § 24 **24** 36; Nachschusspflicht **26** 37; Verzugszinsen **20** 28

Stuttgarter-Verfahren, 14 49

„Süssen"-Entsch., 3 36

Sukzessivgründung, Gesellschaftsvertrag **2** 34

„Supermarkt"-Entsch., Einl. 59

Syndikate, Gesellschaftsvertrag **3** 41

Tantiemen, Abtretung von Ansprüchen **35** 90; Anstellungsvertrag **35** 88; Berechnungsweise **35** 89; Geschäftsführer **35** 88; gewinnabhängige – **Einl.** 74; Gewinnbeteiligung Dritter **29** 131 f.; Gewinnverteilung **29** 110; Kapitalerhöhung aus Gesellschaftsmitteln **57 m** 8; umsatzabhängige – **Einl.** 74

„TBB"-Entsch., Einl. 55, 57; **1** 44; **52 Anh.** 20, 95, 97, 99

Teileinziehung, von Geschäftsanteilen **34** 40; Unzulässigkeit **34** 41

Teilgewinnabführungsvertrag 52 Anh. 26; Begriff **52 Anh.** 26; Entstehungsvoraussetzungen verbundener Unternehmen **52 Anh.** 31;

Ergebnisverwendung **29** 137; Gleichordnungsbeziehungen **52 Anh.** 30; internationale Unternehmensverbindungen **52 Anh.** 27; Konzernrecht **52 Anh.** 24; Präventivschutz **52 Anh.** 31; Über-/Unterordnungsbeziehungen **52 Anh.** 28; Zulässigkeit **29** 137

Teilkonzern, Mitbestimmungsgesetz 1976 **Einl.** 207

Teilrechte, Anschaffungskosten **57 o** 2; Ausübung **57 k** 3; Begriff **57 k** 2; Entstehung **57 k** 4; Erwerb **57 o** 4; Kapitalerhöhung aus Gesellschaftsmitteln **57 k** 1; Erhöhung des Nennbetrages **57 k** 5; österreichisches Recht **57 k** 6; Rechtsnatur **57 k** 3

Teilung von Geschäftsanteilen, Abandon **27** 22; Alleingesellschafter **17** 11; Altgesellschaften (Nov. 1980) **17** 6; Anmeldung, gem. § 16 **17** 33 (– des Geschäftsanteils gem. § 16 **17** 19); Anteile mit unteilbaren Spitzenbetrag **17** 10; Anteilscheine **17** 45; Arglisteinwand **17** 50; Aufhebung von Erschwerungen **17** 40; Auseinandersetzung unter Erben **17** 28; Ausnahmen **17** 15 (– von Genehmigungserfordernis **17** 28); Ausschließung **17** 17; Ausschluss der Teilung **17** 41; bedingte Genehmigungserklärung **17** 27; Begriff der Genehmigung **17** 20; Beschluss der Gesellschafterversammlung **17** 21; Betrag der Stammeinlage **17** 9; Bevollmächtigte **17** 23; culpa in contrahendo (§ 311 BGB nF) **17** 49; Eintritt der Teilung **17** 18; Empfänger der Genehmigung **17** 20; Endgültige Unwirksamkeit **17** 48; Entbehrlichkeit der Genehmigung **17** 11; Erbe **17** 29; Ermessensentscheidung **17** 47; Erleichterungen **17** 38; Erschwerung **17** 39; Erwerb durch Gesellschaft **33** 18; Genehmigung **17** 21 (– der Gesellschaft **17** 1; – ohne Gesellschafterbeschluss **17** 25); Genehmigungserklärung **17** 22; Genehmigung auf Vorrat **17** 17; Geschäftsführer **17** 22; Gesellschafterbegriff des § 17 **17** 29; Gesellschafterbeschlüsse **46** 19; Gleichzeitigkeit der Abtretung **17** 35; Haftung des Verkäufers **17** 49; Handel mit Geschäftsanteilen **17** 1; höchstpersönliche Nebenleistungspflichten **17** 44; Inhalt der Genehmigungserklärung **17** 27; In-Sich-Geschäft **17** 22; Insolvenz **17** 24; Interessenabwägung **17** 47; Liquidation **17** 24; Nebenpflichten **17** 43; Neugesellschaften **17** 8; Nichtigkeit **17** 17 (– des dinglichen Geschäftes **17** 34); Nießbrauch **17** 53; österreichisches Recht **17** 54; Person des Erwerbers **17** 27; Pfändung **17** 52; Realteilung **17** 2; Rechtsfolge, bei Verstoßes gegen Teilungsverbot **17** 17 (– der Genehmigungsversagung **17** 48); rechtsgeschäftliches Handeln **17** 14; Satzungsbestimmungen **17** 21; Schriftform **17** 26; schwebende Unwirksamkeit **17** 48; Sonderrechte **17** 3; Statutarische Regelungen **17** 38; Stellung des Erwerbers **17** 46; stillschweigende Genehmigung **17** 26; sukzessiver Erwerb mehrerer Teile eines Geschäftsanteils **17** 36 f.; systematisches Verhältnis der Ausnahmetatbestände zueinander **17** 30; Teilabtretungen **17** 3;

Sachverzeichnis

Fette Zahlen = §§

Teilung **34** 130 (keine – **17** 15; – im Gründungsstadium **17** 11 f.; – nach Nennbeträgen **17** 3, 5; – unter Miterben **17** 30 f.); Teilungsverbot **17** 17; Treupflicht **17** 47; Übergangsgesellschaften **17** 7; Übertragung, an Mitgesellschafter **17** 28 (– mehrerer Teile **17** 34); Unterbeteiligung **17** 15; Unwirksamkeit der Genehmigungserklärung **17** 27; Veräußerung **17** 13 (– des Geschäftsanteils **17** 16); Vermächtnisnehmer **17** 32; Verpfändung **17** 51; Versagung der Genehmigung **17** 47; Vertretungsberechtigung **17** 22; keine Volleinzahlung **17** 4; Voraussetzung **17** 16; Willkürverbot **17** 47; Wirkungen **17** 42 (– der Genehmigung **17** 42); Zeitangabe **17** 27; Zustimmung der Gesellschaft **17** 20; Zweck **17** 1, 16; Zweipersonengesellschaft **17** 11; zwingendes Recht **17** 9, 20, 34

Teilwert, Begriff **42 a Anh. I** 104; Bilanzierung **42 a Anh. I** 104; Rechnungslegung **42 a Anh. I** 104

Testamentsvollstrecker, Abstimmungen **47** 19; Anfechtung von Gesellschafterbeschlüssen **47** 146; Anmeldung nach § 16 **16** 12; Ausgliederung aus Vermögen eines Einzelkaufmanns **77 Anh.** 647; Bestellung zum Geschäftsführer **46** 22; Gesellschaft als – **13** 14; Prozessbeteiligung **47** 146; Stimmrecht **47** 19; Stimmverbot bei Satzungsänderung **53** 44; Stimmverbot **47** 55; Vertreter nach § 18 **18** 14; Wahl zum Liquidator **66** 7

Testamentsvollstreckung, beim Formwechsel **77 Anh.** 124; Geschäftsanteil **15** 127 f.; Rechte der Gesellschaft **15** 132; bei Verschmelzung **77 Anh.** 401; Verwaltende Testamentsvollstreckung **15** 129 f.

Thesaurierung, Mitgliedschaftsrechte **53** 50; Schütt-aus-Hol-zurück-Verfahren **55** 60

„**Tiefbau"-Entsch., Einl.** 55; **52 Anh.** 94

Tochtergesellschaften, ausländische **Einl.** 352; Zweigniederlassungen **12** 11

Tod eines Gesellschafters, Auflösung der Vorgesellschaft **11** 67

Torso-Syndikate, Gesellschaftsvertrag **3** 38

„**Transportbeton-Vertrieb"-Entsch., 3** 36, 38

Trennungsprinzip, Durchgriffshaftung **13** 122

Treue- und Förderungspflicht, Gemeinschaftsunternehmen **3** 37; Gesellschafter-Geschäftsführer **3** 37; Wettbewerbsverbot **3** 36 f.

Treuepflicht, Abberufung von Geschäftsführern **13** 50, 58; – im Abwicklungsstadium **13** 45; actio pro socio **13** 85; allgemeine Verhaltensregeln **13** 78; Anfechtungsklage **13** 78; Art der auszuübenden Rechts **13** 40; Aufdeckung von Treuhandverhältnissen **13** 52; – bei Auflösung **13** 81; **60** 17; **69** 22; Auflösungsklage **13** 69; Ausscheiden eines Gesellschafters **3** 37; **34** 64; Ausschluss **13** 81; **34** 64; Austritt des Gesellschafters **34** 64, 90 ff.; Ausübung, – von Kündigungsrechten **13** 69); Besetzung von Gesellschafts-

organen **13** 50, 58; Bestellung, von Abschlussprüfern **13** 50 (– von Aufsichtsratsmitgliedern **13** 50; – von Geschäftsführern **13** 50; – von Handlungsbevollmächtigten **13** 50; – von Prokuristen **13** 50); Bezugsrecht bei Kapitalerhöhung **13** 67; **55** 29; (Dritt-)Ansprüche von Gesellschaftern **13** 47; Durchgriffshaftung **13** 122; Durchsetzung von Stimmpflichten **13** 79; Einfluss auf finanzielle Pflichten **13** 46; Einforderung, der Resteinlage **13** 46, 58 (– von Nachschüssen **13** 46, 58); Eingriffe in das Mitgliedschaftsrecht **13** 47; Einlagepflicht **13** 46; Einpersonengesellschaft **13** 38; einstweilige Verfügung **13** 78; Eintrittsrecht bei Wettbewerbsverstößen **13** 86; einwirkungsbezogene Pflichten **13** 44; Einzelfälle der Treuepflichtverletzung **13** 43; Einziehung **13** 81 (– von Geschäftsanteilen **13** 58, 69); Entlastung eines Geschäftsführers trotz pflichtwidriger Handlungen **13** 50; Erhöhung des Stammkapitals **55** 29 f.; Feststellung des Jahresabschlusses **13** 61; Förderungspflicht **13** 36; Folgen der Verletzung **13** 17; Fragen der Geschäftsführung **13** 48; Funktion **13** 38; Geheimnisschutz **43** 21; Gemeinschaftsunternehmen **3** 37; Geschäftschancenlehre **13** 87, 91 f.; Geschäftsführer **43** 19; Geschäftsführungsangelegenheiten **13** 57; Gesellschaft **13** 37; Gesellschafter **13** 37; des Gesellschafters bei Liquidation **69** 22; Gesellschafterbeschlüsse **47** 125; Gesellschafterhaftung **43** 67; Gesellschafterversammlung **13** 54; gesellschaftsrechtliche **Einl.** 58; Gesellschaftszweck **13** 40; Gewinnbezugsrecht der Minderheit **29** 17; Gewinnauszahlungsanspruch **13** 47; Gewinnverwendung **13** 58, 61; Gleichbehandlungsgrundsatz **13** 44, 94; GmbH **13** 35; Grenzen **47** 128; – im Gründungsstadium **13** 45; Grundlagen der Treuepflichtbindung **13** 36; Grundlagennormen **13** 60; Haftung, des Geschäftsführer **43** 19 f. (– der Gesellschafter **43** 67); – des herrschenden Unternehmens **52 Anh.** 49 ff.; Inhalt **47** 128; Intensität **13** 40; Interessenkonflikte **13** 52; Kapitalerhöhung **13** 58 (– aus Gesellschaftsmitteln **57 h** 7); Kapitalherabsetzung **58 a** 15; Konzern **13** 36; konzernrechtliche Probleme **Einl.** 59; Korrektur einer mangelhaften Satzung **13** 51; Korrelation von Rechtsmacht und Verantwortung **13** 36; Liquidation der Gesellschaft **13** 68; **60** 17; Maß der Einflussnahmemöglichkeiten **13** 40; mehrere Schädiger **13** 85; Minderheitenschutz **13** 38; Mitgliedschaftsstreit **13** 121; Mitwirkung in der Liquidation **13** 68; nachmitgliedschaftliche – **13** 39; Nebenleistungspflichten **3** 33; **13** 46; Nichtigkeitsklage **75** 28, 36; persönlicher Anwendungsbereich **13** 37; Pflicht, zur positiven Stimmabgabe **13** 51 (– zur Umsetzung von Gesellschafterbeschlüssen **13** 60); pflichtwidrige Anfechtungsklagen **13** 66; positive Beschlussfeststellungsklage **13** 78; Realstruktur der Gesellschaft **13** 40; Rechtsfolgen, bei Verletzung **13** 77 (– bei Verstoß gegen Geschäftschancen **13** 93); Reflexschaden **13** 84; Sanierung **13** 51;

Satzungsänderung **13** 51; **53** 50; Schädigungsverbot **13** 62; Schadensersatzpflicht **13** 82 (– der Gesellschaft **13** 83); – der Gesellschafter **13** 84); Schranken, der Rechte aus § 50 **13** 64 (– der Rechte aus § 51 a **13** 65); schuldrechtliche Nebenabreden **13** 36; Schutzrichtungen **13** 37; sonstige Angelegenheiten der Gesellschaft **13** 58; Stimmabgabe **13** 49, 55; Stimmpflicht **53** 58; Stimmverhalten **13** 55; Teilung von Geschäftsanteilen **17** 47; Trennungsprinzip **13** 6, 122; Treueverstoß **70** 14; treuewidrige Stimmabgabe **13** 78; **47** 125; Übergang des Geschäftsanteils **3** 44 f.; Übernahme- und Erwerbsrechte **13** 69; Übertragung von Geschäftsanteilen **13** 53; Umstellung auf Euro **86** 40 ff.; Unbeachtlichkeit von Maßnahmen **13** 80; Unterbeteiligungen **13** 52; Unterlassen geschäftsschädigender Äußerungen **13** 62; unternehmensbezogene Entscheidungen **47** 130; Verbot der verdeckten Gewinnausschüttung **13** 63; verbundene Unternehmen **13** 70 ff.; verdeckte Gewinnausschüttung **29** 164, 168; Verhältnis der Treuepflichten zueinander **13** 41; Verhältnis der – zur Anfechtungsklage **13** 42; Verhältnismäßigkeitsgrundsatz **13** 40; Verjährung **13** 85; Vermögensvermischung **13** 141; Verschuldensmaßstab **13** 85; vinkulierter Geschäftsanteil **3** 44 f.; **13** 53; Vorenthalten notwendiger Bescheinigungen **13** 44; vormitgliedschaftliche – **13** 39; Wettbewerbsverbot **3** 36 f., **13** 62, 87; Widerruf der Bestellung zum Geschäftsführer **38** 3; zeitliche Komponente **13** 39; Zustimmungsrecht **13** 49; Zustimmungsverhalten **13** 59

Treugeber, Anwendung von Haftungsvorschriften für Gesellschafter **2** 31; Auflösungsklage **61** 13; Auszahlungsverbot **30** 22; Durchgriff **2** 30; eigenkapitalsetzende Gesellschafterdarlehen **32 a** 92; Geschäftsanteil in der Insolvenz **15** 157; Gründungshaftung **9 a** 28; Haftung der Auftraggeber **9 a** 28 (– gem. § 24 **24** 18); Nichtigkeitsklage **75** 23; Verbot der Beeinträchtigung der Einforderung **19** 37 f.

Treuhänder, Anmeldung gem. § 16 **16** 32; Auskunfts- und Einsichtsrecht **51 a** 23; eigenkapitalsetzende Gesellschafterdarlehen **32 a** 70; falsche Angaben **82** 9; Geschäftsanteil in der Insolvenz **15** 158; Gesellschafter **2** 27; Gründungsgesellschafter einer GmbH **2** 27; Gründungshaftung **9 a** 28; Schadensersatzansprüche **15** 60; Strafsanktion **8** 30; Strohmann **2** 27 f.; Verschmelzung GmbH mit AG oder KGaA **77 Anh.** 475

Treuhand, Abgrenzung zur Unterbeteiligung **15** 69; Abtretungsvoraussetzungen **15** 169 ff.; Anmeldung gem. § 16 **16** 36; Auflösungsklage **61** 13; Auskunfts- und Einsichtsrechte **51 a** 23; Außenbeziehung des Treuhänders **15** 58; Beendigung **15** 67; Bilanzierung **42 a Anh. I** 51; Bindungen im Konzern **52 Anh.** 34; eigenkapitalsetzende Gesellschafterdarlehen **32 a** 74; Einforderung der Stammeinlage **19** 37 f.; Erwerb eigener Geschäftsanteile **33** 40 ff.; Er-werbstreuhand **15** 56; Form für Treuhandverhältnis **2** 29; gegenseitige Schadensersatzansprüche **15** 64 ff.; Geschäftsanteil **15** 169 ff.; Haftung **15** 59; Innenverhältnis **15** 61; Nichtigkeitsklage **75** 23; notarielle Beurkundung **15** 56; offene – **2** 31; Sicherungstreuhand **42 a Anh. I** 51; Sicherungsübereignung/-abtretung **42 a Anh. I** 52 f.; **15** 68; Stellung des Treuhänders **15** 59; Treuhandverhältnis bei Gründung **2** 29; Unternehmensverbindungen **19** 153 ff.; verdeckte – **2** 31; **15** 62 f., 171; verdeckte Sacheinlagen **15** 57; Vereinbarungstreuhand **15** 57; Verwaltungstreuhandschaft **42 a Anh. I** 51; Verwandtschaftsverhältnisse **19** 152; wirtschaftliches Eigentum, des Treugebers **42 a Anh. I** 52 (– des Treuhänders **42 a Anh. I** 53)

Treuhandverhältnis, Aufdeckung **13** 52; Ausländer **2** 43; Durchgriff **2** 30; Erwerb von Geschäftsanteilen für Rechnung der Gesellschaft **33** 40 ff.; Gesellschafter **2** 29; Haftungsvorschriften **2** 31; Insolvenz **15** 157

Tschechien, GmbH-Recht **12** 53

Typenwahl, . Grundtypvermischung **Einl.** 125; kein Rechtsformzwang **Einl.** 38

Übergangsgesellschaften, Begriff **86** 44; Maßgeblichkeit neuer Vorschriften **86** 45; Option bei der Umstellung auf Euro **86** 45 f.; Teilung von Geschäftsanteilen **17** 7; Umstellung auf Euro **86** 3, 44 (– im österreichischen Recht **86** 59)

Überpariemission, Bilanzierung **42 a Anh. I** 240; Sacheinlage **5** 35

Überschuldung, Amtsniederlegung **84** 49; Anstiftung **84** 64; Antragsberechtigung **84** 43; Antragspflicht **Vor 82–85** 29; Aufstellung einer Überschuldungsbilanz **63** 38; Ausscheiden aus der Geschäftsleitung **84** 46; Auszahlungsverbot **30** 12 f.; Beihilfe **84** 64; Beginn der Handlungspflicht **84** 45; Begriff **63** 33; **84** 35; echtes Sonderdelikt **Vor 82–85** 33; **84** 9; eigenkapitalsetzende Gesellschafterdarlehen **32 a** 64; Ende der Handlungspflicht **84** 46 ff.; Ermittlung **64** 3; Eröffnungsbilanz **Vor 82–85** 43; Erstattungsanspruch gemäß § 31 **31** 27; Erstellen des Überschuldungsstatus **84** 38 f.; Fahrlässigkeit **84** 53 f.; faktischer Geschäftsführer **84** 10 f.; Feststellung bei Liquidation **71** 5; Firmennennung **63** 49; Forderungen auf die Stammeinlage **63** 45; Fortbestehensprognose (s. auch dort) **63** 35 f., 69 f.; Fortführungswert **63** 34; Frist für Antragstellung **84** 44; Geschäftsführer **84** 8, 43; gesetzliche Vorschriften bei Liquidation **71** 24; gewerbliche Schutzrechte **63** 42; GmbH & Co. KG **63** 155, 163; Grundvermögen **63** 40; Handlungspflicht nach § 64 Abs. 1 **84** 43; Inhalt **63** 33; – nach Inkrafttreten der InsO **84** 40 ff.; – vor Inkrafttreten der InsO **84** 36; innerer Tatbestand **84** 53; Insolvenz der Komplementär-GmbH **63** 149; Insolvenzantragspflicht **64** 1, 7, 9 (– der KG **63** 153); Insolvenzordnung (InsO) **84** 23;

Sachverzeichnis

Fette Zahlen = §§

Insolvenzverfahren **63** 33; Irrtum **84** 55; Jahresabschluss **Vor 82–85** 43; kapitalersetzende Darlehen **63** 62 ff.; Kapitalherabsetzung **58** 6; Konzernabschluss **Vor 82–85** 44; Konzernlagebericht **Vor 82–85** 44; Lagebericht **Vor 82–85** 43; Liquidationswerte **63** 34; **71** 22; Liquidatoren **84** 8, 43; Liquiditätsplan **63** 71; modifizierter zweistufiger Überschuldungsbegriff **63** 36; Mittäter **84** 63; mittelbare Täter **84** 63; Nachschussrückzahlung **30** 57 ff.; Pflicht der Liquidatoren zur Antragstellung **70** 11; Pflichtverletzung bei Verlust, Zahlungsunfähigkeit oder Überschuldung **84** 1; Prüfungsreihenfolge **63** 72; rechnerische Überschuldung **63** 36, 38; rechtliche Überschuldung **63** 36; Rohstoffe **63** 41; Sanierungsmaßnahmen zur Verminderung der Insolvenz (s. auch dort) **63** 75; schuldhaftes Zögern **84** 44; Schutzgesetze iSd § 823 Abs. 2 BGB **84** 2; Sozialplan **63** 57; Stellvertreter, von Geschäftsführern **84** 8 (– von Liquidatoren **84** 8); Strafvorschriften **Vor 82–85** 29 ff.; Täter **84** 8; Täterkreis **84** 8; Täterschaft **84** 63; Tatbeendigung **84** 56, 59, 61; Tatvollendung **84** 58; Teilnahme **84** 63; Überlebensprognose **63** 36; Überschuldungsbilanz (s. auch dort) **63** 34, 38; **84** 37 (– bei der Komplementär-GmbH **63** 163 f.; – der GmbH & Co. KG **63** 155 ff.); Überschuldungsstatus **64** 10; **84** 37; unrichtige Darstellung **Vor 82–85** 33; Unterbilanz **63** 37; Unterkapitalisierung **63** 37; unterlassener Insolvenzantrag **84** 22; Unzumutbarkeit der Anzeigeerstattung **84** 50; Verbindung von Kapitalherabsetzung und Kapitalerhöhung **58** 43; Vermögensstatus zur Überschuldungsfeststellung **71** 22; Versuch iSd. § 84 **84** 62; Vorgesellschaft **84** 43; Vorsatz **84** 53; Warnzeichen **64** 9; Wertansätze, der Aktiva **63** 39 (– der Passiva **63** 52); zweistufiger Feststellungstatbestand **64** 4

Überschuldungsbilanz, Abwicklungskosten **63** 56; Aktiva der KG **63** 156; Aktivierung von Gläubigeransprüchen gegenüber Komplementär-GmbH im Überschuldungsstatus der KG **63** 158; Aktivierungsverbot **63** 50; Ansprüche aus stillen Darlehenszusagen bei GmbH & Co. KG **63** 159 (– der KG gegen Kommanditisten **63** 156; – der Kommanditisten **63** 160; – der Gesellschaft gegen Geschäftsführer **63** 47 – gegen Gesellschafter **63** 47; – gegen Gesellschafter bei GmbH & Co. KG **63** 157); Aufwandsrückstellungen **63** 59; Aufwendungs- und Annuitätendarlehen **63** 60; eigene Geschäftsanteile **63** 48; eigenkapitalersetzende Gesellschafterdarlehen **63** 62 f.; Fertigerzeugnisse **63** 43; Firmenwert **63** 49; Forderungen, auf die Stammeinlage **63** 45 (– aus Lieferungen und Leistungen **63** 44); Fortführungsprognose **63** 162; Gesellschafterdarlehen bei GmbH & Co. KG **63** 161; gewerbliche Schutzrechte **63** 42; GmbH & Co. KG **63** 155; Grundvermögen **63** 40; Insolvenzverfahren **63** 38; Komplementär-GmbH **63** 163 f.; Liquidationswerte **63** 39; Passiva der KG **63** 160; Patronatserklärungen **63** 46; Pensionsanwartschaften **63** 57; Rangrücktrittsvereinbarung, bei Eigenkapitalersatz **63** 64 (– bei GmbH & Co. KG **63** 161); Rechnungsabgrenzungsposten, aktive **63** 51 (–, passive **63** 61); Rechtssprechung des BGH zum eigenkapitalersetzenden Gesellschafterdarlehen **63** 67 f.; Rohstoffe **63** 41; Rückstellungen **63** 59 (– für laufende Pensionen **63** 57; – für ungewisse Verbindlichkeiten **63** 59); Rückzahlung von Stammkapital **63** 156; Sozialplan **63** 57; Stammkapital **63** 54; stille Einlage Dritter **63** 58; Verbindlichkeiten **63** 52 (– aus schwebenden Geschäften **63** 53); Verlustübernahme **63** 46; Verzicht **63** 64; Wertansätze, der Aktiva **63** 39 (– der Passiva **63** 52); zukünftige Verbindlichkeiten **63** 55

„**Überseering**"-Entsch., **Einl.** 316, 326
übertragende Gesellschaft mbH, Schadensersatzansprüche bei Verschmelzung **77 Anh.** 409
Übertragung, s. Vermögensübertragung
Überwachungssystem, 42 a Anh. II 335
Umgehung, Sachgründungsvorschriften **5** 48; verschleierte Sachgründung **5** 48
Umsatzkostenverfahren, Gewinn- und Verlustrechnung **41** 123; **42 a Anh. I** 341, 344, 346, 388 ff.; Konsolidierung der Innenumsatzerlöse **42 a Anh. II** 255
Umsatzsteuer, Anschaffungskosten **42 a Anh. I** 73; Ausgliederung **77 Anh.** 606 (– aus Vermögen eines Einzelkaufmanns **77 Anh.** 669); Ausnahme vom Unternehmerbegriff **Einl.** 100; Einpersonen-Gesellschaft **Einl.** 99; Gesellschaftsvertrag **2** 93; GmbH **13** 164; Kapitalerhöhung mit Sachanlagen **56** 27; Kapitalherabsetzung **58** 54; Organgesellschaften **Einl.** 100; Sacheinlage **2** 93; Spaltung **77 Anh.** 585; Steuerschuldner **Einl.** 101; Umwandlung, GmbH in oHG **77 Anh.** 243 (– OHG in GmbH **77 Anh.** 296); Voraussetzungen der Umsatzsteuerpflicht **Einl.** 99; Unternehmerbegriff **Einl.** 99; Verschmelzung **77 Anh.** 430; Vorgesellschaft **11** 164
Umstellung auf Euro, keine Änderung von DM-Beträgen **86** 8; Altgesellschaften (Euro-Umst.) **86** 3 (– im österreichischen Recht **86** 54 ff.); andere auf DM-lautende Satzungsbestimmungen **86** 52; andere statutarische Beschlussmehrheiten **86** 16; Anmeldung **86** 17; Art der Kapitalerhöhung **86** 33; Aufstockung **86** 33; Ausführungsart der Kapitalerhöhung aus Gesellschaftsmitteln **86** 25; keine automatische Umwandlung der DM-Werte in Euro-Beträge **86** 46; Begriff, der Altgesellschaften **86** 4 (– Übergangsgesellschaften **86** 44); Beschlussgegenstand **86** 33; Bestimmung des Anteilszuschnitts **86** 32; Bildung neuer Geschäftsanteile **86** 33; Diskrepanz zwischen Gesamtbetrag der Stammeinlagen und Stammkapital **86** 12 f.; disproportionale/nicht verhältniswahrende Kapitalerhöhung **86** 29; einfache Glättung **86** 38; einfache Mehrheit **86** 14; Einführung des Euro **86** 1; Eintragung **86** 17; Euro-Ausweis in der Steuererklärung **86** 49; fehlerhafte Anmeldung

86 5; Fristwahrung trotz, fehlerhafter Anmeldung 86 5 (– verspäteter Eintragung 86 6); Form des Umstellungsbeschlusses 86 39; Gesellschafterbeschluss 86 47; Gesellschaftsrecht 86 14; Glättung, der Nennbeträge der Geschäftsanteile 86 19 (– des Stammkapitals 86 19); Gleichbehandlungsgrundsatz 86 21; Grenzen der Verfahrenserleichterung 86 18; Gruppen von Gesellschaften 86 3; Handelsregister 86 17; Instrumente des GmbHG zur Kapitalveränderung 86 20; Kapitaländerung und ähnliche Maßnahmen während der Übergangszeit 86 9; Kapitalaufwand, bei einfacher Glättung 86 38 (– bei qualifizierter Glättung 86 36); Kapitalerhöhung aus Gesellschaftsmitteln 86 21; Kapitalherabsetzung 86 27; Kosten 86 26; krumme Eurobeträge 86 19; Maßgeblichkeit, alter Vorschriften 86 10 (– neuer Vorschriften 86 45); Neugesellschaften 86 3, 51 (– im österreichischen Recht 86 60); Neustückelung des Stammkapitals 86 34; Nichtigkeit entgegenstehender Beschlüsse bei Kapitalerhöhung aus Gesellschaftsmitteln 86 22; Normzweck des § 86 86 2; notarielle Beurkundung 86 39 (– des Umstellungsbeschlusses 86 14); Notwendigkeit sonstiger Satzungsanpassungen 86 48; österreichisches Recht 86 53 ff.; Option für Altgesellschaften 86 7 ff.; Optionen bei neuen Vorschriften 86 45 f.; ordentliche Kapitalerhöhung 86 31; privilegierte Kapitalherabsetzung kombiniert mit effektiver Barkapitalerhöhung 86 28; proportionale/verhältniswahrende Kapitalerhöhung 86 35; qualifizierte Glättung 86 35; Registerkosten 86 43; Registersperre 86 50; Rücklagenumwandlung 86 24; Satzungsänderung 53 20; 86 15; Treuepflicht der Gesellschafter 86 40 ff.; Übergangsgesellschaften 86 3, 44 (– im österreichischen Recht 86 59); Umstellung durch schlichte Umrechnung 86 10; Umstellungsbeschluss 86 14; vereinfachte Kapitalherabsetzung 86 30; Verfahren 86 14; Veröffentlichung 86 17; Verschiebung von Stimmrechtsverhältnissen 86 37; verspätete Eintragung 86 7; Zugrundelegung der Bilanz bei Kapitalerhöhung aus Gesellschaftsmitteln 86 25

Umwandlung, Abandonrecht 77 **Anh.** 87; Abfindungsangebot 77 **Anh.** 108; Abgrenzung 77 **Anh.** 8; Abspaltung 77 **Anh.** 14, 29; Änderung des Gesellschaftsvertrags 77 **Anh.** 48; AG in eine GmbH (s. auch dort) 77 **Anh.** 166; AktG 1965 77 **Anh.** 6; Aktivlegitimation der Gesellschaft 77 **Anh.** 124; Amtslöschung 77 **Anh.** 129; Analogieverbot 77 **Anh.** 17; Angebot der Barabfindung 77 **Anh.** 87; Anmeldeverpflichtete 77 **Anh.** 105; Anmeldung des Formwechsels 77 **Anh.** 104 (– gem. § 16 **16** 20); Anmeldungspflichtige 78 1; Annahme des Barabfindungsangebotes 77 **Anh.** 93; Anspruch, auf Abschluss eines Übertragungsvertrages 77 **Anh.** 95 (– auf Vorschuss 77 **Anh.** 145); anwendbare Gründungsvorschriften 77 **Anh.** 103; Anwendung der Gründungsvorschriften 77 **Anh.** 12; Anwendung des § 613a BGB 77 **Anh.** 22; Aufforderung zur Anmeldung der Ansprüche 77 **Anh.** 143; Aufgabe von Unternehmen 77 **Anh.** 25; Aufhebung alter Unterscheidungen 77 **Anh.** 10; Aufsichtsrat **Einl.** 230; 77 **Anh.** 82; Aufspaltung 77 **Anh.** 29; Aufstockung 77 **Anh.** 136; Ausgliederung 77 **Anh.** 14, 29 (– aus dem Vermögen eines Einzelkaufmanns 77 **Anh.** 638); Auskunftsrecht des Prüfers 77 **Anh.** 90; Auslagen des Vertreters 77 **Anh.** 145; Ausschlussfristen 77 **Anh.** 93, 133; Ausstrahlungswirkungen des UmwG 77 **Anh.** 17; Auswahl der Prüfer 77 **Anh.** 90; Auswirkung von Mängeln auf Wirkung der Eintragung 77 **Anh.** 129; bare Zuzahlung 77 **Anh.** 96, 150; Begriff 77 **Anh.** 8; Begrenzung der Haftung der Verwaltungsträger 77 **Anh.** 139; Beirat 77 **Anh.** 137; beizufügende Unterlagen 77 **Anh.** 108; Bekanntmachung 77 **Anh.** 120 f.; bekanntzumachende Tatsachen 77 **Anh.** 120a; besondere Schutzvorschriften zugunsten der Arbeitnehmer 77 **Anh.** 21; besonderer Gebührentatbestand 77 **Anh.** 118; besonderer Vertreter zur Geltendmachung der Schadensersatzansprüche 77 **Anh.** 143; Bestimmung der Barabfindung im Spruchverfahren 77 **Anh.** 92; Betriebsaufspaltung 77 **Anh.** 14, 23; nicht betriebsnotwendiges Vermögen 77 **Anh.** 89; Betriebsrat 77 **Anh.** 20; Bewertung, der Rechtsträger 77 **Anh.** 40 (– des Geschäftsanteils 77 **Anh.** 89); Bewertungsspielraum 77 **Anh** 89; Bilanzkontinuität 77 **Anh.** 136; Bindung des Registerrichters 77 **Anh.** 116; BiRiLiG 77 **Anh.** 7; bisheriger Geschäftsverlauf 77 **Anh.** 100; Bundeskartellamt 77 **Anh.** 24; Dauerschuldverhältnis 77 **Anh.** 133; – nach DDR-Recht 77 **Anh.** 2; Discounted-Cash-Flow-Methode (DCF-Methode) 77 **Anh.** 89; Differenzhaftung 77 **Anh.** 146; eigene Geschäftsanteile 33 68 f.; eingetragene Genossenschaft in eine GmbH (s. auch dort) 77 **Anh.** 184; einheitliche Geltendmachung von Schadensersatzansprüchen 77 **Anh.** 143; Eintragung, des Formwechsels trotz Klage 77 **Anh.** 110 (– in Handelsregister 77 **Anh.** 120); Entlastung des Verwaltungsträgers 77 **Anh.** 138; Entstehung des Schadens durch Formwechsel 77 **Anh.** 141; Entwurf des Umwandlungsbeschlusses 77 **Anh.** 129; Erhaltungsgrundsatz 77 **Anh.** 10; errichtende 77 **Anh.** 10; Ertragswertverfahren 77 **Anh.** – 89; Erwerb 77 **Anh.** 25; EU-Kapitalgesellschaft 77 **Anh.** 3; fällige Forderungen 77 **Anh.** 133; falsche Angaben 77 **Anh.** 99; Firmenfortführung 4 68; Formwechsel 77 **Anh.** 9, 31 (– nach Auflösung 77 **Anh.** 147); formwechselnde 77 **Anh.** 10; Fremdgeschäftsführung 77 **Anh.** 25; Frist zur Geltendmachung von Forderungen 77 **Anh.** 133; Fusionskontrolle/Fusionskontrollverordnung 77 **Anh.** 24; Fusionsrichtlinie 77 **Anh.** 3; Gefährdung der Forderung 77 **Anh.** 132; Gegenstand der Anmel-

2779

Sachverzeichnis

dung 77 **Anh.** 104; Geltendmachung, der Mängel 77 **Anh.** 78 (– von Schadensersatzansprüchen im eigenen Namen 77 **Anh.** 143); Genehmigungsurkunde 77 **Anh.** 108; Genussrechte 77 **Anh.** 135; Gesamtrechtsnachfolge 77 **Anh.** 9; Geschäftsanteil 15 8; Geschäftsführer 77 **Anh.** 105; Gesellschafterschutz 77 **Anh.** 96; gesetzliche Regelung 77 **Anh.** 26; GmbH „im Aufbau" 11 179f.; – der GmbH in AG *(s. auch dort)* 77 **Anh.** 38; – der GmbH in Co. KG 77 **Anh.** 244, 300; – der GmbH in eine eingetragene Genossenschaft *(s. auch dort)* 77 **Anh.** 157; – der GmbH in eine GbR *(s. auch dort)* 77 **Anh.** 253; – der GmbH in eine KG *(s. auch dort)* 77 **Anh.** 244; – der GmbH in eine KGaA *(s. auch dort)* 77 **Anh.** 150; – der GmbH in eine oHG *(s. auch dort)* 77 **Anh.** 218; – der GmbH in eine Partnerschaftsgesellschaft *(s. auch dort)* 77 **Anh.** 258; GmbH- Nov. 1980 77 **Anh.** 7, 25, 97; **Einl.** 13; Gläubigerschutzvorschriften 77 **Anh.** 12; Gründungsaufwand 77 **Anh.** 98; Gründungsbericht 77 **Anh.** 99; Gründungsprüfung 77 **Anh.** 97; Grunderwerbsteuerrecht 77 **Anh.** 12; Grundzüge der gesetzlichen Regelung 77 **Anh.** 26f.; Haftung, der Geschäftsführer 77 **Anh.** 137f. (– der Gesellschafter für Gründungsbericht 77 **Anh.** 146; – der Gesellschafter für Umwandlungsbericht 77 **Anh.** 146; – der Verwaltungsträger 77 **Anh.** 12; – des Aufsichtsrates 77 **Anh.** 137; – für falsche Angaben 9 a 3); Haftungsfragen 77 **Anh.** 25; Handlungsvollmacht nach Umwandlung 77 **Anh.** 125; Hauptfall der Umwandlung 77 **Anh.** 11; Identität, des beteiligten Personenkreises 77 **Anh.** 59 (– des Rechtsträgers 77 **Anh.** 121); identitätswahrender Charakter 77 **Anh.** 13; Inhalt des Berichts 77 **Anh.** 100; Insolvenz 77 **Anh.** 133; Interessenabwägung bei Klage gegen die Wirksamkeit des Umwandlungsbeschlusses 77 **Anh.** 111f., 115; Interessenausgleich 77 **Anh.** 21; internationale Fusion 77 **Anh.** 18; Kapitaländerungen 77 **Anh.** 130; Kapitalerhaltungsgebot 77 **Anh.** 136; Kapitalisierungszuschuss 77 **Anh.** 89; Kapitalschutz 77 **Anh.** 136; – der KG in eine GmbH *(s. auch dort)* 77 **Anh.** 298; – der KGaA in eine GmbH *(s. auch dort)* 77 **Anh.** 178; – von Körperschaften und Anstalten des öffentlichen Rechts in eine GmbH *(s. auch dort)* 77 **Anh.** 209; Kontinuität des Rechtsträgers 77 **Anh.** 121; Körperschaftsteuergesetz 1977 (KStG 1977) 77 **Anh.** 7; – kraft Gesetzes 77 **Anh.** 25; Kündigungsschutz 77 **Anh.** 21; LAG 77 **Anh.** 2; Lage der GmbH 77 **Anh.** 100; Leistung der Sicherheit 77 **Anh.** 134; Mängel, des Formwechsels 77 **Anh.** 129 (– des Umwandlungsbeschlusses 77 **Anh.** 71; – der notariellen Beurkundung des Umwandlungsbeschlusses 77 **Anh.** 127); Marktanteile 77 **Anh.** 24; maßgeblicher Zeitpunkt nach § 33 Abs. 3 **33** 71; materielle Beschlusskontrolle 77 **Anh.** 79;

Minderheitenschutz 77 **Anh.** 96; Mitbestimmung 77 **Anh.** 19 (– des Betriebsrats 77 **Anh.** 20); Mitwirkung der Arbeitnehmer 77 **Anh.** 19f.; Motive für den Umwandlungsentschluss 77 **Anh.** 25; Nachweis über Zuleitung des Umwandlungsbeschlusses an Betriebsrat 77 **Anh.** 108; Negativerklärung zur Klage gegen den Umwandlungsbeschluss 77 **Anh.** 110; Nichtigkeitsklage 75 20; Niederschrift des Umwandlungsbeschlusses 77 **Anh.** 108; Numerus clausus 77 **Anh.** 17; – oHG in eine GmbH *(s. auch dort)* 77 **Anh.** 265; partielle Gesamtrechtsnachfolge 77 **Anh.** 9; partielle Universalsukzession 77 **Anh.** 9; Partnerschaftsgesellschaften 77 **Anh.** 17; – von Partnerschaftsgesellschaft in GmbH *(s. auch dort)* 77 **Anh.** 305; Passivlegitimation der Gesellschaft 77 **Anh.** 124; PHG-VO 77 **Anh.** 2; Preisgaberecht 77 **Anh.** 87; Prokura nach Umwandlung 77 **Anh.** 1126; Prozess 77 **Anh.** 124; Prüfer 77 **Anh.** 90; Prüfung der Angemessenheit der Barabfindung 77 **Anh.** 90 (– durch das Registergericht 77 **Anh.** 102, 119); Prüfungsbericht 77 **Anh.** 90; Realteilung 77 **Anh.** 15; kein Recht auf Sicherheitsleistung 77 **Anh.** 133; Rechte Dritter 77 **Anh.** 124; rechtliche Identität 77 **Anh.** 9; Rechtsanwalt 77 **Anh.** 145; Rechtsentwicklung 77 **Anh.** 1 (– des GmbHG bis zum UmwG 1969 und UmwStG 1977 77 **Anh.** 4 ff.); – des rechtsfähigen Vereins in eine GmbH *(s. auch dort)* 77 **Anh.** 196; Rechtsfolgen bei Verstoß gegen § 33 Abs. 3 **33** 73; Rechtsgrundlagen 77 **Anh.** 1; Rechtskontinuität 77 **Anh.** 9; rechtsmissbräuchliche Klageerhebung 77 **Anh.** 115; Rechtsträger mit Sitz im Inland 77 **Anh.** 18; Rücklagenbildung für eigene Anteile **33** 72; Sacheinlagen 77 **Anh.** 98; Sachübernahmen 77 **Anh.** 98; Sanierung 77 **Anh.** 25; Schaden der formwechselnden GmbH 77 **Anh.** 140; Schadensersatzpflicht der Verwaltungsträger 77 **Anh.** 137; schuldrechtliche Rechtsposition Dritter 77 **Anh.** 124; schwebende Umwandlung 77 **Anh.** 117; Schutz, der Gläubiger 77 **Anh.** 132, 137 (– der Inhaber von Sonderrechten 77 **Anh.** 135; – gegen Verwässerung 77 **Anh.** 135); Schutzvorschriften zugunsten der Arbeitnehmer 77 **Anh.** 21; Sicherheitsleistung 77 **Anh.** 132; simultane – 77 **Anh.** 627; Sitzverlegung 77 **Anh.** 107, 120, 128; Sonderrechtsnachfolge 77 **Anh.** 9; Sondervorteile 77 **Anh.** 98; Sorgfaltspflicht bei Durchführung des Umwandlungsbeschlusses 77 **Anh.** 139; Sorgfaltspflicht bei Prüfung der Vermögenslage 77 **Anh.** 139 (– bei Vorbereitung des Umwandlungsbeschlusses 77 **Anh.** 139); Spaltung 77 **Anh.** 2, 13, 25, 29 (– eines Rechtsträgers 77 **Anh.** 23); Spaltungserlass 77 **Anh.** 3; Spaltungsrichtlinie 77 **Anh.** 1; Spruchverfahren 77 **Anh.** 687 (– zur Entschädigung von Anteilsinhabern 77 **Anh.** 33); SpTrUG 77 **Anh.** 2; staatliche Genehmigung 77 **Anh.** 108; – des Stammkapitals

Magere Zahlen = Randnummern

der GmbH zum Grundkapital der AG **77 Anh.** 130; Stellung des Geschäftsführers nach Umwandlung **77 Anh.** 125; steuerliche Gründe **77 Anh.** 25; Steuerneutralität **77 Anh.** 12; steuerpflichtiger Veräußerungsgewinn bei Barabfindungsangebot **77 Anh.** 149; Steuerrecht **77 Anh.** 149; stille Gesellschaft **77 Anh.** 124; Stimmbindungsvertrag **77 Anh.** 49; Strafvorschriften **77 Anh.** 34; Teilübertragung **77 Anh.** 25, 30; Testamentsvollstreckung **77 Anh.** 124; TreuhandG **77 Anh.** 2; Treuhandunternehmen **77 Anh.** 2; Übergangs- und Schlussvorschriften des UmwG **77 Anh.** 35; übertragende – **77 Anh.** 10; keine Übertragung von Vermögen **77 Anh.** 31; keine Übertragungsakte **77 Anh.** 9; Übertragungsbilanz **77 Anh.** 12; Umgehung eines gesetzlichen Verbots **77 Anh.** 25; Umstellung auf Euro **77 Anh.** 148; Umwandlungsaufwand **77 Anh.** 98; Umwandlungsbericht **77 Anh.** 99, 108; Umwandlungsbeschluss **77 Anh.** 48; Umwandlungsbilanz **77 Anh.** 100; Umwandlungsfreiheit **77 Anh.** 19; Umwandlungsfreiheit nach den Mitbestimmungsgesetzen **77 Anh.** 19; Umwandlungsprüfer **77 Anh.** 90; Umwandlungsprüfung **77 Anh.** 97; Umwandlungsrecht **Einl.** 39; Umwandlungssteuerrecht **77 Anh.** 3, 12; Umwandlungsverfahren **77 Anh.** 32; Umwandlungsverpflichtung **77 Anh.** 25; Umwandlungsbereinigungsgesetz (UmwBerG) **77 Anh.** 1; Umwandlungsgesetz (UmwG) **77 Anh.** 1, 26 f.; Umwandlungsgesetz 1956 (UmwG 1956) **77 Anh.** 5; Umwandlungsgesetz 1969 (UmwG 1969) **77 Anh.** 1, 7; Umwandlungsgesetz 1995 (UmwG 1995) **77 Anh.** 1; Umwandlungssteuergesetz (UmwStG) **77 Anh.** 3, 36; Umwandlungssteuergesetz 1977 (UmwStG 1977) **77 Anh.** 7; Umwandlungssteuergesetz 1994 (UmwStG 1994) **77 Anh.** 3; UmwVO **77 Anh.** 2; umzuwandelndes Rechtssubjekt **77 Anh.** 8; Unbegründetheit der Klage **77 Anh.** 114; Universalsukzession **77 Anh.** 9; Unterbilanz **77 Anh.** 102, 131, 136; Unterfall der Verschmelzung **77 Anh.** 13; unternehmensschädliche Tatsachen **77 Anh.** 90; Unternehmernachfolge **77 Anh.** 25; Unterrichtung der Anteilseigner **77 Anh.** 43; Unzulässigkeit der Klage **77 Anh.** 113; Veräußerung **77 Anh.** 25 (– der Anteile an Dritte **77 Anh.** 93); Veränderung der Unternehmensgröße **77 Anh.** 25; Verantwortlichkeit der Prüfer **77 Anh.** 90; vereinfachte Kapitalherabsetzung nach Formwechsel **77 Anh.** 131; nicht verhältniswahrender Formwechsel **77 Anh.** 123; Verfügungsbeschränkungen **77 Anh.** 93; Vergleichsmethode **77 Anh.** 89; Vergütung des Vertreters **77 Anh.** 145; Verjährung der Schadensersatzansprüche bei Formwechsel **77 Anh.** 142; Vermögensaufstellung **77 Anh.** 100; Vermögensübergang **77 Anh.** 16, 30, 121; (keine) Vermögensübertragung **77 Anh.** 9; verschmelzende – **77 Anh.** 10; Verschmelzung **77 Anh.** 11, 28 (– über die Grenze **77 Anh.** 18); – von Gesellschaften mbH **77 Anh.** 318); Verschmelzungsrichtlinie **77 Anh.** 1; Verschweigen erheblicher Umstände **77 Anh.** 99; Versorgungsansprüche **77 Anh.** 133; Verteilung des Erlöses **77 Anh.** 144; Verzicht, auf Barabfindung **77 Anh.** 88 (– auf Klage gegen Wirksamkeit des Umwandlungsbeschlusses **77 Anh.** 110; – auf Prüfungsbericht **77 Anh.** 91); Verzinsung, der Barabfindung **77 Anh.** 94 (– der Zuzahlung **77 Anh.** 96); vinkulierte Namensaktien **77 Anh.** 130; Vollübertragung **77 Anh.** 30; vollwertige Abfindung **77 Anh.** 89; Vorbereitung der Gesellschafterversammlung **77 Anh.** 45; Vorgesellschaft **77 Anh.** 17; Vorkaufsrecht **77 Anh.** 124; Vorvertrag bei Personenhandelsgesellschaften **2** 86; Vorzugsgeschäftsanteile **77 Anh.** 135; Wechsel des Rechtsträgers **77 Anh.** 9; Weisungen der Gesellschafter **77 Anh.** 138; Widerspruch zur Niederschrift **77 Anh.** 87; Wirkungen, der Eintragung **77 Anh.** 121 (– des Formwechsels **77 Anh.** 130); Zulässigkeit des Erwerbs eigener Geschäftsanteile **33** 70; Zusammenschlusskontrolle **77 Anh.** 24; Zustimmungserfordernisse **77 Anh.** 52; Zustimmungspflicht der Gesellschafter **77 Anh.** 147; Zwang zur Umwandlung **77 Anh.** 25

Umwandlung – AG in GmbH, Amtskontinuität **77 Anh.** 171; Anmeldung des Formwechsels **77 Anh.** 172; Anspruch auf Ausstellung eines GmbH-Anteilscheins **77 Anh.** 174; Aufsichtsrat **77 Anh.** 171; Barabfindung **77 Anh.** 176; Behandlung nicht beteiligungsfähiger Spitzen **77 Anh.** 175; Bezeichnung unbekannter Aktionäre **77 Anh.** 172; börsennotierte Publikumsaktiengesellschaft **77 Anh.** 169; Durchführung der Hauptversammlung **77 Anh.** 168; Entwurf des Umwandlungsbeschlusses **77 Anh.** 168; Erhalt mehrerer Geschäftsanteile **77 Anh.** 170; Gesellschaftsvertrag der GmbH **77 Anh.** 169; Kapitalerhöhung **77 Anh.** 169; Kapitalherabsetzung **77 Anh.** 169; Kraftloserklärung nicht eingereichter Aktienurkunden **77 Anh.** 174; Liste der Gesellschafter der GmbH **77 Anh.** 172; mehrere Geschäftsanteile **77 Anh.** 169; Mehrstimmrechtsaktien **77 Anh.** 173; mitbestimmte GmbH **77 Anh.** 171; Nennbetrag der Geschäftsanteile abweichend vom Nennbetrag der Aktien **77 Anh.** 170; nicht voll eingezahlte Aktien **77 Anh.** 170; noch nicht erbrachte Einzahlungen **77 Anh.** 173; Notwendigkeit der Hauptversammlung **77 Anh.** 168; Sachgründungsbericht **77 Anh.** 169; Sonderbeschluss **77 Anh.** 170; Steuerrecht **77 Anh.** 177; Übertragbarkeit von Geschäftsanteilen **77 Anh.** 170; Umtausch der Aktien **77 Anh.** 174; Umwandlungsbericht **77 Anh.** 167; Umwandlungsbeschluss **77 Anh.** 169; Unterbilanz **77 Anh.** 169; Unwirksamkeit des Umwandlungsbeschlusses **77 Anh.** 170; vinkulierte Namensaktien **77 Anh.** 173; Vorbereitung der Hauptversamm-

Sachverzeichnis

Fette Zahlen = §§

lung **77 Anh.** 167; Vorstand der formwechselnden AG **77 Anh.** 173; Vorzugsaktien ohne Stimmrecht **77 Anh.** 170, 174; Wirkungen, des Formwechsels **77 Anh.** 173 (– der Eintragung in das Handelsregister **77 Anh.** 173); Zusammenlegung von Aktien **77 Anh.** 175; Zustimmung von Aktionären jeder Gattung **77 Anh.** 170; Zustimmungserfordernisse **77 Anh.** 170

Umwandlung – BGB-Gesellschaft in GmbH, Analogieverbot **77 Anh.** 245

Umwandlung – eingetragene Genossenschaft in GmbH, Abfindungsangebot **77 Anh.** 193; Anmeldung des Formwechsels **77 Anh.** 191; Auslegung des Prüfungsgutachtens **77 Anh.** 187; Beschlussfassung **77 Anh.** 178; Beteiligung der Genossen am Stammkapital der GmbH **77 Anh.** 189; Dreiviertelmehrheit **77 Anh.** 188; Durchführung des Formwechsels **77 Anh.** 185; Erläuterung des Prüfungsgutachtens **77 Anh.** 187; Generalversammlung **77 Anh.** 186; Geschäftsanteile an der Genossenschaft zu Geschäftsanteilen an der GmbH **77 Anh.** 192; Gesellschaftsvertrag der GmbH **77 Anh.** 189; Gründungsprüfung **77 Anh.** 190; Information über neue Beteiligung **77 Anh.** 192; Kapitalschutz **77 Anh.** 190; konstitutive Wirkung des Eintrages **77 Anh.** 191; Mehrheit von neun Zehnteln **77 Anh.** 188; Nachschusspflicht der Genossen **77 Anh.** 194; Nennbetrag des Stammkapitals der GmbH **77 Anh.** 190; Prüfungsgutachten des Prüfungsverbands **77 Anh.** 186; Rechte Dritter **77 Anh.** 192; Sachgründungsbericht **77 Anh.** 190; Steuerrecht **77 Anh.** 195; Umwandlungsbeschluss **77 Anh.** 188; Unterbilanz **77 Anh.** 190; Unterzeichnung des Gesellschaftsvertrags **77 Anh.** 189; Verlesung des Prüfungsgutachtens **77 Anh.** 187; vollständiger Text des Gesellschaftsvertrages der GmbH **77 Anh.** 189; Widerspruch **77 Anh.** 188

Umwandlung – GmbH in AG, Abandonrecht **77 Anh.** 87; Abfindungsangebot **77 Anh.** 45, 69, 108; Abtretung von Geschäftsanteilen **77 Anh.** 550; Abwicklung der umgewandelten GmbH **77 Anh.** 143; abweichende Festsetzung des Nennbetrages der Aktien **77 Anh.** 56; Änderung des Gesellschaftsvertrags **77 Anh.** 48; Aktivlegitimation der Gesellschaft **77 Anh.** 124; Amtskontinuität **77 Anh.** 84, 127; Amtslöschung **77 Anh.** 108, 129; Amtszeit neugewählter Aufsichtsratsmitglieder **77 Anh.** 85; Anfechtbarkeit **77 Anh.** 79; Anfertigung getrennter Prüfberichte **77 Anh.** 101; Angebot der Barabfindung **77 Anh.** 87; Anmeldeverpflichtete **77 Anh.** 105; Anmeldung, der Vorstandsmitglieder der AG **77 Anh.** 106 (– des Formwechsels **77 Anh.** 104); Annahme des Barabfindungsangebots **77 Anh.** 93; Anspruch, auf Abschluss eines Übertragungsvertrages **77 Anh.** 95 (– auf Vorschuss **77 Anh.** 145); Anstellungsvertrag des Geschäftsführers **77 Anh.** 125; anwendbare Gründungsvorschriften **77 Anh.** 103; Anwendung von Gründungsvorschriften **77 Anh.** 48; Arbeitnehmer **77 Anh.** 77; Arbeitnehmervertretungen **77 Anh.** 70, 77; Aufforderung zur Anmeldung der Ansprüche **77 Anh.** 143; Aufsichtsrat **77 Anh.** 63, 82; Aufsichtsratsmitglieder **77 Anh.** 126; Aufstockung **77 Anh.** 136; Ausgleich durch bare Zuzahlung **77 Anh.** 80; Auskunftsrecht des Prüfers **77 Anh.** 90; Auskunftsverweigerungsrecht **77 Anh.** 40; Auslagen des Vertreters **77 Anh.** 145; Auslegung, des Umwandlungsberichtes **77 Anh.** 47 (– des Umwandlungsberichtes in Gesellschafterversammlung **77 Anh.** 44); Ausschluss der Klage **77 Anh.** 81; Ausschlussfrist **77 Anh.** 79, 93, 133; Auswahl der Prüfer **77 Anh.** 90; Auswirkung von Mängeln auf Wirkung der Eintragung **77 Anh.** 129; bare Zuzahlung **77 Anh.** 95, 150; Begrenzung der Haftung der Verwaltungsträger **77 Anh.** 139; Beirat **77 Anh.** 85, 138; beizufügende Unterlagen **77 Anh.** 108; Bekanntmachung **77 Anh.** 120 f. (– des Formwechsels **77 Anh.** 120); bekanntzumachende Tatsachen **77 Anh.** 120 a; Beschlussverfahren des Prozessgerichtes **77 Anh.** 118; besonderer Gebührentatbestand **77 Anh.** 118; besonderer Vertreter zur Geltendmachung der Schadensersatzansprüche **77 Anh.** 143; Bestimmung, der Barabfindung im Spruchverfahren **77 Anh.** 92 (– der Höhe des Grundkapitals **77 Anh.** 64; – über die Form der Bekanntmachung **77 Anh.** 67); nicht betriebsnotwendiges Vermögen **78 Anh.** 89; Bewertung, der Rechtsträger **77 Anh.** 40; (– des Geschäftsanteils **77 Anh.** 89); Bewertungsspielraum **77 Anh.** 89; Bilanzkontinuität **77 Anh.** 136; Bildung und Zusammensetzung des Aufsichtsrates **77 Anh.** 83 ff.; Bindung des Registerrichters **77 Anh.** 116; bisheriger Geschäftsverlauf **77 Anh.** 133; Dauerschuldverhältnis **77 Anh.** 133; Discounted-Cash-Flow-Methode (DCF-Methode) **77 Anh.** 89; Differenzhaftung **77 Anh.** 146; Dreiviertelmehrheit der abgegebenen Stimmen **77 Anh.** 48; Durchführung der Gesellschafterversammlung **77 Anh.** 46; einheitliche Geltendmachung von Schadensersatzansprüchen **77 Anh.** 143; Einpersonen-Gesellschafter **77 Anh.** 50; Eintragung, des Formwechsels trotz Klage **77 Anh.** 110 (– in das Handelsregister **77 Anh.** 120); Eintragungssperre **77 Anh.** 110; Einzahlungen auf Stammeinlagen **77 Anh.** 130; Entbehrlichkeit des Umwandlungsberichtes **77 Anh.** 43; Entlastung des Verwaltungsträger **77 Anh.** 138; Entstehung des Schadens durch Formwechsel **77 Anh.** 141; Entwurf des Umwandlungsbeschlusses **77 Anh.** 41; Erhaltungsgrundsatz **77 Anh.** 129; Ertragswertverfahren **77 Anh.** 89; Fälle des Spruchverfahrens **77 Anh.** 81; fällige Forderungen **77 Anh.** 133; falsche Angaben **77 Anh.** 99; Fehlen, der namentlichen Aufführung der Gesellschafter **77 Anh.** 73 (– des Abfindungsangebotes **77 Anh.** 76); fehlende, notarielle Beurkundung der Zustimmungserklärungen **77 Anh.** 72 (− Zustimmungen **77 Anh.** 71); fehlerhafte Zusammensetzung des Aufsichtsrates **77 Anh.** 86; Festsetzung über Sondervorteile **77 Anh.** 75; Firma der AG **77 Anh.** 58; Folgen für Arbeitnehmer und ihre Vertretungen **77 Anh.** 70, 77; Form der Gesellschaft **77 Anh.** 57; Formwechsel, der GmbH in die AG **77 Anh.** 149 (− nach Auflösung **77 Anh.** 147); Frist zur Geltendmachung von Forderungen **77 Anh.** 133; Gefährdung der Forderungen **77 Anh.** 132; Gegenstand der Anmeldung **77 Anh.** 104; Geltendmachung, der Mängeln **77 Anh.** 78 (− von Schadensersatzansprüchen im eigenen Namen **77 Anh.** 143); Genehmigung der Gesellschaft **77 Anh.** 52; Genehmigungsurkunde **77 Anh.** 108; Genussrechte **77 Anh.** 135; Geschäftsanteile der formwechselnden GmbH **77 Anh.** 62; Geschäftsführer **77 Anh.** 105; Gesellschafter **77 Anh.** 78; Gesellschafterschutz **77 Anh.** 96; Gesellschafterversammlung **77 Anh.** 44; GmbH − Nov. 1980 **77 Anh.** 97; Gründungsaufwand **77 Anh.** 68, 98; Gründungsbericht **77 Anh.** 99; Gründungsprüfung **77 Anh.** 97; Grundkapital **77 Anh.** 64; Haftung, der Geschäftsführer **77 Anh.** 137 f. (− der Geschäftsführer der formwechselnden GmbH **77 Anh.** 138; − der Gesellschafter für Gründungsbericht **77 Anh.** 146; − der Gesellschafter für Umwandlungsbericht **77 Anh.** 146; − des Aufsichtsrates **77 Anh.** 137); Handlungsvollmacht nach Umwandlung **77 Anh.** 125; Heilung bei fehlender Zustimmung **77 Anh.** 56; Identität, des beteiligten Personenkreises **77 Anh.** 59 (− des Rechtsträgers **77 Anh.** 121); Inhalt, des Berichts **77 Anh.** 100 (− des Umwandlungsbeschlusses **77 Anh.** 57); Insolvenz **77 Anh.** 133; Interessenabwägung bei Klage gegen die Wirksamkeit des Umwandlungsbeschlusses **77 Anh.** 111, 115; Kapitaländerung **77 Anh.** 130; Kapitalerhaltungsgebot **77 Anh.** 136; Kapitalerhöhung **77 Anh.** 65, 135 (− aus Gesellschaftsmitteln **77 Anh.** 135); Kapitalherabsetzung **77 Anh.** 66; Kapitalisierungszinsfuß **77 Anh.** 89; Kapitalschutz **77 Anh.** 136; Kapitalveränderung **77 Anh.** 66; Klage gegen Umwandlungsbeschluss **77 Anh.** 79; Kontinuität des Rechtsträgers **77 Anh.** 121; Kosten der Übertragung **77 Anh.** 95; künftige Beteiligung der GmbH-Gesellschafter **77 Anh.** 60; Lage der GmbH **77 Anh.** 100; Leistung der Sicherheit **77 Anh.** 134; Mängel, des Formwechsels **77 Anh.** 129 (− des Umwandlungsbeschlusses **77 Anh.** 71; − der notariellen Beurkundung des Umwandlungsbeschlusses **77 Anh.** 127); mangelhafte Satzung der AG **77 Anh.** 74 f.; materielle Beschlusskontrolle **77 Anh.** 79; Minderheitenschutz **77 Anh.** 96; Mindestbetrag des Grundkapitals **77 Anh.** 65; Mindestinhalt die Satzung **77 Anh.** 62; Nachweis über Zuleitung des Umwandlungsbeschlusses an Betriebsbeirat **77 Anh.** 108; namentliche Aufführung der Gesellschafter **77 Anh.** 51; Nebenpflichten **77 Anh.** 53; Negativerklärung **77 Anh.** 110 (− zur Klage gegen den Umwandlungsbeschluss **77 Anh.** 110); Neuwahl der Aufsichtsratsmitglieder **77 Anh.** 85; Nichtigkeit **77 Anh.** 79; Niederschrift des Umwandlungsbeschlusses **77 Anh.** 108; notarielle Beurkundung **77 Anh.** 48 (− sämtlicher Zustimmungserklärungen **77 Anh.** 56); Notwendigkeit der Gesellschafterversammlung **77 Anh.** 46; Passivlegitimation der Gesellschaft **77 Anh.** 124; Preisgaberecht **77 Anh.** 87; Prokura nach Umwandlung **77 Anh.** 125; Prozess **77 Anh.** 124; Prüfer **77 Anh.** 90; Prüfung, der Angemessenheit der Barabfindung **77 Anh.** 90 (− der Gründung und des Formwechsels durch Vorstand und Aufsichtsratmitglieder **77 Anh.** 101; − durch das Registergericht **77 Anh.** 102, 119); Prüfungsbericht **77 Anh.** 90; Rechte Dritter **77 Anh.** 124; kein Recht auf Sicherheitsleistung; **77 Anh.** 133; Rechtsanwalt als Vertreter **77 Anh.** 145; rechtsmissbräuchliche Klageerhebung **77 Anh.** 115; Rechtsmittel gegen Umwandlungsbeschluss **77 Anh.** 79; Registersperre **77 Anh.** 110; Sacheinlagen **77 Anh.** 68, 98; Sachübernahmen **77 Anh.** 68, 98; Satzung der künftigen AG **77 Anh.** 60; schädliche Informationen **77 Anh.** 40; Schaden der formwechselnden GmbH **77 Anh.** 140; Schadensersatzpflicht der Verwaltungsträger **77 Anh.** 137; schriftliche Abstimmung **77 Anh.** 46; schuldrechtliche Rechtspositionen Dritter **77 Anh.** 124; Schutz, der Gläubiger **77 Anh.** 132, 135 (− der Inhaber von Sonderrechten **77 Anh.** 135; − gegen Verwässerung **77 Anh.** 135); schwebende Umwandlung **77 Anh.** 117; Sicherheitsleistung **77 Anh.** 132; Sitzverlegung **77 Anh.** 107, 120, 128; Sondervorteile **77 Anh.** 68, 98; sonstige Erfordernisse des Gesellschaftsvertrages **77 Anh.** 55; sonstige Unterlagen für die Anmeldung **77 Anh.** 109; Sorgfaltspflicht, bei Durchführung des Umwandlungsbeschlusses **77 Anh.** 139 (− bei Prüfung der Vermögenslage **77 Anh.** 139; − bei Vorbereitung des Umwandlungsbeschlusses **77 Anh.** 139); staatliche Genehmigung **77 Anh.** 108; Stammkapital der GmbH zum Grundkapital der AG **77 Anh.** 130; Stellung des Geschäftsführers nach Umwandlung **77 Anh.** 125; Steuerrecht **77 Anh.** 149; steuerpflichtiger Veräußerungsgewinn bei Barabfindungsangebot **77 Anh.** 149; stille Gesellschaft **77 Anh.** 124; Stimmbindungsvertrag **77 Anh.** 49; Testamentsvollstreckung **77 Anh.** 124; Überleitung der Organisation **77 Anh.** 38; Übersendung des Umwandlungsberichtes an alle Gesellschafter **77 Anh.** 44; Übertragung der Beteiligung **77 Anh.** 95; Übertragungsvertrag **77 Anh.** 95; Umstellung auf Euro **77 Anh.** 148; Umwandlungsaufwand **77 Anh.** 68, 98; Umwandlungs-

Sachverzeichnis

Fette Zahlen = §§

bericht **77 Anh.** 40, 99, 108; Umwandlungsbeschluss **77 Anh.** 48; Umwandlungsbilanz **77 Anh.** 42, 100; nicht umwandlungsfähige Spitzen **77 Anh.** 62; Umwandlungsprüfer **77 Anh.** 90, 101; Umwandlungsprüfung **77 Anh.** 97; Unterbilanz **77 Anh.** 102, 106, 130, 136; Unbegründetheit der Klage **77 Anh.** 114; unternehmensschädliche Tatsachen **77 Anh.** 90; Unterrichtung der Anteilseigner **77 Anh.** 43; Unwirksamkeit **77 Anh.** 79; Unzulässigkeit der Klage **77 Anh.** 113; Veräußerung der Anteile an Dritte **77 Anh.** 93; Verantwortlichkeit der Prüfer **77 Anh.** 90; verbundene Unternehmen **77 Anh.** 40; vereinfachte Kapitalherabsetzung nach Formwechsel **77 Anh.** 131; Verfügungsbeschränkungen **77 Anh.** 93; Vergleichsmethode **77 Anh.** 89; Vergütung des Vertreters **77 Anh.** 145; nicht verhältniswahrender Formwechsel **77 Anh.** 62, 122; Verjährung der Schadensersatzansprüche bei Formwechsel **77 Anh.** 142; Verkaufsrecht **77 Anh.** 124; Verletzung von Information-Auskunfts- und Berichtspflichten **77 Anh.** 81; Verlust von Minderheitsrechten **77 Anh.** 54; Vermögensaufstellung **77 Anh.** 42, 100; Vermögensbilanz **77 Anh.** 42; Vermögensübergang **77 Anh.** 121; Verschweigen erheblicher Umstände **77 Anh.** 99; Versorgungsansprüche **77 Anh.** 133; Verteilung des Erlöses **77 Anh.** 144; Verweigerungsgründe **77 Anh.** 40; Verzicht, auf Barabfindungsangebot **77 Anh.** 88 (− auf Klage gegen Wirksamkeit des Umwandlungsbeschlusses **77 Anh.** 110; − auf Prüfbericht **77 Anh.** 91; − auf Umwandlungsbericht **77 Anh.** 43); Verzinsung, der Barabfindung **77 Anh.** 94 (− der Zuzahlung **77 Anh.** 96); vinkulierte Namensaktien **77 Anh.** 130; vollständiger Wortlaut der Satzung/des Gesellschaftsvertrags **77 Anh.** 61; vollwertige Abfindung **77 Anh.** 89; Vorbereitung der Gesellschafterversammlung **77 Anh.** 45; Vorerwerbsrechte **77 Anh.** 54; Vorkaufsrechte **77 Anh.** 54; Vorstand **77 Anh.** 63; Vorstandsmitglieder **77 Anh.** 101, 127; Vorzugsgeschäftsanteile **77 Anh.** 138; Weisungen der Gesellschafter **77 Anh.** 138; Widerspruch zur Niederschrift **77 Anh.** 87; Wirkung, der Eintragung **77 Anh.** 121 (− des Formwechsels **77 Anh.** 130); Zuleitung des Umwandlungsbeschlusses an den Betriebsrat **77 Anh.** 41; Zustimmungserfordernisse **77 Anh.** 52; Zustimmungserklärungen **77 Anh.** 72; Zustimmungspflicht der Gesellschafter **77 Anh.** 147; Zwang zur Kapitalaufstockung **77 Anh.** 65

Umwandlung − GmbH in eingetragene Genossenschaft, Abfindungsangebot **77 Anh.** 159; Anmeldung **77 Anh.** 162; Auflösung der Genossenschaft **77 Anh.** 163; beschränkte Nachschusspflicht **77 Anh.** 160; Beteiligung ehemaliger GmbH-Gesellschafter **77 Anh.** 163; Durchführung des Formwechsels **77 Anh.** 158; Firma **77 Anh.** 163; Geschäftsanteil **77 Anh.** 161; Geschäftsguthaben der Genossen **77 Anh.** 164; Inhalt des Umwandlungsbeschlusses **77 Anh.** 161; Mehrheit bei Umwandlungsbeschluss **77 Anh.** 160; personenbezogene Struktur **77 Anh.** 158; Rechte Dritter **77 Anh.** 163; Statut der Genossenschaft **77 Anh.** 161; Steuerrecht **77 Anh.** 165; Umwandlungsbeschluss ist Statut der Genossenschaft **77 Anh.** 160; unbeschränkte Nachschusspflicht **77 Anh.** 160; Unterrichtungspflicht der eingetragene Genossenschaft gegenüber Genossen **77 Anh.** 164; Vermögensaufstellung **77 Anh.** 159; Vorbereitung der Gesellschafterversammlung **77 Anh.** 159; Wirkung des Formwechsels **77 Anh.** 163; Zustimmung aller Gesellschafter **77 Anh.** 160; Zustimmungserfordernisse **77 Anh.** 160

Umwandlung − GmbH in BGB-Gesellschaft, Durchführung des Formwechsels **77 Anh.** 254; Firma **77 Anh.** 255; Haftung der Gesellschafter für Altverbindlichkeiten **77 Anh.** 256; Halbeinkünfteverfahren **77 Anh.** 257; Steuerrecht **77 Anh.** 257; Vermögensübergang auf eine Personengesellschaft ohne Betriebsvermögen **77 Anh.** 257

Umwandlung − GmbH in KG, Abfindungsangebot **77 Anh.** 248; alte Kapitalaufbringungsansprüche der GmbH **77 Anh.** 247; Bestimmung der Kommanditisten **77 Anh.** 247 (− des Einlagebetrages **77 Anh.** 247); ¾-Mehrheit **77 Anh.** 246; Durchführung des Formwechsels **77 Anh.** 245; Einpersonen-GmbH **77 Anh.** 250; Entwurf des Umwandlungsbeschlusses **77 Anh.** 249; Geschäftswert **77 Anh.** 251; GmbH & Co. KG **77 Anh.** 244; Gründung einer Komplementär-GmbH **77 Anh.** 243; Grundbuchberichtigung **77 Anh.** 251; Haftsumme **77 Anh.** 247; Kapitalaufbringungsansprüche **77 Anh.** 247; Kommanditisten **77 Anh.** 247; Kosten **77 Anh.** 251; Minderheitsrechte **77 Anh.** 246; Prinzip der Identität des am Formwechsel beteiligten Personenkreises **77 Anh.** 244; simultane Umwandlung **77 Anh.** 244; Sonderrechte **77 Anh.** 246; Steuerrecht **77 Anh.** 252; Stiftung und Co. KG. **77 Anh.** 243; Übergang von der Haftungsfreiheit zur beschränkten Kommanditistenhaftung **77 Anh.** 244; Umwandlung der Einpersonen-GmbH in ein einzelkaufmännisches Unternehmen **77 Anh.** 250; Umwandlungsbeschluss **77 Anh.** 246; Verschmelzung **77 Anh.** 244; Wegfall der Mitbestimmung **77 Anh.** 249; Zustimmung aller Gesellschafter **77 Anh.** 246

Umwandlung − GmbH in KGaA, Anmeldung der persönlich haftenden Gesellschafter **77 Anh.** 155; Aufsichtsrat **77 Anh.** 154; Beitritt eines persönlich haftenden Gesellschafters **77 Anh.** 152; Beteiligung persönlich haftender Gesellschafter **77 Anh.** 152; Durchführung des Formwechsels **77 Anh.** 151; Erbschaftsteuer **77 Anh.** 156; Genehmigung **77 Anh.** 152; gesonderte Feststellung der Einkünfte **77 Anh.** 156; Gründungshaftung **77 Anh.** 153;

Magere Zahlen = Randnummern

Sachverzeichnis

Grunderwerbsteuerpflicht 77 **Anh.** 156; Kapitalherabsetzung 77 **Anh.** 156; notarielle Beurkundung, der Beitrittserklärung 77 **Anh.** 152 (– der Genehmigung 77 **Anh.** 152; – der Zustimmungserklärung 77 **Anh.** 152); persönlich haftender Gesellschafter 77 **Anh.** 152; Sacheinlagen 77 **Anh.** 156; Schenkungsteuer 77 **Anh.** 156; Steuerrecht 77 **Anh.** 156; Umwandlungshaftung 77 **Anh.** 153; Zustimmung persönlich haftender Gesellschafter 77 **Anh.** 152

Umwandlung – GmbH in OHG, Abfindungsangebot 77 **Anh.** 226; Anmeldung des Formwechsels 77 **Anh.** 228; Anrechnungsverfahren 77 **Anh.** 234 f.; Aufstockung der Buchwerte 77 **Anh.** 231; Beirat der GmbH 77 **Anh.** 227; Besteuerung der stillen Reserven 77 **Anh.** 240 (– von Körperschaften 77 **Anh.** 236); BGB-Gesellschaft 77 **Anh.** 221; Buchwertfortführung 77 **Anh.** 230; Durchführung des Formwechsels 77 **Anh.** 219; Entwurf des Umwandlungsbeschlusses 77 **Anh.** 222; Erbengemeinschaft 77 **Anh.** 221; Erbschaftsteuer 77 **Anh.** 243; Eröffnungsbilanz 77 **Anh.** 222; Firma 77 **Anh.** 223; Gesamtrechtsnachfolge 77 **Anh.** 232; Gewerbesteuer 77 **Anh.** 239; Gläubigerschutz 77 **Anh.** 229; Grunderwerbsteuerpflicht 77 **Anh.** 242; Halbeinkünfteverfahren 77 **Anh.** 234 f., 238; Identität des am Formwechsel beteiligten Personenkreises 77 **Anh.** 225; Mehrheitsumwandlung 77 **Anh.** 224; Missbrauchsvorschrift 77 **Anh.** 239; offene Gewinnrücklagen 77 **Anh.** 233; Prinzip der Identität 77 **Anh.** 225; Sicherheitsleistung 77 **Anh.** 229; Sperrbetrag iSd. § 50c EStG 77 **Anh.** 233; Step-up-Modell 77 **Anh.** 238; steuerliche, Eröffnungsbilanz 77 **Anh.** 232, 242 (– Rückwirkung 77 **Anh.** 241; – Schlussbilanz 77 **Anh.** 231, 242); steuerneutral 77 **Anh.** 230; Steuersenkungsgesetz (StSenkG) 77 **Anh.** 234 f.; Stichtag der Bilanz 77 **Anh.** 241; Übernahmegewinn 77 **Anh.** 233; Übernahmeverlust 77 **Anh.** 233, 237; Übertragungsbilanz 77 **Anh.** 222, 230, 240; Übertragungsgewinn 77 **Anh.** 231; Umsatzsteuer 77 **Anh.** 243; Umwandlungsbericht 77 **Anh.** 222; Umwandlungsbeschluss 77 **Anh.** 222, 223; Umwandlungsmodell 77 **Anh.** 238; Unternehmensgegenstand der GmbH 77 **Anh.** 221; Verlustabzug 77 **Anh.** 231; Vermögensaufstellung 77 **Anh.** 222; Verschiebung der Beteiligungsquoten 77 **Anh.** 225; Vollmacht zur Vertretung 77 **Anh.** 224; vollständiger Wortlaut des Gesellschaftsvertrages 77 **Anh.** 227; Wegfall jeglicher Mitbestimmung 77 **Anh.** 222; Wertverknüpfung 77 **Anh.** 232; wesentliche Beteiligung 77 **Anh.** 235; Zulässigkeit 77 **Anh.** 220; zusätzliches Abschreibungsvolumen 77 **Anh.** 231; Zustimmung, aller anwesenden Gesellschafter 77 **Anh.** 224 (– nicht erschienener Gesellschafter 77 **Anh.** 224)

Umwandlung – GmbH in Partnerschaftsgesellschaft, Anmeldung 77 **Anh.** 263; Beschränkung auf Freiberufler als Partner 77 **Anh.** 260; Durchführung des Formwechsels 77 **Anh.** 259; nichtgewerbliches Betriebsvermögen 77 **Anh.** 262; Partnerschaftsregister 77 **Anh.** 263; Steuerrecht 77 **Anh.** 264; Wirkung verbotswidriger Eintragung 77 **Anh.** 261; Partnerschaftsvertrages 77 **Anh.** 262; Zustimmung aller Gesellschafter 77 **Anh.** 262

Umwandlung – KG in GmbH, Durchführung des Formwechsels 77 **Anh.** 299; GmbH & Co. KG 77 **Anh.** 303; GmbH & Co. KG in GmbH 77 **Anh.** 298; Gründerhaftung 77 **Anh.** 301; Nachhaftung 77 **Anh.** 302; Steuerrecht 77 **Anh.** 304; Umwandlungsbericht 77 **Anh.** 299

Umwandlung – KGaA in GmbH, Abfindung 77 **Anh.** 183; Abfindungsregeln 77 **Anh.** 181; Altverbindlichkeiten 77 **Anh.** 181; Ausscheiden des persönlich haftenden Gesellschafters bei Eintragung 77 **Anh.** 181; Durchführung des Formwechsels 77 **Anh.** 179; firmenrechtliche Probleme 77 **Anh.** 182; Gründerhaftung 77 **Anh.** 181; Nachhaftung persönlich haftender Gesellschafter 77 **Anh.** 181; Steuerrecht 77 **Anh.** 183; Umwandlungsbeschluss 77 **Anh.** 179; Vermögensaufstellung 77 **Anh.** 179; Zustimmung der persönlich haftenden Gesellschafter 77 **Anh.** 180

Umwandlung – Körperschaften und Anstalten des öffentlichen Rechts in GmbH, allgemeine Vorschriften 77 **Anh.** 212; Außenstehende 77 **Anh.** 213; Beteiligung an Geschäftsanteilen der GmbH 77 **Anh.** 213; Durchführung des Formwechsels 77 **Anh.** 210; Einperson-Gründung 77 **Anh.** 213; Fortdauer der Gewährträgerhaftung 77 **Anh.** 215; Gesellschaftsvertrag der GmbH 77 **Anh.** 212; Gründer der Gesellschaft 77 **Anh.** 213; Gründungsvorschriften des GmbHG 77 **Anh.** 214; Grunderwerbsteuerrecht 77 **Anh.** 217; Identitätswahrung des Formwechsels 77 **Anh.** 209; Kapitalschutz 77 **Anh.** 215, 210; notarielle Beurkundung 77 **Anh.** 214; Rechtsfähigkeit 77 **Anh.** 210; Sachgründungsbericht 77 **Anh.** 215; Stammkapital 77 **Anh.** 214; Steuerrecht 77 **Anh.** 217; Umwandlungsbericht 77 **Anh.** 215; Unterbilanz 77 **Anh.** 215; Vermögensaufstellung 77 **Anh.** 215; Vorschriften des öffentlichen Rechts 77 **Anh.** 211; Wirksamwerden des Formwechsels 77 **Anh.** 216

Umwandlung – OHG in GmbH, Abfindungsgebot 77 **Anh.** 270, 76; Abfindungszahlung 77 **Anh.** 274; Anmeldung des Formwechsels 77 **Anh.** 275; Anschaffungskosten 77 **Anh.** 290; Aufstockung der Aktiva 77 **Anh.** 277, 287; Ausgleich durch bare Zuzahlung 77 **Anh.** 285; ausstehende Einlagen 77 **Anh.** 277; Barabfindung 77 **Anh.** 289; bare Zuzahlungen 77 **Anh.** 289; Besteuerung, natürlicher Personen 77 **Anh.** 291 (– von Körperschaften 77 **Anh.** 293); Bestimmtheitsgrundsatz 77

2785

Sachverzeichnis

Fette Zahlen = §§

Anh. 271; Betriebsrat **77 Anh.** 269; Bewertungswahlrecht **77 Anh.** 284; Buchwert **77 Anh.** 284; Buchwertfortführung **77 Anh.** 282; Buchwertverknüpfung **77 Anh.** 284, 286; Differenzhaftung nach § 9 GmbHG **77 Anh.** 276; Dreiviertel der abgegebenen Stimmen **77 Anh.** 271; Durchführung des Formwechsels **77 Anh.** 266; Einbringung von Mitunternehmeranteilen **77 Anh.** 282; einbringungsgeborener Anteil **77 Anh.** 290; Einbringungsgewinn **77 Anh.** 284; Entbehrlichkeit des Umwandlungsberichtes **77 Anh.** 268; Entwurf des Umwandlungsbeschlusses **77 Anh.** 269; Eröffnungsbilanz **77 Anh.** 283; Firma **77 Anh.** 273; Formwechsel nach Auflösung **77 Anh.** 281; Gewerbesteuer **77 Anh.** 288, 296; Gewinnausschüttung der GmbH **77 Anh.** 292; Gewinnrealisierung **77 Anh.** 284; Gläubigerschutz **77 Anh.** 280; Gründerhaftung **77 Anh.** 276; Grunderwerbsteuer **77 Anh.** 297; Grunderwerbsteuerpflicht **77 Anh.** 295; Identitätswahrung **77 Anh.** 275; Insolvenzverfahren **77 Anh.** 281; Kapitalaufbringung **77 Anh.** 277; Kapitalschutzvorschrift **77 Anh.** 277; Mehrheitsentscheidung **77 Anh.** 269; mitbestimmter Aufsichtsrat **77 Anh.** 275; mitbestimmungsrechtliche Folgen **77 Anh.** 269; Nachhaftung der Gesellschafter **77 Anh.** 279; negatives Kapitalkonto **77 Anh.** 285; Niederschrift des Umwandlungsbeschlusses **77 Anh.** 272; Sachgründung **77 Anh.** 278; Sachgründungsbericht **77 Anh.** 278; Schlussbilanz **77 Anh.** 283; Sicherheitsleistung **77 Anh.** 280; Sitzverlegung **77 Anh.** 275; Sonderbetriebsvermögen **77 Anh.** 297; Steuerbilanz **77 Anh.** 283; steuerliche Gesamtrechtsnachfolge **77 Anh.** 286; steuerlicher Übertragungsstichtag **77 Anh.** 283; steuerneutrale – **77 Anh.** 282; Steuerrecht **77 Anh.** 282; Teilwert **77 Anh.** 287; Übernahmebilanz **77 Anh.** 283; Übertragungsbilanz **77 Anh.** 283; Umsatzsteuer **77 Anh.** 296; Umwandlungsbericht **77 Anh.** 270; Umwandlungsbeschluss **77 Anh.** 73; Veräußerungsgewinn **77 Anh.** 289; Verlustvortrag **77 Anh.** 286; vollständiger Text des Gesellschaftsvertrages der GmbH **77 Anh.** 273; wesentliche, Beteiligung **77 Anh.** 292 (– Betriebsgrundlage **77 Anh.** 297); Zulässigkeit **77 Anh.** 267; Zustimmung aller Gesellschafter **77 Anh.** 271; Zwischenwert **77 Anh.** 287

Umwandlung – Partnerschaftsgesellschaft in GmbH, Durchführung des Formwechsels **77 Anh.** 307; Fortdauer der persönlichen Haftung der Partner **77 Anh.** 308; Steuerrecht **77 Anh.** 309; Umwandlungsbericht **77 Anh.** 307

Umwandlung – rechtsfähiger Verein in GmbH, Abfindungsangebot **77 Anh.** 207; Anmeldung des Formwechsels **77 Anh.** 203; Auslegung des Umwandlungsberichtes **77 Anh.** 198; Bekanntmachung des Formwechsels **77 Anh.** 204; Beteiligung der Vereinsmitglieder am Stammkapital der GmbH **77 Anh.** 201; Dreiviertelmehrheit **77 Anh.** 199; Durchführung, der Mitgliederversammlung **77 Anh.** 198 (– des Formwechsels **77 Anh.** 197); Erläuterung des Umwandlungsbeschlusses **77 Anh.** 198; festsetzendes Stammkapital **77 Anh.** 199; gemeinnütziger Verein **77 Anh.** 207; Gesellschaftsvertrag der GmbH **77 Anh.** 199; Information über neue Beteiligung **77 Anh.** 206; Kapitalschutz **77 Anh.** 202; Mehrheit von neun Zehnteln **77 Anh.** 199; Mitgliederversammlung **77 Anh.** 198; schriftliche Ankündigung des Formwechsels **77 Anh.** 198; Steuerrecht **77 Anh.** 208; Umwandlung der Vereinsmitgliedschaft in Geschäftsanteil **77 Anh.** 205; Umwandlungsbericht mit Vermögensaufstellung **77 Anh.** 198; Umwandlungsbeschluss **77 Anh.** 199; Unterzeichnung des Gesellschaftsvertrages **77 Anh.** 200; vollständiger Text des Gesellschaftsvertrages der GmbH **77 Anh.** 200; Vorbereitung der Mitgliederversammlung **77 Anh.** 198; Widerspruch **77 Anh.** 199; Zweck des Vereins **77 Anh.** 199; Zustimmung aller Mitglieder **77 Anh.** 199

Umwandlungsrecht, kein Rechtsformzwang **Einl.** 38

Unbedenklichkeitsbescheinigung, Anmeldung **8** 10; Kapitalerhöhung **57** 20; steuerliche – bei Anmeldung **8** 14

Unechte Vorgesellschaft, anwendbares Recht **11** 22; Auflösung **11** 65; Begriff **11** 8; Buchführungspflicht **41** 42; Einbringung eines Handelsgeschäfts **11** 25; Geschäftsbetrieb **11** 25; Körperschaftsteuer **11** 158; rechtskräftige Ablehnung der Eintragung **11** 23; Steuern **11** 158; Vorgesellschaft **11** 8

Ungarn, GmbH-Recht **12** 53

Unrichtige Darstellung, Aufklärungen **Vor 82–85** 45; blankettartige Normen **Vor 82–85** 34; echtes Sonderdelikt **Vor 82–85** 33; Eröffnungsbilanz **Vor 82–85** 43; Gegenstand der Tathandlung **Vor 82–85** 42 ff.; Geschäfts- oder Konzernverhältnisse **Vor 82–85** 36; geschütztes Rechtsgut **Vor 82–85** 33; Gesellschaftsverhältnisse **Vor 82–85** 46; Jahresabschluss **Vor 82–85** 43; Konzernabschlusses **Vor 82–85** 44; Konzernlagebericht **Vor 82–85** 44; Konzernverhältnisse **Vor 82–85** 37; Lagebericht **Vor 82–85** 43; Nachweise **Vor 82–85** 45; Offenlegung, des Konzernabschluss **Vor 82–85** 40 (– des Konzernlageberichtes **Vor 82–85** 40); Schutzgesetz iSd. § 823 Abs. 2 BGB **Vor 82–85** 33; Täterkreis **Vor 82–85** 35; Tatbeteiligung **Vor 82–85** 35; Tathandlungen **Vor 82–85** 41 (– Wiedergabe von Gesellschaftsverhältnissen **Vor 82–85** 38; – Wiedergabe von Konzernverhältnissen **Vor 82–85** 38); Verschleierung, von Verhältnissen der Gesellschaft **Vor 82–85** 39 (– von Verhältnissen des Konzerns **Vor 82–85** 39)

Magere Zahlen = Randnummern **Sachverzeichnis**

Unterbeteiligung, eigenkapitalersetzende Gesellschafterdarlehen **32 a** 75; Geschäftsanteil **17** 15
Unterbilanz, Abgrenzung zur Überschuldung **63** 37; Auszahlungsverbot **30** 12, 36; Begriff **63** 37; Beseitigung **58** 6; Einziehung zu Lasten des Stammkapitals **34** 24; Nachschussrückzahlung **30** 58; keine Pflicht zur Volleinzahlung *(s. auch Vorbelastungshaftung)* **77 Anh.** 130; **9** 12; Stammkapital **30** 12; Umwandlung **77 Anh.** 102, 106, 130, 136 (– AG in GmbH **77 Anh.** 169; – Körperschaften und AöR in GmbH **77 Anh.** 215)
Unterbilanzhaftung *s. auch Vorgesellschaft,* Anmeldung der Kapitalerhöhung **57** 7; Beweislast **11** 28; Haftung der Gesellschafter **11** 14; Richterrecht **11** 28; Vorgesellschaft **11** 14
Unterkapitalisierung, Abgrenzung zur Überschuldung **63** 37; analoge Anwendung der HGB-Vorschriften **13** 137; Ausnahmen von der Haftung **13** 140; Begriff **63** 37; Durchgriffshaftung **13** 133; Eingreifen der Haftung **13** 138; Insolvenz **13** 138; Kenntnis des Gläubigers **13** 140; materielle – **13** 135; nachträgliche Kapitalzufuhr **13** 139; nominelle – **13** 134; qualifiziert materielle – **13** 133, 135; Rechtsprechung **13** 136; registergerichtliche Prüfung **9 c** 31; Stammkapital **5** 8; Zurechenbarkeit **13** 140
Unterlassungsklage, Haftung der Gesellschafter **43** 78; Konzernrecht **52 Anh.** 79
Unternehmen, Begriff **52 Anh.** 8; Gegenstand des Unternehmens **3** 8; Konzernrecht **52 Anh.** 8
Unternehmenseinbringung, Jahresabschlüsse **8** 8; Sachgründungsbericht **5** 65; Vermögensbilanz **8** 8; Wertnachweis **8** 8
Unternehmensgegenstand, Abgrenzung zum Gesellschaftszweck **1** 5; Änderung **1** 6; **3** 12; **75** 19; Anmeldung **8** 9; Auflösung der Gesellschaft **61** 8; Bedeutung nach innen und außen **3** 9; Begriff **1** 6; Dreiviertelmehrheit der abgegebenen Stimmen **1** 6; Eintragung in das Handelsregister **10** 7; Eintragungsmängel **10** 19; fehlende Bestimmung **75** 13; Geschäftsführerbefugnisse **37** 9; Gesellschaftsvertrag **3** 4, 8; Gesellschaftszweck **1** 1; **61** 8; gesetzliches Verbot **75** 14; Gewerberecht **8** 10; Heilung des unzulässigen Unternehmensgegenstandes **75** 21; Komplementär-GmbH **3** 11; Konkretisierung **3** 10; Konzernrecht **44**. 44; Mängelheilung durch Gesellschafterbeschluss **76** 1; mangelnde Konkretisierung des Unternehmensgegenstandes **75** 18; offene, Mantelgründung **75** 17 (– Vorratsgründung **75** 17); RA-GmbH **1** 26; Satzungsänderung **53** 19; **75** 20; staatliche Genehmigung **1** 20; **8** 9 f.; **75** 15; – bei Umwandlung in OHG **77 Anh.** 221; unzulässiger Gesellschaftszweck **75** 14; verdeckte, Mantelgründung **75** 17 (– Vorratsgründung **75** 17); Verstoß gegen gute Sitten **75** 14; Wettbewerbsverbot der Gesellschafter **53** 19; zum Schein vereinbarter Unternehmensgegenstand **75** 17; Zustimmung aller Gesellschafter **1** 6
Unternehmenskauf, altes Schuldrecht **15** 10; Haftung nach neuem und altem Schuldrecht **15** 30; Leistungsstörungsrecht nach der Schuldrechtsreform **15** 31 f.; – bei Liquidation **70** 16 ff.; Sachmängelhaftung **15** 35; Schuldrechtsreform **15** 11; Wandelung **15** 35
Unternehmensleitung, Geschäftsführung **37** 15
„Unternehmensrat"-Entsch., Carl Zeiss Stiftung **Einl.** 193
Unternehmensrecht, einheitliches **Einl.** 38; Finanzmarktförderungsgesetze, Zweites, Drittes, Viertes **Einl.** 40; Gesetz für die Kleine AG **Einl.** 40; Großunternehmen **Einl.** 38; Handelbarkeit von GmbH-Anteilen **Einl.** 40; Mitbestimmung **Einl.** 203; Rechtsformzwang **Einl.** 38; Reform zur Belebung der Kapitalmärkte **Einl.** 40; Umwandlungsrecht **Einl.** 39; Unternehmensrechtsreform **Einl.** 38
Unternehmensrechtskommission, „Große GmbH" **Einl.** 203
Unternehmensverträge, Änderung **52 Anh.** 118; äquivalente Gegenleistung **52 Anh.** 69; andere Unternehmensverträge **52 Anh.** 67; Aufhebung **53** 32; Austrittsgrund **34** 77; Beendigung **52 Anh.** 118; **53** 32; Beherrschungsverträge **52 Anh.** 24 f., 53 ff.; Betriebsführungsvertrag **52 Anh** 26; Betriebspacht- und -überlassungsverträge **52 Anh.** 24, 26; Eintragung in das Handelsregister **53** 32; Gesellschafterversammlung der herrschenden GmbH **52 Anh.** 65; gewinnabführungsberechtigte GmbH **52 Anh** 114; Gewinnabführungsvertrag **29** 136 f., **52 Anh.** 24 f., 53 ff.; Gewinngemeinschaft **52 Anh.** 26; Gewinngemeinschaftsverträge **52 Anh.** 24; Handelsregister **52 Anh.** 61; Konzernrecht **52 Anh.** 24, 78; Kündigung **53** 32; notarielle Beurkundung **52 Anh.** 61; Rechtsfolgen der Unternehmensverbindungen **52 Anh.** 71; Satzungsänderung **53** 32; Steuerrecht **53** 32; Teilgewinnabführungsverträge **52 Anh.** 24, 26; Treuepflicht **13** 76; Umgehungsprobleme **52 Anh.** 70; Verlustübernahmepflicht **52 Anh.** 57; Verschmelzung **77 Anh.** 397; wechselseitige Beteiligungen **52 Anh.** 117; weisungsberechtigte GmbH **52 Anh** 114; Zustimmung, der Gesellschafterversammlung **Einl.** 59 (– der beherrschten GmbH **53** 32; –der herrschenden Gesellschaft **53** 32)
Untreue, Antragspflicht bei Zahlungsunfähigkeit oder Überschuldung einer GmbH & Co. KG **Vor 82–85** 29 ff.; Aufsichtsratsmitglieder **Vor 82–85** 14; Bankrott **Vor 82–85** 29; Beispiele aus der Rechtsprechung **Vor 82–85** 22; Beurteilung der Lage der Gesellschaft **Vor 82–85** 18; Einwilligung der Gesellschafter **Vor 82–85** 13, 16; faktischer Geschäftsführer **Vor 82–85** 12; – gegenüber GmbH bei GmbH & Co. KG **Vor 82–85** 26; – gegenüber KG bei GmbH & Co. KG **Vor 82–85** 25; Geschäftsführer **Vor 82–85** 11; gesellschafts-

2787

Sachverzeichnis

Fette Zahlen = §§

rechtliche Untreue **Vor 82–85** 9; GmbH & Co. KG **Vor 82–85** 21; innerer Tatbestand **Vor 82–85** 21; Konkurrenzen **82** 115; Liquidator **Vor 82–85** 11 f.; Nachteil **Vor 82–85** 15; Pflichtwidrigkeit **Vor 82–85** 23; Rechtswidrigkeit der Vermögensverfügung **Vor 82–85** 17; Risikogeschäfte **Vor 82–85** 20; Strafvorschriften des Handelsgesetzbuches **Vor 82–85** 29; Subsidiarität **82** 118; Täterkreis **Vor 82–85** 9, 11 f.; Treuebruchstatbestand **Vor 82–85** 10; Vermögensbetreuungspflicht **Vor 82–85** 10; Vorgesellschaft **Vor 82–85** 19, 27

USA, close corporation **Einl.** 381; limited liability company (LLC) **Einl.** 381; Rechtsvergleichung **Einl.** 381

Unversehrtheitsgrundsatz, s. auch Vorgesellschaft; Grundsatz der Rechtsprechung **11** 14

up-stream-merger, 77 Anh. 423

Veräußerung, Anmeldung **16** 1; Anteils- und Unternehmenskauf nach altem Recht **15** 10; Begriff **17** 13; Erwerb durch Personenmehrheit **15** 51; Folgen der mangelnden Zustimmung § 1365 BGB **15** 105; Genehmigung, der Gesellschaft **15** 161 (– des Vormundschaftsgerichts **15** 110 f.); Genußrecht **29** 152; Geschäftsanteil **15** 6; Geschäftsanteil einer noch nicht bestehenden Gesellschaft **15** 14; Geschäftsanteile, im österreichischen Recht **15** 200 (– der Vor-GmbH **15** 14); Höhe des Entgeltes **15** 120; Mantelkauf **15** 16; – durch Minderjährige **15** 107 ff.; Notarielle Beurkundung **15** 36 ff.; Rechtsfolgen **15** 46 f.; Schadensersatzansprüche **15** 48; Schuldrechtsreform **15** 11; statutarisch zu erfüllende Voraussetzungen **15** 162; Treuhand **15** 58; – des Unternehmens in der Liquidation **70** 16 ff.; der Veräußerung gleichgestellte Rechtsgeschäfte **15** 55; Verschaffungspflicht **15** 12 f.; zustimmungsfreie Rechtsakte **15** 104

Veräußerungsvertrag, bedingter Kauf eines Geschäftsanteils **15** 25; Form **15** 36 ff.; Gewährleistung bei Kaufverträgen nach altem Recht **15** 33 ff.; Haftung **15** 28; Heilung **15** 43 ff.; Inhaltliche Ausgestaltung **15** 21 ff., 26; Leistungsstörungsrecht nach der Schuldrechtsreform **15** 31 f.; keine Heilung **15** 45; Motive **15** 21, 23; Nebenabreden **15** 21 f.; notarielle Beurkundung **15** 36 ff.; Option **15** 26; Pflichten des Käufers **15** 27; Rechtsmängelhaftung **15** 34; Rückkaufverpflichtung **15** 10; Sachmängelhaftung **15** 35; Sittenwidrigkeit **15** 24; Stellung des Käufers **15** 126; Rechtsfolgen, beim Anteilskauf nach neuem und alten Schuldrecht **15** 29 (– beim Unternehmenskauf nach neuen und alten Schuldrecht **15** 30); Verschaffungspflicht des Verkäufers **15** 12 f.; Verstoß gegen ein gesetzliches Verbot **15** 24; Vollmacht **15** 37; Vorkaufsrechte **15** 18 ff.; vorvertragliche Aufklärungspflichten **15** 28

Verbindlichkeiten, Abzinsung **42 a Anh. I** 326; Anleihen **42 a Anh. I** 329; aufschiebend bedingte – **42 a Anh. I** 320; Ausweis, bei Kapitalgesellschaften & Co. **42 a Anh. I** 269 (– in der Bilanz **42 a Anh. I** 328); beendete Gesellschaft **74** 16; Belastung des Startkapitals **9 c** 30; Besserungsscheine **42 a Anh. I** 321; Bewertung **42 a Anh. I** 325; Bilanzierung **42 a Anh. I** 319 (– in der Überschuldungsbilanz **63** 52; – schwebender Geschäfte in der Überschuldungsbilanz **63** 53; – zukünftiger Verbindlichkeiten in der Überschuldungsbilanz **63** 55); Einlage des stillen Gesellschafters **42 a Anh. I** 323; Erfüllung bei Liquidation **70** 10; Eventualverbindlichkeiten **42 a Anh. I** 338 f.; gegenüber, Gesellschaftern **42 a Anh. I** 336, 340 (– Kreditinstituten **42 a Anh. I** 330; – Unternehmen mit Beteiligungsverhältnis **42 a Anh. I** 334; – verbundenen Unternehmen **42 a Anh. I** 334); Genussrecht **42 a Anh. I** 322; Laufzeit **42 a Anh. I** 328; Lieferung und Leistungen **42 a Anh. I** 332; registergerichtliche Prüfung **9 c** 30; Sachleistungen **42 a Anh. I** 324; sonstige – **42 a Anh. I** 335; Spaltung **77 Anh.** 528; Steuerrecht **42 a Anh. I** 296; Verschmelzung **77 Anh.** 396; – der Vorgesellschaft, Haftung **11** 33; – der Vorgründungsgesellschaft **2** 87; Währungsverbindlichkeiten **42 a Anh. I** 327; Wechselgeschäfte **42 a Anh. I** 333

Verbundene Unternehmen, Aktiengesellschaft als übergeordnetes Unternehmen **33** 62; Auskunfts- und Einsichtsrechte **51 a** 7, 13; Ausweis der Anteile in der Konzernbilanz **42 a Anh. II** 227; Auszahlungsverbot gem. § 30 **30** 29, 74; „Autokran"-Entsch. **Einl.** 55 f.; **52 Anh** 31, 93, 99, 100; Begriff **52 Anh.** 7; Beteiligungen **42 a Anh. I** 176; eigenkapitalersetzende Gesellschafterdarlehen **32 a** 81 f., 94; Entstehung **52 Anh.** 31; Erwerb eigener Anteile **33** 60 f.; faktische Unternehmensverbindungen **30** 76 f.; Finanzanlagen **42 a Anh. I** 173 ff.; Geschäftsführung **37** 13; GmbH als übergeordnetes Unternehmen **33** 63; Konzernrecht **52 Anh.** 7; mehrstufige Unternehmensverbindungen **52 Anh.** 76; Rechtsfolgen der Unternehmensverbindungen **52 Anh.** 71; Schädigungsverbot **52 Anh.** 76 f.; schlichte Aufstockung der Beteiligung **33** 61; Teilnahme an Kapitalerhöhung **33** 65; Treuepflicht **13** 70 ff.; Umwandlungsbericht **77 Anh.** 40; bei Verschmelzung **77 Anh.** 338; Verbindlichkeiten innerhalb der Unternehmen **42 a Anh. I** 334

Verbundene Unternehmen, Treuepflicht, Anteilserwerb **13** 76; Ausgliederung von Unternehmensteilen **13** 75; Beschlusskontrolle bei Unternehmensverträgen **13** 75; Gefahr der Abhängigkeit **13** 71; Mitteilungspflichten **13** 73; mittelbar beteiligtes Unternehmen **13** 72; Obergesellschaft **13** 75; Schädigungsverbot **13** 72; (Unter-) Gesellschaft **13** 71; Unternehmensvertrag **13** 76; Wettbewerbsverbot **13** 72

Magere Zahlen = Randnummern

Sachverzeichnis

Verdeckte Gewinnausschüttung, Abgrenzung zu „normalen" Drittgeschäften **29** 162; Abwendung des Rückforderungsanspruchs **29** 170; Ausgleichszahlungsanspruch **29** 172; Ausschüttungsverbot außerhalb offener Gewinnausschüttung **29** 164; Begriff **29** 158; – bei Beteiligung Dritter **29** 174; Bezüge des Geschäftsführer als Betriebsausgaben **Einl.** 73; Einpersonen-Gesellschaft **29** 171; Einzelfälle **29** 177; Fallgruppen **29** 163; fehlende betriebliche Veranlassung **29** 161; Fremdvergleich **Einl.** 75; Geschäftsführergehälter **Einl.** 73; **35** 99; gesellschaftsrechtliche Definition **29** 160; gewinnabhängige Tantiemen **Einl.** 74; Gleichbehandlungsgrundsatz **29** 164; hypothetischer Drittvergleich **29** 161; Leistungen, an den Gesellschafter **29** 175 (– eines Dritten **29** 5); Nebenleistungspflichten **3** 32; „Nur-Pension" **Einl.** 56; Pensionszusagen **Einl.** 75; rechtliche Behandlung **29** 164; Rechtsfolgen bei Fehlen von Zulässigkeitsvoraussetzungen **29** 166; Satzungsbestimmungen **29** 173; Steuerklauseln **Einl.** 106; steuerrechtliche Definition **29** 159; Tantiemen **Einl.** 56; Treuepflicht **13** 63; **29** 164; Veranlassung nur durch das Gesellschaftsverhältnis **29** 161; Verhältnis zu § 30 **30** 49; Vermeidung durch Steuerklauseln **Einl.** 106; Verstoß, gegen die Treuepflicht **29** 168 (– gegen den Gleichbehandlungsgrundsatz **29** 168; – gegen § 30 **29** 167); Wirksamkeit des schuldrechtlichen Geschäfts **29** 169; Zulässigkeitsvoraussetzungen **29** 164 f.; Zustimmung der Gesellschafter **29** 171

Verdeckte Sacheinlage, Abgrenzung zu Verwendungsabreden **19** 115; Abreden **56** 4 (–, die wirtschaftliche Erfüllung der Sacheinlage umfassen **19** 122); Altforderung **19** 144; Anmeldung zum Handelsregister bei Änderung **19** 166; Aufrechnung **19** 109; Aufrechnungsverbot **19** 128; Aufteilung eines einheitlichen Vorgangs in getrennte Geschäfte **19** 111; Ausnahmen von der Regelvermutung **19** 126; Berechtigung der Lehre von der verdeckten Sacheinlage **19** 114; Bereicherungsanspruch, des Gesellschafters **19** 163 (– des Gesellschafters **19** 130); Bericht bei Umwandlung einer Bar- in Sacheinlage **19** 165; Beteiligung Dritter **19** 149; Darlehensrückzahlungsanspruch des Gesellschafters **56** 4; Dienstvertrag mit einem Gesellschafter **19** 160 f.; Einbeziehung eines Hintermannes **19** 150; Einlagefähigkeit des verdeckt eingebrachten Gegenstandes **19** 148; Einräumung von Nutzungsrechten **19** 130; Einzelfälle **19** 140; Einzelheiten **19** 117 ff.; enger zeitlicher und sachlicher Zusammenhang **5** 48; **19** 124 f.; **56** 4; keine Erfüllung der Bareinlageverpflichtungen **19** 127; keine Erfüllungswirkung **19** 127; Erhöhung des Stammkapitals **55** 61; europarechtliche Aspekte **19** 114; falsche Angaben **82** 43, 59 (– bei Errichtung der Gesellschaft **9 a** 10); Grundsatz der realen Kapitalaufbringung **19** 117; Haftung, des beratenden Rechtsanwalts **19** 135 (– des Beraters **19** 113; – des bestätigenden Kreditinstituts **19** 133; – des beteiligten Kreditinstituts **19** 113; – des beurkundenden Notars **19** 135; – für falsche Angaben **9 a** 10); Halbeinkünfteverfahren **5** 48; Heilung **5** 51 ff.; **19** 162 ff., 169; **56** 4; Hin- und Herzahlen **19** 141; **56** 4; Kapitalerhöhung **56** 20, 30; Leistung auf Geheiß des Gesellschafters **19** 158; nachträgliche Änderung der Bareinzahlungsverpflichtung **5** 54; Näheverhältnisse **19** 151; Neuforderung **19** 147; Nichtigkeit des schuldrechtlichen Rechtsgeschäftes **19** 131 f.; „normale" Umsatzgeschäfte **19** 126; österreichisches Recht **19** 175; Pflicht zur Leistung der Einlageverbindlichkeit **19** 128; Prüfung des Heilungsvorganges durch das Registergericht **19** 167; Publizität **19** 118; Rechtsfolgen **5** 50; **19** 112, 127; Regelvermutung für Vorliegen einer Abrede **19** 124 f.; Registergericht **5** 48, 54; Sacheinlagegebot **19** 146; Sachgründungsbericht **19** 119; sachlicher und zeitlicher Zusammenhang **19** 123 ff.; Sachübernahme **19** 116; **56** 4; Schadensersatzanspruch der Gläubiger **19** 168; Schütt-aus-Hol-zurück-Verfahren **5** 48; **19** 145; **55** 60; Schuldbefreiung des Gesellschafters **19** 159; Schutzgesetze iSd. § 823 Abs. 2 BGB **19** 134; strafrechtliche Verantwortlichkeit **19** 134; Strafvorschriften **82** 43 f.; Subjektive Voraussetzungen **19** 122; Tatbestand **19** 121; Treuhänder **19** 150; Treuhand **19** 151; Umgehung der Sacheinlagevorschriften **19** 120; Umgehungsabsicht **19** 122; **56** 4; Umgehungsverbot **19** 120; Umwandlung der Bareinlage in eine Sacheinlage **19** 110; Verbot **19** 110; verdeckte, Forderungseinbringung **19** 143 (– gemischte Sacheinlage **19** 142); Vereinbarkeit mit EG-Recht **5** 49; Verjährung **19** 138 f.; Verknüpfungswille **5** 48; Verrechnung **19** 163 (– der Einlageforderung **56** 4); verschleierte Sachgründung **5** 48; Versicherungen der Geschäftsführer **19** 166; Vorteile des Gesellschafters **19** 157; wechselseitige Ansprüche **19** 136 f.; Wirksamkeit des dinglichen Rechtsgeschäfts **19** 129; zeitlich nur befristetes Nutzungsrecht **19** 148; Zeitpunkt der Abrede **19** 123; Zinsen **19** 128

Vereinbarungen, falsche Angaben **82** 1
Vereinfachte Kapitalherabsetzung, 58 e 1; Ablehnung des Eintrags **58 a** 29; Abspaltung **58 a** 1; **77 Anh.** 573; Amtspflichtverletzung **58 a** 18; Anfechtbarkeit des Kapitalherabsetzungsbeschlusses **58 a** 22; **58 b** 12; Anhang **58 c** 6; Anmeldung **58 a** 18; zu hohe Annahme von Wertminderungen und sonstigen Verlusten **58 c** 3; Anpassung, der Geschäftsanteile **58 a** 14 (– der Nennbeträge der Geschäftsanteile **58** 9); Auflösung von Rücklagen **58 a** 9; Aufstellung der Bilanz **58 c** 7; Ausgleich, eines Jahresfehlbetrags **58 b** 8 (– eines Verlustvortrags aus dem Vorjahr **58 b** 9; – sonstiger Verluste **58 a** 4; – von Wertminderungen **58 a** 3; **58 b** 3); Ausgliederung **58 a** 1; Ausweis der in die Kapitalrücklage eingestellten Beträge in Gewinn- und Verlustrechnung **58 b** 4; Barkapitalerhöhung

2789

Sachverzeichnis

Fette Zahlen = §§

58 a 16; Befriedigung der Gläubiger 58 d 11; Bemessung der Gewinnausschüttung 58 d 9; Beschlüsse 58 a 17; Beschluss über Kapitalherabsetzung 58 c 1; 58 e 1; Beschlussfassung über Feststellung des Jahresabschlusses in Verbindung mit Kapitalherabsetzung 58 e 6; Beschränkung der Gewinnausschüttung 58 d 8; keine Beschränkung gewinnabhängiger Zahlungen 58 d 10; Beseitigung einer Unterbilanz 58 6; Beträge aus Rücklagenauflösung und Kapitalherabsetzung 58 b 1; keine betragsmäßige Begrenzung 58 c 5; betroffene Bilanzposten bei Rückbeziehung der Kapitalherabsetzung 58 e 5; bilanzmäßige Sanierung 58 a 1; Bindung der Kapitalrücklage 58 b 6; Deckung sonstiger Verluste 58 a 1; 58 b 3; Dividendengarantie 58 d 7; drohende Verluste 58 a 5; Durchbrechung des Stichtagsprinzips 58 e 5; Durchführung 58 a 9; Einstellung, höherer Beträge in Kapitalrücklagen 58 b 12 (– von Beträgen in die Kapitalrücklage 58 a 6; – in die Kapital- und Gewinnrücklagen 58 d 4; – in die Kapitalrücklage 58 b 4); keine Einstellungsverpflichtung 58 d 4; Eintragung 58 a 18; Eintragungsfrist 58 a 19; erlaubte Verwendung 58 b 7; Erleichterung der Sanierung 58 e 1; Euro-Umstellung 86 30; fehlende Zweckangabe 58 a 23; fehlerhafte Anpassung der Geschäftsanteile 58 a 25; Feststellung, des Jahresabschlusses 58 e 3 (– des Verlustes 58 a 5); fiktive Bilanz 58 c 3; – nach Formwechsel 77 Anh. 131; Frist 58 a 18; Fristberechnung 58 e 9; Fristhemmung 58 a 20; 58 e 9; Fristversäumung 58 a 26; Geschäftsführer 58 a 15; Gesellschafterversammlung 58 a 9; Gewinnabführungsvertrag 58 d 7; gewinnabhängige Zahlungen an Dritte 58 d 7; Gewinnausschüttung 58 d 1; Gewinnausschüttungsverbot 58 d 2; Gewinn- und Verlustrechnung 58 c 6; Gewinnverwendungsbeschluss 58 a 9; Gewinnvortrag 58 a 7; Gläubigerschutz 58 b 1; 58 c 1; 58 d 1; 58 e 10; Gleichartigkeit von Geschäftsanteilen 58 a 14; Haftung, bei Verletzung von § 58 e 58 e 11 (– der Geschäftsführer 58 b 14; 58 c 8; 58 d 13; – der Gesellschafter 58 b 14; 58 c 8; 58 d 13; – des Aufsichtsrats 58 b 14; 58 c 8; 58 d 13; – des Registerrichters 58 e 8); Heilung, bei Verstoß gegen Einstellungsgebot 58 c 8 (– bei fehlerhafter Eintragung 58 a 18; – bei verbotswidriger Eintragungen 58 e 8); Herabsetzung des Stammkapitals unter den Mindestnennbetrag 58 a 16; Herabsetzungsbeschluss 58 a 10; Herabsetzungsbetrag 58 a 12; „Hilgers"-Entsch. 58 a 15; Höchstbetrag 58 a 12; Insolvenz 58 a 1; Kapitalerhöhung 58 a 8 (– aus Gesellschaftsmitteln 58 b 10); Kapitalherabsetzung bei gleichzeitiger Erhöhung des Stammkapitals 58 f 1; Kosten 58 a 30; Mängel 58 41 (– des Herabsetzungsbeschlusses 58 a 22); materielle Beschlußkontrolle 58 a 27 f.; Neufassung des Satzungswortlauts 58 a 21; Nichteintritt angenommener Verluste 58 c 1; Nichtigkeit der Beschlüsse 58 e 7 (– des Ausschüttungsbeschlusses 58 b 13; – des Gewinnverwendungsbeschlusses 58 d 13; – des Jahresabschlusses 58 b 11, 13; 58 c 8; – des Verwendungsbeschlusses 58 b 11); notarielle Beurkundung der Vereinigung von Geschäftsanteilen 58 a 14; österreichisches Recht 58 a 31; 58 b 16; 58 c 6, 10; 58 e 12; Offenlegung, der Einstellung in die Kapitalrücklage 58 c 6 (– des Jahresabschlusses 58 e 10); Prüfung durch das Registergericht 58 a 29; Rückbeziehung der Kapitalherabsetzung 58 e 4; sachliche Rechtfertigung des Herabsetzungsbeschlusses 58 a 27 f.; „Sachsenmilch"-Entsch. 58 a 27 f.; Sanierung 63 76; Satzungsänderung 58 a 10; Schutz künftiger Gesellschafter 58 e 10; Sicherstellung der Gläubiger 58 d 11; Spaltung unter Beteiligung einer AG oder KGaA 77 Anh. 616; Stichtag der Beschlussfassung 58 c 3; Stichtagsprinzip 58 e 5; Stimmpflicht der Gesellschafter 58 a 11; Treuepflicht 58 a 15; Umdeutung in ordentliche Kapitalherabsetzung 58 b 15; Umstellung auf Euro 86 30; Umwandlung der Gesellschaft 77 Anh. 131; Unterbilanz 58 a 4; Unterschiedsbetrag 58 c 3; unzulässige Verwendung gewonnener Beträge 58 b 13; Verbindung, mit Kapitalerhöhung 58 a 8 (– von Kapitalherabsetzung mit Kapitalerhöhung 58 a 16); Vereinigung von Geschäftsanteilen 58 a 14; kein Verlust 58 a 24; Verstoß, der Offenlegung der Bilanz 58 d 12 (– gegen das Einstellungsgebot 58 c 8; – gegen Offenlegungspflicht des Jahresabschlusses 58 d 12); Verteilung des Gewinnanteils 58 d 9; Verwendung, der in die Kapitalrücklage eingestellten Beträge 58 b 5 (– der Kapitalrücklage 58 c 9; – des Gewinnvortrags 58 a 9); Voraussetzungen 58 a 3 (– der Rückwirkung 58 e 3); Vorwegauflösung von Rücklagen 58 a 7; Wirkung der Eintragung 58 40; Zehn-Prozent-Grenze 58 b 5; zeitliche, Bindung 58 b 5 – Frist 58 c 4; – Grenze für das Verbot der Gewinnausschüttung 58 d 6); zulässige, Gewinnausschüttungen im Verbotszeitraum 58 d 7 (– Verwendung der gewonnenen Beträge 58 b 3); Zulässigkeit 58 a 3; Zusammenlegung zu gemeinschaftlichen Geschäftsanteilen 58 11; Zuständigkeit, für Auflösung von Rücklagen 58 a 9 (– für Einstellungen in die Kapitalrücklage 58 c 7; – zur Erklärung der Vereinigung von Geschäftsanteilen 58 a 15); Zweckangabe 58 a 14 f., Zwergbeteiligungen 58 a 14 f., Zwischenbilanz 58 a 29

Vereinigung, Beschluss der Gesellschafterversammlung 15 191; Bestimmungen 15 193; Geschäftsanteile 15 190; Gleichartigkeit von Geschäftsanteilen 58 a 14; notarielle Beurkundung 58 a 14; vereinfachte Kapitalherabsetzung 58 a 14; Zuständigkeit für Vereinigung 58 a 15; Volleinzahlung 15 192; Voraussetzungen 15 191

Vererblichkeit des Geschäftsanteils, *siehe Geschäftsanteil*

Verflechtung, zwischen Gesellschaften der GmbH & Co. KG **Einl.** 145

Magere Zahlen = Randnummern

Sachverzeichnis

Vergleich, Abwendungsvergleich 19 59; Auskunftserzwingungsverfahren **51 b** 8; Erstattungsanspruch gem. § 31 31 45 ff; Haftung der Geschäftsführer 43 37 f.; Insolvenzordnung 63 1; unterlassener Insolvenzantrag 84 22; Unwirksamkeit **9 b** 9; Verbot, bei Zahlungsunfähigkeit eines Gesellschafters 19 58 (– der Befreiung von der Einlageforderung 19 57); – über die Einlageforderung 19 57; Vertretung der Gesellschaft bei Abschluss 19 60

Vergleich bei Ersatzansprüchen, Ansprüche nach 9 a **9 b** 1; außergerichtlicher – **9 b** 7; Beginn der Verjährung **9 b** 13; Begriff **9 b** 6; Hemmung der Verjährung **9 b** 15; kurze Verjährungsfrist **9 b** 14; Lauf der Verjährung **9 b** 15; Unwirksamkeit **9 b** 9; Verjährungsfrist **9 b** 11; Verkürzung der Verjährungsfrist **9 b** 12

Verjährung, Ansprüche nach § 17 Abs. 2 KostO 10 30; Einlageanspruch 19 26 f.; Erstattungsanspruch, gemäß § 31 31 49 ff. (– gemäß § 31 bei GmbH & Co. KG 31 75); Gebühren bei Eintragung 10 30; Gewinnanspruch 29 156 f.; Gründungshaftung **9 b** 11; Haftung, der Geschäftsführer 43 61 (– gem. § 24 24 38; – von Geschäftsführern bei GmbH & Co. KG 43 66); Nachschusspflicht 26 33; Rückzahlung von Gewinn 32 21; verdeckte Sacheinlage 19 138 f.

Verletzung der Berichtspflicht, Abschlussprüfer **Vor 82–85** 49; Bestätigungsvermerk **Vor 82–85** 56; echtes Sonderdelikt **Vor 82–85** 48; Erteilung eines unrichtigen Bestätigungsvermerks **Vor 82–85** 53; Gegenstand der Tathandlung **Vor 82–85** 54; geschütztes Rechtsgut **Vor 82–85** 47; innerer Tatbestand **Vor 82–85** 58; Irrtum **Vor 82–85** 59; Kernsatz des Bestätigungsvermerks **Vor 82–85** 57; Prüfungsbericht **Vor 82–85** 53; Prüfungsgehilfe **Vor 82–85** 49; Qualifizierungsmerkmale **Vor 82–85** 60; Qualifizierungstatbestand **Vor 82–85** 61; Täterkreis **Vor 82–85** 48; Tatbeteiligung **Vor 82–85** 48; Tathandlungen **Vor 82–85** 50; unrichtige Berichterstattung **Vor 82–85** 51; Verschweigen erheblicher Umstände **Vor 82–85** 52

Verletzung der Geheimhaltungspflicht, abstraktes Gefährdungsdelikt **85** 4; Antragsberechtigte **85** 38; Antragsdelikte **85** 1; Anzeige bei Straftaten der Gesellschaft 16; Arbeitnehmer der Gesellschaft **85** 1; assoziierte Unternehmen **Vor 82–85** 69; Ausnutzen zu politischen Zwecken **85** 17; Aussagepflicht des Zeugen **85** 15; bedingter Vorsatz **85** 21; Beendigung **85** 33 (– der Funktionsstellung **85** 8); Beispiele, für Unternehmensgeheimnisse **85** 11 (– für wirtschaftliches Ausnutzen des Geheimnisses **85** 18); Bekundung des Willens zur Geheimhaltung **85** 19; Bereicherungsabsicht **85** 26 f.; Betriebs- oder Geschäftsgeheimnis **85** 9; Bilanzrichtlinien-Gesetz (BiRiLiG) **85** 3; echtes Sonderdelikt **Vor 82–85** 63; **85** 3; Eigenschaft, als Funktionsträger **85** 7 (– eines Geheimnisträgers **85** 7); Einschränkung des Antragsrechts **85** 1; Empfänger der Mitteilung **85** 12; Entstehungsgeschichte **85** 3; gegen Entgelt **85** 25; faktische Organstellung **85** 6; Geheimnis **Vor 82–85** 65; **85** 9; gemeinsam geführtes Unternehmen **Vor 82–85** 68; Geschäftsführer **85** 5; geschütztes Rechtsgut **85** 1; **Vor 82–85** 62, 65; gesellschaftsfremdes Interesse **85** 16; gesetzliches Gebot zum Offenbaren **85** 15; gewerblicher Zweck **85** 17; GmbH – Nov. 1980 **85** 3; ideeller Schaden **85** 28; Inkaufnehmen eines Vermögensschadens **85** 28; innerbetriebliches unbefugtes Offenbaren **85** 12; innerer Tatbestand **Vor 82–85** 70; **85** 21; Insider/Insidertatsache **85** 35; Interessen der GmbH **85** 1; Irrtum **Vor 82–85** 71; **85** 22; Jahresabschlüsse **85** 9; Kapitalgesellschaft **Vor 82–85** 66; Kenntnisnahme im Zusammenhang mit der Funktionsstellung **85** 7; Klageerzwingungsverfahren **85** 36; Konkurrenzen **85** 35 Landesverrat **85** 35; Liquidatoren **85** 5; Mitglieder des Aufsichtsrats **85** 5; Nachteil **85** 25; Normzweck **85** 1; österreichisches Recht **85** 43; Offenbaren eines Geheimnisses **85** 12; Offenbarungsrechte **85** 13; parlamentarischer Untersuchungsausschuss **85** 15; Privatklagedelikte **85** 36; Qualifizierungsmerkmale **Vor 82–85** 71; **85** 23; Qualifizierungstatbestand **Vor 82–85** 72; **85** 24; rechtfertigender Notstand **85** 16; Rechtfertigungsgrund **85** 14, 16; Rechtsfolgen **85** 36, 42; rechtswidriger Vermögensvorteil **85** 27; Rechtswidrigkeit **85** 20; Schädigungsabsicht **85** 28; Schutzbereich der Tatbestände **85** 1; Schutzgesetz iSd. § 823 Abs. 2 BGB **85** 1; Schweigepflichten eines bestimmten Personenkreises **85** 1; Spezialität **85** 35; Staatsanwaltschaft **85** 36; Staatsschutzdelikte **85** 35; Strafantrag **85** 37; Strafantragsberechtigte **85** 38; Strafantragsfrist **85** 39; Strafantragsrücknahme **85** 40; Strafverfahren **85** 15; Strafverfolgung **85** 36; Täterkreis **Vor 82–85** 63; **85** 5; Täterschaft **85** 34; Tatbeendigung **85** 29 (– bei unbefugtem Offenbaren **85** 32; – bei unbefugtem Verwerten **85** 33); Tatbeteiligung **Vor 82–85** 63; **85** 34; Tateinheit **85** 35; Tathandlungen **Vor 82–85** 64; **85** 4, 12; Tatmehrheit **85** 35; Tatvollendung **85** 29 (– bei unbefugtem Offenbaren **85** 30; – bei unbefugtem Verwerten **85** 31); Teilnahme **85** 34; Tochterunternehmen **Vor 82–85** 67; Unbefugtheit des Handelns **85** 13, 19; unbefugtes, Offenbaren eines Geheimnisses **85** 12 (– Verwerten eines Geheimnisses **85** 17); Unterlassen **85** 12; Unternehmensgeheimnisse **85** 8 ff.; Verbotsirrtum **85** 22; Verfahrenshindernis **85** 32; Verfahrenskosten **85** 40; Vergehen **85** 42; Verjährung **85** 41; Vermögensschaden **85** 28; Versuch **85** 29; Verwerten **85** 17; Vorsatz **85** 21; Wettbewerbsfähigkeit **85** 9; Wettbewerbsverbot **85** 19; wirtschaftliches Ausnutzen des Geheimnisses **85** 17; Wertpapierhandelsgesetz (WpHG) **85** 35; Zeugnis- oder Aussageverweigerungsrecht **85** 15; Zuständigkeit für Strafverfolgung

2791

Sachverzeichnis

Fette Zahlen = §§

85 36; Zustimmung 85 14; Zwecke, der Erpressung 85 17 (– der Gewinnerzielung 85 17)
Verlust, Anstiftung 84 64; Anzeigepflicht des Geschäftsführers 84 19; Art der Unterrichtung 84 21; Ausweis des Verlustvortrages 42 a **Anh. I** 251; Beihilfe 84 64; Beginn der Anzeigepflicht 84 18; Bilanzverlust 42 a **Anh. I** 253, 340; echte Sonderdelikte 84 9; Entfall der Anzeigepflicht 84 19; Erfordernis der Bilanzaufstellung 84 15 ff.; Fahrlässigkeit 84 52, 54; faktischer Geschäftsführer 84 11; Geschäftsführer 84 8; innerer Tatbestand des § 84 84 52; Irrtum 84 55; Liquidatoren 84 8; Mittäter 84 63; mittelbare Täter 84 63; Nichteintritt angenommener Verluste 58 c 1; Pflichtverletzung bei Verlust, Zahlungsunfähigkeit oder Überschuldung 84 1; Schutzgesetz iSd. § 823 Abs. 2 BGB 84 2; Stellvertreter, von Geschäftsführern 84 8 (– von Liquidatoren 84 8); Täter 84 8; Täterkreis 84 8; Täterschaft 84 63; Tatbeendigung 84 56, 59 f.; Tatvollendung 84 56 f.; Teilnahme 84 63; unterlassene Anzeige 84 13; Unzumutbarkeit der Anzeigepflicht 84 20; vereinfachte Kapitalherabsetzung 58 a 1; Vermögensverlust 84 14; Verzicht der Gesellschafter auf eine Anzeige 84 19; Versuch 84 62; Vorsatz 84 52; Zwischenverluste, im Konzern 42 a **Anh. II** 205 (– im Konzernabschluss 42 a **Anh. II** 198)
Verlustausgleich, Vorgesellschaft 11 71
Verlustdeckungshaftung, Ausnahme von der Binnenhaftung 11 99; Erlöschen 11 33, 104, 139
Verlustübernahme, Insolvenzverfahren 63 46; Überschuldung 63 46
Verlustübernahmepflicht, „Autokran"-Entsch. **Einl.** 55 f.; **52 Anh.** 31, 93, 99, 104; Geschäftsführung ohne Auftrag (GoA) **52 Anh.** 103; GmbH & Co. KG **52 Anh.** 105; herrschende Gesellschaft **52 Anh.** 91; Konzernrecht **52 Anh.** 91; qualifiziert faktischer Konzern **52 Anh.** 106; Rechtsprechung **52 Anh.** 92 ff.; Schrifttum **52 Anh.** 99 ff.; – unter Schwestergesellschaften **52 Anh.** 107; „TBB"-Entsch. **52 Anh.** 95, 99; „Tiefbau"-Entsch **52 Anh.** 94; „Video"-Entsch. **52 Anh.** 94, 99
Verlustvortrag, Ausweis bei Kapitalgesellschaften & Co. 42 a **Anh. I** 262; Bilanzierung 42 a **Anh. I** 251; Rechnungslegung 42 a **Anh. I** 251
Vermächtnis, Anmeldung nach § 16 **16** 19; Geschäftsanteil **15** 125
Vermögensbetreuungspflicht, faktischer Geschäftsführer **Vor 82–85** 12; faktischer Liquidator **Vor 82–85** 12; Geschäftsführer **Vor 82–85** 11; Gesellschafter **Vor 82–85** 13; Liquidator **Vor 82–85** 11; Mitglieder des Aufsichtsrats **Vor 82–85** 14; Untreue **Vor 82–85** 10
Vermögenslosigkeit, Beendigung der Gesellschaft 60 56; Begriff des Vermögens 60 34; Ermessensentscheidung 60 38; Löschung der Gesellschaft 13 9; 60 31; – ohne vorherige Auflösung 60 61; noch vorhandenes Vermögen 60 57
Vermögensteuer, Anwendung auf vor dem 1. 1. 1997 liegende Veranlagungszeiträume **Einl.** 91; Anwendungssperre **Einl.** 90; Befreiungen **Einl.** 92; Steuerart **Einl.** 88; Steuersatz **Einl.** 93; Verfassungsmäßigkeit **Einl.** 89; Vorgesellschaft **11** 161
Vermögensübertragung, Anteilstausch **77 Anh.** 683; Anwendung des § 613 a BGB **77 Anh.** 22; Auffangtatbestand **77 Anh.** 680; Auf- und Abspaltungsregeln **77 Anh.** 686; Ausgliederung **77 Anh.** 686; Gegenleistung **77 Anh.** 684; gesetzliche Regelung **77 Anh.** 30; – einer GmbH auf die öffentliche Hand **77 Anh.** 679; Regeln, der Spaltung **77 Anh.** 684 (– der Verschmelzung **77 Anh.** 685); Spaltungsregeln Steuerrecht **77 Anh.** 685 ff.; Teilübertragung **77 Anh.** 30, 679, 684, 686 Übertragungsbericht **77 Anh.** 682; Übertragungsvertrag **77 Anh.** 682; Vollübertragung **77 Anh.** 30, 679, 681, 685; Zustimmung aller Gesellschafter **77 Anh.** 682
Vermögensvermischung, Begriff **13** 141; Durchgriffshaftung **13** 141; keine Haftung wegen – **Einl.** 140; Subsidiarität **13** 141; Verschulden **13** 141
Vermögensverteilung, absprachegemäße – **72** 14; Anspruch der Gesellschafter **72** 2; Anspruchsgegenstand **72** 7; Anspruchsgläubiger **72** 3; Anspruchsschuldner **72** 6; Behandlung der Verbindlichkeiten **74** 6; andere Berechtigte **72** 4; Berichtigung von Ansprüchen **73** 16; Durchsetzung des Anspruchs **72** 10; eigene Geschäftsanteile **72** 5; Einzelansprüche der Gesellschafter **72** 15; Entstehung des Anspruchs **72** 2; Erfüllung des Anspruchs **72** 9; Fremdansprüche **72** 15; Gesellschaftsvertrag als Verteilungsmaßstab **72** 15; GmbH & Co. KG **72** 1; **73** 37 f.; Grundprinzip **73** 6; Haftung, der Gesellschafter **73** 33 (– der Liquidatoren **73** 26); Leistung, in anderen Vermögenswerten **72** 8 (– in Geld **72** 7); österreichisches Recht **72** 19, **73** 39; Realteilung **72 Anh.** 15; Recht der Gesellschafter **72** 2; Rückgabe geliehener Sachen **72** 7; Schadensersatzforderungen gegen Gesellschafter **72** 15; Schlussverteilung **72** 1; Sicherheitsleistung **73** 16 f.; Sperrjahr **73** 1 ff.; Steuerrecht **72** 16; Verhältnis der Geschäftsanteile **72** 12; Verjährung des Anspruchs **72** 11; Verteilungsmaßstab **72** 1, 12; Wirkung rechtmäßiger Verteilung **73** 24
Verpfändung, Anmeldung gem. § 16 **16** 22; Anzeige **15** 86 f.; Aufhebung **15** 94; Bedingung **15** 84; Befugnisse der Gesellschafters **15** 95 ff.; Einzahlungen auf die Stammeinlage **19** 170 f.; Erstattungsanspruch gemäß § 31 **31** 4; Form **15** 143; Geschäftsanteil **14** 42, 51; Gewinnanspruch **29** 32; Gewinnanteilsschein **29** 128; Güterrecht **15** 103; Inpfandnahme eigener Geschäftsanteile **33** 17; Nutzungspfandrecht **15** 97, 103; statutarische Vereinbarungen **15** 88; Teilung von Geschäftsanteilen **17** 51; Übertra-

Magere Zahlen = Randnummern

Sachverzeichnis

gung **15** 94; keine Übertragung von Mitgliedschaftsrechten **15** 91; Verpfändung eines Teils eines Geschäftsanteils **15** 85; Verwertung des Geschäftsanteils **15** 89; Zustimmung der Gesellschaft **15** 93; Zweck **15** 83
Verrechnungsvertrag, Zulässigkeit **19** 85
Verschleierte Sachgründung, *s. verdeckte Sacheinlage*
Verschmelzung, Abgrenzung **77 Anh.** 310; Ablehnung der Eintragung **77 Anh.** 373; Abschlussprüfer **77 Anh.** 324; Änderung des Verschmelzungsvertrages **77 Anh.** 328; AfA **77 Anh.** 425; AG oder KGaA mit GmbH (*s. auch dort*) **77 Anh.** 452; Anfechtbarkeit, des Verschmelzungsbeschlusses **77 Anh.** 361, 369 (– des Zustimmungsbeschlusses **77 Anh.** 325); Angabe, der Firma **77 Anh.** 327 (– des Namens **77 Anh.** 327; – des Sitzes **77 Anh.** 327); Angebot auf Barabfindung **77 Anh.** 326; Anmeldeverpflichtete **77 Anh.** 376; Anmeldung **77 Anh.** 376 (– der aufnehmenden Gesellschaft **77 Anh.** 383; – der Kapitalerhöhung **77 Anh.** 384; – der übertragenden Gesellschaft **77 Anh.** 381; – durch Geschäftsführer der übernehmenden Gesellschaft **77 Anh.** 377); Anpassung der Geschäftsgrundlage **77 Anh.** 395 (– zweier unabhängiger Vertragsverhältnisse **77 Anh.** 395); Ansprüche der übernehmenden Gesellschaft gegen die übertragende Gesellschaft **77 Anh.** 415; Anstellungsverträge der Geschäftsführer **77 Anh.** 399; Anwendbarkeit von Kapitalerhöhungsvorschriften **77 Anh.** 364; Anwendung, des § 9 c **9 c** 3 (– des § 13 Abs. 2 auf die Zustimmung **77 Anh.** 358; – des § 613 a BGB **77 Anh.** 22); Arbeitnehmer **77 Anh.** 325; Arbeitsverhältnis **77 Anh.** 394; keine Aufdeckung stiller Reserven **77 Anh.** 422; Aufhebung des Verschmelzungsvertrages **77 Anh.** 328; Aufnahme **77 Anh.** 310; – durch Aufnahme **77 Anh.** 312; aufschiebend bedingter Verschmelzungsvertrag **77 Anh.** 328; Aufsichtsrat **77 Anh.** 356, 399; Ausgleich durch bare Zuzahlung **77 Anh.** 375; Auskunftsrecht der Gesellschafter **77 Anh.** 350; ausländische Gesellschaft **77 Anh.** 18; Auslegung der Rechnungslegungsunterlagen der beteiligten Unternehmen **77 Anh.** 350; Ausschluss, der Klage für Gesellschafter der übertragenden Gesellschaft **77 Anh.** 375 (– des Erwerbs von Mitgliedschaftsrechten bei übernehmender Gesellschaft **77 Anh.** 402); Austrittsrecht aus wichtigem Grund **77 Anh.** 366; Auswirkung von Mängeln der Verschmelzung auf Wirkung der Eintragung **77 Anh.** 405; Barabfindung **77 Anh.** 422, 435; Barabfindungsangebot **77 Anh.** 345; bare Zuzahlung **77 Anh.** 316, 320, 364, 411, 424, 435; Begrenzung der Haftung des Verwaltungsträgers **77 Anh.** 411; Begriff **77 Anh.** 310; Begründung des Umtauschverhältnisses **77 Anh.** 335; Beifügung weiterer Unterlagen bei Kapitalerhöhung **77 Anh.** 385; Beirat **77 Anh.** 409; beizufügende Anlagen bei Anmeldung **77 Anh.** 381; Bekanntmachung **77 Anh.** 390; besondere Erfordernisse für Satzungsänderungen **77 Anh.** 353; besondere Vorteile, für Abschlussprüfer **77 Anh.** 324 (– für Organmitglieder der GmbH **77 Anh.** 324); besondere Vertreter für Geltendmachung der Schadensersatzansprüche **77 Anh.** 416; Bestellung des Verschmelzungsprüfers **77 Anh.** 344; Beteiligungen, an Kapitalgesellschaften **77 Anh.** 393 (– an Personenhandelsgesellschaften **77 Anh.** 393); Beteiligungskorrekturgewinn **77 Anh.** 423; nicht betriebsnotwendiges Vermögen **77 Anh.** 335; Betriebsrat **77 Anh.** 347 f.; Beurkundungspflicht **77 Anh.** 355; Bewertungsmethode **77 Anh.** 335; Bewertungsstichtag **77 Anh.** 320; Bewertungswahlrecht **77 Anh.** 420; Bilanzierung des Verschmelzungsmehrwertes **42 a Anh. I** 207; Börsenwert **77 Anh.** 320; Bundeskartellamt **77 Anh.** 24, 373; Dauerschuldverhältnis **77 Anh.** 406; Dienstbarkeit **77 Anh.** 393; Dienstvertrag **77 Anh.** 394; Differenzhaftung **77 Anh.** 385; Dividendengarantie **77 Anh.** 397; Doppelsitz **77 Anh.** 327; downstream-merger **77 Anh.** 423; Dreiviertelmehrheit der abgegebenen Stimmen **77 Anh.** 353; eigene Geschäftsanteile **33** 68 **77 Anh.** 317; einbringungsgeborener Anteil **77 Anh.** 432; – eingetragener Genossenschaft mit GmbH (*s. auch dort*) **77 Anh.** 480; einheitliche Geltendmachung der Schadensersatzansprüche **77 Anh.** 416; Einkommensteuer, des Gesellschafters der übertragenden GmbH **77 Anh.** 432; Eintragung **77 Anh.** 387 (– bei Erhöhung des Stammkapitals **77 Anh.** 389; – der Verschmelzung vor Eintragung der Kapitalerhöhung **77 Anh.** 391); Eintragungssperre **77 Anh.** 378; Entlastung des Verwaltungsträgers **77 Anh.** 410; entsprechende Anwendung der Vorschriften über die Verschmelzung durch Aufnahme **77 Anh.** 435; Entstehung des Schadens **77 Anh.** 413; Erbschaftsteuer **77 Anh.** 430; Erhöhung, des Kapitals bei Verschmelzung **77 Anh.** 423 (– des Stammkapitals **77 Anh.** 380); Erklärung, über Vorliegen der Zustimmungserfordernisse **77 Anh.** 379 (– zum Eintritt der Bedingungen **77 Anh.** 382); Erläuterung, der Bestimmungen des Verschmelzungsvertrages **77 Anh.** 334; (– der Verschmelzung als solcher **77 Anh.** 333); Erlöschen der übertragenden Gesellschaft **77 Anh.** 399; Ertragskraft **77 Anh.** 335; Ertragswertverfahren **77 Anh.** 320; Fassung des Verschmelzungsbeschlusses **77 Anh.** 352; fehlende Teilnahme des Aufsichtsrates **77 Anh.** 371; fehlende Zustimmung der Inhaber von Sonderrechten **77 Anh.** 370; Fiktion des Fortbestehens der übertragenden Gesellschaft **77 Anh.** 415; Firma **77 Anh.** 400 (– der übertragenden Gesellschaft **77 Anh.** 400); Folgen, der Verschmelzung für Arbeitnehmer und ihre Vertretungen **77 Anh.** 325 (– für die Beteiligung von Anteilsinhabern **77**

2793

Sachverzeichnis

Fette Zahlen = §§

Anh. 337); Fortführung der Firma der übertragenden Gesellschaft 77 Anh. 400; Fusion/ Fusionskontrolle 77 Anh. 24 (–, internationale 77 Anh. 18); Geltendmachung der Mängel 77 Anh. 373; – GmbH, mit AG oder KGaA 77 Anh. 471 (– mit eingetragener Genossenschaft 77 Anh. 480; – mit Partnerschaftsgesellschaft 77 Anh. 507; – mit Personenhandelsgesellschaft 77 Anh. 500; – mit rechtsfähigem Verein 77 Anh. 482; – mit Vermögen eines Alleingesellschafters 77 Anh. 513); *(s. jeweils auch dort)*; Genussrechte 77 Anh. 409; Gesamtrechtsnachfolge 77 Anh. 393; Geschäftsanteile 77 Anh. 365; Geschäftsführer 77 Anh. 313, 375, 399; Gesellschafterliste 77 Anh. 383; Gesellschafterversammlung 77 Anh. 356; gesetzliche Regelung 77 Anh. 28; gesetzliches Bezugsrecht 77 Anh. 364; Gewährung, eigener Anteile an Gesellschafter der übertragenden Gesellschaft 77 Anh. 423 (– von Rechten an einzelne Gesellschafter 77 Anh. 323); Gewerbeertragsteuer 77 Anh. 399, 429; gewerbesteuerlicher Verlustabzug 77 Anh. 429; Gewinnberechtigung 77 Anh. 321; Gläubigerschutz 77 Anh. 406; gleichzeitige Aufnahme mehrerer Gesellschaften 77 Anh. 312; Gliederung des verwendbaren Eigenkapitals 77 Anh. 426; GmbH-Nov. 1980 77 Anh. 311; Einl. 13; Grundbuchberichtigung 77 Anh. 393; Grunderwerbsteuer 77 Anh. 430; Haftung, der Geschäftsführer 77 Anh. 409 (– der Geschäftsführer der übertragenden Gesellschaft 77 Anh. 410; – des Aufsichtsrates 77 Anh. 409; – für falsche Angaben 9a 3); Handelsregisterakten 77 Anh. 403; Handlungsvollmacht 77 Anh. 399; Hauptfall der Umwandlung 77 Anh. 11; Heilung von Mängeln, der notariellen Beurkundung des Verschmelzungsvertrages 77 Anh. 404 (– der Zustimmungs- und Verzichtserklärungen 77 Anh. 404); Höhe der Barabfindung 77 Anh. 336; horizontale – 77 Anh. 319; Inhaber von Kleinstanteilen 77 Anh. 361; Innenverhältnis der beteiligten Gesellschaften 77 Anh. 322; Interessenausgleich 77 Anh. 394; Kapitalerhöhung 77 Anh. 317 f.; (– mit Sacheinlagen 77 Anh. 317); Kapitalerhöhungsbeschluss 77 Anh. 363; Kapitalisierungszinsfuß 77 Anh. 335; Kapitalzuschuss 77 Anh. 335; kartellrechtliche Entflechtung 77 Anh. 372; Klage, auf Verurteilung zur Anmeldung 77 Anh. 377 (– gegen Wirksamkeit des Verschmelzungsbeschlusses 77 Anh. 374); Körperschaftsteuer 77 Anh. 417; Konzentrationsmaßnahme 77 Anh. 311; Konzernverschmelzung 77 Anh. 329, 445; Kosten der Prüfung 77 Anh. 340; Kündigungsrecht der Beteiligten 77 Anh. 328; Liste der Übernehmer der neuen Stammeinlagen 77 Anh. 384; Löschung ohne Auflösung 60 62; Mängel 77 Anh. 367 (– der notariellen Beurkundung des Verschmelzungsvertrags 77 Anh. 405); Marktanteile 77 Anh. 24; materielle Kontrolle 77

Anh. 368; Mehrheit 77 Anh. 353; Minderheitenschutz 77 Anh. 354; Minderheitsgesellschafter 77 Anh. 337; Missbrauchsklausel 77 Anh. 424; Missbrauchsprüfung 77 Anh. 368; Mitbestimmung 77 Anh. 19; Mitwirkung der Arbeitnehmer 77 Anh. 19; – Muttergesellschaft auf Tochtergesellschaft 77 Anh. 428; namentliche Zuordnung 77 Anh. 316; natürliche Person 77 Anh. 513; Negativerklärung 77 Anh. 378; Nennbetrag des Geschäftsanteils 77 Anh. 316; neue Geschäftsanteile 77 Anh. 365; Neugründung 77 Anh. 310, 434; nicht voll eingezahlte Geschäftsanteile der übertragenden Gesellschaft 77 Anh. 398; Nichtigkeit des Verschmelzungsvertrages 77 Anh. 369; Nießbrauch 77 Anh. 393; notarielle Beurkundung des Verschmelzungsbetrages 77 Anh. 314; Offenlegung, des Verschmelzungsberichts 77 Anh. 346 (– des Verschmelzungsprüfungsberichtes 77 Anh. 346; – des Verschmelzungsvertrags 77 Anh. 346); Organgesellschaft 77 Anh. 425; – von Partnerschaftsgesellschaft mit GmbH *(s. auch dort)* 77 Anh. 498; Passivlegitimation nach Eintragung der Verschmelzung 77 Anh. 417; – von Personenhandelsgesellschaft mit GmbH *(s. auch dort)* 77 Anh. 483; Pflicht der Geschäftsführer zur Erstattung des Verschmelzungsberichtes 77 Anh. 332; privates Veräußerungsgeschäft 77 Anh. 432; Prokura 77 Anh. 399; Prokurist 77 Anh. 313; Prüfer 77 Anh. 90; Prüfung 77 Anh. 340; (– durch das Registergericht 77 Anh. 386); Prüfungsbericht 77 Anh. 326; Rationalisierungseffekte 77 Anh. 295; Rechte Dritter 77 Anh. 401; – eines rechtsfähigen Vereins mit GmbH *(s. auch dort)* 77 Anh. 482; Rechtsträger mit Sitz im Inland 77 Anh. 18; Rücktrittsrecht 77 Anh. 328; Sachgründungsbericht 77 Anh. 438; Sanierungsfusion 77 Anh. 312; Satzungsänderung 77 Anh. 400; Schaden, der übertragenden Gesellschaft 77 Anh. 412 (– des Gesellschafters der übertragenden Gesellschaft 77 Anh. 412; – des Gläubigers der übertragenden Gesellschaft 77 Anh. 412); Schadensersatzpflicht der Verwaltungsträger 77 Anh. 409; Schlussbilanz der übertragenden Gesellschaft 77 Anh. 381; schuldrechtliche Abreden 77 Anh. 327; Schutz der Inhaber von Sonderrechten 77 Anh. 409; schwebende Prozesse 77 Anh. 399; Schwestergesellschaft 77 Anh. 319; Schwierigkeiten bei der Bewertung 77 Anh. 335; Sicherheitsleistung 77 Anh. 406; sonstige, Angaben 77 Anh. 327 (– Vertragsverhältnisse 77 Anh. 395); Sorgfaltspflicht, bei Abschluss des Verschmelzungsvertrages 77 Anh. 411 (– bei Prüfung der Vermögenslage 77 Anh. 411); Spaltung 77 Anh. 13; Spekulationsgeschäft iSd. § 23 EStG 77 Anh. 432; Spitzenausgleich 77 Anh. 422, 433; Spruchstellenverfahren 77 Anh. 326, 368; Stellungnahme zur Plausibilität des vorgeschlagenen Umtauschverhältnisses 77 Anh. 345; steuerliche, Rückwirkung 77

Magere Zahlen = Randnummern

Anh. 419 (– Schlussbilanz **77 Anh.** 381, 419); steuerlicher Übertragungsstichtag **77 Anh.** 419); steuerneutrale – **77 Anh.** 418; Steuerrecht **77 Anh.** 418; stille Gesellschaft **77 Anh.** 393; stille Reserven **77 Anh.** 432; stimmrechtslose Geschäftsanteile **77 Anh.** 362; Stimmverbot **77 Anh.** 354; Substanzwert **77 Anh.** 320; Synergieeffekt **77 Anh.** 320; Testamentsvollstreckung **77 Anh.** 401; Titelumschreibung **77 Anh.** 399; Tochtergesellschaft **77 Anh.** 428; Übernahme der Firma **77 Anh.** 400; Übernahmefolgegewinn **77 Anh.** 424; Übernahmegewinn **77 Anh.** 423 (– der aufnehmenden Gesellschaft **77 Anh.** 423); Übertragung des Vermögens gegen Gewährung von Geschäftsanteilen **77 Anh.** 315; Übertragungsgewinn der übertragenden Gesellschaft **77 Anh.** 421; Umsatzsteuer **77 Anh.** 430; Umtauschverhältnis **77 Anh.** 335 (– der Geschäftsanteile **77 Anh.** 320); Umwandlungskosten **77 Anh.** 431; Umwandlungsverfahren **77 Anh.** 32; Unternehmensbewertung **77 Anh.** 320; unternehmensschädliche Angaben **77 Anh.** 339; Unternehmensverträge **77 Anh.** 397; untersagtes Verschmelzungsvorhaben **77 Anh.** 372; Unwirksamkeit, der Eintragung **77 Anh.** 391 (– der Verschmelzung **77 Anh.** 405); unzulässige Kapitalerhöhung **77 Anh.** 318; up-streammerger **77 Anh.** 423; Verbindlichkeiten der übertragenden Gesellschaft **77 Anh.** 396; verbotswidrig, abgeschlossener Verschmelzungsvertrag **77 Anh.** 313, 371 (– vollzogener Zusammenschluss **77 Anh.** 372); Verbundeffekt **77 Anh.** 320; verbundene Unternehmen **77 Anh.** 338; verdeckte Anteilsinhaberschaft **77 Anh.** 318, 366; vergleichenden Bewertung **77 Anh.** 335; Verjährung von Schadensersatzansprüchen **77 Anh.** 414; Verlustabzug **77 Anh.** 425; Verlustmantel **77 Anh.** 425; Vermögen im Ausland **77 Anh.** 393; Vermögensübertragung **77 Anh.** 16; keine Verschmelzung **77 Anh.** 310; verschmelzende Umwandlung **77 Anh.** 10; Verschmelzung, durch Aufnahme **77 Anh.** 312 (– durch Neugründung (*s. auch dort*) **77 Anh.** 434; – über die Grenze **77 Anh.** 310); Verschmelzungsbericht **77 Anh.** 330; Verschmelzungsbeschluss **77 Anh.** 351; Verschmelzungsbilanz **77 Anh.** 320; Verschmelzungsprüfer **77 Anh.** 326, 340; Verschmelzungsprüfung **77 Anh.** 340 (– nur auf Antrag **77 Anh.** 343; – ohne Antrag **77 Anh.** 342); Verschmelzungsprüfungsbericht **77 Anh.** 345; Verschmelzungsstichtag **77 Anh.** 322; Verschmelzungsverlust **77 Anh.** 408; Verschmelzungsvertrag **77 Anh.** 313 ff., 324, 370; Verstoß gegen Reihenfolge der Eintragung **77 Anh.** 391; Vertragsverhältnis **77 Anh.** 395; Verwässerungsschutz **77 Anh.** 409; verwendbares Eigenkapital **77 Anh.** 426; Verzicht, auf Prüfungsbericht **77 Anh.** 326 (– auf Verschmelzungsbericht **77 Anh.** 331; – auf Verschmelzungsprüfung **77**

Sachverzeichnis

Anh. 340, 341); Vetorecht **77 Anh.** 361; voll eingezahlte Geschäftsanteile der übertragenden Gesellschaft **77 Anh.** 317; vollständiger Wortlaut des Gesellschaftsvertrages mit notarieller Bescheinigung **77 Anh.** 384; vollwertige Abfindung **77 Anh.** 326; vom Bundeskartellamt untersagtes Verschmelzungsvorhaben **77 Anh.** 372; – von eingetragener Genossenschaft mit GmbH **77 Anh.** 480; – von GmbH, mit einer AG oder KGaA **77 Anh.** 471 (– mit eingetragener Genossenschaft **77 Anh.** 480; – mit Personenhandelsgesellschaft **77 Anh.** 500; – mit rechtsfähigem Verein **77 Anh.** 482); – von Personenhandelsgesellschaft mit GmbH **77 Anh.** 483; – von rechtsfähigem Verein mit GmbH **77 Anh.** 482; (*s. jeweils auch dort*); Vorlage früherer Jahresabschlüsse **77 Anh.** 385; Vorkaufsrecht **77 Anh.** 393; Vorzugsgeschäftsanteile **77 Anh.** 409; Wahlrecht **77 Anh.** 408; wechselseitige Beteiligung **77 Anh.** 427; Wegfall der Geschäftsgrundlage **77 Anh.** 395; Weisung der Gesellschafter **77 Anh.** 410; Wertansätze der übernehmenden Gesellschaft **77 Anh.** 408; Wertverknüpfung **77 Anh.** 420; Widerspruch **77 Anh.** 326; Widerspruchsrecht **77 Anh.** 394; Wirkung der Eintragung **77 Anh.** 388, 391; zukünftige Verschmelzung **77 Anh.** 328; Zusammenschlußkontrolle **77 Anh.** 24; Zustimmung, von Gesellschaftern mit Nebenpflichten **77 Anh.** 360 (– der Inhaber von Sonderrechten **77 Anh.** 359; – der Inhaber stimmrechtsloser Geschäftsanteile **77 Anh.** 362; – der Inhaber von Minderheitsrechten **77 Anh.** 359); Zustimmungsbeschlüsse zum Verschmelzungsvertrag **77 Anh.** 351; Zustimmungserfordernisse bei nicht voll eingezahlten Geschäftsanteilen **77 Anh.** 357; Zweck des Verschmelzungsberichtes **77 Anh.** 333

Verschmelzung – Aktiengesellschaft oder KGaA mit einer GmbH, Abfindung **77 Anh.** 469; Aktienrückerwerbsprogramm **77 Anh.** 458; Aufsichtsrat **77 Anh.** 460; Auslegung von Unterlagen in der Hauptversammlung **77 Anh.** 457; auszulegende Unterlagen **77 Anh.** 456; Barabfindungsangebot **77 Anh.** 459; Bekanntmachung **77 Anh.** 455; Besteuerung **77 Anh.** 464; Dreiviertelmehrheit **77 Anh.** 458; Einlagen der persönlich haftenden Gesellschafter **77 Anh.** 469; Erläuterung der Unterlagen **77 Anh.** 457; Gesellschafterliste **77 Anh.** 461; Hauptversammlung **77 Anh.** 457; Mehrheitsentscheidung **77 Anh.** 467; mitbestimmte GmbH **77 Anh.** 460; Nachhaftung der persönlich haftenden Gesellschafter **77 Anh.** 468; Prüfung der Verschmelzung **77 Anh.** 455; Registergericht **77 Anh.** 455; Schadensersatzpflicht der Verwaltungsträger **77 Anh.** 463; Sonderbeschluss **77 Anh.** 458; Steuerpflicht **77 Anh.** 469; Umtausch von Aktien gegen Geschäftsanteile **77 Anh.** 462; unbekannte Aktionäre **77 Anh.** 455, 461; Verschmelzung, einer AG mit

Sachverzeichnis

Fette Zahlen = §§

einer GmbH durch Aufnahme **77 Anh.** 455 (– einer AG mit einer GmbH durch Neugründung **77 Anh.** 465; – einer KGaA mit einer GmbH **77 Anh.** 466; – einer KGaA mit einer GmbH durch Neugründung **77 Anh.** 470); Verschmelzungsbeschluss **77 Anh.** 458; Verschmelzungsvertrag **77 Anh.** 455; Verzicht auf Prüfung **77 Anh.** 455; Vorzugsaktionäre ohne Stimmrecht **77 Anh.** 458; Zusammenlegung von Aktien **77 Anh.** 462; Zustimmung der persönlich haftenden Gesellschafter **77 Anh.** 467; Zwischenbilanz **77 Anh.** 456

Verschmelzung – GmbH mit einer AG oder KGaA, Aufsichtsrat **77 Anh.** 477; bare Zuzahlungen **77 Anh.** 475; Bekanntmachung **77 Anh.** 477; Besteuerung **77 Anh.** 478; Betriebsaufspaltung **77 Anh.** 478; Erleichterung **77 Anh.** 476; Gründungsbericht **77 Anh.** 477; Gründungsprüfung **77 Anh.** 477; Kapitalerhöhung **77 Anh.** 474; Konzernverschmelzung **77 Anh.** 476; mitbestimmter Aufsichtsrat **77 Anh.** 477; Nachgründung **77 Anh.** 473; Prüfung der Sacheinlagen **77 Anh.** 474; Reihenfolge der Eintragungen **77 Anh.** 474; Spruchverfahren **77 Anh.** 476; Treuhänder **77 Anh.** 475; Verschmelzung, GmbH mit AG durch Aufnahme **77 Anh.** 472 (– GmbH mit AG durch Neugründung **77 Anh.** 477; – GmbH mit KGaA durch Aufnahme **77 Anh.** 479; – GmbH mit KGaA durch Neugründung **77 Anh.** 479); Verschmelzungsvertrag **77 Anh.** 473; zu gewährende Aktien **77 Anh.** 475

Verschmelzung – GmbH mit eingetragener Genossenschaft und eingetragene Genossenschaft mit GmbH, – von Genossenschaften untereinander **77 Anh.** 481 f.; Mischschmelzungen **77 Anh.** 481 f.; Verschmelzungen genossenschaftlicher Prüfverbände **77 Anh.** 481 f.

Verschmelzung – GmbH mit Partnerschaftsgesellschaft, Anmeldung **77 Anh.** 512; Durchführung der Verschmelzung **77 Anh.** 508 f.; Freiberufler **77 Anh.** 511; Verschmelzungsbericht **77 Anh.** 510; Verschmelzungsbeschluss **77 Anh.** 510

Verschmelzung – GmbH mit Personenhandelsgesellschaft, aufgelöste Personenhandelsgesellschaft **77 Anh.** 501; Austritt **77 Anh.** 503; Firma **77 Anh.** 504; persönlich haftender Gesellschafter **77 Anh.** 403; Steuerrecht **77 Anh.** 506; Verschmelzung, durch Aufnahme **77 Anh.** 501 (– durch Neugründung **77 Anh.** 505); Verschmelzungsvertrag **77 Anh.** 502; Widerspruch eines persönlich haftenden Gesellschafters **77 Anh.** 503

Verschmelzung – GmbH mit dem Vermögen eines Alleingesellschafters, Durchführung der Verschmelzung **77 Anh.** 514; Eintragung in das Handelsregister **77 Anh.** 516; Eintragungspflicht **77 Anh.** 517; Einzelkaufmann **77 Anh.** 517; Firma **77 Anh.** 517 (– der GmbH **77 Anh.** 517); Fortführung der Firma **77 Anh.** 517; Steuerrecht **77 Anh.** 518; Verschmelzung durch Aufnahme **77 Anh.** 514; Verschmelzungsbericht **77 Anh.** 515; Verschmelzungsbeschluss der übertragenden Gesellschaft **77 Anh.** 515; Verschmelzungsprüfung **77 Anh.** 515

Verschmelzung – mehrerer GmbH's, siehe *Verschmelzung*

Verschmelzung – Partnerschaftsgesellschaft mit GmbH, Durchführung der Verschmelzung **77 Anh.** 499; Eintragung ins Partnerschaftsregister **77 Anh.** 499; Verschmelzungsbericht **77 Anh.** 499; Verschmelzungsbeschluss **77 Anh.** 499

Verschmelzung – Personenhandelsgesellschaft mit GmbH, Ablehnung einer Eintragung **77 Anh.** 485; Anmeldung **77 Anh.** 493; aufgelöste Personenhandelsgesellschaft **77 Anh.** 484; Auswahl der Prüfer **77 Anh.** 491; Bestimmtheitsgrundsatz **77 Anh.** 492; Dreiviertelmehrheit der abgegebenen Stimmen **77 Anh.** 492; Einstimmigkeit **77 Anh.** 492; Konzernverschmelzung **77 Anh.** 487; Mehrheitsentscheidung **77 Anh.** 492; Nachhaftung der persönlich haftenden Gesellschafter **77 Anh.** 495; Schadensersatzpflicht des Beirats **77 Anh.** 494; Steuerrecht **77 Anh.** 497; Umtausch der Anteile **77 Anh.** 487; Verschmelzung, durch Aufnahme **77 Anh.** 486 (– durch Neugründung **77 Anh.** 496); Verschmelzungsbericht **77 Anh.** 489; Verschmelzungsprüfung **77 Anh.** 490; Verschmelzungsvertrag **77 Anh.** 489; Zustimmungsbeschluss **77 Anh.** 492

Verschmelzung durch Neugründung, Anmeldeverpflichtete **77 Anh.** 442; Anmeldung **77 Anh.** 442; Aufsichtsrat **77 Anh.** 440; Besteuerung **77 Anh.** 444; Eintragung **77 Anh.** 443; entsprechende Anwendung der Vorschriften über die Verschmelzung durch Aufnahme **77 Anh.** 435; Geschäftsführer **77 Anh.** 442; Gründung neuer Gesellschaft **77 Anh.** 436; Gründungsaufwand **77 Anh.** 437; Gründungsvorschrift **77 Anh.** 437; Mängel **77 Anh.** 441; mitbestimmter Aufsichtsrat **77 Anh.** 440; Sacheinlage **77 Anh.** 437; Sachgründungsbericht **77 Anh.** 438; Sachübernahmen **77 Anh.** 437; Sondervorteil **77 Anh.** 437; Verschmelzungsvertrag **77 Anh.** 436; Zustimmung der Gesellschafter **77 Anh.** 439

Verschmelzungsvertrag, Abschluss, durch Geschäftsführer **77 Anh.** 313 (– durch Prokurist **77 Anh.** 313); Änderung, des Verschmelzungsvertrages **77 Anh.** 328; Anfechtbarkeit **77 Anh.** 369 (– des Zustimmungsbeschlusses **77 Anh.** 325); Angabe, der Firma **77 Anh.** 327 (– des Namens **77 Anh.** 327; – des Sitzes **77 Anh.** 327); Angebot auf Barabfindung **77 Anh.** 326; Aufhebung des Verschmelzungsvertrages **77 Anh.** 314, 330; aufschiebend bedingter Verschmelzungsvertrag **77 Anh.** 328; bare Zuzahlung **77 Anh.** 316; Be-

Magere Zahlen = Randnummern

Sachverzeichnis

urkundung **2** 43; Doppelsitz **77 Anh.** 327; fehlende notarielle Beurkundung **77 Anh.** 369; fehlerhaftes Abfindungsangebot **77 Anh.** 369; Folgen der Verschmelzung für Arbeitnehmer und ihre Vertretungen **77 Anh.** 325; Geschäftswert **77 Anh.** 314; Gewinnberechtigung **77 Anh.** 321; Heilung fehlender Beurkundung **77 Anh.** 369; Konzernverschmelzung **77 Anh.** 329; Kündigungsrecht der Beteiligten **77 Anh.** 328; namentliche Zuordnung **77 Anh.** 316; Nennbetrag des Geschäftsanteils **77 Anh.** 316; Nichtigkeit **77 Anh.** 369; notarielle Beurkundung **77 Anh.** 314; Prüfungsbericht **77 Anh.** 326; Rücktrittsrecht **77 Anh.** 328; schuldrechtliche Abreden **77 Anh.** 327; sonstige Angaben **77 Anh.** 327; Spruchstellenverfahren **77 Anh.** 326, 370; Übertragung des Vermögens gegen Gewährung von Geschäftsanteilen **77 Anh.** 315; Umtauschverhältnis, zu niedrige Bemessung **77 Anh.** 369; verbotswidrig abgeschlossener **77 Anh.** 372; Verschmelzungsprüfer **77 Anh.** 326; Verschmelzungssatzung **77 Anh.** 322; Vertretungsbefugnis **37** 51; Verzicht auf Prüfungsbericht **77 Anh.** 326; vollwertige Abfindung **77 Anh.** 326; Vorteile, für Abschlussprüfer **77 Anh.** 324 (– für Organmitglieder der GmbH **77 Anh.** 324); Vorvertrag **77 Anh.** 314; Widerspruch **77 Anh.** 326; zukünftige Verschmelzung **77 Anh.** 328; Zustimmung der Gesellschaftsversammlung **77 Anh.** 314; Zustimmungsbeschlüsse **77 Anh.** 351

Verschulden bei Vertragsverhandlungen, s. culpa in contrahendo

Versicherungen, D & O-Policen **43** 6; **Einl.** 256

„Versicherungen" gem. § 8 Abs. 2, Abs. 3, Ausschlussgründe für Geschäftsführer **8** 23; Bareinlagen **8** 20; Belehrung bei Anmeldung **8** 25; Berufsverbot **8** 24; Einbeziehung in die Anmeldung **8** 17; Einpersonen-Gründung **8** 22; Geschäftsführer **8** 15; Haftung **8** 18; Liquidator **67** 6; Mindestleistung auf Einlagen **8** 19; Nachweise **8** 19; persönliche Abgabe **8** 15; Prüfung durch Registergericht **8** 19; registergerichtliche Prüfung **9 c** 29; Sacheinlagen **8** 21; Schadensersatz **8** 18; Sicherungen **8** 22; Strafsanktion **8** 18; Verbindlichkeiten **8** 20; verfahrensrechtliche Erklärung **8** 16; Wechsel des Geschäftsführers zwischen Anmeldung und Eintragung **8** 16

„Versicherungen", weitere; Anmeldung der Kapitalerhöhung **57** 6, 8; falsche Angaben **82** 68; falsche Angaben über freie Verfügung **82** 41; Form bei Kapitalerhöhung **57** 10; freie Verfügung gegen Geschäftsführer **57** 6; Kapitalherabsetzung **58** 35; der Liquidatoren **66** 20; **67** 6; Mindesteinlagen **57** 6; Täter der Abgabe unrichtiger Versicherungen **82** 70; Zweigniederlassung **59** 1

Versicherungsunternehmen, eigenkapitalersetzende Gesellschafterdarlehen **32 a** 137; Konzernrechnungslegungspflicht **42 a Anh. II** 88

Verträge über Sacheinlagen, Anmeldung **8** 7

Vertragsstatut, Gesellschaftsstatut **Einl.** 329; Stimmrechtsbindungsverträge **47** 37

Vertragsstrafe, Anrechnung auf Verzugszinsen **20** 23; beschränkte Nachschusspflicht **28** 7; Herabsetzung **20** 25; Inhalt **20** 24; Stammeinlage **20** 22; Verbot der Beeinträchtigung der Einforderung **19** 34; Verzugszinsen **20** 22

Vertretung, Abänderung der gesetzlichen Vertretungsverhältnisse **35** 53; – durch andere Gesellschaftsorgane **36** 6; Änderung, der Vertretungsbefugnis **39** 5 (– des Anstellungsvertrages **35** 19, 54); Angabe der Vertretungsbefugnisse bei Anmeldung **8** 28; aktive Vertretung **35** 40; andere Gesellschaftsorgane **35** 13; andere Organe **35** 13; – bei Anmeldung der Gesellschaft **7** 8; Anmeldung der Kapitalerhöhung **57** 8; Anmeldungen **78** 10 f., 13; Anstellungsvertrag des Geschäftsführers **35** 17 f.; **46** 25; Arbeitsdirektor **35** 39, 51; Arten der Vertretung **35** 50; Aufsichtsrat **52** 14; **Einl.** 254 (– nach BetrVG 1952 **Einl.** 290); außenwirksame Zustimmungserfordernisse **37** 49; Ausübung der Gesamtvertretung **35** 41; Begriff **35** 6; Beherrschungsvertrag **37** 51; beschlussfassende Mehrheit **35** 22; beschränkte – **12** 26; Beschränkung der Vertretungsmacht **35** 47 ff. (– nach MitbestErgG **37** 50; – nach MitbestG 1976 **37** 50); Bestellung, von Geschäftsführern **35** 68 ff. (– eines Notgeschäftsführers **35** 76); – des Geschäftsführers bei Anmeldung **39** 7; echte Gesamtvertretung **35** 43, 57; Einpersonen-Gesellschafter-Geschäftsführer **35** 32; einseitige Erklärungen von Gesamtvertretern **35** 46; Eintragung bei Veränderung Vertretungsverhältnisse **39** 5; Einzelvertretungsbefugnis **35** 40, 44; Eltern als Gesellschafter **53** 44; erleichterte Ausübung der Gesamtvertretung **35** 45; Erweiterung der Vertretungsmacht, bei der Vor-GmbH & Co. **11** 172 (– in der Vorgesellschaft **11** 87); faktischer Geschäftsführer **35** 8; Form **35** 23; Geschäftsführer der Vor-GmbH **37** 46; gemeinsame Vertretung **35** 21; gemischte Gesamtvertretung **35** 43, 59; **47** 49; Genehmigung des Vormundschaftsgerichts **55** 28; Generalvollmacht **35** 9; – vor Gericht **35** 10; Gesamtvertreter/Gesamtvertretung **35** 23, 40 ff. (– bei GmbH & Co. KG **70** 24); Geschäftsführung in der GmbH & Co. KG **70** 56; Geschäftsführungsbefugnis **37** 2; – der Gesellschaft bei Bestellung von Geschäftsführern **46** 23; – der Gesellschaft durch Aufsichtsrat **52** 14; Gesellschafterversammlung **48** 10; Gesellschaft gegenüber Geschäftsführern **35** 20; gesetzliche Vertretung bei der Gesellschafterversammlung **48** 8; gesetzliche Vertretungsregeln **35** 40; getrennte Willenserklärungen **35** 42; Grenzen der Vertretungsmacht **37** 47 f.; Gewinnabführungsvertrag **37** 51; Gruppenvertretung **47** 48; halbseitige Vertretung **35** 50; GmbH & Co. KG **35** 111 f.; **70** 23; In-Sich-Geschäfte **35** 26 ff.; Irrtumszurechnung **35** 67; Kennen **35**

2797

Sachverzeichnis

Fette Zahlen = §§

63 ff.; Kennenmüssen **35** 63 ff.; Kollusion **37** 54; Kündigung des Anstellungsvertrages **38** 43; Liquidator **35** 8; **68** 2; **70** 4; – minderjähriger Kinder **53** 44; Missbrauch der Vertretungsmacht **37** 54 f., **70** 6; Mitbestimmungsergänzungsgesetz (MitbestErgG) **37** 50; Mitbestimmungsgesetz 1976 (MitbestG 1976) **35** 39; **37** 50; Montanmitbestimmungsgesetz (Montan-MitbestG) **35** 39; Nichtdiskrimminierungsprinzip **35** 51; Nichtigkeitsklage **35** 21; **75** 8; Notgeschäftsführer **6** 35; **35** 25; obligatorische – **47** 49; österreichisches Recht **36** 7; **37** 58; Offenkundigkeit **36** 2; organschaftliche Einzelvertretungsbefugnis **35** 45, 54; organschaftliche – **35** 8; passive Vertretungsbefugnis **35** 49, 62; Prozeßvertretung **35** 11; RA-GmbH **1** 39; – des RA-GmbH-Gesellschafters bei Stimmabgabe **1** 32; Realakte **35** 8; Rechtsfolgen des Missbrauchs der Vertretungsmacht **37** 54; Rechtsgeschäfte, mit anderen Organen **37** 53 (– mit Mitgeschäftsführern **37** 53); rechtsschäftliche Vertretung bei der Gesellschafterversammlung **48** 8; Rechtsstreitigkeiten bei Abberufung des Geschäftsführers **38** 28, 30; Satzungsänderung **53** 24; Scheingeschäftsführer **35** 8; Selbstkontrahieren **35** 26 ff.; stellvertretende Geschäftsführer **44** 1, 4; Stimmabgabe **47** 43; stimmrechtsspaltende Vertretung **47** 48; Teil der Geschäftsführung **35** 7; Teilung von Geschäftsanteilen **17** 22; Umfang, der Einzelvertretungsbefugnis **35** 45 (– der Vertretungsmacht der Geschäftsführer **37** 46; – der Vertretungsmacht in der Vorgesellschaft **11** 85); unbeschränkte Vertretungsmacht **70** 5 (– bei GmbH & Co. KG **70** 23); unechte, Gesamtvertretung **35** 56 (– Prokura **35** 61); Unzulässigkeit **35** 52; Verbot des In-Sich-Geschäfts **35** 47; Verschmelzungsvertrag **37** 51; Verteilung von Vertretungskompetenzen **35** 51; – bei der GmbH u. Co. KG **35** 111; – bei Vorhandensein mehrerer Geschäftsführer **35** 39; Vertretungsbefugnis **52** 49; Vertretungsmacht, bei der Vor-GmbH & Co. **11** 172 (– bei Handelndenhaftung **11** 116; – bei Nachtragsliquidation **74** 25; – bei Geschäftsführer in der Vorgesellschaft **11** 83; – des Geschäftsführers nach MitbestG 1976 **Einl.** 265; – des Liquidators **66** 3, 19, **68** 1 ff.; – des unechten Prokuristen **35** 58); Vertretungsorgan in der Vorgesellschaft **11** 84; Vertretungszuständigkeit bei einstweiligem Rechtsschutz **38** 29; Vollmacht zur Abgabe der Übernahmeerklärung **55** 38; Vorhandensein, eines Geschäftsführers **35** 6 (– mehrerer Geschäftsführer **35** 39); wechsel- und scheckrechtliche Erklärungen **36** 3; Wegfall des Geschäftsführers **35** 25; Wegfall/Verhinderung von Geschäftsführern **35** 60; Widerruf der Einzelvertretungsbefugnis **35** 48; widersprechende Erklärungen **36** 5; widersprüchliches Verhalten bei Einzelvertretungsbefugnis **35** 54; Wirkung **36** 1 ff.; Wissenszurechnung **35** 63 ff.; Zurechnung von Erklärungen **36** 2; Zweigniederlassung **12** 26

Vertretungsbefugnis, Aufsichtsrat **52** 49; Beendigung **46** 46; Einschränkung gegenüber Dritten **37** 1; Eintragung in das Handelsregister **10** 11 f.; faktischer Geschäftsführer **35** 8; In-Sich-Geschäfte **35** 26 ff.; Liquidator **68** 2; organschaftliche – **46** 47; passive – **35** 49, 62; Scheingeschäftsführer **35** 8; Umfang **35** 45

Verwaltungssitz, Verlegung in das Ausland **Einl.** 336; Verlegung in das Inland **Einl.** 337

Verwässerungsschutz, – beim Formwechsel **77 Anh.** 135; – bei Kapitalerhöhung **55** 34, 54

Verwertung, – eingezogener Geschäftsanteile **34** 53 f.; Liquidationsvermögen **70** 15; Verkauf des Vermögens bei Liquidation **70** 20

Verzicht, Anmeldung der Kapitalerhöhung **57** 28; Anspruch aus § 64 Abs. 1 iVm. § 823 Abs. 2 BGB **64** 51; Auskunftserzwingungsverfahren **51 b** 8; Bilanzierung der Forderungsverzichts **42 a Anh. I** 242; Erlöschen des Gewinnanspruchs **29** 26; gesellschafterbesicherte Darlehen **32 a** 188; – auf Gewinn **29** 113, 117 (– ohne Zweckbestimmung **29** 118; – zugunsten der Minderheitsgesellschafter **29** 119); Haftung, der Geschäftsführer **43** 37 f. (– Geschäftsführer bei Insolvenz **64** 36; – gem. § 24 **24** 36); Klage gegen Wirksamkeit des Umwandlungsbeschlusses **77 Anh.** 110; Nachschusspflicht **26** 37; Prüfung der Verschmelzung **77 Anh.** 455; Prüfungsbericht, bei Umwandlung **77 Anh.** 91 (– bei Verschmelzung **77 Anh.** 326); Rangrücktrittsvereinbarung bei Eigenkapitalersatz **63** 64; Schadensersatzansprüche gegen Liquidatoren **73** 36; Umwandlungsbericht **77 Anh.** 43; Unwirksamkeit **9 b** 9; Verschmelzungsbericht **77 Anh.** 331; Verschmelzungsprüfung **77 Anh.** 342

Verzicht auf Ersatzansprüche, Anspruch nach § 9 a **9 b** 1; Beginn der Verjährung **9 b** 13; Begriff **9 b** 5; einseitiger – **9 b** 1; Gründungshaftung **9 b** 1; Hemmung der Verjährung **9 b** 15; Lauf der Verjährung **9 b** 15; Notwendigkeit eines Gesellschafterbeschlusses **9 b** 4; Unterbrechung der Verjährung **9 b** 15; Unwirksamkeit **9 b** 9; Verjährungsfrist **9 b** 11; Verkürzung der Verjährungsfrist **9 b** 12

Verzugszinsen, Anforderung durch die Geschäftsführung **20** 10; Annahmeverzug der Gesellschaft **20** 16; Anrechnung der Vertragsstrafen **20** 23; Anwendungsbereich **20** 1; Art der Anforderung **20** 11; Aufrechnung **20** 28; Bareinlage **20** 1; Bekanntmachung in Veröffentlichungsblättern **20** 12; Beschluss der Gesellschafterversammlung **20** 8; Beschlussmängel **20** 14; beschränkte Nachschusspflicht **28** 7; besondere – **20** 26; Einforderung, der Einzahlung **20** 5 f. (– der Mindesteinlage **20** 5; – der Stammeinlage **20** 2; – einlagegleicher Ansprüche **20** 5); Einforderungsbeschluss **20** 6; Einwendungen der Gesellschafter **20** 13; Erfüllungseinwand **20** 16; Erlaß **20** 28; Ersatz des Verzugsschadens **20** 21; fehlende Anforderung **20** 16; fehlender Beschluss **20** 15; Einzahlungsfrist **20** 17; Form **20** 11; Geschäftsführer

2798

Magere Zahlen = Randnummern

20 5; Gesellschaftsvertrag 20 9, 12, 22; gesetzlicher Zins 20 19; Gleichbehandlungsgrundsatz 20 30; Herabsetzung der Vertragsstrafe 20 25; Inhalt des Gesellschafterbeschlusses 20 8; Insolvenz 20 7; Kaduzierung 20 27; Liquidation 20 7; nichtiger Beschluss 20 15; österreichisches Recht 20 32; Rechtsfolgen nicht rechtzeitiger Zahlungen 20 18; Schuldner 20 20; statutarische, Regelung 20 9 (– Vorgaben zur Anforderung 20 12; – festgelegte Rechtsfolgen 20 22); Stundung 20 28; Verbot der Beeinträchtigung der Einforderung 19 34; Verschulden 20 19, 22; Vertragsstrafe 20 24; Verwendung 20 31; weitere Rechtsfolgen 20 21; Zahlung „nicht zur rechten Zeit" 20 17; Zinssatz 20 19; zwingendes Recht 20 2

vGA, *s. verdeckte Gewinnausschüttung*

„Video"-Entsch., Einl. 55; **52 Anh.** 94, 96, 98 f.

Vinkulierung; – bei Erbfolge 15 116; Geschäftsanteil 15 161; Grenzen der Zulässigkeit 15 164 ff.; Kapitalerhöhung 55 7; Namensaktien 77 **Anh.** 130, 173; Nebenleistungspflichten 3 44 f.; Satzungsänderung 53 26; schwebende Unwirksamkeit 15 187; Treuepflichten 3 44 f.; Übertragung vinkulierter Anteile 47 73; – bei Umwandlung einer AG in GmbH 77 **Anh.** 170; – bei Umwandlung in AG 77 **Anh.** 170; Verhinderung von Abhängigkeitsentstehung 52 **Anh.** 32; Versagung der Genehmigung 15 180 f.; Willkür 15 182; Zustimmungserfordernisse 15 172 ff.

Volkseigene Wirtschaftseinheiten, *s. GmbH „im Aufbau"*

Vollausschüttungsprinzip, Fortgeltung 29 3

Vollmacht, Abschluss des Gesellschaftsvertrages 2 50; Form 2 54; Heilung von Formmängeln 2 57; Widerruf 2 55

Vorabgewinnausschüttung 29 98

Vorauszahlungen, – bei Kapitalerhöhung 56 a 6

Vorbelastungsbilanz, Abschlussprüfung **42 a** 16; Ansatz und Bewertung 41 102; Aufstellungsfrist 41 107; Bewertung 11 28 (– der Vermögensgegenstände 41 103); Differenzhaftungs- oder Kapitalaufbringungsbilanz 41 100; eigenkapitalersetzende Gesellschafterdarlehen **32 a** 261; Ertragswertverfahren 41 105; Vorbelastungshaftung 11 28; wertaufhellende Tatsachen 41 104; wertbeeinflussende Tatsachen 41 104; Zuständigkeit für die Aufstellung 41 106; Zweck 41 101

Vorbelastungshaftung, *s. auch Vorgesellschaft;* Bargründungen 11 29; Beweislast 11 28; Bewertung des Vermögens der Vor-GmbH 11 28; Bilanzierung des Vermögens der Vor-GmbH 11 28; Differenzhaftung bei Sacheinlagen 11 31; Differenzhaftungs- oder Kapitalaufbringungsbilanz 41 100; eigene Anteile 33 6; Gründungsaufwand 5 70; Haftung der Gesellschafter 11 14; Leistungen auf das neue Stammkapital 56 a 5; Richterrecht 11 28;

Sachverzeichnis

Sachgründungen 11 30; Übergangsfragen 11 26; Umfang 11 28; Verhältnis zur Differenzhaftung 9 12; Verjährung 11 28; voller Verlustausgleich 11 28; Vorbelastungsbilanz 41 100 ff.; Vorbelastungsverbot 11 27; Vorgesellschaft 11 14, 26, 137, 175; wertmäßig vollständige Aufbringung der Einlagen 11 27; Wertminderungen zwischen Anmeldung und Eintragung 11 30; Wirkungen der Eintragung 11 32

Vorbelastungsverbot, allgemeine Differenzhaftung 11 14; Anmeldung der Kapitalerhöhung 57 7; Aufgabe durch die Rechtsprechung 11 14, 27; Beschränkung auf notwendige Geschäfte 11 27; Rechtsentwicklung 11 17; Unterbilanzhaftung 11 14; Vorbelastungshaftung 11 14

Vorgesellschaft, Abgrenzung zur Vorgründungsgesellschaft 11 7; Abstimmung 47 15; Abwicklung 11 65, 68; Änderung des Gesellschaftsvertrages 11 42, 62; aktive Parteifähigkeit 11 81; Aktivlegitimation 11 81; allgemeine Differenzhaftung 11 26; analoge Anwendung der §§ 30, 31 AktG 11 53 (– des GmbH-Rechts 11 69); Anwendung der §§ 730 ff. BGB 11 71; Anspruch auf Mitwirkung eines Gründers 11 40; Ansprüche aus Gründungshaftung **9 a** 32; anwendbare Vorschriften bei Abwicklung 11 69; unanwendbares Recht 11 13, 20; Anwendung des Mitbestimmungsrechts bei Eintragung 11 52, 57 f.; Aufgabe der – 11 6; Auflösung 2 67; 11 42, 65 (– der Einpersonen-Vorgesellschaft 2 5 f.; 11 151); Auflösungserklärung 2 67; Auflösungsgründe 11 66; Auflösungsklage analog § 61 2 67; Aufnahme des Geschäftsbetriebs 11 25; aufschiebende Bedingung des Entstehens der GmbH 11 90; Aufsichtsrat 11 47; **52** 23, 24 (–, Bestellung nach Eintragung 11 49); kein Aufsichtsrat 11 55; Ausgliederung 77 **Anh.** 590 (– aus Vermögen eines Einzelkaufmanns 77 **Anh.** 666); Ausnahme von der Binnenhaftung der Gesellschafter für Verbindlichkeiten der Vor-GmbH 11 99; Ausscheiden eines Gesellschafters 11 63 f.; Ausschluss des Gesellschafters 11 63; Außenhaftung 11 96, 98; Außenrecht 11 21, 73; Bankkonto 11 78; Beginn der Körperschaftsteuerpflicht 11 156; **Einl.** 72; Begriff 11 4, 6; Beitritt eines Gesellschafters 11 63; beschränkte Rechtsfähigkeit 11 74, 82; Beschränkung, auf notwendige Geschäfte 11 27 (– der Handelndenhaftung 11 126); Betrieb eines Handelsgewerbes 11 78; Betriebsverfassungsgesetz 1952 (BetrVG 1952) 11 51; Beurkundungsgebühren 11 29; BGB-Gesellschaft 11 19; Buchführungspflicht 41 42; Deliktsfähigkeit 11 105; Differenzhaftung 9 7; 11 16; Eigentumserwerb 11 80; Einbringung eines kaufmännischen Einzelunternehmens 11 24; Einpersonen-Vorgesellschaft 11 99, 141; Eintragungskosten 11 27; Eintragungsverbot 11 14; Einziehung von Geschäftsanteilen 11 63; Entstehung 11 1; Erlöschen, der Handelndenhaftung 11 140 (– der Verlustdeckungshaftung

Sachverzeichnis

Fette Zahlen = §§

11 104, 139; – von Verbindlichkeiten aus dem Gründungsstadium **11** 138); Errichtung **Vor 1** 6 (– ohne Aufsichtsrat **11** 54); Erweiterung, der Vertretungsmacht **11** 87 (– des Zwecks **11** 37); fakultativer Aufsichtsrat **11** 48, 56; fehlerhafte – **2** 65; **11** 72; Firma **4** 70; **11** 75; Firmenrechtsfähigkeit **11** 75 ff.; Firmenzusätze **4** 70; Formkaufmann **11** 76, 78; – beim Formwechsel **77 Anh.** 275; Fortdauer von Mängeln **2** 67; gemeinnützige Wohnungsgesellschaften **11** 50; gesamthänderische Personenvereinigung **11** 73; Gesamthandsvermögen **11** 32, 60; Geschäfte unter der aufschiebenden Bedingung des Entstehens **11** 90; Geschäftsführer **6** 3; **11** 44, 58, 83 ff. (– als Vertretungsorgan der Vorgesellschaft **11** 84; –, Haftung für Lohnsteuerschulden **11** 165; –, Liquidatoren **11** 70; –, Sorgfaltspflichtverletzungen **11** 46); Geschäftsführerkonto **11** 80; Geschäftsführung **11** 44; Geschäftsführungsbefugnis **11** 45; Gesellschafter, einer Co. KG **11** 167 (– einer Personengesellschaft **11** 80; –, Haftung für Lohnsteuerschulden **11** 165); Gesellschafterbeschlüsse **11** 42; Gesellschaftergesamtheit **11** 43; Gesellschafterwechsel **11** 63; Gesellschaftsvermögen **11** 59; Gesellschaftsvertrag **11** 35; Gesellschaftszweck **11** 36; Gewerbesteuer **11** 162; GmbH, „im Aufbau" **11** 179 (– in Anwartschaft **11** 4); GmbH – Novelle 1980 im österreichischen Recht **11** 188; Gründerhaftung **11** 16; Gründerpflichten **11** 36, 39; Gründerrechte **11** 36; Gründungsgeschäfte **11** 5; Gründungshaftung **9 a** 33; Gründungskosten **11** 29; Grundbuch **7** 36; Grundbuchfähigkeit **11** 80; Grunderwerbsteuer **11** 163; Grundlagen **11** 4; Haftung, der Gesellschafter **11** 91 (– der Gründungsgesellschafter **11** 92; – für Altschulden eines eingebrachten Handelsgeschäftes **11** 103; – nach § 179 Abs. 1 BGB **11** 124); Haftungsbeschränkungen der Gesellschafter **11** 102; Haftungsfragen **11** 16; Haftungsmodelle der Verlustdeckungshaftung **11** 94; Handeln im Namen der Vor-GmbH **11** 89; Handelndenhaftung (s. auch dort) **11** 1, 16, 34, 106 ff.; Handlungsbevollmächtigte **11** 77; Handwerksrolle **8** 10; Hauptprobleme **11** 9, 12; Hauptzweck **11** 36; Identität mit GmbH **11** 15, 32, 159; Innenrecht **11** 21, 35; Insolvenz eines Gesellschafters **11** 67; Insolvenzfähigkeit **11** 81; **63**, 19; juristische Person **11** 13; Kaduzierung **11** 63; Kapitalanlagegesellschaften **11** 50; Kapitalherabsetzung **11** 63; Kaufmannseigenschaft **11** 76; Körperschaftsteuer **11** 153; – als Komplementär **11** 169; Kontofähigkeit **11** 80; Konzessionssystem **11** 2; Liquidation **11** 65, 12; Liquidatoren **11** 70; Literatur **11** 17; Lohnsteuer **11** 165; Montanmitbestimmungsgesetz (Montan-MitbestG) **11** 51; Montanmitbestimmungsergänzungsgesetz (Montan-MitbestErgG) **11** 51; Mehrheitserfordernis bei Gesellschafterbeschlüssen **47** 15; Mitberechtigung am Geschäftsanteil **18** 4; MitbestG 1976 **11** 51; Mitbestimmungsgesetze **11** 51 f.; Mitbestimmungsrecht **11** 47 ff.; Nachschusspflicht **11** 71; Namensrechtsfähigkeit **11** 75 ff.; Normativsystem **11** 2; oberstes Organ in der – **11** 43; obligatorischer Aufsichtsrat **11** 50; österreichisches Recht **11** 186 f.; Organisationsrecht **11** 41; passive Parteifähigkeit **11** 81; Passivlegitimation **11** 81; persönliche Haftung, der Gesellschafter **11** 93 (– und gesamtschuldnerische Haftung **11** 16); Prokuristen **11** 77; Recht, der BGB-Gesellschaft **11** 18 (– des nichtrechtsfähigen Vereins **11** 18); Rechtsanwendungsprobleme **11** 10; nicht rechtsfähiger Verein **11** 19; Rechtsfähigkeit **11** 73; Rechtsgeschäfte **11** 90; Rechtsnatur **11** 18 f.; Rechtsprechung, Entwicklung **11** 11; Rechtsscheinhaftung **11** 85, 88; Rechtsverkehr **11** 79; Richterrecht **11** 3; Sacheinlagen **11** 30; Sachgründungen **11** 38; Satzungsänderung **53** 66; Scheckfähigkeit **11** 80; schuldrechtliche Verträge **11** 80; Sinn und Zweck des Gründungsstadiums **11** 21; Solidarhaftung der Mitgesellschafter **24** 2; Sondervermögen eigener Art **11** 61; sonstige Rechte an beweglichen Sachen und Grundstücken **11** 80; sonstige Steuern **11** 160; Sorgfaltspflichtverletzungen der Geschäftsführer **11** 46; Steuern **11** 152 (– bei der unechten Vorgesellschaft **11** 158); steuerrechtliche Identität mit GmbH **11** 159; Stimmverbot **47** 53; strafrechtliche Vorschriften **11** 21; Teilrechtsfähigkeit **11** 73; Tod eines Gesellschafters **11** 67; Übereignung der Gegenstände der Sacheinlage **7** 36; Übergang, der Rechte und Pflichten auf die GmbH **11** 15, 133, 135 (– der Verbindlichkeiten auf GmbH **11** 15, 136); Umfang, der Vertretungsmacht **11** 85 (– der Vorbelastungshaftung **11** 28); Umsatzsteuer **11** 164; Umwandlung **77 Anh.** 17; unbeschränkte, Außenhaftung der Gesellschafter **11** 96 ff. (– Haftung der Gründer **11** 33); unechte – **11** 8, 22; Unterbilanzhaftung **11** 14; Untreue **Vor 82–85** 27; Unversehrtheitsgrundsatz **11** 14; Veräußerung von Geschäftsanteilen **15** 14; Verhältnis zu anderen Haftungsgrundlagen **11** 124; Verlustausgleichspflicht **11** 71; Verlustdeckungshaftung **11** 16, 33; Vermögensteuer **11** 161; Vermögensmängel **2** 67; Vertretungsmacht, bei Bargründungen **11** 86 (– bei Sachgründungen **11** 86; – der Geschäftsführer **11** 83); Vertretungsorgan **11** 84; voller Verlustausgleich **11** 28; in Vollzug gesetzte – **2** 66; Voraussetzungen, der Körperschaftsteuerpflicht **11** 155 (– der unbeschränkten Haftung der Gesellschafter **11** 101); Vorbelastungshaftung **11** 26, 137; Vorbelastungsverbot **11** 14, 27; Vorbereitungsgeschäfte **2** 66; Vor-GmbH & Co. **11** 166 ff.; Vorgründungsgesellschaft **11** 7; Wechselfähigkeit **11** 80; werdende juristische Person **11** 13, 73; wertmäßig vollständige Aufbringung der Einlagen **11** 27; Wirkung der Eintragung **11** 32, 132; Zivilprozeß **11** 81; Zusatz „in Gründung" **4** 70; **11** 75 ff.; Zustimmung aller Gesellschafter **11** 62; Zweck **11** 36

Vor-GmbH, *siehe Vorgesellschaft*

Magere Zahlen = Randnummern

Sachverzeichnis

Vor-GmbH & Co. KG, Beitritt der Vor-GmbH als Komplementär **11** 169; Entstehung **11** 166; Erlöschen der Handelndenhaftung **11** 178; Ermächtigung des Geschäftsführers **11** 172; Erweiterung der Vertretungsmacht **11** 172; fehlende Ermächtigung der Vor-GmbH **11** 173; GbR mbH **11** 170; Geschäftsführer **11** 172; Grundfälle **11** 169; Insolvenzantragspflicht der Geschäftsführer **64** 7; Haftungsfragen **11** 174; Handelndenhaftung **11** 168, 176; Handelndenhaftung für KG-Verbindlichkeiten **11** 177; Handelsgewerbe **11** 170; kleingewerbliche KG **11** 171; „Soll-Kommanditgesellschaft" **11** 162; uneingeschränkte Haftung der Kommanditisten **11** 170; vermögensverwaltende KG **11** 171; Vertretungsmacht **11** 172 (– des Geschäftsführers **37** 46); Vorbelastungshaftung **11** 175; Vor-GmbH **11** 169 (– als Komplementär **11** 166)

Vorgründungsgesellschaft, Abgrenzung **Vor** 1 7; anwendbare Vorschriften **2** 88; Aufnahme der Geschäftstätigkeit **2** 87; Beginn der Körperschaftsteuerpflicht **Einl.** 72; Begriff **11** 7; Buchführungspflicht **41** 42; Entstehung **2** 87; Form **2** 85; Gesamthandsvermögen **2** 87; Gründung **2** 84; Handelndenhaftung **11** 109, 119; Inhalt des Vorvertrages **2** 86; Insolvenzantragspflicht der Geschäftsführer **64** 7; Insolvenzfähigkeit **63** 19; Internationales Privatrecht **Einl.** 321; Körperschaftsteuer **11** 154, 156; Liquidation **2** 87; Satzungsänderung **53** 66; Steuerpflicht **11** 156; Steuerrecht **11** 154; Übergang des Vermögens **2** 87; Verbindlichkeiten **2** 87; Vollmacht **2** 85; Vorgesellschaft **11** 7; – als Vorstufe der GmbH **2** 87; Vorvertrag **2** 87

Vorlagepflicht, Bericht des Aufsichtsrats **42 a** 5; Durchsetzung **42 a** 12; Ergebnisverwendungsvorschlag **42 a** 2; Eröffnungsbilanz **42 a** 3

Vorläufiger Insolvenzverwalter, beratende Funktion **63** 89; Erhaltung des Vermögens **63** 90; Fortführung des Unternehmens **63** 90; Insolvenzverfahren **63** 85; Prüfung der Deckung der Massekosten **63** 91; Sachverständigenaufgaben **63** 91; Sicherung des Vermögens **63** 90; Verfügungsbefugnis **63** 90; Verwaltungsbefugnis **63** 90

Vormann, Haftung gem. § 24 **24** 12 f.

Vormund, GmbH **13** 15

Vormundschaft, Geschäftsanteile **15** 113; Veräußerung **15** 113; Vertreter nach § 18 **18** 14

Vormundschaftsgericht, Genehmigung bei Gründung einer GmbH **2** 16; Genehmigung der Gründungsteilnahme bei Betreuten **2** 17; Genehmigung der Teilnahme an Gründung **2** 15; **8** 3

Vorratsgründung, s. auch Mantelgründung; Anwendung des § 9 c **9 c** 33; Auflösung **60** 6; Nichtigkeitsklage **75** 17; registergerichtliche Prüfung **9 c** 33; Zulässigkeit **60** 6

Vorvertrag, Form **2** 85; notwendiger Inhalt **2** 86; Umwandlung Personenhandelsgesellschaft in GmbH **2** 86; Vollmacht zum Abschluss des Vorvertrages **2** 85; Vorgründungsgesellschaft **2** 87

Vorzugsgeschäftsanteile, Gesellschaftsvertrag **3** 50

Vorzugsrechte, Erhöhung des Stammkapitals **55** 16; Gesellschaftsvertrag **3** 50; Kapitalerhöhung aus Gesellschaftsmitteln **57 m** 3

Weisungen der Gesellschafter, Existenzgefährdung **43** 71; Existenzvernichtung **43** 72; Haftung **43** 68; – gegenüber Liquidatoren **70** 3; – gegenüber Liquidatoren bei GmbH & Co. KG **70** 24; – bei Umwandlung **77 Anh.** 138; Verschmelzung **77 Anh.** 410

„Werbeagentur"-Entsch., 3 36

Wertaufholung, Abschlussprüfer **29** 95; Alt-Gesellschaften (Nov. 1980) **29** 2; Anlagevermögen **29** 90; Aufsichtsrat **29** 96; außerplanmäßige Abschreibung **29** 90; Eigenkapitalanteil **29** 90; Geschäftsführer **29** 95; Gesellschafterversammlung **29** 95; Jahresabschluss **29** 89; keine Pflicht zur Bildung von Wertaufholungen **29** 97; Prüfungsrecht des Aufsichtsrates **29** 96; Sonderposten mit Rücklagenanteil **29** 93; Umlaufvermögen **29** 91; Vollausschüttungsprinzip des § 29 Abs. 1 aF **29** 97; Wertaufholungsrücklage **29** 97; Zuständigkeit **29** 94; Zustimmung des Aufsichtsrats **29** 94

Wettbewerbsverbot, Dispens **29** 110, **52 Anh.** 33; Einpersonengesellschaft **13** 88; Eintrittsrecht der Gesellschaft **13** 86; Gesellschafter **13** 88; **29** 177; Gesellschafterhaftung **43** 67; Grundlage **13** 89; Haftung, der Geschäftsführer **43** 19; Herleitung **13** 89; Konzerneingangskontrolle **13** 89; Konzernrecht **52 Anh.** 38 f.; nachmitgliedschaftliches – **13** 90; nachträgliches – **35** 106; Nebenleistungspflichten **3** 32, 36; Satzungsänderung **53** 19; Treuepflicht **13** 62, 87; verdeckte Gewinnausschüttung **29** 177; Zulässigkeit der Befreiung **52 Anh.** 34; Zurechnungsdurchgriff **13** 155; Zwangseinziehung **34** 30 ff.

Wirkungsstatut, Formvorschriften **Einl.** 322

Wirtschaftliches Eigentum, des Leasinggebers **42 a Anh. I** 41; des Leasingnehmers **42 a Anh. I** 42; Passivierung **42 a Anh. I** 25

Wirtschaftsberatungsgesellschaft, Firma **4** 53

Wirtschaftseinheiten, volkseigene, s. GmbH „im Aufbau"

Wirtschaftsprüfer, Abschlussprüfung **29** 55; Bußgeldvorschriften **Vor 82–85** 73 ff.; Kapitalerhöhung aus Gesellschaftsmitteln **57 e–57 g** 6; taugliche Abschlussprüfer **29** 55

Wirtschaftsprüfungsgesellschaft, Abschlussprüfer **42 a** 21; Abschlussprüfung **42 a** 21; **42 a Anh. II** 344; Firma **4** 53; Gesellschafter in RA-GmbH **1** 30; Gesellschaftszweck **1** 13; Insolvenzverwalter **63** 109; Kapitalerhöhung aus Gesellschaftsmitteln **57 e–57 g** 6; Mindesteinzahlungsbetrag **7** 20; Satzungsänderung **54** 10; Stammkapital **5** 10; taugliche Abschlussprüfer **29** 55; Zweigniederlassungen **12** 27

2801

Sachverzeichnis

Fette Zahlen = §§

Wissenszurechnung, Kennen, Kennenmüssen 35 63 ff.; Vertretung 35 63 ff.

Zahlungsunfähigkeit, Abgrenzung zu Zahlungsstockung und Zahlungsunwilligkeit 63 25; alte Rechtslage 63 24; andauernde Unfähigkeit zur Erfüllung 84 33; andauerndes Unvermögen zur Zahlung 84 29; Anerkenntnisurteil 63 28; Anstiftung 84 64; Antragspflicht **Vor 82–85** 29; Beihilfe 84 64; Begriff 63 21; 84 24; drohende – 63 32; echte Sonderdelikte 84 9; Eintritt 84 28; Erstattungsanspruch gemäß § 31 31 27; faktischer Geschäftsführer 84 10 f.; fällige, Geldschulden 84 26 (– Zahlungspflichten 84 32); Fahrlässigkeit 84 53 f.; Finanzplan 63 32; Geldmangel 84 28; Geschäftsführer 84 8; Gesellschaftskrise 32 a 37; Handlungspflicht nach § 64 Abs. 1 84 43; Inhalt 63 21; – nach Inkrafttreten der InsO 84 31; – vor Inkrafttreten der InsO 84 25; innerer Tatbestand 84 53; Insolvenz der Komplementär-GmbH 63 149; Insolvenzantragspflicht 64 1, 7 f. (– der KG 63 153); Insolvenzordnung (InsO) 84 23; Insolvenzverfahren 63 21; Irrtum 84 55; Liquidatoren 84 8; Methode zur Bestimmung 84 30; Mittäter 84 63; mittelbare Täter 84 63; Nichterbringung sonstiger Leistungen 63 22; Pflicht der Liquidatoren zur Antragstellung 70 11; Pflichtverletzung bei Verlust, Zahlungsunfähigkeit oder Überschuldung 84 1; Prognosezeitraum 63 32; prognostisches Element 63 26; Schiedsspruch 63 28; schuldhaftes Zögern 84 44; Schutzgesetze iSd § 823 Abs. 2 BGB 84 2; sofort zu erfüllende Geldschuld 84 26; Stellvertreter, von Geschäftsführern 84 8 (– von Liquidatoren 84 8); Strafvorschriften **Vor 82–85** 29 ff.; Täter 84 8; Täterkreis 84 8; Täterschaft 84 63; Tatbeendigung 84 56, 59, 61; Tatvollendung 84 56, 58; Teilnahme 84 63; titulierte Forderung 84 43; Überschuldung 84 3; unterlassener Insolvenzantrag 84 22; Unzumutbarkeit der Anzeigeerstattung 84 50; Urteil, rechtskräftiges 63 28 (– nicht rechtskräftiges 63 29); Versäumnisurteil 63 29; Versuch 84 62; Vorbehaltsurteil im Urkundenprozess 63 29; Vorsatz 84 53; Verbindlichkeiten gegenüber Gesellschaftern 63 31; wesentlicher Teil der Verbindlichkeiten 84 34; Zahlungseinstellung 63 21; Zahlungsmittel 84 27; Zahlungsstockung 63 26; Zahlungsunwilligkeit 63 25; Zeitpunkt 63 23; Zeitpunkt-Illiquidität 63 27; Zeitraum-Illiquidität 63 27; Zwangsvollstreckung 63 28 f.; 84 30

Zeichnung der Liquidatoren, Art der Vertretungsmacht 68 2; besondere Bestimmungen zu den Vertretungsverhältnissen 68 4; Einzelvertretungsmacht 68 2 f.; Gesamtvertretungsmacht 68 3; GmbH & Co. KG 68 11; i. L. 68 8; Liquidationshinweis/-zusatz 68 8 f.; Rechtsfolgen bei Fehlen des Liquidationshinweises 68 9; Rechtsverhältnisse von Gesellschaft und Gesellschaftern 69 1; unechte (gemischte) Gesamtvertretung 68 5; Unterschriftszeichnung 68 8; Vertretungsregelungen durch Gesellschafterbeschluss, Gesellschaftsvertrag 68 4); Wirkung, der Zeichnung 68 8 (– der Unterschrift 68 8); Zusatz zur Firma 68 9

Zugewinngemeinschaft, Beteiligung eines Ehegatten an einer GmbH 2 9

Zurechnungsdurchgriff, Anfechtung 13 148; Ansprüche auf Versicherungsleistung 13 150; Auskunfts- und Einsichtsrecht 13 155; Ausnahmecharakter 13 122; Begriff 13 122; Einzelfälle 13 130; Fälle sachgerechter Vertragsauslegung 13 155; Insolvenz 13 154; Kapitalaufbringung 13 152; Kapitalerhaltung 13 152; Missbrauchslehre 13 123 f.; Normanwendungsfälle 13 147; Normanwendungstheorien 13 123, 125; Prozess 13 153; Rechtsprechung 13 126; Sicherungshypothek 13 149; Stimmverbote 13 151; Trennungstheorie 13 123, 127 ff.; Verkaufsrechte 13 149; Wettbewerbsverbote 13 155; Zwangsvollstreckung 13 153

Zusammenschlusskontrolle, *s. Kartellrecht*

„ZVN"-Entsch., 3 38

Zwangseinziehung, Abstimmung 47 73; Anwendungsbereich der Einziehung gem. § 34 34 5; Satzungsänderung 53 27; zwangsweise Einziehung eines Geschäftsanteils 34 30 ff.

Zwangsgelder, Anmeldungspflichten 79 6; Ausnahme vom Grundsatz der Nichterzwingbarkeit von Anmeldungen 79 9; Beschwerde 79 20; Beteiligte am Verfahren 79 16; Beugemittel 79 12; Bilanzrichtliniengesetz (BiRiLiG) 79 4; deklaratorische Bedeutung 79 6; Einleitung des Zwangsgeldverfahrens 79 18; Einreichung von Schriftstücken 79 1, 11; Einspruch 79 20; Eintragung der Umwandlung 79 8; Ermessensspielraum 79 18; Erzwingung, der Pflichten nach §§ 35 a, 71 Abs. 5 79 5 (– von Anmeldungs- und ähnlichen Pflichten 79 6); Formwechsel 79 2; Fortsetzungsbeschluss 79 7; Geschäftsführer 79 1; GmbH-Nov. 1980 79 3; Höhe 79 14; konstitutive Wirkung 79 6; Kosten 79 21; Liquidatoren 79 1; Nichtigkeitsurteil 79 7; österreichisches Recht 79 22; Ordnungsgeld 79 12; Ordnungsstrafe 79 2; Rechtsmittel 79 20; Rechtsnatur 79 12; Registergericht 79 1; Spaltung 79 2; Umwandlung des Zwangsgeldes in Beugehaft 79 15; Umwandlungsfälle 79 2; Unterschriftszeichnungen 79 1; Verfügung des Registergerichts 79 19; Vermögensübertragung 79 2; Verschmelzung 79 2; Verschulden 79 13; Vollstreckung 79 21; Zeichnung der Unterschrift 79 10; Zwangsgeld nach § 888 ZPO 79 12; Zwangsgeldverfahren 79 16; Zeigniederlassungen 12 68

Zwangsverkauf, Anmeldung 23 5; Art der öffentlichen Bekanntmachung 23 12; andere Arten des Verkaufs 23 7, 19; Durchführung 23 8; Anweisungen der Gesellschafterversammlung 23 9; Bundesanzeiger 23 12; Durchführung, des Verkaufs 23 8 f. (– der Versteigerung 23 14); Entbehrlichkeit der öffentlichen Versteigerung 23 4; Erlös 23 31 f.; Ermessen der Gesellschaft 23 1; 3; Erwerber 23 25 ff.; fehlerhafter Regress 23 39 f.; Form des freihändigen Verkaufs 23 23; Formen 23 10; Formvorschriften 23 5; Forthaftung des kaduzierten Gesellschafters 23 33 f.; freihändiger Verkauf 23 19; Frist für Bekanntmachung 23 13; Gebot 23 16; Genehmigung des Zuschlags durch Gesellschaft 23 18; Geschäftsführer 23 8 f.; Gesellschaft als Erwerber 23 15; Gesellschafterstellung des Erwerbers 23 29 f.; Gewinn 23 29; Haftung der Erwerber für rückständige Einzahlungen 23 27 f.; Inhalt der Verkaufsvereinbarung 23 24; kostenfreier Erwerb 23 26; Mängel, der Veräußerung 23 37 (– der Versteigerung 23 41); Mitgesellschafter 23 27; nachträgliche Zustimmung 23 22; öffentliche Bekanntmachung 23 11; Öffentlichkeit der Versteigerung 23 10; österreichisches Recht 23 45; Rechte des Erwerbers bei unwirksamer Kaduzierung 23 38; Rechtsfolgen der Veräußerung 23 25; Satzungsbestimmungen 23 21; statutarische Verfügungsbeschränkungen 23 5; Steuerfragen 23 43 f.; Übergang des Anteils 23 28; Unverkäuflichkeit des Anteils 23 35 f.; unwirksame Kaduzierung 23 37; Verantwortlichkeit 23 8 f.; Verbot der Ersteigerung durch die Gesellschaft 23 15; Verkauf in der Insolvenz 23 42; Versteigerung 23 3, 6; zur Versteigerung befugte Personen 23 10 f.; Verzicht 23 4; Voraussetzung 23 2; Weiterhaftung des kaduzierten Gesellschafters 23 33; Zahlung des Kaufpreises 23 17; Zuschlag 23 16; Zustimmung des Kaduzierten 23 20; zwingende Vorschriften 25 1; zwingendes Recht 23 3

Zwangsversteigerung, freihändiger Verkauf 15 142

Zwangsvollstreckung in Geschäftsanteil 15 134; Insolvenzverfahren 63 28, 30

Zweck, *s. Gesellschaftszweck*

Zweigniederlassung, Abgrenzung zu Betriebsstätten 12 15; Abhängigkeit von der Hauptniederlassung 12 16; Abweichung der Firma von der der GmbH 12 25; Änderung der Firma 12 46; Akt der Geschäftsführung 12 18; andere Firma als GmbH 12 23; Angaben auf Geschäftsbriefen 35 a 15; Anmeldepflicht ausländischer Gesellschaften 12 69; Anmeldung 7 11; 12 45 (– der Kapitalerhöhung 57 13; – der Errichtung der inländischen GmbH 12 30; – zum Handelsregister **Einl.** 355; – Zweigniederlassung ausländischer GmbH 8 27); Aufhebung 12 19, 47; ausländische, Gesellschaft **Einl.** 353 (– GmbH 12 50; – Unternehmen 12 4); Auslandsrechte 12 52; Außenstellen 12 15; Begriff 12 10; Betriebsstätte 12 11; Betriebsmittel 12 14; Buchführung 12 14; deklaratorische Wirkung der Eintragung 12 18; Einreichung von Schriftstücken 12 68; Einspruch 12 68; Eintragung in das Handelsregister 12 18; – eines Einzelkaufmanns 77 **Anh.** 605; Empfangsstellen 12 15; Eröffnung des Geschäftsbetriebes 12 18; Errichtung 12 18; Erzwingung 12 49; Erzwingungsverfahren 12 68; Fabrikationsbetriebe 12 15; Filialprokura, Filialprokurist 12 26; Firma 4 72; 12 21 (– eines erworbenen Handelsgeschäftes 12 24); Firmenbildung 12 21; Firmenzusätze 12 22; Fremdenrecht **Einl.** 345; Gerichtsstand, der gewerbl. Zweigniederlassung 12 28 (– des Sitzes 12 28); Geschäftsleitung 12 16; Geschäftswert für Anmeldung oder Eintragung 12 70; Gesetzessystematik 12 4; Grundbuchfähigkeit 12 29; Handelsrechtsreformgesetz (HRefG) 12 5; Handlungsbevollmächtigter 12 14, 26; Hauptniederlassung 12 11; Inhalt der Anmeldung 7 11; – inländischer Unternehmen 12 4; interne Unternehmensorganisation 12 10; Irreführungsverbot 12 23; Jahrmärkte 12 15; Kapitalerhöhung 55 55; Kapitalherabsetzung 58 32; Kosten 12 68, 70; Läger 12 15; Leiter 12 14; maßgebliche Vorschriften des HGB 12 72; Messen 12 15; Messestand 12 11; Namensaktiengesetz (NaStraG) 12 6; Neuordnung des Rechts 12 1 ff.; österreichisches Recht 12 71; Prinzip der Firmeneinheit 12 21; Prokurist 12 14; Prozesspartei 12 28; Publizität im GmbHG 12 9; Publizitätsbestimmungen im HGB 12 8; räumliche Trennung 12 12; Rechtsmittel 12 68; Registergericht 12 2; Saisonbetriebe 12 15; Satzungsänderung 53 17; 54 23; selbstständige auf Dauer angelegte Teilnahme am Rechtsverkehr 12 13; Sitzverlegung 12 48; „ständige Vertreter" 12 56; Steuerberatungsgesellschaft 12 27; technische Betriebe 12 15; Tochtergesellschaft 12 11; Unter-Zweigniederlassungen 12 17; Verfahrensfragen 12 28, 68; Verfügung des Registergerichts 12 20; Versandstellen 12 15; Versicherungen bei Kapitalerhöhung 59 1; Vertretungsfragen 12 26; Verwaltungsbetriebe 12 15; Voraussetzungen 12 11; wechselnde Geschäftsbetriebe 12 15; Werkstattbetriebe 12 15; Wirtschaftsprüfungsgesellschaft 12 27; Zeichnung von Unterschriften 12 46; Zusatz 4 72; Zwangsgeld 12 68; Zweigniederlassungsrichtlinie 12 3

Zweigniederlassungen ausländischer GmbH, Änderungen des Gesellschaftsvertrages 12 63; Anforderungen des deutschen Registerrechtes 12 50; Angaben auf Geschäftsbriefen 35 a 11; Anmeldung 12 55; anwendbares Recht 12 50; Aufhebung 12 64; Auflösung, der ausländischen GmbH 12 65 (– der deutschen Niederlassung 60 3); Auslandsrechte 12 52; nicht beizufügende Unterlagen 12 58; Bekanntmachung 12 61; „Centros"-Entsch. 12 51; close corporations 12 54; Einpersonengesellschafts-Richtlinie 12 52, 54; Eintragung 12 60; Geschäftsführer 12 55, 60; GmbH, in anderen Ländern 12 54 (– in EU-Ländern 12 52; – in EU-Beitrittsländern 12 53); GmbH-Sitz, in Drittstaat 12 51 (– in EG-Mitgliedstaat 12 51; – in EWR-Vertragsstaat 12 51); Insolvenzverfahren 12 66; Leiter der inländischen Niederlassung 12 59; Limited Liability Company (LLC) 12 54; Mitteilung an das Heimatregister 12 62; private limited company 12 54; Prüfung

Sachverzeichnis

Fette Zahlen = §§

12 59; Publizitätsrichtlinie 12 52; Sicherstellung des deutschen Registerrechts 12 59; „ständige Vertreter" 12 66; Übergangsrecht 12 67; Unterlagen, bei Anmeldung 12 56 f. (– über Verhältnisse der ausländischen GmbH 12 57; – über Verhältnisse der Zweigniederlassung 12 56); Zweigniederlassungsrichtlinie 12 50, 52, 54

Zweigniederlassungen inländischer GmbH, Abschrift des Gesellschaftsvertrages 12 35; Änderungen der Firma 12 46; Anlagen 12 33 f.; Anmeldung 12 30, 32, 45 (–, deklaratorische Bedeutung 12 43; – gleichzeitig mit Gesellschaft 12 31); Aufhebung 12 47; nicht beizufügende Unterlagen 12 37; Bekanntmachung 12 44; Einreichung von Unterlagen in öffentlich beglaubigter Form 12 33; Eintragung 12 41; einzutragende Angaben 12 42; Erzwingung 12 49; Firma 12 40; Form 12 33; Gericht, der Zweigniederlassung 12 39 (– des Sitzes 12 30 f., 38); Geschäftsführer 12 32; Inhalt der Anmeldung 12 33; Liste der Gesellschaft 12 36; Prinzip der verteilten Prüfung 12 39; Prüfung 12 40 (– materieller Voraussetzungen 12 39); Registergericht des Sitzes 12 30 f.; Sitzverlegung 12 48; Unterlagen bei Anmeldung 12 34; Veränderungen 12 45 ff.; Verfahren, beim Handelsregister der Zweigniederlassung 12 40 (– beim Handelsregister des Sitzes der Gesellschaft 12 39); wirksame Errichtung 12 40; Zuständigkeit 12 30, 38

Zwei-Personen-Gesellschaft, actio pro socio 13 116; 34 96; Ausschluss eines Gesellschafters 34 74; Ergebnisverwendung 29 65; Gewinnteilungsbeschluss 29 105; Gewinnverwendungsbeschluss 29 105; Teilung von Geschäftsanteilen 17 11

Zwerganteile, eigenkapitalersetzende Gesellschafterdarlehen 32 a 14; vereinfachte Kapitalherabsetzung 58 14 f.; Vereinigung 58 14 f.

Zwischendividende, Gesellschafterversammlung 29 99; Rückzahlungsanspruch der Gesellschaft 29 100; Zulässigkeit 29 98 f.

Zwischenergebniseliminierung, Abgrenzung zur Aufwands- und Ertragskonsolidierung 42 a Anh. II 245; Konzernanhang 42 a Anh. II 209; Konzern-Gewinn- und Verlustrechnung 42 a Anh. II 244; Konzernrechnungslegung 42 a Anh. II 199; Steuerabgrenzung im Konzernabschluss 42 a Anh. II 279

Zwischenergebniskonsolidierung, Steuerabgrenzung im Konzern 42 a Anh. II 279